3480

battre [batʀ] ⟨*Prés. je bats, ns battons; Fut je battrai; pp. battu, e; Subj. que je batte, que ns battions; Impér. bats, battons*⟩ **I.** *tr* **1.** schlagen *a. fig sport,* prügeln. …

Die Konjugationsformen aller unregelmäßigen Verben werden kursiv und zwischen Spitzklammern direkt im Eintrag angegeben.

empiéter [-pje-] *tr* **1.** über=, ein=greifen (*sur* in *acc*); beeinträchtigen (*sur qc* etw); **2.** sich (nach u. nach) widerrechtlich an=eignen (*sur qc* etw).

Bei Verben, Substantiven und Adjektiven, die mit bestimmten Präpositionen verbunden werden, ist die **zugehörige Präposition** angegeben.

Es werden zahlreiche Hinweise für die Verwendung des Stichworts und seiner Übersetzungen im Satzzusammenhang gegeben, z. B. durch

aviver [avive] *tr* **1.** beleben; **2.** *(Feuer)* an=fachen, schüren; **3.** *(Schmerzen)* vermehren.

● **zusätzliche Erklärungen,**

banc [bɑ̃] *m* **1.** Bank *f;* **2.** *geol* Schicht *f;* **3.** *tech* Werkbank *f;* **4.** (Fisch-)Schwarm *m;* …

● **Angabe des Fachgebiets** bei fachsprachlichen Begriffen,

bagage [bagaʒ] *m* **1.** *meist pl* (Reise-)Gepäck *n;* **2.** *fig* Rüstzeug *n;* Kenntnisse *f pl;* …

● **Kennzeichnung von Wörtern mit übertragener Bedeutung** *(fig),*

came [kam] *f* **1.** *tech* Nocken *m,* Kurvenscheibe *f;* **2.** *arg* Koks *m;* Rauschgift *n.* **camé, e** *a fam* auf dem Trip.

● **Kennzeichnung von Stilschichten,** die von der Hochsprache abweichen (*fam, pop, lit, arg* etc).

panier [panje] *m* **1.** Korb *m;* **2.** *arg* Po *m;* ▶ *faire dans[…] du ~* in die eigene Tasch[…]ten; *mettre tous ses œufs […] même ~* alles auf eine Ka[…]zen; *le dessus du ~* das Be[…] Feinste; *fond m du ~* A[…] *m; robe à ~s* Reifrock; *~ […]teilles, à linge, d'osier, à o[…] à pain, à papier(s), à provisions* Flaschen-, Wäsche-, Weiden-, Näh-, Brot-, Papier-, Einkaufskorb *m; ~ percé (fig)* Verschwender m.

Idi[…]ei- […]n- […]m […]n- […]o-

PONS

Schülerwörterbuch

Französisch – Deutsch

von
Prof. Dr. Erich Weis

Neubearbeitung 1991
Edition révisée 1991

Ernst Klett Verlag für Wissen und Bildung
Stuttgart · Dresden

PONS – Schülerwörterbuch Französisch – Deutsch
von Prof. Dr. Erich Weis
Anhang: Michaela Heinz

Dieses Wörterbuch ist mit Ausnahme des Übungsanhangs
zur Wörterbuchbenutzung inhaltsidentisch mit
PONS – Kompaktwörterbuch Französisch.
Ernst Klett Verlag für Wissen und Bildung GmbH,
Stuttgart
ISBN 3-12-517201-2

Warenzeichen

Wörter, die unseres Wissens eingetragene Warenzeichen darstellen, sind als solche gekennzeichnet. Es ist jedoch zu beachten, daß weder das Vorhandensein noch das Fehlen derartiger Kennzeichnungen die Rechtslage hinsichtlich eingetragener Warenzeichen berührt.

Die Deutsche Bibliothek – CIP-Einheitsaufnahme

PONS-Schülerwörterbuch – Stuttgart; Dresden:
Klett-Verl. für Wissen und Bildung

Deutsch – Französisch / von Heinrich Mattutat. – 1. Aufl. – 1993
ISBN 3-12-517222-5

Gedruckt auf Recyclingpapier,
hergestellt aus 100 % Altpapier

1. Auflage 1993

Einbandgestaltung: Erwin Poell, Heidelberg,
BSS Sachse und Partner GmbH, Bietigheim-Bissingen
Fotosatz : Klett Druck H.S. GmbH, Korb,
Druck: Clausen und Bosse, Leck
Printed in Germany
ISBN 3-12-517222-5

Vorwort

Wörterbücher können ihren Benutzern eine große Hilfe sein, aber nur, wenn diese gelernt haben, mit einem Wörterbuch richtig umzugehen. Wörterbucharbeit ist deshalb heute ein wichtiger Bestandteil des modernen Fremdsprachenunterrrichts.

Das *PONS Schülerwörterbuch Französisch* trägt dieser Tatsache Rechnung, indem es einen informativen Übungsanhang zur Wörterbuchbenutzung anbietet. Dieser präsentiert sich als integrierter Bestandteil des Wörterbuches, was nicht nur schnellen Zugriff garantiert, sondern auch gleichsam für die Inderdependenz von Wörterbüchern und Benutzerfertigkeiten steht.
Der Schüler kann mit Hilfe dieses Anhangs alle Möglichkeiten der Informationsfindung im Wörterbuch erlernen und dieses durch Übungen ansteigenden Schwierigkeitsgrades systematisch üben. Da den Übungen ein Lösungsteil beigegeben ist, kann das Schülerwörterbuch nicht nur im Unterricht eingesetzt werden, sondern auch beim Selbststudium.

Als Basis dient der Wörterbuchtext des *PONS Kompaktwörterbuchs Französisch*, dessen Aktualität durch die Neubearbeitung 1991 gewährleistet wird. Auf der Basis des Bewährten stellt das *PONS Schülerwörterbuch Französisch* daher eine Innovation dar, die dem gestiegenen Bedarf nach wörterbuchdidaktischem Material entgegenkommt. Ob unter Anleitung des Lehrers oder im Selbststudium: Der Benutzer wird von dem ansprechend geschriebenen und informativen Anhang in jedem Fall profitieren.

Stuttgart im Februar 1993

Ernst Klett Verlag
für Wissen und Bildung
Redaktion Wörterbücher

INHALT

Erläuterungen V
Lautschriftzeichen für Französisch XI
Lautschriftzeichen für Deutsch XII
Liste der im Wörterbuch benutzten Abkürzungen XIV

Französisch-deutscher Teil 1-603

Deutsch-französischer Teil 1-607

Französische Abkürzungen 608
Deutsche Abkürzungen 615
Zahlwörter 621
Maße und Gewichte 624
Konjugationsmuster der französischen Verben 625
Deklinationsformen im Deutschen 633
Übersicht über die unregelmäßigen deutschen Verben 643
Frankreich: Regionen und Hauptstädte 647
Bundesrepublik Deutschland: Länder und Hauptstädte ... 647
Österreich: Bundesländer und Hauptstädte 648
Schweiz: Kantone und Hauptorte 648
Belgien: Provinzen und Hauptstädte 649
Buchstabieralphabete 650

Übungen zur Wörterbuchbenutzung .... I-XXXI

Erläuterungen

1. Schriftarten

Es werden folgende Schriftarten verwendet:

Fettdruck
für alle Stichwörter und für die römischen und arabischen Ziffern;

Grundschrift
- in [ ] für die Lautschrift;
- im deutschen Teil in ⟨ ⟩ für Genitiv Singular und Nominativ Plural bei deutschen Substantiven;
- für die Übersetzung der Stichwörter, Anwendungsbeispiele und Redewendungen;

Kursivschrift
- für die Angabe von grammatischen Kategorien;
- für die Bezeichnung des Sachgebiets und der Sprachebene;
- für Anwendungsbeispiele und Redewendungen sowie für Erklärungen;
- im deutschen Teil in ⟨ ⟩ für die Grundformen der starken und unregelmäßigen Verben und die Unregelmäßigkeiten der Steigerung bei deutschen Adjektiven und Adverbien;
- im französischen Teil in ⟨ ⟩ für die Grundformen der Verben, die unregelmäßig sind oder deren Konjugation Besonderheiten aufweist.

Notes explicatives

1. Caractères

Ont été employés les caractères suivants:

caractères gras
pour toutes les entrées et pour les chiffres romains et arabes;

romain maigre:
- entre [ ] pour la transcription phonétique;
- entre ⟨ ⟩ pour le génitif singulier et le nominatif pluriel des substantifs allemands;
- pour la traduction des entrées, des exemples et des expressions idiomatiques;

italique:
- pour l'indication des catégories grammaticales;
- pour signaler les champs sémantiques et niveaux de langue;
- pour les exemples et les expressions idiomatiques ainsi que pour les explications;
- dans la partie allemand entre ⟨ ⟩ pour indiquer les formes des verbes forts et irréguliers, ainsi que les formes irrégulières des comparatifs et superlatifs des adjectifs et adverbes;
- dans la partie français entre ⟨ ⟩ pour indiquer les formes des verbes irréguliers ou dont la conjugaison présente certaines difficultés.

arg [ark, ˈ-gə] **I.** *a ⟨ärger, ärgst⟩ (böse)* méchant; *(boshaft)* malin, malicieux; *(schlecht, schlimm)* mauvais; **II.** *adv (stark)* fort, très; *fam (heftig)* rudement; *(sehr)* bien, fort; ► *im ~en liegen* aller mal; *(immer) ärger werden* aller de mal en pis.

2. Stichwortanordnung und -gliederung

Alle fettgedruckte Stichwörter sind alphabetisch angeordnet.
Die Umlaute ä, ö, ü sind den Buchstaben a, o, u gleichgestellt.
Römische Ziffern kennzeichnen die verschiedenen Wortarten, denen ein Stichwort angehört.
Grundlegend verschiedene Bedeutungen eines Stichworts sind durch *arabische Ziffern* differenziert.
Im deutschen Teil werden die Homographen durch arabische Ziffern in runden Klammern unterteilt.
Die verschiedenen Übersetzungen eines Wortes werden jeweils mit den zugehörigen Sachgebietsangaben und Bedeutungsdifferenzierungen am Anfang des Eintrags angegeben. Dann folgen hinter dem Sonderzeichen ► die Beispiele und Wendungen.

2. Disposition des entrées

Tous les mots en caractères gras sont classés par ordre alphabétique.
Les voyelles infléchies ä, ö, ü sont traitées comme les lettres a, o, u.
Les *chiffres romains* caractérisent les différentes catégories grammaticales d'une entrée.
Les acceptions fondamentalement différentes d'une entrée sont marquées par des *chiffres arabes.*
Dans la partie allemand, les homographes sont signalés par des chiffres arabes entre parenthèses.
Les différentes traductions d'un mot sont groupées au début de l'article, les champs sémantiques des différentes acceptions du mot étant indiqués en italique. Les expressions composées, les locutions et les exemples sont regroupés en fin d'article derrière un triangle noir ►

fern [fɛrn] **I.** *a* lointain, éloigné, distant; *(a. zeitl.)* reculé; **II.** *adv* loin; ► *~ von* loin de; *von ~ betrachtet* vu de loin; ...

site [sit] *m* **1.** Landschaft, Gegend; Stätte *f;* **2.** Anlage *f;* **3.** *(Stadt)* Lage *f;* ► *~ de lancement* Abschußbasis *f; ~ protégé* Naturschutzgebiet *n; ~ de stockage (des déchets nucléaires)* Atommülldeponie *f.*

3. Tilde ~

Die Tilde ~ ersetzt das vorhergehende fettgedruckte Stichwort im Eintrag. Findet in den Anwendungsbeispielen ein Wechsel von Groß- und Kleinschreibung statt, so wird dieser durch einen entsprechenden Buchstaben vor der Tilde angezeigt.
Flexionsendungen können in den Beispielsätzen an die Tilde angehängt werden.

3. Tilde ~

Le tilde ~ remplace le mot-vedette à l'intérieur de l'article. Lorsque la première lettre du mot remplacé par le tilde diffère de celle du mot-vedette (majuscule ou minuscule), celle-ci apparaît devant le tilde. De même, les terminaisons des mots déclinés sont rajoutées au tilde.

ganz [gants] **I.** *a* .... *aufs G~e gehen* risquer le tout pour le tout; *ich bin ~ Ihrer Meinung* je suis tout à fait de votre avis;

4. Paralleltilde =

Trennbare deutsche Verben werden durch die Paralleltilde = gekennzeichnet, die zwischen Partikel und Verb steht.

4. Tilde parallèle =

Le tilde parallèle = marque la séparation des particules séparables des verbes allemands.

bei=legen

5. Genusangaben

Das Genus *(m, f, n)* ist in beiden Sprachen bei allen Substantiven angegeben. Folgen in der Reihe der deutschen und der französischen Übersetzungen mehrere Substantive mit gleichem Genus aufeinander, dann ist dieses nur beim Letzten angegeben.

5. Indication du genre

Dans les deux parties du dictionnaire, le genre de tous les substantifs *(m, f, n)* est indiqué. Partout où, dans les traductions, deux ou plusieurs substantifs ayant le même genre se suivent, le genre n'est indiqué que pour le dernier de la série.

scrupule [skʀypyl] *m* **1.** Skrupel, Gewissensbiß, Zweifel *m*, Bedenken *n;* **2.** Sorgfalt, Gewissenhaftigkeit, (ängstliche) Genauigkeit *f;*

6. Ergänzung des Verbs, des Adjektivs und des Substantivs

Die Präposition bei der prädikativen Ergänzung des Verbs, des Adjektivs und des Substantivs wird dann angegeben, wenn der Gebrauch in beiden Sprachen voneinander abweicht.

6. Valence du verbe, de l'adjectif et du substantif

La valence des verbes, des adjectifs et des substantifs est mentionnée chaque fois qu'elle diffère d'une langue à l'autre.

avide [avid] *a* gierig (*de* nach); begierig (*de* auf *acc.* nach);
Mißtrauen *n* ⟨-s, ø⟩ ['mɪs-] méfiance, défiance *f* (*gegen* de);
démunir [demyniʀ] *tr* wegnehmen, berauben (*de* gen);

7. Rechtschreibung

Für die Rechtschreibung der deutschen Wörter diente als Grundlage *Duden, Rechtschreibung der deutschen Sprache und der Fremdwörter, 19. Aufl., Mannheim 1986;* für die Rechtschreibung der französischen Wörter der *Petit Robert, Dictionnaire alphabétique et analogique de la langue française, Société du Nouveau Littré, Nouvelle édition, Paris 1988.*

Gerät ein Bindestrich ans Zeilenende, so daß er, was in normalen Texten der Fall ist, für einen Trennungsstrich (Divis) gehalten werden muß, wird er am Anfang der folgenden Zeile wiederholt, damit man die richtige Schreibung im Normalfall (in einer Zeile) erkennen kann.

niet-und-
-nagelfest

7. Orthographe

Pour les mots allemands, nous avons adopté l'orthographe du *Duden, Rechtschreibung der deutschen Sprache und der Fremdwörter, 19ᵉ édition Mannheim 1986;* pour les mots français, celle du *Petit Robert, Dictionnaire alphabétique et analogique de la langue française, Société du Nouveau Littré, Nouvelle édition, Paris 1988,* et du *Robert Méthodique du Français Actuel, Paris, 1985.*

Un trait d'union qui tombe à la fin d'une ligne est répété au début de la ligne suivante afin d'éviter qu'il ne soit pris pour un tiret:

porte-
-document

8. Grammatik

Als grammatikalische Ergänzung eignen sich:
Französische Sprachlehre von *H. W. Klein* und *F. Strohmeyer, Ernst Klett Verlag, Stuttgart 1968; Le Bon Usage* von Maurice Grevisse, *12. Aufl., Paul Geuthner, Paris 1986.*

8. La grammaire

Pour les questions de grammaire, il est recommandé d'utiliser:
Französische Sprachlehre von *H. W. Klein* et *F. Strohmeyer, Ernst Klett Verlag, Stuttgart 1968; Le Bon Usage* de Maurice Grevisse, *12e édition, Paul Geuthner, Paris 1986.*

9. Aussprache

Zur Bezeichnung der Aussprache wurden die phonetischen Zeichen der *Association Phonétique Internationale* verwendet.
Die Umschrift einzelner Wörter richtet sich nach dem Petit Robert bzw. dem *Duden Aussprachewörterbuch.* Im allgemeinen ist nur das Hauptstichwort phonetisch umschrieben. Entspricht jedoch die Aussprache der auf das Hauptstichwort folgenden Stichwörter nicht den Grundregeln der französischen bzw. deutschen Aussprache, so ist diese entweder ganz oder in dem Teil bezeichnet, der die Abweichung aufweist.

9. Prononciation

La transcription phonétique suit la notation de l'*Association Phonétique Internationale.*
Pour le français, nous nous sommes référés au Petit Robert, pour l'allemand au *Duden Aussprachewörterbuch.*
En général ne sont transcrits en entier que les mots-vedettes situés à la tête d'un regroupement. Si cependant la prononciation d'une entrée présente des difficultés particulières par rapport à celle du mot-vedette, elle est alors transcrite en entier ou en partie, selon le cas.

satisfaction [satisfaksjɔ̃] *f* ...
satisfaisant, e [-fəzɑ̃, -ɑ̃t] *a*

Die *Betonung* eines deutschen Wortes ist stets dann durch ein der betonten Silbe vorangestelltes ' angegeben, wenn sie wechselt und das Wort je nach der Betonung verschiedene Bedeutungen hat.

L'*accentuation* d'un mot allemand, marquée par le signe ' placé devant la syllabe accentuée, n'est indiquée que dans le cas où le même mot accentué de manières différentes prend des sens différents.

'unter≈schlagen ‹*schlägt, schlug unter, untergeschlagen*› *tr* ... **unter'schlagen** ‹*unterschlägt, unterschlug, unterschlagen*› *tr*

10. Französische Silbentrennung

Im Französischen trennt man nach Sprechsilben. Im einzelnen gelten folgende Regeln:

a) ein einfacher Konsonant zwischen zwei Vokalen geht zur folgenden Silbe.

ca-ma-ra-de
pro-me-na-de

b) von zwei oder drei zwischen Vokalen stehenden Konsonanten tritt der letzte zur folgenden Silbe.

ar-gent
obs-cur
res-ter

c) nicht getrennt werden:

1. Konsonant + l oder r.

ta-ble
spec-ta-cle
é-tran-gler
af-freux
en-trer

2. Die nur einen Laut darstellenden Gruppen **ch, ph, gn, th.**

a-che-ter
or-tho-gra-phe
cam-pa-gne
go-thi-que

3. Aufeinanderfolgende Vokale.

cu-rio-si-té
théâ-tre
ou-vriè-re
tuer.

4. **x** und **y** zwischen zwei Vokalen.

exa-men
em-ployer

10. La division des syllabes en allemand

a) Une consonne simple forme une syllabe avec la ou les consonne(s) suivante(s).

ha-ben Gü-te Mie-te
Hö-he Bu-ße fei-xen
bei-zen

b) Dans les groupes de deux consonnes ou plus (à l'exception du groupe -st- qui est indivisible), la dernière consonne se rattache à la voyelle qui suit.

bal-dig em-pört
Dut-zend Gin-ster

Ceci vaut également pour les groupes de plusieurs consonnes représentant un seul son, à l'exception des groupes -ch- et -sch- qui sont indivisibles.

bes-ser Dün-ger Fül-lung
Städ-ter mi-schen Bä-che
Ma-cher

Le groupe -ck- est divisé en k-k.

Drucker: **Druk-ker**

c) Les diphtongues restent inséparables.

Bau-er Be-frei-ung

d) Les mots dérivés avec préfixe ou suffixe ou les mots composés sont divisés suivant le modèle de leur dérivation ou de leur composition.

be-dau-ern ver-ach-ten
Mäd-chen be-in-hal-ten
Diens-tag kin-der-leicht

Seuls les suffixes commençant par une voyelle font exception à la règle.

Zei-tung Die-bin

Lautschriftzeichen für Französisch
Alphabet phonétique français

Vokale

[i]	lit [li], lyre [liʀ]
[e]	blé [ble]
[ɛ]	tes [tɛ], lait [lɛ]
[a]	patte [pat]
[ɑ]	pâte [pɑt]
[ɔ]	comme [kɔm]
[o]	pot [po], gauche [goʃ]
[u]	chou [ʃu]
[y]	tulle [tyl]
[ø]	peu [pø]
[œ]	peur [pœʀ]
[ə]	le [lə], me [mə]

Nasale

[ɛ̃]	pain [pɛ̃], brin [bʀɛ̃]
[ɑ̃]	vent [vɑ̃], sans [sɑ̃]
[ɔ̃]	ton [tɔ̃]
[œ̃]	un [œ̃], brun [bʀœ̃]

Halbvokale

[j]	pied [pje]
[ɥ]	lui [lɥi]
[w]	loi [lwa], oui [wi]

Konsonanten

[p]	papa [papa]
[t]	tante [tɑ̃t]
[k]	sac [sak]
[b]	robe [rɔb]
[d]	vide [vid]
[g]	gare [gaʀ]
[f]	neuf [nœf]
[v]	vent [vɑ̃]
[s]	sa [sa], caisse [kɛs]
[z]	zèbre [zɛbʀ], rose [ʀoz]
[ʃ]	chat [ʃa]
[ʒ]	jeu [ʒø], garage [gaʀaʒ]
[l]	le [lə]
[ʀ]	rue [ʀy]
[m]	ma [ma]
[n]	bonne [bɔn]
[ɲ]	digne [diɲ]
[ŋ]	ping-pong [piŋ pɔ̃ŋ]

ˀ bezeichnet den festen Stimmeinsatz bei Vokalen am Anfang einer Silbe.
Beispiel: le hêtre [lə ˀɛtr].

Lautschriftzeichen für Deutsch
Alphabet phonétique allemand

Vokale

geschlossen

[i]	Idee [i'de:]
	bieten ['bi:tən]
[y]	Physik [fy'si:k]
	Mühe ['my:ə]
[u]	Musik [mu'si:k]
	Uhr [u:r]
[e]	egal [e'ga:l]
	See [ze:]
[ø]	Ödem [ø'de:m]
	Öse ['ø:zə]
	adieu [a'diø:]
[o]	Tomate [to'ma:tə]
	Ofen ['o:fən]

offen

[ɪ]	bitten ['bɪtən]
[ʏ]	dünn [dʏn]
[ʊ]	Druck [drʊk]
[ɛ]	ändern ['ɛndərn]
	Antenne [an'tɛnə]
	Bär [bɛ:r]
[œ]	öffnen ['œfnən]
[ɔ]	offen ['ɔfən]
[a]	hat [hat]
	Rat [ra:t]

Murmellaut

[ə]	Alter ['altər]

Diphtonge

[aɪ]	Ameise ['a:maɪzə]
	Laib [laɪp]
[aʊ]	Baum [baʊm]
[ɔʏ]	äußern ['ɔʏgəln]
	heute ['hɔʏtə]

Halbvokale

[j]	ja [ja:]
[w]	Whisky ['wɪskɪ]

Konsonanten

[b]	bar [ba:r]
[ç]	Arche ['arçə]
	König ['kønɪç]
[x]	auch [aʊx]
[d]	du [du:]
[f]	auf [aʊf]
	Vater ['fa:tər]
	Asphalt [as'falt]
[g]	gern ['gɛrn]
[ʒ]	Genie [ʒe'ni:]
	Jackett [ʒa'kɛt]
[h]	Hut [hu:t]
[k]	Kur [ku:r]
	Antrag ['antra:k]
	Geschmack [gə'ʃmak]
[kv]	Qual [kva:l]
[l]	leben ['le:bən]
[m]	am [am]
[n]	an [an]
[ŋ]	Angst [aŋst]
	Onkel ['ɔŋkəl]
[p]	apart [a'part]
	ab [ap]
[r]	arm [arm]
[s]	als [als]
	Kissen ['kɪsən]
	Fluß [flʊs]
[z]	Rose [ro:zə]
[ʃ]	schwer [ʃve:r]
	Straße ['ʃtra:sə]
[t]	alt [alt]
	Hand [hant]
[v]	wo [vo:]
[ts]	Zimmer ['tsɪmər]
	C [tse:]

Nasale

[ã]	Chance [ʃã:s(ə)]
[ɔ̃]	Annonce [a'nɔ̃:sə]
[œ̃]	Parfum [par'fœ̃:]
[ɛ̃]	Bulletin [bʏl'tɛ̃:]

bedeutet, daß der unmittelbar davorstehende Vokal lang ist.
bezeichnet den stärksten Akzent (steht vor der Akzentsilbe).
bezeichnet den Nebenakzent.
Beispiel: ausstaffieren [ˈausʃtaˌfiːrən].
bezeichnet den festen Stimmeinsatz bei Vokalen am Anfang einer Silbe.
Beispiel: erinnern [ɛrˈˀɪnərn].
waagerechte Striche geben die Silben eines Stichworts wieder.
Beispiel: Alarm [aˈlarm] ... alarmieren [-ˈmiː-].
In Verbindung mit dem Akzentstrich bedeuten sie, daß die zuvor angegebene Aussprache auch in der so gekennzeichneten Betonung gilt.
Beispiel: anbei [ˈanbaɪ, -ˈ-].

Liste der im Wörterbuch benutzten Abkürzungen
Liste des abréviations utilisées dans le dictionnaire

a Adjektiv *adjectif*
a. auch *aussi*
acc Akkusativ *accusatif*
adm Verwaltung *administration*
adv Adverb *adverbe*
aero Luftfahrt *aéronautique*
agr Landwirtschaft *agriculture*
allg allgemein *généralement*
anat Anatomie *anatomie*
arch Architektur *architecture*
arg Argot *argot*
astr Astronomie *astronomie*
attr Attribut *adjectif, épithète*
aux Hilfszeitwort *auxiliaire*
bes. besonders *principalement*
biol Biologie *biologie*
bot Botanik *botanique*
chem Chemie *chimie*
com Handelswesen *commerce*
cond Konditional *conditionnel*
conj Konjunktion *conjonction*
cosm Raumfahrt *astronautique*
d. der, die, das, des, dem, den
dat Dativ *datif*
dial Dialekt *dialecte*
dim Diminutiv *diminutif*
ea. einander *réciproquement*
ecol Umwelt *environnement*
e-e, e-m, e-n, e-r, e-s eine, einem, einen, *einer, eines (à, d')un, e*
el Elektrizität *électricité*
ent Insektenkunde *entomologie*
etc und so weiter *et cætera*
etw etwas *quelque chose*
f weiblich *féminin*
fam familiär *familier*
fig bildlich *figuré*
film Film *cinéma*
fin Geldwesen *finances*
gen Genitiv *génitif*
geog Geographie *géographie*
geol Geologie *géologie*
gram Grammatik *grammaire*
h haben *avoir*
hist Geschichte *histoire*
hum humoristisch *humoristique*
impers unpersönlich *impersonnel*
ind Indikativ *indicatif*
inf Infinitiv *infinitif*
inform Informatik *informatique*
interj Interjektion *interjection*
inv unveränderlich *invariable*
iron ironisch *ironique*
irr unregelmäßiges oder unvollständiges Verb *verbe irrégulier ou défectif*
itr intransitiv *intransitif*
jem, *jdm*, jdn, jds jemand(em, en, es) (à, de) quelqu'un
jur juristisch *juridique*
ling Linguistik *linguistique*
lit gehoben *littéraire*
loc Eisenbahnwesen *chemin de fer*
m männlich *masculin*
mar Seewesen *marine*
math Mathematik *mathématiques*
med Medizin *médecine*
metal Hüttenwesen *métallurgie*
mete Meteorologie *météorologie*
mil Militärwesen *militaire*
min Mineralogie, Bergbau *minéralogie, mines*
mot Kraftfahrwesen *automobilisme*
mus Musik *musique*

n	sächlich *neutre*
od, od	oder *ou*
opt	Optik *optique*
orn	Vogelkunde *ornithologie*
p	Person *personne*
parl	Parlament *parlement*
péj	herabsetzend *péjoratif*
pharm	Arzneimittelwesen *pharmacie*
philos	Philosophie *philosophie*
phot	Photographie *photographie*
phys	Physik *physique*
physiol	Physiologie *physiologie*
pl	Plural *pluriel*
poet	poetisch, literarisch *poétique, littéraire*
pol	Politik *politique*
pop	populär *populaire*
pp	Partizip des Perfekts *participe passé*
ppr	Partizip des Präsens *participe présent*
pred	prädikative Ergänzung *attribut*
pref	Vorsilbe *préfixe*
prn	Pronomen *pronom*
prov	Sprichwort *proverbe*
prp	Präposition *préposition*
psych	Psychologie *psychologie*
qc	etwas *quelque chose*
qn	jemanden *quelqu'un*
radio	Rundfunk *radio*
refl	reflexiv *réfléchi*
rel	Religion *religion*
s	Substantiv *substantif*
orn	Vogelkunde *ornithologie*
s.	siehe *voir*
S	Sache *chose*
scient	wissenschaftlich *scientifique*
s-e, s-m, s-n, s-r, s-s	seine, seinem, seinen, seiner, seines *(à, de) son, sa*
sing	Einzahl *singulier*
sport	Sport *sport*
subj	Konjunktiv *subjonctif*
tech	Technik *technique*
tele	Telefon, Telegraf, Fernsehen *téléphonie, télégraphie, télévision*
theat	Theater *théâtre*
tr	transitiv *transitif*
TV	Fernsehen *télévision*
typ	Buchdruck *typographie*
u., u.	und *et*
v	Verb *verbe*
v prn	reflexives Verb *verbe pronominal*
vet	Tierheilkunde *art vétérinaire*
vulg	vulgär *vulgaire*
vx	veraltet *vieux*
z. B.	zum Beispiel *par exemple*
zoo	Zoologie *zoologie*
zs.	zusammen *ensemble*
Zssg	Zusammensetzung *mot composé*

A

a, A [a] *m inv a;* ▶ *a minuscule, A majuscule* kleines a, großes A.
à [a] *prp* **1.** *Ort:* nach; in; auf; an; von; ▶ *aller ~ Paris* nach P. fahren; *aller ~ l'école* in die, zur Schule gehen; *être ~ P.* in P. sein; *jeter ~ l'eau* ins Wasser werfen; *avoir qc ~ la main* etw in der Hand haben; *(Wunde)* etw an der Hand haben; *~ cent km de P.* 100 km von P. (entfernt); *se mettre ~ table* sich zu *od* an den Tisch setzen; *~ cent mètres d'ici* auf 100 m Entfernung; **2.** *Zeit:* in; zu; um; an; auf; bei; ▶ *au printemps* im Frühling; *~ demain!* bis morgen! *~ tout ~ l'heure!* bis nachher! *je viendrai ~ six heures* ich komme um 6 Uhr; *renvoyer ~ huitaine* um acht Tage verschieben; **3.** *Ziel, Folge:* in; zu; an; *oft dat:* ▶ *écrire ~ un ami* e-m Freund schreiben; *tirer ~ sa fin* s-m Ende zu=gehen; *se mettre ~ l'ouvrage* sich an die Arbeit machen; *chambre ~ louer* Zimmer zu vermieten; **4.** *Art u. Weise, Mittel:* auf; mit; zu; bis; ▶ *~ mes frais* auf meine Kosten; *machine f ~ vapeur* Dampfmaschine *f; ~ grand-peine* mit großer Mühe; mit knapper Not; kaum; *~ cent francs la pièce* das Stück zu 100 Francs; *~ deux* zu zweien *od* zweit; **5.** *Besitz, Merkmal:* ▶ *il a une maison ~ lui* er hat ein eigenes Haus; **6.** *Ausrufe: au feu!* Feuer! *au secours!* Hilfe! *~ la vôtre!* auf Ihr Wohl! Prost!
abaissement [abɛsmɑ̃] *m* **1.** Herablassen *n;* **2.** Verminderung *f;* **3.** *(Preis)* Herabsetzung, Senkung, Ermäßigung *f;* **4.** *(Temperatur)* Sinken *n;* **5.** *(mus)* Erniedrigung *f;* **6.** *(Gleichung)* Reduktion *f;* **7.** *(Lot)* Fällen *n;* **8.** *geog* Neigung, Senkung *f;* **9.** *fig* Erniedrigung, Demütigung *f;* ▶ *~ du coût de la vie* Senkung *f* der Lebenshaltungskosten.
abaisser [-e(ɛ)se] **I.** *tr* **1.** herab=, nieder=lassen; erniedrigen; senken; **2.** *(Preis)* senken; *(Kosten)* vermindern, herab=setzen, verringern; **3.** *(Blick)* nieder=schlagen; **4.** *mus* erniedrigen; **5.** *(Gleichung)* reduzieren; **6.** *fig* demütigen, erniedrigen; **II.** *v prn s'~* **1.** sich senken; sinken; ab=nehmen; **2.** *(Nebel, a. Temperatur)* fallen; **3.** *fig* sich demütigen; sich herab=lassen; sich weg=werfen; ▶ *s'~ (jusqu')à faire qc* sich herab=würdigen; so weit gehen, etw zu tun.
abandon [abɑ̃dɔ̃] *m* **1.** Aufgabe; Preisgabe *f;* **2.** *fig* Hingabe, Aufopferung *f;* **3.** Verlassenheit, Hilflosigkeit; Vernachlässigung *f;* **4.** *sport* Aufgabe *f,* Verzicht *m;* **5.** *fig* Ungezwungenheit, lässige Anmut *f;* **6.** *jur* Verzicht *m,* Abtretung, Aufgabe *f;* **7.** *(Kind)* Aussetzen *n;* ▶ *tout est à l'~* alles geht drunter und drüber; **abandonné, e** [-ɔn-] **I.** *a* **1.** verlassen; verwahrlost; **2.** *(Güter)* herrenlos; **3.** *(Verhalten)* ungezwungen; **4.** *(Ort)* verödet; **II.** *s m f* Verlassene(r *m*) *f.* **abandonner I.** *tr* **1.** verlassen; im Stich lassen; **2.** auf=geben, preis=geben, verzichten (*qc* auf e-e S); **3.** *(Kind)* aus=setzen; **4.** *jur mar* abandonnieren; **5.** *(Gegenstand)* zurück=lassen; **6.** *sport* auf=geben.
abasourdir [abazuʀdiʀ] *tr* **1.** betäuben, (ganz) benommen machen; **2.** verblüffen, verdutzen. **abasourdissant, e** *a* verblüffend.
abâtardir [abɑ(a)taʀdiʀ] **I.** *tr* bastardieren; verderben; **II.** *v prn s'~* entarten.
abat-jour [abaʒuʀ] *m inv* **1.** Lampen-, Blendschirm *m;* **2.** Dachfenster *n;* **3.** **abats** *m pl* Innereien; **abat-son** *m inv (Kirchturm)* Schallbrett *n.*
abattage [abataʒ] *m* **1.** (Ab-)Schlachten; **2.** *(Baum)* Fällen *n;* **3.** *min* Abbau, Verhieb *m;* ▶ *avoir de l'~ (fig)* Schwung haben; **abattant** *m* Tischklappe *f;* ▶ *~ de W.-C.* Klosettbrille *f,* -deckel *m;* **abattement** *m* **1.** *com* Abschlag, Nachlaß *m,* Senkung *f;* **2.** Niedergeschlagenheit, Mutlosigkeit; Mattigkeit *f;* **3.** ▶ *~ à la base* Freibetrag *m; ~ des prix* Preissenkung *f;* **abatis** [-ti] *m;* **1.** (Gänse-)Klein *n;* **2.** *fam* Arme u. Beine *pl;* **abattoir** *m* Schlachthaus *n;* **abattre** ‹*Prés. j'abats, ns abattons; Fut. j'abattrai; pp. abattu, e; Subj. que j'abatte, que ns abattions; Impér. abats, abattons*› **I.** *tr* **1.** nieder=werfen; ab=reißen, ab=schlagen; **2.** *(Baum)* fällen; **3.** *(Tier)* schlachten; erlegen; **4.** *(Mauer)* ab=tragen; **5.** *(Vogel, Flugzeug)* ab=schießen; **6.** *(Kegel)* um=legen; **7.** *(Karten)* auf=decken; **8.** niederschießen, abknallen (*qn* jdn); **9.** *fig* schwächen; nieder=drücken, deprimieren; entmutigen; **II.** *v prn s'~* **10.** ein=stürzen, zs.=fallen, herunter=fallen; sich stürzen; nieder=prasseln (*sur* auf *acc*); **11.** *(Wind)* sich legen; **12.** *aero* ab=stürzen; **13.** *(Gewitter)* nieder=gehen; **14.** *(Vögel)* sich nieder=lassen; **15.** *fig* den Mut sinken lassen, verzagen; ▶ *~ son jeu* die Karten auf den Tisch legen; *il abat de la besogne (fam)* der geht

ran; **abattu, e** [-ty] *a fig* **1.** niedergeschlagen, entmutigt; **2.** entkräftet, abgespannt.
abbatial, e [abasjal] *a* Abts-, Abtei-; **abbaye** [abe(ɛ)i] *f* Abtei *f;* **abbé** *m* Abt; *m;* **abbesse** *f* Äbtissin *f.*
abc [abese] *m* **1.** Abc *n;* **2.** *fig* Anfangsgründe *m pl.*
abcès [apsɛ] *m* Abszeß *m* ► *crever l'~ (fig)* die Eiterbeule aufstechen.
abdiquer I. *tr (Thron)* entsagen (*qc;* dat); **II.** *itr* ab=danken; *fig* kapitulieren.
abdomen [abdɔmɛn] *m* **1.** Unterleib *m;* **2.** *(Insekt)* Hinterleib *m.* **abdominal, e** *a:* ► *cavité f ~e* Bauchhöhle *f.*
abécédaire [abesedɛʀ] *m* Fibel *f.*
abeille [abɛj] *f* Biene *f;* ► *~ mâle* Drohn(e *f*) *m; ~ ouvrière* Arbeiterin *f.*
abêtir [abe(ɛ)tiʀ] **I.** *tr* verdummen; **II.** *v prn s'~ (fam)* verblöden. **abêtissement** *m* Verdummung, Verblödung *f.*
abîme [abim] *m* **1.** Abgrund *m;* **2.** *fig* Kluft *f;* ► *être au bord de l'~* am Rande des Abgrunds stehen. **abîmer I.** *tr* **1.** beschädigen, verderben; **2.** scharf kritisieren, übel zurichten; **II.** *v prn s' ~* **3.** versinken *(mar);* **4.** beschädigt werden; *fam* kaputt=gehen.
abject, e [abʒɛkt] *a* niederträchtig, gemein.
abjurer [abʒyʀe] *tr* ab=schwören; *(Meinung)* auf=geben.
ablette [ablɛt] *f zoo* Weißfisch *m.*
ablution [ablysjɔ̃] *f* Waschung *f a. rel;* ► *faire ses ~s (fam)* sich waschen.
abnégation [abnegasjɔ̃] *f* Selbstverleugnung, Opferbereitschaft *f;* ► *faire ~ de soi* sich auf=opfern.
aboi [abwa] *m:* ► *être aux ~s (Jagd)* gestellt sein; *fig* in e-r verzweifelten Lage, in der Klemme sein. **aboiement** [abwamɑ̃] *m* **1.** Gebell, Bellen *n;* **2.** *fig* Geschrei, Gezeter *n.*
abolir [abɔliʀ] *tr* **1.** ab=schaffen; **2.** *fig* verschwinden lassen. **abolition** *f* Abschaffung *f.*
abominable [abɔminabl] *a* abscheulich; greulich, ekelhaft; ► *c'est ~!* das ist (wirklich) e-e Schande. **abomination** *f* Scheußlichkeit *f,* Greuel *m;* ► *avoir qc, qn en ~* etw, jdn verabscheuen; auf jdn sehr schlecht zu sprechen sein.
abondamment [abɔ̃damɑ̃] *adv* in Fülle, reichlich. **abondance** *f* **1.** Fülle *f,* Überfluß *m;* **2.** *phys* Häufigkeit *f;* ► *en ~* im Überfluß; *en grande ~* in Hülle und Fülle; *parler d' ~* aus dem Stegreif reden; *parler avec ~* ausführlich sprechen *(de* über *acc).* **abondant, e** *a* **1.** reichlich, ausgiebig; **2.** *(Regen)* heftig. **abonder** *itr* reichlich vorhanden sein; Überfluß haben (*en* an *dat*); ► *il abonde dans mon sens* er ist ganz meiner Meinung.
abonné, e [abɔne] *m f* **1.** Abonnent, Bezieher *m;* **2.** Abnehmer, Verbraucher *m;* **3.** *(~ du téléphone)* (Fernsprech-)Teilnehmer *m;* **4.** *loc (~ au chemin de fer)* Zeitkarteninhaber *m.* **abonnement** *m* **1.** Abonnement *n,* laufende(r) Bezug *m;* **2.** *loc* Dauerkarte *f;* **3.** *theat* Abonnement *n,* Miete; **4.** *sport* Dauerkarte; **5.** (regelmäßige) Abgabe, (Pauschal-)Gebühr *f;* **6.** *tele* Anschluß *m;* ► *prendre un ~* sich abonnieren (*à* auf *acc*); e-e Dauer-, Zeitkarte kaufen; *~ hebdomadaire* Wochenkarte *f.* **abonner I.** *tr* abonnieren (*qn à qc* jdn auf e-e S); **II.** *v prn* ► *s' ~ à qc (Zeitung)* etw beziehen; für etw e-e Zeitkarte kaufen.
abord [abɔʀ] *m* **1.** *pl* Umgebung *f;* **2.** ► *d' ~* zuerst, zunächst; *au premier ~, de prime ~* von Anfang an, vom ersten Augenblick an; *être d'un ~ facile (fig)* zugänglich sein. **abordable** *a* **1.** zugänglich *a. fig;* **2.** *(Preis)* erschwinglich. **aborder I.** *itr mar* landen, an=legen, längsseits kommen; vor Anker gehen; **II.** *tr* **1.** *mar* entern; **2.** kollidieren, zs.=stoßen (*qc* mit etw); **3.** *(Person)* ansprechen; **4.** *(Problem)* an=packen, in Angriff nehmen; **5.** *(Frage)* vor=nehmen, erörtern, an=schneiden; **6.** *(Arbeit)* beginnen, in Angriff nehmen; **III.** *v prn s'~* sich einander nähern.
aborigène [abɔʀiʒɛn] **I.** *a* einheimisch; **II.** *s pl* Ureinwohner *m pl.*
abortif, ive [abɔʀtif, -iv] *a* abtreibend; *s m* Abtreibungsmittel *n.*
abouler [abule] **I.** *tr fam* raus=rücken; **II.** *v prn fam s'~* (an=)kommen; ► *aboule!* her damit!
aboutir [abutiʀ] **I.** *tr* **1.** *(toucher, confiner)* grenzen, stoßen (*à* an *acc*), reichen (*à* bis zu *dat*); ► *son champ aboutit au mien* sein Feld grenzt an meines; **2.** *(affluer dans, converger, finir dans)* zs.=laufen; münden; ► *la Weser aboutit à la Mer du Nord* die Weser mündet in die Nordsee; **II.** *itr* **3.** *(atteindre un résultat, mener à sa fin, réussir)* führen zu; ► *cela aboutira à une catastrophe* das führt zu einer Katastrophe; *son plan n'a pas abouti* er ist mit seinem Plan nicht durchgedrungen; *faire ~ qc* etwas zu einem guten Ende, zustande bringen; verwirklichen; *cela n' aboutit à rien* das führt zu nichts. **aboutissants** *m pl:* ► *connaître les tenants et les ~ (fig)* gut im Bilde sein. **aboutissement** *m* **1.** Ergebnis *n;* Erfolg *m;* **2.** Endpunkt *m.*
aboyer [abwaje] **I.** *itr* **1.** bellen, an=schlagen; ► *ce chien aboie depuis dix minutes* dieser Hund bellt seit zehn Minuten; **2.** *fam* schreien, zetern; *fig* anbrüllen (*après qn* jdn).
abracadabra [abʀakadabʀa] *m (Zauberformel)* Abrakadabra *n.* **abracadabrant, e** *a* erstaunlich, unwahrschein-

lich, verblüffend.
abrasif, ive [abʀazif, -iv] **I.** *a* (ab)schleifend; **II.** *s m tech* Schleifmittel *n.* **abrasion** [-zjõ] *f* **1.** *med* Abschabung *f;* **2.** *tech* Abschleifen *n;* **3.** *geol* Abrasion *f.*
abréaction [abʀeaksjõ] *f (Psychologie)* Sich-Abreagieren *n,* Abreaktion *f.*
abréagir *itr* ab=reagieren.
abrégé [abʀeʒe] *m* **1.** Zs.fassung *f;* **2.** (kurzer) Abriß; Auszug *m; en* ~ (kurz) zs.gefaßt; auszugsweise. **abréger** [-bre-] ‹*Prés. j'abrège ns abrégeons; Fut. j'abrégerai; pp. abrégé, e*› *tr* **1.** *(Wort)* ab=kürzen; **2.** *(Buch)* zs.=fassen; **3.** *(Silbe)* kürzen; **4.** *(Zeitdauer)* ab-, verkürzen; ▶ *pour* ~ um mich kurz zu fassen.
abreuvage, abreuvement [abʀœvaʒ, -mã] *m* Tränken *n.* **abreuver I.** *tr* **1.** tränken; **2.** *fig* überschütten; überhäufen (*d'outrages* mit Beleidigungen); **II.** *v prn s'*~ *(Tier)* saufen. **abreuvoir** *m* Tränke *f.*
abréviation [abʀevjasjõ] *f* Abkürzung *f.*
abri [abʀi] *m* **1.** *(Ort)* Obdach *n;* Zufluchtsort, Unterschlupf *m;* Schutzdach *n;* **2.** Wartehalle *f;* **3.** *mil* Unterstand; Luftschutzraum, -keller *m;* ▶ *à l'* ~ *de* geschützt gegen, sicher vor *dat; se mettre à l'*~ sich unter=stellen; *mil* in Deckung gehen; ~ *antiaérien* Luftschutzraum, -keller *m.* **Abribus** [abʀibys] *m (Warenzeichen)* überdachte Bushaltestelle *f.* **abriter I.** *tr* schützen; *(Person)* beherbergen; **II.** *v prn s'*~ sich schützen (*contre, de* gegen, vor *dat*); sich unter=stellen; *mil* in Deckung gehen. **abrivent** *m* Windschutz *m.*
abricot [abʀiko] **I.** *s m* Aprikose *f;* **II.** *a* aprikosenfarbig. **abricotier** [-kɔtje] *m* Aprikosenbaum *m.*
abrogation [abʀɔgasjõ] *f jur* Aufhebung, Außerkraftsetzung *f.* **abroger** [abʀɔʒe] ‹*Prés. j'abroge, ns abrogeons; Fut. j'abrogerai; pp. abrogé, e*› *tr jur* außer Kraft setzen.
abrupt, e [abʀypt] *a* **1.** steil, abschüssig, schroff; jäh abfallend; **2.** *fig; (Charakter)* schroff; **3.** *(Frage)* unvermittelt.
abruti, e [abʀyti] **I.** *a* **1.** *fig* abgestumpft, verblödet; **2.** *fam* blöd, doof; **II.** *s m fam* Dummkopf *m.* **abrutir I.** *tr* **1.** stumpfsinnig machen, verblöden; **2.** *fig* ab=stumpfen, verdummen; **II.** *v prn s'*~ stumpfsinnig werden; verblöden; ▶ *s'*~ *de travail (fam)* sich kaputt=arbeiten; **abrutissant, e** *a* stumpfsinnig; **abrutissement** *m* Verdummung *f.*
abscisse [apsis] *f math* Abszisse *f.*
absence [apsãs] *f* **1.** Abwesenheit *f;* Nichterscheinen, Ausbleiben; Fehlen, Fernbleiben *n;* **2.** *jur* Verschollenheit *f;* **3.** *pl* Geistesabwesenheit, Zerstreutheit *f;* ▶ *en l'*~ in Abwesenheit (*de qn* jds); *il a des* ~*s* er ist zeitweilig geistesabwesend. **absent, e** [-sã, -t] **I.** *a* **1.** abwesend; verreist; **2.** geistesabwesend, zerstreut, unaufmerksam; **II.** *s m f* Abwesende(r *m*), Fehlende(r *m*) *f;* ▶ *être* ~ fehlen; nicht da sein (*de qc* bei etw).
absentéisme *m* Fehlen, Krankfeiern *n;* ▶ *taux m d'*~ Abwesenheitsquote *f;* ~ *parlementaire* Nichterscheinen *n* der Abgeordneten; ~ *scolaire* Schulschwänzen *n.* **absentéiste** *a* nichtanwesend, fehlend; *s m f* Fehlende(r) *m f,* Nichtanwesende(r) *m f;* Schulschwänzer(in *f*) *m.*
absenter, s' *v prn* sich (kurz) entfernen; weg=gehen; verreisen.
absinthe [apsɛ̃t] *f* **1.** *bot* Wermut *m;* **2.** Absinth *m.*
absolu, e [apsɔly] *a* **1.** unumschränkt, absolut *a.gram;* **2.** ausschließlich; unbedingt; vollkommen; **3.** *(Alkohol)* rein; ▶ *dans l'*~ rein theoretisch; ▶ *majorité f* ~*e* absolute Mehrheit *f.*
absolument *adv* unumschränkt; unbedingt; vollständig, völlig; durchaus; absolut; ▶ *refuser* ~ rundweg ab=lehnen; *c'est* ~ *défendu!* das ist strengstens verboten! ~ *pas!* keinesfalls! ~ *rien* gar nichts.
absolution [apsɔlysjõ] *f* Absolution *f.*
absolutisme [apsɔlytizm] *m* Absolutismus *m.* **absolutiste** *a* absolutistisch.
absorbant, e [apsɔʀbã, -t] **I.** *a* **1.** absorbierend, aufsaugend; **2.** *fig* stark in Anspruch nehmend; **II.** *s m* Absorptionsmittel *n;* ▶ *travail m* ~ aufreibende Arbeit *f.* **absorbé, e** *a fig m* (ganz in Gedanken) vertieft, versunken (*dans* in *acc*). **absorber I.** *tr* **1.** auf=saugen, auf=zehren, schlucken, in sich auf=nehmen; **2.** *(Speise)* zu sich nehmen; **3.** *fig* stark in Anspruch nehmen; **4.** *chem* binden; **5.** *tech* absorbieren; **6.** *(Stoß)* auf=fangen; **7.** *(Ware)* auf=nehmen; **II.** *v prn s'*~ sich vertiefen (*dans qc* in e-r S).
absorption [apsɔʀpsjõ] *f* **1.** Aufsaugen *n;* Aufnahme *f;* **2.** *fig* Verschwinden; Aufgehen *n* (*dans* in); **3.** *tech chem* Absorption *f;* ▶ ~ *de capital* Kapitalabschöpfung *f.*
absoudre [apsudʀ] ‹*Prés. j'absous, ns absolvons; Fut. j'absoudrai; pp. absous, oute; Subj. que j'absolve, que ns absolvions; Impér. absous, absolvons*› *tr rel* los-, frei=sprechen; die Absolution erteilen (*qn* jdm).
abstenir, s' [apstəniʀ] *v prn* **1.** sich enthalten (*de qc* e-r S *gen*); unterlassen, bleiben=lassen; **2.** *pol* sich der Stimme enthalten. **abstention** [-tã-] *f* **1.** Enthaltung; Unterlassung; Verzichtleistung *f;* **2.** Stimmenthaltung *f.* **abstentionnisme** [-sjɔ-] *m* Wahlmüdigkeit *f.* **abstentionniste** *m* Nichtwähler *m.*
abstinence [apstinãs] *f rel* Abstinenz, Enthaltsamkeit *f* (*de qc* gen); ▶ *jour m d'*~ Fasttag *m.* **abstinent, e** *a* absti-

nent, enthaltsam.
abstraction [apstʀaksjɔ̃] *f* **1.** abstrakte(r) Begriff *m;* Abstraktion *f;* **2.** *péj* Hirngespinst *n;* ▶ *faire* ~ ab=sehen (*de qc* von etw), beiseite lassen (*de qc* etw); ~ *faite de* abgesehen von. **abstraire** ‹*Prés. j'abstrais, ns abstrayons; Fut. j'abstrairai; pp. abstrait, e; Subj. que j'abstraie, que ns abstrayions; Impér. abstrais, abstrayons*› **I.** *tr* abstrahieren; begrifflich erfassen; **II.** *v prn s'*~ sich zurück=ziehen (*de* von); sich vertiefen, sich vergraben (*dans* in *acc*). **abstrait, e** [-tʀɛ, -ɛt] **I.** *a* **1.** abstrakt, rein begrifflich; (nur) gedacht; **2.** *(Zahl)* abstrakt, unbenannt; **3.** *fam* schwerverständlich; **II.** *s m* Abstrakte(s) *n.*
abstrus, e [apstʀy, -z] *a* dunkel, abstrus; schwerverständlich.
absurde [apsyʀd] **I.** *a* unsinnig, ungereimt, abgeschmackt; ▶ *c'est* ~ das ist Unsinn. **absurdité** *f* **1.** Ungereimtheit *f,* Widersinn *m;* Absurdität *f;* **2.** *pl* Unsinn *m.*
abus [aby] *m* **1.** Mißbrauch *m;* Übermaß *n,* Übertreibung *f;* **2.** Mißstand, Übelstand *m;* ▶ ~ *de confiance* Vertrauensbruch *m.* **abuser** [-ze] **I.** *tr* täuschen, hintergehen; **II.** *itr* **1.** mißbrauchen (*de qc, qn* etw, jdn); aus=nutzen (*de qn* jdn); **2.** (*Befugnisse*) überschreiten; **III.** *v prn s'*~ sich täuschen, sich irren; sich Illusionen hin=geben; ▶ *je ne veux pas* ~ *de vous* ich will nicht zuviel von Ihnen verlangen; *j'abuse de votre temps* ich raube Ihre Zeit. **abusif, ive** *a* **1.** mißbräuchlich; irreführend, falsch; **2.** übermäßig.
acabit [akabi] *m:* ▶ *du même* ~ von derselben Art, desselben Schlags.
acacia [akasja] *m bot* Akazie *f.*
académicien [akademisjɛ̃] *m* Mitglied *n* e-r Akademie, *bes. der Académie française.* **académie** [-mi] *f* **1.** Akademie; **2.** Schule *f;* Unterrichts-, Schulbezirk; **3.** *(Malerei)* Akt; **4.** *fam* Figur *f.* **académique** *a* akademisch *(a. Stil).*
acajou [akaʒu] *m bot* Mahagoni *n,* -baum *m.*
acanthe [akɑ̃t] *f* **1.** *bot* Bärenklau *f;* **2.** *arch* Akanthus(blatt *n*) *m.*
acariâtre [akaʀjɑtʀ] *a* streitsüchtig, zänkisch.
accablant, e [akablɑ̃, -ɑ̃t] *a* **1.** er-, niederdrückend; **2.** *(Hitze)* drückend; ▶ *preuves f pl* ~*es* erdrückende Beweise *m pl.* **accabler** *tr* **1.** lästig werden (*qn* jdm); **2.** *(Müdigkeit)* übermannen (*qn* jdn); ▶ ~ *de reproches* mit Vorwürfen überhäufen; ~*é de fatigue* todmüde; ~*é de travail* überlastet.
accalmie [akalmi] *f* **1.** *(Regen)* kurze Beruhigung; *fig* **2.** Atempause *f;* **3.** *com* Stille, geschäftlich ruhige Zeit, Flaute *f.*
accaparer [akapaʀe] *tr* **1.** auf=kaufen; hamstern; **2.** an sich *(acc)* reißen, mit Beschlag belegen; **3.** *(Aufmerksamkeit)* auf sich *(acc)* ziehen.
accéder [aksede] ‹*Prés. j'accède, ns accédons; Fut. j'accéderai; pp. accédé, e*› *tr* **1.** Zugang haben, führen (*à* zu); **2.** *(Person)* gelangen) (*à* zu); Zutritt haben (*jusqu'à qn* bei jdm); **3.** *(e-r Bedingung)* zu=stimmen; **4.** *(Bitte)* gewähren (*à qc* etw); **5.** *(e-n Antrag)* bewilligen.
accélérateur [akseleʀatœʀ] *m* **1.** *tech* Beschleuniger *m;* **2.** *mot* Gaspedal *n.*
accélération *f* Beschleunigung *f.*
accéléré *m film* Zeitraffer *m.* **accélérer** ‹*Prés. j'accélère, ns accélérons; Fut. j'accélérerai; pp. accéléré, e*› **I.** *tr* *(Arbeit, Schritte)* beschleunigen; **II.** *itr mot* Gas geben; **III.** *v prn s'*~ schneller werden.
accent [aksɑ̃] *m* **1.** Akzent *m;* Betonung *f,* Tonfall *m;* **2.** *fig* Nachdruck *m;* Hervorhebung *f;* ▶ *mettre l'*~ *sur qc* etw (besonders) betonen, hervor=heben, heraus=stellen; *l'*~ *tombe sur la première syllabe* der Ton liegt auf der ersten Silbe. **accentuation** [-tya-] *f* **1.** Betonung *f;* **2.** *fig* Verstärkung, Verschärfung, Steigerung *f.* **accentuer** [-tye] **I.** *tr* **1.** betonen; e-n Akzent setzen (*qc* auf *acc*); **2.** hervor=heben, unterstreichen; verstärken; **II.** *v prn s'*~ **1.** klarer, deutlicher werden; zu=nehmen, sich verstärken; **2.** *(Frost)* sich verschärfen.
acceptable [aksɛptabl] *a* annehmbar.
acceptation *f* **1.** Über-, Ab-, Annahme *f;* **2.** *com* Akzept(vermerk *m*) *n.* **accepter** *tr* **1.** auf=, ab=, an=nehmen; in Empfang nehmen; **2.** *(Vorschlag)* zu=stimmen (*qc* dat); **3.** *(Risiko)* eingehen; **4.** *(Wechsel)* akzeptieren. **acception** [-sjɔ̃] *f (Wort)* Sinn *m,* Bedeutung *f;* ▶ ~ *figurée* übertragene Bedeutung *f.*
accès [aksɛ] *m* **1.** Zugang, Zutritt *m,* Zufahrt *f* (*à un port* zum Hafen, *dans un lieu* zu e-m Ort); **2.** *med* Anfall *m;* Anwandlung *f;* **3.** *(Zorn)* Ausbruch *m;* **4.** *fig* Krise, Unruhe *f;* **5.** *inform* Zugriff *m;* ▶ *donner* ~ *à* führen zu; Zutritt geben zu; *fig* den Zugang eröffnen zu.
accessible [aksɛsibl] **1.** zugänglich, erreichbar (*à* für); **2.** verständlich; **3.** *(Preis)* erschwinglich; **4.** empfänglich (*à* für). **accession** *f;* **1.** Beitritt (*à un traité* zu e-m Vertrag); **2.** *(Thron)* Besteigung *f;* **3.** *(Amt)* Einweisung *f.*
accessoire [aksɛswaʀ] **I.** *a* nebensächlich, untergeordnet; unwesentlich; Neben-; zusätzlich; **II.** *s m;* **1.** Nebensache; unbedeutende Einzelheit *f;* **2.** *tech* Zubehör(teil *m*) *n;* **3.** *pl* (Lohn-)Zulagen *f pl;* **4.** *pl theat* Requisiten *n pl.*
accident [aksidɑ̃] *m* **1.** Unfall *m,* Unglück *n;* **2.** Zufall *m;* **3.** *(Boden)* Unebenheit *f;* **4.** *mus* Versetzungszeichen

n; **5.** *med* Komplikation; (Krankheits-) Erscheinung *f;* **6.** *(Maschine)* Defekt *m,* Panne *f;* ► *par* ~ zufällig; *avoir un* ~ verunglücken; ~ *d'auto* Autounfall *m;* ~ *d'avion, de chemin de fer, de (la) circulation* Flugzeug-, Eisenbahn-, Verkehrsunfall *m;* ~ *nucléaire* Atomunfall *m;* ~ *du travail* Arbeitsunfall *m.* **accidenté, e I. 1.** *a (Landschaft)* uneben, wellig, hügelig; **2.** *(Person)* verunglückt; **II.** *s m f* Verunglückte(r *m*) *f.* **accidentel, le** *a* zufällig; Unfall-.

acclamation [aklamasjɔ̃] *f oft pl* Zuruf; lebhafte(r), laute(r) Beifall *m.* **acclamer** *tr* zu=jubeln (*qn* jdm); applaudieren (*qn* jdm).

acclimatation [aklimatasjɔ̃] *f* Akklimatisierung *f.* **acclimater I.** *tr* **1.** akklimatisieren; **2.** *fig* ein=führen, heimisch machen; **II.** *v prn s'*~ heimisch werden.

accointance [akwɛ̃tɑ̃s] *f péj:* ► *avoir des* ~*s* gute Beziehungen haben (*avec qn* zu jdm).

accolade [akɔlad] *f;* **1.** Akkolade *f;* **2.** *hist* Ritterschlag *m* **3.** *mus typ* geschweifte Klammer *f.*

accommodant, e [akɔmɔdɑ̃, -t] *a* verträglich, gefällig; umgänglich. **accommodation** *f* **1.** *(Auge)* Akkommodation; *biol* Anpassung *f.* **accommoder I.** *tr* **1.** *(Speisen)* zu=bereiten; **2.** anpassen (*aux circonstances* an die Umstände); **2. II.** *v prn s'*~ sich ein=, an= gewöhnen; sich an=passen (*de* an *acc*); zufrieden sein; sich ab=finden (*de* mit *acc*).

accompagnateur, trice [akɔ̃paɲatœʀ, -tʀis] *m f* **1.** *mus* Begleiter(in *f*) *m;* **2.** Begleitperson *f.* **accompagnement** *m* Begleitung *f.* **accompagner I.** *tr* begleiten *a. mus;* mit=gehen (*qn* mit jdm); **II.** *v prn s'*~ *de* **1.** verbunden sein mit; mit sich bringen, im Gefolge haben; **2.** *(mus)* sich selbst begleiten (*à la guitare* auf der Gitarre).

accompli, e [akɔ̃pli] *a* **1.** vollendet; **2.** vollkommen. **accomplir** *tr* **1.** *(Aufgabe)* erfüllen; *(Plan)* durch=, aus=führen; *(Werk)* zustande bringen, vollbringen; *(Arbeit)* leisten; *(Befehl)* aus=führen; **2.** *(Dienstzeit)* ableisten. **accomplissement** *m* **1.** *(Wunsch)* Erfüllung; **2.** *(Tat)* Durchführung; Verwirklichung *f;* **3.** *(Dienstzeit)* (Ab-)Leistung *f.*

accord [akɔʀ] *m* **1.** Einvernehmen *n,* Übereinstimmung; Eintracht; Einigung *f;* **2.** Zustimmung, Billigung *f;* **3.** Vereinbarung, Übereinkunft; Verabredung, Absprache *f;* Vertrag *m;* **4.** *mus* Akkord *m;* ► *d'*~*! (pop) d'acc* einverstanden! abgemacht! zugegeben! *d'un commun* ~ einstimmig, in gegenseitigem Einverständnis; *en* ~ *avec* im Einverständnis mit; *conclure un* ~ ein Abkommen schließen; *frapper un* ~ e-n Akkord an=schlagen; *se mettre d'*~ sich einig werden (*sur qc* über *acc*); *tomber d'*~ zu e-r Vereinbarung kommen; einig werden (*de, sur* über *acc*). **accord--cadre** *m* Rahmenabkommen.

accordéon [akɔʀdeɔ̃] *m* Akkordeon *n,* Ziehharmonika *f.* **accordéoniste** [-ɔn-] *m* Ziehharmonikaspieler *m.*

accorder [akɔʀde] **I.** *tr* **1.** in Einklang bringen, vereinen; **2.** gewähren; **3.** vereinbaren, aus=machen; **4.** *mus* stimmen; **II.** *v prn s'*~ **5.** überein=stimmen; zuea.passen; harmonieren (*à, avec* mit); **6.** sich einigen, überein=kommen; ► ~ *un crédit* e-n Kredit gewähren; *accordez vos violons!* werdet euch einig! ~ *un délai de paiement* e-e Zahlung stunden.

accoster [akɔste] *tr* **1.** *fam* an=reden (*qn* jdn); **2.** *mar* an=legen (*qc* an e-r S).

accotement [akɔtmɑ̃] *m (Straße)* Rand *m.*

accouchée [akuʃe] *f* Wöchnerin *f.* **accouchement** *m* Niederkunft, Entbindung; Geburt *f.* **accoucher I.** *tr* entbinden; **II.** *itr* **1.** entbunden werden (*de* von), nieder=kommen (*de* mit), zur Welt bringen (*de qc* e-e S); **2.** entbinden; **3.** *fig* zustande bringen (*de qc* e-e S); **4.** *fam* heraus=rücken (*de* mit). **accoucheur** *m* Geburtshelfer *m.*

accouder, s' [akude] *v prn* sich (mit dem Ellbogen) auf=stützen (*sur, à* auf *acc*). **accoudoir** *m* (Arm-)Lehne *f.*

accouplement [akupləmɑ̃] *m zoo* Paarung *f.* **accoupler I.** *tr zoo* paaren; **II.** *v prn s'*~ *(zoo)* sich paaren.

accourir [akuʀiʀ] ‹*Prés. j'accours, ns accourons; Fut. j'accourrai, pp. accouru, e; Subj. que j'accoure, que ns accourions, Impér. accours, accourons*› *itr (meist être)* herbei=eilen, -laufen; *(Menge)* zs.= strömen.

accoutrement [akutʀəmɑ̃] *m* Ausstaffierung, *f;* lächerliche(r) Aufzug *m.* **accoutrer I.** *tr* aus=staffieren, auf=, heraus=putzen; **II.** *v prn s'*~ sich heraus= putzen.

accoutumance [akutymɑ̃s] *f* (An-)Gewöhnung *f* (*à* an *acc*); *(Suchtmittel)* Abhängig-Werden *n.* **accoutumé, e** *a* gewohnt; ► *il n'y est pas* ~ er ist nicht daran gewöhnt. **accoutumer I.** *tr* gewöhnen (*à* an *acc*); **II.** *v prn s'*~ *à* sich gewöhnen an *acc;* vertraut werden mit.

accréditer [akʀedite] *tr* **1.** akkreditieren (*auprès de* bei); **2.** glaubwürdig erscheinen lassen. **accréditif** *m com* Akkreditiv *n,* Kreditbrief *m.*

accroc [akʀo] *m* **1.** Riß *m;* **2.** Schwierigkeit *f,* Hindernis *n.*

accrochage [akʀɔʃaʒ] *m* **1.** *(Bild)* Befestigen; Aufhängen *n;* **2.** *tech* Ankoppeln *n;* **3.** *mot* (leichter) Zusammenstoß *m;* **4.** *fam* Auseinandersetzung *f;* **5.** *radio* Zusammenschaltung *f;* verbindende Worte *n pl;* **6.** *mil* Gefechtsberührung *f;* **7.** Blickfang *m;* Streit *m.* **accroche-cœur** *m* Schmachtlocke *f.* **accrocher I.** *tr* **1.** *(Bild, Mantel)* auf=hängen. ▶ *~ un tableau au mur* ein Bild an die Wand hängen; **2.** *mot* an=fahren; ▶ *il a accroché un véhicule à l'arrêt* er hat einen parkenden Wagen angefahren; **3.** *(Wagen)* ankoppeln; **4.** *mil (Gegner)* fesseln; **5.** *fam (einen guten Posten)* ergattern; **6.** festhalten (*qn* jdn); *(Blick)* auf=fangen; **II.** *v prn; s'~* **7.** sich an=klammern *a. fig (au bras de qn, à un espoir* an jds Arm *(acc),* an e-e Hoffnung); ▶ *s'~ à qn* sich an jdn hängen; *s'~ à qc* sich an e-er S fest=halten; *sa robe s'est accrochée aux barbelés* ihr Kleid hat sich am Stacheldraht festgehakt; **8.** *(Diskussion)* ea. in die Haare geraten, sich streiten (*à propos de* über *acc*); **9.** ▶ *ça accroche (fam)* die Verbindung, Zs.arbeit klappt; *ils accrochent ensemble (fam)* sie passen zs.

accroire [akʀwaʀ] *tr nur inf:* ▶ *en faire ~ à qn* jdm etw weis=, vor=machen.

accroissement [akʀwasmɑ̃] *m* **1.** Wachstum *n,* Zuwachs *m,* Zunahme, Vermehrung, Vergrößerung *f;* **2.** Anwachsen, Steigen *n,* Steigerung *f,* Anstieg *m;* ▶ *taux m d'~ de la population par an* jährliche(r) Bevölkerungszuwachs *m.* **accroître** [akʀwatʀ] ‹*Prés. j'accroîs, ns accroissons; Fut. j'accroîtrai; pp. accru, e; Subj. que j'accroisse, que ns accroissions; Impér. accroîs, accroissons*› **I.** *tr* vergrößern, erweitern, steigern, aus=breiten; **II.** *v prn s'~* größer werden, sich verbreiten; sich vermehren.

accroupir, s' [akʀupiʀ] *v prn* sich nieder=kauern, sich ducken; (sich) nieder=hocken; ▶ *être, se tenir accroupi* kauern; hocken.

accru, e [akʀy] *a* **1.** *fig* verstärkt; **2.** *(Anstrengung)* vermehrt; gesteigert.

accueil [akœj] *m* Empfang *m,* Aufnahme *f;* ▶ *faire bon ~* gut auf=nehmen (*à qc, qn* etw, jdn). **accueillant, e** *a* **1.** zugänglich, freundlich, liebenswürdig; **2.** gastfreundlich. **accueillir** ‹*Prés. j'accueille, ns accueillons; Fut. j'accueillerai; pp. accueilli, e; Subj. que j'accueille, que ns accueillions; Impér. accueille, accueillons*› *tr* an=, auf=nehmen, empfangen; ▶ *être bien accueilli* Anklang finden; gut, herzlich aufgenommen werden.

acculer [akyle] *tr* in die Enge treiben.

accu(mulateur) [aky(mylatœʀ)] *m* **1.** *el* Akku(mulator), Sammler *m;* **2.** *(Wasser)* Speicher *m.* **accumulation** *f* **1.** *(Geld, Kapital)* Anhäufung, Ansammlung *f;* **2.** *tech* Speicherung *f.* **accumuler I.** *tr* **1.** auf=, an=häufen; zs.=tragen; **2.** *(Energie)* speichern; **II.** *v prn s'~* an=wachsen; sich an=sammeln.

accusateur, trice [akyzatœʀ] *a* anklagend. **accusatif** *m gram* Akkusativ, Wenfall *m.* **accusation** *f* **1.** Anklage *f;* **II.** An-, Beschuldigung *f;* ▶ *mettre en ~* an=klagen; *porter une ~* Klage erheben (*contre* gegen *acc*). **accusé, e I.** *s m f* Angeklagte(r *m*) *f;* **II.** *a* betont, ausgeprägt, stark hervortretend; ▶ *traits m pl ~s* scharfe Gesichtszüge *m pl; ~ m de réception* Empfangsbestätigung *f.* **accuser I.** *tr* **1.** an=klagen, beschuldigen, bezichtigen (*qn de qc* jdn e-r S *gen*); Anklage erheben (*qn* gegen jdn); **2.** *(Zunahme)* an=zeigen, auf=weisen; **3.** *(Umrisse)* hervor=heben, hervor=treten lassen; **II.** *v prn s'~* **4.** sich an=klagen, sich beschuldigen; **5.** hervor=treten; ▶ *~ réception* den Empfgang bestätigen (*de qc* gen).

acerbe [asɛʀb] *a (Kritik)* verletzend, scharf.

acéré, e [aseʀe] *a* **1.** *(Klinge)* scharf; **2.** *fig (Spott)* schneidend, scharf.

acétate *m* Azetat *n;* ▶ *~ d'aluminium* essigsaure Tonerde *f.* **acétone** *f* Azeton *n;* **acétylène** [-tilɛn] *m* Azetylen *n.*

achalandé, e [aʃalɑ̃de] *a* ▶ *bien ~ (Laden)* mit reicher Auswahl.

acharné, e [aʃaʀne] *a* **1.** *(Kampf)* erbittert; **2.** *(Gegner)* hartnäckig; **3.** versessen (*à* auf *acc*); zäh. **acharnement** *m* Zähigkeit, Verbissenheit, Versessenheit *f.* **acharner, s'** *v prn* unaufhörlich verfolgen (*sur, contre qn* jdn); verbissen kämpfen *od* arbeiten; versessen sein (*à* auf *acc*); ▶ *s' ~ à faire qc* etw eifrig betreiben, hartnäckig hinter e-r S her sein.

achat [aʃa] *m* **1.** Kauf; An-, Einkauf *m;* **2.** Abnahme *f,* Bezug *m;* **3.** Erwerb *m;* Anschaffung *f;* ▶ *faire des ~s* ein=kaufen; *contrat, pouvoir, prix m d'~* Kaufvertrag *m,* -kraft *f,* -preis *m.*

acheminement [aʃ(ə)minmɑ̃] *m* Beförderung; (Weiter-)Leitung; Leitweg *f.* **acheminer I.** *tr* **1.** in Marsch setzen (*sur, vers* nach); **2.** *(Paket)* befördern; **3.** *(Nachricht, Transport)* weiter=leiten (*vers* nach); **II.** *v prn s'~* **4.** sich auf den Weg machen; s-e Schritte lenken, sich begeben (*vers* nach); **5.** *(Verhandlungen)* auf dem Wege sein (*vers* zu *dat*).

acheter [aʃte] ‹*Prés. j'achète, ns achetons; Fut. j'achèterai; pp. acheté, e*› **I.** *tr* **1.** kaufen (*à, pour qn* für jdn); (ein=)kaufen (*à* bei); an=, ab=kaufen; *(Waren)* beziehen; *(bei e-r Versteigerung)* erstehen; **2.** bestechen; ▶ *~ en bloc* in Bausch u. Bogen kaufen; *~ à crédit* auf Kredit kaufen; *~ au détail* im Einzelhandel, im kleinen kaufen; *~ en gros* im Großhandel, in großer Menge, im großen kaufen. **acheteur, se** *m f* Käu-

fer(in *f*); *(Ware)* Bezieher, Abnehmer *m;* ▶ *être* ~ als Käufer auf=treten; *trouver* ~ e-n Abnehmer finden.
achevé, e [aʃveʒ] *a:* ▶ *d'un ridicule* ~ geradezu lächerlich. **achever** ‹*Prés. j'achève, ns achevons; Fut. j'achèverai; pp. achevé, e*› **I.** *tr* **1.** vollenden; beenden; fertig=stellen; *(Leben, Tag)* ab=, beschließen; **2.** den Garaus machen (*qn* jdm), töten; **3.** zugrunde richten (*qn* jdn); **4.** *(Wild)* den Gnadenstoß geben; **II.** *v prn s'*~ zu e-m Ende, zum Abschluß kommen; fertig werden. **achèvement** [aʃɛvmɑ̃] *m* **1.** Abschluß *m;* Fertigstellung *f;* Ausbau *m;* **2.** *fig* Vollendung *f.*
achoppement [aʃɔpmɑ̃] *m:* ▶ *pierre f d'*~ Stein *m* des Anstoßes.
acide [asid] **I.** *a* **1.** sauer, säuerlich; **2.** *fig* scharf, beißend; **II.** *s m* **1.** Säure *f;* **2.** LSD *n;* ▶ *résistant aux* ~*s* säurefest, säurebeständig; ~ *désoxyribonucléique* Desoxyribonukleinsäure *f;* ~ *carbonique* Kohlensäure *f;* ~ *chlorhydrique* Salzsäure *f;* ~ *ribonucléique* Ribonukleinsäure *f;* ~ *sulfurique* Schwefelsäure *f.* **acidité** *f* **1.** saure(r) Geschmack *m;* **2.** *fig* Herbheit, Schärfe *f.* **acidulé, e** [-dyle] *a* säuerlich; *(bonbons)* ~*s m pl* (saure) Drops *m pl.*
acier [asje] *m* Stahl *m;* ▶ *d'*~, *en* ~ stählern; ~ *inoxydable* rostfreie(r) Stahl *m.*
aciérie [asjeʀi] *f* Stahlwerk *n,* Hütte *f.*
acné [akne] *f med* Akne; Finne *f,* Pickel *m.*
acolyte [akɔlit] *m* **1.** Gehilfe; Gefährte; Helfershelfer *m;* **2.** *rel* Akoluth *m.*
acompte [akɔ̃t] *m* **1.** Abschlagszahlung; Anzahlung *f* (*sur* auf *acc*); **2.** *(auf den Lohn)* Vorschuß *m;* Rate *f;* ▶ *par* ~*s* auf Raten; *donner, verser un* ~ e-e Anzahlung leisten, an=zahlen; *payer par* ~*s* in Raten zahlen.
acoquiner, s' [sakɔkine] *v prn* sich ein=lassen (*à qn* mit jdm).
Açores, les [asɔʀ] *f pl* die Azoren.
à-côté [akote] *m* **1.** Nebenerscheinung *f.*
à-coup *m* Ruck, Stoß *m;* Stockung *f;* ▶ *par* ~*s* stoß-, ruckweise.
acoustique [akustik] **I.** *a* akustisch; **II.** *s f* Akustik, Schallehre *f.*
acquéreur [akeʀœʀ] *m* Käufer, Erwerber *m.* **acquérir** ‹*Prés. j'acquiers, ns acquérons; Fut. j'aquerrai; pp. acquis, e, Subj. que j'acquière, que ns acquérions; Impér. acquiers, acquérons*› *tr* **1.** erwerben; kaufen, an=schaffen; **2.** erlangen; **3.** *(Achtung)* gewinnen; **4.** *(Gewohnheit)* an=nehmen; **5.** *(Erfahrungen)* sammeln.
acquiescement [akjɛsmɑ̃] *m* Zustimmung (*à* zu *dat*); Einwilligung (*à* in *acc*); *(Urteil)* Anerkennung *f.* **acquiescer** ‹*Prés. j'acquiesce, ns acquiesçons; Fut. j'acquiescerai; pp. acquiescé, e; Subj. que j'acquiesce, que ns acquiescions; Impér. acquiesce, acquiesçons*› *tr* bei=, zu=stimmen; ein=willigen (*à* in *acc*); ein=gehen (*à* auf *acc*).
acquis, e [aki, -iz] **I.** *a* **1.** erworben; **2.** *fig* gesichert; **3.** *(Person)* ergeben (*à qn, qc* jdm, e-r S); **II.** *s m* erworbene Kenntnisse *od* Erfahrungen *f pl;* Wissen *n;* Errungenschaften *f pl;* ▶ *droits m pl* ~ wohlerworbene Rechte *n pl; faits m pl* ~ feststehende Tatsachen *f pl; être* ~ *à qn, à une cause* ganz zu jdm, e-r S stehen; *c'est un point* ~ das steht fest.
acquisition *f* Erwerb; Kauf *m;* Anschaffung *f;* **2.** *(Kenntnisse)* Erwerb *m,* Erlangung *f;* **3.** erworbene(s) Gut *n;* Errungenschaft *f;* ▶ *faire l'*~ *de qc* etw erwerben.
acquit [aki] *m* Quittung *f;* ▶ *par* ~ *de conscience* zur Beruhigung des Gewissens; *pour* ~ Betrag (dankend) erhalten.
acquittement *m* **1.** (Be-)Zahlung, Begleichung *f;* **2.** Freispruch *m;* **acquitter** *tr* **1.** (be-)zahlen, entrichten, begleichen; *(Rechnung)* quittieren; **2.** *jur* frei=sprechen; **II.** *v prn s'*~ **3.** leisten, verrichten (*de qc* etw); **4.** *(Pflicht)* erfüllen, tun; **5.** *(e-r Verpflichtung)* nach=kommen; **6.** *(Schuld)* sich entledigen; **7.** *(Auftrag)* aus=führen.
âcre [ɑkʀ] *a* **1.** beißend; ätzend; **2.** *fig* bissig, verletzend. **âcreté** [-krə-] *f* Schärfe; Herbheit *f a. fig.*
acrimonie [akʀimɔni] *f* Bitterkeit, Schärfe *f.*
acrobate [akʀɔbat] *m* Akrobat *m.* **acrobatie** [-si] *f* **1.** Akrobatik *f;* **2.** *fig* Virtuosentum *n;* ▶ ~ *aérienne* Kunstflug *m.* **acrobatique** [-tik] *a* akrobatisch.
acte [akt] *m* **1.** Handlung, Tat *f;* **2.** *jur* Rechtsgeschäft *n;* Urkunde *f;* **3.** *theat* Akt, Aufzug *m;* **4.** *pl* Protokolle *n pl;* ▶ *dresser un* ~ schriftlich beurkunden (*de qc* etw); e-e Urkunde auf= setzen; *faire* ~ *d'autorité* ein Machtwort sprechen; *faire* ~ *de présence* kurz anwesend sein; *prendre* ~ zu Protokoll nehmen (*de qc* etw); *fig* sich merken, zur Kenntnis nehmen (*de qc* etw); *A*~*s des apôtres* Apostelgeschichte *f;* ~ *de baptême, décès, mariage, naissance* Tauf-, Toten-, Trau-, Geburtsschein *m;* ~*s de l'état civil* Standesamtsregister *n;* ~ *de dernière volonté* letztwillige Verfügung *f.* **acteur, trice** *m f* **1.** Schauspieler(in *f*) *m;* **2.** *fig* Beteiligte(r *m*) *f.* **actif, ive** **I.** *a* **1.** tätig, handelnd; eifrig, rührig, tatkräftig, aktiv; rege, munter; **2.** *chem mil* aktiv; **II.** *s m gram* Aktiv *n; com* Aktiva *n pl,* Vermögenswert *m pl; avoir à son* ~ für sich verbuchen können; *population f active* erwerbstätige Bevölkerung *f.*
action [aksjɔ̃] *f* **1.** Handlung, Tat, Tätig-

keit *f;* **2.** *chem tech* Wirkung *f;* Vorgang *m;* **3.** *jur* Klage *f;* **4.** *com* Aktie *f;* Anteilschein *m;* **5.** *theat* Handlung *f;* Verlauf *m;* **6.** *inform* Befehl *m;* ► *en ~ (Maschine)* in Betrieb; *créer* od *émettre, détenir, libérer des ~s* Aktien aus=geben, besitzen, ein=zahlen; *entrer en ~* ein=greifen, in Aktion treten; *être, mettre en ~* in Betrieb sein, setzen; *intenter une ~* Klage erheben; *souscrire à des ~s* Aktien zeichnen; *passons à l'~* also los! tun wir etwas! *champ m d'~* Wirkungsbereich *m;* *~ de grâce* Danksagung *f;* *~ au porteur* Inhaberaktie *f.* **actionnaire** [-ksjɔ-] *m* Aktieninhaber *m.* **actionner** *tr* **1.** *tech* an=treiben, in Gang setzen; **2.** *fam* in Trab bringen (*qn* jdn).

activer [aktive] **I.** *tr* beleben; beschleunigen; fördern; *(Feuer)* schüren; **II.** *v prn s'~* geschäftig sein. **activiste** *m pol* Aktivist *m.* **activité** *f* **1.** Tätigkeit, Regsamkeit *f;* Fleiß *m;* **2.** Betätigung, Beschäftigung *f;* **3.** aktive(r) Dienst *m;* **4.** Wirtschaft, Konjunktur *f;* ► *en pleine ~* auf vollen Touren, in Betrieb; *mettre en ~* in Betrieb setzen.

actuaire [aktɥɛʀ] *m* Versicherungsmathematiker *m.*

actualiser [aktɥalize] *tr* aktualisieren, gegenwartsnah gestalten. **actualité** *f* **1.** Zeitgemäßheit, Aktualität, Gegenwart(snähe) *f;* **2.** *(l'~ quotidienne)* Zeit-, Tagesgeschehen *n;* **3.** *pl film* Wochenschau; *video* Tagesschau *f;* ► *d'~* aktuell. **actuel, le** *a* **1.** gegenwärtig; heutig; **2.** augenblicklich; **3.** aktuell, zeitgemäß; **4.** *(Frage)* brennend; **5.** *(Umstände)* bestehend, herrschend.

acuité [akɥite] *f* **1.** Schärfe *f (a. des Geistes);* **2.** *(Schmerz)* Heftigkeit *f;* **3.** *(Krise)* Zuspitzung *f;* ► *~ auditive* Schärfe *f* des Gehörs; *~ visuelle* Sehschärfe *f.*

acuponcture [akypɔ̃ktyʀ] *f med* Akupunktur *f.*

adaptable [adaptabl] *a biol* anpaßbar. **adaptateur** *m* **1.** *el* Vorsatzgerät, Verlängerungsstück *n;* **2.** *phot* Adapter *m;* (Film-, Rundfunk-)Bearbeiter *m.* **adaptation** *f* **1.** Anpassung(svermögen *n*) *f;* **2.** *theat* Bearbeitung *f* (*au théâtre, au cinéma* für das Theater, den Film); ► *~ cinématographique* Filmbearbeitung *f;* *~ radiophonique* Funkbearbeitung *f.* **adapter I.** *tr* **1.** an=passen (*à qc* an e-e S); adaptieren; **2.** *(Plan)* anpassen (*à* dat); umstellen (*à* auf *acc*); **3.** *theat* bearbeiten; nach=dichten; **II.** *v prn s'~* sich an=passen (*à* an *acc*), sich ein=fügen (*à* in *acc*);

additif, ive [aditif, -iv] **I.** *a math* additiv; **II.** *s m chem* **1.** Additiv *n;* **2.** Zusatz; Nachtrag *m.* **addition** [-sjɔ̃] *f* **1.** Zusatz *m;* Beimischung; Hinzufügung *f;* **2.** Addition *f;* Zs.zählen *n;* **3.** *(Gasthaus)* Rechnung *f;* ► *faire une ~* zs.=zählen; *garçon, l'~, s'il vous plaît* (Herr) Ober, bitte zahlen! **additionnel, le** [-sjɔ-] *a* zusätzlich; nachträglich. **additionner** *tr* **1.** zs.=zählen; **2.** *chem* bei=mischen, zu=setzen (*qc à qc* etw e-r S). **additionneuse** *f* Addiermaschine ; **additiver** *f tr:* ► *~ au plomb (mot)* verbleien.

adduction [adyksjɔ̃] *f* Zuführung, Zuleitung *f;* ► *~ d'eau* Wasserversorgung *f.*

adepte [adɛpt] *m* Anhänger *m.*

adéquat, e [adekwa, -at] *a* **1.** adäquat, genau entsprechend; übereinstimmend (*à* mit); **2.** *(Begriff)* genau, treffend.

adhérence [adeʀɑ̃s] *f* **1.** *med* Verwachsung *f;* **2.** *tech* Adhäsion *f,* Haftvermögen *n;* **3.** *el* Reibungswiderstand *m.* **adhérent, e I.** *a* **1.** (an)haftend (*à* an), klebend; **2.** *anat* verwachsen (*à* mit); **II.** *s m* Anhänger *m;* *(Verein)* Mitglied *n.* **adhérer** ‹*Prés. j'adhère, ns adhérons; Fut. j'adhérerai; pp. adhéré, e*› *itr* **1.** fest=kleben (*à* an *dat*); (an=)haften; **2.** *(e-r Meinung)* bei=, zu=stimmen; **3.** *(e-r Gesellschaft)* bei=treten; *(in e-e Partei)* ein=treten (*à* in); ► *~ à la route, au sol (mot) (Reifen)* griffig sein.

adhésif, ive [adezif, -iv] **I.** *a* klebrig, (an-)haftend; **II.** *s m* Klebstoff *m;* Bindemittel *n.* **adhésion** *f* **1.** *phys* Adhäsion *f,* Haftvermögen *n;* **2.** Beitritt(serklärung *f*) *m;* Zutritt *m* (*à* in *acc*); Mitgliedschaft *f;* **3.** Zustimmung *f;* ► *donner son ~* s-n Beitritt erklären.

adieu [adjø] **I.** *interj* lebe wohl! **II.** *s m pl ~x* Abschied *m;* ► *dire ~* Lebewohl sagen (*à qn* jdm); *faire ses ~x* Abschied nehmen (*à qn* von jdm).

adipeux, se [adipø, -øz] *a anat* fettreich.

adjectif, ive [adʒɛktif, -iv] **I.** *a* adjektivisch; **II.** *s m* Eigenschaftswort, Adjektiv *n.*

adjoindre [adʒwɛ̃dʀ] ‹*Prés. j'adjoins, ns adjoignons; Fut. j'adjoindrai; pp. adjoint, e; Subj. que j'adjoigne, que ns adjoignions; Impér. adjoins, adjoignons*› **I.** *tr* **1.** *(Person)* bei=geben, zu=gesellen; hinzu=ziehen; **2.** *(Sache)* beifügen, dazutun (*à* zu *acc);* **II.** *v prn s'~ qn* jdn zu Hilfe nehmen. **adjoint, e** [-ʒwɛ̃, -ɛ̃t] **I.** *a* beigeordnet, stellvertretend; **II.** *s m;* Beigeordnete(r), Stellvertreter *m.*

adjudant [adʒydɑ̃] *m* Hauptfeldwebel *m;* ► *~-chef m* Oberfeldwebel *m.*

adjudicataire [adʒydikatɛʀ] *m* **1.** *(Versteigerung)* Ersteigerer; **2.** *(Ausschreibung)* Submittent *m.* **adjudication** [-sjɔ̃] *f* **1.** Zuschlag *m;* **2.** Versteigerung *f;* **3.** *(Arbeiten)* Vergebung, Ausschreibung *f;* ► *par ~* durch Ausschreibung.

adjuger [adʒyʒe] ‹*Prés. j'adjuge, ns adjugeons; Fut. j'adjugerai; pp. adjugé*› *tr*

1. zu=schlagen, zu=erkennen; **2.** *(Arbeiten)* vergeben; **3.** *jur* zu=sprechen (*qc à qn* jdm etw); ► ~ *au plus offrant* dem Meistbietenden zu=schlagen.

adjurer [adʒyʀe] *tr* **1.** *rel* beschwören; **2.** inständig bitten; ► *je vous adjure de me dire la vérité!* ich flehe Sie an, sagen Sie mir die Wahrheit!

admettre [admɛtʀ] ‹*Prés. j'admets, ns admettons; Fut. j'admettrai; pp. admis, e; Subj. que j'admette, que ns admettions; Impér. admets, admettons*› *tr* **1.** *(laisser entrer)* auf=nehmen, zu=lassen; ► *il a été admis au barreau* er ist als Anwalt zugelassen worden. **2.** *(tenir pour acceptable) (Meinung)* gelten lassen; an=nehmen; ein=räumen, zu=geben (*que* daß); ► *admettons que vous ayez raison* angenommen, Sie haben recht; **3.** *(Widerspruch)* ertragen, dulden; ► *il n'admet pas la contradiction* er duldet keinen Widerspruch; **4.** *(e-m Antrag)* statt=geben, entsprechen; ► *je ne peux ~ votre demande* ich kann Ihrem Verlangen nicht entsprechen; **5.** ► *n'~ aucune exception* keine Ausnahme gestatten.

administrateur, trice [administʀatœʀ, -tʀis] *m f* Verwalter(in *f*); Geschäftsführer(in *f*) *m;* Mitglied *n* e-s Verwaltungsrates. **administratif, ive** *a* Verwaltungs-. **administration** *f* **1.** ► *l'A~* die Verwaltung, die Behörde; **2.** Geschäftsführung *f;* **3.** *med* Verabreichung *f;* **4.** ► *conseil m d'~* Verwaltungs-, Aufsichtsrat *m.* **administrés** [-tʀe] *m pl* Bürger *m pl.* **administrer** *tr* **1.** verwalten; besorgen; **2.** *(Unternehmen)* leiten; **3.** *(Recht)* sprechen; **4.** *(Medikament)* verabreichen, ein=geben; **5.** *rel (Sakramente)* spenden, aus=teilen; **6.** *fam (Schläge)* verpassen.

admirable [admiʀabl] *a* bewundernswert; prächtig; erstaunlich; wunderbar. **admirateur, trice** *m f* Bewunderer; Verehrer(in *f*) *m.* **admiratif, ive** *a* bewundernd. **admiration** *f* Bewunderung *f;* ► *être en ~ devant qc* etw voll Bewunderung betrachten. **admirer** *tr* bewundern; staunen (*qc* über e-e S).

admis, e [admi, -iz] *a* gebräuchlich; anerkannt; ► *il est ~* er ist aufgenommen, zugelassen (*in e-r Gesellschaft, e-n Verein).* **admissibilité** [-si-] *f* Zulassung; Gültigkeit; *(Schule)* Zulassung *f* zur mündlichen Prüfung. **admissible** *a* zulässig; statthaft; annehmbar; (zum Mündlichen) zugelassen. **admission** *f* **1.** Zulassung; *(Verein)* Aufnahme *f;* **2.** *tech* Zufuhr *f,* Eintritt, Einlaß *m;* **3.** *(Krankenhaus)* Einlieferung *f.*

ado [ado] *m f fam* Jugendliche(r) *m f.*

adolescence [adɔlɛsɑ̃s] *f* Jugendalter *n.* **adolescent, e I.** *a* jugendlich; halbwüchsig; **II.** *s m f* Jüngling, Halbwüchsige(r) *m;* junge(s) Mädchen *n.*

adonner, s' [adɔne] *v prn* sich widmen; *(e-r Leidenschaft)* frönen; ganz auf=gehen (*à* in *dat*).

adopter [adɔpte] *tr* **1.** an Kindes Statt an=nehmen, adoptieren; **2.** *(Meinung)* übernehmen, sich zu eigen machen; **3.** *(e-m Plan)* bei=pflichten; **4.** *(Tagesordnung, Gesetz)* an=nehmen; ► *faire ~* durch=setzen, zur Annahme bringen; ~ *à l'unanimité* einstimmig an=nehmen.

adoptif, ive *a* Adoptiv-; ► *père m ~* Pflege-, Adoptivvater *m.* **adoption** [-sjɔ̃] *f* **1.** Adoption, Annahme *f* an Kindes Statt; **2.** Wahl, Billigung, Auf-, Über-, Annahme *f;* ► *~ du budget* Verabschiedung *f* des Haushaltsplans.

adorable [adɔʀabl] *a* **1.** anbetungs-, verehrungswürdig; **2.** reizend, wunderbar. **adorateur, trice** *m f* Verehrer(in *f*); Anbeter(in *f*) *m.* **adoration** *f* **1.** *rel* Anbetung *f;* **2.** Verehrung *f;* ► *être en ~ devant qn* jdn abgöttisch verehren. **adorer** *tr* **1.** *rel* an=beten; **2.** verehren; vergöttern, leidenschaftlich lieben; **3.** *fam* furchtbar gern mögen.

adosser [adose] *tr* an=lehnen (*à, contre* an *acc*); an=bauen.

adoucir [adusiʀ] **I.** *tr* **1.** mildern; beruhigen; erträglich gestalten; erleichtern; **2.** *(Schmerz)* lindern; **3.** *tech* enthärten; polieren; *(Metall)* an=lassen; tempern; *(Wasser)* enthärten; **II.** *v prn s'~ (Kälte)* nach=lassen. **adoucissant, e I.** *a* mildernd; **II.** *s m (Textil)* Weichmacher *m.* **adoucissement** *m* **1.** Milderung *f (a. Wetter);* **2.** *(Schmerz)* Linderung; **3.** *(Farbe)* Abschwächung *f;* **4.** *tech* Weichmachen, Enthärten *n.* **adoucisseur** *m* ► ~ *d'eau* Wasserenthärtungsanlage *f.*

adresse [adʀɛs] *f* **1.** Anschrift, Adresse; Aufschrift *f; inform* Adresse *f;* ► *mettre l'~ sur une enveloppe* die Anschrift auf e-n Briefumschlag schreiben; **2.** Geschicklichkeit, Gewandtheit; Fertigkeit *f.* **adresser I.** *tr* **1.** *(Brief)* richten (*à* an *acc*); (zu=)senden; **2.** schicken, verweisen (*à* an *acc*); **3.** *(Blick)* zu=werfen; **4.** *(Wort)* richten (*à* an *acc*); **5.** *(Dank)* sagen; **6.** *(Antrag)* stellen; **II.** *v prn s'~* sich wenden, sich richten (*à* an *acc*); ► *s'~ à ...* Näheres bei ...; *~ toute demande de renseignements* Auskünfte (*à* durch); ~ *la parole* das Wort richten (*à qn* an jdn); *prendre l'~ de qn* jds Adresse aufschreiben.

Adriatique, l' [adʀiatik] *f* die Adria, das Adriatische Meer *n.*

adroit, e [adʀwa, -at] *a* **1.** geschickt, gewandt (*de* mit; *à* in, bei); **2.** *fig* raffiniert.

adulateur, trice [adylatœʀ, -tʀis] *m f* Schmeichler(in *f*) *m.* **adulation** *f* Kriecherei; Lobhudelei *f.* **aduler** *tr* **1.** krie-

cherisch schmeicheln (*qn* jdm); **2.** *(Kind)* vergöttern; ► *être adulé par qn* von jdm glühend verehrt werden.
adulte [adylt] **I.** *a* er-, ausgewachsen; **II.** *s m f* Erwachsene(r *m*) *f;* ► *âge m* ~ Mannesalter *n; cours m d'*~*s* Lehrgang *m* für Erwachsene.
adultère [adyltɛʀ] **I.** *a* ehebrecherisch; **II.** *s m* Ehebruch *m.* **adultérer** ⟨*Prés. j'adultère, ns adultérons; Fut. j'adultérerai; pp. adultéré, e*⟩ *tr* verfälschen.
advenir [advəniʀ] ⟨*nur inf und 3. Pers. sing: il advient*⟩ *itr* sich ereignen, geschehen; ► *advienne que pourra* komme, was wolle.
adverbe [advɛʀb] *m* Adverb, Umstandswort *n.* **adverbial, e** [-bjal] *a* adverbial.
adversaire [advɛʀsɛʀ] *m* Gegner, Widersacher; *sport* Konkurrent, Rivale *m.* **adverse** *a* feindlich; *partie f* ~ Gegenpartei *f.* **adversité** *f* Mißgeschick *n;* Not *f,* Unglück *n.*
aérage [aeʀaʒ] *m* **1.** (Ent-)Lüftung, Luftzufuhr, Ventilation *f;* **2.** *min* Wetterführung *f.* **aéré, e** *a* **1.** *(Raum)* luftig; **2.** *(Gewebe)* locker. **aérer** ⟨*Prés. j'aère, ns aérons; Fut. j'aérerai; pp. aéré, e*⟩ **I.** *tr* **1.** durch=, aus=lüften; **2.** *(Text)* auflockern; **II.** *v prn s'*~ an die frische Luft gehen. **aérien, ne** *a* **1.** Luft-; **2.** luftig. **aérium** [-ʀjɔm] *m* Kindersanatorium *n.*
aérobic [aeʀɔbik] *m* Aerobic *n.*
aérodrome [aeʀɔdʀom] *m* Flugplatz *m;* **aérodynamique I.** *a* stromlinienförmig, aerodynamisch; **II.** *s f* Aerodynamik *f.* **aérofrein** *m tech* Druckluftbremse *f.* **aérogare** *f* **1.** *(Flughafen)* Abfertigungsgebäude *n;* **2.** *(in der Stadt)* Autobusbahnhof *m* für Busse zum u. vom Flugplatz. **aéroglisseur** *m* Luftkissenboot, -fahrzeug *n.* **aéronaute** [-not] *m* Luftschiffer *m.* **aéronautique I.** *a* Flugzeug-; **II.** *s f* Luftfahrt *f;* ► *industrie f* ~ Flugzeugindustrie *f.* **aéronaval, e I.** *a: base f* ~*e* Seeflughafen *m;* **II.** *s f* Marinefliegerei *f.* **aéronef** *m* Luftfahrzeug *n.* **aéroport** *m* Flughafen *m.* **aéroporté** *a:* ► *troupes f pl* ~*es* Luftlandetruppen *f pl.* **aéropostal, e** *a* Luftpost-. **aérosol** Aerosol *n;* ► *bombe à* ~ Spraydose *f.* **aérospatial, e** *a* Raumfahrt-. **aérotechnique** *f* Luftfahrttechnik *f.* **aérotrain** *m* Luftkissen-, Schwebezug *m.*
affabilité [afabilite] *f* Freundlichkeit *f.* **affable** *a* freundlich, liebenswürdig, leutselig (*avec envers* mit, gegen).
affabulation [afabylasjɔ̃] *f* **1.** *(Roman)* Handlung *f;* **2.** Manipulation, Verdrehung *f* von Tatsachen; Phantastereien *f pl.*
affacturage [afaktyʀaʒ] *m* Factoring *n.*
affadir [afadiʀ] **I.** *tr* geschmacklos, schal, fade machen; **II.** *v prn s'*~ fade werden.
affaiblir [afe(ɛ)bliʀ] **I.** *tr* **1.** (ab=)schwächen; entkräften; erschöpfen; **2.** vermindern; **3.** *(Mut)* lähmen; **II.** *v prn s'*~ schwach werden; ab=nehmen; erschlaffen; verblassen; nach=lassen; ab=klingen. **affaiblissement** *m* **1.** Schwächung; **2.** *(Kräfte)* Abnahme; Erschöpfung *f.*
affaire [afɛʀ] *f* **1.** Angelegenheit, Sache *f;* **2.** *com* Geschäft *n;* Unternehmung *f;* **3.** *jur* Rechtsstreit, Prozeß *m;* **4.** ► *mes* ~*s* meine Siebensachen *f pl;* mein Hab und Gut *n; pour* ~*s (com)* in Geschäften; **5.** ► *avoir* ~ *à qn* mit jdm zu tun haben, *avec qn* in Geschäftsverbindung stehen; *être dans les* ~*s* als Geschäftsmann tätig sein; *faire l'*~ *de qn* jdm gerade recht sein, gelegen kommen; *se tirer d'*~ sich aus der Affäre ziehen; **6.** ► *j'en fais mon* ~ lassen Sie das meine Sorge sein! *il est hors d'*~ er ist außer Gefahr; *vous faites mon* ~ Sie sind mein Mann; *cela fera l'*~ das genügt; *c'est toute une* ~ das ist recht schwierig; *c'est l'*~ *d'un instant* das geht im Handumdrehen; *ce n'est pas votre* ~ das geht Sie nichts an; *c'est son* ~ das ist seine Sache; *l'*~ *est dans le sac* die Sache ist erledigt; *la belle* ~*!* Unsinn! das ist e-e Kleinigkeit! **7.** ► *chiffre m d'*~*s (com)* Umsatz *m; homme m d'*~*s* Geschäftsmann *m; lettre f d'*~*s* Geschäftsbrief *m; voyage m d'*~*s* Geschäftsreise *f;* **8.** ► ~ *criminelle* Kriminalfall *m; pl* Strafsachen *f pl; A*~*s étrangères* auswärtige Angelegenheiten *f pl;* Außenpolitik *f;* ~ *de temps* Frage *f* der Zeit. **affairé, e** *a* stark-, vielbeschäftigt. **affairer, s'** *v prn* sich eifrig zu schaffen machen; ► ~ *autour de qn* sich eifrig um jdn bemühen. **affairiste** *m* Gschaftlhuber; Geschäftemacher *m.*
affaissement [afɛsmɑ̃] *m geol* Senkung *f;* Zs.sacken, Absinken, Sichsetzen *n;* **2.** *med* Verfall *m,* Entkräftung; *(Gesicht)* Erschlaffung *f;* ► ~ *du sol* Bodensenkung *f.* **affaisser, s'** [-e(ɛ)se] *v prn* **1.** sich senken, ab=sinken; zs.=fallen; nach=geben; *(Boden)* sich setzen, sich senken; **2.** *(Person)* zs.=sacken, zs.=brechen.
affaler, s' [afale] *v prn s'*~ zs.=sacken, sich fallen lassen *(sur une chaise* auf e-n Stuhl).
affamé, e [afame] *a* **1.** hungrig (*de* nach); ausgehungert; **2.** begierig (*de* nach). **affamer** *tr mil* aus=hungern.
affectation [afɛktasjɔ̃] *f* **1.** (Zweck-) Bestimmung, Zweckbindung *f;* **2.** Zuweisung, Zuteilung; *(Gebäude, Geld)* Verwendung; *(Stelle)* Einweisung *f* (*à* in *acc*); **3.** gekünstelte(s) Wesen *n;* Ziererei; Manieriertheit *f;* ► *donner une autre* ~ *à qn* jdn versetzen. **affecté, e** *a* geziert, geschraubt; *(Gefühl)* geheuchelt. **affecter I.** *tr* **1.** an=, ein=, zu=

weisen; *mil* zu=teilen; **2.** in Mitleidenschaft ziehen, berühren, an=gehen; betrüben; **3.** *(Form)* an=nehmen; vor=geben, sich den Schein geben; zur Schau tragen; so tun, als ob ...; ▸ *être très affecté par qc* von etw sehr mitgenommen sein. **affection** [-sjõ] *f* **1.** Anhänglichkeit; Zuneigung; Liebe *f;* **2.** *med* Erkrankung *f;* ▸ *prendre qn en* ~ jdn lieb=gewinnen. **affectionner** [-sjɔ-] *tr* e-e Vorliebe haben (*qc* für etw). **affectueux, se** [-tɥø, -øz] *a* herzlich, zärtlich, liebevoll.

affermir [afɛʀmir] **I.** *tr* **1.** (be)festigen, festmachen; **2.** stärken, kräftigen; **3.** *(Person)* bestärken (*dans* in *dat*); **II.** *v prn s'*~ stärker, kräftiger werden.

affichage [afiʃaʒ] *m* **1.** *(Plakat)* Anschlag, Aushang *m;* **2.** Ankleben *n* von Zetteln; *inform* Darstellung; Anzeige *f;* **3.** *fam* Zurschaustellung *f;* ▸ *tableau, panneau m d'*~ Anschlagtafel *f,* Schwarze(s) Brett *n;* ~ *à cristaux liquides (phot)* LCD-Monitor *m,* Flüssigkristallanzeige *f;* ~ *numérique (inform)* Digitalanzeige *f;* ~ *du prix* Preisaushang *m.* **affiche** *f* **1.** Anschlag, Aushang *m;* Plakat *n;* **2.** *theat* Besetzung *f;* **3.** ▸ *apposer, coller, placarder une* ~ ein Plakat an=kleben; *être tête d'*~ die Hauptrolle spielen; *mettre à l'*~ auf den Spielplan setzen; *tenir l'*~ lange auf dem Spielplan bleiben; **4.** ▸ ~ *électorale* Wahlplakat *n;* ~ *de publicité* Werbeplakat *n;* ~ *de théâtre* Theaterplakat *n.* **afficher I.** *itr* **1.** *(Plakat)* an=schlagen; *(Zettel)* an=kleben, an= heften; öffentlich bekannt=machen; **2.** *film* zeigen, spielen; *theat* aufführen; **3.** zur Schau stellen; prahlen (*qc* mit etw); **II.** *v prn s'*~ sich zur Schau stellen *(avec qn* mit jdm); ▸ *défense d'*~ Ankleben verboten! **afficheur** *m inform* elektronische Anzeige *f,* Display *n.* **affichiste** *m* Gebrauchsgraphiker *m.*

affilée [afile] *loc adv: d'*~ hinterea.; pausenlos. **affiler** *tr* schärfen, schleifen, wetzen; *(Messer)* ab=ziehen; ▸ *avoir la langue bien* ~*ée* ein gutes Mundwerk, e-e böse Zunge haben. **affiliation** [-lja] *f (Verein)* Aufnahme; Zugehörigkeit, Mitgliedschaft *f.* **affilié, e** [-lje] *m f* **1.** Mitglied *n;* **2.** Pflichtversicherte(r) *m.* **affilier I.** *tr* **1.** an=gliedern (*à* an *acc*); auf=nehmen (*à* in *acc*); **2.** ▸ *être affilié à un parti* Parteimitglied sein; **II.** *v prn s'*~ Mitglied werden (*à* bei); sich an= schließen (*à* an *acc*); bei=treten.

affinage [afinaʒ] *m (Metall)* Vergütung, Frischung; Reinigung *f.* **affinement** *m fig* Verfeinerung *f.* **affiner I.** *tr* **1.** *tech* läutern, reinigen; **2.** *(Wein, Käse)* ab= lagern; **3.** *(Geschmack) fig* verfeinern, verbessern; **II.** *v prn s'*~ sich verfeinern, sich läutern; *(Gesicht)* feiner werden.

affinité *f;* **1.** Verwandtschaft; Verschwägerung; *fig* Ähnlichkeit *f;* **2.** *chem* Affinität *f.*

affirmatif, ive [afiʀmatif, -iv] **I.** *a* **1.** bejahend; **2.** *(Person, Ton)* entschieden, bestimmt; **II.** *s f* Bejahung *f;* ▸ *dans l'*~*ive* zutreffendenfalls; *répondre par l'*~*ive* (die Frage) bejahen; *réponse f* ~*ive* positive Antwort *f.* **affirmation** *f* **1.** Bejahung; Bestätigung *f;* **2.** Erklärung, Versicherung *f.* **affirmer I.** *tr* **1.** behaupten; bejahen, bestätigen, versichern; **2.** *(den Willen)* bekräftigen; **II.** *v pr; s'*~ deutlich sichtbar machen; sich klar abzeichnen.

affleurer [aflœʀe] **I.** *tr* (ein=)ebnen; *(Rand)* erreichen; **II.** *itr; fig* zum Vorschein kommen.

affliction [afliksjõ] *f* Betrübnis, Trübsal *f;* Kummer *m.*

affligeant, e [afliʒɑ̃, -ɑ̃t] *a* traurig; schmerzlich. **affliger** ‹*Prés. j'afflige, ns affligeons; Fut. j'affligerai; pp. affligé, e*› **I.** *tr* **1.** betrüben; bedrücken; **2.** *(Krankheit)* heim=suchen; ▸ *être* ~*é* a) betrübt sein; b) leiden (*d'une maladie* an e-r Krankheit); **II.** *v prn s'*~ sich grämen; ▸ *je m'afflige, je suis* ~*é* es tut mir sehr leid (*de; que* zu; daß).

affluence [aflyɑ̃s] *f* **1.** An-, Zudrang, Zulauf; **2.** *(Waren)* Zustrom *m;* ▸ *heures f pl d'*~ Hauptgeschäftszeit, -verkehrszeit *f,* Stoßzeiten *f pl.*

affluent [aflyɑ̃] *m* Nebenfluß *m.*

affluer [aflye] *itr* **1.** *(Fluß)* sich ergießen (*dans* in *acc*); **2.** *(Menge)* zs.=, herbei= strömen; **afflux** [afly] *m (Blut)* Andrang *m.*

affolant, e [afɔlɑ̃, -ɑ̃t] *a* bestürzend; erschreckend. **affolé, e** *a* erschrocken, außer sich (*de* vor). **affolement** *m* Verwirrung, Erregung *f,* panische(r) Schrecken *m.* **affoler I.** *tr* **1.** verwirren; erschrecken; **2.** *fam* verrückt machen; **II.** *v prn s'*~ beinahe den Kopf verlieren; *arg (Schule)* hetzen.

affranchi, e [afʀɑ̃ʃi] *m f* **1.** *hist* Freigelassene(r *m*) *f;* **2.** *fam* amoralische(r) Mensch *m.* **affranchir I.** *tr* **1.** *(Sklaven)* frei=lassen; *fig* befreien (*qn de qc* jdn von etw); **2.** *(Brief)* frei=machen; **3.** *fam* auf=klären, auf dem laufenden halten, ins Bild setzen; **II.** *v prn s'*~ sich frei machen (*de* von). **affranchissement** *m* **1.** Freilassung, Befreiung; **2.** *(Brief)* Freimachung *f;* Porto *n.*

affrètement [afʀɛtmɑ̃] *m* Chartern; *(Bus)* Mieten *n.* **affréter** ‹*Prés. j'affrète, ns affrétons; Fut. j'affréterai; pp. affrété, e*› *tr (Schiff)* chartern; *(Bus)* mieten.

affreux, se [afʀø, -øz] **I.** *a* schrecklich, furchtbar; abscheulich; grauenvoll; **II.** *s m.*

affriolant, e [afʀijɔlɑ̃, -ɑ̃t] *a fig* verführerisch.

affront [afRõ] *m* **1.** Beleidigung, Beschimpfung *f;* **2.** Schande, Schmach *f;* ► *faire un* ~ *à qn* jdn (öffentlich) beschimpfen.

affrontement [afRõtmã] *m pol* Konfrontation *f.* **affronter** [-te] **I.** *tr* die Stirne, Trotz bieten (*qn* jdm); *(e-r Gefahr)* trotzen (*qc* dat); **II.** *v prn s'*~ ea. gegenüber=stehen, miteinander rivalisieren.

affubler [afyble] **I.** *tr* heraus=putzen (*qn de qc* jdn mit etw); **II.** *v pr s'*~ sich aus=staffieren.

affût [afy] *m* **1.** *(Jagd)* Anstand *m;* ► *être à l'*~ auf dem Anstand sein; *fig* auf der Lauer liegen. **affûter** *tr* (an=) schärfen; schleifen.

afghan, e [afgã, -an] *a* afghanisch; *s m* Windhund *m.* **Afghan, e** *m f* Afghane *m,* Afghanin *f.* **Afghanistan, l'** *m* Afghanistan *n.*

afin [afɛ̃] *loc prp:* ► ~ *de (prp)* um zu; ~ *que (conj) mit subj* damit; auf daß.

africain, e [afRikɛ̃, -ɛn] *a* afrikanisch. **Africain, e** *s m f* Afrikaner(in *f*) *m.* **afrika(a)ns** [afRikã(s)] *a inv* des Afrikaans; *sm gram* Afrikaans *n.* **Afrique, l'** *f* Afrika *n.* **Afrique du Sud, l'** *f* Südafrika *n.* **afro** [afRo] *a inv* Afro-, afro-. **afro-américain, e** [afRoameRikɛ̃, -ɛn] *a* afroamerikanisch.

agaçant, e [agasã, -ãt] *a* ärgerlich; *(Geräusch)* auf die Nerven gehend. **agacement** *m* Gereiztheit, Ungeduld, Nervosität *f;* Ärger *m.* **agacer** ‹*Prés. j'agace, ns agaçons; Fut. j'agacerai; pp. agacé, e*› *tr* **1.** nervös machen; ärgern; **2.** necken.

after-shave [aftœRʃɛv] *m inv* Rasierwasser *n.*

agate [agat] *f* Achat *m.*

à-gauche [agoʃ] *m:* ► *faire un* ~ *(Auto)* nach links abbiegen.

âge [ɑ(a)ʒ] *n* **1.** (Menschen-, Lebens-) Alter *n;* **2.** Zeit(abschnitt *m*); Epoche *f;* **3.** *à l'*~ *de 30 ans* mit 30; *à mon* ~ in meinem Alter; *à la fleur de l'*~ in den besten Jahren; *d'*~ *scolaire* im schulpflichtigen Alter; *d'un certain* ~, *entre deux* ~*s* älter; in (den) mittleren Jahren, nicht mehr ganz jung; *dans un* ~ *avancé* im vorgerückten Alter; **4.** ► *avoir passé l'*~ zu alt sein (*de* um zu); *être atteint par la limite d'*~ die Altersgrenze erreicht haben; *être en* ~ *de* alt genug sein, um zu; **5.** ► *on ne lui donnerait pas son* ~ er sieht nicht so alt aus, wie er ist; *quel* ~ *a-t-il?* wie alt ist er? *il est de mon* ~ wir sind gleich alt; **6.** ► *bas* ~ Kindesalter *n; grand* ~ hohe(s) Alter *n; moyen* (-) ~ Mittelalter *n;* ~ *ingrat* Flegeljahre *n pl;* ~ *limite* Altersgrenze *f;* ~ *de pierre, de bronze, de fer* Stein-, Bronze-, Eisenzeit *f.* **âgé, e** [ɑ(a)ʒe] *a* alt; bejahrt; ► ~ *de vingt ans* 20 Jahre alt.

agence [aʒãs] *f* Geschäftsstelle; Agentur *f;* Büro *n;* Vertretung *f;* Korrespondenzbüro *n;* ► ~ *maritime* Schifffahrtsagentur *f;* ~ *matrimoniale* Heiratsvermittlung *f;* ~ *nationale pour l'emploi (ANPE)* Arbeitsamt *n;* ~ *de placement* Stellenvermittlungsbüro *n;* ~ *de presse* Presseagentur *f;* ~ *de publicité* Anzeigenbüro *n;* Werbeagentur *f;* ~ *de théâtre* Theateragentur *f;* ~ *de voyage* Reisebüro. **agencement** *m* **1.** Einrichtung, Ausstattung; **2.** Anordnung; Aufstellung; Disposition *f.* **agencer** ‹*Prés. j'agence, ns agençons; Fut. j'agencerai; pp. agencé, e*› *tr* **1.** ein=richten; an=ordnen; auf=stellen; **2.** *(Satz)* auf=bauen.

agenda [aʒɛ̃da] *m* Merk-, Notizbuch *n;* Taschenkalender *m;* ► ~ *électronique* elektronische(r) Terminkalender *m.*

agenouiller, s' [aʒnuje] *v prn* nieder=knien.

agent [aʒã] *m* **1.** Agens *n;* wirkende Kraft *f;* Mittel *n;* **2.** *med* Träger, Erreger *m;* **3.** Agent, Bevollmächtigte(r), Vertreter *m;* **4.** Angestellte(r) *m;* **5.** Schutzmann *m;* ► ~ *d'assurances* Versicherungsvertreter *m;* ~ *de change* Wechsel-, Börsenmakler; ~ *immobilier* Grundstücksmakler *m.*

agglomération [aglɔmeRasjõ] *f* **1.** geschlossene Ortschaft, (An-)Siedlung *f;* Ballungsraum *m;* **2.** *tech* Agglomeration *f;* ► *l'*~ *parisienne* Groß-Paris *n.* **agglomérer** ‹*Prés. j'agglomère, ns agglomérons; Fut. j'agglomérerai, pp. aggloméré, e*› **I.** *tr tech* sintern; agglomerieren; **II.** *v prn s'*~ sich zs.drängen.

agglutinant, e [aglytinã, -ãt] *a* bindend, klebend, backend; *(Sprache)* agglutinierend; *s m* Bindemittel *n.* **agglutiner** **I.** *tr* zs.-, verkleben; **II.** *v prn s'*~ zs.-, an=kleben.

aggravant, e [agRavã, -ãt] *a jur* erschwerend. **aggravation** *f* **1.** *med* Verschlimmerung; **2.** *(Wetter)* Verschlechterung. **aggraver** **I.** *tr* verschlimmern; verschärfen; **II.** *v prn s'*~ schlimmer werden; sich verschärfen.

agile [aʒil] *a* gewandt, flink. **agilité** *f* **1.** Gewandtheit *f;* **2.** *fig* Beweglichkeit *f.*

agir [aʒiR] **I.** *itr* **1.** handeln; **2.** (ein=) wirken (*sur* auf *acc*); **3.** beeinflussen (*sur qn* jdn); **5.** *(Medikament)* wirken (*sur qn* auf jdn); ► ~ *bien (mal) avec (envers, à l'égard de) qn* sich gut (schlecht) gegenüber jdm benehmen; **II.** *v prn s'*~: ► *il s'agit de* es handelt sich um; *il s'agit de moi* es betrifft mich; *il s'agit pour moi de ...* es ist mir darum zu tun, zu ... ; *il s'agit de savoir si ...* es ist die Frage, ob ... ; *de quoi s'agit-il?* wovon ist die Rede? worum handelt es

sich? *manière f d'~* Handlungsweise *f.* **agissant, e** *a* aktiv, tätig; betriebsam. **agissements** *m pl* Umtriebe *m pl;* Machenschaften *f pl.*
agitateur [aʒitatœʀ] *m pol* Aufwiegler, Agitator *m.* **agitation** *f* **1.** (heftige) Bewegung; Aufregung; Erregung; Unruhe *f;* **2.** *pol* Hetze, Agitation; **3.** *(Menschen)* geschäftige(s) Treiben *n,* Wirbel *m;* **4.** *(Flut)* Wogen. **agiter I.** *tr* **1.** bewegen; er-, auf=regen; beunruhigen; **2.** *(Fahne)* schwenken; wedeln (*la queue* mit dem Schwanz); **3.** *(Volk)* auf=wiegeln; **II.** *v prn s'~* sich (hin u. her) bewegen; unruhig werden; in Erregung geraten.
agneau [aɲo] *m* **1.** Lamm *n;* **2.** Lamm-, Schaffell; Lammfleisch *n;* ► *~ pascal* Osterlamm *n.*
agonie [agɔni] *f* Todeskampf *m,* Agonie *f;* ► *être à l'~* in den letzten Zügen liegen. **agonisant, e** *a* mit dem Tode ringend; *s m f* Sterbende(r *m*) *f.* **agoniser** *itr* mit dem Tode ringen.
agrafe [agʀaf] *f* **1.** Haken *m;* **2.** (Heft-) Klammer *f.* **agrafer** *tr* **1.** zu=, ein=, an=haken; **2.** (an=)heften. **agrafeuse** *f* Heftmaschine *f.*
agraire [agʀɛʀ] *a* Acker-; Agrar-; ► *réforme f ~* Bodenreform *f.*
agrandir [agʀɑ̃diʀ] **I.** *tr* vergrößern *a. phot,* aus=dehnen, erweitern; aus=bauen; **II.** *v prn s'~* sich vergrößern; größer werden; sich aus=dehnen; s-n Besitz erweitern. **agrandissement** *m* **1.** Vergrößerung *a. phot;* Erweiterung *f;* **2.** *(Stadt)* Sichausdehnen *n;* **3.** *(Bevölkerung)* Zunahme *f.* **agrandisseur** *m phot* Vergrößerungsapparat *m.*
agréable [agʀeabl] **I.** *a* angenehm; liebenswürdig; *(Nachricht)* willkommen; *(Äußeres)* gefällig; ► *pour vous être ~* um Ihnen e-n Gefallen zu erweisen; **II.** *s m:* ► *joindre l'utile à l'~* das Angenehme mit dem Nützlichen verbinden.
agréer I. *tr* genehmigen; günstig auf=, entgegen=nehmen; zu=stimmen (*qc* dat); gut=heißen; ► *veuillez ~, Monsieur, l'expression de mes sentiments distingués* mit vorzüglicher Hochachtung; **II.** *itr* gefallen.
agrégat [agʀega] *m arch* Zuschlagstoff *m.* **agrégation** *f* Agregation *f a. geol.* **agrégé, e** [-ʒe] *a (professeur m)* ► *~* Agrégé *m.* **agréger** ‹*Prés. j'agrège, ns agrégeons; Fut. j'agrégerai; pp. agrégé, e*› *tr* **1.** *geol* verfestigen; **2.** ein=gliedern.
agrément [agʀemɑ̃] *m* **1.** Zustimmung, Einwilligung, Billigung; Abmachung *f;* **2.** Zulassung *f;* **3.** Annehmlichkeit *f;* Vergnügen *n;* ► *voyage m d'~* Vergnügungsreise *f.* **agrémenter** *tr* verzieren (*de* mit); *(Unterhaltung)* würzen.
agrès [agʀɛ] *m pl* **1.** *mar* Takelwerk *n;* **2.** Turngeräte *n pl.*
agresser [agʀese] *tr* **1.** überfallen; **2.** belästigen; ► *être agressé* Belastungen, dem Streß ausgesetzt sein. **agresseur** *m* Angreifer *m.* **agressif, ive** *a* **1.** herausfordernd; angriffslustig, aggressiv; **2.** *com* dynamisch. **agression** *f* **1.** *mil* Angriff; *(auf e-e Person)* Überfall *m;* **2.** Belästigung, Belastung *f.* **agressivité** *f* Angriffslust, Aggressivität *f.*
agricole [agʀikɔl] *a* landwirtschaftlich; ► *machine f ~* landwirtschaftliche Maschine *f; produits m pl ~s* landwirtschaftliche Erzeugnisse *n pl.* **agriculteur** *m* Landwirt *m.* **agriculture** *f* Landwirtschaft *f,* Ackerbau *m.*
agripper [agʀipe] **I.** *tr* ergreifen, packen; **II.** *v prn s'~* sich hängen (*à* an *acc*); sich fest=halten, sich fest=klammern (*à* an *acc*).
agro-alimentaire [agʀɔalimɑ̃tɛʀ] *a* Agrar-; *s m* Agrarwirtschaft *f.* **agrobiologie** *f* Biolandwirtschaft *f.* **agrobiologiste** *m f* Biolandwirt(in *f*) *m.*
agronome [agʀɔnɔm] *m:* ► *ingénieur-~ m* Diplomlandwirt *m.* **agronomie** *f* Agrarwissenschaft *f.* **agronomique** *a* agrarwissenschaftlich.
agrumes [agʀym] *m pl* Zitrusfrüchte *f pl.*
aguerri, e [ageʀi] *a* abgehärtet. **aguerrir I.** *tr* ab=härten (*à, contre* gegen); **II.** *v prn s'~* sich gewöhnen (*a qc* an etw).
aguets [agɛ] *m pl:* ► *être aux ~* auf der Lauer liegen.
aguichant, e [agiʃɑ̃, -ɑ̃t] *a* **1.** aufreizend; **2.** verführerisch; verlockend. **aguicher** *tr* aufreizen, umgarnen, verlocken.
ah [ɑ] *interj* ah! oh! ach! ► *~ oui!* natürlich! freilich!
ahuri, e [ayʀi] **I.** *a* verblüfft, verdutzt. **ahurir** *tr* verblüffen, verdutzen. **ahurissement** *m* Sprachlosigkeit; Verblüffung *f.*
aidants [ɛdɑ̃] *m pl* mithelfende Familienangehörige *m pl.* **aide 1.** *f* Hilfe *f;* Beistand *m,* Unterstützung; Beihilfe *f;* **2.** *m f* Hilfe *f,* Helfer *m;* Hilfskraft *f,* Gehilfe *m;* Gehilfin *f;* **3.** ► *à l'~ de* mit Hilfe, vermittels *gen;* **4.** *appeler qn à son ~* jdn zu Hilfe rufen; *venir en ~* zu Hilfe kommen (*à qn* jdm); **5.** ► *~-mémoire m* Gedächtnishilfe *f.* **aider** [e(ɛ)de] **I.** *tr* **1.** *qn* jdm helfen, jdm bei=stehen; ► *aide-moi donc!* hilf mir doch!; **2.** unterstützen *(acc);* **3.** ► *~ à* fördern *(acc),* bei=tragen (zu); **4.** *(Haushalt)* aus=helfen; **II.** *v prn s'~* **1.** *(de qc)* (etw) benützen, verwenden; Gebrauch machen *(von etw);* sich bedienen *(gen);* **2.** ea.helfen.
aïe [aj] *interj* au! autsch! o weh!
aïeul [ajœl] *m* Großvater *m.* **aïeule** *f* Großmutter *f.* **aïeuls** *m pl* Großeltern *pl.* **aïeux** [ajø] *pl* Vorfahren, Ahnen *pl.*

aigle [ɛgl] *m zoo* Adler *m.* **aiglon** [-glɔ̃] *s m* junge(r) Adler *m.*
aigre [ɛgʀ] **I.** *a* **1.** sauer; **2.** *(Wind)* scharf; **3.** *(Kälte)* schneidend; **4.** *(Wort)* bitter; **II.** *s m:* ► *tourner à l'~* sauer werden; *fig* gereizter, schärfer werden. **aigre-doux** *a* **1.** *(Früchte)* süßsauer; **2.** *fig* sauersüß. **aigrefin** [-gʀə-] *m* Schwindler, Hochstapler *m.* **aigrelet, te** [ɛgʀəlɛ, -ɛt] *a* säuerlich.
aigrette [ɛgʀɛt] *f (Vogel, Hut)* Federbusch *m.*
aigreur [ɛgʀœʀ] *f* **1.** Säure *f;* **2.** *fig* Bitterkeit *f.* **aigrir** [ɛgʀiʀ] **I.** *itr* sauer werden (lassen); **II.** *tr fig* (v)erbittern; **III.** *v prn s'~* sauer werden; *fig* ► *il s'est aigri* er ist verbittert.
aigu, uë [egy] **I.** *a* **1.** spitz(ig); **2.** *(Schrei)* durchdringend; **3.** *(Stimme)* gellend; **4.** *(Ton)* schrill; **5.** *(Verstand)* durchdringend, scharf; **6.** *(Schmerz)* stechend; **7.** *(Krankheit)* akut; **8.** *(Winkel)* spitz; **II.** *s m pl* hohe Töne *m pl.*
aiguillage [e(ɛ)gɥijaʒ] *m* Weiche(nstellung) *f a. fig.* **aiguille** *f* **1.** Nadel *f a. bot;* **2.** Zeiger *m;* **3.** (Berg-, Turm-)Spitze *f;* **4.** *loc* Weiche *f; chercher une ~ dans une botte de foin* eine Stecknadel in einem Heuhaufen suchen; *enfiler une ~* e-e Nadel ein=fädeln; *~ à coudre, à repriser, à tricoter* Näh-, Stopf-, Stricknadel *f.* **aiguiller** *tr* **1.** *loc (~ le train)* (für den Zug) die Fahrstraße legen; **2.** *fig* lenken, leiten. **aiguilleur** *m* Weichensteller, -wärter *m;* ► *~ du ciel* Fluglotse *m.* **aiguillon** *m* **1.** *zoo bot* Stachel; **2.** *fig* Ansporn *m.* **aiguillonner** *tr* **1.** *(Tier)* an=treiben; **2.** *(Menschen)* an=spornen, auf=stacheln.
aiguiser [egize, egɥize] *tr* **1.** *(Messer)* schleifen; *(Sichel)* wetzen; *(Klinge)* schärfen; **2.** *fig (Appetit)* an=regen; **3.** *(Verstand)* schärfen; **4.** *(Unruhe)* steigern.
ail [aj] *m* (*pl aulx* [o], *bot ails*) Knoblauch *m.*
aile [ɛl] *f* **1.** Flügel *m a. mil aero sport;* **2.** *mot* Kotflügel *m;* **3.** *arch* Flügel *m;* **4.** *tech* Flansch, Schenkel *m;* **5.** ► *faire de l'~(-)delta* drachen=fliegen; *~(-)delta f* Drachenflieger *m; ~ du nez* Nasenflügel *m.* **ailé, e** [e(ɛ)le] *a* geflügelt. **aileron** [ɛlʀɔ̃] *m* **1.** *aero* Querruder *n;* **2.** *(Vogel)* Flügelspitze *f;* **3.** *(Hai)* Flosse *f.* **ailier** *m sport* Außen-, Flügelstürmer *m.*
ailleurs [ajœʀ] *adv* anderswo(hin), woanders, sonst(wo); sonstwo(hin); ► *d'~* übrigens; überdies; *nulle part ~* nirgendwo sonst; sonst nirgends; *partout ~* sonst überall; *par ~* andererseits; übrigens, außerdem.
aimable [ɛmabl] *a* **1.** liebenswürdig, freundlich; **2.** *(Umgang)* zuvorkommend; ► *c'est très ~ à vous* es ist sehr freundlich von Ihnen. **aimant, e** **I.** *a* liebevoll, zärtlich; **II.** *s m* Magnet *m.* **aimanté, e** *a* magnetisch. **aimé, e** **I.** *a* geliebt; **II.** *s m f: le (la)* ► *bien-~(e)* der (die) Geliebte. **aimer** [e(ɛ)me] **I.** *tr* **1.** lieben; gern haben; mögen; **2.** *(Lebensmittel)* gern essen *od* trinken; **II.** *v prn s'~* sich (selbst) lieben; ea. lieben; ► *~ (à) faire* gern tun; *~ mieux* lieber tun; vor=ziehen; lieber mögen.
aine [ɛn] *f anat* Leiste; Leistenbeuge *f.*
aîné, e [ɛne] **I.** *a* älter, ältest; erstgeboren; senior; **II.** *s m f* Ältere, Älteste(r *m*) *m f;* ► *il est mon ~ de deux ans* er ist zwei Jahre älter als ich.
ainsi [ɛ̃si] **I.** *adv* so; auf diese Weise; derart; zum Beispiel; ► *s'il en est ~* wenn dem so ist; *pour ~ dire* sozusagen; *~ soit-il!* amen!; *~ va le monde* das ist der Lauf der Welt; **II.** *conj* daher, also, folglich; ► *~ que* (so)wie, und auch.
air [ɛʀ] *m* **1.** Luft *f; min* Wetter *n;* ► *en l'~ (a)* leer, unbegründet; *adv* in der Luft; *en plein ~* unter freiem Himmel; *changer d'~* den Wohnort, *fam* die Tapeten wechseln; *prendre l'~* Luft schöpfen; *(aero)* auf=steigen; *il n'y a pas d'~* es weht kein Lüftchen; *il y a des courants d'~* es zieht; *tout est en l'~* alles geht drunter u. drüber; *couche f d'~* Luftschicht *f; courant m d'~* Luftzug *m; hôtesse f de l'~* Stewardeß *f; paroles f pl en l'~* leere(s) Gerede *n;* **2.** Aussehen *n;* Ausdruck *m;* Art; Erscheinung *f;* Äußere(s) *n;* ► *avoir l'~ de* so aus=sehen, als ob; *avoir un ~ de famille* e-e gewisse Ähnlichkeit haben; *ne pas en avoir l'~* sich nichts an=merken lassen; *cela en a tout l'~* das sieht ganz danach aus; *de quoi as-tu l'~!* wie siehst du aus! **3.** Melodie; Weise *f;* Lied *n;* Arie *f;* ► *~ populaire* Volkslied *n.*
airbus [ɛʀbys] *m* Airbus *m.*
aire [ɛʀ] *f* **1.** Tenne *f;* **2.** Fläche *f;* **3.** *math* Flächeninhalt *m;* **4.** *(Raubvogel)* Horst *m;* **5.** *fig* Bereich *m,* Gebiet *n;* ► *~ d'atterrissage et de décollage* Rollfeld *n; ~ de repos (Autobahn)* Raststätte *f.*
aisance [ɛzɑ̃s] *f* **1.** Leichtigkeit, Ungezwungenheit, (Bewegungs-)Freiheit *f;* **2.** Wohlstand *m;* ► *avec ~* ungezwungen; gewandt; *vivre dans l'~* in guten Verhältnissen leben. **aise** [ɛz] *f* **1.** *pl* Bequemlichkeit *f;* **2.** *nur in loc adv:* ► *à votre ~* wie es Ihnen beliebt! **3.** ► *être à l'~* sich wohl fühlen; *être mal à l' ~* sich unbehaglich fühlen; ► *mettre qn à son* (od *à l'*) *~* jdm über seine Verlegenheit hinweg=helfen; *en prendre à son ~ (fam)* es sich leicht=machen; ganz ungeniert tun; *mettez-vous à l'~, à votre ~* machen Sie es sich bequem; legen Sie bitte ab! **aisé, e** *a* **1.** leicht; **2.** *(Benehmen)* frei, ungezwungen; **3.** *(Stil)* flüssig; **4.** *(Person)* vermögend; ► *je le*

crois aisément ich glaube es gern.
aisselle [ɛsɛl] *f* Achsel(höhle) *f.*
Aix-la-Chapelle [ɛkslaʃapɛl] *f* Aachen *n.*
ajiste [aʒist] *a* Jugendherbergs-; *s m f* Mitglied *n* des Jugendherbergswerkes.
ajonc [aʒɔ̃] *m bot* Stechginster *m.*
ajour [aʒuʀ] *m arch* (Mauer-)Öffnung *f.* **ajouré, e** *a arch* durchbrochen.
ajournement [aʒuʀnəmɑ̃] **1.** Verschiebung, Vertagung *f;* **2.** *(Wehrdienst)* Zurückstellung *f;* **3.** *jur* Vorladung *f.* **ajourner** *tr* **1.** verschieben, vertagen (*à* auf *acc*); **2.** *jur* vor≈laden; **3.** *mil* zurück≈stellen (*à* bis).
ajouter [aʒute] **I.** *tr* dazu≈, bei≈fügen; dazu≈zählen (*à qc* zu etw); **II.** *v prn s'*~ hinzu≈kommen; (*à* zu *dat*) ▶ ~ *foi* Glauben schenken (*à qn, qc* jdm, e-r S).
ajustage [aʒystaʒ] *m* Einpassung; *(Apparat)* Einstellung, Justierung *f.* **ajustement** [-tə-] *m fig* Abstimmung, Anpassung *f* (*à* an *acc*); ▶ ~ *des salaires* Lohnausgleich *m.* **ajuster I.** *tr* **1.** ein≈, an≈passen; ein≈richten, ein≈stellen; **2.** in Ordnung bringen; **3.** richtig≈stellen, berichtigen; miteinander in Einklang bringen; angleichen; abstimmen (*à* mit *dat*); **II.** *v prn s'*~ passen (*à* zu, *dat*); zs.≈passen. **ajusteur** *m* Schlosser *m.*
alambic [alɑ̃bik] *m* Destillierapparat, -kolben *m,* Retorte *f.* **alambiqué, e** [-ke] *a* spitzfindig; *(Stil)* gekünstelt.
alanguir [alɑ̃giʀ] **I.** *tr* schlapp, schlaff machen; schwächen, entkräften; **II.** *v prn s'*~ s-e Kraft, Energie verlieren; erschlaffen.
alarmant, e [alaʀmɑ̃, ~ɑ̃t] *a* beunruhigend, beängstigend, alarmierend. **alarme** *f* **1.** Alarm *m;* **2.** Unruhe, Angst *f;* Schrecken *m;* ▶ *donner l'*~ Alarm schlagen *a. fig; fausse* ~ blinde(r) Alarm *m; signal m d'*~ *(loc)* Notbremse *f.* **alarmer I.** *tr* auf≈, erschrecken, beunruhigen; alarmieren; **2.** *v prn s'*~ in Unruhe geraten (*de* über); sich ängstigen (*de* wegen). **alarmiste** *a* Unruhe stiftend.
Albanie, l' [albani] *f* Albanien *n.*
albâtre [albɑtʀ] *m* Alabaster *m.*
album [albɔm] *m* Album *n;* ▶ ~ *d'images* Bilderbuch *n;* ~ *de photos* Photoalbum *n.*
albumen [albymɛn] *m biol* Eiweiß *n.* **albumine** *f* Albumin *n, Eiweißstoff m.*
alcali [alkali] *m* **1.** Alkali *n;* **2.** *com* Salmiakgeist *m.* **alcalin** *a* alkalisch.
alchimie [alʃimi] *f* Alchimie *f.* **alchimiste** Alchimist *m.*
alcool [alkɔl] *m* **1.** Alkohol *m;* **2.** Schnaps *m.* **alcoolémie** *f* Alkohol *m* im Blut. **alcoolique I.** *a* alkoholisch; **II.** *s m* Alkoholiker *m.* **alcooliser** *tr* Alkohol zu≈setzen (*qc* e-r S *dat*). **alcoolisme** *m* Alkoholismus *m.* **alcootest** *m* Alkoholtest *m.*
aléa [alea] *m* Zufall *m;* Risiko *n.* **aléatoire** *a* unsicher, ungewiß; gewagt, riskant, zufallsbedingt.
alémanique [alemanik] *a* alemannisch.
alentour [alɑ̃tuʀ] **1.** *adv* ringsum; ▶ *d'*~ benachbart, umliegend, in der Umgebung; **II.** *m pl* Umgebung; Nachbarschaft *f;* ▶ *aux* ~ *de* in der Nähe; *(zeitlich)* gegen.
alerte [alɛʀt] **I.** *s f* Alarm *m;* **II.** *a* **1.** munter; rege; **2.** *(Beine)* flink; **3.** *(Stil)* lebendig; **4.** *(Geist)* aufgeweckt; *en état d'*~ in Alarmbereitschaft; *donner l'*~ Alarm schlagen; *fausse* ~ blinde(r) Alarm *m.* **alerter** *tr* **1.** alarmieren; **2.** *fig* e-n Wink geben (*qn* jdm).
alésage [alezaʒ] *m* **1.** Bohrung *f;* **2.** Zylinderdurchmesser *m.* **aléseuse** *f* Bohrmaschine *f.*
alevin [alvɛ̃] *m (Fischzucht)* Setzling *m.*
alexandrin, e [alɛksɑ̃dʀɛ̃, -in] *a* alexandrinisch; *s m poet* Alexandriner *m.*
alfa [alfa] *m bot* Alfa-, Espartogras *n.*
algarade [algaʀad] *f* Auseinandersetzung.
algèbre [alʒɛbʀ] *f* Algebra *f.* **algébrique** *a* algebraisch.
Alger [alʒe] *m* Algier *n.* **Algérie, l'** *f* Algerien *n.* **Algérien, ne** *s m f* Algerier(in *f*) *m.*
algue [alg] *f bot* Alge *f.*
alibi [alibi] *m* Alibi *n;* ▶ *fournir un* ~ ein Alibi nach≈weisen.
aliénation *f* **1.** *jur* Übertragung, Veräußerung *f;* **2.** ▶ ~ *mentale* Geisteskrankheit *f.* **aliéné, e** *m f* Geistesgestörte(r *m*) *f.* **aliéner** ‹*Prés. j'aliène, ns aliénons; Fut. j'aliénerai; pp. aliéné, e*› **I.** *tr* **1.** *jur* übertragen, veräußern; **2.** *(Freiheit)* auf≈geben; **3.** *(Sympathie)* verscherzen; **4.** *(Menschen)* entfremden; **II.** *v prn s'*~ *(Sympathien)* verlieren, verscherzen.
alignement [aliɲmɑ̃] *m* **1.** Ausrichtung; **2.** Bauflucht, Fluchtlinie *f;* **3.** *pol* Gleichschaltung, Abstimmung (*de qc sur qc* e-r S auf e-e S); Anpassung *f;* ~ *des prix* Angleichung *f* der Preise. **aligner I.** *tr* **1.** aus≈richten; in e-e gerade Linie stellen; **2.** aneinanderreihen; **3.** *(Argumente)* aufzählen; **4.** *(fam);* **II.** *v prn s'*~ **5.** sich in e-r Reihe aufstellen; sich aus≈richten.
aliment [alimɑ̃] *m* **1.** Nahrungsmittel *n; pl* Lebensmittel *n pl;* **2.** *jur* Alimente *n pl.* **alimentaire** *a* **1.** Ernährungs-, Nahrungs-; Nähr-; **2.** *jur* Unterhalts-; ▶ *produits m pl* ~*s* Erzeugnisse *n pl* der Nahrungsmittelindustrie; *pâtes f pl* ~*s* Teigwaren *f pl.* **alimentation** *f* **1.** Ernährung, Verpflegung; Beköstigung *f;* **2.** *tech* Versorgung, Speisung, Beschikkung *f* (*en* mit); ▶ *rayon m d'*~ Lebensmittelabteilung *f;* ~ *en courant* Strom-

versorgung *f;* ~ *en eau* Wasserversorgung *f.* **alimenter I.** *tr* **1.** ernähren, verpflegen; *(Vieh)* füttern; **2.** versorgen; *tech* speisen; beschicken (*en* mit *dat*); *(Inflation)* ausweiten; *(Feuer)* unterhalten; **3.** *fig* Nahrung, Stoff geben (*qc* e-r S *dat*); **II.** *v prn s'*~ sich ernähren (*de fruits* von Obst); Nahrung zu sich nehmen.

alinéa [alinea] *m* Absatz *m;* eingerückte Zeile, Anfangszeile *f;* ▶ *par* ~*s* absatzweise.

alité, e [alite] *a:* ▶ *être* ~ das Bett hüten müssen.

alizé, alisé [alize] *s m pl* u. *a:* ▶ *vents m pl* ~*s* Passat(wind)e *m pl.*

Allah [al(l)a] *m rel* Allah *m.*

allaitement [alɛtmɑ̃] *m* Stillen; *zoo* Säugen *n.* **allaiter** [-e(ɛ)te] *tr zoo* säugen; *(Kind)* stillen.

allant, e [alɑ̃] **I.** *a* aktiv, unternehmend; **II.** *s m* Unternehmungsgeist; Schwung *m;* ▶ *avoir de l'*~ *(fam)* auf Draht sein.

alléchant, e [aleʃɑ̃, -ɑ̃t] *a* verlockend.

allécher ‹*Prés. j'allèche, ns alléchons; Fut. j'allécherai; pp. alléché, e*› *tr* (an=) locken; ködern.

allée [ale] *f* **1.** Allee *f;* **2.** Durchgang *m (zwischen zwei Mauern);* **3.** *(Kirche)* Gang *m;* ▶ ~ *latérale* Seitengang *m; les* ~*s et venues* das Hin und Her; die Laufereien *f pl.*

allégation [alegasjɔ̃] *f* Vorbringen *n;* Behauptung *f.*

allégement [alɛʒmɑ̃] *m* **1.** Erleichterung, Entlastung *f;* **2.** *(Last)* Verringerung *f.* **alléger** ‹*Prés. j'allège, ns allégeons; Fut. j'allégerai, pp. allégé, e; Subj. que j'allège, que ns allégions; Impér. allège, allégeons*› *tr* **1.** *(Last)* verringern; erleichtern; **2.** *(Steuern)* senken; **3.** *(Schmerz)* lindern.

allégorie [alegɔʀi] *f* Allegorie *f.* **allégorique** *a* sinnbildlich, allegorisch.

allègre [alɛgʀ] *a* **1.** fröhlich, vergnügt, frisch, munter; **2.** rüstig. **allégresse** *f* Freude *f,* Jubel *m.*

alléguer [alege] ‹*Prés, j'allègue, ns alléguons; Fut. j'alléguerai; pp. allégué, e*› *tr* **1.** *(Grund)* vor=bringen, an=führen, vor=schützen, vor=geben; **2.** sich berufen (*qc* auf e-e S).

alléluia [aleluja] *m* Halleluja *n.*

Allemagne, l' [almaɲ] *f* Deutschland *n;* ▶ *l'*~ *de l'Est* Ostdeutschland *n; l'*~ *de l'Ouest* Westdeutschland *n.* **allemand, e** [almɑ̃, -d] *a* deutsch; *s m gram* Deutsch *n,* das Deutsche. **Allemand, e** *s m f* Deutsche(r *m*) *f;* ~ *de l'Est* Ostdeutsche(r *m*) *f;* ~ *de l'Ouest* Westdeutsche(r *m*) *f.*

aller [ale] ‹*siehe Konjugation im Anhang*› *irr* **I.** *tr* **1.** gehen; fahren; reisen; **2.** *geol* streichen, verlaufen; **3.** *(Art)* ▶ ~ *à pied* zu Fuß gehen; ~ *à cheval* reiten; ~ *à bicyclette* rad=fahren; ~ *en auto* (im) Auto fahren; ~ *en bateau, en train* mit dem Schiff, Zug fahren; ~ *en avion* fliegen; ~ *loin* es weit bringen; **4.** *(Richtung)* ▶ ~ *à Paris* nach Paris fahren, reisen, gehen; ~ *à la campagne* aufs Land gehen; ~ *chez le coiffeur* zum Friseur gehen; ~ *en avant* voran=schreiten; ~ *devant* voraus=gehen; ~ dehors hinaus=gehen; ~ *en justice* vor Gericht gehen; ~ *chercher* (ab=)holen; ~ *trouver* auf=suchen; ~ *voir* besuchen; **5.** *(Handlung)* ▶ ~ *à son travail* an s-e Arbeit gehen; ~ *au marché* auf den Markt gehen; ~ *de pair* zs.=gehören; Hand in Hand gehen; **6.** *(Hilfszeitwort) (nahe Zukunft)* ▶ *je vais partir* ich reise jetzt gleich ab; ich gehe jetzt gleich weg; *le spectacle va commencer* das Schauspiel fängt gleich an; **7.** *(Entwicklung)* ▶ *son mal va croissant* sein Leiden wird immer schlimmer; **8.** *(Ausdrücke)* ▶ *vous allez fort (fam)* Sie übertreiben; *cette robe vous va bien* dieses Kleid steht Ihnen gut; *la route va tout droit* der Weg führt unmittelbar (*à* nach); *il se laisse* ~ er läßt sich gehen; *il va vite en besogne* die Arbeit geht ihm von der Hand; *cela lui va comme un gant* das sitzt ihm wie angegossen; *il y va de* es geht um; *cela va de soi* das versteht sich von selbst; *(Befinden) comment allez-vous? (fam) comment ça va?* wie geht es Ihnen? *ça va bien, mal* es geht mir gut, schlecht; *ça va* es geht (so); es genügt; *ça me va* das paßt mir; einverstanden; *je vais mieux* es geht mir besser; *(Befehlsformen) allons!* hören Sie mal! na, na! nun! auf! los! vorwärts! *allons donc!* ach was! unmöglich! wirklich! *allez!* lassen Sie nur! *allez-y!* nur zu! (nur) los! *allez-y doucement!* (nur) sachte! *on y va!* gleich! sofort! ich komme schon! *va!* (es ist ja) schon gut! meinetwegen! *va-t'en!* fort mit dir! raus! *allez-vous promener!* lassen Sie mich in Ruhe! **II.** *s m* **9.** Gang *m;* Gehen *n;* (Hin-)Fahrt *f,* (Hin-)Flug *m;* ▶ *au pis* ~ schlimmstenfalls; *un (billet d')* ~ *et retour* e-e Rückfahrkarte *f; vol m* ~ Hinflug *m;* **III.** *v prn* s'en ~ **10.** weg=, fort=gehen, -reisen, -fahren; **11.** *(Mensch)* sterben; **12.** *(Fleck)* sich entfernen lassen, heraus=gehen; ▶ *va-t'en! (fam)* hau ab!

allergie [alɛʀʒi] *f med* **1.** Allergie *f;* **2.** *fig* Abneigung *f.* **allergique** *a* **1.** *med* überempfindlich, allergisch; **2.** *fig* ablehnend.

alliage [aljaʒ] *m* **1.** Legierung *f;* **2.** Mischung *f.*

alliance [aljɑ̃s] *f* **1.** *pol* Bund *m,* Bündnis *n;* **2.** Verbindung; Vereinigung *f;* **3.** Schwägerschaft, Verschwägerung *f;* **4.** Ehe *f;* Ehering *m.* **allié, e I.** *a* **1.** verbündet; **2.** verschwägert; **II.** *s m* **3.**

Verbündete *(f m);* **4.** *m pl* angeheiratete Verwandte *m pl.* **allier I.** *tr* **1.** verbünden; **2.** verbinden; vereinigen; in Einklang bringen; **3.** *tech* legieren; **II.** *v prn s'~* **4.** sich verbünden (*à* mit); **5.** *fig* sich verbinden, sich verknüpfen.

alligator [aligatɔʀ] *m zoo* Alligator *m.*

allô, allo [alo] *interj tele* hallo!

allocataire [alɔkatɛʀ] *m f* (Geld-)Empfänger(in *f*) *m.* **allocation** [alɔkasjɔ̃] *f* **1.** Unterstützung; Zulage, Beihilfe *f;* **2.** Zuteilung, Zuweisung *f;* ▶ *~ de chômage* Arbeitslosenunterstützung *f; ~s familiales* Kindergeld *n; ~ journalière* Tagegeld *n; ~ (de) logement* Wohnungsbeihilfe *f; ~-vieillesse f* Altersunterstützung *f.*

allocution [alɔkysjɔ̃] *f* Ansprache *f;* ▶ *prononcer une ~* e-e Ansprache halten.

allonge [alɔ̃ʒ] *f* **1.** *tech* Ansatz *m;* **2.** Fleischerhaken *m;* **3.** *(Boxen)* Reichweite *f.* **allongement** *m* Verlängerung *f.* **allonger** ‹*Prés. j'allonge, ns allongeons; Fut. j'allongerai; pp. allongé, e*› **I.** *tr* **1.** verlängern; **2.** *(Beine)* (aus=)strekken; **3.** *fam (Schlag)* verpassen; **II.** *itr (Tage)* länger werden; **III.** *v prn s'~* **1.** *(Gesicht)* länger werden; **2.** *(Gummi)* sich (aus=)dehnen; **3.** *(Person)* sich aus=strecken; sich hin=legen; **4.** *fam* hinfallen.

allopathie [alɔpati] *f* Allopathie *f.*

allostop [alostɔp] m Mitfahrzentrale *f.*

allouer [alwe] *tr* **1.** genehmigen, bewilligen; zu=gestehen; **2.** *(Kredit)* ein=räumen.

allumage [alymaʒ] *m* **1.** Anzünden *n;* **2.** *mot* Zündung; Zündanlage *f;* **3.** *radio* Einschalten *n;* ▶ *couper l'~* die Zündung aus=schalten. **allumer I.** *tr* **1.** *(Feuer)* ent-, an=zünden, (an=)machen; *(Zigarette)* an=stecken; *(Brennbares)* in Brand stecken; *(Brand)* entfachen; **2.** *el* ein=schalten; *(Licht)* (an=)machen, *fam* an=knipsen; **3.** *fig* an=feuern, entflammen; **4.** *(Wunsch)* erregen; **II.** *v prn s'~* sich entzünden, an=gehen, Feuer fangen; hell werden; auf=leuchten. **allumette** *f* **1.** Zünd-, Streichholz *n;* **2.** Blätterteigschnitte *f;* ▶ *mince comme une ~* dünn wie e-e Hopfenstange; *boîte f d'~s* Streichholzschachtel *f.* **allumeur** *m* **1.** *mot* Verteiler *m;* **2.** (An-)Zünder *m.*

allure [alyʀ] *f* **1.** Gang(art *f*) *m;* **2.** Geschwindigkeit *f;* Tempo *n;* **3.** *(Person)* Aussehen *n,* Haltung *f;* Verhalten; *pl* Benehmen *n;* ▶ *aller à toute ~* mit voller Geschwindigkeit fahren; *cela a de l'~* das hat Chic, Stil *m,* Klasse *f.*

allusion [alyzjɔ̃] *f* Andeutung, Anspielung *f* (*à* auf *acc*); ▶ *faire ~ à* an=spielen auf *(acc).*

alluvial, e [alyvjal] *a geol* alluvial; ▶ *terrains m pl ~iaux* Schwemmland *n;* **alluvions** *f pl* Anschwemmung *f.*

almanach [almana] *m* Almanach *m.*

aloi [alwa] *m:* ▶ *de bon ~* gut, gediegen, echt; *de mauvais ~* unpassend; geschmacklos.

alors [alɔʀ] **I.** *adv* dann; in diesem Augenblick; damals; jetzt, nun; unter diesen Umständen; in diesem Fall; ▶ *jusqu'~* bis dahin; **II.** ▶ *~ que (conj)* während, als.

alouette [alwɛt] *f zoo* Lerche *f.*

alourdir [aluʀdiʀ] **I.** *tr* **1.** schwer, *fig* schwerfällig machen; belasten; beschweren; **II.** *v prn s'~* **2.** schwer(er), *fig* schwerfällig werden; **3.** *(Figur)* dick werden. **alourdissement** *m* Schwerfälligkeit *f.*

alpage [alpaʒ] *m* Alm, Almwirtschaft *f.*

Alpes, les [alp] *f* die Alpen *pl;* ▶ *les ~ bavaroises* die Bayerischen Alpen *f pl.*

alpinisme *m* Bergsteigen, Klettern *n.*

alpiniste *m* Alpinist, Bergsteiger *m.*

alphabet [alfabɛ] *m* **1.** Alphabet; Abc *n;* **2.** (Schul-)Fibel *f.* **alphabétique** *a* alphabetisch. **alphabétisation** *f* Unterweisung *f* von Analphabeten. **alphabétiser** *tr* Lesen und Schreiben beibringen (*qn* jdm).

alphanumérique [alfanymeʀik] *a inform* alphanumerisch.

Alsace, l' [alzas] *f* das Elsaß. *n.* **alsacien, ne** elsässisch; *s m gram* Elsässisch *n,* das Elsässisch(e). **Alsacien, ne** *s m f* Elsässer(in *f*) *m.*

altération *f* **1.** Veränderung *f;* **2.** Verschlechterung, Verfälschung *f;* **3.** *(Wahrheit)* Entstellung *f;* **4.** *geol* Verwitterung *f;* **5.** *mus* Alterierung *f.* **altérer** ‹*Prés. j'altère, ns altérons; Fut. j'altérerai; pp. altéré, e*› **I.** *tr* **1.** (ver-)ändern; verwandeln; (ungünstig) beeinflussen; verschlechtern; verderben; (ver-)mindern; **2.** fälschen; entstellen; **3.** *(Farbe)* bleichen; **4.** *(Lebensmittel)* verfälschen; **5.** *(Gesundheit)* untergraben, zerrütten; **6.** *(Sinn)* entstellen; **7.** *(Wahrheit)* verdrehen; **8.** *mus* alterieren; **9.** durstig machen; **II.** *v prn s'~* sich (völlig) verändern; verderben; sich zersetzen.

altercation [altɛʀkasjɔ̃] *f* (heftige) Ausea.setzung *f.*

alternance [altɛʀnɑ̃s] *f* Wechsel *m;* ▶ *en ~* abwechselnd; im Wechsel (*avec* mit). **alternant, e** *a* abwechselnd. **alternateur** *m* Wechselstromgenerator *m.* **alternatif, ive I.** *a* (ab)wechselnd; wechselweise; Alternativ-; **II.** *s f* **1.** *pl* Wechsel *m;* Folge *f;* **2.** Alternative, Wahl *f;* **3.** *fig* Möglichkeit, Lösung *f,* Weg *m;* ▶ *le mouvement ~ (fig, pol)* die Alternativen. **alterner I.** *itr* ab=wechseln; sich ab=lösen (*avec* mit); aufea.=folgen; **II.** *tr* abwechselnd an=

pflanzen.
altesse [altɛs] *f* Hoheit *f.*
altier, ère [altje, -ɛr] *a* hochmütig, herrisch; stolz. **altimètre** [-ti-] *m* Höhenmesser *m.* **altitude** *f geog aero* Höhe *f;* ► *prendre de l'~* an Höhe gewinnen; *~ de vol* Flughöhe *f.*
alto [alto] *m mus* **1.** Alt(stimme *f*) *m;* **2.** Bratsche, Altgeige *f.*
alto- [alto] : **alto-cumulus** *m* mittelhohe Haufenwolke *f.* **alto-stratus** *m* hohe Schichtwolke *f.*
altruisme [altʀyism] *m* Altruismus *m;* Selbstlosigkeit, Uneigennützigkeit *f.* **altruiste I.** *a* altruistisch, selbstlos, uneigennützig; **II.** *s m* Altruist *m.*
alu [aly] *m fam* Alu *n.*
aluminium [-njɔm] *m* Aluminium *n.*
alunir [alyniʀ] *itr* auf dem Mond landen. **alunissage** *m* Mondlandung *f.*
alvéole [alveɔl] *m* **1.** *(Wabe)* Zelle *f;* **2.** *anat* Alveole *f.*
amabilité [amabilite] *f* Liebenswürdigkeit; Freundlichkeit; Zuvorkommenheit *f.*
amadouer [amadwe] *tr* für sich *(acc)* gewinnen (*qn* jdn).
amaigri, e [ame(ɛ)gʀi] *a* abgemagert, abgezehrt. **amaigrir** *tr* **1.** zehren (*qn* an jdm); **2.** *(Boden)* aus=laugen; **3.** *tech* dünner machen. **amaigrissement** *m* Abmagerung *f;* ► *cure f d'~* Entfettungskur *f.*
amalgame [amalgam] *m;* **1.** Amalgam *n;* **2.** *fig* Mischung *f,* Zusammenschluß *m;* **amalgamer** *tr* **1.** amalgamieren; **2.** *fig* zs.=bringen (*à* mit), verquicken, vermengen.
amande [amɑ̃d] *f bot* Mandel *f.* **amandier** *m* Mandelbaum *m.*
amant, e [amɑ̃, -ɑ̃t] *m f* Geliebte(r *m*) *f;* Liebhaber *m;* ► *les ~s* die Liebenden.
amarrage [amaʀaʒ] *m (Schiff)* Festmachen *n.* **amarre** *f* (Halte-)Tau *n.* **amarrer** *tr* fest=binden; vertäuen.
amas [amɑ] *m* **1.** Haufen *m;* **2.** *fig* Anhäufung, Ansammlung *f.* **amasser** [ama-] **I.** *tr* an=, auf=häufen; e-n Vorrat an=legen (*qc* von etw); *(Geld)* zusammensparen; **II.** *v prn s'~* zs.=laufen; sich versammeln; sich an=häufen.
amateur [amatœʀ] *m* **1.** Liebhaber *(e-r Sache);* Freund *m;* **2.** *sport* Amateur *m;* **3.** Interessent, Abnehmer *m;* **4.** Dilettant *m;* ► *en ~* dilettantisch; **amateurisme** *m* Amateurhaftigkeit *f.*
amazone [amazon] *f* Amazone *f.* **Amazone, l'** *f* der Amazonas.
ambages [ɑ̃baʒ] *f pl:* ► *sans ~* ohne Umschweife.
ambassade [ɑ̃basad] *f;* Botschaft *f* Botschaftsgebäude *n.* **ambassadeur** *m* Botschafter *m.* **ambassadrice** *f* Botschafterin; Frau *f* e-s Botschafters.
ambiance [ɑ̃bjɑ̃s] *f* **1.** Atmosphäre *f,* Klima *n;* **2.** Stimmung *f.* **ambiant, e** *a* umgebend.
ambiguïté [ɑ̃bigɥite] *f* Zweideutigkeit *f;* ► *sans ~* unzweideutig.
ambitieux, se [ɑ̃bisjø, -øz] **I.** *a* ehrgeizig; begierig (*de* nach); **II.** *s m* ehrgeizige(r) Mensch *m.* **ambition** *f* **1.** Ehrgeiz *m;* **2.** (Be-)Streben *n.* **ambitionner** [-sjɔne] *tr* erstreben, begehren, trachten (*qc* nach etw).
ambre [ɑ̃bʀ] *m* Ambra(duft *m*) *n;* ► *~ jaune* Bernstein *m.* **ambré, e** *a* ambraduftend.
ambulance [ɑ̃bylɑ̃s] *f mot* Sanitäts-, Krankenwagen *m.* **ambulancier** *m* Fahrer *m* e-s Krankenwagens. **ambulant, e** *a* umherziehend; ambulant.
âme [ɑm] *f* **1.** Seele *f;* Geist *m;* Leben; Wesen *n;* **2.** *fig* Triebfeder *f;* **3.** *tech (Kabel)* Kern *m;* ► *de toute son ~* von ganzem Herzen; mit allen Kräften; *en mon ~ et conscience* nach bestem Wissen u. Gewissen; *rendre l'~* den Geist auf=geben; *on ne voyait ~ qui vive* es war keine Menschenseele zu sehen; *une bonne ~ (fam)* e-e treue Seele *f.*
amélioration [ameljɔʀasjɔ̃] *f* **1.** Verbesserung *f;* **2.** *(Wetter)* Besserung *f a. med;* **3.** *(Löhne)* Aufbesserung *f;* **4.** *(Leistung)* Steigerung *f.* **améliorer I.** *tr* **1.** (ver)bessern; mildern; reformieren; **2.** *(Boden)* meliorieren; **II.** *v prn s'~* **3.** besser werden; **4.** *(Wetter)* sich auf=klären.
amen [amɛn] **I.** *adv* amen; **II.** *s m inv* Amen *n;* ► *dire ~ à tout ce qu'on dit* zu allem ja und amen sagen.
aménagement [amenaʒmɑ̃] *m* **1.** Einrichtung, -teilung; Raumaufteilung *f;* **2.** Anordnung; Anlage; Ausstattung *f;* **3.** Bewirtschaftung *f;* ► *~ du temps de travail* Flexibilisierung *f* der Arbeitszeit; *~ du territoire* Raumordnung *f;* *~ urbain* Stadtplanung *f.* **aménager** ‹*Prés. j'aménage, ns aménageons; Fut. j'aménagerai; pp. aménagé, e*› *tr* **1.** ein=richten; an=ordnen; **2.** *(Wald)* (zweckmäßig) bewirtschaften; nutzen; **3.** um=gestalten; erschließen, ermöglichen.
amende [amɑ̃d] *f* Geld-, Ordnungsstrafe *f;* ► *sous peine d'~* bei Strafe; *faire ~ honorable* Abbitte leisten; *fam* zu Kreuz kriechen. **amendement** *m parl jur* Abänderung(santrag *m*) *f.* **amender** *tr* **1.** *(Boden)* meliorieren; **2.** *jur* ab=ändern.
amener ‹*Prés. j'amène, ns amenons; Fut. j'amènerai; pp. amené, e*› **I.** *tr* **1.** heran=, herbei=, zu=führen; **2.** *tech* her=bringen; befördern; *(Flüssigkeit)* leiten; **3.** *fig* bringen (*à* zu), überzeugen, veranlassen; **4.** *(Gespräch)* lenken (*sur* auf *acc*); **5.** *(Vergleich)* ziehen; **6.** *(Folge)* nach sich ziehen; hervor=rufen; verursachen; **7.** *(Flagge)* streichen; **8.** *(Segel)* ein=zie-

hen; II. *v prn s'~ (fam Person)* kommen, aufkreuzen; ► *~ qn à son opinion* jdn für seine Meinung gewinnen; *amène-toi! (pop)* komm her!
aménité [amenite] *f* Liebenswürdigkeit, Freundlichkeit *f;* ► *traiter qn sans ~* jdn unfreundlich behandeln.
amenuiser [amənɥize] **I.** *tr* **1.** *(Brett)* dünner, machen; **2.** *(Kaufkraft)* vermindern, verringern; **II.** *v prn s'~* **3.** *(Vermögen)* geringer werden, sich verringern; **4.** *(Chancen)* schwinden, zusammen=schrumpfen.
amer, ère [amɛʀ] **I.** *a* **1.** bitter; herb; **2.** *(Erinnerung)* schmerzlich; **3.** *(Spott)* beißend; **II.** *s m* **4.** Magenbitter, Bittere(r) *m.* **amertume** [-tym] *f* **1.** Bitterkeit *f,* bittere(r) Geschmack *m;* **2.** herbe(r) Duft *m;* **3.** *fig* bittere(s) Gefühl *n;* Verbitterung *f.*
américain, e [ameʀikɛ̃, -ɛn] *a* amerikanisch; *gram* Amerikanisch *n,* das Amerikanische. **Américain, e** *s m f* Amerikaner(in *f*) *m.* **américaniser** *tr* amerikanisieren. **américanisme** *m* Amerikanismus *m.* **Amérique, l'** *f* Amerika *n;* ► *l'~ du Nord, du Sud, Centrale* Nord-, Süd-, Mittelamerika *n.* **amérindien** [ameʀɛ̃djɛ̃, -ɛn] *m f* nordamerikanische(r) Indianer(in *f*) *m.* **Amerloque** [amɛʀlɔk] *m f péj* Ami, Yankee *m.* **américaniser** *tr* amerikanisieren. **américanisme** *m* Amerikanismus *m.*
amerrir [ame(ɛ)ʀiʀ] *itr aero* wassern. **amerrissage** *m* Wasserung *f.*
ameublement [amœbləmɑ̃] *m* Möbel *n pl;* Mobiliar *n;* (Zimmer-, Wohnungs-) Einrichtung *f;* ► *maison f d'~* Möbelgeschäft *n; tissus m pl d'~* Bezugsstoffe *m pl.*
ameuter [amøte] **I.** *tr* **1.** *(Menschen)* zs.=trommeln; **2.** *fig* auf=hetzen, auf=wiegeln; **II.** *v prn s'~* sich zs.=rotten; zs.=laufen, -strömen.
ami, e [ami] **I.** *s m f* Freund(in *f*) *m; a.* Geliebte(r *m*) *f;* Kamerad(in *f*) *m;* **II.** *a* **1.** befreundet; verbündet; **2.** freundlich; ► *se faire des ~s* Freunde gewinnen; *n; ~ d'enfance* Jugendfreund *m.* **amiable** [amjabl] *a* gütlich. **amical, e I.** *a* freundschaftlich; freundlich; herzlich; **II.** *s f* Verein(igung *f*) *m.*
amidon [amidɔ̃] *m chem* Stärke *f.* **amidonner** *tr (Wäsche)* stärken.
amincir [amɛ̃siʀ] **I.** *tr* **1.** verdünnen; dünner machen; verjüngen; **2.** schlanker machen *od* erscheinen lassen; **II.** *v prn s'~* dünner werden.
amiral [amiʀal] *m* Admiral *m.* **amirauté** [-ʀote] *f* Admiralität *f.*
amitié [amitje] *f* Freundschaft; Zuneigung *f.*
ammoniac [amɔnjak] *s u. a: gaz m ~* Ammoniak *n.* **ammoniaque** *f* **1.** Ammoniaklösung *f,* **2.** Salmiakgeist *m.*
ammonite [amɔnit] *f zoo* Ammonit *m.*
amnésie [amnezi] *f med* Gedächtnisverlust *m.* **amnistie** [amnisti] *f* Amnestie *f.* **amnistier** *tr* amnestieren.
amniocentèse [amniɔsɛ̃tɛz] *f med* Fruchtwasseruntersuchung *f.*
amocher [amɔʃe] *tr fam* kaputt=machen, versauen, ramponieren.
amoindrir [amwɛ̃dʀiʀ] **I.** *tr* **1.** (ver)mindern; verringern; **2.** *fig (Verdienste)* beeinträchtigen; schmälern; **3.** *(Widerstandskraft)* schwächen; **II.** *v prn s'~* geringer werden; ab=nehmen; sich vermindern. **amoindrissement** *m* Verminderung; Verringerung; Beeinträchtigung *f.*
amollir [amɔliʀ] **I.** *tr* **1.** aufweichen, weich machen; **2.** *fig* schwächen; **II.** *v prn s'~* schlaff werden; erschlaffen; nachlassen. **amollissement** *m fig* Verweichlichung *f;* Erschlaffen, Nachlassen *n.*
amonceler [amɔ̃sle] ‹*Prés. j'amoncelle, ns amoncelons; Fut. j'amoncellerai; pp. amoncelé, e*› **I.** *tr* an=, auf=häufen; auf=schichten; auf=türmen; auf=stapeln; **II.** *v prn s'~* sich auf=häufen, sich auf=türmen; **amoncellement** [-sɛl-] *m* Haufen, Stapel *m.*
amont [amɔ̃] *m: en ~* stromaufwärts.
amoral, e [amɔʀal] *a* amoralisch.
amorce [amɔrs] *f* **1.** Zünder *m;* Zündhütchen *n;* **2.** Köder *m;* **3.** Anfangsstück *n (e-r Arbeit);* **4.** *fig* Beginn, Anfang, Versuch *m.* **amorcer** ‹*Prés. j'amorce, ns amorçons; Fut. j'amorcerai; pp. amorcé, e*› **I.** *tr* **1.** an=fangen, beginnen, in Angriff nehmen, ein=leiten, in die Wege leiten; **2.** ködern; mit e-m Köder versehen; **3.** *(Verhandlungen)* in Gang bringen; anbahnen; **4.** *fig* ködern, anlokken *(les clients* die Kunden); **II.** *v prn s'~* in Gang kommen, sich an=bahnen, sich ab=zeichnen; beginnen; ► *~ l'atterrissage* zur Landung an=setzen.

amorphe [amɔʀf] *a* **1.** *min* amorph; **2.** *fig* energielos, schlapp, lahm.
amortir [amɔʀtiʀ] **I.** *tr* **1.** dämpfen *a. fig;* **2.** *(Schuld)* ab=tragen, tilgen, löschen; ab=bezahlen, amortisieren; **3.** *(Hypothek)* ab=lösen; **II.** *v prn s'~* **4.** schwächer werden, nach=lassen, an Kraft verlieren; **5.** *com* sich amortisieren. **amortissable** *a* tilgbar, ablösbar. **amortissement** *m com* Tilgung, Abzahlung, Abtragung, Amortisierung; Abschreibung, Abbuchung *f.* **amortisseur** *m* Stoßdämpfer *m.*
amour [amuʀ] *m* **1.** Liebe *f;* **2.** Liebling *m;* Geliebte(r *m*) *f;* **3.** *pl* Liebschaften *f pl;* ► *pour l'~ de Dieu* um Himmels willen; *~ du prochain* Nächstenliebe *f.*
amouracher, s' [-aʃe] *v prn* sich verlieben, sich vernarren (*de* in *acc*).

amourette *f* Liebelei *f.* **amoureux, se I.** *a* verliebt (*de* in *acc*); liebevoll; zärtlich; eingenommen (*de* für); **II.** *s m f* Verliebte(r *m*) *f.* **amour-propre** *m* Selbstwertgefühl *n;* Selbstachtung *f.*
amovible [amɔvibl] *a* **1.** *(Beamter)* ver-, absetzbar; **2.** *(Mantelfutter)* ausknöpfbar; **3.** *(Rad)* auswechselbar.
ampère [ɑ̃pɛʀ] *m* Ampere *n.*
amphétamine [ɑ̃fetamin] *f* Amphetamin *n.*
amphi [ɑ̃fi] *m fam* Hörsaal *m.*
amphibie [ɑ̃fibi] *a zoo mil* amphibisch; ▶ *voiture f* ~ Amphibienfahrzeug *n.*
amphithéâtre [ɑ̃fiteatʀ] *m* **1.** Amphitheater *n;* **2.** *theat* Galerie *f;* **3.** Auditorium *n,* Hörsaal *m.*
ample [ɑ̃pl] *a* **1.** weit; geräumig; **2.** *(Bericht)* umfangreich; umfassend; ausführlich; ▶ *pour plus ~s renseignements s'adresser à* Näheres bei. **ampleur** *f* **1.** Umfang *m;* Ausmaß *n;* Größe *f;* **2.** *(Kleidung)* Weite *f;* ▶ *prendre de l'~* sich aus=weiten; (an=)wachsen.
amplificateur *m el* Verstärker. **amplification** *f* **1.** Ausweitung, Ausbreitung, Erweiterung *f;* **2.** *el* Verstärkung *f.* **amplifier** [-fje] *tr* **1.** *el* verstärken; **2.** ausweiten, erweitern; **3.** *(Angelegenheiten)* auf=bauschen, übertreiben; **4.** *(Thema)* aus=arbeiten, entwickeln; **amplitude** *f* **1.** *phys meteo* Amplitude *f;* **2.** *fig* Umfang *m,* Ausdehnung.
ampoule [ɑ̃pul] *f* **1.** *pharm* Ampulle *f;* **2.** *el* Glühlampe, -birne *f;* **3.** *med* Blase *f.* **ampoulé, e** *a fig* geschraubt, hochtrabend.
amputation [ɑ̃pytasjɔ̃] *f* **1.** *med* Amputation *f;* **2.** *fig* Beschneidung, Kürzung *f.* **amputé, e I.** *s m f* Amputierte(r *m*) *f;* **II.** *a* amputiert. **amputer** *tr* **1.** *med* amputieren; **2.** *fig* beschneiden; **3.** *(Kredit)* kürzen *(de* um *acc).*
amulette [amylɛt] *f* Amulett *n.*
amusant, e [amyzɑ̃, -ɑ̃t] *a* unterhaltend; belustigend; kurzweilig. **amuse-gueule** *m* Appetithappen *m.* **amusement** *m* Vergnügen *n,* Unterhaltung, Belustigung *f;* Zeitvertreib *m.* **amuser I.** *tr* **1.** unterhalten, belustigen, zerstreuen; die Zeit vertreiben (*qn* jdm); **2.** täuschen; ab=lenken; auf=, hin=halten (*qn* jdn); **II.** *v prn s'~* **3.** sich unterhalten, sich zerstreuen, sich amüsieren; sich lustig machen (*de* über *acc*); **4.** die Zeit vertun; ▶ *pour s'~* zum Spaß. **amusette** *f fam* Bagatelle *f;* Zeitvertreib *m.* **amuseur** *m* Spaßmacher *m.*
amygdale [ami(g)dal] *f anat* Mandel *f.* **amygdalite** *f* Mandelentzündung *f.*
an [ɑ̃] *m* Jahr *n;* ▶ *dans un ~* in e-m Jahr; *en l'~* im Jahre; *par ~* jährlich; *tous les ~s* jedes Jahr, alljährlich; *avoir 20 ~s* 20 Jahre alt sein; *il s'en moque comme de l'~ quarante (fam)* das ist ihm schnuppe; *il y a un ~* vor e-m Jahr, vor Jahresfrist; *jour m de l'~* Neujahrstag *m; l'~ dernier, passé* letztes, voriges, vergangenes Jahr.
anachronique [anakʀɔnik] *a* anachronistisch. **anachronisme** *m* Anachronismus *m.*
analogie [analɔʒi] *f* Analogie *f.* **analogique** *a (a. inform)* analog, Analog-. **analogue** *a* analog, ähnlich; entsprechend; vergleichbar; verwandt.
anacarde [anakaʀd] Cashewnuß *f.*
analgésique *a* schmerzbetäubend; *s m* Betäubungsmittel *n.*
analphabète [analfabɛt] *m f* Analphabet(in *f*) *m.* **analphabétisme** *m* Analphabetentum *n.*
analyse [analiz] *f* **1.** Analyse; Zerlegung, Zergliederung *f;* **2.** Untersuchung *f;* **3.** Aufgliederung *f;* (kritischer) Bericht *m,* Beurteilung *f.* **analyser** *tr* **1.** analysieren, zerlegen, zergliedern; **2.** untersuchen, prüfen; bestimmen; **3.** auf=gliedern; kritisch (aus=)werten; beurteilen; *a. inform* u. *Psychoanalyse* **analyste-programmateur, trice** *m f* Systemanalytiker(in *f*) *m.* **analyste** *m* Analytiker *m.* **analytique** *a* analytisch.
ananas [anana(s)] *m bot* Ananas *f.*
anarchie [anaʀʃi] *f* Anarchie, Unordnung *f.* **anarchique** *a* anarchisch. **anarchiste I.** *s m* Anarchist *m;* **II.** *a* anarchistisch.
anatomie [anatɔmi] *f* Anatomie *f; fam* Körperbau *m.* **anatomique** *a* anatomisch.
ancestral, e [ɑ̃sɛstʀal] *a* alt(überliefert). **ancêtre** [-sɛtʀ] *m pl* Vorfahren, Ahnen *m pl.*
anchois [ɑ̃ʃwa] *m zoo* Anschovis *f.*
ancien, ne [ɑ̃sjɛ̃, -ɛn] **I.** *a* alt; *(vorangestellt)* ehemalig, früher; dienstälter; **II.** *s m* Dienstältere(r); Alte(r); *rel* Kirchenälteste(r); ▶ *les ~s* die Alten *(Griechen und Römer).* **ancienneté** *f* **1.** *(hohes)* Alter *n;* **2.** Dienstalter *n;* ▶ *à l'~* dem Dienstalter nach.
ancrage [ɑ̃kʀaʒ] *m* Verankerung *f.* **ancre** [ɑ̃kʀ] *f* Anker *m;* ▶ *jeter, lever l'~* Anker werfen, den Anker lichten. **ancrer I.** *tr* verankern; ▶ *être ancré (mar)* vor Anker liegen; *fig* tief eingewurzelt sein *(dans* in *dat);* **II.** *v prn s'~ (fig)* sich fest=setzen; sich ein=nisten.
Andes, les [ɑ̃d] *f pl* die Anden *f pl.*
Andorre *f* Andorra *n.*
andouille [ɑ̃duj] *f* **1.** Schlackwurst *f;* **2.** *fam* Dummkopf *m.*
androgyne [ɑ̃dʀɔʒin] *m* Zwitter *m.*
âne [ɑn] *m* **1.** *zoo* Esel *m;* **2.** *fig* Dummkopf *m;* ▶ *à dos d'~* auf dem Esel (reitend); *dos m d'~ (Straße)* Bodenwelle *f.*
anéantir [aneɑ̃tiʀ] **I.** *tr* **1.** vernichten, zugrunde richten; vertilgen; **2.** *(Feind)*

auf=reiben; **3.** *(Brauch)* ab=schaffen, beseitigen, aus=rotten; **4.** *(Hoffnung)* zerstören; **5.** *(Menschen)* nieder=schmettern; erschüttern; **II.** *v prn s'~ (Hoffnungen)* zunichte werden; ▶ *je suis ~i* ich bin wie vor den Kopf geschlagen. **anéantissement** *m* Vernichtung, Zerstörung *f.*
anecdote [anɛkdɔt] *f* **1.** Anekdote; **2.** *pl* unwichtige Einzelheiten *f pl.* **anecdotique** *a* anekdotisch.
anémie [anemi] *f* Blutarmut, Anämie *f.*
anémique [-mik] *a* **1.** *med* blutarm; **2.** *fig* kraftlos.
anémone [anemɔn] *f bot* Anemone *f.*
ânerie [ɑ(a)nʀi] *f* Eselei, Dummheit *f.*
ânesse *f zoo* Eselin *f.*
anesthésie [anɛstezi] *f* Anästhesie *f.*
anesthésier [-zje] *tr* **1.** betäuben, anästhesieren (*a* mit *dat*); **2.** *fig* einschläfern, lähmen. **anesthésique** [-zik] *a* anästhetisch. **anesthésiste** *m f med* Narkosearzt *m,* -ärztin *f.*
anfractuosité [ɑ̃fʀaktɥozite] *f* Kluft, Spalte *f.*
ange [ɑ̃ʒ] *m* Engel *m;* ▶ *mon ~* mein Engel, Schätzchen; *être aux ~s* im sieb(en)ten Himmel sein; *~ gardien* Schutzengel *m.* **angélique** *a* engelhaft; himmlisch. **angélus** [-lys] *m* Angelusläuten *n.*
angine [ɑ̃ʒin] *f med* Angina *f;* ▶ *~ de poitrine* Angina *f* pectoris.
anglais, e [ɑ̃glɛ, -ɛz] I. *a* englisch; **II.** *s m* Englisch(e) *n;* ▶ *filer à l'~e* sich (auf) französisch empfehlen.
angle [ɑ̃gl] *m* **1.** Ecke; Kante *f;* **2.** Winkel *m;* **3.** *fig* Gesichtspunkt *m.*
Angleterre, l' [ɑ̃glətɛʀ] *f* England *n.*
anglican, e [ɑ̃glikɑ̃, -an] *a* anglikanisch; ▶ *Église ~e* Englische Hochkirche *f.*
anglicanisme *m rel* Anglikanismus *m.*
angliche *a péj* englisch; *s m f péj* Engländer(in *f*) *m.* **angliciser** [-size] *tr* englisch machen. **angliciste** *m* Anglist *m.* **anglo-canadien, ne** *a* kanadisch-englisch: *s m gram* kanadisches Englisch, das kanadische Englisch. **anglomanie** *f* Anglomanie *f.* **anglonormand, e** *a* anglonormannisch; ▶ *île(s) ~(s)* Kanalinsel(n). **anglo-saxon, ne** *a* angelsächsisch.
angoissant, e [ɑ̃gwasɑ̃, -ɑ̃t] *a* beängstigend; beklemmend. **angoisse** *f* Bangigkeit; Angst(-gefühl *n*); Beklemmung *f.*
angoisser *tr* Angst einflößen (*qn* jdm), ängstigen; beunruhigen.
anguille [ɑ̃gij] *f zoo* Aal *m.*
angulaire [ɑ̃gylɛʀ] *a* Eck-; Winkel-. **anguleux, se** *a* **1.** *(Form, Gesicht)* eckig; kantig; **2.** *fig* schwierig, hart.
anicroche [anikʀɔʃ] *f fam* (kleine) Schwierigkeit *f,* Haken *m.*
animal [animal] **I.** *s m* Tier *n;* **II. animal, e** *a* **1.** tierisch; **2.** instinktiv; ▶ *règne m ~* Tierreich *n.*
animateur [animatœʀ] *m* **1.** Stimmungsmacher; Quizmaster; Conférencier; **2.** Gruppenleiter; Volksbildungspädagoge *m;* **3.** Initiator, Förderer, Leiter *m;* **4.** *(Unternehmen)* Seele, Triebfeder *f.* **animation** *f* **1.** *(Straße)* lebhafte(r) Verkehr, Betrieb *m;* rege(s) Leben *n;* Betriebsamkeit *f;* **2.** *(~ culturelle)* Freizeitgestaltung *f;* ▶ *avec ~* lebhaft; *mettre de l'~ dans qc* Leben in etw bringen. **animé, e** *a* **1.** belebt, lebendig; lebhaft; **2.** *(Streit)* heftig; **3.** *(Verkehr)* rege; **4.** *(Straße)* verkehrsreich; ▶ *dessins m pl ~s* Trickfilm *m.* **animer I.** *tr* **1.** beleben, Leben verleihen (*qc* e-r S); beseelen; **2.** auf=muntern, an=feuern; **3.** *(Unternehmen)* in Schwung bringen; **4.** *(Diskussion)* leiten; **5.** *tech* bewegen; in Bewegung versetzen; **II.** *v prn s'~* **1.** lebendig werden; sich beleben; sich in Bewegung setzen; lebhaft(er) werden; in Eifer geraten; **2.** *(Augen)* Glanz bekommen.
animosité [animozite] *f* Feindseligkeit Animosität *f* (*envers qn* gegen jdn).
anis [ani(s)] *m bot* Anis *m.* **anisette** *f* Anislikör *m.*
ankylose [ɑ̃kiloz] *f med* Ankylose *f.*
ankyloser I. *tr* steif machen; **II.** *v prn s'~* steif werden.
annales [anal] *f pl* Annalen *pl.* **annaliste** *m* Annalist *m.*
anneau [ano] *m* **1.** Ring *m;* **2.** (Ketten-) Glied *n;* Öse *f;* **3.** *(Schlüssel)* Ring *m.*
année [ane] *f* (Lebens-)Jahr *n;* Jahrgang *m;* ▶ *d' ~ en ~, d'une ~ à l'autre* von Jahr zu Jahr; *toute l'~* das ganze Jahr (hindurch); *être dans sa quarantième ~* im 40. Lebensjahr stehen; *souhaiter la bonne ~ à qn* jdm ein gutes neues Jahr wünschen; *fin f de l'~* Jahresende *n;* *~ bissextile* Schaltjahr *n;* *~ civile* Kalenderjahr *n;* *~ d'épreuve* Probejahr *n;* *~ fiscale* Finanz-, Rechnungsjahr *n;* *~-lumière f astr* Lichtjahr *n;* *~ scolaire* Schuljahr *n.*
annexe [anɛks] **I.** *s f* **1.** Nebengebäude *n;* *(Hotel)* Dependance *f;* **2.** *jur* Nachtrag, Zusatz *m;* **3.** *(Schriftstück)* Anlage *f;* *(Brief)* Beilage *f;* **II.** *a* Neben-; zugehörig. **annexer** *tr* **1.** bei=, an=fügen, bei=legen (*à* dat); **2.** *(Land)* ein=verleiben, annektieren. **annexion** *f* Einverleibung *f* Annexion *f.*
annihiler [aniile] *tr* *(Erfolge)* zunichte machen; *(Hoffnungen)* vernichten.
anniversaire [anivɛʀsɛʀ] **I.** *a* Gedenk-; **II.** *s m* Jahrestag; Geburtstag *m.*
annonce [anɔ̃s] *f* **1.** Ankündigung, Bekanntmachung *f;* **2.** (Zeitungs-)Anzeige *f,* Inserat *n;* **3.** Vor-, Anzeichen *n* (*de qc* für etw); ▶ *mettre une ~ dans un journal* in e-r Zeitung inserieren; *~ de naissance, de mariage, de décès* Geburts-,

Heirats-, Todesanzeige *f;* ~ *publicitaire* Reklame, Werbeanzeige *f.* **annoncer** ‹*Prés. j'annonce, ns annonçons; Fut. j'annoncerai; pp. annoncé, e*› **I.** *tr* **1.** an=kündigen; an=zeigen; mit=teilen; **2.** *(Stelle)* aus=schreiben; **3.** *(Person)* melden; **4.** (öffentlich) bekannt=machen; voraus=sagen, hin=weisen (*qc* auf e-e S); **5.** *radio* an=sagen; **II.** *v prn s'*~ sich an=melden; sich an=kündigen; ► *s'*~ *bien, mal* sich gut, sich schlecht anlassen; *le temps s'annonce beau* das Wetter verspricht schön zu werden. **annonceur, se** *m f (Zeitung)* Inserent; *radio* Ansager(in *f*) *m.* **annonciateur, trice I.** *a* ankündigend; **II.** *s m* Vorsignal *n.* **annonciation** *f* Verkündigung *f* (Mariä). **annoncier** *m* **1.** Anzeigenleiter *m;* **2.** *typ* Annoncensetzer *m.*

annotation [anɔtasjɔ̃] *f* (kritische) Anmerkung *f;* **annoter** *tr* mit Anmerkungen versehen.

annuaire [anɥɛʀ] *m* **1.** Jahrbuch *n;* **2.** Verzeichnis *n;* ► ~ *télématique* Btx-Verzeichnis *n;* ~ *du téléphone* Telefon-, Fernsprechbuch *n.*

annuel, le [anɥɛl] *a* **1.** jährlich; Jahres-; **2.** *bot* einjährig; ► *revenu m* ~ Jahreseinkommen *n.*

annulaire [anylɛʀ] *m* Ringfinger *m.* **annulation** *f jur* **1.** Nichtigkeits-, Ungültigkeits-, Kraftloserklärung; Streichung; **2.** *(Auftrag)* Rückgängigmachung, Stornierung; **3.** *(Ehe)* Aufhebung *f.* **annuler I.** *tr* **1.** *jur* für ungültig erklären; *(Urteil)* auf=heben; **2.** *(Auftrag)* annulieren, stornieren, rückgängig machen; **II.** *v prn s'*~ sich auf=heben.

anoblir [anɔbliʀ] *tr* in den Adelsstand erheben.

anodin, e *a* **1.** unschädlich; ungefährlich; harmlos; **2.** *fig* unbedeutend; nichtssagend.

anomal, e [anɔmal] *a* regelwidrig, unregelmäßig; anomal. **anomalie** *f* Regelwidrigkeit, Unregelmäßigkeit, Anomalie *f.*

ânon [ɑnɔ̃] *m* Eselsfüllen *n.*

ânonner [anɔne] *tr itr* stockend, stotternd aufsagen.

anonymat [anɔnima] *m* Anonymität *f.* **anonyme** *a* **1.** anonym; **2.** konventionell, unpersönlich; unbekannt; namenlos; ► *société f* ~ Aktiengesellschaft *f.*

anorexie [anɔʀɛksi] *f med* Anorexie *f;* ► ~ *mentale* Magersucht *f.*

anormal, e [anɔʀmal] **I.** *a* anormal, abnorm; ungewöhnlich; **II.** *s m* anomale(r) Mensch *m.*

anse [ɑ̃s] *f* **1.** Henkel *m;* **2.** *mar* (kleine) Bucht *f.*

antagonique [ɑ̃tagɔnik] *a* widerstreitend. **antagonisme** *m* Widerstreit; Gegensatz *m.* **antagoniste I.** *s m* Gegner, Widersacher, Antagonist *m;* **II.** *a* antagonistisch; gegensätzlich.

antan [ɑ̃tɑ̃] *loc a lit:* ► *d'*~ früher.

antarctique [ɑ̃taʀktik] *a* antarktisch; ► *pôle m* ~ Südpol *m.*

antécédent [ɑ̃tesedɑ̃] *m* **1.** *pl* Vorleben *n (e-r Person);* Vorgeschichte *f;* **2.** *gram* Beziehungswort *n;* ► ~*s judiciaires* Vorstrafen *f pl.*

Antéchrist [ɑ̃tekʀist] *m* Antichrist *m.*

antédiluvien, ne [ɑ̃tedilyvjɛ̃, -ɛn] *a fig* vorsintflutlich.

antenne [ɑ̃tɛn] *f* **1.** *radio* Antenne *f;* **2.** *zoo* Fühler *m;* **3.** *(Autobahn)* Abzweigung *f;* Verbindungsstraße *f;* ► *(fam) ne pas avoir d'*~*s* kein Gespür haben; *je passe l'*~ *à* wir schalten um zu.

antérieur, e [ɑ̃teʀjœʀ] *a* **1.** vorhergehend; **2.** früher; älter (*à* als); **3.** *(Phonetik)* palatal; ► *face f* ~*e* Vorderseite *f.* **antérieurement** *adv* vor (*à son accident* s-m Unfall) **antériorité** [-ʀjɔ-] *f* (zeitlicher) Vorrang *m,* Vorzeitigkeit *f.*

anthologie [ɑ̃tɔlɔʒi] *f* Anthologie *f.*

anthropoïde [ɑ̃tʀɔpɔid] **I.** *a* menschenähnlich; **II.** *s m* Menschenaffe *m.* **anthropologie** *f* Anthropologie *f.* **anthropologiste, anthropologue** *m* Anthropologe *m.* **anthropophage** [-faʒ] *m* Menschenfresser *m.*

antiaérien, ne [ɑ̃tiaeʀjɛ̃] *a* Flugabwehr-; ► *défense f antiaérienne* Luftschutz *m.*

antiatomique *a:* ► *abri* ~ Atombunker *m.* **antialcoolique** *a* antialkoholisch.

antibiotiques [ɑ̃tibjɔtik] *m pl pharm* Antibiotika *pl.*

antibrouillard [ɑ̃tibʀujaʀ] *m* Nebelscheinwerfer *m.* **antibruit** *a inv* Lärmschutz-; ► *casque m* ~ Lärmschutzhelm *m; écran, mur m* ~ Lärmschutzwall *m,* **anticancéreux, se** *a: centre m* ~ Krebsforschungsinstitut. **anticasseurs** *a: loi f* ~ Vandalismusgesetz *n.*

antichambre [ɑ̃tiʃɑ̃bʀ] *f* Vorzimmer *n.*

antichar *a* Panzerabwehr-; ► *barrage m* ~ Panzersperre *f.*

anticipation [ɑ̃tisipasjɔ̃] *f* Vorwegnahme, Vorausnahme *f,* Vorgriff *m;* ► *par* ~ im, zum voraus; *roman m d'* ~ Zukunftsroman *m.* **anticipé, e** *a* Voraus-; vorzeitig, im voraus; vorweggenommen. **anticiper I.** *tr* vorweg=, voraus=nehmen; vor=greifen (*qc* auf e-e S); **II.** *itr* vor=greifen (*sur* auf *acc*); im voraus verbrauchen; über=greifen (*sur* in *acc*); *(Zukunft)* vorausschauen.

anticlérical, e [ɑ̃tikleʀikal] *a* antiklerikal. **anticoagulant, e** *a med* die Blutgerinnung hemmend; *s m* Mittel *n* gegen Blutgerinnung. **anticolonialisme** *m* Antikolonialismus *m.* **anticommunisme** *m* Antikommunismus *m.* **anticonceptionnel, le** *a* empfängnisverhütend. **anticonformisme** *m* Nonkonformismus *m.* **anticonformiste** *a* non-

konformistisch; *s m f* Nonkonformist(in *f*) *m*. **anticonstitutionnel, le** *a* verfassungswidrig. **anticorps** *m med* Antikörper *m*. **anticorrosif, ive** *a* korrosionsfest; ▶ *peinture f ~ive* Schutzfarbe *f*. **anticyclone** [-on] *m* Hoch(druckgebiet) *n;* Antizyklone *f*.
antidémocratique [ɑ̃tidemɔkʀatik] *a pol* antidemokratisch. **antidépresseur** [ɑ̃tidepʀɛsœʀ] *a* antidepressiv; *s m* Antidepressivum *n*.
antidérapant, e [ɑ̃tideʀapɑ̃(t)] **I.** *a* rutschfest, -sicher; **II.** *s m* Gleitschutz *m*. **antidopage, antidoping** *a inv* Doping-; ▶ *loi f ~* Dopingbestimmungen *f pl*. **antidote** *m* Gegengift, -mittel *n a. fig*. **antiengin** *a mil* Raketenabwehr-. **antifasciste** *a* antifaschistisch; *s m f* Antifaschist(in *f*) *m*. **anti-g** *a inv aero* Anti-g. **antigang** *a:* ▶ *brigade f* ▶ Sonderkommando der Polizei gegen Bandenkriminalität. **antigel** *m* Frostschutzmittel *n*. **antigivrant, e** *a* Frostschutz-; *s m* Frostschutzmittel *n*. **antigrippe** *a:* ▶ *vaccin m ~* Grippeschutzimpfung *f*, Grippeschutzimpfstoff *m*. **antihéros** *m* Antiheld *m*.
antilope [ɑ̃tilɔp] *f zoo* Antilope *f*.
antimilitarisme [ɑ̃timilitaʀism] *m* Antimilitarismus *m*. **antimilitariste** *m* Antimilitarist *m;* **anti-mite** *m* Mottenschutzmittel *n;* **antinational, e** *a* antinational. **antinazi, e** *a* gegen den Nationalismus gerichtet; *s m f* Gegner(in *f*) *m* des Nationalsozialismus. **antinomie** *f* Antinomie *f*. **antinucléaire** *a* der Kernkraftgegner; ▶ *militant m ~* Kernkraftgegner *m*. **antinuisances** *a ecol:* ▶ *les techniques f pl ~* die Umweltschutztechnik *f*. **antiovulatoire** *a med* ovulationshemmend. **antiparasitage** *m radio* Entstörung *f*, Abschirmen *n*. **antiparasiter** *tr el* entstören, ab=schirmen; **antipathie** [-ti] *f* Antipathie, Abneigung *f*. **antipathique** *a* unsympathisch, zuwider, widerwärtig. **antipelliculaire** *a* gegen Schuppen. **antipode** [-pɔd] *m* **1.** Antipode *m;* **2.** *fig* Gegenteil *n* (*de* von); ▶ *aux ~s (fig)* weit weg. **antipolluant, e** *a inv* umweltfreundlich; gegen die Umweltverschmutzung; *mesures f pl ~* Umweltschutzmaßnahmen *f pl*. **antipsychiatrie** *f* Antipsychiatrie *f*.
antiquaille [ɑ̃tikaj] *f meist pl* Plunder *m;* **antiquaire** *m* Antiquitätenhändler *m*. **antique I.** *a* **1.** antik; **2.** uralt; **3.** altmodisch; **II.** *s m* antike Kunst(werke *n pl*) *f*. **antiquité** *f* **1.** ▶ *A~* Altertum *n*, Antike *f;* **2.** sehr alte Zeit *f;* **3.** hohe(s) Alter *n (Bauwerk);* **4.** *pl* Altertümer *n pl;* Antiquitäten *pl*.
antirabique [ɑ̃tiʀabik] *a med* gegen die Tollwut wirkend. **antiraciste** *a* antirassistisch; *s m f* Antirassist(in *f*) *m*. **antireflet** *a* entspiegelt. **antirides** *a inv* gegen Faltenbildung; **antiroman** *m* Antiroman *m*. **antirouille** *a inv* Rostschutz-. **antisatellite** *a mil* Satellitenabwehr-. **antisèche** *f* Spickzettel *m*. **antisémite** *m* Antisemit *m*. **antisémitique** *a* antisemitisch. **antisémitisme** *m* Antisemitismus *m*. **antiseptique** *a* u. *s m* antiseptisch; keimtötend(es Mittel *n*). **antisionisme** *m* Antizionismus *m*. **antisioniste** *a* antizionistisch; *s m f* Antizionist(in *f*) *m*. **anti-sous-marin, e** *a mil* U-Boot-Abwehr-. **antitabac** *a inv* gegen das Rauchen. **antiterroriste** *a* gegen den Terrorismus; ▶ *lutte f ~* Terroristenbekämpfung *f*. **antitétanique** *a* gegen Wundstarrkrampf. **antithèse** *f* **1.** Antithese *f;* **2.** Gegensatz *m*. **antithétique** *a* gegensätzlich. **antivol** *m mot* Diebstahlsicherung *f*.
antonyme [ɑ̃tɔnim] *m* Antonym *n*.
anus [anys] *m* After *m*.
anxiété [ɑ̃ksjete] *f* Bangigkeit, Beklemmung; innere Unruhe, Angst *f*. **anxieux, se** *a* bang, ängstlich, beklommen; unruhig.
aorte [aɔʀt] *f anat* Aorta *f*.
août [ut] *m* August *m;* ▶ *à la fin ~* Ende August; *à la mi-~* Mitte August; *en ~* im August.
apaisant, e [apɛzɑ̃, -ɑ̃t] *a* beruhigend, tröstend. **apaisement** *m* **1.** Beruhigung, Besänftigung; Befriedung; *(Zorn)* Beschwichtigung *f;* **2.** *(Leiden)* Erleichterung, Linderung *f*. **apaiser** [-e(ɛ)ze] **I.** *tr* **1.** beruhigen; besänftigen; beschwichtigen; **2.** *(Schmerz)* lindern; **3.** *(Durst)* löschen; **4.** *(Hunger)* stillen; **5.** *(Sinne)* befriedigen; **II.** *v prn s'~* **6.** sich beruhigen; **7.** *(Wind, Fieber)* sich legen; **8.** *(Sturm, Lärm)* nach=lassen.
aparté [apaʀte] *m* **1.** *theat* beiseite Gesprochene(s) *n;* **2.** beiseite geführte(s), vertrauliche(s) Gespräch *n*.
apartheid [apaʀtɛd] *m* Apartheid *f*.
apathie [apati] *f* Teilnahmslosigkeit, Gleichgültigkeit, Apathie *f*. **apathique** *a* gleichgültig, teilnahmslos, apathisch.
apatride [apatʀid] **I.** *a* staatenlos; **II.** *s m f* Staatenlose(r *m*) *f*.
apercevoir [apɛʀsəvwaʀ] ‹*Prés. j'aperçois, ns apercevons, Fut. j'apercevrai; pp. aperçu, e; Subj. que j'aperçoive, que ns apercevions; Impér. aperçois, apercevons*› **I.** *tr* bemerken, erblicken, sehen, wahr=nehmen, beobachten, fest=stellen; **II.** *v prn s'~* wahr=nehmen, bemerken, gewahr werden (*de qc* e-e S). **aperçu** [-sy] *m* **1.** (kurzer) Ein-, Überblick *m;* Übersicht *f*.
apéritif, ive [apeʀitif, -iv] *a* appetitanregend. **apéro** [apeʀo] *s m fam* Aperitif *m*.
apesanteur [apəzɑ̃tœʀ] *f phys* Schwerelosigkeit *f*.

à-peu-près [apøprɛ] *m inv* Unzulängliche(s) *n;* Halbheit *f.*
apeuré, e [apœre] *a* erschrocken, geverängstigt, eingeschüchtert.
aphone [afɔn] *a* ohne Stimme, tonlos.
aphorisme [afɔrizm] *m* Aphorismus *m.*
aphoristique *a* aphoristisch.
aphrodisiaque[afrɔdizjak] *m* Aphrodisiakum *n.*
aphte [aft] *m* Aphthe *f.* **aphteux, se** [aftø] *a:* ► *fièvre f ~se* Maul- u. Klauenseuche *f.*
apiculteur [apikyltœr] *m* Imker *m.* **apiculture** *f* Bienenzucht *f.*
apitoiement [apitwamɑ̃] *m* Mitgefühl, Erbarmen *n.* **apitoyer** ‹*Prés. j'apitoie, ns apitoyons; Fut. j'apitoierai; pp. apitoyé, e; Subj. que j'apitoie, que ns apitoyions; Impér. apitoie, apitoyons*› [-twaje] **I.** *tr* rühren (*qn* jdn), Mitleid erregen (*qn* jds); **II.** ► *s'~ sur qn* jdn bemitleiden, mit jdm Mitleid empfinden.
aplanir [aplanir] **I.** *tr* **1.** (ein=)ebnen; planieren, ab=tragen; aus=gleichen; **2.** *tech* schlichten; **3.** *fig (Schwierigkeiten)* beseitigen, beheben, aus dem Weg räumen; **4.** *(Gegensätze)* überbrücken.
aplatir [aplatir] **I.** *tr* ab=platten, platt *od* flach schlagen, ab=flachen; **II.** *v prn s'~ (fam)* der Länge nach hin=fallen, sich lang=legen. **aplatissement** *m* **1.** Abflachen *n,* Abplatten *n;* **2.** *fig fam* Demütigung *f.*
aplomb [aplɔ̃] *m* **1.** Lot-, Senkrechte *f;* **2.** *fig* (innere) Sicherheit *f,* selbstsichere(s) Auftreten *n;* **3.** Kühnheit, Dreistigkeit *f;* ► *d'~* senkrecht, lotrecht; *je ne me sens pas bien d'~ (fam)* ich bin nicht ganz auf der Höhe; *cela me remettra d'~* das wird mich wieder auf die Beine bringen; *il en a de l'~* er ist frech, unverschämt; *quel ~!* welche Unverschämtheit!
apocalypse [apɔkalips] *f* **1.** Apokalypse; **2.** *A~* Offenbarung *f* des Johannes. **apocalytique** *a* **1.** apokalyptisch; **2.** grauenvoll.
apogée [apɔʒe] *m* **1.** *(Mond)* Erdferne *f,* Apogäum *n;* **2.** *fig* Höhepunkt, Zenit, Gipfel *m.*
apolitique [apɔlitik] *a* unpolitisch.
apoplexie [apɔplɛksi] *f* Schlaganfall *m.*
apostat [apɔsta] *m rel* Apostat, Abtrünnige(r) *m a. fig.*
apostolat [apɔstɔla] *m* **1.** *rel* Apostolat *n;* **2.** *fig* Berufung *f.* **apostolique** *a* apostolisch; päpstlich.
apostrophe [apɔstrɔf] *f* **1.** Anrede *f;* **2.** Verweis; **3.** Apostroph *m,* Auslassungszeichen *n.* **apostropher** *tr* hart an=fahren, *fam* an=schnauzen, an=pfeifen (*qn* jdn).
apothéose [apɔteoz] *f* **1.** Apotheose *f;* **2.** Auszeichnung, Ehrung *f;* **3.** Höhepunkt *m,* Krönung *f (e-r Veranstaltung).*
apôtre [apotr] *m* **1.** Apostel *m;* **2.** *fig* Verfechter,Vorkämpfer *m.*
apparaître [aparɛtr] ‹*Prés. j'apparais, ns apparaissons; Fut. j'apparaîtrai; pp. apparu, e; Subj. que j'apparaisse, que ns apparaissions; Impér. apparais, apparaissons*› *itr* erscheinen; in Sicht, zum Vorschein kommen; auf=tauchen; hervor=treten; sich zeigen; sich enthüllen.
apparat [apara] *m* **1.** Prunk *m,* Gepränge *n;* **2.** ► *~ critique* kritische(r) Apparat *m.*
apparatchik [aparatʃik] *m péj* Apparatschik *m.*
appareil [aparɛj] *m* **1.** Apparat *m,* Gerät *n;* Vorrichtung *f;* **2.** Photoapparat *m,* Kamera *f;* **3.** *arch* Mauerverband; **4.** *anat* Organe *n pl,* System *n;* **5.** *(Zahnbehandlung)* Klammer *f;* **6.** *tele aero* Apparat *m;* ► *qui est à l'~?* wer ist dort? **7.** *fig pol* Apparat *m;* **8.** *fig* Aufwand, Prunk *m;* ► *~ administratif* Verwaltungsapparat *m; ~ digestif* Verdauungsapparat *m; ~ d'éclairage* Beleuchtungskörper *m,* Leuchte *f; ~ d'enregistrement* Aufnahmegerät *n; ~-photo* Fotoapparat *n; ~ de projection* Projektionsapparat *m;* ► *~ à sous* (Spiel-) Automat *m.* **appareillage** *m* **1.** Apparatur *f;* **2.** *mar* Auslaufen *n;* **3.** *med* Prothese *f.* **appareiller** *itr* die Anker lichten.
apparemment [aparamɑ̃] *adv* anscheinend; offenbar; wahrscheinlich. **apparence** *f* **1.** *meist pl* (An-)Schein *m;* Äußere(s) *n;* äußere Erscheinung *f;* **2.** Aussehen *n;* ► *en ~* scheinbar; *sauver les ~s* den Schein wahren; **apparent, e** *a* **1.** sichtbar; **2.** scheinbar. **apparenté, e** *a* **1.** verwandt *a. fig;* verschwägert; **2.** *pol* nahestehend; ► *être ~ à qc* e-r S ähnlich sein. **apparenter, s'** *v prn* **1.** ein=heiraten (*à* in *acc*); sich verschwägern (*à* mit *dat*); **2.** *fig* sich an=schließen (*à* an *acc*); *(Sachen)* zuea. passen.
appariteur [aparitœr] *m (Universität)* Pedell *m.*
apparition [aparisjɔ̃] *f* **1.** Erscheinen, Auftauchen, Auftreten *n;* Erscheinung *f;* **2.** Gespenst *n,* Spuk *m;* **3.** *(Krankheit)* Ausbruch ► *ne faire qu'une courte ~* sich nur kurz blicken lassen.
appartement [apartəmɑ̃] *m* Wohnung *f;* ► *~ en duplex* Maisonettewohnung *f; ~-témoin* Musterwohnung *f.*
appartenance [apartənɑ̃s] *f* Zugehörigkeit; Mitgliedschaft *f;* ► *sans ~ politique* parteilos. **appartenir** ‹*Prés. j'appartiens, ns appartenons, Fut. j'appartiendrai; pp. appartenu, e; Subj. que j'appartienne, que ns appartenions; Impér. appartiens, appartenons*› **I.** *itr* **1.** gehören (*à qn, qc* zu jdm, etw); an=gehören (*à qn* jdm); **2.** zu=stehen, ge-

bühren; **3.** sich beziehen (*à* auf *acc*), betreffen (*à qc* etw); **II.** *v prn s'~* sein eigener Herr sein.
appât [apɑ] *m* **1.** Köder *m;* **2.** *fig* Verlockung *f.* **appâter** *tr fig* verlocken, ködern.
appauvri, e [apovʀi] *a* verarmt. **appauvrir I.** *tr* arm machen; *(Boden)* aus=laugen; **II.** *v prn s'~* arm werden, verarmen; *(Fähigkeiten)* verkümmern. **appauvrissement** *m* Verarmung; Verkümmerung *f.*
appel [apɛl] *m* **1.** (Zu-)Ruf *m;* **2.** Appell, Aufruf *m;* **3.** *tele* (telefonischer, Funk-) Anruf *m;* Rufzeichen *n;* **4.** *(Namen)* Verlesen *n; inform* Aufruf *m;* **5.** *mil* Appell *m;* Einberufung *f;* **6.** *jur* Berufung *f;* **7.** *fig* Lockung *f,* Reiz *m;* **8.** ► *faire ~ à qn* sich an jdn wenden; *juger sans ~* in letzter Instanz entscheiden; **9.** ► *cour f d'~* Berufungsgericht *n;* **10.** ► *~ de détresse* Notruf *m; ~ local* Anruf *m* im Ortsverkehr; *~ lumineux* Leuchtzeichen *n; ~ nominal* Namensaufruf *m; ~ du regard* Augenzwinkern *n; ~ des témoins* Zeugenaufruf *m.*
appeler [aple] ‹*Prés. j'appelle, ns appelons; Fut. j'appellerai; pp. appelé, e*› **I.** *tr* **1.** an=, herbei=, hervor=rufen; auf=rufen, vor=laden; *inform* auf=rufen; **2.** *mil* ein=berufen; **3.** nennen, heißen; **4.** *(in ein Amt)* berufen; **5.** *(Kraft)* erfordern; **6.** *(Folge)* nach sich ziehen; **7.** *(Tiere)* locken; **8.** *tele* an=rufen, an=läuten (*qn* bei jdm); **II.** *itr (Urteil)* Berufung einlegen (*de* gegen); ► *en ~* appellieren (*à* an *acc*); sich berufen (*à* auf *acc*); **III.** *v prn s'~* heißen; sich nennen. **appellation** *f* Bezeichnung, Benennung *f;* ► *~ d'origine* Herkunftsbezeichnung *f.*
appendice [apɛ̃dis] *m* **1.** *anat* Blinddarm *m;* **2.** Anhang *m.* **appendicite** *f* Blinddarmentzündung *f.*
appesantir [apəzɑ̃tiʀ] **I.** *tr* schwerfällig werden lassen; **II.** *v prn* ► *s'~ sur un sujet* e-n Gegenstand breit=treten; *s'~ sur des détails* sich zu lange bei Einzelheiten auf=halten.
appétissant,e [apetisɑ̃] *a* **1.** appetitlich, einladend; **2.** *fig* anziehend, verführerisch. **appétit** [-ti] *m* **1.** Appetit *m* (*pour* auf *acc*); **2.** *fig* Begierde *f;* Verlangen *n* (*de* nach); *assouvir, ouvrir l' ~* den Appetit befriedigen, an=regen.
applaudir [aplodiʀ] **I.** *tr* **1.** Beifall spenden *od* klatschen (*qn, qc* jdm, e-r S); **2.** *fig* beifällig auf=nehmen, zu=stimmen (*qc* e-r S), billigen, bei=pflichten (*qn* jdm); **II.** *itr* (Beifall) klatschen; bei=pflichten (*à qc* e-r S *dat*), billigen (*à qc* e-e S). **applaudissement** *m* **1.** Beifall(klatschen *n*) *m;* **2.** *fig* Zustimmung *f.*
applicable [aplikabl] *a* **1.** an-, verwendbar (*à* auf, für *acc*); **2.** gültig (*à partir de* ab); **3.** entsprechend; **4.** *(Flächen)* kongruent, deckungsgleich; ► *être ~ à* gelten für *acc.* **application** *f* **1.** Anwendung (*de qc à* e-r S auf *acc*); Verwendung; Durchführung *f;* **2.** *tech* Aufdrükken, Auftragen (*sur* auf *acc*); **3.** *(Pflaster)* Auflegen *n;* **4.** *fig* Fleiß, Eifer *m,* Aufmerksamkeit *f;* **5.** *pl* Applikation *f;* ► *champ m d'~* Anwendungsbereich *m; ~ par analogie* sinngemäße Anwendung *f.*
applique [aplik] *f arch* **1.** Auflege-, Zierstück *n;* **2.** Wandleuchte *f;* Wandarm *m.*
appliqué, e 1. fleißig, strebsam; **2.** *(Wissenschaft)* angewandt; **3.** *(Spitzenmuster)* appliziert. **appliquer I.** *tr* **1.** auf=, an=legen; ► *~ une échelle au mur* e-e Leiter an die Wand an=legen od an=lehnen; **2.** *(Salbe)* auf=tragen; **3.** *(Stempel)* auf=drücken; **4.** *(Heilmittel)* verabreichen; **5.** *fam (Ohrfeige)* geben, versetzen; **6.** *(Aufmerksamkeit)* richten (*à* auf *acc*); **7.** *fig* an=wenden, verwenden; ► *on ne peut ~ cette méthode* diese Methode ist nicht zu verwenden; *~ tous ses soins à* s-e ganze Sorgfalt verwenden auf *(acc);* **II.** *v prn s'~* **8.** haften (*sur, à* an *dat*); **9.** passen (*à* zu); **10.** *(Sache)* anwendbar sein auf *acc;* ► *la règle ne s'applique pas dans ce cas* die Regel kann man auf diesen Fall nicht anwenden; **11.** *(s'efforcer)* sich bemühen, sich an=strengen, sich Mühe geben; ► *s'~ à obtenir qc* sich um e-e S bemühen; **12.** ► *être appliqué* aufea.geklebt werden.
appoint [apwɛ̃] *m:* **1.** *faire l'~* mit abgezähltem Geld bezahlen; **2.** ► *d'~* zusätzlich; Zusatz-; *chauffage m d'~* Zusatzheizung *f; emploi m d'~* Nebentätigkeit *f;* **3.** *(Geld)* Zuschuß *m;* **4.** Hilfe, Unterstützung *f.* **appointements** *m pl (Beamte)* Bezüge *m pl,* Besoldung *f;* Gehalt *n,* Vergütung *f;* ► *toucher des ~* Gehalt beziehen; *~ à débattre* Entlohnung *f* nach Übereinkunft; *~ mensuels* Monatsgehalt *n; ~ minima* Mindestgehalt *n.* **appointer** *tr* entlohnen, besolden.
apport [apɔʀ] *m* **1.** *com* Hinterlegung *f;* Beitrag *m;* Einlage(kapital *n*) *f;* Anteil *m;* **2.** *(Heirat)* eingebrachte(s) Gut *n;* **3.** Heranführen, Herbeibringen ► *n; ~s en société* Gesellschaftseinlage *f.* **apporter** [-te] *tr* **1.** (bei=, mit=)bringen; *(seinen Teil)* bei=tragen; heran=, herbei=schaffen; **2.** verursachen, mit sich bringen, nach sich ziehen; **3.** *(Beweis, Erklärung)* bei=bringen, liefern; *(Gründe)* an=führen; **4.** ► *~ de l'attention* Aufmerksamkeit schenken (*à qc* e-r S); *~ son concours à qc* bei etw mit=wirken; *~ de l'empressement* Eifer an den Tag legen; *~ du soin à* Sorgfalt verwenden auf *acc; ~ un soulagement à qc* etw lindern.

apposer [apoze] *tr* **1.** *(Marke)* auf=kleben (*sur qc* auf e-e S); **2.** *(Plakat)* an=schlagen, an=kleben, an=bringen; **3.** *(Bedingung)* hinzu=fügen; ► ~ *sa signature* unterschreiben (*à qc* e-e S). **apposition** *f* **1.** *(Siegel)* Aufdrücken *n;* **2.** *gram* Beifügung, Apposition *f.*
appréciable [apʀesjabl] *a* beträchtlich, erheblich; *(Hilfe)* merklich, nennenswert; beachtlich. **appréciation** *f* **1.** (Ein-)Schätzung, Beurteilung; Bewertung *f;* **2.** *(Entfernung)* (Ab-)Schätzen *n.* **apprécier** *tr* **1.** bewerten, (ab=)schätzen; **2.** zu schätzen wissen; würdigen; beurteilen; sich e-e richtige Vorstellung machen (*qc* von etw).
appréhender [apʀeɑ̃de] *tr* **1.** (be)fürchten, darum bangen (*de* + Inf., *que (ne)* + *subj* daß); **2.** *jur* fest=nehmen, ergreifen. **appréhension** [-sjɔ̃] *f* Besorgnis, Furcht (*de* vor *dat*); *pl* Befürchtungen *f pl.*
apprendre [apʀɑ̃dʀ] ‹*Prés. j'apprends, ns apprenons; Fut. j'apprendrai; pp. appris, e; Subj. que j'apprenne, que ns apprenions; Impér. apprends, apprenons*› **I.** *tr* **1.** (er)lernen (*qc* etw, *à faire qc* etw zu tun); **2.** erfahren; *(Geheimnis)* entdekken, heraus=bekommen; hören; **3.** lehren (*qc à qn* jdn e-e S); bei=bringen, unterrichten (*qc* in *dat*); **4.** mit=teilen (*qc à qn* jdn über e-e S), berichten; melden; ► ~ *par cœur* auswendig lernen. **apprenti, e** [-ti] *m f* **1.** Lehrling, -junge *m;* Lehrmädchen *n;* **2.** *fig* Neuling *m;* ► ~ *maçon, menuisier, tailleur* Maurer-, Schreiner-, Schneiderlehrling *m;* ~ *sorcier (fig)* Zauberlehrling *m.* **apprentissage** *m* **1.** Lehre *f;* **2.** Lehrzeit *f;* ► *faire son* ~ s-e Lehre durch=machen; *faire l'*~ *de qc* etw erlernen.
apprêt [apʀɛ] *m* **1.** *(Stoff, Papier, Leder)* Appretur, Zurichtung, Ausrüstung *f;* **2.** *(Malerei)* Grundierung(smittel *n*) *f;* **3.** *(fig)* ► *sans* ~ natürlich, ungekünstelt. **apprêté, e** *a (Stil, Sprache)* gekünstelt, gesucht. **apprêter** **I.** *tr* **1.** zu=, vor=bereiten; zurecht=legen, -machen; her=richten, fertig=machen; **2.** *(Stoff)* aus=rüsten, appretieren; **II.** *v prn s'*~ **3.** sich zurecht=machen; Toilette machen; **4.** sich vor=bereiten, sich fertig=machen; **5.** an=setzen (*à* zu); ► *je m'apprêtais à ...* ich wollte gerade ...
apprivoiser [apʀivwaze] **I.** *tr* **1.** *(Tier)* zähmen; **2.** *fig* ansprechbarer machen; **II.** *v prn s'*~ **3.** zahm werden; **4.** *fig* umgänglich(er), gesellig(er), zutraulich(er) werden.
approbation [apʀɔbasjɔ̃] *f* **1.** Zustimmung, Genehmigung, Einverständnis *n;* **2.** Beifall *m;* Anerkennung *f;* ► *soumettre à l'*~ zur Genehmigung vorlegen.
approchant, e [apʀɔʃɑ̃] *a* **1.** ähnlich, nahekommend, vergleichbar; **2.** *(Art)* annähernd. **approche** *f* **1.** Annäherung *f,* Herannahen *n;* **2.** *(Nacht, Winter)* Ein-, Anbruch; **3.** *(Problem)* Standpunkt *m,* Betrachtungs-, Sehweise *f;* Zugang *m;* **4.** ► *à l'*~ *de l'hiver* (zu) Anfang des Winters; *aux* ~*s de la cinquantaine* wenn man auf die 50 zugeht. **approché, e** *a* annähernd; ► *valeur f* ~*e* Näherungswert *m.* **approcher** **I.** *tr* **1.** näher=, vor=rücken; näher bringen *od* stellen (*qc de qc* etw an e-e S); **2.** nahe kommen; Zutritt haben (*qn* bei jdm); verkehren, Kontakt haben (*qn* mit jdm); **II.** *itr* **3.** nahe, heran=kommen (*de* dat); (hin=)gehen (*de* zu); **4.** ähneln (*de* dat); **III.** *v prn s'*~ *de* sich nähern, näher kommen *dat;* ► ~*ez (-vous)!* treten Sie näher! ~ *du but, de la vérité* dem Ziel, der Wahrheit näher-, nahekommen; *le printemps approche* es geht aufs Frühjahr zu; *la nuit approche* die Nacht bricht herein.
approfondir [apʀɔfɔ̃diʀ] **I.** *tr* **1.** vertiefen; *(Loch)* tiefer bohren *od* graben; **2.** *fig* (genauer, gründlicher) prüfen, tiefer ein=dringen (*qc* in e-e S), genau untersuchen; sich eingehend beschäftigen (*qc* mit etw); **II.** *v prn s'*~ tiefer werden. **approfondissement** *m* **1.** Vertiefung *a. fig;* **2.** *fig* Verstärkung *f.*
appropriation [apʀɔpʀijasjɔ̃] *f jur* Aneignung *f.* **approprié, e** *a* geeignet, angemessen, sachgemäß, entsprechend, passend. **approprier** **I.** *tr* an=passen (*à* an *acc*); **II.** *v prn s'*~ *qc* sich etw an=eignen.
approuvé [apʀuve] *pp:* ► *lu et* ~ gelesen u. genehmigt. **approuver** *tr* **1.** genehmigen, billigen; **2.** bei=, zu=stimmen (*qn* jdm), einverstanden sein (*qn* mit jdm).
approvisionnement [apʀɔvizjɔnmɑ̃] *m* **1.** Versorgung, Zufuhr, Lieferung; **2.** Bereitstellung; Ausstattung, Be-, Anschaffung *f;* **3.** *pl* Vorrat, Bestand *m;* ► ~ *en eau* Wasserversorgung *f,* -vorrat *m;* ~ *en énergie électrique* (Elektro-) Energieversorgung *f;* ~ *en matières premières* Rohstoffversorgung *f.* **approvisionner** **I.** *tr* **1.** versorgen, beliefern; **2.** versehen (*de* mit); **3.** aus=statten; **4.** *(Konto)* auf=füllen; **II.** *v prn s'*~ sich versorgen, sich ein=decken (*en* mit); ► *s'*~ *en essence* tanken.
approximatif, ive [apʀɔksimatif, -iv] *a* annähernd, ungefähr. **approximation** [-sjɔ̃] *f* annähernde Schätzung *f;* Näherungswert *m.*
appui [apɥi] *m* **1.** Stütze; **2.** *arch* Lehne, Brüstung *f,* Riegel *m;* **3.** *tech* Auflager *n;* **4.** *(Wort)* Hervorheben *n;* **5.** *fig* Unterstützung, Hilfe *f,* Rückhalt *m;* **6.** ► *à l'*~ *de* zum Nachweis, zur Unterstützung *gen;* als Beleg für; *sans* ~ hilf-

los; auf sich gestellt; **7.** ► *être l'~ de qn, servir d'~ à qn* jdm e-e Stütze sein; *prendre ~ sur qc* sich auf etw stützen; ► **8.** *pièce f à l'~* Beweisstück *n;* Beleg *m;* **9.** ► *~-bras m,* Armlehne, -stütze *f; ~-tête m* Kopflehne *f.*

appuyer [apɥije] ‹*Prés. j'appuie, ns appuyons; Fut. j'appuierai; pp. appuyé, e, Subj. que j'appuie, que ns appuyions; Impér. appuie, appuyons*› **I.** *itr* **1.** *(exercer une pression)* ruhen, sich stützen (*sur* auf *acc*), lasten (*sur* auf *dat*); **2.** *(Person)* ► *~ sur le bouton, sur la sonnette* auf die Klingel, auf den Knopf drücken; *appuyez!* bitte Knopf drücken! **3.** *fig* hervor⸗heben, betonen; auf e-e S Nachdruck legen; **II.** *tr* **4.** *(~ qc)* auf⸗stützen, legen, lehnen, stellen; ► *~ le bras sur la table* den Arm auf den Tisch auf⸗stützen, *une échelle contre un mur* e-e Leiter an die Mauer an⸗legen *od* an⸗lehnen, *la tête sur l'épaule de qn* den Kopf an jds Schulter *(acc)* legen; **5.** *fig* unterstützen, bekräftigen; *(aider qn)* unterstützen, fördern, helfen, empfehlen; ► *~ la candidature de qn* jds Bewerbung unterstützen; **III.** *v prn s'~* **6.** sich stützen, sich lehnen (*sur* auf *acc; à, contre* an *acc*); **7.** sich verlassen (*sur qn* auf jdn); sich berufen (*sur* auf *acc*); sich gründen (*sur qc* auf e-e S); ► *~ sur le champignon (fam mot)* Gas geben; *fig* den wesentlichen Punkt heraus⸗greifen; die schwache Stelle treffen; *appuyez à droite, à gauche!* rechts, links heran! *cela s'appuie sur de bonnes raisons* das hat s-e guten Gründe.

âpre [ɑpʀ] *a* **1.** rauh; **2.** *(Weg)* uneben; **3.** *(Wind)* scharf; **4.** *(Geschmack)* herb; **5.** *(Leben)* schwer, hart; **6.** *(Kampf)* heftig; **7.** *(Wort)* barsch, streng; **8.** *(Wesen)* schroff; **9.** gierig (*à* nach, auf *acc*); *~ au gain* gewinnsüchtig; *fam* scharf aufs Geld. **âpreté** [ɑpʀəte] *f* **1.** *(Land)* Rauheit, Herbheit; **2.** *(Klima)* Härte; **3.** *(Kälte)* Strenge *f;* **4.** Heftigkeit; Verbissenheit *f.*

après [apʀɛ] **I.** *prp* **1.** *zeitlich:* nach; ► *~ cela* danach; *~ quoi* darauf, danach; wonach; **2.** *örtlich:* nach, hinter; ► *l'un ~ l'autre* e-r nach dem andern; *venir ~ qn* hinter jdm her⸗gehen; **3.** *Rangordnung:* nach; **4.** *Beziehung:* nach, hinter ... her; auf; über; **5.** ► *d'~* gemäß, entsprechend *dat; (fam)* auf Grund von; *d'~ nature* nach der Natur; *attendre ~ qc, qn* auf etw, jdn warten; *soupirer ~* sich sehnen nach; *courir ~ qn* jdm nach⸗laufen; *crier ~ qn (fam)* jdn herunter⸗machen; *être ~ qn, qc* hinter jdm, etw her sein; **II.** *adv* danach, darauf, nachher, später, dann; ► *longtemps ~* lange danach; *peu ~* kurz darauf; *immédiatement ~* unmittelbar danach; *et ~ ?* und ?, u. dann? *l'instant d'~* im nächsten Augenblick; *~ coup* hinterher, hintendrein; nachträglich; *~ tout* alles zs.genommen, alles in allem; *fam* na ja, schließlich; **III.** *conj:* ► *~ que* nachdem; *pop: ~* steht häufig für *à, sur, contre,* z. B. *monter ~ un mur, s'essuyer ~ la serviette; ~-demain* übermorgen; *~-guerre m* Nachkriegszeit *f; cet ~-midi* heute nachmittag; *dans l'~* nachmittags; im Laufe des Nachmittags. **après-rasage** *m* After-shave *n,* Rasierwasser *n.* **après-saison** *f* Nachsaison *f.* **après-ski** *m* Après-Ski-Stiefel *m.* **après-vente:** *service m ~* Kundendienst *m.*

à-propos [apʀɔpo] *m:* ► *avec ~* schlagfertig; *manquer d'~* unpassend sein; *(Person)* keinen Takt, kein Fingerspitzengefühl haben; *esprit m d'~* Schlagfertigkeit *f.*

apte [apt] *a* fähig, imstande (*à* zu); tauglich; geeignet; ► *être ~ à* sich eignen zu, taugen für; *~ au travail* arbeitsfähig.

aptitude *f* Fähigkeit, Eignung (*à* für *acc*), Tauglichkeit *f* (*à* zu *dat*); *pl* Begabung *f;* ► *certificat m d'~* Befähigungsnachweis *m; ~ professionnelle* berufliche Eignung *f.*

aquacole [akwakɔl] *a* die Aquakultur betreffend. **aquaculture** *f* Aquakultur *f.* **aquaplaning** [akwaplaniŋ] *m mot* Aquaplaning *n.* **aquarelle** *f* Aquarell *n.* **aquarium** [akwaʀjɔm] *m* Aquarium *n.* **aquatique** *a* im Wasser wachsend *od* lebend; Wasser-.

aqueduc [akdyk] *m* Aquädukt *m.*

aquilin [akilɛ̃] *a nur m* Adler-; ► *nez m ~* Adlernase *f.*

aquitain, e [akitɛ̃, -ən] *a* aquitanisch, aus Aquitanien.

arabe [aʀab] **I.** *a* arabisch; **II.** *s m* (das) Arabisch(e). **Arabe** *m f* Araber(in *f*) *m.* **arabesque** [-bɛsk] *f* Arabeske *f; (Unterschrift)* Schnörkel *m.* **Arabie, l'** *f* Arabien *n;* ► *l'~ Saoudite, Séoudite* Saudi-Arabien *n.* **arabique** *a* arabisch.

arable [aʀabl] *a:* ► *terre f ~* Ackerboden *m.*

araignée [aʀe(ɛ)ɲe] *f* Spinne *f;* ► *toile f d'~* Spinnengewebe *n.*

araméen, ne [aʀameɛ̃, -ɛn] *a* aramäisch; *s m gram* Aramäisch *n,* das Aramäische.

aratoire [aʀatwaʀ] *a: instruments m pl* ► *~s* landwirtschaftliche Geräte *n pl.*

arbalète [aʀbalɛt] *f* Armbrust; *f.* **arbalétrier** [-letʀije] *m* **1.** *arch* Bindersparren *m;* **2.** Armbrustschütze *m.*

arbitrage [aʀbitʀaʒ] *m* **1.** Schiedsspruch *m;* **2.** *(Arbeitsrecht)* Schlichtung *f;* **3.** Schiedsgerichtsbarkeit *f;* **4.** *com* Arbitrage *f;* **5.** *sport* Schiedsrichteramt *n.* **arbitraire I.** *a* willkürlich; **II.** *s m* Willkür *f.* **arbitral, e** *a* schiedsgerichtlich. **arbitre** *m* **1.** Schiedsrichter *a. sport;* **2.** Schlichter *m;* ► *libre ~* freie(r) Wille *m.*

arbitrer *tr* **1.** durch Schiedsspruch entscheiden; schlichten; **2.** *com* ein Arbitragegeschäft abwickeln; **3.** *pol* den Ausschlag geben (*qc* bei etw); **4.** ► ~ *un match de football* bei e-m Fußballspiel Schiedsrichter sein.
arborer [aʀbɔʀe] *tr* **1.** *(Fahne)* auf=pflanzen, *mar* hissen; **2.** *(Abzeichen)* an=stecken; (deutlich) zeigen, zur Schau stellen. **arboriculteur, trice** *m f* Baumgärtner(in *f*) *m.* **arboriculture** *f* Baumzucht *f.*
arbousier [aʀbuzje] *m* Erdbeerbaum, Arbutus *m.*
arbre [aʀbʀ] *m* **1.** *bot* Baum *m;* **2.** *tech* Welle *f;* ~ *à cames* Nockenwelle *f;* ~ *de commande, moteur* Antriebswelle *f;* ~ *fruitier* Obstbaum *m;* ~ *généalogique* Stammbaum *m;* ~ *de Noël* Weihnachtsbaum *m.* **arbrisseau** *m* Bäumchen *n,* (großer) Strauch *m.* **arbuste** *m* Strauch, Busch *m;* ► ~ *épineux* Dornbusch *m.*
arc [aʀk] *m* Bogen *m;* ► *avoir plusieurs cordes à son* ~ *(fig)* mehrere Eisen im Feuer haben; *tirer à l'*~ mit dem Bogen schießen; ~*-boutant m* Strebe-, Schwibbogen *m;* Strebe(pfeiler *m*) *f.* **s'arc--bouter** *v prn* sich (gewaltig) stützen (*contre qc* auf e-e S); sich stemmen (*contre qc* gegen etw); ► ~*-en-ciel m* Regenbogen *m;* ~ *en plein cintre* Rundbogen *m.* **arcade** *f* **1.** Arkade *f;* Bogen-, Laubengang *m;* **2.** *anat* Bogen *m;* **3.** *(Brille)* Steg *m;* ► ~ *sourcilière* Augenbrauenbogen *m.*
archaïque [aʀkaik] *a* archaisch; altertümlich.
archange [aʀkɑ̃ʒ] *m* Erzengel *m.*
arche [aʀʃ] *f* **1.** *(Bibel)* Arche *f;* **2.** Brükkenjoch *n;* **3.** ► ~ *d'alliance (rel)* Bundeslade *f.*
archéologie [aʀkeɔlɔʒi] *f* Archäologie *f.* **archéologique** *a* archäologisch. **archéologue** *m* Archäologe *m.*
archer [aʀʃe] *m* Bogenschütze *m.* **archet** [-ʃɛ] *m* **1.** *mus* Bogen *m;* **2.** *tech* Bügel *m.*
archétype [aʀketip] *m* Archetypus *m,* Urbild *n.*
archevêché [aʀʃəveʃe] *m* **1.** Erzbistum *n;* **2.** erzbischöfliche(s) Palais *n.* **archevêque** [aʀʃəvɛk] *m* Erzbischof *m.*
archi- [aʀʃi] *(préf der höchsten Steigerung)* Erz-, Haupt-, Ober-; über-. **archicomble** *a fam* brechend voll. **archidiacre** [aʀʃidjakʀ] *m* Archidiakon *m.* **archiduc, archiduchesse** *m f* Erzherzog(in *f*) *m.* **archiépiscopal, e** *a* erzbischöflich. **archiépiscopat** *m* erzbischöfliche Würde *f.*
Archimède [aʀʃimɛd] *m* Archimedes *m.*
archinul, e [aʀʃinyl] *a* völlig unfähig.
archipel [aʀʃipɛl] *m geog* Archipel *m.*
architecte [aʀʃitɛkt] *m* Architekt *m;* ► ~ *décorateur m* Innenarchitekt *m;* ~ *paysagiste m* Landschaftsarchitekt *m.* **architecture** *f* **1.** Architektur; Baukunst *f;* **2.** Bauform *f;* ~ *de système (inform)* Systemarchitektur *f;* **3.** *fig* Aufbau *m.*
architrave [aʀʃitʀav] *f arch* Architrav *m.*
archiver [aʀʃive] *tr a. inform.* **archives** [aʀʃiv] *f pl* **1.** Archiv *n;* Urkunden (-sammlung *f*) *f pl;* **2.** *(Behörde)* Registratur *f.* **archiviste** *m* Archivar *m.*
arçon [aʀsɔ̃] *m* Sattelbogen *m.*
arctique [aʀktik] **I.** *a* arktisch; **II.** *s m* Arktis *f.*
ardent, e [aʀdɑ̃, -ɑ̃t] **1.** brennend; glühend; *(Haar);* **2.** *(Fieber)* hitzig; **3.** *fig* heftig, leidenschaftlich; lebhaft; eifrig (*à* bei), feurig *(a. Pferd),* heißblütig; **4.** *(Wunsch)* sehnlich. **ardeur** *f* **1.** Glut; Hitze *f;* **2.** *fig* Leidenschaft; Heftigkeit; Sehnsucht *f;* Feuer *n,* Energie *f,* Eifer *m.*
ardoise [aʀdwaz] *f* **1.** Schiefer *m; fig* Rechnung *f;* **2.** *(tablette f d'*~*)* Schiefertafel *f; crayon m d'*~ Griffel *m.*
ardu, e [aʀdy] *a (Aufgabe)* schwierig, schwer.
are [aʀ] *m* Ar *n.*
arène [aʀɛn] *f* **1.** Arena, Kampfbahn *f;* **2.** *pl hist* Amphitheater *n;* Stierkampfarena *f.*
arête [aʀɛt] *f* **1.** *bot* Granne *f,* Bart *m;* **2.** *(Fisch)* Gräte *f;* **3.** *arch* (Dach-)Grat *m,* Kante *f;* **4.** *geog* (Gebirgs-)Rücken, Kamm *m;* ► *à* ~ *vive* scharfkantig.
argent [aʀʒɑ̃] *m* **1.** Silber *n;* **2.** Geld *n;* **3.** ► *d'*~ silbern; silberglänzend; **4.** ► *avoir de l'*~ *sur soi* Geld bei sich haben; *en avoir pour son argent* auf seine Kosten kommen; *être à court d'*~ knapp bei Kasse sein; *payer en* ~ *comptant* bar bezahlen; *prélever de l'*~ Geld ab=heben; *prendre qc pour de l'*~ *comptant* etw für bare Münze nehmen; **5.** *vif-argent m* Quecksilber *n a. fig;* ~ *au comptant* Bargeld *n;* ~ *liquide* Bargeld *n;* ~ *de poche* Taschengeld *n.* **argenté, e** *a* **1.** versilbert; **2.** *(Ton)* silberhell; ► *je ne suis plus très* ~ ich habe nicht mehr viel Geld. **argenter I.** *tr* **1.** versilbern; mit e-r Silberschicht belegen; **2.** (~ *les cheveux* den Haaren) e-n Silberglanz verleihen; **II.** *v prn s'*~ silbergrau werden. **argenterie** *f* Silbergeschirr *n.* **argentin, e** *a* silbern; silberhell.
Argentin, e [aʀʒɑ̃tɛ̃, -in] *m f* Argentinier(in *f*) *m.*
argile [aʀʒil] *f min* Ton, Letten *m.* **argileux, se** *a* tonig, lettig.
argot [aʀgo] *m* Argot *n;* Gauner-, Standessprache *f.* **argotique** [-ɔt-] *a* Argot-.
Argovie [aʀgɔvi] *f* Aargau *m.*
arguer [aʀg(ɥ)e] **I.** *tr* schließen, folgern (*de* aus); **II.** *itr* vor=bringen, an=führen (*de qc* etw); als Vorwand benutzen (*de*

qc etw). **argument** [aʀgymɑ̃] *m* **1.** Beweis(grund *m*, -mittel *n*) *m*, Argument *n*; **2.** *(Buch)* Zs.fassung; Inhaltsangabe *f*. **argumentation** *f* Beweisführung; Schlußfolgerung; Dialektik *f*. **argumenter** *itr* **1.** argumentieren; **2.** palavern.

argus [aʀgys] *m offizielle Preisliste für Gebrauchtwagen.*

aride [aʀid] *a* **1.** trocken, dürr; unfruchtbar; **2.** *fig* trocken, nüchtern; **3.** *(Thema)* undankbar; uninteressant. **aridité** *f* **1.** Trockenheit; Dürre *f*; **2.** *fig* Trockenheit; Leere; **3.** *(Geist)* Sterilität *f*.

aristo(crate) [aʀisto(-tɔkʀat)] *m f* Aristokrat(in *f*) *m*. **aristocratie** [-si] *f* Aristokratie *f*. **aristocratique** [-tik] *a* aristokratisch.

Aristote [aʀistɔt] *m* Aristoteles *m*. **aristotélisme** *m philos* Aristotelismus *m*, Lehre *f* des Aristoteles.

arithmétique [aʀitmetik] **I.** *a* arithmetisch; **II.** *s f* Arithmetik *f*.

arlequin [aʀləkɛ̃] *m* Hanswurst *m*.

armada [aʀmada] *f a. fig* Armada *f*.

armagnac [aʀmaɲak] *m* Armagnac *m*.

armateur [aʀmatœʀ] *m mar* Reeder *m*.

armature [aʀmatyʀ] *f* **1.** Gestänge, Gerüst *n a. fig*; Verstärkung; **3.** *(Kabel)* Armierung, Bewehrung *f*; **3.** *(Kondensator)* Belag *m*; **4.** *(Apparat)* Armatur *f*; **5.** *mus* Vorzeichen *n (pl)* **6.** *fig* Grundlage, Stütze *f*.

arme [aʀm] *f* **1.** Waffe; **2.** Waffengattung *f*; **3.** Gewehr *n*; **4.** *pl* Wappen *n*; *faire ses premières ~s (fig)* s-e Laufbahn beginnen; *mettre bas les ~s* die Feindseligkeiten ein=stellen; *~s atomiques, nucléaires* Atom-, Kernwaffen *f pl*. **armé, e** *a* **1.** bewaffnet (*de* mit); **2.** *fig* versehen (*de* mit); **3.** *tech* armiert; bewehrt; **4.** *mar* ausgerüstet; **5.** *(Revolver)* gespannt; durchgeladen; ► *béton m ~* Eisenbeton *m*. **armée** *f* **1.** Armee; **2.** *fig* Menge, Schar *f*; *~ de l'air* Luftwaffe *f*; *~ du salut* Heilsarmee *f*. **armement** *m* **1.** Bewaffnung; Bestückung *f*; **2.** *pl* Rüstung *f*; **3.** *mar* Ausrüstung; Ree[illegible] *atomique* atomare Bewaf[illegible] **I.** *tr* **1.** bewaffnen (*de* [illegible]n, bestücken; **2.** *fig* ver[illegible] stärken; **3.** *(Pistole,* *Fe*[illegible] *Feuerwaffe)* durchlade[illegible]usrüsten; **5.** *tech* armi[illegible], beschlagen; **II.** *itr* **6.** *(L*[illegible] **III.** *v prn s'~* **7.** sich (b[illegible]ich wappnen (*de* mit); ► *s'~ de tout son courage* s-n ganzen Mut zs.=nehmen; *s'~ contre un danger* sich gegen e-e Gefahr schützen; *s'~ de patience* sich mit Geduld wappnen. **armistice** *m* Waffenstillstand *m*.

armoire [aʀmwaʀ] *f* Schrank *m*; ► *~ frigorifique* Kühlschrank *m*; *~ à linge, à vêtements* Wäsche-, Kleiderschrank *m*; *~ à outils* Werkzeugkasten, -schrank *m*; *~ à pharmacie* Hausapotheke *f*. **armoiries** [aʀmwaʀi] *f pl* Wappen *n*.

armure [aʀmyʀ] *f* **1.** Rüstung *f*; Panzer *m*; **2.** *fig* Schutz, Schirm *m*; **3.** *el* Bewehrung *f (e-s Kabels)*; **4.** *mus* Vorzeichen *n (pl)*; **5.** *(Textil)* Bindung *f*; **6.** Baumschutz *m*. **armurerie** *f* Waffenfabrik *f*; Waffenhandel *m*. **armurier** *m* Waffenhändler, -fabrikant; *mil* Waffenmeister *m*.

arnaque [aʀnak] *m arg* Betrug *m*. **arnaquer** *tr fam* über's Ohr hauen.

arnica [aʀnika] *f bot* Arnika *f*.

aromate [aʀɔmat] *m* (stark) duftende pflanzliche Substanz *f*. **aromathérapie** *f* Heilkräutertherapie *f*. **aromatique** *a* würzig, aromatisch. **aromatiser** *tr* würzen.

arôme [aʀom] *m* Aroma *n*, Wohlgeruch, Duft *m*.

arpège [aʀpɛʒ] *m mus* Arpeggio *n*.

arpent [aʀpɑ̃] *m* Morgen *m (Maß)*. **arpentage** *m* Vermessung *f*. **arpenter** *tr* **1.** aus=, vermessen; ab=stecken; **2.** *fig* mit großen Schritten durchmessen; hin u. her gehen (*qc* in e-r S). **arpenteur** *m* Geometer *m*.

arpète, arpette [aʀpɛt] *f* Lehrmädchen *n (bei e-r Schneiderin)*.

arqué, e [aʀke] *a* gebogen, geschweift; gewölbt. **arquer I.** *tr tech* biegen, wölben; **II.** *itr* sich durch=biegen, krumm werden.

arrachage [aʀaʃaʒ] *m (Unkraut)* Ausreißen, Jäten; *(Kartoffeln)* Roden; *(Baumstumpf)* Ausroden *n*. **arraché** *m (Gewichtheben)* Reißen *n*. **arrachement** *m* **1.** Ausreißen; Herausziehen *n*; **2.** Trennung *f*, Abschied *m*, Losreißen *n*.

arrache-pied *loc adv*: ► *d'~* unablässig, ununterbrochen, in einem fort. **arracher I.** *tr* **1.** entreißen, fort=, weg=, ab=nehmen; **2.** (her-)aus=reißen; *(Kartoffeln)* roden, ernten; *(Zahn)* ziehen; *(Nagel)* heraus=ziehen; *(Haare)* aus=raufen, aus=reißen, aus=zupfen; *(Federn)* aus=rupfen; **3.** *(Versprechen)* ab=nötigen; **4.** *(Lächeln)* entlocken; **5.** *(Geständnis)* erpressen; **6.** *(Entscheidung)* erzwingen; **II.** *v prn s'~ de, à* sich los=reißen von, aus; ► *s'~ les cheveux* sich die Haare raufen. **arracheur** *m*: ► *mentir comme un ~ de dents* lügen, daß sich die Balken biegen.

arraisonnement [aʀɛzɔnmɑ̃] *m (Schiff)* Überprüfung *f*. **arraisonner** *tr mar* überprüfen.

arrangeant e [aʀɑ̃ʒɑ̃] *a* entgegenkommend; gefällig. **arrangement** *m* **1.** Anordnung; Einrichtung; Aufstellung; Zs.stellung *f*; **2.** *jur* Abmachung *f*, Übereinkommen *n*, Vergleich *m*; Abkommen *n*; **3.** *mus* Bearbeitung *f*. **arranger**

‹*Prés. j'arrange, ns arrangeons; Fut. j'arrangerai; pp. arrangé, e; Subj. que j'arrange, que ns arrangions, Impér. arrange, arrangeons*› **I.** *tr* **1.** (an=)ordnen; ein=richten; zs.=stellen; zurecht=legen, -setzen, -stellen; *(Haar)* zurecht=machen; **2.** organisieren; in die Wege leiten; vor=bereiten; **3.** (wieder) in Ordnung bringen; reparieren; *(Text)* überarbeiten; *(Theaterstück)* bearbeiten; **4.** *(Zs.kunft)* vermitteln; *(Streit)* bei=legen, schlichten; zufrieden=stellen; **5.** *fam* herunter=reißen, übel behandeln; **II.** *v prn s'~* **6.** sich zurecht=machen *(a. Frisur, Kleidung)*; **7.** es sich bequem machen; sich ein=richten; Mittel u. Wege finden (*pour* um); **8.** *jur* einig werden, ein Abkommen treffen, sich vergleichen; **9.** *(mit Gläubigern)* sich ausea.=setzen; **10.** sich ab=finden (*de* mit), zufrieden sein (*de* mit); **11.** ► *cela m'arrange tout à fait* das paßt mir gut; damit bin ich einverstanden; *cela s'arrangera* das wird schon gehen; *ça m'arrangerait* das würde mir passen; *les choses ont l'air de s'~* die Lage scheint besser zu werden. **arrangeur** *m mus* Bearbeiter *m.*

arrestation [aʀɛstasjõ] *f* Verhaftung; Festnahme *f;* ► *mettre en (état d') ~* verhaften.

arrêt [aʀɛ] *m* **1.** Anhalten; Stillstehen *n;* Halt; Aufenthalt *m;* Fahrtunterbrechung *f;* **2.** *(Autobus)* Haltestelle *f;* **3.** *(Maschine)* Störung, Panne; Außerbetriebsetzung; Stilllegung *f; mot* Ausfall *m;* **4.** Urteil *n,* Entscheidung *(der letzten Instanz);* Verfügung *f;* **5.** *tech* Anschlag *m;* Arretierung *f;* **6.** *fig (Wettkampf)* Abbruch *m; (Arbeit)* Unterbrechung; Pause *f,* Stillstand *m;* **7.** *sans ~* unaufhörlich; **8.** ► *mandat m d'~* Haftbefehl *m; signal m d'~* Haltesignal *n; ~ du cœur* Herzschlag *m; ~ facultatif* Bedarfshaltestelle *f; ~ du travail* Arbeitsruhe, -pause, -niederlegung *f.* **arrêté, e** [-e(ɛ)te] **I.** *a* abgemacht, fest, sicher; unerschütterlich; **II.** *s m* **1.** Erlaß *m;* Verfügung *f;* Beschluß *m;* **2.** *com* Abschluß *m;* ► *c'est une chose ~e* das ist abgemachte Sache. **arrêter I.** *tr* **1.** an=, auf=halten; stoppen; unterbrechen; außer Betrieb setzen, ab=stellen, ab=schalten; still=legen (stillegen), ein=stellen; fest=machen, befestigen; **2.** *(Wasser)* ein=dämmen, stauen; **3.** *(Blut)* stillen; **4.** *(Kampf)* ab=brechen; **5.** *jur* verhaften, fest=nehmen; **6.** *(Blick)* heften (*sur* auf *acc*); **7.** *(Aufmerksamkeit)* richten (*sur* auf *acc*), fesseln; **8.** *(Wahl)* treffen; **9.** *(Entscheidung)* fällen; **10.** *(Zeitpunkt, Strecke)* fest=legen, bestimmen; beschließen; **11.** *(Konto)* (ab=) schließen; **II.** *itr* **12.** an=halten, stehen=bleiben; *(mit e-r Tätigkeit)* auf=hören; **III.** *v prn s'~* **13.** stehen=bleiben; stoppen; (inne=)halten; **14.** *(Kleid)* reichen, gehen (*à* bis an *acc*); **15.** *(Zeit)* still=stehen.

arrhes [aʀ] *f pl* Auf-, Angeld *n;* Anzahlung *f.*

arrière [aʀjɛʀ] **I.** *adv:* ► *en ~* rückwärts; zurück; **II.** *prp:* ► *en ~ de* hinter *dat, acc;* **III.** *a invar* Rück-, Hinter-; **IV.** *s m* **1.** hintere(r) Teil *m;* Rückseite *f;* **2.** *mar aero* Heck *n;* **3.** *sport* Verteidiger *m;* **4.** *mil* rückwärtige(s) Gebiet *n;* **5.** *pl* rückwärtige Verbindungen *f pl;* **6.** ► *à l'~* hinter; *(Auto)* im Fond; *mar* achtern; **7.** ► *faire un pas en ~* zurück=treten; *faire machine* od *marche ~* rückwärts fahren; *fig* einen Rückzieher machen; *rester en ~* zurück=bleiben; **8.** ► *feu m ~* Rücklicht *n; marche f ~ (mot)* Rückwärtsgang *m; siège m ~* Rücksitz *m;* **9.** ► *~-cour f* Hinter-, Lichthof *m; ~-goût m* Nachgeschmack *m a. fig; ~-grand-mère f* Urgroßmutter *f; ~-pensée f* Hintergedanke *m; ~-plan m* Hintergrund *m a. fig; ~-saison f;* Spätherbst *m.*

arriéré, e [aʀjeʀe] **I.** *a* **1.** *(Ideen, Zahlung)* rückständig; **2.** *(Kind)* zurückgeblieben; **II.** *s m* Rückstand *m;* ► *faire rentrer des ~s* Rückstände ein=treiben.

arrimer [aʀime] *tr* **1.** (ver)stauen; *(mit Seilen)* festbinden; **2.** *(Raumschiff)* koppeln *(avec* mit *dat).*

arrivage [aʀivaʒ] *m com* Anlieferung *f;* Wareneingang *m; pl* eingegangene Waren *f pl.* **arrivant, e** *m f* Ankommende(r *m*) *f;* Ankömmling *m.* **arrivée** *f* **1.** Ankunft *f;* Eintreffen *n; (vor e~m Gebäude)* Auffahrt; *loc* Einfahrt *f; (Brief)* Eingang; *(Ereignis)* Eintritt *m; fig* Erscheinen, Kommen *n;* **2.** *tech* Zufuhr, Zuführung *f;* Zufluß, Zulauf *m;* **3.** *(Fahrplan)* Ankunft *f;* „an"; **4.** *sport* Ziel *n;* ► *à mon ~* bei meiner Ankunft; *ligne f d'~* Ziellinie *f; ~ tête-à-tête (sport)* tote(s) Rennen *n.* **arriver I.** *itr* **1.** an=kommen, ein=treffen; *(Zug)* ein=fahren; *mar* ein=laufen; **2.** gelangen (*à* zu); kommen (*à* an *acc*); reichen (*à* bis); *(Ziel)* erreichen (*à qc* etw), **3.** *(Nacht)* herein=brechen; *(Zeit)* kommen; *(Flüssigkeit)* zu=fließen; *(Luft)* ein=strömen; **4.** kommen (*à qc* zu etw); Erfolg haben, s-n Weg machen; **5.** *(Ereignis)* sich ereignen, ein=treffen, geschehen; vor=kommen; zu=stoßen, begegnen *dat;* **6.** ► *en ~ à faire qc* schließlich etw tun; *y ~* etw fertig=bringen; *fam (mit dem Geld)* aus=kommen; *~ à échéance* fällig werden; *~ à l'heure (loc)* fahrplanmäßig ein=treffen; pünktlich kommen; *~ à bon port* unversehrt ein=treffen; *~ en retard (loc)* mit Verspätung ein=treffen; zu spät kommen; *n'~ à rien* es zu nichts bringen, zu nichts kommen; **7.** ► *j'arrive à* es gelingt mir zu; ich komme dazu, zu; *cela peut ~ à tout le monde* das kann jedem passieren; *il arrive que* es trifft sich, es ergibt sich, daß; *(mit subj)* es könnte sein, daß. **arrivisme** *m* Strebertum *n.* **arriviste** *m* Streber *m.*

arrogance [aʀɔgɑ̃s] *f* Anmaßung, Arroganz *f,* Hochmut *m;* hochfahrende(s) Wesen *n;* Dünkel *m.* **arrogant, e** *a* anmaßend, arrogant; überheblich.

arroger, s' [aʀɔʒe] ⟨*Prés. je m'arroge, ns ns arrogeons; Fut. je m'arrogerai; pp. arrogé, e*⟩ *v prn* sich an≈maßen; sich widerrechtlich zu≈eignen; sich heraus≈nehmen; ▶ *~ un droit* sich ein Recht heraus≈nehmen.

arrondi, e [aʀɔ̃di] **I.** *a* rund(lich); abgerundet; **II.** *s m* abgerundete Form; Rundgang *f.* **arrondir I.** *tr* **1.** ab≈, auf≈runden (*à* auf *acc*); **2.** *tech* e-e Rundung geben (*qc* e-r S *dat*), ab≈runden; **3.** *mar* umfahren; **II.** *v prn s'~* rund werden, sich ab≈runden; sich vergrößern.

arrondissement [aʀɔ̃dismɑ̃] *m* **1.** *(Lippen)* Rundung *f;* **2.** *(Frankreich)* Arrondissement *n; (Stadt)* Bezirk *m.*

arrosage [aʀozaʒ] *m* **1.** Besprengen; Begießen *n; (Feld)* Berieselung *f.* **arroser** *tr* **1.** begießen; besprengen; berieseln; bewässern; bespritzen (*de* mit *dat*); **2.** *(mit Blut)* tränken; *(mit Tränen)* benetzen; *(Fluß)* durchfließen, fließen (*Paris* durch P.); *(Braten, Beförderung)* begießen; **3.** *fig fam* Bestechungsgelder geben (*qn* jdm). **arroseur** *m* Rasensprenger *m.* **arroseuse** *f* Sprengwagen *m.* **arrosoir** *m* Gießkanne *f.*

arsenal [aʀsənal] *m* **1.** *(Kriegsschiffe)* Werft *f;* **2.** *fig* Arsenal *n; pej* Menge, Fülle *f.*

arsenic [aʀsənik] *m chem* Arsen *n;* ▶ *~ blanc* Arsenik *n.*

arsouille [aʀsuj] *m pop* versoffene(s) Subjekt *n.*

art [aʀ] *m* Kunst; Kunstfertigkeit; Geschicklichkeit *f;* Kunstgriff *m;* ▶ *les beaux-~s* die schönen Künste; *école f des ~s et métiers (Art)* technische Hochschule *f; œuvre f d'~* Kunstwerk *n; ~s décoratifs* Kunstgewerbe *n; ~s ménagers* Hauswirtschaft *f.*

artère [aʀtɛʀ] *f* **1.** *med* Schlagader, Arterie *f;* **2.** *fig* Verkehrsader *f;* **3.** *el* Speisekabel *n.* **artériosclérose** *f* Arterienverkalkung *f.*

arthrite [aʀtʀit] *f med* Arthritis, Gelenkentzündung *f.* **arthritique** *a med* arthritisch. **arthrose** [aʀtʀoz] *f med* Arthrose *f.*

artichaut [aʀtiʃo] *m bot* Artischocke *f;* ▶ *avoir un cœur d'~ (fig fam)* ein Herz für viele haben.

article [aʀtikl] *m* **1.** Artikel, Abschnitt, Paragraph *m;* **2.** (Zeitungs-)Artikel *m;* **3.** (Handels-)Artikel *m,* Ware *f;* **4.** *gram* Artikel *m,* Geschlechtswort *n;* **5.** ▶ *~ de bureau* Bürobedarfsartikel *m; ~ de consommation courante* Artikel *m* des täglichen Bedarfs; *~ de fond* Leitartikel *m; ~s de ménage* Haushaltwaren *f pl.*

articulaire [aʀtikylɛʀ] *a med* Gelenk-.

articulation *f* **1.** *med* Gelenk *n;* **2.** *tech* Gelenkverbindung *f;* **3.** *fig* Gliederung, Gruppierung *f;* **4.** *(Phonetik)* Artikulation, Lautbildung *f.* **articulé, e I.** *a* **1.** gegliedert; **2.** *tech* beweglich; verstellbar. **articuler I.** *tr* **1.** gliedern; inea.≈fügen; **2.** *(Laut)* artikulieren; deutlich aus≈sprechen; **3.** *fig (Wort)* hervor≈bringen; *jur* Punkt für Punkt vor≈tragen; **4.** *tech* beweglich verbinden; **II.** *v pn s'~* **5.** durch Gelenk verbunden sein (*avec, sur* mit *dat*); **6.** *fig. (Gedanken)* miteinander verknüpft sein.

artifice [aʀtifis] *m* **1.** Kunstgriff *m,* Kniff *m;* **2.** *(tech)* ▶ *pièce f d'~* Feuerwerkskörper *m.* **artificiel, le** *a* **1.** künstlich; Kunst-; **2.** *fig* gekünstelt, unnatürlich.

artificier *m* Feuerwerker *m.*

artillerie [aʀtijʀi] *f mil* Artillerie *f.* **artilleur** *m* Artillerist *m.*

artimon [aʀtimɔ̃] *m:* ▶ *mât m d'~* Besanmast *m.*

artisan [aʀtizɑ̃] *m* **1.** Handwerker *m;* **2.** *fig* Urheber, Schöpfer *m.* **artisanal, e** *a* handwerklich. **artisanat** [-na] *m* Handwerk *n;* Handwerker *m pl.*

artiste [aʀtist] **I.** *a* künstlerisch; **II.** *s m f* Künstler(in *f*) *m;* ▶ *~ de cirque* Artist *m; ~ dramatique* Schauspieler *m; ~ peintre* Kunstmaler *m.* **artistement** *adv* kunstvoll. **artistique** *a* künstlerisch; Kunst-.

arum [aʀɔm] *m bot* Aron(s)stab *m.*

aryen, ne [aʀjɛ̃, -ɛn] **I.** *a* arisch; **II.** *s m f* Arier (-in *f*) *m.*

arythmie [aʀitmi] *f med* Herzrhythmusstörungen *f pl.*

as [as] *m* **1.** *(Würfel)* Eins *f;* **2.** *(Karten)* As *n;* **3.** *sport* Kanone *f; fam* Phänomen *n;* ▶ *être (plein) aux ~ (pop)* Geld wie Heu haben.

ascendance [asɑ̃dɑ̃s] *f* **1.** *(Verwandtschaft)* aufsteigende Linie *f;* **2.** *astr* Aszendenz *f;* **3.** *aero* Aufwind *m.* **ascendant, e I.** *a* aufsteigend; *a. fig;* **II.** *s m* **1.** *astr* Aufgang(spunkt) *m;* **2.** Blutsverwandte(r) in aufsteigender Linie, Aszendent *m;* **3.** *fig* Einfluß *m* (*sur qn* auf jdm); Autorität *f* (*sur* über *acc*).

ascenseur [asɑ̃sœʀ] *m* Aufzug, Fahrstuhl, Lift *m.* **ascension** *f* **1.** (Berg-) Besteigung *f;* **2.** *(Bahn)* Aufsteigen *n;* **3.** *fig* Aufstieg *m;* **4.** ▶ *l'A~* (Christi) Himmelfahrt *f.* **ascenstionnel, le** *a* aufsteigend; ▶ *vitesse f ~le* Steiggeschwindigkeit *f.*

ascèse [asɛz] *f* Askese *f.* **ascète** *m* Asket *m.* **ascétique** *a* asketisch. **ascétisme** *m rel* Askese *f.*

asepsie [asɛpsi] *f* Asepsis *f.* **aseptique** *a* keimfrei, aseptisch. **aseptiser** *tr med* keimfrei machen.
asexué, e [asɛksɥe] *a biol* geschlechtslos.
asiatique [azjatik] **I.** *a* asiatisch; **II.** *A~ s m f* Asiat(in *f*) *m.* **Asie, l'** [asi] *f* Asien *n;* ► *l'~ Mineure* Kleinasien *n.*
asile [azil] *m* **1.** *pol* Asyl *n;* **2.** Zufluchtsort *m;* Heim, Haus *n;* Pflegeanstalt *f;* ► *droit m d'~* Asylrecht *n.*
asocial, e [asɔsijal] *a* asozial.
aspect [aspɛ] *m* **1.** Anblick *m;* Aussehen, Äußere(s) *n;* **2.** *fig* Gesichtspunkt; Blickwinkel *m;* **3.** *gram astr* Aspekt *m;* ► *changer d'~* e-e andere Gestalt an≈nehmen.
asperge [aspɛʀʒ] *f* **1.** *bot* Spargel *m;* **2.** *fam fig* Hopfenstange *f;* ► *pointes f pl d'~* Spargelspitzen *f pl.*
asperger [aspɛʀʒe] ‹*Prés. j'asperge, ns aspergeons; Fut. j'aspergerai, pp. aspergé, e*› *tr* besprengen, benetzen; bespritzen; *(Braten)* begießen.
aspérité [aspeʀite] *f* Rauheit *a. fig; (Weg)* Unebenheit *f;* ► *plein d'~s* rauh.
aspersion [aspɛʀsjɔ̃] *f* Besprengen; Bespritzen *n.* **aspersoir** *m* Weihwedel *m.*
asphaltage [asfaltaʒ] *m* Asphaltierung *f.* **asphalte** *m* **1.** Asphalt(belag) *m;* **2.** *fam* Asphaltstraße *f,* -pflaster *n.* **asphalter** *tr* asphaltieren.
asphodèle [asfɔdɛl] *m bot* Affodil *m.*
asphyxiant, e [asfiksjɑ̃, -ɑ̃t] *a* erstikkend. **asphyxie** [-ksi] *f* **1.** *med* Erstikken *n;* **2.** *fig (Wirtschaft)* Absterben, Zugrundegehen *n.* **asphyxié, e** [-ksje] **I.** *a* erstickt *a. fig;* **II.** *sm f* Erstickende(r *m*) *f.* **asphyxier I.** *tr* **1.** ersticken; **2.** *fig* abwürgen; **II.** *v prn s'~ fig. (Wirtschaft)* dahinsiechen; langsam zugrunde gehen.
aspirant, e [aspiʀɑ̃, -ɑ̃t] **I.** *a* (an)saugend; Saug-; **II.** *s m f* **1.** Bewerber(in *f*) *m;* **2.** *mil* (Offiziers-)Anwärter; Fahnenjunker; Seekadett *m.* **aspirateur** *m* **1.** Staubsauger *m;* **2.** *tech* Absaugvorrichtung *f.* **aspiration** *f* **1.** *tech* Ab-, Ansaugen *n;* **2.** Atemholen, Einatmen *n;* **3.** *gram* Aspirieren *n;* **4.** *fig* Streben *n,* Sehnsucht *f,* Verlangen *n,* Drang; **5.** *psychol* Anspruch *m.* **aspirer I.** *itr* streben, trachten (*à* nach); (hin≈)zielen (*à* auf *acc;* nach); sich sehnen (*à* nach); es abgesehen haben (*à qc* auf e-e S); sich bewerben (*à qc* um etw); **II.** *tr* ein≈atmen; *tech* an≈, (ab≈)saugen; *gram* aspirieren. **aspirine** *f* Aspirin *n;* ► *comprimé m d'~* Aspirintablette *f.*
assagir [asaʒiʀ] **I.** *tr* **1.** vernünftig, klüger machen; **2.** ruhiger werden lassen; **3.** *(Leidenschaft)* zügeln, im Zaum halten; **II.** *v prn s'~* vernünftiger, klüger, ausgeglichener werden.
assaillant, e [asajɑ̃, -ɑ̃t] **I.** *a* angreifend; **II.** *s m* Angreifer *m.* **assaillir** ‹*Prés. j'assaille, ns assaillons; Fut. j'assaillerai; pp. assailli, e; Subj. que j'assaille, que ns assaillions; Impér. assaille, assaillons*› *tr* **1.** (plötzlich) an≈greifen; her≈fallen (*qn* über jdn); überfallen; sich stürzen, ein≈stürmen (*qn* auf jdn); **2.** *fig* bestürmen, bedrängen (*de questions* mit Fragen).
assainir [ase(ɛ)niʀ] *tr* **1.** *(Währung, Markt)* sanieren; **2.** *(Land)* meliorieren; **3.** *(Klima) fig* verbessern. **assainissement** *m* **1.** *(altes Stadtviertel)* Sanierung *f;* **2.** Entwässerung *f;* **3.** *fig* Besserung *f.*
assaisonnement [asɛzɔnmɑ̃] *m (Küche)* Würze *f;* Würzen *n.* **assaisonner** *tr* **1.** würzen; schmackhaft machen; *(Salat)* an≈machen, an≈richten; **2.** *fig (Unterhaltung)* würzen; ► *(fam) note f assaisonnée* gepfefferte Rechnung *f.*
assassin, e [asasɛ̃, -in] **I.** *s m* Mörder *m;* **II.** *a* mörderisch; Mörder-. **assassinat** [-ina] *m* **1.** Mord *m* (*de* an *dat*); **2.** *fig* Vernichtung *f.* **assassiner** *tr* **1.** (er)morden, um≈bringen; **2.** *fig* schikanieren; **3.** *fam* zuviel Geld verlangen (*qn* von jdm).
assaut [aso] *m* **1.** Angriff, (An-)Sturm; *mil* Sturmangriff (*de* auf *acc*); **2.** *(Fechten)* Gang *m;* **3.** *fig* Toben, Stürmen *n; avec qn* jdn in etw *(dat)* zu überbieten suchen.
assèchement [asɛʃmɑ̃] *m* Trockenlegung; Entwässerung; Austrocknung *f;* **assécher** [aseʃe] ‹*Prés. j'assèche, ns asséchons; Fut. j'assécherai; pp. asséché, e*› *tr* trocken≈legen; aus≈trocknen.
assemblage [asɑ̃blaʒ] *m* **1.** Zs.stellung, -setzung, -fügung; Vereinigung *f;* **2.** *tech* Verband *m,* Verbindung, Fügung *f;* Zs.bau *m,* Montage *f.* **assemblée** *f* **1.** Versammlung *f;* **2.** Gesellschaft *f;* Konvent *m;* Publikum *n;* ~ *générale* General-, Hauptversammlung *f;* ~ *plénière* Vollversammlung *f.* **assembler I.** *tr* **1.** zs.≈fügen, -stellen, -setzen; zs.≈bauen, montieren; **2.** *(Personen)* versammeln, zs.≈berufen; *mil* zs.≈ziehen; **II.** *v prn s'~* sich versammeln; zs.≈kommen, -treten.
assener [asene] ‹*Prés. j'assène, ns assenons; Fut. j'assènerai; pp. assené, e*› *tr:* **1.** ► ~ *un coup* e-n Schlag versetzen; **2.** ► ~ *des arguments à qn* jdn mit Argumenten mundtot machen.
assentiment [asɑ̃timɑ̃] *m* Einwilligung, Zustimmung, Billigung *f.* ► *donner son ~ à* ein≈willigen in *acc;* s-e Zustimmung geben zu *dat; il fit un signe d'~* er nickte zustimmend.
asseoir [aswaʀ] ‹*Prés. j'assois* od *j'assieds, ns assoyons* od *ns asseyons; Fut. j'assoirai* od *j'assiérai; pp. assis, e; Subj. que j'asseoie* od *que j'asseye, que*

ns assoyions od *que ns asseyions; Impér. assois* od *assieds, assoyons* od *asseyons*› *irr* **I.** *tr* **1.** *(Person, a. Tier)* (nieder=)setzen; **2.** *(Haus)* bauen (*sur* auf *acc*); **3.** *(Standbild)* errichten; **4.** *mil (Lager)* auf=schlagen; **5.** *(Macht)* festigen; **6.** *(Ruf)* gründen *(sur* auf *dat);* **II.** *v prn s'~* sich (nieder=)setzen (*sur* auf *acc*), Platz nehmen; sich nieder=lassen; ► *s'~ auprès de qn* sich zu jdm setzen. **assis, e** [asi, -iz] **1.** sitzend; errichtet, aufgebaut; **2.** *fig* fest begründet, gesichert, ausgewogen; ► *être assis* sitzen; *fig* beruhen (*sur* auf *dat*); *rester assis* sitzen bleiben; *place f assise* Sitzplatz *m.*

assermenté, e [asɛʀmɑ̃te] *a* ver-, beeidigt.

assertion [asɛʀsjɔ̃] *f* Behauptung *f.*

asservir [asɛʀviʀ] **I.** *tr* **1.** unterjochen, knechten, unterwerfen; **2.** *fig* beherrschen; **II.** *v prn s'~* sich unterwerfen; sich in Abhängigkeit begeben (*à* von); *(qn, qc)* sich (jdn, etw) abhängig machen; ► *être ~i* beherscht werden *(à* von *dat).* **asservissement** *m* **1.** Unterjochung, Unterwerfung; Knechtschaft; (sklavische) Abhängigkeit *f; (à* von *dat);* **2.** *tech* Steuergerät *n;* Steuerung *f.*

assesseur [asɛsœʀ] *m jur* Beisitzer *m.*

assez [ase] *adv* **1.** genug, genügend, ausreichend, zur Genüge; **2.** *(abschwächend)* ziemlich, leidlich; ► *j'en ai ~ (fam)* ich hab' es satt; ich hab' genug; *juste ~* gerade genug; in ausreichender Menge; *pas ~* zu wenig; *~ bien* befriedigend; ziemlich gut; gut genug; *~ grand pour* groß genug, um zu.

assidu, e [asidy] *a* **1.** *(Person)* gewissenhaft, pünktlich; regelmäßig; fleißig, emsig, eifrig; **2.** *(Arbeit)* ausdauernd, beharrlich, beständig. **assiduité** [-dɥi-] *f* **1.** Pünktlichkeit, Regelmäßigkeit *f;* Fleiß, Eifer *m;* Stetigkeit *f;* **2.** *pl pej* Aufdringlichkeit *f.* **assidûment** [-dy-] *adv* **1.** pünktlich; fleißig, beharrlich; **2.** ununterbrochen, unablässig.

assiégeant, e [asjeʒɑ̃, -ɑ̃t] **I.** *a* belagernd; **II.** *s m* Belagerer *m.* **assiéger** ‹*Prés. j'assiège, ns assiégeons; Fut. j'assiégerai; pp. assiégé, e; Subj. que j'assiège, que ns assiégions; Impér. assiège, assiégeons*› *tr* **1.** belagern; **2.** *(Überschwemmung)* ein=schließen, umgeben; **3.** *(Menge)* sich drängen (*qn* um jdn); **4.** belästigen (*qn* jdn).

assiette [asjɛt] *f* **1.** Teller *m;* **2.** *(~ anglaise)* kalte Platte; **3.** *(Reiter)* Sitz *m;* **4.** *mar* Trimm *m;* **5.** *tech* Unterlage *f,* Unterbau *m;* **6.** Steuerveranlagung *f;* **7.** Gleichgewicht *n;* **8.** Grundlage *f;* ► *ne pas être, ne pas se sentir dans son ~* (körperlich) nicht auf der Höhe sein; *~ en carton* Pappteller *m; ~ plate, creuse* flache(r), tiefe(r) Teller *m.*

assignation [asiɲasjɔ̃] *f* **1.** An-, Zuweisung *f;* **2.** *jur* Vorladung *f.* **assigner** *tr* **1.** an=, zu=weisen (*qc à qn* jdm etw); **2.** bestimmen, fest=setzen; **3.** *jur* vor=laden.

assimilable [asimilabl] *a* **1.** vergleichbar (*à qc* e-r S); **2.** *biol* assimilierbar. **assimilation** *f* **1.** *jur* Gleichstellung *f* (*à* mit); **2.** *biol* Assimilation *f;* **3.** *fig* geistige Verarbeitung, Aneignung *f;* **4.** *(Menschen)* Assimilierung *f,* völlige(s) Aufgehen *n* (*à* in *dat*), Eingliederung *f* (*à* in *acc*); *(faculté f d'~)* Aufnahmefähigkeit *f.* **assimiler I. 1.** vergleichen (*à* mit); **2.** *biol* assimilieren; verdauen; **3.** *fig* sich an=eignen, ein= *od* einverleiben; ein=gliedern; (geistig) verarbeiten; **II.** *v prn s'~* sich an=gleichen; sich assimilieren; auf=gehen (*à* in *dat*).

assis, e [asi, -iz] *s. asseoir.* **assise** *f* **1.** *(Mauer)* Steinschicht, -lage *f;* **2.** Grundplatte *f,* Fundament *n;* **3.** *geol* Schicht, Stufe *f;* **4.** *pl fig* Grundlage; Basis *f;* **5.** *pl* Tagung *f,* Kongreß *m.*

assistance [asistɑ̃s] *f* **1.** Anwesende *m pl,* Zuhörerschaft *f,* Publikum *n;* **2.** Unterstützung *f,* Beistand *m,* Fürsorge *f;* **3.** Mitwirkung, Mithilfe *f;* ► *~ médicale* Krankenfürsorge *f; ~ publique* öffentliche Fürsorge *f.* **assistant, e** *m f* **1.** Gehilfe *m,* Gehilfin *f;* Assistent(in *f*) *m;* **2.** *pl* Anwesende *m pl. médecin m ~* Assistenzarzt *m;* ► *~e sociale* Sozialfürsorgerin *f.* **assisté, e I.** *a* öffentlich unterstützt; **II.** *s m* Unterstützungsempfänger *m.* **assister I.** *itr: à* bei=wohnen *dat;* zugegen sein bei; teil=nehmen an *dat;* mit=erleben; **II.** *tr: qn* jdm helfen, jdn unterstützen, jdm behilflich sein; jdm bei=stehen.

association [asɔsjasjɔ̃] *f* **1.** Verbindung; Vereinigung *f,* Verein, Verband *m,* Gesellschaft *f;* **2.** Zusammenschluß *m;* Beteiligung *f (à* an *dat);* **3.** *fig* Assoziation, Verknüpfung *f;* ► *~ d'idées* Gedankenverbindung, Ideenassoziation *f; ~ reconnue d'utilité publique* gemeinnützige(r) Verein *m.* **associé, e** *m f* Gesellschafter(in *f*), Teilhaber(in *f*), Partner(in *f*) *m.*

assoiffé, e [aswafe] durstig; *fig* begierig (*de* auf *acc*) ► *~ de sang* blutdürstig.

assombrir [asɔ̃bʀiʀ] verdunkeln; verdüstern; verfinstern *a. fig;* ► *s'~* düster, trübe werden *a. fig;* nach=dunkeln. **assombrissement** *m* Verdunk(e)lung; Verdüsterung *f.*

assommant, e [asɔmɑ̃, -ɑ̃t] **1.** *fam (Sache)* unangenehm, lästig, gräßlich; langweilig; ermüdend; **2.** *(Hitze)* drückend; **3.** *(Person)* unerträglich; lästig.

assommer **1.** nieder=schlagen; **2.** *(Vieh)* schlachten; **3.** *(durch Hitze)* betäuben; **4.** *fig* überwältigen, verwirren, aus der Fassung bringen; belästigen (*de* mit), plagen, peinigen; zu Tode langweilen. **assommeur** *m* Schlächter; Totschläger *m*. **assommoir** *m* **1.** Totschläger *m (Instrument);* **2.** Fuchsfalle; **3.** *fam* Kneipe *f;* ▶ *coup m d'~* schwere(r) Schicksalsschlag *m*.

Assomption [asɔ̃psjɔ̃] *f* Mariä Himmelfahrt *f (15. August).*

assorti, e [asɔʀti] *a* **1.** (zs.)passend; entsprechend, im (rechten) Verhältnis (stehend) (*à* zu); **2.** versehen (*de* mit); **3.** ▶ *magasin m bien ~* Geschäft *n* mit großer Auswahl. **assortiment** *m* **1.** Zs.stellung *f;* **2.** *com* Satz *m*, Garnitur *f*, Service *n;* Vorrat *m;* Auswahl *f;* **3.** *(Bücher)* Sortiment *n;* **4.** *(Küche)* bunte Platte *f*. **assortir I.** *tr* **1.** (passend) zs.=stellen; *(Farben)* aufea. ab=stimmen; (paarweise) vereinigen; **2.** *(Geschäft)* (mit Waren) versehen (*de* mit *dat*); **II.** *itr.* **3.** zs.=passen; abgestimmt sein (*à, avec* auf *acc*); **4.** *s'~* zuea. passen, zs.=passen; gut stehen (*à* zu); aufea. abgestimmt sein; **5.** sich versehen (*de* mit), versehen, ausgestattet sein (*de* mit).

assoupir [asupiʀ] **I.** *tr* **1.** ein=schläfern; **2.** *fig* lindern, beruhigen, dämpfen; **II.** *v prn s'~* **3.** ein=schlummern ein=nicken; **4.** *fig* sich beruhigen, nach=lassen, sich legen; abklingen. **assoupissement** *m* **1.** Einschlummern *n;* Schläfrigkeit *f;* **2.** *fig* Beruhigung; Betäubung, Milderung *f;* Nachlassen *n*.

assouplir [asupliʀ] **I.** *tr* **1.** geschmeidig, biegsam machen; auf=lockern; **2.** *(Menschen)* gefügig machen; **3.** *(Maßnahmen)* mildern, ab=schwächen; **II.** *v prn s'~* **1.** weich, geschmeidig, *(fig)* gefügig werden; **2.** *(Regelung)* gemildert werden. **assouplissement** *m* **1.** Geschmeidigmachen *n;* **2.** *(Glieder)* Lockerung *f;* **3.** *(Charakter)* Umgänglichmachen *n;* **4.** *(Maßnahmen)* Abschwächung, Lockerung *f*.

assourdir [asurdiʀ] **I.** *tr* **1.** betäuben; **2.** *(Geräusch)* dämpfen; **3.** *(Ton, Farbe)* ab=schwächen; **II.** *v prn s'~* **1.** *(Geräusch)* schwächer werden; **2.** *(Laut)* stimmlos werden. **assourdissant, e** *a* (ohren=)betäubend. **assourdissement** *m* **1.** Betäubung *f;* **2.** Dämpfung, Abschwächung *f*.

assouvir [asuviʀ] **I.** *tr* **1.** *(Hunger)* stillen; **2.** *fig (Neugier)* befriedigen; **3.** *(Zorn)* kühlen; **II.** *v prn s'~* **4.** gestillt werden; **5.** *(Neugier)* befriedigt werden. **assouvissement** *m* **1.** Sättigung; Stillung *f;* **2.** Befriedigung *f*.

assujetti, e [asyʒe(ɛ)ti] **I.** *s m pl* Steuerpflichtige, Pflichtversicherte *m pl;* **II.** *a:* ▶ *être ~* unterstehen (*à qc* dat); unterliegen; verpflichtet sein (*à qc* zu etw). **assujettir I.** *tr* **1.** unterwerfen; **2.** *(Volk)* unterjochen; **3.** verpflichten (*à* zu), auf=erlegen (*qc à qn* jdm etw); **4.** *(Sache)* befestigen, fest=machen; **II.** *v prn s'~* **5.** sich unterwerfen; **6.** sich beugen, sich fügen, sich an=passen, sich (streng) halten (*à* an *acc*). **assujettissement** *m* **1.** Unterwerfung; Abhängigkeit *f;* Zwang *m*, Gebundenheit *f;* **2.** Verpflichtung, Bindung *f;* Zwang *m;* **3.** Versicherungs-, Steuerpflicht *f*.

assumer [asyme] **I.** *tr* **1.** *(Last)* auf sich *(acc)* nehmen; *(Amt, Aufgabe, Rolle, Verantwortung)* übernehmen.

assurable [asyʀabl] *a* versicherbar, versicherungsfähig. **assurance** *f* **1.** Selbstvertrauen *n;* Sicherheit; Bestimmtheit *f;* **2.** Überzeugung *f;* (festes) Vertrauen *n;* **3.** Zusicherung, Garantie, Bürgschaft *f;* **4.** Versicherung *f* (*contre* gegen); **5.** ▶ *plein d'~* zuversichtlich; selbstsicher; **6.** *avoir de l'~* (selbst-) sicher auf=treten; *contracter une ~* e-e Versicherung ab=schließen; *veuillez agréer l'~ de mes sentiments respectueux* mit vorzüglicher Hochachtung; **7.** ▶ *agent m d'~* Versicherungsagent *m; compagnie f d'~s* Versicherungsgesellschaft *f; police f d'~* Versicherungspolice *f; ~ (contre les) accidents* Unfallversicherung *f; ~ automobile* Kraftfahrzeugversicherung *f; ~ contre l'incendie* Feuerversicherung *f; ~maladie f* Krankenversicherung *f; ~ tous risques* Vollkaskoversicherung *f; ~transports f* Transportversicherung *f; ~vie f, ~ sur la vie* Lebensversicherung *f; ~-vieillesse f* Altersversicherung *f; ~ vol f, ~ contre le vol* Diebstahlversicherung *f*. **assuré, e I.** *sm f* Versicherte(r *m*) *f;* Versicherungsnehmer *m;* **II.** *a* sicher, gewiß; gesichert (*contre* gegen); ▶ *être ~* versichert sein (*contre* gegen *acc*). **assurément** *adv* bestimmt; ganz sicher. **assurer I.** *tr* **1.** *(fixer, consolider qc)* fest=machen, befestigen; **2.** *(garantir)* zu=sichern; **3.** *(prendre une assurance pour qc)* versichern; e-e Versicherung ab=schließen; **4.** *(procurer, pourvoir à)* beschaffen, besorgen, sorgen für; ▶ *~ une permanence* den Bereitschaftsdienst übernehmen; *~ l'avenir de qn* jdn sicher=stellen. **5.** *(affirmer qc)* behaupten, versichern (*que* daß); **II.** *v prn s'~* **6.** e-e ruhige Haltung ein=nehmen; **7.** *(se prémunir)* sich *(gegen e-e S)* versichern, sichern, schützen; *(beim Bergsteigen)* sich durch ein Seil sichern. **assureur** *m* Versicherer *m*.

astérisque [asteʀisk] *m typ* Sternchen *n*. **astéroïde** *m* Planetoid, Asteroid *m*.

asthmatique [asmatik] **I.** *a* asthmatisch, kurzatmig; **II.** *s m f* Asthmatiker(in *f*) *m*. **asthme** [asm] *m med* Asthma *n*.

asticot [astiko] *m* **1.** *zoo* (Fleisch-)Made *f;* **2.** *fam fig* Kerl *m*. **asticoter** [-kɔte]

tr fam ärgern; schikanieren.
astiquage [astikaʒ] *m* Putzen, Wichsen, *fam* Wienern *n.* **astiquer** *tr* putzen, wichsen; polieren; *fam* wienern.
astrakan [astrakɑ̃] *m* Persianer *m (Pelz).*
astral, e [astʀal] *a* astral; ► *influence f ~e* Einfluß *m* der Sterne. **astre** *m* Gestirn *n,* Stern *m a. fig;* ► *beau comme un ~* bezaubernd schön.
astreignant, e [astʀɛɲɑ̃, -ɑ̃t] *a* mühselig, anstrengend. **astreindre** [astʀɛ̃dʀ] ‹*Prés. j'astreins, ns astreignons; Fut. j'astreindrai; pp. astreint, e; Subj. que j'astreigne, que ns astreignions; Impér. astreins, astreignons*› **I.** *tr* zwingen, nötigen (*qn à qc* jdn zu etw); **II.** *v prn s'~* sich zwingen (*à faire qc* etw zu tun); sich unterziehen (*à qc* e-r S.).
astringent, e [astʀɛ̃ʒɑ̃] **I.** *a med* zs.ziehend; **II.** *s m* adstringierende(s) Mittel *n.*
astrologie [astʀɔlɔʒi] *f* Astrologie *f.* **astrologique** *a* astrologisch. **astrologue** *m* Astrologe *m.* **astronaute** *m f* Astronaut(in *f*) *m,* Raumfahrer(in *f*) *m.* **astronautique** *f* (Welt-)Raumfahrt *f.* **astronef** [-nɛf] *m* Raumschiff *n.* **astronome** *m* Astronom *m.* **astronomie** *f* Astronomie *f.* **astronomique** *a* astronomisch. **astrophysique** *f* Astrophysik *f.*
astuce [astys] *f* **1.** Schlauheit, Verschlagenheit *f;* **2.** Scherz *m;* ► *plein d'~* schlau, listig. **astucieux, se** *a* schlau, verschlagen; einfallsreich, raffiniert.
asymétrie [asimetʀi] *f* Asymmetrie *f.* **asymétrique** *a* asymmetrisch.
atchoum! [atʃum] *interj* hatschi!
atelier [atəlje] *m* **1.** Werkstatt; Arbeitsstätte *f;* **2.** Atelier *n;* **3.** Arbeiter *m pl;* Arbeitsgruppe *f;* **4.** *pl* Werk *n,* Fabrik, Betriebsanlage *f.*
atermoiement [atɛʀmwamɑ̃] *m* **1.** *jur* (Zahlungs-)Aufschub *m;* **3.** *pl* Ausflüchte *f pl.* **atermoyer** [-mwaje] ‹*Prés. j'atermoie, ns atermoyons; Fut. j'atermoierai; pp. atermoyé, e; Subj. que j'atermoie, que ns atermoyions; Impér. atermoie, atermoyons*› *itr* die Dinge hin=ziehen, Zeit zu gewinnen suchen.
athée [ate] **I.** *s* Atheist, Freidenker *m;* **II.** *a* atheistisch. **athéisme** *m* Atheismus *m.*
athénée [atene] *m (Belgien)* höhere Schule *f.* **Athènes** [atɛn] *f* Athen *n.* **athénien, ne** *a* athenisch.
athlète [atlɛt] *m* Leichtathlet(in *f*), Wettkämpfer(in *f*) *m.* **athlétique** *a* athletisch; kräftig. **athlétisme** *m* (Leicht-)Athletik *f.*
atlantique [atlɑ̃tik] *a* atlantisch *s m l'A~* der Atlantische Ozean, Atlantik. **atlantisme** *m pol* Unterstützung *f* der NATO. **atlantiste** *a pol* pro NATO; *s m f* NATO-Anhänger(in *f*) *m.*
atlas [atlas] *m anat geog* Atlas *m.*
atmosphère [atmɔsfɛʀ] *f* **1.** Atmosphäre *a. fig,* Lufthülle *f;* **2.** *fig* Stimmung *f.* **atmosphérique** [-feʀik] *a* atmosphärisch; ► *conditions f pl ~s* Witterungsverhältnisse *n pl; pression f ~* Luftdruck *m.*
atoll [atɔl] *m geog* Atoll *n.*
atome [atom] *m* **1.** Atom *n;* **2.** Kern-, Atomenergie *f;* **3.** *fig* Kleinigkeit *f,* Körnchen *n;* ► *un ~e de ...* ein bißchen .... **atomique** *a* atomar; Atom-; ► *bombe f ~* Atombombe *f; énergie f ~* Atomenergie *f.* **atomisation** *f* **1.** *(Flüssigkeit)* Zerstäubung; *fig* Atomisierung, Auflösung *f* in kleinste Teile. **atomiser** *tr* **1.** atomisieren; in kleinste Teile auf=lösen; **2.** zerstäuben; **3.** völlig vernichten, auslöschen. **atomiseur** *m* Zerstäuber *m.*
atout [atu] *m* Trumpf *a. fig m;* ► *tenir, avoir tous les ~s en main (fig)* alle Trümpfe in der Hand haben.
âtre [ɑtʀ] *m* Herd *m;* Feuerstelle *f,* Kamin *m.*
atroce [atʀɔs] *a* furchtbar, entsetzlich, schrecklich, abscheulich. **atrocité** *f* **1.** Entsetzlichkeit; Scheußlichkeit *f;* **2.** *pl* Greuel *m pl,* Freveltaten *f pl;* **3.** *pl fam* schauderhafte Dinge, Greuelmärchen *n pl.*
atrophie [atʀɔfi] *f* **1.** *med* Atrophie *f;* **2.** *fig* Verkümmerung *f.* **atrophier** [-fje] **I.** *tr* verkümmern lassen; **II.** *v prn s'~* verkümmern.
attabler, s' [atable] : *v prn* sich an den Tisch setzen.
attachant, e [ataʃɑ̃, -ɑ̃t] *a (Buch)* fesselnd; *(Person)* anziehend; *(Gespräch)* spannend. **attache** *f* **1.** Befestigung; Leine; Kette; Schnur *f;* Band *n;* Lasche *f;* Haken *m;* Klammer; Büro-, Heftklammer *f;* **2.** *pl* Hand-, Fußgelenke *n pl;* **3.** *pl fig* Beziehungen; (Ver-)Bindungen *f pl;* ► *port m d'~* Heimathafen *m.* **attaché** *m pol* Attaché *m.* **attaché-case** [-kez] *m* Aktenkoffer *m.* **attachement** *m* Zuneigung; Anhänglichkeit *f;* Festhalten *n.* **attacher I.** *itr fam (Essen)* an=brennen, -backen, -hängen (*à la casserole* am Topf); **II.** *tr* **1.** *(fixer, lier)* befestigen, fest=binden (*à qc* an e-e S); fest=stecken; an=nageln; an=nähen; *(avec de la colle)* an=kleben; *attachez vos ceintures* bitte anschnallen; **2.** ver-, an=knüpfen; *(Hund, Tier)* an=ketten, an die Kette legen; **3.** *fig (constituer un lien)* verbinden; **4.** *(fixer l'attention)* fesseln; **5.** *(attribuer, conférer)* bei=messen, zu=schreiben; ► *je n'y attache aucune importance* ich messe der S keine Bedeutung bei; **6.** *(faire dépendre)* ab=hängen lassen (*à* von); **III.** *v prn s'~* **7.** (an=)haften; ► *il*

s'attache trop aux détails er bleibt zu sehr im einzelnen stecken; **8.** sich fest=klammern; verbunden sein (*à* mit); *(Meinung)* beharren (*à* auf *dat*); *(Ziel)* verfolgen (*à* acc); **9.** ► *s'~ à qn* jdn lieb=gewinnen, sich an jdn an=schließen; **10.** ► *s'~ à faire qc* sich bemühen, etw zu tun.

attaquable [atakabl] *a* **1.** angreifbar; **2.** *(Meinung)* anfechtbar. **attaquant** *m* Angreifer *m*. **attaque** *f* **1.** Angriff *m;* **2.** *med* Anfall *m;* **3.** *mus* Einsatz *m;* **4.** *fig* Attacke *f;* ► *être d'~ (fam)* in Form sein; *fausse ~* Finte *f; ~ aérienne* Luftangriff *m; ~ d'apoplexie* Schlaganfall *m; ~ à main armée* bewaffnete(r) Überfall *m*. **attaquer I.** *tr* **1.** angreifen; an=fallen; **2.** *(Urteil)* an=fechten; **3.** *(en justice)* (gerichtlich) belangen; **4.** *(Musikstück)* zu spielen beginnen; **5.** *(Arbeit)* in Angriff nehmen, anpacken; **6.** *(Thema)* an=schneiden; **7.** *fam* herfallen, sich hermachen (*qn* über etw); **8.** *med* herfallen; **9.** *chem* an=fressen, ätzen; **II.** *v prn s'~* **10.** sich heran=wagen (*à qc* an e-e S.); **11.** den Kampf auf=nehmen (*à qc* mit etw); ankämpfen (*à qc* gegen etw).

attardé, e [atarde] *a* **1.** verspätet; **2.** *fig* rückständig, überholt; **3.** *(Kind)* zurückgeblieben. **attarder I.** *tr* aufhalten (*qn* jdn); **II.** *v prn s'~* sich verspäten, sich auf=halten (*à* mit, bei); *(Thema)* verweilen (*à, sur* bei *dat*).

atteindre [atɛ̃dʀ] ‹*Prés. j'atteins, ns atteignons; Fut. j'atteindrai; pp. atteint, e; Subj. que j'atteigne, que ns atteignions; Impér. atteins, atteignons*› **I.** *tr* **1.** *(Ziel)* erreichen; ein=holen; **2.** *(mit e-m Gegenstand)* treffen; **3.** *(Krankheit)* befallen, heim=suchen; **4.** *(dem Ruf)* schaden; erschüttern; **5.** *(Ruhe)* stören; **6.** *fig* verletzen; **7.** *(Preis)* erzielen; **8.** *(Summe)* aus=machen; **II.** *itr* gelangen (*à, jusqu'à* zu, bis zu); mit Mühe erreichen; *~ son but* sein Ziel erreichen. **atteint, e** [atɛ̃, -ɛ̃t] *a (von e-r Krankheit)* befallen, betroffen. **atteinte** *f* **1.** Beeinträchtigung; Verletzung; Gefährdung *f;* **2.** *med* Anfall *m*, Befallenwerden *n* (*de* von); **3.** ► *hors d'~* unerreichbar; außer Reich-, Schußweite; *porter ~ à qc* etw beeinträchtigen; *(Ehre)* an=tasten; *(dem Ansehen)* schaden.

attelage [atlaʒ] *m* **1.** Anspannen; *(Pferde)* Gespann *n; loc* Kupplung *f*. **atteler** [atle] ‹*Prés. j'attelle, ns attelons; Fut. j'attellerai; pp. attelé, e*› **I.** *tr* **1.** ein=, an=spannen (*à* an *acc*); *(Wagen)* bespannen; **2.** *(Anhänger)* (an=)kuppeln; **II.** *v prn* an=hängen; ► *s'~* sich hinein=knien (*à* in *acc*), sich machen (*à* an *acc*).

attenant, e [at(ə)nɑ̃, -ɑ̃t] *a* angrenzend; *(Zimmer)* anstoßend.

attendant [atɑ̃dɑ̃] *loc adv:* ► *en ~* inzwischen, einstweilen; *en ~ que (conj)* bis. **attendre** [atɑ̃dʀ] ‹*Prés. j'attends, ns attendons; Fut. j'attendrai; pp. attendu, e, Subj. que j'attende, que ns attendions, Impér. attends, attendons*› **I.** *tr* warten (*qn* auf jdn); erwarten (*qc de qn* etw von jdm, *qn* jdn); *(Ende)* ab=warten; *(Ereignis)* erwarten; *com* entgegen=sehen (*qc* dat); *fam* ungeduldig warten (*après qn* auf jdn); **II.** *itr* (ab=)warten; **III.** *v prn s'~ à qc* mit etw rechnen; etw erwarten *od* erhoffen; auf e-e S gefaßt sein; ► *(se) faire ~* (auf sich) warten lassen; *~ beaucoup de qn* viel von jdm erwarten, sich viel von jdm versprechen; *~ez (donc)!* e-n Augenblick! hören Sie mal! *~ez (à) demain* warten Sie bis morgen; *on peut s'~ à tout* man kann sich auf alles gefaßt machen. **attendu I.** *prp* mit Rücksicht auf *acc;* in Anbetracht *gen;* **II.** *s m pl jur* Gründe *m pl (für ein Urteil);* **III.** *conj:* ► *~ que* in Anbetracht dessen, daß.

attendrir [atɑ̃dʀiʀ] **I.** *tr* **1.** *(Fleisch, Gemüse)* weich, mürbe machen; **2.** *fig* erweichen; rühren; **II.** *v prn s'~* weich *od* mürbe werden; *fig* gerührt werden (*sur qc* von etw); Mitleid haben (*sur* mit *dat*). **attendrissant, e** *a* rührend. **attendrissement** *m* Rührung *f*, Mitleid *n*.

attentat [atɑ̃ta] *m* **1.** Attentat *n*, Anschlag *m; ~ à la bombe, à l'explosif* Bombenanschlag *m; ~ terroriste* Terroranschlag *m;* **2.** *jur* Angriff *m* (*à* auf *acc*); *(Freiheit)* Beeinträchtigung, Verletzung *f;* ► *~ aux mœurs* Sittlichkeitsvergehen *n; ~ à la pudeur* unzüchtige Handlung *f*.

attente [atɑ̃t] *f* **1.** *fig* Erwartung, Hoffnung; **2.** Wartezeit *f;* **3.** Warten *n* (*de qn, qc* auf jdn, etw); ► *contre toute ~* wider alles Erwarten; *salle f m d'~* Wartesaal *m, (Arzt-)* -zimmer *n*.

attenter [atɑ̃te] *itr* e-n Anschlag machen (*à qn* auf jdn); sich vergreifen (*à qn* an jdm); beeinträchtigen, an=tasten (*à qc* e-e S).

attentif, ive [atɑ̃tif, -iv] *a* **1.** aufmerksam; **2.** bedacht; rücksichtsvoll (*à* auf *acc*). **attention** [atɑ̃sjɔ̃] *f* **1.** Aufmerksamkeit; **2.** *pl* Zuvorkommenheit; Höflichkeit; Rücksicht *f; interj* Achtung! Vorsicht! ► *attirer l'~ sur qc* auf e-e S aufmerksam machen; *faire ~* acht=geben (*à* auf *acc*). **attentionné, e** [-sjɔ-] *a* zuvorkommend; rücksichtsvoll. **attentisme** *m pol* abwartende Haltung *f*. **attentiste** *m* jem, der e-e abwartende Haltung einnimmt.

atténuant, e [atenɥɑ̃, -ɑ̃t] *a (jur)* ► *circonstances f pl ~es* mildernde Umstände *m pl*. **atténuation** *f jur* Milderung; *(Schmerz)* Linderung; Verminderung; *chem* Verdünnung; *phot* Abschwächung *f.* **atténuer** *tr (Schmerzen)* lindern; *chem* verdünnen; vermindern; dämpfen; *fig* ab=schwächen; *jur* mildern.

atterrant, e [atɛʀɑ̃] *a* niederschmetternd. **atterrer** *tr* nieder=schmettern, überwältigen. **atterrir** *itr* **1.** *aero* landen (sur, auf *dat*); **2.** *mar* anlegen. **atterrissage** *m* **1.** *aero* Landen *n*, Landung *f;* **2.** *mar* Landen, Anlegen *n;* ▶ ~ *forcé* Notlandung *f.* **atterrissement** *m geol* Anschwemmung *f.*

attestation [atɛstasjɔ̃] *f* **1.** Bescheinigung *f;* Zeugnis *n;* **2.** mündeliche(s) Zeugnis *n*, Beweis *m (de* für *acc).* **attester 1.** bescheinigen, bestätigen, bezeugen; beurkunden; **2.** ein Beweis sein für.

attiédir [atjediʀ] **I.** *tr* **1.** temperieren, lauwarmmachen; **2.** *fig* ab=kühlen; erkalten lassen; **II.** ▶ *s'~* lau werden; sich abkühlen *a. fig.*

attifer [atife] **I.** *tr fam* heraus=putzen (*de* mit); ausstaffieren (*de mit);* **II.** *v prn s'~* sich in Schale werfen.

attique [atik] **I.** *a* attisch; **II.** *s m arch* Attika *f.*

attirail [atiʀaj] *m* Ausrüstung *f;* Gerät, Zubehör *n; fam* Kram *m*, Drum u. Dran *n.*

attirance [atiʀɑ̃s] *f fig* Anziehungskraft *f;* Reiz *m;* Verlockung *f.* **attirant, e** *a (Person)* anziehend; *(Vorschlag)* verlockend. **attirer I.** *tr* **1.** an=ziehen; (an=) locken; **2.** nach sich ziehen; **3.** verschaffen (*qc à, sur qn* jdm etw); **II.** *v prn s'~* sich (gegenseitig) an=ziehen; *fig* sich zu=ziehen, auf sich lenken; *(Achtung)* gewinnen; ▶ ~ *l'attention* Aufsehen erregen; *s'~ des ennuis* sich Unannehmlichkeiten zuziehen.

attiser [atize] *tr (Feuer)* an=fachen, schüren *a. fig.*

attitré, e [atitʀe] *a* festangestellt; *(Lieferant)* ständig; regelmäßig; ▶ *client, hôte m ~* Stammkunde, -gast *m.*

attitude [atityd] *f* **1.** Haltung *f;* **2.** Einstellung *f;* Verhalten, *péj* Getue *n.*

attouchement [atuʃmɑ̃] *m* Berührung *f; pl pej* Zärtlichkeiten *f pl.*

attractif, ive [atʀaktif, -iv] *a* **1.** anziehend; **2.** *(Preis)* verlockend, attraktiv. **attraction** [-ksjɔ̃] *f* **1.** *phys* Anziehung(skraft); *a. fig;* **2.** Sehenswürdigkeit *f;* **3.** *pl theat* Zugnummern, Attraktionen, Varietédarbietungen *f pl.*

attrait [atʀɛ] *m* **1.** Anziehung *f;* Reiz, Zauber *m;* **2.** *pl (Frau)* Reize *f pl.*

attrapade [atʀapad] *f fam* **1.** Rüffel *m;* **2.** Streit *f.* **attrape** *f* Falle *f pl;* Scherzartikel *m pl.* **attrape-nigaud** *m* Bauernfängerei *f.* **attraper I.** *tr* **1.** fangen; erwischen; **2.** *(Zug)* erreichen; **3.** *(Gespräch)* auf=fangen, auf=schnappen; **4.** *(Krankheit)* sich zu=ziehen; **5.** *fig* erfassen; nach=machen; **6.** aus=schelten; *pop* an=ranzen; **7.** *fig* herein=legen, täuschen; verführen; **II.** *v prn s'~* **8.** *med* sich übertragen, ansteckend sein; **9.** sich streiten (*avec* mit); sich in den Haaren liegen.

attrayant, e [atʀɛjɑ̃, -ɑ̃t] *a* anziehend; reizend; (ver)lockend.

attribuable [atʀibɥabl] *a:* ▶ *être ~ à qc* e-r S zuzuschreiben sein. **attribuer I.** *tr* **1.** zu=sprechen, zu=erkennen; zu=schreiben (*à qn* jdm); **2.** *(Bedeutung)* bei=messen; **3.** *(Rolle)* zu=weisen; **4.** *(Betrag)* zu=teilen; **5.** *(Schuld)* zu=schieben; **6.** *(Arbeiten)* vergeben; **II.** *v prn s'~* sich zu=schreiben, für sich in Anspruch nehmen; sich an=maßen. **attribut** [-by] *m* **1.** Eigenschaft *f;* Attribut; Kennzeichen, Merkmal *n;* **2.** *gram* Prädikatsnomen *n.* **attributiv, ive** *a* **1.** zuerkennend; **2.** *gram* attributiv. **attribution** *f* **1.** Zuweisung; Zuerkennung, Zuteilung; Zuwendung *f;* **2.** *(Kredit)* Gewährung; *(Arbeiten)* Vergebung; *(Preis)* Verleihung *f;* **3.** *pl* Kompetenzen *f pl.*

attristant, e [atʀistɑ̃, -ɑ̃t] *a* **1.** traurig, betrüblich; **2.** düster, niederdrückend. **attrister I.** *tr* betrüben, traurig stimmen; **II.** *v prn s'~* traurig werden (*de, sur* wegen *gen*).

attroupement [atʀupmɑ̃] *m* Auflauf *m;* Zusammenrottung *f.* **attrouper, s'** *v prn* zs.=laufen, sich zs.=rotten.

atypique [atipik] *a* atypisch.

aubade [obad] *f* Morgenständchen *n.*

aubaine [obɛn] *f fig* Glücksfall; unerwartete(r) Vorteil; gute(r) Fund *m.*

aube [ob] *f* **1.** (Morgen-)Dämmerung *f;* **2.** *fig* Anfang, Beginn *m;* **3.** *(Turbine)* Schaufel(-rad *n) f.*

aubépine [obepin] *f bot* Weiß-, Hagedorn *m.*

auberge [obɛʀʒ] *f* Wirtshaus *n*, Gastwirtschaft *f;* ▶ ~ *de (la) jeunesse* Jugendherberge *f.*

aubergine [obɛʀʒin] *f* Aubergine *f.*

aubergiste [obɛʀʒist] *m* (Gast-)Wirt *m.*

aucun, e [okœ̃, -yn] *a prn* **1.** *(verneinend)* keine(r), niemand, nicht ein einziger; kein(e, r), keinerlei; **2.** *(bejahend)* irgendein(e, r); ▶ *sans ~e exception* ohne jede Ausnahme. **aucunement** [-ynmɑ̃] *adv (mit ne beim Verb)* keineswegs, durchaus nicht; in irgendeiner Weise; im mindesten.

audace [odas] *f* **1.** Kühnheit; Keckheit *f;* **2.** Unverschämtheit, Dreistigkeit *f.* **audacieux, se** *a* **1.** kühn; draufgängerisch; **2.** keck; frech; **3.** *(Lüge)* unverschämt; **4.** *(Kleid)* gewagt.

au(-)deçà, au-dedans, au-dehors, au-delà, au-dessous, au-dessus, au-devant *s. deçà etc.*

audibilité [odibilite] *f* Hörbarkeit *f.* **au-**

dible *a* hör-, vernehmbar.
audience [odjɑ̃s] *f* **1.** Audienz; Unterredung *f;* **2.** *jur* Sitzung *f,* Gerichtstag, Termin *m;* **3.** *radio video* Zuhörerschaft *f;* Rundfunk-, Fernsehpublikum *n;* **4.** Beachtung *f,* Anklang *m;* ► *trouver ~ auprès de qn* bei jdm Gehör, Anklang finden; *salle f d'~* Sitzungssaal *m.* **audimètre** [odimɛtʀ] *m* Gerät *n* zur Feststellung der Einschaltquote.
audio [odjo] *a fam* Audio-; *s m fam* Audiovisuelle(s) *n.* **audiodisque** *m* Schallplatte *f.* **audiomètre** *m* Audiometer *n.* **audionumérique** *a:* ► *disque ~* Compact-Disc *f.* **audiovisuel, le** *a* audiovisuel; *s m tele* Rundfunk und Fernsehen *pl.*
auditeur, trice [oditœʀ, -tʀis] *m f* **1.** Hörer(in *f*) *m; pl* Zuhörer(innen *f pl*) *m pl;* **2.** *com* Revisor *m.* **auditif, ive** *a* auditiv; ► *appareil m de correction auditive* Hörapparat *m; nerf m ~* Hörnerv *m.* **audition** *f* **1.** Hören *n;* **2.** *(Tonband)* Ab-, Anhören *n;* **3.** *(Zeugen)* Vernehmung *f;* **4.** *radio* Empfang *m,* Übertragung *f;* **5.** Vorsingen, -spielen, -sprechen *n;* ► *erreur f d'~* Hörfehler *m.* **auditionner I.** *itr* vorsprechen, -singen, -spielen; **II.** *tr (Vortrag)* anhören. **auditoire** *m* Zuhörer *m pl;* Zuhörerschaft *f;* Publikum *n.* **auditorium** [-ɔʀjɔm] *m radio* Sendesaal *m,* Studio *n.*
auge [oʒ] *f* **1.** Behälter *m; tech* Mulde *f; agr* Trog *m;* **2.** *(Maurer)* Speiskasten *m;* **3.** *(Wasserrad)* Becher *m;* Rinne *f;* **4.** *geol* Trogtal *n.* **auget** [-ʒɛ] *m* Näpfchen *n (für Vögel).*
augmentation [o(ɔ)gmɑ̃tasjɔ̃] *f* **1.** Vermehrung; Erhöhung; Steigerung *f;* **2.** Erweiterung; Vergrößerung *f;* **3.** Zunahme *f;* Zuwachs, Anstieg *m;* Verteuerung *f;* Aufschlag *m;* **4.** Zuschlag *m;* Zulage *f;* ► *~ de la population* Bevölkerungszunahme *f; ~ de(s) prix* Preissteigerung; Teuerung *f; ~ de salaire* Lohnerhöhung *f; ~ du taux d'escompte* Diskonterhöhung *f; ~ de traitement* Gehaltserhöhung *f.* **augmenter I.** *tr* **1.** vermehren, vergrößern; erhöhen; *(Werk)* erweitern; *(Preis)* herauf=setzen, auf=schlagen (*de* um); *(Gehalt)* auf=bessern; *(Qualität)* verbessern; *(Energie)* steigern; *(Kräfte)* vermehren; **2.** ► *~ qn* jdm e-e Gehaltserhöhung gewähren; **II.** *itr* **3.** größer werden; zu=nehmen; **4.** *(Preis)* steigen; *(Waren)* teurer werden; *(Zahl)* wachsen, sich erhöhen.
augure [o(ɔ)gyʀ] *m* Vorbedeutung *f,* Vorzeichen *n;* ► *être de bon ~* Glück verkünden *od* bedeuten.
auguste [o(ɔ)gyst] *a* erhaben.
aujourd'hui [oʒuʀdɥi] *adv* heute, heutzutage; ► *(d')~ en huit* heute in acht Tagen; *à partir d'~* von heute an, ab; *jusqu'(à) ~* bis heute; *d'~* heutig, von heute.
au(l)ne [on] *m bot* Erle *f.*
aumône [o(ɔ)mon] *f* Almosen *n;* ► *demander l'~* um e-e milde Gabe bitten; *donner, faire l'~* ein Almosen geben. **aumônier** *m* Anstaltsgeistliche(r); *mil* Militär-, Feldgeistliche(r) *m.*
auparavant [opaʀavɑ̃] *adv* vorher; zuvor.
auprès [opʀɛ] *prp:* ► *~ de* **1.** neben, (dicht) bei; im Vergleich zu; **2.** *fig* bei; ► *faire des démarches ~ de qn* bei jdm Schritte unternehmen.
aura [oʀa] *f med fig* Aura *f.*
auréole [oʀeɔl] *f* **1.** Heiligen-, Glorienschein, Nimbus *m a. fig;* **2.** *astr* Hof *m.* **auréoler** *tr* mit e-m Nimbus umgeben.
auriculaire [o(ɔ)ʀikylɛʀ] **I.** *a:* ► *témoin m ~* Ohrenzeuge *m;* **II.** *s m* kleine(r) Finger *m.* **auricule** *f bot* Aurikel *f.*
aurifère [ɔ(o)ʀifɛʀ] *a* goldhaltig.
aurochs [o(ɔ)ʀɔk(s)] *m* Auerochse *m.*
aurore [ɔʀɔʀ] *f* **1.** Morgenröte *f;* Tagesanbruch *m;* **2.** ► *~ boréale, australe* Polarlicht; Nord-, Südlicht *n.*
auscultation [o(ɔ)skyltasjɔ̃] *f med* Abhorchen *n.* **ausculter** *tr* auskultieren, ab=horchen.
auspices [o(ɔ)spis] *m pl* Auspizien *n pl;* Vorzeichen *n pl.*
aussi [osi] **I.** *adv* auch; gleichfalls; überdies; so; **II.** *conj* daher auch, deswegen, deshalb, darum; ► *~ ... que* (eben)so ... wie; *~ bien* genausogut; übrigens; ohnehin; *mais ~* überdies. **aussitôt I.** *adv* sofort, sogleich; alsbald; **II.** ► *~ que conj* sobald (als); **III.** *prp* gleich, sofort nach *dat; ~ après mon départ* gleich nach meiner Abreise.
austère [o(ɔ)stɛʀ] *a* **1.** streng, hart; **2.** *(Raum)* nüchtern; *(Gebäude)* schmucklos. **austérité** *f* **1.** Härte, Strenge *f;* Ernst *m;* **2.** Schmucklosigkeit; *(Stil)* Trockenheit *f.*
austral, e [o(ɔ)stʀal] *a* südlich; Süd-; ► *hémisphère m ~* Südhalbkugel *f.*
Australie, l' [o(ɔ)stʀali] *f* Australien *n.*
australien, ne [-ljɛ̃, -ɛn] australisch.
austro-hongrois, e [osʀtoɔ̃gʀwa, -az] *a hist* (Monarchie) k. und k. (kaiserlich und königlich).
autant [otɑ̃] **I.** *adv* ebenso(viel); ebensosehr; das gleiche, dasselbe; **II.** *loc conj* ► *~ que* ebenso ... wie; *(pour) ~ que (conj, meist mit Ind.)* soviel; soweit; insofern; *d'~* ebensoviel; *d'~ (plus) que* um so mehr als; zumal, da; *d'~ moins* um so weniger; *d'~ mieux* um so besser; *d'~ plus grand* um so größer; *~ dire* man kann also sagen; das heißt *od* bedeutet; *~ que possible* soviel als, soweit wie möglich; möglichst; *~ de fois* ebensooft; *tout ~* gleichviel.
autarcie [otaʀsi] *f* Autarkie, Selbstver-

sorgung *f.*
autel [o(ɔ)tɛl] *m* Altar *m.*
auteur [otœʀ] *m* Verfasser(in *f*), Autor(in *f*) *m; jur* Verursacher(in *f*), Urheber(in *f*) *m;* ► *droit m d'~* Urheberrecht *n.*
authenticité [o(ɔ)tɑ̃tisite] *f* Glaubwürdigkeit, Echtheit; Zuverlässigkeit *f.* **authentifier** *tr jur* beglaubigen, (öffentlich) beurkunden. **authentique** *a* **1.** authentisch, glaubwürdig; **2.** *(Gefühle)* echt; **3.** *jur* öffentlich beglaubigt.
autisme [otizm] *m med* Autismus *m.* **autiste** *a* unter Autismus leidend, autistisch; *s m f* Austist(in *f*) *m.*
auto [oto] **1.** *f* Auto *n,* (Kraft-)Wagen *m;* **2.** *in Zssgen:* selbst-, Selbst-.
auto-adhésif, ive [otoadezif, -iv] *a* selbstklebend. **auto-allumage** [-tɔ-] *m* Selbstentzündung *f.* **auto-analyse** *f (Psychologie)* Selbstanalyse *f.*
autobiographie [otobjogʀafi] *f* Autobiographie *f.* **autobiographique** *a* autobiographisch.
autobus [otobys] *m* Autobus *m.* **autocar** *m* Überlandautobus *m.*
autocensure [otosɑ̃syʀ] *f (Kino)* Selbstkontrolle *f.*
autochenille [otoʃənij] *f* Raupenfahrzeug *n.*
autochtone [ɔ(o)tɔktɔn] **I.** *a* eingeboren, autochthon; **II.** *s m f* Eingeborene(r *m*) *f.*
autoclave [otoklav] *m* Autoklav *m.* **autocollant** *m* Aufkleber *m.* **autocorrection** *f* Selbstkorrektur *f.*
auto-couchettes [otokuʃɛt] *a inv* ► *train ~* Autoreisezug *m.*
autocrate [otokʀat] *m* Autokrat *m.* **autocratie** [-si] *f* Autokratie *f.* **autocratique** *a* autokratisch; **autocritique** *f pol* Selbstkritik *f.* **autocuiseur** *m* Schnellkochtopf *m.* **autodéfense** *f* Selbstverteidigung *f.* **autodestruction** *f* Selbstzerstörung *f.* **autodétermination** *f* Selbstbestimmung *f.* **autodidacte** *m* Autodidakt *m.* **autodiscipline** *f* Selbstdisziplin *f.*
autodrome [otodʀom] *m* Autorennbahn *f.*
auto-école [otoekɔl] *f* Fahrschule *f.*
auto-épurateur, trice *a* selbstreinigend; **auto-érotisme** *m* Selbsterotik *f.* **autofocus** [otofokys] *m (pjot)* Autofokus *n.* **autogéré, e** *a* selbstverwaltet. **autogestion** *f* Selbstverwaltung *f* durch die Belegschaft. **autofinancement** [otofinɑ̃smɑ̃] *m* Selbst-, Eigenfinanzierung *f.* **autogène** *a* autogen; ► *training m ~* autogene(s) Training *n.* **autographe I.** *a* eigenhändig geschrieben; **II.** *s m* Original *n;* Autograph; Autogramm *n.* **autoguidé** *a* selbstgesteuert. **auto-immunisation** *f s. auto-immunité.* **auto-immunité** *f* Autoimmunität *f.* **auto-intoxication** *f* Autointoxikation *f.*
automate [otomat] *m* Automat *m;* mechanische(s) Spielzeug *n.* **automation** *f* Automation *f.* **automatisation** *f* Automatisierung *f.* **automatisme** *m* Automatismus; *tech* selbsttätige(s) Arbeiten *n;* Selbsttätigkeit *f; phot* Innenmessung *f.* **automatique II.** *a* **1.** automatisch, selbsttätig; mechanisch *a. fig;* **2.** *fig* zwangsläufig, automatisch; **II.** *s m (tele)* Selbstwähler *m.*
automnal, e [o(ɔ)tɔ(m)nal] *a* herbstlich. **automne** [otɔn] *m* Herbst *m;* ► *en, à l'~* im Herbst.
automobile [o(ɔ)tɔmɔbil] **I.** *a* selbstfahrend; Automobil-; Auto-; **II.** *s f* Auto(mobil) *n,* Kraftwagen *m;* ► *accident m d'~* Autounfall *m; club m ~* Automobilklub *m; salon m de l'~* Automobilausstellung *f.* **automobilisme** *m* Automobilsport *m.* **automobiliste** *m* Autofahrer *m.*
automoteur, trice [o(ɔ)tɔmɔtœʀ, -tʀis] **I.** *a* selbstfahrend; Selbstfahr-; **II.** *s m* Motorschiff *n; loc f* Triebwagen *m.* **automutilation** [otomytilasjɔ̃] *f* Selbstverstümmelung *f.*
autoneige [otonɛʒ] *f* Schneepflug *m.*
autonettoyant, e [otonɛtwajɑ̃, -t] *(Ofen)* selbstreinigend.
autonome [otonɔm] *a* autonom; selbständig, unabhängig. ► *les ~s* die Alternativen *pl.* **autonomie** *f* **1.** Autonomie; Selbständigkeit; Unabhängigkeit *f;* **2.** Fahr-, Flugbereich; Aktionsradius *m.* **autonomiste** *m pol* Autonomist *m.*
autopompe [otopɔ̃p] *f* **1.** Motorspritze *f;* **2.** Wasserwerfer *m.*
autoportrait [otopɔʀtʀɛ] *m* Selbstbildnis *n.* **autopropulsé, e** *a* mit Eigenantrieb.
autopsie [otɔpsi] *f* Autopsie *f.*
autopunition [otopynisjɔ̃] *f* Selbstbestrafung *f.*
autorama [otoʀama] *m* Autokino *n.*
autorégulateur, trice [otoʀegylatœʀ, -tʀis] *a* selbstregulierend. **auto-reverse** *a inv* mit Autoreverse.
autoradio [ɔ(o)tɔʀadjo] *m* Autoradio *n.*
autorail [ɔ(o)tɔʀaj] *m* Triebwagen *m.* **autoroute** [otoʀut] *f* Autobahn *f.* **autoroutier, ère** *a* Autobahn-.
autosatisfaction [ɔ(o)tosatisfaksjõ] *f* Selbstgefälligkeit *f.*
autostop [ɔ(o)tɔstɔp] *m:* ► *faire de l'~* per Anhalter reisen, fahren trampen. Trampen *n.* **autostoppeur, se** *m f m* Anhalter(in *f*) *m,* Tramper(in *f*) *m.* **autosuggestion** [ɔ(o)tɔsygʒɛstjõ] Autosuggestion *f.*
autorisation [ɔ(o)tɔʀizasjɔ̃] *f* **1.** Genehmigung, Einwilligung, Zustimmung *f;* **2.** Ermächtigung; Erlaubnis *f;* ► *sans ~* unberechtigt; unbefugt; *accorder, demander une ~* e-e Genehmigung ertei-

len, beantragen; *donner son ~* s-e Zustimmung erteilen; *~ écrite* schriftliche Ermächtigung *f; ~ de séjour* Aufenthaltserlaubnis *f.* **autorisé, e** *a* **1.** berechtigt, befugt; qualifiziert; **2.** ermächtigt; genehmigt, zugelassen; ► *je me crois ~ à dire* ich glaube sagen zu dürfen; *~ à signer* zeichnungsberechtigt. **autoriser I.** *tr* **1.** *(renforcer, justifier) (litt)* begünstigen, rechtfertigen; **2.** *(habiliter)* ermächtigen, bevollmächtigen; ► *les questions ne sont pas autorisées* Fragen sind nicht gestattet; **3.** *(Sache) (donner la possibilité de)* rechtfertigen, ermutigen, veranlassen; ► *ces faits m'autorisent à conclure que* daraus kann ich schließen, daß; **II.** *v prn s'~ de qc;* **4.** sich berufen, sich stützen auf *acc;* sich rechtfertigen mit; ► *m'autorisez-vous à parler en votre nom?* darf ich in Ihrem Namen sprechen?

autoritaire [otoritɛʀ] *a* autoritär; diktatorisch; herrisch, herrschsüchtig; gebieterisch. **autoritarisme** *m* autoritäre Staatsform *f;* herrschsüchtige(s) Wesen *n.* **autorité** *f* **1.** Machtbefugnis, Gewalt, Macht; Herrschaft; Machtvollkommenheit *f;* **2.** Behörde, Obrigkeit, Amtsgewalt *f;* **3.** Einfluß *m,* Autorität *f,* Gewicht, Ansehen *n;* **4.** *(Person)* Autorität *f,* Gewährsmann, Zeuge *m;* ► *de sa propre ~* eigenmächtig; *avoir ~ sur qn* über jdn Gewalt haben; *faire ~* Geltung haben, maßgebend sein; als Autorität gelten.

autour [otuʀ] **I.** *s m* Hühnerhabicht *m;* **II.** *adv* (rings)umher *od* herum; **III.** *prp:* ► *~de* um ... herum; ringsum; ungefähr, gegen, etwa; *tourner ~ de la question* um die Frage herum=gehen; *il a ~ de 40 ans* er ist etwa 40 (Jahre alt); *il gagne ~ de* er verdient ungefähr.

autre [otʀ] **I. 1.** *a prn* andere(r, s); sonstige(r, s); weitere(r, s); ► *d'un ~ côté* andererseits; *de l'~ côté* jenseits; auf der anderen Seite *a. fig; d'~ part* andererseits; *de part et d'~* auf beiden Seiten; *une ~ fois, un ~ jour* ein andermal; *un ~ jour* an e-m andern Tag; *l'~ fois* das letzte Mal; *l'~ jour* neulich; vor kurzem; *de temps à ~* von Zeit zu Zeit; dann u. wann; *prendre qn pour un ~* jdn für e-n andern halten; *tant d'~s* so viele andere; *qui d'~?* wer, wen sonst? *quelqu'un d'~* jemand anders; *tout ~* jeder andere; *aucun ~, nul ~, personne (d') ~* kein anderer; sonst niemand; niemand anders; *nous ~s* wir; *à d'~s! (fam)* den Bären können Sie andern auf=binden! *entre ~s (choses)* unter anderem; **2.** ► *l'un et l'~* der eine wie der andere; beide; *c'est (tout) l'un ou (tout) l'~* entweder das e-e oder das andere; *ni l'un ni l'~* weder der eine noch der andere; keiner (von beiden); *l'un l'~* einander; *d'un jour à l'~* von e-m Tag auf den andern; *marcher l'un après l'~, l'un avec l'~, l'un à côté de l'~* hinterea., nebenea. gehen, laufen, marschieren; **3.** ► *c'est (tout) ~ chose* das ist etwas (ganz) anderes; *parlons d'~ chose* reden wir von etw anderem; *rien (d') ~* nichts anderes; *il n'en fait jamais d'~s* er kann nicht aus s-r Haut; *il en sait bien d'~s* er ist mit s-m Latein noch nicht zu Ende; *parler de choses et d'~s* von diesem u. jenem reden. **autrefois** *adv* früher, ehemals, einst. **autrement** *adv* anders; sonst; ► *~ dit* anders ausgedrückt; *il n'en est pas ~ avec moi* es geht mir ebenso; *bien ~, tout ~* weit (mehr); *ceci est tout ~ important* das ist (noch) viel wichtiger; *elle est ~ (plus) belle que sa sœur* sie ist unvergleichlich viel schöner als ihre Schwester.

Autriche, l' [otʀiʃ] *f* Österreich *n.* **autrichien, ne** *a* österreichisch. **Autrichien, ne** *s m f* Österreicher(in *f*) *m.*

autruche [otʀyʃ] *f orn* Strauß *m;* ► *avoir un estomac d'~* alles vertragen können; *pratiquer la politique de l'~* Vogel-Strauß-Politik treiben.

autrui [otʀɥi] *prn* ein anderer; andere *pl;* ► *agir pour le compte d'~* für fremde Rechnung handeln; *s'approprier le bien d'~* sich fremdes Gut an=eignen.

auvent [ovɑ̃] *m* Vordach, Wetterdach *n.*

auxiliaire [ɔ(o)ksiljɛʀ] **I.** *a* Hilfs-; Neben-, Zweig-; mitwirkend; helfend; **II.** *s m f* Helfer(in *f*), Gehilfe *m,* Gehilfin, Hilfe; Hilfskraft *f; m* Hilfszeitwort *n.*

avachir [avaʃiʀ] **I.** *tr* energie-, willenlos machen; **II.** *v prn; s'~* **1.** die Form verlieren; **2.** sich gehen=lassen; träge werden. **avachissement** *m* Erschlaffung; Energielosigkeit *f.*

aval [aval] *m* **1.** Wechselbürgschaft *f,* Aval *n; fig* Unterstützung *f;* **2.** Talrichtung *f;* ► *en ~* strom-, fluß-, talabwärts; *en ~ de* unterhalb *gen.* **avaliser** *tr* **1.** e-e Wechselbürgschaft übernehmen (*qc* für etw); **2.** *fig* billigen.

avalanche [avalɑ̃ʃ] *f* Lawine *f;* ► *~ de paroles* Flut *f* von Worten.

avaler [avale] *tr* **1.** (ver-, hinunter=) schlucken; verschlingen *a. fig;* **2.** *(Getränk)* hinunter=stürzen; **3.** *(Arznei)* ein=nehmen; **4.** *fig* ein=stecken, hin=nehmen; ► *faire ~ qc à qn* jdm etw weis=machen; jdn dazu bringen, e-e Sache einzustecken, hinzunehmen; *~ des couleuvres (fig)* Kränkungen ein=stekken; *~ sa langue* stumm wie ein Fisch sein; schrecklich gähnen; *~ les mots* die Wörter verschlucken; *~ une pilule* e-e (bittere) Pille schlucken; *~ de travers* sich verschlucken.

avance [avɑ̃s] *f* **1.** *mil* Vormarsch *m,* Vordringen *n;* **2.** Vorsprung; **3.** *(Ren-*

nen) Vorlauf; **4.** *com* Vorschuß *m*, Vorauszahlung *f;* **5.** *pl* Annäherungsversuche *m pl;* **6.** ► *à l'~, d'~, en ~, par ~* im voraus, vorher; zu früh; *avoir de l'~ sur qn* jdm voraus sein; **7.** ► *arriver avec cinq minutes d'~* 5 Minuten zu früh an=kommen; *calculer à l'~* voraus=berechnen; *faire une ~ à qn* jdm e-n Vorschuß geben; **8.** ► *paiement m d'~* Vorausbezahlung *f.* **avancé, e** *a* **1.** vorspringend; *(Posten)* vorgeschoben; **2.** *fig* fort-, vorgeschritten; **3.** *(Gedanken)* fortschrittlich; *(Ereignis)* vorzeitig; **4.** *(Früchte)* überreif; *(Fleisch)* (leicht) angegangen; ► *à une heure ~e* in vorgerückter Stunde; *être d'un âge ~* in vorgerücktem Alter, bejahrt sein; *me voilà bien ~!* nun bin ich so klug wie zuvor! **avancée** *f* **1.** *arch* Vorsprung *m;* **2.** *(Ski)* ► *position f d'~* Vorlage *f.* **avancement** *m* **1.** *arch Vorsprung;* **2.** *(Arbeit)* Fortgang *m;* Fortschritt *m;* **3.** *(Beamter)* Beförderung *f;* Aufrücken *n;* ► *obtenir de l'~* befördert werden. **avancer** [avɑ̃se] ‹*Prés. j'avance, ns avançons; Fut. j'avancerai; pp. avancé, e; Subj. que j'avance, que ns avancions; Impér. avance, avançons*› **I.** *tr* **1.** vor=rücken, -schieben, -strecken, näher schieben; **2.** *(Uhr)* vor=stellen; *(Vorgang)* beschleunigen; *(Zeitpunkt)* vor=verlegen; **3.** *(Plan)* vor=bringen; behaupten; **4.** *(Arbeit)* fördern, voran=treiben; forcieren; beschleunigen; **5.** *(Geld)* vor=schießen, vor=strecken; **II.** *itr* **6.** vor=rücken, näher kommen; vorwärts gehen; weiter=gehen *od* -kommen; **7.** *(Fels)* vor=springen; vor=stehen; übergreifen; überragen; *(Uhr)* vor=gehen; **8.** *(Arbeit)* Fortschritte machen, voran=kommen; **III.** *v prn s'~* **9.** näher kommen, zu=gehen (*vers* auf *acc*); sich nähern; **10.** *(Gebäude)* vor=springen; **11.** *(Zeit)* vor=rücken; **12.** *fig* sich vorwagen; vorpreschen; ► *s'~ trop* sich zu weit vor=wagen; zu weit gehen.

avanie [avani] *f* Schimpf *m*, Beschimpfung *f.*

avant [avɑ̃] **I.** *prp* **1.** *(zeitlich)* vor; eher als; ► *~ la fin de l'année* vor Jahresende; *~ une heure* innerhalb e-r Stunde; *~ peu* binnen kurzem, in Kürze, (sehr) bald; *une heure ~* e-e Stunde vorher; **2.** *(Reihenfolge)* vor; ► *~ tout* vor allem; zunächst; **3.** *(mit Inf.)* ► *réfléchis bien ~ de parler* überlege wohl, ehe du redest; **II.** *conj:* **4.** ► *~ que (mit subj)* bevor, ehe; **III.** *adv* **5.** *(zeitlich)* vorher, zuvor, früher; ► *quelques jours ~* einige Tage vorher; *comme ~* wie zuvor *od* vorher; *bien ~ dans la nuit* spät in der Nacht; **6.** *(Richtung, Bewegung)* ► *en ~* vorwärts, voran, voraus; *mettre qn en ~* jdn in den Vordergrund stellen; heraus=stellen; **7.** *(Ansicht)* vertreten; ► *regarder en ~* vorwärts, in die Zukunft blicken; **IV.** *a inv* **8.** Vorder-; ► *roue f ~* Vorderrad *m; pneu m~* Vorderreifen *m;* **V.** *s m* **9.** Vorderteil *n;* **10.** *mar* Bug; **11.** *(Fußball)* Stürmer *m;* ► *aller de l'~* (tüchtig) vorwärts=, voran=kommen *a. fig; fig (Sache)* energisch an=greifen, an=packen; *montez à l'~* steigen Sie vorn ein; *siège m ~* Vordersitz *m.*

avant-bras [avɑ̃bʀa] *m inv* Unterarm *m.* **avant-centre** *m (Fußball)* Mittelstürmer *m.* **avant-coureur** *nur m:* ► *signe m ~* Vorzeichen *n.* **avant-dernier, ère I.** *a* vorletzte(r); **II.** *s m f* Vorletzte(r *m*) *f.* **avant-garde** *f* **1.** Vorhut *f;* **2.** *fig* Vorkämpfer *m pl;* ► *être à l'~ de* an der Spitze *gen* stehen. **avant-goût** *m fig* Vorgeschmack *m.* **avant-guerre** *m* od *f* Vorkriegszeit *f.* **avant-hier** [avɑ̃tjɛʀ] *adv* vorgestern. **avant-poste** *m mil* Vorposten *m.* **avant-première** *f theat* Voraufführung *f.* **avant-projet** *m* Vorentwurf *m.* **avant-propos** *m inv* Vorwort *n*, Vorrede *f.* **avant-scène** *f* Proszeniumsloge *f.* **avant-toit** *m* Vordach *n.* **avant-veille** *f* vorgestrige(r) Tag *m;* ► *l'~* zwei Tage zuvor.

avantage [avɑ̃taʒ] *m* **1.** Vorteil; Nutzen; Gewinn *m;* **2.** Vorsprung *m;* Überlegenheit *f;* (Plus-)Punkt *m;* **3.** *(Tennis)* Vorteil *m;* **4.** *pl* Vergünstigungen, Leistungen *f pl*, Bezüge *m pl;* ► *à l'~ de qn* zu jds Vorteil; vorteilhaft für jdn; *bénéficier d'un ~* im Vorteil sein; *habillé à son ~* vorteilhaft gekleidet; *se montrer, paraître à son ~* sich von seiner besten Seite zeigen; *tirer ~ de qc* aus etw Vorteil ziehen; *cela présente beaucoup d'~s* das bietet viele Vorteile; *vous avez sur lui cet ~* Sie haben ihm voraus, Sie sind ihm darin überlegen (*que* daß); *~s sociaux* Sozialleistungen *f pl.* **avantager** ‹*Prés. j'avantage, ns avantageons; Fut. j'avantagerai; pp. avantagé, e*› *tr* **1.** bevorzugen, begünstigen; **2.** *(Kleid)* vorteilhaft sein (*qn* für jdn), gut stehen (*qn* jdm). **avantageux, se** *a* **1.** vorteilhaft; günstig; lohnend; **2.** *(Mensch)* eingebildet, *(Ton)* anmaßend; ► *présenter qc sous un jour ~* etw in günstigem Licht erscheinen lassen.

avare [avaʀ] *a* geizig; knauserig (*de* mit); *s m f* Geizhals *m;* ► *être ~* geizen (*de* mit); *~ de ses paroles* wortkarg; **avarice** *f* Geiz *m;* Knauserei *f.*

avarie [avaʀi] *f* **1.** *mar* Seeschaden *m*, Havarie *f;* **2.** Transportschaden *m a. aero;* Beschädigung *f.* **avarié, e** [avaʀje] *a* **1.** *mar aero* schadhaft, beschädigt **2.** *(Ware)* defekt; **3.** *(Früchte)* verdorben.

avatar [avataʀ] *m* **1.** Veränderung *f;* **2.** *pl fam* Schwierigkeiten *f pl.*

à vau-l'eau [avolo] *loc prp* stromabwärts; bergab; ▶ *aller* ~ mißlingen, fehl⸗schlagen.
Avé, Ave Maria [ave, ave maʀja] *m (Gebet)* Ave-Maria *n.*
avec [avɛk] **I.** *prp* **1.** *(Begleitung)* mit; ▶ *vivre* ~ *qn* mit jdm zs.⸗leben; *être d'accord* ~ *qn* mit jdm gleicher Meinung, einig sein; *se marier* ~ *qn* jdn heiraten; ~ *le jour* bei Tagesanbruch; *et* ~ *cela?* sonst noch etwas? **2.** *(Beziehung)* ▶ *être en relations* ~ *qn* mit jdm in Verbindung stehen; ~ *elle on ne sait jamais* bei ihr weiß man nie (, woran man ist); *être bien, mal* ~ *qn* mit jdm gut, schlecht stehen; *prendre des leçons* ~ *qn* Stunden bei jdm nehmen; **3.** *(Gegensatz)* ▶ *tout cela* trotz all(e)dem; **4.** *(Ursache)* infolge *gen;* **5.** *(Mittel)* ▶ ~ *de la patience* mit Geduld; ~ *le temps* im Lauf, mit der Zeit; **6.** *(Art u. Weise)* ▶ ~ *joie* mit Freude, freudig; *agir* ~ *prudence* mit Vorsicht, vorsichtig handeln, zu Werke gehen; **7.** *(Trennung)* ▶ *divorcer d'*~ *qn* sich von jdm scheiden lassen; sich von jdm trennen; sich mit jdm überwerfen; **8.** *(bei Speisen)* ▶ *déjeuner* ~ *du chocolat* Schokolade frühstücken; **II.** *adv* **9.** *fam* (da)mit, obendrein, dazu; ▶ *il est parti* ~ er ist damit fort.
avenant, e [avnɑ̃, -ɑ̃t] **I.** *a* freundlich; zuvorkommend; **II.** *s m (Versicherung)* Nachtrag; Zusatzvertrag *m;* ▶ *à l'*~ (dem-)entsprechend; *et tout à l'*~ u. so alles weitere.
avènement [avɛnmɑ̃] *m* **1.** *rel* Kommen; Erscheinen *n;* **2.** *(Herrscher)* Thronbesteigung *f;* **3.** *fig* Beginn *m.*
avenir [avniʀ] *m* **1.** Zukunft *f;* **2.** Nachwelt *f;* ▶ *à l'*~ in Zukunft; *dans un proche* ~, *un* ~ *prochain* in naher Zukunft; *un métier d'*~ ein Beruf mit Zukunft; *projets m pl d'*~ Zukunftspläne *m pl; compromettre son* ~ seine Zukunft aufs Spiel setzen.
Avent [avɑ̃] *m* Advent *m.*
aventure [avɑ̃tyʀ] *f* **1.** unerwartete(s) Ereignis *od* Erlebnis *n;* **2.** (Liebes-) Abenteuer *n;* ▶ *à l'*~ auf gut Glück, aufs Geratewohl; *d'*~, *par* ~ zufällig; *dire la bonne* ~ *à qn* jdm die Zukunft voraus⸗sagen; *diseuse f de bonne* ~ Wahrsagerin *f; roman m d'*~*s* Abenteuerroman *m.* **aventuré, e** *a* gewagt; riskant; unsicher. **aventurer I.** *tr* wagen; aufs Spiel setzen; **II.** *v prn s'*~ etw wagen; es wagen, riskieren (*à faire qc* etw zu tun); sich ein⸗lassen (*dans* auf *acc*); sich wagen (*dans* in *acc*); *(fig)* ▶ *s'*~ *sur un chemin, un terrain glissant* sich auf dünnes Eis wagen; *s'*~ *trop loin* sich zu weit vor⸗wagen. **aventureux, se** *a* **1.** abenteuerlich, waghalsig; **2.** gewagt. **aventurier, ère** *m f* Abenteurer(in *f*) *m;* Glücksritter *m.*
avenu, e [avny] *a:* ▶ *nul et non* ~ null u. nichtig.
avenue [avny] *f* **1.** Zugang *m;* Allee; (breite) Zufahrts-, Zugangsstraße *f;* **2.** *fig* Weg *m.*
avéré, e [aveʀe] *a* wahr, unzweifelhaft, erwiesen. **avérer, s'** *v prn* sich bewahrheiten; sich heraus⸗stellen, sich erweisen.
avers [avɛʀ] *m (Münze)* Vorderseite *f.*
averse [avɛʀs] *f* **1.** Platzregen, (Regen-) Guß, Regenschauer *m;* **2.** *fig* Flut *f;* ▶ *recevoir une* ~ in e-n Regenguß geraten.
aversion [-sjɔ̃] *f* Abneigung, Antipathie *f;* Widerwille(n), Abscheu *m* (*de* vor *dat*); ▶ *avoir qn en* ~ jdn nicht leiden können.
avertir [avɛʀtiʀ] *tr* warnen (*de* vor *dat*). **avertissement** *m* **1.** Warnung *f;* **2.** Verwarnung *f,* Verweis *m;* **3.** *(Buch)* Vorrede *f;* Vorwort *n;* **4.** *jur* Aufforderung *f* zur Steuerzahlung *f.* **avertisseur** *s m* **1.** Warnanlage *f;* **2.** Meldegerät *n;* Hupe *f,* Horn *n;* ▶ *concert m d'*~*s* Hupkonzert *n;* ~ *d'incendie* Feuermelder *m.*
aveu [avø] *m (pl aveux)* **1.** Geständnis; (Schuld-)Bekenntnis *n;* **2.** *jur* Zustimmung, Einwilligung *f;* ▶ *de l'*~ *de tout le monde* nach einstimmigem Urteil; *arracher un* ~ ein Geständnis erpressen (*à qn* von jdm); *faire des* ~*x* ein Geständnis ab⸗legen (*de* über *acc*).
aveuglant, e [avœglɑ̃, -ɑ̃t] **I.** *a* **1.** blendend; *(Sonne)* grell; **2.** *fig* in die Augen fallend; **aveugle** *a* **1.** blind *a. fig;* **2.** *fig* verblendet; seiner Sinne nicht mächtig; **II.** *s m f* Blinde(r *m*) *f;* ▶ *en* ~ blind (-lings); ohne Überlegung; *juger d'une chose comme un* ~ *des couleurs* über etw ohne Kenntnis urteilen; *chien m d'*~ Blindenhund *m;* ~*-né, e,* ~ *de naissance* **I.** *a* blindgeboren; **II.** *s m f* Blindgeborene(r *m*) *f.* **aveuglément** *adv* blindlings. **aveuglement** *m fig* Blindheit; Verblendung *f,* Wahn *m.* **aveugler I.** *tr* **1.** blenden *(a. durch Licht);* **2.** *fig* verblenden, mit Blindheit schlagen; **3.** *mar* kalfatern; *(Leck)* verstopfen; ab⸗dichten; **II.** *v prn* ▶ *s'*~ *sur qc* für etw blind sein; etw nicht (ein⸗)sehen wollen; sich über e-e S, in e-r S täuschen. **aveuglette** *loc adv:* ▶ *à l'*~ blind(lings); von ungefähr; *agir à l'*~ ohne Überlegung handeln; *aller à l'*~ im dunkeln tappen.
aveulir [avøliʀ] **I.** *tr* schlapp, willenlos machen; **II.** *v prn s'*~ energielos werden. **aveulissement** *m* Energielosigkeit, Willenlosigkeit *f.*
aviateur, trice [avjatœʀ, -tʀis] *m* Flieger(in *f*) *m.* **aviation** [-sjɔ̃] *f* Luftfahrt *f,* Flugwesen *n,* Fliegerei *f;* ▶ ~ *civile* Zivilluftfahrt *f.*

avide [avid] *a* gierig (*de* nach); begierig (*de* auf *acc*, nach); ▶ *être ~ de qc* auf e-e S begierig, erpicht sein; *~ d'apprendre* lernbegierig; *~ d'argent* geldgierig. **avidement** *adv* begierig. **avidité** *f* Gier; Begierde *f*.

avilir [aviliʀ] **I.** *tr* **1.** erniedrigen, herab≈würdigen; **2.** entwerten; **II.** *v prn s'~* **1.** sich erniedrigen, sich entwürdigen, sich weg≈werfen; **2.** *(Waren)* im Wert, Preis sinken. **avilissant, e** *a* erniedrigend; herabwürdigend; *(Verhalten)* unwürdig, gemein. **avilissement** *m* **1.** Erniedrigung; Entwürdigung *f;* **2.** *(Geld)* Entwertung *f*.

aviné, e [avine] *a* betrunken; *(Atem)* nach Wein riechend.

avion [avjɔ̃] *m* Flugzeug *n;* ▶ *par ~* mit, per Luftpost; *prendre l'~* das Flugzeug benutzen; fliegen; *~-cargo m* Frachtflugzeug *n;* *~-citerne m* Tankflugzeug *n;* *~ commercial* Verkehrsflugzeug *n;* *~-école m* Schulflugzeug *n;* *~ de ligne* Linienflugzeug *n;* *~ à réaction* Düsenflugzeug *n;* *~ supersonique* Überschallflugzeug *n;* *~-taxi m* Lufttaxi *n;* *~ de tourisme* Sportflugzeug *n;* *~ de transport* Transportflugzeug *n*.

aviron [aviʀɔ̃] *m* **1.** Ruder *n*, Riemen *m;* **2.** Rudersport *m;* ▶ *faire de l'~ (sport)* rudern.

avis [avi] *m* **1.** Ansicht, Meinung; Auffassung *f;* **2.** Stellungnahme *f*, Gutachten *n;* **3.** Benachrichtigung, Mitteilung, Verständigung *f;* **4.** Ankündigung, Bekanntmachung, Anzeige *f; com* Avis *m* od *n;* **5.** ▶ *à mon ~* meiner Meinung nach; *après ~* nach Stellungnahme; *de l'~ de tous, de tout le monde* nach allgemeiner Ansicht; *jusqu'à nouvel ~* bis auf weiteres; *pour ~* mit der Bitte um Stellungnahme; *sans autre ~* ohne weitere Benachrichtigung; *sans ~ préalable* ohne vorherige Benachrichtigung; *sauf ~ contraire* sofern keine gegenteilige Mitteilung vorliegt; *suivant ~ (com)* laut Bericht; **6.** ▶ *changer d'~* s-e Meinung ändern; *dire, donner, exprimer, faire connaître son ~* s-e Auffassung, Meinung äußern; *donner ~ de qc* etw bekannt≈machen; *prendre l'~ de qn* jds Rat ein≈holen; jdn zu Rate ziehen; **7.** ▶ *les ~ sont partagés* die Meinungen sind geteilt; *son ~ l'a emporté, a prévalu* s-e Ansicht ist durchgedrungen, hat sich durchgesetzt; **8.** ▶ *~ d'expédition* Versandanzeige *f;* *~ des experts* Sachverständigengutachten *n;* *~ au lecteur* Vorwort *n;* *~ au public* (öffentliche) Bekanntmachung *f;* *~ de réception* Empfangs-, Rückschein *m*. **avisé, e** [-ze] *a* klug; vorsichtig. **aviser** **I.** *tr* an≈kündigen (*qn de qc* jdm etw); an≈zeigen; benachrichtigen; *com* avisieren; **II.** *itr* überlegen, nach≈denken (*à* über *acc*); sorgen (*à* für); **III.** *v prn s'~* bemerken, wahr≈nehmen, gewahr werden (*de qc* gen); auf den Gedanken kommen, darauf verfallen (*de* zu); ▶ *s'~ de faire qc* sich unterstehen, es sich ein≈fallen lassen, etw zu tun; *~ aux moyens* auf Mittel und Wege sinnen; *il est temps d'~* es ist Zeit, sich darum zu kümmern, e-n Ausweg zu finden.

avitaminose [avitaminoz] *f med* Vitaminmangel *m*.

aviver [avive] *tr* **1.** beleben; **2.** *(Feuer)* an≈fachen, schüren; **3.** *(Schmerzen)* vermehren.

avocat, e [avɔka] *m f* **1.** Rechtsanwalt *m*, -wältin *f;* (plädierender) Anwalt; Verteidiger(in *f*) *m;* **2.** Fürsprecher(in *f*) *m;* ▶ *~-conseil* Rechtsbeistand *m;* *~ général* Vertreter *m* des Generalstaatsanwalts *m*.

avoine [avwan] *f bot* Hafer *m*.

avoir [avwar] ⟨*siehe Konjugation im Anhang*⟩ **I.** *tr* **1.** haben, besitzen; *~ de l'argent* Geld haben; *n'~ pas le sou, pas un centime, (pop) pas un radis* keinen Pfennig haben; *~ de quoi* wohlhabend sein; *~ de quoi vivre* genug zum Leben haben; **2.** *(Gegenstand)* haben, halten; ▶ *~ une canne à la main* e-n Stock in der Hand halten; *~ des marchandises en magasin* Waren führen; **3.** *(Kleidung)* tragen; ▶ *~ un veston gris* e-e graue Jacke tragen; **4.** *(Zugehörigkeit)* ▶ *~ les cheveux blonds* blonde Haare haben; **5.** *(Umfang)* ▶ *le mur a deux mètres de haut* die Mauer ist 2 m hoch; **6.** *(Eigenschaften)* ▶ *~ le cœur sur la main* offenherzig sein; *~ du courage* Mut haben, mutig sein; *~ qualité pour* berechtigt, befugt sein zu; **7.** *(Empfindungen, Bedürfnisse)* ▶ *~ besoin* nötig haben, brauchen (*de qc, de qn* etw, jdn); *~ envie* Lust haben (*de* zu); *~ faim, soif* hungrig, durstig sein; Hunger, Durst haben; *j'ai froid* ich friere, mir ist kalt; *j'ai chaud* mir ist warm; *~ l'estomac, le ventre creux* e-n leeren Magen haben; e-n Wolfshunger haben; *~ mal à la tête* Kopfweh haben; *~ confiance en qn* Vertrauen zu jdm haben; *j'ai à cœur de* es liegt mir am Herzen zu; **8.** *(Beziehung)* ▶ *n'~ qu'à faire* nur zu tun brauchen; *n'~ que faire de qc* etw nicht brauchen; **9.** *(Zeit, Wetter)* ▶ *~ le temps* Zeit haben; *~ du beau temps* schönes Wetter haben; *~ 16 ans* 16 Jahre (alt) sein; *~ lieu* statt≈finden; **10.** *(bekommen)* ▶ *~ la parole* das Wort haben; *~ qn (fam)* jdn erwischen; herein≈legen; **11.** ▶ *qu'est-ce qu'il a?* was fehlt ihm? was hat er? *(mit prp) en ~ (pop)* mutig sein; *en ~ assez, (fam) marre* es satt haben; *en ~ plein le dos* die Nase voll haben; *j'en ai par-dessus la tête* es hängt mir zum Hals raus; *~*

pour but zum Ziel haben; ~ *pour ami, ennemi* zum Freund, Feind haben; **12.** *(mit y)* ▶ *il y a* es gibt, es ist (sind) vorhanden; *il y avait beaucoup de monde* es waren viele Leute da; *il n'y a pas de quoi* gern geschehen! keine Ursache! *qu'est-ce qu'il y a?* was ist los? *il y a deux ans* vor 2 Jahren; es ist 2 Jahre her; **II.** *s m* **13.** Vermögen, Hab u. Gut *n;* Besitz *m;* **14.** Guthaben *n,* Aktiva *n pl; com* Haben *n;* ▶ *bloquer l'~* das Guthaben sperren; *porter une somme à l'~ de qn* jdm e-e Summe gut≈schreiben; *doit et ~* Soll u. Haben *f; ~ en banque* Bankguthaben *n.*

avoisinant, e [avwazinɑ̃, -ɑ̃t] *a* benachbart, angrenzend. **avoisiner** *tr* **1.** an≈grenzen (*qc* an e-e S); **2.** *fig* nahe≈kommen, sich nähern (*qc* dat).

avortement [avɔʀtəmɑ̃] *m* Abtreibung *f;* ▶ ~ *thérapeutique* Schwangerschaftsabbruch *m; fig* Mißlingen, Fehlschlagen *n.* **avorter** *itr* e-e, die Abtreibung vor≈nehmen bei *itr* ab≈treiben; ▶ *se faire ~* abtreiben. **avorteur, euse** *m f* jem, der e-e Abtreibung vornimmt; *fig* mißlingen. **avorton** *m péj* Mißgeburt *f.*

avoué [avwe] *m* (nicht plädierender) Anwalt *m.* **avouer I.** *tr* (ein≈)gestehen, zu≈geben; bekennen; **II.** *v prn* ▶ *s'~ vaincu* sich geschlagen geben.

avril [avʀil] *m* April *m.*

axe [aks] *m* **1.** Achse *f;* **2.** *tech* Bolzen *m;* **3.** *fig (Straße)* Achse *f;* **4.** *fig pol* Generallinie *f;* ▶ *~s de coordonnées (math)* Koordinatensystem *n.* **axer** *tr fig* aus≈richten (*sur* auf *acc*). **axial, e** *a* axial; Achsen-. **axiome** [aksjom] *m* Axiom *n,* Grundsatz *m.*

ayant [ɛjɑ̃] *ppr avoir.* **ayant cause** *m* Rechtsnachfolger *m.* **ayant droit** *m* Empfangs-, Bezugsberechtigte(r) *m.*

ayatollah [ajatɔla] *m* Ayatollah, Ajatollah *m.*

azalée [azale] *f bot* Azalee *f.*

azimut [azimyt] *m* Azimut *m* od *n;* ▶ *tous ~s (fig)* nach allen Seiten.

azotate [azɔtat] *m chem* Nitrat *n.* **azote** *m chem* Stickstoff *m.* **azoté, e** *chem* stickstoffhaltig.

azur [azyʀ] *m* Azur *m;* Azurblau *n.* **azuré, e** *a* azur-, himmelblau.

azyme [azim] *a* ▶ *pain m ~* ungesäuerte(s) Brot *n; Fête f des A~s* Passahfest *n.*

B

b, B [be] *m* b, B *n.*
baba [baba] **I.** *s m* Rosinenkuchen *m;* **II.** *a inv:* ► *(fam) rester* ~ ganz verblüfft, verdutzt sein.
babeurre [babœʀ] *m* Buttermilch *f.*
babillage [babijaʒ] *m* **1.** Geplauder *n;* **2.** *(Kind)* Geplapper *n.* **babiller** [-je] *itr* **1.** schwatzen; **2.** *(Kinder)* plappern, schnattern.
babines [babin] *f pl (Hund)* Lefzen; *fam* Lippen *f pl;* ► *s'en lécher les* ~ *(fam)* sich die Finger *(nach etwas)* lekken.
babiole [babjɔl] *f fam* Kleinigkeit, Lappalie *f.*
bâbord [babɔʀ] *m mar* Backbord *n.*
babouche [babuʃ] *f* Schlappen, Pantoffel *m.*
babouin [babwɛ̃] *m* Pavian *m.*
baby-sitter [ba(e)bisitœʀ] *m f* Babysitter *m.* **baby-sitting** *m* Babysitten *n;* ► *faire du* ~ *chez qn* bei jdm babysitten.
bac [bak] *m* **1.** Trog, Bottich; Kasten *m;* Schale *f; (Akku)* Behälter *m;* ► ~ *à glace* Gefrierfach *n (im Eisschrank);* ~ *de stockage* Vorratsbehälter *m;* **2.** Fähre *f;* ► *passer qn en* ~ jdn über=setzen.
bac(calauréat) [bak(alɔʀea)] *m* (französische) Reifeprüfung *f.*
baccara [bakaʀa] *m (Spiel)* Bakkarat *n.*
bacchanales [bakanal] *f pl hist* Bacchanalien *n pl.*
bacchantes [bakɑ̃t] *f pl pop* Schnurrbart *m.*
bâche [bɑʃ] *f* **1.** (Wagen-)Plane *f;* **2.** *tech* (Wasser-)Reservoir *n,* Behälter *m;* **3.** *(Gärtnerei)* Glaskasten *m.* **bâcher** *tr* mit e-r Plane bedecken.
bachelier, ère [baʃəlje, -ɛʀ] *m f* Abiturient(in *f*) *m.*
bachot [baʃo] *m* **1.** kleine Fähre *f;* **2.** *fam* Reifeprüfung *f.* **bachotage** [-ʃɔtaʒ] *m fam* Büffelei *f.* **bachoter** *tr fam (für e-e Prüfung)* büffeln.
bacille [basil] *med* Bazillus *m.*
bâcler [bakle] *tr* **1.** *fam (Arbeit)* (hin=)pfuschen; **2.** *(Angelegenheit)* übers Knie brechen.
bactéricide [bakteʀisid] *a* keimtötend. **bactérie** [-ʀi] *f* Bakterie *f.* **bactérien, ne** [-ʀjɛ̃, -ɛn] *a* Bakterien-.
badaud, e [bado, -od] *m f* Gaffer *m.*
baderne [badɛʀn] *f fam* (alter) Trottel *m.*
Bade-Wurtemberg, le [badwyʀtɛ̃bɛʀ] Baden-Württemberg *n.*
badigeonner [badiʒɔne] *tr* **1.** tünchen, weißen; **2.** *med* bepinseln.
badin, e [badɛ̃, -in] *a* scherzhaft, launig, spaßhaft. **badinage** *m* Scherzen *n.*
badine [badin] *f* (Reit-)Gerte *f.*
badiner [badine] *itr* scherzen, spaßen; ► *il ne badine pas* er versteht keinen Spaß.
baffe [bɑf] *f pop* Ohrfeige *f.*
bafouer [bafwe] *tr* lächerlich machen, (ver)höhnen.
bafouillage [bafujaʒ] *m fam* Gefasel *n.* **bafouille** *f fam* Schrieb *m.* **bafouiller** *itr* **1.** stammeln, stottern; **2.** faseln.
bâfrer [bɑfʀe] *itr pop* sich voll=fressen.
bagage [bagaʒ] *m* **1.** *meist pl* (Reise-)Gepäck *n;* **2.** *fig* Rüstzeug *n;* Kenntnisse *f pl;* ► *avec armes et* ~*s* mit Sack und Pack; *faire enregistrer ses* ~*s* sein Gepäck auf=geben; *plier* ~ *(fam)* sich davon=machen; *retirer ses* ~*s* sein Gepäck (von der Gepäckaufbewahrung) (ab-)holen; enregistrement m des ~s Gepäckaufgabe *f;* ~*s à main* Handgepäck *n.*
bagarre [bagaʀ] *f* **1.** Krawall *m;* Schlägerei *f;* **2.** *fam fig* harte(s) Ringen *n.* **bagarrer I.** *itr* **1.** *fam* kämpfen, streiten; **2.** *fig* sich heftig einsetzen (*pour* für); **II.** *v prn se* ~ sich prügeln (*avec qn* mit jdm).
bagatelle [bagatɛl] *f* Kleinigkeit, Bagatelle *f;* ► *perdre son temps à des* ~*s* mit nebensächlichen Dingen seine Zeit verlieren.
bagnard [baɲaʀ] *m* Sträfling *m.* **bagne** *m* Zuchthaus *n* mit Zwangsarbeit.
bagnole [baɲɔl] *f* Mühle, Kiste *f;* Karren *m.*
bagou(t) [bagu] *m* Zungenfertigkeit *f;* ► *avoir du* ~ *(fam)* ein gutes Mundwerk haben.
bague [bag] *f* **1.** (Finger-)Ring *m;* **2.** *(Zigarre)* Bauchbinde *f;* ► *porter une* ~ *au doigt* e-n Ring am Finger tragen; ~ *de fiançailles* Verlobungsring *m.*
baguenauder [bagnode] *itr fam* bummeln, sich herum=treiben.
baguer [bage] *tr* **1.** *(Vogel)* beringen; **2.** *(Baum)* ringeln; **3.** *(Zigarre)* mit e-r Bauchbinde versehen; **4.** *(Schneiderei)* an=, zs.=heften.
baguette [bagɛt] *f* **1.** (dünner) Stab *m,* Stäbchen *n;* Gerte, Rute *f;* **2.** (Profil-, Zier-)Leiste *f;* **3.** *mus* Taktstock *m;* **4.** Zeigestock *m;* **5.** lange(s), dünne(s) Brot

n; ► *mener qn à la ~* jdn an der Kandare haben; *~ magique* Zauberstab *m; ~ de sourcier, divinatoire* Wünschelrute *f.*
bah [ba] *interj* pah! ach was! Unsinn!
bahut [bay] *m* **1.** Anrichte *f;* Truhe *f;* **2.** Mauerbekrönung *f;* **3.** *(Schule)* Penne *f;* **4.** *arg* Taxi, Auto *n;* schwere(r) Brummer *m.*
bai, e [bɛ] **I.** *a (Pferd)* (rot)braun; **II.** *s m* Braune(r) *m.*
baie [bɛ] *f* **1.** Bucht, Bai *f;* **2.** (Wand-, Mauer-) Öffnung *f;* breite(s) Fenster *n;* **3.** *tech* Rahmen *m;* Gestell *n;* **4.** Beere *f.*
baignade [bɛɲad] *f* Baden *n.* **baigner** [beɲe] **I.** *tr* **1.** baden; **2.** *(Pferd)* in die Schwemme reiten; **3.** *(Reisfeld)* bewässern; **4.** *(Fluß)* durchfließen, durchströmen; vorbei=fließen (*qc* an e-r S); bespülen; **5.** benetzen (*de* mit); **6.** *fig* ganz ein=tauchen; überstrahlen, überglänzen; **II.** *itr* eingetaucht sein; *(in e-r Flüssigkeit)* liegen, schwimmen; **III.** *v prn se ~* (sich) baden; ► *~ dans son sang* in s-m Blut schwimmen; *~é de larmes* tränenüberströmt; *~é de soleil* sonnenüberflutet; *~é de sueur* in Schweiß gebadet.
baigneur, se *m f* **1.** Badende(r *m*) *f;* **2.** *m* (Zelluloid-)Babypuppe *f.* **baignoire** *f* **1.** Badewanne *f;* **2.** *theat* (Parterre-) Loge *f.*
bail [baj] *m* (*pl baux*) **1.** Miete, Pacht; Vermietung *f;* **2.** Pacht-, Mietvertrag *m;* ► *donner en ~* verpachten; *prendre une maison en ~* ein Haus mieten; *ça fait un ~! fam* das ist e-e lange Zeit!
bâillant, e [bajɑ̃, -ɑ̃t] *a* **1.** *(Abgrund)* gähnend; **2.** *(Tür)* halboffen; **3.** *(Spalt)* klaffend. **bâillement** *m* **1.** Gähnen *n;* **2.** Klaffen *n.* **bâiller** *itr* **1.** gähnen (*de* vor, aus); **2.** *(Tür)* klaffen; **3.** *(Kragen)* nicht richtig anliegen.
bâillon [bajɔ̃] *m* Knebel *m;* ► *mettre un ~ à qn (fig)* jdm den Mund stopfen. **bâillonner** *tr* **1.** knebeln *a. fig;* **2.** *fig* mundtot machen.
bain [bɛ̃] *m* Bad *n; pl* Badeanstalt *f;* ► *prendre un ~ de foule (fam)* sich unter das Volk mischen; *~ d'air, de soleil* Luft-, Sonnenbad *n; ~-marie m tech* Wasserbad *n; ~ de siège, de pieds* Sitz-, Fußbad *n.*
baïonnette [bajɔnɛt] *f* Seitengewehr *n.*
baisemain [bɛzmɛ̃] *m* Handkuß *m.* **baiser** [be(ɛ)ze] *tr (Hand, Gesicht)* küssen; *vulg* ficken (*qn* jdn); ► *se faire ~ (vulg)* beschissen werden; *itr vulg* ficken; *s m* Kuß *m.*
baisse [bɛs] *f* **1.** Sinken, Fallen *n;* Verminderung *f;* Rückgang; **2.** *com* (Preis-) Sturz *m,* Sinken *n; (Börse)* Baisse *f;* **3.** *mar* Ebbe *f;* ► *les cours sont en ~* die Kurse fallen; *~ des prix* Preissenkung *f,* -rückgang, -abbau *m; ~ de production, de température* Produktions-, Temperaturrückgang *m.* **baisser** [be(ɛ)se] **I.** *tr* **1.** niedriger hängen, setzen, stellen, machen; **2.** *(Vorhang)* herab=, herunter=lassen; **3.** *(Autofenster)* herunter=lassen; **4.** *(Radio)* leiser (ein=)stellen; **5.** *mus* tiefer stimmen; **6.** *(Licht)* ab=blenden; **7.** *(Augen)* nieder=schlagen; **8.** *(Preis)* herunter=, herab=setzen, senken; **II.** *itr* **1.** sich vermindern; **2.** fallen, sinken; **3.** ab=nehmen; schwächer werden; nach=lassen; **4.** *mus* tiefer werden; **5.** *(Preis)* zurück=gehen; **III.** *v prn se ~* sich beugen, sich bücken, sich neigen; sich senken; ► *~ les prix* die Preise senken *od* drücken.
bajoue [baʒu] *f* **1.** *(Schwein, Kalb)* Backe *f;* **2.** *(Mensch)* Hängebacke *f.*
bal [bal] *m* **1.** Ball *m;* Tanzvergnügen *n;* **2.** *(salle f de ~)* Ballsaal *m;* ► *ouvrir le ~* den Ball eröffnen; *~ costumé, masqué* Kostüm-, Maskenball *m.* **balade** [balad] *f fam* Sparziergang, Bummel *m.* **balader I.** *tr fam (Kind)* spazieren=führen; **II.** *v prn se ~ (fam)* spazieren=gehen; herum=bummeln; ► *envoyer ~ (fam)* jdn zum Teufel jagen; *se ~ en auto* im Auto spazieren=fahren. **baladeur, se 1.** *m f* Bummler(in *f*) *m;* **2.** *f* Handlampe *f;* **3.** *f (Fahrzeug)* Anhänger; **4.** *m* Walkman *m (Warenzeichen);* ► *~ vidéo* Watchman *m.*
balafre [balafʀ] *f* Hiebwunde *f.* **balafrer** *tr* e-n Schmiß bei=bringen (*qn* jdm).
balai [balɛ] *m* **1.** (Kehr-)Besen *m;* **2.** *el* Bürste *f;* ► *donner un coup de* aus=kehren.
balance [balɑ̃s] *f* **1.** Waage *f a. astr;* **2.** *com* Bilanz *f;* Abschluß; Saldoauszug *m;* **3.** *pol* Gleichgewicht *n;* ► *faire pencher, la ~ (fig)* den Ausschlag geben; *~ du commerce extérieur* Außenhandelsbilanz *f; ~ de cuisine* Küchenwaage *f.* **balancement** *m* Schaukeln, *(Hüften)* Wiegen; *(Arme)* Schlenkern *n.* **balancer I.** *itr* **1.** *fig (Mensch)* schwanken, **2.** *(Sache)* in der Schwebe sein. **II.** *tr* **3.** *(remuer qc)* schaukeln; hin- u. her=bewegen; ► *~ les jambes* mit den Beinen baumeln; *~ un objet* e-en Gegenstand (weg=, hin=)schmeißen; **4.** *fig (se débarrasser de)* sich e-r S *(gen)* entledigen. **III.** *v prn se ~* **5.** sich wiegen, sich hin= u. her=bewegen; **6.** *(fig)* sich aus=gleichen, sich die Waage halten; ► *(fam) je m'en balance* das ist mir egal. **balancier** *m* **1.** *(Uhr)* Pendel *n;* **2.** *(Seiltänzer)* Balancierstange *f.* **balançoire** *f* **1.** Schaukel; **2.** Wippe *f.*
balayage [balɛjaʒ] *m* **1.** Fegen, Auskehren *n;* **2.** *radio* Abtastung *f;* **3.** *mot* Spülung *f;* ► *~ électronique* Bildzerlegung *f* mit der Kathodenstrahlröhre *f.*
balayer [-e(ɛ)je] ‹*Prés. je balaie od balaye, ns balayons; Fut. je balaierai*

od *balayerai; pp. balayé, e; Subj. que je balaie* od *balaye, que ns balayions; Impér. balaie* od *balaye, balayons*› *tr* **1.** *(Zimmer)* (aus=)kehren; *(Straße)* fegen; **2.** *(Wind)* (hin=)fegen (*qc* über e-e S); **3.** *(Lichtstrahl)* hin=gleiten (*qc* über e-e S); **4.** *(Hindernis)* beseitigen; **5.** *(Sorgen)* verjagen; **6.** *(Einwand)* vom Tisch fegen; **7.** reinigen; *fam* entlassen (*qn* jdn). **balayette** *f* Handfeger, Kehrwisch *m.* **balayeur, se** *m f* Straßenkehrer *m; f* (Straßen-)Kehrmaschine *f.*

balbutiement [balbysimɑ̃] *m* **1.** Stottern, Stammeln *n;* **2.** *meist pl fig* allererste Anfänge *m pl.* **balbutier** [-sje] *itr tr* **1.** stottern, stammeln; **2.** *fig* in den Kinderschuhen stecken.

balcon [balkɔ̃] *m* **1.** Balkon *m;* **2.** *theat* erste(r) Rang *m.*

baldaquin [baldakɛ̃] *m* Baldachin; Bett-, Thron-, Altarhimmel *m.*

Bâle [bɑl] *f* Basel *n.*

baleine [balɛn] *f* **1.** *zoo* Wal(fisch) *m;* **2.** Fischbein *n;* ► rire comme une ~ aus vollem Halse lachen. **baleinier** *m* Walfänger *m.*

balisage [balizaʒ] *m* **1.** *aero* Befeuerung; **2.** *mar* Betonnung *f;* Baken *f pl; (Kanal)* Fahrwassermarkierung; **3.** *(Straße)* Warnbeschilderung. **balise** *f* Bake, Boje *f; mar* See-, *aero* Markierungszeichen *n.* **baliser** *tr* **1.** *aero* befeuern; **2.** *mar* betonnen; **3.** *(Straße)* durch Leitpfosten abgrenzen.

balistique [balistik] **I.** *s f* Ballistik *f;* **II.** *a* ballistisch.

baliverne [balivɛʀn] *f meist pl* Albernheit *f,* Kindereien, Possen *f pl;* ► *~s que tout cela!* alles Unsinn!

Balkans, les [balkɑ̃] *m pl* Balkan *m.*

ballade [balad] *f* Ballade *f.*

ballant, e [balɑ̃, -ɑ̃t] *a (Beine)* baumelnd; *(Arme)* schlenkernd; ► *marcher les bras ~s* im Gehen mit den Armen schlenkern.

ballast [balast] *m* **1.** *(Straße)* Schotter *m;* **2.** *loc* Bettung *f;* **3.** *mar* Ballasttank.

balle [bal] *f* **1.** Ball *m;* Ballspiel *n;* ► *jouer à la ~* Ball spielen; *prendre, saisir la ~ au bond (fig)* die Gelegenheit beim Schopf ergreifen; *à vous la ~!* Sie sind dran! *~ de golf, de ping-pong, de tennis* Golf-, Tischtennis-, Tennisball *m;* **2.** Geschoß *n,* Kugel *f;* ► *être atteint, blessé, frappé par une ~* von e-r Kugel getroffen werden; *~ de fusil, de revolver* Gewehr-, Revolverkugel *f;* **3.** *com* Ballen *m;* ► *mettre en ~(s)* in Ballen packen; **4.** Spreu *f;* **5.** *arg (Geld)* Franc *m.*

ballerine [balʀin] *f* Ballettänzerin; Ballerina *f.* **ballet** [-lɛ] *m* Ballett *n;* ► *maître m de ~* Ballettmeister *m.*

ballon [balɔ̃] *m* **1.** (großer) Ball; Fußball *m;* ► *~ de football* Fußball *m; ~ d'entraînement (Boxen)* Punchingball *m;* **2.** Ballon *m;* ► *monter en ~* mit e-m Ballon auf=steigen; *pneu m ~* Ballonreifen *m; ~ d'essai* Versuchsballon *m a. fig; ~-sonde m* Registrierballon *m;* **3.** *geog* Kuppe *f;* ► *le B~ d'Alsace* der Elsässer Belchen *m;* **4.** bauchige(s) Trinkglas *n;* **5.** *chem* Glaskolben, -ballon *m;* ► *(med) ~ d'oxygène* Sauerstoffflasche *f.* **ballonnement** *m med* Blähung *f.* **ballonné** *a* med aufgebläht; *(Kleid)* aufgebauscht.

ballottage [balɔtaʒ] *m pol* unentschiedene Wahl *f (ohne absolute Mehrheit e-s Kandidaten) scrutin m de ~* Stichwahl *f.* **ballottement** *m* Schaukeln *n.*

ballotter I. *tr* hin- u. her=schütteln, -werfen; schaukeln; ► *~ qn* jdn zwischen Furcht u. Hoffnung schweben lassen; **II.** *itr* hin- u. her=rutschen; ► *être ballotté entre des sentiments contraires* von widerstreitenden Gefühlen hin- u. hergerissen werden.

ballottine [balɔtin] *f (Küche)* kleine Galantine *f.*

bal(l)uchon [balyʃɔ̃] *m fam* Bündel *n;* ► *faire son ~* sein Bündel schnüren.

balnéaire [balneɛʀ] *a:* ► *station f ~* Seebad *n.* **balnéothérapie** *f* Bäderkur *f.*

balourd, e [baluʀ, -uʀd] **I.** *a* schwerfällig, plump; ungewandt; ungeschickt; **II.** *s m* **1.** Tölpel, Tolpatsch *m;* **2.** *tech* Unwucht *f.* **balourdise** *f* Ungeschicklichkeit; Schwerfälligkeit, Tolpatschigkeit *f.*

balsamine [balzamin] *f bot* Springkraut *n.*

balustrade [balystʀad] *f* Geländer *n;* Brüstung *f.*

bambin, e [bɑ̃bɛ̃, -in] *m fam* kleine(r) Junge *m.*

bambou [bɑ̃bu] *m* Bambus(stab) *m.*

bamboula [bɑ̃bula] *f:* ► *(fam) faire la ~* feiern.

ban [bɑ̃] *m* **1.** *pl* Aufgebot *n;* **2.** Trommelwirbel; Tusch *m;* **3.** *fam* Beifall *m;* **4.** ► *mettre qn au ~ de la société* jdn gesellschaftlich ächten, jdn schneiden.

banal, e [banal] *a* **1.** gemeinnützig; **2.** *fig* gewöhnlich, alltäglich, abgedroschen. **banalisation** *f* allgemeine Verbreitung *f.* **banaliser** *tr* zu e-m Gemeinplatz machen; der Allgemeinheit zur Verfügung stellen. **banalité** *f* Abgedroschenheit, Alltäglichkeit, Plattheit *f;* ► *dire des ~s* abgedroschenes Zeug reden.

banane [banan] *f* Banane *f.* **bananier** *m* Bananenstaude *f.*

banc [bɑ̃] *m* **1.** Bank *f;* **2.** *geol* Schicht *f;* **3.** *tech* Werkbank *f;* **4.** (Fisch-) Schwarm *m;* ► *~ des accusés* Anklagebank *f; ~ d'argile* Tonschicht *f; ~ d'essai* Prüf-, Bremsstand; *fig* Prüfstein

m; Erstling(swerk *n*) *m;* ~ *de glace* Eisbank *f,* -feld *n;* ~ *de harengs* Heringsschwarm *m;* ~ *d'huîtres* Austernbank *f;* ~ *de sable* Sandbank *f;* ~ *de tourneur* Drehbank *f.*
bancaire *a* [bɑ̃kɛʀ] Bank-.
bancal, e [bɑ̃kal] *(pl bancals)* **I.** *a* **1.** krummbeinig; hinkend; **2.** *(Gegenstand)* wack(e)lig; **3.** *fig* falsch, unlogisch; **II.** *s m* krummbeinige(r) Mensch *m.*
banco [bɑ̃ko] : *faire* ~ *(Bakkarat)* die Bank halten.
bandage [bɑ̃daʒ] *m* **1.** Verband *m,* Bandage *f;* **2.** *(Rad)* Beschlag *m;* **3.** *(Autoreifen)* Decke *f;* ► *appliquer un* ~ e-n Verband an≈legen; ~ *herniaire* Bruchband *n.* **bandagiste** *m* Bandagist *m.*
bande [bɑ̃d] *f* **I. 1.** Band *n;* Binde *f;* Streifen; **2.** *phot* Film(streifen) *m;* **3.** *(Billard)* Bande *f;* **4.** *tech* Bandeisen *n;* Leiste; Schiene; Einfassung *f;* **5.** *com* Streifband *n;* **6.** *mar* Schlagseite; Krängung *f;* **7.** *radio* Band *n,* Bereich *m;* **8.** ► *enregistrer sur* ~ *magnétique* auf (Ton-)Band auf≈nehmen; **9.** ► ~ *audionumérique* Digitalband *n;* ~ *dessinée* Cartoon, Comic *m;* ~ *enregistrée* besprochene(s) Band *n;* ~ *de fréquence* Wellenbereich *m; la* ~ *de Gaza* der Gazastreifen; ~ *magnétique* Tonband *n;* ~ *de papier* Papierstreifen *m;* ~ *perforée* Lochstreifen *m;* ~ *de terrain* Geländestreifen *m;* **II. 1.** Schar *f,* Haufen *m,* Bande *f;* Schwarm *m; fam* Clique *f;* **2.** *(Wölfe)* Rudel *n; (Büffel)* Herde *f; (Vögel)* Zug, Flug *m; (Rebhühner)* Kette *f;* **3.** *en, par* ~*s* scharen-, haufenweise; *(Tiere)* rudelweise; **4.** ► *(pop)* ~ *de lâches!* feige Bande! *faire* ~ *à part* sich ab≈sondern; *chef, meneur m de la* ~ Bandenführer *m;* ~ *de voleurs* Diebesbande *f.* **bande-annonce** *f (pl bandes-annonces)* Voranzeige *f.* **bande-vidéo** *f (pl bandes-vidéo)* Videoband *n;* Video *n;* ► ~ *promotionnelle* Werbe(video)-clip *m.*
bandeau [bɑ̃do] *m* **1.** Binde *f;* (Stirn-, Mützen-, Haar-)Band *n;* **2.** *arch* Leiste *f,* Sohlgesims *n;* **3.** Anzeigenstreifen *m;* ► *avoir un* ~ *sur les yeux (fig)* mit Blindheit geschlagen sein.
bander [bɑ̃de] *tr* **1.** *(Augen, Wunde)* verbinden; **2.** *(Feder)* spannen; **3.** *(Muskeln)* straffen.
banderole [bɑ̃dʀɔl] *f* Transparent *n.*
bandit [bɑ̃di] *m* Bandit; Gauner *m.*
bandothèque [bɑ̃dotɛk] *f* Magnetbandarchiv *n.*
bandoulière [bɑ̃duljɛʀ] *f* Trag-, Schulterriemen *m;* ► *porter un appareil photo en* ~ e-n Fotoapparat umgehängt tragen.
bang [bɑ̃g] **I.** *s m* (Überschall-)Knall *m;* **II.** *interj* päng.
banjo [bɑ̃dʒo] *m mus* Banjo *n.*
banlieue [bɑ̃ljø] *f* Stadtrandgebiet *n;* Vororte *m pl;* ► *grande* ~ Einzugsgebiet *n (von Paris).* **banlieusard** [-zaʀ] *m* Vorortbewohner *m.*
bannière [banjɛʀ] *f* Banner *n;* Kirchenfahne *f;* ► *c'est la croix et la* ~ es ist verdammt schwierig.
bannir [baniʀ] *tr* **1.** verbannen; *jur* des Landes verweisen; **2.** fort≈jagen; entfernen; ► ~ *de la mémoire* aus dem Gedächtnis tilgen. **bannissement** *m jur* Verbannung *f.*
banque [bɑ̃k] *f* **1.** Bank *f;* **2.** Bankwesen *n;* **3.** Spielbank *f;* ► *avoir un compte en* ~ ein Bankkonto haben; *déposer de l'argent dans une/à la* ~ Geld auf die Bank legen; *faire sauter la* ~ die Spielbank sprengen; *frais m pl de* ~ Bankspesen *pl;* ~ *de données* Datenbank *f;* ~ *d'émission* Notenbank *f;* ~ *d'escompte* Diskontbank *f;* ~ *des mots* Wortbank *f;* ~ *d'organes* Organbank *f;* ~ *de prêts* Darleh(e)nskasse *f;* ~ *du sang* Blutbank *f;* ~ *terminologique* Terminologiebank *f;* ~ *de virement* Girokasse *f.* **banqueroute** *f* Bankrott *m.*
banquet [bɑ̃kɛ] *m* Bankett; Festessen *n.*
banquette [bɑ̃kɛt] *f* **1.** Bank *f;* **2.** *(Böschung)* Absatz *m,* Berme *f.*
banquier [bɑ̃kje] *m* **1.** Bankier *m;* **2.** *(Spiel)* Bankhalter *m.*
banquise [bɑ̃kiz] *f* Packeis *n.*
baobab [baɔbab] *m* Affenbrotbaum *m.*
baptême [batɛm] *m* Taufe *f;* ► *donner le* ~ taufen *(à qn* jdn); *nom m de* ~ Taufname *m;* ~ *de l'air (Flugzeug)* Jungfernflug *m.* **baptiser** *tr* **1.** taufen; **2.** e-n Spitznamen geben *(qn* jdm). **baptismal, e** *a* Tauf-. **baptistère** *m* Taufkapelle *f.*
baquet [bakɛ] *m* Kübel, Zuber, Bottich *m.*
bar [baʀ] *m* **1.** Bar(tisch *m*); Stehbierhalle *f;* **2.** Seebarsch *m;* **3.** *phys* Bar *n.*
baragouin [baʀagwɛ̃] *m* Kauderwelsch *n.* **baragouiner** [-gwine] *fam tr (Sprache)* radebrechen.
baraka [baʀaka] *f:* ► *avoir la* ~ *(fam)* Schwein, Dusel haben.
baraque [baʀak] *f* **1.** Baracke; Bude *f;* **2.** *fig pop* Bruchbude *f;* Saftladen *m;* ► *(pop) casser la* ~ e-n tollen Erfolg haben; ~ *de forains* Jahrmarktsbude *f.*
baraqué, e [baʀake] *a fam* groß und kräftig.
baraquement [baʀakmɑ̃] *m* Barackenlager *n;* Baracken *f pl.*
baratin [baʀatɛ̃] *m pop* faule Ausrede, Schwindel, Schmus *m;* ► *faire du* ~ *à qn* jdn ein≈seifen *fig.* **baratiner I.** *itr fam* schöne Worte machen, dummes Zeug reden; **II.** *tr* einreden *(qn* auf jdn); zu beschwatzen versuchen.
barbant, e [baʀbɑ̃, -ɑ̃t] *a fam* langweilig.

barbare [barbar] **I.** *a* barbarisch; unzivilisiert, ungesittet; unmenschlich; grausam, roh; **II.** *s m* Barbar; Rohling *m.* **barbarie** *f* Barbarei; Kulturlosigkeit; Roheit; Grausamkeit *f.* **barbarisme** *m* sprachliche(r) Schnitzer *m.*
barbe [barb] *f* **1.** Bart(haar *n*) *m;* **2.** *(Ähre)* Granne *f;* **3.** *(Papier)* rauhe(r) Rand *m;* **4.** *tech* Gußnaht *f;* ▶ *à la ~ de qn* in jds Gegenwart, vor jds Nase; jdm zum Trotz; *avoir de la ~* e-n Bart haben; *se (faire) faire la ~* sich rasieren (lassen); *rire dans sa ~ (fig)* sich ins Fäustchen lachen; *(pop) la ~! quelle ~! (fam)* das ist todlangweilig; jetzt langt's aber!
barbeau [barbo] *m zoo* Flußbarbe *f.*
barbecue [barbəkju] *m* Holzkohlengrill *m.*
barbelé, e [barbəle] *a:* ▶ *fil m de fer ~* Stacheldraht *m.*
barber [barbe] *tr fam* langweilen.
barbiche [barbiʃ] *f* Kinnbärtchen *n.* **barbillon** [-jõ] *m zoo* Bartfaden *m.*
barbiturique [barbityrik] *m* Barbiturat *n.*
barbon [barbõ] *m fam* alte(r) Knacker *m.*
barbotage [barbɔtaʒ] *m* **1.** Plätschern *n;* **2.** *tech* Tauchbad *n.* **barboter I.** *itr* (herum=)plätschern; *(im Schlamm)* (herum=)waten; **II.** *tr pop* stibitzen, klauen.
barboteuse [barbɔtøz] *f* Spielhöschen *n pl.*
barbouillage [barbujaʒ] *m* (Mauer-)Anstrich *m; (Malerei)* Kleckserei *f.* **barbouiller I.** *tr* **1.** ver-, beschmieren, besudeln; **2.** *(Leinwand)* beklecksen; *(Papier)* bekritzeln; **3.** *(Wand)* an=streichen; **4.** *fig fam (den Magen)* um=drehen, verderben; ▶ *avoir l'estomac barbouillé* sich unwohl fühlen.
barbu, e [barby] *a* **1.** bärtig; behaart; **2.** mit Grannen versehen.
barcarolle [barkarɔl] *f mus* Barkarole *f.*
barda [barda] *m arg* **1.** *mil* Gepäck *n;* **2.** *fam* Kram, Krempel *m.*
bardeau [bardo] *m* (Dach-)Schindel *f;* ▶ *toit m de ~x* Schindeldach *n.*
barder [barde] **1.** *(Küche)* mit Speckscheiben umwickeln; spicken; **2.** ▶ *être bardé de décorations* ordengeschmückt sein; **3.** ▶ *pop: ça va ~* das wird was absetzen.
barème [barɛm] *m* Tabelle; (Lohn-)Skala *f;* Tarif(ordnung *f*) *m;* Preistafel *f;* ▶ *~ de conversion* Umrechnungstabelle *f; ~ de l'impôt* Steuertabelle *f.*
baril [bari(l)] *m* (kleines) Faß *n;* ▶ *~ de goudron, de harengs, de poudre* Teer-, Herings-, Pulverfaß *n.* **barillet** [-rijɛ] *m* **1.** Fäßchen *n;* **2.** *(Uhr)* Federgehäuse *n;* **3.** *(Revolver)* Trommel *f;* **4.** *(Schloß)* Zylinder *m.*
bariolage [barjɔlaʒ] *m* Farbengemisch *n.* **bariolé, e** *a* bunt(scheckig).
barman [barman] *m* Barmixer *m.*
baromètre [barɔmɛtr] *m* Barometer *n;* ▶ *le ~ monte, descend, est au beau fixe, à la pluie, au variable* das Barometer steigt, fällt, steht auf schön, auf Regen, auf veränderlich. **barométrique** *a:* ▶ *pression f ~* Luftdruck *m.*
baron, ne [barõ, -ɔn] *m f* Baron(in *f*) *m.*
baroque [barɔk] **I.** *a* **1.** seltsam, wunderlich; eigenartig; verschnörkelt; **2.** *arch* barock; **II.** *s m* Barock *n* od *m.*
baroud [barud] *m fam* Kampf *m.* **baroudeur** *m* kampflustige(r) Mensch *m.*
barque [bark] *f* Barke *f;* Kahn *m,* Boot *n;* ▶ *mener, conduire la ~ (fig)* den Ton an=geben; *il mène bien sa ~* er versteht sein Geschäft; *~ à rames, de pêcheur* Ruder-, Fischerboot *n.* **barquette** *f* **1.** Kahn *m;* **2.** Löffelbiskuit *m;* Aluform *f.*
barrage [baraʒ] *m* **1.** (Ab-)Sperrung; (Straßen-)Sperre *f;* **2.** Talsperre *f;* Stauwerk, -wehr *n;* Damm *m;* **3.** *psych* Sperre *f;* ▶ *établir un ~* e-e Sperre errichten; *~ aérien* Luftsperre *f; ~ de police* Polizeisperre *f; ~ psychologique* Hemmschwelle *f; ~ de retenue* Staubecken *n.*
barre [bar] *f* **1.** Stab *m;* (Quer-)Stange *f;* Querleiste; *el* Schiene *f;* **2.** *jur* Gerichtsschranke *f;* **3.** (Metall-)Barren *m;* **4.** *mar* Barre, Sandbank *f;* Brandungsgürtel *m;* **5.** Ruder *n;* **6.** (Quer-)Strich *m;* **7.** *mus* Taktstrich; *m;* **8.** *sport* Reckstange *f; (Barren)* Holm *m; (Hochsprung)* Latte *f;* ▶ *avoir le coup de ~ (fam)* plötzlich todmüde werden; *prendre, tenir la ~ (fig)* das Ruder fest in die Hand nehmen, in der Hand halten; *c'est de l'or en ~ (fig fam)* das ist Gold wert; *~ fixe* Reck *n; ~s parallèles (sport)* Barren *m.*
barré, e 1. *(Straße)* gesperrt; *(Tür)* verriegelt; **2.** *(Scheck)* gekreuzt. **barreau** *m* **1.** (Gitter-)Stab *m;* **2.** *(Leiter)* Sprosse *f;* **3.** *jur* Anwaltsstand *m;* die Anwälte; ▶ *être inscrit au ~* Anwalt sein. **barrer** [bare] **I.** *tr* **1.** *(Straße)* (ver)sperren; **2.** *(Scheck)* kreuzen; **3.** *(Wort)* (aus=)streichen; **II.** *v prn se ~ (pop)* verschwinden, ab=hauen, verduften; ▶ *~ le passage, la route à qn* jdm den Weg versperren; *fig* jdm Steine in den Weg legen. **barrette** *f* **1.** Barett *n;* Kardinalshut *m;* **2.** Anstecknadel; (Ordens-, Haar-)Spange *f.* **barreur** *m mar* Rudergänger *m.* **barricade** *f* Barrikade; (Straßen-)Sperre *f.* **barricader I.** *tr (Straße)* versperren; *(Tür)* verrammeln; **II.** *v prn se ~* sich verbarrikadieren. **barrière** *f* Schranke *f;* Schlagbaum *m;* Absperrung, Barriere *f a. fig;* ▶ *~ de dégel* Straßensperre *f (im Frühjahr); ~s douanières* Zollschranken *f pl; ~ de*

péage Mautstation *f*: *~s raciales* Rassenschranken *f pl*.
barrique [baʀik] *f* Faß *n*, Tonne *f (meist 225 l)*.
barrir [baʀiʀ] *itr (Elefant)* trompeten.
baryton [baʀitõ] *m* Bariton *m*.
bas, se [bɑ, bɑ(a)s] **I.** *a* **1.** niedrig, nieder; tief(liegend); **2.** *(Wasser)* seicht, flach; **3.** *(Stimme)* tief, leise; **4.** *(Himmel)* trübe, mit Wolken bedeckt; **5.** *geog* Unter-; Nieder-; tiefer gelegen; **6.** *(Kopf, Ohren)* hängend; **7.** *(Wert)* gering; **8.** *(Preis)* niedrig; **9.** *(Kurs)* flau; **10.** *(Rang)* untergeordnet; **11.** jung, unmündig; **12.** *hist* Spät-; **13.** ► *à ~ prix* billig, wohlfeil; *à voix ~se* leise; *en ~ âge* in zartem Alter; *en ce ~ monde* in dieser Welt, auf Erden; **14.** *faire main ~se sur qc* sich an e-r S vergreifen; **15.** ► *coup m ~ (sport)* Tiefschlag *m; fig* Gemeinheit *f; marée f ~se* Ebbe *f; ville f ~se* Unterstadt *f; ~-côté m arch* Seitenschiff *n;* Straßenrand; Fuß-, Gehweg *m; ~-fond m* Niederung; *(Fluß, Meer)* Untiefe *f; pl fig (e-r Stadt)* Armenviertel *n; (der Gesellschaft)* Abschaum *m; ~se pression f (Wetter)* Tiefdruck *m; ~-ventre m* Unterleib *m;* **II.** *adv* nieder, niedrig; tief; **1.** *en ~* unten; hinunter; *d'en ~* von unten; *en ~ de, au ~ de* am Fuße *gen;* von ... herab; *par en ~* nach unten zu; **2.** ► *chanter ~* tief singen; *tr* versenken; *être tombé ~ (fig)* auf einem Tiefpunkt angelangt sein; *mettre ~ (Tier)* Junge werfen; *mettre, jeter à ~* nieder=werfen, zerstören, vernichten; *mettre plus ~* tiefer hängen; *tomber ~ (Kurs)* zs.=brechen; *(Thermometer)* unter Null sinken; *fig* sehr herunter=kommen, auf den Hund kommen; *tomber au ~ de l'échelle* von der Leiter herunter=fallen; *plus ~* weiter unten; später; nachher; *~ les pattes! (fam)* Hände, Finger weg! **III.** *s m* **1.** untere(r) Teil *m*, untere(s) Ende *n;* **2.** *(Druckseite, Berg)* Fuß *m;* **3.** *(Kleid)* untere(r) Rand, Saum *m;* **4.** *mus* untere Lage *f;* ► *au ~ de* am unteren Ende *gen; du* od *de haut en ~* von oben bis unten; *fig* von oben herab; *par le ~* von unten her; *regarder qn de ~ en haut* jdn von Kopf bis Fuß betrachten; *des hauts et des ~* ein Auf u. Ab; **IV.** *s m* Strumpf *m;* ► *~ de laine* Woll-, *fig* Sparstrumpf *m*.
basalte [bazalt] *m* Basalt *m*.
basané, e [bazane] *a* sonn(en)verbrannt.
basculant, e [baskylɑ̃, -ɑ̃t] *a* kippbar; schwenkbar; umlegbar. **bascule** *f* **1.** Brücken-)Waage; Wippe, Kippe *f;* **2.** Schaukel *f;* ► *cheval m à ~* Schaukelpferd *n; fauteuil à ~* Schaukelstuhl *m*. **basculer I.** *tr* **1.** (um=)kippen; **2.** *(Telefongespräch)* um=legen; **II.** *itr* **3.** umstürzen; **4.** *(Person)* das Übergewicht bekommen; **5.** *(Wetter)* umschlagen; **6.** *(Mehrheit)* umfallen, umschwenken, übergehen (*dans* zu).
base [bɑz] *f* **1.** Grundlage *f;* **2.** *(Geometrie)* Grundfläche, Grundlinie *f;* Unterbau *m*, Basis *f;* **3.** *(Säule)* Fuß; Untersatz, Sockel *m;* **4.** *math* Grundzahl *f;* **5.** *mil* Basis; Bereit-, Ausgangsstellung *f;* Stützpunkt *m;* **6.** *chem* Base *f;* Grundbestandteil *m;* **7.** *mus* Grundton *m;* **8.** *fig* Grundlage, Basis *f*, Fundament *n;* **9.** *pol* Basis; Zelle *f;* **10.** ► *sur la ~ de* auf Grund *gen; établir, poser, jeter les ~s* die Grundlagen legen; *prendre qc pour ~* etw zugrunde legen; **11.** ► *industries f pl de ~* Grundstoffindustrie *f; prix m de ~* Grundpreis *m; produit m de ~* Grundstoff *m; salaire m de ~* Grundlohn *m; ~ de calcul* Berechnungs-, Kalkulationsgrundlage *f; ~ de départ* Ausgangsstellung *f; ~ de discussion* Gesprächsgrundlage *f; ~ d'imposition* Besteuerungsgrundlage *f; ~ de lancement (Raketen)* Abschußbasis *f*. **basé, e** *a mil* stationiert. **baser I.** *tr fig* stützen, aufbauen (*sur* auf *acc*); **II.** *v prn se ~ sur* beruhen, sich stützen auf *acc*.
basilic [bazilik] *m* **1.** *zoo* Basilisk *m;* **2.** *bot* Königskraut *n*.
basilique [bazilik] *f arch* Basilika *f*.
basique [bazik] *a* basisch.
basket-ball [baskɛtbol] *m* Korbball *m*.
basquais, e [baskɛ, -ɛz] *a* baskisch. **Basquaise** *f* Baskin *f*. **basque** [bask] **I.** *a (s. auch basquais, e)* baskisch; ► *béret m ~* Baskenmütze *f; Pays m ~* Baskenland *n; s m gram* Baskisch *n*, das Baskische; **II.** *s f* (Rock-)Schoß *m;* ► *être toujours pendu aux ~s de qn (fam)* jdm nicht von den Fersen. **Basque** *m f* Baske *m*, Basken *f; ~ espagnol(e)* spanische(r) Baske *m*, -kin *f; ~ français(e)* französische(r) Baske *m*, -kin *f*.
basse [bɑ(a)s] *f* **1.** Baß *m;* Baßstimme *f;* Bassist *m; (Klavier)* Baßsaite; -geige *f;* **2.** *~-cour f* Hühnerhof *m*. **bassement** *adv* gemein, niederträchtig.
Basse-Saxe, la [bassaks] Niedersachsen.
bassesse [basɛs] *f (Gefühle, Gedanken)* Niederträchtigkeit, Erbärmlichkeit; *(Handlung)* Gemeinheit *f*.
basset [basɛ] *m* Dachshund, Dackel *m*.
bassin [basɛ̃] *m* **1.** (Fluß-, Kohlen-)Bekken, Bassin *n;* **2.** *mar* Hafenbecken *n*, Binnenhafen *m;* **3.** *geog anat* Becken *n;* **4.** Mulde *f;* flache(s) Sohlental *n;* ► *~ d'un fleuve* Stromgebiet *n; ~ de la fontaine* Brunnenbecken *n; ~ houiller* Steinkohlenbecken *n; ~ minier* Bergbaugebiet *n*. **bassine** *f* Wanne *f*.
bassiste [bɑ(a)sist] *m* Bassist, Cellist *m*.
basson *m* Fagott(ist, -bläser *m*) *n*.
bastingage [bastɛ̃gaʒ] *m* Reling *f*.

bastion [bastjõ] *m* Bastion *f*, Bollwerk *n* *a. fig.* **bastonnade** [bastɔnad] *f* Tracht *f* Prügel. **bât** [bɑ] *m* Packsattel *m*; ► *c'est là que le ~ le blesse* da drückt ihn der Schuh. **bataclan** [bataklɑ̃] *m fam* Kram, Plunder *m*. **bataille** [bataj] *f* **1.** Schlacht *f*; **2.** Schlägerei *f*; **3.** *fig* Kampf *m*; ► *avoir les cheveux en ~* zerzauste Haare haben; *champ m de ~* Schlachtfeld *n*; *cheval m de ~ (fig)* Steckenpferd; *~ de boules de neige* Schneeballschlacht *f*; *~ électorale* Wahlschlacht *f*. **batailler** *itr* **1.** *fig* sich herum=streiten; **2.** *fam* sich ab=mühen, sich ab=rackern, sich plagen (*pour* um zu). **batailleur, se** *a* streitsüchtig, rauflustig. **bataillon** *m* **1.** *mil* Bataillon *n*; **2.** *fig: un ~ de* e-e Unzahl *gen*. **bâtard, e** [bɑ(a)taʀ, -aʀd] **I.** *a* Bastard-; unecht; nicht reinrassig; **II.** *s m f* uneheliche(s) Kind *n*. **bateau** [bato] *m* **I. 1.** Schiff *n*; (großer) Dampfer *m*; *mar* Boot *n*; **2.** ► *(fam) monter un ~ à qn* jdm e-n Bären auf=binden; **II.** *s m* abgedroschene(s) Thema *n*; ► *~-citerne m* Tanker *m*; *~ à moteur* Motorschiff *n*; *~-mouche m* Vergnügungsdampfer *m (auf der Seine)*; *~ de pêche* Fischdampfer *m*; *~ de plaisance* Segeljacht *f*; *~ de sauvetage* Rettungsboot *n*; Seenotkreuzer *m*; *~ à vapeur* Dampfer *m*, Dampfschiff *n*; *~ à voiles* Segelschiff *n*. **bateleur** [batlœʀ] *m* Gaukler *m*. **batelier** [batəlje] *m* **1.** (Fluß-)Schiffer *m*; **2.** Fährmann *m*. **batellerie** [-tɛlri] *f* (Fluß-)Schiffahrt *f*. **bâti, e** [bɑ(a)ti] **I.** *a (Gelände)* bebaut; **II.** *s m* **1.** Rahmen *m*; Gestell *n*; Unterbau, Bock *m*; **2.** *(Textil)* Heftstich, -faden *m*; ► *bien ~* gut gewachsen. **batifolage** [batifɔlaʒ] *m fam* **1.** Herumtoben *n*; **2.** Kinderei *f*. **batifoler** *itr fam* **1.** herumtoben; **2.** schäkern. **bâtiment** [batimɑ̃] *m* **1.** Gebäude *n*, Bau *m*; **2.** Bauhandwerk, -fach *n*; ► *entreprise f de ~* Bauunternehmen *n*; *ouvrier m du ~* Bauarbeiter *m*; *~ administratif* Verwaltungsgebäude *n*. **bâtir** **I.** *tr* **1.** (er)bauen; errichten; **2.** gründen; **3.** *(Programm)* entwerfen; **4.** *(Theorie)* auf=stellen; **5.** *(Satz, Maschine)* konstruieren; **II.** *v prn se ~* sich bauen; aufgebaut werden; ► *terrain m à ~* Baugelände *n*. **bâtisse** *f* **1.** Mauerwerk; **2.** Bauwerk *n*. **bâtisseur** *m* **1.** Erbauer; **2.** *fig* Gründer *m*. **batiste** [batist] *f* Batist *m*. **bâton** [bɑ(a)tõ] *m* **1.** Stock; Stab; Knüppel, Prügel *m*; **2.** Stäbchen *n*; Pfahl *m*, Stange *f*; **3.** Schistock *m*; ► *mettre des ~s dans les roues* Knüppel zwischen die Beine werfen; *parler à ~s rompus* vom Hundertsten ins Tausendste kommen; *~ de rouge (à lèvres)* Lippenstift *m*. **bâtonner** *tr* (durch=)prügeln. **bâtonnet** [-nɛ] *m* Stäbchen *n*. **battage** [bataʒ] *m* **1.** *(Getreide)* Dreschen; **2.** *fig fam* Rummel *m*, Geschrei *n*; übertriebene Reklame *f*; ► *faire beaucoup de ~* viel Aufheben(s) machen (*autour de* um). **battant, e** **I.** *a*: ► *le cœur ~* mit klopfendem Herzen; *mener qc tambour ~* etw rasch u. einwandfrei erledigen; *pluie f ~e* Platzregen *m*; **II.** *s m* **1.** Tür-, Fensterflügel; **2.** *(Glocke)* Klöppel *m*; **3.** *mar* flattern-de(s) Fahnentuch *n*; **4.** *sport* Kämpfer *m*; ► *à deux ~s* zweiflügelig; *m f fig* energische und unternehmungslustige Person *f*. **battement** [batmɑ̃] *m* **1.** Schlagen, Klopfen; **2.** *(Hände)* Klatschen; **3.** *(Regen)* Peitschen; **4.** *(Füße)* Stampfen; **5.** *(Tanz)* Battement; **6.** *(Augenlider)* Zucken *n*; **7.** Zeitraum *m*; Pause *f*; ► *~ du pouls* Pulsschlag *m*. **batterie** [batʀi] *f* **1.** *mil el* Batterie *f*; Akku(mulator), Sammler; **2.** Schlagzeug *n*; **3.** *tech (gleichartige Dinge)* Batterie *f*; ► *~ de chauffage* Heizbatterie *f*; *~ de cuisine* Küchengeschirr *n*. **batteur** [batœʀ] *m* **1.** Drescher; **2.** *(Jagd)* Treiber; **3.** Schlagzeugspieler *m*; **4.** ► *~ électrique* Mixer *m*; **5.** Ramme *f*. **batteuse** *f* Dreschmaschine *f*. **battre** [batʀ] ⟨*Prés. je bats, ns battons; Fut. je battrai; pp. battu, e; Subj. que je batte, que ns battions; Impér. bats, battons*⟩ **I.** *tr* **1.** schlagen *a. fig sport*, prügeln; **2.** *(Eisen)* schmieden, hämmern; **3.** *(Eier)* rühren; **4.** *(Erde)* fest=stampfen; rammen; **5.** *(Getreide)* dreschen; **6.** *(Karten)* mischen; **7.** *(Teppich)* klopfen; **8.** *(Ufer)* bespülen; **9.** *(Feind)* schlagen, besiegen; ► *~ qn à coups de poing, de pied, de bâton* jdn mit Faustschlägen bearbeiten, mit dem Fuß treten, mit dem Stock schlagen; *~ la mesure* den Takt schlagen; *~ le pavé* umher=schlendern; umher=irren; *~ son plein* auf dem Höhepunkt, in vollem Schwang sein; *~ un record* e-n Rekord schlagen; *~ la semelle* mit den Füßen stampfen; **II.** *itr* **1.** schlagen, klopfen, pochen; **2.** *(Maschine)* in Gang sein, gehen, laufen; ► *~ des ailes* flattern, mit den Flügeln schlagen; *~ de l'aile (fig)* auf der Nase liegen; in schlechter Verfassung sein; *(Geschäft)* schlecht=gehen; *~ des paupières* blinzeln; *le cœur lui bat* er hat Herzklopfen; **III.** *v prn se ~* sich schlagen; mitea. kämpfen; sich balgen; (herum=)streiten (*avec* mit); ► *prêt à se ~* kampfbereit; *se ~ avec qn à coups de poing* sich mit jdm herum=raufen, -prügeln; *je m'en bats l'œil (pop)* ich pfeife darauf. **battu, e** *a* **1.** geschlagen; verprügelt; gepeitscht; **2.** besiegt; **3.** *(Erde)* gestampft; *(Weg)* ausgetreten; ► *suivre les chemins ~s (fig)* im alten Geleise, *fam* Trott bleiben; *crème f ~e* Schlagsahne *f.*

battue [baty] *f* Treibjagd *f.*

baudet [bodɛ] *m fam* Esel *a. fig*

bauge [boʒ] *f (Wildschwein)* Suhle *f; fig* Schweinestall *m.*

baume [bom] *m* Balsam *a. fig.*

bauxite [bo(ɔ)ksit] *f min* Bauxit *m.*

bavard, e [bavaʀ, -aʀd] **I.** *a* schwatzhaft, geschwätzig; **II.** *s m f* Schwätzer *m,* Klatschbase *f.* **bavardage** *m* Geschwätz; Gerede *n.* **bavarder** *itr* schwatzen; klatschen.

bavarois, e [bavaʀwa, -az] *a* bay(e-)risch; *s m gram* Bay(e)risch *n,* das Bay(e)rische. **Bavarois, e** *m f* Bayer *m,* Bay(e)rin *f.*

bave [bav] *f* **1.** Speichel; Geifer *a. fig;* Schaum *m; (um den Mund);* **2.** *(Schnecke)* Schleim *m.* **baver** *itr* **1.** Speichel, Schleim ab=sondern; **2.** *(Kind) fam* sabbern; **3.** *fig* (be)geifern, Schmutz werfen (*sur qc* auf e-e S); ► *en ~ (pop)* es schwer haben, sich plagen, schuften; leiden müssen. **bavette** *f* **1.** Lätzchen *n;* (Brust-)Latz *m;* **2.** *(Küche)* untere(s) Lendenstück *n;* ► *tailler une ~* e-n kleinen Schwatz halten. **baveux, se** *a* **1.** sabbernd; geifernd; **2.** *(Omelett)* flüssig; **3.** *typ* zs.fließend, unscharf.

Bavière, la [bavjɛʀ] Bayern *n.*

bavoir [bavwaʀ] *m* Lätzchen *n.*

bavure [bavyʀ] *f* Panne *f; tech* Gußnaht *f,* Bart *m; typ* unsaubere Stelle *f;* ► *sans ~ (s) (fig fam)* untadelig, einwandfrei; *(Glück)* vollkommen.

bayer [baje] ‹*Prés. je baye, ns bayons*› *itr:* ► *~ aux corneilles* Maulaffen feil=halten.

bazar [bazaʀ] *m* Basar *m;* Kaufhalle *f;* ► *fig quel ~!* was für ein Durcheinander! *tout le ~ (pop)* der ganze Kram; *de ~* billig. **bazarder** *tr fam* **1.** verramschen, verscheuern; **2.** weg=schmeißen.

béant, e [beɑ̃, -ɑ̃t] *a* offen; *(Wunde)* klaffend; *(Mund)* offenstehend; *fig* sprachlos (*de* vor *dat*).

béat, e [bea, -at] *a* albern; einfältig, kindlich. **béatification** *f* Seligsprechung *f.* **béatifier** *tr* selig=sprechen. **béatitude** *f* **1.** Glückseligkeit *f;* **2.** *rel* Seligkeit *f.*

beau, bel, belle [bo, bɛl] *a* **1.** *(Mensch, Tier, Pflanze)* schön, hübsch; stattlich; wohlgestaltet; ► *un ~ physique* ein schönes Äußeres; *une belle fille (fam)* ein hübsches, fesches Mädchen; *il est bel homme* er ist ein stattlicher Mann; *dévorer, manger à belles dents* gierig verschlingen; *cela vous fait une belle jambe* das nützt Ihnen nicht viel; **2.** *(Kleidung) fam* elegant, schick; ► *se faire ~* sich hübsch an=ziehen; sich fein, schön machen; **3.** *(Natur)* schön, herrlich, lieblich; **4.** *(Wetter)* schön, heiter, ruhig, klar; ► *avoir ~ temps* schönes Wetter haben; *un ~ jour* od *matin* e-s schönen Tages; *la mer est belle* das Meer ist ruhig; *(fig) à la belle étoile* unter freiem Himmel; **5.** *(zeitlich)* ► *il y a ~ temps* es ist schon lange her; es ist geraume Zeit verflossen (*que* seitdem); **6.** *(geistig)* schön, glänzend, großartig; geschickt, gewandt; beachtlich; *(Eigenschaften)* bewundernswert; ► *bel esprit m* geistreiche(r), geistig interessierte(r) Mensch *m;* **7.** *(Verhalten)* passend, schicklich, einwandfrei; ► *il n'est pas ~ (de)* es schickt sich nicht (zu); **8.** günstig, angenehm, vorteilhaft, blühend; interessant; ► *belle occasion f* günstige Gelegenheit *f; avoir ~ jeu avec* leichtes Spiel haben mit; **9.** *(Umfang, Gewicht, Menge)* schön, hoch, groß, beträchtlich, bedeutend; **10.** ► *une belle somme (d'argent)* e-e schöne, beträchtliche Summe (Geldes); **11.** *(ironisch)* schön, übel, seltsam; ► *de belles paroles* schöne *od* leere Worte, bloße Redensarten *f pl; vous avez fait du ~ travail* da haben Sie was Schönes angerichtet; *il en fait de belles (fam)* er macht schöne Geschichten; *l'échapper belle* mit knapper Not davon=, entkommen; *il a ~ faire des efforts* er mag sich noch so sehr an=strengen; *vous avez ~ dire* Sie haben gut reden *od* lachen; **12.** *(Verstärkung)* ► *au ~ milieu* mittendrin (*de* in *dat*); *mourir de sa belle mort* e-s natürlichen Todeu sterben; **II.** *s* **1.** *m* das Schöne *n;* **2.** *f (Spiel)* entscheidende Partie *f,* Entscheidungsspiel *n;* ► *faire le ~ (Hund)* Männchen machen; *c'est du ~! (fam)* das ist e-e schöne Leistung! *le temps se met au ~* es wird schönes Wetter; **III.** *adv* ► *bel et bien* bestimmt, unzweifelhaft; rundweg; *de plus belle* von neuem; noch stärker; *de plus en plus ~* immer besser.

beaucoup [boku] *adv* **1.** viel(e) *(de);* recht, sehr viel; ► *~ de monde* viele Leute; *c'est ~ pour son âge* das ist viel für sein Alter; *c'est un peu ~ (fam)* das ist ein bißchen viel; *il y en a ~ qui...* es gibt viele, die ... ; **2.** sehr; ► *merci ~* danke sehr, vielmals; **3.** lange; **4.** viel, weit; **5.** ► *de ~: il s'en faut de ~* es fehlt viel daran; noch lange nicht; *dépasser de ~* bei weitem übertreffen.

beau-fils [bofis] *m* Schwiegersohn; Stiefsohn *m.* **beau-frère** *m* Schwager; Stiefbruder *m.* **beaux-parents** *m pl* Schwiegereltern *pl.* **beau-père** *m* Schwieger-, Stiefvater *m.*

beauté [bote] *f* Schönheit; schöne Frau

f; ▶ *de toute ~* wunderschön (*pour* in bezug auf *acc*); einmalig, ungewöhnlich; *se faire une ~ (fam)* sich schminken; *terminer une épreuve en ~ (fam)* e-e Prüfung mit Glanz bestehen.
beaux-arts [bozaʀ] *m pl* schöne Künste *f pl.*
bébé [bebe] *m* kleine(s) Kind, Baby *n; faire le ~ (fam)* sich kindisch benehmen. **bébé-éprouvette** *m (pl bébés--éprouvette)* Retorten-, Laborbaby *n.*
bébête [bebɛt] *a fam* dumm, einfältig.
bec [bɛk] *m* **1.** *(Vogel, fam Mensch)* Schnabel *m;* **2.** *(Feder)* Spitze *f;* **3.** *(Kanne)* Tülle; **4.** *tech* Nase *f;* Brenner *m; laisser qn le ~ dans l'eau* jdn im ungewissen lassen; *tomber sur un ~ (pop)* auf ein unerwartetes Hindernis stoßen; *prise f de ~ (fam)* Streit *~-de--lièvre m med* Hasenscharte *f.*
bécane [bekan] *f fam* Fahrrad *n.*
bécarre [bekaʀ] *m mus* Auflösungszeichen *n.*
bécasse [bekas] *f* **1.** (Wald-)Schnepfe *f;* **2.** *fig fam* (dumme) Gans *f.* **bécassine** *f* **1.** *zoo* Sumpfschnepfe *f;* **2.** *fig* Gänschen *n.*
bêchage [bɛʃaʒ] *m* Umgraben *n.* **bêche** [bɛʃ] *f* Spaten *m.* **bêcher** [be(ɛ)ʃe] **I.** *tr* (um=)graben; *fig fam* durch=hecheln (*qn* jdn); **II.** *itr fig* eingebildet sein.
bêcheur [bɛʃœʀ] *m* hochnäsige(r) Kerl *m.* **bêcheuse** *f* eingebildete Person *f.*
béchamel [beʃamɛl] *f* Bechamelsoße *f.*
bécot [beko] *fam* Küßchen *n.* **bécoter** [-kɔte] *tr fam* ab=küssen, ab=knutschen.
bédé [bede] *f fam* Cartoon *m.*
becquée [bɛke] *f:* ▶ *donner la ~ à un bébé* e-n Säugling füttern. **becquetance** *f pop* Futter, Essen *n.* **becqueter, bécqueter** *tr* **1.** *(Vögel)* picken; **2.** *fam* futtern.
bedaine [bədɛn] *f fam* Wanst *m.*
bedeau [bədo] *m* Küster *m.*
bedon [bədɔ̃] *m fam* (Schmer-)Bauch *m.* **bedonner** [-dɔne] *itr* e-n Bauch an=setzen.
Bédouin, e [bedwɛ̃, -in] *m* Beduine *m.*
bée [be] *a f:* ▶ *être bouche ~ devant qn* jdn an=staunen, rückhaltlos bewundern. **béer** [bee] *itr:* ▶ *~ d'admiration* vor Verwunderung den Mund weit auf=sperren.
beffroi [bɛfʀwa] *m* Uhr-, Rathausturm *m.*
bégaiement [begɛmɑ̃] *m* Stottern *n.* **bégayer** ‹*Prés. je bégaie* od *bégaye, ns bégayons; Fut. je bégaierai* od *bégayerai; pp bégayé, e*› **I.** *tr* (daher=) stottern; stammeln; **II.** *itr* stottern.
bégonia [begɔnja] *m bot* Begonie *f.*
bègue [bɛg] **I.** *s m f* Stotterer *m;* **II.** *a:* ▶ *être ~* stottern.
bégueule [begœl] *s f* prüde Frau *f.*
béguin [begɛ̃] *m* ▶ *avoir le ~ pour qn (fam)* in jdn vernarrt sein.
beige [bɛʒ] *a* beige; sandfarben.
beigne [bɛɲ] *f pop* Ohrfeige *f.*
beignet [bɛɲɛ] *m* Krapfen *m.*
bel [bɛl] *s. beau.*
bêlement [bɛlmɑ̃] *m (Schaf)* Blöken; *(Ziege)* Meckern *n.* **bêler** *itr* **1.** blöken; meckern; **2.** *fam* mit zitternder Stimme singen.
belette [bəlɛt] *f zoo* Wiesel *n.*
bélier [belje] *m* **1.** *zoo astr* Widder *m;* **2.** *tech* Rammbär *m.*
belladone [bɛladɔn] *f bot* Tollkirsche *f.*
belle [bɛl] *s. a. beau; s f* Schöne *f;* Entscheidungsspiel *n;* ▶ *la ~ au bois dormant* Dornröschen *n.*
belle-fille *f* Schwiegertochter; Stieftochter *f.*
belle-mère *f* **1.** Schwiegermutter *f;* **2.** Stiefmutter *f.* **belle-sœur** *f* Schwägerin; Stiefschwester *f.*
bellicisme [bɛlisism] *m* kriegerische Gesinnung *f.* **belligérant, e I.** *a* kriegführend; **II.** *s m pl* kriegführende Mächte *f pl.* **belliqueux, se** *a* **1.** kriegerisch; **2.** streit-, kampflustig.
belote [bəlɔt] *f Art* Kartenspiel *n.*
belvédère [bɛlvedɛʀ] *m* Aussichtsturm *m,* -platte *f.*
bémol [bemɔl] *m mus* Erniedrigungszeichen *n.*
bénédictin [benediktɛ̃] *m* Benediktiner *m.* **bénédictine** *f* **1.** Benediktinerin *f;* **2.** Benediktiner(likör) *m.* **bénédiction** [benediksjɔ̃] *f* Segen *m;* Einsegnung, Einweihung *f;* ▶ *c'en est une ~* das ist ein wahrer Segen; *~ nuptiale* kirchliche Trauung *f.*
bénéfice [benefis] *m* **1.** Vorteil, Nutzen *m;* **2.** *jur* Vorrecht *n;* **3.** *com* Ertrag, Überschuß, Profit *m;* Gewinn *m;* ▶ *au ~ de* zugunsten *gen; être intéressé aux ~s* am Gewinn beteiligt sein; *marge f de ~* Gewinnspanne *f; participation f aux ~s* Gewinnbeteiligung *f.* **bénéficiaire** [-sjɛʀ] **I.** *a* Gewinn-; einträglich, gewinnbringend; **II.** *s m* Begünstigte(r), Berechtigte(r); *(Wechsel)* Nehmer; Remittent *m;* ▶ *être ~* Gewinn erwirtschaften. **bénéficier** *tr* Vorteil, Nutzen ziehen (*de, sur* aus); *(Gehalt)* beziehen; ▶ *il en a ~ié* es ist ihm zugute gekommen. **bénéfique 1.** *(Astrologie)* günstig; **2.** wohltuend.
benêt [bənɛ] *s m* Dummkopf *m.*
bénévolat [benevɔla] *m* ehrenamtliche Tätigkeit; Freiwilligkeit *f.* **bénévole** [-vɔl] *a (Hilfe, Dienst)* freiwillig; unbezahlt, ehrenamtlich.
bénignité [beniɲite] *f fam (Krankheit)* Gutartigkeit *f.* **bénin, igne** [-nɛ̃, -niɲ] *a* gutartig *a. med,* harmlos; *(Strafe)* mild.
Bénin, le [benɛ̃] Benin *n.* **béninois, e** [beninwa, -s] *a* beninisch. **Béninois, e** *s m f* Beniner(in, *f*) *m.*

bénir [beniʀ] *tr* **1.** den Segen sprechen (*qc* über e-e S); (ein=)weihen; **2.** preisen, loben. **bénit, e** [-i, -it] *a* gesegnet, geweiht; *eau ~e f* Weihwasser *n.* **bénitier** [-itje] *m* Weihwasserkessel *m.*

benjamin, e [bɛ̃ʒamɛ̃, -in] *m f* jüngste(s) Kind *n.*

benne [bɛn] *f tech* Wagenkasten; ► *~ basculante* Kippwagen *m.*

béquille [bekij] *f* **1.** Krücke; *fig* Stütze, Hilfe *f;* **2.** *tech* Sporn, Ständer *m;* **3.** Türklinke *f;* Drücker *m.*

berbère [bɛʀbɛʀ] **I.** *a* Berber-; **II.** *B~ m* Berber *m.*

bercail [bɛʀkaj] *m fig* Schoß *m* der Kirche, Familie *f.*

berceau [bɛʀso] *m* **1.** Wiege *f;* **2.** *fig* Geburtsstätte, Kindheit *f;* **3.** Anfang, Beginn *m.* **bercer** ‹*Prés. je berce, ns berçons; Fut. je bercerai; pp. bercé, e*› **I.** *tr* **1.** wiegen, schaukeln; **2.** *fig (Schmerz)* stillen; **3.** trösten; **II.** ► *v prn: se ~ de faux espoirs* sich in falschen Hoffnungen wiegen; *~ qn de vaines promesses* jdn mit leeren Versprechungen hin=halten. **berceur, se I.** *a* wiegend, einlullend; **II.** *s f* Wiegenlied *n.*

béret [beʀɛ] *m* (Basken-)Mütze *f.*

berge [bɛʀʒ] *f* **1.** Böschung *f;* (steiles) (Fluß-)Ufer *n;* **2.** *arg* Jahr *n.*

berger [bɛʀʒe] *m* Schäfer *m.* **bergère** *f* **1.** Schäferin *f;* **2.** Polstersessel *m.* **bergerie** *f* Schafstall *m.*

bergeronnette [bɛʀʒəʀɔnɛt] *f orn* Bachstelze *f.*

Berlin [bɛʀlɛ̃] *m* Berlin *n.*

berline [bɛʀlin] *f* **1.** *mot* viertürige Limousine *f;* **2.** *min* Förderwagen *m.*

berlingot [bɛʀlɛ̃go] *m* **1.** Karamelbonbon *m* od *n;* **2.** *(für Milch)* tetraedrische Tüte *f.*

berlue [bɛʀly] *f:* ► *avoir la ~ (fam)* Gespenster sehen; *fig* sich täuschen.

berne [bɛʀn] *f: mettre le pavillon en ~* halbmast flaggen.

berner [bɛʀne] *tr* prellen; foppen; an der Nase herumführen.

béryl [beʀil] *m min.*Beryll *m.*

bésef, bézef [bezɛf] *adv pop* viel.

besogne [bəzɔɲ] *f* Arbeit *f;* ► *abattre de la ~* tüchtig arbeiten; *aller vite en ~* schnell voran=machen. **besogner** *itr* schwer arbeiten; sich ab=mühen. **besogneux, se** *a* bedürftig; *(Person)* schlechtbezahlt.

besoin [bəzwɛ̃] *m* **1.** Bedürfnis *n;* Verlangen (*de* nach); Mangel *m;* **2.** *com pl* Bedarf (*en* an) *m;* ► *aller faire ses petits ~s (fam)* aufs Klo gehen; *avoir ~ de qn, qc* jdn, etw nötig haben, brauchen; *couvrir les ~s* den Bedarf decken; *être dans le ~* bedürftig sein, Mangel haben; *pourvoir aux ~s de qn* jds Bedürfnisse befriedigen; *au ~, si ~ est, en cas de ~* im Notfall; *est-il ~ de vous dire* ich brauche Ihnen wohl kaum zu sagen (*que* daß); *~s en énergie* Energiebedarf *m; ~ en matières premières* Rohstoffbedarf *m.*

bestial, e [bɛstjal] *a* tierisch; viehisch; roh. **bestialité** *f* (viehische) Roheit; *jur* Sodomie *f;* **~iaux** [-tjo] *m pl* Vieh *n;* ► *être entassés, parqués comme des ~* wie Vieh zs.gepfercht sein. **bestiole** *f* Tierchen *n.*

bêta, ~sse [bɛta, -as] *m f* Dummkopf *m;* dumme Person *f;* ► *gros ~!* Dummerchen!

bétail [betaj] *m* Vieh *n;* ► *gros, petit* od *menu ~* Groß-, Kleinvieh *n.*

bête [bɛt] **I.** *s f* Tier *n;* **II.** *a* dumm, einfältig; ► *~ comme ses pieds (fam)* strohdumm; *chercher la petite ~* übergenau, peinlich genau sein; *faire la ~* sich dumm stellen; *c'est ma ~ noire* das/der ist mir ein Dorn im Auge. **bêtement** *adv* dumm; blöde; ► *dire qc tout ~* etw klar und einfach sagen. **bêtifier** *itr* dummes Zeug reden. **bêtise** [bɛtiz] *f* **1.** Dummheit *f;* dumme(s) Zeug *n,* Unsinn; *m;* **2.** *fig* Kleinigkeit, Lappalie *f.*

béton [betɔ̃] *m* Beton *m;* ► *~ armé* Eisen-, Stahlbeton *m.* **bétonner** *tr* betonieren. **bétonnière** *f* Betonmischer *m.*

bette [bɛt] *f bot* Mangold *m.*

betterave [bɛtʀav] *f* Rübe *f;* ► *~ fourragère, sucrière* Futter-, Zuckerrübe *f.*

beugler [bøgle] **1.** *fam* grölen, johlen; **2.** *(Rinder)* brüllen.

beur [bœʀ] *m f* junger Franzose *m* maghrebinischer Abstammung.

beurre [bœʀ] *m* Butter *f;* ► *compter pour du ~ (fam)* überhaupt nicht zählen; *ça ne met pas de ~ dans les épinards (fam)* das macht den Kohl nicht fett; *œil m au ~ noir* blaue(s) Auge *n; petit ~* Butterkeks *m.* **beurrer** *tr* mit Butter bestreichen. **beurrier** *m* Butterdose *f.*

beuverie [bœvʀi] *f* Sauferei *f.*

bévue [bevy] *f* Versehen *n;* Mißgriff; Schnitzer *m;* ► *commettre une ~* e-n Bock schießen.

biais [bjɛ] *m* **1.** schräge Fläche *f;* **2.** *fig* Aus-, Umweg *m;* **3.** *de, en ~* schräg; schief, von der Seite; ► *par le ~ de* auf dem Umweg über *acc; par quel ~ le prendre?* auf welche Weise kann man ihm bei=kommen? **biaiser** *itr* Winkelzüge, Umwege machen.

biathlon [biatlɔ̃] *m sport* Biathlon *n.*

bibelot [biblo] *m meist pl* Nippsachen *f pl.*

biberon [bibʀɔ̃] *m (für Säuglinge)* Fläschchen *n;* ► *élever au ~* mit der Flasche auf=ziehen. **biberonner** *itr fam* gern einen heben.

bibine [bibin] *f fam* Gesöff *n.*

Bible [bibl] *f* Bibel *f;* ► *papier m b~*

Dünndruckpapier *n.* **biblique** *a* biblisch.
biblio- [biblijɔ-] in *Zssgen* Buch-, Bücher-. **bibliobus** [-bys] *m* fahrbare Leihbücherei *f.* **bibliographie** *f* Bibliographie *f.* **bibliographique** *a* bibliographisch; ▶ *référence f* ~ Quellennachweis *m.* **bibliophile** *m* Bücherfreund *m.* **bibliothécaire** *m f* Bibliothekar(in *f*) *m.* **bibliothèque** *f* **1.** Bücherschrank *m,* -regal *n;* **2.** Bibliothek, Bücherei *f;* ▶ ~ *itinérante* Fahrbücherei *f;* ~ *multimédias* Medienzentrum *n* Mediathek *f;* ~ *de prêt* Leihbücherei *f.*
bic [bik] *m* WZ Kugelschreiber *m.*
bicarbonate [bikaʀbɔnat] *m:* ~ *de sodium,* Natron *n.*
bicentenaire *m* [bisɑ̃tnɛʀ] Zweihundertjahrfeier *f.*
biceps [bisɛps] *m* Bizeps *m.*
biche [biʃ] *f* Hirschkuh *f;* ▶ *ma petite* ~ mein Schätzchen.
bichonner [biʃɔne] **I.** *tr* **1.** kräuseln; *(Kind)* heraus⸗putzen; **2.** *fig* verhätscheln; **II.** *v prn se* ~ sich herausputzen, sich in Schale werfen.
bicolore [bikɔlɔʀ] *a* zweifarbig.
bicoque [bikɔk] *f fam* Bruchbude *f.*
bicorne [bikɔʀn] *m* Zweispitz *m.*
bicot [biko] *m arg péj* Araber *m.*
biculturel, le [bikyltyʀɛl] *a* mit zwei Kulturen.
bicyclette [bisiklɛt] *f* (Fahr-)Rad *n;* ▶ *aller, monter à (en)* ~ rad⸗fahren, radeln.
bidasse [bidas] *m fam* Landser *m.*
bide [bid] *m pop* Bauch *m;* ▶ *faire, ramasser un* ~ *(theat)* e-n Reinfall erleben.
bidet [bidɛ] *m* **1.** (kleines) Reitpferd *n;* Klepper *m;* **2.** Bidet *n.*
bidoche [bidɔʃ] *f pop* Fleisch *n.*
bidon [bidɔ̃] *m* **1.** Kanne *f;* Kanister *m;* **2.** *pop* Bauch *m;* **3.** *fam fig* Bluff, Schwindel *m;* ▶ *offre f* ~ Scheinangebot *n.* **bidonner, se** [bidɔnɛ] *v prn fam* sich totlachen *pop* laut lachen.
bidonville [bidɔ̃vil] *f* Barackenviertel, Elendsquartier *n.*
bidule [bidyl] *m fam* Dingsda *n.*
bielle [bjɛl] *f tech* Pleuelstange *f.*
biélorusse [bjelɔʀys] *a* weißrussisch.
bien [bjɛ̃] **I.** *adv a inv* **1.** *(Art u. Weise)* gut, wohl; schön; recht; weit; viel; sehr; ▶ *aller, se porter* ~ sich wohl befinden; *être* ~ *avec qn* sich mit jdm gut stehen; *voilà qui commence* ~*!* das fängt ja schön, gut an! *tout lui va* ~ alles steht ihm (ihr) gut; *c'est* ~ *simple* das ist ganz einfach; *il ne se sent pas* ~ er fühlt sich nicht wohl; *les gens* ~ die feinen Leute, die Oberschicht; *un homme* ~ ein ordentlicher Mensch; **2.** *(Quantität)* sehr, viel, recht, wirklich; allerdings; gern; ungefähr, etwa; ausdrücklich; ▶ *se donner* ~ *de la peine* sich (sehr) viel Mühe geben; *je voudrais* ~ *savoir* ich möchte gern wissen; ~ *des gens* (sehr) viele Leute; ~ *d'autres* zahlreiche, viele andere; ~ *entendu* selbstverständlich; *il y a* ~ *une heure* es ist wohl, ungefähr e-e Stunde her; **II.** ▶ *conj:* ~ *que (mit subj, selten Ind., cond)* obwohl, obgleich; *si* ~ *que* so daß; *quand* ~ *même* selbst wenn; sogar wenn; *ou* ~ oder aber; *aussi* ~ *que* ebenso wie; **III.** ▶ *(Ausdrücke) eh (od hé)* ~*!* nun! ~ *plus* noch mehr; *tant* ~ *que mal* so gut wie möglich; wohl oder übel; **IV.** *s m* **1.** Gute(s); Wohl; Beste *n;* **2.** Gut *n,* Habe *f,* Vermögen *n;* ▶ *faire du* ~ *à qn* jdm Gutes tun; *mener une entreprise à* ~ ein Unternehmen zum Erfolg führen; *vouloir du* ~ *à qn* es mit jdm gut meinen; ~*-aimé, e a* vielgeliebt; *s m f* Liebling *m;* Geliebte(r *m*) *f;* **V.** ▶ ~*s de consommation* Verbrauchsgüter *n pl;* ~*-être m* Wohlbefinden *n;* Wohlstand *m;* ~ *foncier* Grundstück *n; pl* Liegenschaften *pl;* ~*-fondé m jur* Stichhaltigkeit *f;* ~*s immobiliers, immeubles* Immobilien *pl,* unbewegliche(s) Vermögen *n;* ~*s de production* Produktionsgüter *n pl;* ~ *public* Gemeinwohl *n.*
bienfaisance [bjɛ̃fəzɑ̃s] *f* Wohltätigkeit *f.* **bienfaisant, e** *a* wohltuend; günstig. **bienfait** *m* Wohltat *f; pl* Errungenschaften *f pl.* **bienfaiteur, trice** [-fɛ-] *m f* Wohltäter(in *f*) *m.*
bienheureux, se [bjɛ̃nœʀø, -z] **I.** *a lit* glücklich, glückselig; *rel* selig; **II.** *s m* Selige(r) *m;* ▶ *dormir comme un* ~ den Schlaf des Gerechten schlafen. **biennal, e** [bjɛnal] *a* zweijährig.
bienséance [bjɛ̃seɑ̃s] *f* Anständigkeit *f; pl* gute Sitten *f pl.*
bientôt [bjɛ̃to] bald; ▶ *à* ~*!* auf baldiges Wiedersehen!
bienveillance [bjɛ̃vɛjɑ̃s] *f* Wohlwollen *n.* **bienveillant, e** *a* wohlwollend.
bienvenu, e [bjɛ̃vəny] **I.** *a* willkommen; **II.** *s m f:* ▶ *soyez le (la)* ~*(e)* seien Sie willkommen! *souhaiter la* ~ *à qn* jdn willkommen heißen.
bière [bjɛʀ] *f* **1.** Bier *n;* ▶ ~ *blonde, brune* helle(s), dunkle(s) Bier *n;* ~ *forte* Starkbier *n;* **2.** Sarg *m; mettre en* ~ ein⸗sargen.
biffer [bife] *tr* aus⸗, durch⸗streichen; ▶ *biffez les mentions inutiles* Nichtzutreffendes streichen.
bifocal, e [bifɔkal] *a opt* mit zwei Brennpunkten.
bifteck [bitɛk] *m* Beefsteak *n;* ▶ ~ *saignant, à point, bien cuit* wenig, halb-, gut durchgebratene(s) Beefsteak *n; (fam fig) défendre, gagner son* ~ s-e Interessen verteidigen; s-e Brötchen verdienen.
bifurcation [bifyʀkasjɔ̃] *f* Abzweigung; Gabelung *f a. fig.* **bifurquer** *itr* **1.** ab-

biegen *(vers, sur* nach*)*; sich gabeln, ab⸗zweigen; **2.** *fig fam* umsatteln, überwechseln (vers la politique zur Politik).
bigame [bigam] **I.** *a* in Doppelehe lebend; **II.** *s m* Bigamist *m.* **bigamie** *f* Bigamie *f.*
bigarré, e [bigaʀe] *a* **1.** bunt (gemustert); **2.** *fig* buntscheckig; **3.** *(Gesellschaft)* gemischt. **bigarrure** *f* **1.** Buntheit *f;* **2.** *fig* Buntscheckigkeit *f.*
bigophone [bigɔfɔn] *m pop* Quasselstrippe *f.*
bigot, e [bigo, -ɔt] **I.** *a* frömmelnd, bigott; **II.** *s m f* Frömmler *m;* Betschwester *f.* **bigoterie** *f* Frömmelei *f.*
bigoudi [bigudi] *m* Lockenwickel *m.*
bigre [bigʀ] *m* ► *interj fam* Donnerwetter! **bigrement** [-gʀə-] *adv fam* verflixt, sehr.
bijou [biʒu] *m pl x* **1.** Juwel, Kleinod *n; pl* Schmuck *m;* **2.** ► *mettre, porter des ~x* Schmuck an⸗legen, tragen. **bijouterie** *f* **1.** Juweliergeschäft *n;* **2.** Schmuckwarenhandel *m,* -industrie *f;* **3.** Schmuck *m;* ► *~ fantaisie* Modeschmuck *m.* **bijoutier** *m* Juwelier *m.*
bikini [bikini] *m* Bikini *m.*
bilan [bilɑ̃] *m* **1.** Bilanz *f,* (Jahres-)Abschluß *m;* Schlußabrechnung *f;* **2.** *fig* Endergebnis *n;* ► *déposer son ~* den Konkurs an⸗melden; *dresser, établir, arrêter un ~* e-e Bilanz auf⸗stellen; *~ annuel, de fin d'année* Jahresabschluß *m.*
bilatéral, e [bilateʀal] *a* zweiseitig, bilateral.
bilboquet [bilbɔkɛ] *m Art* Spiel *n.*
bile [bil] *f* Galle*f;* ► *se faire de la ~ pour qn (pop)* sich um jdn Sorgen machen. **biler** *v prn: ne pas se ~ pour qn* sich wegen jdm keine Sorge machen. **bileux, se** *a pop* beunruhigt, besorgt. **biliaire** *a* Gallen-; ► *calculs m pl ~s* Gallensteine *m pl.* **bilieux, se** *a* **1.** gallig; **2.** leicht aufbrausend.
bilingue [bilɛ̃g] *a* zweisprachig. **bilinguisme** [-gyism] *m* Zweisprachigkeit *f.*
billard [bijaʀ] *m* **1.** Billard(spiel) *n,* -tisch, -saal *m;* **2.** *pop* Operationstisch *m;* ► *faire une partie de ~* e-e Partie Billard spielen.
bille [bij] *f* **1.** Billardkugel; Murmel; (kleine) Kugel *f;* **2.** (Holz-)Klotz *m;* **3.** *pop* Gesicht *n;* **4.** *arg* Birne *f;* ► *(fig) reprendre ses ~ s* nicht mehr mitmachen; abspringen; *roulement m à ~s* Kugellager *n; stylo m à ~* Kugelschreiber *m.*
billet [bijɛ] *m* **1.** Eintrittskarte; **2.** Fahrkarte *f,* -schein *m;* **3.** (Geld-)Schein *m,* (Bank-)Note *f;* **4.** *com* Schuldschein, Wechsel *m;* **5.** Schein, Zettel *m;* (Lotterie-)Los *n;* **6.** Briefchen *n,* kurze Mitteilung *f;* ► *prendre un ~* e-e Karte lösen; *f; ~ de banque* Banknote *f; ~ circulaire, de correspondance* Rundreise-, Umsteigefahrschein *m; ~ d'entrée* Eintrittskarte *f; ~ de faveur* Freikarte *f; ~ gagnant, non gagnant* Lotteriegewinn, Treffer *m;* Niete *f; ~ à ordre* Solawechsel *m.*
billion [biljɔ̃] *m* Billion *f.*
billot [bijo] *m* (Holz-)Block, Klotz *m.*
bimensuel, le [bimɑ̃sɥɛl] *a* zweimal im Monat (erscheinend).
bimoteur [bimɔtœʀ] **I.** *a m u.* **II.** *s m* zweimotorig(es Flugzeug *n*).
bimétal [bimetal] *m (Warenzeichen)* Bimetall *n;* Bimetallstreifen *m.* **bimétallique** *a* aus zwei Metall bestehend, Bimetall-.
binaire [binɛʀ] *a* binär.
binational, e [binasjɔnal] *a* mit zwei Staatsangehörigkeiten; *s m* Person *f* mit doppelter Staatsangehörigkeit, Doppelstaater *m.*
biner [bine] *tr* hacken. **binette** *f* **1.** (Häufel-)Hacke *f;* **2.** *pop* Rübe *f,* Gesicht *n.*
binoculaire [binɔkylɛʀ] *a* binokular.
binôme [binom] *m math* Binom *n.*
biochimie [bjɔʃimi] *f* Biochemie *f.* **bioclimatologie** *f* Bioklimatologie *f.* **biodégradable** *a* biologisch abbaubar; umweltfreundlich. **biodégradation** *f* biologische(r) Abbau *m.* **bioénergie** *f (a. Psychoanalyse)* Bioenergetik *f.* **bioénergétique** *a* die Bioenergetik betreffend. **bioéthique** *f* Bioethik *f.* **biogaz** *m* Biogas *n.*
biographe [bjɔgʀaf] *m* Biograph *m.* **biographie** [bjɔlɔʒi] *f* Lebensbeschreibung, Biographie *f.* **biographique** *a* biographisch.
bio-industrie [bioɛ̃dystʀi] *f* Bioindustrie *f.* **biologie** *f* Biologie *f;* ► *~ spatiale* Raumbiologie *f.* **biologique** *a* biologisch. **biologiste** *m* Biologe *m.* **biomasse** *f* Biomasse *f.* **biomédical, e** *a* biomedizinisch. **biophysique** [bjɔfizik] *f* Biophysik *f.* **biopsie** *f* Biopsie *f.* **biosphère** *f* Biosphäre *f.* **biosynthèse** *f* Biosynthese *f.* **biotechnologie, biotechnique** *f* Biotechnik *f.* **biotope** *m* Biotop *m.*
bioxyde [biɔksid] *m* Dioxyd *n.*
bip [bip] *m* ► *~ sonore* Piepslaut *m.*
biparti, e; bipartite [bipaʀti, -tit] *a (Vertrag)* zweiseitig. **biplace** *a* zweisitzig.
bique [bik] *f fam* Ziege *f;* ► *vieille ~ (pop)* alte Schachtel *f (Frau).* **biquet, te** [-kɛ, -ɛt] *m f* Zicklein *n.*
birman, e [biʀmɑ̃, -an] *a* birmanisch. **Birman, e** *m f* Birmane *m,* Birmanin *f.* **Birmanie, la** Burma, Birma *n.*
bis, e [bi, biz] *a* graubraun; ► *pain ~* Graubrot *n.*
bis [bis] *adv* noch einmal; *mus* da capo; *(bei Hausnummern)* a; *pref:* zweimal,

doppel(t).
bisaïeul, e [bizajœl] *s m f* Urgroßvater *m*, -mutter *f*.
biscornu, e [biskɔʀny] *a* **1.** bizarr, seltsam; **2.** *fig fam* verschroben.
biscotte [biskɔt] *f* Zwieback *m*.
biscuit [biskɥi] *m* Keks *m* od *n;* Biskuit *m;* ▶ ~ *à la cuiller* Löffelbiskuit *m*. **biscuiterie** *f* Keksfabrik *f*.
bise [biz] *f* **1.** Nord(ost)wind *m;* **2.** *fam* Kuß, *m*.
biseau [bizo] *m* Fase, schräge Kante *f; en* ~ abgeschrägt. **biseauter** *tr* **1.** ab=schrägen; *(Holz)* ab=fasen, ab=kanten; schräg schleifen; facettieren; **2.** *(Karten)* zinken.
biser [bize] *tr* ▶ *fam* e-n Kuß geben *(qn* jdm).
bisexualité [bisɛksɥalite] *f* Bisexualität, Doppelgeschlechtlichkeit *f*. **bisexué, e** *a* bisexuell, doppelgeschlechtlich. **bisexuel, le** *a* bisexuell, doppelgeschlechtig.
bison [bizɔ̃] *m zoo* Bison *m*.
bisou [bizu] *m fam* Küßchen *n*.
bisque [bisk] *f* Krebssuppe *f*. **bisquer** *itr pop* platzen, sich ärgern; ▶ *faire* ~ *qn* jdn ärgern.
bisser [bise] *tr theat* wiederholen (lassen) *(qn, qc* jdn, etw).
bissextil, e [bisɛkstil] : *année f* ~*e* Schaltjahr *n*.
bissexué, e [bisɛksɥe] *a* zweigeschlechtlich.
bistouri [bistuʀi] *m* Operationsmesser *n*.
bistre [bistʀ] *a inv* schwarzbraun. **bistré, e** *a* braungebrannt.
bistro(t) [bistʀo] *m fam* Kneipe *f*.
bit [bit] *m inform* Bit *n*.
bit(t)ure [bityʀ] *f:* ▶ *fam à toute* ~ in aller Eile; *f: (pop) prendre une* ~ sich besaufen.
bitume [bitym] *m* **1.** Bitumen *n;* **2.** Asphalt *m*. **bitumineux, se** *a* bituminös; ▶ *schiste m* ~ Ölschiefer *m*.
bivouac [bivwak] *m* Biwak *n*. **bivouaquer** *itr* biwakieren.
bizarre [bizaʀ] *a* seltsam, sonderbar, wunderlich. **bizarrerie** [-ʀʀi] *f* Seltsamkeit, Wunderlichkeit *f*.
blabla(bla) [blabla(bla)] *m fam* Gequatsche *n*.
black-out [blakaut] *m inv* **1.** ▶ *faire le* ~ e-e Nachrichtensperre verhängen; **2.** *mil* Verdunkelung *f*.
blafard, e [blafaʀ, -aʀd] *a* fahl; bleich.
blague [blag] *f* **1.** Tabaksbeutel *m;* **2.** *fig fam* Spaß, Scherz, Ulk *m;* **3.** Possen, Streich *m;* **4.** Schnitzer *m*, Dummheit *f;* ▶ *sans* ~? wirklich? (das ist ja) allerhand! ~ *à part* Scherz beiseite; *faire une* ~ e-e Dummheit machen; e-n Streich spielen *(à qn* jdm*); raconter des* ~*s à qn* jdm Witz erzählen; jdm blauen Dunst vor=machen; *sale* ~ üble(r) Streich *m*. **blaguer I.** *itr fam* auf=schneiden; schwindeln; scherzen; **II.** *tr* auf=ziehen, verspotten, sich lustig machen *(qn* über jdn). **blagueur, se I.** *a fam* spöttisch; **II.** *s m* Witzbold *m*.
blaireau [blɛʀo] *m* **1.** *zoo* Dachs *m;* **2.** (Rasier-, Maler-)Pinsel *m*.
blairer [blɛʀe] *tr:* ▶ *ne pas pouvoir* ~ *qn* jdn nicht riechen können.
blâme [blɑm] *m* Tadel; Verweis *m*. **blâmer** *tr* tadeln *(qn de* od *pour qc* jdn wegen etw); e-n Verweis erteilen *(qn* jdm); mißbilligen.
blanc, blanche [blɑ̃, blɑ̃ʃ] **I.** *a* **1.** weiß; *(Haut)* hell; *(vor Angst)* bleich **2.** sauber, rein; **3.** *(Blatt)* unbeschrieben, unausgefüllt; **4.** *(Waffe)* blank; **5.** *(Nacht)* schlaflos; *(Stimme)* tonlos; **6.** *(Wahl)* unentschieden; ergebnislos; **II.** *s m f* **7.** *(Rasse)* Weiße(r *m*) *f;* **8.** *s m* Weiß(e) *n;* weiße Farbe *f;* **9.** Weißwein *m;* **10.** Zwischenraum *m* leere Stelle *f;* **11.** Eiweiß *n;* **12.** ▶ *aborder qn de but en* ~ jdn mir nichts dir nichts an=reden; *chauffer à* ~ *(tech)* auf Weißglut erhitzen; *fig* bis zur Weißglut reizen; *devenir* ~ *comme un linge* weiß wie Kreide werden; *donner à qn carte blanche* jdm freie Hand lassen; *montrer patte blanche* sich als zuverlässig erweisen, sich legitimieren; *regarder qn dans le* ~ *des yeux* jdn scharf an=sehen; **13.** ▶ *chèque m en* ~ Blankoscheck *m; examen m* ~ Probeprüfung *f; magasin m de* ~ Wäschegeschäft *n; signature f en* ~ Blankounterschrift *f; viande f blanche* Geflügel-, Kaninchen-, Kalbfleisch *n;* ~*-bec m* Grünschnabel *m;* ~ *de poulet* Hühnerbrust *f;* ~ *d'œuf* Eiweiß *n*.
blanchâtre [blɑ̃ʃɑtʀ] *a* weißlich. **blanche** *f s. blanc.* **Blanche-Neige** *f* Schneewittchen *n*. **blancheur** *f* Weiß(e *f*) *n*. **blanchi, e** *a* gebleicht; *(Haar)* ergraut; *(Wand)* geweißt; ▶ *je suis* ~ es wird für mich gewaschen. **blanchiment** *m* **1.** Weißen, Tünchen *n;* **2.** Bleichen *n;* ▶ ~ *d'argent* Geldwäsche *f*. **blanchir I.** *tr* **1.** weißen; **2.** weiß machen; auf=hellen; **3.** *(Wäsche)* waschen, reinigen *(qn* für jdn); **4.** *(Metall)* blank putzen; **5.** *(Gemüse, Stoff)* bleichen; **6.** *tech* glatt=hobeln; **7.** *(Geld)* waschen; **8.** *fig* rein=waschen *(qn* jdn); **II.** *itr* weiß, bleich werden; *(Haar)* ergrauen; *(Tag)* grauen; **III.** *v prn se* ~ sich weiß machen; *fig* sich rein=waschen. **blanchissage** *m (Wäsche)* Waschen *n;* ▶ *envoyer du linge au* ~ Wäsche in die Wäscherei geben. **blanchisserie** *f* Wäscherei, Waschanstalt *f*, -salon *m*. **blanchisseur, se** *m f* Wäscher (in *f*), *m*.
blanquette [blɑ̃kɛt] *f* ▶ ~ *de veau* Kalbsragout *n*.
blasé, e [blɑ(a)ze] **I.** *a* blasiert; **II.** *s m*

blasierte(r) Mensch *m.* **blaser** *tr* übersättigen, ab=stumpfen.
blason [blɑzõ] *m* Wappen(kunde *f*) *n.*
blasphémateur, trice [blasfematœʀ, -tʀis] *m f* Gotteslästerer *m.* **blasphématoire** gotteslästerlich. **blasphème** *m* Gotteslästerung *f.* **blasphémer** ‹*Prés. je blasphème, ns blasphémons; Fut. je blasphèmerai; pp. blasphémé, e*› *tr itr* (Gott) lästern.
blatte [blat] *f zoo* Schabe *f.*
blé [ble] *m* Getreide; Korn *n,* Weizen *m;* ► *manger son ~ en herbe* sein Geld im voraus aus=geben; *champ m de ~* Getreidefeld *n; récolte f du ~* Getreideernte *f.*
bled [blɛd] *m fam* Nest, Kaff *n.*
blême [blɛm] *a* (sehr) bleich, (leichen-) blaß; *(Licht)* fahl. **blêmir** [blemiʀ] *itr* bleich, fahl werden; erbleichen, -blassen (*de* vor).
blennorragie [blɛnɔʀaʒi] *f med* Gonorrhö(e) *f,* Tripper *m.*
blessant, e [blɛsɑ̃, -ɑ̃t] *a* verletzend, beleidigend. **blessé, e I.** *a* **1.** verwundet; verletzt *(dans un accident d'auto* bei e-m Autounfall); **2.** *fig* beleidigt; **II.** *s m* Verletzte(r); Verwundete(r) *m;* ► *~ grave, léger* Schwer-, Leichtverletzte(r) *m.* **blesser I.** *tr* **1.** verletzen, verwunden; **2.** wund reiben, drücken; **3.** *fig* unangenehm berühren, weh tun (*qn* jdm); **4.** *fig* beleidigen, kränken; ► *~ qn au vif* jdn zutiefst verletzten. **blessure** *f* **1.** Wunde, Verwundung, Verletzung *f;* **2.** *fig* Beleidigung *f.*
blet, te [blɛ, -ɛt] *a (Obst)* überreif, teigig.
bleu, e [blø] **I.** *a* **1.** blau; **2.** *fig* wütend; **3.** *(Angst)* schrecklich **II.** *s m* **1.** Blau *n;* **2.** blaue(r) Fleck; **3.** *fam* Rekrut; Neuling *m;* **4.** herbe(r), schlechte(r) Rotwein *m;* **5.** Blaupause *f;* **6.** Monteuranzug, *pop* blaue(r) Anton *m;* **7.** ► *tirant sur le ~* mit e-m Stich ins Blaue; *être ~ de froid* blau vor Kälte sein; **8.** ► *peur f ~e (fam)* Todesangst *f; ~ clair, foncé, gris, horizon, pâle* hell-, dunkel-, grau-, himmel-, blaßblau. **bleuâtre** *a* bläulich. **bleuet, bluet** [bløɛ, blyɛ] *m bot* Kornblume *f.* **bleuir I.** *tr* blau machen, an= laufen lassen; **II.** *itr* blau werden, an= laufen.
blindage [blɛ̃daʒ] *m* **1.** *mil mar el* Panzerung *f;* **2.** *tech* Verkleidung *f;* **3.** *el* Abschirmung, Entstörung *f.* **blindé, e I.** *a* **1.** gepanzert; **2.** abgeschirmt; **3.** *fig* immun; **II.** *s m* Panzerwagen *m.* **blinder** *tr* **1.** panzern; **2.** *el* ab=schirmen; **3.** *fam fig* immun machen; schützen; **4.** *(Schacht)* verschalen.
bloc [blɔk] *m* **1.** Block *m;* **2.** (Holz-) Klotz; Klumpen *m;* **3.** *geol* Scholle *f;* **4.** Anlage *f,* Block *m;* **5.** *fam* Kittchen *n;* **6.** ► *en ~* im ganzen; in Bausch u. Bogen; *tout d'un ~* aus e-m Stück; *faire ~* e-n Block bilden; *gonflé à ~ (Reifen)* vollgepumpt; *fig pop* voller Energie; **7.** ► *~ moteur* Motorblock *m; ~-notes m pl* Notizblock *m; ~-notes électroniques* elektronische(s) Notizbuch *n; ~ opératoire* Operationssaal *m; ~s sanitaires* Wasch- und Toilettenanlagen *f pl.* **blocage** *m* **1.** Blockieren, Absperren *n;* Verriegelung; Verblockung *f;* **2.** *com* Sperre, Sperrung *f,* Stopp *m;* ► *~ des salaires et des prix* Lohn- u. Preisstopp *m.* **blocus** [-kys] *m* Blockade, Sperre *f.*
blond, e [blõ, -õd] **I.** *a* **1.** blond; **2.** *(Bier, Tabak)* hell; *(Ähren)* goldgelb; **II.** *s m* **1.** (Hell-)Blond *n;* **2.** blonde(r) Mann *m;* **3.** *s f* Blondine *f.* **blondasse** *a* strohblond. **blondin, e** *m f* Blondkopf *m,* Blondine *f.* **blondir** *itr* heller, blond, gelblich, golden werden; *tr* blond, hell färben.
bloquer [blɔke] **I.** *tr* **1.** blockieren, sperren; verriegeln; **2.** *tech* fest=stellen, -klemmen, -bremsen; **3.** *(Fußball)* stoppen; **4.** *(Kredit)* sperren; **5.** zusammenfassen, -legen (*sur un seul jour* auf e-n Tag); **II.** *v prn: se ~* sich fest=fahren; klemmen.
blottir, se [blɔtiʀ] *v prn* sich ducken, sich kauern; sich kuscheln, sich pressen, sich schmiegen (*contre* an *acc*).
blouse [bluz] *f* Kittel *m;* (Damen-)Bluse *f.* **blouson** *m* **1.** Blouson *n;* kurze, lose Jacke, Joppe *f;* **2.** ► *~ noir* Halbstarke(r) *m.*
bluet [blyɛ] *m s. bleuet.*
bluff [blœf] *m* Bluff *m,* Täuschung *f.* **bluffer** *tr itr fam* bluffen, täuschen.
boa [bɔa] *m zoo (Mode)* Boa *f.*
bobard [bɔbaʀ] *m fam* Schwindel *m;* Falschmeldung, (Zeitungs-)Ente *f.*
bobine [bɔbin] *f* Trommel, Spule, Rolle *f;* ► *~ de film, de pellicules* Filmspule *f,* Rollfilm *m.* **bobiner** *tr* (auf=)spulen, -wickeln.
bobo [bobo] *m fam* Wehwehchen *n.*
bob(sleigh) [bɔbslɛg] *m sport* Bob *m.*
bocal [bɔkal] *m* Glasbehälter *m (mit weiter Öffnung);* Einmachglas; Fischglas *n.*
boche [bɔʃ] *m péj* Deutsche(r) *m.*
bock [bɔk] *m* **1.** Glas Bier, Seidel *n;* **2.** ► *~ à injections (med)* Irrigator *m.*
bœuf [bœf, *pl* bø] *s m* Ochs(e) *m;* Rind; Ochsen-, Kuh-, Rindfleisch *n;* ► *mettre la charrue avant les ~s* das Pferd beim Schwanz auf=zäumen; *travailler comme un ~* wie ein Pferd arbeiten; *filet m de ~* Ochsenlende *f,* Rinderfilet *n; langue f de ~* Ochsenzunge *f; succès m ~* tolle(r) Erfolg *m; ~ (à la) mode* garnierte(r) Rinderbraten *m.*
bohème [bɔɛm] *m* Bohemien *m.*
Bohême, la [bɔɛm] Böhmen *n.* **bohémien** *m* Zigeuner *m.*

boire [bwaʀ] **I.** ⟨*Prés. je bois, ns buvons; Fut. je boirai; pp. bu, e; Subj. que je boive, que ns buvions; Impér. bois, buvons*⟩ *tr itr* **1.** trinken; sich (gern) betrinken; bechern, zechen; *(Tier)* saufen; **2.** *(Löschpapier)* auf≈saugen; **3.** *fig* auf≈nehmen, verschlingen; **II.** *s m* Trinken *n;* **III.** *v prn se ~* trinkbar sein; sich trinken lassen; ▶ *~ un coup (fam)* einen heben; *~ à la santé de qn* auf jds Gesundheit *(acc)* trinken; *c'est la mer à ~* da ist kein Ende abzusehen.
bois [bwa(ɑ)] *m* **1.** Gehölz; Wäldchen *n;* Wald *m;* **2.** Holz *n;* **3.** (Hirsch-)Geweih *n;* **4.** *pl* Holzblasinstrumente *n pl;* **5.** Holzschnitt *m;* **6.** ▶ *de ~* hölzern, aus Holz; *être du ~ dont on fait les flûtes (fig)* aus weichem Holz geschnitzt, sehr umgänglich sein; *je touche du ~* toi, toi, toi! unberufen! *je vous montrerai de quel ~ je me chauffe* ich werde euch (Ihnen) zeigen, was ich kann; **7.** ▶ *charbon m de ~* Holzkohle *f; sciure f de ~* Sägemehl *n; ~ de chauffage, à brûler* Brennholz *n; ~ de construction* Bauholz *n.* **boisé, e** *a* bewaldet. **boiserie** *f* Holzverkleidung, Holztäfelung *f.*
boisson [bwasɔ̃] *f* Getränk *n;* ▶ *être pris de ~* betrunken sein; *débit m de ~* Ausschank *m; ~ rafraîchissante* Erfrischungsgetränk *n.*
boîte [bwat] *f* **1.** Schachtel *f;* **2.** Büchse; Dose *f;* **3.** Kasten *m;* **4.** *tech* Kapsel *f;* Gehäuse *n;* **5.** Briefkasten *m;* **6.** *fam péj* Laden *m;* **7.** *(Schule)* Penne *f;* **8.** *pop* Kittchen *n;* **9.** *mettre qn en ~ (fam)* sich über jdn lustig machen; **10.** ▶ *~ d'allumettes* Streichholzschachtel *f; ~ en carton* Pappschachtel *f;* Schutzkarton *m; ~ à cigares* Zigarrenkiste *f; ~ à conserve* Konservendose *f; ~ crânienne* Hirnschale *f; ~ à gants* Handschuhkasten *m; ~ à messages (inform)* Mailbox *f; ~ noire* Flugschreiber *m; ~ de nuit* Nachtlokal *n; ~ à ordures* Abfalleimer; Müllkasten *m; ~ à outils* Werkzeugkasten *m; ~ à ouvrage* Nähkasten *m; ~ postale* Postschließfach *n; ~ à savon* Seifendose *f; ~ de secours, à pansements* Verband(s)kasten *m; ~ à sel* Salzfaß *n; ~ à vitesses* Getriebe *n.*
boiter [bwate] *itr* **1.** hinken *a. fig;* humpeln; **2.** *(Tisch)* wackeln; **3.** *fig* hapern; ▶ *~ du pied droit* auf dem rechten Fuß hinken. **boiteux, se** *a* **I. 1.** hinkend *a. fig;* humpelnd; lahm; **2.** *(Möbelstück)* wack(e)lig; **3.** *fig* schief; *(Satz)* holp(e)rig; **II.** *s m f* Hinkende(r *m*) *f.*
boîtier [bwatje] *m tech* Gehäuse *n;* Kasten *m;* ▶ *~ de raccordement (inform)* Anschlußbox *f.*
boitiller [bwatije] *itr* leicht hinken.
bol [bɔl] *m* **1.** Schale *f;* **2.** *fam* Chance *f;* ▶ *fam fig avoir du ~* Schwein haben; *(fam) en avoir ras le ~* die Nase voll haben; *prendre un ~ d'air* frische Luft schnappen.
bolchevik [bɔlʃəvik] , **bolcheviste** *a* bolschewistisch. **bolchevisme** *m* Bolschewismus *m.*
boléro [bɔleʀo] *m* Bolero(-jäckchen *n*) *m.*
bolide [bɔlid] *m* Rennwagen *m;* ▶ *passer comme un ~* vorbei≈flitzen, -sausen.
Bolivie, la [bɔlivi] Bolivien *n.* **bolivien, ne** *a* bolivianisch. **Bolivien, ne** *m* Bolivianer(in *f*) *m.*
bombance [bɔ̃bɑ̃s] *f:* ▶ *faire ~* schlemmen, schwelgen.
bombardement [bɔ̃baʀdəmɑ̃] *m* Bombardierung *f.* **bombarder** *tr* **1.** beschießen; **2.** *aero* bombardieren *a. fig;* mit Bomben belegen; **3.** bewerfen (*de* mit); **4.** *fig fam* auf e-n Posten katapultieren (*qn* jdn). **bombardier** *m* **1.** Bombenflugzeug *n,* Bomber *m;* **2.** Bombenschütze *m.* **bombe** [bɔ̃b] *f* **1.** Bombe *f, a.* (Glas-)Ballon *m;* **2.** Spraydose *f;* **3.** Sensationsnachricht *f;* ▶ *arriver, tomber comme une ~ (fam)* plötzlich, unvermutet hereingestürzt kommen; *éclater comme une ~ (fig)* wie e-e Bombe platzen; *attentat m à la ~* Bombenattentat *n; ~ à (d')aérosol* Spray, Sprühdose *f; ~ A, atomique* Atombombe *f; ~ H, à hydrogène* Wasserstoffbombe *f.*
bombé, e [bɔ̃be] *a* **1.** gewölbt; **2.** *(Glas)* bauchig. **bomber I.** *tr* wölben; aus≈bauchen; ▶ *~ un slogan sur un mur* Parolen an e-e Wand sprühen; **II.** *itr* **1.** sich wölben; **2.** *fam (Holz)* sich werfen; **3.** *fam (Fahrzeug)* rasen.
bon, bonne [bɔ̃, bɔn] **I.** *a adv* **1.** gut; einwandfrei, richtig, genau; **2.** günstig; angenehm; glücklich; **3.** lustig, witzig; **4.** brav, gutmütig; liebenswürdig; lieb; ordentlich; **5.** tüchtig, beträchtlich; **6.** geeignet, geschickt, brauchbar (*pour* für); **7.** gültig (*pour* für); **8.** fertig, bereit (*à* zu, für); **II.** *s m* **9.** Gute(s) *n;* Gute(r) *m, pl* Gute(n) *m pl;* **10.** Nutzen, Vorteil *m;* **11.** *com* Anweisung *f,* Gutschein *m;* **12.** ▶ *assez ~* ausreichend; *de ~ cœur* herzlich gern; *de bonne foi* aufrichtig; gutgläubig; *de bonne heure* früh(zeitig); *~ marché* billig; *de ~ matin* sehr früh; *à ~ port* sicher; *pour de ~, tout de ~* wirklich, ernstlich; **13.** ▶ *arriver ~ premier* mit großem Vorsprung, als erster an≈kommen; *avoir bonne main* e-e glückliche Hand haben; *en conter, en dire de bonnes* schöne Geschichten erzählen; *croire, juger ~* für gut erachten; *être en ~s termes avec qn* mit jdm gut stehen; *faire ~ poids* gut wiegen; *sentir ~* gut riechen; *tenir ~* stand≈halten; **14.** ▶ *bonne année!* glückliches Neujahr! *à la bonne heure!* so ist's recht! das ist schön! *comme ~ vous semble* wie es

Ihnen beliebt, nach Ihrem Gutdünken; *j'y mettrai ~ ordre* das werde ich schon in Ordnung bringen; *il n'est ~ à rien* er ist zu nichts zu gebrauchen; *c'est ~ à savoir* das muß man sich merken; *vous en avez de bonnes!* Sie scherzen! *à quoi ~?* wozu? **15.** ▶ *~ à boire, à manger* trink-, eßbar; *~ de commande* Bestellschein *m; ~ mot m* Witz *m; ~ au porteur* auf den Inhaber lautende(r) Gutschein *m; ~ du Trésor* Schatzanweisung *f; ~ à tout* Allzweck-.

bonbon [bɔ̃bɔ̃] *m* Bonbon *m* od *n.* **bonbonnière** *f;* **1.** Bonbonniere *f;* **2.** kleine, elegante Wohnung *f.*

bond [bɔ̃] *m* Sprung, Satz *m;* ▶ *faire faux ~* sein Wort brechen; versetzen (*à qn* jdn); *saisir la balle au ~ (fig)* die Gelegenheit beim Schopf ergreifen.

bonde [bɔ̃d] *f* Spundloch *n.* **bondé, e** *a* überfüllt.

bondieuserie [bɔ̃djøzʀi] *f péj pl* Devotionalien *pl.*

bondir [bɔ̃diʀ] *itr* **1.** ab⸗-, auf⸗prallen; **2.** (auf⸗)springen; **3.** hüpfen (*de joie* vor Freude); **4.** in die Höhe fahren; **5.** *(Wellen)* auf⸗schlagen; ▶ *il me fait ~* er macht mich rasend. **bondissant, e** *a* hüpfend, springend.

bonheur [bɔnœʀ] *m* Glück *n;* ▶ *au petit ~* auf gut Glück; *par ~* glücklicherweise; *porter ~* Glück bringen.

bonhomie [bɔnɔmi] *f* Gutmütigkeit *f.*

bonhomme, *pl bonshommes* **I.** *s m* gutmütige(r) Mensch, gute(r) Kerl, Knirps, kleine(r) Mann; *(vieux ~)* Alte(r) *m;* **II.** *a* gutmütig; ▶ *aller, poursuivre son petit ~ de chemin* gemächlich s-n Weg gehen; *~ de neige* Schneemann *m.*

boni [bɔni] *m* **1.** Überschuß, Mehrbetrag *m;* **2.** Zulage, Prämie *f.* **boniche** [bɔniʃ] *f pop* Minna *f.*

bonification [bɔnifikasjɔ̃] *f* Verbesserung; *com* Vergütung *f;* Bonus *m;* ▶ *~ d'intérêts* Zinszuschüsse *m pl.* **bonifier** **I. 1.** verbessern; **2.** *com* vergüten; **II.** *v prn se ~* besser werden; sich bessern.

boniment [bɔnimɑ̃] *m* **1.** prahlerische Anpreisung; Reklame *f;* **2.** *fam* Quatsch, Schwindel *m;* ▶ *pas de ~s!* mach mir (doch) nichts vor!

bonjour [bɔ̃ʒuʀ] *m interj* guten Tag! guten Morgen! ▶ *souhaiter, donner le ~ à qn* jdm e-n guten Tag wünschen.

bonne [bɔn] **I.** *f* Hausgehilfin *f;* ▶ *~ à tout faire* Mädchen *n* für alles; *~ d'enfants* Kindermädchen *n;* **II.** *a f s. bon; ~-maman f* Oma *f.*

bonnement [bɔnmɑ̃] *adv: tout ~* einfach, wahrhaftig, wahrlich.

bonnet [bɔnɛt] *m* **1.** Mütze; Kappe *f;* **2.** *(Wiederkäuer)* Netzmagen *m;* **3.** *(Büstenhalter)* Schale *f;* ▶ *prendre qc sous son ~* etw auf seine Kappe nehmen; *c'est blanc ~ et ~ blanc* das ist Jacke wie Hose; *gros ~ (fig)* hohe(s) Tier *n.*

bonneterie [-nɛtʀi] *f* Trikotagen *f pl;* Wirk- u. Strickwarenindustrie *f.* **bonnetier, ère** [-ntie, -ɛʀ] *m f* **1.** Wirk- und Strickwarenhändler(in *f*), -fabrikant; **2.** Wirker *m.*

bonsaï [bɔ̃zaj] *m* Bonsai *m.*

bonsoir [bɔ̃swaʀ] *m* guten Abend! gute Nacht! ▶ *souhaiter, donner le ~ à qn* jdm e-n guten Abend wünschen.

bonté [bɔ̃te] *f* **1.** Güte *f;* **2.** *pl* erwiesene Freundlichkeit; **3.** *(Frau)* Gunst *f;* ▶ *ayez la ~ de ...* seien Sie so gut u. ... ; *~ divine!* ach du meine Güte! *~ du cœur* Herzensgüte *f.*

boomerang [bumʀɑ̃] *m* Bumerang *m;* ▶ *faire ~ (fig)* sich als Bumerang erweisen.

borborygme [bɔʀbɔʀigm] *m* Magenknurren *n.*

bord [bɔʀ] *m* **1.** *(Straße, Wald, Brunnen)* Rand *m; (Tisch)* Kante; **2.** Küste *f,* Ufer *n;* **3.** *(Kleid)* Saum *m,* Borte; Einfassung; **4.** *(Hut)* Krempe *f;* **5.** *mar* Bord *m;* Schiff *n;* ▶ *au ~ de* am Rande *gen;* neben *a. fig; ~ à ~* Seite an Seite; dicht nebenea.; *à ~ de sa voiture* in, mit s-m Auto; *aller, rester à ~* an Bord gehen, bleiben; *être au ~ des larmes* den Tränen nahe sein; *être du ~ de qn* derselben Partei wie jem an⸗gehören; die gleiche Meinung wie jem haben; *être plein (à) ras ~* randvoll sein; *jeter par-dessus ~* über Bord werfen; *virer de ~ (mar)* wenden; *fig* umschwenken; *livre m de ~ (mar)* Logbuch *n; tableau m de ~* Armaturenbrett *n.*

bordeaux [bɔʀdo] *m* Bordeaux(-Wein) *m.*

bordée [bɔʀde] [bɔʀde] *f mar* Breitseite *f;* ▶ *tirer une ~ (mar)* lavieren.

bordel [bɔʀdɛl] *m* Bordell *n;* ▶ *quel ~ ici!* was für e-e Unordnung, ein Saustall!

bordelais, e [bɔʀdəlɛ, -ɛz] *a* aus Bordeaux; *s f* Faß *n* von 225 l; typische Weinflasche *f* aus Bordeaux.

border [bɔʀde] *tr* **1.** ein⸗fassen, besetzen, säumen; bördeln; **2.** sich entlang⸗ziehen (*qc* an e-r S); ▶ *~ un lit* das Bettlaken ein⸗schlagen.

bordereau [bɔʀdəʀo] *m* Verzeichnis *n;* Liste, Aufstellung *f;* Begleitschein *m;* ▶ *~ d'envoi, d'expédition* Begleitschein *m; ~ de versement* Einzahlungsschein *m.*

bordure [bɔʀdyʀ] *f* **1.** Rand *m;* **2.** Saum *m;* Borte, Einfassung, Verbrämung; Umrandung; Zierleiste *f;* (Hut-)Rand *m;* Rabatte *f;* ▶ *en ~ de* am Rande *gen,* entlang *dat; en ~ de mer, de la côte* an der Küste.

bore [bɔʀ] *m chem* Bor *n.*

boréal, e [bɔʀeal] *a* nördlich; Nord-.

borgne [bɔʀɲ] **I.** *a* **1.** einäugig; **2.** *(Hotel)* zweideutig; **II.** *s m f* Einäugi-

ge(r *m*) *f.*
borique [bɔʀik] *a chem:* ► *acide m* ~ Borsäure *f.*
borne [bɔʀn] *f* **1.** Grenz-, Mark-, Eckstein *m;* **2.** *el* Klemme *f;* **3.** *(fam)* Kilometer *m;* **4.** *pl* Grenzen; **5.** *fig pl* Schranken *f pl;* ► *sans ~s* grenzenlos; *dépasser les ~s* zu weit gehen; *se tenir dans des ~s* sich in Grenzen halten; ~ *kilométrique* Kilometerstein *m;* ~ *lumineuse* Leuchtpfosten *m (e-r Verkehrsinsel).* **borné, e** *a* begrenzt, beschränkt *a. fig;* engstirnig, borniert. **borner I.** *tr* **1.** ab=, begrenzen; **2.** beschränken *a. fig;* **II.** *v prn se* ~ sich begnügen (*à* mit), sich beschränken (*à* auf *acc*).
Bosnie, la [bɔsni] Bosnien *n.*
bosquet [bɔskɛ] *m* Wäldchen *n;* Baumgruppe *f.*
bosse [bɔs] *f* **1.** Beule *f;* **2.** Buckel, Höcker *m;* **3.** Unebenheit, Erhebung *f;* **4.** erhabene Arbeit *f,* Relief *n;* Modellfigur *f;* ► *(fam) avoir la* ~ *de* begabt sein für; *se faire une* ~ e-e Beule bekommen; *rouler sa* ~ *(fam)* immer auf Achse sein. **bosseler** *tr* **1.** bossieren; **2.** durch Beulen verunstalten.
bosser [bɔse] *itr pop* schuften. **bosseur, se** *m f pop* Arbeitstier *n.*
bossu, e [bɔsy] **I.** *a* **1.** buck(e)lig; verwachsen; **2.** krumm; **II.** *s m f* Bucklige(r *m*) *f;* ► *rire comme un* ~ sich vor Lachen den Bauch halten.
bot, e [bo, bɔt] *a:* ► *pied m* ~ Klumpfuß *m.*
botanique [bɔtanik] **I.** *a* botanisch; **II.** *s f* Botanik *f.* **botaniste** *m* Botaniker *m.*
botte [bɔt] *f* **1.** Bündel, Büschel *n;* **2.** (Schaft-) Stiefel *m;* ► *(pop) lécher les ~s de qn* vor jdm katzbuckeln; *lier, mettre en ~s* bündeln; ~ *en caoutchouc* Gummistiefel *m;* ~ *de foin, de paille* Bund *n* Heu, Stroh; *~s de sept lieues* Siebenmeilenstiefel *m pl;* ~ *de radis* Bund *n Radieschen.* **botteler** *tr* bündeln. **botter** *tr (Fußball)* schießen (*un but* ein Tor); ► ~ *le derrière, les fesses à qn (pop)* jdm in den Hintern treten; *(fam) ça me botte* das paßt, gefällt mir gut; *chat m botté* gestiefelte(r) Kater *m.* **bottier** *m* Schuhmacher *m.*
Bottin [bɔtɛ̃] *m* Telefonbuch *n.*
bouc [buk] *m* **1.** (Ziegen-)Bock; **2.** Spitz-, Kinnbart *m;* ► ~ *émissaire* Sündenbock *m.*
boucan [bukɑ̃] *m fam* Lärm, Radau *m.* **boucaner** *tr* **1.** räuchern; **2.** *(Gesicht)* gerben.
bouche [buʃ] *f* **1.** Mund *m;* **2.** *(Tier)* Maul *n;* Schnauze *f;* Rachen *m;* **3.** Öffnung *f,* Eingang *m;* Loch *n;* **4.** *(Vulkan)* Schlund *m;* **5.** *meist pl (Fluß)* Mündung *f;* **6.** *tech* Mundstück *n;* ► *de* ~ *en* ~ von Mund zu Mund; *faire la petite, la fine* ~ sich zieren, sehr wählerisch sein; *avoir l'eau à la* ~ den Mund wäßrig machen; *fermer la* ~ *à qn* jdm den Mund stopfen; *garder qc pour la bonne* ~ etw bis zuletzt auf=sparen; *rester* ~ *cousue* den Mund nicht aufmachen; *l'eau m'en vient à la* ~ da läuft e-m das Wasser im Munde zs.; *fine* ~ Feinschmecker *m;* ~*-à-*~ *m (med)* Mund-zu-Mund-Beatmung *f;* ~ *d'eau* Wasseranschluß *m;* ~ *d'incendie* Hydrant *m;* ~ *inutile* unnütze(r) Esser *m;* ~*-trou m fig* Lückenbüßer; *(Zeitung)* Füller *m.*
bouché, e *a* **1.** verstopft; **2.** *(Wetter)* trübe; *(Himmel)* bedeckt; **3.** *(Flasche)* verkorkt; **4.** ► *être* ~ *(fig fam)* beschränkt, bekloppt sein; *(Beruf)* keine Aussicht auf Anstellung bieten.
bouche-à-oreille [buʃaɔʀɛj] *m* Mundpropaganda *f.* **bouchée** *f* **1.** Bissen, Mundvoll *m;* **2.** gefüllte(s) Schokoladebonbon *n;* ► *ne faire qu' une* ~ *de qc* mit etw schnell fertig werden; *(fam) mettre les ~s doubles* doppelte Arbeit leisten; *il l'a obtenu pour une* ~ *de pain* er hat es für ein Butterbrot bekommen; ~ *à la reine* Königinpastete *f.* **boucher** [buʃe] **I.** *tr* **1.** ver-, zu=stopfen; zu=machen; **2.** *(Flasche)* verkorken; **3.** *(Augen)* zu=halten; **4.** *arch* zu=mauern; zu=schmieren; **5.** *tech* ab=dichten; **6.** *(Weg, Aussicht)* versperren; blockieren; **7.** *fig (Zukunft)* verbauen; **II.** *v prn;* ► *se* ~ *le nez* sich die Nase zu=halten; *se* ~ *les yeux, les oreilles* nichts sehen, hören wollen.
boucher [buʃe] *s m* **1.** Fleischer, Metzger, Schlachter *m;* **2.** *fig* Bluthund *m.* **bouchère** *f* Fleischers-, Schlachters-, Metzgersfrau *f.* **boucherie** *f* **1.** Fleischerei, Metzgerei, Schlachterei *f;* Schlachter-, Fleischer-, Metzgerladen *m;* **2.** *fig* Gemetzel *n;* ► *~-charcuterie f* Fleisch- und Wurstwarengeschäft *n.*
bouchon [buʃɔ̃] *m* **1.** Verschluß *m;* Pfropfen, Stöpsel *m;* **2.** Korken; Zapfen; Spund *m;* **3.** Verkehrsstau(ung *f*) **4.** *(an der Angel)* Schwimmer *m.*
boucle [bukl] *f* **1.** Schnalle; Spange *f;* Ring *m;* Schlaufe, Öse *f;* Bügel *m;* **2.** (Haar-)Locke *f;* **3.** *(Fluß)* Windung, Schleife *f;* ► ~ *d'oreille* Ohrring *m.* **boucler I.** *tr* **1.** an=, zu=schnallen; **2.** *fam* ein=sperren, -schließen; **3.** in Locken legen; **4.** *fam* ab=schließen, beenden; **5.** *pop (Laden)* schließen; **6.** *(Stadtviertel)* abriegeln; ► ~ *la boucle* zum Ausgangspunkt zurückkehren; wieder am Ausgangspunkt stehen; **II.** *itr* sich locken, sich ringeln; e-e Schleife ziehen; ► ~ *une affaire (fam)* e-e Sache erledigen, ab=schließen; ~ *son budget (fam)* über die Runden kommen; mit s-m Gehalt auskommen.
bouclier [buklije] *m* **1.** Schild *m a. fig;* **2.** *tech* Vortriebsschild *m;* **3.** *fig* Schutz *m.*

bouddhique [budik] *a* buddhistisch. **bouddhisme** *m* Buddhismus *m.* **bouddhiste I.** *s m f* Buddhist(in *f*) *m;* **II.** *a* buddhistisch.

bouder [bude] **I.** *tr* schmollen (*qn* mit jdm); die kalte Schulter zeigen (*qn* jdm); ablehnen (*qc* etw); **II.** *itr* schlecht gelaunt sein. **bouderie** *f;* **1.** Schmollen *n;* **2.** *fig* Ablehnung *f.* **boudeur, se I.** *a* schmollend; **II.** *s m f* Trotzkopf *m.*

boudin [budɛ̃] *m* **1.** Blutwurst *f;* **2.** *arch* Wulst, Rundstab *m;* **3.** *fam (Mädchen)* Vogelscheuche *f;* **4.** *pl fam fig* Wurstfinger *m pl;* ► *en* ~ spiralförmig; *ressort m à* ~ Spiralfeder *f.* **boudiné, e** *a* eingezwängt; ► *doigts m pl* ~*s* (Brat)Wurstfinger *m pl.* **boudiner** *tr* **1.** *tech* strangpressen; *text* vorspinnen; **2.** ► *ça boudine* das sitzt zu eng.

boudoir [budwaʀ] *m* Boudoir *n.*

boue [bu] *f* **1.** Schmutz; Dreck; Schlamm *m;* **2.** *geol* (Schlamm-)Ablagerung *f;* ► *traîner qn dans la* ~ jdn in den Schmutz ziehen.

bouée [bwe] *f* Boje, Bake *f;* ► ~ *de sauvetage* Rettungsboje *f,* -ring *m; fig* letzte Rettung *f.*

boueux, se [buø, -øz] *a* schmutzig, dreckig; schlammig; *typ* unsauber.

bouffant, e [bufɑ̃] *a* bauschig; ► *manche f* ~*e* Puffärmel *m.*

bouffe [buf] **I.** *a* komisch; **II.** *s m theat* Buffo *m; s f pop* Fraß *m;* Fresserei *f.*

bouffée [bufe] *f* **1.** Hauch; Dunst *m;* (Rauch-)Wolke *f;* Qualm; Schwall; **2.** *(Raucher)* Zug *m;* **3.** *fig* Anfall *m;* Anwandlung *f;* ► *par* ~*s* stoß-, ruckweise; *tirer des* ~*s de sa pipe* qualmen, paffen; ~ *d'air* Luftstoß *m;* ~ *de chaleur (med)* fliegende Hitze *f;* ~ *de parfum* Duftwolke. **bouffer I.** *itr* sich bauschen; **II.** *tr (pop)* fressen; *(pop)* ► *avoir envie de* ~ *qn* jdn vor Wut erwürgen können; **III.** *v prn* ► *(pop) se* ~ *le nez* sich in den Haaren liegen.

bouffi, e [bufi] *a* **1.** *fig* aufgeblasen; **2.** *(Gesicht)* aufgedunsen; **3.** *(Augen)* geschwollen. **bouffir** *tr itr* auf-, an⸗schwellen (lassen). **bouffissure** *f med* Aufgedunsenheit, Aufgeschwemmtheit *f.*

bouffon, ne [bufɔ̃, -ɔn] **I.** *a* komisch, närrisch; **II.** *s m* Possenreißer; Clown *m.* **bouffonnerie** *f* **1.** Possenhaftigkeit *f;* **2.** *pl* derbe Späße *m pl.*

bouge [buʒ] *m* **1.** elende(s) Loch *n (Wohnung);* Spelunke *f;* **2.** *(Faß)* Bauch *m.*

bougeotte [buʒɔt] *f:* ► *avoir la* ~ *(fam)* kein Sitzfleisch haben; ewig auf Achse sein. **bouger** ‹*Prés. je bouge, ns bougeons; Fut. je bougerai; pp. bougé, e*› **I.** *itr* sich rühren, sich regen, sich bewegen; *pol* aufmüpfig werden; **II.** *tr* bewegen (*le bras* den Arm); ► *ça bouge* es gärt; *ne pas* ~ *(fam)* sich nicht rühren; *(Preise)* stabil bleiben; *ne pas* ~ *le petit doigt* keinen Finger krumm machen; **III.** *v prn fam: se* ~ etwas unternehmen; sich in Bewegung setzen, sich rühren.

bougie [buʒi] *f* **1.** (Wachs-, Stearin-, *mot* Zünd-)Kerze *f;* **2.** *med* Sonde *f,* Katheter *m.*

bougnoule [buɲul] *m pej* Nordafrikaner *m.*

bougon, ne [bugɔ̃, -ɔn] **I.** *a fam* mürrisch, sauertöpfisch, miesepetrig; **II.** *s m* Nörgler *m.* **bougonner** *itr fam* brummen, murren.

bougre, bougresse [bugʀ, -gʀɛs] **I.** *s m f pop* Kerl *m;* **II.** *interj* verflixt! ► *bon* ~ gute(r) Kerl *m; pauvre* ~ arme(r) Teufel *m;* ~ *de temps* Hunde-, Sauwetter *n;* ~ *d'imbécile!* Dummkopf! **bougrement** [-gʀə-] *adv pop* verdammt, verflixt.

boui-boui [bwibwi] *m fam* (miese) Kneipe *f.*

bouillabaisse [bujabɛs] *f* Fischsuppe *f (in der Provence).*

bouillant, e [bujɑ̃, -t] *a* **1.** kochend; siedend; heiß; **2.** *fig* aufbrausend; hitzig; erregt; heftig; ► ~ *de colère, de fureur* zorn-, wutschnaubend.

bouille [buj] *f fam* Kopf *m;* Gesicht *n.*

bouilli, e [buji] *a* gekocht. **bouillie** *f* Brei; Papp *m;* ► *en* ~ verkocht; *mettre en* ~ *(fam)* zu Brei schlagen. **bouillir** ‹*Prés. je bous, ns bouillons; Fut. je bouillirai; pp. bouilli, e; Subj. que je bouille, que ns bouillions*› **I.** *itr* kochen sieden; **II.** *tr* kochen; *(Wasser)* ab⸗kochen; ► *faire* ~ *à petit feu* auf kleiner Flamme (ab⸗)kochen; ~ *de colère, d'impatience* vor Wut kochen, vor Ungeduld vergehen. **bouilloire** *f* Wasserkessel *m.*

bouillon [bujɔ̃] *m* **1.** (Fleisch-)Brühe, Bouillon *f;* **2.** (Luft-)Blase; **3.** *typ* Remittenden *f pl;* **4.** *(Kleid)* Bausch *m,* Falte; ► *à gros* ~*s* sprudelnd; *boire, prendre un* ~ e-e Tasse Brühe trinken; *(beim Baden)* Wasser schlucken; *fig fam* viel Geld verlieren; *saigner à gros* ~*s* heftig bluten; ~ *de culture* Nährlösung *f;* ~ *de légumes* Gemüsesuppe *f.* **bouillonnant, e** *a* sprudelnd, brodelnd. **bouillonner** *itr* **1.** sprudeln, (auf⸗) wallen; **2.** schäumen, auf⸗brausen; gären.

bouillotte [bujɔt] *f* Wärmflasche *f.*

boulange [bulɑ̃ʒ] *f fam* Bäckerhandwerk *n.* **boulanger, ère** *s m f* Bäcker(sfrau *f*) *m; a:* ► *garçon m* ~ Bäckergeselle *m.* **boulanger** *tr:* ► ~ *de la farine* Mehl verbacken. **boulangerie** *f* Bäckerei *f;* Bäckerladen *m;* ► ~*-pâtisserie* Brot- und Feinbäckerei *f.*

boule [bul] *f* **1.** Kugel *f;* Ball *m;* **2.** *pop* Kopf *m;* **3.** ▶ *avoir une ~ dans la gorge (fam)* e-n Kloß im Halse haben; *avoir les nerfs en ~* mit den Nerven herunter, wütend, reizbar sein; *avoir la ~ à zéro* ganz kurz geschnittene Haare haben; *faire ~ de neige (fig)* lawinenartig an=wachsen; *(Nachricht)* sich wie ein Lauffeuer verbreiten; um sich greifen; *faire des yeux en ~ de loto* große Augen machen; *se mettre en ~* sich zs.=rollen; *fig* wütend werden; *perdre la ~ (fam)* durchdrehen, spinnen; **4.** ▶ *~ de gomme* Hustenbonbon *m* od *n; ~ de neige* Schneeball *m; jeu m de ~s* Kugelspiel *n.*
bouleau [bulo] *m* Birke *f.*
bouledogue [buldɔg] *m* Bulldogge *f.*
bouler [bule] *tr* ▶ *(pop) envoyer ~* zum Teufel jagen; hinaus=komplimentieren.
boulet [bulɛ] *m: (~ de charbon)* Eierkohle *f;* ▶ *tirer à ~s rouges sur qn (fig)* jdn schonungslos an=greifen; *traîner un ~ (fig)* e-n Klotz am Bein haben. **boulette** *f* **1.** Kügelchen *n;* **2.** Bulette *f,* gebratene(s) Fleischklößchen *n.*
boulevard [bulvaʀ] *m* Boulevard *m.*
bouleversant, e [bulvɛʀsɑ̃] *a* erschütternd. **bouleversement** *m* **1.** Umwälzung; (völlige) Umgestaltung; Umschichtung *f;* **2.** *fig* Erschütterung *f.* **bouleverser** *tr* **1.** völlig durchea.=bringen, -werfen; um=schichten, völlig verändern; **2.** *fig* zerrütten, auf=wühlen, aus der Fassung bringen; erschüttern.
boulimie [bulimi] *f* Eßsucht *f; med* Bulimie *f a. fig.*
bouliste [bulist] *m* Boulespieler *m.* **boulodrome** *m* Bouleplatz *m.*
boulon [bulɔ̃] (Schrauben-)Bolzen; *f.*
boulonner [bulɔne] **I.** *tr* verbolzen; an=schrauben; **II.** *itr pop* schuften.
boulot, te [bulo, -ɔt] **I.** *a* rund(lich); klein u. dick; **II.** *s m f* kleine(r) Dicke(r *m*) *f; m fam* Arbeit *f;* ▶ *aller au ~ (fam)* zur Arbeit gehen; *petit ~* Gelegenheitsarbeit *f.*
boum [bum] **I.** *interj* bum(s)! **II.** *s m:* ▶ *être en plein ~ (fam)* alle Hände voll zutun haben. **boumer** *itr:* ▶ *ça boume?* alles in Ordnung?
bouquet [bukɛ] *m* **1.** (Baum-)Gruppe *f;* **2.** (Blumen-)Strauß *m;* **3.** *(Wein)* Blume *f,* Bukett *n;* **4.** *(Feuerwerk)* Bukett *n;* **5.** ▶ *cueillir, faire un ~ de fleurs* e-n Blumenstrauß pflücken, binden; *ça, c'est le ~ (fam)* das ist ein starkes Stück. **bouquetière** *f* Blumenmädchen *n.*
bouquetin [buktɛ̃] *m zoo* Steinbock *m.*
bouquin [bukɛ̃] *m fam* Schmöker *m.* **bouquiner** *itr fam* schmökern. **bouquiniste** *m* Antiquar *m (am Seineufer).*
bourbe [buʀb] *f* Schlamm, Morast *m.* **bourbeux, se** *a* schlammig, morastig.
bourbier *m* **1.** Schlamm-, Sumpfloch *n;* **2.** *fig* Klemme *f;* ▶ *tomber dans un ~* in e-n Sumpf, *fig* in e-e üble Geschichte geraten.
bourde [buʀd(ə)] *f fam* grobe(r) Fehler, Schnitzer *m.*
bourdon [buʀdɔ̃] *m* **1.** Hummel *f;* **2.** große Glocke *f;* **3.** *faux ~* Drohn(e *f*) *m;* ▶ *avoir le ~* trüben Gedanken nachhängen. **bourdonnement** *m* **1.** Brummen, Summen *f;* **2.** *(Motor)* Dröhnen *f;* **3.** Stimmengewirr *n;* ▶ *~ d'oreilles* Ohrensausen *n.* **bourdonner** *itr* **1.** summen, brummen; **2.** surren; dumpf dröhnen; **3.** *(Ohren)* sausen.
bourg [buʀ] *m* Marktflecken *m.* **bourgade** [-gad] *f* kleine(r) Marktflecken *m.*
bourgeois, e [buʀʒwa] **I.** *s m f* **1.** Bürger(in *f*) *m;* **2.** Spieß(bürg)er *m;* **3.** *f pop* (Ehe-)Frau, Gattin *f;* **II.** *a* **4.** bürgerlich; **5.** spießig, kleinstädtisch; ▶ *petit ~* Kleinbürger *m.* **bourgeoisie** *f* Bürgertum *n;* Bürgerschaft *f.*
bourgeon [buʀʒɔ̃] *m* Knospe *f.* **bourgeonner** *itr* **1.** knospen; **2.** Pickel bekommen.
bourgmestre [buʀgmɛstʀ] *m* Bürgermeister *m.*
Bourgogne, la [buʀgɔɲ] Burgund *n.* **bourgogne** *m* Burgunder(wein) *m.* **bourguignon, ne** [-giɲɔ̃, -ɔn] *a* burgundisch. **Bourguignon, ne** *m f* Burgunder(in *f*) *m.*
bourlinguer [buʀlɛ̃ge] *itr* **1.** *mar* gegen Wellen u. Wind kämpfen; **2.** *fam* ein unstetes Leben führen; viel herum=kommen.
bourrade [buʀad] *f* Rippenstoß; Puff; Klaps *m.*
bourrage [buʀaʒ] *m* **1.** Füllen, Stopfen *n;* **2.** Stopfmaterial *n;* ▶ *~ de crâne* propagandistische Bearbeitung; Indoktrinierung; *(Schule)* Überfütterung *f* mit Wissensstoff.
bourrasque [buʀask] *f* (jäher) Windstoß *m.*
bourratif, ive [buʀatif] *a fam* schwer verdaulich.
bourre [buʀ] *f* **1.** Füll-, Wollhaar *n;* **2.** *text* Spinnereiabfälle *m pl;* **3.** *(Kissen)* Füllung *f;* **4.** *bot* Flaum *m;* ▶ *(fam) être à la ~* sich verspäten.
bourré, e [buʀe] *a* **1.** vollgestopft, -gepfropft; (an)gefüllt, gespickt (*de* mit) **2.** *fam* besoffen.
bourreau [buʀo] *m* **1.** Henker, Scharfrichter *m;* **2.** *fig* Peiniger *m;* ▶ *~ des cœurs* Herzensbrecher *m; ~ de travail (fig)* Arbeitstier *n.* **bourrelé, e** [buʀle] *a:* ▶ *~ de remords* von Gewissensbissen gepeinigt.
bourrelet [buʀlɛ] *m* **1.** Wulst *m;* **2.** *(an Türe und Fenster)* Dichtungsband *n;* ▶ *~ de graisse* Fettwulst *m.*
bourrelier [buʀəlje] *m* Sattler *m.*

bourrer [buʀe] **I.** *tr* **1.** (voll=)stopfen, füllen; *(Koffer)* voll=pfropfen, -stopfen *a. fig;* **2.** *(Kind)* überfüttern; **3.** *fam (~ de coups)* verdreschen; **II.** *v prn se ~ de qc* sich mit etw vollstopfen; *fam* sich den Bauch vollschlagen; ► *~ le crâne de qn* jdn bearbeiten, indoktinieren; jdn irreführen; *(Schule)* mit Wissensstoff überfüttern.

bourru, e [buʀy] *a* **1.** mürrisch, barsch, schroff; **2.** *lait m ~* kuhwarme Milch *f; vin m ~* neue(r) (Weiß-)Wein *m.*

bourricot [buʀiko] kleine(r) Esel *m.* **bourrin** *m fam* Gaul *m.* **bourrique** *f* **1.** Eselin *f;* **2.** *fig pop* Dummkopf; ► *(fam) faire tourner qn en ~* jdn verrückt machen.

bourse [buʀs] *f* **1.** (Geld-)Börse *f,* Geldbeutel *m;* Geld *n;* **2.** Stipendium *n;* **3.** *com* Börse *f;* **4.** ► *sans ~ délier* ohne e-n Pfennig auszugeben; *avoir la ~ bien garnie* gut bei Kasse sein; *faire ~ à part, commune* getrennte, gemeinsame Kasse führen, machen; *tenir les cordons de la ~* über das Geld verfügen; **5.** ► *~ des valeurs* Wertpapier-, Effektenbörse *f.* **boursicoter** *itr* ein wenig an der Börse spekulieren. **boursicoteur, boursicotier** *m* kleine(r) Börsenspekulant *m.* **boursier, ière I.** *a* Börsen-; **II.** *s m f* **1.** Stipendiat(in *f*) *m;* **2.** Börsianer *m.*

boursouflé, e [buʀsufle] *a (Gesicht)* aufgedunsen, schwülstig. **boursoufler I.** *tr* an=schwellen, auf=quellen lassen; **II.** *v prn se ~* sich werfen, auf=quellen, blasig werden. **boursouflure** *f* **1.** Aufblähung; Aufwölbung *f;* **2.** *(Glas)* Schliere *f;* **3.** *(Gesicht)* Schwellung *f;* **4.** *(Stil)* Schwulst *m.*

bousculade [buskylad] *f* **1.** Gedränge *n* **2.** Durcheinander *n;* Hast *f.* **bousculer I.** *tr* **1.** in Unordnung bringen; **2.** an=rempeln; herum=stoßen; **3.** drängen, *fam* hetzen; **II.** *v prn se ~* sich drängeln, hasten; ► *être ~é* gehetzt, sehr beschäftigt sein.

bouse [buz] *f* (Kuh-)Mist, Fladen *m.* **bouseux** *m fam pej* Bauer *m.* **bousier** *m zoo* Mistkäfer *m.*

bousiller *tr* **1.** stark beschädigen, kaputt=machen; **2.** *(Arbeit)* verpfuschen, versauen.

boussole [busɔl] *f* Kompaß *m;* ► *perdre la ~ (fig fam)* den Kopf verlieren.

boustifaille [bustifaj] *f pop* Fressen *n.*

bout [bu] *m* **1.** *(räumlich)* Ende *n,* Spitze; **2.** *(Stock)* Zwinge *f,* Knauf *m;* **3.** *(petit ~)* Knirps *m;* **4.** *(Zigarre)* Stummel; **5.** *(Kerze)* Stumpf *m;* **6.** *(zeitlich)* Ende *n;* Ab-, Verlauf *m;* Stück(chen), Endchen *n;* **7.** ► *~ à ~* aneinander; *à ~* am Ende; *au ~ de* nach (Ablauf von); *tout au ~* am äußersten Ende; *à ~ portant* aus nächster Nähe; *à tout ~ de champ* bei jeder Gelegenheit; *au ~ du compte* schließlich; *d'un ~ à l'autre, de ~ en ~* von Anfang bis zu Ende; **8.** ► *(fam) en connaître un ~* etw davon verstehen; *être au ~ de, à ~ de* am Ende sein *gen; faire un ~ de lecture* ein bißchen lesen; *joindre les deux ~s* mit seinem Geld aus=kommen; *manger du ~ des dents* ohne Appetit, widerwillig essen; *mener qn par le ~ du nez* jdn an der Nase herum=führen; *mettre les ~s (pop)* ab=hauen, durch=brennen; *mettre ~ à ~* anea.=fügen; *prendre qc par le bon ~* etw richtig an=fangen; *répondre du ~ des lèvres* von oben herab antworten; unwillig, lässig antworten; *savoir qc sur le ~ du doigt* etw auswendig können; *tenir le bon ~* im Vorteil sein; *fam* fast fertig sein *(mit e-r Arbeit); venir à ~ de qc* mit etw fertig werden; etw zustande bringen; **9.** ► *j'ai le mot sur le ~ de la langue* das Wort schwebt mir auf der Zunge; **10.** ► *~ de table* Tischende *n.*

boutade [butad] *f* Geistesblitz; Scherz *m.*

boute-en-train [butɑ̃tʀɛ̃] *m fam inv* Betriebsnudel *f.*

bouteille [butɛj] *f* Flasche *f;* ► *avoir de la ~ (Wein)* abgelagert sein; *Person)* erfahren sein; *(Beziehungen)* seit vielen Jahren bestehen; *prendre de la ~ (fam)* älter, erfahrener werden; *bière f en ~s* Flaschenbier *n; ~ de bière, de vin* Flasche *f* Bier, Wein; *~ isolante* Thermosflasche *f.*

boutique [butik] *f* **1.** *(kleiner)* Laden *m;* ► *~ hors taxes* Duty-free-Shop *m;* **2.** *(Mode)* elegante(r) Laden *m,* Boutique *f.* **boutiquier, ère** *m f* Ladeninhaber(in *f*) *m.*

boutoir [butwaʀ] *m* **1.** *(Schwein)* Rüssel *m;* **2.** ► *coup m de ~ (fig)* verletzende Äußerung *f.*

bouton [butɔ̃] *m* **1.** Knospe *f;* **2.** *med* Pickel, *pl* Ausschlag; **3.** *(Kleider, Tür, Schublade, Klingel)* Knopf *m;* **4.** *tech* Taste *f; el* (Licht-)Schalter *m;* **5.** ► *appuyer sur un ~* e-e Taste drücken; *avoir des ~s sur le visage* Pickel im Gesicht haben; *tourner le ~* das Licht an=, aus=knipsen; *radio* an=, ab=stellen; **6.** ► *~ d'or* Butterblume *f; ~-pression m* Druckknopf *m; ~ de rose* Rosenknospe *f.* **boutonner I.** *itr* **1.** knospen; **2.** sich zu=knöpfen lassen; **3.** Pickel bekommen; **II.** *tr* zu=knöpfen; **III.** *v prn se ~* s-e Jacke *etc* zuknöpfen; zugeknöpft werden. **boutonneux, se** *a* pickelig. **boutonnière** *f* Knopfloch *n;* ► *avoir une fleur à la ~* e-e Blume im Knopfloch tragen.

bovin, e [bɔvɛ̃] **I.** *a* **1.** Rind(er)-; **2.** *fam fig (Blick)* ausdruckslos; **II.** *s m pl com*

Rinder(bestand *m*) *n pl.*
box [bɔks] *m* **1.** Einzelgarage, Box *f;* **2.** abgeteilte(r) Raum *m (Krankenhaus);* **3.** ▶ ~ *de l'accusé* Anklagebank *f.*
boxe [bɔks] *f* Boxen *n,* Boxsport *m;* ▶ *combat, match m de* ~ Boxkampf *m.* **boxer I.** *itr* boxen; **II.** *tr fam* mit Fäusten traktieren. **boxeur** *m* Boxer *m;* ▶ ~ *poids lourd* Schwergewichtsboxer *m.*
boyau [bwajo] *m* **1.** (Tier-, *fam* menschlicher) Darm *m;* **2.** *(Rad)* Schlauch *m;* **3.** enge(r) Durchgang *m;* ▶ *corde f à* ~ Darmsaite *f m.*
boycottage [bɔjkɔtaʒ] *m* Boykott *m.* **boycotter** *tr* boykottieren.
boy-scout [bɔjskut] *m* Pfadfinder *m.*
bracelet [bʀaslɛ] *m* Armband *n;* ▶ ~*-montre m* Armbanduhr *f.*
braconnage [bʀakɔnaʒ] *m* Wilddieberei *f.* **braconner** *itr* wildern. **braconnier** *m* Wilddieb *m.*
brader [bʀade] *tr* **1.** *com* verramschen, verschleudern; **2.** *fam fig* zu billig abgeben, verschenken. **braderie** [-dʀi] *f* (Straßen-)Verkauf *m* zu herabgesetzten Preisen. **bradeur** Ausverkäufer *m.*
braguette [bʀagɛt] *f* Hosenlatz, -schlitz *m.*
braillard, e [bʀajaʀ, -ʀd] **I.** *a fam* ewig schreiend; **II.** *s m f* Schreihals *m.* **brailler I.** *itr fam* schreien, kreischen, johlen; *(Hund)* jaulen; **II.** *tr (ein Lied)* grölen.
braiment [bʀɛmɑ̃] *m (Esel)* Iahen *n.* **braire** *itr* **1.** *(Esel)* iahen; **2.** *fam* plärren; ▶ *l'âne brait* der Esel iaht.
braise [bʀɛz] *f* (Holz-)Kohle(nglut) *f;* ▶ *avoir des yeux de* ~ feurige Augen haben; *être sur la* ~ *(fig)* auf glühenden Kohlen sitzen. **braiser** *tr* schmoren.
bramer [bʀame] *itr (Hirsch)* röhren.
brancard [bʀɑ̃kaʀ] *m* **1.** Kranken-, Tragbahre *f;* **2.** *pl* Gabeldeichsel *f.* **brancardier** *m* Krankenträger *m.*
branchage [bʀɑ̃ʃaʒ] *m* Astwerk, Gezweig; Reisig *n.* **branche** *f* **1.** Ast, Zweig *m;* Seitenwurzel *f;* **2.** *com* Zweig *m,* Branche, Sparte *f;* **3.** *tech (Zirkel)* Schenkel *m;* **4.** *(Hirsch)* Stange *f;* **5.** *(Leuchter, Fluß)* Arm *m;* **6.** *(Brille)* Bügel *m;* **7.** *(Kompaß)* Bein *n;* **8.** *(Familie)* Zweig *m,* Linie *f;* **9.** *(Wissenschaft)* Disziplin *f,* Fach *n;* **10.** ▶ *être comme l'oiseau sur la* ~ *(fig)* sich in einer prekären Lage befinden; *scier la* ~ *sur laquelle on est assis* den Ast ab=sägen, auf dem man sitzt; *(ma) vieille* ~*!* alter Junge! **11.** ▶ ~*-clef f* Schlüsselindustrie *f;* ~ *d'exploitation* Erwerbszweig *m.*
branché, e [bʀɑ̃ʃe] **1.** *tele* angezapft; **2.** *el* angeschlossen, angeschaltet; **3.** *fig* ausgerichtet (*sur* auf); ▶ *être* ~ *(fam)* auf dem Laufenden sein. **branchement** *m tech* Anschluß *m;* ▶ ~ *direct sur le secteur* Netzanschluß *m.* **brancher** *tr (Gerät) el* anschalten, an=schließen; *fam fig* zusammenbringen, in Verbindung setzen (*qn sur qn* jdn mit jdm).
branchies [bʀɑ̃ʃi] *f pl (Fisch)* Kiemen *f pl.*
brandir [bʀɑ̃diʀ] *tr* **1.** schwingen; schwenken; **2.** *fig* drohen (*qc* mit etw).
brandon [bʀɑ̃dɔ̃] *m* **1.** Strohfackel *f;* **2.** ▶ ~ *de discorde (fig)* Unruhestifter *m;* Ursache *f* e-s Streites.
branlant, e [bʀɑ̃lɑ̃, -ɑ̃t] *a* **1.** wack(e)lig; **2.** *fig* wankend. **branle** *m* **1.** *(Glocke)* Schwingen *n;* **2.** ▶ *mettre qc en* ~ etw in Gang bringen; den Auftakt zu etw geben; *se mettre en* ~ sich in Bewegung setzen, sich an=schicken; ~*-bas m inv fig* Aufregung *f,* Durcheinander *n,* Umtrieb *m.* **branler I.** *tr* wackeln (*la tête* mit dem Kopf); **II.** *itr* wanken, schwanken, wackeln.
braquage [bʀakaʒ] *m mot* Einschlagen *n* der Vorderräder; ▶ *rayon m de* ~ *(mot)* Wendekreis *m.*
braque [bʀak] *s m* Hühnerhund *m.*
braquer [bʀake] *tr* **1.** *(Blick, Waffe)* richten (*sur* auf *acc*); **2.** *mot (Steuer)* ein=schlagen; ▶ ~ *qn contre qc, qn (fig)* jdn gegen etw, jdn auf=bringen, -hetzen; *être* ~*é* eingestellt sein (*contre* gegen).
bras [bʀa] *m* **1.** Arm, *anat* Oberarm *m;* **2.** *fig* Arbeitskraft *m;* **3.** *fig* Macht, Gewalt *f;* **4.** *(Polyp)* Fangarm *m;* **5.** *(Lehnstuhl)* (Arm-)Lehne *f;* **6.** *(Pumpe)* Schwengel *m;* **7.** *tech* Arm, Flügel, Hebel, Ausleger, Träger *m;* **8.** *pl mar* Brassen *f pl;* **9.** ▶ ~ *dessus* ~ *dessous* Arm in Arm; *à* ~ mit Muskelkraft; *à pleins* ~ mit voller Kraft; *à tour de* ~, *à* ~ *raccourcis* mit aller Gewalt; *à* ~*-le-corps* mitten um den Leib; *à* ~ *ouverts* mit offenen Armen; *en* ~ *de chemise* in Hemdsärmeln; **10.** ▶ *avoir le* ~ *long (fig)* e-n langen Arm, weitreichenden Einfluß haben; *avoir qn, qc sur les* ~ jdn, etw auf dem Hals haben; *avoir les* ~ *rompus* wie gerädert sein; *donner, offrir le* ~ *à qn* jdm den Arm geben, an=bieten; *rester les* ~ *croisés (fig)* die Hände in den Schoß legen; *saisir qn par le* ~ jdn am Arm packen; *les* ~ *m'en tombent* ich bin wie vor den Kopf geschlagen, vom Donner gerührt; **11.** ▶ ~ *de levier* Hebelarm *m;* ~ *de mer, de rivière* Meeres-, Flußarm *m.*
brasero [bʀɑ(a)zeʀo] *m* offene(r) Wärmeofen *m.*
brasier [bʀazje] *m* **1.** (Feuers-)Glut; Feuersbrunst f; **2.** *fig* Hölle *f.* **brasiller** *itr (Meer)* leuchten, funkeln.
brassage [bʀasaʒ] *m* **1.** *(Bier)* Brauen; Maischen *n;* **2.** *(Metall)* Umrühren; **3.** *(Luft)* Umwälzen *n;* **4.** *fig* Durcheinanderwürfeln, Mischen *n.* **brassard** *m*

Armbinde *f*, -schutz *m*; ▶ ~ *de deuil* Trauerflor *m*. **brasse** *f (Schwimmen)* Stoß *m*; *nager (à) la* ~ brust=schwimmen. **brassée** *f* Armvoll *m*. **brasser** *tr* **1.** *(Bier)* brauen; maischen; **2.** durchea.=, (um=)rühren; **3.** *(Luft)* umwälzen; ▶ ~ *beaucoup d' affaires* viele Geschäfte gleichzeitig betreiben; ~ *de l'argent* mit großen Summen um=gehen. **brasserie** [brasʀi] *f* **1.** (Bier-)Brauerei *f*; **2.** Bierlokal *n*. **brasseur** *m* **1.** Bierbrauer *m*; **2.** Brustschwimmer *m*; ▶ ~ *d'affaires* gewandte(r) Geschäftsmann *m*. **brassière** [brasjɛʀ] *f* **1.** (Baby-)Jäckchen *n*; **2.** Leibchen *n*; ▶ ~ *de sauvetage* Schwimmweste *f*.

bravade *f* **1.** Herausforderung *f*; **2.** Trotz *m*; **3.** Prahlerei *f*. **brave I.** *a* **1.** *(nachgestellt)* tapfer, mutig, beherzt; mannhaft; wacker, tüchtig; **2.** *(vorangestellt)* brav, bieder; rechtschaffen; **II.** *s m* tapfere(r) Mann, Held *m*. **bravement** *adv* tapfer; wacker. **braver** *tr* trotzen (*qn* jdm); die Stirne bieten (*qn* jdm); sich hinwegsetzen (*qc* über etw).

bravo [bravo] **1.** *interj* bravo! **2.** *s m pl* Beifall *m*.

bravoure [bravuʀ] *f* Tapferkeit *f*; ▶ *air, morceau m de* ~ Bravourarie *f*.

brebis [brəbi] *f* **1.** (Mutter-)Schaf *n*; **2.** ▶ ~ *galeuse (fig)* räudige(s) Schaf *n*.

brèche [brɛʃ] *f* **1.** Scharte; Bresche *f*; **2.** Öffnung, Lücke *f*, Spalt *m*; ▶ *battre en* ~ e-e Bresche zu schlagen versuchen (*qc* in etw); *fig (Argumente)* zu erschüttern versuchen; *être toujours sur la* ~ immer im Einsatz *od* tätig sein.

bredouille [brəduj] *a*: ▶ *être* ~ mit leeren Händen da=stehen; *revenir* ~ *(de la chasse, de la pêche)* ohne Beute, ohne etw gefangen zu haben.

bredouillement [brədujmɑ̃] *m* Gestammel *n*. **bredouiller** *tr itr* undeutlich sprechen; *(ein paar Worte)* stammeln.

bref, brève [brɛf, brɛv] **I.** *a* **1.** kurz **2.** ▶ *d'un ton* ~ in barschem Ton; **II.** *s m rel* Breve *n*; *f* kurze Silbe *od* Note *f*; **III.** *adv* kurz u. gut; mit e-m Wort; ▶ *dans le plus* ~ *délai* baldigst, baldmöglichst; *pour être* ~ um es kurz zu machen; *être* ~ sich kurz fassen.

breloque [brəlɔk] *f*: ▶ *porter qc en* ~ etw als Anhänger tragen.

Brême [brɛm] *m* Bremen *n*.

Brésil, le [brezil] Brasilien *n*. **brésilien, ne** *a* brasilianisch. **Brésilien, ne** *m f* Brasilianer(in *f*) *m*.

Bretagne, la [brətaɲ] die Bretagne.

bretelle [brətɛl] *f* **1.** *(Damenwäsche)* Träger *m*; *pl* Hosenträger *m pl*; **2.** Schulter-, Gewehrriemen *m*; **3.** Autobahnzubringer; Verbindungsast *m*; Spange *f*.

breton, ne [brətɔ̃, -ɔn] *a* bretonisch; *sm gram* Bretonisch *n*, das Bretonische.

Breton, ne *m f* Bretone *m*, Bretonin *f*.

breuvage [brøvaʒ] *m* Getränk *n*; Trank *m*.

brève [brɛv] *s. bref*.

brevet [brəvɛ] *m* **1.** Diplom, Zeugnis *n*; **2.** *(~ d'invention)* Patent *n*; ▶ *déposer un* ~ ein Patent an=melden; *bureau m des ~s* Patentamt *n*; ~ *de nomination* Ernennungsurkunde *f*. **brevetable** *a* patentfähig; **breveté, e** [brəvte] *a* **1.** patentiert; **2.** Diplom-. **breveter** ‹*Prés. je brevette, ns brevetons; Fut. je brevetterai; pp. breveté, e*› *tr* patentieren.

bréviaire [brevjɛʀ] *m* Gebetbuch *n*.

bribe [brib] *f meist pl* Brocken *m a. fig*; Stückchen *n*; Rest *m*, Überbleibsel *n pl*.

bric [brik]: ▶ *de* ~ *et de broc (adv)* von überallher; *~-à-brac m invar* Trödel(-kram) *m*, Gerümpel *n*.

bricolage [brikɔlaʒ] *m* **1.** Basteln *n*; **2.** Pfuscharbeit *f*. **bricole** *f fam fig* Kleinigkeit *f*. **bricoler** *tr* **1.** herum=basteln (*qc* an etw); zusammenbasteln; **2.** *itr* basteln. **bricoleur, se** *m f* Bastler(in *f*) *m*.

bride [brid] *f* **1.** Zügel, Zaum(zeug *n*) *m*; **2.** *(Hut)* Kinnband *n*; **3.** Schlaufe *f*; Riegel *m*; **4.** ▶ *à* ~ *abattue, à toute* ~ spornstreichs; *avoir la* ~ *sur le cou* sich selbst überlassen sein; *lâcher la* ~ *à qn* freien Lauf lassen; *prendre les ~s (fig)* die Zügel in die Hand nehmen; *tenir en* ~ *(fig)* im Zaum halten. **brider** *tr* **1.** (auf=)zäumen; **2.** *fig* zügeln, im Zaum halten; ▶ *avoir les yeux ~és* Schlitzaugen *n pl* haben.

bridge [bridʒ] *m* **1.** *(Kartenspiel)* Bridge *n*; **2.** *(Zahn)* Brücke *f*; ▶ *jouer au* ~ Bridge spielen. **bridgeur, se** Bridgespieler(in *f*) *m*.

brie [bri] *m* Brie(käse) *m*.

briefer [brife] *tr* informieren. **briefing** *m* Lagebesprechung *f*.

brièvement [brijɛvmɑ̃] *adv* kurz. **brièveté** *f* Kürze *f*.

brigade [brigad] *f* **1.** Brigade *f*; **2.** Trupp *m*, Rotte, Kolonne *f*; ▶ *chef m de* ~ Kolonnenführer *m*. **brigadier** *m* **1.** *mil* Obergefreite(r) *m*; **2.** Vorarbeiter, Rottenführer *m*; **3.** (Gendarmerie-)Unteroffizier *m*.

brigand [brigɑ̃] *m fig* Schurke *m*; ▶ *petit* ~ kleine(r) Schlingel *m*. **brigandage** *m* Straßenraub *m*.

briguer [brige] *tr* trachten (*qc* nach etw); sich bewerben.

brillamment [brijamɑ̃] *adv* glänzend *a. fig*. **brillant, e I.** *a* **1.** glänzend *a. fig*, leuchtend, strahlend; schimmernd; *(Augen)* funkelnd; **2.** *fig* prächtig; glanzvoll; herrlich; **II.** *s m* **1.** Glanz *m*; **2.** *fig* Pracht *f*; **3.** Brillant *m*; ▶ *être* ~ in bester Verfassung sein, eine glänzende Figur machen. **brillantine** *f* Brillantine *f*. **briller** *itr* **1.** glänzen, leuchten,

strahlen, schimmern, funkeln, glitzern, gleißen; *(Sonne)* scheinen; **2.** *fig* sich aus=zeichnen, hervor=ragen; brillieren, glänzen; ► ~ *par son absence* durch Abwesenheit glänzen; *faire ~ (fig)* groß herausstellen (*qn* jdn).
brimade [bʀimad] *f* Schikane *f.*
brimbaler [bʀɛ̃bale] *tr* hin- und herschwanken lassen; bimmeln (lassen), läuten.
brimer [bʀime] *tr* schikanieren.
brin [bʀɛ̃] *m* **1.** Stengel, Halm *m;* **2.** Fädchen *n,* Faser; Litze(ndraht *m*), Ader *f;* **3.** *fam* Stückchen, bißchen *n;* ► *faire un ~ de toilette* sich ein wenig zurecht=machen; *il n'y a pas un ~ de vent* es weht kein Lüftchen; *un beau ~ de fille (fam)* ein hübsches Ding; ~ *d'herbe, de paille* Gras-, Strohhalm *m.* **brindille** [-ij] *f* dünne(r) Zweig *m; pl* Reisig *n.*
bringue [bʀɛ̃g] *f* **1.** ► *une grande ~ (fam)* e-e Hopfenstange *f;* **2.** ► *faire la ~* in Saus und Braus leben.
bringuebale(r) [bʀɛ̃gbale] *s. brimbale(r).*
brio [bʀijo] *m fig* Feuer *n;* ► *jouer avec ~* virtuos spielen.
brioche [bʀijɔʃ] *f* **1.** *(Küche)* Brioche *f;* **2.** ► *prendre de la ~* ein Bäuchlein ansetzen.
brique [bʀik] *f* **1.** Back-, Ziegelstein *m;* **2.** Brikett *n;* **3.** ► *maison f de ~(s)* Backsteinhaus *n.*
briquer [bʀike] *tr fam* reinigen, putzen; blankreiben.
briquet [bʀikɛ] *m* Feuerzeug *n.*
briqueterie [bʀikɛtʀi] *f* Ziegelei *f.*
briquette [bʀikɛt] *f* Brikett *n.*
bris [bʀi] *m* Zerschlagen *n.*
brisant, e [bʀizɑ̃] *m* Felsenriff *n.*
brise [bʀiz] Brise *f,* leichte(r) Wind *m.*
brise-fer, brise-tout *m inv* Grobian *m.* **brise-glace** *m inv* Eisbrecher *m.* **brise-lames** *m inv* Wellenbrecher *m.* **brise-vent** *m inv* Windschirm *m.*
brisé, e [bʀize] *a* zerbrochen; geknickt *a. fig; fig* gebrochen; *(Leben)* verpfuscht; ► ~ *de fatigue* wie gerädert.
briser [bʀize] **I.** *tr* **1.** zerbrechen, zerschlagen, zertrümmern, zerkleinern; *(Tür)* ein=schlagen, auf=brechen; *(Zweig)* knicken; **2.** *fig* vernichten, zerstören, schwächen; ermüden, erschöpfen; **3.** *(Rede, Unterhaltung)* ab=brechen; **II.** *itr* **4.** *(Person)* brechen *(avec qn* mit jdm); **5.** *mar* zerschellen (*contre* an *acc*); branden (*à* an *acc*); **III.** *v prn se ~* **6.** (zer)brechen; zersplittern; **7.** branden; **8.** zerschellen (*contre* an *acc*); in Trümmer gehen; **9.** *fig* zs.=brechen; **10.** *(Bemühungen)* scheitern (*sur qc* an etw); ► *brisons là (-dessus)!* genug davon! Schluß damit! **briseur, se** *m f:* ► ~ *de grève (fig)* Streikbrecher *m.* **brisure** [-zyʀ] *f* **1.** Bruch, Sprung, Knick *m;* **2.** Scharniergelenk *n.*
britannique [bʀitanik] *a* britisch.
broc [bʀo] *m* Kanne *f,* Krug *m.*
brocante [bʀɔkɑ̃t] *f fam* Antiquitätenhandel *m.* **brocanteur, se** *m f* Trödler(in *f*) *m.*
brochage [bʀɔʃaʒ] *m (Textil)* Heften; *(Buch)* Broschieren *n.* **broche** *f* **1.** Brosche, Vorstecknadel *f;* **2.** Bratspieß *m;* **3.** *(Textil)* Spindel *f;* **4.** *tech* Dorn, Stift, Bolzen, Daumen, Zapfen *m;* **5.** *(Schuster)* Pfriem *m;* **6.** *pl (Eber)* Hauer *m pl;* ► *faire cuire en* (od *à la*) ~ am Spieß braten. **brocher** *tr* **1.** durchwirken, plattieren; **2.** *(Buch, Textil)* broschieren; zs.=heften.
brochet [bʀɔʃɛ] *m* (See-)Hecht *m.*
brochette [bʀɔʃɛt] *f* **1.** kleine(r) Bratspieß *m;* **2.** (Ordens-)Spange, Schnalle *f.*
brocheuse [bʀɔʃøz] *f* Heftmaschine *f.*
brochure [bʀɔʃyʀ] *f* Broschüre *f.*
brocoli [bʀɔkɔli] *m bot* Spargelkohl *m.*
brodequin [bʀɔdkɛ̃] *m* Schnürstiefel *m.*
broder [bʀɔde] *tr* **1.** sticken; **2.** *fam* hinzudichten, erfinden; ► *~é d'or* goldgestickt. **broderie** *f* Stickerei *f.* **brodeur, se** *m f* Sticker(in *f*) *m.*
brome [bʀom] *m chem* Brom *n.* **bromure** *m:* ► ~ *d'argent* Silberbromid, Bromsilber *n.*
bronche [bʀɔ̃ʃ] *f* Bronchie *f,* Luftröhrenast *m.*
broncher [bʀɔ̃ʃe] *itr;* ► *sans ~* ohne mit der Wimper zu zucken; ohne Murren.
bronchite [bʀɔ̃ʃit] *f* Bronchitis *f;*
bronzage [bʀɔ̃zaʒ] *m* **1.** *tech* Bronzieren *n;* **2.** *(Haut)* Bräune *f.*
bronze [bʀɔ̃z] *m* Bronze *f;* ► *de ~* bronzen; ► *âge m du ~* Bronzezeit *f.* **bronzé, e** *a* (sonnen-)gebräunt. **bronzer** *tr* **1.** *tech* bronzieren; **2.** *(Haut)* bräunen.
brosse *f* [bʀɔs] **1.** Bürste *f;* **2.** Pinsel *m;* ► *donner un coup de ~* ab=bürsten (*à qc* etw); ~ *à chaussures, à cheveux, à habits, à dents, à ongles* Schuh-, Haar-, Kleider-, Zahn-, Nagelbürste *f.* **brosser** **I.** *tr* **1.** (ab=, aus=)bürsten; **2.** ► ~ *un tableau de la situation (fig)* e-n groben Überblick über die Lage geben; **II.** *v prn se ~* sich abbürsten; ► *se ~ les dents* sich die Zähne putzen.
brouette [bʀuɛt] *f* Schubkarren *m.* **brouetter** *tr* karren.
brouhaha [bʀuaa] *m* Lärm *m,* Getöse; (Stimmen-)Gewirr *n.*
brouillage [bʀujaʒ] *m radio* Störung *f;* ► *émetteur m de ~* Störsender *m.* **brouillamini** *m fig fam* Durcheinander *n,* Wirrwarr *m.*
brouillard [bʀujaʀ] *m* **1.** Nebel *m;* **2.** *com* Kladde *f;* ► *être dans le ~* nicht klar=sehen; *il fait du ~* es ist neblig. **brouillasser** *v impers* nieseln.
brouille [bʀuj] *f* Zwist, Streit *m;* Zer-

würfnis *n.* **brouillé, e** *a* **1.** *(Wetter)* trübe; *(Himmel)* verhangen; **2.** *(Teint)* blaß; unrein; **3.** *(Flüssigkeit)* trübe; ▶ *être ~ avec qn* mit jdm böse, zerstritten, *fam* verkracht sein; *être ~ avec les mathématiques* mit der Mathematik auf Kriegsfuß stehen; *œufs m pl ~s* Rührei(er) *n (pl).* **brouiller I. 1.** *(Spur)* verwischen; **2.** *(Gedanken)* in Verwirrung bringen; **3.** *(Radiosendung)* stören; ▶ *~ des amis* Freunde entzweien; **II.** *v prn se ~* **1.** trübe, farblos, undeutlich werden; **2.** *(Himmel)* sich beziehen; **3.** *(Gedanken)* durcheina.=geraten, in Verwirrung geraten; ▶ *se ~ avec qn* sich mit jdm überwerfen. **brouilleur** *m* Störsender *m.* **brouillon, ne I.** *a* verwirrt; verworren, konfus; chaotisch; **II.** *s m* (Roh-)Entwurf *m,* Skizze *f,* Konzept *n; com* Kladde *f;* ▶ *faire le ~ de* e-n ersten Entwurf machen *gen.*

broussaille [bʀusaj] *f meist pl* Gestrüpp, Buschwerk; Dickicht *n;* ▶ *en ~* *(Haare)* struppig. **broussailleux, se** *a* **1.** mit Buschwerk, Gestrüpp bedeckt; **2.** *(Haare)* struppig.

brouter [bʀute] **I.** *tr* ab=weiden, -fressen; **II.** *itr* **1.** grasen, weiden; **2.** *(Werkzeug, Motor)* unregelmäßig arbeiten.

broutille [bʀutij] *f meist pl* Kleinigkeiten, Bagatellen, Lappalien; Belanglosigkeiten *f pl.*

broyer [bʀwaje] *tr* ‹*Prés. je broie, ns broyons; Fut. je broierai; pp. broyé, e; Subj. que je broie, que ns broyions; Impér. broie, broyons*› **1.** zerkleinern, zerstoßen, zerreiben, zerdrücken, zerquetschen; zermalmen; **2.** schroten; **3.** ▶ *~ du noir (fig)* alles schwarz sehen. **broyeur** *m* Müllwolf *m;* Mahlwerk *n.*

brr [bʀʀ . .] *interj (Furcht)* hu! *(Kälte)* brr.

bru [bʀy] *f* Schwiegertochter *f.*

bruine [bʀɥin] *f* Nieseln *n,* Sprühregen *m.* **bruiner** *v impers* nieseln.

bruit [bʀɥi] *m* **1.** Geräusch *n;* Lärm *m;* **2.** Krachen; Donnern, Rollen; Dröhnen; **3.** *fig* Gerücht; Aufsehen *n;* ▶ *sans ~* geräuschlos; leise, sacht; *faire du ~ (fig)* von sich reden machen; *faire grand ~ (fig)* Aufsehen erregen; Staub auf=wirbeln; viel Aufhebens machen (*de* von); *faire courir un ~* ein Gerücht in Umlauf setzen *od* verbreiten; *le ~ court* es geht das Gerücht; *isolé contre le ~* schalldicht; *sensible au ~* geräuschempfindlich; *~ infernal* ohrenbetäubende(r) Lärm *m; ~s parasites* Stör-, Nebengeräusche *n pl.* **bruitage** *m radio* Geräuschkulisse *f.*

brûlant, e [bʀylɑ̃] *a* **1.** brennend *a. fig;* glühend; siedend, kochend heiß; **2.** *fig* lebhaft, leidenschaftlich, feurig; ▶ *question f ~e* akute, brennende Frage *f; terrain m ~ (fig)* heiße(s) Eisen *n.* **brûlé, e I.** *a* **1.** verbrannt; **2.** *(Speise)* angebrannt; ▶ *~ par le soleil* von der Sonne ausgedörrt, verbrannt; *(allg)* diskreditiert sein; **II.** *s m:* ▶ *avoir un goût de ~* angebrannt schmecken; *cela sent le ~* es riecht angebrannt; *fig* es ist brenzelig, es steht faul damit; *odeur f de ~* Brandgeruch *m.* **brûle-pourpoint** *loc adv: à ~* ins Gesicht hinein, geradeheraus; mir nichts, dir nichts. **brûler I.** *itr* **1.** *(Haus)* abbrennen, (ver)brennen; **2.** in Flammen stehen; **3.** *(Suppe)* an=brennen; **4.** *(Gras)* verdorren; **5.** *fig* glühen, lodern; ▶ *~ de curiosité, d'impatience* vor Neugierde, vor Ungeduld brennen; *~ de faire qc* darauf brennen etw zu tun; **II.** tr **6.** (an=, ab=, ver)brennen; verfeuern; **7.** *(Speise)* anbrennen lassen; **8.** *(Sonne)* verbrennen, versengen; ausdörren; **9.** *(Wald, Haus)* in Brand stecken; **10.** *(Kaffee)* rösten; *(Branntwein)* brennen; ▶ *~une étape (fig)* e-e Stufe überspringen, rasch voran=kommen; *(theat) ~ les planches* hinreißend spielen; *~ un signal* ein Signal überfahren; **III.** *v prn se ~* sich (ver-)brennen; ▶ *se ~ les doigts (fig)* sich die Finger verbrennen; *se ~ la cervelle* sich e-e Kugel durch den Kopf jagen; *se ~ avec de l'eau bouillante* sich verbrühen. **brûleur** *m tech* Brenner *m.* **brûlure** *f* **1.** Verbrennung, Brandwunde *f;* **2.** Brennen; Versengen *n;* ▶ *~ d'estomac* Sodbrennen *n.*

brume [bʀyme] *f* (leichte(r) Nebel; Dunst *m.* **brumeux, se** *a* **1.** neblig; dunstig; **2.** *fig* unklar, verworren. **brumisateur** *m* Zerstäuber *m.*

brun, e [bʀœ̃, bʀyn] **I.** *a* braun; brünett; dunkelhaarig; **II.** *s m* **1.** braune Farbe *f;* **2.** Dunkelhaarige(r) *m;* **3.** *f* Brünette *f;* **4.** dunkle(s) Bier *n;* ▶ *~ clair, foncé* hell-, dunkelbraun. **brunâtre** *a* bräunlich. **brunette** *f* Brünette *f.* **bruni, e** *a* **1.** (sonnen-)gebräunt; **2.** poliert. **brunir I.** *tr* **1.** bräunen; braun färben *od* machen, beizen; **2.** *(Metall) polieren;* **II.** *itr* braun werden. **brunissement** *m* *(Haare)* Nachdunkeln; *(Haut)* Braunwerden *n.*

Brunswick [bʀynswik] *m* Braunschweig *n.*

brusque [bʀysk] *a* **1.** grob, barsch, brüsk, schroff; heftig; **2.** unerwartet, plötzlich. **brusquer** *tr* **1.** beschleunigen, überstürzen, übereilen; **2.** *fig* rauh, barsch an=fahren (*qn* jdn); ▶ *~ une affaire* e-e Sache übers Knie brechen; *ne rien ~* nichts überstürzen. **brusquerie** *f* Barschheit, Schroffheit *f.*

brut, e [bʀyt] *a* **1.** roh, unver-, unbearbeitet; **2.** *tech* ungebrannt, unaufbereitet; ungehobelt; **3.** *com* brutto; ▶ *matière f ~e* Rohstoff *m; pétrole m ~* Rohöl *n; poids m ~* Bruttogewicht *n.*

brutal, e *a* **1.** brutal, rücksichtslos, gewalttätig; grob, roh, **2.** plötzlich, unerwartet. **brutaliser** *tr* brutal, grob, roh behandeln. **brutalité** *f* Grobheit, Roheit; Gewalttätigkeit, Rücksichtslosigkeit; Brutalität *f; pl* flegelhafte(s) Benehmen *n;* Gewalttätigkeiten *f pl.* **brute** *f fig* Rohling, brutale(r) Mensch.

Bruxelles [brysɛl] *f* Brüssel *n.*

bruyamment [brɥijamɑ̃] *adv* geräuschvoll, laut. **bruyant, e** *a* lärmend, laut, geräuschvoll; *(Lachen)* schallend.

bruyère [brɥijɛr] *f* **1.** Heidekraut *n,* Erika *f;* **2.** Heide *f;* ▶ *coq m de ~* Auerhahn *m.*

buanderie [byɑ̃dri] *f* Waschküche *f.*

buccal, e [bykal] *a* Mund-; ▶ *cavité f ~e* Mundhöhle *f.*

bûche [byʃ] *f* (Holz-)Scheit *n,* Klotz *m;* ▶ *(fam) ramasser une ~* hin=fallen; *~ de Noël* mit Creme gefüllte Biskuitrolle *f.* **bûcher I. 1.** *s m* Holzstall *m,* -lege *f;* **2.** Holzstoß, Scheiterhaufen *m;* **II.** *tr fam* ochsen, büffeln; ▶ *~ son examen* auf seine Prüfung büffeln. **bûcheron** *m* Holzhauer, -fäller *m.* **bûchette** *f* (Holz-)Span *m;* Stückchen *n* Holz. **bûcheur, se** *m f* Ochser, Büffler(in *f*) *m.*

budget [bydʒɛ] *m* **1.** Haushalt(splan); Etat *m;* Budget *n;* **2.** Finanzplan *m;* **3.** finanzielle Mittel *n pl;* ▶ *cela dépasse mon ~* das übersteigt meine Mittel, meinen Etat; *~ annexe* Nachtrags-, Zusatzhaushalt *m; ~ de publicité* Werbefonds *m.* **budgétaire** *a* etatmäßig; *année f ~* Haushaltsjahr *n.* **budgeter** *tr* planen, veranschlagen.

buée [bɥe] *f* Dunst; Beschlag *m.*

buffet [byfɛ] *m* **1.** Speise-, Geschirrschrank *m;* Anrichte *f;* **2.** kalte(s) Büfett *n; (~ de la gare)* Bahnhofswirtschaft *f;* **3.** *fam* Bauch *m;* ▶ *danser devant le ~ (fam)* nichts zu beißen haben.

buffle [byfl] *m zoo* Büffel(leder *n*) *m.*

building [b(ɥ)ildiŋ] *m* Hochhaus *n.*

buis [bɥi] *m* Buchsbaum *m.* **buisson** *m* Gebüsch *n;* Busch *m, Strauchwerk n.* **buissonneux, se** *a* buschig. **buissonnier, ère** *a:* ▶ *faire l'école ~* die Schule schwänzen.

bulbe [bylb] *m* **1.** *bot (a. f) arch* Zwiebel; Knolle *f;* **2.** *anat* Knoten *m,* Verdickung *f;* ▶ *~ de tulipe* Tulpenzwiebel *f.*

bulgare [bylgar] *a* bulgarisch. **Bulgare** *m f* Bulgare *m,* Bulgarin *f.* **Bulgarie, la** Bulgarien *n.*

bulldozer [buldɔzœ(ɛ)r] *m* Planierraupe *f.*

bulle [byl] *f* (Luft-)Blase *f a. anat;* ▶ *f; ~ d'air, d'eau, de savon,* Luft-, Wasser-, Seifenblase *f.*

bulletin [byltɛ̃] *m* **1.** Zettel, Schein *m;* **2.** Bescheinigung *f,* Attest *n;* **3.** *pol* (Wahl-) Stimme *f;* **4.** *radio* Nachrichtensendung *f;* **5.** (Schul-)Zeugnis *n;* **6.** ▶ *compter, dépouiller les ~s* die Stimmen aus=zählen; *~ de bagages* Gepäckschein *m; ~ blanc* leere(r) Stimmzettel *m; ~ de la bourse* Börsenbericht *m; ~ de commande* Bestellschein *m; ~ météorologique* Wetterbericht *m; ~ officiel* Gesetz-, Amtsblatt *n; ~ de vote* Stimmzettel *m.*

buraliste [byralist] *m f* Tabakwarenhändler(in *f*). **bureau** *m (pl bureaux)* **1.** Schreibtisch *m;* **2.** Büro *n,* Kanzlei, Dienststelle *f,* Amt *n,* Abteilung *f;* Amts-, Geschäftszimmer *n;* **3.** Agentur; *theat* Kasse *f;* Schalter *m;* **4.** Büropersonal *n;* **5.** geschäftsführende(r) Ausschuß, Vorstand *m;* **6.** ▶ *pendant les heures de ~* während der Geschäftszeit; **7.** *heures f pl de ~* Bürostunden *f pl; ~ de change* Wechselstube *f; ~ comptable* Buchhaltung *f; ~en espace ouvert* Großraumbüro *n; ~ de l'état civil* Standesamt *n; ~ d'informations* Auskunftsbüro *n,* -stelle *f; ~ de location* Tageskasse *f; ~ des objets trouvés* Fundbüro *n; ~ de placement* Arbeitsnachweis *m;* Stellenvermittlung *f; ~ de poste* Postamt, *(dans la gare)* Bahnpostamt *n; ~ de renseignements* Auskunftstelle, Auskunftei *f; ~ de tabac* (staatlicher) Tabakladen *m.* **bureaucrate** *m* Bürokrat *m.* **bureaucratie** [-krasi] *f* Bürokratie *f.* **bureaucratique** *a* bürokratisch. **bureautique** *f (Warenzeichen)* Büroautomation, Büroelektronik, Bürotechnik *f.*

burette [byrɛt] *f* (Essig-, Öl-)Kännchen.

burin [byrɛ̃] *m* (Grab-)Stichel, Meißel *m;* ▶ *fait au ~* gestochen. **buriner** *tr* meißeln, gravieren.

Burkina-Fas(s)o, le [byrkinafaso] Burkina Faso *n.* **burkinabé, e** *a* burkinisch. **Burkinabé, e** *m f* Einwohner(in *f*) *m* Burkina Fasos.

burlesque [byrlɛsk] *a* burlesk, possenhaft.

burnous [byrnu(s)] *m* Burnus *m.*

bus [bys] *m* (Auto-)Bus *m.*

buse [byz] *f* **1.** *orn* (Mäuse-)Bussard; **2.** Düse *f;* ▶ *~ d'injection* Einspritzdüse *f.*

busqué, e [byske] *a: nez m ~* Adlernase *f.*

buste [byst] *m* **1.** Büste *f;* **2.** Oberkörper *m.*

but [by, byt] *m* **1.** Ziel; *(Fußball)* Tor *n;* **2.** *fig* Absicht *f,* Zweck *m;* ▶ *dans le ~ de* in der Absicht zu; *de ~ en blanc* geradeheraus, unüberlegt; unvorbereitet; *en être à un ~ partout* 1 : 1 (eins zu eins) stehen; *manquer le ~* das Ziel verfehlen; vorbei=schießen; *poursuivre un ~* ein Ziel, e-e Absicht verfolgen; *toucher au ~* das Ziel erreichen; *viser au ~* zielen.

butane [bytan] *m* Butan(gas) *n.*

buté, e [byte] *a* eigensinnig.
butée [byte] *f* **1.** Widerlager *n;* **2.** *tech* Anschlag *m.*
buter [byte] **I.** *tr* **1.** (ab=)stützen; **2.** *fig* halsstarrig machen; **II.** *itr* **3.** stoßen (*contre qc* an, e-e S); stolpern; **4.** *(Fußball)* Tore schießen; **III.** *v prn se ~* stoßen (*à un obstacle* auf ein Hindernis); *fig* versessen sein, beharren (*à* auf *acc*).
buteur [bytœʀ] *m* Torschütze *m.*
butin [bytɛ̃] *m* **1.** Beute *f;* **2.** *fig* Ausbeute *f.*
butiner [bytine] *tr itr* **1.** *(Biene)* Honig sammeln; **2.** *(Informationen)* sammeln.
butoir [bytwaʀ] *m* Prellbock; Prellstein *m.*
butte [byt] *f* (Erd-)Hügel; ▶ *être en ~ à* ausgesetzt sein *dat.* **butter** *tr* **1.** *agr* häufeln; hacken; **2.** *arg* umlegen.
buvable [byvabl] *a* trinkbar. **buvard** *m* *(papier m ~)* Löschblatt, Löschpapier *n.*
buvette *f* **1.** Kneipe, Schenke *f;* **2.** Erfrischungsraum *m;* Kantine; **3.** *(Bad)* Trinkhalle *f.* **buveur, se** *m f* Trinker(in *f*) *m.*
byzantin, e [bizɑ̃tɛ̃, -in] *a* byzantinisch.

C

c, C [se] *m* c, C *m.*

çà [sa] **1.** *adv:* ▶ ~ *et là* hier u. da; **2.** *interj (Ungeduld)* ▶ *ah!* ~ verflixt; *(Erstaunen)* wirklich!

cabale [kabal] *f* **1.** *rel* Kabbala; Kabbalistik; **2.** Kabale *f.* **cabalistique** *a fig* geheimnisvoll; unverständlich.

caban [kabɑ̃] *m* Ölzeug *n,* -mantel *m;* Segeljacke *f.*

cabane [kaban] *f* **1.** Hütte *f;* **2.** (kleiner) Stall *m;* **3.** *fam* Knast *m;* ▶ ~ *à lapins* Kaninchenstall *m; fig fam* miserable Unterkunft *f.* **cabanon** *m* **1.** Hüttchen *n;* **2.** *(Provence)* (kleines) Landhaus *n.*

cabaret [kabaʀɛ] *m* **1.** Kabarett *n;* **2.** *(früher)* Wirtshaus *n,* Schenke *f.*

cabas [kabɑ(a)] *m* Einkaufskorb *m,* -tasche *f.*

cabillaud [kabijo] *m* Kabeljau *m.*

cabine [kabin] *f* **1.** (Schiffs-, Bade-)Kabine. **2.** *mar* Kajüte, Koje *f;* **3.** *mot* Führerhaus *n;* ▶ ~ *à rappel (tele)* anrufbare Telefonzelle *f;* ~ *spatiale* Raumkapsel *f;* ~ *téléphonique* (öffentliche) Fernsprechzelle *f;* ~ *téléphérique* Kabine *f* e-r Drahtseilbahn. **cabinet** [-ɛ] *m* **1.** (kleines) Nebenzimmer *n;* **2.** Arbeits-, Sprech-, Studierzimmer *n;* **3.** Kabinett *n,* Sammlung *f;* **4.** *pol* Kabinett *n;* Regierung *f;* **5.** *(Arzt)* Praxis *f;* Patienten *mpl; (Anwalt)* Klientel *f;* ▶ *chef m de* ~ Kabinettschef *m;* ~ *de toilette* Waschraum *m;* ~ *de travail* Arbeits-, Studier-, Herrenzimmer *n.*

câblage [kɑ(a)blaʒ] *m* **1.** Verkabelung, Verdrahtung; Leitungsführung *f;* **2.** *tele* Kabeln *n.* **câble** [kɑ(a)bl] *m* **1.** Tau, dicke(s) Seil *n;* Trosse *f;* Kabel *n;* Leine *f;* **2.** *el* Draht *m,* Leitung *f;* **3.** *tele* Kabel *n;* ▶ ~ *optique* Glasfaserkabel *n; de raccordement* Anschlußkabel *n;* ~ *de remorque* Schleppseil *n;* ~ *téléphonique* Fernsprechkabel *n,* -leitung *f;* ~ *à haute tension* Hochspannungskabel *n.* **câbler** *tr* **1.** *el* verkabeln; verseilen; **2.** *(Nachricht)* kabeln, drahten. **câblodistribution** *f* Kabelfernsehen *n.*

cabochard, e [kabɔʃaʀ, -ʀd] *a fam* quer-, dickköpfig.

cabosser [kabɔs] *tr (Auto)* verbeulen, *fam* ramponieren.

cabrer [kɑbʀe] **I.** *tr* **1.** *aero* über=ziehen; **2.** *fig (Person)* auf=reizen (*qn* jdn); **II.** *v prn se* ~ **3.** *(Pferd)* sich bäumen; **4.** *fig* sich auf die Hinterbeine stellen; sich sträuben (*contre* gegen).

cabri [kabʀi] *m* Zicklein *n.*

cabriole [kabʀijɔl] *f* **1.** Luftsprung *m;* **2.** *(Reiter)* Kapriole *f.* **cabrioler** *itr* Luftsprünge machen.

cabriolet [kabʀijɔlɛ] *m* **1.** Kabriolett *n a. mot;* **2.** (Schuh-)Leisten *m.*

caca [kaka] *m* Kot *m;* ▶ *faire* ~ *(Kindersprache)* Aa machen.

cacah(o)uète [kakaw(ɥ)ɛt] *f* Erdnuß *f.*

cacao [kakao] *m* Kakao(bohne *f*) *m;* ▶ ~ *en poudre* Kakaopulver *n.*

cachalot [kaʃalo] *m zoo* Pottwal *m.*

cache *m phot* Kopiermaske *f;* ▶ ~*-cache m inv* Versteckspiel *n; jouer à* ~ Versteck(-en) spielen; ~*-col m inv* Halstuch *n,* Schal *m;* ~*-nez m inv* Wollschal *m;* ~*-pot m inv* Übertopf *m;* ~*-radiateur m inv* Heizkörperverkleidung *f;* ~*-sexe m* knappes Höschen *n.*

cachemire [kaʃmiʀ] *m* Kaschmir(schal) *m.*

cacher [kɑʃe] **I.** *tr* **1.** verstecken, verbergen; **2.** ver-, zu=decken; **3.** *fig* verheimlichen; geheim=halten, verschweigen; **II.** *v prn* ▶ *se* ~ *de qn* jdm etw verheimlichen; *ne pas se* ~ *de qc* kein Hehl aus etw machen.

cachère [kaʃɛʀ] *a inv* Koscher; ▶ *viande* ~ koscheres Fleisch.

cachet [kɑʃɛ] *m* **1.** (Privat-)Siegel; Petschaft *n;* **2.** Stempel *m;* **3.** *(Unterrichtsstunde)* Honorar *n; theat* (einmalige) Gage *f;* **4.** *pharm* Tablette *f;* **5.** *fig* Stempel *m,* Gepräge *n;* (~ *à part)* besondere Note *f;* **6.** ▶ *appliquer, apposer, mettre un* ~ versiegeln (*sur qc* etw); mit e-m (Dienst-)Stempel versehen; ~ *d'aspirine* Aspirintablette *f;* ~ *de la poste* Poststempel *m.* **cacheter** ‹*Prés. je cachette, ns cachetons; Fut. je cachetterai; pp. cacheté, e*› *tr* (ver)siegeln; *(Briefumschlag)* zukleben.

cachette [kaʃɛt] *f* (kleines) Versteck *n;* ▶ *en* ~ heimlich; *en* ~ *de qn* hinter jds Rücken.

cachot [kaʃo] *m* dunkle Zelle *f;* strenge(r) Arrest *m;* Gefängnis *n.*

cachotterie [kaʃɔtʀi] *f* Heimlichtuerei *f.* **cachottier, ère** *m f* Heimlichtuer, Geheimniskrämer *m.*

cacophonie [kakɔfɔni] *f* Mißklang *m.*

cact(ac)ées [kakt(as)e] *f pl* Kakteen *f pl.* **cactus** [-tys] *m* Kaktus *m;* Opuntie *f.*

cadastre [kadastʀ] *m* Kataster, Grundbuch *n.*

cadavérique [kadaveʀik] *a* Leichen-.

cadavre *m* **1.** Leiche *f,* Leichnam; Ka-

daver *m;* **2.** *fam* geleerte Flasche *f.*
caddie [kadi] *m* **1.** Golfjunge *m;* **2.** Einkaufswagen, -korb *(im Selbstbedienungsladen);* **3.** *loc* Kofferkuli *m.*
cadeau [kado] *m* (kleines) Geschenk *n;* ► *envoyer une babiole en ~* e-e Kleinigkeit als Geschenk schicken; *faire ~ de qc à qn* jdm etw schenken; *~ de fin d'année, de noce, de Noël, publicitaire* Neujahrs-, Hochzeits-, Weihnachts-, Reklamegeschenk *n.*
cadenas [kadna] *m* Vorhängeschloß *n.*
cadenasser [-se] *tr* mit e-m Vorhängeschloß verschließen.
cadence [kadɑ̃s] *f* **1.** Rhythmus, Takt *m;* **2.** *mus* Kadenz *f;* **3.** *(Marsch)* Tempo *n;* Geschwindigkeit *f;* **4.** *tech* Tempo *n,* Leistung, Produktion *f;* ► *en ~* im Takt; *marquer, perdre la ~* den Takt schlagen; aus dem Takt, Tritt kommen. **cadencé, e** *a* rhythmisch; ► *(au) pas m ~* (im) Gleichschritt *m.*
cadet, te [kadɛ, -ɛt] **I.** *a* jünger, jüngste *(von Geschwistern);* **II.** *s m f* **1.** jüngere(r) Sohn *m,* jüngere Tochter; Jüngste(r *m*); **2.** *mil* Kadett *m;* **3.** *sport* 15-17jährige(r) Spieler *m;* **4.** Golfjunge *m;* ► *il est mon ~ de ...* er ist ... jünger als ich; *c'est le ~ de mes soucis (fam)* das ist meine geringste Sorge.
cadrage [kɑ(a)dʀaʒ] *m tele phot* Bildeinstellung *f.* **cadran** [ka-] *m* **1.** Zifferblatt *n;* Skalenscheibe; **2.** *radio* Skala; Nummern-, Wählscheibe; **3.** *(~ solaire)* Sonnenuhr *f;* ► *~ lumineux* Leuchtzifferblatt *n.* **cadre** *m* **1.** (Bilder-, Fenster-, Tür-, Fahrrad-)Rahmen *m;* **2.** (Ein-)Fassung *f;* Gestell *n;* **3.** *fig* Rahmen *m;* Anlage *f;* Plan, Entwurf; Bereich *m;* Umgebung *f;* Kreis *m;* **4.** *mil* Kader *m;* Stammpersonal *n;* **5.** *(Verwaltung, Unternehmen)* Vorgesetzte, leitende Männer *m pl;* (Führungs-)Stab *m;* **6.** *pl* Stellenplan *m;* **7.** große Kiste *f;* Container *m;* **8.** *mar* Hängematte *f;* **9.** ► *dans le ~ de qc* im Rahmen *gen;* **10.** ► *loi-~ f* Rahmengesetz *n;* *~ moyen, supérieur* mittlere Führungskraft *f;* leitende(r) Angestellter *m.* **cadrer I.** *itr* überein=stimmen (*avec* mit), passen (*avec* zu); **II.** *tr* *(Bild)* einstellen; ► *faire ~* in Übereinstimmung bringen, passend machen.
caduc, uque [kadyk] **1.** veraltet, unmodern, überholt; **2.** *bot zoo* abfallend; **3.** *jur* ungültig, nichtig; unwirksam.
caducée [kadyse] *m* Äskulapstab *m.*
cæcal, e [sekal] *a* Blinddarm-; ► *appendice m ~* Wurmfortsatz *m.* **cæcum** [-ɔm] *m anat* Blinddarm *m.*
cafard, e [kafaʀ, -aʀd] **1.** *s m f* Heuchler (-in *f*), Frömmler(in *f*); **2.** *fam (Schule)* Petzer *m;* **3.** *m zoo* Küchenschabe *f;* **4.** *(fam)* ► *j'ai le ~* ich habe den Moralischen. **cafarder I.** *itr fam* den Moralischen haben, *fam* Trübsal blasen. *(Schule)* an=geben, petzen; **II.** *tr* verpetzen. **cafardeur, se** *m f* Petzer *m,* Petze *f.* **cafardeux, se** *a fam* trübsinnig, melancholisch; *(Wetter)* trübselig.
café [kafe] **I.** *s m* **1.** Kaffee *m;* **2.** Café, Kaffeehaus *n;* **II.** *a* kaffeebraun; ► *brûler, griller, torréfier du ~* Kaffee rösten; *inviter qn à prendre le ~* jdn zum Kaffee ein=laden; *cuiller f, service m, tasse f à ~* Kaffeelöffel *m,* -service *n,* -tasse *f;* *garçon m de ~* Kellner *m;* *grain m de ~* Kaffeebohne *f;* *marc m de ~* Kaffeesatz *m;* *tasse f de ~* Tasse *f* Kaffee; *~ décaféiné* koffeinfreie(r) Kaffee *m;* *~ filtre* Filterkaffee *m;* *~ glacé* Eiskaffee *m;* *~ au lait, ~ crème* Milchkaffee *m,* Melange *f;* *~ noir, nature* schwarze(r) Kaffee; *~-restaurant m* Restaurant u. Café *n.* **café-bar** *m* kleine(s) Café *n.* **caféine** [-fein] *f* Koffein *n.*
cafétéria [kafeteʀja] *f* Cafeteria *f.* **cafetier, ère** [kaftje, -ɛʀ] *m f* **1.** Inhaber(in *f*) *m* e-s Cafés; **2.** *f* Kaffeekanne *f;* **3.** *f fam* Kopf *m;* ► *~ère électrique* Kaffeemaschine *f.*
cafouiller [kafuje] *itr fam* sich verheddern; schlecht funktionieren.
cage [kaʒ] *f* **1.** Käfig *m;* *(Vögel)* Bauer *n* od *m;* **2.** *arch* Außenmauern *f pl;* **3.** *tech* Gehäuse; Gerüst; Gitter *n;* **4.** *fam* Kittchen *n,* Knast *m;* **5.** *pop* Kabuff *n;* **6.** *(Fußball)* Tor *n;* ► *~ d'ascenseur* Aufzugschacht *m;* *~ d'escalier* Treppenhaus *n;* *~ d'extraction (min)* Förderkorb *m;* *~ à lapins* Kaninchenstall *m.*
cageot [-o] *m* Steige, Lattenkiste *f.*
cagibi [kaʒibi] *m fam* Rumpelkammer *f,* Kabuff *n.*
cagneux, se [kaɲø, -øz] *a* X-beinig; ► *jambes f pl ~euses* X-Beine *n pl.*
cagnotte [kaɲɔt] *f* **1.** (Spiel-)Kasse *f;* **2.** Sparschwein *n.*
cagoule [kagul] *f* **1.** (Mönchs-)Kutte *f;* **2.** Kapuze *f* mit Augenschlitzen; **3.** Kopfschützer *m.*
cahier [kaje] *m* **1.** (Schreib-)Heft *n;* **2.** Verzeichnis *n;* **3.** *typ* Lage *f* Papier; Bogen (-satz) *m;* ► *~ de brouillon, de devoirs, d'écolier* Konzept-, Übungs-, Schulheft *n;* *~ des charges* Rahmenbedingungen *f pl.*
cahin-caha [kaɛ̃kaa] *adv fam* mit Mühe und Not; soso lala; zur Not.
cahot [kao] *m* **1.** Stoß, Ruck *m (e-s Wagens);* **2.** *pl (Weg)* Unebenheit *f.* **cahotement** [-ɔt-] *m* Rütteln, Stoßen *n.* **cahotant, e** *a (Weg)* holp(e)rig; *(Fahrzeug)* rüttelnd. **cahoter** *itr* rumpeln.
cahute [kayt] *f* (elende) Hütte *f.*
caïd [kaid] *m arg* Könner *m,* As *n.*
caillasse [kajas] *f* Schotter *m.*
caille [kaj] *f orn* Wachtel *f.*
caillé [kaje] *m* dicke Milch, Sauermilch *f.*
cailler [kaje] **I.** *tr* gerinnen lassen; **II.** *v*

prn se ~ gerinnen; *(fig fam)* ► *on se caille ici* hier erfriert man ja.
caillot [kajo] *m* (Blut-)Klümpchen *n.*
caillou [keju] *m* **1.** Kiesel(stein); **2.** *pl* Splitt *m;* **3.** *pop* Birne *f,* Kopf *m.* **caillouteux, se** *a* steinig.
caïman [kaimɑ̃] *m zoo* Kaiman *m.*
caisse [kɛs] *f* **1.** Kiste *f,* Kasten *m;* **2.** Kasse; Zahlstelle *f;* **3.** *mot* Karosserie *f;* **4.** *mus* Trommel *f;* Körper *m (der Streichinstrumente);* **5.** *agr* Kübel; **6.** ► *battre la (grosse)* ~ *(fig)* die Werbetrommel rühren; *tenir la* ~ die Kasse führen; **7.** ► *bon m de* ~ Kassenanweisung *f; grosse* ~ Pauke *f; livret m de* ~ *d'épargne* Sparkassenbuch *n;* **8.** ► ~ *d'assurance-maladie* Krankenkasse *f;* ~ *à claire-voie* Lattenkiste *f;* ~ *de dépôts* Depositenkasse *f;* ~ *enregistreuse* Registrierkasse *f;* ~ *d'épargne* Sparkasse *f.* **caissier, ère** *m f* Kassierer(in *f*); Kassenbeamter, -verwalter *m.* **caisson** *m* **1.** *arch* Füllung *f;* **2.** *(Decke)* Kassette *f;* **3.** *tech* Senkkasten.
cajoler [kaʒɔle] *tr* liebkosen; *(Kind)* hätscheln. **cajolerie** *f* Liebkosung, Schmeichelei *f.* **cajoleur, se I.** *a (Kind)* anschmiegsam; schmeichlerisch; **II.** *s m f* Schmeichler *m,* Schmeichelkatze *f.*
cake [kɛk] *m* englische(r) Teekuchen *m.*
calage [kalaʒ] *m tech* Verkeilung *f.*
calamine [kalamin] *f* Verbrennungsrückstände *m pl.* **calaminé, e** *a (Zündkerze)* verrußt.
calamité [kalamite] *f* allgemeine(s) Unglück; Elend *n;* (große) Not; Katastrophe *f.*
calanque [kalɑ̃k] *f* kleine Bucht *f (am Mittelmeer).*
calcaire [kalkɛʀ] **I.** *a* kalkhaltig; **II.** *s m* Kalk(stein) *m.*
calciner [kalsine] *tr* **1.** *(Kalkstein)* brennen, kalzinieren; **2.** *(Braten)* verbrennen; **3.** *(Erde)* aus≈dörren.
calcium [kalsjɔm] *m chem* Kalzium *n.*
calcul [kalkyl] *m* **1.** Rechnen *n;* (Be-, Aus-, Er-)Rechnung *f;* **2.** *fig* Plan *m,* Erwartung, Berechnung *f;* **3.** *com* Kalkulation *f;* **4.** *med* (Gallen-, Nieren-) Stein *m;* **5.** ► *faire des ~s* Berechnungen an≈stellen; *faire une erreur de* ~ e-n Rechenfehler machen; *se tromper dans ses ~s (fig)* sich verrechnen; die Rechnung ohne den Wirt machen; **6.** ► *base f de* ~ *(com)* Kalkulationsbasis *f; erreur f de* ~ Rechenfehler *m; règle f à* ~ Rechenschieber *m;* **7.** ► ~ *des frais* Kostenberechnung *f;* ~ *mental* Kopfrechnen *n;* ~ *des probabilités* Wahrscheinlichkeitsrechnung *f.* **calculable** *a* berechenbar. **calculateur, trice I.** *a* (be)rechnend; **II.** *s m f* **1.** Rechner(in *f*); Kalkulator; **2.** berechnende(r) Mensch *m;* **3.** ► ~ *électronique* Elektronenrechner *m;* **4.** *f (Büro)* Rechenmaschine *f.* **calculer I.** *tr* **1.** (aus≈, be-, er-)rechnen; (aus≈)kalkulieren; **2.** *fig* erwägen, prüfen, überlegen; **II.** *itr* (mit dem Geld) rechnen; ► ~ *de tête, mentalement* im Kopf rechnen. **calculette** *f* Taschenrechner *m.*
Caldoche [kaldɔʃ] *m f* Weiße(r *m*) *f* Neukaledoniens.
cale [kal] *f* **1.** *tech* Keil *m;* Unterlage *f;* (~ *de roue)* Bremsklotz, -schuh *m;* **2.** Schiffs-, Kiel-, Laderaum *m;* **3.** (Lade-) Rampe *f;* Dock *n;* ► *mettre sur* ~ auf Stapel legen; ~ *de construction* Helling *f* od *m;* ~ *sèche* Trockendock *n.* **calé, e** *a* **1.** verkeilt; **2.** *(fig pop)* ► *être* ~ was los≈haben; beschlagen sein (*en* in *dat*); **3.** ► *c'est trop* ~ *pour moi* das ist für mich zu schwierig.
calèche [kalɛʃ] *f* Kalesche *f.*
caleçon [kalsɔ̃] *m* Unterhose *f.*
calédonien, ne [kaledɔnjɛ̃, -ɛn] *a* neukaledonisch, aus Neukaledonien. **Calédonien, ne** *m f* Neukaledonier(in *f*) *m.*
calembour [kalɑ̃buʀ] *m* Wortspiel *n.*
calendes [kalɑ̃d] *f pl:* ► *renvoyer aux* ~ *grecques* auf den Nimmerleinstag verschieben. **calendrier** *m* **1.** Kalender *m;* **2.** Termine *m pl,* Timing *n,* Zeitplan *m;* ► ~ *mural* Wandkalender *m;* ~ *de poche* Taschenkalender *m.*
calepin [kalpɛ̃] *m* **1.** Notizbuch *n;* **2.** *arch* Werkzeichnung *f.*
caler [kale] **I.** *tr* **1.** unterlegen; an≈lehnen (*contre* an *acc*); fest auf≈legen (*sur* auf *acc*); **2.** *tech* verkeilen, verriegeln; verklemmen, blockieren; **3.** *mot* ab≈würgen; **4.** *(Kügelchen)* schnellen; **II.** *itr* **5.** *mot* stehen≈bleiben; **6.** *fig fam* auf≈geben; **7.** satt machen; **8.** *(Schiff)* Tiefgang haben; **III.** *v prn se* ~ **9.** *mot* stehen≈bleiben; **10.** es sich bequem machen *(dans un fauteuil* in e-m Sessel).
calfeutrer [kalføtʀe] **I.** *tr (Fenster-, Türritzen)* abdichten; **II.** *v prn se* ~ *(chez soi)* in der Stube, am Ofen hocken.
calibrage [kalibʀaʒ] *m* **1.** Kalibrieren *n,* Eichung *f;* **2.** *min* Klassierung *f;* **3.** Sortierung *f.* **calibre** *m* **1.** Durchmesser *m;* **2.** *mil tech* Kaliber *n;* Bohrung *f;* **3.** *tech* (Schub-)Lehre; Schablone *f;* **4.** *fig fam* Format, Kaliber *n,* Schlag *m.* **calibrer** *tr* **1.** kalibrieren, eichen; **2.** *min* klassieren; **3.** *(Früchte)* klassifizieren.
calice [kalis] *m* **1.** (Blüten-, Abendmahls-) Kelch m; **2.** *fig* ► *boire le* ~ *jusqu'à la lie* den Kelch bis zur Neige leeren.
calife [kalif] *m* Kalif *m.*
califourchon [kalifuʀʃɔ̃] *loc adv:* ► *à* ~ rittlings.
câlin, e [kalɛ̃, -in] **I.** *a* **1.** zärtlich; **2.** schmeichelnd, schmusend; **II.** *s m f* Schmeichler, Schmuser *m,* Schmeichelkatze *f.* **câliner** *tr* liebkosen, hätscheln.

câlinerie *f* Zärtlichkeit; Schmuserei *f*.
calleux, se [kalø, -øz] *a* schwielig.
calligraphie [kaligʀafi] *f* Kalligraphie *f*.
callosité [kalosite] *f* Schwiele *f*.
calmant, e [kalmɑ̃, -ɑ̃t] **I.** *a* beruhigend; schmerzstillend; **II.** *s m* Beruhigungs-, schmerzstillende(s) Mittel *n*.
calmar [kalmaʀ] *m zoo* Kalmar *m*.
calme [kalm] **I.** *a* ruhig, still; **II.** *s m* **1.** Ruhe, Stille *f*; **2.** *fig* innere Ruhe *f*; **3.** *com* Flaute *f*; ▶ *conserver, garder son* ~ seine Ruhe bewahren. **calmer I.** *tr* **1.** beruhigen; **2.** *(Schmerz)* stillen, mildern, lindern; **3.** *(Person)* besänftigen; **II.** *v prn se* ~ **1.** *(Sturm)* sich legen, sich beruhigen; nach=lassen; ab=flauen; **2.** *(Leidenschaft)* sich ab=kühlen.
calomniateur, trice [kalɔmnjatœʀ, -tʀis] **I.** *s m f* Verleumder(in *f*) *m*; **II.** *a* verleumderisch. **calomnie** [-ni] *f* Verleumdung *f*. **calomnier** [-nje] *tr* verleumden. **calomnieux, se** *a* verleumderisch.
calorie [kalɔʀi] *f* Kalorie *f*. **calorifère I.** *a* Heiz-; **II.** *s m* Heizung(sanlage) *f*.
calorifique *a* wärmeerzeugend; ▶ *pouvoir m* ~ Heizwert *m*; *source f* ~ Wärmequelle *f*. **calorifuge I.** *s m* Wärmeschutz(stoff) *m*; **II.** *a* wärmeisolierend. **calorimètre** *m* Kalorimeter *n*.
calotte [kalɔt] *f* **1.** runde(s) Käppchen *n*; **2.** *(~ du crâne)* Schädeldach *n*; **3.** *fam* Ohrfeige *f*, Klaps *m*; **4.** ▶ ~ *glaciaire* Polkappe *f*. **calotter** *tr fam* ohrfeigen.
calque [kalk] *m* **1.** Pause *f*; **2.** *fig* Abklatsch *m*; genaue Nachahmung *f*; ▶ *prendre un* ~ e-e Pause herstellen.
calquer *tr* **1.** durch=pausen, -zeichnen; **2.** *fig* nach=ahmen, kopieren; ▶ *papier m* ~ Pauspapier *n*.
calumet [kalymɛ] *m* Kalumet *n*; ▶ ~ *de la paix* Friedenspfeife *f*.
calvados [kalvados] *m* Apfelschnaps, -branntwein *m*.
calvaire [kalvɛʀ] *m* **1.** *(Kunst)* Passion; Kreuzigung *f*; Kalvarienberg *m*; **2.** *fig* Leidensweg *m*.
calviniste [kalvinist] **I.** *s m* Kalvinist, Reformierte(r) *m*; **II.** *a* kalvinistisch.
calvitie [kalvisi] *f* Kahlköpfigkeit *f*.
camarade [kamaʀad] *m f* **1.** Kamerad(in *f*), Gefährte *m*, Gefährtin *f*; **2.** *pol* Genosse *m*, Genossin *f*; ▶ ~ *d'école* Schulkamerad, -freund, Mitschüler *m*; ~ *d'enfance* Jugendfreund *m*; ~ *de jeu* Spielkamerad *m*. **camaraderie** *f* Kameradschaft *f*.
Cambodge, le [kɑ̃bɔdʒ] Kambodscha *n*.
cambré, e [kɑ̃bʀe] *a* **1.** *(Fuß)* gewölbt; **2.** *(Kreuz)* hohl; ▶ *bien* ~ wohlgestaltet. **cambrer I.** *tr* biegen, beugen, krümmen, wölben; **II.** *v prn se* ~ sich auf=richten; den Körper straffen; die Brust wölben.
cambriolage [kɑ̃bʀijɔlaʒ] *m* Einbruch(sdiebstahl) *m*. **cambrioler** *tr* ein=brechen *(qc* in *acc)*. **cambrioleur** *m* Einbrecher *m*.
cambrure [kɑ̃bʀyʀ] *f* Wölbung *f*.
came [kam] *f* **1.** *tech* Nocken *m*, Kurvenscheibe *f*; **2.** *arg* Koks *m*; Rauschgift *n*. **camé, e** *a fam* auf dem Trip.
camée [kame] *m* Kamee *f*.
caméléon [kameleɔ̃] *s m zoo* Chamäleon *n a. fig*.
camélia [kamelia] *m bot* Kamelie *f*.
camelot [kamlo] *m* Straßenhändler.
camelote [kamlɔt] *f* **1.** *fam* Ramsch(ware *f*), Schund *m*; **2.** *fam* Kokain *n*, Koks *m*.
camer, se [kame] *v prn fam* fixen, Rauschgift nehmen.
caméra [kameʀa] *f* (Film-)Kamera *f*; ▶ ~ *à positrons* Positronenkamera *f*; ~ *vidéo* Videokamera *f*; ~ *de télévision* Fernsehkamera *f*. **cameraman** *n* [kameʀaman] Kameramann *m*.
camion [kamjɔ̃] *m* **1.** *mot* Lastauto, -(kraft)wagen; Lkw *m*; **2.** *tech* Farbentopf *m*; **3.** kleine Stecknadel *f*; ▶ *~-citerne m* Tankwagen *m*; ~ *de déménagement* Möbelwagen *m*; *~-dépanneur m* Abschleppwagen *m*; ~ *à remorque* Lastzug *m*; ~ *(à) semi-remorque* Sattelschlepper *m*. **camionnette** *f* Lieferwagen *m*. **camionneur** *m* **1.** Lastwagenfahrer *m*; **2.** Rollfuhrunternehmer *m*.
camisole [kamizɔl] *f* ▶ ~ *de force* Zwangsjacke *f*.
camomille [kamɔmij] *f bot* Kamille *f*.
camouflage [kamuflaʒ] *m* **1.** *mil* Tarnung *a. fig*; **2.** Verschleierung *f*; ▶ *vêtement m de* ~ Tarnanzug *m*. **camoufler** *tr* **1.** tarnen; verdunkeln; **2.** verschleiern; *(Absicht)* verbergen; verdecken.
camp [kɑ̃] *m* **1.** Truppen-, Zelt-)Lager *n*; Camping-, Zeltplatz *m*; **2.** *fig* Partei *f*, Lager *n*; *(Spiel)* Mannschaft *f*; ▶ *en* ~ *volant* für kurze Zeit; provisorisch; *(fam) ficher, (pop) foutre le* ~ verduften; ab=hauen; *partagé en deux ~s* in zwei Lager gespalten; *fiche-moi le ~!* *(pop)* hau ab! *lit m de* ~ Feldbett *n*; ~ *d'aviation* (Militär-)Flugplatz *m*; ~ *de concentration* Konzentrationslager *n* (KZ); ~ *d'entraînement* Truppenübungsplatz *m*; ~ *de jeunes* Jugendlager *n*; ~ *de réfugiés* Flüchtlingslager *n*; ~ *de vacances* Ferienlager *n*. **campagnard** [kɑ̃paɲaʀ] **I.** *a* ländlich; **II.** *s m f* Landbewohner; Bauer *m*, Bäuerin *f*.
campagne *f* **1.** (offenes) Gelände, flache(s) Land; Feld; Landhaus *n*; Flur *f*; *pl* Ländereien *f pl*; **2.** *mil* Feldzug *m a. com*; **3.** *com* Kampagne; Saison *f*; Wirtschaftsjahr *n*; **4.** ▶ *à la* ~ auf dem Lande; aufs Land; *en rase* ~ in offenem Gelände; auf freiem Feld; **5.** ▶ *battre*

la ~ umher=streifen; *(Polizei)* das Gelände durchkämmen; *fig* Unsinn reden; *fig* ein Unternehmen starten; *faire* ~ *(mil)* im Felde stehen *od* sein; *fig* ein=treten (*pour qn* für jdn); *se mettre en* ~ alle Hebel in Bewegung setzen; *vivre à la* ~ auf dem Lande leben; **6.** ▶ *f; maison f de* ~ Landhaus *n*, -sitz *m;* ~ *électorale* Wahlkampf *m;* ~ *d'information, publicitaire* Informations-, Werbekampagne *f.*

campé, e [kɑ̃pe] *a:* ▶ *bien* ~ *(fam)* kräftig gebaut; *personnage m bien* ~ *(theat)* gut gezeichneter Charakter *m.*

campement [kɑ̃pmɑ̃] *m* **1.** *mil* Feldlager *m;* **2.** Lager(platz *m*) *n;* **3.** Vorkommando *n;* **4.** *fig* unordentliche(r) Raum *m;* ▶ *être en* ~ kampieren; *matériel m de* ~ Lager-, Zeltausrüstung *f.* **camper I.** *itr* **1.** das Lager auf=schlagen; lagern, kampieren, zelten; **2.** *fig* kampieren, sich auf=halten, wohnen, sein; **II.** *tr* **3.** zelten lassen; **4.** wirkungsvoll erzählen *od* dar=stellen; **III.** *v prn se* ~ sich auf=pflanzen (*devant* vor *dat*); sich (breitbeinig) auf=stellen. **campeur, se** *m f* Zeltler(in *f*), Camper(in *f*) *m.* **camping** [-piŋ] *m* Zelten, Camping *n;* ▶ ~*-car m* Wohnmobil *n*, Campingbus *m;* ~ *sauvage* wilde(s) Zelten *n; faire du* ~ zelten.

campus [kɑ̃pys] *n* Campus *m.*

camphre [kɑ̃fʀ] *m pharm* Kampfer *m.*

camus, e [kamy, -yz] *a:* ▶ *nez m* ~ Sattelnase *f.*

Canada, le [kanada] *m* Kanada *n.* **canadair** [kanadɛʀ] *m* Löschflugzeug *n.* **canadien, ne** *a* kanadisch; *s f* pelzgefütterte Lederjacke *f.* **Canadien, ne** *s m f* Kanadier(in *f*) *m.*

canaille [kanaj] **I.** *s f* Gesindel, Pack *n;* Kanaille *f*, Schuft *m;* **II.** *a* pöbelhaft, ordinär.

canal [kanal] *m* **1.** Kanal *m a. fig;* **2.** *geog* Kanal, Meeresarm *m;* **3.** (Wasser-, Gas-)Leitung; Zuführung *f;* **4.** Rinne, Gosse; (Säulen-)Rille *f;* **5.** *anat bot* Kanal, Gang *m*, Röhre *f;* **6.** *video* Kanal *m;* **7.** ▶ ~ *biliaire (anat)* Gallengang *m;* ~ *d'irrigation* Bewässerungskanal *m;* ~ *de navigation* Schiffahrtskanal *m.* **canalisation** *f* **1.** Kanalisation *f;* **2.** Leitung(snetz *n*); (Rohr-)Leitung *f.* **canaliser** *tr* **1.** *(Fluß)* schiffbar machen; **2.** *fig* lenken, dirigieren; **3.** zs.=fassen, zentralisieren.

canapé [kanape] *m* **1.** Couch *f*, Sofa *n;* **2.** in Butter geröstete Brotschnitte *f;* ▶ ~ *convertible* Bettsofa *n;* ~*-lit m* Schlaf-, Bettcouch *f.*

canard [kanaʀ] *s m* **1.** *zoo* Ente *f;* Erpel, Enterich *m;* **2.** Schnabeltasse *f;* **3.** in ein Getränk eingetauchte(s) Stück *n* Zukker; **4.** (Zeitungs-)Ente *f; arg* Käseblatt *n;* **5.** *mus* falsche Note; ▶ *mon petit* ~ mein Kleines; *il fait un froid de* ~ *(fam)* es ist hundekalt; ~ *boiteux* marode(s) Unternehmen *n.*

canari [kanaʀi] *m zoo* Kanarienvogel *m.*

cancan [kɑ̃kɑ̃] **1.** Klatsch *m*, Geschwätz *n;* **2.** Cancan *m (Tanz).* **cancanier, ère I.** *a* klatschhaft, -süchtig; **II.** *s m f* (übler) Schwätzer *m*, Klatschbase *f.*

cancer [kɑ̃sɛʀ] *m* **1.** *med* Krebs *m;* **2.** *fig* Krebsschaden *m;* **3.** *(astr)* Krebs *m;* ▶ ~ *de l'estomac, du sein* Magen-, Brustkrebs *m.* **cancéreux, se I.** *a* krebsartig, -krank; **II.** *s m f* Krebskranke(r *m*) *f.* **cancérigène** *a* krebserregend. **cancérologie** *f* Krebsforschung *f.* **cancérologue** *m* Krebsforscher *m.*

cancre [kɑ̃kʀ] *m fig fam* schlechte(r) Schüler *m.*

candélabre [kɑ̃delabʀ] *m* Armleuchter, Kandelaber *m.*

candeur [kɑ̃dœʀ] *f* Arglosigkeit, Treu-, Offenherzigkeit; Naivität *f.* **candi** *a m* kandiert, Kandis-; ▶ *sucre m* ~ Kandiszucker *m.*

candidat, e [kɑ̃dida] *m* Kandidat(in *f*), Bewerber(in *f*) (*à* um), Anwärter(in *f*) (*à* auf *acc*); Prüfling *m;* ▶ *être* ~ *à un poste* sich um e-e Stelle bewerben; ~ *à un examen* sich zu e-r Prüfung melden; *se porter* ~ *(parl)* kandidieren. **candidature** *f* Kandidatur, Bewerbung *f*, Antrag *m* (*à* auf); ▶ *poser sa* ~ *(pol)* kandidieren; sich als Kandidat auf=stellen lassen (*à* für); sich bewerben (*à un poste* um e-e Stellung).

candide [kɑ̃did] *a* aufrichtig, offenherzig; naiv.

cane [kan] *f zoo* (weibliche) Ente *f.*

caneton [kantɔ̃] *m zoo* Entchen *n.*

canette *f* (Bier-)Flasche *f.*

canevas [kanva] *m* **1.** Gitterleinen *n*, Packleinwand *f;* **2.** Segeltuch *n;* **3.** *fig* Disposition *f*, Gedankenschema *n;* Entwurf *m;* **4.** *(geog)* Gradnetz *n.*

caniche [kaniʃ] *m zoo* Pudel *m.*

caniculaire [kanikylɛʀ] *a:* ▶ *chaleur f* ~ Gluthitze *f.* **canicule** *f* **1.** Hundsstern *m;* **2.** Hundstage *m pl.*

canif [kanif] *m* Taschenmesser *n.*

canin, e [kanɛ̃, -in] **I.** *a* Hunde-; **II.** *s f* Eckzahn *m.*

caniveau [kanivo] *m* Gosse *f.*

canne [kan] *f* **1.** *bot* Rohr *n;* **2.** Spazierstock *m;* **3.** ▶ ~ *à pêche* Angelrute *f;* ~ *à sucre* Zuckerrohr *n.* **canné, e** *a* Rohr-; ▶ *chaise f* ~*e* Stuhl *m* mit Rohrgeflecht.

cannelle *f* Zimt *m.*

cannibale [kanibal] **I.** *s m* Kanibale, Menschenfresser *m;* **II.** *a* kannibalisch.

canoë [kanɔe] *m* Kanu *n;* ▶ *faire du* ~ Kanu fahren. **canoéiste** *m f* Kanufahrer(in *f*), Kanute *m.*

canon [kanɔ̃] *m* **1.** Kanone *f*, Geschütz *n;* **2.** *(Feuerwaffe)* Lauf *m*, Rohr *n a.*

allg; **3.** *tech* Pinole *f;* **4.** *pop* Glas *n* Wein; **5.** *rel mus typ* Kanon *m;* **6.** *allg* Regel, Richtschnur *f;* ► *tirer un coup de* ~ e-n Kanonenschuß ab=feuern; *droit m* ~ kanonische(s) Recht *n;* ~ *à eau* Wasserwerfer *m.* **canonique** *a rel* kanonisch. **canonisation** *f rel* Heiligsprechung *f.* **canoniser** *tr rel* heilig=sprechen. **canonnade** [-nɔ-] *f mil* Kanonade *f,* Geschützfeuer *n,* Kanonendonner *m.* **canonnier** *m* Kanonier *m.*

canot [kano] *m* Boot *n,* Kahn *m;* ► ~ *automobile, à moteur* Motorboot *n;* ~ *pneumatique* Schlauchboot *n;* ~ *à rames* Ruderboot *n;* ~ *de sauvetage* Rettungsboot *n.* **canotage** [-nɔ-] *m* Bootfahren, Rudern *n.* **canoter** *itr* rudern. **canotier** *m* **1.** Bootfahrer, Ruderer *m;* **2.** Kreissäge *f (Strohhut).*

cantal [kɑ̃tal] *m Art* Hartkäse *m.*

cantate [kɑ̃tat] *f mus* Kantate *f.* **cantatrice** *f* (Berufs-)Sängerin *f.*

cantine [kɑ̃tin] *f* **1.** Kantine *f;* Speisesaal *m;* **2.** (Metall-)Kiste *f.*

cantique [kɑ̃tik] *m rel* Lobgesang *m;* Kirchenlied *n,* Choral *m;* ► ~ *des* ~*s* Hohelied *n.*

canton [kɑ̃tɔ̃] *m* **1.** *(loc, Straße)* (Block-, Strecken-)Abschnitt *m;* **2.** *(Schweiz, Frankreich)* Kanton *m.* **cantonade** [-tɔ-] *f theat:* ► *parler à la* ~ in die Kulissen sprechen; *crier à la* ~ in den Raum rufen. **cantonal, e** *a* kantonal. **cantonnement** *m* **1.** *mil* Einquartierung *f;* Quartier *n;* Ortsunterkunft; Unterbringung *f;* **2.** *loc* Streckenblock *m.* **cantonner I.** *tr* **1.** *mil* ein=quartieren, unterbringen; **2.** *fig* beschränken, begrenzen; **II.** *itr* Quartier beziehen; **III.** *v prn se* ~ sich ab=sondern, sich zurück=ziehen (*dans, en* in *acc*); *fig* sich beschränken (*dans* auf *acc*).

canular(d) [kanylar] *m* Streich, Ulk *m.*

canule [kanyl] *f med* Kanüle *f,* Röhrchen *n,* Hohlnadel *f.*

canyon [kanjɔ̃] *m* Cañon *m.*

caoutchouc [kautʃu] *m* **1.** Kautschuk *m;* **2.** *bot* Gummibaum *m;* **3.** Gummiband *n;* **4.** Gummi-, Überschuh *m;* ► *gant m en* ~ Gummihandschuh *m;* ~ *mousse* Schaumgummi *m* od *n.*

cap [kap] *m* **1.** *geog* Kap, Vorgebirge *n;* **2.** *mar aero* Kurs *m;* **3.** ► *de pied en* ~ von Kopf bis Fuß; vom Scheitel bis zur Sohle; *changer de* ~ den Kurs, die Richtung ändern; *doubler, franchir le* ~ *(fig)* e-e Schwierigkeit überwinden; über e-e S hinaus=gehen *od* hinaus sein; *mettre le* ~ *sur (mar)* Kurs nehmen auf *acc; aero* an=steuern (*sur qc* e-e S).

Cap, le [kap] *(Stadt)* Kapstadt; *(Provinz)* Kapprovinz *f.*

capable [kapabl] *a* **1.** fähig, imstande (*de* zu); **2.** tüchtig, geschickt, gescheit; tauglich (*de* für); **3.** *jur* handlungsfähig; **4.** *math* zugehörig (*de* zu); ► ~ *de tout* zu allem fähig. **capacité** *f* **1.** Fassungsvermögen *n;* Raum-, Kubikinhalt *m;* **2.** *fig* Fähigkeit, Eignung, Tüchtigkeit; Tauglichkeit, Qualifikation *f;* **3.** *jur* Rechtsfähigkeit *f;* **4.** *el* Kapazität *f;* **5.** *tech* Leistungsfähigkeit *f,* Potential *n;* **6.** ► *avoir* ~ *pour faire qc* befähigt, *jur* befugt sein, etw zu tun; *avoir beaucoup de* ~ ein sehr fähiger Kopf sein; *manquer de* ~ *pour* keine Begabung haben für, unfähig sein zu; **7.** ► ~ *admissible* Belastbarkeit *f;* ~ *de charge(ment)* Trag-, Ladefähigkeit *f;* ~ *de concurrence, concurrentielle* Wettbewerbs-, Konkurrenzfähigkeit *f;* ~ *de contracter, de disposer* Geschäftsfähigkeit *f;* ~ *d'ester en justice* Prozeßfähigkeit *f;* ~ *industrielle* Industriekapazität *f;* ~ *de travail* Arbeitsfähigkeit *f,* -leistung *f.*

cape [kap] *f* **1.** Cape *n,* Umhang *m;* **2.** *(Zigarre)* Deckblatt *n;* ► *rire sous* ~ sich ins Fäustchen lachen.

Capharnaüm [kafaʀnaɔm] *m geog* Kapernaum *n.* **capharnaüm** *m fam* Durcheinander *n.*

capillaire [kapilɛʀ] **I.** *a* haarfein; Haar-; *phys* Kapillar-; **II.** *s m bot* Frauenhaar *n;* ► *lotion f* ~ Haarwasser *n; racine f* ~ *(anat)* Haarwurzel *f.*

capitaine [kapitɛn] *m* **1.** *mil* Hauptmann; **2.** (Schiffs-, Industrie-)Kapitän *m;* **3.** *sport* Mannschaftsführer *m.*

capital, e [kapital] **I.** *a* **1.** wesentlich, hauptsächlich, entscheidend; Haupt-; **2.** *jur* todeswürdig; Todes-; Kapital-; **II.** *s m* **3.** Kapital *n; pl* (Geld-)Mittel, Gelder *n pl;* Vermögen *n;* Fonds *m;* **4.** *f* Hauptstadt *f;* **5.** *f* Großbuchstabe *m;* **6.** ► *immobiliser, investir un* ~ ein Kapital fest=legen, an=legen; *fuite f des capitaux* Kapitalflucht *f; impôt m sur le* ~ Kapital-, Vermögenssteuer *f; lettre f* ~*e* Großbuchstabe *m; en lettres f pl* ~*es* in Blockschrift *f; peine f* ~*e* Todesstrafe *f; placement m de* ~ Kapitalanlage *f;* **7.** ► ~ *commercial, social* Geschäfts-, Gesellschaftskapital *n;* ~ *engagé, investi* Anlagekapital *n;* ~ *foncier* Grundvermögen *n;* ~ *de fondation* Gründungskapital *n;* ~ *initial* Anfangs-, Stammkapital *n;* ~ *mobilier* Kapitalvermögen *n.* **capitalisation** *f* **1.** Kapitalisierung *f,* **2.** Kapitalbildung *f.* **capitaliser I.** *tr* kapitalisieren, in Kapital verwandeln; **II.** *itr* Kapital bilden. **capitalisme** *m* Kapitalismus *m.* **capitaliste I.** *s m* Kapitalist *m;* **II.** *a* kapitalistisch.

capiteux, se [kapitø] *a (Wein)* berauschend.

capitulaire [kapitylɛʀ] *a rel* Kapitel-.

capitulation [kapitylasjɔ̃] *f mil* Kapitulation *f a. fig.* **capituler** *itr mil* kapitulieren *a. fig;* aufgeben.

caporal [kapɔʀal] *m* **1.** *mil* Gefreite(r)

m; **2.** *pop* Tabak *m* zweiter Güte; ▶ *~-chef m* Obergefreite(r) *m.*
capot [kapo] *m mot* Motorhaube.
capote [kapɔt] *f* **1.** (Kapuzen-)Mantel *m;* **2.** *arch* Haube *f;* **3.** *mot* Verdeck *n;* *~ anglaise (fam)* Kondom *n* od *m.* **capoter I.** *tr* mit e-m Verdeck versehen; zudecken; **II.** *itr* **1.** *mar* kentern; **2.** *mot aero* sich überschlagen.
câpre [kapʀ] *f* Kaper *f (Gewürz).*
caprice [kapʀis] *m* **1.** Laune(nhaftigkeit), Grille *f;* **2.** plötzliche Verliebtheit *f* (*pour qn* in jdn); **3.** *fig* Veränderlichkeit, Unbeständigkeit *f;* **4.** *mus (Kunst)* Capriccio *n.* **capricieux, se I.** *a* **1.** launisch, launenhaft; **2.** eigenwillig; **3.** wandelbar, veränderlich; abwechslungsreich; **II.** *s m f* launische(r), eigenwillige(r) Mensch *m.* **capricorne** [-kɔʀn] *m* **1.** *zoo* Eichenbock *m;* **2.** *C~ (astr)* Steinbock *m.*
capsulaire [kapsylɛʀ] *a* kapselförmig; Kapsel-. **capsule** *f* **1.** Kapsel *f a. anat;* **2.** *mil (~ fulminante)* Zündhütchen *n;* **3.** *chem* (Reib-, Abdampf-)Schale *f;* **4.** *(Raumfahrzeug)* Kapsel *f;* ▶ *~ séminale (bot)* Samenkapsel *f;* *~ spatiale* Raumkapsel *f;* *~ surrénale* Nebenniere *f.* **capsuler** *tr (Flasche)* verkapseln.
captage [kaptaʒ] *m* **1.** *(Signale)* Auffangen; **2.** *(Quelle)* Fassen *n;* **3.** *tech* Absaugung *f.* **capter** *tr* **1.** *(Vertrauen)* erschleichen; **2.** *(Quelle)* fassen; **3.** *(el. Strom)* entnehmen; **4.** *tech (Rauch, Staub)* auf=saugen; **5.** *radio* auf=fangen.
captif, ive [kaptif, -iv] **I.** *a* **1.** gefangen; *(Land)* erobert; **2.** *fig* gefesselt (*de qc* von etw); **II.** *s m f* Gefangene(r *m*) *f.*
captivant, e [kaptivɑ̃] **1.** *(Buch) fig* fesselnd, spannend; **2.** *(Frau)* bezaubernd; faszinierend. **captiver** *tr fig* für sich ein=nehmen; fesseln. **captivité** *f* Gefangenschaft *f.* **capture** *f* **1.** Fang *m,* Beute *f;* **2.** *mar* Aufbringen *n;* **3.** *(Zoll)* Beschlagnahme *f;* **4.** *(Polizei)* Festnahme; *mil* Gefangennahme *f;* **5.** *phys* Einfangen *n.* **capturer** *tr (Tier)* fangen; *(Mensch)* gefangen=nehmen.
capuche [kapyʃ] *f* Kapuze *f.* **capuchon** *m* **1.** Kapuze *f;* **2.** *tech* Kappe *f.*
capucin [kapysɛ̃] *m* **1.** Kapuziner(mönch) *m;* **2.** *fam* Hase *m.* **capucine** *f bot* Kapuzinerkresse *f.*
caquet [kakɛ] *m* **1.** *(Huhn)* Gackern *n;* **2.** *fig fam* Geschwätz *n;* ▶ *rabattre le ~ de qn* jdm den Mund stopfen. **caqueter** *itr* **1.** gackern; **2.** *fig fam* klatschen.
car [kaʀ] **I.** *conj* denn; **II.** *s m* (Reise-, Gesellschafts-)Omnibus *m;* ▶ *~-ferry* Autofähre *f.*
carabine [kaʀabin] *f* Karabiner, Stutzen *m;* ▶ *~ à air comprimé* Luftgewehr *n.*
carabiné, e [kaʀabine] *a* **1.** *fam* heftig, scharf, gepfeffert; **2.** *mar (Wind)* böig.
caractère [kaʀaktɛʀ] *m* **1.** Buchstabe *m;* (Schrift-)Zeichen *n;* *pl* Schrift; *typ* Letter, Type *f;* **2.** Charakter *m,* Gemütsart; Eigenschaft, Fähigkeit; Charakterstärke, Festigkeit *f,* Mut *m;* **3.** Wesen *n,* hervorstechende(r) Zug *m;* Art, Natur *f,* Merkmal *n;* **4.** ▶ *avoir ~ pour faire qc* die Berechtigung haben etw zu tun; *écrire en gros, en petits ~s* mit großen, kleinen Buchstaben schreiben; *~ binaire (inform)* Binärzeichen, Bit *n,* Bitstelle, Binärziffer *f;* *~ distinctif* Unterscheidungsmerkmal *n;* *~s romains* Antiqua *f.* **caractériel, le I.** *a* **1.** charakterlich; **2.** verhaltensgestört; **II.** *s m f* schwererziehbares Kind *n.* **caractériser I.** *itr* **1.** charakterisieren, kenn-, aus=zeichnen; **2.** (genau) bestimmen; **II.** *v prn* ▶ *se ~ par* gekennzeichnet sein durch. **caractéristique I.** *a* charakteristisch, typisch, kenn-, bezeichnend (*de* für *acc*); **II.** *s f* **1.** (Kenn-)Zeichen, Merkmal *n;* Besonderheit, besondere Eigenschaft; Charakteristik *f;* **2.** *math* Zeichen, Symbol *n;* *(Logarithmus)* Kennziffer; Maßzahl *f;* *(courbe f ~)* Kennlinie *f;* **3.** *pl tech* Daten *n pl.*
carafe [kaʀaf] *f* Karaffe *f.*
Caraïbe, la [kaʀaib] Karibik *f.*
carambolage [kaʀɑ̃bɔlaʒ] *m fig fam* Zs.stoß *m.* **caramboler** *tr fam* zs.=stoßen, (*qc* mit etw); aufea.=prallen (*qc* auf etw).
carambouill(ag)e [kaʀɑ̃buj(aʒ)] *f (m)* (Kredit-)Schwindel *m.* **carambouilleur** *m* (Kredit-)Schwindler *m.*
caramel [kaʀamɛl] *m* **1.** Karamel *m;* **2.** Karamelbonbon *n od m.* **caraméliser** *itr* **1.** mit Karamel süßen *od* färben; **2.** *(Braten)* e-e braune Kruste bekommen.
carapace [kaʀapas] *f* **1.** *zoo* Panzer *m a. fig;* **2.** Schutzschild *m.*
carapater, se [kaʀapate] *v prn (fam)* sich aus dem Staube machen.
carat [kaʀa] *m* Karat *n;* ▶ *à 18 ~s* 18karätig.
caravane [kaʀavan] *f* **1.** Karawane *f;* **2.** *mot* Wohnwagen *m.* **caravan(n)ing** [-iŋ] *m* Reisen *n* mit Wohnwagen.
caravelle [kaʀavɛl] *f mar hist aero* Karavelle *f.*
carbonate [kaʀbɔnat] *m* Karbonat, kohlensaure(s) Salz *n;* ▶ *~ sodium* Soda *f;* kohlensaure(s) Natrium *n.* **carbone** *m* **1.** *chem* Kohlenstoff *m;* **2.** *(papier~)* Kohle-, Durchschlagpapier *n;* ▶ *oxyde m de ~* Kohlenoxyd *n.* **carbonique** *a:* ▶ *gaz m ~* Kohlendioxid *n.* **carboniser** *tr* verkohlen; *(Speisen)* verbrennen lassen.
carburant [kaʀbyʀɑ̃] **I.** *a* kohlenwasserstoffhaltig; **II.** *s m* Brenn-, Kraft-, Treibstoff *m;* ▶ *consommation f de ~* Brennstoffverbrauch *m;* *ravitaillement m en ~* Brennstoffversorgung *f.* **carburateur** *m mot* Vergaser *m.* **carbure** *m*

Kohlenstoffverbindung *f;* Karbid *n;* ► ~ *de calcium* Kalziumkarbid *n;* ~ *d'hydrogène* Kohlenwasserstoff *m.* **carburer I.** *tr* **1.** auf=kohlen; **2.** *mot* vergasen; **II.** *itr pop* funktionieren; ► *ça carbure* das haut hin.

carcan [kaʀkɑ̃] *m* **1.** *hist* Halseisen *n;* **2.** *fam* Schindmähre *f;* **3.** (Hals-)Kette *f;* **4.** *fig* Zwang *m.*

carcasse [kaʀkas] *f* **1.** Gerippe *n;* **2.** Tierkörper *m; (Geflügel)* Rumpf *m;* **3.** *fam* Korpus *m;* **4.** *tech* Gestell, Gerüst, Gehäuse *n;* **5.** *(Reifen)* Karkasse *f;* **6.** (Schiffs-)Rumpf *m.*

carcinome [kaʀsinɔm] *m* Karzinom *n.*

cardan *m tech* Kardangelenk *n;* ► *arbre m à* ~ Kardan-, Gelenkwelle *f.*

carder [kaʀde] *tr (Wolle)* krempeln, kardätschen, streichen.

cardiaque [kaʀdjak] **I.** *a* Herz-; herzleidend; **II.** *s m f* Herzkranke(r *m*) *f; m* (herz)stärkende(s) Mittel *n.*

cardigan [kaʀdigɑ̃] *m* Strickjacke *f.*

cardinal, e [kaʀdinal] **I.** *a* hauptsächlich; Haupt-, Kardinal-; **II.** *s m rel orn* Kardinal *m;* ► *nombre m* ~ *(gram)* Kardinal-, Grundzahl *f; point m* ~ Himmelsrichtung *f.* **cardinalat** [-a] *m* Kardinalswürde *f.*

cardiogramme [kaʀdjɔgʀam] *m med* Kardiogramm *n.* **cardiologie** *f* Kardiologie *f.* **cardiologue** *m* Herzspezialist *m.*

carême [kaʀɛm] *m* **1.** Fasten(zeit *f*) *n;* **2.** *pl* Fastenpredigten *f pl;* ► *il a une face de* ~ der sieht aus wie das Leiden Christi.

carence [kaʀɑ̃s] *f* **1.** Fehlen *n,* Mangel *m;* Versagen *n;* **2.** *(Versicherung)* Karenz-, Wartezeit *f;* ► ~ *en vitamines* Vitaminmangel *m.*

caressant, e [kaʀɛsɑ̃, -ɑ̃t] *a* **1.** einschmeichelnd, liebkosend; **2.** zärtlich; anschmiegsam. **caresse** *f* Streicheln *n;* Liebkosung *f.* **caresser I.** *tr* **1.** streicheln, liebkosen; schmeicheln (*qn* jdm); **2.** *(Hoffnung)* hegen; *(e-m Traum)* nach=hängen; **3.** *(Stoff)* befühlen; **II.** *v prn se* ~ ea. liebkosen; ► ~ *qn du regard* jdn zärtlich anblicken.

cargaison [kaʀgɛzɔ̃] *f* (Schiffs-)Ladung, Fracht *f;* ► *fig fam toute une* ~ e-e ganze Menge. **cargo** [-go] *m* Frachtdampfer, Frachter *m;* ► ~ *frigorifique* Kühlschiff *n.*

cari [kaɔ̃i] *m* Curry *m* (od *n*) *(Gewürz).*

caricatural, e [kaʀikatyʀal] *a* karikaturenhaft. **caricature** *f* Karikatur *f,* Zerrbild *n.* **caricaturer** *tr* karikieren; *fig* verzerren. **caricaturiste** *m* Karikaturist *m.*

caritatif, ive [kaʀitatif, -iv] *a* Wohltätigkeits-; wohltätig, karitativ.

carie [kaʀi] Karies *f.*

carillon [kaʀijɔ̃] *m* **1.** Glockenspiel *n;* **2.** Geläute, Läuten *n;* **3.** (Tür-)Klingel *f;* **4.** *fam* Lärm *m.* **carillonner I.** *tr fig* aus=posaunen; **II.** *itr* **1.** ein Glockenspiel ertönen lassen; **2.** Sturm läuten (*à la porte* an der Tür). **carillonneur** *m* Glöckner *m.*

Carinthie, la [kaʀɛ̃ti] Kärnten.

carlingue [kaɔ̃lɛ̃g] *f* **1.** *mar* Kielschwein *n;* **2.** *aero* Rumpf *m.*

carmel [kaʀmɛl] Karmeliterkloster *n.* **carmélite** *f* Karmeliterin *f.*

carmin [kaʀmɛ̃] *a* karminrot.

carnage [kaʀnaʒ] *m* Gemetzel, Blutbad *n.* **carnassier, ère I.** *a* fleischfressend; **II.** *s m* **1.** *pl* Raubtiere *n pl;* **2.** *f* Reißzahn *m;* **3.** Jagdtasche *f.* **carnation** *f* Teint *m;* Fleischfarbe *f.*

carnaval [kaʀnaval] *m* Karneval, Fasching *m.* **carnavalesque** *a* Karnevals-, Faschings-; grotesk.

carnet [kaʀnɛ] *m* **1.** Notizbuch *n;* **2.** *mot* Carnet *n;* ► ~ *de bord* Bord-, Fahrtenbuch *n;* ~ *de chèques* Scheckbuch *n;* ~ *de commandes* Auftragsbuch *n,* -bestand *m;* ~ *de notes* Notizbuch; *(Schule)* Zeugnisheft *n;* ~ *de route* Fahrtenbuch *n;* ~ *à souches* Quittungsheft *n;* Abreißblock *m;* ~ *de tickets* Fahrscheinheft *n;* ~ *de timbres* Briefmarkenheft *n.*

carnivore [kaʀnivɔʀ] **I.** *a* fleischfressend *a. bot;* **II.** *s m pl* Fleischfresser *m pl.*

carolingien, ne [kaʀɔlɛ̃ʒjɛ̃, -ɛn] *a hist* karolingisch.

carotide [kaʀɔtid] *f* Halsschlagader *f.*

carotte [kaʀɔt] **I.** *s f* **1.** Mohrrübe, Möhre, Karotte *f;* **2.** *min* Bohrkern *m;* **3.** Schild *n* der Tabakläden; **II.** *a (Haare)* feuerrot; ► ~ *(de tabac)* Rolle *f* (Kau-)Tabak. **carotter I.** *tr fam* beschwindeln, be-, ergaunern; **II.** *itr fam* heimlich beiseite schaffen (*sur qc* etw); ► ~ *sur le poids* beim Wiegen beschummeln. **carotteur** *m fam* Schwindler, Gauner *m.*

carpe [kaʀp] **1.** *m anat* Handwurzel *f;* **2.** *f* Karpfen *m;* ► *bâiller comme une* ~ *(fam)* herzhaft gähnen; *muet comme une* ~ stumm wie ein Fisch; *saut m de* ~ Hechtsprung *m.* **carpette** *f* **1.** junge(r) Karpfen *m;* **2.** kleine(r) Teppich *m,* Brücke *f.*

carpien, ne [kaʀpjɛ̃, -ɛn] *a* Handwurzel-.

carquois [kaʀkwɑ] *m* Köcher *m.*

carrare [kaʀaʀ] *m* karrarische(r) Marmor *m.*

carré, e [ka(ɑ)ʀe] **I.** *a* **1.** quadratisch; *fam* viereckig; Quadrat-; **2.** *(Gesicht)* eckig; *(~ aux épaules)* breitschulterig; **3.** *fig* offen, gerade; klar, deutlich; **II.** *s m* **4.** Quadrat, *fam* Viereck *n;* **5.** *(Küche)* Karree, (Rippen-)Stück *n;* (Speck-)Brocken *m;* **6.** *tech* Vierkant *m;* **7.** *mar* Offiziersmesse *f;* **8.** Papierformat 56×45 cm; **9.** (Garten-)Beet *n;* **10.** *(Poker)* Viererpasch *m;* **11.** ► *élever au* ~ quadrieren, ins Quadrat erheben; *extraire, tirer une racine* ~*e* e-e (Quadrat-)Wurzel ziehen; **12.** ► *mètre m* ~ Quadratmeter *m* od *s; racine f* ~*e* Quadratwurzel *f.*

carreau [kaRo] *m* **1.** (Stein-)Platte, Fliese, Kachel *f;* **2.** Platten-, Fliesenfußboden *m;* **3.** Fensterscheibe *f;* **4.** Karo *(Muster u. Kartenfarbe);* Viereck *n;* **5.** *fam* Brille *f;* **6.** *min* Grubenhalde *f;* **7.** ► *à* ~*x* kariert, gewürfelt; **8.** ► *se garder, se tenir à* ~ *(fam)* auf der Hut sein; *tomber, rester sur le* ~ (tot *od* verwundet) auf der Strecke bleiben; **9.** ► ~ *de ciment, de sol* Zement-, Bodenplatte *f.*

carrefour [kaRfuR] *m* **1.** (Straßen-)Kreuzung, Ecke *f;* Kreuzweg *m;* **2.** *fig* Scheideweg; Ort *m* der Begegnung.

carrelage [kaRlaʒ] *m* Stein-, Platten-, Fliesenbelag; Fliesenfußboden *m.* **carreler** ‹*Prés. je carrelle, ns carrelons; Fut. je carrellerai; pp. carrelé, e*› *tr* mit Steinplatten, Fliesen aus=legen. **carreleur** *m* Platten-, Fliesenleger *m.*

carrément [kaRemɑ̃] *adv* **1.** rechtwinklig; **2.** *fig* offen, geradeheraus, *fam* glattweg, rundweg. **carrer** *prn se* ~ *(fam)* es sich bequem machen (*dans un fauteuil* in e-m Sessel).

carrière [kaRjɛR] *f* **1.** Steinbruch *m;* **2.** Laufbahn *f,* Karriere *f;* **3.** ► *embrasser, suivre une* ~ e-e Laufbahn ein=schlagen; e-n Beruf wählen *od* aus=üben; **4.** ► *fonctionnaire, militaire m de* ~ Berufsbeamte(r), -soldat *m;* ~ *d'ardoise, de marbre* Schiefer-, Marmorbruch *m.* **carriériste** *a* karrierebewußt; *s m f* Karrierefrau *f;* Karrieremacher *m.*

carriole [kaRjɔl] *f* Karren *m.*

carrossable [kaRɔsabl] *a* befahrbar. **carrosse** *m* Karosse, (Staats-) Kutsche *f;* ► *être la cinquième roue du* ~ das fünfte Rad am Wagen sein. **carrosserie** *f mot* Karosserie *f.* **carrossier** *m* Karosserieschlosser, Autospengler *m.*

carrousel [kaRuzɛl] *m* Karussell *n; (Flughafen)* Gepäckausgabe *f.* **carrure** [kaRyR] *f* (Schulter-)Breite; *(Kleidung)* Weite *f.* **carry** *m s. cari.*

cartable [kaRtabl] *m* Schulranzen *m.*

carte [kaRt] *f* (Land-, Spiel-, Speise-, Post-, Visiten-)Karte *f;* Ausweis *m;* **1.** ► *à la* ~ nach der Karte; nach Wahl; **2.** ► *avoir* ~ *blanche* freie Hand, Vollmacht haben; *distribuer, donner les* ~*s* die Karten geben; *jouer sa dernière* ~ *(fig)* s-e letzte Karte aus=spielen; *jouer* ~*s sur table (fig)* mit offenen Karten spielen; *tirer les* ~*s* Karten legen; **3.** ► *jeu m de* ~*s* Kartenspiel *n; tireuse f de* ~*s* Kartenlegerin *f;* **4.** ► ~ *d'accès à bord (aero)* Bordkarte *f;* ~ *d'admission, d'entrée* Eintrittskarte *f;* ~ *de chemin de fer* (Eisenbahn-)Fahrkarte *f;* ~ *de circulation (loc)* Netz-, Bezirkskarte *f;* ~ *de crédit* Kreditkarte *f;* ~ *de débarquement, d'embarquement* Lande-, Einschiffungskarte *f;* ~ *au, à l'échelle de 1:100.000* Karte *f* im Maßstab ...; ~ *d'eurochèque* Eurocheque-Karte *f;* ~ *de félicitation(s)* Glückwunschkarte *f;* ~ *grise* Kraftfahrzeugschein *m;* ~ *d'identité* Personalausweis *m;* ~ *d'identité infalsifiable* fälschungssichere(r) Personalausweis *m;* ~ *Inter-Rail* Interrailkarte *f;* ~ *d'invitation* Einladungskarte *f;* ~ *Jeune* Junior-Paß *m;* ~ *du jour* Tageskarte *f,* Tagesmenü *n;* ~*-lettre f* Kartenbrief *m;* ~ *à mémoire, à microprocesseur, à puce (inform)* (Mikro-)Chipkarte *f;* ~ *météorologique* Wetterkarte *f;* ~ *perforée* Lochkarte *f;* ~ *postale* (Ansichts-)Postkarte *f;* ~*-réponse f* Antwortkarte *f;* ~ *routière* Straßenkarte *f;* ~ *touristique* Tourenkarte *f;* ~ *de travail* Arbeitskarte *f;* ~ *de visite* Visitenkarte *f.*

cartel [kaRtɛl] *m* **1.** *com* Kartell *n;* **2.** *pol* Block *m;* Zusammenschluß *m.*

cartilage [kaRtilaʒ] *m anat* Knorpel *m.*

cartographe [kaRtɔgraf] *m* Kartograph *m.* **cartographie** *f* Kartographie *f.*

carton [kaRtɔ̃] *m* **1.** Karton *m;* Pappe *f;* Pappdeckel *m;* **2.** (Papp-)Schachtel *f;* **3.** *(Kunst)* Karton *m;* **4.** Nebenkarte *f;* **5.** (Schieß-)Scheibe *f;* **6.** *(Papier)* Viertelbogen *m;* **7.** *(fam)* ► *faire un* ~ *sur qn* jdn aufs Korn nehmen; ~ (à dessin) (große) Zeichenmappe *f; (Fußball)* ~ *jaune, rouge* gelbe, rote Karte *f;* ~*-pâte m* Papp-, Papiermaché *n.*

cartouche [kaRtuʃ] **1.** *f mil tech* Patrone; *mil* Kartusche *f; tech* Einsatz *m;* Kassette *f;* Bandspeicher *m; (Drehbleistift)* Mine *f;* **2.** *f (Zigaretten)* Stange *f;* **3.** *m (Kunst)* Kartusche *f;* ► ~ *de rechange* Ersatzmine, -patrone *f.* **cartouchière** *f* Patronentasche *f.*

cas [kɑ] *m* **1.** Fall *m,* Sache, Lage *f,* Umstände *m pl;* **2.** *gram* Kasus *m;* **3.** ► *au* ~ *où (cond)* im Falle, daß; falls; *dans le* ~ *présent* im vorliegenden Falle; *en aucun* ~ auf keinen Fall; *en* ~ *de besoin* notfalls; *en ce* ~ in diesem Fall; *en tout* ~, *dans tous les* ~ auf jeden Fall; *en* ~ *de doute* im zweifelsfall; *en* ~ *d'urgence* in dringenden Fällen; *en* ~ *d'empêchement* im Verhinderungsfalle; *le* ~ *échéant* gegebenenfalls; **4.** ► *faire (grand)* ~ *de* (großen) Wert legen auf *acc; ne faire nul* ~ *de* sich nichts machen aus; **5.** ► ~ *de conscience* Gewissensfrage *f;* ~ *exceptionnel* Ausnahmefall *m;* ~ *extrême, limite* Grenz-, Extremfall *m;* ~ *litigieux* Streit-, Rechtsfall *m;* ~ *de nécessité* Notstand *m;* ~ *type* Musterfall *m.*

casanier, ère [kazanje, -ɛr] **I.** *a* häus-

lich; **II.** *s m f* häusliche(r) Mensch; Stubenhocker *m.*
casaque [kazak] *f* Jockei-, Livreejacke *f;* Kasack *m,* Kittelbluse *f;* ► *tourner ~ (fig)* die Farbe, Partei wechseln.
cascade [kaskad] *f* **1.** Wasserfall *m;* Kaskade *f;* **2.** *fig* Flut *f,* Schwall *m;* **3.** *(Beifall)* Sturm *m;* ► *en ~* aufeinanderfolgend. **cascader** *itr* (in Kaskaden) herab=stürzen. **cascadeur** *m film* Stuntman; *(Zirkus)* Kaskadeur *m.*
case [kɑ(a)z] *f* **1.** Hütte *f;* **2.** Fach *n;* **3.** (Schach-, Damebrett) Feld *n;* ► *avoir une ~ en moins* nicht alle Tassen im Schrank haben.
caser [kɑ(a)ze] **I.** *tr (Papier, Wäsche)* (ein=)ordnen, *(Briefe)* ab=legen; unter=bringen *a. fig,* verstauen; **II.** *v prn se ~ péj* ein Unterkommen, ein Zimmer, e-e Stelle finden.
caserne [kaʒɛʀn] *f mil* Kaserne *f.* **casier** [kazje] *m* **1.** Regal *n;* **2.** Fächer-, Aktenschrank *m;* **3.** *(Büro)* Ablegefach *n;* **4.** Kartei *f;* **5.** *(Bahnhof)* Schließfach *n;* **6.** (Hummer-)Reuse *f;* ► *~ à bouteilles* Flaschenständer *m; ~ judiciaire (jur)* Strafregister *n.*
casino [kazino] *m* Spielbank *f;* Kasino *n.*
cash [kaʃ] **I.** *adv payer ~* bar bezahlen; **II.** *(com) ~ and carry* Cash and carry; **cash flow** *m* Cash-flow *m.*
casque [kask] *m* **1.** Helm *m; aero* Haube *f;* **2.** *orn* Höcker *m;* **3.** *radio* Kopfhörer *m;* ► *~ bleu m* Blauhelm *m; ~ colonial* Tropenhelm *m; ~ de motocycliste* Sturzhelm *m; ~ de pompier* Feuerwehrhelm *m; ~ de protection* Schutzhelm *m.* **casqué, e** *a* behelmt. **casquer** *itr pop* blechen. **casquette** *f* (Schirm-)Mütze *f;* ► *~ d'aviateur, de marin, d'officier* Flieger-, Matrosen-, Offiziersmütze *f; ~ à visière* Schirmmütze *f.*
cassant, e 1. brüchig, spröde; **2.** *fig* schneidend, schroff; herrisch.
cassation [kasasjɔ̃] *f* **1.** *jur* Aufhebung *f (e-s Urteils);* **2.** *mil* Degradierung *f;* ► *se pourvoir, plaider, recourir en ~* Nichtigkeitsklage erheben; Revision ein=legen.
casse [kas] *f* **1.** Zerbrechen *n;* Bruch(stelle *f*) *m;* zerbrochene(s) Geschirr *n,* Scherben *f pl;* **2.** *allg* Verlust, Schaden *m;* **3.** *(Auto)* Schrott *m;* **4.** *arg* Einbruch *m;* **5.** *tech* Gießgrube *f; typ* Setzkasten *m;* **6.** *bot* Kassia *f;* **7.** ► *payer la ~* für den Schaden, für die Folgen auf=kommen. **casse-cou** *m inv fam* tollkühne(r) Mensch *m;* ► *crier ~ à qn* jdn warnen. **casse-croûte** *m inv* Imbiß *m;* Vesper *n,* Stulle *f.* **casse-gueule** *a inv fam* gefährlich; gewagt; *(Person)* verwegen; waghalsig; *s m fam* gefährliche(s) Unternehmen *n.* **casse-noisettes, casse-noix** *m inv* Nußknacker *m.* **casse-pieds** *m inv fam* aufdringliche(r) Mensch *m;* Nervensäge *f.* **casse-tête** *m inv fig* harte Nuß *f;* Problem, Rätsel *n.* **cassé, e** *a fig* gebrochen; *(Stimme)* schwach; *(Mensch)* gebrechlich, verbraucht.
casser [kase] **I.** *tr* **1.** (zer-, durch=, auf=) brechen; zerschlagen, zerreißen; zermürben, auf=reiben; **2.** *jur* auf=heben, für ungültig erklären; *(Testament)* um=stoßen; **3.** *mil* degradieren; entlassen, ab=setzen; (des Amtes) entheben; **4.** *fam* (Geldschein *od* -stück) an=brechen; **5.** *(Verlöbnis)* lösen; **6.** *(Arbeit)* schlampig erledigen; **7.** *(Holz)* hacken; **8.** *(Nuß)* (auf=)knacken; **9.** *(Ei)* auf=schlagen; **II.** *itr* **10.** zerbrechen; zersplittern; **11.** *(Zweig)* knacken; **12.** *(Faden)* (zer) reißen; **13.** *arg* einbrechen; **III.** *v prn se ~* **14.** zerbrechen, zersplittern; **15.** *fam* kaputtgehen; **16.** ► *à tout ~* maßlos, unerhört, toll; *(Preis)* höchstens; *se ~ le cou, la figure, la gueule, la tête (pop)* herunter=fallen, -stürzen; sich verprügeln; *~ le cou à une bouteille* e-r Flasche den Hals brechen; *~ la croûte (fam)* e-n Imbiß zu sich nehmen; *se ~ les dents sur qc* sich an e-r S die Zähne aus=beißen; *~ la figure, la gueule à qn (fam)* jdn halb tot=schlagen; *se ~ le nez (fig)* scheitern; *à la porte de qn* niemand zu Hause finden; abgewiesen werden; *~ les oreilles à qn* jdm in den Ohren liegen; *~ les pieds à qn* jdn belästigen, langweilen; jdm auf den Wecker fallen; *~ sa pipe (fam)* ins Gras beißen; *~ la tête (fam)* betäuben, verwirren (*à qn* jdn); *se ~ la tête (fig)* sich den Kopf zerbrechen, *contre les murs* jede Hoffnung auf=geben; völlig verzweifeln; *ne pas se ~ (fam)* sich kein Bein aus=reißen; **17.** *(fam)* ► *tu nous les casses* du gehst mir auf die Nerven; *je me casse* ich haue ab; *ça ne casse rien (pop)* das ist nichts Besonderes.
casserole [kasʀɔl] *f* Tiegel *m,* Schmorpfanne, Kasserolle *f.*
cassette [kasɛt] *f* Kassette *f;* ► *~ numérique* Digitalkassette *f; ~ vidéo* Videokassette *f.*
casseur [kasœʀ] *m* **1.** Randalierer *m;* **2.** Schrotthändler *m.* **cassis** [kasis] *m* schwarze Johannisbeere *f;* Johannisbeerlikör *m.*
cassoulet [kasulɛ] *m* Ragout *n* aus Schweine- *od* Hammelfleisch u. weißen Bohnen.
cassure [kasyʀ] *f* **1.** Bruch(-stelle *f*) *m a. fig;* **2.** *geol* Kluft *f;* **3.** *fig* Einschnitt, Wendepunkt *m;* **4.** *tech (Metall)* Riß *m.*
castagnette [kastaɲɛt] *f* Kastagnette *f.*
caste [kast] *f* Kaste; Klasse *f.*
castel [kastɛl] *m* Schlößchen *n.*
castillan, e [kastijɔ̃, -an] *a* kastilisch.
Castille, la [kastij] Kastilien *n.*
castor [kastɔʀ] *m zoo* Biber(pelz).

castration *f* [kastʀasjõ] Kastration *f.*
cataclysme [kataklism] *m* Umsturz *m,* Katastrophe *f.*
catacombes [katakɔ̃b] *f pl* Katakomben *f pl.*
catalan, e [katalɑ̃, -ɑn] *a* katalanisch.
Catalogne, la [katalɔɲ] Katalonien *n.*
catalogue [katalɔg] *m* **1.** Katalog *m;* **2.** Liste *f,* Verzeichnis *n;* ▶ *prix m de* ~ Listenpreis *m;* ~ *alphabétique par matières* Schlagwortkatalog *m;* ~ *analytique* Stichwortkatalog *m;* ~ *par auteurs m* Verfasserkatalog *m;* ~ *sur fiches* Zettelkatalog *m;* ~ *par matières* Sachkatalog *m.* **cataloguer** *tr* **1.** katalogisieren; **2.** *fig fam pej* einschätzen (*qn* jdn).
catalyseur [katalizœʀ] *m chem mot* Katalysator *m;* ▶ ~ *à installation différée (mot)* Beipack-Katalysator *m.* **catalytique** *a* katalytisch, Katalysator-; ▶ *pot d'échappement* ~ *(mot)* Auspuff *m* mit eingebautem Katalysator.
catamaran [katamaʀɑ̃] *m* Katamaran *m.*
cataplasme [kataplasm] *m* Breiumschlag *m.*
catapultage [katapyltaʒ] *m* Katapultstart *m.* **catapulter** *tr* **1.** katapultieren, (ab=)schleudern; **2.** *fig fam (in e-e Stellung)* hineinkatapultieren.
cataracte [kataʀakt] *f* **1.** Katarakt, (großer) Wasserfall *m;* **2.** *med* (grauer) Star *m.*
catarrhe [kataʀ] *m* Katarrh *m.*
catastrophe [katastʀɔf] *f* Katastrophe *f,* schwere(s) Unglück *n;* ▶ ~ *écologique* Umweltkatastrophe *f;* ~ *ferroviaire* Eisenbahnunglück *n;* ~ *naturelle* Naturkatastrophe *f;* ~ *nucléaire* nukleare(r) *od* atomare(r) Katastrophenfall *m.* **catastrophé, e** *a fam* ganz niedergeschlagen, fertig. **catastrophique** *a* katastrophal; *fam* schrecklich, furchtbar. **catastrophisme** *m* Weltuntergangsstimmung *f.*
catch [katʃ] *m* Freistilringen *n.* **catcheur** *m* Freistilringer *m.*
catéchiser [kateʃize] *tr* **1.** den Katechismus lehren; **2.** *fam* instruieren; indoktrinieren. **catéchisme** *m* Katechismus(unterricht) *m.* **catéchiste** *m* Katechet *m.* **catéchumène** [-kymɛn] *m rel* Katechumene; *fig* Anwärter *m.*
catégorie [kategɔʀi] *f* Kategorie, Klasse, Gruppe, Gattung, Art *f;* ▶ *de première* ~ erster Qualität; ~ d'impôts Steuerklasse *f;* ~ *de salaires* Lohngruppe *f.* **catégorique** *a* kategorisch; *fig* bestimmt, entschieden.
cathare [kataʀ] *a* Katharer-; *s m f* Katharer(in *f*) *m.*
cathédrale [katedʀal] *f* Kathedrale, Bischofskirche *f;* Münster *n;* Dom *m.*
cathode [katɔd] *f el* Kathode *f.*
catholicisme [katɔlisism] *m* Katholizismus *m.* **catholique I.** *a* katholisch; **II.** *s m f* Katholik(in *f*) *m;* ▶ *pas très* ~ *(fam)* nicht ganz astrein; verdächtig.
catimini [kat] *loc adv:* ▶ *en* ~ heimlich.
catin [katɛ̃] *f fam* Nutte *f.*
Caucase, le [kɔkɑ(a)z] der Kaukasus.
cauchemar [koʃmaʀ] *m* **1.** Alp(drücken *n,* -traum) *m;* **2.** *fig fam* Greuel *m.* **cauchemardesque** *a* alptraumartig.
caudal, e [kodal] **I.** *a* Schwanz-; **II.** *s f (nageoire f* ~*e)* Schwanzflosse *f.*
causalité [kozalite] *f* Kausalität *f,* ursächliche(r) Zs.hang *m.*
causant, e [kozɑ̃, -t] *a fam* gesprächig.
cause [koz] *f* **1.** Ursache *f,* (Beweg-) Grund, Anlaß *m,* Veranlassung; **2.** Sache, Angelegenheit *f;* **3.** Rechtssache *f,* Prozeß, (Rechts-)Fall; Rechtsgrund(lage *f*) *m;* **4.** ▶ *à* ~ *de* wegen, um ... willen; *à* ~ *de moi* meinetwegen; *en connaissance de* ~ mit vollem Bedacht, mit Sachkenntnis; *en tout état de* ~ unter allen Umständen, auf jeden Fall; *et pour* ~ aus gutem Grund; *pour* ~ *de santé* aus Gesundheitsgründen; **5.** ▶ *avoir gain de* ~ gewonnenes Spiel haben; *être (la)* ~ *de qc* etw verursacht, bewirkt haben; *être en* ~ *(jur)* in e-n Prozeß verwickelt sein; *allg* zur Debatte stehen; *n'être pas en* ~ nicht betroffen sein; *faire* ~ *commune* gemeinsame Sache machen (*avec* mit); *mettre qn hors de* ~ jdn von jedem Verdacht freisprechen; *plaider la* ~ *de qn* sich für jdn ein=setzen; *remettre en* ~ in Frage stellen.
causer [koze] **I.** *tr* **1.** verursachen, bewirken; hervorrufen; **2.** *(Verwirrung)* stiften; **II.** *itr* **3.** sich unterhalten, plaudern (*avec qn* mit jdm, *de qc (fam)* über e-e S); **4.** sprechen (*de qc* über e-e S); **5.** klatschen, tratschen, es aus=plaudern; ▶ *(fam)* ~ *de la pluie et du beau temps* über gleichgültige Dinge sprechen. **causerie** *f* Plauderei *f;* (zwangloser) Vortrag *m.* **causette** *f fam* Geplauder, Plauderstündchen *n;* ▶ *faire la* ~ e-n Schwatz halten. **causeur, se** Schwätzer *m.*
causse [kos] *m* dürre Kalkhochfläche *f.*
causticité [kostisite] *f* **1.** *chem* ätzende Wirkung *f;* **2.** *fig* Bissigkeit. **caustique I.** *a* ätzend; *fig* bissig, beißend; **II.** *s m f* sarkastische(r) Mensch *m.*
cautère [kotɛʀ] *m med* Kauter *m.* **cautérisation** *f med* Kauterisation *f;* Abätzen *n.* **cautériser** *tr (Wunde)* (aus=) brennen.
caution [kosjɔ̃] *f* **1.** Kaution, Sicherheit, Bürgschaft *f;* Pfand *n;* **2.** Bürge *m;* **3.** Garantie, Versicherung *f;* ▶ *sous* ~ gegen Bürgschaft; *sujet à* ~ verdächtig; nicht verbürgt; *se porter* ~ *pour qn* (sich

(acc) für jdn ver)bürgen; *verser une ~* e-e Kaution stellen. **cautionner** *tr* **1.** (sich *(acc)* ver)bürgen (*qn* für jdn); **2.** *fig* stützen (*par* durch).

cavalcade [kavalkad] *f* **1.** Kavalkade *f*, *fam* Aufzug *m*; **2.** (lärmende) Schar *f*.

cavaler *itr* od *se ~* ab=hauen, sich davon=machen. **cavalerie** *f* **1.** Kavallerie, Reiterei *f*; **2.** Pferdebestand *m*. **cavalier, ère I.** *a* ungehörig, überheblich; **II.** *s m f* Reiter(in *f*); **2.** *m* Kavallerist; **3.** Tanzpartner(in *f*) *m*; Tänzer(in *f*) *m*; Kavalier; Herr, Begleiter *(e-r Dame)*; **4.** *(Schach)* Springer *m*; **5.** *m* Papierformat *n* 62×46 cm; **6.** *tech* Reiter *m*; ► *faire ~ seul fig* auf eigene Faust handeln; *allée, piste f ~ière* Reitweg *m*.

cave [kav] **I.** *a (Wangen)* hohl, eingefallen; **II.** *s f* **1.** Keller; Wein(vorrat) *m*; **2.** Kellerlokal *n*; **3.** Spielgeld *n*; ► *~ à charbon, à provision, à vin* Kohlen-, Vorrats-, Weinkeller *m*. **caveau** *m* Gruft *f*.

caverne [kavɛrn] *f* **1.** Höhle *f*; **2.** *med* Kaverne *f*. **caverneux, se** *a med* kavernös; ► *corps m ~ (anat)* Schwellkörper *m*; *voix f ~se* Grabesstimme *f*.

caviar [kavjar] *m* Kaviar *m*.

caviste [kavist] *m (Hotel)* Kellermeister *m*.

cavité [kavite] *f* **1.** Höhlung *f*, Hohlraum *m*, Mulde *f*; **2.** *anat* Hohlraum *m*; ► *~ abdominale* Bauchhöhle *f*; *~ buccale* Mundhöhle *f*.

CD-Rom [sedeʀɔm] *m inv* = *disque optique compact, DOC* CD-Rom *f*.

ce(t), cette, *pl* **ces** [sə (sɛt); sɛt; sɛ(e)] **I.** *prn a* **1.** diese(r, s); jene(r, s); **2.** *(verächtl., iron., bewund.)* so ein(e)! **3.** *(erstaunt)* was für ein(e) ...! ► *~ matin* heute morgen; *~ ...-ci* dieser (hier); *~ ...-là* der, jener (da, dort); **II.** *prn s m* **4.** es, das; *~* ► *qui, ~ que* (das,) was; *fam* wie; *c'est-à-dire* das heißt; nämlich; *qu'est-~ à dire?* was soll das heißen? *hier à cette heure-ci* gestern um die gleiche Zeit; *ne serait-ce qu'une fois* u. sei es auch nur einmal; *c'en est fait de nous* wir sind am Ende; mit uns ist es aus; *~ n'est pas que* nicht (etwa), daß; *pour ~ faire* zu d(ies)em Zweck; *~ (me) semble* wie es scheint, es scheint so, dem Anschein nach; *si ~ n'est que* es sei denn, außer; wenn; *c'est à lui de* er ist an der Reihe zu; *c'est pourquoi* deshalb, darum; *c'est que* so *od* dann ist es, weil; nämlich; **5.** *(Hervorhebung)* ► *c'est ... qui, que: c'est lui qui me l'a raconté* er hat es mir erzählt; *c'est moi* ich bin es; **6.** ► *sur ~* daraufhin.

ceci [səsi] *prn* dies(es) (hier); das.

cécité [sesite] *f* Blindheit *f*.

céder [sede] ⟨*Prés. je cède, ns cédons; Fut. je céderai; pp. cédé, e*⟩ **I.** *itr* **1.** nach=geben (*à qn* jdm); ► *~ sur un point* in e-m Punkt nach=geben; **2.** weichen (*à qn* vor jdm); nach=lassen; **3.** *(Eis)* brechen; **4.** *(seinen Pflichten)* erliegen; ► *ses nerfs ont ~é* s-e Nerven haben versagt; **5.** ► *ne le ~ en rien à qn* jdm in nichts nach=stehen; gehorchen *(seinen Impulsen* od *Gefühlen)*; **II.** *tr* **1.** *(Stellung, Position)* auf=geben; ab=treten, überlassen *(qc à qn* e-e S jdm); ► *~ sa place à qn* jdm s-n Platz ab=treten; **2.** *(com)* übertragen; **3.** *jur* zedieren; **4.** *(Haus)* verkaufen, abgeben; ► *~ du terrain* zurück=weichen; *~ le terrain* sich zurück=ziehen *(à qn* vor jdm*)*; *fig* zurück=treten, weichen; *~ le pas à qn* jdm den Vortritt lassen; *~ le passage à qn* jdn vorbei=lassen.

cédille [sedij] *f* Cedille *f*.

cédex [sedɛks] *m* Abholpostamt *n* für Wirtschaftsunternehmer; *Art* Postfach.

cèdre [sɛdʀ] *m* Zeder(nholz *n*) *f*.

cégétiste [seʒetist] **I.** *a* C.G.T.-; **II.** *s m* C.G.T.-Gewerkschaftler *m*.

ceindre [sɛ̃dʀ] ⟨*Prés. il ceint, ils ceignent; Fut. il ceindra; pp. ceint, e*⟩ *tr lit* um=gürten, umwinden.

ceinture [sɛ̃tyʀ] *f* **1.** Gürtel, Gurt, Bund *m*, Binde *f*; **2.** Taille; Gürtellinie *f*; Bund *m*; **3.** *allg* Einfassung *f*, Ring, Gürtel *m*; **4.** ► *ne pas arriver à la ~ de qn (fig)* jdm nicht das Wasser reichen können; *se mettre, se serrer la ~ (fam)* sich den Gürtel enger schnallen; *~ de natation* Schwimmgürtel *m*; *~ de sauvetage* Rettungsring *m*; *~ de sécurité* Sicherheitsgurt *m*; *~ verte* Grüngürtel *m (e-r Stadt)*. **ceinturer** *tr* (um)gürten; e-n Gürtel um=schnallen (*qn* jdm); *(Taille)* umfassen; umklammern.

cela [s(ə)la] *prn* das (da, dort); es; *fam péj* so e-r, so e-e, so was, so welche; ► *après ~ (fam)* nachher, danach; *avec (tout) ~* trotz(alle)dem; *avoir ~ de bon que* das für sich haben, daß; *comme ~* so; soso; *comment ~?* wieso (denn)? ist es möglich? *comment ~ va-t-il?* wie geht's? *c'est (bien) ~* so ist es; *il ne manquait plus que ~!* das fehlte (gerade) noch! *pour ~* was das betrifft; *à ~ près* bis auf das; *qu'à ~ ne tienne* daran soll es nicht liegen.

célébration [selebʀasjɔ̃] *f* Feier(n *n*); Abhaltung *f*; ► *~ du mariage* Eheschließung, Trauung *f*. **célébrer** ⟨*Prés. je célèbre, ns célébrons; Fut. je célébrerai; pp. célébré, e*⟩ *tr* **1.** feiern, festlich begehen; *rel* zelebrieren; **2.** *(Spiele)* ab=halten; **3.** *(Trauung)* vollziehen; **4.** preisen, rühmen, heraus=streichen. **célébrité** *f* Berühmtheit *f a. Person*; ► *les ~s du monde politique* die Prominenten in der Politik.

célèbre [selɛbʀ] *a* berühmt.

celer [səle] *tr lit* ⟨*Prés. je cèle, ns celons; Fut. je cèlerai; pp. celé, e*⟩ verheimlichen.

céleri [sɛlʀi] *m* Sellerie *m* (od *f*).
célérité [seleʀite] *f* Schnelligkeit *f*.
céleste [selɛst] *a* himmlisch *a. fig;* Himmel(s)-.
célibat [seliba] *m* Ehelosigkeit *f; rel* Zölibat *n*. **célibataire I.** *a* ledig, unverheiratet; **II.** *s m f* Junggeselle *m*, -gesellin; Unverheiratete(r *m*) *f*.
celle [sɛl] *prn s. celui.*
cellier [selje] *m* (Vorrats-)Kammer *f*.
cellophane [selɔfan] *f WZ* Cellophan *n*.
cellulaire [selylɛʀ] *a anat bot* Zell-, Zellular-; ▶ *béton m* ~ Porenbeton *m; tissu m* ~ Zellgewebe *n; voiture f* ~ Zellenwagen *m, arg* grüne Minna *f*. **cellule** *f* **1.** Zelle *f a. pol;* **2.** *mil* Einzelhaft *f;* **3.** *biol el aero* Zelle *f*. **cellulite** *f* Bindegewebsentzündung *f*. **celluloïd** *m* Zelluloid *n*. **cellulose** *f* Zellulose *f*, Zellstoff *m*.
Celte [sɛlt] *s m f* Kelte *m*, Keltin *f*. **celtique I.** *a* keltisch; **II.** *s m* (das) Keltisch(e).
celui, celle, *pl ceux, celles* [səlɥi, sɛl, sø, sɛl] *prn* der, die, das(jenige); ▶ *~-ci* diese(r, s) (hier); *~-là* jene(r, s) (dort, da).
cément [semɑ̃] *m* **1.** *tech* Einsatzmittel *n;* **2.** Zahnzement *m*. **cémenter** *tr* zementieren.
cendre [sɑ̃dʀ] *f* Asche *f;* ▶ *les ~s* die sterblichen Überreste; *réduire en ~s* ein≈äschern; *mercredi m des ~s* Aschermittwoch *m*. **cendré, e** *a* aschfarben, fahl; ▶ *blond* ~ aschblond; **cendrée** *f* **1.** *(Jagd)* Vogeldunst *m;* **2.** *sport* Aschenbahn *f*. **cendrier** [-drije] *m* Aschenbecher *m*. **Cendrillon** [-drijɔ̃] *f* Aschenbrödel, -puttel *n fig.*
Cène [sɛn] *f rel* Abendmahl(sfeier *f*) *n*.
censé, e *a:* ▶ *nul n'est ~ ignorer la loi* Unkenntnis des Gesetzes schützt nicht vor Strafe. **censeur** *m* **1.** Zensor *m;* **2.** *(Schule)* Aufseher *m;* **3.** *com (Gesellschaft)* Rechnungsprüfer *m;* **4.** *fig* strenge(r) Kritiker, Sittenrichter *m*. **censure** *f* **1.** Tadel, Verweis *m;* **2.** Zensur (-behörde, -stelle) *f;* ▶ *motion f de ~ (pol)* Mißtrauensantrag *m; ~ cinématographique* Filmzensur, -kontrolle *f*. **censurer** *tr* **1.** zensieren; *(Stellen)* streichen; **2.** *(Beamte)* e-n Verweis erteilen; **3.** *litt* kritisieren; **4.** *rel* verurteilen, verdammen.
cent [sɑ̃] **I.** *a* hundert; **II.** *s m* Hundert *n;* ▶ *pour* ~ Prozent *n; ~ pour ~ (fig)* typisch, hundertprozentig; *être aux ~ coups* nicht wissen, wo e-m der Kopf steht; vor Unruhe, vor Aufregung außer sich sein; *gagner des mille et des ~s (fam)* e-n Haufen Geld verdienen. **centaine** *f* **1.** Hundert *n;* **2.** *math* Hunderter *m;* **3.** Alter *n* von hundert Jahren; ▶ *par ~s* zu Hunderten; in großer Menge; *une ~ de* etwa hundert.
centaure [sɑ̃tɔʀ] *m* Zentaur *m*.
centenaire [sɑ̃tnɛʀ] **I.** *a* hundertjährig; *allg* uralt; **II.** *s m* **1.** Hundertjährige(r); **2.** 100. Jahrestag *m*, hundertjährige(s) Jubiläum *n*, Hundertjahrfeier *f*. **centième I.** *a* hundertste(r, s); **II.** *s f theat* hundertste Vorstellung *f; m* Hundertstel *n*. **centigrade** *m (Thermometer)* Zentigrad *m*. **centime** *m* Centime *m;* ▶ *n'avoir pas un* ~ keinen Pfennig haben. **centimètre** *m* Zentimeter(maß *n*) *m* od *n*.
centrage [sɑ̃tʀaʒ] *m tech* Zentrierung; *aero* Trimmung *f*. **central, e I.** *a* im Mittelpunkt gelegen; zentral; **II.** *s m* (Telephon-)Zentrale, Fernsprechvermittlung *f*, -amt *n;* ▶ *gare f ~e* Hauptbahnhof *m; l'Europe f ~e* Mitteleuropa *n*. **centrale** *f* Zentrale *f;* Kraftwerk *n;* ▶ *atomique, nucléaire* Atomkraftwerk *n; ~ électrique* Großkraftwerk *n; ~ hydraulique, hydro-électrique* Wasserkraftwerk *n; ~ marémotrice* Gezeitenkraftwerk *n; ~ de retraitement de combustibles irradiés* Wiederaufarbeitungsanlage *f od.* Wiederaufbereitungsanlage *f* für abgebrannte Brennelemente; *~ solaire* Sonnenkraftwerk *n; ~ syndicale* Gewerkschaftszentrale *f; ~ thermique* Wärmekraftwerk *n*. **centralisation** *f* Zentralisierung *f*. **centraliser** *tr* zentralisieren; zs.≈fassen, -ziehen.
centre [sɑ̃tʀ] *m* **1.** Mittelpunkt *m*, Mitte *f*, Zentrum *n;* **2.** *pol* Mittelpartei(en *pl*) *f;* **3.** *sport (avant-~)* Mittelstürmer *m;* **4.** Institut *n;* Stelle; Anstalt *f;* **5.** ▶ *en plein ~ de* mitten in; *être au ~ de l'actualité* im Mittelpunkt des allgemeinen Interesses stehen; *~ d'accueil* Beratungs-, Informationsstelle *f; ~ d'accueil pour toxicomanes* Drogenberatungsstelle *f; ~ d'affaires* Geschäftszentrum *n; ~ aérospatial* Raumfahrtzentrum *n; ~ anticancéreux* Institut *n* für Krebsforschung; *~ de chèques postaux* Postscheckamt *n; ~ commercial* Einkaufszentrum *n; ~ de culturisme* Fitneßcenter *n; ~ d'éducation surveillée* Heim *n* für schwererziehbare Jugendliche; *~ de gravité* Schwerpunkt *m; ~ d'hébergement pour femmes battues* Frauenhaus *n; ~ hospitalier universitaire (CHU)* Universitätsklinik *f; ~ industriel, commercial* Industrie-, Handelszentrum *n; ~ d'information* Auskunftsstelle *f; ~ de postcure* Einrichtung *f* zur Betreuung nach e-r Entziehungskur; *~ de rééducation* Therapiezentrum *n; ~ de recherches* Forschungsstätte *f; ~ sportif pour greffés du cœur* Koronarsportzentrum *n; ~ de transfusion* Transfusionsklinik *f; ~-ville m* Stadtmitte *f*. **centrer** *tr* **1.** *tech* zentrieren, ein≈mitten; *aero* trimmen; **2.** *sport (Ball)* in die Mitte flanken; **3.** *phot* in den Bildmittelpunkt legen; **4.** ▶ *(fig)*

être centré sur sich drehen um; sich befassen mit.
centrifuge [sɑ̃trifyʒ] *a phys* zentrifugal; Flieh-. **centrifugeur, se** *s m f* Zentrifuge *f*. **centriste** *m pol* Zentrumsanhänger *m*.
centuple [sɑ̃typl] *a* hundertfach.
cep [sɛp] *m* Reb-, Weinstock *m*. **cépage** [sepaʒ] *m* Rebenart *f*.
cèpe [sɛp] Steinpilz *m*.
cependant [s(ə)pɑ̃dɑ̃] *adv* indessen; mittlerweile, unterdessen.
céramique I. *a* keramisch; **II.** *s f* Keramik *f*. **céramiste** *s m f* Keramiker(in *f*).
cerceau [sɛrso] *m* **1.** Faßband *n;* Reif(en) *m;* **2.** *pl (Raubvogel)* Schwungfedern *fpl*.
cerclage [sɛrklaʒ] *m (Fässer)* Bereifen, Binden *n*. **cercle** *m* **1.** Kreis *m* (*Fläche* od *Linie*); **2.** Kreis, Ring *m* (*autour de qn, qc* um jdn, etw); **3.** *fig* Kreis, Zirkel *m*, Gesellschaft *f*, Klub *m*, Kränzchen *n;* **4.** *fig* Bereich, Umfang *m;* **5.** ► *en ~s (Wein)* im Faß; **6.** ► *décrire un ~* e-n Kreis beschreiben; *faire, former (un) ~ autour de* sich scharen um; **7.** ► *aire f, arc, secteur, segment m de ~* Kreisinhalt, -bogen, -ausschnitt, -abschnitt *m;* **8.** *~ (d'études)* Arbeitsgemeinschaft *f;* ► *~ militaire* Kasino *n; ~ polaire* Polarkreis *m; ~ des tropiques (geog)* Wendekreis *m; ~ vicieux* Teufelskreis *m*. **cerclé, e** *a (Brille)* mit Rand.
cercueil [sɛrkœj] *m* Sarg *m*.
céréale [sereal] *s f* Getreideart *f; meist pl* Getreide *n*.
cérébral, e [serebral] *a* **1.** *anat* Gehirn-; Geistes-; **2.** geistig; ► *c'est un ~* er ist ein Verstandesmensch; *travail m ~* Geistesarbeit *f*.
cérémonial [seremɔnjal] *m* Zeremoniell; *pol* Protokoll *n*. **cérémonie** *f* Zeremonie, Förmlichkeit *f;* ► *sans ~s* ohne Umstände; *habit m de ~* große(r) Gesellschaftsanzug *m; visite f de ~* Höflichkeitsbesuch *m*. **cérémonieux, se** *a* zeremoniös, förmlich.
cerf [sɛr] *m zoo* Hirsch *m*. **cerf-volant** [sɛrvɔlɑ̃] *m* **1.** Hirschkäfer *m;* **2.** *(Papier-)*Drachen *m;* ► *lancer un ~* e-n Drachen steigen lassen.
cerfeuil [sɛrfœj] *m bot* Kerbel *m*.
cerise [səriz] *f* Kirsche *f*. **cerisier** *m* Kirschbaum(holz *n*) *m*.
cerne [sɛrn] *m* **1.** Ring *m (um die Augen);* **2.** *(Mond)* Hof *m;* **3.** *bot* Jahresring *m*. **cerné, e** *a:* ► *avoir les yeux ~s* Ringe, Schatten *m pl* um die Augen haben. **cerner** *tr* **1.** umringen, -stellen; umzingeln, ein≈kreisen, -schließen; blockieren; **2.** (kreisförmig) umgeben; e-n Ring machen (*qc* um etw); **3.** *mil* ein≈kesseln; **4.** *fig (Problem)* klar erkennen.
certain, e [sɛrtɛ̃, -ɛn] *a (nachgestellt)* gewiß, sicher, zuverlässig; bestimmt, festgesetzt; *(Konturen)* scharf, fest; *(vorgestellt)* ► *un ~ ...* ein gewisser ... *a. péj; ~s, ~es* gewisse; *d'un ~ âge* mittleren Alters; *j'en suis ~* ich bin dessen sicher; *au bout d'un ~ temps* nach e-r gewissen Zeit; *dans ~s cas* in gewissen, manchen Fällen; *c'est chose ~e* das ist sicher; *il est ~ que* es steht fest, daß. **certainement** *adv* sicherlich.
certes [sɛrt] *adv* sicher, gewiß.
certificat [sɛrtifika] *m* Zeugnis *n*, Bescheinigung *f*, Attest *n;* Ausweis *m;* ► *délivrer, produire un ~* ein Zeugnis, e-e Bescheinigung aus≈stellen, vor≈legen; *~ d'aptitude professionelle* Befähigungsnachweis *m; ~ de baptême* Taufschein *m; ~ de concubinage* Bescheinigung *f* über e-e eheähnliche Gemeinschaft; *~ de contrôle antipollution* Bescheinigung *f* über abgasgetestete Fahrzeuge; *~ de décès* Totenschein *m; ~ d'exportation* Ausfuhrbescheinigung *f; ~ de grossesse* Schwangerschaftsnachweis *m; ~ d'immatriculation* Anmelde-, Aufnahmebescheinigung *m; ~ de maladie* Krankheitsbescheinigung *f; ~ de mariage* Trauschein *m; ~ médical* ärztliche(s) Attest *n; ~ de nationalité* Staatsangehörigkeitsausweis *m; ~ d'origine (com)* Ursprungs-, Herkunftsbescheinigung *f; ~ de travail* Arbeitsbescheinigung *f; ~ de vaccination* Impfschein *m*.
certifier [sɛrtifje] *tr* **1.** bestätigen; bescheinigen (*qc à qn* jdm etw); **2.** beglaubigen; ► *copie f ~fiée conforme* beglaubigte Abschrift. **certitude** *f* Gewißheit, Zuverlässigkeit; Sicherheit *f*.
cérumen [serymɛn] *m* Ohrenschmalz *n*.
cerveau [sɛrvo] *m* **1.** *anat* Gehirn *(als Organ);* Großhirn *n;* **2.** *fig* Gelehrte(r); Spezialist, Techniker; bedeutende(r) Kopf *m;* **3.** *fig (Unternehmen)* Mittelpunkt *m*, Zentrale *f;* **4.** ► *~ électronique* Elektronengehirn *n;* **5.** ► *avoir le ~ dérangé, brouillé, timbré (fam)* nicht ganz richtig im Oberstübchen sein; **6.** ► *rhume m de ~* Schnupfen *m*. **cervelas** [-vəla] *m* Zervelat-, Schlackwurst *f*. **cervelet** [-vəlɛ] *m* Kleinhirn *n*. **cervelle** *f* **1.** Gehirn *n*, Hirnmasse *f;* **2.** *(Speise)* Hirn *n;* **3.** *fig* Hirn *n*, Verstand *m;* **4.** *se creuser la ~ (fig)* sich den Kopf zerbrechen; *se mettre qc dans la ~* sich etw in den Kopf setzen. **cervical, e** *a* ► *vertèbre f ~e* Halswirbel *m*.
Cervin [sɛrvɛ̃] ► *le mont ~* das Matterhorn.
césarienne [sezarjɛn] *f (med)* Kaiserschnitt *m*.
cessation [sɛsasjɔ̃] *f* Aufhören *n*, Beendigung, Aufhebung, Einstellung *f;* Fortfall *m;* ► *~ de l'exploitation* Betriebseinstellung *f; ~ des hostilités (mil)* Ein-

stellung *f* der Feindseligkeiten; ~ *du travail* Arbeitseinstellung, -niederlegung *f*. **cesse** [sɛs] *f* ▶ *sans* ~ unaufhörlich; rastlos; *je n'aurai pas de cesse que* ich werde nicht rasten noch ruhen bis. **cesser I.** *itr* **1.** auf≈hören, ein Ende nehmen; ▶ *la pluie a ~é* es hat aufgehört zu regnen; **2.** *(Seuche)* erlöschen; **3.** *(Fieber)* sinken; ▶ *faire ~ qc* e-r S ein Ende machen; **II.** *tr* ▶ *(Reden, Lärm, Bitten)* ein≈stellen; **1.** *(Amt, Stellung)* auf≈geben; **2.** *(Arbeit)* beendigen; **3.** *(Zahlungen)* aus≈setzen; **4.** *(Kampf)* ab≈brechen; **5.** *(Produktion)* ein≈stellen; **III.** ~ *de (inf)* auf≈hören zu *(inf)*; *il ne cesse de se plaindre* er klagt unaufhörlich; *faire ~ qc* mit e-er S ein Ende machen. **cessez-le-feu** *m inv* Feuereinstellung, Waffenruhe *f*. **cession** *f* Zession, Überlassung, Abtretung, Übertragung *f*.

c'est-à-dire *s. ce.*

cétacés [setase] *m pl* Wale *m pl (als Ordnung).*

Ceylan, le [sɛlɑ̃] Ceylon *n*.

chacal [ʃakal] *m zoo* Schakal *m*.

chacun, e [ʃakœ̃, -yn] *prn s* jede(r, s); ▶ *(à) son tour* e-r nach dem andern.

chagrin, e [ʃagʀɛ̃, -in] **I.** *a* bedrückt, betrübt, traurig (*de* über *acc*); **II.** *s m* **1.** Kummer *m*, Leid *n*, Gram *m*; Verdrießlichkeit *f*; **2.** *s m* Chagrin(leder) *n*; ▶ *à mon grand ~* zu meinem großen Leidwesen; *avoir, ressentir du ~* Kummer haben; *avoir le cœur gonflé, gros, plein de ~* sehr niedergeschlagen sein; *causer, donner du ~* Kummer bereiten; *mourir de ~* an gebrochenem Herzen sterben; ~ *d'amour* Liebeskummer *m*. **chagriner** *tr* betrüben, bekümmern.

chah, schah, shah [ʃa] *m* Schah *m*.

chahut [ʃay] *m fam* Radau; Unfug; Krawall *m*; ▶ *faire du ~* Krach machen, krakeelen; randalieren. **chahuter** *fam* **I.** *itr* randalieren; johlen; Unfug treiben; **II.** *tr* aus≈pfeifen; *(Redner)* dauernd unterbrechen. **chahuteur, se** *a* aufsässig.

chai [ʃɛ] *m* Wein-, Spirituosenlager *n*.

chaîne [ʃən] *f* **1.** Kette *f*; **2.** Reihe *f*; **3.** *tech* Fließband *n*; *(Weberei)* Kette *f*; Zettel *m*; **4.** *arch* (Eisen-)Klammer *f*; **5.** *fig* Fessel *f*, Bande *n pl*; (ursächliche) Verkettung, Verbindung *f*; **6.** *radio* Sender(netz *n*) *m*; Programm *n*; *sur la première ~* im ersten Programm; **7.** ▶ *faire la ~* e-e Kette bilden; **8.** ▶ *réaction f en ~* Kettenreaktion *f*; *travail m à la ~* Band-, Fließarbeit *f*; **9.** ▶ ~ *alimentaire* Nahrungskette *f*; ~ *de bicyclette* Fahrradkette *f*; ~ *de données (inform)* Datenfolge *f*; ~ *de fabrication* Fertigungsstraße *f*; ~ *d'hôtels* Hotelkette *f*; ~ *de montagnes* Bergkette *f*, Gebirgszug *m*; ~ *à neige (mot)* Schneekette *f*; ~ *à péage, payante* Pay-TV-Kanal *m*; *privée, commerciale* private(s) Fernsehprogramm, *n*, Privatkanal *m*; ~ *de télévision* Fernsehprogramm *n*. **chaîner** *tr* **1.** mit der Kette messen; **2.** *arch* verklammern; ab≈steifen. **chaînette** *f* Kettchen *n*; ▶ *point m de ~* Kettenstich *m*.

chair [ʃɛʀ] *f* **1.** (lebendes, rohes *od* Frucht-) Fleisch *n*; **2.** *pl (Malerei)* Fleisch *n*, Körper *m*; **3.** ▶ *en ~ et en os* leibhaftig; *en pleine ~* tief ins Fleisch; *bien en ~* wohlbeleibt, gut beieinander; **4.** ▶ *couleur f (de) ~* Fleischfarbe *f*; *avoir la ~ de poule* e-e Gänsehaut haben.

chaire [ʃɛʀ] *f* **1.** Kanzel *f*; **2.** Lehrstuhl *m*; Katheder *n* od *m*; ▶ *monter en ~* die Kanzel besteigen; ~ *de saint Pierre* Stuhl *m* Petri.

chaise [ʃɛz] *f* **1.** Stuhl *m*; **2.** *tech* Bock *m*, Gestell *n*; **3.** ▶ *être assis entre deux ~s (fig)* zwischen zwei Stühlen sitzen; **4.** ~ *à bascule* Schaukelstuhl *m*; ~ *de jardin* Gartenstuhl *m*; ~ *longue* Liegestuhl *m*.

châle [ʃɑl] *m* Umschlag(e)tuch *n*.

chalet [ʃalɛ] *m* Schweizerhaus *n*; Sennhütte *f*.

chaleur [ʃalœr] *f* **1.** Wärme, Hitze *f a. fig*; **2.** *(Tier)* Brunst *od* Brunft *f*; **3.** *fig* Eifer *m*, Feuer *n*, Glut *f*; **4.** ▶ *être en ~* brünstig sein. **chaleureux, se** *a fig* warm(herzig), herzlich.

challenge [ʃalɑ̃ʒ] *m sport* **1.** Titel-, Pokalkampf *m*; **2.** Wanderpreis *m*.

challenger, challengeur [ʃalɑ̃ʒœʀ] *m sport fig* Herausforderer *m*.

chaloir [ʃalwaʀ] *impers vx lit* ‹*nur noch in den Ausdrücken: peu me, te … chaut + Subst.* u. *peu me, te …, chaut que + Subj.*› ▶ *peu me chaut leur menace (vx, lit)* ihre Drohung berührt mich wenig! *peu lui chaut qu'ils soient tous malades (vx, lit)* es macht ihm wenig aus, daß sie alle krank sind.

chaloupe [ʃalup] *f mar* Schaluppe *f*; ▶ ~ *cosmique (cosm)* Raumfähre *f*.

chalumeau [ʃalymo] *m tech* Schneidbrenner *m*.

chalutier *m* Schleppnetzfischer; Trawler *m*.

chamade [ʃamad] *f*: ▶ *battre la ~ (fig)* heftig klopfen *(Herz)*.

chamailler, se [ʃamaje] *v prn fam* sich (laut) zanken. **chamailleur, se I.** *a* streitsüchtig, zänkisch; **II.** *s m f* streitsüchtige(r) Mensch *m*.

chambardement [ʃɑ̃baʀdəmɑ̃] *m fam* Umwälzung *f*, Umsturz *m*. **chambarder** *tr fam (Pläne)* über den Haufen werfen; *(Ordnung)* umstürzen.

chambouler [ʃɑ̃bule] *tr pop* durcheinander≈bringen.

chambre [ʃɑ̃bʀ] *f* **1.** Zimmer *n*; **2.** Raum *m*, Kammer *f a. pol jur com tech*; **3.** *(~ à coucher)* (Schlaf-)Zimmer *n*; **4.** *mil*

Stube; *mar* Kajüte *f;* **5.** ► *faire la ~* das Zimmer machen *od* auf≈räumen; *faire ~ à part* getrennt schlafen; *garder la ~* das Zimmer hüten; *travailler en ~* Heimarbeit verrichten; **6.** ► *~ d'agriculture* Landwirtschaftskammer *f; ~ à air (mot)* Schlauch *m; ~ d'amis* Gästezimmer *n; ~ de combustion (tech)* Verbrennungsraum *m; ~ de commerce* Handelskammer *f; ~ correctionnelle* Strafkammer *f; ~ des députés* Abgeordnetenhaus *n; ~ d'enfants* Kinderzimmer *n; ~ forte* Stahlkammer *f,* Tresor *m; ~ frigorifique* Kühlraum *m; ~ garnie, meublée* möblierte(s) Zimmer *n; ~ à gaz* Gaskammer *f; ~ à un lit* Einbettzimmer *n; ~ de métiers* Handwerkskammer *f; ~ noire (phot)* Dunkelkammer *f.* **chambrée** *f mil* Stube(ngemeinschaft) *f.* **chambrer** *tr* **1.** *fig* isolieren *(qn jdn);* **2.** *(Wein)* temperieren.

chameau [ʃamo] *m* **1.** Kamel *n;* **2.** *fam fig* Schuft *m;* Luder *n;* ► *poil m de ~* Kamelhaar *n.* **chamois** [ʃamwa] **I.** *s m zoo* **1.** Gemse *f;* **2.** Gems-, Wild-, Fensterleder *n;* **II.** *a* gemsfarben; ► *(peau f de) ~* Waschleder *n.*

champ [ʃɑ̃] *m* **1.** Acker *m;* Feld *n a. phys tech fig;* **2.** *opt* Gesichtsfeld *n;* Sehweite; **3.** *phot film* Bildfläche *f;* Einstellung *f;* Blickfeld *n;* **4.** Feld, Gelände *n,* (freier) Platz *m;* **5.** *fig* Gebiet *n,* Spielraum, Bereich *m;* **6.** Feld *pl n;* **7.** ► *à tout bout de ~* bei jeder Gelegenheit; immer wieder; *à travers ~s* querfeldein; *en plein ~* auf freiem Felde; *laisser le ~ libre à qn* jdm freie Hand lassen; *sport* e-n Anlauf nehmen; **8.** ► *~ d'activité* Arbeitsfeld *n,* Aufgabenkreis, Geschäftsbereich *m; ~ d'application* Anwendungsbereich *m; ~ de course(s)* Rennbahn *f; ~ magnétique* Magnetfeld *n; ~ de tir* Schießplatz, -stand *m;* Schußfeld *n; ~ visuel* Gesichts- *n.*

champagne [ʃɑ̃paɲ] *m* Champagner *m.*

champêtre [ʃɑ̃pɛtʀ] *a* ländlich; *garde m ~* Feldhüter, -schütz *m.*

champignon [ʃɑ̃piɲɔ̃] *m* **1.** Pilz *m;* **2.** *tech* (Schienen-)Kopf *m;* **3.** *mot fam* Gaspedal *n;* **4.** *med* Pilz *m;* ► *appuyer sur le ~ (fam)* Gas geben; *pousser comme un ~* sehr schnell wachsen; *ville f ~* rasch wachsende Stadt *f; ~ vénéneux* Giftpilz *m.*

champion, ne [ʃɑ̃pjɔ̃, -ɔn] *m f* **1.** *sport* Meister(in *f*) *m;* **2.** Sieger(in *f*) *m;* **3.** *fig* (Vor-)Kämpfer, Verteidiger *m; c'est ~ (fam)* das ist toll; *~ d'Europe, du monde* Europa-, Weltmeister *m; ~ olympique* Olympiasieger *m.* **championnat** [-a] *m* Meisterschaft(skampf *m*) *f.*

chançard [ʃɑ̃saʀ] *m fam* Glückspilz *m.*

chance [ʃɑ̃s] *f* **1.** glückliche(r) Zufall *m;* Glück *n;* **2.** *pl* Aussichten *f pl;* **3.** ► *avoir de la ~* Glück haben; *(n'avoir) pas de ~* kein Glück (haben); *avoir peu de ~s* wenig Aussicht haben (*de* zu); *courir sa ~* es darauf ankommen lassen; **4.** ► *bonne ~!* viel Glück! *il y a neuf ~s sur dix* es ist ziemlich sicher; *il y a une ~ sur deux* es steht 50 : 50; *la ~ a tourné* das Blatt hat sich gewendet.

chancelant, e [ʃɑ̃slɑ̃, -t] *a* **1.** (sch)wankend *a. fig;* zittrig; **2.** *fig* unbeständig.

chanceler ⟨*Prés. je chancelle, ns chancelons; Fut. je chancellerai; pp. chancelé, e*⟩ *itr* (sch)wanken *a. fig.*

chancelier [ʃɑ̃səlje] *m pol* Kanzler *m.*

chancellerie *f* (Staats-)Kanzlei *f; (in Frankreich)* Justizministerium *n.* **chanceux, se** [ʃɑ̃sø, -z] *a* vom Glück begünstigt; ► *n'être pas ~* ein Pechvogel sein.

chancre [ʃɑ̃kʀ] *m* Krebsgeschwür *n.*

chandail [ʃɑ̃daj] *m* Pullover *m.*

Chandeleur [ʃɑ̃dlœʀ] ► *la ~* Lichtmeß *f.*

chandelier [ʃɑ̃dəlje] *m* (Kerzen-) Leuchter *m.* **chandelle** *f* **1.** (Talg-)Kerze *f;* **2.** *(Turnen)* Kerze *f,* Kopfstand *m;* **3.** ► *brûler la ~ par les deux bouts (fig)* sein Geld zum Fenster hinaus≈werfen; seine Kräfte vergeuden; *devoir une fière ~ à qn (fam)* jdm zu großem Dank verpflichtet sein; **4.** ► *j'ai vu trente-six ~s* mir ist Hören u. Sehen vergangen; *le jeu n'en vaut pas la ~* das ist nicht der Mühe wert.

change [ʃɑ̃ʒ] *m* **1.** Tausch *m;* **2.** (Geld-) Wechsel *m;* **3.** Wechselbank *f;* **4.** Kurs *m;* Währung; Umrechnung; Wechselprovision *f;* Zuschlag *m;* **5.** ► *donner le ~ à qn (fig)* jdm Sand in die Augen streuen; **6.** ► *agent m de ~* Börsenmakler *m; bureau m de ~* Wechselstube *f; lettre f de ~* Wechsel *m; taux m du ~* (Wechsel-)Kurs *m; ~ du jour* Tageskurs *m; ~ obligatoire (fin)* Zwangsumtausch *m.* **changeant, e** *a* **1.** *(Wetter)* veränderlich; wechselhaft; unbeständig; **2.** *(Person)* launenhaft; **3.** *(Farbe)* schillernd.

changement [ʃɑ̃ʒmɑ̃] *m* **1.** (Ver-)Änderung *f;* Wechsel; Wandel *m;* **2.** Umgestaltung *f;* Austausch *m,* Auswechslung *f;* **3.** *loc* Umsteigen *n;* **4.** ► *sans ~* unverändert; *sans ~ de train* ohne umzusteigen; **5.** ► *apporter, subir des ~s* Veränderungen herbei≈führen, erfahren; **6.** ► *~ d'adresse* Wohnungs-, Anschriftsänderung *f; ~ d'air* Luftveränderung *f; ~ de couleur* Verfärbung *f; ~ de direction* Fahrtrichtungsänderung *f; ~ de domicile* Wohnsitzwechsel *m; ~ en mieux, en mal* Wendung *f* zum Bessern, Schlechtern; *~ de programme* Programmänderung *f; ~ de vitesse* Gangschaltung *f.*

changer [ʃɑ̃ʒe] ‹*Prés. je change, ns changeons; Fut. je changerai; pp. changé, e; Subj. que je change, que ns changions; Impér. change, changeons*› **I.** *itr* sich (ver)ändern; wechseln; ▶ *le temps va ~* das Wetter ändert sich; *~ subitement (Wetter)* um=schlagen; *il a beaucoup ~é* er hat sich sehr verändert; *il a ~é en bien* er hat sich gebessert, *à son avantage* er hat sich zu s-m Vorteil verändert; **II.** *tr* **1.** *(Ware)* um=tauschen; ersetzen; **2.** verwandeln (*en* in *acc*); (ab=, ver)ändern; um=gestalten; **3.** *(Stimme)* verstellen; **4.** *(Geld)* tauschen, ein=wechseln, um=rechnen; *(Buch)* ein=tauschen (*pour, contre* für, um); *(tech) (Reifen)* aus=wechseln; *(Wäsche, Platz)* wechseln; **5.** *(Kind)* trocken=legen; ▶ *je ne changerais pas ma place contre la sienne* ich möchte mit ihm nicht tauschen; *cela ne change rien à mes intentions* das ändert nichts an meinem Vorhaben; **6.** *(expressions)* ▶ *~ d'adresse, de résidence* die Adresse, die Wohnung *od* den Wohnort wechseln; *~ d'avis* s-e Meinung ändern; *~ d'habits, de vêtements* sich um=kleiden; *~ de direction* e-e andere Richtung ein=schlagen; *~ de train* um=steigen; *~ de vitesse* um=schalten; *cela vous ~e* das macht für Sie e-n Unterschied aus; **IV.** *v prn se ~* sich um=kleiden, die Kleider wechseln. **changeur** *m com* (Geld-) Wechsler *m.*

chanoine [ʃanwan] *m* Domherr *m.*

chanson [ʃɑ̃sɔ̃] *f* **1.** Lied *n;* **2.** *(Vögel)* Gesang *m; (Grille)* Zirpen; *(Wind)* Rauschen *n;* ▶ *la même ~* dieselbe Leier; *le ton fait la ~* der Ton macht die Musik; *~ d'amour, à boire, populaire* Liebes-, Trink-, Volkslied *n; ~ de geste (hist)* Heldenlied *n.* **chansonnette** *f* Liedchen, Couplet *n.* **chansonnier** *m* Kabarettsänger *m.*

chant [ʃɑ̃] *m* **1.** Gesang *m;* **2.** Melodie *f,* Lied *n,* Weise *f;* **3.** Singen *n; (Grille)* Zirpen; *(Nachtigall)* Schlagen; *(Hahn)* Krähen; *(Vögel)* Zwitschern *n;* **4.** ▶ *de ~* hochkantig; **5.** ▶ *au ~ du coq* beim ersten Hahnenschrei; **6.** ▶ *entonner, interpréter, écouter un ~* e-n Gesang an=stimmen, vor= tragen; e-m Gesang zu=hören, lauschen; **7.** ▶ *leçon f de ~* Gesangsunterricht *m; professeur m de ~* Gesangslehrer *m; ~ à plusieurs voix* mehrstimmige(r) Gesang *m.* **chantage** *m* Erpressung *f;* ▶ *faire du ~* erpressen.

chanter [ʃɑ̃te] **I.** *itr* **1.** singen; **2.** *(Vögel)* zwitschern; *(Lerche)* trillern; *(Nachtigall)* schlagen; *(Hahn)* krähen; *(Grille)* zirpen; **3.** *(Quelle)* murmeln, rauschen; *(Wasser)* singen, summen; **4.** *(Tür)* knarren, quietschen; **5.** vor Schmerz schreien; **II.** *tr* **6.** (be-)singen; singend sprechen; **7.** bejubeln; preisen; rühmen; **8.** *fam* erzählen, sagen; **9.** *arg* verpfeifen, verraten; **10.** ▶ *faire ~* erpressen *tr; ~ juste, faux* richtig, falsch singen; *~ à première vue* vom Blatt singen; *~ à pleins poumons, à pleine voix* aus voller Kehle, aus vollem Halse singen; **11.** ▶ *que me chantez-vous là? (fam)* was erzählen Sie mir da? *si cela vous chante* wenn Sie Lust dazu haben.

chanteur, se *m f* Sänger(in *f*) *m;* Brettlsängerin *f;* ▶ *maître m ~* Meistersinger; *fam* Erpresser *m; oiseau m ~* Singvogel *m; ~ de charme* Schnulzensänger *m; ~ de concert, d'opéra* Konzert-, Opernsänger *m.*

chantier [ʃɑ̃tje] *m* **1.** *tech* Gestell *n;* **2.** (Holz-, Kohlen-)Lager *n;* **3.** Bauhof, Zimmerplatz *m;* Baustelle; Werkstatt *f;* Arbeitsplatz *m;* **4.** ▶ *sur le ~* in Arbeit; **5.** *mettre en ~ (e-e Arbeit)* in Angriff nehmen; *être en ~ (fig)* in Bearbeitung sein; **6.** ▶ *~ (en activité)!* Baustelle (in Betrieb)! *quel ~!* was für ein Durcheinander! **7.** *chef m de ~* Bauführer *m; mise f en ~* Baubeginn *m* (*de* für); *~ naval* (Schiffs-)Werft *f.*

chantonner [ʃɑ̃tɔne] *tr* trällern, summen.

chanvre [ʃɑ̃vʀ] *m* Hanf *m.*

chaos [kao] *m* **1.** Chaos *n;* **2.** *geog* Felsenmeer *n.* **chaotique** [-ɔ-] *a* chaotisch; verworren.

chaparder [ʃapaʀde] *tr fam* stibitzen, mausen.

chapeau [ʃapo] *m* **1.** Hut *m (a. der Pilze);* **2.** *tech* Haube, Kappe *f,* Deckel, Aufsatz *m;* **3.** ▶ *donner un coup de ~ à qn* vor jdm den Hut (ab=)ziehen, ab=nehmen; *enfoncer son ~* s-n Hut (tief) in die Stirn drücken; *mettre, garder, enlever od ôter son ~* s-n Hut auf=setzen, auf=behalten, ab=nehmen; **4.** ▶ *~!* Hut ab! **5.** ▶ *~ chinois* Schellenbaum *m; ~ de feutre, de paille* Filz-, Strohhut *m; ~ de roue* Radkappe *f.* **chapeauter** *tr* **1.** *fam* e-n Hut auf=setzen (*qn* jdm); **2.** *(fig)* ▶ *~ qc* e-r S übergeordnet sein; etw kontrollieren, leiten; ▶ *bien chapeauté* mit e-m Hut.

chapelain [ʃaplɛ̃] *m* Kaplan *m.* **chapelet** [-plɛ] *m* **1.** Rosenkranz *m;* **2.** *fig* Reihe, Kette *f,* Kranz *m;* **3.** *arch* Eierstab *m;* **4.** *tech* Becherwerk *n;* ▶ *réciter son ~* den Rosenkranz beten. **chapelier, ère** [-pə-] **I.** *a* Hut-; **II.** *s m f* Hutmacher(in *f*) *m.* **chapelle** *f* **1.** Kapelle *f a. tech;* **2.** *rel* Meßgeräte *n pl;* **3.** *fig* Clique, Gruppe *f.*

chapelure [ʃaplyʀ] *f* Paniermehl *n.*

chaperon [ʃapʀɔ̃] *m* **1.** Anstandsdame *f;* **2.** ▶ *le petit ~ rouge* Rotkäppchen *n.* **chaperonner** [-pʀɔ-] *tr* (als Anstandsdame) begleiten.

chapiteau [ʃapito] *m* Zirkus(zelt *n*) *m.*

chapitre *m* **1.** *(Buch, rel)* Kapitel *n;* **2.** *fig* Gegenstand, Punkt *m;* **3.** *(salle f du ~)* Kapitelsaal *m;* ▶ *sur ce ~* in dieser Hinsicht; *avoir voix au ~* ein Wörtchen mitzureden haben.

chaque [ʃak] **I.** *a* jede(r, s); ▶ *à ~ instant* alle Augenblicke; **II.** *prn (nachgestellt)* ▶ *cent francs ~* 100 Francs das Stück.

char [ʃaʀ] *m* **1.** *mil* Panzer *m;* **2.** Karren, Wagen *m;* ▶ *~ amphibie* Schwimmpanzer *m; ~ à bœufs* Ochsenkarren *m; ~ à foin* Heuwagen *m; ~ funèbre* Leichenwagen *m; ~ à voile (Sportart)* Strandsegeln *n; faire du ~ à voile* strand=segeln.

charabia [ʃaʀabja] *m* Kauderwelsch *n.*

charade [ʃəʀad] *f* Scharade *f.*

charbon [ʃaʀbõ] *m* **1.** Kohle *f;* **2.** (Getreide-) Brand *m;* **3.** *med* Milzbrand *m;* ▶ *être sur des ~s ardents* auf glühenden Kohlen sitzen; *~ de bois* Holzkohle *f.* **charbonnage** [-bɔn-] *m* Kohlenbergwerk *n,* Zeche *f.* **charbonnier, ère** **I.** *a* Kohlen-; **II.** *s m* **1.** Köhler *m;* **2.** Kohlenhändler *m;* **3.** Kohlendampfer *m;* **4.** *f* (Kohlen-)Meiler *m.*

charcuterie [ʃaʀkytʀi] *f* **1.** (Schweine-) Fleisch- u. Wurstwaren *f pl (a. Geschäft).* **charcutier** [-tje] *m* Wurstwarenhändler *m.*

chardon [ʃaʀdõ] *m bot* Distel *f.*

charge [ʃaʀʒ] *f* **1.** Last, Bürde; Fuhre; Fracht; Belastung *f a. com;* **2.** Beanspruchung *f;* Arbeitsaufwand *m;* **3.** *mil el* Ladung *f,* Laden *n;* **4.** Auftrag *m;* Amt *n,* Dienst *m,* Stellung *f;* **5.** Abgabe, Gebühr, Steuer *f;* Aufwendungen *f pl;* Aufwand *m;* Kosten *pl;* **6.** Auflage; Verantwortung, Verpflichtung *f* (*de* für); **7.** *jur* Anklage(punkt *m*) *f;* **8.** *mil* Sturmangriff *m;* Jagd, Verfolgung *f;* **9.** Karikatur, Übertreibung *f;* **10.** *chem* Füllstoff *m;* **11.** *tech* Satz *m,* Gicht, Schicht, Füllung, Beschickung *f;* **12.** *pl (e-r Wohnung)* Nebenkosten *pl;* **13.** ▶ *à la ~ de, que* zu Lasten von; unter der Bedingung, daß; *à ~ de revanche* auf Gegenseitigkeit; *en ~ (el)* unter Belastung; **14.** ▶ *avoir ~ de* den Auftrag haben zu; verantwortlich sein für; *être à la ~ (com)* zu Lasten gehen (*de qn* e-r Person), von jdm unterhalten werden; *occuper une ~* ein Amt bekleiden; *prendre en ~* die Verantwortung übernehmen (*qc* für etw); *(etw)* in die Hand nehmen; übernehmen; *revenir à la ~* den Angriff erneuern; *fig* es noch einmal versuchen; **15.** ▶ *femme f de ~* Haushälterin *f; témoin m à ~* Belastungszeuge *m;* **16.** ▶ *~s d'exploitation* Betriebskosten *pl; ~ explosive* Sprengladung *f; ~ fiscale* Steuerlast *f; ~ limite* Höchstbelastung *f; ~s du ménage* Haushaltskosten *pl; ~ de la preuve* Beweislast *f; ~ propulsive* Treibladung *f (e-r Rakete); ~ publique* öffentliche(s) Amt *n; ~s salariales* Lohnkosten *pl; ~ de travail* Arbeitsbelastung *f; ~ utile* Nutzlast *f.* **chargé, e** **I.** *a* **1.** belastet, beladen, überhäuft (*de* mit); **2.** *fig (Stil)* überladen; **3.** *(Zunge)* belegt; **II.** *s m:* ▶ *~ d'affaires (pol)* Geschäftsträger *m; ~ de cours* Lehrbeauftragte(r) *m.*

chargement *m* **1.** (Be-, Ver-)Laden *n;* **2.** Fracht, Ladung *f;* **3.** *tech* (Be-)Gichtung *f;* **4.** *(Waffe)* Laden *n;* **5.** *(Photoapparat)* Einlegen *n* des Films; **6.** ▶ *capacité f de ~* Ladefähigkeit *f,* -raum *m.*

charger [ʃaʀʒe] ‹*Prés. je charge, ns chargeons; Fut. je chargerai; pp. chargé, e*› **I.** *tr* **1.** (be-, auf=)laden; **2.** *(Gewehr)* laden; **3.** *(Wagen)* beladen; **4.** *(Batterie)* auf=laden; **5.** *(Kamera) (den Film)* ein=spannen *od* ein=legen; **6.** *(Schiff)* befrachten; **7.** *(Magen)* überladen; **8.** *(Gedächtnis)* belasten (*de* mit); **9.** *(Brief)* als Wertbrief auf=geben; **10.** *(Hochofen)* beschicken; **11.** *(Wendungen)* ▶ *~ qn de reproches* jdn mit Vorwürfen überhäufen; *il a la langue ~ée* er hat e-e belegte Zunge; **12.** *(fig jur)* ▶ *~ qn* jdn belasten, gegen jdn aus=sagen; **13.** *(donner une mission)* beauftragen; betrauen (*qn de qc* jdn mit etw); ▶ *~ qn d'une tâche* jdn mit e-r Arbeit beauftragen; *je suis chargé de* ich bin beauftragt, zu; **14.** *(exagérer) (Preis)* zu hoch an=setzen; *(Porträt)* karikieren; *(Farbe, Schwärze)* zu dick auf=tragen *a. fig;* **15.** *(attaquer)* ▶ *(Sport) ~ un adversaire* e-n Gegner (an=)rempeln, vom Ball ab=drängen; **II.** *v prn* ▶ *se ~ de qn* für jdn sorgen, sich um jdn kümmern; sich belasten (*de* mit); *se ~ d'une faute* e-e Schuld auf sich *(acc)* laden *od* nehmen; *se ~ de qc* e-e S übernehmen; auf sich nehmen; in die Hand nehmen; *je me charge de le convaincre* ich nehme es auf mich, ihn zu überzeugen; *je me charge du reste* das Weitere besorge ich; *je m'en charge* das übernehme ich.

chargeur *m* **1.** *mar* Befrachter *m;* **2.** *tech* Beschickungs-, Ladevorrichtung *f;* **3.** *mil* Magazin *n;* Ladeschütze *m;* **4.** *el* Sammlerladegerät *n;* **5.** *phot* Kassette *f;* **6.** *(Recorder)* Band-, Endloskassette *f.*

chariot [ʃaʀjo] *m* **1.** Last-, Rollwagen *m;* Fuhrwerk *n;* Karren *m;* **2.** *(Supermarkt)* Korbwagen *m;* **3.** *(Bahnhof)* Kofferkuli *m;* **4.** *film* Kamerawagen *m;* **5.** *min* Förderwagen *m;* **6.** *tech* Fahrgestell, Laufwerk *n;* Laufkatze *f;* **7.** *(Schreibmaschine)* Wagen *m;* **6.** *astr* ▶ *le Grand, Petit C~* der Große, Kleine Wagen.

charisme [kaʀism] *m* Charisma *n.*

charitable [ʃaʀitabl] *a* barmherzig, mildtätig. **charité** *f* **1.** *rel* Nächstenliebe *f;*

2. Barmherzigkeit, Mildtätigkeit; Güte, Gefälligkeit; Nachsicht *f;* ► *demander la* ~ *à qn* jdn um ein Almosen bitten; *faire la* ~ Almosen geben.
charivari [ʃaʀivaʀi] *m* Krach, Spektakel, Lärm *m.*
charlatan [ʃaʀlatɑ̃] *m* Quacksalber, Kurpfuscher; Scharlatan *m.*
Charlemagne [ʃaʀləmaɲ] *m hist* Karl der Große.
charmant, e [ʃaʀmɑ̃, -ɑ̃t] *a* bezaubernd, entzückend, reizend *a. ironisch;* ► *c'est* ~*!* das ist ja reizend! *prince m* ~ Märchenprinz *m.* **charme** *m* **1.** Zaubermittel *n,* -formel *f,* -spruch *m;* **2.** *fig* Zauber, Reiz, Scharm *m,* Anmut *f;* **3.** *pl (Frau)* Reize *m pl;* **4.** Hage-, Weißbuche *f;* ► *être sous le* ~ *de qn* in jds Banne stehen; *faire du* ~ *à qn* jdn zu gewinnen versuchen; *se porter comme un* ~ *(fam)* in ausgezeichneter Verfassung sein; *rompre le* ~ den Bann brechen. **charmer** *tr* **1.** *(Schlange)* beschwören; **2.** bezaubern *a. fig; fig* ein=, gefangen=nehmen; **3.** sehr erfreuen. **charmeur, se I.** *m f* Charmeur *m; f* Charmeuse *f (Kunstseide);* ► ~ *de serpents* Schlangenbeschwörer *m;* **II.** *a (Lächeln)* bezaubernd, einschmeichelnd.
charnel, le [ʃaʀnɛl] *a* körperlich; fleischlich; sinnlich; irdisch.
charnier [ʃaʀnje] *m* Massengrab *n.*
charnière [ʃaʀnjɛʀ] *f* **1.** Scharnier *n;* **2.** *fig* Angel-, Wendepunkt *m;* ► *former la* ~ verbinden (*entre* zwischen *dat*).
charnu, e [ʃaʀny] *a* fleischig *a. bot;* ► *parties f pl* ~*es* Weichteile *m pl; fam* Hinterteil *n.*
charogne [ʃaʀɔɲ] *f* **1.** Aas *n;* **2.** *(Mensch) pej* Kadaver *m;* **3.** *pop* Scheißkerl *m; (Frau)* Miststück *n.*
charpente [ʃaʀpɑ̃t] *f* **1.** Gebälk, Fachwerk *n;* **2.** Gerüst, Gerippe *n a. fig;* **3.** *tech* Gestell, Skelett *n,* Rahmen *m;* ► *avoir une* ~ *robuste* kräftig gebaut sein; *bois m de* ~ Bauholz *n; construction f en* ~ Fachwerkbau *m;* ~ *métallique* Eisenkonstruktion *f;* ~ *osseuse* Knochengerüst *n.* **charpentier** *m* Zimmermann *m.*
charpie [ʃaʀpi] *f* ► *mettre qc en* ~ *(fig)* etw zerfetzen; *qn* jdn windelweich schlagen.
charretier, ère I. *a:* ► *chemin m* ~ Fahrweg *m;* **II.** *s m* Fuhrmann, Kutscher *m;* ► *jurer comme un* ~ fürchterlich fluchen. **charrette** [-ʀɛt] *f* (zweirädriger) Wagen, Karren *m;* ► ~ *à bras* Handkarren *m.*
charrier [ʃaʀje] **I.** *tr* **1.** transportieren; (an=, ab=)fahren; **2.** *(Fluß)* mit sich führen; **3.** *pop* auf den Arm nehmen; **II.** *itr* **4.** *(Eis)* treiben; **5.** *fig* es zu weit treiben; scherzen. **charron** *m* Stellmacher, Wagner *m.* **charroyer** ‹*Prés. je charroie, ns charroyons; Fut. je charroierai; pp. charroyé, e*› (auf Wagen) transportieren. **charrue** *f* Pflug *m;* ► *mettre la* ~ *avant les bœufs* das Pferd beim Schwanz auf=zäumen.
charte [ʃaʀt] *f* Urkunde, Charta *f.* **charter** [ʃaʀtɛʀ] *m aero* Charterflug *m.*
chasse [ʃas] *f* **1.** Jagd *f,* -revier *n,* -beute, -gesellschaft *f;* **2.** *mil* Jagdfliegerei *f;* **3.** *fig* Jagd *f,* Jagen, Haschen *n* (*à* nach); **4.** *tech* Spielraum; **5.** *mot* Nachlauf *m;* **6.** (~ *d'eau)* Wasserspülung *f;* **7.** ► *en* ~ brünstig; *(Hündin)* läufig; **8.** ► *donner, faire la* ~ *à* Jagd machen auf *acc; fig* verfolgen; nach=jagen *dat;* **9.** ► *avion m de* ~ Jagdflugzeug *n; chien m de* ~ Jagdhund *m; fusil m de* ~ Jagdgewehr *n; permis m de* ~ Jagdschein *m;* ~ *à courre* Treibjagd *f.* **chasse-mouches** *m inv* Fliegenwedel *m,* -netz *n.*
chasse-neige *m inv* Schneepflug *m.*
chassé *m (Tanz)* Chassé *n.* **chassé--croisé** *m* Stellentausch *m; fig* Hin u. Her *n; (Tanz)* Kreuzchassé *n.*
chasselas [ʃaslɑ(a)] *m* Gutedel *m (weiße Traubensorte).*
chasser [ʃase] **I.** *tr* **1.** (hinaus=, ver-, weg=)jagen (*à* auf, mit); **2.** (ab=, ver-, aus=, vor sich her) treiben; **3.** *mar* verfolgen; **4.** *(Nagel)* ein=schlagen; **5.** *(Arbeiter)* entlassen; **6.** *(Sorgen, Langeweile)* vertreiben; **7.** *(Wolken)* verjagen; **II.** *itr* **8.** *mot* schleudern, rutschen; **9.** *(Wolke)* treiben, (her-)auf=ziehen (*de* aus); **10.** *typ* Zeilen aus=bringen. **chasseresse** *f poet* Jägerin *f.* **chasseur, se** *m f* **1.** Jäger(in *f*) *a. aero mil fig;* **2.** (Hotel-)Boy *m;* **3.** *mar* Walfänger *m;* ► ~ *d'autographes* Autogrammjäger *m;* ~ *de primes (hist)* Kopfgeldjäger *m.*
châsse [ʃɑs] *f* **1.** Reliquienschrein *m,* Reliquiar *n;* **2.** *(Brille)* Fassung *f;* **3.** *pl arg* Augen *n pl.* **châssis** [ʃɑ(a)si] *m* **1.** (Ein-)Fassung *f;* (Fenster-, Tür-)Rahmen; (Fenster-)Flügel *m;* **2.** Mistbeetfenster *n;* **3.** *phot* Kassette *f;* **4.** *mot* Fahrgestell *n a. fig fam.*
chaste [ʃast] *a* keusch; *fig* dezent. **chasteté** *f* Keuschheit *f.*
chasuble [ʃazybl] *f* Meßgewand *n.*
chat [ʃa] *m* **1.** Katze *f;* Kater *m;* **2.** *(Kinderspiel)* Fangen *n;* **3.** ► *avoir un* ~ *dans la gorge (fam)* e-n Frosch im Halse haben; *avoir d'autres* ~*s à fouetter* wichtigere Dinge im Kopf, andere Sorgen haben; **4.** ► *il n'y a pas de quoi fouetter un* ~ das ist nicht der Rede wert; *pas un* ~ keine lebende Seele; **5.** ► ~ *botté* gestiefelte(r) Kater *m;* ~ *domestique* Hauskatze *f.* **chat-huant** *m orn* Waldkauz *m.*
châtaigne [ʃɑ(a)tɛɲ] *f* **1.** (Eß-)Kastanie *f;* **2.** *arg* Faustschlag *m.* **châtaignier** *m* (Eß-)Kastanienbaum *m.*
châtain, e [ʃatɛ̃, ɛn] *a inv* dunkelblond.

château [ʃɑto] *m* **1.** Schloß *n;* **2.** *(im Bordelais)* Weingut *n;* **3.** *mar (~ central)* Aufbauten *pl;* ▶ *faire, bâtir des ~x en Espagne* Luftschlösser bauen; *~ de cartes* Kartenhaus *n a. fig; ~ d'eau* Wasserturm *m; ~ fort* Burg *f.* **châtelain, e** [ʃɑ(a)tlɛ̃, -ɛn] *m f* Schloßherr(in *f*) *m.*

châtier [ʃɑ(a)tje] *tr* **1.** strafen, züchtigen; **2.** *fig* geißeln; **3.** *(Stil)* feilen, glätten; **4.** *rel* kasteien. **châtiment** [ʃatimɑ̃] *m* Züchtigung; Strafe; Sühne *f.*

chatoiement [ʃatwamɑ̃] *m* Schillern *n.*

chatouilles [ʃatuj] *f pl (fam)* ▶ *faire des ~ à qn* jdn kitzeln. **chatouillement** [-uj-] *m* Kitzeln *n;* Kitzel *m.* **chatouiller** *tr* kitzeln; schmeicheln *(qn* jdm). **chatouilleux, se** *a* **1.** kitz(e)lig; **2.** *fig* empfindlich.

chatoyant, e [ʃatwajɑ̃] *a* schillernd. **chatoyer** *itr* schillern.

châtré, e [ʃɑ(a)tʀe] *a* kastriert. **châtrer** *tr* kastrieren.

chatte [ʃat] *f* (weibliche) Katze *f.*

chatterton [ʃatɛʀtɔn] *m el* Isolierband *n.*

chaud, e [ʃo, -od] **I.** *a* **1.** warm, heiß; **2.** *fig* hitzig, lebhaft, heftig, leidenschaftlich; **3.** *(Problem)* brennend; **4.** *(Herbst)* heiß; **5.** *(Stil)* lebendig; **6.** *(Nachricht)* brühwarm, frisch; **II.** *s m* **7.** Wärme, Hitze *f;* **8.** ▶ *au ~* im Warmen; **9.** ▶ *avoir la tête ~e* leicht auf=brausen, ein Hitzkopf sein; *mettre, tenir au ~* warm stellen, halten; *pleurer à ~es larmes* bitterlich weinen; **10.** ▶ *cela ne me fait ni ~ ni froid* das ist mir gleichgültig; *il fait ~* es ist warm; *il n'est pas très ~* er ist davon nicht sehr begeistert; *un point ~* ein Krisenherd; *j'ai eu ~! (fam)* ich habe e-n Schreck bekommen! **chaude-pisse** *f pop* Tripper *m.* **chaudière** *f* (großer) Kessel *m;* ▶ *~ à vapeur* Dampfkessel *m.*

chaudron [ʃodʀɔ̃] *m* **1.** (Wasser-, Tee-, Koch-)Kessel *m;* **2.** *fig fam* Klimperkasten *m.* **chaudronnier** *m* Kupfer-, Blechschmied *m.*

chauffage [ʃofaʒ] *m* Heizung, Feuerung; *tech* Erwärmung *f;* ▶ *bois m de ~* Brennholz *n; ~ central* Zentralheizung *f; ~ au gaz, au mazout* Gas-, Ölheizung *f; ~ urbain* Fernheizung *f.* **chauffard** *m fam* Verkehrsrowdy *m.* **chauffe-assiette(s)** *m* Tellerwärmer *m.* **chauffe-bain** *m* Badeofen *m.* **chauffe-eau** *m inv* Warmwasserbereiter, Boiler *m.* **chauffe-plats** *m inv* Warmhalteplatte *f.* **chauffer I.** *tr* **1.** (er)wärmen, (er)hitzen; warm, heiß machen, (an=)heizen; **2.** *fig* in Schwung bringen; auf=stacheln; büffeln, pauken (*qn* mit jdm); **II.** *itr* **3.** warm, heiß werden; heizen; **4.** *loc mar* unter Dampf stehen; **5.** *tech mot* (sich) heiß laufen; **6.** *fig fam* sich erhitzen, ereifern; ▶ *ça chauffe (pop)* das gibt was, setzt was ab; **III.** *v prn se ~* **7.** heizen (*au bois* mit Holz); **8.** sich wärmen *(au soleil* an der Sonne). **chauffeur** *m* **1.** *mot* Chauffeur, Fahrer *m;* **2.** *(Kessel)* Heizer *m;* ▶ *~ de poids lourd* LKW-Fahrer *m; ~ de taxi* Taxifahrer *m.*

chaume [ʃom] *m* **1.** Halm *m;* **2.** Stoppel(feld *n*) *f;* **3.** Dachstroh; *(toit de ~)* Strohdach *n.* **chaumière** *f* Strohhütte *f.*

chaussée [ʃose] *f* **1.** (Fahr-)Damm *m,* Fahrbahn, Straßendecke *f;* **2.** Damm, Deich *m;* **3.** *geog* (langes) Riff *n.*

chausser [ʃose] **I.** *tr* **1.** *(Schuhe, Strümpfe)* an=ziehen (*qn* jdm); **2.** Schuhe machen (*qn* für jdn); **3.** *(Pflanzen)* häufeln; **4.** *(Brille)* auf die Nase setzen; **5.** *(Auto)* bereifen; *être chaussé de neuf* neu bereift sein; **II.** *itr (Schuhe)* ▶ *~ bien* gut sitzen, aussehen; **III.** *v prn se ~* die Schuhe, Strümpfe an=ziehen; ▶ *du 38* Schuhgröße 38 tragen. **chaussette** *f* Socke *f.* **chausson** *m* **1.** (leichter) Hausschuh *m;* **2.** Babysocke *f;* **3.** Ballettschuh; **4.** *(Gebäck)* Strudel *m.*

chaussure *f* Schuhwerk *n;* Schuh(-industrie *f,* -handel) *m;* ▶ *trouver ~ à son pied (fig)* das Passende, die (den) Richtige(n) finden; *brosse f à ~s* Schuhbürste *f; ~s de cuir, de caoutchouc, de sport* Leder-, Gummi-, Sportschuhe *m pl; ~s de ski* Schistiefel *m pl; ~s de gymnastique* Turnschuhe *m pl.*

chauve [ʃov] **I.** *a* kahl(köpfig); *(Baum)* unbelaubt, kahl; **II.** *s m* Kahlkopf *m;* ▶ *~-souris f* Fledermaus *f.*

chauvin, e [ʃovɛ̃, -in] **I.** *a* chauvinistisch; **II.** *s m f* Chauvinist(in *f*); Hurrapatriot *m.* **chauvinisme** *m* Chauvinismus *m.*

chaux [ʃo] *f* Kalk *m.*

chavirer [ʃaviʀe] **I.** *itr* **1.** *mar* kentern, um=schlagen; **2.** *allg* (um=)kippen; schwanken; **3.** *fig* scheitern, versagen, zs.=brechen; **II.** *tr* **4.** um=werfen, um=kippen; **5.** *fig* aufwühlen (*qn* jdn).

chef [ʃɛf] *m* **1.** Führer, Chef *m,* (Ober-)Haupt *n;* Vorgesetzte(r), Vorsteher *m;* **2.** *mil* Führer, Kommandeur, Chef *m;* **3.** Häuptling *m;* **4.** *(~ de cuisine)* Küchenchef *m;* **5.** *fig* Hauptpunkt, (wesentlicher) Gegenstand *m (e-r Besprechung, Anklage);* **6.** ▶ *au premier ~* in erster Linie; *de son propre ~* von sich aus, eigenmächtig; **7.** ▶ *médecin m ~* Oberarzt *m;* **8.** ▶ *~ d'atelier* Werkmeister; Werkstattleiter *m; ~ de bureau* Bürovorsteher *m; ~ comptable* Oberbuchhalter *m; ~ d'entreprise* Betriebsführer; Unternehmer *m; ~ d'équipe* Vorarbeiter, Vormann, Polier; *loc* Bautruppführer *m; ~ d'État* Staatschef *m,* -oberhaupt *n; ~ d'exploitation* Betriebsleiter *m; ~ de famille* Familienoberhaupt *n;* Haushaltungsvorstand *m; ~ de gare* Bahnhofsvorsteher *m; ~-lieu m* Hauptort *m; ~-mécanicien m* Werkmeister *m; ~-d'œuvre* [ʃɛdœvʀ] *m* Meisterstück, -werk *n; ~ d'orchestre* Dirigent; Kapellmeister *m; ~ du personnel* Personalchef *m; ~ de production* Produktionsleiter *m; ~ de publicité* Werbeleiter *m; ~ de réception* Empfangschef *m; ~ de section* Abteilungsleiter; *mil* Zugführer; Bahnmeister *m; ~ de service* Abteilungsleiter; Sachbearbeiter; Referent; *loc* Amtsvorsteher; *(Zeitung)* Chef *m* vom Dienst; *~ de station (radio)* Sendeleiter *m; loc* Fahrdienstleiter; Vorsteher *m* e-s kleinen Bahnhofs; *~ de train (loc)* Zugführer *m; ~ de vente* Verkaufs-, Vertriebsleiter *m.* **cheftaine** *m f (Pfadfinder)* Führer(in *f*) *m.*

cheik [ʃɛk] *m* Scheich *m.*

chemin [ʃ(ə)mɛ̃] *m* **1.** Weg *a. fig* (*de* nach, zu), Pfad *m;* **2.** Wegstrecke; *mar* zurückgelegte Strecke *f;* **3.** Läufer *m (Teppich);* **4.** ► *en ~, ~ faisant* unterwegs; **5.** ► *aller son (droit) ~* sich nicht beirren lassen; *aller son (petit bonhomme de) ~* gemächlich seinen Weg gehen; *s'arrêter à mi-~ (fig)* auf halbem Wege stehen=bleiben; *s'écarter du droit ~ (fig)* auf Abwege geraten; *emprunter un ~* e-n Weg benutzen; *être en bon ~ (fig)* auf dem besten Wege sein; *faire du ~* e-e tüchtige Strecke zurück=legen; *faire son ~ (fig)* seinen Weg gehen, Erfolg haben; *se frayer, s'ouvrir un ~* sich e-n Weg bahnen; *se mettre en ~* sich auf den Weg machen; *prendre le ~ de ...* der Weg nach ... einschlagen; *rebrousser ~* um=kehren; **6.** ► *~ de croix* Kreuz-, Leidensweg *m (Christi);* **7.** ► *~ de freinage* Bremsweg *m; ~ de halage* Treidelpfad *m; ~ de roulement (aero)* Rollbahn *f; ~ rural* Feldweg *m.* **chemin de fer** Eisenbahn *f; par ~* mit der Bahn; *prendre le ~* mit der Bahn fahren.

cheminée [ʃ(ə)mine] *f* **1.** Kamin(einfassung *f*), Schornstein *m;* **2.** *geol* Schlot, Eruptionskanal *m;* ► *~ d'usine* (Fabrik-)Schornstein *m.*

cheminer [ʃəmine] *itr* **1.** (langsam) gehen; dahin=gehen, -schreiten; e-n Weg zurück=legen; **2.** *fig (Gedanken)* im Kopf herum=gehen. **cheminot** [-o] *m* Eisenbahner *m.*

chemise [ʃ(ə)miz] *f* **1.** Hemd; *(Damenwäsche)* Unterhemd *n;* **2.** Aktendeckel *m;* Sammelmappe; Buchhülle *f,* -umschlag *m;* **3.** *tech* Mantel, Überzug *m,* Verkleidung *f;* **4.** *tech* Zylinderbuchse *f;* ► *en bras de ~* in Hemdsärmeln; *il s'en soucie comme de sa première ~ (fam)* es ist ihm völlig piepe; *nègre m en ~* Reisauflauf *m* mit Schokoladecreme und Schlagsahne; *~ d'homme, de nuit, de sport* Ober-, Nacht-, Sporthemd *n.* **chemisette** *f* kurzärmeliges Sporthemd *n;* kurzärmelige Bluse *f.* **chemisier, ère** *m f* **1.** Wäschefabrikant(in *f*), -händler(in *f*) *m;* **2.** *m* Hemdbluse *f.*

chêne [ʃɛn] *m* Eiche *f, (bois m de ~)* Eichenholz *n;* ► *~-liège m* Korkeiche *f.*

chenapan [ʃ(ə)napɑ̃] *m* Strolch *m.*

chenil [ʃ(ə)ni(l)] *m* Hundezwinger *m.*

chenille [-ij] *f* **1.** Raupe; Seidenbordüre *f;* **2.** *mot* Raupenkette *f.*

cheptel [ʃɛptɛl] *m* **1.** Viehpacht *f;* **2.** *(Statistik)* Viehbestand *m;* ► *~ bovin, chevalin* Rinder-, Pferdebestand *m.*

chèque [ʃɛk] *m* Scheck *m* (*de* über); ► *émettre, libeller, tirer un ~* e-n Scheck aus=stellen (*sur* auf *acc*); *toucher un ~* e-n Scheck ein=lösen; *carnet m de ~s* Scheckbuch *n; ~ bancaire* Bankscheck *m; ~ barré* Verrechnungsscheck *m; ~ en blanc* Blankoscheck *m; ~ payable au comptant* Barscheck *m; ~ au porteur* Inhaber-, Überbringerscheck *m; ~ postal* Postscheck *m; ~ sans provision* ungedeckte(r) Scheck *m; ~ de voyage* Reisescheck *m.* **chéquier** [ʃekje] *m* Scheckbuch *n.*

cher, ère [ʃɛʀ] **I.** *a* **1.** lieb, wert; **2.** teuer, kostspielig; *(Zeit)* kostbar; **II.** *adv* ► *coûter, vendre, acheter, payer ~* teuer sein, verkaufen, kaufen, bezahlen; *ne pas donner ~ de qc* e-r S keinen großen Wert bei=messen; *il me le payera ~* das soll er mir büßen; *(fam) je l'ai eu pour pas ~* ich habe nicht viel dafür bezahlt.

chercher [ʃɛʀʃe] *a* **I.** *tr* suchen (*qn, qc* jdn, etw); (auf=)suchen (*à* zu); **II.** *itr* **1.** streben (*qc* nach etw), sich bemühen (*qc* um etw); **2.** ► *aller, venir ~* (ab=)holen; *faire, envoyer ~* holen lassen, schicken nach; **3.** ► *~ aventure* auf Abenteuer aus=gehen; *~ fortune* sein Glück suchen; *~ querelle* Streit suchen (*à qn* mit jdm); *~ la petite bête* ein Kleinigkeitskrämer sein; *qu'allez-vous ~ là? (pop)* wie kommen Sie (denn) darauf? *ça va ~ dans les mille francs* das kostet an die 1000 Franken. **chercheur, se** *s m f* **1.** Forscher(in *f*); **2.** ► *fusée f à tête chercheuse* Rakete *f* mit Suchkopf.

chère [ʃɛʀ] *f:* ► *faire bonne ~* gut essen; *fig* gut leben.

chéri, e [ʃeʀi] *m f* Liebling *m.* **chérir** *tr* **1.** zärtlich, innig lieben; hängen (*qn* an jdm); **2.** großen Wert legen (*qc* auf e-e S), schätzen.

chétif, ive [ʃetif, -iv] *a* **1.** schwächlich; *allg* ärmlich, armselig; **2.** *fig* kümmerlich, dürftig.

cheval [ʃ(ə)val] *m, pl -aux* **1.** Pferd *n;* **2.** *tech* Pferdestärke *f* (PS); **3.** ► *à ~* zu Pferde, rittlings; *allg* querüber, übergreifend (*sur* auf *acc*); *fig* geharnischt, derb; **4.** ► *aller à ~, faire du ~* reiten; *être à ~ sur* rittlings sitzen, *fig* herum=reiten auf *dat;* gleichzeitig betreiben; *être à ~ sur les règles, les principes* ein

Prinzipienreiter sein; *monter à ~* aufs Pferd steigen; *monter sur ses grands chevaux* sich aufs hohe Roß setzen; auf=fahren, -brausen; **5.** ► *culotte f de ~* Reithose *f; fièvre f de ~* hohe(s) Fieber *n; remède m de ~* Roßkur *f; ~ alezan* Fuchs *m; ~ d'arçons m* Pferd *n (Turngerät); ~ de bât* Packpferd *n; fig* Packesel *m; ~ de bataille* Streitroß; *fig* Steckenpferd; Schlagwort; Hauptargument *n; ~ blanc* Schimmel *m; ~ de course* Rennpferd *n; ~ de labour* Akkergaul *m; ~ (de) pur sang* Vollblut(pferd) *n.* **chevaleresque** *a* ritterlich. **chevalerie** *f* Rittertum *n,* Ritterschaft *f.*

chevalet [ʃəvalɛ] *m* **1.** Bock *m,* Gestell, Gerüst *n;* **2.** Staffelei *f;* **3.** *(Geige)* Steg *m.*

chevauchement [ʃəvoʃmɑ̃] *m* **1.** Übereinandergreifen *n,* Überlappung *f;* **2.** *geol* Überschiebung *f;* **3.** *(Aufgabenbereich)* Überschneidung *f.* **chevaucher** **I.** *tr* rittlings sitzen (*qc* auf e-r S); **II.** *itr* **1.** übereinander=greifen, sich überlappen; *fig* sich überschneiden; **2.** reiten.

chevelu, e [ʃəvly] *a* behaart *a. bot,* (lang-)haarig; ► *cuir m ~* Kopfhaut *f.* **chevelure** *f* **1.** (Kopf-) Haar *n;* Haarwuchs *m;* **2.** Schweif *m (e-s Kometen).*

chevet [ʃ(ə)vɛ] **1.** Kopfende *n (e-s Bettes);* **2.** *arch* Apsis *f;* ► *au ~ de qn* an jds Bett; *lampe f de ~* Nachttischlampe *f; livre m de ~* Lieblingsbuch *n.*

cheveu [ʃ(ə)vø] *m, pl ~x* **1.** (Kopf-)Haar *n (des Menschen);* **2.** Sprung *m (im Porzellan);* **3.** ► *à un ~ près* um Haaresbreite; *aux ~x courts, longs* kurz-, langhaarig; **4.** ► *s'arracher les ~x* sich die Haare raufen; *couper, les ~x en quatre* Haarspalterei treiben; *ne pas se faire de ~x (blancs)* sich keine grauen Haare wachsen lassen; *saisir l'occasion aux ~x* die Gelegenheit beim Schopf ergreifen; *ne tenir qu'à un ~* am seidenen Faden hängen; *ne pas toucher un ~ à qn* jdm kein Haar krümmen; *tiré par les ~x (fig)* an den Haaren herbeigezogen, weit hergeholt; **5.** ► *il y a un ~ (pop)* die Sache hat e-n Haken; *cela fait dresser les ~x* da stehen e-m die Haare zu Berge; *cela vient comme un ~ sur la soupe (fam)* das paßt wie die Faust aufs Auge; **6.** ► *brosse f à ~x* Haarbürste *f; chute f des ~x* Haarausfall *m; couleur f des ~x* Haarfarbe *f; épingle f à ~x* Haarnadel *f; mèche, touffe f de ~x* Haarsträhne *f,* -büschel *n; ~ d'ange* Engelshaar *n;* Fadennudel *f.*

cheville [ʃ(ə)vij] *f* **1.** Zapfen, Pflock, Dübel, Bolzen; Stöpsel *m;* **2.** Wirbel *m (an Saiteninstrumenten);* **3.** *anat* Knöchel *m;* **4.** *poet* Flickwort, Füllsel *n;* ► *ne pas arriver à la ~ de qn* jdm nicht das Wasser reichen können; *(fam) être en ~ avec qn* mit jdm auf gutem Fuß stehen; *~ de bois* Holzdübel, -nagel *m; ~ ouvrière (fig)* Haupttriebfeder *f.*

chèvre [ʃɛvʀ] *f* **1.** Ziege, Geiß *f;* **2.** Hebebock *m,* Sägebock *m;* ► *lait, fromage m de ~* Ziegenmilch *f,* -käse *m.* **chèvrefeuille** [-vʀə-] *m bot* Geißblatt *n.*

chevreau [ʃəvʀo] *m, pl ~x* **1.** Zicklein, Geißlein *n;* **2.** Ziegenleder *n.* **chevreuil** [-œj] *m* Reh *n (als Art),* Rehbock *m.*

chevronné, e [ʃəvʀɔne] *a fig* dienst-, berufserfahren; routiniert.

chevrotant, e [ʃəvʀɔtɑ̃, -t] *a (Stimme)* zitternd.

chevrotine [ʃəvʀɔtin] *f* Rehposten *m.*

chez [ʃe] *prp* **1.** *(nur in Verbindung mit Personen)* bei, in, zu; ► *il était ~ lui* er war daheim, zu Hause; *je vais ~ le coiffeur* ich gehe zum Frisör; *de ~* von ... her: *je viens de ~ moi* ich komme von zu Hause; **2.** *(räumlich):* ► *~ les Anglais* bei den Engländern; *il est de ~ nous* er ist aus unserer Gegend; **3.** *(zeitlich):* ► *~ les Romains* bei den Römern; **4.** *(betreffend):* ► *fig: ~ lui c'est une habitude* das ist e-e Gewohnheit bei ihm; *~ Molière* bei M., in M.s Werken; *transporter ~ (fig)* übertragen auf *acc; ~-soi, ~-moi etc s m* Zuhause, Heim *n.*

chiadé, e [ʃjade] *a arg* kompliziert, schwierig; sorgfältig ausgearbeitet.

chialer [ʃjale] *itr fam* heulen, flennen.

chiant, e [ʃjɑ̃, -t] *a pop* beschissen.

chiasse [ʃjas] *f pop* Dünnschiß *m.*

chic [ʃik] **I.** *s m* Schick *m;* **II.** *a inv* **1.** schick, *fam* piekfein; famos; **2.** *fig* fein, großzügig, *fam* nobel; ► de ~ ohne Vorbild *(Malerei);* ohne Entwurf *(Schreiben); interj fam: ~ alors!* fabelhaft! *il a le ~ pour faire qc* er hat ein besonderes Geschick etw zu tun.

chicane [ʃikan] *f* **1.** Schikane *f,* Spitzfindigkeiten *f pl,* Kniffe *m pl;* Streit *m,* Händel *m pl;* **2.** Zickzackweg *m;* Hindernis *n;* ► *chercher ~* Händel suchen (*à qn* mit jdm). **chicaner** **I.** *tr* **1.** sich (ohne Grund) herum=streiten (*qn sur qc* mit jdm wegen e-r S); streitig machen (*qc à qn* jdm etw); **2.** schikanieren, mit Kleinigkeiten plagen; **II.** *itr* herumnörgeln (*sur qc* an etw); **III.** *v prn se ~* sich (herum=)streiten. **chicanerie** *f* Schikane *f.* **chicaneur, se** **I.** *s m f* Schikanierer(in *f*) *m;* Krittler, Nörgler *m;* **II.** *a* streitsüchtig, schikanös.

chiche [ʃiʃ] *a* **1.** knauserig; *(Sachen)* armselig, dürftig; **2.** *(pois m ~)* Kichererbse *f;* **3.** *interj fam* ich nehme dich beim Wort! wollen wir wetten? ► *vivre chichement* ein kümmerliches Leben führen.

chichi [ʃiʃi] *m* falsche Locken *f pl;* ► *ne fais pas tant de ~s!* mach nicht so viel

Umstände!
chicon [ʃikɔ̃] *m fam* Römische(r) Salat *m*.
chicorée [-kɔʀe] *f bot* Endivie *f*.
chiée [ʃje] *f vulg* ▶ *une ~ de* ein Haufen ...
chien [ʃjɛ̃] *m* **1.** Hund *m (a. min, Weberei)*; **2.** *(Gewehr)* Hahn *m*; **3.** *pl* Pony (-frisur *f*) *n*; **4.** ▶ *entre ~ et loup* in der (Abend-)Dämmerung; **5.** *arriver, venir comme un ~ dans un jeu de quilles* ungelegen kommen; *avoir du ~ (fig fam)* Charme, *(Frau)* Sexappeal, *(Künstler)* Talent haben; *être couché en ~ de fusil* mit angezogenen Beinen liegen; *rompre les ~s* das Gespräch kurz ab=brechen; **6.** *(fam)* ▶ *je lui garde un ~ de ma chienne* das soll er mir büßen; *j'ai un mal de ~, je suis malade comme un ~* mir ist hundeelend; *il est ~ (fam)* er ist knickerig; *nom d'un ~!* verdammt!; **7.** *temps m de ~* Hundewetter *n*; *travail m de ~* mühsame, undankbare Arbeit *f*; *vie f de ~* Hundeleben *n*; **8.** ▶ *~ d'aveugle, de berger, de chasse, policier, sanitaire* Blinden-, Schäfer-, Jagd-, Polizei-, Sanitätshund *m*; *~-loup* Wolfshund *m*; *~ méchant* bissige(r) Hund *m*.
chiendent [ʃjɛ̃dɑ̃] *m* **1.** *bot* Quecke *f*; **2.** *fig fam* Haken *m*, Schwierigkeit *f*.
chienlit, chie-en-lit [ʃjɑ̃li] *f* **1.** *fam* Tumult *m*; Durcheinander *n*; **2.** Pöbel *m*.
chienne [ʃjɛn] *f* Hündin *f*.
chier [ʃie] *itr vulg* scheißen, kacken; ▶ *(vulg) se faire ~* sich tierisch langweilen; *ça me fait ~ (fam)* das stinkt mir; *tu me fais ~* du gehst mir auf die Nerven.
chiffon [ʃifɔ̃] *m* **1.** Lumpen, Lappen *m*; **2.** Fetzen *m (Papier)*; ▶ *parler ~s* über Mode reden; *~ à poussière* Staublappen *m*. **chiffonné, e** *a* **1.** zerknittert; zerknüllt; **2.** *(Gesicht)* unregelmäßig, aber ansprechend; ermüdet, runzelig. **chiffonner I.** *tr* **1.** *(Kleider)* zerdrücken, zerknittern; **2.** *(Papier)* zerknüllen; **II.** *v prn se ~* knittern. **chiffonnier, ère** *m f* **1.** Lumpensammler(in *f*) *m*; **2.** *m* Aufsatzkommode *f*; ▶ *se battre comme des ~s* aufeinander ein=dreschen; *il est mis comme un ~* er ist schlampig angezogen.
chiffrage [ʃifʀaʒ] *m* **1.** Chiffrieren, Verschlüsseln *n*; **2.** Taxieren, (Ab-)Schätzen *n*. **chiffre 1.** *m* Ziffer; **2.** (Gesamt-)Zahl *f*; **3.** *com* Betrag, Preis *m*, Summe *f*; **4.** Monogramm *n*; **5.** Chiffre, Geheimschrift, Zahlenkombination; *mil* Chiffrierabteilung *f*; **6.** Bezifferung *f* (der Baßnoten); **7.** ▶ *en ~s ronds* abgerundet, in runden Zahlen; **8.** ▶ *écrire en ~* chiffrieren, verschlüsseln; in Ziffern schreiben; **9.** ▶ *~ d'affaires* Umsatz *m*; *~ de production* Produktionsziffer *f*.
chiffrer I. *tr* **1.** numerieren; **2.** chiffrieren, verschlüsseln; **3.** *com* be-, ausrechnen; taxieren; **4.** mit e-m Monogramm versehen; **5.** *mus* beziffern; **II.** *itr* u. *se ~* sich belaufen (*à, par* auf *acc*); ▶ *se ~ par milliers* in die Tausende gehen; *les dépenses commencent à ~* die Ausgaben beginnen sich zu summieren.
chignon [ʃiɲɔ̃] *m* **1.** (Haar-)Knoten *m*; **2.** *fam* Bandsalat *m*; ▶ *se crêper le ~* sich in den Haaren liegen.
chiite [ʃiit] *a rel* schiitisch *f*; *s m f rel* Schiite; *m* -tin; *f*.
Chili, le [ʃili] Chile *n*. **Chilien, ne** *m f* Chilene *m* Chilenin *f*.
chimère [ʃimɛʀ] *f* Hirngespinst *n f*; Trugbild *n*.
chimie [ʃimi] *f* Chemie *f*; ▶ *~ biologique* Biochemie *f*. **chimiothéraphie** *f med* Chemotherapie *f*. **chimique** *a* chemisch; *produits m pl ~s* Chemikalien *pl*. **chimiste** *m f* Chemiker(in *f*) *m*.
chimpanzé [ʃɛ̃pɑ̃ze] *m zoo* Schimpanse *m*.
chinchilla [ʃɛ̃ʃila] *m zoo* Chinchilla *f*.
Chine, la [ʃin] China *n*. **chine** [ʃin] *m* Chinapapier *n*. **chinois, e** [ʃinwa, -z] **I.** *a* chinesisch; **II.** *s m* **1.** Chinesisch(e) *n*; **2.** (Kumquat *f*) in Schnaps; ▶ *c'est du ~ pour moi* das sind böhmische Dörfer für mich. **chinoiserie** *f fig* Kleinlichkeit *f*; *pl* Chinoiserien *f pl*.
chiot [ʃjo] *m* Welpe, junge(r) Hund *m*.
chiottes [ʃjɔt] *f pl vulg* Scheißhaus *n*, Abtritt *m*.
chiper [ʃipe] *tr fam* stibitzen, mausen. **chipie** *f* Biest, Luder *n*; (Haus-)Drachen *m*.
chipoter, se *v prn se ~ (fam)* sich herum=streiten.
chique [ʃik] *f* **1.** Priem *f*, Kautabak *m*; **2.** *zoo* Sandfloh *m*; **3.** *fam* dicke Backe *f*; ▶ *avaler sa ~ (pop)* ab=kratzen, sterben; *couper la ~ à qn (pop)* jdm ins Wort fallen; *ça me coupe la ~ (pop)* da bleibt mir die Spucke weg.
chiqué [ʃike] *s m (pop)* ▶ *faire du ~* so tun, als ob; an=geben, dick auf=tragen; *c'est du ~* das ist bloß Angabe.
chiquenaude [ʃiknod] *f* Nasenstüber; Schneller, Schnipser *m*.
chiquer *itr* priemen.
chiromancie [kiʀɔmɑ̃si] *f* Handliniendeutung *f*. **chiromancien, ne** *m f* Handleser(in *f*) *m*. **chiropracteur** *m* Chiropraktiker *m*. **chiropraxie** *f med* Chiropraktik *f*.
chirurgical, e [ʃiʀyʀʒikal] *a* chirurgisch. **chirurgie** *f* Chirurgie *f*; ▶ *~ dentaire* Zahnheilkunde *f*. **chirurgien** *m* Chirurg *m*; ▶ *~-dentiste* Zahnarzt *m*.
chiuré [ʃjyʀ] *f* Fliegendreck *m*.
chloral [klɔʀal] *m chem* Chloral *n*.
chlore *m chem* Chlor *n*. **chlorhydri-**

que *a:* ► *acide m* ~ Salzsäure *f*, Chlorwasserstoff *m*. **chlorique** *a:* ► *acide m* ~ Chlorsäure *f*. **chloroforme** [-ʀɔ-] *m* Chloroform *n*. **chloroformer** *tr* **1.** *med* chloroformieren; **2.** *fig* ein≈schläfern. **chlorophylle** [-ʀɔfil] *f bot* Chlorophyll, Blattgrün *n*. **chlorure** *m chem* Chlorid *n*; ► ~ *de sodium* Natriumchlorid, Kochsalz *n*.

choc [ʃɔk] **I.** *m* **1.** Stoß, Aufprall, Zs.stoß *m a. mil; fig* Aufea.prallen *n*; **2.** Erschütterung *f a. med;* (Schicksals-)Schlag *m*; **3.** *med* Schock *m*; *(Gläser)* Anstoßen *n*; **4.** ► *de* ~ dynamisch, fortschrittlich; *(Mensch)* unternehmend, aktiv; *(Sache)* sensationell; neuartig; ► *effet m de* ~ Schockwirkung *f*; ~ *nerveux* Nervenschock *m*; **II.** *a* aufsehenerregend, sensationell; *prix m* ~ sensationelle(r) Preis *m*.

chocolat [ʃɔkɔla] **I.** *m* Schokolade *f*; *pl* Pralinen *f pl*, Konfekt *n*; **II.** *a* schokoladenfarben; ► *tablette f de* ~ Tafel *f* Schokolade; *gâteau m, glace f au* ~ Schokoladenkuchen *m*, -eis *n*; ~ *à croquer, au lait, aux noisettes* Eß-, Milch-, Nußschokolade *f*; *(fam) je suis* ~ ich gucke in die Röhre. **chocolaterie** *f* Schokoladenfabrik *f*.

chocottes [ʃɔkɔt] *f pl (fam)* ► *avoir les* ~ Schiß, Angst haben.

chœur [kœʀ] *m mus arch rel* Chor *m a. fig;* ► *en* ~ im Chor, einstimmig; gemeinsam; ~ *d'enfants* Kinderchor *m*; ~ *à trois voix* dreistimmige(r) Chor *m*.

choir [ʃwaʀ] *itr* ‹*Prés. je chois, tu chois, il choit, ils choient; Fut. je choirai* od *cherrai; pp. chu,* e› *vx* od *lit* fallen; ► *laisser* ~ *qn, qc (fam)* jdn, etw im Stich, fallen≈lassen.

choisi, e [ʃwazi] *a* auserwählt, (aus)gewählt, ausgesucht. **choisir** *tr* **1.** (aus≈) wählen; **2.** sich entscheiden (*qc* für etw); e-e Wahl treffen. **choix** [ʃwa] *m* **1.** Wahl; Auswahl *f*; **2.** ► *au* ~ zur Auswahl; nach Wahl; *de* ~ ausgewählt, ausgesucht, erstklassig; *de tout premier* ~ allererster Wahl; **3.** ► *n'avoir pas le* ~ keine Wahl haben; *faire un bon, mauvais* ~ e-e gute, schlechte Wahl treffen; *porter son* ~ *sur qn, qc* sich jdn, etw aus≈suchen, -wählen.

cholécystite [kɔlesistit] *f* Gallenblasenentzündung *f*. **choléra** *m* Cholera *f*. **cholestérine** *f* Cholesterin *n*; **cholestérol m** Cholesterin.

chômage [ʃomaʒ] *m* Arbeitslosigkeit *f*; *(Fabrik)* Stillstehen *n*; *vx* Feiern *f*; ► *être en, au* ~ *arbeitslos sein; mettre qn en, au* ~ entlassen; ~ *partiel* Kurzarbeit *f*; ~ *saisonnier* saisonbedingte Arbeitslosigkeit *f*; ~ *structurel* strukturelle Arbeitslosigkeit *f*; ~ *technique* Arbeitslosigkeit *f* aus technischen Gründen; ~ *technologique* durch neue Technologien verursachte Arbeitslosigkeit *f*.

chômé, e *a* arbeitsfrei; ► *le 14 juillet est un jour* ~ der 14. Juli ist ein Feiertag. **chômer** *tr vx* feiern; *itr (von Arbeitern)* arbeitslos sein; *(an Feiertagen)* nicht arbeiten; *fig (Fabrik)* still≈stehen; ► ~ *un jour de fête* e-n Feiertag begehen; *la conversation n'a pas chômé pendant le repas* die Unterhaltung kann beim Essen nicht ins Stocken. **chômeur, se** *s m f* Arbeitslose(r *m*) *f*; ► ~ *de longue durée* Langzeitarbeitslose(r *m*) f, Dauerarbeitslose(r *m*) *f*.

chope [ʃɔp] *f* Krug *m*, Seidel *n*.

choper [ʃɔpe] *tr fam* **1.** stibitzen, stehlen; **2.** erwischen, schnappen; ► ~ *un rhume* e-n Schnupfen erwischen.

chopine [ʃɔpin] *f* Flasche *f* Wein.

choquant, e [ʃɔkɑ̃, -ɑ̃t] *a* auffällig; anstößig. **choquer I.** *tr* **1.** *(Gläser)* (an≈) stoßen; **2.** *fig* mißfallen (*qn* jdm); Anstoß erregen (*qn* bei jdm); verletzen, beleidigen; **II.** *v prn se* ~ **3.** aneinanderstoßen; aufea.≈prallen; **4.** *fig* Anstoß nehmen (*de* an *dat*); **5.** ► *être choqué* schockiert sein *(par* über *acc)*.

chorale [kɔʀal] *f* Choral *m*, Kirchenlied *n*; *f* Gesangverein *m*.

chorégraphe [kɔʀegʀaf] *m* Choreograph *m*. **chorégraphie** *f* Choreographie; Tanzkunst *f*.

choriste [kɔʀist] *m f* Chorsänger(in *f*) *m*.

chorus [kɔʀys] *m:* ► *faire* ~ bei≈stimmen, bei≈pflichten (*avec qn* jdm).

chose [ʃoz] *f* **1.** Ding *n*, Sache, Angelegenheit *f*; **2.** Sachlage *f*; Umstand *m*; **3.** (Rechts-)Sache *f*; **4.** *fam* Dings(da) *n*; **5.** ► *autre* ~ etw anderes; *avant toute* ~ vor allem; *bien des* ~*s* viele Grüße *(Briefende); chaque* ~ *en son temps!* alles zu seiner Zeit! ~ *étrange!* sonderbar! eigenartig! *par la force des* ~*s* zwangsläufig; *maintes* ~*s* manches; *la même* ~ dasselbe; *pas grand-*~, *peu de* ~ nicht viel, nichts Besonderes; **6.** ► *quelque* ~ etwas; *quelque* ~ *comme* ungefähr, etwa (wie); *quelque* ~ *que* was ... auch (immer); **7.** ► *aller au fond des* ~*s* den Dingen auf den Grund gehen; *appeler les* ~*s par leur nom* die Dinge beim Namen nennen; *être qc à qn* jdm etw sein, bedeuten; *être pour qc dans* seine Hand im Spiel haben bei; *parler de* ~*s et d'autres* von diesem u. jenem sprechen; *prendre qc (fam)* etw *(Schläge)* ab≈kriegen; *se sentir tout* ~ *(a. fam)* völlig sprachlos sein; ein komisches Gefühl haben, sich nicht wohl fühlen; **8.** ► *il semble tout* ~ *(fam)* er sieht komisch, ganz verstört aus; *c'est quelque* ~ das ist unglaublich; *il y a qc comme une semaine* es ist so ungefähr e-e Woche her; *c'est* ~ *faite* die Sache ist erledigt; *il y a qc entre eux* sie sind mitea. böse; sie haben etw. mitea.; *les ~s n'iront pas loin* das dauert nicht lange; *voilà où en sont les ~s* so liegen die Dinge; **9.** ► *état m des ~s* Sachverhalt *m; M.* ~ Herr Dings(kirchen), Soundso; *un pas grand-~ (fam fig)* ein kleines Licht *(Person); la ~ en soi* das Ding an sich.

chou [ʃu] *m (pl ~x)* **1.** Kohl *m;* **2.** Kraut *n;* **3.** *(~ à la crème)* Windbeutel *m* mit Creme; Mohrenkopf *m;* **4.** *fig* Schätzchen *n,* Liebling *m;* **5.** ► *aller planter des* (od *ses*) *~x* sich aufs Land zurück⸗ziehen; *être dans les ~x (fam)* in der Tinte sitzen; unter ferner liefen sein; *rentrer dans le ~ à qn* sich auf jdn stürzen; **6.** ► *il a fait ~ blanc (fam)* das ist ihm danebengegangen; *bête comme ~ (fam)* kinderleicht; **7.** ► *tête f de ~* Kohlkopf; **8.** ► *~ blanc* Weiß-, Kopfkohl *m; ~ de Bruxelles* Rosenkohl *m; ~-fleur m* Blumenkohl *m; ~ de Milan* Wirsingkohl *m; ~-navet m* Kohl-, Steckrübe *f; ~ rave* Kohlrabi *m; ~ rouge* Rotkohl *m.*

choucas [ʃuka] *m orn* Dohle *f.*

chouchou, oute [ʃuʃu, -t] *m f fam* Liebling *m.* **chouchouter** *tr fam* verhätscheln.

choucroute [ʃukRut] *f* Sauerkraut *n.*

chouette [ʃwɛt] **I.** *s f zoo* Eule *f;* **II.** *a fam* nett, fesch, toll; ► *~!* prima!

chouia [ʃuja] *m (fam)* ► *un ~* ein wenig.

choyer [ʃwaje] ⟨*Prés. je choie, ns choyons; Fut. je choierai; pp. choyé, e*⟩ *tr* (ver)hätscheln, auf Händen tragen.

chrétien, ne [kRetjɛ̃, -ɛn] **I.** *a* christlich; **II.** *s m f* Christ(in *f*) *m.* **chrétienté** *f* Christenheit *f.*

Christ, (le) [kRist] Christus *m.* **christianiser** *tr* christianisieren, (zum Christentum) bekehren. **christianisme** *m* Christentum *n.*

chromatique [kRɔmatik] *a* **1.** Farb(en)-; **2.** *mus* chromatisch. **chrome** *m* Chrom *n.* **chromé, e** *a* chromhaltig, verchromt; ► *acier m ~* Chromstahl *m.*

chromosome [kRomozom] *m biol* Chromosom *n.* **chromosomique** *a* Chromosomen-.

chronique [kRɔnik] **I.** *a med* chronisch; **II.** *s f* **1.** Chronik *f;* **2.** *(Zeitung)* Bericht *m,* Rundschau *f.* **chroniqueur** *m* **1.** Chronist *m;* **2.** Bericht(erstatt)er *m.*

chrono [kRono] *f fam* (Stopp-)Uhr *f.* **chronologique** *a* chronologisch. **chronomètre** *m* Chronometer *m* od *n,* Präzisionsuhr *f;* *(~ à déclic)* Stoppuhr *f.* **chronométrer** ⟨*Prés. je chronomètre, ns chronométrons; Fut. je chronométrerai; pp. chronométré, e*⟩ *tr sport* die Zeit ab⸗nehmen (*qc* von etw), stoppen. **chronophage** zeitraubend.

chrysalide [kRizalid] *f zoo* (Insekten-) Puppe *f;* ► *sortir de sa ~* sich entpuppen; *fig* bekannt werden. **chrysanthème** [-zɑ̃tɛm] *m bot* Chrysantheme *f.*

chuchotement [ʃyʃɔtmɑ̃] *m* Flüstern, Getuschel *n.* **chuchoter** *itr tr* flüstern, tuscheln, munkeln; ► *~ qc à l'oreille de qn* jdm etw ins Ohr flüstern.

chuintement [ʃɥɛ̃tmɑ̃] *m* Zischen, Pfeifen *n;* (fehlerhaftes) Aussprechen *n* des s als sch. **chuinter** *itr* **1.** *(Eule)* schreien; **2.** *(Dampf)* zischen; **3.** s wie sch aus⸗sprechen.

chut [ʃ(y)t] *interj* pst! still!

chute [ʃyt] *f* **1.** Fall *a. phys fig;* Sturz *m a. fig;* **2.** Fallen *n,* Einsturz *m;* **3.** Umsturz; Untergang *m;* **4.** *theat* Durchfall(en *n*) *m;* **5.** Abfall *m a. phys el;* **6.** Ende *n;* Schlußkadenz *f;* Tonfall *m;* Pointe *f;* **7.** ► *point m de ~* Aufschlag *m* (e-s Geschosses); *vitesse f de ~ (phys)* Fallgeschwindigkeit *f;* **8.** ► *~ de cheval, de bicyclette* Sturz *m* vom Pferd, vom Fahrrad; *~ des cheveux* Haarausfall *m; ~ des cours* Kurssturz *m; ~ d'eau* Wasserfall *m; ~ de la natalité* Geburtenrückgang *m; ~ de neige* Schneefall *m; ~s de pluie* Regenfälle *m pl; ~ de pierres* Steinschlag *m; ~ des prix* Preissturz *m; ~ des reins (anat fam)* Kreuz *n; ~ du rideau (theat)* Fallen *n* des Vorhangs; *~ de température* Temperatursturz *m.* **chuter** *itr* **1.** *fam* fallen; **2.** *fig* durch⸗fallen; **3.** *(Bridge)* Unterstiche machen.

Chypre [ʃipR] *f* Zypern *n.* **chypriote** *a* zypriotisch, zyprisch. **Chypriote** *s m f* Zypriot(in *f*) *m.*

ci [si] **1.** *adv* hier; hierher; *(Rechnung)* für, macht zusammen; *(Verstärkung)* ► *ces jours-~* diese(r) Tage; **2.** *prn:* ► *faire ~ et ça (fam)* dies u. jenes tun; *comme ~ comme ça (fam)* soso lala; *~-après* weiter unten; *~-contre* gegenüber; neben-, gegenüberstehend; umseitig; *~-dessous* hier, weiter unten; untenstehend; *~-dessus* hier, weiter oben; obenstehend; *~-devant* vorher, ehemals; ehemalig; *~-gît* hier ruht; *~-inclus, e; ~-joint, e* beiliegend; anbei.

cibiste [sibist] *m* CB-Funker *m,* Citizen-Band *n,* Jedermannfunk *m;* ► *~ amateur* Amateurfunker *m.*

cible [sibl] *f* **1.** (Schieß-)Scheibe *f;* **2.** *fig* Zielscheibe *f;* **3.** *(Werbung)* Zielgruppe *f;* **4.** *(langue ~)* Zielsprache *f;* ► *prendre pour ~ (fig)* als Zielscheibe nehmen; *tir m à la ~* Scheibenschießen *n.*

ciboire [sibwaR] *m rel* Ziborium *n.*

ciboule [sibul] *f bot* Winterlauch *m.* **ciboulette** *f bot* Schnittlauch *m.*

cicatrice [sikatRis] *f* Narbe *f.* **cicatrisation** *f* Narbenbildung, Vernarbung, Heilung *f a. fig.* **cicatriser I.** *tr (Wunden)* heilen; *fig* vergessen lassen; **II.** *itr* u. ▶ *se* ~ vernarben *a. fig.*

cidre [sidʀ] *m* Apfelwein, Most *m.*

ciel [sjɛl] *m pl cieux, (Malerei)* ~*s* **1.** Himmel(sraum *m;* -gewölbe *n) m a. rel fig;* **2.** Himmelsstrich *m,* Klima *n;* **3.** (~ *de lit)* Betthimmel *m;* **4.** ▶ *dans le* ~ am Himmel; **5.** ▶ *être au septième* ~ im siebenten Himmel sein; *tomber du* ~ *(fig)* wie gerufen kommen; *avoir l'air de tomber du* ~ sprachlos sein, aus allen Wolken fallen.

cierge [sjɛʀʒ] *m* **1.** *rel* (große Wachs-) Kerze *f;* **2.** *bot* Säulenkaktus *m.*

cigale [sigal] *f zoo* Zikade *f.*

cigare [sigaʀ] *m* Zigarre *f;* ▶ *bague f de* ~ Bauchbinde *f; boîte f de* ~*s* Zigarrenkiste *f.* **cigarette** *f* Zigarette *f;* ▶ ~ *à bout filtre* Filterzigarette *f.*

cigogne [sigɔɲ] *f zoo* Storch.

ciguë [sigy] *f* **1.** *bot* Schierling *m;* **2.** Schierlingsgift *n.*

cil [sil] *m* Wimper *f.*

cime [sim] *f* **1.** Gipfel *m a. fig;* **2.** *(Baum)* Wipfel *m.*

ciment [simɑ̃] *m* **1.** Zement *m;* **2.** *fig* Kitt *m;* ▶ ~ *armé* Eisen-, Stahlbeton *m.* **cimenter** *tr* **1.** zementieren; **2.** *fig* festigen; zusammenkitten.

cimetière [simtjɛʀ] *m* Friedhof *m;* ▶ ~ *militaire* Soldatenfriedhof *m;* ~ *nucléaire* Atommülldeponie *f,* Atommüllendlager *n;* ~ *de voitures* Autofriedhof *m.*

ciné [sine] *m fam* Kino *n;* ~*-club m* Filmklub *m.* **cinéaste** *m* Filmfachmann *m; pl* Filmschaffende *m pl.* **cinéma** *m* **1.** Kino, Lichtspiel-, Filmtheater *n;* **2.** (Film-)Vorführ(ungs)raum *m;* **3.** Film *m,* Filmkunst *f;* **4.** ▶ *faire du* ~ in e-m Film mit=spielen; *c'est du* ~ *(fam)* das ist nur Theater; **5.** ▶ ~ *muet, sonore, parlant* Stumm-, Tonfilm *m.* **cinémascope** *m* Breit(lein)wand *f;* ▶ *film m en* ~ Breitwandfilm *m.* **cinémathèque** *f* Filmarchiv *n.* **cinématographie** *f* Filmtechnik *f.* **cinématographique** *a* kinematographisch; Film-; ▶ *adaptation f* ~ Verfilmung *f.*

cinglant, e [sɛ̃glɑ̃] *a* **1.** *(Wind)* schneidend; **2.** *fig* hart, streng; *(Worte)* verletzend, schneidend. **cinglé, e** *a fam* bekloppt, verrückt. **cingler I.** *tr* **1.** *(~ de coups de fouet)* peitschen; **2.** *(Regen)* ▶ ~ *les vitres* an die Scheiben prasseln; **II.** *itr mar* e-n Kurs steuern *(vers* auf *acc).*

cinq [sɛ̃(k)] **I.** *a* fünf; **II.** *s m inv* der Fünfte; *s m* Fünf(er *m) f;* ▶ *en* ~ *sec (pop)* im Nu, im Handumdrehen; *c'est aujourd'hui le* ~ heute haben wir den Fünften; *voyez la page* ~ siehe S. 5; *le* ~ *est gagnant* Nummer fünf gewinnt; *je reviens dans* ~ *minutes* ich bin gleich wieder zurück. **cinquième** [-kjɛm] **I.** *a* fünfte(r, s); **II.** *s m* Fünftel *n;* fünfte(r) Stock *m; s m f* Fünfte(r *m) f.*

cinquantaine [sɛ̃kɑ̃tɛn] *f* **1.** (etwa) fünfzig; **2.** 50. Lebensjahr *n;* ▶ *d'une* ~ *d'années* in den Fünfzigern. **cinquante** *a* fünfzig. **cinquantenaire I.** *s m* Fünfzigjahrfeier *f; m f* Fünfzigjährige(r *m) f;* **II.** *a* fünfzigjährig. **cinquantième I.** *a* fünfzigste(r, s); **II.** *s m* Fünfzigstel *n.*

cintre [sɛ̃tʀ] *m* **1.** *arch* Bogen *m,* Wölbung *f;* **2.** *theat* Schnürboden; **3.** Kleiderbügel *m;* ▶ *arc m en plein* ~ Rundbogen *m.* **cintré, e** *a* **1.** *(Jacke)* tailliert; **2.** geschweift, gerundet, gewölbt *(Rükken).* **cintrer 1.** biegen *a. tech;* **2.** *arch* (über)wölben, schweifen; **3.** taillieren.

cirage [siʀaʒ] *m* **1.** Bohnern *n;* **2.** Schuhkreme, -wichse *f;* ▶ *être dans le* ~ *(arg aero)* in e-r Waschküche fliegen; *fig fam* geistig weggetreten sein.

circoncision *f* Beschneidung *f.* **circonférence** *f* **1.** *math* (Kreis-)Umfang *m,* Kreislinie *f;* **2.** Umkreis, Umfang *m.*

circonflexe [-flɛks] *a* u. *s m (accent m* ~*)* Zirkumflex *m.* **circonscription** [-skʀip-] *f* **1.** Distrikt, Kreis *m;* **2.** *math* Umschreiben *n;* **3.** *tele* Anschlußbereich *m;* ▶ ~ *électorale* Wahlkreis *m.* **circonscrire** ‹*Prés. je circonscris, ns circonscrivons; Fut. je circonscrirai; pp. circonscrit, e; Subj. que je circonscrive, que ns circonscrivions; Impér. circonscris, circonscrivons*› *tr* **1.** *Thema* be-, ab=grenzen; **2.** *(Feuer)* eindämmen; **3.** *math* um-, beschreiben. **circonspect, e** [-spɛ(kt), -ɛkt] *a* um-, vorsichtig; zurückhaltend. **circonstance** *f* **1.** Umstand *m;* Lage, Gegebenheit *f;* **2.** Gelegenheit *f;* **3.** *pl* Verhältnisse *n pl,* Umstände *m pl;* **4.** ▶ *de* ~ Gelegenheits-; angemessen, angepaßt; *en la* ~ in vorliegendem Falle; *en toute* ~ bei jeder Gelegenheit; *par suite de* ~*s imprévues* infolge unvorhergesehener Umstände; **5.** ▶ *si les* ~*s l'exigent* falls es die Umstände erfordern; ~*s aggravantes, atténuantes (jur)* erschwerende, mildernde Umstände *m pl.* **circonstanciel, le** *a gram* adverbial; Umstands-. **circonvenir** ‹*Prés. je circonviens, ns circonvenons; Fut. je circonviendrai; pp. circonvenu, e; Subj. que je circonvienne, que ns circonvenions; Impér. circonviens, circonvenez*› *tr* beeinflussen, *fam* herumkriegen. **circonvolution** *f meist pl* **1.** (Gehirn-, Darm-)Windung *f;* **2.** Spirale *f.*

circuit [siʀkɥi] *m* **1.** Umkreis, Umfang *m;* Kreisbewegung *f,* -lauf *m;* **2.** Rundfahrt *f,* -flug *m,* -reise *f;* Umweg *m a. fig;* **3.** *sport* Rennstrecke *f,* Ring *m;* **4.** *el (~ électrique)* Stromkreis *m,* Leitung; Schaltung *f;* **5.** *com* (Wirtschafts-)Kreislauf *m;* **6.** ▶ *en* ~ eingeschaltet; *hors* ~ ausgeschaltet; **7.** ▶ *mettre en* ~, *hors* ~

ein=, aus=schalten; **8.** ► ~ *de distribution* Vertriebsweg *m;* ~ *intégré (el)* integrierte Schaltung *f;* ~ *logique (inform)* logische Schaltung *f.*
circulaire [siʀkylɛʀ] **I.** *a* kreisförmig; Kreis-; **II.** *s f* Rundschreiben *n,* -erlaß; Umlauf *m.* **circulation** *f* **1.** *(Straße)* Verkehr *m;* **2.** *(Geld)* Umlauf *m;* **3.** *(~ sanguine)* (Blut-) Kreislauf *m,* Zirkulation *f;* **4.** *tech* Strömen *n,* Umlauf *m;* **5.** ► *détourner la* ~ den Verkehr um=leiten; *mettre en* ~ in Umlauf setzen; *retirer de la* ~ aus dem Umlauf ziehen; ~ *interdite!* kein Durchgang! keine Durchfahrt! **6.** ► *accident m de (la)* ~ Verkehrsunfall *m; libre* ~ Freizügigkeit *f; sécurité f de la* ~ Verkehrssicherheit *f; sens m de* ~ Fahrtrichtung *f; voie, route f à grande* ~ Fernverkehrsstraße *f;* **7.** ► ~ *aérienne* Luftverkehr *m;* ~ *automobile* Autoverkehr *m;* ~ *à droite* Rechtsverkehr *m;* ~ *ferroviaire* Eisenbahnverkehr *m;* ~ *de la monnaie* Geldumlauf *m;* ~ *des piétons* Fußgängerverkehr *m;* ~ *à sens unique* Einbahnstraße *f;* ~ *des trains* Zugverkehr *m;* ~ *de transit* Durchgangsverkehr *m.* **circulatoire** *med* Kreislauf-; ► *troubles m pl ~s* Kreislaufstörungen *f pl.* **circuler** *itr* **1.** *(Blut)* zirkulieren, kreisen; **2.** *(Saft)* steigen; **3.** *(Luft)* strömen; **4.** *(Menschen, Fahrzeuge)* verkehren, sich hin u. her bewegen, fahren; **5.** *(Geld)* um=laufen, im Umlauf sein; **6.** *el (Strom)* fließen; **7.** *(Gerücht)* sich verbreiten, um=gehen; **8.** ► *faire* ~ in Umlauf bringen *od* setzen; **9.** *(Nachrichten)* verbreiten; **10.** *(Speisen)* herum=, weiter=reichen; ► *~ez!* weitergehen!
cire [siʀ] *f* (Bienen-, Baum-, Bohner-) Wachs *n;* ► ~ *à cacheter* Siegellack *m.* **ciré, e I.** *a:* ► *toile f ~ée* Wachstuch *n;* **II.** *s m mar* Ölzeug *n.* **cirer** *tr* wachsen, bohnern; polieren; *(Schuhe)* wichsen. **cireur** *m* Stiefelputzer *m.*
cirque [siʀk] *m* **1.** Zirkus *m;* Arena *f;* **2.** (Tal-)Kessel *m;* **3.** *fam* Affentheater *n; fig fam* ► ~ *ambulant* Wanderzirkus *m.*
cirrhose [siʀoz] *f med* (Leber-)Zirrhose *f.*
cirrus [siʀys] *m inv meteo* Zirrus *m,* Federwolke *f.*
cis- [sis, -z vor Vokal] *pref geog* zis-, Zis-; diesseits *gen.*
cisaille [sizaj] *f meist pl* Hecken-, Blechschere *f;* ► *~s à volaille* Geflügelschere *f.* **cisailler** *tr tech* ab=scheren; (ab=, be)schneiden. **ciseau** *m* **1.** *tech* Meißel *m;* **2.** *(paire f de) ~x* Schere *f;* **3.** *sport pl* Schere *f;* ► *~x à ongles, à papier* Nagel-, Papierschere *f.* **ciseler** ⟨*Prés. je cisèle, ns ciselons; Fut. je cisèlerons; pp. ciselé, e*⟩ *tr* **1.** ziselieren; **2.** *fig* (aus=) feilen. **ciseleur** *m* Ziseleur *m.* **ciselure** *f* Ziselieren *n;* gestochene *od* getriebene Arbeit *f.*
cistercien, ne [sistɛʀsjɛ̃, -ɛ̃n] **I.** *a rel* zisterziensisch; **II.** *s m* Zisterzienser(mönch) *m.*
citadelle [sitadɛl] *f* **1.** Zitadelle *f;* **2.** *fig* Festung; Hochburg *f.* **citadin, e I.** *s m f* Städter(in *f*) *m;* **II.** *a* städtisch.
citation [sitasjɔ̃] *f* **1.** Zitat *n;* **2.** *jur* Vorladung *f;* **3.** *mil* ehrenvolle Erwähnung *f;* ► ~ *en justice* Vorladung *f* vor Gericht.
cité [site] *f* **1.** Stadt; Innenstadt, *(Paris)* Cité; Altstadt *f;* **2.** Siedlung *f;* **3.** ► *avoir droit de* ~ das Bürgerrecht besitzen; *fig* dabei sein, dazu=gehören; **4.** ► *~-dortoir* Schlafstadt *f;* ~ *lacustre* Pfahlbausiedlung *f; ~-modèle f* Musterstadt *f;* ~ *satellite* Trabantenstadt *f;* ~ *ouvrière* Arbeitersiedlung *f;* ~ *universitaire* Studentenwohnheime *n pl.*
citer [site] *tr* **1.** zitieren, an=führen; an=geben; *(Namen)* nennen; **2.** *jur* vor=laden; **3.** *mil* ehrenvoll erwähnen.
citerne [sitɛʀn] *f* Zisterne *f;* Tank *m;* ► *bateau-~ m* Tanker *m; camion-~ m* Tankwagen.
cithare [sitaʀ] *f* Zither *f.*
citoyen, ne [sitwajɛ, -ɛn] *m f* (Staats-) Bürger(in *f*) *m;* ► *drôle m de* ~ *(fam)* komische(r) Kauz *m.*
citrique [sitʀik] *a:* ► *acide m* ~ Zitronensäure *f.*
citron [sitʀɔ̃] **I.** *s m* Zitrone *m;* **II.** *a inv* zitronengelb; ► *presser qn comme un* ~ *fig* jdn aus=quetschen, aus=nehmen; *écorce f de* ~ Zitronenschale *f; glace f au* ~ Zitroneneis *n; jus m de* ~ Zitronensaft *m; rouelle, tranche f de* ~ Zitronenscheibe *f;* ~ *pressé* Zitrone *f* naturell, Zitronenwasser *n.* **citronnade** *f* Zitronenwasser *n,* -limonade *f.* **citronné, e** *a (Tee etc)* mit Zitrone. **citronnier** *m bot* Zitronenbaum *m,* -holz *n.*
citrouille [sitʀuj] *f* Kürbis *a. fig pop.*
civet [sivɛ] *m* ► ~ *de lièvre* Hasenpfeffer *m.*
civière [sivjɛʀ] *f* Tragbahre *f.*
civil, e [sivil] **I.** *a* **1.** bürgerlich; **2.** *jur* zivil; **3.** weltlich; gesittet; **II.** *s m* Zivilist *m;* ► *au* ~ zivilrechtlich; *dans le* ~ im bürgerlichen Leben; *en* ~ in Zivil; *année f ~e* Kalenderjahr *n; droit m* ~ bürgerliche(s) Recht *n; pl* bürgerliche(n) Rechte *n pl; état m* ~ Personenstand *m;* Standesamt *n; mariage m* ~ standesamtliche Trauung *f.* **civilement** *adv* **1.** zivilrechtlich; **2.** *(Trauung)* standesamtlich; nichtkirchlich; **3.** höflich. **civilisateur, trice** *a* zivilisatorisch. **civilisation** *f* **1.** Zivilisierung *f;* **2.** Zivilisation, Kultur, Gesittung *f.* **civiliser I.** *tr* bilden, zivilisieren; **II.** *v prn* ► *se* ~ gesittet(er) werden; sich ein gutes Benehmen aneignen. **civilité** *f* Höflichkeit *f.* **civi-**

que [sivik] *a* (staats)bürgerlich; ▶ *courage m* ~ Zivilcourage *f; dégradation f* ~ Aberkennung *f* der bürgerlichen (Ehren-)Rechte; *instruction f* ~ staatsbürgerliche(r) Unterricht *m.*

clac [klak] *interj* klapp.

claie [klɛ] *f* **1.** Gitter *n,* Rost *m, tech* Horde *f;* **2.** Hürde *f;* **3.** Wurfsieb; Flechtwerk, Weidengeflecht *n.*

clair, e [klɛʀ] **I.** *a* **1.** hell, glänzend; klar, sauber; **2.** deutlich; *(nach Farben)* hell-; *(Flüssigkeit)* durchsichtig; **3.** *(Stoff, Rasen)* locker, dünn; *(Haar)* schütter; *(Wald)* licht; **4.** *(Ei)* unbefruchtet; **5.** *fig* klar, einleuchtend, eindeutig, sicher; **II.** *adv* **6.** ▶ *je vois* ~ ich sehe gut; **7.** ▶ *il fait déjà* ~ es ist schon hell; **III.** *s m* **8.** Helle *f,* Schein *m;* **9.** *pl (Malerei)* Lichter *n pl;* **10.** ▶ *au* ~ *de (la) lune* bei Mondschein; *en* ~ in Klarschrift; *le plus* ~ der größte, wichtigste Teil (*de* von); *parler haut et* ~ *fig* deutlich sprechen; *semer* ~ dünn säen; *tirer au* ~ *(fig)* klar=stellen; *j'y vois* ~ ich bin im Bilde; *texte m en* ~ Klartext *m.*

clairet [klɛʀɛ] *m* Bleichert *m (heller Rotwein).*

claire-voie [klɛʀvwa] *f* **1.** Gitter *n,* (Gitter-)Zaun *m;* **2.** *arch* Oberlicht *n;* ▶ *à* ~ durchbrochen; mit Zwischenräumen.

clairière [klɛʀjɛʀ] *f* Lichtung *f.*

clairon [klɛʀɔ̃] *m mus* Horn *n;* Hornist *m.* **claironnant, e** *a (Stimme)* schmetternd. **claironner** *tr fig* aus=posaunen.

clairsemé, e [klɛʀsəme] *a* **1.** dünngesät; **2.** *(Haar)* licht, spärlich *a. fig.*

clairvoyance [klɛʀvwajɑ̃s] *f* Scharfblick *m.* **clairvoyant, e** *a* (klar)sehend; weit-, scharfblickend *a. fig.*

clamer [klame] *tr* (hinaus=)schreien. **clameur** *f* Geschrei *n;* Lärm *m; (Sturm)* Heulen *n.*

clamser [klamse] *itr pop* ab=kratzen.

clan [klɑ̃] *m* Klan *m;* Sippe *f.*

clandestin, e [klɑ̃dɛstɛ̃, -in] *a* heimlich, geheim; unerlaubt; *s m f* illegale(r) Einwanderer *m,* illegale Einwanderin *f;* ▶ *passager m* ~ blinde(r) Passagier *m.* **clandestinité** *f* Heimlichkeit *f;* ▶ *dans la* ~ *(pol)* im Untergrund.

clapet [klapɛ] *m* **1.** *tech* Klappe *f,* Klappenventil *n;* **2.** ▶ *ferme ton* ~! *(fam)* halt die Klappe!

clapotement, clapotis [klapɔtma, klapɔti] *m* Plätschern, Klatschen *n.* **clapoter** *itr (Wasser)* plätschern.

claque [klak] *f* **1.** Klaps *m;* Ohrfeige *f;* **2.** *(Schuh)* Oberleder *n;* **3.** *theat* Claque *f;* **4.** *m (chapeau m* ~*) m* Klappzylinder *m;* ▶ *j'en ai ma* ~ *(fam)* ich habe die Nase voll; *tête f à* ~ Backpfeifengesicht *n.* **claqué, e** *a (fam)* ▶ *être* ~ fix und fertig sein. **claquement** *m* **1.** *(Peitsche)* Knall(en *n*) *m;* **2.** *(Zähne)* Klappern; **3.** *(Zunge)* Schnalzen; **4.** *(Hände)* Klatschen; **5.** *(Tür)* Schlagen *n.* **claquemurer I.** *tr lit* ein=sperren, -kerkern; **II.** *v prn se* ~ sich ein=schließen. **claquer I.** *itr* **1.** *(Peitsche)* knallen; **2.** *(Zähne)* klappern; **3.** *theat* klatschen; **4.** *(Tür, Fensterladen)* schlagen; **5.** *pop* ab=kratzen, sterben; **6.** *(~ dans la main)* in die Brüche gehen; **II.** *tr* **7.** ohrfeigen; **8.** *(Tür)* zuschlagen; **9.** *fam (körperlich)* fertig=machen; **10.** *pop (Vermögen)* verjubeln, verjuxen; **III.** *v prn se* ~ sich überanstrengen; ▶ *faire* ~ *sa langue* mit der Zunge schnalzen; *faire* ~ *la porte* die Tür zu=schlagen; ~ *des mains* in die Hände klatschen.

claquette [klakɛt] *f* **1.** *(Filmaufnahme)* Klappe *f;* **2.** *pl* Steptanz *m.* **claqueur** *m theat* Claqueur *m.*

clarifiant [klaʀifjɑ̃, -ɑ̃t] *m* Klärmittel *n.* **clarification** [-fi-] *f* (Ab-)Klärung *f a. fig;* ▶ *installation f de* ~ Kläranlage *f.* **clarifier** [-fje] *tr* **1.** *(Flüssigkeit)* (ab=) klären; **2.** *fig* auf=hellen, erläutern, verständlich machen, klären.

clarinette [klaʀinɛt] *f mus* Klarinette *f.* **clarinettiste** *m* Klarinettist *m.*

clarisse [klaʀis] *f rel* Klarissin *f.*

clarté [klaʀte] *f* **1.** Helle *f,* Licht *n;* Helligkeit *f;* **2.** *fig* Klarheit, Deutlichkeit, Verständlichkeit *f;* ▶ ~ *de l'image (phot)* Bildschärfe *f;* ~ *du jour* Tageslicht *n.*

classe [klas] *f* **1.** Klasse *f,* Stand *m,* (Volks-)Schicht *f;* **2.** (Rekruten-)Jahrgang *m;* **3.** (Schul-)Klasse, (Unterrichts-)Stunde, Schule *f;* Klassenzimmer *n;* **4.** *allg* Klasse *a. zoo;* ▶ *de grande* ~ von großem Format; **5.** ▶ *de première* ~ ersten Ranges; erster Klasse, erstklassig; *com* erster Güte; **6.** ▶ *aller, être en* ~ zur Schule gehen; *avoir de la* ~ *(fam)* Format haben; *faire la* ~ Unterricht erteilen; *faire ses* ~*s* die Schule besuchen; seiner Militärdienstpflicht genügen; *redoubler, sauter une* ~ e-e Klasse wiederholen, überspringen; **7.** ▶ *camarade m de* ~ Klassenkamerad *m; haine f de(s)* ~*s* Klassenhaß *m; livre m de* ~ Schulbuch *n; lutte f des* ~*s* Klassenkampf *m; rentrée f des* ~*s* Schulbeginn *m (nach den Ferien); salle f de* ~ Klassenzimmer *n;* **8.** ▶ ~ *cabine, de luxe, touriste* Kabinen-, Luxus-, Touristenklasse *f;* ~ *de dessin, de musique* Zeichen-, Musiksaal *m;* ~ *dirigeante* herrschende Klasse *f;* ~ *économique* Economy-Klasse *f;* ~ *d'histoire* Geschichtsstunde *f;* ~ *d'imposition* Steuerklasse *f;* ~ *moyenne* Mittelstand *m;* ~ *ouvrière* Arbeiterklasse *f.* **classement** *m* **1.** Ablegen, Einordnen, Sortieren *n;* **2.** Eingruppierung, Einteilung, Anordnung, Klassifizierung; Aufstellung *f;* **3.** Reihenfolge; Wertung; *sport* Rangliste *f;* ▶ *être premier au* ~ an erster Stelle stehen. **classer I.** *tr* **1.** an=, ein=ordnen, ein=reihen, klassifizieren; ein=teilen, sortieren; auf=stellen; **2.** *(Akten)* ablegen; *(Sache)* ab=schließen, als erledigt an=sehen; **3.** ▶ ~ *parmi* rechnen, zählen zu; **4.** ▶ ~ *qn* jdn ungünstig beurteilen; **5.** ▶ ~ *comme monument historique* unter Denkmalschutz stellen; ~ *par ordre alphabétique, chronologique, de grandeur* alphabetisch, chronologisch, der Größe nach ordnen; **II.** *v prn se* ~: ▶ *il s'est classé deuxième* er hat sich als zweiter plaziert; *il ne s'est même pas classé* er hat sich nicht einmal klassifiziert. **classeur** *m* **1.** Briefordner, Schnellhefter *m;* **2.** Ringbuch *n;* **3.** Aktenschrank; Ablagekasten *m;* ▶ ~ *à rideau* Rollschrank *m.*

classicisme [klasisism] *m* Klassizismus *m;* Klassik *f.*

classificateur [klasifikatœʀ] *m* Klassierer *m.* **classification** *f* Klassifikation, Einteilung; Eingruppierung; Einstufung, Aufschlüsselung *f.* **classifier** *tr* klassifizieren, ein=teilen. **classique I.** *a* **1.** klassisch; klassizistisch; **2.** mustergültig; herkömmlich; Schul-; **II.** *s m* Klassiker; Klassizist *m;* ▶ *armes f pl* ~*s* konventionelle Waffen *f pl.*

clause [kloz] *f* Klausel *f,* Vorbehalt *m;* Bestimmung, Bedingung *f;* ▶ ~ *d'arbitrage* Schiedsgerichtsklausel *f.*

claustrophobe [klostʀɔfɔb] *a* unter Klaustrophobie leiden; *s m f* unter Klaustrophie Leidende(r) *m f.* **claustrophobie** [klostʀɔfɔbi] *f* Klaustrophobie *f;* *f (fälschlicherweise)* Platzangst *f.*

clavecin [klavsɛ̃] *m mus* Cembalo *n.* **claveciniste** *m f* Cembalospieler(in *f*) *m.*

clavicule [klavikyl] *f anat* Schlüsselbein *n.*

clavier [klavje] *m* **1.** Schlüsselring *m;* **2.** *mus* Klaviatur *a. fig,* Tastatur *f (a. Schreibmaschine);* **3.** *typ* Taster *m.*

clé, clef [kle] *f* **1.** Schlüssel *m; a. mus fig;* **2.** *tech* Schraubenschlüssel; Dübel *m;* Kücken *n,* Splint *m;* **3.** *el* Taste *f,* (Hebel-, Kipp-)Schalter; **4.** (Dosen-)Öffner; **5.** *(Geige)* Wirbel *m;* **6.** *(Klarinette)* Klappe *f;* **7.** *fig* Zugang *m,* Erklärung, Lösung *f;* **8.** ▶ *à la* ~ *(fig)* in Aussicht; noch dazu, zusätzlich; *sous* ~ unter Verschluß; eingesperrt; **9.** ▶ *donner un tour de* ~ ab=schließen (à *acc*); *fermer à* ~ zu=schließen; *laisser la* ~ *sur la porte* den Schlüssel stecken=lassen; *occuper une position* ~ e-e Schlüsselstellung ein=nehmen; *prendre la* ~ *des champs* das Weite suchen, aus=rücken; **10.** ▶ *industrie f* ~ Schlüsselindustrie *f;* *trousseau de* ~*s* Schlüsselbund *m* od *n;* ~ *anglaise (tech)* Engländer, Universalschlüssel *m;* ~ *de contact* Zündschlüssel *m;* ~ *à écrous, à vis* Schraubenschlüssel *m;* ~*s en main* schlüsselfertig; ~ *de voûte (arch)* Schlußstein *m a. fig.*

clématite [klematit] *f bot* Klematis *f.*

clémence [klemɑ̃s] *f* Milde; Großmut, Gnade *f.*

clément, e *a* **1.** *(Urteil)* milde; gnädig, großmütig; **2.** *(Klima)* mild.

clémentine [klemɑ̃tin] *f bot* Klementine *f.*

cleptomane [klɛptɔman] *m f* Kleptomane *m,* -manin *f.* **cleptomanie** *f* Kleptomanie *f.*

clerc [klɛʀ] *m* **1.** Kleriker, Geistliche(r) *m;* **2.** Schreiber, Kanzlist *m.* **clergé** *m* Klerus *m,* Geistlichkeit *f.* **clérical, e** [kleʀikal] *pl* -*aux* **I.** *a* geistlich; *pol* klerikal; **II.** *s m pol* Klerikale(r) *m.* **cléricalisme** *m pol* Klerikalismus *m.*

cliché [kliʃe] *m* **1.** *typ* Klischee *n,* Stereotype *f,* Druck-, Bildstock *m;* **2.** *phot* Negativ *n;* **3.** *fig* abgedroschene Redensart *f,* Gemeinplatz *m.*

client, e [klijɑ̃, -ɑ̃t] *m f* **1.** *jur* Klient(in *f*) *m;* **2.** *med* Patient(in*f*) *m;* **3.** *com* Kunde *m,* Kundin *f;* Abnehmer(in *f*); **4.** *(Hotel)* Gast *m;* ▶ ~ *fidèle* od *régulier, de passage* Dauer-, Laufkunde *m.*

clientèle *f* **1.** *jur* Klientel *f;* **2.** *med* Patienten *m pl,* Praxis *f;* **3.** *(Hotel)* Gäste *m pl;* **4.** *com* Kundschaft *f,* Kundenkreis; Auftraggeber *m;* Abnehmer(gruppe *f*) *m pl;* **5.** *fig* Anhänger, Freunde(skreis *m*) *m pl;* ▶ *avoir une grosse* ~ e-n großen Kundenkreis haben; ~ *d'habitués* Stammkundschaft *f;* ~ *de passage* Laufkundschaft *f.*

clignement [kliɲmɑ̃] *m* **1.** Blinzeln *n;* ▶ ~ *d'yeux* Augenzwinkern *n;* **2.** *(Lichter)* Blinken *n.* **cligner I.** *tr (des yeux)* blinzeln; (mit den Augen) zwinkern; ▶ *sans* ~ *(des yeux)* ohne mit der Wimper zu zucken; **II.** *itr* **1.** *(Augen)* blinzeln; **2.** *(Licht)* blinken. **clignotant, e** [-ɲɔ-] **I.** *a* blinzelnd; *(Licht)* blinkend; **II.** *s m* **1.** *mot* Blinklicht *n;* **2.** *fig* Warnzeichen *n;* ▶ *mettez votre* ~ schalten Sie Ihr Blinklicht ein. **clignotement** *m* Blinzeln; *(Licht)* Blinken *n.* **clignoter** *itr (Licht)* blinken.

climat [klima] *m* **1.** *geog* Klima *n a. fig;* **2.** *fig* Atmosphäre *f,* Milieu *n.* **climatique** *a* klimatisch; ▶ *station f* ~ Luftkurort *m.* **climatisation** *f* Klimatisierung *f.* **climatisé, e** *a* mit Klimaanlage. **climatiseur** *m* Klimaanlage *f.*

clin [klɛ̃] *m:* ▶ ~ *d'œil* Blinzeln *n;* *en un* ~ *d'œil* im Augenblick, im Nu.

clinique [klinik] **I.** *a med* klinisch; **II.** *s f* **1.** (Privat-)Klinik *f;* **2.** Klinikum *n;* ▶ ~ *pédiatrique* Kinderklinik *f.*

clinquant [klɛ̃kɑ̃] **I.** *s m m* Flitter(gold *n*) *m;* Talmi; *fig* Flitterwerk *n,* -kram *m;* **II.** *a* kitschig; überladen.

clip [klip] *m* **1.** Klipp *m;* **2.** Videoclip *m.*

clique [klik] *f* **1.** Clique, Sippschaft *f*, Gelichter *n*; **2.** *mus mil* Clairons *n pl* und Trommeln *f pl*; ► *prendre ses ~s et ses claques (fam)* ab=hauen, türmen. **cliquet** [-kɛ] *m tech* (Sperr-)Klinke; (Bohr-)Knarre *f*. **cliqueter** ⟨*Prés. elle cliquette; Fut. elle cliquettera; pp. cliqueté, e*⟩ *itr* klirren, klappern. **cliquetis** [-ti] *m* Geklirr, Klirren, Gerassel, Rasseln; *mot* Klopfen *n*.

clitoris [klitɔʀis] *m anat* Kitzler *m*.

clivage [klivaʒ] *m* **1.** *min* Spalten *n*; **2.** Spaltung *f*.

cloaque [klɔak] *m* Kloake *f*.

clochard [klɔʃaʀ, -aʀd] *m fam* Penn(brud)er *m*.

cloche [klɔʃ] *f* **1.** Glocke *f a. tech*; **2.** Glasglocke *f*, -sturz *m*; **3.** Glockenhut *m*; **4.** Isolator *m*; **5.** *arg* Flasche *f*, unfähige(r) Mensch *m*; **6.** ► *(fam) se faire sonner les ~s* abgekanzelt werden; *se taper la ~ (arg)* sich toll u. voll fressen; **7.** ► *j'ai entendu divers sons de ~s* ich habe verschiedene Meinungen gehört; **8.** ► *~ à fromage* Käseglocke *f*; *~-pied: sauter à ~-pied* auf e-m Bein hüpfen; *~ à plongeur* Taucherglocke *f*. **clocher** [klɔʃe] *m* Glocken-, Kirchturm *m*.

clocher [klɔʃe] *itr* ► *il y a quelque chose qui ~e* da stimmt etwas nicht.

clocheton [klɔʃtɔ̃] *m*; Türmchen *n*. **clochette** *f* Glöckchen *n*; Klingel, Schelle *f*.

cloison [klwazɔ̃] *f* **1.** *arch* Zwischenwand *f*, Verschlag *m*; **2.** *anat bot fig* Scheidewand *f*; **3.** *mar* Schott *n*; **4.** *fig.* Schranke *f*; ► *~ des fosses nasales* Nasenscheidewand *f*. **cloisonnement** *m* **1.** Zwischenwände *f pl*; **2.** *fig* Abkapselung; Abschirmung *f*. **cloisonner** *tr* **1.** (durch Zwischenwände) teilen; **2.** *mar aero* ab=schotten; **3.** *fig* abkapseln; in Grüppchen aufsplittern.

cloître [klwatʀ] *m* **1.** *arch* Kreuzgang *m*; **2.** Kloster(leben) *n*. **cloîtrer I.** *tr* in ein Kloster stecken **II.** *v prn se ~* zurückgezogen leben.

clope [klɔp] *m fam* Zigaretten-, Zigarrenstummel; Sargnagel *m*.

clopin-clopant [klɔpɛ̃klɔpɑ̃] *adv fam* humpelnd, hinkend. **clopiner** [-pine] *itr fam* humpeln, hinken.

cloporte [klɔpɔʀt] *m zoo* Kellerassel *f*.

cloque [klɔk] *f fam* (Brand-)Blase *f*.

clore [klɔʀ] ⟨*Prés. je clos, tu clos, il clôt, ils closent; Fut. je clorai, ns clorons; pp. clos, e; Subj. que je close, que ns closions; Impér. clos,*⟩ *tr* **1.** (ab=, zu=) schließen; ab=, versperren; **2.** ein=fried(ig)en; *(mit e-m Zaun, e-r Mauer)* umgeben; **3.** *(Rede)* ab=schließen, beenden; **4.** *(Brief)* zukleben; **5.** *(Sitzung)* schließen; ► *~ le bec à qn (fam)* jdn den Mund stopfen.

clos, e [klo, -oz] **I.** *a* verschlossen; geschlossen, beendet; *(Angelegenheit)* erledigt; *(mit e-r Hecke)* umgeben; **II.** *s m* Weinberg *m*; Gut *n*; ► *à huis ~* hinter verschlossenen Türen; unter Ausschluß der Öffentlichkeit; *trouver porte ~e* vor verschlossener Tür stehen.

clôture [klotyʀ] *f* **1.** Einfriedigung; (Umfassungs-)Mauer *f*; Zaun *m*; **2.** *fig* Schließung *f*; Ende *n*, (Ab-)Schluß *m*; *(séance f de ~)* Schlußsitzung *f*; **3.** *rel* Klausur *f*; ► *en ~* bei Börsenschluß *m*; *~ du bilan, des comptes, de l'exercice* Bilanz-, Rechnungs-, Jahresabschluß *m*; *~ des magasins* Ladenschluß *m*. **clôturer** *tr* **1.** ein=friedigen, ein=fassen; **2.** *fig* (ab=)schließen *a. com*; beendigen; *(Sitzung)* schließen.

clou [klu] *m* **1.** Nagel, Stift; **2.** *mar* Spieker *m*; **3.** *fam* Furunkel *f*; **4.** *fig* Hauptattraktion *f*, Höhepunkt *m*; **5.** *fam* Leihhaus *n*; **6.** *(Auto, Fahrrad)* Klapperkasten *m*; **7.** ► *enfoncer, planter un ~* e-n Nagel ein=schlagen (*avec* mit); *il est maigre comme un ~* er ist spindeldürr; *traversez dans les ~s! prenez les ~s! (fam)* (Fußgänger-)Überweg, Zebrastreifen benutzen! *des ~s! (pop)* das fehlte noch! denkste! **8.** ► *~ (de girofle)* (Gewürz-)Nelke *f*; *~ de tapissier* Polsternagel *m*. **clouer** *tr* **1.** (an=, zu=)nageln; **2.** *mar* spiekern; **3.** fest=nageln; ► être cloué à Paris (fig) in Paris angebunden, festgehalten sein; *~ le bec à qn (fig fam)* jdm den Mund stopfen; *~ au lit* ans Bett fesseln. **clouter** *tr* mit Nägeln beschlagen; ► *passage m ~té* (Fußgänger-)Überweg *m*; Zebrastreifen *m*.

clown [klun] *m* Clown *m*. **clownerie** *f* Posse *f*, Spaß *m*; *pl* Faxen *f pl*. **clownesque** *a* possenhaft.

club [klœb] *m* Klub; Verein *m*; ► *~ du livre, du disque* Buch-, Schallplattenklub *m*.

coaguler [kɔagyle] *itr* gerinnen.

coalition *f* Bündnis *n*, Koalition *f*; ► *~ électorale* Wahlbündnis *n*; *~ gouvernementale* Regierungskoalition *f*.

coassement [kɔasmɑ̃] *m* Quaken *n*. **coasser** *itr (Frosch)* quaken.

coauteur [kootœʀ] *m* **1.** Mitverfasser *m*; **2.** *jur* Mittäter *m*.

cobalt [kɔbalt] *m min* Kobalt *n*.

cobaye [kɔbaj] *m zoo* Meerschweinchen; *(fig fam)* ► *servir de ~* als Versuchskaninchen dienen.

Coblence [kɔblɑ̃s] *m* Koblenz *n*.

cobra [kɔbʀa] *m f zoo* Kobra *f*.

coca [kɔka] *m* od *f bot* Koka *f*. **cocaïne** [-kain] *f* Kokain *n*. **cocaïnomane** [-inɔ-] *m f* Kokainist(in *f*) *m*; Kokainsüchtige(r) *f*, -abhängige(r *m*) *f*.

cocagne [kɔkaɲ] *f* ► *pays m de ~* Schlaraffenland *n*.

cocarde [kɔkaʀd] *f* **1.** Kokarde; **2.** Schleife *f.* **cocardier, ère** *a* chauvinistisch.
cocasse [kɔkas] *a fam* drollig, spaßig, ulkig.
coccinelle [kɔksinɛl] *f zoo* Marienkäfer *m.*
coccyx [kɔksis] *m anat* Steißbein *n.*
coche [kɔʃ] **1.** *m* Postkutsche *f;* **2.** *f* Kerbe *f;* ▶ *manquer le ~ (fig fam)* die Gelegenheit verpassen.
cocher [kɔʃe] **I.** *s m* Kutscher *m;* **II.** *tr (Namen)* abhaken, an=merken, an=kreuzen.
cochère [kɔʃɛʀ] *a:* ▶ *porte f ~* Hof-, Haustor *n;* Einfahrt *f.*
cochon [kɔʃɔ̃] *m* **1.** Schwein *n;* **2.** *(fam)* (Dreck-)Schwein *n,* Schweinigel *m;* ▶ *jouer un tour de ~ à qn* jdm e-n üblen Streich spielen; *~ d'Inde* Meerschweinchen *n; ~ de lait* (Span-)Ferkel *n; ~ de mer (zoo)* Tümmler *m.* **cochon, ne** [-ʃɔn] *a* **1.** Schweine-; **2.** *vulg fig* säuisch, schmutzig, unanständig. **cochonnaille** [-aj] *f (fam)* Schweinerne(s) *n.* **cochonner I.** *itr (Sau)* ferkeln; **II.** *tr (Arbeit)* hin=pfuschen; verdrekken, beschmutzen. **cochonnerie** *f fam fig* **1.** Schweinerei *f;* **2.** Dreck, Schund *m.* **cochonnet** [-nɛ] *m* Zielkugel *f (im Boulespiel).*
cockpit [kɔkpit] *m aero* Cockpit *n.*
cocktail [kɔktɛl] *m* **1.** Cocktail(party *f*) *m;* **2.** *fig* Gemisch *n* (*de* von).
coco [kɔko] *m* **1.** *(noix f de ~)* Kokosnuß *f;* **2.** *(Kindersprache)* Ei *n;* **3.** *fam (joli ~)* saubere(r) Kunde *m;* **4.** Goldkind *n;* **5.** *pej* Kommunist, Rote(r) *m.*
cocon [kɔkɔ̃] *m zoo* Kokon *m;* ▶ *s'enfermer dans son ~ (fig)* sich ein=spinnen.
cocorico [kɔkɔʀiko] *m* Kikeriki *n.*
cocoter [kɔkɔte] *itr pop* stinken.
cocotier [kɔkɔtje] *m* Kokospalme *f.*
cocotte [kɔkɔt] *f* **1.** *(Kindersprache)* Huhn *n;* **2.** *fam* Schätzchen *n,* Liebling *m;* **3.** Kokotte *f;* **4.** Schmortopf *m;* ▶ *~ minute WZ* Schnellkochtopf *m.*
cocu [kɔky] *m fam* betrogene(r) Ehemann *m.* **cocufier** *tr fam* betrügen, Hörner auf=setzen (*qn* jdm).
codage [kɔdaʒ] *m* Kodieren; Chiffrieren, Verschlüsseln *n.* **code** [kɔd] *m* **1.** Gesetzbuch *n;* **2.** Kode, Telegraphen-, Chiffrierschlüssel *m;* **3.** *fig* Gesetze *n pl,* Kodex *m (der Höflichkeit, des guten Tones);* **4.** ▶ *~ postal* Postleitzahl *f;* **5.** ▶ *être en ~ (mot)* abgeblendet haben; *se mettre en ~* ab=blenden; *c'est dans le ~ (fam)* das ist gesetzlich; **6.** *(phares)* ▶ *~* Abblendlicht *n;* **7.** *~ ASCII (inform)* ASCII-Code *m; ~ civil* Bürgerliche(s) Gesetzbuch *n; ~ de commerce* Handelsgesetzbuch *n; ~ pénal* Strafgesetzbuch *n; ~ de la route* Straßenverkehrsordnung *f.* **coder** *tr* kodieren, verschlüsseln.
codétenu [kodetny] *m* Mitgefangene(r), Mitinsasse, Mithäftling *m.*
codeur [kɔdœʀ] *m* Verschlüsseler *m; inform* Kodiergerät *n.* **codification** *f jur* Kodifizierung *f.* **codifier** *tr* **1.** *jur* kodifizieren; **2.** systematisch erfassen.
coéditeur, trice [kɔeditœʀ, -tʀis] *m f* Mitherausgeber(in *f*) *m.*
coefficient [kɔe(ɛ)fisjɑ̃] *m* **1.** *math* Koeffizient *m;* **2.** *allg* Bei-, Richtwert; Faktor; Satz *m;* ▶ *~ d'erreur* Fehlerquote *f; ~ de sécurité* Sicherheitsgrad *m.*
coercition [kɔɛʀsisjɔ̃] *f* Zwang *m.*
cœur [kœʀ] *m* **1.** *anat* Herz *n a. fig;* **2.** Mut *m;* **3.** Kern(stück *n*) *m,* Innere(s) *n;* **4.** *(Kartenspiel)* Herz(en *pl*) *n;* **5.** *fam* Herz(chen) *n;* **6.** ▶ *à ~ joie* nach Herzenslust; *à ~ ouvert* offen(herzig), freimütig; *au ~ de* mitten in; in der Mitte, im Herzen *gen; avec ~* eifrig; *de bon ~* gern; *de gaieté de ~* herzlich gern; *de tout ~* von ganzem Herzen; *par ~* auswendig; *sans ~* herzlos; **7.** ▶ *aller au ~* zu Herzen gehen, herzergreifend sein; *avoir à ~ de* es sich angelegen sein lassen zu; *avoir le ~ gai* fröhlich sein; *avoir le ~ gros, serré* niedergeschlagen sein; *avoir la rage au ~* voller Wut sein; *avoir qc sur le ~* sich noch immer über etw ärgern; *avoir du ~ à l'ouvrage* ganz bei der Sache sein; *avoir le ~ sur la main* großzügig sein; *presser, serrer qn sur son ~* jdn an sein Herz drücken; *soulever le ~* Ekel erregen; *tenir à ~* am Herzen liegen; **8.** ▶ *si le ~ vous en dit* wenn Sie (gern) wollen; *j'ai le ~ gros* das Herz ist mir schwer; *je veux en avoir le ~ net* ich will wissen, woran ich bin; *cela me tient à ~* daran ist mir viel gelegen; *je n'ai pas eu le ~ de (inf)* ich habe es nicht fertiggebracht zu *inf; j'ai mal au ~* mir wird übel; *ça me soulève le ~* da dreht sich mir der Magen um; **9.** ▶ *as m de ~* Herzas *n; maladie f de ~* Herzkrankheit *f.* **cœur-poumon** *m* Herz-Lungen-Maschine *f.*

coexistence [kɔɛgzistɑ̃s] *f* Koexistenz *f;* ▶ *~ pacifique* friedliche Koexistenz *f.* **coexister** *itr* koexistieren, gleichzeitig, zugleich vorhanden sein.
coffre [kɔfʀ] *m* **1.** Truhe *f;* Kasten; Behälter *m;* **2.** *mot* Kofferraum *m;* **3.** *(~-fort)* Panzerschrank, Tresor *m;* ▶ *avoir du ~ (pop)* kräftig gebaut, widerstandsfähig sein; *~ à outils* Werkzeugkasten *m.* **coffret** *m* [-fʀɛ] (Schmuck-)Kästchen *n;* Schatulle; Kassette *f;* ▶ *~ à cigares, à cigarettes* Zigarren-, Zigarettenkästchen *n.*
cogérer [kɔʒeʀe] *tr* mitverwalten, mitbestimmen. **cogestion** *f;* ▶ *droit m de ~* Mitbestimmungsrecht *n.*

cognac [kɔɲak] *m* Kognak *m.*
cognée [kɔɲe] *f* Axt *f.*
cognement [kɔɲmɑ̃] *m mot* Klopfen *n.*
cogner I. *tr* **1.** (an=)stoßen (*contre qc* an etw); **2.** *pop* verdreschen, (ver)prügeln; **II.** *itr* **3.** (an=)klopfen (*à* an *acc*); **4.** *mot* klopfen; **5.** *arg* stinken; **6.** *fig* stoßen (*à une difficulté* auf e-e Schwierigkeit); **III.** ► *se ~ contre qc* an e-e S stoßen; *se ~ la tête contre les murs (fig fam)* mit dem Kopf durch die Wand wollen.
cohabitation [kɔabitasjɔ̃] *f* **1.** Zusammenleben *n;* **2.** *jur* eheliche Gemeinschaft *f;* **3.** *pol. in Frankreich: Zusammenarbeit des Staatspräsidenten mit e-r Regierung e-r anderen politischen Richtung.* **cohabiter** *itr* zs.=wohnen (*avec* mit).
cohérence [kɔeʀɑ̃s] *f* Zs.hang *m,* Konsistenz, Kohärenz *f.* **cohérent, e** *a* zs.hängend.
cohésion [kɔezjɔ̃] Zusammenhalt *m.*
cohorte [kɔɔʀt] *f fam* Haufen *m,* Gruppe, Horde *f.*
cohue [kɔy] *f* (Menschen-) Menge *f;* Gedränge, Gewühl *n.*
coi, te [kwa, -at] *a* still.
coiffe [kwaf] *f* (Trachten-)Haube. **coiffé, e** *a* bedeckt; frisiert: ► *être né ~* ein Glückspilz sein. **coiffer I.** *tr* **1.** *(Kopfbedeckung)* auf=setzen (*qn de qc* jdm etw); **2.** ► *~ qn bien* jdm gut stehen; **3.** frisieren; **4.** *fig* an der Spitze stehen (*qc* von etw); **II.** *v prn se ~* **5.** sich frisieren; **6.** aufsetzen (*d'une casquette* e-e Mütze); **7.** ► *se ~ de qn (fam)* sich in jdn vergaffen; *~ sainte Catherine* mit 25 Jahren keinen Mann haben, sitzen=bleiben. **coiffeur, se** *m f* Friseur *m,* Friseuse *f; f* Frisiertisch *m;* ► *~ pour dames, pour hommes* Damen-, Herrenfriseur *m.* **coiffure** *f* **1.** Kopfbedeckung *f,* -putz *m;* **2.** Frisur, Haartracht *f;* ► *salon m de ~* Frisiersalon *m.*
coin [kwɛ̃] *m* **1.** *tech* Keil *m;* **2.** Ecke *f;* Winkel *m a. fig;* **3.** *fig* Gegend *f,* abgelegene(r) Ort *m;* **4.** *(meuble m de ~)* Eckschrank *m;* **5.** *(place f de ~)* Eckplatz *m;* **6.** Prägestempel *m;* **7.** *fig* Stempel *m,* Gepräge *n;* **8.** ► *au ~ du feu (fig)* am häuslichen Herd; *au ~ de la rue* an der Straßenecke; *en forme de ~* keilförmig; **9.** ► *regarder du ~ de l'œil* von der Seite an=sehen; *(fam fig) ça t'en bouche un ~* da bist du platt; **10.** ► *le petit ~ (fam)* das Örtchen, die Toilette; *~s de la bouche, de l'œil* Mund-, Augenwinkel *m pl; ~ du bricoleur, du philatéliste* Bastel-, Briefmarkenecke *f; ~-cuisine m* Kochecke, Kochnische *f; ~ nurserie* Wickelraum *m.*
coincer [kwɛ̃se] ‹*Prés. je coince, ns coinçons; Fut. je coincerai; pp. coincé, e; Subj. que je coince, que ns coincions; Impér. coince, coinçons*› **I.** (ver-, fest=) keilen; *fam* ein=klemmen; **1.** *fig* in die Enge treiben; **2.** *fam* fest=halten; *(Dieb)* stellen; **II.** *v prn se ~* sich verklemmen; ► *je me trouve coincé* ich sitze in der Klemme.
coïncidence [kɔɛ̃sidɑ̃s] *f* **1.** *math* Kongruenz *f;* **2.** *fig* Zs.treffen *n,* Zufall *m.* **coïncider 1.** *math* sich decken, kongruent sein; **2.** *fig* zs.=fallen, gleichzeitig sein (*avec* mit); **3.** überein=stimmen (*avec* mit).
coïnculpé, e [koɛ̃kylpe] *m f* Mitangeklagte(r *m*) *f.*
coing [kwɛ̃] *m bot* Quitte *f;* ► *jaune comme un ~ (fam)* quitte(n)gelb.
Coire [kwaʀ] *m* Chur *n.*
coït [kɔit] *m* Koitus, Beischlaf *m.*
coke [kɔk] *m* Koks *m.*
col [kɔl] *m* **1.** Kragen *m;* **2.** (Flaschen-) Hals *m;* **3.** *geog* Paß *m;* **4.** *anat* Hals *m;* **5.** ► *faux ~ (fam) (Bier)* Stehkragen *m; ~-bleu m (fam)* Matrose *m,* Teerjacke *f; ~ de chemise* Hemdkragen *m; ~ du fémur (anat)* Oberschenkelhals m; *~ de fourrure* Pelzkragen *m; ~ roulé* Rollkragen *m; ~ de l'utérus (anat)* Gebärmutterhals *m.*
cola [kɔla] *s. kola.*
colchique [kɔlʃik] *m bot* Herbstzeitlose *f.*
coléoptère [kɔleɔptɛʀ] *m zoo* Käfer *m.*
colère [kɔlɛʀ] *f* Zorn *m,* Wut *f,* Ärger *m;* ► *avoir des ~s* Wutanfälle haben; *entrer, se mettre en ~* zornig, wütend werden; in Wut geraten; *être en ~* zornig sein; *passer sa ~ sur qn* seine Wut an jdm aus=lassen; *piquer, prendre une ~ (fam)* wütend, rasend werden; *la ~ lui monte au visage* die Zornesröte steigt ihm ins Gesicht; *accès m de ~* Zorn-, Wutausbruch *m.* **coléreux, se; colérique** *a* jähzornig.
colibacille [kɔlibasil] *m biol* Kolibakterium *n.*
colibri [kɔlibʀi] *m orn* Kolibri *m.*
colimaçon [kɔlimasɔ̃] *m zoo* Schnecke *f;* ► *escalier m en ~* Wendeltreppe *f.*
colin [kɔlɛ̃] *m zoo* Seehecht *m.* **colin-maillard** [kɔlɛ̃majaʀ] *m: jouer à ~* Blindekuh spielen.
colique [kɔlik] *f* **1.** Kolik *f;* **2.** Durchfall *m;* ► *avoir la ~* Durchfall haben; *(pop)* Angst, *vulg* Schiß haben; *~ hépatique, néphrétique* Gallen-, Nierenkolik *f; ~s utérines* Nachwehen *pl.*
colis [kɔli] *m* Gepäck-, Frachtstück; *(~ de détail)* Stückgut *n;* ► *~ (postal)* (Post-)Paket *n; faire, ficeler un ~* ein Paket machen; *remboursement* Nachnahmepaket *n; ~ avec valeur déclarée* Wertpaket n.
collabo [kɔlabo] *m f péj* Kollabora-

teur(in *f*) *m.* **collaborateur, trice** [kɔlabɔʀatœʀ, -tʀis] *m f* **1.** Mitarbeiter(in *f*) *m;* **2.** *pol* Kollaborateur *m.* **collaboration** *f* Mitarbeit, Zs.arbeit *f;* ▶ *en ~ avec* unter Mitarbeit *gen,* in Zs.arbeit mit. **collaborer** *itr* mit=arbeiten (*à* an *dat); zs=*arbeiten (*avec* mit); Mitarbeiter sein *(d'un journal* bei e-r Zeitung).

collage [kɔlaʒ] *m* **1.** *(Papier)* Leimen; An-, Aufkleben *n;* (Boden-)Haftung *f;* **2.** *(Wein)* Klären *n;* **3.** *(Kunst)* Collage *f;* **4.** *fam* wilde Ehe *f.* **collant, e I.** *a* **1.** klebrig; Kleb(e)-; **2.** *(Kleidung)* hauteng, enganliegend; **3.** *fam* auf-, zudringlich, lästig; **II.** *s m* Strumpfhose *f;* Klebeband *n.*

collation [kɔlasjɔ̃] *f* leichte Mahlzeit *f.*

colle [kɔl] *f* **1.** Klebstoff, Kleister, Leim *m;* **2.** *arg (Schule)* Fangfrage *f;* Nachsitzen *n,* Arrest *m;* **3.** ▶ *enduire de ~* mit Leim bestreichen; *poser une ~ (arg) (Schule)* e-e Fangfrage stellen; **4.** *pot m de ~* Kleistertopf *m;* **5.** ▶ *~ de bureau* Büroklebstoff *m; ~ forte* (Tischler-) Leim *m.*

collecte [kɔlɛkt] *f* **1.** Kollekte *a. rel,* Geld-, Spendensammlung *f;* **2.** Einsammeln; Erfassen *n;* ▶ *faire une ~* e-e Sammlung veranstalten; *~ des pommes de terre* Kartoffelernte *f.* **collecter** *tr* (ein=)sammeln. **collectif, ive I.** *a* zs.fassend; gemeinsam; **II.** *s m* Sammelbegriff *m; pol jur* Kollektiv *n;* ▶ *faire une démarche ~ive* e-n gemeinsamen Schritt unternehmen; *billet m ~* Sammelfahrschein *m; voyage m ~* Gesellschaftsreise *f.* **collection** [-sjɔ̃] *f* **1.** Zs.stellung, Sammlung *f;* **2.** *(Buch)* Reihe *f;* **3.** *fig* ▶ *toute une ~* e-e ganze Menge *f;* **4.** *com* (Muster-)Kollektion *f;* ▶ *faire ~ de* sammeln, e-e Sammlung an=legen von; *~ de timbres* Briefmarkensammlung *f; ~ de mode* Modekollektion *f.* **collectionner** [-sjɔ-] *tr* sammeln; *(fam).* **collectionneur, se** *m f* Sammler(in *f*) *m.*

collectivisation [kɔlɛktivizasjɔ̃] *f* Kollektivierung *f.* **collectivisme** *m pol* Kollektivismus *m.* **collectivité** *f* **1.** Kollektiv *n;* Gesamtheit, Gruppe, Gemeinschaft *f;* **2.** ▶ *~s locales* Gebietskörperschaften *f pl.*

collège [kɔlɛʒ] *m* Kollegium; Kolleg *n; (früher)* (städtische) höhere Schule *f;* ▶ *~ électoral* Wählerschaft *f;* Wahlmännerkollegium *n.* **collégial, e** *a* **1.** Stifts-; ▶ *église f ~e* Stiftskirche *f;* **2.** kollegial, kollektiv; ▶ *direction f ~e* leitende(s) Gremium *n.* **collégien, ne** *m f* Gymnasiast(in *f*) *m.*

collègue [kɔlɛg] *m f* Kollege *m,* Kollegin *f.*

coller [kɔle] **I.** *itr* **1.** *(adhérer)* kleben, haften; **2.** *(Kleidung)* eng an=liegen, gut sitzen; **3.** ▶ *fig ~ au texte* wortgetreu übersetzen; **4.** ▶ *qu'est-ce qui ne colle pas?* was ist denn (da) nicht in Ordnung? *ça colle* das klappt! **II.** *tr* **5.** (an=, auf=-, zs.=)kleben, leimen, kleistern; ▶ *~ un timbre sur une enveloppe* e-e Briefmarke auf einen Umschlag kleben; **6.** *(appuyer)* drücken, pressen (*contre* an, gegen *acc;* ▶ *sur* auf *acc*); *~ son front à la vitre* s-e Stirn an die Fensterscheibe drücken; **7.** *(Blick)* heften (*sur qn, qc* auf jdn, e-e S); **8.** *fig fam* aufbürden, aufhalsen; verkaufen, *fam* an=drehen *(qc à qn jdm e-e S); (Ohrfeige)* geben; *(Schlag)* versetzen; **9.** *(ins Gefängnis)* stecken; **10.** *arg (Schule)* e-e Fangfrage stellen *dat;* nach=sitzen, durch=fallen lassen; **11.** *(Papier)* leimen; *photo (Bild)* auf=ziehen; *typ (Deckel)* überziehen; **12.** *(Wein)* klären; **13.** ▶ *~ qc dans* e-e S ein=kleben in *acc; ~ qc dessus* e-e S darüber=kleben; **14.** ▶ *~ qn (fig fam)* wie e-e Klette an jdm hängen; **III.** *v prn se ~* **1.** zusammen=kleben; **2.** sich an=drücken, sich an=pressen (*à, contre* an *acc*); **3.** sich eng an=schließen, sich an=schmiegen; **4.** *(Blick)* sich heften; **5.** *fam (Kleid)* anziehen; *fam* ▶ *se ~ du rouge à lèvres* sich die Lippen anmalen.

collerette [kɔlʀɛt] *f* **1.** Halskrause; *(Blume, Kerze)* Manschette *f;* **2.** *bot (Dolde)* Hülle *f; (Pilze)* Ring *m;* **3.** *tech* Bund, Rand, Flansch *m.* **collet** [-ɛ] *m* **1.** *(Hammel, Kalb)* Nacken, Kamm *m;* **2.** Zahnhals *m;* **3.** *(Jagd)* Schlinge *f;* ▶ *prendre qn au ~* jdn am Kragen, am Schlafittchen packen; *~ monté (fig)* steif, förmlich. **colleter, se** [kɔlte] *v prn fig* sich herum=schlagen (*avec* mit).

colleur *m (~ d'affiches)* Plakatankleber *m.*

collier [kɔlje] *m* **1.** Halsband *n,* -kette; Ordenskette *f* **2.** *(Hund)* Halsband *n;* **3.** *(Zugtiere)* Kum(me)t, Joch *n a. fig:* **4.** *(Rind)* Halsstück *n;* **5.** *orn zoo* (Hals-) Ring *m;* **6.** *arch* Perlstab *m;* **7.** *tech* Ring *m,* Schelle *f;* ▶ *~ de perles* Perlenkette *f.*

collimateur [kɔlimatœʀ] *m astr mil* Kollimator *m;* ▶ *prendre qn dans le ~* (fig) jdn aufs Korn nehmen.

colline [kɔlin] *f* Hügel *m.*

collision *f* Zs.stoß *m,* Kollision *f,* Aufea.prallen *n a. fig;* ▶ *entrer en ~* zs=stoßen; *~ en chaîne* Massenkarambolage *f.*

colloïdal, e [kɔlɔidal] *a chem* kolloidal.

colloque *m* Kolloquium, Symposium *n.*

collusion [kɔlyzjɔ̃] *f* heimliche(s) Einverständnis *n,* Durchstecherei *f.*

colmatage [kɔlmataʒ] *m* **1.** Aufschüttung *f,* Abdichten *n.* **colmater** *tr* ab=dichten.

colocataire [kɔlɔkatɛʀ] *m* Mitbewohner(in *f*) *m.* **colocation** *f* gemeinsa-

me(s) Mieten *n.*
Cologne [kɔlɔɲ] *f* Köln *n;* ▶ *eau f de* ~ Kölnisch Wasser *n.*
colombage [kɔlɔ̃baʒ] *m arch* Fachwerk *n;* ▶ *maison f à* ~ Fachwerkhaus *n.*
colombe [kɔlɔ̃b] *f* **1.** *poet* Taube *f;* **2.** *fig* unschuldige(s) Mädchen *n;* **3.** *arch* Ständer *m.*
Colombie, la [kɔlɔ̃bi] Kolumbien *n.*
colon [kɔlɔ̃] *m* **1.** Kolonist, (An-)Siedler *m;* **2.** *arg mil* Oberst *m;* **3.** Kind *n* in e-r Ferienkolonie; **4.** *fig fam* ▶ *ben mon* ~ da bist du platt.
colonel [kɔlɔnɛl] *m mil* Oberst *m.*
colonial, e [kɔlɔnjal] **I.** *a* Kolonial-; **II.** *s m* Kolonialsoldat *m.* **colonialisme** *m* Kolonialismus *m.* **colonie** *f* Kolonie; Niederlassung, Ansiedlung *f;* ▶ ~ *d'abeilles* Bienenvolk *n;* ~ *de vacances* Ferienkolonie *f.* **colonisateur, trice I.** *a* kolonisierend; Kolonial-; **II.** *s m* Kolonisator *m.* **colonisation** *f* Kolonisierung *f.* **coloniser** *tr* kolonisieren.
côlon [kolɔ̃] *m anat* Grimmdarm *m.*
colonnade [kɔlɔnad] *f* Säulenreihe *f,* -gang *m.* **colonne** *f* **1.** *arch* Säule *f a. fig;* **2.** (Bett-)Pfosten *m;* **3.** (senkrechte) Reihe, Kolumne *(von Wörtern* od *Zahlen); typ* Spalte, Kolumne *f;* **4.** *mil* Kolonne *f;* **5.** ▶ *sur deux ~s* zweispaltig; *en quatrième* ~ in der 4. Spalte; **6.** ▶ *défiler en ~ par huit* in Achterreihen vorbei=marschieren; **7.** ▶ ~ *d'affichage, d'affiches, Morris* Anschlag-, Litfaßsäule *f;* ~ *des petites annonces* Inseratenteil *m;* ~ *barométrique, de mercure* Quecksilbersäule *f;* ~ *d'eau, de fumée, de feu* Wasser-, Rauch-, Feuersäule *f;* ~ *vertébrale (anat)* Wirbelsäule *f.*
côlonoscopie [kolɔnɔskɔpi] *f med* Darmspiegelung *f.*
colorant, e [kɔlɔʀɑ̃, -ɑ̃t] **I.** *a* färbend; **II.** *s m* u. *a:* ▶ *matière f ~e* Farbstoff *m.* **coloration** *f* Färben *n;* Färbung *f.* **coloré, e** *a* gefärbt; farbkräftig, farbenfroh; dunkel-, hochrot; *(Stil)* farbig. **colorer I.** *tr* färben; **II.** *v prn se* ~ **1.** sich färben (*de* mit); **2.** gemischt sein *(d'inquiétude* mit Unruhe). **coloriage** *m* **1.** Kolorierung *f;* **2.** (Aus-)Malen *n.* **colorier** *tr* **1.** ausmalen; **2.** kolorieren. **coloris** [-ri] *m* **1.** Kolorit *n,* Farbgebung *f;* **2.** *fig (Stil)* Farbigkeit *f.*
colossal, e [kɔlɔsal] *a* kolossal, riesenhaft, gewaltig. **colosse** *m* Koloß *m; fig* Riese, Gigant *m.*
colportage [kɔlpɔʀtaʒ] *m* **1.** *com* Hausieren *n;* Hausierhandel *m;* **2.** Verbreitung *f (von Nachrichten).* **colporter** *tr* hausieren (*qc* mit etw); *(Nachricht)* verbreiten. **colporteur, se** *m f* Hausierer(in *f*) *m.*
coltiner [kɔltine] **I.** *tr (Lasten)* tragen; **II.** *v prn se* ~ *(fam)* sich auf=laden, -halsen.
columbarium [kɔlɔ̃baʀjɔm] *m* Urnenhalle *f.*
colza [kɔlza] *m bot* Raps *m.*
coma [kɔma] *m med* Koma *n,* tiefe Bewußtlosigkeit *f.* **comateux, se** *a* komatös.
combat [kɔ̃ba] *m* **1.** Kampf *m,* Gefecht *n;* Zs.stoß *m,* Schlägerei *f;* **2.** *fig* (innerer) Kampf, (Wett-)Streit *m* (*de* um); **3.** ▶ *prêt au* ~ kampfbereit; **4.** ▶ *livrer* ~ e-n Kampf liefern; *mettre hors de* ~ kampfunfähig machen; **5.** ▶ ~ *aérien* Luftkampf *m;* ~ *de boxe* Boxkampf *m;* ~ *de coqs* Hahnenkampf *m;* ~ *de rues* Straßenschlacht *f.* **combatif, ive** *a* kämpferisch; kampflustig; ▶ *esprit m* ~ Kampfgeist *m.* **combativité** *f* Kampflust *f,* -geist *m; mil* Kampfkraft *f.* **combattant, e I.** *a* kämpfend; Kampf-; **II.** *s m* Kämpfer, Kämpfende(r); Kriegsteilnehmer *m.* **combattre** ‹*Prés. je combats, ns combattons; Fut. je combattrai; pp. combattu, e; Subj. que je combatte, que ns combattions; Impér. combats, combattons*› **I.** *tr* **1.** (be)kämpfen; fechten, streiten (*qn* mit jdm); **2.** *fig* zu widerlegen, bemeistern, beherrschen suchen; **II.** *itr* (an=)kämpfen (*contre* gegen); **III.** *v prn se* ~ mitea. kämpfen, streiten, in Streit liegen.
combien [kɔ̃bjɛ̃] *adv (de)* wieviel(e)(?) wie (sehr), in welchem Maße(?); ▶ *à* ~? wie hoch? ~ *y a-t-il de ... à?* wie weit ist es von ... bis? ~ *cela? ça fait* ~? *(pop)* was kostet das? *le* ~ *êtes vous?* der wievielte sind Sie? ~ *de fois* wie oft? *le* ~ *sommes-nous? (fam)* den wievielten haben wir? ~ *de temps?* wie lange?
combinaison [kɔ̃binɛzɔ̃] *f* **1.** Kombination, Anordnung; Zs-stellung, Verbindung; Verkettung *f* (von Umständen); **2.** *fig* Mittel *n,* Trick *m;* **3.** *pl* krumme Touren *f pl;* **4.** *math* Kombination *f;* **5.** *(Kleidung)* Overall *m,* (Arbeits-)Kombination *f; (für Frauen)* Unterkleid *n;* **6.** ▶ ~ *spatiale* Raumanzug *m.* **combine** *f* **1.** *fam* Kniff, Trick, Dreh *m,* Masche *f;* **2.** Unterkleid *n;* ▶ *par* ~ durch Beziehungen, mit Vitamin B; *connaître la* ~ den Rummel kennen; *être dans la combine* Bescheid wissen. **combiné** *m* **1.** *chem* Verbindung *f (Produkt);* **2.** *tele* Hörer; Rundfunkempfänger *m* mit Plattenspieler; **3.** *(Ski)* alpine Kombination *f; sport* kombinierte(r) Wettkampf *m;* **4.** Korselett *n.* **combiner I.** *tr* **1.** kombinieren, an=ordnen; zs.=stellen, vereinigen; arrangieren, organisieren; **2.** *fig* berechnen, aus=denken; **II.** *v prn se* ~ sich verbinden (*avec, à* mit) *a. chem.*
comble [kɔ̃bl] **I.** *s m* **1.** Dach(stuhl *m*) *n; pl* Dachgeschoß *n;* **2.** *fig* Gipfel, Höhepunkt *m;* **3.** *fig* gehäufte(s) Maß, Über-

maß *n;* **II.** *a* (über)voll, überfüllt; *(Raum)* voll besetzt; ► *de fond en ~* von unten bis oben *a. fig; pour ~* zu allem Überfluß; um das Maß vollzumachen; *être au ~ de la joie* sich wie ein Schneekönig freuen; *loger sous les ~s* unter dem Dach wohnen; *c'est le ~!* *(fam)* das ist die Höhe!; *la mesure est à son ~* das Maß ist voll. **combler 1.** *(Graben)* auf=füllen, zu=schütten; **2.** *(Lücke)* schließen; *(Defizit)* aus=gleichen, decken; **3.** *(Bedürfnis)* befriedigen; *(Wünsche)* erfüllen; **4.** ► *~ qn de qc* jdn mit etw *(Ehren, Gunst)* überhäufen; *~ la mesure* das Maß voll=machen; **5.** ► *je suis comblé* ich bin überglücklich.

combustible [kɔ̃bystibl] **I.** *a* (ver-) brennbar; leicht entzündlich *a. fig* **II.** *s m* Brennstoff *m;* ► *ravitaillement m en ~* Brennstoffversorgung *f; ~ nucléaire* Kernbrennstoff *m.* **combustion** [-stjɔ̃] *f* Verbrennung *f a. chem,* Verbrennen *n;* ► *moteur m à ~ interne* Verbrennungsmotor *m.*

comédie [kɔmedi] *f* **1.** Komödie *f,* Lustspiel *n;* **2.** Schein *m, fam* Mache *f;* Scherz, Ulk *m;* ► *jouer la ~* Theater, *fig* Komödie spielen; *(fam) c'est de la ~* das ist nur Mache; *~ de caractère* Charakterkomödie *f; ~ pastorale* Schäferspiel *n.* **comédien, ne** *s m f* Schauspieler(in *f*); *quel ~!* was für ein Heuchler!

comestible [kɔmɛstibl] **I.** *a* eßbar; **II.** *s m pl* Lebensmittel *n pl;* ► *boutique f de ~s* Lebensmittelgeschäft *n.*

comète [kɔmɛt] *f* **1.** Komet *m;* **2.** *(Buchbinder)* Kapitalband *n;* ► *tirer des plans sur la ~ (fig fam)* Luftschlösser bauen.

comique [kɔmik] **I.** *a* **1.** komisch, komödienhaft; Lustspiel-; **2.** *allg* scherzhaft, lustig; ulkig, drollig; **II.** *s m* **1.** Komik *f,* das Komische, Eigenartige, Lächerliche; **2.** Lustspieldichter; **3.** *theat* Komiker *m;* Komische(s) Fach *n;* **4.** *allg* Witzbold *m;* ► *auteur m ~* Lustspieldichter *m; ~ de situation* Situationskomik *f.*

comité [kɔmite] *m* Komitee *n,* Ausschuß *m,* Kommission *f;* ► *en petit ~ (fam)* in kleinem, engstem Kreis; *~ d'action* Aktionskomitee *n; ~ consultatif* Beirat *m; ~ de défense* Bürgerinitiative *f; ~ de direction* Vorstand *m; ~ électoral* Wahlausschuß *m; ~ d'entreprise* Betriebsrat *m; ~ d'experts* Sachverständigenausschuß *m; ~ de gestion* Verwaltungsausschuß *m; ~ de grève* Streikkomitee *n; ~ du personnel* Personalvertretung *f; ~ de rédaction* Redaktionsausschuß *m.*

commandant [kɔmɑ̃dɑ̃] *s m mil* Kommandant, Kommandeur, Major; *mar* Kapitän; ► *aero (~ de bord)* Flugkapitän *m; ~ de corps d'armée* kommandierende(r) General *m; ~ de bataillon, de régiment, de division* Bataillons-, Regiments-, Divisionskommandeur *m.*

commande [kɔmɑ̃d] *f* **1.** *com* Bestellung *f,* Auftrag(serteilung *f*) *m;* **2.** *tech* Antrieb *m;* **3.** mot aero Steuerung *f,* Steuerwerk *n;* **4.** Betätigung, Bedienung *f;* **5.** ► *de ~ (com)* bestellt; **6.** *(Lächeln)* gezwungen; Schein-; **7.** ► *sur ~* auf Bestellung; *fig* auf Befehl; **8.** ► *faire, passer une ~ à qn* e-n Auftrag an jdn vergeben; *tenir les ~s* die Zügel in der Hand haben; **9.** ► *arbre m de ~* Antriebswelle *f; bouton m de ~* Bedienungsknopf *m; bulletin de ~* Bestellzettel *m; carnet m de ~s* Bestellbuch *n; confirmation f de ~* Auftragsbestätigung *f; levier m de ~* Betätigungshebel *m; livre m des ~s* Bestellbuch *n; ~ à domicile* Fernbestellung *f.* **commandement** *m* **1.** Gebot *n,* Vorschrift *f;* **2.** *mil* Befehl(sgewalt *f*) *m* (*de, sur* über); Kommando *n;* **3.** *(~ de payer) jur* Zahlungsbefehl *m;* ► *prendre le ~* das Kommando, *sport* die Führung übernehmen; *haut ~* Oberkommando *n; les dix ~s* die zehn Gebote *n pl.*

commander [kɔmɑ̃de] **I.** *itr* **1.** befehlen, gebieten; herrschen (*à qn* über jdn); ► *c'est moi qui commande ici!* hier habe ich zu befehlen!; **2.** *fig (Triebe)* beherrschen (*à qc* e-e S); **II.** *tr* **3.** *com* bestellen, in Auftrag geben; **4.** befehlen, gebieten, an=ordnen, vor=schreiben; **5.** *mil* befehligen, kommandieren; **6.** (an=) führen, leiten, die Führung haben *gen;* **7.** herrschen (*qc* über e-e S) *a. fig;* kontrollieren *(l'accès à qc* den Zugang zu etw); **8.** verlangen, erfordern, erzwingen; **9.** *tech* steuern; antreiben; betätigen; ► *les circonstances commandent ...* die Umstände verlangen ...; **III.** *v prn se ~ (fig)* sich beherrschen; ► *la sympathie ne se commande pas* Sympathie läßt sich nicht erzwingen.

commando [kɔmɑ̃do] *m mil* Kommando *n;* ► *~-suicide m* Himmelfahrtskommando *n.*

comme [kɔm] **I.** *adv* wie, als; so wie, gleichsam; ► *hardi ~ un lion* kühn wie ein Löwe; *un homme ~ vous* ein Mensch wie Sie; *il pense ~ moi* er denkt wie ich; *il était ~ mort* er war wie tot; *tout ~* ganz wie; gleich, einerlei; *~ il est grand!* wie groß er ist! *~ cela, ça* so, auf diese Weise; *~ ci ~ ça (fam)* soso (lala); *~ qui dirait* so etwa(s wie); gleichsam; *~ de raison* ordnungsgemäß; *~ si* als ob; *~ si de rien n'était* als wenn *od* nichts (geschehen) wäre; *~ tout* durchaus, überaus; **II.** *conj (zeitlich)* (gerade) als, während; *(begründend)* da (ja), weil, in Anbetracht daß; ► *~ j'avais faim* da ich Hunger hatte; *~ il faut* wie es sich gehört; *fam (Person)* fein.

commémoratif, ive [kɔmemɔʀatif] *a* Gedächtnis-, Gedenk-; ▶ *plaque f ~ive* Gedenktafel *f.* **commémoration** *f* Gedächtnisfeier *f.* **commémorer** *tr* (mit e-r Feier) gedenken *gen; (Tag)* feierlich begehen.

commencement [kɔmɑ̃smɑ̃] *m* Anfang, Beginn; Ursprung *m; m;* ▶ *au ~* am Anfang, anfangs, anfänglich; *depuis le ~* von Anfang an; seit Beginn; *du ~ à la fin* von Anfang bis zu Ende; *dès le ~* von Anfang an. **commencer** ‹*Prés. je commence, ns commençons; Fut. je commencerai; pp. commencé,* ›› **I.** *tr* **1.** an≈fangen, beginnen; **2.** den Auftakt bilden (*qc* zu etw); ein≈leiten; am Anfang stehen (*qc* gen); **3.** die Anfangsgründe bei≈bringen, den ersten Unterricht erteilen (*qn* jdm); **4.** *(Reise)* an≈treten; *(Brot)* an≈schneiden; **II.** *itr* **5.** an≈fangen, beginnen (*à, de* zu *inf*); **6.** ein≈setzen (*par qc* mit etw); **7.** *(Arbeit)* an≈laufen; ▶ *~ à, de faire qc* an≈fangen, sich an≈schicken, etw zu tun; *~ par faire qc* zunächst etw tun; *il commence à pleuvoir* es fängt an zu regnen; *ça commence bien! (ironisch)* das fängt ja gut an!

commensurable [kɔmasyʀabl] *a math* kommensurabel.

comment [kɔmɑ̃] **I.** *adv* wie? wie! ▶ *~ cela?* wieso? *~ donc!* na also! *~ faire?* was tun? *n'importe ~* gleich, einerlei wie; *mais ~ donc!* selbstverständlich! *voici ~* so, folgendermaßen; **II.** *s m* Wie *n,* Art u. Weise *f;* ▶ *savoir le ~ et le pourquoi des choses* über den Ursprung der Dinge Bescheid wissen.

commentaire [kɔmɑ̃tɛʀ] *m* Kommentar *m,* Auslegung, Erklärung *f; pl* Gerede *n;* Begleittext *m (zu e-m Kulturfilm);* ▶ *point de ~!* keine Widerrede! *cela se passe de ~s* das versteht sich von selbst; Kommentar überflüssig! **commentateur, trice** *m f* Kommentator (in *f*) *m.* **commenter** *tr* kommentieren, aus≈legen, erklären.

commérage [kɔmeʀaʒ] *m (meist pl)* Geschwätz *n,* Klatsch, *fam* Tratsch *m.*

commerçant, e [kɔmɛʀsɑ̃] **I.** *a* handeltreibend; Handels-; **II.** *s m* Handeltreibende(r), Kaufmann *m;* Geschäftsmann *m,* -frau *f; pl* Kauf-, Geschäftsleute *pl;* ▶ *rue f ~e* Geschäftsstraße *f.* **commerce** *m* **1.** Handel *m;* **2.** Geschäft *n,* Laden *m;* **3.** *fig* Umgang, Verkehr *m;* **4.** ▶ *être, se trouver dans le ~* im Handel tätig sein; *(Waren)* im Handel (befindlich) sein; *faire du ~* Handel treiben; *faire ~ de qc* mit etw handeln; *ouvrir un ~* ein Geschäft eröffnen; *tenir ~* e-n Laden besitzen; **5.** ▶ *balance f du ~ extérieur* Außenhandelsbilanz *f; chambre f de ~* Handelskammer *f; employé m de ~* kaufmännische(r) Angestellte(r) *m; fonds m de ~* Geschäft *n; livres m pl de ~* Geschäftsbücher *n pl; maison f de ~* Handelshaus *n; registre m du ~* Handelsregister *n; tribunal m de ~* Handelsgericht *n;* **6.** ▶ *~ de détail, petit ~* Kleinhandel *m;* Einzelhandelsgeschäft *n; ~ extérieur* Außenhandel *m; ~ de gros* Großhandel *m; ~ intérieur* Binnenhandel *m; ~ maritime, d'outremer* See-, Überseehandel *m.* **commercer** ‹*Prés. je commerce, ns commerçons; Fut. je commercerai; pp. commercé,* ›› *itr* Handel treiben (*avec qn* mit jdm). **commercial, e I.** *a* kaufmännisch, Handels-; **II.** *s f* Kombiwagen *m.* **commercialisation** *f* Kommerzialisierung; Vermarktung *f;* Vertrieb, Verkauf *m;* ▶ *circuits m pl de ~* Absatzwege *m pl.* **commercialiser** *tr* vermarkten, kommerzialisieren.

commère [kɔmɛʀ] *f* Klatschbase *f.* **commérer** *itr* ‹*Prés. je commère, ns commérons; Fut. je commérerai; pp. comméré,* ›› klatschen.

commettre [kɔmɛtʀ] ‹*Prés. je commets, ns commettons; Fut. je commettrai; pp. commis, e; Subj. que je commette, que ns commettions; Impér. commets, commettons*› **I.** *tr* **1.** *(Verbrechen, Irrtum)* begehen, sich zuschulden kommen lassen; **2.** *(Dummheit)* machen; **3.** *jur* ein≈setzen, ernennen (*qn à qc* jdn zu etw); **4.** beauftragen, betrauen (*qn à qc* jdn mit etw); **II.** *v prn se ~* sich einlassen (*avec qn* mit jdm); ▶ *~ une erreur de calcul* sich verrechnen.

commisération [kɔmizeʀasjɔ̃] *f* Mitleid *n.*

commissaire [kɔmisɛʀ] *m* **1.** Kommissar, Beauftragte(r), Bevollmächtigte(r) *m;* **2.** Heeres-, Marineverwaltungsbeamte(r), Zahlmeister *m;* **3.** (Fest-)Ordner *m;* **4.** *sport* Kampfrichter *m;* ▶ *~ aux comptes* Rechnungs-, Wirtschaftsprüfer *m; ~ (de police)* Polizeikommissar *m; ~ à la protection des données* Datenschutzbeauftragter *m; ~-priseur m* Auktionator, Versteigerer *m.* **commissariat** [-ʀja] *m (~ de police)* Polizeirevier *n.* **commission** *f* **1.** *pol com* Kommission *f;* Ausschuß; **2.** Auftrag *m,* Bestellung; Besorgung *f;* **3.** *com* Kommissionsgeschäft *n;* **4.** *com* Provision *f;* ▶ *être membre d'une ~* in e-m Ausschuß sitzen; *faire une ~ pour qn* etw für jdn besorgen; *faire les ~s* die täglichen Einkäufe machen; einkaufen gehen; *~ d'enquête* Untersuchungskommission *f; ~ d'examen* Prüfungskommission *f,* -ausschuß *m.* **commissionnaire** [-sjɔ-] *m com* Kommissionär *m;* ▶ *~ expéditeur* Spediteur *m (für Landtransporte); ~ messager* bahnamtliche(r) Fuhrunternehmer *m.*

commissure [kɔmisyʀ] *f (anat)* ▶ *~*

des lèvres Mundwinkel *m.*
commode [kɔmɔd] **I.** *a* bequem; mühelos; *(Mensch)* umgänglich, gefällig; (zu) nachsichtig; **II.** *s f* Kommode *f.* **commodité** *f* **1.** Bequemlichkeit *f;* **2.** *pl* Annehmlichkeiten *f pl,* Komfort *m.*
commotion [kɔmo(ɔ)sjõ] *f allg fig med* Erschütterung *f;* ▶ *~ cérébrale* Gehirnerschütterung *f.*
commun, e [kɔmœ̃, -yn] **I.** *a* **1.** gemeinsam, -schaftlich; Gemein-; allgemein; häufig; **2.** gewöhnlich, alltäglich, **3.** üblich; gemein, ordinär, platt; **4.** *zoo bot* gemein; **II.** *s m* **5.** große Mehrheit, -zahl *f;* (gemeines) Volk *n;* **6.** *pl* Wirtschaftsräume *m pl;* Nebengebäude *n pl;* **7.** ▶ *d'un ~ accord* einmütig; *en ~* gemeinsam, miteinander, zusammen; **8.** ▶ *avoir qc de ~ avec qn* etw mit jdm gemein haben; *faire cause ~e* gemeinsame Sache machen (*avec* mit); **9.** ▶ *fosse f ~e* Massengrab *n; homme m du ~* Mann aus dem Volke; Durchschnittsmensch *m; intérêt m ~* Gemeinwohl *n,* -nutz *m; lieu m ~* Gemeinplatz *m; sens m ~* gesunde(r) Menschenverstand *m; vie f ~e* Zs.leben *n;* gemeinsame(r) Haushalt *m.* **communal, e** [kɔmynal] *a* kommunal, Gemeinde-. **communauté** *f* **1.** Gemeinschaft, -samkeit *f;* **2.** Allgemeinheit *f;* Gemeinwesen *n;* **3.** *rel* Orden *m,* Bruderschaft *f;* Kloster *n;* **4.** *(Ehe)* gemeinsame(r) Besitz *m;* **5.** ▶ *posséder qc en ~* etw gemeinsam besitzen; **6.** ▶ *~ des biens (jur)* Gütergemeinschaft *f; ~ européenne* Europäische Gemeinschaft *f; ~ d'habitation* Wohngemeinschaft *f; ~ de base (rel)* Basisgemeinde *f; ~ d'intérêts* Interessengemeinschaft *f; ~ religieuse* Religionsgemeinschaft *f.* **commune** *f* Gemeinde *f.* **communément** *adv* allgemein, gewöhnlich.
communiant, e [kɔmɥnjã] *m f rel* Kommunikant(in *f*) *m;* ▶ *premier, ère ~(e)* Erstkommunikant(in *f*) *m.*
communicable [kɔmynikabl] *a* **1.** mitteilbar; **2.** *(Wasserwege)* verbindbar; **3.** *med jur* übertragbar. **communicatif, ive** *a* **1.** mitteilsam; **2.** *(Lachen, Gähnen)* ansteckend. **communication** *f* **1.** Mitteilung, Bekanntgabe *f;* kurze(r) Bericht *m;* **2.** Verbindung *f,* Beziehungen *f pl,* Verkehr *m;* **3.** *tele* Verbindung *f,* Anschluß *m;* Telefongespräch *n;* **4.** Verbindungsweg *m;* **5.** *mil* Nachschubweg *m,* rückwärtige Verbindung *f;* **6.** *jur* Einsichtnahme *f;* **7.** *med.* Ansteckung *f;* **8.** ▶ *avoir ~ de qc* von etw Kenntnis haben; *entrer en ~ avec qn* mit jdm in Verbindung treten; *établir la ~* e-e Verbindung her=stellen; *être en ~ avec qn* mit jdm in Verbindung stehen; *se mettre en ~ avec qn* sich mit jdm in Verbindung setzen; **9.** ▶ *lignes f pl de ~* Verbindungslinien *f pl; porte f de ~* Verbindungstür *f; voie f de ~* Verkehrsweg *m; ~radiophonique* Funkverbindung *f; ~ téléphonique* Fernsprechverbindung *f,* -verkehr *m.*
communier [kɔmynje] *itr* **1.** kommunizieren, zum Abendmahl gehen; **2.** *fig* in enger Verbindung stehen. **communion** *f* **1.** *rel* (Glaubens-, Kirchen-)Gemeinschaft *f;* **2.** *fig* Gemeinsamkeit *f,* Seelenbündnis *n;* **3.** *rel* Kommunion *f;* Abendmahl *n;* ▶ *faire sa première ~* zur ersten hl. Kommunion gehen.
communiqué [kɔmynike] *m* Kommuniqué *n,* (amtliche) Mitteilung *f;* Verlautbarung *f;* Bericht *m;* ▶ *~ final* Schlußkommuniqué *n; ~ publicitaire (radio)* Werbedurchsage *f.* **communiquer** **I.** *tr* **1.** mit=teilen, eröffnen; **2.** *phys med allg* übertragen; ▶ *~ qc à qn* jdn von etw in Kenntnis setzen; **II.** *itr* **3.** in Verbindung stehen, (mitea.) verbunden sein; **4.** *(Zimmer)* inea.=gehen; ▶ *~ avec qn* mit jdm Nachrichten aus=tauschen; **III.** *v prn se ~ (med)* **5.** übertragbar, ansteckend sein; **6.** *(Nachrichten)* aus=tauschen; **7.** *(Feuer)* sich ausbreiten *(à* auf *acc);* ▶ *se ~ qc* einander etw mitteilen.
communisant, e [kɔmynizã] *a* prokommunistisch *f.* **communisme** *m* Kommunismus *m.* **communiste** **I.** *s m f* Kommunist(in *f*) *m;* **II.** *a* kommunistisch.
commutable [kɔmytabl] *a* umwandelbar; umschaltbar. **commutateur** *m el* Kommutator; (Um-, Ein-, Aus-, Licht-) Schalter *m;* ▶ *tourner le ~* das Licht an-, aus=knipsen. **commutation** *f* **1.** Vertauschung; (Um-, Ver-)Wandlung *f;* **2.** *el* (Um)Schaltung; Vermittlung *f;* **3.** ▶ *~ de peine (jur)* Strafumwandlung *f.*
compact [kõpakt] *a* **I.** kompakt, dicht, fest; **II.** *s m* Kompaktanlage *f; (CD)* Compact-Disc *f; phot* Kompaktkamera *f.*
compagne [kõpaɲ] *f* **1.** Gefährtin; Kameradin, Begleiterin, Genossin; Lebensgefährtin *f;* **2.** *fig* Begleiterscheinung *f.* **compagnie** *f* **1.** Gesellschaft, Begleitung *f;* **2.** Gesellschaft *f,* Vereinigung *f;* **3.** Handelsgesellschaft; **4.** *mil* Kompanie *f;* **5.** *(Wild)* Rudel *n;* **6.** *(Rebhühner)* Kette *f;* **7.** ▶ *en ~* in Gesellschaft, Begleitung; *fausser ~ à qn* jdn im Stich lassen; *tenir ~* Gesellschaft leisten; (*à qn* jdm); **8.** ▶ *~ d'assurance* Versicherungsgesellschaft *f; ~ aérienne* Fluggesellschaft *f; ~ de chemins de fer* Eisenbahngesellschaft *f; ~ d'électricité* Elektrizitätsgesellschaft *f; ~ de Jésus* Jesuitengesellschaft *f.*
compagnon [kõpaɲõ] *m* **1.** Begleiter, Gefährte, Genosse; Kollege, Kamerad *m* **2.** (Maurer-)Geselle *m;* **3.** *fig* Begleit-

erscheinung *f;* ▶ ~ *de voyage* Reisegefährte *m.* **compagnonnage** [-ɲɔ-] *m* Gesellenzeit *f,* Wanderjahre *n pl.*
comparable [kõpaʀabl] *a* vergleichbar (*à, avec* mit). **comparaison** *f* **1.** Vergleich(ung *f*) *m;* Gegenüberstellung *f;* **2.** ▶ *en* ~ *de, par* ~ *à* im Vergleich zu, verglichen mit; *hors de* ~, *sans* ~ unvergleichlich; **3.** ▶ *établir une* ~ e-n Vergleich ziehen; *faire la* ~ (sich) vergleichen (lassen) (*avec* mit); *ne pas soutenir la* ~ den Vergleich nicht aus≈halten; damit nicht zu vergleichen sein; **4.** ▶ *point m de* ~ Vergleichspunkt *m.*
comparaître [kõpaʀɛtʀ] ‹*Prés. je comparais, ns comparaissons; Fut. je comparaîtrai; pp. comparu, e; Subj. que je comparaisse, que ns comparaissions; Impér. comparais, comparaissons*› *itr jur* erscheinen (*en justice* vor Gericht).
comparatif, ive [kõpaʀatif, -iv] **I.** *a* vergleichend; **II.** *s m gram* Komparativ *m.* **comparé, e** *a (Wissenschaft)* vergleichend. **comparer** *tr* vergleichen (*à, avec* mit), gegenüber≈stellen; gleich≈setzen (*à* mit).
comparse [kõpaʀs] *m f* Nebenperson *f.*
compartiment [kõpaʀtimɑ̃] *m* **1.** *(Raum, Fläche)* Abteilung *f,* Fach, Feld *n;* **2.** *loc* Abteil *n;* **3.** Gebiet *n;* ▶ ~ *(non-)fumeurs* (Nicht-)Raucherabteil *n.* **compartimenter** *tr* **1.** in Fächer, Felder ein≈teilen, **2.** abgrenzen.
compas [kõpa] *m* **1.** Zirkel *m;* **2.** *mar aero* Kompaß *m;* ▶ *au compas (fam)* peinlich genau; *(pop) avoir le* ~ *dans l'œil* ein gutes Augenmaß haben.
compassé, e [kõpase] *a fig* steif, gezwungen.
compassion [kõpasjõ] *f* Mitleid, Mitgefühl *n (pour* mit *dat).*
compatibilité [kõpatibilite] *f* Vereinbarkeit; Verträglichkeit *f; inform* Kompatibilität *f.* **compatible** *a* vereinbar; verträglich; *inform* kompatibel; *s m inform* kompatible(s) Gerät *n.*
compatissant, e [kõpatisɑ̃, -t] *a* mitfühlend, teilnahmsvoll.
compatriote [kõpatʀijɔt] *m f* Landsmann *m,* -männin *f, pl* -leute *pl.*
compensateur, trice [kõpɑ̃satœʀ, -tʀis] **I.** *a* ausgleichend; **II.** *s m phys tech* Kompensator *m.* **compensation** *f* **1.** Ausgleich(ung *f*); Ersatz *m;* Entschädigung *f;* **2.** *com* Vergütung, Auf-, Verrechnung *f,* Clearing *n;* **3.** *phys tech* Kompensation *f;* **4.** ▶ *en* ~ *de* als Ersatz (für); **5.** ▶ ~ *des charges* Lastenausgleich *m.* **compenser** **I.** *tr* **1.** aus≈gleichen; *phys tech* kompensieren; vergüten, ersetzen, auf≈wiegen; **2.** *com* auf≈, verrechnen; **II.** *v prn se* ~ *(Fehler)* sich (gegenseitig) auf≈heben, sich ausgleichen.
compère [kõpɛʀ] *m* Helfershelfer; Komplize *m;* ▶ ~*-loriot m med* Gerstenkorn *n.*
compétence [kõpetɑ̃s] *f* **1.** *jur* Kompetenz, Zuständigkeit; Amtsbefugnis *f,* Geschäftsbereich *m;* zuständige(s) Gericht *n;* **2.** *fig* Fach-, Sachkenntnis; (Urteils-)Fähigkeit *f;* **3.** *fam* Sachkundige(r) *m,* Kapazität *f;* **4.** *ling* Kompetenz *f;* ▶ *être, relever de la* ~ *de qn* in jds Zuständigkeit liegen; *cela sort de sa* ~ dafür ist er nicht zuständig; davon versteht er nichts. **compétent, e** **1.** *jur* zuständig; **2.** *fig* kompetent, sachverständig, fachkundig.
compétitif, ive [kõpetitif, -iv] *a* wettbewerbs-, konkurrenzfähig. **compétition** *f* Wettbewerb *m,* Konkurrenz *f; sport* Wettkampf *m;* ▶ *entrer en* ~ *avec qn* mit jdm konkurrieren. **compétitivité** *f* Wettbewerbsfähigkeit *f.*
compilateur [kõpilatœʀ] *m* Kompilator *m inform* Compiler *m.* **compilation** *f,* Kompilation *f.* **compiler** *tr* kompilieren, *a. inform;* zs.≈stellen; *(Buch)* zs.≈stoppeln.
complainte [kõplɛ̃t] *f* Klagelied *n.*
complaire [kõplɛʀ] ‹*Prés. je complais, ns complaisons; Fut. je complairai; pp. complu, e; Subj. que je complaise, que ns complaisions; Impér. complais, complaisons*› **I.** *itr lit* gefällig sein (*à qn* jdm); **II.** *v prn se* ~ Gefallen finden (*à* zu; *en* in *dat, dans* an *dat*). **complaisance** *f* **1.** Gefälligkeit, Bereitwilligkeit *f;* Entgegenkommen *n;* **2.** *pej* zu große Nachsicht, Schwäche *f;* **3.** Selbstgefälligkeit *f;* ▶ *avoir la* ~ *de* die Güte haben zu. **complaisant, e** *a* **1.** gefällig, entgegenkommend; **2.** nachsichtig; **3.** selbstgefällig.
complément [kõplemɑ̃] *m* **1.** Ergänzung *f;* **2.** *math astr mus* Komplement *n;* **3.** *gram* Ergänzung; nähere Bestimmung *f,* Attribut *n;* **4.** Zulage *f;* ▶ ~ *circonstanciel* adverbiale Bestimmung *f;* ~ *direct* Akkusativobjekt *n;* ~ *indirect* präpositionale(s) Objekt *n.* **complémentaire** *a* (sich) ergänzend, Ergänzungs-; *math phys* Komplementär-; ▶ *couleurs f pl* ~ *s* Komplementärfarben *f pl.*
complet, ète [kõplɛ, -ɛt] **I.** *a* **1.** vollständig, -zählig; **2.** *(Wagen, Hotel)* voll, besetzt; *(Theater)* ausverkauft; **3.** *fig* vollkommen, vollendet; umfassend; *(Freude)* ungetrübt; *(Reform)* durchgreifend; *(Liste)* voll; **II.** *s m* Anzug *m;* ▶ *au (grand)* ~ vollständig, -zählig; *(Wagen)* besetzt; *c'est* ~*!* das fehlte gerade noch! *œuvres f pl* ~*ètes* sämtliche Werke *n pl; pain m* ~ Vollkornbrot *n;* ~*-veston m* Sakko(anzug) *m.* **complètement** *adv* völlig, ganz, vollständig.
compléter ‹*Prés. je complète, ns complétons; Fut. je compléterai; pp.*

complété, e⟩ **I.** *tr* ergänzen, vervollständigen, komplettieren; **II.** *v prn se* ~ einander ergänzen.
complexe [kɔ̃plɛks] **I.** *a* zs.gesetzt, verwickelt, kompliziert; *math* komplex; **II.** *s m* **1.** *psych* Komplex *m;* **2.** *geog* Bereich, Komplex *m;* **3.** *chem* Komplex *m;* ▶ ~ *d'infériorité* Minderwertigkeitskomplex *m;* ~ *industriel* Industriekomplex *m.*
complexion [kɔ̃plɛksjɔ̃] *f* **1.** Körperbeschaffenheit; **2.** Charakteranlage *f.*
complexité [kɔ̃plɛksite] *f* Kompliziertheit; Vielschichtigkeit *f.*
complication [kɔ̃plikasjɔ̃] *f* **1.** Komplikation *a. med,* Verwicklung, Verwirrung; Schwierigkeit; **2.** Kompliziertheit *f,* verwickelte(r) Aufbau *m.*
complice [kɔ̃plis] **I.** *a* mitschuldig; **II.** *s m f* Mitschuldige(r *m*) *f; jur* Mittäter(in *f*), Komplize; Teilnehmer(in *f*); Helfershelfer(in *f*) *m;* ▶ *être* ~ *de* mitschuldig sein an *dat;* teil=nehmen an *dat.* **complicité** *f* Mitschuld *f;* (geheimes) Einverständnis *n; jur* Mittäterschaft.
compliment [kɔ̃plimɑ̃] *m* **1.** Kompliment *n;* **2.** Empfehlung *f,* Gruß- *m;* ▶ *faire des ~s à qn* jdm Komplimente machen; *mes ~s!* herzlichen Glückwunsch! *mes ~s à ...* grüßen Sie ... von mir! meine Empfehlung an *acc.* **complimenter** *tr* Komplimente machen (*sur sa bonne mine* zu seinem guten Aussehen); beglückwünschen (*pour qc* zu etw).
compliqué, e [kɔ̃plike] *a* kompliziert *a. med,* verwickelt; *(Mensch)* schwierig. **compliquer** *tr* komplizieren; kompliziert, verwickelt, schwierig machen; verwirren; ▶ *une chose se complique de qc* es kommt (noch) etw zu e-r S hinzu.
complot [kɔ̃plo] *m* Komplott *n,* Verschwörung *f.* **comploter** [-plɔ-] **I.** *tr* sich verschwören (*contre la vie de qn* gegen jds Leben); planen, heimlich verabreden; *(e-e Überraschung)* aushekken; **II.** *itr* ein Komplott schmieden.
comportement [kɔ̃pɔʀtəmɑ̃] *m psych tech chem* Verhalten; Benehmen *n.* **comportementaliste** *m* Verhaltensforscher *m.* **comporter** **I.** *tr* **1.** umfassen, bestehen (*qc* aus etw); **2.** mit sich bringen, nach sich ziehen, zur Folge haben; erfordern; **II.** *v prn se* ~ **3.** sich betragen, sich benehmen, sich auf=führen, sich verhalten *a. chem* (*avec* gegen); **4.** *(Auto)* funktionieren, ein gutes Fahrverhalten zeigen.
composant, e [kɔ̃pozɑ̃] **I.** *a:* ▶ *corps m* ~ Bestandteil ; Komponente *f;* **II.** *s f math phys fig* Komponente *f.* **composé, e** **I.** *a* **1.** zs.gesetzt *bes. gram,* zs.gestellt, aufgebaut (*de* aus *dat*); **2.** *typ* abgesetzt; **3.** *(Wesen)* studiert, gekünstelt, steif; **II.** *s m* **4.** Zs.setzung *f;* **5.** *chem* Verbindung *f; f* **6.** *gram* Zusammensetzung *f* , Kompositum *n;* **7.** *fig (Person)* Mischung *f;* ▶ *être* ~ *de* zs.gesetzt sein aus; ~ *azoté, oxygéné* Stickstoff-, Sauerstoffverbindung *f.* **composer** **I.** *itr* **1.** *typ* setzen **2.** sich ab=finden, sich vergleichen, e-n Vergleich ab=schließen (*avec qn* mit jdm); **3.** Rechnung tragen (*avec qc* e-r S *dat*); **4.** *(Schule)* e-e Prüfungsarbeit machen; **II.** *tr* **5.** *typ (Buch)* setzen; ▶ *machine à* ~ *(typ)* Setzmaschine *f;* **6.** zs.=setzen, -stellen, bilden (*de* aus); **7.** *(créer)* verfassen, schreiben, dichten; komponieren, vertonen, in Musik setzen; **8.** an=ordnen; **9.** *(Sache)* aus=machen, bilden; **10.** verschaffen, bringen; **11.** *fig* ein=richten, ein=stellen, kombinieren; **12.** *(Worte, Haltung)* ein=studieren, den Umständen an=passen; **13.** *tele (Nummer)* wählen; **III.** *v prn se* ~ **14.** sich (nach u. nach) beschaffen, sich ein=richten; **15.** *(Sache)* ▶ *se* ~ *de* zs.gesetzt sein aus, bestehen aus.
compositeur, trice [kɔ̃pozitœʀ, -tʀis] *m f* **1.** Komponist(in *f*) *m;* **2.** *typ* Setzer *m.* **composition** *f* **1.** Zs.setzung, -stellung; Abfassung, Verfertigung, Ausarbeitung *f;* **2.** Komposition *f,* Musikstück *n;* Vertonung; Tonkunst, Komposition(slehre) *f;* **3.** *(bildende Kunst)* Gliederung, Anordnung *f;* **4.** (Schul-)Aufsatz *m;* Klassen-, Prüfungsarbeit *f;* **5.** *jur* Vergleich *m,* Übereinkommen *n;* Abfindung *f;* **6.** *typ* (Schrift-)Satz *m;* Setzen *n;* ▶ ~ *photographique* Lichtsatz *m.*
compost [kɔ̃pɔst] *m* Kompost *m.* **composter** *tr* **1.** mit Kompost düngen *od* versetzen; **2.** *(Fahrkarte)* lochen; entwerten. **composteur** *m* **1.** *typ* Winkelhaken *m;* **2.** Datumsstempel *m;* **3.** Entwerter *m.*
compote [kɔ̃pɔt] *f* Kompott *n (fam).*
compréhensible [kɔ̃pʀeɑ̃sible] *a* verständlich, begreiflich, faßlich. **compréhensif, ive** *a* **1.** verständnisvoll; **2.** umfassend. **compréhension** *f* **1.** Auffassungsgabe *f,* -vermögen, Begriffsvermögen *n,* -fähigkeit *f;* **2.** Verständnis *n;* **3.** Verständlichkeit *f;* **4.** *(Logik)* Begriffsinhalt, -umfang *m.*
comprendre [kɔ̃pʀɑ̃dʀ] ⟨*Prés. je comprends, ns comprenons; Fut. je comprendrai; pp. compris, e; Subj. que je comprenne, que ns comprenions; Impér. comprends, comprenons*⟩ *tr* **1.** umfassen, enthalten; ein=beziehen (*en, dans* in *acc*), mit=rechnen, -zählen (*en, dans* zu); **2.** verstehen, begreifen, (er)fassen; einsehen; entnehmen; ▶ *avoir compris* verstanden haben; *faire* ~ *qc à qn* jdm etw verständlich, begreiflich machen; *se faire* ~ sich verständlich machen; *je commence à* ~ mir geht ein

Licht auf. **comprenette** [kõpʀənɛt] *f fam:* ▶ *n'avoir pas la ~ facile* schwer von Begriff sein.
compresse [kõpʀɛs] *f med* Kompresse *f*, Umschlag *m*.
compresseur [kõpʀɛsœʀ] *s m phys tech* Kompressor, Verdichter *m;* ▶ *rouleau m ~* Straßenwalze *f*. **compressible** *a (Ausgabe)* reduzierbar. **compression** *f* **1.** Kompression *f;* **2.** Einschränkung, Einsparung *f;* ▶ *~ du personnel* Personalabbau *m*.
comprimé, e [kõpʀime] **I.** *a:* ▶ *air m ~* Preßluft *f;* **II.** *s m pharm* Tablette *f*. **comprimer** *tr* **1.** *phys* komprimieren, verdichten; **2.** zs.=drücken, (-)pressen; *(Brust)* ein=schnüren; **3.** *(Ausgaben)* reduzieren, vermindern; **4.** *fig (Tränen, Aufstand)* unterdrücken.
compris, e [kõpʀi, -iz] *a inv vor s* ▶ *tout ~* alles eingeschlossen, alles inklusive; *y ~* einbegriffen, inklusive, mit; *non ~* nicht einbegriffen, nicht mitgerechnet, exklusive, ohne.
compromettant, e [kõpʀɔmɛtɑ̃, -ɑ̃t] *a* kompromittierend; ▶ *ce n'est pas ~* das verpflichtet zu nichts. **compromettre** ‹*Prés. je compromets, ns compromettons; Fut. je compromettrai; pp. compromis, e; Subj. que je compromette, que ns compromettions; Impér. compromets, compromettons*› **I.** *tr* **1.** kompromittieren; in Gefahr bringen; in Verlegenheit bringen; **2.** kompromittieren; *(Frau)* ins Gerede bringen; **II.** *itr* e-n Kompromiß, *jur* Schiedsvertrag schließen (*sur* über *acc*); **III.** *v prn se ~* **3.** s-n Ruf aufs Spiel setzen; **4.** ▶ *se ~ avec qn* sich mit jdm in Geschäfte einlassen. **compromis** [-mi] *m* **1.** Kompromiß *m* od *n*, Vergleich *m;* **2.** *jur* Schiedsvertrag *m;* **3.** *fig* Mittelding *n* (*entre* zwischen *acc*); ▶ *faire un ~* e-n Kompromiß schließen.
comptabiliser [kõtabilize] *tr* (ver-)buchen. **comptabilité** *f* **1.** Rechnungswesen *n;* **2.** Rechnungslegung, Buchführung; Buchhaltung *f;* ▶ *gérer, tenir une ~* Bücher führen; *livres m pl de ~* Geschäftsbücher *n pl*. **comptable I.** *a* **1.** rechnungspflichtig, -führend; *(finanziell)* verantwortlich (*de qc à, envers qn* jdm für etw); **2.** anrechnungsfähig; **II.** *s m* Rechnungs-, Kassenführer; Buchhalter *m; expert-~ m* Wirtschafts-, Buchprüfer *m*. **comptant, e I.** *a inv* bar; **II.** *s m* Bargeld *n;* ▶ *au ~* gegen bar, gegen Kasse; *prendre pour (de l') argent ~ (fig)* für bare Münze nehmen.
compte [kõt] *m* **1.** Zählen *n;* (Be-)Rechnung *f;* Betrag *m;* **2.** *com* Konto *n;* Abrechnung *f;* **3.** Rechnungslegung *f*, Rechenschaftsbericht *m;* **4.** ▶ *au bout du, en fin de ~* am Ende, letzten Endes, schließlich; *tout ~ fait* alles in allem genaugenommen; *pour le ~ de qn* für jds Rechnung; *fig* was jdn betrifft; *pour son ~* für sich (selbst); *sur mon ~* über mich, von mir; **5.** ▶ *arrêter un ~* ein Konto abschließen; *avoir un ~ en banque* ein Bankkonto haben; *(en) avoir (pour) son ~* genug, sein Teil weghaben; *avoir un ~ à régler avec qn* mit jdm ein Hühnchen zu rupfen haben; *n'avoir de ~s à rendre à personne* niemandem Rechenschaft schuldig sein; *demander des ~s* Rechenschaft verlangen; *faire le ~ de qc* etw zs.=rechnen, -zählen; *mettre qc sur le ~ de qn* jdm etw zur Last legen, *fam* in die Schuhe schieben; *ouvrir un ~* ein Konto eröffnen (*auprès de* bei); *passer, mettre en* od *sur ~* auf e-m Konto verbuchen; *prendre sur son ~* auf seine Rechnung, *fig* seine Kappe nehmen; *rendre ~* dar=legen; berichten (*de qc* über *acc*, von); Rechenschaft ab=legen (*de qc à qn* jdm über e-e S); *se rendre ~* (*de qc* über e-e S); sich klar=machen; *tenir ~* entschädigen (*de qc à qn* jdn für etw); *fig* in Erwägung ziehen, erwägen, berücksichtigen, bedenken; zugute halten, an=rechnen; (viel) Aufhebens machen (*de qc* von etw); *travailler à* od *pour son ~* freiberuflich tätig sein; **6.** ▶ *le ~ n'y est pas* die Rechnung stimmt nicht; **7.** ▶ *bordereau, relevé m de ~* Kontoauszug *m; numéro m de ~* Kontonummer *f;* **8.** ▶ *~ bancaire, ~ en banque* Bankkonto *n; ~ de chèques postaux* Postcheckkonto *n; ~ courant* Kontokorrent *n;* laufende, offene Rechnung *f; ~ d'épargne* Sparkonto, -guthaben *n; ~-gouttes, ~-tours m inv* Tropfen-, Umdrehungszähler *m; ~ de virement* Girokonto *n*.
compter [kõte] **I.** *itr* **1.** *(calculer)* zählen, rechnen; ▶ *~ jusqu'à cent* bis hundert zählen; *à ~ de* von ... an; *sans ~* mit vollen Händen; **2.** *(avoir de l'importance)* etw sein, bedeuten, vor=stellen; zählen, in Anschlag kommen; ▶ *~ pour du beurre (fam)* nicht mit=reden dürfen; *cela ne compte pas* das hat nichts zu bedeuten; **3.** zählen (*parmi, pour, au nombre* od *au rang de* zu); **4.** *(escompter)* (fest) rechnen (*sur* mit *dat*), sich verlassen (*sur* auf *acc*); ▶ *on ne peut pas ~ sur lui* man kann sich auf ihn nicht verlassen; **II.** *tr* **5.** zählen (*par* nach); **6.** berechnen, in Rechnung stellen, auf die Rechnung setzen; mit=rechnen; **7.** zugute halten, an=rechnen; *(Diktat);* **8.** achten (*pour* für); **9.** zählen (*parmi, pour, au nombre* od *au rang de* zu); **10.** aus=zahlen (*une somme à qn* jdm e-n Betrag); **11.** *fig* bringen; vor=zählen, -rechnen, zu=messen; **12.** *(comporter) (Jahre)* zählen, alt sein; **13.** *(Einwohner)* haben; **14.** *mit Inf.* (zu tun) gedenken, vor=haben, hof-

fen; **15.** ► *à pas ~és* gemessenen Schrittes; **compteur** *m* Zähler *m*, Zählwerk *m*, Meßuhr *f;* ► *~ à eau* Wasseruhr *f; ~ d'électricité* Stromzähler *m; ~ à gaz* Gasuhr *f; ~ de taxi(mètre)* Taxameteruhr *f; ~ (de vitesse)* Geschwindigkeitsmesser, Tachometer *m.* **comptine** *f* Abzählvers *m.*

comptoir [kõtwaʀ] *m* Theke *f.*

compulser [kõpylse] *tr* nach=schlagen, -sehen (*qc* in e-r S); *(Buch, Papiere)* durch=sehen.

comte [kõt] *m* Graf *m.* **comté** *m* Grafschaft *f.* **comtesse** *f* Gräfin *f.*

con, ne [kõ, kɔn] *a fam* dumm, doof; *m vulg* Arschloch *n;* ► *espèce de ~!* blöder Hund! *quel ~!* so ein Arschloch!

concéder [kõsede] ‹*Prés. je concède, ns concédons; Fut. je concéderai; pp. concédé, e*› *tr (Rechte)* verleihen, bewilligen; zu=gestehen, ein=räumen *a. fig.*

concélébration [kõselebʀasjõ] *f rel* Konzelebration *f.* **concélébrer** ‹*Prés. je concélèbre, ns concélébrons; Fut. je concélébrerai; pp. concélébré, e*› *tr* konzelebrieren.

concentration [kõsɑ̃tʀasjõ] *f* **1.** Konzentration, Sammlung *(von Strahlen);* Ansammlung *f;* **2.** *mil* Massierung *f;* **3.** Eindickung *(von Flüssigkeiten); min* Anreicherung *f;* **4.** *fig* Konzentration, Sammlung; Gruppierung, *(Menschen)* Zs.ballung *f;* **5.** ► *camp m de ~* Konzentrationslager, KZ *n; faculté f de ~* Konzentrationsfähigkeit *f.* **concentré, e I.** *a chem* konzentriert *a. fig;* **II.** *s m chem geol* Konzentrat *n;* ► *lait m ~* Kondensmilch *f; ~ de tomates* Tomatenmark *n.* **concentrer I.** *tr* **1.** *opt* sammeln; **2.** zs.=ziehen *a. mil pol;* zs.=fassen; **3.** *fig* richten, häufen (*sur* auf *acc*); **4.** *(Gedanken)* zs.=nehmen; **5.** *(Ärger)* hinunter=schlucken; **6.** *chem* konzentrieren, verdichten; ein=dicken, an=reichern; **7.** *(Menschen)* zs.=ballen; **II.** *v prn se ~* **8.** sich (an=)sammeln, sich konzentrieren; **9.** *(Strahlen)* gebündelt werden.

concept [kõsɛpt] *m* Begriff *m; fig* Idee *f.* **concepteur** *m* Planer *m.* **conception** [-psjõ] *f* **1.** *med* Empfängnis *f;* **2.** Vorstellung *f,* Gedanke, Einfall *m,* Erfindung; **3.** Planung, Gestaltung; Bauart *f;* ► *~ d'ensemble* Gesamtplanung *f; ~ du monde* Weltanschauung *f; ~ assistée par ordinateur, CAO (inform)* Computer Aided Design, computerunterstützte(s) Konstruieren *n; ~ in vitro* extrakorporale Befruchtung *f,* In-vitro-Fertilisation. **conceptuel, le** *a* begrifflich; ► *analyse f ~le* Begriffsanalyse *f.*

concerner [kõsɛʀne] *tr* betreffen, an=gehen; ► *en, pour ce qui ~e* bezüglich, hinsichtlich *gen.*

concert [kõsɛʀ] *m* **1.** *mus* Konzert *n a. fig;* **2.** Übereinstimmung *f,* Einvernehmen, Einverständnis *n;* ► *~ de reproches* Flut *f* von Vorwürfen; *de ~* im Einverständnis; (wie) verabredet; zusammen; *salle f de ~* Konzertsaal *m.*

concerter [kõsɛʀte] **I.** *tr* verabreden, absprechen; vor=bereiten; **II.** *v prn se ~* beraten (*sur* über *acc*); sich besprechen (*avec qn* mit jdm).

concerto [kõsɛʀto] *m* Konzert(stück) *n;* ► *~ pour violon* Violinkonzert *n.*

concession *f* **1.** *allg* Zugeständnis *n;* Abtretung, Überlassung *f;* **2.** Familiengrab *n;* ► *accorder une ~* e-e Konzession erteilen; *faire des ~s à qn* jdm Zugeständnisse machen; *~ à perpétuité* Erbbegräbnis *n.* **concessionnaire** *s m* Konzessionär, Lizenzinhaber; *com* Vertragshändler *m.*

concevable [kõs(ə)vabl] *a* **1.** vorstellbar; **2.** begreiflich. **concevoir** ‹*Prés. je conçois, ns concevons; Fut. je concevrai; pp. conçu, e; Subj. que je conçoive, que ns concevions; Impér. conçois, concevons*› *tr* **1.** begreifen, auf=, erfassen; verstehen; **2.** sich vor=stellen, aus=denken, ersinnen; **3.** *(Plan, Vertrauen)* fassen; **4.** *(Hoffnung, Verdacht)* schöpfen; **5.** ergriffen werden von *(Liebe, Haß);* **6.** *tech* entwerfen; **7.** *med* empfangen; ► *~ de l'amitié pour qn* jdn lieb=gewinnen; *conçu en ces termes* mit folgendem Wortlaut.

concierge [kõsjɛʀʒ] *m f* Portier(frau *f*), Pförtner(in *f*), Hausmeister(in *f*) *m.*

concile [kõsil] *m rel* Konzil *n.* **conciliabule** [-ljabyl] *m (meist) pl* Getuschel *n.* **conciliant, e** *a* versöhnlich, verträglich. **conciliation** *f* **1.** Ver-, Aussöhnung *f;* **2.** Vermittlung, *jur* Schlichtung *f,* Vergleich *m.* **concilier I.** *tr (Gegensätze)* aus=gleichen; *fig* in Einklang, Übereinstimmung bringen; **II.** *v prn se ~* sich verschaffen, erwerben; gewinnen (*qc, qn* etw, jdn für sich).

concis, e [kõsi, -iz] *a* kurz(gefaßt), bündig, knapp, gedrängt. **concision** [-zjõ] *f* Knappheit (des Stils), Kürze *f.*

concitoyen, ne [kõsitwajɛ̃, -ɛn] *m f* Mitbürger(in *f*) *m.*

concluant, e [kõklyɑ̃, -ɑ̃t] *a* überzeugend; treffend, triftig, schlagend, bündig; *(Schluß)* zwingend. **conclure** ‹*Prés. je conclus, ns concluons; Fut. je conclurai; pp. conclu, e; Subj. que je conclue, que ns concluions; Impér. conclus, concluons*› **I.** *tr* **1.** *(Vertrag)* (ab=)schließen; *(Geschäft)* tätigen; **2.** *allg* vollenden, (be)enden, zum Schluß bringen *od* kommen (*qc* mit etw); **3.** den Schluß ziehen, folgern, schließen (*qc de qc* etw aus etw, *de qc à qc* von e-r S auf e-e S); **II.** *itr* **4.** sich entscheiden, sich aus=sprechen (*à* für); **5.** schließen (*à qc* auf etw); **6.** erkennen (*à* auf *acc*); ► *marché* *conclu!* abgemacht! **conclusion** *f* **1.** Abschluß *m (e-s Vertrages);* **2.** (Ehe-)Schließung *f;* **3.** (Ab-)Schluß *m;* **4.** (End-)Ergebnis *n;* **5.** Schlußfolgerung *f;* **6.** *pl jur* (Schluß-)Antrag *m.*

concombre [kõkõbʀ] *m* Gurke *f.*

Begleit-; ► *faits m pl ~s* Begleitumstände

concordance [kõkɔʀdɑ̃s] *f* **1.** Übereinstimmung *a. gram;* **2.** *geol rel* Konkordanz *f;* ► *~ des temps (gram)* Zeitenfolge *f.* **concordant, e** *a* übereinstimmend. **concordat** [-da] *m* **1.** *rel* Konkordat *n;* **2.** *jur* Vergleich *m.* **concorder** *itr* überein=stimmen.

concourir [kõkuʀiʀ] *itr ‹Prés. je concours, ns concourons; Fut. je concourrai; pp. concouru, e; Subj. que je concoure, que ns concourions; Impér. concours, concourons›* **1.** zs.=, mit=wirken, bei=tragen (*à* zu); **2.** sich (gemeinsam) bewerben (*pour* um), konkurrieren; an e-m Wettbewerb teil=nehmen; **3.** (gleichen) Anspruch haben (*pour* auf *acc*); **4.** *math* in e-m Punkt zs.=laufen, konvergieren. **concours** [-kuʀ] *m* **1.** Zs.treffen *n (von Umständen);* **2.** *(Menschen)* Auflauf, Andrang *m;* **3.** Mitwirkung, -arbeit; finanzielle Beteiligung; Beihilfe *f;* **4.** Wettbewerb, -streit; *sport* Wettkampf *m;* **5.** (Leistungs-)Schau, Ausstellung *f;* Preisausschreiben *n;* **6.** *(Prüfung)* Concours *m;* **7.** *jur* Konkurrenz *f;* **8.** ► *avec le ~ de* unter Mitwirkung *gen; hors ~* außer Wettbewerb; **9.** *se présenter à un ~* sich zu e-m Concours melden; *prêter son ~* mit=wirken; **10.** ► *~ agricole* landwirtschaftliche Ausstellung *f; ~ de beauté* Schönheitswettbewerb *m; ~ hippique* Pferdeschau *f;* Reit- und Fahrturnier *n.*

concret, ète [kõkʀɛ, -ɛt] *a* konkret, anschaulich; sachlich. **concrétiser I.** *tr* Wirklichkeit werden lassen; **II.** *v prn se ~* (feste) Gestalt an=nehmen.

concubinage [kõkybinaʒ] *m* wilde Ehe *f.*

concupiscence [kõkypisɑ̃s] *f* Sinneslust, Sinnlichkeit, Begierde *f.*

concurremment [kõkyʀamɑ̃] *adv* **1.** in Wettbewerb (*avec* mit); **2.** gemeinschaftlich, gleichzeitig; *jur* mit gleichen Ansprüchen. **concurrence** *f* **1.** *com allg* Konkurrenz *f,* Wettbewerb *m;* **2.** *jur* Gleichberechtigung *f;* **3.** ► *jusqu'à ~ de* bis zur Höhe, bis zum Betrag von; **4.** *entrer en ~ avec qn* mit jdm in Konkurrenz treten; *soutenir la ~, tenir tête à la ~* der Konkurrenz die Spitze bieten; konkurrenzfähig sein; **5.** ► *prix m défiant toute ~* konkurrenzlose(r) Preis *m; ~ déloyale* unlautere(r) Wettbewerb *m.* **concurrencer** *‹Prés. je concurrence, ns concurrençons; Fut. je concurrencerai; pp. concurrencé, e› tr* konkurrieren, Konkurrenz machen, in Wettbewerb treten *od* stehen (*qn* mit jdm). **concurrent, e I.** *a* **1.** zs.wirkend; **2.** in Wettbewerb stehend, konkurrierend; **II.** *s m* Mitbewerber, Konkurrent *m.* **concurrentiel, le** *a com* konkurrenzfähig; Konkurrenz-.

condamnable [kõdanabl] *a* verdammungswert, verwerflich; strafbar. **condamnation** *f* **1.** *jur* Ver-, Aburteilung *f* (*pour* wegen), Strafurteil *n;* Strafe *f;* **2.** *allg* Mißbilligung, Verwerfung, Verurteilung, Verdammung *f;* **3.** ► *~ à mort* Todesurteil *n.* **condamné, e** *m f* Verurteilte(r *m*) *f; a med* unheilbar krank. **condamner** *tr* **1.** *jur* ver-, ab=urteilen (*à* zu *inf*); **2.** *allg* verwerfen, ab=lehnen, mißbilligen, verdammen; **3.** *med (Kranker)* für unheilbar krank erklären; **4.** *(Fenster, Tür)* zu=stellen, ver-, zu=nageln, zu=mauern; ► *~ sa porte* nicht zu sprechen sein (*à qn* für jdn).

condensation [kõdɑ̃sasjõ] *f phys* Verdichtung *a. fig,* Kondensation *f;* ► *eau f de ~* Kondenswasser *n.* **condensé** *m* **1.** *phys* Kondensat *n;* **2.** *(Buch)* Zs.-, Kurzfassung *f.* **condenser I.** *tr* **1.** *phys* verdichten, kondensieren; nieder=schlagen; **2.** *fig* zs.=drängen, -fassen; ► *lait m ~é* kondensierte, Kondensmilch *f;* **II.** *v prn se ~* sich niederschlagen.

condescendance [kõdɛsɑ̃dɑ̃s] *f* **1.** Nachsicht *f,* Entgegenkommen *n;* **2.** Herablassung *f.* **condescendant, e** *a* herablassend. **condescendre** *‹Prés. je condescends, ns condescendons; Fut. je condescendrai; pp. condescendu, e; Subj. que je condescende, que ns condescendions; Impér. condescends, condescendons› itr* sich herab=lassen (*à* zu *inf*).

condiment [kõdimɑ̃] *m* Gewürz *n;* Würzstoff *m;* Würze *f a. fig.*

condisciple [kõdisipl] *m* Mitschüler, Schul-, Studienkamerad *m.*

condition [kõdisjõ] *f* **1.** Lage, Situation *f;* **2.** Zustand *m,* Beschaffenheit, Verfassung; *sport* Kondition *f;* **3.** Rang, Stand *m,* Stellung *f;* **4.** Grundlage, Voraussetzung, Bedingung *f;* **5.** *com (Waren)* Zustand *m;* Kondition *f;* **6.** *pl* Umstände *m pl,* Verhältnisse *n pl;* **7.** ► *à (la) ~ de* od *que* unter der Bedingung, daß; *à cette ~* unter dieser Bedingung; *à, sous ~* unter Vorbehalt (der Rückgabe); *dans ces ~s* unter diesen Umständen; *en ~ (sport)* in Form; *en bonne, mauvaise ~ (com)* in gutem, schlechtem Zustand; *sans ~* ohne Vorbehalt, bedingungslos; **8.** ► *mettre des ~s à* Bedingungen knüpfen an *acc; mettre en ~ (sport)* in Form bringen; fit machen; **9.** ► *~s atmosphériques* Wetterlage *f; ~s de paiement* Zahlungsbedingungen *f pl; ~s de travail* Arbeitsverhältnisse *n pl.* **conditionné, e** [-sjɔ-] *a* **1.** bedingt; beschaffen; **2.** *tech* ausgestattet; **3.** *com (Ware)* abgepackt, verpackt; **4.** ► *air m* ~ Klimaanlage *f.* **conditionnel, le** *m gram* Konditional(is) *m.* **conditionnement** *m (Textil, Getreide)* Konditionieren *n; com* Verpackung, Aufmachung, Beschaffenheit *f;* ► ~ *de l'air* Klimatisierung *f.* **conditionner** *tr* **1.** bedingen; **2.** *(Seide, Getreide)* konditionieren; **3.** *com* ab-, verpacken; **4.** *tech* klimatisieren; **5.** *fig* manipulieren, präparieren (*qn* jdn).

condoléance [kõdɔleɑ̃s] *f meist pl* Beileid *n;* ► *présenter ses* ~*s* sein Beileid bezeigen *od* aus=sprechen.

condom [kõdɔm] *m* Kondom *n.*

condor [kõdɔʀ] *m orn* Kondor *m.*

conducteur, trice [kõdyktœʀ, -tʀis] **I.** *s m f* **1.** Führer, Leiter(in *f*); *(Fahrzeug)* Fahrer *m;* **2.** *phys* Leiter *m;* **II.** *a* leitend; ► ~ *de camion* Lastwagenfahrer *m;* ~ *de train* Lokomotivführer *m;* ~ *de travaux* Bauführer *m.* **conductible** *a phys* leitfähig.

conduire [kõdɥiʀ] ‹*Prés. je conduis, ns conduisons; Fut. je conduirai; pp. conduit, e; Subj. que je conduise, que ns conduisions; Impér. conduis, conduisons*› **I.** *tr* **1.** führen, leiten; an=führen, vor=stehen *dat;* **2.** lenken *a. mot,* fahren; *mot* steuern; **3.** *(Weg)* führen (*à* zu *dat*); *(Person)* bringen (*à la misère* ins Elend); **4.** veranlassen; **5.** *(Ware)* transportieren, bringen, schaffen; **6.** *(Orchester)* dirigieren; **7.** *phys* leiten; **II.** *v prn se* ~ **8.** sich benehmen, sich betragen; **9.** ► ~ *qn au désespoir* jdn zur Verzweiflung bringen, treiben; ~ *qc à sa fin* etw beenden; ~ *par la main* an der Hand führen; *permis m de* ~ Führerschein *m.* **conduit** *m* **1.** Rinne *f,* Rohr, Röhre *f;* **2.** *anat* Gang *m;* **3.** ► ~ *auditif* Gehörgang *m;* ~ *lacrymal* Tränenkanal *m.* **conduite** *f* **1.** Führung, Leitung, Aufsicht *f;* Geleit *n,* Begleitung *f;* **2.** Betragen, Benehmen; *(Psychologie)* Verhalten(sweise *f*) *n;* **3.** Aus-, Durchführung *f;* **4.** (Leitungs-)Rohr, Rohr-, Wasserleitung; Zuleitung *f;* **5.** *mot* Lenken, Fahren, Steuern *n; mot* Steuerung *f;* **6.** ► *faire la* ~ *à qn (fam)* jdn begleiten; **7.** ► *certificat m de bonne* ~ Führungszeugnis *n;* **8.** ► ~ *de carburant, d'essence* Kraftstoff-, Benzinleitung *f;* ~ *d'eau* Wasserleitung *f;* ~ *de gaz* Gasleitung *f.*

cône [kon] *m* **1.** *math allg* Kegel *m;* **2.** *bot anat pharm* Zapfen *m;* **3.** *tech* Konus, Kegel *m;* ► *en (forme de)* ~ kegelförmig; ~ *de débris, de déjection* Schuttkegel *m,* -halde *f.*

confection [kõfɛksjõ] *f* **1.** Ver-, Anfertigung, Herstellung, Ausführung *f;* **2.** Konfektion, Fertigkleidung *f;* Bekleidungsindustrie *f;* ► *magasin m, maison f de* ~*(s)* Konfektionsgeschäft *n; vêtements m pl de* ~ *(s)* Konfektionskleidung *f.* **confectionner** *tr* her=stellen; ver-, an=fertigen, fabrizieren; *(Gericht)* zubereiten.

confédération [kõfedeʀasjõ] *f* **1.** Bündnis *n;* Bund *m;* **2.** (Staaten-)Bund; Bundesstaat *m;* ► *C*~ *Générale du Travail (C.G.T.)* Allgemeine(r) Gewerkschaftsbund *m; C*~ *helvétique* Schweizerische Eidgenossenschaft *f.* **confédérer** *tr pol* verbünden.

conférence [kõfeʀɑ̃s] *f* **1.** Konferenz; Besprechung, Beratung; Verhandlung *f;* Gespräch *n;* **2.** (öffentlicher) Vortrag *m;* Vorlesung *f;* **3.** ► *être en* ~ bei e-r Sitzung sein; *faire, donner une* ~ e-n Vortrag, e-e Vorlesung halten; **4.** ► *maître m de* ~*s* Dozent *m; salle f de* ~*s* Konferenzraum, Hörsaal *m;* **5.** ► ~ *de la paix* Friedenskonferenz *f;* ~ *avec* od *accompagnée de projections lumineuses* Lichtbildervortrag *m;* ~ *de presse* Pressekonferenz *f;* ~ *au sommet* Gipfelkonferenz *f.* **conférencier, ère** *m f* Vortragende(r *m*) *f.* **conférer** ‹*Prés. je confère, ns conférons; Fut. je conférerai; pp. conféré, e*› **I.** *tr (Recht)* verleihen, übertragen, erteilen, gewähren *a. fig;* **II.** *itr* konferieren, sich besprechen, beraten.

confesser [kõfɛse] **I.** *tr* **1.** *(Sünde)* beichten; *(Glauben)* bekennen; **2.** (ein=) gestehen, zu=geben; **3.** die Beichte ab= nehmen (*qn* jdm); *allg* aus=fragen, -forschen, aus=horchen; **II.** *v prn se* ~ beichten (*de qc* e-e S). **confesseur** *m* **1.** *rel* Beichtvater *a. fig;* **2.** ~*s (rel)* Bekenner *m pl.* **confession** *f* **1.** Bekenntnis, (Ein-)Geständnis *n a. jur;* Beichte *f;* **2.** *rel* Konfession *f;* Bekenntnis *n;* ► *sceau, secret m de la* ~ Beichtgeheimnis *n;* ~ *(de foi)* Glaubensbekenntnis *n.* **confessional** [-sjɔ-] *m* Beichtstuhl *m.*

confetti [kõfɛ(e)ti] *m pl* Konfetti *pl.*

confiance [kõfjɑ̃s] *f* **1.** Ver-, Zutrauen *n* (*en, dans* zu); Zuversicht *f;* **2.** *(*~*en soi)* Selbstvertrauen *n,* -sicherheit *f;* ► *avoir* ~ Vertrauen haben (*dans, en* zu); *avoir la* ~ *de qn* jds Vertrauen genießen; *donner sa* ~*, faire* ~ *à qn* jdm sein Vertrauen schenken; *inspirer (la)* ~ Vertrauen erwecken; *mettre, placer sa* ~ *en* sein Vertrauen setzen auf *acc; perdre* ~ das Vertrauen verlieren; *abus m de* ~ Vertrauensmißbrauch *m; digne de* ~ vertrauenswürdig; *homme m de* ~ Vertrauensmann *m; poste m de* ~ Vertrauensstellung *f; question f de* ~ *(pol)* Vertrauensfrage *f.* **confiant, e** *a* vertrauend (*dans, en* auf *acc*).

confidence [kõfidɑ̃s] *f meist pl* Herzensergüsse *m pl;* ► *mettre qn dans la* ~ jdn ins Vertrauen ziehen. **confident,**

e *m f* Vertraute(r *m*) *f a. theat.* **confidentiel, le** *a* vertraulich.

confier [kõfje] **I.** *tr* **1.** an=vertrauen *a. fig;* **2.** übergeben, -tragen, -lassen; **II.** *v prn* ► *se* ~ *à qn* sich jdm an=vertrauen *od* eröffnen.

configuration [kõfigyʀasjõ] *f* Konfiguration *f (a. inform).*

confinement [kõfinmã] *m* Abgeschiedenheit; *jur* Einzelhaft *f.* **confiner I.** *itr* grenzen (*à, avec* an *acc*) *a. fig;* **II.** *tr* ein=sperren; **III.** *v prn se* ~ sich zurück=ziehen; sich vergraben (*dans* in *dat*); ► *air m* ~*é* verbrauchte Luft *f.* **confins** [-fɛ̃] *m pl* Grenzen *f pl a. fig;* äußerste(s) Ende *n;* ► *aux* ~ *de* an der äußersten Grenze; *fig* an der Grenze zu.

confire [kõfiʀ] ‹*Prés. je confis, ns confisons; Fut. je confirai; pp. confit, e*› *tr (in Zucker, Essig, Fett)* ein=machen, ein=legen.

confirmation [kõfiʀmasjõ] *f* **1.** Bestätigung, Bekräftigung *f;* **2.** Firm(el)ung; Konfirmation, Einsegnung *f;* ► *en* ~ *de* zur Bestätigung *gen;* ~ *de commande (com)* Auftragsbestätigung *f.* **confirmer I.** *tr* **1.** bestärken, bekräftigen, bestätigen; **2.** firmeln; konfirmieren, ein=segnen; **II.** *v prn se* ~ sich bestätigen; sich als richtig herausstellen.

confiscation [kõfiskasjõ] *f* Konfiskation, Beschlagnahme, Einziehung *f.*

confiserie [kõfizʀi] *f* Konditorei *f.* **confiseur** *m* Süßwarenfabrikant, -händler *m.*

confisquer [kõfiske] *tr* konfiszieren, ein=ziehen; *fam* weg=nehmen; mit Beschlag belegen (*qn* jdn).

confit, e [kõfi, -it] **I.** *a (Küche)* eingemacht, eingelegt; **II.** *s m* in Fett eingelegte(s) Fleisch. **confiture** *f* Marmelade, Konfitüre *f.*

conflit [kõfli] *m* Konflikt *m,* Ausea.setzung *f,* Streit(igkeit *f*) *m;* ► *entrer en* ~ *avec qn* mit jdm in Streit geraten; ~ *des classes* Klassenkampf *m;* ~ *d'intérêts* Interessenkonflikt *m.*

confluent, e [kõflyã] *m geog* Zs.fluß *m.* **confluer** *itr (Flüsse)* zs.=fließen (*avec* mit); *allg* zs.=strömen.

confondre [kõfõdʀ] ‹*Prés. je confonds, ns confondons; Fut. je confondrai; pp. confondu, e; Subj. que je confonde, que ns confondions; Impér. confonds, confondons*› **I.** *tr* **1.** verwechseln (*qn avec* jdn mit); durcheinanderbringen *a. fig;* **2.** verschmelzen, vermischen, vereinigen; verwischen; **3.** verwirren, aus dem Konzept bringen, ratlos machen, verblüffen, bestürzen; **4.** beschämen, demütigen; zuschanden machen, vereiteln, zerschlagen, vernichten; **5.** *jur* der Schuld *od* Lüge überführen; **II.** *v prn se* ~ **6.** verschmelzen, verschwimmen; ineinander übergehen; **7.** ► *se* ~ *en* sich überbieten an *dat,* überströmen, *fam* sich überschlagen vor *dat.*

conforme [kõfɔʀm] *a* übereinstimmend, gleichlautend; ► ~ *à* in Übereinstimmung mit, gemäß, entsprechend, angemessen *dat; certifié* ~ beglaubigt; ~ *à l'horaire* fahrplanmäßig; ~ *aux usages locaux, commerciaux* orts-, handelsüblich. **conformément** *adv* gemäß, entsprechend (*à* dat). **conformer I.** *tr* an=passen, an=gleichen (*à* an *acc*); **II.** *v prn se* ~ *à* sich richten nach; Folge leisten *dat.* **conformisme** *m* Konformismus *m.* **conformiste** *m* Jasager *m.* **conformité** *f* Übereinstimmung, Gleichförmigkeit *f;* ► *en* ~ *avec* in Übereinstimmung mit.

confort [kõfɔʀ] *m* Komfort *m,* Bequemlichkeit, Behaglichkeit *f.* **confortable** *a* **1.** komfortabel, behaglich, wohnlich (eingerichtet); **2.** *fig (Einkommen)* ansehnlich, beträchtlich; *(Vorsprung)* beachtlich.

confrère [kõfʀɛʀ] *m* (Berufs-)Kollege *m.* **confrérie** *f rel* Bruderschaft *f.*

confrontation [kõfʀõtasjõ] *f jur* Gegenüberstellung *f.* **confronter** *tr jur* gegenüber=stellen, konfrontieren (*avec* mit); *(Handschriften)* vergleichen.

confus, e [kõfy, -yz] *a* **1.** (ver)wirr(t), verworren, ungeordnet; *(Bild)* undeutlich, unscharf; **2.** *fig* unklar, dunkel, verworren; **3.** *(Person)* verwirrt, verlegen, betreten, betroffen, beschämt (*de* über *acc*). **confusément** *adv* **1.** undeutlich; verschwommen; **2.** *fig* vage, dunkel; **3.** *(Stil)* verworren. **confusion** *f* **1.** Verwirrung, Verworrenheit *f;* Durcheinander *n,* Unordnung; **2.** Verwechslung *f,* Irrtum *m;* **3.** *(Personen)* Verwirrung, Verlegenheit, Betroffenheit *f;* **4.** *jur* Vereinigung *f.*

congé [kõʒe] *m* **1.** Urlaub(szeit *f,* -sschein) *m;* schulfreie Zeit *f;* **2.** Entlassung; Kündigung *f;* **3.** *com* Passier-, Zollschein *m;* **4.** *mar* Schiffszertifikat *n;* **5.** ► *aller en* ~ auf, in Urlaub gehen; *avoir* ~, *être en* ~ Urlaub *od* schulfrei haben; *donner* ~ *à qn* jdn beurlauben; jdm frei=geben; *prendre* ~ Abschied nehmen, sich verabschieden; sich zurück=ziehen (*de qn* von jdm); *recevoir son* ~ entlassen werden; **6.** ► *après-midi m de* ~ freie(r) Nachmittag *m;* **7.** ► ~ *annuel* Jahresurlaub *m;* ~ *de convalescence* Genesungs-, Erholungsurlaub *m;* ~ *de maladie* Krankheitsurlaub *m;* ~ *de maternité* Mutterschaftsurlaub *m;* ~ *payé* bezahlte(r) Urlaub *m.* **congédier** [-dje] *tr* entlassen.

congélateur, trice [kõʒelatœʀ, -tʀis] *a* Tiefkühl-; *s m* Gefrierschrank *m,* -truhe *f.* **congélation** *f* **1.** Gefrieren; Dick-, Steifwerden *n;* **2.** *(Lebensmittel)* Ein-

frieren *n;* **3.** Erfrieren; ► *point m de* ~ Gefrierpunkt *m.* **congeler** [-ʒle] ‹*Prés. je congèle, ns congelons; Fut. je congèlerai; pp. congelé, e*› **I.** *tr* zum Gefrieren bringen; ein=dicken, gerinnen lassen; *(Lebensmittel)* einfrieren; **II.** *v prn se* ~ gefrieren (*à* bei).
congénère [kɔ̃ʒenɛʀ] *m f* Artgenosse *m.*
congénital, e [kɔ̃ʒenital] *a med* angeboren.
congestion [kɔ̃ʒɛstjɔ̃] *f med* Blutandrang *m;* Hyperämie *f.* ► ~ *cérébrale* Gehirnschlag *m.* **congestionner** [-tjɔ-] *tr* **1.** Blutandrang verursachen (*qc* in etw); **2.** *(Gesicht)* hochrot färben; **3.** *(Straße)* verstopfen.
Congo, le [kɔ̃go] der Kongo(staat) *m.* **Congolais, e** *m f* Kongolese *m,* Kongolesin *f.*
congratulation [kɔ̃gʀatylasjɔ̃] *f meist pl* (herzliche) Gratulation *f,* Glückwunsch *m.* **congratuler** *tr:* ► ~ *qn sur qc* jdm (überschwenglich) zu etw Glück wünschen, jdm gratulieren.
congre [kɔ̃gʀ] *m* Meeraal *m.*
congrégation [kɔ̃gʀegasjɔ̃] *f rel* Kongregation *f.*
congrès [kɔ̃gʀɛ] *m* Kongreß *m a. pol,* Tagung *f;* ► ~ *de parti* Parteikongreß, Parteitag *m.* **congressiste** *m f* Kongreß-, Tagungsteilnehmer(in *f*) *m.*
congru, e [kɔ̃gʀy] *a:* ► *en être réduit à la portion* ~*e* vom Existenzminimum leben müssen. **congruence** [-gʀyɑ̃s] *f math* Kongruenz *f.*
conifère [kɔnifɛʀ] *m bot* Nadelbaum *m; pl* Koniferen *f pl,* Nadelhölzer *n pl.*
conique *a* konisch, kegelförmig; Kegel-.
conjecture [kɔ̃ʒɛktyʀ] *f* Mutmaßung, Vermutung *f;* ► *faire, former des* ~*s* Vermutungen an=stellen (*sur* über *acc*). **conjecturer** *tr* vermuten, mutmaßen; Vermutungen an=stellen (*sur* über *acc*).
conjoint, e [kɔ̃ʒwɛ̃] **I.** *a* gemeinsam, verbunden *a. math gram;* **II.** *s m f* Ehegatte *m,* -gattin *f; m pl* Eheleute *pl.* **conjointement** *adv* gemeinsam.
conjonctif, ive [kɔ̃ʒɔ̃ktif] *a* **1.** (ver)bindend, Binde-; ► *tissu m* ~ *(anat)* Bindegewebe *n;* **2.** ► *proposition f* ~*ive* Konjunktionalsatz *m.* **conjonction** [-sjɔ̃] *f* **1.** Verbindung, Vereinigung *f;* **2.** *gram* Konjunktion *f,* Bindewort *n;* **3.** *astr* Konjunktion *f.* **conjonctivite** *f* Bindehautentzündung *f.*
conjoncture [kɔ̃ʒɔ̃ktyʀ] *f* **1.** Lage *f* (der Dinge); Umstände *m pl;* Aussichten *f pl;* **2.** *com* Konjunktur, Geschäftslage *f;* ► *analyse, étude f de la* ~ Konjunkturforschung *f;* ~ *économique* Wirtschaftslage *f.*
conjugaison [kɔ̃ʒygɛzɔ̃] *f* **1.** *gram* Konjugation, Abwandlung *f;* **2.** *zoo* Konjugation *f.*
conjugal, e [kɔ̃ʒygal] *a* ehelich, Ehe-; ► *lit m* ~ Ehebett *n.*
conjugué, e [kɔ̃ʒyge] *a* **1.** *anat bot* gepaart; **2.** *math* konjugiert, zugeordnet; **3.** *tech* verbunden, gekoppelt; **4.** *allg* zs.gefaßt, vereinigt, gemeinsam.
conjuguer *tr* **1.** (mitea.) verbinden, vereinigen; **2.** *gram* konjugieren, ab=wandeln.
conjuration [kɔ̃ʒyʀasjɔ̃] *f* **1.** Verschwörung *f;* **2.** (Geister-)Beschwörung *f.*
conjuré *m* Verschworene(r) *m.* **conjurer I.** *tr* **1.** *(Geister)* beschwören; **2.** *(Gefahr)* ab=wenden; **3.** inständig bitten, beschwören; **II.** *v prn se* ~ sich verschwören (*contre* gegen *acc*).
connaissance [kɔnɛsɑ̃s] *f* **1.** Erkenntnis(vermögen *n*) *f;* **2.** Kenntnis *f,* Wissen *n;* **3.** Bewußtsein *n;* **4.** Bekanntschaft; Bekannte(r *m*) *f;* **5.** *jur* Zuständigkeit *f;* **6.** *pl* Kenntnisse *f pl,* Wissen *n;* **7.** ► *à ma* ~ meines Wissens, soviel ich weiß; *en* ~ *de cause* in Kenntnis der Sachlage; mit Sachkenntnis; *sans* ~ ohne Bewußtsein; bewußt-, besinnungslos; **8.** ► *avoir* ~ *de qc* über e-e S informiert sein; von etw Kenntnis haben *od* erlangen; *avoir toute sa* ~ bei vollem Bewußtsein sein; *donner* ~ *de qc à qn, porter qc à la* ~ *de qn* jdm etw mit=teilen, jdn von etw unterrichten; *faire* ~ sich mitea. bekannt machen; *faire, lier* ~ *avec qn, faire la* ~ *de qn* jds Bekanntschaft machen, jdn kennen=lernen; *faire faire la* ~ *de qn à qn* jdn mit jdm bekannt machen; *perdre* ~ das Bewußtsein, die Besinnung verlieren, ohnmächtig werden; *prendre* ~ *de qc* etw zur Kenntnis nehmen; etw prüfen; *reprendre* ~ das Bewußtsein wieder=erlangen, wieder zu sich kommen; **9.** ► *une personne de ma* ~, *une de mes* ~*s* ein Bekannter, e-e Bekannte von mir; ~ *des choses* Sachkenntnis *f.* **connaisseur, se I.** *s m f* Kenner(in *f*) *m;* **II.** *a* Kenner-.
connaître [kɔnɛtʀ] ‹*Prés. je connais, ns connaissons; Fut. je connaîtrai; pp. connu, e; Subj. que je connaisse, que ns connaissions; Impér. connais, connaissons*› **I.** *tr* **1.** kennen, wissen; **2.** können, verstehen; sich bewußt sein *gen;* bekannt sein (*qc* mit e-er S); **3.** kennenlernen; (*Schicksal)* erleben; erfahren; ► ~ *de qc (jur)* über e-e S erkennen, in e-er S entscheiden, *allg* urteilen; *(lit)* erkennen, ein=sehen; **II.** ► *se* ~ *à, en* **4.** sich verstehen auf *acc,* sich aus=kennen in *dat;* ► *s'y* ~ sich darin aus=kennen; **5.** ► *faire* ~ mit=teilen, bekannt=geben, -machen; *se faire* ~ sich bekannt, sich e-n Namen machen; sich zu erkennen geben; *comme le fond de sa poche* in- u. auswendig, wie s-e Westentasche kennen; ~ *son métier* sein Geschäft,

Handwerk verstehen; ~ *son monde (fam)* seine Pappenheimer kennen; ~ *de vue* vom Sehen kennen.

connecter [kɔnɛkte] *tr allg tele* verbinden; *el* (ein=)schalten, an=schließen, koppeln.

connerie [kɔnʀi] *f fam* Dummheit *f.*

connexe [kɔnɛks] *a* verbunden, zs.hängend. **connexion** *f* Verbindung, *f,* Anschluß *m.*

connivence [kɔnivɑ̃s] *f* ▶ *être de ~ avec qn* mit jdm unter einer Decke stecken.

connu, e [kɔny] *a* bekannt *a. math.*

conquérant, e [kɔ̃keʀɑ̃, -ɑ̃t] **I.** *a (Miene)* siegessicher; **II.** *s m* Eroberer *m.* **conquérir** ‹*Prés. je conquiers, ns conquérons; Fut. je conquerrai; pp. conquis, e; Subj. que je conquière, que ns conquérions; Impér. conquiers, conquérons*› *tr* **1.** erobern *a. fig;* **2.** (für sich) ein=nehmen; **3.** erringen, gewinnen, erwerben.

conquête [kɔ̃kɛt] *f* **1.** Eroberung *f a. fig fam;* **2.** Errungenschaft *f;* ▶ *faire la ~* erobern (*de qc* etw); für sich gewinnen (*de qn* jdn).

consacré, e [kɔ̃sakʀe] *a* **1.** *rel.* geweiht; **2.** *(Ausdruck)* üblich. **consacrer** *tr* **1.** *rel* (ein=)weihen, konsekrieren; **2.** *fig* rechtfertigen; **3.** *(Zeit)* widmen, verwenden (*à* für, zu); **4.** *(Erinnerung)* festhalten, verankern (*par* in *dat*); *(neue Wörter)* sanktionieren.

consanguinité [kɔ̃sɑ̃gɥinite] *f* Blutsverwandtschaft *f.*

conscience [kɔ̃sjɑ̃s] *f* **1.** Bewußtsein *n;* **2.** *(~ morale)* Gewissen *n;* **3.** Gewissenhaftigkeit *f* **4.** ▶ *en (toute) ~* nach bestem Wissen und Gewissen; **5.** ▶ *avoir ~ de qc* sich e-r S bewußt sein; *avoir bonne ~* ein gutes Gewissen haben; *avoir qc sur la ~* etw auf dem Gewissen haben; *décharger, libérer, soulager sa ~* sein Gewissen entlasten; *se donner bonne ~* sein Gewissen beschwichtigen; *faire son examen de ~* sein Gewissen prüfen *od* erforschen; *perdre ~* das Bewußtsein verlieren; *prendre ~ de* sich bewußt werden *gen;* **6.** ▶ *cas m de ~* Gewissensfrage *f; examen m de ~* Gewissenserforschung *f; liberté f de ~* Gewissensfreiheit *f; prise f de ~* Bewußtwerdung *f.* **consciencieux, se** *a* gewissenhaft. **conscient, e** [-sjɑ̃, -ɑ̃t] *a* bewußt.

conscrit [kɔ̃skʀi] *m* Rekrut *m.*

consécration [kɔ̃sekʀasjɔ̃] *f* **1.** *rel* Konsekration, Weihe *f;* **2.** *fig* Bestätigung, Sanktionierung *f* (*par* in *dat*).

consécutif, ive [kɔ̃sekytif, -iv] **1.** aufea.-, nachfolgend; **2.** folgend (*à* aus). **consécutivement** *adv* nach-, hinterea.

conseil [kɔ̃sɛj] *m* **1.** Rat(schlag) *m;* Berat(schlag)ung, Überlegung *f;* **2.** Ratgeber, Berater *m;* **3.** Rat *m,* beratende Versammlung *f;* **4.** ▶ *sur mon ~* auf meinen Rat; **5.** ▶ *demander ~ à qn* jdn um Rat fragen; *prendre ~ de qn* jdn zu Rate ziehen; auf jdn hören; *tenir ~* e-e Sitzung ab=halten; **6.** ▶ *la nuit porte ~* guter Rat kommt über Nacht; **7.** ▶ *~ administratif, d'administration* Verwaltungsrat *m,* Kuratorium *n,* Vorstand *m; ~ de direction* Vorstand *m; ~ de l'Europe* Europarat *m; ~ de famille* Familienrat *m; ~ juridique* Rechtsbeistand *m; ~ des ministres* Ministerrat *m; ~ municipal* Stadt-, Gemeinderat *m.*

conseiller *tr* beraten; (an=)raten (*qc à qn* jdm etw); e-n Rat geben, e-n Ratschlag erteilen (*qn* jdm); ▶ *prix m conseillé* empfohlene(n) Preis *m.* **conseiller, ère** *m f* Berater(in *f*), Ratgeber(in *f*); Rat *m,* Rätin *f;* ▶ *~ économique* Wirtschaftsberater *m; ~ d'État* Staatsrat *m (Person); ~ fiscal* Steuerberater *m; ~ juridique* Rechtsberater *m; ~ municipal* Stadtrat(smitglied), Stadtverordnete(r) *m; ~ d'orientation professionnelle* Berufsberater *m.*

consentant, e [kɔ̃sɑ̃tɑ̃, -ɑ̃t] *a* einwilligend, zustimmend. **consentement** *m* Einwilligung, Zustimmung, Zusage *f;* ▶ *par ~ mutuel* in gegenseitigem Einverständnis. **consentir** ‹*Prés. je consens, ns consentons; Fut. je consentirai; pp. consenti, e; Subj. que je consente, que ns consentions; Impér. consens, consentons*› **I.** *itr* ein=willigen (*à* in *acc*), s-e Einwilligung geben (*à* zu), zu=stimmen, zu=sagen, bei=pflichten; **II.** *tr* gut=heißen, billigen; ▶ *~ à tout* zu allem ja und amen sagen.

conséquence [kɔ̃sekɑ̃s] *f* **1.** Folge(rung, -erscheinung) *f,* Schluß *m,* Konsequenz *f;* **2.** folgerichtige(s) Denken *n,* Folgerichtigkeit; Bedeutung, Wichtigkeit *f;* **3.** ▶ *de ~* von Wichtigkeit; *en ~* folglich, demnach, (dem)entsprechend, infolgedessen; *en ~ de* entsprechend, zufolge, gemäß *dat,* infolge *gen; sans ~* unwichtig; **4.** ▶ *avoir pour ~* zur Folge haben; *tirer la ~ de qc* aus etw die Lehre zu ziehen. **conséquent, e** [-kɑ̃, -ɑ̃t] *a* **1.** folgerichtig, konsequent; **2.** relevant, wichtig; ▶ *par ~* folglich, infolgedessen.

conservateur, trice [kɔ̃sɛʀvatœʀ, -tʀis] **I.** *s m f* **1.** *(Museum)* Kustos, Konservator *m;* **2.** *pol* Konservative(r) *m;* **3.** Konservierungsmittel *n;* **II.** *a* konservativ; ▶ *~ de bibliothèque* Bibliothekar *m; ~ des hypothèques* Grundbuchbeamte(r) *m.* **conservation** *f* **1.** Erhaltung, Bewahrung *f;* **2.** *(Lebensmittel)* Konservierung, Haltbarmachung *f;* Einmachen, -kochen *n;* **3.** ▶ *instinct m de ~* Selbsterhaltungstrieb *m.* **conservatisme** *m pol* Konservativismus *m.* **con-**

servatoire *s m mus (~ de musique)* Konservatorium. **conserve** *f* Konserve *f;* Eingemachte(s) *n;* ▶ *mettre en ~* ein=dosen; *boîte f à, de ~* Konservenbüchse, -dose *f; lait m, légumes m pl, viande f en ~* Büchsenmilch *f,* -gemüse, -fleisch *n; ~ de fruits, de légumes, de poisson, de viande* Obst-, Gemüse-, Fisch-, Fleischkonserve *f.* **conserver I.** *tr* **1.** erhalten, (auf=)bewahren, konservieren; **2.** *(Geheimnis)* hüten; **3.** *(Haltung)* (bei=, zurück=)behalten; **4.** *(Lebensmittel)* konservieren; **II.** *v prn se ~* sich (gut, in s-r Stelle) halten; ▶ *cela ne se conserve pas* das hält sich nicht.

considérable [kõsideʀabl] *a* beachtlich, beträchtlich, ansehnlich. **considération** *f* **1.** Betrachtung, Erwägung, Überlegung *f;* **2.** (Beweg-)Grund *m;* Berücksichtigung, Beachtung, Rücksicht *f;* **3.** (Hoch-)Achtung, Wertschätzung *f,* Ansehen *n;* **4.** *pl* Betrachtungen *f pl,* Gedanken *m pl,* Meinungen *fpl* (*sur* über *acc*); **5.** ▶ *en ~ de* in Anbetracht *gen,* mit Rücksicht auf *acc;* **6.** ▶ *faire entrer en ~* in Erwägung ziehen, Rücksicht nehmen auf *acc; ne pas entrer en ~* nicht in Betracht kommen; *prendre en ~* in Erwägung ziehen; *ne pas être pris en ~* außer Betracht bleiben; **7.** *agréez l'assurance de ma ~ distinguée* mit vorzüglicher Hochachtung. **considérer** ‹*Prés. je considère, ns considérons; Fut. je considérerai; pp. considéré, e*› **I.** *tr* **1.** erwägen, überlegen, bedenken; **2.** sich befassen (*qc* mit etw); **3.** (be)achten, betrachten, an=sehen (*comme* als); berücksichtigen; **4.** aufmerksam betrachten (*qn* jdn); **II.** *v prn se ~* sich halten für; *tout bien ~é* alles wohl erwogen.

consigne [kõsiɲ] *f* **1.** *mil* Instruktion, (An-)Weisung *a. allg;* Dienst-, Wachvorschrift *f;* **2.** *mil* Stubenarrest *m; (Schule)* Nachsitzen *n;* **3.** *loc* Gepäckaufbewahrung *f;* **4.** (Flaschen-)Pfand *n;* ▶ *mettre à la ~* in die Gepäckaufbewahrung geben; *~ automatique (loc)* Schließfach *n.*

consigner [kõsiɲe] *tr* **1.** *jur com* hinterlegen, konsignieren, in Kommission geben; **2.** zur Aufbewahrung (über)geben; **3.** (schriftlich) nieder=legen, verzeichnen, auf=führen; **4.** *mil* mit Stuben-, Hausarrest, Ausgehverbot bestrafen; *(Schule)* nach=sitzen lassen; **5.** den Zutritt verbieten (*qn* jdm); **6.** Pfand, Einsatz verlangen (*qc* für etw).

consistance [kõsistɑ̃s] *f* **1.** Konsistenz, Dickflüssigkeit; Festigkeit *f (e-s Körpers);* **2.** *fig* solide Grundlage *f.* **consistant, e** *a* dickflüssig; fest; *(Argument)* stichhaltig. **consister** *itr* bestehen (*en, dans* in *dat,* aus); beruhen (*à* auf *dat);* ▶ *le tout ~e à* es kommt darauf an, zu.

consœur [kõsœʀ] *f* Kollegin *f.*

consolant, e [kõsɔlɑ̃] *a* tröstlich, trostreich. **consolateur, trice** *a* trostreich, tröstlich. **consolation** *f* Trost *m,* Tröstung *f;* ▶ *prix m de ~* Trostpreis *m.*

console [kõsɔl] *f* **1.** Konsole *f,* Wandbrett *n,* -arm *m;* **2.** Konsoltisch *m;* **3.** *(Sprachlabor)* Pult *n;* ▶ *~ informatique* Bildschirmgerät *n; ~ de visualisation* Datensichtgerät *n.*

consoler [kõsɔle] **I.** *tr* trösten; *(Schmerz)* lindern; **II.** *v prn* ▶ *se ~ de qc* über e-e S hinweg=kommen.

consolidation [kõsɔlidasjõ] *f* **1.** *arch* Verstärkung, Stützung *f;* **2.** *(Finanzen)* Stärkung, Festigung, Sicherung, Fundierung, Konsolidierung *f a. fig;* **3.** *med* Verheilung *f.* **consolidé, e I.** *a (Staatspapiere)* fundiert; **II.** *s m pl* Konsols *m pl.* **consolider** *tr* **1.** *tech fig* (be-)festigen, sichern; verstärken; **2.** *(Finanzen)* fundieren, konsolidieren.

consommateur, trice *s m f* **1.** *com* Verbraucher(in *f*), Konsument; Gast *m (in e-m Lokal);* **2.** *rel* Vollender *m;* ▶ *~ final* Endverbraucher *m.* **consommation** *f* **1.** Verbrauch *a. tech mot;* Konsum; Absatz *m;* Abnutzung *f,* Verschleiß *m;* **2.** Verzehr *m (in e-m Lokal);* Getränk *n;* **3.** *jur (Straftat)* Vollendung; *(Ehe)* Vollziehung *f;* **4.** ▶ *biens m pl de ~* Verbrauchsgüter *pl; industrie f des biens de ~* Verbrauchsgüterindustrie *f; société f de ~* Konsumgesellschaft *f;* **5.** ▶ *~ de courant* Stromverbrauch, -bedarf *m; ~ d'essence, d'huile* Benzin-, Ölverbrauch *m.* **consommé, e I.** *a* vollendet, vollkommen, perfekt; Erz-; **II.** *s m* Kraftbrühe *f.* **consommer** *tr* **1.** ver-, auf=brauchen, ver-, auf=zehren; **2.** *(von Sachen)* verbrauchen, erfordern, *fam* verschlingen, schlucken; **3.** *jur (Straftat)* vollenden; *(Ehe)* vollziehen.

consonance [kõsɔnɑ̃s] *f* **1.** *mus* Konsonanz *f;* **2.** *(Sprache)* Klang *m.*

consonne [kõsɔn] *f* Konsonant, Mitlaut *m.*

consort [kõsɔʀ] *m* **1.** ▶ *prince m ~* Prinzgemahl *m;* **2.** *pl jur* Mittäter *m pl;* ▶ *et ~s (péj)* und Konsorten.

conspirateur, trice [kõspiʀatœʀ] *m f* Verschwörer *m,* Verschworene(r *m*) *f.* **conspiration** *f* Verschwörung *f;* ▶ *c'est la ~ du silence* alle haben sich verschworen, den Mund zu halten. **conspirer** *itr* **1.** sich verschwören, konspirieren (*contre* gegen); **2.** *fig* mit bei=tragen (*à* zu).

constamment [kõstamɑ̃] *adv* beständig, immer wieder; andauernd. **constance** *f* Beharrlichkeit, Ausdauer; Beständigkeit *f.*

Constance [kõstɑ̃s] *m* Konstanz *n,* Konstanze *f;* ▶ *le lac m de C~* der Bodensee *m.*

constant, e [kõstɑ̃, t] **I.** *a* **1.** standhaft; beharrlich, ausdauernd; beständig, stet(ig), dauerhaft; **2.** feststehend, sicher, gewiß; **3.** *math* konstant; **II.** *s f* **1.** *math* Konstante *f;* **2.** *fig* feste Größe *f,* gleichbleibende(r) Faktor *m.*
constat [kõsta] *m jur* amtliche(s) Protokoll *n.* **constatation** *f* Feststellung; Bestätigung; *jur* Beurkundung *f.* **constater** *tr* **1.** fest≈stellen, konstatieren; bestätigen; **2.** *jur* beurkunden.
constellation [kõstɛlasjõ] *f astr* Sternbild *n;* Konstellation *f.* **consteller** *tr* be-, übersäen; *(Brust)* bedecken.
consternation [kõstɛʀnasjõ] *f* Bestürzung, Betroffenheit *f.* **consterner** *tr* bestürzen, in Bestürzung versetzen; erschüttern.
constipation [kõstipasjõ] *f med* Verstopfung *f.* **constipé, e 1.** *med* hartleibig; **2.** ▶ *il a l'air* ~ er benimmt sich steif. **constiper** *tr med* Verstopfungsursachen (*qn* bei jdm).
constituant, e [kõstitɥɑ̃, -ɑ̃t] **I.** *a* **1.** (e-n Bestandteil) bildend; **2.** *pol* konstituierend, verfassunggebend; **II.** *s m pol* Mitglied *n* e-r verfassunggebenden Versammlung; *s f* u. ▶ *assemblée f ~e* verfassunggebende Versammlung *f.* **constitué, e** *a* **1.** *pol* von der Verfassung vorgesehen; durch Gesetz bestellt; **2.** ▶ *bien ~ (Mensch)* wohlproportioniert. **constituer I.** *tr* **1.** aus≈machen, bilden, dar≈stellen; **2.** (be)gründen, ins Leben rufen, schaffen, er-, ein≈richten; **3.** *(Rente)* aus≈setzen, an≈weisen; **II.** *v prn se ~* auf≈treten, sich hin≈stellen als, sich konstituieren (*en* als), sich auf≈werfen zu *a. jur;* ▶ *se ~ qc* sich etw schaffen; *se ~ prisonnier* sich (der Polizei) stellen; *mil* sich gefangen geben. **constitutif, ive** [-ty-] *a* **1.** grundlegend, wesentlich; **2.** *jur* (rechts)begründend; ▶ *éléments m pl ~s* Grundbestandteile *m pl.* **constitution** *f* **1.** Bildung, Einsetzung, Einrichtung *f;* **2.** Beschaffenheit *f,* Zustand *m;* **3.** *jur (Rente), Aussetzung f;* **4.** *pol* Verfassung *f,* (Staats-)Grundgesetz *n;* **5.** *(Mensch)* Konstitution *f;* **6.** Aufbau *m,* Struktur, Gliederung *f.* **constitutionnel, le** *a med pol* konstitutionell; *pol* verfassungsmäßig.
constructeur [kõstʀyktœʀ] *m* **1.** Erbauer, Baumeister, Konstrukteur *m;* **2.** *fig* Begründer *m.* **constructif, ive** *a* **1.** konstruktiv; **2.** kreativ. **construction** [-ks-] *f* **1.** *arch* Konstruktion, Erbauung *f,* Bauen *n;* Bauart, -weise, Herstellung *f;* **2.** *arch* (fertiger) Bau *m;* Bauwerk *n,* Anlage *f;* **3.** *fig (Roman)* Anlage *f,* Aufbau *m;* **4.** *math gram* Konstruktion *f a. fig;* **5.** ▶ *en ~* im Bau (befindlich); **6.** ▶ *entreprise f de ~* Baugeschäft *n;* **7.** ▶ *~ brute* Rohbau *m; ~ en préfabriqué* Fertigbau *m; ~ de logements* Wohnungsbau *m; ~ navale* Schiffsbau *m; ~ en série* Serien-, Montagebau *m,* Serienanfertigung *f.*
construire [kõstʀɥiʀ] ‹*Prés. je construis, ns construisons; Fut. je construirai; pp. construit, e; Subj. que je construise, que ns construisions; Impér. construis, construisons*› *tr* **1.** *arch* (er)bauen, errichten; **2.** *tech* konstruieren, her≈stellen; entwerfen; **3.** *(Weg)* an≈legen; **4.** *gram (Satz)* bilden; **5.** *fig (sein Leben)* ein≈richten; **6.** *(System)* auf≈bauen; **7.** *(Werk)* zs.≈stellen, gestalten, anlegen.
consul [kõsyl] *m hist jur* Konsul *m;* ▶ *~ général* Generalkonsul *m.* **consulaire** *a* konsularisch, Konsular-. **consulat** [-la] *m hist jur* Konsulat *n.*
consultant, e [kõsyltɑ̃, -ɑ̃t] *a:* ▶ *avocat m ~* Rechtskonsulent *m; médecin m ~* beratende(r) Arzt *m.* **consultatif, ive** *a pol* beratend; ▶ *avoir voix ~ive* beratende Stimme haben; *comité m ~* beratende(r) Ausschuß *m.* **consultation** *f* **1.** Konsultation, Beratung *f;* **2.** *med* Sprechstunde *f;* **3.** *pol* Befragung, Besprechung *f; inform* Abfrage *f,* Nachschlagen *n;* ▶ *~ du compte bancaire (bei Geldautomaten)* Abfrage *f* des Kontostands; **4.** *jur* Gutachten *n;* **5.** *(Werk)* Nachschlagen *n;* ▶ *cabinet m, heure f de ~* Sprechzimmer *n,* -stunde *f; ~ à distance (inform)* Fernabfrage *f; ~ des nourrissons* Mütterberatung(sstelle) *f; ~ populaire* Volksbefragung *f.* **consulter I.** *tr* **1.** zu Rate ziehen, konsultieren; *(Sachverständigen)* hinzuziehen; **2.** nach≈sehen, -schlagen (*qc* in etw); *inform* ab≈fragen; **II.** *itr* **3.** beratschlagen, sich beraten (*avec* mit); **4.** *med* Sprechstunde haben; **III.** *v prn se ~* miteinander beraten; ▶ *~ à distance (inform)* fernab≈fragen.
consumer [kõsyme] **I.** *tr* **1.** *(Feuer)* verzehren; **2.** *(Kräfte)* auf≈zehren; **II.** *v prn se ~* sich verzehren.
contact [kõtakt] *m* **1.** Berührung *f,* Kontakt *m a. el;* **2.** Fühlung(nahme), Beziehung *f;* **3.** ▶ *entrer en ~ avec* in Verbindung treten mit; *établir le ~ (el)* ein≈schalten; *être en ~* Kontakt haben; *mettre le ~* die Zündung einschalten; *prendre ~ avec* die Verbindung auf≈nehmen mit; **4.** ▶ *clé f de ~* Zündschlüssel *m; point m de ~ (fig)* Berührungspunkt *m; prise f de ~* Fühlungnahme *f; verres mpl de ~* Kontaktlinsen *f pl.* **contacter** *tr* Fühlung nehmen, sich in Verbindung setzen (*qn* mit jdm). **contactologie** *f opt* Fachgebiet *n,* das Kontaktlinsen zum Gegenstand hat. **contactologiste** *m f* Kontaktlinsenspezialist(in *f*) *m.*
contagieux, se [kõtaʒjø] *a* ansteckend *a. fig,* übertragbar. **contagion** *f* **1.** *med* Infektion; Ansteckung *a. fig,* Übertra-

gung *f;* **2.** ansteckende Krankheit, Seuche *f.*
container [kɔ̃tɛnɛʀ] *m loc* Behälter, Container *m.* **containériser** *tr* in Containern verladen; in Containern befördern.
contamination [kɔ̃taminasjɔ̃] *f* **1.** *med* Verseuchung; Infektion *f;* **2.** *fig* Ansteckung *f;* **3.** *ling* Kontamination *f;* ▶ *~ atomique, radioactive* radioaktive Verseuchung *f.* **contaminer 1.** *med* infizieren, verseuchen, an=stecken; **2.** *fig* anstecken.
conte [kɔ̃t] *m* Märchen *n;* ▶ *~ à dormir debout* Ammenmärchen *n; ~ de fée* Märchen *n.*
contemplateur [kɔ̃tɑ̃platœʀ] *m* Betrachter, Beschauer *m a. fig.* **contemplation** *f* **1.** Betrachtung, Anschauung *f;* **2.** Beschaulichkeit; (mystische) Versenkung *f.* **contempler** *tr* betrachten, be-, an=schauen.
contemporain, e [kɔ̃tɑ̃pɔʀɛ̃, -ɛn] **I.** *a* zeitgenössisch; **II.** *s m f* Zeit-, Altersgenosse *m.*
contenance [kɔ̃tnɑ̃s] *f* **1.** Fassungsvermögen *n,* -kraft *f;* **2.** Flächeninhalt *m,* Oberfläche *f;* **3.** *fig* Fassung, Haltung *f;* Benehmen, Auftreten *n;* ▶ *faire bonne ~* die Haltung bewahren; *faire perdre ~ à qn* jdn aus der Fassung bringen; *perdre ~* die Fassung verlieren. **conteneur** *m* **1.** kleine(r) Behälter *m;* **2.** Container *m.* **contenir** ‹*Prés. je contiens, ns contenons; Fut. je contiendrai; pp. contenu, e; Subj. que je contienne, que ns contenions; Impér. contiens, contenons*› **I.** *tr* **1.** enthalten, (um)fassen; ein=schließen; **2.** e-e Oberfläche haben von *dat;* **3.** in Schranken halten, zurück=halten; **II.** *v prn se ~* sich beherrschen; sich zurückhalten. **contenu, e I.** *a fig* beherrscht; zurückhaltend; **II.** *s m* Inhalt *m a. fig;* Ladung *f; fig* Gehalt *m.*
content, e [kɔ̃tɑ̃, -ɑ̃t] **I.** *a* zufrieden, einverstanden (*de* mit); froh, heiter; erfreut (*de* über *acc*); ▶ *~ de peu* genügsam; **II.** *s m;* ▶ *être ~ de* sich freuen über *acc.* **contentement** *m* Zufriedenheit; Befriedigung *f.* **contenter I.** *tr* zufrieden=stellen, befriedigen, es recht machen *dat;* **II.** *v prn se ~* zufrieden sein, sich begnügen, sich ab=finden; sich bescheiden (*de* mit).
contentieux, se [kɔ̃tɑ̃sjø] *s m* Streit-, Prozeßsachen *f pl.*
conter [kɔ̃te] *tr* erzählen, berichten; her=sagen; ▶ *en ~ à qn* jdm etw weis=machen; *il ne s'en laisse pas ~* er läßt sich keinen Bären aufbinden.
contestataire [kɔ̃tɛstatɛʀ] *m* Protestler *m.* **contestation** *f* **1.** Bestreiten *n,* Anfechtung *f;* **2.** *pol* Protest *m;* Diskussion *f;* Streit *m;* **3.** ▶ *sans ~* unbestreitbar; *élever une ~* e-n Einwand erheben (*sur* gegen); *entrer en ~ à avec qn* mit jdm in Streit geraten; *prêter à ~* Anlaß zu e-m Protest geben. **conteste** *adv:* ▶ *sans ~* unbestritten. **contesté, e** *a* umstritten. **contester I.** *tr* bestreiten, streitig machen, an=fechten; zurück=weisen; **II.** *itr* **1.** (sich) streiten; **2.** *pol* protestieren.
conteur, se [kɔ̃tœʀ, -øz] *s m f* Erzähler (in *f*).
contexte [kɔ̃tɛkst(ə)] *m* **1.** Kontext, Zusammenhang *m;* **2.** Hintergründe *m pl,* Lage *f,* Bedingungen *f pl,* Gesamtumstände *m pl.*
contigu, ë [kɔ̃tigy] *a* angrenzend (*à* an *acc*); Neben-; ▶ *idées f pl ~ës* verwandte Ideen *f pl.* **contiguïté** [-gɥite] *f* Angrenzen, Anstoßen *n.*
continence [kɔ̃tinɑ̃s] *f (sexuelle)* Enthaltsamkeit *f.*
continent [kɔ̃tinɑ̃] *m* Erdteil, Kontinent *m,* Festland *n.* **continental, e** *a* festländisch, kontinental; Kontinental-.
contingences [kɔ̃tɛ̃ʒɑ̃s] *f pl* Zufälligkeiten *f pl,* Banalitäten *f pl.* **contingent, e I.** *a* **1.** zufällig, ungewiß; **2.** *(Teil)* zustehend; **3.** unwesentlich; **II.** *s m* **1.** Anteil *m;* **2.** Quote *f,* Kontingent *n; pl* Soll *n;* **3.** *mil* Jahrgang *m.*
continu, e [kɔ̃tiny] *a* fortlaufend, kontinuierlich; anhaltend, ununterbrochen; ▶ *courant m ~ (el)* Gleichstrom *m; journée f ~e* Durcharbeitszeit *f.* **continuel, le** [-nɥɛl] *a* fortdauernd, -laufend, -während; anhaltend, beständig. **continuer** [-nɥe] **I.** *tr* **1.** fort=setzen, fort=, weiter=führen; **2.** verlängern, aus=dehnen; **II.** *itr* **3.** fort=fahren, weiter=gehen, weiter=machen; **4.** sich fort=setzen, sich erstrecken; **5.** an=dauern, -halten; s-n Fortgang nehmen; ▶ *~ à* od *de faire qc* etw weiterhin tun; *il ~e à* od *de pleuvoir, neiger* es regnet, schneit immerzu, hört nicht auf zu regnen, schneien; *continuez!* machen Sie weiter! **continuité** [-nɥite] *f* **1.** Kontinuität *f;* Stetigkeit; Fortdauer *f,* -bestand *m;* **2.** Anhalten *n,* Fortsetzung *f.*
contorsion [kɔ̃tɔʀsjɔ̃] *f* **1.** Verrenkung, Verzerrung *f;* **2.** *pl fig* vergebliche Anstrengungen *f pl; (Kinder)* Gezappel n. **contorsionner, se** [-sjɔ-] *v prn* sich verrenken. **contorsionniste** *m* Schlangenmensch *m.*
contour [kɔ̃tuʀ] *m* Umriß *m;* Kontur *f.* **contourné, e** *a* **1.** schief, krumm; **2.** *fig (Stil)* geschraubt, gewunden. **contourner** *tr* **1.** herum=gehen um; umgehen; **2.** *fig (Schwierigkeit)* umgehen; **3.** im Umriß entwerfen, umreißen; **4.** verdrehen, verbiegen.
contraceptif, ive [kɔ̃tʀasɛptif, -iv] *a med* empfängnisverhütend; *s m* empfängnisverhütende(s) Mittel *n.* **contraception** [-sjɔ̃] *f* Empfängnisverhütung

f.
contracté, e *a* **1.** *(Person)* verkrampft; **2.** *(Gesichtszüge)* verzerrt. **contracter** **I.** *tr* **1.** zs.=ziehen, verkürzen; **2.** *(Gewohnheit, Geschmack)* an=nehmen; **3.** *(Kredit)* auf=nehmen; **4.** *jur (Vertrag)* (ab=)schließen, ein=gehen; **II.** *v prn se* ~ **5.** sich zs.=ziehen; zs.=schrumpfen; **6.** *(Gesicht)* sich verziehen, sich verkrampfen; ► ~ *une amitié* Freundschaft schließen; ~ *une assurance* e-e Versicherung ab=schließen; ~ *des dettes* Schulden machen; ~ *un emprunt, un prêt* e-e Anleihe, ein Darlehen auf=nehmen; ~ *une maladie* sich e-e Krankheit zu=ziehen; ~ *mariage* e-e Ehe schließen *od* ein=gehen; ~ *une obligation* e-e Verpflichtung auf sich *(acc)* nehmen, e-e Verbindlichkeit ein=gehen. **contraction** [-sjɔ̃] *f* **1.** Zs.ziehung *f;* **2.** *(Geburt)* Wehe *f;* **3.** *tech* Schrumpfung *f;* **4.** *(Züge)* Verzerrung *f;* **5.** *gram* Kontraktion *f.*
contractuel, le [kɔ̃tʀaktɥɛl] **I.** *a* vertraglich, vertragsmäßig, -gemäß; **II.** *s f* Politesse *f.*
contracture [kɔ̃tʀaktyʀ] *f* (Muskel-) Krampf *m.*
contradiction [kɔ̃tʀadiksjɔ̃] *f* **1.** Widerrede *f,* Widerspruch *m;* **2.** Gegensatz *m;* Unvereinbarkeit *f;* ► *être en ~ avec qc* mit etw im Widerspruch stehen; *esprit m de* ~ Widerspruchsgeist *m.* **contradictoire** *a* **1.** (sich) widersprechend; widerspruchsvoll; **2.** *jur* kontradiktorisch.
contraindre [kɔ̃tʀɛ̃dʀ] ‹*Prés. je contrains, ns contraignons; Fut. je contraindrai; pp. contraint, e; Subj. que je contraigne, que ns contraignions; Impér. contrains, contraignons*› *tr* zwingen. **contraint, e** [-tʀɛ̃, -ɛ̃t] *a fig* gezwungen; gekünstelt, steif, unnatürlich. **contrainte** *f* **1.** Zwang *m;* Nötigung *f,* Druck *m;* Be-, Einschränkung *f;* **2.** *jur* Gewalt(anwendung) *f,* Zwangsmittel *n;* **3.** *tech* Spannung, Beanspruchung *f;* ► *travailler sous la* ~ unter Zwang arbeiten; *user de* ~ Zwang an=wenden.
contraire [kɔ̃tʀɛʀ] **I.** *a* **1.** gegensätzlich; entgegengesetzt; **2.** nachteilig, schädlich; **II.** *s m* Gegenteil *n,* Gegensatz *m;* ► *au* ~ im Gegenteil; im Gegensatz (*de* zu); *dans le* od *en cas* ~ andernfalls; *en sens* ~ im entgegengesetzten Sinn; in entgegengesetzter Richtung; *sauf avis* ~ *(com)* vorbehaltlich gegenteiliger Mitteilung; *aller au* ~ *de qc* sich e-r S widersetzen, gegen e-e S sein; *faire tout le* ~ genau das Gegenteil tun; *je ne dis pas le* ~ ich streite es nicht ab, leugne es nicht; *preuve f du* ~ Gegenbeweis *m;* ~ *aux règlements* vorschriftswidrig.
contrariant, e [kɔ̃tʀaʀjɑ̃, -ɑ̃t] *a (Sache)* ärgerlich. **contrarié, e** *a* verstimmt, ärgerlich (*de* über *acc*). **contrarier** *tr* **1.** entgegen=wirken (*qn* jdm); stören, (be-)hindern; *(Plan)* durchkreuzen; **2.** (ver-)ärgern, verdrießen; **3.** *(Farben)* kontrastieren lassen. **contrariété** *f* **1.** Unannehmlichkeit *f,* Ärger *m;* **2.** Verärgerung, Verstimmung *f.*
contraste [kɔ̃tʀast] *m* Kontrast, Gegensatz *m;* ► *être en* ~ im Gegensatz stehen; *effet m de* ~ Kontrastwirkung *f.* **contrasté, e** *a* kontrastierend; kontrastreich. **contraster I.** *itr* kontrastieren, e-n Kontrast bilden; ab=stechen (*avec* gegen); **II.** *tr* (ea.) scharf gegenüber=stellen.
contrat [kɔ̃tʀa] *m* **1.** *com jur* Vertrag *m;* (mündliche) Abmachung, Vereinbarung *f;* **2.** *fig* Versprechen *n;* **3.** ► *dresser, rédiger un* ~ e-n Vertrag auf=setzen, ab=fassen; *passer un* ~ e-n Vertrag schließen; **4.** ► *rupture f de* ~ Kontrakt-, Vertragsbruch *m; remplir un* ~ e-n Vertrag erfüllen; **5.** ► ~ *collectif* Kollektiv-, Tarifvertrag *m;* ~ *d'épargne logement* Bausparvertrag *m;* ~ *de mariage* Ehevertrag *m;* ~ *social (pol)* Gesellschaftsvertrag *m;* ~ *de travail* Arbeitsvertrag *m;* ~ *de vente* Kaufvertrag *m.*
contravention [kɔ̃tʀavɑ̃sjɔ̃] *f* **1.** *jur* Übertretung, Zuwiderhandlung *f;* **2.** gebührenpflichtige Verwarnung *f; fam* Strafzettel *m;* ► *dresser une* ~ *à qn* jdn gebührenpflichtig verwarnen.
contre [kɔ̃tʀ] **I.** *prp* **1.** *(räumlich)* gegen, an, neben; **2.** *(feindlich)* gegen, wider; **3.** *(Richtung)* entgegen *dat;* im Widerspruch zu, trotz; **4.** *(im Austausch)* gegen; **5.** *in Zssgn meist:* Gegen-; gegen-; ► *se battre* ~ *qn* sich mit jdm schlagen; *presser qn* ~ *sa poitrine* jdn an die Brust drücken; **II.** *adv* dagegen; ► *être* ~ dagegen sein; *là-*~ dagegen; *par* ~ ander(er)seits, dagegen; *tout* ~ dicht daneben; **III.** *s:* ► *le pour et le* ~ das Für u. [das] Wider; *(Fechten)* Gegenstoß; *(Billard)* Anschlag *m; (Karten)* Kontra *n; fig* Antwort *f,* Gegenrede *f; il y a du pour et du* ~ darüber läßt sich streiten.
contre-allée *f* Seiten-, Nebenallee *f,* -gang *m.* **contre-attaque** *f* Gegenangriff *m.* **contrebalancer** ‹*Prés. je contrebalance, ns contrebalançons; Fut. je contrebalancerai; pp. contrebalancé, e*› *tr* **1.** ein Gegengewicht bilden (*qc* zu etw), die Waage halten (*qc* dat); **2.** *fig* auf=wiegen, aus=gleichen; ► *je m'en contrebalance! (pop)* ich pfeif drauf!
contrebande *f* Schleichhandel, Schmuggel(ware *f*) *m;* ► *faire de la* ~ schmuggeln; *introduire qc en* ~ etw einschmuggeln; *marchandise f de* ~ Schmuggelware *f.* **contrebandier, ère** *m f* Schmuggler(in *f*) *m,* Schleichhändler *m.* **contrebas:** ► *en* ~ *(de) (adv)* unterhalb, (in) tiefer(er Lage); hinunter.

contrebasse *f* **1.** (Kontra-)Baß *m*, Baßgeige *f;* **2.** (Kontra-)Bassist *m.* **contre-braquer** *itr* gegen=steuern. **contrecarrer** *tr* entgegen=wirken, -arbeiten (*qn* jdm). **contrecœur** *m* ► *à ~* mit Widerwillen, widerwillig. **contre-coup** *m* Rückschlag *m*, -wirkung; Folge *f.* **contre-courant** *m;* ► *à ~* stromaufwärts. **contre-culture** Gegenkultur *f.* **contredanse** *f fam* Strafzettel *m.* **contredire** ‹*Prés. je contredis, ns contredisons, vs contredisez; Fut. je contredirai; pp. contredit, e; Subj. que je contredise, que ns contredisions; Impér. contredis, contredisons*› **I.** *tr* widersprechen (*qn* jdm); bestreiten; durchkreuzen; nicht entsprechen; **II.** *v prn se ~* einander, sich widersprechen.

contrée [kɔ̃tʀe] *f* Gegend, Landschaft *f.*

contre-espion, ne [kɔ̃tʀɛspjɔ̃, -ɔn] Spionageabwehrspezialist(in *f*) *m.* **contre-espionnage** *m* (Spionage-)Abwehr *f.* **contre-exemple** *m* Gegenbeispiel *n.* **contre-expertise** *f* Gegengutachten *n.* **contrefaçon** *f* Fälschung *f.* **contrefaire** ‹*Prés. je contrefais, ns contrefaisons; Fut. je contreferai; pp. contrefait, e; Subj. que je contrefasse, que ns contrefassions; Impér. contrefais, contrefaisons*› *tr* **1.** nach=machen, -ahmen; **2.** ver-, entstellen, verunstalten; **3.** fälschen; falsch darstellen. **contre-fenêtre** *f* Doppelfenster *n.* **contre-ficher, se** *v prn pop* sich lustig machen (*de* über). **contrefort** *m* **1.** *arch* Strebepfeiler *m*, Widerlager *n;* **2.** *geog* Ausläufer *m (e-s Gebirges)*, Vorberge *m pl.* **contre-indication** *f med* Kontraindikation, Gegenanzeige *f.* **contre-indiquer** *tr être ~é (fig)* nicht empfehlenswert sein. **contre-jour** *m* ► *à ~* gegen das Licht; *(Bild)* im Gegenlicht. **contremaître, esse** *m f* Werkmeister, Vorarbeiter(in *f*); (Maurer-)Polier *m.* **contre-manifestation** *f* Gegendemonstration *f.* **contre-offensive** *f mil* Gegenangriff *m*, -offensive *f.* **contre-ordre** *s. contrordre.* **contrepartie** *f* **1.** *com* Gegenwert *m*, -posten *m;* **2.** entgegengesetzte Meinung *f;* **3.** Entschädigung *f*, Ausgleich *m* (*de* für *acc*); ► *en ~* zum Ausgleich; als Entschädigung. **contre-performance** *f sport* schlechte Leistung *f.* **contrepèterie** [-pɛtʀi] *f* Schüttelreim *m.* **contre-pied** *m fig* Gegenteil *n;* ► *à ~* verkehrt; *être à ~ (sport)* auf dem falschen Fuß stehen; *prendre le ~* das Gegenteil sagen *od* tun. **contre-plaqué** *m* Sperrholz *n.* **contrepoids** *m* **1.** *tech* Gegengewicht *n a. fig;* **2.** Ausgleich *m;* ► *servir de ~ à* das Gegengewicht bilden zu. **contre-poison** *m* Gegengift *n* (*de* gegen *acc*). **contre-publicité** *f* Gegenwerbung *f.* **contreproposition** *f* Gegenvorschlag *m.*

contrer [kɔ̃tʀe] **I.** *itr fam* Kontra geben; **II.** *tr* scharf kritisieren.

contre-rail [kɔ̃tʀəʀaj] *m loc* Leitschiene *f.* **Contre-Réforme** *f hist rel* Gegenreformation *f.* **contre-révolution** *f* Gegenrevolution *f.* **contresens** [-sɑ̃s] *m* **1.** Gegensinn *m*, -richtung *f;* **2.** Sinnwidrigkeit *f;* Wider-, Unsinn *m;* ► *à ~* in entgegengesetztem Sinne; sinnwidrig, verkehrt. **contretemps** *m* (störendes) Ereignis, Hindernis *n;* Zwischenfall *m;* ► *à ~* ungelegen; zur Unzeit; im ungünstigen Augenblick. **contrevenir** ‹*Prés. je contreviens, ns contrevenons; Fut. je contreviendrai; pp. contrevenu, e; Subj. que je contrevienne, que ns contrevenions; Impér. contreviens, contrevenons*› *itr* übertreten (*à* acc); zuwiderhandeln. **contrevent** *m* (äußerer) Fensterladen *m.* **contre-voie** *f* ► *circulation f à ~* Gegenverkehr *m.*

contribuable [kɔ̃tʀibɥabl] *m* Steuerpflichtige(r), -zahler *m.* **contribuer** *itr* s-n Beitrag zahlen; bei=steuern, -tragen, mit=helfen (*à* zu, an). **contribution** *f* **1.** Beitrag *m* (*à* zu); **2.** Steuer, Umlage, Abgabe *f;* **3.** *pl* Steuerbehörde *f;* ► *apporter sa ~* s-n Beitrag leisten (*à* zu); *lever, percevoir une ~* e-e Steuer erheben; *mettre qn à ~* jds Dienste in Anspruch nehmen;

contrit, e [kɔ̃tʀi, -it] *a* zerknirscht; reumütig. **contrition** [-sjɔ̃] *f rel* Zerknirschung *f.*

contrôlable [kɔ̃tʀolabl] *a* kontrollier-, nachprüfbar. **contrôle** *m* **1.** Kontrolle, (Nach-, Über-)Prüfung, Überwachung, Beaufsichtigung, Aufsicht *f;* **2.** Kontrollbüro *n;* (Kontroll-)Stempel *m;* **3.** *fig* Kontrolle *f*, Herrschaft, Gewalt *f;* ► *être soumis au ~* der Kontrolle unterliegen; **4.** ► *commission f de ~* Kontrollkommission *f;* **5.** *~ antipollution (mot)* Abgassonderuntersuchung *f;* ► *~ (des billets)* Fahrkartenkontrolle *f;* *~ des changes* Devisenkontrolle *f;* *~ de la circulation* Verkehrsüberwachung *f;* *~ douanier, de douane* Zollkontrolle *f;* *~ des naissances* Geburtenkontrolle *f;* *~ des passeports* Paßkontrolle *f.* **contrôler** **I.** *tr* **1.** kontrollieren, (nach=, über=) prüfen; **2.** beaufsichtigen, überwachen, revidieren; **3.** beherrschen, in der Gewalt haben; **4.** *(Edelmetall)* stempeln; **II.** *v prn se ~* sich beherrschen. **contrôleur, se** *m f* **1.** Kontrolleur, Aufseher *m;* **2.** *loc* Schaffner; Überprüfer; Überwacher *m;* **3.** *tech* Kontrollgerät *n;* ► *~ de la navigation aérienne* Luftlotse *m.*

contrordre [kɔ̃tʀɔʀdʀ] *m* Gegenbefehl *m;* Abbestellung *f.*

controverse [kɔ̃tʀɔvɛʀs] *f* Meinungsstreit *m.* **controversé, e** *a* umstritten.

contumace [kɔ̃tymas] *f jur* ► *par ~* in

Abwesenheit.
contusion [kõtysjõ] *f* Quetschung, Prellung *f*. **contusionner** *tr* quetschen.
conurbation [kɔnyʀ-basjõ] Konurbation, Stadtlandschaft *f*.
convaincant, e [kõvɛ̃kɑ̃, -ɑ̃t] *a* überzeugend. **convaincre** ‹*Prés. je convaincs, ns convaincons; Fut. je convaincrai; pp. convaincu, e; Subj. que je convainque, que ns convainquions; Impér. convaincs, convainquons*› *tr* **1.** überzeugen (*qn de qc* jdn von etw); **2.** *(e-s Verbrechens)* überführen (*de qc* gen); ▶ *convaincu que* in der Überzeugung daß.
convalescence [kõvalɛsɑ̃s] *f* Genesung; Rekonvaleszenz *f*; *(congé m de ~)* Genesungsurlaub *m*; ▶ *en ~* auf dem Wege der Genesung. **convalescent, e I.** *a* genesend; **II.** *s m f* Genesende(r *m*) *f*, Rekonvaleszent(in *f*) *m*.
convenable [kõvnabl] *a* **1.** angemessen, passend, angebracht; **2.** anständig, schicklich; *(Person)* von gutem Benehmen. **convenance** *f* Anstand *m*, Konventionen *f pl*; Schicklichkeit *f*; **1.** ▶ *à ma ~* nach meinem Ermessen, wie es mir paßt; *à votre ~* (ganz) nach Ihrem Belieben; **2.** ▶ *être à la ~ de qn* jds Anforderungen entsprechen; **3.** ▶ *mariage m de ~* Vernunftehe *f*. **convenir** ‹*Prés. je conviens, ns convenons; Fut. je conviendrai; pp. convenu, e; Subj. que je convienne, que ns convenions; Impér. conviens, convenons*› **I.** *itr* **1.** *(mit avoir)* zs.=passen, passen (*à* zu), harmonieren (*à* mit); **2.** entsprechen, angemessen sein; gefallen, an=stehen; **3.** *(Arznei)* zuträglich sein; **4.** *(meist mit être)* überein=stimmen (*sur* in über *acc*); **5.** ▶ *~ de* überein=kommen über *acc*, verabreden, ab=machen, vereinbaren, sich verständigen über *acc*; **6.** (zu)gestehen, zu=geben, an=erkennen (*de qc* etw); **II.** *v imp* ▶ *il convient* es empfiehlt, gehört sich; es ist angebracht; *j'en conviens* ich gebe es zu.
convention [kõvɑ̃sjõ] *f* **1.** Übereinkommen *n*, Abmachung, Vereinbarung *f*; Abkommen *n*, Absprache *f*; **2.** Bestimmung, Klausel *f*; **3.** *allg* Übereinkunft *f*; Prinzip *n*; Übereinstimmung *f*; **4.** Regeln *f pl*, Normen *f pl*; Konventionen *f pl*; ▶ *de ~* vertragsgemäß, verabredet; konventionell, hergebracht, üblich; *~ collective de travail* Tarifvertrag *m*; *~ commerciale* Handelsabkommen *n*; *~ d'entreprise* Betriebsvereinbarung *f*; *~ internationale* internationale(s) Abkommen *n*; *~-type f* Rahmenabkommen *n*. **conventionné, e** *a médecin m ~* Kassenarzt *m*. **conventionnel, le** *a* herkömmlich, üblich; konventionell.
convenu, e [kõvny] *a* vereinbart, abgemacht; ▶ *c'est ~, comme ~* wie abgemacht; *au prix ~* zum vereinbarten Preis.
convergence [kõvɛʀʒɑ̃s] *f* **1.** *math phys* Konvergenz; **2.** *fig (Standpunkte)* Übereinstimmung; **3.** *(Kräfte)* Zs.fassung *f*. **convergent, e** *a* **1.** konvergent; **2.** *fig* sich annähernd, auf ein Ziel zustrebend. **converger** *itr* **1.** konvergieren, (in e-m Punkt) zs.=laufen; **2.** *fig* sich konzentrieren (*sur* auf *acc*), gemeinsam streben (*vers* nach).
conversation [kõvɛʀsasjõ] *f* Unterhaltung *f*, Gespräch *n*, Konversation *f*; ▶ *changer de ~* das Thema wechseln, von etw anderem sprechen; *entrer en ~ avec qn* sich mit jdm in ein Gespräch ein=lassen; *la ~ tourne autour de* das Gespräch dreht sich um; *il a de la ~* er versteht interessant zu plaudern; *~ téléphonique* Telefongespräch *n*. **conversationnel, le** *a inform* Dialog-. **converser** *itr* sich unterhalten (*avec qn* mit jdm).
conversion [kõvɛʀsjõ] *f* **1.** Ver-, Umwandlung, Veränderung *f*; **2.** *(Regierung)* Umbildung *f*; **3.** Bekehrung, Sinnesänderung *f*; **4.** *math gram* Umkehrung *f*; **5.** *mil* Schwenkung *f*; **6.** *com* Konversion, Konvertierung, Umwandlung *f*; **7.** *tech* Konversion *f*; ▶ *~ de dettes* Umschuldung *f*. **converti, e I.** *s m f* Konvertit(in *f*) *m*; **II.** *a* **1.** bekehrt; konvertiert; **2.** *com* umgerechnet (*en* in); ▶ *prêcher un ~ (fig)* offene Türen einrennen; *nouveau ~* Neubekehrte(r) *m*. **convertible** *a* konvertierbar, umtauschbar; einlösbar, umwandelbar *a. tech*. **convertir I.** *tr* **1.** um-, verwandeln, machen (*qc* zu etw); **2.** bekehren, bessern; **3.** *com* (ein=)wechseln, um=rechnen, -setzen; um=schulden; **4.** *el* um=formen; **II.** *v prn se ~* **5.** *rel* konvertieren; sich bekehren; **6.** sich verwandeln (*en or* in Gold); **7.** ▶ *~ en argent* zu Geld machen.
convexe [kõvɛks] *a* konvex.
conviction [kõviksjõ] *f* **1.** Überzeugung *f*; **2.** Ernsthaftigkeit *f*; **3.** *pl* Ansichten, Auffassungen *f pl*; ▶ *~s politiques, religieuses* politische, religiöse Überzeugung *f*; *j'ai la ~ qu'il ment* ich bin fest davon überzeugt, daß er lügt.
convié, e [kõvje] *s m f* (geladener) Gast *m*. **convier** *tr* **1.** ein=laden (*à* zu); **2.** *fig* auf=fordern, veranlassen; **3.** *fig* (ver-) locken (*à* zu *inf*). **convive** [-viv] *m f* Gast *m*.
convocation [kõvɔkasjõ] *f* **1.** Einberufung(sschreiben *n*); Ladung *f*; **2.** *jur* Vorladung *f*; ▶ *se rendre à une ~* e-r Vorladung Folge leisten.
convoi [kõvwa] *m* **1.** (Wagen-)Kolonne *f*; **2.** Leichenzug *m*; **3.** *loc* Zug *m*; **4.** *mil* (Truppen-, Gefangenen-)Transport *m*.

convoiter [kɔ̃vwate] *tr* (heftig) begehren, gierig sein (*qc* nach etw). **convoitise** *f* Begehrlichkeit, Gier *f;* Begehren *n* (*de* nach).

convoquer [kɔ̃vɔke] *tr* **1.** zs.=, ein=berufen; **2.** kommen lassen, *jur* vor=laden.

convoyer [kɔ̃vwaje] ‹*Prés. je convoie, ns convoyons; Fut. je convoierai; pp. convoyé, e; Subj. que je convoie, que ns convoyions; Impér. convoie, convoyons*› *tr mil mar* begleiten, geleiten, eskortieren. **convoyeur** *m* **1.** *mar mil* Geleitschiff *n;* **2.** *loc* Begleiter *m;* **3.** *tech* Förderer *m;* Vibrationsrinne *f;* **4.** *mot* Beifahrer *m.*

convulser [kɔ̃vylse] *tr* krampfhaft verzerren. **convulsif, ive** *a* krampfhaft, konvulsivisch, zuckend. **convulsion** *f* **1.** Krampf *m,* Zuckung *f a. fig;* **2.** *fig* Umwälzung *f; fig pl* Erschütterungen *f pl.* **convulsionner** *tr fig* erschüttern; ▶ *visage m convulsionné* verzerrte(s) Gesicht *n.*

coopérant [kɔɔpeʀɑ̃] *m* Entwicklungshelfer *m.* **coopérateur, trice** [kɔ(ɔ)p-] *m f* Mitarbeiter(in *f*) *m.* **coopératif, ive** *a* mitwirkend; genossenschaftlich; ▶ *être très ~* aktiv mitarbeiten; *société ~érative* u. **coopération** *f* Mitwirkung, Zs.arbeit *f;* genossenschaftliche(r) Zs.schluß *m;* Entwicklungshilfe *f.* **coopérative** *s f* Genossenschaft *f.* **coopérer** ‹*Prés. je coopère, ns coopérons; Fut. je coopérerai; pp. coopéré, e*› *itr* mit=arbeiten, mitwirken (*à* an *dat,* bei); bei=tragen (*à* zu); zs.=arbeiten.

coordination *f* **1.** Zuordnung, Koordination *f;* **2.** *gram* Beiordnung *f.* **coordonnées** *f pl* persönliche Daten *pl;* Personalien *f pl.* **coordonner** *tr* koordinieren.

copain *m,* **copine** [kɔpɛ̃, -in] *f pop* Kumpel, Kamerad(in *f*) *m;* Freund(in *f*) *m.*

copie [kɔpi] *f* **1.** Durchschlag *m;* Abschrift *f;* Kopie *f;* **2.** Nachbildung, -ahmung *f;* **3.** *(Schule)* Klassenarbeit *f;* **4.** *typ* Satzvorlage *f,* Manuskript *n;* **5.** *(Zeitung)* Exemplar *n;* ▶ *pour ~ conforme* für die Richtigkeit der Abschrift; *~ certificé conforme* beglaubigte Abschrift *f;* *~ pirate* Raubdruck *m;* Raubpressung *f.* **copier** [-pje] *tr* **1.** ab=schreiben (*sur qn, qc* von jdm, etw); **2.** kopieren; nach=bilden, -ahmen; **3.** *tech* überspielen; ▶ *(fam) vous me la copierez!* das ist doch allerhand! **copieur** *m (Gerät)* Kopierer *m.*

copieux, se [kɔpjø, -øz] *a* reichlich.

copinage [kɔpinaʒ] *m fam péj* Kumpanei *f.* **copine** *f s. copain.* **copiner** *itr fam péj* Kumpel sein. **copinerie** *f fam* Kameradschaft, Freundschaft.

coproduction [kɔpʀɔdyksjɔ̃] *f film* Gemeinschaftsproduktion *f.* **coproduire** ‹*Prés. je coproduis, ns coproduisons; Fut. je coproduirai; pp. coproduit, e; Subj. que je coproduise, que ns coproduisions; Impér. coproduis, coproduisons*› *irr tr* koproduzieren.

copropriétaire [kɔpʀɔpʀijetɛʀ] *m* Miteigentümer *m.* **copropriété** *f* Mitbesitz *m;* ▶ *appartement m en ~* Eigentumswohnung *f.*

copulation [kɔpylasjɔ̃] *f biol* Kopulation *f.*

coq [kɔk] *m* **1.** *zoo* Hahn *m;* **2.** *(~ de clocher)* Wetterhahn *m;* **3.** (Schiffs-) Koch *m;* **4.** ▶ *vivre comme un ~ en pâte* wie e-e Made im Speck, wie Gott in Frankreich leben; **5.** ▶ *combat m de ~* Hahnenkampf *m; poids m ~ (Boxen)* Bantamgewicht *n; fier comme un ~* stolz wie ein Spanier; *rouge comme un ~* hochrot; **6.** ▶ *~-à-l'âne m inv: faire des ~* vom Hundertsten ins Tausendste kommen; *~ de bruyère* Auerhahn *m; ~ de combat* Kampfhahn *m.* **coquard** [-kaʀ] *m fam* blaue(s) Auge *n.*

coque [kɔk] *f* **1.** (Eier-, Nuß-, Mandel-) Schale *f;* **2.** *mar aero* Rumpf *m;* **3.** *zoo* Herzmuschel *f;* ▶ *œuf m à la ~* weichgekochte(s) Ei *n.*

coquelicot [kɔkliko] *m* (Klatsch-)Mohn *m.*

coqueluche [kɔklyʃ] *f med* Keuchhusten *m;* ▶ *(fig) être la ~ de qn* jds Schwarm sein.

coquet, te [kɔkɛ, -ɛt] **I.** *a* **1.** *(Person)* kokett, gefallsüchtig; **2.** *(Person, Sachen)* adrett, schmuck, hübsch; **3.** *(Wohnung)* gemütlich; **4.** anschaulich, beträchtlich; ▶ *une ~te somme* ein hübsches Sümmchen; **II.** *s f* kokette Frau *f,* kokettes Mädchen *n.*

coquetier [kɔktje] *m* Eierbecher *m.*

coquetterie [kɔkɛtʀi] *f* **1.** Koketterie, Gefall-, Putzsucht *f;* **2.** Eitelkeit *f;* **3.** Eleganz *f;* **4.** Kokettieren *n,* Fliert *m;* ▶ *avoir la ~ de qc* mit etw kokettieren; *être en ~ avec qn* mit jdm flirten.

coquillage [kɔkijaʒ] *m* Muschel *f; pl* Weich-, Schaltiere *n pl.* **coquille** *f* **1.** *zoo* Schale; Muschel *f;* *(~ d'escargot)* (Schnecken-)Haus *n;* **2.** (Eier-, Nuß-, Mandel-)Schale *f;* **3.** Satzfehler, Zwiebelfisch *m;* **4.** *tech* Schale *f;* ▶ *rentrer dans sa ~ (fig)* sich zurück=ziehen; *~ de beurre* Butterröllchen *n; ~ de noix* Nußschale *f; fam* kleine(s) Boot *n.*

coquin, e [kɔkɛ̃, -in] **I.** *s m f* Spitzbube; Schelm *m;* **II.** *a* spitzbübisch, schelmisch.

cor [kɔʀ] *m* **1.** *mus* Horn *n;* Hornist *m;* **2.** *(~au pied) med* Hühnerauge *n;* ▶ *à ~ et à cri* laut, lärmend, mit Getöse; *(cerf m) dix ~s m* Zehnender *m; ~ (de chasse)* Jagd-, Waldhorn *n.*

corail [kɔʀaj] *m pl -aux* **1.** Koralle *f;* **2.** Korallenrot *n.*

Coran, le [kɔʀɑ̃] der Koran. **coranique** *a* Koran-.
corbeau [kɔʀbo] *m pl -x* **1.** *zoo* Rabe *m;* **2.** *arch* Kragstein *m;* **3.** anonymer Briefschreiber *m.*
corbeille [kɔʀbɛj] *f* **1.** (henkelloser) Korb *m;* **2.** *(Börse in Paris)* Maklerraum *m;* **3.** Balkonloge *f;* **4.** *(rundes* od *ovales)* Blumenbeet *n;* ▶ *~ d'osier, à ouvrage, à pain, à papier* Weiden-, Näh-, Brot-, Papierkorb *m.*
corbillard [kɔʀbijaʀ] *m* Leichenwagen *m.*
corde [kɔʀd] *f* **1.** Seil *n,* Strick *m,* Leine, Schnur *f;* **2.** *mus* Saite *f;* **3.** *math* Sehne *f;* **4.** *(Galgen)* Strang *m;* **5.** *pl (Tennisschläger)* Bespannung *f;* **6.** *(Rennbahn)* Innenseite *f;* **7.** ▶ *avoir plusieurs, plus d'une ~ (s) à son arc* mehrere, zwei Eisen im Feuer haben; *se mettre la ~ au cou* sich (mutwillig) ins Verderben stürzen; *hum* heiraten; *tirer sur la ~* jds Geduld strapazieren; e-n Vorteil ausnützen; *toucher la ~ sensible* den wunden Punkt berühren; **8.** ▶ *il ne vaut pas la ~ pour le pendre* er ist keinen Schuß Pulver wert; *ce n'est pas dans mes ~s (fig fam)* das ist nicht mein Gebiet *n;* **9.** ▶ *danseur m de ~* Seiltänzer *m; instrument m à ~s* Saiteninstrument *n; orchestre m à ~s* Streichorchester *n; usé jusqu'à la ~* fadenscheinig; abgenützt; *(Kleidung)* abgewetzt; *fig* abgedroschen; **10.** ▶ *~ d'acier, en boyau* Stahl-, Darmsaite *f; ~ à linge* Wäscheleine *f; ~ à sauter* Sprungseil *n; ~s vocales (anat)* Stimmbänder *n pl.* **cordée** *f (Bergsport)* Seilschaft *f.* **cordelier** *m rel* Franziskaner *m.*
cordial, e [kɔʀdjal] **I.** *a* **1.** *pharm* herzstärkend; **2.** freundlich, herzlich; **II.** *s m* herzstärkende(s) Mittel *n.* **cordialement** *adv* herzlich; *(Brief)* ▶ *~ vôtre* mit herzlichen Grüßen. **cordialité** *f* Herzlichkeit *f.*
cordon [kɔʀdɔ̃] *m* **1.** Kordel, Schnur; Litze *f;* **2.** *(Haustür)* Klingelzug *m;* **3.** Hut-, Gardinenschnur *f;* **4.** (breites) Ordensband *n;* **5.** (Posten-)Kette; Absperrung *f,* Sperrgürtel *m;* **6.** *(Gegenstände)* Reihe *f;* **7.** ▶ *délier, dénouer les ~s de la bourse* Geld heraus=rücken; *~-bleu m (fam)* gute(r) Koch; gute Köchin *f; ~ littoral* Küstenstreifen *m; ~ ombilical* Nabelschnur *f; ~ sanitaire* Sperrgürtel *m.* **cordonnerie** *f* Schuhwarenfabrikation *f,* -handel *m;* Schuhgeschäft *n.* **cordonnet** [-nɛ] *m* **1.** dünne Schnur *f;* **2.** Knopflochseide *f.* **cordonnier** *m* Schuhmacher, Schuster *m.*
Cordoue [kɔʀdu] *f* Córdoba *n.*
Corée, la [kɔʀe] Korea *n.* **Coréen, ne** [-reɛ̃, -ɛn] Koreaner(in *f*).
coreligionnaire [kɔʀəliʒjɔnɛʀ] *m* Glaubens-, *allg* Gesinnungsgenosse *m.*
coresponsable [kɔʀɛspɔ̃sabl] *a* mitverantwortlich; *s m f* Mitverantwortliche(r *m*) *f.*
coriace [kɔʀjas] *a* **1.** lederartig, zäh *a. fig;* **2.** *fig* hartnäckig; starrköpfig.
Corinthe [kɔʀɛ̃t] *f* Korinth *n.* **corinthien, ne** [kɔʀɛ̃tjɛ̃, -ɛn] **I.** *a* korinthisch; **II.** *s m* korinthische Säulenordnung *f.*
cormoran [kɔʀmɔʀɑ̃] *m orn* Kormoran *m.*
cornac [kɔʀnak] *m* Elefantenführer *m.*
cornard, e [kɔʀnaʀ] *a med (Tier)* dämpfig; ▶ *mari m ~* betrogene(r) Ehemann *m.* **corne** *f* **1.** Horn *n;* **2.** *(Papier)* Eselsohr *n;* **3.** *mar* Gaffel *f;* **4.** Zacke, Ecke, Spitze *f;* **5.** *(Schnecke)* Stielauge *n;* **6.** ▶ *prendre le taureau par les ~s* den Stier an den Hörnern packen; **7.** ▶ *bêtes f pl à ~s* Hornvieh *n; ~ d'appel* Signalhorn *n; ~ de brume* Nebelhorn *n.* **corné, e I.** *a* horn(art)ig; Horn-; **II.** *s f (Auge)* Hornhaut *f; greffe f* ▶ *de la ~e* Hornhautübertragung *f.*
corneille [kɔʀnɛj] *f zoo* Krähe *f.*
cornemuse [kɔʀnəmyz] *f mus* Dudelsack *m.*
corner [kɔʀne] **I.** *itr* **1.** ▶ *~ aux oreilles de qn* jdm in die Ohren brüllen; **2.** ▶ *les oreilles me cornent* ich habe Ohrensausen; **II.** *tr* **3.** *(Papier)* um=knikken; *(Buchseite)* ein Eselsohr machen (*qc* in etw); **4.** *fig* aus=posaunen; **III.** *s m* [kɔʀnɛʀ] *(Fußball)* Eckball *m.* **cornet** [-nɛ] *m* **1.** *mus* Horn *n;* **2.** *(Papier, Waffel)* Tüte *f;* **3.** Würfelbecher *m;* **4.** (Nasen-)Muschel *f.* **cornette** *f* (Schwestern-)Haube *f.*
corniaud [kɔʀnjo] **I.** *m* **1.** *(Hund)* Promenadenmischung *f;* **2.** *fam* Dummkopf *m;* **II.** *a* doof, dämlich.
corniche [kɔʀniʃ] *f* **1.** *arch* Gesims; **2.** Kranzleiste *f;* **3.** in e-e Felswand gebaute Straße *f.*
cornichon [kɔʀniʃɔ̃] *m* **1.** Essiggurke *f;* **2.** *fam* blöde(r) Kerl *m.*
cornier, ère [kɔʀnje, jɛʀ] **I.** *a* Eck-; **II.** *s f tech* Winkeleisen *n.*
Cornouailles [kɔʀnwaj] *m pl* Cornwall *n.*
cornu, e [kɔʀny] **I.** *a* **1.** gehörnt; **2.** *arch* mit vorspringenden Ecken; **II.** *s f chem tech* Retorte *f.*
coron [kɔʀɔ̃] *m* Bergarbeitersiedlung *f,* -haus *n.*
coronaire [kɔʀɔnɛʀ] *a:* ▶ *artères f pl ~* Kranzarterien *f pl.*
corporatif, ive [kɔʀpɔʀatif, iv] *a* korporativ, ständisch. **corporation** *f* **1.** *früher* Zunft, Gilde; Körperschaft *f;* **2.** Korporation *f;* ▶ *~professionnelle* Berufsgenossenschaft *f,* Fachverband *m.*
corporel, le *a* körperlich, leiblich; ▶ *punition f ~le* Prügelstrafe *f.*
corps [kɔʀ] *m* **1.** Körper, Leib, Rumpf *m a. mar;* **2.** Leichnam *m,* Leiche; Person

f; **3.** Substanz *f,* Stoff *m;* Konsistenz; Hauptsache *f,* -(bestand)teil, -inhalt *m;* **4.** Korps *n,* Körperschaft; Gruppe *f;* **5.** Zs.stellung, Sammlung *f (Buch);* **6.** *(Urkunde)* Text; **7.** *arch* Rohbau; **8.** *typ* Schriftkegel; Grad *m;* **9.** *tech* Körper; Schaft; Mantel *m,* Hülse *f,* Gehäuse; Hauptgestell *n;* **10.** *(Ventil)* Einsatz; **11.** *(Pumpe)* Stiefel; **12.** *(Baum)* Stamm *m;* **13.** *(Kleidungsstück)* Vorder- und Rückenteil *m;* **14.** ► *~ à ~ (adv)* Mann gegen Mann; *s m* Handgemenge *n; ~ et biens (mar)* mit Mann u. Maus; *à son ~ défendant* in Notwehr; wider Willen, ungern; *à ~ perdu* blindlings; *~ et âme* [kɔrzeam] mit Leib und Seele; **15.** ► *faire ~ (avec)* e-e Einheit bilden (mit); *prendre ~ (fig)* Gestalt an=nehmen; *prendre du ~* dicker werden; **16.** ► *les grands ~ de l'Etat, les ~ constitués* die obersten Behörden *f pl,* die Staatsorgane *n pl; séparation f de ~ et de biens (jur)* Trennung *f* von Tisch u. Bett; **17.** ► *~ de ballet* Ballett(truppe *f*) *n; ~ céleste* Himmelskörper *m; ~ diplomatique* diplomatische(s) Korps *n; ~ électoral* Wählerschaft *f; ~ enseignant* Lehrkörper *m,* Lehrerkollegium *n; ~ législatif* gesetzgebende Versammlung *f; ~ de logis* Hauptgebäude *n; ~ médical* Ärzteschaft *f.*

corpulence [kɔʀpylɑ̃s] *f* Korpulenz, (Wohl-)Beleibtheit, Fettleibigkeit *f.*
corpulent, e *a* korpulent, dick, stark.
corpus [kɔʀpys] *(Gesetze, ling)* Korpus *n.* **corpuscule** *m* **1.** *phys* Korpuskel, Teilchen *n;* **2.** *biol* Körperchen *n.*
correct, e [kɔʀɛkt] *a* **1.** korrekt, fehler-, einwandfrei, richtig; **2.** *(Preis)* annehmbar, normal; *(Schularbeit)* durchschnittlich, ausreichend. **correcteur** *m* **1.** *typ tech* Korrektor; **2.** *tele* Entzerrer *m;* **3.** *(Schule)* Prüfende(r) *m;* ► *~ orthographique (inform)* Rechtschreib-Korrektur-Programm *n.* **correctif, ive I.** *a* Berichtigungs-; **II.** *s m* **1.** Korrektiv *n;* **2.** *pharm* Milderung; Änderung *f;* ► *gymnastique f ~ive* Ausgleichsgymnastik *f.* **correction** [-ksjɔ̃] *f* **1.** Korrektur, Verbesserung, Berichtigung *f;* **2.** Korrektheit *f,* korrekte(s) Benehmen *n;* **3.** *typ tech* Korrektur *f;* **4.** Tracht *f* Prügel; ► *maison f de ~* Besserungsanstalt *f.* **correctionnel, le I.** *a:* ► *délit m ~* Vergehen *n; peine f ~le* Polizei-, Ordnungsstrafe *f;* **II.** *s f* Strafkammer *f (beim tribunal d'instance).*
corrélation [kɔʀelasjɔ̃] *f* Wechselbeziehung *f (de* zwischen *dat).*
correspondance [kɔʀɛspɔ̃dɑ̃s] *f* **1.** Briefwechsel, Schriftverkehr *m;* Korrespondenz *f;* **2.** *loc* Anschluß(zug) *m (pour* nach *dat); pl* (Verkehrs-)Verbindungen *f pl;* **3.** Entsprechung, Übereinstimmung *f;* **4.** ► *dépouiller sa ~* s-e Post durchsehen; *faire la ~* den Schriftwechsel führen; *prendre la ~* umsteigen; **5.** *cours m par ~* Fernunterricht *m.*
correspondancier, ière *m f* Handelskorrespondent(in *f*) *m.* **correspondant, e I.** *a* entsprechend; **II.** *s m* **1.** Korrespondent; Briefpartner *m;* **2.** Geschäftsfreund *m;* **3.** Pressevertreter, Berichterstatter *m;* **4.** korrespondierende(s) Mitglied *n (e-r Akademie);* ► *n'avoir pas de ~* keine Entsprechung haben. **correspondre** ‹*Prés. je corresponds, ns correspondons; Fut. je correspondrai; pp. correspondu, e; Subj. que je corresponde, que ns correspondions; Impér. corresponds, correspondons*› *itr* **1.** (sich) entsprechen, überein=stimmen (*à* mit); passen (*à* zu); **2.** *(Zimmer)* mitea. verbunden sein; **3.** korrespondieren, in (Geschäfts-)Verbindung, Briefwechsel stehen (*avec* mit *dat*); **4.** Anschluß haben (*avec* an *acc*).
corrida [kɔʀida] *f* **1.** Stierkampf *m;* **2.** *fam* Durcheinander *n,* Trubel *m;* Gedrängel *n.*
corridor [kɔʀidɔʀ] *m* Korridor *m.*
corrigé [kɔʀiʒe] *m (Schule)* Musterlösung; verbesserte Arbeit *f.* **corriger** ‹*Prés. je corrige, ns corrigeons; Fut. je corrigerai; pp. corrigé, e*› **I.** *tr* **1.** korrigieren (ver-)bessern, berichtigen, richtig=stellen; **2.** *(harte Worte)* mildern; **3.** *(Nachteile)* ausgleichen; **4.** abgewöhnen (*qn de qc* jdm etw); **5.** züchtigen, (be)strafen; **6.** *typ* korrigieren; **II.** *v prn se ~* sich bessern; *de qc* sich *dat* etw ab=gewöhnen.
corroboration [kɔʀɔbɔʀasjɔ̃] *f* Bekräftigung, Erhärtung *f.* **corroborer** *tr* (ver)stärken, bekräftigen, bestätigen, erhärten.
corrodant, e [kɔʀɔdɑ̃, -ɑ̃t] **I.** *a* ätzend; **II.** *s m* Ätzmittel *n.* **corroder** *tr* **1.** ätzen; zerfressen; **2.** *geol* aus=waschen; **3.** *fig* nagen (*qc* an e-r S); zersetzen.
corrompre [kɔʀɔ̃pʀ] **I.** *tr* **1.** *(Person)* verderben; *(Beamte)* bestechen; **2.** verfälschen, entstellen; **3.** *(Fleisch)* zersetzen; **II.** *v prn se ~* **4.** verderben; **5.** faulen, verwesen, sich zersetzen; **6.** *fig* verderbt werden. **corrompu, e** *a* **1.** *(Geschmack)* verdorben; **2.** *(Meinung)* korrumpiert; **3.** *(Beamter)* bestochen.
corrosif, ive [kɔʀozif, -iv] **I.** *a* **1.** ätzend, fressend; **2.** *fig* bösartig, giftig; **II.** *s m* Ätzmittel *n f.* **corrosion** [-zjɔ̃] *f* Ätzen; *geol tech* Korrosion *f.*
corroyage [kɔʀwajaʒ] *m* Zurichten *(Leder) n.* **corroyer** *tr* **1.** *(Leder)* zu=richten; **2.** *(Stahl)* raffinieren; **3.** *(Brett)* schruppen.
corrupteur, trice [kɔʀyptœʀ, -tʀis] **I.** *s m f* Verderber(in *f*) *m;* **II.** *a* verderblich, schädlich. **corruptible** *a* **1.** verderblich; **2.** bestechlich. **corruption**

[-psjõ] *f* **1.** Korruption, Verderbtheit *f;* **2.** Bestechung *f;* **3.** Verwesung; Fäulnis, Zersetzung *f;* ▶ ~ *électorale* Wahlbestechung *f.*

corsage [kɔʀsaʒ] *m* **1.** *(Kleid)* Oberteil *n;* **2.** Bluse *f.*

corsaire [kɔʀsɛʀ] *s m* **1.** Kaper(schiff *n*) *m;* **2.** Freibeuter *m;* **3.** ▶ *pantalon m* ~ Kniebundhose *f.*

Corse, la [kɔʀs] Korsika *n; s m f* Korse *m,* Korsin *f.*

corsé, e [kɔʀse] *a* **1.** scharf gewürzt; *(Wein)* vollmundig; **2.** *fig fam* saftig, gepfeffert.

corselet [kɔʀsəlɛ] *m* **1.** *(Insekten)* Brustschild *m;* **2.** Mieder *n.*

corser [kɔʀse] *tr* **1.** *(Essen)* würzen; **2.** *fig* pikant, spannender machen; ▶ *cela se corse* es wird spannender, schwieriger.

corset [kɔʀsɛ] *m* Korsett *n.* **corseter** [-səte] ‹*Prés. je corsète, ns corsetons; Fut. je corsèterai; pp. corseté, e*› *tr* **1.** in ein Korsett schnüren; **2.** *fig* in e-n engen Rahmen spannen.

cortège [kɔʀtɛʒ] *m* **1.** Gefolge *a. fig,* Geleit *n;* **2.** *fig* Begleiterscheinung *f;* ▶ ~ *funèbre* Leichenzug *m;* ~ *nuptial* Hochzeitszug *m.*

cortisone [kɔʀtizɔn] *f pharm* Kortison *n.*

corvée [kɔʀve] *f* **1.** *hist* Fron *f;* **2.** *mil* Arbeitskommando *n,* Stuben-, Strafdienst *m;* **3.** *fig* undankbare Arbeit, Last *f;* ▶ *être de* ~ *(fam)* dran sein.

coryphée [kɔʀife] *m* **1.** *theat* Chor-, Ballettleiter *m;* **2.** *fig* Parteiführer, Chef *m.*

cosaque [kɔzak] *m* Kosak *m.*

cosinus [kɔsinys] *m math* Kosinus *m.*

cosmétique [kɔsmetik] **I.** *a* kosmetisch; **II.** *s f* Kosmetik *f.* **cosmétologie** *f* Kosmetik *f.*

cosmique [kɔsmik] *a* kosmisch; Welt(all)-.

cosmonaute [kɔsmɔnot] *m f* Kosmonaut (in *f*) *m.*

cosmopolite [kɔsmɔpɔlit] **I.** *s m* Kosmopolit, Weltbürger *m;* **II.** *a* kosmopolitisch. **cosmopolitisme** *m* Weltbürgertum *n.*

cosmos [kɔsmos] *m* Kosmos *m,* Weltall *n.*

cossard [kɔsaʀ] *m pop* Faulpelz *m.*

cosse *f bot* Hülse, Schote.

cossu, e [kɔsy] *a fig* reich, begütert; *(Mobiliar)* luxuriös; *(Haus)* stattlich.

costard [kɔstaʀ] *m pop* (Herren-)Anzug *m.*

Costa Rica, le [kɔstaʀika] Costa Rica. **Costaricien, ne** *m f* Costaricaner(in *f*) *m.*

costaud, e [kɔsto, d] *a pop* stämmig, robust; *(Dinge)* solide, haltbar.

costume [kɔstym] *m* **1.** Anzug *m;* **2.** Kostüm *n;* (Volks-, Berufs-, Amts-)Tracht *f;* ▶ *en* ~ *d'Adam, d'Eve* splitterfasernackt; im Adamskostüm; *se faire un* ~ *sur mesure* sich e-n Maßanzug machen lassen; ~ *de bain* Badeanzug *m;* ~ *régional* (Volks-)Tracht *f;* ~ *de ville* Straßenanzug *m.* **costumer** *tr* (ver)kleiden; kostümieren; *bal m* ~*é* Kostümball *m.*

cote *f* **1.** Kennziffer, Katalognummer, Signatur *f,* Aktenzeichen *n;* **2.** *geog* Kartenpunkt *m;* Höhe(-nziffer) *f;* **3.** (Steuer-)Anteil *m;* Quote *f;* **4.** *com* (Börsen-, Kurs-)Notierung *f,* Kurszettel, Marktbericht *m;* **5.** *tech* Maßzahl, Zeigerablesung, Abmessung *f,* Stand *m;* **6.** *(Schule)* Note, Zensur *f;* **7.** ▶ *avoir la* ~ gut angeschrieben *(auprès de qn* bei jdm); *sa* ~ *baisse* sein Stern ist im Sinken; **8.** ▶ ~ *d'alerte* Hochwassermarke *f; fig* kritischer Punkt *m.*

côte [kot] *f* **1.** *anat* Rippe *f a. fig bot tech;* **2.** (Ab-)Hang *m,* Steigung *f (e-r Straße);* **3.** Küste *f,* Gestade *n;* **4.** *(Fleisch)* Kotelett *n;* **5.** ▶ ~ *à* ~ Seite an Seite; *être à la* ~ *(fig)* auf dem Trock(e)nen sitzen; *se tenir les* ~*s de rire* sich vor Lachen den Bauch halten; *fausse* ~ falsche Rippe *f; fracture f des* ~*s* Rippenbruch *m;* ~ *de bœuf* Rumpsteak *n;* ~ *escarpée* Steilküste *f.*

Côte-d'Ivoire, la [kotdivwaʀ] die Elfenbeinküste.

côté [kote] *m* **1.** Seite *f a. fig;* **2.** Richtung *f;* **3.** *math (Figur)* Seite *f; (Winkel)* Schenkel *m;* **4.** *(Genealogie)* Linie *f;* **5.** ▶ *à* ~ *(adv)* zur Seite; nebenan; nebenher; verkehrt; schlecht; *s m* Nebenarbeit, -einnahme *f;* sekundäre(r) Gesichtspunkt *m; à* ~ *de* nahe bei, neben *a. fig;* außerhalb *gen;* im Vergleich zu; auf gleicher Stufe mit; *de* ~ schräg; quer; zur Seite; beiseite; *de* ~ *et d'autre* (von) da u. dort; *de ce* ~ *(fig)* in dieser Hinsicht; *de chaque* ~ auf beiden Seiten; *de l'autre* ~ auf die, der andere(n) Seite; *de mon* ~ meinerseits; auf meine(r) Seite; *de tous* ~*s* von, auf allen Seiten, überall(her, -hin); *d'un* ~, *d'un autre* ~ einer-, and(e)rerseits; *du* ~ *de* (nahe) bei; in Richtung auf; auf die (der) Seite *gen; fam* hinsichtlich; **6.** ▶ *laisser de* ~ liegen=lassen, lassen, auf=geben; vernachlässigen; *mettre de* ~ auf die Seite legen, sparen; *fig* zurück=treten lassen; *passer à* ~ *de* ab=weichen von; vorbei=gehen an *dat; (e-r Frage)* aus=weichen; *prendre qc par le bon* ~ etw von der guten Seite nehmen; **7.** *regard m de* ~ Seitenblick *m.*

coteau [kɔto] *m pl -x* Anhöhe *f;* Hang *m.*

côtelé, e [ko(ɔ)tle] ▶ *velours m* ~ Cord-, Rippensamt *m.* **côtelette** *f* Kotelett *n.*

coter [kɔte] *tr* **1.** markieren; bezeichnen, numerieren; **2.** ein=stufen, bewerten, *fig* (hoch)schätzen; *com* aus=zeichnen; **3.**

(auf der Börse) notieren; besteuern; **4.** *tech* die Maße ein=zeichnen (*qc* in e-e S); die Höhe, den Pegel an=geben (*qc* e-r S); **5.** *(Schule)* zensieren, bewerten; ▶ *être ~é à la bourse* an der Börse notiert werden; *être bien ~é par qn* bei jdm gut angeschrieben sein.

cothurne [kɔtyʀn] *m theat* Kothurn *m.*

côtier, ère [ko(ɔ)tje, -ɛʀ] **I.** *a* Küsten-; **II.** *s m* Küstenfahrzeug *n;* ▶ *navigation f côtière* Küstenschiffahrt *f.*

cotisation [kɔtizasjɔ̃] *f* Beitrag; Anteil *m;* Umlage *f;* ▶ *~ patronale, ouvrière* Arbeitgeber-, Arbeitnehmeranteil *m.* **cotiser I.** *itr s-n Beitrag entrichten (à* an *acc*); **II.** *v prn se ~* Geld zs.=legen.

coton [kɔtɔ̃] *m* **1.** Baumwolle *f;* Baumwollgarn *n;* **2.** *allg* Flaum *m;* **3.** *(~ hydrophile)* (Verband-) Watte *f;* **4.** ▶ *en ~* baumwollen; *élever dans du ~,* verhätscheln, verzärteln; **5.** ▶ *c'est ~ (fam)* das ist verzwickt; *j'ai les jambes en ~ (fig)* ich habe weiche Knie; *il file un mauvais ~ (fam)* es steht schlecht mit ihm; **6.** ▶ *~ à broder, à repriser* Stick-, Stopfgarn *n.* **cotonneux, se** *a* **1.** flaumig; flockig; **2.** *(Geräusch)* dumpf; **3.** *(Obst)* weich, teigig; **4.** *(Bild)* mit weichen Konturen; **5.** *(Landschaft)* nebelverhangen; **6.** *(Stil)* kraftlos; **cotonnier, ère I.** *a* Baumwoll-; **II.** *s m* Baumwollstaude *f;* ▶ *industrie f ~ère* Baumwollindustrie *f.* **Coton-Tige** [kɔtɔ̃tiʒ] *m (pl Cotons-Tiges) (Warenzeichen)* Wattestäbchen *n.*

côtoyer [ko(ɔ)waje] ‹*Prés. je côtoie, ns côtoyons; Fut. je côtoierai; pp. côtoyé, e; Subj. que je côtoie, que ns côtoyions; Impér. côtoie, côtoyons*› *tr* **1.** *~ qc* an e-r S entlang=gehen *od* fahren, sich an e-r S entlang=ziehen; *(Schiff)* die Küste entlang=fahren; **2.** *~ qn* mit jdm zusammen=kommen, in Berührung kommen; **3.** *fig* kreuzen, streifen (*qc* an etw).

cou [ku] *m* Hals *m;* ▶ *au ~* am, um den Hals; *jusqu'au ~* bis zum Hals; *se casser, se rompre le ~* sich den Hals, das Genick brechen; *prendre ses jambes à son ~ (fam)* die Beine unter den Arm nehmen, Hals über Kopf davon=rennen; *sauter, se jeter au ~ de qn* jdm um den Hals fallen; *tordre le ~* den Hals um=drehen (*à qn* jdm).

couac [kwak] *m* falsche(r) Ton *m.*

couard, e [kuaʀ, -ʀd] **I.** *a* feige, ängstlich; **II.** *s m f* Feigling *m,* Memme *f.* **couardise** *f* Feigheit *f.*

couchage [kuʃaʒ] *m* ▶ *sac m de ~* Schlafsack *m.* **couchant** *m* untergehende Sonne *f.* **couche** *f* **1.** Lager, Bett *n;* **2.** *(meist pl)* Niederkunft *f,* Wochenbett *n;* **3.** Windel *f;* **4.** Mistbeet *n;* **5.** Lage, Schicht *f a. geol; min* Flöz *n;* **6.** *tech* Belag, Überzug, Anstrich *m a. fig,* Unterlage *f;* **7.** ▶ *en tenir, avoir une ~ (pop)* bekloppt, doof sein; **8.** *fausse ~* Fehlgeburt *f;* **9.** ▶ *~ de fond* Grundierung *f;* *~ protectrice* Schutzschicht *f;* *~ sociale* Gesellschaftsschicht *f;* *~ de terre* Erdschicht *f.* **couche-tard** *m* Nachtmensch *m.*

coucher [kuʃe] **I.** *tr* **1.** ▶ *~ qn* zu Bett bringen, betten; lang hin=legen; **2.** ▶ *~ qn* jdn für die Nacht beherbergen; **3.** flach hin=legen; *(Getreide)* umlegen; **4.** *(Schicht)* auf=tragen; **5.** ▶ *~ qc (par écrit)* etw schriftlich niederlegen; *(in e-e Liste)* eintragen; nieder=, ein=schreiben; **II.** *itr* **6.** schlafen; übernachten, nächtigen; **III.** *s m* **7.** Schlafen-, Zubettgehen; Nachtlager; Schlafen *n;* **8.** *astr* Untergang *m;* **IV.** *v prn se ~* **9.** zu Bett gehen, sich hin=, nieder=legen; **10.** sich nieder= beugen; **11.** *(Sonne)* unter=gehen; **12.** ▶ *aller se ~* schlafen gehen; *être ~é* liegen; *~ sur la dure* auf der bloßen Erde schlafen; *~ dans le foin, sous la tente* im Heu, im Zelt schlafen; *se ~ comme les poules* mit den Hühnern zu Bett gehen; **13.** ▶ *~ de soleil, de lune* Sonnen-, Monduntergang *m.* **couchette** *f* **1.** *loc* Liegeplatz *m;* **2.** *mar* Koje *f;* ▶ *voiture f ~s (loc)* Liegewagen *m.* **coucheur, se** *m f* ▶ *c'est un mauvais ~* mit ihm ist nicht gut Kirschen essen.

couci-couci, couci-couça [kusikusi, -a] *adv fam* so lala, nicht besonders; ▶ *comment ça va? ~!* wie geht es dir? So lala!

coucou [kuku] **I.** *s m* **1.** Kuckuck *m;* **2.** Kuckucksuhr *f;* **3.** *bot* Primel; gelbe Narzisse *f;* **4.** *(vieux ~) fam* alte Mühle, Kiste *f;* **II.** *interj* kuckuck.

coude [kud] *m* **1.** Ellbogen *m;* **2.** *fig* Knick *m,* Krümmung, Biegung *f,* Winkel *m;* **3.** *(Rohr)* Knie(stück) *n, tech* Krümmer *m,* Winkelstück *n,* Kröpfung *f;* **4.** ▶ *~ à ~* Seite an Seite, dicht nebeneinander; *fig* Hand in Hand; **5.** ▶ *jouer des ~s (fig)* die Ellbogen gebrauchen; *lever le ~* viel trinken; *se serrer, se tenir les ~s (fig)* zusammem=halten. **coudée** *f* ▶ *avoir les ~s franches* Handlungs-, Bewegungs-, Ellbogenfreiheit haben. **couder** *tr* (knieförmig) (um=)biegen, krümmen; *tech* kröpfen. **coudoyer** ‹*Prés. je coudoie, ns coudoyons; Fut. je coudoierai; pp. coudoyé, e*› *tr* **1.** *qn* jdn mit dem Ellbogen an=stoßen; Seite an Scite gehen (*qn* mit jdm); **2.** *fig* in Berührung kommen (*qn* mit jdm).

coudre [kudʀ] ‹*Prés. je couds, ns cousons; Fut. je coudrai; pp. cousu, e; Subj. que je couse, que ns cousions; Impér. couds, cousons*› *tr* **1.** (an=, zs.=)nähen; **2.** *(Buch)* heften; ▶ *~ à la main, à la machine* mit der Hand, mit der Maschine nähen; *machine f à ~* Nähmaschine *f.*

couenne [kwan] *f* **1.** (Speck=)Schwarte *f;* **2.** *arg* Haut *f;* **3.** *pop* Dummkopf *m.*
couette [kwɛt] *f* **1.** Federbett *n;* **2.** mit e-m Band zs.gehaltener Haarschopf *m.*
couffin [kufɛ̃] *m* (großer) Korb *m.*
couic [kwik] *interj* quiek! ► *faire ~ à qn (pop)* jdn kaltmachen.
couille [kuj] *f vulg* Hode(n *m*) od *f;* ► *~ molle* Waschlappen *m.* **couillon** *m pop* Dussel, (Einfalts-)Pinsel *m.* **couillonnade** *f pop* Dummheit *f.* **couillonner** *tr pop* betrügen, übers Ohr hauen.
couiner [kwine] *itr fam* quietschen.
coulage [kulaʒ] *m* **1.** *(Faß)* Lecken *n;* **2.** *(Metall)* Gießen *n,* Guß *m;* **3.** *com* Lekkage *f;* Verlust *m* durch Vergeudung *od* Veruntreuung. **coulant, e I.** *a* **1.** *(Wein)* süffig; *(Stil)* flüssig; **2.** *(Mensch)* umgänglich, nachsichtig; **II.** *s m* **3.** Schiebering *m;* **4.** *bot* Ranke *f;* ► *nœud m ~* Schlinge *f.* **coulé** *m* **1.** *mus* Bindung *f;* **2.** *tech* Guß(-stück *n*) *m.* **coulée** *f* **1.** *tech* Gießen *n,* Guß *m;* Schmelzmasse *f;* Abstich *m;* **2.** *geol* Erguß *m;* **3.** *fig* Strom *m,* Flut *f;* ► *~ de lave (geol)* Lavastrom *m.*
couler [kule] **I.** *itr* **1.** fließen, (ent)strömen, rinnen; (aus=)strahlen; **2.** *(Faß)* lecken, undicht sein, aus=laufen; **3.** *(Gas)* entweichen; **4.** *(Nase, Käse)* laufen; **5.** *(Kerze)* tropfen; **6.** *(Schiff)* sinken; **7.** *(Blüte)* ab=fallen; **8.** *(Zeit)* verrinnen; **9.** *(im Gespräch)* hinweg=gehen (*sur* über *acc*); **10.** (ab=, herunter=)gleiten; **11.** *fig* her=kommen, aus=gehen (*de* von); **II.** *tr* **12.** *(Flüssigkeit)* (durch=) seihen; laufen *od* gleiten lassen; **13.** *(Zeit)* verstreichen lassen; **14.** *(Schiff)* versenken; **15.** *(Zettel)* zu=stecken; **16.** *(Wort)* zu=flüstern; **17.** *(Blick)* (zu=) werfen; **18.** *mus* schleifen; **19.** *fam* fertigmachen, zugrunde richten; **III.** *v prn se ~* **20.** sich ein=schleichen; schlüpfen (*dans la foule* durch die Menge); **21.** sich ruinieren; ► *se la ~ douce (fam)* es sich wohl sein lassen; *~ de source* von selbst kommen; sich von selbst verstehen.
couleur [kulœʀ] *f* **1.** Farbe *f;* **2.** Farbstoff *m;* **3.** *fig* Farbe, Schattierung, Seite *f;* **4.** *fig pol* Färbung, Richtung *f;* **5.** *pl* Farben *f pl;* Fahne *f;* **6.** ► *de ~* farbig; *en ~* Bunt-; *sans ~* farblos; *sous ~ de* unter dem Vorwand, zu ...; **7.** ► *appliquer, coucher, étaler la ~* die Farbe auf=tragen; *en faire voir à qn de toutes les ~s* jdm arg mit=spielen; jdn nach Strich u. Faden herein=legen; **8.** ► *boîte f de ~s* Mal-, Farb(en)kasten *m; film m en ~s* Farbbfilm *m; télévision f en ~s* Farbfernsehen *n;* **9.** ► *~ locale* Lokalfarbe *f.*
couleuvre [kulœvʀ] *f zoo* Natter *f;* ► *avaler des ~s* s-n Ärger hinunter=schlucken; Beleidigungen ein=stecken.
coulis [kuli] *m* ► *~ de tomate* Tomatenpürree, -mark *n.* **coulissant, e** [-sɑ̃, -ɑ̃t] *a* ► *porte f ~e* Schiebetür *f.* **coulisse** *f* **1.** *tech* Rinne, Fuge *f,* Falz *m,* Führung(sleiste) *f;* **2.** *theat* Kulisse *f; meist pl* (Raum *m* hinter den) Kulissen *f pl a. fig pol;* **3.** *(Börse)* Kulisse *f;* Freiverkehr *m;* **4.** durchgezogne(s) Gummiband *n;* ► *dans la ~ (fig)* hinter den Kulissen; *porte, fenêtre f à ~* Schiebetür *f,* -fenster *n.* **coulisser I.** *tr* mit e-m Falz versehen; **II.** *itr* in e-r Führung gleiten, sich (ver-) schieben lassen.
couloir [kulwaʀ] *m* **1.** *arch loc* (Durch-) Gang; Flur *m;* **2.** *theat parl* Wandelgang *m;* **3.** *geol* Rinne; **4.** *min* Rutsche *f;* ► *~ aérien* Luftkorridor *m,* Flugschneise *f; ~ d'avalanche* Lawinengraben *m.*
coup [ku] *m* **1.** Schlag, Stoß; Hieb; Stich; Schuß, Wurf; Knall *m;* **2.** Strick *m;* **3.** Zug, Schluck *m;* **4.** *tech* Hub *m;* **5.** ► *à ~s de* mit (Hilfe *gen*); *à ~ sûr* ganz gewiß, bestimmt, sicher; *à tout ~, à tous les ~s* jedesmal; bei jeder Gelegenheit; *au ~ par ~* jeweils; ad hoc; *après ~* hinterher, wenn es zu spät ist; *du ~* darauf; infolgedessen; *sans ~ férir* ohne Schwertstreich; *sous le ~ de* benommen, unter der Einwirkung von; *~ sur ~* Schlag auf Schlag, ununterbrochen; *sur le ~* sofort; *tout à ~* plötzlich; *(tout) d'un ~* auf einmal; **6.** ► *accuser le ~* sich anmerken lassen; *donner un ~ de balai, brosse, peigne à qc* etw ein bißchen aus=fegen, ab=bürsten, überkämmen; *donner un ~ de main, d'épaule à qn* jdm behilflich sein; *(fam) ne plus être dans le ~* nicht auf dem laufenden sein; nicht mehr „in" sein; *(fam) en mettre un ~* sich ins Zeug legen; *monter le ~ à qn* jdn aufhetzen; *(fam) en prendre un ~* etw abbekommen; *tenir le ~* aus=, stand=halten; *tomber sous le ~ de la loi* unter die Bestimmungen des Gesetzes fallen; *valoir le ~* der Mühe wert sein; **7.** ► *~ d'aile* Flügelschlag *m; ~ bas (Boxen)* Tiefschlag *m a. fig; ~ de chance* Glücksfall *m; ~ de couteau, d'épingle* Messer-, Nadelstich *m; ~ dur (fig)* schwere(r), harte(r) Schlag *m;* schwierige Sache *f; ~ d'envoi (sport)* Anstoß *m; fig* Eröffnung *f* (e-r Sitzung); *~ d'essai* erste(r) Versuch, Probeschuß *m; ~ d'État* Staatsstreich *m; ~ de feu* Schuß; *fig* Hochbetrieb *m; ~ de fil (fam)* Anruf *m; ~ de foudre, de tonnerre* Blitz-, Donnerschlag; *fig* Blitz *m* aus heiterem Himmel; Liebe *f* auf den ersten Blick; *~ franc (sport)* Freistoß *m (en faveur de* für *acc); ~ de grâce* Gnadenstoß *m; ~ de main fam* Hilfe *f; ~ d'œil* (flüchtiger) Blick; *~ de pied* Fußtritt *m; ~ de pinceau* Pinselstrich *m; ~ de poing* Faustschlag *m; ~-de-*

-poing m Schlagring *m; ~ de semonce* Machtwort *n; ~ de sifflet* Pfiff *m; ~ de soleil* Sonnenbrand, -stich *m; ~ de sonnette* Klingelzeichen *n; ~ du sort* Schicksalsschlag *m; ~ de téléphone* Anruf *m; ~ de théâtre* überraschende Wendung *f; ~ de vent* Windstoß *m.*
coupable [kupabl] **I.** *a* schuldig, schuldhaft; strafbar, -würdig; pflichtwidrig; **II.** *s m* Schuldige(r), Täter *m;* ► *se rendre ~ de qc* sich *(dat)* etw zuschulden kommen lassen.
coupant, e [kupɑ̃, -t] *a* scharf(kantig), schneidend *a. fig.*
coupe [kup] *f* **1.** Pokal *a. sport,* Kelch *m;* Schüssel, Schale *f; sport* Pokalspiel *n;* Meisterschaft *f;* **2.** (Ab-, Zu-)Schneiden *n;* (Zu-)Schnitt *m;* **3.** *(Holz)* Fällen *n,* Einschlag *m;* **4.** *geol* Profil *n; allg* Schnittfläche, -zeichnung *f;* **5.** *gram* Zäsur *f;* **6.** *(Spielkarten)* Abheben *n;* **7.** *(Anzug)* Schnitt *m;* **8.** *tech* Span(breite *f*) *m;* **9.** ► *boire la ~ jusqu'à la lie (fig)* den Kelch bis zur Neige leeren; **10.** ► *~ de cheveux* Haarschneiden *n,* -schnitt *m; ~-circuit m inv el* Unterbrecher *m;* Sicherung *f; ~-feu m inv (Wald)* Schneise *f;* Brandschutz *m; ~-gorge m inv fig* Räuberhöhle *f; ~-ongles m inv* Nagelschere *f; ~-papier m inv* Brieföffner *m; ~ verticale* Querschnitt *m.*
coupé [kupe] **I.** *s m mot* Kupee; **II.** *a* **1.** geschnitten; **2.** *(Gelände)* durchschnitten; **3.** *tech* unterbrochen; ► *~ en deux* halbiert; *~ en petits carrés* gewürfelt.
couper [kupe] **I.** *tr* **1.** (ab=, durch=, zer-)schneiden; **2.** ab=, unterbrechen; unterbinden, trennen; *el* ab=, aus=schalten; *tele* trennen, unterbrechen; **3.** *(Holz)* fällen, schlagen, (ab=)hauen; ab=hacken; *(Stein)* behauen; *(Buch)* auf=schneiden; **5.** *(Tier)* kastrieren; **6.** *(Kleidungsstück)* zu=schneiden; **7.** *(Getränk)* mischen; verschneiden; **8.** *(Kartenspiel)* kupieren; ab=heben; **9.** *mar* kappen; **10.** *(Reise)* unterbrechen; **11.** *(Weg)* kreuzen *a. loc;* **12.** *(Straße)* sperren; **13.** *(Gelände)* durchqueren; **14.** *(Fieber)* kupieren; **15.** *(Tennisball)* schneiden; **II.** *itr* ► *il n'y coupera pas* da wird er daran glauben müssen; *~ court à qc* etw ein Ende machen; *~ à travers champ* querfeldein gehen; **III.** *v prn se ~* **16.** sich schneiden *(au doigt* in den Finger); **17.** ► *se ~ de qn* sich jdm entfremden; **18.** *(Straßen)* sich kreuzen; **19.** *fam* sich verraten; ► *~ bras et jambes à qn (fig)* jdn lahm=legen; *~ les cheveux en quatre* Haarspalterei treiben; *~ en deux* durch=schneiden; *~ l'herbe sous les pieds de qn* jdm den Wind aus den Segeln nehmen; *~ la parole à qn* jdm ins Wort fallen; *~ le sifflet à qn (fam)* jdn zum Schweigen bringen; *~ les vivres à qn* jdm den Geldhahn abdrehen; *coupez! (film)* aus! stopp! *coupez la lumière!* Licht aus!
couperet [kupʀɛ] *m* Fallbeil *n.*
couperose [kupʀoz] *f med* Kupferausschlag *m.*
couplage [kuplaʒ] *m tech* Kupp(e)lung; *el* Schaltung; *radio* Kopp(e)lung *f.*
couple *m* **1.** Paar; Ehepaar *n;* **2.** Spant *n,* Schiffsrippe *f;* **3.** *tech* (Dreh-)Moment, Kräftepaar; **4.** *el* Element *n.* **coupler** *tr* **1.** *(Hunde)* koppeln; **2.** *tech* (ver)kuppeln; *el* schalten; *radio* koppeln. **couplet** [-plɛ] *m* Strophe *f;* Couplet, Lied *n.* **coupleur** *m* **1.** *el* Schalter *m;* **2.** *tech* Kupplung *f.*
coupole [kupɔl] *f auch* Kuppel *f; la C~ (fam)* die Académie Française.
coupon [kupɔ̃] *m* **1.** Stoffrest; **2.** *com* Kupon, Anteil-, Zinsschein, Dividendenabschnitt *m;* **3.** Abschnitt, Gutschein *m;* ► *~-réponse m* Antwortschein *m.*
coupure [kupyʀ] *f* **1.** Schnitt(wunde *f*) *m;* **2.** *(Gelände)* Einschnitt; *agr* Abzugsgraben; *m;* **3.** Banknote *f;* **4.** Zeitungsausschnitt *m;* **5.** *(Text, film)* Kürzung, Streichung *f;* **6.** *el tele* Unterbrechung, Abschaltung; *(Gas, Wasser)* Absperrung *f,* Abstellen *n;* ► *~ verte* Grünanlage, -zone *f,* -streifen *m.*
cour [kuʀ] *f* **1.** Hof(raum) *m;* **2.** (Fürsten-)Hof, Hofstaat *m,* -haltung *f;* **3.** Gerichtshof *m;* ► *faire la ~ à qn* jdm den Hof machen; *~ d'appel* Appellationsgericht *n; ~ d'assises* Schwurgericht *n; ~ de cassation* Kassationshof *m; ~ des comptes* Rechnungshof *m; ~ intérieure* Innenhof, Lichtschacht *m; ~ de récréation* Schulhof *m.*
courage [kuʀaʒ] *m* **1.** Mut *m,* Unerschrockenheit *f;* **2.** Beherztheit, Entschlossenheit f; Einsatzwille *m;* **3.** Festigkeit, Höhe *f;* ► *avec ~* mutig; unerschrocken; tapfer; *sans ~* mutlos; *ne pas avoir le ~ de* es nicht übers Herz bringen zu; *perdre ~* den Mut sinken lassen; *prendre son ~ à deux mains (fam)* sich ein Herz fassen. **courageux, se** *a* **1.** mutig, beherzt; **2.** einsatzfreudig, eifrig.
couramment [kuʀamɑ̃] *adv* **1.** *(Sprechen)* fließend; geläufig; **2.** gewöhnlich.
courant, e I. *a* **1.** laufend; **2.** *(Wasser)* fließend; **3.** oft, häufig, gängig, gangbar, gewöhnlich, üblich; **II.** *s m* **4.** Strömung *f; (~ 'air)* (Luft-)Zug *m;* **5.** *el* Strom *m;* **6.** laufende(r) Monat *m;* **7.** *fig* (Ab-, Ver-)Lauf, (Fort-)Gang *m;* **8.** *(Personen)* Strom *m;* **9.** *fig (Meinung)* Strömung, Richtung *f;* **10.** ► *dans le ~ du mois* im Laufe des Monats; *du 15 ~* vom 15. d. M(onats); *fin f ~* per Ende d. M. (dieses Monats); **11.** ► *couper, interrompre le ~* den Strom ab=schalten; *être au ~ (de)* auf dem laufenden sein

(mit); Bescheid wissen (über *acc*); keine Rückstände haben; *être de pratique ~e* üblich sein; *être de vente ~e* ein gangbarer Artikel, leicht verkäuflich sein; *se mettre au ~* sich ins Bild setzen, sich orientieren *(de* über); *tenir au ~* auf dem laufenden halten; laufend Bericht erstatten *dat;* **12.** ► *c'est tout à fait ~* das ist gang u. gäbe; *il y a un ~ d'air* es zieht; *le ~ passe* der Strom ist eingeschaltet; **13.** ► *consommation, économie f de ~* Stromverbrauch *m*, -ersparnis *f; coupure f de ~* Stromunterbrechung, -sperre *f; prise f de ~ (el)* Steckdose *f*, Anschluß *m; ~ des affaires* laufende Geschäfte *n pl;* Geschäftsgang *m; ~ alternatif* Wechselstrom *m; ~ ascendant* Aufwind *m; ~ continu* Gleichstrom *m; ~ marin* Meeresströmung *f; ~ de secteur* Netzstrom *m; ~ de basse, de haute tension* Schwach-, Starkstrom *m.*

courbatu, e [kuʀbaty] *a (Mensch)* wie gerädert, ganz zerschlagen. **courbature** *f* Muskelkater *m.* **courbaturer** *tr* ► *être courbaturé* wie gerädert sein.

courbe [kuʀb] **I.** *a* gekrümmt, gebogen, krumm; geschwungen; **II.** *s f* **1.** Krümmung, Wendung, Biegung; gekrümmte Linie *f;* **2.** *(Straße)* Kurve, Kehre *f;* **3.** *(Schultern)* Wölbung *f;* **4.** *math* Kurve *f;* ► *~ de la production, des prix, de température* Produktions-, Preis-, Temperaturkurve *f.* **courber I.** *tr* krümmen, biegen, beugen; **II.** *v prn se ~* krumm werden; sich biegen; *(Person)* sich beugen, sich bücken; *fig* sich beugen *(devant une injustice* e-r Ungerechtigkeit); ► *~ la tête, le front devant qn* sich jdm fügen, unterordnen. **courbette** *f (Pferd)* Bogensprung *m;* ► *faire des ~s* katzbuckeln *(devant qn* vor jdm). **courbure** *f* Krümmung, Biegung; Wölbung *f.*

coureur, se *s m f* **1.** (guter) Läufer; Wettläufer, Rennfahrer *m;* **2.** Rennpferd *n;* **3.** ► *elle est coureuse* sie ist ein leichtes Mädchen; **4.** ► *~ automobile, cycliste, motocycliste* Auto-, Rad-, Motorradrennfahrer *m; ~ de demi-fond* Mittelstreckenläufer *m; ~ de dots* Mitgiftjäger *m; ~ de fond* Langstreckenläufer *m; ~ de haies* Hürdenläufer *m; ~ de jupons* Schürzenjäger *m.*

courge [kuʀʒ] *f bot* Kürbis *m.*

courir [kuʀiʀ] ‹*Prés. je cours, ns courons; Fut. je courrai; pp. couru, e; Subj. que je coure, que ns courions; Impér. cours, courons*› **I.** *itr* **1.** laufen, rennen, eilen; **2.** an e-m Wettlauf, -rennen teil=nehmen; **3.** dahin=jagen, -gleiten; sich übereilen, sich stürzen (*à* auf *acc, fig* in *acc*); **4.** *(Zeit)* verfließen, enteilen, entschwinden; **5.** um=gehen, im Schwange sein; **6.** umher=schweifen, sich herum=treiben; **7.** *fig* streben, nach=laufen, -jagen (*après* nach); **8.** herum=kommen; **9.** *(Fluß)* fließen; **10.** *(Wind)* wehen; **11.** *geog* verlaufen; **12.** *(Gerücht)* um=gehen; **13.** *(Knoten)* lose sein; **14.** *mar* fahren; **II.** *tr* **15.** jagen, verfolgen; **16.** durchstreifen; **17.** (eifrig) besuchen; **18.** *(Glück)* versuchen; **19.** *(Gefahr)* auf sich nehmen; **20.** ► *~ qc* sehr auf etw aus sein; hinter etw her sein; *sport ~ le grand prix* am großen Preis teilnehmen; *en courant* in Eile; *par le temps qui court* unter den gegenwärtigen Umständen; *(fam) laisser ~* laufen lassen; *~ un danger* sich e-r Gefahr aus=setzen; *~ à sa fin* aufs Ende zu=gehen; *~ le cent mètres* am 100-m-Lauf teil=nehmen; *~ à sa perte, à sa ruine* ins Verderben rennen; *~ au plus pressé* das Dringendste zuerst erledigen; *~ un risque* ein Risiko ein=gehen; *~ le risque de* Gefahr laufen zu; *(fam) ~ sur le système* auf die Nerven gehen; **21.** *vous pouvez ~!* das schaffen Sie nie! denkste! *le voleur court encore* der Dieb ist noch nicht gefaßt; *(fam) il lui court après* er läuft ihm nach.

couronne [kuʀɔn] *f* **1.** Kranz *m;* **2.** Krone *f;* **3.** Tonsur *f;* **4.** *(~ dentaire)* (Zahn-)Krone *f;* **5.** *tech* Krone *f*, Kranz, Ring *m;* Rad *n;* **6.** ► *~ solaire* (Sonnen-)Korona *f;* **7.** *~ d'épines* Dornenkrone *f; ~ d'épis* Erntekranz *m; ~ de mariée* Brautkranz *m; ~ mortuaire* (Toten-)Kranz *m; ~ de roue* Radkranz *m.* **couronné, e** *a* **1.** gekrönt *a. fig;* **2.** umgeben; bedeckt (*de* mit); ► *~ de succès* von Erfolg gekrönt. **couronnement** *m* **1.** Krönung *f a. fig;* **2.** *arch* Bekrönung *f.* **couronner I.** *tr* **1.** krönen; **2.** *(Person)* bekränzen; **3.** *fig* mit e-m Preis aus=zeichnen; **4.** ► *~ qc (fig)* etw krönen, vollenden; **5.** den Abschluß bilden; *arch* bekrönen; **II.** *v prn se ~* sich bedecken, überziehen (*de* mit); *(Pferd)* sich am Knie verletzen.

courre [kuʀ] *tr:* ► *chasse f à ~* Hetzjagd *f.*

courrier [kuʀje] *m* **1.** Kurier *m;* **2.** Postwagen *m*, -schiff, -flugzeug *n;* **3.** Briefe *m pl*, Post(sachen *f pl*), Korrespondenz *f;* **4.** *(Zeitung)* Bericht *m*, Chronik *f;* **5.** ► *par le même ~, par prochain ~* mit gleicher, mit der nächsten Post; *par retour du ~* postwendend; **6.** ► *dépouiller le ~* die Post durchsehen; *expédier, faire son ~* die Post auf=geben, erledigen; *mettre le ~ à la boîte* die Post in den Briefkasten werfen; **7.** ► *levée f du ~* Leerung *f;* **8.** ► *~ aérien m* Luftpost *f; ~ des auditeurs (radio)* Hörertribüne, -post *f; ~ électronique* elektronischer Briefkasten *m; ~ des lecteurs (Zeitung)* Briefkasten *m*, Leserbriefe *m pl.* **courriériste** *m (Zeitung)* (Tages-)Berichterstatter *m.*

courroie [kuRwa] *f* **1.** Riemen; Gurt *m;* **2.** *mot* Keilriemen *m;* ► *~ de transmission (tech)* Treibriemen *m.*
courroucer [kuRuse] ‹*Prés. je courrouce, ns courrouçons; Fut. je courroucerai; pp. courroucé, e*› **I.** *tr* (heftig) erzürnen; in Harnisch bringen; **II.** *v prn se ~* sich ereifern; *fig (Elemente)* wüten, toben.
courroux [-Ru] *m lit* Zorn *m;* Wüten *n (der Elemente).*
cours [kuR] *m* **1.** Strömung *f, Lauf m;* **2.** *mar:* ► *au long ~* auf große Fahrt; **3.** *fig* Ab-, Verlauf *m;* **4.** Kurs(us), Lehrgang *m;* Vorlesung *f;* Studien *f pl;* Lehrbuch *n;* **5.** *(Gestirn)* Umlauf *m;* **6.** *com* Kurs *m,* Notierung *f;* Preis *m;* **7.** ► *au ~ de* im Verlauf *gen, com* zum Kurs von; *dans le ~ de l'année* im Laufe des Jahres; *en ~ de construction* im Bau (befindlich); *en ~ de route* unterwegs; **8.** ► *avoir ~* gangbar, gebräuchlich sein; *avoir, suivre son ~* s-n Gang gehen, vor sich gehen; *donner libre ~ à* freien Lauf lassen *dat;* **9.** ► *baisse f, chute f, cote f, fluctuations f pl des ~* Kursrückgang, -sturz *m,* -notierung *f,* -schwankungen *f pl; ~ de(s) change(s)* Wechselkurs *m; ~ par correspondance* Fernkurs *m; ~ d'eau* Wasserlauf *m; ~ du jour* Tageskurs *m; ~ magistral* Hauptvorlesung *f; ~ sur le marché mondial* Weltmarktpreise *f; ~ du marché* Marktpreis *m; ~ d'ouverture, de clôture* Eröffnungs-, Schlußkurs *m; ~ de promotion* Fortbildungskurs *m; ~ du soir* Abendkurs *m; ~ de vacances* Ferienkurs *m.*
course [kuRs] *f* **1.** (Wett-)Lauf *m,* (Wett-)Rennen *n;* **2.** Gang *m,* Fahrt; Bewegung *f;* **3.** Besteigung, Bergtour *f;* **4.** Gang *m,* Besorgung *f;* **5.** *(Zeit, Gestirne)* Lauf *m;* **6.** Laufbahn, Karriere *f;* **7.** Pferderennen *n;* **8.** *tech* Hub *m;* **9.** *mar* Kaperfahrt *f;* **10.** *(fam)* ► *je ne suis pas dans la ~* ich bin nicht auf dem laufenden; *aller faire des ~s* Besorgungen erledigen; Einkäufe machen *(dans les magasins* in den Läden); **11.** ► *auto f de ~* Rennwagen *m; champ m de ~s* Rennbahn *f; cheval m de ~* Rennpferd *n; parcours m, piste f de ~* Rennstrecke *f; prix m de la ~ (Taxi)* Fahrpreis *m; ~ d'automobiles* Auto(mobil)rennen *n; ~ cycliste* Radrennen *n; ~ de (demi-)fond* (Mittel-), Langstreckenlauf *m; ~ de(s) haies* Hürdenlauf *m; ~ de cent mètres* 100-Meter-Lauf *m; ~ de moto* Motorradrennen *n; ~ de natation* Wettschwimmen *n; ~ de relais* Staffellauf *m; ~ en sac* Sackhüpfen *n.* **coursier, ère** *s m f* Laufjunge *m,* -mädchen *f.* **coursive** *f mar* Laufgang *m.*
court, e [kuR, -Rt] **I.** *a* **1.** *(räumlich, zeitlich)* kurz; **2.** unzureichend; **II.** *adv* **3.** kurz; schnell; plötzlich; **III.** [kur] *s m* **4.** Tennisplatz *m;* **5.** ► *à ~ terme* kurzfristig; *à ~ d'arguments* (um Argumente) verlegen; *de ~e durée* kurzlebig; von kurzer Dauer *(fam); tout ~* ganz einfach; **6.** ► *avoir la vue ~e* kurzsichtig sein *a. fig; couper ~ (Rede)* kurz ab=brechen; Einhalt gebieten *(à qc dat); être à ~ d'argent* knapp bei Kasse sein; *être pris de ~* in Zeitnot sein; *prendre qn de ~* jdn überraschen, in Verlegenheit bringen; *tourner ~ (Wagen)* auf engem Raum wenden *itr; fig* auf etw anderes über=springen; plötzlich auf=hören; **7.** ► *~-circuit m el* Kurzschluß *m; réaction f en ~* Kurzschlußreaktion *f; ~-circuiter tr* kurzschließen; *~ métrage m* Kurzfilm *m; ~-vêtu, e a* mit kurzem Kleid.
courtage [kuRtaʒ] *m* Maklergeschäft *n,* -gebühr *f.*
courtaud, e [kuRto] *a* u. *s m f* untersetzt(e), stämmig(e Person *f*).
courtier, ère [kuRtje, jɛR] *s m f* Makler, Agent, Vermittler(in *f*) *m;* ► *~ d'assurances* Versicherungsagent *m; ~ maritime* Schiffsmakler *m.*
courtisan [kuRtizɑ̃] *m* Höfling. **courtisane** [-zan] *f* Kurtisane *f.* **courtiser** *tr* den Hof machen (*qn* jdm); umschmeicheln (*qn* jdn).
courtois, e [kuRtwa, əz] *a* ritterlich, höflich. **courtoisie** *f* Ritterlichkeit; Höflichkeit *f.*
couru, e [kuRy] *a* gesucht, gefragt; ► *être ~* großen Zulauf haben; *c'est ~! (fam)* das ist klar!
couscous [kuskus] *m* Kuskus *m.*
cousin, e [kuzɛ̃, -in] **1.** *m f* Vetter, Cousin *m;* Kusine, Base *f;* **2.** *m* (Stech-)Mücke *f;* ► *~ germain* Vetter *m* ersten Grades; *pl* Geschwisterkinder *n pl.* **cousiner** *itr* sich gut verstehen.
coussin [kusɛ̃] *m* Kissen, Polster *n;* ► *véhicule m sur ~ d'air* Luftkissenfahrzeug *n; ~ de fauteuils* Sofakissen *n.*
coussinet [-nɛ] *m* **1.** kleine(s) Kissen *n;* **2.** *arch* Kämpfer *m;* **3.** *tech* Lager *n.*
cousu, e [kuzy] *a* **1.** genäht; **2.** besetzt, bedeckt (*de* mit); ► *être ~ d'or* im Gelde schwimmen; *~ main* handgenäht.
coût [ku] *m* Kosten *pl,* Ausgabe *f;* Preis *m;* ► *~ de production* Produktionskosten *pl; ~ de la vie* Lebenshaltungskosten *pl.* **coûtant** *a:* ► *au prix ~* zum Selbstkostenpreis *m.*
couteau [kuto] *m pl -x* **1.** Messer *n;* **2.** *(Waage)* Schneide *f;* ► *être à ~ (x) tiré(s)* sich spinnefeind sein; *mettre le ~ sous la gorge à qn (fig)* jdm das Messer an die Kehle, die Pistole auf die Brust setzen; *~ de cuisine, à dessert, à fromage, à pain, de poche* Küchen-, Dessert-, Käse-, Brot-, Taschenmesser *n.*
coûter [kute] *itr tr* **1.** (etw) kosten; **2.** Ausgaben, Mühe verursachen (*qn* jdm); nicht leicht sein (*qn* für jdn); Überwin-

dung kosten (*qn* jdm); ► ~ *cher, gros* teuer sein, viel Geld kosten; *il m'en coûte de* es kostet (mich) zu ... ; *coûte que coûte* koste es, was es wolle; um jeden Preis; *rien ne lui coûte* es fällt ihm alles leicht; *il n'y a que le premier pas qui coûte* aller Anfang ist schwer. **coûteux, se** *a* kostspielig, teuer.

coutume [kutym] *f* **1.** Brauch *m,* Sitte, Gewohnheit *f;* **2.** *pl jur* Gewohnheitsrecht *n;* ► *(comme) de* ~ gewohnheitsmäßig; gewöhnlich, üblich; *selon sa* ~ wie gewohnt; *avoir* ~ *de* pflegen zu. **coutumier, ère** *a* gewohnheitsmäßig, herkömmlich; üblich; ► *droit m* ~ Gewohnheitsrecht *n.*

couture [kutyʀ] *f* **1.** Nähen, Schneidern *n,* (Damen-)Schneiderei; Näharbeit; Nähstube *f;* Handarbeitsunterricht *m;* **2.** Naht *f a. tech,* Saum *m;* Fuge *f;* **3.** Narbe *f;* **4.** ► *sans* ~ nahtlos; **5.** ► *battre à plate* ~ *(fam)* haushoch schlagen (*qn* jdn); *(Heer)* völlig auf=reiben; *examiner sous toutes les ~s (fig)* auf Herz u. Nieren prüfen; *haute* ~ Haute Couture *(in Paris); magasin m de* ~ Damenkonfektionsgeschäft *n.* **couturé, e** *a* (mit Narben) bedeckt. **couturier** *m* Modeschöpfer *m.* **couturière** *f* Näherin, Schneiderin *f.*

couvée [kuve] *f* **1.** Nestvoll *n* Eier *od* Junge; **2.** *(Vögel)* Brut *f;* **3.** *fam* Stallvoll *m* Kinder.

couvent [kuvɑ̃] *m* Kloster *n;* ► *entrer au* ~ ins Kloster gehen.

couver [kuve] **I.** *tr* **1.** (be-, aus=)brüten; **2.** *fig* aus=hecken, an=zetteln; **3.** *(Krankheit)* in sich tragen; **4.** *(Plan)* heimlich hegen; **5.** ► *fig* ~ *qn* jdn verhätscheln, verzärteln; **II.** *itr* **6.** *(Feuer)* schwelen *a. fig;* **7.** sich an=spinnen, im Gange sein; gären *fig;* ► ~ *des yeux* kein Auge wenden von.

couvercle [kuvɛrkl] *m* Deckel *m,* Kappe, Haube *f.*

couvert, e [kuvɛʀ, -ʀt] **I.** *a* **1.** *(Himmel)* bedeckt; *(mit e-r Decke)* zugedeckt; **2.** *(Stimme)* belegt; **3.** *(Bahnsteig)* überdacht; **4.** *(Gelände)* nicht einsehbar; **5.** *(Anleihe)* voll gezeichnet; **I.** *s m* **6.** *(Tisch)* Gedeck; (Eß-)Besteck *n;* **7.** Blätterdach *n;* **8.** *mil* Deckung *f;* **9.** *fig* Deckmantel *m;* **10.** ► *à* ~ unter Dach u. Fach; geschützt; *com* gedeckt; *sous le* ~ *de* unter dem Schein, Vorwand, Deckmantel *gen;* unter der Adresse *gen;* im Auftrag *gen;* **11.** ► *mettre à* ~ sichern, in Sicherheit bringen; *mettre le* ~ den Tisch decken; *se mettre à* ~ Schutz suchen; *rester* ~ den Hut auf=behalten; *le vivre et le* ~ Verpflegung u. Unterkunft *f.* **couverture** *f* **1.** Decke *f,* Überzug *m;* Bettdecke *f;* **2.** *arch* Dachhaut, Bedachung *f;* **3.** *com* Deckung, Sicherheit *f;* **4.** *fig* Deckmantel *m,* Tarnung *f;* **5.** *(Zeitung)* Titelseite *f;* (Buch-)Deckel; Einband; (Heft-)Umschlag *m;* **6.** *mil* Deckung, Abschirmung *f;* **7.** ► *tirer la* ~ *à soi (fig fam)* den Rahm ab=schöpfen; **8.** ► ~ *des besoins* Bedarfsdeckung *f;* ~ *chauffante* Heizdecke *f;* ~ *de laine* Wolldecke *f;* ~ *or (com)* Golddeckung *f;* ~ *de voyage* Reisedecke *f.*

couveuse [kuvøz] *f* **1.** Bruthenne *f;* **2.** *(~ artificielle)* Brutapparat *m;* **3.** *med* Brutkasten *m.*

couvre-chef [kuvʀʃɛf] *m hum* Kopfbedeckung *f.* **couvre-feu** *m* Zapfenstreich *m;* Sperrstunde *f.* **couvre-lit** *m* Tages(bett)decke *f.* **couvre-pied(s)** *m* (Parade-)Bettdecke *f.*

couvreur [kuvʀœʀ] *m* Dachdecker *m.*

couvrir [kuvʀiʀ] ‹*Prés. je couvre, ns couvrons; Fut. je couvrirai; pp. couvert, e; Subj. que je couvre, que ns couvrions; Impér. couvre, couvrons*› **I.** *tr* **1.** (be-, zu=)decken, ein=hüllen, überziehen (*de* mit); **2.** überhäufen, -schütten; **3.** (warm) an=ziehen, (be)kleiden; **4.** verteidigen, sichern; *(Rückzug)* decken, schützen (*de* vor *dat*); **5.** *(Ausgaben)* decken; *(Unkosten)* ersetzen, vergüten; *(Risiko)* absichern; *(Versteigerung)* überbieten; **6.** *(Entfernung)* zurück=legen; **7.** übertönen; **8.** *(männl. Tier)* belegen, bespringen; *(Bulle)* decken; *(Hengst)* beschälen; **9.** *(Dach)* ein=decken; *(durch Bäume)* beschatten; **10.** *mil* sichern, ab=schirmen; **II.** *v prn se* ~ **11.** sich be-, zu=decken; **12.** e-n Hut auf=setzen; **13.** *(Himmel)* sich bewölken, sich beziehen; **14.** ► ~ *les frais de production* die Herstellungskosten decken; *(se)* ~ *de ridicule* (sich) lächerlich machen; *se* ~ *de sang* sich mit Blut beflecken; **15.** *il couvre ses collaborateurs* er deckt seine Mitarbeiter.

crabe [kʀab] *m* Taschenkrebs *m,* Krabbe *f;* ► *panier m de ~s* untereinander streitende Gruppe *f.*

crac [kʀak] *interj* krach! bums!

crachat [kʀaʃa] *m* Spucke *f.* **craché, e** *a:* ► *c'est lui tout* ~ *(fam)* das ist er, wie er leibt u. lebt. **crachement** *m* **1.** (Aus-)Speien *n;* **2.** *el* Funkensprühen *n;* **3.** *radio* Knistern, Knacken *n;* Nebengeräusche *n pl;* ► ~ *de sang* Blutspeien *n.* **cracher** **I.** *tr* **1.** (aus=)speien, (aus=) spucken; **2.** *pop (Geld)* blechen, aus=spucken; **3.** *fam* um sich werfen, heraus=platzen (*qc* mit etw); **II.** *itr* **4.** (aus)spucken *(par terre* auf die Erde); anspucken (*sur qn* jdn); **5.** ► ~ *sur qn, qc* s-e Verachtung an jdm, etw auslassen; **6.** *radio* knistern; **7.** *(bes. Feder)* klecksen, spritzen. **crachin** *m* Sprühregen *m.* **crachoir** *m* Spucknapf *m;* ► *tenir le* ~ *(fam fig)* das große Wort führen. **crachoter** *itr (Motor)* knattern.

crack [kʀak] *m fig fam* As *n,* Kanone,

Koryphäe *f.*
Cracovie [kʀakɔvi] *f* Krakau *n.*
cracra [kʀakʀa] *a inv fam* schmutzig, schmuddelig.
craie [kʀɛ] *f* Kreide *f;* ▶ *bâton m de ~* Stück *n* Kreide.
craindre [kʀɛ̃dʀ] ‹*Prés. je crains, ns craignons; Fut. je craindrai; pp. craint, e; Subj. que je craigne, que ns craignions; Impér. crains, craignons*› *tr* **1.** (be)fürchten, sich fürchten, sich scheuen (*qn, qc* vor jdm, etw); **2.** nicht vertragen (können); ▶ *~ pour* bangen, zittern um; *se faire ~* sich Respekt verschaffen. **crainte** *f* **1.** Furcht, Scheu *f;* **2.** Respekt *m,* Ehrfurcht *f;* ▶ *dans la ~ que, de ~ que ... ne* (be)fürchtend, daß; *~ de Dieu* Gottesfurcht *f; n'ayez ~* keine Sorge. **craintif, ive** *a* furchtsam, ängstlich.
cramer [kʀame] *tr itr (fam)* (leicht) an⸗brennen, -sengen; ▶ *ça sent le cramé* das riecht nach Angebranntem; *toute la bicoque a cramé (fam)* die ganze Bude ist abgebrannt.
cramoisi, e [kʀamwazi] *a fam* puterrot.
crampe [kʀɑ̃p] *f med* Krampf *m;* ▶ *~ d'estomac* Magenkrampf *m.*
crampon [kʀɑ̃pɔ̃] *m* **1.** *arch* Klammer *f;* **2.** *(Schuhe)* Stollen *m;* **3.** *(Bergsport)* Steigeisen *n;* **4.** *bot* Haftwurzel *f;* **5.** *(fam)* ▶ *il est ~* man wird ihn nicht los. **cramponner I.** *tr* **1.** verklammern; **2.** *qn (fam)* sich an jdn hängen, jdm lästig fallen; **II.** *v prn se ~* sich an⸗klammern (*à* an *acc*) *a. fig;* ▶ *se ~ à la vie, à un espoir* sich ans Leben, an e-e Hoffnung klammern.
cran [kʀɑ̃] *m* **1.** Kerbe *f,* Einschnitt *m,* Raste, Einkerbung *f; (Riemen)* Loch *n;* **2.** *pl (Frisur)* Wellen *f pl;* ▶ *il est à ~* er ist sehr gereizt; *il a du ~ (fam)* er hat Mumm; er bewahrt kaltes Blut; *monter, descendre d'un ~ (fig)* eine Stufe steigen, sinken; *~ d'arrêt (Gewehr)* Sicherung *f.*
crâne [kʀɑ(a)n] **I.** *s m anat* Schädel *m;* **II.** *a fam* prahlerisch; ▶ *se briser, se fendre le ~* sich den Schädel ein⸗schlagen; *fracture f du ~* Schädelbruch *m; ~ chauve* Glatze, *fam* Platte *f; j'ai mal au ~ (fam)* ich habe Kopfweh. **crâner** *itr fam* an⸗geben. **crânerie** *f* Prahlerei, *fam* Angeberei; Kühnheit *f.* **crâneur, se** *m f* Angeber(in *f*) *m.* **crânien, ne** *a* Schädel-; ▶ *boîte f ~ne* Hirnschale *f.*
crapaud [kʀapo] *m* **1.** *zoo* Kröte *f; (fauteuil ~)* niedrige(r) Sessel *m;* **2.** *mus* Stutzflügel *m;* **3.** *(Diamant)* Fehler *m.*
crapule [kʀapyl] *f* üble Figur *f;* Lump *m.* **crapuleux, se** *a* zwielichtig; schändlich; gemein.
craquelé, e [kʀak(ə)le] **I.** *tr a* rissig; **II.** *s m* Craquelé *n.* **craqueler** ‹*Prés. il craquelle; pp. craquelé, e*› **I.** *tr* rissig machen; **II.** *v prn* feine Risse bekommen.
craquelure *f* Haarrisse *m pl.* **craquement** *m* **1.** Krachen, Knacken, Knarren *n;* **2.** *fig* Riß *m.* **craquer I.** *tr* **1.** *chem* kracken; **2.** *(Streichholz)* anstreichen; **II.** *itr* **3.** krachen, knacken, knarren; **4.** *(Naht)* platzen; bersten; **5.** *fig* ins Wanken geraten; **6.** ▶ *plein à ~* brechend voll. **craqueter** ‹*Prés. il craquette; pp. craqueté,* -› *itr* knistern; *(Storch)* klappern.
crasse [kʀas] **I.** *s f* **1.** Schmutz(schicht *f*), dicke(r) Dreck *m;* **2.** *fig* Gemeinheit *f;* **II.** *a f* ▶ *ignorance f ~* krasse Unwissenheit *f; il m'a fait une ~ (fam)* er hat mir eine Gemeinheit angetan. **crasseux, se** *a* schmutzig, dreckig, schmierig.
cratère [kʀatɛʀ] *m (Vulkan)* Krater *m.*
cravache [kʀavaʃ] *f* Reitpeitsche *f.* **cravacher I.** *tr* mit der Reitpeitsche antreiben; *(Person)* peitschen; **II.** *itr fam* sich am Riemen reißen, sich tüchtig an⸗strengen.
cravate [kʀavat] *f* **1.** Krawatte *f,* Schlips, Binder *m;* **2.** Ordensband *n;* ▶ *épingle f de ~* Krawattennadel *f.*
crawl [kʀol] *m sport* Kraul *n;* ▶ *nager le ~* kraulen.
crayeux, se [kʀɛjø, -øz] *a* kreidig.
crayon [kʀɛjɔ̃] *m* **1.** Bleistift; Farb-, Zeichenstift *m;* **2.** *(dessin m au ~)* Bleistiftzeichnung; Skizze *f,* Entwurf *m;* ▶ *taille-~ m* Bleistiftspitzer *m; ~ de couleur* Farbstift *m; ~-feutre* Filzschreiber *m.* **crayonnage** *m* **1.** Bleistiftzeichnung *f;* **2.** Kritzeln *n.* **crayonner** *tr* **1.** skizzieren, entwerfen *a. fig;* **2.** kritzeln; *pop* ▶ *crayonne! (mot)* gib Gas!
créance [kʀeɑ̃s] *f* **1.** (Schuld-)Forderung *f; pl* Außenstände *m pl;* **2.** ▶ *donner, trouver ~* Glauben schenken, finden; **3.** *lettre(s) f (pl) de ~ (pol)* Beglaubigungsschreiben *n.* **créancier, ère** *m f* Gläubiger(in *f*) *m.*
créateur, trice [kʀeatœʀ, -tʀis] **I.** *s m* **1.** Schöpfer(in *f*), Erfinder(in *f*) *m;* **2.** *theat* erste(r) Darsteller *m (e-r Rolle);* **3.** *com* Hersteller(in *f*) *m;* **II.** *a* schöpferisch, erfinderisch. **créatif, ive** *a* kreativ; erfinderisch; ▶ *force f ~ive* Schöpferkraft *f.* **création** [-sjɔ̃] **1.** *f* Erschaffung, Schöpfung *f;* **2.** Erfindung; Gründung, Er-, Einrichtung, Schaffung, Bildung *f;* **3.** *theat* erste Darstellung *(e-r Rolle);* Uraufführung *f;* **4.** *(Scheck)* Ausstellung; **5.** *(Ware)* Herstellung *f;* **6.** *(Mode)* Kreation *f;* ▶ *~ d'emplois nouveaux* Schaffung *f* neuer Arbeitsplätze. **créativité** *f* Kreativität *f.* **créature** *f* **1.** Geschöpf *n,* Kreatur *f;* **2.** *(~ humaine)* Mensch *m,* Wesen *n;* **3.** Günstling, Schützling *m;* **4.** *pej* Weibsbild *n.*
crécelle [kʀesɛl] *f* **1.** Klapper *f;* **2.** *fig fam* Klatschbase *f;* ▶ *voix f de ~* kreischende Stimme *f.*
crèche [kʀɛʃ] *f* **1.** Krippe *f;* **2.** Kinder-

krippe *f;* **3.** Bude *f fam.* **crécher** ‹*Prés. je crèche, ns créchons; Fut. je crécherai; pp. créché, e*› *itr fam* hausen, wohnen.
crédible [kredibl] *a* glaubwürdig. **crédit** [-di] *m* **1.** *com* Kredit *m;* (Gut-)Haben *n;* **2.** *pl* (Haushalts-)Mittel *n pl;* Ansehen *n;* **3.** ► *à ~* auf Kredit *od* Borg; *à porter au ~ du compte* zur Gutschrift auf das Konto; *à valoir sur mon ~* a conto meines Guthabens; **4.** ► *accorder du ~, faire ~* Kredit gewähren; Glauben schenken (*à qn* jdm); *avoir du ~* Kredit haben *od* genießen; *dépasser le ~* den Kredit überschreiten; *jouir de ~* sehr angesehen sein; *ouvrir un ~ en faveur de qn jusqu'à concurrence de* zugunsten jds e-n Kredit bis zur Höhe von ... eröffnen *od* ein=räumen; *passer, porter au ~ de qn* jdm gut=schreiben; **5.** ► *avis m de ~* Gutschriftanzeige *f; banque f de ~* Kreditbank *f;* **6.** ► *~-bail m* Leasing *n; ~ en banque* Bankguthaben *n; ~ à la consommation, à la production* Konsumptiv-, Produktivkredit *m; ~ foncier* Bodenkredit(anstalt *f*) *m; ~ municipal* Städtische(s) Leihamt *n.* **créditer** *tr* kreditieren, gut=schreiben (*qn de qc* jdm etw); ► *~ un compte de ...* e-m Konto ... gutschreiben.
credo [kredo] *m* Glaubensbekenntnis; Kredo *n.*
crédule [kredyl] *a* leichtgläubig. **crédulité** *f* Leichtgläubigkeit *f.*
créer [kree] **I.** *tr* **1.** *rel* (er)schaffen; **2.** erfinden; her=stellen, ins Leben rufen; (be)gründen, er-, ein=richten, auf=bauen, machen; **3.** *(Modelle, theat Rolle)* kreieren; **4.** *com (Wechsel)* aus=stellen; **5.** *(Ware)* her=stellen; **6.** *(Aktien)* begeben; **7.** *(Absatzmarkt)* erschließen; **8.** *(Hypothek)* bestellen; **9.** *theat (Stück)* auf=führen; ► *~ des ennuis à qn* jdm Unannehmlichkeiten verursachen.
crémaillère [kremajɛʀ] *f pendre la ~ (fam)* den Einstand *od* Einzug (in e-e neue Wohnung) feiern; ► *chemin m de fer à ~* Zahnradbahn *f.*
crémation [kremasjɔ̃] *f* Leichenverbrennung *f.* **crématoire** *a:* ► *four m ~* Verbrennungsofen *m.* **crématorium** [-atɔʀjɔm] *m* Krematorium *n.*
crème [kʀɛm] *f* **1.** Sahne *f,* Rahm *m;* Süßspeise, Creme *f;* **2.** (dickflüssiger) Likör *m;* **3.** (Haut-)Creme *f;* **4.** *fig* das Beste, die Besten; die Auslese, Spitze; **5.** ► *couleur f ~* Cremefarbe *f; ~ de beauté* Schönheitscreme *f; ~ fouettée* Schlagsahne *f; ~ glacée* Eiskrem *f; ~ de jour, de nuit* Tages-, Nachtcreme *f; ~ à raser* Rasiercreme *f; ~ solaire* Sonnencreme *f.* **crémerie** [kʀɛmʀi] *f* Milchgeschäft *n.* **crémeux, se** *a* sahnig; sämig. **crémier, ère** *m f* Milchhändler(in *f*).
créneau [kʀeno] *m pl -x* **1.** Zinne *f;* **2.** Schießscharte *f;* **3.** *tech* Einkerbung *f;* **4.** *(Straßenverkehr)* Parklücke *f;* Lücke *f* zum Einfädeln; **5.** *radio* Sendezeit *f* (für Parteien); **6.** *com* Marktlücke *f.*
crénelé, e [kʀɛ(e)nle] *a* **1.** *bot* gezackt; **2.** zinnenbewehrt. **crénelure** *f* **1.** Verzahnung *f;* Zacken *f pl;* **2.** *anat bot* Kerbung *f;* **3.** Zinnen *f pl.*
crêpage [kʀɛpaʒ] *m* Kräuseln; *(Haar)* Toupieren *n.* **crêpe** *m* **1.** Krepp *m;* **2.** (Trauer-)Flor *m;* **3.** *f* Eierkuchen *m.* **crêpelé, e** *a* kraus, gekräuselt. **crêper I.** *tr* **1.** *(Haare)* toupieren; **2.** (Stoff) kreppen; **II.** *v prn* ► *se ~ le chignon (fam)* sich in den Haaren liegen.
crépi [kʀepi] *m arch* (Ver-, Rauh-)Putz, (Rauh-)Bewurf *m.*
crépir [kʀepiʀ] *tr arch* verputzen, bewerfen.
crépitement [kʀepitmɑ̃] *m* Knistern, Prasseln. **crépiter** *tr* knistern, (p)rasseln.
crépu, e [kʀepy] *a* kraus; gekräuselt.
crépusculaire [kʀepyskylɛʀ] *a* **1.** dämmerig, **2.** *fig* ver-, untergehend.
crépuscule *m* (Abend-)Dämmerung *f;* ► *au ~* in der Abenddämmerung.
crescendo [kʀeʃɛndo] *m mus:* ► *aller en ~* (an Lautstärke) zu=nehmen.
cresson [kʀe(ɛ)sɔ̃] *m bot* Kresse *f;* ► *~ de fontaine* Brunnenkresse *f.*
crête [kʀɛt] *f* **1.** *zoo* Kamm *m,* Haube, Krone *f;* **2.** (Berg-, Wogen-)Kamm, Grat, Höhenrücken *m;* **3.** *(Mauer)* Krone *f;* **4.** (Helm-)Zierat *m.*
Crète, la [kʀɛt] Kreta *n.*
crétin, e [kʀetɛ̃, -in] **I.** *s m f* **1.** Schwachsinnige(r *m*) *f;* **2.** *fig* Depp, Idiot *m;* **II.** *a* dämlich, blöd. **crétinerie** *f* Dummheit *f.* **crétinisme** *m fam* Idiotie *f.*
creuser [kʀøze] **I.** *tr* **1.** (aus=)höhlen, (um=)graben, hohl machen; aus=kehlen; (aus=)baggern; (aus=)bohren; **2.** *min* schürfen; *(Stollen)* vor=treiben, ab=teufen; **3.** *(Furche)* ziehen; **4.** *fig* vertiefen; aus=höhlen; ergründen, erforschen, gründlich prüfen; sich eingehend befassen mit; **5.** *qn (fam)* hungrig machen; **II.** *v prn se ~* **6.** hohl werden; **7.** *(Abgrund)* sich auf=tun; **8.** brüten (*sur un problème* über e-m Problem); *(Unterschied)* sich vertiefen; ► *se ~ la cervelle, la tête (fig)* sich den Kopf zerbrechen; *le grand air creuse* frische Luft zehrt. **creuset** [-zɛ] *m* **1.** Schmelztiegel *m a. fig;* **2.** *fig* Prüfstein *m.*
creux, se [kʀø, -øz] **I.** *a* **1.** hohl; **2.** *(Augen)* tief(liegend); **3.** *(Jahrgang)* (geburten-)schwach; **4.** *(Börse)* lustlos; **5.** *(Magen, Stimme)* hohl; **6.** *(Wangen)* eingefallen; **7.** *fig* inhalts-, gehaltlos, sinnentleert; **II.** *s m* **8.** Höhlung, Vertiefung, Mulde, Kuhle *f;* Hohlraum *m;* **9.** ► *avoir le nez ~ (fam)* e-n guten Riecher haben *j'ai un ~ à l'estomac* mir

knurrt der Magen; **10.** ► *assiette f creuse* tiefe(r) Teller *m; heures f pl creuses* stille Zeit, Flaute *f; le ~ de la main* die hohle Hand *f.*
crevaison [kʀəvɛzõ] *f* **1.** Platzen, Bersten *n;* **2.** *mot* Reifenpanne *f;* geplatzte(r) Reifen *m.* **crevant, e** [kʀəvõ, t] *a fam* **1.** sehr anstrengend; **2.** zum Totlachen; ► *c'est ~* das macht einen fertig.
crevasse [kʀəvas] *f* **1.** (Gletscher-)Spalte *f;* **2.** Riß *m;* **3.** *pl* (Haut) Schrunden *pl.* **crevassé, e** *a* rissig; ► *avoir les mains, lèvres ~es* aufgesprungene Hände, Lippen haben.
crève [kʀɛv] *f* ► *avoir la ~ (pop)* e-e schöne Erkältung haben. **crève-cœur** *m inv* Jammer *m.* **crève-la-faim** *m inv* Hungerleider *m.*
crevé, e [kʀəve] *a* **1.** zerplatzt, ge-, zersprungen, geborsten; **2.** *(Tier)* verendet, krepiert; **3.** *(fam fig)* ► *être ~* vollkommen kaputt sein. **crever** ⟨*Prés. je crève, ns crevons; Fut. je crèverai; pp. crevé, e*⟩ **I.** *tr* **1.** platzen lassen; **2.** *(Augen)* aus=stechen; *(Geschwür)* auf=stechen; **3.** *(Pferd)* zuschanden reiten; **4.** *arg* ab=murksen, um=bringen; *fig (Herz)* zerreißen; **II.** *itr* **5.** bersten, platzen *a. fig* (*de* vor *dat*), zerspringen; aus der Haut fahren wollen (*de* vor); **6.** *vulg* krepieren, verrecken; **7.** *mot* e-e (Reifen-)Panne, e-n Plattfuß haben; **III.** *v prn* **8.** ► *se ~ au travail; (fam)* sich abschinden; **9.** ► *se ~ les yeux* sich die Augen verderben; **10.** ► *~ d'ennui* vor Lange(r)weile sterben; *~ de faim, de soif* verhungern, verschmachten; *~ de rire* vor Lachen platzen; *cela crève les yeux (fig)* das springt in die Augen; *il fait une chaleur à ~* es ist eine Bruthitze.
crevette [kʀəvɛt] *f* Garnele, Krabbe *f.*
cri [kʀi] *m* **1.** Schrei, (Aus-)Ruf *m;* **2.** *(~ de détresse)* Notschrei *m;* **3.** (Tier-)Stimme *f;* **4.** *(Seide)* Knistern *n;* **5.** ► *à grands ~s* mit lautem Geschrei; *fig* eindringlich; **6.** ► *jeter, pousser un ~* e-n Schrei aus=stoßen; **7.** ► *dernier ~* letzte(r) Schrei *m;* (aller)neueste Mode *f; ~ primal* Urschrei *m.* **criailler** [krijaje] *itr* **1.** zetern, keifen; quarren, plärren; **2.** *(Gans)* schnattern. **criaillerie** *f* Gezeter, Gekeif; Geplärr(e) *n.* **criant, e** **1.** *fig* himmelschreiend; **2.** offensichtlich, eindeutig; *(Beweis)* schlagend. **criard, e** *a* **1.** kreischend, gellend; *radio* plärrend; **2.** *(Farbe)* grell; **3.** *(Schulden)* drükkend.
crible [kʀibl] *m* Sieb *n;* ► *passer au ~* durchsieben; *fig* genau prüfen. **cribler** *tr* **1.** (durch)sieben; **2.** durchbohren, -löchern; ► *être ~é de dettes* bis über die Ohren in Schulden stecken.
cric [kʀik] *m (~ d'automobile)* Wagenheber *m.*
cricket [kʀikɛ] *m* Kricket *n (Spiel).*
cri-cri [kʀikʀi] *m inv zoo* Heimchen *n.*
criée [kʀije] *f (vente f à la ~)* (öffentliche) Versteigerung *f.* **crier** **I.** *itr* **1.** (auf=)schreien *a. fig;* (aus)rufen; **2.** *(Rad)* quietschen; **3.** kreischen, knirschen; *(Feder)* kratzen; **4.** *(Baby)* weinen, plärren; **II.** *tr* **5.** ► *~ qc* über *acc,* nach etw schreien; etw hinaus=schreien, hinaus=posaunen; zu=rufen (*qc à qn* jdm etw); **6.** *(Möbel)* öffentlich versteigern; **7.** *(Zeitungen)* aus=rufen; **8.** ► *~ au feu, au secours* Feuer, um Hilfe rufen; *~ misère* sein Leid klagen; *~ vengeance* nach Rache schreien.
crieur, se *m f* Ausrufer *m.*
crime [kʀim] *m* Verbrechen *n a fig;* Missetat *f,* Frevel *m;* ► *commettre un ~* ein Verbrechen begehen; *~ de guerre* Kriegsverbrechen *n; ~ contre les mœurs* Sittlichkeitsverbrechen *n.*
Crimée, la [kʀime] die Krim.
criminalité [kʀiminalite] *f* Kriminalität *f.* **criminel, le** **I.** *a* verbrecherisch, kriminell; sünd-, frevelhaft; strafbar; **II.** *s m f* Verbrecher(in *f*) *m;* ► *acte m ~* strafbare Handlung, Straftat *f; procès m ~* Strafprozeß *m.* **criminologie** *f* Kriminalwissenschaft *f.*
crin [kʀɛ̃] *m* Mähnen-, Schwanzhaar; Roßhaar *n.*
crincrin [kʀɛ̃kʀɛ̃] *m fam* schlechte Geige *f.*
crinière [kʀin-] *f* Mähne *f.*
crinoline [kʀinɔlin] *f (Mode)* Krinoline *f.*
crique [kʀik] *f* **1.** kleine Bucht *f;* **2.** *(Eisen, Stahl)* Riß *m.*
criquet [kʀikɛ] *m* Feldheuschrecke *f;* ► *~ pèlerin* Wanderheuschrecke *f.*
crise [kʀiz] *f med allg* Krise, Krisis *f;* ► *à l'abri de la ~* krisenfest; *déclencher, traverser une ~* e-e Krise hervor=rufen, durch=machen; *~ économique (mondiale)* (Welt-)Wirtschaftskrise *f; ~ énergétique* Energiekrise *f; ~ du logement* Wohnungsnot *f; ~ ministérielle* Kabinetts-, Regierungskrise *f; ~ monétaire* Währungskrise *f; ~ de nerfs* Nervenzs.bruch *m; avoir une ~ de nerfs* durch=drehen.
crispation [kʀispasjõ] *f* **1.** *(Leder)* Zs.schrumpfen *n;* **2.** *med* Verkrampfung *f.* **crisper** *tr* **1.** (krampfhaft) zs.=ziehen, verkrampfen, verzerren; **2.** kräuseln; **3.** *fam* wütend machen.
crisser [kʀise] *itr* knirschen (*des dents* mit den Zähnen).
cristal [kʀistal] *m pl -aux* **1.** Kristall(glas *n*) *m* u. *n; pl* Kristallwaren, -sachen *f pl;* **2.** *fam* Soda *f* od *n;* ► *~ de roche* Bergkristall *m.* **cristallin, e** **I.** *a* **1.** *min* kristallin(isch); **2.** *fig* kristallklar; **II.** *s m anat* Linse *f.* **cristallisé, e** *a* Kristallisations-; Zielpunkt *m;* ► *sucre m ~* Kristallzucker *m.* **cristalliser** **I.** *tr* kristallisieren; *fig* zs.=fassen; **II.** *itr* u. *se ~*

sich kristallisieren; *fig* sich zs.=schließen; Gestalt an=nehmen; fixiert sein *(autour de* auf *acc).*

critère [kʀitɛʀ] *m* Kriterium *n.*

critérium [kʀiteʀjɔm] *m sport* Ausscheidungskampf *m; (Pferderennen)* Rennen *n* der gleichaltrigen Pferde.

critique [kʀitik] **I.** *a* kritisch; entscheidend, ernst; **II.** *s m* **1.** (Kunst-, Literatur-)Kritiker; kritische(r) Geist *m;* **2.** *f* Kritik *f;* Besprechung, Rezension *f;* **3.** ► *avoir l' esprit* ~ e-n kritischen Verstand haben; *formuler des ~s* Kritik üben; *prêter à la* ~ Anlaß zur Kritik geben; **4.** ► ~ *littéraire* literarische Kritik *f.* **critiquer** *tr* kritisieren.

croassement [kʀɔasmɑ̃] *m* Krächzen *n.* **croasser** *itr (Rabe)* krächzen.

croc [kʀo] *s m* **1.** Haken; Enter-, Bootshaken *m;* **2.** *zoo* Fang-, Hakenzahn *m;* ► *(fam) avoir les ~s* Kohldampf schieben; ~ *de boucherie* Fleischerhaken *m.*

croc-en-jambe [kʀɔkɑ̃ʒɑ̃b] *m* Beinstellen *n a. fig;* ► *donner, faire un ~ à qn* jdm ein Bein stellen.

croche [kʀɔʃ] *s f mus* Achtelnote; ► *double* ~ Sechzehntelnote *f.*

croche-patte, croche-pied [kʀɔʃpat, kʀɔʃpje] cf. *croc-en-jambe.* **crochet** [kʀɔʃɛ] *m* **1.** (kleiner) Haken *m,* Häkchen *n; (~ de serrurier)* Sperrhaken; **2.** Dietrich *m;* **3.** Häkelnadel *f;* **4.** *typ* eckige Klammer *f;* **5.** *zoo pl* Giftzähne *m pl;* **6.** (Gebiß-)Klammer *f;* **7.** (Boxen) Haken *m;* **8.** *fig* Umweg; Abstecher *m; (Weg)* scharfe Biegung *f;* **9.** ► *être, vivre aux ~s de qn* auf jds Kosten leben; *faire un ~ (fig)* e-n Haken schlagen, aus=biegen; **10.** ► ~ *de boucherie* Fleischerhaken *m.* **crochetage** [kʀɔʃətaʒ] *m inform* Hacken *n.* **crocheteur, se** *f* Hacker(in *f*) *m.* **crocheter** [-ʃte] ‹*Prés. je crochète, ns crochetons; Fut. je crochèterai; pp. crocheté, e*› *tr* mit e-m Dietrich öffnen; *inform* hakken; häkeln. **crochu, e** *a* krumm, gekrümmt.

crocodile [kʀɔdɔdil] *m zoo* Krokodil *n;* ► *larmes f pl de* ~ Krokodilstränen *f pl; sac m en* ~ Krokotasche *f.*

crocus [kʀɔkys] *m bot* Krokus *m.*

croire [kʀwaʀ] ‹*Prés. je crois, ns croyons; Fut. je croirai; pp. cru, e; Subj. que je croie, que ns croyions; Impér. crois, croyons*› **I.** *itr* **1.** *(absolument)* glauben; **2.** *rel* gläubig sein; ► ~ *à, en qc, en qn* an e-e S, an jdn glauben; Vertrauen haben (*à, en* zu); für wahr, für möglich halten; **II.** *tr* **3.** glauben (*qc, qn, que* e-e S, jdm, daß); ► *je le crois sans peine* das glaube ich gern; *je ne te crois pas* ich glaube (es) dir nicht; **4.** *(penser, s'imaginer)* meinen, denken; an=nehmen, vermuten; ► *je ne le crois pas capable de cela* das glaube ich nicht von ihm; **5.** an=sehen als, halten für; ► *je le crois honnête* ich halte ihn für ehrlich; **6.** das Gefühl haben, der Ansicht sein (*Inf.,* daß); **III.** *v prn se* ~ **7.** *(croire à tort que)* sich *(dat)* e-e S ein=bilden; ► *il se croit un génie* er hält sich für ein Genie; *il se croit très malin* er bildet sich ein, er sei sehr gescheit; **8.** ► *se ~ qn, s'en ~ (fam)* von sich überzeugt sein; **9.** ~ *en Dieu* an Gott glauben; **10.** ► *donner à* ~ vermuten lassen; *ne pas en ~ ses yeux, ses oreilles* s-n Augen, s-n Ohren nicht trauen; *à l'en* ~ wenn man ihn (sie) hört; *faire ~ qc à qn* jdm etw ein=reden, jdn von etw überzeugen; **11.** ► *à ce que je crois* meines Erachtens, meiner Ansicht nach; *je crois bien* das glaube ich schon; freilich! *je vous crois* ganz meine Meinung! das ist klar; *je crois que oui* ich glaube ja; *si vous m'en croyez* glauben Sie mir! *il se croit obligé de* er hält es für seine Pflicht zu; *tout porte à ~ que* alles deutet darauf hin, daß.

croisade [kʀwazad] *f* Kreuzzug *m.*

croisé, e I. *a* gekreuzt, Kreuz-; *(Beine)* übereinandergeschlagen; *(Anzug)* zweireihig; **II.** *s m* **1.** *hist* Kreuzfahrer m; **2.** Köper *m (Stoff);* **3.** *zoo* Kreuzung *f;* ► *faire des mots ~s* Kreuzworträtsel lösen; *rester les bras ~s* die Hände in den Schoß legen.

croisement [kʀwazmɑ̃] *m* **1.** Kreuzung; Kreuzungsstelle *f;* **2.** *(Fahrzeuge)* Begegnung *f,* Vorbeifahren *n;* Überlappung, Überschneidung *f;* **3.** *(Pflanzen; Tiere)* Kreuzung; *(Menschen) (~ de races)* Rassenmischung *f;* **4.** *(Arme)* Verschränken; *(Beine)* Übereinanderschlagen *n.* **croiser I.** *tr* **1.** kreuzen; **2.** *(Menschen)* über den Weg laufen, begegnen, in die Quere kommen *dat;* **3.** *(Beine, Kleidungsstück)* überea.=schlagen; **4.** über-, durchqueren; **5.** *(Gewebe)* köpern; *(Faden)* zwirnen, zs.=drehen; **II.** *itr* **6.** *mar* kreuzen; **7.** *(Kleidung)* sich überea.=schlagen lassen; **III.** *v prn se* ~ **8.** sich kreuzen *(a. Briefe, Tiere);* **9.** *(Linien)* sich schneiden; **10.** ea. begegnen; ea. in die Quere kommen; ► *(se) ~ les bras* die Arme unterschlagen; *fig* die Hände in den Schoß legen. **croiseur** *m mar* Kreuzer *m.* **croisière** *f* **1.** *mar* Kreuzfahrt *f;* **2.** *aero* Flug *m;* ► *vitesse f de* ~ Reisegeschwindigkeit *f.*

croissance [kʀwasɑ̃s] *f* Wachstum; (An-)Wachsen *n;* Wuchs *m;* ► *taux m de* ~ Wachstumsrate *f;* ~ *démographique* Bevölkerungszuwachs *m;* ~ *économique* Wirtschaftswachstum *n.* **croissant** *m* **1.** Mondsichel *f;* **2.** *(Wappen, Gebäck)* Hörnchen *n;* **3.** *(Islam)* Halbmond *m;* ► *en (forme de)* ~ sichel-, halbmondförmig.

croître [kʀwatʀ] ‹*Prés. je croîs, ns croîs-*

sons; Fut. je croîtrai; pp. crû, crue; Subj. que croisse, que ns croissions; Impér. croîs, croissons› *itr* **1.** wachsen, zu=nehmen (*en* an *dat*); **2.** größer (dicker, höher, länger) werden; **3.** sich entwikkeln, gedeihen.

croix [kRwa] *f* **1.** Kreuz *n a. fig;* **2.** ► *en ~* über Kreuz, kreuzweise; **3.** *faire le signe de la ~* das Kreuzeszeichen machen; **4.** ► *chemin m de ~* Leidens-, Kreuzweg *m; la C~-Rouge* das Rote Kreuz; *~ de Saint-André* Andreaskreuz *n.*

croquant, e [kRɔkɑ̃] *a* knusprig.

croque-mitaine [kRɔkmitɛn] *m* Butzemann, Schwarze(r) Mann *m.* **croque-monsieur** *in inv* Schinkentoast *m* mit Käse. **croque-mort** *m fam* Leichenträger *m.*

croquer [kRɔke] **I.** *itr* krachen, knirschen; **II.** *tr* **1.** knabbern, knuspern (*qc* an e-r S); hinunter=schlingen; **2.** skizzieren; *fig* (das Wesentliche) fest=halten, wieder=geben; **3.** *sport* krockieren; **4.** *(Geld)* verprassen; **5.** ► *(joli) à ~* zum Anbeißen (hübsch). **croquette** *f (Küche)* Krokette *f.*

croquignolet, te [kRɔkiɲɔlɛ, kRɔkiɲɔlɛt] *a fam* reizend, süß.

croquis [-ki] *m* Skizze *f,* Entwurf *m.*

cross(-country) [kRɔskuntRi] *m sport* Geländelauf *m.*

crosse [kRɔs] *f* **1.** *rel* Krummstab *m;* **2.** (Gewehr-)Kolben; (Hockey-)Schläger *m;* **3.** *tech* Kreuzkopf *m;* Krücke *f;* **4.** *(Aorta)* Bogen *m;* ► *chercher des ~s à qn (pop)* mit jdm Streit suchen.

crotte [kRɔt] *s f* **1.** *zoo* Kot *m;* **2.** *interj* verflixt! ► *~ de bique* Plunder *m; ~ (de chocolat)* Praline *f.* **crotté, e** *a* beschmutzt, schmutzig. **crottin** *m* Pferdeäpfel *m pl;* Mist *m.*

croulant, e [kRulɑ̃, -ɑ̃t] *a* baufällig; ► *les ~s (fam)* die Alten. **crouler** *itr* **1.** (ein=)stürzen; **2.** *fig* zs.=stürzen, -brechen; **3.** *(Pläne)* scheitern.

croupe *f* **1.** Kruppe *f,* Kreuz *n (des Pferdes);* **2.** *fam* Hintern *m (bes. e-r Frau);* **3.** Bergrücken *m;* **4.** *arch* Walm *m;* ► *monter en ~* hinten auf=sitzen.

croupi, e [kRupi] *a (Wasser)* faulig.

croupion [kRupjɔ̃] *m orn* Bürzel, Sterz *m.*

croupir [kRupiR] *itr (Wasser)* stagnieren; faulig, stinkend werden; ► *~ dans la saleté* im Schmutz verkommen.

croustade [kRustad] *f* Überbackene(s) *n.* **croustillant, e** [-jɑ̃] *a* **1.** knusprig; **2.** *fig* pikant, schlüpfrig. **croustiller** *itr* knusprig sein.

croûte [kRut] *f* **1.** Kruste; *(Käse, Brot)* Rinde *f;* Stück *n* Brot; Imbiß; *fam* Lebensunterhalt *m,* Brot *n;* **2.** *med* Schorf, Grind *m;* **3.** Schinken *m,* schlechte(s) Gemälde *n;* **4.** *fam* verknöcherte(r) Mensch, Dummkopf *m;* **5.** *tech* Belag *m,* Schicht *f;* ► *casser la ~ (pop)* essen, futtern; *(fam) gagner sa ~* s-n Lebensunterhalt verdienen. **croûton** *m* **1.** Stück *n* Brotrinde, -kruste; Kanten, Knust *m;* **2.** geröstete(r) Brotbrocken *m;* **3.** *fig fam* verknöcherte(r) Alter *m.*

croyance [kRwajɑ̃s] *f* Glaube(n) *m* (*en Dieu* an Gott; *à qc* an e-e S); Glaubwürdigkeit; Überzeugung *f.* **croyant, e I.** *a* gläubig; **II.** *s m f rel* Gläubige(r *m*) *f.*

cru [kRy] **I.** *m (Wein)* **1.** Weinberg *m;* Anbaufläche *f;* Wein *m;* **2.** ► *du ~* (ein)heimisch; *de son ~* von ihm selbst; auf seinem Boden, *fam* Mist gewachsen; **3.** ► *grand ~* edle(r) Wein *m; vin m du ~* Landwein *m;* **II. cru, e** *a* **1.** roh, ungekocht; **2.** *(Farbe, Ton)* grell; **3.** *fig* roh, schonungslos, hart, derb; **4.** *(Wahrheit)* nackt; **5.** *tech* roh, unbearbeitet, unverarbeitet; **6.** *(Ziegel)* ungebrannt.

cruauté [kRyote] *f* Grausamkeit *f.*

cruche [kRyʃ] *f* **1.** Krug *m,* Kruke *f;* **2.** ► *quelle ~!* was für eine dumme Gans! *~ à eau* Wasserkrug *m.*

crucial, e [kRysjal] *a pl-aux fig* wichtig; entscheidend; grundlegend.

crucifié [kRysifje] *m* Gekreuzigte(r) *m.*

crucifier *tr* kreuzigen. **crucifix** [-fi] *m* Kruzifix *n.* **crucifixion** [-ksjɔ̃] *f* Kreuzigung *f.*

crudité [kRydite] *f* **1.** *meist pl* Rohkost *f;* **2.** Schonungslosigkeit *f;* ► *~ des couleurs* grelle Farben *f.*

crue [kRy] *f* Hochwasser *n;* ► *être en ~* Hochwasser führen.

cruel, le [kRyɛl] *a* **1.** grausam, unmenschlich; unerbittlich; **2.** schmerzlich; qualvoll; **3.** *(Tier)* blutgierig, -rünstig; **4.** *(vorangestellt)* ärgerlich; ► *~ embarras m* tödliche Verlegenheit *f.* **cruellement** *adv* sehr, übermäßig; äußerst.

crûment [kRymɑ̃] *adv* ungeschminkt, unverblümt; schonungslos; derb.

crustacés [kRystase] *m pl* Krustentiere *n pl.*

crypte [kRipt] *f arch rel* Krypta *f.*

cubage [kybaʒ] *m* (Messung *od* Berechnung *f* des) Rauminhalt(s) *m.* **cube I.** *s m* **1.** *math* Würfel *m;* Kubikzahl *f;* **2.** *(bouillon-~)* Suppen-, (Fleisch-)Brühwürfel *m;* **II.** *a* Kubik-; ► *mètre m ~* Kubikmeter *m* od *s.* **cubique** *a* würfelförmig, kubisch; ► *racine f ~* Kubikwurzel *f.*

cubitus [kybitys] *m anat* Elle *f.*

cueillette [kœjɛt] *f* **1.** Obsternte *f; (Obst, Blumen)* Pflücken *n;* **2.** Sammeln *n.* **cueillir** ‹*Prés. je cueille, ns cueillons; Fut. je cueillerai; pp. cueilli, e; Subj. que cueille, que ns cueillions; Impér. cueille, cueillons*› *tr* **1.** *(Obst, Blumen)* pflücken; (ein=)sammeln, lesen; **2.** *fig* genießen; **3.** *(Kuß)* rauben; **4.** *fam* fest=nehmen, schnappen (*un voleur* e-n Dieb); **5.** ab-

holen (*qn* jdn).
cuiller, cuillère [kɥijɛʀ] *f* **1.** Löffel *m a. tech;* Kelle *f;* **2.** *(Fischfang)* Blinker *m;* **3.** ▶ *ne pas y aller avec le dos de la ~* tüchtig zulangen; *fig* kein Blatt vor den Mund nehmen; *faire qc en deux coups de ~ à pot* etw in Windeseile erledigen; **4.** ▶ *~ à soupe,* Suppen-, Eßlöffel *m; ~ à café,* Kaffeelöffel *m; ~ à dessert* Dessertlöffel *m.* **cuillerée** [kɥij(e)ʀe] *f* Löffel *m* voll.
cuir [kɥiʀ] *m* **1.** Leder *n; (Tier)* Haut *f;* **2.** *fam* falsche Bindung *f;* **3.** ▶ *~ chevelu* Kopfhaut *f;* **4.** ▶ *~ synthétique* Kunstleder *n.*
cuirasse [kɥiʀas] *f* **1.** *hist* Harnisch, Brustpanzer *m;* **2.** *zoo mar* Panzer *m a. fig.* **cuirassé, e I.** *a* **1.** gepanzert, Panzer-; **2.** *fig* gewappnet, gefeit (*contre* gegen); **II.** *s m* Panzerkreuzer *m,* Schlachtschiff *n;* ▶ *division f ~e* Panzerdivision *f.* **cuirasser I.** *tr* panzern; **II.** *v prn se ~* sich wappnen (*contre* gegen).
cuire [kɥiʀ] ‹*Prés. je cuis, ns cuisons; Fut. je cuirai; pp. cuit, e; Subj. que cuise, que ns cuisions; Impér. cuis, cuisons*› *tr itr* **1.** kochen, sieden; backen; braten; **2.** *(Ziegel, Porzellan)* brennen; **3.** brennen, weh tun; **4.** *fig* (in der Sonne) braten; **5.** ▶ *être dur à ~ (fig)* hartgesotten sein; *~ dans son jus (fam)* im eigenen Saft schmoren; **6.** ▶ *on cuit là-dedans* hier herrscht eine Bruthitze.
cuisant [kɥizɑ̃] *a* **1.** *(Schmerz)* stechend, brennend; **2.** *(Bemerkung)* beißend; ▶ *essuyer un échec ~* e-e schwere Schlappe erleiden. **cuisine** *f* **1.** Küche *f;* **2.** Kochen *n,* Kochkunst; Kost *f;* **3.** Küchenpersonal *n;* **4.** *fig fam* Praktiken *fpl;* Schwindel *m;* **5.** ▶ *faire la ~* kochen; **6.** ▶ *chaise f, couteau m, table f de ~* Küchenstuhl *m,* -messer *n,* -tisch *m; livre m de ~* Kochbuch *n.* **cuisiner I.** *tr* **1.** kochen, zu=bereiten; **2.** *fig fam qn* jdn aus=quetschen, geschickt aus=fragen; **II.** *itr* ▶ *elle cuisine bien* sie kocht gut. **cuisinier, ère** *s m f* Koch *m,* Köchin *f.* **cuisinière** *f* Küchen-, Kochherd *m;* ▶ *~ à gaz, électrique* Gas-, Elektroherd *m.*
cuisse [kɥis] *f* (Ober-)Schenkel *m;* Keule *f,* Schlegel *m;* ▶ *~ de grenouille* Froschschenkel *m.* **cuisseau** *m* (Kalbs-)Keule *f.*
cuisson [kɥisɔ̃] *f* **1.** Kochen, Sieden, Backen *n;* **2.** *tech* Brennen *n.*
cuissot [kɥiso] *m* (Wild-)Keule *f.*
cuistance [kɥistɑ̃s] *f fam* Küche *f;* ▶ *faire la ~* kochen. **cuistot** *m fam mil* Küchenbulle *m.*
cuit, e [kɥi, -it] *a* **1.** gekocht, gesotten, gebacken, gebraten; **2.** *tech* gebrannt; **3.** *fam* ruiniert, verloren; ▶ *il est ~* jetzt ist er erledigt; *c'est du tout ~* das kann nicht schief=gehen.
cuite [kɥit] *f* **1.** *(Töpferei)* Brennen *n,* Brand *m;* Eindicken *n;* **2.** *fam* Rausch *m;* ▶ *il a sa ~* er ist wieder mal besoffen. **cuiter, se** *v prn fam* sich besaufen.
cuivre [kɥivʀ] *m* **1.** Kupfer *n;* **2.** *pl* Kupfergeschirr *n;* **3.** Blechinstrument *n;* **4.** Kupfer(-stich *m*) *n.* **cuivré, e** *a* **1.** kupferrot; **2.** *(Stimme)* metallisch, klangvoll. **cuivrer** *tr* **1.** verkupfern; **2.** kupferrot färben.
cul [ky] *m* **1.** *pop* Hintern, Po(po); *vulg* Arsch *m;* **2.** *fig fam* blöde(r) Hund *m;* **3.** *(Flasche)* Boden *m;* **4.** *mar* Gatt *n;* ▶ *en avoir plein le ~ (vulg)* die Schnauze voll haben; *être comme ~ et chemise* unzertrennlich sein; *en tomber sur le ~* platt sein. **cul-de-jatte** *m* Krüppel *m* ohne Beine. **cul-de-poule** *m:* ▶ *bouche f en ~* Schmollmund *m.* **cul-de-sac** *m* Sackgasse *f.*
culbute [kylbyt] *f* **1.** Purzelbaum, Überschlag *m;* **2.** *(Schwimmen)* Wende *f;* **3.** *allg* Sturz; *fig* Ruin *m,* Pleite *f;* ▶ *faire la ~* kopfüber hinunter=stürzen; Pleite machen; **4.** *com* e-n Gewinn von 100 Prozent machen. **culbuter I.** *tr* **1.** um=werfen; über den Haufen rennen; **2.** *fig* auf den Kopf stellen; *mil* überrennen; **3.** *tech* (um=)kippen *a. itr,* aus=schütten; **II.** *itr* **4.** sich überschlagen; **5.** *mar* kentern; ▶ *ne pas ~!* nicht kanten! nicht stürzen!
culinaire [kylinɛʀ] *a* kulinarisch; ▶ *art m ~* Kochkunst *f.*
culminant, e [kylminɑ̃, -ɑ̃t] *a:* ▶ *point m ~ (astr)* Kulminationspunkt *m; geog* höchste(r) Punkt; *fig* Höhepunkt *m.* **culminer** *itr* **1.** *astr* kulminieren; **2.** *geog* die größte Höhe erreichen; **3.** *fig* s-n Höhepunkt erreichen, gipfeln.
culot [kylo] *m* **1.** Bodensatz; **2.** (Lampen-, Glühbirnen-)Sockel *m;* **3.** Frechheit, Unverfrorenheit, Dreistigkeit *f;* ▶ *il a du ~* er ist ganz schön frech; *quel ~!* was für eine Unverschämtheit!
culotte [kylɔt] *f a. pl* **1.** Kniehose; kurze Hose *f;* Schlüpfer *m;* **2.** *(Rind)* obere(r) Teil *m* der Keule; **3.** *(Spiel)* beträchtliche(r) Verlust *m;* Pech(strähne *f*) *n;* **4.** ▶ *porter la ~ (fig)* die Hosen an=haben.
culpabilité [kylpabilite] *f* Schuld *f;* ▶ *sentiment m de ~* Schuldgefühl *n.*
culte [kylt] *m* **1.** Kult *m;* **2.** Religion(sausübung), Konfession *f;* **3.** Kultus, Gottesdienst *m;* **4.** Verehrung *f,* Kult *m;* ▶ *~ de la personnalité* Personenkult *m.*
cultivable [kyltivabl] *a* anbaufähig. **cultivateur** *s m* **1.** Landwirt; **2.** Kultivator *m (Gerät).* **cultivé, e** *a* **1.** bebaut; **2.** *fig* gebildet; ▶ *surfaces f pl ~es* Anbaufläche *f.* **cultiver** *tr* **1.** be-, an=bauen, (an=) pflanzen; *(Feld)* bestellen, kultivieren; **2.** *fig* entwickeln, bilden, vervollkomm-

nen; **3.** *(Freundschaft)* pflegen; häufigen Umgang pflegen *od* suchen, verkehren (*qn* mit jdm); *fam* sich warm⸗halten (*qn* jdn).
culture [kyltyʀ] *f* **1.** Anbau *m*, Zucht, (*a.* Bakterien-)Kultur; Bestellung; Bewirtschaftung, Wirtschaft *f;* Acker-, Kulturland *n;* **2.** *fig* Pflege, Bildung; Kultur *f;* **3.** ▶ ~ *physique* Körperkultur *f;* **4.** ▶ ~ *générale* Allgemeinbildung *f;* ~ *maraîchère* Gemüsebau *m;* ~ *de la vigne* Weinbau *m.* **culturel, le** *a* kulturell, Kultur-. **culturisme** *m* Bodybuilding *n.* **culturiste** *m f* Bodybuilder(in *f*) *m.*
cumin [kymɛ̃] *m* Kümmel *m.*
cumul [kymyl] *m jur* Kumulierung *f;* (~ *de charges)* Ämterhäufung *f;* (~ *de traitements)* Doppelverdienertum *n.* **cumulard** *m fam* Doppelverdiener *m.* **cumuler** *tr itr* (an⸗)häufen; mehrere Ämter gleichzeitig bekleiden; Doppelverdiener sein.
cumulus [kymylys] *m* Haufenwolke *f.*
cunéiforme [kyneifɔʀm] *a:* ▶ *écriture f* ~ Keilschrift *f.*
cupide [kypid] *a* habsüchtig; gierig (*de* nach *dat*). **cupidité** *f* Habgier, Habsucht *f.*
curable [kyʀabl] *a* heilbar.
curatif, ive [kyʀatif, -iv] *a* heilend; Heil-.
cure [kyʀ] *f* **1.** *med* Kur; Heilung *f,* Heilverfahren *n;* **2.** Pfarrstelle, Pfarre(i) *f;* Pfarramt; Pfarrhaus *n;* ▶ *n'en avoir* ~ sich nicht kümmern (*de* um); *faire, suivre une* ~ e-e Kur gebrauchen, machen, an⸗wenden, sich e-r Kur unterziehen; ~ *d'amaigrissement* Abmagerungskur *f;* ~ *de désintoxication* Entziehungskur *f;* ~ *thermale* Badekur *f.*
curé [kyʀe] *m (kath.)* Pfarrer *m.*
cure-dent [kyʀdɑ̃] *m* Zahnstocher *m.*
curée [kyʀe] *f (Jagd)* Stück *n* erlegtes Wild für die Hunde.
cure-ongles [kyʀɔ̃gl] *m inv* Nagelreiniger *m.* **cure-oreille** *m* Ohrlöffel *m.* **cure-pipe** *m* Pfeifenreiniger *m.*
curer [kyʀe] **I.** *tr (Graben)* säubern, reinigen; aus⸗schlämmen; aus⸗baggern; **II.** *v prn se* ~ *les dents* sich die Zähne putzen; in den Zähnen stochern. **cureter** ‹*Prés. je curette, ns curetons; Fut. je curetterai; pp. curetté, e*› *tr med* aus⸗kratzen, -schaben. **curette** *f* **1.** *med* Kürette *f;* **2.** *min* Kratz-, Schabeisen *n.*
curie [kyʀi] *f rel* Kurie *f.*
curieux, se [kyʀjø, -øz] **I.** *a* **1.** wissensdurstig, wißbegierig; **2.** neugierig; **3.** merkwürdig, sonderbar, eigenartig, seltsam; **II.** *s m* Neugierige(r *m*) *f,* Schaulustige(r *m*) *f;* ▶ *je suis* ~ *de savoir si* ich bin gespannt, ob; *être* ~ *de (inf)* daran interessiert sein, zu *inf.* **curiosité** [-oz-] *f* **1.** Neugier(de) *f;* **2.** Wißbegierde *f;* **3.** *pl* Sehenswürdigkeiten *f pl;* **4.** *pl* Raritäten *f pl.*
curiste [kyʀist] *m* Kurgast *m.*
curriculum (vitae) [kyʀikylɔm vite] *m (geschriebener)* Lebenslauf *m.*
curseur [kyʀsœʀ] *m* Läufer, Schieber, Schiebering; *(Waage)* Laufgewicht *n inform* Cursor *m.* **cursif, ive I.** *a (Schrift)* kursiv; *(Sprache, Stil)* flott, flüssig; **II.** *s f* Kursive *f.*
cuvage *m,* **cuvaison** *f* [kyvaʒ, -ɛzɔ̃] *(Wein)* Gärenlassen *n.* **cuve** [kyv] *f* **1.** *(Wein)* Bütte *f,* Gärbottich *m;* **2.** *allg* Bottich, Zuber *m,* Wanne *f;* Trog *m;* **3.** ~ *à mazout* (Heiz-)Öltank *m.* **cuvée** *f* **1.** Inhalt *m* e-s Gärbottichs; **2.** Ertrag *m* e-s Weinbergs; **3.** Weinsorte *f.* **cuver I.** *itr (Wein)* in der Bütte gären; *fig* stärker werden; **II.** *tr* ▶ ~ *son vin (fam)* seinen Rausch aus⸗schlafen; ~ *sa colère* s-n Zorn verrauchen lassen. **cuvette** *f* **1.** Schale; Waschschüssel *f;* Ausguß-, Klosett-, Pißbecken *n;* **2.** *geog* Kessel *m.*
cyanure [sjanyʀ] *m* Zyanid *n;* ▶ ~ *de potassium* Zyankali *n.*
cybernétique [sibɛʀnetik] *f* Kybernetik *f.*
cyclable [siklabl] *a:* ▶ *piste f* ~ Radfahrweg *m.*
cyclamen [siklamɛn] *m bot* Alpenveilchen *n.*
cycle *m* **1.** Zyklus, Kreis; **2.** *lit* Sagenkreis *m;* **3.** *astr el* Periode *f;* **4.** *phys* Schwingungszahl *f;* **5.** Kreislauf *m;* **6.** *pl* Fahrräder *n pl;* ▶ ~ *biologique de l'eau* biologischer Wasserkreislauf *m;* ~ *conjoncturel* Konjunkturzyklus *m;* ~ *à deux, quatre temps (mot)* Zwei-, Viertaktprozeß *m.* **cyclique** *a* **1.** zyklisch; **2.** *chem* ringförmig. **cyclisme** *m* Radsport *m.* **cycliste I.** *a* Rad-; **II.** *s m f* Radfahrer(in *f*) *m;* ▶ *course f* ~ Radrennen *n.*
cyclo-cross [siklɔkʀɔs] *m* BMX-Radsport *m.* **cyclomoteur** [siklɔmɔtœʀ] *m* Motorfahrad, Mofa *n.* **cyclomotoriste** *m f* Mofafahrer(in *f*) *m.* **cyclotourisme** [siklɔtuʀizm] *m* Fahrradtourismus *m.* **cyclotouriste** *m f.*
cyclone [siklon] *m* **1.** Wirbelsturm *m;* **2.** Tiefdruckgebiet *n.*
cyclope [siklɔp] *m hist* Zyklop *m.* **cyclopéen, ne** *a* zyklopisch.
cyclotron [siklɔtʀɔ̃] *m phys* Zyklotron *n.*
cygne [siɲ] *m zoo* Schwan *m;* ▶ *chant m du* ~ *(fig)* Schwanengesang *m; cou m de* ~ *(fig)* Schwanenhals *m.*
cylindre [silɛ̃dʀ] *m* **1.** *math tech mot* Zylinder *m;* **2.** (Garten-, Straßen-, Druck-)Walze *f;* ▶ *à deux* ~*s (mot)* Zweizylinder-; ~ *à vapeur* Dampfwalze *f.* **cylindrée** *mot* Hubraum *m.* **cylindrer** *tr* walzen. **cylindrique** *a* zylindrisch, walzenförmig.

cynique [sinik] **I.** *a* zynisch; **II.** *s m* Zyniker *m.* **cynisme** *m* Zynismus *m.*
cyprès [sipʀɛ] *m bot* Zypresse *f.*
cyrillique [siʀilik] *a (Schrift)* kyrillisch.
cytise [sitiz] *m bot* Goldregen *m.*

D

d, D [de] *m* d, D *n;* ▶ *système m D (fam)* Wendigkeit, Raffinesse; Kunst *f,* sich aus der Affäre zu ziehen.
dab(e) [dab] *m arg* Vater *m.*
dactylo [daktilo] *f* Schreibkraft *f, fam* Tippfräulein *n; êtes-vous ~?* können Sie maschineschreiben? **dactylogramme** *m* maschinegeschriebene(s) Manuskript *n.* **dactylographe** *m f* Maschineschreiber(in *f*) *m.* **dactylographie** *f* Maschineschreiben *n.* **dactylographier** mit der Maschine schreiben. **dactylographique** *a* maschinenschriftlich.
dada [dada] *m* **1.** *(Kindersprache)* Hottehü *n (Pferd);* **2.** *fig fam* Steckenpferd *n;* ▶ *le voilà parti sur son ~* da reitet er sein Steckenpferd. **dadais** *m* Tölpel *m.*
dahlia [dalja] *m bot* Dahlie *f.*
Dahomey, le [daɔmɛ̃] *hist* Dahomey *n.*
daigner [dɛ(e)ɲe] *tr* die Güte haben (zu).
daim [dɛ̃] *m* Damhirsch(leder *n*).
dais [dɛ] *m* Baldachin; Thron-, Altarhimmel *m.*
dalle [dal] *f* **1.** Steinplatte; Fliese *f;* **2.** *arg* Gurgel *f;* ▶ *(arg) que ~!* nicht die Bohne! *avoir la ~ en pente (fam)* einen heben; *je n'entrave que ~ (arg)* ich verstehe nur Bahnhof; *~ funéraire* Grabplatte *f.* **daller** *tr* mit Steinplatten, Fliesen belegen.
daltonien, ne [daltɔnjɛ̃, -ɛn] *a* farbenblind.
damas [dama] *m* Damast *m (Stoff).*
Damas [damas] *m geog* Damaskus *n.*
dame [dam] **I.** *f* **1.** Dame, Frau; *jur pop* Ehefrau *f;* **2.** *(Karten-, Damespiel)* Dame; *(Schach)* Königin *f; (Kegelspiel)* König *m;* **3.** *tech* Ramme *f;* **II.** *interj* ach, doch; allerdings; ▶ *coiffeur m pour ~s* Damenfriseur *m; (jeu m de) ~s* Damespiel *n; ~-jeanne f* Korbflasche *f,* Ballon *m.* **damer** *tr* ▶ *~ le pion à qn (fam fig)* jdn überrunden. **damier** *m* Damebrett; Schachbrettmuster *n.*
damnation [danasjõ] *f* (ewige) Verdammnis *f.* **damné, e I.** *a* verdammt; *fam* verflixt, verteufelt; **II.** *s m* Verdammte(r) *m;* ▶ *souffrir comme un ~* Höllenqualen aus≈stehen. **damner** [dane] *tr* verdammen.
dancing [dɑ̃siŋ] *m* Tanzdiele, -bar *f.*
dandinement [dɑ̃din(ə)mɑ̃] *m* Schlenker *n.* **dandiner I.** *tr (Beine)* schlenkern; **II.** *itr* u. *se ~* watscheln; mit den Hüften wackeln.
Danemark, le [danmaʀk] Dänemark *n.*
danger [dɑ̃ʒe] *m* Gefahr *f;* ▶ *en ~* in Gefahr, *hors de ~* außer Gefahr; *courir le ~ de* Gefahr laufen zu; *mettre en ~* gefährden; *il n'y a pas de ~* es ist nichts zu befürchten; *quel ~ y a-t-il?* was ist dabei? *~ d'accident* Unfallgefahr *f; ~ de contagion, d'infection* Ansteckungsgefahr *f; ~ de foudre* Blitzgefahr *f; ~ d'incendie* Feuersgefahr *f; ~ de mort* Lebensgefahr *f; ~ de verglas* Glatteisgefahr *f.* **dangereux, se** [dɑ̃ʒʀø, -øz] *a* gefährlich, gefahrvoll.
danois [danwa] *s zoo* (deutsche) Dogge *f; s m gram* Dänisch *n,* das Dänische.
Danois, e *m f* Däne *m* Dänin *f.*
dans [dɑ̃] **1.** *(räuml. u. fig)* in *(auf die Fragen wo? u. wohin?);* ▶ *~ un endroit* an e-m Ort(e); *~ la rue* auf der Straße; *~ Molière* bei Molière *boire, manger ~* trinken, essen aus; *choisir ~ qc* aus etw aus≈wählen; *avoir foi ~* vertrauen auf *acc,* Vertrauen haben zu; **2.** *(zeitl.)* in, innerhalb, während; ▶ *~ huit jours* in acht Tagen; *~ les quinze jours* binnen 14 Tagen; *~ les trois jours après (la) réception (com)* innerhalb dreier Tage nach Empfang; **3.** *(Art u. Weise)* ▶ *~ ces circonstances* unter diesen Umständen; *~ un accident* bei e-m Unfall; *~ l'ensemble* im ganzen; *~ le but* mit dem Ziel, in der Absicht; **4.** *(Annäherung)* ▶ *cela coûte ~ les deux mille francs* das kostet annähernd 2000 Franken.
dansant, e [dɑ̃sɑ̃, -ɑ̃t] *a* Tanz-; ▶ *soirée f ~e* Tanzabend *m; thé m ~* Tanztee *m.* **danse** *f* **1.** Tanz *m;* **2.** Tanzmusik *f;* ▶ *(pop) donner la ~ à qn* jdn verprügeln; *entrer en ~ (fam) fig* an≈fangen, los≈legen; *ouvrir, commencer la ~* den Tanz, *fig* den Reigen eröffnen; *leçon f de ~* Tanzstunde *f; orchestre m de ~* Tanzorchester *n; professeur m de ~* Tanzlehrer *m.* **danser** *tr itr* **1.** tanzen; **2.** *(Licht)* flimmern; ▶ *ne pas savoir sur quel pied ~* in der Klemme, ratlos sein. **danseur, se** *m f* Tänzer(in *f*) *m;* ▶ *être bon ~, bonne ~euse* ein guter Tänzer, e-e gute Tänzerin sein; *couple m de ~s* Tanzpaar *n; ~ de ballet* Balletttänzer *m; ~ de corde* Seiltänzer *m.*
Danube, le [danyb] die Donau.
dard [daʀ] *m zoo* Stachel *m.* **darder** *tr (Blicke)* werfen *(sur qn* auf jdn); ▶ *le soleil darde ses rayons* die Sonne brennt unbarmherzig herunter.
dare(-)dare [daʀdaʀ] *adv fam* in aller Eile.
dartre [daʀtʀ] *f med* Schuppenflechte *f.*

data [data] Unterlagen *f pl*, Ergebnisse *n pl*, Meßwerte *m pl*. **datage** *m* Datierung, Datumsangabe *f*.
datation [datasjõ] *f* Datierung, Altersbestimmung *f*; **~e** *f* **1.** Datum *n*, Zeit(punkt *m*) *f*; **2.** *com* Laufzeit *f*, Termin *m*; **3.** ► *à longue, à courte* ~ lang-, kurzfristig; *de fraîche* ~ neu; *de longue* ~ seit langem; *en* ~ *du, à la* ~ *du* vom; am; *en* ~ *de ce jour* unter dem heutigen Datum; *de vieille* ~ alt, langjährig; **4.** ► *faire* ~ Epoche machen; *mettre la* ~ das Datum ein=setzen; *porter une* ~ datiert sein; *prendre* ~ das Datum, den Tag fest=setzen *od* bestimmen; à quelle ~? an welchem Tag? **5.** ► *timbre m à* ~ Datum(s)stempel *m*; ~ *de l'échéance* Fälligkeitsdatum *n*; ~ *d'émission* Ausstellungsdatum *n*; ~ *limite* (Schluß-)Termin *m*; ~ *de livraison* Liefertermin *m*; ~ *de naissance* Geburtsdatum *n*; ~ *de parution* Erscheinungsdatum *n*; ~ *de la poste* Datum *n* des Poststempels. **dater** **I.** *tr* datieren; **II.** *itr* stammen, datieren aus; veralten; ► *il ne date pas d'hier* er ist nicht von gestern. **dateur** *m* Datumsstempel *m*.
datif, ive [datif, -iv] **I.** *a (Vormund)* bestellt; **II.** *s m* Dativ, Wemfall *m*.
datte [dat] *f* Dattel *f*. **dattier** *m* Dattelpalme *f*.
daube [dob] *f* Schmoren *n*; ► *bœuf m en* ~ Rinderschmorbraten *m*.
dauphin, e [dofɛ̃, -in] *m* **1.** *zoo* Delphin; **2.** *m fig* Nachfolger *m*, -in *f*.
davantage [davɑ̃taʒ] *adv* (noch) mehr; *(zeitl.)* (noch) länger; ► *je veux en avoir* ~ ich will noch mehr davon; *je ne m'attarderai pas* ~ ich bleibe nicht länger.
de [d(ə)] *prp* **1.** *(Genitiv)* von, von ... her, von ... an, aus; zufolge, wegen; aus; mit; nach; vor; für; **2.** *(räumlich)* ► *près* ~ nahe bei; ~ *près* aus der Nähe; **3.** *(zeitlich)* ► ~ *jour* bei Tage; tagsüber; ~ *nuit* nachts; *le rendez-vous du dimanche* die Verabredung am Sonntag; **4.** *(Ursache)* ► *mourir* ~ *faim* vor Hunger sterben; verhungern; *fier* ~ *son succès* stolz auf s-n Erfolg; *amour m* ~ *Dieu* Liebe zu Gott; **5.** *(Mittel)* ► *frapper d'un bâton* mit e-m Stock schlagen; *répondre* ~ *qn* für jdn einstehen, bürgen; **6.** *(Richtung)* ► ~ *ce côté-ci* von dieser Richtung; *montrer du doigt* mit dem Finger zeigen; **6.** *(Dimension)* ► *long* ~ *dix mètres* zehn Meter lang; **7.** *(Urheber beim Passiv)* ► *aimé de tous* von allen geliebt.
dé [de] *m* **1.** *(~ à coudre)* Fingerhut *m a. bot*; **2.** *(~ à jouer) (Spiel)* Würfel *m*; **3.** *arch* Steinblock *m*; **4.** ► *jouer aux ~s* würfeln; *c'est un coup de ~(s)* das ist Glückssache; *les ~s sont jetés (fig)* die Würfel sind gefallen.
débâcle [debakl] *f* **1.** Eisgang, -bruch *m*; **2.** *fig* Zs.bruch *m*, Katastrophe *f*; Durcheinander *n*.
débagouler [debagule] *tr fam (Geschwätz)* verzapfen.
déballage [debalaʒ] *m* Auspacken *n a. fig*. **déballer** *tr* aus=packen *a. fig*; *(Geheimnisse)* ausplaudern.
débandade [debɑ̃dad] *f* Auflösung; Unordnung *f*; ► *tout va à la* ~ alles geht drunter und drüber. **débander** **I.** *tr* **1.** den Verband, die Binde ab=nehmen (*qc* von etw); **2.** in die Flucht schlagen; **II.** *v prn se* ~ sich (auf=)lösen.
débarbouiller [debaʀbuje] *tr* das Gesicht (*un enfant* e-m Kind) waschen.
débarcadère [debaʀkadɛʀ] *m mar* Landungsbrücke *f*, Pier *m*.
débarder [debaʀde] *tr* ab=laden, löschen; *(Holz, Steine)* ab=transportieren. **débardeur** *s m* Transport-, Dockarbeiter *m*.
débarquement [debaʀkəmɑ̃] *m* **1.** Ausladen *n*, Löschung; Landung, Ausschiffung *f*; **2.** *(quai de ~)* Ankunftsbahnsteig *m*. **débarquer** **I.** *tr* **1.** aus=laden, löschen; aus=schiffen; **2.** *fig* aus=booten; **II.** *itr* an Land gehen; aus=steigen (*de* aus); von Bord gehen; ► *il débarque (fam)* er ist nicht auf dem laufenden.
débarras [debaʀa] *m* Rumpelkammer *f*, Abstellraum *m*. **débarrasser** [-se] **I.** *tr* frei machen, (ab=, weg=)räumen, entrümpeln; ► ~ *qn de qc* jdm etw ab=nehmen; **II.** *v prn se* ~ sich entledigen *(de gen)*, sich vom Halse schaffen (*de qc* etw).
débat [deba] *m* Debatte *bes. parl (meist pl)*, Diskussion; *jur* Verhandlung *f*; ► *intervenir dans les ~s* in die Debatte ein=greifen.
débattre [debatʀ] ‹*Prés. je débats, ns débattons; Fut. je débattrai; pp. débattu, e; Subj. que je débatte, que ns débattions; Impér. débats, débattons*› **I.** *tr* **1.** debattieren, diskutieren, verhandeln (*qc* über e-e S); **2.** be-, durchsprechen; **II.** *v prn se* ~ **3.** zappeln, um sich schlagen; **4.** *fig* sich sträuben; sich (ab=)mühen, sich herum=schlagen (*contre qc* mit etw).
débauchage [deboʃaʒ] *m* Entlassung *f*, (Personal-)Abbau *m*; *pol* Abwerbung *f*. **débauche** *f* Ausschweifung; Verschwendung. **débauché** *m* Wüstling *m*. **débaucher** *tr* **1.** von der Arbeit ab=halten; **2.** entlassen, ab=bauen; **3.** zu e-m unsoliden Lebenswandel verleiten.
débecter [debɛkte] *tr pop* an=kotzen.
débet [debɛ] *m com* Soll, Debet *n*.
débile [debil] *a* **1.** schwächlich; **2.** *fig* kraftlos, schwach. **débilité** *f* Schwäche *f*; ► ~ *mentale* Schwachsinn *m*.
débine [debin] *f pop* Klemme; Not *f*, Elend *n*. **débiner** **I.** *tr pop* an=schwär-

zen, verleumden; klatschen (*qn* über jdn); **II.** *v prn se ~ (pop)* ab=hauen.

débit [debi] *m* **1.** Soll, Debet *n;* **2.** Absatz *m;* **3.** Geschäft *n,* Laden *m;* Verkaufsstelle *f* **4.** Ausschank *m;* **5.** *tech* (Arbeits-, Produktions-)Leistung,' Kapazität *f;* **6.** Redefluß *m,* Sprechtempo *n;* **7.** ► *à votre ~* zu Ihren Lasten; *d'un ~ facile* (leicht) absetzbar; **8.** ► *avoir un bon ~, être de bon ~* guten Absatz finden; **9.** ► *~ de boissons* Schankwirtschaft *f; de tabac* Tabakgeschäft *n.*

débitant *m* (Klein-)Händler; Schankwirt *m.* **débiter** *tr* **1.** *com* belasten (*qn de qc* jdn mit etw); **2.** vertreiben, (im kleinen) verkaufen, aus=schenken; **3.** *tech* produzieren; *(Wassermenge)* liefern; **4.** *(Holz)* zu=, verschneiden; **5.** *(Gemeinplätze)* von sich geben, verzapfen; ► *~ un compte* ein Konto belasten (*de qc* mit etw). **débiteur, trice** *m f* Schuldner(in *f*) *m.*

déblai [deblɛ] *m (Erde, Schutt)* **1.** Wegräumen, -schaffen *n;* **2.** Erdaushub *m;* Einschnitt *m.* **déblaiement** *m* Aufräumungsarbeiten *f pl.*

déblatérer [deblateʀe] ‹*Prés. je déblatère, ns déblatérons; Fut. je déblatérerai; pp. déblatéré, e*› *itr:* ► *~ contre qn* auf jdn schimpfen, *fam* gegen jdn los=ziehen.

déblayer [deblɛje] ‹*Prés. je déblaie od déblaye, ns déblayons; Fut. je déblaierai od déblayerai, ns déblaierons od déblayerons; pp. déblayé, e; Subj. que je déblaie od déblaye, que ns déblayions; Impér. déblaie od déblaye, déblayons*› *tr* **1.** ab=, weg=räumen, weg=schaffen; **2.** aus=heben, ab=tragen; **3.** *(Raum)* frei=machen; **4.** ► *~ le terrain (fig)* den Weg, die Bahn frei=machen.

déblocage [deblɔkaʒ] *m com* Freigabe *f.* **débloquer I.** *tr* **1.** *com* frei=geben; *tech* die Arretierung lösen (*qc* e-r S *gen);* **II.** *itr fam* Unsinn reden.

déboire [debwaʀ] *m* Enttäuschung *f;* Verdruß *m.*

déboiser [debwaze] *tr* ab=holzen.

déboîtement [debwatmɑ̃] *m med* Aus-, Verrenkung *f.* **déboîter I.** *itr med* aus=, verrenken; **II.** *itr mot* aus=scheren.

débonnaire [debɔnɛʀ] *a* (zu) gutmütig, (zu) nachsichtig.

débordant, e [debɔʀdɑ̃] *a* überschwenglich, übermäßig; überschäumend. **débordé, e** *a (Person)* überlastet (*de* mit). **débordement** *m* **1.** Überschwemmung *f;* **2.** *fig* Flut *f,* Überschwang; Ausbruch *m (e-r Leidenschaft).* **déborder I.** *itr* **1.** über=fließen, -laufen; über die Ufer treten; **2.** *(am Rand)* über=stehen; **II.** *tr* **3.** überragen, hinaus=gehen *a. fig (qc a. de qc* über e-e S); über=stehen (*qc* über e-e S); **4.** den Saum ab=trennen (*qc* von etw); **5.** *(Boot)* ab=stoßen; ► *faire ~ le vase (fig)* das Maß voll=machen; *se ~ en dormant* sich beim Schlafen auf=dekken.

débouché [debuʃe] *m* **1.** Ausgang *m (e-s Engpasses);* Einmündung *(e-r Straße);* **2.** Absatzmarkt *m,* -gebiet *n;* ► *créer de nouveaux ~s* neue Absatzmärkte erschließen; *~s professionnels* Berufsmöglichkeiten *f pl.* **déboucher I.** *tr (Flasche)* entkorken; *(Straße)* frei machen; **II.** *itr* (heraus=kommen (*de qc* aus etw); münden (*dans* in *acc*); hinführen (*sur* zu).

déboucler [debukle] *tr* auf=, los=schnallen.

débouler [debule] **I.** *itr* **1.** *(Hase, Kaninchen)* (plötzlich) davon=laufen; **2.** *(Steine)* herunter=purzeln; **II.** *tr (fam)* ► *~ l'escalier* die Treppe hinunterpurzeln.

déboulonner [debulɔne] *tr* **1.** die Bolzen los=schrauben (*qc* e-r S); **2.** *fig (Person)* hinaus=ekeln; ab=schießen.

débourrer [debuʀe] *tr (Pfeife)* reinigen.

débours *(meist pl)* [debuʀ] *m com* Ausgabe *f;* Auslagen *f pl;* ► *rentrer dans ses ~* s-e Auslagen zurückerstattet bekommen. **débourser** *tr (Geld)* aus=geben; aus=legen.

debout [dəbu] **I.** *adv* aufrecht; stehend, auf den Beinen; auf, aufgestanden; **II.** *interj* auf! los! ► *dormir ~ (fig)* vor Müdigkeit um=fallen; *être ~* stehen; auf=sein; *mettre ~* auf=richten, aufrecht stellen; *fig* auf die Beine bringen; *rester ~* stehen bleiben; auf=bleiben; *tenir ~ (fig)* Hand u. Fuß haben; *place f ~* Stehplatz *m; vent m ~* Gegenwind *m.*

débouté [debute] *m jur* Abweisung *f.* **débouter** *tr:* ► *~ qn de sa demande* jds Klage abweisen.

déboutonner [debutɔne] **I.** *tr* **1.** auf=knöpfen; ► *rire à ventre déboutonné* hemmungslos lachen; **II.** *v prn se ~* sein Herz aus=schütten (*avec qn* bei jdm).

débraillé, e [debʀaje] *a* **1.** nachlässig, unordentlich, schlampig; **2.** *fig* zu frei, locker.

débrayage [debʀɛjaʒ] *m* **1.** *fig* Arbeitsniederlegung *f;* **2.** *tech* Auskuppeln *n.* **débrayer** ‹*Prés. je débraie od débraye, ns débrayons; Fut. je débraierai od débrayerai, ns débraierons od débrayerons; pp. débrayé, e; Subj. que je débraie od débraye, que ns débrayions; Impér. débraie od débraye, débrayons*› **I.** *tr tech* aus-, entkuppeln; **II.** *itr* die Arbeit nieder=legen.

débridé e [debʀide] *a fig* zügellos; entfesselt. **débrider** *tr* **1.** ab=zäumen; **2.** *med* ein=schneiden; ► *sans ~* pausenlos, in einem fort.

débris [debʀi] *m (pl)* Trümmer *pl,*

Scherben; (Über-)Reste *a. fig.*
débrouillard, e [debʀujaʀ, -ʀd] **I.** *a fam* pfiffig, schlau; **II.** *s m f* Pfiffikus *m.* **débrouiller I.** *tr* **1.** entwirren; **2.** *fig* auf=, erklären; **II.** *v prn se ~* sich zu helfen wissen.
débusquer [debyske] *tr* **1.** *(aus e-r Stellung)* vertreiben; **2.** *(Wild)* auf=jagen, -scheuchen.
début [deby] *m* **1.** Anfang, Beginn *m;* **2.** *pl theat* Debüt, erstes Auftreten *n;* ▶ *au ~ de ...* am Anfang *gen; au ~ de l'année* zu Anfang des Jahres; *dès le ~* von Anfang an; *du ~ (jusqu') à* er steht am Anfang; *appointements m pl de ~* Anfangsgehalt *n.* **débutant, e** [-tɑ̃, -ɑ̃t] *m f* Anfänger(in *f*), Neuling *m.* **débuter I.** *tr* an=fangen, beginnen; **II.** *itr* den Anfang machen; *fig* (zum erstenmal) an die Öffentlichkeit treten; *theat* zum erstenmal auf=treten.
deçà [dəsa] **I.** *adv lit* ▶ *~ (et) delà* bald hier(hin), bald da(hin); **II.** *prp en ~ de* diesseits.
décacheter [dekaʃte] ‹*Prés je décachette, ns décachetons; Fut. je décachetterai; pp. décacheté, e*› *tr* öffnen, aufmachen; entsiegeln.
décade [dekad] *f* Dekade *f.*
décadence [dekadɑ̃s] *f* Verfall *m;* Entartung, Dekadenz *f.* **décadent, e** *a* dekadent, entartet.
décaféiné, e [dekafeine] *a* koffeinfrei.
décalage [dekalaʒ] *m tech* Verschiebung *a. fig,* Staffelung *f;* Spanne *f;* ▶ *~ des prix* Preisspanne, -unterschied *m.* **décaler** *tr* **1.** den Keil, Hemmklotz weg=nehmen (*qc* von etw); **2.** verschieben *a. fig;* verlegen.
décalquage, ~e [dekalk(aʒ)] *m* (Ab-, Durch-)Pausen *n;* Pause *f.* **décalquer** *tr* durchpausen.
décamper [dekɑ̃pe] *itr fam* sich aus dem Staub machen.
décantation [-kɑ̃-] *f* (Ab-)Klärung *f;* ▶ *bassin m de ~* Klärbecken *n.* **décanter I.** *tr* (ab=)klären *a. fig;* **II.** *v prn se ~* sich abklären.
décapant [dekapɑ̃] *m* Beizmittel *n.* **décaper** (ab=)beizen; entrosten.
décapiter [dekapite] *tr* **1.** enthaupten; **2.** *fig* führerlos machen.
décapotable [dekapɔtabl] *a* mit zurückklappbarem Verdeck; ▶ *voiture f ~* Kabriolett *n.* **décapoter** *tr (une voiture)* das Verdeck (e-s Wagens) zurück=klappen.
décarcasser, se [dekaʀkase] *v prn pop* sich ab=rackern, sich an=strengen.
décartellisation [dekaʀtelizasjɔ̃] *f com* Entflechtung *f.*
décathlon [dekatlɔ̃] *m sport* Zehnkampf *m.* **décathlonien** [-tlɔnjɛ̃] *m* Zehnkämpfer *m.*
décatir [dekatiʀ] *tr* **1.** *(Stoff)* dekatieren, krimpen; **2.** *fig fam* die Frische nehmen *(qc dat).*
décavé, e [dekave] *a* ruiniert; erschöpft.
décéder [desede] ‹*Prés je décède, ns décédons; Fut. je décéderai; pp. décédé, e*› *itr* versterben, -scheiden.
décelable [deslabl] *a* erkennbar; nachweisbar. **déceler** ‹*Prés. je décèle, ns décelons; Fut. je décèlerai; pp. decelé, e*› *itr* **1.** enthüllen, auf=decken, verraten; **2.** *tech* nach=weisen.
décélération [deseleʀasjɔ̃] *f* **1.** Verlangsamung *f;* **2.** *tech* Verzögerung *f.* **décélérer** *itr* verlangsamen, bremsen.
décembre [desɑ̃bʀ] *m* Dezember *m.*
décence [desɑ̃s] *f* Anstand *m,* Schicklichkeit *f.*
décennie *f* [deseni] Jahrzehnt *n.*
décent, e, *adv* **décemment** [-sa-] *a* **1.** schicklich, (wohl-)anständig, sittsam; taktvoll; **2.** annehmbar.
décentralisation [desɑ̃tʀalizasjɔ̃] *f* Dezentralisierung; Entflechtung; Verlagerung *f.* **décentraliser** *tr* dezentralisieren, entflechten.
déception [desɛpsjɔ̃] *f* Enttäuschung *f.*
décerner [desɛʀne] *tr* **1.** *(Preis)* zuerkennen; **2.** *jur* an=ordnen.
décès [desɛ] *m* Ableben *n;* Todesfall *m;* ▶ *fermé pour cause de ~* wegen Todesfalls geschlossen; *faire-part m de ~* Todesanzeige *f.*
décevant, e [desvɑ̃, -ɑ̃t] *a* trügerisch.
décevoir ‹*Prés. je déçois, ns décevons; Fut. je décevrai; pp. déçu, e; Subj. que je déçoive, que ns décevions; Impér. déçois, décevons*› *tr* enttäuschen.
déchaîner [deʃɛ(e)ne] **I.** *tr fig* entfesseln, hervorrufen; **II.** *v prn se ~* los-, aus=brechen; toben, wüten; ▶ *être déchaîné* außer Rand u. Band sein.
déchanter [deʃɑ̃te] *itr fig fam* s-e Illusionen verlieren.
décharge [deʃaʀʒ] *f* **1.** *jur com allg* Entlastung *f;* **2.** Quittung *f;* **3.** *mil* Salve *f;* **4.** *el* Entladung *f;* ▶ *donner ~* e-e Quittung ausstellen; Entlastung erteilen; *témoin m à ~* Entlastungszeuge *m; ~ (publique)* Schuttabladeplatz *m;* Mülldeponie *f.* **déchargement** [-ʒə-] *m* Ent-, Ab-, Ausladen; *mar* Löschen *n.* **décharger** ‹*Prés. je décharge, ns déchargeons; Fut. je déchargerai; pp. déchargé, e*› **I.** *tr* **1.** ab=, aus=entladen, *mar* löschen; **2.** *fig a. jur com* entlasten, erleichtern, befreien *(de* von); *(sein Herz)* aus=schütten; **3.** *com (Konto)* entlasten; quittieren; **4.** *mil* entladen; (ab=)schießen (*sur, contre qn* auf jdn); **II.** *itr* ab=färben; **III.** *v prn se ~ (fig)* ab=wälzen (*de qc sur qn* etw auf jdn); *(Batterie)* sich entladen; ▶ *~ d'(une) accusation (jur)* frei=sprechen; *~ d'une obligation* e-r Verpflichtung entbinden.

décharné, e [deʃaʀne] *a* abgezehrt; abgemagert.
déchaussé, e [deʃose] *a* **1.** barfuß; **2.** freigelegt; schadhaft; *(Zahn)* ohne Zahnfleisch. **déchausser I.** *tr* **1.** die Schuhe, Strümpfe aus=ziehen; **2.** *(Zahn, Baumstamm)* bis zur Wurzel frei=legen; **II.** *v prn se* ~ die Schuhe aus=ziehen; *(Zähne)* lose werden.
dèche [dɛʃ] *f pop* Not, Klemme *f;* ▶ *tomber dans la* ~ in Not geraten.
déchéance [deʃeɑ̃s] *f* **1.** Verfall, Niedergang *m;* **2.** *jur* Aberkennung; *(Herrscher)* Absetzung *f.*
déchet [deʃɛ] *m meist pl* Abfall *m,* -produkt *n;* Verlust *m;* ▶ *~s atomiques* Atommüll *m; ~s de viande* Fleischabfälle *m pl.*
déchiffrable [deʃifʀabl] *a* entzifferbar. **déchiffrer** *tr* **1.** dechiffrieren; *allg* entziffern, heraus=bekommen; **2.** *mus* vom Blatt lesen *od* singen *od* spielen; **3.** *(Rätsel)* lösen; *(Person)* durchschauen.
déchiqueté, e [deʃikte] *a* **1.** *bot* gezackt; **2.** *geog* zerklüftet. **déchiqueter** ‹*Prés. je déchiquette, ns déchiquetons; Fut. je déchiquetterai; pp. déchiqueté, e*› *tr* **1.** zerstückeln, -fetzen, -kleinern, -schneiden; **2.** in Stücke reißen.
déchirant, e [deʃiʀɑ̃] *a* herzzerreißend; markerschütternd. **déchirer I.** *tr* **1.** zerreißen *a. fig;* **2.** auf=reißen; zerfetzen; **3.** *fig* keinen guten Faden lassen (*qn* an jdm); **4.** *(Vertrag)* brechen; *(Land)* zerrütten, spalten; **II.** *v prn se* ~ (zer-, auf-, ein-)reißen; ▶ ~ *qn à belles dents* an jdm kein gutes Haar lassen; ~ *en deux* entzwei=reißen. **déchirure** *f* Riß *m.*
déchu, e [deʃy] *a* **1.** heruntergekommen; verfallen; **2.** abgesetzt; ▶ *ange m* ~ gefallene(r) Engel *m.*
décibel [desibɛl] *m* Dezibel *n.*
décidé, e [deside] *a* **1.** entschieden, bestimmt; **2.** entschlossen; **3.** ab-, ausgemacht; ▶ *c'est (une) chose ~e* das ist beschlossene Sache. **décidément** *adv* entschieden; sicher; wahrhaftig. **décider I.** *tr* **1.** entscheiden; fest=setzen, -legen; **2.** beschließen (*de* zu); bestimmen, veranlassen (*qn à qc* jdn zu etw); **II.** *itr* ~ *de qc* über e-e S entscheiden, etw bestimmen; *être décidé à* entschlossen sein zu; **III.** *v prn se* ~ sich entscheiden (*à* zu, *pour* für). **décideur** *m* Entscheidungsträger *m.*
décimal, e [desimal] **I.** *a* Dezimal-; **II.** *s f math* Dezimale *f.* **décime** *m (Steuer)* Zuschlag *m* von 10%. **décimètre** *m* Dezimeter *m* od *n.*
décisif, ive [desizif, -iv] *a* **1.** entscheidend, ausschlaggebend; **2.** *(Ton)* bestimmt. **décision** *f* **1.** Entscheidung *f;* **2.** Ent-, Beschluß *m;* **3.** Entschiedenheit, Festigkeit *f;* **4.** ▶ *sans* ~ unentschieden; **5.** ▶ *prendre une* ~ e-e Entscheidung treffen; e-n Beschluß fassen; *se réserver la* ~ sich die Entscheidung vor=behalten; ~ *à la majorité des voix* Mehrheitsbeschluß *m.*
déclamer [deklame] *tr* deklamieren.
déclaration [deklaʀasjõ] *f* **1.** Erklärung; Aussage *f;* **2.** (An-)Meldung, Anzeige *f;* **3.** *(~ d'amour)* Liebeserklärung *f;* **4.** ▶ *faire sa ~ d'arrivée, de départ* sich an=, ab=melden; **5.** ▶ *délai m de* ~ Anmeldefrist *f;* ~ *d'accident* Unfallmeldung *f;* ~ *en douane* Zollerklärung *f;* ~ *d'impôts* Steuererklärung *f.* **déclarer I.** *tr* **1.** erklären, bekennen; **2.** an=geben, nennen; (an=)melden; **II.** *v prn se* ~ **3.** sich aus=lassen, sich aus=sprechen (*sur* über *acc*); Stellung nehmen (*sur* zu); **4.** *(Krankheit, Brand)* aus=brechen; zum Vorschein kommen, in Erscheinung treten; **5.** e-e Liebeserklärung machen; **6.** ▶ ~ *coupable* für schuldig erklären; ~ *la séance ouverte* die Sitzung für eröffnet erklären; *rien à ~?* nichts zu verzollen?
déclassé, e [deklase] **I.** *a (sozial)* gesunken, deklassiert; **II.** *s m f* Deklassierte(r *m*) *f.* **déclasser** *tr* **1.** aus=sortieren, -rangieren; **2.** in Unordnung bringen; **3.** *sport* deklassifizieren.
déclenchement [deklɑ̃ʃmɑ̃] *m* Auf-, Ausklinken *n;* Auslösung *f.* **déclencher I.** *tr* **1.** aus=klinken, -rücken, -kuppeln, -schalten, -lösen; **2.** *fig* in Gang bringen, aus=lösen; **3.** *(Wirtschaft)* an=kurbeln; **II.** *v prn se* ~ in Gang kommen. **déclencheur** *m tech* Auslöser, Schalter *m; (~ automatique) (phot)* Selbstauslöser *m.*
déclic [deklik] *m* Ausklinkvorrichtung *f;* Klicken *n.*
déclin [deklɛ̃] *m* **1.** Sinken *(der Sonne); (Tag, Mond)* Abnehmen; **2.** *fig* Nachlassen *n,* Verfall, Niedergang *m,* Ende *n;* ▶ *être sur son* ~ s-m Ende zu=gehen. **déclinaison** [-kli-] *f astr gram* Deklination. **décliner I.** *itr astr* **1.** sich neigen, sinken; **2.** ab=weichen; nach=lassen, verfallen; **II.** *tr gram* **3.** deklinieren; **4.** *(s-n Namen)* nennen; **5.** *jur* ab=lehnen.
déclivité [deklivite] *f* Hang *m,* Neigung *f.*
décocher [dekɔʃe] *tr* **1.** *(Pfeil)* ab=schießen; **2.** *(Schlag)* versetzen; *(Bemerkung)* fallenlassen.
décodage [dekɔdaʒ] *m a. inform* Dekodierung *f.* **décoder** *tr a. inform* dekodieren. **décodeur** *m inform* Decoder *m.*
décoiffer [dekwafe] *tr* die Haare in Unordnung bringen (*qn* jdm), zerzausen (*qn* jdn); *itr fam* vom Sockel reißen; ▶ *ça décoiffe! (fam)* das fetzt!
décollage [dekɔlaʒ] *m aero* Abflug; Aufstieg, Start *m;* ▶ *au* ~ beim Start;

piste f de ~ Startbahn *f.* **décollement** *m med* Ablösung *f;* ▶ ~ *de la rétine* Netzhautablösung *f.* **décoller I.** *tr* ab=lösen; *allg* trennen; **II.** *itr fig fam* **1.** weg=gehen, ab=hauen; **2.** sich trennen; **3.** *aero* auf=steigen, starten; **4.** *com* e-n Aufschwung nehmen; **5.** *pop* mager werden; **III.** *v prn se* ~ ab=gehen, sich ab=lösen, aus dem Leim gehen. **décolleté, e I.** *a* ausgeschnitten; **II.** *s m* (Kleid-)Ausschnitt *m,* Dekolleté *n.* **décolleter I.** *tr* **1.** dekolletieren; **2.** *tech* ab=stechen; **II.** *v prn se* ~ ein Dekolleté tragen.

décoloniser [dekɔlɔnize] *tr* entkolonisieren.

décolorant [dekɔlɔʀɑ̃] *m* Bleichmittel *n.* **décoloré, e** *a* farblos, blaß *a. fig;* verschossen, verblaßt; **décolorer I.** *tr* bleichen; **II.** *v prn se* ~ verblassen, verschießen.

décombres [dekɔ̃bʀ] *m pl* Schutt *m,* Trümmer *pl; min* Abraum *m.*

décommander [dekɔmɑ̃de] **I.** *tr* ab=bestellen, ab=sagen; ab=schreiben (*qn* jdm); **II.** *v prn se* ~ ab=sagen, -schreiben.

décomposer [dekɔ̃poze] **I.** *tr* **1.** (in s-e Bestandteile) zerlegen; auf=lösen, zersetzen *a. fig;* **2.** *(Gesicht)* verzerren; **3.** *fig* auf=, zergliedern, analysieren; **II.** *v prn se* ~ zerfallen, sich in s-e Bestandteile auf=lösen; verwesen. **décomposition** *f* **1.** Zerlegung, -setzung *f;* Ver-, Zerfall *m;* **2.** Auflösung *a. fig;* Fäulnis, Verwesung; Verwitterung *f;* **3.** *fig* Analyse, Aufschlüsselung, Aufgliederung *f.*

décompte [dekɔ̃t] *m* **1.** Ab-, Auf-, Verrechnung *f;* **2.** Abzug *m;* ▶ *faire le* ~ *de qc* etw in Abzug bringen. **décompter** *tr* ab=ziehen, ab=, verrechnen.

déconcentration [dekɔsɑ̃tʀasjɔ̃] *f com* Entflechtung; Verlagerung *f (des Schwergewichts).*

déconcertant, e [dekɔsɛʀtɑ̃, -ɑ̃t] *a* verwirrend; beunruhigend. **déconcerté, e** *a* verwirrt; außer Fassung. **déconcerter** *tr fig* verwirren, verunsichern; außer, aus der Fassung bringen.

déconfit, e [dekɔ̃fi, -it] *a* tief enttäuscht; sprach-, fassungslos. **déconfiture** *f* **1.** Pleite *f;* **2.** *fig* Ruin, Zs.bruch *m.*

décongeler [dekɔ̃ʒle] *tr* (wieder-) auf=tauen.

décongestion [dekɔ̃ʒɛstjɔ̃] *f fig* Auflockerung, Entlastung *f.* **décongestionner** [-tjɔ] *tr (Verkehr)* entlasten.

déconner [dekɔne] *itr vulg* Mist bauen.

déconseiller [dekɔ̃se(ɛ)je] *tr* ab=raten (*qc à qn* jdm von etw).

décontamination [dekɔ̃taminasjɑ̃] *f* Entseuchung *f.* **décontaminer** *tr* entseuchen.

décontenancer [dekɔ̃tnɑ̃se] ⟨*Prés. je décontenance, ns décontenançons; Fut. je décontenancerai; pp. décontenancé, e*⟩ **I.** *tr* außer, aus der Fassung bringen; **II.** *se* ~ die Fassung verlieren.

décontracté, e [dekɔ̃tʀakte] *a* **1.** *(Gesicht, Lage)* entspannt; **2.** *fig fam* zwanglos; lässig. **décontracter** *tr (Muskel)* entspannen.

déconvenue [dekɔ̃vəny] *f* Verlust *m* der Illusion, Ernüchterung *f.*

décor [dekɔʀ] *m* **1.** Verzierung *f,* Schmuck, Zierat, Dekor *m;* **2.** *theat* Dekoration, Ausstattung *f;* **3.** Umgebung, Landschaft *f;* **4.** *fig* Rahmen *m;* ▶ *aller dans les ~s (fam mot)* von der Fahrbahn ab=kommen; ~ *mural* Wandschmuck *m.* **décorateur** *m* Dekorateur; Bühnenbildner *m.* **décoratif, ive** *a* Dekorations-; dekorativ. **décoration** *f* **1.** Dekoration, Ausschmückung, Ausstattung *f;* **2.** Orden *m,* Ehrenzeichen *n;* ▶ ~ *d'étalage* Schaufensterdekoration *f.* **décorer** *tr* (aus=)schmücken, (ver)zieren, dekorieren.

décortiquer [dekɔʀtike] *tr (Baum)* entrinden.

découcher [dekuʃe] *itr* auswärts schlafen.

découdre [dekudʀ] ⟨*Prés. je découds, ns décousons; Fut. je découdrai; pp. décousu, e; Subj. que je découse, que ns décousions; Impér. découds, décousons*⟩ **I.** *tr* **1.** *(Genähtes)* auf=trennen; **2.** *fig fam* ausea.=reißen; **3.** ▶ *en* ~ *(fam)* sich schlagen, kämpfen; **II.** ▶ *se* ~ *(Naht)* auf=platzen, -gehen.

découler [dekule] *itr fig* her=kommen, -rühren (*de* von), sich ergeben (*de* aus).

découpage [dekupaʒ] *m* **1.** *(Geflügel)* Zerlegen, Tranchieren *n;* **2.** *(Bild)* Ausschneiden *n;* **3.** *tech* Ab-, Aus-, Aufschneiden, Stanzen *n;* **4.** *film* (Roh-) Drehbuch *n;* **5.** *pl* Ausschneidebogen *m.* **découper I.** *tr* **1.** zer-, aus=schneiden (*dans* aus); **2.** *(Braten)* vor=schneiden; *(Geflügel)* tranchieren; **3.** *tech* stanzen, lochen; **II.** *v prn se* ~ sich ab=heben.

découplé, e [dekuple[*a (Person)* gut gebaut, kräftig.

découpure [dekupyʀ] *f* **1.** (Zeitungs-) Ausschnitt *m;* **2.** *gezackte(r) Rand m.*

découragement [dekuʀaʒmɑ̃] *m* Mutlosigkeit *f.* **décourager** ⟨*Prés. je décourage, ns décourageons; Fut. je découragerai; pp. découragé, e*⟩ **I.** *tr* entmutigen; **II.** *v prn se* ~ den Mut verlieren.

décousu, e [dekuzy] *a fig* unzs.hängend, zs.hanglos.

découvert, e [dekuvɛʀ, -ʀt] **I.** *a (Gelände, Wagen)* offen; **II.** *s m com* ungedeckte(r) Betrag *m,* Kontoüberziehung; **III.** *s f* Ent-, Aufdeckung *f;* ▶ *aller à la ~e* auf Erkundung, *fig* auf die Suche gehen; *mettre un compte à* ~ ein Konto überziehen; *voyage m de ~e* Entdekkungsreise *f.* **découvrir** ‹*Prés. je découvre, ns découvrons; Fut. je découvrirai; pp. découvert, e; Subj. que je découvre, que ns découvrions; Impér. découvre, découvrons*› **I.** *tr* **1.** auf≈decken, frei≈legen; **2.** *fig* enthüllen; **3.** entdecken; heraus≈bekommen, ermitteln; **II.** *itr (Meer)* zurückweichen; **III.** *v prn se* ~ **1.** sich auf≈decken, sich entblößen; **2.** den Hut ab≈nehmen; **3.** *(Wetter)* sich auf≈klären; ► ~ *son jeu* s-e Karten auf≈decken *a. fig;* ~ *le pot aux roses* hinter die Schliche kommen.

décrasser [dekʀase] *tr* **1.** säubern, reinigen, aus≈waschen; **2.** *fig* Manieren bei≈bringen (*qn* jdm).

décrépir [dekʀepiʀ] *tr arch* den Putz entfernen (*qc* von etw). **décrépit, e** [-i, -it] *a* verfallen, altersschwach. décrépitude *f* (völliger) Verfall *m,* Altersschwäche *f;* schlechte(r) Zustand *m.*

décret [dekʀɛ] *m* Dekret *n,* Beschluß; Erlaß *m,* Verordnung, Verfügung *f;* ~*-loi m* Notverordnung *f.*

décréter [dekʀete] ‹*Prés. je décrète, ns décrétons; Fut. je décréterai; pp. décrété, e*› *tr* beschließen, verordnen, verfügen.

décrire [dekʀiʀ] ‹*Prés. je décris, ns décrivons; Fut. je décrirai; pp. décrit, e; Subj. que je décrive, que ns décrivions; Impér. décris, décrivons*› *tr* beschreiben *a. math,* dar≈stellen, schildern.

décrochage, décrochement [dekʀɔʃaʒ, -mɑ̃] *m* **1.** Abhängen, Loshaken *n;* **2.** *fig* Loslösung *f,* Abbruch; Bruch *m;* **3.** *(mouvement m de ~)* Absetzbewegung *f.* **décrocher I.** *tr* **1.** vom Haken nehmen; **2.** *tele (den Hörer)* ab≈nehmen; **3.** *fam (Stellung)* ergattern; **II.** *itr* **4.** *mil* sich ab≈setzen; **5.** *fig* sich loslösen; sich frei≈machen (*de* von).

décroissance [dekʀwasɑ̃s] *f* Abnahme *f.*

décroître [dekʀwatʀ] ‹*Prés. je décroîs, ns décroissons; Fut. je décroîtrai; pp. décrû, ue; Subj. que je décroisse, que ns décroissions; Impér. croîs, croissons*› *itr* **1.** ab≈nehmen; **2.** kürzer, schwächer werden; **3.** *(Hochwasser)* fallen.

décrotter [dekʀɔte] *tr* sauber machen; *(Schuhe)* putzen.

déculotter [dekylɔte] *tr fam* die Hose aus≈ziehen (*qn* jdm).

décuple [dekypl] **I.** *a* zehnfach; **II.** *s m* Zehnfache(s) *n.* **décupler I.** *tr* verzehnfachen; (beträchtlich) steigern; **II.** *itr* sich verzehnfachen; (beträchtlich) steigen.

dédaigner [dedɛ(e)ɲe] *tr* ver-, mißachten; verschmähen. **dédaigneux, se** *a* voll(er) Verachtung (*de* für); verächtlich, geringschätzig.

dédain [dedɛ̃] *m* Verachtung, Geringschätzung *f;* ► *avec* ~ verächtlich.

dédale [dedal] *m* Labyrinth *n.*

dedans [dədɑ̃] *adv* (dr)innen; hinein; **1.** ► *en ~ (de)* in(nerhalb *gen*); *au ~ de* in; *là* ~ da drinnen; **2.** ► *donner* ~ herein≈fallen; *mettre, ficher, foutre ~ (fig fam)* herein≈legen; *rentrer ~ à qn (fam)* auf jdn ein≈schlagen, auf jdn los≈gehen.

dédicace [dedikas] ‹*Prés. je dédicace, ns dédicaçons; Fut. je dédicacerai; pp. dédicacé, e*› *f (Buch)* Widmung *f.* **dédicacer** *tr (Buch)* mit e-r Widmung versehen. **dédicatoire** *a* Widmungs-. **dédier** [dedje] *tr* weihen, widmen.

dédire [dediʀ] ‹*Prés. je dédis, ns dédisons, vz dédisez; Fut. je dédirai; pp. dédit, e; Subj. que je dédise, que ns dédisions; Impér. dédis, dédisons, dédisez*› *v prn: se* ~ sein Wort zurück≈nehmen; widerrufen (*de qc* etw). **dédit** [-di] *m com* Abstands-, Reugeld *n.*

dédommager [dedɔmaʒe] ‹*Prés. je dédommage, ns dédommageons; Fut. je dédommagerai; pp. dédommagé, e*› *tr* entschädigen (*de qc* für etw); Schadenersatz leisten (*qn* jdm).

dédouanement [dedwanmɑ̃] *m* Verzollung *f.* **dédouaner** *tr* **1.** verzollen; zollamtlich ab≈fertigen; **2.** *fig fam* weiß≈waschen, rehabilitieren.

dédoubler [deduble] **I.** *tr* **1.** halbieren; **2.** das Futter heraus≈trennen (*qc* aus etw); **3.** *loc* e-n Vorzug fahren lassen (*un train* zu e-m Zug); **II.** *v prn se ~ (fig)* an Bewußtseinsspaltung leiden.

dédramatiser [dedʀamatize] *tr (Situation, Ereignis)* entschärfen.

déduction [dedyksjõ] *f* **1.** *com* Abzug *m;* **2.** Schlußfolgerung *f;* ► ~ *faite des frais* nach Abzug der Kosten.

déduire [dedɥiʀ] ‹*Prés. je déduis, ns déduisons; Fut. je déduirai; pp. déduit, e; Subj. que je déduise, que ns déduisions; Impér. déduis, déduisons*› *tr* **1.** *com* ab≈ziehen; **2.** ab≈leiten, folgern; ► *on peut en ~ que* daraus kann man folgern, ableiten, daß.

déesse [deɛs] *f* Göttin *f.*

défaillance [defajɑ̃s] *f* **1.** Ohnmacht, Schwäche(anfall *m*) *f;* **2.** Versagen *n,* Fehlleistung *f;* **3.** Verzug *m,* Nichterfüllung *f;* ► ~ *de mémoire* Gedächtnisschwäche *f.* **défaillir** ‹*Prés. je défaille, ns défaillons; Fut. je défaillirai; pp. défailli, e; Subj. que je défaille, que ns défaillions; Impér. défaille, défaillons*› *tr* schwach, ohnmächtig werden.

défaire [defɛʀ] ‹*Prés. je défais, ns défaisons, vs défaites; Fut. je déferai; pp. défait, e; Subj. que je défasse, que ns défassions; Impér. défais, défaisons, défaites*› **I.** *tr* **1.** ab≈, auf≈machen, ausea.nehmen, auf≈trennen, -lösen; **2.** aus≈packen; **3.** befreien (*qn de qc* jdn von etw); **4.** *(Feind)* schlagen, besiegen; **5.**

in Unordnung bringen; **II.** *v prn se* ~ sich (auf=)lösen, auf=gehen; ► *se* ~ *de qc, qn* sich e-r S, e-r Person *gen* entledigen *gen;* sich etw, jdn vom Halse schaffen; etw, jdn los=werden; jdn entlassen; *(Gewohnheit)* ab=legen.

défait, e [defɛ, -ɛt] *a* aufgelöst; in Unordnung; *(Heer)* geschlagen. **défaite** *f* Niederlage *f;* ► *infliger, essuyer* od *subir une* ~ e-e Niederlage bei=bringen, erleiden; ~ *électorale* Wahlniederlage *f.*

défaut [defo] *m* **1.** Fehlen *n;* **2.** Fehler, Mangel *m (de qc* an etw); **3.** *jur* Nichterscheinen *n;* **4.** ► *à* ~ *de* mangels, in Ermangelung *gen; par* ~ *(jur)* in Abwesenheit; *sans* ~*(s)* fehlerfrei, makellos; **5.** ► *être en* ~ im Unrecht sein; *faire* ~ fehlen, nicht da=sein, aus=bleiben; *jur* nicht anwesend sein; **6.** ► *ma mémoire est en* ~ mein Gedächtnis läßt mich im Stich; *c'est là son moindre* ~ das ist der geringste s-r Fehler; ~ *de fabrication, de forme, de tissage* Fabrikations-, Form-, Webfehler *m.*

défaveur [defavœʀ] *f* Ungnade *f;* ► *être en* ~ *auprès de qn* bei jdm schlecht angeschrieben sein. **défavorable** [-vɔ-] *a* **1.** ungünstig; abträglich; **2.** *(Person)* nicht gut gesinnt, *fam* nicht gut, schlecht zu sprechen (*à* auf *acc*). **défavoriser** *tr* benachteiligen.

défection [defɛksjõ] *f mil pol* Abfall *m; faire* ~ fernbleiben; *(aus e-r Partei)* austreten. **défectueux, se** [-tɥø, -øz] *a* fehler-, mangelhaft; unvollkommen; schadhaft. **défectuosité** [-tɥo-] *f* Fehlerhaftigkeit; Unvollkommenheit *f.*

défendre [defɑ̃dʀ] ‹*Prés. je défends, ns défendons; Fut. je défendrai; pp. défendu, e; Subj. que je défende, que ns défendions; Impér. défends, défendons*› **I.** *tr* **1.** verteidigen *a. jur;* **2.** *(Ansicht)* vertreten; **3.** verbieten, untersagen; **II.** *v prn se* ~ **4.** sich zur Wehr setzen, sich wehren (*de* gegen); ► *ne pouvoir se* ~ *de* nicht umhin=können; **5.** *(pop)* ► *il se défend bien* er schlägt sich ganz gut durch; *ça se défend (fam)* das hat etw für sich.

défense [defɑ̃s] *f* **1.** Verteidigung, Abwehr *f;* **2.** *zoo* Stoßzahn, Hauer *m;* **3.** ► *sans* ~ schutzlos; ~ *d'afficher* Ankleben verboten! ~ *d'entrer* Zutritt verboten! ~ *de fumer* Rauchen verboten! ~ *de passer* kein Durchgang! keine Durchfahrt! ~ *de stationner* Parkverbot; *légitime* ~ Notwehr *f,* ~ *du consommateur* Verbraucherschutz *m;* ~ *spatiale* Verteidigung *f* im Weltraum. **défenseur** *m* Verteidiger *m.* **défensif, ive I.** *a* defensiv; Verteidigungs-; **II.** *s f* Defensive; ► *sur la* ~ in Verteidigungsstellung.

déférer [defeʀe] ‹*Prés. je défère, ns déférons; Fut. je déférerai; pp. déféré, e*› **I.** *tr* bringen *(à, devant* vor *acc);* **II.** *itr* willfahren, nach=geben, sich fügen (*à qn* jdm); ► ~ *à la justice* vor Gericht bringen.

déferler [defɛʀle] *itr* **1.** *(Wellen)* branden, sich brechen; **2.** *(Menge)* strömen.

défi [defi] *m* Herausforderung *f;* ► *mettre qn au* ~ *de faire qc* wetten, daß jem etw nicht (tun) kann *od* tut; *je relève le* ~ ich nehme die Herausforderung an. **défiance** [-fjɑ̃s] *f* Argwohn *m,* Mißtrauen *n.* **défiant, e** *a* mißtrauisch, argwöhnisch.

déficeler [defisle] ‹*Prés. je déficelle, ns déficelons; Fut. je déficellerai; pp. déficelé, e*› *tr (Paket)* auf=schnüren.

déficit [defisit] *m* Defizit *n,* Fehlbetrag *m;* ► ~ *immunitaire (med)* Immunschwäche *f; se solder par un* ~ mit e-m Defizit ab=schließen. **déficitaire** *a:* ► *balance f commerciale* ~ passive Handelsbilanz *f.*

défier [defje] **I.** *tr* heraus=fordern (*à* zu); trotzen, die Stirn bieten (*qn,* jdm, *qc* e-r S *dat*); **II.** *v prn se* ~ mißtrauen (*de qn* jdm).

défigurer [defigyʀe] *tr* entstellen, verunstalten; *(Tatsachen)* entstellen, verzerren.

défilé [defile] *m* Engpaß *m;* Vorbeimarsch *m* (*devant* an). **défiler I.** *itr* **1.** auf=, vorbei=marschieren, vorbei=fahren; **2.** *(Bilder)* vorbei=ziehen; **II.** *v prn se* ~ *(pop)* sich aus dem Staube machen.

définir [definiʀ] **1.** *tr* definieren, ab=grenzen, bestmmen, kennzeichnen; **2.** fest=setzen, -legen. **définitif, ive** *a* endgültig, abschließend, definitiv. **définition** *f* Definition, Erklärung; Bestimmung, Charakterisierung *f; par* ~ zwangsläufig.

déflagration [deflagʀasjõ] *f* Explosion *f.*

déflation [deflasjõ] *f com* Deflation *f.*

défoliant, e [defɔljɑ̃, -t] *a* entlaubend; *s m* Entlaubungsmittel *n.* **défoliation** *f* Laubfall *m; ecol* Entlaubung *f* durch chemische Mittel. **défolier** *tr* entlauben.

défoncer [defõse] ‹*Prés. je défonce, ns défonçons; Fut. je défoncerai; pp. défoncé, e*› *tr (Straße)* unbefahrbar machen; *(Straßendecke)* aufreißen; *(Tür)* ein=schlagen; *se* ~ *(Drogensüchtige) fam* sich e-n Trip rein=ziehen.

déforestation [defɔʀɛstasjõ] *f* Waldzerstörung *f.*

déformation [defɔʀmasjõ] *f* **1.** *fig* Entstellung, Verunstaltung, Verzerrung *f;* **2.** *tech* Formveränderung; Verformung; Verbiegung *f;* ► ~ *professionnelle* Berufsblindheit *f.* **déformer I.** *tr* **1.** deformieren; entstellen, verunstalten, verzerren; **2.** *tech* verformen; **3.** *(Geschmack)* verbilden; **II.** *v prn se* ~ sich verziehen, sich verbiegen; *(Kleidung)* die Fasson,

Form verlieren.
défoulement [defulmɑ̃] *m fam* Entspannung *f.* **défouler, se** *prn (Psychologie)* s-r Aggressivität freien Lauf geben.
d**défraîchi, e** [defʀɛʃi] *a* abgenutzt, abgetragen. **défraîchir** *v prn se* ~ den Glanz, die Frische verlieren.
défrayer [defʀɛ(e)je] ‹*Prés. je défraie* od *défraye, ns défrayons; Fut. je défraierai* od *défrayerai, ns défraierons* od *défrayerons; pp. défrayé, e*› *tr* **1.** *(Person)* frei=halten; *être défrayé de tout* alles frei haben; **2.** ▶ ~ *la conversation* die Kosten der Unterhaltung bestreiten.
défricher [defʀiʃe] *tr* urbar machen, roden; ▶ ~ *du terrain vierge* Neuland erschließen.
défringuer, se [defʀɛ̃ge] *v prn pop* sich aus=pellen.
défriser [defʀize] *tr:* ▶ ~ *la coiffure* die Frisur zerstören; *ça te défrise? (pop)* ärgert dich das?
défroque [defʀɔk] *f* abgelegte Kleidung *f.* **défroquer, se** *v prn* das Priestergewand ab=legen.
défrusquer, se [defʀyske] *v prn pop* sich auspellen.
défunt, e [defœ̃, -œ̃t] **I.** *a* **1.** verstorben; **2.** *fig* vergangen; **II.** *s m f* Verstorbene(r *m*) *f.*
dégagé, e [degaʒe] *a* **1.** losgelöst, frei, ungezwungen; **2.** *(Himmel)* wolkenlos. **dégagement** *m* **1.** Freimachen, Beseitigen *n,* Räumung *f;* **2.** *(Wort, Pfand)* Einlösen; *(Versprechen a.)* Entbinden *n;* **3.** *chem* Freiwerden, Entweichen *n,* Abgabe *f;* **4.** *arch* Flur, Gang; freie(r) Platz *m;* **5.** *(Fußball)* Befreiungsschlag *m;* ▶ ~ *de chaleur* Wärmeabgabe, -entwicklung *f.* **dégager** ‹*Prés. je dégage, ns dégageons; Fut. je dégagerai; pp. dégagé, e*› **I.** *tr* **1.** *(Pfand)* ein=lösen; **2.** räumen, frei=machen; *(Hindernis)* beseitigen; **3.** *chem* entwickeln, aus=strömen, entweichen lassen; **4.** *allg* (los=) lösen, heraus=nehmen, frei=, bloß=legen; befreien; *(Hauptgedanken, Tatsache)* heraus=stellen; **II.** *v prn se* ~ **5.** sich *(e-r Verpflichtung)* entziehen; sich los=lösen, sich trennen, sich los=, frei=machen (*de* von); **6.** *fig* in den Vordergrund treten; sich zeigen, sich ergeben; **7.** *(Dampf)* entweichen, aus=strömen *a. fig,* sich entwickeln; **8.** ▶ ~ *la taille* die Figur (gut) zur Geltung kommen lassen; *dégagez la porte* gehen Sie von der Türe weg.
dégaine [degɛn] *f fam* lächerliche(s) Benehmen *n.* **dégainer** *tr (Revolver)* aus der Tasche ziehen.
déganter [degɑ̃te] *v prn: se* ~ s-e Handschuhe ausziehen.
dégarni, e [degaʀni] *a* **1.** entblößt; **2.** *(Kopf, Baum)* kahl; **3.** *(Zimmer)* ausgeräumt, leer. **dégarnir I.** *tr* **1.** *(Schmuck, Einrichtung, Besatz)* entfernen (*qc* von, aus etw); weg=nehmen; **2.** *(Zimmer)* aus=räumen; **II.** *v prn se* ~ *(Kopf)* kahl werden; *(Baum)* die Blätter verlieren.
dégât [dega] *m* Schaden *m,* Verwüstung *f;* ▶ *causer des* ~*s* Schaden an=richten; ~*s matériels* Sachschaden *m.*
dégel [deʒɛl] *m* **1.** (Auf-)Tauen *a. fig;* Tauwetter *n;* **2.** *fig* Entspannung *f;* ▶ *le temps est au* ~ wir haben Tauwetter.
dégeler ‹*Prés. je dégèle, ns dégelons; Fut. je dégèlerai; pp. dégelé, e*› *tr* **1.** auf=tauen *a. fig;* auf=wärmen; **2.** *(Kredite)* freigeben; **3.** ▶ *il dégèle* es taut.
dégénérer [deʒeneʀe] *itr* ‹*Prés. je dégénère, ns dégénérons; Fut. je dégénérerai; pp. dégénéré, e*› degenerieren, entarten, aus=arten (*en* in acc).
dégénérescence [-ʀɛsɑ̃s] *f* Entartung *f.*
dégingandé, e [deʒɛ̃gɑ̃de] *a* schlottrig.
dégivrage [deʒivʀaʒ] *m mot* Entfrostung; *aero* Enteisung *f.* **dégivrer** *tr (Kühlschrank)* abtauen; *aero* enteisen.
déglutir [deglytiʀ] *tr* schlucken. **déglutition** *f* Schlucken *n.*
déglinguer, se [deglɛ̃ge] *v prn fam* kaputt=gehen.
dégobiller [degɔbije] *tr itr pop* kotzen.
dégoiser [degwaze] *fam* **I.** *tr* aus=schwatzen; **II.** *itr (Unsinn)* verzapfen; quatschen.
dégommer [degɔme] *fig fam* hinaus=werfen.
dégonfler [degɔ̃fle] **I.** *tr* **1.** die Luft ab=lassen (*qc* aus etw); **2.** *(Preise)* drücken; *(wichtige Sache)* herunterspielen; **II.** *se* ~ *(Reifen)* Luft verlieren; *(fam)* Angst kriegen; ▶ *ne te dégonfle pas!* sei kein Feigling!
dégouliner [deguline] *itr fam* (herunter=)rinnen, tröpfeln.
dégourdi, e [deguʀdi] **I.** *a (Mensch)* aufgeweckt, gewitz(ig)t; **II.** *s m f* aufgeweckte(r) Junge *m;* schlaue Person *f.* **dégourdir I.** *tr* **1.** *(steif gewordene Glieder)* auf=lockern; **2.** aufgeweckter machen; **II.** *v prn* ▶ *se* ~ *les jambes* die Beine vertreten.
dégoût [degu] *m* Ekel *m* (*de* vor); Überdruß *m;* Abscheu *m;* ▶ *cela me donne du* ~ das ekelt mich an. **dégoûtant, e** *a* **1.** ekelhaft, eklig, widerlich; **2.** widerwärtig, empörend. **dégoûté, e I.** *a* angeekelt; wählerisch; ▶ *n'être pas* ~ nicht wählerisch sein; **II.** *s m:* ▶ *faire le* ~ *(fig)* zimperlich tun. **dégoûter I.** *tr* an=widern, -ekeln; ▶ ~ *qn de qc* jdm etw verleiden; **II.** *v prn* ▶ *se* ~ *de* überdrüssig werden *gen,* (es) satt bekommen; *ça me dégoûte (fam)* das hängt mir zum Halse heraus.
dégoutter [degute] *itr* (herab=)tropfen.
dégradation [degʀadasjɔ̃] *f* **1.** Degra-

dierung *f;* **2.** *fig* Herabwürdigung, Erniedrigung; Verschlechterung *f;* **3.** *arch* Beschädigung *f,* Verfall *m.* **dégrader** *tr* **1.** degradieren; **2.** *fig* herabsetzen, -würdigen; beschädigen; **3.** *(Farben)* schattieren, tönen.

dégrafer [degʀafe] *tr* los=, auf=haken.

dégraissage [degʀɛsaʒ] *m* chemische Reinigung *f;* Fleckenentfernen *n.* **dégraisser** *tr* (chemisch) reinigen.

degré [dəgʀe] *m* **1.** Stufe *f,* Grad *m;* **2.** Stadium *n;* **3.** *jur* Instanz *f;* ▶ *au dernier* ~ im höchsten Grade *od* Maße; *de* ~ *en* ~ von Stufe zu Stufe; *par* ~*(s)* stufenweise, nach und nach, allmählich; *par dix* ~*s de froid* bei 10 Grad Kälte; *baisser d'un* ~ um einen Grad fallen; ~ *de chaleur, de froid* Wärme-, Kältegrad *m;* ~ *de latitude, de longitude* Breiten-, Längengrad *m;* ~ *de parenté* Verwandtschaftsgrad *m.*

dégressif, ive [degʀesif, -iv] *a* abnehmend, degressiv; abgestuft.

dégrèvement [degʀɛvmɑ̃] *m* (~ *d'impôt)* Steuernachlaß *m,* -ermäßigung, -senkung *f.* **dégrever** [-gʀə-] ⟨*Prés. je dégrève, ns dégrevons; Fut. je dégrèverai; pp. dégrevé, e*⟩ *tr* die Steuer ermäßigen (*qn* jdm).

dégringolade [degʀɛ̃gɔlad] *f fam* **1.** Hinunterpurzeln *n;* **2.** *fig* Kurssturz, Niedergang, Zs.bruch *m;* ▶ ~ *des prix* Preissturz *m.* **dégringoler I.** *tr* hinunter=rennen, -stürzen; **II.** *itr* (hinunter=) purzeln, -fallen; *fig* zs.=brechen; *(Aktien)* stark fallen.

dégriser [degʀize] *tr* **1.** *(e-n Betrunkenen)* nüchtern machen; **2.** *fig* ernüchtern.

dégrossir [degʀosiʀ] **I.** *tr o* **1.** vor=bearbeiten; grob behauen; **2.** *fig* roh entwerfen; **3.** *(Menschen)* Schliff beibringen (*qn* jdm); **II.** *v prn se* ~ *(fig)* Schliff bekommen.

dégrouiller, se [degʀuje] *v prn pop* (sich) (be)eilen, schnell machen.

déguenillé, e [degnije] *a* zerlumpt.

déguerpir [degɛʀpiʀ] *itr* sich aus dem Staube machen, *fam* ab=hauen, türmen.

dégueulasse [degœlas] *a pop* ekelhaft, widerlich. **dégueuler** *tr pop* kotzen.

déguisement [degizmɑ̃] *m* **1.** Verkleidung *f;* **2.** *fig* Verstellung *f.* **déguiser I.** *tr* **1.** verkleiden (*en* als); **2.** *fig* verstellen, verschleiern, verbergen; **II.** *v prn* ▶ *se* ~ *en courant d'air (pop)* sich in Luft auflösen.

dégustation [degystasjɔ̃] *f* Kosten, Probieren *n (e-s Getränks);* Kostprobe *f.* **déguster** *tr* **1.** *(Getränk)* probieren, kosten; **2.** *pop* durch=machen, ertragen.

dégustateur, trice [degystatœʀ, -tʀis] *m f* (Wein-)Probierer, Prüfer.

dehors [dəɔʀ] **I.** *adv* (dr)außen; hinaus; **II.** *interj* hinaus! ▶ *de* ~ von (dr)außen; *en* ~ (dr)außen; nach außen, auswärts; *en* ~ *de* ... außerhalb *gen;* außer *dat; mettre qn* ~ jdn hinaus=werfen; *ne pas se pencher au, en* ~ nicht hinauslehnen! **III.** *s m* Äußere(s) *n.*

déjà [deʒa] *adv* schon, bereits; *fam (in Fragen)* (gleich) noch, doch (gleich).

déjection [deʒɛksjɔ̃] *f pl* Exkremente *pl.*

déjeuner [deʒœne] **I.** *itr* frühstücken; zu Mittag essen; **II.** *s m* Frühstück; Mittagessen *n;* ▶ *prendre le* ~ zu Mittag essen; *petit* ~ (erstes) Frühstück *n;* ~ *d'affaires* Arbeitsessen *n; (fig) être un* ~ *de soleil* nicht von langer Dauer, kurzlebig sein.

déjouer [deʒwe] *tr* vereiteln; e-n Strich durch die Rechnung machen (*qn* jdm).

delà [dəla] *adv:* ▶ *au* ~ *de (prp)* jenseits; über ... hinaus.

délabrement [delabʀəmɑ̃] *m* **1.** Baufälligkeit *f;* **2.** *fig* Zerrüttung *f.* **délabré, e** *a (Haus)* baufällig; *(Gesundheit)* zerrüttet.

délacer [delase] ⟨*Prés. je délace, ns délaçons; Fut. je délacerai; pp. délacé, e*⟩ *tr* auf=schnüren, -machen.

délai [delɛ] *m* **1.** Aufschub *m;* **2.** Frist *f,* Termin *m;* ▶ *à bref* ~ kurzfristig; *dans le* ~ *de 8 jours* innerhalb 8 Tagen; *dans le plus bref* ~ in kürzester Zeit; *sans* ~ unverzüglich, sofort; fristlos; *accorder, demander un* ~ e-n Aufschub gewähren, verlangen; ~ *d'attente* Wartezeit *f;* ~ *de construction* Bauzeit *f;* ~ *d'écheance (com)* Verfallzeit *f;* ~ *de déclaration* Anmeldefrist *f;* ~ *de livraison* Lieferfrist *f;* ~ *de préavis* Kündigungsfrist *f;* ~ *de prescription* Verjährungsfrist *f;* ~ *de validité* Gültigkeitsdauer *f.*

délaisser [delese] *tr* **1.** auf=geben; verlassen; im Stich lassen, sitzen=lassen; **2.** *jur* verzichten (*qc* auf e-e S); ab=treten, überlassen.

délassement [delɑ(a)smɑ̃] *m* Erholung, Entspannung *f.* **délasser I.** *tr* erfrischen, entspannen; **II.** *v prn se* ~ sich erholen, sich entspannen.

délateur, trice [delatœʀ, -tʀis] *m f* Denunziant(in *f*) *m.*

délavé, e [delave] *a (Farbe)* verwaschen.

délayer [dele(ɛ)je] ⟨*Prés. je délaie od délaye, ns délayons; Fut. je délaierai od délayerai, ns délaierons od délayerons; pp. délayé*⟩ *tr* **1.** auf=lösen, verdünnen, verrühren; mit Wasser an=rühren; **2.** *fig* verwässern; weitschweifig dar=stellen.

délectable [delɛktabl] *a lit* köstlich.

délégation [delegasjɔ̃] *f* **1.** Auftrag *m,* **2.** *com* Anweisung; Übertragung *f (e-r Befugnis, Schuld);* **3.** Delegation, Abordnung; Entsendung *f;* ▶ *par* ~ *(de)* im Auftrage *(gen).* **délégué, e** [-ge] *m f* Abgeordnete(r *m*), Delegierte(r *m*);

Beauftragte(r *m*) *f; ~e à la condition féminine* Frauenbeauftragte *f; ~ du personnel* Personalvertreter *m.* **déléguer** ‹*Prés. je délègue, ns déléguons; Fut. je déléguerai; pp. délégué, e*› *tr* **1.** beauftragen; delegieren, ab=ordnen; **2.** *(Befugnis)* übertragen.

délester [delɛste] *tr* **1.** *aero* Ballast ab=werfen; **2.** *fam* e-e Last ab=nehmen (*qn de qc* jdm); **3.** *(ironisch)* erleichtern, begaunern.

délibérant, e [delibeʀɑ̃, -ɑ̃t] *a (Versammlung)* beratend. **délibération** *f* **1.** Beratung *f;* Beschluß *m;* **2.** *fig* Überlegung *f;* ▶ *mettre en ~* zur Beratung stellen. **délibéré, e** *a* vorsätzlich. **délibérer** ‹*Prés. je délibère, ns délibérons; Fut. je délibérerai; pp. délibéré, e*› *itr* beraten (*de* über *acc*).

délicat, e [delika, -at] *a* **1.** *(Speise)* köstlich, lecker, ausgezeichnet; **2.** *(Mensch)* zart(-fühlend); fein(-fühlig); **3.** *(Frage)* heikel; **4.** *(Gesundheit)* schwach, schwächlich; *(Schlaf)* leise, leicht; **5.** *(Person)* anspruchsvoll. **délicatesse** *f* **1.** Zartheit, Feinheit, Empfindlichkeit *f;* **2.** Feinfühligkeit *f,* Fingerspitzengefühl *n,* Takt *m.*

délice [delis] *m* **1.** Wonne, Lust *f;* **2.** *pl f* Freuden *f pl,* Genüsse *m pl.* **délicieux, se** *a* köstlich; wonnig; angenehm.

délié, e [delje] **I.** *a* **1.** dünn, fein; **2.** *fig* scharfsinnig; **II.** *s m* Haarstrich *m.* **délier** *tr* **1.** los=, auf=binden, lösen; **2.** *fig* entbinden, entheben (*de qc* gen); ▶ *sans bourse ~* ohne e-n Pfennig auszugeben; *avoir la langue bien ~ée* ein gutes Mundwerk haben.

délimiter [delimite] *tr* **1.** *(Grenze)* fest=legen, ziehen; **2.** *fig* bestimmen; ab=, umgrenzen; **3.** *sport* ab=stecken.

délinquance [delɛ̃kɑ̃s] *f* Kriminalität *f;* ▶ *~ juvénile* Jugendkriminalität *f.* **délinquant, e** *m f* Straffällige(r *m*) *f.*

délirant, e [deliʀɑ̃, -ɑ̃t] *a* **1.** *fig* wahnsinnig, unbändig, maßlos; **2.** *med* phantasierend. **délire** *m* **1.** Delirium *n,* (Fieber-)Wahn *m;* **2.** *fig* Raserei *f,* Taumel, Rausch; Wahnsinn *m;* ▶ *~ de persécution* Verfolgungswahn *m.* **délirer** *itr* **1.** *med* phantasieren; **2.** *fig* rasen, außer sich sein (*de* vor); **3.** Unsinn reden.

délit [deli] *m* **1.** Delikt, Vergehen *n;* **2.** ▶ *en flagrant ~* auf frischer Tat; **3.** ▶ *~ de fuite* Fahrerflucht *f; ~ d'imprudence* Fahrlässigkeit *f; ~ informatique* Computermißbrauch *m; ~ de presse* Pressevergehen *n.*

délivrance [delivʀɑ̃s] *f* **1.** Freilassung, Befreiung *f;* **2.** Aus-, Zustellung *f;* **3.** *med* Entbindung *f.* **délivrer** *tr* **1.** frei=lassen, befreien (*de* aus, von); erlösen; **2.** ab=liefern, aus=händigen, aus=folgen, aus=stellen; *(Patent)* erteilen.

déloger [delɔʒe] ‹*Prés. je déloge, ns délogeons; Fut. je délogerai; pp. délogé, e*› **I.** *itr (aus e-r Wohnung)* aus=ziehen; *fam* abhauen; **II.** *tr* aus=quartieren; verdrängen.

déloyal, e [delwajal] *a* **1.** unredlich; treulos; **2.** *com* unfair; unreell. **déloyauté** *f* Unredlichkeit, Treulosigkeit *f.*

delta [dɛlta] *m* Delta *n.* **deltaplane** *m* Drachenflieger *m;* ▶ *faire du ~* drachen=fliegen.

déluge [delyʒ] *m* **1.** Sintflut *f;* Wolkenbruch *m;* **2.** *fig* Hagel *m,* Flut *f;* ▶ *remonter au ~ (fig)* weit aus=holen; *cela date du, remonte au ~ (fam)* das ist uralt, hat so e-n Bart.

déluré, e [delyʀe] *a* **1.** gewitz(ig)t, fix, flink, gewandt; **2.** herausfordernd.

démagogie [demagɔʒi] *f* Demagogie *f;* Anbiederung *f.* **démagogique** *a* demagogisch; anbiederisch. **démagogue** [-gɔg] **I.** *s m* Demagoge *m;* Anbieder *m;* **II.** *a* demagogisch; anbiederisch.

demain [dəmɛ̃] *adv* morgen *a. fig;* ▶ *à ~* bis morgen; *~ en huit (quinze)* morgen in acht (vierzehn) Tagen.

demande [dəmɑ̃d] *f* **1.** Bitte *f;* **2.** Gesuch *n,* Eingabe *f,* Antrag *m;* **3.** Verlangen, Begehren *n;* **4.** Frage *f;* **5.** *com* Nachfrage (*de* nach) *f;* **6.** ▶ *l'offre et la ~* Angebot u. Nachfrage; *à la ~ générale* auf allgemeinen Wunsch; *sur ~* auf Anfrage; **7.** ▶ *accorder une ~* e-e Bitte gewähren; *faire face à la ~* die Nachfrage befriedigen; *faire, formuler, présenter une ~* e-e Bitte äußern, ein Gesuch ein=reichen; *refuser, repousser, rejeter une ~* e-e Bitte ab=schlagen; *répondre, donner suite à une ~* e-r Bitte entsprechen; **8.** ▶ *(la) belle ~!* das versteht sich von selbst! *~ de brevet* Patentanmeldung *f; ~ des consommateurs* Verbrauchernachfrage *f; ~ en dommages-intérêts* Schadenersatzanspruch *m; ~ d'emploi* Stellengesuch *n; ~ d'extradition (pol)* Auslieferungsantrag *m; ~ en grâce* Gnadengesuch *n; ~ d'indemnité* Entschädigungsantrag *m; ~ en mariage* (Heirats-)Antrag *m; ~ de prix* Preisnachfrage *f; ~ de salaire* Lohnforderung *f.*

demander [dəmɑ̃de] *tr* **1.** *(prier)* ▶ *~ qc à qn* jdn um e-e S bitten *od* ersuchen, e-e S von jdm verlangen; *il m'a ~é de l'argent* er hat Geld von mir verlangt; *~ à faire qc* bitten, e-e S tun zu dürfen; *~ la parole* ums Wort bitten. **2.** *(interroger)* jdn nach e-r S fragen, sich bei jdm nach e-r S erkundigen; ▶ *je ne t'ai pas ~é ton avis* ich habe dich nicht nach deiner Meinung gefragt; *il m'a ~é le prix du voyage* er hat sich bei mir nach dem Fahrpreis erkundigt. **3.** ▶ *~ qn* jdn sprechen wollen, verlangen; *~ après qn* sich nach jdm erkundigen; **4.** *(Preis, sein Recht)* fordern, verlangen; ► ~ *que* od *à ce que (subj)* daß *ind;* **5.** *(Arbeitskräfte)* suchen; *(Genehmigung)* ein=holen; *(Telefongespräch)* an=melden; *(Stellung)* sich um e-e S bewerben; **6.** *(exiger) (Person)* zu=muten, ab=verlangen; ► *vous m'en ~ez trop!* das können Sie mir nicht zu=muten!; *(Sache)* erfordern, in Anspruch nehmen; *cela demandera du temps* es wird viel Zeit in Anspruch nehmen; **7.** *jur* klagen; ► ~ *acte de qc* etw beglaubigen lassen; ~ *qn (en mariage)* um jds Hand an=halten; ~ *raison à qn* Genugtuung, *fig* e-e Erklärung von jdm fordern; ~ *à réfléchir* sich Bedenkzeit erbitten; ~ *des renseignements* um Auskunft bitten; Auskünfte ein=holen; *ne pas ~ son reste* nichts mehr wissen wollen; sich aus dem Staube machen; *ne ~ qu'à (travailler)* nur (arbeiten) wollen; ~ *trop à qn* jdn überfordern; *je ne ~e pas mieux!* mit dem größten Vergnügen! sehr gern! *je vous ~e un peu* das frage ich Sie; *il ne ~e que ça* das ist alles, was er will; *on ne te ~e pas ton âge!* scher dich um deinen Kram! *on vous ~e au téléphone* Sie werden am Telefon verlangt; *on ~e tout de suite (com)* für sofort gesucht.

demandeur, se *s m f* Frager(in *f*); Antragsteller(in *f*) *m; tele* Anrufende(r *m*) *f.* **demandeur, eresse** [-dœr, -drɛs] *m f* **1.** *jur* Kläger(in *f*); Antragsteller *m;* **2.** *com* Nachfrager *m;* ► ~ *d'asile* Asylbewerber(in *f*) *m;* ~ *d'emploi* Arbeitssuchende(r *m*) *f.*

démangeaison [demɑ̃ʒɛzɔ̃] *f* **1.** Jucken *n,* Juckreiz *m;* **2.** *fig* Gelüst *n* (*de* nach). **démanger** *tr itr* jucken *a. fig; (fam)* ► *la main lui ~e* es juckt ihn in der Hand.

démantèlement [demɑ̃tɛlmɑ̃] *m mil* Abbau *m; (Drogenring)* Aushebung *f.*

démanteler [demɑ̃tle] ‹*Prés. je démantèle, ns démantelons; Fut. je démantèlerai; pp. démantelé, e*› *tr* **1.** *(Festung)* schleifen, ab=tragen; **2.** *fig* zerstören, *(Drogenring)* ausheben.

démantibuler [demɑ̃tibyle] *tr fam* kaputtmachen, zerschlagen.

démaquillage [demakijaʒ] *m* Abschminken *n.* **démaquiller** *tr* ab=schminken.

démarcation [demaʀkasjɔ̃] *f* **1.** (Grenz-)Ziehung, Abgrenzung *f;* **2.** *fig* Grenze *f;* ► *ligne f de ~* Grenz-, Demarkationslinie *f.*

démarche [demaʀʃ] *f* **1.** Gang(art *f*); **2.** *fig* Schritt *m,* Maßnahme; Methode *f;* ► *faire une ~ auprès de qn* bei jdm vor=sprechen; *faire des ~s* Schritte unternehmen.

démarquer [demaʀke] **I.** *tr* **1.** das Zeichen entfernen (*qc* von, aus etw); **2.** *(geistiges Eigentum)* plagiieren; **3.** *com* den Preis herab=setzen (*qc* e-r S *gen*); **II.** *v prn se ~ (sport)* sich frei spielen.

démarrage [demaʀaʒ] *m* **1.** *mot* Start *m,* Anfahren *n;* **2.** *fig* Anfang, Beginn *m.* **démarrer I.** *tr* **1.** *mar* von den Tauen los=machen; **2.** *fig fam* in die Wege leiten, an=fangen; **II.** *itr* **3.** *mot* an=springen; **4.** *allg* starten; an=, ab=fahren; **5.** *fig fam* weg=gehen; **6.** in Gang, in Schwung kommen, an=laufen.

démasquer [demaske] *tr* **1.** demaskieren; *allg* frei=legen; **2.** *fig* entlarven; entdecken; enthüllen.

démêlé [deme(ɛ)le] *m* Streit, Zank *m;* Händel *m pl.* **démêler** *tr* **1.** entwirren; auf=klären, Ordnung bringen (*qc* in etw); **2.** unterscheiden, erkennen; **3.** *(Haare)* aus=kämmen.

démembrement [demɑ̃bʀəmɑ̃] *m* (Auf-)Teilung *f (e-s Landes).* **démembrer** *tr* zergliedern, zerstückeln; auf=teilen.

déménagement [demenaʒmɑ̃] *m* Um-, Auszug *m;* ► *frais pl de ~* Umzugskosten *pl; camion m de ~* Umzugslastwagen *m.* **déménager** ‹*Prés. je déménage, ns déménageons; Fut. je déménagerai; pp. déménagé, e*› **I.** *tr* aus-, um=räumen; fort=schaffen; **II.** *itr* aus-, um=ziehen; *(fam) tu déménages! du spinnst!* **déménageur** *m* Möbeltransporteur, -pakker *m.*

démence [demɑ̃s] *f* Wahnsinn *m a fig.*

démener, se [dem(ə)ne] ‹*Prés. je me démène, ns ns démenons; Fut. je me démènerai; pp. démené, e*› *v prn* **1.** herum=toben; **2.** *fig* sich ab=plagen, -rackern.

dément, e [demɑ̃, -ɑ̃t] **I.** *a* wahnsinnig; verrückt; **II.** *s m* Wahnsinnige(r *m*) *f.*

démenti [demɑ̃ti] *m* Dementi *n.* **démentir** ‹*Prés. je démens, ns démentons; Fut. je démentirai; pp. démenti, e; Subj. que je démente, que ns démentions; Impér. démens, démentons*› *tr* dementieren, widerlegen; in Abrede stellen, widersprechen (*qn* jdm); ► *(fig) ne pas se ~* nicht nachlassen, nicht aufhören.

démentiel, le [demɑ̃sjɛl] *a* wahnsinnig.

démesuré, e [deməzyʀe] *a* **1.** übermäßig; **2.** *fig* unmäßig, maßlos.

démettre [demɛtʀ] ‹*Prés. je démets, ns démettons; Fut. je démettrai; pp. démis, e; Subj. que je démette, que ns démettions; Impér. démets, démettons*› **I.** *tr* **1.** ver-, aus=renken; **2.** *fig* ab=setzen, entfernen (*de* aus); **II.** *v prn* ► *se ~ de qc (Amt)* etw nieder=legen.

démeubler [demœble] *tr (Zimmer)* aus=räumen.

demeurant [dəmœʀɑ̃] *adv:* ► *au ~* übrigens, im übrigen. **demeure** *f* **1.** Wohnung *f,* Wohnsitz *m;* **2.** *jur* Verzug, Rückstand *m;* **3.** ► *à ~* auf die Dauer;

ständig; **4.** ► *établir sa* ~ s-n Wohnsitz auf=schlagen *od* nehmen; *mettre en* ~ *(jur com)* auf=fordern, mahnen; *mise en* ~ Aufforderung, Mahnung *f; dernière* ~ letzte Ruhestätte *f.* **demeurer** *itr* **1.** wohnen, sich auf=halten; **2.** (übrig=, zurück=)bleiben; verharren *(dans* auf, in *acc);* **3.** ► ~ *en chemin (fig)* auf halbem Wege stehen=bleiben; ~ *sur le cœur, sur l'estomac (fig)* auf dem Magen, *med* im Magen liegen; ~ *en reste, en arrière (com)* im Rückstand, schuldig bleiben; *~ons-en là* reden wir nicht weiter darüber!

demi, e [dəmi] **I.** *a* halb; Halb-; **II.** *s m* **1.** Halbe(s) *n;* Halbe(r), halbe(r) Liter *m (Bier);* **2.** *(Fußball)* Läufer *m;* **III.** *f* Hälfte, halbe Stunde *f;* ► *à la ~e* um halb. **demi-bas** *m* Kniestrumpf *m.* **demi-bouteille** *f* 0,37 l-Flasche. **demi--centre** *m sport* Mittelläufer *m.* **demi--cercle** *m* Halbkreis *m.* **demi-dieu** *m* Halbgott *m.* **demi-douzaine** *f* halbe(s) Dutzend *n.* **demi-droite** f math Strahl *m.* **demi-finale** *f sport* Vorentscheidung, Zwischenrunde *f.* **demi-finaliste** *m f* Halbfinalist(in *f*) *m.* **demi-fond** *m sport* Mittelstrecke *f.* **demi-frère** *m* Halbbruder *m.* **demi-gros** *m* Kleinhandel *m* im Großen. **demi-heure** *f* halbe Stunde *f.* **demi-jour** *m inv* Zwielicht *n.* **demi-journée** *f* Halbtag *m.* **demi--litre** *m* halbe(r) Liter *m.* **demi-mal:** ► *il n'y a que* ~ *(fam)* das ist halb so schlimm. **demi-mesure** *f* halbe Maßnahme *f.*

démilitarisation [demilitaʀizasjɔ̃] *f* Entmilitarisierung *f.* **démilitariser** *tr* entmilitarisieren. **demi-monde** *m* Halbwelt *f.* **demi-mot:** ► *à* ~ andeutungsweise. **demi-pension** *f* Halbpension *f.* **demi-pensionnaire** *m f* Halbinterne(r *m*) *f (Schüler).* **demi-portion** *f math* halbe Portion. **demi-produit** *m* Halbfabrikat *n,* Halbfertigware *f.* **demi-reliure** *f* Halbfranz-, -lederband *m.* **demi-saison** *f;* ► *de* ~ Übergangs-. **demi-sang** *m inv* Halbblut *n.* **demi--sel** *a inv* leicht gesalzen. **demi--sœur** *f* Halbschwester *f.* **demi-sommeil** *m* Halbschlaf *m.* **demi-tarif** *m* halbe(r) Fahrpreis *m.* **demi-ton** *m mus* halbe(r) Ton *m.* **demi-tour** *m mil* Kehrtwendung *f;* ► *faire* ~ kehrt=machen.

démission [demisjɔ̃] *f* **1.** Rücktritt *m,* Abdankung *f;* **2.** *fig* Verzicht *m; donner sa* ~ s-n Rücktritt erklären, s-e Entlassung ein=reichen. **démissionner** *itr* **1.** s-n Rücktritt erklären, zurück=treten, ab=danken; **2.** *fig fam* (es) auf=geben.

démobilisateur, trice [demɔbilizatœʀ, -tʀis] *a* entmutigend. **démobilisation** *f* Demobilisierung *f.* **démobiliser** *tr* demobilisieren.

démocrate [demɔkʀat] **I.** *s m f* Demokrat (-in *f*) *m;* **II.** *a* demokratisch. **démocratie** [-si] *f* Demokratie *f;* ► ~ *populaire* Volksdemokratie *f.* **démocratique** *a* demokratisch. **démocratiser** *tr* demokratisieren.

démodé, e [demɔde] *a* aus der Mode, unmodern, altmodisch. **démoder, se** *v prn* aus der Mode kommen, unmodern werden.

démographe [demɔgʀaf] *m* Bevölkerungsstatistiker *m.* **démographie** *f* Demographie *f.* **démographique** *a* demographisch; Bevölkerungs-; ► *accroissement m* ~ Zunahme *f* der Bevölkerung.

demoiselle [dəmwazɛl] *f* **1.** Fräulein *n;* **2.** alleinstehende Frau *f;* **3.** *zoo* Libelle; **4.** *tech* Ramme *f;* ► ~ *d'honneur* Ehren-, Brautjungfer *f; ces ~s* die jungen Damen.

démolir [demɔliʀ] *tr* **1.** ab=, nieder=reißen, ab=brechen, ab=tragen; zs.=, zerschlagen; **2.** *fig* vernichten, (um=)stürzen; **3.** *(Gesundheit)* zugrunde richten. **démolition** *f* **1.** Abbruch *m,* Zerstörung *f;* **2.** Ab-, Niederreißen *n;* **3.** *pl* Trümmer *pl.*

démon [demɔ̃] *m* Dämon; böse(r) Geist, Teufel *m.* **démoniaque** [-mɔnjak] *a* dämonisch.

démonstrateur, trice [demɔ̃stʀatœʀ, -tʀis] *m f* Vorführer *m,* Vorführdame *f.* **démonstratif, ive** *a* **1.** demonstrativ; **2.** *gram* hinweisend; **3.** *(Person)* überschwenglich. **démonstration** *f* **1.** Beweis(führung *f*) *m;* **2.** Vorführung *f (e-s Gerätes);* **3.** Demonstration *f.*

démontable [demɔ̃tabl] *a* zerlegbar; auseinander-, abnehmbar. **démontage** *m* **1.** Abbau, -bruch *m;* **2.** Demontage; Zerlegung *f.* **démonter I.** *tr* **1.** ab=werfen; ausea.=nehmen, aus=bauen, demontieren; **2.** *fig* aus der Fassung bringen, verwirren, verunsichern; **II.** *v prn se* ~ **3.** auseinanderfallen; **4.** *fig* die Fassung verlieren.

démontrer [demɔtʀe] *tr* **1.** be-, erweisen, dar=legen; **2.** demonstrieren, veranschaulichen, vor=führen, aufzeigen.

démoraliser [demɔʀalize] *tr* demoralisieren.

démordre [demɔʀdʀ] ⟨*Prés. je démords, ns démordons; Fut. je démordrai; pp. démordu, e; Subj. que je démorde, que ns démordions; Impér. démords, démordons*⟩ *tr* **1.** *fig* auf=geben, verzichten (*de qc* auf e-e S); **2.** ► *ne pas* ~ sich fest=beißen, beharren (*de qc* auf e-r S); *il n'en démord pas* er läßt sich nicht davon abbringen.

démouler [demule] *tr (Kuchen)* aus der Form nehmen.

démunir [demyniʀ] *tr* wegnehmen, berauben (*de* gen); ► *être ~i d'argent* oh-

ne e-n Pfennig Geld sein.
dénatalité [denatalite] *f* Geburtenrückgang *m.*
dénationalisation [denasjɔnalizasjõ] *f* Ausbürgerung; (Re-)Privatisierung. **dénationaliser** [denasjɔnalize] *tr* **1.** aus=bürgern, **2.** reprivatisieren.
dénaturer [denatyʀe] *tr* aus=bürgern. **dénaturer** *tr* **1.** *chem* denaturieren; **2.** *(Tatsache)* verfälschen; **3.** *fig* entstellen, verderben. **dénaturé, e** *a* entmenschlicht; ▶ *père m, mère f ~(e)* Rabenvater *m,* -mutter *f.*
dénazification [denazifikasjõ] *f* Entnazifizierung *f.* **dénazifier** *tr* entnazifizieren.
dénicher [deniʃe] *tr* **1.** aus dem Nest nehmen; **2.** *fig (Bande)* aus=heben; auf=stöbern, ausfindig machen.
dénicotinisé, e [denikɔtinize] *a* nikotinarm, -frei.
dénier [denje] *tr* ab=leugnen, -streiten; verweigern.
dénigrer [denigʀe] *tr* an=schwärzen, verleumden, herab=würdigen.
dénominateur [denɔminatœʀ] *m math* Nenner *m.* **dénomination** [-sjõ] *f* Benennung, Bezeichnung *f.* **dénommer** *tr* benennen.
dénoncer [denõse] *tr* ⟨*Prés. je dénonce, ns dénonçons; Fut. je dénoncerai; pp. dénoncé, e*⟩ **1.** *(Vertrag)* (auf=)kündigen; **2.** *jur* an=zeigen; denunzieren. **dénonciateur, trice** *m f* Denunziant(in *f*), Angeber(in *f*) *m.* **dénonciation** *f* Anzeige; Denunziation *f.*
dénoter [denɔte] *tr* hin=deuten, schließen lassen (*qc* auf e-e S).
dénouement [denumã] *m* Ausgang *m,* Ende *n,* (Auf-)Lösung *f bes. poet theat.* **dénouer I.** *tr* **1.** auf=knoten, -binden; *fig* **2.** (auf=)lösen, entwirren; **II.** *v prn se ~* **3.** sich auf=lösen; **4.** *theat* enden, aus=gehen.
dénoyauter [denwajote] *tr (Obst)* entsteinen, -kernen.
denrée [dãʀe] *f* Eßware *f, pl* Lebensmittel *n pl;* ▶ *~s alimentaires* Nahrungsmittel *n pl.*
dense [dãs] *a* dicht, fest, kompakt. **densité** Dichte *f a. fig;* ▶ *~ de la population* Bevölkerungsdichte *f; ~ du trafic* Verkehrsdichte *f.*
dent [dã] *f* **1.** Zahn *m;* **2.** Zacken *m,* Zinke *f;* **3.** ▶ *jusqu'aux ~s* bis an die Zähne *(bewaffnet); n'avoir rien à se mettre sous la ~* nichts zu beißen haben; *avoir les ~s longues* ehrgeizig, anspruchsvoll sein; *avoir, garder une ~ contre qn* e-n Pik auf jdn haben; *claquer des ~s de froid* vor Kälte mit den Zähnen klappern; *craquer, crisser, grincer des ~s* mit den Zähnen knirschen; *ne pas desserrer les ~s* den Mund nicht auf=tun; *extraire, arracher une ~* e-n Zahn ziehen; faire ses ~s Zähne bekommen; *se laver les ~s* sich die Zähne putzen; *manger du bout des ~s* widerwillig, mit langen Zähnen essen; *mordre à belles ~s* tüchtig drauflos=essen; *rire du bout des ~s* gezwungen lachen; **4.** ▶ *brosse f à ~s* Zahnbürste *f; mal m de ~s* Zahnschmerzen *m pl; ~s artificielles* Zahnersatz *m; ~ canine, œillère* Eck-, Augenzahn *m; ~ incisive* Schneidezahn *m; ~ de lait,* Milchzahn *m; ~-de-lion f bot* Löwenzahn *m; ~ molaire* Back(en)zahn *m; ~ de sagesse* Weisheitszahn *m.* **dentaire** *a* Zahn-; ▶ *soins m pl ~s* zahnärztliche Behandlung *f.* **dental, e I.** *a gram* dental; **II.** *s f* Zahnlaut *m.* **denté, e** *a* gezahnt; ▶ *roue f ~e* Zahnrad *n.* **dentelé, e** *a* gezackt, gezahnt. **dentelle** [dãtɛl] *f* Spitze *f.*
dentier [dãtje] *m (künstl.)* Gebiß *n;* (Zahn-)Prothese *f.* **dentifrice** *m* Zahnpflegemittel *n,* -pasta *f; a:* ▶ *eau f ~* Mundwasser *n; tube m de ~* Tube *f* Zahnpasta *f.* **dentiste** *m* Zahnarzt *m;* ▶ *cabinet m de ~* Zahnarztpraxis *f.*
dénucléarisation [denykleaʀizasjõ] *f* nukleare Abrüstung *f.* **dénucléariser** *tr* denuklearisieren, entnuklearisieren; ▶ *zone dénucléarisée* atomwaffenfreie Zone *f.*
dénudé, e [denyde] *a* entblößt; kahl; *(Draht)* blank. **dénuer I.** *tr* entblößen; bloß=, frei=legen; entblättern; **II.** *v prn se ~* kahl werden.
dénué, e [denɥe] *a* beraubt (*de* gen); mittellos; ▶ *~ de qc* ohne etw. **dénuement** [-nymã] *m* Mittellosigkeit, Not *f.*
déodorant, e [deɔdɔʀã, -t] *a* deodorisierend; *s m* Deodorant *n; ~ à bille* Deoroller *m.*
dépannage [depanaʒ] *m mot* Reparatur; Pannenhilfe *f;* ▶ *service m de ~* (Auto-)Reparaturwerkstatt *f;* Abschleppdienst *m; voiture f de ~* Abschleppwagen *m.* **dépanner** *tr* **1.** *mot* reparieren, instandsetzen *a. allg;* **2.** *fam* aus der Patsche, Verlegenheit helfen (*qn* jdm). **dépanneur** *m* Autoschlosser, Mechaniker *m.* **dépanneuse** *f* Abschleppwagen *m.*
dépareillé, e [depaʀe(ɛ)je] *a* unvollständig; nicht zs.gehörig. **dépareiller** *tr* **1.** *(Zs.gehöriges)* ausea.=bringen, trennen; **2.** unvollständig machen.
déparer [depaʀe] *tr* entstellen, verschandeln.
départ [depaʀ] *m* **1.** Aufbruch *m,* Abreise, Abfahrt *f;* **2.** *aero* Abflug, Start; *sport* Start *m;* **3.** *com* Versand, Abgang *m;* Verschiffung *f;* **4.** *fig* Abtreten *n;* **5.** *fig* Beginn *m,* Einsetzen *n,* Eröffnung *f;* **6.** *mus* Einsatz *m;* **7.** ▶ *au ~ (fig)* zu Beginn, am Anfang; *à son ~* bei s-r Abreise; *dès le ~* von Anfang an; *~ ...*

arrivée ... (loc) ab ... an ...; ~ *usine (com)* ab Werk; **8.** ▶ *faire le* ~ sondern, scheiden; *prendre le* ~ starten; **9.** ▶ *date f de* ~ Abfahrtsdatum *n; faux* ~, ~ *manqué* Fehlstart *m; heure f de* ~ Abfahrts-, Startzeit *f; point m de* ~ Ausgangspunkt *m; port m de* ~ Abgangshafen *m; quai m de* ~ Abfahrtsbahnsteig *m.*

département [depaʀtmɑ̃] *m* **1.** *(Frankreich)* département *n;* **2.** Abteilung *f,* Verwaltungszweig *m;* Ministerium *n;* **3.** Ressort *n,* (Geschäfts-)Bereich *m.* **départemental, e** *a* Departements-.

dépassement [depasmɑ̃] *m* **1.** Überholen *n;* **2.** *(Kredit, Termin)* Überschreitung *f.* **dépasser I.** *tr* **1.** überholen, hinaus=gehen, -kommen (*qc* über e-e S); **2.** hervor=ragen (*qc* aus etw), hinaus=ragen (*qc* über e-e S); **3.** größer, länger sein (*qc* als etw); **4.** *fig* überschreiten, -steigen; hinaus=gehen (*qc* über e-e S); übertreffen, -holen; über den Kopf wachsen (*qn* jdm); **II.** *v prn se* ~ einander überholen; sich selbst übertreffen; ▶ ~ *qn de la tête* jdn um Haupteslänge überragen; *cela me dépasse* da komme ich nicht (mehr) mit.

dépassionner [depasjɔne] *tr* versachlichen.

dépayser [depe(ɛ)ize] *tr* verstören; ▶ *je me trouve* ~*é* ich fühle mich fremd, nicht zu Hause.

dépêche [depɛʃ] *f* Depesche *f;* (~*télégraphique)* Telegramm *n.* **dépêcher I.** *tr* **1.** beschleunigen; **2.** (schnell) ab=schicken; *fam* schnell fertig werden (*qc* mit etw); schnell ab=fertigen (*qn* jdn); ▶ ~ *qn auprès de qn* schnell jdn zu jdm schicken; **II.** *v prn se* ~ sich beeilen.

dépeigner [depe(ɛ)ɲe] *tr* die Frisur in Unordnung bringen, die Haare zerzausen (*qn* jdm).

dépeindre [depɛ̃dʀ] ‹*Prés. je dépeins, ns dépeignons; Fut. je dépeindrai; pp. dépeint, e; Subj. que je dépeigne, que ns dépeignions; Impér. dépeins, dépeignons*› *tr* schildern, beschreiben.

dépenaillé, e [depnaje] *a* zerlumpt; zerschlissen.

dépendance [depɑ̃dɑ̃s] *f* **1.** Abhängigkeit *f;* **2.** Nebengebäude *n.* **dépendant, e** *a* abhängig, untergeordnet. **dépendre** ‹*Prés. je dépends, ns dépendons; Fut. je dépendrai; pp. dépendu, e; Subj. que je dépende, que ns dépendions; Impér. dépends, dépendons*› **I.** *tr (Aufgehängtes)* herunter=nehmen; **II.** *itr* **1.** ab=hängen; abhängig, unterworfen, unterstellt sein; **2.** gehören (*de qc* zu etw); **3.** *fig* ab=hängen, die Folge sein (*de qc* von etw); bedingt sein (*de qc* durch etw); ▶ *cela dépend (fam)* das kommt darauf an, je nachdem; *cela dépend de vous* das liegt an Ihnen.

dépens [depɑ̃] *m pl* **1.** Ausgaben *f pl,* Kosten; **2.** Gerichtskosten *pl;* ▶ *aux* ~ *de* auf Kosten *gen; à ses (propres)* ~ auf eigene Kosten. **dépense** [-pɑ̃s] *f* **1.** Ausgabe, -lage *f,* Aufwand *m,* Aufwendung; Verausgabung *f;* **2.** *(Brennstoff)* Verbrauch *m;* **3.** *pl* (Un-)Kosten *pl,* Kostenaufwand *m;* **4.** *entrainer des* ~*s* Kosten verursachen; *faire face, pourvoir aux* ~*s* die Kosten bestreiten, auf=bringen; *réduire les* ~*s* die Kosten ein=schränken; *ne pas regarder à la* ~ nicht auf die Kosten sehen; es sich etw kosten lassen; *rembourser qn de ses* ~*s* jdm die Auslagen zurück=erstatten; **5.** ▶ *menues* ~*s* kleine Ausgaben *f pl;* ~*s accessoires* Nebenkosten *pl;* ~ *d'eau, d'énergie, de courant* Wasser-, Energie-, Stromverbrauch *m;* ~*s d'entretien* Unterhalt(ung)skosten *pl;* ~*s d'exploitation* Betriebsunkosten *pl;* ~*s de salaires* Lohnaufwand *m;* ~*s supplémentaires* Mehrkosten *pl;* ~ *de travail* Arbeitsaufwand *m.* **dépenser I.** *tr* aus=geben, verausgaben; **II.** *v prn se* ~ sich viel Mühe geben; sich anstrengen. **dépensier, ère** *a* verschwenderisch.

dépérir [depeʀiʀ] *itr* **1.** dahin=siechen; **2.** verfallen, baufällig werden; **3.** ab=nehmen, dahin=schwinden; **4.** zugrunde gehen, zum Erliegen kommen. **dépérissement** *m* Verfall *m;* (Ver-)Welken *n;* ▶ ~ *des forêts, forestier* Waldsterben *n.*

dépersonnaliser [depɛʀsɔnalize] *tr* entpersönlichen.

dépêtrer [depe(ɛ)tʀe] **I.** *tr fig* befreien (*de qc* von, aus etw); **II.** *v prn se* ~ los=kommen (*de qc* von etw); ▶ *se* ~ *de qn* jdn los=werden.

dépeuplement [depœpləmɑ̃] *m* Entvölkerung *f.* **dépeupler** *tr* **1.** entvölkern; **2.** den Fisch-, Wildbestand vernichten (*qc* in etw).

dépiauter [depjote] *tr fam* die Haut ab=ziehen (*qn* jdm).

dépilation [depilasjɔ̃] *f* Enthaarung *f.* **dépilatoire** *a* Enthaarungs-; *s m* Enthaarungsmittel *n.* **dépiler** *tr* enthaaren.

dépistage [depistaʒ] *m* Aufspüren *n; med* Früherkennung *f;* ▶ ~ *du cancer* Krebsvorsorge *f.*

dépister [depiste] *tr* **1.** *(Krankheit)* erkennen, feststellen; **2.** auf=spüren; **3.** von der Fährte ab=bringen; **4.** *fig* irre=führen; *med* früherkennen.

dépit [depi] *m* Verdruß, Ärger; Unwille(n) *m;* ▶ *en* ~ *de ...* trotz, ... *(dat)* zum Trotz; ohne Rücksicht auf *acc; en* ~ *du bon sens* gegen alle Vernunft. **dépiter** [-te] *tr* verdrießen, ärgern.

déplacé, e [deplase] *a* **1.** nicht am Platz *a. fig,* an der verkehrten Stelle; **2.** *(Menschen)* umgesiedelt; **3.** *fig* unpassend, unangebracht. **déplacement** *m*

1. Umstellung, Umbesetzung *f;* **2.** Verschiebung; Ortsveränderung *f; (von Menschen)* Umsiedlung *f;* **3.** *mar* (Wasser-)Verdrängung *f;* **4.** *(Beamter)* Versetzung *f;* ► *frais m pl de ~* Reisekosten *pl;* ~ *d'affaires* Geschäftsreise *f;* ~ *d'agrément* Vergnügungsreise *f.* **déplacer** ‹*Prés. je déplace, ns déplaçons; Fut. je déplacerai; pp. déplacé,* ℯ› **I.** *tr* **1.** um=stellen, verschieben, verrücken; **2.** *(Beamten)* versetzen; **3.** *(Betrieb)* verlegen; **4.** *mar* verdrängen; **5.** *(Problem)* verlagern; **6.** *(Tagung)* verlegen; **7.** *(Menschen, Bevölkerungsgruppe)* um=siedeln; **II.** *v prn se ~* sich verschieben, sich bewegen, (ver)reisen.

déplaire [deplɛʀ] ‹*Prés. je déplais, ns déplaisons; Fut. je déplairai; pp. déplu; Subj. que je déplaise, que ns déplaisions*› **I.** *tr* mißfallen; **II.** *v prn se ~* sich nicht wohlfühlen (*à, en, dans* in, bei *dat*); ► *je me déplais à la ville* es gefällt mir in der Stadt nicht. **déplaisant, e** *a* unangenehm; *(Person)* unsympathisch.

déplâtrer [deplatʀe] *tr* den Gips entfernen (*qc* von etw).

dépliant [deplijɑ̃] *m* Faltprospekt *m;* Faltblatt *n.* **déplier** *tr* ausea.=falten, auf=klappen.

déplisser [deplise] *tr* die Falten entfernen (*qc* aus etw); glätten.

déplorable [deplɔʀabl] *a* **1.** beklagens-, bedauernswert; verheerend; **2.** *fam* jämmerlich, erbärmlich. **déplorer** *tr* beklagen; *fam* bedauern.

déploiement [deplwamɑ̃] *m mil* Aufstellung *f;* ► ~ *de police* Polizeiaufgebot *n.* **déployer** [deplwaje] ‹*Prés. je déploie, ns déployons; Fut. je déploierai; pp. déployé,* ℯ› *tr* **1.** aus=breiten, entfalten *a. mil* auf=stellen, stationieren; *cosm* ab=stoßen; **2.** auf=wenden; **3.** zeigen, an den Tag legen; zur Schau stellen; ► *rire à gorge ~ée* aus vollem Halse lachen.

déplumer [deplyme] *v prn: se ~ (fam)* kahl werden; *(Vogel)* seine Federn verlieren.

dépolariser [depɔlaʀize] *tr* entpolarisieren.

dépolitisation [depɔlizasjɔ̃] *f* Entpolitisierung *f.* **dépolitiser** *tr* entpolitisieren.

dépolluer [depɔlye] *tr* reinigen. **dépollution** *f* Reinigung *f.*

dépopulation [depɔpylasjɔ̃] *f* Entvölkerung *f;* Bevölkerungsrückgang *m;* ► ~ *rurale* Landflucht *f.*

déporter [depɔʀte] *tr* **1.** *(Auto)* zur Seite drücken; hinaustragen (*dans un virage* aus e-r Kurve); **2.** deportieren; verschleppen.

déposer [depoze] **I.** *tr* **1.** hin=, nieder=, ab=, weg=legen, ab=stellen; lassen (*à* bei); **2.** ab=, weg=nehmen; **3.** *fig* ab=legen; **4.** *(Amt)* nieder=legen; **5.** *(mit dem Auto)* ab=setzen; **6.** *(Patent)* an=melden; **7.** *(Gesetzentwurf)* ein=bringen; **8.** ab=geben (*chez* bei); **9.** *(Kuß)* drücken (*sur* auf *acc*); **10.** *com* hinterlegen, deponieren, in Ver-, Aufbewahrung geben; **11.** *(Anzeige)* erstatten; **II.** *itr* **12.** *jur* aus=sagen; **13.** e-n Niederschlag bilden; **14.** ► ~ *son bilan* Konkurs an=melden; ~ *dans la boîte aux lettres* in den Briefkasten werfen; ~ *à la consigne, au vestiaire* in der Gepäckaufbewahrung, an der Garderobe ab=geben; ~ *une demande (jur)* e-e Klage ein=reichen; ~ *à la poste* auf die Post bringen; *défense de ~ des ordures* Müll-, Schuttabladen verboten! **dépositaire** *m f* **1.** *com* Verwahrer; *com* Auslieferer *m;* **2.** Mitwisser(in *f*) *m.* **déposition** *f* (Zeugen-)Aussage *f;* ► ~ *de croix (Kunst)* Kreuzabnahme *f.*

déposséder [depɔsede] ‹*Prés. je dépossède, ns dépossédons; Fut. je déposséderai; pp. dépossédé,* ℯ› *tr* enteignen (*qn de qc* jdm etw); ab=setzen.

dépôt [depo] *m* **1.** Verwahrung, Aufbewahrung, Hinterlegung, Ablage *f;* **2.** (Spar-)Einlage *f;* **3.** Depot *n;* (Waren-) Auslieferungslager *n,* Niederlage *f;* Speicher *m,* Lager(raum *m*), Magazin *n;* **4.** Anmeldung *(e-s Patents);* Abgabe *f (e-r Erklärung);* **5.** *chem* Niederschlag, Bodensatz, Rückstand *m;* **6.** *geol med* Ablagerung *f,* Sediment *n;* **7.** Polizeigewahrsam *m;* **8.** *(~ d'ordures)* Schuttabladeplatz, Mülldeponie *f;* **9.** ► *prendre en ~* in Verwahrung nehmen; **10.** ► *banque f de ~* Depositenbank *f; de bilan* Konkursanmeldung *f; mise f en ~* Hinterlegung; Verwahrung *f; récépissé m de ~* Hinterlegungsschein *m;* ~ *des bagages (loc)* Handgepäckraum *m;* ~ *en banque* Bankguthaben *n;* ~ *d'épargne* Spareinlage *f;* ~ *de rouille* Rostansatz *m.*

dépotoir [depɔtwaʀ] *m* Müllabladeplatz *m.*

dépouille [depuj] *f* abgeworfene *od* abgezogene Haut *f,* Balg; ► *la ~ mortelle* die sterblichen Überreste *m pl.* **dépouillement** *m* **1.** Durchsicht, (genaue) Prüfung *f;* **2.** *math* Auswertung *f;* ► *procéder au ~ du scrutin* zur Stimmzählung schreiten; ~ *du courrier* Durchsicht *f* der Post. **dépouiller** *tr* **1.** das Fell ab=ziehen (*qc* e-r S *dat*); **2.** berauben; **3.** *(Akten)* prüfen; **4.** *(Stimmen)* (aus=)zählen; *(Statistik)* aus=werten; **5.** *(Post)* durch=sehen.

dépourvu, e [depuʀvy] *a* mittellos; entblößt; ► ~ *de* ohne; *au ~* unversehens; unvorbereitet; *prendre au ~* überraschen.

dépoussiérage [depusjeʀaʒ] *m* Entstaubung. **dépoussiérer** *tr* ent-, ab=

stauben. **dépoussiéreur** *m ecol* Entstaubungsgerät *n*, -anlage *f*.
dépravation [depʀavasjɔ̃] *f fig* Verderbtheit *f*.
dépréciation [depʀesjasjɔ̃] *f* Wertminderung, Entwertung *f*. **déprécier I.** *tr* entwerten, unterschätzen; herab=setzen, -würdigen; **II.** *v prn se* ~ s-n Wert verlieren.
déprédation [depʀedasjɔ̃] *f* **1.** Verwüstung *f*. **2.** Veruntreuung *f*.
dépression [depresjɔ̃] *f* **1.** *geog* Bodensenkung, Senke *f*; **2.** *(Meteorologie)* Tief(druckgebiet) *n*; **3.** *fig* Niedergeschlagenheit; **4.** *com* Flaute, Depression *f*.
dépressuriser [depʀɛsyʀize] *tr cosm aero* auf normalen Luftdruck bringen. **dépressurisation** *f* Druckabfall *m*.
déprimant, e [depʀimɑ̃, -t] *a* deprimierend. **déprimé, e** *a* deprimiert. **déprimer** *tr fig* nieder=drücken, deprimieren.
déprogrammer [depʀɔgʀame] *tr tele (Sendung)* streichen.
depuis [depɥi] **I.** *prp* seit, von ... an; *(räuml. u. Reihenfolge)* von (... her); *(Preis)* von ... an; *com* ab; **II.** *adv* seitdem, von da an; ► ~ ... *jusqu'à* von ... bis; ~ *longtemps* seit langem; ~ *lors* seitdem, seit der Zeit; von dieser Zeit an, von da an; ~ *peu* seit kurzem; ~ *quand?* seit wann? wie lange? ~ *toujours* seit, von je(her); ~ *que (conj)* seitdem *conj*.
députation [depytasjɔ̃] *f* Abordnung *f*. **député** *m* Abgeordnete(r) *m*. **députer** *tr* ab=ordnen; entsenden.
déqualifier [dekalifje] *tr (e-e Arbeit)* ab=werten.
der [dɛr] *s m f pop* (der, die, das) Letzte; ► *le (la)* ~ *des* ~ *(fam)* der (die) Allerletzte.
déraciner [deʀasine] *tr* **1.** entwurzeln *a. fig*; **2.** *fig (Übel)* aus=rotten (*qc de* etw in).
déraillement [deʀajmɑ̃] *m* **1.** *loc* Entgleisung *f*; **2.** *fig* (Gedanken) Abgleiten *n*. **dérailler** *tr* **1.** *loc fig* entgleisen; **2.** *fam* faseln; phantasieren; ► *faire* ~ zum Entgleisen bringen. **dérailleur** *m (Fahrrad)* Gangschaltung *f*.
dérangement [deʀɑ̃ʒmɑ̃] *m* **1.** Unordnung, Verwirrung *f*; **2.** *tele* Störung *f*; ► *en* ~ gestört; ~ *de service* Betriebsstockung *f*; *épargner un* ~ *à qn* jdm e-n Weg ersparen. **déranger** ‹*Prés. je dérange, ns dérangeons; Fut. je dérangerai; pp. dérangé, e*› **I.** *tr* **1.** in Unordnung, durchea.=bringen, verwirren, stören; **2.** ungelegen kommen (*qn* jdm); **II.** *v prn se* ~: ► *ne vous* ~*ez pas* bemühen Sie sich nicht! *être* ~*é (fam)* Durchfall, *fam* Durchmarsch haben; *il a l'esprit* ~*é* er ist geistig unterbelichtet.
dérapage [deʀapaʒ] *m* **1.** *mot* Schleudern; *aero fam* Abschmieren *n*; **2.** *fig* Aus-dem-Geleise-Geraten, Außer-Kontrolle-Geraten, Ausbrechen *n*; *fig* Ausrutscher *m*; Fehlentwicklung *f*. **déraper** *itr* **1.** *(Anker)* sich los=reißen; **2.** *mot* schleudern, (aus=)rutschen; **3.** *aero* ab=rutschen, *fig* aus=arten.
dératé, e [deʀate] *m*: ► *courir comme un (chien)* ~ wie ein Wilder laufen.
derechef [dəʀəʃɛf] *adv lit* erneut.
déréglé, e [deʀegle] *a* unregelmäßig; in Unordnung; gestört. **dérégler** ‹*Prés. je dérègle, ns déréglons; Fut. je déréglerai; pp. déréglé, e*› **I.** *tr* in Unordnung bringen; **II.** *v prn se* ~ *(Maschine)* unregelmäßig laufen; *(Uhr)* falsch gehen; **dérèglement** [deʀɛgləmɑ̃] *m (Uhr)* unregelmäßige(r) Gang *m*.
déresponsabiliser [deʀɛspɔ̃sabilize] *tr*: ► ~ *qn* jdm die Verantwortung ab=sprechen.
dérider [deʀide] *tr fig* auf=heitern, heiter machen *od* stimmen.
dérision [deʀizjɔ̃] *f* Spott *m*, Verspottung *f*, Hohn *m*; ► *tourner en* ~ ins Lächerliche ziehen; *c'est une* ~ das ist ja lachhaft. **dérisoire** *a* lächerlich, lachhaft; ► *prix m* ~ Spottpreis *m*.
dérivatif [deʀivatif] *m* Ablenkung *f*. **dérivation** *f* **1.** Ab-, Umleitung, Abzweigung *f*; **2.** *mar aero* Abtrift *f*; **3.** *el* Neben(an)schluß *m*, Zweigleitung *f*. **dérive** *f mar aero* Abtrift *f*; ► *en* ~ treibend; *aller à la* ~ *(fig)* sich treiben lassen; *(Geschäft)* bergab gehen. **dérivé** *m* **1.** *chem* Derivat *n*; **2.** *gram* abgeleitete(s) Wort *n*. **dérivée** *f math* Ableitung *f*. **dériver I.** *itr* **1.** *(vom Ufer)* ab=treiben; **2.** *(vom Thema)* abschweifen; **3.** *mar aero* abgetrieben werden; **II.** *tr* **4.** ab=, um=leiten; **5.** *el* ab=zweigen; **6.** *tech* entnieten.
dermatologiste [dɛʀmatɔlɔʒist] *m* Hautarzt *m*. **dermatose** *f* Hautkrankheit *f*.
dernier, ère [dɛʀnje, -ɛʀ] *a* letzte(r, s); äußerste(r, s); höchste(r, s); unterste(r, s), niedrigste(r, s), geringste(r, s); vorige(r, s), vergangene(r, s); ► *ces* ~*ères années* in den letzten Jahren; *en* ~*ère analyse* letzten Endes; *à la* ~*ère extrémité* in äußerster Not; *en* ~ *(lieu)* zuletzt, an letzter Stelle; *c'est le* ~ *homme que* ... er wäre der letzte, den ...; *le jugement* ~ das Jüngste Gericht; ~*-né m* Nesthäkchen *n*; *le* ~ *venu* der zuletzt Gekommene. **dernièrement** *adv* neulich, kürzlich.
dérober [deʀɔbe] **I.** *tr* **1.** stehlen, entwenden; **2.** *fig* rauben, entziehen, nehmen; **3.** verschleiern, verheimlichen; **II.** *v prn se* ~ **4.** sich entziehen; sich weg=stehlen; **5.** *fig* aus dem Weg gehen, aus=weichen; sich verbergen; **6.** *(Beine)* den Dienst versagen; ► ~ *à la vue* den

Blicken entziehen.
dérouiller [deʀuje] *tr* **1.** entrosten; **2.** *fig* wieder gelenkig machen; **3.** *pop* verdreschen, -sohlen.
déroulement [deʀulmɑ̃] *m* **1.** Abwickeln, Abspulen *n;* **2.** Verlauf, Ablauf *m.* **dérouler I.** *tr* **1.** ab=rollen; ab=wickeln; ab=spulen, -haspeln; **2.** *(Film)* ab=laufen lassen; **3.** *fig* ablaufen, abrollen, an sich vorbeiziehen lassen; **II.** *v prn se* ~ **4.** *(Drama)* ab=rollen; sich ab=spielen; verlaufen; **5.** *(Gebirge)* sich hinziehen.
déroute [deʀut] *f* wilde Flucht *f;* Zs.bruch *m;* Durcheinander *n;* ▶ *mettre en* ~ in die Flucht schlagen; *fig* durchea.=bringen. **dérouter** *tr* **1.** *fig* irre=führen, verwirren; **2.** *mar* den Kurs ändern (*qc* e-r S *gen*).
derrick [dɛʀik] *m* Bohrturm *m.*
derrière [dɛʀjɛʀ] **I.** *prp* hinter; ▶ *regarder* ~ *soi* sich um=sehen, -schauen; *nous sommes* ~ *vous (fig)* wir stehen hinter Ihnen; **II.** *adv* hinten; nach hinten; **III.** *s m* Hinterteil *n, fam* Hintern *m;* ▶ *donner à qn un coup de pied au* ~ jdn ins Hinterteil treten.
dès [dɛ] **1.** *prp:* ▶ *(zeitlich) elle prépare ses cadeaux de Noël* ~ *le mois de novembre* sie bereitet sich schon ab November ihre Weihnachtsgeschenke vor; *(räumlich) à Paris, les embouteillages commencent* ~ *le boulevard périphérique* in Paris beginnen die Staus schon am Boulevard Périphérique; **2.** *(adverbiale Bestimmung)* ~ *lors* von da an, von da ab; **3.** *conj* ~ *que* sobald; ▶ ~ *que nous aurons touché la rançon, nous relâcherons votre fils* sobald wir das Lösegeld bekommen haben, werden wir Ihren Sohn freilassen.
désabusé, e [dezabyze] *a* enttäuscht.
désaccord [dezaɑkɔʀ] *m* Uneinigkeit, Meinungsverschiedenheit *f;* Zerwürfnis *n;* ▶ *être, se trouver en* ~ *avec qn sur qc* mit jdm über e-e S nicht einig sein.
désaccoutumer [dezakutyme] *tr* ab=gewöhnen (*qn de qc* jdm e-e S); entwöhnen.
désagréable [dezagʀeabl] *a* unangenehm; unliebsam, unerfreulich. **désagrément** *m* Unannehmlichkeit *f.*
désaltérant, e [dezalteʀɑ̃] *a* durststillend. **désaltérer** ‹*Prés. je désaltère, ns désaltérons; Fut. je désaltérerai; pp. désaltéré, e*› *tr* den Durst stillen; ▶ *je me désaltère* ich stille meinen Durst.
désappointé, e [dezapwɛ̃te] *a* enttäuscht. **désappointement** *m* Enttäuschung *f.*
désapprouver *tr* mißbilligen, tadeln.
désarçonner [dezaʀsɔne] *tr* aus dem Sattel werfen; *fig fam* aus der Fassung bringen.
désarmant, e [dezaʀmɑ̃, -t] *a* entwaffnend. **désarmé, e** *a* waffenlos, ohne Waffen; *fig* wehrlos. **désarmement** *m* Abrüstung *f;* ▶ ~ *nucléaire* nukleare Abrüstung *f.* **désarmer I.** *tr* **1.** entwaffnen *a. fig;* **2.** *fig* besänftigen, beschwichtigen; **II.** *itr* ab=rüsten; ▶ *ne pas* ~ nicht nachgeben.
désarroi [dezaʀwa] *m* **1.** Unordnung *f;* **2.** *fig* Durcheinander *n,* Verwirrung *f.*
désastre [dezastʀ] *m* Katastrophe *f;* Unheil *n;* Zs.bruch; (völliger) Bankrott *m.* **désastreux, se** *a* katastrophal, vernichtend; verheerend.
désavantage [dezavɑ̃taʒ] *m* Nachteil *m;* ▶ *tourner au* ~ *de qn* für jdn schlecht aus=gehen. **désavantager** ‹*Prés. je désavantage, ns désavantageons; Fut. je désavantagerai; pp. désavantagé, e*› *tr* benachteiligen. **désavantageux, se** *a* nachteilig, unvorteilhaft.
désaveu [dezavø] *m* Widerruf(ung *f*) *m.* **désavouer** [-vwe] *tr* **1.** widerrufen; **2.** (ab=, ver-)leugnen, in Abrede stellen, nicht an=erkennen; **3.** widersprechen (*qn* jdm); mißbilligen; **4.** desavouieren; **5.** *(Freund)* im Stich lassen.
désaxé, e [dezakse] *a* geistesgestört.
descendant, e [desɑ̃dɑ̃] **I.** *a* absteigend; *(Straße)* abschüssig; **II.** *s m f* Nachkomme, Abkömmling *m.* **descendre** ‹*Prés. je descends, ns descendons; Fut. je descendrai; pp. descendu, e; Subj. que je descende, que ns descendions; Impér. descends, descendons*› **I.** *itr* **1.** herab=, hinab=, herunter=, hinunter=steigen, -gehen, -fahren, -fliegen; **2.** gehen (*jusqu'à* bis zu) *a. fig;* **3.** *(Fluß)* hinab=fließen; **4.** aus=, ab=steigen, ein=kehren (*chez* bei); *(feindlich)* ein=fallen; **5.** *sport* vor=dringen (*vers* auf *acc*); *fig* sich herab=lassen; **6.** hinab=reichen, hinab=führen, abwärts führen; **7.** *(Thermometer, Fluß, Preis)* fallen; *(Berg)* ab=fallen; *chem* sich nieder=schlagen; *aero* nieder=gehen, landen; **8.** *mot* zurück=schalten auf *acc;* **9.** ab=stammen (*de* von); **II.** *tr* **10.** hinunter=, herunter=bringen, -schaffen, -nehmen, -fahren; **11.** *(Fahrgestell)* aus=fahren; **12.** zu Boden schlagen *od* strecken (*qn* jdn); **13.** *fam* ab=setzen (*qn* jdn); **14.** *fam* nieder=schießen, *aero* ab=schießen, herunter=holen; **15.** ▶ ~ *les bagages* das Gepäck herunterholen; ~ *dans le détail* in die Einzelheiten gehen; ~ *dans la rue* auf die Straße gehen *a. fig;* ~ *à terre* an Land gehen; ~ *de voiture* aus=steigen; *la nuit descend* die Nacht bricht herein.
descente [desɑ̃t] *f* **1.** Abstieg *m,* -fahrt; Talfahrt *f;* **2.** *aero* Landung *f;* Absprung *(mit Fallschirm); (Schi)* Abfahrtslauf *m;* **3.** Aus-, Absteigen *n,* Einkehr *f;* **4.** *(Gepäck)* Ab-, Herunternehmen, -schaffen *n;* **5.** *(Weg)* Gefälle *n,* Abfall, Abhang *m;* **6.** Treppengeländer *n;* **7.** *aero* Abschuß *m;* **8.** *(Barometer)*

Sinken, Fallen *n;* **9.** ► *à sa ~ (d'avion)* bei seiner Landung, *(de voiture)* beim Aussteigen; **10.** ► *faire une ~ en parachute* mit dem Fallschirm ab=springen; **11.** *(fam)* ► *avoir une bonne ~* viel essen, trinken; *~ d'air froid* Kaltlufteinbruch *m; ~ de croix (Kunst)* Kreuzabnahme *f; ~ de justice* Haussuchung *f; ~ sur les lieux (jur)* Lokaltermin *m; ~ de lit* Bettvorleger *m.*

descriptif, ive [dɛskʀiptif, -iv] *a* beschreibend. **description** [-sjɔ̃] *f* **1.** Beschreibung, Darstellung, Schilderung *f;* **2.** Verzeichnis *n* (von Gegenständen); *faire la ~ de qc* e-e Beschreibung von etw geben.

désembouteiller [dezɑ̃butɛje] *tr (den Verkehr)* entlasten.

désemparé, e [dezɑ̃paʀe] *a* **1.** fassungslos; ratlos; **2.** *mar* manövrierunfähig.

désenchanté, e [dezɑ̃ʃɑ̃te] *a* desillusioniert.

désenfler [dezɑ̃fle] *itr med* abschwellen.

déséquilibre [dezekilibʀ] *m* **1.** seelische Störung *f;* **2.** Ungleichgewicht; Mißverhältnis *n.* **déséquilibré, e** *a* **1.** unausgeglichen; **2.** *med* labil. **déséquilibrer** *tr* aus dem Gleichgewicht bringen.

désert, e [dezɛʀ, -ʀt] **I.** *a* unbewohnt; verlassen, einsam; (wie) ausgestorben; **II.** *s m* Wüste, Einöde *f;* ► *prêcher dans le ~* tauben Ohren predigen; *~ de pierres, de sable* Stein-, Sandwüste *f.* **déserter I.** *tr* verlassen, auf=geben, ab=fallen (*qc* von etw); im Stich lassen; **II.** *itr mil* desertieren. **déserteur** *m* Deserteur, Fahnenflüchtige(r) *m.* **désertification** [dezɛʀtifikasjɔ̃] *f* Verwüstung, Verödung f. **désertion** [-sjɔ̃] *f* Fahnenflucht *f;* Abfall *m.* **désertique** *a* öde.

désespéré, e [dezespeʀe] **I.** *a* verzweifelt, hoffnungslos **II.** *s m f* Verzweifelte(r *m*) *f.* **désespérer** ‹*Prés. je désespère, ns désespérons; Fut. je désespérerai; pp. désespéré, e*› **I.** *tr* zur Verzweiflung bringen; entmutigen; **II.** *itr* verzweifeln (*de* an *dat*); (die Hoffnung) auf=geben; **III.** *v prn se ~* in Verzweiflung geraten, verzweifeln (*de* über *acc*).

désespoir *m* Verzweiflung; Hoffnungslosigkeit *f;* ► *en ~ de cause* als letztes Mittel; *être le ~ de qn* jdn zur Verzweiflung bringen; *être au ~* untröstlich sein.

déshabillage [dezabijaʒ] *m* **1.** Entkleiden *n;* **2.** *theat* Entkleidungsszene *f.* **déshabillé** *m* Negligé, Hauskleid *n.* **déshabiller I.** *tr* ent-, aus=kleiden, aus=ziehen; **II.** *v prn se ~* sich aus=ziehen.

désherbant [dezɛʀbɑ̃] *m* Unkrautvernichtungsmittel *n.* **désherber** *tr* Unkraut vernichten *od* jäten (*qc* in etw).

déshérité, e [dezeʀite] **I.** *a* **1.** enterbt; **2.** *fig* unbemittelt; benachteiligt, zurückgesetzt; **II.** *s m f fig* Schlechtweggekommene(r *m*) *f.* **déshériter** *tr* **1.** enterben; **2.** *fig* stiefmütterlich behandeln.

déshonneur [dezɔnœʀ] *m* Unehre, Schande *f.* **déshonorant, e** *a* unehrenhaft. **déshonorer** *tr* **1.** entehren, Schande machen (*qn* jdm); **2.** *(Gebäude)* verschandeln, verunstalten.

déshydraté, e [dezidʀate] *a* Trocken-, Dörr-; ► *légumes f pl ~és* Trockengemüse *n; être complètement ~* e-e ganz ausgedörrte Kehle haben.

désignation [deziɲasjɔ̃] *f* Bezeichnung, Benennung; Ernennung *f.* **désigner** *tr* **1.** be-, kennzeichnen, dar=stellen; **2.** bedeuten; hin=weisen (*qn* auf jdn); **3.** bestimmen (*pour* zu), fest=setzen; **4.** (im voraus) ernennen; wählen; ► *~ par un vote* durch Wahl bestimmen.

désillusion [dezilyzjɔ̃] *f* Enttäuschung *f.* **désillusionner** *tr* die Illusion(en) nehmen, enttäuschen.

désinence [dezinɑ̃s] *f gram* Endung *f.*

désinfectant, e [dezɛ̃fɛktɑ̃, -ɑ̃t] **I.** *a* desinfizierend; **II.** *s m* Desinfektionsmittel *n.* **désinfecter** *tr* desinfizieren. **désinfection** [-ks-] *f* Desinfektion *f.*

désintégration [dezɛ̃tegʀasjɔ̃] *f* **1.** *geol* Verwitterung *f;* **2.** Atomzerfall *m,* -zertrümmerung; -spaltung *f.* **désintégrer** ‹*Prés. je désintègre, ns désintégrons; Fut. je désintégrerai; pp. désintégré, e*› **I.** *tr* **1.** zerstören; **2.** *(Atom)* zertrümmern, spalten; **II.** *v prn se ~* zerfallen.

désintéressé, e [dezɛ̃teʀɛse] *a* **1.** uneigennützig, selbstlos; **2.** unparteiisch. **désintéressement** *m* **1.** Uneigennützigkeit *f;* **2.** Unparteilichkeit *f;* **3.** *com* Abfindung *f.* **désintéresser I.** *tr* ab=finden, entschädigen; **II.** *v prn* ► *se ~ de qc* für, an e-r S kein Interesse mehr haben.

désintoxication [dezɛ̃tɔksikasjɔ̃] *f* Entgiftung; *(Drogen, Alkohol)* Entziehung *f.* **désintoxiquer** *tr med* entgiften; durch e-e Entziehungskur heilen; ► *se faire ~* entziehen.

désinvolte [dezɛ̃vɔltyʀ] *a* ungezwungen, ungeniert; frech. **désinvolture** *f* Ungezwungenheit, Zwanglosigkeit; Ungeniertheit *f;* ► *avec ~* ungezwungen; ungeniert.

désir [deziʀ] *m* **1.** Wunsch *m;* **2.** Sehnsucht; Begierde *f;* ► *éprouver un ~* einen Wunsch haben, verspüren; *j'ai le ~ d'un poste de transistor* ich wünsche mir einen Transistorapparat. **désirable** *a* wünschens-, begehrenswert. **désirer** *tr* **1.** wünschen; **2.** ersehnen; begehren; **3.** mit Ungeduld erwarten; ► *se faire ~* auf sich *(acc)* warten lassen; *laisser à ~* zu wünschen übrig=lassen; *~ (de) faire qc* etw tun wollen, mögen; *je désirerais ...* ich hätte, möchte gerne ...

désobéir [dezɔbeiʀ] *tr* **1.** nicht gehorchen (*à qn* jdm); **2.** *(Gesetz)* übertreten (*à qc* etw). **désobéissance** *f* **1.** Ungehorsam *m;* **2.** Übertretung *f.* **désobéissant, e** *a* ungehorsam.
désodorisant, e [dezɔdɔʀizɑ̃] **I.** *a* desodorisierend; **II.** *s m* geruchtilgendes Mittel, Desodorans *n.* **désodoriser** *tr* desodorieren; den unangenehmen Geruch beseitigen (*une pièce* in einem Raum).
désœuvré, e [dezœvʀe] **I.** *a* untätig, müßig; **II.** *s m f* Müßiggänger, *fam* Bummler *m.* **désœuvrement** *m* Untätigkeit *f,* Müßiggang *m.*
désolant, e [dezɔlɑ̃, -ɑ̃t] *a* betrüblich, trostlos. **désolation** *f* **1.** Verzweiflung *f;* **2.** Jammer *m,* Elend *n.* **désolé, e** *a* **1.** *(Landschaft)* öde, verödet; **2.** *fig* tiefbetrübt (*de* über *acc*); ► *je suis ~* ich bin untröstlich; es tut mir (aufrichtig) leid. **désoler** *tr* **1.** tief betrüben, erschüttern; **2.** zur Verzweiflung bringen; ► *je me ~e* es macht mich traurig, es betrübt mich.
désopilant, e [dezɔpilɑ̃, -ɑ̃t] *a* ergötzlich, lustig; zwerchfellerschütternd.
désordonné, e [dezɔʀdɔne] *a* **1.** ungeregelt, ungleichmäßig; **2.** unordentlich, zerfahren; **3.** zügel-, maßlos. **désordre** *m* **1.** Unordnung *f,* Durcheinander *n;* Verwirrung *f;* **2.** Ausschreitung, Unruhe *f;* **3.** Ausschweifung *f;* ► *mettre en ~* in Unordnung bringen.
désorganiser [dezɔʀganize] **I.** *tr* **1.** zersetzen, zerrütten; **2.** durcheinanderbringen, in Unordnung bringen; **II.** *v prn se ~* in Unordnung geraten; sich auf≈lösen.
désorienté, e [dezɔʀjɑ̃te] *a* verwirrt, verlegen; unschlüssig; ► *être tout ~* ratlos, ganz verwirrt sein. **désorienter** *tr fig* verwirren, aus der Fassung bringen.
désormais [dezɔʀmɛ] *adv* nunmehr, von jetzt an, in Zukunft.
désossé, e [dezɔse] *a* ohne Knochen. **désosser** *tr* die Knochen lösen, trennen (*qc* aus etw); *(Fisch)* entgräten.
despote [dɛspɔt] **I.** *s m* Despot *m;* **II.** *a* despotisch. **despotique** *a* despotisch. **despotisme** *m* Despotismus *m.*
dessécher [deseʃe] ‹*Prés. je dessèche, ns desséchons; Fut. je dessécherai; pp. desséché, e*› **I.** *tr* **1.** (aus≈)trocknen; trocken≈legen; **2.** dörren; **3.** *fig* lähmen, ab≈stumpfen; **II.** *v prn se ~* **4.** aus≈, ein≈trocknen, verdorren; **5.** *fig* hart, gefühllos werden; **6.** *(alter Mensch)* zs.fallen.
dessein [de(ɛ)sɛ̃] *m* Absicht *f,* Plan *m,* Vorhaben *n;* ► *à ~* mit Absicht, absichtlich; *dans le ~ de* in der Absicht zu; *avoir des ~s* etw im Schilde führen (*contre, sur qn* gegen jdn); *à quel ~?* zu welchem Zweck? wozu?
desserrer [deseʀe] **I.** *tr* lockern; los≈schrauben; *(Bremse)* lösen; **II.** *v prn se ~* sich lockern, locker werden; sich lösen; ► *sans ~ les dents* ohne ein Wort zu sagen.
dessert [de(ɛ)sɛʀ] *m* Nachtisch *m,* Dessert *n.* **desserte** *f* **1.** Serviertisch *m;* **2.** (Verkehrs-)Verbindung *f* (*de* mit); **3.** *rel* Seelsorge *f;* **4.** *min* Förderung *f;* ► *chemin m de ~* Zufahrtsstraße *f.*
desservir [desɛʀviʀ] ‹*Prés. je dessers, ns desservons; Fut. je desservirai; pp. desservi, e; Subj. que je desserve, que ns desservions; Impér. dessers, desservons*› *tr* **1.** versorgen; **2.** *(Maschine)* bedienen; **3.** *(Pfarramt)* versehen; **4.** *(Zug, Bus)* verkehren (*qc* nach etw); **5.** *mar* regelmäßig an≈laufen; **6.** *aero* an≈fliegen; **7.** *(Speisen, Tisch)* ab≈räumen.
dessin [de(ɛ)sɛ̃] *m* **1.** Zeichnung, Skizze *f,* Schema *n;* **2.** Zeichnen *n;* **3.** (Stoff-)Muster *n;* **4.** ► *je vais te faire un ~ (pop)* ich erkläre es dir genau; *pas besoin de faire un ~ (pop)* das versteht sich von selbst; **5.** ► *crayon, papier m, planche f à ~* Zeichenstift *m,* -papier, -brett *n; salle f de ~* Zeichensaal; **6.** ► *~ animé* Trickfilm *m; ~ d'atelier, d'exécution* Werkstattzeichnung *f; ~ au crayon* Bleistiftzeichnung *f; ~ de face, de profil, en élévation* Vorder-, Seitenansicht *f,* Aufriß *m; ~ floral, de ramage, à rayures* Blumen-, Ranken-, Streifenmuster *n; ~ au fusain* Kohlezeichnung *f; ~ en hachures* Schraffierung *f; ~ en noir et blanc* Schwarzweißzeichnung *f; ~ à la plume* Federzeichnung *f.*
dessinateur, trice [desinatœʀ] *m f* (Muster-)Zeichner(in *f*), Entwerfer *m;* ► *~ d'affiches* Plakatgestalter *m; ~ industriel* technische(r) Zeichner *m; ~ projecteur* Konstruktionszeichner *m; ~ de publicité* Gebrauchsgraphiker *m.*
dessiner **I.** *tr* **1.** (ab≈)zeichnen; entwerfen, skizzieren; **2.** *(Umrisse)* hervor≈heben, an≈deuten; **3.** *fig* dar≈stellen, schildern; **II.** *v prn se ~* sich ab≈zeichnen; *(Plan)* Gestalt an≈nehmen.
dessous [d(ə)su] **I.** *adv* unten, darunter; **II.** *s m* **1.** Unterteil *n;* **2.** Unter-, linke Seite; **3.** *theat* Versenkung *f;* **4.** *arch* Leibung *f;* **5.** untere(s) Stockwerk *n;* **6.** *pl* (Damen-)Unterwäsche *f;* **7.** ► *au-~* darunter; *ci-~* nachstehend, -folgend; *de ~* unter ... her; *en ~* unten; *là-~* darunter; **8.** ► *il y a quelque chose là-~* es steckt etw dahinter; **9.** ► *agir en ~* nicht mit offenen Karten spielen; *avoir le ~* unterlegen sein; den kürzeren ziehen; *connaître le ~ des cartes* Bescheid wissen, im Bilde sein; *être dans le troisième ~ (fig)* übel dran sein; **10.** ► *vêtements m pl de ~* Unterkleidung *f.*
dessus [d(ə)sy] **I.** *adv* oben; darauf, -über; **II.** *s m* **1.** Oberteil *n;* **2.** Ober-, rechte Seite *f;* **3.** obere(s) Stockwerk *n;*

4. *theat* Schnürboden *m;* **5.** ▶ *au-~ de* über, oberhalb; *bras ~, bras dessous* Arm in Arm; *ci-~* oben; *de ~* von ... herunter; *là-~* darauf, darüber; *par-~* oben; darüber (hin, hinweg); *par-~ le marché* außerdem, darüber hinaus; **6.** ▶ *avoir le ~* die Oberhand haben (*dans qc* bei etw); *reprendre le ~ (nach e-r Krankheit)* wieder auf die Beine kommen; **7.** ▶ *je compte là-~* ich verlasse mich darauf; **8.** ▶ *vêtements m pl de ~* Oberkleidung *f; le ~ du panier* die oberen Zehntausend; das Beste, die Spitze.

déstalinisation [destalinizasjɔ̃] *f* Entstalinisierung *f.* **déstaliniser** *tr* entstalinisieren.

destin [dɛstɛ̃] *m* Schicksal, Geschick, Los *n.* **destinataire** [-ti-] *m f* Empfänger *m (e-r Postsendung);* ▶ *délivrer, remettre au ~* dem Empfänger aus=händigen; *~ inconnu (Brief)* unzustellbar. **destination** *f* **1.** Bestimmung *f,* Zweck *m;* **2.** Ziel *n,* Bestimmungsort *m;* ▶ *à ~ de* nach; *arriver à ~* am Ziel an=kommen, am Bestimmungsort ein=treffen; *gare f, lieu, pays, port m de ~* Bestimmungsbahnhof, -ort *m,* -land *n,* -hafen *m.* **destinée** *f* Schicksal *n,* Bestimmung *f,* Los *n.* **destiner** *tr* aus=ersehen, bestimmen (*à* für, zu); ▶ *être destiné à qn* für jdn bestimmt sein.

destruction [dɛstʀyksjɔ̃] *f* **1.** Zerstörung, Vernichtung *f;* **2.** *jur* Abschaffung *f.*

désuet, ète [desɥɛ, -ɛt] *a* nicht mehr üblich *od* gebräuchlich; veraltet. **désuétude** *f:* ▶ *tomber en ~* außer Gebrauch kommen; veralten.

désulfuration [desylfyʀasjɔ̃] *f* Entschwefelung *f.* **désulfurer** *tr* entschwefeln.

détachable [detaʃabl] *a* **1.** *(Kalender)* abreißbar; **2.** *(Futter)* ausknöpfbar. **détachant** *m* Fleckenwasser *n.* **détaché, e 1.** einzeln; **2.** *mil* abkommandiert; zugeteilt; **3.** *fig* gleichgültig, uninteressiert; **4.** ▶ *d'un air ~* mit gleichgültiger Miene; *pièces f pl ~es* Ersatz-, Einzelteile *n pl.* **détachement** *m* **1.** Uninteressiertheit, Gleichgültigkeit *f;* **2.** *mil* Kommando *n;* **3.** Abteilung *f;* Trupp *m;* **4.** Abordnung *f.* **détacher I.** *tr* **1.** los=binden, -ketten; auf=knoten, -schnüren; los=, ab=machen, lösen; entfernen; **2.** *(Beamten)* ab=ordnen; **3.** *mil mar* ab=stellen, ab=kommandieren; **4.** die Flekken entfernen (*qc* aus etw) **II.** *v prn se ~* **5.** sich frei machen, sich lösen (*de qc* von etw); **6.** sich ab=heben, sich loslösen, ab=fallen; **7.** sich ab=wenden (*de qn* von jdm); **8.** *(Weg)* ab=zweigen (*de* von); ▶ *~ les yeux de qc* von etw den Blick wenden.

détail [detaj] *m* **1.** Klein-, Einzelhandel *m;* **2.** vollständige Aufzählung *f;* **3.** Einzelheit *f;* **4.** *fam* Nebensache, Kleinigkeit *f;* **5.** ▶ *au ~* im kleinen; stückweise; *en ~* im einzelnen, ausführlich; genau; **6.** ▶ *entrer dans les ~s* auf (die) Einzelheiten ein=gehen; *faire le ~* im kleinen verkaufen; **7.** ▶ *ne vous attardez pas aux ~s* halten Sie sich nicht mit Einzelheiten auf! *pour plus amples ~s voir...* Näheres siehe...; **8.** ▶ *magasin m de ~* Einzelhandelsgeschäft *n; marchand m au ~* Einzelhändler *m; prix m de ~* Einzelhandelspreis *m.* **détaillant, e** *s m f* u. *a:* ▶ *marchand m ~* Einzelhändler *m.* **détailler** *tr* **1.** zerteilen, zerkleinern; **2.** im kleinen, einzeln verkaufen; **3.** genau erzählen, die Einzelheiten an=geben (*qc* gen), schildern, präzisieren; spezifizieren; ▶ *~ qn des pieds à la tête* jdn von oben bis unten betrachten.

détaler [detale] *itr fam* Reißaus nehmen.

détaxation [detaksasjɔ̃] *f.* **détaxe** *f* Steuersenkung, -ermäßigung, -erleichterung *f.* **détaxer** *tr* die Steuer, Gebühren senken (*qc* für etw).

détecter [detɛkte] *tr* frei=legen, auf=spüren, an=zeigen. **détection** [-sjɔ̃] *f chem radio* Feststellung; ▶ *~ électromagnétique par radar* Funkmeßtechnik *f.* **détective** *m* (Privat-)Detektiv *m.*

déteindre [detɛ̃dʀ] *itr* **1.** verblassen, -schießen; **2.** ab=färben (*sur* auf *acc*) *a. fig.*

dételer [detle] ‹*Prés. je dételle, ns dételons; Fut. je détellerai; pp. dételé, e*› **I.** *tr* **1.** *(Zugtier)* ab=, aus=spannen, ab=schirren; **2.** *loc* ab=kuppeln; **II.** *itr fig:* ▶ *sans ~* ununterbrochen.

détendre [detɑ̃dʀ] ‹*Prés. je détends, ns détendons; Fut. je détendrai; pp. détendu, e; Subj. que je détende, que ns détendions; Impér. détends, détendons*› **I.** *tr* entspannen *a. fig;* **II.** *v prn se ~* **1.** s-e Spannung verlieren, nach=lassen, -geben; **2.** *fig* sich entspannen.

détenir [detniʀ] ‹*Prés. je détiens, ns détenons; Fut. je détiendrai; pp. détenu, e; Subj. que je détienne, que ns détenions*› **1.** *tr* (zurück=)behalten, besitzen, bewahren **2.** gefangen, in Haft halten; **3.** *(Stellung)* inne=haben.

détente [detɑ̃t] *f* **1.** *tech* Arretierung, Sperrung *f;* **2.** *(Gewehr)* Abzug *m;* **3.** *phys* Ausdehnung *f;* **4.** *fig* Entspannung *f;* **5.** *sport* Wurf-, Sprungvermögen *n;* **6.** ▶ *dur à la ~ (fam)* begriffsstutzig; *politique de ~ (pol)* Entspannungspolitik *f.*

détenteur, trice [detɑ̃tœʀ, -tʀis] *s m f* **1.** Besitzer(in *f*), Inhaber(in *f*), Verwahrer(in *f*); **2.** Halter(in *f*) *m (e-s Kraftfahrzeuges);* **3.** ▶ *~ d'animaux* Tierhalter *m; ~ de titre (sport)* Titelinhaber,

-verteidiger *m.* **détention** [-sjɔ̃] *f* **1.** Besitz *m;* **2.** Be-, Zurückhalten *n,* Vorenthaltung *f;* **3.** Inhaftierung, Haft *f;* ▶ ~ *préventive* Untersuchungshaft *f.*

détenu, e [detny] *m f* Häftling *m.*

détergent, e [detɛʀʒɑ̃, -ɑ̃t] **I.** *a med* reinigend; **II.** *s m* Reinigungs-, Wasch-, Spülmittel *n; pl* Detergentien *pl.* **déterger** *tr* reinigen, spülen, waschen.

détérioration [deteʀjɔʀasjɔ̃] *f* Verschlechterung, -schlimmerung, Beschädigung *f.* **détériorer I.** *tr* **1.** verschlechtern, beschädigen; **2.** schaden (*qc* dat); **II.** *v prn se* ~ **3.** sich verschlimmern; **4.** verfallen; schadhaft werden; **5.** *(Lage)* sich verschlechtern.

déterminant, e [detɛʀminɑ̃, -ɑ̃t] *a* bestimmend, ausschlaggebend. **déterminatif** *gram* Bestimmung; *m* Bestimmungswort *n.* **détermination** *f* **1.** Bestimmung *f;* **2.** Entschluß *m.* **déterminé, e** *a* **1.** entschlossen; **2.** bestimmt. **déterminer I.** *tr* **1.** bestimmen, fest=setzen, -legen; ermitteln; **2.** entscheiden; **3.** veranlassen, bewegen (*à* zu); **II.** *v prn se* ~ sich entschließen (*à* zu), sich entscheiden (*à* für).

déterré, e [detɛʀe] *m f;* ▶ *avoir un air de* ~ leichenblaß aus=sehen. **déterrer** *tr* **1.** aus=graben; **2.** *fig* auf=stöbern, aus=findig machen.

détersif, ive [detɛʀsif, -iv] **I.** *a* reinigend; **II.** *s m* Reinigungsmittel *n.*

détestable [detɛstabl] *a* verabscheuungswürdig, abscheulich. **détester** *tr* **1.** verabscheuen; **2.** hassen, nicht aus=stehen können.

détonant, e [detɔnɑ̃, -ɑ̃t] *a* explosiv; Knall-. **détonateur** *m* **1.** Zündkapsel *f;* **2.** *fig* auslösende(s) Element *n.* **détonation** *f* Detonation *f,* Knall *m.* **détoner** *itr* explodieren; knallen. **détonner** *itr* **1.** falsch singen *od* spielen; **2.** *fig* nicht (zuea.) passen; *(Farben)* sich beißen; aus dem Rahmen fallen.

détour [detuʀ] *m* **1.** Biegung, Windung *f;* **2.** Umweg *m; (Verkehr)* Umleitung *f;* **3.** *fig* Ausflucht, -rede *f;* ▶ *sans* ~*s* ohne Umschweife. **détourné, e** *a* **1.** gewunden; versteckt, abgelegen; **2.** *fig* indirekt; ▶ *chemin m* ~ Umweg *m; sens m* ~ Nebenbedeutung *f.* **détournement** *m* **1.** Umleitung *f;* **2.** *jur* Unterschlagung *f;* ▶ ~ *d'avion* Flugzeugentführung *f.* **détourner I.** *tr* **1.** *(Wasserlauf)* ab=leiten; *(Verkehr)* um=leiten; **2.** *(vom Weg)* ab=bringen; **3.** *(Augen, Kopf, Blick)* ab=wenden; **4.** *(Geld)* veruntreuen, unterschlagen; **II.** *v prn se* ~ sich ab=wenden (*de qc, de qn* von etw, von jdm).

détoxication [detɔksikasjɔ̃] *f* Entgiftung *f.* **détoxiquer** *tr* entgiften.

détraqué, e [detʀake] *a* **1.** geistesgestört, -krank; *(Nerven)* zerrüttet; *(Magen)* verdorben; **2.** *tech* in Unordnung, *fam* kaputt. **détraquer** *tr* **1.** in Unordnung bringen, stören; *fam* kaputt=machen; **2.** *(Gesundheit)* zerrütten; *(Magen)* verderben; ▶ *cela lui a* ~*é le cerveau (fig fam)* das hat ihn um den Verstand gebracht.

détrempe [detʀɑ̃p] *f* **1.** Tempera(malerei) *f;* **2.** *tech* Enthärten *n.* **détremper** *tr* **1.** auf=, ein=weichen, ein=, an=rühren; **2.** *(Boden)* aufweichen; **3.** *(Stahl)* enthärten.

détresse [detʀɛs] *f* **1.** Verzweiflung, (Todes-)Angst *f;* **2.** (größte, höchste) Not *f;* Elend *n;* **3.** *mar* Seenot *f.*

détriment [detʀimɑ̃] *m:* ▶ *au* ~ *de* auf Kosten, zum Schaden *gen.* **détritus** [-ty(s)] *m* Abfall, Müll *m.*

détroit [detʀwa] *m* Meerenge *f.*

détromper [detʀɔ̃pe] **I.** *tr* e-s Besseren belehren; **II.** *v prn se* ~ s-n Irrtum einsehen.

détrôner [detʀone] *tr* entthronen *a. fig.*

détruire [detʀɥiʀ] ⟨*Prés. je détruis, ns détruisons; Fut. je détruirai; pp. détruit, e; Subj. que je détruise, que ns détruisions; Impér. détruis, détruisons*⟩ **I.** *tr* zerstören, vernichten, zugrunde richten; **II.** *v prn se* ~ zugrunde gehen; sich das Leben nehmen.

dette [dɛt] *f* **1.** *com* Schuld *f;* **2.** *fig* (moralische) Verpflichtung *f;* ▶ *acquitter, payer, régler une* ~ e-e Schuld bezahlen; *contracter, faire des* ~*s* Schulden machen; *être accablé, criblé de* ~*s* bis an den Hals in Schulden stecken; *recouvrer une* ~ e-e Schuld ein=treiben; ~*hypothécaire* Hypothekenschuld *f;* ~ *publique* Staatsschuld *f.*

deuil [dœj] *m* **1.** Trauer *f;* **2.** Todesfall *m;* **3.** Trauerkleidung *f;* ▶ *être en* ~, *porter le* ~ *de qn* um jdn in Trauer sein.

deux [dø, døz vor Vokal] **I.** *a* zwei; beide; **II.** *s m* Zwei(er *m*) *f;* (der) Zweite; ▶ ~ *mots m pl* einige, wenige Worte; *à* ~ *pas d'ici* ganz nah, in der Nähe; *à* ~ zu zweit; ~ *à* ~ paarweise; *de* ~ *jours l'un, de* ~ *jours en* ~ *jours* e-n um den andern Tag, alle zwei Tage; *en* ~ in zwei Teile; *en* ~ *secondes* im Nu; *les* ~ die beiden; *tous (les)* ~ alle beide; ~*-pièces m inv* zweiteilige(r) Badeanzug *m;* ~*-points m inv* Doppelpunkt *m,* Kolon *n.* **deuxième** [~zjɛm] **I.** *a* zweite(r, s); **II.** *s m* zweite(r) Stock *m; f loc* zweite(r) Klasse *f.* **deuxièmement** *adv* zweitens. **deux-pièces** *m inv* zweiteilige(r) Badeanzug *m;* Zweizimmerwohnung *f;* Zweiteiler *m.* **deux-roues** *m inv* Zweirad *n.*

dévaler [devale] **I.** *itr* hinab=stürzen (*de* von); **II.** *tr* hinunter=stürzen.

dévaliser [devalize] *tr* bestehlen, (aus=) plündern; *fam hum* aus=kaufen.

dévalorisation [devalɔʀizasjɔ̃] *f* Ab-,

Entwertung *f.* **dévaloriser, dévaluer** [-lɥe] *tr* ent-, ab=werten. **dévaluation** [-lɥa-] *f* Abwertung *f.*

devancer [d(ə)vɑ̃se] *tr* ‹*Prés. je devance, ns devançons; Fut. je devancerai; pp. devancé, e*› **1.** voraus=gehen, -eilen (*qn* jdm); voran=gehen (*qc* dat); **2.** überholen; **3.** *fig* überlegen, voraus sein (*qn* jdm); zuvor=kommen (*qn* jdm), überflügeln. **devancier, ère** *m f* Vorgänger(in *f*).

devant [dəvɑ̃] **I.** *prp (örtlich)* vor; *fig* angesichts; ▶ *aller ~ soi* geradeaus gehen; *avoir du temps ~ soi* Zeit haben; **II.** *adv* voraus, -auf; (nach) vorn, voran; ▶ *patte, roue f de ~* Vorderpfote *f*, -rad *n*; *par ~* vorn; voraus; vorn vorbei an; **III.** *s m* Vorderteil *n*, -seite *f*, -sitz *m*, -gebäude *n;* Vordergrund *m (e-s Bildes);* ▶ *sur le ~* nach vorn heraus; *prendre, gagner le(s) devant(s)* voraus=gehen, -eilen, -fahren, e-n Vorsprung gewinnen, zuvor=kommen. **devanture** [-tyʀ] *f* Schaufenster *n;* Auslage *f;* ▶ *regarder les ~s des magasins* e-n Schaufensterbummel machen.

dévastateur, trice [devastatœʀ, -tʀis] *a* verheerend. **dévastation** *f* Verwüstung *f.* **dévaster** *tr* verwüsten, verheeren.

déveine [devɛn] *f* Pech(strähne *f*) *n;* ▶ *avoir de la ~* Pech haben.

développement [devlɔpmɑ̃] *m* **1.** Aus-, Abwickeln *n;* **2.** Wachstum *n;* Entwicklung; Entfaltung *f;* **3.** Auswertung, Steigerung *f;* **4.** Verlauf; Werdegang *m;* **5.** Ausarbeitung, -führung *f;* **6.** *phot* Entwickeln *n;* **7.** *(Fahrrad)* Übersetzung *f;* **8.** ▶ *pays m en voie de ~* Entwicklungsland *n.* **développer I.** *tr* **1.** aus=wickeln, -packen; **2.** entfalten, entwickeln *a. phot;* **3.** *fig* dar=legen, ausea.=setzen; **4.** aus=bauen, -arbeiten; *(Beziehungen)* aus=bauen, -gestalten; **II.** *v prn se ~* sich aus=breiten, sich entwickeln, -falten; e-n Aufschwung nehmen.

devenir [dəv(ə)niʀ] ‹*Prés. je deviens, ns devenons; Fut. je deviendrai; pp. devenu, e; Subj. que je devienne, que ns devenions; Impér. deviens, devenons*› **I.** *itr* werden; **II.** *s m* Werden *n;* ▶ *ne savoir que ~* nicht wissen, was (aus e-m) werden soll; *que devenez-vous?* was machen, treiben Sie (denn)? *qu'est devenu mon chapeau?* wo ist mein Hut hingekommen?

dévergondé, e [devɛʀgɔ̃de] **I.** *a* ausschweifend; **II.** *s m f* schamlose(r) Mensch *m.* **dévergonder** *v pr se ~ n* alle Scham verlieren, sich Ausschweifungen hin=geben.

déversement [devɛʀsəmɑ̃] *m* Überlaufen, *(Öl)* Ablassen *n.* **déverser I.** *tr* (er)gießen, aus=schütten *a. fig;* **II.** *v prn se ~* sich ergießen; ab=fließen; ▶ *~ qc sur qn* jdn mit etw überschütten, -häufen; *~ sur le marché* auf den Markt werfen. **déversoir** *m* Überlauf; Sammler *m.*

dévêtir [deve(ɛ)tiʀ] ‹*Prés. je dévêts, ns dévêtons; Fut. je dévêtirai; pp. dévêtu, e; Subj. que je dévête, que ns dévêtions; Impér. dévêts, dévêtons*› **I.** *tr* aus=kleiden, -ziehen; **II.** *v prn se ~* sich entkleiden.

déviation [devjasjɔ̃] *f* **1.** *phys* Ablenkung, Abweichung *f;* (Zeiger-)Ausschlag *m;* **2.** *med* Verlagerung, Mißbildung *f;* **3.** Umleitung; Umgehungsstraße *f.* **déviationnisme** *m pol* Abweichlertum *pol* Abweichlertum *n.* **déviationniste** *m f pol* Abweichler(in *f*) *m.*

dévider [devide] *tr (Garn)* ab=haspeln, -wickeln.

dévier [devje] **I.** *itr* **1.** ab=weichen (*de* von) *a. fig;* **2.** *fig* e-e andere Richtung nehmen; **3.** *(Zeiger)* ausschlagen; **II.** *tr* **4.** *(Verkehr)* um=leiten; **5.** *(Strahlen)* ab=lenken.

devin, devineresse [dəvɛ̃, dəvinʀɛs] *m f* Wahrsager(in *f*), Seher(in *f*) *m;* ▶ *je ne suis pas ~ (fam)* das konnte ich nicht ahnen. **deviner** [-ine] *tr* **1.** vorher=sehen, -sagen; **2.** ahnen, (er)raten; durchschauen, heraus=bekommen; ▶ *je vous le donne à ~* das raten Sie nicht; *vous devinez le reste* das übrige können Sie sich denken. **devinette** *f* Rätsel *n;* ▶ *poser une ~* ein Rätsel auf=geben.

devis [dəvi] *m* Kostenanschlag; ▶ *établir un ~* e-n Kostenvoranschlag machen.

dévisager [devizaʒe] ‹*Prés. je dévisage, ns dévisageons; Fut. je dévisagerai; pp. dévisagé, e*› *tr* scharf an=sehen; an=gaffen, -starren.

devise [dəviz] *f* **1.** Devise *f*, Wahlspruch *m*, Motto *n;* **2.** *pl* Devisen *f pl*, ausländische Zahlungsmittel *n pl;* ▶ *cours m des ~s* Devisenkurs *m.*

dévisser [devise] **I.** *tr* ab=schrauben; **II.** *itr* **1.** *(Bergsteiger)* ab=stürzen; **2.** *arg* abhauen.

dévoiler [devwale] **I.** *tr* entschleiern, enthüllen, auf=decken *a. fig;* **II.** *v prn se ~* sich entschleiern; *fig* ans Licht kommen.

devoir [dəvwaʀ] ‹*Prés. je dois, ns devons; Fut. je devrai; pp. dû, e; Subj. que je doive, que ns devions; Impér. dois, devons*› **I.** *tr* **1.** schulden, schuldig sein; **2.** verdanken (*de* daß); **3.** müssen, haben zu; sollen; **II.** *s m* **4.** Pflicht, Schuldigkeit *f;* **5.** Schulaufgabe, -arbeit *f;* ▶ *ne pas ~* nicht dürfen; *accomplir, faire, remplir son ~* s-e Pflicht tun; *manquer à son ~* s-e Pflicht versäumen *je m'en fais un ~* ich betrachte es als meine Pflicht; *cela se doit* das gehört sich.

dévolu, e [devɔly] **I.** *a jur* zugefallen; übertragen; **II.** *s m:* ▶ *jeter son ~ sur* *qc (fam)* auf e-e S sein Auge werfen; etw für sich beanspruchen.

dévorant, e [devɔʀɑ̃, -ɑ̃t] *a* **1.** *(Feuer)* verheerend; **2.** *fig* verzehrend; unersättlich; ► *fam f ~e* Bären-, Heißhunger *m.*

dévorer *tr* **1.** verschlingen; fressen; **2.** *(Vermögen)* durchbringen; **3.** *(Zeit, Geld)* kosten; **4.** *(Buch)* verschlingen; **5.** *(Kilometer)* fressen; ► *~ des yeux* mit den Augen verschlingen.

dévot, e [devo, -ɔt] **I.** *a* fromm; frömmelnd; **II.** *s m f* Fromme(r); Frömmler *m.* **dévotion** [-sjɔ̃] *f* **1.** Frömmigkeit *f;* **2.** *pl* Andacht *f;* ► *à la ~~ de* völlig ergeben *dat; faire ses ~s* s-n religiösen Pflichten nachkommen.

dévoué, e [devwe] *a* ergeben. **dévouement** [-vumɑ̃] *m* Aufopferung (*à qn, qc* für jdn, etw); Hingebung *f;* **dévouer** [-vwe] *v prn se ~* sich (auf=)opfern; sich widmen.

dévoyé, e [devwaje] *m f* auf die schiefe Bahn geratener junger Mensch *m.* **dévoyer** ‹*Prés. je dévoie, ns dévoyons; Fut. je dévoierai; pp. dévoyé, e*› **I.** *tr (Waggon)* fehlleiten; **II.** *v prn se ~* auf Abwege geraten.

dextérité [dɛksteʀite] *f* Geschicklichkeit, Fingerfertigkeit; Gewandtheit *f a. fig.*

dextrose [dɛkstʀoz] *m* Traubenzucker *m.*

dia [dja] *interj* hü *(links).*

diabète [djabɛt] *m* Zuckerkrankheit *f.* **diabétique** **I.** *a* diabetisch; **II.** *s m f* Diabetiker(in *f*) *m,* Zuckerkranke(r *m*) *f.*

diable [djɑ(a)bl] *m* **1.** Teufel, Satan *m;* **2.** ► *à la ~* flüchtig, oberflächlich; *~ vauvert* sehr weit (weg); *comme un (beau) ~* wie ein Verrückter; *du ~, de tous les ~s, comme tous les ~s* verteufelt, furchtbar, schrecklich; *en ~~* verdammt *adv,* sehr; *~ de* verteufelt, Teufels-; **3.** ► *avoir le ~ au corps* den Teufel im Leibe haben; *tirer le ~ par la queue* am Hungertuch nagen; **4.** ► *~!* zum Teufel! *au ~!* zum Henker (mit)! verdammt! verflucht! *le ~ est déchaîné* der Teufel, die Hölle ist los; *le ~ s'en mêle* das geht nicht mit rechten Dingen zu; *bon ~* gutmütige(r) Kerl *m; pauvre ~* arme(r) Teufel *od* Schlucker *m.* **diablement** [-blə-] *adv* verdammt. **diablerie** *f* Ungezogenheit; Teufelei *f;* Streich *m.* **diablesse** *f* Teufelin *f,* Teufelsweib *n.* **diablotin, e** [-blɔtɛ̃, -in] *m f* Teufelchen *n;* kleine(r) Schalk; *m.*

diabolique [djabɔlik] *a* diabolisch, teuflisch.

diadème [djadɛm] *m* Diadem *n.*

diagnose [djagnoz] *f med* Diagnose *f.* **diagnostic** [-gnɔs-] *m med* Diagnostik *f.* **diagnostiquer** *tr* diagnostizieren.

diagonal, e [djagɔnal] **I.** *a* diagonal; **II.** *s f* Diagonale *f.*

diagramme [djagʀam] *m* Diagramm *n.*

dialectal, e [djalɛktal] *a* mundartlich. **dialecte** *m* Dialekt *m,* Mundart *f.* **dialectique** **I.** *a* dialektisch; **II.** *s f* Dialektik *f.* **dialectologie** *f* Mundartenforschung *f.*

dialogue [djalɔg] *m* Dialog *m,* Gespräch *n; inform* Dialog *m;* ► *~ interactif (inform)* interaktive(r) Dialog *m.* **dialoguer** [-ge] **I.** *itr fam* sich unterhalten; diskutieren, *inform* kommunizieren (*avec* mit); **II.** *tr* in Dialogform kleiden. **dialoguiste** [-gist] *m film* Dialogautor *m.*

diamant [djamɑ̃] *m* Diamant *m;* ► *~ de vitrier* Glaserdiamant *m.* **diamantaire** [-tɛr] *m* Diamantschleifer, -händler *m.* **diamanté, e** *a* mit Diamanten besetzt. **diamantifère** *a* diamantenhaltig.

diamétral, e [djametʀal] *a math* Durchmesser-. **diamétralement** *adv* diametral. **diamètre** *m* Durchmesser *m.*

diapason [djapazɔ̃] *m* Stimmgabel, -pfeife *f; mus* Kammerton *m;* ► *se mettre au ~ de qn* sich auf jdn ein=stellen.

diaphane [djafan] *a* durchscheinend, -sichtig, transparent.

diaphragme [djafʀagm] *m* **1.** *anat* Zwerchfell *n;* **2.** *tele* Membran(e) *f;* **3.** *phot* Blende *f; (Verhütungsmittel)* Pessar *n.*

diapositive [djapozitiv] *f phot* Diapositiv *n;* ► *passer des ~s en couleur* Farbdias vorführen.

diarrhée [djaʀe] *f* Durchfall *m.*

diascope [djaskɔp] *m* Diaprojektor *m.* **diathèque** [-tɛk] *f* Diapositivsammlung *f.*

diatonique [djatɔnik] *a mus* diatonisch.

diatribe [djatʀib] *f* heftige Kritik; Schmähschrift *f.*

dictaphone [diktafɔn] *m* Diktiergerät *n.*

dictateur [diktatœʀ] *m* Diktator *m.* **dictatorial, e** [-tɔʀjal] *a* diktatorisch. **dictature** *f* Diktatur *f.*

dictée [dikte] *f* Diktat *n,* Nachschrift *f;* ► *sous la ~ de* unter dem Zwang *gen; prendre qc sous la ~* etw nach Diktat schreiben. **dicter** *tr* **1.** diktieren; vor=schreiben; **2.** *fig* ein=geben.

diction [diksjɔ̃] *f* Vortrag(sweise *f*) *m.*

dictionnaire [-ksjɔnɛʀ] *m* Wörterbuch, Lexikon *n;* ► *consulter le ~* im Wörterbuch nach=schlagen; *~ de poche* Taschenwörterbuch *n.*

dicton [diktɔ̃] *m* sprichwörtliche Redensart *f.*

didactique [didaktik] *a* didaktisch. **didacticiel** [didaktisjɛl] *m (inform)* Lehrprogramm *n.*

dièse [djɛz] *m mus* Kreuz *n;* ► *do ~* Cis, cis *n.*

diesel [djezɛl] *m* Dieselmotor *m,* -fahr-

zeug *n*.
diète [djɛt] *f* **1.** Diät; Schonkost *f;* **2.** Reichs-, Bundes-, Landtag *m;* ▶ *être à la ~* diät leben; *~ végétale* vegetarische Kost *f*.
diététicien, -ne [djetetisjɛ̃, -ɛn] *m* Diätetiker(in *f*) *m*. **diététique I.** *a* diätetisch; **II.** *s f* Diätetik *f*.
Dieu [djø] *m* Gott; *~x* (heidnerischer) Gott *m*, Gottheit *f;* ▶ *pour l'amour de ~* um Gottes willen; *croire en* od *à ~* an Gott glauben; *~ (en) soit loué, ~ merci* gottlob.
diffamant, e [difamɑ̃, -ɑ̃t] *a* verleumderisch, ehrenrührig; Schmäh-. **diffamateur, trice** [-fa-] *m f* Verleumder(in *f*) *m*. **diffamation** *f* Verleumdung, üble Nachrede *f*. **diffamatoire** *a* verleumderisch. **diffamer** *tr* verleumden; diffamieren.
différemment [difeʀamɑ̃] *adv* verschieden, anders (*de* als). **différence** *f* Unterschied *m*, Differenz; Abweichung *f;* ▶ *à la ~ de* im Unterschied zu; zum Unterschied von; *~ de niveau* Höhenunterschied *m;* *~ de prix* Preisunterschied *m;* *~ de température* Temperaturunterschied *m*, -schwankung *f*. **différenciation** *f* Unterscheidung; Differenzierung *f*. **différencier** *tr* unterscheiden, differenzieren.
différend [difeʀɑ̃] *m* Streit(fall) *m*, Meinungsverschiedenheit *f;* ▶ *porter un ~ en justice* e-n Streitfall vor Gericht bringen; *régler un ~* e-n Streit schlichten.
différent, e [difeʀɑ̃, -t] *a* verschieden, unterschiedlich, abweichend; ▶ *c'est ~* das ist etw anderes; *à ~es reprises* wiederholt, mehrfach *adv;* *tout à fait ~* grundverschieden. **différentiel, le** [-sjɛl] **I.** *a math phys* Differential-; **II.** *s m mot* Ausgleichsgetriebe, Differential; *f math* Differential *n;* ▶ *calcul m ~* Differentialrechnung *f*. **différentier** [-sje] *tr math* differenzieren.
différer [difeʀe] ⟨*Prés. je diffère, ns différons; Fut. je différerai; pp. différé, e*⟩ **I.** *tr* **1.** auf=, verschieben; verzögern; **2.** *(Zahlung)* anstehen lassen; **II.** *itr* verschieden(er Meinung) sein, vonea. ab=weichen; *~* ▶ *du tout au tout* grundverschieden sein.
difficile [difisil] *a* **1.** schwer, schwierig, mühsam; **2.** schwer zu behandeln(d), schwierig *(im Umgang);* **3.** empfindlich; wählerisch; ▶ *il fait le ~* ihm ist nichts recht zu machen. **difficulté** [-kylte] *f* **1.** Schwierigkeit *f;* **2.** ▶ *sans ~* ohne Schwierigkeit, reibungslos, glatt; ohne weiteres; **3.** ▶ *aplanir une ~* e-e Schwierigkeit beheben; *entraîner des ~s* Schwierigkeiten mit sich bringen; *être, se trouver en ~s* sich in Schwierigkeiten befinden; *se heurter, se cogner à des ~s, rencontrer des ~s* auf Schwierigkeiten *(acc)* stoßen; *faire, soulever, susciter des ~s à qn* jdm Schwierigkeiten machen; *présenter des ~s* Schwierigkeiten bieten; **4.** ▶ *~ de paiement* Zahlungsschwierigkeit *f*.
difforme [difɔʀm] *a* mißgestaltet, unförmig, häßlich. **difformité** *f* Mißbildung, Unförmigkeit *f*.
diffracter [difʀakte] *tr phys (Licht)* brechen. **diffraction** [-sjɔ̃] *f* (Licht-)Brechung *f*.
diffus, e [dify, -yz] *a* **1.** *(Licht)* diffus, zerstreut; **2.** *(Stil)* verschwommen. **diffuser** *tr* **1.** *phys* zerstreuen, aus=, verbreiten, ausstrahlen, übertragen, senden; **2.** *(Schrift)* verbreiten, verteilen. **diffuseur** *m* **1.** Lichtschirm *m;* **2.** Lautsprecher *m;* **3.** Verbreiter *m*. **diffusion** *f* **1.** Aus-, Verbreitung *f;* **2.** Streuung *f;* **3.** Verteiler *m;* **4.** (Rundfunk-)Übertragung, Sendung *f;* ▶ *~ en direct* Live-Sendung *f*.
digérer [diʒeʀe] ⟨*Prés. je digère, ns digérons; Fut. je digérerai; pp. digéré, e*⟩ *tr* **1.** verdauen; **2.** *fig* verarbeiten, *fam* verkraften; ertragen; **3.** *(Beleidigung)* hinunter=schlucken; *(Behauptung)* hin=nehmen.
digeste [diʒɛst] *a* leicht verdaulich. **digestif, ive I.** *a* Verdauungs-; **II.** *s m* Verdauungsschnaps *m*. **digestion** [-stjɔ̃] *f* Verdauung; ▶ *être d'une ~ pénible* schwer verdaulich sein *a. fig*.
digital, e [diʒital] **I.** *a* Finger-; **II.** *s f bot* Fingerhut *m;* ▶ *empreinte f ~e* Fingerabdruck *m; inform* digital; ▶ *code m ~ (inform)* Binärcode *m*. **digitalisé, e** *a inform* digitalisiert. **digitaliser** *tr inform* digitalisieren. **digitaliseur** *m inform* Digital-Analog-Wandler *m*.
digne [diɲ] *a* wert, würdig, würdevoll; ehrenwert; ▶ *~ d'admiration* bewundernswert; *~ de foi* glaubwürdig, -haft. **dignitaire** *m* Würdenträger *m*. **dignité** *f* Würde *f;* Ehrenamt *n*.
digression [digʀɛsjɔ̃] *f* **1.** Abschweifung *f;* **2.** *astr* Digression *f*.
digue [dig] *f* **1.** Deich, Damm *m;* **2.** *fig* Schranke *f;* ▶ *élever une ~* e-n Damm auf=schütten; *fig* e-e Schranke errichten (*contre* gegen).
dilapidation [dilapidasjɔ̃] *f* Verschwendung, Vergeudung *f*. **dilapider** *tr* verschwenden, vergeuden.
dilatation [dilatasjɔ̃] *f phys* (Aus-)Dehnung; Ausweitung, Erweiterung *f*. **dilater I.** *tr* **1.** *phys* (aus=)dehnen; aus=weiten, erweitern; **2.** *fig (Herz)* erfreuen; **II.** ▶ *se ~* sich (aus=)dehnen; weit werden. **dilatoire** *a* aufschiebend; dilatorisch.
dilemme [dilɛm] *m* Dilemma *n*.
dilettante [dilɛtɑ̃t] *m* Dilettant, Liebhaber *m*. **dilettantisme** *m* Liebhaberei *f*.

diligence [diliʒɑ̃s] *f* Eifer *m*, Schnelligkeit *f*; ► *à la ~ de (jur)* auf Betreiben *gen*; *faire ~* sich beeilen. **diligent, e** [-ʒɑ̃, -ɑ̃t] *a* eifrig, tätig; flink.
diluer [dilɥe] *tr* verwässern *a. fig.* **dilution** [-ysjɔ̃] *f* **1.** (Auf-)Lösung *f*; **2.** *fig* Verwässerung *f*.
diluvien, ne [dilyvjɛ̃, -ɛn] *a* Sintflut-; ► *pluie f ~ne* Wolkenbruch *m*.
dimanche [dimɑ̃ʃ] *m* **1.** Sonntag *m*; ► *le ~* sonntags, am Sonntag; *(les) ~s et jours de fête* an Sonn- u. Feiertagen; **2.** ► *s'habiller en ~* sich sonntäglich an=ziehen; **3.** ► *chasseur, chauffeur, peintre m du ~* Sonntagsjäger, -fahrer, -maler *m*; *habits m du ~* Sonntagskleider *n pl*; *~ des Rameaux* Palmsonntag *m*.
dîme [dim] *f hist* Zehnt(e) *m (Steuer)*.
dimension [dimɑ̃sjɔ̃] *f* **1.** Dimension, Ausdehnung *f*; **2.** Maß(stab) *m*; **3.** *fig* Ausmaß, Format *n*; ► *à trois ~s* dreidimensional; *prendre les ~s de qc* etw ab=messen; *de qn* jdn ein=schätzen.
diminué, e [diminɥe] **I.** *a* **1.** *arch* sich verjüngend; **2.** *mus* vermindert; **3.** *(Mensch)* gesundheitlich geschwächt; **II.** *s m*: ► *~ physique* Körperbehinderte(r) *m*. **diminuer I.** *tr* **1.** verringern, vermindern, verkleinern; **2.** beeinträchtigen, benachteiligen; schmälern; **3.** *com* herab=setzen, ab=bauen, senken, ermäßigen; **4.** *(Ausgaben)* ein=schränken; ► *~ qn* jdn herabsetzen; jds Gehalt kürzen; **II.** *itr* **5.** kleiner, schwächer, geringer, billiger werden; **6.** sich verringern; ab=nehmen; nach=lassen; ► *~ les prix* die Preise senken; *~ de vitesse* langsamer werden; *la demande diminue* die Nachfrage läßt nach, nimmt ab.
diminutif, ive [-ny-] **I.** *a gram* Verkleinerungs-; **II.** *s m* Verkleinerungsform *f*. **diminution** [-ysjɔ̃] *f* **1.** Verringerung, Verminderung, Verkleinerung, -kürzung *f*; **2.** *com* Herabsetzung, Senkung *f*, Abbau *m*; Ermäßigung *f*; **3.** *arch* Verjüngung *f*; **4.** *(Mensch)* Erniedrigung *f*; ► *accuser, subir une ~* e-e Verminderung, e-n Rückgang erfahren; *~ des appointements, des traitements* Gehaltskürzung *f*, -abbau *m*; *~ des dépenses* Kostensenkung *f*; *~ des impôts* Steuersenkung, -ermäßigung *f*; *~ de la natalité* Geburtenrückgang *m*; *~ de la population* Bevölkerungsrückgang *m*; *~ de prix* Preissenkung, -ermäßigung *f*, -abschlag *m*; *~ des salaires* Lohnabbau *m*; *~ de la valeur* Wertminderung *f*.
dinde [dɛ̃d] *f* Pute *a. fig fam*, Truthenne *f*. **dindon** *m* **1.** Puter, Truthahn *m*; **2.** *fig fam* Gimpel, Einfaltspinsel *m*. **dindonneau** *m* junge(r) Puter *m*.
dîner [dine] **I.** *itr* zu Abend essen; speisen, dinieren; **II.** *s m* Abendessen; Diner *n*; ► *donner à ~* ein Essen geben; *~ de gala* Festessen, Bankett *n*. **dînette** *f* **1.** Kinder-, Puppenmahlzeit *f*; **2.** kleine(s) Mittagessen *n*.
dingo [dɛ̃go] **I.** *s m zoo* Wildhund *m*; **II.** *a arg* plemplem, verrückt; **III.** *s m* Verrückte(r *m*) *f*. **dinguer** [-ge] *itr: arg* ► *envoyer ~* zum Teufel jagen; wegwerfen.
diocésain, e [djɔsezɛ̃, -ɛn] **I.** *a rel* Diözesan-; **II.** *s m f* Diözesan *m*. **diocèse** *m* Diözese *f*.
diode [djɔd] *f radio* Diode *f*.
dionysiaque [dionizjak] *a* dionysisch.
dioptrie [djɔptʀi] *f opt* Dioptrie *f*.
diphtérie [difteʀi] *f med* Diphtherie *f*.
diphtonque [diftɔ̃g] *f* Diphthong, Doppellaut *m*.
diplomate [diplɔmat] **I.** *s m f* Diplomat(in *f*) *m*; **II.** *a* diplomatisch; *femme f ~* Diplomatin *f*. **diplomatie** [-si] *f* Diplomatie *f*. **diplomatique** *a* diplomatisch; Urkunden-.
diplôme [diplom] *m* Urkunde *f*, Diplom, Zeugnis *n*; **diplômé, e** *a* staatlich geprüft, Diplom-.
dire [diʀ] ‹*Prés. je dis, ns disons, vs dites; Fut. je dirai; pp. dit, e; Subj. que je dise, que ns disions; Impér. dis, disons, dites*› **I.** *tr* **1.** sagen, reden, sprechen; **2.** her=, auf=sagen, vor=tragen; **3.** *rel (Messe)* lesen; **4.** nennen; erzählen; äußern, aus=sprechen; weiter=sagen; **5.** behaupten; **6.** mit=teilen; **7.** befehlen (*de faire qc* etw zu tun); **8.** meinen; **9.** dagegen sagen, aus=setzen (*à* an *dat*); **10.** besagen, aus=drücken, zum Ausdruck bringen; **II.** *s m* **11.** Reden *n*; Aussage, Behauptung *f*; **12.** Gerede *n*; **13.** jur Aussage, Äußerung *f*; **14.** Bericht *m*; **15** à vrai ~, à ~ vrai um die Wahrheit zu sagen; eigentlich; offen gestanden; ► *au ~ de, selon le ~ de* wie ... sagt, behauptet; *aussitôt dit, aussitôt fait* gesagt, getan; *autrement dit* mit andern Worten; *pour ainsi ~* sozusagen, gewissermaßen; *pour tout ~* kurz (u. gut); *proprement dit* genaugenommen; *sans mot ~* ohne ein Wort zu sagen; **16.** ► *vouloir ~* bedeuten; *~ bien des choses à qn* jdm herzliche Grüße aus=richten; *~ son mot* etw sagen; *ne ~ mot* keinen Ton, nichts sagen; *~ que* wenn man bedenkt, daß; **17.** ► *disons (com)* in Worten; *disons-le* gestehen wir es; *dis? dites?* nicht wahr? *vous dites?* wie bitte? *dites donc!* sagen, hören Sie mal! *on dirait, aurait dit (de)* man sollte meinen; man möchte sagen; *dit-on* so sagt man; *il n'y a pas à ~* dagegen ist nichts zu sagen; *vous avez beau ~, c'est bientôt dit* das ist leicht gesagt; *c'est (bien) dit, voilà qui est dit* abgemacht! einverstanden! *qu'est-ce à ~?* was soll das heißen, bedeuten? *ce n'est pas pour ~* das soll nicht heißen; *pour mieux ~,*

disons mieux besser gesagt; *vous m'en direz tant!* jetzt verstehe ich! *c'est tout ~, cela dit tout* dazu ist nichts zu sagen; damit ist alles gesagt; *tout n'est pas encore dit* das ist noch nicht alles; *ce qui est dit est dit* dabei bleibt's; *quoi qu'on (en) dise* was man auch immer sagen möge; *il n'y a rien de dit* es ist nichts gesagt worden; *cela va sans ~* das versteht sich von selbst; *vous l'avez dit* so ist es; **18.** ▶ *qu'en dira-t-on m* Gerede *n* der Leute; *~ d'experts (jur)* Sachverständigengutachten *n.*

direct, e [diʀɛkt] *a* **1.** direkt, unmittelbar, gerade; **2.** *fig* offen; ▶ *s m (Boxen) ~ du droit (gauche)* rechte(r), (linker) Gerade(r) *m; train m ~ (loc)* Eilzug *m.*

directeur, -trice I *s m f* **1.** Direktor(in *f*), Präsident(in *f*); Leiter(in *f*) *m;* **2.** *f tele* Voramt *n;* **3.** *(Mode)* Direktrice *f;* **II.** *a* leitend; Richt-; ▶ *idée f ~rice* Leitgedanke *m; ~ commercial* kaufmännische(r) Leiter *m; ~ de conscience, spirituel* Beichtvater *m; ~ général* Generaldirektor *m; ~ gérant* geschäftsführende(r) Direktor *m; ~ du personnel* Personalchef *m; ~ de production (film)* Produktionsleiter *m; ~ du service commercial, de vente* Verkaufsleiter, -direktor *m.* **direction** [-sjõ] *f* **1.** Leitung, Führung; Lenkung; Verwaltung; Direktion *f;* Geschäftsleitung, -führung *f;* **2.** Stelle *f,* Büro *n* e-s Direktors; **3.** Richtlinie, Anweisung, Direktive *f;* **4.** Richtung *f;* **5.** *fig* Wendung *f;* **6.** *mar* Kurs; *mot* Steuerung *f;* **7.** ▶ *dans la ~ de, en ~ de* in Richtung auf; *dans toutes les ~s* in allen Richtungen, nach allen Seiten; *pour quelle ~?* in welcher Richtung? *sous la ~ de* unter der Leitung *gen;* **8.** ▶ *changer de ~* die Richtung ändern, (ab≈) schwenken; *être chargé de la ~* mit der Führung beauftragt sein; *prendre la ~* die Führung übernehmen; die Richtung ein≈schlagen (*de* nach); **9.** ▶ *changement m de ~* Richtungsänderung *f; comité m de ~* Vorstand *m; flèche f de ~* (Fahrt-)Richtungsanzeiger *m; ~ des besoins* Bedarfslenkung *f; ~ des capitaux* Kapitallenkung *f; ~ générale* Generaldirektion, Hauptverwaltung *f; ~ des travaux* Bauleitung *f.* **directive** *f (meist pl)* Direktive, Richtlinie, Weisung *f.* **directoire** *m* Direktorium *n,* Verwaltungsrat *m.* **directorial, e** *a* Direktions-.

dirigé, e [diʀiʒe] *a tele* gerichtet; ▶ *économie f ~e* gelenkte Wirtschaft, Planwirtschaft *f; loisirs m pl ~s* Freizeitgestaltung *f.* **dirigeable I.** *a* lenkbar; **II.** *s m* lenkbare(s) Luftschiff *n,* Zeppelin *m.* **dirigeant, e I.** *a* leitend; **II.** *s m* Leiter, Führer *m; pl* Führungskräfte *f pl,* führende Persönlichkeiten *f pl;* ▶ *maladie f des ~s* Managerkrankheit *f.* **diriger** ‹*Prés. je dirige, ns dirigeons; Fut. je dirigerai; pp. dirigé, e; Subj. que je dirige, que ns dirigions; Impér. dirige, dirigeons*› **I.** *tr* **1.** lenken, leiten, steuern, führen; **2.** dirigieren; an der Spitze stehen (*qc* gen); **3.** *(Blick)* richten *(sur, vers* auf *acc);* **4.** *(Fracht)* schicken (*sur, vers* nach); **5.** *(Verkehr)* regeln; **II.** *v prn se ~* sich wenden, s-e Schritte lenken (*vers* zu), *(Weg)* führen (*vers* nach); *aero* an≈fliegen (*vers qc* etw). **dirigisme** *m* Planwirtschaft *f.* **dirigiste** *m* Vertreter, Anhänger *m* der Planwirtschaft.

discernable [disɛʀnabl] *a* erkennbar. **discernement** [-nə-] *m* Unterscheidung(svermögen *n*); Einsicht; Urteils-, *jur* Zurechnungsfähigkeit *f;* ▶ *agir sans ~* sich der Tragweite s-r Handlungen nicht bewußt sein. **discerner** *tr* **1.** unterscheiden; **2.** deutlich sehen; **3.** erkennen, bemerken, fest≈stellen.

disciple [disipl] *m* Schüler, Jünger, Anhänger *m.* **disciplinaire** *a* disziplinarisch; Disziplinar-. **discipline** *f* **1.** (Lehr-, Unterrichts-)Fach *n;* Zweig *m* der Wissenschaft; **2.** Disziplin, Zucht; ▶ *~ de vote (parl)* Fraktionszwang *m.* **discipliner** *tr* disziplinieren, an Zucht gewöhnen.

discobole [diskɔbɔl] *m* Diskuswerfer *m.*

discontinu, e [diskõtiny] *a* **1.** *(Linie)* unterbrochen; **2.** unzs.hängend, zs.hanglos. **discontinuer** [-nɥe] *tr:* ▶ *sans ~* ununterbrochen *adv.* **discontinuité** [-nɥi-] *f* **1.** Zs.hanglosigkeit *f;* **2.** Unterbrechung *f.*

discophile [diskɔfil] *m* Schallplattenfreund *m.*

discordance [diskɔʀdɑ̃s] *f* **1.** Meinungsverschiedenheit *f;* Mangel *m* an Übereinstimmung, Unvereinbarkeit *f;* **2.** *mus* Disharmonie. **discordant, e** *a* **1.** *mus* disharmonisch; **2.** verstimmt; **3.** nicht aufea. abgestimmt, nicht zuea. passend, unvereinbar; ▶ *note f ~e* Mißklang *m.* **discorde** *f* Zwietracht, Uneinigkeit *f;* ▶ *pomme f de ~* Zankapfel *m.*

discothécaire [diskɔtekɛʀ] *m f* Schallplattenarchivar(in *f*) *m;* **discothèque** *f* Schallplattenschrank *m,* -sammlung *f;* Diskothek *f.*

discoureur, se [diskuʀœʀ, -øz] *m f* Schwätzer(in *f*). **discourir** ‹*Prés. je discours, ns discourons; Fut. je discourrai; pp. discouru,* ›› *itr* (lang u. breit) reden, schwatzen *(de* über *acc).* **discours** [-kuʀ] *m* **1.** Rede; Ausführung, Ansprache; Abhandlung *f;* **2.** (Schul-)Aufsatz *m;* **3.** *gram* Rede *f;* ▶ *faire, prononcer un ~* e-e Rede halten; *partie du ~ (gram)* Wortart *f; ~ de clôture, d'ouverture* Schluß-, Eröffnungsansprache *f; ~ direct, indirect (gram)* direkte,

indirekte Rede *f*; ~ *de réception* Begrüßungsansprache, -rede *f*.
discourtois, e [diskuʀtwa, -az] *a* unhöflich.
discrédit [diskʀedi] *m com allg* Mißkredit *m*; ► *jeter le* ~ *sur qn* jdn in Mißkredit bringen; *tomber en* ~ in Mißkredit geraten. **discréditer** [-te] *tr* in Mißkredit bringen.
discret, ète [diskʀɛ, -ɛt] *a* **1.** diskret, zurückhaltend; taktvoll; **2.** verschwiegen; **3.** unauffällig. **discrétion** *f* **1.** Diskretion, Zurückhaltung *f*; **2.** Umsicht; **3.** Verschwiegenheit *f*; ► *à* ~ nach Belieben; *à la* ~ *de qn* nach jds Ermessen.
discrimination [diskʀiminasjɔ̃] *f* **1.** *lit* Unterscheidung(svermögen *n*); **2.** Diskriminierung *f*; ► ~ *raciale* Rassendiskriminierung *f*. **discriminer** *tr* diskriminieren.
disculpation [diskylpasjɔ̃] *f* Entlastung *f*. **disculper** *tr* freisprechen; *se* ~ sich rechtfertigen.
discussion [diskysjɔ̃] *f* **1.** Diskussion; Erörterung *f*; **2.** Ausea.setzung *f*, Wortwechsel, Streit *m*; **3.** *fam* Gespräch *n*, Unterhaltung *f*; **4.** ► *mettre en* ~ zur Sprache bringen; *ouvrir une* ~ e-e Aussprache eröffnen; *provoquer, déclencher une* ~ e-e Diskussion hervor=rufen; **5.** ► *la* ~ *porte, roule sur* die Diskussion dreht sich um; *cela est sujet à* ~ darüber läßt sich streiten; **6.** ► ~ *budgétaire* Haushaltsdebatte *f*; ~ *de groupe* Gruppendiskussion *f*; ~ *salariale* Lohnverhandlung *f*. **discutable** *a* bestreitbar, anfechtbar, fraglich. **discuté, e** *a* umstritten. **discuter I.** *tr* diskutieren, erörtern, besprechen (*de qc* etw, *qc avec qn* etw mit jdm); **II.** *itr* verhandeln (*sur* über *acc*); widersprechen; ► ~ *le coup (fam)* e-n kleinen Schwatz halten.
disert, e [dizɛʀ, -ʀt] *a* (rede)gewandt.
disette [dizɛt] *f* **1.** (Hungers-)Not; Knappheit *f*; **2.** *fig* Mangel *m (de* an*)*.
diseur, se [dizœê, -øz] *m f* Vortragskünstler(in *f*) *m*.
disgrâce [disgʀas] *f* **1.** Ungnade; **2.** Schwerfälligkeit; Plumpheit *f*; ► *tomber en* ~ in Ungnade fallen. **disgracié, e** [-gʀɑ(a)-] *a* **1.** in Ungnade gefallen; **2.** *fig* stiefmütterlich behandelt (*de, par* von). **disgracier** *tr* s-e Gunst entziehen (*qn* jdm). **disgracieux, se** *a* reizlos; ungefällig, unschön; plump.
disjoindre [dizʒwɛ̃dʀ] ⟨*Prés. je disjoins, ns disjoignons; Fut. je disjoindrai; pp. disjoint, e; Subj. que je disjoigne, que ns disjoignions; Impér. disjoins, disjoignons*⟩ **I.** *tr* trennen; ausea.=nehmen; **II.** *v prn se* ~ aus den Fugen gehen.
disjoncteur [dizʒɔ̃ktœʀ] *m el* Schutzschalter *m*. **disjonctif, ive** *a gram* disjunktiv. **disjonction** [-sjɔ̃] *f* (Ab-)Trennung; Ausklammerung *f*.
dislocation [dislɔkasjɔ̃] *f* **1.** Ausea.nehmen, -fallen; Zerlegen *n*; **2.** *med* Aus-, Verrenkung *f*; **3.** *(Demonstration)* Auflösung *f*. **disloquer I.** *tr* **1.** ausea.=nehmen, -reißen; zerlegen; **2.** *med* aus=renken; **3.** *(Menschenmasse)* auflösen; **II.** *v prn se* ~ ausea.=fallen; sich lockern; sich auflösen.
dispache [dispaʃ] *f* Seeschadensregelung *f*.
disparaître [dispaʀɛtʀ] ⟨*Prés. je disparais, ns disparaissons; Fut. je disparaîtrai; pp. disparu, e; Subj. que je disparaisse, que ns disparaissions; Impér. disparais, disparaissons*⟩ *itr* **1.** verschwinden; *(in e-r Menge)* untertauchen; sich verlieren; **2.** sterben; **3.** ► *faire* ~ auf die Seite schaffen, beseitigen, weg=räumen; *(Bedenken)* zerstreuen. **disparate I.** *a* nicht zs.passend; *(Farben)* sich beißend; **II.** *s f* Diskrepanz *f*. **disparité** *f* Ungleichheit, Verschiedenheit, -artigkeit, Gegensätzlichkeit *f*; ► ~ *régionale* regionales Gefälle *n*. **disparition** *f* Verschwinden *n*. **disparu, e I.** *a* verstorben; verschollen, *mil* vermißt; **II.** *s m* Vermißte(r), Verschollene(r), Verstorbene(r) *m*.
dispendieux, se [dispɑ̃djø, -øz] *a* kostspielig.
dispensaire [dispɑ̃sɛʀ] *m Art* Poliklinik *f*. **dispense** *f* Dispens(ation *f*) *m*, Befreiung; Ausnahmebewilligung *f*. **dispenser I.** *tr* ver-, aus=teilen; ► ~ *qn de qc* jdn von etw dispensieren, befreien; jdm e-e S erlassen; ~ *qn* jdn frei=stellen; **II.** *v prn* ► *se* ~ *de travailler* s-r Pflicht zur Arbeit nicht nachkommen; *je me dispenserais bien d'y aller* am liebsten würde ich nicht hingehen.
disperser [dispɛʀse] *tr* **1.** ver-, zerstreuen; **2.** *pol (e-e Organisation)* auf=lösen; **3.** *(Kräfte)* zersplittern. **dispersion** *f* **1.** Zerstreuung, Auflösung; Zersplitterung *f*; **2.** *phys* Streuung *f*.
disponibilité [dispɔnibilite] *f* **1.** Verfügbarkeit; Lieferbarkeit *f*; **2.** *(Beamte)* Wartestand *m*; **3.** *pl* verfügbare Gelder *n pl*; ► *en* ~ zur Disposition, Verfügung; ~*s en espèces (com)* Barmittel *n pl*. **disponible I.** *a* **1.** verfügbar; greifbar; **2.** *(Geld)* flüssig; *(Ware)* greifbar; **II.** *s m* verfügbare Ware *f*; flüssige Mittel *n pl*.
dispos, -e [dispo, -oz] *a m*: ► *frais et* ~ frisch u. munter. **disposer I.** *tr* **1.** an=ordnen, arrangieren; **2.** (her=)richten; auf=stellen; **3.** geneigt machen (*à* zu); **4.** *com (Wechsel)* trassieren, *(Scheck)* aus=stellen (*sur* auf *acc)*; **II.** *itr* verfügen (*de* über *acc*); ► *se* ~ sich an=schicken (*à* zu); beabsichtigen; *être bien, mal* ~*é* gut, schlecht gelaunt sein; *nous sommes tout* ~*és (com)* wir sind gern

bereit (*à* zu). **dispositif** *m* **1.** Ein-, Vorrichtung; Anlage *f;* **2.** *mil* Gliederung *f;* ▶ ~ *d'alarme* Alarmanlage *f;* ~ *de protection* Schutzvorrichtung *f.* **disposition** *f* **1.** Anordnung, Verteilung *f;* **2.** Verfügung (*de* über *acc*); Vorkehrung; Bestimmung, Vorschrift; Verwendung *f;* **3.** *fig* Lage, Verfassung *f;* **4.** Hang *m,* Neigung; Stimmung *f;* **5.** Anlage, Veranlagung *f;* **6.** ▶ *d'après les ~s en vigueur* nach den geltenden Bestimmungen; **7.** ▶ *avoir à sa ~* zu seiner Verfügung haben; *avoir la ~ de qc, qn* über e-e S, jdn verfügen können; *mettre à la ~ de qn* jdm zur Verfügung, bereit=stellen; *prendre ses ~s* s-e Vorkehrungen, Anordnungen treffen; **8.** ▶ ~ *d'application* Aus-, Durchführungsbestimmung *f;* ~ *facultative, impérative* Kann-, Mußvorschrift *f;* ~ *pénale* Strafbestimmung *f;* ~*s tarifaires* Tarifbestimmungen *f pl;* ~ *transitoire* Übergangsbestimmung *f.*

disproportion [dispʀɔpɔʀsjɔ̃] *f* Mißverhältnis *n.* **disproportionné, e** [-sjɔ-] *a* in keinem Verhältnis (stehend) (*à* zu); ungleich; unproportioniert.

dispute [dispyt] *f* Wortwechsel *m,* Streit(igkeit *f*) m. **disputer I.** *itr* **1.** streiten, sich zanken; **2.** wetteifern (*de* in *dat*); **II.** *tr* **3.** streitig machen (*qc à qn* jdm etw); **4.** Anspruch erheben (*qc* auf e-e S); **5.** *fam* ausschimpfen; **III.** *v prn se* ~ **6.** *(fam)* sich streiten (*qc* um etw); **7.** *(Wettkampf)* ausgetragen werden; ▶ *se ~ avec qn* sich mit jdm zanken, streiten.

disquaire [diskɛʀ] *m* Schallplattenhändler *m.* **disque** *m* **1.** (runde) Scheibe, Platte *f;* **2.** (Sonnen-, Mond-)Scheibe *f;* **3.** *sport* Diskus *m;* **4.** Grammophon-, Schallplatte *f;* **5.** *loc* Signalscheibe *f;* **6.** ▶ *changer de ~* e-e andere Platte auf=legen *a. fig; changeur m de ~s* Plattenwechsler *m;* ~ *d'appel (tele)* Nummernscheibe *f;* ~ *de stationnement (mot)* Parkscheibe *f;* ~ *microsillon, de longue durée, à rotation lente* Langspielplatte *f;* ~ *audionumérique* Compact-Disc, CD *f;* ~ *compact (à laser);* Compact-Disc, CD *f;* ~ *dur (inform)* Festplatte *f;* ~ *intervertébral (anat)* Bandscheibe *f;* ~ *magnétique* Magnetplatte *f;* ~ *souple (inform)* Diskette *f;* ~ *vidéo* Videoplatte *f.* **disquette** *f inform* Diskette *f,* Floppy-disc *f.*

disqualification [diskalifikasjɔ̃] *f sport* Ausschluß *m;* Disqualifizierung *f.* **disqualifier** [-fje] *tr sport* disqualifizieren.

dissection [disɛksjɔ̃] *f* **1.** Sezieren *n;* **2.** *fig* Analyse *f.* **dissemblable** *a* unähnlich, ungleich. **dissemblance** *f* Unähnlichkeit, Ungleichheit, Verschiedenartigkeit *f.*

dissémination [diseminasjɔ̃] *f* **1.** *bot* Ausstreuung *f;* **2.** *fig* Aus-, Verbreitung *f;* **3.** *(Industrie)* Streuung *f.* **disséminer** *tr* **1.** aus=, verstreuen; **2.** verbreiten; aus=breiten.

dissension [disɑ̃sjɔ̃] *f* Meinungsverschiedenheit *f; pl* Streitigkeiten *f pl.* **dissentiment** *m* Meinungsverschiedenheit *f.*

disséquer [diseke] ⟨*Prés. je dissèque, ns disséquons; Fut. je disséquerai; pp. disséqué, e*⟩ *tr* **1.** *anat* sezieren; **2.** *allg* zerlegen; **3.** *fig* zergliedern, genau untersuchen.

dissertation [disɛʀtasjɔ̃] *f* Seminararbeit *f;* (Schul-)Aufsatz *m (in der Oberstufe).* **disserter** *tr* **1.** e-e Abhandlung, e-n Aufsatz schreiben (*sur, de* über *acc*); **2.** *(mündlich)* erörtern.

dissidence [disidɑ̃s] *f* **1.** Meinungsverschiedenheit *f;* **2.** (Glaubens-)Spaltung *f.* **dissident, e** [-dɑ̃, -ɑ̃t] *s m f* **1.** Dissident, Sektierer *m;* **2.** *pol* Abweichler *m.*

dissimulateur, trice [disimylatœʀ, -tʀis] *m f* Heuchler(in *f*) *m.* **dissimulation** *f* Verstellung(skunst), Verheimlichung, Verschleierung *f;* ▶ ~ *fiscale* Steuerhinterziehung *f.* **dissimulé, e** *a* heuchlerisch, falsch. **dissimuler I.** *tr* **1.** verbergen, verstecken; verheimlichen, verschleiern; **2.** nicht merken lassen; **II.** *v prn se* ~ sich verstecken, sich verbergen; ▶ *ne pas se ~* sich *acc* keinen Illusionen hin=geben (*qc* über e-e S), sich *dat* keine falschen Vorstellungen machen (*qc* von etw); sich *dat* nicht verhehlen.

dissipateur, trice [disipatœʀ, -tʀis] **I.** *s m f* Verschwender(in *f*) *m;* **II.** *a* verschwenderisch. **dissipation** *f* **1.** Verschwendung *f;* **2.** *(Nebel)* Zerstreuung; **3.** *(Schüler)* Unaufmerksamkeit *f.* **dissipé, e** *a* **1.** vergnügungssüchtig; **2.** leicht(sinnig); **3.** *(Schüler)* undiszipliniert. **dissiper I.** *tr* **1.** zerstreuen, (auf=)lösen; **2.** verschwenden, vergeuden; verzetteln; **3.** von der Arbeit ab=lenken; **4.** *(Mißverständnis, Zweifel)* beseitigen; **II.** *v prn se* ~ **5.** sich zerstreuen, Zerstreuung suchen; leichtsinnig werden; **6.** *(Sorgen, Ängste)* vergehen, verfliegen; **7.** *(Nebel)* sich auflösen; **8.** *(Schüler)* unaufmerksam werden; ▶ *se ~ en fumée* sich in Rauch auflösen.

dissociation [disɔsjasjɔ̃] *f* **1.** *chem* Zerfall *m,* Zersetzung, Auflösung *f;* **2.** *fig* Trennung *f.* **dissocier** *tr* **1.** zersetzen, auf=lösen; **2.** trennen.

dissolu, e [disɔly] *a* ausschweifend, liederlich. **dissoluble** *a* auflösbar. **dissolution** [-sjɔ̃] *f* **1.** *chem* (Auf-)Lösung; Zersetzung *f;* **2.** *fig pol jur* Auflösung; Ausschweifung, Zügellosigkeit *f.*

dissolvant, -e [disɔlvɑ̃, -ɑ̃t] **I.** *a* **1.** *chem* lösend; **2.** *fig* zersetzend; **II.** *s m* Lösungsmittel *n;* Nagellackentferner *m.*

dissonance [disɔnɑ̃s] *f* Dissonanz *f a. fig.* **dissonant, e** *a* mißtönend *a. fig.*
dissoudre [disudʀ] ‹*Prés. je dissous, ns dissolvons; Fut. je dissoudrai; pp. dissolu, e; Subj. que je dissolve, que ns dissolvions; Impér. dissous, dissolvons*› *tr* (auf≈)lösen, zersetzen.
dissuader [disɥade] *tr* ab≈raten, aus≈reden (*qn de qc* jdm e-e S). **dissuasion** *f* Abschreckung *f;* ► ~ *nucléaire (mil)* nukleare Abschreckung *f.*
dissyllabe [disilab] **I.** *a* zweisilbig; **II.** *s m* zweisilbige(s) Wort *n.* **dissyllabique** *a* zweisilbig.
dissymétrie [disimetʀi] *f* Asymmetrie *f.* **dissymétrique** *a* unsymmetrisch.
distance [distɑ̃s] *f* **1.** Abstand *m,* Entfernung *f;* **2.** Wegstrecke *f;* **3.** (Zeit-, Standes-)Unterschied; zeitliche(r) Abstand *m;* **4.** ► *à* ~ aus der Entfernung; *à courte, à faible, à petite* ~ auf kurze Entfernung; *à peu de* ~ in geringer Entfernung; *à* ~*s égales* in gleichem Abstand; **5.** ► *mesurer une* ~ *au pas* e-e Strecke ab≈schreiten; *prendre ses* ~*s (sport)* Abstand nehmen; *tenir à* ~ sich vom Leibe halten; Abstand, Distanz wahren (*qn* zu jdm); **6.** ► ~ *d'arrêt (mot)* Bremsweg *m;* ~ *focale (opt)* Brennweite *f;* ~ *parcourue* Fahr-, Flugstrecke; Marschleistung *f.* **distancer** [-se] ‹*Prés. je distance, ns distançons; Fut. je distancerai; pp. distancé, e*› **I.** *tr* **1.** *sport* ab≈hängen; **2.** *allg* hinter sich lassen; überholen; **3.** in die Ferne rükken (*qc* etw); **II.** *v prn* ► *se* ~ *de qn* sich von jdm distanzieren. **distant, e** *a* **1.** entfernt; **2.** *fig* reserviert, zurückhaltend.
distendre [distɑ̃dʀ] ‹*Prés. je distends, ns distendons; Fut. je distendrai; pp. distendu, e*› **I.** *tr* ausea.≈ziehen, strecken, spannen; **II.** *v prn se* ~ **1.** sich überdehnen; **2.** *(Haut)* schlaff werden; **3.** *fig (Bindungen)* sich lockern.
distillateur [distilatœʀ] *m* Branntweinbrenner *m.* **distillation** *f* Destillation *f.* **distiller** [-le] *tr* **1.** destillieren; brennen; verkoken; **2.** *bot zoo* tropfenweise von sich geben. **distillerie** *f* (Branntwein-) Brennerei *f.*
distinct, e [distɛ̃, -kt] *a* **1.** verschieden, unterschiedlich; **2.** deutlich, klar. **distinctif, ive** Unterscheidungs-. **distinction** [-ksjɔ̃] *f* **1.** Unterscheidung *f;* Unterschied *m;* **2.** Auszeichnung *f;* **3.** Vornehmheit *f;* **4.** ► *sans* ~ unterschiedslos; ~*s de classes* Standes-, Klassenunterschiede *m pl.*
distingué, e [distɛ̃ge] *a* **1.** vornehm, von Rang *a. fig;* **2.** ausgezeichnet, tadellos, fein; ► *veuillez agréer, Monsieur, l'expression de mes sentiments* ~*s* mit vorzüglicher Hochachtung. **distinguer** **I.** *tr* **1.** unterscheiden; **2.** erkennen; **3.** aus≈zeichnen; **II.** *v prn se* ~ sich unterscheiden (*de* von); sich aus≈zeichnen.
distinguo [-go] *m fam* Unterscheidung, Nuance *f.*
distorsion [distɔʀsjɔ̃] *f* **1.** (Ver-)Zerrung *a. tele,* verzerrte Wiedergabe *f;* **2.** *fig* Kluft *f.*
distraction [distʀaksjɔ̃] *f* **1.** Zerstreutheit, Gedankenlosigkeit *f;* **2.** Zerstreuung, Ablenkung *f,* Vergnügen *n;* **3.** Freizeitbeschäftigung, Unterhaltung *f.* **distraire** ‹*Prés. je distrais, ns distrayons; Fut. je distrairai; pp. distrait, e; Subj. que je distraie, que ns distrayions; Impér. distrais, distrayons*› *tr* **1.** ablenken, unterhalten (*qn* jdn); **2.** *(Geld)* zweckentfremden; *se* ~ sich amüsieren, sich beschäftigen. **distrait, e** *a* zerstreut, abgelenkt; geistesabwesend; fahrig. **distrayant, e** [-tʀɛjɑ̃, -ɑ̃t] *a* **1.** unterhaltend, unterhaltsam; **2.** ablenkend.
distribuer [distʀibɥe] *tr* **1.** ver-, aus≈, auf≈, ein≈teilen; **2.** *(Post)* aus≈tragen; **3.** *com* vertreiben, verkaufen; **4.** *(Löhne)* auszahlen; *(Dividende)* aus≈schütten; **5.** *(Arbeit)* zu≈weisen, -teilen; **6.** *(Lebensmittel)* aus≈geben (*à* an *acc*). **distributeur, trice** [-by-] *m f* **1.** Verteiler(in *f*); **2.** *com* Händler *m, f* Verkäuferin *(in e-m Großraumladen);* **3.** Filmverleiher *m;* **4.** *m tech* Verteiler *m;* **5.** ► ~ *automatique* (Verkaufs-)Automat *m;* ~ *de billets (de banque)* Bankomat, Geldautomat *m;* ~ *d'essence* Zapfstelle *f;* ~ *de savon* Seifenspender *m;* ~ *de tickets* Fahrkartenautomat *m;* ~ *de timbres* Briefmarkenautomat *m.* **distribution** [-sjɔ̃] *f* **1.** Ver-, Austeilung *f;* **2.** *(Ware)* Absatz, Vertrieb, Handel *m;* **3.** Versorgung (*de* mit); **4.** Zustellung *f (der Post); (Dividende)* Ausschüttung *f; (Karten)* Geben *n;* **5.** *theat film* Besetzung *f;* **6.** *mot* Steuerung *f;* **7.** *film* Verleih *m;* **8.** *(auf e-m Schriftstück)* Verteiler *m;* **9.** ► ~ *des affaires* Geschäftsverteilung *f;* ~ *des colis* Paketzustellung *f;* ~ *électrique* Stromversorgung *f;* ~ *d'eau* Wasserversorgung, -wirtschaft *f;* ~ *des prix* Preisverteilung *f.*
district [distʀikt] *m* Distrikt, Bezirk *m.*
dit, e [di, dit] *a (bei Spitznamen)* genannt; *(Zeitpunkt)* vereinbart.
dito [dito] *adv* dito, desgleichen.
diurne [dijyʀn] *a* **1.** täglich; am Tage; **2.** *(Biologie)* Tages-, Tag-, Eintags-.
divagation *f meist pl* wirre(s) Gerede *n;* Hirngespinste n *pl.* **divaguer** [-ge] *itr* faseln, dummes Zeug reden.
divan [divɑ̃] *m* Diwan *m;* Chaiselongue *f.*
divergence [divɛʀʒɑ̃s] *f* **1.** *math phys* Divergenz; **2.** *fig* (Meinungs-)Verschiedenheit; Gegensätzlichkeit *f.* **divergent, e** [-ʒɑ̃, -ɑ̃t] *a* **1.** *math phys* diver-

gent; **2.** *fig* gegensätzlich; abweichend. **diverger** ‹*Prés. je diverge, ns divergeons; Fut. je divergerai; pp. divergé,* ›› *itr* **1.** ausea.=laufen; **2.** *fig* divergieren, vonea. ab=weichen.

divers, e [divɛʀ, -ʀs] *a* **1.** verschieden(artig); **2.** mannigfach, -fältig, divers; **3.** *pl* manche, verschiedene; ▶ *à ~es reprises* zu wiederholten Malen; *en ~es occasions* bei verschiedenen Gelegenheiten. **diversifier** *tr* abwechslungsreich gestalten, variieren. **diversion** *f* Zerstreuung, Ablenkung *f* (*à* für). **diversité** *f* Mannigfaltigkeit; Verschiedenheit *f.*

divertir [divɛʀtiʀ] **I.** *tr* zerstreuen; unterhalten, belustigen; **II.** *v prn se ~* sich unterhalten, sich zerstreuen (*à* mit). **divertissant, e** *a* unterhaltsam, belustigend. **divertissement** *m* **1.** Unterhaltung, Belustigung *f;* **2.** *mus* Divertimento *n.*

dividende [dividɑ̃d] *m com* Dividende *f,* Gewinnanteil *m.*

divin, e [divɛ̃, -in] *a* **1.** göttlich; Gottes-; **2.** *fig* himmlisch, köstlich; ▶ *service m ~* Gottesdienst *m.* **divinateur, trice** *a* (hell)seherisch; Seher-. **divination** *f* Weissagung *f,* Hellsehen *n.* **divinatoire** *a* seherisch; ▶ *baguette f ~* Wünschelrute *f.* **diviniser** *tr* göttlich verehren, vergöttern. **divinité** *f* Gottheit; göttliche Natur *f.*

diviser [divize] **I.** *tr* **1.** ver-, zerteilen, (auf=)spalten (*en* in *acc*); **2.** entzweien; *(Wort)* trennen; **3.** *math* dividieren; **II.** *v prn se ~* sich teilen, zerfallen (*en* in *acc*). **diviseur** *m math* Divisor *m.* **division** [-zjɔ̃] *f* **1.** (Ein-)Teilung *f* (*en* in *acc*); **2.** Trennung, Abteilung *f;* **3.** Uneinigkeit, Zwietracht; **4.** *math mil* Division *f;* **5.** *typ* Trennungszeichen *n;* ▶ *~ cellulaire (biol)* Zellteilung *f; ~ des pouvoirs (pol)* Gewaltenteilung *f; ~ du travail* Arbeitsteilung *f.*

divorce [divɔʀs] *m* **1.** Ehescheidung (*d'avec* von); **2.** *allg* Lücke *f,* Kluft *f* *(entre* zwischen *dat).* **divorcé, e I.** *a* geschieden; **II.** *s m f* Geschiedene(r *m*) *f.* **divorcer** ‹*Prés. je divorce, ns divorçons; Fut. je divorcerai; pp. divorcé,* ê› *itr* sich scheiden lassen (*d'avec qn* von jdm).

divulguer [divylge] *tr* verbreiten, unter die Leute bringen.

dix [dis, di(z)] **I.** *a* zehn; **II.** *s m* Zehn(er *m*) *f;* (der) Zehnte. **dix-huit** [dizɥi(t)] *a* achtzehn. **dix-huitième I.** *a* achtzehnte(r, s); **II.** *s m* Achtzehntel *n.* **dixième** [dizjɛm] **I.** *a* zehnte(r, s); **II.** *s m* Zehntel *n.* **dixièmement** *adv* zehntens; **dix-neuf** [diznœf] neunzehn. **dix-neuvième I.** *a* neunzehnte(r s); **II.** *s m* Neunzehntel *n.* **dix-sept** [disɛt] *a* siebzehn; **dix-septième I.** *a* siebzehnte(r, s); **II.** *s m* Siebzehntel *n.*

dizain [dizɛ̃] *m* Zehnzeiler *m (Gedicht).* **dizaine** [-zɛn] *f* **1.** ▶ *une ~e de* (etwa) zehn; **2.** *math* Zehner *m.*

do [do] *m inv mus* C, c *n.*

docile [dɔsil] *a* folgsam, fügsam.

dock [dɔk] *m mar* Hafenbecken *n,* Dock; Lagerhäuser *n pl;* Magazine *n pl;* ▶ *~ flottant* Schwimmdock *n.* **docker** [-kɛr] *m* Docker, Hafenarbeiter *m.*

docte [dɔkt] *a* gelehrt; pedantisch. **docteur** *m* Doktor *m;* ▶ *être reçu ~* promovieren, *fam* s-n Doktor machen; *femme f ~* Doktorin; Ärztin *f; ~ en droit* Dr. jur. *m; ~ ès lettres* Dr. phil. *m; ~ (en) médecin(e)* Dr. med. *m; ~ ès sciences* Dr. rer. nat. *m; ~ en théologie* Dr. theol. *m.* **doctorat** [-ʀa] *m* Doktorwürde *f,* -grad, -titel *m;* Promotion, *(in Frankreich)* Habilitation *f.*

doctrine [dɔktʀin] *f* Lehre, Doktrin; Lehrmeinung *f.*

document [dɔkymɑ̃] *m* **1.** Dokument *n,* Urkunde *f;* **2.** *pl* Unterlagen *f pl,* Papiere *n pl;* **3.** ▶ *~s comptables* Buchungsbelege *m pl; ~ justificatif* Beweisstück *f.* **documentaire** [-tɛʀ] **I.** *a* dokumentarisch; **II.** *s m* u. ▶ *film ~* Kulturfilm *m.* **documentaliste** *m* Dokumentalist *m.* **documentation** *f* **1.** Unterlagen *f pl;* **2.** *com* Informationsmaterial *n;* ▶ *réunir la ~* die Unterlagen zs.=stellen. **documenter I.** *tr* **1.** Urkunden erbringen (*qc* über e-e S); **2.** informieren; **II.** *v prn se ~* Unterlagen sammeln; sich Belege verschaffen.

dod(el)iner [dɔd(l)ine] *tr itr* wackeln (*de la tête* mit dem Kopf).

dodo [dɔdo] *m (Kindersprache)* Schlaf *m;* Zubettgehen *n;* Heia, Bettchen *n.*

dodu, e [dɔdy] *a* **1.** fleischig; **2.** dick; drall.

dogmatique [dɔgmatik] **I.** *a* **1.** *rel* dogmatisch; **2.** *fig* stur; lehrhaft; **II.** *s f rel* Dogmatik *f.* **dogmatiser** *itr* sich in e-m entschiedenen Ton äußern. **dogme** *m rel* Dogma *n.*

dogue [dɔg] *m* (Bull-)Dogge *f.*

doigt [dwa] *m* **1.** Finger *m;* **2.** *(~ de pied)* Zehe *f;* **3.** *zoo* Klaue *f;* **4.** *tech* Hebel *m,* Klinke, Taste *f,* Bolzen *m;* **5.** ▶ *un ~ de* ein bißchen, ein wenig; *à deux ~s de* ganz nahe bei, an; unmittelbar vor; *sur le bout du ~* im Schlaf, aus dem Effeff; **6.** ▶ *avoir de l'esprit jusqu'au bout des ~s* grundgescheit, sehr geistreich sein; *compter, calculer sur, avec ses ~s* an den Fingern her=zählen; *donner sur les ~s à qn* jdm auf die Finger klopfen; *être (comme) les deux ~s de la main* ein Herz u. eine Seele sein; *ne faire œuvre de ses dix ~s* keinen Handschlag tun, keinen Finger krumm machen; *se mettre, se fourrer le ~ dans l'œil* sich ins eigene Fleisch schneiden; sich sehr irren; *mettre le ~ sur la plaie (fig)* wissen, wo der Schuh drückt; *montrer du ~* mit dem Finger zeigen (*qn* auf jdn); *obéir au ~ et à l'œil* aufs Wort gehorchen; *ne pas remuer le petit ~* keinen Finger rühren; *toucher du ~* deutlich sehen, klar erkennen; *ne pas toucher du bout du ~* nicht an=rühren; **7.** ► *petit ~* kleine(r) Finger *m.* **doigté** [-te] *m* **1.** *mus* Fingersatz *m;* **2.** *fig* Fingerspitzengefühl *n.* **doigter I.** *itr mus* die Finger richtig setzen; **II.** *tr (Noten)* mit dem Fingersatz bezeichnen.

doit [dwa] *m com* Soll, Debet *n;* ► *~ et avoir m* Soll u. Haben *n.*

doléances [dɔleɑ̃s] *f pl* Klagen, Beschwerden *f pl.*

dolent, e [dɔlɑ̃, -ɑ̃t] *a* jammernd, kläglich; leidend.

dolmen [dɔlmɛn] *m* Dolmen *m.*

domaine [dɔmɛn] *m* **1.** (Land-)Gut *n,* Länderei, Domäne *f;* **2.** *fig* Bereich *m* u. *n,* Gebiet, Fach *n;* ► *dans tous les ~s* auf allen Gebieten; in jeder Beziehung; *~ d'application* Geltungs-, Anwendungsbereich *m.* **domanial, e** [-manjal] *a:* ► *forêt f ~e* Staatsforst *m.*

dôme [dom] *m* **1.** Dom *m;* **2.** *arch* Kuppel *f;* **3.** *poet* Gewölbe *n;* **4.** *tech* Kuppel, Haube *f;* Deckel *m;* **5.** *geol* Kuppe *f.*

domestication [dɔmɛstikasjɔ̃] *f* Zähmung *f.* **domestique I.** *a* Haus-; häuslich; **II.** *s m f* Hausangestellte(r *m*) *f.* **domestiquer** *tr* zähmen.

domicile [dɔmisil] *m* Wohnsitz, -ort *m;* Wohnung *f;* ► *à ~* ins, zu, frei Haus; *sans ~ fixe* ohne festen Wohnsitz; *changer de ~* den Wohnsitz wechseln; *établir son ~* s-n Wohnsitz auf=schlagen (*à* in); *livraison à ~* Lieferung *f* frei Haus. **domiciliation** *f (Wechsel)* Domizilierung *f.* **domicilié, e** *a* ansässig, wohnhaft. **domicilier I.** *tr (Wechsel)* domizilieren; **II.** *v prn se ~* sich nieder=lassen (*à* in).

dominant, e [dɔminɑ̃, -ɑ̃t] *a* **1.** (vor)herrschend, überwiegend; Haupt-; **2.** *biol* dominant. **dominateur, trice** *a* **1.** beherrschend; **2.** herrschsüchtig. **domination** *f* Herrschaft, Beherrschung *f.* **dominer** *tr itr* **1.** (be)herrschen, Herr sein (*sur* über *acc*); **2.** vor=herrschen (*dans* in *dat*); **3.** heraus=ragen (*qc* über e-e S), überwiegen; **4.** überragen (*de la tête* um Haupteslänge); **5.** *(Geräusch)* übertönen.

dominicain, e [dɔminikɛ̃, -ɛn] *m f rel* Dominikaner(in *f*) *m.*

dominical, e [dɔminikal] *a* sonntäglich.

domino [dɔmino] *m* **1.** Domino *m (Maskenkostüm);* **2.** *pl* Domino(spiel) *n.*

dommage [dɔmaʒ] *m* Schaden, Verlust, Nachteil *m;* ► *causer du ~* Schaden an=richten *od* verursachen; *éprouver, subir un ~* Schaden leiden; *intenter une action en ~s-intérêts* auf Schadenersatz klagen; *(c'est) ~* das ist schade, es ist schade (*de* um; *que* mit *subj* daß); *quel ~!* wie schade! *~ corporel, matériel* Personen-, Sachschaden *m;* *~s-intérêts m pl* Schadenersatz *m.*

dompter [dɔ̃te] *tr* zähmen, bändigen *a. fig.* **dompteur** *m* Dompteur, Tierbändiger *m.*

don [dɔ̃] *m* **1.** Geschenk *n,* Schenkung, Spende *f;* **2.** Gabe, Fähigkeit *f,* Talent *n;* ► *faire ~ de qc à qn* jdm etw schenken; *faire ~ de qc* etw verschenken. **donation** *f* Schenkung(surkunde) *f.*

donc [dɔ̃k] *conj* also, folglich; denn (eigentlich); doch; ► *allons ~!* nanu! ich bitte Sie!

dondon [dɔ̃dɔ̃] *f fam* dicke(s) Weib *n.*

donjon [dɔ̃ʒɔ̃] *m* Bergfried *m.*

donnant, e [dɔnɑ̃, -ɑ̃t] *a:* ► *il n'est pas très ~* er gibt nicht gern; *~ ~* gibst du mir, so geb' ich dir. **donne** *f* (Karten-) Geben *n;* ► *à qui la ~?* wer gibt? *à vous la ~* Sie geben. **donnée** *f* **1.** Grundlage *f,* Ausgangspunkt *m;* Gegebenheit *f;* **2.** *math* bekannte Größe *f;* **3.** *pl* Gegebenheiten, Tatsachen *f pl;* Merkmale *n pl;* Angaben *f pl;* Daten *n pl.* **donner I.** *tr* **1.** geben, schenken; überlassen; **2.** *(Befehl)* erteilen; *(Grund)* an=geben; *(Titel a. fig)* verleihen; **3.** bringen, be-, verschaffen, besorgen; **4.** *(Beweis)* liefern; **5.** hervor=bringen, erzeugen, her=geben; *(Früchte)* tragen; **6.** verursachen, machen; **7.** übergeben, -tragen, gewähren; an=vertrauen, überantworten, aus=liefern; **8.** *(Meinung)* äußern; **9.** *theat* auf=führen; *(Fest)* veranstalten; *(Vortrag)* halten; *(Buch)* heraus=geben; **10.** *pop* verraten (*qn* jdn); **II.** *itr* **11.** *agr* (gut) tragen; ergiebig sein; **12.** an=rennen (*contre* gegen); (hinein=)geraten, -stoßen, -gehen, -fahren (*dans, à* auf, in *acc*); **13.** stoßen (*sur* auf *acc*), geraten (*à* auf *acc*); sich stürzen (*sur* auf *acc*); **14.** *(Fenster, Zimmer)* gehen, liegen (*sur* auf *acc,* nach); **15.** *(Sonne)* scheinen; ► *~ acquit, quittance* quittieren; *~ l'alarme* Alarm schlagen; *~ avis (com)* avisieren (*de* acc); *~ du bénéfice* Gewinn ab=werfen; *~ le bonjour* guten Tag sagen; *~ congé à qn* jdm kündigen; *~ son consentement* zu=stimmen; *~ un coup* e-n Schlag versetzen; *~ un coup de téléphone* an=rufen (*à qn* jdn); *~ libre cours* freien Lauf lassen; *~ décharge* Entlastung erteilen (*à qn* jdm); *~ dedans (fig)* herein=fallen; *~ un devoir* e-e Aufgabe stellen; *~ à entendre* zu verstehen geben; *~ de l'espoir* Hoffnung machen; *~ en gage* verpfänden; *~ de l'inquiétude* beunruhigen (*à qn* jdn); *~ de la joie* Freude machen *od* bereiten; ~ *le jour à qc* etw ins Leben rufen; (*à un enfant* e-m Kind) das Leben schenken; ~ *lecture de qc* etw verlesen; ~ *lieu à* veranlassen, Veranlassung geben zu; ~ *du mal, du fil à retordre* sehr zu schaffen machen (*à qn* jdm); ~ *en mariage* zur Frau geben; ~ *la mort* töten (*à qn* jdn); ~ *naissance (fig)* ins Leben rufen (*à qc* etw); ~ *sur les nerfs* auf die Nerven gehen *od* fallen; ~ *dans l'œil, dans la vue (fig fam)* in die Augen stechen; ~ *passage, libre cours à* freien Lauf lassen *dat;* ~ *de la peine* Mühe machen; ~ *une poignée de main à qn* jdm die Hand drücken; ~ *une question, un problème* e-e Frage, ein Problem stellen *od* auf=werfen; ~ *raison, tort* recht, unrecht geben (*à qn* jdm); ~ *rendez-vous à qn* jdn bestellen; ~ *de bons résultats* gute Ergebnisse erzielen; sich bewähren; ~ *tête baissée (basse) dans (fig)* sich (kopfüber) stürzen in *acc; ne savoir où donner de la tête* nicht wissen, wo e-m der Kopf steht; ~ *la vie, le jour à (e-m Kinde)* das Leben schenken; *quel âge me ~ez-vous?* wie alt schätzen Sie mich? *je vous le ~e en dix, cent, mille* das raten Sie nicht; *on lui en donnera (fam)* man wird ihm was husten; *pouvez-vous me ~ l'heure?* können Sie mir sagen, wieviel Uhr es ist? *je me demande ce que ça va* ~ ich frage mich, was daraus wird; **III.** *v prn se* ~ **1.** sich hin=, sich ergeben, sich widmen; **2.** *theat* aufgeführt werden; **3.** sich zu=schreiben; sich aus=geben (*pour qc* für etw); **4.** sich stoßen, sich schlagen (*de* mit); **5.** ► *se ~ des airs* sich auf=spielen, an=geben; *se ~ le bras* Arm in Arm gehen; *se ~ une indigestion* sich den Magen verderben; *se ~ du mal* sich an=strengen; *se ~~ la mort* sich das Leben nehmen; *se ~ du mouvement* sich Bewegung verschaffen; *se ~ de la peine* sich Mühe geben; *se ~ du bon temps* sich das Leben schön machen; *s'en* ~ sich prächtig amüsieren. **donneur, euse** *m f* Geber(in *f*) *m;* ► ~ *d'ordre* Auftraggeber *m;* ~ *de sang* Blutspender *m.*

dont [dõ] *prn* dessen, deren; von, aus, mit dem, der, denen, welchem, welcher, welchen; wovon, woraus, womit; ► *voilà ce ~ il s'agit* eben darum handelt es sich.

donzelle [dõzɛl] *f fam* launische(s) Ding *n.*

dopant [dɔpɑ̃] *m* Aufputschmittel *n.* **doper** *tr sport* dopen. **doping, dopage** [-iŋ] *m* Dopen *n.*

doré, e [dɔʀe] *a* golden, goldglänzend; *(Küche)* goldbraun.

dorénavant [dɔʀenvɑ̃] *adv* von nun an, von jetzt ab; künftig, in Zukunft.

dorer [dɔʀe] **I.** *tr* **1.** vergolden *a. fig;* **2.** *(Küche)* mit Eigelb überziehen; **3.** *fig* versüßen, schmackhaft machen, annehmbar machen; **II.** *v prn* ► *se ~ au soleil* in der Sonne bräunen.

dorique [dɔʀik] *a arch* dorisch.

dorloter [dɔʀlɔte] **I.** *tr* verzärteln, verhätscheln; **II.** *v prn se* ~ sich das Leben angenehm machen.

dormant, e [dɔʀmɑ̃, -ɑ̃t] **I.** *a* schlafend; **II.** *s m* **1.** Schlafende(r) *m;* **2.** Türpfosten *m;* **3.** Blendrahmen *m;* ► *eau f ~e* stehende(s) Gewässer *n.* **dormeur, se** *s m f* (Lang-)Schläfer(in *f*) *m.* **dormir** ‹*Prés. je dors, ns dormons; Fut. je dormirai; pp dormi; Subj. que je dorme, que ns dormions; Impér. dors, dormons*› *itr* **1.** schlafen; **2.** *fig* ruhen; (still=)stehen; **3.** ein=schlafen (*sur qc* bei etw); **4.** *(Geld)* nicht arbeiten; ► *laisser ~ qc* etw nicht an=rühren, (auf sich be)ruhen lassen; *ne ~ que d'un œil* schlecht schlafen; e-n leichten Schlaf haben.

dorsal, e [dɔʀsal] **I.** *a anat* Rücken-; **II.** *s f:* ► *~e anticyclonique (Meteorologie)* Hochdruckkeil *m.*

dortoir [dɔʀtwaʀ] *m* Schlafsaal *m;* ► *cité-~* Schlafstadt *f.*

dorure [dɔʀyʀ] *f* Vergoldung *f.*

doryphore [dɔʀifɔʀ] *m* Kartoffelkäfer *m.*

dos [do] *m* **1.** Rücken *m;* **2.** Rückenlehne; Rückseite *f;* **3.** ► *~ à ~* [dozado] Rücken an Rücken; *au ~ de qc* auf der Rückseite e-r S; *en ~ d'âne* sattelförmig; Sattel-; **4.** ► *agir dans le ~ de qn* hinter jds Rücken handeln; *avoir bon ~ (fig)* e-n breiten Rücken, Buckel haben; *avoir le ~ large* breite Schultern haben; *faire le gros ~ (Katze)* e-n Buckel machen; *fig* sich ducken; *mettre qc sur le ~ de qn (fig)* jdm etw in die Schuhe schieben; *tomber sur le ~ de qn* über jdn her=fallen; *tourner le ~ à qn* jdm den Rücken kehren; **5.** ► *j'en ai plein le ~ (pop)* ich habe die Nase voll; *cela vous retombera sur le ~* Sie haben die Folgen davon zu tragen; **6.** ► *~ de la main, du nez* Hand-, Nasenrücken *m.*

dosage [dozaʒ] *m pharm* Dosierung *f.* **dose** *f* **1.** Dosis *f;* **2.** *fig* (gehöriges) Maß *n.* **doser** *tr* dosieren.

dossard [do(ɔ)saʀ] *m sport* Rückennummer *f.* **dossier** *m* **1.** (Rücken-)Lehne; Rückwand *f;* **2.** Akten *f pl,* Unterlagen *f pl,* Aktendeckel *m;* **3.** *radio* Problemdiskussion *f;* **4.** ► ~ *médical* Krankenblatt *n;* ~ *personnel, individuel* Personalakten *f pl.*

dot [dɔt] *f* Mitgift; Aussteuer *f,* Heiratsgut *n.* **dotation** *f* **1.** Schenkung; Ausstattung *f;* **2.** Dotation; Zuweisung *f;* ► ~ *initiale* Erstausstattung *f.* **doter** *tr* **1.** *(Tochter)* e-e Aussteuer mitgeben; **2.** dotieren; aus=statten *a. fig* (*de* mit).

douane [dwan] *f* Zoll(amt *n,* -verwaltung, -grenze *f*) *m*; ▶ *procéder aux formalités de* ~ zollamtlich ab=fertigen (*avec qn* jdn); *droits m pl de* ~ Zollgebühren *f pl*; *soumis aux droits de* ~ zollpflichtig. **douanier, ère I.** *a* Zoll-; **II.** *s m* Zollbeamte(r) *m*; ▶ *barrières f pl ~ières* Zollschranken *f pl*; *tarif m* ~ Zolltarif *m*; *union f ~ière* Zollunion *f*.

doublage [dublaʒ] *m* **1.** *(Stoff)* Futter *n*; Einlage *f*; **2.** *film* Synchronisierung *f*.

double I. *a* doppelt; Doppel-; zweifach; **II.** *s m* **1.** (das) Doppelte; **2.** Duplikat *n*, Zweitausfertigung; Dublette *f*; **3.** *film* Double *n*; **4.** *(Tennis)* Doppel *n*; **5.** ▶ *à ~ sens* zweideutig; *au* ~ doppelt *(bezahlen)*; **6.** ▶ *avoir en* ~ doppelt haben; *faire coup* ~ zwei Fliegen mit e-r Klappe schlagen; *faire ~ emploi* überflüssig sein; *fermer à ~ tour* den Schlüssel zweimal herum=drehen; **III.** *adv*: ▶ *payer, voir* ~ doppelt bezahlen, sehen; **7.** ▶ ~ *m dames, messieurs (Tennis)* Damen-, Herrendoppel *n*. **doublé, e I.** *s m* Dublee; doppelte(s) Ereignis *n*; **II.** *a* **1.** verdoppelt; gefüttert; **2.** *film* synchronisiert; ▶ ~ *de* und zugleich. **doubler I.** *tr* **1.** verdoppeln; **2.** *(Kleidungsstück)* füttern; **3.** *theat* vertreten; vertretungsweise spielen (*qn* für jdn); **4.** *film* synchronisieren; **5.** *mar* umschiffen; *mot* überholen; *sport* überrunden; **6.** *fam* hintergehen, anschmieren (*qn* jdn); **II.** *itr* aufs Doppelte an=wachsen; ▶ ~ *le pas* s-e Schritte verdoppeln; *défense de* ~ nicht überholen!

doublet [-blɛ] *m* **1.** falsche(r) (Edel-) Stein *m*; **2.** *gram* Dublette. **doublon** *m typ (fehlerhafte)* Verdoppelung; unnötige Wiederholung. **doublonnage** *m* Wiederholung *f*. **doublonner** *tr* wiederholen. **doublure** *f* **1.** Futter *n (Stoff)*; **2.** *theat* Vertreter(in *f*) *m*; **3.** *film* Double *n*.

douce-amère [dusamɛʀ] *f bot* Bittersüß *n*. **douceâtre** [-satʀ] *a* **1.** süßlich, fade; **2.** *fig* abgeschmackt. **doucement I.** *adv* **1.** sanft, sacht, behutsam; **2.** leise; langsam, ohne Überstürzung; **3.** geduldig; in aller Stille, heimlich; **4.** in angenehmer Weise; **5.** *fam* mittelmäßig, so lala; **II.** *interj* sachte! langsam! ▶ *aller tout* ~ so leidlich gehen; *s'amuser* ~ sich heimlich amüsieren. **doucereux, se** *a* süßlich, widerlich süß. **doucette** *f* Akker-, Feldsalat *m*. **doucettement** *adv fam* ganz sanft, sacht, gemütlich. **douceur** *f* **1.** Süße, Süßigkeit *f*, **2.** Sanftmut, Zartheit, Freundlichkeit, Milde; Annehmlichkeit; **3.** *pl* Süßigkeiten *f pl*; ▶ *en* ~ mit Bedacht; in (aller) Ruhe; sacht; *atterrir en* ~ weich landen.

douche [duʃ] *f* Dusche *a. fig*, Brause(bad *n*) *f*; ▶ *prendre une* ~ (sich) duschen. **doucher I.** *tr* **1.** (ab=)duschen; **2.** *fig fam* ab=kühlen (*qn* jdn), ernüchtern; **II.** *v prn se* ~ (sich) duschen.

doué, e [dwe] *a* begabt (*de* mit). **douer** *tr* versehen, aus=statten (*de* mit).

douille [duj] *f* **1.** *tech* Tülle, Hülse, Buchse *f*; **2.** *el* Fassung *f*.

douillet, te [dujɛ, -ɛ̃t] **I.** *a* **1.** weich, mollig; **2.** gemütlich, bequem; **3.** *fig* zimperlich; **II.** *s f* warme(r) Morgenrock; wattierte(r) Mantel *m*.

douleur [dulœʀ] *f* **1.** Schmerz *m*; **2.** Pein *f*; Leid *n*; **3.** *pl* Wehen *pl*. **douloureux, se** [-lurø, -øz] **I.** *a* **1.** schmerzhaft; empfindlich; **2.** *fig* schmerzlich; schmerzbewegt; peinigend; **II.** *s f fam* Rechnung *f*.

doute [dut] *m* **1.** Zweifel *m*; Bedenken *n*; **2.** ▶ *sans* ~ gewiß, sicher(lich), wahrscheinlich; (doch) wohl, allerdings; *sans aucun* ~ zweifellos, ganz bestimmt; **3.** ▶ *avoir des ~s* Zweifel hegen (*sur* wegen, hinsichtlich); *être dans le* ~ im Zweifel sein (*au sujet de* wegen); *ne faire aucun* ~ fest=stehen; *laisser dans le* ~ (jdn) im Zweifel, (etw) im unklaren lassen; *mettre en* ~ in Zweifel ziehen; **4.** *cela est hors de* ~ das ist über jeden Zweifel erhaben. **douter I.** *itr* **1.** zweifeln (*de* an *dat*), bezweifeln (*de qc* etw); **2.** mißtrauen (*de qn* jdm); **II.** *v prn se ~ de qc* etw ahnen, vermuten; ▶ *je m'en doute* das kann ich mir denken. **douteux, se** *a* **1.** zweifelhaft, ungewiß, unsicher, fraglich; **2.** zweideutig; **3.** nicht ganz einwandfrei.

douve [duv] *f* **1.** (Faß-)Daube *f*; **2.** Wassergraben *m*.

doux, ce [du, dus] *a* **1.** süß; **2.** fade; **3.** sanft, milde, zart, weich; **4.** leicht, mäßig; **5.** lau, lind, gelind(e); **6.** angenehm, erfreulich; **7.** sanftmütig, ruhig, friedlich; **8.** *(Pferd)* fromm; zahm; **9.** ▶ *tout ~!* sachte! langsam! **10.** ▶ *se la couler douce (fam)* sein Leben genießen; *faire les yeux ~ à qn* jdn verliebt an=sehen; *filer* ~ klein bei=geben; **11.** ▶ *il fait* ~ es ist mildes Wetter; **12.** ▶ *eau f douce* Süßwasser *n*.

douzaine [duzɛn] *f* Dutzend *n*; ▶ *une ~ de* (etwa) zwölf; *à la* ~ dutzendweise. **douze I.** *a* zwölf; **II.** *s m* Zwölf(er *m*) *f*; (der) Zwölfte(r, s); *les Douze (pol)* die Zwölfergemeinschaft *f*. **douzièmement** *adv* zwölftens.

doyen, ne [dwajɛ̃, -ɛn] *m f* **1.** *rel (Universität)* Dekan *m*; **2.** Dienst-, Rangälteste(r *m*) *f*; ▶ ~ *d'âge* Alterspräsident; Doyen *m*.

draconien, ne [dʀakɔnjɛ̃, -ɛn] *a* drakonisch.

dragée [dʀaʒe] *m* **1.** Dragée *n* od *f*, Bonbon *m* od *n*, *bes.* Mandel *f* mit Zuckerüberzug; **2.** *pharm* Dragée *n* od *f*, Pille *f*; ▶ *tenir la ~ haute à qn* jdn zappeln lassen; jdn teuer bezahlen lassen.

dragon [dʀagɔ̃] *m* Drache *m a. fig.* **drague** [dʀag] *f* **1.** (Schwimm-)Bagger *m;* **2.** *(Fischerei)* Schleppnetz *n.* **draguer** *tr* **1.** (aus=)baggern; **2.** *fam (Mädchen)* aufgabeln. **dragueur** *m* **1.** Schwimmbagger *m;* **2.** Schleppnetzfischer *m;* **3.** *(~ de mines)* Minensuch-, -räumboot *n;* **4.** *fam* Schürzenjäger *m.*

drain [dʀɛ̃] *m med* Kanüle, Drainage *f.* **drainage** [dʀɛn] *m* Entwässerung *f.* **drainer** *tr* **1.** *agr* dränieren; entwässern; **2.** *fig* an sich ziehen.

dramatique [dʀamatik] **I.** *a* dramatisch; **II.** *s f* Hörspiel *n.* **dramatiser** *tr* dramatisieren. **dramaturge** *m* Dramatiker *m.* **drame** *m* Drama, Schauspiel *n;* ▶ *~ lyrique* Musikdrama *n;* Oper *f.*

drap [dʀa] *m* **1.** Tuch *n;* **2.** *pl* Bettwäsche *f;* ▶ *être dans de beaux ~s* in der Klemme, Patsche sitzen ~ *(de (de lit)* Bettuch, -laken *n.* **drapé** [-pe] *m* Drapierung, Fältelung *f,* Faltenwurf *m.* **drapeau** *m* Fahne, Flagge *f;* ▶ *être sous les ~x* Soldat sein; *planter un ~ (pop)* die Zeche schuldig bleiben. **draper I.** *tr* **1.** als Tuch zu=richten; **2.** mit (schwarzem) Tuch aus=schlagen *od* drapieren; **3.** in Falten legen (*sur qn* um jdn); **II.** *v prn se ~* sich (ein=)hüllen (*dans* in *acc*). **draperie** *f* **1.** Tuchfabrikation *f,* -handel *m;* **2.** Stoffgeschäft *n,* -abteilung *f;* **3.** Draperie *f;* Faltenwurf *m.* **drapier, ère** *m f* Tuchfabrikant, -händler *m.*

drastique [dʀastik] **I.** *a* **1.** *pharm* stark wirkend; **2.** *(fälschlich)* drastisch, energisch; **II.** *s m* stark wirkende(s) (Abführ-)Mittel *n.*

dressage [dʀɛsaʒ] *m* Dressur *f.* **dresser I.** *tr* **1.** auf=richten, auf=stellen, montieren; **2.** *(Ohren)* spitzen; *(Bett, Zelt)* auf=schlagen; *(Tisch)* decken; *(Falle)* stellen; **3.** *(Plan)* auf=stellen, entwerfen; *(Bestand)* auf=nehmen; *(Liste)* an=legen; *(Protokoll)* führen, auf=nehmen; *(Urkunde)* aus=fertigen; *(Rechnung)* aus=stellen; *(Vertrag)* auf=setzen; *(Bilanz)* auf=stellen; *(Inventar)* auf=nehmen; **4.** *tech* gerade=richten, -machen; **5.** *(Hund)* dressieren, ab=richten; *(Soldaten)* drillen; **6.** *(Küche)* an=richten; **II.** *v prn se ~* **7.** sich auf=richten; sich auf=stellen; sich erheben; **8.** *(Pferd)* sich auf=bäumen; *(Haare)* sich sträuben; *(Berg)* empor=ragen; ▶ *se ~ contre* sich wenden, sich auflehnen gegen; *~ l'oreille, les oreilles (fig)* die Ohren spitzen; *se ~ sur la pointe des pieds* sich auf die Zehenspitzen stellen; *les cheveux se dressent sur la tête* die Haare stehen e-m zu Berge. **dresseur, se** *m* Dresseur *m.*

dribbler [dʀible] *tr itr sport* dribbeln; *(e-n Spieler)* umspielen.

drille [dʀij] **1.** *m fam* Kumpan, Kerl *m;* **2.** *f* Drillbohrer *m.*

drogue [dʀɔg] *f* Droge *f; fam* Rauschgift; *fig* Schund *m;* ▶ *~ douce* weiche Droge *f;* *~ dure* harte Droge *f.* **drogué, e** *a* drogensüchtig; *s m f* Drogensüchtige(r *m*) *f.* **droguer** *tr* süchtig machen; *se ~* Rauschgift gebrauchen.

droguerie *f* **1.** Drogen(handel *m*) *f pl;* **2.** Drogerie *f.* **droguiste** *m* Drogist *m.*

droit, e [dʀwa, -at] **I.** *s m* **1.** Recht *n,* Berechtigung *f;* (Rechts-)Anspruch *m;* **2.** Rechtswesen *n;* Rechtswissenschaft *f;* Rechte *n pl;* **3.** Gebühr, Abgabe *f;* Zoll *m;* **4.** Gerechtigkeit; **5.** *(Boxen)* Rechte *f;* **II.** *s f* **6.** Rechte *(a. beim Boxen),* rechte Hand *od* Seite *f;* **7.** *pol* Rechte *f,* Rechtsparteien *f pl;* **8.** *math* Gerade *f;* **III.** *a* **9.** gerade; aufrecht, senkrecht; **10.** aufrichtig, ehrlich, rechtschaffen, redlich; **11.** gesund, vernünftig; **12.** *(Jacke)* einreihig; **13.** rechte(r, s); **IV.** *adv* **14.** gerade(aus); geradeswegs; **15.** ▶ *à ~e* (nach) rechts; *à ~e et à gauche* auf allen Seiten; *à bon ~* von Rechts wegen; *à par qui de ~* an, durch den Berechtigten, Zuständigen; *de (plein) ~* mit (vollem) Recht; *de quel ~* mit welchem Recht; *par ~ et raison* mit vollem Recht; *par voie de ~* auf dem Rechtswege; **16.** ▶ *aller ~ devant soi* (immer) geradeaus gehen; *avoir ~ à qc* ein Recht auf e-e S haben; *avoir le ~ de* berechtigt sein zu; *être dans son ~* im Recht sein; *faire son ~* Rechtswissenschaft studieren; *percevoir des ~s* Zoll erheben; *user d'un ~* von e-m Recht Gebrauch machen; **17.** ▶ *~s acquis* (wohl)erworbene Rechte *n pl;* *~ administratif* Verwaltungsrecht *n;* *~ d'auteur* Urheberrecht *n;* *~ civil* bürgerliche(s), Zivilrecht *n;* *les ~s civiques* die bürgerlichen Ehrenrechte *n pl;* *~ commercial* Handelsrecht *n;* *~ coutumier* Gewohnheitsrecht *n;* *~ criminel, pénal* Strafrecht *n;* *~ domestique, de famille* Familienrecht *n;* *~ électoral* Wahlrecht *n;* *~ d'entrée* Einfuhrzoll *m;* Eintrittsgebühr *f;* *~ à l'existence* Daseinsberechtigung *f;* *~ fondamental (pol)* Grundrecht *n;* *~ de garde* Aufbewahrungsgebühr *f;* *~ de grève* Streikrecht *n;* *~s de l'homme* Menschenrechte *n pl;* *~s d'inscription* Einschreib(e)gebühren *f pl;* *~ maritime* Seerecht *n;* *~ naturel* Naturrecht *n;* *~ privé* Privatrecht *n;* *~ public* öffentliche(s) Recht *n;* *~ des sociétés* Gesellschaftsrecht *n;* *~ de timbre* Stempelgebühr *f;* *~ de vote* Wahl-, Stimmrecht *n.*

drôle [dʀol] **I.** *a* **1.** drollig, spaßig, spaßhaft; **2.** lustig, heiter, witzig; **3.** eigenartig, seltsam, sonderbar; **4.** ▶ *un ~ de …* ein komischer, seltsamer, drolliger …; *fam* ein beachtlicher, gewaltiger …; **II.** *s m* **5.** komische(r) Typ *m;* ▶ *un ~ de corps, (fam) ~ de coco* ein komischer

Kauz; **6.** ► *cela me fait* ~ das berührt mich seltsam. **drôlement** *adv* **1.** sonderbar, seltsam; **2.** *fam* gewaltig, mächtig, äußerst, sehr. **drôlerie** *f* **1.** Spaßhaftigkeit, Lustigkeit *f;* **2.** lustige(r), tolle(r) Streich *m.*

dromadaire [dRɔmadɛR] *m* Dromedar *n.*

dru, e [dRy] *a adv* dicht; ► *tomber* ~ in dichten Tropfen fallen.

dual, e [dyal] *a* dual; ► *la société* ~*e* die Zwei-Drittel-Gesellschaft.

dû, due [dy] **I.** *a* **1.** geschuldet, schuldig; **2.** gebührend, gehörig; **II** *s m* das Gebührende; ► *en (bonne et) due forme* in gehöriger Form; *en port* ~ unfrankiert; *cela lui est* ~ das kommt ihm zu. **dûment** *adv* ordnungsgemäß.

duc [dyk] *m* Herzog *m;* ► *grand* ~ Uhu *m.* **ducal, e** *a* herzoglich.

duché [dyʃe] *m* Herzogtum *n.* **duchesse** *f* Herzogin *f.*

ducroire [dykRwaR] *m com* Delkredere *n.*

duel [dɥɛl] *m* **1.** Duell *n,* Zweikampf *m;* **2.** *gram* Dual *m;* ► ~ *oratoire* Rededuell *n.*

dune [dyn] *f* Düne *f.*

Dunkerque [dœ̃kɛRk] *m* Dünkirchen *n.*

duo [dɥo] *m mus* Duett *n.*

duodénum [dɥodenɔm] *m* Zwölffingerdarm *m.*

dupe [dyp] **I.** *s f* Betrogene(r *m*) *f;* Gimpel *m;* **II.** *a* getäuscht; betrogen; ► *être la* ~ *de qn* von jdm getäuscht, betrogen, an der Nase herum-, angeführt werden. **duper** *tr* täuschen, betrügen, an der Nase herum=führen. **duperie** *f* Betrug *m,* Täuschung *f.*

duplex [dyplɛks] *m* **1.** Gegensprechverkehr *m;* **2.** *tele* Konferenzschaltung *f;* **3.** zweigeschossiges Appartement *n.*

duplicata [dyplikata] *m* Duplikat, Doppel *n,* Zweitausfertigung *f.* **duplicateur** *m* Vervielfältiger *m.* **duplicité** [-site] *f* Falschheit *f.*

dur, e [dyR] **I.** *a* **1.** hart; fest; **2.** schwer (*à* zu), schwierig; **3.** *fig* hartherzig (*pour, envers qn* gegen jdn), streng, rauh, unfreundlich; gefühllos; **4.** abgehärtet (*à* gegen); **5.** *(Wein)* herb; *(Schnaps)* stark; *(Ei)* hartgekocht; **6.** *(Schlaf)* tief; *(Kind)* widerspenstig; *(Stil)* holperig; *(Farbe)* grell; *(Meer)* stürmisch; **7.** *sport (Ball)* scharf; **II.** *s m* Harte(s) *n; fam* Hartgesottene(r) *m;* **III.** *s f:* ► *à la* ~*e* rauh, roh *adv; sur la* ~*e* auf der bloßen Erde, auf dem Fußboden; **IV.** *adv* hart, schwer; sauer, mühsam; ► *avoir l'oreille* ~*e, être* ~ *d'oreille* schwer hören, schwerhörig sein; *avoir la tête* ~*e* eigensinnig sein; *être* ~ *à la détente* sich schwer vom Gelde trennen; *frapper, cogner* ~ kräftig zu=schlagen; *rendre à qn la vie* ~*e* jdm das Leben schwer=machen; *il est* ~ *à la tâche* er schuftet wie ein Pferd; *les temps sont* ~*s* die Zeiten sind schlecht; *construit en* ~ massiv gebaut.

durant [dyRɑ̃] *prp* während; ► *sa vie* ~ sein Leben lang; ~ *tout le chemin* auf dem ganzen Wege.

durcir [dyRsiR] **I.** *tr* hart machen, verhärten; **II.** *itr* u. ► *se* ~ hart werden.

durée [dyRe] *f* **1.** (Zeit-)Dauer *f;* **2.** ► *de (longue)* ~ von (langer) Dauer; *de courte* ~ von kurzer Dauer; *com* kurzlebig; **3.** ► ~ *de la construction* Bauzeit *f;* ~ *de démarrage* Anlaufzeit *f;* ~ *d'exposition (phot)* Belichtungszeit *f;* ~ *du parcours* Fahrzeit *f;* ~ *du vol (aero)* Flugdauer, -zeit *f;* ~ *de travail* Arbeitszeit *f;* ~ *(de validité)* Gültigkeitsdauer *f;* ~ *(de la vie)* Lebensdauer *f.* **durer** *itr* **1.** (lange) dauern, währen; an=halten, an=dauern; **2.** (sich) hin=ziehen, Bestand haben; **3.** *fam* bleiben, warten, (es) aus=halten, ertragen; **4.** *(Zeit)* e-m lang werden.

dureté [dyRte] *f* Härte *a. fig,* Schwere; Strenge; Rauheit *f;* ► ~ *de cœur* Hartherzigkeit *f.*

duvet [dyvɛ] *m* **1.** Flaum(feder *f*) *m;* **2.** Daune(nbett *n*) *f;* **3.** Flaum(haare *n pl*), *fam* Milchbart *m.*

dynamique [dinamik] **I.** *a* **1.** dynamisch; **2.** *fig* tatkräftig, aktiv; temperamentvoll; **II.** *s f* Dynamik *f.* **dynamiser** *tr* Energie einflößen. **dynamite** *f* Dynamit *n;* ► *faire sauter à la* ~ mit Dynamit sprengen. **dynamo** *f* Dynamo(maschine *f*) *m;* Lichtmaschine *f.*

dynastie [dinasti] *f* Dynastie *f.*

E

e, E [ə] *m* e, E *n*.

eau [o] *f* **1.** Wasser *n;* **2.** *(Diamant)* Glanz *m,* Wasser *n;* **3.** *faire ~, avoir une voie d'~* leck sein; *mettre à l'~* vom Stapel lassen; *mettre l'~ à la bouche de qn* jdm den Mund wässerig machen; *nager entre deux ~x (fig)* es mit keinem verderben wollen; *pêcher en ~ trouble* im trüben fischen; *ne pas prendre l'~* wasserdicht sein; *tomber à l'~* ins Wasser fallen; *le temps est à l'~* es sieht nach Regen aus; **4.** *château m d'~* Wasserturm *m; chute f d'~* Wasserfall *m; conduite f d'~* Wasserleitung *f; cours m d'~* Wasserlauf *m; jet m d'~* Wasserstrahl *m; niveau m d'~* Wasserspiegel, -stand *m; ville f d'~x* Bäderstadt *f;* **5.** *~ bénite* Weihwasser *n; ~ douce* Süßwasser *n; E~x et Forêts* Forst- u. Wasserverwaltung *f; ~x industrielles* Industrieabwässer *n pl; ~x de pluie* Regenwasser *n; ~ (non) potable* (kein) Trinkwasser *n; ~ de puits* Brunnenwasser *n; ~x résiduaires* Abwässer *n pl; ~ salée* Salzwasser *n; ~ de Seltz* Sodawasser *n; ~ de source, ~ vive* Quellwasser *n; ~x thermales* Thermalwasser *n; ~-de-vie f* Schnaps; Branntwein *m.*

ébahi, e [ebai] *a* verdutzt, verblüfft. **ébahir** *tr* verblüffen, in Erstaunen setzen.

ébaubi, e [ebobi] *a fam* verdutzt, verblüfft, baff.

ébauche [eboʃ] *f* **1.** Entwurf *m;* Skizze *f;* **2.** *fig* (schwache) Andeutung *f.* **ébaucher I.** *tr* an=deuten, (flüchtig) entwerfen, skizzieren; **II.** *v prn s'~* sich ab=zeichnen.

ébène [ebɛn] *f* Ebenholz *n.* **ébéniste** *m* (Kunst-)Tischler, Schreiner *m.*

éberlué [ebɛʀlɥe] *a fam* verblüfft, verdutzt.

éblouir [ebluiʀ] *tr* **1.** blenden; **2.** verblüffen; Eindruck machen; ▶ *se laisser ~* sich blenden lassen. **éblouissant, e** *a* blendend *a. fig.* **éblouissement** *m* **1.** Blendung *f;* **2.** *med* Schwindel(gefühl *n*) *m;* **3.** *fig* Staunen *n;* Verwunderung *f.*

ébonite [ebɔnit] *f* Hartgummi *m.*

éborgner [ebɔʀɲe] *tr* ein Auge aus=schlagen (*qn* jdm).

éboueur [ebwœʀ] *m* Straßenkehrer *m.*

ébouillanter [ebujɑ̃te] **I.** *tr* ab=brühen; **II.** *v prn s'~* sich verbrühen.

éboulement [ebulmɑ̃] *m* Einsturz; Zs.bruch *m;* Erdrutsch *m;* Geröll *n.* **ébouler, s'** *v prn* ein=stürzen. **éboulis** [-i] *m* Geröll *n;* Schutt *m;* Schutthalde *f.*

ébouriffant, e [ebuʀifɑ̃, -ɑ̃t] *a fam* **1.** verblüffend, erstaunlich; **2.** unglaublich, haarsträubend. **ébouriffer** *tr* **1.** *(Haar)* zerzausen; **2.** *fig* aus der Fassung bringen.

ébrancher [ebʀɑ̃ʃe] *tr (Baum)* aus=ästen.

ébranlement [ebʀɑ̃lmɑ̃] *m* **1.** Erschütterung *f a. fig;* **2.** *fig* Schock *m.* **ébranler I.** *tr* erschüttern *a. fig;* **II.** *v prn s'~* sich in Bewegung setzen.

ébréché, e [ebʀeʃe] *a* **1.** schartig; angeschlagen; **2.** *(Vermögen)* stark angegriffen.

ébriété [ebʀijete] *f* Trunkenheit *f;* ▶ *être en état d'~* (be)trunken sein.

ébrouer [ebʀue] , *v prn s'~* schnauben, prusten.

ébruiter [ebʀɥite] **I.** *tr* aus=plaudern, unter die Leute bringen; **II.** *v prn s'~* ruchbar werden.

ébullition [ebylisjɔ̃] *f* **1.** (Auf-)Kochen, Sieden *n;* **2.** *fig* Gärung *f;* Wallung *f;* ▶ *en ~* kochend, siedend; *fig* erregt; *mettre en ~* zum Sieden bringen; *point m d'~* Siedepunkt *m.*

écaille [ekaj] *f* **1.** *anat bot* Schuppe *f;* Schildpatt *n;* **2.** Splitter *m;* ▶ *en ~* schuppig, plattig. **écailler I.** *tr* **1.** *(Fisch)* (ab=)schuppen; **2.** *(Auster)* öffnen; **3.** *(Belag)* ab=kratzen; **II.** *v prn s'~* sich ab=schuppen; ab=bröckeln; ab=blättern. **écailler, ère** *m f* Muschel-, Austernhändler(in *f*) *m.* **écailleux, se** *a* **1.** schuppig; **2.** abblätternd, -bröckelnd.

écale [ekal] *f* (Nuß-, Mandel-, Kastanien-)Schale *f.* **écaler** *tr* die Schale entfernen (*qc* von etw).

écarlate [ekaʀlat] **I.** *a* scharlachrot, -farben; **II.** *s f* Scharlachrot *n,* -farbe *f; (Stoff)* scharlachrote(r) Stoff *m.*

écarquiller [ekaʀkije] *tr (die Augen)* (weit) auf=reißen, -sperren; ▶ *avoir les yeux ~és* große Augen machen.

écart [ekaʀ] *m* **1.** Abstand; Unterschied *m;* **2.** Spielraum *m;* Spanne *f;* **3.** Abweichung; Abweg *m;* **4.** Verfehlung, Verirrung *f;* Verstoß *m;* **5.** Seitensprung *m;* **6.** ▶ *à l'~* beiseite, abseits; fern (*de* von); **7.** ▶ *mettre à l'~* beiseite legen; *se tenir à l'~* sich abseits halten, sich fern=halten (*de* von); *vivre à l'~* zurückgezogen leben; **8.** ▶ *~ de conduite* schlechte(s) Benehmen *n; grand ~ (sport)* Spagat *m; ~ de(s) prix* Preisunterschied *m;* ~ *de température* Temperaturunterschied *m;* ~ *de voix (parl)* Stimmenunterschied *m.* **écarté, e** [-te] **I.** *a* **1.** entfernt; auseinanderstehend; **2.** *(Ort)* abgelegen; **3.** *(Ohren)* abstehend; **4.** *(Finger)* gespreizt; **II.** *s m* Ekarté *n (Kartenspiel).* **écarteler** [-tə-] ‹*Prés. j'écartèle, ns écartelons; Fut. j'écartèlerai; pp. écartelé, e*› *tr* **1.** vierteilen; **2.** *fig* hin- u. her=reißen. **écarter I.** *tr* **1.** entfernen, weg=nehmen, -rücken; fern=halten; **2.** *(Arme)* aus=breiten; *(Beine)* spreizen; **3.** *(Vorschlag)* ab=lehnen; *(Hindernis)* beseitigen; **II.** *v prn s'*~ **4.** sich entfernen (*de* von); **5.** *(vom Thema)* ab=kommen, -schweifen; **6.** *(Wolken)* sich zerstreuen.

ecchymose [ekimoz] *f* Quetschung *f,* blaue(r) Fleck *m.*

ecclésiastique [ɛklezjastik] **I.** *a* kirchlich; geistlich; Kirchen-; **II.** *s m* Geistliche(r) *m.*

écervelé, e [esɛʀvəle] *a* kopflos, unbesonnen.

échafaud [eʃafo] *m* Schafott *n.* **échafaudage** [-daʒ] *m* **1.** (Bau-)Gerüst *n;* Einrüstung *f;* **2.** *fig (System)* Aufbau *m;* **3.** Stapel, Haufen *m.* **échafauder I.** *itr* ein Gerüst auf=schlagen, ein=rüsten; **II.** *tr* **1.** auf=häufen, -schichten; auf=stapeln; **2.** *fig (Vermögen)* zs.=bringen; **3.** *(Plan)* entwerfen, aus=arbeiten; **4.** *(Buch)* zs.=stellen; **5.** *(Theorie)* auf=stellen; **6.** *(Gedankengebäude)* errichten; **7.** *(Unternehmen)* auf=bauen.

échalas [eʃala] *m fam (Mensch)* Bohnenstange *f.*

échancrer [eʃɑ̃kʀe] *tr* **1.** aus=schneiden; **2.** *tech* aus=schweifen. **échancrure** *f* **1.** Ausschnitt *m;* **2.** *(Meer)* Bucht *f.*

échange [eʃɑ̃ʒ] *m* **1.** (Um-, Aus-)Tausch *m;* **2.** Wechsel *m;* **3.** (Waren-)Umsatz *m;* **4.** ▶ *en* ~ *(de)* als Gegenleistung; als Ersatz (für); **5.** ▶ *faire un* ~ *avec qn* mit jdm etw aus=tauschen; **6.** ▶ *valeur f d'*~ Tauschwert *m;* ~ *d'informations* Nachrichtenaustausch *m;* ~ *de lettres* Brief-, Schriftwechsel *m;* ~ *de vues* Meinungs-, Gedankenaustausch *m.* **échanger** ‹*Prés. j'échange, ns échangeons; Fut. j'échangerai; pp. échangé, e*› *tr* tauschen; aus=, ein=tauschen; ▶ *les articles vendus ne sont pas* ~*és* Umtausch nicht gestattet. **échangeur** *m* **1.** Autobahndreieck *m,* -kreuz *n;* **2.** *tech* ▶ ~ *de chaleur* Wärmetauscher *m.* **échangisme** *m* Partnertausch *m.*

échantillon [eʃɑ̃tijɔ̃] *m* **1.** Muster *n;* Probe(stück *n*) *f;* **2.** *com* Waren-, Typen-, Ausfallmuster *n;* Warenprobe *f;* **3.** *(Statistik)* repräsentative Auswahl *f;* **4.** ▶ *acheter qc sur* ~ etw nach Muster kaufen; *prélever des* ~*s* Proben entnehmen; **5.** ▶ ~ *sans valeur* Muster *n* ohne Wert; ~ *de vin* Weinprobe *f.* **échantillonnage** *m* **1.** Probenahme *f;* **2.** Mustersammlung; Probeauswahl *f.* **échantillonner** *tr* **1.** e-e Probe nehmen (*qc* von etw); e-e Probe an=fertigen (*qc* von etw); **2.** *(Statistik)* e-e Auswahl treffen.

échappatoire [eʃapatwaʀ] *f* (faule) Ausrede, -flucht *f;* Vorwand *m;* ▶ *répondre par une* ~ e-e Ausrede haben. **échappée** *f* **1.** Durchsicht *f,* -blick; Ausblick *m;* **2.** Wendeplatte *f;* **3.** *sport* plötzliche(r) Spurt *m;* **4.** ▶ *par* ~*s* gelegentlich; verstohlen; ~ *radioactive* radioaktive Strahlung *f.* **échappement** *m* Auspuff *m;* ▶ *pot m d'*~ Auspufftopf *m.* **échapper I.** *itr* **1.** entweichen, -springen, -kommen, -rinnen, -gehen, -fahren, -schlüpfen (*à qn, à qc* jdm, e-r S); **2.** *(der Hand)* entgleiten, gleiten (*de* aus); **3.** *fig (Name)* entfallen; **II.** *tr* ▶ *l'*~ *belle* mit e-m blauen Auge, mit heiler Haut davon=kommen; **III.** *v prn s'*~ *(de)* **1.** entfliehen, -laufen, -weichen, -wischen (aus); **2.** *(Flüssigkeit)* aus=laufen; *(Gas)* entweichen; *(Dampf)* aus=strömen; **3.** ▶ *faire* ~ entweichen lassen; *laisser* ~ fallen lassen (*qc* etw); aus=stoßen (*un cri* e-n Schrei); versäumen, verpassen (*l'occasion* die Gelegenheit); **4.** ▶ *cela m'a* ~*é* das ist mir entgangen, entfallen; *cela m'échappe (fam)* das verstehe ich nicht.

écharde [eʃaʀd] *f* Splitter *m;* ▶ *retirer une* ~ e-n Splitter herausziehen.

écharpe [eʃaʀp] *f* **1.** Schulter-, Halstuch *n;* Schal *m;* **2.** Schärpe *f;* **3.** (Arm-, Leib-, Schulter-)Binde; Schlinge *f;* **4.** *arch* Verstrebung *f;* **5.** ▶ *en* ~ quer, schräg; von der Seite; **6.** ▶ *porter le bras en* ~ den Arm in der Binde tragen.

écharper [eʃaʀpe] *tr* zs.=schlagen, niedermachen.

échasse [eʃas] *f* Stelze *f;* ▶ *monter sur des* ~*s* Stelzen laufen. **échassier** *m orn* Stelzvogel *m.*

échauder [eʃode] **I.** *tr* **1.** ver-, ab=, aus=brühen; **2.** verbrennen; **3.** in heißem Wasser (aus=)waschen; **II.** *v prn s'*~ sich verbrühen; ▶ *se faire* ~, *être échaudé (fig)* sich die Finger verbrennen.

échauffement [eʃofmɑ̃] *m* **1.** Erwärmung, Erhitzung *f;* **2.** *tech* Warm-, Heißlaufen *n;* **3.** *fig* Erregung *f.* **échauffer I.** *tr* **1.** erwärmen, warm machen; erhitzen; **2.** *fig* erregen; **II.** *v prn s'*~ **3.** sich erhitzen; **4.** *tech* sich warm=laufen; **5.** *fig* sich ereifern, in Zorn geraten; ▶ ~ *la tête, les oreilles à qn* jdn in Harnisch bringen, wütend machen, auf=bringen.

échauffourée [eʃofuʀe] *f* Schlägerei *f;* Krawall *m.*

échéance [eʃeɑ̃s] *f* **1.** Fälligkeit *f;* **2.** Verfall(-tag *m,* -zeit *f*); Erfüllungstag; Termin *m;* **3.** fällige Zahlung *f;* **4.** ▶ *à* *brève, à courte ~* in, binnen kurzer Zeit.; kurzfristig; *à l'~* bei Verfall; **5.** ► *venir à ~* fällig werden, verfallen; **6.** ► *date f d'~* Fälligkeitsdatum *n.* **échéant, e** *a* fällig; ► *le cas ~* gegebenenfalls.

échec [eʃɛk] *m* **1.** Mißerfolg *m;* Mißlingen, Scheitern *n;* **2.** *theat* Durchfall *m;* **3.** *pl* Schachspiel *n;* Schachfiguren *f pl;* **4.** ► *faire qn ~ et mat* jdn matt setzen; *jouer aux ~s* Schach spielen; *tenir en ~* in Schach halten *a. fig;* **5.** *partie f d'~s* Schachpartie *f; ~ scolaire* schulische(s) Versagen *n; voué à l'~* zum Scheitern verurteilt, aussichtslos; *~ et mat* (schach-)matt.

échelle [eʃɛl] *f* **1.** Leiter *f;* **2.** *mus* Tonleiter *f;* **3.** *phys* Gradeinteilung, Skala *f;* Maßstab *m a. fig;* **4.** Stufenleiter; Rangordnung; Hierarchie; **5.** *pol* Ebene *f;* **6.** ► *à l'~* maßstabgerecht; *à une grande, petite ~* in großem, kleinem Maßstab; **7.** ► *faire la courte ~ à qn* jdm helfen, *fig* den Steigbügel halten; **8.** ► *~ de corde* Strickleiter *f; ~ de couleurs* Farbenskala *f; ~ mobile des salaires* gleitende Lohnskala *f; ~ des pompiers* Feuerwehrleiter *f; ~ des prix* Preisstaffelung *f; ~ sociale* gesellschaftliche Rangordnung *f; ~ du thermomètre* Thermometerskala *f; ~ des valeurs* Wertskala *f.*

échelon [eʃlɔ̃] *m* **1.** (Leiter-)Sprosse *f;* **2.** *fig* Stufe, Staffel *f;* Rang(stufe *f*); Dienstgrad *m;* **3.** Ebene *fig;* **4.** ► *à l'~ communal* auf kommunaler Ebene; *à l'~ le plus élevé* auf höchster Ebene; **5.** ► *s'élever par ~s* stufenweise auf=steigen; *monter* od *gravir, descendre un ~* e-e Sprosse hinauf=, hinunter=steigen. **échelonnement** *m* **1.** Staffelung *a. mil;* Verteilung *f* (auf verschiedene Zeitpunkte); *fig* **2.** Abstufung *f.* **échelonner** *tr* **1.** staffeln; (auf verschiedene Zeitpunkte) verteilen; **2.** ab=stufen.

écheveau [eʃvo] *m* **1.** *(Garn)* Strähne *f;* Strang *m;* Docke *f;* **2.** *fig* Wirrwarr *m,* Durcheinander *n.*

échevelé, e [-eʃəvle] *a* **1.** mit zerzaustem, fliegendem Haar; **2.** *fig* unordentlich; zügellos; **3.** *(Tanz)* wild; *(Stil)* wirr.

échine [eʃin] *f* **1.** Rückgrat *n;* **2.** Schweinekamm *m;* **3.** ► *courber, plier l'~* den Nacken beugen, sich unterwerfen; *frotter, caresser, rompre l'~ à qn* jdn (tüchtig) durchprügeln. **échiner, s'** *v prn* sich ab=rackern; sich überarbeiten.

échiquier [eʃikje] *m* **1.** Schachbrett *n;* **2.** *fig* Kampffeld *n;* ► *en ~* schachbrettartig.

écho [eko] *m* **1.** Echo *n,* Widerhall *m a. fig;* **2.** *pl (Zeitung)* Lokale(s) *n;* **3.** ► *à tous les ~s* in allen Richtungen; **4.** ► *se faire l'~ d'un bruit* ein Gerücht weiter=erzählen *od* verbreiten; *ne pas trouver d'~* keinen Anklang fingen; **5.** ► *~-sonde f* Echolot *n.* **échographie** *f* *med* Ultraschallaufnahme, -untersuchung *f.* **échotier** [-tje] *m* (Lokal-) Berichterstatter *m.*

échoir [eʃwaʀ] ⟨*Nur noch folgende Zeiten und Formen: Prés. il échoit, ils échoient; Passé simple: il échut, ils échurent; Fut. il échoira, ils échoiront; Cond. il échoirait, ils échoiraient, Subj. prés. qu'il échoie, qu'ils échoient; ppr. échéant; pp. échu, e*⟩ *itr* **1.** *lit* zuteil werden; anheim=fallen; **2.** *com* fällig werden; verfallen; **3.** *(Frist)* ablaufen; ► *le cas échéant* gegebenenfalls, unter Umständen; *le délai échoit le ...* die Frist läuft am ... ab. **échu, e** *a (Wechsel)* verfallen; abgelaufen; fällig.

échoppe [eʃɔp] *f* (Verkaufs-)Stand; kleine(r) Laden *m.*

échouer [eʃwe] *itr tr* **1.** stranden *a. fig;* auf Grund laufen (lassen); **2.** *fig* scheitern; mißlingen, fehl=schlagen; **3.** ► *faire ~* vereiteln; hintertreiben; **4.** ► *~ à un examen* in e-r Prüfung durch=fallen.

éclabousser [eklabuse] *tr* **1.** bespritzen; beschmutzen; **2.** *fig* in Mitleidenschaft ziehen; kompromittieren. **éclaboussure** *f* **1.** Spritzer; Schmutzfleck *m;* **2.** *fig* Flecken; Makel *m;* ► *~s d'encre, de sang* Tinten-, Blutflecken *m pl.*

éclair [eklɛʀ] **I.** *s m* **1.** Blitz *m;* **2.** *fig* flüchtige(r) Augenblick *m;* **3.** (Auf-) Leuchten; **4.** *(Diamant)* Funkeln *n;* **5.** *(Gebäck)* Liebesknochen *m;* **II.** *a* **1.** blitzschnell; Blitz-; **2.** ► *comme un ~* blitzschnell; **3.** ► *guerre f ~* Blitzkrieg *m; il fait des ~s* es blitzt; *il fait des ~s de chaleur* es wetterleuchtet; *ses yeux lançaient des ~s* seine Augen blitzten (vor Zorn); **4.** ► *visite f ~* Blitzbesuch *m; ~ de génie* Geistesblitz *m; ~s des flashes* Blitzlichter *n pl.* **éclairage** *m* **1.** Beleuchtung *f;* **2.** *aero* Befeuerung *f;* **3.** *fig* Licht *n;* Gesichtspunkt *m;* **4.** ► *sous un ~ différent (fig)* in anderem Licht; **5.** ► *~ électrique* elektrische(s) Licht *n; ~ du plafond* Deckenbeleuchtung *f.* **éclairagiste** *m* Beleuchtungstechniker *m.* **éclairant, e** *a* leuchtend; Leucht-; ► *fusée f ~e* Leuchtrakete *f.*

éclaircie [eklɛʀsi] *f* **1.** *(Wetter)* (vorübergehende) Aufheiterung *f;* **2.** *(Wald)* Lichtung *f;* **3.** *fig* Entspannung *f.* **éclaircir I.** *tr* **1.** auf=, erhellen; **2.** *(Farbe)* auf=hellen; **3.** *(Wein, Flüssigkeit)* verdünnen, strecken; **4.** *(Haare, Reihen)* lichten; **5.** *(Wald)* durchforsten, aus=holzen; **6.** *(Teint)* frisch machen; **7.** *(Geheimnis)* lüften, Licht, Klarheit bringen (*qc* in e-e S); **II.** *v prn s'~* **1.** *(Gesicht, Himmel)* sich auf=heitern; **2.** *(Wetter)* sich auf=klären; **3.** *(Nebel, Haare, Reihen)* sich lichten; **4.** *(Schwierigkeiten)* sich beheben; **5.** *(Lage)* sich

klären. **éclaircissement** *m* Er-, Aufklärung; Erläuterung *f;* ► *demander des ~s* Aufschluß verlangen (*à qn sur qc* von jdm über e-e S).
éclairé, e [ekleʀe] *a fig* aufgeklärt. **éclairer I.** *tr* **1.** be-, erleuchten; auf=, erhellen *a. fig;* **2.** *(Gesicht)* auf=leuchten lassen; leuchten (*qn* jdm); **3.** *fig* auf=klären, e-e Erklärung geben (*qn* jdm); **II.** *itr (Licht)* leuchten; **III.** *v prn s'~* **1.** als Beleuchtung verwenden (*à qc* etw); **2.** sich auf=, erhellen, hell werden; *(Gesicht)* auf=leuchten; **3.** *fig* klar, verständlich werden.
éclat [ekla] *m* **1.** Splitter *m;* **2.** Knall; Lärm *m;* **3.** Helligkeit *f;* Glanz *m; (Teint)* Frische *f;* **4.** *fig* Skandal *m,* Aufsehen *n,* Krach *m;* **5.** ► *à l'abri des ~s* splittersicher; **6.** ► *donner de l'~* Glanz verleihen; *faire beaucoup d'~* großes Aufsehen erregen; *partir d'un ~ de rire* in ein Gelächter aus=brechen; *provoquer un ~* e-e Szene machen; e-n Skandal herbei=führen; *rire aux ~s* schallend, aus vollem Halse lachen; *voler en ~s* zerplatzen, in Stücke fliegen; **7.** ► *~ d'os* Knochensplitter *m; ~ de verre* Glassplitter *m; ~s de voix* laute(s) Stimmengewirr *n.* **éclatant, e** [-tɑ̃, -ɑ̃t] *a* **1.** glänzend; hell (leuchtend); **2.** laut schallend, schmetternd; widerhallend; **3.** *(Teint)* frisch; **4.** *fig* offenbar; augenscheinlich; **5.** hervorragend, auffallend, aufsehenerregend.
éclatement [eklatəmɑ̃] *m* **1.** Bersten, Zerplatzen, -springen; Krepieren *n;* **2.** *com* Verteilung *f;* **3.** ► *~ d'un parti Aufsplitterung f* e-r Partei; *~ d'un pneu* Platzen *n* e-s Reifens. **éclater** *itr* **1.** platzen, bersten, zersplittern, explodieren; **2.** knallen, krachen; **3.** ausea.=gehen, sich trennen; **4.** *fig* zum Durchbruch kommen; deutlich sichtbar werden; laut *od* ruchbar werden, an den Tag kommen; **5.** *(Krieg, Brand)* aus=, los=brechen; **6.** ► *~ en injures, en reproches, en applaudissements* in Schmähungen, Vorwürfe, Beifall ausbrechen; *~ de rire* laut auf=lachen; *~ en sanglots* auf=schluchzen; **7.** ► *il finira par ~ (fam)* am Ende platzt ihm der Kragen.
éclipse [eklips] *f* **1.** *astr* Finsternis *f;* **2.** Verschwinden *n;* Abwesenheit *f;* ► *~ de lune, de soleil* Mond-, Sonnenfinsternis *f.* **éclipser I.** *tr* **1.** verfinstern; verdunkeln; **2.** *fig* in den Schatten stellen (*qn* jdn); überstrahlen, den Rang ab=laufen (*qn* jdm), aus=stechen; **II.** *v prn s'~* sich aus dem Staub machen, verschwinden.
éclisse [eklis] *f* **1.** *med* Schiene *f;* **2.** *tech* Lasche *f;* **3.** *(Saiteninstrument)* Zarge *f.*
éclopé, e [eklɔpe] *a* gehbehindert, fußkrank, marschunfähig.
éclore [eklɔʀ] ‹*Geläufig nur im Infinitiv, im pp u. im Prés. elle éclot, elles éclosent*› *itr* **1.** aus dem Ei schlüpfen; **2.** *(Blumen)* auf=blühen, sich öffnen; **3.** *fig* sich zeigen, an den Tag kommen; **4.** ► *faire ~* aus=brüten; *fig* entfalten; ans Licht bringen; **5.** ► *les poussins sont ~s* die Küken sind ausgeschlüpft. **éclosion** [eklozjɔ̃] *f* **1.** Ausschlüpfen; Aufblühen *n;* **2.** *fig* Werden *n,* Entstehung *f.*
écluse [eklyz] *f* Schleuse *f a. fig; (porte f d'~)* Schleusentor *n.* **écluser** *tr* **1.** durch=schleusen; **2.** *pop* saufen.
écœurant, e [ekœʀɑ̃, -ɑ̃t] *a* ekelhaft, widerwärtig, widerlich, abstoßend. **écœurement** *m* **1.** Ekel *m,* Übelkeit *f;* **2.** *fig* Überdruß *m.* **écœurer** *tr* an=widern, an=ekeln.
école [ekɔl] *f* **1.** Schule *f;* **2.** Schulhaus, -gebäude *n;* **3.** ► *aller à l'~* zur, in die Schule gehen; *faire l'~ buissonnière* die Schule schwänzen; *fréquenter l'~* die Schule besuchen; *mettre un enfant à l'~* ein Kind in die Schule schicken; *~ des beaux arts* Kunstakademie *f; ~ supérieure des arts et métiers* Technische Hochschule *f; ~ de commerce* Handelsschule *f; ~ maternelle* Kindergarten *m.* **écolier, ière** *s m f* **1.** Schüler(in *f*) *m;* **2.** *hist* Scholar *m;* **3.** *fig* Anfänger(in *f*); Stümper *m;* **4.** ► *devoirs m pl d'~s* Schulaufgaben *f pl; papier m ~* lin(i)ierte(s) Schreibpapier *n.*
écolo [ekɔlo] *m f fam:* ► Umweltschützer(in *f*) *m,* Öko-Freak *m.* **écologie** [ekɔlɔʒi] *f biol* Ökologie *f.* **écologique** ökologisch; umweltfreundlich; *mot* abgasarm. **écologisme** *m* Umweltschutz *m.* **écologiste** *m* Ökologe *m,* Ökologin *f;* Umweltschützer(in *f*) *m; pol* Grüne(r *m*) *f.* **écomusée** *m Art* Heimatmuseum.
éconduire [ekɔ̃dɥiʀ] *tr* (höflich) ab=weisen; hinaus=komplimentieren; ab=blitzen lassen; e-n Korb geben (*qn* jdm).
économat [ekɔnɔma] *m* **1.** Verwalterstelle *f,* -büro *n,* Wirtschaftsgebäude *n;* **2.** *mil* Marketenderei *f.* **économe I.** *a* haushälterisch, sparsam, wirtschaftlich; ► *être ~ de qc* mit etw sparen *od* sparsam um=gehen; **II.** *s m f* Verwalter(in *f*). **économie** *f* **1.** Wirtschaft *f;* **2.** Sparsamkeit, Wirtschaftlichkeit *f;* **3.** *pl* Ersparnisse, Einsparungen *f pl;* **4.** ► *faire, réaliser des ~s* sparen, Geld zurück=legen; *placer ses ~s* s-e Ersparnisse an=legen; *vivre avec ~* haushälterisch, sparsam leben; **5.** ► *~ d'argent* Geldersparnis *f; ~ en carburant* Brennstoffersparnis *f; ~ compétitive* freie Wirtschaft *f; ~ dirigée, planifiée* Zwangs-, Planwirtschaft *f; ~ de marché* freie Marktwirtschaft *f; ~ mondiale* Weltwirtschaft *f; ~ nationale, politique*

Volkswirtschaft *f;* ~ *privée* Privatwirtschaft *f.* **économique** *a* **1.** wirtschaftlich; **2.** haushälterisch, sparsam; **3.** ► *crise f* ~ Wirtschaftskrise *f; expansion f* ~ Wirtschaftswachstum *n; politique f* ~ Wirtschaftspolitik *f; secteur m* ~ Wirtschaftsbereich *m.* **économiquement** *adv:* ► *les* ~ *faibles* die wirtschaftlich Schwachen *m pl.* **économiser** *tr* haushälterisch, sparsam um=gehen (*qc* mit etw); (er)sparen; ► ~ *sur tout* an allem sparen.

écoper [ekɔpe] **I.** *tr (Wasser)* heraus=schöpfen; **II.** *itr fig fam* Vorwürfe *od* Schläge bekommen; die Zeche bezahlen müssen, der Sündenbock sein; ► *il a écopé deux mois de prison* man hat ihm zwei Monate Gefängnis aufgebrummt; *c'est lui qui a écopé* er hat es ausbaden müssen.

écorce [ekɔʀs] *f* **1.** (Baum-)Rinde, Borke *f;* **2.** (Orangen-)Schale *f;* **3.** ► ~ *terrestre* Erdrinde *f.* **écorcer** *tr* entrinden, ab=schälen.

écorcher [ekɔʀʃe] *tr* **1.** *(e-m Tier)* das Fell ab=ziehen; häuten; schinden; **2.** *(Haut)* wund=reiben; **3.** *fig* übel zu=richten; das Fell über die Ohren ziehen (*qn* jdm); **4.** *(Namen)* entstellen; verhunzen; *(den Ohren)* weh tun; *(in der Kehle)* brennen; *(Sprache)* radebrechen; **5.** ► *il crie comme si on l'~ait* er schreit wie am Spieß. **écorchure** *f* Schramme; wunde Stelle *f.*

écorner [ekɔʀne] *tr* **1.** Kanten ab=stoßen (*qc* von etw); *(Geschirr)* an=schlagen; **2.** *(Vorräte)* an=greifen; **3.** *fig* schmälern, verringern; beeinträchtigen; ► ~ *les pages d'un livre* Eselsohren in ein Buch machen.

écossais, e [ekɔsɛs] *a* schottisch; *s m gram* schottisch *n,* das Schottische. **Écossais, e** *m f* Schotte *m;* Schottin *f.* **Écosse, l'** *f* Schottland *n.*

écosser [ekɔse] *tr (Erbsen)* enthülsen.

écosystème [ekosistɛm] *m* Ökosystem *n.*

écot [eko] *m:* ► *payer son* ~ seinen Anteil bezahlen.

écotone [ekotɔn] *m* Ökoton *m.* **écotype** *m* Ökotyp(us) *m.*

écoulement [ekulmɑ̃] *m* **1.** Ab-, Ausfluß; Abzug *m;* **2.** Rinnen *n;* Strömung *f;* **3.** *(Zeit)* Verfließen, -streichen *n;* **4.** *(Menschenmenge)* Hinausströmen *n;* **5.** *(Verkehr)* Abwicklung *f;* **6.** *com* Absatz; Vertrieb *m.* **écouler I.** *tr com* ab=setzen, verkaufen; in Umlauf bringen; **II.** *v prn s'~* **1.** *(Wasser)* ab=, aus=laufen, ab=fließen; **2.** *(Zeit)* verrinnen, verfließen, verstreichen; **3.** *(Menge)* sich verlaufen; **4.** *(Ware)* Absatz finden; **5.** ► *s'~ lentement, rapidement (Ware)* sich schwer, leicht ab=setzen lassen.

écourter [ekuʀte] *tr* **1.** *(Aufenthalt)* (ab=, ver)kürzen; **2.** *(Rede)* zs.=streichen.

écoute [ekut] *f:* ► *être à l'~ (radio)* hören; *être aux ~s* auf der Lauer liegen, lauschen; *rester à l'~ (tele)* am Apparat bleiben. **écouter** *tr* **1.** mit=, ab=, an=hören; **2.** zu=hören (*qn* jdm); horchen; belauschen; Gehör schenken (*qn* jdm); **3.** *(Rat)* (be)folgen; **4.** ► *se faire* ~ sich Gehör verschaffen; *n'~ que d'une oreille* nur mit halbem Ohr zu=hören.

écouteur *m tele* Hörer *m;* ► *décrocher, raccrocher l'~* den Hörer ab=nehmen, auflegen.

écran [ekʀɑ̃] *m* **1.** Wandschirm *m;* **2.** *film* Leinwand *f, (petit ~)* Bildschirm *m;* **3.** Film(kunst *f*) *m;* **4.** ► *porter à l'~* verfilmen; **5.** ► ~ *à cristaux liquides* Flüssigkristallanzeige *f;* ~ *électroluminescent* Elektrolumineszenzschirm *m;* ~ *graphique (inform)* grafikfähige(r) Bildschirm *m; vedette f de l'~* Filmstar *m;* ~ ~ *de fumée* Rauschschleier *m; n;* ~ *panoramique (film)* Breitwand *f;* ~ *radar* Radarschirm *m;* ~ *sonore* Lärmschutzwald *f;* ~ *vidéo* Bildschirm *m.*

écrasant, e [ekʀazɑ̃, -ɑ̃t] *a* erdrückend, überwältigend, vernichtend; *(Hitze)* drückend. **écrasé, e** *a* eingedrückt; flach; *(Nase)* platt. **écraser I.** *tr* **1.** zerdrücken; zermalmen; zerquetschen; **2.** *(Auto, Zug)* überfahren; **3.** *fig* erdrücken; vernichten, zugrunde richten; **4.** in den Schatten stellen; **5.** *(Aufstand)* nieder=werfen; **6.** überhäufen; *(mit Steuern)* übermäßig belasten; **7.** *sport* vernichtend schlagen; **II.** *v prn s'~* **1.** zs.=stürzen; **2.** *aero* zerschellen (*sur le sol* am Boden); **3.** *(Wogen)* sich brechen; **4.** *(Menschen)* sich zerdrücken.

écrémer [ekʀeme] ‹*Prés. j'écrème, ns écrémons; Fut. j'écrémerai; pp. écrémé, e*› *tr (Milch)* ent-, ab=rahmen; ► *lait m ~é* Magermilch *f.*

écrevisse [ekʀəvis] *f zoo* Krebs *m a. astr;* ► *(fam) rouge comme une* ~ krebsrot.

écrier, s' [ekʀije] *v prn* (aus=)rufen.

écrire [ekʀiʀ] ‹*Prés. j'écris, ns écrivons; Fut. j'écrirai; pp. écrit, e; Subj. que j'écrive, que ns écrivions; Impér. écris, écrivons*› *tr* **1.** schreiben (*à qc* mit etw, *à qn* jdm); **2.** *auf=, nieder=schreiben; verfassen;* **3.** *mus* komponieren; **4.** schriftlich mit=teilen; **5.** ► *au brouillon, au propre* ins unreine, ins reine schreiben; ~ *à la craie, au crayon, à l'encre* mit Kreide, Bleistift, Tinte schreiben; ~ *en toutes lettres* voll aus=schreiben; ~ *en majuscules* od *capitales, en minuscules* mit großen, kleinen Buchstaben schreiben. **écrit, e** [ekʀi, -it] **I.** *a* schriftlich; *(Papier)* beschrieben (*des deux côtés* auf beiden Seiten); **II.** *s m* **1.** Schriftstück *n;* **2.** schriftliche Prüfung *f;* **3.**

► *par* ~ schriftlich; ~ *à la machine, à la main* maschinen-, handgeschrieben. **écriteau** *m* Anschlag *m;* Aufschrift *f;* Plakat; Schild *n.* **écriture** *f* **1.** Schrift; Handschrift *f;* Geschriebene(s) *n;* **2.** *com* Buchung *f; pl* (Geschäfts-)Bücher *n pl;* **3.** Akten *f pl;* **4.** ► *arrêter les ~s (com)* die Bücher ab=schließen; *tenir les ~s* die Bücher führen; **5.** ► ~ *braille* Blindenschrift *f;* ~ *en caractères d'imprimerie* Druckschrift *f; l'É~ sainte* die Heilige Schrift. **écrivain** *m* Schriftsteller *m.*

écrou [ekʀu] *m* (Schrauben-)Mutter *f.*

écroulement [ekʀulmɑ̃] *m* **1.** Einsturz *m;* **2.** *fig* Zs.bruch; Verfall *m.* **écrouler, s'** *v prn* **1.** ein=, zs.=stürzen; *(Mauer)* ein=fallen; **2.** *fig* zs.=brechen, **3.** *(Plan)* scheitern, ins Wasser fallen.

écueil [ekœj] *m* Klippe *f a. fig;* (Felsen-)Riff *n.*

écuelle [ekɥɛl] *f* Napf *m;* Schüssel *f.*

écume [ekym] *f* Schaum *m.* **écumer** *tr* ab=schäumen, -schöpfen.

écureuil [ekyʀœj] *m zoo* Eichhörnchen *n.*

écurie [ekyʀi] *f* **1.** (Pferde-)Stall *m;* **2.** Rennstall *m a. mot.*

écusson [ekysɔ̃] *m* **1.** (Wappen-)Schild *m* od *n;* **2.** *(Insekt)* Rückenschild *m;* **3.** Firmen-, Namensschild *n;* **4.** Abzeichen *n;* **5.** *mil* (Kragen-)Spiegel *m.*

eczéma [e(ɛ)gzema] *m med* Flechte *f,* Ausschlag *m,* Ekzem *n.*

edelweiss [edɛlvɛs] *m bot* Edelweiß *n.*

Éden [edɛn] *m* Eden *n;* ► *le jardin d'~* der Garten Eden.

édenté, e [edɑ̃te] *a* zahnlos.

édicter [edikte] *tr* verordnen.

édifiant, e [edifjɑ̃] *a* erbaulich, belehrend. **édifice** *m* **1.** Gebäude *a. fig;* Bauwerk *n;* Bau *m a. fig;* **2.** ► *bâtir, construire, élever un* ~ ein Gebäude errichten; **3.** ► ~ *social* Gesellschaftsordnung *f.* **édifier** *tr (Bauwerk)* errichten; erbauen *a. rel.*

Edimbourg [edɛ̃buʀ] *f* Edinburgh *n.*

éditer [edite] *tr* heraus=geben, verlegen; *inform* editieren. **éditeur** *m* Verleger, Herausgeber *m; inform* Editor *m;* ► ~ *de programmes (inform)* Softwarehersteller *m;* ~ *de textes (inform)* Texteditor *m.* **édition** [-sjɔ̃] *f* Aus-, Herausgabe; Auflage *f; inform* Editieren *n;* ► *maison f d'~* Verlag(shaus *n) m;* ~ *augmentée, corrigée, revue* vermehrte, verbesserte, durchgesehene Auflage *f;* ~ *complète* Gesamtausgabe *f;* ~ *de luxe* Luxusausgabe *f;* ~ *pirate* Raubdruck *m;* ~ *de programmes* Softwareherstellung f; ~ *spéciale* Sonderauflage *f.*

édredon [edʀədɔ̃] *m* Daunendecke *f;* Federbett *n.*

éducatif, ive [edykatif] *a* erzieherisch; belehrend; ► *film m* ~ Lehrfilm *m.*

éducation *f* **1.** Erziehung; Ausbildung *f;* **2.** Bildung *f;* **3.** Dressur *f;* **4.** ► *sans* ~ schlecht erzogen, ungebildet; **5.** *avoir de l'~* wohlerzogen sein; **6.** ► ~ *civique* Staatsbürgerkunde *f;* ~ *permanente* geistige Weiterbildung *f;* Erwachsenenfortbildung *f;* ~ *physique, corporelle* Leibesübungen *f pl;* Turnen *n (Schulfach).* **éduquer** [edyke] *tr* (sorgfältig) erziehen, bilden.

effacé, e [efase] *a* **1.** ver-, ausgewischt; **2.** *(Farbe, Erinnerung)* verblaßt; *(Schultern)* zurückgenommen; **3.** *(Gesicht) fig* unbedeutend, unauffällig; **4.** *(Verhalten)* bescheiden, zurückhaltend. **effacement,** *tech* **effaçage** [ɛfasmɑ̃, -saʒ] *m* **1.** Ausstreichen, Löschen *n;* **2.** *fig* Zurückgezogenheit *f;* Zurücktreten *n.* **effacer** ‹*Prés. j'efface, ns effaçons; Fut. j'effacerai; pp. effacé, e*› **I.** *tr* **1.** aus=löschen; aus=radieren; (aus=)streichen; **2.** *(Fleck)* entfernen; **II.** *v prn s'~* **1.** ausgelöscht werden, verblassen; verschwinden; vergehen; **2.** *fig* sich zurück=ziehen (*de* von, aus); im Hintergrund bleiben; **3.** ► ~ *de sa mémoire* aus s-m Gedächtnis streichen; ~ *le tableau* die Tafel ab=wischen.

effarant, e [ɛ(e)faʀɑ̃, -ɑ̃t] *a* erschreckend; unglaublich. **effaré, e** *a* verwirrt, fassungslos; außer sich; verstört. **effarer I.** *tr* verwirren, aus der Fassung bringen; **II.** *v prn s'~* (heftig) erschrekken, die Fassung verlieren.

effaroucher [ɛ(e)faʀuʃe] **I.** *tr* **1.** auf=, verscheuchen; **2.** *fig* erschrecken, ein=schüchtern; **II.** *v prn s'~* erschrecken; *(Pferd)* scheuen.

effectif, ive [ɛ(e)fɛktif, -iv] **I.** *a* wirklich; tatsächlich; real; **II.** *s m* **1.** Bestand *m;* **2.** *(Fabrik)* Belegschaft; **3.** *mil* Truppenstärke; **4.** *(Partei)* Mitgliederzahl *f;* ► *puissance f ~ive* Nutzleistung *f;* ~ *du personnel* Personalstand *m;* ~ *prévu* Sollstärke *f.* **effectivement** *adv* tatsächlich, in der Tat.

effectuer [ɛ(e)fɛkttɥe] **I.** *tr* **1.** durch=, aus=führen; bewerkstelligen; **2.** *(Geschäft)* tätigen; **3.** *(Versicherung)* ab=schließen; **4.** *(Zahlung)* leisten; **5.** *(Strecke)* zurück=legen; **6.** *(Schritte)* unternehmen; **II.** *s'~ v prn* zustande kommen, in Erfüllung gehen, sich verwirklichen; sich vollziehen.

efféminé, e [e(ɛ)femine] *a* verweichlicht; weichlich; schlaff.

effervescence [e(ɛ)fɛʀvɛsɑ̃s] *f* **1.** Aufbrausen; Brodeln *n;* **2.** *fig* Aufregung, Gärung *f.* **effervescent, e** *a* **1.** aufbrausend, brodelnd, gärend; **2.** *fig* aufbrausend; (sehr) aufgeregt.

effet [ɛ(e)fɛ] *m* **1.** Wirkung *f,* Effekt *m;* **2.** Ergebnis *n;* Folge *f;* Eindruck *m;* **3.** Ausführung; Verwirklichung; Tat *f;* **4.** *com* Wechsel *m;* Wertpapier *n;* **5.** *tech*

(Arbeits-)Leistung *f;* **6.** *pl* Ausrüstungs-, Kleidungsstücke *n pl;* Sachen *f pl;* **7.** *pl; jur* Vermögensstücke *n pl;* Effekten *pl;* **8.** ► *à cet* ~ zu diesem Zweck; dazu; *avec* ~ *du* mit Wirkung vom; *en* ~ in der Tat; allerdings, freilich; *sans* ~ wirkungslos; unwirksam; *sous l'*~ *de* unter der Einwirkung *gen;* **9.** ► *émettre un* ~ e-n Wechsel aus=stellen; *faire (de l')* ~ wirken, wirksam sein; *faire l'*~ *de* aus=sehen, sich aus=nehmen wie; *faire bon* ~ e-n guten Eindruck machen; sich gut aus=nehmen; *prendre* ~ wirksam werden; **10.** ► ~ *d'ensemble* Gesamteindruck *m;* ~ *à ordre (com)* Orderpapier *n;* ~ *au porteur* auf den Inhaber lautende(r) Wechsel *m;* ~*s publics* Staatspapiere *n pl;* ~ *de serre* Treibhauseffekt *m;* ~ *utile* Nutzleistung *f;* ~ *à vue* Sichtwechsel *m.*

efficace [e(ɛ)fikas] *a* **1.** wirksam; wirkungsvoll; zugkräftig; **2.** *fig* durchschlagend, -greifend; **3.** *(Mensch)* tüchtig; leistungsfähig; ► *prêter à qn un appui* ~ jdm kräftig unter die Arme greifen. **efficacité** *f* **1.** Wirksamkeit *f;* **2.** *tech* Wirkungsgrad *m;* (Arbeits-)Leistung; **3.** *(Mensch)* Leistungsfähigkeit, Tüchtigkeit *f;* ► ~ *publicitaire* Werbewirkung *f.* **efficience** [-sjɑ̃s] *f* Leistungsfähigkeit *f;* Nutzeffekt *m;* Wirkungskraft *f.* **efficient, e** *a* **1.** effizient, wirksam; **2.** *fam (Mensch)* tüchtig, leistungsfähig.

effilé, e [efile] *a* **1.** dünn; spitz (zulaufend), spitzig; **2.** *tech* verjüngt. **effiler I.** *tr* aus=fransen, aus=fasern; aus=zupfen; **II.** *v prn s'*~ **1.** aus=fransen, aus=fasern; **2.** *(Gegenstand)* spitz zu=laufen, sich verjüngen. **effilocher I.** *tr* aus=, zerfasern; reißen; **II.** *v prn s'*~ **1.** aus=fransen; **2.** *(Rauch)* sich verziehen.

efflanqué, e [e(ɛ)flɑ̃ke] *a* abgemagert, ausgemergelt; dürr.

effleurer [eflœʀe] *tr* **1.** leicht berühren; streifen; leicht verletzen; **2.** *(Thema)* streifen, an=tippen; **3.** ► *cette pensée ne m'avait jamais effleuré* ich war nie auf den Gedanken gekommen.

efflorescence [e(ɛ)flɔʀɛsɑ̃s] *f* **1.** *lit* Aufblühen *n;* **2.** *min* Verwitterung *f,* Ausblühen *n.*

effondrement [efɔ̃dʀəmɑ̃] *m* **1.** Ein-, Zs.sturz *m;* **2.** *fig* Zs.bruch; (Börsen-) Krach *m;* **3.** *(Mensch)* völlige Niedergeschlagenheit *f;* ► ~ *des cours, des prix* Kurs-, Preissturz *m.* **effondrer I.** *tr agr* (tief) um=pflügen; **II.** *v prn s'*~ **1.** ein=stürzen, -fallen; **2.** *fig* nach=geben; zs.=brechen; ► *s'*~ *dans un fauteuil* sich in e-n Sessel fallen lassen.

efforcer, s' [e(ɛ)fɔʀse] ‹*Prés. je m'efforce, ns ns efforçons; Fut. je m'efforcerai; pp. efforcé, e*› *v prn* sich an=strengen, sich bemühen (*de, à* zu). **effort** [ɛ-, efɔʀ] *m* **1.** Anstrengung; Bemühung; Anspannung *f;* **2.** (Arbeits-)Einsatz *m;* **3.** *tech* Belastung; Beanspruchung *f;* **4.** *med fam* Verrenkung, Verstauchung *f;* **5.** ► *après bien des* ~*s* nach vieler Mühe; *sans* ~ mühelos; *faire des* ~*s* sich anstrengen, sich bemühen; *faire un* ~ *de mémoire* versuchen, sich zu erinnern; *faire tous ses* ~*s* alles auf=bieten, alle Minen springen lassen (*pour* um zu); *soumettre à un* ~ e-r (großen) Beanspruchung aus=setzen; *ne reculer devant aucun* ~ keine Anstrengung scheuen; **6.** ► ~ *continu* Dauerbeanspruchung *f;* ~ *excessif* Überbeanspruchung *f;* ~ *maximum admissible* höchstzulässige Beanspruchung *f.*

effraction [e(ɛ)fʀaksjɔ̃] *f* Einbruch *m;* ► *vol m avec* ~ Einbruchdiebstahl *m.*

effraie [e(ɛ)fʀɛ] *f orn* Schleiereule *f.*

effrayant, e [efʀɛjɑ̃, -ɑ̃t] *a* schrecklich, erschreckend, fürchterlich. **effrayer** ‹*Prés. j'effraie* od *effraye, ns effrayons; Fut. j'effraierai* od *effrayerai; ns effraierons* od *ns effrayerons; pp. effrayé, e*› **I.** *tr* erschrecken; entmutigen; **II.** *v prn s'*~ erschrecken (*de* über *acc*); e-n Schreck bekommen; *(Pferd)* scheuen, scheu werden.

effréné, e [efʀene] *a* zügellos, unbändig, hemmungslos; ► *un gaspillage* ~ eine heillose Verschwendung *f.*

effriter [efʀite] **I.** *tr (Gestein)* zersetzen; *(Brot)* zerbröckeln; **II.** *v prn s'*~ verwittern; ab=, zerbröckeln; zerfallen; *(Kurse)* ab=bröckeln.

effroi [efʀwa] *m lit* Entsetzen *n,* Schrekken *m;* (große) Furcht *f;* ► *répandre l'*~ Schrecken verbreiten.

effronté, e [efʀɔ̃te] *a* frech, unverschämt. **effronterie** *f* Frechheit, Unverschämtheit *f.*

effroyable [efʀwajabl] *a* entsetzlich, fürchterlich; schrecklich.

effusion [e(ɛ)fyzjɔ̃] *f fig* Erguß *m;* Vergießen *a. fig,* Ausströmen *n;* ► *avec* ~ aus vollem Herzen; ~ *de sang* Blutvergießen *n.*

égal, e [egal] *a* **1.** gleich; gleichmäßig; gleichförmig; **2.** *math* kongruent; **3.** *fig* gleichgültig, einerlei; **4.** ► *à* ~*e distance* gleich weit (entfernt); **5.** ► *n'avoir point d'*~, *être sans* ~ nicht seinesgleichen haben; *être* ~ *à zéro* gleich Null sein *a. fig;* **6.** ► *tout lui est* ~ ihm ist alles gleich; *cela m'est* ~ *(fam)* das ist mir egal *od* gleich; **7.** ► ~ *en droits* gleichberechtigt. **également** *adv* **1.** in gleicher Weise; ebenfalls; **2.** *fam* auch, gleichfalls. **égaler** *tr* **1.** gleich=kommen (*qn, qc* jdm, e-r S); **2.** vergleichen (*à* mit); **3.** *(Rekord)* einstellen; **4.** ► ~ *qn en beauté, en importance* jdm an Schönheit, an Bedeutung gleich=kommen; **5.** ► *deux plus trois égalent cinq* zwei plus drei ist fünf. **égalisation**

f Ausgleich *(a. Sport);* Einebnung *f;* ▶ ~ *des changes* Währungsausgleich *m.* **égaliser** *tr* **1.** gleichmäßig verteilen, aus=gleichen; **2.** *(Boden)* ein=ebnen. **égalité** *f* **1.** Gleichheit; Gleichmäßigkeit; Gleichförmigkeit *f;* **2.** Gleichwertigkeit *f;* **3.** *sport* Ausgleich *m;* **4.** *math* Kongruenz *f;* **5.** ▶ *être à ~ avec qn* die gleiche Punktzahl erreicht haben wie jem; *être sur un pied d'~ avec qn* mit jdm auf gleichem Fuße stehen; **6.** ▶ ~ *des droits* Gleichberechtigung *f.*

égard [egaʀ] *m* **1.** Rücksicht(nahme); Achtung *f;* **2.** ▶ *à tous (les) ~s* in jeder Beziehung; *à cet ~* in dieser Beziehung *od* Hinsicht; *à beaucoup d'~, à maints ~s* in vieler Hinsicht; *à l'~ de qc* e-r S gegenüber; hinsichtlich e-r S; *à mon ~* was mich betrifft; *par ~ pour* mit Rücksicht, im Hinblick auf *acc; sans ~ pour* ohne Rücksicht auf *acc,* ohne Berücksichtigung *gen;* **3.** ▶ *avoir des d~s pour qn* jdm Aufmerksamkeiten erweisen, jdn rücksichtsvoll behandeln; **4.** ▶ *manque m d'~s* Rücksichtslosigkeit *f.*

égaré, e [egaʀe] *a (Spaziergänger, Tier)* verirrt; *fig (Aussehen, Blick)* verwirrt. **égarer I.** *tr* **1.** irre=leiten, -führen, vom (rechten) Wege ab=bringen *a. fig;* verwirren; **2.** *(Gegenstand)* verlegen; **II.** *v prn s'~* **3.** vom Wege ab=kommen; fehl=gehen, sich verirren; **4.** *fig* sich irren; den Faden verlieren; verwirrt werden.

égayer [egeje] ‹*Prés. j'égaie* od *égaye, ns égayons; Fut. j'égaierai* od *égayerai; ns égaierons* od *égayerons; pp. égayé, e*› **I.** *tr* **1.** auf=, erheitern; **2.** *(Gesellschaft)* belustigen; **3.** *(Zimmer)* freundlich(er) gestalten; beleben, heller machen; **4.** *(Baum)* aus=schneiden, lichten; **II.** *v prn* ▶ *s'~ aux dépens de qn* sich über jdn lustig machen.

Egée [eʒe] *f;* ▶ *la mer ~* die Ägäis, das Ägäische Meer.

églantier [eglɑ̃tje] *m bot* wilde(r) Rosenstrauch *m.* **églantine** *f bot* Hunds-, Heckenrose *f (Blüte).*

église [egliz] *f* **1.** Kirche *f;* **2.** ▶ *aller à l'~* zur, in die Kirche gehen; *entrer, prier dans une ~* e-e Kirche betreten; in e-r Kirche beten.

égoïsme [egɔism] *m* Egoismus *m,* Selbstsucht *f.* **égoïste I.** *a* egoistisch, selbstsüchtig; **II.** *s m* Egoist *m.*

égorger [egɔʀʒe] ‹*Prés. j'égorge, ns égorgeons; Fut. j'égorgerai; pp. égorgé, e*› *tr* **1.** den Hals ab=schneiden (*qn* jdm); nieder=machen, -metzeln; **2.** *fig* gewaltig übervorteilen.

égosiller, s' [egozije] *v prn* sich heiser schreien.

égout [egu] *m* Kanalisation *f;* Abwasser-, Abzugskanal; ▶ *eaux f pl d'~* Abwässer *n pl.*

égouter [egute] *tr* abtropfen lassen. **égoutoir** *m* Abtropfbrett, -körbchen *n.*

égrapper [egʀape] *tr* entrappen.

égratigner [egʀatiɲe] *tr* **1.** (zer)kratzen; **2.** *fig* kränken; sticheln. **égratignure** *f* Kratzwunde; Schramme *f;* ▶ *s'en tirer sans une ~* mit heiler Haut davon=kommen.

égrener [egʀəne] ‹*Prés. j'égrène, ns égrenons; Fut. j'égrènerai; pp. égrené, e*› **I.** *tr* entkernen, aus=körnen; **II.** *v prn s'~* **1.** *(Früchte)* ab=fallen; **2.** *(Menschen)* sich ausea.=gehen; sich ausea.=ziehen; ▶ ~ *son chapelet* den Rosenkranz (her=)beten; *fig* sein Herz aus=schütten.

égrillard, e [egʀijaʀ, -ʀd] *a* lose, schlüpfrig.

Égypte, l' [eʒipt] *f* Ägypten *n.* **égyptien, ne** [eʒipsjɛ̃, ɛn] *a* ägyptisch. **Egyptien, ne** *m f* Ägypter(in *f*) *m.* **égyptologue** *m f* Ägyptologe *m* Ägyptologin *f.*

eh! [e] *interj* ei! nun! ~ *bien!* nun gut! na! ~! *làs-ba* hallo! ~ *quoi!* ach was!

éhonté, e [eɔ̃te] *a* schamlos; frech.

éjectable [eʒɛktabl] *a* auswerfbar; ▶ *siège m ~* Schleudersitz *m.* **éjecter** *tr* aus=werfen.

élaboration [elabɔʀasjɔ̃] *f* Ausarbeitung *f.* **élaborer** *tr* aus=, verarbeiten.

élagage [elagaʒ] *m (Baum)* Ausschneiden, Ausästen; Zurückschneiden *n.* **élaguer** [-ge] *tr* **1.** *(Baum)* aus=ästen; zurück=schneiden; **2.** *fig* (ab=)kürzen; weg=lassen, streichen.

élan [elɑ̃] *m* **1.** *zoo* Elch *m;* **2.** Anlauf, Sprung, Satz *m;* **3.** *fig* Schwung *m;* **4.** Regung, Anwandlung *f;* ▶ *prendre son ~* e-n Anlauf nehmen.

élancé, e [elɑ̃se] *a* schlank, rank; hoch aufgeschossen. **élancer s'** ‹*Prés. je m'élance, ns ns élançons; Fut. je m'élancerai; pp. élancé, e*› *v prn* **1.** (sich) stürzen (*sur, vers qn* auf jdn, zu jdm hin); **2.** sich (empor=)schwingen *a. fig;* **3.** *(Turm)* empor=ragen, in die Höhe ragen.

élargir [elaʀʒiʀ] *tr* **1.** erweitern, (aus=) weiten, verbreitern, (aus=)dehnen; ▶ ~ *le champ de la conscience* das Bewußtsein erweitern; **2.** vergrößern; **3.** *(Beziehungen)* aus=bauen. **élargissement** *m* Erweiterung *g;* Vergrößerung, Ausweitung *f.*

élasticité [elastisite] *f* **1.** Elastizität, Spannkraft *f a. fig;* **2.** Dehnbarkeit *f (a. e-s Begriffes).* **élastique I.** *a* elastisch, federnd; dehnbar *a. fig;* **II.** *s m* Gummiband *n,* -zug *m.*

Elbe, l' [ɛlb] *f (Insel)* Elba *n,* die Insel Elba; *(Fluß)* Elbe *f.*

électeur, trice [elɛktœʀ, -tʀis] *m f* Wähler(in *f*) *m;* ▶ *carte f d'~* Wahlausweis *m;* ~ *inscrit* Wahlberechtigte(r) *m.*

électif, ive *a* auf Wahl beruhend;

durch Wahl bestimmt; Wahl-. **élection** [-sjõ] *f* **1.** Wahl *f;* **2.** ► *faire une ~* zu e-r Wahl schreiten; **3.** ► *résultats m pl des ~s* Wahlergebnisse *n pl; ~ municipale* Gemeindewahl *f.* **électoral, e** *a* Wahl-; ► *assemblée f ~e* Wahlversammlung *f; campagne f ~e* Wahlkampf *m; circonscription f ~e* Wahlbezirk *m; discours m ~* Wahlrede *f; liste f ~e* Wählerliste *f; lutte f ~e* Wahlkampf *m; propagande f ~e* Wahlpropaganda *f; urne f ~e* Wahlurne *f.* **électorat** [-ʀa] *m* Wählerschaft *f; hist* Kurwürde *f;* Kurfürstentum *n;* ► *~ féminin* Stimmen *f pl* der Frauen.

électricien [elɛktʀisjɛ̃] *s m* Elektriker *m; a:* ► *ingénieur, ouvrier m ~* Elektroingenieur, -monteur *m.* **électricité** *f* Elektrizität *f;* ► *allumer (éteindre) l'~* das Licht ein=, (aus=)schalten; *panne f d'~* Stromausfall *m; source f d'~* Stromquelle *f.* **électrification** *f* Elektrifizierung; Stromversorgung *f.* **électrifier** *tr* elektrifizieren; mit Strom versorgen; ► *être ~fié* an ein Stromnetz angeschlossen sein. **électrique** *a* elektrisch; ► *alimentation f, approvisionnement m en énergie ~* Energie-, Stromversorgung *f; centrale f ~* Kraftwerk *n; courant m ~* elektrischer Strom *m; éclairage m ~* elektrische Beleuchtung *f.* **électriser** *tr* **1.** elektrisieren; **2.** *fig* begeistern.

électro- [elɛktʀo, -tʀɔ-] *in Zssgen* Elektro-. **électroaimant** *m* Elektromagnet *m.* **électrocardiogramme** *m* Elektrokardiogramm, EKG *n.* **électrocoagulation** *f med* Elektrokoagulation *f.* **électrochoc** *m* Elektroschock *m.*

électrocuter [elɛktʀokyte] *tr* durch Elektrizität hin=richten *od* töten. **électrocution** *f* Hinrichtung *f,* Tod *m* durch el. Strom.

électrode [elɛktʀɔd] *f* Elektrode *f.*

électrodiagnostic [elɛktʀɔdjagnostik] *m* Elektrodiagnose *f.* **électrodialyse** *f chem* Elektrodialyse *f.*

électrodynamique [elɛktʀodinamik] *a* elektrodynamisch.

électroencéphalogramme *m* Elektroenzephalogramm *n.* **électromécanicien, ne** *m f* Elektromechaniker(in *f*) *m.*

électrolyse [elɛktʀoliʒ] *f* Elektrolyse *f.* **électrolytique** *a* elektrolytisch; ► *cuivre ~* Elektrolytkupfer *n.* **électromagnétique** *a* elektromagnetisch. **électromécanique I.** *s f* Elektromechanik *f;* **II.** *a* elektromechanisch. **électroménager** *a:* ► *appareil m ~* elektrisches Haushaltsgerät *n.* **électromoteur, trice I.** *a* elektromotorisch; **II.** *s m* Elektromotor *m.*

électron [elɛktʀõ] *m* Elektron *n (Teilchen).* **électronicien, ne** [elɛktʀɔnisjɛ̃, -ɛn] *a* Elektronen-; *s m f* Elektroniker(in *f*) *m;* **électronique I.** *s f* Elektronik *f;* **II.** *a* Elektronen-, Fernseh-; ► *cerveau m ~* Elektronengehirn *n; microscope m ~* Elektronenmikroskop *n; tube m ~* Elektronenröhre *f; ~ de loisir* Unterhaltungselektronik *f.*

électronucléaire [elɛktʀɔnyklɛʀ] *m* Technik *m* der Stromerzeugung durch Kernkraftwerke. **électrophone** [elɛktʀofɔn] *m* Plattenspieler *m.* **électroscope** [-scɔp] *m* Elektroskop *n.* **électrostatique I.** *a* elektrostatisch; **II.** *s f* Elektrostatik *f.* **électrotechnique I.** *a* elektrotechnisch; **II.** *s f* Elektrotechnik *f.*

élégance [elegɑ̃s] *f* Eleganz; Anmut *f;* ► *s'habiller, se vêtir avec ~* sich elegant kleiden. **élégant, e** [-gɑ̃, -ɑ̃t] **I.** *a* fein, zierlich, geschmackvoll, elegant; **II.** *s f* Modedame *f;* ► *il s'en est tiré élégamment (fam)* er hat sich geschickt aus der Affäre gezogen.

élément [elemɑ̃] *m* **1.** Element *n;* Grund-, Urstoff *m;* **2.** Grundbegriff *m;* **3.** Bestand-, Einzelteil; Bauteil *m,* -glied *n; (Akkumulator)* Zelle; **4.** *pl* Anfangsgründe *m pl;* Grundlagen *f pl,* -züge *m pl;* Unterlagen *f pl;* **5.** ► *être dans son ~* in seinem Element sein; **6.** ► *~ de construction* Bauteil *n; ~ de montage* Einbauteil *n; ~ de raccord* Anschlußstück *n; ~ de rechange* Ersatzteil *~ subversif* subversive(s) Element *n.* **élémentaire** [-tɛʀ] *a* Grund-; Anfangs-; elementar; ► *c'est ~* das versteht sich von selbst; das ist einfach; *classes f pl ~s (Schule)* untere Klassen *f pl.*

éléphant [elefɑ̃] *m* Elefant *m.* **éléphantesque** *a* riesig, ungeheuer. **éléphantiasis** [-tjazis] *f med* Elephantiasis *f.*

élevage [elvaʒ] *m zoo bot* Zucht, Züchtung *f;* ► *faire de l'~* Viehzucht treiben; *~ avicole* Geflügelzucht *f; ~ du bétail* Viehzucht *f; ~ industriel* Massentierhaltung *f.*

élévateur, trice [elevatœʀ, -tʀis] **I.** *a* Hebe-; **II.** *s m* (Lasten-)Aufzug, Elevator; Hebekran *m,* -werk. **élévation** *f* **1.** Erhebung *a. fig;* Erhöhung *f;* **2.** Bodenerhebung; (An-)Höhe *f,* Hügel *m;* **3.** *tech* Aufriß *m;* **4.** *(Preise)* Steigen *n,* Steigerung; **5.** *(Maurer)* Errichtung *f;* **6.** (Rang-)Erhöhung *f;* **7.** *astr* Höhe *f;* **8.** *rel* Elevation *f;* ► *~ de température* Temperaturerhöhung *f.*

élève [elɛv] *m f* Schüler(in *f*); ► *~-pilote m* Flugschüler *m.* **élevé, e** *a* **1.** hoch, erhaben; **2.** hochgelegen, erhöht; **3.** *(Puls)* beschleunigt; **4.** *(Preis)* hoch; **5.** *(Stil)* gehoben; ► *bien ~* wohlerzogen; *mal ~ (a)* ungesittet, ungezogen; *s m* schlecht erzogene(r) Mensch *m.* **élever** ‹*Prés. j'élève, ns élevons; Fut. j'élèverai; pp. élevé, e*› **I.** *tr* **1.** auf=, erheben *a. fig;* **2.** vergrößern, steigern; **3.** *(Preis)* erhöhen; **4.** *(Mauer)* auf≈führen, errichten; **5.** *(Last)* heben; **6.** *(Fahne)* auf≈pflanzen; **7.** *mus* transponieren; **8.** *math (in e-e Potenz)* erheben; **9.** *(Tiere, Pflanzen)* züchten; **10.** *(Kinder)* auf≈, erziehen, groß≈ziehen; **II.** *v prn s'~* **1.** sich erheben; **2.** *(Laut)* stärker werden; **3.** *(Streit)* entstehen; **4.** *(Preis, Temperatur, aero)* steigen; **5.** *(Zweifel)* auf≈kommen; **6.** *(Summe)* sich belaufen (*à* auf *acc*); **7.** sich empor≈arbeiten, sich auf≈schwingen; **8.** ► *s'~ contre qn* gegen jdn auf≈treten, sich gegen jdn erklären; *s'~ au dessus de qn* sich über jdn erheben; *~ des objections, des doutes* Einwände erheben, Zweifel äußern; *~ des obstacles* Hindernisse bereiten; *~ une perpendiculaire* e-e Senkrechte errichten; *s'~ sur les pointes des pieds* sich auf die Zehenspitzen stellen. **éleveur** *m* (Vieh-)Züchter *m.*

élider [elide] *tr gram (Vokal)* elidieren.

éligible [eliʒible] *a* wählbar.

élimé, e [elime] *a* fadenscheinig. **élimination** *f* **1.** Ausschaltung, Eliminierung; Entfernung, Beseitigung *f;* **2.** Ausscheidung *f a. sport;* **3.** *pol* Kaltstellung *f;* ► *~ de bruits (radio)* Entstörung *f.* **éliminatoire I.** *a* Ausscheidungs-; **II.** *s f sport* Ausscheidungskampf *m,* -spiel *n;* ► *note f ~* den Ausschluß bedingende Note *f.* **éliminer** *tr* **1.** *math chem* eliminieren; **2.** *(Hindernis)* aus dem Weg räumen, entfernen, beseitigen; **3.** *(aus e-r Liste)* streichen; **4.** *sport biol* aus≈scheiden; **5.** *(Person)* aus≈schalten; *pol* kalt≈stellen; **6.** *(Gegenstand)* aus≈rangieren; **7.** *(Fehler)* aus≈merzen; **8.** *(Erinnerung)* verdrängen; ► *être ~iné (sport)* aus≈scheiden müssen.

élire [eliʀ] ‹*Prés. j'élis, ns élisons; Fut. j'élirai; pp. élu, e; Subj. que j'élise, que ns élisions; Impér. élis, élisons*› *tr* wählen; ► *~ domicile* s-n Wohnsitz auf≈schlagen, sich häuslich nieder≈lassen; *~ qn président* jdn zum Präsidenten wählen; *~ à la pluralité des voix, à l'unanimité, à la majorité absolue, au premier tour de scrutin* mit Stimmenmehrheit, einstimmig, mit absoluter Mehrheit, beim ersten Wahlgang wählen.

élision [elizjɔ̃] *f gram* Elision *f (e-s Vokals).*

élitaire [elitɛʀ] *a* elitär. **élite** [elit] *f* Elite, Auswahl; ► *d'~* auserlesen; erstklassig. **élitisme** *m* Elitedenken *n.* **élitiste** *a péj* elitär.

elle, *pl* **elles** [ɛl] *prn* sie *f; pl* sie; ► *ces gants sont à ~* diese Handschuhe gehören ihr; *~-même* sie selbst.

ellipse [elips] *f gram math* Ellipse *f.* **éllipsoïde** *m* Ellipsoid *n.* **élliptique** *a* elliptisch.

élocution [elɔkysjɔ̃] *f* Sprech-, Ausdrucks-, Darstellungsweise *f;* Vortrag *m.*

éloge [elɔʒ] *m* Lob(rede *f*) *n;* ► *faire l'~ de qn* jdn loben; *recevoir des ~s* Lob ernten. **élogieux, se** *a* lobend, anerkennend.

éloigné, e [elwaɲe] *a* **1.** fern, entfernt; weit; **2.** abgelegen; ► *remettre à une date plus ~e* auf später verschieben. **éloignement** *m* **1.** Entfernung *f;* Abstand *m;* **2.** Abwesenheit; **3.** *fig* Zurückgezogenheit *f.* **éloigner I.** *tr* **1.** entfernen; weg≈schaffen, beseitigen; weg≈rücken; **2.** entfremden; **3.** *(Datum)* auf≈, verschieben; **II.** *v prn s'~* **1.** sich entfernen; weg≈, fort≈gehen, -fahren; **2.** ab≈weichen; ab≈schweifen (*d'un sujet* von e-m Thema); **3.** Abstand gewinnen; **4.** sich unterscheiden, verschieden sein (*de* von).

éloquence [elɔkɑ̃s] *f* Beredsamkeit, Redegabe, -kunst *f;* ► *user de toute son ~ pour* s-e ganze Redekunst auf≈bieten („um) zu. **éloquent, e** *a* **1.** beredt; **2.** *fig* vielsagend.

élu [ely] *pp élire s m* **1.** *rel* Auserwählte(r) *m;* **2.** *parl* Abgeordnete(r) *m.*

éluder [elyde] *tr* **1.** *fig (e-r Schwierigkeit, Frage)* aus≈weichen, aus dem Wege gehen (*qc* dat); **2.** *(Gesetz)* umgehen.

Elysée [elize] *m* Elysium *n; (palais m de l'~)* Elysee-Palast *m (Wohnsitz m des Präsidenten der Französischen Republik in Paris).*

émacié, e [emasje] *a* abgemagert.

émail [emaj] *m, pl émaux* **1.** Email *n,* Emaille *f;* **2.** (Zahn-)Schmelz *m.* **émailler** *tr* **1.** emaillieren, mit Schmelz überziehen; **2.** *(Ton)* glasieren.

émanation [emanasjɔ̃] *f* Ausströmen *n;* Ausstrahlung; Emanation *f.* **émaner** *itr* **1.** aus≈fließen, -dünsten, -strahlen; **2.** *fig* hervor≈gehen (*de* aus); her≈rühren (*de* von).

émancipation [emɑ̃sipasjɔ̃] *f* **1.** Emanzipation *f;* **2.** *jur* Volljährigkeitserklärung *f.* **émancipé, e** *a* **1.** *jur* für volljährig erklärt; **2.** *fig* zu frei, ungeniert. **émanciper I.** *tr* **1.** emanzipieren; **2.** *jur* für mündig erklären; **II.** *v prn s'~* sich zuviel Freiheiten heraus≈nehmen; über die Stränge schlagen.

émarger [emaʀʒe] ‹*Prés. j'émarge, ns émargeons; Fut. j'émargerai; pp. émargé, e*› **I.** *tr* am Rand ab≈zeichnen; **II.** *itr* Gehalt beziehen (*au budget* aus der Staatskasse).

emballage [ɑ̃balaʒ] *m* **1.** Verpackung(smaterial *n*) *f;* **2.** ► *sans ~ (Ware)* lose; ohne Verpackung; *~ en sus* Verpackung extra; **3.** ► *papier m d'~* Packpapier *n; ~ d'origine* Originalverpackung *f; ~ perdu* Wegwerfpackung *f; ~ sous vide*

Vakuumverpackung *f.* **emballé, e I.** *a, pp* **1.** verpackt; **2.** *fig* wütend; **3.** *fam* begeistert, hingerissen; **4.** *(Pferd)* scheu; **II.** *s m* **1.** überspannte(r) Mensch *m;* **2.** *sport* überlegene(r) Sieger *m;* ► *non* ~ unverpackt. **emballement** *m fig* Überschwang *m;* übertriebene Begeisterung *f.* **emballer I.** *tr* **1.** ver-, ein=packen; **2.** *fig fam* mit=reißen, begeistern; **3.** beschwatzen; herum=kriegen; herein=legen; **4.** *fam* aus=schimpfen; **5.** *pop* schnappen, erwischen; **II.** *v prn s'*~ **1.** *(Pferd)* scheu werden, scheuen; **2.** *(Maschine)* durch=gehen; **3.** *fig* sich ereifern, sich hin=reißen lassen; **4.** *fam* ab=hauen, verduften; **5.** ► ~ *le moteur* Vollgas geben; *être ~é par qc* od *qn* begeistert sein von. **emballeur** *m* Pakker *m.*

embarcadère [ɑ̃baʀkadɛʀ] *m mar* Landungsbrücke *f,* -steg *m,* Anlegestelle *n.*

embarcation *f* Boot *n.*

embardée [ɑ̃baʀde] *f mot* Ruck *m* nach der Seite; ► *faire une* ~ *(mot)* plötzlich aus=biegen.

embargo [ɑ̃baʀgo] *m* Embargo *n;* ► *mettre l'*~ *sur qc* ein Embargo verhängen über *acc.*

embarquement [ɑ̃baʀkəmɑ̃] *m* **1.** Verladung; Ein-, Verschiffung *f;* **2.** *(Reisende)* Anbordgehen *n;* **3.** ► *frais m pl d'*~ Verladungs-, Verschiffungskosten *pl; port m d'*~ Verschiffungshafen *m; quai m d'*~ Ladekai *m.* **embarquer I.** *tr* **1.** (ver)laden; ein=schiffen; **2.** *(Verbrecher) fam* ein=lochen, verhaften; **3.** *fig* verwickeln, mit hinein=ziehen (*dans* in *acc*); **II.** *itr* **1.** an Bord gehen; ein=steigen; **2.** *s'*~ sich ein=schiffen (*pour* nach); *fam (Flugzeug, Schiff)* an Bord gehen; **3.** *fig* sich ein=lassen (*dans* auf, in *acc*); **4.** ► ~ *qn dans sa voiture* jdn in s-m Auto mitnehmen.

embarras [ɑ̃baʀa] *m* **1.** Hindernis *n;* Stockung *f;* **2.** Verwirrung; Befangenheit; Verlegenheit *f;* ► *faire des* ~ sich an=stellen; *tirer qn d'*~ jdm aus der Verlegenheit helfen; *le voilà dans l'*~ er sitzt schön in der Tinte *od* Patsche; ~ *d'argent* Geldverlegenheit *f;* ~ *gastrique* Magenverstimmung *f.* **embarrassant, e** *a* **1.** lästig; störend; **2.** *(Frage)* verfänglich; schwierig. **embarrassé, e** *a* **1.** peinlich; mißlich; **2.** wirr; verwirrt, verlegen; **3.** unschlüssig; in Schwierigkeiten; **4.** *(Zimmer)* vollgestopft (*de* mit); **5.** ► *je serais bien* ~ *de* ich käme in Verlegenheit, wenn ich ...; *il était* ~ *pour répondre* er wußte nicht, was er antworten sollte. **embarrasser I.** *tr* **1.** (be)hindern, hemmen; **2.** belästigen, stören; **3.** *fig* in Verlegenheit bringen; durchea.=bringen; **II.** *v prn s'*~ **1.** in Verwirrung geraten; **2.** sich (be)kümmern (*de* um); sich belasten (*de* mit).

embauchage [ɑ̃boʃaʒ] *m (Arbeiter)* An-, Einstellen *n.* **embauche** *f* Stellung, Arbeit *f.* **embaucher** *tr* **1.** *(Arbeiter)* ein=stellen; **2.** *fam* veranlassen mitzumachen.

embaumer [ɑ̃bome] **I.** *tr* **1.** ein=balsamieren; **2.** mit Wohlgeruch erfüllen; **II.** *itr* **1.** duften; **2.** *fam* riechen (*qc* nach etw).

embellie [ɑ̃be(ɛ)li] *f* vorübergehende Wetterbesserung; *mar* (kurze) Windstille *f.* **embellir I.** *tr* **1.** schön(er) machen, verschönern; **2.** *fig* aus=schmücken; **II.** *itr (Person)* schöner werden. **embellissement** *m* **1.** Verschönerung; Verzierung *f;* **2.** *(Mensch)* Idealisierung *f;* **3.** *(Text)* Ausschmückung *f.*

emberlificoter [ɑ̃bɛʀlifikɔte] **I.** *tr fam* beschwatzen; **II.** *v prn s'*~ *(fam)* sich verheddern.

embêtant, e [ɑ̃bɛtɑ̃, -ɑ̃t] *a fam* **1.** langweilig, doof; **2.** unangenehm, ärgerlich. **embêtement** *m fam* Unannehmlichkeit, Widerwärtigkeit *f.* **embêter** *tr fam* **1.** langweilen; **2.** Unannehmlichkeiten bereiten (*qn* jdm); ärgern; **3.** ► *se laisser* ~ sich übertölpeln, hinters Licht führen lassen; **4.** ► *ça m'embête rudement* das ärgert mich sehr, *fam* das hängt mir zum Hals heraus; *ne l'embête pas* laß ihn in Ruhe!

emblée [ɑ̃ble] *adv: d'*~ sofort, beim ersten Anlauf, auf Anhieb; *pol* im ersten Wahlgang; ► *conquérir d'*~ im Sturm erobern.

emblème [ɑ̃blɛm] *m* Emblem, Sinnbild *n.*

embobiner [ɑ̃bɔbine] *tr* **1.** auf=, umwickeln; auf=spulen; **2.** *fig fam* beschwatzen.

emboîtage [ɑ̃bwataʒ] *m* **1.** Einschachteln, Eindosen *n;* **2.** (Buch-)Hülle, Kassette *f.* **emboîter I.** *tr* ein=schachteln, -fügen, -passen, -binden; zs.fügen; **II.** *v prn s'*~ **1.** inea.=greifen, -passen; sich überea.=schieben; **2.** ► ~ *le pas à qn* jdm auf dem Fuß folgen; *fig* sich nach jdm richten.

embolie [ɑ̃bɔli] *f med* Embolie *f;* ► ~ *cérébrale* Gehirnschlag *m.*

embonpoint [ɑ̃bɔpwɛ̃] *m* Wohlbeleibtheit *f;* ► *prendre de l'*~ dick(er) werden, zu=nehmen.

embouché, e [ɑ̃buʃe] *a:* ► *être mal* ~ grob, ungehobelt sein; ausfällig, *fam* pampig werden. **emboucher** [ɑ̃buʃe] *tr (Blasinstrument)* an den Mund setzen, an=setzen. **embouchure** *f* **1.** *(Blasinstrument)* Mundstück *n;* Ansatz *m;* **2.** (Fluß-)Mündung *f.*

embourber [ɑ̃buʀbe] **I.** *tr* in e-n Morast (hinein=)führen, -fahren; **II.** *v prn s'*~ **1.** sich fest=fahren; im Dreck stecken=bleiben; **2.** *fig* sich verstricken; sich in Widersprüche verwickeln (*dans* in *acc*).

embourgeoisement [ãburʒwazmã] *m pol* Verbürgerlichung *f.* **embourgeoiser, s'** *v prn* verbürgerlichen; spießig werden.
embouteillage [ãbutɛjaʒ] *m* Verkehrsstau, -stockung *f;* ▶ *être pris dans un ~* in eine Verkehrsstockung geraten. **embouteiller** *tr (Straße)* verstopfen.
emboutir [ãbutiʀ] **I.** *tr* **1.** *(Metalle)* treiben; tief=ziehen; kümpeln; **2.** *fam (Auto)* demolieren, ein=drücken, zerbeulen; **II.** *v prn s'~ (mot)* zs.=stoßen (*contre* mit); ▶ *~ une voiture* auf einen Wagen auffahren.
embranchement [ãbʀãʃmã] *m* **1.** Ab-, Verzweigung *f (von Röhren);* **2.** Wegegabel, Kreuzung *f;* **3.** *loc* Gleisanschluß *m;* **4.** Seitenlinie *f;* (Tier-)Stamm *m.* **embrancher I.** *tr* **1.** verbinden (*à* mit); **2.** an=schließen (*à* an); zs.=fügen; **II.** *v prn s'~* sich verzweigen; ab=zweigen (*sur* von).
embrasement [ãbʀazmã] *m* Feuersbrunst; Glut *f.* **embraser I.** *tr* **1.** in Brand stecken; (ver)sengen; **2.** *(Sonne)* heiß hernieder=strahlen (*qc* auf e-e S); in rote Glut tauchen; **3.** *(Gebäude)* an=strahlen; **4.** *fig* entflammen; **II.** *v prn s'~* **1.** Feuer fangen, auf=flammen; auf=leuchten; **2.** *fig* erglühen.
embrassade *f,* **embrassement** *m* [ãbʀasad, -mã] Umarmung *f.* **embrasser** *tr* **1.** küssen; **2.** (geistig) erfassen; **3.** *(Aufgabe)* über-, *(Sache)* unternehmen; *(Beruf, Gelegenheit)* ergreifen; *(Gelände)* überblicken; *(e-r Auffassung)* bei=pflichten; *(Meinung)* teilen; **4.** ▶ *~ la cause de qn* jds *od* für jdn Partei ergreifen; *~ qn au front, sur la bouche* jdn auf die Stirn, auf den Mund küssen.
embrasure [ãbʀazyʀ] *f* Tür-, Fensteröffnung; Leibung *f.*
embrayage [ãbʀɛjaʒ] *m tech* **1.** Einschalten *n;* **2.** Schaltung; Kupp(e)lung *f;* ▶ *pédale f d'~* Kupplungspedal *n.* **embrayer** ‹*Prés. j'embraie* od *embraye, ns embrayons; Fut. j'embraierai* od *embrayerai, ns embraierons* od *embrayerons; pp. embrayé, e*› *tr tech* (ein=)kuppeln; ein=schalten; ▶ *~ un travail* die Arbeit auf=nehmen, an=fangen.
embrigadement [ãbʀigadmã] *m mil* Anwerben *n* (von Soldaten). **embrigader I.** *tr* ein=, verteilen, zs.=fassen; *(Soldaten)* an=werben; **II.** *v prn s'~* sich ein=reihen; sich unter=ordnen.
embrocher [ãbʀɔʃe] *tr* **1.** an den (Brat-) Spieß stecken; **2.** *fam* durchbohren.
embrouillé, e [ãbʀuje] *a* **1.** unklar, verworren; **2.** verwickelt. **embrouiller I.** *tr* **1.** durchea.bringen, in Unordnung bringen; **2.** *fig* komplizieren, erschweren; **II.** *v prn s'~* **1.** in Verwirrung geraten; den Faden verlieren, ganz durchea. sein; *fam* sich verheddern, sich verhaspeln; **2.** *(Verhältnisse)* verwickelt, kompliziert werden.
embroussaillé, e [ãbʀusaje] *a* **1.** *(Haar)* zersaust, struppig; **2.** *(Land)* voller Gestrüp.
embruns [ãbʀœ̃] *m pl* Gischt.
embryologie [ãbʀijɔlɔʒi] *f* Embryologie *f.* **embryon** [ãbʀijõ] *m* **1.** Embryo *m;* **2.** *fig* Anfang, Beginn; Ansatzpunkt *m.* **embryonnaire** *a* embryonal; ▶ *être à l'état ~* (noch) in den Kinderschuhen stecken.
embué, e [ãbue] *a* beschlagen, feucht angelaufen; ▶ *elle avait les yeux ~és* Sie hatte feuchte Augen. **embuer** *tr* an=laufen lassen.
embûches [ãbyʃ] *f pl* Nachstellungen *f pl;* ▶ *dresser, tendre des ~s* Fallen stellen (*à qn* jdm).
embuscade [ãbyskad] *f mil fig* Hinterhalt *m;* ▶ *attirer, tomber dans une ~* in e-n Hinterhalt locken, geraten. **embusqué** *m* Drückeberger *m.* **embusquer I.** *tr* **1.** in e-n Hinterhalt legen; **2.** e-n Druckposten verschaffen (*qn* jdm); **II.** *v prn s'~ (fam)* sich drücken.
éméché, e [emeʃe] *a fam* beschwipst.
émeraude [emʀod] *f* Smaragd *m.*
émergence [emɛʀʒãs] *f (e-r Quelle)* Hervorquellen *n; fig (e-r Idee)* Entstehung *f.* **émerger** ‹*Prés. j'émerge, ns émergeons; Fut. j'émergerai; pp. émergé, e*› *itr* **1.** auf=tauchen; hervor=, heraus=ragen; **2.** *fig* zum Vorschein kommen.
émeri [emʀi] *m* Schmirgel *m;* ▶ *frotter à l'~* schmirgeln; *il est bouché à l'~ (fam)* er ist strohdumm; *papier m ~* Schmirgelpapier *n.*
émérite [emeʀit] *a* **1.** erfahren, geschickt; **2.** hervorragend.
émerveillement [emɛʀvejmã] *m* Verwunderung *f;* Entzücken *n.* **émerveiller I.** *tr* verwundern; Bewunderung erregen (*qn* jds); entzücken; **II.** *v prn s'~ tr (de)* sich sehr verwundern (über e-e S); hingerissen, entzückt sein (von).
émetteur, trice [emɛtœʀ, -tʀis] **I.** *a* Sende-; **II.** *s m* **1.** *radio* Sender *m;* Sendestation *f;* **2.** *com* Emittent *m;* **3.** ▶ *poste m ~* Rundfunksender *m (technische Anlage); ~ de brouillage* Störsender *m; ~ clandestin* Schwarzsender *m; ~ d'un effet* Wechselaussteller *m; ~ pirate* Piratensender *m; ~-récepteur m* Sender-Empfänger *m.* **émettre** ‹*Prés. j'émets, ns émettons; Fut. j'émettrai; pp. émis, e; Subj. que j'émette, que ns émettions; Impér. émets, émettons*› *tr* **1.** (aus=)senden, -strahlen; **2.** *(Flüssigkeit)* aus=spritzen; *(Schrei)* aus=stoßen; **3.** *(Anleihe)* auf=legen; *(Geld)* in Umlauf setzen; *(Wechsel)* aus=stellen; *(Aktien)* begeben; **4.** *(Ansicht)* äußern, aus=sprechen; ▶ *~ sur ondes courtes* auf Kurzwellen senden.

émeute [emøt] *f* Aufruhr *m;* Meuterei *f;* Tumult *m.* **émeutier** *m* Unruhestifter, Aufrührer; Aufständische(r) *m.*
émiettement [emjɛtmɑ̃] *m* Abbröckeln *n.* **émietter** *tr* zerkrümeln, -bröckeln.
émigrant [emigʀɑ̃] *m* Auswanderer, Emigrant *m.* **émigration** *f* Auswanderung *f;* ▶ ~ *des capitaux* Kapitalflucht *f.* **émigré, e** *s m f* (politischer) Flüchtling *m.* **émigrer** *tr* aus=wandern, emigrieren.
éminemment [eminamɑ̃] *adv* höchst, außerordentlich; im höchsten Grade. **éminence** [-ɑ̃s] *f* **1.** Anhöhe *f,* Hügel *m;* **2.** *(Anrede)* Eminenz *f.* **éminent, e** *a* hervorragend; ausgezeichnet, vortrefflich; ▶ *à un degré* ~ in sehr hohem Grade.
émir [emiʀ] *m* Emir *m.*
émissaire [emisɛʀ] *s m* (Geheim-)Bote *m; a:* ▶ *bouc m* ~ Sündenbock *m.*
émission *f* [emisjɔ̃] **1.** *radio* Sendung *f;* **2.** *com* Emission, Ausgabe, Begebung *f;* *(ecol)* Emission *f; (Geld)* Inumlaufsetzen *n; (Wechsel)* Ausstellung *f;* **3.** ▶ *banque f d'*~ Notenbank *f;* ~*s scolaires* Schulfunk *m;* ~ *de fumée* Rauchentwicklung *f;* ~ *polluantes* Schadstoffemission *f;* ~ *radiophonique* Rundfunksendung *f;* ~ *de télévision* Fernsehsendung *f.* **émissivité** *f* Abstrahlungsfähigkeit *f;* Emissionsgrad *m,* -vermögen *n.*
emmagasinage [ɑ̃magazinaʒ] *m* Speicherung, Einlagerung, Stapelung *f;* ▶ *frais m pl d'*~ Lagergeld *n.* **emmagasiner** *tr* **1.** speichern, (ein=)lagern, stapeln; **2.** *fig* sammeln; an=, auf=häufen; speichern.
emmailloter [ɑ̃majɔte] *tr (Kind)* (in Windeln) wickeln; ein=wickeln *a. fig.*
emmancher [ɑ̃mɑ̃ʃe] **I.** *tr* **1.** mit e-m Stiel versehen; **2.** *tech* ein=stecken; **3.** *fig fam* in Gang bringen; ein=leiten, ein=fädeln; **II.** *v prn s'*~ *(fig)* in Gang kommen; vonstatten gehen; ▶ *l'affaire s'est mal* ~*ée* die Sache hat schlecht angefangen.
emmêler [ɑ̃me(ɛ)le] *tr* **1.** verwickeln; **2.** *fig* verwirren; durchea.=bringen.
emménagement [ɑ̃menaʒmɑ̃] *m* Einzug *m* (in e-e neue Wohnung). **emménager** ⟨*Prés. j'emménage, ns emménageons; Fut. j'emménagerai; pp. emménagé, e*⟩ *itr* (in ein Haus) ein=ziehen.
emmener [ɑ̃mne] ⟨*Prés. j'emmène, ns emmenons; Fut. j'emmènerai; pp. emmené, e*⟩ *tr* **1.** weg=führen, -bringen; **2.** *(Person, Tier, Sache)* mit=nehmen; **3.** *(Polizei)* ab=führen; **4.** *sport* mit=reißen; ▶ ~ *qn chez soi* jdn mit nach Hause nehmen.
emmerdant, e [ɑ̃mɛʀdɑ̃, -ɑ̃t] *a* **1.** *vulg (Mensch)* widerlich, unausstehlich; **2.** *(Sache)* ärgerlich, verdammt unangenehm. **emmerder** *tr fig* **1.** langweilen, auf die Nerven gehen (*qn* jdm); **2.** zu=setzen (*qn* jdm), in Schwierigkeiten bringen; ▶ *être* ~*é* in der Klemme sitzen; *(pop) je t'emmerde* das ist mir Wurst; ich pfeife darauf. **emmerdement** [-də-] *m* Schwierigkeit, Unannehmlichkeit *f.* **emmerdeur, se** *m f pop* Nervensäge *f;* Ekel *n.*
emmitonner, emmitoufler [ɑ̃mitufle] *tr fam* (warm) an=ziehen, ein=hüllen, ein=mumme(l)n.
émoi [emwa] *m* Unruhe, Aufregung; Erregung *f;* ▶ *mettre en* ~ auf-, erregen.
émotif, ive [emɔtif, -iv] **I.** *a* emotional; (leicht) erregbar; empfindsam; **II.** *s m f* leicht erregbare(r) Mensch *m.* **émotion** [-sjɔ̃] *f* Auf-, Erregung; Rührung; Erschütterung *f.* **émotionner** *tr (fam)* er-, auf=regen. **émotivité** [-ti-] *f* (leichte) Erregbarkeit *f.*
émoulu [emuly] *a:* ▶ *frais* ~ *(fig)* neugebacken; frisch (*de* aus).
émoussé, e [emuse] *a* stumpf, abgestumpft *a. fig.* **émousser** **I.** *tr* ab=stumpfen *a. fig;* **II.** *v prn s'*~ stumpf werden.
émoustillant, e [emustijɑ̃, -ɑ̃t] *a fig* erregend, pikant. **émoustiller** *tr* an=regen, auf=heitern.
émouvant, e [emuvɑ̃, -ɑ̃t] *a* ergreifend, rührend; erregend; erschütternd. **émouvoir** ⟨*Prés. j'émeus, ns émouvons; Fut. j'émouvrai; pp. ému, e; Subj. que j'émeuve, que ns émouvions; Impér. émeus, émouvons*⟩ **I.** *tr* er-, auf=regen; rühren, ergreifen; **II.** *s'*~ sich auf=regen; unruhig, aufgeregt, erschüttert sein *od* werden; ▶ *sans s'*~ gelassen, ganz ruhig.
empaillé, e [ɑ̃paje] *a* mit Stroh ausgestopft *od* umflochten. **empailler** *tr* **1.** *(Tier)* ausstopfen; **2.** *(Stuhl)* mit Stroh beflechten.
empaler [ɑ̃pale] *tr* **1.** auf=spießen; **2.** *(Verbrecher)* pfählen.
empanacher [ɑ̃panaʃe] *tr* **1.** mit e-m Federbusch schmücken; **2.** *(Rede)* aus=schmücken.
empaquetage [ɑ̃paktaʒ] *m* **1.** Verpackung *f;* Einpacken *n;* **2.** Packmaterial *n.* **empaqueter** ⟨*Prés. j'empaquette, ns empaquetons; Fut. j'empaquetterai; pp. empaqueté, e*⟩ *tr* verpacken, einwickeln.
emparer, s' [ɑ̃paʀe] *v prn* Besitz ergreifen (*de* von), sich bemächtigen (*de qc* e-r S).
empâté, e [ɑ̃pate] *a (Gesicht)* aufgedunsen. **empâter** **I.** *tr* machen; *(Farbe)* dick auf=tragen; **II.** *v prn s'*~ dick werden.
empattement [ɑ̃patmɑ̃] *m mot* Achsstand; Radabstand *m.*
empêchement [ɑ̃pɛʃmɑ̃] *m* **1.** Be-, Verhinderung *f;* Hindernis *n;* **2.** ▶ *en cas*

d'~ im Verhinderungsfalle; **3.** ► ~ *de mariage* Ehehindernis *n.* **empêcher** *tr* (ver)hindern; sich widersetzen (*qc* dat); ab=halten (*de* von); ► *je ne puis m'*~ *de* ich kann nicht anders als; ich muß; ich kann nicht umhin, zu. **empêcheur** *m:* ► ~ *de tourner en rond* Spielverderber *m.*

empennage [ɑ̃pɛnaʒ] *m* **1.** *(Pfeil)* Fiederung *f;* **2.** *aero* Leitwerk *n,* Stabilisierungsfläche *f.*

empereur [ɑ̃pʀœʀ] *m* Kaiser *m.*

empesage [ɑ̃pəzaʒ] *m (Wäsche)* Stärken *n.* **empesé, e** *a* **1.** gestärkt; steif; **2.** *fig* gezwungen, unnatürlich, geschraubt. **empeser** ‹*Prés. j'empèse, ns empesons; Fut. j'empèserai; pp. empesé, e*› *tr (Wäsche)* stärken.

empester [ɑ̃pɛste] *tr (Luft)* verpesten.

empêtrer, s' [ɑ̃petʀe] *v prn* sich verstricken (*dans qc* in e-e S); sich belasten (*de* mit).

emphase [ɑ̃fɑz] *f* Emphase *f.* **emphatique** *a* emphatisch.

empiècement [ɑ̃pjɛsmɑ̃] *m (Kleidung)* Einsatz *m;* Passe *f.*

empierrement [ɑ̃pjɛʀmɑ̃] *m* Beschotterung *f;* Schotterbett *n;* Steinschüttung *f.* **empierrer** *tr* beschottern.

empiétement [ɑ̃pjɛtmɑ̃] *m* Eingriff (in fremde Rechte), Übergriff *m.* **empiéter** [-pje-] ‹*Prés. j'empiète, ns empiétons; Fut. j'empiéterai; pp. empiété, e*› *tr* **1.** über=, ein=greifen (*sur* in *acc*); beeinträchtigen (*sur qc* etw); **2.** sich (nach u. nach) widerrechtlich an=eignen (*sur qc* etw).

empiffrer, s' [ɑ̃pifʀe] *v prn fam* sich voll=stopfen, sich überessen.

empilage, empilement [ɑ̃pilaʒ, -mɑ̃] *m* (Auf-)Stapeln *n;* Aufschichtung *f.* **empiler I.** *tr* **1.** (auf=)stapeln, (auf=) schichten; **2.** *pop* hereinlegen, bestehlen; **II.** *v prn s'* ~ sich an=, auf=häufen; sich stapeln.

empire [ɑ̃pir] *m* **1.** Reich *n;* **2.** Herrschaft, Gewalt; Macht *f;* Einfluß *m;* **3.** Kaiserreich *n;* ► *pas pour un* ~*!* auf gar keinen Fall! ~ *colonial* Kolonialreich *n.*

empirer [ɑ̃piʀe] **I.** *tr* verschlimmern; **II.** *itr* schlimmer werden; sich verschlimmern.

empirique [ɑ̃piʀik] *a* empirisch; Erfahrungs-. **empirisme** *m* Empirie *f.*

emplacement [ɑ̃plasmɑ̃] *m* **1.** Platz *m;* Stelle *f;* (Stand-)Ort *m;* **2.** Baugelände *n,* -platz *m;* ► *sur l'*~ *de* an der Stelle *gen.*

emplâtre [ɑ̃plɑtʀ] *m* **1.** *med* Pflaster *n;* **2.** *fam* Schwächling, Schlappschwanz *m.*

emplette [ɑ̃plɛt] *f* Einkauf *m;* ► *faire des* ~*s* Einkäufe machen.

emploi [ɑ̃plwa] *m* **1.** An-, Verwendung *f;* Gebrauch *m;* **2.** Beschäftigung *f;* Arbeitsplatz *m,* (An-)Stellung; Einsatz *m;* **3.** *(Buchhaltung)* Eintrag *m;* **4.** ► *sans* ~ *(Mensch)* ohne Anstellung, arbeitslos; *(Sache)* außer Dienst; unbenutzt; **5.** ► *chercher un* ~ e-e Stelle suchen; *faire* ~ *de toutes les ressources* alle (Hilfs-)Mittel ein=setzen; **6.** ► *demande f d'*~ Stellengesuch *n; double* ~ unnütze Wiederholung *f; mode m d'*~ Gebrauchsanweisung *f; offre f d'*~ Stellenangebot *n; plein* ~ Vollbeschäftigung *f;* **7.** ► ~ *abusif* Mißbrauch *m;* ~ *de bureau* Bürotätigkeit *f;* ~ *saisonnier* Saisonarbeit *f;* ~ *du temps* Stundenplan *m;* ~ *à temps partagé* Job-sharing *n;* ~ *à temps partiel* Teilzeitbeschäftigung *f;* ~ *vacant* offene Stelle *f.* **employé, e** *m f* Angestellte(r *m*) *f;* Arbeitnehmer(in *f*) *m;* ► ~ *de banque* Bankbeamte(r) *m;* ~ *de commerce* kaufmännische(r) Angestellte(r) *m;* ~ *par contrat* Vertragsangestellte(r) *m;* ~*e de maison* Hausangestellte *f;* ~*(e) des postes* Postbeamter(r) *m,* -beamtin *f.* **employer** ‹*Prés. j'emploie, ns employons; Fut. j'emploierai; pp. employé, e; Subj. que j'emploie, que ns employions; Impér. emploie, employons*› **I.** *tr* **1.** *(Sache)* an=, verwenden, gebrauchen, benutzen; **2.** *(Person)* ein=, an=stellen, beschäftigen; **II.** *v prn s'*~ **1.** sich beschäftigen (*à* mit); sich bemühen (*à* um); sich verwenden, sich ein=setzen (*pour* für); **2.** gebraucht werden. **employeur** *m* Arbeitgeber *m;* ► *association f d'*~*s* Arbeitgeberverband *m.*

empocher [ɑ̃pɔʃe] *tr* **1.** ein=stecken; *(Geld)* ein=streichen; **2.** *fig fam (Schläge, Beleidigung)* einstecken (müssen).

empoignade [ɑ̃pwaɲad] *f fam* heftige(r) Wortwechsel; Streit *m.* **empoigne** *f:* ► *c'est une foire d'*~ *(fam)* da geht alles drunter und drüber. **empoigner** [ɑ̃pwaɲe, ɑ̃pɔɲe] **I.** *tr* **1.** ergreifen, packen *a. fig;* fassen; **2.** verhaften; **3.** *fig (Zuschauer)* ergreifen, pakken; **II.** *v prn s'*~ anea.=geraten sich streiten; ► ~ *qn par le bras, par les cheveux* jdn am Arm, an den Haaren packen.

empois [ɑ̃pwa] *m (Wäsche)* Stärke; *(Textil)* Schlichte *f.*

empoisonnement [ɑ̃pwazɔnmɑ̃] *m* **1.** Vergiftung *f a. fig.;* Giftmord *m;* **2.** *fam* Schererei *f,* Ärger *m;* **3.** ► ~ *par l'alcool* Alkoholvergiftung *f;* ~ *par un gaz* Gasvergiftung *f;* ~ *du sang* Blutvergiftung *f.* **empoisonner I.** *tr* **1.** vergiften *a. fig,* Gift geben (*qn* jdm); **2.** *fig* verpesten; **3.** *fam* belästigen, zu Tode langweilen; **4.** *(das Leben)* verbittern; vergällen, **II.** *v prn s'*~ **1.** Gift nehmen, sich vergiften; **2.** *fam* sich schrecklich langweilen. **empoisonneur, se** *m f* **1.** Giftmischer(in *f*) *m;* **2.** *fam* Nervensä-

ge *f;* **3.** *pol* Brunnenvergifter *m.*
emporté, e [ɑ̃pɔʀte] *a* jähzornig; aufbrausend, hitzig; heftig. **emportement** *m* Aufwallung *f;* Zornesausbruch; Jähzorn *m;* Heftigkeit; Wut *f.* **emporter I.** *tr* **1.** weg=tragen, -bringen, -schaffen; beseitigen; **2.** mit sich fort=reißen, wegschwemmen; **3.** *(Wind)* verwehen; **4.** *(Krankheit)* dahin=raffen; **5.** *(Preis, Partie)* gewinnen; **6.** *(Stellung)* erlangen, erringen; **7.** *(Sache)* durch=setzen; ▶ *l'~ (Meinung)* sich durch=setzen; *l'~ sur* siegen über *acc,* überwinden; die Oberhand gewinnen über *acc;* überlegen sein *dat,* triumphieren über *acc;* **II.** *v prn s'~ (Mensch)* hitzig, wütend werden; ▶ *se laisser ~ par la colère* sich im Zorn hinreißen lassen; *que le diable t'emporte!* hol dich der Teufel!
empoté, e [ɑ̃pɔte] *a fig fam* unbeholfen, linkisch.
empourprer [ɑ̃puʀpʀe] **I.** *tr* purpurrot färben; **II.** *v prn s'~* (purpur)rot werden; ▶ *s'~ de colère* vor Zorn ganz rot werden.
empreindre, s' [ɑ̃pʀɛ̃dʀ] ⟨*Prés. j'empreins, ns empreignons; Fut. j'empreindrai; pp. empreint, e; Subj. que j'empreigne, que ns empreignions; Impér. empreins, empreignons*⟩ *v prn (fig)* sich ein=drücken, sich malen (*dans* in *dat, sur* auf *dat*); ▶ *intérêt m empreint de curiosité* mit Neugierde gemischte(s) Interesse *n.* **empreinte** *f* **1.** Ein-, Auf-, Abdruck *m;* **2.** Tritt *m;* Spur *f;* **3.** Siegel *n;* Stempel *m a. fig;* **4.** *typ* Prägung, Matrize *f;* **5.** *fig* Ausprägung *f,* Gepräge *n;* ▶ *~ génétique* genetische(r) Fingerabdruck *m; marquer de son ~* s-n Stempel auf=drücken (*qc* e-r S); *~ digitale* Fingerabdruck *m.*
empressé, e [ɑ̃pʀese] *a* **1.** eifrig; geschäftig; (dienst)beflissen; **2.** zuvorkommend; ▶ *être ~* es eilig haben. **empressement** *m* **1.** Geschäftigkeit *f;* (Dienst-)Eifer *m;* **2.** Bereitwilligkeit; Eilfertigkeit *f* (*à* zu); ▶ *accueillir qn avec ~* jdn bereitwilligst auf=nehmen. **empresser, s'** *v prn* sich beeilen (*de* zu); sich (eifrig) bemühen (*à* zu, *autour de qn* um jdn).
emprise [ɑ̃pʀiz] *f* **1.** Einwirkung *f;* **2.** Macht *f;* beherrschende(r) Einfluß *m;* ▶ *avoir de l'~ sur qn* auf jdn Einfluß haben.
emprisonnement [ɑ̃pʀizɔnmɑ̃] *m* Haft, Freiheits-, Gefängnisstrafe *f;* ▶ *~ à vie* lebenslängliche Haft *f.* **emprisonner** *tr* **1.** ins Gefängnis ein=liefern, ein=sperren; gefangen=halten; **2.** *fig* ein=, um=, verschließen.
emprunt [ɑ̃pʀœ̃] *m* **1.** Anleihe; Kreditaufnahme *f;* Darlehen *n;* **2.** *d'~* erborgt; **3.** ▶ *accorder un ~* e-e Anleihe gewähren; *contracter un ~* e-e Anleihe auf=nehmen; *placer un ~* e-e Anleihe unterbringen; **4.** ▶ *émission f d'un ~* Begebung *f* e-r Anleihe; *nom m d'~* Deckname, angenommene(r) Name *m; remboursement m d'un ~* Zurückzahlung *f* e-r Anleihe. **emprunté, e** [-te] *a* **1.** geborgt; entliehen, entlehnt; **2.** *fig* linkisch. **emprunter** *tr* **1.** (er)borgen, leihen (*à* von); e-e Anleihe machen, entlehnen (*à* bei); **2.** *fig* an=, über=nehmen (*de, à* von); nach=ahmen; **3.** *(Weg)* ein=schlagen, benutzen. **emprunteur, se** *m f* Darlehensnehmer(in *f*), Entleiher(in *f*) *m.*
émulation [emylasjɔ̃] *f* Wetteifer, -streit *m.*
émulsion [emylsjɔ̃] *f* Emulsion *f.* **émulsionner** *tr* emulgieren.
en [ɑ̃] **I.** *prp* **1.** *(Ort)* in, nach, an, auf; ▶ *partir ~ voyage* auf Reisen gehen, verreisen; **2.** *(Zeit)* in; im Jahre; ▶ *de temps ~ temps* von Zeit zu Zeit; **3.** *(Zustand, Material)* in, aus; ▶ *une montre ~ or* e-e goldene Uhr; *mettre ~ colère* in Harnisch bringen; **4.** *(Art u. Weise, Ziel, Ursache)* auf, durch, in; als; aus; ▶ *~ ami* als Freund; *vendre ~ gros* im großen verkaufen; *mettre ~ doute* in Zweifel ziehen; **5.** *(in Ausdrücken)* ▶ *~ dépit de* trotz *gen; ~ comparaison de* im Vergleich zu; **6.** *(beim gérondif)* ▶ *~ arrivant* bei der Ankunft; **II.** *adv (pronominal)* davon; sein, e; dessen; deren; ▶ *~ vouloir à qn* jdm zürnen, grollen, böse sein; *c'en est trop* das ist zuviel; *(Ort) j'~ viens* daher komme ich (gerade).
énarque [enaʀk] *m f* Absolvent(in *f*) *m* der ENA (école nationale d'administration).
encadrement [ɑ̃kadʀəmɑ̃] *m* **1.** Einfassung, -rahmung; Umrahmung *f;* **2.** Rahmen *m a. fig;* **3.** *mil* Stammpersonal *n;* ▶ *~ de fenêtre, de porte* Fenster-, Türeinfassung *f.* **encadrer** *tr* **1.** ein=rahmen, -fassen; **2.** *mil* e-m Kader unterstellen; **3.** *(Preise)* amtlich begrenzen.
encaissable [ɑ̃kɛsabl] *a* einkassierbar.
encaissé, e *a* **1.** eingeschlossen; **2.** *(Straße)* eingeschnitten; **3.** *(Tal)* kesselförmig. **encaissement** *m* **1.** Einkassieren; Inkasso *n;* **2.** *(Fluß)* Uferdamm *m.* **encaisser** *tr* **1.** in Kisten packen; **2.** *com* (ein=)kassieren, ein=nehmen; *(Wechsel)* ein=ziehen; **3.** *(Fluß)* ein=deichen; **4.** *fam (Beleidigungen, Schlag)* ein=stecken; ▶ *ne pas pouvoir ~ qn (fam)* jdn nicht riechen können.
encanailler, s' [ɑ̃kanaje] *v prn* mit Krethi und Plethi verkehren; herunter=kommen.
encapuchonné, e [ɑ̃kapyʃɔne] *a* eingehüllt, eingewickelt *(dans in).*
encart [ɑ̃kaʀ] *m typ* Einlage *f;* ▶ *~ publicitaire* Werbebeilage *f.*

encas, en-cas [ãka(a)] *m inv* kalte Platte *f.*
encastrer [ãkastʀe] **I.** *tr* ein=setzen, -fügen, -bauen; **II.** *v prn s'~* sich einfügen; genau passen.
encaustique [ãkostik] *f* Bohnerwachs *n;* Möbelpolitur *f.* **encaustiquer** *tr* ein=wachsen, bohnern; *(Möbel)* polieren.
enceinte [ãsɛ̃t] **I.** *a f* schwanger; **II.** *s f* **1.** Einfried(ig)ung *f;* **2.** *(Festung)* Umwallung *f;* Stadtmauer *f;* **3.** Stadtgebiet *n;* **4.** (abgeschlossener) Raum *m;* **5.** *(Lautsprecher)* Box *f.*
encens [ãsã] *m* Weihrauch *m.* **encenser** *tr* **1.** Weihrauch streuen (*qn* jdm); **2.** schmeicheln (*qn* jdm). **encensoir** *m* Weihrauchfaß *n.*
encerclement [ãsɛʀkləmã] *m* Einkesselung; Einkreisung, Umzing(e)lung *f.* **encercler** *tr* umzingeln, umfassen, ein=kesseln.
enchaînement [ãʃɛnmã] *m* **1.** Anketten *n;* **2.** Verbindung, Verknüpfung, Anea.reihen *n;* **3.** Überleitung *f,* Zwischentext *m;* ► *~ d'idées* Gedankenfolge *f.* **enchaîner I.** *tr* **1.** *(attacher, lier)* anketten; fesseln; *(Hund)* an die Kette legen; **2.** *(soumettre, contraindre)* unterdrücken, beherrschen; hindern, hemmen; ► *il est ~é par la parole donnée* er hat sich durch sein Versprechen gebunden; **3.** *(coordonner, relier) (Gedanken) (logisch)* anea.=reihen; weiter=führen, fort=fahren (*qc* in *dat,* mit etw); über= leiten (*sur* auf *acc*); **4.** *theat (Gespräch)* wiederauf=nehmen; **5.** *film* ein=blenden; **II.** *v prn s'~* verbunden sein (*à* mit); mitea. verknüpft sein; inea.=greifen.
enchanté, e [ãʃãte] *a* **1.** ver-, bezaubert; **2.** entzückt; ► *je suis ~ de vous voir* es freut mich sehr, Sie zu sehen. **enchantement** *m* **1.** Ver-, Bezauberung *f;* **2.** Zauber; Reiz *m;* Entzücken *n;* ► *comme par ~* wie durch ein Wunder. **enchanter** *tr* be-, verzaubern; entzükken; ► *cela ne m'enchante pas* ich bin davon nicht sehr begeistert. **enchanteur, enchanteresse I.** *s m f* Zauberer *m;* Zauberin *f;* **II.** *a* bezaubernd; entzückend.
enchâsser [ãʃase] *tr* ein=fassen, -fügen.
enchère [ãʃɛr] *f* **1.** höhere(s) (An-)Gebot *n;* **2.** ► *vente f aux ~s* Versteigerung, Auktion *f; acheter aux ~s* ersteigern.
enchérir [ãʃeʀiʀ] *tr* (*~ sur une offre*) ein höheres Gebot ab=geben; ► *~ sur qn* jdn überbieten. **enchérisseur** *m* Bieter; Steigerer *m.*
enchevêtrement [ãʃ(ə)vɛtʀəmã] *m* Wirrwarr *m,* Durcheinander *n.* **enchevêtrer I.** *tr fig* durchea.=bringen, verwirren; **II.** *v prn s'~* durchea.=geraten, ein dichtes Gewirr bilden.
enclave [ãklav] *f* Enklave *f.* **enclaver** *tr* um-, ein=schließen.
enclenchement [ãklãʃmã] *m* Einklinken *n.* **enclencher** *tr* **1.** ein=rücken, -schalten, -klinken; **2.** *fig* in Gang bringen, auslösen.
enclin, e [ãklɛ̃, -in] *a* geneigt (*à* zu); ► *il est toujours ~ à l'indulgence* er ist immer zur Nachsicht geneigt.
enclore [ãklɔʀ] ⟨*Prés. j'enclos, ns enclosons; Fut. j'enclorai; pp. enclos, e; Subj. que j'enclose, que ns enclosions; Impér. enclos, enclosons; Imparfait u. Passé simple fehlen*⟩ *tr* ein=zäunen; umgeben.
enclos [-klo, -oz] *m* **1.** eingefriedete(s) Grundstück *n;* **2.** Um-, Einfried(ig)ung *f;* Gehege *n.*
enclume [ãklym] *f* Amboß *m a. anat el.*
encoche [ãkɔʃ] *f* **1.** Einschnitt *m,* Kerbe *f;* **2.** Raste; Nute *f.* **encocher** *tr* **1.** ein=kerben, nuten; **2.** *(Bogensehne)* in die Kerbe (des Pfeils) legen.
encoignure [ãkɔ(wa)ɲyʀ] *f* Ecke *f,* Winkel *m.*
encolure [ãkɔlyʀ] *f* **1.** (Pferde-)Hals *m;* **2.** Halsbreite *f,* -ausschnitt *m;* Kragen-, Halsweite *f.*
encombrant, e [ãkɔ̃brã, -ãt] *a* **1.** sperrig, platzraubend, unhandlich; **2.** *fig* lästig, störend; ► *marchandises f pl ~es* Sperrgut *n; peu ~* wenig Platz beanspruchend. **encombre** *adv:* ► *sans ~* unbehindert; glatt. **encombrement** *m* **1.** Stauung, Überfüllung *f;* Gedränge *n;* **2.** (Verkehrs-)Stockung; Verstopfung *f;* **3.** *tech* Abmessungen *f pl.* **encombrer I.** *tr* (ver)sperren; überfüllen, -laden, -schütten (*de* mit); **II.** *v prn s'~* sich belasten (*de* mit); *marché m ~é* gesättigte(r) Markt *m; rue f ~ée* verstopfte Straße *f.*
encontre [ãkɔ̃tʀ] *prp:* ► *à l'~ de qn* jdm entgegen, im Gegensatz zu jdm; *aller à l'~ de qn* jdm widersprechen.
encorbellement [ãkɔʀbɛlmã] *m arch* Vorbau, Erker *m;* Auskragung *f.*
encorder [ãkɔʀde] *tr (Bergsteiger)* an=seilen.
encore [ãkɔʀ] **I.** *adv* **1.** noch, immer noch; überdies; außerdem, dazu, ferner; aber-, nochmals; **2.** doch, wenigstens; **3.** *(mit Inversion)* indessen, allerdings; freilich; **II.** *interj* schon wieder! ► *~ une fois* noch einmal; *mais ~?* (na) und? *non seulement ... mais ~* nicht nur ..., sondern auch; *pas ~* noch nicht; *si ~, ~ si* wenn wenigstens; *et ~* u. selbst dann; u. wenn auch.
encourageant, e [ãkuʀaʒã, -ãt] *a* ermutigend, aufmunternd. **encouragement** *m* **1.** Ermutigung, Aufmunterung *f;* **2.** Förderung *f.* **encourager** ⟨*Prés. j'encourage, ns encourageons; Fut. j'encouragerai; pp. encouragé, e*⟩ *tr* **1.** ermutigen, Mut zu=sprechen (*qn* jdm), auf=muntern, an=feuern; **2.** unterstüt-

zen, fördern; anregen; *(zum Schlechten)* auf=stacheln.
encourir [ãkuRiR] ‹*Prés. j'encours, ns encourons; Fut. j'encourrai; pp. encouru, e; Subj. que j'encoure, que ns encourions*› *tr* auf sich *(acc)* laden; sich *(dat)* zu=ziehen; sich aus=setzen (*qc* dat); *(Strafe)* zu gewärtigen haben; verdienen; ► ~ *un blâme* sich e-n Verweis zu=ziehen.
encrassé, e [ãkRase] *a* verschmutzt, schmutzig; verstopft. **encrassement** *m* Verunreinigung, Verschmutzung *f.* **encrasser I.** *tr* verschmutzen; verrußen; ► *la fumée encrasse les vitres* der Rauch verschmutzt die Fensterscheiben; **II.** *v prn s'*~ schmutzig werden; *(Zündkerze)* verrußen.
encre [ãkR] *f* **1.** Tinte *f;* **2.** *(d'imprimerie)* Druckerschwärze; Farbe *f;* ► *tache f d'*~ Tintenfleck, Klecks *m;* ~ *de Chine* Tusche *f.* **encrer** *tr* schwärzen; Druckerschwärze auf=tragen (*qc* auf e-e S). **encrier** [-kRije] *m* **1.** Tintenfaß *n;* **2.** *typ* Farbkasten *m.*
encroûté, e [ãkRute] *a* **1.** verkrustet; **2.** *fig* verknöchert; stumpfsinnig; dumm; *(in Vorurteilen)* befangen (*de* in *dat*); **II.** *s m* Banause *m.* **encroûtement** *m* **1.** Verkrustung *f;* **2.** *fig* Verknöcherung *f.* **encroûter I.** *tr* **1.** mit e-r Kruste überziehen; **2.** *fig* verdummen, stumpfsinnig machen; **II.** *v prn s'*~ verdummen; *fig* sich fest=fahren, ein=rosten.
encyclique [ãsiklik] *f rel* Enzyklika *f.*
encyclopédie [ãsiklɔpedi] *f* Enzyklopädie *f.* **encyclopédique** *a* enzyklopädisch. **encyclopédiste** *m* Enzyklopädist *m.*
endémie [ãdemi] *f med* Endemie *f.* **endémique** *a* **1.** *med* endemisch; **2.** *bot* einheimisch; **3.** *fig* dauernd; ► *chômage m* ~ Dauerarbeitslosigkeit *f; état m* ~ Dauerzustand *m.*
endetté, e [ãdɛte] *a* verschuldet. **endettement** *m* Verschuldung *f.* **endetter I.** *tr* in Schulden stürzen; **II.** *v prn s'*~ in Schulden *(acc)* geraten.
endeuillé, e [ãdœje] *a* in Trauer(kleidung). **endeuiller** *tr* in Trauer *(acc)* versetzen.
endiablé, e [ãdjable] *a* verteufelt; toll; leidenschaftlich.
endiguement [ãdigmã] *m* Eindeichen *n,* -dämmung *f a. fig.* **endiguer** *tr* **1.** ein=deichen, -dämmen *a. fig;* **2.** be-, ein=schränken; hemmen.
endimanché, e [ãdimãʃe] *a* im Sonntagsstaat; ► *avoir l'air* ~ feiertäglich aus=sehen. **endimancher, s'** *v prn* sich festlich kleiden.
endive [ãdiv] *f bot* Chicorée *f* u. *m.*
endocrine [ãdɔkRin] *a f;* ► *glande f* ~ Drüse mit innerer Sekretion, endokrine Drüse *f.* **endocrinien, ne** *a* endokrin.
endocrinologiste, endocrinologue *m f,* Endokrinologe *m,* -gin *f.*
endoctrinement [ãdɔktRinmã] *m* Indoktrination *f;* Indoktrinieren *n.* **endoctriner** *tr* indoktrinieren.
endolori, e [ãdɔlɔRi] *a* schmerzend.
endommager [ãdɔmaʒe] *tr* ‹*Prés. j'endommage, ns endommageons; Fut. j'endommagerai; pp. endommagé, e*› beschädigen; Schaden zu=fügen, schaden (*qc* e-r S).
endormant, e [ãdɔRmã, -ãt] *a* einschläfernd *a. fig; fig* langweilig. **endormi, e** *a* **1.** schläfrig; **2.** *fig* träge, schlafmützig. **endormir** ‹*Prés. j'endors, ns endormons; Fut. j'endormirai; pp. endormi, e; Subj. que j'endorme, que ns endormions; Impér. endors, endormons*› **I.** *tr* **1.** ein=schläfern; **2.** *(Schmerz)* stillen, betäuben; **3.** (durch e-e Narkose) betäuben; **4.** *fig* langweilen; täuschen, Sand in die Augen streuen (*qn* jdm); **II.** *v prn s'*~ **1.** ein=schlafen *a. fig;* **2.** *fig* träge, nachlässig werden; **3.** *(Gewissen)* sich beruhigen; ► *s'*~ *sur ses lauriers* auf s-n Lorbeeren aus=ruhen.
endos, endossement [ãdo, -dosmã] *m com* Indossament, Giro *n;* Übertragungsvermerk *m.*
endoscope [ãdɔskɔp] *m* Endoskop *n.* **endoscopie** *f* Endoskopie *f.* **endosmose** [-dɔs-] *f phys* Endosmose *f; fig* Einfluß *m;* Durchdringung *f;* Austausch *m.* **endosperme** *m bot* Endosperm, Nährgewebe *n* in der Samenanlage.
endossable [ãdɔsabl] *a* übertragbar, indossierbar. **endossataire** *m* Indossat *m.* **endosser** *tr* **1.** *(Kleider)* an=ziehen, -legen; **2.** *com* indossieren, girieren. **endosseur** *m* Indossant, Girant *m.*
endroit [ãdRwa] *m* **1.** Ort, Platz *m,* Stelle; *f;* **2.** Ortschaft *f;* **3.** *(Stoff)* rechte Seite *f;* **4.** *(örtlich)* an; ► *au bon* ~ an der rechten Stelle; *par* ~*s* stellenweise; **5.** ► *petit* ~ Örtchen *n,* Toilette *f.*
enduire [ãdɥiR] ‹*Prés. j'enduis, ns enduisons; Fut. j'enduirai; pp. enduit, e; Subj. que j'enduise, que ns enduisions; Impér. enduis, enduisons*› **I.** *tr* ein=schmieren; überstreichen, -tünchen; bestreichen (*de* mit); verputzen; **II.** ► *s'*~ *la peau* sich die Haut ein=reiben (*de* mit). **enduit** [-i] *m* **1.** Überzug *m;* **2.** *arch* (Ver-)Putz; Bewurf; (Schutz-)Anstrich *m;* **3.** Belag *m;* Auflage, Schicht *f;* ► *étaler, étendre, un* ~ e-e Schicht auf=tragen; ~ *de protection* Schutzanstrich *m.*
endurable [ãdyRabl] *a* erträglich. **endurance** *f* Ausdauer *f.* **endurant, e** *a* ausdauernd. **endurci, e** [ãdyRsi] *a* **1.** *fig* verhärtet; **2.** abgehärtet; ► *célibataire m* ~ eingefleischte(r) Junggeselle *m.* **endurcir I.** *tr* **1.** (ab=, ver-)härten; **2.** stählen; **II.** *v prn s'*~ **1.** sich verhärten; gefühllos werden (*contre, à*

gegen); **2.** sich ab=härten (*à* gegen). **endurcissement** *m* **1.** Abhärtung *f;* **2.** *fig* Verstocktheit, Hartherzigkeit *f* (*à* gegen). **endurer** *tr* **1.** erdulden, -tragen; aus=halten; **2.** zu=lassen, gestatten.

énergétique [enɛʀʒetik] *a* Energie-; ► *ressources f pl* ~*s* Energiequellen *f pl.* **énergie** *f* Energie *f;* (Tat-, Willens-) Kraft *f;* ► ~ *atomique, nucléaire* Atomenergie *f;* ~ *calorifique* Wärmeenergie *f;* ~ *éolienne* Windenergie *f;* ~ *hydraulique* Wasserkraft *f.* **énergique** *a* energisch; (tat)kräftig; nachdrücklich; *(Stil)* kraftvoll.

énergumène [enɛʀgymɛn] *m* Irrer, Rasender *m.*

énervant, e [enɛʀvɑ̃, -ɑ̃t] *a* entnervend, ermüdend, ermattend; ► *(fam) vous êtes* ~ Sie können e-m auf die Nerven gehen. **énervé, e** *a* aufgeregt; nervös. **énervement** [-və-] *m* Aufregung, Erregung, Nervosität *f.* **énerver I.** *tr* nervös machen; er-, auf=regen; auf die Nerven gehen (*qn* jdm); **II.** *v prn s'*~ sich auf=regen; nervös werden; ► *(pop) énerve-toi* beeil dich.

enfance [ɑ̃fɑ̃s] *f* **1.** Kindheit *f;* Kinderjahre *n pl;* Kindesalter *n a. fig;* **2.** Kinder *n pl;* **3.** ► *dès sa plus tendre* ~ von Kindesbeinen an; *tomber en* ~ kindisch werden; **4.** ► *ami m d'*~ Jugendfreund *m.* **enfant** [-fɑ̃] *m f* **1.** Kind *n a. fig;* **2.** ► *donner le jour, la vie à un* ~ ein Kind zur Welt bringen; **3.** ► *chanson f pour* ~*s* Kinderlied *n; enlèvement m d'*~ Kindesentführung *f; jeu m d'*~ Kinderspiel *n; maladie f d'*~ Kinderkrankheit *f; petit* ~ Kleinkind *n; petits-*~*s m pl* Enkel *m pl;* **4.** ► ~ *légitime* eheliche(s) Kind *n;* ~ *du premier lit* Kind *n* aus erster Ehe; ~ *prodige* Wunderkind *n; l'*~ *prodigue* der verlorene Sohn *m;* ~ *trouvé* Findelkind *n.* **enfantement** *m fig* Entstehung, Schöpfung *f.* **enfanter** *tr fig* schaffen, hervor=bringen. **enfantillage** [jaʒ] *m* Kinderei *f.* **enfantin, e** *a* **1.** kindlich; kindisch; **2.** kinderleicht; ► *c'est* ~ das ist kinderleicht.

enfariné, e [ɑ̃faʀine] *a:* ► *la gueule* ~*e (fam)* mit siegessicherer Miene.

enfer [ɑ̃fɛʀ] *m* Hölle *f;* ► *aller en* ~ in die Hölle kommen; *aller un train d'*~ ein Höllentempo (drauf) haben.

enfermer [ɑ̃fɛʀme] **I.** *tr* **1.** ein=schließen, -sperren; **2.** *fig* in sich schließen, enthalten; ► ~ *le loup dans la bergerie* den Bock zum Gärtner machen; *sport* abdrängen; hindern; **II.** *v prn s'*~ sich ein=schließen; sich zurück=ziehen.

enferrer, s' [ɑ̃fɛʀe] *v prn* **1.** sich in den Degen s-s Gegners stürzen; **2.** *fig* sich in Widersprüche verstricken.

enfiévrer [ɑ̃fjevʀe] **I.** *tr* **1.** Fieber verursachen (*qn* bei jdm); **2.** *fig* leidenschaftlich erregen; **II.** *v prn s'*~ *(fig)* sich erregen, sich erhitzen.

enfilade [ɑ̃filad] *f* (lange) Reihe, *(Zimmer)* Flucht *f.* **enfiler I.** *tr* **1.** *(Nadel)* ein=fädeln; *(Perlen)* auf=reihen; **2.** auf=spießen; durchbohren; **3.** *(in ein Kleidungsstück)* hinein=schlüpfen (*qc* in e-e S); über=streifen; **II.** *v prn* ► *s'*~ *le chemin à pied* sich zu Fuß auf den Weg machen; *s'*~ *un bon dîner* es sich schmecken lassen; *s'*~ *tout le travail* sich die ganze Arbeit auf=laden; *s'*~ *un verre* ein Glas hinter die Binde gießen.

enfin [ɑ̃fɛ̃] *adv* endlich; schließlich; zuletzt; kurz (gesagt); ► ~, *nous verrons* nun, wir werden ja sehen.

enflammé, e [ɑ̃flame] *a* **1.** flammend, glühend; **2.** *med* entzündet; **3.** *(Gesicht)* gerötet; **4.** *fig* begeistert; *(Rede)* zündend. **enflammer I.** *tr* **1.** an=, entzünden; **2.** *(Gesicht)* röten; **3.** *fig* begeistern; an=feuern, an=stacheln; **4.** *med* e-e Entzündung verursachen (*qc* in, an e-r S); **II.** *v prn s'*~ **1.** sich entzünden; in Brand geraten; **2.** *(Gesicht)* sich röten; **3.** *fig* sich ereifern (*pour* für); ► *s'*~ *de colère* rot vor Zorn werden.

enflé, e [ɑ̃fle] **I.** *a* (an)geschwollen; **II.** *s m fam* Dummkopf *m.* **enfler I.** *tr* **1.** auf=blähen, -blasen; *(Fluß)* an=schwellen lassen; **2.** *fig* steigern; *(Preise)* in die Höhe treiben; **3.** *(Stimme)* lauter werden lassen; **II.** *v prn s'*~ an=schwellen *itr; (Segel)* sich blähen; dicker werden. **enflure** *f* (An-)Schwellung *f.*

enfoncement [ɑ̃fɔ̃smɑ̃] *m* **1.** Ein- schlagen, -rammen *n;* **2.** *arch* Fundamenttiefe; Vertiefung *f;* **3.** *mil* Ein-, Durchbruch *m.* **enfoncer** ‹*Prés. j'enfonce, ns enfonçons; Fut. j'enfoncerai; pp. enfoncé, e*› **I.** *tr* **1.** ein=schlagen, -stoßen, -rammen, tief hinein=ziehen *(dans* in *acc);* **2.** *(den Hals)* ein=ziehen; **3.** *mil* durchbrechen, -stoßen; **4.** *fig fam* übertreffen, in den Hintergrund drängen; **II.** *itr* ein=sinken; **III.** *v prn* ein=, versinken; sich versenken *(dans* in *acc);* ► *avoir la tête* ~*ée entre les épaules* den Kopf eingezogen haben; ~ *son chapeau sur la tête* den Hut in die Stirn drücken; ~ *un clou dans le mur* e-n Nagel in die Wand schlagen; *s'*~ *dans un fauteuil* in e-m Sessel versinken; ~ *une porte ouverte* offene Türen ein=rennen; *cette équipe de footbal s'est fait* ~ diese Fußballmannschaft ist haushoch geschlagen worden.

enfouir [ɑ̃fwiʀ] **I.** *tr* **1.** vergraben, -scharren; **2.** *fig* verbergen; **II.** *v prn s'*~ sich vergraben *(dans* in *acc);* ► ~ *ses mains dans ses poches* die Hände in die Tasche stecken. **enfouissement** *m* **1.** Ein-, Vergraben *n;* **2.** *agr* Umgraben, -pflügen *n.*

enfourcher [ɑ̃fuʀʃe] *tr (Fahrrad, Pferd)* besteigen; ► ~ *son dada, son cheval de*

bataille (fam) sein Steckenpferd reiten.
enfourner [ãfuʀne] **I.** *tr* **1.** *(Brote)* in den Ofen schieben; *(Hochofen)* beschicken; **2.** *fam* verschlingen; **II.** *v prn* *s'~* (hin)ein=steigen *(dans* in *acc*); sich ein=lassen *(dans* in, auf *acc)*; ▶ *~ qn dans un taxi* jdn in ein Taxi verfrachten.
enfreindre [ãfʀɛ̃dʀ] ‹*Prés. j'enfreins, ns enfreignons; Fut. j'enfreindrai; pp. enfreint, e; Subj. que j'enfreigne, que ns enfreignions; Impér. enfreins, enfreignons*› *tr (Gesetz, Vertrag)* übertreten, verletzen, zuwider=handeln (*qc* dat).
enfuir, s' [ãfɥiʀ] ‹*Prés. je m'enfuis, ns ns enfuyons; Fut. je m'enfuirai; pp. enfui, e; Subj. que je m'enfuie, que ns ns enfuyions; Impér. enfuis-toi, enfuyons-ns*› *v prn* **1.** (ent)fliehen; flüchten; entkommen; **2.** *(Zeit)* verfliegen, -gehen; entschwinden; ▶ *~ devant le danger* vor der Gefahr fliehen; *~ à toutes jambes* Hals über Kopf fliehen.
enfumé, e [ãfyme] *a* rauchig, rußig.
enfumer *tr* in Rauch hüllen; ein=, ver-, aus=räuchern.
engagé, e [ãgaʒe] **I.** *a* **1.** engagiert; in Anspruch genommen; **2.** *(in e-e Mauer)* eingelassen; **II.** *s m* Freiwillige(r) *m;* ▶ *une pièce de théatre ~e* ein engagiertes Theaterstück; *il s'est ~ trop en avant* er hat sich zu weit vorgewagt.
engageant, e [-ʒã, -ãt] *a* verführerisch, verlockend; reizend. **engagement** *m* **1.** Verpflichtung *f;* **2.** *com* Verbindlichkeit *f;* **3.** (An-, Ein-)Stellung *f;* **4.** *mil* Gefecht(sberührung *f*) *n;* Einsatz *m;* **5.** *sport* Anstoß *m;* **6.** *pol, theat* Engagement *n;* **7.** ▶ *sans ~* stellungslos; unverbindlich, freibleibend; **8.** ▶ *faire honneur à ses ~s* s-n Verpflichtungen nach=kommen; *manquer à ses ~s* s-e Verbindlichkeiten nicht erfüllen; *prendre l'~ de qc* sich zu etw verpflichten; *~ contractuel* vertragliche Verpflichtung *f.* **engager** ‹*Prés. j'engage, ns engageons; Fut. j'engagerai; pp. engagé, e*› *tr* **1.** *(sens propre)* verpfänden, versetzen; **2.** *(lier)* verpflichten, binden; ▶ *sa parole l'~e* er ist an sein Wort gebunden; **3.** *(embaucher)* an=, ein=stellen; *theat* engagieren; *(Matrosen)* an=heuern; **4.** *(faire entrer)* ein=fügen, -setzen, -spannen, -schalten; verbinden; *arch* ein=binden, -lassen; *(Schlüssel)* hinein=stecken; *(Schiff, Wagen)* hinein=fahren lassen *(dans* in *acc)*; *(Truppen)* ein=setzen; **5.** *(commencer)* an=fangen, beginnen; *(Gespräch)* an=knüpfen, *(Diskussion)* eröffnen; **6.** *(pousser qn)* bewegen, veranlassen, auf=fordern; mahnen, ermahnen (*à* zu); ▶ *il l'a ~é à la prudence, à plus de modération* er hat ihn zur Vorsicht ermahnt, zur Mäßigkeit gemahnt; *~ qn à faire qc* jdn bereden, auf=fordern, etw zu tun; **7.** *(entraîner)* verwickeln, hinein=ziehen *(dans* in *acc)*; ▶ *~ qn dans une affaire* jdn in e-e Angelegenheit (mit) hinein=ziehen; **8.** *(risquer qc) (Kapitalien, Geld)* an=legen, hinein=stekken, investieren *(dans* in *acc)*; **II.** *v prn* *s'~* **1.** sich binden, zu=sagen, sich verpflichten, sich anheischig machen (*à* zu); sich verbürgen (*pour* für); **2.** sich ein=stellen, an=werben lassen; *mil* sich freiwillig melden; e-e Stelle an=nehmen (*comme* als), ein=treten (*chez* bei); **3.** sich verwickeln; sich ein=lassen (*dans qc* auf e-e S); (hinein=)geraten; unternehmen (*dans qc* etw); **4.** *(Weg)* ein=schlagen (*dans, sur* acc); **5.** *(Rohr)* passen (*dans qc* in e-e S); **6.** *(Kampf)* sich entspinnen, beginnen; **7.** *(Gegenstand)* sich verpfänden lassen; **8.** ▶ *avoir peur de s'~* Angst haben, Stellung zu beziehen; *~ des capitaux dans une entreprise* Kapital in ein Unternehmen stekken; *~ pour une danse* zum Tanz auf=fordern; *s'~ à faire qc* versprechen, etw zu tun; *~ un levier* e-n Hebel an=setzen; *~ des négociations* Verhandlungen an=knüpfen; *~ sa réputation à la légère* s-n Ruf leichtfertig aufs Spiel setzen; *s'~ dans une rue, dans un jardin* in e-e Straße, e-n Garten (hin)ein=gehen, -fahren, -biegen; *ce travail l'~e tout entier* diese Arbeit nimmt ihn völlig in Anspruch; *cela n'~e à rien* das verpflichtet zu nichts.
engeance [ãʒãs] *f* Brut; Sippschaft *f.*
engelure [ãzlyʀ] *f* Frostbeule *f.*
engendrer [ãʒãdʀe] *tr* **1.** zeugen; **2.** *fig* erzeugen, hervor=bringen.
engin [ãʒɛ̃] *m* **1.** Gerät *n a. mil;* Vorrichtung; Maschine *f;* Werkzeug *n;* **2.** *aero* Rakete *f;* **3.** *(Jagd, Fischfang)* Falle *f;* Netz; **4.** *tech* Hebezeug *n;* **5.** ▶ *~ blindé* Panzer *m; ~ explosif* Sprengkörper *m; ~ spatial, lunaire* Raumkapsel *f;* (Welt-)Raumfahrzeug *n;* ▶ *~ téléguidé* ferngesteuerte Rakete *f.*
englober [ãglɔbe] *tr* **1.** um=, zs.=fassen *(dans* in *acc)*; **2.** ein=schließen; vereinigen; ein=verleiben; **3.** *(Vorort)* ein=gemeinden.
engloutir [ãglutiʀ] *tr* **1.** hinunter=, verschlingen; **2.** *fig* verschwenden, verprassen; ▶ *il a englouti une fortune dans cette affaire* er hat ein Vermögen in dieses Geschäft gesteckt. **engloutissement** *m* Verschlingen; Verschwinden, Versinken *n.*
engluer [ãglye] *tr* mit Leim bestreichen.
engoncer [ãgɔ̃se] ‹*Prés, j'engonce, ns engonçons; Fut. j'engoncerai; pp. engoncé, e*› *tr (Kleid)* einzwängen *(dans* in); plump erscheinen lassen.
engorgement [ãgɔʀʒəmã] *m* **1.** *tech* Verstopfung; (An-)Stauung *f;* **2.** *(Markt)* Übersättigung *f;* **3.** *med* Ver-

schleimung, Verstopfung *f.* **engorger** ⟨*Prés. j'engorge, ns engorgeons; Fut. j'engorgerai; pp. engorgé, e*⟩ *tr* **1.** *tech* verstopfen; **2.** *med* verschleimen, verstopfen; ► *à chaque départ en vacances, l'autoroute est engorgée* jeders Jahr zum Beginn des Urlaubs ist die Autobahn verstopft.

engouement [ãgumã] *m* Schwärmerei; Begeisterung *f* (*pour* für). **engouer, s'** [-gwe] *v prn* schwärmen (*de qn* für jdn); sich bis über die Ohren verlieben (*de qn* in jdn); ► *être ~é de* vernarrt sein in *acc,* fasziniert sein von.

engouffrer [ãgufʀe] **I.** *tr* **1.** ver-, hinunter=schlingen *a. fig;* **2.** *(viel Geld)* hineinstecken *(dans* in *acc);* **II.** *v prn s'~* **1.** *(Wasser)* strömen; **2.** *(Wind)* sich verfangen *(dans* in *acc);* **3.** *(Menge)* sich hinein=drängen.

engourdi, e [ãguʀdi] *a* **1.** erstarrt, starr; **2.** *(Hände vor Kälte)* klamm; **3.** *(Mensch)* benommen, dösig. **engourdir** **I.** *tr* **1.** erstarren lassen; *(Fuß)* ein=schlafen lassen; **2.** *fig* erschlaffen lassen; ab=stumpfen; **II.** *v prn s'~* **1.** erstarren, steif werden; **2.** *(Fuß)* ein=schlafen; **3.** *zoo* Winterschlaf halten. **engourdissement** *m* **1.** Erstarren *n;* Betäubung; Benommenheit *f;* **2.** *zoo* Winterschlaf *m.*

engrais [ãgʀɛ] *m* Dünger *m,* Düngemittel *n;* ► *~ artificiel* Kunstdünger *m.* **engraissement** [-smã] *m* Mästen *n.* **engraisser** **I.** *tr* **1.** mästen; **2.** *agr* düngen; **II.** *itr* dick, fett werden; **III.** *v prn s'~* **1.** zu=nehmen; dick(er), fett werden; **2.** *fig fam* sich bereichern (*sur* an *dat*).

engranger [ãgʀãʒe] ⟨*Prés. j'engrange, ns engrangeons; Fut. j'engrangerai; pp. engrangé, e*⟩ *tr (Ernte)* ein=fahren; speichern.

engrenage [ãgʀənaʒ] *m* **1.** *tech* Verzahnung *f;* Räder-, Triebwerk; Zahnradgetriebe *n;* Übersetzung *f;* **2.** *fig* Räderwerk *n;* ► *être pris dans l'~ (fig)* in ein Räderwerk geraten.

engrosser [ãgʀose] *tr vulg* schwängern.

engueulade *f,* **engueulement** *m* [ãgœlad] *pop* Anschnauzer; (Mords-) Krach *m;* ► *recevoir une ~* angeschnauzt werden. **engueuler** *tr* an=schnauzen, an=brüllen, an=schreien.

enguirlander [ãgiʀlãde] *tr* **1.** mit Girlanden schmücken; **2.** *fig fam* an=schnauzen.

enhardir [ãaʀdiʀ] *tr* ermutigen; *v prn s'~* sich erkühnen, sich ein Herz fassen (*à qc* zu etw).

enième [ɛnjɛm] *a s m:* ► *je vous le répète pour la ~ fois* ich wiederhole es Ihnen zum x-ten Male.

énigmatique [enigmatik] *a* rätselhaft. **énigme** *f* Rätsel *n;* ► *poser une ~* ein Rätsel auf=geben; *résoudre une ~* ein Rätsel lösen; *le mot de l'~* des Rätsels Lösung.

enivrant, e [ãnivʀɑ, -ɑ̃t] *a* berauschend; *(Duft)* betäubend; *(Schönheit)* verführerisch. **enivrement** *m* Rausch *m a. fig.* **enivrer** **I.** *tr* **1.** trunken machen, berauschen *a. fig;* **2.** *fig* verblenden, betäuben; **II.** *v prn s'~* **1.** sich betrinken, sich berauschen *a. fig;* **2.** sich begeistern (*de* an *dat*).

enjambée [ãʒãbe] *f* langer Schritt; ► *d'une seule ~* mit einem Schritt, Satz. **enjambement** *m* Enjambement *n.* **enjamber** **I.** *tr* überschreiten *a. fig,* -springen; *(Brücke)* überspannen; **II.** *itr (Vers)* über=greifen (*sur* auf *acc*).

enjeu [ãʒø] *m (Spiel)* Einsatz *m;* ► *miser une somme à l'~* e-e Summe aufs Spiel setzen.

enjoindre [ãʒwɛ̃dʀ] ⟨*Prés. j'enjoins, ns enjoignons; Fut. j'enjoindrai; pp. enjoint, e; Subj. que j'enjoigne, que ns enjoignions; Impér. enjoins, enjoignons*⟩ *tr* ein=schärfen, (ausdrücklich) befehlen (*qc à qn* jdm etw).

enjôler [ãʒole] *tr* beschwatzen. **enjôleur, euse** **I.** *s m f* Schmeichler(in *f*) *m;* **II.** *a* betörend, verlockend.

enjolivement [ãʒɔlivmã] *m* **1.** Verzierung *f;* **2.** *fig* Beschönigung; Ausschmückung *f.* **enjoliver** *tr* **1.** verzieren; aus=schmücken; **2.** *fig* breit=treten. **enjoliveur** *m mot* Zier-, Radkappe *f.*

enjoué, e [ãʒwe] *a* heiter; munter; unbeschwert, sonnig. **enjouement** [-ʒu-] *m* Heiterkeit; Unbeschwertheit; Gelöstheit *f.*

enlacement [ãlasmã] *m* **1.** Verflechtung *f;* **2.** Umarmung *f.* **enlacer** ⟨*Prés. j'enlace, ns enlaçons; Fut. j'enlacerai; pp. enlacé, e*⟩ *tr* ► *~ qn (dans ses bras)* jdn in die Arme schließen.

enlaidir [ãlɛdiʀ] **I.** *tr* entstellen; verunstalten; **II.** *itr* häßlich werden. **enlaidissement** *m* Entstellung, Verschandelung *f;* ► *~ du paysage* Verunstaltung *f* des Landschaftsbildes.

enlèvement [ãlɛvmã] *m* **1.** Beseitigung; *(Müll)* Abfuhr *f;* Wegnahme *f;* **2.** *jur* Entführung *f;* Raub *m;* **3.** *mil* Erstürmung *f.*

enlever [ãlve] ⟨*Prés. j'enlève, ns enlevons; Fut. j'enlèverai; pp. enlevé, e*⟩ **I.** *tr* **1.** auf=, hoch=heben; weg=, entreißen; entziehen, -führen; mit=, weg=nehmen, weg=schaffen; **2.** *(Kleider)* aus=ziehen; *(Hut)* ab=nehmen; *(in e-r Liste)* streichen; *(Zahl)* ab=ziehen; *(Fleck)* entfernen; **3.** *(Mut, Stimmung)* nehmen, rauben; *(Tod)* dahin=raffen; *(Kind)* entführen; *(Angelegenheit)* schnell erledigen; **4.** *theat mus* leicht u. vollendet spielen; **5.** *fig* mit=, hin=reißen; **6.** ► *ne rien ~* keinen Abbruch tun (*à* dat); **II.** *v prn s'~* **1.** lose, beweglich sein; *(Fleck)* heraus=

gehen; *(Farbe)* ab=gehen, ab=blättern; *com* reißend abgehen; **2.** ► ~ *les couverts* den Tisch ab=decken; ~ *l'envie à qn* jdm die Lust nehmen; ~ *les meubles* die Möbel aus=räumen (*de qc* aus etw); ~ *la récolte* die Ernte ein=bringen; ~ *un siège (parl)* e-n Sitz erringen; **3.** ► *on ne peut lui* ~ *cette idée de la tête* er läßt sich von diesem Gedanken nicht abbringen; *enlève-toi de là! (pop)* hau ab!

enliser [ɑ̃lize] **I.** *tr (im Sand, Dreck)* versinken lassen; **II.** *v prn s'*~ **1.** versinken *a. fig;* **2.** *fig* stecken=bleiben; versacken.

enluminer [ɑ̃lymine] *tr* (bunt) aus=malen; illuminieren, kolorieren. **enluminure** *f* Illumination *f.*

enneigé, e [ɑ̃ne(ɛ)ʒe] *a* eingeschneit; verschneit. **enneigement** [-ɛʒ-] *m* Schneehöhe *f,* -verhältnisse *n pl;* ► *bulletin m d'*~ Schneebericht *m.*

ennemi, e [ɛnmi] **I.** *a* feindlich, feindselig; **II.** *s m f* Feind(in *f*), Gegner(in *f*) *m;* ► *attaquer l'*~ den Feind an=greifen.

ennoblir [ɑ̃nɔbliʀ] *tr* adeln *nur fig.*

ennui [ɑ̃nɥi] *m* **1.** Langeweile *f;* Überdruß *m;* **2.** *pl* Widerwärtigkeiten, Unannehmlichkeiten *f pl;* ► *se créer des* ~*s* sich Schwierigkeiten auf den Hals laden; *tromper l'*~ die Langeweile vertreiben. **ennuyé, e** *a* verdrossen; verärgert (*de* über *acc*). **ennuyer** ‹*Prés. j'ennuie, ns ennuyons; Fut. j'ennuierai; pp. ennuyé, e; Subj. que j'ennuie, que ns ennuyons; Impér. ennuie, ennuyons*› **I.** *tr* **1.** langweilen; verdrießen; **2.** beunruhigen; Kummer machen (*qn* jdm); **3.** auf die Nerven fallen (*qn* jdm); stören; belästigen; **II.** *v prn s'*~ sich langweilen; sich sehnen (*de* nach); ► *cela m'ennuyerait d'arriver en retard* es wäre mir unangenehm, peinlich, wenn ich zu spät käme. **ennuyeux, se** *a* **1.** langweilig; **2.** unangenehm, verdrießlich; **3.** lästig; **4.** peinlich.

énoncé [enɔ̃se] *m* **1.** Wortlaut, Text *m;* **2.** Angaben *f pl;* **3.** Aussage; **4.** *math* Voraussetzung *f.* **énoncer** ‹*Prés. j'énonce, ns énonçons; Fut. j'énoncerai; pp. énoncé, e*› **I.** *tr* **1.** *(Gedanken)* aus=drücken; aus=sprechen; formulieren; auf=zählen; **2.** *(Grundsatz)* auf=stellen; **3.** *(Tatsachen)* berichten; **4.** *math (Aufgabe)* stellen; **II.** *v prn s'*~ sich aus=drücken; formulieren.

énorme [enɔʀm] *a* **1.** enorm, groß; maßlos, ungeheuer (groß); **2.** *fam* gewaltig, phantastisch. **énormément** *adv* **1.** gewaltig, ungeheuer; **2.** ► ~ *de* sehr, außerordentlich; *fam* entsetzlich, furchtbar. **énormité** *f* **1.** ungeheure Größe *f;* **2.** *fig* Ungeheuerlichkeit *f;* ► *dire des* ~*s* dummes Zeug reden.

enquérir, s' [ɑ̃keʀiʀ] ‹*Prés. je m'enquiers, ns ns enquérons; Fut. je m'enquerrai; pp. enquis, e; Subj. que je m'enquière, que ns ns enquérions; Impér. enquiers-toi, enquérons-ns*› *v prn* sich erkundigen (*de* nach), nach=forschen, -fragen (*à qn, auprès de qn* bei jdm); ► *s'enquérir de qc auprès de qn* sich bei jdm nach e-r S erkundigen.

enquête [ɑ̃kɛt] *f* **1.** Untersuchung, Ermittlung, Erhebung; Rund-, Umfrage *f;* **2.** *jur* Beweisaufnahme *f;* ► *faire ouvrir une* ~ e-e Untersuchung ein=leiten; ~ *judiciaire* gerichtliche Untersuchung *f.* **enquêter** [-e(ɛ)te] *itr* e-e Untersuchung durch=führen (*sur* in *dat*). **enquêteur, euse** *m f* **1.** Untersuchungsbeamte(r) *m,* -beamtin *f;* **2.** Befrager, Meinungsforscher *m.*

enquiquinante, e [ɑ̃kikinɑ̃, -t] *a fam* ärgerlich, lästig. **enquiquiner** *tr pop* auf die Nerven gehen (*qn* jdn *m*).

enracinement [ɑ̃ʀasinmɑ̃] *m* **1.** Einwurzeln *n;* **2.** *fig* Verwurzelung *f.* **enraciné, e** *a* einge-, verwurzelt; ► *préjugés m pl* ~*s* eingewurzelte Vorurteile *n pl.* **enraciner** **I.** *tr* **1.** Wurzeln schlagen lassen; **2.** *fig* verankern; **II.** *v prn s'*~ **1.** Wurzeln, *fig* Wurzel schlagen; **2.** *(schlechte Gewohnheiten)* ein=reißen; **3.** *(Irrtum)* sich fest=setzen.

enragé, e [ɑ̃ʀaʒe] **I.** *a* **1.** toll, rasend, wütend; **2.** versessen (*de* auf *acc*); **3.** *med* tollwütig; **II.** *s m* Fanatiker; *pol* Extremist *m.* **enrager** ‹*Prés. j'enrage, ns enrageons; Fut. j'enragerai; pp. enragé, e*› *itr fig* wütend sein; ► *faire* ~ *qn* jdn ärgern, wütend machen; *manger de la vache enragée* am Hungertuch nagen.

enrayage [ɑ̃ʀɛjaʒ] *m mil* Ladehemmung *f.* **enrayer** ‹*Prés. j'enraie* od *enraye, ns enrayons; Fut. j'enraierai* od *enrayerai; ns enraierons* od *enrayerons; pp. enrayé, e*› **I.** *tr fig* hemmen, (ab=)bremsen *(a. Wagen);* Einhalt gebieten (*qc* dat); *mil* Ladehemmung verursachen (*qc* bei etw); ► ~ *une épidémie* e-e Seuche ein=dämmen; **II.** *v prn s'*~ Ladehemmung haben; klemmen.

enregistrement [ɑ̃ʀəʒistʀəmɑ̃] *m* **1.** *jur* Registrierung; Eintragung; Protokollierung *f;* **2.** Aufzeichnung; Speicherung; (Tonband-, Schallplatten-)Aufnahme *f;* **3.** *(in Frankreich)* öffentliche(s) Register *n,* Registratur *f;* **4.** ► ~ *des bagages* Gepäckabfertigung *f;* ~ *sur disque* Schallplattenaufnahme *f;* ~ *numérique* Digitalaufnahme *f.* **enregistrer** *tr* **1.** *jur* registrieren; (in ein Register) ein=tragen, -schreiben; buchen; zu Protokoll nehmen; **2.** auf=, verzeichnen; **3.** *(Gepäck)* ab=fertigen; **4.** *(Schallplatte, Radio)* auf=nehmen; ► *(faire)* ~ *ses bagages* sein Gepäck auf=geben. **enregistreur, se** **I.** *a* registrierend; selbstschreibend; **II.** *s m* Registriergerät *n;*

Selbstschreiber *m; (in Belgien)* Magnetophon *n;* ► *baromètre m* ~ Barograph *m; caisse f ~euse* Registrierkasse *f.*
enrhumer [ɑ̃ʀyme] **I.** *tr:* ► *le moindre courant d'air m'~e* bei dem geringsten Luftzug bekomme ich Schnupfen; **II.** *v prn s'~* sich erkälten; sich e-n Schnupfen holen.
enrichir [ɑ̃ʀiʃiʀ] **I.** *tr* **1.** reich, wohlhabend machen; *(Gegenstand)* reich besetzen (*de* mit); **2.** *chem* an=reichern; **3.** *fig* verschönern, aus=schmücken, verzieren; **4.** *(Kenntnisse)* erweitern; **II.** *v prn s'~* **1.** sich bereichern, reich werden; **2.** *(Sammlung)* sich erweitern (*de* um). **enrichissement** *m* **1.** Bereicherung *f;* **2.** *chem* Anreicherung *f;* **3.** *fig* Vertiefung; **4.** *(Sammlung)* Erweiterung *f.*
enrober [ɑ̃ʀɔbe] *tr* **1.** ein=, um=hüllen; um=kleiden, -manteln; mit e-r (Schutz-) Hülle um=geben; **2.** *(Küche)* glasieren, kandieren; **3.** *fig* ein=kleiden, verpacken (*de* in *acc*).
enrôlement [ɑ̃ʀolmɑ̃] *m* **1.** Anwerbung; **2.** *mar* Anmusterung *f.* **enrôler I.** *tr* **1.** an=werben; **2.** *(in e-e Partei)* aufnehmen; **3.** *mar* an=mustern; **II.** *v prn s'~* **1.** sich an=werben lassen; **2.** *(Partei)* bei=treten (*dans* dat).
enroué, e [ɑ̃ʀwe] *a* heiser. **enrouement** [-ʀu-] *m* Heiserkeit *f.* **enrouer** *v prn s'~* heiser werden; ► *s'~ à force de crier* sich heiser schreien; être enroué heißer sein.
enroulement [ɑ̃ʀulmɑ̃] *m* **1.** Herumwickeln *n;* **2.** *tech* Wick(e)lung *f;* Aufrollen *n.* **enrouler I.** *tr* auf=, zs.=rollen; (her-) um=, auf=wickeln; **II.** *v prn s'~* sich herum=winden, -schlingen (*autour de* um); sich auf=, zs.=rollen.
enrubanner [ɑ̃rybane] *tr* mit Bändern schmücken.
ensablement [ɑ̃sɑ(a)bləmɑ̃] *m* Versandung; Sandbank *f.* **ensabler I.** *tr* mit Sand bedecken *mar* auf Sand treiben lassen; **II.** *v prn s'~* **1.** versanden *a. fig;* **2.** *mar* auf Sand laufen; **3.** *(Auto)* im Sand steckenbleiben.
ensacher [ɑ̃saʃe] *tr* absacken, abpacken.
ensanglanté [ɑ̃sɑ̃glɑ̃te] *a* blutbefleckt. **ensanglanter** *tr* mit Blut beschmieren.
enseignant, e [ɑ̃sɛɲɑ̃, -ɑ̃t] *s m pl u. a:* ► *corps m* ~ Lehrerschaft *f; personnel m* ~ Lehrkörper *m.* **enseigne I.** *f* **1.** (Aushänge-, Laden-)Schild *n;* **2.** *com* Waren-, Firmenzeichen *n;* **3.** ► *être logé à la même* ~ sich in der gleichen Lage befinden; ~ *lumineuse* Lichtreklame *f;* ~ *publicitaire* Reklameschild *n;* **II.** *m:* ► ~ *de vaisseau de 2me (1ère) classe* (Ober-)Leutnant z. S. (zur See).
enseignement *m* **1.** Lehre *f;* Unterricht(en *n*) *m;* **2.** ► *tirer d'utiles ~s de* nützliche Lehren ziehen aus; **3.** ► ~ *assisté par ordinateur,* EAO computerunterstützte(r) Unterricht *m;* ~ *audiovisuel* Unterricht *m* mit audio-visuellen Mitteln; ~ *par correspondance* Fernunterricht *m;* ~ *du dessin, des langues vivantes* Zeichen-, Fremdsprachenunterricht *m;* ~ *libre* Privatschulen *f pl;* ~ *obligatoire* Schulpflicht *f;* ~ *primaire* Grundschulunterricht *m;* Grundschulen *f pl;* ~ *public* staatliches Schulwesen *n;* ~ *supérieur* Hochschulwesen *n.* **enseigner** *tr* lehren (*qc à qn* jdn e-e S); unterrichten (*qn* jdn).
ensemble [ɑ̃sɑ̃bl] **I.** *adv* bei-, zusammen, miteinander; zugleich; insgesamt; **II.** *s m* **1.** (das) Ganze; Gesamtheit *f;* Komplex *m;* **2.** *mus theat* Ensemble; *theat* Zs.spiel *n;* **3.** Zs.stellung; *(Kleidung)* Kombination *f,* Komplet *n;* **4.** ► *d'~* Gesamt-; umfassend; *dans l'~* insgesamt; im ganzen *od* gesamten; *tous* ~ alle miteinander; **5.** ► *aller bien (mal)* ~ (nicht) gut zs.=passen; *être bien (mal)* ~ sich gut (schlecht) mitea. vertragen; *mettre* ~ zs.=stellen; **6.** ► *plan m d'~* Übersichtsplan *m; vue f d'~* Gesamtansicht *f;* -eindruck *m;* **7.** ► ~ *électronique* EDV-Anlage *f;* ~ *des frais* Gesamtkosten *pl.* **ensemblier** [-blije] *m* **1.** Ausstatter, Ensemblier *m;* **2.** ~ *(décorateur) m* Innenarchitekt *m.*
ensemencement [ɑ̃s(ə)mɑ̃smɑ̃] *m* Aussaat *f.* **ensemencer** ‹*Prés. j'ensemence, ns ensemençons; Fut. j'ensemencerai; pp. ensemencé, e*› *tr* **1.** (be-, aus=, ein=)säen; **2.** *(Fische)* einsetzen; **3.** *(Kultur)* an=legen.
enserrer [ɑ̃sɛʀe] *tr* um=schlingen; ein=schließen.
ensevelir [ɑ̃səvliʀ] **I.** *tr* **1.** in ein Leichentuch hüllen; begraben *a. fig;* verschütten; **2.** *fig* verbergen; vergraben; **II.** *v prn s'~* ► *s'~ dans la solitude* sich von der Welt zurückziehen.
ensoleillé, e [ɑ̃sɔlɛ(e)je] *a* sonnig. **ensoleillement** *m* Sonnenbestrahlung *f;* Sonnenschein *m.* **ensoleiller** *tr* **1.** mit Sonne erfüllen; **2.** *fig (Gesicht, Leben)* auf=, erheitern.
ensommeillé, e [ɑ̃sɔmɛ(e)je] *a* schläfrig; verschlafen; schlaftrunken.
ensorcelant, e [ɑ̃sɔʀsəlɑ̃, -ɑ̃t] *a* bezaubernd, verführerisch, verlockend. **ensorceler** ‹*Prés. j'ensorcelle, ns ensorcelons; Fut. j'ensorcellerai; pp. ensorcelé, e*› *tr* **1.** verzaubern; behexen; **2.** *fig* betören, verführen, bezaubern; *(Geist)* gefangen=nehmen. **ensorceleur, se** *m f* **1.** Zauberer, Hexenmeister *m;* Zauberin, Hexe *f;* **2.** Verführer(in *f*) *m.* **ensorcellement** [-sɛl-] *m* **1.** Verzauberung; Zauberei *f;* **2.** *fig* Zauber *m.*
ensuite [ɑ̃sɥit] *adv* dann, darauf, nachher, danach; *(et)* ~? und dann? was weiter?
ensuivre, s' [ɑ̃sɥivʀ] ‹*Nur im Infinitiv u.*

in der 3. Person: Prés. il s'ensuit, ils s'ensuivent; Fut. il s'ensuivra; ils s'ensuivront; Subj. qu'il s'ensuive, qu'ils s'ensuivent› *v prn* hervor=gehen; sich ergeben, folgen (*de* aus); ► *il s'ensuit que* daraus folgt, ergibt sich, daß; *et tout ce qui s'ensuit* u. alles Folgende.

entacher [ɑ̃taʃe] *tr fig* beflecken, besudeln (*de* mit). **entaché, e** *a:* ► *~ d'erreurs* fehlerhaft.

entaille [ɑ̃taj] *f* **1.** Einschnitt *m;* Kerbe *f a. geol;* Schlitz *m;* **2.** *med* Schnittwunde *f.* **entailler I.** *tr* ein=schneiden, -kerben, -blatten, -kehlen; e-e Schnittwunde bei=bringen (*qn* jdm); **II.** *v prn* ► *s'~ le doigt* sich tief in den Finger schneiden.

entame [ɑ̃tam] *f (Brot)* Anschnitt *m.*

entamer *tr* **1.** *(Brot)* an=schneiden; *(Vorrat, Flasche)* an=brechen; **2.** *(Haut)* ritzen, verletzen; **3.** *(Geldsumme)* an=greifen; *(Gespräch)* an=knüpfen; *(Verhandlungen)* ein=leiten; **4.** *(Überzeugung, Freundschaft)* erschüttern; beeinträchtigen; **5.** *(Gewinn)* schmälern; **6.** *(Rost)* zerfressen; *chem* an=greifen; *(Glas)* ritzen; **7.** *tech* an=reißen, -zapfen, -schneiden; **8.** e-e Bresche schlagen (*qc* in e-e S); *(Linie)* ein=drücken; **9.** *fig* an=fangen, beginnen.

entartrage [ɑ̃taʀtʀaʒ] *m* Kesselsteinablagerung *f.* **entartrer** *tr* e-e Ablagerung bilden (*qc* auf e-e S).

entassement [ɑ̃tɑ(a)smɑ̃] *m* **1.** Anhäufung *f;* Haufen *m;* Aufstapeln *n;* Auffüllung, -schüttung **2.** *f; (Menschen)* Zs.drängen; *(Tiere)* Zs.pferchen *n.* **entasser I.** *tr* **1.** auf=, an=häufen; auf=stapeln, -schütten, -schichten; **2.** an=sammeln; zs.=pferchen; **3.** *(Gelände)* auf=füllen; **II.** *v prn s'~* sich zs.=ballen; sich drängen; sich türmen.

entendement [ɑ̃tɑ̃dmɑ̃] *m* **1.** Verstand *m;* Urteilskraft *f;* **2.** Begriffsvermögen; Verständnis *n;* Fassungskraft *f;* ► *cela dépasse l'~* das ist undenkbar. **entendeur** *m;* ► *à bon ~ salut!* wer Ohren hat, der höre! **entendre** ‹*Prés. j'entends, ns entendons; Fut. j'entendrai; pp. entendu, e; Subj. que j'entende, que ns entendions; Impér. entends, entendons*› **I.** *tr* **1.** (an=, ab=)hören; *(Zeugen)* verhören; Gehör schenken (*qn* jdm); **2.** verstehen, begreifen; Verständnis haben (*qc* für etw); **3.** vor=, im Sinne haben, beabsichtigen, wollen; **4.** verlangen; erwarten (*que + subj* daß); **II.** *v prn s'~* **1.** gehört werden; sich *od* ea. verstehen; (gut) aus=kommen (*avec qn* mit jdm); im Einverständnis sein, sich verständigen (*avec* mit); **2.** sich aus=kennen (*à* in *dat*), sich verstehen (*à, en* auf *acc*); **3.** ► *dire qc à qui veut l'~* etw aus=posaunen; *donner à ~, laisser ~* zu verstehen geben; an=deuten; merken lassen; *~ de ses propres oreilles* mit eigenen Ohren hören; *~ raison* Vernunft an=nehmen; **4.** ► *à l'~* wenn man ihn hört; *qu'entendez-vous par là?* was meinen Sie damit? *j'entends par là que* ich will damit sagen, daß; *il s'y entend* er versteht sich darauf; er ist Fachmann. **entendu, e** *a (Sache)* abgemacht, entschieden; ► *(c'est) ~!* abgemacht! gut! geht in Ordnung! *il est bien ~* es wird ausdrücklich vereinbart (*que* daß); *bien ~* natürlich, selbstverständlich *adv;* wohlverstanden.

entente [ɑ̃tɑ̃t] *f* **1.** Verständnis; Einvernehmen, Einverständnis *n;* **2.** Zusammenschluß *m* Interessengemeinschaft *f;* **3.** *com* Abkommen *n,* Absprache *f;* ► *arriver, parvenir à une ~* zu e-m Übereinkommen gelangen; *~ sur les prix* Preisabsprache *f.*

entériner [ɑ̃teʀine] *tr* **1.** (gerichtlich) bestätigen; **2.** *fig* billigen.

entérite [ɑ̃teʀit] *f med* Enteritis *f.*

enterrement [ɑ̃tɛʀmɑ̃] *m* **1.** Beerdigung, Bestattung *f,* Begräbnis; Leichenbegängnis *n,* -zug *m;* **2.** *fig* Ende *n;* Verzicht *m;* ► *aller, assister à un ~* zu e-r Beerdigung gehen; *air m, figure f d'~* Leichenbittermiene *f.* **enterrer** *tr* **1.** be-, ein=, vergraben; bestatten, beerdigen; **2.** *tech* in die Erde verlegen; **3.** *(Kummer)* verbergen; **4.** *fig* in Vergessenheit geraten lassen; **5.** *(Absicht, Plan)* auf=geben; *(Hoffnung)* begraben.

en-tête [ɑ̃tɛt] *m* Brief-, Titelkopf *m;* Auf-, Überschrift; Schlagzeile *f;* ► *papier m à lettres à ~* Kopfbogen *m.*

entêté, e [ɑ̃tɛte] **I.** *a* eigensinnig, starrköpfig; **II.** *s m* Starr-, Dickkopf *m.* **entêtement** *m* Halsstarrig-, Dickköpfigkeit *f,* Eigensinn *m;* Hartnäckigkeit *f.* **entêter** *v prn s'~* sich versteifen (*à qc* auf e-e S), (eigensinnig) bestehen (*dans* auf *dat*).

enthousiasme [ɑ̃tuzjasm] *m* Begeisterung *f,* Schwung; Enthusiasmus *m;* Schwärmerei *f.* **enthousiasmer I.** *tr* begeistern; entzücken; **II.** *v prn s'~* sich begeistern (*pour* für). **enthousiaste I.** *a* enthusiastisch, (leicht) begeistert; **II.** *s m f* Enthusiast; begeisterte(r) Anhänger *m.*

entiché, e [ɑ̃tiʃe] *a* vernarrt (*de* in *acc*); besessen (*de* von), eingenommen (*de* von, für).

entier, ère [ɑ̃tje, -ɛʀ] **I.** *a* **1.** ganz, voll(ständig, -zählig), ungeteilt, völlig; **2.** unversehrt, ungeschmälert; **3.** *fig (Mensch)* aufrichtig, unbeugsam; starrköpfig; **II.** *s m math (nombre m ~)* ganze Zahl *f;* ► *en ~* ganz, gänzlich, im ganzen; *dans, en son ~* unvermindert, unverkürzt. **entièrement** *adv* ganz u. gar.

entité [ɑ̃tite] *f* Wesenheit *f;* ► *~ du droit public* Körperschaft *f* des öffentlichen Rechts.

entoilage [ɑ̃twalaʒ] *m* **1.** (Stoff-)Bespannung; **2.** *(Kleidung)* Einlage, (Leinen-)Versteifung *f;* **3.** Steifleinen *n.* **entoiler** *tr* versteifen; auf Leinwand auf≈ziehen; mit Stoff bespannen; in Leinen binden.

entomologie [ɑ̃tɔmɔlɔʒi] *f* Insektenkunde, Entomologie *f.*

entonner [ɑ̃tɔne] *tr* **1.** in Fässer (ab≈) füllen; **2.** *(Lied)* an≈stimmen. **entonnoir** *m* Trichter *m a. mil.*

entorse [ɑ̃tɔʀs] *f* **1.** *med* Verstauchung *f;* **2.** *fig* Verdrehung *f;* ▶ *se faire une ~ au pied* sich den Fuß verstauchen; *faire une ~ à qc* etw *(Gesetz, Wahrheit)* verdrehen; mißachten, verstoßen gegen *acc; (Recht)* beugen.

entortiller [ɑ̃tɔʀtije] **I.** *tr* **1.** (ein≈, um) wickeln (*dans* in *acc,* mit); umschlingen; **2.** *fig* herein≈legen, beschwatzen; **3.** *(Stil)* überladen; **II.** *v prn s'~* sich (herum≈)schlingen (*autour de* um *acc*); sich verfangen, sich verheddern (*dans un discours* bei e-r Rede); ▶ *s'~ dans une couverture (fam)* sich in e-e Decke wikkeln.

entourage [ɑ̃tuʀaʒ] *m* **1.** Umgebung; Gesellschaft; Umwelt *f;* **2.** Einfassung, -rahmung *f.* **entouré, e** *a* **1.** umgeben (*de* von); umsäumt, eingefaßt; **2.** *fig* bewundert, umschwärmt. **entourer I.** *tr* umgeben *a. fig;* ein≈, umschließen; *(Beet)* ein≈fassen; *(mit e-r Schnur)* umwinden; **II.** *v prn s'~* sich umgeben (*de* mit); *(Personen)* um sich sammeln (de acc).

entourloupette [ɑ̃tuʀlupɛt] *f fam* Streich *m;* ▶ *faire une ~* e-n Streich spielen (*à qn* jdm).

entournure [ɑ̃tuʀnyʀ] *f* ▶ *être gêné aux ~s (fig)* in Schwierigkeiten sein; *je suis gêné aux ~s* das Kleid ist mir unterm Arm zu eng.

entr(e) [ɑ̃tʀ] *in Zssgen* wechsel-, gegenseitig; mit-, unterea. **entracte** [ɑ̃tʀakt] *m* **1.** Zwischenakt *m;* **2.** *(Konzert theat film)* Pause *f;* **3.** *mus* Zwischenaktmusik *f.* **entraide** [ɑ̃tʀɛd] *f* gegenseitige Hilfe *f,* Beistand *m.* **entraider, s'** *v prn* ea. bei≈stehen.

entrailles [ɑ̃tʀaj] *f* **1.** *pl* Eingeweide *n pl;* Gedärme *pl;* **2.** *fig* Herz *n;* ▶ *sans ~* herzlos.

entrain [ɑ̃tʀɛ̃] *m* Schwung *m,* Temperament *n,* Lebendigkeit; Begeisterung *f;* ▶ *plein d'~* schwungvoll, temperamentvoll; fröhlich.

entraînant, e [ɑ̃tʀɛnɑ̃] *a fig* packend, mitreißend. **entraînement** *m* **1.** Schwung *m,* Begeisterung *f;* **2.** *fig* Kraft, Stärke *f;* **3.** Übung; Schulung *f; sport* Training *n;* Abhärtung; Ertüchtigung *f;* **4.** *tech* Antrieb *m;* ▶ *match m, partie f d'~* Übungsspiel *n; ~ sportif* sportliche Ausbildung *f.* **entraîner I.** *tr* **1.** (mit sich) fort≈reißen; mit≈nehmen; **2.** *fig* mit≈reißen; nach sich ziehen, zur Folge haben; **3.** *(Erregung)* aus≈lösen; **4.** *(Argument)* überzeugen; **5.** *sport* trainieren; schulen, üben, ertüchtigen; **6.** *tech* an≈treiben; **II.** *v prn s'~* üben, trainieren; ▶ *se laisser ~* sich hin≈, fort≈reißen lassen; *être bien ~é* in Hochform sein. **entraîneur** *m* **1.** Trainer; Zureiter *m;* **2.** Sportlehrer *m;* **3.** Schrittmacher *m.* **entraîneuse** *f* Animierdame *f.*

entrant, e [ɑ̃tʀɑ̃, -ɑ̃t] **I.** *a (Schüler)* neu eintretend; *(Beamter)* neuernannt; **II.** *s m:* ▶ *les ~s et les sortants* die Ein- und Ausgehenden.

entrave [ɑ̃tʀav] *f meist pl* **1.** *(Tier)* (Fuß-)Fessel *f;* **2.** *fig* Hindernis, Hemmnis *n;* Störung *f;* ▶ *~ à la circulation* Verkehrshindernis *n.* **entraver** *tr* **1.** Fesseln an≈legen (*un cheval* e-m Pferd); **2.** *fig* hemmen; hindern; stören; **3.** *arg* verstehen, kapieren.

entre [ɑ̃tʀ] *prp* **1.** *(Ort, Zeit)* zwischen; **2.** *(Personen)* unter; ▶ *être ~ les mains de qn* in jds Händen, Gewalt sein; *nager ~ deux eaux* unter Wasser schwimmen; *fig* sich zwischen zwei Parteien hindurch≈winden, -lavieren; *(soit dit) ~ nous* unter uns (gesagt); *~ deux âges* in gesetztem Alter; älter; *~ autres (choses)* unter anderem; *~ les deux* halb und halb; *~ chien et loup* in der Dämmerung; *~(-)temps* inzwischen, unterdessen, in der Zwischenzeit; ganz nebenbei.

entrebâiller [ɑ̃tʀəbaje] *tr* halb, ein wenig öffnen; ▶ *la porte est ~bâillée* die Tür ist angelehnt. **entrechat** [ɑ̃tʀəʃa] *m (Tanz),* Kreuzsprung *m; (fig) faire un ~* e-n Luftsprung machen.

entrechoquer, s' [ɑ̃tʀəʃɔke] *v prn* an≈, aufea.≈stoßen, -schlagen.

entrecôte [ɑ̃tʀəkot] *f (Rind)* Rippenstück *n.*

entrecouper [ɑ̃tʀəkupe] **I.** *tr* unterbrechen; **II.** *s'~ (Wege)* sich kreuzen, sich überschneiden.

entrecroiser [ɑ̃tʀəkʀwaze] *tr* verflechten, inea.≈schlingen.

entre-déchirer, s' [ɑ̃tʀədeʃiʀe] *v prn* sich gegenseitig zerfleischen.

entre-deux [ɑ̃tʀədø] *m* **1.** *(Fisch)* Mittelstück *n;* **2.** *(Wäsche)* Einsatz *m.*

entre-deux-fêtes [ɑ̃tʀədøfɛt] *m inv* Zeit *f* zwischen Weihnachten und Neujahr. **entre-deux-guerres** [ɑ̃tʀədøgɛʀ] *m inv* Zwischenkriegszeit *f.*

entrée [ɑ̃tʀe] *f* **1.** Eingang, -tritt, -zug *m,* -fahrt; Einreise *f;* **2.** *(EDV)* Eingabe *f;* **3.** *fig* Einstieg; Anfang, Beginn *m;* Einleitung, Eröffnung *f;* **4.** *(mus, Rennen)* Einsatz; Zugang, -tritt *m;* **5.** *(Examen)* Zulassung *f;* **6.** *(Verein, Partei)* Eintritt *m;* **7.** *theat* Auftritt *m;* **8.** *com* Buchung,

Eintragung *f; pl* Eingänge *m pl;* **9.** *(droits m pl d'~)* Einfuhrzoll *m;* **10.** Vorgericht *n,* -speise *f;* **11.** *(Flasche, Sack)* Öffnung; *(Kabel)* Zu-, Einführung *f;* **12.** *(prix m d'~)* Eintrittspreis *m; (carte f, billet m d'~)* Eintrittskarte *f; (~ de serrure)* Schlüsselloch *n;* **13.** *à l'~ de l'hiver* zu Anfang des Winters; **14.** ► *avoir ses ~s chez qn* bei jdm ein- u. aus≈gehen; *faire son ~ en scène (theat)* auf≈treten *a. fig;* **15.** ► *examen m d'~* Aufnahmeprüfung *f; visa m d'~* Einreisevisum *n;* **16.** *~ des données (inform)* Dateneingabe *f; ~ gratuite, de faveur* freie(r) Eintritt *m; ~ interdite* verbotene(r) Eingang *m;* Eintritt verboten! *~ libre (com)* kein Kaufzwang *m; ~ en service* Dienstantritt *m; ~ sortie f (inform)* Ein-/Ausgabe *f; ~ en vigueur* Inkrafttreten *n.*

entrefaites [ɑ̃tʀəfɛt] *f pl:* ► *sur ces ~* inzwischen, mittlerweile, unterdessen.

entrefilet *m* [-lɛ] Pressenotiz; Anzeige *f* im Textteil.

entre(-)jambe(s) [ɑ̃tʀəʒɑ̃b] *m (Hose)* Schritt *m.* **entrelacement** *m* Verflechtung *f;* Inea.flechten *n.* **entrelacer** ‹*Prés. j'entrelace, ns entrelaçons; Fut. j'entrelacerai; pp. entrelacé, e*› *tr* ein≈, verflechten; um≈, inea.≈schlingen, -winden; durchsetzen, -weben. **entrelacs** [-la] *m* **1.** *arch* Flechtwerk, Geflecht *n;* **2.** Schnörkel *m.* **entrelardé, e** *a (Fleisch)* durchwachsen. **entrelarder** *tr* spicken *a. fig.* **entremêler** [-me(ɛ)le] *tr* **1.** bei≈, vermischen, bei≈, vermengen (*de* mit, *à* unter *acc*); **2.** *fig* ein≈flechten, einfügen. **entremets** [-mɛ] *m* Süßspeise *f.* **entremetteuse** *f m* Kupplerin *f.* **entremettre, s'**‹*Prés. j'entremets, ns entremettons; Fut. j'entremettrai; pp. entremis, e*› *v prn* sich ins Mittel legen; vermitteln (*dans une querelle* bei e-m Streit); sich verwenden (*pour* für, *auprès de qn* bei jdm); sich ein≈mischen (*dans* in *acc*). **entremise** *f* Vermittlung, Fürsprache, Verwendung *f; par l'~ de qn* durch jds Vermittlung.

entrepont [ɑ̃tʀəpɔ̃] *m mar* Zwischendeck *n.*

entreposer [ɑ̃tʀəpoze] *tr (Waren)* (ein≈) lagern *(Möbel)* unter≈stellen. **entreposeur** *m* Lagerverwalter, -halter *m.* **entrepositaire** *m* **1.** Einlagerer *m;* **2.** Lagerhalter *m.*

entrepôt [ɑ̃tʀəpo] *m* **1.** Lagerhaus *n;* **2.** Zollspeicher *m;* **3.** Freihafen *m;* ► *frais m pl d'~* Lagerspesen *pl; ~ douanier* Zollverschluß *m; ~ d'essence* Brennstofflager *n; ~ frigorifique* Kühlhaus *n.*

entreprenant, e [ɑ̃tʀəpʀənɑ̃, -ɑ̃t] *a* **1.** unternehmend; unternehmungslustig; **2.** *(gegenüber Frauen)* draufgängerisch. **entreprendre** ‹*Prés. j'entreprends, ns entreprenons; Fut. j'entreprendrai; pp. entrepris, e; Subj. que j'entreprenne, que ns entreprenions; Impér. entreprends, entreprenons*› *tr* **1.** unternehmen; in Angriff nehmen; **2.** *(Auftrag)* übernehmen; *(Unterhaltung)* beginnen, an≈fangen; *(Prozeß)* an≈strengen; *(Beweis)* an≈treten; **3.** sich an≈schicken, versuchen (*de* zu); **4.** *fam* sich kümmern (*qn* um jdn); **5.** zu gewinnen suchen (*qn* jdn); sich machen (*qn* an jdn); **6.** *fam* frotzeln, auf den Arm nehmen; **7.** ► *~ qn sur qc* mit jdm ein Gespräch über e-e S beginnen.

entrepreneur [ɑ̃tʀəpʀənœʀ] *m* Unternehmer *m;* ► *~ en bâtiments* Bauunternehmer *m; ~ de transports* Spediteur, Fuhrunternehmer *m.* **entreprise** *f* **1.** Unternehmung *f;* -nehmen *n;* Betrieb *m;* Geschäft, *n;* **2.** Vorhaben *n;* **3.** *lit* Angriff *m* (*sur* auf *acc*); **4.** ► *avoir l'esprit d'~* Unternehmungsgeist haben; **5.** ► *être à la tête d'une ~* an der Spitze e-s Unternehmens stehen; *mener à bien son ~* s-e Arbeit zu e-m guten Ende bringen; **6.** ► *chef m d'~* Betriebsleiter *m; comité m d'~* Betriebsrat *m; esprit m d'~* Unternehmungsgeist *m,* -lust *f; gérant m d'~* Betriebsführer *m; petite ~* Kleinbetrieb *m; règlement m d'~* Betriebsordnung *f; succès m* od *réussite f, échec m* od *faillite f d'une ~* Erfolg, Mißerfolg *m* e-s Unternehmens; **7.** ► *~ artisanale* handwerkliche(r) Betrieb, Handwerksbetrieb *m; ~ commerciale* kaufmännische(r) Betrieb *m; ~ de constructions* Bauunternehmen *n; ~ d'économie mixte* gemischtwirtschaftliches Unternehmen *n; ~ individuelle* Privatunternehmen *n; ~ industrielle* Industriebetrieb *m; ~ à succursales multiples* Filialgroßbetrieb *m; ~ de transports* Transport-, Verkehrsbetrieb *m.*

entrer [ɑ̃tʀe] **I.** *itr* **1.** ein≈treten; hinein≈gehen, -fahren; ein≈dringen; herein≈kommen; **2.** *mar* ein≈laufen; *(Zug)* ein≈fahren; **3.** hinein≈passen; enthalten sein; **4.** *fig* sich ein≈lassen, ein≈gehen (*dans* auf *acc*); sich beteiligen (*dans* an *dat*); *(Gesellschaft)* bei≈treten (*dans* dat); ergreifen (*dans une profession* e-n Beruf); *inform (Daten)* ein≈geben; **5.** *(Weg)* ein≈schlagen (*dans* acc); **II.** *tr* **1.** ein≈führen; hinein≈stecken; hinein≈schaffen; hineinstoßen; **2.** *(Schiff)* einlotsen; **3.** ► *faire ~* hinein≈bringen; hinein≈, vor≈lassen; *faire ~ en ligne de compte* in Betracht ziehen; in Anschlag bringen; *laisser ~ le jour, le soleil* das Tages-, Sonnenlicht herein≈lassen; *~ en action* in Tätigkeit treten; *~ dans les affaires des autres* sich in die Angelegenheiten anderer ein≈mischen; *~ dans la composition* e-n Bestandteil bilden (*de* gen); *~ en considération* berücksichtigt werden; *~ dans les détails* auf (die) Einzelheiten ein=gehen; ~ *en gare (Zug)* ein=laufen, -fahren; ~ *en jeu (fig)* sich ein=schalten; wirksam werden; ~ *en ligne de compte* in Betracht, in Frage kommen; ~ *pour rien dans* bedeutungslos sein bei; ~ *en scène (theat)* auf=treten; ~ *en service* den Dienst an=treten; ~ *dans le vif du sujet* zur Sache kommen; ~ *en vigueur* in Kraft treten; **4.** ▶ *on ne peut rien lui faire ~ dans la tête* man kann ihm nichts begreiflich machen; *je ne veux pas ~ dans ces considérations* davon will ich nichts wissen; *entrez!* herein! *défense d'~, on n'entre pas* Eintritt verboten!

entresol [ɑ̃tʀəsɔl] *m arch* Zwischenstock *m*.

entretenir [ɑ̃tʀətniʀ] ‹*Prés. j'entretiens, ns entretenons; Fut. j'entretiendrai; pp. entretenu, e; Subj. que j'entretienne, que ns entretenions; Impér. entretiens, entretenons*› **I.** *tr* **1.** unterhalten *a. fig;* instand halten; **2.** *tech* warten; *(in e-m Zustand)* erhalten; **3.** *(Familie)* ernähren, Unterhalt gewähren (*qn* jdm); **4.** (sich) unterhalten (*qn de qc* jdn mit etw, mit jdm über e-e S); **II.** *v prn s'~* sich unterhalten (*avec* mit, *de* über *acc*); ▶ *~ des espoirs, des illusions* sich Hoffnungen, Illusionen hin=geben *od* machen; ~ *qn de (belles) promesses* jdn mit (leeren) Versprechungen hin=halten; ~ *de bons rapports* gute Beziehungen pflegen (*avec qn* zu jdm). **entretenu, e** *a* **1.** ▶ *bien ~* gepflegt, in gutem Zustand; **2.** *(Frau)* ausgehalten. **entretien** [-jɛ̃] *m* **1.** Erhaltung; Instand-, Sauberhaltung *f;* **2.** Unterhalt *m;* Verpflegung *f;* **3.** Unterhaltung, -redung *f;* Gespräch(sgegenstand *m*) *n;* **4.** *tech* Speisung; Wartung; (Wagen-)Pflege *f;* **5.** ▶ *être d'un trop grand ~* zuviel Unterhalt(ung)skosten verursachen; *sur quoi a porté votre ~* worüber haben Sie gesprochen? **6.** ▶ *atelier m d'~* Instandsetzungs-, Reparaturwerkstatt *f; frais m pl d'~* Unterhaltskosten *pl; ~-éclair m tele* Blitzgespräch *n*.

entre-tuer, s' [ɑ̃tʀətɥe] *v prn* sich gegenseitig töten.

entrevoir [ɑ̃tʀvwaʀ] *tr* ‹*Prés. j'entrevois, ns entrevoyons; Fut. j'entreverrai; pp. entrevu, e; Subj. que j'entrevoie, que ns entrevoyions; Impér. entrevois, entrevoyons*› **1.** flüchtig, undeutlich sehen; **2.** *fig* ahnen; vermuten; ▶ *laisser ~ qc à qn* jdm etw in Aussicht stellen. **entrevue** *f* Zs.kunft; Unterredung, Rücksprache; Befragung *f*.

entrouvrir [-vʀiʀ] **I.** *tr* halb, ein wenig öffnen; **II.** *v prn s'~ (Tür)* halb auf=gehen; *(Blume)* sich ein wenig öffnen; ▶ *la porte était entrouverte* die Tür war angelehnt.

énumération [enymeʀasjɔ̃] *f* Aufzählung *f*. **énumérer** *tr* auf=zählen; *com (Posten)* auf=führen.

envahir [ɑ̃vaiʀ] *tr* **1.** *(Feind)* ein=fallen, -dringen, -brechen (*qc* in e-e S); **2.** überfallen, -schwemmen, -wuchern; **3.** *(Raum)* (völlig) besetzen; erfüllen; bedecken; **4.** *(Feuer)* erfassen; **5.** *(Krankheit)* befallen. **envahissant, e** *a* **1.** überhandnehmend; **2.** zudringlich. **envahissement** *m* **1.** Einfall (*d'un pays* in ein Land); Überfall *m* (*de* auf *acc*); **2.** Einströmen; *(Meer)* Vordringen *n;* Überflutung; *bot* Überwucherung *f;* **3.** *fig* Überhandnehmen *n*. **envahisseur** **I.** *s m* **1.** Angreifer *m;* **2.** *fig* Eindringling *m;* **II.** *a m* eindringend.

envasement [ɑ̃vazmɑ̃] *m* Verschlammung *f*. **envaser, s'** *v prn* **1.** verschlammen; **2.** im Schlamm versinken.

enveloppant, e [ɑ̃vlɔpɑ̃, -ɑ̃t] *a* **1.** umfassend; umhüllend; **2.** *fig* einschmeichelnd; bestrickend. **enveloppe** *f* **1.** Hülle; Umhüllung; Decke *f;* **2.** (Brief-)Umschlag *m;* **3.** Buchhülle *f;* **4.** *tech* Mantel *m*, Decke; Ver-, Umkleidung *f;* **5.** *math* Einhüllende *f;* **6.** ▶ *coller, timbrer l'~* den Umschlag zu=kleben, mit e-r (Brief-)Marke versehen; *mettre une lettre dans une ~* e-n Brief in e-n Umschlag stecken; ~ *affranchie, timbrée* Freiumschlag *m*. **enveloppement** *m* **1.** *med* Umschlag *m;* **2.** *mil* Einschließung, Umfassung *f*. **envelopper** *tr* **1.** ein=, um=hüllen; verkleiden; **2.** ein=, um=wickeln; ein=packen, -schlagen; **3.** *mil* umzingeln, -fassen; **4.** *fig* ein=schließen; hinein=ziehen (*dans* in *acc*); verhüllen; ▶ ~ *dans du papier* in Papier ein=wickeln, -schlagen; ~ *qn du regard* jdn mit e-m zärtlichen Blick umfassen.

envenimement [ɑ̃vnimmɑ̃] *m* Vergiftung *f*. **envenimer** *tr* **1.** infizieren; **2.** *fig* verschlimmern; böse, bösartig werden lassen; *(Streit)* schüren.

envergure [ɑ̃vɛʀgyʀ] *f* **1.** (Spann-, Flügel-) Weite *f;* **2.** *fig* Größe *f*, Ausmaß *n fig;* Format *n;* **3.** Weitblick *m;* **4.** *(Unternehmen)* Umfang *m*.

envers [ɑ̃vɛr] **I.** *prp* gegen *(bes. Personen);* ▶ ~ *et contre tous* gegen jedermann, jeden; **II.** *s m* **1.** Kehrseite; **2.** *(Stoff)* linke Seite *f;* **3.** *fig* Kehrseite *f;* ▶ *à l'~* verkehrt; *(Stoff)* links.

envi [ɑ̃vi] *m:* ▶ *à l'~* um die Wette.

enviable [ɑ̃vjabl] *a* beneidenswert. **envie** [-vi] *f* **1.** Neid *m*, Mißgunst *f;* **2.** Verlangen *n;* Lust *f;* **3.** Muttermal *n;* Niednagel *m;* **4.** ▶ *avoir ~* Lust haben (*de* zu); *as-tu envie de faire une promenade, d'une glace?* hast du Lust zu einem Spaziergang, *fam* auf ein Eis? *faire ~* die Lust erwecken (*de* zu); *passer son ~* seine Gelüste befriedigen. **envier** [-vje] *tr* beneiden (*qn* jdn; *qc à qn* jdn um etw); mißgönnen (*qc à qn*

jdm etw). **envieux, se I.** *a* neidisch (*de* auf *acc*); **II.** *s m f* Neider; *fam* Neidhammel *m*.
environ [ɑ̃viʀɔ̃] **I.** *adv* ungefähr, etwa, zirka; **II.** *prp* ungefähr um; ► *depuis* ~ etwa seit, seit ungefähr; *un homme d'*~ *cinquante ans* ein etwa 50jähriger Mann.
environnant, e [ɑ̃viʀɔnɑ̃] *a* umliegend. **environnement** *m* Umgebung *f*. **environner I.** *tr* umgeben, -schließen (*de* mit); herum=liegen (*qc* um etw); **II.** *v prn s'*~ sich umgeben (*de* mit *dat*). **environs** *m pl* Umgebung, Umgegend *f*; ► *aux* ~ *de Noël* um Weihnachten.
envisager [ɑ̃vizaʒe] *tr fig* **1.** ins Auge fassen; betrachten; an=sehen (*comme* als); **2.** berücksichtigen, in Betracht ziehen; ► ~ *le pire* mit dem Schlimmsten rechnen; *comment envisagez-vous ce problème?* wie sehen Sie dieses Problem?
envoi [ɑ̃vwa] *m* **1.** Versand *m*; Spedition *f*; **2.** Sendung; Lieferung *f*; **3.** ► *contre* ~ *de* gegen Einsendung von; **4.** ► *coup m d'*~ *(sport)* Anstoß *m*; *date f d'*~ Versanddatum *n*; **5.** ► ~ *d'argent* Geldsendung *f*; ~ *par (chemin de) fer* Bahnversand *m*; ~ *à titre d'essai* Probelieferung *f*; ~ *exprèss* Eilsendung *f*; ~ *franco de port* portofreie Sendung *f*; ~ *recommandé* Einschreibesendung *f*.
envol [ɑ̃vɔl] *m* Abflug; *aero* Start *m*. **envolée** *f fig* Schwung; Gedankenflug *m*. **envoler, s'** *v prn* **1.** ab=, davon=fliegen; **2.** *aero* starten (*pour* nach); **3.** *fig (Zeit)* entfliehen, -schwinden.
envoûtement [ɑ̃vutmɑ̃] *m* **1.** Behexung *f*; **2.** *fig* Verzauberung *f*. **envoûter** *tr* **1.** behexen, verzaubern; **2.** *fig* in s-n Bann schlagen.
envoyé, e [ɑ̃vwaje] **I.** *a c'est* ~ *(fam)* das ist gut gesagt, gemacht; **II.** *s m* Abgesandte(r), *pol* Gesandte(r) *m*. **envoyer I.** *tr* **1.** (ab=, fort=, ver-, zu=) schicken, senden; **2.** *(Stein)* werfen; **3.** *(Ohrfeige)* geben; **4.** *(Schlag)* versetzen; **5.** *(Schuß)* ab=feuern; **II.** *v prn s'*~ **1.** sich zu=schicken; **2.** *pop (Glas Wein)* sich genehmigen; **3.** *(Arbeit)* auf sich nehmen, tun (müssen); ► ~ *par chemin de fer, par la poste* mit der Bahn, Post schicken; ~ *chercher* holen lassen; ~ *qc à la figure de qn* jdm etw ins Gesicht schleudern; ~ *qn promener* jdm den Laufpaß geben; *s'*~ *tout le travail (pop)* die ganze Arbeit (widerwillig) tun; ~ *valser qc* etw in die Ecke schleudern. **envoyeur** *m* Absender *m*; ► *retour à l'*~ zurück an Absender.
épagneul [epaɲœl] *m* Spaniel, Wachtelhund *m*.
épais, se [epɛ, -ɛs] *a* **1.** dick; **2.** *(Nebel)* dicht; stark; **3.** dickflüssig; *(Nacht, Schatten, Schlaf)* tief; **4.** *fig* plump, grob, schwerfällig. **épaisseur** *f* **1.** Dikke; Stärke *f*; **2.** *(Nebel); Dichte; (Nacht)* Tiefe *f*; ► ~ *de la neige* Schneehöhe *f*.
épaissir I. *tr (Mauer)* verstärken; *(Flüssigkeit)* verdicken; ein=dicken; **II.** *itr* dick(er), sämig werden; **III.** *v prn s'*~ dick(er) werden; *(Nebel)* dichter werden, sich verdichten; *(Finsternis)* undurchdringlich werden. **épaississement** *m* Verdickung *f*; Eindicken *n*.
épanchement [epɑ̃ʃmɑ̃] *m med* Erguß *m a. fig*; ► *besoin m d'*~ Mitteilungsbedürfnis *n*; ~ *de sang* Bluterguß *m*.
épancher *tr* ► ~ *ses secrets* s~e Geheimnisse anvertrauen; *s'*~ sein Herz aus=schütten.
épandage [epɑ̃daʒ] *m (Dünger)* Ausstreuen *n*. **épandre** *tr (Dünger)* aus=streuen.
épanoui, e [epanwi] *a* **1.** entfaltet; aufgeblüht; **2.** *(Körper)* entwickelt; **3.** *fig* freudestrahlend, vergnügt. **épanouir I.** *tr* **1.** zum Aufblühen bringen; **2.** *fig* erheitern; *(Gesicht)* auf=heitern; erhellen; **II.** *s'*~ **1.** auf=blühen; **2.** *fig* sich entfalten; **3.** *(Gesicht)* auf=leuchten, sich auf=heitern. **épanouissement** *m* **1.** Aufblühen *n*; **2.** *(Körper, Fähigkeit)* Entwicklung *f*; **3.** *(Gesicht)* Aufheiterung *f*.
épargnant, e [epaʀɲɑ̃, -ɑ̃t] *m* Sparer *m*; ► *les petits* ~*s* die kleinen Sparer. **épargne** *f* **1.** Sparen *n*; Sparsamkeit; **2.** *pl* Ersparnis *f*; Ersparte(s) *n*; ► *compte m d'*~ Sparguthaben *n*; *dépôt m d'*~ Spareinlage *f*. **épargner I.** *tr* **1.** (er)sparen; **2.** verschonen; ► ~ *qc à qn* jdm e-e S ersparen, jdn vor etw bewahren; schonend behandeln; sparsam um=gehen (*qc* mit etw); **3.** *tech* frei lassen, offen=lassen; aus=sparen; **II.** *v prn s'*~ *qc* sich etw ersparen *a. fig*.
éparpillement [eparpijmɑ̃] *m* **1.** Herumstreuen *n*; **2.** *(Kräfte)* Verzetteln *n*. **éparpiller I.** *tr* **1.** ver-, zerstreuen; **2.** *(s-e Kräfte)* verzetteln, zersplittern; **II.** *v prn* s'~ sich zerstreuen; *(Menschen)* auseinandergehen. **épars, e** [epaʀ, epaʀs] *a* **1.** zerstreut; vereinzelt; **2.** unzs.hängend; **3.** *(Haar)* aufgelöst.
épatant, e [epatɑ̃, -ɑ̃t] *a fam* verblüffend; erstaunlich; famos, großartig, pfundig. **épate** *f*: ► *faire de l'*~ *(fam)* sich auf=spielen; Eindruck schinden. **épaté, e** *a (Nase)* platt, stumpf; ► *être* ~ *(fam)* platt, baff sein; *nez m* ~ Stumpfnase *f*. **épater** *tr fam* Eindruck schinden (*qn* bei jdm).
épaule [epol] *f* **1.** Schulter, Achsel *f*; **2.** *(Pferd)* Bug *m*; **3.** *avoir les* ~*s carrées, être carré des* ~*s* breitschultrig sein; *donner un coup d'*~ *à qn (fig)* jdm unter die Arme greifen; *hausser les* ~*s* mit den Achseln zucken. **épaulement** *m* **1.** Schulterwehr; Stützmauer *f*; **2.**

tech Ansatz *m;* Widerlager *n;* Flansch *m;* **3.** *geol* Abdachtung *f.* **épauler** *tr* **1.** *(Gewehr)* an=legen; **2.** *(Mauer)* ab=stützen; **3.** *fig* (unter)stützen, helfen (*qn* jdm). **épaulette** *f mil* Schulterstück *n.*

épave [epav] *f* **1.** *jur* herrenlose Sache *f;* **2.** Strandgut *n;* **3.** Wrack *n a. fig.*

épée [epe] *f* **1.** Schwert *n;* Degen *m;* Klinge *f;* **2.** *zoo (~ de mer)* Schwertfisch *m;* ► *mettre à qn l'~ dans les reins (fig)* jdm die Pistole auf die Brust setzen; *c'était un coup d'~ dans l'eau* das war ein Schlag ins Wasser.

épeler [eple] *tr* buchstabieren.

éperdu, e [epɛʀdy] *a* **1.** bestürzt, außer sich, (wie) toll; **2.** verzweifelt; **3.** heftig, rasend; ► *~ de bonheur* überglücklich; *~ de joie* außer sich vor Freude. **éperdument** *adv:* ► *s'en moquer, s'en ficher ~ (fam)* sich überhaupt nichts daraus machen.

éperon [epʀɔ̃] *m* **1.** Sporn *m a. zoo bot;* **2.** Gebirgsvorsprung *m.* **éperonner** [-pʀɔ-] *tr* die Sporen geben (*un cheval* e-m Pferd).

épervier [epɛʀvje] *m* **1.** *orn* Sperber *m;* **2.** *(Fischfang)* Wurfnetz *n;* **3.** *pol* Falke *m.*

éphémère [efemɛʀ] **I.** *a* **1.** kurzlebig; **2.** *fig* vergänglich; **II.** *s m* Eintagsfliege *f.*

épi [epi] *m* **1.** Ähre *f; (Mais)* Kolben *m;* **2.** *(~ de cheveux)* (Haar-)Wirbel *m;* **3.** *med* Kornährenverband *m.*

épice [epis] *f* Gewürz *n;* ► *pain m d'~* Leb-, Honig-, Pfefferkuchen *m.* **épicé, e** *a* **1.** (stark) gewürzt; scharf, gepfeffert; **2.** *fig* schlüpfrig, pikant.

épicéa [episea] *m bot* Fichte; Rottanne *f.*

épicer [epise] *tr* würzen *a. fig.* **épicerie** *f* Lebensmittel *n pl,* -geschäft *n.* **épicier, ière** *m f* Lebensmittelhändler(in *f*) *m;* Krämer *m.*

épidémie [epidemi] *f* Epidemie, Seuche *f.* **épidémiologie** *f med* Epidemiologie *f.* **épidémique** *a* **1.** *med* epidemisch; **2.** *fig* ansteckend. **épiderme** [epidɛʀm] *m anat* Epidermis, Oberhaut *f;* ► *avoir l'~ sensible (fig)* (sehr) empfindlich sein; *chatouiller l'~ à qn* jdm schmeicheln.

épier [epje] *tr* **1.** (heimlich, genau) beobachten; überwachen; **2.** belauschen; *(Gelegenheit)* ab=passen.

épilation *f* [epilasjɔ̃] Haarentfernung *f.*

épilepsie [epilɛpsi] *f med* Epilepsie *f.*

épileptique **I.** *a* epileptisch; **II.** *s m f* Epileptiker(in *f*) *m.*

épiler [epile] *tr* enthaaren, die Haare aus=zupfen (*qc* aus etw), entfernen (*qc* von etw); ► *~ les sourcils* die Augenbrauen auszupfen; *crème f à ~* Haarentfernungskrem *f* od *m.*

épilogue [epilɔg] *m* Epilog *m,* Nachspiel *n.* **épiloguer** *tr* lange reden (*sur* über *acc*).

épinard [epinaʀ] *m bot* Spinat *m;* ► *cela ne met pas de beurre dans les ~s* das macht den Kohl nicht fett.

épine [epin] *f* **1.** Dorn(strauch); Stachel *m;* **2.** (Gebirgs-)Grat *m;* **3.** ► *tirer une ~ du pied (fig)* e-e Schwierigkeit aus dem Wege räumen (*à qn* jdm); **4.** ► *~ blanche* Weiß-, Hagedorn *m; ~ dorsale* Rückgrat *n; ~ noire* Schlehdorn *m.*

épinette [epinɛt] *f* **1.** *mus* Spinett *n;* **2.** Hühnermastkorb *m;* **3.** *bot* (kanadische) Rottanne *f.* **épineux, se** *a* **1.** dornig *a. fig,* stachelig; **2.** *fig* mißlich, schwierig; bedenklich.

épingle [epɛ̃gl] *f* **1.** (Steck-)Nadel *f;* **2.** ► *donner des coups d'~* sticheln (*à qn* jdn); *monter qc en ~ (fam)* heraus=stellen; **3.** ► *piqûre f d'~* Nadelstich *m; fig* Stichelei *f; tête f d'~* Stecknadelknopf *m; tiré à quatre ~s* wie aus dem Ei gepellt; geschniegelt u. gebügelt; *virage m en ~ à cheveux* Haarnadelkurve *f;* **4.** ► *~ anglaise, de nourrice, de sûreté* Sicherheitsnadel *f; ~ à chapeau, à cheveux, de cravate* Hut-, Haar-, Krawattennadel *f.* **épingler** *tr* **1.** (mit e-r Nadel) fest=, an=stecken; *(Schneiderei)* ab=stecken; **2.** ► *~ qn (fig fam)* jdn schnappen; *se faire ~* sich erwischen lassen. **épinglerie** [-glə-] *f* Nadelfabrik, -industrie *f.*

Épiphanie [epifani] *f* Fest *n* der Heiligen Drei Könige, Dreikönigsfest *n* *(6. Jan.).*

épique [epik] *a* **1.** episch; Helden-; **2.** *fam* gewaltig, abenteuerlich.

épiscopal, e [episkɔpal] *a* bischöflich. **épiscopat** [-a] *m* Episkopat *m;* Bischofsamt *n,* -würde *f;* (die) Bischöfe *m pl.*

épisiotomie [epizjɔtɔmi] *f med* Dammschnitt *m.*

épisode [-zɔd] *m* **1.** Episode *f;* **2.** Neben-, Zwischenhandlung *f;* **3.** *(Film, Roman a.)* Teil *m;* **4.** *mus* Nebenmotiv *n.* **épisodique** *a* **1.** episodisch; **2.** vorübergehend, gelegentlich; ► *personnage m ~* Nebenfigur *f.*

épistolaire [epistɔlɛʀ] *a* Brief-; ► *être en relations ~s avec qn* mit jdm in Briefwechsel stehen.

épitaphe [epitaf] *f* Epitaph *n;* Grabinschrift *f.*

épithète [epitɛt] *f* (schmückendes) Beiwort *n;* ► *~s injurieuses* Schimpfwörter *n pl.*

épître [epitʀ] *f* Epistel *f; ironisch* Brief *m.*

éploré, e [eplɔʀe] *a* **1.** in Tränen aufgelöst; verweint; **2.** *fig* untröstlich.

épluchage [eplyʃaʒ] *m* **1.** *(Küche)* Putzen; Schälen *n;* **2.** *(Textil)* Noppen *n;* **3.** *fig* genaue Durchsicht; strenge Kontrolle *f.* **éplucher** *tr* **1.** *(Gemüse)* putzen; *(Obst)* schälen; **2.** *(Wolle)* zupfen; **3.** *fig*

(genau) prüfen, unter die Lupe nehmen; Fehler heraus=klauben (*qc* aus etw).
épluchures *f pl* (Kartoffel-, Obst-) Schalen *f pl;* (Küchen-)Abfälle *m pl.*
épointer [epwɛ̃te] *tr* die Spitze ab=brechen (*qc* gen).
éponge [epɔ̃ʒ] *f* Schwamm *m a. zoo;* ► *jeter l'~* die Flinte ins Korn werfen; *passons l'~ là-dessus* Schwamm darüber! *serviette f ~* Frottiertuch *n; tissu m ~* Frottee *n; ~ de toilette* Bade-, Toilettenschwamm *m.* **éponger** ‹*Prés. j'éponge, ns épongeons; Fut. j'épongerai; pp. épongé, e*› **I.** *tr* **1.** ab=wischen, ab=trocknen; **2.** *(Kaufkraft)* ab=schöpfen; **3.** *(Verkehr)* entlasten; **II.** *v prn* ► *s'~ le front* sich die Stirn ab=wischen.
épopée [epɔpe] *f* Epos, Heldengedicht *n.*
époque [epɔk] *f* **1.** Zeitabschnitt *m,* -alter *n;* Epoche *f;* **2.** Zeit; Jahreszeit; Etappe *f;* **3.** ► *à l'~ de* zur Zeit *gen; à la même ~* zur selben Zeit (des Jahres); *à toutes les ~s* zu allen Zeiten; **4.** ► *être de son ~* mit s-r Zeit gehen; *faire ~* Epoche machen; Aufsehen erregen; *vivre avec son ~* mit s-r Zeit leben; **5.** ► *la belle ~* die Zeit um 1900; *meuble m d'~* Stilmöbel *n; ~ carbonifère (geol)* Karbon *n; ~ glaciaire* Eiszeit *f.*
épouiller [epuje] *tr* (ent)lausen.
époumoner, s' [epumɔne] *v prn* sich heiser schreien; sich den Mund fusselig reden.
épousailles [epuza(a)j] *f pl ironisch* Heirat *f.* **épouse** [epuz] *f* Gattin, Gemahlin; Ehefrau *f.* **épouser** *tr* **1.** heiraten (*par amour* aus Liebe); sich vermählen (*qn* mit jdm); **2.** *fig* sich zu eigen machen; **3.** sich anpassen; **4.** ► *~ la cause de qn* für jdn ein=treten; *~ la forme* die Gestalt an=nehmen (*de qc* e-r S); *~ qn en premières noces* jdn in erster Ehe heiraten.
épousseter [epuste] ‹*Prés. j'époussette, ns époussetons; Fut. j'époussetterai; pp. épousseté, e*› *tr* ab=stauben, aus=klopfen.
époustoufler [epustufle] *tr fam* verblüffen.
épouvantable [epuvɑ̃tabl] *a* **1.** entsetzlich, grauenhaft, furchtbar; *fam* gräßlich; **2.** *(Wetter)* scheußlich; **3.** *(Zorn)* schrecklich; ► *nouvelle f ~* Schrekkensbotschaft *f.* **épouvantail** [-aj] *m* **1.** Vogelscheuche *f a. fig;* **2.** *fig* Schreckgespenst *n.* **épouvante** *f* (plötzlicher) Schrecken *m,* Entsetzen; Grausen *n;* ► *cris, hurlements m pl d'~* Schrekkensschreie *m pl.* **épouvanter** *tr* erschrecken; in Angst versetzen; ein=schüchtern.
époux [epu] *m* **1.** (Ehe-)Gatte, (Ehe-) Mann, Gemahl *m;* **2.** *pl* Ehegatten *m pl,* -paar *n;* ► *prendre pour ~* ehelichen; *futurs ~* Brautpaar *n; jeunes ~* Neuvermählte *pl.*
éprendre, s' [eprɑ̃dʀ] ‹*Prés. m'éprends, ns éprenons; Fut. m'éprendrai; pp. épris, e; Subj. que je m'éprenne, que ns ns éprenions*› *v prn* sich verlieben (*de* in *acc*); ► *s'~ l'un de l'autre* sich inea. verlieben.
épreuve [eprœv] *f* **1.** Probe; Prüfung *a. rel;* Erprobung *f;* Versuch *m;* **2.** Heimsuchung *f;* Unglück *n;* **3.** *typ* Probedruck, Korrekturbogen *m;* **4.** *phot* Abzug *m;* **5.** *sport* Wettkampf *m;* **6.** *(Schule)* Prüfungsarbeit *f;* **7.** ► *à toute ~* (unbedingt) zuverlässig, sicher; unbestechlich; erprobt; *à l'~ de l'eau* wasserdicht; **8.** ► *être à l'~* widerstandsfähig sein (*de* gegen); *mettre qc à l'~* etw auf die Probe stellen, erproben; **9.** ► *temps m d'~* Probezeit *f; ~ d'aptitude* Eignungsprüfung *f; ~s écrites* schriftliche Prüfungsarbeiten *f pl; ~ éliminatoire* Ausscheidungskampf *m.*
épris, e [epʀi, -iz] *a* **1.** verliebt (*de* in *acc*) **2.** begeistert; eingenommen (*de* für).
éprouvé, e [epʀuve] *a* **1.** *(Metall)* geprüft; **2.** *(Freundschaft)* erprobt; zuverlässig; bewährt; **3.** *(Mensch)* leidgeprüft, mitgenommen. **éprouver** *tr* **1.** auf die Probe stellen, erproben, (aus=)probieren; (nach=)prüfen; **2.** *(Überraschung)* erleben; **3.** *(Liebe)* empfinden; **4.** *(Lust)* verspüren; ► *~ une déception* e-e Enttäuschung erleben; *~ des difficultés de paiement* in Zahlungsschwierigkeiten *(acc)* geraten; *~ de l'étonnement* erstaunt sein; *~ des pertes, des revers* Verluste, Rückschläge erleiden. **éprouvette** *f* Reagenzglas *n.*
épuisant, e [epɥizɑ̃, -ɑ̃t] *a* **1.** *(den Boden)* ermüdend, auslaugend; **2.** *fig* schwächend, ermüdend; anstrengend. **épuisé, e** *a* **1.** erschöpft; **2.** *(Quelle)* versiegt; *(Boden)* ausgelaugt; **3.** *(Buch)* vergriffen; *(Vorrat)* erschöpft; ausverkauft; **4.** *(Mensch)* erschöpft, abgespannt; **5.** ► *~ de fatigue* übermüdet; *~ de travail* überarbeitet; **6.** *notre stock est ~* wir sind ausverkauft. **épuisement** *m* **1.** *(Boden)* Müdigkeit; **2.** *(Vorrat, Kraft)* Erschöpfung; *~ physique, cérébral* körperliche, geistige Erschöpfung. **épuiser I.** *tr* **1.** aus=, erschöpfen; **2.** aus=pumpen, -trocknen; **3.** *(Boden)* ermüden; **4.** *(Waren)* aus=verkaufen; *(Reserven)* ver-, auf=brauchen; **5.** *(Gesundheit)* zerrütten; **6.** *(Thema, Frage)* erschöpfend behandeln; **7.** *fam* mit=nehmen, sehr ermüden; **II.** *v prn s'~* **1.** *(Quelle)* versiegen; **2.** *(Boden)* müde werden; **3.** *(Vorrat)* zu Ende gehen; *(Waren)* aus=gehen; **4.** *(Kraft)* nach=lassen; *(Kranker)* schwächer werden; **5.** ► *~ sa curiosité* seine Neugier (restlos)

befriedigen; ~ *tous les moyens* alle Mittel erschöpfen; nichts unversucht lassen; ~ *la patience de qn* jds Geduld erschöpfen; *s'~ à force de travail* sich über-, ab=arbeiten; *ma patience commence à s'~* meine Geduld geht allmählich zu Ende.

épuration [epyʀasjɔ̃] *f* **1.** Reinigung *f a. fig;* **2.** *pol* Säuberung(saktion) *f;* **3.** *(Sitten)* Läuterung; *(Geschmack)* Verfeinerung *f;* **4.** *(Text)* Ausmerzung *f (anstößiger Stellen);* ▶ ~ *de l'air* Luftreinigung *f;* ~ *des eaux d'égout* Abwässerklärung *f.*

épurer [epyʀe] *tr* **1.** *tech* reinigen; **2.** *(Abwässer)* klären, aufbereiten; **3.** *(Metall)* läutern; **4.** *fig* verfeinern, läutern; veredeln; säubern.

équarri, e [ekaʀi] *a* kantig; ▶ *bois m* ~ Kantholz *n;* ~ *grossièrement* roh behauen. **équarrir** *tr* **1.** (vierkantig) behauen *od* schneiden; *(Holz)* zu=schneiden; **2.** *(Tierkadaver)* ab=decken. **équarrissage** *m* **1.** Zuschneiden *n* (*à la scie* mit der Säge); **2.** *(Tiere)* Abdecken *n.* **équarrisseur** *m* Abdecker *m.*

équateur [ekwatœʀ] *m* Äquator *m.*

Equateur, l' [ekwatœʀ] *m* Ecuador, Ekuador *n.*

équation [ekwasjɔ̃] *f math* Gleichung *f.*

équatorial, e [ekwatɔʀjal] *a* Äquator-, Äquatorial-; ▶ *zone f ~e* Äquatorialzone *f.*

équerre [ekɛʀ] *f* Winkel *m;* Winkeleisen *n;* ▶ *en ~, d'~* rechtwink(e)lig; ~ *en T* Reißschiene *f.*

équestre [ekɛstʀ] *a* Reiter-; Ritter-.

équiangle [ekɥiɑ̃gl] *a* gleichwink(e)lig.

équidistant, e *a* abstandsgleich, gleich weit entfernt. **équilatéral, e** *a* gleichseitig. **équilibrage** [ekilibʀaʒ] *m* **1.** Auswuchtung *f;* **2.** *(Kurbelwelle)* Ausgleichen *n.* **équilibre** [ekilibʀ] *m* **1.** Gleichgewicht *n;* **2.** Ausgewogenheit *f;* Ausgleich *m;* **3.** ▶ *déranger, troubler, rompre l'~* das Gleichgewicht stören; *être en ~* sich im Gleichgewicht befinden; *(Budget)* ausgeglichen sein; *faire, (rétablir) l'~* das Gleichgewicht (wieder)her=stellen; *mettre en ~* ins Gleichgewicht bringen; *perdre, retrouver son ~* sein Gleichgewicht verlieren, wieder=gewinnen; **4.** ▶ *budget m en ~* ausgeglichene(r) Haushalt *m;* ~ *biologique* biologische(s) Gleichgewicht *n;* ~ *écologique* ökologische(s) Gleichgewicht *n; l'~ européen* das europäische Gleichgewicht *n; sens m de l'~* Gleichgewichtssinn *m;* ~ *des forces* Kräftegleichgewicht *n.* **équilibré, e** *a* ausgeglichen, ausgewogen *a. fig.* **équilibrer I.** *tr* **1.** ins Gleichgewicht bringen, aus=balancieren *a. fig;* aus=gleichen; **2.** *tech* aus=wuchten; **II.** *v prn s'~* sich im Gleichgewicht befinden; ▶ ~ *un budget* e-n Haushalt aus=gleichen; ~ *les comptes* die Konten saldieren. **équilibriste** *m* Balancekünstler; Jongleur *m a. fig.*

équinoxe [ekinɔks] *m* Tagundnachtgleiche *f.*

équipage [ekipaʒ] *m* **1.** (Schiffs-)Mannschaft; Bemannung *f;* **2.** *mil mar aero* Besatzung *f;* ▶ ~ *d'un avion* Flugzeugbesatzung *f.* **équipe** *f* **1.** *(Arbeiter)* Rotte *f;* Trupp *m;* **2.** *sport* Mannschaft; *(Turnen)* Riege; *mil* Gruppe *f* **3.** Team *n;* **4.** ▶ *faire ~ avec qn* mit jdm zs.=arbeiten; *faire partie d'une ~* e-r Mannschaft an=gehören; **5.** ▶ *(fam) drôle d'~!* komische Gesellschaft! *capitaine m d'~* Mannschaftsführer *m; chef m d'~* Vorarbeiter, Kolonnenführer; Polier *m; esprit m d'~* Mannschafts-, Kameradschaftsgeist *m;* **6.** ▶ ~ *de football* Fußballmannschaft *f;* ~ *de jour, de nuit* Tag-, Nachtschicht *f;* ~ *de montage* Bautrupp *m;* ~ *de sauvetage* Rettungsmannschaft *f;* ~ *sélectionnée* Auswahlmannschaft *f.* **équipée** *f* (unüberlegter) Streich *m;* ▶ *vous avez fait là une belle ~* Sie haben sich da etwas Schönes eingebrockt.

équipement [ekipmɑ̃] *m* **1.** Ausrüstung; Ausstattung *f;* **2.** *(Haus)* Einrichtung *f;* **3.** *tech* Gerät, Zubehör *n;* Armatur *f;* **4.** *(Fabrik)* Maschinenpark *m;* **5.** ▶ ~ *de bureau* Büroeinrichtung *f;* ~ *de chasse, de ski* Jagd-, Skiausrüstung *f;* ~ *ménager* Haushaltseinrichtung *f;* ~ *vidéo* Videoausrüstung *f.* **équiper I.** *tr* aus=rüsten, -statten; *(Lokal)* ein=richten; **II.** *v prn s'~* sich aus=rüsten, sich aus=statten; ▶ ~ *d'un réseau routier* mit e-m Straßennetz überziehen; ~ *en véhicules* mit Fahrzeugen aus=statten.

équipier, ère [ekipje, -ɛʀ] *m f sport* Mitglied *n* e-r Mannschaft; Spieler(in *f*) *m.*

équitable [ekitabl] *a* **1.** *(Person)* gerecht; unparteiisch; **2.** *(Sache)* angemessen.

équitation [ekitasjɔ̃] *f* Reitkunst *f;* Reiten *n;* ▶ *école f d'~* Reitschule *f; leçons f pl d'~* Reitunterricht *m.*

équité [ekite] *f* Gerechtigkeit; Rechtlichkeit *f;* ▶ *en toute ~* billigerweise; *pour des raisons d'~* aus Billigkeitsgründen.

équivalence [ekivalɑ̃s] *f* Gleichwertigkeit *f;* gleiche(r) Wert *m;* Gleichheit *f.* **équivalent, e I.** *a* gleichwertig (*à* mit); gleichbedeutend; **II.** *s m* Äquivalent *n,* Gegenwert *m;* Entsprechung *f.* **équivaloir** ⟨*Prés. il équivaut, ils équivalent; Fut. il équivaudra; Subj. qu'il équivale*⟩ *tr* gleichwertig sein, gleich=kommen; entsprechen (*à qc* dat); ▶ *cela s'équivaut* das kommt auf eins *(acc)* heraus *od* hinaus.

équivoque [ekivɔk] **I.** *a* **1.** zweideutig,

doppelsinnig; **2.** verdächtig; zweifelhaft; **II.** *s f* Doppelsinn *m;* Zweideutigkeit; Unklarheit, Unsicherheit *f.*
érable [eRabl] *m bot* Ahorn(holz *n*) *m.*
érafler [eRafle] *tr* ritzen; schrammen; *(Kugel)* streifen; *(Boden)* schürfen. **éraflure** *f* Schramme *f;* Kratzer; Streifschuß *m.*
éraillé, e [eRaje] *a* **1.** *(Stimme)* heiser, krächzend; **2.** *(Gewebe)* fadenscheinig. **érailler** *prn* ▶ *s'~ la voix* e-e heisere Stimme bekommen.
ère [ɛR] *f* Zeitabschnitt *m,* -alter *n,* -rechnung; Epoche, Zeit *f;* ▶ *l'~ industrielle* das Industriezeitalter.
érection [eRɛksjõ] *f* **1.** *(Denkmal)* Errichtung *f;* **2.** *(Physiologie)* Erektion *f.*
éreinté, e [eRɛ̃te] *a* hundemüde, abgespannt. **éreintement** *m* **1.** Übermüdung, Erschöpfung *f;* **2.** *fig* boshafte Kritik *f,* Verriß *m.* **éreinter I.** *tr* **1.** überanstrengen; ermüden; **2.** *(Pferd)* zuschanden reiten; **3.** *fig fam* herunter=reißen, fertig=machen; **II.** *v prn s'~* sich abrackern.
érémitique [eRemitik] *a* einsiedlerisch; ▶ *mener une vie ~* ein Einsiedlerleben führen. **érémologie** [eRemɔlɔʒi] *f* Wüstenforschung *f.*
ergonomie [ɛRgɔnɔmi] *f* Ergonomie *f.* **ergonomique** *a* ergonomisch.
ergot [ɛRgo] *m* **1.** *(Hahn)* Sporn *m;* *(Hirsch)* Afterklaue *f;* **2.** *bot* Mutterkorn *n;* **3.** *tech* Dorn, Nocken, Anschlag *m;* ▶ *se dresser, monter sur ses ~s (fig)* sich aufplustern.
ergotage [ɛRgɔtaʒ] *m* Nörgeln, Meckern *n.* **ergoter** *itr* nörgeln, meckern. **ergoteur** *m* Nörgler, Meckerer *m.*
ergothérapeute [ɛRgɔteRapøt] *m f* Ergotherapeut(in *f*) *m.* **ergothérapeutique** *a* ergotherapeutisch. **ergothérapie** *f* Ergotherapie *f.*
ériger [eRiʒe] ‹*Prés. j'érige, ns érigeons; Fut. j'érigerai; pp. érigé, e*› **I.** *tr* **1.** *(Denkmal, Bauwerk)* auf=, errichten; auf=stellen, -richten; **2.** *(Gericht)* ein=setzen; **3.** *fig* erheben (*en* zu); **II.** *v prn s'~* sich auf=spielen (*en* als).
ermitage [ɛRmitaʒ] *m* Einsiedelei *f.* **ermite** *m* Einsiedler, Eremit *m.*
éroder [eRɔde] *tr geol* ab=tragen; auswaschen.
érogène [eRɔʒɛn] *a* erogen.
érosif, ive [eRɔzif, -iv] *a* erosiv. **érosion** *f geol* Erosion, Auswaschung; Abtragung *f;* ▶ *~ monétaire* Geldentwertung *f.*
érotique [eRɔtik] *a* erotisch. **érotisme** *m* Erotik *f.*
errant, e [eRɑ̃] *a* **1.** *(Leben)* unstet; *(Mensch)* umherirrend; nomadisch; *(Hund)* streunend; **2.** *(Blick)* schweifend; *(Lächeln)* flüchtig; ▶ *chevalier m ~* fahrende(r) Ritter *m; le Juif ~* der Ewige Jude *m.*
errata [ɛRata] *m inv* (Druck-)Fehlerverzeichnis *n.*
erratique [ɛRatik] *a* **1.** *geol* erratisch; **2.** *med* unregelmäßig (auftretend); ▶ *bloc m ~* Findling *m.*
erratum [eatɔm] *m* (Druck-)Fehler *m.*
erre [ɛR] *f* **1.** *mar* Fahrt *f;* **2.** *pl (Tier)* Fährte, Spur *f.* **errer** *itr* **1.** umher=irren, -wandern; **2.** schweifen (*sur* über *acc*); ▶ *laisser ~ ses pensées* s-n Gedanken freien Lauf lassen; *un sourire ~ait sur ses lèvres* ein Lächeln spielte um s-e Lippen.
erreur [ɛRœR] *f* **1.** Irrtum *m,* Versehen *n,* Fehler *m;* Unrichtigkeit *f;* **2.** ▶ *par ~* aus Versehen, versehentlich; *sauf ~* Irrtum vorbehalten; **3.** ▶ *commettre, faire une ~* e-n Irrtum begehen; *être dans l'~* sich im Irrtum befinden; *faire ~ sur qc* sich in e-r S täuschen; *revenir de son ~* s-n Irrtum ein=sehen; *~ de calcul* Rechenfehler *m;* *~ de justice* Justizirrtum *m;* *~ médicale* Kunstfehler *m;* *~ de programmation (inform)* Programmierfehler *m.* **erroné, e** *a* fehlerhaft; falsch; irrtümlich, irrig.
ersatz [ɛRzats] *m* Ersatz(stoff) *m.*
érudit, e [eRydi, -it] **I.** *a* gelehrt; **II.** *s m* Gelehrte(r) *m.* **érudition** [-sjõ] *f* Gelehrsamkeit *f.*
éruptif, ive [eRyptif, -iv] *a geol med* eruptiv; ▶ *roche f ~ive* Eruptivgestein *n.* **éruption** [-sjõ] *f* **1.** *(Vulkan)* Ausbruch *m;* **2.** *(Haut)* Ausschlag *m;* **3.** *fig* rasche Verbreitung *f;* ▶ *~ de colère* Zornesausbruch *m.*
ès [ɛs] *prp:* ▶ *docteur m ~ lettres* Doktor *m* der Philosophie.
esbroufe [ɛsbRuf] *f fam* Bluff *m;* Wichtigtuerei, Angabe *f;* ▶ *faire de l'~* sich wichtig machen, an=geben.
escabeau *m* [eskabo] *m* **1.** (Fuß-)Schemel; Hocker *m;* **2.** kleine Bockleiter *f.*
escadre [ɛskadR] *f* Geschwader *n.* **escadrille** [-ij] *f* **1.** *mar* leichte(s) Geschwader *n;* **2.** *aero* Staffel *f.* **escadron** *m* **1.** Schwadron *f;* **2.** *fig* Schar, Menge *f.*
escalade [eskalad] *f* **1.** Ein-, Ersteigen *n;* (Berg-)Besteigung *f;* **2.** *pol* Zuspitzung, Verschärfung *f;* ▶ *l'~ de la violence* das Eskalieren von Gewalt. **escalader** *tr* er-, übersteigen; er-, überklettern; *(Berg)* besteigen; *(Pflanzen)* hinauf=klettern (*qc* an e-r S).
escale [ɛskal] *f* **1.** *mar* Hafen, Anlegeplatz *m;* **2.** *aero* Landeplatz *m;* Zwischenlandung; ▶ *sans ~* ohne Halt; *faire ~ (mar)* an=laufen (*dans un port* e-n Hafen); *aero* an=fliegen (*à* acc), zwischen=landen (*à* in *dat*); *vol m sans ~* Nonstopflug *m.* **escalier** [ɛskalje] *m* Treppe *f;* ▶ *cage f d'~* Treppenhaus *n;* *rampe f d'~* Treppengeländer *n;* *~ en*

colimaçon Wendeltreppe *f; ~ mécanique, roulant* Rolltreppe *f; ~ de service* Hintertreppe *f.*
escalope [ɛskalɔp] *f (~ de veau)* Kalbschnitzel *n.*
escamotable [ɛskamɔtabl] *a aero (Fahrgestell)* einziehbar. **escamotage** *m* **1.** Verschwindenlassen *n;* **2.** *(Frage, Problem)* Umgehen *n;* **3.** *(aero)* Einziehen *n (des Fahrgestells).* **escamoter** *tr* **1.** verschwinden lassen; weg=zaubern, (heimlich) beiseite schaffen; **2.** *(Schwierigkeiten, Einwand)* umgehen; **3.** *aero (Fahrgestell)* ein=fahren, -ziehen; **4.** *(Wort)* unterschlagen. **escamoteur** *m* Taschenspieler.
escampette [ɛskɑ̃pɛt] *f:* ▶ *prendre la poudre d'~* das Hasenpanier ergreifen.
escapade [ɛskapad] *f* unüberlegte(r) Streich *m;* ▶ *faire des ~s* über die Stränge schlagen.
escargot [ɛskaʀgo] *m* Schnecke *f;* ▶ *aller comme un ~* im Schneckentempo gehen; *~ de Bourgogne* Weinbergschnecke *f.*
escarmouche [ɛskaʀmuʃ] *f* Geplänkel *n.*
escarpé, e [ɛskaʀpe] *a* steil, abschüssig, schroff. **escarpement** *m* (steile) Böschung *f.*
escarpin [ɛskaʀpɛ̃] *m* Pumps *m.*
escarre [ɛskaʀ] *f med* Schorf *m.*
Escaut, l' [ɛsko] *m* die Schelde.
escient [ɛsjɑ̃] *m:* ▶ *à bon ~* nach reiflicher Überlegung.
esclaffer [ɛsklafe] *v prn 's* schallend lachen.
esclandre [ɛsklɑ̃dʀ] *m* Skandal *m;* ▶ *causer, faire un ~* e-n Skandal machen.
esclavage [ɛsklavaʒ] *m* Sklaverei *a. fig,* Knechtschaft *f;* ▶ *réduire en ~* versklaven. **esclave** [esklav] *m f* Sklave *m,* Sklavin *f;* ▶ *être ~ de son travail* Sklave s-r Arbeit sein.
escogriffe [ɛskɔgʀif] *m fam* (langer) Lulatsch *m.*
escomptable [ɛskɔ̃tabl] *a* diskontierbar. **escompte** *m com* Abzug, Diskont *m,* Skonto *m* od *n,* Rabatt *m;* ▶ *accorder un ~* e-n Rabatt gewähren. **escompter** *tr* **1.** *(Wechsel)* diskontieren; **2.** *(fig) qc* etw erwarten, mit etw rechnen, auf e-e S hoffen; ▶ *~un succès* mit e-m Erfolg rechnen.
escorte [ɛskɔʀt] *f* Eskorte; Begleitung *f;* Geleit, Gefolge *a. fig; mil* Begleitkommando *n;* ▶ *sous bonne ~* unter strenger Bewachung; *faire ~ à qn* jdn geleiten, begleiten; *~ d'honneur* Ehrengeleit *n.* **escorter** *tr* geleiten, eskortieren.
escouade [ɛskwad] *f* Gruppe *f;* Trupp *m.*
escrime [ɛskʀim] *f* Fechten *n;* Fechtkunst *f;* ▶ *faire de l'~* fechten. **escrimer, s'** *v prn* sich ab=mühen (*à* zu).
escroc [ɛskʀo] *m* Betrüger, Gauner, Hochstapler, Schwindler *m.* **escroquer** [-kʀɔke] *tr* **1.** *(Person)* prellen, betrügen; **2.** *(Sache)* ergaunern, erschwindeln; ▶ *~de l'argent à qn* jdn um Geld prellen. **escroquerie** *f* **1.** Gaunerei, Betrug, Schwindel *m,* Hochstapelei *f;* **2.** Irreführung *f.*
espace [ɛspas] *m* **1.** (Luft-, Welt-)Raum *m;* **2.** Platz; Zwischenraum; **3.** Zeitraum *m;* **4.** ▶ *dans, en l'~ d'un an* innerhalb, binnen, im Laufe e-s Jahres; **5.** ▶ *~ cosmique, interstellaire* Weltraum *m; ~ creux, vide* Hohlraum *m; ~ enfants (loc)* Spielabteil *m* für Kinder; *~ parcouru* zurückgelegte Strecke *f; ~ vert* Grünfläche *f; ~ vital* Lebensraum *m.*
espacé, e *a* **1.** ausea., in Abständen; **2.** verstreut; **3.** zeitlich weit ausea.liegend; **4.** *typ* gesperrt; ▶ *être ~ de 50 m* in 50 m Abstand stehen. **espacement** *m* **1.** Abstand *m a. zeitlich;* **2.** *typ* Sperrung *f.*
espacer ‹*Prés. j'espace, ns espaçons; Fut. j'espacerai; pp. espacé, e*› **I.** *tr* **1.** Zwischenräume lassen (zwischen); ausea.=rücken; **2.** *typ* durchschießen, sperren; **3.** immer seltener werden lassen; **4.** auf längere Zeiträume verteilen; **II.** *v prn s'~* immer weiter auseinanderliegen; *(Besuche)* seltener werden.
espadon [ɛspadɔ̃] *m zoo* Schwertfisch *m.*
espadrille [ɛspadrij] *f* Leinenschuh *m.*
Espagne, l' [ɛspaɲ] *f* Spanien *n;* ▶ *faire, bâtir des châteaux en ~ (fig)* Luftschlösser bauen. **espagnol, e** [-ɲɔl] *a* spanisch; *s m gram* Spanisch *n,* das Spanische; *(fam)* ▶ *parler le français comme une vache espagnole* Französisch radebrechen. **Espagnol, e** *m f* Spanier(in *f*) *m.*
espagnolette [ɛespaɲɔlɛt] *f* Fenster-, Drehriegel *m.*
espalier [ɛspalje] *m* Spalier(mauer *f*) *n.*
espèce [ɛspɛs] *f* **1.** Art; Sorte *f;* Schlag *m;* **2.** *biol* Spezies *f;* **3.** *jur* Fall *m;* **4.** ▶ *en, dans l'~* im vorliegenden Fall; in dieser Art; *une, (pop a.) un ~ de* etwa wie; (so) e-e Art; *payer en ~s* bar bezahlen; *~ d'imbécile!* blöde(r) Kerl! *cas m d'~ (jur)* Sonderfall *m.*
espérance [ɛspeʀɑ̃s] *f* **1.** Hoffnung, Erwartung; Aussicht *f;* **2.** ▶ *dépasser les ~s* die Erwartungen übertreffen; *fonder de grandes ~s sur qc* große Hoffnungen auf e-e S setzen; **3.** ▶ *lueur f, rayon m d'~* Hoffnungsschimmer, -strahl *m; ~ de vie* Lebenserwartung; Überlebenschance *f.* **espérer** ‹*Prés. j'espère, ns espérons; Fut. j'espérerai; pp. espéré, e*› **I.** *tr* erhoffen, erwarten, hoffen (*qc* auf e-e S); **II.** *itr:* ▶ *~ que* darauf vertrauen, sich darauf verlassen, daß; *~ jusqu'au bout* bis zuletzt hoffen; *~ en Dieu, en*

l'avenir, en des temps meilleurs auf Gott, die Zukunft, bessere Zeiten hoffen; *il espérait vous voir* er hoffte, Sie zu sehen.

espéranto *m* Esperanto *n.*

espiègle [ɛspjɛgl] **I.** *a* ausgelassen, übermütig; schalkhaft, schelmisch; **II.** *s m* Schelm, Schalk *m.* **espièglerie** [-glə-] *f* **1.** Schalkhaftigkeit *f,* Übermut *m;* **2.** Schelmenstreich *m.*

espion, ne [ɛspjɔ̃, -jɔn] *m f* Spion(in *f*) *m.* **espionnage** *m* Spionage *f;* Spionieren *n;* ▶ *soupçonné d'~* spionageverdächtig; *~ industriel* Werkspionage *f; ~ informatique* Computerspionage *f.* **espionner** *tr* bespitzeln, beschatten, nach≈spionieren (*qn* jdm).

esplanade [ɛsplanad] *f* große(r) freie(r) Platz *m.*

espoir [ɛspwaʀ] *m* Hoffnung *f;* ▶ *dans l'~* in der Hoffnung (*de* zu, *que* daß); *sans ~* hoffnungslos; *caresser, nourrir un ~* e-e Hoffnung hegen; *mettre son ~ en* seine Hoffnung setzen auf *acc.*

esprit [ɛspʀi] *m* **1.** Geist *m;* Seele *f.* Gemüt *n;* **2.** Verstand, Witz, Scharfsinn *m;* **3.** *(Text)* Sinn *m,* Bedeutung *f;* **4.** Wesen *n,* Charakter *m;* Neigung, Gesinnung *f;* **5.** Absicht; Stimmung; Denkungsart, Denkweise *f;* **6.** Gabe, Fähigkeit *f;* **7.** ▶ *dans l'~ de la loi* im Sinne des Gesetzes; *avoir de l'~* geistvoll sein; **8.** ▶ *avoir l'~ à* Lust haben zu; *avoir l'~ dérangé* geistesgestört sein; *calmer les ~s* die Gemüter beruhigen; *être sain de corps et d'~* körperlich und geistig gesund sein; *perdre l'~* den Verstand verlieren; *rendre l'~* den Geist auf≈geben; *reprendre ses ~s* wieder zu sich kommen; **9.** ▶ *où avais-je l'~?* wo hatte ich den Kopf? *ôtez-vous cette idée de l'~* schlagen Sie sich diesen Gedanken aus dem Kopf! *cela me vient à l'~* das fällt mir ein; **10.** ▶ *état m d'~* Geisteshaltung; Stimmung *f; évocation f des ~s* Geisterbeschwörung *f; homme m d'~* geistreiche(r) Mann *m; tournure f d'~* Geisteshaltung *f;* **11.** ▶ *~ de camaraderie* Kameradschaftsgeist *m; ~ de clocher* Kleinstädterei *f; d'entreprise, d'initiative* Unternehmungsgeist *m; ~ d'équipe* Mannschaftsgeist *m; ~ follet* Kobold *m; ~ fort* Freidenker *m; ~ de justice* Gerechtigkeitssinn *m; l'E~ Saint, le Saint-E~* der Heilige Geist; *~ du siècle* Zeitgeist *m; ~ de vengeance* Rachsucht *f.*

esquille [ɛskij] *f* (Knochen-)Splitter *m.*

esquinter [ɛskɛ̃te] **I.** *tr fam* **1.** *(Person)* erschöpfen, überanstrengen; bös zurichten; **2.** *(Sache)* abnützen; ruinieren; beschädigen; **II.** *v prn s'~* sich ab≈schinden; sich ab≈rackern (*à* bei); ▶ *s'~ la vue* sich die Augen verderben.

esquisse [ɛskis] *f* **1.** Entwurf *m,* Skizze; kurze Darstellung *f;* **2.** *fig* Andeutung *f,* erste(r) Ansatz *m* (*de* zu); ▶ *faire une ~* e-n Entwurf, e-e Skizze machen; *~ au crayon* Bleistiftskizze *f; ~ d'un sourire* Anflug *m* e-s Lächelns. **esquisser** *tr* **1.** skizzieren, entwerfen, (flüchtig) hin≈werfen; **2.** *fig* an≈deuten; ▶ *~ à grands traits* in großen Zügen entwerfen.

esquive [ɛskiv] *f (Boxen)* Ausweichen *n.*

esquiver I. *tr* **1.** geschickt aus≈weichen (*qc* dat); **2.** *fig* umgehen, vermeiden; **II.** *v prn s'~* aus≈kneifen, sich drücken, sich fortschleichen; ▶ *~ une obligation* sich e-r Verpflichtung entziehen.

essai [e(ɛ)sɛ] *m* **1.** Versuch *m;* Probe; Untersuchung, Prüfung; Bemühung *f* (*de* um); **2.** Essay *m* od *n;* **3.** ▶ *à titre d'~* versuchs-, probeweise; *faire un ~* e-n Versuch machen (*de* mit); *faire ses premiers ~s* die ersten Schritte tun; *prendre à l'~* auf Probe kaufen, *(Person)* nehmen; **4.** ▶ *ballon m d'~* Versuchsballon *m; coup m d'~* Probestück *n,* erste(r) Versuch *m; phase f d'~* Versuchsstadium *n; temps m d'~* Probezeit *f; vente f à l'~* Kauf *m* auf Probe; **5.** ▶ *~ de charge* Belastungsprobe *f; ~ d'endurance* Dauerprüfung *f; ~ d'homologation* Zulassungsprüfung *f; ~ sur maquette* Modellversuch *m; ~ des matériaux* Werkstoffprüfung *f; ~ nucléaire* Atomversuch *m.*

essaim [ɛsɛ̃] *m* **1.** (Bienen-, Mücken-) Schwarm *m a. fig;* **2.** Rudel *n,* Schar *f.* **essaimage** [ɛsɛmaʒ] *m* **1.** Schwärmen *n;* Schwärmzeit *f;* **2.** *fig* Ausuferung *f;* Einströmen *n* (*dans* in). **essaimer** [ese(ɛ)me] *itr* **1.** (aus≈)schwärmen; **2.** *fig* sich zerstreuen; Niederlassungen gründen.

essayage [ɛsɛjaʒ] *m* Anprobe *f;* ▶ *cabine f d'~* Umkleidekabine *f.* **essayer** ‹*Prés. j'essaie* od *essaye, ns essayons; Fut. j'essaierai* od *essayerai; ns essaierons* od *essayerons; pp. essayé, e; Subj. que j'essaie* od *essaye, que ns essayions; Impér. essaie* od *essaye, essayons*› *tr* **1.** versuchen, (aus≈)probieren (*sur* an *dat*); **2.** untersuchen, prüfen; **3.** *(Kleid)* an≈probieren (*à, sur qn* an jdm); **4.** *(Speise)* versuchen; **5.** *(Auto)* testen, e-e Probefahrt machen (*qc* mit etw); **II.** *itr* versuchen, aus≈probieren (*de* zu); **III.** *v prn s'~* (sich) versuchen (*à* in, an *dat;* ▶ *s'~ dans un rôle* in e-r Rolle); e-n Versuch unternehmen; sich wagen (*à* an *acc*). **essayeur, euse** *m f* Anprobierer *m;* Absteckerin *f; ~de voitures (mot)* Testfahrer *m.* **essayiste** *m* Essayist *m.*

essence [ɛsɑ̃s] *f* **1.** Wesen(heit *f*) *n,* Substanz; Essenz *f;* Extrakt *m;* (ätherisches) Öl *n;* **2.** Kraft-, Treib-, Brennstoff *m;* Benzin *n;* **3.** ▶ *faire le plein d'~* auf≈, voll≈tanken; *prendre de l'~* tanken; **4.** ► *distributeur m d'~, pompe f à ~* Zapfstelle; Benzinpumpe *f; moteur m à ~* Benzinmotor *m; ~ au plomb, plombée* verbleite(s) Benzin *n; ~ sans plomb* bleifreie(s) Benzin *n; poste m d'~* Tankstelle *f;* **5.** ► *~ de roses* Rosenöl *n; ~ de térébenthine* Terpentinöl *n.*

essentiel, le [ɛsɑ̃ssjɛl] **I.** *a* **1.** wesentlich, wichtig; wesensmäßig; eigentlich; **2.** (unbedingt) notwendig, unerläßlich; **II.** *s m* Hauptsache *f;* Wesentliche(s) *n.* **essentiellement** *adv* im wesentlichen, in der Hauptsache.

essieu [ɛsjø] *m pl ~x* (Wagen-, Rad-) Achse *f;* ► *camion m à trois ~x (mot)* Dreiachser *m; ~ arrière, avant* Hinter-, Vorderachse *f.*

essor [ɛsɔʀ] *m com* Aufschwung; Aufstieg *m,* Aufblühen *n;* ► *donner un ~ à qc* etw in Schwung bringen; *être en plein ~* sich in vollem Aufschwung befinden; *prendre son ~* sich entwickeln.

essorage [ɛsɔʀaʒ] *m (Wäsche)* Schleudern *n.* **essorer** *tr (Wäsche)* aus=wringen. **essoreuse** *f* Trockenschleuder *f;* ► *~ à salade* Salatschleuder *f.*

essoufflé, e [ɛsufle] *a* atemlos, außer Atem. **essoufflement** *m* Atemlosigkeit *f,* Keuchen *n.* **essouffler I.** *tr* außer Atem kommen lassen; **II.** *v prn s'~* **1.** außer Atem kommen; **2.** *fig* nicht mehr mit=halten können.

essuie-glace [ɛsɥiglas] *m mot* Scheibenwischer *m.* **essuie-mains** *m inv* Handtuch *n.* **essuie-meubles** *m inv* Staubtuch *n.* **essuie-verres** *m inv* Gläsertuch *n.*

essuyage [ɛsɥijaʒ] *m (Geschirr)* Abtrocknen *n; (Möbel)* abstauben. **essuyer** ‹*Prés. j'essuie, ns essuyons; Fut. j'essuierai; pp. essuyé, e; Subj. que j'essuie, que ns essuyions; Impér. essuie, essuyons*› **I.** *tr* **1.** ab=wischen; (ab=, aus=)trocknen; ab=stauben; **2.** *fig* erdulden, ertragen, erleiden; ausgesetzt sein (*qc* dat); **II.** *v prn* ► *s'~ les mains* **1.** sich die Hände abtrocknen; **2.** ► *~ un orage, une tempête* ein Gewitter, Unwetter über sich *(acc)* ergehen lassen; *~ des pertes* Verluste erleiden; *~ les plâtres* die Wohnung trocken=wohnen; *fig* die Sache ausbaden müssen; *~ un refus* abschlägig beschieden werden; e-n Korb bekommen; *~ des reproches* Vorwürfe ein=stecken müssen; *prière d'~ ses pieds* bitte Füße abstreifen.

est [ɛst] *m* Ost(en) *m;* ► *à l'~ de* östlich von; *vers l'~* nach Osten, ostwärts; *longitude f ~* östliche Länge *f; vent m d'~* Ostwind *m.* **est-ouest** *a inv pol* Ost-West-.

estafette [ɛstafɛt] *f* Meldegänger, -fahrer *m;* ► *chien m ~* Meldehund *m; ~ motocycliste* Kradmelder *m.*

estafilade [ɛstafilad] *f* Schnittwunde, Schmarre *f;* Schmiß *m.*

est-allemand, e [ɛstalmɑ̃, -d] *a* ostdeutsch.

estaminet [ɛstaminɛ] *m* Kneipe, Schenke *f.*

estampage [ɛstɑ̃paʒ] *m* **1.** Stanzen, Prägen, Pressen; Gesenkschmieden *n;* **2.** *fig fam* Gaunerei *f.* **estampe** *f* **1.** (Kupfer-)Stich; Holzschnitt *m;* **2.** Prägestempel *m;* ► *cabinet m des ~s* Kupferstichkabinett *n.* **estamper** *tr* **1.** prägen, pressen, stanzen; **2.** *fig fam* übervorteilen, neppen. **estampeur** *m* **1.** Stanzer *m;* **2.** Stanze *f;* **3.** *fam* Gauner *m.* **estampeuse** *f* Stanze *f.*

estampillage [ɛstɑ̃pijaʒ] *m* Abstempelung *f.* **estampille** [-ij] *f* Güte-, Herkunftszeichen *n;* ► *~ de bibliothèque* Büchereistempel *m.* **estampiller** *tr* **1.** mit e-m Gütezeichen versehen; **2.** *(Zoll)* (ab=)stempeln.

ester [ɛste] **I.** *itr:* ► *~ en justice* vor Gericht auf=treten; **II.** [-ɛʀ] *s m chem* Ester *m.*

esthète [ɛstɛt] *m f* Ästhet(in *f*) *m.* **esthéticien, ne** *m f* **1.** Ästhetiker(in *f*) *m;* **2.** Kosmetikerin *f.* **esthétique I.** *s f* Ästhetik; Schönheit *f;* **II.** *a* ästhetisch; schön; ► *n'avoir aucun sens ~* keinen Schönheitssinn haben; *chirurgie f ~* Schönheitschirurgie *f; ~ industrielle* Formgestaltung *f.* **esthétisme** *m* Schönheitskult *m.*

estimable [ɛstimabl] *a* schätzenswert; achtbar. **estimatif, ive** *a;* auf Schätzung beruhend; ► *devis m ~* Kostenvoranschlag *m.* **estimation** *f* (Ab-)Schätzung *f;* An-, Überschlag *m,* Veranschlagung; Bewertung *f;* ► *faire une ~ de qc* etw *(acc)* schätzen, taxieren. **estime** *f* **1.** (Hoch-)Achtung, Wertschätzung, Würdigung *f;* **2.** *mar* gegißte(s) Besteck *n;* ► *avoir de l'~ pour qn* vor jdm Achtung haben; *succès m d'~* Achtungserfolg *m.* **estimer** *tr* **1.** (ab=, ein=) schätzen; beurteilen; taxieren, bewerten, veranschlagen; **2.** *fig* erachten, halten (*qc* für etw); der Ansicht sein, meinen; **3.** (hoch=)achten, schätzen; **4.** *mar* gissen; ► *~ à sa juste valeur* richtig ein=schätzen.

estival, e [ɛstival] *a* sommerlich; Sommer-; ► *mode f ~e* Sommermode *f; station f ~e* Sommerfrische *f.* **estivant, e** *m f* Sommerfrischler, Feriengast *m.*

estocade *f:* ► *donner l'~ (Stierkampf)* den Todesstoß geben.

estomac [ɛstɔma] *m* **1.** Magen *m;* **2.** ► *avoir l'~ creux* e-n leeren Magen haben; *avoir l'~ dans les talons* e-n Wolfshunger haben; **3.** ► *creux m de l'~* Magengrube *f; maux m pl de l'~* Magenschmerzen *m pl; ulcère m d'~* Magengeschwür. **estomaqué, e** *a fam* verblüfft (*de* über *acc*).

estomper [ɛstɔ̃pe] **I.** *tr* **1.** *(Zeichnen)* (ver-)wischen; **2.** *fig* mildern, dämpfen, verschleiern; **II.** *v prn s'~* verschwimmen, sich verwischen.
Estonie, l' [ɛstɔni] *f* Estland *n.* **estonien, ne** [-njɛ̃, -ɛn] *a* estnisch; *s m gram* Estnisch *n,* das Estnische. **Estonien, ne** *m f* Este *m,* estin *f.*
estrade [ɛstʀad] *f* Podium *n;* Bühne *f.*
estragon [ɛstʀagɔ̃] *m bot* Estragon *m.*
estrogène [ɛstʀɔʒɛn] *m s* œstrogène.
estropié, e [ɛstʀɔpje] **I.** *s m f* Körperbehinderte(r *m*) *f;* **II.** *a* verkrüppelt. **estropier** *tr* **1.** verkrüppeln; **2.** *(Text)* verstümmeln, verhunzen.
estuaire [ɛstɥɛʀ] *m* (weite) Trichtermündung *f.*
estudiantin, e [ɛstydjɑ̃tɛ̃, -in] *a* studentisch.
esturgeon [ɛstyʀʒɔ̃] *m zoo* Stör *m.*
et [e] *conj* und; ► *et ... et* sowohl ... als auch; ~ *moi donc!* und ich erst! ~ *de trois* das wären drei; das war Nr. (Nummer) 3; ~ *voici comment* und zwar so.
étable [etabl] *f* Stall *m;* ► ~ *à cochons, à vaches* Schweine-, Kuhstall *m.*
établi [etabli] *m* Werkbank *f;* Arbeitstisch *m;* ► ~ *de menuisier* Hobelbank *f.*
établir [etabliʀ] **I.** *tr* **1.** *(fonder, instaurer)* ein=richten, errichten, begründen; ► ~ *une affaire, une fabrique, une usine* ein Geschäft gründen, e-e Fabrik errichten, e-n Betrieb auf=bauen; ~ *l'ordre, la paix* die Ordnung, den Frieden her=stellen, Frieden stiften, für Ordnung sorgen; *(Verbindung)* her=stellen, *(Beziehungen)* an=knüpfen; *(Rekord)* auf=stellen; *(Konto)* errichten; *(Statistik)* erheben, ermitteln; ~ *le contact* Verbindung auf=nehmen; **2.** *(fixer)* fest=setzen, -stellen, -legen; *(Termin, Tagesordnung)* fest=legen; *(Inventur, Bilanz, Liste)* auf=stellen; *(Rechnung)* aus=fertigen; ► ~ *le budget* den Haushaltsplan auf=stellen; ~ *sa demeure, son domicile* s-n Wohnsitz auf=schlagen; **3.** *(pourvoir qn)* versorgen, aus=statten, verheiraten; unterbringen; **4.** *(prouver qc)* beweisen, dar=tun, dar=legen; ► ~ *l'innocence d'un accusé* den Beweis für die Unschuld e-s Angeklagten liefern; *(Recht)* begründen; **II.** *v prn s'~* **1.** *(s'installer)* sich nieder=lassen, sich an=siedeln; ziehen (*à* nach); **2.** *(Arzt, Anwalt)* e-e Praxis eröffnen; sich fest=setzen; **3.** *mil* Stellung beziehen; **4.** sich verheiraten; **5.** *(s'instaurer)* sich ein=bürgern; **6.** begründet, eingeführt werden; zustande kommen; ► *s'~ à son compte* sich selbständig machen; ein Geschäft an=fangen. **établissement** *m* **1.** Errichtung *f,* Bau *m;* **2.** *(Institution, Wohnung)* Einrichtung *f;* **3.** *(Recht)* Begründung; Darlegung; Feststellung *f;* **4.** *(Programm, Bilanz)* Aufstellung; *(Vertrag)* Abfassung; *(Rechnung, Bescheinigung)* Ausstellung *f;* **5.** *(Truppen)* Sichfestsetzen; *(Volk)* Seßhaftwerden *n;* *(Kinder)* Versorgung, Verheiratung *f;* **6.** (Lehr-)Anstalt, Schule *f;* **7.** *com* Anlage *f,* Geschäft, Unternehmen, Werk *n;* Niederlassung; Gründung *f;* **8.** ► *date f d'~* Ausstellungsdatum *n;* ~ *de l'assiette de l'impôt* Steuerveranlagung *f;* ~ *de bains* Badeanstalt *f;* ~ *bancaire* Bankgeschäft *n;* ~ *crédit (foncier)* (Boden-) Kreditanstalt *f;* ~ *des frais* Kostenaufstellung *f;* ~ *d'un inventaire* Bestandsaufnahme *f;* ~ *pénitentiaire* Strafanstalt *f;* ~ *des plans* Planung *f;* ~*s sidérurgiques* Eisenhüttenwerk *n;* ~ *d'utilité publique* gemeinnützige(s) Unternehmen *n.*
étage [etaʒ] *m* **1.** Stock(werk *n*) *m,* Geschoß *n,* Etage *f;* **2.** *(Turm)* Plattform *f;* **3.** *min* Sohle *f;* Absatz *m;* **4.** *tech* (*a.* Raketen-)Stufe *f;* **5.** ► *à deux, à plusieurs ~s* zwei-, mehrstöckig, *(Rakete)* -stufig; **6.** ► *habiter au premier (~)* im 1. Stock wohnen. **étagé, e** *a* gestaffelt; abgestuft. **étager** **I.** *tr* stufenförmig auf=stellen *od* an=ordnen; **II.** *v prn s'~* stufenförmig an=steigen. **étagère** *f* Regal, Gestell *n;* Etagere *f,* Bücherbrett *n.*
étai [etɛ] *m* **1.** Stützbalken *m;* Stütze *f a. fig;* **2.** *min* Stempel *m;* **3.** *mar* Stag *n.*
étain [etɛ̃] *m* Zinn *n;* ► *vaisselle f d'~* Zinngeschirr *n.*
étal [etal] *m* **1.** Fleischbank *f;* **2.** (Markt-)Stand *m.* **étalage** *m* **1.** *(Waren)* Ausstellen, -legen; Zurschaustellen *n;* Darbietung *f;* **2.** Schaufenster *n,* Auslage *f;* Standgeld *n;* ► *être à l'~* im Schaufenster liegen; *faire ~* zur Schau stellen (*de qc* e-e S); *fig* prahlen (*de qc* mit etw); *mettre à l'~* aus=stellen. **étalagiste** *m* Schaufensterdekorateur *m.*
étale [etal] *a* **1.** unbeweglich, ruhig; **2.** ► *la mer est ~* das Meer hat s-n höchsten, niedersten Stand erreicht.
étalement [etalmɑ̃] *m* **1.** Verteilung; Staffelung *f;* **2.** Zurschaustellung *f.* **étaler** **I.** *tr* **1.** *(Waren)* aus=legen, aus=stellen; aus=hängen; *(Papier, Gegenstände)* aus=breiten; *(Zeitung)* entfalten; *(Zahlungen, Plan)* staffeln, verteilen; *(Kartenspiel)* auf=decken; **2.** *fam* nieder=strecken; **3.** *fig* prahlen (*qc* mit etw); zur Schau stellen; entfalten; enthüllen; ► ~ *du beurre sur le pain* Butter aufs Brot streichen; **II.** *v prn s'~* **1.** sich aus=breiten; sich er-, aus=strecken; sich hin=ziehen; sich hin=legen; **2.** *fig* sich zur Schau stellen; **3.** ► *s'~ tout de son long* lang hin=fallen.
étalon [etalɔ̃] *m* **1.** (Zucht-)Hengst *m;* ► *taureau m ~* Zuchtbulle *m;* **2.** Eich-, Normalmaß; Normalgewicht *n;* **3.** *fig* Standard *m;* Modell *n;* ► ~ *monétaire*

Währung *f;* ~-*or* *m* Goldwährung *f.*
étalonner *tr* eichen.
étamage [etamaʒ] *m* **1.** Verzinnung *f;* **2.** Spiegelbelag *m.* **étamer** *tr* **1.** verzinnen; **2.** *(Spiegel)* belegen; foliieren.
étamine [etamin] *f;* **1.** *bot* Staubgefäß *n,* -beutel *m;* **2.** Etamin *n;* Beutel-, Siebtuch *n;* ► *passer à l'*~ (durch=)seihen.
étanche [etɑ̃ʃ] *a* **1.** (wasser-, luft)dicht; **2.** *fig* hermetisch abgeschlossen; ► *rendre* ~ ab=dichten; ~ *à l'air, à l'eau* luft-, wasserdicht. **étanchéité** *f* Dichtheit, Undurchlässigkeit; Abdichtung *f.*
étancher [etɑ̃ʃe] *tr* **1.** *(Faß)* abdichten; *(Leck)* verstopfen; **2.** *(Blut)* stillen; **3.** *lit (Durst)* löschen.
étançon [etɑ̃sɔ̃] *m* **1.** Strebe; Stütze; Steife *f;* **2.** *min* Stempel *m.* **étançonner** *tr* (ab=)stützen.
étang [etɑ̃] *m* Teich, Weiher *m;* ► ~ *poissonneux* Fischteich *m.*
étape [etap] *f* **1.** Etappe; Teil(flug)strecke *f;* Abschnitt *m;* **2.** *mil* Quartier *n;* Aufenthalt *m;* **3.** *fig* (Entwicklungs-)Stufe, Phase *f;* ► *brûler les* ~*s (fig)* die Etappen überspringen.
état [eta] *m* **1.** Zustand; Stand; Status *m;* Wesen *n;* Lage; Verfassung; Gestaltung *f;* Verhältnisse *n pl;* Beschaffenheit *f,* Befund; Stand *m,* Stellung *f,* Gewerbe *n,* Beruf *m;* (Be-)Rechnung *f;* An-, Überschlag *m;* Liste *f,* Register, Verzeichnis *n;* **2.** ► *dans cet* ~ *de choses* bei dieser Lage der Dinge; so wie die Dinge liegen; *en l'*~ *de* nach dem Stande *gen; en tout* ~ *de cause* in jedem Fall; *en* ~ *de vol* flugklar, startbereit; **3.** ► *dresser, établir un* ~ ein Verzeichnis, e-e Liste auf=stellen; *être dans tous ses* ~*s* (ganz, sehr) aufgeregt sein, *fam* rein aus dem Häuschen sein; *être en* ~ *de* imstande sein, in der Lage sein zu; vermögen, können; *être en bon* ~ in gutem Zustand, in guter Verfassung sein; *être hors d'*~ *de faire qc* außerstande sein, etw zu tun; *faire* ~ *de qc* auf e-e S Bezug nehmen; etw in Betracht ziehen, erwägen, berücksichtigen; *mettre en* ~ *de* instand setzen zu; *mettre qn hors d'*~ *de* es jdm unmöglich machen zu; **4.** ► ~ *d'âme* Stimmung, Verfassung *f;* ~ *civil* Personenstand *m;* Standesamt *n;* ~ *des comptes* Rechnungsübersicht *f;* ~ *d'esprit* (Geistes-)Verfassung *f;* ~ *de guerre* Kriegszustand *m;* ~ *des marchandises* Lagerbestand *m;* ~ *de nécessité, d'urgence* Notstand *m;* ~ *professionnel* Berufsstand *m;* ~ *sanitaire, de santé* Befinden *n,* Gesundheitszustand *m;* ~ *de service* Dienstverhältnis *n;* Betriebszustand *m;* Dienstalter *n,* -jahre *n pl;* ~ *du terrain* Bodenbeschaffenheit *f;* ~ *de transition* Übergangszustand *m.*
État [~] *m* **1.** Staat *m;* **2.** ► *affaire f d'*~ Staatsangelegenheit; *fam* wichtige Sache *f; budget m de l'*~ Staatshaushalt *m; chef m d'*~ Staatsoberhaupt *n; coup m d'*~ Staatsstreich *m; dette f de l'*~ Staatsschuld *f; homme m d'*~ Staatsmann *m; pouvoir m, puissance f de l'*~ Staatsgewalt *f; union f d'*~*s* Staatenbund *m;* **3.** ~*s de l'Église* Kirchenstaat *m;* ~ *fédéral* Bundesstaat *m;* ~ *membre* Mitgliedsstaat *m;* ~ *nucléaire* Nuklearstaat *m;* ~ *d'origine* Heimatstaat *m;* ~-*patron* Staat *m* als Arbeitgeber; ~-*providence* Wohlfahrts-, Versorgungsstaat *m.* **étatiser** [-ti-] *tr* verstaatlichen. **étatisation** *f* Verstaatlichung *f.*
état-major [etamaʒɔʀ] *m* **1.** *mil* Stab *m;* **2.** *fig* engste Mitarbeiter *m pl,* Führungsspitze *f,* -team *n;* ► *carte f d'*~ Generalstabskarte *f; officier m d'*~ Generalstabsoffizier *m;* ~ *général* Generalstab *m.*
États-Unis, les [etazyni] *m pl* die Vereinigten Staaten *m pl.*
étau [eto] *m* Schraubstock *m;* ► *être pris, serré comme dans un* ~ *(fig)* eingeklemmt sein.
étayage, étayement [etɛjaʒ, -mɑ̃] *m* Abstützen *n;* Absteifung; Absprießung *f.* **étayer** ‹*Prés. j'étaie* od *étaye, ns étayons; Fut. j'étaierai* od *étayerai, ns étaierons* od *étayerons; pp. étayé, e; Subj. que j'étaie* od *étaye, que ns étayions; Impér. étaie* od *étaye, étayons*› *tr* **1.** ab=stützen, -spreizen, -steifen; **2.** *fig* stützen; *(Behauptung)* untermauern.
été [ete] *m* Sommer *m;* ► *en* ~ im Sommer; *au plus fort de l'*~, *en plein* ~ im Hochsommer, mitten im Sommer; *heure f d'*~ Sommerzeit *f; tenue f d'*~ Sommerkleidung *f;* ~ *de la Saint-Martin* Altweiber-, Nachsommer *m.*
éteignoir [etɛɲwaʀ] *m fig* Trauerkloß.
éteindre [etɛ̃dʀ] ‹*Prés. j'éteins, ns éteignons; Fut. j'éteindrai; pp. éteint, e; Subj. que j'éteigne, que ns éteignions; Impér. éteins, éteignons*› **I.** *tr* **1.** (aus=) löschen; *(Licht)* aus=machen, *el* aus=schalten, *fam* aus=knipsen; *(Gas)* ab=drehen; **2.** *(Kalk, Durst)* löschen; **3.** *(Eisen)* ab=schrecken; **4.** *(Farbe)* (aus=) bleichen; **5.** *(Schuld)* tilgen; **6.** *(Erinnerung)* verwischen; **II.** *v prn s'*~ **1.** erlöschen *a. fig;* **2.** *(Feuer)* aus=gehen; **3.** *(Farbe)* verblassen; **4.** *fig* verschwinden; vergehen, zu Ende gehen; ab=, aus=, ersterben; **5.** *(Person)* (sanft) entschlummern. **éteint, e** [-ɛ̃, -ɛ̃t] *a* **1.** *(Vulkan)* erloschen; *(Feuer)* ausgegangen; *(Licht, Kalk)* gelöscht; **2.** *(Augen)* glanzlos; *(Farbe)* verblichen; verschossen; *(Stimme)* tonlos; **3.** *(Mensch)* verbraucht; *(Gefühl)* erstorben, erloschen; ► *circuler tous feux* ~*s* ohne Licht fahren.

étendage [etɑ̃daʒ] *m (Wäsche)* Aufhängen *n.*
étendard [etɑ̃daʀ] *m* Standarte; Fahne *f.*
étendoir [etɑ̃dwaʀ] *m* Trockenleine *f,* -platz *m.* **étendre** ‹*Prés. j'étends, ns étendons; Fut. j'étendrai; pp. étendu, e; Subj. que j'étende, que ns étendions; Impér. étends, étendons*› **I.** *tr* **1.** aus=strecken (*vers, du côté de* nach); aus=breiten, -dehnen, -spannen; **2.** *(Wäsche)* auf=hängen; *(Teppich, Decke)* aus=breiten (*par terre* auf der Erde, *sur qn* über jdm); *(Schirm)* auf=spannen; **3.** *(Schleier)* legen (*sur* über *acc*); *(Schicht)* auf=tragen; **4.** *(Flüssigkeit)* verdünnen; strecken; **5.** *fig* erweitern; vergrößern; vermehren; verbreiten; **II.** *v prn s'*~ **1.** sich aus=breiten, sich in die Länge ziehen; sich aus=, erstrecken; sich hin=legen; **2.** sich erweitern, sich vergrößern; fort=schreiten; **3.** sich aus=lassen (*sur* über *acc*); ► *se faire* ~ *(fam) (Kandidat)* durch=fallen. **étendu, e** *a* **1.** weitläufig, umfangreich; **2.** ausgebreitet; **3.** umfassend. **étendue** *f* **1.** Ausdehnung; Weite *f;* Umfang *m;* Größe *f;* **2.** Raum; Bereich *m;* **3.** Ausmaß *n;* Bedeutung *f;* ► ~ *du dommage* Schadensumfang *m.*
éternel, le [etɛʀnɛl] *a* **1.** zeitlos, ewig; **2.** unaufhörlich, dauernd. **éterniser I.** *tr fig* in die Länge ziehen; **II.** *v prn s'*~ ewig dauern; *fam* ewig sitzen=bleiben (*chez qn* bei jdm). **éternité** *f* Ewigkeit; Unvergänglichkeit *f;* ► *il y a une* ~ *que (fam)* es ist (schon) e-e Ewigkeit her, daß.
éternuer [etɛʀnɥe] *itr* niesen.
éthanol *m* Äthylalkohol *m.*
éther [etɛʀ] *m* Äther *m.* **éthéromane** *m f* Ätherschnüffler(in *f*) *m.* **éthéromanie** *f* Ätherschnüffeln *n.*
Éthiopie, l' [etjɔpi] *f* Äthiopien *n.* **éthiopien, ne** *a* äthiopisch; *s m gram* Äthiopisch, *n,* das Äthiopische. **Ethiopien, ne** *m f* Äthiopier(in *f*) *m.*
éthique [etik] **I.** *a* ethisch, sittlich; **II.** *s f* Ethik *f.*
ethnie [ɛtni] *f* Sprach-, Kulturgemeinschaft *f.*
éthnique *a* ethnisch. **éthnographique** *a* ethnographisch.
éthnologue [ɛtnɔlɔg] *m* Völkerkundler *m.* **ethnologie** *f* Völkerkunde *f.*
éthologie [etɔlɔʒi] *f* Verhaltensforschung *f.*
éthylique [etilik] **I.** *a* Äthyl-, alkoholisch; **II.** *s m* Trinker *m.* **éthylisme** *m* Alkoholismus *m.*
Etienne [etjɛn] *m* Stephan *m.*
étincelant, e [etɛ̃slɑ̃, -ɑ̃t] *a* funkelnd, sprühend *a. fig; (Augen)* strahlend; *(Farbe)* leuchtend. **étinceler** ‹*Prés. j'étincelle, ns étincelons; Fut. j'étincellerai; pp. étincelé, e*› *tr* funkeln; glitzern; strahlen; *(Augen)* leuchten (*de* vor *dat*). **étincelle** [-sɛl] *f* Funke(n) *a. fig m;* ► *faire des* ~*s* Funken sprühen *a. fig.* **étincellement** *m* Funkeln, Glitzern *n.*
étioler [etjɔle] **I.** *tr* verkümmern lassen; **II.** *v prn s'*~ dahin=siechen, verkümmern *a. fig; bot* vergeilen.
étique [etik] *a* abgezehrt; dürr; dürftig, ärmlich.
étiquetage [etik‿taʒ] *m (Waren)* Auszeichnung; Bezettelung *f.* **étiqueter** ‹*Prés. j'étiquette, ns étiquetons; Fut. j'étiquetterai; pp. étiqueté, e*› *tr* **1.** etikettieren, mit e-r Aufschrift, e-m Zettel versehen; **2.** *fig* einstufen; bezeichnen. **étiquette** *f* **1.** Etikett *n;* Preisschild *n;* Anhänger *m;* **2.** Etikette *f;* **3.** *fig* Bezeichnung, Richtung, Partei *f;* ► *agrafer, fixer une* ~ ein Etikett befestigen (*sur* auf *dat*); ~ *à coller, gommée* (Auf-)Klebezettel *m.*
étirer [etiʀe] **I.** *tr tech* strecken, recken, ziehen; **II.** *v prn s'*~ *(fam)* **1.** sich rekken, sich (behaglich) aus=strecken; **2.** *(Wolken)* sich verziehen; **3.** *(Stoff)* sich dehnen, sich strecken.
étoffe [etɔf] *f* **1.** Stoff *m;* Gewebe *n;* **2.** *fig (Mensch)* Anlage, Art, Fähigkeit *f;* **3.** ► *avoir l'*~ *de qc (fig)* das Zeug zu etw haben; *avoir de l'*~ begabt, tüchtig sein; etwas können; **4.** ► *l'*~, *rétrécit* od *se retire, donne* od *s'étire,* der Stoff knittert, geht ein, dehnt sich; **5.** ► ~ *pour ameublement* Möbelbezugsstoff *m;* ~ *de coton, de laine, de soie* Baumwoll-, Woll-, Seidenstoff *m.* **étoffé, e** *a* reich ausgestattet; kräftig; *(Stimme)* klangvoll. **étoffer I.** *tr* **1.** (gut, reich) aus=statten; *(Markt)* beschicken; **2.** *fig* aus~schmücken; aus=gestalten; **II.** *v prn s'*~ kräftiger werden; Muskeln bekommen.
étoile [etwal] *f* **1.** *astr* Stern *m a. fig;* **2.** ► *à la belle* ~ im Freien; *être né sous une bonne, mauvaise* ~ unter e-m günstigen, ungünstigen Stern geboren sein; **3.** ► *ciel m criblé, semé d'*~*s* sternübersäte(r) Himmel; **4.** ► ~ *filante* Sternschnuppe *f;* ~ *de mer (zoo)* Seestern *m;* ~ *polaire* Polarstern *m.* **étoilé, e** *a* **1.** gestirnt, sternbesät; sternklar; **2.** sternförmig; ► *bannière f* ~*e* Sternenbanner *n.* **étoiler I.** *tr* mit Sternen besetzen *od* schmücken; **II.** *s'*~ sich mit Sternen bedecken.
étole [etɔl] *f* Stola *f.*
étonnant, e [etɔnɑ̃, -ɑ̃t] *a* erstaunlich; verwunderlich. **étonné, e** *a* erstaunt, verwundert. **étonnement** *m* Erstaunen *n,* Verwunderung *f;* Befremden *n.* **étonner I.** *tr* in Erstaunen versetzen, verwundern; **II.** *s'*~ (er)staunen, sich wundern (*de* über *acc*).
étouffant, e [etufɑ̃, -ɑ̃t] *a (Hitze)* drük-

kend; *(Wetter)* schwül; erstickend. **étouffé, e** *a* **1.** erstickt; **2.** *(Geräusch)* gedämpft, schwach; *(Gelächter)* unterdrückt. **étouffée** *f:* ► *à l'~* geschmort, gedämpft. **étouffement** *m* **1.** Ersticken *n;* Erstickung(sanfall *m*); Atemnot *f,* -beschwerden *f pl;* Beklemmung *f;* **2.** *(Aufstand)* Unterdrückung *f;* **3.** *(Affäre)* Vertuschen *n.* **étouffer I.** *tr* **1.** ersticken; den Atem nehmen (*qn* jdm); **2.** *(Feuer)* löschen; *(Geräusch)* dämpfen; *(Seufzer)* unterdrücken; **3.** *(Affäre)* vertuschen; tot=schweigen; **4.** *(Revolte)* im Keim ersticken; **II.** *itr* ersticken; **III.** *v prn s'~* ersticken; ► *~ de rire* um=kommen, vor Lachen platzen; *~ de rage, de colère* vor Wut, vor Zorn ersticken, platzen.

étoupe [etup] *f* Werg *n,* Hede; Putzwolle *f.*

étourderie [etuʀdəʀi] *f* **1.** Unbesonnenheit *f,* Leichtsinn *m;* Gedankenlosigkeit, Leichtfertigkeit *f;* **2.** Dummheit *f.* **étourdi, e I.** *a* unbesonnen, leichtsinnig; kopflos; **II.** *s m f* leichtsinnige(r) Mensch, Leichtfuß *m.* **étourdir I.** *tr* betäuben; **II.** *v prn s'~* sich betäuben, sich ab=lenken. **étourdissant, e** *a* **1.** *(Lärm)* (ohren)betäubend; **2.** *(Erfolg)* überwältigend; **3.** *(Kleidung)* pompös; **4.** *fig* erstaunlich. **étourdissement** *m* Betäubung *f;* Schwindel(anfall) *m.*

étourneau [etuʀno] *m* **1.** *orn* Star *m;* **2.** *fig* Springinsfeld, Leichtfuß *m.*

étrange [etʀɑ̃ʒ] *a* sonderbar, seltsam; befremdlich. **étranger, ère I.** *a* **1.** fremd; ausländisch; auswärtig; Auslands-; **2.** unbeteiligt (*à* an, bei *dat*); ► *être ~ à qc* von etw nichts verstehen; mit etw nichts zu schaffen haben; *langue f ~ère* Fremdsprache *f; ministère f des Affaires ~ères* Auswärtige(s) Amt *n; politique f ~ère* Außenpolitik *f;* **II.** *s m f* **1.** Fremde(r *m*) *f;* Ausländer(in *f*) *m; s m* **2.** Ausland *n;* Fremde *f;* **3.** ► *partir pour l'~* ins Ausland reisen; *voyager à l'~* im Ausland reisen. **étrangeté** *f* Absonderlichkeit, Sonderbarkeit *f.*

étranglé, e [etʀɑ̃gle] *a* **1.** *(Taille)* eingeschnürt; **2.** *(Stimme)* erstickt; **3.** *tech* gedrosselt; **4.** *med (Bruch)* eingeklemmt. **étranglement** [-glə-] *m* **1.** Erdrosseln *n;* **2.** *(Tal)* Verengung *f;* **3.** *tech* Drosselung *f;* **4.** *fig* Unterdrückung *f.* **étrangler I.** *tr* **1.** erwürgen, erdrosseln (*de ses mains* mit den Händen); **2.** ein=, beengen; verengen; **3.** *tech* drosseln; **II.** *v prn s'~* **1.** sich erdrosseln; **2.** *(Fluß)* sich verengen; **3.** ► *sa voix s'étrangle* seine Stimme versagt.

étrave [etʀav] *f mar* (Vorder-)Steven *m.*

être [ɛtʀ] ‹*siehe Konjugation im Anhang*› **I.** *s m* **1.** (Da-)Sein *n;* Wirklichkeit *f;* **2.** (Lebe-)Wesen *n;* Mensch *m;* **II.** *itr* **1.** sein; da=sein, bestehen, existieren; leben; **2.** sich befinden; stehen; sitzen; liegen; gehen; **3.** *(Preis)* betragen; **III.** *v aux* **1.** *(Passiv)* ► *~ aimé* geliebt werden; *il était parti* er war abgereist; *je suis monté (Zustand)* ich bin hinaufgestiegen, oben; *(reflexiv) je m'en suis souvenu* ich habe mich daran erinnert; *(mit adv, adv. Bestimmung) ~ bien (mal) avec qn* mit jdm gut (schlecht) stehen; **2.** *mit prp:* **à:** ► *~ à plaindre* zu beklagen sein; *~ à son travail* über s-r Arbeit sitzen; sich ganz s-r Arbeit widmen; *le temps est à la pluie* es sieht nach Regen aus; *tout est à refaire* man kann wieder von (ganz) vorn anfangen; *ce livre est à lui* dieses Buch gehört ihm, ist sein; *je suis à vous* ich bin gleich fertig; *c'est à vous de décider* Sie haben zu entscheiden; *on est à se demander, croire* man muß sich fragen, glauben; *cela est encore à faire* das ist noch zu tun; **de:** ► *~ de* her=rühren von, gehören zu; *~ de la fête* am Fest teil=nehmen; *~ d'un parti;* Mitglied e-r Partei sein; *cela n'est pas du jeu (fam)* das ist gegen die Spielregeln; *je suis d'avis que* ich bin der Meinung, Ansicht, daß; *comme si de rien n'était* wie wenn nichts geschehen wäre; **pour:** ► *~ pour qc* für etw sein, ein=treten, stimmen; *~ pour faire qc* beabsichtigen, etw zu tun, gleich etw tun; *n'~ pour rien dans une affaire* mit etw nichts zu tun haben; *il est pour moi* er hält zu mir; **sans:** ► *n'~ pas sans savoir qc* etw wissen müssen; etw genau wissen; *~ sans le sou* keinen Pfennig haben; **en:** ► *en ~* mit dabei=sein, mit=machen, dazu=gehören, daran beteiligt sein; *en ~ pour son argent* sein Geld umsonst ausgegeben haben; *en ~ pour sa peine* sich vergeblich angestrengt haben; *il ne sait (pas) où il en est* er weiß nicht, woran er ist, wo ihm der Kopf steht; *où en êtes-vous?* wie weit sind Sie? *j'en suis là* ich bin soweit, soweit bin ich; *il n'en est rien* das ist (gar) nicht der Fall; *il en est ainsi* das ist so; so ist's; **y:** ► *y ~* zu Hause, zu sprechen sein (*pour qn* für jdn); *y ~ pour qc* bei etw s-e Hand im Spiele haben; *vous n'y êtes pas (fam)* Sie verstehen nicht, was ich meine; *j'y suis* ich habe verstanden; ich bin im Bilde; *ça y est! (fam)* so, das wäre geschafft! da haben wir die Bescherung! **3.** *(bei Betonung)* ► *c'est demain qu'il se met en route* morgen macht er sich auf den Weg; **4.** *(Ausdrücke)* ► *c'est cela* das stimmt, so ist's, das ist richtig; *est-ce que vous croyez ...?* glauben Sie etwa ...? *soit!* gut! meinetwegen; mag sein! *ainsi soit-il (rel)* so sei es, amen; *ce n'est pas que* nicht etwa, daß; *il est des hommes qui* es gibt Leute, die; *il est* *huit heures* es ist 8 Uhr; *il est mieux* es geht ihm besser; *soit un triangle* angenommen ein Dreieck; *quel jour sommes-nous?* welchen Tag haben wir (heute)? *n'est-ce pas?* nicht wahr?

étreindre [etʀɛ̃dʀ] ⟨*Prés. j'étreins, ns étreignons; Fut. j'étreindrai; pp. étreint, e; Subj. que j'étreigne, que ns étreignions; Impér. étreins, étreignons*⟩ *tr* **1.** (fest) zs.=drücken, -schnüren; **2.** umarmen, -schlingen, -fassen; **3.** *fig* beklemmen, bedrücken; überwältigen; ▶ ~ *qn sur son cœur, sa poitrine* jdn an sein Herz, an s-e Brust drücken. **étreinte** *f* **1.** Umarmung *f;* **2.** *fig* Druck *m,* Beklemmung *f.*

étrenne [etʀɛn] *f meist pl* (Neujahrs-) Geschenk *n.* **étrenner I.** *tr* zum ersten Mal benutzen, *fam* ein=weihen (*qc* etw); **II.** *itr* es ausbaden müssen.

étrier [etʀije] *m* **1.** Steigbügel *m a. anat; tech* **2.** Bügel *m,* Klammer, Schelle *f;* ▶ *avoir le pied à l'~ (fig)* auf dem besten Wege sein; *mettre à qn le pied à l'~ (fig)* jdn in den Sattel heben.

étriller [etʀije] *tr* **1.** striegeln; **2.** heftig kritisieren; **3.** übers Ohr hauen.

étriper [etʀipe] *tr* **1.** *(Tier)* aus=weiden, -nehmen; **2.** *vulg* ab=murksen.

étriqué, e [etʀike] *a* **1.** *(Anzug)* zu eng, zu knapp; **2.** *fig* armselig, dürftig.

étroit, e [etʀwa, -at] *a* **1.** eng, schmal, knapp; **2.** beschränkt, begrenzt; ▶ *au sens m* ~ im engeren Sinn; *être logé à l'~* eng, beschränkt wohnen; *se sentir à l'~* sich beengt fühlen; *vivre à l'~* ein kümmerliches Leben führen; *~ement lié* eng verbunden (*à, avec qn* mit jdm). **étroitesse** [-tɛs] *f* **1.** Enge; Kleinlichkeit; Beschränktheit *f;* **2.** ▶ *(fig)* ~ *d'esprit* Beschränktheit; Borniertheit *f.*

étude [etyd] *f* **1.** (Er-)Lernen, Studieren; Studium *n,* Studienzeit *f;* **2.** Einüben *n;* Ausbildung *f;* **3.** Untersuchung, Forschung, Planung *f;* Entwurf *m,* Vorarbeit *f;* **4.** Studie *f,* Aufsatz *m,* Abhandlung *f;* **5.** *mus* Übungsstück *n,* Etüde *f;* **6.** *(Schule)* Arbeitssaal, -raum *m,* -zimmer; *(Anwalt)* Büro *n;* Praxis *f;* **7.** ▶ *s'adonner, se livrer, se consacrer à l'~* sich dem Studium widmen (*de* gen); *faire ses ~s de droit* Rechtswissenschaft studieren; **8.** ▶ *bourse f d'~s* Stipendium *n; cabinet m d'~s* Arbeitszimmer *n; camarade m d'~s* Studienfreund *m; voyage m d'~s* Studienreise *f;* **9.** ▶ ~ *des marchés* Markt, Konjunkturforschung *f.* **étudiant, e** *m f* Student(in *f*) *m,* Studierende(r *m*) *f;* ▶ *être ~ en médecine* Medizin studieren; *foyer m d'~s* Studentenheim *n;* ~ *en droit* Student *m* der Rechtswissenschaft. **étudié, e** *a* **1.** (wohl)durchdacht; **2.** *com* scharf kalkuliert; **3.** *(Sprache)* gekünstelt. **étudier I.** *tr* **1.** studieren, lernen; ein=üben; *(Rolle)* ein=studieren; **2.** untersuchen, erforschen; **II.** *v prn s'~* **1.** sich selbst beobachten; s-e Wirkung genau berechnen; **2.** ▶ ~ *un dossier, une affaire* e-e Akte, e-e Angelegenheit bearbeiten; ~ *le piano* Klavierspielen lernen; ~ *une question* sich gründlich mit e-r Frage befassen.

étui [etɥi] *m* **1.** Etui, Futteral *n;* **2.** Büchse *f,* Tasche *f,* Behälter *m;* ▶ ~ *à cigarettes* Zigarettenetui *n;* ~ *à lunettes* Brillenfutteral *n;* ~ *pour permis de conduire* Führerscheintasche *f;* ~ *à violon* Geigenkasten *m.*

étuve [etyv] *f* **1.** Schwitzbad *n;* **2.** Trokkenapparat *m;* ▶ *chaleur f d'~ (fig)* Bruthitze *f.* **étuver** *tr* **1.** dämpfen, schmoren; **2.** trocknen, dörren.

étymologie [etimɔlɔʒi] *f* Etymologie *f.* **étymologique** *a* etymologisch.

eucalyptus [økaliptys] *m bot pharm* Eukalyptus *m.*

eucharistie [økaʀisti] *f rel* Eucharistie *f.* **eucharistique** *a* eucharistisch; Kommunions-.

euh [ø] *interj (Erstaunen, Zweifel)* oh, ach, soso.

eunuque [ønyk] *m* Eunuch *m.*

euphémique [øfemik] *a* euphemistisch, beschönigend. **euphémisme** *m* Beschönigung *f;* Euphemismus, beschönigende(r) Ausdruck *m.*

euphorie [øfɔʀi] *f* Euphorie *f.*

eurasiatique [øʀazjatik] *a* eurasisch. **Eurasie, l'** *f* Eurasien *n.* **Eurasien** *m* Eurasier *m.*

eurobanque [øʀobɑ̃k] *f* Eurobank *f.* **eurochèque** *m* Eurocheque *m.* **eurocrate** *m* Eurokrat *m.* **eurodollar** *m* Eurodollar *m.* **euroémission** *f com* Euroausgabe *f.* **euromissile** *m* in Europa stationierte Rakete *f.*

Europe l' [øʀɔp] *f* Europa *n;* ▶ *l'~ centrale* Mitteleuropa *n.* **européanisation** *f* Europäisierung *f.* **européaniser** *tr* europäisieren. **européen, ne** *a* europäisch. **Européen, ne** *m f* Europäer(in *f*) m. **europëisation** *f* Europäisierung *f.*

euro-stratégique [øʀostʀateʒik] *a* eurostrategisch. **euroterrorisme** *m* Euroterrorismus *m.* **eurovision** [øʀɔvizjɔ̃] *f* Eurovision *f;* ▶ *match en* ~ Eurovisionspiel *n.*

eurythmie [øʀitmi] *f* Eurhythmie *f;* Ebenmaß *n,* Harmonie; *fig* (innere) Ausgeglichenheit; *med* Gleichmäßigkeit *f* des Pulses.

euthanasie [øtanazi] *f* Sterbehilfe *f;* ▶ ~ *active, passive* aktive, passive Sterbehilfe *f.*

eux [ø] *m pl prn* sie *m pl;* ▶ *à* ~ ihnen; *~-mêmes* sie selbst; *c'est à ~ de parler* sie sind an der Reihe zu reden; *l'un d'(entre)* ~ e-r von ihnen; *je pense à* ~ ich denke an sie.

évacuation [evakyasjɔ̃] *f* **1.** (Aus-, Ent-)Leerung *f;* Ablauf, Abfluß *m;* **2.** Räumung, Evakuierung *f;* ▶ *~ d'air* Entlüftung *f.* **évacué, e I.** *a* geräumt; evakuiert; **II.** *s m f* Evakuierte(r *m*) *f.* **évacuer** *tr* **1.** (ent)leeren; **2.** *med* ab=führen; von sich geben; **3.** ab=transportieren, evakuieren; **4.** *(Saal)* räumen.
évadé, e [evade] **I.** *a* flüchtig; entflohen; **II.** *s m* Ausbrecher *m.* **évader, s'** *v prn* **1.** aus=brechen; entweichen, -fliehen (*de* aus); **2.** heimlich weg=gehen, *fam* sich verziehen (*de* von, aus); **3.** *fig* sich flüchten (*en* in *acc*).
évaluation [evalyasjɔ̃] *f* **1.** (Ab-)Schätzung; Berechnung *f;* **2.** Aus-, Bewertung; Veranschlagung *f;* **3.** ▶ *~ approximative* Voranschlag; Überschlag *m;* *~ des frais* Kosten(vor)anschlag *m.* **évaluer** *tr* (ab=)schätzen; berechnen, taxieren, veranschlagen; ▶ *~ trop haut, trop bas* zu hoch, zu niedrig veranschlagen *od* an=setzen; *~ une distance à vue d'œil* e-e Entfernung ab=schätzen.
évangélique [evɑ̃ʒelik] **I.** *a* evangelisch; protestantisch; **II.** *s m pl* Protestanten *m pl.* **évangélisation** *f* Verkündung *f* des Evangeliums; Bekehrung *f* (zum Christentum). **évangéliser** das Evangelium verkünden. **évangéliste** *m* Evangelist *m.* **évangile** *m* Evangelium *n.*
évanoui, e [evanwi] *a* **1.** verschwunden; vergangen; **2.** *(Mensch)* ohnmächtig. **évanouir, s'** *v prn* **1.** ohnmächtig werden (*d'effroi* vor Schreck); **2.** *fig* verschwinden, vergehen, zerrinnen; sich verflüchtigen. **évanouissement** *m* **1.** Ohnmacht, Bewußtlosigkeit *f;* **2.** *fig* Verschwinden, Vergehen *n.*
évaporation [evapɔʀasjɔ̃] *f* Ver-, Eindampfung; Verdunstung *f.* **évaporé, e I.** *a* **1.** verdampft; verdunstet; **2.** *fig* leichtsinnig, flatterhaft; **II.** *s m f* Windbeutel; lose(r) Vogel *m.* **évaporer, s'** *v prn* **1.** verdunsten; **2.** *fig fam* sich verflüchtigen; verschwinden; *fam* sich aus dem Staub machen.
évasé, e [evaze] *a* glockig, ausladend, bauchig. **évaser I.** *tr (Öffnung)* (aus=) weiten, erweitern; **II.** *v prn s'~* sich weiten; *(Kleid)* glockig fallen.
évasif, ive [evazif] *a* ausweichend.
évasion [evazjɔ̃] *f* **1.** Flucht *f a. fig;* Entweichen, Ausbrechen; **2.** *fig* Entfliehen *n;* Ablenkung *f;* ▶ *~ des capitaux* Kapitalflucht *f;* *~ fiscale* Steuerflucht *f.*
Ève [ɛv] *f* Eva *f;* ▶ *ne connaître qn ni d'~ ni d'Adam* jdm überhaupt nicht kennen.
évêché [eve(ɛ)ʃe] *m* **1.** Bistum *n;* **2.** Bischofswürde *f,* -amt *n;* **3.** bischöfliche(s) Palais *n;* Sitz *m* e-s Bischofs.
éveil [evɛj] *m* **1.** (Auf-)Wecken; Erwachen *n a. fig;* **2.** Wachzustand *m;* **3.** ▶ *en ~* wach; *donner l'~ à qn* jdn warnen; *être, se tenir en ~* wachsam sein; auf=passen; *tenir en ~* wach=halten. **éveillé, e** [-eje] **1.** (hell)wach; **2.** (auf)geweckt; flink, munter, regsam; ▶ *avoir l'air ~* aufgeweckt aus=sehen. **éveiller I.** *tr (Wunsch)* wach=rufen, erwecken; *(Eifersucht)* erregen; **II.** *v prn s'~* er-, auf=wachen; *(Gefühl)* sich regen.
événement [evɛnmɑ̃] *m* **1.** Ereignis *n,* Vorfall *m,* Vorkommnis *n;* Begebenheit *f;* **2.** Erlebnis *n;* ▶ *voici les ~s du jour (radio)* Sie hören die Nachrichten des Tages.
éventail [evɑ̃taj] *m* **1.** Fächer *m;* **2.** *(Waren)* Auswahl *f;* **3.** (Lohn-)Skala; (Preis-)Liste *f;* **4.** *fig* Umfang *m,* Möglichkeiten *f pl;* ▶ *en ~* fächerförmig; *ouvrir od déployer, fermer un ~* e-n Fächer öffnen, schließen.
éventaire [evɑ̃tɛʀ] *m com* **1.** Auslage *f,* Stand *m;* **2.** Bauchladen *m.*
éventé, e [evɑ̃te] *a* **1.** windig; **2.** *(Getränk)* schal, abgestanden; **3.** *(Parfüm)* verduftet. **éventer I.** *tr* **1.** Luft zu=fächeln (*qn* jdm); **2.** *fig* auf=spüren, entdecken; **3.** *(Geheimnis)* aus=plaudern; **II.** *v prn s'~* **1.** sich *(dat)* Luft zu=fächeln; **2.** *(Getränk)* schal werden; **3.** *(Parfüm)* verduften.
éventrer [evɑ̃tʀe] *tr* **1.** den Bauch auf=schlitzen (*qn* jdm); **2.** auf=reißen, -schneiden.
éventualité [evɑ̃tɥalite] *f* Eventualität, Möglichkeit *f;* mögliche(r) Fall *m;* ▶ *être prêt à toute ~* allen Möglichkeiten vor=beugen. **éventuel, le** *a* eventuell, etwaig, möglich. **éventuellement** *adv* gegebenenfalls, unter Umständen; vielleicht.
évêque [evɛk] *m* Bischof *m.*
évertuer, s' [evɛʀtɥe] *v prn* alle Kräfte auf=bieten, sich (sehr) an=strengen (*à* um ... zu).
évidemment [evidamɑ̃] *adv* offensichtlich; selbstverständlich, natürlich. **évidence** *f* Evidenz *f,* Augenschein *m,* Gewißheit *f;* ▶ *à l'~, de toute ~* offensichtlich; *être en ~* auf der Hand liegen; *mettre en ~* klarstellen, hervor=heben; *se rendre à l'~* sich überzeugen lassen; *c'est l'~ même* das ist doch ganz klar. **évident, e** *a* augenscheinlich, einleuchtend, offensichtlich; ▶ *c'est ~, c'est une chose ~e* das ist klar, liegt auf der Hand.
évider [evide] *tr* aus=höhlen, -kehlen, -bohren, -sparen.
évier [evje] *m (Küche)* Spülbecken *n,* Spüle *f.*
évincer [evɛ̃se] ⟨*Prés. j'évince, ns évinçons; Fut. j'évincerai; pp. évincé, e*⟩ *tr* **1.** *jur* (aus dem Besitz) vertreiben; **2.** *qn* jdn ausschließen; verdrängen.
évitable [evitabl] *a* vermeidbar. **éviter I.** *itr mar* schwojen; **II.** *tr* **1.** (ver)mei-

den; aus=weichen, aus dem Wege gehen (*qn, qc* jdm, e-r S); **2.** vermeiden, sich hüten (*de* zu, *que ... (ne)* daß); **3.** ersparen (*qc à qn* jdm etw).

évocateur, trice [evɔkatœʀ, -tʀis] *a* **1.** *(Erinnerungen)* wachrufend; **2.** *(Geister)* beschwörend. **évocation** [-sjɔ̃] *f* **1.** (Geister-)Beschwörung *f;* **2.** *fig* Zurückdenken (*de* an *acc*); Zurückrufen *n (in die Erinnerung).*

évoluer [evɔlɥe] *tr* **1.** Bewegungen aus=führen; sich hin u. her bewegen; auf=marschieren; **2.** *fig* sich (weiter=)entwickeln; sich langsam ändern. **évolution** [-sjɔ̃] *f* **1.** Fortschritt *m,* Entwicklung *f;* **2.** *astr* Umdrehung *f;* **3.** *biol* Evolution *f a. fig;* **4.** *(Krankheit)* Verlauf *m;* **5.** *pl* Bewegungen, Vorführungen *f pl; (Tanz)* Schritte *m pl;* ► ~ *démographique* Bevölkerungsentwicklung *f;* ~ *des prix* Preisentwicklung *f;* ~ *de la situation* Änderung *f* der Lage.

évoquer [evɔke] *tr* **1.** die Erinnerung wach=rufen, erinnern (*qc* an e-e S); **2.** *(Geister)* beschwören; **3.** *(Problem)* anschneiden; *(Namen)* nennen, erwähnen; **4.** *(Land)* beschreiben.

ex(-) [ɛks, egz] *pref* ehemalig, gewesen; aus-; ► ~ *aequo* gleichrangig.

exacerber [egzasɛʀbe] *tr* **1.** verschärfen, verschlimmern; **2.** (stark) erregen; *(Zorn)* steigern; *(Begierde)* reizen; *(Leidenschaft)* auf=stacheln.

exact, e [egza(kt)] *a* **1.** genau, streng, exakt; **2.** richtig, zutreffend; **3.** sorgfältig; **4.** pünktlich; ► *à l'heure ~e* pünktlich *adv; c'est* ~ das stimmt; das ist richtig. **exactitude** *f* **1.** Genauigkeit, Exaktheit; Richtigkeit *f;* **2.** Pünktlichkeit *f.*

exagération [egzaʒeʀasjɔ̃] *f* Übertreibung; Übersteigerung *f.* **exagéré, e** *a* übertrieben, übermäßig; zu hoch gegriffen. **exagérer** ‹*Prés. j'exagère, ns exagérons; Fut. j'exagérerai; pp. exagéré, e*› **I.** *tr* übertreiben, aufbauschen; überschätzen; **II.** *itr* **1.** übertreiben; **2.** zu weit gehen; **III.** *v prn s'*~ überbewerten; zuviel Bedeutung beimessen.

exaltation [ɛgzaltasjɔ̃] *f* **1.** Begeisterung, Erregung *f;* **2.** Überschwenglichkeit; Schwärmerei *f.* **exalté, e I.** *a* überspannt, exaltiert; **II.** *s m* überspannte(r) Mensch, Schwärmer *m.* **exalter I.** *tr* preisen, rühmen; bewundern; (übermäßig) erregen, begeistern; **II.** *v prn s*~ in Schwärmerei, Erregung geraten; sich erhitzen.

examen [ɛgzamɛ̃] *m* **1.** Prüfung *f,* Examen *n;* **2.** Untersuchung; Durchsicht; Einsicht *f* (*de qc* in e-e S); **3.** *(Maschine)* Überprüfung, Überholung *f;* **4.** ► *après ~ approfondi* bei näherer Prüfung; **5.** ► *être reçu à un* ~ e-e Prüfung bestehen; *passer un* ~ e-e Prüfung ab=legen; **6.** ► ~ *d'admission* Zulassungsprüfung *f;* ~ *de conscience* Gewissenserforschung *f;* ~ *écrit, oral* schriftliche, mündliche Prüfung; ~ *fiscal* Steuerprüfung *f;* ~ *médical* ärztliche Untersuchung *f;* ~ *du sang* Blutuntersuchung *f;* ~ *de sélection* Ausleseprüfung *f.* **examinateur, trice** [-mi-] **I.** *a* prüfend; **II.** *s m f* Prüfer(in *f*) *m.* **examiner** *tr* **1.** (über)prüfen; untersuchen *a. med;* **2.** durch=sehen, -gehen, sichten; **3.** genau an=sehen, beobachten.

exaspération [ɛgzaspeʀasjɔ̃] *f* Erbitterung; große Erregung; Entrüstung *f.* **exaspérer** ‹*Prés. j'exaspère, ns exaspérons; Fut. j'exaspérerai; pp. exaspéré, e*› **I.** *tr* **1.** erbittern, auf=bringen, in Wut versetzen; **2.** *(Übel)* verschlimmern; **3.** *(Verlangen)* (aufs höchste) steigern; **II.** *v prn s'*~ **1.** *(Sache)* sich (aufs höchste) steigern; **2.** *med* sich verschlimmern.

exaucer [ɛgzose] ‹*Prés. j'exauce, ns exauçons; Fut. j'exaucerai; pp. exaucé, e*› *tr (Gebet)* erhören; *(Bitte)* gewähren; *(Wunsch)* erfüllen.

excavateur [ɛkskavatœʀ] *m* (Trocken-)Bagger *m.* **excavation** *f* Aushöhlung, Vertiefung *f.*

excédant, e [ɛksedɑ̃, ɑ̃t] *a* lästig, unerträglich; ermüdend. **excédent** *m* **1.** Überschuß *m* (*sur* über *acc, de* an *dat*), -maß; Übergewicht *n;* Mehrbetrag *m;* überschüssige Summe *f;* **2.** ► *être en* ~ überzählig sein; **3.** ► ~ *annuel* Jahresüberschuß *m;* ~ *de bagages* Gepäckübergewicht *n;* ~ *de dépenses* Mehrausgabe *f;* ~ *de frais* Mehrkosten *pl;* ~ *monétaire* Geldüberhang *m;* ~ *de naissances* Geburtenüberschuß *m;* ~ *de poids* Übergewicht *n;* ~ *de production* Produktionsüberschuß *m.* **excédentaire** überschüssig. **excéder** ‹*Prés. j'excède, ns excédons; Fut. j'excéderai; pp. excédé, e*› *tr* **1.** hinaus=gehen (*qc* über e-e S); übersteigen, -ragen, -schreiten, -treffen (*de* um); **2.** (sehr) lästig, auf die Nerven fallen (*qn* jdm).

excellence [ɛksɛlɑ̃s] *f* Vortrefflichkeit, Vorzüglichkeit *f;* ► *par* ~ recht eigentlich, ganz besonders; *son* ~ s-e Exzellenz. **excellent, e** *a* ausgezeichnet, vortrefflich, vorzüglich; prächtig; *fam* prima. **exceller** *itr* sich aus=zeichnen; hervor=ragend, sehr geschickt sein (*dans sa profession* in s-m Beruf; *en musique* in der Musik; *au tennis* beim Tennis; *à* zu *mit Inf*); ► ~ *en qc* sich gut auf e-e S verstehen.

excentricité [ɛksɑ̃tʀisite] *f* **1.** Abstand *m* vom Mittelpunkt; Exzentrizität *f a. fig;* **2.** *(Stadtteil)* Abgelegenheit *f;* **3.** *fig* Überspanntheit, Extravaganz *f.* **excentrique I.** *a* **1.** exzentrisch *a. fig,* außermittig; **2.** abgelegen; **3.** *fig* überspannt, ausgefallen, auffallend; **II.** *s m f* **1.** ex-

zentrische(r) Mensch *m; m* **2.** *tech* Exzenter *m.*
excepté [ɛksɛpte] *prp inv* ausgenommen, mit Ausnahme *gen;* bis auf *acc;* außer *dat.* **excepter** *tr* aus=nehmen, aus=schließen; verschonen; ▶ *il faut en* ~ davon sind (ist)... auszunehmen. **exception** [-sjõ] *f* **1.** Ausnahme *f;* **2.** *jur* Einrede *f,* Einwand *m;* **3.** ▶ *à l'~ de, ~ faite de* ausgenommen, mit Ausnahme *gen; à quelques ~s près* bis auf wenige Ausnahmen; *sans aucune* ~ ohne jede Ausnahme; *sans ~ d'âge, ni de sexe* ohne Rücksicht auf Alter u. Geschlecht *(acc);* **4.** ▶ *faire* ~ e-e Ausnahme bilden; *faire une ~ pour, en faveur de qn* bei jdm, zugunsten jds e-e Ausnahme machen; *cette règle ne comporte pas d'~* diese Regel läßt keine Ausnahme zu; **5.** ▶ *cas m d'~* Ausnahmefall *m.* **exceptionnel, le** [-sjɔ-] *a* außergewöhnlich, -ordentlich; Ausnahme-; ▶ *congé m* ~ Sonderurlaub *m; prix m* ~ Ausnahme-, Sonderpreis *m.* **exceptionnellement** *adv* ausnahmsweise; ungewöhnlich.
excès [ɛksɛ] *m* **1.** Übermaß *n* (*de* an *dat*), Maßlosigkeit; Übertreibung; Ausschweifung *f;* Exzeß *m;* Extrem *n;* **2.** *(Amtsgewalt)* Überschreitung *f;* **3.** Überschuß *m;* **4.** ▶ *(jusqu') à l'~* bis zum Exzeß; **5.** ▶ *boire, manger avec ~, à l'~* übermäßig trinken, essen; *~ de fatigue* Übermüdung *f; ~ de population* Übervölkerung *f; ~ de vitesse* Geschwindigkeitsüberschreitung *f; ~ de zèle* Übereifer *m.* **excessif, ive** *a* [-ksɛ-] *a* **1.** übermäßig, übertrieben; **2.** *(vorangestellt)* außergewöhnlich.
excitable [ɛksitabl] *a* reiz-, erregbar. **excitant, e** *a* erregend, aufreizend; stimulierend. **excitation** *f* **1.** Auf-, An-, Erregung *f;* (An-)Reiz *m;* **2.** Verhetzung, -leitung; Anstiftung *f;* ▶ *être dans un état d'extrême ~* sich in e-m Zustand äußerster Erregung befinden. **excité, e I.** *a* aufgeregt, erregt; **II.** *s m* Hitzkopf *m.* **exciter I.** *tr* **1.** an-, er-, auf=regen; *(Person)* an=feuern, ermuntern; an=spornen (*à* zu); (an=, auf=)reizen; **2.** auf=wiegeln, auf=stacheln (*à* zu); auf=, verhetzen; **3.** sinnlich erregen; **II.** *v prn s'~* **1.** in Wallung geraten; erregt werden; **2.** ▶ *~ l'attention, l'admiration* Aufmerksamkeit, Bewunderung erregen; *~ l'appétit* den Appetit an=regen; *~ son auditoire* s-e Zuhörer mit=reißen.
exclamatif, ive [ɛksklamatif, -iv] *a* Ausrufungs-. **exclamation** *f* Ausruf *m;* ▶ *point m d'~* Ausrufezeichen *n.* **exclamer, s'** *v prn* aus=rufen.
exclure [ɛksklyʀ] ⟨*Prés. j'exclus, ns excluons; Fut. j'exclurai; pp. exclus, e; Subj. que j'exclue, que ns excluions; Impér. exclus, excluons*⟩ **I.** *tr* aus=schließen, -stoßen (*de* aus); **II.** *v prn s'~* ea. aus=schließen; sich nicht mitea. vereinigen lassen; ▶ *c'est une chose ~e!* das ist ausgeschlossen! **exclusif, ive** *a* ausschließend, ausschließlich; exklusiv; ▶ *vente f ~sive* Alleinverkauf *m.* **exclusion** *f* Ausschluß *m* (*de* aus, von); ▶ *à l'~ de* unter Ausschluß *gen.* **exclusivement** *adv* ausschließlich; nur. **exclusivité** *f* Ausschließlichkeit *f; com* Alleinvertrieb *m,* -verkaufsrecht *n,* -auslieferung *f;* alleinige(s) Vorführungs-, Reproduktionsrecht *n;* ▶ *en ~* ausschließlich.
excommunication [ɛkskɔmynikasjõ] *f* Exkommunikation *f.* **excommunier** *tr* [-nje] *tr* exkommunizieren.
excrément [ɛkskʀemɑ̃] *m med* Ausscheidung *f,* Exkrement *n.* **excréter** [-te] *tr med* ab=sondern, aus=scheiden. **excrétion** [-sjõ] *f med* Ausscheidung, Absonderung *f.*
excursion [ɛkskyʀsjõ] *f* Ausflug *m,* Fahrt; Exkursion *f;* ▶ *~ en auto* Autofahrt *f; ~ à bicyclette* Radtour *f; ~ d'une journée* Tagesfahrt *f; ~ à pied* Fußwanderung *f.* **excursionner** [-sjɔ-] *itr* e-n Ausflug machen. **excursionniste** *m f* Ausflügler *m.*
excusable [ɛkskyzabl] *a* entschuldbar, verzeihlich. **excuse** [ɛkskyz] *f* Entschuldigung(sgrund *m*); Ausrede *f;* ▶ *apporter, alléguer, donner une ~* e-e Entschuldigung vor=bringen; *faire, présenter ses ~s à qn* sich bei jdm entschuldigen; *(pop) faites ~* entschuldigen Sie! **excuser I.** *tr* entschuldigen; **II.** *v prn s'~* sich entschuldigen *(de qc auprès de qn* bei jdm für etwas); ▶ *se faire ~* (s-n Besuch) absagen.
exécrable [ɛgzekʀabl, ɛks-] *a* abscheulich, scheußlich. **exécrer** ⟨*Prés. j'exècre, ns exécrons; Fut. j'exécrerai; pp. exécré, e*⟩ *tr* verabscheuen.
exécutable [ɛgzekytabl] *a* **1.** aus-, durchführbar; **2.** *mus* spielbar. **exécutant, e** *m f mus* Mitwirkende(r *m*) *f; allg* Ausführende(r *m*) *f.* **exécuter I.** *tr* **1.** *(Vorhaben)* durch=, aus=führen; vollziehen, -bringen; **2.** *(Versprechen)* erfüllen; *(Arbeit)* erledigen; *(Auftrag)* aus=führen; **3.** *(Urteil)* vollstrecken; hin=richten; töten; **4.** *mus* vor=tragen, spielen; **5.** *sport* haushoch schlagen; **II.** *v prn s'~* sich entschließen; sich fügen; *fam* in den sauren Apfel beißen. **exécuteur, trice** *m f:* ▶ *~ testamentaire* Testamentsvollstrecker *m.* **exécutif, ive** *a* ausübend, vollziehend; ▶ *le pouvoir m ~* die ausübende Gewalt, Exekutive *f.* **exécution** [-sjõ] *f* **1.** Durch-, Ausführung; *(Verbindlichkeit)* Erfüllung, Leistung; *(Auftrag)* Erledigung *f;* **2.** *mus* Vortrag *m,* Spiel *n;* **3.** *jur* Pfän-

dung; *(Strafe)* Vollstreckung, -ziehung *f*, -zug *m;* Hinrichtung; **4.** *mil* Erschießung *f;* ▶ *mettre à ~* aus=, durch=führen; *dessin m d'~* Werkzeichnung *f; ~ forcée* Zwangsvollstreckung *f.* **exécutoire** *a* vollzieh-, vollstreckbar; rechtskräftig.

exégèse [ɛgzeʒɛz] *f* Exegese *f.*

exemplaire [ɛgzɑ̃plɛʀ] **I.** *a* mustergültig, vorbildlich; *(Strafe)* exemplarisch, abschreckend; **II.** *s m* Exemplar, Stück *n;* ▶ *en double ~* in doppelter Ausfertigung; *~ gratuit* Freiexemplar *n; ~ de publicité* Werbeexemplar *n.* **exemple** *m* **1.** Beispiel, Muster, Vorbild *n* (*de* für); **2.** (warnendes) Exempel *n;* **3.** ▶ *à l'~ de* nach dem Beispiel *gen; par ~* zum Beispiel; *fam* nicht möglich! ach! was! *sans ~* beispiellos; **4.** ▶ *donner l'~* mit gutem Beispiel voran=gehen; *faire un ~* ein Exempel statuieren; *prendre ~ sur qn* sich an jdm ein Beispiel nehmen; sich nach jdm richten; *servir d'~* als Beispiel dienen (*à* für).

exempt, e [ɛgzɑ̃, ɑ̃t] **I.** *a* frei, befreit, dispensiert (*de* von); **II.** *s m* Befreite(r), Dispensierte(r) *m;* ▶ *~ de douane* zollfrei; *~ d'erreurs* fehlerfrei; *~ d'impôts* steuerfrei; *~ d'intérêts* zinslos; *~ de soucis* sorglos. **exempter** [ɛgzɑ̃te] **I.** *tr* befreien, dispensieren (*de* von); ▶ *être ~é* ausgenommen, freigestellt, befreit sein (*de* von); **II.** *v prn* ▶ *s'~ de qc* etw vermeiden, unterlassen; *vous ne pouvez vous ~ de* Sie können nicht anders als.

exemption [ɛgzɑ̃psjɔ̃] *f* Befreiung *f;* Dispens *m;* ▶ *~ d'impôts* Steuerfreiheit *f.*

exercer [ɛgzɛʀse] ‹*Prés. j'exerce, ns exerçons; Fut. j'exercerai; pp. exercé, e*› **I.** *itr med* praktizieren; e-e (Rechtsanwalts-) Praxis haben; **II.** *tr* **1.** aus=üben; **2.** aus=bilden (*qn à qc* jdn in e-r S); **3.** *(Gewerbe)* (be)treiben; *(Amt)* bekleiden; **4.** *(Recht)* geltend machen; **5.** *(von e-r Fähigkeit)* Gebrauch machen (*qc* von etw); entfalten; **III.** *v prn s'~* **1.** sich üben (*à* in *dat*); **2.** *sport* trainieren; **3.** ▶ *sur, contre qn* sich gegen jdn richten; *(Einfluß, Macht)* spürbar, fühlbar werden (*sur qn* bei jdm; *dans un domaine* auf e-m Gebiet); **4.** ▶ *~ un art, un métier, une profession* e-e Kunst, ein Handwerk, e-n Beruf aus=üben; *~ un commerce* ein kaufmännisches Unternehmen betreiben; *~ un contrôle, une influence* e-e Kontrolle, e-n Einfluß aus=üben (*sur* auf *acc*); *s'~ à tirer* sich im Schießen üben; *s'~ au violon* Geige üben;

exercice [ɛgzɛʀsis] *m* **1.** Übung *f; sport* Training; *mil* Exerzieren *n;* (körperliche) Bewegung *f;* **2.** *(Macht, Recht, Beruf)* Ausübung *f;* **3.** *(Schule)* Übung *f;* **4.** Geschäfts-, Rechnungs-, Wirtschaftsjahr *n; pl* **5.** ▶ *entrer en ~* sein Amt an=treten; *faire l'~* exerzieren; *faire des ~s sur le piano* auf dem Klavier üben; *faire, prendre de l'~* sich Bewegung verschaffen; *manquer d'~* nicht genug Bewegung haben; **6.** ▶ *il n'est plus en ~* er ist im Ruhestand; **7.** ▶ *~ aux barres parallèles* Übung *f* am Barren; *~ fiscal* Steuerjahr *n; ~s (gymnastiques) au sol* Bodenturnen *n; ~ imposé* Pflichtübung *f; ~s physiques* Leibesübungen *f pl; ~ de traduction* Übersetzungsübung *f.*

exhalaison [ɛgzalɛzɔ̃] *f* Ausdünstung *f.*

exhaler I. *tr* **1.** aus=atmen, -dünsten, -hauchen; *(Duft)* aus=strömen *a. fig;* **2.** *lit (s-r Freude)* Ausdruck geben; *(Drohungen)* aus=stoßen; **II.** *v prn s'~* **1.** aus=strömen; auf=steigen (*de* aus); (heraus=)dringen (*de* aus), her=kommen (*de* von); ▶ *~ son âme, sa vie* s-e Seele, sein Leben aus=hauchen.

exhausser [ɛgzose] *tr arch* höher machen; *(Haus)* auf=stocken (*de* um).

exhaustif, ive [ɛgzostif] *a* erschöpfend *meist fig.*

exhiber [ɛgzibe] *tr* **1.** *(Urkunde)* vor=legen, -zeigen, -weisen; **2.** *(Reichtum)* zur Schau stellen. **exhibition** *f* **1.** Vorzeigen *n;* Vorlage; **2.** Zurschaustellung *f;* **3.** *(Tiere)* Vorführung *f.* **exhibitionnisme** *m* Exhibitionismus *m.* **exhibitioniste** *m* Exhibitionist *m.*

exhortation [egzɔʀtasjɔ̃] *f* Ermahnung *f* (*à* zu); *pl* Zureden *n.* **exhorter** *tr* ermahnen; auf=muntern, ermutigen.

exhumation [ɛgzymasjɔ̃] *f (Leiche)* Exhumierung *f.* **exhumer** *tr* exhumieren, aus=graben *a. fig.*

exigeant, e [ɛgziʒɑ̃, -ɑ̃t] *a* anspruchsvoll. **exigence** *f* **1.** *pl* (An-)Forderung *f;* **2.** Verlangen *n,* Anspruch *m;* **3.** *sing* anspruchsvolle(s) Wesen *n.* **exiger** ‹*Prés. j'exige, ns exigeons; Fut. j'exigerai; pp. exigé, e; Subj. que j'exige, que ns exigions; Impér. exige, exigeons*› *tr* **1.** fordern; verlangen (*que mit subj* daß); **2.** erfordern; ▶ *~ sous la contrainte* erzwingen. **exigible** *a* einklagbar, eintreibbar; *(Zahlung)* fällig.

exigu, ë [ɛgzigy] *a* winzig, sehr klein; kärglich. **exiguïté** [-gɥite] *f* Enge, Kleinheit *f.*

exil [ɛgzil] *m* Exil *n,* Verbannung *f;* ▶ *aller, être en ~* in die Verbannung gehen; im Exil sein. **exilé, e I.** *a* verbannt; **II.** *s m f* Verbannte(r *m*) *f.* **exiler I.** *tr* verbannen, **II.** *v prn s'~* ins Exil gehen.

existant, e [ɛgzistɑ̃, -ɑ̃t] **I.** *a* bestehend, vorhanden; **II.** *s m com* Barbestand *m.* **existence** *f* **1.** Bestehen, Dasein *n,* Existenz *f,* Vorhandensein *n;* **2.** Leben *n* Lebensweise *f;* **3.** ▶ *conditions f pl d'~* Lebensbedingungen *f pl; lutte f pour l'~*

Kampf *m* ums Dasein; *moyens m pl d'~* Unterhalts-, Existenzmittel *n pl.* **existentialisme** *m* Existentialismus *m.* **existentialiste I.** *s m* Existentialist *m;* **II.** *a* existentialistisch. **existentiel, le** *a* existentiell. **exister** *itr* **1.** bestehen, existieren; da=sein, vorhanden sein; **2.** leben; ► *il existe* es gibt.

exode [ɛgzɔd] *m* (Massen-)Auswanderung; Flucht *f;* ► *~ de capitaux* Kapitalflucht *f; ~ rural* Landflucht *f; ~ urbain* Stadtflucht *f.*

exonération [ɛgzɔneʀasjõ] *f* **1.** Befreiung; Entlastung *f;* **2.** *(Steuer)* Freibetrag *m;* ► *~ d'impôt* Steuerbefreiung *f.* **exonérer** *tr* entlasten, befreien; *(Ware)* vom Zoll, befreien.

exorbitant, e [ɛgzɔʀbitɑ̃] **1.** übertrieben; übermäßig; **2.** *(Preis)* überhöht, übermäßig hoch.

exorciser [ɛgzɔʀsize] *tr (Geister, den Teufel)* beschwören; aus=treiben. **exorciseur** *m* Teufels-, Geisterbeschwörer *m.* **exorcisme** *m* Exorzismus *m.*

exotique [egzɔtik] *a* exotisch, fremdartig. **exotisme** *m* Exotik *f.*

expansif, ive [ekspɑ̃sif] *a fig* expansiv, mitteilsam; *(Freude)* überströmend. **expansion** *f* **1.** *phys* Ausdehnung; Expansion *f a. pol;* **2.** *bot anat* Entwicklung; Ausweitung *a. fig;* Aus-, Verbreitung *f;* **3.** *fig* Mitteilsamkeit, Offenheit *f;* ► *besoin m d'~* Mitteilungsbedürfnis *n; ~ du capital, de crédit* Kapital-, Kreditausweitung *f; ~ économique* wirtschaftliche Expansion *f.* **expansionnisme** *m* Expansionsbestrebungen *f pl.* **expansionniste** *a* expansionistisch. **expansivité** *f* Mitteilungsbedürfnis *n.*

expatrier [ɛkspatʀije] **I.** *tr (Geld)* im Ausland an=legen; **II.** *v prn s'~* aus=wandern, emigrieren.

expectative [ekspɛktativ] *f* Erwartung *f;* ► *rester dans l'~* ab=warten.

expectorer [ɛkspɛktɔʀe] *tr* aus=spucken.

expédient, e [ɛkspedjɑ̃, ɑ̃t] **I.** *a* zweckmäßig, -dienlich; **II.** *s m* Ausweg; Notbehelf *m;* ► *avoir toujours quelque ~* immer e-n Ausweg wissen; *vivre d'~s* sich durch=schwindeln, -lavieren.

expédier [ɛkspedje] *tr* **1.** *(Arbeit)* (rasch) erledigen; kurzen Prozeß machen (*qn* mit jdm); **2.** ab=fertigen, fort=schaffen (*qn* jdn); sich rasch entledigen (*qn, qc* jds, e-r S); **3.** *(Zug)* ab=fertigen; *(Brief)* ab=, weg=schicken; *(Paket)* versenden, auf=geben; **4.** ► *~ son adversaire au tapis (Boxen)* s-n Gegner auf die Bretter schicken; *~ qc par avion* etw auf dem Luftwege befördern; *~ le courrier* die Post ab=fertigen; *~ par mer* verschiffen; *~ un télégramme* ein Telegramm auf=geben. **expéditeur, trice** [-di-] **I.** *s m f* Absender(in *f*); Verfrachter(in *f*); Spediteur *m; retour à l'~!* zurück an Absender! **II.** *a: gare f ~itrice* Abgangsbahnhof *m.* **expéditif, ive** *a* flink, rasch; ► *mener qc d'une façon ~itive* etw rasch erledigen. **expédition 1.** *f (Brief)* Absendung; Beförderung *f,* Versand *m;* Spedition *f;* **2.** *(Angelegenheit)* Erledigung *f;* **3.** *mil* Feldzug *m;* **4.** Expedition; Unternehmung; Entdeckungs-, Forschungsreise *f;* **5.** ► *pour ~ conforme* für die Richtigkeit der Ausfertigung; *avis m d'~* Versandanzeige *f; service m des ~s* Versandabteilung *f;* **6.** ► *~ par chemin de fer* Bahnversand *m; ~ collective* Sammelladung *f; ~ de marchandises* Güterabfertigung *f.* **expéditionnaire I.** *s m* Expedient *m;* **II.** *a:* ► *corps m ~* Expeditionskorps *n.*

expérience [ɛkspeʀjɑ̃s] *f* **1.** Erfahrung *f;* **2.** Versuch *m;* (wissenschaftliches) Experiment *n* (*sur* an *dat*); **3.** ► *avoir de l'~* Erfahrung haben; über Erfahrung *(acc)* verfügen; *faire des ~s de chimie* chemische Versuche, Experimente machen; *savoir par ~* aus Erfahrung wissen; *tenter une ~* e-n Versuch unternehmen; **4.** ► *champ m d'~* Versuchsfeld *n; laboratoire m d'~s* Versuchslabor(atorium) *n;* **5.** ► *~ des affaires* Geschäftserfahrung *f.* **expérimental, e** [-ʀi-] *a* experimentell; Experimental-, Versuchs-; ► *résultat m ~* Versuchsergebnis *n; station f ~e* Versuchsstation *f.* **expérimentateur, trice** *m f* Experimentator(in *f*) *m.* **expérimentation** *f* Erprobung *f,* Experimentieren. **expérimenté, e** *a* erfahren; beschlagen; erprobt; ► *être très ~ dans les affaires* ein sehr erfahrener Geschäftsmann sein. **expérimenter** *tr* aus=probieren; *(Verfahren)* erproben.

expert, e [ɛkspɛʀ, -ɛʀt] **I.** *a* sachverständig, -kundig (*en, dans* in *dat*); geübt; **II.** *s m* Sachverständige(r); Gutachter; Kenner *m;* **1.** *provoquer un rapport d'~* ein Sachverständigengutachten ein=holen; **2.** ► *comité m d'~s* Sachverständigenausschuß *m; ~-comptable m* Wirtschafts-, Buchprüfer *m;* **3.** ► *~ financier* Finanzsachverständige(r) *m; ~ en publicité* Werbefachmann *m.* **expertise** *f* (Sachverständigen-)Gutachten *n,* Expertise *f;* ► *faire l'~ des dégâts* die Schäden ab=schätzen. **expertiser** *tr* begutachten; (als Sachverständiger) untersuchen, prüfen.

expiable [ɛkspjabl] *a* sühnbar. **expiation** *f* Sühne, Buße *f.* **expiatoire** Sühn(e)-, Versöhnungs-; ► *sacrifice m ~* Sühneopfer *n.* **expier** *tr* (ab=)büßen, sühnen.

expirant, e [ɛkspiʀɑ̃, -ɑ̃t] *a* **1.** sterbend; zu Ende gehend; **2.** *(Stimme)* verlöschend. **expiration** *f* **1.** Ausatmung *f;* **2.** *(Frist)* Ablauf *m,* Ende; Erlöschen *n;*

▶ *à l'~ du terme* bei Fristablauf; *après ~ de* nach Ablauf *gen; date f d'~* Verfalldatum *n; ~ d'un délai* Fristablauf *m.* **expirer I.** *tr* aus=atmen, -hauchen; **II.** *itr* **1.** sterben, den Geist auf=geben; **2.** *(Frist)* ab=laufen, verstreichen; zu Ende gehen; **3.** *(Ausweis)* verfallen; außer Kraft treten; ▶ *laisser ~ un délai* e-e Frist verstreichen lassen.

explicable [ɛksplikabl] *a* erklärbar, -lich; verständlich. **explicatif, ive** *a* erklärend, erläuternd; ▶ *note f ~ive* Gebrauchsanweisung *f.* **explication** *f* **1.** Erklärung, Erläuterung *f;* **2.** Auseinandersetzung *f;* **3.** ▶ *~ de texte (Schule)* Textinterpretation *f;* **4.** ▶ *avoir une chaude ~ avec qn* mit jdm e-e heftige Ausea.setzung haben; *demander des ~s à qn sur qc* jdn wegen e-r S *(gen)* zur Rede stellen; *donner, fournir des ~s* Aufschluß geben; *voilà l'~* das ist des Rätsels Lösung. **explicite** [-sit] *a* ausdrücklich; klar, deutlich. **expliciter** *tr* klar, deutlich aus=drücken. **expliquer I.** *tr* **1.** erklären, erläutern; **2.** unterrichten, Auskunft geben (*qc* über e-e S); **3.** *(Text)* erläutern, interpretieren; ▶ *~ que* erklären, äußern, an=geben, daß; **II.** *v prn s'~* **1.** offen sprechen, sich aus=, besprechen (*à, avec qn* mit jdm); **2.** sich rechtfertigen, entschuldigen (*sur qc* wegen e-r *(gen)* S; *avec qn* bei jdm); **3.** sich ausea.setzen; **4.** *pop* sich prügeln; **5.** sich erklären, sich verstehen; verständlich, leicht zu erklären sein; **6.** *cela s'explique aisément* das ist durchaus erklärlich; *je m'explique* lassen Sie mich das näher erklären.

exploit [ɛksplwa] *m* (Helden-, Groß-) Tat; hervorragende Leistung *f; voilà un bel ~* da haben Sie was Schönes angerichtet!

exploitable [ɛksplwatabl] *a* **1.** *min* abbauwürdig; **2.** *(Wald)* nutzbar; **3.** *jur* pfändbar. **exploitant, e I.** *a* nutzend; **II.** *s m* **1.** Unternehmer; Eigentümer *m;* **2.** Kinobesitzer *m;* ▶ *ingénieur m ~* Betriebsingenieur *m; ~ agricole, forestier* Land-, Forstwirt *m; ~ d'un fonds de commerce* Geschäftsinhaber *m.* **exploitation** *f* **1.** (Aus-)Nutzung; Nutzbarmachung; Bewirtschaftung; Ausbeutung; Auswertung *f; min* Abbau *m,* Gewinnung *f;* **2.** Betrieb *m;* **3.** *arrêter, déplacer l'~* den Betrieb ein=stellen, verlegen; **4.** ▶ *bâtiments m pl d'~* Betriebsgebäude *n pl; capital m d'~* Betriebsvermögen *n; ~ électronique (tele)* Bildzerlegung *f* mit Kathodenstrahlröhren; *mise f en ~* Inbetriebsetzung *f; perturbation f, trouble m d'~* Betriebsstörung *f; petite ~* Kleinbetrieb *m; recettes f pl d'~* Betriebseinnahmen *f pl;* **5.** ▶ *~ agricole, rurale* landwirtschaftliche(r) Betrieb *m; ~ commerciale* kaufmännische(r) Betrieb; Handelsunternehmen *n; ~ industrielle* Gewerbebetrieb *m; ~ modèle* Musterbetrieb *m; ~ d'utilité publique* gemeinnützige(r) Betrieb *m.* **exploiter** *tr* **1.** aus=nutzen, -beuten; **2.** *(Unterlagen)* aus=werten; **3.** *min* ab=bauen; *(Kohle)* fördern, gewinnen; *(Holz)* schlagen; **4.** *(Unternehmen)* betreiben, führen; *(Land)* bewirtschaften; *(Strecke)* befliegen; **5.** *fig* aus=schlachten; ▶ *~ le succès* den Erfolg aus=nutzen. **exploiteur, se** *m f* Ausbeuter(in *f*) *m.*

explorateur, trice [ɛksplɔʀatœʀ, -tʀis] **I.** *a* forschend; **II.** *s m* Forschungsreisende(r) *m.* **exploration** *f* **1.** (Er-)Forschung *f;* **2.** *(Papiere)* Durchsicht *f;* **3.** *med* Untersuchung *f.* **explorer** *tr* **1.** erforschen; e-e Forschungsreise machen (*qc* in etw); **2.** *(Haus)* durchsuchen; *(Gegend)* ab=suchen; **3.** *med* untersuchen.

exploser [ɛksploze] *itr* **1.** explodieren, (zer-)platzen, bersten, zerknallen; **2.** *fig (Zorn)* sich Luft machen. **explosif, ive I.** *a* explosiv; **II.** **1.** *s m* Sprengstoff *m;* **2.** *s f gram* Verschlußlaut *m;* ▶ *charge f ~ive* Sprengladung *f.* **explosion** *f* **1.** Explosion *f;* Platzen, Zerspringen, Bersten *n;* **2.** *(Vulkan, Krankheit)* Ausbruch *a. fig;* **3.** *mot* Knall *m;* ▶ *faire ~* explodieren; *moteur m à ~* Explosionsmotor *m; ~ de colère* Zornesausbruch *m; ~ nucléaire* Kernexplosion *f; ~ de rire* Lachsalve *f.*

exportable [ɛkspɔʀtabl] *a* ausfuhr-, exportfähig. **exportateur, trice I.** *a* Ausfuhr-; exportierend; **II.** *s m* Exporthändler, Exporteur *m;* ▶ *firme f ~atrice* Exportfirma *f; pays m ~* Ausfuhrland *n.* **exportation** *f* Ausfuhr *f,* Export *m;* **1.** ▶ *encourager l'~* die Ausfuhr fördern; **2.** ▶ *commerce m d'~* Ausfuhrhandel *m; excédent m d'~* Exportüberschuß *m; maison f d'~* Exportfirma *f; marchés, débouchés m pl ouverts à l'~* Absatzmärkte *m pl* im Ausland; *prime f à l'~* Exportprämie *f;* **3.** ▶ *~ de capitaux, de marchandises* Kapital-, Warenausfuhr *f; ~s visibles, invisibles* sichtbare, unsichtbare Ausfuhren *f pl.* **exporter** *tr* **1.** aus=führen, exportieren; **2.** *fig* im Ausland verbreiten; ▶ *défense f d'~* Ausfuhrverbot *n.*

exposant, e [ɛkspozɑ̃, -ɑ̃t] *m f* **1.** Aussteller(in *f*) *m;* **2.** *math* Exponent *m.* **exposé** *s m* **1.** Darstellung, -legung; Ausea.setzung *f;* **2.** Aufstellung, Übersicht *f;* **3.** Referat *n,* Bericht *m;* ▶ *faire un ~ complet de la question* (mündlich) e-n umfassenden Überblick über die Frage geben; *~général* Gesamtübersicht *f.* **exposer** *tr* **1.** *(montrer) (Waren, Zeitschriften)* aus=legen; *(Tiere, Bilder)* aus=stellen; ▶ *~ qc dans une* *devanture, dans une vitrine* etw in e-m Schaufenster aus=stellen; ~ *aux yeux, aux regards de qn* jds Blicken *(dat)* aus=setzen; **2.** *(dire) (Tatsachen)* dar=legen; dar=stellen; *(Plan, Gedanken)* entwickeln, ausea.=setzen; *(Beweis)* liefern; **3.** *(placer, risquer)* (aus=)setzen; **4.** *(Film)* belichten; **5.** *(Leiche)* auf=bahren; **6.** *mil (Flanke)* entblößen; **7.** *(Vermögen, Leben)* aufs Spiel setzen; gefährden; in Gefahr bringen; **II.** *v prn s'~* **1.** *(Waren)* ausgestellt, ausgelegt werden; sich dar=bieten; **2.** sich aus=setzen; sich exponieren; **3.** sich in Gefahr *(acc)* bringen *od* begeben **4.** sich bloß=stellen, sich kompromittieren. **exposition** *f* **1.** *(Waren, Gemälde)* Ausstellung; Messe, Schau *f;* **2.** *(Körper, Kind)* Aussetzen *n;* **3.** *(Drama)* Exposition *f;* **4.** *(Gebäude)* Lage *f* (*au midi* nach Süden); **5.** *phot* Belichtung *f;* **6.** ► *faire l'~ de qc* etw ausführlich dar=legen; *inaugurer, visiter une ~* e-e Ausstellung ein=weihen, besuchen; **7.** ► *durée f d'~* Belichtungsdauer *f; participant m de l'~* Aussteller *m; salle f d'~* Ausstellungsraum *m,* -halle *f;* -stand *m d'~* Messestand *m;* **8.** ► ~ *à l'action des rayons* Bestrahlung *f;* ~ *agricole* landwirtschaftliche Ausstellung; ~ *itinérante, ambulante* Wanderausstellung *f;* ~ *universelle* Weltausstellung *f.*

exprès [ɛksprɛ] *adv* absichtlich; extra, besonders, eigens; ► *je ne l'ai pas fait ~* ich habe es nicht absichtlich getan. **expresse** [ɛksprɛs] **I.** *a* ausdrücklich, formell; bestimmt; **II.** *a invar* ► *colis m ~* Eilpaket *n; lettre f ~* Eilbrief *m.*

express [ɛksprɛs] *s m u. a: (train m) ~* Eilzug *m;* ► *prendre l'~ de Paris* den Eilzug nach Paris nehmen. **expressément** *adv* ausdrücklich; absichtlich.

expressif, ive [ɛksprɛsif, -iv] *a* ausdrucksvoll. **expression** *f* **1.** Ausdruck *m;* Ausdrucksweise; Äußerung (*de la peur* der Angst); **2.** Redensart *f;* **3.** *math* Formel *f;* ► *réduire à sa plus simple ~* auf die einfachste Form bringen *a. fig; moyen m d'~* Ausdrucksmittel *n; plein d'~, sans ~* ausdrucksvoll, -los. **expressionnisme** *m* Expressionismus *m.* **expressionniste** **I.** *a* expressionistisch; **II.** *s m* Expressionist *m.* **exprimable** *a* ausdrückbar. **exprimer** *tr* äußern, aus=drücken, aus=sprechen, zum Ausdruck bringen; ► *si je puis m'~ ainsi* wenn ich so sagen darf.

expropriation [ɛkspʀɔpʀijasjɔ̃] *f jur* Enteignung *f.* **exproprier** *tr* enteignen (*qn* jdn).

expulser [ɛkspylse] *tr* **1.** vertreiben (*de* aus); aus=weisen; **2.** *(aus e-r Gesellschaft)* aus=schließen. **expulsion** *f* **1.** Aus-, Vertreibung; Ausweisung; Abschiebung *f;* **2.** ► *arrêté m d'~* Räumungsbefehl *m.*

expurger [ɛkspyʀʒe] ‹*Prés. j'expurge, ns expurgeons; Fut. j'expurgerai; pp. expurgé, e*› *tr* die anstößigen Stellen aus=merzen (*qc* aus etw).

exquis, e [ɛkski, -iz] *a* **1.** auserlesen, ausgesucht; **2.** köstlich; wohlschmekkend; **3.** reizend, charmant.

exsangue [ɛks(gz)ɑ̃g] *a* **1.** blutleer, -los; **2.** *fig* kraftlos. **exsanguino-transfusion** *f med* Bluttransfusion *f.*

extase [ɛkstɑz] *f* Ekstase, Verzückung *f;* ► *tomber en ~* in Ekstase *(acc)* geraten. **extasier, s'** *v prn* in Verzückung *(acc)* geraten. **extatique** [-ta-] *a* ekstatisch, verzückt.

extenseur [ɛkstɑ̃sœʀ] **I.** *a* Streck-; **II.** *s m* **1.** Streckmuskel *m;* **2.** Expander *m.* **extensible** *a* dehn-, streckbar. **extensif, ive** *a* **1.** *agr* extensiv; **2.** *(Sinn)* erweitert; ► *dans un sens ~* im weiteren Sinne. **extension** *f* **1.** (Aus-)Dehnung; (Aus-)Streckung; Erweiterung; Vergrößerung *f a. fig;* **2.** *fig* Umfang *m;* **3.** *(Krankheit)* Ausbreitung *f,* Umsichgreifen *n;* **4.** *(Handel)* Ausweitung *f;* ► *prendre de l'~* sich aus=weiten, sich vergrößern.

exténuation [ɛkstenɥasjɔ̃] *f* Entkräftung, Erschöpfung *f.* **exténuer** **I.** *tr* **1.** entkräften, erschöpfen; ermatten, schwächen; **2.** *fig* verringern, ab=schwächen; **II.** *v prn s'~* sich auf=reiben.

extérieur, e [ɛksteʀjœʀ] **I.** *a* außerhalb befindlich; äußerlich; äußere(r, s); **II.** *s m* **1.** Äußere(s) *n;* Außenseite *f;* **2.** Außenwelt *f;* Ausland *n;* **3.** ► *à l'~* (dr) außen; außerhalb; im Ausland; *vu de l'~* von außen gesehen; **4.** ► *juger qn sur l'~* jdn nach dem Äußeren beurteilen; **5.** ► *affaires f pl ~es (pol)* auswärtige Angelegenheiten *f pl; commerce m ~* Außenhandel *m; politique f ~e* Außenpolitik *f.* **extérioriser** **I.** *tr (Gefühl, Gedanken)* äußern, aus=drücken; **II.** *v prn s'~* (äußerlich) sichtbar werden; *(Person)* aus sich herausgehen.

exterminateur, trice [ɛkstɛʀminatœʀ, -tʀis] *a* vernichtend; ► *ange m ~* Würgengel *m.* **extermination** *f* Ausrottung, Vernichtung *f.* **exterminer** *tr* aus=rotten; vertilgen; vernichten.

externat [ɛkstɛʀna] *m* Externat *n.* **externe** **I.** *a* äußerlich; äußere(r, s); **II.** *s m* Externe(r) *m.*

extincteur [ɛkstɛ̃ktœʀ] *m* Feuerlöschgerät *n,* -löscher *m.* **extinction** [-sjɔ̃] *f* **1.** *(Feuer)* (Aus-)Löschen; *(Licht)* Erlöschen; **2.** *(Kalk)* Löschen *n;* **3.** *(Schuld)* Tilgung *f;* **4.** *(Familie)* Aussterben *n;* **5.** ► *sonner l'~ des feux* den Zapfenstreich blasen; ~ *de voix* völlige Heiserkeit *f.*

extirpable [ɛkstiʀpabl] *a* **1.** ausrottbar; **2.** *med* operierbar. **extirpation** *f* **1.**

(Unkraut) Vernichtung *f;* **2.** *med* Entfernung *f;* **3.** *allg* Ausrottung *f.* **extirper** *tr* **1.** heraus=reißen; aus=rotten, vertilgen; **2.** *med* entfernen, exstirpieren; **3.** *(Mißbrauch)* ab=stellen.
extorquer [ɛkstɔʀke] *tr* **1.** *(Geld)* erpressen (*qc de qn* etw von jdm); **2.** *(Geheimnis)* entreißen (*à qn* jdm). **extorsion** [-sjɔ̃] *f* Erpressung *f.*
extra [ɛkstʀa] **I.** *pref* Sonder-; besonders, sehr; **II.** *a fam* feinste(r, s); unvergleichlich; ausgezeichnet, prima; **III.** *s m inv* **1.** Außergewöhnliche(s) *n;* **2.** Aushilfskellner *m.*
extra-atmosphérique *a* außerirdisch. **extra-conjugal, e** *a* außerehelich. **extracorporel, le** *a* außerhalb des Körpers.
extracteur [ɛkstʀaktœʀ] *m chem* Extraktionsapparat *m;* Honigschleuder *f.* **extractible** *a* ausziehbar; extrahierbar. **extractif, ive** *a chem* Auszieh-; ▶ *industrie f ~ive* Bergbau *m* u. Industrie *f* der Steine u. Erden. **extraction** [-sjɔ] *f* **1.** (Her-)Ausziehen; (Zahn-)Ziehen *n;* **2.** *min* Förderung, Gewinnung *f a. chem;* **3.** *chem* Extrahieren *n;* **4.** *math* (Wurzel-)Ziehen *n;* ▶ *~ à ciel ouvert* Tagebau *m.*
extradition [ɛkstʀadisjɔ̃] *f jur* Auslieferung *f.*
extrafin [ɛkstʀafɛ̃] *e com* besonders fein.
extrafort [ekstʀafɔʀ] *a (Karton)* extrastark; *(Senf)* extrascharf.
extragalactique [ɛkstʀagalaktik] *a* extragalaktisch, außergalaktisch.
extraire [ɛkstʀɛʀ] ‹*Prés. j'extraie, ns extrayons; Fut. j'extraierai; pp. extrait, e*› *tr* **1.** heraus=ziehen, -nehmen; **2.** *min* fördern, gewinnen; **3.** *(Zahn, Wurzel)* ziehen; **4.** *chem* extrahieren, aus=laugen; **5.** *(Buch)* exzerpieren. **extrait** [-tʀɛ] *m* **1.** *chem* Extrakt *m;* **2.** Auszug *m,* Zs.fassung *f;* ▶ *~ de baptême* Taufschein *m; ~ du casier judiciaire* Strafregisterauszug *m; ~ de mariage* Trauschein *m; ~ de naissance* Geburtsurkunde *f.*
extra-muros [ɛkstʀamyʀos] *adv* außerhalb der Stadt.
extraordinaire [ɛkstʀaɔʀdinɛʀ] *a* **1.** außerordentlich; außer-, ungewöhnlich; erstaunlich, unglaublich; **2.** großartig, hervorragend; **3.** ▶ *par ~* ausnahmsweise, zufällig; **4.** ▶ *assemblée f ~* Sondersitzung *f; dépenses f pl ~s* Sonderausgaben *f pl; frais m pl ~s* Nebenkosten *pl.*
extrapolation [ɛkstʀapɔlasjɔ̃] *f* **1.** Schlußfolgerung *f;* **2.** *math* Extrapolation *f.*
extra-utérin, e [ɛkstʀayteʀɛ̃, -in] *a* extrauterin; ▶ *grossesse extra-utérine (med)* Eileiterschwangerschaft, Bauchhöhlenschwangerschaft *f.*
extravagance [ɛkstʀavagɑ̃s] *f* **1.** Überspanntheit, Narrheit, Verrücktheit *f;* **2.** Übertreibung; *(Preis)* unvernünftige Höhe *f.* **extravagant, e** *a* **1.** überspannt, extravagant; **2.** *(Preis)* übertrieben; ▶ *il serait ~ de* es wäre widersinnig zu; *idée f ~e* Hirngespinst *n.*
extrême [ɛkstʀɛm] **I.** *a* äußerste(r, s), höchste(r, s); extrem; **II.** *s m* Extrem *n;* **1.** ▶ *(jusqu') à. l'~* bis zum Äußersten; **2.** ▶ *avoir des opinions ~s* extreme Ansichten vertreten (*en* in *dat*); *être ~ en tout* in allem bis zum Äußersten gehen; *pousser qc à son point ~, à l'~* etw aufs Äußerste, auf die Spitze treiben; **3.** ▶ *~ droite, gauche f (pol)* äußerste Rechte, Linke *f; ~-onction f rel vx* Letzte Ölung *f; l'E~* Orient der Ferne Osten. **extrêmement** *adv* äußerst, höchst.
extrémisme *m* Extremismus *m.* **extrémiste** [ɛkstʀemist] **I.** *s m pol* Radikale(r) *m;* **II.** *a* radikal, extremistisch. **extrémité** *f* **1.** (äußerstes) Ende *n;* äußerste Not *f;* **2.** *pl* Extremitäten *f pl;* ▶ *d'une ~ à l'autre* von einem Ende zum ander(e)n; *(en) être réduit à la dernière ~* auf dem letzten Loch pfeifen; *se porter à des ~s* sich zu Tätlichkeiten hin=reißen lassen; *tomber d'une ~ dans l'autre* von e-m Extrem ins andere fallen.
extrinsèque [ɛkstʀɛ̃sɛk] *a* äußerlich.
exubérance [ɛgzybeʀɑ̃s] *f* **1.** Überfülle *f;* Üppigkeit *f;* **2.** Überschwang *m.* **exubérant, e** *a* **1.** übermütig, -schwenglich; **2.** *bot* üppig (wuchernd).
exultation [ɛgzyltasjɔ̃] *f* Frohlocken *n.* **exulter** *tr* frohlocken.
exutoire [ɛgzytwaʀ] *m fig* Ventil *n,* Ablenkung *f.*
ex-voto [ɛksvɔto] *m* Votivbild *n,* -tafel *f.*
eye-liner [ajlajnœʀ] *m* Eyeliner *m.*

F

f, F [ɛf] *m f*, F *n*.
fa [fa] *m mus* f, F *n*; ► *clef f de* ~ Baßschlüssel *m*.
fable [fabl] *f*, Fabel *f a*.
fabricant [fabʀikɑ̃] *m* Fabrikant; Produzent *m*. **fabrication** *f* **1.** (An-)Fertigung, Fabrikation, Erzeugung, Herstellung; Produktion *f*; **2.** Erzeugnis, Produkt *n*; **3.** ► *est-ce une robe de votre* ~*?* haben Sie das Kleid selbst geschneidert? **4.** ► *chef m de* ~ Betriebsleiter *m*; *défaut m de* ~ Fabrikationsfehler *m*; ~ *à la chaîne* Fließbandfertigung *f*; ~ *en grande série* Massenproduktion, -erzeugung *f*. **fabrique** *f* Fabrik(-anlage *f*, -gebäude *n*) *f*; Betrieb *m*; ► ~ *de chaussures* Schuhfabrik *f*. **fabriquer** *tr* **1.** an=, verfertigen, her=stellen, produzieren; **2.** ► *(fam) qu'est-ce que tu fabriques?* was tust du denn so lange? **3.** ~ *qn* jdn heranbilden.
fabulateur, trice [fabylatœʀ, -tʀis] *m f* Fabulant(in *f*) *m*. **fabulation** *f psych* Fabulieren *n*. **fabuleux, se** *a* **1.** märchen-, sagenhaft; **2.** phantastisch, unglaublich. **fabuliste** *m* Fabeldichter *m*.
façade [fasad] *f* **1.** Fassade, Stirn-, Vorderseite *f*; **2.** *fig* Fassade *f*, Äußere(s) *n*.
face [fas] *f* **1.** (An-)Gesicht, Antlitz *n*; **2.** *(Münze)* Kopfseite *f*; **3.** *fig* Seite *f*, Gesichtswinkel *m*; **4.** ► ~ *à* mit Blick auf *acc*; angesichts *gen*; ~ *à* ~ von Angesicht zu Angesicht; Auge in Auge; *en* ~ ins Gesicht; *en* ~ gegenüber (*de qc* dat); *avoir le soleil en* ~ die Sonne im Gesicht haben; *faire* ~ *à qc* e-r S die Spitze bieten; *(e-r Gefahr)* ins Auge sehen; *(e-r Verpflichtung)* nach=kommen; *(Ausgaben)* decken; *(Kosten)* bestreiten; *(Lage)* meistern; *pile ou* ~ *(Münze)* Kopf oder Schrift; *vue f de* ~ Vorderansicht *f*. **face(-)à(-)face** *m inv* Vieraugengespräch *n*; Konfrontation *f*; ► ~ *télévisé* Streitgespräch *n* im Fernsehen.
facétie [fasesi] *f* Schwank *m*, Posse, Schnurre *f*. **facétieux, se** [-sjø, -øz] *a* spaß-, scherzhaft.
facette [fasɛt] *f* Facette *f*; ► *(fig) à* ~*s* schillernd; vieldeutig.
fâché, e [faʃe] *a* verärgert (*de qc* über etw); böse (*contre, pop après qn* auf jdn); ► *être* ~ *avec qn* sich mit jdm überworfen haben; *ils sont* ~*s* sie sind böse aufeinander. **fâcher I.** *tr* kränken, betrüben; ärgern; zornig machen; **II.** *v prn* ► *avec qn* sich mit jdm verfeinden; mit jdm Streit bekommen. **fâcheux, se** *a* unangenehm, unerfreulich, mißlich; verdrießlich, ärgerlich; ► *c'est* ~ das ist sehr unangenehm.
facial, e [fasjal] *a* Gesichts-; ► *angle m* ~ Gesichtswinkel *m*. **faciès** [fasjɛs] *m* **1.** *pej* Gesichtsausdruck *m*, Aussehen *n*; **2.** *med geol* Fazies *f*.
facile [fasil] **1.** leicht (*à* zu); **2.** verträglich; umgänglich; **3.** *(Frau)* leichtfertig; ► ~ *à manier* handlich; *cela lui est* ~ das fällt ihm leicht. **facilité** *f* **1.** Leichtigkeit *f*; **2.** leichte Auffassungsgabe, Fertigkeit, Gewandtheit *f* (*à*, *de* zu); **3.** *pl* Möglichkeiten; Erleichterungen *f pl*; ► ~ *d'élocution* Redegewandheit *f*; *pour plus de* ~*s* bequemlichkeitshalber; ~*s de paiement* Zahlungserleichterungen *f pl*. **faciliter** *tr* erleichtern (*qc à qn* jdm e-e S); *(Verdauung)* fördern.
façon [fasɔ̃] *f* **1.** Ausführung; Be-, Verarbeitung; Gestalt, Form *f*; Muster *n*; **2.** *(Kleidung)* Machart *f*, (Zu-)Schnitt *m*; **3.** *agr* Bestellung, Bearbeitung *f*; **4.** *fig* Art u. Weise *f*; **5.** *pl* Verhalten, Benehmen *n*; Manieren *f pl*; Umstände *m pl*; **6.** ► *à sa* ~ nach s-r Art; *de la même* ~ auf dieselbe Art; *d'une* ~ *générale* (im) allgemein(en); *de toute* ~ auf alle Fälle; auf jeden Fall; *de* ~ *(à ce) que* dergestalt, daß; *en aucune* ~ auf keinen Fall; keineswegs; *sans* ~*(s)* zwanglos; ohne weiteres; formlos, ungeniert; **7.** ► *faire des* ~*s* Umstände machen, sich zieren; *travailler qc à* ~ nach Maß anfertigen; *c'est une* ~ *de parler* das ist nicht so gemeint; *voilà ma* ~ *de penser* das ist nun mal meine Ansicht; ~ de parler Redensart *f*. **façonnage, façonnement** [-sɔ-] *m* **1.** Ver-, Bearbeitung, Formgebung *f*; **2.** Zurichten *n*; Fertigung *f*. **façonné, e** *a* gemustert. **façonner** *tr* **1.** formen, bilden, gestalten, modeln, aus=, bearbeiten; **2.** *(Acker)* bestellen; **3.** *(Hut)* fassonieren; **4.** *fig (Kind)* erziehen; **5.** *(Charakter)* aus=bilden; formen.
fac-similé [faksimile] *m* Faksimile *n*.
factage [faktaʒ] *m* **1.** Spedition(sgeschäft *n*); Anfuhr *f*; **2.** (Post-)Zustellung *f*; **3.** Rollgeld *n*. **facteur** *m* **1.** *math fig* Faktor *m*; **2.** Briefträger *m*; ► ~ *cancérogène (med)* Krebserreger *m*; ~ *d'orgues, de pianos* Orgel-, Klavierbauer *m*; ~ *prix (fam)* Preisfaktor *m*; ~ *de sécurité* Sicherheitsfaktor *m*.
factice [faktis] *a* nachgemacht, künst-

lich; gekünstelt; ▶ *bouteille f* ~ Flaschen-Attrappe *f.*
factieux, se [faksjø, -øz] **I.** *a* aufrührerisch; **II.** *s m* Aufrührer, -wiegler *m.*
faction [-sjɔ] *f* **1.** aufrührerische Gruppe *f;* **2.** Wachestehen *n;* ▶ *être de* od *en* ~ Wache stehen.
facturation [faktyʀɑsjɔ̃] *f* **1.** Anrechnung, Inrechnungstellung; Rechnungsabteilung *f;* **2.** Fakturierung. **facture** *f* **1.** Rechnung, Faktura (*de* über *acc*); **2.** *(Musikinstrument)* Bau *m,* Herstellung; **3.** *(Gedicht)* Anlage *f;* Aufbau *m;* **4.** ▶ *établir, faire une* ~ e-e Rechnung aus=stellen; *payer, régler une* ~ e-e Rechnung bezahlen. **facturer** *tr* in Rechnung stellen, berechnen, fakturieren.
facultatif, ive [fakyltatif] *a* wahlfrei, beliebig, freibleibend, unverbindlich; ▶ *arrêt m* ~ Bedarfshaltestelle *f.*
faculté [fakylte] *f* **1.** Vermögen *n,* Fähigkeit *f;* **2.** Freiheit, Möglichkeit *f,* Recht *n,* Befugnis *f;* **3.** *(Universität)* Fakultät *f;* **4.** ▶ *avoir la* ~ können (*de* Inf.); befugt sein (*de* zu); **5.** ▶ ~ *d'adaptation* Anpassungsfähigkeit *f;* ~*s intellectuelles* geistige Fähigkeiten *f pl.*
fada [fada] *a fam* verrückt. **fadaises** [-dɛz] *f pl* Albernheiten *f pl;* abgeschmackte(s) Zeug *n,* Unsinn *m.*
fadasse [fadas] *a pej (fam)* (höchst) fade, abgeschmackt. **fade** *a* **1.** fade, schal; abgestanden; ungesalzen; ohne Würze, geschmacklos; **2.** *fig* matt, saft- u. kraftlos; abgeschmackt, schal. **fadeur** *f* **1.** *(Speise)* Fadheit *f;* **2.** Geschmack-, Geistlosigkeit *f.*
fading [fɑ(ɛ)diŋ] *m (radio)* Schwund *m.*
fagot [fago] *m* (Reisig-)Bündel *n;* ▶ *de derrière les* ~*s (Wein) (fig)* von der besten Sorte. **fagotage** [-gɔtaʒ] *m fig fam* geschmacklose Kleidung *f.* **fagoter** *tr* **1.** *(Holz)* bündeln; **2.** *fig* geschmacklos kleiden.
faiblard, e [fɛblaʀ, -aʀd] *a fam* schwächlich; *(Antwort)* schwach. **faible I.** *a* **1.** schwach (*de* an *dat*), kraftlos, matt; **2.** charakterschwach; zu nachsichtig (*avec* gegen); **3.** *(Anzahl)* unbedeutend; zu klein; gering; **II.** *s m* **1.** Schwächling *m;* **2.** schwache Stelle *od* Seite *f,* wunde(r) Punkt *m;* Schwäche *f;* ▶ *avoir un* ~ *pour qn* ein Faible, e-e Schwäche für jdn haben; ~ *m d'esprit* Schwachsinnige(r) *m.* **faiblesse** *f* **1.** Schwäche, Schwachheit *f;* **2.** Schwäche(anfall *m*) *f;* **3.** schwache Stelle *f a. fig.* **faiblir** *itr* **1.** schwach werden; nach=geben; **2.** *(Kräfte)* ab=nehmen; **3.** *(Wind, Widerstand, Gedächtnis)* nach=lassen; **4.** *(Hoffnung)* sinken; **5.** *(Kurs)* fallen.
faïence [fajɑ̃s] *f* Steingut *n;* Fayence *f;* ▶ *se regarder en chiens de* ~ wie Ölgötzen da=sitzen; *poêle de* ~ Kachelofen *m.*
faille [faj] *f* **1.** geol Spalte *f,* Sprung *m;* Verwerfung *f;* **2.** *fig* Riß, Bruch *m;* **3.** grobe(r) Seidenstoff *m.*
failli, e [faji] **I.** *a* zahlungsunfähig; **II.** *s m* Gemeinschuldner *m.* **faillible** [fajibl] *a* fehlbar.
faillir [fajiʀ] ‹*Fut. je faillirai; pp. failli; ppr. faillant; Subj. que je faille*› *itr:* ▶ *j'ai failli (mit Inf.)* beinahe hätte *od* wäre ich; es fehlte nicht viel, u. ich hätte *od* wäre.
faillite [fajit] *f* **1.** Konkurs, Bankrott *m,* Zahlungseinstellung, Insolvenz *f;* **2.** *fig* Zs.bruch, Mißerfolg, Fehlschlag *m;* ▶ *être en* ~ bankrott sein; *faire* ~ Konkurs, *fam* Pleite machen, in Konkurs geraten; *fig* scheitern.
faim [fɛ̃] *f* **1.** Hunger *m;* **2.** *fig* heftige(s) Verlangen *n* (*de* nach *acc*); ▶ *apaiser, sa* ~ s-n Hunger stillen; *manger à sa* ~ sich satt essen; *mourir, (fam) crever de* ~ am Verhungern sein; *rester sur sa* ~ *fig* in s-n Erwartungen enttäuscht werden; ~ *de loup* Bärenhunger *m.*
fainéant, e [fɛneɑ̃, -ɑ̃t] **I.** *a* faul, träge; **II.** *s m f* Nichtstuer, Faulenzer(in *f*), Müßiggänger(in *f*) *m.* **fainéanter** *itr* faulenzen. **fainéantise** *f* Müßiggang *m,* Faulenzerei *f.*
faire [fɛʀ] ‹*siehe Konjugation im Anhang*› **I.** *tr itr* **1.** machen, tun; (er-) schaffen, erzeugen; vollbringen, aus=führen; bilden, aus=machen, gleich=kommen, bedeuten; *math* sein; entsprechen, ab=geben; **2.** zur Folge haben, bewirken, veranlassen, verursachen; erheben, ernennen (*qc* zu etw); **3.** dar=stellen (*qc* als etw), halten (*qc* für etw); dienen (*qc* als etw); holen; **4.** *(mit Inf.)* lassen, veranlassen; **II.** *tr* **1.** *(Gegenstand)* an=fertigen, her=stellen, fabrizieren; *(Haus)* bauen; *(Brot)* backen; *(Speise)* zu=bereiten; *(Kleid)* schneidern, machen; *(Gemälde)* malen; *(Dichtung)* verfassen, schreiben; *(Musikwerk)* komponieren; *(Rede)* halten; *(Kinder) pop* in die Welt setzen; *(Ei)* legen; **2.** *(Zahn)* bekommen; *(Bedürfnis)* verrichten; *(Vorrat)* sammeln; *(Geld)* verdienen; ein=bringen; *(Verlust)* erleiden; *(Kunden, Anhänger)* gewinnen; *(Schritt)* machen; *(Zeichen)* geben; *(Angebot)* machen, unterbreiten; *(Grimasse)* schneiden; *(Arbeit)* tun, erledigen; *(Handel)* treiben; *(Besuch)* ab=statten, machen; **3.** *(Tennis)* spielen; *(Nachforschungen)* an=stellen; *(Rechnung)* aus=stellen; *(Handwerk)* aus=üben; *(Wissenschaft, Sprache)* studieren; **4.** *(Dienstzeit)* ab=leisten; *(Gewalt)* an=tun; *(Verbrechen, Irrtum, Dummheit)* begehen; **5.** *(Pflicht)* erfüllen; *(Wahl)* treffen; *(Almosen)* geben; *(Fest)*

feiern; *(Lärm)* verursachen, machen; *(Schaden, Unheil)* an=richten; *(Furcht, Mitleid, Aufsehen)* erregen; *(Weg, Strecke)* zurück=legen, (hinauf=, hinab=) gehen, laufen, fahren; **6.** *(Maß)* messen, enthalten, fassen, wiegen; wert sein; *(zeitlich)* dauern; *fam (im Preis)* an=setzen mit, berechnen auf; verkaufen für, um; *gram (Form)* bilden; *(Krankheit, Fieber)* haben; **7.** *(Zimmer)* auf=räumen; *(Geschirr)* spülen, ab=waschen; *(Feuer)* (an=)machen; *(Koffer)* packen; *(Krieg)* führen; *(Frieden)* schließen; *(Krallen)* wetzen; **8.** *theat (Rolle)* spielen, verkörpern, dar=stellen; markieren, nach=ahmen; so tun, als ob; sich stellen. (~ *le sourd, le malade* sich taub, sich krank stellen; so tun, als sei man taub, krank); *(jung, alt, traurig)* aus=sehen, den Eindruck machen, als sei man *(reich, glücklich)*; **9.** *(mit Substantiv ohne Artikel)* aus=sehen wie, wirken (~ *très femme* sehr fraulich); ► *ne ~ que (de) ...* nichts tun als ...; **10.** ► *avoir fort à ~ (avec qn)* viel (mit jdm) zu tun haben; *n'avoir que ~ de* nichts anzufangen wissen mit; entbehren können; nicht brauchen; *se laisser ~* sich gefallen lassen; *savoir y ~ (fam)* sich darauf verstehen; **11.** ► *~ l'admiration de tous* die Bewunderung aller erregen; ~ *adopter une motion (parl)* e-n Antrag zur Annahme bringen; ~ *une affaire* ein (gutes) Geschäft machen; ~ *attention* auf=merken, -passen; ~ *la barbe* rasieren (*à qn* jdn); ~ *des bénéfices* Gewinne erzielen; ~ *bien* sich gut machen *od* aus=nehmen; ~ *boire (Tier)* tränken; ~ *cadeau* schenken (*de qc* etw); ~ *son chemin* es zu etw bringen; ~ *une chute (aero)* ab=stürzen; ~ *circuler un rapport* e-n Bericht um=laufen lassen; ~ *la classe, l'école* Unterricht erteilen; ~ *commerce de qc* mit etw handeln; ~ *crédit* Kredit ein=räumen; ~ *une demande* ein Gesuch ein=reichen, e-n Antrag stellen; ~ *des démarches* Schritte unternehmen (*auprès de* bei); ~ *ses dents* zahnen; ~ *son droit, sa médecine* Jura, Medizin studieren; ~ *mauvais effet* e-n schlechten Eindruck machen; ~ *de l'escrime* fechten; ~ *une expérience* ein Experiment, e-n Versuch an=stellen, machen; ~ *face, front à qn* jdm die Stirn bieten; ~ *face aux dépenses* die Kosten bestreiten; ~ *faire qc* etw machen lassen (*à, par qn* von jdm); ~ *fonction de* dienen als; ~ *loi* als Gesetz gelten; ~ *mal à qn* jdm wehtun; ~ *du mal à qn* jdm schaden; ~ *manger* zu essen geben *dat; (Tier)* füttern; ~ *marcher qn* jdn an=führen, jdm Beine machen; ~ *ménage avec qn* mit jdm e-n Haushalt führen; ~ *le ménage* ,den Haushalt besorgen; ~ *mine de* Miene machen zu; ~ *grise mine* ein Gesicht machen, schmollen, bocken; ~ *de son mieux* sein Bestes tun; ~ *moderne* modern wirken; ~ *la moisson* die Ernte ein=bringen, ernten; ~ *le mort* sich tot=stellen; ~ *naufrage* Schiffbruch erleiden; ~ *la noce (fam)* in Saus u. Braus leben; ~ *l'objet d'une discussion* Gegenstand e-r Aussprache sein; ~ *opposition* Einspruch erheben (*à* gegen); ~ *la sourde oreille* sich taub stellen; ~ *part* mit=teilen (*à qn de qc* jdm etw); ~ *de la peinture* malen; ~ *pencher la balance* den Ausschlag geben; ~ *pénitence* Buße tun; ~ *peur à qn* jdm bange machen; ~ *la planche (Schwimmen)* den toten Mann machen; ~ *le plein (mot)* voll=tanken; ~ *un prix à qn* jdm e-n Rabatt gewähren; ~ *un procès à qn* gegen jdn gerichtlich vor=gehen; ~ *de la publicité* werben, Reklame machen; ~ *la queue* Schlange stehen; ~ *un rapport à qn* jdm Bericht erstatten; ~ *fausse route* auf dem Holzwege sein; ~ *savoir* mit=teilen; ~ *semblant de (Inf.)* so tun, als ob man; ~ *sensation* Aufsehen erregen; ~ *son service* s-n Militärdienst ab=leisten; ~ *du sport* Sport treiben; ~ *un stage* e-e Probezeit durch=machen; ~ *suivre* weiter=leiten, nach=senden; ~ *tapisserie (fam)* Mauerblümchen sein; ~ *la tête* schmollen; drein=sehen; *à qn* jdm unfreundlich begegnen; ~ *du tort* schaden (*à qn* jdm); *ne ~ ni une ni deux* sich nicht lange besinnen; ~ *la valise, la malle* zs.=packen; *fam fig* ab=hauen; ~ *valoir* geltend machen, ~ *les vendanges* Wein lesen; ~ *les yeux doux* liebäugeln (*à* mit); ~ *du zèle* Eifer zeigen; **12.** ► *2 et 2 font quatre* 2 u. 2 ist vier; *que fait-il dans la vie? (fam)* was macht, treibt er? *vous feriez bien, mieux de* Sie täten gut, besser daran zu; *je ne fais que commencer* ich fange erst an; *ma tête me fait mal* ich habe Kopfweh; *il fait la pluie et le beau temps* er gibt den Ton an; *qu'est-ce que ça peut bien vous ~?* was geht Sie das an? *cela lui à fait qc* das ist ihm schwergefallen; *cela ne lui fait ni chaud ni froid* das läßt ihn kalt; *cela n'y fera rien* das ändert nichts daran; *ça va ~ un an* es ist bald ein Jahr her; *ça va lui ~ du bien* das wird ihm gut=tun *od* gut bekommen; *quelle taille, pointure faites-vous? (fam)* welche Größe, Nummer haben Sie? *ce travail lui fera la main* bei dieser Arbeit kann er sich üben; *il fait jour* es ist Tag; *il fait froid* es ist kalt; *quel temps fait-il?* wie ist das Wetter? *il fait beau, mauvais* es ist schönes, schlechtes Wetter; *il fait (du) soleil* die Sonne scheint; *il fait bon (de)* es tut gut, es ist empfehlenswert (zu); *il faisait trente degrés à l'ombre* es waren 30 Grad im Schatten;

III. *v prn* se ~ **1.** werden, entstehen; sich entwickeln, reif werden, sich verbessern; *mar (Wind)* stärker werden; **2.** geschehen, statt=finden; zustande kommen; **3.** sich gewöhnen (*à* an *acc*); sich an=passen (*à* dat); sich ab=finden (*à* mit); **4.** sich verschaffen, gewinnen, *(Geld)* verdienen; **5.** *(Kleidungsstück)* Mode sein, gern getragen werden; sich schicken; **6.** ► *s'en ~ (fam)* sich Sorgen machen; sich genieren; *se ~ ~* sich machen lassen; **7.** ► *se ~ des amis* sich Freunde machen, Freunde gewinnen; *se ~ la barbe* sich rasieren; *se ~ beau* sich hübsch machen, sich (heraus=)putzen; *se ~ un chemin* sich e-n Weg bahnen; *se ~ connaître* bekannt=werden; *se ~ écouter* Gehör finden, sich Gehör verschaffen; *se ~ une idée* sich e-e Vorstellung machen (*de* von); se *~ jour (fig)* sich heraus=stellen; sich durch=setzen; *se ~ mal* sich weh tun; *se ~ protestant* protestantisch werden; *se ~ une raison* sich schicken, sich fügen (*de* in *acc*), resignieren; *se ~ vieux* alt werden; **8.** ► *cela ne se fait pas* das tut man nicht; *comment se fait-il que* wie kommt es, wie ist es möglich, daß; *cela s'est fait tout seul* das ist von (ganz) allein gekommen; *il se fit un silence* Stille trat ein; *il se fait tard, jour* es wird spät, hell.

faire-part [fɛʀpaʀ] *m* (Familien-)Anzeige *f;* ► *~ de mariage, de décès* Heiratsanzeige *f; cet avis tient lieu de ~* statt Karten.

faire-valoir [fɛʀvalwaʀ] *m inv agr* Bewirtschaftung *f (e-s Hofes).*

fair-play [fɛʀplɛ] *m inv* Fairneß *f.*

faisabilité [fəzabilite] *f* Machbarkeit *f;* ► *étude de ~ (econ)* Durchführbarkeitsstudie *f.* **faisable** *a* möglich, ausführbar.

faisan [fəzɑ̃] *m* Fasan *m.* **faisandé, e** *a (Fleisch)* mit e-m Stich.

faiseur, se [fəzœʀ, -zøz] *m f* ► *~, se d'anges* Engelmacher(in *f*) *m.*

faisceau [fɛso] *m pl ~s* **1.** Bündel, Büschel, Bund *n;* **2.** Gewehrpyramide *f;* **3.** *anat* Strang *m;* **4.** *hist* Liktorenbündel *n;* **5.** *phys* Strahl *m;* Bündel *n;* **6.** *fig* Gruppe, Reihe, Serie *f;* ► *~ lumineux* Lichtkegel *m.*

fait, e [fɛ, fɛt] **I.** *a* **1.** gemacht, getan; beschaffen, gestaltet; gebaut, gewachsen; **2.** *(tout ~)* fertig; **3.** gekleidet, ausstaffiert; **4.** *jur* geschehen (*à* zu), ausgefertigt (*à* in *dat*); **5.** *(Mensch)* erwachsen, reif, gesetzt; **6.** *(Frucht)* überreif; mürbe; **7.** *(Käse)* durch; **8.** gebildet (*de* aus); geschaffen, passend (*pour* für); geeignet (*pour* zu); **9.** *(Preis)* fest; **II.** *s m* **1.** Tat; Tatsache; Handlung *f; jur* Tatbestand *m;* Faktum *n;* **2.** Begebenheit *f,* Vorfall *m;* Ereignis *n;* **3.** Sache *f,* Fall *m;* **4.** ► *au ~* übrigens; *de ~* [dəfɛt] tatsächlich, faktisch; *de ce ~* auf Grund dieser Tatsache; deshalb; *en ~* [ɑ̃fɛt] in Wirklichkeit; tatsächlich; rechtlich; *en ~ de* was ... anbetrifft; *sur le ~* auf frischer Tat; *tout à ~* ganz (u. gar), gänzlich; **5.** ► *acheter du tout ~* Fertigkleider, Konfektion kaufen; *aller droit au ~, en venir au ~ sans détours* sofort zur Sache kommen; *être sûr de son ~* s-r Sache sicher sein; *être bien ~ (Mensch)* gut gebaut sein; *être au ~ de* Bescheid wissen über *(acc),* vertraut sein mit, bewandert, eingeweiht sein in *acc; mettre qn au ~ de qc* jdn von etw in Kenntnis setzen, jdm über e-e S Aufschluß geben; *prendre qn sur le ~* jdn auf frischer Tat ertappen; *prendre ~ et cause pour qn* für jdn Partei ergreifen; *plaider un ~* e-e Tatsache geltend machen; **6.** ► *au ~!* zur Sache! *c'en est ~* es ist aus, es ist vorbei (*de lui* mit ihm); es ist geschehen (*de* um); *c'est un ~ à part* das ist e-e Sache für sich; *c'est comme un ~ exprès* das paßt ausgezeichnet; *c'est bien ~ (pour lui* od *pour elle)* das ist ihm (ihr) recht geschehen; *il est de ~ que, le ~ est que* Tatsache, sicher ist, daß; *que Votre volonté soit ~e* Dein Wille geschehe; *aussitôt dit, aussitôt ~* gesagt, getan; **7.** ► *erreur f de ~* materielle(r) Irrtum *m; menus ~s m pl* Kleinigkeiten *f pl; expression f toute ~e (fig)* Schablone *f; voies f pl de ~* Gewalttaten, Tätlichkeiten *f pl;* **8.** *~ accompli* vollendete Tatsache *f; ~s divers* vermischte Nachrichten *f pl,* Lokale(s) *n.*

faîtage [fɛtaʒ] *m* Dachfirst *m;* Firstziegel *m pl.* **faîte** *m* **1.** (Dach-)First, Giebel *m;* **2.** *(Berg)* Gipfel; *(Baum)* Wipfel *m;* **3.** *fig* Glanz-, Höhepunkt, Zenit *m;* ► *être au ~ (fig)* auf der Höhe stehen (*de* gen). **faîtière** *s f* **1.** First-, Hohlziegel *m;* **2.** Dachluke *f;* **3.** *(Zelt)* Firststab *m.*

fait-tout, faitout [fɛtu] *m inv* Kochkessel, große(r) Kochtopf *m.*

falaise [falɛz] *f* Steilküste, Klippe; Felswand *f.*

fallacieux, se [falasjø, -øz] *a (Versprechen)* trügerisch.

falloir [falwaʀ] *v imp ⟨Prés. il faut; Fut. il faudra; pp. fallu; Subj. qu'il faille⟩* **1.** *(avoir besoin de)* brauchen *(acc),* bedürfen *(gen),* nötig haben, benötigen *(acc);* ► *il me faut* ich brauche; *il me faut partir* ich muß weg(=gehen); *il faut que tu m'aides* ich brauche deine Hilfe; *il faut que je (subj)* ich muß *(Inf.); il lui faudra de la patience* er wird Geduld haben müssen; **2.** *(être nécessaire, indispensable)* müssen, sollen; ► *il faudrait au moins essayer* man müßte zumindest einen Versuch machen; *que me faut-il faire?* was soll ich tun? *s'il le* *faut* wenn, falls nötig, wenn es sein soll; *il faut que cela change* das muß anders werden; *il faut voir* das bleibt abzuwarten; *c'est ce qu'il faudra voir!* das wollen wir (doch einmal) sehen! **3.** *(être probable)* ▶ *il faut qu'il ait perdu la tête* er ist wohl nicht bei Sinnen; **4.** ▶ *s'en* ~ fehlen; *il s'en faut de beaucoup, de peu* es fehlt viel, wenig daran; *tant s'en faut* bei weitem, weit gefehlt; *il s'en est fallu d'un cheveu que je me fasse écraser* ich wäre um ein Haar überfahren worden; **5.** *(expression) comme il faut* einwandfrei, tadellos, richtig, ordentlich, tüchtig; ▶ *une personne très comme il faut (fam)* ein sehr anständiger Mensch.

falot, e [falo, -ɔt] **I.** *a* unbedeutend, unscheinbar; farblos; **II.** *s m* (Hand-) Laterne *f.*

falsificateur, trice [falsifikatœʀ, -tʀis] *m f* (Ver-)Fälscher *m.* **falsification** *f* (Ver-)Fälschung *f;* ▶ ~ *de documents* Urkundenfälschung *f;* ~ *de (la) monnaie* Falschmünzerei *f.* **falsifier** [-fje] *tr* (ver)fälschen; *(Wein)* pan(t)schen.

famé, e [fame] *a:* ▶ *mal* ~ in schlechtem Ruf (stehend); verrufen.

famélique [famelik] *a* ausgehungert.

fameux, se [famø, -øz] *a* **1.** berühmt, denkwürdig; **2.** ausgezeichnet, großartig; **3.** *(vorangestellt)* riesig, toll, gewaltig; **4.** *(vorangestellt)* oft erwähnt, vielzitiert; ▶ *pas* ~ *(fam)* nichts Besonderes.

familial, e [familjal] **I.** *a* Familien-; **II.** *s f mot* große(r) Wagen *m;* ▶ *allocations f pl* ~*es* Kindergeld *n.*

familiariser [familjaʀize] **I.** *tr* vertraut machen (*avec* mit); **II.** *v prn se* ~ sich vertraut machen, vertraut werden (*avec* mit); sich gewöhnen (*avec* an *acc*). **familiarité** *f* **1.** Vertrautheit *f;* **2.** Ungezwungenheit, Zwanglosigkeit, Vertraulichkeit *f;* ▶ *se permettre des* ~*s avec qn* sich gegen jdn Freiheiten heraus⸗nehmen. **familier, ère I.** *a* **1.** vertraut, gewohnt, geläufig, bekannt, üblich; **2.** zudringlich, aufdringlich; **3.** ungezwungen, familiär; **II.** *s m* Stammgast; (Haus-)Freund *m;* ▶ *être* ~ *avec qn* mit jdm auf vertrautem Fuße stehen; *cette langue lui est* ~*ière* er ist in dieser Sprache zu Hause. **famille** [famij] *f* Familie *a. zoo bot;* Verwandtschaft; Gattung *f;* Geschlecht *n;* Klasse *f;* ▶ *en* ~ unter sich, im engsten Familienkreis; *être de bonne* ~ aus gutem Hause sein; *chef, soutien m de* ~ Familienoberhaupt *n,* Haushaltungsvorstand *m; fils m de* ~ junge(r) Mann *m* aus gutem Hause; *vie f de* ~ Familienleben *n;* ~ *monoparentale* Eineltern(teil) Familie *f;* ~ *nombreuse* kinderreiche Familie *f;* ~ *nucléaire* Kernfamilie f.

famine [famin] *f* Hunger(snot *f*) *m;* ▶ *année f, salaire m de* ~ Hungerjahr *n,* -lohn *m.*

fan [fan] *m f* Fan *m.* **fana I.** *s m f fam* begeisterte(r) Anhänger, Fan *m;* **II.** *a:* ▶ *il en est* ~ *(fam)* er ist scharf darauf.

fanal [fanal] *m* **1.** (Schiffs-)Laterne *f;* **2.** Leuchtfeuer *n.*

fanatique [fanatik] **I.** *a* fanatisch; **II.** *s m* **1.** Fanatiker *m;* **2.** begeisterte(r) Anhänger; blinde(r) Bewunderer *m;* ▶ *être* ~ *de qc* ein fanatischer Anhänger *gen* sein; von etw hell begeistert sein; ~ *de football* Fußballfanatiker *m.* **fanatiser** *tr* fanatisieren, auf⸗putschen, -hetzen. **fanatisme** *m* Fanatismus *m.*

fane [fan] *f* **1.** dürre(s) Laub *n;* **2.** ▶ ~*s de pommes de terre* Kartoffelkraut *n.*

faner I. *tr* **1.** *(Heu)* wenden; heuen; **2.** welken lassen; **II.** *v prn se* ~ **1.** welken, verblühen; **2.** *(Farbe)* verblassen; **3.** *(Stoff)* verschießen. **faneur, se** *m f* **1.** Heuer(in *f*) *m;* **2.** *f* Heuwender *m.*

fanfare [fɑ̃faʀ] *f* **1.** Fanfare *f; pl* Trompetengeschmetter *n;* **2.** Blechmusikkapelle *f.*

fanfaron, ne [fɑ̃faʀɔ̃, -ɔn] **I.** *a* prahlerisch; **II.** *s m* Prahler, Aufschneider, Angeber *m.* **fanfaronnade** *f* Prahlerei, Angeberei, Großsprecherei *f.* **fanfaronner** *itr* auf⸗schneiden, an⸗geben.

fanfreluche [fɑ̃fʀəlyʃ] *f* Flitter(kram), Firlefanz *m.*

fangothérapie [fɑ̃goteʀapi] *f* Fangotherapie *f.*

fanion [fanjɔ̃] *m* Flagge *f;* Wimpel *m;* ▶ ~ *de la Croix-Rouge* Rote-Kreuz-Flagge *f.*

fanon [fanɔ̃] *m* **1.** *(Rind)* Wamme *f;* **2.** *(Wal)* Barte *f;* **3.** *(Truthahn)* Kehllappen *m.*

fantaisie [fɑ̃te(ɛ)zi] *f* **1.** Lust, Laune *f,* Einfall *m,* Grille *f;* **2.** Geschmack *m;* Ansicht, Auffassung *f,* Gutdünken *n;* **3.** Phantasie, schöpferische Kraft *f,* Einfallsreichtum *m;* **4.** *mus* Fantasie *f;* **5.** ▶ *il me prend la* ~ *de* ich bekomme Lust zu; *article m de* ~ Modeartikel *m; bijoux m pl de* ~ Modeschmuck *m.*

fantaisiste [fɑ̃tɛzist] **I.** *s m* Kabarettist; Illusionist *m;* **II.** *a* aus der Luft gegriffen, (frei) erfunden, falsch; *(Person)* unseriös.

fantasmagorie [fɑ̃tasmagɔʀi] *f* Phantasmagorie *f; fig* Blendwerk, Trugbild *n.* **fantasmagorique** *a* bizarr, phantastisch. **fantasme** *m* Trugbild *n;* Wahnvorstellung; (Fieber-)Phantasie *f.* **fantasque** *a* grillenhaft, wunderlich, seltsam, launenhaft; schrullig.

fantassin [fɑ̃tasɛ̃] *m mil* Infanterist *m.*

fantastique [fɑ̃tastik] *a* **1.** unwirklich, phantastisch; **2.** unglaublich, unwahrscheinlich; **3.** ungewöhnlich; bizarr.

fantoche [fɑ̃tɔʃ] *m* Marionette *f; fig*

Hampelmann *m.*
fantomatique [fɑ̃tɔmatik] *a* gespenstisch, schemenhaft. **fantôme** [-tom] **I.** *s m* **1.** Gespenst; Phantom *n;* **2.** Trugbild *n;* Hirngespinst *n;* **II.** *a:* ► *le Vaisseau* ~ der Fliegende Holländer; *ville f* ~ Geisterstadt *f.*
faon [fɑ̃] *m* Hirsch-, Rehkalb *n.*
faramineux, se [faʀaminø, -øz] *a fam* erstaunlich, phänomenal, kolossal.
farandole [faʀɑ̃dɔl] *f* Farandole *f.*
farce [faʀs] *s f* **1.** *(Küche)* Füllsel *n;* **2.** Farce, Posse(nspiel *n*) *f,* Schwank; **3.** *fig* Streich, Schabernack *m;* ► *être le dindon de la* ~ *(fam)* der Dumme (dabei) sein; *faire des ~s* Ulk machen; *~s et attrapes f pl* Scherzartikel *m pl.* **farceur, se I.** *a* witzig; **II.** *s m* Spaßvogel, Witzbold *m.* **farci, e** *a* **1.** *(Geflügel, Tomate)* gefüllt; **2.** *fig* voll(gepfropft). **farcir I.** *tr* **1.** füllen *(a. Geflügel);* **2.** *fig* voll=stopfen *(de* mit *dat);* **II.** *v prn se* ~ **1.** sich vollpfropfen (*de* mit); **2.** *fam (Arbeit)* sich auf=laden, tun müssen; **3.** *(Mahlzeit)* sich genehmigen; ► *pop il faut se le* ~ *(Mensch)* man muß sich halt damit abfinden.
fard [faʀ] *m* **1.** Schminke *f;* **2.** ► *sans* ~ unverblümt; *se mettre du* ~ sich schminken; Schminke auf=tragen; *piquer un* ~ *(fam)* e-n roten Kopf kriegen; **3.** ► ~ *pour les joues* Wangenrot *n.*
fardeau [faʀdo] *m* Last, Bürde *f a. fig.*
farder [faʀde] **I.** *tr* **1.** schminken; **2.** *fig* bemänteln, beschönigen, e-n falschen Glanz geben (*qc* e-r S); **II.** *v prn se* ~ sich schminken; sich zurecht=machen.
farfadet [faʀfadɛ] *m* Kobold, Irrwisch *m a. fig.*
farfelu, e [faʀfəly] **I.** *a* **1.** sonderbar, bizarr; **2.** komisch; **II.** *s m f* komische Person *f.*
farfouiller *itr fam* herum=stöbern, -wühlen; schnüffeln (*dans qc* in e-r S).
farine [faʀin] *f* Mehl *n;* ► ~ *d'avoine* Hafergrütze *f,* -mehl *n.* **farineux, se** *a* **1.** mehlig, mehlhaltig; **2.** stärkehaltig.
farouche [faʀuʃ] *a* **1.** *(Tier)* wild, ungezähmt; **2.** *fig* ungesellig, unnahbar, (menschen)scheu; *(Kind)* schüchtern; **3.** *(Feind)* unerbittlich; **4.** *(Gegend)* unwirtlich; **5.** *(Sitte)* streng; **6.** *(Gefühl)* stark, unbeherrscht; **7.** *(Haß)* wild; ► *pas* ~ *(Frau)* (sehr) zugänglich.
fart [faʀ(t)] *m* Schiwachs *n.* **fartage** Wachsen *n.* **farter** *tr (Schi)* wachsen.
fascicule [fasiky] *m* Heft *n,* Lieferung *f.*
fascinant, e [fasinɑ̃, -t] *a* faszinierend, bezaubernd. **fascination** *f* Zauber, Reiz *m.* **fasciner** *tr* bezaubern, faszinieren, fesseln.
fascisant, e [faʃizɑ̃, -t] *a* faschistoid. **fascisme** [faʃ(s)ism] *m* Faschismus *m.* **fasciste I.** *s m* Faschist *m;* **II.** *a* faschistisch.
faste [fast] *s m* Prunk, Aufwand *m,* Pracht *f; pl fig* Annalen *f pl; a:* ► *jour m* ~ Glückstag *m.*
fastidieux, se [fastidjø, -øz] *a* langweilig, lästig; langwierig; widerwärtig; unangenehm.
fastueux, se [fastyø, -øz] *a* prunkliebend; prunkvoll.
fat [fa(t)] *a m* geckenhaft.
fatal [fatal] *a* **1.** schicksalhaft; verhängnisvoll, unglückselig, unheilvoll; **2.** tödlich; **3.** unvermeidlich, zwangsläufig; ► *coup m* ~ Todesstoß *m; femme f ~e* Vamp *m.* **fatalement** *adv* unvermeidlich. **fatalisme** *m* Fatalismus, Schicksalsglaube *m.* **fataliste I.** *a* fatalistisch; **II.** *s m* Fatalist *m.* **fatalité** *f;* **1.** Verhängnis *n;* Schicksalsfügung *f;* Geschick *n;* **2.** Zwang(släufigkeit *f*) *m;* Unabwendbarkeit *f;* unglückliche Umstände *m pl.* **fatidique** *a* schicksalhaft.
fatigant, e [fatigɑ̃, -t] *a* **1.** ermüdend, anstrengend; **2.** lästig, beschwerlich. **fatigue** *f* **1.** Ermüdung; Müdigkeit, Mattigkeit *f;* **2.** Strapaze, Anstrengung, Mühe, Mühsal *f;* **3.** *tech* Beanspruchung *f;* ► *être accablé, assommé, brisé de* ~ todmüde, wie gerädert sein; *tomber de* ~ vor Müdigkeit um=fallen. **fatigué, e** *a* **1.** abgespannt, erschöpft, matt, ermüdet; **2.** abgenutzt; **3.** *(Boden)* erschöpft; **4.** *(Hut)* abgetragen; **5.** *(Batterie)* verbraucht. **fatiguer I.** *tr* **1.** ermüden, ermatten; auf=reiben, *fam* fertig=machen; **2.** an=strengen; belästigen; **3.** übermäßig beanspruchen; **II.** *itr tech* zu stark belastet *od* beansprucht sein; **III.** *v prn se* ~ **1.** ermüden; *(Augen)* überanstrengt werden; **2.** sich an=strengen, sich Mühe geben; **3.** überdrüssig werden (*de qc* e-r S), (e-e S) leid werden, *fam* satt kriegen; ► ~ *(fam) ne vous fatiguez pas* machen Sie sich keine unnötige Mühe; *(fam) il ne s'est pas fatigué* er hat sich nicht überanstrengt.
fatras [fatʀa] *m* alte(r) Kram, Wust, Plunder *m.*
fatuité [fatɥite] *f* Dünkel *m,* Überheblichkeit, Selbstgefälligkeit *f.*
faubourg [fobuʀ] *m* Vorstadt *f; (Paris)* Stadtteil *m.*
fauchage [foʃaʒ] *m* Mähen *n,* Mahd *f;* ► ~ *du regain* Grum(me)ternte *f.* **fauchaison** *f* Mähen *n;* (Zeit *f* der) Heuernte *f.* **fauche** *f* Mahd *f;* ► *(pop) il y a de la* ~ *dans les gares* in den Bahnhöfen wird viel geklaut. **faucher** *tr* **1.** (ab=)mähen; **2.** *fig* hinweg=raffen; *mil* nieder=mähen; **3.** *fam* stehlen, klauen; *(Freundin) fam* ausspannen; ► *il est fauché comme les blés* er ist abgebrannt, nicht bei Kasse. **faucheur** *m* Mäher, Schnitter; *zoo* (*a.* **faucheux**) Weberknecht *m.* **faucheuse** *f* **1.** Mäherin, Schnitterin *f;* **2.** Mähmaschine *f.*

faucille [fosij] *f* Sichel *f;* ► *la ~ et le marteau (pol)* Hammer u. Sichel.
faucon [fokõ] *m zoo* Falke *m.* **fauconnerie** *f* Falknerei *f.*
faufil [fofil] *m* Heftfaden *m.* **faufiler I.** *tr* (zusammen=)heften; **II.** *v prn se ~* sich ein=schleichen (*dans* in *acc*); sich hindurch=winden, durch=schlüpfen (*à travers* durch).
faune [fon] **1.** *m* Faun *m;* **2.** *f* Fauna, Tierwelt *f.*
faussaire [fosɛʀ] *m* Fälscher *m.* **faussement** *adv* **1.** zu Unrecht, fälschlich; **2.** falsch; **3.** geheuchelt, gespielt. **fausser** *tr* **1.** *(Ergebnis)* (ver)fälschen; **2.** *(Wirklichkeit)* entstellen; **3.** *(Schlüssel)* verbiegen; **4.** ► *~ compagnie (fam)* heimlich verschwinden; im Stich lassen (*à qn* jdn). **fausset** [-ɛ] *m* **1.** Falsett *n;* **2.** *(Faß)* Spund, Hahn, Zapfen *m;* ► *voix f de ~* Fistelstimme *f.* **fausseté** *f* **1.** Falschheit, Unwahrheit *f;* **2.** Unwahrhaftigkeit, Lügenhaftigkeit; Heuchelei *f.*
faute [fot] *f* **1.** Fehler *m;* **2.** Verfehlung *f,* Verstoß *m;* Schuld *f;* **3.** *jur* Verschulden *n;* **4.** *sport* Verstoß *m;* **5.** ► *sans ~* unfehlbar, gewiß, sicher; *fam* auf jeden Fall, bestimmt; *~ de* mangels *gen,* aus Mangel an *dat; ~ de mieux* in Ermangelung e-s Besseren; *~ de quoi* andernfalls, sonst; **6.** ► *être en ~* im Unrecht sein; *com* im Verzug sein; *faire ~* fehlen, vermißt werden; *faire, commettre une ~* e-n Fehler begehen; sich *(dat)* etw zuschulden kommen lassen; *prendre qn en ~* jdn bei e-m Fehler ertappen; *rejeter la ~ sur qn* die Schuld auf jdn schieben; *se sentir en ~* sich *(acc)* schuldig fühlen; **7.** ► *à qui la ~?* wer ist schuld daran? **8.** ► *~ d'étourderie* Flüchtigkeitsfehler *m; ~ médicale* Kunstfehler *m; ~ de prononciation* Aussprachefehler *m.* **fauter** *itr fam* e-n Fehltritt begehen.
fauteuil [fotœj] *m* **1.** Lehn-, Armstuhl, Sessel *m;* **2.** *theat* Sperrsitz *m;* **3.** *fig* Vorsitz *m,* Präsidium *n;* ► *~ à bascule* Schaukelstuhl *m; ~ d'orchestre (theat)* Orchestersessel *m; ~ roulant* Rollstuhl *m.*
fauteur [fotœʀ] *m f* Anstifter; Aufwiegler *m;* ► *~ de désordre, de troubles* Unruhestifter *m.* **fautif, ive** *a* schuldig, schuldhaft; fehlerhaft.
fauve [fov] **I.** *a* falb, fahlrot; **II.** *s m* **1.** Fahlrot(e) *n;* **2.** große Raubkatze *f;* ► *bêtes f pl ~s* Raubtiere *n pl.*
fauvette *f orn* Grasmücke *f.*
faux [fo] *f* Sense *f.*
faux, fausse [fo, fos] **I.** *a* **1.** falsch, unwahr, erlogen; **2.** unrichtig, verkehrt, unbegründet; **3.** unecht, nachgemacht, heuchlerisch; **4.** *(Klavier)* verstimmt, Schein-, Neben-; **II.** *adv* ► *chanter, jouer ~* falsch singen, spielen; **III.** *s m* Falsche(s) *n;* Fälschung; Nachahmung; falsche Angabe *f;* ► *faire ~ bond (fig)* ab=sagen; im Stich lassen, versetzen (*à qn* jdn); *faire un ~ départ (sport)* e-n Fehlstart machen; *faire un ~ pas* stolpern; *fig* e-n Fehltritt begehen; *faire fausse route* auf dem Holzweg sein; auf Abwege geraten; *c'est du ~* das ist unecht(er Schmuck); *(pop) c'est un ~ jeton* er ist ein falscher Fuffziger; *fausse alarme* od. *alerte* falsche(r), blinde(r) Alarm *m; fausse-attaque f* Scheinangriff *m; ~-bourdon m (zoo)* Drohn(e *f*) *m; ~-col m* (Hemd-)Kragen *m; fausse couche f* Fehl-, Frühgeburt *f; ~-fuyant m* Ausflucht *f; ~-monnayeur m* Falschmünzer *m; ~-semblant m* Täuschung, Verstellung *f.*
faveur [favœʀ] *f* **1.** Gunst, Vergünstigung *f,* Vorrecht *n;* **2.** Beliebtheit *f,* Einfluß *m,* Ansehen *n;* Volkstümlichkeit *f;* **3.** *pl* Gunstbezeigungen; Vergünstigungen *f pl;* **4.** ► *à la ~ de* mittels, mit Hilfe *gen;* unter dem Schutz *gen;* dank; *en ~ de* zugunsten *gen;* wegen, auf Grund *gen; en votre ~* zu Ihren Gunsten, zu Ihrem Vorteil; **5.** ► *faire une ~ à qn* jdm e-e Gunst erweisen; **6.** ► *entrée f de ~* freie(r) Eintritt *m; prix m de ~* Vorzugspreis *m.*
favorable [favɔʀabl] *a* **1.** *(Wetter)* günstig; vorteilhaft; **2.** *(Person)* wohlgesinnt; **3.** *(Aufnahme)* freundlich; ► *dans le cas le plus ~* bestenfalls.
favori, ite I. *a* beliebt; Lieblings-; **II.** *s m f* **1.** Günstling, Liebling *m,* Favoritin *f;* **2.** *sport* Favorit *m;* **3.** *m pl* Backenbart *m.* **favoriser** *tr* begünstigen, fördern; ermutigen; Vorschub leisten *dat;* ► *les couches les plus* od *les moins favorisées* die einkommensstarken *od* einkommensschwachen Schichten *f pl.* **favoritisme** *m* Günstlingswirtschaft *f.*
fayot [fajo] *m fam* **1.** getrocknete Bohne *f;* **2.** *arg mil* Kriecher, Streber *m.* **fayo(t)ter** [-jɔ-] *itr pop* sich durch Übereifer hervor=tun.
fébrifuge [febʀifyʒ] *m s m* Fiebermittel *n.* **fébrile** *a* fieberhaft *a. fig;* Fieber-. **fébrilité** *f* Fieberhaftigkeit; Betriebsamkeit *f.*
fécal, e [fekal] *a* Kot-; ► *matières f pl ~es, (med).* **fèces** [fɛs] *f pl* Fäkalien, Exkremente *pl.*
fécond, e [fekõ, -õd] *a* **1.** *biol* fruchtbar, sich rasch vermehrend; **2.** *fig* reich (*en* an *dat*); schöpferisch; **3.** einträglich, sich lohnend. **fécondation** *f* Befruchtung *f;* ► *~ artificielle* künstliche Befruchtung *f; ~ in-vitro* Befruchtung *f.* **féconder** *tr biol* befruchten *a. fig; (Pflanzen)* bestäuben. **fécondité** *f* **1.** Fruchtbarkeit *f;* **2.** *fig* Reichhaltigkeit, Fülle *f.*

fécule [fekyl] *f* Stärke(mehl *n*) *f*. **féculent, e** *a* stärkehaltig.
fédéral, e [federal] *a* bundesstaatlich; *(Schweiz)* eidgenössisch; ► *gouvernement m* ~ Bundesregierung *f; République f* ~*e* Bundesrepublik *f*. **fédéraliser** *tr* in e-n Bundesstaat um=wandeln. **fédéralisme** *m* Föderalismus *m*. **fédéraliste I.** *a* föderalistisch; **II.** *s m* Föderalist *m*. **fédératif, ive** *a* föderativ. **fédération** *f* **1.** Bund *m*, Föderation *f*; **2.** Verband *m*, Vereinigung *f*; Dachverband *m*; ► ~ *d'États* Staatenbund *m*; ~ *professionnelle* Berufsverband *m*; ~ *syndicale ouvrière* Gewerkschaftsbund *m*. **fédéré, e** *a* verbündet, föderiert.
fée [fe] *s f* **1.** Fee *f*; **2.** *fig* gute(r) Geist *m*; ► *avoir des doigts de* ~ sehr geschickt sein; *conte m de* ~*s* Märchen *n*.
féerie [feri] *f* **1.** *theat* Zauberstück, Märchendrama *n*; **2.** *fig* Zauberwelt *f*; zauberhafte(r) Anblick *m*. **féerique** *a* märchen-, feen-, zauberhaft.
feignant, e [fɛɲɑ̃] **I.** *a fam* (stink-) faul; **II.** *s m f fam* Faulpelz *m*; *(Frau)* faule(s) Stück *n*.
feindre [fɛ̃dr] ‹*Prés. je feins, ns feignons; Fut. je feindrai; pp. feint, e; Subj. que feigne, que ns feignions; Impér. feins, feignons*› *tr* heucheln, vor=geben, -täuschen, -schützen; ► ~ *de* (Inf.) tun, als ob *(subj)*; sich stellen. **feint, e** [fɛ̃, -ɛ̃t] **1.** fingiert, falsch, erheuchelt, erkünstelt; **2.** *arch* Blend-. **feinte** *f* Täuschung, Finte; *fig fam* Falle *f*, Vorwand *m*.
feinter I. *itr sport* e-e Finte machen; **II.** *tr (den Gegner)* täuschen; *fam* herein=legen (*qn* jdn).
fêlé, e [fe(ɛ)le] *a (Geschirr)* gesprungen; rissig; ► *avoir le cerveau* ~ *(fam)* e-n Knacks haben. **fêler I.** *tr* Risse, Sprünge machen (*qc* in etw); **II.** *v prn se* ~ rissig werden; e-n Sprung bekommen.
félicitations [felisitasjɔ̃] *f* Glückwunsch *m*, -wünsche *m pl*; Anerkennung *f*; ► *faire, adresser des* ~ *à qn* jdn beglückwünschen, jdm gratulieren; *toutes mes* ~*s* meine herzlichen Glückwünsche! **félicité** *f lit* Glückseligkeit, reine Freude *f*. **féliciter I.** *tr* beglückwünschen (*de* zu), gratulieren (*qn de qc* jdm zu etw); **II.** *v prn se* ~ glücklich, froh sein (*de qc* über e-e S).
félin, e [felɛ̃, -in] **I.** *a* katzenartig *a. fig*; **II.** *s m zoo* Katze *f*.
fêlure [fe(ɛ)lyr] *f (Glas)* Riß, Sprung *m*.
femelle [fəmɛl] *a zoo bot* weiblich; *s f zoo* Weibchen *n*; *(Frau) péj* Weibsbild *n*; ► *prise* ~ *(el)* Steckdose *f*.
féminin, e [feminɛ̃, -in] *a* weiblich *(Team, Kleider)* Frauen-; *s m gram* Femininum *n*. **féminisation** *f* Verweiblichung *f*; ► *la* ~ *d'une profession* das Vordringen der Frauen in e-m Beruf. **féminiser** *tr* weiblich(er) machen; verweichlichen; *se* ~ weiblich(er) werden. **féminisme** *m* Frauenbewegung *f*; Feminismus *m*. **féministe** *a* feministisch; *s m f* Feminist(in *f*) *m*. **féminité** *f* Weiblichkeit *f*.
femme [fam] *a inv* weiblich; *s f* Frau; Ehefrau *f*; *(vorangestellt) als Femininform der Bezeichnung für Berufe, die auch von Frauen ausgeübt werden*; ► ~ *d'affaires* Geschäftsfrau *f*; ~ *fatale* Femme fatale *f*; ~ *au foyer* Hausfrau *f*; ~ *libérée* emanzipierte Frau *f*; ~ *de ménage* Putzfrau *f*; ~*-objet f* Frau *f* als Sexualobjekt; *elle est, fait très* ~ sie ist, wirkt sehr weiblich; *elle n'est pas* ~ *à se laisser faire* sie läßt sich nichts gefallen; *prendre pour* ~ *(qn* jdn) *lit* zur Frau nehmen. **femmelette** [famlɛt] *f* Schwächling *m*.
fémoral, e [femɔral] *a anat* (Ober-) Schenkel-. **fémur** *m* (Ober-)Schenkelknochen *m*.
fenaison [fənɛzɔ̃] *f* Heuernte f.
fendage [fɑ̃daʒ] *m* Spaltung *f*. **fendillé, e** *a* rissig. **fendiller, se** *v prn* rissig werden. **fendre** ‹*Prés. je fends, ns fendons; Fut. je fendrai; pp. fendu, e; Subj. que fende, que ns fendions; Impér. fends, fendons*› **I.** *tr* **1.** (zer-, auf=)spalten, auf=schneiden, -schlitzen; *(Holz)* hacken; **2.** *(Boden)* aufreißen; *(das Meer)* durchfurchen; **II.** *v prn se* ~ **1.** bersten, sich spalten; Sprünge, Risse bekommen; splittern, (zer)springen; **2.** *(Fechten)* e-n Ausfall machen; **3.** *fam* spendieren (*de qc* etw); heraus=rücken (*de qc* mit etw); **4.** ► *geler à pierre* ~ Stein u. Bein frieren; **5.** ► ~ *l'air (Vogel)* durch die Luft schießen; ~ *la foule* sich durch die Menge drängen; *(fam) se* ~ *la gueule* sich halb totlachen; **6.** ► *cela me* ~ *le cœur* das zerreißt mir das Herz. **fendu, e** *a* rissig; geschlitzt, gespalten; ► *yeux m pl* ~*s en amande* mandelförmige Augen *n pl*.
fenêtre [fənɛtr] *f* **1.** *f* Fenster *n a. inform*; Fensteröffnung *f*; **2.** *(in e-m Schriftstück)* freie Stelle, Lücke *f*; **3.** *tech* Aussparung *f*; **4.** ► *se mettre à la* ~ sich aus dem Fenster lehnen; sich ans Fenster stellen; *regarder par la* ~ zm Fenster hinaus=sehen, -schauen; *la* ~ *donne sur* das Fenster geht hinaus auf *acc*; **5.** ► *appui m de* ~ Fensterbrüstung, -bank *f*.
fenil [fəni(l)] *m* Heuboden *m*.
fenouil [fənuj] *m bot* Fenchel *m*.
fente [fɑ̃t] *f* **1.** Riß, Spalt(e *f*), Sprung *m*; **2.** *geol* Kluft *f*; **3.** Schlitz *m*; Ritze *f*; Einschnitt *m*; **4.** *(Fechten)* Ausfall *m*; ► ~ *de visée* Sehschlitz *m*; **5.** *sport* Schrittlänge *f*.
féodal, e [feɔdal] feudal, Lehns-. **féodalité** *f* **1.** Lehnsverhältnis, -wesen *n*, Feudalismus *m*, Feudalsystem *n*; **2.** *pol*

einflußreiche (Wirtschafts-, Finanz-) Gruppe *f.*

fer [fɛʀ] *m* **1.** Eisen *n;* **2.** Klinge *f;* **3.** *med pl* Geburtszange *f;* **4.** *pl* Fesseln, Ketten *f pl,* Bande *n pl;* **5.** ► *de ~* eisern *a. fig;* **6.** ► *battre le ~* das Eisen schmieden; *donner un coup de ~* auf=bügeln (*à qc* e-e S); **7.** ► *âge m du ~* Eisenzeit *f;* eiserne(s) Zeitalter *n; construction f en ~* Eisenkonstruktion *f;* **8.** ► *~-blanc m* (Weiß-)Blech *n; ~ à cheval* Hufeisen *n; ~ forgé* Schmiedeeisen *n; ~ de lance* Speerspitze; *~ à repasser* Bügeleisen *n; ~ à souder* Lötkolben *m.* **ferblanterie** *f* **1.** Klempnerei, Flaschnerei *f;* **2.** Eisen-, Blechwaren *pl.* **ferblantier** *m* Klempner, Flaschner, Spengler *m.*

férié, e [feʀje] *a* Feier-, Fest-; ► *jour m ~* Feiertag *m.*

férir *tr:* ► *sans coup ~* ohne Schwertstreich; *fig* mühelos.

fermage [fɛʀmaʒ] *m agr* Pacht(zins *m*); Verpachtung *f.* **ferme I.** *a adv* **1.** fest; sicher; **2.** kräftig, stark; **3.** standhaft, unerschütterlich; **II.** *s f* Pacht; Verpachtung *f;* Pachthof *m,* Gehöft; Bauernhaus *n,* -hof *m;* **III.** *s f* **1.** *arch* Dachbinder *m;* **2.** *theat* Versatzstück *n;* **3.** ► *d'un pas ~* festen Schrittes; *de pied ~* festen Fußes; ohne zu wanken; **4.** ► *avoir la main ~ (fig)* e-e feste Hand haben; *boire, travailler ~* tüchtig trinken, arbeiten; *donner, prendre à ~* verpachten; pachten; *tenir ~* fest=bleiben, stand=halten; **5.** ► *valet m de ~* Knecht *m; ~ modèle* od *pilote, -école* Muster-, Lehrgut *n.*

fermé, e [fɛʀme] *a (Gesellschaft)* geschlossen; *(Gesicht)* verschlossen; *(Mensch)* unempfindlich (*à* für *acc*); ► *avoir l'esprit ~ à qc* für etw keinen Sinn, kein Verständnis haben; *être ~* geschlossen, *(dauernd)* stillgelegt sein; zu haben.

ferment [fɛʀmɑ̃] *m chem* **1.** Ferment *n,* Gärungserreger, -stoff *m;* **2.** *fig* Ursache; Triebfeder *f.* **fermentation** *f* Gärung *f a. fig.* **fermenter** *itr* **1.** gären *a. fig; (Teig)* auf=gehen; **2.** *fig* sich in Gärung befinden. **fermer** [fɛʀme] **I.** *tr* **1.** (ab=, ein=, ver=, zu-)schließen; zu=machen; zu=drücken; **2.** umzäunen; vergittern; zu=mauern; **3.** *(Hahn)* zu=drehen; *(Messer)* zu=klappen; *(Faust)* ballen; *(Regenschirm)* zu=machen; *(Kleider)* zu=knöpfen; *(Weg)* sperren; *(Vorhang)* zu=ziehen; *(Fabrik)* still=legen (stillegen); *(Licht)* aus=drehen, ab=schalten; *tech* ab=binden; **II.** *itr* schließen, zu=gehen; **III.** *v prn se ~* **1.** sich schließen; *(Tür)* zu=gehen, -fallen; *(Wunde)* zu=heilen; **2.** *fig* sich verschließen (*à qc* vor e-r S); **3.** ► *~ la bouche à qn* jdm den Mund stopfen; *~ à clef* zu=schließen; *~ les yeux sur qc* bei etw ein Auge zu=drücken.

fermeté [fɛʀməte] *f* **1.** Festigkeit *f a. fig;* **2.** Kraft, Stärke; Sicherheit; Entschlossenheit; Standhaftigkeit *f,* Rückgrat *n fig.*

fermette [fɛʀmɛt] *f* in e-e Zweitwohnung umgewandeltes Bauernhaus *n.*

fermeture [fɛʀmətyʀ] *f* **1.** Verschluß *m;* Schloß *n;* **2.** Schließen *n;* **3.** Schließung *f;* ► *heure f de ~* Geschäftsschluß *m; ~ des bureaux* Büroschluß *m; ~ éclair* Reißverschluß *m; ~ d'entreprise* Betriebsstillegung *f.*

fermier, ière [fɛʀmje, -ɛʀ] *m f* **1.** *jur* Pächter(in *f*) *m;* **2.** Bauer *m,* Bäuerin *f,* Landwirt *m.*

fermoir [fɛʀmwaʀ] *m* **1.** Verschluß *m,* Schließe *f;* **2.** Stemmeisen *n.*

féroce [feʀɔs] *a* **1.** wild, grimmig; blutgierig; **2.** grausam, unbarmherzig, unmenschlich; ► *bête f ~* wilde(s), reißende(s) Tier *n.* **férocité** *f* Wildheit, Grausamkeit; Härte, Unmenschlichkeit *f.*

ferraille [fɛʀaj] *f* **1.** Schrott *m;* **2.** *fam* Kleingeld *n,* Münzen *f pl;* ► *jeter, mettre à la ~* verschrotten.

ferré, e *a* (mit Eisen) beschlagen; ► *être ~ sur une question, en histoire* über e-e Frage Bescheid wissen, in Geschichte *(dat)* beschlagen, gut bewandert sein; *par voie ~e* per Bahn.

ferrer [fɛʀe] *tr (Pferde)* beschlagen.

ferreux, se [fɛʀø, -øz] *a m chem* Ferro-; eisenhaltig; ► *métaux m pl non ~eux* NE-Metalle *n pl.*

ferronnerie [fɛʀɔnʀi] *f* Kunstschmiede(arbeiten *f pl*) *f.* **ferronnier** *m* (Kunst-)Schmied *m;* ► *~ du bâtiment* Bauschlosser *m.*

ferroviaire [fɛʀɔvjɛʀ] **I.** *a* Eisenbahn-; **II.** *s m pl* Eisenbahnpapiere *n pl;* ► *compagnie f, réseau, trafic m ~* Eisenbahngesellschaft *f,* -netz *n,* -verkehr *m.*

ferrugineux, se [fɛʀyʒinø, -øz] *a* eisenhaltig.

ferrure [fɛʀyʀ] *f* Eisen-, Hufbeschlag *m.*

ferry-boat [fɛʀibot] *m (pl ferry-boats)* Eisenbahnfähre *f.*

fertile [fɛʀtil] *a* **1.** fruchtbar; **2.** reich (*en* an *dat*); ergiebig; **3.** *(Thema)* dankbar. **fertilisation** *f* Fruchtbarmachung *f.* **fertiliser** *tr* fruchtbar machen. **fertilité** *f* **1.** Fruchtbarkeit *f;* **2.** *fig* Findigkeit; ► *les sept années de ~ (Bibel)* die sieben fetten Jahre.

féru, e [feʀy] *a:* ► *être ~* besessen sein (*de* von *acc*), begeistert sein (*de* für *acc*).

férule [feʀyl] *f* Zuchtrute *f,* Stock *m;* ► *être sous la ~ de qn (fig fam)* unter jds Fuchtel stehen.

fervent, e [fɛʀvɑ̃, -ɑ̃t] **I.** *a (Gebet)* inbrünstig; *(Christ)* eifrig; leidenschaftlich; fromm; *(Liebe)* heiß; **II.** *s m f*

begeisterte(r) Anhänger(in *f*) *m*. **ferveur** *f* Inbrunst; Glut *f*; Eifer *m*.
fesse [fɛs] *f* Hinterbacke *f*; *pl* Gesäß, Hinterteil *n*; ► *donner un coup de pied aux ~s (fam)* in den Hintern treten; *serrer les ~s (fig)* Bammel haben. **fessée** *f* **1.** Hinternvoll *m*; **2.** *fig pop* Schlappe, Blamage *f*. **fesser** *tr* den Hintern versohlen (*qn* jdm). **fessier** *m fam* Hinterteil *n*.
festin [fɛstɛ̃] *m* Festessen *n*.
festival [fɛstival] *m* Festspiele *n pl*; *sport fam* großartige Leistung *f*; ► *~ cinématographique* Filmfestspiele *n pl*. **festivités** *f pl* Festlichkeiten *f pl*; *(in Belgien)* Feiern *f pl*.
feston [fɛstɔ̃] *m* **1.** *arch* Girlandenverzierung *f*; **2.** *(Stickerei)* Feston *n*.
festoyer [fɛstwaje] ‹*Prés. je festoie, ns festoyons; Fut. je festoierai; pp. festoyé, e*› *itr* tüchtig schmausen; schlemmen.
fêtard [fɛtaʀ] *s m fam* Lebemann *m*.
fête *f* **1.** Fest *n*; **2.** Fest-, Feier-, Namenstag *m*; **3.** ► *de ~* festlich; *en ~* in festlicher Stimmung; lachend, strahlend; im Festgewand; **4.** ► *donner, offrir une ~ en l'honneur de qn* für jdn ein Fest veranstalten; *être de la ~ (fig)* mit dabei sein; *faire la ~* ein tolles Leben führen; *faire ~ à qn* jdn freudig empfangen; *souhaiter sa ~ à qn* jdm Glück zum Namenstag wünschen; **5.** ► *(fam) ça va être ta ~* da kannst du was erleben; **6.** ► *air m de ~* festliche(s) Aussehen *n*; *jour m de ~* Feiertag *m*; *~ anniversaire* Jubiläum *n*; *~ commémorative* Gedenkfeier *f*; *F~-Dieu f* Fronleichnam *m*; *~ des mères* Muttertag *m*; *~ des morts* Allerseelen *n*; *~ de la moisson* Erntedankfest *n*; *~ des rois* Dreikönigstag *m*. **fêter** *tr* feiern; festlich begehen; *fig* festlich empfangen.
fétiche [fetiʃ] *m* Fetisch *m*. **fétichisme** *m* Fetischismus *m*. **fétichiste** *m* Fetischist *m*.
fétide [fetid] *a* **1.** stinkend, übelriechend; **2.** widerlich. **fétidité** *f* Gestank *m*.
feu, e [fø] **I.** *a* verstorben, selig; ► *~ mon père* mein seliger Vater *od* mein Vater selig; **II.** *s m* **1.** Feuer *n a. mil fig*; **2.** Brand *m*, Flamme, Hitze, Glut *f a. fig*; **3.** Feuerung, Heizung *f*; Feuerstelle *f*, Herd, Kamin *m*; **4.** Licht *n*; *pl (~x tricolores)* Verkehrsampel *f*; **5.** *fig* Leidenschaft, Begeisterung *f*, Eifer *m*; **6.** *jur* Feuertod *m*; **7.** ► *à petit, grand ~* bei gelindem, starkem Feuer; **8.** ► *allumer un ~, faire du ~* Feuer an=zünden *od* (an=)machen; *se chauffer, se sécher devant le ~* sich am Feuer wärmen, trocknen; *demander, offrir du ~* um Feuer bitten (*à qn* jdn); Feuer an=bieten; *donner le ~ vert à qn* jdm grünes Licht geben; *être en ~* in Flammen stehen *a. fig*; *(fam) griller un ~ rouge* bei Rot über e-e Kreuzung fahren; *se jeter au ~ pour qn* für jdn durchs Feuer gehen; *jeter, verser de l'huile sur le ~ (fig)* Öl ins Feuer gießen; *jouer avec le ~* mit dem Feuer spielen; *mettre le ~ à qc* etw in Brand stecken; *prendre ~* Feuer fangen *a. fig*; in Wut geraten; *n'y voir que du ~* geblendet sein; *fig* nichts merken, nichts verstehen; **9.** ► *c'est le ~ et l'eau* sie sind wie Feuer u. Wasser; *le ~ lui monte au visage* die Röte steigt ihm ins Gesicht; *au ~!* Feuer! **10.** ► *~ arrière, rouge* Rück-, Schlußlicht *n*; *~ d'artifice* Feuerwerk *n*; *~ clignotant* Blinklicht *n*; *~ rouge, orange, vert* rote(s), gelbe(s), grüne(s) Licht *n*; *~ de stationnement* Standlicht *n*; *~ des projecteurs, de la rampe (theat)* Scheinwerfer-, Rampenlicht *n*.
feuillage [fœjaʒ] *m* Laub(werk) *n*.
feuillard *m* Bandeisen *n*. **feuille** *f* **1.** *bot* Blatt *n*; **2.** *(Papier)* Bogen *m*, Blatt *n*; **3.** Liste *f*, Vordruck *m*, Formular *n*; **4.** Blatt *n*, Zeitung *f*; **5.** *(Metall)* Folie *f*; **6.** ► *à ~s mobiles* Loseblatt-; **7.** ► *(pop) être dur de la ~* schwerhörig sein; *trembler comme une ~* wie Espenlaub zittern; **8.** ► *~ d'aluminium* Aluminiumfolie *f*; *~ de déclaration d'impôt* Steuererklärung *f*; *~ de paie* Lohnliste *f*; *~ d'information* Nachrichtenblatt *n*; *~ de maladie* Krankenschein *m*; *~ morte* welke(s), dürre(s) Blatt *n*; *~ de renseignements* Merkblatt *n*; *~ de salaire* Gehaltmitteilung *f*; *~ de titre* Titelblatt *n*; *~ volante* lose(s) Blatt; Flugblatt; Vorsatzblatt *n*. **feuiller** *tr (Tischlerei)* falzen. **feuillet** [-jɛ] *m* **1.** *(Buch)* Blatt *n*; **2.** *zoo* Blättermagen *m*; **3.** *(Tischlerei)* Furnierblatt *n*; ► *~ de garde (Buch)* Vorsatzblatt *n*. **feuilleté, e** *a* blätt(e)rig; ► *pâte f ~ée* u. *s m* Blätterteig *m*. **feuilleter** ‹*Prés. je feuillette, ns feuilletons; Fut. je feuilletterai; pp. feuilleté, e*› *tr* **1.** durchblättern, flüchtig lesen; **2.** zu Blätterteig verarbeiten. **feuilleton** *m* Feuilleton *n*; Unterhaltungsteil; Fortsetzungsroman, -artikel; Unterhaltungsroman *m*. **feuilletoniste** *m* Feuilletonschreiber *m*.
feuillu, e **I.** *a* dichtbelaubt; **II.** *s m* Laubbaum *m*.
feutre [føtʀ] *m* **1.** Filz(hut) *m*; **2.** Filzunterlage *f*; Filzschreiber, -stift *m*; *pl* Filzpantoffeln *m pl*. **feutré, e** *a* **1.** verfilzt; **2.** mit Filz unterlegt, ausgelegt; **3.** *(Geräusch)* gedämpft; **4.** *(Atmosphäre)* ruhig; ► *à pas ~* mit leisen Schritten. **feutrer** **I.** *tr* mit Filz aus=legen; **II.** *v prn se ~* verfilzen.
fève [fɛv] *f* Saubohne *f*.
février [fevʀije] *m* Februar *m*.
fi [fi] *interj* pfui! ► *faire ~ de* verachten, verschmähen; pfeifen (*de qc* auf etw).

fiabilité *f* [fjabilite] *f tech* Betriebssicherheit, Zuverlässigkeit *f a. fig.* **fiable** *a tech* betriebssicher, zuverlässig *a. fig.*
fiacre [fjakʀ] *m* (Pferde-)Droschke *f.*
fiançailles [f(i)jɑ̃saj] *f pl* **1.** Verlobung *f,* Verlöbnis *n;* **2.** Verlobungszeit *f;* **3.** *com* Fusionsplan *m;* ▶ *rompre ses* ~ die Verlobung lösen; *bague f de* ~ Verlobungsring *m.* **fiancé, e I.** *a* verlobt; **II.** *s m* Bräutigam, Verlobte(r) *m; f* Braut, Verlobte *f;* ▶ *les ~s* das Brautpaar. **fiancer, se** ‹*Prés. je me fiance, ns ns fiançons; Fut. je me fiancerai; pp. fiancé, e*› *prn (avec qn)* sich mit jdm verloben.
fiasco [fjasko] *m* Mißerfolg *m;* Fiasko *n.*
fibranne [fibʀan] *f* Zellwolle *f.* **fibre** *f biol anat tech* Fiber, Faser *f;* Faserstoff *m;* ▶ ~ *artificielle* Kunstfaser *f;* ~ *de bois* Holzwolle *f;* ~ *optique* Glasfaser *f,* Lichtwellenreiter *m;* ~ *végétale* Pflanzenfaser *f.* **fibreux, se** *a* faserig. **fibrille** [-ij] *f anat bot* Fibrille *f; bot* Fäserchen *n.* **fibro-ciment** *m WZ* Eternit, Asbestzement *m.*
fibrome [fibʀom] *m med* Fibrom *n,* Geschwulst *f.* **fibroscope** [fibʀɔskɔp] *m med* Fibroskop *n.* **fibroscopie** *f med* Fibroskopie *f.*
ficelage [fislaʒ] *m* Schnüren *n;* Verschnürung *f.* **ficeler** ‹*Prés. je ficelle, ns ficelons; Fut. je ficellerai; pp. ficelé, e*› *tr* ver-, fest=, zs.=schnüren; ▶ *être mal ~é (fam)* schlecht gekleidet sein. **ficelle** [-sɛl] *s f* **1.** Bindfaden *m,* Schnur, Kordel *f;* **2.** *fig* Kunstgriff, Trick *m,* List *f;* **3.** *arg mil* (Offiziers-)Tresse *f;* **4.** dünne(s), lange(s) Weißbrot *n;* ▶ *tirer les ~s (fig)* die Fäden in der Hand halten.
fichage [fiʃaʒ] *m* Registrieren *n* (bei der Polizei) *f.* **fiche** *f* **1.** (Holz-)Pflock, Bolzen; Stift *m;* **2.** *tele* Stöpsel; *el* Stecker *m;* **3.** Zettel *m;* Karteikarte *f;* ▶ *enfoncer une* ~ e-n Stöpsel ein=stekken; *mettre en* ~ in die Kartei *od* Datei aufnehmen; ~ *femelle* Steckdose *f;* ~*-horaires f* Fahrplanauszug *m;* ~ *individuelle* Personalbogen *m;* ~ *perforée* Lochkarte *f;* ~ *de salaire* Lohnzettel *m.* **ficher** *tr* **1.** *(pp fiché, e) (bei der Polizei)* registrieren; **2.** *(pp fichu, e) fam* tun, machen; arbeiten; geben; ▶ ~ *le camp* sich aus dem Staub machen; ~ *à la porte* hinaus=werfen; *se* ~ *par terre* hin=fallen; *se* ~ *dedans, le doigt dans l'œil* sich schwer irren; **3.** ▶ *je m'en ~e* das ist mir egal, schnuppe; *cet accident fiche en l'air tous nos projets* diesen Unfall bringt alle unsere Pläne zum Scheitern; *~e moi la paix!* laß mich in Ruhe! **fichier** [fiʃje] *m* Kartei *f; inform* Datei *f;* Karteikasten, Zettelkasten *m,* Kartothek *f;* ▶ ~ *électronique* elektronische Datei *f;* ~ *informatisé* (Computer-)Datei *f;* ~ *de prêt* Benutzerkartei *f.*
fichtre [fiʃtʀ] *interj fam* Donnerwetter! so was! **fichtrement** *adv fam* verdammt.
fichu, e [fiʃy] **I.** *a fam* **1.** jämmerlich, erbärmlich, schlecht; **2.** verdammt, verflixt; **3.** erledigt, kaputt, futsch; **II.** *s m* Halstuch *n;* ▶ *bien* ~ gut gebaut; geschickt gemacht; *mal* ~ nicht ganz in Ordnung, nicht auf dem Damm; schlecht gemacht; schlecht gebaut; schlecht gekleidet; *il est* ~ *de* er ist imstande, er wäre fähig, zu.
fictif, ive [fiktif, -iv] *a* **1.** erdichtet, fiktiv; **2.** fingiert, vorgetäuscht. **fiction** [-sjɔ̃] *f* Erdichtung, Erfindung, Fiktion *f.*
fidèle [fidɛl] **I.** *a* treu (*à qn, à qc* jdm, e-r S); zuverlässig, getreu, genau, richtig; **II.** *s m* **1.** Getreue(r); Stammkunde *m;* **2.** *rel* Gläubige(r) *m;* ▶ *rester* ~ *à une promesse* an e-m Versprechen fest=halten. **fidéliser** *tr com* als Stammkunden gewinnen. **fidélité** *f* **1.** Treue *f* (*à, envers qn* zu jdm), Festhalten *n* (*à* an *dat*); **2.** *(Übersetzung)* Genauigkeit; **3.** *mus* Güte (der Wiedergabe) *f.*
fiduciaire [fidysjɛʀ] **I.** *a* treuhänderisch; **II.** *s m* Treuhänder *m;* ▶ *monnaie f* ~ Papiergeld *n.*
fief [fjɛf] **1.** *hist* Lehen(sgut) *n;* **2.** *fig* (Spezial-)Gebiet *n,* Bereich *m;* **3.** *pol* Hochburg *f.*
fieffé, e [fjefe] *a (Lügner)* abgefeimt, ausgemacht.
fiel [fjɛl] *m* **1.** *(von Schlachttieren)* Galle *f;* **2.** *fig* Groll *m.* **fieleux, se** *a* gehässig, giftig.
fiente [fjɑ̃t] *f (Vögel, Wolf)* Mist, Kot *m.*
fier, se [fje] vertrauen, sich verlassen *(à qn, à qc* auf jdn, e-e S).
fier, fière [fjɛʀ] *a* stolz (*de* auf *acc*), hochmütig; kühn; würdig; ▶ *faire le* ~ vornehm tun. **fier-à-bras** *m* Großsprecher *m.* **fiérot** [fjeʀo] *a* dummstolz. **fierté** *f* Stolz; Hochmut *m;* ▶ *c'est sa* ~ das ist sein ganzer Stolz.
fièvre [fjɛvʀ] *f* **1.** *med* Fieber *n a. fig;* **2.** *fig* Auf-, Erregung, Unruhe *f;* ▶ *avoir une* ~ *de cheval* hohes Fieber haben; *brûler, trembler de* ~ vor Fieber glühen, zittern; *travailler dans la* ~ fieberhaft arbeiten; *accès m, poussée f de* ~ Fieberanfall *m.* **fiévreux, se I.** *a* **1.** fieberkrank; fiebrig; **2.** *fig* fieberhaft; hektisch; **II.** *s m f* Fieberkranke(r *m*) *f.*
fifre [fifʀ] *m* **1.** Querpfeife *f;* **2.** (Quer-)Pfeifer *m.*
figer [fiʒe] ‹*Prés. je fige, ns figeons; Fut. je figerai; pp. figé, e*› **I.** *tr* **1.** *(Soßen)* steif, dick werden lassen; **2.** *fig* erstarren lassen; lähmen; **II.** *v prn se* ~ **1.** fest, steif, dick werden; **2.** *fig* erstarren; ▶ *être figé dans qc (fig)* in e-e S festgefahren sein; *sourire m figé* starre(s) Lächeln *n.*
fignolage [fiɲɔlaʒ] *m* sorgfältige Ausar-

beitung; saubere Arbeit *f.* **fignoler** *tr fam* sorgfältig zurecht=machen; den letzten Schliff geben (*qc* e-r S *dat*), (stilistisch) (aus=)feilen; herum=bosseln, -basteln (*qc* an e-r S).

figue [fig] *f* Feige *f;* ► *mi-~, mi-raisin (fig)* sauersüß. **figuier** [-gje] *m bot* Feigenbaum *m.*

figurant, e [figyRɑ̃, -ɑ̃t] *m f* **1.** Statist(in *f*) *m;* **2.** *fig* Randfigur, Nebenperson *f.* **figuratif, ive** *a* bildlich; figürlich; *rel* symbolisch; ► *écriture f ~ative* Bilderschrift *f.* **figuration** *f* **1.** bildliche Darstellung *f;* **2.** *theat* Komparserie *f;* Statistenrolle *f;* ► *faire de la ~ (Film) e-e* Statisten-, Nebenrolle spielen. **figure** *f* **1.** Figur *f a. math fig;* **2.** Gestalt *f,* Aussehen *n,* Haltung *f;* **3.** Gesicht, Antlitz *n;* **4.** Figur, Abbildung *f,* Bildnis, Bild *n;* Darstellung *f;* Muster *n,* Zeichnung *f;* **5.** bildliche(r) Ausdruck *m;* Symbol *n;* Metapher; Redefigur *f;* **6.** große Persönlichkeit, Gestalt *f;* ► *faire ~ de* gelten, angesehen werden (*de qc als* etw); gehalten werden (*de qn* für jdn); *faire bonne ~* s-n Mann stehen; e-e gute Figur machen; *(sport)* gut abschneiden; *jeter qc à la ~ de qn (fam)* jdm etw an den Kopf werfen, unter die Nase reiben. **figuré, e I.** *a* bildlich, figürlich; *(Sprache)* bilderreich; ► *au sens ~* in übertragener Bedeutung; **II.** ► *~ m du terrain* Geländedarstellung *f.* **figurer I.** *tr* bildlich dar=stellen, ab=bilden; gestalten; **II.** *itr* **1.** figurieren, vorhanden sein, vorkommen; *(auf e-r Liste)* aufgeführt sein; *(bei e-r Versammlung)* teilnehmen, anwesend sein; **2.** *theat* e-e Nebenrolle spielen; als Statist auf=treten; *sport* unter „ferner liefen" mit dabei=sein; **III.** *v prn se ~* sich vor=stellen; sich ein=bilden, sich denken; ► *~ sur une liste* auf e-r Liste stehen; *~ en bonne place (Bewerber)* in die engere Wahl kommen; *figurez-vous qu'un jour, au moment où* stellen Sie sich vor. **figurine** *f* Statuette *f,* Figürchen *n.*

fil [fil] *m* **1.** Faden *m a. fig,* Garn, Gespinst *n,* Faser *f;* **2.** Draht *m; el* Ader, Leitung *f;* Kabel *n,* Schnur *f;* **3.** *(Messer)* Schärfe, Schneide *f;* **4.** ► *au ~ de l'eau* mit dem Strom; *au ~ du temps* im Laufe der Zeit; *de ~ en aiguille* im Laufe des Gesprächs; *sans ~* drahtlos; **5.** ► *avoir qn au bout du ~ (fam)* jdn an der Strippe haben; *donner du ~ à retordre à qn* jdm viel zu schaffen machen; *donner un coup de ~ (tele)* an=rufen (*à qn* jdn); *perdre le ~ (de son discours)* den Faden verlieren; *suivre le ~ de ses pensées* s-e Gedanken weiter=spinnen; *ne tenir qu'à un ~ (fig)* an e-m Faden hängen; **6.** ► *il n'a pas inventé le ~ à couper le beurre (fig fam)* er hat das Pulver nicht erfunden; **7.** ► *~ à coudre* Nähfaden *m; ~ conducteur (fig)* rote(r) Faden *m; ~ de fer barbelé* Stacheldraht *m; ~ à plomb* (Senk-)Lot *n; ~ téléphonique* Telefondraht *m,* -leitung *f.* **filament** *m* **1.** Faden *m;* Faser *f;* **2.** *el* Glüh-, Heizfaden *m.* **filandreux, se** *a* **1.** *(Fleisch)* faserig, sehnig; **2.** *fig* weitschweifig, langatmig.

filant, e [filɑ̃, -t] *a* **1.** dickflüssig; fadenziehend; zäh; **2.** *(Puls)* sehr schwach; **3.** ► *étoile f ~e* Sternschnuppe *f.*

filasse [filas] *s f* Bast *m;* Werg *n;* ► *cheveux m pl ~* flachs-, strohblonde, strohige Haare *n pl.*

filature [filatyR] *f* Spinnerei *f;* ► *prendre qn en ~* jdn beschatten; *~ de coton, se soie* Baumwoll-, Seidenspinnerei *f.*

file [fil] *f* **1.** Reihe *f;* **2.** (Auto-)Kolonne *f;* **3.** *(~ d'attente)* Schlange *f;* ► *à la ~,* in einer Reihe, e-r hinter dem anderen; *à la ~ indienne* im Gänsemarsch; *en double ~* (Autos) in zwei Reihen; *prendre la ~* sich hinten an=stellen.

filer [file] **I.** *tr* **1.** spinnen; **2.** *(Metall)* strangpressen; **3.** *mus (Ton)* aus=halten; **4.** *(Tau)* ablaufen lassen; **5.** *(Person)* beschatten; **6.** *mar (Knoten)* zurück=legen; **7.** *arg (Geld)* heraus=rücken; **II.** *itr* **1.** sämig werden; **2.** *(Kabel)* ab=rollen; **3.** *(Zeit)* vergehen; **4.** *fig fam* sich aus dem Staube machen; **5.** ► *~ à l'anglaise (fam)* verduften; *~ doux* klein bei=geben; sich fügen (*avec qn* jdm).

filet [filɛ] *m* **1.** Netz *a. fig; (Jagd)* Garn *n a. fig;* **2.** Filetarbeit *f;* **3.** *(Küche)* Lendenstück, Filet *n;* **4.** *anat* (Zungen-, Vorhaut-)Bändchen *n;* **5.** *bot* Staubfaden *m;* **6.** *tech* (Schrauben-)Gewinde *n; arch* Stab *m;* **7.** *typ* (Spalten-)Linie *f;* **8.** *(Flüssigkeit)* dünne(r) Strahl *m; allg* kleine Menge *f;* **9.** ► *tendre un ~* ein Netz spannen; *~ de lumière* Lichtstreifen *m; ~ à papillons, de pêche, à provisions* Schmetterlings-, Fisch-, Einkaufsnetz *n; ~ de voix* dünne, schwache Stimme *f.*

filial, e [filjal] **I.** *a* kindlich; Kindes-; **II.** *s f* Tochtergesellschaft, Filiale *f.* **filiation** *f;* **1.** Abstammung *f;* **2.** *fig* Verkettung, Verbindung; Folge *f.*

filière [filjɛR] *f* **1.** Spinndüse *f;* **2.** (Schneid-)Kluppe *f;* **3.** *fig* Dienstweg *m, fam* Ochsentour; **4.** *com* Kette *f;* **5.** *(Reaktor)* Baureihe, Serie, Type *f.* **filiforme** *a* **1.** fadenförmig; *fam* dünn; **2.** *(Puls)* sehr schwach. **filigrane** *m* **1.** Filigran *n;* **2.** Wasserzeichen *n;* ► *lire en ~ (fig)* zwischen den Zeilen lesen. **filin** *m mar* Trosse *f,* Tau *n.*

fille [fij] *f* Mädchen *n;* Tochter *f; rel* Nonne *f; jeune ~* Mädchen *n;* junge Frau *f; vieille ~ (péj)* alte Jungfer *f; ~ de joie* Freudenmädchen *n; ~-mère* *(péj)* ledige Mutter *f; une petite ~ de 4 ans* ein vierjähriges Mädchen *n; c'est une grande ~ maintenant!* sie ist aber gewachsen! **fillette** *f* kleine(s) *od* junge(s) Mädchen *n.*

filleul, e [fijœl] *m f* Patenkind *n.*

film [film] *m* **1.** Film *m;* **2.** *tech* Häutchen *n,* Film *m;* **3.** *fig* Ver-, Ablauf *m;* **4.** ► *passer un ~* e-n Film zeigen; *réaliser, tourner un ~* e-n Film drehen; **5.** ► *distribution f des ~s* Filmverleih *m;* **6.** ► *~ d'animation, de dessins animés* Zeichentrickfilm *m; ~ en bobine* Rollfilm *m; ~ en couleurs* Farbfilm *m; ~de cow-boys* Wildwestfilm *m; ~ documentaire* Kulturfilm *m; éducatif* Lehrfilm *m; ~ de court métrage* Kurzfilm *m; ~ muet* Stummfilm *m; ~ policier* Kriminalfilm *m; ~ publicitaire* Werbefilm *m.* **filmage** *m* Filmen *n.* **filmer** *tr* **1.** (ver) filmen; **2.** *tech* mit e-m (Schutz-)Film überziehen; ► *~ en extérieur* Außenaufnahmen machen. **filmique** *a* filmisch; Film-. **filmothèque** *f* **1.** Filmothek *f;* **2.** Mikrofilmarchiv *n.*

filon [filɔ̃] *m* **1.** *min* Flöz, Gang *m,* Ader *f; a. fig;* **2.** *fam* Druckposten *m,* Masche *f;* ► *trouver le ~ (fam)* den Bogen, Dreh heraus=kriegen.

filou [filu] *m (Kind)* Schelm *m.*

fils [fis] *m* Sohn; Knabe, Junge; Nachkomme *m;* ► *il est bien le ~ de son père* er kommt ganz auf s-n Vater heraus; *~ adoptif* Adoptivsohn *m; ~ de famille* junge(r) Mann *m* aus gutem Hause; *le ~ de la maison* der Sohn des Hauses; *~ à papa (pop)* Sohn *m* von Beruf.

filtrage *m,* **filtration** *f* [filtʀaʒ, -asjɔ̃] *m* **1.** Filtern, Filtrieren *n;* **2.** *fig (Menge)* Durchkämmen; *(Nachrichten)* Sieben *n.* **filtre** *m* Filter *m* od *n a. phys radio;* ► *~ à air* Luftfilter *m; ~ coloré* Farbfilter *m.* **filtrer I.** *tr* **1.** durch=seihen, filtrieren; **2.** *(Nachrichten)* sieben; **3.** *(Menschen)* durch=kämmen; überprüfen; **II.** *itr* durch=sickern *a. fig,* -dringen, -laufen.

fin [fɛ̃] *f* **1.** Ende *n,* Schluß *m;* **2.** Aus-, Untergang, Tod *m;* **3.** (End-)Zweck *m,* Absicht *f,* Ziel *n;* **4.** *jur* Klageforderung *f,* -begehren *n,* Einwendung, Einrede *f;* **5.** ► *à cette ~, à ces ~s* zu diesem Zweck, deshalb; *à la ~* schließlich, am Ende; *à la ~ mai, ~ mai* Ende Mai; *à toutes ~s utiles* zu beliebigem Gebrauch, zur weiteren Veranlassung; *en ~ de compte* schließlich; letzten Endes; *sans ~* endlos; **6.** ► *arriver, en venir à ses ~s* sein Ziel erreichen; *mener à bonne ~* zu e-m guten Ende führen; glücklich beenden; *mettre ~ à qc* e-r Sache ein Ende machen; *prendre ~* ein Ende nehmen, zu Ende gehen; *tirer, toucher à sa ~* sich s-m Ende nähern, zur Neige gehen; **7.** ► *c'est le commencement de la ~* das ist der Anfang vom Ende; *c'est la ~ de tout (fam)* das ist (doch) die Höhe! *la ~ justifie les moyens* der Zweck heiligt die Mittel; **8.** ► *~ d'année, de l'année* Jahresende *n; ~ du monde* Weltuntergang *m.*

fin, e [fɛ̃, fin] **I.** *a* **1.** fein, dünn; zart; **2.** schlank, zierlich, fein, auserlesen; **3.** *fig* scharfsinnig, pfiffig; **II.** *adv* vollständig, ganz; **III.** *s m* Feine(s) *n; (Edelmetall)* Feingehalt *m; f (~e-champagne)* Weinbrand *m;* ► *au ~ fond de (fam)* im tiefsten Inner(e)n *gen; ~es herbes* mit fein(gehackt)en Kräutern; *le ~ du ~* das Allerbeste, -schönste, Erlesenste; *la ~e fleur de qc* das Feinste, Beste; die Blume *gen; le ~ mot de l'histoire* des Rätsels Lösung, des Pudels Kern; das entscheidende Wort; *avoir le nez ~ (fig)* e-e gute Nase haben; *avoir l'oreille ~e* ein gutes Gehör haben; *être très ~* das Gras wachsen hören; *jouer au plus ~ avec qn* jdn überlisten wollen.

final, e [final] **I.** *a* End-, Schluß-; endgültig; letzte(r, s); **II.** *s m* **1.** *mus* Finale *n,* Schlußsatz *m; s f* **2.** Endsilbe *f,* -buchstabe; **3.** *mus* Schlußton *m;* **4.** *sport* Endspiel *n,* -kampf *m,* Finale *n;* ► *arriver en ~e* ins Finale kommen; *point m ~* Schlußpunkt *m; résultat m ~* Endergebnis *n.* **finaliser** *tr* zweckvoll gestalten. **finaliste** *m* Teilnehmer *m* am Endkampf. **finalité** *f* Zweckbestimmtheit, Finalität *f.*

finance [finɑ̃s] *f* **1.** Finanzwelt *f;* **2.** *pl* Finanzen, Staatseinkünfte *f pl;* **3.** Finanz-, Geldwesen *n;* **4.** Geldmittel, -verhältnisse *n pl;* ► *moyennant ~* gegen Zahlung; *être dans la ~* im Bankfach tätig sein; *ministre m des ~s* Finanzminister *m.* **financement** *m* Finanzierung; Bereitstellung *f* von Geldmitteln; ► *plan m de ~* Finanzierungsplan *m.* **financer** ‹*Prés. je finance, ns finançons; Fut. je financerai; pp. financé, e*› *tr* finanzieren. **financier, ère I.** *a* finanziell; Finanz-; **II.** *s m* Finanzmann *m.*

finasser [finase] *itr fam* sich herausreden. **finasserie** *f* Kniff *m,* Spitzfindigkeit *f.*

finaud, e [fino, -od] **I.** *a* pfiffig, schlau, listig; **II.** *s m* Schlauberger *m.* **finesse** *f* **1.** Zartheit, Zierlichkeit, Feinheit *f a. fig;* **2.** *(Sinne)* Schärfe *f;* **3.** *fig* Unterscheidungsvermögen *n,* Scharfsinn *m;* **4.** Eleganz *f;* Raffinement *n.*

fini, e [fini] **I.** *a* **1.** vollendet, fertig; erledigt *a. fig;* begrenzt, abgeschlossen, vergangen; **2.** *(Schurke)* ausgemacht; **II.** *s m* Vollendung; Ausführung, endgültige Gestalt, Form *f;* (das) Endliche; ► *tout est ~* alles ist aus, verloren; *c'est un homme ~* er hat ausgespielt, abgewirtschaftet; *bien ~* sorgfältig gearbeitet. **finir I.** *tr* **1.** beend(ig)en, ein Ende machen (*qc* dat); auf=hören, fertig sein (*qc* mit etw); **2.** vollenden, fertig=machen, aus=arbeiten; **3.** auf=essen, aus=trinken, zu Ende rauchen; *fam (Kleider)* auf=tragen; **II.** *itr* **1.** zu Ende gehen, ein Ende nehmen *od* finden, enden, auf=hören (*de* zu), aus=gehen; aus=laufen (*en* in *acc*); **2.** *(Vertrag)* ab=laufen; **3.** sterben, das Leben verlieren; **4.** ▶ *en* ~ Schluß machen (*avec qn, avec qc* mit jdm, e-r S); ~ *par faire qc* endlich, schließlich, zuletzt etw tun; **5.** ▶ *à n'en plus* ~ endlos; *pour en* ~ um es kurz zu machen; **6.** ▶ ~ *mal* ein schlimmes Ende nehmen; ~ *de parler* aus=reden; **7.** *tout cela finira mal* das wird übel ausgehen; *tout est bien qui finit bien* Ende gut, alles gut. **finish** [-iʃ] *m sport* Endspurt *m.* **finissage** *m* Endbearbeitung, Fertigstellung; Vered(e)lung; Zurichtung *f;* Schlichten *n.* **finisseur, se** *m f sport* guter Endspurtler *m.* **finition** *f* **1.** Fertigstellung, Vollendung *f;* **2.** Verarbeitung *f.*

finlandais, e; finnois, e [fɛ̃lɑ̃dɛ, -ɛz, finwa, -az] *a* finnisch; *sm gram* Finnisch *n,* das Finnische. **Finlandais, e** *m f* Finne *m,* Finnin *f.* **Finlande, la** [fɛ̃lɑ̃d] *f.* **finlandisation** *f pol* Finnlandisierung *f.*

fiole [fjɔl] *f pharm* Phiole *f.*

fioritures [fjɔʀityʀ] *f pl* **1.** *mus* Koloratur *f;* **2.** *fig* Schnörkel *m pl,* Verzierungen *f pl.*

firmament [fiʀmamɑ̃] *m* Firmament *n.*

firme *f com* Firma *f;* Unternehmen *n,* Geschäft *n.*

fisc [fisk] *m* Fiskus *m;* Steuerbehörde, Staatskasse *f;* ▶ *frauder le* ~ Steuern hinterziehen. **fiscal, e** *a* fiskalisch; ▶ *évasion f* ~*e* Steuerflucht *f; fraude f* ~*e* Steuerhinterziehung *f; timbre m* ~ Stempelmarke *f.* **fiscalité** *f* **1.** Steuerwesen *n;* **2.** ▶ *poids m de la* ~ steuerliche Belastung *f.*

fissible [fisibl] *a* spaltbar. **fissile** *a* **1.** *geol* schiefrig; **2.** *phys* spaltbar. **fission** *f* Spaltung *f;* ▶ ~ *nucléaire (phys)* Kernspaltung *f.* **fissionnable** *a* spaltbar. **fissipare** *a (zoo)* sich durch (Zell-) Teilung fortpflanzend. **fissure** *f* **1.** Spalt(e *f*) *m,* Ritze *f; (Glas)* Sprung, Riß *m; anat* Furche *f;* **2.** *fig* Bruch *m,* Unstimmigkeit, Lücke *f.* **fissurer I.** *tr* Risse, Spalten hervorrufen; **II.** *v prn se* ~ rissig werden; *(Lippen, Hände)* auf=springen; *(Glas)* Sprünge bekommen.

fiston [fistɔ̃] *m pop* Söhnchen *n.*

fistule *f med* Fistel *f.*

fixage [fiksaʒ] *m phot* Fixieren *n.* **fixatif** *m* Fixativ *n.* **fixation** *f* **1.** Befestigung *f,* Festmachen *n;* **2.** Halterung; *(Ski)* Bindung *f;* **3.** *(Frist, Preise)* Festlegung; Festsetzung, Bestimmung *f;* **4.** *chem* Fixierung *f;* **5.** *(Volk)* Seßhaftmachen, -werden *n;* **6.** *psych* Fixierung *f;* ▶ ~ *du prix* Preisfestsetzung *f;* ~ *de sécurité* Sicherheitsbindung *f.* **fixe I.** *a* **1.** fest(stehend), unbeweglich; **2.** festgelegt; bestimmt; beständig, unveränderlich; **3.** *tech* feststehend, stationär; feuerfest; **4.** *(Blick)* starr; **5.** *com* fix; **II.** *s m* Fixum, feste(s) Gehalt *n;* **III.** *interj mil* Achtung! ▶ *à heure, jour* ~ zur bestimmten Stunde, an e-m bestimmten Tag; *à prix* ~ zu festem Preis; *le baromètre est au beau* ~ das Barometer steht auf beständig schön; ~*-au-toit m mot* Dachgepäckträger *m.* **fixé, e** *a* **1.** *(Entschluß, Wahl)* getroffen; fest, befestigt; **2.** *chem* gebunden; **3.** ▶ *être* ~ Bescheid wissen; e-n Entschluß gefaßt haben; *me voilà* ~ nun weiß ich, woran ich bin.

fixer I. *tr* **1.** *(attacher, immobiliser)* befestigen, fest=machen, an=bringen; ▶ ~ *qc au mur* etw an der Wand an=bringen; *(Feind)* binden, fesseln; an=siedeln, seßhaft machen; ~ *dans sa mémoire* sich ein=prägen; **2.** ▶ *(regarder)* ~ *qn du regard* jdn fixieren, starr an=sehen; ~ *le regard sur qn od qc* den Blick auf jdn oder e-e S heften; **3.** *(donner forme)* fest=legen, bestimmen; ▶ ~ *la date d'une réunion* den Termin e-r Versammlung fest=legen, an=beraumen; ~ *ses idées sur le papier* s-e Gedanken zu Papier bringen; ~ *les limites d'un terrain* ein Gebiet ab=grenzen; **4.** *(chem)* binden; *(Foto, Kohlezeichnung)* fixieren; **5.** *(informer)* ▶ *je ne suis pas très fixé* ich habe mich noch nicht festgelegt; **II.** *v prn* ▶ *se* ~ *une ligne de conduite* sich ein Verhalten zur Richtschnur machen; *son choix s'est* ~*-é sur qc* er hat sich für e-e S entschieden; *(s'établir)* sich (für dauernd) nieder=lassen; heiraten; *(Sache)* sich stabilisieren, sich einpendeln; *se* ~ *pour but de* sich zum Ziel setzen. **fixité** *f* Festigkeit; Unbeweglichkeit; Unveränderlichkeit; Starrheit; Beständigkeit *f.*

flac [flak] *interj* klatsch! patsch!

flacon *m* Fläschchen *n;* ▶ ~ *en verre, de parfum* Glas-, Parfümfläschchen *n.*

flagada [flagada] *a fam* schlapp.

flagellant [flaʒɛlɑ̃] *m hist* Geißelbruder *m.* **flageller** *tr* geißeln.

flageolant, e [flaʒɔlɑ̃, -t] *a* zitternd; wankend. **flageoler** *itr (Knie)* schlottern; wanken.

flageolet [flaʒɔlɛ] *m* **1.** weiße (Zwerg-) Bohne *f;* **2.** *mus* Flageolett *n.*

flagrant, e [flagʀɑ̃, ɑ̃t] **1.** sonnenklar, offenkundig, in die Augen springend; *(Widerspruch)* kraß; **2.** ▶ *prendre en* ~ *délit* auf frischer Tat ertappen.

flair [flɛʀ] *m* **1.** Witterung *(bes. des Hundes);* feine Nase *f;* **2.** *fig* Scharf-, Spürsinn *m,* Fingerspitzengefühl *n;* ▶ *avoir* *du ~ (fam)* e-n guten Riecher haben. **flairer** *tr* **1.** wittern *a. fig;* (auf=)spüren, riechen; **2.** *(Mensch) fig* ahnen, merken; ► *~ qc* etw beschnuppern; für etw e-n guten Riecher haben.

flamant [flamɑ̃] *m orn* Flamingo *m.*

flambant, e [flɑ̃bɑ̃] *a* **1.** ► *tout ~ neuf (fam)* funkelnagelneu; **2.** ► *charbon m ~* Flammkohle *f.* **flambé, e** *a* **1.** *fam* pleite, futsch; **2.** *(Nadel)* ausgeglüht; **3.** *(Geflügel)* abgesengt. **flambeau** *m* **1.** Fackel *f;* **2.** Leuchter *m;* **3.** *fig* Leuchte *f;* ► *retraite f aux ~x* Fackelzug *m.* **flambée** *f* **1.** hell auflodernde(s) Feuer *n;* **2.** *fig* plötzliche(r) Ausbruch *m;* **3.** ► *~ des prix* Preislawine *f.* **flamber** **I.** *tr* (ab=)sengen, aus=brennen; an=kohlen; **II.** *itr* flammen, lodern. **flamboiement** *m* (Auf-)Flammen, Lodern; *(Sonne)* Glühen *n.* **flamboyant, e** *a* flammend, funkelnd, blitzend; ► *gothique m ~* Spätgotik *f.* **flamboyer** *itr* ‹*Prés. je flamboie, ns flamboyons; Fut. je flamboierai; pp. flamboyé, e*› (auf=)flammen, auf=leuchten.

flamingant, e [flamɛ̃gɑ̃, -ɑ̃t] *a* Flämisch sprechend.

flamme [flam] *f* **1.** Flamme *f;* **2.** *mar* Wimpel *m;* ► *être la proie des ~s* ein Raub der Flammen werden. **flammèche** *f* Feuerfunke *m.*

flan [flɑ̃] *m* **1.** Pudding *m;* **2.** Münzplatte *f;* **3.** *typ* Mater; Matrize *f;* ► *(Person)* untauglich; *en être comme deux ronds de ~ (pop)* baff sein.

flanc [flɑ̃] *m* **1.** *(Mensch, Tier)* Seite, Weiche; *(Tier)*Flanke *f a. mil tech;* **2.** Seitenwand *f,* -teil *n;* (Berg-, Ab-)Hang, Abfall *m;* **3.** *mar* Seite *f;* ► *tirer au ~ (fam)* sich (von der Arbeit) drücken. **flancher** *itr fam* nach=geben; *(Herz)* aus=setzen; *(Plan)* aufgeben; zurück=weichen; Angst bekommen.

Flandre(s), la (les) [flɑ̃dʀ] Flandern *n.*

flanelle [flanɛl] *f* Flanell *m.*

flâner [flane] *itr* umher=schlendern, bummeln. **flânerie** *f* Bummel *m;* Bummelei *f.* **flâneur, se** *m f* Spaziergänger(in *f*) *m;* Bummler(in *f*) *m.*

flanquer [flɑ̃ke] **I.** *tr* **1.** flankieren; **2.** *fam* schleudern, werfen; keß auf=setzen; **3.** *(Ohrfeige)* versetzen, verpassen; **II.** *v prn se ~* ► *~ la frousse à qn* jdm Angst einjagen; *~ à la porte* hinaus=werfen; *se ~ par terre* hin=fallen.

flapi, e [flapi] *a fam* todmüde, wie gerädert.

flaque [flak] *f* Pfütze, Lache *f.*

flash [flaʃ] *m* **1.** *phot* Blitzlicht *n;* **2.** *film* Flash *m;* **3.** *(Presse) (~ d'information)* wichtige Kurznachricht *f;* ► *~ électronique* Elektronenblitz *m; ~ publicitaire* Werbespot *m.* **flash-back** *m inv film* Rückblende *f.* **flashmètre** *m (phot)* Blitzbelichtungsmesser *m.*

flasque [flask] **I.** *a* schlaff, weich; matt; schlapp, lendenlahm; **II.** *s m* **1.** *tech* Flansch *m;* **2.** Flasche *f.*

flatter [flate] **I.** *tr* **1.** schmeicheln *(qn* jdm); **2.** *(Tier)* streicheln, liebkosen; **3.** angenehm berühren *fig; (den Gaumen)* kitzeln; **4.** *(Bild)* verschönen; **5.** zu sehr schonen, zu zärtlich behandeln; begünstigen; **6.** Hoffnung machen *(qn de qc* jdm auf e-e S); **II.** *v prn se ~* sich *(dat)* ein=bilden *(de qc* e-e S); sich *(dat)* Hoffnung machen *(de qc* auf e-e S), rechnen *(de qc* mit etw). **flatterie** *f* Schmeichelei *f.* **flatteur, se** **I.** *a* schmeichelhaft; schmeichlerisch; **II.** *s m f* Schmeichler(in *f*) *m.*

flatuosité [flatɥozite] *f* Blähung *f.*

fléau [fleo] *m* **1.** Dreschflegel *m;* **2.** Waagebalken *m;* **3.** *fig* Geißel, Landplage *f.*

flèche [flɛʃ] *f* **1.** Pfeil *m;* **2.** *(Turm)* Helm *m,* Spitze; Deichsel; Durchbiegung *f,* Durchhang *m;* **3.** *(Kran)* Ausleger *m;* **4.** *(~ de lard)* Speckseite *f;* **5.** ► *monter en ~ (aero)* steil in die Höhe steigen; *(Preise)* in die Höhe schnellen. **fléchette** [fleʃɛt] *f* Wurfpfeil *m.*

fléchir [fleʃiʀ] **I.** *tr* **1.** biegen, beugen; **2.** *fig* rühren, erweichen, bewegen; **II.** *itr* **1.** nach=geben *a. fig;* wanken, weichen; sich durch=biegen; **2.** sich beugen; sich rühren lassen; **3.** *(Preis)* fallen; **4.** *(Kurse)* ab=bröckeln. **fléchissement** *m* **1.** Beugung *f,* Beugen *n; (Seil)* Durchhang *m;* Durchbiegen *n;* **2.** *fig* Nachlassen, Nachgeben *n;* **3.** *(Kurs)* Rückgang *m;* Abschwächung, Abflachung *f;* Abbröckeln *n;* **4.** *(Preise)* Fallen *n.*

flegmatique [flɛgmatik] **I.** *a* phlegmatisch; *fig* kaltblütig, leidenschaftslos; **II.** *s m* kaltblütige(r) Mensch *m.* **flegme** [flɛgm] *m* **1.** *med* Schleim *m;* **2.** Gelassenheit *f;* ► *faire perdre son ~ à qn* jdn aus der Fassung bringen.

flemmard, e [flɛmaʀ, -aʀd] **I.** *a fam* träge, faul; **II.** *s m* Faulpelz *m.* **flemmarder** *itr fam* faulenzen. **flemme** *f fam* Faulheit *f;* ► *avoir la ~* faulenzen; keine Lust zur Arbeit haben.

flétan [fletɑ̃] *m zoo* Heilbutt *m.*

flétri [fletʀi] *a* **1.** *(Blume)* welk, verwelkt; **2.** *fig (Haut)* welk; *(Schönheit)* verblüht. **flétrir** **I.** *tr* **1.** (ver)welken lassen; **2.** *fig* den Glanz, die Frische nehmen *(qc* dat); **3.** *qn* jdn brandmarken; **4.** *fig* schänden, entehren, beflekken; **II.** *v prn se ~* **1.** verwelken, verdorren; verblühen; **2.** s-e Frische, s-n Glanz verlieren; **3.** *(Gesicht)* schlaff werden. **flétrissure** *f* **1.** (Ver-)Welken, Verblühen *n;* **2.** Brandmarkung; *fig* Schmach *f,* Schandfleck *m;* Entehrung *f.*

fleur [flœʀ] *f* **1.** Blume; Blüte *f a. fig chem;* **2.** *fig* Blüte(zeit) *f,* Glanz *m;* **3.**

Auswahl *f*, (das) Beste; **4.** ► *à ~s* mit Blumen geschmückt; geblümt; *à ~ de* auf der Oberfläche *gen*, in gleicher Höhe mit; *à la ~ de l'âge* in den besten Jahren; *en ~* blühend, in Blüte; *comme une ~ (fam)* federleicht; mühelos; **5.** ► *couvrir qn de ~s, jeter des ~s à qn (fig)* jdm Komplimente machen; *faire une ~ à qn (fam)* für jdn etw Besonderes tun, e-n Stein in den Garten werfen; **6.** ► *bouquet m f de ~s* Blumenstrauß *m; pot m de ~s* Blumentopf *m; ~ de cerisier* Kirschblüte *f; ~ de farine* feinste(s) Auszugmehl *n.* **fleuraison** *f s. floraison.* **fleur-de-lis** *f* Lilie *f; (Heraldik)* Bourbonenlilie *f.* **fleurdelisé, e** [-də-] *a* mit Lilien verziert.

fleuret [flørɛ] *m* **1.** Florett *n;* **2.** Florettseide *f.*

fleurette [flørɛt] *f* ► *conter ~ à qn* jdm den Hof machen. **fleuri, e** *a (Baum)* blühend; *(Wiese)* blumengeschmückt; *(Stoff)* geblümt; *(Teint)* frisch, gerötet; *(Stil)* bilderreich, blumig überladen. **fleurir I.** *itr* **1.** (auf=)blühen *a. fig;* in Blüte stehen; **2.** ► *(pop) les fautes fleurissent* es wimmelt von Fehlern; **II.** *tr* (mit Blumen) schmücken; *fig* e-e Blume an=stecken (*qn* jdm); ► *~ sa boutonnière* sich *(dat)* e-e Blume ins Knopfloch stecken. **fleuriste** *m f* Blumengärtner(in *f*), -händler(in *f*) *m.*

fleuron [flørõ] *m* **1.** Blumenzierat *m;* **2.** *fig* Kleinod *n.*

fleuve [flœv] *m* Strom *m a. fig.*

flexibilité [flɛksibilite] *f* **1.** Biegsamkeit, Geschmeidigkeit *f;* **2.** *fig* Elastizität, Flexibilität; Anpassungsfähigkeit *f.* **flexible I.** *a* **1.** biegsam, geschmeidig; nachgiebig; **2.** *fig* lenksam; flexibel; anpassungsfähig; **II.** *s m* **1.** (Gummi-) Schlauch *m;* **2.** *tech* biegsame Welle *f.* **flexion** [-ksjõ] *f* **1.** *(Arm)* Biegung, Beugung *f;* **2.** *tech* Durchbiegung *f;* **3.** *gram* Flexion *f.*

flic [flik] *m fam* Schupo, Bulle *m.*

flic flac [flikflak] *(interj fam)* klitsch, klatsch.

flicaille [flikaj] *f fam péj* Polente, Polizei *f.*

flingue [flɛ̃g] *m pop* Flinte, Knarre *f.* **flinguer** *tr fam* über den Haufen schießen.

flipper [flipe] *itr fam* aus=flippen.

flipper [flipœʀ] *m* Flipper *m.*

fliquer [flike] *tr arg* bespitzeln.

flirt [flœʀt] **1.** Flirt *m;* Liebelei *f;* **2.** *fam* Schwarm *m.* **flirtage** *m f,* Kokettieren *n.* **flirter** *itr* flirten. **flirteur, se** *m f.*

floc [flɔk] *interj* plumps!

flocon [flɔkõ] *m* Flocke *f;* Faserbüschel *n;* ► *tomber à gros ~s* in dicken Flokken fallen; *~s d'avoine, de neige* Hafer-, Schneeflocken *f pl.* **floconner** [-kɔ-] *itr* Flocken bilden. **floconneux, se** *a* flokkig.

flonflons [flõflõ] *m pl fam* Tschingbum *n;* Geschmetter *n.*

flop [flɔp] *m film* Mißerfolg, Reinfall *m.*

flopée [flɔpe] *fam* Haufen *m,* Masse, Unmenge (*de* von).

floraison [flɔʀɛzõ] *f* **1.** Blüte(zeit) *f;* **2.** Blühen *n.* **floralies** *f pl* Blumenschau *f.* **flore** *f* Flora *f.*

Florence [flɔʀɑ̃s] *f* Florenz *n.*

floriculture [flɔʀikyltyʀ] *f* Blumenzucht *f.* **florilège** *m fig* Blumenlese *f.*

florin [flɔʀɛ̃] *m* Gulden *m.*

florissant, e [flɔʀisɑ̃, -t] *a fig* blühend; *(Handel)* florierend.

flot [flo] *m* **1.** *meist pl* Welle, Woge; Flut *f;* Strom *m a. fig;* **2.** *fig* Menge, Masse *f,* Schar(en) *f (pl);* ► *à ~s* in Strömen; *être à ~ (mar)* flott, *fig* bei Kasse sein. **flottage** *m* Flößen *n;* ► *train m de ~* Floß *n.* **flottaison** *f* **1.** *(ligne f de ~)* Wasserlinie *f;* **2.** *com* Freigabe *f* des Wechselkurses, Floating *f.* **flottant, e** *a* **1.** schwimmend *a. tech;* treibend; schwebend; **2.** flatternd, wehend, fliegend; **3.** *(Haar)* wallend; **4.** *fig* unsicher, veränderlich, schwankend; ► *capitaux m pl ~s* heiße(s) Geld *n.* **flotte** *f* **1.** Flotte *f;* **2.** Boje *f;* **3.** *pop* Wasser *n,* Regen *m;* ► *(pop) il tombe de la ~* es gießt; **4.** ► *~ aérienne* Luftflotte *f; ~ pétrolière* Tankerflotte *f.* **flottement** *m* **1.** Schwanken *a. fig; (Räder)* Flattern *n;* **2.** *com (Währung)* Schwankungen *f pl,* Floating *n;* **3.** *fig* Zögern *n,* Unentschlossenheit *f.* **flotter I.** *itr* **1.** schwimmen, treiben; **2.** schweben (*en l'air* in der Luft); wehen, flattern, fliegen, wogen; **3.** *fig* keine klare Linie haben; es an Genauigkeit fehlen lassen; **4.** zögern; **5.** *tech* wackeln; **6.** *(fam) il flotte* es regnet; **II.** *tr (Holz)* flößen; ► *un sourire flottait sur ses lèvres* ein Lächeln spielte um s-e Lippen. **flotteur** *m* **1.** *tech* Schwimmer *m;* **2.** *(~ de bois)* Flößer *m.* **flottille** [-ij] *f* Flottille *f.*

flou, e [flu] **I.** *a adv* **1.** zart, weich; duftig; **2.** *(Kleid)* locker, lose; **3.** *phot* unscharf, verschwommen; **4.** *fig* unbestimmt; **II.** *s m* **1.** Verschwommenheit; ► *~ juridique* Rechtsunsicherheit *f;* weiche Linie; **2.** *phot* Unschärfe *f.*

flouer [flue] *tr fam* begaunern, bestehlen.

fluctuant, e [flyktɥɑ̃, -ɑ̃t] *a* **1.** *(Preise)* fluktuierend; **2.** *(Person)* schwankend, unbeständig, unsicher. **fluctuation** *f* Schwankung; *(Arbeitskräfte)* Fluktuation *f;* ► *~s des prix* Preisschwankungen *f pl; ~s saisonnières* jahreszeitlich bedingte Schwankungen *f pl.* **fluctuer** *itr fig* schwanken, fluktuieren.

fluet, te [flyɛ, -ɛt] *a* schmächtig, dünn; zart, schwächlich.

fluide [flɥid] **I.** *a* **1.** (dünn)flüssig; **2.**

(Stil) fig flüssig; **II.** *s m* **1.** Flüssigkeit *f;* **2.** *fig* Ausstrahlung *f,* Fluidum *n.* **fluidité** *f* **1.** Dünnflüssigkeit *f;* **2.** ► *~ de la circulation routière* Flüssigkeit *f* des Straßenverkehrs; **3.** *fig* Verschwommenheit *f.*

fluor [flyɔʀ] *m chem* Fluor *n.* **fluorescence** *f* Fluoreszenz *f.* **fluorescent, e** *a* fluoreszierend; ► *tube m ~* Leuchtstoffröhre *f.*

flûte [flyt] *f* **1.** Flöte *f;* Flötist *m;* **2.** längliche(s) Brot *n;* **3.** *(~ à champagne)* Sektglas *n;* **4.** *interj fam* verflixt! ► *être du bois dont on fait des ~s (fig)* zu nachgiebig sein; *F~ enchantée* Zauberflöte *f.* **flûté, e** *a (Ton)* hell; schrill. **flûtiste** *m* Flötenspieler, Flötist *m.*

fluvial, e [flyvjal] Fluß-; ► *navigation f ~e* Flußschiffahrt *f.*

flux [fly] *m* **1.** *(Meer)* Flut *f a. fig;* **2.** *med* Ausfluß *m;* **3.** *tech el* Fluß *m;* ► *~ d'informations* Informationsfluß *m; ~ de paroles* Wortschwall *m; ~ et reflux* Ebbe u. Flut *f;* Gezeiten *pl; fig* (das) Hin u. Her.

fluxion [flyksjɔ̃] *f med* Anschwellung, Entzündung; *fam* dicke Backe *f;* ► *~ de poitrine* Lungen- und Rippfellentzündung *f.*

FNI [ɛfɛni] *f pl mil forces nucléaires intermédiaires* INF *n.*

foc [fɔk] *m mar* Klüver *m.*

focal, e [fɔkal] **I.** *a* Brennpunkt-; **II.** *s f opt* Brennweite *f.* **focaliser** *tr* **1.** *(Strahlen)* bündeln; **2.** *fig* konzentrieren *(sur* auf *acc).*

foetal, e [fetal] *a* Fötal, Fetal, des Fötus.

fœtus [fetys] *m* Leibesfrucht *f.*

foi [fwa] *f* **1.** Glaube(n) *m a. rel;* Vertrauen *n* (*en* auf, in *acc,* zu); **2.** *pol* Überzeugung *f;* **3.** ► *de bonne ~, en toute bonne ~* gutgläubig, in gutem Glauben; *en ~ de quoi (jur)* urkundlich dessen; *ajouter ~ à qc* e-r S Glauben schenken; *avoir ~ en qn, qc* zu jdm Zutrauen haben; etw (jdm) glauben; *faire ~* maßgebend sein; Beweiskraft haben; **4.** ► *ma ~, oui* allerdings; *il est de mauvaise ~* man kann ihm nicht trauen; **5.** ► *digne de ~* glaubwürdig; *profession f de ~* Glaubensbekenntnis *n.*

foie [fwa] *m* Leber *f;* ► *huile f de ~ de morue* Lebertran *m; pâté m de ~ gras* Gänseleberpastete *f.*

foin [fwɛ̃] **1.** *s m* Heu *n; pl* Heuernte *f;* **2.** *interj* pfui! **3.** ► *faire un ~ du diable (pop)* e-n Höllenlärm machen; *faire les ~s* heuen; **4.** ► *botte f de ~* Heubündel *n; meule f, tas m de ~* Heuhaufen *m; rhume m, des ~s* Heuschnupfen *m.*

foire [fwaʀ] *f* **1.** (Jahr-)Markt *m;* **2.** Ausstellung, Messe *f;* **3.** Volksfest *n;* **4.** *fam* Rummel *m,* Durcheinander *n;* **5.** *vulg* Dünnschiß *m;* **6.** ► *acheter à la ~ d'empoigne (fam)* stehlen, klauen; *faire la ~ (pop)* ein Geschrei verführen; versumpfen; *champ de ~* Messegelände *n; ~ de printemps* Frühjahrsmesse *f.*

foirer [fwaʀe] *itr pop* **1.** schief=gehen; **2.** *tech* nicht funktionieren; **3.** *(Rakete)* nicht zünden; **4.** *pop* Dünnschiß haben.

foireux, se *m f vulg* Hosenscheißer, Versager *m.*

fois [fwa] *f* Mal *n;* **1.** ► *à la ~* auf einmal, zugleich; *bien des ~* häufig, oft(mals); *chaque, (pop) à chaque ~* jedesmal; *des ~ (pop)* manchmal, gelegentlich; *plusieurs ~* mehrmals; *en plusieurs ~* nach wiederholten Versuchen; nach und nach; etappenweise; *pour la dernière ~* zum letztenmal; **2.** ► *la prochaine, la dernière ~* nächstes Mal, das letztemal; *toutes les ~ que* jedesmal, wenn; *une ~* einmal; *encore une ~* nochmals, noch (ein)mal; *une ~ par an* einmal jährlich *od* im Jahr; *une ~ que ...* wenn ... einmal ...; *une ~ pour toutes, une bonne ~* ein für allemal; *il y avait, il était une ~* es war einmal; *une ~ n'est pas coutume (prov)* einmal ist keinmal.

foison [fwazɔ̃] *f il y a de tout à ~* es ist alles in Hülle u. Fülle vorhanden. **foisonnement** [-zɔ-] *m* **1.** *(Pflanzen)* üppige(s) Wachstum *n;* **2.** *tech* Aufquellen, Anschwellen *n;* **3.** *fig* Überfluß *m.* **foisonner** *itr* **1.** *(Pflanzen)* wuchern; **2.** *(Tiere)* wimmeln (*de, en* von); sich stark vermehren; **3.** *chem* auf=gehen, -quellen; **4.** *fig* Überfluß haben (*de* an *dat*).

folâtre [fɔlatʀ] *a* fröhlich; ausgelassen. **folâtrer** *itr* herumtollen; ausgelassen sein.

folichon, ne [fɔliʃɔ̃, -ɔn] *a: (pop) ce n'est pas ~* das ist kein Vergnügen.

folie [fɔli] *f* **1.** Wahnsinn, Wahn *m,* Irresein *n;* **2.** Verrücktheit, Torheit *f;* ► *aimer qn à la ~* in jdn ganz vernarrt sein; *faire des ~s* sich in Unkosten stürzen; *~ furieuse* Tobsucht *f; ~ des grandeurs* Größenwahn *m.*

folklore [fɔlklɔʀ] *m* Folklore; Volkskunde *f.* **folklorique** *a* folkloristisch; volkskundlich; ► *danse f ~* Volkstanz *m.*

follement [fɔlmɑ̃] *adv* ungeheuer, riesig, wahnsinnig; ► *aimer qn ~* jdn irrsinnig lieben.

follet, te [fɔlɛ, -ɛt] *a* albern, kindisch; ► *esprit m ~* Poltergeist *m; feu m ~* Irrlicht *n,* -wisch *m.*

follicule [fɔlikyl] *m* **1.** *bot* Samenhülle *f;* **2.** *anat* Follikel *m.*

fomenter [fɔmɑ̃te] *tr (zu e-r Verschwörung)* (an=)stiften; *(Streit)* schüren.

foncé, e [fɔ̃se] *a (Farbe)* dunkel. **foncer** ‹*Prés. je fonce, ns fonçons; Fut. je foncerai; pp. foncé, e*› **I.** *tr (Farbe)* dunkler machen; **II.** *itr* **1.** sich stürzen (*sur* auf *acc*); her=fallen (*sur* über *acc*);

2. (fort=, hinaus=)rennen, *mot loc* drauflos=fahren. **fonceur, se** *m f* Draufgänger(in *f*) *m*.

foncier, ère [fõsje, -ɛʀ] *a* Grund-, Boden-; *fig* gründlich; *(Irrtum)* fundamental; ▶ *propriétaire m* ~ Grundeigentümer *m*. **foncièrement** *adv* Grund-, von Grund auf, durchaus.

fonction [fõksjõ] *f* **1.** Amt *n*, Funktion *f*, Posten *m*; **2.** Beruf *m*; Tätigkeit, Aufgabe, Pflicht *m*; **3.** *math* Funktion; *chem* Wirkung *f*; **4.** *pl* Amtsgeschäfte *n pl*, Dienstobliegenheiten *f pl*; **5.** ▶ *dans l'exercice de ses ~s* in Ausübung s-s Amtes; *en ~ du marché* marktgerecht; **6.** ▶ *charger qn d'une ~, confier une ~ à qn* jdm ein Amt übertragen; *entrer en ~(s)* sein Amt an=treten; in Funktion treten, wirksam werden; *être ~ de qc* von etw ab=hängen; *faire ~ de* fungieren, dienen als; *la ~ publique* der öffentliche Dienst *m*. **fonctionnaire** [-sjɔ-] *m f* Beamte(r) *m*, Beamtin *f*; *pl* Beamtenschaft *f*. **fonctionnaliser** *tr* funktionell, zweckmäßig gestalten. **fonctionnariser** *tr* verbeamten; verbürokratisieren. **fonctionnarisme** *m* Bürokratie *f*. **fonctionnel, le** *a* **1.** zweckmäßig, praktisch; **2.** funktionell; funktional; ▶ *trouble ~ (a. med)* Funktionsstörung *f*. **fonctionnement** *m* Funktionieren, Arbeiten *n*; Betrieb, Lauf, Gang *m*; ▶ *le bon ~* das reibungslose Funktionieren; *mode m de ~* Arbeitsweise *f*. **fonctionner** *itr* funktionieren, arbeiten, in Gang sein; *(Maschine)* gehen, laufen.

fond [fõ] *m* **1.** Grund, Boden *m*; **2.** Unter-, Hintergrund *m a. fig*, Grundlage; Tiefe *f a. fig*; **3.** Bodensatz; Rest *m*; **4.** *fig* Grundlage *f*; (das) Innerste; (die) Hauptsache, (das) Wesentliche; Inhalt; Kern *m*; **5.** *jur* materielle Streitsache *f*; **6.** *sport* Zähigkeit, Ausdauer *f*; **7.** *geol* Sohle, Talmulde; Geländevertiefung *f*; **8.** *min* Grubenbetrieb *m*; **9.** *mar* Bilge *f*; **10.** ▶ *à ~* gründlich, von Grund aus, eingehend; nachdrücklich, energisch; *au ~, dans le ~* im Grunde, eigentlich; in der Tiefe (*de* gen); *min* unter Tage; *au fin ~ de* im fernsten Winkel *gen*; *de ~ en comble* [fõtɑ̃kõbl] von Grund aus; ganz u. gar; *sans ~* grund-, bodenlos; **11.** ▶ *aller au ~ de qc* e-r S auf den Grund gehen; *respirer à ~* tief atmen; *toucher au ~ d'un problème* auf den Kern e-s Problems stoßen; **12.** ▶ *le ~ de l'air est frais (fam)* die Luft selbst ist frisch; **13.** ▶ *couche f de ~ (Malerei)* Grundierung *f*; *course f de ~* Langstreckenlauf *m*; *(Ski)* Langlauf *m*; *~ de la mer* Meeresgrund *m*; *~ musical, sonore* musikalische Untermalung; Hintergrundmusik *f*; *~ de teint* Make-up *n*.

fondamental, e [fõdamɑ̃tal] *pl -aux a* Grund-, Haupt-; wesentlich; ursprünglich; grundlegend; ▶ *accord, son m ~* Grundakkord, -ton *m*. **fondamentalisme** *m* Fundamentalismus *m*. **fondamentaliste** *a* fundamentalistisch; *s m f* Fundamentalist(in *f*) *m*; *pol* Fundi *m f fam*.

fondant, e [fõdɑ̃, -t] **I.** *a* **1.** *(Eis)* schmelzend; **2.** auf der Zunge zergehend, saftig, weich; **II.** *s m* Fondant *m* *(Zuckerwerk)*; *tech* Schmelz-, Flußmittel *n*; *(Metall)* Zuschlag *m*.

fondateur, trice [fõdatœʀ, -tʀis] *m f* Gründer(in *f*), Stifter(in *f*) *m*. **fondation** *f* **1.** Gründung, Stiftung *f*; **2.** *arch* Fundament *n*, Fundierung *f*; *pl* Grundmauern *f pl*. **fondé, e I.** *a* begründet; berechtigt; *(Schuld)* fundiert; ▶ *être ~ à croire* Grund haben anzunehmen, zu glauben; **II.** *s m* ▶ *~ de pouvoir* Bevollmächtigte(r), Prokurist *m*. **fondement** *m* **1.** Grund *m*, Grundlage *a. fig*; Begründung *f*; **2.** *fam* After *m*, Hinterteil *n*; ▶ *sans ~* unbegründet, grundlos; *jeter les ~s* die Grundlagen legen (*de qc* für etw). **fonder I.** *tr* **1.** (be-)gründen; erbauen; den Grund legen (*qc* zu etw); **2.** *fig* stützen (*sur* auf *acc*); rechnen (*sur* mit); ▶ *être fondé à* Grund haben zu; **II.** *v prn se ~* fußen, sich stützen (*sur* auf *acc*); *~ de grands espoirs sur qn* auf jdn große Hoffnungen setzen.

fonderie [fõdʀi] *f* Gießerei *f*. **fondeur** *m* **1.** *(Metall)* Gießer *m*; **2.** *(Ski)* Langläufer *m*. **fondre** [fõdʀ] ‹*Prés. je fonds, ns fondons; Fut. je fondrai; pp. fondu, e; Subj. que je fonde, que ns fondions; Impér. fonds, fondons*› **I.** *tr* **1.** (ein=, ver)schmelzen; flüssig machen; *(Erze)* verhütten; *(Butter)* zerlassen; *(Sicherung)* durch=brennen; *(Glocke)* gießen; **2.** *fig* vereinigen, verschmelzen; vermischen (*avec, dans qc* mit etw); **3.** *(Farbtöne)* abstufen; **II.** *itr* **1.** schmelzen; *(Eis)* auf=tauen; sich auf=lösen; zergehen; auf=gehen *(dans* in *dat)*; **2.** (los=) stürzen (*sur* auf *acc*), her=fallen (*sur* über *acc*); **3.** *fig* ab=nehmen, dahin=schwinden; *fam* ab=magern; **III.** *v prn se ~* **1.** verschmelzen, zerfließen; **2.** auf=gehen (*dans* in *dat*); **3.** (ver)schwinden; **4.** *(Farben)* inea.=laufen; ▶ *~ en larmes* in Tränen zerfließen.

fondrière [fõdʀijɛʀ] *f* Sumpf-, Schlammloch *n*.

fonds [fõ] *m* **1.** *(~ de terre)* Grund u. Boden *m*; Grundstück *n*; **2.** *(~ de commerce)* Geschäft *n*, Laden Firmenwert *m*; **3.** *pl* Fonds *m*, Kapital *n*, Gelder *n pl*; **4.** ▶ *à ~ perdu* ohne Aussicht auf Rückerstattung, auf Nimmerwiedersehen; *rentrer dans ses ~* sein Geld zurück=bekommen; **5.** *mise f de ~* Kapitaleinlage *f*; **6.** ▶ *~ de caisse* Kassenbestand *m*; *~ d'État, publics* Staatspapiere *n pl;* ~ *International Monétaire* Internationale(r) Währungsfonds *m;* ~ *de retraite* Pensionskasse *f;* ~ *social* Gesellschaftskapital *n.* **fondu, e** [fõdy] **I.** *a* **1.** geschmolzen, aufgelöst; *(Fett)* zerlassen; **2.** *(Farben)* verschwommen, verfließend; inea. übergehend; **II.** *s m film* Überblendung; Farbabstufung *f.*

fondue *f* Fondue *n* od *f;* ▶ ~ *bourguignonne* Fleischfondue *n* od *f;* ~ *savoyarde* Käsefondue *n* od *f.*

fontaine [fõtɛn] *f* Quelle *f a. fig;* (Spring-)Brunnen *m;* ▶ *eau f de* ~ Brunnenwasser *n.*

fontanelle [fõtanɛl] *f anat* Fontanelle *f.*

fonte [fõt] *f* **1.** Schmelze *f;* Abschmelzen, Auftauen *n;* **2.** Gießen *n;* Guß *m;* **3.** Guß-, Roheisen *n;* ▶ *en* ~ gußeisern; ~ *des neiges* Schneeschmelze *f.*

fonts [fõ] *m pl:* ▶ ~ *baptismaux* Taufbecken *n,* -stein *m.*

football [futbol] *m* Fußball *m;* ▶ *match, terrain m de* ~ Fußballspiel *n,* -platz *m; jouer au* ~, *(fam) foot* Fußball spielen.

footballeur, se [-œʀ, -øz] *m, f* Fußballspieler(in *f*) *m.*

footing [futiŋ] *m* Lauf; Fußmarsch *m.*

for [fɔʀ] *m:* ▶ *en, dans mon* ~ *intérieur* in meinem Innersten.

forage [fɔʀaʒ] *m* Bohren *n,* Bohrung *f.*

forain, e [fɔʀɛ̃, -ɛn] **I.** *a* Jahrmarkt-; **II.** *s m* Schausteller *m;* ▶ *marchand m* ~ ambulante(r) Händler *m.*

forban [fɔʀbɑ̃] *m* **1.** Freibeuter *m;* **2.** *fig* Gauner, Hochstapler *m.*

forçage [fɔʀsaʒ] *m agr* Frühkultur *f.*

forçat [fɔʀsa] *m* Zuchthäusler, Sträfling *m.*

force [fɔʀs] *f* **1.** Kraft, Stärke, Macht, Gewalt, Wucht *f;* **2.** Zwang *m;* Vermögen *n;* **3.** *(ohne Artikel)* e-e Menge, sehr viele; **4.** *pl* Streitkräfte *f pl;* **5.** ▶ *à* ~ *de travailler* durch vieles Arbeiten; *dans la* ~ *de l'âge* im besten Alter; *de toutes ses* ~*s* aus Leibeskräften; *de* ~, *par* ~ mit Gewalt, gewaltsam; zwangsweise; **6.** ▶ *avoir* ~ *de loi* Gesetzeskraft haben; *être de* ~ *à* imstande sein zu; *reprendre des* ~*s* wieder zu Kräften kommen; **7.** ▶ ~ *est de (mit Inf.)* man muß; **8.** ▶ *tour m de* ~ Kraftprobe, -leistung *f;* **9.** ▶ ~*s aériennes* Luftstreitkräfte *f pl;* ~ *d'attraction* Anziehungskraft *f;* ~ *de frappe (mil)* Abschreckungsstreitmacht *f;* ~ *majeure* höhere Gewalt *f;* ~ *motrice* Antriebskraft, Energie *f;* ~*s de terre et de mer* Land- u. Seestreitkräfte *f pl.* **forcé, e** *a* **1.** gezwungen; zwangsläufig; Zwangs-; *fam* unvermeidlich; **2.** *fig* erkünstelt, unnatürlich; steif; ▶ *atterrissage m* ~ *(aero)* Notlandung *f; marche f* ~*e* Eilmarsch *m; travaux m pl* ~*s* Zwangsarbeit *f.* **forcément** *adv* zwangsläufig, gezwungenermaßen, notgedrungen.

forcené [fɔʀsəne] *m* Wahnsinnige(r); Wüterich *m;* ▶ *travailler comme un* ~ wie besessen arbeiten.

forceps [fɔʀsɛps] *m* Geburtszange *f.*

forcer [fɔʀse] ‹*Prés. je force, ns forçons; Fut. je forcerai; pp. forcé, e*› **I.** *itr* **1.** *(Wind)* stärker werden; **2.** *(beim Kartenspiel)* stechen; **3.** *tech* e-e Kraft wirken lassen (*sur* auf *acc*); **4.** *sport* sich bis zum äußersten an≈strengen, sich verausgaben; ▶ *sans* ~ *(fam)* spielend leicht, bequem; **II.** *tr* **1.** *(faire céder qc)* mit Gewalt öffnen *od* ein≈nehmen; ▶ ~ *l'entrée* den Zugang erzwingen; *(Tür)* auf≈brechen; *(Widerstand)* brechen; **2.** *(faire céder qn)* bezwingen, nötigen, Gewalt an≈tun (*qn* jdm); ▶ ~ *la main à qn* jdn *(zu e-r bestimmten Handlung)* zwingen; ~ *qn à obéir* jdm s-n Willen auf≈zwingen; **3.** *(Wild)* verfolgen, zu Tode hetzen; **4.** *(Verbot)* übertreten; **5.** *(obtenir de force)* erzwingen; ▶ *vouloir* ~ *la sympathie de qn* jds Zuneigung erzwingen wollen; *son courage force l'admiration* man kann s-n Mut nur bewundern; **6.** *(solliciter exagérément, accélérer)* übertreiben *itr;* **7.** *(Pferd, Stimme, Muskel)* überanstrengen; **8.** *(Schritt)* beschleunigen; **9.** *agr (Pflanzen)* verfrühen; **10.** *(Rechnung)* überhöhen; **11.** *(Text)* einseitig aus≈legen; **12.** *(Sinn)* verfälschen; **III.** *v prn se* ~ sich Gewalt an≈tun, sich zwingen (*à* zu); sich überanstrengen.

forcing [fɔʀciŋ] *m (Fußball)* plötzliche(r) Vorstoß *m; fig* Kraftentfaltung *f,* gewaltsame Handlung *f;* Aktivitäten *f pl.*

forer [fɔʀe] *tr tech* (an≈, aus≈)bohren.

forestier, ère [fɔʀɛstje, -ɛʀ] **I.** *a* forstwirtschaftlich; Forst-, Wald-; **II.** *s m* Förster *m;* ▶ *chemin m* ~ Waldweg *m.*

foret [fɔʀɛ] *m* Bohrer *m.*

forêt [fɔʀɛ] *f* Wald *a. fig;* Forst *m;* ▶ *les Eaux et Forêts* das Forstwesen *n;* ~ *domaniale* Staatsforst *m;* ~ *de feuillus* Laubwald *m; la F~ Noire* der Schwarzwald; ~ *de résineux* Nadelwald *m;* ~ *vierge* Urwald *m.*

foreur [fɔʀœʀ] *m* Bohrer *m (Arbeiter).*

foreuse *f* Bohrmaschine *f.*

forfait [fɔʀfɛ] *m* **1.** Pauschale *f;* Festpreis *m;* **2.** *(Pferderennen)* Reugeld *n;* ▶ *acheter à* ~ in Bausch u. Bogen kaufen; *déclarer* ~ *(sport)* s-e Meldung zurück≈ziehen; *fam* aufgeben. **forfaitaire** *a* Pauschal-; ▶ *somme f* ~ Pauschalsumme *f.*

forge [fɔʀʒ] *f* **1.** Schmiede; Esse *f;* **2.** *bes. pl* (Eisen-)Hütte *f.* **forger** ‹*Prés. je forge; ns forgeons, Fut. je forgerai; pp. forgé, e*› **I.** *tr* **1.** schmieden, hämmern; **2.** *fig* aus≈denken; *(Wort)* bilden; *(Vorwand)* erfinden; **II.** *v prn se* ~ **1.** *(Metall)* sich schmieden lassen; **2.** *fig* ausdenken, erfinden (*qc* etw). **forgeron** [-ʒə-] *m* (Grob-) Schmied *m*.

formaliser, se [fɔʀmalize] *v prn* übel=nehmen (*de qc* e-e S), sich stoßen (*de qc* an e-r S). **formalisme** *m* Formalismus *m*. **formaliste** *a* förmlich; formell. **formalité** *f* Förmlichkeit; Formalität *f*; ► *~s de douane* Zollformalitäten *f pl*.

format [fɔʀma] *m* Format *n (a. inform)*; (Bild-)Größe; (Film-)Breite *f*; Anzeigenraum *m*; ► *~ de poche* Taschenformat *n*. **formatage** *m inform* Formatieren *n*. **formater** *tr inform* formatieren.

formateur, trice [fɔʀmatœʀ, -tʀis] *a* bildend, gestaltend. **formation** *f* **1.** (Aus-)Bildung, Entwicklung; Entstehung *f*; **2.** Gestaltung, Schulung *f*; **3.** Gruppierung, Organisation, Gruppe *f*; **4.** *geol* Formation *f*; **5.** *mil* Verband *m*, Gliederung, Ordnung *f*; **6.** ► *en ~* in Aufstellung; **7.** ► *~ générale* Allgemeinbildung *f*; *~ des prix* Preisbildung *f*; *~ professionnelle* Berufsausbildung *f*.

forme [fɔʀm] *f* **1.** Form; Gestalt, Körperform *f*; **2.** Art, Weise *f*; Ausdruck *m*; **3.** *sport* Form, Verfassung *f*; **4.** *mar* Dock *n*; **5.** *(Hase)* Lager *n*; **6.** *(Schuh)* Leisten *m*; *typ* Druckform *f*; Rahmen *m*; **7.** ► *en ~ de* in Form *gen*; als, wie; *en bonne et due ~* in aller Form; vorschriftsmäßig; *pour la ~* pro forma, zum Schein; *sans autre ~ de procès* kurzerhand; *sous (la) ~ de* in Gestalt *gen*; *sous cette ~* in dieser Fassung; **8.** ► *être en pleine ~ (sport)* in Hochform sein; *manquer de ~s* keine Manieren haben; *prendre la ~ de* die Gestalt *gen* an=nehmen; *prendre des ~s (fam)* zu=nehmen, dicker werden; **9.** ► *~ aérodynamique* Stromlinienform *f*.

formel, le [fɔʀmɛl] *a* **1.** ausdrücklich; **2.** formell; ► *beauté f ~le* Formschönheit *f*; *éducation f ~le* Formalbildung *f*. **formellement** *adv* nachdrücklich; einwandfrei, ganz sicher; ► *interdire qc ~* etw strengstens verbieten.

former [fɔʀme] **I.** *tr* **1.** *(créer)* schaffen, machen; erzeugen, hervor=bringen; **2.** *(Plan)* auf=stellen, schmieden; **3.** *(Regierung, Satz)* bilden; **4.** *(Wunsch, Argwohn)* hegen; **5.** *(Sammlung)* auf=bauen; **6.** *(Gewohnheit)* an=nehmen; **7.** *(Unternehmen)* gründen; **8.** *(Beschluß)* fassen; **9.** *(Bündnis)* schließen; **10.** *(Truppen)* auf=stellen; **11.** *(donner forme à qc)* e-e S gestalten, formen; **12.** *(Zug)* zs.=stellen; **13.** *(développer, entraîner)* aus=bilden, entwickeln, erziehen; ► *~ le goût de qn* jds Geschmack bilden; *~ un apprenti* e-n Lehrling aus=bilden; **14.** *(constituer)* bilden, dar=stellen, sein; ► *les anneaux forment une chaîne* die Ringe bilden e-e Kette; **II.** *v prn se ~* sich bilden, entstehen, sich entwickeln; sich auf=stellen.

formica [fɔʀmika] *m (Warenzeichen)* Resopal *n (Warenzeichen)*.

formidable [fɔʀmidabl] *a* **1.** fürchterlich, furchtbar; **2.** kolossal, riesig, ungeheuer; **3.** *fam* erstklassig; hervorragend, sensationell, phänomenal.

formol [fɔʀmɔl] *m chem* Formaldehyd *m*.

Formose [fɔʀmoz] *f hist* Formosa *n*.

formulaire [fɔʀmylɛʀ] *m* **1.** Vordruck *m*, Formular *n*; **2.** Formular-, Formelbuch *n*. **formulation** *f* Formulierung *f*. **formule** *f* **1.** Formel *f a. math chem*; **2.** Formular, Formblatt *n*, Vordruck *m*; Rezept *n*; **3.** Methode, Art, Möglichkeit *f*, System *n*; ► *trouver une bonne ~* e-e gute Lösung finden; *~s de politesse* Höflichkeitsformeln *f pl*. **formuler** *tr* **1.** ab=fassen, formulieren, in Worte fassen; **2.** zum Ausdruck bringen; aus=sprechen; **3.** *(Antrag)* stellen; **4.** *(Einwand)* erheben; **5.** *(Rezept)* schreiben; **6.** *math* auf e-e Formel bringen; ► *~ une plainte* e-e Klage ein=reichen.

forsythia [fɔʀsisja] *m* Forsythie *f*.

fort, e [fɔʀ, -ʀt] **I.** *a* **1.** kräftig, stark; **2.** groß; beleibt, korpulent, dick; **3.** fest, dauerhaft, haltbar; abgehärtet; **4.** geschickt, tüchtig, fähig; gut beschlagen, bewandert (*en, dans une discipline* in e-m Fach; *sur une question* in e-r Frage); gewandt (*à un jeu* bei e-m Spiel); **5.** scharfsinnig, klug, intelligent; **6.** energisch; eigenwillig; **7.** einflußreich; mächtig; überzeugend, entscheidend; **8.** übertrieben, zu weitgehend; unglaublich; **9.** *(Wein)* schwer; **10.** *(Essig, Soße)* scharf; **11.** *(Boden)* fett, schwer; **12.** *(Farbe)* dick aufgetragen; **13.** *(Hüfte)* breit; **14.** *(Blech)* grob, dick; **15.** *(Summe)* hoch, beträchtlich; **16.** *(Wort)* drastisch; **II.** *adv* äußerst; stark; heftig; laut *(sprechen)*; *lit* sehr; **III.** *s m* **1.** Starke(r) *m*; Stärke; starke, stärkste Seite *f*; **2.** höchste(r) Grad *od* Punkt, Höhepunkt *m*; Hauptsache *f*, -punkt *m*; **3.** *mil* Fort; **4.** ► *au ~ de* mitten in; *à plus ~e raison* um so mehr; *au sens ~ du mot* im eigentlichen Sinne des Wortes; *au prix ~* sehr teuer; **5.** ► *avoir une ~e envie de* große Lust haben zu; *crier ~* laut schreien; *être ~ en français* in Französisch gut sein; *se faire ~* sich anheischig machen (*de* zu); *prêter main-~e à qn* jdn tatkräftig unterstützen; **6.** ► *c'est plus ~ que moi* ich kann mir nicht helfen; *c'est trop ~!* das ist unerhört! **7.** ► *devises f pl ~es* harte Währung *f*; *droit m du plus ~* Recht *n* des Stärkeren; *mer f ~e* hochgehende See *f*. **fortement** *adv* kräftig; stark, sehr, erheblich; fest; deutlich; *fig* heftig, nachdrücklich; tief.

forteresse [fɔʀtəʀɛs] *f* Festung *f*.

fortifiant, e [fɔʀtifjɑ̃] **I.** *a* stärkend; **II.** *s*

m Stärkungsmittel *n.*
fortification [fɔʀtifikasjɔ̃] *f* Befestigung *f; pl* Befestigungsanlage *f pl.* **fortifier** *tr* **1.** (be-, ver)stärken, Kraft verleihen (*qn* jdm), kräftigen; **2.** *mil* befestigen.
fortiori [fɔʀsjɔʀi]: ► *à* ~ desto eher, (mit) um so mehr (Recht).
fortuit, e [fɔʀtɥi, -it] *a* unvorhergesehen, zufällig.
fortune *f* [fɔʀtyn] **1.** Glück(sfall *m*) *n;* Zufall *m;* Los, Schicksal *n;* **2.** Vermögen *n;* Reichtum *m;* **3.** ► *la* ~ Fortuna, die Glücksgöttin; **4.** *de* ~ Not-, Hilfs-, Behelfs-; behelfsmäßig; **5.** ► *faire* ~ sein Glück machen, reich werden; **6.** ► *mauvaise* ~ Unglück *n; revers m pl de* ~ Schicksalsschläge *m pl;* **7.** ► ~ *nationale* Volksvermögen *n.* **fortuné, e** *a* begütert, wohlhabend.
fosse [fos] *f* **1.** Grube *f a. anat mot; anat* Höhle *f;* **2.** Gruft *f,* Grab *n;* **3.** *min* Schacht(anlage *f*); *geol* Graben *m;* **4.** *theat* Orchesterraum *m;* **5.** ► *avoir un pied dans la* ~ mit einem Bein im Grabe stehen; *creuser sa* ~ sein Grab schaufeln; **6.** ► ~ *commune* Massengrab *n;* ~ *nasale* Nasenhöhle *f;* ~ *septique* Hausklärgrube *f.* **fossé** [fɔ-] *m* **1.** Graben *m;* **2.** *fig* Kluft *f.*
fossette [fɔsɛt] *f (Kinn)* Grübchen *n.*
fossile [fɔsil] **I.** *a* fossil; **II.** *s m* **1.** Fossil *n,* Versteinerung *f;* **2.** *fam* alte(r) Trottel *m.* **fossilisation** *f* Versteinerung *f.* **fossiliser, se** *v prn* versteinern.
fossoyeur [fɔswajœʀ] *m* Totengräber *m a. fig.*
fou, *(vor Vokal u. h muet)* **fol, folle** [fu, fɔl] **I.** *a* **1.** wahnsinnig (*de joie* vor Freude); toll, verrückt; **2.** rasend (*de colère* vor Zorn); **3.** töricht, unvernünftig; närrisch; **4.** verstiegen, wunderlich; **5.** unbesonnen, leichtsinnig; ausgelassen; **6.** vernarrt, verschossen, *fam* verknallt (*de* in *acc*); versessen (*de* auf *acc*); **7.** ungeheuer, riesig; **8.** *tech* beweglich, lose; **II.** *s m f* **1.** Irre(r), Geisteskranke(r *m*) *f;* Narr *m,* Närrin *f;* Tor *m,* Törin *f;* **2.** *m (Schach)* Läufer *m;* ► *avoir un travail* ~ wahnsinnig viel zu tun haben; *faire le* ~ den Narren spielen, Unfug treiben; *il y a un monde* ~ es herrscht ein tolles Gedränge; ~ *rire m* unbändig(s) Gelächter *n.*
foudre [fudʀ] **1.** *f* Blitz(strahl); *(coup m de* ~*)* Blitz-, Donnerschlag *m; pl* Bannstrahl; **2.** *m* Stückfaß *n;* ► *comme la* ~ blitzschnell; *comme frappé par la* ~ wie vom Blitz getroffen; *la* ~ *éclate, tombe* der Blitz schlägt ein (*sur un arbre* in e-n Baum); *il a eu le coup de* ~ es war bei ihm Liebe auf den ersten Blick. **foudroyant, e** *a* **1.** *fig* plötzlich; unwiderstehlich; ungeheuer; **2.** *(Blick)* vernichtend; **3.** *(Gift)* tödlich. **foudroyer** ‹*Prés. je foudroie, ns foudroyons; Fut. je foudroierai; pp. foudroyé,* ⟩ *tr* **1.** durch e-n Blitz erschlagen; **2.** töten; nieder=schmettern *a. fig;* **3.** ► *(fig)* ~ *qn du regard* jdm vernichtende Blicke zuwerfen.
fouet [fwɛ] *m* **1.** Peitsche; **2.** Schläge, Prügel *m pl* **3.** *(Küche)* Schneebesen *m;* **4.** *(~ de l'aile)* Flügelspitze; *fig* Geißel *f;* **5.** ► *donner un coup de* ~ *(fig)* auf=peitschen (*à qc* etw); *faire claquer son* ~ s-e Peitsche knallen lassen. **fouetter** **I.** *tr* **1.** (aus=)peitschen; **2.** *(Regen)* klatschen (*qc* gegen etw); schlagen *(a. Küche);* **3.** *fig* auf=peitschen, stimulieren; an=stacheln; **II.** *itr* schlagen (*contre* an, gegen; ► ~ *de la queue* mit dem Schwanz); *avoir d'autres chats à* ~ Wichtigeres zu tun haben.
foufou, fofolle [fufu] *a fam* spinnig; kopflos.
fougère [fuʒɛʀ] *f* Farnkraut *n.*
fougue [fug] *f* Feuer *n,* Schwung *m;* Begeisterung *f;* Ungestüm *n,* Heftigkeit *f.* **fougueux, se** *a* ungestüm, feurig; heftig; aufbrausend, hitzig; *(Pferd)* wild.
fouille [fuj] *f* **1.** *pl* Ausgrabungen *f pl;* **2.** Erdaushub *m;* Grube *f;* **3.** Durchsuchung *f;* ~ *à domicile* Haussuchung *f.* **fouiller** **I.** *tr* **1.** auf=, um=graben; **2.** *(Problem)* sorgfältig aus=arbeiten; **3.** durch=suchen (*dans qc* etw); **II.** *itr* herum=wühlen (*dans* in *dat*); (herum=)stöbern (*dans qc* in e-r S); nach=forschen; **III.** *v prn se* ~ s-e Taschen durchsuchen; ► ~ *dans sa poche* in der Tasche herum=kramen. **fouilleur, se** **I.** *a* suchend, forschend; **II.** *s m fig* Spürhund, Schnüffler *m.* **fouillis** [-i] *m fam* Wust *m,* Kuddelmuddel *m* od. *n.*
fouinard, e [fwinaʀ, -aʀd] **I.** *a fam* neugierig; **II.** *s m* Schnüffler *m.* **fouine** *f zoo* Stein-, Hausmarder *m;* ► *rusé comme une* ~ schlau wie ein Fuchs., **fouiner** *itr fam* herum=schnüffeln. **fouineur** *m* Schnüffler *m.*
fouir [fwiʀ] *tr (Tiere)* graben, wühlen.
foulage [fulaʒ] *m* **1.** Keltern; Pressen *n;* **2.** *(Leder)* Walken *n.* **foulant, e** *a* **1.** *tech* Druck-; **2.** *pas très* ~ nicht sehr anstrengend.
foulard [fulaʀ] *m* Seidentuch *n,* -schal *m.*
foule [ful] *f* **1.** (Menschen-)Menge, Masse *f,* Gedränge *n;* **2.** große Zahl, Vielzahl, Menge *f* (*de* gen); ► *se mêler à la* ~ sich unter die Menge mischen.
foulée [fule] *f* **1.** *sport* Schritt *m;* **2.** *pl (Jagd)* Fährte *f;* ► *à grandes* ~*s* mit großen Schritten; *dans la même* ~ in einem Aufwaschen. **fouler** *tr* **1.** zs.=pressen, -drücken; fest=stampfen, -treten; **2.** *(Leder, Textil)* walken; **3.** *(Trauben)* keltern; ► *avoir le pied foulé* sich den Fuß verstaucht haben; *ne pas se* ~ sich kein Bein aus=reißen. **foulure** *f* (leichte) Verstauchung, -zerrung *f.*

four [fuʀ] *m* **1.** (Back-)Ofen *m;* Brat-, Ofenröhre *f;* **2.** *tech* Ofen *m;* **3.** *fam* Fiasko *n,* Mißerfolg *m;* ▶ *faire un ~ (theat)* ein Fiasko erleiden; *il fait noir comme dans un ~* es ist stockfinster; *~ à micro-ondes* Mikrowellenherd *m; petits ~s* Teegebäck *n.*

fourbe [fuʀb] **I.** *a* betrügerisch, arglistig; **II.** *s m* Betrüger, Schurke *m.* **fourberie** [-bə-] *f* Schurkerei *f,* Schurkenstreich; Betrug *m.*

fourbi [fuʀbi] *m fam* Kram, Krempel *m;* ▶ *à quoi sert ce ~? (pop)* wozu ist das Zeug?

fourbu, e [fuʀby] *a* ermüdet, erschöpft, zerschlagen.

fourche [fuʀʃ] *f* **1.** (große) Gabel *f;* **2.** Astgabel *f;* ▶ *~ à fumier, de bicyclette* Mist-, Radgabel *f.* **fourcher** *itr:* ▶ *la langue m'a ~é* ich habe mich versprochen. **fourchette** *f* **1.** (Eß-)Gabel *f a. tech;* **2.** *(Statistik)* Spanne *f;* **3.** *(Gehälter)* Bandbreite *f;* **4.** ▶ *~ des prix* Preisschere *f; avoir un joli coup de ~* essen wie ein Scheunendrescher; *~ à poisson, à gâteaux* Fisch-, Kuchengabel *f.* **fourchu, e** *a* gegabelt, gabelförmig; *(Klauen)* gespalten.

fourgon [fuʀgɔ̃] *m* **1.** *loc* (gedeckter) Pack-, Güterwagen; **2.** *mot* Kastenwagen *m;* ▶ *~ d'ambulance, à bagages* Kranken-, Gepäckwagen *m; ~ à bestiaux* Viehwagen *m; ~ cellulaire* Gefangenen(transport)wagen *m; ~ de déménagement* Möbelwagen *m; ~ postal* Postauto *n.* **fourgonner** [-gɔ-] *itr* **1.** stochern (*dans le poêle* im Ofen); **2.** *fig* wühlen, herum≈stöbern (*dans qc* in e-r S). **fourgonnette** *f* Lieferwagen *m.*

fourmi [fuʀmi] *f* **1.** *zoo* Ameise *f;* **2.** *fig* Biene *f,* fleißige(r) Mensch *m;* ▶ *avoir une activité de ~* unermüdlich tätig sein; *avoir des ~s dans les jambes* ein Kribbeln in den Beinen haben; *~ blanche* Termite *f.* **fourmilier** *m* Ameisenbär *m.* **fourmilière** *f* Ameisenhaufen *m a. fig.* **fourmillement** *m* **1.** Wimmeln *n;* **2.** *med* Kribbeln *n.* **fourmiller** *itr* **1.** wimmeln, voll sein (*de* von); **2.** *med* kribbeln.

fournaise [fuʀnɛz] *f* **1.** lodernde(s) Feuer *n;* Feuersglut *f;* **2.** *fig (Zimmer)* Backofen *m.* **fourneau** *m* **1.** (Schmelz-, Zimmer-, Dauerbrand-)Ofen *m;* **2.** (Koch-)Herd; Kocher *m;* **3.** Pfeifenkopf *m;* ▶ *haut ~* Hochofen *m; ~ de cuisine* Küchenherd *m.* **fournée** *f* **1.** Ofenvoll, Schub *m a. fig;* **2.** *fig (Menschen)* Ladung, Fuhre *f;* ▶ *de la dernière ~ (fig)* neugebacken.

fourni, e [fuʀni] **1.** versehen (*de* mit); **2.** *(Wald)* dicht; *(Bart)* stark; **3.** *com (Lager)* wohl besetzt, reichhaltig; ▶ *bien ~* mit großer Auswahl.

fournil [fuʀni] *m* Backstube *f.*

fournir [fuʀniʀ] **I.** *tr* **1.** liefern (*qc à qn* jdm e-e S); versorgen, beliefern (*qn de* od *en qc* jdn mit etw); beschaffen, geben, besorgen; zur Verfügung stellen (*qc à qn* jdm e-e S); **2.** *(schriftliche Unterlagen)* vor≈legen, bei≈bringen; **3.** *(Beweis)* erbringen, führen; **4.** *(Gründe)* an≈führen; **5.** *(Früchte)* hervor≈bringen; **6.** *(Arbeit, Sicherheit)* leisten; **7.** *(e-e Anstrengung)* machen; **II.** *itr* **1.** bei≈tragen (*à zu*); **2.** auf≈kommen, sorgen (*à* für); **3.** *(Kartenspiel)* Farbe bekennen; **III.** ▶ *se ~ chez* s-e Einkäufe tätigen bei; beziehen von; *~ des renseignements* Auskünfte erteilen. **fournisseur, se** *m* **1.** Lieferfirma *f;* Lieferant(in *f*) *m;* **2.** Kaufmann; Händler *m.* **fourniture** *f* **1.** Lieferung *f;* **2.** *meist pl* Bedarf *m;* **3.** *pl (Handwerk)* Zutaten *f pl; tech* Zubehör *m* od *n;* ▶ *~s de bureau* Bürobedarf(sartikel *m pl*) *m; ~s scolaires* Lernmittel *n pl.*

fourrage [fuʀaʒ] *m* (Vieh-)Futter *n.* **fourrager** ⟨*Prés. je fourrage, ns fourrageons; Fut. je fourragerai; pp. fourragé, e*⟩ *itr fig* herum≈wühlen (*dans* in *dat*); *(in Büchern)* herum≈schmökern. **fourrager, ère I.** *a* Futter-; **II.** *s f* **1.** Futterwiese *f;* **2.** Leiter-, Heuwagen *m;* **3.** Fangschnur *f;* ▶ *betterave f ~ère* Futter-, Runkelrübe *f.*

fourré, e [fuʀe] **I.** *a* mit Pelz besetzt, gefüttert; *(Speise)* gefüllt; **II.** *s m* Dikkicht *n;* ▶ *coup m ~ (fig)* heimtückische(r) Streich *m.*

fourreau [fuʀo] *m* **1.** (Degen-)Scheide *f;* **2.** *(Schirm)* Futteral *n;* **3.** eng anschließende(s) Kleid *n.* **fourrer** [fuʀe] **I.** *tr* **1.** *fam* hinein≈stecken, -schieben, -stopfen, *(fig)* -ziehen (*dans qc* in e-e S); **2.** (mit Pelz) füttern; *(Bonbon)* füllen (*à, de* mit); **3.** *fam* (hin≈)legen, -stellen, -tun; *fam* geben; **II.** *v prn se ~* **1.** sich verkriechen; sich verstecken; **2.** sich ein≈mischen (*dans* in *acc*); hinein≈geraten; **3.** ▶ *se ~ le doigt dans l'œil (jusqu'au coude)* sich gewaltig irren, auf dem Holzweg sein; sich verrechnen; *fig* e-n Bock schießen; *~ son nez partout* s-e Nase überall hinein≈stecken; *se ~ qc dans la tête* sich etw in den Kopf setzen. **fourre-tout** *m inv fam* große Reisetasche *f.*

fourreur [fuʀœʀ] *m* Kürschner *m.*

fourrière [fuʀjɛʀ] *f* Stelle *f* für abgeschleppte Autos.

fourrure [fuʀyʀ] *f* **1.** Pelz(mantel) *m;* **2.** *pl* Pelzwerk *n;* **3.** *tech* Füllung, Einlage *f;* **4.** *(commerce m de la ~)* Pelzhandel *m;* Kürschnerei *f;* ▶ *doublé de ~* pelzgefüttert.

fourvoyer, se [fuʀvwaje] ⟨*Prés. je fourvoie, ns fourvoyons; Fut. je fourvoierai; pp. fourvoyé, e*⟩ *v prn* **1.** sich irren, in die Irre gehen, sich verirren (*dans* in *dat*);

2. *fig* sich täuschen; auf dem Holzweg sein.

foutaise [futɛz] *f fam* dumme(s) Geschwätz *n,* Quatsch *m.* **foutoir** *m pop* Schlamassel *m* od *n;* Saustall *m.* **foutre** ‹*Prés. je fous, tu fous, il fout, ns foutons, vz foutez, ils foutent; Fut. je foutrai; pp. foutu, e; Subj. que je foute, que ns foutions; Impér. fous, foutons*› **I.** *tr pop* schmeißen, pfeffern; *(Fußtritt)* versetzen; tun; **II.** *interj* Donnerwetter! **III.** *v prn se ~ de qc* **1.** sich nichts machen aus etw; auf etw pfeifen; ► *~ en l'air (fig)* weg=schmeißen; *~ le camp* sich aus dem Staub(e) machen; *~ qn à la porte* jdn an die Luft setzen; **2.** ► *je m'en fous* das ist mir wurst; ich pfeif drauf; *~ez-moi la paix* lassen Sie mich in Ruhe! *ça la fout mal* wie sieht denn das aus! das sieht ja schön aus! *va te faire ~!* scher' dich zum Teufel! *qu'est-ce que ça peut vous ~?* was geht Sie das an? **foutrement, foutûment** [-tʀə-, -ty-] *adv pop* verdammt, gewaltig. **foutriquet** *m pop* Niete, Null *f.* **foutu, e** *a pop* **1.** *(vor s)* verflixt, verdammt, übel, böse; **2.** *(nachgestellt)* hin, kaputt, futsch, erledigt, schiefgegangen; ► *être ~ de* es fertig=bringen zu; *bien ~* gut gebaut; sauber hingedreht.

fox-terrier [fɔkstɛʀje] *m* Foxterrier *m.*

foyer [fwaje] *m* **1.** Haushalt; Herd *m a. med fig;* **2.** *phys* Brennpunkt *m;* **3.** *fig* Ausgangs-, Mittelpunkt *m;* **4.** Heim, Haus *n;* häusliche(r) Herd *m;* **5.** *theat* Wandelgang *m;* ► *fonder un ~* e-n Hausstand, e-e Familie gründen; *~ d'étudiants* Studentenheim *n; ~ à huile* Ölfeuerung *f; ~ d'incendie* Brandherd *m.*

frac [fʀak] *m* Frack *m.*

fracas [fʀaka] *m* Krachen, Dröhnen, Getöse, Gepolter *n;* ► *renvoyer qn avec perte et ~* jdn Knall und Fall entlassen. **fracassant, e** *a* **1.** krachend; **2.** *fig* verblüffend; Aufsehen erregend. **fracasser I.** *tr* zerschmettern, zertrümmern; **II.** *v prn se ~* zerbrechen.

fraction [fʀaksjɔ̃] *f* **1.** *math* Bruch *m;* **2.** Bruchteil *m,* -stück *n;* **3.** Gruppe; *parl* Fraktion *f;* ► *~ décimale* Dezimalbruch *m; ~ de seconde* Bruchteil *m* e-r Sekunde. **fractionnel, le** *a fig* zersetzend. **fractionnement** *m* **1.** Zerlegung, Auf-, Zersplitterung; Einteilung *f;* **2.** *chem* Fraktionierung *f;* Kracken *n.* **fractionner I.** *tr* **1.** zerlegen, auf=splittern, (zer)teilen; **2.** *chem* fraktionieren; **II.** *v prn se ~* sich aufspalten, aufsplittern.

fracture [fʀaktyʀ] *f geol med* (Knochen-)Bruch *m;* ► *~ de la jambe* Beinbruch *m.* **fracturer I.** *tr* **1.** *(Knochen)* brechen; **2.** *(Tür)* (auf=, er-)brechen; **II.** *v prn* ► *se ~ la jambe* sich das Bein brechen.

fragile [fʀaʒil] **1.** zerbrechlich, spröde; brüchig; **2.** wackelig; baufällig; **3.** *(Haar)* dünn; *(Person)* zart; **4.** *fig* schwach, gebrechlich; hinfällig; vergänglich; ► *avoir l'estomac ~* e-n empfindlichen Magen haben. **fragilisé, e** *a (Mensch)* angegriffen. **fragilité** *f* **1.** Zerbrechlichkeit, Sprödigkeit *f;* **2.** *fig* Unbeständigkeit; Vergänglichkeit *f.*

fragment [fʀagmɑ̃] *m* **1.** Bruchstück *n a. fig;* **2.** Splitter; *(Papier)* Fetzen *m;* **3.** *fig* Fragment *n;* Teil *m.* **fragmentaire** *a* bruchstückhaft. **fragmenter** *tr* **1.** *(Steine)* zersplittern, zerkleinern; **2.** ein-, auf=teilen.

frai [fʀɛ] *m* **1.** Laichen *n;* Laichzeit; Laich *m,* Fischbrut *f;* **2.** Abnutzung *f (e-r Münze).*

fraîche [fʀɛʃ] *s f: à la ~* im Kühlen; *a. s. frais.* **fraîchement** *adv* **1.** (erst) vor kurzem; **2.** *fig* kühl. **fraîcheur** *f* **1.** Frische, Kühle *f;* **2.** frische Farbe *f;* **3.** *fig* Lebendigkeit, Reinheit, Neuheit *f.* **fraîchir** *itr* **1.** *(Wetter)* frischer werden; **2.** *(Wind)* auf=frischen.

frais, fraîche [fʀɛ, fʀɛʃ] **I.** *a adv* **1.** frisch *(a. Farbe);* kühl; **2.** neu; **3.** *fig* gesund, munter; frisch, ausgeruht; **II.** *s m* Frische; kühle, frische Luft *f;* ► *être ~ (fam)* in der Patsche sitzen; *mettre qc au ~* etw kalt stellen; *prendre le ~* frische Luft schöpfen.

frais [fʀe] *m pl* Kosten; Unkosten; Spesen *pl,* Auslagen; Gebühren *f pl;* **1.** ► *à grands ~* mit hohen Kosten; *aux ~ de* auf Kosten *gen; exempt de ~, sans ~* kostenfrei; spesenfrei; *plus les ~, ~ non compris* zuzüglich der Kosten; **2.** ► *en être pour ses ~* das Nachsehen, sich umsonst bemüht haben; *faire, supporter les ~ de qc* für die Kosten e-r S auf=kommen; **3.** ► *faux ~* Nebenkosten, unvorhergesehene Kosten *pl;* **4.** ► *~ d'achat, d'acquisition* Anschaffungskosten *pl; ~ accessoires* Nebenkosten *pl,* -gebühren *f pl; ~ de bureau, de chauffage* Büro-, Heizungskosten *pl; ~ de déplacement* Reiseauslagen *f pl,* -spesen *pl,* Tagegelder *n pl;* Trennungsentschädigung *f; ~ divers* sonstige Auslagen *f pl; ~ d'exploitation, d'opération* Betriebskosten *pl; ~ de fabrication* Herstellungskosten *pl; ~ généraux* allgemeine Unkosten *pl; ~ invariables* feste Kosten *pl; ~ de port* Portoauslagen *f pl; ~ de remise en état* Instandsetzungskosten *pl; ~ de transport* Beförderungs-, Frachtkosten *pl.*

fraise [fʀɛ] **I.** *s f* **1.** Erdbeere *f;* **2.** *(Truthahn)* Hautlappen *m;* **3.** Muttermal *n;* **4.** *pop* Birne *f,* Kopf *m,* Gesicht *n;* **5.** Gekröse *n;* **6.** *hist* Halskrause; **7.** *tech* Fräser *m;* **8.** *(Zahnarzt)* Bohrer *m;* **II.** *a* fraise, erdbeerfarben.

fraiser [fʀeze] *tr* **1.** *tech* (ein=, aus=) fräsen; **2.** *(Teig)* kneten. **fraiseur** *m* Fräser *m*. **fraiseuse** *f* Fräsmaschine *f*.
fraisier [fʀezje] *m* Erdbeerpflanze.
framboise [fʀɑ̃bwaz] *f* Himbeere *f*. **framboisier** *m* Himbeerstrauch *m*.
franc [frɑ̃] *m (Währung)* Franc *m;* ▶ *le ~ suisse* der Schweizer Franken.
franc, franque [fʀɑ̃, fʀɑ̃k] *a hist* fränkisch. **Franc, Franque** *m hist* Franke *m*, Fränkin *f*.
franc, franche [fʀɑ̃, fʀɑ̃ʃ] **1.** frei (*de* von); freimütig, offen(herzig); *(Ton)* ungezwungen; **2.** echt, rein, unverfälscht; natürlich; **3.** *péj (Schurke)* ausgemacht; Erz-; **4.** ▶ *huit jours ~s* volle 8 Tage; **5.** ▶ *avoir les coudées franches* Ellbogenfreiheit haben; *jouer ~ jeu* offenes Spiel spielen; *parler ~ et net* e-e offene Sprache reden; **6.** ▶ *boutique franche* Duty-free-Shop *m; coup m ~ (sport)* Freistoß *m; zone f franche* Freizone *f;* **7.** ▶ *~ de port* portofrei.
français, e [fʀɑ̃sɛ, -ɛz] *a* u. *adv* französisch; *s m gram* Französisch *n*, das Französische, ▶ *acheter ~* französisch kaufen; *à la française* nach Art der Franzosen; *en bon ~* klar, deutlich. **Français, e** *m f* Franzose *m*, Französin *f*.
franc-comtois, e [fʀɑ̃kɔ̃twa, -z] *a* (aus) der Franche-Comte; *s m f* Bewohner(in *f*) *m* der Franche-Comté.
France, la [fʀɑ̃s] Frankreich *n*.
Francfort-sur-le-Main [fʀɑ̃kfɔʀsyʀləmɛ̃] *f* Frankfurt *n* am Main.
franchement [fʀɑ̃ʃmɑ̃] *adv* **1.** offen, aufrichtig; **2.** klar, deutlich; offensichtlich; **3.** entschlossen, nachdrücklich; ▶ *dire ~* rundheraus sagen.
franchir [fʀɑ̃ʃiʀ] *tr* **1.** überschreiten, -queren; übersetzen (*qc* über e-e S); hinüber=gehen (*qc* über e-e S); **2.** durchbrechen (*le mur du son* die Schallmauer); *(Entfernung)* zurück=legen; **3.** *fig* überwinden; hinter sich bringen; hinaus=gehen (*qc* über e-e S); ▶ *~ le pas (fig)* sich zu e-m Entschluß durch=ringen; sich ein Herz fassen.
franchise [fʀɑ̃ʃiz] *f* **1.** (Gebühren-)Freiheit; *pol* Exterritorialität; *(Versicherung)* Franchise *f;* **2.** *fig* Freimut *m*, Offenheit; *allg* Klarheit *f;* **3.** ▶ *en ~* porto-, zoll-, gebührenfrei; *en toute ~ (fig)* in voller Offenheit; **4.** ▶ *~ de bagages* Freigepäck *n*.
franchissable [fʀɑ̃ʃisabl] *a* überschreitbar.
francique [fʀɑ̃sik] *a* fränkisch.
franciscain [fʀɑ̃siskɛ] *m* Franziskaner *m*.
franciser [fʀɑ̃size] *tr* französisch machen.
franc-maçon [fʀɑ̃masɔ̃] *m* Freimaurer *m*. **franc-maçonnerie** Freimaurerei *f*.
franco [fʀɑ̃ko] *adv* **1.** portofrei, franko; **2.** *pop* stracks; **3.** *(in Zssgen)* französisch; ▶ *~ de fret et de droits* fracht- u. zollfrei. **franco-allemand, e** *a* deutsch-französisch. **franco-canadien, ne** *a* frankokanadisch; *s m f* Frankokanadier(in *f*) *m*.
Franconie, la [fʀɑ̃kɔni] Franken *n*. **franconien, ne** *a* fränkisch. **Franconien, ne** *s m f* Franke *m*, Fränkin *f*.
francophile, francophobe [fʀɑ̃kɔfil, -fob] *a* franzosenfreundlich, -feindlich. **francophone** *a* französisch sprechend. **francophonie** *f* Frankophonie *f*.
franc-parler [fʀɑ̃paʀle] *m* Freimut *m* im Reden.
franc-tireur [fʀɑ̃tiʀœʀ] *m* **1.** Partisan *m;* **2.** *fig* Einzelgänger *m*.
frange [fʀɑ̃ʒ] *f* **1.** Franse *f;* **2.** *(coiffure f à ~)* Ponyfrisur *f*. **franger** *tr* mit Fransen besetzen, säumen.
frangin, e [fʀɑ̃ʒɛ̃, -in] *m f pop* Bruder *m*, Schwester *f*.
frangipane [fʀɑ̃ʒipan] *f* Mandelkrem *f*.
franglais [fʀɑ̃glɛ] *m* Übernahme englischer Ausdrücke ins Französische.
franquette [fʀɑ̃kɛt]: ▶ *à la bonne ~ (fam)* ohne Umstände.
frappant, e [fʀapɑ̃, ɑ̃t] *a* auffallend, eindrucksvoll, erstaunlich; treffend, schlagend. **frappe** *f* **1.** *(Münze)* Prägung *f;* **2.** *(Schreibmaschine)* An-, Durchschlag *m;* **3.** *fam* Halbstarker *m;* **4.** *sport* Schlagkraft *f;* **5.** ▶ *faute f de ~* Tippfehler *m*. **frappé, e** *a* **1.** ge-, betroffen, geschlagen; **2.** *(Getränk)* eisgekühlt.
frapper I. *itr* **1.** schlagen; ▶ *~ fort* tüchtig drauf=schlagen; *~ des mains, dans ses mains* in die Hände klatschen; **2.** (auf=)schlagen (*contre un mur* auf e-e Mauer); auf=treffen (*sur qc* auf e-e S); **3.** (an=)klopfen (*à la porte* an die Tür); hämmern; **II.** *tr (sens propre)* **1.** schlagen; ▶ *~ qn au visage* jdn ins Gesicht schlagen; *~ le sol du pied* mit dem Fuß auf den Boden stampfen; **2.** *(Klaviertasten)* an=schlagen; **3.** *(Nagel)* ein=schlagen; **4.** *(Münze)* prägen; **5.** *(Regen)* peitschen (*les vitres* gegen die Scheiben); **6.** *(Geschoß)* auf=treffen (*qc* auf e-e S); **7.** *(Getränk)* kühlen (*de glace* mit Eis); **8.** *(Gegner)* treffen; ▶ *~ à terre* nieder=schlagen; **9.** *(Krankheit)* an=, befallen, infizieren, verseuchen; heim=suchen; **10.** *(fig)* belegen (*d'une amende* mit e-r Geldstrafe), auf=erlegen (*qn de qc* jdm e-e S); **11.** *com* belasten (*de* mit); **12.** *(impressionner, surprendre)* beeindrucken, Eindruck machen (*qn* auf jdn), erschüttern; im Innersten treffen; zu Herzen gehen (*qn* jdm); **13.** überraschen, in Erstaunen setzen; erschrecken; ▶ *~ un coup décisif (fig)* e-n entscheidenden Schlag führen; **III.** *v prn se ~* sich klopfen, sich schla-

gen (*la poitrine* an die Brust). **frappeur, se** *a:* ► *esprit m* ~ Klopfgeist *m.*
fraternel, le [fʀatɛʀnɛl] *a* brüderlich; geschwisterlich. **fraternisation** *f* Verbrüderung, Fraternisierung *f.* **fraterniser** *itr* sich verbrüdern (*avec qn* mit jdm). **fraternité** *f* Brüderlichkeit; Brüderschaft *f.* **fratricide I.** *s m* Bruder-, Schwestermord, -mörder *m;* **II.** *a* brudermörderisch.
fraude [fʀod] *f* Betrug *m;* Betrügerei, Täuschung; Fälschung *f;* ► *introduire, passer qc en* ~ etw ein=, durch=schmuggeln; ~ *fiscale* Zoll-, Steuerhinterziehung *f;* ~ *électorale* Wahlbetrug *m;* ~ *informatique* Computerkriminalität *f.* **frauder** *tr itr* betrügen; ~ *la douane, le fisc* Zoll, Steuer(n) hinterziehen. **fraudeur, se** *m f* Schmuggler(in *f*); Betrüger(in *f*) Steuerhinterzieher *m.* **frauduleux, se** *a* betrügerisch; *(Text)* gefälscht.
frayer [fʀe(ɛ)je] ‹*Prés. je fraie* od *fraye, ns frayons; Fut. je fraierai* od *frayerai, ns frayerons; pp. frayé, e; Subj. que je fraie* od *fraye, que ns frayions; Impér. fraie* od *fraye, frayons*› **I.** *itr* **1.** *(Fisch)* laichen; **2.** verkehren, Umgang haben (*avec qn, ensemble* mit jdm, mitea.); **II.** *tr* **1.** *zoo (Bast)* fegen; wundscheuern; **2.** ► ~ *la voie, le chemin à qn (fig)* jdm den Weg ebnen; **III.** *v prn* ► *se* ~ *un passage* sich e-n Weg bahnen (*à travers, parmi la foule* durch die Menge).
frayeur [fʀɛjœʀ] *f* Schrecken *m,* Angst *f.*
fredaine [fʀədɛn] *f* Jugendstreich *m;* Torheit *f;* Seitensprung *m.*
fredonner [fʀədɔne] *tr* summen, trällern.
frégate [fʀegat] *f* **1.** *mar* Fregatte *f;* **2.** *orn* Fregatt(en)vogel *m.*
frein [fʀɛ̃] *m* **1.** *tech* Bremse *f;* **2.** *med* Bändchen *n;* **3.** *fig* Zügel, Hemmschuh *m* (*à* für); **4.** ► *sans* ~ ungezügelt; **5.** ► *donner un coup de* ~ kurz bremsen; *mettre un* ~ *à qc (fig)* etw zügeln, mäßigen, im Zaum halten; *ronger son* ~ s-e Ungeduld nicht merken lassen; **6.** ► *pédale f de* ~ Bremspedal *n;* ~*s arrière* Hinterradbremsen *f pl;* ~ *à disques* Scheibenbremse *f;* ~ *à main, moteur* Hand-, Motorbremse *f.* **freinage** [fʀɛnaʒ] *m* **1.** Bremsen *n,* Bremsung *f;* **2.** *(Preise)* Drosselung, Dämpfung *f.* **freiner** *tr itr* bremsen; *tr fig* hemmen, drosseln, dämpfen, zügeln, ein=dämmen; ► ~ *brusquement* scharf bremsen.
frelater [fʀəlate] *tr (Waren)* verfälschen *a. fig.*
frêle [fʀɛl] *a* **1.** zart; **2.** schwach, kraftlos; **3.** *fig* vergänglich.
frelon [fʀəlɔ̃] *m* Hornisse *f.*
freluquet [fʀəlykɛ] *m* Laffe *m.*
frémir [fʀemiʀ] *itr* **1.** *fig* zittern, beben, schaudern (*de* vor); **2.** *(Bäume, Blätter)* rauschen säuseln; **3.** *(Meer)* brausen; **4.** *(Wasser)* wallen, sieden; **5.** *(Saite)* vibrieren; **6.** *(Vorhang)* sich leicht bewegen; ► ~ *de tous ses membres* an allen Gliedern zittern. **frémissant, e** *a* summend, bebend, vibrierend, zitternd. **frémissement** *m* **1.** Rauschen, Summen; Vibrieren; **2.** *(Person)* Beben, Erzittern *n;* Schauer *m.*
frênaie [fʀɛnɛ] *f* Eschenwald *m.* **frêne** *m* Esche *f.*
frénésie [fʀenezi] *f* Raserei *f;* ► *avec* ~ wie wahnsinnig. **frénétique** *a (Beifall)* frenetisch.
fréquemment [fʀekamɑ̃] *adv* oft, häufig. **fréquence** [fʀekɑ̃s] *f* **1.** Häufigkeit; *(loc, Straße)* Verkehrsfolge, -dichte *f;* **2.** *tech* Frequenz *f;* ► *basse, haute* ~ Nieder-, Hochfrequenz *f.* **fréquent, e** *a* **1.** häufig; ständig wiederkehrend; gewöhnlich, üblich; **2.** *(Puls)* beschleunigt.
fréquentation [fʀekɑ̃təsjɔ̃] *f* **1.** (häufiger) Besuch *m;* **2.** Verkehr *m,* Umgang *m* (*de* mit); ► ~ *scolaire* Schulbesuch *m.* **fréquenté, e** *a (Ort)* vielbesucht; *(Straße)* stark befahren, belebt. **fréquenter I.** *tr* **1.** häufig, regelmäßig besuchen, begehen, befahren; **2.** verkehren (*qn* mit jdm); gehen (*une jeune fille* mit e-m Mädchen); **II.** *v prn se* ~ oft zs.=kommen.
frère [fʀɛʀ] *m* Bruder *m a. rel;* ► ~*s jumeaux* Zwillingsbrüder *m pl;* ~ *(s)et sœur(s)* Geschwister *pl.* **frérot** [fʀeʀo] *m fam* Brüderchen *n.*
fresque [fʀɛsk] *f* **1.** Freske *f,* Fresko *n;* **2.** *fig* großartige Darstellung *f.*
fressure [fʀɛsyʀ] *f* Innereien *f pl.*
fret [fʀɛ] *m* **1.** (Schiffs-)Fracht; Ladung *f;* **2.** Frachtkosten *pl;* **3.** *mar* Charter *m;* ► *prendre du* ~ Ladung an Bord nehmen; ~ *aérien* Luftfracht *f.* **fréter** ‹*Prés. je frète, ns frétons; Fut. je fréterai; pp. frété, e*› *tr (Schiff, fam Fahrzeug)* mieten; *mar* chartern; verfrachten. **fréteur** *m* Verfrachter, Reeder *m.*
frétillant, e [fʀɛtijɑ̃, -t] *a (Fisch)* zappelnd. **frétillement** *m* Zappeln *n.* **frétiller** *itr* zappeln; wedeln (*de la queue* mit dem Schwanz); hüpfen, springen (*de joie* vor Freude).
fretin [fʀətɛ̃] *m* **1.** kleine Fische *m pl a. fig;* **2.** ► *menu* ~ *fig* kleine Fische *m pl.*
freudien, ne [fʀødjɛ̃, -ɛn] *a* Freudsch, *m f* Freudianer(in *f*) *m.*
friabilité [fʀijabilite] *f* Mürbheit, Brüchigkeit *f.* **friable** *a* zerreibbar; mürbe, bröck(e)lig.
friand, e [fʀiɑ̃] **I.** *a* ► *être* ~ *de qc* große Lust auf etw haben; **II.** *s m Art* Pastete *f.* **friandise** *f pl* Leckereien *f pl.*
Fribourg [fʀibuʀ] *m (Schweiz)* Freiburg; Kanton *m* Freiburg. **Fribourg-en-Brisgau** [fʀibuʀɑ̃bʀizgo] *m* Freiburg *n* im Breisgau.
fric [fʀik] *m arg* Zaster *m,* Moneten *pl.*

fricassée [fʀikase] *f* Frikassee *n;* ▶ ~ *de museaux (fam)* allgemeine(s) Geknutsche *n.*
fric-frac [fʀikfʀak] *m inv fam* Einbruch *m.*
friche [fʀiʃ] *f agr* Brache *f;* ▶ *être en* ~ brachliegen.
friction [fʀiksjɔ̃] *f* (Ein-, Ab-)Reibung *f a. fig;* ▶ *point m de* ~ *(fig)* Streit-, Reibungspunkt *m.* **frictionner** [-sjɔ-] *tr* (ein=)reiben, frottieren.
frigidaire [fʀiʒidɛʀ] *m WZ* Kühlschrank *m.*
frigide [fʀiʒid] *a med* frigid(e). **frigidité** *f med* Frigidität *f.*
frigo [fʀigo] *m fam* Kühlschrank *m.* **frigorifier** *tr* **1.** *(Lebensmittel)* einfrieren; gefrieren lassen; tief=kühlen; **2.** *fig* einschüchtern (*qn* jdn); ▶ *être ~é (fam)* ganz durchfroren sein; *viande f ~ée* Gefrierfleisch *n.* **frigorifique 1.** *a* kälteerzeugend; **2.** *s m* Kühlanlage *f;* ▶ *entrepôt m* ~ Kühlhaus *n.*
frileux, se [fʀilø, -øz] *a* kälteempfindlich; (leicht) fröstelnd.
frime [fʀim] *f fam* Mache *f,* Schein *m,* Verstellung *f;* ▶ *pour la* ~ zum Schein.
frimousse [fʀimus] *f pop* (Kinder-)Gesicht *n.*
fringale [fʀɛ̃gal] *f fam* **1.** Heißhunger *m;* **2.** *fig* Gelüst *n* (*de* auf *acc*), Gier *f* (*de* nach); ▶ ~ *de lecture* Lesehunger *m.*
fringant, e [fʀɛ̃gɑ̃, -t] *a* **1.** *(Person)* munter, keck, forsch, lebhaft; **2.** *(Pferd)* feurig.
fringuer [fʀɛ̃ge] *tr fam* (an=)kleiden, aus=staffieren; être bien fringué (pop) gut in Schale sein. **fringues** [fʀɛ̃g] *f pl fam* Klamotten *pl.*
fripé, e [fʀipe] *a* zerknittert. **friper** *tr* zerknittern, -knüllen. **fripier** *m* Trödler *m.*
fripon, ne [fʀipɔ̃, -ɔn] **I.** *s m f* Spitzbube, Schelm *m;* **II.** *a* schalkhaft, schelmisch.
fripouille [fʀipuj] *f fam* Schuft *m.*
frire [fʀiʀ] ‹*Nur in den ersten drei Personen Prés. je fris, tu fris, il frit geläufig; bei den fehlenden Personen u. Formen wird faire frire verwendet*› *tr itr* (in der Pfanne) braten, backen (*dans de l'huile* Öl); ▶ *poêle f à* ~ Bratpfanne *f.*
frisage [fʀizaʒ] *m (Haare)* Kräuseln *n.*
frise [fʀiz] *f* **1.** *arch* Fries *m;* **2.** *theat* Bühnenhimmel *m.*
Frise, la [fʀiz] Friesland *n;* ▶ *la* ~ *orientale* Ostfriesland *n.*
frisé, e [fʀize] *a* gekräuselt, gelockt; ▶ *chou m* ~ Grünkohl *m.* **friser I.** *tr* **1.** kräuseln, Locken drehen (*qc* in e-e S); **2.** streifen, nahe=kommen (*qc* dat), grenzen (*qc* an e-e S); **II.** *itr* sich kräuseln; ▶ ~ *la cinquantaine* auf die Fünfzig gehen; *cela frise la grossièreté* das grenzt an Grobheit *(acc).* **frisette** *f* Löckchen *n.*
Frison, ne [fʀizɔ̃, -ɔn] *m f* Friese *m,* Friesin *f.*
frisotter [fʀizɔte] *tr itr* leicht kräuseln.
frisquet, te [fʀiskɛ, -ɛt] *a fam* etw frisch, kühl.
frisson [fʀisɔ̃] *m* Schauder(n *n*) (*de* vor *dat*); Schauer *m;* Erschauern, (Er-)Zittern (*dans la voix* der Stimme), Erbeben, Gruseln; *(Pappel)* Rauschen *n;* ▶ *cela me donne le* ~ es überläuft mich kalt dabei. **frissonnant, e** *a* erschauernd; bebend, zitternd (*de froid* vor Kälte). **frissonnement** *m* Erzittern. **frissonner** *itr* schaudern, erschauern, zittern (*de* vor *dat*); ▶ *je frissonne* es läuft mir kalt über den Rücken.
frit, e [fʀi, -it] **I.** *a* **1.** gebacken, gebraten; **2.** *fig fam* erledigt, erschossen; **II.** *s f pl* Pommes frites *pl;* ▶ *il est* ~ *(fam)* es ist aus mit ihm. **friterie** *f* Fischbratküche *f;* Pommes-frites-Stand *m.* **friture** *f* **1.** Braten, Backen *n* (in der Pfanne); **2.** Bratenfett *n;* **3.** gebratene Fische *m pl;* **4.** *tech* Knack-, Nebengeräusch *n.*
frivole [fʀivɔl] *a* **1.** unbedeutend; **2.** eitel, oberflächlich; **3.** wertlos; **4.** frivol. **frivolité** *f* **1.** Leichtfertigkeit *f,* Leichtsinn *m;* Oberflächlichkeit; Eitelkeit *f;* **2.** *pl* modische(s) Beiwerk *n;* Accessoires *pl.*
froc [fʀɔk] *m* **1.** (Mönchs-)Kutte *f;* **2.** *arg* Hose *f.*
froid, e [fʀwa, -ad] **I.** *a* **1.** kalt *a. fig;* **2.** *fig* kühl; *(Empfang)* frostig; **3.** *(Stil)* nüchtern; **II.** *s m* **1.** Kälte *a. fig; fig* Kühle; *tech* Kältetechnik *f;* **2.** ▶ *à* ~ kalt *adv; fig* gefühl-, schwunglos; *sport* ohne warm zu sein; *tech* auf kaltem Wege; *med* im Intervall; **3.** ▶ *attraper, prendre* ~ sich erkälten; *avoir* ~ *aux mains* kalte Hände haben; *n'avoir pas* ~ *aux yeux (fig)* unverfroren, nicht bange sein; *donner* ~ erschauern lassen (*à qn* jdn); *(fam) être en* ~ *avec qn* jdm aus dem Wege gehen; *jeter un* ~ *dans l'assistance* ernüchternd auf das Publikum wirken; **4.** ▶ *j'ai* ~ ich friere, es friert mich; *cela m'a fait* ~ *dans le dos* es überlief mich kalt; *cela ne me fait ni chaud ni* ~ das läßt mich kalt; *il fait* ~ es ist kalt; **5.** ▶ *coup m de* ~ plötzliche Kälte *f,* Kälteeinbruch *m; guerre f ~e* kalte(r) Krieg *m; vague f de* ~ Kältewelle *f;* **6.** ▶ ~ *intense* scharfe, beißende Kälte *f.* **froidement** *adv* **1.** kalt; gleichgültig; **2.** kaltblütig. **froideur** *f fig* Kälte, Frostigkeit; Zurückhaltung; Gefühllosigkeit.
froissement [fʀwasmɑ̃] *m* **1.** *(Muskel)* Quetschung *f;* **2.** *(Stoff)* Zerknittern *n;* **3.** *(Papier)* Rascheln *n;* **4.** *pl fig* Reibereien *f pl.* **froisser I.** *tr* **1.** *(Gelenk)* quetschen; **2.** *(Stoff)* zerknittern, -knüllen; **3.** *fig* kränken, verletzen; **II.** *v prn se* ~ **1.** knittern; leicht zerknüllt sein; **2.**

fig gekränkt, beleidigt sein; **3.** *se ~ un muscle* sich e-e Muskelzerrung zuziehen.
frôlement [fʀolmɑ̃] *m* **1.** Streicheln, Streifen *n;* **2.** Knistern, Rascheln *n.* **frôler** *tr* **1.** streifen, leicht berühren, streicheln; **2.** ganz nahe vorbei=gehen, -fahren (*qc* an e-r S); **3.** *fig* grenzen (*qc* an e-e S).
fromage [fʀɔmaʒ] *m* **1.** Käse *m;* **2.** *fig* Futterkrippe *f;* ▶ *il a obtenu un bon ~ (fig)* er sitzt an der Futterkrippe; *plateau à ~* Käseplatte *f; croûte f du ~* Käserinde *f; ~ blanc* Quark *m; ~ de chèvre* Ziegenkäse *m; ~ fermenté à pâte molle* Weichkäse *m.* **fromager, ère I.** *a* Käse-; **II.** *s m* Käsehändler, -hersteller *m.* **fromagerie** *f* Käserei *f;* Käsehandel *m,* -geschäft *n.*
froment [fʀɔmɑ̃] *m agr* Weizen *m.*
fronce [fʀɔ̃s] *f (Stoff)* Falte *f;* ▶ *jupe f à ~s* Faltenrock *m.* **froncement** *m:* ▶ *~ de sourcils* Stirnrunzeln *n.* **froncer** ‹*Prés. je fronce, ns fronçons; Fut. je froncerai; pp. froncé, e*› *tr* kräuseln; in Falten ziehen; fälteln; ▶ *~ les sourcils* die Stirn runzeln. **froncis** [-i] *m (Stoff)* Bausch *m.*
frondaison [fʀɔ̃dɛzɔ̃] *f bot* Blattbildung *f.*
fronde [fʀɔ̃d] *f* **1.** (Farn-)Wedel *m;* **2.** Schleuder *f;* **3.** *hist* Fronde *f.* **frondeur, se I.** *a* kritisch; aufsässig; **II.** *s m f* Kritik(ast)er, Nörgler(in *f*) *m.*
front [fʀɔ̃] *m* **1.** *anat* Stirn *f;* **2.** Stirn-, Vorderseite *f;* **3.** *pol mil* Front *f (a. Wetter);* **4.** ▶ *de ~* von vorn; auf gleicher Höhe, nebenea.; frontal; *fig* direkt, unmittelbar, ohne Umschweife; gleichzeitig, zusammen; *sur l'ensemble du ~* auf der ganzen Front; **5.** ▶ *aller, être au ~* an die Front gehen, an der Front stehen; *attaquer qn de ~* jdn offen an=greifen; *faire ~* die Stirn bieten, trotzen (*à qn* jdm); *heurter qn de ~ (fig)* jdn vor den Kopf stoßen; *mener de ~ plusieurs entreprises* mehrere Dinge gleichzeitig betreiben; **6.** ▶ *~ bombé, fuyant* gewölbte, fliehende Stirn *f; ~ chaud, d'orage, polaire* Warm-, Gewitter-, Polarfront *f.*
frontalier, ère [fʀɔ̃talje] **I.** *a* Grenz-; **II.** *s m f* Grenzbewohner(in *f*) *m;* ▶ *travailleur m ~* Grenzgänger *m.* **frontière** *s f* Grenze *f a. fig;* ▶ *incident m de ~* Grenzzwischenfall *m; poste m, ville f ~* Grenzposten, -stadt.
frontispice [fʀɔ̃tispis] *m typ* Titelblatt, -bild *n.*
fronton [fʀɔ̃tɔ̃] *m* (Fenster-, Tür-)Giebel *m.*
frottement [fʀɔtmɑ̃] *m* **1.** (Ab-)Reiben *n;* **2.** *tech* Reibung *f;* **3.** *fig fam* Berührung; Schwierigkeit, Reiberei *f.* **frotter I.** *tr* **1.** (ab=, ein=)reiben (*de* mit); (ab=) scheuern; ab=schleifen; **2.** *(schmutzige Schuhe)* ab=streichen; **3.** *(Fußboden)* bohnern; **4.** *(Haut)* frottieren, reiben; **5.** *(Zähne)* bürsten; **6.** *(Streichholz)* an=zünden; **II.** *itr* reiben (*contre* an *dat*); **III.** *v prn se ~* **1.** sich reiben (*à, contre* an *dat*); **2.** *fig* sich ein=lassen (*à qn* mit jdm); **3.** zu nahe treten (*à qn* jdm); **4.** ▶ *~ avec une brosse* ab=bürsten; *ne vous y frottez pas!* lassen Sie die Finger davon! **frottis** [-i] *biol* Präparat *n;* ▶ *~ vaginal (med)* Abstrich *m.*
frou-frou [fʀufʀu] *m (Seide)* Rauschen, Knistern, Rascheln *n.* **froufrouter** *itr* rascheln; rauschen; *(Seide)* knistern.
froussard, e [fʀusaʀ, -aʀd] **I.** *a fam* furchtsam, ängstlich; **II.** *s m* Angsthase *m.* **frousse** *f fam* (Heiden-)Angst *f,* Bammel *m.*
fructifère [fʀyktifɛʀ] *a bot* fruchttragend. **fructifier** *itr* **1.** *agr* Früchte tragen *a. fig;* **2.** *com* Zinsen ab=werfen; ▶ *faire ~* gewinnbringend anlegen.
fructueux, se [-tyø, -øz] *a fig* vorteilhaft, gewinnbringend, einträglich.
frugal, e [fʀygal] *a* mäßig, genügsam; einfach. **frugalité** *f* Genügsamkeit; Einfachheit *f.*
fruit [fʀɥi] *m* **1.** Frucht *f a. fig;* **2.** *fig* Vorteil, Nutzen *m* **3.** *pl* Obst *n;* **4.** Ertrag *m;* Ergebnis *n,* Folge *f;* **5.** *arch* Neigung, Schräge *f;* **6.** ▶ *avec ~* mit Nutzen; *~s à noyau* Steinobst *n; ~s de mer* Meeresfrüchte *f pl.* **fruité, e** [-te] *a* mit Fruchtgeschmack. **fruiterie** *f* Obstgeschäft *n.* **fruitier, ière I.** *a* Obst-; **II.** *s m f* Obsthändler(in *f*) *m; s f* Käserei *f;* ▶ *arbre m ~* Obstbaum *m.*
frusques [fʀysk] *f pl pop* alte Kleider *n pl;* Klamotten *f pl.*
fruste [fʀyst] *a* **1.** abgegriffen, -gerieben, -genutzt; **2.** *fig* einfach; roh, ungebildet, ungeschliffen, grob.
frustration [fʀystʀasjɔ̃] *f* Enttäuschung; geschwundene Hoffnung, Ernüchterung; Frustration *f;* Unbefriedigtsein *n.* **frustrer** *tr* betrügen, benachteiligen (*de qc* um etw); *~ qn de qc* jdn e-r S *(gen)* berauben, um etw bringen; *~ qn dans qc* jdn in s-n (berechtigten) Erwartungen enttäuschen.
fuchsia [fyksja, fyʃja] *m bot* Fuchsie *f.*
fuégien, ne [fɥeʒjɛ̃, -ɛn] *a* Feuerländisch. **Fuégien, ne** *m f* Feuerländer(in *f*) *m.*
fuel(-oil) [fjul(ɔjl)] *m* Heizöl *n.*
fugace [fygas] *a* flüchtig, vergänglich.
fugitif, ive [-ʒitif, -iv] **I.** *a* flüchtig, vergänglich; **II.** *s m* Flüchtling *m.* **fugue** [fyg] *f* **1.** *mus* Fuge *f;* **2.** *fam* Seitensprung *m;* Ausreißen *n.*
fuir [fɥiʀ] ‹*Prés. je fuis, ns fuyons; Fut. je fuirai; pp. fui, e; Subj. que je fuie, que ns fuyions; Impér. fuis, fuyons*› **I.** *itr* **1.**

(ent)fliehen (*de* aus, *devant* vor *dat*); **2.** *fig* Ausflüchte suchen; aus=weichen (*devant qc* dat); entweichen; **3.** *(Boden)* nach=geben; **4.** *(Zeit)* entschwinden; **5.** *(Gas)* aus=strömen; **6.** *(Flüssigkeit)* aus=laufen; **7.** *(Behälter)* leck sein; **II.** *tr* **1.** fliehen (*qn, qc* vor jdm, etw); **2.** aus dem Wege gehen (*qn* jdm), meiden; sich ab=kehren (*qc* von etw); ► *faire ~* in die Flucht schlagen. **fuite** *f* **1.** Flucht *f* (*de* vor *dat*) *a. fig;* Entweichen, Verschwinden *n;* **2.** *(Zeit)* Entschwinden *n;* **3.** *pol* Indiskretion *f;* **4.** *(Flüssigkeit)* Ausströmen, -fließen, -laufen *n;* lecke, undichte Stelle *f,* Leck *n;* **5.** ► *être en ~* auf der Flucht sein; *prendre la ~* die Flucht ergreifen; **6.** ► *délit m de ~* Fahrerflucht *f; ~ de capitaux* Kapitalflucht *f; ~ d'eau* Wasserrohrbruch *m.*

fulgurant, e [fylgyʀɑ̃, -ɑ̃t] *a* **1.** *(Blick)* leuchtend, blitzend, funkelnd; **2.** *(Schmerz)* stechend; **3.** *fig* überwältigend, heftig; **4.** blitzschnell. **fulguration** *f* Wetterleuchten *n.*

fuligineux, se [fyliʒinø, -øz] *a* **1.** rußig; **2.** *fig* unklar.

fulmicoton [fylmikɔtɔ̃] *m chem* Schießbaumwolle *f.*

fulminant, e [fylminɑ̃, -t] *a* **1.** *(Person)* wütend; **2.** *(Blick)* blitzend, drohend; **3.** Knall-, Spreng-. **fulminer I.** *itr* **1.** detonieren; **2.** *fig* explodieren, wütend sein; schimpfen, wettern (*contre qn* gegen jdn); **II.** *tr (Bann)* schleudern.

fumage [fymaʒ] *m* **1.** *(Fleisch)* Räuchern *n;* **2.** *agr* Düngen *n.* **fumant, e** *a* **1.** rauchend, dampfend; **2.** kochend (*de colère* vor Zorn); **3.** *fam* sensationell. **fume-cigar(ett)e** *m inv* Zigarren-, (Zigaretten-)Spitze *f.* **fumée** *f* **1.** Rauch, Qualm *m;* **2.** Dampf, Dunst; Schwaden *m;* **3.** *fig* blaue(r) Dunst *m,* Illusion *f;* **4.** *pl* Dämpfe *m pl,* Nebel *m (von Alkohol);* **5.** *(Jagd)* Losung *f;* **6.** ► *s'en aller en ~ (fig)* in Rauch auf=gehen. **fumer I.** *itr* **1.** rauchen; qualmen; dampfen; **2.** *fig fam* rasen, toben; **II.** *tr* **1.** (aus=)räuchern; **2.** *(Tabak)* rauchen; **3.** *agr* düngen; ► *défense de ~!* Rauchen verboten! **fumerie** *f;* Opiumhöhle *f.* **fumerolle** *f geol* Fumarole *f.* **fumet** [-ɛ] *m* **1.** (Wild-)Geruch *m; (Jagd)* Witterung *f;* **2.** *(Wein)* Blume *f;* **3.** *fig* Duft *m.* **fumeur, se** *m f* Raucher(in *f*) *m;* ► *grand(e) ~, se* Kettenraucher *m; ~, se passif, ive* Passivraucher(in *f*) *m.* **fumeux, se** *a* **1.** rauchig; qualmend; dunstig; **2.** *fig* unklar, verschwommen.

fumier [fymje] *m* **1.** Dünger, Mist; *(tas m de ~)* Mist-, Dunghaufen *m;* **2.** *pop* Mistvieh *n;* ► *fosse f à ~* Dunggrube *f.*

fumigation [fymigasjɔ̃] *f (Zimmer)* Ausräuchern *n.* **fumigène** *a* rauchentwickelnd. **fumiste** *m* **1.** Ofensetzer *m;* **2.** *fig fam* Blender *m.* **fumisterie** *f fig* Schwindel *m.* **fumivore** *a* rauchverzehrend. **fumoir** *m* Rauchzimmer *n.*

funambule [fynɑ̃byl] *m f* Seiltänzer(in *f*) *m.*

funèbre [fynɛbʀ] *a* **1.** Leichen-, Begräbnis-, Toten-; **2.** *fig* traurig, düster, finster; ► *rendre à qn les honneurs ~s* jdm die letzte Ehre erweisen; *cortège m ~* Trauergefolge *n; pompes f pl ~s* Beerdigungsinstitut *n.* **funérailles** *f pl* (feierliches) Leichenbegängnis *n,* Bestattung *f.* **funéraire** *a* Grab-; Leichen-; Begräbnis-; ► *monument m, pierre f ~* Grab(denk)mal *n,* Grabstein *m.* **funeste** [-nɛst] *a* unheilvoll, -bringend, verderblich (*à* für).

funiculaire [fynikylɛʀ] *m* Drahtseilbahn *f.*

fur [fyʀ] *m: au ~ et à mesure* in dem Maße, je nachdem (*que* wie); im gleichen Maße, entsprechend, gemäß, nach.

furet [fyʀɛ] *m zoo* Frettchen *n.* **fureter** ‹*Prés. je furète, ns furetons; Fut. je furèterai; pp. fureté, e*› *tr fig* herum=schnüffeln, -stöbern, -schmökern. **fureteur, se I.** *m f* Schnüffler(in *f*); Stöberer *m;* **II.** *a* neugierig.

fureur [fyʀœʀ] *f* **1.** Raserei, Wut *f,* Zorn *m;* **2.** (heftige) Leidenschaft, große Begeisterung; Heftigkeit *f; (Sturm)* Toben *n;* ► *faire ~* sehr beliebt, in Mode sein; Furore machen. **furibard, e** *fam,* **furibond, e** *a* wütend, zornig, rasend. **furie** *f* **1.** Furie *f;* **2.** Raserei, Wut *f;* **3.** Heftigkeit *f;* Wüten, Toben *n;* ► *mettre qn en ~* jdn in Wut bringen. **furieux, se** *a* **1.** rasend, wütend (*contre qn, qc* auf jdn, etw); **2.** außer sich; heftig; erbittert; **3.** *fig* schrecklich, gewaltig.

furoncle [fyʀɔ̃kl] *m med* Furunkel *m.*

furtif, ive *a* **1.** verstohlen, heimlich; **2.** *(Lächeln)* flüchtig; ► *entrer d'un pas ~* herein=schleichen.

fusain [fyzɛ̃] *m* **1.** *bot* Spindelbaum *m;* **2.** (Zeichen-)Kohle; Kohlezeichnung *f.*

fuseau [fyzo] *m* **1.** Spindel *f a. anat;* **2.** (Spitzen-)Klöppel *m;* **3.** Keilhose; ► *~ horaire* Zeitzone *f.*

fusée [fyze] *f* **1.** *tech* Rakete *f;* **2.** *(Bombe)* Zünder *m;* **3.** *mot* Achsschenkel *m;* **4.** *mus* schnelle(r) Lauf *m;* **5.** ► *lancer une ~* e-e Rakete steigen lassen; *~ éclairante* Leuchtrakete *f; ~ à moyenne portée* Mittelstreckenrakete *f; ~ paragrêle* Hagelrakete *f.*

fuselage [fyzlaʒ] *m aero* Rumpf *m.* **fuselé, e** *a* windschnittig; *fig* dünn, fein.

fuséologie [fyzeɔlɔʒi] *f* Raketentechnik *f.* **fuséologue** *m* Raketentechniker *m.*

fuser *itr* **1.** schmelzen; **2.** *(Farbe)* aus=laufen; **3.** *(Sicherung)* durch=brennen; **4.** *tech (Lager)* aus=laufen; **5.** *fig* sich aus=breiten; **6.** erschallen; **7.** los=gehen.

fusible I. *a* schmelzbar; **II.** *s m el*

(Schmelz-)Sicherung *f.*
fusil [fyzi] *m* **1.** Gewehr *n*, Flinte, Büchse *f;* **2.** Wetzstahl *m;* **3.** *fig* Schütze *m;* **4.** ► *abattre à coup de ~* nieder≈schießen; *changer son ~ d'épaule (fig)* um≈satteln; s-e Meinung, s-e Methode ändern; **5.** ► *coup m de ~* Gewehrschuß *m; ~-mitrailleur (F. M.)* leichte(s) Maschinengewehr *(LMG) n.* **fusillade** [-jad] *f* Gewehrfeuer *n;* Schießerei *f.* **fusiller** [-je] *tr* **1.** erschießen; **2.** durchbohren (*du regard* mit dem Blick); **3.** *fam* knipsen *(de la caméra).*
fusion [fyzjɔ̃] *f* **1.** (Ver-)Schmelzen *n;* Schmelzprozeß *m;* Auflösung *f* (*dans l'eau* in Wasser) **2.** *phys* Kernfusion *f;* **3.** *fig* Verschmelzung *f;* Aufgehen *n;* **4.** *com* Fusion, Zs.legung, Vereinigung *f;* ► *en ~* schmelzflüssig; *~ nucléaire* Kernverschmelzung *f*, Kernfusion *f.* **fusionnement** [-zjɔ-] *m com* Fusionierung, Verschmelzung *f.* **fusionner I.** *tr* verschmelzen, zs.≈legen, vereinigen; *com* fusionieren; **II.** *itr* sich zs.≈schließen, inea. auf≈gehen *a. fig.*
fût [fy] *m* **1.** Faß, Gebinde *n;* **2.** (Baum-)Stamm *m;* **3.** (Säulen-)Schaft *m;* **4.** *(Gewehr)* Schaft *m.*
futaie [fytɛ] *f* Hochwald.
futaille [fytaj] *f* Faß *n;* Fässer *n pl.*
futé, e [fyte] *a fam* pfiffig, verschmitzt.
futile [fytil] *a* **1.** nichtssagend, geringfügig, unbedeutend; **2.** *fig* leichtsinnig, oberflächlich. **futilité** *f* **1.** Inhaltlosigkeit, Nichtigkeit; Bedeutungslosigkeit; Nutzlosigkeit; Kindlichkeit *f;* **2.** *pl* Bagatelle, Lappalie *f.*
futur, e [fytyʀ] **I.** *a* (zu)künftig; **II.** *s m* Zukunft *f; gram* Futurum *n; m f fam* Zukünftige(r *m*) *f;* ► *~e maman* werdende Mutter *f.* **futurisme** *m* Futurismus *m.* **futuriste** *a* futuristisch. **futurologie** *f* Futurologie *f*, Zukunftswissenschaft *f.* **futurologue** *m* Futurologe *f.*
fuyant, e [fɥijɑ̃, -ɑ̃t] *a* **1.** *(Stirn)* fliehend; **2.** flüchtig; unbeständig; **3.** greifbar, nicht faßbar; **4.** *(Blick)* scheu, verstohlen; **5.** *arch* sich verjüngend; spitz zulaufend. **fuyard** *m* Flüchtling, Ausreißer *m.*

G

g, G [ʒe] *m* g, G *n.*
gabardine [gabaʀdin] *f* Gabardine(mantel) *m.*
gabarit [gabaʀi] *m* **1.** Formlehre, Schablone *f;* **2.** Ladeprofil *n;* **3.** Größe, Dimension *f;* **4.** *fig* Art *f,* Schlag *m.*
gabegie [gabʒi] *f* Schlamperei *f.*
gabelle [gabɛl] *f hist* Salzsteuer *f.*
gâchage [gɑ(a)ʃaʒ] *m (Mörtel)* Anrühren *n.* **gâcher** *tr* **1.** *(Mörtel, Kalk)* an=rühren, an=machen; **2.** *(Geld, Zeit)* vertun, vergeuden; **3.** *(Gelegenheit)* verpassen; **4.** *(Spaß)* verderben; ▶ ~ *le métier (fig fam)* die Preise verderben. **gâcheur, se** *m f* Pfuscher(in *f*), Schlamper *m.* **gâchis** [-i] *m* **1.** (Gips-) Mörtel *m;* **2.** *fig fam* Kuddelmuddel, *m;* Schlamassel *m;* **3.** Verschwendung *f.*
gadget [gadʒɛt] *m* **1.** technische Spielerei *f,* Zusatzgerät *n;* **2.** *fig* Mittel *n,* Lösung *f.*
gadoue [gadu] *f* **1.** Müll, Kompost(erde *f*) *m;* **2.** Schlamm, Dreck *m.*
gaffe [gaf] *f* **1.** Bootshaken *m;* **2.** *fam* Dummheit *f,* Schnitzer *m;* ▶ *faire une ~ (fam)* e-n Bock schießen, e-e Dummheit machen; *faire ~ (pop)* sich in acht nehmen. **gaffer** *itr fam* **1.** e-n Bock schießen; **2.** *pop* auf=passen. **gaffeur, se** *s m f* Dussel, Tolpatsch *m.*
gag [gag] *m film* Gag; witzige(r) Einfall *m,* Pointe *f.*
gaga [gaga] *a fam* vertrottelt, verkalkt.
gage [gaʒ] *m* **1.** Pfand *n a. fig;* **2.** *fig* Unterpfand *n,* Beweis *m;* **3.** *pl* Lohn *m (d. Hausangestellten);* ▶ *à ~s* gegen Lohn *od* Entgelt; *donner, mettre en ~* verpfänden. **gager** ‹*Prés. je gage, ns gageons; Fut. je gagerai; pp. gagé, e*› *tr* wetten (*que* daß). **gageure** [gaʒyʀ] *f* Wagnis *n.*
gagnant, e [gaɲɑ̃, -ɑ̃t] **I.** *a* Gewinn-; **II.** *s m* Gewinner; *(Wettbewerb)* Sieger *m;* ▶ *tout le monde le donne ~* man betrachtet ihn allgemein als Sieger; *billet, numéro m ~* Gewinn(los *n,* -nummer *f*), Treffer *m.* **gagne-pain** *m inv* Broterwerb *m.* **gagne-petit** *m inv* Kleinverdiener *m.* **gagner** [gaɲe] **I.** *itr* gewinnen, siegen, den Sieg davon=tragen *od* erringen; ▶ *(sport) il a gagné, d'une longueur,* er hat mit e-er Länge gesiegt; *~ à être connu* bei näherem Kennenlernen gewinnen; *~ à faire qc* gewinnen, wenn man etw tut; **II.** *tr* **1.** *(Geld)* verdienen; ▶ *~ gros* gut verdienen; *~ sa vie* s-n Lebensunterhalt verdienen; *~ le gros lot* das Große Los ziehen; **2.** ▶ *~ qc sur qn* jdm e-e S ab=gewinnen; *(acquérir)* erwerben; **3.** *(Zeit)* sparen; **4.** ▶ *~ à qc* aus e-r S Profit schlagen; *qu'est ce que j'y gagne* was habe ich denn davon? *c'est autant de gagné* das ist doch, immerhin (et)was; *~ qn de vitesse* jdm zuvor=kommen; **5.** *(attraper)* (Krankheit) sich zu=ziehen, *fam* holen; ▶ *j'y ai gagné un rhume* ich habe mir dabei e-e Erkältung, e-n Schnupfen geholt; **6.** *(conquérir)* erwerben; ▶ *~ la faveur de qn* jds Gunst erlangen; *~ des amis, tous les cœurs* Freunde, alle Herzen gewinnen; **7.** *(progresser)* näher=kommen, sich nähern (*qc* e-r S *dat*); *(Ort, Ziel)* erreichen; ▶ *~ le large (mar)* auf das Meer hinaus=fahren; *fig* das Weite suchen; **8.** fassen, ergreifen; ▶ *l'épidémie gagne le pays voisin* die Seuche greift auf das Nachbarland über; *~ du terrain sur qn* jdn ein=holen; *le feu gagne du terrain* das Feuer greift um sich; **9.** sich bemächtigen (*de* gen); ▶ *la peur le gagne* die Furcht bemächtigt sich seiner. **gagneur, se** *m f* Gewinner(in *f*) *m.*
gai, e [ge, gɛ] *(adv a. gaîment) a* **1.** heiter, froh, launig, lustig; **2.** *(Gegend, Raum, Wetter)* freundlich, heiter; **3.** *(Farbe)* hell, lebhaft; ▶ *un peu ~ (fam)* (etwas) angeheitert. **gaieté** *f* Munterkeit, Fröhlichkeit, Heiterkeit *f.*
gaillard, e [gajaʀ, -aʀd] **I.** *a* **1.** lustig, vergnügt; munter, frisch; **2.** *(Reden)* etwas frei, locker; **II.** *s m* **1.** (strammer) Kerl, Bursche *m;* **2.** *mar (~ d'avant)* Back *f.*
gain [gɛ̃] *m* **1.** Gewinn *a. fig;* Vorteil *m;* **2.** Einkommen *n,* Verdienst, Lohn *m;* **3.** ▶ *avoir ~ de cause* (e-n Prozeß) gewinnen; *être âpre au ~* hinter s-m Vorteil her sein; *réaliser de gros ~s* große Gewinne erzielen; **4.** ▶ *~ accessoire* Nebenverdienst *m; ~ de place, de temps* Platz-, Zeitersparnis *f* od -gewinn *m.*
gaine [gɛn] *f* **1.** Futteral, Etui *n,* Hülle; Scheide *f a. anat bot;* **2.** *tech* Mantel *m;* **3.** Hüfthalter *m,* Korse(le)tt *n.*
gala [gala] *m* Fest(vorstellung *f*) *n.*
galamment [galamɑ̃] *adv* galant. **galant, e** *a (nachgestellt)* galant, zuvorkommend, liebenswürdig. **galanterie** *f* **1.** Zuvorkommenheit, Höflichkeit; Rücksicht *f;* **2.** *pl* Komplimente *n pl.*
galantine [galɑ̃tin] *f* Galantine *f (Sülz-*

gericht).
galaxie [galaksi] *f astr* **1.** Milchstraße *f;* **2.** Spiralnebel *m.*
galbe [galb] *m (Säule, Vase)* Rundung; *allg* (schöne) Form *f;* ► *avoir du ~* e-e gute Figur haben.
gale [gal] *f* **1.** *med* Krätze *f;* **2.** *(Tier)* Räude *f;* ► *(fam) être mauvais comme la ~* e-e Giftnudel sein.
galère [galɛʀ] *f* **1.** Galeere *f;* **2.** *fig* mißliche(s) Abenteuer *n;* ► *vogue la ~!* komme, was da wolle!
galerie *f* **1.** Galerie *f;* **2.** gedeckte(r) *od* unterirdische(r) Gang *m;* **3.** *theat* Balkon, Rang *m; (Kirche)* Empore; **4.** *mot* Gepäckträger, Kuli *m;* **5.** *fig* Zuschauer *m pl,* Publikum *n;* ► *pour la ~ (fam, hum)* um sich in den Vordergrund zu spielen. **galeriste** *m f* Galerist *m.*
galet [galɛt] *m* **1.** (glatter) Kiesel(stein) *m;* **2.** *tech* (Lauf-)Rolle *f.*
galetas [galta] *m* armselige Wohnung *f, fam* Loch *n.*
galette [galɛt] *f* **1.** (Blätterteig-)Kuchen *m;* **2.** *tech* Bandkonserve *f;* **3.** *pop* Zaster, Kies *m.*
galeux, se [galø, -øz] *a* **1.** *med* krätzig *a. tech;* **2.** *(Tier)* räudig.
Galilée, la [galile] Galiläa *n.*
galimatias [galimatia] *m* Galimathias; *fam* Quatsch *m.*
galipette [galipɛt] *f fam* Purzelbaum *m.*
Galles [gal] *f pl:* ► *le pays de ~* Wales *n.*
galle [gal] *f* Gallapfel *m.*
gallican, e [galikɑ̃, an] *a rel* gallikanisch.
gallicisme [galisism] *m* Gallizismus *m.*
gallois, e [galwa, -az] *a* walisisch.
galoche [galɔʃ] *f* Holzpantine *f;* ► *menton m. en ~ (fam)* spitze(s), vorspringende(s) Kinn *n.*
galon [galɔ̃] *m* Borte, Litze, *(bes. mil)* Tresse *f.* **galonné** *m fam* Offizier *m.*
galop [galo] *m* Galopp *m a. mus;* ► *au ~* im Galopp; *se mettre au ~* Galopp an=schlagen; *et au ~!* aber dalli! **galoper** *itr* **1.** galoppieren *a. fig;* **2.** *allg* rennen, laufen, eilen; ► *~ derrière qc* hinter e-r S her=jagen.
galopin [galɔpɛ̃] *m* (kleiner) Schlingel; Lausbube *m.*
galure [galyʀ] *f,* **galurin** *m pop (chapeau)* Deckel *m.*
galvanique [galvanik] *a* galvanisch. **galvaniser** *tr* **1.** *tech* verzinken; **2.** *med* galvanisieren; **3.** *fig* mit=reißen.
galvauder [galvode] *tr* **1.** *(Talent)* vergeuden; **2.** *(Name)* kompromittieren.
gambade [gɑ̃bad] *f* Luftsprung *m.* **gambader** *itr* (Luft-)Sprünge machen.
gamberger [gɑ̃bɛʀʒe] *(Prés. je gamberge, ns gambergeons; Fut. je gambergerai; pp. gambergé, e) itr pop* nach=denken.
gambette [gɑ̃bɛt] *f fam* Bein *n;* ► *jouer, tricoter des ~s (fam)* das Weite suchen, abhauen. **gambiller** [-je] *itr fam* schwofen.
gamelle [gamɛl] *f* Essgeschirr *n;* ► *ramasser une ~ (pop)* hin=fallen; Pech haben.
gamin, e [gamɛ̃, -in] **I.** *s m f* kleine(r) Junge, Bub *m;* kleine(s) Mädchen *n, fam* Göre *f;* **II.** *a* schelmisch; jungenhaft, lausbubenhaft. **gaminerie** *f* Dummejungenstreich *m.*
gamme [gam] *f* **1.** *mus* Tonleiter *f;* **2.** Skala *f;* Umfang, Bereich *m a. radio;* **3.** Palette, Reihe, Reihen-, Aufea.folge *f;* ► *changer de ~ (fam)* e-n anderen Ton an=schlagen; *faire des ~s* Tonleitern üben; *~ des couleurs* Farb(en)skala *f; ~ majeure, mineure* Dur-, Molltonleiter *f; ~ d'ondes* Wellenbereich *m; ~ des prix* Preisskala *f.*
gammée [game] *a nur f:* ► *croix f ~* Hakenkreuz *n.*
Gand [gɑ̃] *f* Gent *n.*
gang [gɑ̃g] *m* Verbrecherbande *f.*
ganglion [gɑ̃glijɔ̃] *m anat* Nerven-, Lymphknoten *m.*
gangrène [gɑ̃gʀɛn] *f* **1.** *med* Gangrän(e *f) n,* Brand; **2.** *fig* Krebsschaden *m.* **gangrener** *(Prés. je gangrène, ns gangrenons; Fut. je gangrènerai; pp. gangrené, e) tr fig* verderben.
gangster [gɑ̃gstɛʀ] *m* **1.** Gangster *m;* **2.** *fig* Wucherer *m.*
gant [gɑ̃] *m* **1.** Handschuh *m;* **2.** *(~ de toilette)* Waschlappen *m;* ► *sans prendre de ~s* ohne viel Federlesens; *aller comme un ~* wie angegossen sitzen; *fig* ausgezeichnet passen; *jeter, relever le ~* den Fehdehandschuh hin=werfen, auf=nehmen; *~ de boxe, de caoutchouc, protecteur, tricoté* Box-, Gummi-, Schutz-, Strickhandschuh *m.* **ganter I.** *tr:* ► *je gante du 7* ich habe (Handschuh-)Größe 7; *ce rôle le gante à merveille* diese Rolle paßt ihm glänzend; **II.** *v prn se ~* (die) Handschuhe an=ziehen.
gantier *m* Handschuhmacher *m.*
garage [gaʀaʒ] *m* **1.** *mot* Garage *f,* Abstellplatz *m; (Busse)* Wagenhalle; **2.** (Auto-)Reparaturwerkstatt; Autovertretung *f;* **3.** *(~ d'avion)* (Flugzeug-)Halle *f; (~ de canots)* Bootshaus *n;* ► *rentrer sa voiture au ~* den Wagen in die Garage stellen; *~ à étages* Parkhaus *n.* **garagiste** *m* Inhaber *m* e-r Autoreparaturwerkstätte.
garant [gaʀat] *m* Bürge; Gewährsmann *m;* ► *se porter, se rendre ~* Bürgschaft leisten, ein=stehen (*de* für). **garantie** [-ti] *f* Garantie, Gewährleistung; Bürgschaft *f;* ► *sans ~* ohne Gewähr; *être sous la ~* unter Garantie stehen; *bon m de ~* Garantieschein *m; ~ de l'emploi* Sicherung *f* des Arbeitsplatzes. **garan-**

tir *tr* **1.** gewährleisten, garantieren; **2.** bürgen für; **3.** Garantie geben (*qc* auf e-e S); **4.** schützen, sichern (*de, contre* gegen).

garce [gaʀs] *f pop* Weibsbild *n.*

garçon [gaʀsɔ̃] *m* **1.** Junge, Bub *m;* **2.** Bursche; junge(r) Mann *m;* **3.** *(vieux ~)* Junggeselle *m;* **4.** Gehilfe, Geselle *m;* **5.** *(~ de café, d'hôtel)* Kellner *m;* ► *~!* Herr Ober! *~ de cabine* Steward *m; ~ de cuisine* Küchenjunge *m; ~ d'honneur* Brautführer *m.* **garçonne** [-sɔn] *f* Junggesellin *f;* ► *coiffure f à la ~* Bubikopf *m.* **garçonnet** [-ɛ] *m* **1.** kleine(r) Junge *m;* **2.** *com (taille f ~)* Knabengröße *f.* **garçonnière** *f* Junggesellenwohnung *f.*

garde [gaʀd] **1.** *f* Bewachung; Beaufsichtigung, Aufsicht *f (de* über *acc*); Obhut *f,* Schutz *m;* (Auf-)Bewahrung *f,* Gewahrsam *m; mil* Wache; Garde, *mil* Abschirmung; *(Schwert)* Parier-, Kreuzstange *f; (Degen)* Stichblatt *n,* Bügel *m; (Fechten)* Auslage; *(Boxen)* Deckung; *tech (~ au sol)* Bodenfreiheit *f; (in Redewendungen)* Aufmerksamkeit, Vorsicht, Acht; ► *à la ~ de Dieu* in die Hand, in den Schutz Gottes; *de ~* wachhabend, diensttuend; *(Lebensmittel)* Dauer-; *en ~ (mil)* gefechtsbereit; *n'avoir ~ de faire qc* sich hüten, etw zu tun; *déposer qc en ~* etw in Verwahrung geben; *être de ~* Wache haben; *être, se tenir en ~, sur ses ~s, se mettre sur ses ~s, prendre ~* acht=geben, auf=passen, auf der Hut sein, sich vor=sehen; *mettre en ~* warnen *(contre* vor *dat*); *sport* verwarnen; *mil* gefechtsbereit machen; *se mettre au ~-à-vous (mil)* (stramme) Haltung ein=nehmen; *prendre ~ à qn, à qc* auf jdn, etw acht=geben, auf=passen, Rücksicht nehmen; sich vor jdm, vor e-r S in acht nehmen; *prendre en ~* in Verwahrung, in Obhut nehmen; *~ à vous!* Vorsicht! *mil* stillgestanden! Achtung! *arrière-~ f (mil)* Nachhut *f; avant-~ f (mil)* Vorhut *f; chien m de ~* Wachhund *m; corps m de ~* Wachlokal *n,* Wache *f, feuille f de ~ (Buch)* Vorsatzblatt *n; mise f en ~ (sport)* (Ver-)Warnung *f, mil* (Einnehmen *n* der) Gefechtsbereitschaft *f; service m de ~* Wachdienst *m, ~ du corps* Leibwache, -garde *f; ~ d'honneur* Ehrenwache *f; ~ montante, descendante* auf-, abziehende Wache *f; ~ nationale, (Belgien) civique* Nationalgarde, Bürgerwehr *f; ~ de nuit* Nachtwache *f; ~ rouge* Rotgardist *m; ~ suisse (päpstliche)* Schweizergarde *f;* **2.** *m (a f)* Wächter, Hüter, Wärter, Aufpasser, -seher; Wach-, Gardesoldat, Gardist *m; f* Krankenwärterin *f;* ► *~ champêtre* Feldhüter *m; ~ d'enfants* Babysitter *m;* Babysitten *n; faire de la ~ d'enfants* bei jdm babysitten; *~ forestier* Forstaufseher, Revierförster *m.*

garde-à-vous [gaʀdavu] *m inv mil:* ► *se mettre au ~* Haltung an=nehmen.

garde-barrière *m (pl gardes-barrières)* Bahn-, Schrankenwärter *m.* **garde-chasse** *m (pl gardes-chasses)* Wild-, Jagdhüter *m.* **garde-chiourme** *m (pl gardes-chiourmes) fam* Gefängniswärter *m.* **garde-côtes** *m (pl garde-côtes)* Küstenwachtschiff *n.* **garde-feu** *m inv* Ofen-, Kaminschirm *m.* **garde-fou** *m (pl garde-fous)* Geländer *n* Balustrade *f.* **garde-frein** *m (pl garde-frein(s)) loc* Bremser *m.* **garde-frontière** *m* Grenzaufseher *m.* **garde-malade** *m f (pl gardes-malades)* Krankenwärter(in *f*) *m.* **garde-manger** *m inv* Lebensmittelschrank *m.* **garde-meuble** *m (pl garde-meuble(s))* Möbellager *n.* **garde-pêche** *m* **1.** *(Person) (pl gardes-pêche)* Fischereiaufseher *m;* **2.** *(Boot) inv* Fischereischutzboot *n.* **garde-port** *m (pl garde-port(s))* Hafenmeister *m.* **garde-robe** *f (pl garde-robes)* Kleiderschrank *m,* Garderobe *f.* **gardé, e** [gaʀde] *a (Bahnübergang)* beschrankt; *(Parkplatz)* bewacht.

gardénal [gaʀdenal] *m (Warenzeichen)* Phenobarbital, Beruhigungsmittel *n.*

garder [gaʀde] **I.** *tr* **1.** bewachen -hüten; auf=passen (*qc* auf etw *acc*); beaufsichtigen, überwachen; **2.** auf=heben, -bewahren, -sparen; (bei, für sich, zurück=) behalten; **3.** *(Kleidungsstück)* an=, *(Hut)* auf=behalten; **4.** *(das Zimmer, das Bett)* hüten; **II.** *v prn se ~* sich hüten, sich in acht nehmen (*de* vor *dat, que* davor, daß); ► *se ~ (Lebensmittel)* sich halten; sich aufbewahren lassen; haltbar sein; *~ son calme* Ruhe bewahren, ruhig bleiben; *~ les mains libres* frei Hand behalten; *~ son sérieux* ernst bleiben; *je m'en garderai bien!* ich werde mich hüten! ich denke ja gar nicht (*fam* nicht im Traum) daran. **garderie** [-də-] *f* **1.** Kindergarten *m;* **2.** *(Wald)* Revier *n.* **gardien, ne** *s m f* **1.** Wärter, Aufseher; Platzwart; Hausmeister *m;* **2.** *fig* Hüter *m; a* schutz-; ► *ange m ~* Schutzengel *m; ~ de but (sport)* Torwart *m; ~ ne d'enfants* Kindergärtnerin *f; ~ de musée* Museumswärter *m; ~ de nuit* Nachtwächter *m; ~ de la paix* (Verkehrs-)Schutzmann *m; ~ de prison* Gefangenenwärter, Gefängnisaufseher *m.* **gardiennage** [-djɛ-] *m* Bewachung *f,* Wärter-, Aufseheramt *n.*

gardon [gaʀdɔ̃] *m:* ► *tu es frais comme un ~* du siehst wie das blühende Leben aus.

gare [gaʀ] **I.** *interj* Achtung! Vorsicht! warte (nur)! ► *~ aux chutes!* nicht werfen! *~ aux pickpockets!* vor Taschendieben wird gewarnt! **II.** *s f* **1.** Bahnhof *m,*

-station *f;* **2.** *(~ fluviale)* Flußhafen *m; (~ d'eau) (Kanal)* Ausweichstelle *f;* **3.** ► *~ routière* Omnibusbahnhof; *(LKW)* Autohof *m;* ► *en ~* bahnlagernd; *~ restante* bahnpostlagernd; **4.** ► *chef m de ~* Bahnhofs-, Stationsvorsteher *m;* **5.** ► *~ aérienne* Flughafen *m; ~ d'arrivée* Ziel-, Ankunftsbahnhof *m; ~ centrale* Hauptbahnhof *m; ~ en cul-de-sac* Kopf-, Sackbahnhof *m; ~ destinataire* Bestimmungsbahnhof *m; ~ d'embarquement* Verladebahnhof *m; ~-frontière f* Grenzbahnhof *m; ~ de(s)* (od *aux*) *marchandises* Güterbahnhof *m; ~ maritime* Hafenbahnhof *m; ~ (de) messageries* Eilgutabfertigung *f; ~ terminus* Endbahnhof *m; ~ de triage* Verschiebe-, Rangierbahnhof *m.*

garer [gaʀe] **I.** *tr (Fahrzeug)* unter=stellen; *(Auto)* parken, in die Garage fahren; **II.** *v prn se ~* **1.** parken; s-n Wagen abstellen; **2.** aus=weichen, -biegen; **3.** *fig* sich hüten (*de* vor *dat*).

gargariser, se [gaʀgaʀize] *v prn* **1.** gurgeln; **2.** ► *se ~ de son succès* sich an s-m Erfolg berauschen.

gargote [gaʀgɔt] *f fam* miese(s) Restaurant *n.*

gargouille [gaʀguj] *f* **1.** *arch* Wasserspeier *m;* **2.** Abflußrinne *f,* -rohr *n.* **gargouillement** *m* **1.** Plätschern; Gurgeln *n;* **2.** *(Magen)* Kollern *n.* **gargouiller 1.** plätschern; **2.** *(Magen)* knurren.

garnement [gaʀnəmɑ̃] *m (mauvais, méchant ~)* Schlingel, Galgenstrick *m.*

garni, e [gaʀni] *a* **1.** versehen, besetzt, verziert, (aus)geschmückt (*de* mit); **2.** *(Küche)* mit (Fleisch- *od* Gemüse-)Beilage *f;* ► *assiette f ~e* Wurstplatte *f; choucroute f ~e* Sauerkraut *n* mit Speck *od* Würstchen. **garnir I.** *tr* **1.** versehen, aus=rüsten, -statten, ein=richten (*de* mit); **2.** *(Wand)* verkleiden; besetzen, verzieren, (aus=)schmücken (*de* mit); **3.** garnieren *(a. Küche); (Platz)* umgeben, -stehen, (um)säumen; **4.** *(Sitzmöbel)* polstern; **5.** *(Tuch)* rauhen; **6.** *(Kleidung)* besetzen, garnieren; **II.** *v prn se ~ (Raum)* sich füllen (*de* mit *acc*).

garnison [gaʀnizɔ̃] *f* Garnison *f;* Standort *m;* ► *(être) en ~* in Garnison (liegen).

garniture [gaʀnityʀ] *f* **1.** Garnitur, Verzierung *f,* Besatz *m;* **2.** Ausrüstung, Ausstattung *f;* **3.** Belag *m; tech* Futter *n;* **4.** *(Auto)* Innenausstattung, Polsterung *f;* **5.** *(Küche)* Bei-, Einlage *f;* ► *~ de frein* Bremsbelag *m.*

garrot [gaʀo] *m* ► *poser un ~* die Arterie abbinden.

gars [gɑ] *m fam* Junge; Bursche; Kerl *m;* ► *par ici, les ~!* kommt mal alle hierher!

gas-oil [gɑ(a)zɔjl, -zwal] *m* Dieselöl *n.*

gaspillage [gaspijaʒ] *m* Verschwendung, Vergeudung *f.* **gaspiller** *tr* vergeuden, verschwenden; Raubbau treiben (*qc* an e-r S).

gastrique [gastʀik] *a* gastrisch; Magen-; ► *embarras m ~* Magenverstimmung *f; suc m ~* Magensaft *m.* **gastronome** *m* Feinschmecker *m.* **gastronomie** *f* Eßkultur *f.* **gastronomique** *a* gastronomisch. **gastroscopie** *f med* Gastroskopie, Magenspiegelung *f.*

gâté, e [gɑte] *a* **1.** *(Obst)* verdorben *a. fig;* **2.** *(Kind)* verwöhnt, verzogen.

gâteau [gato] **I.** *s m* **1.** Kuchen *m a. tech;* **2.** *(~ de miel)* (Honig-)Wabe *f;* ► *c'est du ~! (fig fam)* nichts leichter als das! **II.** *a inv grand-papa ~* Großvater *m,* der die Enkel verwöhnt; *~ aux amandes, aux fruits* Mandel-, Obstkuchen *m; ~ à la crème* Cremetorte *f; (petits) ~x secs* Teegebäck *n.*

gâter [gate] **I.** *tr* **1.** verderben *a. fig;* beschädigen; **2.** *(bes. Kind)* verwöhnen, verziehen; **II.** *v prn se ~* **1.** *(Wetter)* schlecht(er) werden, sich verschlechtern; **2.** *(Früchte)* verderben; ► *~ le marché, le métier* das Geschäft verderben, die Preise drücken; *ça va se ~!* das geht nicht gut! das geht schief!

gâteux [gatø] *m:* ► *vieux ~ (fam)* alte(r) Knacker *m.* **gâtisme** *m* Verfall *m* der geistigen Kräfte.

gauche [goʃ] **I.** *a* **1.** linke(r, s); **2.** *(Brett)* verzogen; **3.** *fig* linkisch, ungeschickt, unbeholfen; **II.** *s f* Linke *a. pol,* linke Hand *od* Seite *f;* **III.** *s m* ► *(Boxen) coup m du ~* Linke *f; à ~* links, zur Linken; *mettre de l'argent à ~* Geld abzweigen; *passer l'arme à ~ (fam)* ins Gras beißen, sterben; *tenir sa ~, conduire à ~* links fahren; *voter à ~* links wählen; *extrême ~ f (pol)* äußerste Linke *f.* **gaucher, ère** *s m* Linkshänder *m.* **gaucherie** *f* Unbeholfenheit, Ungeschicklichkeit *f.* **gauchir** *itr* sich verziehen, sich verbiegen; *(Holz)* sich werfen. **gauchisant, e** *a* linksorientiert. **gauchiste** *a pol* Chaoten-, chaotisch; *s m f* Chaot *m.*

gaudriole [godʀijɔl] *f fam* freie(r) Scherz *f.*

gaufre [gofʀ] *f* **1.** (Honig-)Wabe *f;* **2.** Waffel *f.* **gaufrette** *f* (Eis-)Waffel *f.* **gaufrier** [-fʀije] *m* Waffeleisen *n.*

Gaule, la [gol] Gallien *n.*

gauler [gole] *tr* **1.** *(Früchte)* herunterschlagen (*un arbre* von e-m Baum); **2.** ► *se faire ~ (pop)* sich schnappen lassen.

gaullien, ne [goljɛ̃, -ɛn] *a* gaullistisch.

gaulois, e [golwa, -az] **I.** *a* **1.** gallisch; **2.** *(Witz)* derb, locker; **II.** *G~, e s m f* Gallier(in *f*) *m.* **gauloiserie** [-zʀi] *f* derbe(r) Witz *m.*

gaver [gave] **I.** *tr* **1.** *(Geflügel)* nudeln,

stopfen; 2. *(Kind)* überfüttern; **3.** *fig (mit Wissen)* voll=stopfen; **II.** *v prn se* ~ sich über(fr)essen (*de* mit).

gavotte [gavɔt] *f* Gavotte *f (Tanz).*

gavroche [gavʀɔʃ] *m* (Pariser) Straßenjunge *m.*

gaz [gɑ(a)z] *m inv* **1.** Gas *n;* **2.** *(Physiologie)* Blähung *f;* **3.** Gaswerk *n;* **4.** ► *à pleins* ~ mit Vollgas *a. fig;* **5.** ► *couper les* ~ *(mot)* das Gas weg=nehmen; *donner du* ~ *(mot fam)* Gas geben; *rouler à pleins* ~ mit Vollgas fahren; **6.** ► *(fam) il y a de l'eau dans le* ~ wir werden Schwierigkeiten haben; **7.** ► *chauffage m au* ~ Gasheizung, -feuerung *f; compteur m à* ~ Gasuhr *f; cuisinière f. à* ~ Gasherd *m; masque m à* ~ Gasmaske *f;* **8.** ► ~ *pl brûlés, de combustion, d'échappement* Autoabgas *n;* ~ *de chauffage* Heizgas *n;* ~ *hilarant* Lachgas *n;* ~ *lacrymogène* Tränengas *n;* ~ *naturel* Natur-, Erdgas *n;* ~ *de pétrole liquéfié, GLP* Autogas *n;* ~ *toxique* Giftgas *n;* ~ *de ville* Stadtgas *n.*

gaze [gaz] *f (Textil)* Gaze *f;* (~ *à pansement) med* Verbandstoff, -mull *m.*

gazer [gaze] **I.** *tr* **1.** vergasen; **2.** *(Textil)* (mit Gas) sengen, rösten; **II.** *itr arg mot aero* rasen; ► *ça gaze! (pop)* das haut hin! **gazeux, se** *a* **1.** gasförmig; **2.** *(Getränk)* kohlensäurehaltig. **gazier, ère I.** *a* Gas-; **II.** *s m* Arbeiter *m* e-s Gaswerks. **gazoduc** *m* Ferngasleitung *f.* **gazomètre** *m* Gasometer, -kessel *m.*

gazelle [gazɛl] *f zoo* Gazelle *f.*

gazon [gazɔ̃] *m* Rasen *m.* **gazonner** *tr* mit Rasen bepflanzen.

gazouillement [gazujmɑ̃] *m* **1.** *(Vögel)* Gezwitscher *n;* **2.** *(Bach)* Plätschern, Murmeln *n;* **3.** *(Kind)* Lallen *n.* **gazouiller** [-uje] *itr* **1.** zwitschern; **2.** *(Kind)* lallen; **3.** *(Bach)* plätschern.

geai [ʒɛ] *m orn* (Eichel-)Häher *m.*

géant, e [ʒeɑ̃, -ɑ̃t] **I.** *s m f* Riese *m,* Riesin *f a. fig;* **II.** *a* riesig, riesenhaft, gewaltig, kolossal, Riesen- *a. fig;* ► *à pas de* ~ mit Riesenschritten; ~ *de l'industrie* Industriegigant *m; paquet m* ~ *(com)* Großpackung *f.*

geignard, e [ʒɛɲaʀ] **I.** *a* jammernd, weinerlich; **II.** *s m f* Jammerlappen *m,* Heulsuse *f.* **geindre** [ʒɛ̃dʀ] ‹*Prés. je geins, ns geignons; Fut. je geindrai; pp. geint, e; Subj. que je geigne, que ns geignions*› *itr* ächzen, stöhnen, jammern.

gel [ʒɛl] *m* **1.** Frost *m;* **2.** *fig* Einfrieren *n.*

gélatine [ʒelatin] *f* Gelatine *f.* **gélatineux, se** *a* gallertartig.

gelé, e [ʒəle] *a* **1.** gefroren; erfroren; **2.** *com* eingefroren, blockiert; ► *je suis* ~ es friert mich schrecklich. **gelée** *f* **1.** Frost *m;* **2.** Gelee *(von Früchten) n od m;* **3.** (~ *de viande)* Jus, Gallerte, Sülze *f;* ► *ravages m pl de la* ~ Frostschäden *m pl; temps m de* ~ Frostwetter *n;* ~ *blanche* (Rauh-)Reif *m;* ~ *matinale, nocturne* Nachtfrost *m.* **geler** ‹*Prés. je gèle, ns gelons; Fut. je gèlerai; pp. gelé, e*› **I.** *tr* **1.** gefrieren lassen, zum Gefrieren bringen; **2.** Frostschäden, *med* Erfrierungen verursachen (*qc* an *dat*); **3.** *com* einfrieren; *(Tätigkeit)* vorübergehend einstellen, auf Eis legen; **II.** *itr* (ge-, zu=, ein=, er)frieren; **III.** *v prn se* ~ fast erfrieren; ► *il gèle (à pierre fendre)* es friert (Stein u. Bein); *on se gèle ici* man kommt fast vor Kälte um.

gelure *med* Erfrierung *f.*

Gémeaux, les [ʒemo] *m pl astr* die Zwillinge *m pl.*

gémir [ʒemiʀ] *itr* **1.** seufzen, stöhnen *a. fig,* ächzen, wimmern; **2.** *(Wind)* heulen; **3.** *(Tür)* knarren, quietschen. **gémissement** *m* **1.** Seufzen, Stöhnen, Ächzen *n; a. fig;* **2.** *(Wind)* Heulen; **3.** *(Tür)* Knarren *n.*

gemme [ʒɛm] **I.** *s f* Edelstein *m;* **II.** *a:* ► *sel m* ~ Steinsalz *n.*

gênant, e [ʒɛnɑ̃, -ɑ̃t] *a* **1.** unbequem; **2.** *fig* lästig; störend; **3.** unangenehm, peinlich; ► *ce n'est pas* ~ das ist kein Problem.

gencive [ʒɑ̃siv] *f meist pl* Zahnfleisch *n.*

gendarme [ʒɑ̃daʀm] *m* **1.** *m;* Polizist, Gendarm *mil* **2.** Fleck *m (Edelstein);* **3.** *fam (Frau)* Dragoner *m;* **4.** *fam* Bückling *m;* **5.** (Berg-)Zinne *f;* ► ~ *couché (fam)* Fahrbahnschwelle *f.* **gendarmer, se** *v prn* in Harnisch geraten. **gendarmerie** [-məʀi] *f* Polizeitruppe, -kaserne *f.*

gendre [ʒɑ̃dʀ] *m* Schwiegersohn *m.*

gène [ʒɛn] *m (~ héréditaire) biol* Gen *n.*

gêne [ʒɛn] *f* **1.** Beschwerden *f pl;* **2.** Last *f;* Zwang *m;* **3.** Bedrängnis, Not(lage); Schwierigkeit, (Geld-)Verlegenheit, *fam* Klemme *f;* **4.** Peinlichkeit, Befangenheit *f,* Hemmungen *f pl;* ► *dans la* ~ in Geldverlegenheit; *éprouver de la* ~ sich genieren; *être sans* ~ unverschämt sein. **gêné, e** [ʒe(ɛ)ne] *a* **1.** verlegen, befangen, gehemmt; bedrückt; **2.** in (Geld-) Verlegenheit; ► *il était très* ~ es war ihm sehr peinlich.

généalogie [ʒenealɔʒi] *f* **1.** Genealogie *f;* **2.** Abstammung *f a. biol.* **généalogique** *a* genealogisch; ► *arbre m* ~ Stammbaum *m.* **généalogiste** *m* Genealoge *m.*

gêner [ʒɛne] **I.** *tr* **1.** behindern; be-, ein=engen; **2.** *(Kleidung, Schuhe)* drücken, zu eng sein (*qn* jdm); **3.** behindern, im Wege stehen; hemmen; **4.** lästig, *fam* auf den Wecker fallen (*qn* jdm), belästigen, stören; **5.** genieren, verlegen machen, in (*a.* Geld-)Verlegenheit bringen; peinlich berühren; **II.** *v prn se* ~ **1.** sich *(dat)* Zwang an=tun *od* auf=erlegen; sich *(acc)* genieren; **2.** sich (gegenseitig) lästig fallen, ea. im Wege sein; ► *ne pas* *se* ~ sich (ganz) wie zu Hause fühlen; keine Hemmungen haben; *ne vous gênez pas!* tun Sie (ganz), als ob Sie zu Hause wären, *(ironisch)* tun Sie Ihren Gefühlen keinen Zwang an!

général, e [ʒeneʀal] **I.** *a* allgemein; generell; umfassend; Gesamt-, General-, Haupt-, Ober-; **II.** *s m* **1.** Allgemeine(s) *n;* **2.** *mil (al. rel* Ordens-*)*General *m;* **3.** *f* Generalmarsch *m; (répétition ~e) theat* Generalprobe *f;* **4.** ► *dans l'intérêt ~* im Interesse der Allgemeinheit; *d'intérêt ~* gemeinnützig; *en ~* im allgemeinen, gewöhnlich *adv,* meist; **5.** ► *assemblée f ~e* Generalversammlung *f; culture f ~e* Allgemeinbildung *f; directeur m ~* Generaldirektor *m; grève f ~e* Generalstreik *m; vue f ~e* Gesamtansicht *f.* **généralement** *adv* (im) allgemein(en); ► *~ parlant* (ganz) allgemein gesprochen. **généraliser** *tr* verallgemeinern. **généraliste** *a* nicht spezialisiert; *med* für Allgemeinmedizin; *m f* Arzt *m,* Ärztin *f* für Allgemeinmedizin.

généralité *f* Allgemeingültigkeit *f; pl* allgemeine Darlegungen *f pl;* Allgemeine(s) *n;* ► *dans la ~ des cas* meist(ens).

générateur, trice [ʒeneʀatœʀ, -tʀis] **I.** *a* **1.** *biol* Zeugungs-; **2.** *fig* bewirkend; **II.** *s m tech* Generator *m; ~ (de vapeur)* Dampfkessel *m.* **génératif, ive** *a biol* Zeugungs-; *gram* generativ. **génération** *f* **1.** *(Physiologie)* Zeugung; *biol* Fortpflanzung; Nachkommenschaft *f;* **2.** Generation *f;* ► *~s creuses* geburtsschwache Jahrgänge *m pl.*

générer [ʒeneʀe] *‹Prés. je génère, ns générons; Fut. je générerai; pp. généré, e›* *tr a. inform* erzeugen.

généreux, se [ʒeneʀø] *a* **1.** großzügig, edel(mütig), großmütig; **2.** freigebig; **3.** *(Boden)* ergiebig; **4.** *(Land)* fruchtbar; **5.** *(Wein)* edel.

générique [ʒeneʀik] **I.** *a* Gattungs-; **II.** *s m film* Vorspann *m.*

générosité [ʒeneʀozite] *f* **1.** Edelmut; Großmut *m;* **2.** Großzügigkeit, Freigebigkeit *f.*

genèse [ʒənɛz] *f* (Welt-)Entstehung *f;* ► *la ~* die Genesis, das erste Buch Mose.

genêt [ʒənɛ] *m bot* Ginster *m.*

généticien [ʒenetisjɛ̃] *m* Genetiker, Vererbungsforscher *m.* **génétique** **I.** *a* genetisch; **II.** *s f* Genetik, Vererbungslehre *f.*

gêneur, se [ʒɛnœʀ, -øz] *m f* lästige(r) Mensch *m,* Nervensäge *f.*

Genève [ʒənɛv] *f* Genf *n;* ► *le lac de ~* der Genfer See.

genévrier [ʒənevʀije] *m bot* Wacholder *m.*

génial, e [ʒenjal] *a* genial. **génie** *m* **1.** Genius, (guter) Geist *m;* **2.** Genie, Talent *n (d, pour* zu, für*),* (Geistes-)Gaben *f pl,* Begabung *f (de, pour* für); **3.** Genie *n,* geniale(r) Mensch *m;* **4.** (wahres, eigentliches) Wesen *n,* Besonderheit *f;* **5.** *mil* Pioniere *m pl,* Pioniertruppe *f;* ► *~ civil* Bauwesen *n;* Hoch- und Tiefbau *m; ~ génétique* Genetik *f.*

genièvre [ʒənjɛvʀ] *m* **1.** Wacholder *m (Baum* u. *Schnaps);* **2.** Wacholderbeere *f.*

génisse [ʒenis] *f* Färse, junge Kuh *f.*

génital, e [ʒenital] *a biol* Genital-, Geschlechts-; ► *organes m pl ~itaux* Geschlechtsorgane *n pl.*

génitif [ʒenitif] *m gram* Genitiv, Wesfall *m.*

génocide [ʒenɔsid] *m* Rassen-, Völkermord *m.*

genou [ʒənu] *m (pl genoux)* Knie *n a. tech;* ► *à ~x* kniend, auf den Knien; *prendre sur ses ~x* auf den Schoß nehmen. **genouillère** [-nujɛʀ] *f* **1.** Kniewärmer, -schützer *m;* **2.** *tech* Kniegelenk *n.*

genre [ʒɑ̃ʀ] *m* **1.** *zoo bot* Gattung *f;* **2.** Geschlecht *n a. gram;* **3.** Art, Sorte *f; (~ littéraire)* (Literatur-)Gattung *f; (Kunst)* Genre *n;* **4.** ► *dans son ~* in s-r Art; *de ce ~* in d(ies)er Art; derart(-ig); *de, en tout ~* aller Art; allerlei; *des deux ~s (gram)* männlich u. weiblich; **5.** ► *se donner un ~* sich affektiert benehmen; *ce n'est pas (dans) mon ~* das ist nicht mein Fall, das liegt mir nicht; **6.** ► *peinture f, tableau m de ~* Genremalerei *f;* -bild *n; ~ humain* Menschengeschlecht *n; ~ de vie* Lebensweise, Art (der) Lebensführung *f.*

gens [ʒɑ̃] *m pl (wenn ein a mit weibl. Endung unmittelbar vorausgeht f pl)* Leute *pl,* Menschen *m pl;* ► *connaître les ~* s-e Leute, *fam* s-e Pappenheimer kennen; *se moquer des ~* sich über die andern lustig machen; *bonnes ~* brave Leute *pl; honnêtes ~* anständige Menschen *m pl; jeunes, vieilles ~* junge, alte Leute *pl; petites ~* kleine Leute *pl; tous les ~* alle Leute *pl,* alle Welt *f; ~ d'église* Geistlichkeit *f; ~ de lettres* Literaten, Schriftsteller *m pl; ~ de mer* Seeleute *pl.*

gentiane [ʒɑ̃sjan] *f bot* Enzian *m.*

gentil, le [ʒɑ̃ti, -ij] *a (adv gentiment)* **1.** niedlich, hübsch, reizend, entzückend, allerliebst; **2.** nett, lieb, freundlich, liebenswürdig; ► *c'est ~ à vous* das ist nett von Ihnen. **gentilhomme** [-jɔm] *m, pl ~shommes* [-zɔm] **1.** Edelmann *m;* **2.** *fig* Kavalier, Gentleman *m.* **gentillesse** [-jɛs] *f* nette(s), freundliche(s) Wesen *n;* Liebenswürdigkeit *f.* **gentillet, te** *a* ganz nett.

génuflexion [ʒenyflɛksjɔ̃] *f rel* Kniebeuge *f.*

géocentrique [ʒeɔsɑ̃tʀik] *a astr* geozentrisch. **géodésie** *f* Geodäsie, Lan-

desvermessung *f.* **géographe** [ʒeɔgʀaf] *s m* Geograph *m.* **géographie** *f* Erdkunde, Geographie *f;* ► ~ *économique* Wirtschaftsgeographie *f.* **géographique** *a* erdkundlich, geographisch; ► *carte f* ~ Landkarte *f.*
geôle [ʒol] *f lit* Kerker *m.* **geôlier** *m lit* Kerkermeister *m.*
géologie [ʒeɔlɔʒi] *f* Geologie *f.* **géologique** *a* geologisch. **géologue** *m* Geologe *m.* **géomètre** *m* Geometer *m.* **géométrie** *f* Geometrie *f.* **géométrique** *a* geometrisch. **géophysique** *s f* Geophysik *f.* **géopolitique** *f* Geopolitik *f.* **géostationnaire** [ʒeɔstasjɔnɛʀ] *a* geostationär.
gérance [ʒeʀɑ̃s] *f* **1.** Geschäftsführung, Betriebsleitung *f;* **2.** Pacht *f.*
géranium [ʒeʀanjɔm] *m bot* Geranie *f.*
gérant, e [ʒeʀɑ̃, -ʀɑ̃t] *m f (~ d'affaires)* Geschäftsführer(in *f*); Betriebsleiter; Verwalter *m;* ► ~ *d'immeubles* Hausverwalter *m.*
gerbe [ʒɛʀb] *f* **1.** Garbe *f a. mil;* Strauß *m;* **2.** ► ~ *de feu* Feuergarbe *f.* **gerber** *tr* **1.** in Garben binden; **2.** *(Fässer)* stapeln. **gerbeur, se** *s m, f* Stapler *m.*
gerce [ʒɛʀs] *f* **1.** Sprung *m (im Holz);* **2.** (Kleider-)Motte *f.* **gercé, e** *a* aufgesprungen, rissig, schrundig. **gercer** ‹*Prés. je gerce, ns gerçons; Fut. je gercerai; pp. gercé, e*› **I.** *tr* rissig machen; **II.** *itr* u. *se* ~ rissig werden, auf≈springen.
gerçure [-syʀ] *f* Sprung, Riß *m;* Schrunde *f.*
gérer [ʒeʀe] ‹*Prés. je gère, ns gérons; Fut. je gérerai; pp. géré, e*› *tr* verwalten; *(Geschäft)* führen; *(Betrieb)* leiten; bewirtschaften.
gériatre [ʒeʀjatʀ] *m f* Geriater *m,* -trin *f.* **gériatrie** *f* Geriatrie, Altersheilkunde *f.* **gériatrique** *a* geriatrisch.
germain, e [ʒɛʀmɛ̃, -ɛn] **1.** *jur (Bruder, Schwester)* leiblich; **2.** ► *cousin(e) m f* ~*(e), issu(e) de* ~*s* Vetter *m od* Base *f* 1., 2. Grades.
germanique [ʒɛʀmanik] *a* germanisch. **germaniser** *tr* germanisieren, ein≈deutschen. **germanisme** *m* deutsche Spracheigentümlichkeit *f.* **germaniste** *m* Germanist *m.* **germanophile** *a* deutschfreundlich. **germanophobe** *a* deutschfeindlich. **germanophone** *a* deutschsprachig; *s m f* Deutschsprachige(r *m*) *f.*
germe [ʒɛʀm] *m* **1.** *biol* Keim m *a. fig;* **2.** *(Ei)* Hahnentritt *m;* **3.** *fig* Ausgangspunkt, Ursprung *m,* erste Anfänge *m pl;* ► *un* ~ *de discorde (fig)* ein Keim der Zwietracht.
germer *itr* keimen *a. fig; fig* entstehen.
gérondif [ʒeʀɔ̃dif] *m gram* Gerundium *n; Gérondif m.*
gérontocratie [ʒeʀɔ̃tɔkʀasi] *f* Gerontokratie *f.* **gérontologie** *f* Gerontologie *f.*
gésier [ʒezje] *m orn* Kaumagen *m.*
gésir [ʒeziʀ] ‹*Nur noch: Prés. je gis, tu gis, il gît, ns gisons, vs gisez, ils gisent; Imparf. je gisais, tu gisais, il gisait, ns gisions, vs gisiez, ils gisaient; ppr. gisant, e*› *itr:* ► *ci-gît* hier ruht.
gestation [ʒɛstasjɔ̃] *f* **1.** *(Tiere)* Trächtigkeit *f;* **2.** *(Menschen)* Schwangerschaft *f;* ► *être en* ~ *de qc (fig)* im Entstehen begriffen sein.
geste [ʒɛst] **1.** *m* Geste, Gebärde *f; pl* Mienenspiel *n;* **2.** *f* ► *chanson f de* ~ Heldenlied *n; au moindre* ~ bei der geringsten Bewegung *f.* **gesticuler** *itr* gestikulieren.
gestion [ʒɛstjɔ̃] *f* Geschäfts-, Betriebsführung; Verwaltung *f;* ► *compte-rendu, rapport m de* ~ Geschäfts-, Rechenschaftsbericht *m; frais m pl de* ~ Betriebs-, Verwaltungskosten *pl;* ~ *comptable* Rechnungsführung *f.*

ghetto [gɛto] *m* Getto *n a. fig.*
gibecière [ʒibsjɛʀ] *f* Umhänge-, Jagd-, Schultasche *f.*
gibet [ʒibɛ] *m* Galgen *m.*
gibier [ʒibje] *m* Wild(bret) *n;* ► *gros* ~ Hoch-, Großwild *n; menu* ~ Klein-, kleinere(s) Federwild *n; (fam) un* ~ *facile* e-e leichte Beute.
giboulée [ʒibule] *f* Regen-, Graupelschauer *m.*
giboyeux, se [ʒibwajø, -øz] *a* wildreich.
gibus [ʒibys] *s m* u. *a.:* ► *chapeau m* ~ Klappzylinder *m.*
Gibraltar [ʒibʀaltaʀ] *m* Gibraltar *n;* ► *le détroit de* ~ die Straße von Gibraltar.
gicler [ʒikle] *itr* (auf≈, heraus≈) spritzen. **gicleur** *m* ► ~ *de carburant (mot)* Vergaserdüse *f.*
gifle [ʒifl] *f* Ohrfeige *f a. fig.* **gifler** *tr* **1.** ohrfeigen; **2.** ► *fig (Regen)* ~ *le visage de qn* jdm ins Gesicht peitschen.
gigantesque [ʒigɑ̃tɛsk] *a* **1.** riesig, riesenhaft, gigantisch; **2.** *fig* gewaltig, ungeheuer.
gigogne [ʒigɔɲ] *f a:* ► *table f* ~ Satz *m* inea.geschobener Tische.
gigolo [ʒigɔlo] *m fam* junge(r), ausgehaltene(r) Geliebte(r) *m.*
gigot [ʒigo] *m* **1.** Hammel-, Lamm-, Rehkeule *f;* **2.** *(Pferd)* Hinterbacken *m.*
gigoter [ʒigɔte] *itr fam* zappeln, strampeln.
gigue [ʒig] *f* **1.** Rehkeule *f;* **2.** Gigue *f (Tanz);* ► *grande* ~ *(pop fig)* Hopfenstange *f.*
gilet [ʒilɛ] *m* **1.** Weste *f;* **2.** Strickjacke *f;* **3.** *(~ de corps)* Unterhemd *n;* Bluseneinsatz *m;* ► ~ *pare-balles* Kugelsichere Weste *f;* ~ *de sauvetage* Schwimmweste *f.*
gingembre *m* [ʒɛ̃ʒɑ̃bʀ] Ingwer *m.*
gingivite [ʒɛ̃ʒivit] *f* Zahnfleischentzün-

dung *f.*
girafe [ʒiʀaf] *f* **1.** Giraffe *f;* **2.** *fig fam* Hopfenstange *f.*
girandole [ʒiʀɑ̃dɔl] *f* **1.** Feuerrad *n;* **2.** Armleuchter *m.*
giration [ʒiʀasjɔ̃] *f* Drehung *f.* **giratoire** *a:* ► *sens m* ~ Kreisverkehr *m.*
girofle [ʒiʀɔfl] *m:* ► *clou m de* ~ (Gewürz-)Nelke *f.* **giroflée** *f bot* Levkoje; ► ~ *jaune (bot)* Goldlack *m.*
girolle [ʒiʀɔl] *f bot* Pfifferling; Eierschwamm *m.*
giron [ʒiʀɔ̃] *m* **1.** Schoß *m a. fig;* **2.** *(Treppe)* Stufenfläche *f.*
girond, e [ʒiʀɔ̃, ʀɔ̃d] *f fam* gutgebaut.
girouette [ʒiʀwɛt] *f* Wetterfahne *f a. fig.*
gisant, e [ʒizɑ̃, -ɑ̃t] *a* liegend; ruhend; ► *s m* Grabfigur *f* in liegender Position.
gisement *m geol min* (Ab-)Lagerung *f,* Lager(stätte *f*), Vorkommen *n.*
gitan, e [ʒitɑ̃, an] *m* (spanische) Zigeuner(in *f*) *m.* **gitane** *f* französische Zigarettenmarke.
gîte [ʒit] *m* **1.** Quartier *n;* Unterkunft *f;* **2.** *(Tier)* Lager *n.*
givrage [ʒivʀaʒ] *m aero* Vereisung *f.*
givre *m* (Rauh-)Reif *m.* **givré, e** *a* **1.** bereift; **2.** *(Fenster)* zugefroren. **givrer** **I.** *tr* mit Reif bedecken *od* überziehen; **II.** *itr* vereisen.
glaçage [glasaʒ] *m* **1.** *(Papier)* Satinieren; *(Textil)* Glanzgeben *n,* Glacéappretur *f;* **2.** *(Reis)* Polieren *n;* **3.** Glasieren *n (a. Küche).*
glace [glas] *f* **1.** Eis *n;* **2.** *(Fleischsaft-, Eiweiß-, Zucker-)* Glasur *f;* Zuckerguß *m;* **3.** Spiegel(glas *n*) *m;* **4.** (Wagen-) Fenster *n;* **5.** *(Edelstein)* Fleck *m;* **6.** *pl* (Speise-) Eis, Gefrorene(s) *n;* **7.** ► *de* ~ *(fig)* eisig, frostig, kühl; **8.** ► *rompre la* ~ *(fig)* das Eis zum Schmelzen bringen; **9.** ► *mer f de* ~ Eismeer *n; montagne f de* ~ Eisberg *m;* ~ *au chocolat* Schokoladeneis *n;* ~ *du pare-brise* Windschutzscheibe *f;* ~*s polaires* Polareis *n.* **glacé, e** *a* **1.** vereist; **2.** eiskalt; eisgekühlt; *(Mensch)* durchgefroren; **3.** *fig (Empfang)* eisig, frostig, kühl; ► *bâton m* ~ Eis *n* am Stiel. **glacer** ‹*Prés. je glace, ns glaçons; Fut. je glacerai; pp. glacé, e*› **I.** *tr* **1.** gefrieren lassen; (vor Kälte) erstarren, *fig* kälter werden lassen; ab=kühlen, unempfindlich machen; *(vor Schreck, Angst)* erstarren lassen; **2.** *(Textil, Töpferei, Küche)* glasieren; *(Papier)* satinieren; **II.** *v prn se* ~ ge-, ein=frieren; *fig* erstarren. **glaciaire** *a* Eis-, Gletscher-; ► *période f* ~ Eiszeit *f.* **glacial, e** *a* **1.** eiskalt, eisig; Eis-; **2.** *fig* eisig, frostig, kühl. **glacier** *m* **1.** Gletscher *m;* **2.** Eiskonditor, -verkäufer *m.* **glacière** *f* Eiskeller *a. fig,* -schrank *m.* **glacis** [-si] *m* **1.** *mil* Glacis *n a. fig;* **2.** *(Malerei)* Lasur *f.* **glaçon** *m* Stück *n* Eis, Eisklumpen *m a. fig;* Eisscholle *f,* -zapfen *m.* **glaçure** *f* *(Töpferei)* Glasur *f.*
gladiateur [gladjatœʀ] *m hist* Gladiator *m.*
glaïeul [glajœl] *m bot* Gladiole *f.*
glaise [glɛz] *f:* ► *terre f* ~ Lehm, Ton *m.* **glaiseux, se** *a* lehmig; *sol m* ~ *(agr)* Lehmboden *m.*
glaive [glɛv] *m poet* Schwert *n a. fig.*
gland [glɑ̃] *m* **1.** *bot anat* Eichel *f;* **2.** Troddel, Quaste *f.*
glande [glɑ̃d] *f anat* Drüse *f;* ► ~ *lacrymale* Tränendrüse *f;* ~ *salivaire* Speicheldrüse *f.*
glaner [glane] *tr* **1.** *(Ähren)* lesen, stoppeln; **2.** *fig* zusammentragen, sammeln. **glaneur, se** *m f* Ährenleser(in *f*) *m.*
glapir [glapiʀ] *itr* **1.** *(Hund)* kläffen; **2.** *(Vögel)* kreischen. **glapissant, e** *a (Stimme)* kreischend. **glapissement** *m* Gekläff; Gekreisch *n a. fig.*
Glaris [glaʀis] *m (Kanton)* Kanton *m* Glarus; *f (Stadt)* Glarus *n.*
glas [glɑ] *m:* ► ~ *funèbre* Totenglocke *f.*
glaucome [glokom] *m med* grüne(r) Star *m.*
glauque [glok] *a* blaugrün.
glèbe [glɛb] *f lit* (Erd-)Scholle *f a. fig.*
glissade [glisad] *f* **1.** Ausgleiten *a. fig;* Schlittern *n;* **2.** *(Tanz)* Schleifschritt *m;* **3.** *aero* Abrutschen *n;* ► *faire une* ~ aus=gleiten, -rutschen. **glissant, e** *a* glatt, schlüpfrig. **glissement** *m* (Ab-) Gleiten *a. fig;* (Ab-)Rutschen *n a. tech;* ► ~ *à droite, à gauche (pol)* Rechts-, Linksrutsch *m;* ~ *de terrain* Erd-, Bergrutsch *m.* **glisser** **I.** **1.** *itr* (ab=, aus=) gleiten, -rutschen; *fam* schlittern; **2.** entgleiten (*à qn* jdm); **3.** *fig* rasch hinweggehen (*sur* über *acc*); streifen, nur flüchtig berühren *(sur acc);* **II.** *tr* **1.** schieben, gleiten lassen; **2.** heimlich stecken (*à* in *acc*); zu=stecken (*qc à qn* jdm e-e S); ► *il lui glisse un pourboire* er steckt ihm ein Trinkgeld zu; **3.** hinein=stecken, ein=schieben (*dans* in *acc*); ► ~ *qc dans la main de qn* jdm e-e S in die Hand drücken; ~ *qc à l'oreille de qn* jdm etw zu=flüstern; **III.** *v prn se* ~ **1.** ins Rutschen kommen; gleiten; ► *une erreur s'est glissée dans mon rapport* ein Irrtum hat sich in meinen Bericht eingeschlichen; **2.** *(apparaître subitement)* unversehens dasein, sich unbemerkt aus=breiten (*parmi* unter *acc*). **glissière** *f* Gleit-, Lauf-, Führungsschiene *f.* **glissoire** *f* Schleif-, Schlitterbahn *f.*
global, e [glɔbal] *a* global, gesamt; *com* pauschal; ► *somme f* ~*e* Gesamtsumme *f.* **globalement** *adv* im ganzen (genommen). **globalisation** *f* Pauschalierung *f.* **globaliser** *tr* zusammenfassen; *com* pauschalieren. **globalité** *f* Gesamtheit *f.*

globe [glɔb] *m* **1.** (Erd-)Kugel *f*, Ball *m*; **2.** Glas-, Lampenglocke *f*; ▶ ~ *de l'œil* Augapfel *m*; ~ *(terrestre)* Globus *m*. **globe-trotteur** [glɔbtʀɔtœʀ] *m* Globetrotter *m*. **globule** *m*: ▶ ~*s rouges, blancs (du sang)* rote, weiße Blutkörperchen *n pl*. **globuleux, se** *a (Augen)* hervorquellend.

gloire [glwaʀ] *f* **1.** Ruhm *m*; **2.** Zierde; Herrlichkeit *f*, Glanz *m*; **3.** Glorie(nschein *m*) *f*; ▶ *à la* ~ *de qn* zu jds Ehre; ~ *à* ... Ehre sei *dat*; *se faire* ~ *de qc* sich e-r S *(gen)* rühmen, auf e-e S stolz sein; *rendre* ~ *à qn, qc* jdn, etw rühmen, preisen, ehren, verherrlichen.

gloria [glɔʀja] *m inv rel* Gloria *n*. **glorieux, se** *a* rühmlich, ruhmvoll, ruhm-, glorreich. **glorifier I.** *tr* verherrlichen, rühmen, preisen; **II.** *se* ~ *de qc* auf e-e S stolz sein. **gloriole** *f péj* Eitelkeit, Angeberei *f*.

glose [gloz] *f* Glosse *f*. **gloser** *tr* glossieren.

glossaire [glɔsɛʀ] *m* Glossar *n*.

glotte [glɔt] *f* Stimmritze *f*.

glouglou [gluglu] *m fam (Flüssigkeit)* Gluckern *n*. **glouglouter** *itr* gluckern, glucksen.

gloussement [glusmɑ̃] *m* Glucksen *n*. **glousser** *itr* **1.** *(Glucke)* gluck(s)en, **2.** *fig* glucksen.

glouton, ne [glutɔ̃, ɔn] **I.** *a* gefräßig, gierig, *fam* verfressen; **II.** *s m f* Fresser(in *f*), Vielfraß *m a. m zoo*. **gloutonnerie** [-tɔnʀi] *f* Gefräßigkeit, Gier *f*.

glu [gly] *f* **1.** Vogelleim *m*; **2.** Klebstoff *m*. **gluant, e** *a* klebrig. **gluau** [-o] *m* Leimrute *f*.

glucose [glykoz] *m* Traubenzucker *m*.

glycémie [glisemi] *f med* Blutzucker *m*.

glycérine [gliseʀin] *f* Glyzerin *n*.

glycine [glisin] *f bot* Glyzinie *f*.

glycogène [glikɔʒɛn] *m* Glykogen *n*.

glyptothèque [gliptɔtɛk] *f* Glyptothek *f*.

gnangnan, gnan-gnan [ɲɑ̃ɲɑ̃] *a inv fam* langsam, -weilig, tranig, schlafmützig.

gneiss [gnɛs] *m min* Gneis *m*.

gn(i)ole, gnôle, gnaule [ɲol] *f arg* Schnaps *m*.

gnome [gnom] *m* **1.** Gnom *m*; **2.** *fig* häßliche(r) Gartenzwerg *m*.

gnon [ɲɔ̃] *m pop* Schlag *m*; ▶ *recevoir un* ~ eins verpaßt, versetzt kriegen.

gnose [gnoz] *f rel hist* Gnosis *f*. **gnostique I.** *a* gnostisch; **II.** *s m f* Gnostiker(in *f*) *m*.

gnou [gnu] *m zoo* Gnu *n*.

go [go] *m*: ▶ *tout de* ~ *(fam)* spielend *adv*; ohne weiteres, schlankweg; mir nichts, dir nichts.

goal [gol] *m sport* Torwart *m*.

gobelet [gɔblɛ] *m* Becher *m*.

gobelin [gɔblɛ̃] *m* Gobelin *m*.

gobe-mouches [gɔbmuʃ] *m inv orn* Fliegenschnäpper *m*. **gober** *tr* **1.** (ver-, hinunter=)schlucken, verschlingen; *(Ei)* (aus=) schlürfen; **2.** *fig fam* für bare Münze nehmen, glauben; ▶ ~ *les mouches* s-e Zeit vertrödeln. **gober, se** *v prn fam* sich amüsieren, es sich *(dat)* wohl sein lassen.

godasse [gɔdas] *f pop* Latschen *m*.

godelureau [gɔdlyʀo] *m* Stutzer *m*.

godet [gɔdɛ] *m* **1.** kleine(r) Becher *m*; **2.** (Farben-, Öl-, Reib-)Näpfchen *n*; **3.** Bagger-, Schöpfeimer *m*; **4.** (eingesetzte) Falte *f*.

godiche [gɔdiʃ] **I.** *a* linkisch, ungeschickt; **II.** *s f* dumme Gans *f*.

godille [gɔdij] *f* **1.** *mar* Wrickruder *n*; **2.** *(Schifahren)* Wedeln *n*. **godiller 1.** wricken; **2.** wedeln.

godillot [gɔdijo] *m* derbe(r) Schuh *m*.

goéland [gɔelɑ̃] *m orn* (große) Möwe *f*.

goélette *f mar* Schoner *m*.

goémon [gɔemɔ̃] *m* Tang *m*.

gogo [gɔgo] *m fam* Gimpel *m*; ▶ *à* ~ *(fam)* in Hülle u. Fülle, massenhaft.

goguenard, e [gɔgnaʀ, -aʀd] *a* scherzhaft, spöttisch.

goguette [gɔgɛt] *f* ▶ *(fam) être en* ~ e-n Schwips haben.

goinfre [gwɛ̃fʀ] *m* Fresser, Freßsack *m*. **goinfrer, se** *v prn* fressen; sich den Bauch vollschlagen. **goinfrerie** [-fʀə] *f* Gefräßigkeit *f*.

goitre [gwatʀ] *m* Kropf *m*. **goitreux, se I.** *a* kropfartig; **II.** *s m f* Kropfleidende(r *m*) *f*.

golf [gɔlf] *m sport* Golf *n*.

golfe [gɔlf] *m* Meerbusen, Golf *m*; ▶ *le* ~ *de Gascogne (geog)* der Golf von Biscaya.

golfeur [gɔlfœʀ] *m* Golf(spiel)er *m*.

gommage [gɔmaʒ] *m* **1.** Gummierung *f*; **2.** *(Kosmetik)* Tiefenreinigung *f* (der Haut); **3.** *fig* schwache(r) Abdruck *m*.

gomme *f* Gummi *m* od *n*; ▶ *à la* ~ *(fam)* wertlos; ~ *à mâcher* Kaugummi *m*. **gommer I.** *tr* **1.** gummieren; **2.** aus= radieren; **3.** *(Runzeln)* entfernen; **4.** *fig* beseitigen, auslöschen, vergessen; **II.** *v prn se* ~ sich abkapseln.

gond [gɔ̃] *m (Tür, Fenster)* Angel, Haspe *f*, Kloben *m*; ▶ *mettre, faire sortir qn hors de ses* ~*s (fig)* jdn aus der Fassung, in Harnisch bringen; *sortir de ses* ~*s (fig)* aus dem Häuschen, außer Rand u. Band geraten.

gondolage, gondolement [gɔ̃dɔlaʒ] *m (Holz)* Sichwerfen *n*. **gondolant, e** *a pop* urkomisch, zum Totlachen.

gondole [gɔ̃dɔl] *f* **1.** Gondel *f*; **2.** *(in e-m Laden)* Warenstand *m*.

gondoler [gɔ̃dɔle] **I.** *itr (Holz)* sich werfen, arbeiten; **II.** *v prn se* ~ *(pop)* sich biegen vor Lachen.

gondolier [gɔ̃dɔlije] *m* Gondoliere *m*.

gonflage [gɔ̃flaʒ] *m* **1.** Aufblasen; **2.** *(Reifen)* Aufpumpen *n;* **3.** *(Kino)* Vergrößerung; **4.** *(Nachfrage)* Aufblähung *f.* **gonflement** [-flə-] *m* Anschwellen *n; med* Blähung *f.* **gonfler I.** *tr* **1.** auf≈blasen, (auf≈)blähen; an≈schwellen lassen; **2.** *(Reifen)* auf≈pumpen; **3.** *fig* übertreiben, aufbauschen; **4.** *com* aufblähen; **II.** *itr* **1.** an≈schwellen; **2.** sich voll≈saugen (*de* mit); **3.** *(Holz)* quellen; **4.** *(Teig)* auf≈gehen; **III.** *v prn se* ~ **1.** *(fig fam)* sich wichtig vorkommen; **2.** *(Segel)* sich aufblähen; ► *être gonflé (fam)* draufgängerisch sein; vor nichts zurückschrecken.

gong [gɔ̃(g)] *m* Gong *m a. n.*

gonio [gɔnjo] *m fam aero* (Funk-)Peiler *m.* **goniométrie** *f math* Goniometrie *f.*

gonze [gɔ̃z] *m arg* Kerl *m.* **gonzesse** *f arg* Weib *n.*

goret [gɔʀɛ] *m* Ferkel *n a. fig fam.*

gorge [gɔʀʒ] *f* **1.** Kehle *f,* Rachen *m,* Gurgel *f;* Schlund *a. bot,* Hals *m;* **2.** (weibliche) Brust *f,* Busen *m,* Büste *f;* **3.** Einschnitt *m;* Rille, Nute *f;* **4.** *geog* Schlucht *f;* **5.** ► *à pleine ~, à ~ déployée* aus vollem Halse, aus voller Kehle *od* Brust; **6.** ► *avoir mal à la ~* Halsschmerzen haben; *couper la ~ à qn* jdm den Hals um≈drehen; *fig com* jdm den Hals ab≈schneiden; *faire des ~s chaudes* sich lustig machen *(de* über *acc); sauter à la ~ de qn* jdm an die Kehle springen; **7.** ► *j'ai le couteau à la ~ (fig)* mir sitzt das Messer an der Kehle; *j'ai la ~ sèche* mir klebt die Zunge am Gaumen; *rester en travers de la ~ (a. fig)* im Hals stecken bleiben. **gorgée** *f* Schluck *m.* **gorger** ‹*Prés. je gorge, ns gorgeons; Fut. je gorgerai; pp. gorgé, e*› *tr* **1.** überfüttern; **2.** *(Geflügel)* nudeln, stopfen; **3.** *fig* überschütten (*de* mit).

gorille [gɔʀij] *m* **1.** *zoo* Gorilla *n;* **2.** Leibwächter, Geheimagent *m.*

gosier [gozje] *m* Kehle *f,* Rachen, Schlund *m;* ► *avoir le ~ sec* e-e trokkene Kehle, Durst haben; *chanter à plein ~* aus voller Brust singen.

gosse [gɔs] *m f fam* Bub *m;* Range *f,* Gör *n.*

gothique *(Kunst),* **got(h)ique** *(Sprache)* [gɔtik] **1.** *a* gotisch; **2.** *s m* Gotik *f,* das Gotisch(e) *n; f* gotische Schrift, Fraktur *f;* ► *~ m primitif, rayonnant, flamboyant* Früh-, Hoch-, Spätgotik. **Goths** [gɔt] *m pl hist* Goten *m pl.*

gouache [gwaʃ] *f* Guasch-, Deckfarben *f pl;* Guasch(malerei) *f.*

gouailler [gwaje] *itr* spotten. **gouaille(rie)** *f fam* (sarkastischer) Spott *m.* **gouailleur, se** *a fam* spöttisch.

goualer [gwale] *itr arg* singen; *jur* gestehen. **goualeur, se** *m f arg* (Straßen-)Sänger(in *f*) *m.*

goudron [gudʀɔ] *m* Teer *m.* **goudronnage** [-dʀɔ-] *m* Teeren *n,* Teerung *f.* **goudronner** *tr* teeren.

gouffre [gufʀ] *m* **1.** Abgrund *a. fig;* Schlund; Strudel *m;* **2.** *fig* Faß *n* ohne Boden.

gouine [guin] *f pop* Schwüle *f.*

goujat [guʒa] *m* Flegel, Lümmel, Grobian *m.*

goujon [guʒɔ̃] *m* **1.** Stift, Bolzen; Dübel *m* **2.** *zoo* Gründling *m.*

goule [gul] *f fam* Gesicht *n.* **goulée** *f fam* große(r) Schluck *m.* **goulet** [-ɛ] *m* **1.** *mar* enge Hafeneinfahrt *f;* **2.** *geog* Engpaß *m.* **goulot** [-o] *m* **1.** Flaschenhals *m;* **2.** *fig* Engpaß *m;* ► *boire au ~* aus der Flasche trinken; *~ d'étranglement* (Straßen-)Enge *f; fig* Engpaß *m.*

goulu, e I. *a (adv ~ûment)* gefräßig, gierig *a. fig* (*de* nach); **II.** *s m* verfressene(r) Mensch *m.*

goupille [gupij] *f* Splint, Spließ-, Drahtstift *m.* **goupiller I.** *tr* **1.** versplinten; **2.** *pop* deichseln, schaukeln, in die Wege leiten; **II.** *v prn se ~ (pop)* (dabei) raus≈kommen; ► *c'est bien goupillé* das hat hingehauen.

goupillon [gupijɔ̃] *m* **1.** Weihwedel *m;* **2.** Flaschenbürste *f.*

gourbi [guʀbi] *m* armselige Hütte *f.*

gourd, e [guʀ, guʀd] *a* steif(gefroren).

gourde [guʀd] **I.** *s f* **1.** Flaschenkürbis *m;* **2.** Feldflasche *f;* **3.** *fig pop* Trottel, Depp *m;* **II.** *a f* bekloppt, doof.

gourdin [guʀdɛ̃] *m* Knüttel, Knüppel *m.*

gourer [guʀe] *v prn se ~ (fig pop)* sich irren; reinfallen.

gourmand, e [guʀmɑ̃, -ɑ̃d] **I.** *a* genießerisch; naschhaft; gierig (*de* nach); **II.** *s m* Schlemmer *m;* Leckermaul *n;* ► *être ~ de qc* etw sehr gern essen. **gourmandise** *f* **1.** Schlemmerei; Naschhaftigkeit *f;* **2.** *pl* Leckereien *f pl.*

gourme [guʀm] *f med* Milchschorf *m,* -borke; Druse *f (Pferdekrankheit);* ► *jeter sa ~ (fig)* sich *(dat)* die Hörner ab≈stoßen, sich aus≈toben.

gourmet [guʀmɛ] *m* Feinschmecker *m.*

gousse [gus] *f* Schote; *(Knoblauch)* Zehe *f.*

gousset [gusɛ] *m* Westentasche *f.*

goût [gu] *m* **1.** Geschmack *m a. fig;* **2.** Vorliebe *f,* Sinn *m* (*pour* für), Neigung *f,* Hang *m* (*pour* zu); **3.** ► *au, du ~ de qn* nach jds Geschmack; *au ~ du jour* modisch; *de bon ~* schmackhaft; *fig* geschmack-, stilvoll; *du ~ de tout le monde* nach jedermanns Geschmack; **4.** ► *avoir le ~ de, du ~ pour qc* Sinn für, Lust zu etw haben; *n'avoir pas de ~* nach nichts schmecken; *avoir un ~ de brûlé* angebrannt schmecken; *prendre ~ à qc* an e-r S Gefallen, Geschmack finden; **5.** ► *c'est affaire de ~* das ist Geschmacks-, Ansichtssache; *chacun*

Geschmacks-, Ansichtssache; *chacun (à) son* ~ jeder nach s-m Geschmack; **6.** ► ~ *de l'épargne* Sparsinn, -trieb *m;* ~ *de la sensation* Sensationslust *f.* **goûter I.** *tr* **1.** schmecken; kosten, versuchen, probieren; **2.** *fig* Geschmack, Gefallen finden (*qc* an e-r S), (gern) mögen, lieben, schätzen; e-e Vorliebe haben (*qn, qc* für jdn, etw); vor=ziehen; ► ~ *la plaisanterie* Spaß verstehen; *je ~e cela* das macht mir Spaß; **II.** *itr* vespern, *(österr.)* jausen; **III.** *s m* (Nachmittags-) Kaffee; Fünfuhrtee *m;* Vesper *n, (österr.)* Jause *f.*

goutte [gut] **I.** *f* **1.** Tropfen *m;* **2.** Schluck *m,* Schlückchen *n;* Schuß *m (Schnaps);* **3.** *pop* Schluck, (Gläschen *n*) Schnaps *m;* **4.** *med* Gicht *f;* ► *une* ~ *de* ein bißchen, ein klein wenig; **II.** *adv:* ► *ne ...* ~ *nicht das geringste; à grosses ~s* in dicken Tropfen; *n'y entendre, voir* ~ *(fig)* nichts verstehen, begreifen; *ne voir* ~ nicht die Hand vor den Augen sehen; ~ *d'eau, de pluie, de sueur, de sang* Wasser-, Regen-, Schweiß-, Blutstropfen *m.* **gouttelette** *f* Tröpfchen *n.* **goutter** *itr* tropfen, tröpfeln.

goutteux, se [gutø, -øz] *a* gichtisch; gichtleidend; Gicht-.

gouttière [gutjɛʀ] *f* **1.** (*bes.* Dach-)Rinne *f;* **2.** *med* Schiene *f;* **3.** *anat* Furche *f.*

gouvernail [guvɛʀnaj] *m (mar)* Ruder *n;* ► *tenir le* ~ *(fig)* am Ruder sein. **gouvernant, e I.** *a* regierend; Regierungs-; **II.** *s m pl:* ► *les ~s* die führenden Männer *m pl;* die Regierung; *s f* **1.** Erzieherin *f;* **2.** Haushälterin *f.* **gouverne** *f* **1.** *mar aero* Steuerung *f;* **2.** *fig* Richtschnur *f,* Leitsatz *m;* **3.** Leitwerk *n;* ► *pour votre* ~ zu Ihrer Orientierung. **gouvernement** *m* **1.** Regierung *f;* **2.** Führung, Leitung; (Ober-)Aufsicht; Verwaltung *f;* **3.** *chef m de* ~ Regierungschef *m; changement m de* ~ Regierungswechsel *m;* ~ *fantoche* Marionetten-, Scheinregierung *f; former, renverser un* ~ e-e Regierung bilden, stürzen. **gouvernemental, e** *a* **1.** Regierungs-; **2.** regierungsfreundlich; ► *parti, pouvoir m* ~ Regierungspartei, -gewalt *f.* **gouverner** *tr* **1.** regieren, verwalten; **2.** führen, leiten, lenken; **3.** *fig* beherrschen, in der Gewalt, in der Hand haben; **4.** *mar* steuern; **5.** *gram* regieren. **gouverneur** *m* Gouverneur *m.*

goyave [gɔjav] *f* Guave *f.*

grabat [gʀaba] *m* elende(s) Bett *n.* **grabataire** *a* bettlägerig.

grabuge [gʀabyʒ] *m fam* Krach, Zank u. Streit *m;* ► *il va y avoir du* ~ *(fam)* es ist dicke Luft.

grâce [gʀɑ(a)s] **I.** *f* **1.** Gnade *a. rel,* Gunst *f;* Wohlwollen; Entgegenkommen *n,* Freundlichkeit; Gefälligkeit; Gnade, Nachsicht, Verzeihung *f;* **2.** *jur* Begnadigung *f;* **3.** Anmut, Grazie *f;* **4.** *pl* Dankgebet *n (nach Tisch);* **II.** *loc prp* **1.** ► ~ *à* dank *dat, gen;* **2.** ► *de* ~ bitte, (aber) ich bitte Sie; *de bonne* ~ gern; freundlicher-, entgegenkommenderweise; *de mauvaise* ~ ungern, widerwillig; *par la* ~ *de Dieu* von Gottes Gnaden; **3.** ► *demander* ~ um Gnade bitten *od* flehen (*à qn* jdn); *former un recours en* ~, *se pourvoir en* ~ ein Gnadengesuch ein=reichen; *rendre ~(s)* danken, s-n Dank sagen *od* ab=statten (*à qn* jdm); **4.** ► *acte m de* ~ Gnadenakt *m; action f de* ~ Dank *m; pl rel* Danksagung *f; coup m de* ~ Gnaden-, Todesstoß *m.* **gracier** begnadigen.

gracieusement [gʀasjøzmɑ̃] *adv* **1.** unentgeltlich, kostenlos; **2.** anmutig. **gracieux, -se** *a* **1.** anmutig, graziös; **2.** liebenswürdig, freundlich; **3.** ► *à titre* ~ kostenlos, unentgeltlich.

gracile [gʀasil] *a* zierlich, zart.

gradation [gʀadasjɔ̃] *f* Abstufung; Stufenfolge, -leiter *f.* **grade** *m* **1.** (Dienst-) Grad, Rang *m,* Charge *f;* **2.** Grad *m* Stufe *f;* ► *passer par tous les ~s* von der Pike auf dienen; *en prendre pour son* ~ *(pop)* tüchtig einen auf den Dekkel kriegen; ~ *universitaire* akademische(r) Grad *m.* **gradé, e** *a:* ► *être* ~ e-m der unteren Dienstgrade angehören.

gradin [gʀadɛ̃] *m* **1.** Absatz *m,* Stufe *f;* **2.** *pl* stufenförmig angeordnete Sitzreihen *f pl;* ► *en ~s* stufen-, förmig.

graduation [gʀadɥasjɔ̃] *f* Gradeinteilung; Skala; Abstufung *f.* **graduel, le** *a* allmählich, stufenweise erfolgend. **graduer** *tr* **1.** ab=stufen; allmählich steigern; **2.** mit e-r Skala versehen.

graffiti [gʀafiti] *m pl (Kunst) graffito n;* Kritzelei *f* (auf e-r Mauer).

graillon [gʀajɔ̃] *m* **1.** Geruch *m* von angebranntem Fett *od* Fleisch; *pl* Speisereste *m pl;* **2.** *pop* Spucke *f,* (schleimiger) Auswurf *m.* **graillonner** *itr* **1.** angebrannt riechen; **2.** *pop* Schleim aus=husten, -spucken.

grain [gʀɛ̃] *m* **1.** *agr allg* Korn *n;* **2.** *bot* Beere; *(Kaffee)* Bohne *f;* **3.** *typ phot* Korn *n;* **4.** *(Leder)* Narbe *f;* **5.** *(Rosenkranz)* Perle *f;* **6.** *mar* Bö *f,* Windstoß; Schauer *m;* **7.** *pl* Korn, Getreide *n;* **8.** ► *à gros* ~ grobkörnig; *avoir un* ~ *(de folie)* e-n Stich, Klaps haben; *y mettre son* ~ *de sel (fig fam)* s-n Senf dazu=geben; *veiller au* ~ *(fam)* auf dem Kieker, auf der Hut sein; **9.** ► ~ *de beauté* Schönheitspflästerchen *n;* ~ *de blé* Weizenkorn *n;* ~ *de poussière, de sable* Staub-, Sandkorn *n;* ~ *de raisin* Weinbeere *f.* **graine** [gʀɛn] *f bot* Samen(korn) *m; pl com* Sämereien *f pl;* ► *donner de la* ~ Samen tragen; *monter en* ~ ins Kraut schießen; *fig* älter ben; *(en) prendre de la ~ (fam)* daran ein Beispiel nehmen; *mauvaise ~* Gesindel, (Lumpen-)Pack *n.* **graineterie** [gʀɛntʀi] *f* Samenhandel *m,* -handlung *f.* **grainetier** Samen-, Gemüse- u. Futtermittelhändler *m.*

graissage [gʀɛsaʒ] *m tech* (Ab-)Schmieren *n;* Schmierung *f;* ▶ *faire faire le ~ de sa voiture* s-n Wagen abschmieren lassen. **graisse** *f* **1.** Fett *n;* **2.** *tech* Schmiere *f,* Schmiermittel *n;* ▶ *faire, prendre de la ~* Speck an=setzen, dick werden; *tache f de ~* Fettfleck *m; ~ alimentaire* Speisefett *n.* **graisser I.** *tr* **1.** (ein=)fetten, (ein=)schmieren; *(Auto)* abschmieren; **2.** *(Kleider)* fettig machen; **II.** *itr (Wein)* zäh werden; ▶ *~ la patte à qn* jdn schmieren, bestechen. **graisseur** *m tech* Schmiervorrichtung *f,* -apparat *m,* -büchse *f,* Öler *m.* **graisseux, -se** *a.* **1.** fetthaltig; Fett-; **2.** fettig, ölig; fettfleckig; ▶ *tissu m ~ (anat)* Fettgewebe *n.*

grammaire [gʀam(m)ɛʀ] *f* Grammatik, Sprachlehre *f.* **grammairien, ne** *m f* Grammatiker(in *f*) *m.* **grammatical, e** *a* grammati(kali)sch.

gramme [gʀam] *m* Gramm *n.*

grand, e [gʀɑ̃, -ɑ̃d] **I.** *a* **1.** groß, weit, umfangreich; **2.** beträchtlich; beachtlich, stattlich, bedeutend; **3.** bedeutsam, (hoch-)wichtig; **4.** *(vor Maßangaben)* gut; *(Glas)* voll *(a. Zeit);* **5.** *(Alter, Zeit)* hoch, vorgerückt; **6.** *(Beine)* lang; **7.** *fig* groß, hoch(-stehend), edel(-mütig); vornehm; **II.** *s m n* ▶ *les ~s* die Großen, die Erwachsenen; ▶ *à ~-peine* mit Mühe u. Not; mit knapper Not; *au ~ air* im Freien; *au ~ jour* am hell(icht)en Tage; *de ~ cœur* aus ganzem, vollem Herzen; *de ~ matin* am frühen Morgen, frühmorgens, in aller Herrgottsfrühe; *en ~* im großen; in voller Größe, in Lebensgröße; Groß-, *en ~ nombre* in großer Zahl; *en ~e toilette* in großer Toilette; *avoir ~ besoin de qc* etw dringend brauchen *od* benötigen; *faire ~ cas de qc* viel Aufhebens von etw machen, großen Wert auf e-e S legen; *mener ~ train* auf großem Fuß leben; *ouvrir de ~s yeux* große Augen machen; *voir ~* große Pläne (im Kopf) haben; *j'avoue à ma ~e honte* ich muß zu meiner Schande gestehen; *c'est ~!* das ist umwerfend! *il est ~ temps* es ist hohe, höchste Zeit; *~ Dieu!* großer Gott! *~ merci!* vielen Dank! *pas ~-chose* nichts Besonderes; *~ âge m* hohe(s), vorgerückte(s) Alter *n; ~ air m* frische Luft *f; pl* vornehme Erscheinung *f; ~ blessé m* Schwerverletzte(r), -verwundete(r) *m; ~-duc m* Großherzog *m; ~ duc m orn* Uhu *m; ~-duché m* Großherzogtum *n; ~e exploitation f* Großbetrieb *m; ~ fumeur m* starke(r) Raucher *m; la G~e guerre* der (Erste) Weltkrieg; *~ huit m* Achterbahn *f; ~ magasin m* Waren-, Kaufhaus *n; ~-maman f (fam)* Großmama, Oma *f; ~-mère f* Großmutter *f; (tout) ~ ouvert* weit offen, geöffnet; *~-papa m (fam)* Großpapa, Opa *m; ~s-parents m pl* Großeltern *pl; ~-père m* Großvater *m; ~e puissance f* Großmacht *f; ~-route f* Landstraße *f; ~-rue f* Hauptstraße *f; ~e surface f* Großmarkt *m; ~ teint a* farbecht *a; ~e ville f* Großstadt *f.* **grandement** *adv* **1.** reichlich; **2.** in hohem Maße, sehr; ▶ *il est ~ temps de partir* es ist höchste Zeit zum Gehen.

Grande-Bretagne, la [gʀɑ̃dbʀətaɲ] Großbritannien *n.*

grandeur [gʀɑ̃dœʀ] *f* **1.** Größe *f a. fig;* Umfang *m,* Weite; Stärke *f;* **2.** *(Schuld, Vergehen)* Schwere; Bedeutung, Wichtigkeit *f;* **3.** *fig* Hoheit, Würde *f;* ▶ *de première ~* erste(r) Größe *f a. fig; ~ d'âme* Seelengröße *f; ~ naturelle* Lebensgröße *f.*

grandiloquence [gʀɑ̃dilɔkɑ̃s] *f (Sprache)* Geschwollenheit *f,* Bombast *m.* **grandiloquent, e** *a (Rede, Stil)* geschwollen, bombastisch.

grandiose [gʀɑ̃djos] *a* großartig, überwältigend, grandios. **grandir I.** *itr* größer *od* groß werden, wachsen, zu=nehmen; **II.** *tr* größer werden, wachsen, zunehmen lassen, steigern; *fig* stärken, vergrößern. **grandissant, e** *a* wachsend, zunehmend.

grange [gʀɑ̃ʒ] *f* Scheune, Scheuer *f.*

granit(e) [gʀanit] *m min* Granit *m.*

granulaire [gʀanylɛʀ] *a* körnig. **granulé, e I.** *a anat* granuliert; **II.** *s m* Pille *f.* **granuleux, se** *a* körnig, granulös *a. med.*

graphie [gʀafi] *f* Schreibung, Schreibweise *f.* **graphique I.** *a* graphisch; zeichnerisch; Zeichen-, Schrift-; **II.** *s m* graphische Darstellung *f,* Diagramm *n.* **graphiste** *m* graphischer Gestalter *m.* **graphiste-affichiste** *m f* Designer(in *f*) *m.*

graphite [gʀafit] *m min* Graphit *m.*

graphologie [gʀafɔlɔʒi] *f* Graphologie *f.* **graphologique** *a* graphologisch. **graphologue** *m* Graphologe *m.*

grappe [gʀap] *f* **1.** Traube *f;* **2.** Klumpen, Knäuel *m* od *n,* Büschel *n;* ▶ *~ de raisin* Weintraube *f.* **grappillage** [-jaʒ] *m* **1.** *(Wein)* Nachlese *f;* **2.** *fam fig* kleine(r) Nebengewinn; Schmu *m.* **grappiller I.** *itr* **1.** *(Wein)* Nachlese halten; **2.** *fam* Schmu machen; **II.** *tr* **1.** *fam (Gewinn)* heraus=schlagen, *fam* -schinden; **2.** *(Früchte)* einzeln abpflükken. **grappillon** *m* kleine Traube *f.*

grappin [gʀapɛ̃] *m* **1.** Dreganker, Draggen *m;* **2.** *(Bagger)* Greifer *m;* **3.** Steigeisen *n;* ▶ *jeter, mettre le ~ sur qn (fam)* jdn mit Beschlag belegen.

gras, se [gʀa, -ɑ(a)s] **I.** *a* **1.** fett *a. typ;* dick, feist, wohlbeleibt, -genährt; **2.** fettig, fettfleckig, speckig, schmierig, schmutzig; **3.** *(Boden)* fett, schwer; *(Weide)* fruchtbar; **4.** *(Straße)* schlüpfrig, glitschig, glatt; *(Stein)* feucht; **5.** *(Wein)* zäh; **6.** *fam* schlüpfrig, derb, zotig, unanständig; **II.** *s m* **1.** Fett, fette(s) Fleisch *n;* **2.** ► *au* ~ in Fleischbrühe (gekocht); *faire la ~se matinée* bis in die Puppen schlafen; *faire, manger* ~ Fleisch essen; *parler* ~ e-e gutturale Aussprache haben; **3.** ► *bêtes f pl ~ses* Mastvieh *n; bouillon m* ~ fette (Fleisch-)Brühe *f; corps m pl* ~ *(chem)* Fette *n pl; eaux f pl ~ses* Spül-, Abwaschwasser *n; mardi m* ~ Fastnacht(sdienstag *m) f; matière f ~se (chem)* Fett *n;* ~ *de la jambe* Wade *f.* **grassement** [gʀa-] *adv fam* **1.** im Überfluß *(leben);* **2.** reichlich, großzügig *(geben).* **grasseyer** [-sɛje] *itr* das R in der Kehle sprechen. **grassouillet, te** [-sujɛ, -ɛt] *fam* rundlich; *(Frau)* mollig.

gratification [gʀatifikasjɔ̃] *f* **1.** Vergütung, Gratifikation, Zulage *f;* **2.** *psych* Befriedigung, Erfüllung *f.* **gratifier** *tr* **1.** zukommen lassen (*qn de qc* jdm etw); bedenken, beehren (*qn de qc* jdn mit etw); **2.** *psych* befriedigen (*qn* jdn).

gratin [gʀatɛ̃] *m (Küche)* Kruste *f,* Überbackene(s) *n;* ► *le* ~ *(pop)* die feinen Leute *pl,* das bessere Publikum; *au* ~ überbacken. **gratiner** ► *tr (Küche) faire* ~ überbacken; *c'est une histoire ~inée* das ist e-e pfundige Sache.

gratis [gʀatis] **I.** *adv fam* gratis, (für) umsonst; **II.** *a* Gratis-, kostenfrei, -los, unentgeltlich.

gratitude [gʀatityd] *f* Dankbarkeit *f.*

grattage [gʀataʒ] *m* (Ab-)Kratzen, (Ab-)Schaben *n.* **gratte** *f* **1.** Jäthacke *f;* **2.** *fam* Profitchen *n,* Schmu *m.* **gratte-ciel** *m inv* Wolkenkratzer *m.* **gratte-cul** *m inv* Hagebutte *f.* **gratte-papier** *m inv péj* Federfuchser *m.* **gratter I.** *tr* **1.** (ab=)kratzen, (ab=)schaben; *(Huhn)* scharren (*qc* in e-r S); **2.** aus-, wegkratzen; aus=radieren; **3.** kratzen (*la gorge* im Halse); **4.** *fam* sich unter den Nagel reißen, heraus=schlagen, -schinden; **5.** *(Fahrzeug) arg sport* ab=hängen, überholen, -runden; **II.** *itr* **1.** *mus* klimpern (*de qc* auf e-r S); **2.** pochen (*à la porte* an die Tür); **3.** *fam* schuften, sich ab=rackern, sich placken; **III.** *v prn se* ~ sich kratzen (*la tête* am Kopf, *l'oreille* hinterm Ohr); ► *(pop fig) tu peux toujours te* ~ von wegen! du kannst mich mal.

gratuit, e [gʀatɥi, -it] *a* **1.** unentgeltlich, kostenlos, (kosten)frei; *(Darlehen)* unverzinslich; Frei-, Gratis-; **2.** *fig* grundlos, unbegründet, unmotiviert; ► *à titre* ~ umsonst; *dégustation f ~e* Gratiskostprobe *f; entrée f ~e* Eintritt frei; *offre f ~e* Gratisangebot *n.* **gratuité** *f* **1.** Unentgeltlichkeit, Gebührenfreiheit *f;* **2.** Grundlosigkeit *f.* **gratuitement** *adv* **1.** kostenlos, unentgeltlich, gratis; **2.** ohne Absicht *od* Grund.

gravats [gʀavɑ] *m pl* (Bau-)Schutt *m.*

grave [gʀav] **I.** *a* **1.** *phys* schwer; **2.** *fig* (folgen)schwer, (ge)wichtig, bedeutend; **3.** ernst(haft); bedenklich, gefährlich; *(Krankheit)* schlimm, böse; **4.** *(Ton, Stimme)* tief; **II.** *s m* tiefe(r) Ton; *accent m* ~ Gravis *m.* **gravement** *adv* **1.** gemessen, ernst; **2.** *(sich)* sehr *(irren);* erheblich *(verletzt);* schwer *(krank, leidend);* ernstlich *(erkrankt).*

graver [gʀave] **1.** *typ* gravieren, (ein=)ritzen, (ein=)schneiden, (ein=)meißeln (*sur* in *acc*); **2.** *fig* ein=graben (*dans* in *acc*).

graves [gʀav] *s f pl (Bordelais)* Kies-, Sandboden; *m* roter Bordeauxwein aus dem Graves-Gebiet.

graveur [gʀavœʀ] *m (Kunst)* Graveur *m.*

gravier [gʀavje] *m* Kies *m.* **gravillon** [-jɔ̃] *m* Roll-, Grobsplitt *m.*

gravir [gʀaviʀ] *tr* erklettern, erklimmen *a. fig;* hinauf=klettern (*qc* auf e-e S); besteigen.

gravitation [gʀavitasjɔ̃] *f phys* Schwer-, Anziehungskraft, Gravitation *f.* **gravité** *f* **1.** *phys* Schwere *f a. fig;* **2.** *mus* Tiefe *f;* **3.** *fig* Gewicht *n,* große Bedeutung, Wichtigkeit; Würde, Feierlichkeit *f;* **4.** Ernst *m,* Bedenklichkeit, Gefährlichkeit *f;* ► *centre m de* ~ Schwerpunkt *m.* **graviter** *itr* **1.** gravitieren, angezogen werden (*vers* von), kreisen (*autour de* um); **2.** *(fig) autour de qn* ständig um jdn sein.

gravure [gʀavyʀ] *f* Kupferstecher-, Holzschneidekunst *f;* (Kupfer-, Metall-)Stich; (Holz-)Schnitt *m;* ► ~ *à l'eau-forte* Radierung *f;* ~ *sur acier* Stahlstich *m.*

gré [gʀe] *m nur in Wendungen:* **1.** ► *à son* ~ nach Belieben; nach Gutdünken; nach s-m Geschmack; s-s Erachtens, s-r Meinung nach; *à votre* ~ ganz wie Sie wünschen, wie es Ihnen beliebt; *au* ~ *de qn* nach jds Willen, Gutdünken, Laune *od* Geschmack; *bon* ~, *mal* ~; *de* ~ *ou de force* wohl oder übel, im guten oder im bösen, so oder so; *de son, de (son) bon* ~ auf eigenen Wunsch; frei-, gutwillig; *de plein* ~ in vollem Einverständnis; freiwillig; *de* ~ *à* ~ in beiderseitigem Einverständnis; **2.** ► *flotter au* ~ *des vents* ein Spiel der Winde sein; *savoir (bon)* ~ *de qc à qn* jdm zu Dank verpflichtet sein.

grec, grecque [gʀɛk] **I.** *a* **1.** griechisch; **2.** *G~, Grecque m f* Grieche *m,* Griechin *f;* **II.** *s m* Griechisch(e) *n.* **Grèce, la** [gʀɛs] Griechenland *n.* **gréciser** *tr*

(Wort) gräzisieren. **gréco-romain, e** *a* griechisch-römisch.

gredin [gʀədɛ̃, -in] *m* Lump, Schurke *m.*

gréement [gʀemɑ̃] *m mar* Tak(e)lung, Takelage *f.* **gréer** [gʀee] *tr mar* (be)takeln.

greffage [gʀɛfaʒ] *m* Pfropfen *n.* **greffe I.** *m* Geschäftsstelle *f* des Gerichts; **II.** *f* **1.** Edel-, Pfropfreis, -auge *n;* Vered(e)lung *f,* Pfropfen *n;* **2.** *med* Transplantation *f.* **greffer I.** *tr* **1.** veredeln, pfropfen; **2.** *(Organ)* verpflanzen; **II.** *v prn se ~ (fig)* hinzu=kommen (*sur qc* zu etw).

greffier [gʀɛfje] *] m* Urkundsbeamte(r) *m.*

greffon [gʀɛfɔ̃] *m* **1.** Edel-, Pfropfreis *n;* **2.** *med* Transplantat *n.*

grégaire [gʀegɛʀ] *a:* ► *instinct m ~* Herdentrieb *m.*

grège [gʀɛʒ] *a f:* ► *soie f ~* Rohseide *f.*

grêle [gʀɛl] **I.** *a* **1.** (lang u.) dünn, schlank, hager, schmächtig; **2.** *(Stimme)* piepsig; **II.** *s f* Hagel *m a.* ► *(fig) les coups tombent comme (la) ~, dru comme ~* es hagelt (nur so) Schläge; *assurance f contre la ~* Hagelversicherung *f; chute f de ~* Hagelschlag *m.* **grêler** *itr: il grêle* es hagelt. **grêlon** *m* Hagelkorn *n,* Schloße *f.*

grelot [gʀəlo] *m* Schelle *f,* Glöckchen *n.*

grelottant, e [gʀəlɔtɑ̃] *a* vor Kälte zitternd. **grelotter** *itr* (vor Kälte) zittern, mit den Zähnen klappern.

greluche [gʀəlyʃ] *f arg* Mädchen *n.*

grenade [gʀənad] *f* **1.** Granatapfel *m;* **2.** *mil (~ à main)* Handgranate *f.* **grenadier** *m* **1.** Granat(apfel-)baum *m;* **2.** *hist mil* Grenadier *m.*

grenat [gʀəna] *m* **I.** *s m min* Granat *m;* **II.** *a inv* granatfarben.

grener [gʀəne] **I.** *tr (Metall, Wachs)* körnen; *(Leder)* narben; **II.** *itr* Frucht, Ähren ansetzen.

grenier [gʀənje] *m* **1.** (Dach-)Boden, Speicher *m;* **2.** *fig* Kornkammer *f.*

grenouillage [gʀənujaʒ] *m pol* unsaubere Machenschaften *f pl.*

grenouille [gʀənuj] *f* **1.** Frosch *m;* **2.** Explosionsramme *f.* **grenouillère** *f* Strampelanzug *m.*

grenu, e [gʀəny] *a* körnig; *(Leder)* narbig.

grès [gʀɛ] *m* **1.** Sandstein *m;* **2.** *(~ céramé, poterie f de ~)* Steingut, -zeug *n.*

grésil [gʀezi(l)] *m* Graupeln *f pl.* **grésillement** [-zij-] *m* Knistern, Knacken, Rauschen *n.* **grésiller** *itr* knistern; *il grésille* es fallen Graupeln.

grève [gʀɛv] *f* **1.** (Sand-, Kies-) Strand *m;* **2.** Streik, Ausstand *m,* Arbeitsniederlegung *f;* **3.** ► *en ~* im Streik, streikend; **4.** ► *faire ~* streiken; *faire la ~ du zèle* Dienst nach Vorschrift machen; *lancer l'ordre de ~* e-n Streik aus=rufen; *se mettre en ~* in den Streik treten, die Arbeit nieder=legen; **5.** ► *briseur, piquet m de ~* Streikbrecher, -posten *m; ~ d'avertissement* Warnstreik *m; ~ des dockers, des mineurs* Hafen-, Bergarbeiterstreik *n; ~ de la faim* Hungerstreik *m; ~ tournante* punktuelle(r) Streik *m* in e-r Firma nach dem Rotationsprinzip; Schwerpunktstreik *m; ~ du zèle* Dienst *m* nach Vorschrift.

grever [gʀəve] ‹*Prés. je grève, ns grevons; Fut. je grèverai; pp. grevé, e*› *tr com allg* belasten (*de* mit).

gréviste [gʀevist] *s m f* Streikende(r *m*) *f.*

gribouillage [gʀibujaʒ] *m fam* Schmiererei, Sudelei *f.* **gribouille** [-uj] *m fam* Einfaltspinsel, Dussel, Depp *m.* **gribouiller I.** *itr* schmieren, sudeln; **II.** *tr* hin=schmieren, =sudeln.

grief [gʀijɛf] *m* Beschwerde *f; jur* Klage-, Beschwerdegrund *m;* ► *faire ~ de qc à qn* jdm etw vor=werfen, -halten; *~s d'appel (jur)* Berufungsgründe *m pl.*

grièvement [gʀijɛvmɑ̃] *adv* schwer *(verletzt),* ernstlich, gefährlich *(erkrankt).*

griffe [gʀif] *f zoo f* **1.** Kralle, Klaue *f a. fig;* **2.** Nahmenszug *m,* Signatur *f;* **3.** *tech* Klaue, Kralle *f;* ► *montrer les ~s* die Krallen zeigen, drohen; *tomber dans les ~s de qn* jdm in die Hände fallen. **griffer** *tr* **1.** (zer)kratzen; **2.** mit dem Namenszug versehen; zeichnen.

griffon [gʀifɔ̃] *m* **1.** Greif *m (Fabeltier);* **2.** *orn* Gänsegeier *m;* **3.** langhaarige(r) Vorstehhund *m;* **4.** (Ausfluß *m* e-r) Mineralquelle *f.*

griffonner [gʀifɔne] *tr* (hin=)kritzeln; *(Kunst, Literatur, mus)* flüchtig hin=werfen.

griffure [gʀifyʀ] *f* Schramme *f.*

grignotage [gʀiɲɔtaʒ] *m* Salamitaktik *f.* **grignoter** *tr* **1.** (an=)knabbern; **2.** auf=reiben, zermürben; ► *il n'y a rien à ~ dans cette affaire* da ist nichts zu verdienen.

grigou [gʀigu] *m pop* Knicker, Knauser *m.*

gril [gʀi(l)] *m* **1.** (Brat-)Rost, Grill *m;* **2.** *tech* Rost *m;* **3.** *theat* Schnürboden *m;* ► *être sur le ~ (fig fam)* wie auf glühenden Kohlen sitzen. **grillade** [-jad] *f* gegrillte(s) Stück *n* Fleisch.

grillage [gʀijaʒ] *m* **1.** *(Kaffee)* Rösten; *(Mandeln)* Brennen *n;* **2.** *chem tech* Rösten *n;* **3.** *(Textil)* Sengen *n;* **4.** Gitterwerk; Drahtgitter *n.* **grillager** ‹*Prés. je grillage, ns grillageons; Fut. je grillagerai; pp. grillagé, e*› *tr* vergittern.

grille [gʀij] *f* **1.** Rost *m;* **2.** Gitter *n a. radio;* **3.** Ofen-, Feuerrost *m;* Sprechgitter *n;* Gittertür *f,* -tor *n;* **4.** Schablone *f,* Leserost *m;* **5.** ► *(com) ~ des salaires* Gehaltstabelle *f,* -schema *n.*

grille-pain [gʀijpɛ̃] *m inv* Brotröster *m.*

grille-pain [gʀijpɛ̃] *m inv* Brotröster *m.* **griller I.** *tr* **1.** auf dem Rost braten; grillen; *allg* rösten, braten; **2.** (aus=) dörren, (ver)brennen, (ver)sengen; **3.** *chem tech* rösten; *(Textil)* sengen; **4.** *fam (Zigarette)* rauchen; **5.** *fig (Signal)* überfahren; *(Station)* durchfahren; **6.** *fam fig sport* überrunden; ausstechen (*qn* jdn); **II.** *itr* **1.** auf dem Rost braten; **2.** *(in der Sonne)* braten; **3.** *fig* brennen, vergehen (*de* vor *dat*); ► *l'ampoule est grillée* die Birne ist durchgebrannt; ~ *ses concurrents* s-e Konkurrenten übertreffen; ~ *un feu rouge* bei Rot über e-e Ampel fahren; *d'impatience* vor Ungeduld vergehen.

grillon [gʀijɔ̃] *m zoo (~ des champs)* Grille *f; (~ domestique)* Heimchen *n.*

grimaçant, e [gʀimasɑ̃, -ɑ̃t] *a (Gesicht)* verzerrt. **grimace** [-mas] *f* **1.** Fratze, Grimasse *f;* **2.** Falte, Runzel *f;* **3.** *pl* affektierte(s) Wesen *n;* ► *faire la ~* ein Gesicht ziehen; *faire des ~s* Grimassen schneiden. **grimacer** ‹*Prés. je grimace, ns grimaçons; Fut. je grimacerai; pp. grimacé, e*› **I.** *tr:* ► *~ un sourire* sich zu e-m Lächeln zwingen; **II.** *itr* Grimassen schneiden; Falten werfen. **grimacier, ère** *a* geziert, affektiert.

grimage [gʀimaʒ] *m theat* Schminken *n.* **grimer (, se)** *tr, v prn* (sich) schminken.

grimoire [gʀimwaʀ] *m* Zauberbuch *n;* unleserliche Schrift *f.*

grimpant, e [gʀɛ̃pɑ̃, -ɑ̃t] **I.** *a* kletternd; Kletter-, Schling-; **II.** *s m arg* Büx, Hose *f.* **grimper** *itr* klettern (*à qc* an e-r S hinauf, *sur qc* auf e-e S); *(Pflanze)* in die Höhe klettern, sich empor=ranken (*à qc* an e-r S); gelangen (*à qc* an e-e S); *(Weg)* sich emporwinden; *(Preise)* in die Höhe klettern. **grimpette** *f* steile(r) Weg *m.* **grimpeur, se I.** *a* (gern) kletternd; Kletter-; **II.** *s m f* Kletterer *m,* Kletterin *f;* Alpinist *m.*

grincement [gʀɛ̃smɑ̃] *m* Quietschen, Knarren *n;* ► *~s de dents* Zähneknirschen *n.* **grincer** ‹*Prés. je grince, ns grinçons; Fut. je grincerai; pp. grincé, e*› *itr* knirschen, kreischen, quietschen, knarren; ► *~ des dents* mit den Zähnen knirschen.

grincheux, se [gʀɛ̃ʃø] **I.** *a* mürrisch, griesgrämig, brummig, bärbeißig; **II.** *s m f* Griesgram, Nörgler(in *f*) *m.*

gringalet [gʀɛ̃galɛ] *m fam* schmächtige(s) Kerlchen *n.*

griotte [gʀijɔt] Schattenmorelle *f.*

grippage, grippement [gʀipaʒ] *m tech* Sichfestfressen, Heißlaufen *n.* **grippal, e** *med* grippal; Grippe-. **grippe** *f* **1.** *med* Grippe *f;* **2.** *fig* Abneigung, Antipathie *f;* ► *avoir pris qn en ~* jdn nicht (mehr) (leiden) mögen *od* ausstehen können; *~e-sou m fam* Pfennigfuchser *m.* **grippé, e 1.** an Grippe erkrankt; **2.** *tech* festgefressen; ► *être ~* die Grippe haben.

gripper [gʀipe] *itr, v prn se ~* **1.** *tech* sich fest=fressen; **2.** *fig* nicht funktionieren.

gris, e [gʀi, -iz] **I.** *a* **1.** grau; **2.** *fig (Wetter, Gedanken)* trübe, düster; trübselig, öde; **3.** angetrunken, benebelt; **II.** *s m* Grau *n;* ► *à cheveux ~* grauhaarig; *il fait ~* es ist trübe(s Wetter); *~ cendré* aschgrau; *~ souris* mausgrau. **grisaille** [-zaj] *f:* ► *~ quotidienne* graue(r) Alltag *m.*

grisant, e [gʀizɑ̃, -ɑ̃t] *a* berauschend.

grisâtre [gʀizɑtʀ] *a* **1.** graulich, etwas grau; **2.** eintönig.

grisbi [gʀizbi] *m arg* Moos *n.*

griser [gʀize] **I.** *tr* **1.** betrunken machen; *(Getränk)* zu Kopf steigen (*qn* jdm); **2.** *fig* berauschen; betäuben *fig;* **II.** *v prn se ~ (fam)* sich berauschen (*de* an *dat*). **griserie** *f fig* Rausch *m,* Begeisterung *f.*

gris-gris [gʀigʀi] *m* Amulett *n.*

grisonnant, e [gʀizɔnɑ̃, -ɑ̃t] *a* leicht ergraut. **grisonner** *itr* grau werden.

grisou [gʀizu] *m min* Grubengas *n;* ► *coup m de ~* Schlagwetter(explosion *f*) *n.*

grive [gʀiv] *f* Drossel *f;* ► *faute de ~s on mange des merles (prov)* in der Not frißt der Teufel Fliegen.

grivèlerie [gʀivɛlʀi] *f* Zechprellerei *f.*

griveton [gʀivtɔ̃] *m arg* Landser, Soldat *m.*

grivois, e [gʀivwa, -waz] *a* ziemlich frei, schlüpfrig. **grivoiserie** *f* Schlüpfrigkeit *f; pl* lockere Reden *f pl.*

Grœnland, le [gʀɔɛnlɑ̃d] Grönland *n.*

grog [gʀɔg] *m* Grog *m (Getränk).*

grogne [gʀɔɲ] *f* Murren *n.* **grognement** *m* **1.** *(Schwein)* Grunzen; *(Bär)* Brummen *n;* **2.** Murren *n.* **grogner** *itr (Schwein)* grunzen; *(Bär, Menschen)* brummen; *(Mensch)* murren. **grognon, ne** [-ɲɔ̃, -ɔn] **I.** *a* brummig; **II.** *s m fig* Brummbär *m.*

groin [gʀwɛ̃] *m (Schwein)* Rüssel *m.*

grol(l)e [gʀɔl] *f fam* Latschen *m.*

grommeler [gʀɔmle] ‹*Prés. je grommelle, ns grommelons; Fut. je grommellerai; pp. grommelé, e*› *tr itr* brummeln, (in den Bart) murmeln. **grommellement** [-mɛl-] *m* Gemurmel, Gebrumm *n.*

grondement [gʀɔ̃dmɑ̃] *m* **1.** *(Hund)* Knurren *n;* **2.** *(Motor)* Brummen *n;* **3.** *(Donner)* Grollen, Rollen *n.* **gronder I.** *itr* knurren; *(Bär)* brummen; *(Motor)* dröhnen; *(Donner)* (g)rollen; schimpfen; **II.** *tr* aus=schimpfen, -schelten, -zanken. **gronderie** *f* Schimpfe, Schelte *f.* **grondeur, se** *a* scheltend, tadelnd.

gros, se [gʀo, gʀos] **I.** *a* **1.** dick, groß; stark, beleibt; *(nachgestellt)* schwanger *a. fig; med* geschwollen; *(Stoff)* grob, derb; *(Stimme)* kräftig, laut; drohend;

hoch(-gehend); *(Wetter)* häßlich, scheußlich; *(Wind, Fieber)* stark, heftig; **2.** *fig* beträchtlich, beachtlich; *(Zinsen)* hoch; bedeutend, wichtig; **3.** schwer, ernst, gefährlich; **4.** reich, wohlhabend, angesehen; **II.** *adv* viel *(kosten, verdienen);* **III.** *s m* **1.** Dicke(r) *m;* (der) dickste Teil; **2.** *fig* Hauptteil *m,* Kernstück *n;* **3.** *(commerce m de ~)* Großhandel *m;* **4.** *f* Gros *n (12 Dutzend);* **5.** *jur* Ausfertigung, amtliche Abschrift; **6.** *com mar* Bodmerei *f;* **7.** ► *en ~ (com)* im großen, en gros, Groß-; in Blockschrift; *fig* in groben Zügen, im Umriß; **8.** ► *avoir les yeux ~ de larmes* dem Weinen nahe sein; *faire le ~ dos (Katze)* e-n Buckel machen; *fig* sich auf=spielen; *faire les ~ yeux* ein strenges Gesicht machen; *gagner ~ (fam)* gut verdienen; *jouer ~ (jeu)* hoch spielen; **9.** ► *j'ai le cœur ~* mir ist das Herz schwer; *il y a ~ à parier que* ich wette hundert gegen eins, daß; **10.** ► *entreprise f de ~* Großhandelsunternehmen *n; indice m des (prix de) ~* Großhandelsindex *m; négociant m en ~* Großhändler, Grossist *m; prix m de ~* Großhandelspreis *m; ~ bonnet m* hohe(s) Tier *n; ~ de conséquences* folgenschwer; *~ fumeur m* starke(r) Raucher *m; ~ industriel m* Großindustrielle(r) *m; ~ intestin m (anat)* Dickdarm *m; le ~ lot* das Große Los; *~ mangeur* starke(r) Esser *m; ~ mots m pl* Schimpfworte *n pl; ~se plaisanterie f* derbe(r) Scherz *m; ~ plan m (film)* Großaufnahme *f; ~ tirage m typ* Massenauflage *f.*

groseille [grozɛj] *f* Johannisbeere *f;* ► *~ à maquereau* Stachelbeere *f.* **groseillier** [-ze(e)je] *m* Johannisbeerstrauch.

grossesse [grosɛs] *f* Schwangerschaft *f.* **grosseur** *f* **1.** Dicke; Stärke *f;* Umfang *m;* **2.** *med* Schwellung, Geschwulst *f.*

grossier, ère [grosje, -ɛr] *a* **1.** grob, rauh, dick; **2.** *fig* roh, gewöhnlich, gemein, flegelhaft; *fam* ungehobelt; **3.** *(Fehler)* schwer. **grossièrement** *adv* **1.** gröblich, schwer; **2.** in groben Zügen; **3.** flegelhaft. **grossièreté** *f* **1.** *fig* Grobheit, Roheit *f;* **2.** Flegelhaftigkeit *f;* **3.** Unanständigkeit, Derbheit *f.*

grossir [grosir] **I.** *tr* **1.** anschwellen lassen; vergrößern *a. opt phot;* **2.** erweitern, vermehren, verstärken; **3.** *(Kleidungsstück)* dicker erscheinen lassen; **4.** *fig* auftragen, übertreiben; **II.** *itr* **1.** dick(er) werden; (an=)schwellen; **2.** größer, stärker werden, zu=nehmen *a. fig;* **3.** größer erscheinen; **III.** *v prn se ~* größer werden, zu=nehmen *a. fig.* **grossissant, e** *a* wachsend, zunehmend, steigend; *opt* Vergrößerungs-. **grossissement** *m* Vergrößerung *bes. opt phot;* Verstärkung, Erweiterung, Vermehrung *f.* **grossiste** *m* Großhändler, Grossist *m.*

grotesque [grotɛsk] **I.** *a* **1.** grotesk, bizarr, wunderlich; **2.** ulkig, *fam* komisch; **II.** *s m das* Groteske.

grotte [grot] *f* Grotte, Höhle *f.*

grouillement [grujmɑ̃] *m* Gewimmel *n.* **grouiller** **I.** *itr* wimmeln (*de* von); sich drängen; **II.** *v prn se ~ (pop)* sich tummeln, sich ran=halten.

groupage [grupaʒ] *m com* (Zs.fassung zu e-r) Sammelsendung, -ladung *f.* **groupe** *m* **1.** Gruppe *f;* **2.** *com* Konsortium, Syndikat *n,* Konzern *m;* **3.** *parl* Fraktion *f;* **4.** *mil* Gruppe *f;* Bataillon *n;* **5.** *tech* Anlage *f,* Werk; *el* Aggregat *n,* Maschinensatz *m;* **6.** ► *en, par ~s* in Gruppen, gruppenweise; **7.** ► *~ d'âge* Altersgruppe *f; ~-femmes m* Frauengruppe *f; ~ de maisons* Häusergruppe *f; ~ parlementaire* Parlamentsfraktion *f; ~ professionnel* Berufsgruppe *f; ~ sanguin (biol)* Blutgruppe *f.* **groupement** *m* **1.** Gruppierung, Einteilung, Anordnung, Zs.stellung -fassung *f;* **2.** *com* Vereinigung, Genossenschaft *f,* Verband, Pool *m;* ► *~ d'achat* Einkaufsgenossenschaft *f; ~ d'entreprises (com)* Konzern *m; ~ d'études* Arbeitsgemeinschaft *f; ~ d'intérêts (com)* Interessengemeinschaft *f; ~ de jeunesse* Jugendorganisation *f; ~ professionnel* Fachgruppe, -schaft *f,* -verband *m.* **grouper** **I.** *tr* **1.** gruppieren, zs.=fassen, -stellen, ein=teilen, ordnen; zs.=legen; **2.** versammeln, scharen (*autour de* um); **3.** *com* zu e-r Sendung zs.=fassen; **II.** *v prn se ~* sich zs.=tun; sich gruppieren (*par* nach), sich scharen (*autour de* um); e-e Einheit bilden. **groupuscule** *m pol* Splittergruppe *f.*

gruau [gryo] *m* Grütze *f;* Grützbrei *m;* ► *farine f de ~* Auszugmehl *n; pain m de ~* feinste(s) Weißbrot *n.*

grue [gry] *f* **1.** *orn* Kranich *m;* **2.** *tech* Kran *m;* **3.** *fig pop* Dirne *f;* ► *faire le pied de ~ fig* sich ein Loch in den Bauch stehen; *~ de chargement* Ladekran *m; ~ dépanneuse (mot)* Abschleppkran *m.*

grumeau [grymo] *m* Klümpchen *n,* Klumpen *m.* **grumeler, se** *v prn* Klumpen bilden, klumpen.

grutier [grytje] *m* Kranführer *m.*

gruyère [gryjɛr] *m* Schweizer Käse *m.*

guano [gwano] *m* Guano *m (Vogeldünger).*

gué [ge] **I.** *s m* Furt *f;* **II.** *interj* juchhei! heißa! ► *passer à ~* durch=schreiten, -waten, -fahren.

guelte [gɛlt] *f com* Gewinnanteil *m,* Provision *f.*

guenille [gənij] *f meist pl* Lumpen *m pl,* zerrissene Kleider *n pl;* ► *en ~s* in Lumpen (gehüllt), zerlumpt.

guenon [gənɔ] *f* **1.** Äffin *f;* **2.** *fig* Vogelscheuche *f.*
guêpe [gɛp] *f zoo* Wespe *f;* ► *pas folle, la* ~ *(fam)* sie ist nicht auf den Kopf gefallen. **guêpier** *m* **1.** Wespennest *n a. fig;* **2.** *orn* Bienenfresser *m;* ► *j'ai donné, je suis tombé dans un* ~ *(fig)* ich habe in ein Wespennest gestochen.
guère [gɛʀ] *adv:* ► *ne ...* ~ kaum, fast, beinahe nicht, nicht sehr, wenig, (sehr) selten; *ne ...* ~ *que* fast nur, fast ausschließlich; höchstens; *il ne s'en est fallu* ~ es hat wenig gefehlt.
guéret [geʀɛ] *m* Brachland, -feld *n.*
guéridon [geʀidɔ̃] *m* kleine(r), runde(r) Tisch *m.*
guérilla [geʀija] *f* Guerilla-, Klein-, Partisanenkrieg *m.*
guérir [geʀiʀ] **I.** *tr* **1.** heilen, gesund machen; **2.** befreien, frei machen (*de* von); ab=helfen (*qc* e-r S *dat*); **II.** *itr (Mensch)* genesen, (wieder) gesund werden; *(Wunde)* heilen *a. fig;* **III.** *v prn se* ~ *de qc* sich *(dat)* e-e S ab=gewöhnen. **guérison** [-zɔ̃] *f* Heilung; Genesung *f.* **guérissable** *a* heilbar. **guérisseur, se** *m f* Heilkundige(r *m*) *f,* -praktiker(in *f*); *péj* Quacksalber *m.*
guérite [geʀit] *f* **1.** *mil* Schilderhaus *n;* **2.** Bretterbude *f.*
guerre [gɛʀ] *f* **1.** Krieg *m;* **2.** *fig* Kampf, Streit, Zwist *m;* **3.** ► *de* ~ *lasse* nach langem Sträuben; **4.** ► *s'en aller en* ~ in den Krieg ziehen; *être en* ~ sich im Krieg(szustand) befinden; *fig* im Streit liegen (*avec* mit); *faire la* ~ *à qc* etw bekämpfen; *partir en* ~ zu Felde ziehen *a. fig* (*contre* gegen); *vivre sur le pied de* ~ *avec qn* mit jdm auf Kriegsfuß stehen; **5.** ► *mutilé m de* ~ Kriegsbeschädigte(r), -versehrte(r) *m; prisonnier m de* ~ Kriegsgefangene(r) *m;* **6.** ► ~ *atomique* Atomkrieg *m;* ~ *bactérienne, bactériologique* Bakterienkrieg *m;* ~ *civile* Bürgerkrieg *m;* ~ *de décolonisation* Unabhängigkeitskrieg *m;* ~ *de l'espace,* ~ *des étoiles* Krieg *m* der Sterne, Sternenkrieg *m;* ~*-éclair f* Blitzkrieg *m;* ~ *économique* Wirtschaftskrieg *m;* ~ *nucléaire* Nuklearkrieg *m;* ~ *maritime, navale* Seekrieg *m;* ~ *de religion* Religionskrieg *m;* ~ *sainte* heilige(r) Krieg *m;* ~ *de tranchées* Grabenkrieg *m; la G*~ *de Trente Ans* der Dreißigjährige Krieg. **guerrier, ère** [gɛʀje, -ɛʀ] **I.** *a* kriegerisch; kriegslustig; **II.** *s m* Krieger *m.*
guet [gɛ] *m:* ► *faire le* ~ auf der Lauer liegen; aufpassen. **guet-apens** [gɛtapɑ̃] *m inv* Hinterhalt *m;* Hinterlist *f;* ► *tendre un* ~ *à qn* jdm e-e Falle stellen *a. fig.*
guêtre [gɛtʀ] *f* Gamasche *f.*
guetter [gɛte] *tr* **1.** belauern, auf=lauern (*qn* jdm), ab=passen *a. fig (Zeit, Gelegenheit);* **2.** *(Krankheit)* bedrohen. **guetteur, se** *m f* Späher, Aufpasser(in *f*) *m.*
gueulante [gœlɑ̃t] *f pop* Geschrei, Gebrüll *n.* **gueulard, e I.** *a pop* dauernd brüllend; **II.** *s m pop* Schreihals *m;* **2.** *m fam mar* Sprachrohr *n.* **gueule** *f* **1.** Maul *n.* Schnauze *f a. pop péj;* **2.** *pop* Fresse; *(grande* ~*)* Groß-, große Schnauze *f;* **3.** *fig fam* Aussehen *n,* Form, Gestalt, Wirkung *f;* **4.** ► *avoir de la* ~ großen Eindruck machen; apart wirken; *avoir une bonne* ~ *(fam)* sympathisch aus=sehen; *donner sur la* ~ *à qn (pop)* jdm in die Fresse schlagen, jdm das Maul stopfen; *être fort en* ~ e-e große Schnauze haben; *tu en fais une* ~*! (pop)* du machst aber ein Gesicht! *ta* ~*! (pop)* (halt die) Schnauze! **5.** ► *fine* ~ *(fam)* Leckermaul *n; sale* ~ *(pop)* Scheißkerl *m.* **gueule-de-loup** *m* **1.** *bot* Löwenmaul *n;* **2.** *med* Wolfsrachen *m.* **gueulements** *m pl pop* Geschrei *n.*
gueuler *pop* **I.** *itr* herum=schreien, -brüllen, das Maul auf=reißen, -haben; das große Wort führen; **II.** *tr* (in die Gegend) brüllen, schreien. **gueuleton** *m fam* Festessen *n.* **gueuletonner** *itr fam* gut essen.
gui [gi] *m* **1.** *bot* Mistel *f;* **2.** *mar* Giekbaum *m.*
guibolle [gibɔl] *f fam* Bein *n.*
guiches [giʃ] *f pl* Stirnlocken *f pl.*
guichet [giʃɛ] *m* **1.** (Fahrkarten-, Post-, Bank-)Schalter *m;* **2.** Klappe *f,* Türchen *n;* ► ~ *automatique* Bankomat, Geldautomat *m; fermeture f des* ~*s* Schalterschluß *m.* **guichetier** [-ʃtje] *m* Schalterbeamte(r) *m.*
guidage [gidaʒ] *m* **1.** *tech* Führung *f;* **2.** *aero* Steuerung *f.* **guide** *m* **1.** (Fremden-)Führer *m;* **2.** *fig* Führer, Lehrmeister; Leitstern *m,* Richtschnur *f;* **3.** *(Buch)* (*bes.* Reise-)Führer *m,* Handbuch *n;* **4.** *tech* Führung(sschiene, -stange *f,* -ring *m*) *f;* ► ~ *de montagne* Bergführer *m.* **guider I.** *tr* **1.** führen; *(mot)* lenken, steuern; **2.** *fig* leiten; **3.** *tech.* steuern, führen; **II.** *v prn se* ~ *(fig)* sich leiten lassen (*par* von), sich zur Richtschnur nehmen (*par qc* e-e S); lenken.
guidon [gidɔ] *m* **1.** *mar* Wimpel *m;* **2.** *(Visiereinrichtung)* Korn *n;* **3.** *(Fahrrad)* Lenkstange *f;* ► ~ *de renvoi* Verweisungszeichen *n.*
guignard, e [giɲaʀ, -ʀd] *s* **1.** *m f* Pechvogel, Unglücksrabe *m;* **2.** *m orn* (Mor(i)nell *m.* **guigne** *f* **1.** *bot* Herzkirsche *f;* **2.** *pop* Pech(strähne *f*) *n;* ► *se soucier de qc comme d'une* ~ *(fig fam)* sich e-en Dreck um etw kümmern. **guigner** *tr* schielen, verstohlen blicken (*qc* nach etw); *fig* ein Auge haben, spekulieren (*qc* auf e-e S).

guignol [giɲɔl] *m* Kasperle(theater *n*) *n* od *m;* ► *(fig) c'est du* ~ das ist die reinste Farce.
guillaume [gijom] *m* Falz-, Kehl-, Simshobel *m.*
Guillaume [gijom] *m* Wilhelm *m.*
guilledou [gijdu] *m* ► *pop: courir le* ~ den Schürzen nach=laufen.
guillemets [gijmɛ] *m pl* Anführungszeichen, Gänsefüßchen *n pl.*
guilleret, te [gijʀɛ, -ɛt] *a* **1.** munter, ausgelassen, lebhaft, (quick)lebendig; **2.** *(Reden)* etwas frei, lose, zweideutig.
guillotine [gijɔtin] *f* Guillotine *f,* Fallbeil *n.* **guillotiner** *tr* guillotinieren, enthaupten.
guimauve [gimov] *f* **1.** *bot* Eibisch *m;* **2.** *fig fam* Kitsch *m;* **3.** Bonbonmasse *f;* ► *à la* ~ *(fig)* schmalzig.
guimbarde [gɛ̃baʀd] *f* **1.** Grundhobel *m;* **2.** *fam* alte(r) Wagen, Klapperkasten, Schlitten *m.*
guimpe [gɛ̃p] *f* **1.** (Nonnen-)Haube *f;* **2.** Spitzentuch *n,* -einsatz *m.*
guincher [gɛ̃ʃe] *itr fam* schwofen, tanzen.
guindé, e [gɛ̃de] *fig* gewunden, geschraubt, steif, gekünstelt; affektiert.
guindeau [gɛ̃do] *m mar* Ankerwinde *f,* Spill *n.*
guinder [gɛ̃de] **I.** *tr (Last)* hoch=winden, hinauf=ziehen; **II.** *v prn se* ~ *(fam)* sich auf=plustern, dick(e)tun.
Guinée, la [gine] Guinea *n.*
guinguette [gɛ̃gɛt] *f* Ausflugslokal *n.*
guirlande [giʀlɑ̃d] *f* Girlande *f.*
guise [giz] *f:* ► *à, selon sa* ~ auf s-e Weise; *à votre* ~ wie Sie wollen *en* ~ *de* anstatt, anstelle *gen; en* ~ *de consolation* zum Trost.
guitare [gitaʀ] *f* Gitarre *f.* **guitariste** *m f* Gitarrespieler(in *f*) *m.*
guitoune [gitun] *f arg mil* Zelt *n,* Unterstand *m.*
Gulf-Stream, le [gœlfstʀim] der Golfstrom.
gus(s) [gys] *m arg* Kerl *m.*
gustatif, ive [gystatif, -iv] *a anat* Geschmacks-; ► *nerf m* ~ Geschmacksnerv *m.* **gustation** [-sjɔ̃] *f* (Ab-)Schmecken *n.*
gutta-percha [gytapɛʀka] *f* Guttapercha *n.*
guttural, e [gytyʀal] **I.** *a anat* Kehl-, Rachen-, Hals-; *gram* guttural, Kehl-; **II.** *s f* Kehllaut *m.*
Guy [gi] *m* Veit, Guido *m.*
gymnase [ʒimnaz] *m* Turnhalle *f.* **gymnaste** [-nast] *m f* Turner(in *f*) *m.* **gymnastique I.** *a* gymnastisch; Turn-; **II.** *s f* Gymnastik *f,* Turnen *n;* ► *faire de la* ~ turnen; Gymnastik treiben; *chaussures f pl de* ~ Turnschuhe *m pl; salle f de* ~ Turnhalle *f;* ~ *aux agrès* Geräteturnen *n;* ~ *respiratoire* Atemgymnastik *f.*
gynécologie [ʒinekɔlɔʒi] *f* Frauenheilkunde, Gynäkologie *f.* **gynécologique** *a* gynäkologisch. **gynécologue** *f* Frauenarzt *m,* -ärztin *f.*
gypaète [ʒipaɛt] *m orn* Lämmer-, Bartgeier *m.*
gypse [ʒips] *m min* Gips(stein) *m.*
gypsophile [ʒipsɔfil] *f* Schleierkraut *n.*
gyrophare [ʒiʀɔfaʀ] *m* Blaulicht *n.*

H

h, H [aʃ] *m* h, H *n;* ▶ ~ *aspiré* aspirierte(s) H *n; bombe f* ~ Wasserstoffbombe *f; (mil, fig) l'heure* ~ die Stunde X.

'ha! [a] *interj* ah! ha!

habile [abil] *a* **1.** geschickt, gewandt (*en, dans* in *dat*); *péj* gerissen, gerieben; **2.** *jur* fähig; ▶ *être* ~ *à faire qc* etw geschickt, gewandt tun. **habileté** *f* Geschicklichkeit, Gewandtheit *f; pl* Kniffe *m pl.*

habilitation [abilitasjɔ̃] *f jur* Ermächtigung, Befähigung *f.* **habiliter** *tr jur* ermächtigen, bevollmächtigen (*à* zu).

habillage [abijaʒ] *m* **1.** Ankleiden, -ziehen *n;* **2.** *tech* Verkleidung *f.* **habillé, e** *a* (an)gekleidet (*de noir* schwarz); (gut) angezogen. **habillement** *m* **1.** *mil* Einkleidung *f;* **2.** (Be-)Kleidung *f;* Anzug *m;* **3.** Bekleidungsgewerbe *n;* ▶ ~ *féminin, masculin* Damen-, Herrenkleidung *f.* **habiller I.** *tr* **1.** (an=)kleiden, an=ziehen; *(fournir des vêtements)* (ein=) kleiden; **2.** *(faire mettre telle ou telle chose)* (be)kleiden, an=ziehen; verkleiden; **3.** *(Schneider)* arbeiten (*qn* für jdn); *(seoir)* stehen (*qn* jdm); kleiden; *un rien l'habille* alles steht ihr; **4.** *tech (recouvrir)* über=ziehen, ein=hüllen; **5.** ausschmücken; **6.** *fig (dissimuler)* kleiden *(de* in *acc),* verschleiern; *fam* anschwärzen; **7. II.** *v prn s'*~ **1.** sich (an=) kleiden; arbeiten lassen (*chez* bei); **2.** sich verkleiden (*en* als); Gesellschaftskleidung an=ziehen. **habilleur, se** *m f theat* Garderobier(e *f*) *m; film* Gewandmeisterin *f.*

habit [abi] *m* **1.** (Gesellschafts-)Anzug; *(~ noir)* Frack *m;* **2.** Kleid, Gewand *n;* **3.** *pl* Kleidung *f,* Kleider *n pl;* ▶ *l'~ ne fait pas le moine (fig)* der Schein trügt; *armoire, brosse f à ~s* Kleiderschrank *m,* -bürste *f;* ~ *vert* (grüner Rock *m* der) Mitglied(er) *m* der Académie française.

habitabilité [abitabilite] *f* **1.** Bewohnbarkeit *f;* **2.** Geräumigkeit *f.* **habitable** *a* bewohnbar. **habitacle** *m* **1.** *mar* Kompaßhäuschen *n;* **2.** *aero* Pilotenkanzel *f.* **habitant, e** *s m f* Be-, Einwohner(in *f*) *m; pl* Einwohnerschaft *f;* ▶ *nombre m d'~s* Einwohnerzahl *f;* ~ *du pays* Inländer *m; ~s de la maison* Hausbewohner *m pl.* **habitat** [-a] *m* **1.** *bot* Standort *m,* Vorkommen *n;* **2.** *zoo* Wohn-, Verbreitungsgebiet *n;* **3.** *geog* Siedlungsgebiet *n,* -raum *m;* **4.** *allg* Wohnung *f,* Heim(stätte *f*) *n;* ▶ ~ *concentré, dispersé* geschlossene, Streusiedlung *f;* ~ *rural* Wohnverhältnisse *pl* auf dem Lande. **habitation** *f* Wohnung; Wohnstätte *f;* -haus *n,* -sitz *m,* Behausung *f;* ▶ *construction f d'~* Wohnungsbau *m; maison f, immeuble m d'~* Wohnhaus *n, pl* -bauten *m pl; surface f d'~* Wohnfläche *f;* ~ *ancienne Alt(bau) wohnung f;* ~ *individuelle en bande continue* Reihenhaus *n; ~s à loyer modéré* soziale(r) Wohnungsbau *m (H.L.M.).* **habité, e** *a* bewohnt; bemannt. **habiter I.** *tr* bewohnen; **II.** *itr* wohnen, leben (*à, dans* in *dat*); ▶ ~ *avec qn* bei jdm wohnen.

habitude [abityd] *f* (An-)Gewohnheit, Gepflogenheit *f;* ▶ *d'~* gewöhnlich; sonst; *par* ~ gewohnheitsmäßig, aus Gewohnheit; *prendre l'~ de qc* sich an e-e S gewöhnen; *la force de l'~* die Macht der Gewohnheit; *mauvaise* ~ schlechte Angewohnheit, Unart *f.* **habitué, e** [-tɥe] *m f* Stammgast; Kunde *m,* Kundin *f.* **habituel, le** *a* gewohnt; gewöhnlich, üblich. **habituer I.** *tr* gewöhnen (*à* an *acc*); **II.** *v prn s'~* sich gewöhnen (*à* an *acc*), die Gewohnheit an=nehmen (*à* zu).

habitus [abitys] *m med* Habitus *m.*

'hâbleur, se [ablœr] **I.** *s m f* Prahlhans, Aufschneider, *fam* Angeber(in *f*) *m;* **II.** *a* prahlerisch; *fam* großschnäuzig.

'Habsbourg [apsbuʀ] *m f* Habsburger(in *f*) *m.*

'hache [aʃ] *f* Axt *f,* Beil *n;* ▶ *taillé à coups de ~ (Gesicht)* grob; *porter la ~ dans l'administration* Stellen in der Verwaltung streichen; *~-viande m inv* Fleischwolf *m.* **'haché, e** *a fig* abgehackt; unterbrochen; ▶ *viande f ~e* Hackfleisch *n.* **'hacher** *tr* **I.** *tr* **1.** (zer-) hacken, herstückeln, -schneiden; **2.** *tech* einkerben; **II.** *v prn* ▶ *se faire ~* sich in Stücke reißen lassen; ~ *menu comme chair à pâté* kurz u. klein, zu Brei schlagen. **'hachette** *f* (Hand-)Beil *n;* ▶ ~ *de ménage* Küchenbeil *n.* **'hachis** [-i] *m* Hackfleisch, Gehackte(s) *n.*

'hachi(s)ch [aʃiʃ] *m* Haschisch *n.*

'hachoir [aʃwaʀ] *m* Hack-, Wiegemesser; Hackbrett *n;* Fleischwolf *m.* **'hachure** *f* Schraff(ier)ung, Schraffur *f.* **'hachurer** *tr* schraffieren.

'haddock [adɔk] *m* Schellfisch *m.*

'hagard, e [agaʀ, -ʀd] *a* verstört, verängstigt.

hagiographie [aʒjɔgʀafi] *f* Hagiographie *f.*

'**haie** [ɛ] *f* **1.** Hecke *f;* **2.** *sport* Hürde *f;* **3.** Spalier *n (von Menschen);* ▶ *faire, former la ~* Spalier bilden; *franchir, sauter une ~* e-e Hürde nehmen; *course f de ~s (Reiter)* Hindernisrennen *n; sport* Hürdenlauf *m.*

'**haïe** [ai] *interj* hü! hott!

'**haillon** [ajɔ̃] *m meist pl* Lumpen, Fetzen *m;* ▶ *vêtu de ~s* in Lumpen gehüllt, zerlumpt.

'**Hainaut, le** [ɛno] der Hennegau.

'**haine** [ɛn] *f* Haß *m (pour, de* gegen*),* Feindschaft *f;* ▶ *par ~ de* aus Haß, Abneigung gegen. '**haineux, se** *a* gehässig, haßerfüllt.

'**haïr** [aiʀ] ‹*Prés. je hais, ns haïssons; Fut. je haïrai; pp. haï, e; Subj. que je haïsse, que ns haïssions; Impér. hais, haïssons*› *tr* **1.** hassen; **2.** nicht leiden, aus=stehen, *pop* riechen können; verabscheuen, e-n Abscheu, Widerwillen, Ekel haben (*qc* vor etw). '**haïssable** *a* hassenswert.

'**haire** [ɛʀ] *f* härene(s) Gewand, Büßerhemd *n.*

Haïti [aiti] *m* Haiti *n.*

'**halage** [alaʒ] *m:* ▶ *chemin m de ~* Treidelweg *m.*

'**hâle** [ɑl] *m* (Sonnen-)Bräune. **hâlé, e** *a* sonnen-, wettergebräunt.

haleine [alɛn] *f* Atem *m;* ▶ *de longue ~* langwierig; *hors d'~* außer Atem, atemlos; *(tout) d'une ~ (fig)* pausenlos, ununterbrochen; *perdre ~* außer Atem kommen; *(re)prendre ~* Luft holen; (wieder) auf=atmen, *fam* verschnaufen, *tenir en ~ (fig)* in Atem halten, nicht zur Ruhe, Besinnung kommen lassen.

'**haler** [ale] *tr (Schiff)* treideln, schleppen.

'**hâler** [ɑle] *tr (die Haut)* bräunen.

'**haletant, e** [altɑ̃, -ɑ̃t] *a* keuchend, schnaufend; atemlos; *(Pferd)* schnaubend. '**halètement** [alɛtmɑ̃] *m* Keuchen, Schnaufen; *(Pferd)* Schnauben *n.* '**haleter** ‹*Prés. je halète, ns haletons; Fut. je halèterai; pp. haleté, e*› *itr* keuchen, schnaufen, *fam* nach Luft schnappen; *(Pferd)* schnauben.

'**hall** [ol] *m* Halle *f;* ▶ *~ d'exposition, de gare* Ausstellungs-, Bahnhofshalle *f.*

'**halle** [al] *f* (Markt-, Kauf-)Halle *f;* ▶ *les H~s (hist)* die (Pariser) Zentralmarkthallen *f pl.*

hallali [alali] *m (Jagd)* Halali *n.*

hallucinant, e [alysinɑ̃, -t] *a* haarsträubend. **hallucination** *f* Halluzination *f.* **halluciné, e** *a* an Sinnestäuschungen leidend; *fam* verrückt. **hallucinogène** *m (Droge)* Halluzinogen *n.*

'**halo** [alo] *m* **1.** *astr* Hof *m;* **2.** *phot* Lichthof *m;* **3.** ▶ *~ de gloire (fig)* Gloriole *f.*

halogène [alɔʒɛn] *a chem* halogen; *s m* Halogen *n.*

'**halte** [alt] **I.** *s f* **1.** Halt *m,* (An-)Halten *n;* **2.** *(~ de routiers)* Halte-, Rastplatz; **3.** *loc* Haltepunkt *m;* **4.** *fig* kurze Unterbrechung, Pause *f;* **II.** *interj* halt! ▶ *faire (une) ~* haltmachen, halten, rasten; *~-là!* halt! stehen=bleiben! *~ horaire (mil)* Marsch-, *fam* Zigaretten-, Pinkelpause *f.*

haltère [altɛʀ] *m sport* Hantel *f;* ▶ *les poids et ~s* Gewichtheben *n.*

'**hamac** [amak] *m* Hängematte *f.*

Hamburg [ɑ̃buʀ] *m* Hamburg *n.*

hameau [amo] *m* Weiler *m,* Dörfchen *n.*

hameçon [amsɔ̃] *m* Angelhaken *m;* ▶ *mordre à l'~* an=beißen *a. fig; fig* auf den Leim gehen.

'**hampe** [ɑ̃p] *f* **1.** (Lanzen-, Speer-)Schaft *m;* (Fahnen-)Stange *f;* (Pinsel-)Stiel *m;* **2.** *bot* Schaft *m;* **3.** *(Rind, Hirsch)* Wampe, Wamme *f.*

'**hamster** [amstɛʀ] *m zoo* Hamster *m.*

'**han** [ɑ̃] *interj* haa!

'**hanap** [anap] *m* Humpen *m.*

'**hanche** [ɑ̃ʃ] *f* Hüfte *f;* ▶ *mettre le poing sur la ~ (fig)* e-e entschlossene (u. drohende) Haltung ein=nehmen; *rouler les ~s* mit den Hüften wackeln; *(tour m de) ~s* Hüftumfang *m.*

'**hand(-)ball** [ɑ̃dbal] *m* Handball *m.* '**handballeur** [-balœʀ] *m* Handball(spiel)er *m.*

'**handicap** [ɑ̃dikap] *m* **1.** *sport* Handikap *n;* Ausgleich *m;* Vorgabe(spiel *n*); **2.** *fig* Behinderung *f,* Nachteil *m.* '**handicapé, e I.** *a* behindert; **II.** *s m f* Behinderte(r *m*) *f;* ▶ *~ mental, physique* geistig, körperlich Behinderte(r *m*) *f.* '**handicaper** *tr* **1.** *sport* handikapen; **2.** *fig* behindern, benachteiligen. '**handisport** *m* Behindertensport *m.*

'**hangar** [ɑ̃gaʀ] *m* Schuppen *m;* (Flugzeug-)Halle *f;* ▶ *~ à canots* Bootshaus *n.*

'**hanneton** [antɔ̃] *m* Maikäfer; ▶ *~ des roses* Rosenkäfer *m.*

'**Hanovre** [anɔvʀ] *m* Hannover *n.*

'**hanter** [ɑ̃te] *tr* **1.** oft, häufig besuchen, verkehren (*qn* mit jdm, *qc* in etw *dat*), aus= u. ein=gehen (*qn* bei jdm, *qc* in etw); **2.** *fig* heim=suchen, keine Ruhe lassen (*qn* jdm), quälen; ▶ *maison f ~ée* Haus *n,* in dem es spukt. '**hantise** *f* Unruhe, Angst (*de qc* vor etw); Besessenheit *f; j'en ai la ~* mir graut davor.

'**happer** [ape] *tr* schnappen, erhaschen, fangen; packen, erwischen; ▶ *la voiture a happé le cycliste* der Wagen hat den Radfahrer erfaßt.

'**harangue** [aʀɑ̃g] *f* Ansprache; Rede *f.* '**haranguer** *tr* e-e Ansprache halten (*qn* an jdn).

'**haras** [aʀɑ(a)] *m* Gestüt *n.*

'**harassé, e** [aʀase]: ▶ *être ~* ganz erschöpft, *fam* kaputt sein.

'**harceler** [aʀsəle] ‹*Prés. je harcèle, ns harcelons; Fut. je harcèlerai; pp. har-*

celé, ⓔ *tr* plagen, quälen; dauernd reizen, ärgern; bestürmen (*de questions* mit Fragen).

'**harde** [aʀd] *f* **1.** *(Wild)* Rudel *n;* **2.** (Hunde-)Koppel *f.* '**hardées** *f pl* Wildschaden *m.*

'**hardes** [aʀd] *f pl* Sachen *f pl,* Kleider *n pl; péj* Klamotten *f pl.*

'**hardi, e** [aʀdi] **I.** *a* kühn, unerschrocken, beherzt, (wage)mutig; *(Sache)* kühn, gewagt; **II.** *interj* munter! los! zu! '**hardiesse 1.** Kühnheit *f,* Mut *m;* **2.** Dreistigkeit, Unverschämtheit *f;* ▶ *prendre la ~ de* sich die Freiheit nehmen, sich erlauben zu.

'**hardware** [aʀdwɛʀ] Hardware *f.*

'**harem** [aʀɛm] *m* Harem *m.*

'**hareng** [aʀɑ̃] *m* Hering *m;* ▶ *être serrés, pressés comme des ~s* eng zusammengedrängt stehen; *~ saur* Bückling *m.*

'**harenguet** [-gɛ] *m* Sprotte *f.*

'**hargne** [aʀɲ] *f* Bissigkeit, Gehässigkeit *f.*

'**hargneux, se** *a* zänkisch, streitsüchtig, gehässig.

'**haricot** [aʀiko] *m* Bohne *f;* ▶ *c'est la fin des ~s! (pop)* jetzt ist alles aus! *~s blancs, verts* weiße, grüne Bohnen *f pl; ~ d'Espagne* Feuerbohne *f.*

'**haridelle** [aʀidɛl] *f* **1.** Schindmähre *f;* **2.** *fig* dürre Zicke *f.*

'**harki** [aʀki] *m* Harki *m,* Soldat *m* der einheimischen Hilfstruppen der französischen Algerienarmee.

harmonica [aʀmɔnika] *m mus* Harmonika *f.*

harmonie [aʀmɔni] *f* **1.** Einklang *m,* Harmonie *f;* **2.** Wohlklang, -laut *m;* **3.** *mus* Harmonielehre *f;* **4.** *fig (~ des proportions)* Ebenmaß *n,* Ausgeglichenheit; Übereinstimmung; Eintracht *f,* Einklang *m;* **5.** ▶ *en (bonne) ~* einträchtig, in gutem Einvernehmen; *être en ~ avec* sich in Einklang, Übereinstimmung befinden mit. **harmonieux, se** *a* **1.** harmonisch; wohlklingend, -lautend; **2.** *fig* ausgeglichen. **harmonique I.** *a math phys mus* harmonisch; **II.** *s f* Oberton *m.* **harmonisation** *f* **1.** *com* Harmonisierung, Angleichung *f;* **2.** Vokalharmonie *f.* **harmoniser I.** *tr* in Einklang bringen; **II.** *v prn s'~* sich an=gleichen.

harmonium [aʀmɔnjɔm] *m mus* Harmonium *n.*

'**harnachement** [aʀnaʃmɑ̃] *m* **1.** (Pferde-)Geschirr *n;* **2.** *fig (Person)* Ausrüstung *f,* Aufzug *m.* '**harnacher** *tr* **1.** *(Pferd)* an=schirren; **2.** *fig fam* ausstaffieren; ▶ *être bien ~aché (arg)* (gut) in Schale sein. '**harnais** [-nɛ] *m* (Pferde-)Geschirr *n.*

'**haro** [aʀo] *m:* ▶ *crier ~ sur qn* sich über jdn laut entrüsten.

'**harpe** [aʀp] *f* **1.** Harfe *f;* **2.** *arch* vorstehende(r) Stein; Haken *m,* Klammer *f;* ▶ *~ éolienne* Äolsharfe *f.*

'**harpie** [aʀpi] *f* **1.** *(Mythologie) orn* Harpyie *f;* **2.** *fig* Furie *f.*

'**harpiste** [aʀpist] *m f* Harfenspieler(in *f*) *m.*

'**harpon** [aʀpɔ̃] *m* Harpune *f.* '**harponner** *tr itr* harpunieren; *tr fam* auf=halten, erwischen.

'**hasard** [azaʀ] *m* Zufall *m; pl* Zufälligkeiten *f pl,* Wechselfälle *m pl;* ▶ *à tout ~* auf gut Glück; auf alle Fälle; *au ~* aufs Geratewohl; *de ~* zufällig; Zufalls-; *par ~* zufällig *(in Fragen ironisch);* etwa, vielleicht; *s'en remettre au ~* es dem Zufall überlassen. '**hasardé, e** *a* gewagt, riskant. '**hasarder I.** *tr* aufs Spiel setzen; wagen, riskieren; **II.** *v prn se ~* es wagen (*à* zu). '**hasardeux, se** *a* gewagt, riskant; bedenklich.

'**hasch** [aʃ] *m arg* Hasch *n.* '**haschisch** [aʃiʃ] *m* Haschisch *n* od *m.*

'**hase** [az] *f* Häsin *f.*

'**hâte** [ɑt] *f* Eile, Hast(igkeit) *f;* ▶ *à la ~* überstürzt; *en (toute) ~* [ɑ̃(tutə)ɑt] in (aller) Eile; *avoir ~* es (sehr) eilig haben (*de* mit, zu). **hâter I.** *tr* (vor)an=treiben; beschleunigen; **II.** *v prn se ~* sich beeilen; *hâte-toi lentement! (prov)* eile mit Weile! **hâtif, ive** *a* **1.** *(Obst)* frühreif; **2.** übereilt, -stürzt.

'**hauban** [obɑ̃] *m* **1.** *mar* Want *f;* **2.** Verspannungskabel *n.*

'**hausse** [os] *f* **1.** *com* Preiserhöhung, -steigerung *f,* Anheben *n* (*de* um); **2.** Steigen *n* der Kurse; Hausse *f;* **3.** *(Gewehr)* Visier *n;* ▶ *en ~ (com)* steigend; *accuser une ~* e-e Steigerung auf=weisen; *être en ~ (com)* steigen; *~ des commandes* Auftragswelle *f; ~ du coût de la vie* Steigerung *f* der Lebenshaltungskosten; *~ en flèche des prix* rasche(s) Ansteigen *n* der Preise; *~ des loyers* Mieterhöhung *f; ~ des salaires* Lohnanstieg, -auftrieb *m.* **haussement** *m;* ▶ *~ d'épaules* Achselzucken *n.* **hausser I.** *tr* **1.** *(Stimme)* heben; **2.** *(Preis)* in die Höhe treiben; **3.** *mus* höher stimmen; **4.** *(Auto)* heben, hoch=winden, auf=bocken; **5.** *fig* steigern; heben; stärken; ▶ *~ le coude (fig fam)* (sich be)trinken; *~ les épaules* die Achseln zucken; **II.** *v prn* ▶ *se ~ sur la pointe des pieds* sich auf die Zehenspitzen stellen.

'**haut, e** [o, ot] **I.** *a* **1.** *(räumlich)* hoch; groß; obere(r, s); **2.** *geog* Ober-, Hoch-; hoch gelegen; *(Wasser)* tief; **3.** *(Stimme)* laut, hell; *mus* hoch(gestimmt); **4.** *fig* hoch, groß; hochgestellt, vornehm, erhaben *(a. Stil);* **5.** *(Unrecht)* schreiend; **II.** *adv* **1.** *(räumlich)* hoch *a. fig; (auf Kisten)* oben; **2.** *(zeitlich)* weit (zurückliegend); **3.** *(akustisch)* hoch, laut; **III.** *s m* **1.** Höhe; Spitze *f,* Gipfel; (der) höchste Punkt, (der) höhere, obere Teil *m;* **2.** *mus* (die) Obertöne *m pl;* **3.**

► *à ~e voix* mit lauter Stimme; *au ~ de* auf der Höhe von; *au, en ~ de* oben auf, oben in *dat; de ~* von oben; *fig* von oben herab; *d'en ~* von oben; vom Himmel; *du ~ de* von ... herab, herunter *a. fig; du, de ~ en bas* von oben nach *od* bis unten; *en ~* oben; hinauf; aufwärts; *en ~ lieu* an höherer Stelle, höher(e)n Ort(e)s; *là ~* da, dort oben, droben; *plus ~* weiter oben; *tout ~ (adv)* ganz laut; *~ la main* mühelos, spielend; **4.** ► *avoir la ~e main* die Oberhand haben; *dans* od *sur qc* das Regiment bei etw führen; *avoir le verbe ~* das große Wort führen; *avoir de ~es visées* hoch hinaus=wollen; *jeter, pousser les ~s cris* ach u. weh schreien, *fam* sich fürchterlich an=stellen; *marcher, porter la tête ~e* den Kopf hoch tragen; *penser tout ~* laut denken; *regarder qn de ~* auf jdn herab=blicken; *tenir en ~e estime* hochschätzen; *tenir le ~ du pavé* Herr der Lage sein; e-e wichtige Stellung ein=nehmen; *tomber de son ~* der Länge nach, lang hinfallen; *fig* wie aus allen Wolken fallen; *viser (trop) ~* (zu) hoch hinaus=wollen; **5.** ► *~ les bras!* an die Arbeit! *~ les cœurs! (fig)* Kopf hoch! *~ les mains!* Hände hoch! **6.** ► *à haute définition (tele)* hochauflösend; *à ~s risques* Risiko-, risikoreich; *~-allemand* hochdeutsch; *~e antiquité f* graue(s) Altertum *n; les ~s et les bas* das Auf u. Ab; *~-le-cœur m inv a)* Übelkeit *f; b) fig* Abscheu, Ekel *m (devant* vor *dat); ~ commandement m* Oberkommando *n; ~e conjoncture f* Hochkonjunktur *f; ~-le-corps m inv* Auffahren *n;* Ruck *m; avoir un ~* auf-, hochschrecken; *la H~e Couture* die führenden Modehäuser; *la ~e finance die* Hochfinanz, Geldaristokratie *f; ~-fond m* Untiefe *f; ~ fourneau m* Hochofen *m; ~e fréquence f (el)* Hochfrequenz *f; la ~e mer* die hohe, offene See; *~-parleur m (radio)* Lautsprecher *m; ~e pression f (Meteorologie) tech* Hochdruck *m; ~e tension f (el)* Hochspannung *f; ~e trahison f* Hochverrat *m; la ~e volée* od *société* die bessere Gesellschaft *f.*

'**hautain, e** [otɛ̃] *a* stolz; hochmütig, eingebildet.

'**hautbois** [obwa] *m mus* Oboe *f;* Oboist *m* (*a.* '**hautboïste** *m*).

'**hautement** [otmɑ̃] *adv* **1.** hoch-; sehr, höchst, äußerst; **2.** gerade-, freiheraus. '**hauteur** *f* **1.** Höhe *f a. math astr;* **2.** Anhöhe *f;* **3.** *péj* Hochmut *m;* Anmaßung, Arroganz *f;* **4.** *tech* Bodenfreiheit *f;* **5.** ► *à la ~ de (mar)* auf der Höhe von; *être à la ~ de qc, de son temps* e-r S *(dat)* gewachsen, auf der Höhe der Zeit sein; *prendre de la ~ (aero)* (an) Höhe gewinnen; *tomber de sa ~* der Länge nach, lang hin=fallen; **6.** ► *saut m en ~* Hochsprung *m; ~ du baromètre, barométrique* Barometerstand *m; ~ de l'ouverture* lichte Höhe *f; ~ du soleil* Sonnenstand *m,* -höhe *f; ~ de vol* Flughöhe *f.*

'**Haute-Volta, la** [otvɔlta] *(hist) s. Burkina-Fasso.*

'**haut-le-cœur** [oləkœʀ] *m* Brechreiz *m.*

'**havane** [avan] **I.** *s m* Havanna(tabak) *m;* Havanna(zigarre) *f;* **II.** *a inv* hellbraun.

'**hâve** [ɑv] *a* bleich, blaß; abgezehrt, hager.

'**havre** [ɑvʀ] *m* **1.** (kleiner) Hafen *m;* **2.** *fig* Zufluchtsort *m.*

Hawaï [awai] *m* Hawaii *n.*

'**Haye, la** [ɛ] Den Haag *vx* der Haag.

'**hayon** [ɛjɔ̃] *m* Hecktür *f.*

'**hé** [(h)e] *interj* **1.** he(da)! hallo! nanu! nun! ach! **2.** *~!* nun ja! allerdings! ► *~ quoi!* nanu! was!

hebdomadaire [ɛbdɔmadɛʀ] **I.** *a* wöchentlich; Wochen-; **II.** *s m* Wochenblatt *n,* -zeitung *f.*

hébergement [ebɛʀʒəmɑ̃] *m* Beherbergung, Unterbringung *f.* **héberger** ⟨*Prés. j'héberge, ns hébergeons; Fut. j'hébergerai; pp. hébergé,* ⟩ *tr* beherbergen, auf=nehmen; Unterkunft bieten (*qn* jdm).

hébété, e [ebete] *a* (abge)stumpf(t); stumpfsinnig; benommen. **hébétude** *f* Stumpfsinn *m.*

hébraïque [ebʀaik] *a* hebräisch. **hébreu** [-bʀø] **I.** *a m* hebräisch; **II.** *s m* (das) Hebräisch(e); *H~ m* Hebräer *m;* ► *c'est de l'~* das ist unverständlich.

hécatombe [ekatɔ̃b] *f* Blutbad *n.*

hectare [ɛktaʀ] *m* Hektar *m.*

hectique [ɛktik] *a med* hektisch.

hect(to)- [ɛkto] *(in Zssgen)* hundert. **hecto(litre)** *m* Hektoliter *m* od *n.*

hégémonie [eʒemɔni] *f* Vorherrschaft *f.*

'**hein** [(h)ɛ̃] *interj fam* **1.** *(bei Nichtverstehen)* ja? was? wie bitte? **2.** *(Zustimmung suchend)* nicht wahr! nun? na? **3.** *(Überraschung)* ha(ha)! nanu?

'**hélas** [elas] *interj* ach! o weh! leider.

'**Hélène** [elɛn] *f* Helene *f;* ► *la Belle ~ (von Troja)* die Schöne Helena.

'**héler** [ele] ⟨*Prés. je hèle, ns hélons; Fut. je hélerai; pp. hélé,* ⟩ *tr* her(an=, -bei=) rufen.

hélice [elis] *f* **1.** *aero* Propeller *m; mar* Schraube *f;* **2.** *math* Schraubenlinie *f;* ► *escalier m en ~* Wendeltreppe *f; ~ transporteuse* Förderschnecke *f.* **hélibus** *m* Hubschrauber *m* für Passagiertransporte. **hélicoptère** [-kɔptɛʀ] *m aero* Hubschrauber *m.*

héliogravure [eljɔgʀavyʀ] *f* Lichtdruck *m.*

héliport [elipɔʀ] *m,* **héligare** *f* Landeplatz *m* für Hubschrauber. **héliporté, e** *a* mit Hubschraubern befördert; Hub-

schrauber-.
hélium [eljɔm] *m chem* Helium *n.*
hellébore [ɛlebɔʀ] *s. ellébore.*
Hellène *m* Hellene, Grieche *m.* **hellénique** *a hist* hellenisch, griechisch.
helvétique [ɛlvetik] *a* schweizerisch.
'**hem** [(h)ɛm] *interj* hm.
héma, hémato-, hémo- [ema(tɔ), emɔ] *(in Zssgen)* Blut-. **hématie** [-ti] *f anat* rote(s) Blutkörperchen *n.*
hématite [ematit] *f min* Roteisenstein *m.*
hématologie [ematɔlɔʒi] *f* Hämatologie *f.*
hémi- [emi] *(in Zssgen)* Halb-. **hémicycle** *m* Halbkreis *m a. arch.* **hémisphère** *m* **1.** (*bes.* Erd-)Halbkugel *f;* **2.** Hemisphäre; **3.** *anat* Gehirnhälfte *f.*
hémoglobine [emɔglɔbin] *f* Hämoglobin *n,* Blutfarbstoff *m.* **hémopathie** *f* Blutkrankheit *f.* **hémophile** *a* Bluter-; *s m* Bluter(in *f*) *m.* **hémophilie** *f* Bluterkrankheit *f.* **hémorragie** [-mɔʀaʒi] *f* **1.** Blutung, Hämorrhagie *f;* **2.** *fig* Aderlaß *m,* Einbuße *f;* ▶ ~ *cérébrale, pulmonaire* Gehirn-, Lungenblutung *f; nasale* Nasenbluten *n.* **hémorroïdes** [emɔʀɔid] *f pl med* Hämorrhoiden *f pl.*
'**hennir** [eniʀ] *tr (Pferd)* wiehern. **hennissement** *m* Wiehern, Gewieher *n.*
Henri [ɑ̃ʀi] *m* Heinrich *m.*
'**hep** [(h)ɛp] *interj* hallo! he!
hépatique [epatik] **I.** *a anat med* Leber-; **II.** *s m f* Leberkranke(r *m*) *f.*
hépatite *f* Leberentzündung *f.*
héraldique [eʀaldik] **I.** *a* heraldisch; Wappen-; **II.** *s f* Wappenkunde, Heraldik *f.*
'**héraut** [eʀo] *m* Herold *m.*
herbacé, e [ɛʀbase] *a* krautartig. **herbage** *m* Weide *f; pl* Weideland *n.* **herbager** *tr (Vieh)* weiden (lassen). **herbe** *f* **1.** Kraut *n;* **2.** Gras *n;* **3.** ▶ *en* ~ noch grün, unreif; *fig* (zu)künftig; *fam* angehend, in spe; **4.** ▶ *couper l'~ sous le pied de qn* jdm den Rang ab=laufen; *manger son blé, son bien en* ~ von Vorschüssen leben; **5.** ▶ *blé m en* ~ junge Saat *f; brin m d'~* Grashalm *m; fines ~s* Gewürzkräuter, feine Kräuter *n pl; mauvaise* ~ Unkraut *n; ~s aromatiques* Gewürzkräuter *n pl; ~s médicinales, officinales* Heilkräuter *n pl.* **herbeux, se** *a* grasbewachsen. **herbicide** [-bisid] **I.** *a* unkrautvertilgend; **II.** *s m* Unkrautvertilgungsmittel *n.* **herbier** *m* Herbarium *n.* **herbivore I.** *a zoo* pflanzenfressend; **II.** *s m pl* Pflanzenfresser *pl.* **herboriser** *itr* Pflanzen sammeln. **herboriste** *m* (Heil-)Kräuterhändler *m.* **herbu, e I.** *a* grasig, grasbewachsen; **II.** *s f agr* magere(r) Boden *m.*
hercule [ɛʀkyl] *m fig* Herkules, starke(r) Mann; (Schwer-)Athlet *m.* **herculéen, ne** *a* herkulisch.
'**hère** [ɛʀ] *m* **1.** *(pauvre ~)* Habenichts, arme(r) Schlucker *m;* **2.** *(Jagd)* Kitzbock *m.*
héréditaire [eʀeditɛʀ] *a jur biol* erblich; Erb-; ▶ *bien m* ~ Erbgut *n; maladie f* ~ Erbkrankheit *f; transmission f* ~ Vererbung *f.* **hérédité** *f* **1.** Vererbung *a. biol;* Erblichkeit *f a. biol;* **2.** *jur* Erbschaft *f.*
hérésie *f rel* Ketzerei, Irrlehre *f a. fig.*
hérétique I. *a* ketzerisch, häretisch; **II.** *s m f* Ketzer(in *f*), Häretiker *m.*
'**hérissé, e** [eʀise] *a* **1.** *(Haare)* gesträubt; **2.** *fig* bedeckt, gespickt (*de* mit); ▶ ~ *de difficultés* voller Schwierigkeiten. **hérisser I.** *tr* **1.** *(Haare, Federn)* auf=richten, sträuben; *(mit Stacheln)* versehen, aus=statten (*de* mit); **2.** *fig* zornig machen; **II.** *v prn se* ~ **1.** *(Haare)* sich sträuben, zu Berge stehen; **2.** *fig* sich sträuben, e-e ablehnende Haltung ein=nehmen. **hérisson** *m* **1.** *zoo* Igel *m a. tech agr;* **2.** *tech* Stachelwalze *f;* **3.** *(auf e-r Mauer)* Eisenspitzen *f pl;* **4.** *fig* bärbeißige(r) Mensch *m;* **5.** *mil* Igelstellung *f.*
héritage [eʀitaʒ] *m* Erbschaft *f;* Erbe, Erbteil *n a. fig;* Hinterlassenschaft *f,* Nachlaß *m.* **hériter** *itr tr* erben (*de qc* e-e S, *qc de qn* etw von jdm), beerben (*de qn* jdn). **héritier, ère** *m f* Erbe *m,* Erbin *f.*
hermaphrodisme [ɛʀmafʀɔdism] *m biol* Zwittertum *n,* -bildung *f,* Hermaphrodi(ti)smus *m.* **hermaphrodite I.** *s m* Zwitter *m;* **II.** *a* Zwitter-.
herméneutique [ɛʀmenøtik] **I.** *a rel* hermeneutisch; **II.** *s f* Hermeneutik *f.*
hermétique [ɛʀmetik] *a* **1.** hermetisch, luftdicht; **2.** *fig* unklar, unverständlich.
hermine [ɛʀmin] *f* Hermelin(pelz *m*) *n.*
'**herniaire** [ɛʀnjɛʀ] *a med* Bruch-; *bandage m* ~ Bruchband *n.* **hernie** [-ni] *f* (Eingeweide-)Bruch *m;* ▶ ~ *discale (med)* Bandscheibenvorfall *m;* ~ *inguinale* Leistenbruch *m.* **hernieux, se I.** *a* bruchleidend; Bruch-; **II.** *s m f* Bruchleidende(r *m*) *f.*
héroï-comique [eʀɔikɔmik] *a:* ▶ *poème m* ~ komische(s) Heldengedicht *n.*
héroïne [-ʀɔin] *f* **1.** Heldin *f a. theat;* **2.** *pharm* Heroin *n.* **héroïque** *a* heldenhaft, heroisch; *poème m* ~ Heldengedicht *n.* **héroïsme** *m* Heldenmut *m,* -haftigkeit *f,* -tum *n,* Heroismus *m.*
'**héron** [eʀɔ̃] *m orn* Reiher *m;* ▶ ~ *cendré* Fischreiher *m.*
'**héros** [eʀo] *m* Held *a. theat fig;* Heros, Halbgott *m;* Hauptperson *f.*
herpès [ɛʀpɛs] *m med* Bläschenausschlag *m;* Gürtelrose *f,* Zoster *m.*
'**herse** [ɛʀs] *f* **1.** *agr* Egge *f;* **2.** *(Burg)* Fallgatter *n;* **3.** *theat* Bühnenbeleuchtung im Schnürboden.
hésitant, e [ezitɑ̃, -ɑ̃t] *a* zögernd;

schwankend, unschlüssig; *(Rede)* stokkend. **hésitation** *f* Zaudern, Zögern, Schwanken *n;* Unschlüssigkeit *f.* **hésiter** *itr* zögern (*à* zu), zaudern; schwanken (*entre* zwischen *dat*), unschlüssig sein (*sur* über *acc*); Bedenken haben (*à* zu); *(in der Rede)* stocken.

'**Hesse, la** [ɛs] Hessen *n.*

hétéroclite [eteʀɔklit] *a* verschiedenartig; bunt zusammengewürfelt. **hétérodoxe** [-dɔks] *a* heterodox; ketzerisch. **hétérogène** *a* heterogen; *allg* ungleich-, verschiedenartig. **hétérogénéité** *f* Ungleichheit, Verschiedenartigkeit, Heterogenität *f.* **hétéromorphe** *a biol* verschiedengestaltig. **hétérosexualité** *f* Heterosexualität *f.* **hétérosexuel, le** *a* heterosexuell; *s m f* Heterosexuelle(r *m*) *f.*

'**hêtraie** [ɛtʀɛ] *f* Buchengehölz *n,* -wald *m.* **hêtre** *m bot* Buche *f.*

'**heu** [ø] *interj* oh! sieh da! schau an! hm! pah! bah! *~!* so lala.

heur [œʀ] *m:* ▶ *avoir l'~, ne pas avoir l'~ de plaire à qn* (nicht) das Glück haben, jdm zu gefallen.

heure [œʀ] *f* **1.** Stunde; Zeit(punkt *m*) *f;* Augenblick, Moment *m;* **2.** *(Zeitangabe)* Uhr *f;* **3.** ▶ *à l'~* zur rechten Zeit; stundenweise; *à l'~ actuelle* gegenwärtig; *à une ~ avancée* in vorgerückter Stunde; *à cette ~, à l'~ qu'il est* im Augenblick, im Moment; *à l'~ dite* zur festgesetzten Zeit; *à une ~ indue* zu unpassender *od* nachtschlafender Zeit; *à l'~ sonnante* auf den Glockenschlag; *à toute(s les) ~(s)* jederzeit; zu jeder Tages(- u. Nacht)zeit; *avant l'~* vor der Zeit, vorzeitig; *d'une ~ à l'autre, d'~ en ~* von Stunde zu Stunde; stündlich; jeden Augenblick; *de bonne ~* früh(zeitig); *des ~s entières, durant des ~s* stundenlang; *par ~* stündlich; stundenweise; *deux ~s de suite* zwei Stunden hinterea.; *sur l'~* sofort, auf der Stelle, im Augenblick, im Moment; *tout à l'~* gleich, in Bälde; gerade, eben; **4.** ▶ *avancer, retarder l'~* die Uhr vor=, nach=stellen; *avoir l'~* genaue Zeit haben; *n'avoir pas une ~ de repos* keine ruhige Minute haben; *n'avoir pas une ~ à soi* keinen Augenblick Zeit haben; *chercher midi à quatorze ~s* Schwierigkeiten machen, wo keine sind; *convenir d'une ~ avec qn* mit jdm e-e Zeit aus=machen *od* verabreden; *demander l'~ à qn* jdn fragen, wie spät es ist; *être à l'~* pünktlich sein; *(Uhr)* richtig gehen; *n'être pas à l'~ (Uhr)* falsch gehen; *(Person)* nicht pünktlich sein; *faire des ~s supplémentaires* Überstunden machen; *se lever de bonne ~* früh auf=stehen; *mettre à l'~ (Uhr)* stellen; *prendre l'~* die Uhrzeit vergleichen; **5.** ▶ *à la bonne ~!* recht so! das lasse ich mir gefallen! das läßt sich (schon) hören! *à tout à l'~!* bis gleich! *l'~ est avancée* es ist schon spät; *c'est, il est l'~ de* es ist Zeit zu; *il est deux ~s* es ist 2 Uhr; *quelle ~ est-il?* wie spät ist es? *il sonne l'~* es schlägt voll; *son ~ a sonné, est venue* sein letztes Stündlein ist gekommen, s-e Stunde hat geschlagen; *la bonne ~* der rechte, gegebene Augenblick *od* Moment; **6.** ▶ *demi-~ f* halbe Stunde *f; dernière ~* Todesstunde *f,* letzte(s) Stündlein *n; (Zeitung)* letzte Meldungen *f pl; la journée de huit ~s* der Achtstundentag; *quart m d'~* Viertelstunde *f;* **7.** ▶ *~s d'affluence* Hauptverkehrszeit, Verkehrsspitze *f; ~ d'arrivée, de départ* Ankunfts-, Abfahrtszeit *f; ~s de bureau* Bürozeit *f; ~s de caisse* Kassenstunden *f pl; ~ de chemin* Wegstunde *f; ~s de classe* Unterrichtszeit *f; ~ de clôture* Polizeistunde *f; ~s de connexion (inform)* Benutzungsdauer *f; ~ de consultation* Sprechstunde *f; ~ de se coucher* Schlafenszeit *f; ~ de diffusion* Sendezeit *f; ~ d'émission* Sendezeit *f; ~ d'envol* Abflugzeit *f; ~ d'été* Sommerzeit *f; ~ de l'Europe centrale* mitteleuropäische Zeit *f; ~ de fermeture* Ladenschlußzeit *f; ~ H (mil)* Zeit X; *~ d'hiver* Winterzeit *f; ~ limite de la rédaction* Redaktionsschluß *m; ~ locale* Ortszeit *f; ~s de loisir* Freizeit *f; ~s d'ouverture* Öffnungszeit *f;* Schalterstunden *f pl; ~s de pointe* (Verkehrs-)Spitzen *f pl; ~ de réception* Empfangszeit *f; ~ du repas* Essens-, Tischzeit *f; ~s de service* Dienst-, Amtsstunden *f pl; ~ supplémentaire* Überstunde *f; ~s de faible trafic* verkehrsschwache Zeit *f; ~-travail f, ~s de travail* Arbeitszeit *f; ~ de vol (aero)* Flugstunde, *pl* -zeit *f.*

heureusement [œʀøzmɑ̃] *adv* **1.** glücklicherweise; **2.** glücklich, gut; ▶ *tout s'est terminé ~* alles ist gut zu Ende gegangen. **heureux, se** [œʀø, -øz] **1.** glücklich; **2.** erfolgreich; günstig, vorteilhaft, vortrefflich, gelungen; **3.** *(Gedächtnis)* gut; *(Antwort, Gedanke, Ausdruck)* gut, treffend; **4.** ▶ *avoir la main heureuse* e-e glückliche Hand haben; *être né sous une heureuse étoile (fig)* unter e-m glücklichen Stern geboren sein; *pouvoir s'estimer ~ que* von Glück sagen können, daß; *rendre ~* glücklich machen; *j'en suis ~* das freut mich.

'**heurt** [œʀ] *m* (Zs.-)Stoß *m;* ▶ *sans ~* reibungslos. **heurté, e** *a (Farben)* sich beißend, stark kontrastierend; *(bes. Stil)* (zu) konstrastreich; *(Sprechweise)* abgehackt. **heurter I.** *tr* **1.** (heftig) stoßen (*qc* an, auf, gegen e-e S); auf=treffen (*qc* auf e-e S); **2.** *fig* verletzen, beeinträchtigen, zuwider=sein (*qc* e-r S); **II.** *itr* **1.**

stoßen (*contre* an, gegen *acc*); **2.** (an) klopfen (*à* an *acc*); **3.** *mot* auf≈fahren (*contre* auf *acc*); **III.** *v prn se* ~ **1.** sich stoßen (*à la tête* am Kopf), *a. fig (contre* an *acc*); **2.** aufea.≈prallen *a. fig;* kollidieren (*contre* mit); **3.** *fig* heftig anea.≈ geraten; **4.** *(Farben)* nicht zs.passen, stark ab≈stechen (*contre* von); ▶ ~ *qn de front (fig)* jdn vor den Kopf stoßen; ~ *à toutes les portes (fig)* überall an≈ klopfen. **heurtoir** *m* **1.** Türklopfer *m;* **2.** Prellstein *m;* **3.** *loc* Prellbock *m.*

hexaèdre [ɛgzaɛdʀ] *m* Hexaeder *n.* **hexagone** *s m* Sechseck *n.* **Hexagone, l'** *m* Frankreich *n.* **hexamètre** *m* Hexameter *m.*

'**hi** [i] *interj:* ▶ ~, ~, ~*!* haha! huhu!

hiatus [jatys] *m* **1.** *gram* Hiatus *m;* **2.** *fig* Unterbrechung, Lücke *f.*

hibernal, e [ibɛʀnal] *a* winterlich; Winter-; ▶ *sommeil m* ~ Winterschlaf *m.* **hibernation** *f* Winterschlaf *m.* **hiberner** *itr* Winterschlaf halten.

'**hibou** [ibu] *m orn* Eule *f.*

'**hic** [ik] *m fam* Haken *m;* ▶ *voilà le* ~ da liegt der Hase im Pfeffer! das ist der Haken!

'**hideur** [idœʀ] *f* Häßlich-, Scheußlichkeit *f.* **hideux, se** *a* scheußlich, häßlich, gräßlich, greulich, abscheulich.

hier [(i)jɛʀ] *adv* gestern; ▶ *d'*~ von gestern, noch neu, jung; ~ *(au) soir* gestern abend; ~ *matin* gestern früh, gestern morgen; *il me semble que c'était* ~ mir ist, als ob es gestern gewesen wäre.

'**hiérarchie** [jeʀaʀʃi] *f* **1.** *rel pol mil* Rangordnung, Hierarchie *f;* **2.** *fig* Ein-, Abstufung *f.* **hiérarchique** *a* hierarchisch, nach der Rangordnung; *(par la) voie f* ~ (auf dem) Dienst-, Instanzenweg. **hiérarchiser** *tr* rangmäßig ein≈ teilen *od* gliedern; *(Löhne)* staffeln.

hiératique [jeʀatik] *a* **1.** hieratisch; **2.** *fig* feierlich.

hiéroglyphe [jeʀɔglif] *m hist* Hieroglyphe.

'**hi-fi** [ifi] *a* Hi-Fi-; *s f* Hi-Fi-Technik *f.*

hilarant, e [ilaʀɑ̃, -ɑ̃t] *a* er-, aufheiternd. **hilare** *a* heiter, ausgelassen, lustig. **hilarité** *f* Heiterkeit, Fröhlichkeit *f.*

hindou, e [ɛ̃du] *a* indisch. **Hindou, e** *m f* Inder(in *f*) *m.* **hindouisme** *m rel* Hinduismus *m.*

hippie [ipi] *m f* Hippie *m,* Blumenkind *n.*

hippique [ipik] *a* Pferde-, Reit-; ▶ *concours m* ~ Reit- u. Fahrturnier *n.* **hippisme** *m* Reitsport *m.* **hippodrome** *m* (Pferde-)Rennbahn *f.* **hippomobile:** ▶ *à traction* ~ *(mil)* bespannt. **hippophagique** *a:* ▶ *boucherie f* ~ Pferdemetzgerei, Roßschlächterei *f.* **hippopotame** [ipɔpɔtam] *m* **1.** Fluß-, Nilpferd *n;* **2.** *fam fig* Bulle *m (Mensch).*

hirondelle [iʀɔ̃dɛl] *f* Schwalbe *f;* ▶ *nid m d'*~ Schwalbennest *n.*

hirsute [iʀsyt] *a* strubb(e)lig, struppig.

hispanique [ispanik] *a* spanisch; ▶ *la péninsule* ~ die Iberische Halbinsel *f.* **hispano-américain, e** *a* spanisch-amerikanisch.

'**hisser** [ise] **I.** *tr* **1.** hoch≈, empor≈ziehen, in die Höhe ziehen, (her)auf≈ziehen; hoch≈winden; **2.** *(Flagge)* hissen; *(Segel)* heißen; **II.** *v prn se* ~ sich hoch≈, empor≈ziehen.

histoire [istwaʀ] *f* **1.** Geschichte; Geschichtswissenschaft *f,* -werk *n;* **2.** Erzählung; Geschichte *f;* **3.** Sache, Angelegenheit *f;* **4.** ▶ *avoir des* ~*s avec qn* mit jdm etw haben; *être de l'*~ der Geschichte an≈gehören, historisch sein; *faire des* ~*s à qn* jdm Steine in den Weg legen *fig; c'est l'*~ *de ...* so geht es mit ...; *c'est une* ~*!* ~ *que tout cela! que d'*~*s!* das ist doch alles Schwindel! *c'est une autre* ~ das steht auf e-m andern Blatt, ist etw anderes; **5.** ▶ *leçon f d'*~ Geschichtsstunde *f; professeur m d'*~ Geschichtsprofessor, -lehrer *m; vilaine* ~ *(fam)* dumme Geschichte *f;* **6.** ▶ ~ *d'amour* Liebesgeschichte *f;* ~ *ancienne, du moyen âge, moderne, contemporaine* Alte, Mittlere, Neu(er)e, Neueste (*od* Zeit-)Geschichte *f;* ~ *de l'art* Kunstgeschichte *f;* ~ *de la civilisation* Kulturgeschichte *f;* ~ *à dormir debout* langweilige, unwahrscheinliche Geschichte *f;* ~ *économique* Wirtschaftsgeschichte *f;* ~ *naturelle* Naturgeschichte *f;* ~ *de rire, de s'amuser* nur so zum Spaß; ~ *sainte* Biblische Geschichte *f.* **histologie** *f anat* Gewebelehre *f.* **historien** *m* Historiker, Geschichtsforscher *od* -schreiber *m.* **historique I.** *a* geschichtlich, historisch; Geschichts-; **II.** *s m* geschichtliche Darstellung *f;* ▶ *(être) classé monument* ~ unter Denkmalsschutz (stehen); *c'est* ~ *(fam)* das ist amtlich.

'**hitlérien, ne** [itleʀjɛ̃, -ɛn] *a* Hitler-.

'**hit-parade** [itpaʀad] *m* Hitliste, Hitparade *f.*

hiver [ivɛʀ] *m* Winter *m;* ▶ *en* ~ im Winter; *sports m pl d'*~ Wintersport *m; station f d'*~ Winterkurort *m; vêtements m pl d'*~ Winterkleidung *f,* -sachen *f pl.* **hivernage** *m* **1.** Überwintern *n a. mar;* **2.** Regenzeit *f (in den Tropen);* **3.** *agr* Winterbestellung *f.* **hivernal, e** *a* winterlich; Winter-. **hivernant** *m* Winter(kur)gast *m.* **hiverner I.** *itr bes. mar* überwintern; **II.** *tr agr* im Herbst bestellen.

'**ho!** [(h)o] *interj* heda! hallo! oh!

'**hobereau** [ɔbʀo] *m* **1.** *orn* Baumfalke *m;* **2.** *hist* (Kraut-)Junker *m.*

'**hochement** [ɔʃmɑ̃] *m:* ▶ ~ *de tête* Kopfschütteln *n.* **hocher** *tr (den Kopf)* schütteln.

hochet [-ɛ] *m* Kinderklapper *f*.

'**hockey** [ɔkɛ] *m sport* Hockey *n;* ▶ *balle, crosse f de ~* Hockeyball, -schläger *m; ~ sur glace* Eishockey *n*.

'**holà** [(h)ɔla] **I.** *interj* heda! hallo! halt! **II.** *s m:* ▶ *mettre le ~* ein Ende machen (*à qc* e-r S).

'**holding** [ɔldiɲ, -diŋ] *m* Holding-, Dachgesellschaft *f*.

'**hold-up** [ɔldœp] *m* Raubüberfall *m* (*d'une banque* auf e-e Bank).

'**Hollande, la** Holland. '**hollande** *m* Holländer *(Käse) m*. **hollandais** *a* holländisch. **Hollandais, e** Holländer(in *f*) *m*.

holocauste [ɔlɔkost] *m* **1.** Brand-, Sühnopfer *n;* Selbst(auf)opferung *f;* **2.** *fig* Opfer *n*.

'**homard** [ɔmaʀ] *m zoo* Hummer *m;* ▶ *rouge comme un ~* krebsrot.

home [om] *m* Heim *n;* ▶ *~ d'enfants* Kinderheim *n*.

homélie [ɔmeli] *f* **1.** Homilie *f;* **2.** (langweilige) Moralpredigt *f*.

homéopathe [ɔmeɔpat] *m* Homöopath *m*. **homéopathie** *f* Homöopathie *f*. **homéopathique** *a* homöopathisch.

homérique [ɔmeʀik] *a:* ▶ *rire m ~* homerische(s), schallende(s) Gelächter *n*.

homicide [ɔmisid] *s* **I.** *m f* Mörder(in *f*); **II.** *m* Tötung *f;* **III.** *a* mörderisch; Mord-; ▶ *~ par imprudence, involontaire* fahrlässige Tötung *f; ~ volontaire* vorsätzliche Tötung *f*.

hominiens [ɔminjɛ] *m pl biol* Hominiden *m pl*.

hommage [ɔmaʒ] *m hist* Huldigung *f a. allg fig;* ▶ *avec mes ~s respectueux* Ihr sehr ergebener; *faire ~ de qc à qn* jdm etw widmen; *rendre ~ à qn* jdm huldigen; jdn ehren; *à qc* etw würdigen; *mes ~s!* ich empfehle mich! *(présentez) mes ~s à Mme X.!* Empfehlung an Ihre, empfehlen Sie mich Ihrer Frau Gemahlin! *~ de l'auteur* vom Verfasser überreicht.

hommasse [ɔmas] *a (Frau)* männlich aussehend, maskulin; ▶ *femme f ~* Mannweib *n*.

homme [ɔm] *m* **1.** Mensch *m;* **2.** Mann *m;* **3.** ▶ *connaître les ~s* die Menschen kennen, Menschenkenntnis haben; *être ~ à le faire* imstande sein, es fertigbringen, es zu tun; **4.** ▶ *les ~s sont ainsi faits* so sind die Menschen nun einmal; *vous êtes mon ~, voilà mon ~* Sie sind, das ist der Mann, den ich brauche; *c'est un ~ comme nous* er ist auch nur ein Mensch; **5.** ▶ *connaissance f des ~s* Menschenkenntnis *f; le fils de l'~* des Menschen Sohn *m (Christus); galant ~* Mann *m* von Ehre; Kavalier *m; vêtement m d'~* Herrenkleidung *f; le vieil ~ (rel)* der alte Adam; **6.** ▶ *~ d'action* Mann *m* der Tat; *~ d'affaires* Geschäftsmann *m; ~ d'un certain âge* ältere(r) Herr *m; ~ de confiance* Vertrauensmann *m; ~ d'esprit* Mann *m* von Geist; *~ d'État* Staatsmann, Politiker *m; ~ à femmes* Frauenheld, Schürzenjäger *m; ~ de finance* Finanzmann *m; ~-grenouille m* Froschmann *m; ~ de guerre* Krieger *m; ~ d'honneur* Ehrenmann *m; ~ du jour* Held *m* des Tages; *~ de lettres* Literat, Schriftsteller *m; ~ de liaison* Verbindungsmann *m; ~ lige (hist)* Lehnsmann *m; ~ de loi* Jurist *m; ~ de métier* Fachmann, Fach-, gelernte(r) Arbeiter *m; ~ du monde* Weltmann, Mann *m* von Welt; *~ de paille (fig)* Strohmann; Sitzredakteur *m; ~ de peine* Hilfs-, ungelernte(r) Arbeiter; Dienstmann *m; ~ du peuple* Mann *m* aus dem Volk; *~ de la rue* Mann *m* auf der Straße; *~-sandwich m* Plakatträger *m*.

homo- [ɔmɔ] *(in Zssgen)* Gleich-. **homogène** *a* homogen, gleich(artig). **homogénéiser** *tr* homogenisieren. **homogénéité** *f* Homogenität, Gleichartigkeit *f*. **homographe** *m ling* Homograph, -gramm *n*.

homologation [ɔmɔlɔgasjɔ̃] *f* **1.** gerichtliche *od* amtliche Genehmigung *od* Bestätigung *f;* **2.** *sport* offizielle Anerkennung *f*. **homologue I.** *a biol* entsprechend; *math chem* homolog; **II.** *s m* Kollege *m*. **homologuer** *tr* gerichtlich *od* amtlich bestätigen, genehmigen; *sport (Rekord)* an=erkennen.

homonyme [-nim] **I.** *a* gleichlautend; **II.** *s m* Namensvetter *m; gram* Homonym *n*. **homophone** [-fɔn] *m ling* Homophon *n*. **homophonie** *f* Homophonie *f*. **homosexualité** *f* Homosexualität *f*. **homosexuel, le** *a* homosexuell.

'**hongre** [ɔ̃gʀ] *m* Wallach *m*.

'**Hongrie, la** [ɔgʀi] Ungarn *n*. '**hongrois, e** *a* ungarisch. **Hongrois, e** *m f* Ungar(in *f*) *m*.

honnête [ɔnɛt] *a* **1.** ehrlich, redlich; brav, bieder; anständig; **2.** ausreichend, genügend; angemessen; annehmbar. **honnêteté** *f* Ehrlich-, Redlichkeit; Anständigkeit; Ehrenhaftigkeit; Schicklichkeit; Angemessenheit *f*.

honneur [ɔnœʀ] *m* **1.** Ehre *f;* **2.** *pl* Ehrungen *f pl;* **3.** ▶ *en l'~ de qn* zu jds Ehren; *en l'~ de quel saint?* zu welchem Zweck? in welcher Absicht? *pour l'~* um der Ehre willen; *sans ~* ehrlos; **4.** ▶ *avoir l'~ de faire qc* die Ehre haben, sich die Ehre geben, etw zu tun; *faire ~ à qn* jdm Ehre machen; *faire à qn l'~ de* jdm die Ehre erweisen zu; *faire ~ à une lettre de change* e-n Wechsel ein=lösen *od* honorieren; *faire ~ à un repas* sich ein Essen gut schmecken lassen; *mettre son ~ à* alle Ehre ein=legen, um zu; *rendre les ~s* die militärischen Ehren erweisen; **5.** ▶ *croix f d'~* Kreuz *n* der Ehrenlegion; *festin m d'~* Festessen *n; garçon m, demoiselle f d'~* Brautführer *m*, -jungfer *f; hôte m d'~* Ehrengast *m; la Légion d'~* die (französische) Ehrenlegion; *membre m d'~* Ehrenmitglied *n; parole f d'~* Ehrenwort *n; place f d'~* Ehrenplatz *m; tour m d'~ (sport)* Ehrenrunde *f; les ~s funèbres* die letzte Ehre.

'**honnir** [ɔniʀ] *tr:* ▶ *honni soit qui mal y pense* ein Schelm, wer Arges dabei denkt!

honorabilité [ɔnɔʀabilite] *f* Ehrenhaftigkeit; Ehrbarkeit *f.* **honorable** *a* **1.** ehrenhaft, achtbar; anständig, redlich; ehrenvoll, rühmlich; **2.** angemessen, ausreichend; ▶ *faire amende ~ (fam)* Abbitte tun. **honoraire I.** *a* Ehren-; Titular-; **II.** *s m, meist pl* Honorar *n*, (Arzt-, Anwalts-)Gebühren *f pl;* ▶ *barême m d'~s* Gebührenordnung *f; membre m ~* Ehrenmitglied *n; ~s médicaux* Arzthonorar *n.* **honorer I.** *tr* **1.** ehren, in Ehren halten, schätzen, achten; Ehre machen (*qn* jdm); **2.** *(Wechsel, Arzt* od *Anwalt)* honorieren; **3.** *(Wechsel)* ein=lösen; **II.** *v prn s'~ de qc* auf etw stolz sein. **honorifique** *a* ehrenamtlich.

'**honte** [ɔ̃t] *f* **1.** Schande, Schmach *f;* **2.** Scham(gefühl *n*) *f;* **3.** ▶ *avoir ~ de qc* sich *acc* e-r S *gen* schämen; *se couvrir de ~* sich blamieren; *faire ~ à qn* jdm Schande machen *od* bereiten; jdn beschämen; **4.** ▶ *j'avoue à ma ~* ich muß zu meiner Schande gestehen; *tu n'as pas ~!* pfui! schäm dich! *c'est une ~, c'est grand-~* es ist e-e Schande. '**honteux, se** *a* **1.** schändlich, schimpflich; **2.** verschämt.

hôpital [ɔpital] *m* Krankenhaus, Hospital; *(~ militaire)* Lazarett *n;* ▶ *~ pour enfants* Kinderklinik *f.*

'**hoquet** [ɔkɛ] *m* Schluckauf *m;* ▶ *avoir le ~.* '**hoqueter** ‹*Prés. je hoquette, ns hoquetons; Fut. je hoquetterai; pp. hoquetté, e*› *itr* den Schluckauf haben.

horaire [ɔʀɛʀ] **1.** *a* Stunden-; Zeit-; *tech* stündlich; pro Stunde; **2.** *s m* Stunden-, Fahr-, Flug-, Sendeplan *m;* ▶ *conforme à l'~* fahrplanmäßig; *non prévu dans l'~* außerfahrplanmäßig; *signal m ~* Zeitzeichen *n; vitesse f ~* Stundengeschwindigkeit *f; ~ libre, flottante* gleitende Arbeitszeit *f.*

'**horde** [ɔʀd] *f* Horde, Bande *f.*

'**horion** [ɔʀjɔ̃] *m* heftige(r) Schlag *m.*

horizon [ɔʀizɔ̃] *m* **1.** Horizont *m a. fig;* **2.** *fig* Gesichtskreis *m;* Aussichten, Perspektiven *f pl;* ▶ *faire un tour d'~* sich e-n Überblick verschaffen; *ouvrir des ~s* neue Aussichten eröffnen. **horizontal, e I.** *a* waagerecht, horizontal; **II.** *s f math* Waagerechte *f;* ▶ *(fam) prendre la position ~e* sich hinlegen; *plan m ~* Grundriß *m.* **horizontalité** *f* waagrechte Lage *f.*

horloge [ɔʀlɔʒ] *f* (Turm-, öffentliche) Uhr *f;* ▶ *heure f d'~* geschlagene, volle Stunde *f; réglé comme une ~* aufgezogen wie e-e Uhr; *sens m (inverse) d'~* (umgekehrter) Uhrzeigersinn *m; ~ de contrôle, contrôleuse* Stech-, Kontrolluhr *f; ~ de gare* Bahnhofsuhr *f; ~ parlante (tele radio)* Zeitansage, -angabe *f; ~ pointeuse* Steckuhr *f; ~ à quartz* Quarzuhr *f.* **horloger, ère I.** *a* Uhrmacher-; Uhren-; **II.** *s m* Uhrmacher *m;* ▶ *industrie f ~ère* Uhrenindustrie *f.* **horlogerie** *f* Uhrmacherei *f;* Uhrenhandel *m*, -geschäft *n.*

'**hormis** [ɔʀmi] *prp:* ▶ *~ de* außer *dat*, ausgenommen *acc*, abgesehen von *dat; ~ que (conj)* außer, abgesehen davon, mit dem Unterschied, daß.

hormone [ɔʀmɔn] *f biol* Hormon *n.*

horodateur [ɔʀɔdatœʀ] *m* Datum (u. Stunden)stempel *m.* **horokilométrique** *a:* ▶ *compteur m ~* Tachometer *m.*

horoscope *m* Horoskop *n;* ▶ *tirer l'~ de qn* jdm das Horoskop stellen.

horreur [ɔʀœʀ] *f* **1.** Schrecken *m*, Entsetzen *n;* Schauder *m*, Grausen *n;* **2.** Entsetzlichkeit, Gräßlichkeit, Scheußlichkeit *f;* Grauen *n*, Schauerlichkeit *f;* **3.** Abscheu (*de* vor *dat*), Widerwille *m* (*de* gegen); **4.** ▶ *avoir ~ de qn, qc, avoir qn, qc en ~* jdn, etw verabscheuen, schrecklich finden; *faire ~* Schrecken, Abscheu, Widerwillen erregen; **5.** ▶ *c'est une ~* es ist schrecklich, entsetzlich; *cela me fait ~* davor graut mir; *je suis saisi, je frémis d'~* mich schaudert (*de* vor *dat*); *quelle ~!* wie schrecklich! wie entsetzlich! *nuit f d'~* Schreckensnacht *f.* **horrible** *a* **1.** schrecklich, entsetzlich, furchtbar, fürchterlich; **2.** grauenhaft, gräßlich, abscheulich, schauderhaft, garstig. **horrifiant, e** *a* grauenhaft, -erregend. **horrifié, e** *a* entsetzt (*de, par* über *acc*).

horripilant, e [ɔʀipilɑ̃] *a fam* haarsträubend, schauerlich; aufregend. **horripilation** *f fam* Aufgebrachtheit, Rage *f.* **horripiler** *tr* nervös machen; auf die Palme bringen.

'**hors** [ɔʀ] *prp* **1.** außer(halb *gen*) *dat;* ausgenommen, mit Ausnahme *gen;* ▶ *~ de* aus ... heraus, über *acc* ... hinweg; außerhalb *gen a. fig; fig* außer; **2.** ▶ *être ~ concours* außer Konkurrenz teilnehmen; *cela est ~ de cause* davon kann nicht die Rede sein; *~ d'ici!* hinaus! raus! *~ d'atteinte* außer Reichweite; *~-bord m* Außenbordmotor *m; ~ bourse* außerbörslich; *~ circuit (el)* abgeschaltet; *~ de combat* kampfunfähig; *~ commerce, ~ vente* nicht im Handel (befindlich); unverkäuflich; *~ cours, de* *circulation* außer Kurs; ~ *de danger* außer Gefahr; ~ *de doute* außer Zweifel, zweifelsfrei, -ohne; ~ *d'haleine* außer Atem; ~ *jeu (sport)* aus; *(Fußball)* abseits; ~*-jeu m (sport)* Abseitsstellung *f;* ~ *ligne* außer-, ungewöhnlich, hervorragend; ~ *la loi* vogelfrei; ~ *du mariage* außerehelich; ~*-d'œuvre s m* Vorspeise *f; fig* Beiwerk *n,* Nebensache *f;* ~ *(de) pair* unvergleichlich; ~ *de portée* unerreichbar; ~ *de prix* unerschwinglich; ~ *de propos* nicht zur Sache gehörig; unpassend, unangebracht; ~*-série a: numéro m* ~ *(Zeitung, Zeitschrift)* Sondernummer *f; fig* hervorragend, außergewöhnlich; ~ *du service* außer Dienst; ~ *de soi* außer sich, *fam* ganz aus dem Häuschen.

hortensia [ɔʀtɑ̃sja] *m bot* Hortensie *f.*

horticole [ɔʀtikɔl] *a* Gartenbau-. **horticulteur** *m* (Handels-)Gärtner *m.* **horticulture** *f* Gartenbau *m;* ► *exposition f d'*~ Gartenbauausstellung, Gartenschau *f.*

hosanna [ɔzana] *m rel* Hosianna *n.*

hospice [ɔspis] *m* Alters-, Pflegeheim *n;* ► ~ *d'aliénés* Irrenhaus *n,* -anstalt *f.*

hospitalier, ère [ɔspitalje, -ɛʀ] *a* **1.** Krankenhaus-; **2.** gastfreundlich, -frei, gastlich; ► *établissement m* ~ Kranken-, Pflegeanstalt *f.* **hospitalisation** *f* Aufnahme *f* in ein Krankenhaus; Krankenhausaufenthalt *m,* -behandlung *f;* ► ~ *à domicile* medizinische Betreuung *f* in der Wohnung des Kranken; *frais m pl d'*~ Krankenhauskosten *pl.* **hospitaliser** *tr* in ein Krankenhaus ein=liefern, -weisen.

hospitalité [ɔspitalite] *f* Gastfreundschaft, Gastlichkeit *f;* ► *donner l'*~ *à qn* jdn gastlich auf=nehmen.

hostellerie [ɔstɛlʀi] *f* Hotel Restaurant *n* (mit guter Küche).

hostie [ɔsti] *f rel* Oblate, Hostie *f.*

hostile [ɔstil] *a* feindlich, -selig. **hostilité** *f* **1.** Feindseligkeit, -schaft *f;* **2.** *pl* Feindseligkeiten, Kampfhandlungen *f pl.*

hosto [ɔsto] *m arg* Krankenhaus *n.*

hôte, esse [ot, otɛs] *m f* **1.** Gastgeber(in *f*), Wirt(in *f*) *m;* **2.** Gast *m;* ► *être l'*~ *de qn* bei jdm zu Gast sein; *table f d'*~ Stammtisch *m. hôtesse de l'air, de bord (aero)* Stewardeß *f;* ~ *d'honneur* Ehrengast *m.* **hôtel** [ɔtɛl] *m* **1.** Hotel *n;* Gasthof *m,* -haus *n;* (~ *garni)* Pension *f,* Fremdenheim *n;* **2.** herrschaftliche(s) Stadthaus *n;* **3.** öffentliche(s) Gebäude *n;* ► *maître m d'*~ Oberkellner *n;* ~*-château* als Hotel eingerichtetes Schloß *n;* ~*-Dieu m* städtische(s) Krankenhaus *n;* ~ *des Monnaies* Münz(stätt)e *f;* ~ *particulier* herrschaftliche(s) Privathaus *n;* ~ *de premier ordre* erstklassige(s) Hotel *n;* ~ *des Ventes* Auktionsgebäude *n; H*~ *de ville* Rat-, Stadthaus *n.* **hôtelier, ère** [-tə-] **I.** *s m f* Hotelbesitzer(in *f*), Hotelier, Gastwirt(in *f*) *m;* **II.** *a* Hotel-; ► *industrie f* ~*elière* Gaststätten- u. Beherbergungsgewerbe *n;* ~ *de plein air* Campingplatzbesitzer *m.* **hôtellerie** [-tɛlʀi] *f* **1.** Gasthaus *n,* -hof *m;* **2.** Hotel-, Gaststättengewerbe *n.*

'**hotte** [ɔt] *f* Rückentragkorb *m,* Kiepe, Bütte *f;* (~ *de cheminée)* Rauchfang *m;* ► ~ *du père Noël* Sack *m* des Weihnachtsmanns.

'**hou** [(h)u] *interj* hu! pfui!

'**houblon** [ublɔ̃] *m* Hopfen *m;* ► *perche f à* ~ Hopfenstange *f.* '**houblonnier, ère 1.** *a* Hopfen-; **2.** *s m* Hopfenbauer *m; f* Hopfengarten *m.*

'**houe** [u] *f (*~ *à bras)* Hacke *f.*

'**houille** [uj] *f* (Stein-)Kohle *f;* ► ~ *blanche* weiße Kohle, Wasserkraft *f.* **houiller, ère I.** *a* (Stein-)Kohlen-; **II.** *s f* (Stein-)Kohlenbergwerk *n,* Zeche *f.*

'**houle** [ul] *f* **1.** Dünung *f;* **2.** *fig* Wogen, Hin u. Her *n;* ► ~ *humaine* wogende Menschenmenge *f.*

'**houlette** [ulɛt] *f* **1.** Hirtenstab *m;* **2.** Bischofs-, Krummstab *m.*

'**houleux, se** [ulø, -øz] **1.** *(See)* hohl; **2.** *fig* unruhig, erregt.

'**houp** [(h)up] *interj* heda! hopp!

'**houpe** [up] *f* **1.** (Haar-)Büschel *n,* Tolle *f;* **2.** Quaste *f.* **houpette** *f* Puderquaste *f.*

'**hourra** [(h)uʀa] *interj* hurra!

'**hourvari** [uʀvaʀi] *interj* hierher! such! *(Jagdruf).*

'**houspiller** [uspije] *tr* ausschimpfen; ► *se faire* ~ ausgeschimpft werden.

'**housse** [us] *f* (Pferde-)Decke *f;* (Möbel-)Überzug, Schoner; *mot* Schonbezug *m; allg* Schutzhülle *f;* ► ~ *de couette* Deckenüberzug *m.*

'**houx** [u] *m bot* Stechpalme *f.*

'**hublot** [yblo] *m mar* Bullauge *n a. aero.*

'**hue** [(h)y] *interj* hü! hott! ► *à* ~ *et à dia* kreuz u. quer; *l'un tire à* ~, *et l'autre à dia* der eine will hü u. der andere hott.

'**huée** [ye] *f meist pl* Buhrufe *m pl,* Hohngeschrei, -gelächter *n.* '**huer** [ye] **I.** *tr* buhrufen, aus=pfeifen; **II.** *itr (Eule)* schreien.

'**huguenot, e** [ygno, -nɔt] **I.** *a rel* hugenottisch; **II.** *s m f* Hugenotte *m,* Hugenottin *f.*

'**Hugues** [yg] *m* Hugo *m.*

huilage [ɥilaʒ] *m* Ölen *n,* Schmierung *f.* **huile** *f* **1.** Öl *n;* **2.** Ölgemälde *n;* **3.** *pop* hohe(s) Tier *n;* **4.** ► *faire tache d'*~ *(fig)* sich aus=breiten, an Boden gewinnen, um sich greifen; *jeter, verser de l'*~ *sur le feu (fig)* Öl ins Feuer gießen; *peindre à l'*~ in Öl malen; **5.** ► *consommation f d'*~ Ölverbrauch *m; graissage m à l'*~ *sous pression* Öldruckschmierung *f; peinture f à l'~* Ölgemälde *n;* Ölmalerei *f;* Ölanstrich *m; réservoir m à ~* Öltank *m; tache f d'~* Ölfleck *m; vidange f d'~ (mot)* Ölwechsel *m;* **6.** ▶ *~ alimentaire, comestible* Speiseöl *n; ~ d'arachide* Erdnußöl *n; ~ de baleine, de poisson* (Fisch-)Tran *m; ~ brute* Rohöl *n; ~ à chauffer* Heizöl *n; ~ (pour moteurs) Diesel* Dieselöl *n; ~ essentielle, volatile* Essenz *f,* ätherische(s) Öl *n; ~ de foie de morue* Lebertran *m; ~ de graissage, lubrifiante* Schmieröl *n; ~ légère, lourde* Leicht-, Schweröl *n; ~ de lin* Leinöl *n; ~ minérale* Mineral-, Erdöl *n; ~ pour moteurs* Motoren-, Treiböl *n; ~ d'olive* Olivenöl *n; ~ solaire* Sonnenöl *n; ~ de table* Tafelöl *n; ~ végétale* Pflanzenöl *n.* **huiler** *tr* (ein=)ölen; (ab=)schmieren. **huileux, se** *a* ölig; ölhaltig; ölgetränkt; *(Haut, Haar)* fettig. **huilier** *m* **1.** Ölmüller, -händler *m;* **2.** Menage *f.*

huis [ɥi] *m:* ▶ *à ~ clos* unter Ausschluß der Öffentlichkeit; in geheimer Sitzung; *allg* im geheimen; *demander le ~ clos (jur)* den Antrag auf Ausschluß der Öffentlichkeit stellen. **huissier** *m* Amts-, Gerichtsdiener *(a. ~ audiencier);* Gerichtsvollzieher *m.*

'**huit** [ɥi(t)] **I.** *a* acht; **II.** *s m* Acht(er *m*) *f;* (der) Achte; (der) achte; Achter *m (Boot);* ▶ *en ~* in acht Tagen; *d'aujourd'hui, de lundi en ~* heute, Montag in acht Tagen; *d'ici, dans les ~ jours* binnen acht Tagen; *tous les ~ jours* alle acht Tage; *il y a ~ jours* vor acht Tagen; *journée f de ~ heures* Achtstundentag *m.* '**huitain** *m* Achtzeiler *m.* '**huitaine** *f* ungefähr, etwa acht Tage *m pl;* ▶ *une ~ de* ungefähr, etwa acht; *dans une ~* in ungefähr, etwa acht Tagen. '**huitante** *a (Schweiz, Belgien)* achtzig. '**huitième I.** *a* achte(r, s); **II.** *s m* Achtel *n; f* 8. Klasse *f.* '**huitièmement** *adv* achtens.

huître [ɥitʀ] *f* **1.** Auster *f;* **2.** *fig fam* Dummkopf *m;* ▶ *banc m d'~s, parc m à ~s* Austernbank *f,* -park *m; écaille f d'~s* Austernschale *f; ~ perlière* Perlmuschel *f.* **huîtrier, ère I.** *a* Austern-; **II.** *s m orn* Austernfischer *m; f* Austernbank *f od* -park *m.*

'**hulotte** [ylɔt] *f orn* Waldkauz *m.*

'**hum** [(h)œm] *interj* hm!

humain, e [ymɛ̃, -ɛn] **I.** *a* **1.** menschlich; Menschen-; **2.** human, mensch(enfreund-)lich; mitfühlend; **II.** *s m* Menschliche(s), Humane *n;* ▶ *le genre ~* das Menschengeschlecht; *les sciences f pl ~es* die Humanwissenschaften. **humainement** *adv* menschenwürdig; ▶ *traiter ~ qn* jdn menschlich behandeln; *~ parlant* nach menschlichem Ermessen; *~ possible* menschenmöglich. **humanisation** *f* Vermenschlichung; Humanisierung *f.* **humaniser I.** *tr* **1.** menschlicher gestalten, humanisieren; **2.** menschliche Züge verleihen; **II.** *v prn s'~* menschlich(er) werden; humaner werden. **humanisme** *m* Humanismus *m.* **humaniste I.** *s m* Humanist *m;* **II.** *a* humanistisch. **humanitaire** *a* menschenfreundlich; humanitär. **humanité** *f* **1.** menschliche Natur *f;* **2.** Menschheit *f;* **3.** Menschlichkeit, Menschenfreundlichkeit, -liebe *f;* ▶ *faire ses ~s* ein humanistisches Gymnasium besuchen.

humble [œ̃bl] **I.** *a* **1.** demütig; unterwürfig; **2.** einfach, schlicht; bescheiden, niedrig; **II.** *s m pl* einfache Menschen *m pl,* kleine Leute *pl;* ▶ *d'origine ~, d'~ origine* aus kleinen, einfachen, bescheidenen Verhältnissen (stammend).

humecter [ymɛkte] **I.** *tr* an=, befeuchten, (be)sprengen; **II.** *v prn* ▶ *s'~ le gosier (pop)* einen hinter die Binde kippen, einen heben.

'**humer** [yme] *tr* **1.** ein=saugen, tief ein=atmen; **2.** schnuppern, riechen (*qc* an etw).

huméral, e [ymeʀal] *a anat* Oberarm-.

humérus [-ys] *m* Oberarmknochen *m.*

humeur [ymœʀ] *f* **1.** Stimmung *f;* **2.** (*bes.* schlechte) Laune *f;* **3.** Wesen, Gemüt *n;* **4.** ▶ *avec ~* verstimmt, unwirsch; *d'~ changeante* launisch; *par ~* aus Laune; **5.** ▶ *avoir de l'~* schlechte Laune haben; *être d'~ à* geneigt, gewillt sein zu; *être de bonne, mauvaise ~* gute, schlechte Laune haben; **6.** ▶ *je ne suis pas d'~ à rire* mir ist (gar) nicht zum Lachen, lächerlich zumute; *~ de chien, de dogue (fam)* Stinkwut *f.*

humide [ymid] *a* feucht; naß; ▶ *d'une chaleur ~* feuchtwarm; *il fait un froid ~* es ist naßkalt. **humidifier** *tr* an=, befeuchten. **humidité** *f* Feuchtigkeit; Nässe *f;* ▶ *à préserver de l'~* trocken auf=bewahren! *craint l'~!* vor Nässe schützen! *~ atmosphérique, du sol* Luft-, Bodenfeuchtigkeit *f.*

humiliant, e [ymiljɑ̃, ɑ̃t] *a* demütigend, erniedrigend. **humiliation** *f* Demütigung, Erniedrigung *f.* **humilier I.** *tr* demütigen; **II.** *v prn s'~* sich demütigen, sich erniedrigen (*devant* vor).

humilité [ymilite] *f* Demut *f;* ▶ *en toute ~* in aller Bescheidenheit.

humoriste [ymɔʀist] **I.** *a* humoristisch; **II.** *s m* Humorist *m.* **humoristique** *a* humoristisch. **humour** *m* Humor *m;* ▶ *~ noir* Galgenhumor *m.*

humus [ymys] *m* Humus(erde *f,* -boden) *m.*

'**hune** [yn] *f mar* Mars, Mastkorb *m.*

hunier *m mar* Marssegel *n.*

'**Huns, les** [œ̃] *m pl hist* die Hunnen *m pl.*

'**huppe** [yp] *f* **1.** *orn* Haube *f,* Schopf *m;* **2.** *orn* Wiedehopf *m.* **huppé, e** *a* **1.** *orn*

mit e-r Haube; **2.** *fig fam* reich, vornehm, fein.
'hure [yʀ] *f* Schweinskopf *m*, -sülze *f*.
'hurlement [yʀləmɑ̃] *m* **1.** *meist pl* Brüllen, Gebrüll; Geschrei *n*; **2.** *(Wölfe, Sirene)* Heulen *n*. **'hurler I.** *itr* **1.** heulen, brüllen, schreien (*de douleur* vor Schmerz); *(Hund)* heulen, jaulen; **2.** *(Farben)* sich beißen; **II.** *tr (Beleidigungen)* hinausbrüllen; ► ~ *avec les loups* mit den Wölfen heulen; ~ *à la lune* den Mond an=bellen. **hurleur** *s m zoo* Brüllaffe *m*.
hurluberlu [yʀlybɛʀly] *s m fam* Spinner *m*.
'hussard [ysaʀ] *m* Husar *m*. **'hussarde** *f*: ► *à la* ~ draufgängerisch, brutal.
'hutte [yt] *f* Hütte *f*.
hybridation [ibʀidasjɔ̃] *f biol* Bastardierung, Kreuzung *f*. **hybride I.** *a biol* hybrid; **II.** *s m* Bastard *m*.
hydr- [idʀ] *(in Zssgen)* Wasser-. **hydrate** [idʀat] *m chem* Hydrat *n*; ► ~ *de carbone* Kohlehydrat *n*. **hydraulique I.** *a phys tech* hydraulisch; **II.** *s f* Hydraulik *f*; ► *centrale f* ~ Wasserkraftwerk *n*; *énergie f* ~ Wasserkraft *f*.
hydravion *m* Wasserflugzeug *n*.
hydre [idʀ] *f zoo fig* Hydra *f*.
hydrocarbure [idʀokaʀbyʀ] *m* Kohlenwasserstoff *m*. **hydrocéphalie** *f* Wasserkopf *m*. **hydrodynamique** *f* Hydrodynamik *f*. **hydroélectrique** *a*: ► *centrale f* ~ Wasserkraftwerk *n*. **hydrofuge** *a* wasserabstoßend. **hydrogène** *m* Wasserstoff *m*. **hydrogéné, e** *a* wasserstoffhaltig. **hydroglisseur** *m* Gleitboot *n*. **hydrographie** *f* Gewässer(kunde *f*) *n pl*. **hydrologie** *f* Hydrologie *f*. **hydromel** [-mɛl] *m* Met *m*. **hydrophile** *a* wasseraufsaugend, -ziehend; *(coton m* ~*)* Verbandwatte *f*. **hydrophobe** [-fɔb] *a* wasserscheu. **hydropisie** *f* Wassersucht *f*. **hydroplanage** Aquaplaning *n*. **hydrosoluble** *a* wasserlöslich. **hydrostatique I.** *a* hydrostatisch; **II.** *s f* Hydrostatik *f*. **hydrothérapie** *f* Wasserheilkunde *f*. **hydrothérapique:** ► *traitement m* ~ (Kalt-)Wasserbehandlung *f*. **hydroxyde** *m chem* Hydroxyd *n*.
hyène [jɛn] *f zoo* Hyäne *f a. fig*.
hygiène [iʒjɛn] *f* Hygiene, Gesundheitspflege *f*; ► ~ *corporelle, de la peau, de la bouche* Körper-, Haut-, Mund- *od* Zahnpflege *f*; ~ *infantile* Kinderpflege *f*; ~ *du travail* Arbeitshygiene *f*. **hygiénique** *a* hygienisch, sanitär; Gesundheits-; ► *papier m* ~ Klosettpapier *n*; *serviette f* ~ Damen-, Monatsbinde *f*; *soins m pl* ~*s* Gesundheitspflege *f*.
hygromètre [igʀɔmɛtʀ] *m* Hygrometer *n*. **hygrométrique** *a*: ► *état m* ~ *de l'air* Feuchtigkeitsgehalt *m* der Luft.
hygroscope *m* Hygroskop *n*. **hygroscopique** *a* hygroskopisch.
hymen [imɛn] *m anat* Jungfernhäutchen *n*.
hymne [imn] *m* **1.** Hymne *f*; **2.** *f rel* Hymnus, (Lob-)Gesang *m*; ► ~ *national* Nationalhymne *f*.
hyper- [ipɛʀ] *(in Zssgen)* Über-. **hyperbole** *f* **1.** *math* Hyperbel *f*; **2.** *fig* Übertreibung *f*. **hyperbolique** *a* **1.** *math* Hyperbel-; **2.** übertrieben; übertreibend. **hyperboloïde 1.** *a* hyperbelartig; **2.** *s m math* Hyperboloid *n*. **hypermétrope** *a* weitsichtig. **hypernerveux, se** *a* hypernervös. **hypersensible** *a* überempfindlich. **hypertension** *f (~ artérielle) med* erhöhte(r) Blutdruck *m*. **hypertrophie** *f* **1.** *med* Hypertrophie *f*; **2.** *fig* Übersteigerung *f*; übermäßige(s) Wachstum *n*. **hypertrophier I.** *tr* **1.** übermäßiges *od* krankhaftes Wachstum bewirken; **2.** *fig (künstlich)* aufblähen; übermäßig entwickeln; **II.** *v prn s'*~ **1.** übermäßig wachsen; wuchern; **2.** übermäßig anwachsen.
hypnose [ipnoz] *f* Hypnose *f*. **hypnotique** [-nɔ-] *a* hypnotisch. **hypnotisé, e** *fig* gebannt. **hypnotiser I.** *tr* **1.** hypnotisieren; **2.** *fig* in s-n Bann schlagen, fesseln; **II.** *v prn s'*~ *(fig)* besessen sein (*sur qc* von e-r S). **hypnotiseur** *m* Hypnotiseur *m*.
hypo- [ipɔ] *(in Zssgen)* Unter-. **hypocondriaque** [-dʀijak] **I.** *a* hypochondrisch, schwermütig; **II.** *s m* Hypochonder *m*. **hypocondrie** *f* Hypochondrie, Schwermut *f*.
hypocrisie [ipɔkʀizi] *f* Heuchelei; Scheinheiligkeit *f*. **hypocrite I.** *a* heuchlerisch; scheinheilig; **II.** *s m f* Heuchler(in *f*) *m*; Scheinheilige(r *m*) *f*.
hypodermique [ipɔdɛʀmik] *a med (Einspritzung)* subkutan. **hypophyse** [-fiz] *f anat* Hirnanhang *m*. **hypotension** *f med* zu niedriger Blutdruck *m*. **hypoténuse** [-tenys] *f math* Hypotenuse *f*.
hypothécaire [ipɔtekɛʀ] *a* hypothekarisch; Hypotheken-; ► *banque f* ~ Hypothekenbank *f*; *créance, dette f* ~ Hypothekenforderung, -schuld *f*; *créancier, débiteur m* ~ Hypothekengläubiger, -schuldner *m*. **hypothèque** *f* Hypothek *f*; ► *sur* ~ gegen hypothekarische Sicherheit; *constituer, prendre, amortir, purger une* ~ e-e Hypothek bestellen, auf=nehmen, ab=tragen, löschen. **hypothéquer** ‹*Prés. j'hypothèque, ns hypothéquons; Fut. j'hypothéquerai; pp. hypothéqué, e*› *tr* **1.** mit e-r Hypothek belasten; hypothekarisch sichern; **2.** *fig* (vorweg) belasten.
hypothèse [ipɔtɛz] *f* Annahme, Hypothese *f*. **hypothétique** *a* **1.** hypothetisch, angenommen; **2.** zweifelhaft, ungewiß, unsicher.

hypotonie [ipɔtɔni] *f med* Hypotonie *f.* **hypotrophie** *f med* Unterentwicklung, Hypotrophie *f.*
hypsomètre [ipsɔmɛtʀ] *m* Hypsometer *m.* **hypsométrie** *f* Höhenmessung *f.*
hystérie [isteʀi] *f med* Hysterie *f.* **hystérique I.** *a* hysterisch; **II.** *s m f* Hysteriker(in *f*) *m.*

I

i, I [i] *m* i, I *n; mettre les points sur les i* sich klar u. deutlich aus=drücken; *i grec* Ypsilon *n.*
ïambe [jɑ̃b] *m* Jambus *m.* **ïambique** *a* jambisch.
ibérique [iberik] *a geog* iberisch. **ibidem** [-ɛm] *adv* ebenda. **ibis** [-is] *m orn* Ibis *m.*
iceberg [isbɛrg, ajs-] *m* Eisberg *m.*
ichtyo- [iktjɔ] *(in Zssgen)* Fisch-.
ici [isi] *adv* **1.** hier(her); ▶ *d'~* von hier; von hier, jetzt an; von hier, hiesig; *d'~ (à) demain* bis morgen (früh), noch lange; *d'~ un an* übers Jahr, in Jahresfrist; *d'~ trois jours* (heute) in drei Tagen; *d'~ là (räuml. u. zeitl.)* bis dahin; **2.** *(zeitl.)* inzwischen, unterdessen, einstweilen; ▶ *d'~ peu* in, binnen kurzem; *jusqu'~* bis hier(her); bis jetzt; *par ~* hierher, -durch; hierherum, hier vorbei; **3.** ▶ *à partir d'~* von hier aus; von jetzt an; *~-bas* hienieden; **4.** ▶ *j'en ai jusqu'~ (fam)* ich habe es satt.
icône [ikon] *f rel (Kunst)* Ikone *f.*
idéal, e [ideal] (*pl -als* od -aux) **I.** *a* ideal, vollkommen; Ideal-; **II.** *s m* Ideal; Wunschbild *n.* **idéalisation** *f* Idealisierung *f.* **idéaliser** *tr* idealisieren. **idéalisme** *m* Idealismus *m;* **idéaliste I.** *a* idealistisch; **II.** *s m* Idealist *m.*
idée [ide] *f* **1.** Idee; Vorstellung *f;* **2.** Begriff; Gedanke; Sinn *m,* Bedeutung *f;* **3.** Meinung, Ansicht *f;* **4.** ▶ *une ~ (fam)* e-e Idee, ein bißchen, ein (ganz) klein wenig; **5.** ▶ *à mon ~* meiner Auffassung nach. **6.** ▶ *avoir ses ~s sur qc* s-e eigenen Ansichten über e-e S haben; *avoir une haute ~ de qn, qc* e-e hohe Meinung von jdm, etw haben; *n'avoir pas la moindre ~ de qc* keine, nicht die leiseste Ahnung, keinen blassen Schimmer von etw haben; *changer d'~* s-e Meinung, Ansicht ändern; *donner une ~ de qc* e-e Vorstellung von etw geben; *se faire une ~ de qc* sich von etw e-e Vorstellung machen; *se faire des ~s (fam)* sich Illusionen machen; **7.** ▶ *on ne m'ôtera pas de l'~ que (fam)* ich bleibe bei der Meinung, daß; *aucune ~!* keine Ahnung! *il y a de l'~ (fam)* es steckt was dahinter; *on n'a pas ~ de cela* es spottet jeder Beschreibung, es ist unerhört; *on ne peut lui enlever cette ~* er läßt sich nicht davon abbringen; *c'est une ~!* das wäre was! *quelle ~!* wo denken Sie hin! *cela ne me sort pas de l'~* das geht mir nicht aus dem Sinn *il me vient à l'~* es fällt mir (gerade) so ein; **8.** ▶ *association f des* od *d'~s* Ideenassoziation, Gedankenverbindung *f; cours, fil m, suite f des ~s* Gedankengang *m,* -folge *f; échange m des, (d)~s* Gedankenaustausch *m;* **9.** ▶ *~ creuse* Hirngespinst *n; ~ directrice, générale* Leitgedanke *m, pl* Richtlinien *f pl; ~ fixe* fixe Idee, Zwangsvorstellung *f; ~s noires* trübe Gedanken *m pl; ~ préconçue* vorgefaßte Meinung *f.*
idem [idɛm] *adv fam* **1.** der-, dasselbe; **2.** *fam* auch.
identifiable [idɑ̃tifjabl] *a* identifizierbar. **identification** *f* Identifizierung *f.* **identifier I.** *tr* identifizieren, erkennen; fest=stellen; **II.** *v prn s'~* sich identifizieren (*avec, à qn, qc* mit jdm etw); sich hinein=versetzen (*avec* in *acc*). **identique** *a* identisch; völlig gleich; gleichbedeutend. **identité** *f* **1.** *(Person)* Identität *f;* **2.** völlige Übereinstimmung, Gleichheit *f;* **3.** ▶ *établir, vérifier l'~ de qn* jds Identität fest=stellen; **4.** ▶ *carte f d'~* Personalausweis *m,* Kennkarte *f; pièce f d'~* Ausweis *m.*
idéologie *f* Ideologie *f.* **idéologique** *a* ideologisch. **idéologue** *m* **1.** Ideologe *m;* **2.** *péj* wirklichkeitsfremde(r) Theoretiker *m.*
idiomatique [idjɔmatik] *a* idiomatisch. **idiome** [-djom] *m* Idiom *n.* **idiosyncrasie** [idjosɛ̃krazi] *f* Idiosynkrasie, *(krankhafte)* Überempfindlichkeit *f.*
idiot, e [idjo, -ɔt] **I.** *a* **1.** blöd(sinnig), verrückt, idiotisch; **2.** *med* schwachsinnig; **II.** *s m f* **1.** Idiot(in *f*) *m,* Verrückte(r *m*); **2.** *med* Schwachsinnige(r *m*) *f.* **idiotie** [-si] *f* **1.** Blödsinn *m,* Verrücktheit, Idiotie *f;* **2.** *med* Schwachsinn *m.* **idiotisme** *m* (Sprach-)Eigentümlichkeit *f.*
idolâtre [idɔlatr] **I.** *a* **1.** Götzendienst treibend; **2.** *allg* abgöttisch verehrend (*de qn* jdn); leidenschaftlich verliebt (*de* in *acc*); **II.** *s m* **1.** Götzendiener *m;* **2.** leidenschaftliche(r) Verehrer *m* (*de* gen). **idolâtrer** *tr* abgöttisch verehren; vergöttern, leidenschaftlich lieben. **idolâtrie** *f* **1.** Götzendienst *m;* **2.** abgöttische Verehrung; leidenschaftliche Liebe *f* (*de* zu). **idole** *f* **1.** Götze(nbild *n*) *m;* **2.** *fig* Abgott *m,* Idol *n.*
idylle [idil] *f* **1.** *(Literatur)* Idylle *f;* **2.** romantische Liebe *f.* **idyllique** *a* idyllisch.
if [if] *m bot* Eibe *f,* Taxus *m.*

ignare [iɲaʀ] *a* unwissend, ungebildet.
igné, e [igne] *a geol* vulkanisch. **ignifuger** *tr* feuerfest machen.
ignoble [iɲɔbl] *a* **1.** gemein, schändlich; **2.** widerlich, ekelhaft. **ignominie** *f* **1.** Schande, Schmach *f,* Schimpf *m;* **2.** Schändlichkeit, Schandtat *f.* **ignominieux, se** *a* schimpflich, schändlich, schmachvoll.
ignorance [iɲɔʀɑ̃s] *f* **1.** Unwissenheit *f;* **2.** Unkenntnis, Bildungslücke *f.* **ignorant, e I.** *a* unwissend, ungebildet; **II.** *s m* Ignorant *m.* **ignoré, e** *a* unbekannt. **ignorer** *tr* **1.** nicht wissen, nicht kennen (wollen); **2.** ignorieren, nicht beachten; ▶ *ne pas ~* sehr wohl wissen; *nul n'est censé ~ la loi* Unkenntnis (des Gesetzes) schützt vor Strafe nicht.
il; *pl* **ils** [il] *prn* er; *pl* sie.
île [il] *f* Insel *f.*
illégal, e [ilegal] *a* **1.** illegal, ungesetzlich, rechtswidrig; **2.** unrechtmäßig. **illéalité** *f* **1.** Ungesetzlichkeit, Rechtswidrigkeit; Unrechtmäßigkeit *f;* **2.** ungesetzliche Handlung *f.*
illégitime [ileʒitim] *a* **1.** illegitim, unehelich; **2.** ungerechtfertigt.
illettré, e [ilɛtʀe] **I.** *a* ungebildet; des Lesens u. Schreibens unkundig; **II.** *s m* Analphabet *m.*
illicite [ilisit] *a* unerlaubt; unstatthaft.
illico [iliko] *adv fam* sofort, unverzüglich; auf dem schnellsten Wege.
illimité, e [ilimite] *a* unbeschränkt, unbegrenzt.
illisible [ilizibl] *a* **1.** unleserlich; **2.** *fig* unlesbar.
illogique [ilɔʒik] *a* unlogisch.
illumination [ilyminasjɔ̃] *f* **1.** Beleuchtung; Festbeleuchtung, Illumination *f;* Anstrahlen *n (von Bauwerken);* **2.** *fig* Erleuchtung *f.* **illuminé, e I.** *a* **1.** be-, erleuchtet; **2.** *(Gebäude)* angestrahlt; **II.** *s m rel* Erleuchtete(r); Schwärmer *m.* **illuminer I.** *tr* **1.** be-, erleuchten; festlich beleuchten, an=strahlen; **2.** *(Gesicht)* erhellen; **3.** *rel* erleuchten; **II.** *v prn s'~* erstrahlen, -glänzen, auf=leuchten.
illusion [ilyzjɔ̃] *f* **1.** (Sinnes-)Täuschung; *(Kunst) theat allg* Illusion *f;* **2.** Einbildung *f,* Wahn(vorstellung *f*) *m;* **3.** ▶ *entretenir des ~s* sich Illusionen hin=geben; *se faire des ~s* sich *(dat)* falsche Vorstellungen machen (*sur* über *acc*); **4.** ▶ *~ d'optique* optische Täuschung *f; ~ sensorielle* Sinnestäuschung *f.* **illusionner** [-sjɔ-] *v prn s'~* sich Illusionen machen (*sur* über). **illusionniste** *m* Zauberkünstler *m.* **illusoire** *a* trügerisch.
illustrateur [ilystʀatœʀ] *m* Illustrator *m.* **illustratif, ive** *a* bezeichnend, charakteristisch. **illustration** *f* **1.** Illustration *f,* Bild *n,* Abbildung *f;* **2.** Bebilderung *f;* **3.** *fig* Erläuterung; Veranschaulichung *f.* **illustre** *a* (welt-)bekannt; berühmt. **illustré, e I.** *a* illustriert, bebildert; **II.** *s m (journal m ~)* Illustrierte *f.* **illustrer I.** *tr* **1.** illustrieren, bebildern; **2.** *fig* veranschaulichen, erläutern; **II.** *v prn s'~* sich aus=zeichnen (*par qc* durch etw).
îlot [ilo] *m* **1.** kleine Insel *f;* **2.** Häuserblock *m;* ▶ *~ insalubre* Elendsviertel *n; ~ de verdure* (kleine) Grünanlage *f.* **îlotage** *m* Aufteilung *f* in Häuserblocks.
image [imaʒ] *f* **1.** (Ab-, Eben-, Spiegel-) Bild *n a. fig;* **2.** Bildnis; Bildwerk *n;* Abbildung, bildliche Darstellung *f;* **3.** Schilderung, Beschreibung *f;* **4.** *fig* Vorstellung *f;* Sinnbild, Gleichnis *n;* **5.** Image [imidʒ] *n;* **6.** ▶ *livre m d'~s* Bilderbuch *n; sage comme une ~ (Kind)* sehr brav, artig; *~ assistée par ordinateur, IAO* Computerbild *n; ~ à décalquer* Abziehbild *n, ~ publicitaire* Werbe-, Reklamebild *n.* **imagé, e** *a (Stil)* bilderreich. **imagerie** *f* ▶ *~ populaire* volkstümliche Bildkunst *f; ~ de synthèse* Computerbilder *n pl; ~ numérique (inform)* digitale Darstellung *f; ~ sonore* Klangbild *n*
imaginable [imaʒinabl] *a* denkbar. **imaginaire** *a* **1.** (nur) vorgestellt, eingebildet; erdacht, erdichtet; unwirklich; Schein-; **2.** *math* imaginär. **imaginatif, ive** *a* phantasievoll, -begabt; einfallsreich; ▶ *faculté, puissance f ~inative* Einbildungskraft *f.* **imagination** *f* **1.** Einbildung(skraft), Phantasie *f;* **2.** Erfindungsgabe *f,* Einfallsreichtum *m;* ▶ *en ~* in der Phantasie, in Gedanken; ▶ *cela dépasse l'~* das ist unvorstellbar; *il manque d'~* er ist phantasielos. **imaginer I.** *tr* **1.** sich *(dat)* vor=stellen, sich *dat* denken; **2.** sich ausdenken; kommen, verfallen (*qc* auf e-e S); **II.** *v prn s'~* sich vor=stellen; sich ein=bilden (*être* zu sein); ▶ *ne pouvoir s'~* sich nicht vorstellen, denken können; unvorstellbar sein; *qu'est-ce qu'il s'imagine!* was bildet er sich ein!
imbattable [ɛ̃batabl] *a* **1.** unschlagbar, unbesiegbar; **2.** *(Preis)* nicht zu unterbieten(d).
imbécile [ɛ̃besil] **I.** *a* **1.** blöd(e), einfältig, dumm; **2.** *med* schwachsinnig; **II.** *s m f* **1.** Schwachkopf, Einfaltspinsel *m;* **2.** *med* Schwachsinnige(r) *m.* **imbécillité** *f* **1.** Blödheit; Idiotie *f;* **2.** Schwachsinn *m.*
imberbe *a* [ɛ̃bɛʀb] bartlos.
imbiber [ɛ̃bibe] **I.** *tr* (durch)tränken (*de* mit); **II.** *v prn s'~ de qc* sich mit etw voll=saugen; *pop* sich vollaufen lassen.
imbrication [ɛ̃bʀikasjɔ̃] *f* **1.** dachziegelartige Anordnung *f;* **2.** *fig* Verschachtelung *f.* **imbriquer, s'** *v prn* **1.** sich überschneiden (*dans qc* mit etw); **2.** *fig*

sich verschachteln.

imbroglio [ɛ̃bʀɔgljo, ɛ̃bʀoglijo] *m* Durcheinander *n*, Wirrwarr *m*.

imbu, e [ɛ̃by] *a* durchdrungen (*de* von).

imbuvable [ɛ̃byvabl(ə)] *a* **1.** ungenießbar; **2.** *fig fam* unausstehlich, unmöglich.

imitable [imitabl] *a* nachahmenswert.

imitateur, trice *m f* Nachahmer(in *f*), Imitator *m*. **imitation** *f* **1.** Nachahmung *f*; **2.** *rel* Nachfolge *f*; **3.** ▶ *c'est de l'~* das ist e-e Imitation; *~ cuir, daim* Kunstleder *n*; Wildlederimitation *f*. **imiter** *tr* **1.** nach=ahmen, -machen, imitieren; **2.** zum Vorbild nehmen, sich richten (*qn* nach jdm); **3.** genauso aussehen wie.

immaculé, e [im(m)akyle] *a* **1.** makellos, fleckenlos; **2.** *fig* unbefleckt, rein; ▶ *~e Conception f (rel)* Unbefleckte Empfängnis *f*.

immanence [im(m)anɑ̃s] *f (Philosophie)* Immanenz *f*. **immanent, e** *a* immanent, innewohnend, (mit) enthalten.

immangeable [ɛ̃mɑ̃ʒabl] *a* ungenießbar.

immanquable [ɛ̃mɑ̃kabl] *a* unausbleiblich, sicher.

immatérialité [im(m)ateʀjalite] *f* Unkörperlichkeit, Unstofflichkeit *f*. **immatériel, le** *a* immateriell, unkörperlich, geistig.

immatriculation [im(m)atʀikylasjɔ̃] *f* Immatrikulation, Einschreibung, Registrierung *f*; ▶ *certificat m d'~* Aufnahmebescheinigung, Immatrikulationsurkunde *f*; *numéro m d'~ (mot)* polizeiliche(s), amtliche(s) Kennzeichen *n*; **immatriculer** *tr* immatrikulieren, ein=schreiben; registrieren; ein=tragen.

immédiat, e [im(m)edja, -at] **I.** *a* unmittelbar; direkt; sofortig; ▶ *aide f ~e* Soforthilfe *f*; **II.** *s m*: ▶ *dans l'~* im Augenblick. **immédiatement** *adv* unmittelbar; gleich, sofort, unverzüglich.

immémorial, e [im(m)emɔʀjal] *a* uralt; ▶ *de temps ~* seit undenklichen Zeiten.

immense [im(m)ɑ̃s] *a* unermeßlich; maß-, grenzenlos, unendlich. **immensité** *f* Unendlichkeit; ungeheure, gewaltige Größe *od* Weite *f*.

immerger [im(m)eʀʒe] ⟨*Prés. j'immerge, ns immergeons; Fut. j'immergerai; pp. immergé, e*⟩ *tr* **1.** ein=tauchen (*dans qc* in e-e S); **2.** *(im Meer)* versenken.

immersion [-sjɔ̃] *f* Ein-, Untertauchen *n*; *tech* Absenken *n*.

immérité, e [im(m)eʀite] *a* unverdient.

immeuble [im(m)œbl] **I.** *a jur* unbeweglich; **II.** *s m* **1.** unbewegliche(s) Gut; Grundstück; Gebäude, (Miets-)Haus *n*; **2.** *pl* Immobilien *pl*, Liegenschaften *f pl*.

immigrant, e [im(m)igʀɑ̃, -ɑ̃t] *m f* Einwanderer *m*, Einwand(e)rerin *f*. **immigration** *f* Einwanderung *f*. **immigré, e** **I.** *a* eingewandert; **II.** *s m f* Eingewanderte(r *m*) *f*. **immigrer** *tr* ein=wandern.

imminence *f* unmittelbare(s) Drohen *od* Bevorstehen *n*. **imminent, e** *a* unmittelbar drohend *od* bevorstehend; in Kürze zu erwarten(d).

immiscer s' [im(m)ise] ⟨*Prés. je m'immisce, ns ns immisçons; Fut. je m'immiscerai; pp. immiscé, e*⟩ *v prn* sich ein=mischen (*dans* in *acc*). **immixtion** [-sjɔ̃] *f* Einmischung *f*; Eingreifen *n* (*de qn dans qc* jds in e-e S).

immobile [im(m)ɔbil] *a* **1.** unbeweglich; **2.** unveränderlich. **immobilier, ère** *a* **1.** *jur* unbeweglich; **2.** ▶ *agent, courtier m ~* Grundstücksmakler *m*; *biens m pl ~s* Immobilien *pl*; *société f ~ière* Baugesellschaft, -genossenschaft *f*. **immobilisation** *f* **1.** *jur* Immobilisierung *f*; **2.** *com* feste Anlage *f*; *pl* Anlagevermögen *n*, Investitionen *f pl*; **3.** Stillegung, Außerbetriebsetzung *f*; **4.** *med (Glied)* Ruhigstellung *f*. **immobiliser** **I.** *tr* **1.** unbeweglich machen *a. mil*; **2.** *jur* immobilisieren; **3.** *fig* lähmen; **4.** *(Kapital)* fest=legen; **5.** *(Fahrzeug)* still=legen; **II.** *v prn s'~* (unbeweglich) stehen=bleiben; sich nicht mehr rühren; *mot* halten. **immobilité** *f* Unbeweglichkeit, Regungslosigkeit, Starrheit *f*.

immodéré, e [im(m)ɔdeʀe] *a* un-, übermäßig. **immodérément** *adv* maßlos.

immodeste [im(m)ɔdɛst] *a* unanständig, schamlos. **immodestie** *f* Schamlosigkeit *f*.

immolation [im(m)ɔlasjɔ̃] *f rel* Opferung *f*. **immoler** **I.** *tr rel* opfern; **II.** *v prn s'~* sich (auf=)opfern (*à, pour* für *acc*).

immonde [im(m)ɔ̃d] *a* **1.** schmutzig, dreckig; **2.** *rel* unrein; **3.** *fig* gemein, widerlich, ekelhaft. **immondices** [imɔ̃dis] *f pl* Schmutz, Kehricht, Müll *m*.

immoral, e [im(m)ɔʀal] *a* unmoralisch, unsittlich, sittenlos. **immoraliste** *m* Immoralist *m*. **immoralité** *f* Sittenlosigkeit; Sittenwidrigkeit *f*.

immortaliser [im(m)ɔʀtalize] **I.** *tr* unsterblich machen; **II.** *v prn s'~ (fig)* sich verewigen. **immortalité** *f* Unsterblichkeit *f*. **immortel, le** **I.** *a* **1.** unsterblich; **2.** *fig* unauslöschlich, unvergänglich; **II.** *s m f* Unsterbliche(r *m*) *f*; Mitglied der Französischen Akademie; *f bot* Immortelle, Strohblume *f*.

immotivé, e [im(m)ɔtive] *a* unmotiviert.

immuable [im(m)ɥabl] *a* unveränderlich, unwandelbar, stets gleich(bleibend).

immuniser [im(m)ynize] *tr med* immun (*contre* gegen), unempfänglich machen (*contre* für). **immunitaire** *a* **immunité** *f pol med* Immunität *f*; ▶ *~ diplomatique, parlementaire* diplomatische, parlamentarische Immunität *f*; *~ fiscale* Abgaben-, Steuerfreiheit *f*. **immuno-**

-déficience *f* Immundefizienz, Immunschwäche *f.*
impact [ɛ̃pakt] *m* **1.** *(Geschoß)* Auf-, Einschlag; Treffer *m;* **2.** *fig* Wirkung *f, fam* Einschlagen *n;* Einfluß *m* (*sur qc* auf etw *acc*); ► *avoir de l'~* sehr wirkungsvoll sein.
impair, e [ɛ̃pɛʀ] **I.** *a* **1.** *(Zahl)* ungerade; **2.** *anat* unpaarig; **II.** *s m fam* Ungeschicklichkeit, Dummheit *f,* Schnitzer *m.*
impalpable [ɛ̃palpabl] *a* nicht greifbar; *fam* verschwindend klein.
impardonnable [ɛ̃paʀdɔnabl] *a* unverzeihlich.
imparfait, e [impaʀfɛ, -ɛt] **I.** *a* unvollendet; unvollständig; unvollkommen; **II.** *s m gram* Imperfekt *n;* erste Vergangenheit *f.*
impartial, e [ɛ̃paʀsjal] *a* unparteiisch. **impartialité** *f* Unparteilichkeit *f.*
impartir [ɛ̃paʀtiʀ] *tr* **1.** *jur (Frist)* gewähren, bewilligen; **2.** *lit (Gaben)* zuteilen.
impasse [ɛ̃pa(ɑ)s] *f* **1.** Sackgasse *f a. fig;* **2.** ► *arriver, entrer dans une ~* in e-e Sackgasse geraten. **3.** ► *j'étais dans une ~ (fig)* es gab für mich keinen Ausweg (mehr).
impassibilité [ɛ̃pasibilite] *f* Unempfindlichkeit; Unerschütterlichkeit, Unbeirrbarkeit *f.* **impassible** *a* **1.** unempfindlich, gefühllos; **2.** gleichmütig; unerschütterlich; **3.** unbeirrbar.
impatience [ɛ̃pasjɑ̃s] *f* Ungeduld *f;* ► *avec ~* ungeduldig *adv.* **impatient, e** *a* ungeduldig (*de faire qc* etw zu tun). **impatienter I.** *tr* ungeduldig machen; aus der Fassung, zur Verzweiflung bringen; **II.** *v prn s'~* die Geduld verlieren; aus der Fassung, in Verzweiflung geraten.
impavide [ɛ̃pavid] *a (ironisch)* unerschrocken; unerschütterlich.
impayable [ɛ̃pɛjabl] *a fig fam* köstlich, großartig, gottvoll. **impayé, e I.** *a* unbezahlt; *(Wechsel)* nicht eingelöst; **II.** *s m* nicht bezahlte Rechnung *f;* nicht eingelöste(r) Wechsel *m.*
impeccable [ɛ̃pɛkabl] *a* **1.** *rel* sünd(en)los; **2.** fehler-, einwandfrei, tadellos.
impénétrable [ɛ̃penetʀabl] *a* **1.** undurchdringlich; unzugänglich *a. fig;* **2.** *fig* unerforschlich, undurchsichtig, undurchschaubar. **impénitent, e** *a* **1.** unbußfertig; **2.** *fam* unverbesserlich.
impensable [ɛ̃pɑ̃sabl] *a* undenkbar.
impératif, ive [ɛ̃peʀatif, -iv] **I.** *a* **1.** zwingend, verbindlich; **2.** befehlend; **3.** *(Bedarf)* vordringlich; **II.** *s m gram* Imperativ *m.*
impératrice [ɛ̃peʀatʀis] *f* Kaiserin *f.*
imperceptible [ɛ̃pɛʀsɛptibl] *a* **1.** nicht wahrnehmbar; **2.** unmerklich; verschwindend klein.
imperfection [ɛ̃pɛʀfɛksjɔ̃] *f* **1.** Unvollkommenheit *f;* **2.** Mangel, Fehler *m.*
impérial, e [ɛ̃peʀjal] **I.** *a* kaiserlich; majestätisch; **II.** *s f* **1.** *(Autobus)* obere Etage *f;* **2.** kleine(r) Spitzbart *m.* **impérialisme** *m* Imperialismus *m.* **impérialiste I.** *a* imperialistisch; **II.** *s m* Imperialist *m.*
impérieux, se [ɛ̃peʀjø, øz] *a* **1.** herrisch, gebieterisch; **2.** dringend, zwingend.
impérissable [ɛ̃peʀisabl] *a* unvergänglich.
imperméabiliser [ɛ̃pɛʀmeabilize] *tr* wasserdicht machen, imprägnieren. **imperméabilité** *f* (Wasser-)Undurchlässigkeit *f.* **imperméable I.** *a* **1.** wasserdicht; *geol* undurchlässig (*à* gegen); **2.** *fig* unempfindlich (*à* für); **II.** *s m* Regen-, Gummimantel *m.*
impersonnel, le [ɛ̃pɛʀsɔnɛl] *a* unpersönlich *a. gram.*
impertinence [ɛ̃pɛʀtinɑ̃s] *f* Unverschämtheit, Frechheit *f.* **impertinent, e I.** *a* unverschämt, impertinent, frech; **II.** *s m f* Flegel *m,* freche(s) Ding *n.*
imperturbable [ɛpɛʀtyʀbabl] *a* unerschütterlich; kühl, beherrscht.
impétigo [ɛ̃petigo] *m med* Eitergrind *m.*
impétueux, se [ɛ̃petɥø, ɛ̃peøz] *a* **1.** *(Wind)* heftig, stark; **2.** *fig* ungestüm, heftig. **impétuosité** [-tɥo-] *f* Heftigkeit *f,* Ungestüm *n.*
impie [ɛ̃pi] **I.** *a* gott-, ruchlos; **II.** *s m* Gottlose(r *m*) *f.* **impiété** [-pje-] *f* Gott-, Ruchlosigkeit *f.*
impitoyable [ɛ̃pitwajabl] *a* erbarmungs-, mitleidlos; unbarmherzig; unerbittlich.
implacable [ɛ̃plakabl] *a* **1.** unversöhnlich; **2.** *fig* unerbittlich, erbarmungslos.
implantation [ɛ̃plɑ̃tasjɔ̃] *f* **1.** Ansiedlung; Standortwahl *f;* **2.** *(Betriebsanlage)* Planung, Anordnung *f;* **3.** *fig* Verwurzelung, Festsetzung *f,* Fußfassen *n;* **4.** *med* Implantation *f.* **implanter I.** *tr* **1.** *(Betrieb)* ansiedeln; **2.** *(Mode)* einführen; **3.** *(Haus)* errichten; **4.** *med* implantieren; **II.** *v prn s'~* **5.** sich ansiedeln; seßhaft werden; **6.** *(Vorurteile)* sich festsetzen; **7.** *(Bräuche)* sich einbürgern; **8.** *(Partei)* Fuß fassen; **9.** *(Waren)* heimisch werden (*sur un marché* auf e-m Markt).
implication [ɛ̃plikasjɔ̃] *f* **1.** Auswirkung *f,* Zurfolgehaben *n;* **2.** Verwick(e)lung *f (in e-e Straftat).*
implicite [ɛ̃plisit] *a* (mit)einbegriffen; implizit.
impliqué, e [ɛplike] *a* verwickelt (*dans qc* in e-e S), in Zs.hang stehend (*dans* mit). **impliquer** *tr* **1.** (mit) verwickeln (*dans qc* in e-e S); **2.** (mit) ein=begreifen, -enthalten, ein=schließen, implizieren.
implorant, e [ɛ̃plɔʀɑ̃, -ɑ̃t] *a* flehend. **imploration** *f* Flehen *n.* **implorer** *tr* **1.**

flehentlich bitten **2.** an=flehen.
imploser [ɛ̃ploze] *itr* implodieren. **implosion** *f* Implosion *f*.
impoli, e [ɛ̃pɔli] *a* unhöflich. **impolitesse** *f* Unhöflichkeit *f*.
impondérabilité [ɛ̃pɔ̃deʀabilite] *f phys* Unwägbarkeit *f*. **impondérable I.** *a* unwägbar *a. fig;* **II.** *s m pl fig* Imponderabilien *pl*.
impopulaire [ɛ̃pɔpylɛʀ] *a* unbeliebt; unpopulär. **impopularité** *f* Unbeliebtheit *f*.
importance [ɛ̃pɔʀtɑ̃s] *f* **1.** Wichtigkeit, Bedeutung *f;* **2.** *(Summe)* Höhe *f; (Schaden)* Umfang *m;* **3.** ► *d'~* von Bedeutung; gehörig, tüchtig, gewaltig *adv; de grande* od *haute, de peu d'~* von großer, geringer Bedeutung; *de la plus haute ~* höchst bedeutsam, von größter Bedeutung; *sans ~* ohne Bedeutung, unbedeutend, unerheblich; **4.** ► *attacher de l'~ à qc* e-r S *dat* Bedeutung bei=messen; *prendre de l'~* Bedeutung gewinnen. **important, e I.** *a* **1.** bedeutend, wichtig; erheblich, beträchtlich; **2.** gewichtig, angesehen, einflußreich; **II.** *s m* **3.** (die) Hauptsache, (das) Wesentliche; **4.** ► *faire l'~* sich auf=spielen, wichtig tun, *fam* an=geben.
importateur, trice [ɛ̃pɔʀtatœʀ, tʀis] **I.** *a* einführend; Einfuhr-; **II.** *s m* Importeur *m;* ► *pays m ~* Einfuhrland *n*.
importation *f* **1.** Einfuhr *f*, Import *m* (*en provenance de* aus); **2.** *fig* Einführung *(e-r Sitte);* Einschleppung *f (e-r Seuche);* **3.** *pl* Einfuhr(menge, -höhe), eingeführte Warenmenge *f;* **4.** ► *article m d'~* Importartikel *m; commerce m d'~* Einfuhrhandel *m; droits m pl d'~* Einfuhrzoll *m; firme, maison f d'~* Importfirma *f; restriction f d'~* Einfuhrbeschränkung, -drosselung *f;* **5.** ► *~ de marchandises* Wareneinfuhr *f*.
importer I. *tr* **1.** ein=führen, importieren; **2.** *(Seuche)* ein=schleppen; **II.** *itr* **3.** *(nur unpersönlich)* von Bedeutung, Belang, wichtig sein; e-e Rolle spielen (*à* für); **4.** ► *cela m'importe beaucoup* das ist sehr wichtig, spielt e-e große Rolle für mich; *n'importe!* macht nichts! *n'importe où, quand, qui, quoi* irgendwo(hin), -wann, -wer, -was; *peu importe* es spielt keine (große) Rolle; *peu m'importe* das ist mir gleichgültig; *qu'importe?* was tut, macht das, hat das zu sagen? *que vous importe cela?* was geht Sie das an?
import-export [ɛ̃pɔʀɛkspɔʀ] *m com* Import-Export *m*.
importun, e [ɛ̃pɔʀtœ̃] **I.** *a* ungelegen; lästig; aufdringlich; **II.** *s m f* lästige(r), aufdringliche(r) Mensch *m*. **importuner** *tr* belästigen (*de* mit); lästig fallen, zur Last fallen (*qn* jdm); beschwerlich sein (*qn* jdm).
imposable [ɛ̃pozabl] *a* steuerpflichtig.
imposant, e *a* **1.** großartig, eindrucksvoll; **2.** imponierend, mächtig, gewaltig.
imposé, e I. *a* **1.** besteuert; **2.** *(Preis)* vorgeschrieben; **II.** *s m f* Steuerpflichtige(r *m*) *f;* **imposer I.** *tr* **1.** auf=zwingen, -drängen, -bürden; auf=erlegen (*qc à qn* jdm e-e S); **2.** besteuern, veranlagen (*pour* für); **3.** *rel (die Hände)* auf=legen; **4.** *typ* aus=schießen; **II.** *itr:* ► *en ~ à qn* jdm imponieren; **III.** *v prn s'~* **5.** sich auf=drängen (*à* dat), sich durch=setzen; **6.** *(Maßnahme)* zwingend geboten, notwendig sein; **7.** *(Person)* sich durchsetzen, sich behaupten; ► *~ silence à qn* jdn zum Schweigen bringen; *ça s'impose! (fam)* es bleibt nichts anderes übrig. **imposition** *f* **1.** *rel (Hand)* Auflegen *n;* **2.** Be-, Versteuerung; steuerliche Erfassung, Belastung *f;* **3.** *typ* Ausschießen *n;* **4.** ► *année f d'~* Steuer-, Veranlagungsjahr *n; avis m d'~* Steuerbescheid *m; ~ sur les revenus* Veranlagung *f* zur Einkommensteuer.
impossibilité [ɛ̃pɔsibilite] *f* Unmöglichkeit *f;* ► *être, se trouver dans l'~* nicht in der Lage sein (*de* zu). **impossible I.** *a* **1.** unmöglich (*à* zu); **2.** *fam (übertreibend)* ausgeschlossen; *fam* unwahrscheinlich; **II.** *s m* (das) Unmögliche; (das) Menschenmögliche; ► *nous ferons l'~* wir werden das Menschenmögliche tun.
imposteur [ɛ̃pɔstœʀ] *m* Betrüger; Schwindler, Heuchler; Hochstapler *m*.
impôt [ɛ̃po] *m* **1.** Steuer, Abgabe, Gebühr *f;* **2.** ► *frapper, grever d'~s* mit Steuern belasten; **3.** ► *déclaration f d'~* Steuererklärung *f; exempt, exonéré d'~* steuerfrei; **4.** ► *~ sur les bénéfices* Ertrags-, Gewinnsteuer *f; ~ sur le capital* Kapital-, Vermögenssteuer *f; ~ sur le chiffre d'affaires* Umsatzsteuer *f; ~ foncier* Grundsteuer *f; ~ sur le revenu* Einkommensteuer *f; ~ sur les salaires* Lohnsteuer *f; ~ sur les successions, successoral* Erbschaftssteuer *f; ~ sur les véhicules, voitures, automobiles* Kraftfahrzeugsteuer *f*.
impotence [ɛ̃pɔtɑ̃s] *f med* Bewegungsunfähigkeit *f*. **impotent, e I.** *a* gelähmt; bewegungsunfähig; **II.** *s m f* Körperbehinderte(r *m*) *f*.
impraticable [ɛ̃pʀatikabl] *a* **1.** unaus-, undurchführbar; **2.** *(Weg)* ungangbar, unbefahrbar.
imprécation [ɛ̃pʀekasjɔ̃] *f* Verwünschung *f;* Fluch *m*.
imprécis, e [ɛ̃pʀesi] *a* ungenau, inexakt; vage, verschwommen. **imprécision** *f* Ungenauigkeit; Verschwommenheit *f*.
imprégnation [ɛ̃pʀeɲasjɔ̃] *f* **1.** Imprägnierung *f;* **2.** *fig* Beeinflussung *f;* ► *taux m d'~* Promillegrenze *f*. **imprégner** ‹*Prés. j'imprègne, ns im-*

prégnons; Fut. j'imprégnerai; pp. imprégné, e› **I.** *tr* **1.** (durch-)tränken; imprägnieren; sättigen (*de* mit); **2.** *fig* erfüllen; **II.** *v prn s'~ de* **1.** sich mit etw vollsaugen; **2.** *fig* sich mit etw identifizieren.

imprenable [ɛ̃pʀənabl] *a* **1.** uneinnehmbar; **2.** *(Aussicht)* unverbaubar.

imprescriptible [ɛ̃pʀɛskʀiptibl] *a* **1.** unverjährbar; **2.** *allg* unantastbar.

impression [ɛ̃pʀɛsjɔ̃] *f* **1.** *fig* Eindruck *m;* **2.** *tech typ* (Ein-, Ab-)Druck *m;* Drucklegung *f;* **3.** *(Textil)* Bedrucken *n;* **4.** *(Malerei)* Grundierung *f;* **5.** ► *donner une ~* e-n Eindruck vermitteln; *faire (une) ~* Eindruck machen; **6.** ► *erreur, faute f d'~* Druckfehler *m; ~ en offset* Offsetdruck *m.* **impressionnable** *a* empfindlich, sensibel; reizbar. **impressionnant, e** *a* eindrucksvoll. **impressionner** *tr* **1.** ein=wirken (*qc* auf e-e S); **2.** *fig* beeindrucken, Eindruck machen, wirken, e-e (starke) Wirkung aus=üben (*qn* auf jdn); **3.** *(Film)* belichten. **impressionnisme** *m* *(Kunst)* Impressionismus *m.*

imprévisible [ɛ̃pʀevizibl] *a* unvorhersehbar. **imprévoyance** [-vwajɑ̃s] *f* Sorglosigkeit *f.* **imprévoyant, e** *a* sorglos, unbesorgt, kurzsichtig. **imprévu, e** *a* unvorhergesehen, unerwartet, überraschend.

imprimable [ɛ̃pʀimabl] *a* druckreif. **imprimante** *f inform* Drucker *m; graphique* Grafikdrucker *m; ~ à laser* Laserdrucker *m.* **imprimatur** [-atyʀ] *m inv* Druckerlaubnis *f,* Imprimatur *n.* **imprimé, e I.** *a* **1.** gedruckt (vorliegend); **2.** *(Stoff)* bedruckt; **II.** *s m* **1.** Druckwerk *n,* -schrift, -sache *f;* **2.** Formular, Formblatt *n,* Vordruck *m;* ► *~ publicitaire* Werbedruck(sache *f*) *m.* **imprimer** *tr* **1.** (ab=, be)drucken; **2.** *(Bewegung)* mit=teilen; *(Richtung)* geben; **3.** *fig (e-n Stempel)* auf=prägen (*à l'esprit, à l'âme de qn* jdm). **imprimerie** *f* Buchdruck(erkunst *f*) *m;* (Buch-)Druckerei *f.* **imprimeur** *m* (Buch-)Drucker *m.*

improbabilité [ɛ̃pʀɔbabilite] *f* Unwahrscheinlichkeit *f.* **improbable** *a* unwahrscheinlich.

improductif, ive [ɛ̃pʀɔdyktif, tiv] *a* unwirtschaftlich; unproduktiv; unergiebig.

impromptu [-ɛ̃pʀɔ̃pty] **I.** *adv* aus dem Stegreif; **II.** *a inv* improvisiert, unvorbereitet; **III.** *s m* **1.** Stegreifgedicht, *theat* -stück *n;* **2.** *mus* Impromptu *n;* **3.** *(Psychologie)* Happening *n.*

impropre [ɛ̃pʀɔpʀ] *a* **1.** ungeeignet, untauglich (*à* zu); **2.** *(Wort, Ausdruck)* unpassend, sinnentstellend. **impropriété** *f* falsche(r) Gebrauch *m.*

improvisateur, trice [ɛ̃pʀɔvizatœʀ, tʀis] **I.** *a* Stegreif-; **II.** *s m* Improvisator; Stegreifdichter *m.* **improvisation** *f* Improvisation; Stegreifdichtung *f,* -spiel *n.* **improviser I.** *tr* aus dem Stegreif sprechen *od* dichten *od mus* spielen; **II.** *itr* improvisieren. **improviste** *adv:* ► *à l'~* unerwartet, unvermutet.

imprudence [ɛ̃pʀydɑ̃s] *f* Unklugheit, Unvorsichtigkeit, Unbesonnenheit *f.* **imprudent, e** *a* unklug, unvorsichtig, unbesonnen.

impudence [ɛ̃pydɑ̃s] *f* Unverschämtheit, Schamlosigkeit *f.* **impudent, e** *a* unverschämt, schamlos, frech.

impudeur [ɛ̃pydœʀ] *f* Schamlosigkeit *f.*

impudique *a* unkeusch, unzüchtig.

impuissance [ɛ̃pɥisɑ̃s] *f* **1.** Unvermögen *n,* Machtlosigkeit, Ohnmacht *f fig;* **2.** *(Bemühen)* Vergeblichkeit *f;* **3.** *med* Impotenz *f.* **impuissant, e** *a* **1.** machtlos, ohnmächtig *fig;* **2.** unfähig, nicht imstande; **3.** *(Bemühungen)* vergeblich; **4.** *med* impotent.

impulser [ɛ̃pylse] *tr* Anregungen geben (*qn* jdm); motivieren. **impulsif, ive I.** *a* impulsiv; **II.** *s m f* impulsive(r) Mensch *m.* **impulsion** [-sjɔ̃] *f* **1.** *phys* (An-)Stoß; Impuls *m;* **2.** *fig* (An-)Trieb, Drang *m;* Betreiben *n,* Veranlassung *f;* ► *donner une ~* in Schwung setzen, *fig* bringen; an=kurbeln.

impunément [ɛ̃pynemɑ̃] *adv* ungestraft, straflos; ohne nachteilige Folgen. **impuni, e** *a* unbe-, ungestraft, straflos. **impunité** *f* Straflosigkeit *f.*

impur, e [ɛ̃pyʀ] *a* **1.** unrein *a. rel fig;* **2.** *fig* unkeusch, unzüchtig, unsittlich. **impureté 1.** *f* Unreinheit *a. rel fig;* **2.** *fig* Unkeuschheit, Unzucht *f.*

imputable [ɛ̃pytabl] *a* **1.** zuzuschreiben(d), zurückzuführen(d) (*à* auf *acc*); **2.** *(Vorteil, Summe)* anzurechnen(d) (*sur* auf *acc*); **3.** *com* abzuziehen(d), zu Lasten (*sur* von). **imputation** *f* **1.** *jur* Beschuldigung *f;* **2.** *com* Anrechnung *f* (*à, sur* auf *acc*). **imputer** *tr* zu=schreiben, zur Last legen, auf=bürden (*qc à qn* jdm e-e S).

in [in] *a inv fam:* ► *être ~* in sein.

inabordable [inabɔʀdabl] *a* **1.** *(Küste)* ohne Landungsmöglichkeit; **2.** *(Ort)* unzugänglich; **3.** *fig* unerreichbar; **4.** *(Preis)* unerschwinglich.

inacceptable [inaksɛptabl] *a* unannehmbar. **inaccessible** [-ksɛsibl] *a* **1.** unzugänglich; unerreichbar; **2.** *(Person)* unnahbar (*à* für).

inaccoutumé, e [inakutyme] *a* ungewohnt, nicht gewohnt (*à qc* e-e S); ungewöhnlich.

inachevé, e [inaʃve] *a* unvollendet, unfertig.

inactif, ive [inaktif, -iv] *a* **1.** tatenlos, untätig; **2.** *(Handel)* stagnierend; **3.** *med* unwirksam. **inaction** [-sjɔ̃] *f* Untätigkeit *f.* **inactivité** *f* **1.** Tatenlosigkeit, Untätigkeit *f;* **2.** *(Beamter)* Warte-

stand *m.* **inactualité** *f* mangelnde Aktualität *f.* **inactuel, le** [-tɥɛl] *a* unzeitgemäß.
inadaptation [inadaptasjõ] *f* mangelnde Anpassungsfähigkeit *f.* **inadapté, e** *a* **1.** nicht anpassungsfähig; **2.** *(Kind)* verhaltensgestört; behindert.
inadmissible [inadmisibl] *a* unzulässig, unstatthaft.
inadvertance *f* Unachtsamkeit *f;* ▶ *par ~* aus Versehen, versehentlich.
inaltérable [inalteʀabl] **1.** unveränderlich; **2.** *fig* unwandelbar, unerschütterlich, unverbrüchlich.
inamical, e [inamikal] *a* unfreundlich.
inamovible [inamɔvibl] *a (Beamter)* unkündbar, unabsetzbar.
inanimé, e [inanime] *a* leblos *a. fig.*
inanité [inanite] *f* Nichtigkeit; Nutzlosigkeit *f.* **inanition** [-sjõ] *f* Entkräftung, Erschöpfung *f.*
inapaisable [inapɛzabl] *a* nicht zu befriedigen(d), unstillbar *a. fig.* **inapaisé, e** *a* unbefriedigt.
inaperçu, e [inapɛʀsy] *a* unbemerkt.
inapplicable [inaplikabl] *a* nicht anwendbar; *(Plan)* undurchführbar.
inappréciable [inapʀesjabl] **1.** *(Unterschied)* verschwindend gering, geringfügig; **2.** *(Vorteil)* unschätzbar.
inapproprié, e *a* ungeeignet.
inapte [inapt] *a* **1.** ungeeignet (*à* für, zu); **2.** *mil* untauglich. **inaptitude** *f* Ungeeignetheit *f.*
inassouvi, e [inasuvi] *a* ungestillt, unbefriedigt.
inarticulé, e [inaʀtikyle] *a* undeutlich, unartikuliert.
inattaquable [inatakabl] *a* unangreifbar *a. fig;* unanfechtbar.
inattendu, e [inatɑ̃dy] *a* unerwartet, überraschend, plötzlich.
inattentif, ive [inatɑ̃tif] *a* unaufmerksam, unachtsam. **inattention** *f* Unaufmerksamkeit, Unachtsamkeit *f;* ▶ *faute, erreur f d'~* Flüchtigkeitsfehler *m.*
inaudible [inodibl] *a* **1.** unhörbar; **2.** *(Seufzer)* kaum vernehmbar; **3.** *(Musik)* nicht anzuhören(d).
inaugural, e [inɔ(o)gyʀal] *a* Einweihungs-, Eröffnungs-; Antritts-; ▶ *cérémonie f ~e* Einweihungs-, Eröffnungsfeier *f.* **inauguration** *f* **1.** Einweihung, Eröffnung *f;* **2.** *fig* Anfang, Beginn, Auftakt *m* (*de* zu); ▶ *discours m d'~* Einweihungs-, Antrittsrede *f.* **inaugurer** *tr* **1.** ein=weihen, eröffnen *a. fig;* **2.** *fig* ein=leiten, ein=führen.
inavouable [inavwabl] *a* den, die, das man nicht ein=gestehen, an=, zu=geben kann. **inavoué, e** *a (Gefühl)* uneingestanden.
incalculable [ɛ̃kalkylabl] *a* **1.** unermeßlich, unübersehbar; **2.** unberechenbar.
incandescence [ɛ̃kɑ̃dɛsɑ̃s] *f* Weißglut *f.* **incandescent, e** *a* weißglühend.
incantation [ɛ̃kɑ̃tasjõ] *f* Zauber(spruch) *m.*
incapable [ɛ̃kapabl] *a* **1.** unfähig, nicht imstande (*de* zu); **2.** *jur* geschäftsunfähig. **incapacité** [-si-] *f* (*jur* Geschäfts-) Unfähigkeit; Erwerbsunfähigkeit *f.*
incarcération [ɛ̃kaʀseʀasjõ] *f* Inhaftierung *f.*
incarcérer ‹*Prés. j'incarcère, ns incarcérons; Fut. j'incarcérerai; pp. incarcéré, e*› *tr* inhaftieren.
incarnat, e [ɛ̃kaʀna, ɛ̃kaʀnat] *a* fleisch-, blutrot.
incarnation *f* **1.** *rel* Inkarnation *f;* **2.** *fig* Verkörperung *f.* **incarné, e 1.** *fig* personifiziert; **2.** *rel* inkarniert; **3.** *med:* ▶ *ongle m ~* eingewachsene(r) Nagel *m.* **incarner I.** *tr theat film (Rolle)* verkörpern; **II.** *v prn s'~* **1.** *(rel)* Mensch, Fleisch werden; **2.** *fig* sich verkörpern, Gestalt an=nehmen (*dans* in *dat*).
incartade *f* Dummheit, Eselei *f.*
incassable [ɛ̃kasabl] *a* (fast) unzerbrechlich; bruchsicher.
incendiaire [ɛ̃sɑ̃djɛʀ] **I.** *a* **1.** Brand-; Zünd-; **2.** *fig* aufrührerisch, revolutionär; **3.** *(Blick)* aufreizend; **II.** *s m* Brandstifter *m.* **incendie** [-di] *m* Feuersbrunst *f,* (Groß-, Schaden-)Feuer *n,* (Groß-)Brand *m;* ▶ *bouche f d'~* Hydrant *m; foyer m d'~* Brandherd *m; ~ de forêt* Waldbrand *m.* **incendié, e** *a* abgebrannt. **incendier** *tr* **1.** in Brand stecken; an~zünden, ein=äschern; **2.** *pop* mit Vorwürfen überhäufen.
incertain, e [ɛ̃sɛʀtɛ̃, -ɛn] *a* **1.** unsicher, ungewiß, zweifelhaft; unbestimmt *(a. Farbe);* **2.** *(Wetter)* unbeständig, veränderlich; **3.** schwankend; unschlüssig. **incertitude** *f* **1.** Ungewißheit; Unbeständigkeit *f (a. Wetter);* **2.** Unschlüssigkeit *f;* ▶ *tenir qn dans l'~* jdn im ungewissen lassen.
incessamment [ɛ̃sɛsamɑ̃] *adv* unverzüglich, sogleich, -fort. **incessant, e** *a* (be)ständig, stetig; nicht enden wollend.
incessible [ɛ̃sɛsibl] *a jur* nicht übertragbar.
inceste [ɛ̃sɛst] *m* Blutschande *f,* Inzest *m.* **incestueux, se** [tyø, -øz] *a* blutschänderisch.
inchangé, e [ɛ̃ʃɑ̃ʒe] *a* unverändert. **inchangeable** *a* unveränderlich.
incidemment [ɛ̃sidamɑ̃] *adv* nebenbei, -her, beiläufig. **incidence** [-dɑ̃s] *f* **1.** Folge *f;* (Aus-, Nach-)Wirkung *f,* Nachhall *m;* Einwirken *n;* **2.** *phys* Einfallen *n.*
incident, e I. *a* **1.** gelegentlich, beiläufig; **2.** *gram* eingeschoben; **3.** *phys* einfallend; **II.** *s m* **1.** Zwischenfall *m,* Störung, Unterbrechung *f;* **2.** *s f u.* ▶ *~ de parcours* Panne *f,* Pech *n; ~ technique*

Betriebsstörung *f.*
incinérateur [ɛ̃sineʀatœʀ] *m* Müllverbrennungsanlage *f.* **incinération** *f* **1.** *chem* Veraschen *n;* **2.** Einäscherung, Feuerbestattung *f.* **incinérer** ‹*Prés. j'incinère, ns incinérons; Fut. j'incinérerai; pp. incinéré, e*› **1.** veraschen; **2.** ein≈äschern.
incise [ɛ̃siz] *f gram* eingeschobene(r) Satz *m.* **inciser** *tr* ein≈schneiden, e-n Einschnitt machen (*qc* in e-e S). **incisif, ive I.** *a fig* schneidend, bissig; **II.** *s f (dent)* ▶ *~ive* Schneidezahn *m.* **incision** *f* Einschnitt *m.*
incitation [ɛ̃sitasjɔ̃] *f* An-, Aufreizung; Aufstachelung; Verleitung, Verführung *f a. jur.* **inciter** *tr* **1.** an≈reizen; auf≈stacheln, -hetzen; verleiten, verführen; **2.** an≈regen (*à* zu).
inclassable [ɛ̃klasabl] *a* unklassifizierbar, nicht einzuordnen(d).
inclinaison [ɛ̃klinɛzɔ̃] *f* **1.** Neigung *f;* Gefälle *n;* **2.** Schräg(ein)stellung, -lage; **3.** *(Magnetnadel)* Inklination *f.* **inclination** *f* **1.** Verneigung, Verbeugung *f;* **2.** *fig* (Zu-)Neigung *f,* Hang *m;* Liebe *f.* **incliné, e** *a* geneigt, abfallend; schräg. **incliner I.** *tr* neigen; schräg≈stellen; **II.** *itr* tendieren, neigen (*à* zu); **III.** *v prn s'~* **1.** sich verneigen, sich verbeugen *a. fig;* **2.** sich neigen; sich beugen.
inclure [ɛ̃klyʀ] ‹*Prés. j'inclus, ns incluons; Fut. j'inclurai; pp. inclus, e; Subj. que j'inclue, que ns incluions; Impér. inclus, incluons*› *tr* ein≈schließen, -schalten, -fügen; ein≈legen (*dans une lettre* in e-n Brief). **inclus, e** [-kly, -ys] *a* einschließlich; ▶ *ci-~, e* anbei, als Anlage. **inclusif, ive** *a* einschließend, -begreifend, -beziehend, umfassend. **inclusion** *f* Einschließung *f;* Einbegriffen-, Einbezogensein *n.* **inclusivement** *adv* einschließlich.
incognito [ɛ̃kɔɲito, -ɔgn-] *adv* inkognito; *garder l'~* das Inkognito bewahren.
incohérence [ɛ̃kɔeʀɑ̃s] *f* Zs.hanglosigkeit *f.* **incohérent, e** *a* unzs.hängend, zs.hanglos.
incollable [ɛ̃kɔlabl] *a fam (Kandidat)* unschlagbar.
incolore [ɛ̃kɔlɔʀ] farblos *a. fig (Stil).*
incomber [ɛ̃kɔ̃be] *tr* obliegen zu≈kommen (*à qn* jdm).
incombustible [ɛ̃kɔ̃bystibl] *a* unverbrennbar, feuerfest.
incommensurable [ɛ̃kɔm(m)ɑ̃syʀabl] *a* **1.** *math* inkommensurabel; **2.** *fig* maßlos, gewaltig.
incommodant, e [ɛ̃kɔmɔdɑ̃] *a* lästig (*pour qn* jdm), störend. **incommode** *a* unbequem; lästig, beschwerlich. **incommoder** *tr* belästigen, stören. **incommodité** *f* Unbequemlichkeit, Unzweckmäßigkeit *f.*
incommunicable [ɛ̃kɔmynikabl] *a* **1.** nicht mitteilbar; **2.** *(Bereiche)* unvereinbar; **3.** *jur* nicht übertragbar.
incomparable [ɛ̃kɔ̃paʀabl] *a* unvergleichlich, unübertrefflich.
incompatibilité [ɛ̃kɔ̃patibilite] *f* **1.** Unvereinbarkeit *f;* **2.** *med* Unverträglichkeit *f;* **incompatible** *a* **1.** unvereinbar (*avec* mit); **2.** unverträglich.
incompétence [ɛ̃kɔ̃petɑ̃s] *f* **1.** *jur* Unzuständigkeit *f;* **2.** Ungeeignetheit *f.* **incompétent, e** *a* **1.** unzuständig; **2.** inkompetent, ungeeignet.
incomplet, ète [ɛ̃kɔ̃plɛ, -ɛt] *a* unvollständig; lückenhaft; unvollkommen.
incompréhensible [ɛ̃kɔ̃pʀeɑ̃sibl] *a* unverständlich, unbegreiflich, *fam* rätsel-, schleierhaft. **incompréhension** *f* Verständnislosigkeit *f.*
incompris, e [ɛ̃kɔ̃pʀi, -iz] *a* **1.** unverstanden; **2.** *(Genie)* verkannt.
inconcevable [ɛ̃kɔ̃s(ə)vabl] *a* unerklärlich, unfaßbar. **inconciliable** *a* unvereinbar (*avec* mit). **inconditionnel, le I.** *a* **1.** unbedingt, bedingungslos; **2.** *(Bewunderung)* grenzenlos; **3.** *(Anhänger)* fanatisch; unnachgiebig; **II.** *s m* fanatische(r) Anhänger *m.* **inconduite** *f* schlechte(r) Lebenswandel *m.* **inconfort** *m* mangelnde Bequemlichkeiten *f pl.* **inconfortable** *a* unbequem, ungemütlich. **incongru, e** *a* unpassend, ungebührlich, ungehörig; unschicklich.
inconnaissable [ɛ̃kɔnɛsabl] **I.** *a* unerkennbar (*à qn* für jdn); **II.** *s m* (das) Unerforschliche. **inconnu, e I.** *a* unbekannt (*à qn* für jdn); **II.** *s m f* Unbekannte(r *m*) *f;* *m* (das) Unbekannte; *f math* Unbekannte *f.*
inconsciemment [ɛ̃kɔ̃sjamɑ̃] *adv* unbewußt; ahnungslos. **inconscience** *f* **1.** Bewußtlosigkeit *f;* **2.** Unbewußtheit *f;* **3.** Leichtfertigkeit *f.* **inconscient, e** [-sjɑ̃, -ɑ̃t] **I.** *a* **1.** unbewußt; **2.** unüberlegt, leichtfertig; **3.** *med* bewußtlos; **II.** *s m* (das) Unbewußte.
inconséquence [ɛ̃kɔ̃sekɑ̃s] *f* Inkonsequenz, mangelnde Folgerichtigkeit *f.* **inconséquent, e** *a* inkonsequent, nicht folgerichtig.
inconsidéré, e [ɛ̃kɔ̃sideʀe] *a* unüberlegt, unbedacht, übereilt.
inconsistance [ɛ̃kɔ̃sistɑ̃s] *f* **1.** mangelnde Folgerichtigkeit *f;* **2.** Haltlosigkeit, Unbeständigkeit *f.* **inconsistant, e** *a* **1.** *(Argument)* nicht stichhaltig; **2.** *fig* unbeständig, haltlos.
inconsolable [ɛ̃kɔ̃sɔlabl] *a* untröstlich.
inconsommable [ɛ̃kɔ̃sɔmabl] *a* unverbrauchbar.
inconstance [ɛ̃kɔ̃stɑ̃s] *f* **1.** Unbeständigkeit *f,* Wankelmut *m;* **2.** Untreue, Treulosigkeit *f.* **inconstant, e** *a* **1.** unzuverlässig, wankelmütig; **2.** treulos, untreu.
inconstitutionnalité [ɛ̃kɔ̃stitysjɔnalite]

f Verfassungswidrigkeit *f.* **inconstitutionnel, le** *a* verfassungswidrig.
inconstructible [ɛ̃kɔ̃stʀyktibl] *a* mit Bauverbot belegt.
incontestable [ɛ̃kɔ̃tɛstabl] *a* unbestreitbar. **incontestablement** *adv* ganz offensichtlich, unstreitig. **incontesté, e** *a* unbestritten.
incontinence [ɛ̃kɔ̃tinɑ̃s] *f med* Inkontinenz *f.*
incontournable [ɛ̃kɔ̃tuʀnabl] *a* unumgänglich.
incontrôlable [ɛ̃kɔ̃tʀolabl] *a* unkontrollierbar, nicht nachprüfbar.
inconvenance [ɛ̃kɔ̃vnɑ̃s] *f* Ungebührlichkeit, Unschicklichkeit *f.* **inconvenant, e** *a* unpassend, ungebührlich, ungehörig, unschicklich.
inconvénient [ɛ̃kɔ̃venjɑ̃] *m* **1.** Miß-, Übelstand; Nachteil *m;* **2.** *pl* Unzuträglichkeiten *f pl;* **3.** ▶ *je n'y vois pas d'~* ich habe nichts dagegen.
inconvertible [ɛ̃kɔ̃vɛʀtibl] *a com* nicht konvertierbar, nicht einlös-, umtausch-, umwechselbar.
incoordination [ɛ̃kɔɔʀdinasjɔ̃] *f* **1.** mangelnde Koordination *f;* **2.** *med* Koordinationsstörung *f.*
incorporation [ɛ̃kɔʀpɔʀasjɔ̃] *f* **1.** Einverleibung, Eingliederung, Aufnahme *f;* **2.** *mil* Einberufung *f.* **incorporel, le** *a* **1.** unkörperlich; **2.** *(Güter)* immateriell.
incorporer I. *tr* **1.** bei=mengen, zu=setzen (*qc dans, avec, à qc* e-r S etw), einarbeiten; **2.** *fig* ein=verleiben, ein=gliedern, auf=nehmen; **3.** *(Rekruten)* ein=ziehen; **4.** *tech* ein=bauen; **II.** *v prn s'~* **5.** sich vermengen (*dans, à qc* mit etw); **6.** *fig* sich eingliedern (*à, dans qc* in etw).
incorrect, e [ɛ̃kɔʀɛkt] *a* **1.** unrichtig, fehlerhaft; **2.** unkorrekt; grob, unhöflich. **incorrection** [-sjɔ̃] *f* **1.** Fehlerhaftigkeit *f;* **2.** Grobheit, Unhöflichkeit *f.*
incorrigible [ɛ̃kɔʀ(ʀ)iʒibl] *a* unverbesserlich.
incorruptible *a* **1.** *(Substanz)* unvergänglich; **2.** *(Person)* unbestechlich.
incrédule [ɛ̃kʀedyl] **I.** *a* ungläubig; skeptisch; **II.** *s m f* Ungläubige(r) *f.* **incrédulité** *f* Ungläubigkeit *f;* Unglaube *m;* Skepsis *f.*
increvable [ɛ̃kʀəvabl] *a* **1.** *(Reifen)* schlauchlos; **2.** *fig pop* unermüdlich.
incriminer [ɛ̃kʀimine] *tr* **1.** *(Sache)* beanstanden; **2.** *(Person)* an=, beschuldigen, etw zur Last legen (*qn* jdm); für etw verantwortlich machen.
incrochetable [ɛ̃kʀɔʃtabl] *a (Türschloß)* einbruchsicher.
incroyable [ɛ̃kʀwajabl] *a* unglaublich, unerhört.
incroyant, e [ɛ̃kʀwajɑ̃, -ɑ̃t] **I.** *a* ungläubig; **II.** *s m f* Ungläubige(r *m*) *f.*
incrustation [ɛ̃kʀystasjɔ̃] *f* **1.** *arch* *(Kunst)* eingelegte Arbeit *f;* **2.** *(Kleid)* Einsatz *m,* Inkrustierung *f;* **3.** Kesselstein *m;* **incruster I.** *tr* **1.** inkrustieren, aus=, be-, ein=legen (*de* mit); **2.** Ablagerungen bilden (*qc* auf e-e S), übersintern; **II.** *v prn s'~* **3.** sich mit e-r Kruste, sich mit Kesselstein überziehen; **4.** *fig fam (Meinung)* sich fest=setzen; **5.** *(Person)* sich ein=nisten; **6.** *(Besuch)* Wurzel schlagen (*chez qn* bei jdm).
incubateur, trice [ɛ̃kybatœʀ, -tʀis] **I.** *a* Brut-; **II.** *s m* Brutkasten, Inkubator *m.*
incubation *f* **1.** Bebrütung *f,* Brüten *n;* **2.** *med* Inkubationszeit *f;* **3.** *fig* Vorbereitung *f.*
inculpation [ɛ̃kylpasjɔ̃] *f* An-, Beschuldigung *f.* **inculpé, e** *m f* Ange-, Beschuldigte(r *m*) *f.* **inculper** *tr* an=, beschuldigen, zur Last legen (*qn de qc* jdm etw).
inculquer [ɛ̃kylke] *tr* ein=schärfen, *fam* ein=trichtern (*qc à qn* jdm etw).
inculte *a* **1.** *agr* brachliegend; Brach-; **2.** ungepflegt, vernachlässigt *a. fig;* **3.** *fig* ungebildet, roh. **incultivable** *a agr* nicht anbaufähig. **inculture** *f* Mangel *m* an Bildung.
incunable [ɛ̃kynabl] *m* Wiegendruck *m.*
incurable [ɛ̃kyʀabl] *a* **1.** unheilbar; **2.** *fig* unverbesserlich. **incurie** *f* Nachlässigkeit *f;* Schlendrian *m,* Schlamperei *f.*
incursion [ɛ̃kyʀskɔ̃] *f* **1.** *(feindlicher)* Einfall, Streifzug (*dans* in *acc*) *a. fig;* **2.** *fig* Übergriff *m* (*dans* auf *acc*).
incurver [ɛ̃kyʀve] *tr* biegen; krümmen.
Inde, l' [ɛ̃d] *f* Indien *n.*
indécence [ɛ̃desɑ̃s] *f* Anstößigkeit, Unanständigkeit *f.* **indécent, e** *a* **1.** anstößig, unanständig; **2.** schamlos; *(Glück)* unverschämt.
indéchiffrable [ɛ̃deʃifʀabl] **1.** nicht zu entziffern(d); unleserlich; **2.** *fig* unerklärlich, rätselhaft.
indécis, e [ɛ̃desi, -siz] **I.** *a* **1.** unentschieden; *(Problem)* ungelöst; **2.** unentschlossen; unschlüssig; **3.** unbestimmt, undeutlich; **II.** *s m* (das) Unbestimmte.
indécision *f* Unentschlossenheit, Unschlüssigkeit *f.*
indéclinable [ɛ̃deklinabl] *a gram* undeklinierbar.
indécomposable [ɛ̃dekɔ̃pɔsabl] *a* unzerlegbar.
indécrottable [ɛ̃dekʀɔtabl] *a. fig* unverbesserlich.
indéfectible [ɛ̃defɛktibl] *a* unvergänglich; unwandelbar.
indéfendable [ɛ̃defɑ̃dabl] *a* **1.** *mil* nicht zu verteidigen(d); **2.** *fig* unhaltbar.
indéfini, e [ɛ̃defini] *a* unbestimmt *a. gram;* unbegrenzt. **indéfiniment** *adv* unbegrenzt; auf unbestimmte Zeit. **indéfinissable** *a* **1.** nicht definierbar; **2.** *fig* unerklärlich, unbegreiflich.
indéformable [ɛ̃defɔʀmabl] *a* formbe-

ständig.
indélébile [ɛ̃delebil] *a* **1.** *(Fleck)* nicht zu entfernen(d); *(Farbe)* echt; **2.** *fig* unauslöschlich; unvergänglich.
indélicat, e [ɛ̃delika, ɛ̃delikat] *a* takt-, rücksichtslos; unehrlich; **indélicatesse** *f* Takt-, Rücksichtslosigkeit; Unehrlichkeit *f*.
indémaillable [ɛ̃demajabl] *a (Gewebe)* maschenfest.
indemne [ɛ̃dɛmn] *a* unverletzt; ▶ *sortir ~ d'un accident* bei e-m Unfall nicht zu Schaden kommen. **indemnisation** *f* **1.** Entschädigung *f*, Schadenersatz *m*; **2.** Kostenerstattung, Vergütung; Abfindung *f*. **indemniser** *tr* entschädigen (*de qc* für etw); Schadenersatz leisten (*qn de qc* jdm für etw). **indemnité** *f* **1.** Entschädigung *f*; Schadenersatz *m*; Vergütung *f*; **2.** Abfindung(ssumme) *f*; **3.** *accorder* od *allouer, recevoir une ~* e-e Entschädigung gewähren, erhalten; *avoir droit à une ~* Anspruch auf Entschädigung *(acc)* haben; **4.** ▶ *~ de déplacement* Reisekostenvergütung *f*; *~ journalière* Tage-, Krankengeld *n*; *~ kilométrique* Kilometergeld *n*; *~ de logement* Wohnungsgeld *n*; *~ parlementaire* Diäten *pl*; *~ de risques* Gefahrenzulage *f*.
indémontrable [ɛ̃demɔ̃tʀabl] *a* nicht beweisbar.
indéniable [ɛ̃denjabl] *a* unleugbar.
indépendance [ɛ̃depɑ̃dɑ̃s] *f* **1.** Unabhängigkeit, Freiheit *f*; **2.** Selbständigkeit *f*. **indépendant, e** *a* **1.** unabhängig; selbständig; freiheitsliebend; **2.** *tech* freistehend; **3.** *(Zimmer)* mit eigenem Eingang.
indéracinable [ɛ̃deʀasinabl] *a* nicht zu entwurzeln(d); *fig* unausrottbar.
indésirable [ɛ̃desiʀabl] **I.** *a* unerwünscht; lästig; **II.** *s m f* unerwünschte Person *f*.
indescriptible [ɛ̃dɛskʀiptibl] *a* unbeschreiblich.
indestructible *a* unzerstörbar.
indétermination [ɛ̃detɛʀminɑsjɔ̃] *f* **1.** Unbestimmtheit *f*; **2.** Unentschlossenheit, Unschlüssigkeit *f*. **indéterminé, e** *a* unbestimmt.
index [ɛ̃dɛks] *m* **1.** Zeigefinger *m*; **2.** *(Buch)* Register *n*; **3.** *math* Kennziffer; Richtzahl *f*; **4.** *tech* Zeiger *m*; **5.** x~ *(rel)* Index *m*; ▶ *être à l'~* auf dem Index, *fig* auf der schwarzen Liste stehen. **indexage** *m* ·*(EDV)* Indexierung *f*. **indexation** *f* Anpassung *f* an den Lebenshaltungsindex. **indexer** *tr* dem Lebenshaltungsindex an=passen.
indicateur, trice [ɛ̃dikatœʀ, tʀis] **I.** *a* anzeigend; **II.** *s m* **1.** (An-)Zeiger *m*; Anzeige-, Meßgerät *n*; Indikator *m a. chem*; **2.** Verzeichnis; Kursbuch *n*; Fahrplan *m (in Heftform)*; **3.** (Polizei-)Spitzel *m*; **4.** ▶ *~ de conjoncture* Konjunkturbarometer *n*; *~ de niveau d'eau, d'essence, d'huile* Wasser-, Benzin-, Ölstandsmesser *m*; *~ de vitesse* Geschwindigkeitsmesser *m*. **indicatif, ive I.** *a* anzeigend; **II.** *s m* **1.** Kennzeichen *n*; **2.** *tele* Vorwahlnummer; Ortsnetzkennzahl *f*; *radio* Pausenzeichen *n*; **3.** *gram* Indikativ *m*; **indication** *f* **1.** Anzeichen, Merkmal *n*; **2.** Hinweis, Wink *m*, Andeutung *f*; **3.** *med* Indikation *f*; **4.** ▶ *sauf ~ contraire* falls nichts anderes angegeben ist; **5.** ▶ *~ d'erreur (inform)* Fehlermeldung *f*; *~ d'heure (radio)* Zeitangabe, -ansage *f*; *~ du lieu* Ortsangabe *f*; *~ d'origine* Ursprungsbezeichnung *f*; *~ du prix* Preisangabe *f*.
indice [ɛ̃dis] *m* **1.** (An-, Kenn-)Zeichen; Merkmal *n*, Anhaltspunkt *m*; **2.** Kennziffer *f*; Index *m a. math*; **3.** *com* Meß-, Richtzahl *f*; **4.** *pl jur* Indizien *n pl*; **5.** ~ du coût de la vie, des prix de gros Lebenshaltungs-, Großhandelsindex *m*; ▶ *~ de la production* Produktionsindex *m*.
indicible [ɛ̃disibl] *a* unsäglich, unaussprechlich, unbeschreiblich.
indien, ne [ɛ̃djɛ̃, -ɛn] **I.** *a* indisch; indianisch; **II.** *s m f* Inder(in *f*) *m*; Indianer(in *f*) *m*; *f* bedruckte(r) Kattun *m*.
indifféremment [ɛ̃difeʀamɑ̃] *adv* unterschiedslos; in gleicher Weise. **indifférence** *f* Indifferenz *f*; Gleichgültigkeit; Teilnahmslosigkeit *f*. **indifférent, e I.** *a* **1.** *phys chem* indifferent; *chem* träge, unempfindlich (*à* gegen); **2.** gleichgültig, teilnahmslos; **3.** nebensächlich, unwichtig, irrelevant; **II.** *s m*: ▶ *faire l'~* den Gleichgültigen spielen; *cela m'est ~* das ist mir gleich(gültig), *fam* egal. *f.* **indifférer** *itr: (fam)* ▶ *cela m'indiffère* das ist mir völlig egal.
indigence [ɛ̃diʒɑ̃s] *f* (Be-)Dürftigkeit, Armut *f*.
indigène [ɛ̃diʒɛn] **I.** *a* einheimisch *a. zoo bot*; eingeboren; **II.** *s m f* Eingeborene(r *m*).
indigent, e [ɛ̃diʒɑ̃, ɑ̃t] **I.** *a* **1.** bedürftig, unbemittelt, arm; **2.** *fig* dürftig, kümmerlich; **II.** *s m f* Bedürftige(r *m*) *f*.
indigeste [ɛ̃diʒɛst] *a* un-, schwer verdaulich *a fig*. **indigestion** *f* **1.** Verdauungsstörung *f*, verdorbene(r) Magen *m*; **2.** *fig fam* Überdruß *m*; ▶ *j'en ai une ~ (fam)* ich habe es satt.
indignation [ɛ̃diɲasjɔ̃] *f* Entrüstung, Empörung *f*, Unwille *m*. **indigne** *a* **1.** un-, nicht würdig (*de qn, qc* jds, e-r S); **2.** nichtswürdig, schändlich; empörend, verwerflich. **indigné, e** *a* empört, entrüstet, aufgebracht, unwillig *(de* über *acc)*. **indigner I.** *tr* auf=bringen, in Empörung versetzen; **II.** *v prn s'~* sich entrüsten, unwillig werden (*de* über

acc). **indignité** *f* Un-, Nichtswürdigkeit; Schändlichkeit *f.*
indigo [ɛ̃digo] **I.** *s m* Indigo *m (Farbstoff);* **II.** *a inv* indigoblau.
indiqué, e [ɛ̃dike] *a* **1.** angebracht, angezeigt; **2.** *(Zeitpunkt)* festgesetzt, angegeben. **indiquer** *tr* **1.** (an=)zeigen; *(Weg)* weisen; bezeichnen; an=geben; hin=weisen, e-n Hinweis geben (*qc* auf e-e S); **2.** erkennen, schließen lassen (*qc* auf e-e S); **3.** bestimmen, fest=setzen.
indirect, e [ɛ̃diʀɛkt] *a* indirekt *a. gram,* mittelbar.
indiscernable [ɛ̃desɛʀnabl] *a* nicht zu unterscheiden(d).
indiscipline [ɛ̃disiplin] *f* Undiszipliniertheit, Zuchtlosigkeit *f.* **indiscipliné, e** *a* undiszipliniert, zuchtlos.
indiscret, ète [ɛ̃diskʀɛ, ɛ̃diskʀɛt] **I.** *a* **1.** auf-, zudringlich, taktlos; **2.** schwatzhaft; indiskret *(a. Frage);* **II.** *s m f* taktlose(r) Mensch; Schwätzer *m.* **indiscrétion** *f* **1.** Auf-, Zudringlichkeit, Taktlosigkeit *f;* **2.** Schwatzhaftigkeit, Indiskretion *f.*
indiscutable [ɛ̃diskytabl] *a* unbestreitbar; ▶ *c'est* ~ es ist, wäre zwecklos, darüber zu reden.
indispensable [ɛ̃dispɑ̃sabl] **I.** *a* **1.** unerläßlich, unumgänglich, unbedingt notwendig; **2.** *(Person)* unentbehrlich; unabkömmlich; **II.** *s m* (das) Allernotwendigste.
indisponible *a* nicht verfügbar; *(Person)* unabkömmlich. **indisposé, e** *a* unpäßlich; ▶ *je suis* ~ mir ist nicht wohl, nicht gut, unwohl. **indisposer** *tr* **1.** das Wohlbefinden beeinträchtigen (*qn* jds); **2.** *fig* auf=bringen; verstimmen. **indisposition** *f* Unpäßlichkeit *f,* Unwohlsein *n.*
indissociable [ɛ̃disɔsjabl] *a* un(ab)trennbar. **indissoluble** *a* un(auf)lösbar.
indistinct, e [ɛ̃distɛ̃(kt), -tɛ̃kt] *a* undeutlich, unklar; ungenau. **indistinctement** *adv* **1.** undeutlich, unklar; **2.** unterschiedslos, ohne Unterschied.
individu [ɛ̃dividy] *m* Individuum *a. péj;* Einzelwesen *n,* -person *f.* **individualisation** [-dɥa-] *f* Individualisierung *f.* **individualiser** *tr* individualisieren. **individualisme** *m* Individualismus *m.* **individualiste I.** *a* individualistisch; **II.** *s m f* Individualist(in *f*) *m.* **individualité** *f* Individualität; Eigenart; Einzelperson *f.* **individuel, le** [-dɥɛl] *a* persönlich, individuell; Einzel-.
indivis, e [ɛ̃divi] *a jur* ungeteilt; Gesamt-. **indivisibilité** *f* Unteilbarkeit *f.* **indivisible** *a* unteilbar.
indocile [ɛ̃dɔsil] *a* ungehorsam, störrisch, eigensinnig. **indocilité** *f* Widerspenstigkeit *f;* Eigensinn *m.*
indo-européen, ne [ɛ̃dɔøʀɔpeɛ̃, -ɛn] *a* indogermanisch, -europäisch.
indolence [ɛ̃dɔlɑ̃s] *f* Gleichgültigkeit, Uninteressiertheit, Interesselosigkeit *f.* **indolent, e** *a* **1.** gleichgültig, uninteressiert; **2.** *med* schmerzlos.
indolore [ɛ̃dɔlɔr] *a (Sache)* schmerzlos.
indomptable [ɛ̃dɔ̃tabl] *a* **1.** nicht zu zähmen(d); **2.** *fig* unbezähmbar, unbeugsam. **indompté, e** *a* **1.** ungezähmt, ungebändigt; **2.** ungebeugt.
Indonésie, l' [ɛ̃dɔnezi] *f* Indonesien *n.*
in-douze [induz] *m* Duodezformat *n,* -band *m.*
indu, e [ɛ̃dy] *(adv: indûment) a* **1.** unangebracht, ungelegen, unpassend; **2.** unberechtigt, ungerechtfertigt.
indubitable [ɛ̃dybitabl] *a* unzweifelhaft.
inducteur, trice [ɛ̃dyktœʀ] **I.** *a el* induzierend; **II.** *s m el* Induktionsapparat *m.*
inductif, ive *a* induktiv. **induction** [-sjɔ̃] *f* **1.** Schlußfolgerung *f;* **2.** *el* Induktion *f.*
induire [ɛ̃dɥiʀ] ⟨*Prés. j'induis, ns induisons; Fut. j'induirai; pp. induit, uite; Subj. que j'induise, que ns induisions; Impér. induis, induisons*⟩ *tr* folgern, schließen (*de* aus). **induit, e I.** *a* **1.** *el* induziert; **2.** *fig* ausgelöst; **II.** *s m el* Anker *m.*
indulgence [ɛ̃dylʒɑ̃s] *f* **1.** Nachsicht; Langmut *f;* **2.** *rel* Ablaß *m.* **indulgent, e** nachsichtig, langmütig (*pour qn* mit jdm).
indûment [ɛ̃dymɑ̃] *adv* unberechtigt, ungerechtfertigt; unbegründet.
induration [ɛ̃dyʀasjɔ̃] *f med* Verhärtung *f.* **induré, e** *a med* verhärtet; ▶ *chancre m* ~ *(med)* harte(r) Schanker *m.*
industrialisation [ɛ̃dystʀijalizasjɔ̃] *f* Industrialisierung *f.* **industrialiser** *tr* industrialisieren. **industrie** [-tri] *f* **1.** Industrie *f;* **2.** *pl* Industriebetriebe, -zweige *m pl;* **3.** ▶ *chef m d'*~ Industriekapitän *m; grande* ~ Großindustrie *f;* **4.** ▶ ~ *aéronautique* Flugzeugindustrie *f;* ~ *alimentaire, de l'alimentation* Nahrungsmittelindustrie *f;* ~ *automobile* Kraftfahrzeug-, Automobilindustrie *f;* ~ *(des articles) de consommation* Verbrauchsgüterindustrie *f;* ~ *électrique* Elektroindustrie *f;* ~ *hôtelière* Gaststätten- u. Beherbergungsgewerbe *n;* ~ *lourde* Schwerindustrie *f;* ~ *(de l')électronique* Elektronikindustrie *f;* elektronische Industrie *f;* ~ *textile* Textilindustrie *f;* ~ *du tourisme* Fremdenindustrie *f;* ~ *du vêtement* Bekleidungsindustrie *f.*
industriel, le [ɛ̃dystʀijɛl] **I.** *a* industriell; gewerblich; Gewerbe-, Industrie-; **II.** *s m* **1.** Gewerbetreibende(r), Industrielle(r) *m;* **2.** *(fam)* ▶ *en quantité* ~*le* massenhaft, in sehr großer Menge; **3.** ▶ *dessinateur m* ~ technische(r) Zeichner *m; entreprise f* ~*le* Industrieunternehmen *n; grand* ~ Großindustrielle(r)

m; petit ~ Kleingewerbebetreibende(r) *m; produit m* ~ Industrieprodukt *n; ville f* ~*le* Industriestadt *f.* **industrieux, se** *a* geschickt, gewandt.
inébranlable [inebʀɑ̃labl] *a bes. fig* unerschütterlich.
inédit, e [inedi, inedit] **I.** *a* **1.** (noch) unveröffentlicht, ungedruckt; *(Verfasser)* noch nicht an die Öffentlichkeit getreten; **2.** *fam* neu, (noch) ungebraucht; noch nicht dagewesen; **II.** *s m* **1.** Neuheit *f;* **2.** Ungedruckte(s) *n.*
ineffable [inɛfabl] *a* unaussprechlich, unsäglich.
ineffaçable [inɛfasabl] *a* **1.** *(Fleck, Farbe)* nicht herausgehend; **2.** *fig* unauslöschlich.
inefficace [inɛfikas] *a* unwirksam, wirkungslos. **inefficacité** *f* Wirkungslosigkeit, Unwirksamkeit *f.*
inégal, e [inegal] *a* **1.** ungleich; verschieden; **2.** *(Boden)* uneben; *(Weg)* holp(e)rig; **3.** ungleichmäßig, unregelmäßig. **inégalé, e** *a* unerreicht. **inégalité** *f* **1.** Ungleichheit, Verschiedenheit *f;* **2.** Unebenheit *f;* **3.** Ungleichmäßigkeit, Unregelmäßigkeit; Veränderlichkeit *f.*
inélégance [inelegɑ̃s] *f* mangelnde Eleganz *f.* **inélégant, e 1.** unelegant; **2.** taktlos.
inéluctable [inelyktabl] *a* unvermeidlich, unabwendbar.
inemployé, e *a* unbenutzt, ungebraucht.
inénarrable [inenaʀabl] *a* unbeschreiblich.
inepte [inɛpt] *a* albern. **ineptie** [-si] *f* **1.** Dummheit; Albernheit *f,* Blödsinn *m;* **2.** *pl* dumme(s) Zeug *n.*
inépuisable [inepɥizabl] *a* unerschöpflich, nie versiegend *a. fig.* **inéquitable** *a* unbillig, ungerecht.
inerte [inɛʀt] *a* **1.** bewegungs-, regungs-, leblos; **2.** *phys* träge *a. fig.* **inertie** [-si] *f* **1.** *phys* Beharrungsvermögen *n,* Trägheit *a. fig;* **2.** *fig* Stumpfheit, Schlaffheit, Energielosigkeit *f.*
inespéré, e [inɛspeʀe] *a* unverhofft, unerwartet. **inestimable** *a* unschätzbar.
inévitable [inevitabl] *a* unvermeidlich.
inexact, e [inɛgza(kt), -akt] *a* **1.** ungenau, unrichtig; fehlerhaft, falsch; **2.** *(Mensch)* unpünktlich. **inexactitude** *f* **1.** Ungenauigkeit *f;* Fehler(haftigkeit *f*) *m;* **2.** Unpünktlichkeit *f.* **inexcusable** *a* [inɛksky-] *a* unentschuldbar; unverzeihlich. **inexistant, e** *a* gegenstandslos; unbedeutend, wertlos. **inexorable** *a* unerbittlich. **inexpérience** [inɛks-] *f* Unerfahrenheit *f.* **inexpérimenté, e** *a* **1.** *(Mensch)* unerfahren, ungeübt; **2.** *(Verfahren)* noch nicht erprobt. **inexplicable** *a* unerklärlich, unbegreiflich. **inexpliqué, e** *a (Tat)* un(auf)geklärt. **inexploré, e** *a* unerforscht. **inexpressif, ive** *a* ausdruckslos, nichtssagend. **inexprimable** *a* unaussprechlich, unbeschreiblich.
inextensible *a* nicht ausdehnbar, unelastisch.
inextinguible [inɛkstɛ̃g(y)ibl] *a* **1.** nicht zu löschen(d); **2.** *(Gelächter)* homerisch.
inextricable *a* unentwirrbar; *fig* verworren.
infaillibilité [ɛ̃fajibilite] *f* **1.** absolut sichere Wirkung *f;* **2.** *rel* Unfehlbarkeit *f.*
infaillible *a* **1.** absolut sicher; untrüglich; **2.** *rel* unfehlbar.
infaisable [ɛ̃fəzabl] *a* unmöglich, unaus-, undurchführbar.
infalsifiable [ɛ̃falsifjabl] *a* fälschungssicher.
infamant, e [ɛ̃famɑ̃, -ɑ̃t] *a* ehrenrührig, entehrend. **infâme** [-fam] *a* **1.** ehrlos; **2.** schändlich, niederträchtig, gemein; **3.** schmutzig. **infamie** [-fa-] *f* **1.** Ehrlosigkeit, Schande *f;* **2.** Schändlichkeit; Schandtat, Niederträchtigkeit *f.*
infant, e [ɛ̃fɑ̃, ɑ̃t] *m f* Infant(in *f*) *m.*
infanterie [ɛ̃fɑ̃tʀi] *f* Infanterie *f.*
infanticide [ɛ̃fɑ̃tisid] **1.** *s m* Kindesmord *m;* **2.** *m f* Kindesmörder(in *f*) *m.*
infantile [ɛ̃fɑ̃til] *a med* infantil; Kinder-; ► *mortalité f* ~ Kindersterblichkeit *f.*
infantilisme *m med* Infantilismus *m;* ► *c'est de l'*~ das ist kindisch.
infarctus [ɛ̃faʀktys] *m med* Infarkt *m.*
infatigable [ɛ̃fatigabl] *a* unermüdlich.
infatuation [ɛ̃fatɥasjɔ̃] *f* Selbstgefälligkeit *f.* **infatué, e** *a* eingebildet, von sich überzeugt, selbstzufrieden; ► *être* ~ *de soi-même* (sehr) von sich selbst eingenommen, *fam* überzogen sein.
infécond, e [ɛ̃fekɔ̃, -ɔ̃d] *a* unfruchtbar *a. fig.* **infécondité** *f* Unfruchtbarkeit *f a. fig.*
infect, e [ɛ̃fɛkt] *a* **1.** stinkend, verpestet; abscheulich; **2.** *fig* ekelhaft, widerlich.
infecter I. *tr* **1.** verpesten; **2.** *med* an=stecken, infizieren; **II.** *v prn s'*~ sich infizieren, sich an=stecken. **infectieux, se** [-sjø] *a* ansteckend. **infection** [-sjɔ̃] *f* **1.** *med* Ansteckung, Infektion *f;* **2.** verpestete Luft *f;* ► *c'est une* ~ es stinkt furchtbar.
inférieur, e [ɛ̃feʀjœʀ] **I.** *a* **1.** untere(r, s); unterste(r, s); *geog* Unter-, Nieder-; **2.** gering-, minderwertig; von geringerer Qualität; **3.** *(der Zahl, dem Umfang nach)* schwächer, geringer (*en* an; dem ... nach); *(Summe, Rang)* niedriger (*à* als); **4.** *(geistig)* niedrigstehend; *(Gefühle, Instinkte)* nieder, niedrig; **II.** *s m* **5.** Untergebene(r) *m.* **inférioriser** *tr* unterschätzen, geringer achten. **infériorité** *f* Unterlegenheit; Minderwertigkeit *f;* ► *complexe, sentiment m d'*~ Minderwertigkeitskomplex *m,* -gefühle *n pl.*
infernal, e [ɛ̃fɛʀnal] *a* **1.** höllisch; Höl-

len- *a. fig;* **2.** *fig* teuflisch; **3.** *(Kind)* unausstehlich, fürchterlich; **4.** *(Lärm)* toll, ohrenbetäubend.

infester [ɛ̃fɛste] *tr lit* **1.** *(Feinde, Räuber)* heim=suchen; **2.** *(Ungeziefer)* befallen, verseuchen.

infidèle [ɛ̃fidɛl] **I.** *a* **1.** un(ge)treu, treulos; **2.** *(Gedächtnis)* unzuverlässig; **3.** *(Bericht, Übersetzung)* ungenau; **II.** *s m f* Ungläubige(r *m*) *f.* **infidélité** *f* **1.** Untreue, Treulosigkeit *f;* **2.** *(Gedächtnis)* Unzuverlässigkeit; **3.** *(Bericht, Übersetzung)* Ungenauigkeit *f.*

infiltration [ɛ̃filtʀasjɔ̃] *f* **1.** Einsickern, -dringen *n a. fig;* **2.** *pol geol med* Infiltration *f.* **infiltrer, s'** *v prn* **1.** ein=, durch=, versickern; ein=strömen, -dringen *(dans* in *acc);* **2.** *fig* sich ein=schleichen, Eingang finden *(dans* in *acc);* unterwandern.

infime [ɛ̃fim] *a* winzig klein.

infini, e [ɛ̃fini] **I.** *a* unbegrenzt, unendlich; endlos, zahllos; grenzenlos; **II.** *s m* (das) Unendliche; ► *à l'~ (math)* ins Unendliche. **infiniment** *adv* überaus, außerordentlich, unbeschreiblich, *fam* gewaltig, ungeheuer. **infinité** *f* Unendlichkeit, Unbegrenztheit *f; (fig)* ► *une ~ de* e-e Unmenge, Unmasse von. **infinitésimal, e** *a* **1.** unendlich, verschwindend klein; **2.** *math* Infinitesimal-.

infinitif, ive [ɛ̃finitif, iv] **I.** *a gram* Infinitiv-; **II.** *s m* Infinitiv *m.*

infirme [ɛ̃fiʀm] **I.** *a* gebrechlich, körperbehindert; **II.** *s m f* Körperbehinderte(r *m*) *f.*

infirmer [ɛ̃fiʀme] *tr* **1.** *(Beweis)* entkräften; **2.** *(Urteil)* auf=heben.

infirmerie [ɛ̃fiʀməʀi] *f* Krankenzimmer *n (e-r Anstalt); mil* (Kranken-)Revier *n.* **infirmier, ère** *m f* (Kranken-)Pfleger, Arzthelfer *m;* Schwester *f; mil (~ sanitaire)* Sanitäter *m.* **infirmité** *f* **1.** Gebrechen *n;* Gebrechlichkeit *f;* **2.** Schwäche *f a. fig.*

inflammable [ɛ̃flamabl] *a* leicht brennbar, feuergefährlich; entflammbar. **inflammation** *f* Entzündung *f a. med.*

inflation [ɛ̃flasjɔ̃] *f* **1.** *com* Inflation *f a. fig;* **2.** *fig* Aufblähung, Übersteigerung *f.*

infléchi, e [ɛ̃fleʃi] *a bot* geneigt (*vers* zu); ► *voyelle ~e (gram)* Umlaut *m;* **infléchir I.** *tr* **1.** einwärts biegen, beugen; **2.** *fig* e-e andere Richtung geben; **3.** *(Vorschrift)* lockern; **4.** *(Verhalten)* ändern; **II.** *v prn s'~* ab=biegen *itr,* e-e Biegung machen.

inflexibilité [ɛ̃flɛksibilite] *f* Unnachgiebigkeit, Unbeugsamkeit, Unerbittlichkeit *f.* **inflexion** [-sjɔ̃] *f* **1.** Krümmung, Biegung *f;* **2.** *(Stimme)* Modulation *f;* **3.** *gram* Umlaut *m.*

infliger [ɛ̃fliʒe] ‹*Prés. j'inflige, ns infligeons; Fut. j'infligerai; pp. infligé, e*› *tr* **1.** *(Strafe)* verhängen (*à* über *acc*), auf=erlegen (*à* dat); *(Verweis)* erteilen; **2.** *(Niederlage)* bei=bringen; *(Beleidigung)* zu=fügen.

influençable [ɛ̃flyɑ̃sabl] *a* (leicht) zu beeinflussen(d). **influence** *f* **1.** Einfluß *m;* (Ein-)Wirkung *f;* **2.** ► *sous l'~ de* unter dem Einfluß *gen;* **3.** ► *avoir de l'~, exercer une ~ sur qn* auf jdn e-n Einfluß aus=üben; *subir l'~ de qn* unter jds Einfluß stehen. **influencer** ‹*Prés. j'influence, ns influençons; Fut. j'influencerai; pp. influencé, e*› *tr* beeinflussen, e-n Einfluß aus=üben (*qn* auf jdn). **influent, e** *a* einflußreich. **influer** *itr* e-n Einfluß aus=üben (*sur* auf *acc*).

in-folio [infɔljo] *s m* Folioformat *n.*

informateur, trice [ɛ̃fɔʀmatœʀ, -tʀis] *m f* Informant(in *f*) *m.* **informaticien, ne** *m f* Informatiker(in *f*) *m.* **information** *f* **1.** Benachrichtigung, Mitteilung, Auskunft, Information; *inform* Daten *n pl;* Unterrichtung; *(Zeitung)* Meldung *f;* **2.** *jur* Ermitt(e)lung *f;* **3.** ► *pour, à titre d'~* zur Unterrichtung; **4.** ► *prendre des ~s* Erkundigungen ein=ziehen; **5.** ► *centre m d'~* Auskunftsstelle *f; demande f d'~* Bitte *f* um Auskunft; *service m d'~(s)* Nachrichtendienst *m;* **6.** ► *~ de presse* Zeitungs-, Pressenotiz *f; ~s régionales (radio)* Heimatnachrichten *f pl; ~s sportives* Sportnachrichten *f pl.* **informatique** *a* Computer-; *f* Informatik *f;* ► *système ~* Gerätekonfiguration *f.* **informatisation** *f* Informatisierung, elektronische Verarbeitung, Computerisierung *f.* **informatiser** *tr* elektronisch verarbeiten, informatisieren.

informe [ɛ̃fɔʀm] *a* **1.** unförmig; **2.** *(Werk)* nicht genügend durchgearbeitet, mangelhaft gestaltet.

informel, le [ɛ̃fɔʀmɛl] *a* unkonventionell, informell.

informer [ɛ̃fɔʀme] **I.** *tr* benachrichtigen (*de qc* über e-e S), unterrichten, in Kenntnis setzen (*de qc* von etw); mit=teilen (*qn de qc* jdm etw); **II.** *itr jur* e-e Untersuchung durch=führen (*contre qn sur qc* gegen jdn wegen e-r S); **III.** *v prn s'~* sich erkundigen (*de qc* nach etw, ► *auprès de qn* bei jdm); sich informieren.

infortune [ɛ̃fɔʀtyn] *f* **1.** Unglück(sfall *m*), Mißgeschick *n;* **2.** *pl* Schicksalsschläge *m pl;* ► *compagnon m d'~* Leidensgenosse *m.* **infortuné, e I.** *a* unglücklich, leidgeprüft; **II.** *s m f* Unglückliche(r *m*) *f.*

infraction [ɛ̃fʀaksjɔ] *f* **1.** Übertretung *f,* Verstoß *m* (*à, de* gegen); Zuwiderhandlung, strafbare Handlung *f;* Rechtsbruch *m;* **2.** ► *commettre une ~ pénale* sich strafbar machen.

infranchissable [ɛ̃fʀɑ̃ʃisabl] *a* unüberwindlich *a. fig.*

infrarouge [ɛ̃fʀaʀuʒ] *a* infra-, ultrarot.

infra-son [ɛ̃frasɔ̃] *m* Infraschall *m.*
infrastructure [ɛ̃frastryktyr] *f* **1.** Tiefbau(arbeiten *f pl*) *m;* **2.** *(Straße, pol)* Unterbau *m;* **3.** *(Land, mil)* Infrastruktur *f;* **4.** *aero (~ aérienne)* Bodenorganisation *f;* **5.** *fig* Apparat *m,* Ausrüstung *f.*
infroissable [ɛ̃frwasabl] *a* knitterfrei.
infructueux, se [ɛfrwasabl] *a* frucht-, ergebnis-, erfolg-, nutzlos, vergeblich.
infus, e [ɛ̃fy, -yz] *a:* ► *avoir la science ~e (fam)* die Weisheit mit Löffeln gefressen haben. **infuser** *tr* **1.** *fig (Energie)* einflößen; **2.** ► *laisser ~ (Tee)* ziehen lassen. **infusion** *f* **1.** Aufgießen *n,* -guß *m;* **2.** (Kräuter-)Tee *m;* ► *~ de menthe, de tilleul* Pfefferminz-, Lindenblütentee *m.*
ingénier, s' [ɛ̃ʒenje] *v prn* darüber nach=denken, sich darüber den Kopf zerbrechen (*à faire* wie man machen könnte).
ingénierie [ɛ̃ʒeniri] *f* Ingenieurarbeit *f;* ► *génétique* Genetik *f.* **ingénieur** *m* Ingenieur *m;* ► *~ agronome, agricole* Diplomlandwirt *m; ~ en chef* Chefingenieur *m; ~-conseil* beratende(r) Ingenieur *m; ~ des ponts et chaussées, routier* Straßenbauingenieur *m; ~ du son (film)* Toningenieur *m; ~ des travaux publics* Tiefbauingenieur *m.* **ingénieux, se** *a* **1.** *(Mensch)* erfinderisch, findig, geschickt; **2.** *(Sache)* sinnreich, kunstvoll, gut ausgedacht. **ingéniosité** *f* Erfindungsgabe, Findigkeit *f;* Scharfsinn *m.*
ingénu, e [ɛ̃ʒeny] **I.** *a* offen, unbefangen, offen-, treuherzig; harmlos, unschuldig; naiv; **II.** *s m f* Naivling *m; f theat* Naive *f.* **ingénuité** [-nɥi-] *f* Offenheit, Unbefangenheit, Offen-, Treuherzigkeit; Harmlosigkeit, Naivität *f.*
ingérence [ɛ̃ʒerɑ̃s] *f* Einmischung *f (dans* in *acc) a. pol.* **ingérer** *‹Prés. j'ingère, ns ingérons; Fut. j'ingérerai; pp. ingéré, e›* **I.** *tr (in den Magen)* ein=führen; *(Medikament)* ein=nehmen; **II.** *v prn* ► *s'~ dans qc* sich in e-e S ein=mischen.
ingestion [ɛ̃ʒestjɔ̃] *f* (Nahrungs-)Aufnahme *f.*
ingrat, e [ɛ̃gra, -at] **I.** *a* **1.** *(Äußeres)* ungefällig, unangenehm; **2.** undankbar *(a. Sachen) (envers qn* jdm gegenüber*);* **3.** *(Boden)* unergiebig; **II.** *s m* Undankbare(r *m*) *f;* ► *âge m ~* Flegeljahre *n pl;* Backfischalter *n.* **ingratitude** *f* Undank(barkeit *f*) *m.*
ingrédient [ɛ̃gredjɑ̃] *m* Bestandteil *m,* Ingrediens *n,* Zutat *f.*
inguérissable [ɛ̃gerisabl] *a* unheilbar.
ingurgiter [ɛ̃gyrʒite] *tr (Speise)* verschlingen.
inhabitable [inabitabl] *a* unbewohnbar; *cosm* unbemannt. **inhabité, e** *a* unbewohnt. **inhabituel, le** *a* ungewohnt, ungewöhnlich.
inhalateur, trice [inalatœr, -tris] **I.** *a* Inhalier-; **II.** *s m* Inhalierapparat *m;* ► *~ d'oxygène* Sauerstoffgerät *n.* **inhalation** *f* Einatmen; *med* Inhalieren *n;* ► *~ passive* Passivrauchen *n.* **inhaler** *tr* inhalieren, ein=atmen.
inhérent, e [inerɑ̃] *a* innewohnend (*à qc* e-r S); eng verbunden (*à qc* mit e-r S).
inhibiteur, trice [inibitœr, -tris] **I.** *a* hemmend; **II.** *s m chem* Inhibitor *m.*
inhibition [-sjɔ̃] *f med* Hemmung *f.*
inhospitalier, ère [inɔspitalje, -ɛr] *a* **1.** *(Empfang)* unfreundlich; **2.** *(Land)* ungastlich.
inhumain, e [inymɛ̃, -ɛn] *a* unmenschlich, grausam. **inhumanité** *f* Unmenschlichkeit; Grausamkeit *f.*
inhumation [inymasjɔ̃] *f* Begräbnis *n,* Beerdigung, Bestattung *f.* **inhumer** *tr* begraben, beerdigen, bestatten.
inimaginable [inimaʒinabl] *a* unvorstellbar, undenkbar; ► *c'est ~* das spottet jeder Beschreibung.
inimitable [inimitabl] *a* unnachahmlich.
inimitié [inimitje] *f* [-tje] *f* Feindschaft *f.*
ininflammable [inɛ̃flamabl] *a* nicht entzündbar **inintelligent, e** *a* unintelligent, unbegabt. **inintelligible** *a* unverständlich. **inintéressant, e** *a* uninteressant. **ininterrompu, e** *a* ununterbrochen.
inique [inik] *a* (sehr) unbillig, ungerecht.
iniquité *f* Ungerechtigkeit, Unbilligkeit *f.*
initial, e [inisjal] **I.** *a* Anfangs-; **II.** *s f* Initiale *f,* Anfangsbuchstabe *m.* **initiateur, trice** *s m f* Initiator(in *f*); Wegbereiter(in *f*), Neuerer, Vorkämpfer, Bahnbrecher *m.* **initiation** *f* **1.** *rel* Einweihung *f;* **2.** *allg* Einführung *f.* **initiatique** *a* initiatorisch. **initiative** *f* **1.** Initiative; Anregung *f,* Vorschlag *m; (droit m d'~) parl* Vorschlags-, Antragsrecht *n; (esprit m d'~)* Unternehmungsgeist *m.* **2.** ► *manquer d'~* keine Initiative haben; *prendre l'~* die Initiative ergreifen; den ersten Schritt tun; **3.** ► *syndicat m d'~* Fremdenverkehrsverein *m.* **initier** [-sje] *tr* **1.** *rel* ein=weihen; **2.** *allg* ein=führen (*à* in *acc*); vertraut machen (*à* mit).
injecté, e [ɛ̃jekte] *a (Auge)* blutunterlaufen. **injecter** *tr* **1.** *med* injizieren; **2.** *tech* ein=spritzen. **injecteur** *m* **1.** *tech* Einspritzdüse *f;* **2.** *med* Irrigator *m.*
injection [-sjɔ̃] *f* **1.** *med* Einspritzung *f;* **2.** *tech* Injektion, Einspritzung *f.*
injonction [ɛ̃ʒɔ̃ksjɔ̃] *f* strikte(r) Befehl *m.*
injure [ɛ̃ʒyr] *f* **1.** Beleidigung, Beschimpfung *f;* Schimpf(wort *n*) *m;* **2.** ► *l'~ des ans, du temps* der Zahn der Zeit. **injurier** *tr* beleidigen, beschimpfen. **inju-**

rieux, se *a* beleidigend.
injuste [ɛ̃ʒyst] *a* ungerecht; unbillig. **injustice** *f* Ungerechtigkeit *f;* Unrecht *n.* **injustifiable** *a* nicht zu rechtfertigen(d); unentschuldbar. **injustifié, e** *a* ungerechtfertigt, unberechtigt.
inlassable [ɛ̃lasabl] *a* unermüdlich.
inné, e *a* angeboren.
innocence [inɔsɑ̃s] *f* **1.** Unschuld *f;* **2.** Unverdorbenheit, Reinheit *f;* **3.** Naivität, Einfalt *f.* **innocent, e I.** *a* **1.** unschuldig, schuldlos; **2.** unverdorben; **3.** harmlos, einfach; **4.** naiv, einfältig; **II.** *s m f* Unschuldige(r *m*); Unschuld, Naive *f.* **innocenter** *tr jur* entlasten; für unschuldig erklären.
innocuité [inɔkyite] *f* Unschädlichkeit, Harmlosigkeit *f.*
innombrable [in(n)ɔ̃bʀabl] *a* unzählig, zahllos.
innommable [i(n)nɔmabl] *a péj* scheußlich, ekelhaft.
innovateur, trice [inɔvatœʀ, -tʀis] **I.** *a* neuerungsfreudig; **II.** *s m f* Neuerer, Wegbereiter(in *f*), Bahnbrecher *m.* **innovation** *f* Neuerung *f.* **innover** *itr* Neuerungen ein≈führen.
inoccupé, e [inɔkype] *a* **1.** unbeschäftigt, untätig; **2.** *(Haus)* unbewohnt; *(Abteil)* leer; *(Platz)* nicht besetzt, frei.
inoculation [inɔkylasjɔ̃] *f* (Ein-)Impfung *f.* **inoculer** *tr* **1.** *med* inokulieren, (ein≈) impfen; *(Krankheit)* übertragen; **2.** *fig* ein≈impfen (*qc à qn* jdm etw).
inodore [inɔdɔʀ] *a* geruchlos.
inoffensif, ive [inɔfɑ̃sif, -iv] *a* harmlos, ungefährlich; unschädlich.
inondation [inɔ̃dasjɔ̃] *f* Überschwemmung, -flutung *f;* Hochwasser *n.* **inondé, e** *a* überschwemmt; überflutet *a. fig;* ► ~ *de lumière* lichtüberflutet; ~ *de sang* blutüberströmt. **inonder** *tr* **1.** überschwemmen, -fluten, unter Wasser setzen; **2.** *fig (den Markt mit Waren)* überschwemmen; **3.** *(Volksmenge)* sich ergießen (*qc* über, in e-e S).
inopérant, e [inɔpeʀɑ̃] *a jur* unwirksam.
inopiné, e [inɔpine] *a* unvermutet, unerwartet.
inopportun, e [inɔpɔʀtœ̃, -yn] *a* unangebracht, unpassend; ungelegen.
inorganique [inɔʀganik] *a* anorganisch.
inorganisé, e [inɔʀganize] *a* **1.** gewerkschaftlich nicht organisiert; **2.** ungenügend organisiert.
inoubliable [inublijabl] *a* unvergeßlich.
inouï, e [inwi] *a* unerhört, beispiellos; ungewöhnlich.
inoxydable [inɔksidabl] *a* nicht oxydierend; rostfrei.
inqualifiable [ɛ̃kalifjabl] *a péj* unqualifizierbar, unbeschreiblich.
inquiet, ète [ɛ̃kjɛ, -ɛt] *a* unruhig; rastlos; besorgt (*de qn, sur qc* um jdn, etw); ängstlich, unsicher. **inquiétant, e** [-kje-] *a* beunruhigend; besorgniserregend. **inquiéter** ‹*Prés. j'inquiète, ns inquiétons; Fut. j'inquiéterai; pp. inquiété, e*› **I.** *tr* **1.** beunruhigen; Besorgnis erregen (*qn* jds), ängstigen; **2.** Rechenschaft verlangen (*qn* von jdm), verhören; **II.** *v prn s'*~ **3.** sorgen, sich Sorgen, Gedanken machen (*de* um); **4.** sich erkundigen (*de qc* nach etw *dat*), sich kümmern (*de qc* um etw *acc*). **inquiétude** *f* **1.** Unruhe; Rastlosigkeit *f;* **2.** Besorgnis *f,* Befürchtungen *f pl.*
inquisiteur, trice [ɛ̃kizitœʀ, -tʀis] **I.** *s m* Inquisitor *m;* **II.** *a* forschend, prüfend. **inquisition** [-sjɔ̃] *f hist rel* Inquisition *f.*
insaisissable [ɛ̃se(ɛ)zisabl] **1.** nicht zu ergreifen(d); **2.** *jur* unpfändbar; **3.** *fig* kaum wahrnehmbar, unmerklich, nicht faßbar.
insalubre [ɛ̃salybʀ] *a* ungesund, gesundheitsschädlich. **insalubrité** *f* Gesundheitsschädlichkeit; *(Klima)* Unzuträglichkeit *f.*
insanité [ɛ̃sanite] *f* Unsinn, Blödsinn *m;* dumme(s) Zeug *n.*
insatiable [ɛ̃sasjabl] *a* unersättlich *a. fig; (Hunger, Durst)* nicht zu stillen(d).
insatisfaction [ɛ̃satisfaksjɔ̃] *f* Unzufriedenheit *f.* **insatisfait, e** *a* unbefriedigt; *(Person)* unzufrieden.
inscription [ɛ̃skʀipsjɔ̃] *f* **1.** In-, Aufschrift; Beschriftung *f;* **2.** Einschreibung, -tragung (*sur un registre* in ein Register); Anmeldung *f;* **3.** *com* Buchung *f.* **inscrire** ‹*Prés. j'inscris, ns inscrivons; Fut. j'inscrirai; pp. inscrit, e; Subj. que j'inscrive, que ns inscrivions; Impér. inscris, inscrivons*› **I.** *tr* **1.** ein≈schreiben *a. math,* -tragen (*sur* in *acc*); **2.** *(in ein Denk-, Grabmal)* ein≈meißeln; **3.** *fig* rechnen, zählen (*à* zu); **II.** *v prn s'*~ **4.** sich ein≈tragen (lassen); sich an≈melden (*à* zu); **5.** ► *faire* ~ (an≈)melden; *s'*~ *en faux contre qc* etw bestreiten; ~ *à l'ordre du jour* auf die Tagesordnung setzen. **inscrit, e** [-i, -it] **I.** *a* eingeschrieben *a. math;* wahlberechtigt; **II.** *s m* **1.** Eingeschriebene(r *m*) *f,* Angemeldete(r *m*) *f;* **2.** *pol pl* Wahlberechtigte *m pl.*
insecte [ɛ̃sɛkt] *m* Insekt, Kerbtier *n.* **insecticide I.** *a* insektenvertilgend; **II.** *s m* Insekten(vertilgungs)mittel *n;* ► *poudre f* ~ Insektenpulver *n.*
insécurité [ɛ̃sekyʀite] *f* Unsicherheit *f.*
insémination [ɛ̃seminasjɔ̃] *f (artificielle)* (künstliche) Befruchtung *f.* **inséminer** *tr* künstlich befruchten.
insensé, e [ɛ̃sɑ̃se] *a* sinnlos, unsinnig; verrückt. **insensibilisation** *f med* Betäubung *f.* **insensibilité** *f* **1.** Unempfindlichkeit *f;* **2.** Gefühllosigkeit; (Gefühls-)Kälte *f.* **insensible** *a* **1.** unempfindlich (*à* für), gefühllos; **2.**

gefühlskalt; **3.** unmerklich.
inséparable [ɛ̃sepaʀabl] *a* **1.** untrennbar; **2.** *(Personen)* unzertrennlich.
insérer [ɛ̃seʀe] ‹*Prés. j'insère, ns insérons; Fut. j'insérerai; pp. inséré, e*› **I.** *tr* **1.** ein=führen, -fügen, -rücken, -schalten; **2.** *(Anzeige)* in die Zeitung setzen; *(Zeitungsartikel)* bringen; **II.** *v prn s'~ dans qc* sich in etw einordnen.
insertion [ɛ̃sɛʀsjɔ̃] *f* **1.** Einführung, -fügung, -gliederung *f;* Einrücken, -schieben, -setzen *n;* **2.** Bekanntgabe *f (in der Zeitung);* **3.** *anat* Ansatz *m.*
insidieux, se [ɛ̃sidjøz, -øz] *a* **1.** hinterhältig, hinter-, arglistig; **2.** *(Frage)* verfänglich; *(Krankheit)* heimtückisch, schleichend.
insigne [ɛ̃siɲ] **I.** *a* bemerkenswert, hervorragend, ausgezeichnet; **II.** *s m* **1.** (Rang-)Abzeichen; (Ehren-)Zeichen *n;* **2.** *pl* Insignien *pl.*
insignifiance [ɛ̃siɲifjɑ̃] *f* Bedeutungs-, Belanglosigkeit; Unerheblichkeit *f.* **insignifiant, e** *a* unbedeutend, bedeutungslos; unerheblich, belanglos.
insinuant, e [ɛ̃sinɥɑ̃, -ɑ̃t] *a* einschmeichelnd, anschmiegsam. **insinuation** *f* **1.** Einflüsterung *f;* Andeutung, Anspielung *f;* **2.** Verdächtigung *f.* **insinuer I.** *tr* ein=flüstern; zu verstehen geben; (*qc à qn* jdm etw); **II.** *v prn s'~* sich ein=schmeicheln (*dans les bonnes grâces de qn* bei jdm).
insipide [ɛ̃sipid] *a* **1.** geschmacklos, fade; **2.** *fig* abgeschmackt; langweilig. **insipidité** *f* **1.** fade(r) Geschmack *m;* **2.** Fadheit; Langeweile *f.*
insistance [ɛ̃sistɑ̃s] *f* Nachdruck *m;* Beharrlichkeit *f; avec ~* beharrlich, nachdrücklich. **insister** *itr* **1.** dringen (*sur qc* auf e-e S), bestehen, beharren (*sur qc* auf e-r S); **2.** Nachdruck, den Ton, den Akzent legen (*sur qc* auf e-e S); **3.** nicht nach=lassen (*à faire qc* etw zu tun); **4.** ► *n'insistons pas!* lassen wir das!
insolation [ɛ̃sɔlasjɔ̃] *f* **1.** Sonneneinstrahlung *f;* **2.** *med* Sonnenstich *m;* **3.** Sonnenbestrahlung *f.*
insolence [ɛ̃sɔlɑ̃s] *f* **1.** Unverschämtheit, Frechheit *f;* **2.** Arroganz, Anmaßung *f.* **insolent, e I.** *a* unverschämt; frech; anmaßend; **II.** *s m* Flegel, freche(r) Kerl, *fam* Frechdachs *m.*
insolite [ɛ̃sɔlit] *a* ungewohnt, -wöhnlich.
insoluble [ɛ̃sɔlybl] *a* **1.** *chem* nicht löslich; **2.** *fig* unlösbar.
insolvabilité [ɛ̃sɔlvabl] *f* Zahlungsunfähigkeit *f.* **insolvable** *a com* zahlungsunfähig, insolvent.
insomnie [ɛ̃sɔmni] *f* Schlaflosigkeit *f;* ► *avoir des ~s* an Schlaflosigkeit leiden.
insondable [ɛ̃sɔ̃dabl] *a* **1.** unergründlich *a. fig;* **2.** *fig* unerforschlich.
insonore, [ɛ̃sɔnɔʀ] **insonorisé, e** [-sɔ-] *a* schallschluckend, -dämmend; schalldicht. **insonorisation** *f* Schalldämmung *f.* **insonoriser** *tr* schalldicht machen; schall=dämmen.
insouciance [ɛ̃susjɑ̃s] *f* Sorglosigkeit *f;* Leichtsinn *m.* **insouciant, e** *a* sorglos, unbekümmert, leichtsinnig.
insoumis, e [ɛ̃sumi, -iz] *a* widerspenstig.
insoumission *f* **1.** Ungehorsam *m,* Widersetzlichkeit *f;* Widerstand *m* (*à* gegen); **2.** *mil* Weigerung *f,* den Wehrdienst anzutreten.
insoupçonnable [ɛ̃supsɔnabl] *a* über jeden Verdacht erhaben. **insoupçonné, e** *a* unvermutet; ungeahnt.
insoutenable [ɛ̃sutnabl] *a* **1.** nicht durchzuhalten(d); **2.** *(Behauptung)* unhaltbar; **3.** *(Zustand)* unerträglich.
inspecter [ɛ̃spɛkte] *tr* be(auf)sichtigen, inspizieren, kontrollieren; mustern, prüfen. **inspecteur, trice** *m f* Inspektor(in *f*), Aufseher(in *f*), Aufsichtsbeamter *m,* -beamtin *f;* Inspekteur *m; ~ de police* Polizeiinspektor *m.* **inspection** [-sjɔ̃] *f* **1.** Be(auf)sichtigung, Aufsicht, Inspektion; Kontrolle, Prüfung *f;* **2.** Aufsichtsbehörde *f.*
inspirateur, trice [ɛ̃spiʀatœʀ] *s m f* Anreger(in *f*); Anstifter(in *f*) *m; (e-es Dichters)* Muse *f.* **inspiration** *f* **1.** Einatmen *n;* **2.** *fig* Anregung; Eingebung; Inspiration *f a. rel.* **inspiré, e** *a* **1.** *(Dichter)* inspiriert; **2.** ► *être bien ~* e-e gute Idee haben; *tu as été bien ~ de ...* du hast recht daran getan zu *Inf.*
inspirer I. *tr* **1.** *(Tat)* veranlassen, bewirken; **2.** eingeben; inspirieren; **II.** *v prn s'~* sich beeinflussen, leiten, anregen lassen (*de* von); ► *~ confiance* Vertrauen erwecken.
instabilité [ɛ̃stabilite] *f* **1.** *phys* Labilität *a. fig;* **2.** Unbeständigkeit *f.* **instable** *a* **1.** *phys* labil *a. fig;* **2.** *fig* unbeständig, wandelbar, schwankend; *(Frieden)* unsicher; **3.** *chem (Verbindung)* unbeständig.
installateur [ɛ̃stalatœʀ] *m* Installateur *m.* **installation** *f* **1.** Ein-, Vorrichtung; Anlage; Ausstattung; Installation *f;* Einbau *m;* **2.** Einführung, Einsetzung *f (in ein Amt);* **3.** ► *~ téléphonique* Fernsprechanlage *f.* **installer I.** *tr* **1.** *(in ein Amt)* ein=führen, -setzen; **2.** *(Wohnung)* ein=richten, aus=statten; **3.** *(Anlage)* errichten; ein=bauen; **4.** *(Maschine)* auf=stellen; **II.** *v prn s'~* **5.** sich einrichten, sich (*fam* häuslich) nieder=lassen; **6.** *(Gefühl)* sich einnisten.
instamment [ɛ̃stamɑ̃] *adv (bitten)* inständig.
instance [ɛ̃stɑ̃s] *f* **1.** *jur* Klage *f;* Prozeß *m;* Verfahren *n;* **2.** *pl lit* dringende Bitte *f;* **3.** ► *sur les ~s de qn* auf dringendes

Bitten *gen;* **4.** ▶ *être en ~ de divorce* in Scheidung leben; **5.** ▶ *~ d'appel* Berufungsinstanz *f,* -verfahren *n.*

instant [ɛ̃stɑ̃] *m* **1.** Augenblick, Moment *m;* **2.** ▶ *à l'~* im Augenblick, soeben; ▶ *à chaque, à tout ~* jeden, alle Augenblick(e); *dans un ~* gleich; bald; im Moment; *dès l'~ que* sobald, -wie; seit; *par ~s* zeitweise, von Zeit zu Zeit; *pour l'~* für den Augenblick, vorerst; *un ~!* einen Augenblick! Moment (mal)! ja doch! gleich! **instantané, e I.** *a* ganz kurz, nur e-n Augenblick dauernd; **II.** *s m* Momentaufnahme *f,* Schnappschuß *m.*

instar [ɛ̃staʀ] *prp: à l'~ de* nach Art *gen,* (so) wie; nach dem Beispiel, Muster *gen.*

instauration [ɛ̃stɔʀasjɔ̃] *f* (Be-)Gründung; Errichtung; Einsetzung, -führung *f.* **instaurer** *tr* (be)gründen, ein=setzen, -führen.

instigateur, trice [ɛ̃stigatœʀ, -tʀis] *m f* Anstifter(in *f*); Drahtzieher *m.* **instigation** [-sjɔ̃] *f: à l'~ de qn* auf jds Anregung.

instinct [ɛ̃stɛ̃] *m* **1.** Instinkt; (angeborener) Trieb *m;* **2.** Gespür, Gefühl *n (de* für); ▶ *d'~* instinktiv; *~ de conservation* Selbsterhaltungstrieb *m.* **instinctif, ive** [ɛ̃stɛ̃ktif, -iv] *a* **1.** instinktiv; **2.** *péj* triebhaft.

instituer [ɛ̃stitɥe] *tr* **1.** stiften, gründen; ein=führen, -richten, -setzen; **2.** ▶ *~ qn son héritier* jdn zu s-m Erben ein=setzen. **institut** [ɛ̃stity] *m* Institut *n;* ▶ *~ bancaire* Geldinstitut *n; ~ de beauté* Schönheitssalon *m; ~ de recherches* Forschungsanstalt *f.* **instituteur, trice** *m f* (Volksschul-)Lehrer(in *f*) *m.* **institution** *f* **1.** Stiftung, Gründung *f;* **2.** Institution, Anstalt *f;* Einrichtung *f;* **3.** *(Erbe)* Einsetzung *f;* ▶ *~ d'utilité publique* gemeinnützige Einrichtung *f.* **institutionnaliser** *tr* institutionalisieren, auf e-e feste Grundlage stellen.

instructeur [ɛ̃stʀyktœʀ] *s m* **I.** *mil* Ausbilder *m;* **II.** *a m mil* Ausbildungs-; *jur* Untersuchungs-. **instructif, ive** *a* belehrend; instruktiv. **instruction** [-sjɔ̃] *f* **1.** Unterricht *m;* Ausbildung; Belehrung; Unterweisung *f;* **2.** Kenntnisse *f pl,* Wissen *n;* Bildung *f;* **3.** Instruktion; Verhaltensmaßregel *f;* **4.** *jur* Untersuchung *f;* **5.** *pl* Anleitung, (Gebrauchs-)Anweisung; (Dienst-)Vorschrift *f a. mil;* **6.** ▶ *juge m d'~* Untersuchungsrichter *m; ~ civique* Staatsbürgerkunde *f.*

instruire [ɛ̃stʀɥiʀ] ‹*Prés. j'instruis, ns instruisons; Fut. j'instruirai; pp. instruit, e; Subj. que j'instruise, que ns instruisions; Impér. instruis, instruisons*› **I.** *tr* **1.** unterrichten (*qn dans qc,* jdn in e-r S), (be)lehren (*qn dans qc* jdn (in) e-e(r) S); an=leiten, -weisen, instruieren; **2.** benachrichtigen, in Kenntnis setzen (*qn de qc* jdn von etw), informieren (*qn de qc* jdn über e-e S); **3.** *jur (Untersuchung, Prozeß)* durch=führen, leiten; **II.** *v prn s'~* Kenntnisse erwerben; sich bilden. **instruit, e** [-i, -it] *a* unterrichtet; gebildet; ▶ *être ~ de qc* von etw unterrichtet sein.

instrument [ɛ̃stʀymɑ̃] *m* **1.** Werkzeug *a. fig,* Gerät, Instrument *n a. mus;* Apparat *m;* **2.** Urkunde *f,* Dokument *n;* Abkommen, Protokoll *n;* **3.** ▶ *jouer d'un ~* ein Instrument spielen; **4.** ▶ *~s à cordes* Saiteninstrumente *n pl; ~ de mesure* Meßinstrument *n; ~s à vent (mus)* Blasinstrumente *n pl.* **instrumental, e** *a* **1.** *mus* Instrumental-; **2.** funktionell, wirksam; ▶ *musique f ~e* Instrumentalmusik *f.* **instrumentation** *f mus* Instrumentierung *f.* **instrumentiste** *m mus* Instrumentalist *m.*

insu [ɛ̃sy] *m:* ▶ *à l'~ de qn* ohne jds Wissen; *à mon ~* ohne mein Wissen.

insubmersible [ɛ̃sybmɛʀsibl] *a mar* unversenkbar. **insubordination** *f* Ungehorsam *m* (im Dienst); *mil* Gehorsamsverweigerung *f.*

insuccès [ɛ̃syksɛ] *m* Mißerfolg *m;* Mißlingen, Scheitern *n; (Examen)* Durchfall *m.*

insuffisamment [ɛ̃syfizamɑ̃] *adv* nicht genügend. **insuffisance** *f* **1.** Unzulänglichkeit *f;* Mangel(haftigkeit *f*) *m;* **2.** *med* Insuffizienz, Schwäche *f;* ▶ *~ cardiaque* Herzinsuffizienz, -schwäche *f.* **insuffisant, e** *a* ungenügend, unzureichend, unzulänglich.

insuffler [ɛ̃syfle] *tr* **1.** *med* ein=, auf=blasen; **2.** *fig* ein=flößen; *(Schrecken)* ein=jagen, *(Wunsch)* erwecken (*à qn* bei jdm).

insulaire [ɛ̃sylɛʀ] **I.** *a* insular; Insel-; **II.** *s m f* Inselbewohner(in *f*), Insulaner(in *f*) *m.*

insulte [ɛ̃sylt] *f* Beleidigung, Beschimpfung *f.* **insulter I.** *tr* beleidigen, beschimpfen; **II.** *itr* ein Hohn sein (*à qc* auf e-e S); ins Gesicht schlagen *fig* (*à qc* e-r S).

insupportable [ɛ̃sypɔʀtabl] *a* unerträglich; *(Mensch)* unausstehlich.

insurgé [ɛ̃syʀʒe] *m* **1.** Empörer, Aufrührer *m;* **2.** *pl* Aufständische *m pl.* **insurger, s'** ‹*Prés. je m'insurge, ns ns insurgeons; Fut. je m'insurgerai; pp. insurgé, e*› *v prn* sich empören, auf=stehen, sich erheben *a. fig; fig* sich auf=lehnen (*contre* gegen).

insurmontable [ɛ̃syʀmɔ̃tabl] *a* unübersteigbar, unüberwindlich.

insurrection [ɛ̃syʀɛktjɔ̃] *f* Aufstand *m,* Erhebung, Revolte *f* (*contre* gegen).

intact, e [ɛ̃takt] *a* **1.** unberührt; unversehrt, unbeschädigt; vollständig, heil, ganz, intakt; **2.** einwandfrei; tadel-, makellos, untadelig.

intangible [ɛ̃tɑ̃ʒibl] *a* unantastbar. **intarrissable** [ɛ̃taʀisabl] *a* nie versiegend *a. fig;* unerschöpflich *a. fig.* **intégral, e** [ɛ̃tegʀal] **I.** *a* **1.** vollständig, völlig, ganz; **2.** ungekürzt, unvermindert; **II.** *s f math* Integral *n; (Schallplatten)* Gesamtausgabe *f.* **intégralité** *f* Vollständigkeit *f.* **intégrant, e** *a* **1.** (unbedingt) dazugehörend; **2.** *(Bestandteil)* wesentlich, integrierend; ▶ *faire partie ~e de qc* unbedingt zu e-r S gehören. **intégration** *f* **1.** *math* Integrieren *n;* **2.** *com* Integrierung *f;* **3.** *pol* Integration *f;* Zusammenschluß *m;* Eingliederung *f.*

intègre [ɛ̃tɛgʀ] *a* rechtschaffen, redlich, integer; unbescholten; unbestechlich. **intégrer I.** ‹*Prés. j'intègre, ns intégrons; Fut. j'intégrerai; pp. intégré, e*› *tr* **1.** *math com* integrieren; einbeziehen, einordnen, einbinden; **2.** *(in der EG)* ins Beamtenverhältnis übernehmen; **II.** *v prn s'~* sich ein=fügen (*à* in *acc*). **intégrisme** [ɛ̃tegʀism] *m rel pol* Fundamentalismus *m.* **intégriste** *a rel pol* fundamentalistisch; *s m f* Fundamentalist(in *f*) *m.* **intégrité** *f* **1.** Vollständigkeit; Unversehrtheit *f;* **2.** *fig* Redlichkeit, Rechtschaffenheit; Unbestechlichkeit *f.*

intellect [ɛ̃telɛkt] *m* Verstand, Intellekt *m.* **intellectualisme** [-tɥa-] *m* Intellektualismus *m.* **intellectuel, le I.** *a* verstandesmäßig; geistig; Geistes-; intellektuell **II.** *s m f* Intellektuelle(r *m*) *f.*

intelligence 1. *f* Verstand *m;* Intelligenz *f;* **2.** Verständnis *n* (*de* für), Einsicht *f;* **3.** Einvernehmen, (geheimes) Einverständnis *n* (*avec qn* mit jdm); **4.** überdurchschnittlich intelligente(r) Mensch *m;* ▶ *vivre en bonne ~ avec qn* mit jdm in gutem Einvernehmen leben. **intelligent, e** *a* **1.** intelligent; klug, gescheit; **2.** *(Blick)* verständnisvoll. **intelligentsia** [-igɛn(t)sja] *f* Intelligenz *f,* Intellektuelle(n) *m pl.* **intelligible** *a* **1.** verständlich; deutlich (vernehmbar); **2.** klar, verständlich.

intempérance [ɛ̃tɑ̃peʀɑ̃s] *f* **1.** Unmäßigkeit *(bes. im Essen u. Trinken);* **2.** *fig* Maßlosigkeit *f.* **intempérant, e** *a* unmäßig; maßlos. **intempéries** *f pl* Unbilden *pl* der Witterung; *résistant aux ~s* wetterbeständig, -fest. **intempestif, ive** *a* unpassend, unangebracht.

intenable [ɛ̃tənabl] *a* unhaltbar.

intendance [ɛ̃tɑ̃dɑ̃s] *f* **1.** *(Schule)* Aufsicht; Verwaltung *f;* **2.** *mil* Verwaltungsbehörde *f.* **intendant** *m* **1.** (Vermögens-, Schloß-)Verwalter; Direktor, Leiter *m* (*e-s Unternehmens* od *e-r Dienststelle*); **2.** *mil* Leiter *m* e-r Verwaltungsbehörde. **intendante** *f (Schule)* Verwaltungsdirektorin *f.*

intense [ɛ̃tɑ̃s] *a* **1.** *(Leben)* intensiv; **2.** *(Hitze)* groß; **3.** *(Kälte)* streng; **4.** *(Schmerz)* heftig; **5.** *(Verkehr)* lebhaft, stark. **intensif, ive** *a* stark, heftig; intensiv *a. tech.* **intensification** *f* Verstärkung, Intensivierung *f.* **intensifier I.** *tr* intensivieren, verstärken; *(Beziehungen)* aus=bauen; **II.** *v prn s'~* zu=nehmen; sich intensivieren. **intensité** *f* **1.** Stärke, Heftigkeit, Intensität *f;* **2.** ▶ *courant m de haute ~* Starkstrom *m; ~ du courant* Stromstärke *f; ~ sonore* Lautstärke *f; ~ du trafic* Verkehrsdichte *f.*

intenter [ɛ̃tɑ̃te] *tr jur (Klage)* erheben; *(Prozeß)* anhängig machen, an=strengen; ▶ *~ une action à, contre qn* jdn verklagen. **intention** [-sjɔ̃] *f* **1.** Absicht *f,* Vorhaben *n,* Vorsatz; Wille *m;* Intention *f;* **2.** ▶ *à l'~ de* für *acc,* zugunsten, zu Ehren *gen; à cette ~* zu diesem Zweck; *avec, sans ~* absichtlich, unabsichtlich; **3.** ▶ *avoir l'~ de* die Absicht haben zu; *avoir de bonnes ~s envers qn* es gut mit jdm meinen; *avoir de mauvaises ~s* Böses im Schilde führen. **intentionné, e** [-sjɔ-] *a:* ▶ *bien, mal ~* wohlmeinend *od* wohlgesinnt, nicht wohlgesinnt. **intentionnel, le** *a (Tat)* absichtlich, beabsichtigt; vorsätzlich.

inter [ɛ̃tɛʀ] *(in Zssgen)* zwischen-; Zwischen-; *s m tele fam* Fernamt *n;* ▶ *~ droit, gauche (sport)* Halbrechts, -links *m.* **interactif, ive** *a a. inform* interaktiv. **intercalaire** *a* Schalt-; eingeschoben; *jour m ~* Schalttag *m.* **intercaler** *tr* ein=schalten, -fügen, -legen. **intercéder** [-se] ‹*Prés. j'intercède, ns intercédons; Fut. j'intercéderai; pp. intercédé, e*› *itr* sich verwenden (*pour qn auprès de qn* für jdn bei jdm). **intercepter** [-sɛpte] *tr* **1.** auf=, ab=fangen; **2.** *(Brief)* unterschlagen; **3.** *(Verbindung)* unterbrechen; **4.** *tele* ab=hören. **intercession** *f* Fürsprache *f.* **interchangeable** *a* auswechsel-, austauschbar. **interconfessionnel, le** *a* interkonfessionell. **interconnecter** *tr inform* miteinander verbinden; vernetzen. **interconnexion** *f* Verbundsystem; Netz *n;* Verbindung *f; inform (Hardware)* Vernetzung; ▶ *ligne f d'~ (tele)* durchgeschaltete Leitung *f; ~ de données, de fichiers* Daten-, Dateienverknüpfung *f.* **intercontinental, e** *a* interkontinental. **interdépendance** *f* **1.** gegenseitige Abhängigkeit *f;* Wechselbeziehungen *f pl;* **2.** *com* Verflechtung *f,* Interdependenz *f.*

interdiction [ɛ̃tɛʀdiksjɔ̃] *f* **1.** Sperre, Untersagung *f,* Verbot *n;* **2.** Amtsenthebung, Suspendierung *f;* **3.** Entmündigung *f;* **4.** ▶ *~ de construire* Bauverbot *n; ~ professionnelle* Berufsverbot *n; ~ de séjour* Aufenthaltsverbot *n; ~ de stationner* Parkverbot *n.* **interdire**

‹*Prés. j'interdis, ns interdisons; Fut. j'interdirai; pp. interdit, e; Subj. que j'interdise, que ns interdisions; Impér. interdis, interdisons*› *tr* **1.** untersagen, verbieten (*qc à qn* jdm etw); **2.** entmündigen, unter Vormundschaft *od* Kuratel stellen; **3.** suspendieren, entheben (*qn de ses fonctions, ses fonctions à qn* jdn s-s Amtes); **4.** *rel* mit dem (Kirchen-) Bann, Interdikt belegen.

interdisciplinaire [ɛ̃tɛʀdisiplinɛʀ] *a* interdisziplinär.

interdit, e [-di, -it] **I.** *a* **1.** untersagt, verboten; **2.** mit dem (Kirchen-)Bann belegt; *(von Person)* -verbot haben *(de + Subst)*; **3.** verblüfft, bestürzt; **II.** *s m jur* Entmündigte(r) *m*; ► *être, rester, demeurer* ~ wie vor den Kopf geschlagen, sprachlos sein; *il est ~ de parole* er hat Redeverbot; ~ *aux moins de seize ans* Jugendliche unter 16 Jahren haben keinen Zutritt; *passage* ~ Durchgang, -fahrt verboten.

intéressant, e [ɛ̃teʀɛsɑ̃, -ɑ̃t] **I.** *a* **1.** interessant; fesselnd; reizvoll; **2.** *com* vorteilhaft, günstig; **II.** *s m* ► *faire l'~ (fam)* an=geben. **intéressé, e I.** *a* **1.** interessiert (*à qc* an e-r S); **2.** *com* beteiligt (*à, dans qc* an e-er S); **3.** eigennützig, gewinnsüchtig; **II.** *s m f* Beteiligte(r *m*) *f*; Interessent(in *f*), Reflektant *m*; *allg* Interessierte(r *m*); Betreffende(r *m*) *f*. **intéresser I.** *tr* **1.** *(associer)* Anteil nehmen lassen (*qn à qc* jdn an e-r S) beteiligen; **2.** *(concerner)* an=gehen, betreffen; wichtig, interessant sein (*qn* für jdn); **3.** *(retenir l'attention)* interessieren; Teilnahme erregen (*qn* jds); an=ziehen, reizen; **4.** *(éveiller l'intérêt)* interessant, anziehend machen; **5.** ► *je l'ai intéressé à ce projet* ich habe ihn für dieses Projekt gewonnen; **II.** *v prn s'~* sich beteiligen (*dans qc* an e-r S); Anteil nehmen (*à qc* an e-r S); sich interessieren (*à qc* für etw); ein=treten (*à qn* für jdn).

intérêt [ɛ̃teʀɛ] *m* **1.** Interesse *n*; Anteil *m*; Beteiligung, (An-)Teilnahme *f* (*à, pour* an); **2.** Gefallen, Vergnügen *n*; Reiz *m*; **3.** Gewinn, Vorteil, Nutzen *m*; **4.** Eigennutz *m*, Selbstsucht *f*; **5.** *(dommages-~s)* Schadenersatz *m*; **6.** *meist pl* Zinsen *m pl*; *pl* Verzinsung *f*; Belange *pl*; Interessen *n pl*; **7.** ► *dans l'~ de qn* in jds Interesse; *dans l'~ public* im Interesse der Allgemeinheit; *par* ~ aus Interesse *od* Eigennutz; *sans ~s* zinsfrei, -los; **8.** ► *agir contre ses propres ~s* sich selbst ins Fleisch schneiden *fig*; *avoir des ~s dans qc* an e-r S beteiligt sein; *défendre, sauvegarder les ~s de qn* jds Interessen vertreten *od* wahrnehmen; *éveiller l'~* das Interesse erregen; *produire, (rap)porter des ~s* Zinsen tragen, sich verzinsen; **9.** ► *il a tout* ~ es liegt in s-m Interesse (*à* zu); *c'est dans votre* ~ es liegt in Ihrem Interesse; **10.** ► *sphère, zone f d'~s (pol)* Interessengebiet *n*; *taux m d'~* Zinsfuß *m*; **11.** ► *~s bancaires* Bankzinsen *m pl*.

interférence [ɛ̃teʀfeʀɑ̃s] *f* **1.** Einmischung *f*; **2.** *phys* Interferenz, Überlagerung *f*. **interférer** ‹*Prés. j'interfère, ns interférons; Fut. j'interférerai; pp. interféré, e*› *itr* sich ein=mischen (*dans* in).

intérieur, e [ɛ̃teʀjœʀ] **I.** *a* innere(r, s); inwendig, innerlich; Innen-; inländisch; Binnen-; **II.** *s m* **1.** (das) Innere; (das) Landesinnere, Binnenland *n*; **2.** Häuslichkeit *f*, (Da-)Heim, Haus *n*; **3.** Innenaufnahme; *film* Atelieraufnahme *f*; **4.** *sport* Mittelstürmer *m*; **5.** ► *à l'~* innen; *pharm* innerlich; innerhalb (*de* gen); **6.** ► *aménagement m ~* Inneneinrichtung *f*; *commerce m ~* Binnenhandel *m*; *cour f ~e* Innenhof *m*; *politique f ~e* Innenpolitik *f*. **intérieurement** *adv fig* innen, im Inner(e)n; innerlich.

intérim [ɛ̃teʀim] *m inv* Zwischenzeit *f*, Interim *n*; ► *par ~* in der Zwischenzeit; ► *assurer l'~* zeitweilig die Vertretung übernehmen. **intérimaire I.** *a* vorläufig, einstweilig, interimistisch; Zwischen-; **II.** *s m* Vertreter *m*; provisorische(r) Inhaber (e-s Amtes, e-r Stelle); Vertreter *m*; Leiharbeiter(in *f*) *m*.

interjection [ɛ̃teʀʒɛksjɔ̃] *f gram* Interjektion, Ausrufungs-, Empfindungswort *n*. **interjeter** [-ʒəte] *tr jur*: ► ~ *appel* Berufung ein=legen.

interligne [ɛ̃teʀliɲ] *m* **1.** Zwischenraum *m (zwischen Zeilen)*; **2.** *f typ* Durchschuß *m*. **interligner** *tr* **1.** zwischen die Zeilen schreiben; **2.** *typ* durchschießen. **interlinéaire** *a* interlinear.

interlocuteur, trice [ɛ̃tɛʀlɔkytœʀ, -tʀis] *m f* Gesprächspartner(in *f*), -teilnehmer(-in *f*) *m*; Ansprechpartner(in *f*).

interlope [ɛ̃tɛʀlɔp] *a* zweideutig; verrufen; ► *commerce m* ~ Schleich-, Schwarzhandel *m*.

interloqué, e [ɛ̃tɛʀlɔke] *a* verwirrt; verdutzt.

interlude [ɛ̃tɛʀlyd] *m* Zwischenmusik *f*; *video* Pausenfüller *m*.

intermède [ɛ̃tɛʀmɛd] *m* **1.** *theat mus* Zwischenspiel, Intermezzo *n a. fig*; **2.** *mus* Einlage *f*.

intermédiaire [ɛ̃tɛʀmedjɛʀ] **I.** *a* Zwischen-, Mittel-; intermediär; **II.** *s m* **1.** Mittelsperson *f*, -mann, Vermittler(in *f*) *m*; **2.** *com* Zwischenhändler *m*; **3.** ► *par l'~ de* durch Vermittlung *gen*, über *acc*; *servir d'~* als Vermittler dienen; *commerce m ~* Zwischenhandel *m*.

interminable [ɛ̃tɛʀminabl] *a* endlos.

intermittence [ɛ̃tɛʀmitɑ̃s] *f* (kurze) Unterbrechung *f a. el*; *par* ~ zeitweilig, vorübergehend. **intermittent, e** *a* **1.** zeitweilig unterbrochen, aussetzend, diskontinuierlich; **2.** *med* intermittierend.

internat [ɛ̃tɛrna] *m* **1.** Internat *n;* **2.** *med* Assistenzärzte *m pl;* Assistenzarztzeit *f.*

international, e [ɛ̃tɛrnasjɔnal] *a* international, zwischenstaatlich; *droit m* ~ Völkerrecht *n.* **internationalisme** *m* Internationalismus *m.*

interne [ɛ̃tɛrn] **I.** *a* innere(r, s); Innen-; **II.** *s m* **1.** Internatsschüler *m;* **2.** Assistenzarzt *m.* **interné, e** *m f* Internierte(r *m) f.* **internement** *m* Internierung *F.* **interner** *tr* **1.** internieren; **2.** *med* in e-e Anstalt ein=weisen.

interpellateur, trice [ɛ̃tɛrpɛlatœr, -tris] *m f parl* Interpellant *m.* **interpellation** [-sjɔ̃] *f* **1.** *parl* Interpellation *f;* **2.** *jur* Aufforderung; Mahnung *f;* **3.** brüske Anrede *f;* **4.** *(Polizei)* Überprüfung *f* der Personalien. **interpeller** [-pə(e)-] *tr* **1.** befragen, e-e Anfrage richten (*qn* an jdn); *parl* interpellieren; **2.** *jur (zu e-r Erklärung)* auffordern; mahnen (*de faire qc* etw zu tun); **3.** *(Polizei)* die Personalien überprüfen.

interpénétration [ɛ̃tɛrpenetrasjɔ̃] *f* gegenseitige Durchdringung, Verflechtung *f.* **interpénétrer, s'** *v prn* sich gegenseitig durchdringen.

interphone [ɛ̃tɛrfɔn] *m WZ* Sprechanlage *f.*

interplanétaire [ɛ̃tɛrplanetɛr] *a* interplanetarisch.

interpolation [ɛ̃tɛrpɔlasjɔ̃] *f* Interpolation *a. math;* Einschiebung *f (in e-n Text).* **interpoler** *tr (Textstelle)* ein=schieben, interpolieren *a. math.*

interposer [ɛ̃tɛrpoze] **I.** *tr* **1.** dazwischen=stellen, -setzen, -legen; **2.** *fig* in die Waagschale werfen; **3.** *(Hilfe)* leisten; **II.** *v prn s'*~ dazwischen=treten; sich ein=schieben; vermitteln (*entre* zwischen); ▶ *personne f interposée* Mittelsperson *f.*

interprétariat [ɛ̃tɛrpretarja] [-a] *m* Dolmetscherwesen *n.* **interprétatif, ive** *a* erläuternd, erklärend. **interprétation** *f* **1.** Auslegung, Deutung, Interpretation; Erklärung *f;* **2.** Dolmetschen *n;* **3.** *theat* Darstellung, Verkörperung; *mus* Wiedergabe *f.* **interprète** *m* **1.** Interpret; Erklärer *m;* **2.** Dolmetscher *m;* **3.** *fig* Dolmetsch, Fürsprecher *m;* **4.** *theat* Darsteller *m;* ▶ *se faire l'~ de qc* sich zum Sprachrohr e-r S machen. **interpréter** ‹*Prés. j'interprète, ns interprétons; Fut. j'interpréterai; pp. interprété, e*› *tr* **1.** aus=legen, deuten, interpretieren; **2.** aus=werten; **3.** erklären, erläutern; **4.** (ver)dolmetschen; **5.** *theat (Rolle)* auf=fassen; dar=stellen, verkörpern, spielen *a. mus.*

interracial, e *a* zwischen den Rassen.

interrégional, e [ɛ̃tɛrreʒjɔnal] *a* interregional.

interrogateur, trice [ɛ̃tɛrɔgatœr, -tris] **I.** *s m f* Prüfer, Prüfende(r), Examinator *m;* **II.** *a* fragend. **interrogatif, ive** *a* fragend, interrogativ. **interrogation** *f* Frage; Befragung *f;* ▶ *point m d'~* Fragezeichen *n a. fig.* **interrogatoire** *m* Verhör *n,* Einvernahme, Vernehmung(sprotokoll *n) f;* ▶ *faire subir un ~ à qn* jdn verhören; ~ *contradictoire* Kreuzverhör *n.* **interroger** [-ʒe] ‹*Prés. j'interroge, ns interrogeons; Fut. j'interrogerai; pp. interrogé, e*› *tr* **1.** (be-, aus=)fragen; **2.** *jur* verhören; **3.** *inform (un système)* ab=fragen; **4.** *fam* um Rat fragen, zu Rate ziehen.

interrompre [ɛ̃tɛrɔ̃pr] ‹*Prés. j'interromps, ns interrompons; Fut. j'interromprai; pp. interrompu, e; Subj. que j'interrompe, que ns interrompions; Impér. interromps, interrompons*› **I.** *tr* **1.** unterbrechen *a. jur el;* ins Wort fallen (*qn* jdm); **2.** stören *a. jur (Besitz);* **II.** *v prn s'~* **3.** auf=hören (*dans qc* mit etw); **4.** *(Rede)* ab=brechen (*dans acc*); inne=halten, stocken.

interrupteur [ɛ̃tɛryptœr] *s m el* Unterbrecher, Schalter *m.* **interruption** [-sjɔ̃] *f* **1.** Unterbrechung *a. jur el;* Störung *f;* **2.** *parl* Zwischenruf *m;* ▶ *sans ~* ohne Unterbrechung; ununterbrochen; *ouvert sans ~* durchgehend geöffnet; ~ *de (la) grossesse* Schwangerschaftsabbruch *m.*

intersecté, e [ɛ̃tɛrsɛkte] *a* **1.** *math* geschnitten; **2.** *allg* gebrochen; **3.** *arch* sich überschneidend, verschlungen. **intersection** [-sjɔ̃] *f* **1.** Schnitt(punkt *m,* -linie, -fläche *f) m;* **2.** Überschneidung, Kreuzung *f;* ▶ ~ *(de routes)* Straßenkreuzung *f.*

interstellaire [ɛ̃tɛrstɛlɛr] *a astr* interstellar.

interstice [ɛ̃tɛrstis] *m* Zwischenraum; Spalt *m.*

intersyndical, e [ɛ̃tɛrsɛ̃dikal] *a* zwischengewerkschaftlich; *s f* Gewerkschaftsbund *m.*

interurbain, e [ɛ̃tɛryrbɛ̃] **I.** *a tele* Fern-; **II.** *s m* u. *bureau m ~ (tele)* Fernamt *n; communication f ~e* Ferngespräch *n.*

intervalle [ɛtɛrval] *m* **1.** Abstand, Zwischenraum *m,* Entfernung *f;* **2.** Zwischenzeit *f;* Zeitabstand *m,* -spanne *f;* **3.** *mus* Intervall *n;* ▶ *par ~s* von Zeit zu Zeit, hin u. wieder, dann u. wann.

intervenir [ɛ̃tɛrvənir] ‹*Prés. j'interviens, ns intervenons; Fut. j'interviendrai; pp. intervenu, e; Subj. que j'intervienne, que ns intervenions; Impér. interviens, intervenons*› *itr* **1.** *bes. pol mil* ein= schreiten, -greifen (*dans une discussion* in e-e Aussprache); sich ein=mischen, intervenieren (*dans qc* in e-r S); **2.** sich ins Mittel legen, vermitteln (*dans* bei); **3.** *jur* intervenieren, teil=nehmen (*à, dans* *qc* an e-r S); **4.** *(Ereignis)* ein=treten, geschehen; dazwischen=kommen. **intervention** [-vɑ̃sjɔ̃] *f* **1.** Einschreiten *n*, -mischung, Intervention; Vermittlung *f;* **2.** *med (~ chirurgicale)* (chirurgischer) Eingriff *m*, Operation *f;* **3.** *(Sache)* Eintreten, Dazwischenkommen *n;* ▶ *sans mon ~* ohne mein Zutun. **interventionnisme** [-sjɔ-] *m pol* Interventionismus *m.* **interventonniste** *a* interventionistisch.

interversion [ɛ̃tɛʀvɛʀsjɔ̃] *f* Umkehrung, -stellung, Vertauschung *f.* **intervertir** *tr* um=stellen; *(die Rollen)* vertauschen; *(Papiere)* in Unordnung bringen.

interview [ɛ̃tɛʀvju] *f* Interview *n.* **interviewer I.** *tr* [-uve] interviewen; **II.** *s m* [-uvœʀ] Interviewer *m.*

intestat [ɛ̃tɛsta] *a* ohne (ein) Testament (zu hinterlassen).

intestin, e [ɛ̃tɛstɛ̃, in] **I.** *a* intern; *guerre f intestine* Bürgerkrieg *m;* **II.** *s m* Darm *m; pl* Gedärm, Eingeweide *n.* **intestinal, e** *a* Darm-, Eingeweide-.

intimation [ɛ̃timasjɔ̃] *f jur* gerichtliche Ankündigung; Vorladung *f.* **intime I.** *a* vertraut, intim; gemütlich, behaglich; **II.** *s m f* Intimus, Busenfreund(in *f*) *m;* ▶ *rapports m pl ~s* enge Beziehungen *f pl;* Intimverkehr *m.* **intimer** *tr* **1.** (amtlich) mit=teilen, erklären, an=kündigen; **2.** *jur* (vor e-e höhere Instanz) vorladen; ▶ *~ l'ordre de* jdn den Befehl erteilen zu.

intimidation [ɛ̃timidasjɔ̃] *f* Einschüchterung *f.* **intimider** *tr* ein=schüchtern.

intimité [ɛtimite] *f* **1.** Vertrautheit, enge Freundschaft, Intimität *f;* **2.** *(Ort)* intime(r) Charakter *m*, Behaglichkeit *f;* ▶ *dans la plus stricte ~* im engsten (Familien-)Kreis.

intitulé [ɛ̃tityle] *m* **1.** Titel *m*, Über-, Aufschrift *f;* **2.** Eingangsformel *f bes. jur.* **intituler I.** *tr* betiteln, e-n Titel geben (*qc* e-r S); **II.** *v prn s'~* **1.** sich nennen, sich den Titel *gen* bei=legen; **2.** die Überschrift tragen.

intolérable [ɛ̃tɔleʀabl] *a* unerträglich. **intolérance** *f* **1.** Unduldsamkeit, Intoleranz; **2.** Unverträglichkeit *f.* **intolérant, e** *a* unduldsam, intolerant.

intonation [ɛ̃tɔnasjɔ̃] *f* **1.** *mus* Tonangabe *f;* **2.** *(Sprache)* Intonation *f*, Ton(fall) *m.*

intoxication [ɛ̃tɔksikasjɔ̃] *f* Vergiftung *f.* **intoxiqué, e** *a* vergiftet; drogenabhängig, -süchtig; *s m f* Süchtige(r *m*) *f.* **intoxiquer** *tr* vergiften.

intradermique *a* in der Haut.

intrados [ɛ̃tʀado] *m arch* **1.** Laibung *f;* **2.** *aero* Flügelunterseite *f.* **intraduisible** [-ɥiz-] *a* unübersetzbar. **intraitable** [ɛ̃tʀɛtabl] *a* unnachgiebig, halsstarrig; kompromißlos (*sur* in Bezug auf *acc*). **intra-muros** [-myʀos] *adv* u. *a* in(nerhalb) der Stadt(mauern) (gelegen).

intramusculaire *a med* intramuskulär.

intransigeance [ɛ̃tʀɑ̃ziʒɑ̃s] *f* Unnachgiebigkeit *f*, Starrsinn *m;* Unversöhnlichkeit *f.* **intransigeant, e** *a* unnachgiebig; unversöhnlich.

intransitif, ive [ɛ̃tʀɑ̃zitif, iv] *a gram* intransitiv.

intransportable [ɛ̃tʀɑ̃spɔʀtabl] *a* **1.** *com* nicht versandfähig; **2.** *(Kranker)* nicht transportfähig. **intra-utérin, e** *a anat* intrauterin.

intraveineux, se [ɛ̃tʀavɛnø, -øz] *a med* intravenös.

intrépide [ɛ̃tʀepid] *a* unerschrocken, furchtlos, kühn. **intrépidité** *f* Kühnheit, Unerschrockenheit, Furchtlosigkeit *f.*

intrigant, e [ɛ̃tʀigɑ̃, -ɑ̃t] **I.** *a* ränkesüchtig; **II.** *s m f* Intrigant(in *f*) *m.* **intrigue** *f* **1.** Intrige(nspiel *n*) *f;* Machenschaften *f pl;* Umtriebe, Schliche *m pl;* **2.** *theat* Verwick(e)lung *f*, Knoten *m.* **intriguer I.** *itr* intrigieren, Ränke schmieden; **II.** *tr* neugierig machen; stutzig machen.

intrinsèque [ɛ̃tʀɛ̃sɛk] *a* echt, eigentlich; *(Wert)* wirklich, wahr.

introducteur, trice [ɛ̃tʀɔdyktœʀ, -tʀis] *m* Einführer(in *f*) *m.* **introduction** [-ksjɔ̃] *f* **1.** Einführung (*à qc* in e-e S) *a. med (e-s Instrumentes)* (*dans qc* in etw); Einleitung *f* (*à qc* in e-e S); Vorwort *n;* **2.** *mus* Introduktion *f;* ▶ *lettre f d'~* Empfehlungsschreiben *n.* **introduire** [-dɥiʀ] ‹*Prés. j'introduis, ns introduisons; Fut. j'introduirai; pp. introduit, e; Subj. que j'introduise, que ns introduisions; Impér. introduis, introduisons*› **I.** *tr* **1.** *(faire entrer qn; présenter qn)* (her)ein=führen; **2.** *(faire entrer qc)* (hin)ein=führen, -bringen, -stecken, -drücken, -schieben; *el* (in e-n Stromkreis) ein=schalten; *(Krankheit)* ein=schleppen; ▶ *~ en fraude* ein=schmuggeln (*en* in *acc*); **3.** *(faire adopter) (mode, usage, expression)* ein=führen, auf=bringen; ▶ *~ sur le marché* auf den Markt bringen; **II.** *v prn s'~* **5.** sich Zutritt verschaffen, ein=dringen, sich ein=schleichen (*dans* in *acc*); sich ein=drängen; **6.** *(Mode, Gebrauch)* auf=kommen; **7.** *(Sitte)* sich ein=bürgern.

introït [ɛ̃tʀɔit] *m rel (Messe)* Introitus *m.*

intronisation [ɛ̃tʀɔnizasjɔ̃] *f* **1.** feierliche Einsetzung *f;* **2.** *fig* Einführung *f.* **introniser** *tr* **1.** feierlich ein=setzen; **2.** *fig* ein=führen.

introuvable [ɛ̃tʀuvabl] *a* unauffindbar; nicht aufzutreiben(d).

intrus, e [ɛ̃tʀy, -yz] *s m f* Eindringling, ungebetene(r) Gast *m.* **intrusion** [-zjɔ̃] *f* Eindringen *n.*

intuitif, ive [ɛ̃tɥitif, -iv] *a* intuitiv. **intuition** *f* **1.** Intuition *f;* **2.** (Vor-)Ahnung *f.*

inusable [inyzabl] *a (Stoff)* unverwüstlich.

inusité, e [inyzite] *a* ungebräuchlich. **inutile** [inytil] *a* unnütz, nutzlos; unbrauchbar; unnötig, überflüssig; ▶ *être ~* sich erübrigen. **inutilement** *adv* umsonst. **inutilisable** *a* unbrauchbar, unbenutzbar. **inutilisé, e** *a* ungenutzt. **inutilité** *f* Nutz-, Zwecklosigkeit *f.*

invaincu, e [ɛ̃vɛ̃ky] *a* unbesiegt, unbezwungen.

invalidation [ɛ̃validasjɔ̃] *f* Ungültigkeitserklärung, Annullierung *f.* **invalide I.** *a* invalid; arbeits-, dienstunfähig; **II.** *s m* Invalide *m.* **invalider** *tr jur* für ungültig erklären, annullieren. **invalidité** *f* Invalidität; Dienst-, Arbeits-, Erwerbsunfähigkeit *f.*

invariable [ɛ̃varjabl] *a* unveränderlich *a. gram,* unwandelbar; beständig.

invasion [ɛ̃vazjɔ̃] *f* **1.** (feindlicher) Einfall, -bruch *m,* Invasion *f a. fig;* **2.** *(Seuche)* Ausbruch *m;* plötzliche(s) Auftreten *n a. fig;* Zunahme, schnelle Verbreitung *f;* ▶ *les grandes ~s* die Völkerwanderung *f.*

invective [ɛ̃vɛktiv] *f* Beleidigung *f.* **invectiver I.** *itr* schimpfen (*contre* auf *acc*), wettern (*contre* über *acc*); **II.** *tr* beschimpfen, beleidigen.

invendable [ɛ̃vɑ̃dabl] *a* unverkäuflich. **invendu, e I.** *a* unverkauft; **II.** *s m pl* unverkaufte Waren *f pl; (Bücher)* Remittenden *pl.*

inventaire [ɛ̃vɑ̃tɛʀ] *m* **1.** Inventar; Verzeichnis *n;* **2.** (Waren-)Bestandsaufnahme, Inventur *f;* ▶ *dresser, établir, faire l'~* Inventur, Bestandsaufnahme machen; *~ de fin d'année* Jahresinventur *f.*

inventer [ɛ̃vɑ̃te] *tr* **1.** erfinden; **2.** aus=, erdenken, ersinnen, erdichten; *fam* aus=hecken. **inventeur, trice** *m f* Erfinder(in *f*) *m.* **inventif, ive** *a* erfinderisch. **invention** [-sjɔ̃] *f* **1.** Erfindung *f a. péj;* **2.** *péj* (reine) Phantasie *f;* ▶ *brevet m d'~* Patent *n.*

inventorier [ɛ̃vɑ̃tɔʀje] *tr* inventarisieren, ein Verzeichnis auf=nehmen (*qc* von etw), Inventur machen (*qc* in e-r S).

invérifiable [ɛ̃veʀifjabl] *a* unkontrollierbar, nicht nachprüfbar.

inverse [ɛ̃vɛʀs] **I.** *a* umgekehrt, entgegengesetzt; **II.** *s m* Gegenteil *n* (*de* gen), -satz *m* (*de* zu); ▶ *à l'~ de* im Gegensatz zu; *en sens ~* in entgegengesetzter Richtung. **inversement** *adv* umgekehrt, hinwieder(um), dagegen. **inverser** *tr* **1.** um=kehren *a. phys;* **2.** *el (Stromrichtung)* um=schalten. **inversion** [-sjɔ̃] *f* **1.** *gram chem* Inversion *f;* **2.** *el* Umschaltung *f;* **3.** *med* Umlagerung *f (e-s Organs);* ▶ *~ narrative (film)* Rückblendung *f.*

invertébrés [ɛ̃vɛʀtebʀe] *m pl zoo* Wirbellose *pl.*

inverti, e [ɛ̃vɛʀti] *s m f* Homosexuelle(r *m*), Invertierte(r *m*) *f.*

investigateur, trice [ɛ̃vɛstigatœʀ, -tʀis] **I.** *a* forschend; Forscher-; **II.** *s m f* Forscher(-in *f*) *m.* **investigation** *f* (Nach-)Forschung; *jur* Ermitt(e)lung *f.*

investir *tr* **1.** aus=statten, betrauen, *hist* belehnen (*de* mit); verleihen (*qn de qc* jdm etw); ein=setzen (*de* in *acc*); **2.** *(Geld)* an=legen, investieren (*dans* in *acc*); **3.** *mil* ein=schließen; **4.** *v prn s'~* sich ein=bringen. **investissement** *m* **1.** *mil* Einschließung; **2.** *com* Anlage, Investierung, Investition *f; pl* Anlagevermögen *n;* ▶ *~ de capital* Kapitalanlage, -investierung *f.* **investiture** *f* **1.** *hist* Investitur, Belehnung, Einsetzung *f;* **2.** *pol* Aufstellung, Benennung *f (e-s Kandidaten).*

invétéré, e [ɛ̃veteʀe] *a* **1.** *(Gewohnheit)* eingewurzelt; **2.** *(Leiden)* hartnäckig, chronisch; **3.** *(Verbrecher, Trinker)* unverbesserlich.

invincible [ɛ̃vɛ̃sibl] *a* **1.** unbesiegbar, unschlagbar; **2.** *fig* unüberwindlich, unerschütterlich; **3.** *(Argument)* unwiderlegbar.

inviolable [ɛ̃vjɔlabl] *a* unverletzlich, unantastbar. **inviolé, e** *a* unverletzt *fig; (Berggipfel)* unbezwungen.

invisible [ɛ̃vizibl] *a* **1.** unsichtbar; **2.** verborgen, geheim; **3.** *(Person)* nie anzutreffen(d); ▶ *être ~* sich nicht sehen lassen.

invitation [ɛ̃vitasjɔ̃] *f* **1.** Einladung *f;* **2.** Aufforderung *f* (*à* zu). **invite** *f* auffordernde, ermunternde Geste *f,* Wink *m.* **invité, e** *s m f* (geladener) Gast *m.* **inviter I.** *tr* **1.** ein=laden (*à* zu); **2.** auf=fordern, ersuchen, veranlassen (*à* zu); **II.** *v prn s'~* ungebeten erscheinen.

invocation [ɛ̃vɔkasjɔ̃] *f rel* Anrufung *f.*

involontaire [ɛ̃vɔlɔ̃tɛʀ] *a* unfreiwillig, unabsichtlich; unwillkürlich.

invoquer [ɛ̃vɔke] *tr* **1.** *rel* an=rufen; **2.** erflehen, bitten; **3.** sich berufen (*qc* auf e-e S *acc*), geltend machen; sich stützen (*qc* auf e-e S), heran=ziehen.

invraisemblable [ɛ̃vʀɛsɑ̃blabl] *a* **1.** unwahrscheinlich; **2.** unmöglich, unglaublich. **invraisemblance** *f* Unwahrscheinlichkeit *f.*

invulnérable [ɛ̃vylneʀabl] *a* **1.** unverwundbar; **2.** *fig* unverletzbar; gefeit (*à* gegen).

iode [jɔd] *m chem* Jod *n;* ▶ *teinture f d'~ (pharm)* Jodtinktur *f.* **iodé, e** jodhaltig.

ion [jɔ̃] *m phys el* Ion *n.* **ionien, ne** [jɔnjɛ̃, -ɛn] *a geog hist* ionisch. **ionique** *a arch* ionisch; ▶ *ordre m ~* ionische Säulenordnung *f.* **ionisation** *f* Ionisierung *f.* **ioniser** *tr phys* ionisieren. **ionosphère** *f* Ionosphäre *f.*

iota [jɔta] *m* Jota *n.*

Irak, l' [iʀak] *m* der Irak. **irakien, ne** *a* irakisch. **Irakien, ne** *m f* Iraker(in *f*) *m.*

Iran, l' [iʀɑ̃] *m* der Iran. **iranien, ne** *a* iranisch; *s m gram* Iranisch *n*, das Iranische. **Iranien, ne** *m f* Iraner(in *f*) *m*.
irascible [iʀasibl] *a* jähzornig.
iris [iʀis] *m* **1.** *anat* Regenbogenhaut, Iris *f*; **2.** *bot* Schwertlilie *f*. **irisé, e** *a* in den Regenbogenfarben schilldernd.
irlandais, e [iʀlɑ̃dɛ, -ɛz] *a* irisch; *s m gram* Irisch *n*, das Irische. **Irlandais, e** *m f* Ire *m*, Irin *f*; Irländer(in *f*) *m*. **Irlande, l'** *f* Irland *n*.
ironie [iʀɔni] *f* Ironie *f*, feine(r) Spott *m*; ▶ ~ *du sort* Ironie *f* des Schicksals. **ironique** *a* ironisch, spöttisch. **ironiser** *itr* ironische, bissige Bemerkungen machen.
irradiation [iʀ(ʀ)adjasjɔ̃] *f* **1.** (Aus-)Strahlung *f*; Strahlen *n*. **irradié, e** *a* *(Sache)* radioaktiv; *(Gegend, Person)* radioaktiv verseucht; *(Atomphysik)* beschießen (*par* mit) verseuchen. **2.** *med* Bestrahlung *f*. **irradier I.** *itr* **1.** (aus=) strahlen; **2.** *fig* sich ausbreiten; **II.** *tr* bestrahlen (*par* mit).
irraisonné, e [iʀ(ʀ)ɛzɔne] *a (Angst)* unsinnig, sinnlos; unbewußt.
irrationel, le [iʀ(ʀ)asjɔnɛl] *a* **1.** vernunftwidrig; unvernünftig; **2.** *math* irrational.
irréalisable [iʀ(ʀ)ealizabl] *a* unausführbar, nicht zu verwirklichen(d). **irréalisé, e** *a* nicht realisiert, unausgeführt.
irrecevabilité [iʀ(ʀ)əsəvabilite] *f jur (Klage)* Unzulässigkeit *f*. **irrecevable** *a* **1.** unannehmbar; **2.** *jur* unzulässig.
irréconciliable [iʀ(ʀ)ekɔ̃siljabl] *a* unversöhnlich. **irrécouvrable** *a* nicht einzutreiben(d), uneinbringlich. **irrécusable** *a* **1.** einwandfrei, tadellos; **2.** unwiderlegbar; **3.** *(Zeuge)* glaubwürdig. **irréductible** *a* **1.** nicht zu reduzieren(d); **2.** *math (Bruch)* nicht mehr zu kürzen(d); **3.** *med (Bruch)* nicht wieder einzurenken(d): **4.** *chem* nicht reduzierbar; **5.** *(Rente)* unkürzbar; **6.** *fig* unbeugsam, unnachgiebig, unerbittlich. **irréel, le** *a* unwirklich, irreal. **irréfléchi, e** *a* **1.** *(Handlung)* unüberlegt; **2.** *(Mensch)* unbesonnen, gedankenlos, unbedacht. **irréfutable** *a* unwiderlegbar. **irrégularité** *f* **1.** Unregelmäßigkeit; Regellosigkeit *f*; **2.** Ungleichmäßigkeit *f*; **3.** Ordnungswidrigkeit *f*; **4.** ungleichmäßige Leistung *f*. **irrégulier, ère I.** *a* **1.** unregelmäßig *a. gram*, regellos; regelwidrig; **2.** *mil* irregulär; *(Beamter)* außerplanmäßig; **3.** ordnungswidrig; **4.** in der Leistung schwankend; **II.** *s m pl* irreguläre Truppen *f pl*. **irréligieux, se** *a* religions-, glaubenslos. **irrémédiable** *a* **1.** unheilbar; **2.** hoffnungslos; **3.** ausweglos; **4.** *(Verlust)* unersetzbar, nicht wiedergutzumachen(d).
irremplaçable [iʀ(ʀ)ɑ̃plasabl] *a* unersetzlich.
irréparable [iʀ(ʀ)epaʀabl] *a* nicht wiedergutzumachen(d); *tech* irreparabel. **irrépréhensible** *a* untadelig. **irréprochable** *a* untadelig, musterhaft; tadellos, einwandfrei. **irrésistible** *a* **1.** unwiderstehlich; **2.** hinreißend komisch. **irrésolu, e** *a* unentschlossen, schwankend. **irrésolution** *f* Unentschlossenheit *f*.
irrespect [iʀ(ʀ)ɛspɛ] *m* Respektlosigkeit *f*. **irrespectueux, se** *a* respektlos.
irrespirable [iʀ(ʀ)ɛspiʀabl] *a* **1.** nicht zu atmen(d); **2.** *fig* unerträglich.
irresponsabilité [iʀ(ʀ)ɛspɔ̃sabilite] *f* Unverantwortlichkeit; *jur* Unzurechnungsfähigkeit *f*. **irresponsable** *a* **1.** nicht verantwortlich (*de* für); **2.** *jur* unzurechnungsfähig; **3.** verantwortungslos.
irrétrécissable [iʀ(ʀ)etʀesisabl] *a (Stoff)* nicht einlaufend. **irrévérencieux, se** *a* respektlos. **irréversible** *a* nicht umkehrbar. **irrévocable** *a* unwiderruflich; nicht zurücknehmbar, -ziehbar; zwangsläufig.
irrigation [iʀ(ʀ)igasjɔ̃] *f* **1.** Bewässerung; Berieselung *f*; **2.** *med* Spülung *f*; Einlauf *m*. **irriguer** [-ge] *tr* **1.** bewässern, berieseln; **2.** *med* spülen.
irritabilité [iʀitabilite] *f* **1.** Reizbarkeit *f*; **2.** Erregbarkeit *f*. **irritable** *a* reizbar; leicht erregbar, (über-)empfindlich. **irritant, e I.** *a* aufreizend, -regend; *(Frage)* ärgerlich; Reiz-; **II.** *s m pharm* Reizmittel *n*. **irritation** *f* **1.** Gereiztheit, Verärgerung *f*; **2.** *med* Reizung, Entzündung *f*. **irriter I.** *tr* **1.** reizen, (ver)ärgern, auf=bringen; **2.** *med* reizen, an=greifen; **II.** *v prn s'*~ **3.** gereizt, ärgerlich werden; in Zorn geraten (*de* über *acc*); **4.** *med* sich entzünden.
irruption [iʀ(ʀ)ypsjɔ̃] *f* **1.** (feindlicher) Einfall *m*; **2.** *fig* Eindringen, Hereinbrechen; **3.** ▶ *faire* ~ ein=dringen, -brechen; hereinstürmen (*dans une pièce* in ein Zimmer).
islam [islam] *m rel* Islam *m*. **islamique** *a* islamisch; (die) islamische Welt, (die) islamische(n) Völker *n pl*. **islamisation** *f* Islamisierung *f*.
islandais, e [islɑ̃dɛ, -ɛz] *a* isländisch; *s m gram* Isländisch *n* das Isländische. **Islandais, e** *m f* Isländer(in *f*) *m*. **Islande, l** *f* Island *n*.
iso- [izo] *(in Zssgen)* gleich-. **isocèle** [-sɛl] *a math* gleichschenk(e)lig.
isolant, e [izɔlɑ̃, -ɑ̃t] **I.** *a* isolierend *(a. Sprache)*; nicht leitend; Isolier-; **II.** *s m* Isolierstoff *m*, Isolationsmittel *n*; ▶ ~ *acoustique, thermique* Schall-, Wärmedämmstoff *m*. **isolateur** *m phys* Isolator, Nichtleiter *m*. **isolation** *f* Isolierung, Isolation *f*. **isolé, e I.** *a* **1.** isoliert, abgesondert; **2.** *(Ort)* abgelegen, -geschieden, entlegen, einsam; **3.** *(Haus)* einzelstehend; **4.** *(Mensch)* zurückgezo-

gen; einzeln; vereinzelt; **II.** *s m* **1.** Vereinsamte(r) *m;* **2.** Einzelperson *f;* **3.** *mil* Versprengte(r) *m.* **isolement** *m* **1.** Isolierung *a. phys el;* Absonderung *f;* **2.** *(Ort)* Abge-, Entlegenheit, Abgeschiedenheit, Einsamkeit *f;* ▶ ~ *cellulaire* Einzelhaft *f;* ~ *sensoriel* Isolationshaft *f.*

isoler I. *tr* **1.** isolieren, ab=sondern, trennen (*de* von); **2.** *fig* für sich nehmen; **II.** *v prn s'*~ sich absondern (*de qn* von jdm); sich abseits halten. **isoloir** *m pol* Wahlzelle *f.*

isomorphe [izɔmɔʀf] *a* isomorph *f.* **isotherme** *s f (Meteorologie)* Isotherme *f; a* isotherm; ▶ *wagon m* ~ Kühlwagen *m.*

Israël [isʀaɛl] *m* Israel *n.* **israélien, ne** *a* israelisch. **Israélien, ne** *m f* Israeli *m.* **israélite** *a* israelitisch, jüdisch. **Israélite** *m f* Israelit(in *f*) *m;* Jude *m,* Jüdin *f.*

issu, e [isy] **I.** *a* **1.** hervorgegangen (*de* aus); **2.** abstammend (*de* von), entsprossen (*de* aus); **II.** *s f* **1.** Ausgang; *(Wasser)* Aus-, Abfluß *m;* **2.** *fig* Ausgang, Ausweg *m;* **3.** ▶ *à l'*~*e de* am Ende, Schluß *gen; sans* ~*e* aussichts-, hoffnungs-, ausweglos.

isthme [ism] *m* **1.** Landenge *f,* Isthmus *m;* **2.** *anat* Enge *f.*

italianiser [italjanize] *tr* italianisieren.

italique [italik] **I.** *a hist* italisch; **II.** *s m* u. ▶ *caractère m* ~ *(typ)* Kursive *f.*

item [itɛm] **I.** *adv* desgleichen, ebenso; **II.** *s m com* (Rechnungs-)Posten *m.*

itératif, ive [iteʀatif, -iv] *a* **1.** wiederholt; **2.** *gram* iterativ.

itinéraire [itineʀɛʀ] **I.** *a* Reise-, Weg-; **II.** *s m* (Reise-, Marsch-)Route *f;* Beförderungs-, Reiseweg *m.* **itinérant, e** *a* Wander-; ▶ *exposition f* ~*e* Wanderausstellung *f.*

itou [itu] *adv pop* auch; ▶ *moi* ~ ich auch.

ivoire [ivwaʀ] *m* Elfenbein(schnitzerei, -farbe *f*) *n;* ▶ *en* ~, *d'*~ elfenbeinern. **ivoirien, ne** *a* der Elfenbeinküste. **Ivoirien, ne** *m f* Einwohner(in *f*) *m* der Elfenbeinküste.

ivraie [ivʀɛ] *f;* ▶ *séparer le bon grain de l'*~ *(fig)* die Spreu vom Weizen sondern.

ivre [ivʀ] *a* **1.** betrunken; **2.** *fig* trunken, berauscht; ▶ ~ *de joie* außer sich vor Freude; ~ *mort* völlig betrunken. **ivresse** *f* **1.** Trunkenheit *f,* Rausch; **2.** *fig* Taumel *m* (der Begeisterung). **ivrogne** [ivʀɔɲ] *m* Säufer, Trunkenbold *m.* **ivrognerie** *f* Trunksucht *f.*

J

j, J [ʒi] *m* j, J *n.*
jabot [ʒabo] *m* **1.** *orn* Kropf *m;* **2.** *(Mode)* Jabot *n.*
jacassement [ʒakasmɑ̃] *m* Schnattern *n a. fig.* **jacasser** *itr* schnattern *a. fig.*
jachère [ʒaʃɛʀ] *f agr* Brachliegen; *(terre f en ~)* Brachland *n,* Brache *f;* ▶ *être (laisser) en ~* brach=liegen (lassen).
jacinthe [ʒasɛ̃t] *f bot* Hyazinthe *f.*
jacobin [ʒakɔbɛ̃] *m hist* Jakobiner.
jacquerie [ʒakʀi] *f* Bauernaufstand *m.*
Jacques [ʒak] *m* Jakob; ▶ *~ Bonhomme* französische(r) Bauer *m.*
jacter [ʒakte] *itr fam* quasseln.
jade [ʒad] *m min* Jade *m.*
jadis [ʒadis] *adv* einst(mals); ▶ *au temps ~* in alten Zeiten.
jaguar [ʒagwaʀ] *m zoo* Jaguar *m.*
jaillir [ʒajiʀ] *itr* **1.** *(Flüssigkeit)* (hoch) auf=spritzen; heraus=, empor=schießen; hervor=sprudeln; **2.** *(Flamme)* empor=, heraus=schlagen; *(Funken)* heraus=, über=springen, sprühen; **3.** *(Blitz)* zukken; **4.** *fig* entspringen, hervor=gehen.
jaillissement *m* **1.** Aufspritzen, Emporschießen *n;* **2.** *(Flamme)* Emporschlagen, *(Funken)* Sprühen *n;* **3.** *(Blitz)* Zucken *n.*
jais [ʒɛ] *m* Pechkohle *f;* ▶ *de ~, noir comme du ~* pechschwarz.
jalon [ʒalɔ̃] *m* Meßstange *f.* **jalonnement** *m* Markierung *f.* **jalonner** *tr* ab=stecken.
jalouser [ʒaluze] *tr* beneiden; eifersüchtig sein (*qn* auf jdn). **jalousie** *f* **1.** Eifersucht *f;* **2.** Neid *m,* Mißgunst *f.* **jaloux, se** *a* **1.** eifersüchtig; **2.** mißgünstig, neidisch (*de* auf *acc*); **3.** (*eifrig* od *ängstlich*) bedacht (*de* auf *acc*).
Jamaïque, la *f* Jamaika *n.*
jamais [ʒamɛ] *adv* je(mals); ▶ *ne … ~* nie(-mals); *à (tout) ~* für immer, auf ewig; *plus que ~* mehr denn je; *~ plus (… ne)* nie(mals) mehr; ▶ *mieux vaut tard que ~* besser spät als nie; *sait-on ~?* wer weiß?
jambe [ʒɑ̃b] *f* **1.** Bein *n;* **2.** *(Zirkel)* Schenkel *m;* **3.** *arch* Pfeiler *m;* **4.** ▶ *à toutes ~s* so schnell man kann; *par-dessus la ~* nachlässig, sorglos, leichtfertig; **5.** ▶ *donner des ~s à qn (fig)* jdm Beine machen; *prendre ses ~ à son cou* die Beine unter den Arm nehmen; *tenir la ~ à qn (pop)* jdm durch sein Gerede auf=halten; *tirer dans les ~s de qn* jdm in den Rücken fallen; *traîner la ~* kaum noch gehen können; **6.** ▶ *cela me fait une belle ~! (ironisch)* davon habe ich was! **7.** ▶ *~ de bois* Holzbein *n; ~s cagneuses* X-Beine *n pl.* **jambière** *f* Wadenschützer *m.*
jambon [ʒɑ̃bɔ̃] *m* Schinken *m;* ▶ *~ saumoné* Lachsschinken *m.* **jambonneau** *m* gekochte(s) Eisbein *n.*
jansénisme [ʒɑ̃senizm] *m* Jansenismus *m.* **janséniste** *a* jansenistisch.
jante [ʒɑ̃t] *f* Felge *f,* Radkranz *m.*
janvier [ʒɑ̃vje] *m* Januar *m.*
jappement [ʒapmɑ̃] *m* Gekläff *n.* **japper** *itr (Hund)* kläffen.
jaquette [ʒakɛt] *f* **1.** (Kostüm-)Jacke *f;* **2.** *(Buch)* Schutzumschlag *m.*
jardin [ʒaʀdɛ̃] *m* Garten(anlage *f*) *m;* ▶ *c'est une pierre dans mon ~* das ist auf mich gemünzt, das gilt mir; *~ d'acclimatation* Tiergarten *m; ~ botanique, zoologique* botanische(r), zoologische(r) Garten *m; ~ d'enfants* Kindergarten *m; ~ à la française* französische(r), geometrisch angelegte(r) Garten; *~ potager* Gemüsegarten *m; ~ public* Stadtpark *m.* **jardinage** [-in-] *m* Gartenbau *m;* -arbeit *f;* ▶ *outil m de ~* Gartengerät *n.* **jardiner** [-ine] *itr* im Garten arbeiten. **jardinier, ère** *m f* **1.** Gärtner(in *f*); **2.** *f* Blumenständer *m;* **3.** Gericht *n* mit verschiedenen Gemüsen; ▶ *~ière d'enfants* Kindergärtnerin *f.* **jardiniste** *m* Gartenarchitekt *m.*
jargon [ʒaʀgɔ̃] *m* Jargon *m.*
jarre [ʒaʀ] *f* (großer irdener) Krug *m.*
jarret [ʒaʀɛ] *m* **1.** Kniekehle; *zoo* Fußwurzel *f;* **2.** *(Schwein, Kalb)* Haxe, Hachse *f.* **jarretelle** *f* Strumpfhalter *m.* **jarretière** *f* Strumpfband *n.*
jars [ʒaʀ] *m* Gänserich, Ganter *m.*
jaser [ʒɑ(a)ze] *itr* klatschen; *fam* her=ziehen (*de* über *acc*). **jaseur, se I.** *a* geschwätzig, schwatzhaft; **II.** *s m f* Klatschbase *f,* Schwätzer(in *f*) *m.*
jasmin [ʒasmɛ̃] *m bot* Jasmin *m (a. Parfüm).*
jatte [ʒat] *f* Schale *f,* Napf *m.*
jauge [ʒoʒ] *f* **1.** Eichmaß *n;* **2.** *tech* Lehre *f,* Kaliber *n;* **3.** Meßgefäß *n;* ▶ *~ d'essence, de niveau d'huile (mot)* Benzin-, Ölstandsmesser *m; ~ à ruban* Bandmaß *n.* **jaugeage** *m* **1.** Eichung *f;* **2.** *tech* Messung *f.* **jauger** ⟨*Prés. je jauge, ns jaugeons; Fut. je jaugerai; pp. jaugé, e*⟩ *tr* **1.** eichen; **2.** *tech* messen; **3.** *fig (Person, Fähigkeiten)* ab=schätzen.
jaunâtre [ʒonɑtʀ] *a* gelblich. **jaune I.** *a* gelb; **II.** *s m* **1.** Gelb(e) *n;* **2.** *(Rasse)*

Gelbe(r) *m;* **3.** *péj* Streikbrecher *m;* ► *rire* ~ gezwungen lachen. **jaunir I.** *tr* gelb färben; **II.** *itr* gelb werden, vergilben. **jaunisse** *f med* Gelbsucht *f;* ► *en faire une* ~ *(fam)* sich schwarz ärgern. **jaunissement** *m* Gelbfärben *n,* -färbung *f;* Vergilben, Gelbwerden *n.*
Java [ʒava] *f* Java *n.*
Javel [ʒavɛl] ► *eau f de* ~, Bleichlauge *f.* **javelliser** *tr* keimfrei machen.
javelot [ʒavlo] *m* Wurfspieß, Speer *m; (sport)* Speerwerfen *n.*
je [ʒə] **I.** *prn* ich; **II.** *s m* Ich *n;* Ichform *f.*
Jean [ʒɑ̃] *m* Johann(es), Hans *m.* **Jean-Baptiste** Johannes der Täufer. **jean-foutre** *m inv vulg* Nichtsnutz *m,* Hanswurst *m.* **Jeanne** [ʒan] *f* Johanna, Hanna; ► ~ *d'Arc* Johanna von Orléans.
jéciste [ʒesist] *a* der *Jeunesse étudiante catholique (J.E.C.)* [ʒɛk] angehörend.
je-m'en-fichisme [ʒmɑ̃fiʃism], **je-m'en-foutisme** [ʒmɑ̃futism] *m fam* Leck-mich-am-Arsch-Haltung, L.m.a.A.-Haltung *f.* **je-m'en-fichiste, je-m'en-foutiste** *a fam* Leck-mich-am-Arsch-; *s m f* Null-Bock-Typ *m.*
je-ne-sais-quoi [ʒənsɛkwa] *m* etw Undefinierbares *n;* gewisse(s) Etwas *n.*
jérémiades [ʒeʀemjad] *f pl* Gejammer *n.*
jerrycan [ʒɛʀikan] *m* Kanister *m.*
jersey [ʒɛʀzɛ] *m* Jersey(bluse *f*) *m (Stoff).*
jésuite [ʒezɥit] **I.** *s m* **1.** Jesuit *m;* **2.** *péj* Heuchler, Intrigant *m;* **II.** *a* jesuitisch. **jésuitisme** *m péj* Heuchelei, Falschheit, Verschlagenheit *f.*
Jésus [ʒezy] *m* **1.** Jesus *m;* **2.** ~ *(Kunst)* Jesuskind *n;* ► *l'enfant* ~ das Christkind; *société f de* ~ Jesuitenorden *m.* **Jésus-Christ** [-kʀi] Jesus Christus.
jet [ʒɛ] *m* **1.** Wurf *m,* Werfen *n;* **2.** Strahl *m;* **3.** *(Fischnetz)* Auswerfen *n;* ► *à* ~ *continu* unaufhörlich, ununterbrochen; *d'un seul* ~ auf einen Schlag; ~ *d'eau* Wasserstrahl.
jet [dʒɛt] *m Düsenflugzeug n.*
jetée [ʒəte] *f* Mole *f,* Hafendamm *m.*
jeter I. *tr* **1.** (hin=, ab=, hinab=, hinunter=, aus=, hinaus=, weg=, um=werfen, *pop* schmeißen; **2.** (aus=, ver)streuen; *(zum Fraß)* vor=werfen; **3.** *(Mantel)* um=, über=werfen; *(Karte)* ab=werfen, aus=spielen; *(Brücke)* schlagen; **4.** *(Flüssigkeit)* (aus=, weg=, ver)gießen, -schütten; **II.** *v prn se* ~ **1.** sich (nieder=) werfen, sich stürzen (*sur, vers, contre, à, dans qc* auf *od* über e-e S, auf e-e S zu, gegen, an, in e-e S); *de qc* sich von etw hinab=stürzen; s-e Zuflucht nehmen (*dans* in *dat*); her=fallen, sich her=machen (*sur* über *acc*); **2.** *(Fluß)* münden (*dans* in *acc*); **3.** *fig* sich *(ins Elend, Unglück)* stürzen, sich *(in Gefahr)* begeben (*dans* in *acc*); **4.** ► ~ *l'ancre* Anker werfen; ~ *l'argent par la fenêtre (fig)* das Geld zum Fenster hinaus=werfen; ~ *(à) bas, par terre* (um=)stürzen; ~ *par-dessus bord* über Bord werfen; *se* ~ *au cou de qn* sich jdm an den Hals werfen; ~ *un coup d'œil sur qn, qc* e-n Blick auf jdn, etw werfen; ~ *dehors* hinaus=werfen, *pop* raus=schmeißen; *se* ~ *à l'eau* ins Wasser springen; *fig* sich in ein Unternehmen stürzen; ~ *qc à la face, à la figure (fig)* jdm etw an den Kopf werfen, unter die Nase reiben; ~ *le manche après la cognée (fig)* die Flinte ins Korn werfen; ~ *au panier* in den Papierkorb werfen; *fig* unter den Tisch fallen lassen; ~ *en prison* ins Gefängnis werfen; ~ *qc à la tête de qn (fig)* jdm etw an den Kopf, jdm etw nach=werfen.
jeton [ʒ(ə)tɔ̃] *m* (Spiel-, Zahl-, Bier-) Marke; Automatenmünze *f;* ► *être faux comme un* ~ falsch wie eine Katze sein.
jeu [ʒø] *m pl* ~*x* **1.** (Kinder-, Unterhaltungs-, Gesellschafts-, Glücks-)Spiel *n;* **2.** Einsatz *m (beim Spiel);* **3.** *fig* Spiel *n (des Zufalls),* Laune *f,* Scherz, Witz *m;* **4.** *péj* Spielerei *f,* Kinderspiel *n;* **5.** *(e-s Musikers, Schauspielers)* (Mienen-, Muskel-)Spiel *n;* **6.** *bes. tech* Funktionieren *n;* Spiel-, Zwischenraum *m;* **7.** Satz *m,* Garnitur *f (zs.gehöriger Dinge);* ► *avoir du* ~ *(tech)* Spiel haben; *avoir beau* ~ gewonnenes *od* leichtes Spiel haben (*de* mit); *cacher, couvrir son* ~ sich nicht in die Karten sehen lassen; *être en* ~ *(fig)* auf dem Spiel stehen; *faire le* ~ *de qn (fig)* jdm in die Hände arbeiten; *jouer gros* ~ hoch spielen; *fig* ein gewagtes Spiel treiben; *mettre qc en* ~ etw ins Spiel bringen *a. fig; fig* etw auf=bieten, ein=setzen; **8.** ► *ce n'est qu'un* ~ *pour moi* das ist ein Kinderspiel für mich; *cela n'est pas de* ~ das ist gegen die Regel; das war nicht ab-, ausgemacht; *le* ~ *n'en vaut pas la chandelle* es lohnt sich nicht, es ist nicht der Mühe wert; **9.** ► *camarade m de* ~ Spielkamerad *m; dette f de* ~ Spielschuld *f; perte f au* ~ Spielverlust *m; table f de* ~ Spieltisch *m; vieux* ~ altmodisch; **10.** ► ~*x d'action, en plein air* Bewegungsspiele *n pl;* ~ *d'adresse* Geschicklichkeitsspiel *n;* ~ *de cartes* Kartenspiel *n;* ~ *d'échecs* Schachspiel *n;* ~ *d'enfant* Kinderspiel *n a. fig;* ~ *d'équipe (sport)* Zs.spiel *n;* ~ *informatique* Computerspiel *n;* ~ *de mots* Wortspiel *n; les* ~*x Olympiques* die Olympischen Spiele *n pl;* ~ *télévisé* Fernsehspiel *n;* ~ *de quilles* Kegelspiel *n.*
jeudi [ʒødi] *m* Donnerstag *m;* ► *la semaine des quatre* ~*s* der Nimmerleinstag; *J*~ *saint* Gründonnerstag *m.*
jeun [ʒœ̃] *loc adv:* ► *à* ~ nüchtern; mit

nüchternem Magen.
jeune [ʒœn] **I.** *a* **1.** jung; **2.** jugendlich *(a. Kleidungsstück, Frisur);* **3.** *fig* unreif, naiv, kindlich; **II.** *s m* ▶ *un ~* ein junger Mann; *pl les ~s* die Jungen *m pl; ~ âge m* Jugend(-alter *n*) *f; ~ fille* (junges) Mädchen *n; ~s gens m pl* junge Leute *pl; ~ homme m* junge(r) Mann *m; ~ premier m, -ère f (theat)* jugendliche(r) Liebhaber(in *f*) *m.*
jeûne [ʒøn] *m* **1.** Fasten *n; fig* **2.** Enthaltsamkeit *f;* ▶ *jour m de ~ (rel)* Fasttag *m.* **jeûner** *itr* **1.** *bes. rel* fasten; **2.** *fig* hungern, darben.
jeunesse [ʒœnɛs] *f* **1.** Jugend(alter *n,* -jahre *n pl*); **2.** Jugend *f,* junge Leute *pl;* **3.** *fig* Jugendlichkeit; Frische, Kraft *f;* **4.** de ~ von jung auf; **5.** ▶ *auberge f de ~* Jugendherberge *f; ~ ouvrière, scolaire* Arbeiter-, Schuljugend. **jeunet, te** *a fam* reichlich, ein bißchen jung.
joaillerie [ʒɔajʀi] *f* **1.** Juwelierhandwerk; **2.** Juweliergeschäft *n;* **3.** Schmuck(waren *f pl*) *m,* Juwelen *n pl.* **joaillier, ière** *m f* [ʒɔaje] *s* Juwelier *m.*
Job [ʒɔb] *m* Hiob *m;* ▶ *pauvre comme ~* arm wie e-e Kirchenmaus.
job [dʒɔb] *m fam* Gelegenheitsarbeit *f.*
jobard, e [ʒɔbaʀ] **I.** *a fam* dumm, einfältig, dämlich; **II.** *s m* Einfaltspinsel, Dummkopf *m.*
jociste [ʒɔsist] *m* Angehörige(r) *m* der ▶ *Jeunesse Ouvrière Catholique (J.O.C.)* [ʒɔk].
jockey [ʒɔkɛ] *m* Jockei *m;* ▶ *régime m ~* Abmagerungskur *f.*
Joconde, la [ʒɔkɔ̃d] die Mona Lisa.
jocrisse [ʒɔkʀis] *m* Dummkopf *m;* ▶ *faire le ~* sich dumm(an=)stellen.
jogging [(d)ʒɔgiŋ] *m* Jogging *n.*
joie [ʒwa] *f* **1.** Freude; Lust, Wonne; Fröhlichkeit *f;* **2.** *pl* Vergnügungen *f pl,* Genüsse *m pl;* **3.** ▶ *de ~* vor Freude; **4.** ▶ *s'en donner à cœur ~* es *(acc)* voll u. ganz genießen; **5.** ▶ *feu m, jour m de ~* Freudenfeuer *n,* -tag *m; ~ de vivre* Lebensfreude *f.*
joindre [ʒwɛ̃dʀ] ‹*Prés. je joins, ns joignons; Fut. je joindrai; pp. joint, e; Subj. que je joigne, que ns joignions; Impér. joins joignons*› **I.** *tr* **1.** *(mettre ensemble)* (mitea.=)verbinden *a. fig;* ▶ *~ l'utile à agréable* das Angenehme mit dem Nützlichen verbinden; **2.** *(Hände)* falten; *(Lippen)* zs.=pressen; *(Gegenstände)* zs.=fügen *od* nebenea.=legen, -setzen, -stellen; ▶ *~ les deux bouts (fam fig)* gerade (mit s-m Geld) aus=kommen; **3.** *(ajouter)* hinzu=tun, =fügen, bei=fügen, -legen; ▶ *~ un document à une lettre* einem Brief eine Urkunde bei=fügen; **4.** *(atteindre)* begegnen (*qn* jdm); treffen, ein=holen; ▶ *je n'arrive pas à le ~* ich kann ihn nicht erreichen; **II.** *itr (Tür, Fenster)* schließen, dicht sein; **III.** *v prn se ~* **1.** sich vereinigen, sich zs.=schließen, sich mitea. verbinden (*pour qc* zu etw); **2.** sich anschließen (*à qn* an jdn); mit=machen (*à qn* mit jdm, *à qc* bei etw).
joint, e [ʒwɛ̃] **I.** *a* verbunden, -einigt (*à* mit), angefügt, beigelegt (*à* dat); **II.** *s m* **1.** *anat tech* Gelenk *n;* **2.** *arch tech* Fuge *f; tech* Stoß *m,* Naht; Dichtung; Verbindung *f,* Anschlußstück *n;* **3.** *geol* Kluft *f;* **4.** *arg* Joint *m;* **5.** *fig fam* (der) springende Punkt *m;* **6.** ▶ *ci-~ (Brief)* anbei, als Anlage; *les mains ~es* mit gefalteten Händen; *sans ~* nahtlos; **7.** ▶ *trouver le ~ (fam)* dahinter=kommen, auf den Dreh kommen; **8.** ▶ *pièces f pl ~es* Anlagen *f pl; ~ en caoutchouc* Gummidichtung *f.* **jointure** *f* **1.** Verbindungsstelle, Fuge *f;* **2.** *anat* Gelenk *n;* ▶ *~ du genou* Kniegelenk *n.*
joli [ʒɔli] **I.** *a* **1.** hübsch, nett *a. fig;* niedlich; **2.** *(Summe)* ganz hübsch, nett; **3.** *(ironisch)* sauber; **II.** *s m* **1.** (das) Hübsche, (das) Nette; **2.** ▶ *avoir une ~e situation (fam)* e-e gute Position; **3.** ▶ *c'est du ~!* das ist ja reizend, e-e schöne Geschichte! **4.** ▶ *~ cœur* Geck, Charmeur *m; ~ à croquer, comme un cœur* zum Anbeißen (hübsch), bildhübsch.
jolibois [ʒɔlibwa] *m bot* Seidelbast *m.*
joliment [ʒɔlimɑ̃] *adv* **1.** hübsch, nett; **2.** sehr, außerordentlich; **3.** *(ironisch)* gehörig, tüchtig, ordentlich.
jonc [ʒɔ̃] *m* **1.** *bot* Binse *f,* (Schilf-)Rohr; *n;* **2.** (Finger-)Ring *m.*
jonchée [ʒɔ̃ʃe] *f* **1.** gestreute Blumen *f pl od* Zweige *m pl;* **2.** auf dem Boden liegende Gegenstände *m pl.* **joncher** *tr* **1.** *(Boden)* bestreuen (*de* mit); **2.** ▶ *être ~é de qc* mit etw be-, übersät sein.
jonction [ʒɔ̃ksjɔ̃] *f* **1.** Verbindung, Vereinigung *f;* **2.** *(point m de ~)* Verbindungs-, Kreuzungs-, Knotenpunkt; (Gleis-)Anschluß *m;* **3.** *tech* Nahtstelle *f;* ▶ *gare f de ~* Anschlußbahnhof *m.*
jongler [ʒɔ̃gle] *itr* jonglieren *a. fig.* **jonglerie** [-glə-] *f* Kunststück(chen) *n,* Taschenspielertrick *m a. fig.* **jongleur** *m* **1.** *hist* fahrende(r) Sänger *m;* **2.** Taschenspieler *a. fig;* Jongleur *m.*
jonque [ʒɔ̃k] *f mar* Dschunke *f.*
jonquille [ʒɔ̃kij] *s f* gelbe Narzisse *f.*
Jordanie, la [ʒɔʀdani] Jordanien *n.*
jouable [ʒwabl] *a theat* aufführbar; *mus* spielbar.
joue [ʒu] *f* **1.** Backe, Wange *f;* **2.** (Seite(nwand, -fläche) *f;* **3.** *tech* Wange *f;* **4.** ▶ *mettre qn, qc en ~* auf jdn, etw zielen; *fig* jdn, etw aufs Korn nehmen; *mettre en ~ (Gewehr)* an=legen.
jouer [ʒwe] **I.** *itr* **1.** *a) (absolument)* spielen; ▶ *il ~e à la Bourse* er spekuliert an der Börse; *b) (tech)* Spiel haben;

funktionieren, gehen; zur Anwendung kommen, zur Ausführung gelangen; *(Holz)* arbeiten; *(Sache) (im Winde)* spielen, *(auf den Wellen)* tanzen; schillern; *(Mensch)* sich verstellen; **2.** spielen; ▶ ~ *à un jeu* ein Spiel, *d'un instrument* ein Instrument, *avec un jouet* mit einem Spielzeug, *aux soldats* Soldaten; *avec sa vie, sa santé* mit s-m Leben, s-r Gesundheit spielen; *(fig)* ~ *sur* rechnen auf *acc*, mit; ~ *une somme sur un cheval* Geld auf ein Pferd setzen; ~ *de qc* e-e S benutzen; ~ *pour de l'argent* um Geld spielen; **II.** *tr* **1.** *(Spiel, Partie)* spielen; *(Karte)* aus=spielen, *(Stein)* setzen, *(Spielfigur)* ziehen; *theat mus* spielen (*un rôle* e-e Rolle; ▶ ~ *une valse* einen Walzer); *(Aufnahme)* abspielen; *(Eigenschaft, Gemütsbewegung)* heucheln, vor=täuschen; **2.** *(risquer qc)* einsetzen, aufs Spiel setzen, wagen, riskieren *a. fig;* ▶ ~ *sa tête* sein Leben aufs Spiel setzen; **3.** *(se moquer de, vx)* ~ *qn* jdn täuschen, betrügen, *fam* an=führen, zum Narren, zum besten haben; **III.** *v prn* **1.** *se* ~ spielen, sich tummeln, tanzen, sein Spiel treiben, tändeln (*de* mit); **2.** sich lustig machen (*de* über *acc*), verlachen, -spotten, in den Wind schlagen (*de* acc); **3.** sich hinweg=setzen (*de* über *acc*), spielend fertigwerden (*de* mit) *od* schaffen (*de qc* etw); **4.** es ab=sehen (*à* auf *acc*), sich ein=lassen (*à qn* mit jdm); **5.** ▶ *en se jouant* spielend, mit Leichtigkeit; *faire* ~ in Gang bringen, in Bewegung setzen; *ne pas* ~ keine Rolle spielen; **6.** ▶ ~ *atout* Trumpf spielen; ~ *à la balle, à cache-cache, aux cartes, aux échecs, au football, au tennis* Ball, Versteck, Karten, Schach, Fußball, Tennis spielen; ~ *sa dernière carte* den letzten Trumpf aus=spielen; ~ *la comédie (fig)* Komödie spielen, sich verstellen; ~ *des coudes* die Ellbogen gebrauchen, sich vor=, durch=drängen; ~ *le jeu de qn* jdm in die Hände arbeiten; ~ *bien son jeu* s-e Sache gut machen; ~ *un jeu dangereux jeu* ein gefährliches Spiel treiben; ~ *gros, grand jeu* hoch spielen; *fig* ein gewagtes Spiel treiben; ~ *serré* vorsichtig spielen, *fig* sich keine Blöße geben; ~ *de malheur* Pech haben, vom Unglück verfolgt sein; ~ *un rôle* e-e Rolle spielen; ~ *un tour* jdm e-n Streich spielen; ~ *le tout pour le tout* alles aufs Spiel setzen.

jouet [ʒwɛ] *m* **1.** Spielzeug *n;* **2.** *fig* Spielball *m;* **3.** *pl* Spielsachen, -waren *f pl;* ▶ *il est le* ~ *de tout le monde* mit ihm kann jeder machen, was er will; *magasin, marchand m de* ~*s* Spielwarenhandlung *f*, -händler *m.* **joueur, se I.** *s m f* Spieler(in *f*); *(Börse)* Spekulant *m;* **II.** *a* verspielt; dem Spiel verfallen; ▶ *beau* ~ gute(r) Verlierer *m.*

joufflu, e [ʒufly] *a fam* pausbäckig.

joug [ʒu] *m* **1.** Joch *n a. fig;* **2.** *fig* Herrschaft *f*, Zwang *m;* ▶ *mettre sous le* ~ unterjochen; *secouer son* ~ sein Joch ab=schütteln.

jouir [ʒwiʀ] *itr* **1.** genießen, aus=kosten (*de qc* etw); sich freuen (*de* über *acc*), Freude haben (*de* an *dat*); **2.** haben, besitzen (*de qc* etw), im Besitz sein (*de qc* e-r S *gen*); **3.** *jur* die Nutznießung haben; **4.** *fam* etw davon haben; ▶ ~ *d'une grande fortune* sehr vermögend sein; ~ *d'une bonne santé* sich e-r guten Gesundheit erfreuen. **jouissance** *f* **1.** Freude *f;* Genuß *m;* **2.** *jur* Genuß, Nießbrauch *m*, Nutznießung *f;* **3.** *com* Gewinnberechtigung *f*, Dividendenanspruch; Zinstermin *m;* **4.** *fam* Orgasmus *m;* **5.** ▶ *avoir la pleine* ~ *de ses facultés mentales* voll zurechnungsfähig sein. **jouisseur, se** *m f* Genießer(in *f*); Genußmensch *m.*

joujou [ʒuʒu] *m pl* ~*x* Spielzeug *n; pl* Spielsachen *f pl;* ▶ *faire* ~ *(fam)* spielen (*avec une poupée* mit e-r Puppe).

jour [ʒur] *m* **1.** Tag *m;* **2.** (Tages-)Licht *n*, Helle *f;* **3.** Beleuchtung *f;* Schein *m a. fig;* **4.** Öffnung *f;* Durchbruch *m;* Fenster *n;* **5.** *fig* Licht *n*, Klarheit, Deutlichkeit *f;* **6.** *pl (menschliches)* Leben *n;* **7.** *au (grand)* ~ bei (hellem) Tageslicht; *au grand* ~ *(fig)* am hellichten Tage, in aller Öffentlichkeit; *un de ces* ~*s* demnächst; *avant le* ~ vor Tagesanbruch; *ces* ~*s-ci* dieser Tage; *chaque* ~ jeden Tag; *dans huit* ~*s* in acht Tagen; *de* ~ bei Tage, tagsüber; *de* ~ *en* ~, von Tag zu Tag; *de nos* ~*s* heut(zutag)e; *de tous les* ~*s* Alltags-, (all)täglich, gewöhnlich; *d'un* ~ *à l'autre* von einem Tage zum ander(e)n, jeden Tag; *du* ~ vom (gleichen) Tage; heutig, herrschend, Mode-; *du* ~ *où* seit dem Tage, an dem; *du* ~ *au lendemain* von heute auf morgen, bald, schnell; *du premier* ~ vom ersten Tage an; *en plein* ~ am hellen Tage; *l'autre* ~, *ces derniers* ~*s* neulich, kürzlich; *le* ~ *de* am Tage *gen; nuit et* ~ Tag u. Nacht; *par* ~ täglich, jeden Tag; ~ *par* ~ tagein, tagaus; *(pendant) le* ~ bei Tage; *(pendant) des* ~*s entiers* ganze Tage lang; ~ *pour* ~, *sous un* ~ *(dé)favorable* bei (un)günstigem Licht; *sur ses vieux* ~*s* auf s-e *od* ihre alten Tage; *un* ~ *ou l'autre* über kurz oder lang; *un beau* ~, *quelque* ~ e-s (schönen) Tages; *un de ces* ~*s* (e-n) dieser Tage, demnächst; **8.** ▶ *donner le* ~ das Leben schenken (*à un enfant* e-m Kind); *être à* ~ auf dem laufenden sein; offen zutage liegen; *être dans son bon* ~ in guter Stimmung, bei guter Laune sein; *être de* ~ *(mil)* Dienst haben; *donner le* ~ *à* zur Welt bringen, gebären; *se faire* ~ Tag werden; *mettre* *à* ~ auf den neuesten Stand bringen, auf≈arbeiten; *(die Post)* erledigen; *tenir à* ~ auf dem laufenden halten; *vivre au* ~ *le* ~ von der Hand in den Mund, in den Tag hinein leben; *voir le* ~ das Licht der Welt erblicken; ans Tageslicht kommen; *(Buch)* erscheinen; **9.** ► *c'est clair comme le* ~ das ist sonnenklar, *fam* ein klarer Fall; *c'est comme le* ~ *et la nuit (fam)* das ist wie Tag u. Nacht, etw ganz anderes; *c'est mon* ~ ich habe heute Dienst; ich bin heute an der Reihe; *il fait* ~ es wird Tag; es ist (schon) hell; **10.** ► *les beaux* ~*s* die schöne Jahreszeit; die schönsten Jahre des Lebens; *beau comme le* ~ *(fam)* bildschön; *faux* ~ schlechte(s) Licht *n a. fig; mauvais* ~ schlechte(r), Unglückstag *m;* böse Tage *m pl;* schlechte Jahreszeit *f; naissance, pointe f du* ~ Tagesanbruch *m; ordre m du* ~ Tagesordnung *f; petit* ~ Morgengrauen *n;* **11.** ► ~ *de l'an* Neujahr(stag *m*) *n;* ~ *chômé* arbeitsfreie(r) Tag *m;* ~ *de deuil* Trauertag *m;* ~ *de l'échéance* Stich-, Fälligkeitstag *m;* ~ *d'été* Sommertag *m;* ~ *férié* Feiertag *m;* ~ *de livraison (com)* Auslieferungstag *m;* ~ *ouvrable* Arbeits-, Werk-, Wochen-, Alltag *m;* ~ *de pluie* Regentag *m;* ~ *de repos* Ruhetag *m.*

Jourdain, le [ʒuʀdɛ̃] der Jordan.

journal [ʒuʀnal] *m* **1.** Zeitung *f,* Blatt *n;* Zeitschrift *f;* **2.** Tagebuch *n;* **3.** *com* Journal *n;* **4.** ► *lire qc dans, (fam) sur le* ~ in der Zeitung lesen; **5.** ► *article m, coupure f de* ~ Zeitungsartikel, -ausschnitt *m;* ~ *bimensuel* Halbmonats(zeit)schrift *f;* ~ *de bord* Log-, Schiffstagebuch *n;* ~ *du dimanche* Sonntagszeitung *f;* ~ *du matin, du soir* Morgen-, Abendblatt *n;* ~ *de modes* Modezeitung, -zeitschrift *f;* ~ *officiel* Amtsblatt *n;* ~ *parlé (radio)* (Rundfunk-)Nachrichten *f pl;* ~ *télévisé* Tagesschau *f.* **journalier, ère I.** *a* täglich; **II.** *s m f* Tagelöhner(in *f*) *m.* **journalisme** *m* Journalistik *f;* Presse *f;* Journalismus *m,* Publizistik *f.* **journaliste** *m f* Journalist(in *f*) *m.* **journalistique** *a* journalistisch, publizistisch.

journée [ʒuʀne] *f* (Ver-, Ablauf des) Tag(es) *m;* ► *à la* ~ tageweise, im Tagelohn; *(de) toute la* ~ den ganzen Tag; *des* ~*s entières* tagelang; ► ~ *continue* durchgehende Arbeitszeit *f;* ~ *de huit heures* Achtstundentag *m;* ~ *"portes ouvertes"* Tag *m* der offenen Tür; ~ *de travail* Arbeitstag *m.* **journellement** *adv* täglich; alle Tage.

joute [ʒut] *f hist* (Lanzen-)Stechen *n;* ► ~ *oratoire* Rededuell *n.* **jouter** *(in e-m Wettkampf)* kämpfen; *fig* sich messen.

Jouvence [ʒuvɑ̃s] *f:* ► *fontaine f de* ~ Jungbrunnen *m.*

jovial, e [ʒɔvjal] *a* heiter, frohsinnig, fröhlich.

joyau [ʒwajo] *m pl* ~*x* Juwel, Kleinod *a. fig.*

joyeux, se [ʒwajø, -øz] *a* fröhlich, lustig, vergnügt; *(Nachricht)* erfreulich; *(Überraschung)* freudig; ► ~ *Noël!* frohe Weihnachten!

jubilation [ʒybilasjɔ̃] *f* Jubel *m.* **jubilé** *m* 50jährige(s) (Dienst-)Jubiläum *n.* **jubiler** *itr fam* jubeln, jauchzen.

jucher [ʒyʃe] **I.** *itr* u. *se* ~ *(Vogel)* sich (zum Schlafen auf e-n Zweig) setzen; **II.** *tr* hoch (hinauf-)legen, setzen, stellen.

judaïque [ʒydaik] *a* jüdisch. **judaïsme** *m* Judentum *n.* **judas** [-da] *m* **1.** Guckloch *n;* **2.** Verräter *m.*

Judée, la [ʒyde] Judäa *n.*

judiciaire [ʒydisjɛʀ] gerichtlich, richterlich; ► *casier m* ~ Strafregister *n; erreur f* ~ Justizirrtum *m.* **judiciairement** *adv* gerichtlich.

judicieux, se [ʒydisjø] *a* **1.** scharfsinnig, gescheit, klug; **2.** fachgemäß.

judo [ʒydo] *m sport* Judo *n.*

juge [ʒyʒ] *m* **1.** Richter *m a. fig allg;* **2.** *sport* Schieds-, *(du ring) (Boxen)* Ring-, *(à l'arrivée)* Zielrichter *m;* **3.** ► ~ *pour enfants* Jugendrichter *m;* ~ *d'instruction* Untersuchungsrichter *m;* ~ *de touche (sport)* Linienrichter *m.*

jugement *m* **1.** *jur* Urteil(sspruch *m*) *n;* **2.** Aburteilung *f; allg* Urteil *n,* Meinung, Ansicht *f;* Urteilskraft *f,* -vermögen *n,* Verstand *m,* Einsicht *f;* **3.** *exécuter un* ~ ein Urteil vollstrecken; *prononcer, rendre un* ~ ein Urteil fällen, ab≈geben, verkünden; ~ *par défaut* Versäumnisurteil *n; le* ~ *dernier, universel* das Jüngste Gericht, Weltgericht, der Jüngste Tag.

juger [ʒyʒe] ‹*Prés. je juge, ns jugeons; Fut. je jugerai; pp. jugé, e*› **I.** *tr* **1.** *jur* richten, urteilen *itr;* ► ~ *qn* über jdn zu Gericht sitzen; ~ *qc* über e-e S urteilen; **2.** *(donner son avis)* entscheiden (*qc* über e-e Sache); ► *il est difficile d'en* ~ darüber kann man schlecht entscheiden; ~ *qn* od *qc* jdn *od* e-e S beurteilen; ~ *de qc* etw schätzen; **3.** *(avoir une opinion)* (es) halten für; meinen, glauben, der Ansicht sein (*que* daß), befinden (*bon, nécessaire* für gut, für nötig); sich e-n Begriff, e-e Vorstellung machen (*qc* von etw), sich vor≈stellen, (sich) denken; *(Sinnesorgan)* erkennen, unterscheiden; ► *jugez de ma surprise!* stellen Sie sich meine Überraschung vor!; **II.** *v prn se* ~ **1.** zur Entscheidung, zur Aburteilung kommen; **2.** sich selbst beurteilen, sich halten (*qc* für etw); **3.** *(expressions)* ► ~ *sur l'apparence* nach dem Äußeren, nach dem (äußeren) Schein urteilen; **4.** *faites comme vous jugerez bon* machen Sie es, wie Sie es für richtig

halten; *jugez!* denken Sie mal! stellen Sie sich vor!
jugulaire [ʒygylɛʀ] **I.** *a anat* Drossel-; **II.** *s f* Kinn-, Sturmriemen *m.* **juguler** *tr* **1.** *(Sache)* unterbinden; *(Geschäft)* vereiteln; **2.** *(Krankheit)* Einhalt gebieten *dat.*
juif, ive [ʒɥif, -iv] **I.** *a* jüdisch, Juden-; **II.** ▶ *s m f* Jude *m,* Jüdin *f.*
juillet [ʒɥijɛ] *m* Juli *m.* **juillettiste** *m f* Juliurlauber(in *f*) *m.*
juin [ʒɥɛ̃] *m* Juni *m.*
jumeau, elle [ʒymo, -ɛl] **I.** *a* Zwillings- *a. tech,* Doppel-; **II.** *s m f* **1.** Zwilling(sbruder *m,* -sschwester *f*) *m;* **2.** *f pl* Fernglas; *(~elles de théâtre)* Theater-, Opernglas *n;* ▶ *lits m pl ~x* Doppelbetten *n pl.* **jumelage** *m* **1.** Verbindung, Koppelung *f;* **2.** *fig (Städte)* Partnerschaft *f.* **jumelé, e** *a* gekoppelt. **jumeler** *tr* **1.** *(zwei gleiche Dinge)* mitea. verbinden, koppeln; **2.** *(zwei Städte)* durch e-e Partnerschaft verbinden.
jument [ʒymɑ̃] *f* Stute *f.*
jungle [ʒɔ̃(œ)gl] *f* Dschungel *m od n.*
junior [ʒynjɔr] **I.** *a (f inv) a* jünger; junior; *sport* Junior-; **II.** *s m pl sport* Junioren *m pl.*
junte [ʒɛ̃t] *f pol* Junta *f.*
jupe [ʒyp] *f* (Frauen-)Rock *m.* **jupon** *m* Unterrock *m;* ▶ *courir le ~ (fam)* jeder Schürze nach=laufen.
Jura [ʒyʀa] *m (in der Schweiz u. in Frankreich)* Jura *m; (Kanton)* Kanton Jura *m; (in Süddeutschland)* Schwäbische Alb *f.*
jurassien, ne [ʒyʀasjɛ̃, -ɛn] *a geog* Jura-. **jurassique** **I.** *a geol* Jura-; **II.** *s m* Jura(formation *f*) *m.*
juré, e [ʒyʀe] **I.** *a:* ▶ *ennemi ~* geschworene(r) Feind *m;* **II.** *s m jur* Geschworene(r) *m.* **jurer** **I.** *tr* (be)schwören (*par* bei); eid(esstatt)lich versichern, geloben (*de faire qc* etw zu tun), beteuern (*que* daß); **II.** *itr* **1.** e-n Eid ab=legen, schwören (*sur* auf *acc*); **2.** *(Farben) fig* sich nicht vertragen, sich beißen (*avec* mit), nicht passen (*avec* zu).
juridiction *f* Gerichtsbarkeit *f;* Gericht(sbezirk *m*) *n; (degré m de ~)* Instanz *f;* Rechtsprechung, Rechtspflege *f.* **juridique** *a* **1.** juristisch, rechtlich; **2.** gerichtlich. **jurisconsulte** *m* Jurist *m.* **jurisprudence** *f* Rechtsprechung *f.* **juriste** *m* Jurist *m.* **juron** *m* Fluch *m.*
jury [ʒyʀi] *m* **1.** *jur* Geschworenen(bank *f*) *m pl;* **2.** Jury, Preisgericht *n,* -richter *m pl;* **3.** *(Examen)* Prüfungskommission *f.*
jus [ʒy] *m* **1.** (Frucht-, Fleisch-)Saft *m;* **2.** *pop* (schwarzer) Kaffee *m;* **3.** *fam* Wasser *n;* **4.** *fam el* Strom; **5.** ▶ *cuire dans son ~ (fam)* im eigenen Saft schmoren; **6.** ▶ *~ de pommes* Apfelsaft *m.*
jusque, *poet* **jusques** [ʒysk(ə)] **I.** *prp* bis; ▶ *~ à* bis, bis nach, bis zu; bis an; **II.** *adv* sogar, selbst (noch); **III.** *conj ~'à ce que (conj)* bis (daß) ...; ▶ *~'au bout* bis zum (bitteren) Ende; *~'à la mort* bis zum Tode, bis in den Tod; *~'à quel point* wieweit; *~'à présent* bis jetzt; *~'à quand* wie lange (noch), bis wann; *du matin ~'au soir* von früh bis spät, ununterbrochen; *~'à ces dernières années* noch in den letzten Jahren; *~'ici* bis hierher *a. fig;* bis jetzt; *~e là* bis da-, dorthin; *fig* so weit; *~'où* bis wohin, wie weit; *fig* wieweit; *être enfoncé ~'au cou dans qc (fig)* ganz in e-r S auf=gehen; *j'en ai ~e là (fam)* es hängt mir zum Halse 'raus; mir langt's, reicht's.
jusqu'auboutisme *m fam* Extremismus *m.* **jusqu'auboutiste** *m f* Extremist(in *f*) *m.*
juste [ʒyst] **I.** *a* **1.** *a* gerecht *a. rel;* rechtlich, billig; richtig; **2.** rechtmäßig, berechtigt, begründet; angebracht, angemessen; **3.** passend *(a. Kleidung);* (zu) eng (anliegend), knapp; *(Instrument)* genau; *(Uhr)* richtig-, genaugehend; **II.** *adv* richtig; genau; gerade; pünktlich; **III.** *s m* Gerechte(r) *m;* **1.** ▶ *au ~* genau *adv;* im letzten Augenblick; *à ~ titre* mit (vollem) Recht; *midi ~* Punkt 12 (Uhr); *tout ~* ganz recht; mit knapper Not, (gerade) so eben (noch); **2.** ▶ *avoir ~ de quoi vivre* gerade sein Auskommen haben, aus=, *fam* hin=kommen; **3.** ▶ *c'est ~* das stimmt; *~ ciel! ~ Dieu!* gerechter Himmel! großer Gott! *~-milieu m* richtige Mitte, goldene(r) Mitte(lweg *m*) *f.* **justement** [-stə-] *adv* mit Recht; genau, gerade; gerade, (so)eben, im Augenblick, im Moment.
justesse *f* **1.** Richtigkeit *f;* **2.** Genauigkeit *f;* **3.** *(Sinn)* Schärfe *f;* **4.** *mus* (Klang-)Reinheit *f;* **5.** ▶ *de ~* mit knapper Not, (gerade) so eben (noch).
justice [ʒystis] *f* **1.** Gerechtigkeit *f;* Recht *n;* **2.** Justiz, Rechtspflege *f,* -wesen; Gericht(sbarkeit, -behörde *f,* -hof *m*) *n;* **3.** ▶ *en ~* vor Gericht; **4.** ▶ *faire, rendre ~ à qn* jdm Gerechtigkeit widerfahren lassen *a. fig; se faire ~* sich sein Recht nehmen, zur Selbsthilfe greifen; sich selbst richten; *rendre la ~* Recht sprechen; **5.** ▶ *palais m de ~* Justizpalast *m,* Gerichtsgebäude *n.* **justicier** *m* **1.** Verfechter *m* der Gerechtigkeit; **2.** Gerichtsherr *m.*
justifiable [ʒystifiabl] *a* zu rechtfertigen(d); vertretbar **justificateur, trice** *a* rechtfertigend. **justificatif, ive** *a* beweiskräftig, rechtfertigend; Beleg-; ▶ *pièce f ~ificative* Beweis(stück *n*), *bes. com* Beleg *m.* **justification** *f* **1.** Rechtfertigung *f a. rel;* **2.** Be-, Nachweis; *com* Beleg *m.* **justifier** **I.** *tr* **1.** die Unschuld be-, nach=weisen (*qn* jds); **2.** rechtfertigen, begründen; **3.** *(Hoff-*

nung) erfüllen; *(Ansicht)* bestätigen; **4.** *typ* justieren, aus=gleichen; **II.** *itr* ► ~ *de qc* für etw den Nachweis erbringen, den Beweis liefern, nach=weisen; **III.** *v prn se ~ de qc devant qn* etw vor jdm verantworten; sich gegenüber jdm wegen e-r S *(gen)* recht=fertigen.

jute [ʒyt] *m bot (Textil)* Jute *f.* **juter** *itr fam* Saft geben, saftig sein. **juteux, se** *a* saftig.

juvénile [ʒyvenil] *a* jugendlich.

juxtaposer [ʒykstapoze] **I.** *tr* nebenea.=stellen, -setzen, -legen; *(Möbel)* anbauen (*à* an *acc*); *(Texte)* gegenüberstellen; *(Wörter)* aneinanderreihen; **II.** *v. prn se* ~ nebeneinanderstehen. **juxtaposition** *f* Nebenea.=stellen, -setzen; Anea.setzen.

K

k, K [ka] *m* k, K *n.*
kakatoès [kakatɔɛs] *m s. cacatoès.*
kaki [kaki] **I.** *s m* Kakifeige *f;* **II.** *a inv* k(h)akifarben, erdgrau.
kaléidoscope [kaleidɔskɔp] *m* Kaleidoskop *n a. fig.*
kali [kali] *m chem* Pottasche *f.*
kamikaze [kamikaze] *a* Kamikaze-; *s m* Kamikazeflieger, -fahrer *m.*
kan, khan [kɑ̃] *m* Basar *m.*
kangourou [kɑ̃guʀu] *m* **1.** *zoo* Känguruh *n;* **2.** *loc* Huckepack-Verkehr *m.*
kaolin [kaɔlɛ̃] *m* Porzellanerde *f,* Kaolin *n* od *m.*
kapok [kapɔk] *m text* Kapok *m.*
karaté [kaʀate] *m* Karate *n.* **karatéka** *m f* Karatekämpfer(in *f*) *m.*
kart [kaʀt] *m* Go-Kart *m.*
kayak [kajak] *m* Kajak *m.*
kebâb [kebab] *m (Küche)* Kebab *m.*
képi [kepi] *m mil* Schirmmütze *f.*
kermesse [kɛʀmɛs] *f* **1.** Kirmes, Kirchweih *f;* **2.** Wohltätigkeitsbasar *m.*
kérosène [keʀɔzɛn] *m* Flugbenzin *n.*
kibboutz [kibuts] *m* Kibbuz *m.*
kidnapper [kidnape] *tr* **1.** kidnappen, entführen; **2.** *fam* klauen. **kidnappeur, se** *m f* Kidnapper *m.*
kif(-)kif [kifkif] *inv:* ▶ *c'est ~, c'est du kif (fam)* das ist Jacke wie Hose. **kiki** *m arg* Kehle *f.* **kil** *m pop* Liter *m* od *n.*
kilo- [kilo] *m* Kilo *n.* **kilogramme** *m* Kilogramm *n.* **kilogrammètre** *m phys* Kilopondmeter *n.* **kilométrage** *m mot* Kilometerstand *m,* -zahl *f.* **kilomètre** *m* Kilometer *m;* ▶ *~-heure m* Stundenkilometer *m.* **kilométreur** *m* Kilometerzähler *m.* **kilométrique** *a:* ▶ *borne f ~* Kilometerstein *m; compteur ~* Kilometerzähler *m.* **kilowatt(-heure** *f*) [-vat(œʀ)] *m el* Kilowatt(stunde *f*) *n.*
kimono [kimɔno] *m* Kimono *n.*
kinescope [kinɛskɔp] *m tele* Bildröhre *f.*
kinésithérapeute [kineziteʀapøt] *m f* Heil-, Krankengymnastiker(in *f*) *m.* **kinésithérapie** [-eziteʀapi] *f* Kranken-, Heilgymnastik *f.*
kinesthésie [kinɛstezi] *f (Physiologie)* Kinästhesie *f.*
kiosque [kjɔsk] *m* **1.** Kiosk *m;* **2.** (Garten-)Pavillon *m;* **3.** *tech (U-Boot)* Turm *m;* **4.** Dienstleistungsangebot *n* (im französischen Btx-System); ▶ *~ à fleurs* Blumenstand *m; ~ à journaux* Zeitungskiosk, -stand *m; ~ à musique* Musikpavillon *m.*
kirsch [kiʀʃ] *m* Kirsch(wasser *n*) *m (Schnaps).*
kitchenette [kitʃenɛt] *f* Kleinküche; Kochnische *f.*
kitsch [kitʃ] *a* Kitsch-, kitschig; *s m* Kitsch *m.*
kiwi [kiwi] *m (Frucht)* Kiwi *f; (Vogel)* Kiwi *m.*
klaxon [klaksɔn] *m* Hupe *f.* **klaxonner** *itr* hupen.
kleptoman(i)e *s. cleptoman(i)e.*
knock-out [(k)nɔkaut, knɔkut] *m (Boxen)* Knockout, K. o. *m;* ▶ *mettre qn ~* jdn k. o. schlagen.
kola [kɔla] *m:* ▶ *noix f de ~* Kolanuß *f.*
kolkhoze [kɔlkoz] *m* Kolchos *m,* Kolchose *f.* **kolkhozien, ne** *m f* Kolchosbauer *m,* -bäuerin *f.*
korrigan, e [kɔʀigɑ̃, -an] *m f (Bretagne)* Kobold *m,* Wichtelmännchen *n.*
krach [kʀak] *m com* Börsenkrach *m.*
Kremlin, le [kʀɛmlɛ̃] der Kreml. **kremlinologue** *m f pol* Kremlforscher(in *f*) *m.*
kummel [kymɛl] *m* Kümmel *m (Schnaps).*
kumquat [kɛ̃ka] *m bot* Kumquat *m.*
kyrielle [kiʀjɛl] *f* Litanei; *fam* lange Leier *f,* (Wort-)Schwall *m;* ▶ *~ d'enfants* Kinderschar *f.*
kyste [kist] *m med* Zyste *f.*

L

l, L [ɛl] *m* l, L *n*.
la [la] **1.** *s. le;* **2.** *m mus* a, A *n;* ▶ *donner le ~ (fig)* den Ton an=geben; *~ bémol* as, As *n*.
là [la] **I.** *adv* **1.** *(örtlich)* da, dort; da-, dorthin; **2.** *(zeitlich)* da, dann; *fig* dabei; (bis) dahin; darauf hinaus; darin; **II.** *interj* da (haben wir's)! ~ nun, schon gut; *oh! ~!* ach was! oh weh! *~ ...*, *~ ...* hier ..., dort ...; **1.** ▶ *à ce moment-~* in d(ies)em Augenblick; *çà et ~* bald hierhin, bald dorthin; **2.** ▶ *celui, celle, ceux, celles-~* jene(r, s), der, die, das, *pl* die da, dort; *cet homme-~* d(ies)er Mensch da; *de ~* von dort, dorther; *(kausal)* daher; *d'ici ~, jusque-~* bis dahin; *par ~* daher, -durch, da vorbei; *fig* damit; *par-ci par-~* bald hier(-hin), bald dort(hin); hier u. da; *(zeitl.)* hin u. wieder, dann u. wann, von Zeit zu Zeit, mitunter; **3.** ▶ *~-bas* da drüben; da hinten; dorthin; *(fam) hé ~!* heda!; he, Sie da! *~-dedans, ~-dessus, ~-dessous* darin *od* hinein, darüber, -unter; *~-haut, ~-bas* da oben, da unten *od* da hinten; **4.** *planter ~* stehenlassen, warten lassen, versetzen; **5.** ▶ *tout est là* das ist der springende Punkt; *je n'en suis pas encore ~* ich bin noch nicht soweit; *j'en passe par ~* es bleibt mir nichts anderes übrig, ich komme nicht darum herum; *que dites-vous ~?* was sagen Sie da? *que voulez-vous dire par ~?* was wollen Sie damit sagen? *restons-en-~* bleiben wir dabei!
label [labɛl] *m com* Warenzeichen *n;* ▶ *~ de garantie* Güte-, Garantiezeichen *n*.
labeur [labœʀ] *m lit* mühsame, mühevolle Arbeit *f*.
labial, e [labjal] **I.** *a anat gram* Lippen-; **II.** *s f* Lippenlaut *m*.
labo [labo] *m fam* Labor *n*.
laborantine [labɔʀɑ̃tin] *f* Laborantin *f*. **laboratoire** *m* Labor *n;* ▶ *~ de langue* Sprachlabor *n; ~ photo* Fotolabor *n*. **laborieux, se** *a* **1.** *(Person)* arbeitsam, fleißig, rührig; **2.** *(Sache)* schwer, schwierig, mühevoll; **3.** *(Stil)* schwerfällig.
labour [labuʀ] *m* **1.** *agr* Pflügen *n;* Bodenbearbeitung; Feldbestellung, -arbeit *f;* **2.** *pl* bestellte(s) Acker- *od* Gartenland *n*. **labourage** *m* Pflügen, Umgraben, Ackern *n*. **labourer I.** *tr* **1.** pflügen, um=graben; bestellen, bearbeiten; **2.** um-, auf-, zerwühlen, auf=reißen.
labyrinthe [labiʀɛ̃t] *m* Labyrinth *n a. fig anat;* Irrgarten *m*.
lac [lak] *m* See *m;* ▶ *~ glaciaire* Gletschersee *m; ~ de retenue* Stausee *m*.
lacer [lase] *tr* (ein=, ver-, zu=)schnüren. **lacérer** ‹*Prés. je lacère, ns lacérons; Fut. je lacérerai; pp. lacéré, e*› *tr* zerreißen, zerfetzen.
lacet [lasɛ] *m* **1.** Schnürband *n*, -senkel *m;* **2.** *(Jagd)* Schlinge *f;* **3.** *(Straße)* Kehre(n *f pl*) *f;* Serpentine *f;* Schleifen *f pl;* **4.** Kordel *f*.
lâchage [lɑʃaʒ] *m* **1.** Loslassen *n;* **2.** *fam (Person)* Sitzenlassen, Versetzen; Fallenlassen *n*. **lâche I.** *a* **1.** locker, lose *(a. Gewebe)*, schlaff; *(Netz)* weit(maschig); **2.** *fig* feige; niederträchtig, schändlich, gemein; **3.** *fig (Stil)* kraftlos; **II.** *s m* Feigling *m*, *fam* Memme *f*. **lâcher I.** *itr (céder)* reißen; *fig* versagen; ▶ *la corde a ~é* das Seil ist gerissen; *ses nerfs ont ~sé* seine Nerven versagten; **II.** *tr* **1.** *(diminuer la tension)* lockern; ▶ *~ la bride, la main* die Zügel schießen lassen *a. fig* (*à qn, à qc* dat); **2.** los=machen, -lassen; frei laufen, fliegen, schwimmen; gehen-, fahren=lassen; ▶ *lâchez-moi!* lassen Sie mich los! *~ faire ~ prise à qn* jdm die Beute wieder ab=jagen; **3.** *(Dampf)* ab=lassen; *(Wasser)* ab=, aus=laufen lassen; *(Spund, Schleuse)* öffnen; *(Abzug)* los=lassen; **4.** *(donner) (Stoß, Tritt)* versetzen; *(Schuß)* ab=geben (*sur qn* auf jdn), verpassen *(dat); los=lassen, hetzen *(sur, après* auf *acc);* ▶ *~ les chiens sur qn* auf jdn die Hunde los=lassen; **5.** *(laisser échapper) (Gegenstand)* los=, fallen lassen; *(Wort)* fallen=lassen, äußern, von sich geben; ▶ *voilà le grand mot ~é!* nun ist es raus! *(fam);* **6.** *(Geheimnis)* preis=geben, lüften; *(Dummheit)* machen, begehen; **7.** *(Recht, Wohnung)* auf=geben, verzichten (*qc* auf e-e S); *(Geld)* her=geben, *fam* heraus=rücken; ▶ *ne pas ~ qn d'un pas* jdm auf Schritt und Tritt folgen; *~ prise, pied* los=lassen *itr; fig* es auf=geben; **8.** *fam (abandonner)* fallenlassen, im Stich lassen. **lâcheté** *f* **1.** Feigheit *f;* **2.** Schändlichkeit, Niederträchtigkeit, Gemeinheit *f*. **lâcheur, se** *m f fam* treulose Tomate *f*.
lacis [lɑsi] *m* Netz *n a. anat*.
laconique [lakɔnik] *a* **1.** lakonisch; **2.** *(Stil)* gedrängt, knapp. **laconisme** *m* Kürze; Gedrängtheit *f*.
lacrymal, e [lakʀimal] *a anat* Tränen-;

glande f ~e Tränendrüse *f.* **lacrymogène** *a: gaz m ~* Tränengas *n.*
lacs [lɑ] *m (Jagd)* Schlinge *f.*
lactaire [laktɛʀ] **I.** *a* Milch-; **II.** *s m bot* Milchling *m.* **lactation** *f* Milchabsonderung *f; (Frau)* Stillen *n;* **lacté, e** *a* milch(art)ig; Milch-; *voie f ~e (astr)* Milchstraße *f. régime m ~* Milchkur *f.*
lacune [lakyn] *f* Lücke *f a. fig,* Fehlende(s) *n;* ► *combler les ~s* die Lücken ausfüllen; *(Text)* ergänzen (*de qc* etw).
lacustre [lakystʀ] *a bot zoo* See-, Teich-, Sumpf-; ► *cités f pl ~s* Pfahlbauten *m pl.*
ladre [ladʀ] *a lit* knauserig, geizig. **ladrerie** [-dʀə-] *f lit* Geiz *m.*
lagon [lagɔ̃] *m,* **lagune** *f* Lagune *f.*
lai, e [lɛ] *a frère m, sœur f ~(e)* Laienbruder *m,* -schwester *f.*
laïc [laik] *a m s. laïque.* **laïciser** *tr (e-e kirchl. Einrichtung)* entkirchlichen, entkonfessionalisieren; **laïcité** *f* Trennung *f* von Staat und Kirche.
laid, e [lɛ, -ɛd] *a* **1.** häßlich, garstig; **2.** *fig* abscheulich, schändlich, niederträchtig, gemein; ► *~ comme un pou* häßlich wie die Nacht. **laideron** *m* häßliche(s) Mädchen *n.* **laideur** *f* **1.** Häßlichkeit *f;* **2.** *fig* Abscheulichkeit, Schändlichkeit *f.*
laie [lɛ] *f zoo* Bache, Wildsau *f.*
lainage [lɛnaʒ] *m* **1.** *(Tuch)* Aufrauhen, Kratzen *n;* **2.** Wollgewebe *n,* -stoff *m; pl* Wollwaren *f pl;* -kleidung *f;* **3.** Strickkleid *n,* -jacke *f.* **laine** *f* **1.** Wolle *f;* **2.** Wollgarn *n;* wollene Kleidung *f;* **3.** *(Neger)* Wollhaar *n;* **4.** ► *pelote f de ~* Wollknäuel *n; pure ~ (a)* reinwollen; **5.** ► *~ de bois* Holzwolle *f;~ à repriser, à tricoter* Stopf-, Strickwolle *f; ~ de verre* Glaswolle *f.* **laineux, se** *a* wollig; *bot* wollhaarig.
laïque [laik] **I.** *a* weltlich, Laien-; **II.** *s m f* Laie *m;* ► *école f ~* staatliche Schule *f.*
laisse [lɛs] *f* **1.** (Hunde-)Leine; Koppel *f;* Hutband *n;* ► *tenir en ~ (Hund)* an der Leine, *(Menschen)* am Gängelband führen; **2.** *mar* Watt *n.* **laissé** *m:* ► *~ pour compte (com)* nicht angenommene Ware.
laisser [lese] **I.** *tr* **1.** (be-, ver-, zurück=, übrig=, liegen=, stehen=)lassen; **2.** *(Wohnung)* auf=geben; *(Frau)* verlassen; *(Geld)* verlieren; **3.** überlassen, -geben, an=vertrauen (*qc à qn* jdm etw); **4.** *(Spur, Nachgeschmack, Kind, Erbschaft)* hinterlassen; **5.** zu=lassen, gestatten; **6.** *(Handlung)* unter-, *fam* sein=lassen; **7.** übergehen, verschweigen; **II.** *(Hilfsverb)* **1.** ► *~ aller* gehen lassen; **2.** ► *~ en blanc* leer, frei lassen; *~ le choix à qn* jdm die Wahl lassen; *~ de côté* beiseite lassen; aus dem Spiel lassen; *~ qc derrière soi* etw hinter sich lassen; *~ à désirer* zu wünschen übrig lassen; *se ~ dire* sich sagen lassen; *~ à entendre, à comprendre* zu verstehen geben; *~ faire qn* jdn gewähren lassen; *~ qn là* jdn im Stich lassen; *~ qn libre de faire qc* (es) jdm anheim=stellen, etw zu tun; *~ monter, descendre, entrer, sortir* herauf=, hinunter=, herein=, hinaus=lassen; *~ en paix, en repos* in Frieden, in Ruhe lassen; *~ à part* beiseite lassen; *~ passer* vorbei=lassen; geschehen lassen; *~ tomber* fallen lassen; *~ tranquille* in Ruhe lassen; *~ sa vie; (pop) ses os, sa peau* sein Leben lassen müssen, ins Gras beißen müssen; *~ voir* sehen lassen, zeigen; **3.** ► *je vous laisse (fam)* ich gehe (jetzt); *laissez (donc)!* lassen Sie (doch) (das)! *c'est à prendre ou à ~* entweder nehmen Sie es oder nicht; *cela se laisse manger, entendre* das kann man *od* läßt sich essen, läßt sich hören. **laisser-aller** [leseale] *m inv* Sichgehenlassen *n,* Ungezwungenheit; Nachlässigkeit, Schlamperei *f.* **laisser-faire** *m* Wirtschaftsliberalismus *m.* **laissez-passer** [lesepase] *m inv* Passierschein *m.*
lait [lɛ] *m* **1.** Milch *f;* **2.** ► *monter comme une soupe au ~* leicht auf=brausen; **3.** ► *café, chocolat m au ~* Milchkaffee *m,* -schokolade *f; cochon m de ~* Spanferkel *n; frère m, sœur f de ~* Milchbruder *m,* -schwester *f; pot m au ~* Milchtopf *m;* -kanne *f; vache f à ~* Milchkuh *f;* **4.** ► *~ en bouteilles* Flaschenmilch *f; ~ caillé* Dick-, Sauermilch *f; ~ condensé, concentré* Kondens-, Büchsen-, Dosenmilch *f; ~ écrémé, entier* Mager-, Vollmilch *f; ~ maternel* Mutter-, Säuglingsmilch *f; ~ en poudre, sec* Milchpulver *n,* Trockenmilch *f.* **laiterie** *f* **1.** Molkerei *f;* **2.** Milchgeschäft *n;* **3.** Milchwirtschaft *f.* **laiteux, se** *a* milch(art)ig; Milch-; ► *d'un blanc ~* milch(ig)weiß. **laitier, ère I.** *s m f* **1.** Milchhändler(in *f*), -mann *m;* **2.** *m tech* Schlacke *f;* **3.** *f* Milchkuh *f;* **II.** *a* Milch-.
laiton [lɛtɔ̃] *m* Messing *n;* ► *fil m de ~* Messingdraht *m.* **laitue** *f bot* Lattich *m.*
laïus [lajys] *m fam* endlose Rede *f;* Blabla *n.* **laïusser** *itr fam* bla-bla reden.
lama [lama] *m* **1.** *zoo* Lama *n;* **2.** *rel* Lama *m.*
lambeau [lɑ̃bo] *m pl ~x* **1.** (Stoff-, Haut-, Fleisch-)Fetzen, Lappen *m;* Stück *n;* **2.** *fig* (Bruch-)Stück *n,* Teil *m;* **3.** ► *en ~x* in Fetzen. **lambin, e I.** *s m f* Bummler *m; fam* lahme Ente *f;* **II.** *a* bumm(e)lig, langsam. **lambiner** [-ine] *itr fam* (herum)bummeln, -trödeln.
lambris [lɑ̃bʀi] *m* Decken-, Wand-, *bes.* Gipsverkleidung; Täfelung *f;* Paneel *n.*
lambrisser *tr (Decke, Wand)* verkleiden (*de marbre* mit Marmor); täfeln; gipsen.

lame [lam] *f* **1.** Lamelle *f*, Plättchen *n*; **2.** *(Messer)* Klinge *f*; **3.** *tech* Blatt, Messer *n*; **4.** Welle, Woge *f*; **5.** ▶ ~ *de couteau* Messerklinge *f*; ~ *de fond* Grundsee *f*; ~ *de parquet* Diele *f*; ~ *de scie* Sägeblatt *n*. **lamelle** [-ɛl] *f bot zoo tech* Lamelle *f*, dünne(s) Blättchen *n*.
lamentable [lamɑ̃tabl] *a* **1.** beklagens-, bejammernswert, bedauerlich; **2.** kläglich, jämmerlich; ▶ *cris m pl ~s* Jammergeschrei *n*. **lamentation** *f meist pl* Wehgeschrei, -klagen, Jammern *n*; *pl rel* Klagelieder *n pl*. **lamenter, se** *v prn* jammern, wehklagen.
lamette [lamɛt] *f tech* Plättchen *n*, Lamelle *f*.
laminage [laminaʒ] *m* (Aus-)Walzen, Strecken *n*. **laminer** *tr* (aus=)walzen, strecken. **laminoir** *m* Walzmaschine, -anlage *f*, -werk *n*.
lampadaire [lɑ̃padɛʀ] *m* **1.** Laternenpfahl, Lichtmast *m*; **2.** Stehlampe *f*.
lampe *f* **1.** Lampe, Leuchte; Glühbirne *f*; **2.** *radio* Röhre *f*; **3.** ▶ *s'en mettre plein la ~ (arg)* sich den Bauch voll=schlagen; **4.** ▶ ~ *de chevet* Nachttischlampe *f*; ~ *électrique à incandescence* Glühlampe, -birne *f*; ~ *fluorescente* Leuchtstoffröhre *f*; ~ *au néon* Neonröhre *f*; ~ *de poche* Taschenlampe *f*.
lampée [lɑ̃pe] *f fam* tüchtige(r) Schluck.
lamper *tr fam* hinunter=kippen. (*un verre* ein Glas).
lampion [lɑ̃pjɔ̃] *m* Lampion *m*. **lampiste** *m* Lampenfabrikant, -händler, -anzünder *m*.
lamproie [lɑ̃pʀwa] *f zoo* Neunauge *n*, Lamprete *f*.
lance [lɑ̃s] *f* **1.** Lanze *f*; **2.** *(Fischerstechen)* Stange *f*; **3.** *(Feuerwehr) (~ à eau)* Spritzdüse, Spritze *f*; **4.** ▶ *fer m de ~* Lanzenspitze *f*; *mil* Stoßkeil *m*; **5.** ▶ ~ *d'arrosage* Gartenspritze *f*. **lance-flammes** *m inv mil* Flammenwerfer *m*. **lance-grenades** *inv mil* Granatenwerfer *m*. **lance-roquettes** *m* Raketenwerfer *m*. **lance-satellites** *m* Satellitenträger *m*. **lancée** *f* Schwung *m*; *continuer sur sa ~* weitermachen, -fahren, -laufen, solange man noch im Schwung ist. **lancement** *m* **1.** Werfen, Schleudern, Stoßen *n a. sport*; **2.** *mar* Stapellauf *m*; **3.** *fig* Einführung; *(Künstler)* Förderung; *(Werbefeldzug)* Einleitung *f*; **4.** *(Industrie)* Arbeitszuteilung *f*; **5.** *campagne f, prix m* ▶ *de ~ (com)* Einführungsfeldzug, -preis *m*; *rampe f de ~* Abschußrampe *f*; **6.** ▶ ~ *du disque, du javelot, du marteau* Diskus-, Speer-, Hammerwerfen *n*; ~ *du poids* Kugelstoßen *n*. **lance-missiles** *m* Trägerrakete *f*. **lance-pierres** *m inv* Steinschleuder *f*.
lancer [lɑ̃se] ‹*Prés. je lance, ns lançons; Fut. je lancerai; pp. lancé, e*› **I.** *tr* **1.** *(jeter)* werfen, schleudern *a. fig*, stoßen; ▶ ~ *des pierres à qn* jdn mit Steinen bewerfen; ~ *un regard à qn* jdm e-n Blick zu=werfen, nach=werfen; ~ *un appel à qn* e-n Appell an jdn richten; **2.** *(Vorwurf)* machen; *(Wahrheit)* entgegen=halten, *(Fluch)* aus=stoßen; *(Haftbefehl)* erlassen; *(Bannstrahl)* schleudern; **3.** *(avec divers objets)* ▶ ~ *le disque, le javelot, le marteau* (den) Diskus, Speer, Hammer werfen; **4.** *(Pfeil)* schießen; *(Gift)* (ver)spritzen; *(Strahlen)* senden; *(Funken)* sprühen; *(Ohrfeige, Fußtritt)* geben, *fam* verpassen; *(Lied)* schmettern; **5.** *(mettre en mouvement, en circulation) (Wild)* auf=scheuchen, -jagen; *(Pferd)* auf Trab bringen; *mil (Truppe)* werfen (*sur, vers* auf *acc*); *(Maschine)* in Gang bringen, an=werfen; *(Motor)* an=lassen; *(Schiff)* vom Stapel laufen lassen; **6.** *fig (Flugblatt, Schreiben)* in Umlauf bringen, lancieren, veröffentlichen; *(~ sur le marché)* auf den Markt werfen *od* bringen; *(Mode)* auf=bringen; *(Mode, Person bes. in die Gesellschaft)* ein=führen; *(Autor, Werk)* fördern; **II.** *v prn se ~* sich stürzen (*dans* in *acc*); ▶ *se ~ des insultes à la tête* sich Schimpfworte an den Kopf werfen; **III.** *s m* **1.** *sport* Wurf *m*, Werfen *n*; **2.** *(Ballon)* Steigenlassen *n*; *(Brieftauben)* Auflassen *n*; **3.** *(Jagd)* Aufscheuchen *n*; **4.** *(Fischerei)* ▶ *prendre au ~* mit der Spinnangel fangen. **lancette** *f med* Lanzette *f*. **lanceur, se** *m f*: ▶ ~, *~euse de disque, de javelot, de marteau* Diskus-, Speer-, Hammerwerfer(in *f*) *m*; ~ *de poids* Kugelstoßer *m*; ~ *de satellite* Trägerrakete *f*.
lancinant, e [lɑ̃sinɑ̃] *a (Schmerz)* stechend; *(Bedauern)* schmerzlich. **lanciner I.** *itr med* stechen, reißen; **II.** *tr fig* quälen (*qn* jdn).
landau [lɑ̃do] *m* Kinderwagen *m*.
lande [lɑ̃d] *f* Heide *f*, Ödland *n*.
langage [lɑ̃gaʒ] *m* Sprache; Rede; Sprech-, Rede-, Ausdrucksweise *f*; *inform* Sprache *f*; ▶ *faute f de ~* Sprachschnitzer *m*; *trouble m du ~* Sprachstörung *f*; ~ *clair, convenu, chiffré (tele)* offene Sprache, Code-, Geheimsprache *f*; ~ *familier* Umgangssprache *f*; ~ *des fleurs* Blumensprache *f*; ~ *formel, de programmation* Programmiersprache *f* ~ *informatique* Computersprache *f*; ~ *des sourds-muets* Taubstummensprache *f*.
lange [lɑ̃ʒ] *m* Windel *f*. **langer** *tr (Baby)* wickeln.
langoureux, se [lɑ̃guʀø, -øz] *a* schmachtend, sehnsüchtig, sehnsuchtsvoll, schwärmerisch.
langouste [lɑ̃gust] *f zoo* Languste *f*.
langue [lɑ̃g] *f* **1.** *anat* Zunge *f*; **2.** Spra-

che *f;* **3.** ► *avaler sa* ~ den Mund halten; *ne pas savoir tenir sa* ~ e-n losen Mund haben; *avoir la* ~ *bien pendue* ein gutes Mundwerk haben, zungenfertig sein; *être mauvaise* ~ e-e böse Zunge, ein loses Mundwerk haben; *se mordre la* ~ sich auf die Zunge beißen *a. fig* (*de qc* wegen e-r S); *fig* heftig bereuen (*de qc* etw); *posséder une* ~ e-e Sprache beherrschen; *tirer la* ~ *à qn* jdm die Zunge heraus=strecken; **4.** ► *je l'ai sur (le bout de) la* ~ es schwebt, liegt mir auf der Zunge; *la langue m'a fourché* ich habe mich versprochen; **5.** ► *bout m de la* ~ Zungenspitze *f; mauvaise, méchante* ~ Lästermaul *n;* **6.** ► ~ *chargée* belegte Zunge *f;* ~*-de-chat f* Löffelbiskuit *m;* ~ *courante Gemeinsprache f;* ~ *étrangère* Fremdsprache *f;* ~ *littéraire, écrite* Schriftsprache *f;* ~ *maternelle* Muttersprache *f;* ~ *officielle* Amtssprache *f;* ~ *populaire* derbe Umgangssprache *f;* ~ *de terre* Landzunge *f;* ~ *de vipère* Lästermaul *n;* ~ *vivante, moderne* lebende, neuere Sprache *f;* ~ *universelle* Weltsprache *f.*

languette [lɑ̃gɛt] *f* **1.** Zünglein *n (a. an d. Waage);* **2.** Zunge; *(Schuh)* Lasche *f;* **3.** *mus* Zunge *f.*

langueur [lɑ̃gœʀ] *f* **1.** Mattigkeit, Entkräftung, Abgespanntheit, Schwäche *f;* **2.** *fig* Sehnsucht *f;* **3.** Kraftlosigkeit *(a. Stil);* Interesse(n)losigkeit; Untätigkeit *f.*

languir I. *itr* **1.** *(Unterhaltung)* stokken, ein=schlafen; **2.** sich langweilen; **3.** die Zeit nicht er-, *fam* ab=warten können (*de faire qc* etw zu tun). **languissant, e** *a* **1.** *(Unterhaltung)* stockend, schleppend; **2.** gleichgültig, uninteressiert, interesselos; *(Stil)* unlebendig; **3.** *com* flau, lustlos.

lanière [lanjɛʀ] *f* (langer, schmaler) Riemen *m.*

lanterne [lɑ̃tɛʀn] *f* **1.** Laterne *f a. arch;* **2.** *mot* Standlicht *n;* **3.** ► ~ *vénitienne* Lampion *m.* **lanterner** *itr fam* (die Zeit ver)trödeln.

lapalissade [lapalisad] *f* Binsenwahrheit *f.*

laper [lape] *tr (Hund)* auf=lecken, schlabbern.

lapidaire [lapidɛʀ] **I.** *s m* Steinschneider *m;* **II.** *a (Stil, Worte)* lapidar, kurz u. bündig, knapp. **lapider** *tr* mit Steinen werfen (*qn, qc* nach jdm, e-r S).

lapin [lapɛ̃] *m* Kaninchen, Karnickel *n;* ► *poser un* ~ *à qn (fam)* jdn versetzen; *fameux* ~ *(fam)* tüchtige(r) Kerl *m; (fam) mère f* ~*e* kinderreiche Frau *f; peau f de* ~ Kanin(chenfell) *n; mon petit* ~ *(fam)* (mein) Häschen *n;* ~ *domestique* Stallhase *m;* ~ *de garenne* wilde(s) Kaninchen *n.* **lapiner** *itr (Häsin)* werfen. **lapinière** *f* Kaninchenstall *m.*

lapis(-lazuli) [lapis(lazyli)] *m* Lapis-lazuli; Lasurstein *m.*

Laponie, la [lapɔni] Lappland *n.*

laps [laps] *m;* ► ~ *de temps* (gewisse) Zeitspanne *f.*

lapsus [lapsys] *m* Fehler *m,* Versehen *n,* Irrtum, Lapsus *m;* ► *faire un* ~ sich versprechen.

laquais [lakɛ] *m* Lakai *m.*

laque [lak] *f* **1.** *bot chem* Lack(harz *n*) *m;* **2.** *m* Lackarbeit *f (Gegenstand).* **laqué, e** *a* lackiert.

laquelle [lakɛl] *s. lequel.*

laquer [lake] *tr* lack(ier)en.

larbin [laʀbɛ̃] *m fam* Diener *m.*

larcin [laʀsɛ̃] *m* (kleiner) Diebstahl *m.*

lard [laʀ] *m* Speck *m.* **larder** *tr* **1.** spicken *a. fig* (*de* mit); **2.** durchlöchern. **lardon** *m* **1.** Speckstreifen *m;* **2.** *pop* Balg *m,* Krabbe *f.*

largable [laʀgabl] *a* abwerfbar. **largage** *m aero* Abwurf *m.* **large** [laʀʒ] **I.** *a* **1.** breit; dick; weit, geräumig, ausgedehnt; **2.** *fig* groß; *(Anteil)* bedeutend; **3.** *(Sinn)* weit(er); weitherzig; großzügig, freigebig; **4.** *(Literatur, Kunst)* breit angelegt, weit ausholend, umfassend; kühn; **II.** *s m* **5.** Breite, Weite *f; fig* Bewegungsfreiheit *f,* Spielraum *m;* **6.** hohe See, offene(s) Meer *n;* **7.** ► *au sens* ~ im weiteren Sinne; *en long et en* ~ in die Länge u. in die Breite; *de long en* ~ hin u. her, auf u. ab; **8.** ► *avoir l'esprit* ~ großzügig sein; *avoir deux mètres de* ~ 2 Meter breit sein; *être au* ~ viel Platz haben (*à* an *dat; dans* in *dat*); *ne pas en mener* ~ sich in e-r schwierigen Lage befinden; sich in s-r Haut nicht wohl=fühlen; *prendre, gagner le* ~ aufs offene Meer hinaus=fahren; das Weite suchen; **9.** ► *vent m du* ~ Seewind *m; vues f pl* ~*s* freie Ansichten *od* Anschauungen *f pl;* **10.** ► ~ *d'épaules* breitschultrig. **largement** *adv* **1.** weit; **2.** *fig* großzügig; reichlich; **3.** *(zeitlich)* längst; ► *avoir* ~ *de quoi vivre* sein gutes Auskommen haben. **largesse** *f* **1.** Freigebigkeit *f;* **2.** *pl* großzügige Spenden *f pl.* **largeur** *f* **1.** Breite; *(Kleidung)* Weite *f;* **2.** *fig (~ de vues)* Vorurteilslosigkeit; Großzügigkeit *f.*

largue [laʀg] *a mar (Segel)* schlaff. **larguer** *tr* **1.** *mar (Tau)* locker, schießen lassen; **2.** *aero* ab=werfen; **3.** *(Fallschirmjäger)* absetzen; **4.** *(Segelflugzeug)* aus=klinken.

larme [laʀm] *f* **1.** Träne *f;* **2.** *allg bot* (*bes.* Harz-)Tropfen *m;* **3.** *fig fam* ► *une* ~ *de cognac* ein Tröpfchen Cognac; **4.** ► *les* ~*s aux yeux* mit Tränen in den Augen; **5.** ► *être tout en* ~*s, fondre en* ~*s, pleurer à chaudes* ~*s* ganz in Tränen aufgelöst sein, in Tränen zerfließen, sich die Augen aus=weinen; *rire (jusqu')aux ~s* Tränen lachen; **6.** ▶ *ému, touché (jusqu')aux ~s* zu Tränen gerührt; **7.** ▶ *~s de crocodile, de joie* Krokodils-, Freudentränen *f pl.* **larmoiement** *m* **1.** *med* Tränenfluß *m;* **2.** *fig* Jammern *n.* **larmoyant, e** *a* **1.** zu Tränen gerührt; **2.** *(Stimme)* weinerlich; ▶ *comédie f ~e (theat)* Rührstück *n.* **larmoyer** ‹*Prés. je larmoie, ns larmoyons; Fut. je larmoierai; pp. larmoyé,* ›› *itr* **1.** *(Augen)* tränen; **2.** jammern; *fam* dauernd heulen.

larron, ne [laʀɔ̃, -ɔn] *m f (Bibel)* Schächer.

larve [laʀv] *f* **1.** *zoo* Larve *f;* **2.** *fig péj* jämmerliche Gestalt; energische Figur *f.* **larvé, e 1.** *med* larviert; **2.** *fig* verhüllt, versteckt.

laryngite [laʀɛ̃ʒit] *f* Kehlkopfentzündung *f.* **laryngologue** *m* Laryngologe *m.* **laryngophone** *m* Kehlkopfmikrophon *n.* **laryngoscope** *m med* Kehlkopfspiegel *m.* **larynx** [-ɛ̃ks] *m* Kehlkopf *m.*

las, se [lɑ, lɑs] *a* **1.** müde, abgespannt, erschöpft; **2.** überdrüssig (*de qc* e-r S *gen*); **3.** ▶ *j'en suis ~* ich habe es satt; *~ de vivre* lebensmüde.

lascar [laskaʀ] *m fam* alte(r) Fuchs *m;* ▶ *c'est un drôle de ~* das ist ein gewitzter Bursche.

lascif, ive [lasif, -iv] *a* geil, *(Blick)* sinnlich; lüstern; unzüchtig.

laser [lazɛʀ] *m phys* Laser *m.* **laserthérapie** *f med* Lasertherapie *f.*

lassant, e [lɑ(a)sɑ̃, -ɑ̃t] *a* ermüdend *a. fig; fig* langweilig, auf die Nerven gehend. **lasser I.** *tr* **1.** ermüden, müde machen; **2.** *fig* langweilen; auf die Nerven gehen *od* fallen (*qn* jdm); **II.** *v prn se ~* müde werden, ermüden (*à faire qc* etw zu tun); ▶ *se ~ de qc* e-r S *(gen)* überdrüssig werden, *fam* etw satt kriegen. **lassitude** *f* **1.** Ermüdung, Müdigkeit, Mattigkeit *f;* **2.** *fig* Überdruß *m.*

lasso [laso] *m* Lasso *m* od *n.*

latent, e [latɑ̃, -ɑ̃t] *a* **1.** verborgen; **2.** *bes. med phys* latent; *phys* gebunden.

latéral, e [lateʀal] *a* seitlich; Seiten-; ▶ *porte f ~e* Seitentür *f.* **latéralement** *adv* seitlich, -wärts.

latex [latɛks] *m bot* Latex *m.*

latin, e [latɛ̃, -in] **I.** *a* lateinisch; Latein-; *(Volk)* romanisch; *rel* römisch-katholisch; **II.** *s m* Latein *n;* ▶ *l'Amérique f latine* Lateinamerika *n; bas ~* Mittellatein *n; Quartier m ~ (Pariser)* Universitätsviertel *n.* **latiniste** *m* Latinist *m.* **latino-américain, e** *a* lateinamerikanisch.

latitude [latityd] *f* **1.** (geographische) Breite; Zone *f,* Himmelsstrich *m,* Klima *n;* **2.** *fig* (Spiel-)Raum *m,* (Bewegungs-)Freiheit *f;* **3.** ▶ *sous toutes les ~s* auf allen Breiten, unter allen Himmelsstrichen; **4.** ▶ *laisser toute ~ à qn* jdm alle Freiheit, völlig freie Hand lassen; **5.** ▶ *degré m de ~* Breitengrad, -kreis *m.*

latrines [latʀin] *f pl* Latrine *f.*

latte [lat] *f* Latte *f.* **lattis** [-i] *m* Lattenwerk *n.*

laudanum [lodanɔm] *m* Opiumtinktur *f.*

laudatif, ive [lodatif] *a* lobend.

lauréat, e [lɔʀea, -at] **I.** *a* (preis)gekrönt; **II.** *s m f* Preisträger(in *f*), Sieger(in *f*) *m (in e-m Wettbewerb).*

laurier [lɔʀje] *m* **1.** *bot* Lorbeer(baum); Lorbeerzweig *m;* **2.** *pl fig* Lorbeeren *m pl,* Ruhm *m;* ▶ *se couvrir de ~s* Lorbeeren ernten; *s'endormir, se reposer sur ses ~s (fig)* auf s-n Lorbeeren aus=ruhen. **laurier-rose** *m bot* Oleander *m.*

LAV [ɛlawe] *m inv med* HIV *n.*

lavable [lavabl] *a* waschecht; ▶ *~ à l'eau bouillante* kochfest. **lavabo** *m* **1.** Waschtisch *m,* -becken *n,* -raum *m;* **2.** *meist pl* Toilette *f;* Klosett *n.* **lavage** *m* **1.** (Ab-, Aus-)Waschen *n;* **2.** Wäsche *f a. tech;* **3.** (Ab-)Spülen; Scheuern, Putzen *n;* **4.** *chem tech* (Ab-, Aus-)Schlämmen, Schwemmen; Wässern *n a. phot;* **5.** *med* Spülung *f;* ▶ *~ de cerveau (pol)* Gehirnwäsche *f.*

lavande [lavɑ̃d] *f bot* Lavendel *m.*

lavasse [lavas] *f fam (Kaffee, Suppe od Soße);* wäßrige(s) Getränk *n.*

lave [lav] *f geol* Lava *f.*

lavée [lave] *a (Farbe)* verwaschen. **lave-mains** *m inv* Handwaschbecken *n.* **lavement** *m* **1.** *rel* Waschung *f;* **2.** *med* Klistier *n,* Einlauf *m;* ▶ *~ des pieds (rel)* Fußwaschung *f.* **laver I.** *tr* **1.** (ab=, aus=)waschen; (aus=)spülen; scheuern, putzen; **2.** *(Wunde)* aus=waschen; *(Magen)* aus=pumpen; **3.** *tech chem* (ab=, aus=)schlämmen, schwemmen; wässern *a. phot;* **4.** *(Zeichnung)* kolorieren, aquarellieren, tuschen, lavieren; **5.** *(Gewässer)* bespülen; **6.** *fig* ab=, rein=waschen; *(Sünde)* tilgen; **II.** *v prn se ~* **7.** sich waschen; **8.** *fig* sich rein=waschen (*de qc* von etw); **9.** ▶ *s'en ~ les mains* s-e Hände in Unschuld waschen; **10.** ▶ *machine f à ~* Waschmaschine *f; machine f à laver la vaisselle* Geschirrspülmaschine *f.* **laverie** *f* Waschsalon *m.* **lavette** *f* Spültuch *n,* Abwaschlappen *m; fam fig* Waschlappen *m.* **laveur, se** *m f* Wäscher(in *f*) *m;* ▶ *~ de carreaux* Fensterputzer *m.* **lave-vaisselle** *m* Geschirrspülmaschine *f.* **lavis** [-i] *m* Tuschen *n; (dessin m au ~)* Tuschzeichnung *f.* **lavoir** *m* Waschhaus *n,* -platz *m.* **lavure** *f (~ de vaisselle)* Spülwasser *a. fam péj.*

laxatif, ive [laksatif, -iv] **I.** *a* mild abführend; **II.** *s m* milde(s) Abführmittel *n.*

laxisme [laksism] *m* Laxheit *f.* **laxiste** *a* lax, weitherzig.

layette [lɛjɛt] *f* Babywäsche, -ausstattung *f.*
lazaret [lazaʀɛ] *m* Quarantänestation *f.*
lazzi(s) [la(d)si] *m pl* Spott *m.*
le, la; *(vor Vokal u. h muet)* **l'**; *pl* **les** [lə, la, le(ɛ)] **I.** *(Artikel)* der, die, das; *pl* die; **II.** *prn* ihn, sie, es; *pl* sie; **1.** ▶ *dans les cent* ungefähr, etwa 100; *de la sorte* derart, auf solche *od* diese Weise; **2.** ▶ *le jour* am Tage, tagsüber; **3.** ▶ *je le suis* ich bin es.
lé [le] *m (Stoff)* Breite; Stoffbahn *f.*
leader [lidœʀ] *m* **1.** *pol* (Partei-)Führer *m;* **2.** *sport* Anführer; Spitzenreiter; (Klassen-, Gruppen-)Beste(r) *m.*
lèche [lɛʃ] *f (fam)* ▶ *faire de la ~* liebedienern; *à qn* vor jdm kriechen.
léché, e [leʃe] *a* **1.** geleckt; **2.** *fig (bes. Kunst)* sorgfältig (ausgearbeitet, ausgeführt); ▶ *ours m mal ~* ungehobelte(r) Klotz *m.* **lèche-bottes** *m pop.* **lèche-cul** *m* Speichellecker, (*pop* Arsch-)Kriecher *m.* **lèchefrite** *f* Abtropfpfanne *f.*
lécher ‹*Prés. je lèche, ns léchons; Fut. je lécherai; pp. léché, e*› **I.** *tr* **1.** (be-, ab=, aus=)lecken; **2.** *fig (Flammen, Wellen)* belecken; **3.** *(Literatur, Kunst)* sorgfältig aus=arbeiten, -führen; ▶ *s'en ~ les doigts* od *les babines (fig)* sich die Finger danach lecken; *~ les vitrines* e-n Schaufensterbummel machen. **léchette** *f fam (Küche)* Scheibchen *n.* **lécheur, se** *m f fam* Speichellecker *m.* **lèche-vitrine** *m:* ▶ *faire du ~* *e-n* Schaufensterbummel machen.
leçon [ləsõ] *f* **1.** (Unterrichts-, Lehr-)Stunde *f;* **2.** (mündliche) Aufgabe, Lektion *f;* **3.** Lehre; Warnung *f;* **4.** ▶ *donner, prendre des ~s* Unterricht, Stunden geben, nehmen; *donner une ~ à qn* jdm e-e Lehre erteilen; *faire la ~ à qn* jdm die Leviten lesen; *servir de ~ à qn* jdm e-e Lehre, e-e Warnung sein; **5.** ▶ *~ d'allemand, de mathématiques, de gymnastique* Deutsch-, Mathematik-, Turnstunde *f;* *~ particulière* Privatstunde *f.*
lecteur, trice [lɛktœʀ, -tʀis] *m f* **1.** Leser(in *f*); *(e-s Nachschlagewerkes)* Benutzer *m;* **2.** Vorleser(in *f*) *m;* **3.** *(Universität)* Lektor *m;* **4.** *(Plattenspieler)* Tonabnehmer *m; film* Abtastgerät *n;* **5.** *typ* Korrektor *m; inform* Lesegerät *n;* ▶ *~ de disquette (inform)* Diskettenlesegerät *n;* *~ optique (inform)* optische(r) Leser, optische(r) Abtaster *m;* *~ de son* Tonabnehmer *m;* *~ d'un journal* Zeitungsleser *m.* **lecture** *f* **1.** (Vor-)Lesen *n;* Lektüre *f;* **2.** Lesestoff *m,* -stück *n;* **3.** *theat* Leseprobe *f;* **4.** *parl* Lesung; **5.** *jur* Verlesung *f;* **6.** *tech* Ablesung *f; (Tonband)* Abspielen *n; (Tonspur)* Abtasten *n; inform* Abtasten *n;* **7.** ▶ *après simple ~* nach einmaligem (Durch-)Lesen; *en première, seconde ~ (parl)* in erster, zweiter Lesung; **8.** ▶ *appareil m de ~ pour microfilm* Mikrofilmlesegerät *n; livre m de ~* Lesebuch *n; salle f de ~* Lesesaal *m;* **9.** ▶ *~ de voyage* Reiselektüre *f.*
ledit, ladite [lədi, ladit] *a* besagte(r, s).
légal, e [legal] *a pl -aux* gesetzlich, -mäßig, legal; ▶ *sans motif ~* widerrechtlich; voie f *~e* Rechtsweg *m.* **légalisation** *f* amtliche Beglaubigung *f.* **légaliser** *tr* (amtlich) beglaubigen. **légalité** *f* Gesetzlichkeit, Rechtmäßigkeit *f.*
légat [lega] *m rel* Legat *m.* **légataire** *m jur* Vermächtnisnehmer *m;* ▶ *~ universel* Universalerbe *m.* **légation** [-sjõ] *f* Gesandtschaft *f.*
lège [lɛʒ] *a mar* zu leicht befrachtet.
légendaire [leʒɑ̃dɛʀ] *a* sagenhaft, legendär. **légende** *f* **1.** Legende *f;* Sage *f;* **2.** *rel* Heiligenleben *n;* **3.** *(Karte)* Zeichenerklärung *f;* **4.** *(Münze)* Beschriftung *f;* **5.** Bildtext *m.*
léger, ère [leʒe, -ɛʀ] *a* **1.** leicht *(a. Speise, Getränk, Mahlzeit, Schlaf);* **2.** dünn *(a. Schicht);* **3.** *(Kleidung)* leicht, dünn; duftig; **4.** *(Taille)* schlank; **5.** *(Gang)* anmutig; gewandt, behend(e), leichtfüßig; **6.** *(Wind)* sanft; *(Geräusch)* leise; **7.** *fig* leicht(fertig, -sinnig), unbesonnen; flatterhaft, oberflächlich; **8.** *fig* locker, lose, frei; **9.** ▶ *d'un cœur ~* leichten Herzens; *prendre à la ~ère (fig)* auf die leichte Schulter nehmen. **légèrement** *adv* **1.** leicht; flink, behend(e), gewandt; **2.** leichtfertig, -sinnig, gedankenlos, unbesonnen; **3.** *fam* ein bißchen, ein wenig. **légèreté** *f* **1.** Leichtigkeit *f a. fig;* **2.** *fig* Geringfügigkeit *f;* **3.** Behendigkeit; Anmut *f;* **4.** Leichtsinn *m,* Unbesonnenheit *f.*
légiférer [leʒifeʀe] ‹*Prés. je légifère, ns légiférons; Fut. je légiférerai; pp. légiféré, e*› *itr* Gesetze geben.
légion [leʒjõ] *f* **1.** Legion *f a. fig;* **2.** *(fig)* ▶ *une ~* ein Heer (*de* von); *~ d'honneur* Ehrenlegion *f.* **légionnaire** [-ʒjɔ-] *m* Fremdenlegionär *m.*
législateur, trice [leʒislatœʀ, -tʀis] *s m f* Gesetzgeber(in *f*) *m a. fig.* **législatif, ive** *a* gesetzgebend; ▶ *pouvoir m ~* gesetzgebende Gewalt *f.* **législation** [-sjõ] *f* **1.** Gesetzgebung *f; Gesetz(e n pl),* Recht *n;* **2.** Rechtswissenschaft *f.* **législature** [-tyʀ] *f parl* Legislatur(periode) *f.*
légiste [leʒist] *m* Jurist; Rechtsberater *m;* ▶ *médecin m ~* Gerichtsmediziner *m.*
légitimation [leʒitimasjõ] *f* **1.** rechtliche Anerkennung *f;* **2.** *(uneheliches Kind)* Ehelichkeitserklärung *f.* **légitime I.** *a* **1.** recht-, gesetzmäßig, gesetzlich; *(Kind)* ehelich; **2.** *fig* berechtigt, gerecht(fertigt); **II.** *s m f fam* (Ehe-)Mann

m, Frau *f*; ▶ ~ *défense* Notwehr *f*. **légitimement** *adv* rechtmäßig. **légitimer** *tr* **1.** gesetzlich, rechtlich an=erkennen; **2.** *(Kind)* für ehelich erklären; **3.** *fig* rechtfertigen, begründen.

legs [lɛ(g)] *m* Legat, Vermächtnis *n a. fig.*

léguer [lege] *tr* ‹*Prés. je lègue, ns léguons; Fut. je léguerai; pp. légué, e*› *jur* vermachen; hinterlassen, vererben *a. fig.*

légume [legym] *m* **1.** Gemüse *n*; **2.** *bot* Hülsenfrucht *f*. **légumier** *m* Gemüseschüssel *f*. **légumineuse** *f bot* Hülsenfrucht *f*.

Léman [lemɑ̃]: ▶ *le (lac m)* ~ der Genfer See *m*.

lendemain [lɑ̃dmɛ̃] *m* **1.** ▶ *le* ~ der folgende, der nächste Tag; der morgige Tag; am folgenden Tag; *du jour au* ~ von heute auf morgen, über Nacht; *le* ~ *matin* am folgenden, nächsten Morgen, am Morgen darauf; *sans* ~ ohne Folge; **2.** ▶ *remettre (jusqu')au* ~ auf den folgenden, nächsten Tag, auf morgen verschieben; *penser au* ~ an die Zukunft denken.

lénifiant, e [lenifjɑ̃, -ɑ̃t] **1.** *med* (schmerz-)lindernd; **2.** beruhigend; mildernd. **lénifier** *tr med (Schmerz)* lindern; mildern; beruhigen. **lénitif, ive I.** *a med* (schmerz-)lindernd; beruhigend; **II.** *s m* Linderungs-, Beruhigungsmittel *n*.

lent e [lɑ̃, -ɑ̃t] *a* **1.** langsam; **2.** träge, schwerfällig *a. fig;* ▶ *être* ~ *à comprendre* schwer von Begriff sein.

lente [lɑ̃t] *f zoo* Nisse *f*.

lenteur [lɑ̃tœʀ] *f* **1.** Langsamkeit; Trägheit; Schwerfälligkeit *f a. fig;* **2.** *pl* Umständlichkeit *f;* Umstände *m pl*.

lentille [lɑ̃tij] *f bot opt anat* Linse *f*.

léopard [leɔpaʀ] *m* Leopard, Panther *m*.

lèpre [lɛpʀ] *f* **1.** Lepra *f*, Aussatz *m;* **2.** *fig* Krebsschaden *m*.

lépreux, se [lepʀø, -øz] **I.** *a* aussätzig; **II.** *s m f* Aussätzige(r *m*), Leprakranke(r *m*) *f*. **léproserie** [-pʀoz-] *f* Lepraheim *n*.

lequel, laquelle, *pl* **lesquels, lesquelles** [lə-, la-, le(ɛ)kɛl] *prn* welche(r, s), *pl* welche; der, die, das, *pl* die; wer.

les *s. le.*

léser [leze] ‹*Prés. je lèse, ns lésons; Fut. je léserai; pp. lésé, e*› *tr* **1.** *med* verletzen *a. fig;* **2.** *fig* verstoßen (*qc* gegen etw); schädigen, beeinträchtigen.

lésiner [lezine] *itr* knausern, knickern, geizen (*sur qc* mit, an etw).

lésion [lezjɔ̃] *f med* Verletzung *a. fig;* Schädigung; Beeinträchtigung *f*.

lessivage [lɛsivaʒ] *m* (Ab-)Waschen *n*.

lessive *f* **1.** Lauge *f a. chem tech;* **2.** Waschmittel, -pulver *n;* **3.** (große) Wäsche f; **4.** (schmutzige, gewaschene) Wäsche *f;* **5.** ▶ *faire la* ~ waschen, (große) Wäsche haben. **lessiver** *tr* **1.** *(Boden)* aus=laugen; **2.** *(Fußboden)* scheuern, schrubben; *(Wände)* ab=waschen, -seifen; ▶ *(pop) se faire* ~ sich ausnehmen, sich ausbooten lassen; *être ~é (pop)* völlig erschossen sein.

lest [lɛst] *m mar aero* Ballast *m a. fig;* ▶ *jeter du* ~ Ballast ab=werfen *a. fig.*

leste [lɛst] *a* **1.** flink, behend(e), gewandt; **2.** frei, unbekümmert, ungezwungen; **3.** frivol, anzüglich, lose *(bes. Reden);* **4.** ▶ *avoir la main* ~ ein loses Handgelenk haben.

lester [lɛste] *tr* mit Ballast beladen.

léthargie [letaʀʒi] *f* **1.** *med* Lethargie *f;* **2.** *fig* Stumpfheit, Teilnahmslosigkeit *f*. **léthargique** *a* **1.** *(Schlaf)* bleiern, tief; **2.** *fig* stumpf, teilnahmslos, interesselos.

lette; letton, letton(n)e [lɛt(ɔ̃, -ɔn)] *a* lettisch; *s m gram* Lettisch *n*, das Lettische. **Letton, Letton(n)e** *m f* Lette *m*, Lettin *f*. **Lettonie, la** Lettland *n*.

lettre [lɛtʀ] *f* **1.** Buchstabe *m a. fig;* **2.** *typ* Letter, Type *f;* **3.** Brief *m*, Schreiben *n; pl* Briefschaften *f pl*, Post *f;* **4.** *(belles- ~s f pl)* schöne Literatur, Belletristik; Sprach- u. Literaturwissenschaft, Philologie *f;* **5.** ▶ *à la ~, au pied de la* ~ wörtlich, wortgetreu; genau; buchstäblich; *en toutes ~s* (voll) ausgeschrieben; *(Zahl)* in Buchstaben; **6.** ▶ *affranchir une* ~ e-n Brief frankieren *od* frei=machen; *mettre une ~ à la poste* e-n Brief zur Post geben; **7.** *cette demande est passée comme une ~ à la poste* dieser Antrag ist glatt durchgegangen; **8.** ▶ *boîte f aux ~s* Briefkasten *m; papier m à ~s* Briefpapier *n;* ~ *d'adieux* Abschiedsbrief *m;* ~ *d'affaires, de commerce* Geschäftsbrief *m;* ~ *d'amour* Liebesbrief *m;* ~ *de change* Wechsel *m;* ~ *de condoléance* Beileidsschreiben *n;* ~ *de crédit* Kreditbrief *m;* ~ *de demande (d'emploi), de sollicitation* Bewerbungsschreiben *n;* ~ *par exprès* Eilbrief *m;* ~ *de faire-part* Familien-, Todesanzeige *f;* ~ *de félicitations* Glückwunschschreiben *n;* ~ *initiale* Anfangsbuchstabe *m;* ~ *majuscule* od *capitale, minuscule* Groß-, Kleinbuchstabe *m;* ~ *de recommandation* Empfehlungsschreiben *n;* ~ *recommandée* Einschreib(e)brief *m*, Einschreiben *n*. **lettré, e I.** *a* gebildet, belesen; **II.** *s m f* Gebildete(r *m*) *f*.

leu [lø] *m:* ▶ *à la queue* ~ ~ im Gänsemarsch.

leucémie [løsemi] *f med* Leukämie *f*.

leucocyte [løkosit] *m biol* weiße(s) Blutkörperchen *n*.

leur [lœʀ] **I.** *prn* ihnen; ihr(e); *~s pl* ihre; **II.** ▶ *s le, la ~, les ~s* der, die, das ihr(ig)e; die ihr(ig)en; *les ~s* die Ihr(ig)en; ihre Angehörigen, Freunde *od*

Genossen *m pl.*
leurre [lœʀ] *m* **1.** Köder *m a. fig;* **2.** *fig* Lockmittel *n.* **leurrer I.** *tr* (an=, ver)locken, verleiten, verführen, ködern; **II.** *v prn se* ~ sich etw vormachen; sich täuschen (*sur qc* in etw); sich Illusionen *(dat)* hin=geben.
levage [ləvaʒ] *m* **1.** *(Lasten)* (An-, Auf-)Heben *n;* **2.** *(Teig)* Gehen *n.* **levain** *m* **1.** Sauerteig *m;* Hefe(teig *m*) *f;* **2.** *fig* Ausgangspunkt, Keim(zelle *f*), Herd *m.* **levant I.** *a nur m (Sonne)* aufgehend; **II.** *s m* Osten *m.* **levantin, e** *a* levantinisch. **lève-tard** *m f* Langschläfer(in *f*) *m.* **lève-tôt** *m f* Frühaufsteher(in *f*) *m.*
levé, e [ləve] **I.** *a* **1.** aufgestanden; **2.** *(Arm)* erhoben, hoch; **3.** *(Pfahl)* aufgerichtet; **II.** *s m* **1.** (topographische) Aufnahme, Vermessung *f;* **2.** ▶ *au pied* ~ stehenden Fußes; unverzüglich, sofort; **3.** ▶ *voter à mains* ~*es* durch Handzeichen abstimmen. **levée** *f* **1.** *(Briefkasten)* Leerung *f;* **2.** Weg-, Abholen *n;* Inempfangnahme *f;* Einsammeln; Einziehen *n;* **3.** *(Kartenspiel)* Stich *m;* **4.** *(Steuer)* Erhebung *f;* **5.** *(Konto)* Entnahme *f;* **6.** *(Maßnahme, Sitzung)* Aufhebung *f;* **7.** *mil* Einziehung *f;* **8.** *tech* Hub(höhe *f*) *m;* **9.** Aufschüttung *f,* Damm, Deich *m;* **10.** *(Samen, Saat)* Aufgehen, Keimen *n;* **11.** ▶ *faire la* ~ den Briefkasten leeren; **12.** ▶ ~ *du corps* Abholung *f* des Leichnams.
lever [l(ə)ve] **I.** *tr* **1.** (auf=, empor=, hoch=, in die Höhe, er)heben; auf=, empor=richten; **2.** *(Vorhang)* auf=, hoch=ziehen; **3.** *(Schleier)* lüften; **4.** *(Verband)* ab=nehmen; **5.** *(Anker)* lichten; **6.** *(Kind)* aus dem Bett nehmen; **7.** *(Wild)* auf=jagen, -scheuchen; **8.** ab=schneiden; ab=, weg=nehmen, entfernen; weg=schaffen, -räumen; **9.** *(Briefkasten)* leeren; **10.** *(Zweifel)* zerstreuen; **11.** *(Geheimnis)* lüften; **12.** *(Maßnahme, Verbot)* auf=heben; **13.** *(Sitzung)* schließen; **14.** weg=, ab=holen, ein=sammeln; ein=ziehen; **15.** *(topographisch)* auf=nehmen; **16.** *(Kartenspiel)* den Stich machen, stechen; **II.** *itr agr (Samen, Saat)* auf=gehen; keimen; *(Teig)* auf=gehen; **III.** *v prn se* ~ **1.** aufstehen, sich erheben; **2.** *(Sonne)* auf=gehen; **3.** *(Tag)* an=brechen; **4.** *(Sturm)* sich erheben; **IV.** *s m* **1.** *(Sonne)* Aufgang; **2.** *(Tag)* Anbruch *m;* **3.** Aufstehen, Sicherheben *n;* **4.** *theat* Aufziehen *n (des Vorhangs);* **5.** *(Wendungen)* ▶ ~ *le coude (fam)* gern e-n heben, gern trinken; *ne pas* ~ *le petit doigt* keinen Finger rühren; ~ *les glaces (Auto)* die Fenster hochdrehen, schließen; ~ *la main* die Hand erheben (*sur qn* gegen jdn); ~ *la table* die Tafel auf=heben; ~ *le voile (fig)* den Schleier lüften; ~ *les yeux, les regards* auf=blikken, -schauen; *sur qc* nach etw trachten.
levier [ləvje] *m* **1.** Hebel *m;* **2.** *(Pumpe)* Schwengel *m;* **3.** ▶ *être aux* ~*s de commande (pol)* am Ruder sein; *fig* e-e Schlüsselposition haben; **4.** ▶ ~ *de changement de vitesse (Auto)* Schalthebel *m;* ~ *de commande* Steuer-, Kontroll-, Schalt-, *(Fahrstuhl)* Stromhebel; *aero* Steuerknüppel *m;* ~ *du frein (à main)* (Hand-)Bremshebel *m.*
levraut [ləvʀo] *m zoo* Häschen *n.*
lèvre [lɛvʀ] *f* **1.** *anat* Lippe *f;* **2.** *fig geol* Rand *m;* **3.** *pl* Wundränder *m pl;* **4.** ▶ *du bout des* ~*s* widerstrebend; widerwillig; gezwungen; **5.** ▶ *avoir le cœur sur les* ~*s (fig)* das Herz auf der Zunge haben; *ne pas desserrer* od *remuer les* ~*s* den Mund nicht auf=tun; *se mordre les* ~*s* sich auf die Lippen beißen; *(sou)rire du bout des* ~*s* gezwungen lachen (lächeln); *être suspendu aux* ~*s de qn (fig)* an jds Lippen hängen; **6.** ▶ *un sourire errait sur ses* ~*s* ein Lächeln spielte um s-e Lippen; **7.** ~ *inférieure, supérieure* Unter-, Oberlippe *f;* ~ *de la vulve (anat)* Schamlippe *f.*
lévrier [levʀije] *m* Windhund *m.*
levure [ləvyʀ] *f* Hefe(pilz *m*), Bärme *f;* ▶ *acheter un paquet de* ~ ein Päckchen Backpulver kaufen; ~ *de bière* Bierhefe *f.*
lexical, e [lɛksikal] *a* lexikalisch. **lexicographe** *m f* Lexikograph(in *f*) *m.* **lexicographie** *f* Lexikographie *f.* **lexicographique** *a* lexikographisch. **lexicologie** *f ling* Lexikologie *f.* **lexique** *m* Wortbestand, -schatz *m;* Wörterbuch *n.*
lézard [lezaʀ] *s m zoo* Eidechse *f; en* ~ aus Eidechsleder. **lézarde** *f* (Mauer-)Spalt(e *f*), Riß *m,* Ritze *f.* **lézardé, e** [-de] *a* rissig. **lézarder I.** *tr* Risse hervorrufen; **II.** *itr fam* sich in der Sonne aalen, faulenzen; **III.** *v prn se* ~ *(Mauer)* rissig werden, Risse bekommen.
liaison [ljɛzõ] *f* **1.** (Ver-)Bindung, Zs.fügung, Vereinigung *f;* Bindemittel *n (a. Küche); arch* Verband *m;* **2.** *fig* Verbundensein *n,* -heit *f,* Zs.hang *m;* Verbindung; Beziehung *f;* **3.** Bekanntschaft *f,* (*bes.* Liebes-)Verhältnis *n,* Liebschaft *f;* **4.** *gram mus* Bindung *f;* **5.** *(Schrift)* Haarstrich *m;* **6.** *mil tele* (Nachrichten-)Verbindung *f;* **7.** ▶ *assurer, établir, maintenir une* ~ e-e Verbindung gewährleisten, her=stellen, aufrecht=erhalten (*avec* mit); *être en* ~ *avec qn* mit jdm in Verbindung stehen; *faire la* ~ *(gram mus)* binden; *se mettre en* ~ sich in Verbindung setzen (*avec* mit *dat*); **8.** ▶ ~ *aérienne* Luftverbindung *f;* ~ *postale* Postverbindung *f;* ~ *routière* Straßenverbindung *f.*
liane [ljan] *f bot* Liane; Kletterpflanze *f.*
liant, e [ljɑ̃, -ɑ̃t] *a* umgänglich, gesellig.
liasse [ljas] *f (Papiere, Akten)* Pack(en),

Stoß *m*, Bündel *n*, Haufen *m*; ► *mettre en* ~ zu e-m Bündel zusammenschnüren.
Liban, le [libɑ̃] der Libanon. **libanais, e** *a* libanesisch. **Libanais, e** *m f* Libanese *m*, Libanesin *f*.
libation [libɑsjɔ̃] *f* Zechgelage *n*, Zecherei *f*.
libelle [libɛl] *m* Schmähschrift *f*. **libellé** *m* Wortlaut *m*. **libeller** *tr* **1.** *(Schriftstück)* auf=setzen, ab=fassen, aus=fertigen; **2.** *(Bescheinigung)* aus=stellen.
libellule [libɛlyl] *f zoo* Libelle, Wasserjungfer *f*.
libéral, e [libeʀal] *a* **I.** *pol* liberal, frei(heitlich); **II.** *s m pol* Liberale(r) *m*; ► *profession f* ~*e* freie(r) Beruf *m*. **libéralisation** *f* Liberalisierung *f*. **libéraliser** *tr pol* liberalisieren. **libéralisme** *m* Liberalismus *m*. **libéralité** *f* Freigebigkeit, Großzügigkeit *f*. **libérateur, trice** *s m f* Befreier(in *f*) *m*. **libération** *f* **1.** Befreiung; Freilassung *f*; **2.** *mil jur* Entlassung *f*; **3.** *(Energie)* Freisetzung *f*. **libéré, e** *a* emanzipiert; **1.** *(Land)* befreit; **2.** *(Gefangener)* entlassen; **3.** *phys (Energie)* frei geworden; **4.** *com* eingezahlt. **libérer** ⟨*Prés. je libère, ns libérons; Fut. je libérerai; pp. libéré, e*⟩ **I.** *tr* **1.** befreien, frei machen (*qn de qc* jdn von e-r S); **2.** *mil jur* entlassen; **3.** *com (Aktie)* ein=zahlen; *(Handel)* liberalisieren; **II.** *v prn se* ~ **1.** sich befreien, sich frei machen (*de qc* von etw); **2.** *(Schuld)* ab=tragen, begleichen (*de qc* etw); **3.** *(Energie)* frei werden.
libériste [libeʀist] *m f* Drachenflieger(in *f*) *m*.
libéro [libeʀo] *m (Fußball)* Libero *m*.
liberté [libɛʀte] **1.** Freiheit *f*; **2.** *en* ~ frei; ► *en toute* ~ in voller Freiheit; **3.** *mettre en* ~ auf freien Fuß setzen, frei=lassen; *chem* frei= setzen; *prendre des* ~*s* sich Freiheiten heraus=nehmen (*avec qn* gegenüber jdm); **4.** ► ~ *d'action* Handlungsfreiheit *f*; ~ *d'esprit* Vorurteilslosigkeit *f*; ~ *d'opinion* Recht *n* der freien Meinungsäußerung; ~ *de la presse* Pressefreiheit *f*.
libertin, e [libɛʀtɛ̃] **I.** *a* **1.** *lit (Mensch)* ausschweifend; **2.** *(Sitten)* locker, frei; **II.** *s m f* Lebemann *m*. **libertinage** *m* ausschweifende(s), Leben *n*.
libraire [librɛʀ] *m* Buchhändler *m*; ► ~*-éditeur m* Verlagsbuchhändler, Verleger *m*. **librairie** *f* Buchhandel *m*, -handlung *f*; *en* ~ im Buchhandel; ► ~ *d'occasion* Antiquariat(sbuchhandel *m*) *n*.
libre [libʀ(ə)] *a* **1.** frei (*de* von); **2.** ungebunden, ohne Verpflichtung(en); *(Tätigkeit)* ungehindert; zwanglos; **3.** frei *(a. Sitten, Reden; Übersetzung)*; **4.** un-, nicht besetzt *a. tele*; **5.** *com (Papier)* ungestempelt; **6.** ► *donner* ~ *cours à qc* etw freien Lauf lassen; *être* ~ frei sein, frei haben; *laisser le champ* ~ *à qn* jdm freie Hand lassen; **7.** ► *entrée f* ~ freie(r) Eintritt *m*; kein Kaufzwang; *temps m* ~ freie Zeit *f*. **libre-échange** *m* Freihandel *m*. **libre-penseur** *m* Freidenker *m*. **libre service** *m (com)* a) Selbstbedienung *f*; b) Selbstbedienungsladen *m*. **librement** **1.** frei, ungehindert; **2.** offen, ungeniert; ► *circuler* ~ sich frei bewegen.
libretto [libʀɛto] *m mus* Text(buch *n*) *m*, Libretto *n*.
lice [lis] *f hist* Turnierplatz *m*; ► *entrer en* ~ *(fig)* in die Schranken treten, auf dem Plan erscheinen.
licence [lisɑ̃s] *f* **1.** Genehmigung, Bewilligung, Konzession; Lizenz *f*; **2.** *(Universität)* Licence *f*; **3.** *fig* Freiheit *f*; **4.** Eigenwillig-, Eigenmächtigkeit; Sitten-, Zügellosigkeit *f*; **5.** ► *droit m de* ~ Lizenzgebühr *f*; ~ *d'importation, d'exportation* Ein-, Ausfuhrbewilligung *f*. **licencié** *m* **1.** Lizentiat *m*; **2.** *sport* Lizenzinhaber *m*; **3.** *com* Lizenznehmer, -träger, -inhaber *m*. **licenciement** *m* Entlassung *f*; ► ~ *de personnel* Personalabbau *m*. **licencier** *tr* **1.** entlassen (*sans préavis* fristlos); **2.** *(Beamte)* ab= bauen. **licencieux, se** *a* **1.** *(Mensch)* ausschweifend; **2.** *(Rede)* unanständig, anstößig.
lichen [likɛn] *m bot med* Flechte *f*; ► ~ *d'Islande* Isländische(s) Moos *n*.
licite [lisit] *a* erlaubt, zulässig.
licorne [likɔʀn] *f (Sage)* Einhorn *n*; ► ~ *de mer (zoo)* Narwal *m*.
licou, licol [liku, ɔl] *m* Halfter *m (a. n)*.
lie [li] **I.** *s f* Hefe *f*; (Boden-)Satz *m*; ► *boire le calice jusqu'à la* ~ *(fig)* den Kelch bis zur Neige leeren; *(lit) la* ~ *du peuple* die Hefe des Volkes; **II.** *a*: ~ *(-)de(-)vin* dunkel(wein)rot.
liège [ljɛʒ] *m bot* Kork *m*; *(chêne-*~ *m)* Korkeiche *f*; *bouchon m (de* ~*)* Kork, Pfropfen) *m*.
Liège [ljɛʒ] *m* Lüttich *n*.
lien [ljɛ̃] *m* **1.** Band *n a. tech fig*; **2.** *fig* Bindeglied *n*, Verbindung *f*; Zs.hang *m*; **3.** ► *briser, rompre ses* ~*s (fig)* s-e Fesseln sprengen; *nouer des* ~*s étroits avec qn* mit jdm enge Freundschaft schließen; **4.** ► ~ *du sang* Blutsverwandtschaft *f*.
lier [lje] **I.** *tr* **1.** *(unir, attacher qc)* (zs.=, mitea., ver-, anea.=)binden, vereinigen; ► ~ *les mains à qn* jdm die Hände binden; **2.** *(Küche)* binden, legieren; **3.** *(Wörter mit Bindestrich)* koppeln; *gram mus* binden; *(Buchstaben)* (mitea.) verbinden; **4.** *(fig)* binden (*à* an *acc*) *a. rel*, verpflichten (*à* dat); ► *je suis* ~*é par la date* ich bin an e-n festen Termin gebunden; *il se sent lié par sa promesse* er fühlt sich durch sein Ver-

sprechen verpflichtet; **II.** *v prn se* ~ **1.** sich binden, sich verpflichten; **2.** sich zs.=schließen, sich verbinden, sich vereinigen (*à qn* mit jdm); **3.** *(Farben)* inea. übergehen, mitea. verschmelzen; **4.** ▶ *être (très) lié avec qn* mit jdm (eng) befreundet sein, jdm (sehr) nahe=stehen; ~ *amitié* Freundschaft schließen (*avec qn* mit jdm); ~ *conversation* ein Gespräch an= knüpfen (*avec qn* mit jdm); **5.** ▶ *j'ai les bras, les mains lié(e)s (fig)* mir sind die Hände gebunden; *j'ai la langue liée* ich bin zum Schweigen verpflichtet.

lierre [ljɛʀ] *m bot* Efeu *m.*

lieu [ljø] *m pl-x* **1.** Ort *m a. math astr* Stelle *f,* Platz *m,* Stätte *f;* **2.** Raum *a. phys;* Ort *m;* Örtlichkeit *f;* **3.** *pl jur* Räumlichkeiten *f pl;* Tatort *m;* **4.** ▶ *au* ~ *de* anstatt zu; anstelle *od* an Stelle *gen; en haut* ~ an höherer Stelle; höher(e)n Orts; *en premier, second* ~ an (in) erster, zweiter Stelle (Linie); *en temps et* ~ bei passender Gelegenheit; *sur les ~x* an Ort u. Stelle; **5.** ▶ *avoir* ~ statt=finden, geschehen, sich ereignen; *n'avoir pas* ~ unterbleiben, aus=fallen; *avoir (tout)* ~ *de* (allen) Grund haben zu; *donner* ~ Veranlassung, Anlaß, Gelegenheit geben (*à* zu); *tenir* ~ *de* die Stelle *gen* vertreten *od* ein=nehmen; dienen als, ersetzen; **6.** ▶ *il y a* ~ es liegt Veranlassung vor, besteht Grund (*de* zu); *s'il y a* ~ gegebenen-, eintretendenfalls; **7.** ▶ *descente f sur les ~x (jur)* Augenschein; Lokaltermin *m;* **8.** *~x (d'aisance)* Abort *m;* ~ *commun* Gemeinplatz *m,* Banalität, Trivialität *f;* ~ *de départ* Abfahrtsstelle *f;* ~ *de destination* Bestimmungsort *m;* ~ *d'expédition* Versandort *m;* ~ *de mouillage* Ankerplatz *m;* ~ *natal, d'origine* Geburts-, Heimat-, Ursprungsort *m;* ~ *de tourisme* Fremdenverkehrsort *m;* ~ *de travail* Arbeitsort *m,* -stelle *f.*

lieue [ljø] *f* Meile *(4 km);* Wegstunde *f;* ▶ *être à cent ~s d'ici (fig fam)* ganz woanders, gar nicht bei der Sache sein; *bottes f pl de sept ~s* Siebenmeilenstiefel *m pl.*

lieuse [ljøz] *f* (Garben-)Bindemaschine *f.*

lieutenant [ljœtnɑ̃] *m* **1.** *mil* Oberleutnant *m;* **2.** *(Handelsmarine)* (Schiffs-) Offizier *m;* ▶ *~-colonel m* Oberstleutnant *m.*

lièvre [ljɛvʀ] *m* **1.** *zoo* Hase *m;* **2.** ▶ *chasser, courir deux ~s à la fois (fig)* zwei Fliegen mit e-r Klappe schlagen wollen; *être peureux comme un* ~ ein Hasenfuß sein.

lifting [liftiŋ] *m* Liften *n;* Gesichtsstraffung *f;* ▶ *elle s'est fait faire un* ~ sie hat sich das Gesicht liften *od* straffen lassen.

ligament [ligamɑ̃] *m anat* Band *n.* **ligature** *f* **1.** *med* Abbinden *n;* Ligatur *f;* **2.** *(Gärtnerei)* Anbinden *n;* Wickel *m;* **3.** *mar* Tau-, Drahtverband *m;* **4.** *(Schrift) mus* Ligatur *f.*

ligne [liɲ] *f* **1.** *math mil allg fig* Linie *f;* Strich *m;* Zeile *f (a. tele);* **2.** *(Verkehrsmittel)* Linie, Strecke; Richtung; Bahn *f;* **3.** *el* Leitung *f;* **4.** Richtschnur *a. fig; fig* Richtlinie; Richtung; Reihe, Stufe *f,* Rang(stufe *f*) *m;* **5.** Ahnenreihe *f;* **6.** Angel(schnur) *f;* **7.** *(~ équinoxiale)* Äquator *m;* **8.** *fam* (schlanke) Linie *f;* **9.** ▶ *dans la* ~ *(pol)* linientreu; *en* ~ *directe* in gerader Linie; geradlinig *adv; en première* ~ in erster Linie, vor allem; *hors* ~ ungewöhnlich, einzigartig; **10.** ▶ *entrer en* ~ *de compte* in Betracht kommen; e-e Rolle spielen; *garder sa* ~ die schlanke Linie bewahren; *lire entre les ~s (fig)* zwischen den Zeilen lesen; *pêcher à la* ~ angeln; *placer sur la même* ~ *(fig)* auf eine Stufe stellen; **11.** *à la ~!* neue Zeile! **12.** ▶ ~ *d'autobus* Omnibuslinie *f;* ~ *d'avants (sport)* Stürmerreihe *f;* ~ *de banlieue (loc)* Vorortstrecke *f;* ~ *de but (sport)* Torlinie *f;* ~ *de chemin de fer* Eisenbahnlinie *f;* ~ *de communication* Verbindungslinie *f;* ~ *de départ, d'arrivée (sport)* Start-, Zielband *n;* ~ *de navigation* Schiffahrtslinie *f;* ~ *de partage des eaux (geog)* Wasserscheide *f;* ~ *télégraphique, téléphonique* Telegraphen-, Fernsprechleitung *f;* ~ *à haute tension* Hochspannungsleitung *f.*

lignée [liɲe] *f* Stamm *m,* Geschlecht *n;* Nachkommenschaft *f;* ▶ ~ *d'ancêtres* Ahnenreihe *f.* **ligner** *tr* liniieren. **lignifier, se** *v prn* verholzen. **lignite** *m* Braunkohle *f.*

ligoter [ligɔte] *tr* binden, fesseln.

ligue [lig] *f* Liga *f,* Bund *m,* Bündnis *n;* **liguer I.** *tr (zu e-m Bund)* zs.=schließen; **II.** *v prn se* ~ sich verbünden, sich zs.= schließen; sich verschwören.

lilas [lila] **I.** *s m* **1.** *bot* Flieder *m,* Syringe *f;* **2.** Lila *n (Farbe);* **II.** *a inv* lila.

lilliputien, ne [lilipysjɛ̃, -ɛn] **I.** *s m f* Liliputaner(in *f*); **II.** *a* zwergenhaft.

limace [limas] *f zoo* Nacktschnecke *f.*

limaçon *m zoo* (Weinberg-)Schnecke *f.*

limande [limɑ̃d] *f* Kliesche, Scharbe *f (Fisch).*

limbe [lɛ̃b] *m* **1.** *bot astr* Rand *m;* **2.** *math* Gradbogen *m;* **3.** *pl rel* Vorhölle *f;* ▶ *être encore dans les ~s (Plan)* noch nicht ausgereift sein.

lime [lim] *f* Feile *f a. fig;* ▶ ~ *à ongles* Nagelfeile *f.* **limer** *tr tech* (ab=, aus=) feilen *a. fig.*

limier [limje] *m* Spürhund *a. fig fam.*

limitatif, ive [limitatif, -iv] *a* **1.** einschränkend, begrenzend; **2.** *jur (Aufzählung)* erschöpfend. **limitation** *f* **1.** Be-,

Einschränkung; Begrenzung *f;* **2.** ► *sans ~ (de temps)* (zeitlich) unbegrenzt; *~ d'exploitation, de production* Betriebs-, Produktionseinschränkung *f;* *~ des naissances* Geburtenbeschränkung *f;* *~ de (la) vitesse (Verkehr)* Geschwindigkeitsbegrenzung *f.* **limite** *s f* **1.** Grenze *f bes. fig;* **2.** *tech* Grenzwert *m,* Toleranz *f;* **3.** *com* Limit *n;* *a* Grenz-, Höchst-; **4.** ► *sans ~s* unbegrenzt; **5.** *être atteint par la ~ d'âge* die Altersgrenze erreicht haben; **6.** *cas m ~* Grenzfall *m; date f ~* End-, Schlußtermin *m; vitesse ~* zulässige Höchstgeschwindigkeit *f.* **limité, e** *a* begrenzt, beschränkt. **limiter I.** *tr* begrenzen, be-, ein=schränken (*à* auf *acc*); *(Geschwindigkeit)* begrenzen; **II.** *v prn se* sich ein-, beschränken (*à* auf *acc*). **limitrophe** *a* angrenzend (*de* an *acc*), benachbart (*de* dat).

limogeage [limɔʒaʒ] *m (von Beamten)* Kündigung *f.* **limoger** [limɔʒe] ‹*Prés. je limoge, ns limogeons; Fut. je limogerai; pp. limogé, e*› *tr mil pol fam* ab=sägen, aus=booten, kalt=stellen.

limon [limɔ̃] *m* Schlamm, Schlick *m.*

limonade [limɔnad] *f (~ gazeuse)* (Brause-)Limonade *f.* **limonadier, ère** *m f* Limonadeverkäufer(in *f*) *m.*

limoneux, se [limɔnø, -z] *a* schlammig.

limpide [lɛ̃pid] *a* **1.** klar, durchsichtig; **2.** *fig* schlicht, einfach; klar, verständlich. **limpidité** *f* Durchsichtigkeit, Klarheit *f a. fig.*

lin [lɛ̃] *m bot* Lein, Flachs *m;* Leinen, Linnen *n,* Leinwand *f;* ► *graine f de ~* Leinsamen *m.*

linceul [lɛ̃sœl] *m* Leichentuch *n a. fig.*

linéaire [lineɛʀ] *a math* linear.

linge [lɛ̃ʒ] *m* **1.** Wäsche(stücke *n pl*) *f;* Stück *n* Leinen; Tuch *n;* **2.** *armoire, pince f, sac m à ~* Wäscheschrank *m,* -klammer *f,* -beutel *m; ~ de corps, de lit, de table* Leib- *od* Unter-, Bett-, Tischwäsche *f.* **lingère** *f* **1.** Weißnäherin *f;* **2.** Wäschebeschließerin *f.* **lingerie** *f* **1.** (Damen-)Unterwäsche *f;* **2.** *(Hotel)* Wäschekammer *f.*

lingot [lɛ̃go] *m tech* (Roh-)Block, Barren *m;* ► *~ d'or, d'argent* Gold-, Silberbarren *m.*

lingual, e [lɛ̃gwal] **1.** *a* Zungen-; **2.** *s f* Zungenlaut *m.* **linguiste** [-gɥi-] *m* Sprachwissenschaftler, -forscher *m.* **linguiste-informaticien, ne** *m f* Computerlinguist(in *f*) *m.* **linguistique I.** *s f* Sprachwissenschaft *f,* Linguistik *f;* **II.** *a* sprachwissenschaftlich. ► *~ informatique* Computerlinguistik *f.*

linier, ère [linje, -ɛr] **I.** *a* Flachs-, Leinen-; **II.** *s f* Flachsfeld *n.*

linoléum [linɔleɔm] *m* Linoleum *n.*

linot(te *f*) [linɔt] *m orn* Hänfling *m;* ► *tête f de ~te (fig fam)* Wirrkopf *m.*

linotype [linɔtip] *f typ* Linotype *f.*

linteau [lɛ̃to] *arch:* ► *~ de porte, de fenêtre* Tür-, Fenstersturz *m.*

lion [ljɔ̃] *m zoo* Löwe *m a. astr;* ► *chasse, fosse f aux ~s* Löwenjagd, -grube *f; part f du ~ (fig)* Löwenanteil *m.* **lionceau** *m zoo* junge(r) Löwe *m.* **lionne** *f zoo* Löwin *f a. fig.*

lippe [lip] *f* ► *faire la ~ (fam)* maulen, schmollen.

liquéfaction [likefaksjɔ̃] *f* Verflüssigung *f.* **liquéfier I.** *tr* flüssig machen, verflüssigen; schmelzen; **II.** *v prn se ~* flüssig werden; schmelzen.

liqueur [likœʀ] *f* Likör *m.*

liquidation [likidasjɔ̃] *f* **1.** *com* Liquidation *f;* **2.** *(~ commerciale)* (Geschäfts-)Auflösung, Aufgabe *f;* (Total-)Ausverkauf *m;* **3.** Kostenberechnung, Verrechnung u. Ausgleichung *f;* **4.** ► *~ pour cause de cessation de commerce* Ausverkauf *m* wegen Geschäftsaufgabe.

liquide [likid] **I.** *a* **1.** flüssig *a. com;* **2.** *com* liquid; verfügbar; **II.** *s m* Flüssigkeit *f; pl* flüssige Nahrung *f; f (consonne f ~) gram* Liquida *f;* ► *argent m ~* Bargeld *n;* flüssige Mittel *n pl.* **liquider** [-ki-] *tr* **1.** *com* liquidieren; flüssig= machen; **2.** *(Schuld)* ab=lösen, tilgen, bezahlen; **3.** *(Geschäft)* regeln, ab=wikkeln; *fig (Sache)* erledigen; **4.** *fam* sich vom Halse schaffen (*qn* jdn); *pol* liquidieren; **5.** *(Geschäft)* auf=lösen, -geben; **6.** *(Ware)* aus=verkaufen. **liquidité** *f com* Liquidität *f; pl* flüssige Mittel *n pl.*

lire [liʀ] **I.** *s f com* Lira *f;* **II.** *v tr* ‹*Prés. je lis, ns lisons; Fut. je lirai; pp. lu, e; Subj. que je lise, que ns lisions; Impér. lis, lisons*› **1.** lesen *a. fig;* ► *~ à qn* jdm vorlesen; *~ en qn* jdn durchschauen, jds Gedanken lesen; *(Lochkarte)* ab=fühlen; *(Lesegerät)* ab=lesen, ab=tasten; **2.** *ne pas savoir ~ (fam)* nicht bis drei zählen können; *~ des épreuves (typ)* Korrektur lesen; *~ entre les lignes* zwischen den Zeilen lesen; *~ dans la main* die Handlinien deuten; *~ dans la pensée* Gedanken lesen; **III.** *v prn se ~* sich lesen lassen; gelesen werden.

lis [lis] *m bot* Lilie *f;* ► *fleur f de ~ (hist)* Lilienwappen, -banner *n.*

liseron [lizʀɔ̃] *m bot* Winde *f.*

liseur, se [lizœʀ, zøz] *m f* Leseratte *f;* **1.** Buchhülle *f;* **2.** Bettjäckchen *n.* **lisibilité** *f* Lesbarkeit *f.* **lisible** *a* lesbar, leserlich; ► *~ par ordinateur* computerlesbar.

lisière [lizjɛʀ] *f* **1.** Webkante *f;* **2.** *(Wald)* Rand; *(Acker)* Rain *m;* **3.** *(fig) tenir qn en ~s* jdn gängeln.

lisse [lis] *a* glatt. **lissé, e** *a* glatt, geglättet. **lisser** *tr* glätten, glatt=streichen, polieren.

listage [listaʒ] *m inform* Auflistung *f.*

liste *f* **1.** Liste *f,* Verzeichnis *n; inform*

s. listage; **2.** ▶ *dresser une* ~ ein Verzeichnis, e-e Liste an=fertigen; *mettre sur une* ~ in e-e Liste ein=tragen; *rayer d'une* ~ von e-r Liste streichen; **3.** ▶ ~ *des abonnés* Bezieherliste *f;* ~ *d'adresses* Adressenverzeichnis *n;* ~ *des candidats* Kandidatenliste *f;* ~ *noire (pol)* schwarze Liste *f;* ~ *des numéros gagnants (Lotterie)* Gewinnliste *f;* ~ *des passagers* Passagierliste *f;* ~ *de présence* Anwesenheitsliste *f.* **lister** *tr inform* auf=listen.

lit [li] *m* **1.** Bett(stelle *f od* -gestell) *n;* **2.** *allg* Lager *n;* **3.** (Fluß-)Bett *n; (Kanal)* Sohle *f;* **4.** *geol* Schicht *f;* **5.** *(Strömung, Wind)* Richtung *f;* **6.** ▶ *au saut du* ~ beim Aufstehen; *du premier* ~ aus erster Ehe; **7.** ▶ *aller, se mettre au* ~ zu Bett gehen, schlafen gehen; *faire* ~ *à part* getrennt schlafen; *garder le* ~ das Bett hüten; **8.** ▶ *chambre f à un, deux* ~*(s)* Einzel-, Doppelzimmer *n; descente f de* ~ Bettvorleger *m; tête f, pied m d'un* ~ Kopf-, Fußende *n* e-s Bettes; ~ *d'enfant* Kinderbett(stelle *f*) *n;* ~*s jumeaux* Ehebetten *n pl;* ~ *de mort* Sterbe-, Totenbett *n;* ~ *nuptial* Brautbett *n.*

litanie [litani] *f* **1.** *pl rel* Litanei *f;* **2.** *fig* (lange) Litanei, Leier *f;* ▶ *c'est toujours la même* ~ das ist die alte Leier.

literie [litʀi] *f* Bett-(zeug *n,* -wäsche *f*) *n.*

lithographie [litɔgʀafi] *f* Lithographie *f,* Steindruck *m.*

litière [litjɛʀ] *f* **1.** *agr* Streu *f;* Strohlager; **2.** *hist* Sänfte *f.*

litige [litiʒ] *m* (Rechts-)Streit; Prozeß *m; pl* Streitigkeiten *f pl;* ▶ *en* ~ strittig; *régler un* ~ e-n Streit schlichten. **litigieux, se** *a* streitig, strittig, umstritten.

litre [litʀ] *m* Liter(maß *n,* -flasche *f*) *m* od *n.* **litron** *m pop* Liter *m (bes. Wein).*

littéraire [liteʀɛʀ] *a* literarisch, schriftstellerisch; Literatur-; ▶ *langue f* ~ Schriftsprache *f; prix m* ~ Literaturpreis *m.* **littéral, e** *a* **1.** wörtlich; **2.** *(Sprache)* geschrieben. **littéralement** *adv* **1.** wörtlich; **2.** *fam fig* buchstäblich, tatsächlich. **littérateur** *m* Literat *m.* **littérature** *f* Literatur *f,* Schrifttum *n.*

littoral, e [litɔʀal] *pl aux* **I.** *a* Küsten-, Ufer-; **II.** *s m* Küstengebiet *n;* Küsten-, Uferstreifen *m.*

Lituanie, la [litɥani] Litauen *n.* **lituanien, ne** *a* litauisch; *s m gram* Litauisch *n,* das Litauische. **Lituanien, ne** *m f* Litauer(in *f*) *m.*

liturgie [lityʀʒi] *f* Liturgie *f.* **liturgique** *a rel* liturgisch.

livide [livid] *a* aschgrau; leichenblaß.

livrable [livʀabl] *a* lieferbar; ▶ ~ *à tout moment* sofort, jederzeit lieferbar. **livraison** *f* **1.** (Ab-, An-, Aus-)Lieferung *f;* **2.** Anfuhr *f,* Antransport *m;* **3.** *(Zeitschrift)* Numero; *(größeres Werk)* Lieferung *f;* **4.** ▶ *prendre, refuser* ~ die Lieferung annehmen, verweigern; *respecter le délai de* ~ die Lieferzeit, -frist ein=halten; **5.** ▶ *payable à la* ~ zahlbar bei Lieferung; *voiture f de* ~ Lieferwagen *m.*

livre [livʀ] **I.** *m* Buch *n,* Band *m;* **II.** *f* Pfund *n (Gewicht u. Währung);* ▶ *tenir les* ~*s (com)* die Bücher führen; ~ *des achats, des ventes* Ein-, Verkaufsbuch *n;* ~ *de bord (mar)* Bordbuch *n;* ~ *de caisse* Kassenbuch *n;* ~ *de chevet* Lieblingsbuch *n;* ~ *de classe, scolaire* Schulbuch *n;* ~ *des commandes* (Waren-) Bestellbuch *n;* ~ *de cuisine* Kochbuch *n;* ~ *des hôtes* Gästebuch *n;* ~ *d'images* Bilderbuch *n; d'occasion* antiquarische(s) Buch *n;* ~ *de prières* Gebetbuch *n;* ~ *des réclamations* Beschwerdebuch *n.*

livrée [livʀe] *f* **1.** Livree *f;* **2.** *zoo* Fell; Gefieder *n.*

livrer [livʀe] **I.** *tr* **1.** *(mettre au pouvoir de qn)* aus=liefern, übergeben, verraten; **2.** *(abandonner)* ~ *un secret* ein Geheimnis offenbaren; ~ *passage à qn* jdn vorbei=, durch=lassen; **3.** *(remettre)* verabfolgen, verabreichen (*qc à qn* jdm e-e S); übergeben, überlassen; ▶ ~ *à domicile* ins Haus liefern; **4.** *(engager)* ▶ ~ *bataille* e-e Schlacht liefern; **II.** *v prn se* ~ **1.** sich aus=liefern (*à qn* jdm); sich *(dem Gericht)* stellen; *à qn* sich jdm an=vertrauen; sich verraten; **2.** sich *(dem Studium, der Kunst)* widmen, sich *(der Freude, der Hoffnung)* hin=geben; *(Frau)* sich hin=geben; **3.** *fig* sich voll u. ganz ein=setzen (*pour qn* für jdn); **4.** ▶ *se* ~ *à des essais, à des investigations* Versuche, Nachforschungen an=stellen.

livresque [livʀɛsk] *a* Buch-, Bücher-; *érudition f* ~ Bücherweisheit *f.* **livret** [-ɛ] *m* **1.** (kleines) Buch *n;* **2.** *mus* Textbuch, Libretto *n;* ▶ ~ *de banque, (de caisse) d'épargne* Bank-, Spar(kassen)buch *n;* ~ *de famille* Stammbuch *n;* ~ *individuel (mil)* Soldbuch *n;* ~ *matricule (mil)* Wehrpaß *m;* ~ *scolaire* Zeugnisheft *n;* ~ *de transport* Fahrtenbuch *n.*

livreur, se [livʀœʀ, øz] *m f* Aus-, Anlieferer *m;* Fahrer(in *f*) *m (e-s Geschäfts).*

lobby [lɔbi] *m* Lobby *f.*

lobe [lɔb] *m* **1.** *anat bot* Lappen *m;* **2.** *arch* Paß *m;* ▶ ~ *de l'oreille* Ohrläppchen *n.*

local, e [lɔkal] *pl aux* **I.** *a* örtlich, lokal *a. med;* Orts-, Lokal-; Bezirks-; einheimisch; im Lande hergestellt; **II.** *s m* **1.** Lokal *n,* Raum *m;* **2.** *pl* Räumlichkeiten *f pl;* **3.** ▶ *couleur f* ~*e (Kunst), Literatur)* Lokalkolorit *n.* **localisable** *a* lokalisierbar. **localisation** *f* Lokalisierung *f.* **localiser** *tr* **1.** lokalisieren; **2.** ein=schränken, begrenzen; *(Feuer, Epide-*

mie) ein≈dämmen. **localité** *f* Ort *m*, Örtlichkeit, Gegend *f*.
locataire [lɔkatɛʀ] *m f* Mieter(in *f*) *m*.
locatif, ive *a* Miet(s)-; ► *valeur f ~ive* Mietwert *m*. **location** [-sjɔ̃] *f* **1.** (Ver-) Mieten *n*; Verleih *m*; **2.** Miete *f*, Mietpreis, -zins *m*; **3.** *theat* Vorverkauf *m*; *(bureau m de ~)* Vorverkaufsstelle *f*; *loc* Platzreservierung *f*; **4.** ► *contrat m de ~* Mietvertrag *m*; *~(-)vente* Leihkauf *m*.
loch [lɔk] *m mar* Log *n*; ► *livre m de ~* Logbuch *n*.
lock-out [lɔkawt] *m inv* Aussperrung *f*.
locomotion [lɔkɔmosjɔ̃] *f* Fortbewegung *f*; ► *moyen m de ~* Verkehrsmittel *n*. **locomotive** *f* Lokomotive, *fam* Lok *f*; ► *~ Diesel, électrique, à vapeur* Diesel-, elektrische, Dampflokomotive *f*; *~ de manœuvre* Rangier-, Verschiebelokomotive *f*.
locuteur [lɔkytœʀ] *m ling* Sprecher *m*.
locution [-sjɔ̃] *f* Redensart; Redewendung *f*.
loden [lɔdɛn] *m* Loden(mantel) *m*.
logarithme [lɔgaʀitm] *m math* Logarithmus *m*; ► *table f de(s) ~s* Logarithmentafel *f*. **logarithmique** *a* logarithmisch.
loge [lɔʒ] *f* **1.** (Portiers-, Pförtner-)Loge *f*; **2.** *arch* Loggia *f*; **3.** *theat* Loge *f*; (Schauspieler-)Garderobe *f*; **4.** *(Freimaurerei)* Loge *f*; **5.** *bot* Fach *n*; **6.** ► *être aux premières ~s (fig fam)* aus nächster Nähe sehen. **logeable** *a* bewohnbar. **logement** *m* **1.** Wohnung *allg*; Unterkunft; Unterbringung *f*; Wohnraum *m*; **2.** *tech* Lagerung *f*; **3.** ► *trouver un ~* Unterkunft finden, unter≈kommen; *~ d'une pièce* Einzimmerwohnung *f*. **loger** ‹*Prés. je loge, ns logeons; Fut. je logerai; pp. logé, e*› **I.** *itr* **1.** wohnen (*chez* bei); **2.** Wohnung nehmen, ab≈steigen (*à un hôtel* in e-m Hotel); **II.** *tr* **1.** beherbergen, unterbringen **2.** *allg* (hin≈, hinein≈)bringen, -setzen, -stellen (*dans* in *acc*); **III.** *v prn se ~* **1.** (ein-)ziehen, sich nieder≈lassen, sich (häuslich) ein≈richten (*dans, en* in *dat*); **2.** *fig* in Besitz nehmen (*dans qc* etw); **3.** *(Geschoß)* (ein≈)dringen; stekken≈bleiben; **4.** *(Gedanke)* sich fest≈setzen, *fam* sich ein≈nisten; **5.** ► *être logé et nourri* freie Wohnung und Verpflegung haben; *~ en garni* möbliert wohnen; **6.** ► *ce vin est vendu logé* dieser Wein wird mit dem Faß verkauft.
logeur, se *m f* (Zimmer-)Vermieter(in *f*), Wirt(in *f*) *m*.
logiciel [lɔʒisjɛl] *m inform* Software *f*.
logicien [lɔʒisjɛ̃] *m* Logiker *m*. **logique** **I.** *s f* Logik; **II.** *a* logisch, folgerichtig.
logis [lɔʒi] *m* Wohnung *f*, Haus, Heim *n*; ► *corps m de ~ (arch)* Haupttrakt *m*.
logistique [lɔʒistik] **I.** *f* **1.** Logistik, mathematische Logik *f*; **2.** *mil* Logistik *f*; Nachschub-, Transport- u. Verpflegungswesen *n*; **II.** *a*: ► *base, installation f ~* Versorgungsstützpunkt *m*, -einrichtung *f*.
logotype *m typ* Logotyp *n*.
loi [lwa] *f* Gesetz *n*; **1.** ► *au nom de la ~* im Namen des Gesetzes; *d'après la ~* nach dem Gesetz; *conforme à la ~* gesetzmäßig; *contraire à la ~* gesetzwidrig; *en vertu de la ~* kraft des Gesetzes; **2.** ► *abroger, adopter, promulguer une ~* ein Gesetz außer Kraft setzen, an≈nehmen, verkünden; *contrevenir à une ~* ein Gesetz übertreten; *faire, dicter la ~ à qn* jdm Vorschriften machen; *se faire une ~ de qc* sich etw zum Gesetz machen; *mettre hors la ~* für ungesetzlich *od* vogelfrei erklären; **3.** ► *force f de ~* Gesetzes-, Rechtskraft *f*; *homme m de ~* Rechtskundige(r), Jurist *m*; *hors la ~ (a)* vogelfrei; *s m* Vogelfreie(r) *m*; *projet m de ~* Gesetzentwurf *m*; Gesetzesvorlage *f*; **4.** ► *~-cadre f* Rahmengesetz *n*; *~ de la gravitation (phys)* Gravitationsgesetz *n*; *~ internationale* Völkerrecht *n*; *~ martiale* Standrecht *n*; *~ de la nature, ~ naturelle* Naturgesetz *n*; *~ de l'offre et de la demande* Gesetz *n* von Angebot u. Nachfrage.
loin [lwɛ̃] *adv* **1.** *(örtlich, fig)* weit (weg) *a. fig*, fern, weit entfernt *a. fig* (*de* von); **2.** *(zeitlich)* weit zurück (*dans* in); ► **3.** *au ~* in der Ferne, weit weg; *(zeitlich)* weit zurück; *de ~* von weitem *a. fig*, weither, aus der Ferne; schon lange; *de ~ en ~* hier u. da; von Zeit zu Zeit, ab u. zu, hin u. wieder; *ni de près ni de ~* durchaus nicht, ganz u. gar nicht; *non ~ de* unweit, unfern *gen*; *plus ~* weiter(hin); *(zeitlich)* weiter zurück; **4.** ► *~ de (mit d. Infinitiv), ~ que (mit subj) conj* weit davon entfernt zu, statt zu, statt daß ...; **5.** ► *aller ~* weit gehen *a. fig*; es (noch) zu etw bringen; *aller trop ~ (bes. fig)* zu weit gehen *od* führen; *pousser qc très ~* etw sehr, zu weit treiben; *revenir de ~ (fig)* noch mal davon≈gekommen sein; *voir ~ (fig)* Weitblick haben; **6.** ► *il y a ~* es ist weit (*de ... à* von ... nach), *fig* ein großer Unterschied (*de ... à* zwischen ... und); *~ d'ici!* weg mit dir! geh mir aus den Augen! *~ de là!* weit gefehlt!
lointain, e **I.** *a* **1.** *(örtlich)* (ent)fern(t), ent-, abgelegen; **2.** *(zeitlich)* weit zurückliegend; **3.** *fig* fernliegend; **4.** *(Mensch)* fernstehend; **II.** *s m* **1.** Ferne *f*; **2.** *pl (Kunst)* Hintergrund *m*; ► *au, dans le ~* in der Ferne, weit weg.
loir [lwaʀ] *m zoo* Siebenschläfer *m*; ► *dormir comme un ~* wie ein Murmeltier schlafen.
loisible [lwazibl] *a*: ► *il vous est ~ de* es

steht Ihnen frei zu. **loisir** *m* **1.** Muße; (freie) Zeit (*de* zu); **2.** *pl* Freizeit(gestaltung) *f;* ► *à* ~ in (aller) Ruhe.

lombago [lɔ̃bago] *m s. lumbago.* **lombaire** *a anat* Lenden-. **lombes** *m pl anat* Lenden *f pl.*

londonien, ne [lɔ̃dɔnjɛ̃, -ɛn] *a* Londoner-. **Londonien, ne** *s m f* Londoner(in *f*) *m.* **Londres** *f* London *n.*

long, ue [lɔ̃, lɔ̃g] **I.** *a* **1.** *(räumlich)* lang (*de dix mètres* 10 m); *(Mensch)* groß; *(Aussicht, Blick)* weit; **2.** *(zeitlich)* lang(wierig), lange dauernd; weitschweifig; langsam, bumm(e)lig; **3.** *(Suppe, Soße)* dünn; **4.** *tech* dehn-, streckbar; **II.** *adv* lang; (zu)viel; **III.** *s m* Länge *f;* **IV.** *s f* lange Silbe, Länge *f;* **V.** *(Wendungen)* **1.** ► *à la longue* auf die Dauer, mit der Zeit; *à* ~ *terme* langfristig; *de dix mètres de* ~ von 10 m Länge; *de* ~ *en large* auf u. ab, hin u. her; *de longue date* seit langem; *en* ~ in die Länge, lang; *en* ~ *et en large* (des) lang(en) u. breit(en); *le* ~ *de* längs *gen* od *dat,* (an *dat*) entlang, ... *(acc)* entlang; *(tout) au* ~, *tout du* ~ *(fig)* lang u. breit, ausführlich; *de tout son* ~ der Länge nach; *tout le* ~ *du jour* den ganzen Tag lang; **2.** ► *avoir le bras* ~ *(fig)* e-n langen Arm haben; *en dire* ~ Bände sprechen, viel (be)sagen; *être* ~ lange dauern; *être* ~ *à venir* (lange) auf sich warten lassen; **3.** ► *~-courrier m aero* Langstreckenflugzeug *n; mar* Übersee-, Ozeandampfer *m; ~ue-vue f* Fernrohr *n.*

longanimité [lɔ̃ganimite] *f* Langmut *f.*

longe [lɔ̃ʒ] *f* **1.** Laufleine, Longe *f;* **2.** *(~ de veau)* (Kalbs-)Nierenbraten.

longer [lɔ̃ʒe] ‹*Prés. je longe, ns longeons; Fut. je longerai; pp. longé, e*› *tr* entlang=gehen, -fahren, -reiten, -fliegen (*qc* an e-r S); sich entlang=ziehen (*qc* an e-r S), sich erstrecken (*qc* längs *gen* od *dat*). **longeron** *m* **1.** *tech* Längsträger *m;* **2.** *aero* Holm *m;* **3.** Brückenbalken, Fahrbahnträger *m.*

longévité [lɔ̃ʒevite] *f* Langlebigkeit; Lebensdauer *f.*

longitude [lɔ̃ʒityd] *f* (geographische) Länge *f.* **longitudinal, e** *a* Längs-.

longtemps [lɔ̃tɑ̃] *adv* lange (Zeit); ► *depuis* ~ seit langem, seit langer Zeit, schon lange; *il y a* ~ *que* es ist schon lange her, daß; *y a-t-il* ~ *que vous attendez?* warten Sie schon lange? *je n'en ai pas pour* ~ ich brauche nicht (mehr) lange.

longuement [lɔ̃gmɑ̃] *adv* **1.** lange; **2.** eingehend, ausführlich, lang u. breit.

longuet, te [-gɛ, -ɛt] **I.** *a fam* etwas (zu) lang; **II.** *s m* lange(s) Brötchen *n.*

longueur *f* **1.** Länge *f a. sport;* **2.** Langsamkeit, Weitschweifigkeit *f;* **3.** *pl* Längen *f pl (e-s Buches);* **4.** ► *à* ~ *d'année* das ganze Jahr über; *en* ~ in der Länge; der Länge nach; **5.** *mesure f de* ~ Längenmaß *n; saut m en* ~ Weitsprung *m;* **6.** ► ~ *d'entre-jambes (Hose)* Schrittlänge *f;* ~ *des jours* Tageslänge *f;* ~ *d'onde (radio)* Wellenlänge *f;* ~ *de pas* Schrittlänge *f.*

looping [lupiŋ] *m aero* Looping *m.*

lopin [lɔpɛ̃] *m:* ► ~ *de terre* kleines Stück *n* Erde.

loquace [lɔkas] *a* geschwätzig, schwatzhaft, redselig, (sehr) gesprächig.

loque [lɔk] *f* **1.** Fetzen, Lumpen *m;* **2.** *fig* Jammergestalt *f;* ► *tomber en ~s* in Fetzen gehen.

loquet [lɔɛ] *m* (Tür-)Drücker *m.*

loqueteux, se [lɔktø, -øz] *a* zerlumpt.

lorgner [lɔʀɲe] *tr* **1.** an=schielen, von der Seite an=sehen (*qn, qc* jdn e-e S); **2.** *fig fam* schielen (*qc* nach etw); ein Auge werfen (*qn* auf jdn). **lorgnon** *m opt* Klemmer, Kneifer, Zwicker *m.*

lorrain, e [lɔʀɛ̃, -ɛn] *a* lothringisch; *gram* Lothringisch *n,* das Lothringische. **Lorrain, e** *m f* Lothringer(in *f*) *m.* **Lorraine, la** Lothringen *n.*

lors [lɔʀ] **I.** *adv:* ► *dès* ~ seitdem, seit der Zeit, von der Zeit an; demnach, -zufolge; **II.** ► ~ *que (conj)* da, wenn; **III.** ► ~ *de (prp)* anläßlich, zur Zeit, während *gen;* ~ *même que* selbst dann, wenn. **lorsque** [-sk(ə)] *conj* als; *(mit Futurum)* wenn.

losange [lɔzɑ̃ʒ] *m* Raute *f,* Rhombus *m.*

lot [lo] *m* **1.** (An-)Teil *m;* **2.** (Lotterie-) Los *n;* **3.** *com* Posten *m,* Partie *f;* **4.** *lit fig* Los, Schicksal *n,* Bestimmung *f;* ► *gros* ~ große(s) Los *n;* ~ *gagnant (Lotterie)* Gewinn *m.* **loterie** [lɔtʀi] *f* Lotterie *f;* ► *c'est une* ~ das ist ein Lotteriespiel; *billet m de* ~ Lotterielos *n.*

lotion [losjɔ̃] *f:* ► ~ *capillaire, faciale* Haar-, Gesichtswasser *n.* **lotir** *tr* **1.** *(Land, Waren)* auf=teilen; *(Land)* parzellieren; **2.** ► *être mal ~i* es schlecht (getroffen) haben; *me voilà bien ~i! (ironisch)* da habe ich mir was eingebrockt!

lotissement [lɔtismɑ̃] *m* Aufteilung; Parzellierung; Parzelle; Siedlung *f.*

loto [lɔto] *m* Lotto (-spiel) *n;* ► *avoir des yeux en boule de* ~ *(fig fam)* Kulleraugen haben.

lotte [lɔt] *f zoo* Quappe *f.*

lotus [lɔtys] *m bot* Lotus(blume *f*) *m.*

louable [lwabl] *a* **1.** lobens-, anerkennenswert; **2.** vermietbar. **louage** *m jur* Vermietung, Miete *f;* ► *voiture f de* ~ Mietwagen *m;* ~ *de service* Dienst-, Arbeitsvertrag *m.*

louange [luɑ̃ʒ] *f* **1.** Lob *n;* **2.** *pl* Lobpreisung *f;* ► *à la* ~ *de qn* zu jds Lob; *chanter les ~s de qn* jds Lob singen; ein Loblied auf jdn singen.

louche [luʃ] **I.** *a* **1.** *(Kristall)* trübe, unklar *a. fig;* **2.** *fig* zweideutig, verdächtig; **II.** *s f (~ à potage)* Schöpflöffel *m,* (Suppen-)Kelle *f.* **loucher** *itr* schielen (*sur qn, qc* nach jdm, etw).

louer [lwe] **I.** *tr* **1.** loben, rühmen, heraus=streichen (*qn de, pour qc* jdn für etw); *(Gott)* preisen, verherrlichen; ► *Dieu soit ~é!* Gott sei Dank! **2.** vermieten, verpachten, verleihen; mieten; dingen; **II.** *v prn se ~* **1.** sich verdingen; *(Haus)* vermietet werden; **2.** *de qc* mit etw zufrieden sein; ► *~ une place (Kino)* e-e Karte vorbestellen; *(Zug)* e-e Platzkarte bestellen; *à ~* zu vermieten.

louf(oque) [luf(ɔk)] *a fam (Person)* übergeschnappt; *(Sache)* verrückt. **loufoquerie** *f fam* Verrücktheit *f.*

loup [lu] *m* **1.** *zoo* Wolf *m;* **2.** Halbmaske *f;* **3.** *tech* Ofensau *f;* **4.** *(Wollspinnerei)* Reißwolf *m;* **5.** *(tête f de ~)* Beißzange *f; (Haushalt)* Eule *f;* ► *à pas de ~* auf leisen Sohlen; *entre chien et ~* in der (Abend-)Dämmerung; *être connu comme le ~ blanc* bekannt sein wie ein bunter Hund; *enfermer le ~ dans la bergerie* den Bock zum Gärtner machen; *se jeter dans la gueule du ~ (fig)* in die Höhle des Löwen gehen; **6.** ► *faim f de ~* Bärenhunger *m; froid m de ~* Hundekälte *f; vieux ~ (fig)* alte(r) Fuchs *m; ~-garou m* Werwolf *m; ~ de mer (fig)* (alter) Seebär *m.*

loupe [lup] *f* **1.** Lupe *f,* Vergrößerungsglas *n;* **2.** *med* Grützbeutel *m;* **3.** *bot* Knorren *m,* Beule *f (an Bäumen);* **4.** *tech* Lupe *f.*

louper [lupe] *tr* **1.** *fam* versauen, verpfuschen, verpatzen; **2.** *(Gelegenheit)* verpassen.

lourd, e [luʀ, -d] **I.** *a* **1.** schwer *(im Gewicht);* **2.** dumpf; *(Luft)* drückend, lastend, schwül; *(Himmel)* verhangen; **3.** *(Schlaf)* bleiern; *(Essen)* schwer(verdaulich); *(Mensch)* schwerfällig; unbeholfen *a. fig;* plump; **4.** *fig* schwer(wiegend), gewichtig, erheblich, ernst(haft); **5.** *(Aufgabe, Arbeit)* schwer, anstrengend; *(finanziell)* (er)drückend, untragbar; kostspielig; unerträglich; **6.** *(Stil)* schleppend, schwerfällig; **7.** *(Börse)* flau, lustlos; **II.** *adv* schwer; *fam* viel; **III.** *s f arg* Tür *f;* **1.** ► *avoir la tête ~e* e-n schweren Kopf haben; benommen sein; *ne pas peser ~ (fig)* von geringer Bedeutung sein; **2.** ► *industrie f ~e* Schwerindustrie *f; poids, boxeur m ~ (sport)* Schwergewicht *n,* -gewichtler *m;* **3.** ► *~ de conséquences* folgenschwer.

lourdaud, e [-do, -od] **I.** *a* schwerfällig; unbeholfen, ungeschickt, tapsig; tölpelhaft; **II.** *s m f* Klotz, Tolpatsch; Tölpel *m.* **lourdeur** *f* **1.** *fig* Schwere *f;* **2.** *fig* Schwerfälligkeit, Plumpheit *f.*

loustic [lustik] *m fam* Spaßvogel *m.*

loutre [lutʀ] *f zoo* Fischotter(fell *n*) *m.*

Louvain [luvɛ̃] *f geog* Löwen *n.*

louve [luv] *f* **1.** *zoo* Wölfin *f;* **2.** *tech* (große) Greifzange *f.* **louvoyer** ‹*Prés. je louvoie, ns louvoyons; Fut. je louvoierai; pp. louvoyé, e; Subj. que je louvoie, que ns louvoyions; Impér. louvoie, louvoyons*› *itr* **1.** *mar* lavieren, kreuzen; **2.** *fig* Winkelzüge machen.

loyal, e [lwajal] *a* treu; *(pop)* ► *à la loyale* fair. **loyauté** *f* Treue *f.*

loyer [lwaje] *m* **1.** Miete *f;* **2.** *com* Zins *m;* ► *hausse f des ~s* Mieterhöhung *f.*

lubie [lybi] *f fam* Marotte, Schrulle *f.*

lubricité [lybʀisite] *f* Geilheit, Lüsternheit *f.*

lubrifiant [lybʀufjɑ̃] *m* Schmiermittel *n.* **lubrification** *f tech* (Ab-, Ein-)Schmieren *n.* **lubrifier** *tr tech* (ein=)schmieren, (ein=)fetten, (ein=)ölen.

lubrique [lybʀik] *a* geil, lüstern.

Luc [lyk] *m* Lukas *m.*

lucarne *f arch* Dachluke *f,* -fenster *n.*

lucide [lysid] *a (Geist)* klar; *(Kopf)* hell; *(Verstand)* scharf; *(Person)* scharfblikkend; ► *moments m pl ~s (med)* lichte Momente *m pl.* **lucidité** *f* Klarheit; (Verstandes-)Schärfe *f;* Scharfblick *m;* ► *avoir sa ~* bei vollem Verstand sein.

luciole [lysjɔl] *f zoo* Leuchtkäfer *m,* Glühwürmchen *n.*

lucratif, ive [lykʀatif, -iv] *a (Geschäft)* gewinnbringend, einträglich, lohnend, rentabel, vorteilhaft.

lueur [lɥœʀ] *f* **1.** (Licht-)Schein, Schimmer *m;* **2.** *fig* Funke *m;* ► *jeter une (faible) ~* (schwach) schimmern; *~ d'espoir* Hoffnungsschimmer *m.*

luge [lyʒ] *f* Rodel(schlitten) *m.*

lugubre [lygybʀ] *a* **1.** traurig; finster; trostlos, düster, trübe; **2.** schauerlich, schaurig.

lui [lɥi] *prn (verbunden)* ihm, ihr; *(unverbunden)* er, ihn; sich; ► *~-même* er selbst.

luire [lɥiʀ] ‹*Prés. je luis, ns luisons; Fut. je luirai; pp. lui; Subj. que je luise, que ns luisions*› *itr* **1.** leuchten *a. fig,* scheinen, glänzen, schimmern; **2.** *(fig)* ► *voici que l'espoir luit* ein Hoffnungsschimmer leuchtet auf. **luisant, e** *a* leuchtend, glänzend, schimmernd; ► *ver m ~* Glühwürmchen *n,* Leuchtkäfer *m.*

lumbago [lɔ̃bago] *m med* Hexenschuß *m.*

lumière [lymjɛʀ] *f* **1.** Licht *n a. fig;* **2.** *fig* Einsicht *f;* Kenntnisse; Geistesgaben *f pl;* Leuchte *f;* **3.** *tech* Schlitz *m,* Loch *n,* Öffnung *f;* **4.** *pl fig* Kenntnisse *f pl,* Wissen *n;* Aufklärung (*sur* über *acc*); **5.** ► *à la ~* bei Licht; *à la ~ de* auf Grund von; *à l'abri de la ~* im Dunkeln; **6.** ► *être en pleine ~* im vollen Licht stehen; *faire, allumer la ~* Licht machen;

fermer, éteindre la ~ das Licht ab⸗schalten; *mettre en* ~ deutlich machen, heraus⸗stellen; *que la* ~ *soit!* es werde Licht! **7.** ► *résistant, sensible à la* ~ lichtecht, -empfindlich; **8.** ► ~ *clignotante* Blinklicht *n;* ~ *du jour* Tageslicht *n;* ~ *du soleil, solaire* Sonnenlicht *n.*
lumineux, se *a* **1.** leuchtend, glänzend, strahlend; *(Gebäude)* angestrahlt; **2.** *fig* einleuchtend, klar; *(Idee)* glänzend; ► *affiche f* ~*ineuse* Leuchtplakat *n; cadran m* ~ Leuchtzifferblatt *n; rayon m* ~ Lichtstrahl *m.* **luminosité** *f* **1.** Helligkeit *f,* helle(r) Glanz *m;* **2.** *(Farben, astr)* Leuchtkraft *f;* ► *à faible* ~ lichtschwach.
lunaire [lynɛʀ] *a* Mond-; halbmondförmig; ► *année f, mois, disque m* ~ Mondjahr *n,* -monat *m,* -scheibe *f; face f* ~ *(fam)* Vollmondgesicht *n; module m, orbite m* ~ Mondfähre *f.* **lunatique I.** *a* launisch, schrullig, wunderlich; **II.** *s m f* launische(r) Mensch *m.*
lunch [lœntʃ, lœ̃ʃ] *m* kalte(s) Buffet *n.*
lundi [lœ̃di] *m* Montag *m;* ► ~ *de Pâques* Ostermontag *m.*
lune [lyn] *f* **1.** Mond *m;* **2.** Trabant, Satellit *m;* **3.** *pop* Mondgesicht *n;* Hintern' *m;* **4.** ► *au clair de la* ~ bei Mondschein; **5.** ► *aboyer à la* ~ *(fig)* sich unnütz ereifern; *demander la* ~ Unmögliches verlangen; *être dans la* ~ ganz woanders sein; *se poser sur la* ~ auf dem Mond landen; **6.** ► *nous sommes à la pleine, nouvelle* ~, ~ *(dé)croissante* wir haben Voll-, Neu-, zu-(ab-) nehmenden Mond; **7.** ► *éclipse f de* ~ Mondfinsternis *f; premier, dernier quartier m (de la* ~*)* erste(s), letze(s) Viertel *n;* ~ *de miel* Flitterwochen *f pl;* ~ *rousse* Zeit *f* der späten Nachtfröste.
luné, e *a* ► *bien, mal* ~ *(fam)* gut-, schlechtgelaunt.
lunetier [lyntje] *m* Brillenfabrikant; (Augen-)Optiker *m.* **lunette** *f* **1.** *(~ d'approche)* Fernrohr *n;* **2.** *mot* Heckfenster *n; pl (paire f de ~s)* Brille *f;* **3.** ► *mettre des* ~*s* e-e Brille aufsetzen; *porter des* ~*s* Brillenträger sein; **4.** ► ~*s acoustiques* Hörbrille *f (für Schwerhörige);* ~*s de plongée* Taucherbrille *f;* ~*s de soleil* Sonnenbrille *f.*
lupin [lypɛ̃] *m bot* Lupine *f.*
lurette [lyʀɛt] *f fam:* ► *il y a belle* ~ es ist (schon) lange her.
luron, ne [lyʀɔ̃, ʀɔn] *m f* ► *gai* ~ fidele(s) Haus *n.*
Lusace, la [lyzas] die Lausitz.
lustre [lystʀ] *m* **1.** *tech* Glanz *m a. fig;* **2.** Kronleuchter *m;* **3.** Lustrum, Jahrfünft *n.* **lustré, e** *a* glänzend, glatt; *(Kleidung)* blankgescheuert. **lustrer** *tr* **1.** *(Pelz)* lüstrieren; glänzend machen; **2.** *(Glas)* polieren; **3.** *(Kleidung)* blank reiben, blank scheuern.
luth [lyt] *m mus* Laute *f.*
luthérien, ne [lyteʀjɛ̃, -ɛn] **I.** *a* lutherisch; **II.** *s m f* Lutheraner(in *f*) *m.*
lutin, e [lytɛ̃, -in] **I.** *a* schelmisch, schalkhaft; neckisch; **II.** *s m fig* Wildfang *m.*
lutrin [lytʀɛ̃] *m rel* Chorpult *n.*
lutte [lyt] *f* **1.** (Ring-)Kampf *m;* Ringen *n; fig* Kampf *m,* Ringen *n,* Auseinandersetzung *f, Bekämpfung f;* **2.** ► *de haute* ~ nach erbittertem Kampf; **3.** ► ~ *contre le bruit, contre le cancer* Lärm-, Krebsbekämpfung *f;* ~ *des classes* Klassenkampf *m;* ~ *libre* Freistilringen *n.* **lutter** *itr* **1.** ringen; kämpfen *a. fig* (*contre* gegen, *pour* um); **2.** *fig* bekämpfen (*contre qn, qc* jdn, etw); (sich) streiten (*contre* mit); wetteifern (*de* in *dat*). **lutteur, se** *m f* **1.** Ring(kämpf)er *m;* **2.** *fig* Kämpfer(in *f*) *m.*
luxation [lyksasjɔ̃] *f med* Verrenkung *f.*
luxe [lyks] *m* **1.** Luxus, Aufwand *m,* Pracht *f,* Prunk *m;* Verschwendung *f;* **2.** ► *se payer le* ~ *de* sich den Luxus leisten, zu; **3.** ► *c'est du* ~ das ist Luxus, überflüssig; **4.** ► *article, objet m de* ~ Luxusartikel *m; édition f de* ~ *(Buch)* Pracht-, Luxusausgabe *f; modèle m (de)* ~ Luxusausführung *f.*
Luxembourg, le [lyksɑ̃buʀ] Luxemburg *n.*
luxer [lykse] *tr med* ver-, aus⸗renken.
luxueux, se [lyksyø] *a* luxuriös; prachtvoll, prunkvoll.
luxure [lyksyʀ] *f* Sinnlichkeit; Unzucht *f;* ► *s'abandonner à la* ~ sich (hemmungslos) aus⸗leben.
luxurieux, se [lyksyʀjø, -z] *a* hemmungslos, sinnlich; unzüchtig; wollüstig.
luzerne [lyzɛʀn] *f bot* Luzerne *f.*
lycée [lise] *m* Gymnasium *n.* **lycéen, ne** [-ɛ̃, -ɛn] *m f* Gymnasiast(in *f*) *m.*
lymphatique [lɛ̃fatik] **I.** *a* **1.** *med* lymphatisch; **2.** apathisch, träge; **II.** *m pl* u. ► *vaisseaux m pl* ~*s (anat)* Lymphgefäße *n pl; tempérament m* ~ Phlegma *n.*
lymphe *f anat* Lymphe *f.*
lymphocyte *m med* Lymphozyt *m.*
lynchage [lɛ̃ʃaʒ] *m* Lynchen *n,* Lynchjustiz *f.* **lyncher** *tr* lynchen.
lynx [lɛ̃ks] *m zoo* Luchs *m.*
lyophilisé, e [ljɔfilize] *a* gefriergetrocknet. **lyophiliser** *tr* gefrier⸗trocknen.
lyre [liʀ] *f* Leier *f.* **lyrique I.** *a* **1.** lyrisch; **2.** begeistert, schwärmerisch; **II.** *s m* Lyriker *m.* **lyrisme** *m* **1.** Lyrik *f;* **2.** Lyrismus *m;* **3.** *fig* Begeisterung *f.*

M

m, M [ɛm] *m* m, M *n.*
ma [ma] *prn s. mon.*
maboul [mabul] *a pop* meschugge.
macabre [makabʀ] *a* makaber; ▶ *humour m* ~ Galgenhumor *m.*
macadam [makadam] *m (Straße)* Makadam-, Schotterdecke *f.*
macaque [makak] *m* **1.** *zoo* Makak *m (Affe);* **2.** *fig* häßliche(r) Kerl *m.*
macaron [makaʀɔ̃] *m* **1.** Makrone *f (Gebäck);* **2.** Schnecke *f (Frisur).*
macaroni [makaʀɔni] *m inv* **1.** Makkaroni *pl;* **2.** *pop* Spaghettifresser *m.*
macédoine [masedwan] **1.** ~ *(de légumes)* gemischte(s) Gemüse *n;* **2.** *fig* Sammelsurium *n.*
macération [maseʀasjɔ̃] *f (Gurken)* Einlegen *n* (*au vinaigre* in Essig). **macérer** ‹*Prés. je macère, ns macérons; pp. macéré, e*› **I.** *tr* einlegen (*dans* in *dat*); **II.** *itr chem* mazerieren.
mâche [maʃ] *f* Rapunzel *f*, Feldsalat *m.*
mâcher [maʃe] *tr* **1.** (zer)kauen; **2.** *fig* vor=kauen (*qc à qn* jdm etw); **3.** *tech* ab=quetschen; ▶ ~ *la besogne à qn* fast die ganze Arbeit für jdn machen; *ne pas ~ ses mots, paroles* kein Blatt vor den Mund nehmen.
machiavélique [makjavelik] *a* machiavellistisch, hinterhältig.
machin [maʃɛ̃] *m f fam* Dings(da) *n.*
machinal, e [maʃinal] *a* mechanisch; unwillkürlich. **machination** *f* Intrige *f; pl* Umtriebe, Machenschaften *pl.*
machine [maʃin] *f* **1.** *tech* Maschine *f a. fig;* Mechanismus *m,* Triebwerk *n;* **2.** Lokomotive *f;* **3.** (~ *à écrire)* (Schreib-)maschine *f;* **4.** *fam* Fahrrad *n;* **5.** *fig* Automat *m,* (willenloses) Werkzeug; *fig* Räderwerk, Getriebe *n;* **6.** ▶ *fait à la ~* maschinell hergestellt; **7.** ▶ *écrire, (fam) taper à la ~* (auf der) Maschine schreiben, *fam* tippen; *faire ~ arrière (loc)* rückwärts fahren; *fig* es sich anders überlegen; **8.** ▶ ~ *à affranchir* Adressier-, Frankiermaschine *f;* ~ *à calculer* Rechenmaschine *f; à coudre* Nähmaschine *f;* ~ *à laver* Waschmaschine *f;* ~ *à laver la vaisselle* Geschirrspülmaschine *f;* ~ *à traitement de textes (inform)* Textverarbeitungsanlage *f;* ~ *à vapeur* Dampfmaschine *f.* **machiner** *tr* aus=hecken, an=stiften, -zetteln. **machinerie** *f* Maschinen *f pl,* Maschinerie *f;* Maschinenpark, -raum *m.* **machiniste** *m* **1.** *theat* Maschinist *m;* **2.** *(Belgien)* Lokomotivführer *m.*
machisme [maʃism] *m* Machismo *m.*
macho [matʃo] *a* macho; *s m* Machotyp *m.*
mâchoire [maʃwaʀ] *f* **1.** *anat* Kiefer *m; pl* Kinnbacke(n *m*), -lade *f;* **2.** *tech* Backe, Klemme *f;* **3.** ▶ *(pop) rire à se décrocher la ~* sich kaputtlachen; ~ *de frein* Bremsbacke *f;* ~ *supérieure* Oberkiefer *m.* **mâchonner** *tr* **1.** (langsam *od* mühsam) kauen (*qc* an e-r S); **2.** *fig* brummen, murmeln. **mâchouiller** *tr fam* immer wieder kauen (*qc* an etw).
maçon [masɔ̃] *m* Maurer *m.* **maçonnerie** *f* **1.** Maurerarbeit *f;* **2.** Mauerwerk *n,* Bau *m.* **maçonnique** *a* freimaurerisch.
macrobiotique [makʀɔbiɔtik] *a* makrobiotisch; *s f* Makrobiotik *f.* **macrocéphale** *a* großköpfig. **macrocosme** *m* Makrokosmos *m.* **macroéconomie** *f* Makroökonomie *f.* **macroéconomique** *a* makroökonomisch. **macromolécule** *f* Makromolekül *n.* **macroscopique** *a* makroskopisch. **macrostructure** *f* Makrostruktur *f.*
maculer [makyle] *tr* fleckig machen, beschmutzen (*de* mit); ▶ *maculé d'encre* voller Tintenflecke.
madame [madam] *f Abk Mme* Frau; *pl mesdames Abk Mmes* meine Damen.
madeleine [madlɛn] *f (Gebäck)* Bärentatze.
mademoiselle [madmwazɛl] *f Abk Mlle* Fräulein *n; pl mesdemoiselles Abk. Melles* meine Damen.
madère [madɛʀ] *m* Madeira *m (Wein).*
madone [madɔn] *f* Madonna, Muttergottes(bild *n*) *f.*
madré, e [madʀe] *a* pfiffig, verschmitzt, durchtrieben.
madrier [madʀije] *m* (Holz-)Bohle *f.*
maestria [m(a)ɛstʀija] *f* Meisterschaft *f;* ▶ *avec* ~ meisterlich.
maf(f)ia [mafja] *f* Mafia *f.* **maf(f)ioso** *m* Mafioso *m.*
magasin [magazɛ̃] *m* **1.** Geschäft *n,* Laden *m;* **2.** (Waren-)Lager *n,* Speicher *m,* Lagerhaus *n,* -raum *m f;* Magazin *n (a. theat phot Gewehr);* **3.** ▶ *courir les ~s* e-n Einkaufsbummel machen; *tenir un* ~ ein Geschäft haben; **4.** ▶ *grand* ~ Kaufhaus *n;* **5.** ▶ ~ *d'alimentation* Lebensmittelgeschäft, Feinkosthaus; ~ *de jouets, de musique* Spielwaren-, Musikalienhandlung; ~ *spécial(isé)* Fachgeschäft *n;* ~ *à succursales multiples* Filialgroßbetrieb *m.* **magazinage** *m* **1.**

(Ein-)Lagerung, Speicherung *f;* **2.** *(temps m de ~)* Lagerzeit, -frist *f;* **3.** *(droit m de ~)* Lagergeld *n,* -gebühr, -miete *f.* **magazinier** *m* Lagerverwalter; Lagerist *m.*

magazine [magazin] *m* (illustrierte) Zeitschrift, Illustrierte *f,* Magazin *n.*

mage [maʒ] *m hist* Magier *m;* ▶ *les (Rois) ~s* die drei Weisen aus dem Morgenlande, die Heiligen Drei Könige *m pl.*

Maghreb, le [magʀɛb] der Maghreb. **maghrébin, e** *a* maghrebinisch. **Maghrébin, e** *m f* Maghrebinier(in *f*) *m.*

magicien, ne [maʒisjɛ̃, -ɛn] *m f* Zauberer *m,* Zauberin *f.* **magie** *f* **1.** Zauberei, Zauberkunst, Magie *f;* **2.** *fig* Zauber *m;* ▶ *fam (comme) par ~* auf unerklärliche Weise; *c'est de la ~ noire* das ist höhere Mathematik. **magique** *a* magisch *a.* ▶ *(fig) baguette f ~* Zauberstab *m.*

magistral, e [maʒistʀal] *a pl -aux* **1.** meisterhaft, -lich; **2.** *fam (Ohrfeige)* schallend; gewaltig, tüchtig; ▶ *réussir un coup ~* ein Meisterstück vollbringen.

magistrat [maʒistʀa] *m* Verwaltungs-, Justizbeamte(r) *m;* ▶ *~ debout, du parquet* Staatsanwalt *m.* **magistrature** *f* **1.** Richteramt *n,* -stand *m;* **2.** Amtszeit; ▶ *~ assise* Richterstand *m.*

magma [magma] *m* **1.** *tech* zähe Masse *f;* **2.** *chem geol* Magma *n.*

magnanime [maɲanim] *a* groß-, edelmütig; großzügig. **magnanimité** *f* Großmut *f,* Edelmut *m;* Großherzigkeit *f.*

magnat [magna] *m* Magnat *m a.* ▶ *fig ~ de la finance* Finanzmagnat *m.*

magner, se [maɲe] *v prn fam* sich beeilen.

magnésium [maɲezjɔm] *m chem* Magnesium *n.*

magnétique [maɲetik] *a* magnetisch *a. fig;* ▶ *bande f ~* Magnetband *n; pôle m ~* magnetische(r) Pol *m.* **magnétiser** *tr* **1.** *phys* magnetisch machen; **2.** *med* magnetisieren; **3.** *fig* bannen, in s-n Bann schlagen. **magnétiseur** *m* Magnetiseur *m.* **magnétisme** *m* Magnetismus *m;* ▶ *~ terrestre* Erdmagnetismus *m; subir le ~ de qn* unter jds Einfluß stehen. **magnétite** *m* Magneteisenerz *n.* **magnéto** *f fam* Tonbandgerät *n.* **magnétophone** *m* Tonbandgerät *n;* ▶ *~ audionumérique, DAT* Digitaltonband, DAT *n.* **magnétoscope** *m* Videogerät *n,* -recorder *m.* **magnétoscoper** *tr* videografieren. **magnétoscopique** *a* Video-. **magnétothèque** *f* Tonband-, Kassettensammlung *f;* Tonband-, Kassettenregal *n;* Kassettenbox *f.*

magnificence [maɲifisɑ̃s] *f* **1.** Pracht *f,* Glanz, Prunk(haftigkeit *f*), Pomp *m;* **2.** *(Stil)* Brillanz *f.* **magnifier** *tr* rühmen, preisen; verherrlichen. **magnifique** *a* glanz-, prachtvoll, prächtig, herrlich *(a. Wetter);* großartig. **magnifiquement** *adv* **1.** prachtvoll, prächtig; **2.** *fam* glänzend, großartig.

magnolia [maɲɔlja] *m bot* Magnolie *f.*

maharajah [maaʀa(d)ʒa] *m inv* Maharadscha *m.* **maharani** *f inv* Maharani *f.*

Mahomet [maɔmɛ] *m rel* Mohammed *m.* **mahométan, e** *m f* Mohammedaner(in *f*) *m.*

mai [mɛ] *m* Mai *m.*

maïeuticien [majøtisjɛ̃] *m* Entbindungspfleger *m.*

maigre [mɛgʀ] **I.** *a* **1.** *(nachgestellt)* mager *(a. Ackerboden, Fleisch, Essen, fig); (Fleisch)* schier; **2.** *(vorangestellt) allg* karg, dürftig *(a. Vegetation),* kümmerlich, elend; **3.** *(vorangestellt) fig (Ergebnis)* schlecht; schwach; armselig; klein; belanglos, unbedeutend; **II.** *s m* **1.** magere(s), schiere(s) Fleisch *n;* fleischlose Kost *f, rel* Fastenspeisen *f pl;* **2.** ▶ *c'est ~* das ist wenig; **3.** ▶ *jour m ~* Fasttag *m.* **maigrelet, te** [-gʀə-] *a* etwas, ein bißchen zu mager. **maigreur** *f* **1.** Magerkeit *f;* **2.** *fig* Dürftigkeit *(a. d. Ackerbodens, Kunst, Stil);* Armseligkeit; Belanglosigkeit *f.* **maigrichon, ne** *a pop* ein bißchen zu dünn. **maigrir** **I.** *itr* mager, schlank werden, ab=magern, -nehmen *a. fig;* **II.** *tr* schlank machen; *(Brett)* dünner machen.

maille [maj] *f* **1.** Masche *f;* **2.** Kettenglied *n; mar* Schake *f;* **3.** *zoo* Fleck(en) *m;* **4.** ▶ *à grosses ~s* grobmaschig; **5.** ▶ *cotte f de ~s (hist)* Panzerhemd *n;* **6.** ▶ *avoir ~ à partir avec qn* mit jdm ein Hühnchen zu rupfen haben. **maillé, e** *a zoo* gefleckt.

maillet [majɛ] *m* Schlegel, Holzhammer *m.* **maillon** *m* Kettenglied *n; mar* Schake *f;* ▶ *(fig) être un ~ de la chaîne* ein Glied in der Kette sein. **maillot** [majo] *m* **1.** *sport* Trikot *n;* **2.** Badeanzug *m;* **3.** ▶ *se mettre en ~* die Badehose, den Badeanzug anziehen; **4.** ▶ *~ de bain (une, deux pièce(s)* ein-, zweiteiliger) Badeanzug *m; ~ de corps* (Herren-)Unterhemd *n.*

main [mɛ̃] *f* **1.** Hand *f a. fig;* **2.** *(Falke)* Fang *m;* **3.** *tech* Haken, Griff *m;* **4.** *(Papier)* 25 Bogen *m pl;* **5.** ▶ *à la ~, en ~* in der Hand; *à deux, à pleines ~s* mit beiden, mit vollen Händen; *à ~ levée* freihändig; *la ~ dans la ~* Hand in Hand; *de la ~ (gauche)* mit der (linken) Hand; *de la ~ de* aus, *(Kunst)* von der Hand *gen; de la ~ à la ~* ohne (weitere) Umstände, direkt; *de bonne ~* von (gut)unterrichteter Seite; *de ~ de maître* von Meisterhand; *de première ~* aus erster Hand, bester Quelle; *des deux ~s* mit beiden Händen, eilig *(zu=*

greifen); en bonnes ~s in guten Händen; *en un tour de ~* im Handumdrehen; *de sa ~* mit eigener Hand; *par-dessous la ~* unterderhand, heimlich; **6.** ▶ *ne pas y aller de ~ morte* kräftig, tüchtig drauflos=, zu=schlagen; *fig* energisch vor=gehen; übertreiben; *s'en aller les ~s vides* mit leeren Händen ab=ziehen; *avoir la ~ heureuse* e-e glückliche, sichere Hand haben; *battre des ~s* in die Hände, Beifall klatschen; *changer de ~s (fig)* in andere Hände kommen *od* übergehen; *donner, tendre la ~ à qn* jdm die Hand geben *od* reichen; *donner un coup de ~ à qn* jdm unter die Arme greifen, an die Hand gehen; *écrire à la ~* mit der Hand schreiben; *se faire la ~ à* sich üben an *dat; forcer la ~ de qn* jdn zwingen; *laisser les ~s libres à qn* jdm freie Hand lassen; *s'en laver les ~s* s-e Hände in Unschuld waschen; *mettre la ~ à l'ouvrage, à la pâte* ans Werk gehen, sich an die Arbeit machen; zu=packen; *prendre qn par la ~* jdn bei der Hand nehmen; *remettre en ~(s) propre(s)* persönlich übergeben; *en venir aux ~s* handgemein werden; **7.** ▶ *j'en mettrais ma ~ au feu* dafür lege ich meine Hand ins Feuer; *haut, bas les ~s!* Hände hoch, weg! **8.** ▶ *fait à la ~, (com) fait ~* handgemacht, -gearbeitet; *poignée f de ~* Händedruck *m; vote m à ~ levée* Abstimmung *f* durch Handerheben; **9.** ▶ *~ courante* (Geländer-)Handleiste *f (a. ~ coulante); loc* Einsteigegriff *m; com* Kladde *f.*

main-d'œuvre *f* Arbeitskräfte *f pl.*

main-forte *f* tatkräftige Hilfe *f;* Beistand *m;* ▶ *prêter ~-forte à qn (bes. jur)* jdm Beistand leisten.

mainlevée [mɛ̃lve] *f jur (Beschlagnahme)* Aufhebung *f; (Hypothek)* Löschung *f.*

mainmise [mɛ̃miz] *f* **1.** Inbesitznahme *f;* **2.** Beherrschung *f,* maßgebliche(r) Einfluß *m* (*sur qc* auf etw).

maint, e [mɛ̃, -ɛ̃t] *a* manch(er, e, es), mehr als ein(e); ▶ *à ~e(s) reprise(s)* zu wiederholten Malen; *à, en ~e(s) occasion(s)* bei vielen Gelegenheiten; *~e(s) fois* manches Mal, oft, häufig.

maintenance [mɛ̃tnɑ̃s] *f mil tech* Wartung; Instandsetzung *f.*

maintenant [mɛ̃tnɑ̃] *adv* **1.** jetzt, nun; **2.** *(mit Fut.)* von nun an; **3.** heute, heutzutage, gegenwärtig; ▶ *dès ~, à partir de ~* von heute an; **4.** ▶ *~ que (conj)* jetzt, wo; da nun.

maintenir [mɛ̃tniʀ] ‹*Prés. je maintiens, ns maintenons; Fut. je maintiendrai; pp. maintenu, e; Subj. que je maintienne, que ns maintenions; Impér. maintiens, maintenons*› **I.** *tr* **1.** an=, fest=halten, stützen; **2.** *fig (Zustand, Behauptung)* aufrecht=erhalten; *(Preis)* halten; *(Stellung)* behaupten *a. fig;* **3.** *fig* versichern; **4.** *(in e-r Stellung)* belassen; **II.** *v prn se ~* **1.** sich halten; **2.** weiter=, fort=bestehen; sich behaupten *a. mil com;* **3.** ▶ *~ par des épingles* fest=stecken, (an=)heften; *~ en bon état* instandhalten; *se ~ en forme (sport)* sich in Form halten. **maintien** [-tjɛ̃] *m* **1.** (Aufrecht-)Erhaltung *f;* Halten *n (der Preise);* Fortbestand *m;* **2.** (Körper-)Haltung *f;* **3.** *fig* Fassung *f;* Auftreten, Benehmen *n.*

maire [mɛʀ] *m* Bürgermeister; Gemeindevorsteher *m.* **mairie** *f* Bürgermeisteramt *n;* Stadt-, Gemeindeverwaltung *f;* Rathaus *n.*

mais [mɛ] **I.** *conj* aber, (je)doch, ja, indes (-sen); *(nach e-r Verneinung)* sondern, vielmehr; ▶ *non seulement, ~ encore* nicht nur, sondern auch; *~ alors* ja dann; *~ aussi* aber auch; *~ encore, ~ de plus* darüber hinaus, ferner; **II.** *adv* ▶ *~ non!* aber nein, nicht doch! *~ si* oh doch! *~ le voilà!* da ist er ja!

maïs [mais] *m bot* Mais *m.*

maison [mɛ(e)zɔ̃] **I.** *s f* **1.** Haus *n (a. Astrologie);* **2.** Haushalt, -stand *m;* Hausgemeinschaft *f;* **3.** *(~ de commerce)* (Handels-)Haus, Geschäft *n,* Firma *f;* **4.** Haus *n,* Dynastie *f;* **II.** *a* **1.** hausgemacht; selbstgebacken; **2.** ▶ *à la ~* zu Hause; **3.** ▶ *tenir la ~* den Haushalt führen, haushalten; **4.** ▶ *ami m de la ~* Hausfreund *m; maître m, maîtresse f de ~* Hausherr(in *f*); (Haus-)Wirt(in *f*) *m;* **5.** ▶ *~ d'ameublement* Möbelgeschäft, -haus *n; ~ d'arrêt* Haftanstalt *f,* Untersuchungsgefängnis *n; ~ de campagne* Land-, Wochenendhaus *n; ~ de confection* Konfektionsgeschäft, Bekleidungshaus *n; ~ de disques* Plattenfirma *f; ~ d'édition* Verlag(shaus *n,* -sbuchhandlung *f*) *m; ~ d'habitation* Wohnhaus *n; ~ individuelle* Eigenheim *n; ~ des jeunes et de la culture* Jugendhaus, Jugend-, Kulturzentrum *n; ~ mère* Stammhaus, Hauptgeschäft; *rel* Mutterhaus *n; ~ mortuaire* Trauer-, Sterbehaus *n;* Leichenhalle *f; ~ voisine* Nebenhaus *n.* **maisonnée** *f* Hausgemeinschaft, Familie *f.* **maisonnette** *f* Häuschen *n.*

maître, maîtresse [mɛtʀ, mɛtʀɛs] **I.** *s m f* **1.** Herr(in *f*) *a. fig;* Gebieter(in *f*) *m;* **2.** (Be-)Herrscher(in *f*), Machthaber *m;* **3.** (Volksschul-)Lehrer(in *f*) *m;* **4.** Meister *m a. mus* **5.** *fig* Lehrmeister; Leiter(in *f*) *m;* **6.** *mar* Obermaat *m;* **7.** Herr *m (vor dem Namen e-s Rechtsanwalts u. Notars);* **8.** *s f fig* Geliebte *f;* **II.** *a* **1.** Ober-, Haupt-; wichtigst; wesentlichst; herrenlos; ▶ *être ~ de qc* über e-e S Herr sein; e-e S beherrschen; **2.** ▶ *être ~ de faire qc* frei, in der Lage sein, etw zu tun; *être son* ~ sein eigener Herr, unabhängig sein; *être* ~ *chez soi* Herr im Hause sein; *être* ~ *de soi* sich (selbst) beherrschen; *trouver son* ~ *(fig)* s-n Meister finden; **3.** ▶ *grand* ~ *(Freimaurerei)* Großmeister *m; idée f maîtresse* Hauptgedanke *m; qualité f maîtresse* Haupteigenschaft *f;* **4.** ▶ ~ *assistant* Oberassistent *m;* ~ *chanteur m* Erpresser *m;* ~ *de ballet* Ballettmeister *m;* ~ *de chapelle* Kantor; Kirchenchorleiter *m;* ~ *de conférences* Dozent *m;* ~ *d'hôtel* Oberkellner *m;* ~, *maîtresse de (la) maison* Hausherr(in *f*), -wirt(in *f*) *m;* ~ *nageur* Bademeister *m.*

maîtrisable [mɛ(e)tʀizabl] *a* zu meistern(d); zu lenken(d), zu bändigen(d). **maîtrise** *f fig* **1.** Meisterschaft *f;* **2.** Beherrschung, Herrschaft *f (de* über *acc*); **3.** *(Universität)* Magisterwürde, -prüfung *f;* **4.** *rel* Singschule, Kantorei *f;* **5.** ▶ ~ *de soi(-même)* Selbstbeherrschung; Herrschaft *f* über sich *acc* selbst. **maîtriser I.** *tr* **1.** *(Pferd)* bändigen; **2.** *(Brand)* unter Kontrolle bringen; **3.** *(Leidenschaft)* zügeln; beherrschen; **II.** *v prn se* ~ sich beherrschen, sich in der Gewalt haben.

majesté [maʒɛste] *f* **1.** Majestät *f;* **2.** *fig* Hoheit, Würde, Erhabenheit, Größe *f;* **3.** *poet rel* Herrlichkeit *f.* **majestueux, se** [tyø, -øz] *a* majestätisch, königlich, erhaben, würdevoll.

majeur, e [maʒœʀ] **I.** *a* **1.** größer, höher; überwiegend; bedeutend(er), wichtig; **2.** *jur* mündig, volljährig; **3.** *mus* Dur-; -Dur; **II.** *s m* **1.** Mittelfinger *m;* **2.** Volljährige(r *m*) *f;* **3.** *mus* Dur *n;* **4.** ▶ *force f* ~*e* höhere Gewalt *f; ordres m pl* ~*s (rel)* höhere Weihen *f pl; la* ~*e partie* (de ...) der größere Teil *gen;* die Mehrheit; *en* ~*e partie* größtenteils.

major [maʒɔʀ] *m* Erste(r) *m (bei e-m Concours).*

majoration [maʒɔʀasjõ] *f com (Preise, Löhne)* Heraufsetzen *n,* Anhebung, Erhöhung *f;* Auf-, Zuschlag *m;* ▶ *subir une* ~ e-e Steigerung erfahren.

majordome [maʒɔʀdɔm] *m* **1.** *hist* Haushofmeister *m;* **2.** Butler *m.*

majorer [maʒɔʀe] *tr (im Preise)* erhöhen, herauf=setzen, anheben; *(Löhne)* aufbessern.

majorette [maʒɔʀɛt] *f* Majorette *f.*

majoritaire [maʒɔʀitɛʀ] *a* Mehrheits-; mehrheitlich. **majorité** *f* **1.** Mehrheit, -zahl; *pol* Mehrheit *f;* **2.** *jur* Mündig-, Volljährigkeit *f;* **3.** ▶ *atteindre sa* ~ mündig, volljährig werden; *recueillir la* ~ *des suffrages exprimés* die Mehrheit der abgegebenen Stimmen erhalten *od* auf sich *(acc)* vereinigen; ▶ ~ *gouvernementale* Regierungsmehrheit *f;* ~ *pénale* Strafmündigkeit *f.*

Majorque [maʒɔʀk] *f geog* Mallorca *n.*

majuscule [maʒyskyl] **I.** *a (Buchstabe)* groß(geschrieben); Groß-, Anfangs-; **II.** *s f* Groß-, Anfangsbuchstabe *m;* ▶ *écrire en* ~*s* in Blockschrift schreiben; *ce mot prend une* ~ dieses Wort wird groß geschrieben.

mal [mal] **I.** *adv (in Wendungen a. a)* **1.** schlecht, übel; **2.** mangelhaft, unvollkommen, ungenügend; **3.** falsch; **II.** *s m pl maux* **1.** Übel(stand *m*) *n;* **2.** Schlechte(s), Böse(s), Schlimme(s) *n;* **3.** Unheil *n;* Schaden *m;* **4.** Leid(en) *n,* Schmerz(en *pl*) *m a. fig;* Krankheit *f;* **5.** Mühe, Plage, Not *f;* **6.** ▶ *bon gré* ~ *gré* im guten oder im bösen; *pas* ~ *(fam)* nicht schlecht, (so) einigermaßen; nicht (so) übel, ganz ordentlich; *pas* ~ *de (fam)* ziemlich viel, e-e (ganze) Menge; *tant bien que* ~ so einigermaßen; so lala; ~ *à propos* zur Unzeit, ungünstig; **7.** ▶ *aller de* ~ *en pis* vom Regen in die Traufe kommen; *avoir* ~ *aux dents* Zahnschmerzen haben; *dire du* ~ *de qn* jdm etw Schlechtes nach=sagen; *se donner du* ~, *un* ~ *de chien* sich ab=rakkern; sich *dat* viel Mühe machen; *être* ~ *vu par qn* bei jdm schlecht angeschrieben sein; *être* ~ *fondé (fig)* auf schwachen Füßen stehen; *faire* ~ weh tun; *faire du* ~ *à qn* jdm etw (zuleide) tun; jdm weh tun; *s'y prendre* ~ es falsch an=fassen; *tourner* ~ e-e schlimme Wendung nehmen, *fam* schief=gehen; *(Person)* auf die schiefe Bahn geraten; **8.** ▶ *j'ai du* ~ *à* es fällt mir schwer, macht mir Mühe zu; *il n'y a pas de* ~ macht nichts; *quel* ~ *y a-t-il à ...?* was schadet, macht es ...? *je me sens, je me trouve* ~, *j'ai* ~ *au cœur* mir wird übel; *je suis* ~ *à l'aise* ich fühle mich unbehaglich; *je suis* ~ *(en point)* es geht mir schlecht, *fam* dreckig; *cela tombe* ~ das paßt *(zeitlich)* schlecht; **9.** ▶ ~ *acquis* unredlich erworben; ~ *de tête* Kopfschmerzen *m pl;* ~ *élevé* ungezogen; ~ *de mer* Seekrankheit *f;* ~ *du pays* Heimweh *n;* ~ *placé* fehl am Platz; ~ *vu (Person)* unbeliebt; *(Sache)* verpönt.

malade [malad] **I.** *a* **1.** krank *a. fig* (*de* vor *dat*); leidend; *(Glied)* weh, schlimm; **2.** *fig* daniederliegend, notleidend; *(Phantasie)* krankhaft; **3.** *(Sache)* in schlechtem Zustand; beschädigt; *(Wein, Obst)* verdorben; **II.** *s m f* **1.** Kranke(r *m*) *f,* Patient(in *f*) *m;* **2.** ▶ *se faire porter* ~ sich krank melden; *tomber* ~ krank werden, erkranken; **3.** ▶ *(fig) j'en suis* ~ ich bin ganz krank davon; *(fig) cela me rend* ~ das macht mich ganz krank; **4.** ▶ ~ *de l'estomac* magenleidend. **maladie** *f* **1.** Krankheit *f,* Leiden *n a. fig;* **2.** *fig* Sucht, Leidenschaft; Erkrankung *f;* **3.** ▶ *pour cause de* ~ krankheitshalber; **4.** ▶ *attraper,* *contracter une* ~ krank werden, erkranken, sich e-e Krankheit zu=ziehen; *communiquer une* ~ e-e Krankheit übertragen; **5.** ▶ *(fam fig) il n'y a pas de quoi en faire une* ~ das ist doch kein Grund sich aufzuregen; *elle a la* ~ *de la propreté* sie ist krankhaft reinlich; **6.** ▶ *caisse f de* ~ *(de l'entreprise)* (Betriebs-)Krankenkasse *f;* **7.** ▶ ~ *cardiaque* Herzleiden *n;* ~*s de la civilisation* Zivilisationskrankheiten *f pl;* ~ *contagieuse* ansteckende Krankheit, Seuche *f;* ~ *infantile* Kinderkrankheit *f;* ~ *diplomatique* vorgeschobene Krankheit ~ *héréditaire* Erbleiden *n;* ~ *de la peau, cutanée* Hautleiden *n;* ~*s vénériennes* Geschlechtskrankheiten *f pl.* **maladif, ive** *a* **1.** kränklich; **2.** *fig* krankhaft.

maladresse [maladʀɛs] *f* Ungeschick *n,* Ungeschicklichkeit *f.* **maladroit, e I.** *a* ungeschickt, linkisch; *(Kind)* tolpatschig; *(Benehmen)* unbeholfen; **II.** *s m f* Tolpatsch *m.*

mal-aimé, e [maleme] *a* ungeliebt; *s m f* ungeliebte(r) Mensch.

malaise [malɛz] *m* **1.** Un-, Mißbehagen *n;* **2.** *med* Unwohlsein *n;* **3.** finanziell, wirtschaftlich schwierige Lage; *com* Flaute *f;* **4.** *fig* unbehagliche(s) Gefühl *n,* (innere) Unruhe, gedrückte Stimmung *f.*

malaisé, e [malɛze] *a* **1.** schwierig, lästig, unbequem; **2.** unangenehm, peinlich; **3.** *(Angelegenheit)* leidig. **malappris, e I.** *a* flegelhaft, unerzogen, ungeschliffen; **II.** *s m* Flegel, Lümmel *m.*

malaria [malaʀja] *f med* Malaria *f.*

malavisé, e *a* unklug, unbesonnen; unüberlegt, unbedacht.

malaxer [malakse] *tr* (durch=)kneten. **malaxeur** *m* Misch-, Knetmaschine *f;* Rührwerk *n;* ▶ ~ *à béton* Betonmischmaschine *f.*

malchance [malʃɑ̃s] *f* Mißgeschick, Unglück, *fam* Pech *n;* ▶ *jouer de* ~ ein Pechvogel sein. **malchanceux, se I.** *a* vom Unglück, Pech verfolgt; **II.** *s m f* Pechvogel *m.* **maldonne** *f* ▶ *il y a* ~ *(fam)* das ist ein Irrtum.

mâle [mal] **I.** *a biol* männlich *a. fig;* **II.** *s m* **1.** *zoo* Männchen *n;* **2.** Mann *m,* männliche(s) Wesen *n.*

malédiction [malediksјɔ̃] *f* **1.** Fluch *m,* Verfluchung, Verwünschung *f;* **2.** *fig* Unsegen *m,* Unheil *n;* ▶ *c'est une* ~ es ist wie verhext. **maléfice** *m* Be-, Verhexung; Hexerei *f.* **maléfique** *a* unheilvoll.

malencontreux, se [malɑ̃kɔ̃tʀø, -øz] *a* *(Sache)* unglücklich, ärgerlich, verflixt. **malentendant, e** *a* schwerhörig; *s m f* Schwerhörige(r *m*) *f.* **malentendu** *m* Mißverständnis *n.* **malfaçon** *f* mangelhafte, schlechte Ausführung *f; pl* Mängel *m pl,* Fehler *m pl.* **malfaisant, e** [-fə-] *a* boshaft, bösartig; *(Einfluß)* schädlich. **malfaiteur, trice** *m f* Übel-, Missetäter(in *f*); Verbrecher *m.* **malfamé, e** [-fame] *a (Gegend)* verrufen. **malformation** *f med* Mißbildung *f.*

malgré [malgʀe] **I.** *prp* trotz, ungeachtet *gen;* ▶ ~ *cela* dessenungeachtet; ~ *moi* gegen meinen Willen; ungewollt; ~ *tout* trotz alle(de)m, trotzdem; ~ *vents et marées* allen Hindernissen zum Trotz; **II.** *conj* ~ *que* wenn auch, obgleich (auch).

malhabile [malabil] *a* ungeschickt; unfähig; *être* ~ *à* nicht imstande sein zu.

malheur [malœʀ] *m* **1.** Unglück; Mißgeschick *n,* Unglücksfall *m;* **2.** ▶ *par* ~ unglücklicherweise; *pour mon* ~ zu meinem Unglück; *pour comble de* ~ zu allem Unglück, obendrein; **3.** ▶ *faire le malheur de qn* jdn ins Unglück stürzen; *porter* ~ Unglück bringen; *(fam) cette pluie de* ~ dieser verdammte Regen! **malheureusement** *adv* unglücklicher-, dummerweise. **malheureux, se I.** *a* **1.** unglücklich; **2.** *(vorangestellt)* erbärmlich; jämmerlich; lumpig; **II.** *s m f* Unglückliche(r *m*); Notleidende(r *m*) *f;* **3.** ▶ *avoir la main* ~*euse* keine glückliche Hand haben; *c'est* ~ *que* es ist ein Jammer, daß; **4.** ▶ *nouvelle f* ~*euse* Hiobsbotschaft *f.*

malhonnête [malɔnɛt] *a* unehrlich, unredlich. **malhonnêteté** [-ɛtte] *f* Unredlich-, Unehrlich-, Unehrenhaftigkeit *f.*

malice [malis] *f* **1.** *lit* Bosheit, -haftigkeit *f;* **2.** Schalkhaftigkeit; Spottlust *f;* ▶ *sans* ~ arglos; *c'est un sac à* ~ er ist mit allen Hunden gehetzt. **malicieux, se** *a* schalkhaft, schelmisch; boshaft.

malignité [maliɲite] *f* **1.** Boshaftigkeit, Bosheit, Tücke *f;* **2.** *med* Bösartigkeit *f.*

malin, maligne [-ɛ̃, -iɲ] **I.** *a* **1.** boshaft, tückisch; schlau, gerissen; **2.** *med* bösartig; **II.** *s m f* Schlaukopf, -berger *m;* ▶ *ce n'est pas* ~ *(fam)* das ist keine Kunst; *c'est un* ~ er ist mit allen Wassern gewaschen, hat es faustdick hinter den Ohren.

malingre [malɛ̃gʀ] *a* schwächlich, zart; kränklich, leidend (*de* an).

malintentionné, e [malɛ̃tɑ̃sjɔne] *a* übelgesinnt.

malle [mal] *f* **1.** (großer) (Reise-)Koffer *m;* **2.** ▶ *faire sa* ~ (den Koffer) packen; *fig* sein Bündel schnüren.

malléabilité [maleabilite] *f* **1.** *tech* Schmied-, Hämmerbarkeit *f;* **2.** *fig* *(Charakter)* Biegsamkeit *f.* **malléable** *a* **1.** schmied-, hämmer-, streckbar; **2.** *fig* biegsam, geschmeidig.

mallette [malɛt] *f* Köfferchen *n.*

malmener [malməne] ⟨*Prés. je malmène, ns malmenons; Fut. je malmènerai; pp. malmené, e*⟩ *tr* **1.** *(Kind)*

schlecht behandeln; **2.** *sport* hart zu=setzen (*qn* jdm). **malnutrition** *f* schlechte Ernährung *f*. **malodorant, e** *a* übelriechend.
malotru, e [malɔtʀy] **I.** *a* flegel-, rüpelhaft; **II.** *s m f* Rüpel, Flegel *m*.
malpoli, e [malpɔli] *a* unhöflich, grob.
malpropre I. *a* **1.** unsauber, schmutzig; **2.** *(Arbeit)* gepfuscht; Pfusch-; **3.** *fig* anstößig, unanständig; **II.** *s m f* Schmutzfink *m*, -liese *f*. **malpropreté** *f* Unsauberkeit *f*. **malsain, e** *a* **1.** *(Mensch)* nicht (ganz) gesund; *(Sache)* ungesund, gesundheitsschädlich; **2.** *fig* sittlichkeitsgefährdend, sittenwidrig; **3.** *fam* gefährlich. **malséant, e** *a* unschicklich, unpassend, unanständig.
malt [malt] *m* Malz *n*; ▶ *extrait m, bière f de* ~ Malzextrakt *m*, -bier *n*. **malter** *tr* mälzen. **malterie** *f* Mälzerei *f*.
maltraiter [maltʀεte] *tr* **1.** mißhandeln; **2.** *(mit Worten)* herunter=machen; **3.** *(Autor)* zerreißen.
malveillance [malvεjɑ̃s] *f* **1.** Feindseligkeit; feindliche Gesinnung *f*; **2.** Böswilligkeit *f*, böse(r) Wille *m*. **malveillant, e** *a* übelwollend; gehässig, mißgünstig; böswillig. **malvenu, e** *a jur* nicht berechtigt (*à* zu). **malversation** [-vεʀsa-] *f jur* Untreue *f*; ▶ ~ *de fonds publics* Unterschlagung, Veruntreuung *f* öffentlicher Gelder.
malvoyant, e [malvwajɑ̃, -t] *a* sehbehindert; *s m f* Sehbehinderte(r *m*) *f*.
maman [mamɑ̃, mɑ̃-] *f* Mama, Mutti *f*.
mamelle [mamεl] *f* Brust; *(Tier)* Zitze *f*. **mamelon** *m* **1.** Brustwarze *f*; **2.** *geog* (Berg-)Kuppe *f*, Hügel *m*; **3.** *tech* Zapfen *m*, Zäpfchen *n*. **mamelonné, e** *a* **1.** mit Warzen versehen; **2.** hügelig.
mamie [mami] *f* Oma *f*.
mammaire [mamεʀ] *a anat* Brustdrüse *f*. **mammifères** *m pl zoo* Säugetiere *n pl*. **mammographie** *f med* Mammographie *f*.
mammouth [mamut] *m zoo* Mammut *n*.
management [manadʒmɑ̃] *m* Management *n*. **manager** [manadʒεʀ] *m* Manager *m*.
manche [mɑ̃ʃ] **I.** *s m* **1.** Stiel, Griff *m*; *(Messer)* Heft *n*; **2.** *(Geige)* Hals; **3.** *(Kalbskeule)* Knochen *m*; **4.** ▶ *jeter le ~ après la cognée* die Flinte ins Korn werfen; ~ *à balai* Besenstiel; *aero* Steuerknüppel *m*; *fig fam* lange Latte *f*; **II.** *s f* **1.** Ärmel; **2.** Schlauch *m*; **3.** *(Spiel)* Partie, Runde *f*, Satz *m*; **4.** ▶ *la M~* der (Ärmel-)Kanal; **5.** ▶ *en ~s de chemise* in Hemdsärmeln; hemdsärmelig; *sans ~s* ärmellos; **6.** ▶ *faire la ~ (arg)* fechten, betteln (gehen); *se faire tirer par la ~* sich (lange) nötigen lassen; **7.** ▶ *c'est une autre paire de ~s* das steht auf e-m anderen Blatt; ~ *à incendie* Feuerwehrschlauch *m*.
Manche, la [mɑ̃ʃ] *geog* der Ärmelkanal.
manchette [mɑ̃ʃεt] *f* **1.** Manschette *f*; Ärmelaufschlag *m*; **2.** *(Zeitung)* Schlagzeile, Überschrift *f*; Kopf *m*; **3.** ▶ *(typ) note f en* ~ Randbemerkung *f*; *bouton m de ~s* Manschettenknopf *m*. **manchon** *m* **1.** Muff *m*; **2.** *tech* Muffe *f*; *(Maschinengewehr)* Mantel *m*. **manchot,** [-ʃo, -ɔt] **I.** *a* einarmig, mit (nur) e-r Hand; **II.** *s* **1.** *m f* Einarmige(r *m*) *f*; **2.** *m orn* Pinguin *m*; ▶ *être ~ de la main droite* die rechte Hand verloren haben; *ne pas être ~* geschickt sein; *fig* sich zu helfen wissen.
mandarin [mɑ̃daʀε̃] *m* **1.** Mandarin *m*; **2.** *fig* Intellektuelle(r) *m*. **mandarinat** [-a] *m* **1.** *hist* Madarinenwürde, -kaste *f*; **2.** *fig péj* Kaste *f*.
mandarine [mɑ̃daʀin] *f bot* Mandarine *f*.
mandat [mɑ̃da] *m* **1.** *jur pol* Mandat *n*; **2.** Auftrag *m*; Vollmacht *f*; **3.** (Zahlungs-)Anweisung *f*; **4.** ▶ ~ *d'amener (jur)* Vorführungsbefehl *m*; ~ *d'arrêt, de dépôt* Haftbefehl *m*; ~ *d'exécution* Vollstreckungsbefehl *m*; ~ *international* Auslandspostanweisung *f*; ~ *de paiement* Zahlungsanweisung *f (der Finanzbehörde)*; *~-lettre m* Postanweisung *f*. **mandataire** *m* **1.** *jur pol* Mandatar; Bevollmächtigte(r); Beauftragte(r) *m*; **2.** *com* Prokurist *m*. **mandater** *tr* **1.** per Post überweisen; an=weisen; **2.** beauftragen (*pour faire qc* etw zu tun; *pour qc* mit etw).
mandibules [mɑ̃dibyl] *f pl* ▶ *fam jouer des ~* futtern, essen.
mandoline [mɑ̃dɔlin] *f* Mandoline *f*.
manège [manεʒ] *m* **1.** *(salle f de ~)* Reitschule *f*, -halle, -bahn *f*; **2.** Karussell *n*; **3.** *tech* Göpel *m*; **4.** *fig* Schliche, Kniffe *pl*.
manette [manεt] *f* (Hand-)Griff, Hebel *m*.
manganate [mɑ̃ganat] *m chem* Manganat *n*. **manganèse** *m chem* Mangan *n*.
mangeable [mɑ̃ʒabl] *a* eß-, genießbar. **mangeoire** *f* (Futter-)Trog *m*, Krippe *f*; Freßnapf *m*. **manger** ‹*Prés. je mange, ns mangeons; Fut. je mangerai; pp. mangé, e*› **I.** *tr* **1.** essen; verspeisen, -zehren; fressen *a. fig (Ofen)*; **2.** verschlingen *a. fig (Unsummen)*; **3.** *(Motten, Rost)* zerfressen; ab=nutzen, verbrauchen; **4.** *(Vermögen)* durchbringen, vergeuden; **5.** *(Zeit)* vertun; **6.** *(Worte)* verschlucken, undeutlich aus=sprechen; **7.** verdecken, verbergen; **II.** *s m* **1.** Essen *n*; **2.** ▶ *donner à ~* zu essen geben (*à qn* jdm); *(Tier)* füttern; ~ *à sa faim* sich satt essen; ~ *comme quatre* für drei (fr)essen; ~ *de la vache enragée* viel entbehren müssen; ~ *des yeux* mit den Augen verschlingen; **3.** ▶ *il ne te mangera pas* er wird dich nicht gleich

fressen. **mange-tout** *m inv (haricots m pl ~)* grüne Bohnen *f pl; (pois m pl ~)* Zuckererbsen *f pl.*

mangeur, se [mɑ̃ʒœʀ, -øz] *m f* Esser(in *f*) *m.*

maniabilité [manjabilite] *f* **1.** Handlichkeit; leichte Handhabung *f;* **2.** *aero* Manövrierfähigkeit *f.* **maniable** *a* **1.** handlich; leicht zu bedienen(d); gut zu bearbeiten(d); *mot mar aero* wendig; **2.** *fig* lenk-, fügsam; biegsam, geschmeidig.

maniaque [manjak] **I.** *a* **1.** *med* manisch; **2.** schrullenhaft; **II.** *s m f* **1.** Besessene(r *m*) *f;* **2.** Sonderling *m;* ▶ *~ du bricolage* Do-it-yourself-Fanatiker *m; ~ sexuel* Trieb-, Sexualtäter *m.* **manie** [-ni] *f* **1.** *med* Manie *f;* **2.** Schrulle *f;* ▶ *~ de la persécution* Verfolgungswahn *m.*

maniement [manimɑ̃] *m* **1.** Handhabung *f;* Gebrauch *m (a. d. Glieder),* Umgehen *n* (*de* mit); Bedienung *f;* **2.** *fig* Lenkung, Leitung, (Geschäfts-)Führung *f.* **manier** [-nje] **I.** *tr* **1.** handhaben, gebrauchen, hantieren (*qc* mit etw), um=gehen (*qc* mit etw *a. Geld*); **2.** *(Maschine)* bedienen; *(Fahrzeug)* lenken; **3.** *fig (Menschen)* umgehen (*qn* mit jdm); zu gebrauchen, anzuwenden, umzugehen (*qc* mit etw) wissen; **II.** *v prn se ~* ▶ *(pop): maniez-vous un peu!* dalli! dalli!

manière [manjɛʀ] *f* **1.** Art, Weise, Art u. Weise; *(Kunst)* Manier, Malweise *f;* **2.** *pl* Umgangsformen *f pl,* Benehmen *n;* (gute) Manieren *f pl; fam (~s affectées)* Getue *n;* **3.** ▶ *à la ~ de* nach Art *gen; à ma ~* auf meine Weise; *de ~ à (ce que)* so, daß; *de la ~ la plus agréable* aufs angenehmste; *d'une ~ ou d'une autre* irgendwie; auf die eine oder andere Weise, so oder so; *de cette ~* auf diese Weise; *de la ~ suivante* folgendermaßen; *de toute(s) ~(s)* auf jeden Fall, sowieso; *en aucune ~* in keiner Weise; ganz und gar nicht; *sans ~s (fam)* ohne große Umstände; **4.** ▶ *faire des ~* sich zieren, Umstände machen; **5.** ▶ *c'est une ~ de parler* das ist nur so e-e Redensart; das darf man nicht so wörtlich nehmen; *en voilà des ~s!* so was! so können Sie mir nicht kommen! *pas de ~s!* machen Sie keine Umstände! **6.** ▶ *~ d'être* Seinsweise; Wesensart *f; ~ de penser* Denkart *f; ~ de vivre* Lebensweise *f,* -wandel *m.* **maniéré, e** *a* **1.** geziert, affektiert; **2.** *(Stil)* geschraubt; **3.** *(Kunst)* manieriert. **maniérisme** *m (Kunst)* Manierismus *m.*

manieur [manjœʀ] *m:* ▶ *~ d'argent* Finanzmann *m; ~ d'hommes* Führernatur *f.*

manif [manif] *f fam* Demo *f.* **manifestant, e** *m f* Kundgebungsteilnehmer(in *f*); Demonstrant(in *f*) *m; cortège m de ~s* Demonstrationszug *m.* **manifestation** *f* **1.** Bekundung, Äußerung *f;* **2.** *rel* Offenbarung *f;* **3.** Kundgebung; Veranstaltung *f;* **4.** *pol* Demonstration *f;* **5.** *med (Krankheit)* Manifestation *n,* Zutagetreten *n;* **6.** ▶ *~ artistique* künstlerische Darbietung *f; ~ de soutien* Sympathiekundgebung *f; ~ sportive* Sportveranstaltung *f.* **manifeste** **I.** *a* offen(bar), (offen-)sichtlich, sichtbar *fig,* augenscheinlich, handgreiflich; **II.** *s m* **1.** *pol* Manifest *n;* **2.** *mar* Manifest, Ladungsverzeichnis *n;* **3.** ▶ *pour des raisons ~s* aus bekannten Gründen; *c'est ~* das liegt auf der Hand. **manifester** **I.** *tr* **1.** äußern, dar=tun, an den Tag legen; Ausdruck geben *od* verleihen (*qc* e-r S); **2.** offenbaren; zu erkennen geben; **II.** *itr pol* demonstrieren; **III.** *v prn se ~* **1.** zutage, in Erscheinung treten; offenkundig werden; **2.** *(Person)* von sich hören lassen; **3.** *rel* sich offenbaren.

manigance [manigɑ̃s] *f* Trick, Kniff *m; pl* Schliche *m pl.* **manigancer** ‹*Prés. je manigance, ns manigançons; pp. manigancé,* e› *tr fam (Plan)* heimlich in die Wege leiten, an=zetteln.

manipulateur, trice [manipylatœʀ, tʀis] *m f* **1.** ▶ *~ radiographe* Röntgenassistent(in *f*) *m;* **2.** *tele* Taste(r *m*) *f;* **3.** *tech* Manipulator *m;* **4.** Zauberkünstler *m.* **manipulation** *f* **1.** *tech* Handhabung *f,* Umgang *m* (*de qc* mit etw), Betätigung *f;* **2.** *tele* Tasten *n;* **3.** *phys chem* Versuch *m;* **4.** ▶ *fig ~s électorales* Wahlmanipulationen *f pl; ~ génétique* Genmanipulation *f.* **manipuler** *tr* **1.** handhaben, hantieren, um=gehen (*qc* mit etw); *(Apparat)* bedienen; *(Hebel)* betätigen; **2.** *tele* tasten; **3.** *fig fam* (hin=)drehen, manipulieren.

manivelle [manivɛl] *f* Kurbel *f;* Kurbel *f,* Handgriff *m.*

manne [man] *f rel* Manna *n a. fig u. bot.*

mannequin [mankɛ̃] *m* **1.** Schaufenster-, Mode-, Schneider-, Wachs-, Drahtpuppe; Büste *f;* **2.** Mannequin *n;* Vorführdame; **3.** *fig* Marionette *f;* **4.** ▶ *(fam) avoir la taille ~* Konfektionsgröße haben.

manœuvre [manœvʀ] *f* **1.** Handhabung, Bedienung; Steuerung *f;* **2.** *med* Hand-, Kunstgriff *m;* Übungsoperation *f;* **3.** *mar* Manövrieren; *pl* Tauwerk *n;* **4.** *mil* Manöver *n,* Übung; *(Taktik)* Führung, Bewegung *f;* **5.** *fig péj* (Betrugs-)Manöver *n,* Trick *m; pl* Machenschaften *f pl;* Schliche *m pl;* **6.** *pl loc* Rangieren, Verschieben *n;* **7.** *m* Handlanger *a. fig;* Hilfsarbeiter, ungelernte(r) Arbeiter *m;* **8.** ▶ *fausse ~* falsche(s) Manöver *n; ~ électorale* Wahlmanöver *n.* **manœuvrer** **I.** *tr* **1.** *tech* handhaben; *(Maschine)* bedienen; *(Hebel)* betätigen; **2.**

(Weiche) stellen; **3.** *mar* steuern, manövrieren; **4.** *fig* dirigieren, manipulieren, lenken, leiten; **II.** *itr* **1.** *mil* manövrieren; Bewegungen ausführen (lassen); **2.** *mar* manövrieren; **3.** *fig* vorgehen, zu Werke gehen; Maßnahmen treffen.

manœuvrier, ère I. *a (Taktik)* geschickt; wendig; *allg* erfahren; **II.** *s m mil pol* geschickte(r) Stratege *m.*

manoir [manwaʀ] *m* Herrenhaus *n.*

manquant, e [mɑ̃, -ɑ̃t] **I.** *a* fehlend; **II.** *s m* **1.** *(Schule)* Fehlende(r) *m;* **2.** *com* fehlende(s) Stück; Manko *n.* **manque** *m* **1.** Mangel *m* (*de* an *dat*); **2.** Fehlen *n;* Fehlbetrag *m,* Defizit, Manko *n a. fam;* **3.** *(Roulette)* Zahl *f* unter 18; **4.** *com* Abgang; Schwund *m;* **5.** *fig pl (Buch)* Lücken *f pl;* Unzulänglichkeiten *f pl;* **6.** *(Drogen)* Entzugserscheinung *f;* ▶ *par ~ de* mangels, in Ermangelung *gen;* **7.** ▶ *~ de logements* Wohnungsnot *f; ~ à gagner* entgangene(r) Gewinn, Verdienstausfall *m; être en état de ~* Entzugserscheinungen haben. **manqué, e** *a* **1.** verfehlt, mißlungen; **2.** *(Gelegenheit)* verpaßt, versäumt; **3.** ▶ *acte m ~ (Psychologie)* Fehlleistung *f; décollage, départ m ~ (aero)* Fehlstart *m.* **manquement** *m* Verfehlung *f,* Verstoß *m* (*à qc* gegen etw). **manquer I.** *itr* **1.** *(absolument)* fehlen; nicht vorhanden sein, nicht da=sein, aus=gehen; **2.** mißglücken, fehl=schlagen, nicht geraten; ▶ *il ne manquait plus que cela! fam* das fehlte gerade noch! **3.** *(être absent) (Person)* fehlen, weg=bleiben; ▶ *il a manqué à l'école une semaine* er hat eine Woche lang die Schule geschwänzt; **4.** *(~ de)* fehlen an *dat;* ▶ *on manque de pain* es fehlt an Brot; *ne laisser qn ~ de rien* es jdm an nichts fehlen lassen; *~ d'argent* kein Geld haben; **5.** ▶ *(presque) j'ai manqué (de) tomber* ich wäre beinahe gefallen; **6.** *(ne pas faire)* verpassen, vergessen, versäumen; ▶ *ne pas ~ de faire qc* nicht versäumen, etw zu tun; *je n'y manquerai pas!* Sie können sich auf mich verlassen; **7.** ▶ *~ à ses engagements* seinen Verpflichtungen nicht nach=kommen; *~ à sa parole* sein Wort brechen; *la voix lui manqua* s-e Stimme versagte; **8.** *(regretter l'absence de)* vermissen; ▶ *elle me manque beaucoup* ich vermisse sie sehr; **II.** *tr* **1.** *(ne pas réussir)* verfehlen, *fam* verpatzen, verpfuschen; ▶ *il a manqué sa vie* er hat sein Leben verpfuscht; **2.** *(ne pas atteindre)* verfehlen; versäumen, verpassen; ▶ *il a manqué son but* er hat sein Ziel verfehlt, er hat danebengeschossen; *(Gelegenheit)* versäumen; *(Zug, Bus)* verpassen; *(fig) tu n'as rien manqué* du hast nichts verpaßt; *je vous ai manqué de peu* fast hätte ich Sie noch getroffen; *~ le coche* die Chance verpassen; **III.** *v prn se ~ (ne pas se rencontrer)* sich verpassen; ▶ *il s'en manque de beaucoup* es fehlt noch viel daran.

mansarde [mɑ̃saʀd] *f* Dachfenster *n;* Mansarde, Dachkammer *f.* **mansardé, e** *a:* ▶ *chambre f ~e* Dachkammer *f.*

mante [mɑ̃t] *f zoo (~ religieuse)* Gottesanbeterin *f.*

manteau [mɑ̃to] *m* **1.** Mantel *a. fig tech geol;* **2.** *fig* Schutz(mantel); Deckmantel, Vorwand *m;* **3.** ▶ *sous le ~* insgeheim, heimlich, in aller Stille, unterderhand; unter dem Deckmantel (*de* gen); **4.** ▶ *~ de fourrure* Pelzmantel *m.*

manucure [manykyʀ] *m f* Maniküre *f,* Handpflegerin *f.*

manuel, le [manɥɛl] **I.** *a* manuell; Hand-; **II.** *s m* **1.** Hand-, Lehrbuch *n,* Leitfaden *m;* **2.** manuell Veranlagte(r) *m;* ▶ *travail m ~* Handarbeit *f; pl* Werkunterricht *m.* **manuellement** *adv* mit der Hand.

manufacture [manyfaktyʀ] *f* Fabrik *f,* Werk *n;* Belegschaft *f;* ▶ *~ de porcelaine* Porzellanmanufaktur *f.* **manufacturé, e** *a; produits m pl ~s* Fertigwaren *f pl.*

manuscrit, e [manyskʀi-, -it] **I.** *a* handgeschrieben, -schriftlich; **II.** *s m* Manuskript *n;* Handschrift *f.*

manutention [manytɑ̃sjɔ̃] *f* **1.** *(Waren)* Transport, Beförderung *f (in e-m Lager);* **2.** Lager, Magazin *n;* ▶ *frais m pl de ~* Verladekosten *pl.* **manutentionner** *tr* transportieren, befördern, lagern.

mappemonde [mapmɔ̃d] *f* Welt-, Erdkarte *f;* ▶ *~ céleste* Sternkarte *f.*

maquereau [makʀo] **1.** *m pop* Zuhälter *m;* **2.** *zoo* Makrele *f.*

maquette [makɛt] *f* **1.** Entwurf *m,* Layout *n;* **2.** (verkleinertes) Modell *n;* ▶ *~ de planeur* Segelflugmodell *n.* **maquettiste** *m* **1.** Modelltischler *m;* **2.** Layouter *m.*

maquignon [makiɲɔ̃] *m* **1.** Pferdehändler, *(meist) péj* Roßtäuscher *m;* **2.** *fig* gerissene(r) Vermittler *m.* **maquignonnage** *m* Roßtäuschertricks *m pl; fig* Täuschungsmanöver *n pl;* Schiebung *f,* Schwindel; Kuhhandel *m.* **maquignonner** *tr* **1.** *(Pferd)* mit unerlaubten Mitteln heraus=putzen; **2.** *fig* drehen, durch Schiebung zu erreichen *od* zu beeinflussen suchen; feilschen (*qc* um etw).

maquillage [makijaʒ] *m* **1.** Schminken *n;* **2.** Make-up *n;* **3.** *(Auto) fam* Umfrisieren *n;* **4.** *phot* Retousche *f.* **maquiller I.** *tr* **1.** schminken; **2.** *(Paß)* fälschen; **3.** *(Auto)* umfrisieren; **4.** *(Wahrheit)* verschleiern, vertuschen; **II.** *v prn se ~* sich schminken. **maquilleur, se** *m f theat* Maskenbildner(in *f*) *m.*

maquis [maki] *m* **1.** Maquis *m,*

Busch(wald) *m;* **2.** *fig* Gestrüpp *n;* **3.** ▶ *prendre le ~* in den Busch, in die Wälder, *pol* in den Maquis gehen. **maquisard** *m* Widerstandskämpfer *m.*

marabout [maʀabu] *m* **1.** *(Islam)* Marabut *m;* **2.** *orn* Marabu *m;* **3.** *mil* kegelförmige(s) Zelt *n.*

maraîcher, ère [maʀɛʃe, -ɛʀ] **I.** *a* Gemüse-; **II.** *s m f* Gemüsegärtner(in *f*) *m;* ▶ *culture f ~aîchère* Gemüseanbau *m.*

marais [maʀɛ] *m* Sumpf *a. fig,* Morast, Bruch *m,* Moor *n;* ▶ *~ salant* Salzgarten *m.*

marasme [maʀasm] *m fig* Stocken *n,* Stillstand *m;* Da(r)niederliegen *n,* Flaute *f a. com.*

marasquin [maʀaskɛ̃] *m* Maraschino *m (Likör).*

marathon [maʀatɔ̃] *m* **1.** *sport* Marathonlauf *m;* **2.** *fig* Marathonsitzung *f.*

marâtre [maʀatʀ(ə)] *f* Rabenmutter *f.*

maraude [maʀod] *f jur* Felddiebstahl *m.* **marauder** *tr* Felddiebstahl begehen; mausen, mopsen. **maraudeur, se** *m f* (Feld-)Dieb(in *f*) *m.*

marbre [maʀbʀ] *m* **1.** Marmor *m;* **2.** Marmorplatte *f,* -sims *m,* -denkmal *n;* **3.** *typ* Stehsatz *m;* **4.** *tech* Richtplatte *f;* **5.** ▶ *de ~* marmorn, gefühl-, herzlos. **marbré, e** *a* marmoriert, geädert; ▶ *être ~ de bleus* voller blauer Flecken sein. **marbrure** *f* **1.** Marmorierung *f;* **2.** *(Haut)* blauunterlaufene Stelle.

marc [maʀ] *m* **1.** Trester *pl;* **2.** Tresterbranntwein *m;* **3.** ▶ *~ de café* Kaffeesatz *m.*

marcassin [maʀkasɛ̃] *m zoo* Frischling *m.*

marchand, e [maʀʃɑ̃, -ɑ̃d] **I.** *a* Handels-; **II.** *s m* Händler(in *f*) *m;* ▶ *marine f ~e* Handelsmarine *f; valeur f ~e* Markt-, Verkehrswert *m; ~ de journaux* Zeitungshändler *m; ~ en gros, en* (od *au*) *détail* Großhändler *od* Grossist, Kleinhändler *m; ~ des quatre-saisons* Obst- u. Gemüsehändler *m (auf der Straße).* **marchandage** *m* **1.** Feilschen, Handeln *n;* **2.** *fam* Kuhhandel *m.* **marchander** *tr* handeln, feilschen (*qc* um etw). **marchandise** *f* **1.** Ware; *pl* Ware(n *pl*) *f,* Güter *n pl,* Gut *n;* **2.** ▶ *faire valoir sa ~* s-e Waren an=bieten, heraus=streichen; **3.** ▶ *~ de (premier) choix* Qualitätsware, erstklassige Ware *f; ~s d'exportation, d'importation* Export-, Importware *f.*

marche [maʀʃ] *n; f* **1.** Gang(art *f*) *m;* Gehen *n a. sport;* **2.** (Fuß-)Marsch *a. mil mus;* Weg *m;* **3.** *tech (regelmäßiger)* Gang; *(Zeit, Gestirne)* Lauf *m; mot loc mar* Fahrt *f;* **4.** (Wander-)Fahrt *f;* **5.** *(Jagd)* Fährte *f;* **6.** *fig* Gang, Verlauf, Fortgang, -schritt *m;* Handlungsweise *f;* Verhalten *n;* eingeschlagene(r) Weg *n;* **7.** (Treppen-)Stufe *f,* Tritt *m;* **8.** *hist* Mark *f,* Grenzgebiet *n;* **9.** ▶ *en ~ (de ... vers)* auf dem Marsch (von ... nach); **10.** ▶ *être en ~* in Gang, in Betrieb sein, laufen; *faire ~ arrière* rückwärtsfahren; *fig* es sich anders überlegen; *mettre en ~* in Gang, in Betrieb setzen; *mot* an=lassen; *se mettre en ~* sich in Marsch setzen, ab=marschieren; auf=brechen; *mot* an=fahren; *ouvrir, fermer la ~* an der Spitze, am Schluß marschieren; **11.** ▶ *~ des affaires* Geschäftsgang *m; ~ avant, arrière (mot)* Vorwärts-, Rückwärtsgang *m; ~ des événements* Gang *m* der Ereignisse; *~ funèbre* Trauermarsch *m; ~ pacifique* Friedensmarsch *m; ~ à pied* Wandern *n.*

marché [maʀʃe] *m* **1.** Markt(-platz); (Wochen-)Markt *m;* **2.** Umschlag-, Handelsplatz; Absatz(-markt *m,* -gebiet *n*) *m;* **3.** Marktlage *f;* **4.** (Ein-, Ver-)Kauf *m;* Geschäft(sabschluß *m*) *n,* Abmachung, Vereinbarung *f,* Vertrag *m;* **5.** ▶ *(à) bon ~* billig; preiswert, wohlfeil; *par-dessus le ~* als Zugabe; *fig* darüber hinaus, obendrein; **6.** ▶ *aller au ~* auf den Markt gehen; *conclure, faire un ~* e-n Kauf, ein Geschäft ab=schließen *od* tätigen; *jeter, mettre sur le ~* auf den Markt werfen *od* bringen; **7.** ▶ *~conclu!* abgemacht! **8.** ▶ *analyse f du ~* Marktverlauf *m; économie f de ~* Marktwirtschaft *f; situation f du ~* Marktlage *f;* **9.** ▶ *~ agricole* Agrarmarkt *m; ~ des changes* Devisenmarkt *m; ~ aux fruits et légumes* Obst- u. Gemüsemarkt *m; le M ~ commun* EG *f; ~ au comptant* Bar-, Kassageschäft *n; ~ couvert* Markthalle *f; ~ de l'emploi* Arbeitsmarkt *m; ~ intérieur* Inlands-, Binnenmarkt *m; ~ aux puces* Floh-, Trödelmarkt *m.*

marchepied [maʀʃəpje] *m* **1.** Tritt(brett *n*) *m;* **2.** Tritt-, Stehleiter *f;* **3.** ▶ *(fig) servir de ~ à qn* jdm als Sprungbrett dienen.

marcher [maʀʃe] **I.** *itr* **1.** gehen; sich (fort=)bewegen; schreiten, marschieren; laufen; treten (*dans* in *acc; sur* auf *acc*); **2.** fahren, reiten, segeln; **3.** weg=gehen, auf=brechen; los=, zu=gehen (*à* auf *acc*); **4.** *mil* vor=rücken, -gehen, -stoßen (*sur* auf *acc*); **5.** *(Sache)* verlaufen; *(Zeit)* vergehen, verrinnen; *(Arbeit, Unternehmen)* voran=kommen, Fortschritte machen; **6.** *tech* gehen, laufen, funktionieren, in Ordnung, in Betrieb sein; **7.** *(öffentl. Verkehrsmittel) (planmäßig)* fahren; **8.** *fam* darauf ein=gehen; mit=tun, -machen; darauf herein=fallen; **II.** *s m: (façon f de ~)* Gang *m;* **1.** ▶ *faire ~* in Gang bringen, in Betrieb setzen; *qn (fam)* jdm kommandieren; jdn an der Nase herumführen; *~ devant qn* jdm voran=gehen, *fig* den Weg bahnen; **2.** ▶ *~ sur les pas, sur les traces de qn* in jds Fuß(s)tapfen treten; ~ *sur le pied de qn* jdm auf den Fuß treten; *fig* auf jdm herumtrampeln; ~ *sur les talons de qn* dicht hinter jdm folgen; ~ *avec son temps (fig)* mit der Zeit gehen; **3.** ► *marche!* marsch! los! *ça marche (fam)* es klappt; *je ne marche pas* da mache ich nicht mit; *il marche sur ses quarante ans* er geht auf die Vierzig zu; *on ne me fait pas ~ facilement (pop)* mich legt man nicht leicht rein.

marcheur, se [marʃœʀ, -øz] *m f* **1.** Marschierer(in *f*) *m;* **2.** *sport* Geher(in *f*) *m;* ► *être bon ~* gut zu Fuß sein.

marcotte [maʀkɔt] *f bot agr* Ableger, -senker *m.* **marcotter** *tr* ablegen, ab⸗senken.

mardi [maʀdi] *m* Dienstag *m;* ► ~ *gras* Fastnacht *f.*

mare [maʀ] *f* Tümpel; kleine(r) Teich; Pfuhl *m;* ► ~ *aux canards* Ententeich *m;* ~ *de sang* Blutlache *f.* **marécage** *m* Sumpf, Morast *m.* **marécageux, se** *a* sumpfig, morastig.

maréchal [maʀeʃal] *m pl -aux* Marschall *m.*

marée [maʀe] *f* **1.** *mar* Ebbe u. Flut *f; pl* Gezeiten *pl,* Tiden *f pl;* **2.** frische Seefische *m pl;* **3.** ► ~ *humaine* Menschenmenge *f;* **4.** ► *aller contre vent(s) et ~* sich über alle Hindernisse hinweg⸗setzen; ~ *basse, haute* Ebbe *f od* Niedrig-, Flut *f od* Hochwasser *n;* ~ *noire* Ölpest *f.*

marelle [maʀɛl] *f* Himmel u. Hölle.

marémoteur, trice [maʀemɔtœʀ, -tʀis] *a* Gezeiten-; *centrale f ~émotrice* Gezeiten-, Flutkraftwerk n. **mareyage** [-ɛj-] *m* (See-)Fischhandel *m.* **mareyeur, se** (See-)Fischhändler(in *f*) *m.*

margarine [maʀgaʀin] *f* Margarine *f.*

marge [maʀʒ] *f* **1.** (*bes.* Blatt-, Papier-) Rand *a. anat bot;* **2.** *fig* Spielraum *m;* **3.** *com* Spanne, Marge; Deckung *f;* **4.** *tech* Toleranzbereich *m;* **5.** ► *en ~ de* am Rande, außerhalb *gen;* **6.** ► *avoir de la ~* genügend Zeit, Mittel *etc* haben; **7.** ► *note f en ~* Randzeichnung, -notiz *od* -bemerkung *f;* ~ *de sécurité* Sicherheitsmarge *f.*

margelle [maʀʒɛl] *f* Brunnenrand *m.*

marger [maʀʒe] *tr* **1.** *typ (Bogen)* an⸗legen; **2.** *(Schreibmaschine)* den Rand einstellen. **margeur, se** *m f typ* Anleger(in *f*) *m;* Anlegeapparat *m; (Schreibmaschine)* Randsteller *m.*

marginal, e [maʀʒinal] *a* **1.** *bes. typ* Rand-; *s m f* Aussteiger(in *f*) *m pol* Abweichler(in *f*) *m;* **2.** nebensächlich; ► *phénomène m ~* Randerscheinung *f.* **marginalisation** *f* Aussteigen *n.* **marginaliser, se** aus⸗steigen.

marguerite [maʀgəʀit] *f bot* Margerite *f.*

mari [maʀi] *m* (Ehe-)Mann, Gatte *m.*

mariage *m* **1.** Ehe(stand *m*); Heirat; *(célébration, cérémonie f du ~)* Eheschließung, Trauung, Vermählung; Hochzeit *f;* **2.** *fig* Vereinigung; Zusammenstellung *f;* **3.** ► *hors ~, en dehors du ~* außer-, unehelich *adv;* **4.** ► *demander qn en ~* um jds Hand an⸗halten; *donner en ~* zur Frau geben (*à qn* jdm); *faire un bon ~* e-e gute Partie machen; **5.** ► *anneau m de ~* Ehe-, Trauring *m; faire-part m de ~* Heiratsanzeige *f; contrat m de ~* Heirats-, Ehevertrag *m; demande f en ~* Heiratsantrag *m; dissolution f du ~* Auflösung *f* der Ehe; ~ *d'amour* Liebesheirat *f;* ~ *blanc* Scheinehe *f;* ~ *civil* standesamtliche Trauung *f;* ~ *mixte* Mischehe *f;* ~ *de raison* Vernunftehe *f;* ~ *religieux* kirchliche Trauung *f.* **marié, e I.** *a* verheiratet; **II.** *s m f* Bräutigam *m,* Braut *f (am Hochzeitstag); (jeune ~, ~e)* junge(r) Ehemann *m,* junge Ehefrau *f; pl* Brautpaar *n;* Jungverheiratete, Neuvermählte *pl;* junge(s) Paar *n;* ► *être bien, mal ~* glücklich, unglücklich verheiratet sein. **marier I.** *tr* **1.** trauen; **2.** verheiraten; **3.** *fig* verein(ig)en, verbinden (*à* mit); zs⸗stellen, kombinieren *(a. Farben);* **II.** *v prn se ~* **1.** (sich ver)heiraten; sich trauen lassen (*avec qn* mit jdm; *à l'église* kirchlich); **2.** *fig* sich vereinigen; zuea. passen, harmonieren.

marihuana, marijuana [maʀiɥana, -ʒɥana] *f* Marihuana *n.*

marin, e [maʀɛ̃, -in] **I.** *a* **1.** See-, Meer-; Schiffs-; Matrosen-; **2.** seemännisch, -tüchtig; **II.** *s m* **1.** Seemann, -fahrer, Matrose *m; pl* See-, Schiffsleute *pl;* **2.** ► *avoir le pied ~* den Seemannsgang haben; *fig* nicht aus der Fassung zu bringen sein; **3.** ► *mille m ~* Seemeile *f.*

marinade [maʀinad] *f* Marinade; Beize *f.* **marinage** *m* Marinieren; Einlegen *n.*

marine [maʀin] *f* **1.** Marine, Flotte *f;* Seestreitkräfte *f pl;* **2.** *(Kunst)* Seestück *n;* **3.** ► *musée m de la ~* Marinemuseum *n; bleu m ~* Marineblau *n; marchande* Handelsmarine. *f.*

mariner [maʀine] **I.** *tr* marinieren, ein⸗legen; **II.** *itr* in Marinade liegen.

marinier, ère [maʀinje, -ɛʀ] **I.** *a* Marine-, See-; **II.** *s m* **1.** (Fluß-)Schiffer *m;* **2.** *f* (Damen-)Jumper *m.*

mariol [maʀjɔl] *m* ► *fam faire le ~* wichtig tun.

marionnette [maʀjɔnɛt] *f* **1.** Puppe; *(~ à fils)* Marionette *f a. fig;* **2.** *fig* Puppe *f,* willenlose(s) Werkzeug *n;* **3.** *pl* Puppentheater *n;* ► *montreur m, théâtre m de ~s* Puppenspieler *m,* -theater *n.*

marital, e [maʀital] *a pl -aux jur* dem Ehemann zustehend. **maritalement** *adv* ► *vivre ~* wie Eheleute zs⸗leben.

maritime [maʀitim] **I.** *a* See-; maritim; **II.** *s m les ~s* die Seeleute *pl;* ▶ *agence f ~* Schiffsagentur *f; commerce m ~* Seehandel *m; navigation f ~* Seeschifffahrt *f; territoire m ~ (pol)* Küstengebiet *n,* -gewässer *n pl; trafic m ~* Schiffsverkehr *m.*
marivaudage [maʀivodaʒ] *m* (übertriebene) Galanterie *f.* **marivauder** *itr* (scherzhaft) galante Dinge sagen.
marjolaine [maʀʒɔlɛn] *f bot* Majoran *m.*
mark [maʀk] *m com* Mark *f;* ▶ *~ allemand* Deutsche Mark *f.*
marmaille [maʀmaij] *f fam* Schwarm *m* Kinder, (lärmende) Kinderschar *f.*
marmelade [maʀməlad] *f* Mus, Kompott *n;* ▶ *en ~ fig (Gesicht)* übel zugerichtet; *~ de pommes* Apfelmus *n.*
marmite [maʀmit] *f* (Koch-)Topf, Kessel *m;* ▶ *faire bouillir la ~* die Familie ernähren.
marmonner [maʀmɔne] *tr fam* in den Bart murmeln, brummeln, murren.
marmoréen, ne [maʀmɔʀeɛ̃, -eɛn] *a* marmorartig, -ähnlich; Marmor-.
marmot [maʀmo] *m fam* Knirps *m; pl fam* Gören, Bälger *n pl.*
marmotte [maʀmɔt] *f* Murmeltier *n;* ▶ *dormir comme une ~* wie ein Murmeltier schlafen.
marmotter [maʀmɔte] *tr* in den Bart murmeln, (undeutlich) vor sich hin reden.
marne [maʀn] *f min* Mergel *m.*
Maroc, le [maʀɔk] Marokko *n.* **marocain, e** [-kɛ̃, -ɛn] *a* marokkanisch. **Marocain, e** *m f* Marokkaner(in *f*) *m.*
maroquin [maʀɔkɛ̃] *m* Saffian, Maroquin *m.* **maroquinerie** *f* Saffianherstellung; (feine) Lederwaren(handel *m,* -geschäft *n*) *f pl.* **maroquinier** *m* Lederwarenhändler *m.*
marotte [maʀɔt] *f* Marotte *f.*
marquage [maʀkaʒ] *m* **1.** Markierung, Kenn-, Bezeichnung *f;* **2.** ▶ *~ des prix* (Preis-)Auszeichnung *f;* **3.** *sport* Dekkung *f.* **marquant, e** *a* markant, hervortretend, -ragend, -stechend, auffallend; *(Persönlichkeit)* bedeutend, hervorragend. **marque** *f* **1.** Marke *f,* (Ab-, Kenn-)Zeichen *n;* Markierung *f;* Stempel *m;* **2.** Merk-, Lesezeichen; Handzeichen *n;* **3.** Spuren *f pl (e-r Verletzung);* Narbe *f;* **4.** (Fuß-, Rad-)Spur *f;* **5.** *fig* Gepräge *n,* Stempel *m;* **6.** *fig* Zeugnis *n;* Beweis *m;* (An-)Zeichen *n (de qc* für etw); **7.** *com* Waren-, Firmenzeichen *n;* **8.** Marke; Spielmarke *f;* **9.** ▶ *de ~ (com)* Marken-, Qualitäts-, Spitzen-; *allg* hervorragend, ausgezeichnet; *à vos ~s! prêts! partez! (sport)* auf die Plätze! fertig! los! **10.** ▶ *article, produit m de ~* Markenartikel *m;* **11.** ▶ *~ de commerce, de fabrique* Warenzeichen *n;* Fabrikmarke *f; ~ déposée* eingetragene(s) Schutzmarke *f od* Warenzeichen *n; ~ d'origine* Ursprungsvermerk *m; ~ de qualité* Gütezeichen *n; ~ de sympathie* Beileidsbezeigung *f; ~ du temps* Zeichen *n* der Zeit. **marqué, e** *a* **1.** markiert, mit e-m Zeichen versehen, gezeichnet *a. fig;* gestempelt; **2.** *fig* ausgeprägt, unverkennbar, deutlich, ausgesprochen; **3.** *(Gesicht)* faltig, runz(e)lig; **4.** ▶ *(fam) il n'y a rien de ~* es ist nichts angegeben (*sur la liste* auf der Liste); **5.** ▶ *prix m ~* Katalog-, Listenpreis *m.* **marquer I.** *itr* **1.** Spuren hinter⸗, zurück⸗lassen (*sur, dans qc* in, auf e-r S) *a. fig;* **2.** hervor⸗ragen, auf⸗fallen, bedeutsam sein; ▶ *événement qui marque* denkwürdiges, entscheidendes Ereignis; **II.** *tr* **1.** zeichnen, mit e-m Zeichen versehen, aus⸗zeichnen, kennzeichnen; *(Wäsche)* zeichnen; ▶ *~ qc d'une croix* e-e S an⸗kreuzen; *~ qc de son empreinte* e-r S s-n Stempel auf⸗drücken; *~ les pages* paginieren; **2.** e-e Spur hinterlassen (*qc* auf e-r S); ▶ *avoir des traits marqués* markante Gesichtszüge haben; **3.** *(noter)* ver⸗, an⸗merken, sich notieren, auf⸗schreiben (*sur le carnet* im Notizbuch); **4.** *(indiquer)* (an)zeigen, *(Zeiger)* stehen (*qc* auf e-r S); in Erscheinung treten lassen, zeigen, enthüllen, offenbaren, deutlich machen, an⸗geben, zu verstehen geben; *~ un tournant* e-n Wendepunkt bedeuten; **5.** *(fixer) (Zeitpunkt)* festsetzen, bestimmen; *(Ziel)* setzen, stecken; ▶ *~ la mesure* den Takt schlagen; *~ le pas* auf der Stelle treten *a. fig;* **6.** ▶ *(Spiel) ~ un point* e-n Punkt machen; *(Fußball) ~ un but* ein Tor schießen.
marqueter [maʀkəte] *tr (Holz)* ein⸗legen. **marqueterie** *f* Einlegearbeit *f.*
marqueur, se [maʀkœʀ, -øz] *m f* **1.** Markierer(in *f*), Stempler(in *f*) *m* **2.** *(Schießen)* Anzeiger; Anschreiber *m;* **3.** *sport* Spieler *m,* der e-n Treffer erzielt; **4.** dicke(r) Filzschreiber *m,* (Text-)Marker *m;* **5.** *(Schlachthof)* Fleischbeschauer *m.*
marquis, e [maʀki, -iz] *m f* **1.** Marquis(e *f*); *(hist)* Markgraf *m,* -gräfin *f;* **2.** *f* Markise *f;* **3.** (Glas-, Wetterdach *n;* **4.** Schmuckring *m* mit länglicher Fassung.
marraine [maʀɛn] *f* Patin *f a. fig.*
marrant, e [maʀɑ̃, -ɑ̃t] *a fam* heiter, lustig; ▶ *c'est ~* das ist zum Totlachen.
marre [maʀ] *adv* ▶ *fam j'en ai ~* es kotzt mich an, es steht mir bis oben; *y en a ~!* jetzt langt's!
marrer, se [maʀe] *v prn arg* sich krumm (u. schief) lachen.
marron [maʀɔ̃] **I.** *s m* **1.** (Eß-)Kastanie, Marone *f;* **2.** Mehlklümpchen *n;* **3.** *fam* Faustschlag *m;* **4.** (Buchstaben-)Schablone *f;* **II.** *a inv* **1.** kastanienbraun; **2.** ▶ *flanquer un ~ à qn (pop)* jdm e-e

knallen, kleben; *tirer les ~s du feu (fig)* die Kastanien aus dem Feuer holen; *~ d'Inde* Roßkastanie *f.*
marronnier [maʀɔnje] *m* Maronenbaum *m;* ▶ *~ d'Inde* Roßkastanie *f (Baum).*
mars [maʀs] *m* März *m.*
marseillaise, la [maʀsɛjɛz] die Marseillaise *(franz. Nationalhymne).*
marsouin [maʀswɛ̃] *m zoo* Tümmler *m.*
marteau [maʀto] *m pl -x* **I. 1.** Hammer *a. sport mus anat;* **2.** Türklopfer *m;* **3.** *zoo* Hammerhai *m;* **II.** *a inv* **1.** *pop* verrückt, plemplem; **2.** ▶ *~ de forge* Schmiedehammer *m; ~ pneumatique* Preßlufthammer *m.* **martel** *m:* ▶ *se mettre ~ en tête* sich Gedanken, Sorgen machen (*sur qc* über e-e S). **martelé, e** *a* **1.** gehämmert, getrieben; **2.** *mus* gehämmert. **martèlement** *m* **1.** Hämmern *n;* **2.** *fig* Dröhnen *n.* **marteler** ⟨*Prés. je martèle, ns martelons; pp. martelé, e*⟩ *tr* **1.** *(Metall)* (be-)hämmern; **2.** *(Baum)* anlaschen; **3.** *fig (Worte)* stark betonen, hervorheben; **4.** *il martelait le visage de son adversaire* er hämmerte mit Fäusten auf das Gesicht s-s Gegners ein.
martial, e [maʀsjal] *a* kriegerisch; ▶ *cour f ~e (mil)* Standgericht *n.*
martien, ne [maʀsjɛ̃, -ɛn] **I.** *a (Astrologie)* Mars-; **II.** *s m* Marsbewohner *m.*
martin-pêcheur [maʀtɛ̃pɛʃœʀ] *m* Eisvogel *m.*
martinet [maʀtinɛ] *m* **1.** Klopfpeitsche *f;* **2.** *orn* Mauersegler *m.*
martingale [maʀtɛ̃gal] *f* **1.** *(Pferd)* Sprungriemen *m;* **2.** *(Mantel)* Lasche *f,* Rückengurt *m;* **3.** ausgeklügelte(s) System *n* für ein Glücksspiel.
mart(r)e [maʀt(ʀ)] *f* Marder(fell *n*) *m.*
martyr, e [maʀtiʀ] **I.** *s m f* Märtyrer(in *f*) *a. fig; fig* Dulder(in *f*) *m;* **II.** *a* Märtyrer-; ▶ *enfant m ~* mißhandelte(s), gequälte(s) Kind *n.* **martyre** *m* **1.** Martyrium *n,* Märtyrertod *m;* **2.** *fig* Marter *f,* Höllenqualen *f pl.* **martyriser** *tr* **1.** zum Märtyrer machen; **2.** *fig* peinigen, martern.
marxisme [maʀksism] *m* Marxismus *m.*
marxiste I. *a* marxistisch; **II.** *s m f* Marxist(in *f*) *m.*
mas [mɑ(s)] *m (Südfrankreich)* Bauernhaus *n.*
mascarade [maskaʀad] *f* **1.** Verkleidung *f;* **2.** *fig* Verstellung, Heuchelei *f.*
mascotte [mascɔt] *f fam* Maskottchen *n.*
masculin, e [mascylɛ̃, -lin] **I.** *a* männlich; Mannes-, Männer-; **II.** *s m gram (genre m ~)* Maskulinum, männliche(s) Geschlecht *n;* ▶ *confection f ~e* Herrenkonfektion *f.*
masochisme [mazɔʃism] *m* Masochismus *m.* **masochiste I.** *a* masochistisch; **II.** *s m f* Masochist(in *f*) *m.*
masque [mask] *m* **1.** Maske *f (a. Person u. fig);* **2.** (Gesichts-)Züge *m pl,* Ausdruck *m;* **3.** *fig* Deckmantel, äußere(r), falsche(r) Schein *m;* **4.** *med* Narkosemaske *f;* **5.** ▶ *arracher, ôter le ~ à qn (fig)* jdn entlarven; *lever, jeter le ~ (fig)* die Maske fallen=lassen; **6.** ▶ *~ à gaz* Gasmaske *f.* **masqué, e** *a* **1.** maskiert; Masken-; **2.** *(Absicht)* versteckt; ▶ *bal m ~* Maskenball *m.* **masquer** *tr* **1.** maskieren; *(Sache)* verkleiden, ab=dekken; verdecken, dem Blick entziehen; **2.** *(Aussicht)* versperren; *(Licht)* ab=schirmen; **3.** *fig* verhüllen, verbergen, verschleiern *(a. Bilanz),* tarnen, vernebeln.
massacrant, e [masakʀɑ̃, -ɑ̃t] *a:* ▶ *être d'une humeur ~e* abscheulicher Laune sein. **massacre** *m* **1.** Massaker, Gemetzel, Blutbad *n,* Massenmord *m;* **2.** *fig* Verhunzung, Verschandelung *f;* ▶ *un vrai jeu de ~! (fig fam)* das reinste Schlachtfeld! **massacrer** *tr* **1.** nieder=metzeln, -machen, ein Blutbad an=richten (*qc* unter etw *dat*); **2.** *fig* verhunzen, verschandeln.
massage [masaʒ] *m med* Massieren *n,* Massage *f;* ▶ *~ facial, thérapeutique* Gesichts-, Heilmassage *f.*
masse [mas] *f* **1.** Masse *f a. phys;* **2.** Block *m;* **3.** (große) Menge *f;* Haufen *m,* Masse *f,* Klumpen; **4.** (Bau-)Körper *m;* **5.** Gesamtheit, Summe *f; (Lohn)* (Gesamtheit *f* der) Abzüge *m pl;* (Geld-)Fonds *m,* Rücklage; (gemeinsame, Betriebs-, Vereins-)Kasse *f;* **6.** *tech* Block *m; radio* Erde; *phys* Masse *f;* **7.** *meist pl* (Menschen-)Masse(n *pl*), Menge; große Masse *f,* große(r) Haufen *m;* **8.** (großer) (Holz-)Hammer; große(r) Schmiedehammer *m;* **9.** *min* Schlägel, Fäustel *m (~ de mineur);* **10.** ▶ *des ~s de (pop)* Massen von; e-e ganze Menge; **11.** ▶ *en ~* haufen-, scharenweise; massenhaft, in Hülle u. Fülle; **12.** ▶ *arriver en ~* herbei=strömen, sich heran=wälzen, *mettre à la ~ (radio)* erden; **13.** ▶ *article m de ~* Massenartikel *m; production f en ~* Massenfabrikation *f; levée f en ~* Massenaufgebot *n;* **14.** ▶ *~ atomique* Atomgewicht *n; ~ moléculaire* Molekulargewicht *n; ~ monétaire* Geldvolumen *n; ~(s) populaire(s)* Volksmasse(n *pl*) *f; ~ salariale* Lohnaufkommen *n.*
masse-médias [masmedja] *m pl* Massenmedien *n pl.*
massepain [maspɛ̃] *m* Gebäck aus Blätterteig und gehackten Mandeln.
masser [mase] **I.** *tr* **1.** *med* massieren; **2.** zs.=drängen, -drücken; ▶ *mil (Kunst)* massieren; **II.** *v prn se ~* sich in Massen an=sammeln. **masseur, se** *m f* Masseur *m,* Masseuse *f.*
massif, ive [masif] **I.** *a* **1.** *(Gebäude, Holz)* massiv; **2.** *(Mensch)* massig; **3.**

(Dosis) stark; **4.** *fig* Massen-; **5.** *fig* *(Argument)* durchschlagend; **II.** *s m* **1.** (Gebirgs-)Massiv *n;* **2.** massive(s) Mauerwerk *n;* **3.** dekorative Pflanzengruppe *f;* **4.** ▶ *arrestations f pl ~ives* Massenverhaftungen *f pl; départs m pl ~s* Massenaufbruch *m;* **5.** ▶ *~ de fleurs* kunstvoll angelegte(s) Blumenbeet *n; ~ montagneux, rocheux* Berg-, Felsmassiv *n.*

mass media [masmedja] *m pl s. massemedias.*

massue [masy] *f* Keule *f;* ▶ *argument m ~* durchschlagende(s) Argument *n; coup m de ~ (fig)* schwere(r), harte(r) Schlag; Keulenschlag *m.*

mastic [mastik] **I.** *s m* **1.** Mastix; Kitt *m;* **2.** *typ* Zwiebelfische *m pl;* **II.** *a* beige; ▶ *~ de(s) vitrier(s)* Glaser-, Fensterkitt *m.*

masticage [mastikaʒ] *m* Verkitten *n.*

masticateur *a anat* Kau-; ▶ *muscles m pl ~s* Kaumuskeln *m pl.* **mastication** *f* Kauen *n.*

mastiquer [mastike] *tr* **1.** (zs.-, ver)kitten; **2.** kauen.

mastoc [mastɔk] *a inv pop* klotzig, klobig, plump.

mastodonte [mastɔdɔ̃t] *m* **1.** *zoo* Mastodon *n;* **2.** *(Person)* Koloß *m; (Maschine)* Gigant *m.*

m'as-tu-vu [matyvy] *m inv fam* Wichtigtuer, Angeber *m.*

masure [mazyʀ] *f* baufällige(s) Haus *n.*

mat, e [mat] **I.** *a* **1.** matt, stumpf, glanzlos; **2.** *(Ton)* schwach, dumpf; **3.** *inv (Schach)* matt; **II.** *s m (Schach)* Matt *n;* ▶ *faire qn (échec et) ~ (fig)* jdn matt setzen, aus=schalten.

mât [mɑ] *m* **1.** Mast(baum) *m;* **2.** (Zelt-, Fahnen-)Stange *f;* **3.** ▶ *grand ~* Großmast *m;* **4.** ▶ *~ d'amarrage* Ankermast *m (für Luftschiffe);* Abspannmast *m; ~ de cocagne* Kletterstange *f* (mit aufgehängten Preisen).

matamore [matamɔʀ] *m* Maulheld, Prahlhans *m;* ▶ *faire le ~* sich auf=spielen.

match [matʃ] *m, pl -(e)s* **1.** *sport* (Wett-)Spiel *n,* Kampf *m,* Treffen *n;* **2.** ▶ *disputer un ~* ein Spiel, e-n Kampf aus=tragen; *(faire) ~ nul* unentschieden (spielen) (*avec* gegen); **3.** ▶ *~ aller, amical* Hin-, Freundschaftsspiel *n; ~ de boxe* Boxkampf *m; ~ éliminatoire* Ausscheidungsspiel *n,* -kampf *m; ~ d'entraînement* Übungsspiel *n; ~ de football, d'échec* Fußball-, Schachspiel *n; ~ de tennis* Tenniswettkampf *m.*

matelas [matla] *m* **1.** Matratze *f;* **2.** *(Maschine)* Bettung *f;* **3.** *tech* Polster *n;* **4.** *fam* dicke Brieftasche *f;* **5.** ▶ *~ d'air (tech)* Luftschicht *f,* -polster *n.* **matelassé** [-se] *m* **1.** *(Stoff)* Matelassé *m;* **2.** Stepp-, Doppelgewebe *n.* **matelasser** *tr* (auf=, aus=)polstern; steppen.

matelot [matlo] *m* Matrose, Seemann *m.*

mater [mate] *tr* **1.** *(Schach)* matt setzen; **2.** *(Brand)* unter Kontrolle bringen; **3.** *fig* auf=reiben, zermürben; nieder=werfen, -zwingen; bändigen; **4.** *tech* verstemmen; *(Gold)* mattieren.

matérialisation [mateʀjalizasjɔ̃] *f* **1.** *(Spiritismus)* Materialisation *f;* **2.** *(Hoffnung)* Erfüllung *f;* **3.** *(Plan)* Verwirklichung *f;* **4.** *phys* Materialisation *f.*

matérialiser I. *tr* **1.** versinnlichen, materialisieren; **2.** *(Kunst)* sinnfällig machen *od* gestalten; **3.** *(Plan)* verwirklichen, realisieren; in die Tat umsetzen; **II.** *v prn se ~ (Spiritismus)* sich materialisieren; *allg* Wirklichkeit werden.

matérialisme *m* Materialismus *m.*

matérialiste I. *m* Materialist *m;* **II.** *a* materialistisch. **matérialité** *f* Stofflich-, Körperlichkeit *f.* **matériau** *m tech* Werk-, Baustoff *m;* ▶ *~ de répandage* Streugut *n.* **matériaux** *m pl* **1.** Material(ien *pl*) *n;* **2.** *fig* Stoff *m (zu e-m Buch);* Unter-, Grundlagen *f pl;* **3.** ▶ *~ de construction* Baumaterial(ien *n pl*) *n.*

matériel, le I. *a* **1.** materiell; stofflich, körperlich; **2.** *fig* materialistisch, materiell eingestellt; **3.** handgreiflich; sachlich; *jur* Sach-; **II.** *s m* **1.** Materielle(s); Material *n,* Stoff *m;* **2.** *tech* Material, Gerät *n;* Ausrüstung, Einrichtung(sgegenstände *m pl*) *f;* Betriebsanlagen *f pl,* -mittel *n pl;* Maschinenpark *m;* **3.** ▶ *je n'ai pas le temps ~* ich habe nicht die erforderliche Zeit; **4.** ▶ *biens m pl ~s* materielle Güter *n pl; dégâts m pl ~s* Sachschaden *m;* **5.** ▶ *~ de bureau* Büroeinrichtung *f,* -material *n,* -bedarf *m; ~ éducatif* Lehrmittel *n pl.* **matériellement** *adv* in materieller Hinsicht; ▶ *~ impossible* faktisch unmöglich.

maternel, le [matɛʀnɛl] *a* **1.** mütterlich; Mutter-; von Mutterseite; **2.** *(Verwandter)* mütterlicherseits; **3.** *s f (école f ~le)* staatliche Vorschule *f;* Kindergarten *m;* **4.** ▶ *entourer de soins ~s* bemuttern; *amour m, lait m, langue f ~(le)* Mutterliebe *f,* -milch, -sprache *f.* **maternité** *f* **1.** Mutterschaft; Schwangerschaft *f;* **2.** Entbindungs-, Wöchnerinnenheim *n;* ▶ *~ de substitution* Leihmutterschaft *f.*

math [mat] *f pl ~s fam* Mathe *f;* ▶ *es-tu fort en ~s?* bist du in Mathe gut? **mathématicien, ne** *m f* Mathematiker(in *f*) *m.* **mathématique I.** *a* mathematisch; ▶ *fig c'est ~! (fig fam)* das ist todsicher! **II.** *s f (fast immer) pl* Mathematik *f;* ▶ *~s supérieures* höhere Mathematik *f.* **mathématiquement** *adv* **1.** mathematisch; **2.** notwendigerweise; ▶ *cela aboutit ~ à un échec* das endet todsicher mit e-m Mißerfolg. **matheux, se** *m f fam* As *n* in Mathe.

matière [matjɛʀ] *f* **1.** Stoff *m a. fig,* Materie, Substanz *f;* **2.** Material *n,* Werkstoff *m;* **3.** *fig* Anlaß *m,* Veranlassung, Ursache, Gelegenheit *f;* **4.** Gegenstand *m,* Thema, Objekt; (Sach-)Gebiet; *(Schule)* Fach *n;* **5.** *jur* Sache, Angelegenheit *f,* Fall *m;* **6.** ► *en ~ de* auf dem Gebiet, in Sachen, in betreff, betreffs, hinsichtlich *gen,* in bezug auf *acc; en ~ pénale* in Strafsachen; **7.** ► *entrer en ~* zur Sache kommen, auf die Sache selbst ein=gehen; *jur* in die Verhandlung ein=treten; *faire travailler sa ~ grise (fam)* s-n Grips anstrengen; **8.** ► *table f des ~s (Buch)* Inhaltsverzeichnis *n; ~ de base* Grundstoff *m; ~ fissile (phys)* spaltbare(s) Material *n; ~s grasses* Fette u. Öle *n pl; ~ plastique* Kunststoff *m; ~s premières* Rohstoffe *m pl.*

matin [matɛ̃] **I.** *s m* Morgen *a. fig,* Vormittag; **II.** *adv* früh; morgen; vormittag; **1.** ► *ce ~* heute morgen, heute vormittag; *de bon, grand ~* in aller (Herrgotts-)Frühe; *demain ~* morgen früh, morgen vormittag; *du ~ au soir* von morgens bis abends; *hier ~* gestern früh, morgen, vormittag; *le ~ (de bonne heure)* (früh)morgens; am Morgen; *un (beau) ~, un de ces ~s* e-s (schönen) Morgens; **2.** ► *être qn du ~ (fam)* früh auf=stehen; **3.** ► *édition f du ~* Morgenausgabe *f; office m du ~ (rel)* Frühmette *f.* **matinal, e** [-tinal] *a pl -aux* morgendlich; ► *à une heure ~e* zu früher Stunde; *être ~* früh auf=stehen; *gelée f ~e* Nachtfrost *m.* **matinée** *f* **1.** Vormittag(sstunden *f pl*), Morgen *m;* **2.** Matinee, Nachmittagsveranstaltung, *theat* Nachmittagsvorstellung *f;* **3.** ► *dans la ~* im Laufe des Vormittags; **4.** ► *faire la grasse ~* bis in den Tag hinein, *fam* bis in die Puppen schlafen; **5.** ► *~ dansante* Tanztee *m; ~ musicale* Nachmittagskonzert *n.* **matines** *f pl rel* Frühmesse *f.*

mâtin, e [mɑtɛ̃, -in] *m* **1.** Hofhund *m;* **2.** *f* Megäre, Kratzbürste *f.*

matou [matu] *m* Kater *m.*

matraque [matʀak] *f* (Gummi-)Knüppel *m.* **matraquer** *tr* **1.** nieder=knüppeln; **2.** *fam* bearbeiten; einhämmern; **3.** ► *ils nous ont matraqués* sie haben uns ausgenommen.

matriarcat [matʀiaʀka] *m* Matriarchat, Mutterrecht *n.*

matrice [matʀis] *s f* **1.** *tech* (Stanz-, Gieß-, Papp-)Form *f;* Gesenk *n;* **2.** *typ* Matrize, Mater *f;* Prägestempel *m,* Stanze *f;* **3.** *math* Matrix *f;* **4.** Stammrolle, Matrikel *f.* **matriciel, le** *a* **1.** *math* Matrizen-; **2.** Stammrollen-, Matrikel-; ► *calcul m ~* Matrizenrechnung *f.*

matricule [matʀikyl] **I.** *s f* **1.** Matrikel, Stammrolle *f,* Register, Verzeichnis *n,* Liste *f;* **2.** Eintragung *f* in ein, Auszug *m* aus e-m Register; **II.** *a* Matrikel-, Stamm-.

matrimonial, e [matʀimɔnjal] *a pl -aux* ehelich; Ehe-, Heirats-; ► *agence f ~e* Heiratsvermittlung(sbüro *n*) *f;* Eheanbahnungsinstitut *n; régime m ~* (ehelicher) Güterstand *m.*

matrone [matʀɔn] *f* Matrone *f.*

maturation [matyʀasjɔ̃] *f* **1.** Reif(werd)en *n a. med;* Reifungsprozeß *m;* **2.** *fig* Entwicklung, Entfaltung *f.* **maturité** *f* **1.** Reife *f a. med fig;* **2.** *fig* Reifung, Vollendung *f;* **3.** ► *amener, venir à ~* zur Reife bringen *od* kommen; **4.** ► *~ d'esprit* geistige Reife *f; ~ précoce* Frühreife *f; ~ sexuelle* Geschlechtsreife, Pubertät *f.*

maudire [modiʀ] ‹*Prés. je maudis, ns maudissons; Fut. je maudirai; pp. maudit, e*› *tr* verfluchen, verwünschen. **maudit, e** [-di, -it] **I.** *a* verflucht (*de, par* von); verdammt; **II.** *s m* ► *les ~s* die Verdammten.

maugréer [mogʀee] *itr* fluchen, schimpfen (*contre qn* auf jdn).

mausolée [mozɔle] *m* Mausoleum *n.*

maussade [mosad] *a* **1.** verdrießlich, mürrisch; mißgestimmt, schlechtgelaunt; **2.** *allg* unfreundlich *(a. Wetter),* unangenehm, trostlos.

mauvais, e [mɔ(o)vɛ, -ez] **I.** *a* **1.** schlecht; **2.** von geringer Qualität, minderwertig; **3.** mangelhaft, unzureichend, ungenügend, schwach; **4.** schlimm, übel, böse; **5.** gefährlich, schädlich, nachteilig, ungünstig; **6.** unangenehm; boshaft, mißgünstig, neidisch, klatschsüchtig; **7.** falsch, nicht passend; **8.** *(See)* bewegt, unruhig, stürmisch; **II.** *s m* Böse(r, s); (das) *od* (der) Böse *(Teufel);* **III.** *adv* übel (*nur in: sentir ~* übel riechen); schlecht; **1.** ► *en ~e compagnie* in schlechter Gesellschaft; *en ~ état* in schlechtem Zustand; *pas ~* nicht schlecht, (gar) nicht (so) übel; **2.** ► *avoir ~e haleine* aus dem Mund(e) riechen; *avoir ~e mine* nicht gut aus=sehen; *miser sur le ~ cheval* auf das falsche Pferd setzen *a. fig; trouver ~* schlecht finden; mißbilligen; **3.** ► *il fait ~* es ist schlechtes Wetter; **4.** ► *femme f de ~e vie* Dirne, Prostituierte *f; ~e administration, gérance f* Mißwirtschaft *f; ~ esprit m* unklare(r) Kopf; Schwarzseher; Quertreiber *m; ~e étoile f* Unstern *m; ~e herbe f* Unkraut *n; ~ œil m* böse(r) Blick *m; ~e récolte f* Mißernte *f; ~e santé f* schwache Gesundheit *f,* schlechte(r) Gesundheitszustand *m; ~ sujet m* Taugenichts, Strolch *m; ~e tête* Dickkopf, Querkopf *m.*

mauve [mov] **I.** *s* **1.** *f bot* Malve *f;* **2.** *m* Mauve *n (Farbe);* **II.** *a* mauve.

mauviette [movjɛt] *f fig fam* Spatz *m,*

schwächliche Person *f.*
maxillaire [maksilɛʀ] *m* Kiefer *m.*
maximal, e [maksimal] *a pl -aux* maximal. **maximation, -imisation** *f com* Maximierung *f.*
maxime [maksim] *f* Grundsatz *m,* Lebensregel *f.*
maximiser [maksimize] *tr com* maximieren. **maximum** [-ɔm] *pl ~ima od ~imums* **I.** *s m math* Maximum *n;* Höchstmaß *n,* -preis *m,* -strafe *f;* **II.** *a* **1.** maximal; höchste(r, s), größte(r, s); **2.** ► *au ~* im Höchstfall, höchstens; **3.** ► *faire le ~* alles tun, was irgend möglich ist; **4.** ► *vitesse f ~* Höchstgeschwindigkeit *f.*
Mayence [majɑ̃s] *f* Mainz *n.*
mayonnaise [majɔnɛz] *f (Küche)* Mayonnaise *f.*
mazout [mazut] *m* (Heiz-)Öl *n;* ► *poêle m à ~* Ölofen *m.*
me [mə] *prn* mir, mich; ► *~ voici* da bin ich!
mea-culpa [meakylpa] *m inv:* ► *faire son ~* s-e Schuld bekennen.
méandre [meɑ̃dʀ] *m* **1.** *(Fluß)* Schleife, Schlinge *f, meist pl* Windungen *f pl;* **2.** *pl fig* Umwege *m pl;* Winkelzüge *m pl;* ► *décrire des ~s* sich winden, sich schlängeln.
méat [mea] *m anat* Gang, Kanal *m;* ► *~ auditif* Gehörgang *m.*
mec [mɛk] *m fam* Kerl *m.*
mécanicien, ne [mekanisjɛ̃, -ɛn] **I.** *s m* **1.** Mechaniker, Maschinenschlosser *m;* **2.** Maschinist; Lokomotivführer *m;* **3.** *f* (Maschinen-)Näherin *f;* **II.** *a* Maschinen-; **1.** ► *~ automobile* Autoschlosser *m; ~ de précision* Feinmechaniker *m.*
mécanique I. *a* **1.** mechanisch *a. fig;* maschinell; technisch; automatisch; **2.** *fig* gewohnheitsmäßig; mechanisch; **II.** *s f* **1.** Mechanik *f;* **2.** Maschinenbau *m;* **3.** Mechanismus *m;* Maschine *f;* **4.** ► *en raison d'ennuis ~s* infolge technischer Störungen; **5.** ► *~ de précision* Feinmechanik *f.* **mécanisation** *f* Mechanisierung *f.* **mécaniser** *tr* mechanisieren.
mécanisme *m* **1.** Mechanismus *m,* Vorrichtung *f,* Getriebe *n;* **2.** *mus* Technik *f;* **3.** *pl fig* Vorgänge *m pl,* Prozesse *m pl,* Ablauf *m;* **4.** ► *~ de commande* Antriebsmechanismus *m; ~ de contrôle* Kontrollvorrichtung *f.* **mécano** *m fam* Mechaniker *m.* **mécanographe** *m f* **1.** Locher(in *f*) *m;* **2.** Maschinenbuchhalter(in *f*) *m.* **mécanographie** *f* Büromaschinenindustrie; Benutzung *f* von Büromaschinen; maschinelle Datenverarbeitung *f.* **mécanographique** *a* ► *comptabilité f ~* Maschinenbuchhaltung *f.*
mécénat [mesena] *m* Mäzenatentum *n.*
mécène *m* Mäzen *m.*
méchanceté [meʃɑ̃ste] *f* **1.** Boshaftigkeit, Bosheit *f;* **2.** Bubenstreich *m;* **3.** boshafte, bissige Bemerkung *f;* ► *par pure ~* aus reiner Bosheit; *sans ~* ohne böse Absicht. **méchant, e I.** *a, adv: méchamment* [-ʃamɑ̃] **1.** boshaft, böse, bissig *fig;* **2.** *(Kind)* unartig; ungezogen; **3.** *(vorangestellt)* übel, schlimm, schlecht; schäbig, erbärmlich; wert-, belanglos; **4.** ► *ce n'est pas bien ~ (fam)* das ist ganz harmlos; **II.** *s m* **1.** Bösewicht *m;* **2.** *faire le ~ (pop)* auf=begehren; *il a trouvé plus ~ que lui* er hat s-n Meister gefunden.
mèche [mɛʃ] *f* **1.** Docht *m;* **2.** Zündschnur *f;* **3.** Strang *m,* Strähne; **4.** *(Peitsche)* Schmicke, Schmitze *f;* **5.** *tech* Bohrer *m;* **6.** ► *être de ~ avec qn* mit jdm unter e-r Decke stecken; *découvrir la ~* Lunte riechen, dahinter=kommen *fam; vendre la ~ (fam)* das Geheimnis verraten; **7.** ► *~ de cheveux* Haarsträhne *f.*
méchoui [meʃwi] *m* am Spieß gebratene(s) Schaf *n.*
mécompte [mekɔ̃t] *m* Enttäuschung *f.*
méconium [mekɔnjɔm] *m med* Kindspech *n.*
méconnaissable [mekɔnɛsabl] *a* unkenntlich. **méconnaissance** *f* Fehleinschätzung, falsche Beurteilung *f.*
méconnaître ‹*Prés. je méconnais, ns méconnaissons; Fut. je méconnaîtrai; pp. méconnu, e; Subj. que je méconnaisse, que ns méconnaissions*› *tr* **1.** nicht kennen (wollen), verleugnen; **2.** *(Fähigkeit, Leistung)* verkennen, nicht an=erkennen (wollen). **méconnu, e** *a* verkannt.
mécontent, e [mekɔ̃tɑ̃] **I.** *a* **1.** unzufrieden (*de qc* mit etw), **2.** unbefriedigt (*de qc* von etw), ungehalten (*de qc* über e-e S); **II.** *s m* Unzufriedene(r) *m.* **mécontentement** *m* Unzufriedenheit, Mißstimmung *f.* **mécontenter** *tr* Anlaß zur Unzufriedenheit geben (*qn* jdm); verdrießlich machen, verärgern.
Mecque, la [mɛk] *geog* Mekka *n.*
mécréant, e [mekʀeɑ̃, -ɑ̃t] **I.** *s m f rel* Ungläubige(r *m*) *f;* **II.** *a bes. rel* ungläubig.
médaille [medaj] *f* **1.** Medaille, Denk-, Schaumünze *f;* **2.** Auszeichnung *f,* (*~ d'honneur)* Ehrenzeichen *n;* **3.** ► *revers m de la ~ (fig)* Kehr-, Schattenseite *f;* **4.** ► *~ d'identité* Erkennungsmarke; Hundemarke *f; ~ d'or* goldene Medaille *f; ~ de sauvetage* Rettungsmedaille *f.* **médaillé, e** *s m f* Ordensinhaber(in *f*) *m.* **médaillon** *m* **1.** große Denkmünze *f;* **2.** Medaillon *n a. arch;* **3.** ► *~ de veau* Kalbsmedaillon *n.*
médecin [me(ɛ)tsɛ̃] *m* **1.** Arzt; Mediziner; *fam* Doktor *m;* **2.** ► *(aller) voir le ~* zum Arzt gehen; **3.** ► *~ accoucheur* Geburtshelfer *m; ~-chef m* leitende(r),

Chef-, Oberarzt *m;* ~ *de famille* Hausarzt *m;* ~ *généraliste* praktische(r) Arzt *m;* ~ *des hôpitaux* Krankenhausarzt *m;* ~ *spécialiste* Facharzt *m;* ~ *traitant* behandelnde(r) Arzt *m;* ~ *du travail* Werksarzt *m.* **médecine** [-sin] *f* **1.** Medizin, Heilkunde *f;* **2.** Arztberuf *m;* **3.** ► *faire sa* ~ Medizin studieren; **4.** ► *docteur m en* ~ Doktor *m* der Medizin (Dr. med.); ~ *légale* Gerichtsmedizin *f;* ~ *sportive* Sportmedizin *f.*

médial, e [medjal] **I.** *a gram* Mittel-; **II.** *s f math* Mittel *n.*

médian, e [medjɑ̃, -an] **I.** *a* mittlere(r, s); Mittel-; **II.** *s f math* Seitenhalbierende *f; (Statistik)* Medianwert *m.*

médiat, e [medja, -at] *a* mittelbar, indirekt. **médiateur, trice I.** *a* vermittelnd; **II.** *s m f* Vermittler(in *f*); Schiedsrichter; Mittelsmann *m,* -person *f; bes. rel* Mittler *m.* **médiathèque** *f* Mediothek *f.* **médiation** *f* Vermitt(e)lung *f.* **médiatique** *a* Medien-; medienwirksam.

médical, e [medikal] *a pl -aux* ärztlich; medizinisch; ► *corps m* ~ Ärzteschaft *f; profession f* ~*e* Arztberuf *m.* **médicament** *m* Heilmittel, Medikament *n,* Arznei, Medizin *f.* **médicamenteux, se** *a* **1.** medikamentös; **2.** heilkräftig. **médication** *f* Medikation, (Arznei-) Verordnung *f.* **médicinal, e** [-si-] *a pl -aux* Heil-, Arznei-; *fig* heilsam; ► *herbes f pl* ~*es* Heilkräuter *n pl.* **médico-légal, e** *a* gerichtsärztlich.

médiéval, e [medjeval] *a pl -aux* mittelalterlich. **médiéviste** *m* Mediävist *m.*

médiocre [medjɔkʀ] **I.** *a* **1.** (mittel-) mäßig; **2.** *péj* schlecht, dürftig, armselig; **3.** mangelhaft, minderwertig; **4.** unzureichend; **II.** *s m* Durchschnittsmensch. **médiocrement** *adv* **1.** unzureichend; **2.** wenig; ► ~ *surpris* kaum überrascht. **médiocrité** *f* **1.** Mittelmäßigkeit *f;* **2.** *péj* Dürftig-, Armselig-, Mangelhaftig-, Minderwertigkeit *f.*

médire [mediʀ] ⟨*Prés. je médis, ns médisons, vz médisez; Fut. je médirai; pp. médit; Subj. que je médise, que ns médisions; Impér. médis, médisons, médisez*⟩ *itr* Übles nach=reden (*de qn* jdm), verleumden (*de qn* jdn), schlecht=machen (*de qc* etw). **médisance** [-zɑ̃s] *f* üble Nachrede, Verleumdnung *f.* **médisant, e I.** *a* verleumderisch; **II.** *s m f* Verleumder(in *f*) *m;* Lästerzunge *f.*

méditatif, ive [meditatif] *a* nachdenklich, grüblerisch. **méditation** *f* **1.** Nachdenken, -sinnen *n;* **2.** Betrachtung; Versunkenheit *f;* **3.** *rel* Andacht *f,* stille(s) Gebet *n.* **méditer I.** *tr itr* **1.** nach=denken, -sinnen (*qc, sur qc* über e-e S); **2.** überdenken, -legen; *(Plan)* ausdenken; **3.** vor-, im Sinne haben, erwägen, denken (*qc* an e-e S; **II.** *itr* Betrachtungen an=stellen (*sur qc* über e-e S); nachdenken.

méditerranéen, ne [mediteʀaneɛ̃, ɛn] *a* Mittelmeer-; mittelländisch; ► *pays m pl* ~*s* Mittelmeerländer *n pl.*

médium [medjɔm] *m* **1.** *mus* Mittellage *f;* **2.** *(Spiritismus)* Medium *n.* **médius** [-djys] *m anat* Mittelfinger *m.*

médullaire [medylɛʀ] *a* (Rücken-)Mark-.

méduse [medyz] *f zoo* Qualle *f.*

méduser [medyze] *tr* verblüffen (*qn* jdn); ► *j'en suis resté médusé* ich stand wie versteinert da.

meeting [mi(ɛ)tiŋ] *m pol* Versammlung *f,* Treffen *n;* (Sport-)Veranstaltung *f;* ► ~ *d'aviation* Flugtag *m.*

méfait [mefɛ] *m* **1.** Missetat *f,* Frevel *m;* **2.** *pl* böse, üble, schlimme Folgen *f pl.*

méfiance [mefjɑ̃s] *f* Mißtrauen *n,* Argwohn *m.* **méfiant, e** *a* mißtrauisch, argwöhnisch (*à l'égard de qn* jdm gegenüber). **méfier, se** *v prn* **1.** mißtrauisch sein; mißtrauen, nicht trauen (*de qn* jdm); **2.** sich hüten, sich in acht nehmen (*de* vor *dat*).

méga [mega] *in Zssgen* eine Million; Mega-, Groß-. **mégacycle** *m radio* Megahertz *n.* **mégalithe** [-lit] *m* Megalith *m.* **mégalo** *a fam* größenwahnsinnig; *s f fam* Größenwahn *m.* **mégalomane** *a* größenwahnsinnig; *s m f* Größenwahnsinnige(r *m*) *f.* **mégalomanie** *f* Größenwahn *m.* **mégaoctet** *m inform* Megabyte *n.* **mégaphone** *m* Megaphon, Sprachrohr *n.*

mégarde [megaʀd]: *loc adv:* ► *par* ~aus Versehen.

mégatonne [megatɔn] *f Abk Mt, phys* Megatonne *f* (Mt).

mégère [meʒɛʀ] *f fig* Megäre *f.*

mégot [mego] *m pop* Zigarren- *od* Zigarettenstummel *m,* Kippe *f.*

meilleur, e [mɛjœʀ] **I.** *a (Komparativ von bon)* besser; ► *le* ~ der beste; **II.** *s m* **1.** ► *le* ~ der Beste; **2.** ► *rendre* ~ besser machen, bessern; **3.** ► *il fait* ~ es ist besser; es ist besseres Wetter; *(fam) c'est la* ~*e!* das ist die Höhe! *la* ~*e part* der beste Teil.

mélancolie [melɑ̃kɔli] *f* Schwermut *f;* Melancholie *f; (Person)* Trübsinn *m.* **mélancolique I.** *a* melancholisch, schwermütig; *(Person)* trübsinnig; **II.** *s m* Melancholiker *m.*

mélange [melɑ̃ʒ] *m* **1.** Mischung *f,* Gemisch *n;* **2.** Mischen, Mengen *n,* Vermengung *f;* **3.** *chem* Mischung *f,* Gemenge *n;* **4.** *pl* Vermischte(s) *n,* Miszellen; vermischte Schriften *f pl;* **5.** ► *sans* ~ unge-, unvermischt; rein *a. fig; fig (Freude)* ungemischt; **6.** ► *faire un* ~ *de qc* etw (ver)mischen; **7.** ► ~ *de races* Rassenmischung *f.* **mélangé, e** *a* gemischt. **mélanger** ⟨*Prés. je mélange, ns mélangeons; Fut. je mélangerai; pp.*

mélangé, e) tr **1.** (ver)mischen, (ver-)mengen (*à, avec* mit *dat*); versetzen (*avec qc* mit etw); **2.** durchea.=bringen, -würfeln; ▶ *je mélange un peu les dates (fam)* ich bringe die Daten etw durcheinander. **mélangeur, se** *m* **1.** Mischmaschine *f,* -apparat, Mischer *m;* **2.** *f tech* Melangeur *m.*
mélasse [melas] *f* Melasse *f.*
mêlé, e [me(ɛ)le] *a* gemischt; ▶ *monde m, société f ~(e)* gemischte Gesellschaft *f.* **mêlée** *f* **1.** Handgemenge; Getümmel *n;* Schlägerei; **2.** *fig* Ausea.setzung *f,* Konflikt, Streit *m;* **3.** *sport* Gedränge *n;* **4.** ▶ *se placer au-dessus de la ~* sich aus dem Streit heraushalten. **mêler I.** *tr* **1.** (ver)mischen, (ver-)mengen (*à, avec* mi *dat*); **2.** durchea.=bringen, in Unordnung bringen; **3.** *fig* verbinden (*à* mit); vereinigen, verquicken (*à, avec* mit *dat*); **4.** hinein=ziehen, -bringen, verwickeln (*à qc* in e-e S); **II.** *v prn se ~* **1.** sich (ver)mischen (*à, avec* mit *dat*); **2.** sich verwirren, durchea.=geraten; **3.** sich vereinigen, sich verbinden (*à, avec* mit *dat*); **4.** sich mischen (*à, dans* unter *acc*); teil=nehmen, sich beteiligen (*à* an *dat*); **5.** sich kümmern (*de qc* um etw), sorgen (*de qc* für etw); *péj* s-e Nase stecken (*de qc* in e-e S); sich beschäftigen, sich befassen, sich ab=geben (*de qc* mit etw); **6.** ▶ *~ les cartes* die Karten mischen; *fig* Verwirrung stiften; *s'en ~* dabei im Spiel sein; *se ~ à la foule* in der Menge, Masse unter=tauchen; *ne pas se ~ de qc* die Hände von etw lassen; **7.** ▶ *de quoi vous mêlez-vous?* was geht Sie (denn) das an? *mêlez-vous de vos affaires!* kümmern Sie sich (doch) um Ihre Angelegenheiten, *pop* um Ihren Dreck!
mélèze [melɛz] *m bot* Lärche *f.*
méli-mélo [melimelo] *m fam* Tohuwabohu, Durcheinander *n,* Wirrwarr *m.*
mélo [melo] *a fam* theatralisch.
mélodie [melɔdi] *f* **1.** Melodie, Weise *f;* **2.** Kunstlied *n;* **3.** Melodik *f,* Wohlklang *m.* **mélodieux, se** *a* melodienreich; melodisch, klangvoll; wohllautend. **mélodique** *a* **1.** *mus* melodisch; **2.** *fig* wohlklingend.
mélodramatique [melɔdʀamatik] *a* **1.** melodramatisch; **2.** *fig* rührselig. **mélodrame** *m theat* Volks-, Rührstück *n.*
mélomane [melɔman] **I.** *s m f* Musikliebhaber(in *f*), Musiknarr *m,* -närrin *f;* **II.** *a* musikbegeistert.
melon [məlɔ̃] *m bot* Melone *f.*
membrane [mɑ̃bʀan] *f anat phys* Membran(e) *f.* **membraneux, se** *a* häutig.
membre [mɑ̃bʀ] *m* **1.** (Mit-)Glied *n;* **2.** *anat* Glied *n;* **3.** *mar* Spant *m;* **4.** *pl* Gliedmaßen *pl;* **5.** ▶ *carte f de ~* Mitgliedskarte *f;* **6.** ▶ *~ artificiel* künstliche(s) Glied *n,* Prothese *f; ~ d'une association* Vereinsmitglied *n; ~ bienfaiteur* fördernde(s) Mitglied *n.* **membré, e:** ▶ *bien ~* mit gut proportionierten Gliedmaßen.
même [mɛm] **I.** *a* **1.** *(vorangestellt)* selbst; ▶ *le ~* derselbe; der gleiche; **2.** *(nachgestellt, verstärkend)* selbst; **II.** *adv* selbst, sogar; **1.** ▶ *moi-~* ich selbst; *à ~ la peau* auf der nackten Haut; *aujourd'hui ~* heute noch; schon heute; *avant ~ que* noch bevor, ehe; *la bonté ~* die Güte selbst; *la ~ chose* dasselbe, das gleiche; *de ~ (que)* ebenso (wie); *du ~ âge* gleichaltrig; *pas ~* nicht einmal; *quand ~* selbst wenn, sogar wenn; trotzdem; *pour la ~ raison* aus dem gleichen Grunde; *une seule et ~ chose, personne* ein u. das-, der-, dieselbe; *en ~ temps* zu gleicher Zeit, gleichzeitig, zugleich; *au ~ titre* mit gleichem Recht; *tout de ~* trotzdem; **2.** ▶ *être à ~ de faire qc* imstande sein, in der Lage sein, etw zu tun; *faire de ~* es ebenso machen; **3.** ▶ *cela revient au ~, (fam) c'est du pareil au ~* das kommt aufs gleiche raus; *il en va, il en est de ~ pour moi* mir geht es ebenso.
mémé [meme] *f (Kindersprache)* Oma, Omi *f.*
mémento [memɛ̃to] *m* **1.** Notizbuch *n;* **2.** Repetitorium *n,* Abriß, Auszug *m (Buch);* **3.** *rel* Fürbitte *f.*
mémoire [memwaʀ] **I.** *f* **1.** Gedächtnis *n;* **2.** Erinnerung *f,* An-, Gedenken *n* (*de qc* an e-e S); **3.** *inform* Speicher *m;* **4.** ▶ *à la ~ de qn* zur Erinnerung an jdn; *de ~* aus dem Gedächtnis, aus dem Kopf; *de ~ d'homme* seit Menschengedenken; *en ~ de qc* in Erinnerung an e-e S; *pour ~ (com)* zum Vermerk; **5.** ▶ *garder qc en ~* etw in Erinnerung, im Gedächtnis behalten; *rafraîchir la ~ de qc, remettre qc en ~ à qn* jdm etw ins Gedächtnis zurück=rufen; **6.** ▶ *si j'ai bonne ~* wenn ich mich recht erinnere, wenn ich mich nicht irre; **7.** ▶ *~ des dates* Zahlengedächtnis *n; ~ morte* Festspeicher *m; ~ vive* Schreib-Lese-Speicher, RAM *m;* **II.** *m* **1.** Denkschrift *f,* Memorandum *n,* Bericht *m;* **2.** Abhandlung *f,* Aufsatz *m;* **3.** Eingabe *f,* Gesuch; **4.** *com* Verzeichnis *n,* Aufstellung, (Be-)Rechnung *f;* **5.** ▶ *~s pl* Lebenserinnerungen *f pl,* Memoiren *pl.*
mémorable *a* denkwürdig. **mémorandum** [-ɔm] *m pol* **1.** Note, Denkschrift *f,* Memorandum *n;* **2.** *com* Bestellzettel *m.* **mémorial** *m* **1.** Erinnerungsschrift *f;* **2.** *mil* Tagebuch *n;* **3.** *pl -aux* Denkmal *n.* **mémorialiste** *m* Memoirenschreiber *m.* **mémorisation** *f* das (im Gedächtnis) Behalten *n; inform* (Ein-)Speicherung *f.* **mémoriser** *tr* sich (etw) ein=prägen; *inform* (ein=)speichern.

menaçant, e [mɛnasɑ̃, -ɑ̃t] *a* drohend *(a. Wetter);* bedrohlich; unheilverkündend. **menace** [-nas] *f* **1.** (Be-, An-) Drohung *f;* **2.** drohende Gefahr *f;* **3.** ▶ *mettre ses ~s à exécution* s-e Drohungen wahrmachen; *proférer des ~s* Drohungen aus⸗stoßen. **menacer** ⟨*Prés. je menace, ns menaçons; Fut. je menacerai; pp. menacé, e*⟩ **I.** *itr (absolument)* drohen; *la pluie menace* es droht zu regnen; **II.** *tr* **1.** (be)drohen, an⸗drohen; ▶ *~ qn de mort* jdm mit dem Tode drohen; *~ qn avec une arme* jdm mit e-r Waffe drohen; **2.** *(faillir)* ▶ *il menace d'étouffer* er droht zu ersticken; *être menacé* bedroht, gefährdet sein, in Gefahr schweben.

ménage [menaʒ] *m* **1.** Haushalt(ung *f*) *m;* Hausarbeit *f,* -wirtschaft *f;* **2.** Familie *f,* eheliche Gemeinschaft, Ehe(paar *n*) *f;* **3.** Wohnungseinrichtung *f,* Hausrat *m;* **4.** Aufräumen, Putzen *n;* **5.** ▶ *faire bon ~* sich gut vertragen; *se mettre en ~ avec qn* mit jdm zs.⸗wohnen, -ziehen, gemeinsamen Haushalt führen; *monter son ~* sich ein⸗richten; **6.** ▶ *argent m du ~* Wirtschaftsgeld *n; femme f de ~* Stunden-, Aufwartefrau *f; jeune ~* junge(s) Ehe(paar *n*) *f.*

ménagement [menaʒmɑ̃] *m* Schonung, Rücksicht *f;* ▶ *avec ~* schonend, rücksichtsvoll *adv.* **ménager** ⟨*Prés. je ménage, ns ménageons; Fut. je ménagerai; pp. ménagé, e*⟩ **I.** *tr* **1.** schonen *(a. Person);* schonend, vorsichtig behandeln; behutsam umgehen (*qc* mit etw); *(Person)* rücksichtsvoll behandeln, Rücksicht nehmen (*qn* auf jdn); **2.** bewerkstelligen, zustande bringen; *(Gelegenheit, Zs.treffen)* herbei⸗führen; **3.** *(Überraschung)* bereiten; **4.** *(Interesse)* wahr⸗nehmen; **5.** zuteil werden lassen, zu⸗kommen lassen, zu⸗spielen; **6.** Vorteil(e) ziehen (*qc* aus etw), Gebrauch machen (*qc* von etw); **7.** *(gut, geschickt)* verwenden, ein⸗, verteilen, an⸗ordnen; **8.** *(Gegenstand)* anbringen, -legen; **9.** *tech* aus⸗sparen; **II.** *v prn se ~* **1.** sich schonen; sich in acht, auf sich (selbst) Rücksicht nehmen; ▶ *se ~ qc* sich etw auf⸗sparen, sichern, vor⸗behalten, verschaffen; **2.** *(Rivalen)* sich schonend, rücksichtsvoll behandeln; ▶ *ne ~ aucun effort pour* keine Mühe scheuen, um zu; *ne pas ~ ses paroles* nicht mit Worten sparen; *se ~ une porte de sortie (fig)* sich e-e Hintertür offen⸗halten.

ménager, ère [menaʒe, -ɛʀ] **I.** *a* Haushalts-; **II.** *s f* **1.** Hausfrau *f;* **2.** Besteckkasten *m;* **3.** ▶ *arts m pl ~s* Produktionszweig *m* für Haus- und Küchengeräte; *ordures f pl ~ères* Küchenabfälle *m pl; centre m d'enseignement ~* Haushaltungsschule *f; travaux m pl ~s* Hausarbeit.

ménagerie [menaʒʀi] *f* Menagerie *f;* Tierpark *m,* -schau *f.*

mendiant, e [mɑ̃djɑ̃, -ɑ̃t] **I.** *a* bettelnd, Bettel-; **II.** *s m f* Bettler(in *f*) *m.* **mendicité** *f* Betteln *n,* Bettelei *f.* **mendier** [-dje] *tr itr* betteln *a. allg* (*qc* um etw).

mener [məne] ⟨*Prés. je mène, ns menons; Fut. je mènerai; pp. mené, e*⟩ **I.** *tr* **1.** *(Menschen)* führen, (ge)leiten, begleiten, bringen; **2.** ein⸗führen (*dans qc* in etw, *chez qn* bei jdm); **3.** *(Vieh)* treiben; **4.** *(Sachen)* bringen, schaffen, fahren, transportieren; **5.** *fig* leiten, lenken; führen *(a. Leben, Ehe, Haushalt);* **6.** *(Geschäft)* (be)treiben; **7.** *(Sache)* regeln; **II.** *itr* **1.** *(Weg, Strecke, Verkehrsmittel)* führen (*à* nach); **2.** *fig* führen (*à* zu), hinaus⸗laufen (*à* auf *acc*); **3.** *sport* führen, die Führung haben, an der Spitze liegen; **4.** ▶ *~ qn à la baguette* jdn herum⸗kommandieren; *~ la barque (fig)* das Heft in der Hand haben; *~ jusqu'au bout* zum Ziel führen; *~ à bonne fin, à bien* zum guten Ende, durch⸗führen; *~ de front* gleichzeitig, zugleich führen *od* betreiben; *n'en ~ pas large (fam)* beunruhigt sein; klein bei⸗geben; *~ loin (Vorrat)* lange reichen; *fig* (weitreichende) Folgen, Konsequenzen haben; *~ par la main* an der Hand führen; *~ à mal* zu e-m bösen Ende führen; *~ par le (bout du) nez* an der Nase herum⸗führen; *ne ~ à rien* zu nichts führen, keinen Zweck haben, sinnlos sein; *~ grand train* auf großem Fuß leben. **meneur** *m pol* An-, Rädelsführer, Drahtzieher, Aufwiegler, Wühler *m;* ▶ *~ de grève, d'hommes* Streik-, Volksführer *m; ~ de jeu* Quizmaster, Conférencier *m.*

menhir [mɛniʀ] *m* Menhir *m.*

méninge [menɛ̃ʒ] *f* **1.** *anat* Hirnhaut *f;* **2.** ▶ *il ne s'est pas fatigué les ~s (fam)* er hat s-n Grips nicht angestrengt. **méningite** *f* Hirnhautentzündung *f.*

ménisque [menisk] *m* **1.** *phys anat* Meniskus *m;* **2.** *opt* Punktalglas *n.*

ménopause [menɔpoz] *f biol* Klimakterium *n,* Wechseljahre *n pl.*

menotte [mənɔt] *f* **1.** *(Kindersprache)* (Patsch-)Händchen *n;* **2.** *pl* Handschellen *f pl;* ▶ *mettre les ~s à qn* jdm Handschellen anlegen.

mensonge [mɑ̃sɔ̃ʒ] *m* **1.** Lüge, Unwahrheit *f;* **2.** Täuschung *f,* Betrug *m;* **3.** ▶ *dire des à qn* jdn an⸗, belügen; jdm etw vor⸗lügen; **4.** ▶ *tissu m de ~s* Lügennetz, -gewebe *n.* **mensonger, ère** *a (Reden)* lügnerisch, lügenhaft, verlogen; *(Behauptung)* unwahr, falsch.

menstruation *f* [mɑ̃stʀyasjɔ̃] *f pl* Menstruation, Regel *f.*

mensualisation [mɑ̃sɥalizasjɔ̃] *f* (Umstellung *f* auf) monatliche Entlohnung *f.* **mensualiser** *tr* monatlich entlohnen. **mensualité** *f* **1.** Monatslohn *m;* **2.** monatliche Zahlung, Monatsrate *f;* ► *par ~s* in Monatsraten. **mensuel, le** [-sɥɛl] **I.** *a* monatlich; Monats-; **II.** *s m* Monatslohnempfänger *m;* ► *revue f ~le* Monatsschrift *f.*

mensuration [mɑ̃syʀasjɔ̃] *f* (Körper-) Messung *f.*

mental, e [mɑ̃tal] *a pl -aux* **1.** geistig; Geistes-; **2.** gedanklich; innerlich; *(Gebet)* still; **3.** ► *calcul m ~* Kopfrechnen *n; état m ~* Geisteszustand *m; maladie f ~e* Geisteskrankheit *f.* **mentalement** *adv* **1.** in geistiger Hinsicht; **2.** in Gedanken; ► *calculer ~* im Kopf rechnen. **mentalité** *f* **1.** Mentalität; (Geistes-, Denk-)Art *f;* **2.** Einstellung, innere Haltung *f.*

menteur, se [mɑ̃tœʀ, -tøz] *m f* Lügner(in *f*); Schwindler(in *f*) *m.*

menthe [mɑ̃t] *f bot* Minze *f; (~ poivrée)* Pfefferminze *f.*

mention [mɑ̃sjɔ̃] *f* **1.** Erwähnung *f;* **2.** Angabe *f;* Vermerk *m;* **3.** ► *faire ~ (expresse) de* (ausdrücklich) erwähnen; *biffer, rayer les ~s inutiles!* Nichtzutreffendes streichen! *être reçu avec la ~ (très bien)* mit (sehr gut) bestanden haben. **mentionner** [-sjɔ-] *tr* **1.** erwähnen; **2.** an=führen; vermerken.

mentir [mɑ̃tiʀ] ‹*Prés. je mens, ns mentons; Fut. je mentirai; pp. menti; Subj. que je mente, que ns mentions; Impér. mens, mentons*› *itr* **1.** *(Person)* lügen, die Unwahrheit sagen, schwindeln; *à qn* jdn an=, belügen, jdm etw vor=lügen, jdn an=, beschwindeln; ► *il m'a menti en me disant que...* er hat mir vorgelogen, daß; **2.** *(Sache)* trügen, täuschen; ► *sans ~* offen gesagt; **3.** ► *faire ~ qn* jdn Lügen strafen.

menton [mɑ̃tɔ̃] *m* Kinn *n;* ► *double ~* Doppelkinn *n.*

menu, e [məny] **I.** *a* **1.** klein, dünn, fein; **2.** schmächtig; **3.** gering, belanglos, unbedeutend; **II.** *adv* klein, fein; in kleine Stücke; **III.** *s m* **1.** Menü *n,* Speise(n)folge *f;* **2.** Speisekarte *f;* **3.** ► *conter par le ~* haarklein erzählen; *dresser le ~* das Menü zs.=stellen; **4.** ► *taille f ~e* zierliche Figur *f;* **5.** ► *~s frais m pl* Nebenausgaben *f pl.*

menuet [mənɥɛ] *m* Menuett *n (Tanz).*

menuiserie [mənɥizʀi] *f;* **1.** Schreinerei, Tischlerei *f;* **2.** Tischler-, Schreinerarbeit, -werkstatt *f.* **menuisier** *m* Schreiner, Tischler *m.*

méprendre, se [mepʀɑ̃dʀ] ‹*Prés. je me méprends, ns ns méprenons; Fut. je me méprendrai; pp. mépris, e; Subj. que je me méprenne, que ns ns méprenions*› *v prn* sich irren, sich täuschen (*à* in *dat; sur* hinsichtlich *gen*); mißverstehen, falsch verstehen (*sur qn, qc* jdn, etw); ► *se ressembler à s'y ~* sich zum Verwechseln ähnlich sehen; *vous vous méprenez sur mes paroles* Sie verstehen mich falsch.

mépris [mepʀi] *m* **1.** Ver-, Mißachtung; Geringschätzung *f;* **2.** *pl lit* geringschätzige Äußerungen *f pl;* **3.** ► *au ~ de* ohne Rücksicht auf *(acc);* entgegen, zum Trotz *dat;* ungeachtet *gen;* ► *avec ~* verächtlich, mit Verachtung. **méprisable** [-zabl] *a* verächtlich; erbärmlich. **méprisant, e** *a* geringschätzig, herablassend; *(Ton, Lächeln)* verächtlich.

méprise [mepʀiz] *f* Irrtum *m,* Versehen *n;* ► *par ~* aus Versehen, versehentlich, irrtümlich.

mépriser [mepʀize] *tr* ver-, mißachten; gering=schätzen.

mer [mɛʀ] *f* **1.** Meer *n a. fig,* See *f;* **2.** ► *(fig) une ~ de* ein Meer von; *en ~* auf See; *par ~* zur See, auf dem Seewege, mit dem, *fam* per Schiff; *par forte, grosse ~* bei hohem Seegang; **3.** ► *prendre la ~ (Schiff)* aus=laufen; **4.** ► *c'est une goutte d'eau dans la ~* das ist ein Tropfen auf den heißen Stein; *ce n'est pas la ~ à boire* das ist halb so schlimm; *homme à la ~!* Mann über Bord! *(Notschrei);* **5.** ► *eau f de ~* Meerwasser *n; mal m de ~* Seekrankheit *f; pleine ~* Flut; hohe See *f; transport m par ~* Seetransport *m;* **6.** ► *la ~ Baltique, du Nord* die Ost-, Nordsee *f; ~ basse* Ebbe; Untiefe *f; ~ calme* ruhige, glatte See *f; ~ de glace* Eismeer *n; ~ houleuse* hohle See *f.*

mercantile [mɛʀkɑ̃til] *a* ► *esprit m ~* Krämergeist *m.* **mercantilisme** *m* Merkantilismus *m.*

mercenaire [mɛʀsənɛʀ] **I.** *a* Söldner-; *(Arbeit)* bezahlt; **II.** *s m mil* Söldner *m.*

mercerie [mɛʀsəʀi] *f* Kurzwaren(handel *m;* -handlung *f*) *f pl.*

merci [mɛʀsi] **I.** *adv* ► *sans ~* erbarmungs-, schonungslos *adv;* **II.** *s f* ► *être à la ~ de qn, de qc* jdm, e-r S ausgeliefert sein; **III.** *interj* danke (schön, sehr)! *a. ironisch;* ► *Dieu ~!* Gott sei Dank! *mille ~s!* tausend, heißen, vielen herzlichen Dank! *~ beaucoup, bien!* vielen Dank! danke schön! *dire ~* danke schön sagen.

mercier, ère [mɛʀsje, -ɛʀ] *m f* Kurzwarenhändler(in *f*) *m.*

mercredi [mɛʀkʀədi] *m* Mittwoch *m;* ► *le ~* mittwochs; *~ des Cendres* Aschermittwoch *m.*

mercure [mɛʀkyʀ] *m* Quecksilber *n.*

merde [mɛʀd] **I.** *s f vulg* Scheiße *f;* (Scheiß-)Dreck *m;* **II.** *interj (~ alors!)* Scheiße! ► *être dans la ~ (pop)* in der Scheiße sitzen; *c'est de la ~* das ist Mist.

merder *itr fam* stocken, still=stehen.

merdeux, se I. *a vulg* beschissen; dreckig, schmutzig; **II.** *s m f* Grünschnabel, Rotzjunge; Fatzke, Affe; ein-

gebildete Gans *f.* **merdier** *m:* ▶ *quel ~! (fam)* so ein Durcheinander!
mère [mɛʀ] **I.** *s f* **1.** Mutter *a. rel fig; jur* Kindesmutter *f;* **2.** *zoo* Muttertier *n;* **3.** *fig* Mutterboden; **4.** Ursprung *m,* Ursache, Quelle *f;* **II.** *a* **1.** Mutter-, Ur-; Haupt-; **2.** ▶ *fête f des ~s* Muttertag *m; maison f ~* Mutter-, Stammhaus *n; reine f ~* Königinmutter *f;* **3.** ▶ *~ célibataire* ledige Mutter *f; ~ de famille* Hausfrau *f; ~ patrie* Mutterland *n; ~ porteuse* Leihmutter *f.*
méridien, ne [meʀidjɛ̃, -ɛn] **I.** *a astr* Mittags-; Süd-; Meridian-; **II.** *s m (cercle m ~)* Meridian(kreis), Längenkreis *m;* ▶ *~ d'origine* Nullmeridian *m.*
méridional, e [-djɔ-] *a pl -aux* südlich; Süd-. **Méridional, e** *m f* Südfranzose *m,* -französin *f.*
meringue [məʀɛ̃g] *f* Meringe *f,* Baiser *n.*
merise [məʀiz] *f bot* Süß-, Vogelkirsche *f (Frucht).* **merisier** *m* Süß-, Vogel-, Holz-, Waldkirsche(nbaum *m*) *f.*
méritant, e [meʀitɑ̃, -ɑ̃t] *a (Person)* verdienstvoll, verdient. **mérite** *m* **1.** Verdienst *n;* **2.** Wert; Vorzug *m a. pl;* ▶ *de ~ (Person)* verdient; *(Sache)* verdienstvoll; *être traité selon ses ~s* s-n verdienten Lohn erhalten. **mériter I.** *tr* **1.** *(Belohnung, Lob; Strafe, Tadel)* verdienen (*de* zu); **2.** ein Anrecht haben (*qc* auf e-e S, *de* zu); **3.** *(Person)* würdig sein (*qn* jds, *de* zu); **4.** *(Sache)* wert sein (*de* zu); **5.** bedürfen (*qc* e-r S *gen*); erfordern, verlangen; **II.** *itr* **1.** ▶ *bien ~* sich verdient machen (*de* um); **2.** ▶ *sans l'avoir mérité* unverdientermaßen; unverschuldeterweise; **3.** ▶ *~ confirmation* e-r Bestätigung bedürfen; **4.** ▶ *il a ce qu'il mérite* das geschieht ihm (ganz) recht (so). **méritocratie** *f* Meritokratie *f.* **méritoire** *a (Sache)* verdienstlich, schätzenswert, löblich.
merlan [mɛʀlɑ̃] *m* **1.** *zoo* Wittling, Merlan; **2.** *arg* Friseur *m;* **3.** *faire des yeux de ~ frit (fam)* glotzen, stieren.
merle [mɛʀl] *m orn* Amsel, Schwarzdrossel *f.*
merluche [mɛʀlyʃ] *f* **1.** *(merlu m)* Seehecht *m;* **2.** *com* (gesalzener) Stockfisch *m.*
merveille [mɛʀvɛj] *f* **1.** (wahres) Wunder; Wunderwerk; Wunderbare(s); Großartige(s) *n;* **2.** ▶ *à ~ (oft ironisch)* ausgezeichnet, vortrefflich; großartig, wunderbar, herrlich; **3.** ▶ *faire des ~s* Hervorragendes, Außerordentliches, Gewaltiges leisten; *promettre monts et ~s* goldene Berge versprechen; **4.** ▶ *~ du monde* Weltwunder *n.* **merveilleux, se I.** *a* wunderbar, -voll; schön; erstaunlich, staunenswert; Wunder-; **II.** *s m* Wunderbare(s); Erstaunliche(s), Außerordentliche(s) *n.*
mes [mɛ(e)] *pl prn* meine.
mésalliance [mezaljɑ̃s] *f* Mißheirat *f.* **mésallier, se** *v prn* (sich) unter s-m Stande verheiraten.
mésange [mezɑ̃ʒ] *f orn* Meise *f;* ▶ *~ bleue, charbonnière* Blau-, Kohlmeise *f.*
mésaventure [mezavɑ̃tyʀ] *f* Mißgeschick *n.*
mesdames [medam] *s. madame.* **mesdemoiselles** [medmwazɛl] *s. mademoiselle.*
mésentente [mezɑ̃tɑ̃t] *f* Mißhelligkeit, Unstimmigkeit; Uneinigkeit *f.* **mésestime** *m* Miß-, Verachtung, Geringschätzung *f.* **mésestimer** *tr* zu niedrig ein=schätzen, unterschätzen; gering=schätzen, mißachten.
mésolithique [mezɔlitik] *m* mittlere Steinzeit *f,* Mesolithikum *n.*
méso(tro)n [mezɔ̃] *m phys* Meso(tro)n *n.*
mésozoïque [mezɔzɔik] *m* Mesozoikum, Erdmittelalter *n.*
mesquin, e [mɛskɛ̃, -in] *a* **1.** arm(selig), dürftig, schäbig, *fam* lumpig; **2.** knauserig, knick(e)rig; **3.** *fig* kleinlich, eng(herzig, -stirnig). **mesquinerie** *f* **1.** Armselig-, Dürftig-, Schäbigkeit *f;* **2.** Knauserei, Knickerei, Knauserig-, Knick(e)rigkeit *f;* **3.** Enge, Engherzig-, Engstirnigkeit *f.*
mess [mɛs] *m* Offiziers-, Unteroffizierskasino *n.*
message [mɛsaʒ] *m* **1.** Botschaft; Nachricht, Mitteilung, Meldung; *tele radio* Durchsage *f;* **2.** Auftrag *m,* Bestellung *f;* **3.** ▶ *s'acquitter d'un ~* sich e-r Botschaft entledigen; *~ publicitaire* Werbespot *m; ~ radio* Funkspruch *m; ~ téléphonique* fernmündliche Nachricht *f.* **messager, ère** *m f* **1.** Bote *m,* Botin *f;* **2.** *fig* Künder(in *f*), Vorbote *m;* ▶ *par ~* durch Boten. **messageries** *f pl* **1.** *loc* Gütereilverkehr; Eiltransport *m;* **2.** ▶ *~ électroniques* elektronische Post *f; ~ de presse* Zeitungsvertriebsgesellschaft *f.*
messe [mɛs] *f* **1.** *rel mus* Messe *f;* **2.** ▶ *dire, célébrer la ~* die Messe lesen; *(fig fam) faire des ~s basses* miteinander tuscheln; **3.** ▶ *~ des morts* Totenmesse *f.*
messianique [mɛsjanik] *a* messianisch. **messie, le** *rel* der Messias.
messieurs [mɛsjø] *m pl* meine Herren.
mesurable [məzyʀabl] *a* meßbar. **mesurage** *m* Ab-, Aus-, Ver-, Messung *f.*
mesure *f* **1.** Messung *f;* Maß *n;* **2.** *fig* Maß(stab *m*); **3.** *fig* Mäßigkeit, Zurückhaltung *f;* **4.** Anordnung, Vorkehrung (*de* für *acc*), Maßnahme, -regel *f; pl* Anstalten *f pl* (*de* zu); **5.** *mus* Takt *m;* **6.** Versmaß *n;* **7.** *(Fechten)* Mensur *f;* **8.** ▶ *(au fur et) à ~* nach u. nach, gleichmäßig verteilt *adv; au fur et à ~ des livraisons* je nach Eintreffen der Liefe-

rung; *à ~ que* in dem Maße wie; *avec ~* maßvoll, mit Maß u. Ziel; *dans la ~ où* in dem Maße wie, insoweit (als); *dans une certaine ~* bis zu e-m gewissen Grade; einigermaßen; *dans une large ~* in hohem Maße, in großem Umfang; *dans la ~ de nos moyens* nach besten Kräften; *au delà de toute ~* maßlos; *sur ~* nach Maß; **9.** ► *avoir deux poids et deux ~s* mit zweierlei Maß messen, parteiisch sein; *battre la ~ (mus)* den Takt schlagen; *dépasser la ~* über das Maß hinaus=gehen; *être en ~ de faire qc* imstande sein, etw zu tun; *manquer de ~* kein Maß kennen, maßlos sein; *perdre toute ~* jedes Maß verlieren, weit über das Ziel hinaus=schießen; *prendre les ~s (Schneider)* Maß nehmen (*de qc* zu etw, *de qn* an jdm); *prendre des ~s* Maßnahmen ergreifen; **10.** ► *barre f, bâton m de ~ (mus)* Taktstrich *m*, -stock *m; travail m sur ~* Maßarbeit *f;* **11.** ► *~ d'économie* Sparmaßnahme *f; ~ de sécurité* Sicherheitsmaßnahme, -vorkehrung *f; ~ de superficie* Flächenmaß *n; ~ à quatre temps* Viervierteltakt *m; ~ à vue d'œil* Augenmaß *n.* **mesuré, e** *a (Person)* maßvoll; gemäßigt. **mesurer I.** *tr* **1.** (ab=, aus=, ver-, zu=)messen (*avec, à l'aide de* mit); messen, groß sein (*1 m 70;* 1,70 m); **2.** *fig* ab=schätzen, -wägen, beurteilen (*par* nach); regeln; ein=, zu=teilen; den Maßstab ab=geben (*qc* für etw); an=passen (*à* an *acc*); **II.** *v prn: se ~* **1.** sich messen (*à, avec qn* mit jdm); **2.** ► *~ ses forces avec qn* s-e Kräfte mit jdm messen; *~ qn du regard* jdn von oben bis unten an=sehen. **mesureur** *s m* **1.** (Ver-)Messer *(Mensch);* **2.** Meßgerät *n*, -apparat *m;* ► *~ de pression* Druckmesser *m.*

métabolisme [metabɔlism] *m (Physiologie)* Stoffwechsel *m.*

métacarpe [metakaʀp] *m anat* Mittelhand *f.*

métairie [mete(ɛ)ʀi] *f agr* Halbpacht-, Bauernhof *m.*

métal [metal] *m pl -aux* **1.** Metall *n;* **2.** Währungsmetall *n;* ► *~ non ferreux* Nichteisenmetall *n; ~ précieux* Edelmetall *n.* **métallifère** *a* metall-, erzhaltig; ► *gisement m ~ (min)* (Erz-)Lagerstätte *f.* **métallique** *a* metallisch *a. fig (Klang, Stimme);* ► *monnaie f ~* Hartgeld *n.* **métalliser** *tr* **1.** mit Metall überziehen, metallisieren; **2.** Metallglanz geben (*qc* e-r S). **métallurgie** *f* **1.** Metallurgie, Hüttenkunde; **2.** *(~ lourde)* Schwerindustrie *f.* **métallurgique** *a* metallurgisch, hüttenkundlich; ► *usine f ~* Hütte(nwerk *n*) *f.* **métallurgiste I.** *a* Hütten-; **II.** *s m* **1.** *(ingénieur m ~)* Hütteningenieur; **2.** *(ouvrier m ~)* Metallarbeiter *m.*

métamorphose [metamɔʀfoz] *f* Metamorphose; Verwandlung, Umgestaltung *f.* **métamorphoser I.** *tr* ver-, um=wandeln, um=gestalten (*en* in *acc*); (völlig) verändern, machen (*en* zu); **II.** *v prn se ~* sich verwandeln (*en* in *acc*).

métaphore [metafɔʀ] *f* Metapher *f*, bildliche(r) Ausdruck *m.* **métaphorique** *a* **1.** bildlich; **2.** *(Stil)* bilderreich.

métaphysicien [metafizisjɛ̃] *m* Metaphysiker *m.* **métaphysique I.** *s f* Metaphysik *f;* **II.** *a* metaphysisch.

métayer, ère [metɛje] *m f agr* (Halb-)Pächter(in *f*) *m.*

métempsycose [metɑ̃psikoz] *f rel* Seelenwanderung *f.*

météo [meteo] *f fam* Wettervorhersage *f.*

météore [meteɔʀ] *m* **1.** Himmels-, Lufterscheinung *f;* **2.** *astr* Meteor *m.* **météorique** *a* Meteor-; ► *pierre f ~* Meteorstein *m.* **météorite** *f* Meteor(stein) *m.*

météorologie [meteɔʀɔlɔʒi] *f* **1.** Meteorologie, Wetterkunde *f;* **2.** Wetterdienst *m.* **météorologique** *a* meteorologisch; Wetter-; ► *bulletin m, station f ~* Wetterbericht *m*, -warte *f; prévisions f pl ~s* Wettervorhersage *f.* **météorologiste, météorologue** *m f* Meteorologe *m*, -login *f.*

métèque [metɛk] *m péj* Südländer *m.*

méthane [metan] *m chem* Methan *n.*

méthode [metɔd] *f* **1.** Methode *f*, Verfahren(sweise *f*) *n;* **2.** *fig* Weg, Plan *m; (Buch)* Anlage *f;* **3.** Lehrgang, Leitfaden *m (Buch);* **4.** ► *avec ~* methodisch, planmäßig, systematisch; **5.** ► *~ d'analyse* Untersuchungsmethode *f; ~ de travail* Arbeitsweise *f; ~ de piano* Klavierschule *f (Buch).* **méthodique** *a* methodisch, planmäßig. **méthodisme** *m rel* Methodismus *m.* **méthodiste** *rel m f* Methodist(in *f*) *m.* **méthodologie** *f* Methodologie; Methodik *f.*

méthyle [metil] *m chem* Methyl *n.* **méthylène** *m* **1.** *chem* Methylen *n;* **2.** *com* (unreiner) Methylalkohol *m.*

méticuleux, se [metikylø, -øz] *a* gewissenhaft; peinlich genau. **méticulosité** *f* Gewissenhaftigkeit, peinliche Sorgfalt *f.*

métier [metje] *m* **1.** Gewerbe; Fach *n*, Beruf *m;* **2.** *fig* Handwerk *n*, Tätigkeit, Beschäftigung *f;* **3.** Handwerk *n; (Kunst)* (das) Handwerkliche, Handwerksmäßige; **4.** Wirkmaschine *f; (~ à tisser)* Webstuhl *m;* **5.** ► *de ~* gewerbsmäßig, von Beruf; Berufs-; *de son ~* von Beruf, s-s Zeichens; **6.** ► *être du ~* vom Fach sein; etw von der Sache verstehen; *exercer un ~* ein Handwerk, Gewerbe betreiben, e-n Beruf aus=üben; *parler ~* fachsimpeln; **7.** ► *chambre f des ~s* Handwerkskammer *f; homme m du ~* Fachmann, Sachverständige(r) *m;* **8.** ► *~ de boulanger* Bäckerhandwerk *n;*

~ *manuel, artisanal* handwerkliche(r) Beruf *m.*
métis, isse [metis] **I.** *s m f* **1.** Mischling, Bastard *m;* **2.** *m* Halbleinen *n;* **II.** *a* Bastard-, Mischlings-; *bot* hybrid. **métissage** *m* **1.** Rassenmischung, Bastardierung *f;* **2.** *bot zoo* Kreuzung *f.*
métonymie [metɔnimi] *f gram* Metonymie *f.*
métrage [metraʒ] *m* **1.** Meterzahl; *(Kleider)* Stoffmenge *f;* **2.** *(Filmstreifen)* Länge *f;* ▶ *long, court* ~ Spiel-, Kurzfilm *m.* **mètre** *m* **1.** Meter *m* od *n;* Metermaß *n;* **2.** Vers(maß *n,* -fuß) *m;* **3.** *mus* Metrum *n;* **4.** ▶ *sport cent ~s* 100-m-Lauf *m;* **5.** ▶ *par* ~ je Meter; ~ *carré, cube* Quadrat-, Kubikmeter *m* od *n;* ~ *pliant* Zollstock *m;* ~ *à ruban* Bandmaß *n.* **métrique I.** *a* metrisch *a. poet;* **II.** *s f* Metrik *a. math,* Verslehre *f;* ▶ *système m* ~ metrische(s) System *n.*
métro [metʀo] *m* U-Bahn, Untergrundbahn *f (in Paris).*
métronome [metʀɔnɔm] *m mus* Metronom *n.*
métropole [metʀɔpɔl] *f* **1.** Mutterland *n;* **2.** Metropole *f,* Mittelpunkt *m,* Hauptstadt *f;* **3.** Sitz *m* e-s Erzbischofs. **métropolitain, e I.** *a* **1.** hauptstädtisch; **2.** mutterstaatlich; **3.** erzbischöflich; **II.** *s m* **1.** *rel* Metropolit *m;* **2.** Untergrundbahn *f.*
mets [mɛ] *m lit* Gericht *n,* Speise *f.*
mettable [mɛtabl] *a (Kleidung)* (noch) brauchbar; ▶ *le veston est encore* ~ man kann die Jacke noch an=ziehen *od* tragen.
metteur [mɛtœʀ] *m* ▶ ~ *en scène* Regisseur.
mettre [mɛtʀ] ‹*Prés. je mets, ns mettons; Fut. je mettrai; pp. mis, e; Subj. que je mette, que ns mettions; Impér. mets, mettons*› **I.** *tr* **1.** legen, setzen, stellen; (hinein=)stecken, (hinein=, hinzu=)tun; **2.** werfen; gießen; bringen, schaffen; *(Menschen)* schicken, geben, tun; **3.** *(Verhältnisse)* (herbei=)führen, *(Zustände)* ver-, aus=breiten; *(in e-n Zustand)* versetzen (*à* in *acc);* **4.** (über)schreiben, übertragen, um=setzen; **5.** versehen (*qc à qc* etw mit e-r S); an=nähen (*à* an); *(Kleidung)* an=ziehen, tragen; *(Tuch)* umwerfen; *(Schal)* um=tun; *(Krawatte)* um=binden; *(Gürtel)* um=schnallen; *(Hut)* auf=setzen; *(Schmuck)* an=legen; *(Ring)* an=stecken; **6.** *(Tischtuch, Gedeck)* auf=legen; *(Speise)* auf=tragen, auf den Tisch bringen, auf=tischen; *(Butter, Wurst)* auf=streichen (*sur* auf *acc*); *(zum Kochen)* auf=setzen, -stellen; **7.** *mot (Gang) radio* ein=schalten; **8.** *fig (Sorgfalt)* verwenden (*à* auf *acc),* an=wenden; *(Mäßigung)* üben; *(Eifer)* zeigen; *(Können)* ein=setzen; *(Überredungskunst)* (ge)brauchen (*dans* bei); *(Hoffnung)* setzen (*dans* auf *acc*); **9.** *(Geld)* an=legen, *(beim Spiel)* setzen; *(Geld, Zeit)* brauchen, benötigen; **10.** *(Menschen)* ein=weihen, hinein=ziehen, verwickeln (*dans* in *acc);* hinzu=ziehen (*de* zu), beteiligen (*de* an *dat*); betrauen, beauftragen (*à* mit); **11.** *fam* an=nehmen, den Fall setzen (*que* daß); **II.** *v prn se* ~ **1.** sich legen; sich setzen; sich stellen; treten, gehen; sich werfen, sich stürzen; **2.** *fig* sich machen, sich begeben (*à* an *acc*); sich stellen, treten (*à* an *acc, avec qn* auf jds Seite); **3.** sich (ver-)legen (*à* auf *acc*); beginnen sich zu beschäftigen, sich zu befassen (*à* mit); sich gewöhnen, sich an=passen (*à* an *acc*); **4.** sich an=schließen, teilnehmen (*de* an *dat*); zs.leben (*avec* mit); **5.** angezogen, getragen werden; **6.** ▶ *en ~ un coup (pop)* tüchtig ran=gehen; *les ~ (arg)* ab=hauen, türmen, stiften gehen; *y* ~ daran=setzen; *s'y* ~ sich ins Zeug legen; **7.** ▶ *n'avoir rien à se* ~ nichts anzuziehen haben; *n'avoir rien à se ~ sous la dent* nichts zu beißen haben; *ne savoir où se* ~ nicht wissen, wo man bleiben soll; *se ~ à l'abri* in Deckung gehen; sich schützen (*de* vor *dat*); *se ~ d'accord* sich einigen; *se ~ à l'aise* es sich bequem machen; ~ *une annonce dans un journal* e-e Anzeige in e-e Zeitung setzen lassen; ein Inserat auf=geben; *se ~ en avant* sich vor=drängen; ~ *à la banque* auf die Bank geben *od* bringen; *se ~ au beau (Wetter)* schön werden; *se ~ à la besogne* sich an die Arbeit machen; ~ *à bout* zum Äußersten treiben; ~ *en bouteilles* auf Flaschen ziehen, ab=füllen; ~ *en branle* in Bewegung setzen; ~ *en cause* in e-n Prozeß hinein= *od* ein=beziehen; *fig* in Frage stellen, beschuldigen (*qn* jdn); ~ *en, hors circuit* ein=, aus=schalten; ~ *au clair* ins reine bringen; *se ~ en colère* in Zorn geraten, auf=brausen; ~ *à contribution* zur Steuer heran=ziehen; in Anspruch nehmen; ~ *de côté* beiseite legen; sparen; *se ~ au courant* sich in e-e S ein=arbeiten; **8.** ~ *en danger* in Gefahr bringen; ~ *qn dehors* jdn vor die Tür setzen; ~ *à la disposition de qn* jdm zur Verfügung stellen; *se ~ à l'eau* ins Wasser gehen; ~ *à l'école* zur Schule schicken, ein=schulen; *se ~ à l'écoute (radio)* (hin=)hören; ~ *dans l'embarras* in Verwirrung bringen; *se ~ au fait de qc* sich mit etw vertraut machen; ~ *le feu* e-n Brand verursachen; Feuer legen (*à* an *acc*); ~ *fin à qc* mit etw Schluß machen; ~ *en fuite* in die Flucht schlagen; ~*en garde contre* warnen vor *dat; se ~ en grève* in den Streik treten; **9.** ▶ ~ *à l'heure (Uhr)* stellen; ~ *deux heures à faire qc* zwei Stunden brauchen, um etw zu tun; ~ *qn hors de lui, de ses gonds* jdn auf

die Palme bringen; ~ *en jeu* ins Spiel bringen *a. sport; (Fußball)* ein=werfen; ~ *à jour* aufs laufende bringen, auf=arbeiten; ~ *en liberté* in Freiheit setzen, frei=lassen; ~ *du linge à sécher* Wäsche zum Trocknen auf=hängen; *se* ~ *au lit* sich ins Bett legen; ~ *la main à la pâte* (selbst) Hand an=legen, zu=packen; ~ *en marche* in Gang bringen; *mot* an=(laufen)lassen; ~ *à la mer (Schiff)* aus=laufen lassen, *(Boot)* aus=setzen; ~ *au monde* zur Welt bringen; **10.** ► ~ *à neuf* neu her=, ein=richten; ~ *à nu* bloß=legen, -stellen; ~ *tous les œufs dans le même panier* alles auf eine Karte setzen; ~*en œuvre* gebrauchen, be-, aus=nutzen; *(Erz)* verhütten; *se* ~ *à l'œuvre* an die Arbeit gehen; ~ *en ordre,* ~ *(bon) ordre à qc* etw in Ordnung bringen; ~ *à part* beiseite, zur Seite legen, aus=sondern; *se* ~ *de la partie* mit=machen; beginnen, e-e Rolle zu spielen; ~ *sur pied* auf=stellen; auf die Beine bringen; *se* ~ *à la place de qn* sich an jds Stelle, in jds Lage versetzen; ~ *dans sa poche* in die Tasche stecken; ~ *au point (Gerät)* ein=stellen *a. phot; (Sache)* in Ordnung bringen, klar=stellen; aus=richten, orientieren; ~ *à la porte (Menschen)* hinaus=werfen; *se* ~ *à la portée de qn* sich auf jdn ein=stellen; ~ *à la poste (Brief)* auf=geben; ~ *en pratique* in die Praxis um=setzen; ~ *en prison* ein=sperren; **11.** ► *se* ~ *en quatre* alles tun (*pour* für *acc*); ~ *en question* in Frage stellen; *se* ~ *en quête* sich auf die Suche machen; *se* ~ *en rapport* sich in Verbindung setzen (*avec* mit) *dat; se* ~ *en règle avec qn* sich mit jdm vergleichen, aus=söhnen; ~ *à la retraite* in den Ruhestand versetzen; *se* ~ *en route* sich auf den Weg machen; ~ *en scène* inszenieren; ~ *à sec* trocken=legen; aus=schöpfen *a. fig;* ~ *sens dessus dessous* (alles) durchea.=bringen; ~ *en service* in Betrieb nehmen; *(y)* ~ *du sien* sein Teil bei=tragen; **12.** ► ~ *la table, le couvert* den Tisch decken; *se* ~ *à table* sich zum Essen setzen; ~ *sur le tapis* aufs Tapet, vor=bringen; ~ *un terme à qc* mit etw Schluß machen, e-r S Einhalt gebieten; ~ *à terre* auf den Boden *od* auf die Erde legen *od* stellen; *el radio* erden; ~ *le tout pour le tout* aufs Ganze gehen; *se* ~ *sur son trente-et-un (fam)* sich in Schale schmeißen; ~ *sous tutelle* entmündigen; **13.** ► ~ *l'un sur l'autre* aufea.=legen; ~ *hors d'usage* ab=legen, nicht mehr gebrauchen; unbrauchbar machen; ~ *en valeur* zur Geltung bringen, ins rechte Licht setzen; ver-, aus=werten; *(Baugelände)* erschließen; ~ *en vente* zum Verkauf anbieten; ~ *de la bonne volonté* guten Willen zeigen; ~ *sous les yeux* vor Augen stellen, unterbreiten; **14.** *mettons que* nehmen wir (einmal) an, daß; tun wir, als ob; *je mets cela au-dessus de tout* das geht mir über alles; *j'en mettrais la main au feu* dafür lege ich meine Hand ins Feuer, darauf möchte ich Gift nehmen.

meublant, e [mœblɑ̃, -ɑ̃t] *a; meubles m pl* ~*s (jur)* Hausrat *m,* Wohnungseinrichtung *f.* **meuble I.** *a* **1.** *(Gegenstand)* beweglich; **2.** *(Erdboden)* locker, lose; **II.** *s m* **3.** Möbel(stück), (Haus-)Gerät; Mobiliar *n,* Hausrat *m,* Wohnungseinrichtung *f;* **4.** *allg* Ausstattung *f;* **5.** ► *être dans ses* ~*s* eigene Möbel, e-e eigene Wohnung haben; **6.** ► ~*s de bureau* Büromöbel *n pl;* ~*s en rotin* Rattanmöbel *n pl.* **meublé, e I.** *a* möbliert; **II.** *s m* möblierte Wohnung *f,* möblierte(s) Zimmer *n;* ► *habiter, vivre en* ~ möbliert wohnen. **meubler I.** *tr* **1.** möblieren, ein=richten, aus=statten; **2.** wohnlich machen *od* gestalten; **3.** *fig* an=füllen, versehen (*de* mit); **II.** *v prn se* ~ **4.** sich Möbel an=schaffen; **5.** *(Raum)* sich möblieren, sich ein=richten; **6.** *fig fam* sich füllen (*de* mit); ► ~ *ses loisirs* s-e Freizeit aus=füllen (*avec qc* mit etw).

meugler [møgle] *s. beugler.*

meulage [mølaʒ] *m* Schleifen *n.* **meule** [møl] *f* **1.** Mühlstein *(~ à moudre, à broyer);* **2.** Schleifstein *m a. fig, tech* -scheibe *f (~ à aiguiser);* **3.** *(~ à charbon)* (Kohlen-)Meiler *m;* **4.** Heuhaufen *m;* Heu-, Strohdieme *f;* **5.** *(~ de fromage)* (großer, runder) Laib Käse *m.* **meuler** *tr* schleifen.

meunerie [mønʀi] *f* Müllerei *f.* **meunier, ère** *s m f* Müller(in *f*) *m;* ► *truite f* ~*ière* Forelle *f* nach Müllerinart.

meurtre [mœʀtʀ] *m* Mord(tat *f*) *m; jur* Totschlag *m* (*de qn* an jdm); ► *incitation f au* ~ Anstiftung *f* zum Mord; ~ *prémédité* vorsätzliche Tötung *f.* **meurtrier, ère** [-tʀije, -ɛʀ] **I.** *a* mörderisch *(a. Klima); fig* verheerend; **II.** *s m f* **1.** Mörder(in *f*) *m;* **2.** *f* Schießscharte *f.*

meurtrir [mœʀtʀiʀ] *tr* **1.** (zer)quetschen; verletzen; **2.** wund reiben, scheuern; **3.** *fig* verwunden, schwer treffen; verletzen; ► *avoir les pieds* ~*is (à force de marcher)* sich die Füße wund gelaufen haben; ~ *de coups* braun u. blau schlagen; *des fruits meurtris* Früchte *f pl* mit Druckstellen. **meurtrissure** *f* **1.** blaue(r) Fleck *m,* Quetschung *f;* **2.** Druckstelle *f,* Fleck *m (am Obst).*

Meuse, la [møz] *geog* die Maas.

meute [møt] *f* **1.** *(Jagd)* Meute *f a. fig;* **2.** *fig* Horde, Bande *f,* Haufen, Schwarm *m.*

mévente [mevɑ̃t] *f com* Verlustgeschäft *n;* Absatzstockung, -flaute *f.*

mezzanine [mɛdzanin] *f arch* Zwi-

schengeschoß *n*, -stock *m*.
mi [mi] **1.** *m inv mus* e, E n; E-Saite *f;* ▶ ~ *bémol* es, Es *n;* **2.** *(in Zssgen)* halb-, Halb-; *(vor Monatsnamen)* Mitte; ▶ *(à la)* ~*-juin* Mitte Juni.
miaou [mjau] *interj* miau!
miasme [mjasm] *m* giftige Ausdünstung *f*.
miaulement [mjolmɑ̃] *m* Miauen *n;* **miauler** *itr* miauen.
mica [mika] *m min* Glimmer *m*.
mi-carême [mikaʀɛm] *f rel* Mittfasten *pl*. **mi-clos, e** *a* halb geschlossen.
miche [miʃ] *f* **1.** Laib (Brot); **2.** *pl arg* Hintern *m*.
micheline [miʃlin] *f loc* Schienenbus; Triebwagen *m*.
mi-chemin [miʃəmɛ̃] ▶ *à* ~ auf halbem Wege.
micro- [mikʀɔ] *(in Zssgen)* Klein-, Mikro- *(vor Maßeinheiten = 1 Millionstel)*.
micro [mikʀo] *m fam* Mikrophon *n; inform* Mikrocomputer *m; f s. microinformatique* ▶ *au* ~ am Mikrophon.
microbe [mikʀɔb] *m* Mikrobe *f;* (Krankheits-)Keim *m*.
microbiologie [mikʀɔbjɔlɔʒi] *f* Mikrobiologie *f*. **microbiologiste** *m* Mikrobiologe *m*. **microcassette** *f* Mikrokassette *f*. **microchimie** *f* Mikrochemie *f*. **microchirurgie** *f* Mikrochirurgie *f*. **microcosme** *m* Mikrokosmos *m*.
micro-cravate [mikʀɔkʀavat] *m* Umhängemikrophon *n*.
micro-économie [mikʀoekɔnɔmi] Mikroökonomie *f*. **micro-électronique** *a* mikroelektronisch; *s f* Mikroelektronik *f*. **microfiche** *f* Mikrofiche *n* od *m*. **microfilm** *m* Mikrofilm *m*. **microfilmer** *tr* auf Mikrofilm auf=nehmen. **microflore** *f* Mikroflora f. **micro-informatique** *f* Mikroinformatik, Mikrocomputertechnik *f*. **microlecteur** *m* Lesegerät *n*. **micromètre** *m* Mikrometer *n*, Feinmesser *m*. **micrométrique** *a* ▶ *vis f* ~ Mikrometerschraube *f*.
micron [mikʀɔ̃] *m* Mikron, My *n*.
micro-onde [mikʀoɔ̃d] *f* Mikrowelle *f*. **micro-ordinateur** *m* Mikrocomputer *m;* ▶ ~ *compact portable* Portable *m*. **micro-organisme** *m biol* Mikroorganismus *m*. **microphone** *m* Mikrophon *n*. **microphotographie** *f* Mikrophotographie *f*. **microphysique** *f* Mikrophysik *f*. **microprocesseur** Mikroprozessor *m*. **microscope** *m* Mikroskop *n; au* ~ unter dem Mikroskop; *fig* aufs genaueste; ▶ ~ *électronique* Elektronenmikroskop *n*. **microscopie** *f* Mikroskopie *f*. **microscopique** *a* **1.** mikroskopisch; **2.** winzig klein. **microsillon** [-sijɔ̃] *m (disque m)* ~ Langspielplatte *f*. **microsonde** *f med* Mikrosonde *f*.
miction [miksjɔ̃] *f med* Harnlassen *n*.
midi [midi] *m* **1.** Mittag(szeit *f*) *m;* **2.** 12 Uhr (mittags); **3.** Süden *m;* **4.** ▶ *à* ~ um 12 Uhr (mittags); *à* ~ *juste* Punkt 12 Uhr; *au* ~ im Süden, südlich; *en plein* ~ am hellen Mittag; *vers* ~, *sur le coup de* ~ *(fam)* gegen zwölf Uhr, gegen Mittag; **5.** ▶ *chercher* ~ *à quatorze heures* Schwierigkeiten sehen, wo keine sind; ~ *a sonné* es hat 12 geschlagen; *il est* ~ *sonné* es hat gerade zwölf geschlagen.
Midi, le [midi] Südfrankreich *n*.
mie [mi] *f* (Brot-)Krume *f;* ▶ ~ *de pain* Toastbrot *n*.
miel [mjɛl] *m* **1.** Honig *m;* **2.** ▶ *(fig fam) être tout* ~ katzenfreundlich sein; **3.** ▶ *lune f de* ~ Flitterwochen *f pl*. **mielleux, se** *a fig* honigsüß, süßlich.
mien, ne [mjɛ̃, -ɛn] **I.** *prn, a* mein; (der, die, das) meinige; **II.** *s* ▶ *le* ~ das Mein(ig)e.
miette [mjɛt] *f* Krümel, Brösel *m; pl* Brosamen *f pl;* ▶ *pas une* ~ nicht das geringste; *réduire en* ~*s* kurz u. klein, in tausend Stücke schlagen.
mieux [mjø] **I.** *(Komparativ von bien) adv* besser; mehr; eher, lieber; *(vor a)* best-; ▶ *le* ~ am besten; **II.** *a* besser; schöner, hübscher; passender; **III.** *s m (ohne Artikel)* etwas Besseres; mehr; ▶ *le* ~ das Bessere; das Beste *od* beste; **IV.** *(Wendungen)* **1.** ▶ *au* ~, *le* ~ *du monde* aufs beste, *fam* (aller)bestens; *faire de son mieux* sein Bestes tun; *de* ~ *en* ~ immer besser; *faute de* ~ in Ermangelung e-s Besseren; **2.** ▶ ~ *que personne* besser als irgend jemand sonst; *le* ~ *possible* so gut wie möglich, so gut es (irgend) geht; *tant* ~ um so besser; **3.** ▶ *aimer* ~ lieber haben, vor=ziehen; *aller* ~ sich besser befinden; *(Geschäfte)* besser=gehen; *être au* ~ *avec qn* mit jdm sehr gut stehen; *faire* ~ besser (daran) tun; *valoir* ~ mehr wert, besser sein; **4.** ▶ *il y a du* ~ es geht *od* steht (schon) besser; *je ne demande pas* ~ ich wüßte nicht, was ich lieber täte (*que de* als zu); von Herzen, herzlich gern; *espérons que tout ira pour le* ~ hoffen wir das Beste! *le plus tôt sera le* ~ je eher je besser; *tout est pour le* ~ es ist alles in Ordnung; *encore* ~*! (ironisch)* das wäre noch schöner! *le, la* ~ *habillé, e* der, die Bestangezogene, -gekleidete.
mièvre [mjɛvʀ] *a* **1.** *(Malerei)* geziert, gekünstelt; **2.** fad, abgeschmackt. **mièvrerie** [-vʀə-] *f* Geziertheit, Künstelei *f;* Fadheit *f*.
mignon, ne [miɲɔ̃, -ɔn] **I.** *a* **1.** niedlich, allerliebst, reizend; **2.** *fam* nett; **II.** *s f* **1.** Herzchen, Püppchen *n*, Liebling *m;* **2.** *typ* Kolonel, Mignon *f;* ▶ *péché m* ~ (kleine) Schwäche *f*.
migraine [migʀɛn] *f* Migräne *f;* Kopfschmerzen *m pl*.

migrateur, trice [migʀatœʀ, -is] *a* wandernd; Wander-; ▶ *oiseau m* ~ *(a. fig)* Zugvogel *m.* **migration** *f* Wanderung *f; (Vögel)* Ziehen *n,* Zug *m;* ▶ ~ *des peuples* Völkerwanderung *f;* ~ *professionnelle* Abwanderung *f* in e-n anderen Beruf.

mi-hauteur [miotœʀ] ▶ *à* ~ auf halber Höhe. **mi-jambe** ▶ *à* ~ bis an die Waden.

mijoter [miʒɔte] **I.** *tr* **1.** bei schwacher Hitze kochen lassen; **2.** *fig* von langer Hand vor⸗bereiten, langsam reifen lassen; **3.** *(Plan)* aushecken; **II.** *itr u. se* ~ **1.** bei schwacher Hitze kochen; **2.** *fig* langsam heran⸗reifen; ▶ ~ *qc* Böses im Sinne haben; *(fam) qu'est-ce que vous mijotez?* was führt ihr im Schilde?

mil [mil] *(in Jahreszahlen)* tausend.

milan [milɑ̃] *m orn zoo* Milan *m.*

mildiou [mildju] *m bot* Mehltau *m.*

milice [milis] *f* Miliz *f.* **milicien** *m* Milizsoldat *m.*

milieu [miljø] *m pl -x* **1.** Mitte(lpunkt *m*) *f;* **2.** Milieu *n,* Umwelt *f,* Wirkungskreis *m,* (geistige) Atmosphäre *f;* **3.** *fig* Mitte, mittlere Linie *f;* Mittelweg *m,* Kompromiß *m* od *n;* **4.** *arg* Unterwelt *f;* **5.** ▶ *au* ~ *de* mitten in, auf, unter; inmitten *gen; au beau, en plein* ~ *de* mitten in; *dans mon* ~ in meiner gewohnten Umgebung, in meinen Kreisen; *dans les* ~*x informés* in unterrichteten Kreisen; *par le* ~ mittendurch; **6.** ▶ *conditions f pl du* ~ *(biol)* Umweltbedingungen *f pl; juste* ~ *(pol)* gute, goldene Mitte *f; langue f du* ~ Gaunersprache *f;* **7.** ▶ ~*x de culture (biol)* Nährlösung *f;* ~*x officiels* amtliche Kreise *m pl.*

militaire [militɛʀ] **I.** *a* militärisch, soldatisch; Militär-, Soldaten-, Kriegs-, Wehr-; **II.** *s m* Militär(person *f*), Soldat *m;* ▶ *service m* ~ Wehrdienst *m;* ~ *de carrière* Berufssoldat *m.* **militairement** *adv* militärisch; ▶ *occuper* ~ militärisch besetzen.

militant, e [militɑ̃, -t] **I.** *a* streitbar, kämpferisch *a. fig; fig* aktiv; militant; **II.** *s m fig* aktive(s) Mitglied *n;* (eifriger) Verfechter; *pol* Aktivist *m;* ▶ *vie f* ~*e* ewige(r), dauernde(r) Kampf *m.*

militariser [militaʀize] *tr* militärisch organisieren; militarisieren *a. fig.* **militarisme** *m* Militarismus *m.* **militariste I.** *m* Militarist *m;* **II.** *a* militaristisch.

militer [milite] *itr* **1.** aktiv sein; sich aktiv betätigen (*dans un syndicat* in e-r Gewerkschaft); **2.** *fig (Grund)* sprechen (*en faveur de, contre* für, gegen *acc*).

mille [mil] **I.** *a inv* tausend; **II.** *s m inv* **1.** Tausend(er *m*); *com* Mille *n;* **2.** *s m* Meile *f;* **3.** ▶ ~ *fois* tausendmal; immer wieder; **4.** ▶ *être à* ~ *lieues (fig)* weit davon entfernt sein (*de* zu); *mettre dans le* ~ *(pop)* ins Schwarze treffen; **5.** ▶ ~ *mercis!* tausend, heißen, vielen (herzlichen) Dank! **millefeuille** *m* Cremeschnitte *f* aus Blätterteig *m.* **millénaire I.** *a* tausendjährig; **II.** *s m* Jahrtausend *n.* **millésime** *m* Jahreszahl *f (bes. auf Münzen); (Wein)* Jahrgang *m.* **millepattes** *m inv zoo* Tausendfüßler *m.*

millet [mijɛ] *m* **1.** *bot* Hirse *f;* **2.** *med* Friesel *m* od *n;* Gerstenkorn *n.*

milli- [mili] *(in Zssgen)* Milli-. **milliard** *m* Milliarde *f.* **milliardaire** *m* Milliardär *m.* **millième I.** *a* tausendste(r, s); **II.** *s m* Tausendstel *n.* **millier** *m* Tausend *n; pl* Tausende *n pl;* ▶ *par* ~*s* zu Tausenden. **milligramme** *m* Milligramm *n.* **millimètre** *m* Millimeter *m* od *n.* **million** [-ljɔ̃] *m* Million *f; pl* Millionen (u. aber Millionen), Unmengen *f pl,* Unzahl *f;* ▶ *par* ~*s* zu Millionen, in Unmassen, *fam* in rauhen Mengen. **millionnaire** *m* Millionär *m.*

mime [mim] *m* **1.** Pantomime; **2.** Nachahmungskünstler *m;* **3.** Mime *m.* **mimer** *tr* **1.** pantomimisch dar⸗stellen; **2.** *(Menschen)* nach⸗ahmen, -machen, -äffen. **mimétisme** *m* **1.** *biol* Mimikry *f;* **2.** *fig* Nachahmung *f.*

mimique [mimik] **I.** *a* mimisch; Gebärden-; **II.** *f* Mimik *f,* Mienenspiel *n.*

mimosa [mimoza] *m bot* Mimose *f.*

minable [minabl] *a fig fam (Person)* jämmerlich, erbärmlich; *(Sache)* schäbig, dürftig, ärmlich, kümmerlich.

minaret [minaʀɛ] *m arch rel* Minarett *n.*

minauder [minode] *itr* sich zieren, sich affektiert benehmen.

mince [mɛ̃s] **I.** *a* **1.** *(Scheibe)* dünn, fein; *(Taille)* schlank; **2.** *fig* klein, winzig; schwach, dürftig; **3.** *(Vorwand)* nichtig; *(Angelegenheit)* belanglos; *(Person)* unbedeutend; **II.** *interj (~ alors!) pop* Donnerwetter! alle Achtung! allerhand! **minceur** *f* **1.** Dünnheit *f;* **2.** Schmal-, Schlankheit *f.*

mine [min] **I.** *s f* **1.** Aussehen *n;* Miene *f,* Gesichtsausdruck *m;* **2.** *pl* Mienenspiel *n;* **3.** Aussehen, Äußere(s) *n;* **4.** ▶ *avoir la* ~ *de qn qui* (ganz) so aus⸗sehen als ob *subj;* aus⸗sehen wie einer, der ...; *avoir bonne* ~ gut, *(Speise)* lecker aus⸗sehen; *avoir une* ~ *étonnée* erstauntes Gesicht machen; *avoir mauvaise* ~ schlecht aus⸗sehen; *faire* ~ *de* Miene machen zu; so tun, als ob; *juger sur la* ~ nach dem Äußeren beurteilen; *ne pas payer de* ~ e-n schlechten Eindruck machen; *(pop)* ~ *de rien* so als ob nichts wäre; ~ *patibulaire* Galgengesicht *n;* **II.** *s f* **1.** Bergwerk *n,* Grube; *(Kohlen)* Zeche *f;* **2.** Lagerstätte *f;* Vorkommen *n;* **3.** *fig* Fundgrube *f;* **4.** *(Bleistift)* Mine *f;* **5.** *mil* Mine; Sprengladung *f;* **6.** ▶ *marcher sur une* ~ auf e-e Mine treten; *poser des* ~*s* Minen legen; **7.** ▶ *les Mines* die staatliche Bergbehörde; **8.** ► *champ m de ~s* Minenfeld *n; école f (supérieure) des ~s* Bergakademie *f;* **9.** ► *~ de diamants* Diamantengrube *f,* -bergwerk *n; ~ à ciel ouvert* Tagebau(betrieb) *m; ~ de rechange* Ersatzmine *f.* **miner** [mine] *tr* **1.** (unter=) minieren, untergraben *a. fig,* -wühlen, -höhlen, -spülen; **2.** *mil* verminen, Minen legen (*qc* in, auf e-e S); **3.** *fig* zerrütten, zermürben, auf=reiben, zehren (*qc* an e-r S). **minerai** *m* Erz *n;* ► *richesse f en ~* Erzreichtum *m.* **minéral, e** *pl -aux* **I.** *a* mineralisch; Mineral-; **II.** *s m* Mineral *n;* ► *chimie f ~e* anorganische Chemie *f; eau f ~e* Mineralwasser *n; règne m ~* Mineralreich *n.* **minéralogie** *f* Mineralogie *f.* **minéralogique** *a* mineralogisch; ► *collection f ~* Mineraliensammlung *f; plaque f ~(mot)* Nummernschild *n.* **minéralogiste** *m* Mineraloge *m.*

minet, te [minɛ, -ɛt] *m f* **1.** *fam* Mieze (-katze) *f;* **2.** *fig fam* Mäuschen, Schätzchen, Herzchen *n;* **3.** Geck, Stutzer *m;* Modepuppe *f;* **4.** *f min* Minette *f.*

mineur [minœʀ] *s m* u. *a: ouvrier m ~* Bergarbeiter-, -mann, Kumpel *m.*

mineur, e [minœʀ] **I.** *a* **1.** klein(er), geringer, *(Problem)* zweitrangig; **2.** *jur* minderjährig, unmündig; **3.** *mus* Moll-; **II.** *s m f* Minderjährige(r *m*) *f;* **1.** ► *en ~* in Moll; **2.** ► *ordres m pl ~s (rel)* niedere Weihen *f pl.*

mini [mini] *m* Minimode *f; f fam s. mini-informatique.*

miniature [minjatyʀ] *f* **1.** Zierbuchstabe *m,* Initiale *f;* **2.** Miniatur; Miniatur-, Buchmalerei *f;* Miniaturgemälde *n;* **3.** ► *en ~* im kleinen, in Miniatur; *golf m ~* Minigolf *n; train m ~* Spielzeugeisenbahn *f.* **miniaturiste** *m* Buch-, Miniaturmaler *m.*

minibus [minibys] *m* Minibus *m.* **minicar** *m* Kleinbus *m.* **minicassette** *f (Warenzeichen)* Minikassette; *m* Kassettenrekorder *m.*

minier, ère [minje, -ɛʀ] **I.** *a* Berg(bau-, -werks-), Montan-, Gruben-; **II.** *s f* ► *(geol) industrie f ~ière* Bergbau *m;* Montanindustrie *f.*

minilecteur [minilɛktœʀ] *m* (CD-)Tonabnehmer *m.*

minimal, e [minimal] *a pl -aux* minimal; Mindest-. **minime I.** *a* gering(fügig); *(Gewinn)* unbedeutend; *(Verluste)* unwesentlich; verschwindend gering; **II.** *s m sport* Jugendlicher *m (von 13—15).* **minimisation** *f com (Kosten)* Minimisierung *f.* **minimiser** *tr* **1.** auf ein Minimum herab=setzen *od* beschränken; **2.** *(Schuld)* verharmlosen, verniedlichen, bagatellisieren. **minimum** [-ɔm] *(pl ~ums* u. *~a)* **I.** *s m* **1.** Minimum *n;* **2.** Mindestgröße *f,* -gewicht, -maß *n,* -satz, -betrag, -preis *m,* -strafe *f;* **II.** *a: sg* u. *pl ~a (beide inv mit gleicher Bedeutung)* Mindest-; **1.** ► *au ~* mindestens, wenigstens; *dans le ~ de temps* in kürzester Zeit; **2.** ► *réduire ses frais au ~* s-e Ausgaben auf ein Mindestmaß zurückschrauben; **3.** ► *~ vital* Existenzminimum *n.*

mini-navette [mininavɛt] *f cosm* Miniraumfähre *f.* **mini-ordinateur** *m* Minicomputer *f.* **miniski** *m* Kurzski *m.*

ministère [ministɛʀ] *m pol* **1.** Ministerium *(a. Gebäude);* Amt(szeit *f*) *n* e-s Ministers; **2.** Kabinett *n,* Regierung *f;* **3.** ► *former un ~* e-e Regierung bilden; **4.** ► *~ des Affaires étrangères* Außenministerium *n.* **ministériel, le** *a* **1.** ministeriell; Minister-; **2.** Regierungs-; **3.** regierungsfreundlich; ► *arrêté, décret m ~* ministerielle Verfügung *f,* Ministerialerlaß *m.* **ministre** *m* **1.** *pol* Minister *m;* **2.** ► *conseil m des ~s* Ministerrat *m; ~ de l'Intérieur* Innenminister *m.*

minitel [minitɛl] *m* **1.** Btx-Dienst *m;* **2.** Btx-Gerät *n.* **minitéliste** *a* Btx-; *s m f* Btx-(Be-)Nutzer(in *f*) *m.*

minium [minjɔm] *m* Mennige *f.*

minois [minwa] *m* frische(s), niedliche(s) Gesichtchen *n.*

minoritaire [minɔʀitɛʀ] **I.** *a* Minderheits-; **II.** *s m pl les ~s* die Minderheit *(e-r Gruppe).* **minorité** *f* **1.** Minderheit, Minorität *f;* **2.** Minderjährigkeit; Unmündigkeit *f a. fig;* **3.** ► *une ~ de* e-e kleine Anzahl von; **4.** ► *être en ~* in der Minderheit sein, sich in der Minderheit befinden; **5.** ► *droit m des ~s* Minderheitenrecht *n;* ► *~s ethniques* völkische Minderheiten *f pl.*

Minorque [minɔʀk] *f geog* Menorca *n.*

minoterie [minɔtʀi] *f* Mühle(nbetrieb *m*) *f.* **minotier** *m* Mühlenbesitzer *m.*

minou [minu] *m s.* cf *minet.*

minuit [minɥi] *m, a. f* Mitternacht *f;* zwölf Uhr (nachts); ► *à ~* um Mitternacht; *vers ~, sur le coup de ~* gegen Mitternacht.

minus [minys] *m fam* Niete *f,* Versager *m.*

minuscule [minyskyl] **I.** *a* winzig, verschwindend klein; **II.** *s f* u. *a:* ► *écrire avec une ~* klein schreiben.

minutage [minytaʒ] *m* genaue(r) Zeitplan *m;* genaue Zeiteinteilung; Sollzeit *f.* **minute** *f* **1.** Minute *f a. math;* **2.** Augenblick, Moment *m;* **3.** Urschrift *f,* Original(urkunde *f*) *n;* **4.** *interj fam* sachte! langsam! halt, Moment mal! **5.** ► *à la ~ (fam)* auf die Minute (genau); eben, gerade; *d'une ~ à l'autre* jeden Augenblick; *une ~!* einen Augenblick! **6.** ► *nettoyage m ~* Schnellreinigung *f.* **minuter** *tr* **1.** *(Urkunde)* ab=fassen, auf=setzen; **2.** die zeitliche Dauer fest=legen (*qc* gen). **minuterie** *f* **1.** *(~ d'un escalier d'immeuble)* Schaltuhr *f* (für

Treppenhausbeleuchtung); **2.** Schalter *m.*

minutie [minysi] *f* Genauigkeit, Gründlichkeit, Sorgfalt *f.* **minutieux, se** [-sjø, -øz] *a* (peinlich) genau, sorgfältig, gründlich, *fam* pingelig.

mioche [mjɔʃ] *m f fam* Knirps *m.*

mirabelle [miʀabɛl] *f bot* Mirabelle *f.* **mirabellier** [-e(ɛ)lje] *m* Mirabellenbaum *m.*

miracle [miʀakl] *m* Wunder *n a. fig;* **1.** ► *comme par* ~ wie durch ein Wunder; **2.** ► *faire des* ~*s (fig)* Wunder tun *od* wirken; *tenir du* ~ an ein Wunder grenzen; **3.** ► *solution f* ~ Patentlösung *f.* **miraculeux, se** [-ak-] *a* **1.** wunderbar; übernatürlich; wundertätig; Wunder-; **2.** außergewöhnlich.

mirador [miʀadɔʀ] *m* Wachtturm *m.*

mirage [miʀaʒ] *m* **1.** Luftspiegelung, Fata Morgana *f;* **2.** *mar* Kimmung *f;* **3.** *fig* Trugbild *n,* Wahn(vorstellung *f*) *m;* Einbildung, Täuschung *f.*

mire [miʀ] *f* **1.** Meßlatte *f,* Fluchtstab *m;* (~ *parlante)* Nivellierlatte *f;* **2.** *video* Testbild *n;* **3.** ► *il était le point de* ~ *de tous* aller Augen waren auf ihn gerichtet; **4.** ► *ligne f de* ~ Visierlinie *f.* **mirer I.** *tr (Ei)* prüfen, durchleuchten; **II.** *v prn se* ~ sich (selbstgefällig) im Spiegel betrachten. **mirifique** *a fam* großartig, phantastisch.

miro [miʀo] *a inv arg* kurzsichtig.

mirobolant, e [miʀɔbɔlɑ̃, -t] *s. mirifique.*

miroir [miʀwaʀ] *m* **1.** Spiegel *m a. arch zoo, bes. fig;* **2.** (spiegelglatte) Fläche *f;* **3.** ► *poli comme un* ~ spiegelblank, -glatt; *écriture f en* ~ Spiegelschrift *f;* ~ *à main, de poche* Hand-, Taschenspiegel *m.* **miroitant, e** *a* **1.** glänzend, spiegelnd; **2.** *(Seide)* schillernd. **miroitement** *m* Spiegeln; Blitzen, Funkeln; *(Seide)* Schillern *n.* **miroiter** *itr* spiegeln; glänzen; funkeln; schillern; ► *faire* ~ *(fig)* in glänzenden Farben, schildern, verlockend aus=malen, vor=gaukeln (*qc aux yeux de qn* jdm etw). **miroiterie** *f* Spiegelfabrik, -fabrikation *f,* -handel *m.*

miroton [miʀɔtɔ̃] *m* ► *bœuf* ~ (gekochtes) Rindfleisch *n* mit Zwiebeln.

misanthrope [mizɑ̃tʀɔp] **I.** *s m* Menschenfeind; Griesgram *m;* **II.** *a* menschenfeindlich, -scheu. **misanthropie** *f* Menschenhaß *m* -scheu *f.* **misanthropique** *a* menschenfeindlich, -scheu; griesgrämig, mürrisch.

mise [miz] *f* **1.** (Hin-)Legen, Setzen, Stellen; Aufstellen; Versetzen *n (in e-n Zustand);* **2.** (~ *de fonds) com* Einlage *f; (Versteigerung)* Gebot *n; (Spiel)* Einsatz *m;* **3.** Art, sich zu kleiden; Kleidung *f;* **4.** ► *être de* ~ sich ziemen, am Platze, Mode, zeitgemäß sein; **5.** ► *cela exige une* ~ *au point* das bedarf e-r Richtigstellung; **6.** ► ~ *en action* Ausführung, Verwirklichung *f;* ~ *en bouteilles* Abziehen, -füllen *n (auf, in Flaschen);* ~ *en chantier* Baubeginn *m; mar* Kiellegung *f;* ~ *en (el)* Einschalten *n;* ~ *en circulation* Inumlaufsetzen *n,* Inkurssetzung *f;* Vertrieb *m;* ~ *en demeure* (Zahlungs-) Aufforderung, Mahnung *f;* ~ *aux enchères* Versteigerung *f;* ~ *en état* Instandsetzung *f;* ~ *en fabrication* Produktionsaufnahme *f;* ~ *en faillite* Konkurserklärung *f;* ~ *à feu (cosm)* Zündung *f;* ~ *en garde* Warnung *f;* ~ *en jeu* Verwendung *f;* Einsatz; *(Ball)* Einwurf *m;* ~ *à jour* Aufarbeitung *f;* ~ *en liberté* Freilassung *f; en marche (mot)* Anlassen *n; allg* Inbetriebsetzung *f;* ~ *en mémoire (des données) (inform)* (Daten-)Speicherung *f;* ~ *au monde* Geburt *f;* ~ *en œuvre* Verwertung, Verarbeitung; Inangriffnahme; Durch-, Ausführung *f;* ~ *en page(s) (typ)* Umbruch *m;* ~ *en place (Maschine)* Aufstellung; Installierung *f; (Polizei)* Bereitstellung *f; (Ausschuß)* Einsetzung *f;* ~ *en pratique* Realisierung; praktische Anwendung; Durchführung; Umsetzung *f* in die Praxis; ~ *à prix (Versteigerung)* Taxpreis *m;* ~ *à la retraite* Versetzung in den Ruhestand, Pensionierung *f;* ~ *en scène (theat)* Inszenierung; Regie *f;* ~ *en sécurité* Sicher(stell)ung; Verwahrung *f;* ~ *en service* Inbetriebnahme, Indienststellung *f;* ~ *au tombeau (Kunst)* Grablegung *f;* ~ *en train* Inangriffnahme, Ingangbringen *n; (Reformen)* Einleitung; Einarbeitung; *typ* Zurichtung *f (des Satzes);* ~ *en valeur* Auswertung; Geltend-, Nutzbarmachung; *(Baugelände)* Erschließung; *fig* wirkungsvolle Darstellung *f;* ~ *en vente en librairie (Buch)* Erscheinen *n.* **miser** *tr (Spiel)* setzen (*sur* auf *acc*); ► ~ *sur le mauvais cheval (fig fam)* auf das falsche Pferd setzen.

misérable [mizeʀabl] **I.** *a* **1.** *(Leben, Person)* bedauerns-, beklagens-, bejammernswert; **2.** *(Person)* notleidend, bedürftig; **3.** *(Wohnung, Lohn)* elend, erbärmlich, jämmerlich, miserabel, kümmerlich; **4.** *(Geld)* lumpig; **5.** *(Handlung)* niederträchtig; beschämend, (tief) bedauerlich; **II.** *s m* **1.** Elende(r); Schurke, Schuft *m;* **2.** Arme(r), Bedürftige(r) *m.* **misère** *f* **1.** Armut *f,* Not *f,* Elend; **2.** *meist pl* Jammer *m,* Unglück, Leiden *n,* Trübsal; Notlage, bejammernswerte Lage *f;* **3.** *fam* Jammer *m;* Kreuz *n;* **4.** Kleinigkeit, Lappalie *f;* **5.** *pl* Leiden *n pl;* Mühen, Plagen *f pl;* **6.** ► *être dans la* ~ Not leiden; *être dans une* ~ *noire (fam)* auf den Hund gekommen sein; *faire des* ~*s à qn (fam)* jdn ärgern, quälen, schikanieren; jdm Steine in den

Weg legen *fig;* **7.** ▶ ~ *physiologique* völlige Erschöpfung *f.* **miséreux, se I.** *a* arm, bedürftig, notleidend; **II.** *s m* Notleidende(r) *m.* **miséricorde I.** *s f* **1.** *rel* Barmherzigkeit *f;* **2.** Erbarmen *n,* Gnade *f;* **II.** *interj* barmherziger Gott!; ▶ *demander, crier* ~ um Gnade bitten *od* flehen. **miséricordieux, se** *a* barmherzig.

misogyne [mizɔʒin] **I.** *a* frauenfeindlich; **II.** *s m* Weiberfeind *m.*

missel [misɛl] *m rel* Meßbuch *n.*

missile [misil] *m* Flugkörper *m,* Rakete *f;* ▶ ~ *intercontinental* Interkontinentalrakete *f.*

mission [misjɔ̃] *f* **1.** Auftrag *m;* Mission; *fig* Aufgabe *f;* **2.** Abordnung, Vertretung, Mission, Delegation *f;* **3.** *rel* Missionshaus *n,* -anstalt; *pl rel* Mission *f;* **4.** ▶ *avoir (pour)* ~ *de* zu etw beauftragt sein; ~ *spatiale* Raumflug *m;* ~*-suicide f* Kamikazeeinsatz *m.* **missionnaire** *m rel* Missionar *m.*

missive [misiv] *s f* u. *a:* ▶ *lettre f* ~ *(jur)* schriftliche Mitteilung *f.*

mistigri *m fam* Mieze(katze) *f.*

mistral [mistʀal] *m* Mistral *m.*

mitaine [mitɛn] *f* Handschuh *m* ohne Finger.

mite [mit] *f zoo* Motte *f.* **mité, e** *a* mottenzerfressen.

mi-temps [mitɑ̃] *f sport* Halbzeit *f; adv* ▶ *à* ~ Halbtags-; *travail à* ~ Halbtagsarbeit *f.*

miteux, se [mitø, -z] *a fam* arm(selig); ärmlich, schäbig.

mitigé, e [mitiʒe] *a* **1.** abgeschwächt, gemäßigt; **2.** ▶ *avec des sentiments* ~*s* mit gemischten Gefühlen.

mitonner [mitɔne] **I.** *itr tr* bei schwacher Hitze, auf kleiner Flamme kochen; **II.** *tr* **1.** *fig* von langer Hand vor=bereiten, geschickt in die Wege leiten; **2.** mit Liebe zubereiten; **3.** verwöhnen, verzärteln.

mitoyen, ne [mitwajɛ̃, -ɛn] *a* gemeinsam, -schaftlich; Mittel-, Zwischen-; ▶ *mur m* ~ Brandmauer *f.*

mitraillade [mitʀajad] *f mil* Salve *f a. fig.* **mitraille** *f* **1.** ▶ *sous la* ~ unter dem Beschuß; **2.** *pop* Kleingeld *n.* **mitrailler** *tr* **1.** *mil* mit MG-Feuer belegen; **2.** *fig* mit Fragen bombardieren; **3.** *phot* zahlreiche Aufnahmen machen (*qn* von jdm). **mitraillette** *f* Maschinenpistole *f.* **mitrailleur** *m* Maschinengewehr-, MG-Schütze; *(~ de bord) aero* Bordschütze *m;* ▶ *fusil m* ~ leichte(s) Maschinengewehr, LMG *n.* **mitrailleuse** *f* Maschinengewehr, MG *n.*

mitre [mitʀ] *f* **1.** Mitra, Inful; *(~ épiscopale)* Bischofsmütze *f;* **2.** *(~ de cheminée)* Kaminaufsatz *m.*

mixage [miksaʒ] *m film* Tonmischung *f.* **mixer** *tr* mischen, mixen. **mixeur** [miksœʀ] *m tech* Mixer *m.*

mixte [mikst] *a* gemischt; Misch-; ▶ *éducation f* ~ Koedukation *f; mariage m* ~ *(rel)* Mischehe *f.* **mixtion** [-kstjɔ̃] *f* Mischung *f.* **mixture** [-tyʀ] *f* **1.** *mus* Mixtur *f;* **2.** *péj* Gemisch *n;* Mischmasch *m.*

mnémonique [mnemɔnik] *a* Gedächtnis-. **mnémotechnique I.** *a* mnemotechnisch; **II.** *s f* Mnemotechnik *f.*

mobile [mɔbil] **I.** *a* **1.** beweglich, mobil; in Bewegung; fließend; **2.** *fig* unbeständig, wandelbar, wechselhaft; **3.** *tech* dreh-, verstell-, verschieb-, ausschwenkbar; **4.** *(Futter)* ausknöpfbar; **II.** *s m* **1.** *phys* in Bewegung befindliche(r) Körper *m;* **2.** *fig* Beweggrund, Antrieb *m,* Triebfeder *f;* **3.** *(Kunst)* Mobile *n;* ▶ *échelle f* ~ *des salaires* gleitende Lohnskala *f; fête f* ~ bewegliche(s) Fest *n.*

mobilier, ère [mɔbilje, -ɛʀ] **I.** *a jur* beweglich; Mobiliar-; **II.** *s m* Mobiliar *n;* Möbel *n pl;* (Wohnungs-)Einrichtung *f,* Hausrat *m;* ▶ *biens m pl* ~*s* bewegliche Habe *f;* ~ *de bureau* Büromöbel *n pl.*

mobilisable [mɔbilizabl] *a* **1.** einsatzfähig, -bereit; **2.** wehrpflichtig. **mobilisation** *f* **1.** *fig* Mobilisierung; *(Kapital)* Flüssigmachung; Aufbringung; Verfügbarmachung; Bereitstellung *f;* **2.** *mil* Mobilmachung *f.* **mobiliser** *tr* **1.** *(Kapital)* mobilisieren, bereit=stellen; flüssig=machen; *(Geld)* auf=bringen; **2.** *(Öffentlichkeit)* mobilisieren; *(Kräfte)* aufrufen, appellieren (*qn* an etw); **3.** *mil* mobil machen.

mobilité [mɔbilite] *f* **1.** Beweglichkeit *a. fig;* **2.** *(Arbeitskräfte)* Mobilität *f.*

mobylette [mɔbilɛt] *f* Mofa *n.*

mocassin [mɔkasɛ̃] *m* Mokassin *m.*

moche [mɔʃ] *a (nur pred) fam* mies, schlecht; *(Gegenstand; Frau)* häßlich; *(Wetter)* unfreundlich.

modal, e [mɔdal] *a pl -aux mus gram* modal; Modal-. **modalité** *f* **1.** Modalität *f;* **2.** *pl* Einzelheiten *f pl,* nähere Umstände *m pl;* **3.** Art, Weise, Modalität *f;* **4.** ▶ ~*s d'application* Durchführungsbestimmungen *f pl.* **mode I.** *s f* Mode *f;* **II.** *a* Mode-; modisch; **1.** ▶ *à la* ~ nach der (neuesten) Mode, modisch, modern; *à la* ~ *de* nach Art *gen; à la dernière* ~ neumodisch, nach der neuesten Mode; *passé de* ~ aus der Mode, unmodern, altmodisch, veraltet; **2.** ▶ *suivre la* ~ die Mode mit=machen, sich nach der Mode kleiden; *travailler dans la* ~ in der Modebranche arbeiten; **3.** ▶ *c'est à la* ~ das ist modern; **4.** ▶ *articles m pl de* ~ Modewaren *f pl; magasin m de* ~*s* Modewarengeschäft *n;* Hutsalon *m;* ~ *d'hiver* Wintermode *f;* ~ *féminine* Damenmode *f;* **III.** *s m* **1.**

Art, Weise; Art und Weise; Form *f;* **2.** Mittel *n,* Weg *m,* Verfahren *n;* **3.** *gram* Modus *m;* **4.** *mus* Tonart *f;* **5.** *(Statistik)* Modus *m;* häufigste(r) Wert *m;* **6.** ► ~ *d'action, de construction* Wirkungs-, Bauweise *f;* ~ *d'emploi* Gebrauchsanweisung; *(Maschine)* Bedienungsanleitung *f;* ~ *d'existence* Lebensform *f;* ~ *majeur, mineur* Dur-, Molltonart *f;* ~ *de paiement* Zahlungsweise *f,* -modus *m;* ~ *de scrutin* Wahlmodus *m* Abstimmungsverfahren *n;* ~ *de transport* Beförderungsart *f.*

modelage [mɔdlaʒ] *m* **1.** *(Kunst)* Modellieren *n;* **2.** modellierte Figur *f.*

modèle [mɔdɛl] **I.** *s m* **1.** Muster, Beispiel *n;* Vorlage *f;* **2.** *fig* Leitbild *n;* **3.** *(e-s Künstlers)* Modell; Modell(kleid) *n;* **4.** *tech* Modell *n;* Ausführung *f;* Typ *m;* Bauart *f;* **5.** *math com* Modell *n;* Schaupackung, Attrappe *f;* **II.** *a* **1.** Modell-, Muster- *a. fig; fig* mustergültig, -haft, vorbildlich; **2.** ► *être un* ~ *de* ein typischer, mustergültiger ... sein, ein Muster an ... *(dat)* sein; *prendre qn pour* ~, *prendre* ~ *sur qn* sich an jdm ein Beispiel nehmen, sich jdn zum Vorbild nehmen; *servir de* ~ als Muster, Vorlage dienen; **3.** ► *collection f de* ~*s* Muster-, *(Mode)* Modellkollektion *f; enfant m* ~ Musterknabe *m; entreprise f* ~ Musterbetrieb *m;* **4.** ► ~ *d'avion* Flugzeugmodell *n;* ~ *courant* Normalausführung *f;* ~ *déposé (com)* Gebrauchsmuster *n;* ~ *de luxe* Luxusausführung *f;* ~ *réduit* Modell *n* in verkleinertem Maßstab.

modelé [mɔdəle] *m* **1.** *(Kunst)* Formgebung, Gestaltung *f;* **2.** *geog* Bodengestaltung *f.* **modeler** ‹*Prés. je modèle, ns modelons; Fut. je modèlerai; pp. modelé,* ℯ› **I.** *tr* **1.** Form, Gestalt geben (*qc* e-r S); formen, gestalten *a. fig (sur* nach*);* **2.** *(Kunst)* modellieren; im Modell dar=stellen *od* aus=führen; ein Modell an=fertigen (*qc* gen); **3.** ► ~ *le corps* die Körperformen zur Geltung bringen; **II.** *v prn* ► *se* ~ *sur qn* sich jdn zum Vorbild nehmen, jdm nach=eifern; *pâte f à* ~ Knetmasse *f.* **modeleur** *m* **1.** Modellierer, Modelleur *m;* **2.** Modellschreiner, -tischler *m.*

modéliste [mɔde(ɛ)list] *m f* **1.** *(Mode)* Modellzeichner(in *f*), -schneider(in *f*) *m;* **2.** *tech* Modellbauer(in *f*) *m.*

modem [mɔdɛm] *m inform* Modem *n.*

modérateur, trice [mɔdeʀatœʀ, tʀis] **I.** *s m* **1.** Befürworter *m* des Maßhaltens, der Mäßigkeit, der Zurückhaltung; Element *n* der Mäßigung; **2.** *tech* Regulator; *phys* Moderateur *m;* **II.** *a* mäßigend; steuernd; ► *jouer un rôle* ~ mäßigend wirken; e-e mäßigende Rolle spielen. **modération** *f* **1.** Mäßigung; Mäßigkeit; *(Geschwindigkeit)* Verminderung *f;* **2.** ► *jur* ~ *de droit* Gebühren-, Steuerermäßigung *f,* -nachlaß *m.*

modéré, e I. *a (Preis)* mäßig; *(Wind)* schwach; *bes. pol* gemäßigt; **II.** *s m pol* Gemäßigte(r) *m.* **modérer** ‹*Prés. je modère, ns modérons; Fut. je modérerai; pp. modéré,* ℯ› **I.** *tr* **1.** *(Ansprüche)* mäßigen; **2.** mildern, ab=schwächen; **3.** *(Geschwindigkeit)* herab=setzen *(a. Strafe);* **4.** *(Leidenschaft)* zügeln; im Zaum, in Schranken halten; **II.** *v prn se* ~ sich mäßigen, sich im Zaum halten, sich beherrschen.

moderne [mɔdɛʀn] **I.** *a* modern, heutig, neuzeitlich; zeitgemäß; **II.** *s m (Kunst)* Moderne *f;* ► *temps m pl* ~*s* Neuzeit *f.*

modernisation *f* Modernisierung *f.*

moderniser *tr* modernisieren, zeitgemäß um=gestalten. **modernité** *f* moderne(r) Charakter *m (e-s Bauwerks);* ► *modern style* [stil] *m (Kunst)* Jugendstil *m.*

modeste [mɔdɛst] *a (Person)* bescheiden, anspruchslos; *(Kleidung)* einfach, schlicht; *(Preis)* bescheiden. **modestie** [-ti] *f* Bescheidenheit, Anspruchslosigkeit; Schlichtheit, Einfachheit *f.*

modicité [mɔdisite] *f* Geringfügigkeit, Kleinheit; geringe Höhe; *(Preis)* Niedrigkeit *f.*

modifiable [mɔdifjabl] *a* abänderungsfähig, modifizierbar. **modificateur, trice** *a* modifizierend, abwandelnd. **modificatif, ive** *a* modifizierend. **modification** *f* (Ab-, Um-, Ver-)Änderung; Modifikation *f;* ► *sans* ~ ohne (jede) Änderung, unverändert; *apporter, faire des* ~*s à qc* Änderungen an e-r S vor=nehmen. **modifier I.** *tr* **1.** (ab=, um=, ver)ändern, modifizieren; **2.** *gram* näher bestimmen; **II.** *v prn se* ~ sich verändern, sich wandeln.

modique [mɔdik] *a (Mittel)* gering(fügig), unbedeutend; schwach, klein; *(Preis)* niedrig; *(Summe)* mäßig, bescheiden.

modiste [mɔdist] *f* Modistin, Putzmacherin *f.*

modulateur [mɔdylatœʀ] *m tele radio* Modulator *m.* **modulation** *f mus tele radio* Modulation *f;* ► *écouter qc en* ~ *de fréquence* etw auf UKW hören.

module [mɔdyl] *m* **1.** *math phys tech arch* Modul *m;* **2.** *(Möbel)* Element *n;* **3.** *(Raumfahrt)* ► ~ *d'atterrissage (cosm)* Landekapsel *f;* ~ *orbital (cosm)* Umlaufkapsel *f.* **moduler** *tr* **1.** modulieren; **2.** *fig* den Umständen anpassen.

moelle [mwal] *f anat bot* Mark *n a. os m à* ~ Markknochen *m;* ~ *épinière* Rückenmark *n.*

moelleusement [mwaløzmɑ̃] *adv* ► *il s'allonge* ~ *sur le sofa* er kuschelt sich behaglich auf das Sofa. **moelleux, se** *a* **1.** *(Stoff)* weich, flauschig; **2.** *(Schokolade)* schmackhaft und leicht im Mund zergehend; **3.** *(Wein)* lieblich; **4.** *(Ton)*

weich; **5.** *(Stimme)* schmelzend; weich u. voll; *(Gesang)* schmelzend.
moellon [mwalõ] *m arch* Bruchstein *m.*
mœurs [mœʀ, -s] *f pl* **1.** Sitten *f pl;* **2.** Gebräuche *m pl,* Lebensgewohnheiten *f pl;* **3.** Sittlichkeit *f;* **4.** *être contraire aux bonnes* ~ gegen die guten Sitten verstoßen; *en voilà des ~! (fam)* das ist ein Benehmen! **5.** ▶ *mauvaises* ~ schlechte Sitten *f pl;* schlechte(r) Lebenswandel *m.*
moi [mwa] **I.** *prn (unverbunden)* ich *(betont); (nach nicht verneintem Imperativ)* mir, mich; **II.** *s m inv* Ich, Selbst, Ego *n;* ▶ *à cause de* ~ meinetwegen; *de vous à* ~ unter uns; *quant à* ~ was mich betrifft *od* angeht; *d'après* ~ nach meiner Ansicht; *je n'ai point d'argent sur* ~ ich habe kein Geld bei mir; *c'est* ~ ich bin's; *c'est* ~ *qui* ich *(betont); c'est à* ~ das gehört mir; ich bin an der Reihe; *un ami à* ~ ein Freund von mir; *~-même* ich selbst.
moignon [mwaɲõ] *m (Glied)* Stumpf, Stummel *m.*
moindre [mwɛ̃dʀ] *a* **1.** geringer, kleiner; *(Preis)* niedriger; **2.** ▶ *au* ~ *bruit* beim leisesten Geräusch; *jusque dans les ~s détails* bis in die kleinsten Einzelheiten; *c'est le* ~ *de mes soucis (fam)* das ist meine geringste Sorge; *le* ~ *mal* das kleinere Übel.
moine [mwan] *m* Mönch *m;* ▶ *se faire* ~ ins Kloster gehen.
moineau [mwano] *m pl -aux zoo* Sperling, Spatz.
moins [mwɛ̃] **I.** *adv* **1.** weniger *a. math,* minder; **2.** *math* minus; **3.** *com* abzüglich; **II.** *s m math* **1.** *(signe m ~)* Minuszeichen *n;* **2.** ▶ *le* ~ *(allg)* das Mindeste, das Geringste; **3.** ▶ *à* ~ zu e-m niedrigeren Preis; *à* ~ *de* für weniger als; *à* ~ *de* od *que* ausgenommen, außer daß, wenn; es sei denn, daß; wenn nicht; *au* ~ wenigstens, mindestens; *dans, en* ~ *de (zeitl.)* in weniger als; *de* ~ *(nach e-r Zahl)* weniger; zu wenig; *de* ~ *en* ~ immer weniger; *du* ~ wenigstens, mindestens, zumindest; *en* ~ *de rien* im Nu; *midi* ~ *le quart* drei Viertel zwölf; ~ *que rien* absolut nichts; *ni plus ni* ~ nicht mehr u. nicht weniger; *pas le* ~ *du monde* nicht im geringsten; *plus ou* ~ mehr oder weniger; *rien (de)* ~ *que* nichts weniger, alles andere als; *tout au ~, à tout le ~, pour le* ~ zum mindesten; wenig gerechnet; ~ *que jamais* weniger denn je.
moire [mwaʀ] *f (Textil)* Moiré *m* od *s.* **moiré, e I.** *a* moiriert, geflammt; **II.** *s m* Moirierung *f.* **moirer** *tr* flammen, moirieren.
mois [mwa] *m* **1.** Monat *m;* **2.** Monatsgehalt *n;* **3.** ▶ *au* ~ monatlich, monatsweise; *au* ~ *de janvier* im Januar; *dans le courant du* ~ im laufenden Monat; *par* ~ monatlich; **4.** ▶ *elle est dans son neuvième* ~ sie ist im neunten Monat *(ihrer Schwangerschaft);* **5.** ▶ *trois* ~ Vierteljahr *n; six* ~ halbe(s) Jahr *n.*
moïse [mɔiz] *m* Babykörbchen *n.*
moisi, e [mwazi] **I.** *a* schimm(e)lig, verschimmelt *a. fig;* **II.** *s m* Schimmel *m;* ▶ *sentir le* ~ dumpfig, muffig riechen; *goût m de* ~ *(Wein)* muffige(r) Geschmack *m.* **moisir I.** *tr* schimm(e)lig werden lassen; **II.** *itr* schimm(e)lig werden; (ver)schimmeln; ▶ *je ne vais pas* ~ *ici (fig fam)* hier werde ich nicht alt.
moisissure *f* Schimmel *m.*
moisson [mwasõ] *f* **1.** Ernte(zeit) *a. fig;* **2.** *fig* (Aus-)Beute *f* (*de* an *dat*); ▶ *rentrer la* ~ die Ernte ein=bringen.
moissonner *tr* **1.** (ab=)ernten *a. fig;* **2.** *fig* sammeln; ein=heimsen. **moissonneur, se** *m f* Erntearbeiter(in *f*), Schnitter *m; f* Mähmaschine *f;* ▶ *~onneuse-batteuse f* Mähdrescher *m.*
moite [mwat] *a (Haut)* feucht. **moiteur** *f* **1.** Feuchtigkeit *f;* **2.** leichte(r) Schweiß *m.*
moitié [mwatje] *s f* **1.** Hälfte; *fam* bessere Hälfte *f (Frau);* **2.** ▶ ~ ..., ~ ... halb ..., halb ...; *~-~!* teils, teils! halb und halb! *à* ~ zur Hälfte, halb; *à* ~ *plein* halbvoll; *à* ~ *prix* zum halben Preis; *de* ~ zur Hälfte; um die Hälfte; *la* ~ *de* ... halb ...; *la* ~ *plus cher* um die Hälfte teurer; **3.** ▶ *couper par la* ~ in zwei gleiche Teile teilen *od* zerlegen; halbieren.
moka [mɔka] *m* **1.** Mokka *m;* **2.** Mokkatörtchen, -schnittchen *n.*
mol, le [mɔl] *a S. mou.*
molaire [mɔlɛʀ] *a* u. *s f: (dent f)* ~ Back(en)zahn *m.*
molasse [mɔlas] *s. mollasse.*
môle [mol] *m* Mole *f,* Hafendamm *m.*
moléculaire [mɔlekylɛʀ] *a phys* Molekular-; ▶ *poids m* ~ Molekulargewicht *n.* **molécule** *f phys* Molekül *n.*
molester [mɔlɛste] *tr* mißhandeln; rücksichtslos vorgehen (*qn* gegen jdn).
molette [mɔlɛt] *f tech* (Sporn-, Lauf-) Rädchen *n;* Rändel-, Falzscheibe *f.*
mollah [mɔl(l)a] *m* Mullah, Molla *m.*
mollasse [mɔlas] *f* **I.** *a* **1.** wabbelig, schwammig; **2.** energielos; verweichlicht; zu schlaff; **II.** *s m (a.* **mollasson** *m) fig* Waschlappen *m; f geol* Molasse *f.* **mollement** *adv* lässig; träge; schwach; weichlich. **mollesse** *f* **1.** *(Gegenstand)* Weichheit; **2.** *(Klima)* Milde; **3.** Schlaffheit *f a. fig;* **4.** *(Person)* Trägheit; Lässigkeit; Willenlosigkeit; Nachsichtigkeit; Weichlichkeit, Verweichlichung *f;* **5.** *(Stil)* Kraftlosigkeit *f;* ▶ *protester avec* ~ lahm protestieren.
mollet [mɔlɛ] *m* Wade *f.*
mollet, te [mɔlɛ, -ɛt] *a* (dick u.) weich,

flaumig; ► *œufs m pl ~s* weichgekochte Eier *n pl.*
molletière [mɔltjɛʀ] *s f* u. *a:* ► *bande f ~* Wickelgamasche *f.*
molleton [mɔltõ] *m text* Molton, Moll *m.*
mollir [mɔliʀ] **I.** *itr* **1.** weich, schlaff, kraftlos werden; s-e Kraft verlieren; **2.** *(Widerstand)* nachlassen; **3.** *(Wind)* ab=flauen; nach=lassen; **4.** *fig fam* feige zurückweichen, kneifen; **II.** *tr mar (Tau)* lockern.
mollo [mɔlo] *adv* ► *(fam) vas-y ~!* sachte, sachte!
mollusque [mɔlysk] *m* **1.** *zoo* Weichtier *n;* **2.** *pop* Schlappschwanz *m.*
molosse [mɔlɔs] *m* Fleischerhund *m.*
môme [mom] *m f pop* Balg *m,* Kind *n;* Bengel *m;* Range *f; f* Mädchen *n;* ► *une belle ~* ein süßer Fratz.
moment [mɔmɑ̃] *m* **1.** Augenblick, Moment; Zeitpunkt; *(bon ~)* richtige(r) Moment *m,* (gute) Gelegenheit *f;* **2.** *math phys el* Moment *n;* **3.** ► *à ce ~* in diesem Augenblick, da; *au ~ de (Inf.)* im Augenblick, als ...; zur Zeit *gen; au dernier ~* im letzten Augenblick; *au ~ où, que (conj)* in dem Augenblick, zu dem Zeitpunkt, als; *à tout (tous) ~(s)* stets, jederzeit, alle Augenblicke, (an)dauernd; *dans un ~* im Augenblick, gleich; *d'un ~ à l'autre* von einem Augenblick zum ander(e)n, jeden Augenblick; *dès ce ~* von diesem Augenblick an, von jetzt an; *du ~ que, où (conj)* von dem Augenblick, der Zeit, dem Zeitpunkt an, wo; da ja; da doch; *par ~s* zeitweilig, mitunter; *pour le ~* für den Augenblick; vorerst; **4.** ► *avoir de bons ~s* hin u. wieder recht nett *od* vernünftig sein; *n'avoir pas un ~ à soi* keinen Augenblick für sich selbst haben; *saisir le ~ favorable* die Gelegenheit beim Schopf ergreifen; *un ~, s'il vous plaît!* einen Augenblick, bitte! **5.** ► *~ d'inertie (phys)* Trägheitsmoment *n.*
momentané, e [-ta-] *a* vorübergehend, momentan, kurz(-fristig). **momentanément** *adv* vorübergehend, momentan, im Augenblick.
momie [mɔmi] *f* Mumie *f.* **momification** *f* Mumifizierung *f.* **momifier** *tr* mumifizieren.
mon, ma, *pl* **mes** [mõ, ma; mɛ(e)] *prn* mein(e).
monacal, e [mɔnakal] *a pl -aux* mönchisch; Mönchs-. **monachisme** [-ki-, -ʃi-] *m* Mönch(s)tum; Klosterleben *n.*
monarchie [mɔnaʀʃi] *f* Monarchie *f.* **monarchique** [-ʃ-] *a* monarchisch. **monarchiste** [-ʃ-] **I.** *s m f* Monarchist(in *f*) *m;* **II.** *a* monarchistisch. **monarque** *m* Monarch *m.*
monastère [mɔnastɛʀ] *m* Kloster *n.* **monastique** *a* klösterlich; Kloster-, Mönchs-; ► *ordre m ~* Mönchsorden *m.*
monceau [mõso] *m pl -x* Haufen *m a. fig; fig* Menge *f* (*d'argent* Geld).
mondain, e [mõdɛ̃, -ɛn] **I.** *a* **1.** weltlich; Welt-; **2.** weltgewandt, mondän; **3.** gesellschaftlich; **II.** *s m f* Weltmann *m;* Dame *f* von Welt. **mondanité** *f* **1.** *rel* weltliche(r) Charakter *m;* **2.** *pl* gesellschaftliche(s) Leben *n; (Zeitung)* Gesellschaftschronik *f.* **monde** [mõd] *s m* **1.** Welt *a. fig;* Erde *f;* **2.** *fig* Welt, Gesellschaft *f;* **3.** Menschheit *f;* Menschen *m pl,* Leute *pl;* **4.** Gäste *m pl;* **5.** Familie *f,* Angehörige *m pl;* **6.** *mar* Mannschaft, Besatzung *f;* **7.** ► *(jusqu')au bout du ~* am (bis ans) Ende der Welt; *pas le moins du ~* nicht im geringsten, bestimmt nicht; *de par le ~* irgendwo, in der weiten Welt; *pour rien au ~, pas pour tout l'or du ~* nicht um alles in der Welt, um keinen Preis; *aux yeux de tout le ~* vor aller Welt; **8.** ► *courir le ~* dauernd auf Reisen sein; *se faire un ~ de qc* viel Aufhebens um etw machen; *mettre, venir au ~* zur Welt bringen, kommen; **9.** ► *il y a du ~* es ist Besuch, jemand, *fam* wer da; *c'est le ~ renversé* die Welt steht kopf! *ainsi va le ~* das ist der Lauf Welt; **10.** ► *l'autre ~* das Jenseits; *tout le ~* alle Leute *pl,* jeder(mann); *vieux comme le ~* ur-, steinalt; **11.** ► *~ financier* Finanzwelt *f.*
monder [mõde] *tr* enthülsen, schälen; entkernen, entsteinen; ► *orge m ~é* Graupen *f pl.*
mondial [mõdjal] *a pl -aux* weltweit; Welt-; ► *de réputation ~e* mit Weltruf; *congrès m ~* Weltkongreß *m; prix m pl ~iaux* Weltmarktpreise *m pl.* **mondialement** *adv* weltweit; global; *~ connu, célèbre* weltbekannt, -berühmt. **mondialiser** *tr* über die ganze Erde verbreiten.
mond(i)ovision [mõd(j)ɔvizjõ] *f video* Satellitenfernsehen *n.*
monétaire [mɔnetɛʀ] *a* Münz-, Währungs-, Geld-; monetär; ► *marché m ~* Geldmarkt *m; réforme f ~* Währungsreform *f.* **monétique** *a* mit dem elektronischen Zahlungssystem; *s f* elektronische(s) Zahlungssystem *n.* **monétiser** *tr (Metall)* aus=münzen, -prägen.
mongol, e [mõgɔl] *a* mongolisch. **Mongol, e** *m f* Mongole *m,* Mongolin *f.* **Mongolei, die** la Mongolie. **mongolien, ne** *a* mongoloid; *s m f* mongoloide(s) Kind *n.*
moniteur, trice [mɔnitœʀ, -tʀis] *m f a* Betreuer(in *f*) *m; (~ de ski)* Ski-, *(~ d'auto-école)* Fahr-, *(~ d'aviation)* Fluglehrer *m.*
monnaie [mɔnɛ] *f* **1.** Münze *f,* Geld (-stück); Hartgeld; (Klein-, Wechsel-) Geld *n;* **2.** Zahlungsmittel *n,* Währung; *pl* Geldsorten *f pl;* **3.** Münze *f,* Münz-

amt *n;* **4.** ► *n'avoir point de* ~ kein Kleingeld bei sich haben; *faire de la* ~ wechseln; *payer en* ~ *de singe* mit leeren Worten ab=speisen (*qn* jdn); *rendre la* ~ heraus=geben (*sur cent francs* auf 100 Francs); *rendre à qn la* ~ *de sa pièce* jdm mit gleicher Münze heim=zahlen; **5.** ► *fausse* ~ Falschgeld *n; menue, petite (a. fig)* ~ Kleingeld *n; pièce f de* ~ Geldstück *n;* **6.** ► ~ *étrangère* fremde, ausländische Währung *f.*

monnayage *m* (Aus-)Münzen, Prägen; Münzwesen *n;* ► *faux* ~ Falschmünzerei *f.* **monnayer** ‹*Prés. je monnaie* od *monnaye, ns monnayons; Fut. je monnaierai* od *monnayerai; pp. monnayé, e*› *tr* **1.** *(Metall)* aus=münzen, -prägen; *(Geld)* prägen; **2.** *(Besitz)* zu Geld machen; in klingende Münze umsetzen; **3.** *fig* Kapital schlagen aus. **monnayeur** *m* Münzer *m;* ► *faux* ~ *(a. fig)* Falschmünzer *m.*

mono ... [mɔnɔ] *in Zssgen* Allein-, Ein-, ein-. **monobloc I.** *a inv* aus einem Stück; **II.** *s m* Zylinderblock *m.* **monochrome** [-kʀom] *a (Kunst)* monochrom, einfarbig.

monocle [mɔnɔkl] *m opt* Monokel *n.*

monocoque [mɔnɔkɔk] *a:* ► *construction f* ~ *(aero)* Schalenbauweise *f.* **monocorde I.** *a* **1.** *mus* mit einer Saite; **2.** *fig* eintönig; **II.** *s m* Monochord *n.* **monocotylédone** [-ɔn] *a* u. *s f pl bot* einkeimblättrig(e Pflanzen *f pl*). **monoculture** *f agr* Monokultur *f.* **monocylindrique** *a mot* einzylindrig. **monogamie** *f* Einehe *f.* **monogramme** *m* Monogramm; Signum, Handzeichen *n.* **monographie** *f* Monographie, Einzeldarstellung *f.* **monokini** *m* Monokini *m.* **monolingue** *a* einsprachig. **monolithe I.** *a* monolithisch; **II.** *s m* Monolith *m.* **monolithique** *a* monolithisch *a. fig; fig pol* straff organisiert. **monolithisme** *m pol* straffe Organisation *f.* **monologue** *m* Monolog *m,* Selbstgespräch *n.* **monologuer** *itr* Selbstgespräche führen.

monôme [monom] *m math* Monom *n.*

monométallisme [mɔnɔmetalism] *m* Monometallismus *m.* **monomoteur I.** *a m aero* einmotorig; **II.** *s m* einmotorige(s) Flugzeug *n.* **mononucléaire** *a* einkernig; *s m* einkernige Zelle *f.* **monoparental, e** *a* Einelternteil-. **monoplace I.** *a aero* einsitzig; **II.** *s m* Einsitzer *m.*

monopole [mɔnɔpɔl] *m* **1.** Monopol; Alleinverkaufs-, -vertriebsrecht *n;* **2.** *fig* Vorrecht *n;* ► ~ *de l'alcool* Branntweinmonopol *n.* **monopoliser** *tr* **1.** monopolisieren; **2.** *fig* (für sich) in Anspruch nehmen. **monopoliste** *a* monopolistisch.

monorail [mɔnɔʀaj] **I.** *a inv loc* einschienig; **II.** *s m* Einschienenbahn *f.*

monorime *a* mit (nur) einem Reim. **monoski** *m (sport)* Monoski *m.* **monosyllabe** [-silab] *m* einsilbige(s) Wort *n.* **monosyllab(iqu)e** *a* einsilbig. **monothéique** *a* monotheistisch. **monothéisme** *m* Monotheismus *m.* **monothéiste I.** *s m f* Monotheist(in *f*) *m;* **II.** *a* monotheistisch. **monotone** [-ɔn] *a* eintönig, monoton, gleichförmig. **monotonie** *f* Monotonie, Eintönig-, Gleichförmigkeit *f.*

monseigneur [mɔ̃sɛɲœʀ] *m, pl messeigneurs* (Se.) Exzellenz; (Se.) Durchlaucht; *s m u. a:* ► *pince f* ~ Brecheisen *n.*

monsieur [m(ə)sjø] *m, pl messieurs* [mesjø] (mein Herr); *(Brief)* sehr geehrter Herr; ► ~ *le maire* (der) Herr Bürgermeister; ~ *votre père* Ihr Herr Vater.

monstre [mɔ̃stʀ] **I.** *m* **1.** Ungeheuer, Monstrum *n,* Mißgeburt, -gestalt *f;* **2.** Ungetüm; Fabeltier *n;* **3.** Scheusal *n;* **II.** *a fam* ungeheuer; Monster-; ► *concert m* ~ Monsterkonzert *m; succès m* ~ Bombenerfolg *m.* **monstrueux, se** [-tʀyø, -øz] *a* **1.** *(Wellen)* riesig, ungeheuer (groß); **2.** *(Verbrechen)* scheußlich, entsetzlich, gräßlich *a. fig;* **3.** *fig* ungeheuerlich. **monstruosité** *f* **1.** *med* Mißbildung *f;* **2.** *fig* Ungeheuerlichkeit; Scheußlichkeit *f;* **3.** *(Verbrechen)* Entsetzlichkeit, Furchtbarkeit *f.*

mont [mɔ̃] *m* **1.** *(bes. in Namen)* Berg *m a. fig;* **2.** *pl* Gebirge *n;* **3.** *fig* Gipfel *m;* ► *être toujours par* ~*s et par vaux* immer unterwegs sein; *promettre* ~*s et merveilles* goldene Berge versprechen; ~ *de Vénus (anat)* Venusberg *m.*

montage [mɔ̃taʒ] *m* **1.** *tech* Montage *f,* Montieren, Aufstellen *n,* Auf-, Ein-, Zs.bau *m;* **2.** *el* Schaltung *f; (schéma m de* ~*)* Schaltplan *m,* -skizze *f;* **3.** *film* Schnitt *m* u. Zs.stellung *f;* Montage *f;* **4.** *(Ärmel)* Einsetzen *n;* **5.** ► *chaîne f de* ~ Fließ-, Montageband *n;* **6.** ► ~ *en parallèle, en série* Parallel-, Serien- *od* Reihenschaltung *f;* ~ *photographique* Photomontage *f.*

montagnard, e [mɔ̃taɲaʀ, -d] **I.** *a* Berg-; **II.** *s m f* Bergbewohner(in *f*) *m.* **montagne** *f* **1.** Berg *m a. fig;* Gebirge *n;* **2.** ► *se faire une* ~ *de qc (fam)* aus e-r Mücke e-n Elefanten machen; **3.** ► *haute* ~ Hochgebirge *n;* **4.** ► ~*s russes* Berg-und-Tal-Bahn *f.* **montagneux, se** *a* gebirgig, bergig.

montant, e [mɔ̃tɑ̃] **I.** *a* **1.** *(Weg)* (auf-, an)steigend; hinaufgehend, -fahrend; **2.** *(Wache)* aufziehend; **3.** *(Fuge)* senkrecht; **4.** *(Kleid)* hochgeschlossen; **II.** *s m* **1.** (Tür-, Fenster-, Bett-, Gitter-)Pfosten; Ständer *m;* **2.** *com* Betrag *m,* Summe *f;* ► *d'un* ~ *de* im Betrage, in Höhe von; **3.** ► *col m* ~ Stehkragen *m; ma-*

rée f ~e Flut *f;* **4.** ▶ *~ de la facture* Rechnungsbetrag *m.* **monte** *f* **1.** *(Pferd)* Ritt *m;* **2.** *agr (Zucht)* Decken, Beschälen *n.* **monte-charge** *m inv* Lastenaufzug *m.* **monte-plats** *m inv* Speisenaufzug *m.* **montée** *f* **1.** Aufstieg *m* (*de* auf *acc*); (Auf-)Steigen *n;* Auffahrt, Bergfahrt *f;* **2.** *aero* Steigflug *m;* **3.** *(Straße)* Steigung; Rampe, Auffahrt *f;* **4.** *fig (Preise)* Steigen *n;* **5.** *(Temperatur)* Ansteigen *n.* **monter I.** *itr* **1.** *(se déplacer)* (hinauf=, auf=, an=, ein=)steigen; ▶ *~ sur une échelle* e-e Leiter hinauf=klettern; *~ dans le train* in den Zug steigen, ein=steigen; *(in der Hierarchie)* auf=steigen, *(in der Reihe)* auf=rücken; *~ en grade* befördert werden; *~ vers le Nord* nach Norden fahren; **2.** *(Sache) (Weg)* an=steigen; *(Nebel)* steigen; ▶ *le bruit monte de la rue* der Lärm steigt von der Straße herauf; *le vin ~e à la tête* der Wein steigt zu Kopf; *(Flammen)* empor=lodern; **3.** *(augmenter)* steigen, zu=nehmen; *(Stimme, Preise)* steigen; ▶ *les frais montent à* die Unkosten belaufen sich auf *(acc);* **4.** *(beim Kartenspiel)* überbieten; **II.** *tr* **1.** hinauf=fahren, hinauf=steigen, besteigen; ▶ *~ l'escalier* die Treppe hinaufsteigen; *(Berg)* besteigen; *(Felsen)* erklimmen; **2.** ▶ *~ les bagages* das Gepäck hinauf=schaffen; **3.** *(installer) (Zelt)* auf=schlagen; *(Ärmel)* ein=setzen; *(bes. Maschine)* auf=stellen, montieren, ein=bauen; *(Bauernhof)* ein=richten; **4.** *agr (Hund)* decken; *(Pferd)* beschälen; **III.** *v prn se ~* **1.** sich versehen, sich versorgen, sich aus=rüsten, sich ein=decken (*en* mit); ▶ *se ~ une garde-robe* sich ein=kleiden; **2.** *(Pferd)* sich besteigen lassen; ▶ *ce rocher se monte facilement* dieser Fels ist leicht zu erklimmen; *(tech)* sich montieren lassen, aufzustellen sein; **3.** ▶ *les frais se montent à cent marks* die Kosten machen hundert Mark aus; **IV.** ▶ *~ en auto, en avion à bicyclette, à cheval* ins Auto, ins Flugzeug, aufs Fahrrad, aufs Pferd steigen; *se ~ (fam) la tête* sich selbst etw vor=machen; *~ en flèche (fig)* steil an=steigen, empor=schnellen; *~ en parallèle, en série (el)* nebenea. *od* parallel-, hinterea.= *od* in Reihe schalten; *~ la tête, à qn (fam)* jdn (auf=)reizen; *~ sur les planches* zum Theater gehen; *~ à la tribune* sich auf die Rednertribüne begeben. **monteur, se** *m f* **1.** Monteur; Installateur *m;* **2.** *film* Schnittmeister(in *f*) *m.* **monticule** *m* kleine(r) Berg *m,* (flache) Erhebung *f,* Hügel *m.*

montre [mɔ̃tʀ] *f* **1.** Taschen-, Armbanduhr *f;* **2.** ▶ *~ en main* (auf die Minute) genau; **3.** ▶ *mettre sa ~ à l'heure* s-e Uhr stellen; **4.** ▶ *~-bracelet f* Armbanduhr *f.* **montrer I.** *tr* **1.** zeigen (*qc à qn* jdm e-e S); **2.** *(Weg)* weisen; *(Richtung)* an=geben; **3.** *(Talent)* an den Tag legen, zur Geltung bringen; *(Irrtum)* auf=zeigen; *(Gefühle)* offenbaren; **4.** ▶ *~ le chemin à qn* jdm den Weg weisen; *~ les dents à qn* jdm die Zähne zeigen; *~ qn du doigt* mit dem Finger auf jdn zeigen; *~ l'exemple* mit gutem Beispiel voran=gehen; *~ de l'humour* Humor beweisen; **II.** *v prn se ~* **1.** sich zeigen; sich sehen *od* blicken lassen; ▶ *il s'est montré incapable de ...* er hat sich als unfähig erwiesen, zu ...; **2.** auf=treten, vor das Publikum treten; ▶ *il se montre très sûr de lui* er tritt sehr selbstbewußt auf. **montreur, se** *m f* ▶ *~ de marionnettes* Marionetten-, Puppenspieler(in *f*) *m.*

monture [mɔ̃tyʀ] *f* **1.** Reittier, -pferd *n;* **2.** *tech (Säge)* Bügel, Bogen *m; (Brille)* Gestell *n; (Edelstein)* Fassung *f.*

monument [mɔnymɑ̃] *m* **1.** (*bes.* Bau-) Denkmal *a. fig,* Monument, Bauwerk *n;* **2.** *fam* große(s) Ding; Monstrum *n;* **3.** ▶ *~ historique* unter Denkmalschutz stehende(s) Gebäude *n; ~ aux morts* Kriegerdenkmal *n.* **monumental, e** *a pl -aux* **1.** monumental, eindrucksvoll; riesig, gewaltig; **2.** *fam (Irrtum)* kapital; *(Dummheit)* grenzenlos.

moquer, se [mɔke] *v prn* **1.** verspotten; ver-, aus=lachen; sich lustig machen (*de qn, qc* über jdn, über e-e S); **2.** sich nichts machen (*de qc* aus etw), sich hinweg=setzen (*de qc* über e-e S), in den Wind schlagen (*de qc* etw), *fam* pfeifen (*de qc* auf e-e S); **3.** an der Nase herum=führen (*de qn* jdn); zum Narren, zum besten haben (*de qn* jdn); **4.** nicht daran denken (*de faire qc* etw zu tun); scherzen, Spaß machen, es nicht ernst meinen; **5.** *se faire ~ de soi* sich lächerlich machen; **6.** *je m'en moque* das ist mir schnuppe, Wurst, völlig egal. **moquerie** *f* Spott *m.*

moquette [mɔkɛt] *f* Auslegeware *f;* Teppichboden *m.*

moqueur, se [mɔkœʀ, -øz] **I.** *a* spottlustig, -süchtig; spöttisch; **II.** *s m f* Spötter(in *f*) *m.*

moraine [mɔʀɛn] *f geol* Moräne *f.*

moral, e [mɔʀal] **I.** *a pl -aux* **1.** moralisch, sittlich (einwandfrei, gut), ethisch; **2.** seelisch, ideell, immateriell; geistig; **II.** *s m* **1.** sittliche(r) Halt *m;* seelische Verfassung *f;* Moral, Stimmung *f (bes. der Truppe);* **2.** *s f* Moral, Ethik, Sittenlehre *f;* **3.** ▶ *avoir bon ~* in guter seelischer Verfassung sein; *faire la ~e à qn* jdm die Leviten lesen; *remonter le ~* jdm wieder Mut machen, aufmuntern; *il a le ~ à zéro (fam)* er ist am Boden zerstört; **4.** ▶ *conscience f ~e* sittliche(s) Bewußtsein *n; personne f ~e* juristische Person *f.* **moralement** *adv* (in) sittlich(er Hinsicht); innerlich, persönlich. **moralisateur, trice I.** *a* moralisierend; **II.** *s m* Moralprediger (in *f*) *m.* **moraliser** *itr* moralisieren, moralische Betrachtungen an=stellen (*sur qc* über e-e S). **moraliste** *m (Literatur)* Moralist *m.* **moralité** *f* **1.** Moral; Sittlichkeit *f;* **2.** *(Fabel)* Moral, Lehre, Nutzanwendung *f;* **3.** *(Literatur)* Moralität *f.*

moratoire [mɔʀatwaʀ] **I.** *a jur* aufschiebend; *com* Verzugs-; **II.** *s m s. ~atorium;* ► *intérêts m pl ~s* Verzugszinsen *m pl.* **moratorium** [-jɔm] *m com* Moratorium *n;* Zahlungsaufschub *m.*

morbide [mɔʀbid] *a* krankhaft; Krankheits-; *fig* morbid, angekränkelt. **morbidité** *f* **1.** *med* Krankhaftigkeit *f;* **2.** *(Statistik)* Morbidität, Krankheitshäufigkeit *f.*

morceau [mɔʀso] *m pl -x* **1.** *(abgetrenntes)* Stück *n;* Teil; **2.** *(Speise)* Bissen, Happen *m;* **3.** *fig* Abschnitt *m,* Bruchstück *n; (Buch)* Stelle *f;* **4.** (Musik-) Stück *n;* **5.** ► *(fig fam) emporter le ~* das Rennen machen; *manger, lâcher le ~ (fam)* aus=packen; **6.** ► *~x choisis (Literatur)* Auswahl *f* (*de* aus). **morceler** [-sə-] ⟨*Prés. je morcelle, ns morcelons; pp. morcelé, e*⟩ *tr* zerstückeln; zerschneiden; auf=teilen. **morcellement** [-sel-] *m* **1.** Zerstückelung; Aufteilung *f;* **2.** *fig* Zersplitterung *f.*

mordant, e [mɔʀdɑ̃, -t] **I.** *a* **1.** *fig (Spott)* ätzend, beißend, scharf; **2.** *(Stimme, Kälte)* schneidend; **II.** *s m* **1.** *fig* Schärfe, Bissigkeit *f;* **2.** Schwung, Schneid *m;* **3.** *tech* Beize *f;* Ätzwasser *n; (Säge, Feile)* Schärfe *f.*

mordicus [mɔʀdikys] *adv* ► *affirmer qc ~* etw steif und fest behaupten.

mordiller [mɔʀdije] *tr* knabbern, nagen (*qc* an e-r S).

mordoré, e [mɔʀdɔʀe] *a* goldbraun.

mordre [mɔʀdʀ] ⟨*Prés. il mord, ils mordent; Fut. il mordra; pp. mordu*⟩ **I.** *tr* **1.** (an=)beißen; *(Insekt)* stechen; be-, an=nagen; **2.** *chem* ätzen, an=greifen; beizen; **3.** ein=dringen (*qc* in etw); **II.** *itr* **1.** beißen (*à, dans, sur qc* in, auf e-e S) *a. fig;* **2.** ätzen (*sur qc* etw); **3.** an=beißen (*à qc* an etw, *bes. Fisch*); **4.** *fig* herein=fallen (*à* auf *acc*); Gefallen finden (*à* an *acc*); sich hin=geben, sich verschreiben (*à qc* e-r S *dat*); sich ein=arbeiten (*à qc* in e-e S), begreifen (*à qc* etw); **5.** über=greifen (*sur* auf *acc*); **6.** *tech* an=greifen, fassen; *(Stoff)* die Farbe an=nehmen; **III.** *v prn* **1.** ► *se ~ les doigts (fam)* (etw) schwer bereuen; *se ~ la langue* sich auf die Zunge beißen *a. fig; ~ sur la ligne de départ (sport)* über die Startlinie treten; **2.** ► *ça ne mord pas* das verfängt nicht. **mordu, e I.** *a fam* begeistert (*de* von); **II.** *s m f* ► *c'est une mordue du football* sie ist ein Fußballfan.

morfondre, se [mɔʀfɔ̃dʀ] ⟨*Prés. je me morfonds, ns ns morfondons; morfondrai; pp. morfondu, e*⟩ *v prn fig* sich langweilen; *fam* Trübsal blasen.

morgue [mɔʀg] *f* **1.** Hochmut, Dünkel *m;* **2.** Leichenschauhaus *n,* -halle *f.*

moribond, e [mɔʀibɔ̃, -ɔ̃d] **I.** *a* im Sterben liegend; **II.** *s m f* Sterbende(r *m*) *f.*

morille [mɔʀij] *f bot* Morchel *f.*

mormon, e [mɔʀmɔ̃, -ɔn] *m f rel* Mormone *m,* Mormonin *f.* **mormonisme** *m* Mormonentum *n.*

morne [mɔʀn] *a (Person)* trübselig, -sinnig; *(Blick)* (tief-)traurig; *(Wetter)* trübe, düster; *(Gegend)* eintönig; *(Farbe)* stumpf, matt.

morose [mɔʀoz] *a* mürrisch, griesgrämig. **morosité** *f* mürrische(s), griesgrämige(s) Wesen *n;* Mißmut *m;* Verdrossenheit *f.*

morphine [mɔʀfin] *f pharm* Morphium *n;* ► *piqûre f de ~* Morphiuminjektion, *fam* -spritze *f.*

morphologie [mɔʀfɔlɔʒi] *f* **1.** *biol ling geol* Morphologie, Gestaltlehre; **2.** *gram* Formenlehre *f.* **morphologique** *a* morphologisch.

morpion [mɔʀpjɔ̃] *m* **1.** *pop* Filzlaus *f;* **2.** *fam* Lausbub, Lausejunge; Knirps *m.*

mors [mɔʀ] *m* **1.** *(Zaum)* Gebiß *n;* **2.** *tech* (Klemm-, Spann-)Backe, Spannklaue *f,* -kloben *m;* **3.** *(Buch)* Falz *m.*

morse [mɔʀs] *m* **1.** *zoo* Walroß *n;* **2.** Morsealphabet *n;* -zeichen *n pl.*

morsure [mɔʀsyʀ] *f* **1.** Biß(wunde *f*) *m;* **2.** *(Kupferstich)* Ätzen *n.*

mort [mɔʀ] *f* **1.** Tod(esfall) *m,* Ableben, Ende *n a. fig;* **2.** *fig* Aufhören *n,* Untergang *m,* Vernichtung *f;* Ruin *m;* **3.** ► *à ~* tödlich, zu Tode; tod-; **4.** ► *avoir la ~ dans l'âme* tiefbekümmert sein; *condamner à ~* zum Tode verurteilen; *voir la ~ de près* dem Tod ins Angesicht schauen; **5.** ► *il n'y a pas eu ~ d'homme* es ist kein Menschenleben zu beklagen; **6.** ► *peine f de ~* Todesstrafe *f; ~ civile* Verlust *m* der bürgerlichen Ehrenrechte. **mort, e I.** *a* **1.** gestorben; tot *a. fig;* **2.** *fig* wie tot; *(Stadt)* (wie) ausgestorben; **3.** leblos; regungs-, bewegungslos; (toten)still; **4.** *com* still, flau; **5.** *(Holz, Laub)* trocken, dürr; **6.** *(Farbe)* matt, glanzlos; **II.** *s m f* **1.** Verstorbene(r *m*), Tote(r *m*) *f;* **2.** *(Bridge)* Strohmann *m;* **3.** ► *être ~ de fatigue* todmüde sein; *être plus ~ que vif (vor Schreck)* mehr tot als lebendig sein; *faire le ~* sich tot=stellen; *fig* nichts von sich hören lassen; *tomber (raide) ~* tot um=fallen; **4.** ► *eau f ~e* stehende(s) Wasser *n; Fête f, Jour m des ~s (kath.)* Allerseelen *n; (prot.)* Totensonntag *m; ivre ~* völlig betrunken; *messe f des ~s (rel)* Seelenmesse *f;*

nature f ~e (Kunst) Stilleben *n; point m ~ (tech fig)* tote(r) Punkt *m; mot* Leerlauf *m; com* Gewinnschwelle *f; temps m ~* Sendepause, Funkstille *f; tête f de ~* Totenkopf *m.*

mortadelle [mɔʀtadɛl] *f* Mortadella *f (Wurst).*

mortaise [mɔʀtɛz] *f* Zapfenloch *n,* Nute; Einkerbung, Aussparung *f.*

mortalité [mɔʀtalite] *f* Sterblichkeit(sziffer) *f;* ▶ *~ infantile* Kindersterblichkeit *f.* **mort-aux-rats** *f inv* Rattengift *n a. fig.* **mortel, le I.** *a* **1.** sterblich; **2.** *(Schlag, Krankheit)* tödlich *a. fig;* **3.** *(Schmerz)* furchtbar; **4.** sterbenslangweilig; **II.** *s m f* Sterbliche(r *m) f;* ▶ *la dépouille f ~le* die sterblichen Überreste *m pl; ennemi m ~* Todfeind *m; maladie ~le* tödliche Krankheit *f; péché ~* Todsünde *f.* **morte-saison** *f com* Sauregurkenzeit *f.*

mortier [mɔʀtje] *m* **1.** Mörtel, Speis *m;* **2.** *pharm mil* Mörser *m;* **3.** *jur* Barett *n.*

mortifiant, e [mɔʀtifjɑ̃, -t] *a fig* demütigend, kränkend. **mortification** *f* **1.** *meist pl rel* Abtötung, Kasteiung *f;* **2.** *fig* Demütigung, Erniedrigung *f.* **mortifier** *tr* **1.** *rel* ab=töten, kasteien; **2.** *fig* demütigen, schwer kränken.

mortinatalité [mɔʀtinatalite] *f* Zahl *f* der Totgeburten. **mort-né, e** *a* totgeboren *a. fig; s m f* totgeborene(s) Kind *n.* **mortuaire** [-tyɛʀ] *a* Sterbe-, Toten-, Leichen-; ▶ *chambre f ~* Sterbezimmer *n; registre m ~* Sterberegister *n.*

morue [mɔʀy] *f* **1.** *zoo* Kabeljau, Dorsch *m;* **2.** *pop* Hure *f;* ▶ *huile f de foie de ~* Lebertran *m; ~ sèche* Stockfisch *m.*

morutier *m* Kabeljaufischer *m.*

morve [mɔʀv] *f* Nasenschleim, Rotz *m (a. Pferdekrankheit).* **morveux, se I.** *a (Kind od Pferd)* rotzig; **II.** *s m f* Rotznase *f (Kind).*

mosaïque [mɔzaik] **I.** *a* Mosaik-; **II.** *s f* **1.** Mosaik(arbeit *f) n a. fig; fig* bunte(s) Durcheinander *n;* **2.** *(Kartographie)* Luftbildkarte *f.* **mosaïste** *s m* Mosaikkünstler *m.*

Moscou [mɔsku] *f* Moskau *n.* **moscovite** *a* Moskauer; *M~ s m f* Moskauer(in *f) m.*

mosquée [mɔske] *f* Moschee *f.*

mot [mo] *m* **1.** Wort *n;* **2.** Ausspruch *m;* **3.** *(Rätsel)* Lösung *f;* **4.** *com* Gebot *n;* Preis *m;* **5.** ▶ *un ~* ein paar Worte, Zeilen, ein kurzer Brief *m; à ce(s) ~(s)* auf diese Worte (hin); *au premier ~* ohne Zögern, sofort; *en un ~* mit einem Wort, kurz; *en d'autres ~s* mit anderen Worten; *en peu de ~s* (mit) kurz(en Worten); *sans ~ dire* ohne ein Wort zu sagen, wortlos; *~ à ~* [mɔtamo] , *~ pour ~* Wort für Wort, wörtlich *adv;* **6.** ▶ *avoir le dernier ~* das letzte Wort haben; *avoir son ~ à dire* ein Wörtchen mitzureden haben; *ne dire, ne souffler ~* keinen Ton sagen; **7.** ▶ *ce ne sont que des ~s* das sind nur, bloße Worte; *pas un ~ de plus!* kein Wort mehr! basta! ich will nichts mehr hören! **8.** ▶ *(bon) ~* Witz; Geistesblitz; Scherz *m; amateur m de ~s croisés m* Kreuzworträtselfreund *m; (fin) ~* Pointe *f; gros ~* Fluch *m; jeu m de ~s* Wortspiel *n;* **9.** ▶ *~-clé (Katalog)* Schlag-, Stichwort *n; ~d'emprunt* Lehnwort *n; ~ de passe* Kennwort *n.*

motard [mɔtaʀ] *m* **1.** Streifenpolizist *m;* **2.** Motorradfahrer *m.*

motel [mɔtɛl] *m* Motel *n.*

moteur, trice [mɔtœʀ, -tʀis] **I.** *a* **1.** *phys* bewegend, treibend *a. fig;* **2.** *tech* Antriebs-; **3.** *anat* motorisch, Bewegungs-; **II.** *s m* **1.** Motor *m,* Kraftmaschine *f;* Triebwerk *n;* **2.** *fig* treibende Kraft, Seele *f (e-s Unternehmens);* **3.** ▶ *mettre le ~ en marche* den Motor an=lassen; **4.** ▶ *bloc m ~* Motorblock *m; ~ à essence* Benzinmotor *m; ~ à explosion* Explosionsmotor *m; ~ à réaction* Turbotriebwerk *n; ~ à quatre temps* Viertaktmotor *m.*

motif [mɔtif] *m* **1.** (Beweg-)Grund *m,* Motiv *n;* Veranlassung, Ursache *f;* **2.** *(Kunst)* Motiv *n,* Gegenstand, Vorwurf; **3.** *(Literatur)* Leitgedanke *m;* tragende Idee *f;* **4.** *mus* Motiv, Thema *n;* **5.** ▶ *pour quel ~?* aus welchem Grunde? in welcher Absicht? *sans ~* ohne Veranlassung, grund-, absichtslos.

motion [mosjɔ̃] *f parl* Antrag *m;* ▶ *adopter une ~* e-n Antrag an=nehmen; *~ de censure* Mißtrauensantrag *m.*

motivation [mɔtivasjɔ̃] *f* Motivierung, Begründung *f; pl com* Kaufmotive *n pl.*

motiver *tr* **1.** motivieren, begründen; **2.** als Anlaß dienen, den Grund ab=geben (*qc* für etw); rechtfertigen; **3.** ▶ *~ qn* jdn motivieren.

moto [mɔto] *f fam* Motorrad *n;* ▶ *faire de la ~* Motorrad fahren. **motocycle** *m* Fahrrad *n* mit Hilfsmotor *m.* **motocyclette** *f* Motorrad *n.* **motocyclisme** *m* Motorradsport *m.* **motocycliste** *m* Motorradfahrer *m.* **motoneige** *f* Motorschlitten *m.* **motopompe** *f* Motorspritze *f.* **motorisation** *f* Motorisierung *f.* **motorisé, e** *a* motorisiert.

motte [mɔt] *f* (Erd-)Scholle *f,* Klumpen *m.*

mou, mol, molle [mu, mɔl] **I.** *a* **1.** weich *a. fig;* **2.** *(Klima)* mild; **3.** *(Halm)* biegsam; **4.** *(Bodenwelle)* sanft; **5.** *(Geräusch)* dumpf; **6.** schlaff, kraft-, energie-, *fig* willenlos; nachgiebig; matt, schwach; kraftlos, weichlich; **II.** *s m* **1.** *(Fleischerei)* Lunge *f;* **2.** ▶ *le ~* das Weiche; **3.** *fam fig* Waschlappen *m;* **4.** ▶ *donner du ~ (Seil)* lockern; **5.**

► *fromage m* ~ Weichkäse *m.*
mouchard, e [muʃaʀ, -ʀd] *m f* **1.** Spitzel *m;* **2.** *(Schule)* Petzer *m,* Petze *f.* **moucharder** *tr* **1.** aus=horchen, bespitzeln; **2.** *(Schule)* verpetzen.
mouche [muʃ] *f* **1.** *zoo* Fliege *f;* **2.** Schönheitspflästerchen *n;* **3.** Pünktchen *n,* Tüpfel *m od n (Stoffmuster);* **4.** *(Zielscheibe)* Schwarze *n;* **5.** *(Florett)* Lederknopf *m;* **6.** *(bateau m ~)* Vergnügungsdampfer *m (auf der Seine);* **7.** ► *faire* ~ ins Schwarze treffen; *faire la ~ du coche* sich wichtig machen; **8.** ► *quelle ~ vous pique?* was ist denn mit Ihnen los? was ist Ihnen in die Krone gefahren? **9.** ► *pattes f pl de ~* Gekritzel *n; poids m ~ (Boxen)* Fliegengewicht *n.*
moucher [muʃe] *tr* **1.** die Nase putzen (*qn* jdm); **2.** *fig* herunter=putzen, -machen, ab=kanzeln.
moucheron [muʃʀɔ̃] *m* **1.** Mücke *f;* **2.** *fam* Knirps *m,* Kerlchen *n.*
moucheté, e [muʃte] *a* **1.** *zoo* gesprenkelt, gefleckt; **2.** *(Florett)* mit Lederknopf versehen.
mouchoir [muʃwaʀ] *m (~ de poche)* Taschentuch *n;* ► *faire un nœud à son ~* sich e-n Knoten ins Taschentuch machen; *~ en papier* Papiertaschentuch *n.*
moudre [mudʀ] ‹*Prés. je mouds, ns moulons; Fut. je moudrai; pp. moulu, e; Subj. que je moule, que ns moulions; Impér. mouds, moulons*› *tr* mahlen.
moue [mu] *f* schiefe(s) Gesicht *n;* ► *faire la ~* ein schiefes Gesicht ziehen; maulen, schmollen.
mouette [mwɛt] *f* Möwe *f.*
moufle [mufl] **1.** *f* Fausthandschuh *m;* **2.** *f* Flaschenzug *m; mar* Talje *f;* **3.** *arch* Maueranker *m;* **4.** *m tech* Muffel *f.*
mouflet, te [muflɛ] *m f fam* Kind *n,* Balg *m.*
mouflon [muflɔ̃] *m zoo* Mufflon *m.*
mouillage [mujaʒ] *m* **1.** An-, Befeuchten *n;* **2.** *(Wein)* Panschen; Verdünnen *n;* **3.** *mar* Ankerplatz, -grund *m;* Ankern, Vorankergehen *n.* **mouillé, e** *a* **1.** naß; angefeuchtet; durchnäßt; **2.** *gram* mouilliert; **3.** *(Stimme)* tränenerstickt; ► *poule f ~e (fam)* Angsthase *m.* **mouiller I.** *tr* **1.** feucht machen, an=, befeuchten; benetzen; durchnässen; naß machen; *(Wäsche)* ein=weichen; **2.** *(mit Wasser)* verdünnen; *(Küche)* Wasser *od* Wein zu=geben (*qc* e-r S); **3.** *gram* mouillieren; **4.** *(Anker)* werfen; **5.** *(Minen)* legen; **6.** *mar* vor Anker gehen, ankern; **II.** *v prn se ~* **1.** sich benetzen; naß, feucht werden; **2.** *fam* s-n Ruf aufs Spiel setzen, sich kompromittieren. **mouilleur** *m* **1.** Anfeuchter *m;* **2.** ► *~ de câbles, de mines (mar)* Kabel-, Minenleger *m.* **mouillure** *f* Wasserfleck *m.*
moulage [mulaʒ] *m* **1.** Formen *n;* (Guß-)Form *f;* Gießen *n,* Guß(ware *f,* -stück *n*); *(~ en plâtre)* Gipsabguß *m;* **2.** ► *prendre un ~ de qc* e-n Abguß von etw machen. **moule I.** *m* **1.** (Guß-)Form *f;* **2.** ► *~ à pâtisserie* Kuchenform *f;* **3.** ► *~ à sable* Sandform *f (Spielzeug);* **II.** *f* Miesmuschel *f.*
moulé, e *a* **1.** gegossen; **2.** *(Mensch)* ► *bien ~é (fam)* gut gebaut; **3.** *(Schrift)* (wie) gestochen; ► *lettre f ~e* Druckbuchstabe *m.* **mouler** *tr* **1.** *tech* gießen; (ab=)formen; **2.** *(Kleidung)* eng an=liegen (*qc* an *dat*); **3.** *fig* bilden (*sur* nach).
moulin [mulɛ̃] *m* **1.** Mühle *f;* **2.** *fam* Motor *m;* **3.** ► *apporter de l'eau au ~ de qn* jdm alles zu=schanzen; *on ne peut être à la fois au four et au ~* man kann nicht auf zwei Hochzeiten tanzen; *c'est un ~ à paroles* er, sie redet wie ein Wasserfall; **4.** ► *~ à vent* Windmühle *f; ~ à café* Kaffeemühle *f; ~ à prières* Gebetsmühle *f.* **moulinage** *m (Seide)* Zwirnen *n.* **mouliner** *tr (Seide)* zwirnen. **moulinet** [-ɛ] *m* **1.** Drehkreuz *n;* **2.** Flügelrad *n;* **3.** *(Angel)* Rolle *f;* **4.** *(Tanz)* Moulinet *n.*
moulu, e [muly] *a* **1.** gemahlen; **2.** ► *(fam) je suis ~* ich bin ganz kaputt, wie zerschlagen, wie gerädert, völlig erschöpft.
mourant, e [muʀɑ̃, -ɑ̃t] **I.** *a* **1.** sterbend, im Sterben liegend; **2.** *(Augen, Stimme)* gebrochen; **3.** *fig* schwindend; verlöschend; **4.** *(Ton)* verklingend; **5.** *fam fig* sterbenslangweilig; **II.** *s m f* Sterbende(r *m*) *f.* **mourir** ‹*Prés. je meurs, ns mourons; Fut. je mourrai; pp. mort, e; Subj. que je meure, que ns mourions; Impér. meurs, mourons*› **I.** *itr* **1.** sterben (*de* an *dat,* vor *dat*); *(übertreibend)* um=kommen, vergehen (*de* vor *dat*), verschmachten; *(Tier, Pflanze)* ein=gehen; **2.** *(Feuer)* aus=gehen, erlöschen; **3.** *allg* zum Stillstand, zur Ruhe kommen; **4.** *fig* dahin=schwinden; zu Ende, ver-, unter=gehen, sich verlieren; ersterben; **II.** *v prn se ~* **1.** im Sterben, in den letzten Zügen liegen; **2.** *fig* vergehen, schwinden, versinken; *(übertreibend)* sterben; **3.** ► *faire mourir qn à petit feu (fig)* zu Tode quälen; *~ d'envie de ...* vor Sehnsucht nach ... vergehen; *~ de honte* sich zu Tode schämen; *~ de sa belle mort* e-s natürlichen Todes sterben; *~ à la tâche, au travail* in den Sielen sterben; darüber hin=sterben; **4.** ► *c'est à ~ de rire* das ist zum Totlachen; *je veux ~ si ...* mich soll der Schlag treffen, wenn ...
mouron [muʀɔ̃] *m* ► *(fig fam) se faire du ~* sich Sorgen machen.
mousquet [muskɛ] *m mil hist* Muskete *f.* **mousquetaire** [-kətɛ] *m* Musketier

m. **mousqueton** *m* Karabinerhaken *m.* **moussaillon** [musajõ] *m fam* kleine(r) Schiffsjunge *m.* **mousse** [mus] **I.** *m* Schiffsjunge *m;* **II.** *f* **1.** *bot* Moos *n;* **2.** Schaum *m; Art* Cremespeise *f;* **3.** Schaumstoff *m; (~ de nylon)* Nylonkrepp *m;* **4.** ▶ *couvert de ~* moosig, bemoost; *~ d'Islande* Isländische(s) Moos *n; ~ à raser* Rasierschaum *m.* **mousseline** [muslin] **I.** *s f* Musselin *m (Stoff);* **II.** *a inv:* ▶ *sauce ~* holländische Soße *f* mit Schlagsahne; *pommes f pl ~* Kartoffelpüree *m; (verre m) ~ f* hauchdünne(s) Glas *n.* **mousser** [muse] *itr* **1.** schäumen; *(Wein)* perlen; *(Sekt)* moussieren; **2.** ▶ *faire ~ qn* jdn heraus⸗streichen. **mousseux, se I.** *a* schäumend; *(Sekt)* moussierend; **II.** *s m (vin m ~)* Schaumwein *m.* **mousson** [musõ] *m* Monsun *m.* **moussu, e** [musy] *a bot* moosig, bemoost. **moustache** [mustaʃ] *f* **1.** Schnurrbart *m;* **2.** *zoo* Schnurrhaare *n pl;* ▶ *porter la ~* e-n Bart tragen. **moustachu, e** *a* mit (e-m) Schnurrbart. **moustiquaire** [mustikɛʀ] *f* Moskitonetz *n.* **moustique** *m* **1.** Stechmücke *f;* Moskito *m;* **2.** *fig fam* zarte(s) Wurm *n.* **moût** [mu] *m* **1.** Most *m;* (unausgegorener) Traubensaft *m;* **2.** *(~ de bière)* Bierwürze *f.* **moutard** [mutaʀ] *m fam* Balg *m.* **moutarde** [mutaʀd] *f* Senf, Mostrich *m;* ▶ *la ~ lui monte au nez (fam)* er ist eingeschnappt. **moutardier** *m* **1.** Senftopf *m;* **2.** Senffabrikant, -händler *m.* **mouton** [mutõ] *m* **1.** Schaf *n (als Gattung);* Hammel, Schöps *m;* **2.** Hammelfleisch *n;* **3.** Schafleder, -fell *n,* -pelz *m;* **4.** *fig* Schaf *n;* leichtgläubige(r) *od* gutmütige(r) Mensch *m;* **5.** *arg* als Spitzel tätige(r) Mitgefangene(r) *m;* **6.** *tech* Rammbär *m,* Ramme *f;* **7.** *pl (Wellen)* Schaumkronen; Staubflocken *f pl;* Schäfchenwolken *f pl;* **8.** ▶ *revenons à nos ~s* kommen wir wieder zur Sache! *(fig) un ~ à cinq pattes* ein weißer Rabe; etwas ganz Rares. **moutonnier, ère** *a* ▶ *avoir l'esprit ~* ein Herdenmensch sein. **mouture** [mutyʀ] *f* **1.** Mahlen; Mahlgeld *n;* **2.** *agr* Mengkorn *n (Roggen, Weizen, Gerste);* **3.** *fig* Aufguß *m.* **mouvant, e** [muvɑ̃, -ɑ̃t] *a* **1.** sich bewegend, in Bewegung (befindlich); **2.** *(Boden)* nachgebend, unsicher; schwankend; locker; ▶ *sables m pl ~s* Treib-, Flugsand *m.* **mouvement** *m* **1.** Bewegung *f a. phys astr mus mil;* **2.** Verkehr *m,* Kommen u. Gehen, Leben u. Treiben *n;* **3.** (Ver-)Änderung(en), *f (pl);* **4.** Verschiebung(en); Verlagerung *f (pl);* **5.** *fig* Bewegung *f;* **6.** Wandel, Wechsel *m;* **7.** Anwandlung *f,* Anfall; Antrieb *m,* Initiative *f;* **8.** *mus* Tempo; **9.** *tech* Getriebe, Triebwerk, (*bes.* Uhr-)Werk *n;* **10.** *mil* Bewegung *f;* **11.** ▶ *de son propre ~* aus eigenem Antrieb, aus eigener Initiative; *sans ~* bewegungs-, regungs-, leblos; **12.** ▶ *être dans le ~ (fam)* mit der Zeit gehen, auf der Höhe der Zeit sein, *(se) mettre en ~* (sich) in Bewegung setzen; *ralentir le ~* das Tempo verlangsamen; **13.** ▶ *~ de(s) capitaux* Kapitalumsatz, -verkehr *m; ~ de grève* Streikbewegung *f; ~ ouvrier* Arbeiterbewegung *f; ~ (de la population)* Bevölkerungsbewegung *f; ~ des prix* Preisbewegung, -gestaltung, -entwicklung *f; ~ du sol* Bodenwelle, *pl* -form *f.* **mouvementé, e** *a (Leben)* bewegt, abwechslungsreich; *(Sitzung)* erregt, lebhaft; *(Boden)* uneben. **mouvoir** ‹*Prés. je meus, ns mouvons; Fut. je mouvrai; pp. mû, mue; Subj. que je meuve, que ns mouvions*› **I.** *tr* **1.** bewegen *a. fig,* in Bewegung setzen; **2.** *fig* (an⸗)treiben (*à* zu); **II.** *v prn se ~* sich bewegen, in Bewegung sein.

moyen, ne [mwajɛ̃, -ɛn] **I.** *a* **1.** mittlere(r, s); **2.** mittelmäßig, durchschnittlich; **II.** *s m* **1.** Mittel *n; (voies et ~s)* Mittel u. Wege *pl;* (Aus-)Weg *m,* Möglichkeit *f;* **2.** *pl* Mittel *n pl,* Vermögen *n;* **3.** *fig* Fähigkeiten *f pl;* Begabung, Veranlagung *f* (*de* zu); **III.** *s f* **1.** Durchschnitt *m,* Mittel *n a. math;* Durchschnitts-, Mittelwert *m;* Durchschnittsgeschwindigkeit *f;* **2.** ▶ *au ~ de* (ver)mittels, mit Hilfe *gen; en ~ne* im Durchschnitt, im Mittel, durchschnittlich *adv; sans ~s de subsistance* ohne Unterhalt, völlig mittellos; **3.** ▶ *avoir les ~s* sich leisten können (*de qc* e-e S), imstande sein (*de* zu); *être de taille ~ne* mittelgroß sein; *faire une ~ne* e-n Durchschnitt erreichen; *rouler à une ~ne de 100* mit e-r Durchschnittsgeschwindigkeit von 100 km fahren; **4.** ▶ *il n'y a pas ~* es geht nicht, es ist unmöglich; **5.** ▶ *qualité f ~ne* Durchschnittsqualität *f;* **6.** ▶ *~ Âge m* Mittelalter *n; ~s de communication, de paiement* Verkehrs-, Zahlungsmittel *n pl.* **moyenâgeux, se** [mwajɛnɑʒø, -øz] *a* mittelalterlich. **moyennant** [mwajɛnɑ̃] *prp* (ver)mittels, mit Hilfe (*qc* gen); durch; ▶ *~ quoi* wodurch; wofür. **moyennement** [mwajɛnmɑ̃] *adv* mäßig; durchschnittlich. **moyeu** [mwajø] *m* (Rad-)Nabe *f.* **mucilage** [mysilaʒ] *m* **1.** Pflanzenschleim *m;* **2.** Gummilösung *f.* **mucosité** [mykozite] *f (Physiologie)* Schleim *m.* **mucus** *m (Physiologie)* Schleim *m.* **mue** [my] *f* **1.** *(Vögel)* Mauser(ung);

(Schlange) Häutung *f;* **2.** abgestreifte Haut *f, abgeworfene(s) Geweih n;* **3.** *(~ de la voix)* Stimmbruch *m.* **muer** [mɥe] *itr* **1.** *(Vögel)* sich mausern; *(Schlangen)* sich häuten; *(Säugetiere)* sich haaren; **2.** Stimmwechsel haben; im Stimmbruch sein.

muet, te [mɥɛ, -ɛt] **I.** *a* stumm *a. fig gram; fig* sprachlos; still, laut-, geräuschlos; *(Münze, Medaille)* ohne Umschrift; **II.** *s m f* Stumme(r *m*) *f;* **1.** ► *être ~ comme une carpe* stumm wie ein Fisch sein; **2.** ► *film m ~* Stummfilm *m; rôle, personnage m ~ (theat)* stumme Rolle *f.*

mufle [myfl] *m* **1.** *(Hund)* Schnauze *f; (Löwe)* Maul *n;* **2.** *fam fig* Flegel, Lümmel *m.* **muflerie** [-flə-] *f* Flegelei; Rüpelhaftigkeit *f.*

mugir [myʒiʀ] *itr* **1.** *(Rind)* brüllen; **2.** *fig (Meer)* toben; *(Sturm)* heulen. **mugissement** *m* **1.** *(Kuh)* Muhen; Brüllen, Gebrüll *n;* **2.** *(Sturm, Meer)* Tosen, Toben, Heulen *n.*

muguet [mygɛ] *m bot* Maiglöckchen *n.*

mulassier, ière [mylasje] *a* Maultier-.

mulâtre [mylatʀ] **I.** *a* Mulatten-; **II.** *s m* Mulatte *m; f (meist)* **mulâtresse** Mulattin *f.*

mule [myl] *f* **1.** weibliche(s) Maultier *n;* Mauleselin *f;* **2.** *fig fam (tête f de ~)* Dickschädel, -kopf *m;* ► *têtu comme une ~* störrisch wie ein Esel; **3.** Pantoffel *m.* **mulet** [-ɛ] *m* **1.** *(grand ~)* Maultier *n;* **2.** *fam* ► *chargé comme un ~* beladen wie ein Packesel. **muletier, ère I.** *a* Maultier-; **II.** *s m* Maultiertreiber *m.*

multi-accès [myltiaksɛ] *a:* ► *terminal ~ (inform)* Terminal *n* mit mehrfachem Zugriff *m.* **multicellulaire** *a biol* vielzellig. **multicolore** *a* vielfarbig. **multiculturel, le** *a* mit mehreren Kulturen. **multidimensionnel, le** *a (Raum)* mehrdimensional. **multidisciplinaire** *a* aus verschiedenen Bereichen. **multiforme** *a* vielgestaltig; *math* mehrdeutig. **multilatéral,** *pl -aux pol* multilateral. **multilingue** *a* mehrsprachig. **multimédia** *a* Multimedien-, mehrerer Medien. **multimillionnaire** [-lj] *m f* Multimillionär(in *f*) *m.* **multinational, e I.** *a pl -aux* multinational; **II.** *s f* multinationale(s) Unternehmen *n.* **multiplace** *s m u. a:* ► *avion ~ (aero)* Mehrsitzer *m.* **multiple I.** *a* viel-, mehr-, mannigfach; vielfältig, verschieden(artig); *gram* mehrgliedrig; **II.** *s m bes. math* Vielfache(s) *n.* **multiplex** *m tele* Konferenzschaltung *f; s m inv* Sendung *f* im Multiplexverfahren. **multiplexage** *m inform* Multiplexverfahren *n.* **multiplexer** *inform* multiplexen, das Multiplexverfahren an=wenden. **multiplexeur** *m inform* Multiplexer *m.* **multipliable** *a math* multiplizierbar. **multiplicande** [-kɑ̃d] *m math* Multiplikand *m.* **multiplicateur, trice I.** *a* Vervielfältigungs-; **II.** *s m* **1.** *math* Multiplikator; **2.** *tele* Vervielfacher *m.* **multiplicatif, ive** *m* ► *signe m ~* Malzeichen *n.* **multiplication** *f* **1.** *math* Multiplikation *f;* **2.** *biol* ungeschlechtliche Fortpflanzung *f;* **3.** *tech* Übersetzung *f;* **4.** *fig* Vermehrung *f.* **multiplicité** *f* Vielfalt, Mannigfaltigkeit; Vielzahl *f.* **multiplier I.** *tr* **1.** vermehren, vervielfältigen, -fachen; **2.** *math* multiplizieren (*par* mit); **3.** *bot* vermehren; **II.** *itr* u. *se ~* **1.** sich (ver)mehren; sich fortpflanzen; **2.** *fig* sich häufen; sich mehren; **3.** *se ~ (fig) (Mensch)* sich teilen, überall sein. **multipolaire** *a el* mehrpolig. **multiprocesseur** *m* Mehrfachprozessoranlage *f.* **multiracial, e** *a* gemischtrassig.

multitude [myltityd] *f* **1.** Vielzahl; große Zahl, Menge; **2.** große Masse *f;* ► *pour une ~ de raisons* aus vielen Gründen.

Munich [mynik] *m* München *n.*

municipal, e [mynisipal] *a pl -aux* städtisch; Stadt-; Gemeinde-; ► *conseil m ~* Stadtverordnetenversammlung *f,* Gemeinderat *m.* **municipalité** *f* **1.** Magistrat, Gemeindevorstand *m;* **2.** Gemeinde *f.*

munir [myniʀ] **I.** *tr* aus=statten, versehen (*de* mit); **II.** *v prn se ~ de* sich versehen mit; ► *se ~ de patience* sich mit Geduld wappnen.

munition [mynisjɔ̃] *f pl mil* Munition *f;* ► *dépôt m de ~* Munitionslager *n.*

muqueux, se [mykø, -øz] **I.** *a (Physiologie)* schleimig; Schleim-; **II.** *s f* u. ► *membrane f muqueuse* Schleimhaut *f.*

mur [myʀ] *m* **1.** Mauer; Wand *f; pl* Mauerwerk *n;* **2.** *geol* Liegende(s) *n;* **3.** ► *dans nos ~s* in unseren Mauern, in der Stadt, hier; **4.** ► *franchir le ~ du son* die Schallmauer durchbrechen; *mettre qn au pied du ~ (fig)* jdn in die Enge treiben; **5.** ► *c'est à se taper la tête contre les ~s (fam)* das ist zum Verzweifeln; **6.** ► *~ de barrage* Staumauer *f; ~ d'enceinte* Stadt-, Ringmauer *f; ~ des lamentations* Klagemauer *f.*

mûr, e [myʀ] *a* **1.** reif *a. med (Geschwür),* (*pour* für); **2.** *(Mädchen)* ältlich; **3.** ► *après ~e réflexion* nach reiflicher Überlegung; *d'un âge ~* reiferen Alters; **4.** ► *être ~ pour qc* für etw reif sein; *l'âge m ~* das reifere Alter *n; esprit m ~* gesetzte(s) Wesen *n.*

muraille [myʀaj] *f* **1.** (Stadt-, Festungs-, Burg-, Kirchen-)Mauer *f;* **2.** *mar* Schiffswand *f.* **mural, e** *a pl -aux* ► *peinture f ~e* Wandmalerei *f.*

mûre [myʀ] *f bot* Maulbeere *f;* ► *~ sauvage* Brombeere *f.*

mûrement [myʀmɑ̃] *adv:* ▶ ~ *réfléchi* reiflich überlegt.
murène [myʀɛn] *f zoo* Muräne *f (Fisch).*
murer [myʀe] **I.** *tr* **1.** *(Tür)* ver-, zu⸗mauern; *(Garten)* mit e-r Mauer umgeben; **2.** *fig* isolieren; **II.** *v prn se* ~ *(fig)* sich abschließen, sich isolieren.
mûrier [myʀje] *m* Maulbeerbaum *m.*
mûrir [myʀiʀ] **I.** *tr* **1.** reifen lassen, zur Reife bringen; **2.** *fig (Plan)* ausdenken, ausbrüten; **3.** *(Person)* reifer werden lassen; **II.** *itr* **1.** reif werden, (aus)reifen *a. fig;* **2.** *fig* reifer werden; **3.** *(Plan)* (heran⸗)reifen ▶ *laisser* ~ *(fig)* spruchreif werden lassen. **mûrissant, e** *a* **1.** reifend; **2.** *fig* reiferen Alters.
murmurant, e [myʀmyʀɑ̃, -ɑ̃t] *a* murmelnd; *(Person)* murrend; *(Quelle)* plätschernd; *(Wind)* säuselnd. **murmure** *m* Murmeln, Gemurmel; *(Wasser)* Plätschern; *(Wind)* Säuseln *n.* **murmurer I.** *itr* **1.** *(Person)* murmeln; brummen; murren; **2.** *(Wasser)* plätschern; **3.** *(Wind)* säuseln; **II.** *tr (Worte)* murmeln.
musaraigne [myzaʀɛɲ] *f* Spitzmaus *f.*
musarder [myzaʀde] *itr fam* herum⸗trödeln.
musc [mysk] *m* Moschus *m.*
muscade [myskad] *f* ▶ *noix f (de)* ~ Muskatnuß *f.*
muscat [myska] *s m* u. *a:* ▶ *vin m* ~ Muskateller *m.*
muscle [myskl] *m* Muskel *m;* ▶ *avoir du* ~ *(fam)* Muskeln, Kraft haben; *être tout en* ~*(s)* sehr muskulös sein. **musclé, e** *a* **1.** muskulös; **2.** *fam fig* energisch; durchgreifend; *(Polemik)* scharf. **muscler** *tr* die Muskeln stärken (*qn* jdm). **musculaire** *a* Muskel-; ▶ *force f* ~ Muskelkraft *f.* **musculature** *f* Muskulatur *f.* **musculeux, se** *a* muskulös; Muskel-.
muse [myz] *f* Muse, dichterische Inspiration *f,* Genie *n.*
museau [myzo] *m pl -x* **1.** *(Hund)* Schnauze *f a. pop;* **2.** ▶ ~ *de porc* Schweinesülze *f;* **3.** *pop* Fresse *f.*
musée [myze] *m* Museum *n;* ▶ ~ *de peinture* Gemäldegalerie *f.*
museler [myzle] ⟨*pp. muselé,* ℯ⟩ *tr* **1.** e-n Maulkorb an⸗legen (*un chien* e-m Hund); **2.** *fig pol* mundtot machen. **muselière** [-zə-] *f* Maulkorb *m a. fig.*
musette [myzɛt] *f* ▶ *bal m* ~ Tanz *m* nach Akkordeonmusik.
muséum [myzeɔm] (*bes.* Naturkunde-) Museum *n.*
musical, e [myzikal] *a pl- aux* **1.** musikalisch; Musik-; **2.** *(Stimme)* klangvoll; *radio* klangrein; ▶ *soirée f* ~*e* Musikabend *m.* **musicalité** *f radio* Klangreinheit; Klangfülle *f.* **music-hall** [myzikol] *m* Variété(-theater) *n.* **musicien, ne** *m f* Musiker(in *f*); *m pl mil* Spielleute *m pl.* **musicologie** *f* Musikwissenschaft *f.* **musicologue** *m* Musikwissenschaftler *m.* **musique** *f* **1.** Musik *a. fig,* Tonkunst *f;* **2.** Musikalien, Noten *f pl;* **3.** *mil* Musik-, Spielmannszug *m;* **4.** *fig (Vögel)* Gesang *m,* Konzert *n;* **5.** *fig* Melodik; Klangschönheit *f;* **6.** ▶ *connaître la* ~ *(fam)* wissen, wie der Hase läuft; *faire de la* ~ Musik machen, musizieren; *mettre en* ~ in Musik setzen, vertonen, komponieren; **7.** ▶ *c'est réglé comme du papier à* ~ bei ihm geht alles (genau) nach der Uhr; **8.** ▶ *boîte f à* ~ Spieluhr *f; instrument m de* ~ Musikinstrument *n; magasin de* ~ Musikalienhandlung *f;* **9.** ▶ ~ *de chambre* Kammermusik *f;* ~ *de jazz, militaire* Jazz-, Marschmusik *f;* ~ *enregistrée* Schallplatten; Bandaufnahmen *f pl.*
musulman, e [myzylmɑ̃, -an] **I.** *a* mohammedanisch, islamisch; **II.** *s m f* Mohammedaner(in *f*) *m.*
mutation [mytasjɔ̃] *f* **1.** *fig* Wandlung, Veränderung *f;* **2.** *(Beamten, Soldat)* Versetzung *f;* **3.** *biol* Mutation *f;* **4.** ▶ ~ *génétique* Genmutation *f;* ~ *de propriété* Eigentumsübertragung *f.* **muter** *tr* **1.** die (alkoholische) Gärung unterbrechen (*qc* bei etw); **2.** *(Beamten, Soldat)* versetzen.
mutilation [mytilasjɔ̃] *f* Verstümm(e)lung *f a. fig;* ▶ ~ *volontaire* Selbstverstümm(e)lung *f.* **mutilé, e I.** *a* **1.** verstümmelt; **2.** *fig* entstellt; unvollständig; **II.** *s m:* ▶ *grand* ~ *de guerre* Schwerkriegsbeschädigte(r) *m.* **mutiler** *tr* **1.** verstümmeln *a. fig;* **2.** *fig* völlig entstellen.
mutin, e [mytɛ̃, -in] **I.** *a fig* verschmitzt, schalkhaft; **II.** *s m f* Rebell, Aufrührer, Meuterer *m.* **mutiner, se** *v prn* meutern, sich empören, aufsässig werden. **mutinerie** *f* Meuterei *f,* Aufruhr *m.*
mutisme [mytism] *m* Stummheit *f a. gram;* Schweigen *n.* **mutité** *f med* Stummheit *f.*
mutualiste [mytyalist] *m f* Mitglied *n* e-s Versicherungsvereins auf Gegenseitigkeit. **mutualité** [-tya-] *f* Versicherung *f* auf Gegenseitigkeit. **mutuel, le** [-tyɛl] **I.** *a* gegen-, wechselseitig; **II.** *s f* u. ▶ *assurance f* ~*le* Versicherung(sgesellschaft) *f* auf Gegenseitigkeit.
myocarde [mjokaʀd] *m* Herzmuskel *m.*
myope [mjɔp] *a* kurzsichtig. **myopie** *f* Kurzsichtigkeit *f a. fig.*
myosotis [mjɔzɔtis] *m bot* Vergißmeinnicht *n.*
myriade [miʀjad] *f* Myriade *f; fig* Unzahl *f,* ungezählte Mengen *f pl.* **myriapodes** *m pl* Tausendfüß(l)er *m pl.*
myrrhe [miʀ] *f* Myrrhe(nharz *n*) *f.*
myrte [miʀt] *m bot* Myrte *f.*
mystère [mistɛʀ] *m* **1.** *rel* Mysterium *n;* **2.** *allg* Geheimnis, Rätsel *n;* **3.** *theat hist*

Mysterienspiel *n;* **4.** ► *cet homme est un ~* dieser Mensch ist ein Rätsel. **mystérieux, se** *a* geheimnisvoll, rätselhaft, mysteriös.

mysticisme [mistisism] *m rel* Mystik *f.*

mystificateur, trice [mistifikatœʀ, -is] *m f* Spaßvogel *m.* **mystification** *f* Täuschung, Irreführung *f;* Trugbild *n.* **mystifier** *tr* täuschen; hinters Licht, irre=, nasführen; verulken.

mystique [mistik] **I.** *a* mystisch; verborgen, geheim; **II.** *s m f* Mystiker(in *f*) *m; f* Mystik *f.*

mythe [mit] *m* **1.** Mythus *m,* Mythe, Götter-, Heldensage *f;* **2.** *fig* Sage, Fiktion, Legende *f;* **3.** *fig (Person)* Idol *n.* **mythique** *a* **1.** mythisch; **2.** *fig* sagenhaft. **mythologie** *f* Mythologie *f.* **mythologique** *a* mythologisch. **mythomane** *m f* Phantast(in *f*) *m.*

N

n, N [ɛn] *m* n, N *n.*
nabot, e [nabo, -ɔt] *m f* Knirps, Zwerg *m.*
nacelle [nasɛl] *f aero* (Triebwerk-, Ballon-)Gondel *f.*
nacre [nakʀ] *f* Permutt(er *f*) *n.*
naevus [nevys] *m pl naevi* Muttermal *n.*
nage [naʒ] *f* **1.** Schwimmen *n;* **2.** *mar* Rudern *n;* **3.** ► *à la* ~ schwimmend; *en* ~ in Schweiß gebadet; ~ *à la brasse, sur le dos, libre* Brust-, Rücken-, Freistilschwimmen *n.* **nageoire** *f zoo* Flosse *f.*
nager ‹*Prés. je nage, ns nageons; Fut. je nagerai; pp. nagé, e*› **I.** *tr* **1.** schwimmen; **2.** *mar* rudern; **II.** *itr* **1.** schwimmen; **2.** rudern; **3.** *fam fig* in der Luft hängen; **4.** *fig* schwimmen; **5.** ► ~ *comme un chien de plomb* wie e-e bleierne Ente schwimmen; ~ *le crawl* kraulen; ~ *dans les eaux de qn (fig)* sich in jds Schlepptau befinden; ~ *entre deux eaux (fig)* sich durch=lavieren; *il nage dans ses habits* s-e Kleider schlottern ihm um den Leib. **nageur, se** *m f* **1.** Schwimmer(in *f*) *m a. tech;* **2.** *mar* Ruderer *m,* Rud(r)erin *f;* ► *maître m* ~ Schwimmlehrer *m.*
naguère [nagɛʀ] *adv lit* neulich, unlängst, vor kurzem; *(fälschlicherweise gebraucht)* einst.
naïf, ïve [naif, -iv] *a* **1.** naiv, unbefangen, kindlich; **2.** töricht, einfältig.
nain, e [nɛ̃, nɛn] **I.** *s m f* Zwerg(in *f*) *m;* **II.** *a* zwergenhaft; Zwerg-; ► *haricot m* ~ Buschbohne *f.*
naissance [nɛsɑ̃s] *f* **1.** Geburt *f;* **2.** *(Körperteile)* Ansatz *m;* **3.** *fig* Anbruch, Ursprung, Anfang *m,* Entstehung *f;* **4.** *arch* Widerlager *n;* Kämpfer *m;* **5.** ► *de* ~ von Geburt an; (an)geboren; **6.** ► *donner* ~ *à qc* das Leben schenken; *fig* etw ins Leben rufen; *prendre* ~ anfangen; entstehen; *(Fluß)* entspringen; **7.** ► *acte m de* ~ Geburtsurkunde *f; contrôle m des* ~*s* Geburtenkontrolle *f;* ~ *du jour* Tagesanbruch *m.* **naissant, e** *a* **1.** entstehend, beginnend, erwachend *fig;* **2.** *(Tag)* anbrechend; **3.** heranwachsend; sich entfaltend, sich entwickelnd; **4.** *chem* freiwerdend.
naître [nɛtʀ] ‹*Prés. je nais, ns naissons; Fut. je naîtrai; pp. né, e; Subj. que je naisse, que ns naissions*› *itr* **1.** *(Kind)* geboren werden, zur Welt kommen; **2.** *fig* entstehen, hervor=gehen, beginnen; sich entfalten, sich entwickeln; **3.** zutage treten, auf=tauchen; **4.** *(Pflanzen)* sprießen; **5.** *(Fluß)* entspringen; **6.** ► *faire* ~ ins Leben rufen; veranlassen; an=stiften; *(Zweifel)* erwecken, auf=kommen lassen; *(Liebe)* erwecken; **7.** ► *le jour commence à* ~ der Tag bricht an.
naïveté [naivte] *f* **1.** Unbefangenheit, Kindlichkeit *f;* **2.** Naivität, Einfalt *f.*
naja [naʒa] *m zoo* Kobra *f.*
Namibie, la [namibi] Namibia.
nana [nana] *f fam* Weib *n; fig* Flamme *f.*
nanan [nanɑ̃] *m fam fig* Feine(s), Gute(s) *n.*
nantir [nɑ̃tiʀ] *tr jur* ein Pfand, e-e Sicherheit geben (*qn* jdm); ► *être bien* ~*i* wohlhabend sein; *(fig)* sein Schäfchen im trockenen haben. **nantissement** *m* Verpfändung, dingliche Sicherung; Hinterlegung *f;* Pfandvertrag, -schein *m;* Pfand(sache *f*) *n;* ► *sur* ~ gegen Hinterlegung (*de* von).
napalm [napalm] *m* Napalm *n;* ► *bombe f au* ~ Napalmbombe *f.*
naphtaline [naftalin] *f* Naphthalin *n.*
Naples [napl] *f* Neapel *n.*
nappe [nap] *f* **1.** Tischtuch *n;* **2.** große Fläche *f;* **3.** *geol* Schicht, Decke *f;* **4.** ► *mettre la* ~ ein Tischtuch auf=legen; **5.** ► ~ *de bumme* Nebelbank *f;* ~ *d'eau* (glatte) Wasserfläche *f;* ~ *souterraine* Grundwasserspiegel *m.* **napperon** *m* Deckchen *n.*
narcisse [naʀsis] *m* **1.** *bot* Narzisse *f;* **2.** *(Psychologie)* Narziß *m.*
narcose [naʀkoz] *f* Narkose, Betäubung *f.* **narcotique I.** *a* narkotisch, betäubend; **II.** *s m* Narkotikum, Betäubungsmittel *n.* **narcotrafiquant** *m* Drogenboß *m.*
narguer [naʀge] *tr* **1.** verhöhnen; **2.** trotzen; die Stirn bieten (*qn* jdm).
narine [naʀin] *f* Nasenloch *n,* -flügel *m;* *(Pferd)* Nüster *f.*
narquois, e [naʀkwa, -z] *a* schalkhaft, verschmitzt, spöttisch.
narrateur, trice [naʀatœʀ, -tʀis] *m f* Erzähler(in *f*) *m.* **narratif, ive** *a* erzählend. **narration** *f* **1.** Erzählung *f,* Bericht *m;* **2.** (Schul-)Aufsatz *m.* **narrer** *tr* erzählen, dar=legen, berichten.
nasal, e [nazal] **I.** *a anat* Nasen-; *gram* nasal, Nasal-; **II.** *s f* Nasallaut *m;* ► *fosses f pl* ~*es* Nasenhöhle *f.* **nasalisation** *f* Nasalierung *f.* **nasaliser** *tr* nasalieren. **naseau** *m zoo* Nüster *f.* **nasillard, e** [-j-] *a* näselnd. **nasillement** *m* Näseln *n; (Ente)* Schnattern *n.*
nasiller *tr* **1.** näseln; **2.** *(Lautsprecher)*

quäkende Töne von sich geben; **3.** *(Ente)* schnattern.
nasse [nas] *f* **1.** *(Fischerei)* Reuse *f;* **2.** *(Vogelfang)* Netz *n.*
natal, e [natal] *a* Geburts-, Heimat-; ► *maison f ~e* Geburtshaus *n; pays m ~* Heimatland *n.* **nataliste** *a* geburtenfreundlich, -fördernd. **natalité** *f* Geburtenziffer *f;* ► *à faible ~* geburtenschwach.
natation [natasjɔ̃] *f* Schwimmen *n,* Schwimmsport *m;* ► *ceinture f de ~* Schwimmgürtel *m.* **natatoire** *a* Schwimm-; ► *vessie f ~ (zoo)* Schwimmblase *f.*
natif, ive [natif, -iv] **I.** *a* **1.** gebürtig (*de* aus); **2.** angeboren, natürlich; **3.** *min* gediegen; **II.** *s m f* Eingeborene(r *m*) *f.*
nation [nasjɔ̃] *f* Volk *n,* Nation *f.* **Nations unies, les** [nasjɔ̃zyni] *f pl* die Vereinten Nationen. **national, e** [-sjɔ-] *pl ~aux* **I.** *a* national; staatlich; inländisch, einheimisch; *com* binnenwirtschaftlich; **II.** *s m pl* Staatsangehörige, Inländer *pl.* **nationalisation** *f* Verstaatlichung *f.* **nationaliser** *tr* verstaatlichen. **nationalisme** *m* Nationalismus *m.* **nationaliste I.** *a* nationalistisch; **II.** *s m f* Nationalist(in *f*) *m.* **nationalité** *f* **1.** Volkstum *n,* -charakter *m;* **2.** Volk *n;* **3.** Staatsangehörigkeit *f;* ► *sans ~* staatenlos.
nativité [nativite] *f rel* Geburt *f* (Christi).
natte [nat] *f* **1.** Matte *f,* Geflecht *n;* **2.** *(Haar)* Zopf *m.* **natter** *tr (Haar)* flechten.
naturalisation [natyʀalizasjɔ̃] *f* **1.** Naturalisierung, Einbürgerung *f a. fig;* **2.** *(Tiere)* Ausstopfen *n.* **naturaliser** *tr* **1.** naturalisieren, ein=bürgern *a. fig;* **2.** *(Tier, Pflanze)* akklimatisieren, einheimisch werden lassen; *(Balg)* aus=stopfen; *(Pflanze)* konservieren. **naturalisme** *m* Naturalismus *m.* **naturaliste I.** *s m* **1.** Präparator *m;* **2.** Naturalist *m;* **II.** *a* naturalistisch. **nature I.** *s f* **1.** Natur *f;* **2.** Wesen *n,* (Eigen-)Art, Beschaffenheit *f;* **3.** Naturell *n;* Anlage, Veranlagung *f;* **II.** *a* **1.** *(Küche)* ohne Zutaten; **2.** *fam (Mensch)* natürlich; unbefangen; ► *d'après ~ (Kunst)* nach der Natur; **3.** ► *contre ~* widernatürlich; *de ~* angeboren; *de ~ à ...* so beschaffen, daß ...; *de par sa ~* s-m Wesen nach; *en ~* in natura; **4.** ► *forcer la ~* sich über=nehmen; **5.** ► *grandeur f ~ (Kunst)* Lebensgröße *f; ~ morte* Stilleben *n.* **naturel, le I.** *a* **1.** natürlich; Natur-; angeboren, wesensmäßig; **2.** schlicht, einfach, ungezwungen; **3.** *(Kind)* unehelich; **4.** *(Wein)* naturrein; **II.** *s m* **1.** Natur *f,* Wesen *n,* Art *f;* Naturell *n,* Charakter *m;* **2.** Natürlichkeit, Einfach-, Ungezwungenheit *f;* **3.** Eingeborene(r) *m;* **4.** ► *au ~* naturgetreu; *(Küche)* naturell; *c'est ~!* das ist selbstverständlich! *sciences f pl ~les* Naturwissenschaften *f pl.* **naturellement** *adv* **1.** auf natürliche Weise; von Natur (aus); **2.** natürlich, selbstverständlich; **3.** von selbst, ohne weiteres. **naturisme** *m* **1.** Nackt-, Freikörperkultur *f;* **2.** *med* Naturheilkunde *f.* **naturiste I.** *a* Nacktkultur-; **II.** *s m f* Anhänger(in *f*) *m* der Nackt-, Freikörperkultur.
naufrage [nofʀaʒ] *m* Schiffbruch; Untergang *m;* ► *faire ~* Schiffbruch erleiden *a. fig.* **naufragé, e I.** *a* schiffbrüchig; **II.** *s m f* Schiffbrüchige(r *m*) *f.*
nauséabond, e [nozeabɔ̃, -ɔ̃d] *a* ekelerregend, -haft, widerlich. **nausée** *f* **1.** Übelkeit *f,* Brechreiz *m,* Würgen *n (im Halse);* **2.** *fig* Ekel *m.*
nautile [notil] *m zoo* Nautilus *m.* **nautique** *a mar* nautisch; See-, Schiffahrts-; Wasser-; ► *ski m ~* Wasserski *m.* **nautisme** *m* Wassersport *m.*
naval, e [naval] *a* Marine-, See-; ► *combat m ~* Seeschlacht *f; forces f pl ~es* Seestreitkräfte *f pl.*
navet [navɛ] *m* **1.** (weiße) Rübe *f;* **2.** *fam* Schinken *(Gemälde);* kitschige(r) Film; Schmarren *m (Buch);* ► *avoir du sang de ~ (fam)* keinen Mumm in den Knochen haben.
navette [navɛt] *f* **1.** Netznadel *f; (Weberei)* Schütze *m; (Nähmaschine)* Schiffchen *n;* **2.** *rel* Weihrauchgefäß *n;* **3.** *(train m) ~* Pendelzug *m;* Hin u. Her *n;* **4.** Raumfähre *f;* **5.** *agr* Rübsamen, Rübsen *m;* **6.** ► *faire la ~* (zwischen zwei Orten) pendeln; *service m de ~* Pendelverkehr *m; ~ spatiale (cosm)* Raumfähre *f,* -transporter *m.*
navigabilité [navigabilite] *f* **1.** Schiffbarkeit *f;* **2.** See-, Flugtüchtigkeit *f.* **navigable** *a* schiffbar. **navigant, e** *a:* ► *personnel m ~, ~s m pl* fliegende(s), zur See fahrende(s) Personal *n; personnel m non ~* Bodenpersonal *n.* **navigateur** *m* **1.** *mar* Seemann, -fahrer *m;* **2.** *aero* Orter *m;* Navigator *m.* **navigation** *f* **1.** Schiffahrt, Seefahrt *f;* **2.** *mar aero* Navigation, Ortung *f;* **3.** ► *compagnie f de ~* Schiffahrtsgesellschaft; *compagnie f de ~ aérienne* Luftfahrtgesellschaft *f; route f de ~* Schiffahrtsweg *m; ~ aerienne* Luftfahrt *f; ~ civile* zivile Luftfahrt *f; ~ commerciale* Handelsschiffahrt *f; ~ au long cours, hauturière* Hochseeschiffahrt; große Fahrt *f; ~ côtière* Küstenschiffahrt *f; ~ intérieure, fluviale* Binnen-, Flußschiffahrt *f; ~ maritime* Seeschiffahrt *f.* **naviguer** [-ge] *itr* **1.** *mar* zur See, mit dem Schiff fahren; **2.** *aero* fliegen; **3.** *fam fig* viel auf Reisen sein.
navire [naviʀ] *m* (See-)Schiff *n;* ► *~ citerne* Tanker *m; ~ de commerce, mar-*

chand Handelsschiff *n;* ~*-école m* Schulschiff *n;* ~ *de guerre* Kriegsschiff *n;* ~ *à voiles* Segelschiff *n.*
navrant, e [navʀɑ̃, -ɑ̃t] *a* schmerzlich; traurig; ▶ *c'est* ~ das geht e-m nahe.
navré, e *a:* ▶ *je suis* ~ es tut mir sehr leid; ich bedauere sehr.
nazi, e [nazi] *a* Nazi-, nazistisch; *s m f* Nazi *m.* **nazisme** *m* Nazismus *m.*
ne [nə] *adv* nicht; ▶ ~... *guère* kaum; ~ ... *jamais* nie(mals); ~ ... *jamais que* immer nur; ~ ... *pas* nicht; ~ ... *personne* niemand(en); *personne, nul* ... ~ niemand; ~ ... *plus* nicht mehr; ~ ... *plus de* kein ... mehr; ~ ... *point* gar nicht, durchaus nicht; ~ ... *que* nur; *il*~ *fait que commencer* er fängt eben erst an; ~*-m'oubliez-pas m* Vergißmeinnicht *n.*
né, e [ne] *a* geboren; ▶ *ne pas être* ~ *de la dernière pluie (fam)* nicht von gestern sein; *bien* ~ aus gutem Hause; ~*e X* geborene X.
néanmoins [neɑ̃mwɛ̃] *adv* nichtsdestoweniger, trotzdem, gleichwohl, dennoch, jedoch.
néant [neɑ̃] **I.** *s m* **1.** Nichts, Nichtsein, -seiende *n;* **2.** Nichtigkeit, Wertlosigkeit; Leere *f;* **II.** *adv* nichts; *(auf Fragebogen)* entfällt; Fehlanzeige *f;* ▶ *réduire à* ~ zunichte machen, zerstören. **néantiser** *tr* vernichten.
nébuleux, se [nebylø, -øz] **I.** *a* **1.** wolkig, neb(e)lig, trübe; **2.** *fig* dunkel; unklar; **II.** *s f astr* Nebel *m.* **nébulosité** *f* **1.** Bewölkung *f;* **2.** *fig* Unklarheit, Dunkelheit *f.*
nécessaire [nese(ɛ)sɛʀ] **I.** *a* **1.** nötig, notwendig, erforderlich; **2.** zwangsläufig, unvermeidlich, unabwendbar; **II.** *s m* **1.** Notwendige(s); **2.** *(~ de toilette)* (Reise-)Necessaire; *(~ de couture)* Nähzeug *n;* ▶ *le strict* ~ das Allernotwendigste; **3.** ▶ *faire le* ~ das Nötige tun, veranlassen; *cela n'est pas* ~ es geht auch ohne das; *il est* ~ *de ..., que ...* man, ich *etc* muß ...; *il n'est pas* ~ *de, que* ... man braucht, ich brauche *etc* nicht zu ... **nécessairement** *adv* notgedrungen, unfehlbar; ▶ *pas* ~ nicht unbedingt. **nécessité** *f* **1.** Notwendigkeit *f;* **2.** Not(lage) *f,* Mangel *m;* **3.** ▶ *en cas de* ~ im Notfall; *de première* ~ unentbehrlich; lebensnotwendig, -wichtig; *par* ~ notgedrungen; *sans* ~ ohne Not; **4.** ▶ *mettre qn dans la* ~ jdn in die Zwangslage versetzen, jdn zwingen (*de* zu); *se trouver dans la* ~ in die Notwendigkeit versetzt sein (*de faire qc* etw zu tun); *il est de toute* ~ *de* es ist absolut erforderlich, zu. **nécessiter** *tr* notwendig, erforderlich machen; erfordern, bedingen. **nécessiteux, se** *a* (be-)dürftig, notleidend.
nécrologique [nekʀɔlɔʒik] *a:* ▶ *notice f* ~ Nachruf *m (in e-r Zeitung).* **nécromancie** *f* Toten-, Geisterbeschwörung *f.* **nécromancien, ne** *s m f* Geisterbeschwörer(in *f*) *m.* **nécropole** *f* Totenstadt *f.*
nectaire [nɛktɛʀ] *m bot* Honigdrüse *f.*
nectar *m* **1.** Nektar *m;* **2.** *bot* Honigsaft *m.*
nectarine [nektaʀin] *f* Nektarine *f.*
néerlandais, e [neɛʀlɑ̃dɛ, -ɛz] *a* niederländisch, holländisch; *s m gram* Niederländisch, Holländisch *n;* das Niederländische, das Holländische. **Néerlandais, e** *m f* Holländer(in *f*) *m.*
nef [nɛf] *f* (Kirchen-)Schiff *n;* ▶ ~ *centrale* od *principale, latérale* Mittel-, Seitenschiff *n.*
néfaste [nefast] *a* unheilvoll, unselig; ▶ *jour m* ~ Unglückstag *m.*
nèfle [nɛfl] *f bot* Mispel *f;* ▶ *des* ~*s! (fam)* das wäre noch schöner! kommt gar nicht in Frage!
négatif, ive [negatif] **I.** *a* **1.** negativ; **2.** verneinend; **II.** *s m (phot)* Negativ *n; s f* ▶ *dans la* ~ im Falle e-r Absage. **négation** [-sjɔ̃] *f* **1.** Verneinung; Weigerung *f;* **2.** *gram* Negation *f.*
négligé, e [negliʒe] **I.** *a* nachlässig; verwahrlost; *fam* salopp, schlud(e)rig; **II.** *s m* Negligé *n,* Morgenrock *m.* **négligeable** *a* unwesentlich, belanglos; unerheblich; ▶ *être* ~ nicht ins Gewicht fallen; *quantité f* ~ Belanglosigkeit *f.* **négligence** *f* **1.** Nach-, Fahrlässigkeit, Unachtsamkeit *f;* **2.** Flüchtigkeitsfehler *m;* ▶ *par* ~ aus Versehen. **négligent, e** *a* **1.** nach-, fahrlässig, unachtsam; **2.** *(Handbewegung)* lässig. **négliger** ‹*Prés. je néglige, ns négligeons; Fut. je négligerai; pp. négligé, e*› **I.** *tr* **1.** vernachlässigen; verkümmern lassen; außer acht, links liegen=lassen; **2.** *(Gelegenheit)* verpassen, versäumen; **3.** *math* nicht berücksichtigen; **II.** *v prn se* ~ sich gehen=lassen.
négoce [negɔs] *m vx* (Groß-)Handel *m.* **négociable** [-sjabl] *a com (Wechsel)* begebbar; marktfähig, gängig. **négociant, e** *m f* (Groß-)Händler(in *f*); Kaufmann *m;* ▶ ~*-exportateur m* Exportkaufmann *m;* ~ *en vins* Weinhändler *m.* **négociateur, trice** *m f* Unterhändler, Vermittler(in *f*); (Arbeits-) Schlichter *m.* **négociation** *f* **1.** Ver-, Unterhandlung *f;* **2.** *com (Wechsel)* Begebung *f;* ▶ *entamer des* ~*s* in Verhandlungen treten; ~*s tarifaires* Tarifverhandlungen *f pl.* **négocier I.** *tr itr* **1.** unter-, verhandeln (*qc* über e-e S); *(Vertrag)* ab=schließen; **2.** *(Wechsel)* begeben; **II.** *v prn se* ~ ausgehandelt werden.
nègre [nɛgʀ] *m* **1.** Neger *m;* **2.** jd, der für e-n andern schreibt; ▶ *parler petit* ~ kauderwelschen; *travailler comme un*

~ wie ein Pferd arbeiten. **négresse** *f péj* Negerin *f.* **négrier** *m* Sklavenhändler *m.* **négrillon, ne** *m f* Negerlein *n.* **négritude** *f* afrikanische Kultur *f,* Negersein *m.*

neige [nɛʒ] *f* **1.** Schnee *m;* **2.** *arg* Kokain *n,* Koks *m;* **3.** *pl* Schneemassen *f pl;* **4.** ▶ *blanc comme ~* schneeweiß; *couvert de ~* schneebedeckt, verschneit; **5.** ▶ *battre en ~* zu Schaum, Schnee schlagen; *faire boule de ~ (fig)* lawinenartig an=wachsen; **6.** ▶ *bonhomme m, boule, chute, couche f, flocon m, tempête f de ~* Schneemann, -ball, -fall *m,* -decke, -flocke *f,* -sturm *m; limite, fonte f des ~s* Schneegrenze, -schmelze *f; rafale, tourmente f de ~* Schneegestöber *n; ~ artificielle* Kunstschnee *m; ~ mouillée, pulvérulente* od *poudreuse* Alt-, Neu-, Papp-, Pulverschnee *m.* **neiger** ‹*Prés. il neige; Fut. il neigera; Passé comp. il a neigé*› *itr:* ▶ *il neige* es schneit. **neigeux, se** *a* schneebedeckt, verschneit; schneeig.

nénuphar [nenyfaʀ] *m* Seerose *f.*

néo- [neɔ] *in Zssgen:* Neu-, neu-. **néo-calédonien, ne** [neɔkaledɔnjɛ̃, -ɛn] *a* neukaledonisch; *s m f* Neukaledonier(in *f*) *m.* **néo-classicisme** *m* Neoklassizismus *m.* **néo-classique** *a* neoklassizistisch. **néo-colonialisme** *m* Neokolonialismus *m.* **néo-colonialiste** *a* neokolonialistisch; *s m f* Neokolonialist(in *f*) *m.* **néo-fascisme** [neɔfas(ʃ)ism] *m* Neofaschismus *m.* **néo-gothique** *a* neugotisch. **néo-grec, -grecque** *a* neugriechisch. **néo-latin, e** *a* neulateinisch. **néolithique I.** *a* neolithisch, jungsteinzeitlich; **II.** *s m* Neolithikum *n,* Jungsteinzeit *f.* **néologisme** *m* Neologismus *m.*

néon [neõ] *m chem tech* Neon *n;* ▶ *tube m au ~* Neonröhre *f.*

néo-nazi [neɔnaʒi] *a* neonazistisch; *s m* Neonazi *m.*

néophyte [neɔfit] *s m f rel* Neubekehrte(r *m*) *f; allg* Neuling *m.*

néo-zélandais, e [neɔzelɑ̃dɛ, -ɛz] *a* Neuseeländisch.

népalais, e [nepalɛ, -ɛz] *a* nepalesisch; *s m gram* Nepali. **Népalais, e** *m f* Nepalese *m,* -sin *f.*

néphrite [nefʀit] *f med* Nierenentzündung *f.*

népotisme [nepɔtism] *m* Vetternwirtschaft *f.*

nerf [nɛʀ] *m* **1.** *anat* Nerv *m; fam* Sehne *f;* **2.** *fig a.* [nɛʀf] Kraft, Stärke; Triebfeder *f;* **3.** ▶ *avoir du ~* energisch sein; *avoir ses ~s, avoir les ~s en pelote* sehr nervös sein; *donner, porter, taper sur les ~s de qn* jdm auf die Nerven gehen *od* fallen, jdn nervös machen; *manquer de ~ (fam)* keinen Mumm in den Knochen haben; **4.** ▶ *c'est un paquet de ~s* er, sie ist ein Nervenbündel; **5.** ▶ *attaque, crise f de ~s* Nervenkrise *f.* **nerveux, se** *a* **1.** Nerven-; nervös, nervenleidend; **2.** nervig, sehnig; **3.** *(Auto)* spritzig; **4.** *fig* kraftvoll; ▶ *système m ~* Nervensystem *n.* **nervosité** *f* Reizbarkeit, Nervosität *f.*

nervure [nɛʀvyʀ] *f* **1.** *zoo bot* Nerven *m pl,* Adern *f pl;* **2.** *arch (Buch)* Rippe *f;* **3.** *aero* Rippe *f;* ▶ *~ transversale, de voûte* Quer-, Gewölberippe *f.*

net, te [nɛt] **I.** *a* **1.** sauber, rein, fleckenlos; **2.** glatt; klar, deutlich, durchsichtig; **3.** *(Auge) phot* scharf; **4.** *fig* verständlich, faßlich; offen; einwandfrei, untadelig; **5.** *com* netto, ohne Abzüge; Rein-; **II.** *adv* **1.** plötzlich; **2.** offen, deutlich; freiheraus; **3.** *com* netto; **4.** ▶ *tout ~* rundweg; ohne Umschweife; **5.** ▶ *avoir la conscience ~te* ein reines Gewissen haben; *faire place ~te (fig)* reinen Tisch machen; *mettre au ~* ins reine schreiben; *refuser ~* rundweg ab=lehnen; **6.** ▶ *bénéfice, produit m ~* Reingewinn, -ertrag *m; montant, prix m ~* Nettobetrag, -preis *m; poids m ~* Nettogewicht *n.* **netteté** [nɛtte] *f* **1.** Sauberkeit; Reinlichkeit *f;* **2.** Klarheit, Deutlichkeit *f;* **3.** *phot* (Bild-)Schärfe *f.* **nettoiement** *m* **1.** Reinigung *f,* Saubermachen *n;* **2.** ▶ *agr: ~ des terres* Unkrautvernichtung *f;* **3.** *(Wald)* (Aus-)Lichten *n.* **nettoyage** *m* **1.** Reinigung *f,* Reinemachen, Säubern *n,* Putz(en *n*) *m;* **2.** *mil* Säuberung *f;* ▶ *~ à sec* chemische Reinigung *f.* **nettoyer** ‹*Prés. je nettoie, ns nettoyons; Fut. je nettoierai; pp. nettoyé, e*› *tr* **1.** reinigen, säubern, sauber=machen, putzen; **2.** *fam fig* ruinieren; ▶ *~ à sec* chemisch reinigen.

Neuchâtel [nøʃatɛl] *m* Kanton *m* Neuenburg; *f (Stadt)* Neuenburg *n.*

neuf [nœf] **I.** *a* neun; **II.** *s m* Neun(er *m*) *f; (Tag, Fürst)* der Neunte.

neuf, neuve [nœf, nœv] **I.** *a* **1.** neu, ungebraucht, frisch; **2.** neuartig; **3.** kindlich, rein; ▶ *tout (battant, flambant) ~* (funkel)nagelneu; **II.** *s m inv* ▶ *le ~* das Neue; *C'est du ~* das ist etw Neues; *faire peau neuve (fig)* ein ganz anderer Mensch werden; *remettre à ~* wieder neu her=richten; *quoi de ~?* was (gibt's) Neues? *tout de neuf habillé* ganz neu eingekleidet.

neurasthénie [nøʀasteni] *f* Neurasthenie, Nervenschwäche *f.* **neurasthénique I.** *a* neurasthenisch; **II.** *m f* Neurastheniker(-in *f*) *m.* **neurochirurgie** *f* Neurochirurgie *f.* **neurologie** *f* Neurologie, Nervenheilkunde *f.* **neurologique** *a* neurologisch. **neurologue, neurologiste** *m* Nervenarzt, Neurologe *m.* **neurone** [-ʀɔ(o)n] *m anat* Neuron *n.* **neuropsychiatrie** *f* Neuropsychiatrie. **neuropsychologie** *f* Neuropsycholo-

gie *f.* **neurosciences** *f pl* Neurowissenschaften *f pl.* **neurovégétatif, ive** *a* neurovegetativ.
neutral, e [nøtʀal] *a (franz. Schweiz)* neutral. **neutralisation** *f pol chem* Neutralisierung *f.* **neutraliser I.** *tr* **1.** *pol* für neutral erklären; **2.** *chem* neutralisieren; **3.** *fig* aus≈schalten, unschädlich machen, kalt≈stellen; *(Vorhaben)* vereiteln; **II.** *v prn se* ~ sich (gegenseitig) auf≈heben. **neutralité** *f* **1.** Neutralität *f a. chem;* **2.** Unparteilichkeit *f.* **neutre I.** *a* **1.** neutral *a. chem;* **2.** parteilos, unparteiisch; **3.** *biol* geschlechtslos; **4.** *gram* sächlich; **II.** *s m* **1.** *gram* Neutrum *n;* **2.** *pol* Neutrale(r), neutrale(r) Staat *m;* **3.** Nulleiter *(Null≈leiter) m.* **neutron** *m phys* Neutron *n.*
neuvaine [nœvɛn] *f rel* Novene *f.* **neuvième I.** *a* neunte(r, s); **II.** *s m* Neuntel *n.* **neuvièmement** *adv* neuntens.
névé [neve] *m* Firn(schnee) *m.*
neveu [nəvø] *m* Neffe *m.*
névralgie [nevʀalʒi] *f* Neuralgie *f.* **névralgique** *a* neuralgisch; ▶ *point m* ~ neuralgische(r), wunde(r) Punkt *m.* **névrite** *f* Nervenentzündung *f.* **névrose** *f* Neurose *f;* ▶ ~ *d'angoisse, obsessionnelle, tachycardique* Angst-, Zwangs-, Herzneurose *f.* **névrosé, e** *m f* Neurotiker(in *f*) *m.* **névrotique** *a* neurotisch.
nez [ne] *m* **1.** Nase *f;* **2.** *mar* Bug *m; aero* Nase *f; tech* Nase *f,* Kopf *m;* **3.** ▶ ~ *à* ~ Auge in Auge; *au* ~ *de qn, au* ~ *et à la barbe de qn* unter jds Augen; *à vue de* ~ *(fam)* nach Augenmaß; *le* ~ *levé* mit erhobenem Haupt; **4.** ▶ *allonger le* ~, *avoir le* ~ *long, (fam) faire un* ~ ein langes Gesicht machen; *avoir du* ~, *bon* ~, *le* ~ *creux* e-e feine Nase haben; *avoir qn dans le* ~ *(fam)* jdn nicht riechen können, jdn gefressen haben; *se casser le* ~ *(fig fam)* vor verschlossene Türen kommen; sich die Finger verbrennen; *faire un pied de* ~ *à qn* jdm e-e Nase drehen, jdn verspotten; *fermer la porte au* ~ *de qn* jdm die Tür vor der Nase zu≈machen; *mener qn par le (bout du)* ~ jdn an der Nase herum≈führen; *mettre, fourrer son* od *le* ~ *dans qc* in e-e S s-e Nase stecken; *parler du* ~ durch die Nase sprechen; *se piquer le* ~ *(fam)* sich die Nase begießen, einen heben; *rire au* ~ *de qn* jdm ins Gesicht lachen; *tirer les vers du* ~ *à qn* jdm die Würmer aus der Nase ziehen, jdm sein Geheimnis entlocken; **5.** ▶ *ça te pend au* ~ *(pop)* das steht dir bevor; *prenez-vous par le bout du* ~ fassen Sie sich an die eigene Nase; *(fam) il est arrivé premier les doigts dans le* ~ er ist ohne Schwierigkeit als erster angekommen; *je saigne du* ~ mir blutet die Nase; **6.** ▶ *bout m du* ~ Nasenspitze *f;* ~ *aquilin, retroussé* Adler-, Stupsnase *f.*
ni [ni] *conj* auch nicht; ▶ *(ne ...)* ... ~ ... ~ weder ... noch, nicht ..., (und) auch nicht; *ne ... pas ...* ~ weder ... noch; *ne ...* ~*ne* und ... nicht; ~ ... *non plus ...* auch nichts; *sans* ... ~ ohne ... und ohne; ~ *plus,* ~ *moins* nicht mehr und nicht weniger.
niable [njabl] *a* ▶ *cela n'est pas* ~ das läßt sich nicht leugnen.
niais, e [njɛ, -ɛz] **I.** *a* dumm, unerfahren; albern; **II.** *s m fam* Dummkopf, Trottel *m;* ▶ *il n'est pas* ~ er ist nicht dumm. **niaiserie** [njɛzʀi] *f* Dummheit; Albernheit *f.*
nib [nib] *adv* ▶ *arg:* ~ *de* ~ rein gar nichts.
Nice [nis] *f* Nizza *n.*
niche [niʃ] *f* **1.** *arch* Nische *f;* **2.** *(~ à chien)* Hundehütte *f;* **3.** ▶ *(fam) faire une* ~ *à qn* jdm e-n Streich spielen. **nichée** *f* **1.** Nestvoll *n,* Brut *f; (Hunde)* Wurf *m;* **2.** *fig fam* Stall *m* voll Kinder. **nicher I.** *itr* **1.** (s)ein Nest bauen; nisten; **2.** *fig fam* hausen, wohnen; **II.** *v prn se* ~ **1.** (sich ein≈)nisten; **2.** *fig* sich fest≈setzen; **3.** sich verstecken. **nichoir** *m* Nistkasten *m.*
nichon [niʃɔ̃] *m pop* Busen *m; fam* Titte *f.*
nickel [nikɛl] *m chem* Nickel *n;* ▶ *(pop) tout est* ~ *chez eux* bei ihnen ist alles blitzblank. **nickeler** *tr* vernickeln.
nicotine [nikɔtin] *f chem* Nikotin *n.*
nid [ni] *m* **1.** Nest *n a. fig; (Adler)* Horst *m;* **2.** *fig* Heim *n,* Nest *n;* **3.** ▶ ~ *d'abeilles* (Bienen-)Wabe *f;* **4.** ▶ *ne pas sortir de son* ~ *(fam)* nicht aus s-m Bau gehen; **5.** ▶ ~ *d'hirondelle, d'oiseau* Schwalben-, Vogelnest *n;* ~ *de poule (Straße)* Schlagloch *n.*
nièce [njɛs] *f* Nichte *f.*
nielle [njɛl] **1.** *m tech* Niello *n;* **2.** *f bot* Kornrade *f;* **3.** *f* (Getreide-)Brand *m.*
nier [nje] *tr* verneinen; (ver)leugnen, ab≈, bestreiten (*de* od *Infinitiv* zu).
nigaud, e [nigo, -od] **I.** *a* dumm, einfältig, albern; **II.** *s m* Dummkopf *m.*
nihilisme [niilism] *m* Nihilismus *m.* **nihiliste** *m* Nihilist *m.*
nimbe [nɛ̃b] *m* Nimbus, Heiligenschein *m.*
nippé, e [nipe] *a:* ▶ *être bien* ~ *(fam)* gut in Schale sein. **nippes** *f pl fam* (alte) Kleidungs-, Wäschestücke *n pl,* Sachen, Klamotten *f pl.*
nique [nik] *f:* ▶ *faire la* ~ *à qn* jdn aus≈lachen, verspotten.
nitrate [nitʀat] *m chem* Nitrat, salpetersaure(s) Salz *n;* ▶ ~ *de potassium* Kaliumnitrat *n,* Kalisalpeter *m.* **nitrique** *a* ▶ *acide m* ~ Salpetersäure *f.* **nitroglycérine** *f chem* Nitroglyzerin *n.*
niveau [nivo] *m* **1.** *(~ à bulle d'air)*

Libelle, Wasserwaage *f;* **2.** Niveau *n;* (gleiche) Höhe *f,* Stand *m;* Stufe, Ebene *f;* Wasserstand, -spiegel, Stand *m,* Höhe *f; Pegel m;* **3.** *fig* Niveau *n;* **4.** ▶ *à des ~x différents* auf verschiedenen Ebenen; vielschichtig; *de ~ avec, au ~ de* auf gleicher Höhe, Ebene mit, wie; **5.** ▶ *améliorer le ~ des connaissances* den Kenntnisstand verbessern; *être au ~ de qn* mit jdm auf gleicher Stufe stehen; **6.** ▶ *passage m à ~* schienengleiche(r) Bahnübergang *m;* **7.** ▶ *~ de bruit* Geräuschpegel *m; ~ d'eau souterraine* Grundwasserspiegel *m; ~ le plus élevé (pol)* höchste Ebene *f; com* Höchststand *m; ~ de l'emploi* Beschäftigungsstand *m; ~ d'essence, d'huile (mot)* Benzin-, Ölstand *m; ~ de la mer* Meeresspiegel *m; ~ des prix (com)* Preisstand *m,* -niveau *n; ~ de productivité* Leistungsstand *m; ~ des salaires* Lohnniveau *n; ~ de vie* Lebensstandard *m.*

niveler [nivle] ⟨*Prés. je nivelle, ns nivelons; Fut. je nivellerai; pp. nivelé, e*⟩ *tr* **1.** nivellieren; eben machen, ein=ebnen; **2.** *fig* gleich=machen, nivellieren, aus=gleichen. **nivellement** [-vɛl-] *m* **1.** Nivellieren; Einebnen *n;* **2.** *fig* Nivellierung, Angleichung *f,* Ausgleich *m.*

Nobel [nɔbɛl]: ▶ *prix ~* Nobelpreis (-träger) *m.*

noble [nɔbl] *a* ad(e)lig; vornehm; edel. **noblesse** *f* **1.** Adel *m;* **2.** *fig* Würde, Hoheit *f.*

noce(s *pl***)** [nɔs] *f* Hochzeit(sfest *n,* -gesellschaft) *f;* **1.** ▶ *(en) premières, secondes ~s* (in) erste(r), zweite(r) Ehe; **2.** ▶ *n'être pas à la ~* in e-r mißlichen Lage sein; *faire la ~ (fam)* feiern; ein lockeres Leben führen; in Saus und Braus leben; **3.** ▶ *cadeau, repas m de ~* Hochzeitsgeschenk, -essen *n; ~s d'argent, d'or, de diamant* silberne, goldene, diamantene Hochzeit *f.* **nocer** *itr (pop)* feiern. **noceur** *m fam* Lebemann; Saufbruder *m.*

nocif, ive [nɔsif, -iv] *a* schädlich. **nocivité** *f* Schädlichkeit *f.*

noctambule [nɔktɑ̃byl] *m f fam* Nachtschwärmer *m.* **nocturne** [-tyʀn] **I.** *a* nächtlich; **II.** *s f* **1.** *sport* Flutlichtspiel *n;* **2.** abends geöffnete(r) Laden *m;* **III.** *s m mus* Notturno *n.*

nodal, e [nɔdal] *a phys* Knoten-. **nodosité** *f bot med* Knoten *m.*

Noé [nɔe] *m* Noah *m;* ▶ *arche de ~* Arche *f* Noah.

Noël [nɔɛl] *m* **1.** Weihnachten *f pl,* Weihnachtsfest *n;* ▶ *à (la) ~* an Weihnachten; *arbre m de ~* Weihnachtsbaum *m; père m ~* Weihnachtsmann *m;* **2.** ▶ *(petit) noël m (fam)* Weihnachtsgeschenk *n* (für Kinder); *veille f de ~* Heilige(r) Abend, Weihnachtsabend *m;* **3.** *(e-s Betriebs)* Weihnachtsfeier *f* mit Bescherung; **4.** Weihnachtslied *n.*

nœud [nø] *m* **1.** Knoten *m a. mar theat;* **2.** Schleife; Schlinge *f;* **3.** *anat* Knöchel *m,* (Finger-)Glied *n;* **4.** *math* Doppelpunkt; *phys* Schwingungsknoten *m;* **5.** *(Holz)* Ast *m;* **6.** *fig pl* Band *n,* Bindung; Fessel *f;* **7.** *fig* Haken *m,* Schwierigkeit, Verwicklung *f;* **8.** ▶ *sans ~(s) (Holz)* astfrei; **9.** ▶ *faire un ~* e-n Knoten, e-e Schleife binden; **10.** ▶ *~ coulant* Schlinge *f; ~ de voies ferrées* Eisenbahnknotenpunkt *m; ~ papillon* Querbinder *m, fam* Fliege *f; ~ routier* Straßenknotenpunkt *m.*

noir, e [nwaʀ] **I.** *a* **1.** schwarz; schwarzbraun, -blau; **2.** dunkel, finster; schmutzig; **3.** *fig* düster, trüb(e), traurig, unheilvoll; bösartig, schlecht, treulos, teuflisch; **4.** *(Verrat)* schnöde; **5.** *arg* blau, besoffen; **II.** *s m f* **1.** Schwarze(r *m*) *f,* Neger(in *f*); dunkelhäutige(r) Mensch *m;* **2.** *m* Schwarz *n,* schwarze Farbe; schwarze Kleidung *f;* **3.** *med* blaue(r) Fleck *m;* **4.** *(Zielscheibe)* das Schwarze; **5.** *tech* Schwärze *f,* Ruß *m;* **6.** *fam* schwarze(r) Kaffee *m;* **7.** *f mus* Viertelnote *f;* **8.** ▶ *broyer du ~* schwarzen Gedanken nach=hängen; *mettre dans le ~* ins Schwarze treffen; *pousser au ~ (fig)* noch schwärzer malen; in noch ungünstigerem Lichte sehen; *voir tout en ~* alles schwarz sehen; **9.** ▶ *il y a des points ~s à l'horizon* uns steht nichts Gutes bevor; *il fait ~* es ist Nacht, dunkel; **10.** ▶ *beurre m ~* braune Butter *f; marché m ~* schwarze(r) Markt *m; œil m au beurre ~ (fam)* blaue(s) Auge *n; point m ~* gefährliche Kreuzung; *fig* ernste Schwierigkeit *f; travail m ~* Schwarzarbeit *f.* **noirâtre** *a* schwärzlich. **noiraud, e I.** *a* dunkel (-haarig, -häutig); **II.** *s m f* dunkle(r) Typ *m.* **noirceur** *f* **1.** Schwärze, schwarze Farbe *f;* **2.** *fig* Verworfenheit, Bosheit *f.* **noircir I.** *tr* **1.** schwarz färben *od* machen, schwärzen; **2.** *fig* in düsteren Farben malen; *(Papier)* vollschreiben; *fam péj* schriftstellern; **II.** *itr u. v prn se ~* **1.** schwarz, dunkel werden; nachdunkeln; *(Haut)* braun werden; **2.** *(Himmel)* sich verdunkeln, verfinstern; **3.** *arg* sich besaufen. **noircissement** *m* Schwärzen; Schwarzwerden *n.*

noise [nwaz] *f:* ▶ *chercher ~ à qn* mit jdm Streit suchen *od* an=fangen.

noisetier *m bot* Hasel(nuß)strauch *m.* **noisette I.** *s f* Haselnuß *f;* **II.** *a inv* nußbraun.

noix [nwa] *f* **1.** *bot* (Wal-)Nuß *m;* **2.** *(~ de veau)* (Kalbs-)Nuß *m;* **3.** Nußkohle *f;* **4.** *tech* Hahnküken *n;* **5.** Wirtel, Anschlag *m;* ▶ *à la ~ (de coco) (fam)* wertlos, lachhaft; *vieille ~ (pop)* doofe Nuß *f.*

nom [nõ] *m* **1.** Name *m;* **2.** Benennung, Bezeichnung *f;* **3.** *gram* Nomen, Substantiv *n;* **4.** ▶ *au ~ de* im Namen, Auftrag *gen; de ~* (nur) dem Namen nach; *en mon ~ personnel* in meinem Namen; *sans ~ (fig)* unerhört, unglaublich; **5.** ▶ *apposer son ~* s-n Namen setzen (*sous* unter *acc*); *avoir ~* heißen; *décliner son ~* s-n Namen nennen; **6.** ▶ *~ d'un chien, d'une pipe, de Dieu!* verdammt! verflixt u. zugenäht! **7.** ▶ *petit ~* Vor-, Rufname *m; ~ de baptême* Taufname *m; ~ commercial, social* Firma, Firmenbezeichnung *f; ~ de famille* Familienname *m; ~ de jeune fille* Mädchenname *m; ~ propre* Eigenname *m.*

nomade [nɔmad] **I.** *a* nomadisch, nomadenhaft; **II.** *s m f* **1.** Nomade *m;* **2.** Person *f* ohne festen Wohnsitz.

nombre [nõbʀ] *m* **1.** (An-)Zahl, *fam* Menge *f;* **2.** *gram* Numerus *m;* **3.** ▶ *au ~ de, du ~ de* unter *dat,* zu; *au ~ de mille* 1000 an der Zahl; *(bon) ~ de* ein großer Teil *gen; en (grand) ~* zahlreich; in großer Zahl; *en ~s ronds* in runden Zahlen; *sans ~* zahllos; **4.** ▶ *être du ~* dazu gehören; dabei, darunter sein; *faire ~* die Zahl vergrößern; *fixer le ~ des membres à ...* die Zahl der Mitglieder auf ... fest=setzen; **5.** ▶ *le plus grand ~* die Mehrheit; die große Masse *f;* **6.** ▶ *~ atomique (chem)* Ordnungszahl *f; ~ (im)pair* (un)gerade Zahl *f; ~ index* Indexziffer, Meßzahl *f; ~ des pièces* Stückzahl *f; ~ total* Gesamtzahl *f.* **nombreux, se** *a* zahlreich; ▶ *dans de ~ cas* in vielen Fällen; *famille f ~euse* kinderreiche Familie *f.*

nombril [nõbʀil] *m anat* (Bauch-)Nabel *m.*

nomenclature [nɔmɑ̃klatyʀ] *f* **1.** Nomenklatur *f;* **2.** Terminologie *f;* **3.** Liste *f,* Verzeichnis *n,* Katalog *m;* Aufzählung *f.*

nominal, e [nɔminal] *a* **1.** namentlich, Namens-; **2.** nominell, Schein-; **3.** *com gram* nominal; ▶ *appel m ~* namentliche(r) Aufruf, Namensaufruf *m; valeur f ~e (com)* Nennwert *m.* **nominalement** *adv* namentlich; (nur) dem Namen nach.

nominatif, ive **I.** *a* namentlich, Namens-; *com* auf den Namen lautend; **II.** *s m gram* Nominativ *m;* ▶ *action, liste f ~ative* Namensaktie, -liste *f.* **nomination** *f* Ernennung *f* (*de* zu).

nommé, e [nɔme] *a* **1.** ge-, be-, ernannt; **2.** genannt, erwähnt; **3.** namens, mit Namen; ▶ *un(e) ~, e* ein, e-e gewisse(r); *à point ~* gerade recht, wie gerufen. **nommément** *adv* namentlich. **nommer** **I.** *tr* **1.** (be-, er)nennen (*qc* zu etw, *qn à qc* jdn zu etw); **2.** an=geben, -zeigen; mit Namen nennen; **3.** ein=setzen (*qc* als etw), bestellen (*qc* zu etw); **II.** *v prn se ~* **1.** s-n Namen sagen *od* nennen; **2.** heißen; ▶ *~ d'office* von Amts wegen bestellen; *~ à la présidence, à vie* zum Vorsitzenden, auf Lebenszeit ernennen.

non [nõ, *in Zssgen vor Vokal a.* nɔn] **I.** *adv* nein; (und) nicht; **II.** *s m inv* Nein *n;* ▶ *~?* nicht wahr? oder? *~ pas* aber nicht, zwar nicht (kein); *~ plus* auch nicht; *~ plus que* so wenig als, wie; nicht als ob; *~ (pas) que (conj)* nicht (etwa) daß; *~ seulement* nicht nur; *que ~!* aber nein!

non-acceptation [nõnakseptasjõ] *f* Nichtannahme *f.* **non-admission** *f* Nichtzulassung *f.*

nonagénaire [nɔnaʒenɛʀ] *a* neunzigjährig.

non-agression [nɔnagʀɛsjõ] *f:* ▶ *pacte m de ~* Nichtangriffspakt *m.* **non-aligné, e** *a* blockfrei. **non-alignement** *m* Blockfreiheit *f.*

nonante [nɔnɑ̃t] *a (Belgien, franz. Schweiz)* neunzig.

non avenu, e [nɔnavny] *a (jur)* nichtig.

non bio-dégradable *a* nicht verrottbar, nicht zersetzbar, biologisch nicht abbaubar.

nonce [nõs] *m rel* Nuntius *m.*

nonchalance [nõʃalɑ̃s] *f* Nachlässigkeit, Gleichgültigkeit *f;* Sichgehenlassen *n;* Saumseligkeit, Sorglosigkeit *f.* **nonchalant, e** *a* gleichgültig, (nach)lässig; gelassen, sorglos; gemächlich, bequem.

nonciature [nõsjatyʀ] *f rel* Nuntiatur *f.*

non-conducteur, trice *a (el)* nichtleitend; *s m* Nichtleiter *m.* **non-conformisme** *m* Nonkonformismus *m.* **non-conformiste** *a* nonkonformistisch, nicht angepaßt; *s m f* Nonkonformist *m.* **non-conformité** *f* Nichtübereinstimmung *f.* **non coupable** *a* nicht schuldig. **non-dissémination** *f:* ▶ *~ des armes nucléaires (mil)* Nichtverbreitung *f* von Kernwaffen. **non-entendant, e** *m f* Gehörlose(r *m*) *f.* **non-fumeur** *m* Nichtraucher *m.* **non-ingérence** *f* Nichteinmischung *f.* **non-intervention** *f* Nichteinmischung *f.* **non-lieu** *m (Prozeß)* Niederschlagung, Urteilsaussetzung *f.* **non-métal** *m* Nichtmetall *n.*

nonnette [nɔnɛt] *f* **1.** junge Nonne *f;* **2.** Pfeffernuß *f.*

nonobstant [nɔnɔbstɑ̃] *prp* trotz, ungeachtet.

non-polluant, e [nõpɔlyɑ̃, -t] *a* umweltfreundlich, schadstofffrei. **non-prolifération** *f* Nichtverbreitung *f.* **non-rechargeable** *(Feuerzeug)* Wegwerf-. **non-retour** *m:* ▶ *atteindre le point de ~* den Punkt erreichen, von dem aus es kein Zurück gibt. **non-sens** [-sɑ̃s] *m* Unsinn *m;* Sinnlosigkeit *f.* **non-stop** *adv* nonstop: ▶ *vol ~* Nonstopflug *m.*

non-viable *a (Neugeborenes)* nichtlebensfähig. **non-violence** *f* Gewaltlosigkeit *f.* **non-violent, e** *a* gewaltlos. **non-voyant, e** *a* blind; *s m f* Blinde(r) *m f.*

nord [nɔʀ] **I.** *s m* Nord(en); Nordteil *m,* -seite, nördliche Richtung *f,* Norden *(e-s Landes);* Nord(wind) *m;* **II.** *a* nördlich, Nord-; ► *au ~ de* nördlich von; *être exposé au ~* nach Norden liegen; *être situé au ~ de la France* in Nordfrankreich liegen; *pôle m Nord* Nordpol *m; vent m du ~* Nordwind *m.* **nord-africain** [nɔʀafʀikɛ̃] *a* nordafrikanisch. **nord-américain, e** *e* nordamerikanisch; *s m f* Nordamerikaner(in *f*) *m.* **nord-est** [nɔʀɛst] **I.** *s m* Nordost(en); Nordost(wind) *m;* **II.** *a inv* nordöstlich. **nordique** [-dik] *a* nordisch. **nord-ouest** [nɔʀwɛst] **I.** *s m* Nordwesten; Nordwest(wind) *m;* **II.** *a inv* nordwestlich. **nord-sud** *a inv a. pol* Nord-Süd.

noria [nɔʀja] *f* **1.** *tech* Paternoster-, Becherwerk *n,* Elevator *m* **2.** *fig* sehr häufig verkehrende(s) Transportmittel *n.*

normal, e [nɔʀmal] **I.** *a* **1.** normal, regulär, regelmäßig; **2.** üblich; ► *école f ~e* Pädagogische Hochschule *f;* **II.** *s f* ► *la ~e* das Normale, Übliche; *au-dessus de la ~* überdurchschnittlich. **normalien, ne** *s m f* Schüler(in *f*) Student(in) *m* e-r *Éole normale.* **normalisation** *f* **1.** Normalisierung; **2.** Normung *f.* **normaliser** *tr* **1.** normalisieren; **2.** *tech* normen, standardisieren, vereinheitlichen.

norme [nɔʀm] *f* Regel, Norm *f.*

Norvège, la [nɔʀvɛʒ] *f* Norwegen *n.* **norvégien, ne** *a* norwegisch. **Norvégien, ne** *m f* Norweger(in *f*) m.

nos [no] *s. notre.*

nostalgie [nɔstalʒi] *f* **1.** Heimweh *n;* **2.** Sehnsucht *f* (*de* nach *acc*). **nostalgique** *a* **1.** an Heimweh leidend; **2.** sehnsüchtig, wehmütig; **3.** trübsinnig, schwermütig.

nota [nɔta] *m* An-, Bemerkung; Fußnote *f.*

notable [nɔtabl] **I.** *a* bemerkens-, beachtenswert; beachtlich, beträchtlich; **II.** *s m* angesehene Persönlichkeit *f; pl* Honoratioren *pl; hist* Notabeln *pl.*

notaire [nɔtɛʀ] *m* Notar *m;* ► *dressé par devant ~* notariell beurkundet; *étude f de ~* Notariat *n.*

notamment [nɔtamɑ̃] *adv* besonders, insbesondere, namentlich, vor allem.

notarial, e [nɔtaʀjal] *a* notariell. **notariat** [-a] *m* Notariat *n.* **notarié, e** *a* notariell beglaubigt.

notation [nɔtasjɔ̃] *f* **1.** Zeichenschrift *f;* **2.** *(Schule)* Benotung *f;* **3.** Eintragung, Notiz, Notierung *f;* **4.** *math chem* Formel *f;* ► *~ musicale* Notenschrift *f.*

note *f* **1.** Note *f a. mus;* (Kenn-)Zeichen *n;* **2.** Notiz; An-, Bemerkung, Fußnote *f,* Vermerk *m;* **3.** Mitteilung *f;* Rundschreiben *n;* **4.** *com* Rechnung *f;* **5.** *(Schule)* Note, Zensur *f;* Prädikat; Zeugnis *n;* **6.** *fig* Note *f; Gepräge n;* **7.** ► *changer de ~ (fig)* e-n andern Ton an=schlagen, andere Saiten auf=ziehen; *donner la ~* den Ton an=geben; *être dans la ~* zs.=passen, überein=stimmen; *forcer la ~* zu weit gehen, übertreiben; *prendre ~ de qc* etw notieren; *prendre bonne ~ de qc (com)* etw buchen; etw vor=merken; *prendre des ~s* sich Notizen machen; **8.** ► *échange m de ~s (pol)* Notenwechsel *m; ~ de crédit, de débit* Gutschrifts-, Belastungsanzeige *f; ~ marginale* Randbemerkung, Glosse *f; ~ de service* Dienstanweisung *f.* **noter** *tr* **1.** notieren, an=, ver-, vormerken; auf=, verzeichnen; **2.** sich merken; **3.** *(Schule)* benoten, zensieren; beurteilen; **4.** *mus* in Noten setzen; ► *~ez bien cela* merken Sie sich das (gut).

notice [nɔtis] *f* **1.** Vermerk *m,* Notiz *f;* kurze(r) Bericht, Abriß *m;* **2.** *(Buch)* (biographische) Einleitung *f;* **3.** Gebrauchsanweisung *f.* **notification** *f* Bekanntgabe, -machung; amtliche Mitteilung; *(Urkunde)* Zustellung *f.* **notifier** *tr jur* bekannt=geben, -machen; Kenntnis geben (*qc* von etw); (amtlich) mit=teilen, an=zeigen; *(Urkunde)* zu=stellen.

notion [nosjɔ̃] *f* **1.** Vorstellung *f,* Begriff *m;* Ahnung *f;* **2.** *pl* Elementarkenntnisse *f pl.*

notoire [nɔtwaʀ] *a* allgemein bekannt, offenkundig. **notoriété** *f* **1.** allgemeine Bekanntheit, Offenkundigkeit *f;* **2.** Ruf, Name *m;* ► *de ~ (publique)* offenkundig.

notre [nɔtʀ], *pl* **nos** [no, *vor Vokal* noz] *a* unser; ► *~-Dame f (rel)* Unsere Liebe Frau *f.*

nôtre [notʀ] **I.** ► *le, la ~* der, die das unsere, unsrige; **II.** *s m* das Unsrige, Unsere; *pl* die Unsern, Unsrigen; ► *y mettre du ~* das Unsrige dazu beitragen; *serez-vous des ~s?* kommen Sie zu uns? machen Sie bei uns mit?

nouba [nuba] *f* Gelage *n;* ► *(fam) faire la ~* viel essen und trinken, schlemmen.

noué, e [nwe] *a* **1.** *(Gelenke)* steif; **2.** ► *il avait la gorge ~ée* s-e Kehle war wie zugeschnürt. **nouer I.** *tr* **1.** zs.-, (ver)binden, (ver)knoten, (ver)schnüren; **2.** *(Weberei)* knüpfen; **3.** *fig (Beziehungen)* (an=)knüpfen; **II.** *itr (Früchte)* an=setzen; **III.** *v prn se ~* sich an=schließen (*à* an *acc*); *fig* sich an=bahnen, in Gang kommen; ► *~ une cravate* e-e Krawatte binden; *~ l'intrigue (theat)* den Knoten schürzen. **noueux, se** [nu(w)ø, -øz] *a* verknotet, knotig; knorrig.

nougat [nuga] *m* Nougat *n;* ► *c'est du ~* das ist kinderleicht.

nouille [nuj] *f* **1.** *meist pl* Nudeln *f pl;* **2.**

fam Schlappschwanz *m.*
nounou [nunu] *f (Kindersprache)* Amme *f.*
nourrain [nuʀɛ̃] *m* Fischbrut *f.*
nourri, e [nuʀi] *a* **1.** *(Stil)* kraftvoll *f;* **2.** ▶ *applaudissements m pl ~s* (lang)anhaltende(r) Beifall *m;* **3.** *bien ~* wohlgenährt; *logé et ~* freie Station, freie Kost und Wohnung. **nourrice** *s f* **1.** Amme *f;* **2.** *mot* Reservetank *m; a:* ▶ *mère f ~* stillende Mutter *f; mettre en ~* zu e-r Amme, *fig* in Pflege geben. **nourricier, ère** *a* (er)nährend; Nähr-, Pflege-; ▶ *père m, mère f ~, ère* Pflegevater *m,* -mutter *f.* **nourrir I.** *tr* **1.** (er)nähren *a. fig;* beköstigen, verpflegen; **2.** *(Kind)* stillen; **3.** *(Tier)* füttern; **4.** *fig* Nahrung geben *dat;* **5.** *(Hoffnung)* hegen; **6.** *(Farbe)* dick auf=tragen; **II.** *itr* nahrhaft sein; **III.** *v prn se ~ de* sich (er)nähren von; *fig* genährt, gestärkt werden durch; ▶ *se ~ de vains espoirs* sich trügerischen Hoffnungen hin=geben. **nourrissant, e** *a* nahrhaft. **nourrisson** *m* Säugling *m.* **nourriture** *f* **1.** Nahrung *a. fig,* Speise, Kost; Verpflegung *f;* **2.** *agr* Futter *n;* **3.** *fig* geistige Nahrung *f.*
nous [nu] *prn* wir; uns; ▶ *~-mêmes* wir selbst; uns selbst; *nous venons de ~-mêmes* wir kommen aus eigenem Antrieb.
nouveau, el, le [nuvo, -vɛl] **I.** *a* **1.** neu, andere(r, s); Neu-; neu-, andersartig; **2.** unerfahren, fremd; **3.** jung; frisch; **II.** *s m f* **1.** Neuling *m; m* Neue(s) *n;* **2.** ▶ *à ~* aufs neue; *com* auf neue Rechnung; *de ~* aufs neue; von neuem, wieder; *pour une ~elle période de 3 mois* auf weitere 3 Monate; *de ~elle date* neueren, jüngeren Datums, neuer; *jusqu'à ~el ordre* bis auf weiteres; **3.** ▶ *être ~ dans qc* Anfänger in etw sein; *voilà du ~* das ist etw Neues; **4.** ▶ *~el an m* Neujahr(stag *m*) *n; ~elle lune f* Neumond *m; ~x mariés m pl* Neu-, Jungvermählte *pl; ~-né, e m f* Neugeborene(s) *n; fig tech* Neuheit *f; ~ Testament m (rel)* Neue(s) Testament *n; ~ venu m* Neuling; neu Hinzugekommene(r) *m.* **nouveauté** *f* **1.** Neuheit *f,* Neue(s) *n,* Neuerung *f;* **2.** *(Buch)* Neuerscheinung *f;* **3.** Neuerwerbung *f;* -eingang *m;* **4.** *pl* Modewaren *f pl;* ▶ *haute ~* neueste Mode *f; magasin m de ~s* Modegeschäft *n.*
nouvelle [nuvɛl] *f* **1.** Nachricht, Meldung, Neuigkeit *f;* **2.** Novelle *f;* **3.** *pl (Rundfunk)*Nachrichten *f pl;* **4.** ▶ *aux dernières ~s* nach den letzten Nachrichten; **5.** ▶ *avoir ~ de qc* die Nachricht von etw erhalten; *donner des ~s de qn* von jdm Nachricht geben; *prendre des ~s de qn* sich nach jdm erkundigen; *vous aurez de mes ~s!* Sie werden noch von mir hören! **6.** ▶ *~s du jour* Neue(s) *n* vom Tage; *~s sportives* Sportnachrichten *f pl.*
Nouvelle-Calédonie, la [nuvɛlkaledɔni] Neukaledonien *n.*
nouvellement [nuvɛlmɑ̃] *adv* neuerdings, neulich; vor kurzem.
Nouvelle-Zélande, la [nuvɛlzelɑ̃d] Neuseeland *n.*
novateur, trice [nɔvatœʀ, -tʀis] *s m f* Neuerer *m; a:* ▶ *esprit m ~* auf Neuerungen sinnende(r) Geist *m; être encore bien ~* ein blutiger Anfänger sein.
novembre [nɔvɑ̃bʀ] *m* November *m.*
novice [nɔvis] *s m f* **1.** *rel* Novize *m f;* **2.** *allg* Anfänger(in *f*), Neuling *m.* **noviciat** [-a] *m rel* Noviziat *n.*
noyade [nwajad] *f* Ertrinken *n.*
noyau [nɔwajo] *m* **1.** *bot* Stein, Kern *m;* **2.** *fig* Kern, Ausgangspunkt *m; (Menschen)* Gruppe *f,* harte(r) Kern *m;* **3.** *biol* Zellkern; *phys* (Atom-)Kern *m;* **4.** ▶ *fruits m pl à ~* Steinobst *n; ~ urbain* Stadtkern *m.* **noyautage** *m pol* Zellenbildung, Gruppenbildung, Unterwanderung *tr f.* **noyauter** *tr; pol* Zellen bilden (in ...); (mit Zellen) durchsetzen; unterwandern.
noyé, e [nwaje] **I.** *a* **1.** ertrunken; **2.** *(Blick)* verschwommen; **II.** *s m f* Ertrunkene(r *m*) *f;* ▶ *~ de larmes* tränenüberströmt. **noyer** ⟨*Prés. je noie, ns noyons; Fut. je noierai; pp. noyé, e*⟩ **I.** *s m* (Wal-)Nußbaum *m;* **II.** *tr* **1.** ertränken; *(Tier)* ersäufen; **2.** *(Land)* überschwemmen; *(Feuer, Aufruhr)* erstikken; **3.** *(Farben, Konturen)* zerfließen lassen; **4.** *(Kummer)* weg=spülen; *(Verstand)* versaufen; **5.** überschütten (*de* mit); versenken, sich verlieren lassen; verwässern; **6.** *tech* versenken, ein=lassen; **III.** *v prn se ~* ertrinken; *fig* sich ganz hin=geben; sich verlieren; ▶ *se ~ dans des détails* sich in Einzelheiten verlieren; *se ~ dans un verre d'eau* gleich den Kopf verlieren.
nu, e [ny] **I.** *a* **1.** nackt, nackend, bloß, unbekleidet; **2.** *(Gegend)* kahl; **3.** *(Draht)* blank; **4.** *com* unverpackt; **5.** *(Wein)* offen; **6.** *(Haus)* leer; **7.** *fig* schmucklos; **8.** *(Wahrheit)* rein, ungeschminkt; **II.** *s m* **1.** *(Kunst)* Akt *m;* **2.** ▶ *à ~* nackt; unverhüllt; ungeschützt, freiliegend; *(Pferd)* ungesattelt; *à l'œil ~* mit bloßem Auge; *mettre à ~* entblößen, frei=legen; *~ comme un ver* od *la main* splitter(faser)nackt; *fig* völlig mittellos; *~-pieds* barfuß; *~-tête* barhäuptig.
nuage [ny(ɥ)aʒ] *m* **1.** Wolke *f;* **2.** *fig* Schatten *m,* Ungewißheit; Trübung *f a. med;* **3.** *pl* Bewölkung *f;* Gewölk *n;* Nebel *m;* **4.** ▶ *un ~ de* ein Tröpfchen, ein wenig; *couvert de ~s* bewölkt; *sans ~* wolkenlos; *être dans les ~s (fig)* geistesabwesend sein; zerstreut sein; *~ de*

poussière, de fumée Staub-, Rauchwolke *f.* **nuageux, se** *a (Himmel)* wolkig, bewölkt, verhangen.
nuance [ny(ɥ)ɑ̃s] *f* **1.** Nuance, Schattierung *f,* (Farb-)Ton *m;* **2.** Schattierung, Abstufung *f,* Übergang *m;* **3.** feine(r) Unterschied *m,* Feinheit *f;* **4.** *fig* Anflug *m;* Spur *f;* Hauch *m;* ▶ *tout en ~s* sehr differenziert; nuancenreich. **nuancer** *tr* nuancieren, (ab=)tönen, schattieren; ab=stufen; in allen Feinheiten dar=stellen. **nuancier** *m* Farbskala *f (für Lippenstifte).*
nubile [nybil] *a* heiratsfähig. **nubilité** *f* Heiratsfähigkeit *f;* heiratsfähige(s) Alter *n.*
nucléaire [nykleɛʀ] *a biol phys* Kern-, Atom-; ▶ *explosion f ~* Atomexplosion *f; industrie f ~* Atomindustrie *f; physique f ~* Kernphysik *f; propulsion f ~* Atomantrieb *m; puissance f ~* Atomkraft *f; radiation f ~* Kernstrahlung *f; recherche f ~* Kernforschung *f; science f ~* Kernphysik, -forschung *f; le ~ civil* die friedliche Nutzung *f* der Kernenergie; *le ~ militaire* die militärische Nutzung *f* der Kernenergie.
nudisme [nydism] *m* Nacktkultur, Freikörperkultur (FKK) *f.* **nudiste** *m f* Anhänger(in *f*) *m* der Nacktkultur; ▶ *camp m de ~s* FKK-Gelände *n.* **nudité** *f* **1.** Nacktheit; Blöße *f;* **2.** Kahlheit, Schlichtheit *f;* **3.** *pl* nackte Gestalten *f pl.*
nue [ny] *f:* ▶ *porter aux ~s* in den Himmel heben; *tomber des ~s* aus allen Wolken fallen.
nuée [nɥe] *f (Menschen)* Schwarm *m,* Menge *f.*
nuire [nɥiʀ] ‹*Prés. je nuis, ns nuisons; Fut. je nuirai; pp. nui; Subj. que je nuise, que ns nuisions; Impér. nuis, nuisons*› *itr* schaden, schädigen (*à qn* jdn); beeinträchtigen, (be)hindern (*à qn* jdn), Abbruch tun. **nuisance** *f* Schädigung, (Umwelt-)Belästigung *f;* ▶ *acoustiques* Lärmbelästigung *f.* **nuisible** *a* schädlich.
nuit [nɥi] *f* **1.** Nacht *f;* **2.** Dunkelheit, Finsternis *f;* **3.** ▶ *à la ~ tombante* bei Einbruch der Nacht *od* Dunkelheit; *de ~, la ~* nachts; *en pleine ~* mitten in der Nacht; *~ et jour* Tag u. Nacht, dauernd; **4.** ▶ *être de ~* Nachtschicht haben; *passer la ~* die ganze Nacht auf=bleiben, verbringen (*au chevet du malade* am Krankenbett); *la ~ tombe* es wird dunkel; die Nacht bricht herein; *il fait ~ de bonne heure* es wird früh dunkel; **5.** ▶ *chemise, table f, vase m de ~* Nachthemd *n,* -tisch *m;* -geschirr *n; ~ blanche* schlaflose, durchwachte Nacht; *~ noire* stockfinstere Nacht; *la ~ des temps* die graue Vorzeit *f.* **nuitée** [-te] *f (Hotel)* Übernachtung *f.*
nul, le [nyl] **I.** *a* **1.** nichtig, ungültig; **2.** wertlos, unbedeutend; **3.** *sport* unentschieden; **II.** *prn:* ▶ *~ ne ...* niemand, keiner; *sans ~ ...* ohne (irgend)ein (e, en); *sans ~ doute* ganz zweifellos; *être ~ en ... in ... nichts können; faire match ~* unentschieden spielen; *~ et non avenu (jur)* null u. nichtig; *~le part* nirgends, nirgendwo. **nullard** *m fam* Niete *f,* Versager *m.* **nullement** *adv* keineswegs, in keiner Weise. **nullité** *f* **1.** Nichtig-, Ungültigkeit *f;* **2.** Bedeutungs-, Wertlosigkeit; Niete, Null *f fig;* ▶ *être d'une ~ complète* völlig bedeutungslos sein.
numéraire [nymeʀɛʀ] *m* Hart-, Bargeld *n;* ▶ *en ~* in bar. **numéral, e** *a* Zahl-; ▶ *adjectif m ~ (gram)* Zahlwort *n.* **numérateur** *m math* Zähler *m.* **numération** *f* **1.** Zählung *f;* **2.** Zahlensystem *n;* ▶ *~ décimale* Dezimalsystem *n.* **numérique** *a* **1.** *math* numerisch; **2.** zahlenmäßig; Zahlen-; *inform* Digital-. **numérisation** *f* Numerisierung *f; inform* Digitalisierung *f.* **numériser** *tr inform* digitalisieren. **numéro** *m* **1.** *(n°)* Nummer *f;* **2.** Zahl; Größe *f;* **3.** (Lotterie-)Los *n;* **4.** Güte; Größe *f (e-r Ware);* **5.** *(Anzeige)* Chiffre *f;* **6.** *(Varieté)* Nummer *f;* **7.** *fam* komische(r) Kerl *m,* Type, Marke *f;* **8.** ▶ *composer le ~ (tele)* die Nummer wählen; *c'est ma préoccupation numéro un* das ist meine wichtigste Sorge; **9.** ▶ *~ d'appel* Ruf-, Fernschreibnummer *f; ~ cent (pop)* Toilette *f; ~ collectif* Sammelnummer *f; ~ de commande (com)* Bestellnummer *f; ~ de contrôle* Kontrollnummer *f; ~ courant, d'ordre, de série, suivi* laufende Nummer *f; ~ du dossier* Aktenzeichen *n; ~ d'entrée* Eingangsnummer *f; ~ de fabrication* Fabrikationsnummer *f; ~ gagnant (Los)* Treffer *m; ~ d'habitation* Hausnummer *f; ~ d'immatriculation* Zulassungs-, Autonummer *f; ~ indicatif* Kennummer (Kenn=nummer) *f; ~ de la page* Seitenzahl *f; ~ spécial* Sondernummer *f (e-r Zeitschrift); ~ de téléphone* Telefon-, Fernsprech-, Rufnummer *f; ~ de train* Zugnummer *f.* **numérotage** [-ʀɔ-] *m* Numerierung, Zählung; Bezifferung *f.* **numéroter** *tr* numerieren, beziffern; ▶ *~ en continu* fortlaufend numerieren. **numerus clausus** [nymeʀysklozys] *m* Numerus clausus *m.*
nuptial, e [nypsjal] *a* Hochzeits-, Braut-; Ehe-; ▶ *bénédiction f ~e* kirchliche Trauung *f.* **nuptialité** *f (Statistik)* Zahl *f* der Eheschließungen.
nuque [nyk] *f* Nacken *m,* Genick *n.*
Nuremberg [nyʀɑ̃(ɛ̃)bɛʀ] *f* Nürnberg *n.*
nurse [nœʀs] *f* Kindermädchen *n.*
nutricier, ère [nytʀisje, -ɛʀ] *a* Nähr-. **nutritif, ive** *a* nahrhaft; ▶ *valeur f ~tive* Nährwert *m.* **nutrition** *f biol* Er-

nährung *f.*
nylon [nilɔ̃] *m WZ* Nylon *n;* ▶ *bas m de* od *en* ~ Nylonstrumpf *m.*
nymphe [nɛ̃f] *f* **1.** Nymphe; **2.** *pl anat* kleine Schamlippe; **3.** *zoo* Puppe *f.*
nymphomane [-fɔ-] *a* nymphoman.

O

o, O [o] *m* o, O *n*.
ô [o] *interj* o(h)!
oasis [ɔazis] *f* Oase *f a. fig.*
obédience [ɔbedjɑ̃s] *f* **1.** *rel* Gehorsam *m;* **2.** *fig* Richtung, Weltanschauung *f;* **3.** Abhängigkeit *f.*
obéir [ɔbeiʀ] *itr* gehorchen (*à qn* jdm); sich fügen, sich beugen, nach=geben; *(Tier)* hören (*à qn* auf jdn); ► *se faire* ~ sich Gehorsam verschaffen. **obéissance** *f* Gehorsam *m.* **obéissant, e** *a* gehorsam (*envers qn* jdm); *(Kind)* folgsam; lenkbar.
obélisque [ɔbelisk] *m* Obelisk *m.*
obèse [ɔbɛz] *a* fettleibig. **obésité** *f* Fettleibigkeit *f.*
objecter [ɔbʒɛkte] *tr* **1.** ein=wenden, entgegen=halten; vor=werfen, -halten; **2.** vorgeben, vorschützen. **objecteur** *m:* ► ~ *de conscience* Wehrdienstverweigerer *m.*
objectif, ive [ɔbʒɛktif, -iv] **I.** *a* objektiv, sachlich; **II.** *s m* **1.** Ziel *n a. mil,* Zweck *m;* **2.** *opt phot* Objektiv *n;* **3.** ► *avoir pour* ~ zum Ziel haben.
objection [ɔbʒɛksjɔ̃] *f* Einwand *m,* -wendung *f,* -wurf *m;* ► *soulever une* ~ e-n Einwand erheben; *il n'y a pas d'*~ *à cela* dagegen ist nichts einzuwenden.
objectiver [ɔbʒɛktive] *tr* objektivieren.
objectivité *f* Objektivität, Sachlichkeit *f.*
objet [ɔbʒɛ] *m* **1.** Objekt *n,* Gegenstand *m;* Sache *f,* Ding *n;* **2.** Aufgabe *f,* Zweck *m,* Ziel *n;* **3.** *gram* Ergänzung *f;* **4.** *fig* Inhalt, Stoff *m;* **5.** *com* Ware *f,* Artikel *m,* Fabrikat, Erzeugnis *n;* **6.** *O~ (im Brief)* Betrifft: Bezug: **7.** ► *sans* ~ gegenstandslos; **8.** ► *avoir pour* ~ zum Ziel haben; *être, faire l'*~ *de l'accusation* den Gegenstand der Anklage bilden; *il a pour* ~... sein Zweck u. Ziel ist... **9.** ► ~ *d'art, de contrat* Kunst-, Vertragsgegenstand *m;* ~ *d'échange* Tauschobjekt *n;* ~ *exposé* Ausstellungsstück *n;* ~ *du litige* Streitobjekt *n,* -sache *f;* ~*s de première nécessité* Gegenstände *m pl* des lebenswichtigen Bedarfs; ~ *trouvé* Fundsache *f;* ~ *de valeur* Wertsache *f,* -gegenstand *m;* ~ *volant non-identifié* unbekannte(s) Flugobjekt, Ufo *n.*
objurgation [ɔbʒyʀgasjɔ̃] *f meist pl* dringende Bitte *f.*
oblat, e [ɔbla, -at] *s m f rel* Laienbruder *m,* -schwester *f.*
obligataire [ɔbligatɛʀ] **I.** *s m com* Obligationeninhaber *m;* **II.** *a* Obligationen-.
obligation [-sjɔ̃] *f* **1.** Verpflichtung, Pflicht; Notwendigkeit *f,* Zwang *m;* **2.** *jur com* Schuld(-verhältnis *n*), Verbindlichkeit, Obligation *f;* Schuldschein *m,* -verschreibung *f;* **3.** ► *sans* ~ unverbindlich, freibleibend *adv;* **4.** ► *s'acquitter d'une, remplir une, satisfaire à une* ~ e-r Verpflichtung nach=kommen, e-e Verbindlichkeit erfüllen; *être dans l'*~ *de* gezwungen sein zu, müssen; **5.** ► *aucune* ~ *d'achat!* kein Kaufzwang! **6.** ► ~ *alimentaire, d'entretien* Unterhaltspflicht *f;* ~ *d'assurance,* Versicherungspflicht *f;* ~ *hypothécaire, foncière* (Hypotheken-) Pfandbrief *m,* Pfandverschreibung *f.*
obligatoire *a* **1.** obligatorisch, Pflicht-; verbindlich, verpflichtend; **2.** ► *(fam) c'était* ~ das konnte nicht ausbleiben; **3.** ► *enseignement m, instruction f* ~ Schulpflicht *f; service m (militaire)* ~ (allgemeine) Wehrpflicht *f.* **obligatoirement** *adv* zwangsläufig.
obligé, e [ɔbliʒe] **I.** *a* verpflichtet (*de* zu); **II.** *s m com* Verpflichtete(r *m*) *f,* Schuldner *m;* ► *être* ~ *de*... müssen; *principal* ~ Hauptschuldner *m.* **obligeance** [-ʒɑ̃s] *f* Gefälligkeit; Verbindlichkeit *f;* ► *ayez l'*~ seien Sie so freundlich! **obligeant, e** *a* gefällig, zuvorkommend. **obliger** ⟨*Prés. j'oblige, ns obligeons; Fut. j'obligerai; pp. obligé, e*⟩ **I.** *tr* **1.** verpflichten (*de* zu); **2.** nötigen, zwingend (*à* zu); **3.** e-e Gefälligkeit erweisen (*qn* jdm); **II.** *v prn s'*~ e-e Verpflichtung ein=gehen (*à* zu).
oblique [ɔblik] *a* **1.** schräg, schief; **2.** *fig* versteckt, unaufrichtig, hinterhältig; **3.** *gram* abhängig. **obliquement** *adv* schräg. **obliquer** *itr* (seitwärts) ab=biegen (*à* nach). **obliquité** [-kɥite] *f* **1.** schräge Richtung; Neigung *f;* **2.** *astr* Schiefe *f;* **3.** *tech* Schräglage *f.*
oblitérateur [ɔbliteʀatœʀ] *m* Entwertungsstempel *m.* **oblitération** *f* **1.** *(Post)* Entwerten, Abstempeln *n;* **2.** *med (Gefäß)* Verstopfung *f.* **oblitérer** ⟨*Prés. j'oblitère, ns oblitérons; Fut. j'oblitérerai; pp. oblitéré, e*⟩ *tr* **1.** *(Post)* entwerten, ab=stempeln; **2.** *med (Gefäß)* verstopfen.
oblong, ue [ɔblɔ̃, -ɔ̃g] *a* länglich.
obnubiler [ɔbnybile] *tr* jds Gedanken beherrschen; ► *être obnubilé par une idée* von e-m Gedanken besessen sein.
obole [ɔbɔl] *f fig* Obolus *m,* Scherflein *n.*

obscène [ɔpsɛn] *a* obszön, zotig, schlüpfrig, unanständig. **obscénité** *f* Obszönität, Unanständigkeit; Zote *f*.
obscur, e [ɔpskyʀ] *a* **1.** dunkel, finster **2.** *(Farbe)* trübe **3.** *fig* unklar, undeutlich, verschwommen; **4.** *(Person)* unbedeutend; **5.** *(Leben)* bescheiden. **obscurantisme** *m* Fortschritts-, Bildungsfeindlichkeit *f*. **obscurantiste I.** *s m* Dunkelmann *m;* **II.** *a* fortschritts-, bildungsfeindlich. **obscurcir I.** *tr* **1.** verdunkeln, verfinstern; **2.** *fig* unverständlich machen, trüben; verschleiern; **II.** *v prn s'~* sich verdunkeln, verfinstern; dunkel werden. **obscurcissement** *m* Dunkelwerden *n*, Eintrübung *f a. fig*. **obscurité** *f* **1.** Dunkelheit, Finsternis *f;* Dunkel *n;* **2.** *fig* Unklarheit, Undeutlichkeit; Verborgenheit; **3.** *(Text)* unklare Stelle *f*.
obséder [ɔpsede] *tr* **1.** belästigen, verfolgen; **2.** *fig* nicht aus dem Sinn gehen (*qn* jdm); ► *c'est une idée qui l'obsède* dieser Gedanke verfolgt ihn.
obsèques [ɔpsɛk] *f pl* Leichenbegängnis *n*, Beisetzung *f;* ► *~ nationales* Staatsbegräbnis *n*.
obséquieux, se [ɔpsekjø, -øz] *a* übertrieben höflich, unterwürfig *f*. **obséquiosité** [-kjɔ-] Unterwürfigkeit *f*.
observable [ɔpsɛʀvabl] *a* wahrnehmbar. **observance** *f rel* Observanz, Regel *f*. **observateur, trice I.** *s m f* *Beobachter(in f) m;* **II.** *a* ► *être très ~* genau beobachten. **observation** *f* **1.** *(Vorschrift)* Befolgung, Einhaltung *f;* **2.** An-, Bemerkung *f;* Einwand *m;* Mahnung *f;* **3.** *med* Krankengeschichte *f;* **4.** ► *~ météorologique* Wetterbeobachtung *f*. **observatoire** *m* **1.** Observatorium *n*, Sternwarte *f;* **2.** *mil* Beobachtungsstand *m;* **3.** ► *~ météorologique* Wetterwarte *f*. **observer I.** *tr* **1.** beobachten, genau betrachten; wahr=nehmen, **2.** wahrnehmen, bemerken; feststellen; **3.** *(Vorschrift)* einhalten, befolgen, beachten; *(Vertrag)* erfüllen, nach=kommen (*qc* e-r S *dat*); **II.** *v prn* **1.** *s'~* sich in acht nehmen; **2.** ► *faire ~* darauf aufmerksam machen (*qc à qn* jdn auf etw).
obsession [ɔpsɛsjɔ̃] *f* Zwangsvorstellung, fixe Idee *f*.
obsidienne [ɔpsidjɛn] *f min* Obsidian *m*.
obsolète [ɔpsɔlɛt] *a (Wort)* veraltet.
obstacle [ɔpstakl] *m* **1.** Hindernis *n a. sport*, Behinderung *f;* **2.** ► *faire ~* (be)hindern (*à qn* jdn); *franchir un ~* ein Hindernis überwinden; *se heurter à des ~s* auf Schwierigkeiten stoßen; *lever, écarter un ~* ein Hindernis beseitigen; **3.** ► *course f d'~s* Hindernisrennen *n*, -lauf *m;* *~ à la circulation* Verkehrshindernis *n*.
obstétrique [ɔpstetʀik] **I.** *s f* Geburtshilfe *f;* **II.** *a* Entbindungs-.
obstination [ɔpstinasjɔ̃] *f* Eigensinn *m*, Halsstarrigkeit; Hartnäckigkeit *f*. **obstiné, e** *a* eigensinnig, halsstarrig; hartnäckig. **obstiner, s'** *v prn* sich fest=, sich verbeißen, sich versteifen, (hartnäckig) bestehen (*à, dans, en* auf *dat*).
obstructif, ive [ɔpstʀyktif, -iv] *a med* verstopfend. **obstruction** [-sjɔ̃] *f* **1.** *med* Verstopfung *f;* **2.** *parl* Obstruktion *f;* **3.** *sport* Behinderung *f*. **obstructionisme** *m* Verschleppungstaktik, -politik *f*. **obstructionniste I.** *s m* Verschleppungstaktiker, -politiker *m;* **II.** *a* Verschleppungs-. **obstruer** *tr* verstopfen, versperren, blockieren.
obtempérer [ɔptɑ̃peʀe] ‹*Prés. j'obtempère, ns obtempérons; Fut. j'obtempérerai; pp. obtempéré*› *itr* **1.** gehorchen, sich fügen; **2.** *jur* Folge leisten, nach=kommen.
obtenir [ɔptəniʀ] ‹*Prés. j'obtiens, ns obtiendrons; Fut. j'obtiendrai; pp. obtenu, e; Subj. que j'obtienne, que ns obtenions; Impér. obtiens, obtenons*› *tr* **1.** erhalten, erlangen, erreichen, bekommen, erzielen, beschaffen (*qc à qn* jdm etw); **2.** *jur* erwirken.
obturateur, trice [ɔptyʀatœʀ, tʀis] **I.** *a* verschließend; Verschluß-; **II.** *s m tech phot* Verschluß *m*, -vorrichtug *f;* Absperrhahn *m*, -ventil *n*. **obturation** *f* **1.** Verstopfen, Verschließen, Abdichten *n;* **2.** *(Zahn)* Füllung *f*. **obturer** *tr* **1.** verschließen, ab=dichten; **2.** *(Zahn)* plombieren.
obtus, e [ɔpty, -yz] *a* **1.** stumpf *a. fig;* **2.** *(Geist)* schwerfällig.
obus [ɔby] *m* Granate *f;* ► *éclat m d'~* Granatsplitter *m*. **obusier** [-zje] *m* Haubitze *f*.
oc [ɔk] *adv:* ► *la langue f d'~* die alte Sprache Südfrankreichs.
occasion [ɔkasjɔ̃] *f* **1.** Gelegenheit *f*, Umstand *m;* **2.** Anlaß *m*, Veranlassung *f;* **3.** *com* Gelegenheitskauf *m;* **4.** ► *d'~ (com)* alt, gebraucht, Gelegenheits-; aus zweiter Hand; *à cette ~* bei dieser Gelegenheit; *à l'~ de* aus Anlaß *gen;* *à la première ~ (venue)* bei der ersten (besten) Gelegenheit; *en toute ~* bei jeder Gelegenheit; **5.** ► *manquer, laisser échapper l'~* die Gelegenheit verpassen; **6.** ► *librairie f d'~* Antiquariat *n;* *voiture f d'~* Gebrauchtwagen *m*.
occasionnel, le *a* zufällig; gelegentlich. **occasionnellement** *adv* gelegentlich. **occasionner** *tr* veranlassen; *(Kosten)* verursachen, herbeiführen; Anlaß geben zu.
occident [ɔksidɑ̃] *m* Westen *m;* ► *l'O~* das Abendland; *pol* der Westen. **occidental, e** [-tal] **I.** *a* westlich; West-, abendländisch; **II.** *s m pl* Völker *n pl*

des Abendlandes.
occipital, e [ɔksipital] *a* Hinterhaupt-. **occiput** [-yt] *m* Hinterkopf *m.*
occlure [ɔklyʀ] ‹*Prés. j'occlus, ns occluons; Fut. j'occlurai; pp. occlus, e; Subj. que j'occluse, que ns occlusions*› *tr med* verschließen. **occlusif, ive I.** *a med gram* Verschluß-; **II.** *s f* u. ▶ *consonne f ~sive* Verschlußlaut *m.* **occlusion** *f med* Okklusion *f,* Verschließen *n,* Verschluß *m; ~ intestinale* Darmverschluß.
occulte [ɔkylt] *a* geheim, verborgen; okkult.
occulter [ɔkylte] *tr* **1.** *astr* bedecken; **2.** *(Licht)* abblenden. **occultisme** *m* Geheimwissenschaft *f.*
occupant, e [ɔkypɑ̃, -ɑ̃t] **I.** *a* **1.** Besatzungs-, **2.** *(Rechtsanwalt)* beauftragt; **II.** *s m jur* **1.** Besitznehmer *m;* **2.** Bewohner *m;* **3.** *mot aero* Insasse *m;* **4.** *mil fam* Besatzer *m;* ▶ *puissance f ~e* Besatzungsmacht *f.* **occupation** *f* **1.** Beschäftigung, Tätigkeit; Stelle *f,* Arbeitsplatz *m;* **2.** *pol mil* Besetzung; Besatzung(szeit) *f;* **3.** *jur* Besitzergreifung, -nahme *f;* Bewohnen *n;* **4.** ▶ *~ principale* Hauptbeschäftigung *f; ~ lucrative, à mi-temps* Erwerbs-, Teilzeitbeschäftigung *f.* **occupationnel, le** *a:* ▶ *psychothérapie ~ elle* Beschäftigungstherapie *f.* **occupé, e** *a* **1.** besetzt *a. tele;* **2.** *(Person)* beschäftigt. **occuper I.** *tr* **1.** in Besitz nehmen, besetzen; *(Raum, Land)* ein=nehmen; **2.** *(Haus)* bewohnen; **3.** *(Zeit)* aus=füllen, dauern; **4.** *(Stellung)* bekleiden, ein=nehmen; **5.** beschäftigen (*à* mit), verwenden, in Anspruch nehmen; **II.** *v prn s'~ de* sich befassen, sich beschäftigen mit; sich angelegen sein lassen; denken an *acc.*
occurence [ɔkyʀɑ̃s] *f* ▶ *en l'~* in dem Fall.
océan [ɔseɑ̃] *m* Ozean *m,* (Welt-)Meer *n;* ▶ *~ Glacial* Eismeer *n.* **océanaute** *m f* Meeresforscher(in *f*) *m.* **Océanie, l'** *f* Ozeanien *n.* **océanique** *a* ozeanisch. **océanographe** *m* Meereskundler, Ozeanograph *m.* **océanographie** *f* Meereskunde *f.*
ocelot [ɔslo] *m* Ozelot *m.*
ocre [ɔkʀ] *f min* Ocker *m.*
octaèdre [ɔktaɛdʀ] *m math* Oktaeder *n,* Achtflächner *m.* **octane** *m:* ▶ *indice m d'~ (chem)* Oktanzahl *f.* **octante** *a (Belgien, Schweiz)* achtzig. **octave** *f rel poet mus* Oktave *f.*
octobre [ɔctɔbʀ] *m* Oktober *m.*
octogénaire [ɔtɔʒenɛʀ] *a* achtzigjährig. **octogonal, e** *a* achteckig. **octogone I.** *s m* Achteck *n;* **II.** *a* achteckig. **octosyllab(iqu)e** *a* achtsilbig.
octroi [ɔktʀwa] *m* **1.** Bewilligung; Genehmigung *f;* **2.** Verleihung *f;* **3.** *vx* städtische(r) Eingangszoll *m.* **octroyer** ‹*Prés. j'octroie, ns octroyons; Fut. j'octroierai; pp. octroyé, e*› **I.** *tr* genehmigen, bewilligen; verleihen, gewähren; zu=billigen, -gestehen; **II.** *v prn s'~ qc* sich e-e S gönnen.
oculaire [ɔkylɛʀ] **I.** *a* Augen-; **II.** *s m opt phot* Okular *n;* ▶ *globe m ~* Augapfel *m.* **oculiste** *m* Augenarzt *m.*
ode [ɔd] *f poet* Ode *f.*
odeur [ɔdœʀ] *f* Geruch, Duft *m.*
odieux, se [ɔdjø, -øz] *a* verabscheuenswürdig; widerwärtig, -lich, gräßlich, grauenhaft.
odontologie [ɔdɔ̃tɔlɔʒi] *f* Zahnheilkunde *f.*
odorant, e [ɔdɔʀɑ̃, -ɑ̃t] *a* (wohl)riechend. **odorat** [-a] *m* Geruch(ssinn) *m.* **odoriférant, e** *a* wohlriechend, duftend.
odyssée [ɔdise] *f fig* Odysee *f.*
œcuménique [ekymenik] *a* ökumenisch. **œcuménisme** *m* ökumenische Bewegung *f.*
œdème [edɛm] *m med* Ödem *n.*
œil [œj] *m pl yeux* [jø] (*mar œils*) **1.** Auge *n;* **2.** Blick *m;* **3.** *(Käse)* Loch *n,* *(Suppe)* Fettauge *n;* **4.** *bot* Auge *n,* **5.** *tech* (Bohr-, Naben-)Loch *n;* **6.** *(Nadel)* Öhr *n;* **7.** ▶ *(fam) à l'~* umsonst; *à l'~ nu* mit bloßem Auge; *à vue d'~* zusehends; aux yeux de qn nach jds Ansicht; *en un clin d'~* im Nu; *d'un coup d'~* mit e-m schnellen Blick; *de ses (propres) yeux* mit eigenen Augen; *entre quatre yeux (fam)* [fam: -tzjø] unter vier Augen; *les yeux fermés* mit geschlossenen Augen; *fig* unbesehen; *pour les beaux yeux de qn* jdm zuliebe; **8.** ▶ *aimer comme la prunelle de ses yeux* über alles lieben; *avoir l'~ (fam)* helle, nicht auf den Kopf gefallen sein; *ne pas avoir froid aux yeux* keine Angst haben; *coûter les yeux de la tête* ein Heidengeld kosten; *faire de l'~* zu=zwinkern (*à qn* jdm), liebäugeln (*à qn* mit jdm); *faire les yeux doux à qn* jdm verliebte Blicke zu=werfen; *faire les gros yeux* tadelnd, strafend an=sehen; *fermer les yeux sur qc* so tun, als ob man etw nicht sähe; *jeter les yeux sur...* die Augen werfen auf *acc; se mettre le doigt dans l'~ (fam)* sich irren; *ouvrir l'~ (fig)* die Augen offen haben; *regarder qn dans les, entre (les) deux yeux* jdn fest, starr an=blicken; *se regarder dans le blanc de l'~* ea. tief in die Augen schauen; ea. scharf ansehen; *(fam) se rincer l'~* Stielaugen machen; *taper dans l'~* jdm in die Augen stechen; *tourner de l'~ (fam)* ohnmächtig werden; **9.** ▶ *je m'en bats l'~ (fam)* das ist mir schnuppe; *il a les yeux plus grands que le ventre* s-e Augen sind größer als sein Magen; *j'ai qc devant les yeux* mir schwebt etw vor; *cela saute aux, crève*

les yeux das springt in die Augen; *(fam) mon ~!* das machst du mir nicht weis! **10.** ► *yeux gros* verweinte, geschwollene Augen *n pl; ~ au beurre noir* blaue(s) Auge *n; yeux pochés, en compote* unterlaufene *od* entzündete Augen *n pl; ~ artificiel, de verre* Glasauge *n; ~-de-bœuf m arch* Bullauge *n; ~-de-chat m min* Katzenauge *n; ~-de-perdrix m med* Hühnerauge. **œillade** *f* verliebter Blick *m.* **œillère** *s f* Scheuklappe *a. fig;* ► *avoir des ~s (fig)* Scheuklappen tragen. **œillet** [-ɛ] **1.** *m* Schnürloch *n;* **2.** *tech* Öse *f;* **3.** *bot* Nelke *f.*

œnologie [enɔlɔʒi] *f* Wein(bau)kunde *f.*

œsophage [ezɔfaʒ] *m* Speiseröhre *f.*

œstrogène [ɛstʀɔʒɛn] *m* Östrogen *n.*

œuf [œf, pl ø] *m* **1.** Ei *n;* **2.** ► *avoir l'air de marcher sur des ~s* wie auf Eiern gehen; *étouffer qc dans l'~* etw im Keime ersticken; *mettre tous ses ~s dans le même panier* alles auf eine Karte setzen; **3.** ► *blanc, jaune m d'~* Eiweiß, -gelb *n; ~s brouillés* Rührei(er *n pl) n; ~ à la coque* weichgekochte(s) Ei *n; ~ dur* hartgekochte(s) Ei *n; ~s frits* gebackene Eier *n pl; ~s à la neige* Eierschnee *m; ~ de Pâques* Osterei *n; ~ sur le plat* Spiegelei *n; ~s pochés* verlorene Eier *n pl; ~s de poisson* Rogen *m; ~ à repriser* Stopfei *n; ~s à la russe* russische Eier *n pl; ~ à thé* Tee-Ei *n.*

œuvre [œvʀ] **I.** *f* **1.** Arbeit, Werk *n;* **2.** kirchliche Werke *n pl;* **3.** *f pl* Werke *n pl (e-s Dichters);* **II.** *m* **1.** Gesamtwerk *(e-s Künstlers); mus* Opus *n; arch* Bau(werk *n,* -körper) *m;* **2.** ► *à pied d'~* unmittelbar am *od* an den Bauplatz; **3.** ► *être à l'~* an der Arbeit sein; *faire ~ de* sich benehmen, sich zeigen als; *ne pas faire ~ de ses dix doigts* keinen Finger rühren, faulenzen; *mettre en ~* Gebrauch machen (*qc* von etw); aus=führen, ins Werk setzen, an=wenden; in Angriff nehmen; *se mettre à l'~* sich an die Arbeit machen; **4.** ► *bois m d'~* Nutz-, Bauholz *n; bonnes ~s f (rel)* gute Werke *n pl; gros ~ m (arch)* Rohbau *m; ~ f de bienfaisance* Wohltätigkeitseinrichtung *f; ~ f sociale* Hilfswerk *n.* **œuvrer** *itr* arbeiten.

offensant, e [ɔfɑ̃sɑ̃, -ɑ̃t] *a* beleidigend, kränkend, verletzend. **offense** *f* **1.** Beleidigung, Kränkung *f;* **2.** Verstoß *m* (*à qc* gegen etw); **3.** *rel* Sünde *f.* **offenser** **I.** *tr* **1.** beleidigen, kränken, weh tun (*qn* jdm), verletzen; Anstoß erregen (*qn* bei jdm); **2.** *rel* sündigen (*qc* gegen etw); **II.** *v prn s'~* sich beleidigt fühlen; übel=nehmen (*de qc* etw); Anstoß nehmen (*de* an *dat*). **offenseur** *m* Beleidiger; Angreifer *m.* **offensif, ive** **I.** *a mil* Angriffs-; offensiv; **II.** *s f* Offensive *f;* Angriff *m;* ► *prendre l'~ive* zum Angriff über=gehen.

offertoire [ɔfɛʀtwaʀ] *m rel* Offertorium *n.*

office [ɔfis] *m* **1.** Amt *n;* Dienst *m;* **2.** Büro *n,* Dienst-, Geschäftsstelle *f;* **3.** Gottesdienst *m,* Messe *f;* **4.** ► *d'~* von Amts wegen; amtlich; **5.** ► *faire ~ de* dienen als, tätig sein als; *faire son ~* s-e Pflicht erfüllen; *offrir ses bons ~s (pol)* s-e guten Dienste an=bieten; *rendre de bons, mauvais ~s à qn* jdm gute, schlechte Dienste leisten; **6.** ► *avocat m d'~* Pflichtverteidiger *m; livre m d'~* Gebetbuch *n;* **7.** ► *~ d'assistance sociale, publique* Fürsorgeamt *n; ~ des brevets (d'invention)* Patentamt *n; ~ des chèques postaux* Postscheckamt *n; ~ de contrôle des prix* Preisüberwachungsstelle *f; ~ divin* Gottesdienst *m; ~ météroro logique* Wetteramt *n; ~ des morts* Totenmesse *f; ~ de statistique* statistische(s) Amt *n; ~ du travail* Arbeitsamt *n.*

officialiser [ɔfisjalize] *tr* amtlichen Charakter geben (*qc* e-r S). **officiel, le** *a* offiziell, amtlich; ► *de source f ~le* von amtlicher Seite *f; cachet m ~* Dienstsiegel *n; journal m ~* Staatsanzeiger *m.*

officier [ɔfisje] **I.** *itr rel* Messe lesen; **II.** *s m* Offizier; Beamte(r) *m;* ► *~ adjoint* Ordonnanzoffizier; Adjutant *m; ~ de carrière* Berufsoffizier *m; ~ civil* Staats-, Verwaltungsbeamte(r) *m; ~ de l'état civil* Standesbeamte(r) *m; ~ d'état-major* Generalstabsoffizier *m; ~ de police* Polizeioffizier *m; ~ public, ministériel* Notar, Gerichtsbeamte(r) *m; ~ de réserve* Reserveoffizier *m.* **officieux, se** *a* offiziös, halbamtlich.

officinal, e [ɔfisinal] offizinal, offizinell; Arznei-; ► *plante f ~e* Heilpflanze *f; pl* Heilkräuter *n pl.* **officine** *f fig* Brutstätte *f.*

offrande [ɔfʀɑ̃d] *f rel* Opfer(gabe *f*). **offrant** *s m:* ► *le plus ~* der Meistbietende; *vendre au plus ~* meistbietend verkaufen. **offre** *f* **1.** Angebot *n,* Offerte *f;* Anerbieten *n;* **2.** ► *faire, décliner une ~* ein Angebot machen, ab=lehnen; *satisfaire à une ~* ein Angebot berücksichtigen; **3.** ► *l'~ et la demande* Angebot *n* und Nachfrage *f; ~s d'emplois* Stellenangebote *n pl, (Zeitung)* offene Stellen *f pl; ~ ferme, par écrit, sans engagement* bindende(s), schriftliche(s), freibleibende(s) Angebot *n; ~ spéciale* Sonderangebot *n.* **offrir** ⟨*Prés. j'offre, ns offrons; Fut. j'offrirai; pp. offert, e; Subj. que j'offre, que ns offrions*⟩ **I.** *tr* **1.** *(donner en cadeau)* schenken; ► *~ qc à qn (pour son anniversaire)* jdm (zum Geburtstag) e-e S schenken; an=bieten (*qc à qn* jdm e-e S); *~ à boire à qn* jdm zu trinken an=bieten; **2.** ► *~ à qn de l'aider* jdm s-e Hilfe anbieten; **3.** *com* offerieren (*de* zu); bieten; ► *cette solution offre beaucoup d'avantages* diese Lösung bietet viele Vorteile; *il m'en a offert cent marks* er hat mir hundert DM dafür geboten; ~ *en paiement* in Zahlung geben; **4.** ► ~ *un aspect désolé* e-n traurigen Anblick bieten; ~ *des difficultés (Sache)* Schwierigkeiten machen; ~ *une réception* e-n Empfang geben; **II.** *v prn s'~* sich erbieten (*à* zu); ► *une bonne ocassion s'offrait à lui* es bot sich ihm e-e günstige Gelegenheit; *s'~ un bon repas* sich ein gutes Essen gönnen; *je ne peux pas me l'offrir* ich kann es mir nicht leisten; *s'~ la tête de qn (fam)* sich über jdn lustig machen.

offset [ɔfsɛt] *m* Offsetdruck *m.*

offusquer [ɔfyske] **I.** *tr fig* ärgern, ein Dorn im Auge sein, mißfallen (*qn* jdm); **II.** *v prn* ► *s'~ de qc* sich über e-e S ärgern; an e-r S Anstoß nehmen.

ogival, e [ɔʒival] *a arch* spitzbogig. **ogive** *f* **1.** *arch* Spitzbogen; **2.** *(Geschoß)* (Spreng-)Kopf *m;* ► ~ *nucléaire (mil)* Atomsprengkopf *m.*

ogre [ɔgʀ] *m (Märchen)* Menschenfresser *m;* ► *manger comme un* ~ wie ein Scheunendrescher fressen.

oh! [o] *interj* oh! ► ~ *là là!* hoho! **ohé!** *interj* he(da)!; *mar* ahoi!

ohm [om] *m el* Ohm *n.* **ohmmètre** *m* Ohmmeter *n.*

oie [wa] *f* Gans; *fam* (dumme) Gans *f;* ► ~ *blanche (fig)* Gänschen *n;* ~ *rôtie* Gänsebraten *m;* ~ *sauvage* Wildgans *f.*

oignon [ɔɲɔ̃] *m* **1.** Zwiebel; (Blumen-)Zwiebel *f;* **2.** *med* Ballen *m (am Fuß);* **3.** ► *aux petits ~s* großartig, fabelhaft; *en rang d'~s* wie Orgelpfeifen; **4.** ► *occupez-vous de vos ~s!* kehren Sie vor Ihrer Tür! **5.** ► *soupe f à l'~* Zwiebelsuppe *f;* ~ *de tulipe* Tulpenzwiebel *f.*

oiseau [wazo] *m pl ~x* Vogel *m; a. fig;* **1.** ► *à vol d'~* in der Luftlinie; **2.** ► *être comme l'~ sur la branche* im Ungewissen schweben; *l'~ n'y est plus, s'est envolé (fig)* der Vogel ist ausgeflogen; **3.** ► *~x aquatiques* Wasservögel *m pl;* ~ *migrateur* Zugvogel *m;* *~-mouche m orn* Kolibri *m;* ~ *de proie* Raubvogel *m.* **oiseleur** [wazlœʀ] *m* Vogelfänger, -steller *m.*

oiselle [wazɛl] *f fam* dummes Gänschen *n.*

oiseux, se [wazø, -øz] *a* unnütz, überflüssig. **oisif, ive** *a* müßig, untätig; *(Kapital)* tot. **oisiveté** *f* Nichtstun *n,* Untätigkeit *f.*

oison [wazɔ̃] *m* Gössel, Gänschen *n.*

oléagineux, se [ɔleaʒinø] *a* ölig; ölhaltig; Öl-. **oléoduc** *m* Pipeline *f.* **oléfuge** *a* fettdicht.

olfactif, ive [ɔlfaktif, -iv] *a* Geruchs-; ► *nerf m* ~ Geruchsnerv *m.*

olibrius [ɔlibʀijys] *m fam* Sonderling *m.*

oligarchie [ɔligaʀʃi] *f* Oligarchie *f.*

oligo-élément [ɔligoelemɑ̃] *m chem* Spurenelement *n.*

olivâtre [ɔlivatʀ] *a* grünlich, (asch)fahl. **olive I.** *f* **1.** Olive *f;* **2.** *(Tür)* Drehknopf *m;* **II.** *a* olivgrün; ► *huile f d'~* Olivenöl *n.* **oliveraie** *f,* **olivette** *f* Olivenhain *m.* **olivier** *m* **1.** Ölbaum *m;* **2.** Olivenholz *n;* ► *mont m des O~s (rel)* Ölberg *m; rameau m d'~* Ölzweig *m.*

Olympe, l' [ɔlɛ̃p] *m geog* der Olymp. **olympique** *a:* ► *jeux m pl O~s (d'été, d'hiver)* Olympische (Sommer-, Winter-)Spiele *n pl.*

ombelle [ɔ̃bɛl] *f bot* Dolde *f.*

ombilic [ɔ̃bilik] *m anat bot* Nabel *m.*

ombrage [ɔ̃bʀaʒ] *m* **1.** schattige(s) Laubwerk *n;* **2.** Schatten *m;* **3.** ► *porter ~ à qn* jdn kränken, verletzen; *prendre* ~ übel=nehmen (*de qc* e-e S). **ombragé, e** *a* schattig. **ombrager** ⟨*Prés. j'ombrage, ns ombrageons; Fut. j'ombragerai; pp. ombragé, e*⟩ *tr* Schatten spenden *(dat),* beschatten. **ombrageux, se** *a* **1.** *(Pferd)* schreckhaft; **2.** *(Person)* leicht verletzlich. **ombre I.** *f* **1.** Schatten *m a. fig;* leise Andeutung, Spur *f,* (An-)Schein *m;* **2.** ► *terre f d'~* Umbra *f (Farbstoff);* **II.** *m* **1.** *zoo* Äsche *f;* **2.** ► *à l'~ (fig)* im Schatten (*de* gen); *dans l'~ (fig)* in der Verborgenheit, zurückgezogen; *pas l'~ d'un doute* nicht der geringste *od* leiseste Zweifel; **3.** ► *avoir peur de son ~* Angst vor der eigenen Courage haben; *courir après une ~* e-m Phantom nach=jagen; *être, rester dans l'~* im Schatten, im Hintergrund stehen, bleiben; *laisser dans l'~ (fig)* im unklaren lassen; *(fam) mettre qn à l'~* jdn hinter Schloß und Riegel bringen; *suivre qn comme son ~* jdm nicht von der Seite gehen; **4.** ► *~s chinoises (theat)* Schattenspiel *n.* **ombrelle** *f (kleiner)* Sonnenschirm *m.* **ombrer** *tr (Kunst)* schattieren; ► ~ *les paupières* den Lidschatten auftragen. **ombreux, se** *a* schattig.

oméga [ɔmega] *m:* ► *l'alpha et l'~* das A und O.

omelette [ɔmlɛt] *f* Omelett(e *f*) *n;* ► ~ *aux champignons* Omelett *n* mit Pilzen.

omettre [ɔmɛtʀ] ⟨*Prés. j'omets, ns omettons; Fut. j'omettrai; pp. omis, e; Subj. que j'omette, que ns omettions; Impér. omets, omettons*⟩ *tr* aus=, weg=lassen; unterlassen, vergessen (*de* zu). **omission** *f* **1.** Aus-, Unterlassung *f;* **2.** Lücke *f.*

omnibus [ɔmnibys] *s m (train m)* ~ Personenzug *m;* ► *prendre un* ~ mit e-m Personenzug fahren. **omnipotence** *f* **1.** *rel* Allmacht *f;* **2.** *allg* Allgewalt; *pol* absolute Macht *f.* **omnipotent, e** *a* [-pɔtɑ̃, -ɑ̃t] *a* **1.** *rel* allmächtig; **2.** *allg* allgewaltig. **omniprésence** *f* Allgegenwart *f.* **omniprésent, e** *a*

allgegenwärtig. **omniscience** *f* Allwissenheit *f.* **omniscient, e** *a* allwissend.
omnium [-jɔm] *m* **1.** *com* Anlage-, Beteiligungs-, Holdinggesellschaft *f;* **2.** *(Radsport)* Omnium; *(Pferderennen)* Ausgleichsrennen *n.* **omnivore I.** *a zoo* allesfressend; **II.** *s m* Allesfresser *m.*
omoplate [ɔmɔplat] *f anat* Schulterblatt *n.*
on [ɔ̃] *pron. (nach et, ou, où, si) l'~* man; ▶ *~ sonne, frappe* es klingelt *od* läutet, klopft; *~ y va!* gehen wir! *~ dit m inv* Gerücht, Gerede *n.*
once [ɔ̃s] *f* **1.** Unze *f (Gewicht);* **2.** ▶ *il n'a pas une ~ de bon sens* er hat keinen Funken gesunden Menschenverstand.
oncle [ɔ̃kl] *m* Onkel *m.*
onction [ɔ̃ksjɔ̃] *f rel fig* Salbung *f.* **onctueux, se** [-tɥø, -øz] *a* **1.** ölig; **2.** *(Suppe)* kremig; sahnig; **3.** *fig* salbungsvoll.
onde [ɔ̃d] *f* **1.** Welle, Woge *f;* **2.** ▶ *les ~s* das Radio, der Rundfunk; **3.** ▶ *par la voie des ~s* durch den Rundfunk; *sur les ~s* über den Rundfunk, das Radio; **4.** ▶ *passer sur les ~s* im Rundfunk übertragen werden; **5.** ▶ *gamme f d'~s* Wellenbereich *m; grandes ~s, ~s longues* Langwelle(n *pl*) *f; guerre f des ~s* Ätherkrieg *m; longueur f d'~* Wellenlänge *f;* **6.** ▶ *~ de chaleur, de froid* Hitze-, Kältewelle *f; ~s hertziennes, électromagnétiques* elektromagnetische Wellen *f pl; ~s courtes (radio)* Kurzwelle(n *pl*) *f; ~s sonores* Schallwellen *f pl.*
ondée [ɔ̃de] *f* Regenschauer, Platzregen *m.*
ondine [ɔ̃din] *f* (Wasser-)Nixe *f.*
on-dit [ɔ̃di] *m* Gerücht, Gerede, Ondit *n.*
ondoiement [ɔ̃dwamɑ̃] *m* **1.** Wogen *n;* **2.** Nottaufe *f.* **ondoyant, e** *a* **1.** wogend; **2.** *fig* schwankend, unbeständig. **ondoyer** ⟨*Prés. j'ondoie, ns ondoyons; Fut. j'ondoierai; pp. ondoyé, e*⟩ **I.** *itr* wogen; **II.** *tr* nottaufen. **ondulation** *f* Wellenbewegung *f;* Woge *n; (~ du terrain)* Bodenwelle; *(Haar)* Ondulieren *n,* Ondulation *f.* **ondulatoire** *a* wellenförmig; Wellen-; ▶ *mécanique f ~ (phys)* Wellenmechanik *f.* **ondulé, e** *a* gewellt, wellig; ▶ *tôle f ~e* Wellblech *n.* **onduler I.** *itr* wogen; sich wiegen, sich leicht kräuseln; **II.** *tr (Haar)* ondulieren, wellen. **onduleux, se** *a* wellig; wellenförmig.
onéreux, se [ɔneʀø, -øz] *a* teuer, kostspielig; ▶ *à titre ~ (jur)* gegen Entgelt.
ongle [ɔ̃gl] *m* **1.** (Finger-)Nagel *m;* **2.** *zoo* Kralle, Klaue *f;* **3.** ▶ *jusqu'au bout des ~s* vom Scheitel bis zur Sohle, durch und durch; **4.** ▶ *se faire les ~s* sich die Nägel schneiden, feilen *od* putzen; *payer rubis sur l'~* auf Heller und Pfennig bezahlen; *savoir sur le bout des ~s* an den Fingern her⸗zählen (können); aus dem Effeff verstehen. **onglée** *f:* ▶ *avoir l'~* erstarrte Fingerspitzen haben. **onglet** [-glɛ] *m* **1.** Einschnitt *m,* Kerbe *f;* **2.** *(Tischlerei)* Gehrung *f;* **3.** *(Kartothek)* Reiter *m.* **onglier** [-glije] *m* Nagelpflegenecessaire, Manikürbesteck *n.*
onguent [ɔ̃gɑ̃] *m* Salbe *f.*
ongulé, e [ɔ̃gyle] **I.** *a* Huf-; **II.** *m pl* Huftiere *n pl.*
onirique [ɔniʀik] *a* traumhaft; Traum-.
onomastique [ɔnɔmastik] **I.** *a* Namen-; **II.** *s f* Namenkunde *f;* ▶ *index m ~* Namenregister *n.*
onomatopée [ɔnɔmatɔpe] *f* lautnachahmende(s) Schallwort *n.*
ontogénèse, ontogénie [ɔ̃tɔʒenɛz, -ʒeni] *f biol* Ontogenese *f.*
ontologie [ɔ̃tɔlɔʒi] *f* Ontologie *f.* **ontologique** *a* ontologisch.
ONU [ony] *f pol* UNO *f.* **onusien, ne** [ɔnyzjɛ̃, -ɛn] *a* Uno-, der Uno.
onze [ɔ̃z] **I.** *a* elf; **II.** *s m* Elf(er *m*) *f;* der Elfte; (Fußball-)Elf *f.* **onzième** *a* elfte(r, s).
opacifier [ɔpasifje] *tr* undurchsichtig machen. **opacité** *f* Lichtundurchlässigkeit *f.*
opale [ɔpal] *f min* Opal *m.* **opalescent, e** *a* opalisierend. **opalin, e** *a* opalartig.
opaque [ɔpak] *a* undurchsichtig; lichtundurchlässig.
OPEP [ɔpɛp] *f* OPEC *f.*
opéra [ɔpeʀa] *m* Oper *f;* ▶ *O~* Opernhaus *n; ~ bouffe* komische Oper *f.*
opérable *a med* operierbar. **opérant, e** *a* wirksam. **opérateur, trice** *m f* **1.** *phot film* Operateur, Kameramann; Filmvorführer(in *f*) *m;* **2.** *radio mar aero* (Bord-)Funker *m;* **3.** *inform* Operator(in *f*) *m,* Bediener(in *f*) *m.* **opération** *f* **1.** Wirkung(sweise) *f,* Wirken *n;* Aktion *f a. pol;* Unternehmen, Verfahren *n;* Maßnahme *f;* **2.** Verrichtung *f;* Arbeits(vor)gang *m;* **3.** *med* (operativer) Eingriff *m;* **4.** *math* (Grund-)Rechnungsart *f;* **5.** *mil* Aktion *f,* Unternehmen *n;* **6.** Operation **7.** Geschäft *n,* Abschluß, Vorgang, Vorfall *m; pl* (Geschäfts-)Verkehr *m;* **8.** ▶ *faire une ~ (med)* e-e Operation vor⸗nehmen; *subir une ~* sich e-r Operation unterziehen; **9.** ▶ *base f d'~ (mil)* Operationsbasis *f; salle, table f d'~* Operationsraum, -tisch *m; théatre m d'~s* Kriegsschauplatz *m;* **10.** ▶ *~ arithmétique* Rechenoperation *f; ~s bancaires* Bankverkehr *m; ~ de change* Wechsel-, Valutageschäft *m; ~ commerciale* Handelsgeschäft *n; ~s d'épargne, d'espèces* Spar-, Bargeldverkehr *m; ~ financière, d'argent* Geldgeschäft *n; ~ à perte* Verlustgeschäft; *~ de police* Polizeiaktion *f;*

~ *à terme* Termingeschäft *n;* ~ *de virement* Giroverkehr *m.* **opérationnel, le** [-sjɔ-] *a* **1.** *mil* operativ, einsatzfähig; **2.** *com* operationell, funktionsfähig.

opératoire *med a* Operations-; ▶ *médecine f* ~ Chirurgie *f.* **opérer** ‹*Prés. j'opère, ns opérons; Fut. j'opérerai; pp. opéré, e*› **I.** *tr* **1.** bewirken, bewerkstelligen, aus=, herbei=führen; aus=, durch=führen; **2.** *med* operieren; **II. 1.** *itr* wirken (*sur* auf *acc*); **2.** verfahren, vor=gehen; handeln; **III.** *v prn s'*~ ein=treten, sich ereignen, sich vollziehen; ▶ ~ *des miracles* Wunder wirken.

opérette [ɔpeʀɛt] *f* Operette *f.*

ophtalmie [ɔftalmi] *f med* Augenentzündung *f;* ▶ ~ *des neiges* Schneeblindheit *f.* **ophtalmologie** *f* Augenheilkunde *f.* **ophtalmologiste** *m* Augenarzt *m.* **ophtalmoscope** *m med* Augenspiegel *m.*

opiacé, e [ɔpjase] *a* opiumhaltig; *s m pharm* Opiat *n.*

opiniâtre [ɔpinjatʀ] *a* **1.** eigensinnig, unbelehrbar, halsstarrig, verbissen; **2.** hartnäckig, zäh. **opiniâtreté** *f* **1.** Halsstarrigkeit *f,* Eigensinn *m;* **2.** Zähigkeit, Hartnäckigkeit *f.*

opinion [ɔpinjɔ̃] *f* **1.** Meinung, Ansicht *f,* Standpunkt *m;* Einstellung *f;* **2.** *pl* Lehrmeinung, Lehre *f;* **3.** öffentliche Meinung *f;* **4.** ▶ *avoir le courage de ses* ~*s* für s-e Meinung ein=treten; *donner son* ~ s-e Meinung, Ansicht äußern; *se faire une* ~ sich e-e Meinung bilden; **5.** ▶ *sondage m d'*~ Meinungsforschung *f;* **6.** ▶ ~*s toutes faites* vorgefaßte Meinungen *f pl;* ~ *publique* öffentliche Meinung *f.*

opiomane [ɔpjɔman] *m f* Opiumsüchtige(r *m*) *f.* **opiomanie** *f* Opiumsucht *f.*

opium [-ɔm] *m* Opium *n.*

oponce [ɔpɔ̃s] *m bot* Opuntie, Feigenkaktus *m.*

opossum [ɔpɔsɔm] *m zoo* Opossum *n.*

opportun, e [ɔpɔʀtœ̃, -yn] *a* günstig, passend, angebracht, zweckmäßig; ▶ *en temps* ~ zu gelegener Zeit. **opportunisme** [-yn-] *m pol* Opportunismus *m.* **opportuniste I.** *a* opportunistisch; **II.** *s m* Opportunist *m.* **opportunité** *f* Zweckmäßigkeit; (günstige) Gelegenheit *f.*

opposant, e [ɔpozɑ̃] **I.** *a* gegnerisch; Gegen-; **II.** *s m f* Opponent, Gegner(in *f*) *m;* ▶ *parti m* ~ Gegenpartei *f.* **opposé, e I.** *a* gegenüberliegend, -gestellt; entgegengesetzt; **II.** *s m* **1.** Gegenteil *n,* -satz *m;* **2.** ▶ *à l'*~ auf der entgegengesetzten Seite; auf der anderen Seite; *à l'*~ *de ...* im Gegensatz zu, das Gegenteil *gen.* **opposer I.** *tr* **1.** ea. gegenüberlegen, -setzen, auf=stellen; gegenüber=, entgegen=stellen; **2.** dagegen an=führen, entgegen=halten, ein=wenden; **II.** *v prn s'*~ sich entgegen=stellen, sich widersetzen (*à ce que* daß); ▶ ~ *un veto à qc* ein Veto gegen etw einlegen; *je m'y oppose formellement* ich bin strikt dagegen. **opposition** *f* **1.** Gegenüberstellung *f;* Gegensatz *m;* Opposition *f a. pol astr;* **2.** Widerstand; Widerspruch, Einwand *m;* **3.** *(Kunst)* Kontrast *m;* **4.** *jur* Einspruch *m;* **5.** *pol* Oppositionspartei *f;* **6.** ▶ *par* ~ *à* im Gegensatz zu *(dat); être en* ~ *avec* im Gegensatz stehen zu *(dat);* ein gespanntes Verhältnis haben zu *(dat); faire* ~ *à qc* Einspruch gegen etw einlegen; *(Scheck)* sperren lassen.

oppresser [ɔpʀe(ɛ)se] *tr fig* bedrücken, beklemmen. **oppresseur** *s m* Bedrükker *m.* **oppressif, ive** *a* be-, unterdrükkend; ▶ *mesures f pl oppressives* Zwangsmaßnahmen *f pl.* **oppression** *f* **1.** Unter-, Bedrückung; bedrückte Lage *f,* Druck *m* **2.** *med* (Atem-)Beklemmung *f.* **opprimer** [ɔpʀime] *tr* be-, unterdrükken.

opter [ɔpte] *tr* wählen (*pour qc* etw), sich entscheiden, optieren (*pour* für).

opticien [ɔptisjɛ̃] *m* Optiker *m.*

optimal [ɔptimal] *a* optimal, bestmöglich. **optimalisation** *f.* **optimisation** *f com* Optimierung *f.* **optimaliser, optimiser** *tr com* optimieren.

optimisme [ɔptimism] *m* Optimismus *m.* **optimiste I.** *s m f* Optimist(in *f*) *m;* **II.** *a* optimistisch.

optimum [ɔptimɔm] *pl a. optima* Optimum *n.*

option [ɔpsjɔ̃] *f* **1.** Wahl, Entscheidung, Option *f;* **2.** *com* Vorkaufsrecht *n,* Option *f;* **3.** *(Schule)* Wahlfach *n.* **optionnel, le** *a* fakultativ.

optique [ɔptik] **I.** *a* optisch; **II.** *s f* **1.** Optik *f;* **2.** optische(r) Eindruck *m;* **3.** *fig* Meinung *f,* Standpunkt *m;* ▶ *illusion f d'*~ optische Täuschung *f; instruments m pl d'*~ optische Instrumente *n pl; nerf m* ~ Sehnerv *m.* **optoélectronique** *a* optoelektronisch; *s f* Optoelektronik *f.*

opulence [ɔpylɑ̃s] *f* **1.** große(r) Reichtum, Überfluß *m;* **2.** *(Körperform)* Üppigkeit *f.* **opulent, e** *a* **1.** (stein)reich; **2.** üppig.

opuscule [ɔpyskyl] *m* kleine(s) Werk *n,* kleine Schrift *f.*

or [ɔʀ] **I.** *conj* nun; also folglich; ▶ ~ *ça* nun, so ... doch; **II.** *s m* **1.** Gold *n;* **2.** ▶ *d'*~, *en* ~ golden, von Gold; *à prix d'*~ für teures Geld; **3.** ▶ *rouler sur l'*~, *être tout cousu d'*~ im Geld schwimmen, Geld wie Heu haben; *c'est de l'*~ *en barre (fig)* das ist (so gut wie) bares Geld; *cela vaut son pesant d'*~ *(fig)* das ist Gold wert; **4.** ▶ *étalon m* ~ Goldstandard *m; mine f d'*~ Goldgrube *f a. fig;* ~ *en barres* Barrengold *n.*

oracle [ɔʀɑkl] *m* Orakel(spruch *m*) *n*.
orage [ɔʀaʒ] *m* **1.** Gewitter *n;* **2.** *fig* Sturm *m*, Wirren *pl*, Unheil *n;* **3.** ► *il y a de l'~ dans l'air (fig)* es liegt etw in der Luft; *~ de grêle* Hagelwetter *n*, -schauer *m*. **orageux, se** *a* **1.** gewitt(e)rig; **2.** *fig* stürmisch.
oraison [ɔʀɛzõ] *f* Gebet *n;* ► *~ dominicale* Vaterunser *n;* *~ funèbre* Grabrede *f*.
oral, e [ɔʀal] **I.** *a* mündlich; *anat* Mund-; **II.** *m* ► *l'~ (Prüfung)* das Mündliche; *cavité f ~e* Mundhöhle *f*.
orange [ɔʀɑ̃ʒ] **I.** *f* Apfelsine, Orange *f;* **II.** *m* Orange *n (Farbe);* **III.** *a inv* orange(farben); ► *~ amère* Pomeranze *f;* *~ sanguine* Blutorange *f*. **orangé, e** *a* orange(farben). **orangeade** [-ʒad] *f* Orangeade *f*. **oranger** *m* Orangenbaum *m;* ► *fleur f d'~* Orangenblüte *f*. **orangeraie** *f* Orangenplantage *f*. **orangerie** *f* Orangerie *f*.
orang-outang [ɔʀɑ̃utɑ̃] *m zoo* Orang-Utan *m*.
orateur [ɔʀatœʀ] *m* (guter) Redner *m*.
oratoire I. *a* rednerisch; Rede-; **II.** *s m* Hauskapelle *f;* Oratorium *n*.
oratorio [ɔʀatɔʀjo] *m mus* Oratorium *n*.
orbe [ɔʀb] **I.** *a:* ► *mur m ~* geschlossene Wand *f;* **II.** *s m* Planeten-, Kometenbahn *f (Fläche)*. **orbital, e** *a astr* Bahn-, Orbital-; ► *vitesse f ~e* Umlaufgeschwindigkeit *f*. **orbite** *f* **1.** *anat* Augenhöhle; **2.** *astr* Umlaufbahn *f;* **3.** *fig* Einflußbereich *m*, -sphäre *f;* **4.** ► *mettre, placer en, sur ~* auf die vorgesehene Umlaufbahn bringen.
orchestral, e [ɔʀkɛstʀal] *a* Orchester-. **orchestration** *f* Instrumentierung, Orchestrierung. **orchestre** *m* **1.** Orchester (-raum *m*) *n*, Kapelle *f;* **2.** *theat* vordere(s) Parkett *n;* **3.** ► *chef m d'~* Kapellmeister *m;* **4.** ► *~ à cordes, à cuivres* Streich-, Blasorchester *n;* *~ de jazz* Jazzkapelle *f*. **orchestrer** *tr* **1.** orchestrieren, für Orchestermusik ein=richten; **2.** *fig* inszenieren, organisieren.
orchidée [ɔʀkide] *f* Orchidee *f*.
ordinaire [ɔʀdinɛʀ] **I.** *a* **1.** gewöhnlich, alltäglich; üblich, normal; **2.** durchschnittlich, einfach, gewöhnlich; **II.** *s m* **1.** (das) Gewöhnliche; **2.** (Alltags-)Kost *f;* Stammessen, -gericht *n;* **3.** *mil* Mannschaft(sverpflegung) *f;* **4.** ► *(comme) à l'~* (wie) gewöhnlich; *d'~* im allgemeinen, meist; **5.** ► *sortir de l'~* aus dem Rahmen fallen; **6.** ► *nourriture f ~* Hausmannskost *f;* *vin m ~* Tischwein *m*.
ordinal, e [ɔʀdinal] *a gram:* ► *adjectifs m pl numéraux ordinaux* Ordnungszahlen *f pl*.
ordinateur [ɔʀdinatœʀ] *m tech* Computer, Elektronenrechner *m*, elektronische Rechenanlage *f;* *~ personnel domestique* Personalcomputer, PC, Heimcomputer *m*.
ordination [ɔʀdinasjõ] *f* **1.** Priesterweihe *f;* **2.** Datenerfassung und -verarbeitung *f*.
ordinogramme [ɔʀdinɔgʀam] *m inform* Ablaufplan *m*.
ordonnance [ɔʀdɔnɑ̃s] *f* **1.** (An-)Ordnung; Anweisung, Vorschrift, Verordnung, Verfügung *f*, Erlaß *m;* **2.** *jur* Beschluß *m;* **3.** *med* Rezept *n;* Verordnung, Verschreibung *f;* **4.** *arch* architektonische, künstlerische Gestaltung *f;* **5.** *a. m mil* Ordnonnanz *f;* **6.** ► *officier m d'~* Adjutant *m;* **7.** ► *~s d'exécution, d'application* Ausführungsbestimmungen *f pl;* *~ pénale* Strafbefehl *m*.
ordonnancement [ɔʀdɔnɑ̃smɑ̃] *m* **1.** Zahlungsanweisung *f;* **2.** *com tech* Ablauf-, Arbeitsplanung *f*. **ordonnancer** *tr* zur Zahlung anweisen. **ordonnateur** *m* zu Zahlungsanweisungen Berechtigte(r *m*) *f*.
ordonné, e [ɔʀdɔne] **I.** *a* (wohl)geordnet; ordnungsliebend; **II.** *s f math* Ordinate *f*. **ordonner I.** *tr* **1.** *(arranger)* ordnen, ein=richten, regeln, in Ordnung bringen; **2.** *(Fest)* die Festordnung bestimmen; **3.** *(donner un ordre)* befehlen, den Befehl geben (*de* zu); an=ordnen, verfügen; ► *~ à qn de faire qc* jdm befehlen, etw zu tun; *c'est lui qui me l'a ordonné* den Befehl habe ich von ihm erhalten; **4.** *(med)* verordnen, verschreiben (*qc à qn* jdm e-e S); **5.** *(rel)* ordinieren, zum Priester weihen; **II.** *v prn s'~* e-e gewisse Ordnung auf=weisen, sich gruppieren (*selon* nach); Gedanken in Ordnung kommen. **ordre** *m* **1.** Ordnung; Reihenfolge, Stellung; Klasse *f*, Rang, Grad *m;* **2.** Art, Natur *f;* **3.** Befehl, Auftrag *m*, Vorschrift, Anweisung, -ordnung *f;* **4.** *rel hist* Orden *m;* (Priester-)Weihe *f;* **5.** *arch* (Säulen-) Ordnung *f;* **6.** *com* Order, Bestellung *f;* Auftrag *m;* **7.** *(freie Berufe)* Verband *m*, Kammer *f;* **8.** ► *à l'~ du jour (fig)* auf der Tagesordnung; *à l'~ d'un tiers (com)* an fremde Order; *dans l'~* in der Ordnung; *de premier ~* ersten Ranges; *en bon ~* in guter Ordnung; richtig; *en ~ de marche* betriebsfähig; *jusqu'à nouvel ~* bis auf weiteres; *par ~* auf Befehl; *par ~ de* im Auftrage *gen;* *par ~ alphabétique, chronologique* in alphabetischer, chronologischer Reihenfolge; *pour le bon ~* der Ordnung halber; *sur ~ de* auf Anordnung, Befehl *gen;* **9.** ► *annuler, exécuter, noter, passer un ~* e-n Auftrag stornieren, erledigen, buchen, erteilen; *donner l'~* den Befehl erteilen (*de* zu); *être sous les ~s de qn* jdm unterstehen; *manquer d'~* unordentlich, ein schlechter Haushalter, Wirtschafter sein; *mettre en ~* in Ordnung bringen; *se mettre aux ~s de qn*

sich jdm zur Verfügung stellen; *rappeler à l'~* zur Ordnung rufen; **10.** ▶ *billet m à ~* Eigenwechsel *m; numéro m d'~* laufende Nummer, Rangnummer *f; papiers m pl à ~* Orderpapiere *n pl; services m pl d'~* Ordnungsdienste *m pl;* **11.** ▶ *~ de banque, de bourse* Bank-, Börsenauftrag *m; ~ de chevalerie* Ritterorden *m; ~ de grandeur* Größenordnung *f; ~ de marche* Marschordnung *f; les ~s mineurs, majeurs (rel)* die niederen, höheren Weihen *f pl; ~ de paiement* Zahlungsauftrag *m; ~ social* Gesellschaftsordnung *f; ~ de vente, de virement* Verkaufs-, Überweisungsauftrag *m;* **12.** ▶ *ordre du jour* Tagesordnung *f; établir, élaborer, dresser l'~* die Tagesordnung auf=stellen; *inscrire à l'~* auf die Tagesordnung setzen; *rayer, retirer de l'~* von der Tagesordnung ab=setzen; *à l'~ figure ...* auf der Tagesordnung steht ...; *adoption f de l'~* Annahme *f* der Tagesordnung.

ordure [ɔʀdyʀ] *f* **1.** Schmutz, Unrat *m;* **2.** *fig* Zote; Gemeinheit *f;* **3.** *pop* Miststück *n;* **4.** *pl* Abfall, Müll *m;* ▶ *jeter, mettre qc aux ~s* etw in den Mülleimer werfen; *boîte f à ~s* Mülleimer-, -kasten *m.* **ordurier, ère** [-ʀje, -ɛʀ] *a* schmutzig, unanständig; gemein.

orée [ɔʀe] *f:* ▶ *à l'~ de la forêt* am Waldesrand.

oreille [ɔʀɛj] *f* **1.** Ohr *n; (Hase)* Löffel *m;* **2.** Gehör *n;* **3.** Henkel *m;* **4.** *(Schuh)* Lasche *f;* **5.** Flügel *m (e-r Schraube);* **6.** *tech* Öse *f;* **7.** ▶ *d'~ (mus)* nach Gehör; *par dessus les ~s (fig)* über die Hutschnur; *à écorcher les ~s* ohrenbetäubend; **8.** ▶ *avoir l'~ dure* schwerhörig sein; *casser les ~s à qn* jdm in den Ohren liegen; *dire qc à l'~ de qn* jdm etw ins Ohr flüstern; *dresser, tendre l'~ (fig)* die Ohren spitzen; *échauffer les ~s de qn* jdn zur Weißglut bringen; *être tout ~s* ganz Ohr sein; *n'écouter que d'une ~* nur mit halbem Ohr hin= *od* zu=hören; *faire la sourde ~* sich taub stellen; *mettre la puce à l'~ de qn (fig)* jdm e-n Floh ins Ohr setzen; *ouvrir, prêter l'~* die Ohren aufmachen; *se faire tirer l'~* sich lange nötigen lassen; **9.** ▶ *~ moyenne* Mittelohr *n.* **oreiller** *m* Kopfkissen *n.* **oreillette** *f* **1.** *anat* Vorhof *m;* **2.** *(Mütze)* Ohrenklappe *f m.* **oreillons** *m pl med* Mumps, Ziegenpeter *m.*

ores *adv:* ▶ *d'~et déjà* [dɔʀzedeʒa] von nun, jetzt an; schon jetzt.

orfèvre [ɔʀfɛvʀ] *m* Goldschmied *m;* ▶ *~ bijoutier* Juwelier *m; il est ~ en la matière* er kennt sich aus. **orfèvrerie** [-vʀə-] *f* Goldschmiedekunst *f;* Goldwaren *f pl.*

orfraie [ɔʀfʀɛ] *f* Seeadler *m.*

organdi [ɔʀgɑ̃di] *m* Organdy *m (Stoff).*

organe [ɔʀgan] *m* **1.** *anat* Organ *n;* **2.** Stimme *f;* **3.** *fig* Werkzeug, Instrument *n;* **4.** Ausschuß *m;* (ausführendes) Organ *n;* **5.** Zeitung, Zeitschrift *f;* **6.** *tech* Element, Organ *n,* Vorrichtung *f;* **7.** ▶ *par l'~ de* durch Vermittlung *gen;* **8.** ▶ *~s de commande* Triebwerk, Getriebe *n; ~s génitaux* Geschlechtsorgane *n pl; ~ des sens* Sinnesorgan *n.*

organigramme [ɔʀganigʀam] *m* Organisationsplan *m;* Übersicht *f; inform* Flußdiagramm *n.*

organique [ɔʀganik] *a* organisch; ▶ *chimie f ~* organische Chemie *f; loi f ~ (jur)* Grundgesetz *n.*

organisateur, trice [ɔʀganisatœʀ, -tʀis] **I.** *a* organisatorisch; **II.** *s m f* Organisator; Manager *m.* **organisation** *f* **1.** Organisation, Struktur *f;* Aufbau *m,* Gliederung *f;* **2.** Verband *m,* Organisation *f;* **3.** ▶ *~ des entreprises* Betriebsorganisation *f; ~ professionnelle* Berufsverband *m; ~ au sol (aero)* Bodenorganisation *f; ~ syndicale* (Einzel-)Gewerkschaft *f; ~ du terrain* Geländeverstärkung *f; ~ du travail* Arbeitsplanung *f.* **organiser I.** *tr* **1.** organisieren, ein=richten, (an=)ordnen, gestalten, bilden, zs.=stellen; **2.** *(Fest)* veranstalten; **3.** gliedern; **II.** *v prn s'~* **1.** sich ein=richten; sich etw richtig einteilen; **2.** *(Sache)* sich einspielen, geregelt werden. **organisme** *m* **1.** Organisation; Dienststelle, Abteilung *f;* **2.** *biol fig* Organismus *m.*

organiste [ɔʀganist] *m mus* Organist *m.*

orgasme [ɔʀgasm] *m biol* Orgasmus *m.*

orge [ɔʀʒ] *f* Gerste *f;* ▶ *grain m d'~* Gerstenkorn *n; ~ m mondé* Graupen *pl; ~ m perlé* Perlgraupen *pl;* Graupenschleim *m.* **orgelet** [-əlɛ] *m med* Gerstenkorn *n.*

orgia(sti)que [ɔʀʒja(sti)k] *a* orgiastisch; Orgien-. **orgie** *f* **1.** Orgie *f;* Gelage *n;* **2.** verschwenderische Fülle *f.*

orgue [ɔʀg] *m,* **orgues** *f a. m pl mus* Orgel *f;* ▶ *jouer de l'~* Orgel spielen; *facteur m d'~* Orgelbauer *m; ~ de Barbarie* Drehorgel *f,* Leierkasten *m.*

orgueil [ɔʀgœj] *m* Stolz (*de* auf *acc*); Hochmut, Dünkel *m;* ▶ *être l'~ de* der Stolz *gen* sein. **orgueilleux, se** *a* stolz (*de* auf *acc*); hochmütig, dünkelhaft, hochnäsig.

orient [ɔʀjɑ̃] *m* **1.** Osten *m;* ▶ *l'~* der Orient, der Osten, das Morgenland; *l'Extrême- ~* der Ferne Osten; *le Proche- ~* der Vordere Orient; **2.** *(Perle)* Glanz *m.*

orientable [ɔʀiɑ̃tabl] *a tech* einstellbar; dreh-, schwenkbar.

oriental, e [ɔʀjɑ̃tal] **I.** *a* östlich, orientalisch; **II.** *~ s m* Orientale *m.* **orientalisme** *m* Orientalistik *f.* **orientaliste** *m* Orientalist *m.*

orientation [ɔʀjɑ̃tasjɔ̃] *f* **1.** Orientierung

f; **2.** *fig pol* Ausrichtung *f,* Kurs *m;* Tendenz *f;* **3.** *fig* Lenkung *f;* **4.** *(Haus)* Lage; **5.** *phys* Richtung *f;* **6.** ▶ *sens m de l'~ (zoo)* Orientierungssinn *m; table f d'~* Panoramatafel *f;* **7.** ▶ *~ des besoins* Bedarfslenkung *f; ~ professionnelle* Berufsberatung *f.* **orienter I.** *tr* **1.** orientieren; **2.** *fig* aus=richten (*vers* auf *acc*); **3.** *(Wirtschaft)* lenken; **4.** *(Schüler)* beraten (*qn* jdn); **5.** *mar (Segel)* stellen; **II.** *v prn s'~* **1.** *fig* sich orientieren, sich zurecht=finden, s-n Weg finden; **2.** sich richten (*vers* nach); **3.** sich zuwenden (*vers qc* e-r S). **orienteur, trice** *m f* Berufsberater(in *f*) *m.*

orifice [ɔʀifis] *m* Öffnung, Mündung *f.*

origan [ɔʀigɑ̃] *m bot* Majoran *m.*

originaire [ɔʀiʒinɛʀ] *a* (her)stammend, gebürtig (*de* von, aus). **originairement** *adv* ursprünglich, von Haus aus. **original, e I.** *a* **1.** ursprünglich, original; **2.** originell, neuartig; **3.** *(Person)* sonderbar; **II.** *s m* **1.** Original *n,* Urschrift *f,* Originaltext *m;* **2.** Original *n,* Sonderling, komische(r) Kauz *m;* ▶ *en ~* im Original, urschriftlich; *édition f ~e (Buch)* Erstausgabe *f.* **originalité** *f* **1.** Originalität, Ursprünglichkeit *f;* **2.** Neuheit, Besonderheit *f;* **3.** Sonderbarkeit *f.*

origine *f* **1.** Anfang, Ursprung *m,* Herkunft, Abstammung *f;* **2.** Ausgangspunkt; Ansatz(punkt) *m;* Ursache *f;* **3.** *math* Nullpunkt *m;* **4.** ▶ *à l'~* am Anfang, ursprünglich; *d'~* der Herkunft nach, von Geburt, ursprünglich; Heimat-; *com* mit Herkunftsnachweis; *dès l'~* von Anfang an; **5.** ▶ *certificat m, marque f, pays, port m d'~* Ursprungszeugnis, -zeichen, -land *n,* -hafen *m; emballage m d'~* Originalpackung *f.* **originel, le** *a* ursprünglich; ▶ *péché m ~ (rel)* Erbsünde *f.*

oripeau [ɔʀipo] *m* zerschlissene Kleidung *f.*

ormaie, ormoie [ɔʀmɛ, -wa] *f* Ulmenwäldchen *n,* -pflanzung *f.* **orme** *m bot* Ulme, Rüster *f.* **ormeau** *m* **1.** (junge) Ulme *f;* **2.** *zoo* Seeohr *n.*

ornement [ɔʀnəmɑ̃] *m* **1.** Schmuck *m,* Verzierung *f,* Zierat *m;* **2.** *mus* Verzierung *f;* **3.** *pl rel* Meßgewand *n.* **ornemental, e** *a* ornamental; ▶ *plante f ~e* Zierpflanze *f.* **ornementation** *f mus* Ornamentik *f.* **ornementer** *tr* (mit e-m Ornament) verzieren. **orner** *tr* (aus=) schmücken, verzieren (*de* mit); aus=statten.

ornière [ɔʀnjɛʀ] *f* Rad-, Wagenspur *f;* ▶ *sortir de l'~ (fig)* sich aus e-r schwierigen Lage herausarbeiten.

ornithogale [ɔʀnitɔgal] *m bot* Milchstern *m.*

ornithologie [ɔʀnitɔlɔʒi] *f* Ornithologie, Vogelkunde *f.* **ornithologiste, ornithologue** *m* Ornithologe *m.*

orographie [ɔʀɔgʀafi] *f* Gebirgsbeschreibung *f.* **orographique** *a* orographisch; Gebirgs-.

oronge [ɔʀɔ̃ʒ] *f:* ▶ *fausse ~* Fliegenpilz *m; ~ vineuse* Knollenblätterpilz *m; ~ vraie* Kaiserling *m.*

orphelin, e [ɔʀfəlɛ̃, -in] **I.** *s m f* Waise *f,* Waisenkind *n;* **II.** *a* verwaist; ▶ *être ~ de père, de mère* keinen Vater, keine Mutter mehr haben; *~ de père et de mère* Vollwaise *f.* **orphelinat** [-na] *m* Waisenhaus *n.*

orphéon [ɔʀfeɔ̃] *m* (Männer-)Gesangverein, Musikverein *m.*

orphisme [ɔʀfism] *m* Orphik *f.*

orteil [ɔʀtɛj] *m* Zehe *f;* ▶ *gros ~* große Zehe *f.*

orthodox [ɔʀtɔdɔks] *a* orthodox, rechtgläubig. **orthodoxie** *f* Rechtgläubigkeit *f.*

orthogénie [ɔʀtɔʒeni] *f* Familienplanung *f.*

orthogonal, e [ɔʀtɔgɔnal] *a math* rechtwinklig, senkrecht.

orthographe [ɔʀtɔgʀaf] *f* **1.** Orthographie, Rechtschreibung *f;* **2.** Schreibweise *f;* ▶ *faute f d'~* Rechtschreibfehler *m.* **orthographier** *tr* (richtig) schreiben. **orthographique** *a* orthographisch.

orthopédie [ɔʀtɔpedi] *f med* Orthopädie *f.* **orthopédique** *a* orthopädisch. **orthopédiste** *s m* Orthopäde *m.*

orthophonie [ɔʀtɔfɔni] *f* Orthophonie *f.* **orthophoniste** *m* Spezialist(in *f*) *m* der Orthophonie.

ortie [ɔʀti] *f* Brennessel *f.*

ortolan *m* [ɔʀtɔlɑ̃] *orn* Fettammer *f.*

orvet [ɔʀvɛ] *m zoo* Blindschleiche *f.*

os [ɔs, *pl* o] *m* **1.** Knochen *m* **2.** *pl* Gebeine *n pl;* **3.** ▶ *en chair et en ~* leibhaftig; *jusqu'à la moelle des ~* durch Mark u. Bein; *trempé jusqu'aux ~* bis auf die Haut durchnäßt; **4.** ▶ *n'avoir que la peau sur les ~* nur noch Haut u. Knochen sein; *ne pas faire de vieux ~* nicht alt werden *a. fig; jeter, donner un ~ à ronger à qn* jdn mit einer Kleinigkeit ab=speisen; **5.** ▶ *il y a un ~ (arg)* das hat e-n Haken, da hapert's; **6.** ▶ *~ de baleine* Fischbein *n; ~ frontal* Stirnbein *n; ~ à moelle* Markknochen *m.*

oscillateur [ɔsilatœʀ] *m el* Oszillator *m.* **oscillation** [-sjɔ̃] *f* **1.** *phys* Schwingung, Pendelbewegung *f; (Instrument)* Ausschlag *m;* **2.** *fig* Schwankung *f.* **oscillatoire** *a* Schwingungs-. **osciller** [ɔsile] *tr* **1.** schwingen, vibrieren, pendeln; **2.** *fig* schwanken. **oscillographe** *m el* Oszillograph *m.* **oscillomètre** *m* Blutdruckmesser *m.*

oseille [ozɛj] *f* **1.** *bot* Sauerampfer *m;* **2.** *arg* Moos, Geld *n.*

oser [oze] *tr* **1.** wagen; sich erlauben, den Mut haben (*faire qc* etw zu tun); **2.**

pp gewagt, *fam* riskant; wagemutig, kühn; **3.** ► *ne pas* ~ sich nicht (ge)trauen; *si j'ose ainsi m'exprimer* wenn ich so sagen darf.
oseraie [ɔzʀɛ] *f* Weidengebüsch *n.*
osier [ozje] *m* **1.** Weidenrute *f;* **2.** Korbweide *f.*
osmonde [ɔsmɔ̃d] *f:* ► ~ *royale (bot)* Königsfarn *m.*
osmose [ɔsmɔz] *f phys biol* Osmose *f.*
ossature [ɔsatyʀ] *f* **1.** Knochengerüst *n;* **2.** *fig* Gerüst, Skelett *n.* **osselet** [-slɛ] *m* Knöchelchen *n.* **ossements** *m pl* Gebeine *n pl.* **osseux, se** *a* **1.** knochig; **2.** *med* knöchern. **ossification** *f* Knochenbildung *f.* **ossifier** *tr* verknöchern. **ossuaire** [-sɥɛʀ] *m* Knochenhaufen *m;* Beinhaus *n.*
ostensible [ɔstɑ̃sibl] *a* offenkundig.
ostensoir [ɔstɑ̃swaʀ] *m rel* Monstranz *f.*
ostentation [ɔstɑ̃tasjɔ̃] *f* Prahlen; Zurschaustellen, -tragen *n.* **ostentatoire** *a* großtuerisch; angeberisch.
ostéologie [ɔsteɔlɔʒi] *f* Knochenlehre *f.* **ostéomalacie** *f med* Knochenerweichung *f.* **ostéopathie** *f* Osteopathie *f.* **ostéoporose** *f med* Osteoporose *f.* **ostéotomie** *f* Knochendurchmeißelung *f.*
ostracisme [ɔstʀasism] *m* **1.** *hist* Ostrazismus *m;* **2.** Ausschluß *m;* Kaltstellung *f.*
ostréiculture [ɔstʀeicyltyʀ] *f* Austernzucht *f.*
otage [ɔtaʒ] *m* Geisel *f a. m.*
otarie [ɔtaʀi] *f zoo* Ohrenrobbe *f.*
OTAN [ɔtɑ̃] *m pol* Nato, NATO *f.*
ôter [ote] **I.** *tr* **1.** *(enlever)* (ab=, weg=)nehmen; *(Vase, Blumen)* weg=stellen; weg=, hinaus=schaffen; ► ~ *les mains de ses poches* die Hände aus den Taschen nehmen; **2.** *(Fieber)* vertreiben; **3.** *(Flecken)* entfernen; ► ~ *les taches d'un vêtement* Flecken aus e-m Kleidungsstück entfernen; **4.** *(enlever un vêtement)* aus=ziehen, ab=legen, ab=nehmen; ► ~ *son manteau* den Mantel ab=legen; *(Jacke, Hose, Strümpfe)* aus=ziehen; *(Hut)* ab=nehmen; **5.** *(priver) fig* rauben, entreißen (*qc à qn* jdm e-e S); ► ~ *à qn ses forces* jdn s-r Kräfte berauben; ~ *qc de l'esprit, de la tête à qn* jdm e-e S aus=reden; **II.** *v prn s'*~ *de* **1.** sich entfernen, weg=gehen; **2.** sich entledigen, entäußern (*de* gen); ► *je ne puis m'*~ *cela de la tête* ich werde diesen Gedanken nicht los; *ôte-toi de là! fam* weg da! *fam* mach dich bloß weg! hau ab!
otite [ɔtit] *f* Ohrenentzündung *f.*
oto-rhino-laryngologie [ɔtɔʀinɔlaʀɛ̃gɔlɔʒi] *f* Hals-, Nasen- u. Ohrenheilkunde *f.* **oto-rhino-laryngologiste** *m* Facharzt *m* für Hals-, Nasen- u. Ohrenkrankheiten.
ottoman, e [ɔtɔmɑ̃, -an] *a* osmanisch.
ou [u] *conj* oder; ► ~ ... ~ *entweder ... oder;* ~ *alors* ... sonst ...; ~ *bien* oder auch; *deux* ~ *trois fois* zwei bis drei Mal.
où [u] *adv* wo; wohin; worin, -an, -auf, wozu; ► *d'*~ woher, wovon; woraus; daher; *par* ~ wo ... (hin)durch, auf welchem Wege; *là* ~ dort, wo; ~ *que* wohin auch (immer); ~ *est le mal?* was ist (schon) dabei? ~ *en êtes-vous de ...?* wie weit sind Sie mit ...?
ouaille [waj] *f, meist pl rel* Schäfchen *n pl,* Herde *f.*
ouais [wɛ] *interj* ei! sieh da! schau (mal) an!
ouate [wat] *f* Watte *f;* ► *doubler d'*~ (aus=)wattieren; *tampon m d'*~ Wattebausch *m.* **ouater** *tr* wattieren. **ouateux, se** *a* watteweich, -artig; wattiert.
oubli [ubli] *m* **1.** Vergessen(heit *f*) *n;* **2.** Unterlassung, Nachlässigkeit *f;* **3.** ► *par* ~ aus Unachtsamkeit; *tirer de l'*~ der Vergessenheit entreißen; *tomber dans l'*~ in Vergessenheit *(acc)* geraten; ~ *involontaire* Versehen *n; moment m d'*~ unbedachte(r) Augenblick *m;* ~ *de soi* Selbstverleugnung *n.* **oublier** [ublije] **I.** *tr* **1.** vergessen; verlernen; **2.** aus=lassen, außer acht lassen, übersehen, -gehen; **3.** vernachlässigen; *(Pflicht)* versäumen; **4.** sich hinweg=setzen (*qc* über e-e S); ab=sehen (*qc* von etw); **II.** *v prn s'*~ **1.** sich vergessen; sich vergehen; in Vergessenheit geraten; **2.** *(Kind)* in die Hosen machen. **oubliette(s)** *f (pl)* (Burg-)Verlies *n;* ► *mettre aux* ~*s (fig fam)* zum alten Eisen werfen; in der Versenkung verschwinden lassen. **oublieux, se** *a* vergeßlich.
oued [wɛd] *m geog* Wadi *n.*
ouest [wɛst] **I.** *s m* West(en) *m;* **II.** *a* westlich; ► *à l'*~ im Westen; in westlicher Richtung; westlich (*de* von); *vent m d'* ~ Westwind *m.* **ouest-allemand, e** *a* westdeutsch; *hist* bundesdeutsch. **ouest-européen, ne** *a* westeuropäisch.
ouf [uf] *interj* uff! Gott sei Dank!
Ouganda, l' [ugɑ̃da] *m* Uganda *n.*
oui [wi] **I.** *adv* ja; **II.** *s m inv* Ja(wort) *n; pol* Jastimme *f;* ► *mais* ~, aber ja, ja doch, ja freilich; *pour un* ~ *ou pour un non* bei der geringsten Kleinigkeit; *dire* ~ ja sagen.
ouï-dire [widiʀ] *m inv:* ► *par* ~ vom Hörensagen; *des* ~ Gerüchte *n pl.*
ouïe [wi] *f* **1.** Gehör *n;* **2.** *mus arch* Schalloch *n;* **3.** *pl zoo* Kiemen *pl;* **4.** ► *je suis tout* ~ ich bin ganz Ohr. **ouïr** *irr ‹Gebrauch nur noch im Infinitiven u. im Passé composé; pp. ouï, e› tr vx* hören.
ouistiti [wistiti] *m zoo* Pinseläffchen *n;*

► *(fam) un drôle de* ~ ein sonderbarer Heiliger.
ouragan [uʀagɑ̃] *m* Wirbelsturm; Orkan *m;* ► ~ *de protestation* Sturm *m* der Entrüstung.
ourdir [uʀdiʀ] *tr* **1.** *(Weberei)* (an=)scheren, -zetteln; **2.** *fig* an=zetteln, -stiften; **3.** *(Plan)* schmieden.
ourler [uʀle] *tr* säumen *a. fig,* ein=fassen. **ourlet** [-lɛ] *m* **1.** Saum *m;* **2.** *tech* Rundkante *f m.*
ours [uʀs] *m* **1.** Bär *m;* **2.** *fig* Brummbär *m;* **3.** ► ~ *blanc, en peluche* Eis-, Teddybär *m;* ~ *mal léché (fig)* grobe(r) Klotz *m.* **ourse** *f* Bärin *f;* ► *la Grande* ~ *(astr)* der Große Bär, Wagen; *la Petite* ~ der Kleine Bär.
oursin [uʀsɛ̃] *m zoo* Seeigel *m.*
ourson [uʀsɔ̃] *m* junge(r) Bär *m.*
oust(e) [ust] *interj pop* hau ab! raus! los!
outarde [utaʀd] *f orn* Trappe *f.*
outil [uti] *m* **1.** Werkzeug *n a. fig; pl* Handwerkszeug, -gerät *n;* **2.** ► *boîte f à* ~*s* Werkzeugkasten *m;* ~*s de jardinage* Gartengerät *n.* **outillage** [-jaʒ] *m* (gesamtes) Werkzeug, Gerät *n;* Ausrüstung, technische Einrichtung *f.* **outiller** *tr* mit Werkzeug(en) versehen *od* aus=rüsten; ► *être bien outillé (fig)* mit allem versehen sein. **outilleur** *m* Werkzeugmacher *m.*
outrage [utʀaʒ] *m* **1.** (schwere) Beleidigung, Beschimpfung, Verhöhnung *f;* **2.** Verstoß *m;* ► *faire* ~ *à qn* jdn (schwer) beleidigen; ~ *public à la pudeur* Erregung *f* öffentlichen Ärgernisses. **outrageant, e** *a* beleidigend, verletzend. **outrager** ‹*Prés. j'outrage, ns outrageons; Fut. j'outragerai; pp. outragé, e*› *tr* beleidigen, beschimpfen, verhöhnen, verletzen. **outrageusement** *adv* zu stark; maßlos; *fam* gewaltig, schrecklich.
outrance [utʀɑ̃s] *f* Übertreibung, Überspitztheit *f;* ► *à* ~ aufs äußerste, schranken-, maßlos; bis zum letzten. **outrancier, ère** [-sje, -ɛʀ] *a* übertrieben, maßlos.
outre [utʀ] **I.** *s f* (Leder-)Schlauch *m;* **II.** *prp adv* **1.** außer *dat,* über … hinaus *acc;* **2.** jenseits *gen;* weiter; **3.** ► *en* ~ außerdem, überdies, darüber hinaus; ~ *cela* außerdem; ~ *mesure* über die Maßen, maßlos, übermäßig; ~ *que (conj)* außer, abgesehen davon, daß; **4.** ► *passer* ~ darüber hinaus=gehen; übergehen (*à qc* etw). **outre-Atlantique** jenseits des Atlantiks. **outre-Manche** jenseits des (Ärmel-)Kanals. **outre-mer** *adv* in Übersee; ► *d'*~ überseeisch, Übersee-; *commerce m d'*~ Überseehandel *m.* **outremer** [-mɛʀ] *m* Ultramarin *m (Stein u. Farbe).* **outrepasser** *tr fig (Befugnis)* überschreiten.
outrer [utʀe] *tr* übertreiben.
outre-Rhin *adv* jenseits des Rheins.
outsider [awtsajdœʀ] *m* Außenseiter *m.*
ouvert, e [uvɛʀ, -ʀt] *a* **1.** offen *a. fig;* weit geöffnet; frei, zugänglich (*à* für, *dat*) *a. fig;* **2.** *fig* freimütig, offenherzig; aufgeschlossen, vielseitig; **3.** ► *à bras* ~*s (fig)* mit offenen Armen; *à cœur* ~ offen, freimütig; *à livre* ~ *(mus)* vom Blatt; **4.** ► *avoir l'œil (l'oreille) ouvert(e) (fig)* die Augen (Ohren) offen haben; **5.** ► *compte m* ~ laufende Rechnung; *esprit m* ~ helle(r) Kopf *m; lettre f* ~*e* offene(r) Brief *m.* **ouverture** *f* **1.** Öffnung *f;* Eingang *m,* -fahrt *f;* Öffnen *n;* **2.** *fig* Eröffnung *f;* **3.** Erschließung; Anlegung *f (e-s Grundbuchblattes);* **4.** erste(r) Schritt *m;* Vorverhandlung *f;* **5.** *anat* Sektion *f;* **6.** *(Brücke)* Spannweite, lichte Weite *f;* **7.** *mus* Ouvertüre *f;* **8.** *opt* Apertur; **9.** *phot* Blende(nöffnung) *f;* **10.** *el* Unterbrechen *n (des Stromkreises);* **11.** ► *bilan, cours m d'*~ Eröffnungsbilanz *f,* -kurs *m; heures f pl d'*~ *des guichets* Kassen-, Schalterstunden *f pl;* **12.** ► ~ *de la bourse* Börsenbeginn *m;* ~ *de crédit* Krediteröffnung *f;* ~ *des débats (pol)* Verhandlungsbeginn *m;* ~ *du magasin, de l'entreprise* Geschäftseröffnung *f;* ~ *du testament* Testamentseröffnung *f.*
ouvrable [uvʀabl] *a* **1.** ver-, bearbeitbar; **2.** ► *jour m* ~ Werk-, Wochentag *m.*
ouvrage [uvʀaʒ] *m* **1.** Arbeit; Bearbeitung *f;* Werk *a. fig;* Werkstück *n;* **2.** Bauwerk *n;* **3.** *mil* Befestigungs-, Verteidigungsanlagen *f pl;* **4.** *(Schriftsteller)* Werk *n;* **5.** ► *se mettre à l'*~ sich an die Arbeit machen; **6.** ► *boîte f, panier m, table f à* ~ Nähkasten, -korb, -tisch *m; gros* ~*s (arch)* Rohbau *m;* **7.** ► ~*s d'art* Kunstbauten *m pl;* ~ *à ciel ouvert (min)* Tagebau *m;* ~ *de maçonnerie* Mauerwerk *n;* ~ *manuel, à la machine* Hand-, Maschinenarbeit *f;* ~ *de référence* Nachschlagewerk *n;* ~ *de série(s)* Serienarbeit *f.* **ouvrager** ‹*Prés. j'ouvrage, ns ouvrageons; Fut. j'ouvragerai; pp. ouvragé, e*› *tr* sorgfältig aus=, bearbeiten.
ouvrant, e [uvʀɑ̃] **I.** *a* zu öffnen(d); **II.** *s m (Tür)* Flügel *m;* ► *toit m* ~ *(mot)* Schiebedach *n.*
ouvre-boîtes [uvʀəbwat] *m inv* Büchsen-, Dosenöffner *m.* **ouvre-bouteilles** *m inv* Flaschenöffner *m.*
ouvrer [uvʀe] *tr* **1.** (be-, ver)arbeiten; **2.** *(Papier)* schöpfen; **3.** *pp (Textil)* gewirkt; gemustert; durchbrochen. **ouvreur, se 1.** *m f (Papierfabrik)* Schöpfer *m;* **2.** *f (Kino)* Platzanweiserin *f.*
ouvrier, ère [uvʀije, -ɛʀ] **I.** *s m f* Arbeiter(in *f*) *m;* Arbeitskraft *f;* **II.** *a* Arbeiter-; Werk-; *fig* schaffend; **1.** ► *abeille f* ~*ière* Arbeitsbiene *f; cité f* ~*ière* Arbeitersiedlung *f; classe f* ~*ière* Arbeiterklasse *f;* **2.** ► ~ *agricole* Landarbei-

ter *m;* ~ *du (en) bâtiment(s)* Bauarbeiter *m;* ~ *spécialisé (os)* angelernter Arbeite(r) *m;* ~ *à façon* Heimarbeiter *m;* ~ *en métaux* Metallarbeiter *m;* ~ *non-qualifié* ungelernte(r) Arbeiter *m;* ~ *qualifié* Facharbeiter *m;* ~ *à la tâche* Akkordarbeiter *m;* ~ *du textile* Textilarbeiter *m.*

ouvrir [uvʀiʀ] ‹*Prés. j'ouvre, ns ouvrons; Fut. j'ouvrirai; pp. ouvert, e; Subj. que j'ouvre, que ns ouvrions; Impér. ouvre, ouvrons*› *tr* **1.** öffnen, auf=machen; frei=geben; frei=legen, -machen; auf=stoßen, -stechen, -reißen, -ziehen; **2.** *(Buch)* auf=schlagen; *(Schirm)* auf=spannen; *(Hahn)* auf=drehen; *(Handschuhe)* weiten; *(Tier)* aus=nehmen; *(Straße dem Verkehr)* übergeben; **3.** *fig* eröffnen, beginnen (*par* mit); *(den Appetit)* an=regen; *(den Geist)* wecken; **4.** *com* erschließen; *jur (Untersuchung)* ein=leiten; *tech* strecken; *el (Stromkreis)* unterbrechen; **II.** *itr* **1.** *(Geschäft, Museum)* geöffnet sein; **2.** *(Sitzung)* eröffnet werden, an=fangen, beginnen; **3.** *(Fenster)* hinaus=gehen, -führen (*sur* auf *acc*); **III.** *v prn s'*~ **1.** sich öffnen; auf=gehen; auf=, offen=stehen; **2.** *(Tür)* hinaus=gehen, -führen (*sur* auf *acc*); **3.** *fig* sich entfalten; sich aus=sprechen (*à* gegenüber); **4.** ▶ *côté à* ~ hier öffnen! **5.** ▶ ~ *un compte* ein Konto eröffnen (*à* bei); ~ *son cœur, son âme à qn* jdm sein Herz aus=schütten; ~ *une discussion* e-e Aussprache eröffnen (*sur* über *acc*); ~ *la voie à qc* etw an=bahnen; ~ *le vote* die Abstimmung eröffnen.

ovaire [ɔvɛʀ] *m* **1.** *anat* Eierstock *m;* **2.** *bot* Fruchtknoten *m.*

ovale [ɔval] **I.** *a* oval; **II.** *s m* Oval *n.*

ovation [ɔvasjɔ̃] *f* Ovation *f.*

oviducte [ɔvidykt] *m anat* Eileiter *m.*

ovin, e [ɔvɛ̃, -in] **1.** *a* Schaf-; **2.** *s m pl* Schafbestand *m.*

ovipare [ɔvipaʀ] *a zoo* eierlegend.

ovni [ɔvni] *m* Ufo *n.*

ovoïde [ɔvɔid] *a* eiförmig. **ovulation** *f biol* Ovulation *f.* **ovule** *m* **1.** *zoo* Eizelle *f;* **2.** *bot* Samenanlage *f.*

oxhydrique [ɔksidʀik] *a chem:* ▶ *gaz m* ~ Knallgas *n.*

oxydable [ɔksidabl] *a chem* oxydierbar. **oxydation** *f* Oxydation, Oxydierung *f.* **oxyde** *m* Oxyd *n.* **oxyder, s'** *v prn* oxydieren. **oxygène** *m* Sauerstoff *m;* ▶ *tente f à* ~ Sauerstoffzelt *n.* **oxygéné, e** *a* sauerstoffhaltig; ▶ *eau f* ~*e* Wasserstoff(su)peroxyd *n.* **oxygéner** ‹*Prés. j'oxygène, ns oxygénons; Fut. j'oxygénerai; pp. oxygéné, e*› **I.** *tr* **1.** *chem* mit Sauerstoff an=reichern; **2.** *(Haar)* mit Wasserstoffsuperoxyd bleichen; **II.** *v prn s'*~ *(fam)* frische Luft schnappen.

ozone [ɔzɔn] *n m chem* Ozon *m.* **ozoné, e** *a* ozonhaltig. **ozoniser** *tr* ozonisieren.

P

p, P [pe] *m* p, P *n.*
pacage [pakaʒ] *m* Vieh-)Weide *f;* Weiden *n.*
pacha [paʃa] *m* Pascha *m.*
pachyderme [paʃ(k)idɛʀm] *m zoo* Dickhäuter *m.*
pacificateur, trice [pasifikatœʀ, -tʀis] **I.** *a* friedenstiftend; **II.** *s m f* Friedensstifter(in *f*) *m;* ▶ *tentative f pacificatrice* Vermittlungsversuch *m.* **pacification** *f* Wiederherstellung *f* des Friedens (*de* zwischen); Befriedung *f.* **pacifier** [-fje] *tr* **1.** den Frieden wiederher=stellen (*les partis* zwischen den Parteien); **2.** befrieden, beruhigen. **pacifique** [-fik] *a* friedlich, -liebend, -fertig; Friedens-; ▶ *océan m P~* Stille(r) Ozean, Pazifik *m.* **pacifisme** *m pol* Pazifismus *m.* **pacifiste I.** *a* pazifistisch; Friedens-; **II.** *s m f* Pazifist(in *f*) *m.*
pack [pak] *m geog* Packeis *n.*
pacotille [pakɔtij] *f* Ramsch, Schund *m;* ▶ *de ~* wertlos.
pacte [pakt] *m* Pakt, Vertrag *m;* Bündnis *n;* ▶ *faire un ~* e-n Vertrag (ab=)schließen; *~ de non-agression* Nichtangriffspakt *m; P~ de Varsovie (pol)* Warschauer Pakt *m.* **pactiser** *itr* **1.** e-n Vertrag (ab=)schließen; **2.** sich ein=lassen, unter e-r Decke stecken (*avec* mit).
paddock [padɔk] *m* Pferdekoppel *f.*
paf [paf] **I.** *interj* bums! klatsch! **II.** *a inv* ▶ *(fam) être ~* blau sein.
pagaie [pagɛ] *f* Paddel *n.*
pagaïe, pagaille, pagaye [pagaj] *f fam* Unordnung *f,* Durcheinander *n,* Wirrwarr *m;* ▶ *en ~* a) unaufgeräumt, durcheinander; b) *pop* in Masse(n); in Hülle u. Fülle.
paganisme [paganism] *m* Heidentum *n.*
pagayer [pae(ɛ)je] ‹*Prés. je pagaie* od *pagaye, ns pagayons; Fut. je pagaierai* od *pagayerai, ns pagaierons* od *pagayerons; pp. pagayé, e*› *itr* paddeln.
page [paʒ] **I.** *f* **1.** (Buch-)Seite *f; a. inform* Seite; **2.** *fig* Seite *f,* Blatt *n;* **3.** ▶ *au bas, en haut de la ~* unten, oben, auf der Seite; *en ~ 3* auf S. 3; **4.** ▶ *être à la ~ (fam fig)* auf dem laufenden, im Bilde, auf der Höhe (der Zeit) sein; *mettre en ~s (typ)* umbrechen; *tourner la ~ (fig)* zu etw anderem über=gehen; **5.** ▶ *mise f en ~s (typ)* Umbruch *m; première ~* Titelseite *f; ~ de publicité (Zeitung)* Anzeigenteil *m;* **II.** *m* Page; *hist* Knappe *m.* **page-écran** *f (pl pages-écran)* Bildschirmseite *f.* **pagination** *f typ* Paginierung *f.* **paginer** *tr typ* paginieren.
pagne [paɲ] *m* (Lenden-)Schurz *m.*
pagode [pagɔd] *f* Pagode *f.*
paie [pɛ] *f* Lohn(aus)zahlung *f; mil* (Wehr-)Sold *m;* ▶ *une ~ (pop)* e-e Ewigkeit, lange *adv; bulletin m, feuille f de ~* Lohnabrechnung *f.* **paiement** [pɛmɑ̃] *m* (Be-, Aus-)Zahlung; Einlösung *f a. fig; contre ~, moyennant ~ de* gegen Zahlung *gen; cesser, suspendre les ~s* die Zahlungen ein=stellen; *faire, effectuer un ~* e-e Zahlung leisten; *cessation f de ~* Zahlungseinstellung *f; ~ par acomptes* Ratenzahlung *f; jour m de ~* Zahltag *m; ~ au comptant* Barzahlung *f; ~ à tempérament* Ratenzahlung *f.*
païen, ne [pajɛ̃] **I.** *a* heidnisch; **II.** *s m f* Heide *m,* Heidin *f a. fig.*
paillard, e [pɑjaʀ] **I.** *s m f fam* Wüstling *m;* **II.** *a* geil. **paillardise** *f* Geilheit *f; pl* Zoten *f pl.*
paillasse [pajas] *f* **1.** Strohsack *m;* **2.** *(Küche)* Abtropffläche *f;* **3.** Labortisch *m;* **4.** *pop* Nutte *f.* **paillasson** *m* **1.** (Stroh-, Binsen-)Matte *f;* **2.** (Fuß-)Abtreter *m.*
paille [pɑj] *f* **1.** Stroh(-halm *m*) *n; com* Bund *n* Stroh; **2.** Stroh-, Trinkhalm *m;* **3.** *tech* Fehler, Sprung, Riß *m;* **4.** *fam fig* Kleinigkeit *f;* **5.** *a inv* strohfarben; **6.** ▶ *être sur la ~* bettelarm sein; *tirer à la courte ~* Hälmchen ziehen; **7.** ▶ *botte f, chapeau, feu, homme m de ~* Strohbündel *n,* -hut *m,* -feuer *n a. fig,* -mann *m a. fig; ~ de fer* Stahlspäne *m pl.* **paillé, e** *a tech* rissig, brüchig. **pailler I.** *s m* Strohhaufen *m,* -dieme *f;* **II.** *tr agr* **1.** mit Stroh abdecken; **2.** *(Stuhl)* mit Stroh (aus=)flechten. **paillet** [-ɛ] *s m, a:* ▶ *vin m ~* Bleichert *m.*
pailleté, e [pajte] *a* mit Pailletten besetzt. **paillette** *f* **1.** Paillette *f;* **2.** Plättchen *n;* **3.** *(Diamant)* Fehler *m;* ▶ *savon m en ~s* (Seifen-)Flocken *f pl.*
pailleux, se [pajø, -øz] *a* **1.** *(Metall)* rissig, brüchig; **2.** *(Dünger)* noch nicht verrottet. **paillis** [-i] *m* Streu *f (auf Gartenbeeten).* **paillon** *m* **1.** Strohhülse *f (für Flaschen);* **2.** Metallplättchen *n.*
paillote *f* Strohhütte *f.*
pain [pɛ̃] *m* **1.** Brot *n a. fig;* **2.** *(Seife, Butter)* Stück *n; (Seife)* Block, Riegel *m;* **3.** *pop* Faustschlag *m;* **4.** ▶ *au ~ et à l'eau* bei Wasser u. Brot; *avoir du ~ sur la planche* viel zu tun haben; *(pop)*

coller un ~ à qn jdn eine kleben; *manger son ~ blanc le premier* das Gute vorweg genießen; *s'enlever comme des petits ~s* wie warme Semmeln abgehen; *s'ôter le ~ de la bouche* sich das Brot vom Munde absparen; *petit ~* Brötchen *n*, Semmel *f*; *~ bénit* geweihte(s) Brot *n*; *c'est ~ bénit* das geschieht ihm ganz recht; **5.** ▶ *~ bis* Misch-, Graubrot *n*; *~ blanc* Weißbrot *n*; *~ complet* Vollkornbrot *n*; *~ d'épice(s)* Leb-, Honigkuchen *m*; *~ de ménage* Land-, Bauernbrot *n*; *~ de sucre* Zuckerhut *m*.

pair [pɛʀ] *m com* Pari(tät *f*) *n*, gleiche(r) Wert *m*; *hist* Pair, *(engl.)* Peer *m*; ▶ *au ~* für Kost und Logis *(arbeiten)*; *com* al pari, zum Nennwert; *de ~* auf gleicher Stufe; ebenbürtig; *hors (de) ~* unerreicht, konkurrenzlos; *son, ses ~(s)* seines-, ihresgleichen; *aller de ~ (à compagnon [vx])* auf gleichem Fuß stehen (*avec qn* mit jdm); *(Sache)* gleichzeitig auf=treten; sich gegenseitig bedingen. **pair, e** *a (Zahl)* gerade. **paire** *f* Paar; *(Pferde)* Gespann; *(Ochsen)* Joch *n*, ▶ *faire la ~* ein Paar sein; zs.=passen; *de ciseaux* Schere *f*, *~ de lunettes* Brille *f*. **pairesse** *f* Frau *f* e-s Pair *od* Peer. **pairie** *f* Pairs-, Peerswürde *f*.

paisible [pe(ɛ)zibl] *a* friedlich, -fertig; ruhig.

paître [pɛtʀ] ‹*Prés. il paît, ils paissent; kein Fut.; keine zusammengesetzten Zeiten*› *tr itr* weiden, äsen, (ab=)grasen; ▶ *envoyer ~ (fam)* zum Teufel jagen.

paix [pɛ] *f* **1.** Friede(n) *m*; **2.** Eintracht, Ruhe; Stille *f*; ▶ *en ~* in Ruhe, Frieden; *en temps de ~* in Friedenszeiten; *pour avoir la ~* um des lieben Friedens willen; *faire la ~ avec qn* sich mit jdm aus=söhnen; *ficher (fam) la ~* in Ruhe lassen; *(fam) laissez-lui la ~* lassen Sie ihn in Ruhe! *~ à ses cendres!* Friede seiner Asche! *~ (donc)!* Ruhe! still! *conclusion f de la ~* Friedensschluß *m*; *conditions, négociations f pl de ~* Friedensbedingungen, -verhandlungen *f pl*; *~ armée* bewaffnete(r) Frieden *m*; *~ sociale* soziale(r) Frieden *m*.

Pakistan, le [pakistɑ̃] Pakistan *n*. **pakistanais, e** *a* pakistanisch. **Pakistanais, e** *s m f* Pakistani *m f*.

pal [pal] *m* Pfahl *m*.

palabre [palabʀ] *f* u. *m* Palaver *n*. **palabrer** *itr fam* schwatzen.

palace [palas] *m* Luxushotel *n*.

paladin [paladɛ̃] *m hist* Paladin *m*.

palais [palɛ] *m* **1.** Palast *m*, Palais *n*; **2.** Gericht(sgebäude) *n*; **3.** *anat* Gaumen *m*; ▶ *~ de justice* Justizpalast *m*; *~ des sports* Sportpalast *m*.

palan [palɑ̃] *m* **1.** Flaschenzug *m*; **2.** *mar* Talje *f*.

palatal, e [palatal] **I.** *a anat gram* Gaumen-; **II.** *s f* Gaumenlaut *m*.

palatin, e [palatɛ̃, -in] *hist* Pfalz-; *geog* pfälzisch. **Palatinat, le** [-na] *geog* die Pfalz *f*.

pale [pal] *f tech* Blatt *n*, Schaufel *f*, Flügel *m*.

pâle [pɑl] *a* **1.** blaß, bleich, fahl; glanzlos, matt, trübe; schwach; **2.** *fig* farb-, ausdruckslos.

palefrenier [palfʀənje] *m* Stallbursche *m*.

paléographe [paleɔgʀaf] *m* Paläograph *m*. **paléographie** *f* Paläographie *f*. **paléolithique** *m* Paläolithikum *n*, Altsteinzeit *f*. **paléontologie** *f* Paläontologie *f*. **paléontologue** *m* Paläontologe *m*. **paléozoïque** *m* Paläozoikum *n*.

paleron [palʀɔ̃] *m (Ochse, Pferd)* Schulterstück *n*, Bug *m*.

Palestine, la [palɛstin] Palästina *n*. **palestinien, ne** *a* palästinensisch. **Palestinien, ne** *m f* Palästinenser(in *f*) *m*.

palet [palɛ] *m (Eishockey)* Puck *m*.

paletot [palto] *m* dreiviertellange(r) Mantel *m*.

palette [palɛt] *f* **1.** Palette *f a. fig*; **2.** *tech* Schaufel *f*, Flügel *m*; **3.** *(Schwein, Hammel)* Schulterstück, Blatt *n*; **4.** *fam anat* Schulterblatt *n*; Kniescheibe *f*.

pâleur [pɑlœʀ] *f* Blässe; bleiche Farbe *f*. **pâlichon, ne** *a fam* etwas blaß.

palier [palje] *m* **1.** Treppenabsatz, -flur *m*, Podest *n*; **2.** *tech* Lager *n*; **3.** *fig* Stufe *f*, Niveau *n*; **4.** horizontale Strecke *f*; **5.** ▶ *par ~s (fig)* stufenweise. **palière** *s f* u. *a*: ▶ *marche f ~* oberste (Treppen-)Stufe *f*.

pâlir [pɑliʀ] *itr* **1.** blaß, bleich werden, erblassen (*de* vor *dat*); **2.** *(Licht)* schwächer werden, nach=lassen; **3.** *(Farbe)* verblassen *a. fig*; ▶ *faire ~ (fig)* in den Schatten stellen; *son étoile pâlit (fig)* sein Stern ist im Sinken.

palissade [palisad] *f* (Pfahl-)Zaun *m*; Palisade *f*.

palissandre [palisɑ̃dʀ] *m* Palisander (-holz *n*) *m*.

palliatif [paljatif] *m* Notbehelf *m*. **pallier** *tr* **1.** aus dem Weg räumen, beseitigen; **2.** *med* (vorübergehend) lindern, erleichtern; **3.** *(Mangel)* ab=stellen, beheben.

palmarès [palmaʀɛs] *m* **1.** Liste *f* der Preisträger; **2.** *sport* Preis *m*.

palme [palm] *f* **1.** Palm(en)zweig *m*; **2.** *sport* Schwimmflosse *f*; ▶ *remporter la ~* den Sieg davontragen. **palmé, e** *a zoo* mit Schwimmhaut versehen; *bot* handnervig; ▶ *pied m (patte f) palmé(e)* Schwimmfuß *m*. **palmeraie** [-mə-] *f* Palmenhain *m*. **palmer** [-ɛ̃ʀ] *m* Mikrometer *n*. **palmier** [-mje] *m* **1.** *bot* Palme *f*; **2.** Schweinsohr *n (Gebäck)*. **palmipèdes** *m pl* Schwimmvögel *m pl*.

palombe [palɔ̃b] *f zoo* Ringeltaube *f*.

palonnier [palɔnje] *m* **1.** *(Wagen)* Ort-

scheit *n;* **2.** *aero* Steuerhebel *m,* -pedal *n.*
palourde [paluʀd] *f zoo* Venusmuschel *f.*
pâlot, te [pɑlo, -ɔt] *a* etwas blaß, bläßlich.
palpable [palpabl] *a* **1.** greifbar, berührbar; **2.** *fig* handgreiflich. **palper** *tr* **1.** be-, ab=fühlen, -tasten; **2.** *fam (Geld)* ausbezahlt bekommen. **palpeur** *m tech* Abtastkopf *m.*
palpitant, e [palpitɑ̃, -t] *a* **1.** zuckend, zitternd; **2.** *fig* ergreifend, fesselnd, aufregend. **palpitation** *f meist pl* Zuckungen *f pl;* Herzklopfen *n.* **palpiter** *itr* **1.** zucken, zittern (*de joie* vor Freude); **2.** *(Herz)* klopfen, pochen; Herzklopfen haben; **3.** *(Busen)* wogen.
paltoquet [paltɔkɛ] *m fam* Lümmel; Taugenichts *m.*
paluche [palyʃ] *f arg* Hand *f.*
paludéen, ne [palydeɛ̃, -ɛn] *a* Sumpf-; ▶ *fièvre f ~ne.* **paludisme** *m* Sumpffieber *n,* Malaria *f.*
pâmer [pɑme] *v prn, se ~* außer sich sein (*de* vor *dat*); ▶ *(se) ~ de joie* vor Freude außer sich sein; *(se) ~ de rire* sich krank=lachen, tot=lachen (wollen). **pâmoison** *f* Ohnmacht *f.*
pamphlet [pɑ̃flɛ] *m* Flug-, Streit-, Schmähschrift *f.* **pamphlétaire** *m* Pamphletist *m.*
pamplemousse [pɑ̃pləmus] *m* od *f bot* Pampelmuse *f.*
pampre [pɑ̃pʀ] *m* Weinranke *f a. arch.*
pan [pɑ̃] **I.** *interj* bum(s)! pardauz! **II.** *s m* **1.** *(Mantel)* Zipfel, Schoß *m;* **2.** *(~ de mur)* Mauerstück *n;* **3.** *tech* Fläche, Seite *f;* **4.** *arch* Fachwerk *n.*
panacée [panase] *f* Allheil-, Universalmittel *n.*
panachage [panaʃaʒ] *m parl* Panaschiersystem, Panaschieren *n.*
panache [panaʃ] *m* **1.** Helm-, Federbusch *m;* **2.** (Rauch-)Fahne *f;* **3.** *fam fig* glanzvolle(s) Auftreten *n.*
panaché, e [panaʃe] *a* **1.** *fig* bunt, gemischt; **2.** *bot* buntgestreift; ▶ *glace ~e* gemischte(s) (Speise-)Eis *n; salade ~e* gemischte(r) Salat *m.* **panacher** *tr* mischen *a. pol.*
panade [panad] *f* Brotsuppe *f;* ▶ *être dans la ~ (fig fam)* in der Tinte sitzen.
panallemand, e [panalmɑ̃, -d] *a* gesamtdeutsch.
panama [panama] *m* Panama(hut) *m.*
Panama *m geog* Panama *n.*
Paname [panam] *m arg* Paris *n.*
panard [panaʀ] *m pop* Fuß *m.*
panaris [panaʀi] *m* Nagelgeschwür *n,* Umlauf *m.*
pancarte [pɑ̃kaʀt] *f* **1.** Plakat *n,* Anschlag *m;* **2.** Transparent, Spruchband *n.*
pancréas [pɑ̃kʀeas] *m* Bauchspeicheldrüse *f.* **pancréatique** *a* Bauchspeicheldrüsen-.
panda [pɑ̃da] *m* Panda, Katzenbär *m.*
panégyrique [paneʒiʀik] *m* Lobrede *f.*
paner [pane] *tr (Küche)* panieren.
paneuropéen, ne [panøʀɔpeɛ̃, -ɛn] *a* gesamteuropäisch.
panier [panje] *m* **1.** Korb *m;* **2.** *arg* Po *m;* ▶ *faire danser l'anse du ~* in die eigene Tasche arbeiten; *mettre tous ses œufs dans le même ~* alles auf eine Karte setzen; *le dessus du ~* das Beste, das Feinste; *fond m du ~* Ausschuß *m; robe à ~s* Reifrock; *~ à bouteilles, à linge, d'osier, à ouvrage, à pain, à papier(s), à provisions* Flaschen-, Wäsche-, Weiden-, Näh-, Brot-, Papier-, Einkaufskorb *m; ~ de crabes (fig)* Wespennest *n; ~ percé (fig)* Verschwender *m; ~-repas m* Lunchpaket *n; ~ à salade* Salatkorb *m; pop* grüne Minna *f.*
panifiable [panifjabl] *a:* ▶ *céréales f pl ~s* Brotgetreide *n.* **panifier** [-fje] *tr* zu Brot verarbeiten.
panique [panik] **I.** *a* panisch; **II.** *s f* Panik *f.* **paniqué, e** *a fam* durchgedreht, in Panik; ▶ *j'étais complètement ~* ich habe völlig durchgedreht. **paniquer** *tr fam* in Panik versetzen; *itr* in Panik geraten, durch=drehen, rotieren; *se ~ (fam)* in Panik geraten, durch=drehen.
panne [pan] *f* **1.** *mot* Schaden, Defekt *m,* (Betriebs-)Störung, Panne *f;* **2.** *(Schwein)* Bauchfett *n;* ▶ *avoir une ~* Panne haben; ausfallen; *mettre en ~ (mar)* bei=drehen; *tomber en ~* e-e Panne haben; *~ de courant* Stromausfall *m; ~ d'essence, sèche (mot)* Benzinmangel *m; ~ de nuages* Wolkenstreifen *m.*
panneau [pano] *m pl -x* **1.** *(Tür)* Füllung *f;* Platte *f;* **2.** (Fang-)Netz, Garn *n;* **3.** *(Textil)* Bahn *f;* **4.** *aero* Fliegertuch *n;* **5.** (Vorhang-)Store *m;* **6.** ▶ *tomber, donner dans le ~ (fig)* ins Garn, auf den Leim gehen; **7.** ▶ *~ d'affichage* Anschlagtafel *f,* -brett; Plakat *n; ~-cible m* Zielscheibe *f; ~ contre-plaqué* Sperrholzplatte *f; ~ électoral* Wahlplakat *n; ~ publicitaire, ~-réclame m* Reklametafel *f; ~ routier* Reklame-, Werbeschild *n* an der Straße; *~ de signalisation, indicateur* Verkehrszeichen *n; ~ solaire (cosm)* Sonnensegel *n.*
panonceau [panɔ̃so] *m* (Notariats-) Schild *n.*
panoplie [panɔpli] *f* **1.** Karton *m* Spiel-, Werkzeug *n;* **2.** Waffensammlung *f.*
panorama [panɔʀama] *m* **1.** Panorama *n;* **2.** *fig* Überblick *m.* **panoramique** *a* ▶ *vue f ~* Rundblick *m.*
pansage [pɑ̃saʒ] *m (Pferd)* Putzen *n.*
panse [pɑ̃s] *f* **1.** *zoo* Pansen *m;* **2.** *fam* Wanst *m;* **3.** *(Flasche)* Bauch *m.*
pansement [pɑ̃smɑ̃] *m med* Verband *m;* ▶ *boîte f à ~* Verbandskasten *m.*

panser *tr* **1.** *(Wunde)* verbinden; **2.** *(Pferd)* putzen, striegeln.
pansu, e [pɑ̃sy] *a (Flasche)* bauchig.
pantagruélique [pɑ̃tagʀyelik] *a* Riesen-.
pantalon [pɑ̃talɔ̃] *m* (lange) Hose *f;* ▶ *mettre un ~* e-e Hose anziehen; *~ d'homme, de sport* Herren-, Sporthose *f; ~ à pinces* Bundfaltenhose *f; ~ en velours côtelé* Cordjeans *pl.* **pantalonnade** [-lɔ-] *f* Schwank *m,* Posse; faule Ausrede; Finte *f.*
pantelant [pɑ̃tәlɑ̃,-t] *a* keuchend; zukkend.
panthéist(iqu)e [pɑ̃teist(ik)] *a* pantheistisch.
panthère [pɑ̃tɛʀ] *f* Panther *m;* ▶ *~ des neiges* Schneeleopard *m.*
pantin [pɑ̃tɛ̃] *m* Hampelmann *m a. fig.*
pantois [pɑ̃twa] *a:* ▶ *rester ~* verblüfft sein.
pantomime [pɑ̃tɔmim] *f* Pantomime *f.*
pantouflard [pɑ̃tuflaʀ] *m* Stubenhocker *m.* **pantoufle** *f* Hausschuh *m;* ▶ *il raisonne comme une ~* er redet Unsinn; *~ en feutre* Filzpantoffel *m.*
panure [panyʀ] *f* Paniermehl *n.*
paon [pɑ̃] *m* **1.** *orn* Pfau *m;* **2.** *zoo* Pfauenauge *n;* ▶ *se parer des plumes du ~ (fig)* sich mit fremden Federn schmücken.
papa [papa] *m* Papa *m;* ▶ *à la ~ (fam)* ganz gemütlich; *de ~* überholt, veraltet.
papal, e [papal] *a pl -aux* päpstlich. **papamobile** [papamɔbil] *m* Wagen *m* des Papstes. **papauté** *f* Papstwürde *f,* -tum *n.*
papavéracées [papaveʀase] *f pl* Mohnpflanzen *f pl.*
papaye [papaj] *f* Papaya *f.*
pape [pap] *m* Papst *m.*
papelard [paplaʀ] *s m f* Stück *n* Papier, Wisch *m.* **paperasse** *f* **1.** Wisch, Fetzen *m* (Papier), Makulatur *f;* **2.** Papierkrieg *m.* **paperasserie** *f* Papierwurst, Berg *m* Papier; Papierkrieg *m.* **paperassier, ère I.** *a* gern in Papieren wühlend; **II.** *s m* Papierflut *f.*
papesse [papɛs] *f* Päpstin *f.*
papeterie [pap(ɛ)tʀi] *f* **1.** Papierfabrik, -fabrikation *f,* -handel *m,* -geschäft *n;* **2.** Schreibwaren(handlung *f*) *f pl.* **papetier, ère** [-p(ә)-] *s m f* Schreibwarenhändler(in *f*) *m.*
papi, papy [papi] *m* Opa *m.*
papier [papje] *m* **1.** Papier *n;* **2.** Schreiben, Schriftstück *n;* **3.** (Zeitungs-)Artikel *m;* **4.** *pl* (Ausweis-)Papiere *n pl;* **5.** ▶ *être dans les petits ~s de qn* bei jdm gut angeschrieben sein; **6.** ▶ *~s d'affaires* Geschäftspapiere *n pl; ~ brouillon* Konzeptpapier *n; ~ buvard* Löschpapier *n; ~-cadeau m* Geschenkpapier *n; ~ carbone* Kohlepapier *n; ~ à cigarettes* Zigarettenpapier *n; ~ à dessin* Zeichenpapier *n; ~ à écrire* Schreibpapier *n; ~ d'emballage* Packpapier *n; ~ émeri* Schmirgelpapier *n; ~-filtre* Filterpapier *n; ~ hygiénique* Toiletten-, Klosettpapier *n; ~ journal* Zeitungspapier *n; ~ à lettre(s)* Briefpapier *n; ~ (à) machine* Schreibmaschinenpapier *n; ~-monnaie m* Papiergeld *n; ~ peint, de tapisserie, ~-tenture m* Tapete *f; ~ timbré* Stempelpapier *n; ~ de verre* Sandpapier *n.*
papille [papij] *f anat* Papille *f.*
papillon [papijɔ̃] *m* **1.** Schmetterling *m;* **2.** Hand-, Anschlagzettel; Aufkleber *m;* **3.** gebührenpflichtige Mahnung *f (beim Parken);* **4.** Querbinder *m,* Fliege *f;* **5.** *(Schraube)* Flügelmutter; Drosselklappe *f;* ▶ *~ nocturne* Nachtfalter *m.* **papillonner** [-jɔ-] *itr fam* umher=flattern, -geistern.
papillotage [papijɔtaʒ] *m film* Flimmern *n.* **papillote** *f* eingewickelte(r) Bonbon; *(Küche)* Papierwickel *m.* **papilloter** *itr fam* mit den Wimpern klimpern.
papotage [papɔtaʒ] *m fam* Geplapper; Geschwätz *n.* **papoter** *itr* plappern; schwatzen.
papou, e [papu] *a* papuanisch. **Papouasie, la** [-pwazi] Neuguinea *n.*
paprika [papʀika] *m (Gewürz)* Paprika *m.*
papyrus [papiʀys] *m bot* Papyrusstaude f; Papyrus *m.*
pâque [pak] *f rel* Passah(fest) *n.*
paquebot [pakbo] *m* Passagierdampfer *m.*
pâquerette [pakʀɛt] *f bot* Gänseblümchen, Maßlieb(chen) *n;* ▶ *~ double* Tausendschön *n.*
Pâques [paq] *f pl rel* Ostern *n* od *f pl;* ▶ *l'île f de ~* die Osterinsel *f.*
paquet [pakɛ] *m* **1.** Paket, Bündel *n;* **2.** ▶ *faire son ~ (fig)* sein Bündel schnüren; *mettre (tout) le ~* s-e ganze Kraft ein=setzen *a. fig; recevoir son ~ (fig)* e-e Zigarre (verpaßt) bekommen; *risquer son ~ (fig)* ein Risiko ein=gehen; *voilà ton ~!* da hast du's! **3.** ▶ *~ de mer* Sturzsee *f; ~ de nerfs* Nervenbündel *n.*
paquetage [-ktaʒ] *m mil* Gepäck *n;* ▶ *~ de route* Marschgepäck *n.*
par [paʀ] *prp* **1.** *(räumlich)* durch; über; von ... her; auf; **2.** *(zeitlich)* an; in; bei; **3.** *(Mittel)* mittels, durch; per; **4.** *(Art und Weise)* bei; zu; **5.** *(Grund, Ursache)* durch, aus; **6.** *(distributiv)* pro; **7.** ▶ *de ~* über ... hin; auf Befehl *gen,* im Namen *gen; jour ~ jour* Tag für Tag; *~ an* jährlich; *~ bonheur* glücklicherweise; *~-ci, ~-là* hier u. da; hin u. wieder; *~ douzaines* zu Dutzenden, dutzendweise; *~ homme* pro Mann; *~ la main* an, bei der Hand; *~ mer calme* bei ruhiger See; *~ moitié* zur Hälfte; *~*

soi-même von sich aus; ~ *sottise* aus Dummheit; ~ *tous les temps* zu allen Zeiten; ~ *toute la terre* über die ganze Erde (hin); ~ *trop* gar zu (sehr); allzu; ~ *300 voix contre 100 (parl)* mit 300 gegen 100 Stimmen; ~ *2 à 1 (sport)* 2 zu 1; ~ *28 degrés* bei 28 Grad; ~ *20 degrés de latitude (mar)* unter dem 20. Breitengrad; **8.** ► *commencer (finir)* ~ *dire* anfangs (zuletzt, schließlich) sagen; *mener qn* ~ *le bout du nez (fig)* jdn an der Nase herum=führen; *passer* ~ *Paris* über Paris fahren; *prouver* ~ *des exemples* durch, mit Hilfe, an Hand von Beispielen beweisen; *tomber* ~ *terre* zu Boden fallen; *venir* ~ *auto* im Auto kommen; *vol m* ~ *le pôle* Flug *m* über den Pol.

para [paʀa] *m arg mil* Fallschirmjäger *m.*

parabole [paʀabɔl] *f* **1.** *rel* Gleichnis *n;* **2.** *math* Parabel *f.* **parabolique** *a phys* Parabel-.

parachèvement [paʀaʃɛvmɑ̃] *m* Vollendung *f.* **parachever** [-ʃ(ə)-] ⟨*Prés. je parachève, ns parachevons; Fut. je parachèverai; pp. parachevé, e*⟩ *tr* (ganz) fertig=stellen, vollenden.

parachutage [paʀaʃytaʒ] *m* Fallschirmabwurf *m;* Absetzen *n.* **parachute** *m* Fallschirm *m;* ► *descente f en* ~ Fallschirmabsprung *m; sauter en* ~ mit dem Fallschirm ab=springen. **parachuter** *tr* mit dem Fallschirm ab=werfen, ab=springen lassen; ► *troupes f pl parachutées* Fallschirmtruppen *f pl; personne f parachutée (fig)* Senkrechtstarter *m.* **parachutisme** *m* Fallschirmspringen *n.* **parachutiste** *m* Fallschirmspringer, -jäger *m;* ► *déposer, larguer des* ~*s* Fallschirmspringer absetzen.

parade [paʀad] *f* **1.** *(Reiten, Boxen)* Parade *f;* **2.** *(Fechten)* Parieren *n;* **3.** *fig* Entgegnung *f,* Gegenargument *n.* **parader** *itr mil* paradieren; herum=stolzen.

paradigme [paʀadigm] *m* Beispiel *n; gram* Paradigma *n.*

paradis [paʀadi] *m* **1.** Paradies *n;* **2.** *theat* Olymp *m; vous ne l'emporterez pas en* ~ das werden Sie mir heim=zahlen! ~ *fiscal* Steuerparadies *n.* **paradisiaque** *a* paradiesisch, himmlisch. **paradisier** *m orn* Paradiesvogel *m.*

paradoxal, e [paʀadɔksal] *a pl -aux* paradox; widersinnig. **paradoxe** *m* Paradox(on) *n.*

parafe, parafer [paʀaf, -e] *s. paraphe, parapher.*

paraffine [paʀafin] *f* Paraffin *n.*

parage [paʀaʒ] *m* **1.** *meist pl* Gewässer *n pl;* **2.** *fam* Gegend *f;* **3.** *tech* Schlichten, Zurichten *n.*

paragraphe [paʀagʀaf] *m* Abschnitt, -satz *m.*

paragrêle [paʀagʀɛl] *a:* ► *canon m, fusée f* ~ Kanone, Rakete *f* zur Hagelbekämpfung.

paraître [paʀɛtʀ] ⟨*Prés. je parais, il paraît, ns paraissons; Fut. je paraîtrai; pp. paru, e; Subj. que je paraisse, que ns paraissions; Impér. parais, paraissons*⟩ **I.** *tr* **1.** erscheinen, sich zeigen, auf=treten; **2.** *fig* sichtbar werden, deutlich werden; zum Vorschein kommen, zutage treten; **3.** (er)scheinen, den Anschein haben, Eindruck erwecken; **4.** *(Buch)* erscheinen, veröffentlicht werden; ► *vient de* ~ *(Buch)* soeben erschienen; *il ne paraît pas son âge* man sieht ihm sein Alter nicht an; **II.** *v imp il paraît que* es scheint (so), hat den Anschein, man sagt, daß, es soll.

parallèle [paʀalɛl] **I.** *a* **1.** parallel (*à* zu, mit); **2.** *fig* gleichlaufend, -gerichtet; **II.** *s f math* Parallele *f;* **III.** *s m* **1.** Vergleich *m,* Gegenüberstellung *f;* **2.** Parallele *f;* **3.** *geogr* Breitenkreis *m;* ► *faire un* ~ e-n Vergleich ziehen (*de* zu); *barres f pl* ~*s (sport)* Barren *m.* **parallélépipède** *m math* Parallelepiped *n.* **parallélisme** *m* Parallelität *f; fig* Parallelismus. **parallélogramme** *m math* Parallelogramm *n.*

paralyser [paʀalize] *tr* **1.** lähmen *a. fig;* **2.** lahm=legen. **paralysie** *f* **1.** *med* Lähmung *a. fig,* Paralyse *f;* **2.** *fig* Machtlosigkeit *f.* **paralytique** *a* gelähmt, lahm; *s m f* Gelähmte(r *m*) *f.*

paramédical, e [paʀamedikal] *a (Gebiet)* paramedizinisch; ► *profession paramédicale* medizinische(r) Dienstleistungsberuf *m; s m* Paramedizin *f.*

paramètre [paʀamɛtʀ] *m math* Parameter *n.*

paramilitaire [paʀamilitɛʀ] *a* paramilitärisch.

parapente [paʀapɛ̃t] *m sport* Gleitschirm *m;* Gleitschirmfliegen *n.*

parapet [paʀapɛ] *m arch* Brüstung *f,* Geländer *n.*

paraphe [paʀaf] *m* Handzeichen *n;* Paraphe *f.* **parapher** *tr* mit s-m Handzeichen versehen, paraphieren.

paraphrase [paʀafʀaz] *f* **1.** *mus* Paraphrase *f;* **2.** *fig* Umschreibung *f.* **paraphraser** *tr* um=schreiben; kommentieren.

paraplégie *f med* Querschnittslähmung *f.* **paraplégique** *a* querschnittsgelähmt; *s m f* Querschnittsgelähmte(r *m*) *f.*

parapluie [paʀaplɥi] *m* Regenschirm *m;* ► ~ *stratégique (mil)* Raketenabwehrschirm *m.*

parapsychologie [paʀapsikɔlɔʒi] *f* Parapsychologie *f.*

parasitage [paʀazitaʒ] *radio* Störung *f.* **parasitaire** *a med* parasitär. **parasite** **I.** *s m* **1.** *biol* Parasit, Schmarotzer *m;* **2.** *fam* Nassauer *m;* **3.** *pl* Störgeräusche *n*

pl; **II.** *a* parasitisch, schmarotzend. **parasitique** *a* parasitisch; Parasiten-. **parasitisme** *m biol* Parasitismus *m; allg* Schmarotzertum *n.*
parasol [paʀasɔl] *m* Sonnenschirm *m.*
paratonnerre [paʀatɔnɛʀ] *m* Blitzableiter *m.*
paratyphoïde [paʀatifɔid] *f med* Paratyphus *m.*
paravent [paʀavɑ̃] *m* Wandschirm *m.*
parbleu [paʀblø] *interj* bei Gott! wahrhaftig!
parc [paʀk] *m* **1.** Park *m;* **2.** *agr* Pferch *m;* **3.** *(für Kinder)* Laufstall *m;* **4.** *(Fischerei)* Sperrnetz *n,* Fischzaun *m;* **5.** Naturschutzgebiet *n;* **6.** Kraftwagenbestand, Fuhrpark *m;* **7.** Park-, Lagerplatz *m;* **8.** ► ~ *aquatique* Freizeitpark *m* mit Wasserspielen; ~ *d'attractions, de loisirs* Vergnügungspark, Freizeitpark *m;* ~ *à bébé* Laufställchen *n; de dissuasion* Stadtrandparkplatz *m;* ~ *des expositions* Ausstellungsgelände *n;* ~ *à gibier* Wildpark *m;* ~ *à huîtres* Austernpark *m;* ~ *national (geog)* Nationalpark *m;* ~ *nucléaire* Nuklearpark *m;* ~ *technologique* Technologiepark *m;* ~ *de véhicules* Fahrzeugbestand *m.* **parcage** *m (Schafe)* Einpferchen *n; (Austern)* Einsetzen; *Fig.* zs.pferchen *n.*
parcellaire [paʀsɛlɛʀ] *a* Parzellen-, Grundstücks-; ► *remaniement m* ~ Flurbereinigung *f.* **parcelle** *f* **1.** Parzelle *f,* Grundstück *n,* Bauplatz *m;* **2.** *fig* Stückchen *n;* ► ~ *de terrain* Stück *n* Land; ~ *de vérité* Funken *m* Wahrheit. **parcellement** *m* Parzellierung *f.* **parceller** *tr (Land)* auf=teilen, parzellieren.
parce que [paʀs(ə)kə] *conj* **1.** weil; **2.** *fam* darum, drum.
parchemin [paʀʃəmɛ̃] *m* Pergament *n.*
parcheminé, e [-mi-] *a* **1.** pergamentartig; **2.** *(Gesicht)* ledern.
parcimonie [paʀsimɔni] *f* ► *avec* ~ sehr sparsam. **parcimonieux, se** [-njø, -øz] *a* knauserig, knick(e)rig.
parc(o)mètre [paʀkɔmɛtʀ] *m* Parkuhr *f.*
parcourir [paʀkuʀiʀ] ⟨*Prés. je parcours, ns parcourons; Fut. je parcourrai; pp. parcouru, e; Subj. que je parcoure, que ns parcourions; Impér. parcours, parcourons*⟩ *tr* **1.** durchziehen, -reisen, -fahren, -laufen, -eilen; **2.** überfliegen, flüchtig lesen; überblicken, -schauen. **parcours** [-kuʀ] *m* **1.** Fahrt, Reise *f;* **2.** (Fahr-, Renn-, Flug-)Strecke *f;* **3.** ► *couvrir un* ~ e-e Strecke zurück=legen; **4.** ► *incident m de* ~ Panne *f,* Mißgeschick *n;* ~ *de freinage* Bremsweg *m.*
par-dessous [paʀdəsu] **I.** *prp* unter ... her, durch; **II.** *adv* unten; ► *traiter qn* ~ *la jambe (fig)* jdn verächtlich behandeln. **par-dessus** über *acc* (hinaus); ► ~ *le marché* darüber hinaus, obendrein.
pardessus [paʀdəsy] *m* Überzieher *m.*
par-devant [paʀdəvɑ̃] vor, in Gegenwart von. **par-devers** auf der Seite *gen;* vor *dat; fig* in Händen.
pardi [paʀdi] *interj fam* gewiß! kein Wunder! sicher!
pardon [paʀdɔ̃] *m* Entschuldigung, Verzeihung *f;* ► *(je vous demande)* ~! *mille* ~*s!* (ich bitte um) Verzeihung! **pardonnable** [-dɔ-] *a (Person)* entschuldbar; *(Handlung)* verzeihlich. **pardonner I.** *tr* **1.** verzeihen, hin=, durch=gehen lassen (*qc à qn* jdm etw); **2.** *rel* vergeben; **II.** *itr* verzeihen; ► *pardonnez-moi!* verzeihen Sie (mir)!
pare-balles [paʀbal] *a* kugelsicher; *m inv* Kugelfang *m;* ► *gilet* ~ kugelsichere Weste *f.* **pare-boue** *m inv mot* Kotflügel *m;* Schutzblech *n.* **pare-brise** *m inv mot* Windschutzscheibe *f.* **pare-chocs** *m inv mot* Stoßstange *f.* **pare-feu** *m inv* Feuerlöschgerät *n;* Brandmauer *f;* Feuerschneise *f.* **pare-neige** *m inv* Schneezaun *m.* **pare-soleil** *m inv mot* Sonnenblende *f.*
pareil, le [paʀɛj] *a* **1.** gleich(wertig), entsprechend; ähnlich; **2.** solch; derartig; ► *à* ~*le époque* zur selben Zeit; *sans* ~ ohnegleichen; *mon, son* ~ meines-, seinesgleichen; *toutes choses* ~*les* unter den gleichen Umständen; *rendre à qn la* ~*le* jdm mit gleicher Münze heim=zahlen; *c'est du* ~ *au même (fam)* das ist gehupft wie gesprungen. **pareillement** *adv* in gleicher Weise, ebenso; gleich-, ebenfalls, auch.
parélie [paʀeli] *m s. parhélie.*
parement [paʀmɑ̃] *m* **1.** Ärmelaufschlag *m;* **2.** *arch* Blendsteinverkleidung *f.*
parent, e [paʀɑ̃, -ɑ̃t] *s m f* **1.** Verwandte(r *m*) *f a. fig;* **2.** *pl* Eltern *pl.* **parental, e** *a* elterlich, Eltern-. **parenté** *f* **1.** Verwandtschaft(sverhältnis *n*) *f a. fig;* **2.** Verwandte *m pl;* ► *lien m de* ~ Verwandtschaftsgrad *m,* -verhältnis *n.*
parenthèse [paʀɑ̃tɛz] *f* **1.** *gram* Einschiebsel *n;* **2.** runde Klammer; Abschweifung *f;* ► *entre* ~*s* in Klammern; beiläufig, nebenbei; *ouvrir, fermer la* ~ Klammer auf-, zu=machen.
parer [paʀe] **1.** *tr* schmücken (*de* mit), (ver-)zieren; **2.** *(Gemüse)* putzen; **3.** *(Fleisch)* aus=lösen; **4.** *tech* zu=richten, -bereiten; **5.** *mar* klar=machen; **6.** *(Schlag)* parieren, vermeiden, aus=weichen *dat;* **7.** *fig* begegnen *dat;* **8.** sich schützen (*à* gegen); vor=beugen (*à qc* e-r S); **9.** *(Pferd)* an=halten; **10.** ► *(mar)* ~ *un cap* ein Vorgebirge umsegeln; ~ *au plus pressé* dem Dringendsten ab=helfen; *on ne saurait* ~ *à tout* man kann nicht an alles denken.
paresse [paʀɛs] *f* Faulheit, Trägheit; Langsamkeit *f.* **paresser** *itr fam* bum-

meln, faulenzen. **paresseux, se I.** *a* **1.** faul, träge; schwerfällig; **2.** *med* zu langsam arbeitend; **II.** *s m f* **1.** Faulenzer(in *f*), Faulpelz *m;* **2.** *m zoo* Faultier *n.*

parfaire [paʀfɛʀ] ‹*pp. parfait, e; nur im Infinitiv und in den zusammengesetzten Zeiten verwendet*› *tr* vollenden, vervollkommnen; vervollständigen, ergänzen. **parfait, e** [-fɛ, -ɛt] **I.** *a* **1.** vollkommen, vollendet; vollständig; untadelig, tadellos; **2.** *(vorangestellt) (Schurke)* ausgemacht; *(Einverständnis)* völlig, voll; **II.** *s m* **1.** *(Gefrorenes)* Parfait *n;* **2.** *gram* Perfekt *n.* **parfaitement** *adv* **1.** vollkommen; **2.** (ganz) gewiß! **3.** sehr gut.

parfois [paʀfwa] *adv* manchmal, bisweilen, mitunter.

parfum [paʀfœ] *m* **1.** Duft, Wohlgeruch *m;* **2.** Parfüm *n;* ▶ *mettre au* ~ einweihen. **parfumé, e** [-fy-] *a* **1.** parfümiert; **2.** wohlriechend; ▶ ~ *à la cerise* mit Kirschgeschmack. **parfumer** *tr* parfümieren. **parfumerie** *f* Parfümerie *f.*

pari [paʀi] *m* Wette *f;* ▶ *faire un* ~ e-e Wette ab=schließen; ~*s de football* (Fußball-)Toto *m;* ~ *mutuel (Pferderennen)* Totalisator *m.*

paria [paʀja] *m* Paria *m a. fig.*

parier [paʀje] *tr* wetten (*pour, sur* auf *acc*); ▶ *il y a cent à* ~ *contre un* ich wette hundert gegen eins. **parieur, se** *s m f* Wetter(in *f*) *m.*

parigot, e [paʀigo, -ɔt] *a fam* pariserisch; *s f m* Pariser(in *f*) *m.* **Paris** [paʀi] *m* Paris *n.* **parisien, ne** *a* aus Paris; ▶ *le Bassin* ~ das Pariser Becken. **Parisien, ne** *m f* Pariser(in *f*) *m.*

paritaire [paʀitɛʀ] *a* paritätisch. **parité** *f com* Parität *f;* ▶ ~ *monétaire, du change* Währungsparität *f;* ~ *de(s) voix (pol)* Stimmengleichheit *f.*

parjure [paʀʒyʀ] **I.** *s m* **1.** Meineid; Eidbruch *m;* **2.** Meineidige(r) *m;* **II.** *a* meineidig; eidbrüchig.

parking [paʀkiŋ] *m mot* Parkplatz *m; (Gebäude)* Parkhaus *n;* ▶ ~ *souterrain* Tiefgarage *f.*

parlant, e [paʀlɑ̃] *a* **1.** sprechend; **2.** *fig* ausdrucksvoll; anschaulich; ▶ *généralement* ~ allgemein gesprochen; *film m* ~ Sprechfilm *m; horloge f* ~*e (radio)* Zeitansage *f.* **parlé, e** *a* gesprochen.

parlement [paʀləmɑ̃] *m* Parlament *n.* **parlementaire I.** *a* parlamentarisch; **II.** *s m* **1.** Parlamentarier *m;* Parlamentsmitglied *n,* Abgeordnete(r) *m;* **2.** *mil* Parlamentär, Unterhändler *m.* **parlementarisme** *m* Parlamentarismus *m.*

parlementer [paʀləmɑ̃te] *itr mil* ver-, unterhandeln.

parler [paʀle] **I.** *itr* **1.** *(Mensch)* sprechen, reden; sich unterhalten; ▶ ~ *d'abondance* aus dem Stegreif sprechen; ~ *à bâtons rompus* zwanglos plaudern; ~ *en l'air* ins Blaue hinein reden; ~ *à cœur ouvert* ganz offen sprechen; *tu en parles à ton aise* du hast gut reden; *si j'ose* ~ *ainsi* wenn ich so sagen darf; **2.** *(avouer)* sprechen, aus=sagen; ▶ *la police saura bien le faire* ~ die Polizei wird ihn schon zum Sprechen bringen; **3.** *(Sache) fig* sprechend, vielsagend sein; ▶ ~ *de soi-même* für sich selbst sprechen; **4.** ▶ *(Mensch)* ~ *à qn, avec qn* mit jdm reden, sich mit jdm unterhalten; ~ *avec qn de qc* sich mit jdm über e-e S unterhalten *od* e-e S besprechen; *il faut que je lui parle* ich muß ihn sprechen; *il faut que je lui en parle* ich muß die Sache mit ihm besprechen; *je n'ai pas osé lui* ~ ich habe nicht gewagt, ihn anzusprechen; *je parlerai en votre faveur* ich werde für Sie ein gutes Wort ein=legen; *sans* ~ *de* abgesehen von; ~ *à un sourd* tauben Ohren predigen; **5.** *(Sache)* handeln (*de* von); ▶ *cela ne vaut pas la peine d'en* ~ das ist nicht der Rede wert; *tu parles!* und wie! was du nicht sagst! *ne m'en parle(z) pas!* ich weiß schon; *n'en parlerons plus!* lassen wir das! **II.** *tr* ▶ ~ *une langue* e-e Sprache sprechen; ~ *français (fig)* deutsch reden; ~ *métier (fam)* fachsimpeln; ~ *politique, affaires* von Politik, Geschäften sprechen; ~ *chiffons* tratschen; *l'anglais se parle partout* Englisch wird überall gesprochen. **parleur, se** *s m f* Sprecher(in *f*); Schwätzer(in *f*). **parloir** *m* Sprechzimmer *n.* **parlot(t)e** *f fam* Tratsch *m.*

parmesan [paʀməzɑ̃] *m* Parmesankäse *m.*

parmi [paʀmi] *prp* (mitten) unter *(dat).*

parodie [paʀɔdi] *f* Parodie *f.* **parodier** [-dje] parodieren; nach=ahmen, -machen.

paroi [paʀwa] *f* **1.** (Zimmer-, Fels-)Wand *f;* **2.** *tech* (Kessel-, Rohr-)Wand *f;* ▶ ~ *de l'estomac* Magenwand *f;* ~ *rocheuse* Fels(en)wand *f.*

paroisse [paʀwas] *f* Pfarrgemeinde *f.* **paroissial, e** *a pl aux* Pfarr-; ▶ *église f* ~*e* Pfarrkirche *f.* **paroissien, ne** *m f* **1.** Pfarrkind *n;* **2.** *m* Gebet-, Meßbuch *n.*

parole [paʀɔl] *f* **1.** Wort *n;* **2.** Rede, Sprache *f;* **3.** Text *m (e-s Liedes);* **4.** Ausspruch *m,* Wort *n;* **5.** ▶ *sur* ~ aufs Wort; auf Ehrenwort; **6.** ▶ *adresser la* ~ *à qn* jdn an=reden, -sprechen; *avoir la* ~ *(parl)* das Wort haben; *avoir la* ~ *facile* redegewandt sein; *n'avoir qu'une* ~ bei s-m Wort bleiben; *couper la* ~ *à qn* jdn unterbrechen; *demander la* ~ *(parl)* ums Wort bitten; *donner la* ~ *à qn* jdm das Wort erteilen; *prendre la* ~ das Wort ergreifen; *retirer la* ~ *(parl)* das Wort entziehen; **7.** ▶ *la* ~ *est à M. ...* das Wort hat Herr ... **parolier** [-lje]

m mus Text(dicht)er *m.*
parotidite [paʀɔtidit] *f med* Ziegenpeter, Mumps *m.*
paroxysme [paʀɔksism] *m med* Höhepunkt *m a. fig;* Krise *f.*
parpaillot, e [paʀpajo, -ɔt] *m f fam* franz. Protestant, Hugenotte *m.*
Parque [paʀk] *f* Parze, Schicksalsgöttin *f.*
parquer [paʀke] *tr* **1.** ein=, zs.=pferchen; **2.** ein=schließen; **3.** *mot* parken; ▶ *défense de ~!* Parken verboten!
parquet [paʀkɛ] *m* **1.** *arch jur (Börse)* Parkett *n;* **2.** *jur* Staatsanwaltschaft *f.*
parqueter *tr arch* das Parkett legen (*une pièce* in e-m Zimmer).
parrain [paʀɛ̃] *m* **1.** Pate *m;* **2.** Fürsprecher *m.* **parrainage** *m* Sponsern *n.* **parrainer** *tr* sponsern.
parricide [paʀisid] *m (Person)* Vater-, Muttermörder; *(Tat)* Vater-, Muttermord *m.*
parsemer [paʀsəme] ‹*Prés. je parsème, ns parsemons; Fut. je parsèmerai; pp. parsemé, e*› *tr* besäen, bestreuen (*de* mit); verstreut sein (*qc* über e-e S).
part [paʀ] **1.** *f* (An-)Teil *m;* Seite; Rolle *f;* **2.** ▶ *à ~ (a)* besondere(r, s), getrennt; *adv* besonders, extra; beiseite *a. theat; prp* abgesehen von, außer, bis auf; **3.** ▶ *à ~ moi* für mich, bei mir; *à ~ cela* sonst, davon abgesehen; *à ~s égales* zu gleichen Teilen; *autre ~* anderswo(hin); *de ma ~* meinerseits, von mir aus; *de la ~ de ...* von seiten *gen;* im Auftrag *gen; de ~ en ~* durch u. durch, vollkommen; *des deux ~s, de ~ et d'autre* beiderseits; von, auf beiden Seiten; *nulle ~* nirgends, nirgendwo; *pour ma ~* meinerseits, was mich betrifft; *pour une ~* teilweise; *quelque ~* irgendwo(hin); *(de) quelque ~ que ...* wo(her) auch immer ...; *de toute(s) ~(s)* überallhin, in allen Richtungen; nach allen Seiten; *d'une, d'autre ~* einer-, and(e)rerseits; *~ à deux* halbpart; **4.** ▶ *avoir ~ au gâteau (fam)* am Gewinn beteiligt sein; *en avoir sa bonne ~* s-n vollen Anteil haben; *faire ~ de qc à qn* jdn an etw teil=nehmen lassen; jdm etw mit=teilen; *faire la ~ de qn* jds Anteil bestimmen; *faire la ~ de qc* etw berücksichtigen, auf e-e S Rücksicht nehmen; *faire lit à ~ (Eheleute)* getrennt schlafen; *mettre à ~* beiseite legen; *prendre ~ à* teil=haben an *dat; prendre en bonne, mauvaise ~* gut, schlecht auf=nehmen *fig;* **5.** ▶ *lettre f de faire-~* Familienanzeige *f; ~ de marché* Marktanteil *m; ~ sociale* Gesellschaftsanteil *m,* Einlage *f.* **partage** *m* **1.** (Ver-, Aus-, Auf-)Teilung *f;* **2.** Erbteil *n;* **3.** *(~ de voix) parl* Stimmengleichheit *f;* ▶ *en cas de ~ des voix* bei Stimmengleichheit; *ligne f de ~ des eaux* Wasserscheide *f.* **partager** ‹*Prés. je partage, ns partageons; Fut. je partagerai; pp. partagé, e*› **I.** *tr* **1.** (ver-, auf=, aus=, ein=)teilen *a. fig* (*entre* unter *acc, en morceaux* in Stücke); **2.** trennen, entzweien, (in zwei Lager) scheiden; **3.** teil=nehmen (*qc* an e-r S); **II.** *v prn se ~* geteilt sein; sich verteilen (*entre* auf *acc*).
partance [paʀtɑ̃s] *f* ▶ *en ~* abfahr-, startbereit. **partant** *m* **1.** Abreisende(r), -fahrende(r) *m;* **2.** *sport* Startende(r) *m.*
partenaire [paʀtənɛʀ] *s m f* Partner(in *f*), Mitspieler(in *f*) *m; ~s sociaux* Sozialpartner *m pl.*
parterre [paʀtɛʀ] *m* **1.** Blumenbeet *n;* **2.** *theat* Parterre, Parkett *n; fig* Zuschauer *m pl;* **3.** Fußbodenbelag *m;* **4.** *(Wald)* Kahlschlag *m.*
parthénogenèse [paʀtenɔʒənɛz] *f biol* Parthenogenese.
parti [paʀti] *m* **1.** *pol* Partei *f;* **2.** *(Heirat)* Partie *f;* **3.** ▶ *prendre ~* Partei ergreifen (*pour* für, *contre* gegen); *prendre un ~* e-n Entschluß fassen; *prendre son ~ de qc* sich mit etw ab=finden; *prendre le ~ de qn, ~ pour (contre) qn* jds, für (gegen) jdn Partei ergreifen; *tirer ~ de* Nutzen ziehen aus; **4.** ▶ *c'est un bon ~* er, sie ist e-e gute Partie; *seul ~ à prendre* einzige(r) Ausweg *m; ~ pris* vorgefaßte Meinung *f; ~ unique* Einheitspartei *f.* **partial, e** [-sjal] *a pl -aux* parteiisch, voreingenommen. **partialité** Parteilichkeit, Voreingenommenheit *f.*
participant, e [paʀtisipɑ̃, -ɑ̃t] **I.** *s m f* Teilnehmer(in *f*) *m;* **II.** *a* teilnehmend (*à* an *dat*). **participation** *f* Teilnahme, Beteiligung (*à* an *dat*); ▶ *~ aux bénéfices (com)* Gewinnbeteiligung *f; ~ électorale* Wahlbeteiligung *f.*
participe [paʀtisip] *m gram* Partizip, Mittelwort *n.*
participer [paʀtisipe] *tr* **1.** teil=nehmen, -haben, sich beteiligen (*à* an *dat*); mit=wirken (*à* bei, an *dat*), bei=tragen (*à* zu); **2.** Anteil nehmen (*à* an *dat*); **3.** Anteil haben (*à* an *dat*).
particularisme [paʀtikylaʀizm] *m* Partikularismus *m.* **particularité** *f* Eigentümlichkeit, Besonderheit *f;* ▶ *les ~s* die näheren Umstände *m pl.*
particule [paʀtikyl] *f* **1.** Teilchen *n;* ▶ *~ nucléaire* Kernteilchen *n;* **2.** *gram* Partikel *f.*
particulier, ère [paʀtikylje, -ɛʀ] **I.** *a* **1.** (ganz) besondere(r, s), eigentümlich, -artig, sonderbar; **2.** einzeln; für sich; **3.** privat; **II.** *s m* Privatmann (*pl* -leute *pl*) *m;* ▶ *le ~* das Besondere; *en ~* insbesondere; besonders; *parler en ~* unter vier Augen reden; *leçons f pl ~ières* Privat-, Nachhilfestunden *f pl.* **particulièrement** *adv* im einzelnen; genau; besonders.
partie [paʀti] *f* **1.** Teil *m;* **2.** Fach *n,*

Sparte *f;* **3.** *com mus tech* Partie *f;* **4.** Ausflug *m;* **5.** Spiel *n;* **6.** *mus* Stimme *f;* **7.** *jur* Partei *f;* **8.** *com* Buchführung *f;* **9.** ► *en* ~ zum Teil; *en grande* ~ großenteils; *pour la plus grande* ~ größenteils; *en deux, plusieurs* ~*s* zwei-, mehrteilig; **10.** ► *avoir à faire à forte* ~ es mit e-m starken Gegner zu tun haben; *être de la* ~ dabei sein; *fig* ein Wörtchen mitzureden haben; *faire* ~ *de* gehören zu; *prendre à* ~ in Angriff nehmen; *quitter, abandonner la* ~ das Spiel auf=geben *a. fig;* **11.** ► *tenue f de livres en* ~ *simple, double* einfache, doppelte Buchführung *f;* **12.** ► ~ *adverse (jur)* Gegenpartei *f;* ~ *civile* Privatkläger *m,* Nebenpartei *f;* ~ *essentielle* Kernstück *n;* ~ *intéressée* Beteiligte(r) *m;* ~ *prenante* Empfänger, Abnehmer *m.*

partiel, le [paʀsjɛl] *a* partiell *a. astr;* ► *élection* ~*le (pol)* Nach-, Ersatzwahl *f; paiement m* ~ Teil-, Ratenzahlung *f; résultat m* ~ Teilergebnis *f.* **partiellement** *adv* teilweise, zum Teil.

partir [partiʀ] ‹*Prés. je pars, ns partons; Fut. je partirai; pp. parti, e; Subj. que je parte, que ns partions; Impér. pars, partons*› *itr* **1.** auf=brechen, weg=, fort=, aus=gehen, ab=reisen, -fahren (*pour, à* nach); **2.** *sport* starten; an=fahren; ab=fliegen; **3.** *(Fleck)* heraus=gehen; **4.** *(Knopf)* abgehen; **5.** los=brechen, hervor=schießen, empor=schnellen; **6.** *(Gewehr)* los=gehen; **7.** *mot* an=springen; **8.** *mus* ein=setzen; **9.** her=rühren, (her)kommen, s-n Ausgang nehmen, aus=gehen (*de* von); anfangen, beginnen; **10.** ► *à* ~ *de* von ... an; auf der Grundlage von; *à* ~ *d'aujourd'hui* ab heute; *être prêt à* ~ reisefertig sein; *être un peu parti (fam)* angeheitert sein; ~ *d'un éclat de rire* laut los=lachen; ~ *en voyage* auf die Reise gehen; *il est parti de rien* er hat mit nichts angefangen.

partisan, e [paʀtizɑ̃, -an] *m* **1.** Anhänger, Parteigänger *m;* **2.** *mil* Partisan *m;* ► *être* ~ *de qc* etw befürworten; ~ *du moindre effort* Faulpelz *m.*

partitif, ive [paʀtitif, -iv] *a gram* Teilungs-; ► *article m* ~ Teilungsartikel *m.*

partition [paʀtisjɔ̃] *f mus* Partitur *f.*

partouse [paʀtuz] *f fam* Sexparty, Sexorgie *f.*

partout [paʀtu] *adv* überall; ► *de* ~ von überallher; *un peu* ~ bald da, bald dort.

partouze [paʀtuz] *f fam* Sexparty *f.*

parturiente [paʀtyʀjɑ̃t] *f* Gebärende *f.*

parure [paʀyʀ] *f* **1.** (Gold-)Schmuck *m;* **2.** *fig* Zierde *f;* **3.** Damengarnitur *f;* ► ~ *de lit* Bettwäsche *f.*

parution [paʀysjɔ̃] *f (Buch)* Erscheinen *n.*

parvenir [paʀvəniʀ] ‹*Prés. je parviens, ns parvenons; Fut. je parviendrai; pp. parvenu, e*› *itr* **1.** gelangen (*à* zu), (an=)kommen; **2.** *(Brief)* erreichen, in die Hände kommen; **3.** empor=kommen, sein Glück machen; ► *faire* ~ *qc à qn* jdm etw schicken; ~ *à* erreichen, es dahin bringen, daß; *je parviens à* es gelingt mir zu. **parvenu, e** *s m f* Emporkömmling *m.*

parvis [parvi] *m (Kirche)* Vorplatz *m.*

pas [pɑ(a)] **I.** *s m* **1.** Schritt *a. fig;* Tritt *m;* **2.** *(~ de la porte)* Stufe, Schwelle *f;* **3.** *fam* Katzensprung *m;* **4.** Engpaß *m,* Meerenge, Straße *f;* **5.** Durch-, Übergang *m;* **6.** *mus* Tanz(schritt) *m;* **7.** *tech* Gewinde(gang *m*) *n;* **8.** (Fuß-)Spur *f;* **9.** ► *à chaque* ~ auf Schritt u. Tritt; *à deux* ~ ganz in der Nähe; ~ *à* ~ Schritt für Schritt, bedächtig; *de ce* ~ unmittelbar, sofort; **10.** ► *allonger le* ~ schneller gehen; *emboîter le* ~ *à qn* jdm auf den Fersen folgen; *fig* sich ganz nach jdm richten; *faire un grand* ~, *de grands* ~ e-n großen Schritt vorwärts tun; *faire les cent* ~ hin- u. her=gehen; *marcher sur les* ~ *de qn* jdm auf dem Fuß(e) folgen; *fig* in jds Fußtapfen treten; *mettre au* ~ *(fig pol)* gleich=schalten; *fam* auf Vordermann bringen; *prendre le* ~ *sur qn* jdn in den Hintergrund drängen; *(re)mettre au* ~ wieder zur Ordnung, Vernunft bringen; *retourner, revenir sur ses* ~ um=kehren; *fig* um=lenken; **11.** ► *voilà un grand* ~ *de fait* wir sind ein gutes Stück vorangekommen; *il n'y a que le premier* ~ *qui coûte* aller Anfang ist schwer; **12.** ► *faux* ~ Fehltritt *m a. fig; longueur f de* ~ Schrittlänge *f; mauvais* ~ *(fig)* Klemme *f; mise f au* ~ *(fig pol)* Gleichschaltung *f; salle f des* ~ *perdus* Vor-, Wandelhalle *f;* **13.** ► ~*-d'âne m bot* Huflattich *m; P~ de Calais (geog)* Straße *f* von Dover; ~ *de clerc* Unvorsichtigkeit, Ungeschicklichkeit *f;* ~ *(de) gymnastique (sport)* Laufschritt *m;* ~ *de l'oie* Parade-, Stechschritt *m;* ~ *de route (mil)* Marschtritt *m;* ~ *de tir (cosm)* Abschußrampe f; ~ de vis Schraubengewinde *n;* **II.** *adv:* ► *ne* ... ~, *(fam)* ~ nicht; *(ne ...) pas de* ... kein ...; *ne* ... ~ *non plus* auch nicht; *non* ~ durchaus nicht, wirklich nicht; *(ne ...) pas un, e* nicht ein(er, e, s), kein(er, e, s); ~ *vrai? (fam),* ~*? (vulg)* nicht wahr? ~ *du tout* keineswegs; nicht im mindesten; ~ *libre (tele)* besetzt; ~ *mal (fam)* viel; **III.** *interj* nicht schlecht!

pascal, e [paskal] *a pl-aux* österlich; Oster-.

passable [pasabl] *a* **1.** ausreichend, genügend; **2.** einigermaßen gut, passabel. **passablement** *adv* leidlich, einigermaßen.

passade [pasad] *f* **1.** Laune *f;* **2.** *fig* Strohfeuer *n.*

passage [pasaʒ] *m* **1.** Durchgang,

-marsch *m*, -reise *f*; **2.** Übergang *m*, -fahrt *f* (*de* über *acc*); **3.** Vorbei-, Vorübergehen, -fahren, -ziehen *n*; **4.** *arch* (Durch-)Gang *m*; Passage *f*; Zugang *m*; **5.** Gäßchen *n*, Weg *m*, Straße *f*; **6.** *mar* (Über-)Fahrt *f*; Schiffsplatz *m*; Fahr-, Fähr-, Brückengeld *n*; **7.** *(Schule)* Versetzung *f*; **8.** *(Buch)* Stelle *f*; **9.** *loc* Bahnübergang *m*; **10.** ▶ *de* ~ auf der Durchreise; ~ *interdit!* Durchfahrt, -gang verboten! **11.** ▶ *examen m de* ~ Versetzungsexamen *n*; **12.** ▶ ~ *clouté* Überweg *m* für Fußgänger; ~ *à niveau* schienengleiche(r) Bahnübergang *m*; ~ *protégé* Vorfahrtstraße *f*; ~ *souterrain* Unterführung *f (im Bahnhof)*; ~ *à tabac* Zusammenschlagen *n*. **passager, ère I.** *a* vorübergehend, vergänglich; **II.** *s m f* Reisende(r *m*) *f*; Fahr-, Fluggast; *mar* Passagier; *(Fahrzeug)* Insasse *m*; ▶ ~ *clandestin* blinde(r) Passagier *m*.

passant, e [pasɑ̃, -ɑ̃t] **I.** *a (Weg, Straße)* belebt, viel begangen; **II.** *s m* **1.** Passant, Vorübergehende(r) *m*; **2.** *tech* Schlaufe *f*; ▶ *en* ~ im Vorbei-, Vorübergehen; beiläufig.

passation [pasasjɔ̃] *f* **1.** *(Vertrag)* Abschluß *m*; **2.** *(Befugnisse)* Übertragung *f*; **3.** ▶ ~ *d'écriture* Buchung *f*.

passavant [pasavɔ̃] *m* **1.** *mar* Laufplanken *f pl*; **2.** Zollfreischein *m*.

passe [pas] *s f* **1.** *orn* Wanderung *f*, Zug *m*; **2.** *med* (Be-)Streichen *n* mit den Händen; **3.** ▶ *(com)* ~ *de caisse* Ausgleichsumme *f* für ein Manko; **4.** *mar* Fahrtrinne *f*; **5.** *(Fußball)* Paß *m*; Zuspiel *n*, Abgabe *f*; **6.** ▶ *être en* ~ *de* im Begriff, in der Lage sein zu, gute Aussicht haben auf *acc*; *être dans une bonne, mauvaise* ~ e-e Glücks-, Pechsträhne haben; *mot m de* ~ Kennwort *n*.

passé, e [pase] **I.** *a* **1.** vergangen; vorbei, -über; **2.** *(Farbe)* verschossen; **II.** *s m* Vergangene(s) *n*, Vergangenheit *f a. gram*; **III.** *s f* **1.** Streichen *(der Schnepfen)*; (Schnepfen-)Garn *n*, Jagd *f*; **2.** Wildpfad *m*, Fährte *f*; **3.** *(Weberei)* Schuß *m*; **IV.** *prp* nach; *deux heures* ~*es* zwei Uhr vorbei; ~ *de mode* aus der Mode (gekommen).

passe-droit [pasdʀwa] *m* ungerechte Bevorzugung; *fam* Schiebung *f*.

passefilage [pasfilaʒ] *m* Stopfen *n*.

passéisme [paseism] *m* Rückständigkeit *f*. **passéiste** *a* rückständig; *s m f* rückständige(r) Mensch *m*.

passe-lacet [paslasɛ] *m* Schnürnadel *f*; ▶ *être raide comme un* ~ *(fam)* völlig abgebrannt sein.

passe-montagne [pasmɔ̃taɲ] *m* Pudelmütze *f*.

passe-partout [paspaʀtu] **I.** *s m inv* Dietrich *m*; **II.** *a* für alle Gelegenheiten (passend).

passe-passe [paspas] *m inv* ▶ *tour m de* ~ Taschenspielerkunststück *n*; *fig* geschickte(r) Betrug *m*.

passepoil [paspwal] *m* Paspel *f*, Vorstoß *m*.

passeport [paspɔʀ] *m* (Reise-)Paß *m*; ▶ ~ *diplomatique* Diplomatenpaß, -ausweis; ~ *européen* Europapaß *m*.

passe-temps [pastɑ̃] Zeitvertreib *m*.

passer [pase] **I.** *itr* **1.** (vorbei=, vorüber=, hinüber=, hin=, durch=, weiter=) gehen; durchqueren, überschreiten (*par* acc); durch=reisen, -kommen; (hinweg=) gleiten, fahren über; (durch=)dringen; **2.** vor=sprechen (*chez* bei); **3.** vorbei=fließen (*par* an *dat*); **4.** *(Gesetz)* durch=gehen; **5.** *(Zeit)* vergehen, -fließen; **6.** *(Farbe)* verschießen; **7.** durch=machen, über sich ergehen lassen, sich unterziehen *dat*; **8.** *(zum Feinde)* über=gehen; **9.** *(Spiel)* passen, nicht spielen; **10.** *theat film* gespielt werden; **11.** *(Schule)* versetzt werden; besuchen (*par une école* e-e Schule); **12.** angesehen werden, gelten (*pour* als); **13.** ▶ *j'ai failli passer sous une voiture* ich wäre beinahe überfahren worden; **II.** *tr* **1.** durch-, überqueren, durchmessen; **2.** vorbei=gehen (*qc* an *dat*), hinaus=gehen (*qc* über e-e S), übertreffen, -steigen; **3.** *(Fähre)* über=setzen; **4.** *(Reisende)* befördern; **5.** übertragen (*à* auf *acc*), um=schreiben; **6.** herein=bringen, -schaffen; (hinüber=) reichen; **7.** hinein=stecken; *(Band)* ein=ziehen; **8.** *(Kleidung)* über=, an=ziehen; **9.** durch=seihen; **10.** *(Zeit)* verbringen; **11.** *(Prüfung)* bestehen; **12.** *(Geschäft, Vertrag)* ab=schließen; *(Bestellung)* auf=geben; *(Auftrag)* erteilen; **13.** *sport (Ball)* zu=spielen; **III.** *v prn se* ~ **1.** *(Zeit)* ver-, vorüber=gehen; **2.** (vonstatten) gehen, ab=, verlaufen, vor= gehen, sich ab=spielen, geschehen, sich ereignen; **3.** nach=lassen, schwächer werden, aufhören; **4.** sich enthalten (*de* gen), verzichten (*de* auf *acc*), ab=sehen (*de* von), entbehren können (*de qc* etw); **IV.** *(Ausdrücke)* **1.** ▶ *faire* ~ zu=kommen lassen; *film* vor=führen; *(Befehl)* durch=geben, -sagen; *faire* ~ *qn par où l'on veut* mit jdm machen, was man will; *faire* ~ *en justice* vor Gericht stellen; *laisser* ~ *(a. fig)* durch=gehen lassen; *phys* durch=lassen; *pouvoir* ~ annehmbar sein, an=, hin=gehen können, mögen; *savoir se* ~ *de* fertig werden, aus= kommen können ohne; *y* ~ es auf sich nehmen, sich gefallen lassen; drauf=gehen; ~ *à l'as (fam)* aus=bleiben; *fig* drauf=gehen, unter den Tisch fallen; ~ *avant, après* über-, unterlegen sein; ~ *au crible, au tamis* sieben; ~ *debout (Ware)* durch=gehen; e-n geringen Eindruck hinterlassen; ~ *par écrit* schriftlich nieder=legen; ~ *écriture, dans les* *livres (com)* verbuchen; ~ *un fer sur qc* etw bügeln; ~ *en force de chose jugée (Urteil)* rechtskräftig werden; ~ *en fraude* ein=schmuggeln; ~ *sa fureur sur qn* s-e Wut an jdm aus=lassen; ~ *sa main sur qc* mit der Hand über e-e S fahren; ~ *haut la main (parl)* glatt durch=gehen; ~ *de main en main* von Hand zu Hand gehen, ~ *un marché* e-n Kauf ab=schließen; ~ *la mesure (fig)* den Bogen überspannen; ~ *de mode* aus der Mode kommen, unmodern werden; ~ *le pas (fig)* in den sauren Apfel beißen; ~ *à l'ordre du jour* zur Tagesordnung über=gehen; ~ *outre* sich über alles hinweg=setzen; ~ *par-dessus qc* über *acc* e-e S klettern; *fig* sich über e-e S hinweg=setzen; ~ *sous silence* mit Stillschweigen übergehen; ~ *à tabac (fam)* (ver)prügeln; ~ *une vitesse* e-n Gang ein=schalten; **2.** ► *passe!* nun gut! meinetwegen; *passe pour ...* mag es hingehen, sein Bewenden haben mit ...; *passons!* lassen wir das! *passez d'abord* gehen Sie voran! *cela ne se passera pas ainsi* das kann nicht so hin=gehen; *cela passe mes forces* das geht über, übersteigt meine Kräfte; *cela passe l'imagination* das ist unvorstellbar; *l'envie m'en a passé* die Lust dazu ist mir vergangen; *il me passe par la tête* es fällt mir gerade ein; *il faut en* ~ *par là* wir müssen in den sauren Apfel beißen; *on ne passe pas* kein Zu-, Durchgang; *ça lui passera* er kommt darüber hinweg.

passereau [pasʀo] *m pl -x orn* Sperling *m.*

passerelle [pasʀɛl] *f* **1.** Fußgängerbrükke *f,* Steg *m;* **2.** *aero* Gangway *f;* **3.** *mar* Kommandobrücke *f;* **4.** *tech* Laufsteg *m;* **5.** *inform* Gateway *m;* **6.** *fig* Übergang *m.*

passe-temps [pastɑ̃] *m inv* Zeitvertreib *m.*

passe-thé [paste] *m inv* Teesieb *n.*

passeur, se [pasœʀ, -øz] *s m f* **1.** Fährmann *m;* **2.** Menschenschmuggler, Fluchthelfer *m.*

passible [pasibl] *a* ► *être* ~ *d'une peine* sich strafbar machen.

passif, ive [pasif, -iv] **I.** *a* passiv, leidend; untätig; **II. 1.** *s m gram* Passiv *n,* Leideform *f;* **2.** *com* Passiva *n pl,* Schulden, Verbindlichkeiten *f pl;* ► *obéissance f passive* Kadavergehorsam *m; résistance f passive* passive(r) Widerstand *m; voix f passive* passive(s) Wahlrecht *n.*

passiflore [pasiflɔʀ] *f bot* Passionsblume *f.*

passion [pasjɔ̃] *f* **1.** Leidenschaft, (heftige) Liebe, Passion *f;* **2.** Leiden *n* (Christi), Passion *f;* ► *juger sans* ~ sachlich (be)urteilen; *se prendre de* ~ *pour qn* sich (leidenschaftlich) in jdn verlieben. **passionnant, e** [-sjɔ-] *a* er-, aufregend, spannend, fesselnd. **passionné, e** *a* **1.** leidenschaftlich; *(Haß, Liebe)* glühend, heiß *fig;* **2.** begeistert, hingerissen; eingenommen (*de* für). **passionnel, le** *a* ► *drame m* ~ Eifersuchtsdrama *n.* **passionnément** *adv* leidenschaftlich, heftig. **passionner I.** *tr* leidenschaftlich erregen; begeistern, hin=reißen; fesseln, sehr interessieren; **II.** *v prn se* ~ sich begeistern, sich leidenschaftlich verlieben, schwärmen (*pour* für).

passivité [pasivite] *f* Passivität, Tatenlosigkeit *f.*

passoire [paswaʀ] *f (Küche)* Sieb *n,* Durchschlag *m.*

pastel [pastɛl] *m* **1.** Pastellstift *m,* -farbe, -malerei *f;* **2.** *bot tech* (Färber-)Waid *m.*

pastèque [pastɛk] *f bot* Wassermelone *f.*

pasteur [pastœʀ] *m* **1.** *(evang.)* Pastor, Pfarrer *m;* **2.** ► *le bon P~* der gute Hirte.

pasteurisation [pastøʀizasjɔ̃] *f* Pasteurisieren *n.* **pasteuriser** *tr* pasteurisieren.

pastiche [pastiʃ] *m* Nachahmung *f.* **pasticher** *tr* nach=ahmen *(acc).*

pastille [pastij] *f* **1.** Pastille *f;* **2.** (Schokoladen-)Plätzchen *n;* **3.** *(Stoffmuster)* große(r) Punkt *m.*

pastis [pastis] *m* Aperitif *m* mit Anis.

pastoral, e [pastɔʀal] **I.** *a pl- aux* Hirten-, Schäfer-; *rel* pastoral; **II.** *s f theat* Schäferspiel; Hirtengedicht *n.*

pat [pat] **I.** *a (Schach)* patt; **II.** *s m* Patt *n.*

patachon [pataʃɔ̃] *m:* ► *mener une vie de* ~ *(fam)* ein tolles Leben führen.

patapouf [patapuf] **I.** *s m fam* Plumpsack; Bums *m;* **II.** *interj* bums! plumps!

pataquès [patakɛs] *m gram* Bindungsfehler *m.*

patate [patat] *f* **1.** *bot* Batate *f;* **2.** *fam* Kartoffel *f;* **3.** *fam* Trottel *m;* ► *en avoir gros sur la* ~ *(pop)* bedrückt, betrübt sein.

patati, patata [patati patata] *interj* und so ging es weiter.

patatras [paatʀa] *interj* bauz! krach!

pataud, e [pato, -d] **I.** *s m f* **1.** junge(r) Hund *m;* **2.** Tolpatsch *m;* **II.** *a* tolpatschig; plump.

patauger [patoʒe] ‹*Prés. je patauge, ns pataugeons; Fut. je pataugerai; pp. pataugé*› *itr* **1.** (herum=)pa(t)schen, waten; **2.** *fam* sich verhaspeln.

patchouli [patʃuli] *m bot* Patschuli *n (Parfüm).*

pâte [pɑt] *f* **1.** Teig *m; pl* Teigwaren *f pl;* **2.** Paste, Pasta; *tech* Masse *f;* **3.** ► *bonne* ~ *(fig fam)* gutmütige Haut *f;* **4.** ► *mettre la main à la* ~ *(fig)* selbst Hand an=legen; ~*s alimentaires* Teigwaren *f pl;* ~ *brisée* Mürbeteig *m;* ~ *à coller* Kleister *m;* ~ *dentifrice* Zahnpasta *f;* ~ *feuilletée* Blätterteig *m;* ~ *à modeler* Plastilin *n; (fig)* ~ *molle* charakterlose, beeinflußbare Person; ~ à tartiner Streichkäse *m.*

pâté [pate] *m* **1.** Pastete *f;* **2.** Fleisch-, Leberkäse *m;* **3.** Häuserblock *m;* **4.** (Tinten-)Klecks *m;* ► *jouer aux ~s* mit Sandförmchen spielen; ~ *de foie gras* Gänseleberpastete *f.* **pâtée** *f* **1.** (Hunde-, Geflügel-)Futter *n;* **2.** *fam* Dresche, Keile *f.*

patelin, e [patlɛ̃, -in] *m pop* Kaff, Nest *n.*

patène [patɛn] *f rel* Patene *f.*

patent, e [patɑ̃, -t] *a* offenkundig, -sichtlich, -bar.

patelle [patɛl] *f zoo* Napfschnecke *f.*

patente [patɑ̃t] *f* Gewerbesteuer *f.* **patenté, e** *a* **1.** gewerbesteuerpflichtig; **2.** *fam fig* anerkannt. **patenter** *tr* der Gewerbesteuer unterwerfen.

pater [patɛʀ] *m:* ► *P~* Paternoster, Vaterunser *n.*

patère [patɛʀ] *f* Kleiderhaken *m.*

paternalisme [patɛʀnalism] *m pol* (Politik *f* der) Bevormundung *f.* **paternaliste** *a* patriarchalisch. **paternel, le I.** *a* väterlich; **II.** *s m fam* Vater, alte(r) Herr *m.* **paternellement** *adv* wie ein Vater. **paternité** *f* Vater-, *fig* Urheberschaft *f.*

pâteux, se [pɑtø, -øz] *a* **1.** teigig, pappig; **2.** *(Tinte)* dick(flüssig); **3.** *(Stil)* schwerfällig; ► *avoir la langue pâteuse* e-e belegte Zunge haben.

pathétique [patetik] *a* **1.** pathetisch, rührend; **2.** feierlich; **3.** ergreifend; leidenschaftlich.

pathogène [patɔʒɛn] *a* pathogen, krankheitserregend; ► *agent m* ~ (Krankheits-)Erreger *m.* **pathologie** *f med* Pathologie *f.* **pathologique** *a* pathologisch. **pathologiste** *m* Pathologe *m.*

pathos [patɔs] *m* Schwulst *m.*

patibulaire [patibylɛʀ] *a* Galgen-; ► *mine f* ~ Galgengesicht *n.*

patience [pasjɑ̃s] *f* **1.** Geduld; Ausdauer, Beharrlichkeit *f;* **2.** Patience(spiel *n*) *f;* ► *perdre* ~ die Geduld verlieren; *prendre* ~ sich gedulden; *prendre en* ~ mit Geduld (er)tragen; *jeu m de* ~ Geduldsspiel *n; ouvrage m de* ~ langwierige Arbeit *f.* **patient, e I.** *a* **1.** *(nachgestellt)* geduldig; **2.** *(vorangestellt)* beharrlich; **II.** *s m* Patient *m.* **patienter** *itr* sich gedulden.

patin [patɛ̃] *m* **1.** *(~ à glace)* Schlittschuh *m;* **2.** *tech* (Schlitten-)Kufe *f; (~ de frein)* Bremsklotz *m;* **3.** Filzpantoffel *m;* ► ~ *à roulettes* Rollschuh *m.* **patinage** [-ti-] *m* **1.** Schlittschuh-, Eislauf *m;* **2.** *tech mot* Schleudern, Gleiten, Rutschen *n;* ► ~ *artistique* (Eis-)Kunstlauf *m;* ~ *à roulettes* Rollschuhlaufen *n;* ~ *de vitesse* Eisschnellauf *m.*

patine [patin] *f* Patina *f.*

patiner [patine] **I.** *itr* **1.** Schlittschuh laufen; **2.** *tech mot* rutschen, nicht fassen; *(Rad)* durchdrehen; **II.** *v prn se* ~ Patina ansetzen. **patinette** *f* Roller *m (Spielzeug).* **patineur, se** *s m f* Schlittschuh-, Eisläufer(in *f*) *m.* **patinoire** *f* Eisbahn *f.*

pâtir [pɑtiʀ] *itr* leiden (*de* unter *dat*) büßen (müssen); Mangel leiden; *fig* im argen liegen.

pâtisserie [pɑtisʀi] *f* **1.** (feine) Backwaren *f pl;* **2.** Konditorei *f.* **pâtissier, ère I.** *s m f* Konditor *m;* **II.** *a* Konditor-.

patois [patwa] *s m* Mundart *f;* Dialekt *m.*

patraque [patʀak] *a* ► *je me sens* ~ ich fühle mich nicht wohl.

pâtre [pɑtʀ] *m* Hirt *m.*

patriarcal, e [patʀijaʀkal] *a* patriarchalisch. **patriarcat** [-ka] *m* Patriarchat *n.* **patriarche** [-aʀʃ] *m rel allg* Patriarch *m.*

patrie [patʀi] *f* **1.** Vaterland *n;* Heimat *f;* **2.** Geburtsort *m.*

patrimoine [patʀimwan] *m* **1.** Erbe; Erbgut *n;* **2.** ► ~ *culturel* kulturelle(s) Erbe *n;* ~ *génétique* Erbgut *n; social* Gesellschaftsvermögen *n.* **patrimonial, e** *a* Erb-, Stamm-.

patriote [patʀijɔt] **I.** *s m f* Patriot(in *f*) *m;* **II.** *a* patriotisch. **patriotique** *a* patriotisch. **patriotisme** *m* Vaterlandsliebe *f.*

patron, ne [patʀɔ̃, -ɔn] **1.** *s m f* Schirmherr *m;* Schutzheilige(r *m*) *f,* -patron(in *f*); Gönner(in *f*) *m;* **2.** Arbeitgeber, Betriebsleiter; Chef(in *f*), Meister(in *f*) *m;* **3.** *m* Chefarzt *m;* **4.** *f* Hausherrin *f;* **5.** *m (~ de thèse)* Doktorvater *m;* **6.** Schirmherr *m;* Schutzpatron(in *f*) *m;* **7.** *m tech* Modell *n,* Schablone *f;* Schnittmuster *n.* **patronage** *m* **1.** Schirmherrschaft *f;* **2.** Jugendwerk *n,* -gruppe *f.* **patronal, e** *a pl-aux* **1.** Arbeitgeber-; **2.** *rel* Patronats-; ► *cotisation f ~e* Arbeitgeberanteil *m; syndicat m* ~ Arbeitgeberverband *m.* **patronat** [-na] *m* Arbeitgeber(schaft *f*) m pl. **patronner** *tr* beschützen, protegieren; ein=treten (*qn* für jdn). **patronnesse** *f dame f* ~ Vorstands-, Ehrendame *f.* **patronyme** [patʀɔnim] *m* Familienname *m.* **patronymique** *a:* ► *nom m* ~ Familienname *m.*

patrouille [patʀuj] *f* **1.** *mil* Spähtrupp *m;* **2.** *(Polizei)* Streife *f.* **patrouiller** *itr* patrouillieren. **patrouilleur** *m* **1.** *mar* Patrouillenboot *n;* **2.** *aero* Aufklärer *m.*

patte [pat] *f* **1.** *zoo* Pfote, Tatze, Pranke *f; (Vögel)* Bein *n; (Krebs)* Schere *f;* **2.** *fam (Mensch)* Pfote, Flosse *f;* Haxen *m;*

3. *(Schneiderei)* Patte, Klappe *f;* Aufschlag *m;* **4.** *(Schuhe)* Zunge; Lasche *f;* **5.** ► *à quatre ~s* auf allen vieren; **6.** ► *faire ~ de velours* katzbuckeln; *graisser la ~ à qn* jdn bestechen; *retomber sur ses ~s (fig)* auf die Beine fallen; *tomber sous la ~ de qn* in jds Gewalt geraten; **7.** ► *bas les ~s!* Hände weg! *~ blanche!* heraus mit der Sprache! **8.** ► *~s de mouche* Gekritzel *n;* *~-d'oie f* a) Weg-, Straßenkreuzung *f,* Knotenpunkt *m,* Wegespinne *f;* b) Krähenfüße *m pl;* *~ de velours (Katze)* Samtpfötchen *n.*

pâturage [patyʀaʒ] *m* Weide(land *n*) *f.*
pâture *f* **1.** Grünfutter *n;* **2.** *(Mensch) fig* Nahrung *f, fam* Fressen *n.*
paume [pom] *f* **1.** Handfläche, flache Hand *f;* **2.** *Art* Ballspiel *n.*
paumé, e [pome] **I.** *a* ► *(fam) il est complètement ~* er ist völlig aufgeschmissen; **II.** *s m* armselige(r) Wicht *m.*
paumer I. *tr fam* verlegen, verlieren; **II.** *v prn se ~ (fam)* sich verlaufen; ► *(fam) se faire ~* sich erwischen lassen.
paupérisation [popeʀizasjɔ̃] *f* Verarmung *f.* **paupériser** *tr* verarmen, verarmen lassen. **paupérisme** *m* Massenelend *n.*
paupière [popjɛʀ] *f* (Augen-)Lid *n;* ► *battre des ~s (fam)* mit den Augen klimpern.
pause [poz] *f* **1.** Pause; Rast *f;* **2.** *mus* ganze Pause *f;* ► *sans ~* pausenlos; *(Arbeitszeit)* durchgehend; *faire une ~* e-e Pause machen; *~ café* Kaffepause *f;* *~-pipi* Pinkelpause *f.*
pauvre [povʀ] **I.** *a* **1.** *(nachgestellt)* arm (*de, en* an *dat*); wenig ergiebig, unergiebig, unfruchtbar; arm(selig), ärmlich, schäbig; unzureichend, unzulänglich; bedauerns-, bejammernswert; **2.** *(vorangestellt)* bedauernswert, beklagenswert, arm; *(Entschuldigung)* fadenscheinig; **II.** *s m* Arme(r) *m;* ► *les ~s d'esprit* die Armen im Geiste; *~ comme Job* arm wie eine Kirchenmaus. **pauvrement** [-vʀə-] *adv* **1.** ärmlich, dürftig; **2.** unzureichend. **pauvresse** *f* arme Frau; Bettlerin *f.* **pauvrette** *f* arme(s) Ding *n.*
pauvreté [-vʀə-] *f* **1.** Armut *f;* **2.** Dürftigkeit; Armseligkeit *f;* **3.** *pl* Albern-, Plattheiten *f pl;* ► *~ n'est pas vice* Armut schändet nicht.
pavage [pavaʒ] *m* Pflaster(n) *n,* Pflasterung *f.*
pavaner [pavane] *v prn se ~* sich brüsten; sich auf=plustern *fam;* umher=stolzieren.
pavé [pave] *m* **1.** Pflaster(stein *m*) *n;* **2.** Straßendecke *f;* **3.** *(dickes Buch) fam* Schinken *m;* **4.** ► *battre le ~* herum=bummeln; *mettre sur le ~ (fig)* auf die Straße setzen; *tenir le haut du ~* zu den Honoratioren gehören; **5.** ► *il est sur le ~* er liegt auf der Straße, hat keine Arbeit; *~ (de pain d'épice)* Pfefferkuchen *m;* *~ numérique (inform)* Ziffern-tastatur *f,* Ziffernblock *m.* **paver** *tr* pflastern; mit Platten be-, aus=legen. **paveur** *m* Pflasterer *m.*
pavillon [pavijɔ̃] *m* **1.** Pavillon *m;* **2.** Häuschen, Gartenhaus *n;* **3.** Vor-, Anbau *m;* **4.** Schalltrichter *m;* **5.** Ohrmuschel *f;* **6.** *mot* Dach *n;* **7.** *mar* Flagge *f;* **8.** ► *baisser ~ (fig fam)* nach=geben; *battre ~ français* unter französischer Flagge segeln; *naviguer sous ~ étranger* unter fremder Flagge segeln; *~ de chasse* Jagdhütte *f.*
pavois [pavwa] *m* Beflaggung *f (e-s Schiffes);* ► *élever sur le ~* auf den Schild, *fig* in den Himmel heben. **pavoiser** [-ze] *tr* beflaggen.
pavot [pavo] *m bot* Mohn *m.*
payable [pɛjabl] *a* zahlbar; ► *~ au porteur* zahlbar an den Überbringer; *~ à vue* zahlbar bei Sicht. **payant, e** *a* **1.** zahlend; **2.** gebührenpflichtig; **3.** lohnend, einträglich; ► *être ~* sich bezahlt machen; *stationnement ~* bewachte(r) Parkplatz *m.* **paye** [pɛj] *s. paie.* **payement** *s. paiement.*
payer [pe(ɛ)je] ⟨*Prés. je paie* od *paye, ns payons; Fut. je paierai* od *payerai, ns paierons* od *payerons; pp. payé, e*⟩ **I.** *itr* sich bezahlt machen, sich lohnen, etw ein=bringen; ► *(fam) ça ne paie pas* es macht sich nicht bezahlt; **II.** *tr* **1.** (be-, aus)zahlen; *(Beitrag)* entrichten; *(Rechnung)* begleichen; *(Kosten)* bestreiten; *(Schuld)* ab=tragen, tilgen; *(Wechsel)* honorieren; **2.** ► *tu me le paieras!* das zahle ich dir heim! **III.** *v prn se ~ (fam)* **1.** sich leisten (*qc* etw); sich kaufen; bezahlt werden (müssen); sich ab=finden (*de* mit); *fam* **2.** ► *voici 100 francs: payez-vous!* ... ziehen Sie ab, was Sie bekommen; *(fig) tout se paie* alles rächt sich einmal; **3.** ► *~ par acomptes* ab=(be)zahlen, in Raten (be)zahlen; *~ d'avance* voraus=(be)zahlen; *~ (au) comptant* bar (be)zahlen; *~* de belles paroles mit schönen Worten ab=speisen; *~ de sa personne* dafür ein=stehen; sich dafür ein=setzen; *~ la douane, les droits de douane pour qc* etw verzollen; *~ les pots cassés (fig)* etw aus=baden; *~ des intérêts pour qc* etw verzinsen; *~ de sa personne* sich nicht schonen; s-e ganze Kraft ein=setzen; *~ un pot, une tournée* eine Runde spendieren; *~ de retour qn* es jdm (mit gleicher Münze) heim=zahlen; *~ en supplément* zu=zahlen; **4.** ► *il est mal payé de sa peine* s-e Anstrengungen haben sich nicht gelohnt; *je suis payé pour le savoir* ich muß es wohl wissen; ich habe die Erfahrung gemacht; *il ne*

paye pas de mine er sieht nach nichts aus. **payeur, se** *s m f* Zahler(in *f*) *m; s m* u. *a:* ▶ *officier m* ~ Zahlmeister *m*.
pays [pe(ɛ)i] *m* **1.** Land *n;* **2.** Landstrich *m*. Gegend *f;* Gebiet *n;* **3.** Heimat *f* · **4.** Dorf *n*, Kleinstadt *f;* **5.** Vaterland *n;* **6.** *fam* Landsmann *m;* **7.** ▶ *du* ~ (ein)heimisch; **8.** ▶ *arriver de son* ~ ein Neuling, Anfänger sein; *être en* ~ *de connaissance* unter Bekannten sein; gut Bescheid wissen; sich auskennen; *voir du* ~ weit herum=kommen; *de quel* ~ *venez-vous?* Sie kommen wohl vom Mond? **9.** ▶ ~ *d'accueil* Gastland *n; les P~-Bas* die Niederlande *n pl; créditeur, débiteur* Gläubiger-, Schuldnerland *n;* ~ *exportateur de pétrole* Erdöl exportierende(s) Land *n;* ~ *industrialisé* Industrieland *n;* ~ *industriel, d'origine, de provenance* Industrie-, Ursprungs-, Herkunftsland *n; un* ~ *perdu (fam)* ein abgelegenes Nest *n;* ~ *pétrolier* (erd-) Ölland *n;* ~ *producteur de pétrole* Ölförderland *n;* ~ *en voie de développement* Entwicklungsland *n;* ~ *en voie d'industrialisation* Schwellenland *n*. **paysage** *m* Landschaft *f;* ▶ ~ *urbain* Stadtbild *n*. **paysagiste** *m* Landschaftsmaler *m;* ▶ *architecte, jardinier m* ~ Garten-, Landschaftsgestalter *m*. **paysan, ne I.** *s m f* Bauer *m*, Bäuerin *f;* **II.** *a* **1.** bäuerisch; **2.** ländlich, bäuerlich. **paysannerie** *f* Bauernstand *m*. **payse** *f fam vx* Landsmännin *f*.
péage [peaʒ] *m:* ▶ *droit m de* ~ Benutzungsgebühr, Autobahngebühr *f; à* ~ gebührenpflichtig. **péagiste** *m f* Person *f*, die Autobahngebühren einnimmt.
peau [po] *f pl-x* **1.** Haut *f (a. auf der Milch);* **2.** *(Tiere)* Fell *n*, Balg *m;* Leder *n;* **3.** *bot* Schale, Hülse *f;* **4.** ▶ *avoir qn dans la* ~ *(fam)* jdm mit Haut und Haar verfallen sein; *n'avoir que la* ~ *et les os* nur (noch) Haut u. Knochen sein; *faire bon marché de sa* ~ s-e Haut zu Markte tragen; *faire la* ~ *à qn* jdn um=bringen; *faire* ~ *neuve (fig)* s-e Meinung, Haltung ändern; ein (ganz) anderer Mensch werden; *ne pas tenir dans sa* ~ es nicht aus=halten können; *vendre cher sa* ~ sein Leben teuer verkaufen; **5.** ▶ *j'ai cela dans la* ~ *(fam)* das steckt mir im Blut; *je ne voudrais pas être dans sa* ~ ich möchte nicht in s-r Haut stecken; **6.** ▶ *maladie f de la* ~ Hautkrankheit *f;* **7.** ▶ ~ *d'agneau, de lapin, de tambour* Lamm-, Kaninchen-, Trommelfell *n mus;* ~ *d'âne (fam)* Diplom *n;* ~ *de chamois* Fensterleder *n; P~ Rouge m* Rothaut *f;* ~ *de vache (pop)* Schweinehund *m*. **peaucier** *m* Hautmuskel *m*. **peaufiner** *tr* aus=feilen. **peausserie** *f* Leder(waren)fabrikation *f*, -handel *m*, -waren *f pl*.
pec [pɛk] *a:* ▶ *hareng m* ~ Salzhering *m*.
pécari [pekaʀi] *m* Nabelschwein *n*.
pêche [pɛʃ] *f bot* Pfirsich *m*.
pêche [pɛʃ] *f* Fischfang *m;* Fischerei *f;* Fischen *n;* ▶ *aller à la* ~ fischen gehen; *bateau m de* ~ Fischerboot *n; grande* ~ Hochseefischerei *f;* ~ *à la baleine* Walfang *m;* ~ *aux éponges, du hareng, des perles* Schwamm-, Herings-, Perlenfischerei *f;* ~ *hauturière* Hochseefischerei *f;* ~ *à la ligne (flottante)* Angeln *n*.
péché [peʃe] *m* Sünde *f;* ▶ ~ *mortel, originel, véniel* Tod-, Erbsünde, läßliche Sünde *f;* ~ *mignon (fam)* kleine Schwäche *f fig*. **pécher** ‹*Prés. je pèche, ns péchons; Fut. je pécherai; pp. péché, e*› *itr* **1.** *rel* sündigen; **2.** *allg* verstoßen, sich vergehen, *fig* sich versündigen (*contre* an *dat*); **3.** leiden, kranken *fig* (*par* an *dat*); **4.** ▶ ~ *par excès* übertreiben.
pêcher [peʃe] **I.** *s m* Pfirsichbaum *m;* **II.** *itr* **1.** fischen, angeln; *(Fische)* fangen; **2.** *fig fam* auf=gabeln, auf=schnappen; ▶ ~ *en eau trouble (fig)* im trüben fischen; ~ *à la ligne* angeln. **pêcherie** *f* Fischereigebiet *n*.
pêcheur, se [pɛʃœʀ, -øz] *m f* Fischer(in *f*) *m;* ▶ ~ *à la ligne* Angler *m*.
pécheur, eresse [peʃœʀ, -ʃʀɛs] *m f* Sünder(in *f*) *m*.
pécore [pekɔʀ] *f fig fam* dumme Gans *f*.
pectoral, e [pɛktɔʀal] **I.** *a pl -aux anat* Brust-; **II.** *m anat* Brustmuskel *m*.
pécule [pekyl] *m* Rücklage *f*, Notgroschen *m*. **pécuniaire** [-njɛʀ] *a* geldlich, finanziell; ▶ *embarras m pl ~s* Geldverlegenheit *f*.
pédagogie [pedagɔʒi] *f* Pädagogik, Erziehungswissenschaft *f*. **pédagogique** *a* pädagogisch; Erziehungs-. **pédagogue** *m* Pädagoge *m*.
pédale [pedal] *f* **1.** Pedal *n*, Fußhebel *m;* **2.** *pop* Schwuler *m;* **3.** *el* Schienenkontakt *m;* **4.** *loc* Druckschiene *f;* **5.** ▶ ~ *d'accélérateur (mot)* Gashebel *m;* ~ *d'embrayage, de frein (mot)* Kupp(e)lungs-, Bremspedal *n*. **pédaler** *itr* **1.** radeln, rad=fahren; **2.** *fam fig* sich beeilen; rennen. **pédalo** *m* Tretboot *n*.
pédant, e [pedɑ̃, -t] **I.** *s m f* Pedant(in *f*) *m;* **II.** *a* pedantisch. **pédanterie** *f* Pedanterie *f*. **pédantesque** *a* pedantisch, steif. **pédantisme** *m* Pedanterie *f*.
pédé [pede] *a fam* schwul; *s m* Schwuler *m*.
pédégé, e [pedeʒe] *m f* Geschäftsführer(in *f*) *m*.
pédéraste *m* [pedeʀast] Päderast *m*. **pédérastie** *f* Päderastie *f*.
pédestre [pedɛstʀ] *a* Fuß-; ▶ *sentier* ~ Wanderweg *m; tourisme m* ~ Wandern *n*.
pédiatre [pedjatʀ] *m* Kinderarzt *m*. **pédiatrie** *f* Kinderheilkunde *f*.

pédicure [pedikyʀ] *s m f* Fußpfleger(in *f*) *m*.
pédigree [pedigʀe] *m (Hund, Pferd)* Stammbaum *m*.
pédologie [pedɔlɔʒi] *f* Wissenschaft vom Kinde.
pédophile [pedɔfil] *m f* Pädophile(r *m*) *f*.
pègre [pɛgʀ] *f arg* Unterwelt *f*.
peigne [pɛɲ] *m* **1.** Kamm *m;* **2.** *tech* Hechel *f;* Web(e)blatt *n;* (Gewinde-) Schneidbacke *f;* **3.** *zoo* Kammuschel *f;* ► *se donner un coup de ~* (schnell) überkämmen; *être sale comme un ~* vor Dreck starren; *passer au ~ fin (fig)* sehr genau prüfen. **peigné** *m* Kammgarn *n*. **peignée** *f fam* Tracht *f* Prügel. **peigner I.** *tr* kämmen; **II.** *v prn se ~* sich kämmen.
peignoir [pɛɲwaʀ] *m: ~ (de bain)* Bademantel *m; (für Frauen)* Morgenrock *m*.
peinard, e [pɛnaʀ, -ʀd] *a* ► *être ~* die Ruhe weg=haben.
peindre [pɛ̃dʀ] ‹*Prés. je peins, ns peignons; Fut. je peindrai; pp. peint, e; Subj. que je peigne, que ns peignions; Impér. peins, peignons*› **I.** *tr* **1.** (be-, an=, aus=)malen (*de* mit); an=streichen; **2.** *fig* schildern, wieder=geben, zum Ausdruck bringen; **II.** *v prn se ~* sich ausdrücken, sich zeigen; ► *~ en rose (fig)* schön=färben; *~ au pistolet* spritzen.
peine [pɛn] *f* **1.** Strafe *f;* **2.** Schmerz; Kummer *m*, Sorge *f;* **3.** Mühe, Anstrengung *f;* **4.** ► *à ~* kaum, mit Mühe (und Not); *à grand-~* mit großer Mühe; *sans ~* mühelos; *sous ~ (de)* bei Strafe *(gen);* **5.** ► *avoir de la ~* Kummer haben; *avoir de la ~ à faire qc* etw nur mit Mühe tun können; *se donner de la ~* sich Mühe geben (*de* zu); *être en ~ de qn* um jdn in Sorge sein, sich *dat* um jdn Gedanken machen; *faire ~* leid, weh=tun; *faire de la ~* Kummer machen *od* bereiten; *frapper d'une ~* mit e-r Strafe belegen; *perdre sa (ses) ~(s)* sich umsonst (be)mühen; *valoir la ~* der Mühe wert sein; **6.** ► *j'ai ~ à ...* es kostet mich Überwindung, widerstrebt mir zu ...; **7.** *homme m de ~* Handlanger *m; ~ capitale, de mort* Todesstrafe *f*. **peiné, e** *a* bekümmert, betrübt. **peiner I.** *tr* Kummer bereiten (*qn* jdm); **II.** *itr* betrüben; sich ab=mühen, sich plagen.
peintre [pɛ̃tʀ] *m* **1.** Maler(in *f*) *m;* **2.** *fig* Schilderer *m;* ► *femme f ~* Malerin *f; ~ en bâtiments* Anstreicher *m*. **peinture** *f* **1.** Malerei *f;* **2.** Gemälde *n;* **3.** Anstrich *m*, Farbe *f; (Auto)* Lack *m;* **4.** *fig* Schilderung, Darstellung *f;* ► *attention à la ~* (Vorsicht,) frisch gestrichen. **peinturlurer** *tr* grell an=streichen.
péjoratif, ive [peʒɔʀatif, -iv] *a gram* pejorativ; verächtlich.
pékin [pekɛ̃] *m arg mil* Zivilist *m*.
Pékin Peking *n*. **pékinois, e** *a* Pekinger-, *s m* Pekinese *m* (Hund). **Pékinois, e** *m f* Einwohner(in *f*) *m* von Peking.
pelage [pəlaʒ] *m zoo* Haarkleid, Fell *n;* Haarfarbe *f*.
pelé, e [pəle] *a* kahl *a. fig;* ► *il n'y avait que trois ~s et un tondu (fig fam)* es waren nur ein paar Männeken da.
pêle-mêle [pɛlmɛl] *adv* bunt durcheinander.
peler [pəle] ‹*Prés. je pèle, ns pelons; Fut. je pèlerai; pp. pelé, e*› **I.** *tr* **1.** *(Tier)* enthaaren; **2.** *(Frucht)* schälen; **3.** *(Baum)* entrinden; **II.** *itr* sich häuten; sich ab=schuppen; **III.** *v prn se ~* sich schälen lassen.
pèlerin [pɛlʀɛ̃] *m* **1.** Pilger(in *f*) *m;* **2.** *zoo* Riesenhai *m*. **pèlerinage** *m* **1.** Pilger-, Wallfahrt *f;* **2.** *(lieu de ~)* Wallfahrtsort *m*.
pélican [pelikɑ̃] *m orn* Pelikan *m*.
pelisse [pəlis] *f* pelzgefütterte(r) Mantel *m*.
pelle [pɛl] *f* **1.** Schaufel, Schippe *f;* **2.** *(~ mécanique)* (Löffel-)Bagger *m;* **3.** (Braten-)Wender *m;* ► *ramasser une ~ (fam)* hin=fallen; *remuer l'argent à la ~ (fig)* im Gelde wühlen. **pelleter** *tr* schaufeln. **pelleterie** [pɛl(ɛ)tʀi] *f* Kürschnerei *f;* Pelzwerk *n*, Rauchwaren(handel *m*) *f pl*. **pelleteur, se** [pɛltœʀ, -øz] *m* Hochlöffelbagger, Baggerführer *m; f* ► *~se (mécanique)* Schaufellader *m*. **pelletier, ère** *s m f* Rauchwarenhändler *m*.
pellicule [pɛlikyl] *f* **1.** *biol* Häutchen *n;* **2.** *meist pl med* Schuppe *f;* **3.** Film *m a. phot;* ► *~ en bobine* Rollfilm *m*. **pelliculeux, se** *a med* schuppig.
pelote [pəlɔt] *f* **1.** Knäuel *m* od *s;* **2.** baskische(s) Ballspiel *n;* **3.** *(~ à épingles)* Nadelkissen *n;* **4.** ► *faire sa ~ (fig fam)* sein Schäfchen ins Trockene bringen.
peloter [pəlɔte] *tr pop* befummeln, streicheln.
peloton [pəlɔtɔ̃] *m* **1.** Knäuel *m* od *n;* **2.** *mil* Gruppe *f*, Zug *m;* **3.** ► *(sport) le gros ~* das (Haupt-)Feld; *~ de tête (sport)* Spitzenmannschaft, -gruppe *f*. **pelotonner I.** *tr (Garn)* auf=wickeln; **II.** *v prn se ~* sich zs.=kauern, -rollen; *fig* sich an=schmiegen (*contre qn* an jdn).
pelouse [p(ə)luz] *f* Rasen *m*.
peluche [plyʃ] *f* Plüsch *m*. **peluché, e** *a* **1.** *(Stoff)* plüschartig; **2.** zerschlissen, ausgefranst. **pelucheux, se** *a* **1.** fusselig, faserig; **2.** *bot* samtartig.
pelure [pəlyʀ] *f* **1.** *(Obst, Kartoffeln)* Schale *f;* **2.** Hülse, Haut *f;* **3.** *fam* Mantel *m;* ► *papier m ~* dünne(s) Durchschlagpapier *n; ~ d'oignon* Zwiebelschale *f*.

pelvis [pɛlvi] *m anat* Becken *n.*
pénal, e [penal] *a pl -aux jur* Straf-. **pénalisation** *f sport* Strafpunkt(e *pl*) *m.* **pénaliser** *tr* mit e-m Strafpunkt belegen; in Strafe nehmen. **pénalité** *f jur sport* Strafe *f;* Geldstrafe *f.*
penalty [penalti] *m (Fußball)* Elfmeter; Strafstoß *m.*
penaud, e [pəno] *a* verlegen.
penchant [pɑ̃ʃɑ̃] *m fig* Hang *m,* Neigung *f* (*pour* zu); ▶ *avoir un ~ à faire qc* dazu neigen, tendieren etw zu tun. **penché, e** *a* geneigt, schräg, schief. **pencher I.** *tr* neigen, senken, nieder=beugen; **II.** *itr* **1.** geneigt, schräg, schief sein *od* stehen; **2.** *fig* (hin=)neigen, tendieren (*à, pour* zu); **III.** *v prn se ~* **1.** sich herab=neigen, sich nieder=beugen; **2.** *fig* sich mühen (*sur* um); sich beschaffen (*sur* mit *dat*); ▶ *faire ~ la balance (fig)* den Ausschlag geben (*en faveur de qn* für jdn); *ne pas se ~ au dehors* nicht hinauslehnen.
pendable [pɑ̃dabl] *a* ▶ *tour m ~* üble(r) Streich *m.*
pendaison [pɑ̃dɛzɔ̃] *f* Auf-, Erhängen *n.* **pendant, e I.** *a* **1.** (herab)hängend; **2.** *fig* schwebend, in der Schwebe; **3.** *jur* anhängig; **II.** *s m* Gegen-, Seitenstück *n;* **III.** *prp* während; **IV.** ▶ *~ que (conj)* während *(zeitl.); faire ~ à ...* das Gegenstück bilden zu ...; gehören, passen zu ... **pendeloque** *f* Ohrgehänge *n; pl (Leuchter)* Behänge *m pl.* **pendentif** *m* Anhänger *m (Schmuck).* **penderie** *f* (eingebauter) Kleiderschrank *m.* **pendiller** [-ije] *tr* flattern; baumeln.
pendre [pɑ̃dʀ] ‹*Prés. je pends, ns pendons; Fut. je pendrai; pp. pendu, e; Subj. que je pende, que ns pendions; Impér. pends, pendons*› **I.** *tr* (auf=)hängen; henken; **II.** *itr* **1.** (herab=)hängen; **2.** *(Kleid)* schleppen; **3.** ▶ *avoir la langue bien ~ue* ein loses Mundwerk haben; *dire pis que ~ de qn* keinen guten Faden an jdm lassen; *~ la crémaillère (fam)* Einstand feiern; **III.** *v prn se ~* sich hängen (*à qc* an etw); ▶ *se ~ au cou de qn* jdm um den Hals fallen; *se ~ à la sonnette de qn* bei jdm Sturm läuten. **pendu** *m* Gehenkte(r) *m.*
pendulaire [pɑ̃dylɛʀ] *a* ▶ *mouvement m ~* Pendelbewegung *f.* **pendule** *m* **1.** Pendel *n;* **2.** Pendel-, Stutzuhr *f;* ▶ *f de pointage* Stechuhr *f.*
pêne [pɛn] *m (Schloß)* Riegel *m.*
pénétrable [penetʀabl] *a* **1.** durchlässig; **2.** *fig* erkennbar. **pénétrant, e I.** *a* **1.** durchdringend; *(Geruch)* penetrant, aufdringlich; *(Kälte)* schneidend; **2.** *fig* scharf(blickend, -sinnig); **II.** *s f mil* Aufmarschstraße *f.* **pénétration** *f* **1.** Durch-, Eindringen *n;* **2.** *fig* geistige Durchdringung, Verstandesschärfe *f.* **pénétré, e** *a* durchdrungen, tief beeindruckt, überzeugt (*de* von). **pénétrer** ‹*Prés. je pénètre, ns pénétrons; Fut. je pénétrerai; pp. pénétré, e*› **I.** *tr* **1.** durch-, ein=dringen (*qc* durch, in e-e S); **2.** *fig* durchdringen, ergründen, durchschauen; ergreifen, erfüllen (*de* mit); **II.** *itr* **1.** gelangen (*jusqu'à* bis zu); ein=dringen (*dans* in *acc*); hinein=fahren (*dans* in *acc*); **2.** *(Farbe, Leim)* durchschlagen; **III.** *v prn* ▶ *se ~ de qc* sich etw ganz zu eigen machen; sich *(dat)* etw sehr zu Herzen nehmen.
pénible [penibl] *a* **1.** mühsam, anstrengend, schwierig; **2.** betrüblich; unerquicklich; schmerzlich, peinlich.
péniche [peniʃ] *f mar* **1.** Last-, Schleppkahn *m;* **2.** *pl arg* Latschen *pl.*
pénicilline [penisilin] *f med* Penicillin *n.*
péninsulaire [penɛ̃sylɛʀ] *a* Halbinsel-. **péninsule** *f* Halbinsel *f.*
pénis [penis] *m anat* Penis *m.*
pénitence [penitɑ̃s] *f* **1.** *rel* Bußfertigkeit, Reue; Buße *f;* **2.** Strafe *f;* ▶ *pour ~* zur Strafe; *faire ~* Buße tun. **pénitencier** *m* Strafanstalt *f.* **pénitent, e I.** *a* bußfertig; **II.** *s m f* Beichtkind *n.* **pénitentiaire** [-sjɛʀ] *a* Straf-. **pénitentiel, le** *a rel* Buß-.
penne [pɛn] *f orn* Schwanzfeder *f.* **penné, e** a bot gefiedert.
pénombre [penɔ̃bʀ] *f* Halbdunkel *n.*
pensant, e [pɑ̃sɑ̃, -ɑ̃t] *a* denkend; ▶ *bien ~* konformistisch. **pensée** *f* **1.** Gedanke *m;* **2.** Denken (*à, de* an *acc*); Denkvermögen *n;* **3.** Ansicht, Meinung *f;* **4.** *bot* Stiefmütterchen *n;* ▶ *la seule ~* der bloße Gedanke, schon der Gedanke *m; il ne me serait pas venu à la ~ de* es wäre mir nie eingefallen, zu. **penser I.** *itr* **1.** denken (*à* an *acc*); **2.** daran denken, nicht vergessen (*à faire qc* etw zu tun); **3.** nach=denken; **4.** beabsichtigen, vor=haben (*(à) faire* zu tun); **II.** *tr* **1.** meinen, glauben; denken; **2.** ▶ *sans ~ à mal* ohne Schlimmes dabei zu denken; *sans y ~* unabsichtlich; *ah, j'y pense!* eh' ich vergesse! *pensez donc!* denken Sie mal! *pensez vous!* ach was! *y pensez vous?* wo denken Sie hin! was fällt Ihnen ein! *vous n'y pensez pas!* das ist doch nicht Ihr Ernst! *liberté f de ~* Meinungsfreiheit *f.* **penseur, se** *m f* Denker(in *f*) *m.* **pensif, ive** *a* nachdenklich; in Gedanken versunken.
pension [pɑ̃sjɔ̃] *f* **1.** Pension *f,* Ruhegehalt *n;* Rente *f;* **2.** Pension *f,* Kostgeld *n;* **3.** Pension *f,* Fremdenheim *n;* **4.** Internat *n;* **5.** ▶ *prendre ~ à l'hôtel* Vollpension in e-m Hotel nehmen; *~ alimentaire* Alimente *n pl,* Unterhaltsrente *f;* *~ de réversion* Witwenrente *f;* *~ viagère* Leibrente *f;* *~ de vieillesse, d'invalidité* Alters-, Invalidenrente *f.* **pensionnaire** *m f* **1.** Pensionsgast *m;* **2.** Pensionsschüler(in *f*) *m,* Interne(r *m*) *f.* **pensionnat**

[-a] *m* Pensionat *n.* **pensionné, e** *m f* Pensionsempfänger(in *f*) *m.* **pensionner** *tr* e-e Pension aus=zahlen.
pensum [pɛ̃sɔm] *m (Schule)* Strafarbeit *f.*
pentagone [pɛ̃tagon] *m* Pentagon, Fünfeck *n;* ▶ *le P~ (pol)* das Pentagon.
pentateuque [pɛ̃tatøk] *m rel* Pentateuch *m,* Fünf Bücher *n pl* Moses.
pentathlon [pɛ̃tatlɔ̃] *m sport* Fünfkampf *m.*
pente [pɑ̃t] *f* **1.** (Ab-)Hang *m;* **2.** Neigung *f,* Gefälle *n;* Böschung *f;* **3.** *fig* schiefe Ebene *f;* ▶ *remonter la ~ (fig)* wieder auf die Beine kommen.
Pentecôte [pɑ̃tkot] *f* Pfingsten *n sing* od *f pl;* ▶ *à la ~* an Pfingsten.
pénurie [penyʀi] *f* (großer) Mangel *m,* Knappheit (*de* an *dat*); ▶ *~ d'argent, de matières premières* Geld-, Rohstoffknappheit *f; ~ de main-d'œuvre* Mangel *m* an Arbeitskräften.
pépée [pepe] *f* **1.** *(Kindersprache)* Püppchen *n;* **2.** *pop* Puppe, Biene *f.*
pépère [pepɛʀ] **I.** *s m (Kindersprache)* Opa; **II.** *a fam* ruhig, behäbig; gemütlich.
pépètes [pepɛt] *f pl pop* Moneten *pl.*
pépie [pepi] *f* ▶ *avoir la ~ (fam)* e-e trockene Kehle haben.
pépiement [pepimɑ̃] *m orn* Piepen *n.*
pépier [-pje] *itr* piepen.
pépin [pepɛ̃] *m* **1.** *bot* Kern *m;* **2.** *pop* Regenschirm *m;* ▶ *avoir un ~ (fam)* auf Schwierigkeiten stoßen. **pépinière** *f* Baum-, *fig* Pflanzschule *f.*
pépite [pepit] *f min* (Gold-)Klumpen *m.*
péquenot [pɛkno] *m fam péj* Bauer *m.*
perçage [pɛʀsaʒ] *m tech* (Durch-)Bohren *n.* **perçant, e** *a* **1.** *(Stimme)* schrill; **2.** *(Kälte)* schneidend; **3.** *(Schrei)* gellend; **4.** *(Blick)* durchdringend. **perce** *f* ▶ *mettre en ~ (Bier)* an=stechen. **percée** *f* **1.** Durchbruch, Durchstich *m;* **2.** *(Wald)* Durchhau *m;* **3.** *mil* Durchbruch, Durchstoß *m;* **4.** *arch* (Fenster-)Öffnung *f.* **percement** *m* **1.** *tech* (Durch-)Bohrung *f;* Durchstechen *n,* -stich; **2.** *min* Vortrieb *(e-s Stollens);* **3.** *el* Durchschlag *m.* **perce-neige** *m* od *f inv* Schneeglöckchen *n.*
percepteur, trice [pɛʀsɛptœʀ, -tʀis] **I.** *a* aufnehmend; **II.** *s m* Steuereinnehmer *m.* **perceptible** *a* **1.** wahrnehmbar; **2.** spürbar, merklich; **3.** verständlich; **4.** *(Steuer)* einziehbar. **perceptif, -ive** *a* Wahrnehmungs-, Erfahrungs-. **perception** [-sjɔ̃] *f* **1.** *(Philosophie)* Wahrnehmung, Erfahrung *f;* **2.** *(Steuer)* Erhebung, Einziehung *f;* **3.** Finanzkasse *f.*
percer [pɛʀse] ‹*Prés. je perce, ns perçons; Fut. je percerai; pp. percé, e*› *tr itr* **1.** durchbohren, -brechen, -stechen, -löchern; **2.** ein=dringen (*qc* in e-e S); **3.** *(Geschwür)* auf=gehen, -stechen; **4.** *(Faß)* an=stechen, -zapfen; **5.** *(Papier)* durchschlagen; **6.** *tech* (durch-, an=)bohren; lochen; **7.** *(Panzerschrank)* knakken; **8.** *fig* bewegen, treffen, erschüttern; **9.** *(Herz)* zerreißen; **10.** durchschauen, ergründen, entschleiern; **11.** sich durch=setzen; in Erscheinung treten, zum Durchbruch, ans Licht kommen, zutage treten; **12.** sich Bahn brechen; berühmt werden; ▶ *laisser ~* durchblicken lassen; *~ ses dents* Zähne bekommen; *~ les oreilles* in den Ohren gellen; *rien n'a percé* nichts ist durchgesickert. **perceur, se** *s m f* Bohrer *m (Arbeiter); f* Bohrmaschine *f.*
percevable [pɛʀsəvabl] *a (Steuer)* einzieh-, eintreibbar. **percevoir** ‹*Prés. je perçois, ns percevons; Fut. je percevrai; pp. perçu, e; Subj. que je perçoive, que ns percevions; Impér. perçois, percevons*› *tr* **1.** wahr=nehmen; erfassen; **2.** *(Steuer)* erheben, ein=ziehen; *(Geld)* ein=nehmen, kassieren.
perche [pɛʀʃ] *f* **1.** *zoo* Barsch *m;* **2.** Stange *f;* **3.** *sport* Stab *m;* **4.** Meßstange *f;* **5.** *film* Giraffe *f;* **6.** *(grande ~) fig* lange Latte *f;* **7.** ▶ *tendre la ~ à qn* jdm aus der Verlegenheit helfen; **8.** ▶ *saut m à la ~* Stabhochsprung *m.* **percher I.** *itr* **1.** *(Vögel)* sich niederlassen, sich setzen; **2.** *fam (Ort)* liegen; **3.** *(Personen)* hausen; **II.** *tr* (hoch hinauf-)stellen (*sur* auf *acc*); ▶ *(fam) ~ sa voix* mit hoher Stimme sprechen; **III.** *v prn se ~ fam* sich setzen (*sur* auf *acc*). **perchiste** *m* **1.** Stabhochspringer *m;* **2.** *film* Mikrophonträger *m.* **perchoir** *m* Vogel-, *bes* Hühnerstange(n *pl*) *f.*
perclus, e [pɛʀkly, -z] *a med* gelähmt.
percolateur [pɛʀkɔlatœʀ] *m* Kaffeemaschine *f.*
percussion [pɛʀkysjɔ̃] *f* **1.** Schlag, Stoß *m;* **2.** *med* Perkussion *f;* **3.** *(instrument m à ~)* Schlaginstrument *n.* **percussioniste** *m* Schlagzeuger *m.*
percutané, e [pɛʀkytane] *a med* perkutan.
percutant, e [pɛʀkytɑ̃, -t] *a* **1.** *mil* Perkussions-; **2.** *fig* durchschlagend, eindringlich. **percuter I.** *tr* **1.** (an=)stoßen; **2.** prallen (*un arbre* gegen e-n Baum); **3.** *med* perkutieren; **II.** *itr* **1.** auf=schlagen, auf=treffen; **2.** *mot* fahren (*contre* gegen, an *acc*).
perdant, e [pɛʀdɑ̃, -ɑ̃t] **I.** *a* verlierend; **II.** *s m f* Verlierer(in *f*) *m;* ▶ *billet, numéro m ~* Niete *f.* **perdition** *f* **1.** Verderben *n,* Untergang *m;* **2.** *rel* Verdammnis *f;* **3.** ▶ *en ~ (mar)* in Seenot.
perdre ‹*Prés. je perds, ns perdons; Fut. je perdrai; pp. perdu, e; Subj. que je perde, que ns perdions; Impér. perds, perdons*› **I.** *tr* **1.** verlieren, ein=büßen, versäumen, verpassen; **2.** unnütz, umsonst aus=geben, verschwenden, ver-

geuden; **3.** *(Gewohnheit)* ab=legen; **4.** zugrunde richten, ins Verderben bringen; in die Irre führen; **II.** *itr* **1.** (an Wert) verlieren; e-n Verlust erleiden (*sur une marchandise* an e-r Ware); **2.** *(Gefäß)* undicht sein, lecken; **3.** nach=lassen, schlechter werden; **4.** *mar* langsamer fahren, zurück=bleiben (*sur* hinter *dat*); **III.** *v prn se* ~ **1.** sich verlieren, verschwinden; abhanden kommen; **2.** unter=gehen, zugrunde gehen; verderben; sich zugrunde richten; sich verzetteln; **3.** *mar u. fig* scheitern; verloren=gehen; sich verirren, sich verlaufen; **4.** aus=sterben; **5.** *(Brauch)* ab=kommen; **6.** ► ~ *courage* den Mut sinken lassen; ~ *le fil (fig)* den roten Faden verlieren; ~ *(l')haleine* außer Atem kommen; ~ *patience* die Geduld verlieren; ~ *pied* den Grund (im Wasser) verlieren; *fig* den Halt verlieren; ~ *du terrain (fig)* an Boden verlieren; ~ *de vue* aus den Augen verlieren; *je perds qc* es entgeht mir etw; *je m'y perds (fig)* da komme ich nicht mehr mit.

perdreau [pɛʀdʀo] *m* junge(s) Rebhuhn *n.*

perdu, e [pɛʀdy] *a* **1.** verloren, nicht mehr zu retten(d); **2.** *(in Gedanken)* versunken; **3.** abgelegen, einsam; **4.** *(Kugel)* verirrt; **5.** unheilbar; **6.** verschwunden; **7.** ► *à corps* ~ heftig, ungestüm, blindlings; *à coup* ~ aufs Geratewohl; *je suis* ~ ich habe mich verirrt, verfahren; *fig* ich weiß mir nicht mehr zu helfen; **8.** ► *peine f* ~*e* vergebliche Mühe *f; temps m, moments m pl, heures f pl* ~*(s, es)* Mußezeit *f,* -stunden *f pl; verre m* ~ Einwegflasche *f.*

père [pɛʀ] *m* **1.** Vater *m a. rel u. fig;* **2.** Stammvater *m;* **3.** Ursprung *m;* ► *de* ~ *en fils* vom Vater auf den Sohn; ~ *adoptif, de famille, nourricier* Adoptiv-, Familien-, Pflegevater *m.*

pérégrination [peʀegʀinasjɔ̃] *f* (weite) Reise *f.*

péremption [peʀɑ̃psjɔ̃] *f jur* Verjährung *f.* **péremptoire** *a* **1.** *jur* verwirkend, verjährend; **2.** entscheidend; energisch. **pérenniser** [peʀɛnize] *tr* verewigen. **pérennité** *f* Fortbestand *m,* -dauer *f.*

péréquation [perekwasjɔ̃] *f* gleichmäßige Verteilung *f;* Angleichung *f.*

perfectabilité [pɛʀfɛktabilite] *f* Vervollkommnungsfähigkeit *f.* **perfectible** *a* vervollkommnungsfähig. **perfection** [-sjɔ̃] *f* **1.** Vollendung, Vervollkommnung; Vollkommenheit *f; à la* ~ tadellos *adv;* **2.** *pl* Vorzüge *m pl.* **perfectionnement** [-sjɔ-] *m* Vervollkommnung, Verbesserung; Fortbildung *f.* **perfectionner** *tr* vervollkommnen, verbessern.

perfide [pɛʀfid] *a* treulos, verräterisch, falsch; heimtückisch. **perfidie** *f* Treulosigkeit, Falschheit, Heimtücke *f.*

perforage [pɛʀfɔʀaʒ] *m* (Durch-)Bohren *n.* **perforateur, trice I.** *a* Bohr-; **II.** *s m* **1.** Bohrer; **2.** *(Büro)* Locher; **III.** *s f* **1.** Bohrmaschine *f;* **2.** Locherin *f.* **perforation** *f* **1.** *tech* Durchbohren, (Durch-)Lochen *n;* Perforierung *f;* **2.** *(Geschoß)* Durchschlag *m a. el.* **perforer** *tr* **1.** durchbohren, lochen; **2.** perforieren; durchschlagen.

performance [pɛʀfɔʀmɑ̃s] *f bes. sport* Leistung *f.* **performant, e** *a* leistungsfähig.

perfusion [pɛʀfyzjɔ̃] *f med* Perfusion *f.*

pergola [pɛʀgɔla] *f arch* Pergola *f.*

péricarde [peʀikaʀd] *m anat* Herzbeutel *m.* **péricardite** *f* Herzbeutelentzündung *f.*

péricliter [peʀiklite] *itr* in Gefahr, bedroht sein; dem Untergang entgegen=gehen.

péri-informatique [peʀiɛ̃fɔʀmatik] *f inform* Peripheriegeräte *n pl;* Peripheriegeräteindustrie *f.*

péril [peʀil] *m* Gefahr *f;* ► *au(x)* ~*(s) de ...* unter Einsatz *gen; à ses risques et* ~*s* auf eigene Gefahr; *en* ~ in Seenot; *mettre en* ~ in Gefahr bringen. **périlleux, se** [-ijø, øz] *a* gefährlich.

périmer [peʀime] *v prn se* ~ *(jur)* verfallen, ungültig werden, ab=laufen, verjähren; ► *se* ~ *vite* schnell veralten.

périmètre [peʀimɛtʀ] *m* **1.** *math* Umfang *m;* **2.** Umkreis *m.*

périnatal, e [peʀinatal] *a* perinatal. **périnatalogie** *f med* perinatalogie. **périnatalité** *f* Perinatalperiode *f.*

période [peʀjɔd] *f* **1.** Periode *f a. gram;* **2.** Zeitabschnitt, -raum *m;* **3.** *astr* Umlaufszeit *f;* **4.** *med* Phase *f;* ► ~ *creuse* Flaute *f;* ~ *de démarrage* Anlaufzeit *f;* ~ *d'incubation* Inkubationszeit *f;* ~ *(radioactive)* Halbwertszeit *f;* ~ *transitoire* Übergangszeit *f.* **périodicité** *f* Periodizität *f;* Kreislauf *m.* **périodique I.** *a* periodisch; **II.** *s m* Zeitschrift *f.*

péripétie [peʀipesi] *f* **1.** *meist pl* überraschende Ereignisse *n pl;* Zwischenfälle *m pl;* **2.** plötzliche(r) Umschwung *m.*

périphérie [peʀifeʀi] *f* **1.** Stadtrand *m;* **2.** *math* Umfang *m.* **périphérique** *a math* Umfangs-, Oberflächen-; *s m* Ringstraße *f; inform* Peripheriegerät *n;* ► *les quartiers* ~*s d'une ville* die Außenbezirke e-r Stadt.

périphrase [peʀifʀaz] *f* Umschreibung *f.*

périple [peʀipl] *m* Rundfahrt, -reise *f.*

périr [peʀiʀ] *itr* **1.** zugrunde gehen, unter=gehen, um=kommen; **2.** vergehen, ein Ende nehmen, enden.

périscolaire [peʀiskɔlɛʀ] *a* die Schule ergänzend.

périscope [peʀiskɔp] *m mar* Periskop, Sehrohr *n.*

périssable [peRisabl] *a (Lebensmittel)* (leicht) verderblich.
péritéléphonie [peRitelefɔni] *f* Zusatzgeräte *n pl* zum Telefon. **péritéléphonique** *a* der Telefonzusatzgeräte. **péritélévision** *f* Fernsehzusatzgeräte *n pl.*
péritonite [peRitɔnit] *f* Bauchfellentzündung *f.*
périurbain, e [peRiyRbɛ̃, -ɛn] *a* in der näheren Umgebung e-r Stadt, stadtnah.
perle [pɛRl] *f* **1.** Perle *f a. fig;* **2.** *pharm* Kapsel *f;* **3.** *fig* Stilblüte *f.* **perlé, e** *a* **1.** perlfarbig; **2.** *fig* sauber ausgeführt, vollendet; ► *grève f ~e* Bummelstreik *m; orge m ~* Perlgraupen *f pl.* **perler** *itr (Schweiß)* perlen.
permanence [pɛRmanɑ̃s] *f* **1.** (Fort-)Dauer; Stetigkeit, Beständigkeit *f;* **2.** Bereitschaftsdienst *m;* **3.** Dienst-, Geschäftsstelle *f;* Anlaufstelle *f;* **4.** *(Schule)* Arbeitsraum *m;* **5.** ► *en ~* ununterbrochen; dauernd; auf die Dauer; **6.** ► *être de ~* Bereitschaft(sdienst) haben; *~ médicale* ärztliche(r) Bereitschaftsdienst *m.* **permanent, e I.** *a* **1.** (be)ständig, dauerhaft; **2.** fortlaufend, durchgehend; **3.** *(Stellung)* unkündbar; **4.** *(Beamter)* planmäßig; **5.** *(Heer)* stehend; **II.** *s m f* hauptamtliche(r) Mitarbeiter(in *f*) *m.*
permanente [pɛRmanɑ̃t] *f* Dauerwelle *f.*
perme [pɛRm] *f arg mil* Urlaub *m.*
perméabilité [pɛRmeabilite] *f phys* Durchlässigkeit *f; ~ à l'eau* Wasserdurchlässigkeit *f.* **perméable** *a* **1.** durchlässig; **2.** *fig* empfänglich (*à* für).
permettre ‹*Prés. je permets, ns permettons; Fut. je permettrai; pp. permis, e; Subj. que je permette, que ns permettions; Impér. permets, permettons*› [pɛRmɛtR] **I.** *tr* **1.** erlauben, gestatten (*de* zu); zu=lassen, geschehen lassen; **2.** Anlaß geben zu; berechtigen zu; **II.** *v prn se ~* **1.** sich erlauben, sich heraus=nehmen; **2.** sich gönnen (*qc* etw); **3.** ► *si vous voulez bien me le ~* wenn Sie nichts dagegen haben; *s'il (m')est permis;* wenn ich darf; *il n'est pas permis à tout le monde* es kann nicht jeder (*de faire* tun). **permis** [-mi] *m* **1.** (Erlaubnis-)Schein *m;* Genehmigung, Bewilligung *f;* **2.** ► *~ de chasse* Jagdschein *m; ~ de circulation (Auto)* Zulassung *f; loc* Freifahrschein *m; ~ de conduire* Führerschein *m; ~ de construire* Baugenehmigung *f; ~ d'inhumer* Totenschein *m; ~ de pêche* Angelschein *m; ~ de séjour* Aufenthaltsgenehmigung *f; ~ de travail* Arbeitserlaubnis *f.* **permissif, ive** *a* freizügig, permissiv. **permission** *f* **1.** Erlaubnis *f;* **2.** *mil* Urlaub *m;* ► *avec votre ~* mit Ihrer Erlaubnis, mit Verlaub; *en ~* auf, in Urlaub. **permissionnaire** *m* Inhaber *m* e-s Erlaubnisscheines; *mil* Urlauber *m.* **permissivité** *f* Permissivität *f.*
permutable [pɛRmytabl] *a* aus-, vertauschbar. **permutation** *f* **1.** (Aus-)Tausch *m;* Umstellung, -setzung *f;* **2.** *(Beamte)* Stellentausch *m.* **permuter** *tr* **1.** (aus=)tauschen; um=stellen, -setzen; **2.** die Stelle tauschen (*avec qn* mit jdm).
pernicieux, se [pɛRnisjø, -øz] *a* **1.** verderblich, gefährlich; schädlich; **2.** *med* bösartig.
péroné [peRɔne] *m anat* Wadenbein *n.*
péronnelle [peRɔnɛl] *f fam* dumme Gans *f.*
péroraison [peRɔRɛzɔ̃] *f* Schluß *m* (e-r Rede). **pérorer** *tr* salbadern.
Pérou, le [peRu] *geog* Peru *n.*
peroxyde [pɛRɔksid] *m chem* Peroxyd *n.*
perpendiculaire [pɛRpɑ̃dikylɛR] **I.** *a* senk-, lotrecht (*à* zu); **II.** *s f u.* ► *ligne f ~ (math)* Senkrechte *f,* Lot *n.*
perpétrer [pɛRpetRe] ‹*Prés. je perpètre, ns perpétrons; Fut. je perpétrerai; pp. perpétré, e*› *tr jur (Verbrechen)* verüben, begehen.
perpète, perpette [pɛRpɛt] ► *à ~ (fam)* auf die Dauer. **perpétuel, le** *a* **1.** fortwährend, -dauernd, (be)ständig; ewig; **2.** auf Lebensdauer, -zeit. **perpétuer I.** *tr* fort=pflanzen, verewigen; **II.** *v prn se ~* an=dauern, fort=bestehen, sich halten. **perpétuité** *f* ► *à ~* auf Lebenszeit, lebenslänglich.
perplexe [pɛRplɛks] *a* verlegen, ratlos, unschlüssig. **perplexité** *f* Verlegenheit, Ratlosigkeit, Unschlüssigkeit, Verwirrung *f.*
perquisition [pɛRkizisjɔ̃] *f jur* Durchsuchung *f.* **perquisitionner** *itr* e-e Haussuchung vor=nehmen (*chez qn* bei jdm).
perron [pɛRɔ̃] *m arch* Freitreppe *f.*
perroquet [pɛRɔkɛ] *m* **1.** *orn* Papagei *m a. fig;* **2.** *mar* Bramsegel *n.*
perruche [pɛRyʃ] *f* **1.** Sittich *m;* **2.** *fig fam* dumme Gans *f.*
perruque [pɛRyk] *f* Perücke *f.*
pers [pɛR] *a m* blaugrün.
persan, e [pɛRsɑ̃, -an] *a* persisch; *s m gram* Persisch *n,* das Persische. **Perse** *m f hist* Perser(in *f*) *m.* **Perse, la** *hist* Persien *n.*
persécuter [pɛRsekyte] *tr* **1.** (grausam) verfolgen; **2.** *fig* (hart) zu=setzen, lästig sein (*qn* jdm), belästigen. **persécuteur, trice** *m f* Verfolger(in *f*) *m.* **persécution** *f* (*bes.* Christen-)Verfolgung *f;* ► *délire m de la ~ (med)* Verfolgungswahn *m.*
persévérance [pɛRseveRɑ̃s] *f* Ausdauer, Beharrlichkeit *f* (*dans* bei, in *dat*). **persévérant, e** *a* beharrlich, ausdauernd. **persévérer** ‹*Prés. je persévère, ns persévérons; Fut. je persévérerai; pp. persévéré, e*› *itr* aus=dauern, beharren (*dans* in *dat*); aus= fest=halten (*dans qc* an e-r

S).
persienne [pɛʀsjɛn] *f* Faltladen *m (am Fenster).*
persiflage [pɛʀsiflaʒ] *m* Verspottung *f,* Spott *m.* **persifler** *tr* verspotten, lächerlich machen, sich lustig machen (*qn* über jdn).
persil [pɛʀsi] *m bot* Petersilie *f.* **persillade** [-sijad] *f* Petersiliensoße *f.*
persique [pɛʀsik] *a* (alt)persisch; ▶ *golfe m P~ (geog)* Persische(r) Golf *m.*
persistance [pɛʀsistɑ̃s] *f* **1.** Fortdauer *f,* Anhalten *n;* Beständig-, Beharrlichkeit *f;* **2.** *(Wetter)* Andauern *n;* Fortdauer *f.* **persistant, e** *a* beharrlich; anhaltend, fortdauernd; ▶ *à feuilles ~es (bot)* immergrün. **persister** *itr* **1.** be-, verharren (*dans qc* auf, in e-r S); **2.** fort=dauern, an=halten, an=dauern.
personnage [pɛʀsɔnaʒ] *m* **1.** (bedeutende) Persönlichkeit *f;* **2.** Person *(a. Kunst, Literatur, theat);* **3.** *theat* Rolle; **4.** *(Kunst, theat)* Figur *f.* **personnaliser** *tr* **1.** e-e persönliche Note geben; **2.** den Verhältnissen des Einzelnen anpassen; **3.** gezielt tun (*qc* etw). **personnalité** *f* **1.** Persönlichkeit, Person *f;* **2.** *(~ civile)* Rechtspersönlichkeit *f.*
personne [pɛʀsɔn] **I.** *s f* **1.** Person *f;* **2.** Mensch; Mann *m;* **3.** Frau *f;* **II.** *prn* jemand *(nur in negativem Zs.hang);* ▶ *~ ne ..., ne ... ~* niemand; *en ~* persönlich, selbst; *sans acception de ~(s)* ohne Ansehen der Person; *payer de sa ~* sich persönlich ein=setzen; *grande ~* Erwachsene(r) *m; jeune ~* junge(s) Mädchen *n; ~ civile, morale, juridique* juristische, Rechtsperson *f; ~ physique* natürliche Person *f.* **personnel, le I.** *a* **1.** persönlich; **2.** egoistisch, egozentrisch; **II.** *s m* **1.** Personal *n;* Belegschaft *f,* Mitarbeiter(stab *m*) *m pl;* Mannschaft; *aero* Besatzung *f;* **2.** ▶ *faire partie du ~* beschäftigt sein (*de* bei); *manquer de ~* an Personalmangel leiden; **3.** ▶ *chef, service m du ~* Personalchef *m,* -abteilung *f;* **4.** ▶ *~ enseignant* Lehrkörper *m,* -personen *f pl; ~ navigant* fliegende(s) Personal *n; ~ au sol (aero)* Bodenpersonal *n.* **personnellement** *adv* persönlich. **personnification** *f* Personifizierung, Verkörperung *f.* **personnifier** *tr* personifizieren, verkörpern.
perspectif, ive [pɛʀspɛktif, -iv] *a* perspektivisch. **perspective** *f* **1.** *math, (Kunst)* Perspektive *f;* **2.** Ausblick *m,* Fernsicht; Aussicht *f a. fig;* **3.** *fig* Stand-, Blickpunkt *m;* **4.** (Zukunfts-) Aussicht, Perspektive *f;* ▶ *en ~ (fig)* in Aussicht; *~ aérienne* Vogelperspektive *f; ~ réjouissante* Lichtblick *m.*
perspicace [pɛʀspikas] *a* scharfblikkend, -sinnig. **perspicacité** *f* Scharfblick, -sinn *m.*
persuader [pɛʀsyade] **I.** *tr* überreden (*de* zu), -zeugen (*qn de qc* jdn von etw); **II.** *v prn se ~ de qc* sich von etw überzeugen. **persuasif, ive** [-zif, -iv] *a* überzeugend. **persuasion** *f* **1.** Überzeugung *f;* **2.** *(don m de ~)* Überzeugungsgabe *f.*
perte [pɛʀt] *f* **1.** Verlust *m,* Einbuße *f;* **2.** Abgang *m,* -nahme *f,* Schwund *m;* **3.** Abfluß *m,* Leck *n;* **4.** *com* Defizit *n,* Passivsaldo *m;* **5.** Untergang, Zs.bruch, Ruin *m,* Verderben *n;* **6.** *geol* Versikkern *n;* **7.** ▶ *à ~ (com)* mit Verlust; *à ~ de vue* soweit das Auge reicht; endlos; *en pure ~* in den Wind, völlig umsonst, vergeblich; *en ~ de vitesse* mit abnehmender Geschwindigkeit; **8.** ▶ *courir à sa ~* s-m Untergang entgegen=gehen; *entraîner une ~* Verlust bringen; *subir, essuyer une (grosse) ~* e-n (schweren) Verlust erleiden; **9.** ▶ *~ d'argent, en capitaux, d'intérêts, de poids, de temps* Geld-, Kapital-, Zins-, Gewichts-, Zeitverlust *m; ~ de sang* Blutverlust *m; ~ de la vue* Erblindung *f.*
pertinemment [pɛʀtinamɑ̃] *adv* in Kenntnis der Sache. **pertinence** *f* **1.** Sachdienlichkeit, Triftigkeit *f;* **2.** *jur* Erheblichkeit *f;* Stellenwert *m;* **3.** *gram* Relevanz *f.* **pertinent, e** *a* **1.** *(Bemerkung)* passend, (zu)treffend **2.** *(Mitteilung)* sachdienlich, zur Sache gehörig; **3.** *(Grund)* triftig; **4.** *gram* relevant; **5.** *jur* rechtserheblich.
perturbateur, trice [pɛʀtyʀbatœʀ, -is] **I.** *s m f* Störenfried, Unruh(e)stifter(in *f*) *m;* **II.** *a* Unruhe stiftend. **perturbation** *f* **1.** Störung *f a. astr, Wetter, radio;* **2.** Unruhe *f;* ▶ *~ atmosphérique* atmosphärische Störung *f; ~ fonctionnelle (med)* Funktionsstörung *f.* **perturbé, e** *a* verstört, (verhaltens)gestört; *(Wetter)* unbeständig. **perturber** *tr* stören.
péruvien, ne [peʀyvjɛ̃, ɛn] *a* peruanisch. **Péruvien, ne** *m f* Peruaner(in *f*) *m.*
pervenche [pɛʀvɑ̃ʃ] **I.** *s f bot* Immergrün *n;* **II.** *a* hellblau.
pervers, e [pɛʀvɛʀ, -ɛʀs] *a* **1.** pervers, böse, gemein, verdorben, verkommen, lasterhaft; **2.** widernatürlich. **perversion** *f* **1.** Entartung *f,* Verderbnis *n;* **2.** *med* Perversion *f.* **perversité** *f* **1.** Verderbt-, Verkommenheit *f;* Lasterhaftigkeit *f;* **2.** Niedertracht *f,* Gemeinheit *f;* **3.** Perversität *f.* **pervertir** *tr* verderben. **pervertissement** *m* Verderbnis *f;* sittlicher Verfall *m.*
pesage [pəzaʒ] *m* **1.** (Ab-)Wiegen *n;* **2.** *sport* Wiegeplatz *m.* **pesant, e I.** *a* **1.** schwer; **2.** drückend; **3.** schwerfällig, plump; **II.** *s m* ▶ *valoir son ~ d'or (fig)* nicht mit Gold aufzuwiegen sein. **pesanteur** *f* **1.** *phys* Schwere, Schwerkraft *f;* **2.** *fig* Schwerfälligkeit *f.* **pesée**

f **1.** (Ab-)Wiegen *n;* **2.** abgewogene Menge *f.* **peser** ‹*Prés. je pèse, ns pesons; Fut. je pèserai; pp. pesé, e*› **I.** *tr* **1.** (ab=)wiegen; **2.** *fig* (gegen ea.) ab=wägen, vergleichen; reiflich überlegen; **II.** *itr* **1.** wiegen, schwer sein; **2.** *fig* (be)drücken, e-e Last sein, lasten; drükken (*sur* auf *acc*); Nachdruck legen (*sur* auf *acc*); hervor=heben (*sur qc* etw); **3.** *(Verantwortung, Verdacht)* ruhen; **4.** e-n Einfluß ausüben (*sur* auf *acc*); **III.** *v prn se* ~ **1.** sich wiegen; **2.** ▶ ~ *sur la conscience* das Gewissen belasten; ~ *sur le cœur à qn* jdn bedrücken, betrüben, kränken; ~ *sur l'estomac* schwer im Magen liegen; ~ *le pour et le contre* das Für und Wider ab=wägen; **3.** ▶ *tout bien pesé* alles wohl erwogen; *sa présence me pèse* seine Gegenwart fällt mir auf die Nerven.

pèse [pɛz] *m arg* Moos, Geld *n.*

pèse-bébé [pɛzbebe] *m* Säuglingswaage *f.* **pèse-lettre(s)** *m* Briefwaage. **pèse-personne** *m* Personenwaage *f.*

pessaire [pesɛʀ] *m* Pessar *n.*

pessimisme [pesimism] Pessimismus *m.* **pessimiste I.** *s m f* Pessimist(in *f*), Schwarzseher *m;* **II.** *a* pessimistisch.

peste [pɛst] **I.** *f* **1.** *med* Pest *f a. fig;* **2.** *fam* kleine(r) Teufel *m,* Hexe *f;* **II.** *interj* Donnerwetter! **pester** *itr* schimpfen (*contre* auf *acc*). **pesticide** *m* Schädlingsbekämpfungsmittel, Pestizid *n.* **pestiféré, e** *a* pestkrank. **pestilentiel, le** [-sjɛl] *a* pestartig; verpestet; abscheulich; übelriechend.

pet [pɛ] *m vulg* Furz *m;* ▶ *faire, lâcher un* ~ einen fahren lassen; *il va y avoir du* ~ es wird Krach geben.

pétale [petal] *m* Blüten-, Blumenblatt *n.*

pétanque [petɑ̃k] *f* Boulespiel *n (in Südfrankreich).*

pétarade [petaʀad] *f* Geknatter *n.* **pétarader** *itr* rattern, knattern *a. mot.* **pétard** *m* **1.** Knallfrosch *m;* **2.** *fam* Revolver *m;* **3.** *fam* Hintern *m;* ▶ *faire du* ~ Krach schlagen.

pétaudière [petodjɛʀ] *f fig fam* lärmende(r) Haufen *m.*

péter [pete] ‹*Prés. je pète, ns pétons; Fut. je péterai; pp. pété, e*› *itr* **1.** furzen, pupen; **2.** *fam* explodieren, platzen, knallen; knistern, knattern; lärmen; ▶ ~ *dans la main (fam)* schief=gehen. **pète-sec** [pɛtsɛk] *a u. s m f* kurz angebunden(er Mensch *m*). **péteux, se** *m f fig vulg* Hosenscheißer, Angsthase *m.*

pétillant, e [petijɑ̃] *a* **1.** knisternd, prasselnd; **2.** *(Wein)* prickelnd, spritzig; **3.** *(Augen)* funkelnd; ▶ ~ *d'esprit* geistsprühend. **pétillement** *m* Knistern; Sprudeln; Sprühen; Prickeln; Funkeln *n.* **pétiller** *itr* **1.** knistern, prasseln; **2.** *(Wein)* moussieren, schäumen, prickeln; **3.** *(Geist)* sprühen; **4.** *(Augen)* funkeln.

petit, e [pəti, -it] **I.** *a* **1.** klein; jung; **2.** gering; belanglos, unbedeutend; kleinlich; **3.** *fig fam* lieb; **II.** *s m f* **1.** Kleine(r, s) *m f n (Kind);* **2.** ▶ ~ *à* ~ nach u. nach, allmählich; *au* ~ *jour* bei Tagesanbruch; **3.** ▶ *chercher la* ~*e bête (fam)* sich um Kleinigkeiten (herum=)streiten; **4.** ▶ ~*e amie f* Freundin *f;* ~*-beurre m* Butterkeks *m; les* ~*es classes f pl* die unteren Schulklassen *f pl;* ~ *monde m,* ~*es gens f pl* kleine Leute *pl;* ~ *nom m* Vorname *m;* ~*e santé f* schwache Gesundheit *f;* ~*s soins m pl* Aufmerksamkeiten *f pl;* ~*e vitesse* Frachtgut *n.* **petit-beurre** *m* Butterkeks *m.* **petite--fille** [pətitfij] *f* Enkelin *f.* **petitement** *adv* **1.** ▶ *être logé* ~ beengt wohnen; **2.** ▶ *vivre* ~ kümmerlich leben; **3.** ▶ *se comporter* ~ sich kleinlich benehmen. **petitesse** *f* **1.** Kleinheit *f;* **2.** Kleinlichkeit *f.* **petit-fils** [pətifis] *m* Enkel *m.* **petit-lait** *m* Molke *f.* **petit-nègre** *m* gebrochene(s) Französisch *n.*

pétition [petisjɔ̃] *f* Bittschrift *f,* Gesuch *n,* Eingabe *f.* **pétitionner** *itr* e-e Bittschrift, ein Gesuch ein=reichen, e-e Eingabe machen.

petits-enfants [pətizɑ̃fɑ̃] *m pl* Enkel *pl.*

pétoche [petɔʃ] *f* ▶ *avoir la* ~ *(pop)* Schiß haben.

peton [pətɔ̃] *m fam* Füßchen *n.*

pétrel [petʀɛl] *m orn* Sturmvogel *m.*

pétri, e [petʀi] *a fig* durchdrungen, voll (*de* von) voller (*de*...).

pétrifier [petʀifje] *a* **1.** *geol* versteinern; **2.** *fig* erstarren lassen.

pétrin [petʀɛ̃] *m* Backtrog *m;* ▶ *être dans le* ~ *(fam)* in der Tinte sitzen. **pétrir** *tr* **1.** kneten; **2.** *fig* formen, gestalten, bilden.

pétrochimie [petʀɔʃimi] *f* Petrochemie *f.* **pétrodollar** *m* Petrodollar *m.* **pétrographie** *f* Gesteinskunde *f.*

pétrole [petʀɔl] *m* **1.** Erdöl *n;* **2.** Petroleum *n;* ▶ ~ *brut* Rohöl *n;* ~ *combustible* Heizöl *n.* **pétrolette** *fam* kleine(s) Auto *n.* **pétrolier, ère I.** *a* (Erd-)Öl-; **II.** *s m* (Öl-)Tankschiff *n,* -dampfer, Tanker *m;* ▶ *flotte f pétrolière* Tankerflotte *f; produit m* ~ Mineralölerzeugnis *n.* **pétrolifère** *a* (erd)ölhaltig; ▶ *région f* ~ Erdölgebiet *n.*

pétulance [petylɑ̃s] *f* Übermut *m;* Ausgelassenheit *f.* **pétulant, e** *a* ungestüm, unbändig, ausgelassen.

pétunia [petynja] *m bot* Petunie *f.*

peu [pø] *adv* wenig; ▶ ~ *de* wenige; *le* ~ *de bonheur* das bißchen, bescheidene Glück; *le* ~ *de gens* die wenigen Leute; *un* ~ *(de...)* etwas, ein bißchen (...); *un petit* ~ ein klein wenig, ein kleines bißchen; ~ *à* ~ nach u. nach; ~ *après* bald darauf, danach; ~ *de chose* nichts Besonderes, nicht viel, e-e Kleinigkeit; *de-*

puis ~ seit kurzem; *en* ~ *de mots* mit wenigen Worten, kurz; ~ *s'en faut, il s'en faut de* ~ *(que)* (es wäre) beinahe ...; *pour* ~ *que* wenn ... nur; *à* ~ *(de chose) près* annähernd, beinahe, fast, nahezu; *tant soit* ~ ein ganz klein wenig.
peuh! [pø] *interj* pah! bah! ach wo! ach was!
peuplade [pœplad] *f* (Volks-)Stamm *m*.
peuple *m* Volk *n;* ▶ *du* ~ aus dem Volk(e); *beaucoup de* ~ viele Leute; *le petit, menu, bas* ~ die kleinen Leute.
peuplement *m* **1.** Besiedlung; Bevölkerung *f;* **2.** *zoo bot* Bestand *m*. **peupler I.** *tr* **1.** besiedeln; **2.** bewohnen; bevölkern; **3.** *(mit Tieren)* besetzen; **4.** *(Wald)* auf=forsten; **II.** *v prn se* ~ sich bevölkern.
peuplier [pøplije] *m bot* Pappel *f*.
peur [pœʀ] *f* **1.** Angst, Furcht *f* (*de* vor *dat*); **2.** ▶ *de* ~ *(de, que)*... damit nicht ...; *à faire* ~ entsetzlich, fürchterlich; **3.** ▶ *avoir* ~ Angst haben; sich fürchten (*de* vor *dat*); *faire* ~ bange machen (*à qn* jdm), Schrecken ein=jagen (*à qn* jdm); *mourir de* ~ vor Angst vergehen; *en être quitte pour la* ~ mit dem Schrecken davon=kommen; ~ *bleue* Heidenangst *f*. **peureux, se** *a* furchtsam, ängstlich.
peut-être [pøtɛtʀ] *adv* vielleicht, eventuell.
pèze *s. pèse.*
phalange [falɑ̃ʒ] *f mil hist* Phalanx *f; anat* Finger-, Zehenglied *n*. **phalangiste** *m f* Phalangist(in *f*) *m*.
phallocrate [falɔkʀat] *m* Chauvi *m*, Phallokrat *m*. **phallocratie** *f* männliche(r) Chauvinismus *m*. **phallus** [falys] *m* Phallus *m*, männliches Glied *n*.
phantasme [fɑ̃tasm] *m* Trugbild *n*.
pharamineux, se [faʀaminø, -øz] *a fam* verblüffend.
pharaon [faʀaɔ̃] *m* Pharao *m*. **pharaonique** [-ɔ-] *a* pharaonisch; Pharaonen-; gigantisch.
phare [faʀ] *m* **1.** Leuchtturm *m*, -feuer *n;* **2.** *mot* Scheinwerfer *m;* ▶ *rouler pleins* ~*s* mit aufgeblendeten Scheinwerfern fahren; ~ *anti-brouillard* Nebelscheinwerfer *m;* ~ *à iode* Halogenscheinwerfer *m;* ~ *de recul* Rückfahrscheinwerfer *m*.
pharisaïque [faʀizaik] *a* pharisäisch. **pharisien** *m rel* Pharisäer *m*.
pharmaceutique [farmasøtik] *a* pharmazeutisch. **pharmacie** [-si] *f* **1.** Pharmazie *f;* **2.** Apotheke *f;* ~ ~ *portative* Taschenapotheke *f*. **pharmacien, ne** *m f* Apotheker(in *f*) *m*. **pharmacologie** *f* Pharmakologie *f*. **pharmacomanie** *f* Abhängigkeit *f* von Medikamenten. **pharmacovigilance** *f* Arzneimittelkontrolle *f*.
pharynx [faʀɛ̃ks] *m anat* Rachen, Schlund *m*. **pharyngite** [faʀɛ̃ʒit] *f* Rachen(schleimhaut)entzündung *f*, Rachenkatarrh *m*.
phase [faz] *f astr phys el chem fig* Phase; (Entwicklungs-)Stufe *f*, Stadium *n;* ▶ ~ *de la lune* Mondphase *f*.
phasemètre *m* Phasenmesser *m*.
Phénicie, la [fenisi] Phönizien *n*. **phénicien, ne** *a* phönizisch.
phénix [feniks] *m* **1.** Phönix *m;* **2.** Wunder(ding), Phänomen *n*.
phénol [fenɔl] *m chem* Karbolsäure *f*, Phenol *n*.
phénoménal, e [fenɔmenal] *a fam* phänomenal, verblüffend, wunderbar.
phénomène *m* **1.** Phänomen *n;* ▶ ~ *marginal* Randerscheinung *f;* **2.** *fam* Wunder(ding) *n;* **3.** *fam* komische(r) Kauz *m*.
philanthrope [filɑ̃tʀɔp] *m* Menschenfreund *m*. **philanthropie** *f* Philanthropie, Menschenliebe *f*. **philanthropique** *a* menschenfreundlich.
philatélie [filateli] *f* Philatelie *f*. **philatéliste** *m* Briefmarkensammler *m*.
philharmonie [filaʀmɔni] *f* Philharmonie *m*. **philharmonique** *a* musikliebend; ▶ *société f* ~ Philharmonie, Musikverein *m*.
philippin, e [filipɛ̃, -in] *a* philippinisch.
Philippines, les *f pl* die Philippinen *pl*.
philistin [filistɛ̃] *m* Philister, Spieß(bürg)er *m*.
philodendron [filɔdɛ̃dʀɔ̃] *m bot* Philodendron *m*.
philologie [filɔlɔʒi] *f* Philologie *f*. **philologique** *a* philologisch, sprachwissenschaftlich. **philologue** *m* Philologe *m*.
philosophale [filɔzɔfal] *a:* ▶ *pierre f* ~ Stein *m* der Weisen. **philosophe** *m* Philosoph *m*. **philosopher** *itr* philosophieren. **philosophie** *f* Philosophie *f*. **philosophique** *a* philosophisch.
phlébite [flebit] *f* Venenentzündung *f*.
phlegmon [flɛgmɔ̃] *m med* Phlegmone, Zellgewebsentzündung *f*.
phobie [fɔbi] *f med* krankhafte Angst *f; fig* Abscheu *m*.
phone [fɔn] *m* Phon *n*. **phonème** *m gram* Phonem *n*. **phonéticien** *m* Phonetiker *m*. **phonétique I.** *a* phonetisch; **II.** *s f* Phonetik *f*. **phonique** *a* stimmlich; Laut-. **phonologie** *f* Phonologie *f*. **phonologique** *a* phonologisch. **phonothèque** *f* Schallarchiv *n*.
phoque [fɔk] *m* Seehund *m*.
phosgène [fɔsʒɛn] *m chem* Phosgen *n*.
phosphate *m chem* Phosphat *n*. **phosphaté, e** *a* phosphathaltig. **phosphore** *chem m* Phosphor *m*. **phosphorescence** *f phys* Phosphoreszenz *f*. **phosphorescent, e** *a phys* phosphoreszierend; Leucht-.
photo [fɔto] *f fam* Foto *n;* ▶ ~ *couleur* Farbfoto *n;* ~ *instantanée* Sofortbild *n*.

photocalque *m* Lichtpause *f.* **photocomposition** *f* Lichtsatz *m.* **photocopie** *f* Photokopie *f.* **photocopier** *tr* fotokopieren. **photocopieur, se** *m f* Fotokopierer *m,* Fotokopiergerät *n.* **photo-finish** [fɔtɔfiniʃ] *f (pl photo-finish)* Fotofinish *n.* **photogène** *a* fotogen, lichterzeugend. **photogénique** *a* photogen; ▶ ~ *à la télévision* telegen. **photographe** *m* Photograph *m.* **photographie** *f* Photographie *f.* **photographier** *tr* photographieren. **photographique** *a* photographisch; Photo-. **photomécanique** *a typ* photomechanisch. **photomètre** *m* Fotometer *n* Licht(stärke)messer *m.* **photomontage** *m* Photomontage *f.*
photon [fɔtɔ̃] *m phys* Photon *n.* **photonique** *a* Photon-.
photo-robot [fɔtoʀɔbo] *f (pl photos-robots)* Phantombild *n.* **photoroman** *m* Fotoroman *m.* **photosensible** *a phys* lichtempfindlich.
photostyle *m inform* Lichtstift, Lichtgriffel *m.* **photosynthèse** *f* Photosynthese *f.* **photosynthétique** *a* der Photosynthese.
phototélégraphie *f* Bildfunk *m.* **photothèque** *f* Fotothek *f.*
phrase [fʀɑ(a)z] *f* **1.** *gram mus* Satz *m;* **2.** *pl* Phrasen *f pl;* ▶ *sans ~s* ohne Umschweife; *faire des ~s* Phrasen dreschen. **phraséologie** *f* Phraseologie *f.* **phraseur, se** *s m f* Phrasendrescher(in *f*) *m.*
phréatique [fʀeatik] *a* Grundwasser-.
phrygien, ne [fʀiʒjɛ̃, -ɛn] *a* phrygisch; ▶ *bonnet m* ~ phrygische Mütze, Jakobinermütze *f.*
phtisie [ftizi] *f med* Schwindsucht, (Lungen-)Tuberkulose *f.* **phtisique** *a med* schwindsüchtig, tuberkulös, tuberkulosekrank; *s m f* Schwindsüchtige(r *m*), Tuberkulosekranke(r *m*) *f.*
phylloxéra [filɔkseʀa] *m zoo* Reblaus *f.*
physicien, ne [fizisjɛ̃, -ɛn] *s m f* Physiker(in *f*) *m;* ▶ ~ *atomiste* Atomphysiker *m.*
physiologie [fizjɔlɔʒi] *f* Physiologie *f.* **physiologique** *a* physiologisch. **physiologiste** *m* Physiologe *m.* **physionomie** *f* Physiognomie *f,* Gesichtsausdruck *m.* **physiothérapie** *f* Naturheilkunde *f.*
physique [fizik] **I.** *a* **1.** physisch, körperlich; **2.** physikalisch; **II.** *s m med* Konstitution *f;* Äußere(s) *n;* **III.** *s f* Physik *f;* ▶ *au* ~ vom Äußeren her; *éducation* ~ Leibeserziehung *f; forme* ~ Fitneß *f;* ~ *nucléaire* Atom-, Kernphysik *f.*
phytobiologie [fitɔbjɔlɔʒi] *f* Pflanzenbiologie *f.* **phytophage** *a zoo* pflanzenfressend; *s m pl* Pflanzenfresser *m pl.* **phytosanitaire** *a* pflanzengesundheitlich. **phytothérapie** *f* Pflanzenheilkunde *f.*
piaf [pjaf] *m pop* Spatz *m.*
piaffement [pjafmɑ̃] *m* Stampfen *n.* **piaffer 1.** *(Pferd)* stampfen, auf der Stelle treten; **2.** ~ *(d'impatience)* ungeduldig von e-m Fuß auf den andern treten.
piailler [pjaje] *itr* **1.** *(Vogel)* piepen; **2.** *(Kind)* schreien.
pianiste [pjanist] *m f* Klavierspieler(in *f*), Pianist(in *f*) *m.* **piano I.** *s m* Klavier *n;* ▶ *jouer du* ~ Klavier spielen; ~ *de concert* Konzertflügel *m;* ~ *à queue* Flügel *m;* **II.** *adv* **1.** *mus* piano; **2.** ▶ *allez-y* ~ nicht so hastig! **pianotage** *m* Geklimper *n.* **pianoter** *itr fam* klimpern; *tr (inform)* computern; ▶ ~ *le minitel* auf dem Btx-Gerät herum=spielen.
piaule [pjol] *f arg* Bude *f.*
piaulement [pjolmɑ̃] *m* **1.** *(Kücken)* Piepen *n;* **2.** *(Kind)* Schreien, Weinen *n.* **piauler** *itr* piepen; schreien, plärren.
pic [pik] *m* **1.** *orn* Specht *m;* **2.** (Spitz-) Hacke *f;* **3.** *geog* Bergspitze *f;* ▶ *à* ~ senkrecht; *cela tombe à* ~ das trifft sich gut.
picaillons [pikajɔ̃] *m pl pop* Moneten *pl.*
picard, e [pikaʀ, -d] *a* pikardisch.
picaresque [pikaʀɛsk] *a:* ▶ *roman m* ~ Schelmenroman *m.*
pichenette [piʃnɛt] *f fam* Klaps *m.*
pichet [piʃɛ] *m* kleine(r) Krug *m,* Kanne *f.*
pickpocket [pikpɔkɛt] *m* Taschendieb *m.*
pick-up [pikœp] *m inv* Plattenspieler *m.*
picoler [pikɔle] *itr arg* bechern, saufen.
picorer [pikɔʀe] **I.** *itr (Vögel)* (herum=) picken, Nahrung suchen; **II.** *tr* **1.** aufpikken; **2.** *fam* ohne Appetit essen (*qc* von etw).
picoseconde [pikɔsəgɔ̃d] *f* Pikosekunde *f.*
picotement [pikɔtmɑ̃] *m med* Stechen, Prickeln *n.* **picoter** *tr* **1.** prickeln; **2.** *(Rauch)* beißen; **3.** *(Vögel)* heraus=pikken.
picrate [pikʀat] *m pop* schlechte(r) Rotwein *m.*
pictogramme [piktɔgʀam] *m* Piktogramm *n.*
pictural, e [piktyʀak] *a pl-aux* bildmäßig.
picvert [pivɛʀ] *m orn* Grünspecht *m.*
pie [pi] **I.** *s f* **1.** *orn* Elster *f;* **2.** Schwätzer(in *f*) *m;* **II.** *a inv* scheckig; ▶ *œuvre f* ~ fromme(s) Werk *n.*
Pie [pi] *m* Pius *m.*
pièce [pjɛs] *f* **1.** Stück *n;* **2.** Teil *m,* Stück *n;* **3.** *(Nähen)* Flicken *m;* **4.** Münze *f,* Geldstück *n;* **5.** Zimmer *n;* **6.** *mil* Geschütz *n;* **7.** *(Brettspiel)* Stein *m,* (Schach-)Figur *f;* **8.** *mus theat* Stück *n;* **9.** *com* Akte *f,* Beleg *m,* (Rechnungs-)

Unterlage *f;* **10.** ► *à la* ~ stückweise; *aux* ~*s* im Akkord; ~ *à* ~ Stück für Stück; ... *en deux* ~*s* zweiteilig; *tout d'une* ~ aus einem Stück; *de toutes* ~*s* vollständig; **11.** ► *(fam) donner la* ~ *à qn* jdm ein Trinkgeld geben; **12.** ► *maillot m une* ~ einteilige(r) Badeanzug *m;* ~ *détachée* Einzel-, Bauteil, Ersatzteil *n;* ~ *d'eau* Wasserbassin *n;* ~ *d'identité* Personalausweis *m;* ~ *jointe (Brief)* Anlage *f;* ~ *justificative* (Rechnungs-)Beleg *m;* ~ *de monnaie* Münze *f;* ~ *montée* Baumkuchen *m;* ~ *de musique* Musikstück *n;* ~ *d'ouvrage, à usiner* Werkstück *n;* ~ *de raccord* Verbindungsstück *n;* ~ *radiophonique* Hörspiel *n;* ~ *de rechange (tech)* Ersatzteil *n;* ~ *de théâtre* Theaterstück *n.*

pied [pje] *m* **1.** Fuß *m;* **2.** untere(r) Teil *m;* **3.** Fußspur, Fährte *f;* **4.** *bot* Stamm, Stengel *m;* Kopf, Stock *m;* **5.** (Tisch-) Bein *n;* Fuß *m;* **6.** Neigung, Schräge, Abschrägung *f;* **7.** (Vers-)Fuß *m;* **8.** Münzfuß *m;* **9.** *phot* Stativ *n;* **10.** *com* Basis, Grundlage *f;* **11.** *tech* Gestell *n,* Ständer, Untersatz *m;* **12.** ► *à* ~ zu Fuß; *au* ~ *de la lettre* buchstäblich, wörtlich; *au* ~ *levé* auf der Stelle; *au petit* ~ im kleinen, in kleinem Maßstab; *à* ~ *sec* trockenen Fußes; *avoir bon* ~ *bon œil* rüstig sein; *de la tête aux* ~*s, des* ~*s à la tête, de* ~ *en cap* [-tõkap] von Kopf bis Fuß; *sur* ~ (wieder) auf den Beinen; *sur le* ~ *de guerre* auf (dem) Kriegsfuß; *sur la pointe des* ~*s* auf (den) Zehenspitzen; *sur un grand* ~ auf großem Fuße; **13.** ► *avoir un* ~ *dans la tombe* mit e-m Bein im Grab sein; *être à* ~ *d'œuvre* am Werk sein; in Angriff genommen sein; *faire le* ~ *de grue (fam)* sich die Beine in den Bauch stehen; *faire des* ~*s et des mains* sich abrackern, sich viel Mühe geben; *mettre à* ~ entlassen; *mettre au* ~ *du mur* in die Enge treiben; *mettre les* ~*s dans le plat* ins Fettnäpfchen treten; *mettre sur* ~ ins Leben rufen; aufbauen; zustande bringen, zs.=bringen; auf die Beine bringen; *perdre* ~ *(im Wasser)* keinen Grund mehr haben; *fig* den Halt, den Boden unter den Füßen verlieren; *prendre* ~ Fuß fassen; *remettre qn sur ses* ~*s* jdm wieder auf die Beine helfen *a. fig; (re)tomber sur ses* ~*s* (immer wieder) auf die Beine fallen *a. fig; ne pas savoir sur quel* ~ *danser* nicht wissen, was man machen soll; **14.** ► *sur quel* ~ *êtes-vous?* wie stehen Sie mitea.? *ça te fera les* ~*s! pop* das geschieht dir recht! *j'ai* ~*s et poings liés (fig)* mir sind Hände u. Füße gebunden, ich bin machtlos; **15.** ► *coup m de* ~ Fußtritt *m;* ~ *d'alouette m bot* Rittersporn *m;* **16.** ~ *bot* Klumpfuß *m.* **pied-à-terre** *m inv* Zweitwohnung. **pied-de-poule** Hahnentritt(muster *n*) *m.*

piédestal [pjedɛstal] *m* Sockel *m,* Postament *n.*

pied-noir [pjenwaʀ] *m f* in Algerien geborene(r) Franzose.

piège [pjɛʒ] *m* Falle *f a. fig;* ► *donner dans un* ~ in e-e Falle geraten; ~ *à cons (fam)* Idiotenfalle *f; tendre un* ~ e-e Falle stellen. **piégeage** *m* Fallenstellen *n.* **piéger** ‹*Prés. je piège, ns piégeons; Fut. je piégerai; pp. piégé, e*› *tr* **1.** mit e-r Falle fangen; **2.** ► ~ *un terrain (mil)* ein Gelände verminen.

pierraille [pjɛʀaj] *f* Geröll *n,* Steinschlag, Schotter *m.* **pierre** *f* **1.** Stein *m a. med;* **2.** ► *de* ~ steinern, aus Stein; **3.** ► *faire d'une* ~ *deux coups* zwei Fliegen mit einer Klappe schlagen; *jeter la* ~ *à qn* über jdn den Stab brechen; *poser la première* ~ den Grundstein legen; **4.** ► *il gèle à* ~ *fendre* es friert Stein und Bein; *c'est une* ~ *dans mon jardin* das ist ein Hieb auf mich; **5.** ► *âge m de* ~ *(hist)* Steinzeit *f; chute f de* ~*s* Steinschlag *m; tailleur m de* ~*s* Steinmetz *m;* **6.** ► ~ *d'achoppement* Stein *m* des Anstoßes; ~ angulaire Eckstein *m; fig* Grundstein *m;* ~ *calcaire* Kalkstein *m;* ~ *commémorative* Denkstein *m;* ~*s concassées* Splitt, Schotter *m;* ~ *demi-précieuse* Halbedelstein *m;* ~ *fondamentale (fig)* Grundlage *f,* -stein *m;* ~ *funéraire* Grabstein *m;* ~ *gravée* Gemme *f;* ~ *de grès* Sandstein *m;* ~ *philosophale* Stein *m* der Weisen; ~ *ponce* Bimsstein *m;* ~ *précieuse* Edelstein *m;* ~ *de taille* Bruch-, Quaderstein *m;* ~ *de touche (tech u. fig)* Prüfstein *m.*

Pierre [pjɛʀ] *m* Peter, Petrus *m.*

pierreries [-ʀʀi] *f pl* Edelsteine *m pl.*

pierreux, se *a* steinig.

pierrot [pjɛʀo] *m orn* Spatz, Sperling *m.*

piété [pjete] *f* **1.** Frömmigkeit *f;* **2.** Pietät *f.*

piétinement [pjetinmɑ̃] *m* **1.** Trampeln, Stampfen *n;* **2.** *fig* Kurztreten, Auf-der-Stelle-Treten *n.* **piétiner I.** *tr* **1.** herum=trampeln, -treten (*qc* auf etw *dat*); **2.** *fig* mit Füßen treten; **II.** *itr* **1.** *(vor Ungeduld)* mit den Füßen stampfen; **2.** ~ *(sur place)* auf der Stelle treten; *fig* nicht vorwärts=, nicht voran=kommen.

piétisme [pjetism] *m rel* Pietismus *m.*

piétiste *m rel* Pietist *m.*

piéton, ne [pjetɔ̃, -ɔn] *m* Fußgänger(in *f*) *m.* **piétonnier, ère** *a* Fußgänger-.

piètre [pjɛtʀ] *a* ärmlich, armselig; ► *avoir une* ~ *idée de qc* von etw keine gute Meinung haben.

pieu [pjø] *m* **1.** Pfahl *m;* **2.** *pop* Falle *f,* Bett *n.* **pieuter, se** *v prn pop* sich in die Falle hauen.

pieuvre [pjœvʀ] *f* Tintenfisch; Krake.

pieux, se [pjø, -øz] *a* **1.** fromm, gottesfürchtig; **2.** pietätvoll.

pif [pif] **I.** *m pop* (große) Nase *f;* **II.** *interj* ► *~, paf!* piff, paff, (puff)! **piffer** ► *ne pas pouvoir ~ qn* jdn nicht riechen können. **pifomètre** *m* ► *(fam) juger au ~* über den Daumen peilen.

pige [piʒ] *f* **1.** Stundenlohn *m;* Zeilenhonorar *n;* **2.** *arg* Jahr *n;* **3.** *tech* Maßstab *m;* ► *faire la ~ à qn (fam)* jdn übertreffen, ausstechen.

pigeon [piʒɔ̃] *m orn* Taube *f;* ► *(fig) plumer un ~* jdm viel Geld abknöpfen.

pigeonner *tr fam* an=schmieren, ausnehmen (*qn* jdn). **pigeonnier** *m* **1.** Taubenhaus *n,* -schlag *m;* **2.** *fam* Dachwohnung *f.*

piger [piʒe] ‹*Prés. je pige, ns pigeons; Fut. je pigerai; pp. pigé, e*› *tr fam* begreifen, kapieren.

pigment [pigmɑ̃] *m biol* Pigment *n.*

pigmentation [-ta-] *f biol* Pigmentierung *f.*

pigne [piɲ] *f* Kiefernzapfen *m.*

pignocher [piɲɔʃe] *itr fam* ohne Appetit essen.

pignon [piɲɔ̃] *m* **1.** Giebel *m;* **2.** *tech mot* (kleines) Getrieberad *n;* ► *avoir ~ sur rue* ein eigenes Haus haben; wohlhabend sein.

pignouf [piɲuf] *m pop* Lümmel, Flegel *m.*

pilastre [pilastʀ] *m* Pilaster, Wandpfeiler *m.*

pile [pil] *f* **1.** Haufen, Stoß, Stapel *m;* **2.** Brückenpfeiler *m;* **3.** *el* Batterie, Zelle *f,* Element *n;* Reaktor *m;* **4.** *pop* Tracht *f* Prügel **5.** *fig* Schlappe *f;* **6.** *(Münze)* Revers *m;* **7.** ► *s'arrêter ~ (pop)* plötzlich stehen=bleiben; *ça tombe ~* das kommt gerade richtig; *à cinq heures ~* Schlag fünf Uhr; *mettre en ~* auf=stapeln; *~ atomique* Atommeiler *m; ~ solaire* Solarzelle *f.*

piler [pile] *tr* **1.** zerstoßen, -stampfen; **2.** *fig fam* verdreschen; fertig=machen, besiegen.

pileux, se [pilø, -øz] *a* haarig; Haar-.

pilier [pilje] *m* **1.** *arch* Pfeiler *m;* **2.** *fig* Stütze, Säule *f.*

pillage [pijaʒ] *m* Plünderung *f.* **pillard, e** **I.** *a* plündernd; **II.** *s m* Plünderer *m.*

piller *tr* **1.** (aus=)plündern; **2.** plagiieren.

pilleur *m* Plünderer *m.*

pilon [pilɔ̃] *m* **1.** Stößel *m; tech* Stampfe(r *m*) *f;* **2.** Geflügelkeule *f;* **3.** Holzbein *n.* **pilonnage** *m* Feststampfen *(von Erde).* **pilonner** *tr* **1.** (fest=, ein=)stampfen; **2.** *mil* mit Trommelfeuer belegen.

pilori [pilɔʀi] *m* Pranger *m;* ► *clouer, mettre au ~* an den Pranger stellen *a. fig.*

pilosité [pilɔzite] *f* Behaarung *f.*

pilotage [pilɔtaʒ] *m* **1.** *arch* Pfahlrostbau *m;* **2.** *mar* Lotsendienst *m,* -gebühren *f pl;* **3.** *aero* Steuerung *f;* ► *~ sans visibilité* Blindflug *m.* **pilote** **I.** *s m* **1.** *mar* Steuermann; Lotse *m;* **2.** *aero* Pilot, Flugzeugführer *m;* **3.** (Renn-)Fahrer *m;* **II.** *a* Modell-, Muster-; Probe-; Prüf-; **1.** ► *installation f ~* Versuchsanlage *f; lampe f ~* Kontrollampe *f;* **2.** ► *~ automatique (aero)* Autopilot *m; ~ d'essai* Testpilot *m.* **piloter** *tr* **1.** *mar* (aus=, ein=)lotsen; **2.** *aero (e-e Maschine)* fliegen; *fam* führen.

pilotis [pilɔti] *m* Pfahlwerk *n.*

pilule [pilyl] *f pharm* Pille *f;* ► *avaler la ~ (fig fam)* in den sauren Apfel beißen; *~ abortive* Abtreibungspille *f; ~ anticonceptionnelle* Antibabypille *f; ~ à bronzer* Bräunungspille *f; ~ du lendemain* die Pille danach.

pimbêche [pɛ̃bɛʃ] *f* hochnäsige(s) Frauenzimmer *n.*

piment [pimɑ̃] *m* **1.** *bot* Spanische(r) Pfeffer *m;* **2.** *fig* Würze *f.* **pimenté, e** [-te] *a fig* gesalzen, gepfeffert. **pimenter** *tr* stark würzen.

pimpant, e [pɛ̃pɑ̃, -ɑ̃t] *a* schick, fesch.

pin [pɛ̃] *m bot* Kiefer *f;* ► *~ pignon, parasol* Pinie *f.*

pinacle [pinakl] *m arch* Zinne *f;* ► *porter au ~ (fig)* in den Himmel heben.

pinacothèque [pinakɔtɛk] *f* Pinakothek *f.*

pinailleur [pinajœʀ] *m fam* Kleinigkeitskrämer *m.*

pinard [pinaʀ] *m fam* Wein *m.*

pince [pɛ̃s] *f* **1.** Zange *f;* **2.** Klammer, Klemme *f bes. el;* **3.** *(Textil)* Ein-, Abnäher *m;* **4.** *(Huftiere)* Klaue *f,* Schneidezahn *m;* **5.** Krebsschere *f;* **6.** *fam* Flosse, Pfote *f;* **7.** ► *à ~s (pop)* zu Fuß; **8.** *~ à cheveux* Haarklammer *f; ~ à épiler* Pinzette *f; ~ à linge* Wäscheklammer *f; ~ monseigneur* Brechstange *f; ~ à sucre* Zuckerzange *f.* **pincé, e** *a (Mund)* zusammengekniffen; *(Lächeln)* gezwungen.

pinceau [pɛ̃so] *m* **1.** Pinsel *m;* **2.** *el opt* Büschel, Bündel *n;* **3.** *fam* Flossen *f pl,* Pedale *n pl.*

pincement [pɛ̃smɑ̃] *m* **1.** *mus* Zupfen *n;* **2.** *(~ au cœur)* Stechen *n* (im Herzen).

pince-nez *m inv* Kneifer, Klemmer *m.*

pince-oreille *m* Ohrklipp *m.* **pincer** ‹*Prés. je pince, ns pinçons; Fut. je pincerai; pp. pincé, e*› **I.** *tr* **1.** zs.=, ab=kneifen; **2.** zwicken, klemmen; **3.** ab=nähen; **4.** *fam fig* ertappen, ergreifen, fest=nehmen; **5.** *(Geige)* zupfen; **6.** *(Kälte)* beißen; **II.** *itr* ► *en ~ pour qn* in jdn verknallt sein. **pince-sans-rire** *m f:* ► *c'est un ~* er hat e-n trockenen Humor. **pincette** *f* **1.** Pinzette *f;* **2.** *pl* Feuerzange *f;* ► *(fam) il n'est pas à prendre avec des ~s a)* mit ihm ist nicht gut Kirschen essen; *b)* den kann man nicht einmal mit der Zange anfassen.

pinçon [pɛ̃sɔ̃] *m* blaue(r) Fleck *m*.
pinède [pinɛd] *f* Kiefernwald *m*.
pingouin [pɛ̃gwɛ̃] *m orn* Pinguin *m*.
ping-pong [piŋpɔ̃ŋ] *m* Tischtennis *n*.
pingre [pɛ̃gʀ] **I.** *a fam* knauserig, filzig; **II.** *s m f* Knauser(in *f*) *m*. **pingrerie** [-gʀə-] *f* Knauserei *f*.
pin-pon [pɛ̃pɔ̃] *interj mot* tü-ta.
pinson [pɛ̃sɔ̃] *m orn* Buchfink *m*; ▶ *gai comme un ~ (fam)* quietschvergnügt, kreuzfidel.
pintade [pɛ̃tad] *f orn* Perlhuhn *n*.
pinte [pɛ̃t] *f* ▶ *se faire une ~ de bon sang (fam)* sich köstlich amüsieren.
pinter *itr fam* sich betrinken; picheln.
pioche [pjɔʃ] *f* Kreuzhacke *f*; ▶ *tête f de ~ (fig fam)* Dickschädel *m*. **piocher** *tr* **1.** (auf=)hacken; **2.** *fig fam* ochsen, büffeln. **piocheur, se** *m f; fig fam* Arbeitstier *n*, -biene *f*.
piolet [pjɔlɛ] *m (Bergsport)* Eispickel *m*.
pion [pjɔ̃] *m* **1.** *(Damespiel)* Stein; *(Schach)* Bauer *m*; **2.** *(Schule)* Aufseher *m*; ▶ *damer le ~ à qn* jdm den Rang ab=laufen.
pioncer [pjɔ̃se] ‹*Prés. je pionce, ns pionçons; Fut. je pioncerai; pp. pioncé, e*› *itr fam* pennen.
pionnier, ère [pjɔnje, -ɛʀ] *m f* Pionier *m*.
pipe [pip] *f* **1.** (Tabak-)Pfeife *f*; **2.** *pop* Zigarette *f*; **3.** ▶ *par tête de ~* pro Person; **4.** ▶ *casser sa ~ (pop)* ab=kratzen; *nom d'une ~! (fam)* verflixt noch mal! **pipeau** *m mus* (Hirten-)Pfeife; Lockpfeife; *pl -x* Leimruten *f pl*.
pipelet, te [piplɛ, -ɛt] *m f fam* Portier(frau *f*) *m*.
pipe-line, pipeline [pajplajn, piplin] *m* Ölleitung *f*.
piper [pipe] *tr* **1.** *(Vögel)* mit der Lockpfeife fangen; **2.** *(Würfel, Karten)* fälschen; zinken; **3.** ▶ *ne pas ~ (pop)* keinen Ton sagen.
pipi [pipi] *m (Kindersprache)*: ▶ *faire ~* Pipi machen.
piquage [pikaʒ] *m* Maschinennähen; Steppen *n*. **piquant, e I.** *a* **1.** *(Kälte)* schneidend; **2.** *(Rauch)* beißend; **3.** *fig* verletzend, anzüglich; **4.** prickelnd, anregend, reizvoll; **5.** pikant; geistreich; **II.** *s m* **6.** Reiz *m*; Pikante(s) *n*; **7.** *bot* Stachel, Dorn *m*.
pique [pik] **I.** *s m (Kartenspiel)* Pik *n*; **II.** *s f* Hellebarde *f*.
piqué, e [pike] **I.** *a* **1.** stock-, schimmelfleckig; **2.** *mus* stakkato; **3.** *fam* übergeschnappt, wunderlich; **4.** ▶ *(Wein) être ~* e-n Stich haben; **II.** *s m* **5.** Pikee *m (Baumwollstoff)*; **6.** *aero* Sturzflug *m*; **7.** ▶ *ne pas être ~ des vers, des hannetons (fam)* nicht von Pappe, nicht von schlechten Eltern sein.
pique-assiette [pikasjɛt] *m inv* Schmarotzer *m*.
pique-nique [piknik] *m* Picknick *n*. **pique-niquer** picknicken.
piquer [pike] **I.** *tr* **1.** stechen, piken; auf=spießen, durchbohren; **2.** *(Kälte)* beißen, schneiden; **3.** e-e Spritze geben (*le bras* in den Arm); **4.** *(Nesseln)* brennen; *(Bart)* kratzen; *(Pfeffer)* beißen; *(Getränk)* prickeln; **5.** *fig* reizen, auf=stacheln, an=feuern, an=spornen; **6.** *fam* erwischen; klauen; stibitzen; **7.** *mus* staccato spielen; **8.** *(Fleisch)* spicken; **9.** (ab=)steppen; pikieren; **10.** *(Buch)* heften; **II.** *itr aero* e-n Sturzflug machen; **III.** *v prn se ~* **1.** sich stechen; **2.** sich e-e Spritze geben; **3.** *fig* sich etw ein=bilden, Anspruch erheben *od* machen (*de* auf *acc*); **4.** *(Wein)* e-n Stich bekommen; **5.** ▶ *~ une tête* e-n Kopfsprung *(ins Wasser)* machen; kopfüber springen; **6.** ▶ *quelle mouche l'a piqué?* was ist ihm über die Leber gekrochen?
piquet [pikɛ] *m* **1.** (Zelt-)Pflock, Hering *m*; **2.** ▶ *droit comme un ~* steif wie ein Stock; **3.** ▶ *(Schule) il est au ~* er muß in die Ecke stehen; **4.** ▶ *~ de grève* Streikposten *m*.
piquette [pikɛt] *f* **1.** Rachenputzer *m*; **2.** *flanquer une ~ (pop)* e-e vernichtende Niederlage beibringen; in die Pfanne hauen.
piqueur, se [pikœʀ, -øz] *m f* **1.** Stepper(in *f*) *m*; **2.** *min* Hauer *m*.
piqûre [pikyʀ] *f* **1.** Stich; *(Schlange)* Biß *m*; **2.** Steppnaht *f*; **3.** *typ* Broschüre *f*; **4.** *med* Einspritzung, Spritze *f*.
piratage [piʀataʒ] *m inform* Hacken *n*; Piraterie *f*. **pirate I.** *a (inform)* Raub-; **II.** *s m* **1.** Pirat, Seeräuber *m*; **2.** *fig* Halsabschneider; (Aus-)Plünderer *m*; ▶ *~ de l'air* Luftpirat, Flugzeugentführer *m*; *~ de l'informatique* Hacker(in *f*) *m*. **pirater** *tr inform* hacken. **piraterie** *f* Seeräuberei *f*; Raub *m*; *inform* Raubkopieren *n*; ▶ *~ aérienne* Flugzeugentführungen *f pl*.
pire [piʀ] **I.** *a (Komparativ von mauvais)* schlimmer, ärger; **II.** *s m* das schlimmste; ▶ *au ~* schlimmstenfalls.
pirogue [piʀɔg] *f mar* Piroge *f*, Einbaum *m*; Kanu *n*.
pirouette [piʀwɛt] *f (Tanz)* Pirouette *f*.
pis [pi] **I.** *s m* Euter *n*; **II.** *adv* **1.** *(Komparativ von mal)* schlimmer, ärger; **2.** ▶ *au ~ aller* schlimmstenfalls; *qui ~ est* was noch schlimmer ist.
pis(-)aller [pizale] *m (inv)* Notbehelf *m*, -lösung *f*.
pisciculture [pisikyltyʀ] *f* Fischzucht *f*.
piscine [pisin] *f* Schwimmbad *n*; ▶ *~ couverte* Hallenbad *n*; *~ de refroidissement* Kühlbecken *n*; *~ à vagues* Wellenbad *n*.
piscivore [pisivɔʀ] *a* fischfressend.
pisse [pis] *f vulg* Pisse, Schiffe *f*, Urin *m*.

pissenlit [pisɑ̃li] *m bot* Löwenzahn *m;* ► *bouffer les ~s par la racine (pop)* die Kartoffeln von unten besehen.
pisser [pise] *tr itr vulg* pissen, pinkeln, urinieren; *(Gefäß)* lecken, undicht sein.
pissotière *f fam* Bedürfnisanstalt *f.*
pistache [pistaʃ] *f bot* Pistazie *f.*
pistard [pistaʀ] *m sport* Bahnfahrer *m.*
piste *f* **1.** (Fuß-)Spur, Fährte *f;* **2.** Trampelpfad *m;* **3.** *sport* (Renn-, Fahr-, Rodel-)Bahn; (Ski-)Piste *f;* **4.** *aero* Rollbahn, Piste *f;* **5.** *film* Tonstreifen *m,* -spur *f;* **6.** *(Zirkus)* Manege, Arena *f;* **7.** ► *être sur la ~ de qn* jdm auf der Spur sein; *~ d'atterrissage (aero)* Landebahn *f;* *~ cavalière* Reitweg *m;* *~ cendrée, couverte* Aschen-, Hallenbahn *f;* *~ cyclable* Radfahrweg *m;* *~ d'envol* Abflugbahn *f;* *~ d'essai* Versuchsstrecke *f;* *~ d'obstacles* Hindernisbahn *f;* *~ sonore* Tonspur *f.* **pister** *tr fam* die Spur verfolgen (*qn* jds); auflauern (*qn* jdm).
pistil [pistil] *m bot* Fruchtknoten, Stempel *m.*
pistolet [pistɔlɛ] *m* **1.** Pistole *f;* **2.** Kurvenlineal *n;* **3.** Spritzpistole *f;* ► *drôle m de ~* komische(r) Kauz *m;* *~-mitrailleur m* Maschinenpistole *f.*
piston [pistɔ̃] *m* **1.** *tech* Kolben, Stempel, Bolzen *m;* **2.** *mus (cornet m à ~s)* Klapphorn *n;* **3.** *fam* gute Beziehungen *f pl.* **pistonner** *tr fam* protegieren, empfehlen.
pitance [pitɑ̃s] *f pej* Nahrung *f;* ► *maigre ~* schmale Kost.
piteux, se [pitø, -øz] *a* erbärmlich, jämmerlich.
pitié [pitje] *f* **1.** Mitleid; Erbarmen *n* (*pour qn* mit jdm); **2.** ► *par ~* aus Mitleid; **3.** ► *avoir ~ de qn* mit jdm Mitleid haben; *faire ~* Mitleid erregen; *je le prends en ~* er tut mir leid; *c'est ~* es ist ein Jammer; *c'est à faire ~! (fam)* das ist zum Erbarmen! **pitoyable** *a* **1.** bemitleidens-, bejammernswert; **2.** erbärmlich, jämmerlich.
pitre [pitʀ] *m* ► *faire le ~* den Hanswurst spielen. **pitrerie** *f* närrische(r), alberne(r) Streich. *m.*
pittoresque [pitɔʀɛsk] *a* **1.** malerisch, romantisch; **2.** *(Stil)* bilderreich.
pivert [pivɛʀ] *m orn* Grünspecht *m.*
pivoine [pivwan] *f bot* Pfingstrose *f.*
pivot [pivo] *m* **1.** *tech* (Dreh-)Zapfen *m;* **2.** *bot* Pfahlwurzel *f;* **3.** *fig* Angelpunkt *m;* Grundlage; treibende Kraft *f;* Motor *m;* **4.** *mil* Flügelmann *m;* **5.** ► *dent f à ~* Stiftzahn *m.* **pivotant, e** [-vɔ-] **1.** ► *chaise f ~e* Drehstuhl *m;* **2.** ► *racine f ~e* Pfahlwurzel *f.* **pivoter** *itr* **1.** sich drehen (*sur, autour de* um); **2.** *mil* schwenken; **3.** *bot* e-e Pfahlwurzel treiben.
pizza [pidza] *f* Pizza *f.* **pizzeria** [-dzeʀija] *f* Pizzeria *f.*

placage [plakaʒ] *m* **1.** *(bois m de ~)* Furnierholz *n;* **2.** Verblendung *f.*
placard [plakaʀ] *m* **1.** Wandschrank *m;* **2.** Anschlag(zettel) *m;* (Werbe-)Plakat *n;* **3.** Annonce, Anzeige *f;* **4.** *typ* Fahne(nabzug *m*) *f.* **placarder** *tr (Zettel)* an=schlagen.
place [plas] *f* **1.** Platz *m,* Stelle *f,* Ort, Raum *m;* **2.** Sitzplatz *m;* **3.** *fig* Posten *m,* Stellung, Beschäftigung *f;* **4.** *com* Platz, Ort *m;* Börse *f;* **5.** *mil* Festung *f;* Standort *m;* **6.** ► *à la ~ de ...* an Stelle *gen; faute de ~* wegen Platzmangels; *sur ~* an Ort u. Stelle; **7.** ► *céder la ~ à qn* jdm Platz machen; *être à sa ~* an der richtigen Stelle, am richtigen Platz sein; in s-r Lage sein, in s-r Haut stecken; *se mettre à la ~ de qn* sich in jdn hinein=denken, in jds Lage versetzen; *prendre la ~ de qn* jds Platz, Stelle ein=nehmen; *retenir une ~* e-n Platz belegen; *tenir une grande ~* e-n breiten Raum ein=nehmen, viel Zeit erfordern; *ne pas tenir, rester en ~* nicht still=sitzen können; **8.** ► *en ~!* auf die Plätze! *~ d'armes* Exerzier-, Paradeplatz *m;* *~ assise, debout* Sitz-, Stehplatz *m;* *~ de stationnement* Parkplatz *m.*
placebo [plasebo] *m* Placebo *n.*
place-forte [plasfɔʀt] *f* Festung *f.*
placement [plasmɑ̃] **1.** Arbeitsvermittlung, Unterbringung *f;* **2.** *com* Absatz, Vertrieb, Verkauf *m;* **3.** (Geld-)Anlage, Investition *f;* **4.** ► *être d'un ~ facile* guten Absatz finden; *faire un ~* Geld an=legen; **5.** *bureau m de ~* Stellenvermittlungsbüro *n;* *~ d'argent, de capitaux* Geld-, Kapitalanlage *f.*
placenta [plasɛ̃ta] *m anat* Mutterkuchen *m.*
placer [plase] ‹*Prés. je place, ns plaçons; Fut. je placerai; pp. placé, e*› **I.** *tr* **1.** stellen *a. fig,* setzen, legen; an=, hin=bringen; **2.** *fam (Gepäck)* verstauen; **3.** *(Person)* unter=bringen, an=stellen; **4.** e-n Platz an=weisen (*qn* jdm); ein=ordnen, auf eine Stufe stellen (*parmi* mit); **5.** *(Ware)* ab=setzen, verkaufen; **6.** *(Geld)* an=legen, investieren; **II.** *v prn se ~* **1.** sich stellen; sich setzen, Platz nehmen; **2.** e-e Anstellung finden (*chez qn* bei jdm); **3.** *com* Absatz finden; **4.** *sport* sich plazieren; **5.** ► *être bien, mal placé* e-n guten, schlechten Platz haben; es (nicht) leicht haben (*à* zu); *~ qn sur écoutes (téléphoniques)* jdn ab=hören; *~ sur orbite (cosm)* in die Umlaufbahn ein=schießen; *~ un emprunt, un ordre* e-e Anleihe unter=bringen, e-n Auftrag placieren; *~ un enfant dans une famille* ein Kind in e-r Familie unterbringen. **placeur, se** *m f* **1.** Platzanweiser(in *f*) *m;* **2.** Stellenvermittler(in *f*) *m.*
placide [plasid] *a* sanft(mütig), ruhig.
placidité *f* Sanftmut; innere Ruhe *f.*

placier, ère [plasje, -ɛʀ] *m f* **1.** *com* Platzvertreter *m;* **2.** Stellenvermittler(in *f*) *m.*
plafond [plafõ] *m* **1.** (Zimmer-)Decke *f;* **2.** *fig* Maximum *n;* Grenzwert *m,* Limit *n;* **3.** Höchstgrenze, -geschwindigkeit *f;* **4.** *aero* Gipfel-, Steighöhe; Wolkenhöhe *f;* ► *crever le ~* die Höchstgrenze überschreiten; *prix m ~* Höchstpreis *m.* **plafonner I.** *tr* e-e Decke ein=ziehen (*qc* in e-e S); **II.** *itr* **1.** *mot* mit Höchstgeschwindigkeit fahren; *aero* in Gipfelhöhe fliegen; **2.** *fig* die Höchstgrenze erreichen. **plafonnier** *m* Deckenleuchte *f.*
plage [plaʒ] *f* **1.** (Bade-)Strand *m;* **2.** Badeort *m;* **3.** ► *~ avant, arrière (mar)* Vordeck, Achterdeck *n; ~ de silence* Pause *f;* **4.** *(~ lumineuse)* Lichtfläche *f;* **5.** *(Schallplatte)* Tonrille *f;* **6.** *(Auto)* Ablage *f.*
plagiaire [plaʒjɛʀ] *m* Plagiator *m.* **plagiat** [-ʒja] *m* Plagiat *n.* **plagier** *tr* plagiieren.
plaid [plɛd] *m* Reisedecke *f.*
plaider [plɛde] **I.** *itr* gerichtlich vor=gehen (*contre qn* gegen jdn); plädieren (*pour qn* für jdn); **II.** *tr* verteidigen; geltend machen, vor=bringen, behaupten; ► *~ une cause* e-n Prozeß führen; *~ coupable* sich schuldig bekennen; *~ en séparation* auf Scheidung klagen. **plaideur, se** *m f* Prozeßführer(in *f*) *m.* **plaidoirie** *f* Verteidigung(srede) *f,* Plädoyer *n.* **plaidoyer** *m* Plädoyer *n.*
plaie [plɛ] *f* **1.** Wunde *f a. fig;* **2.** ► *(fig fam) c'est une vraie ~!* er, sie ist unausstehlich! *quelle ~!* so ein Mist!
plaignant, e [plɛɲɑ̃] **I.** *a jur* klagend; **II.** *s m f* Kläger(in *f*) *m.*
plain-chant [plɛ̃ʃɑ̃] *m rel* Gregorianische(r) Gesang *m.*
plaindre [plɛ̃dʀ] ‹*Prés. je plains, ns plaignons; Fut. je plaindrai; pp. plaint, e; Subj. que je plaigne, que ns plaignions; Impér. plains, plaignons*› **I.** *tr* beklagen, bedauern (*de* wegen); **II.** *v prn se ~* sich beklagen (*de* über *acc*); sich beschweren, *fam* stöhnen (*de* über *acc*); ► *avoir à se ~* Grund zur Klage haben; *être à ~* zu bedauern sein; *ne pas ~ sa peine* keine Mühe scheuen.
plaine [plɛn] *f* Ebene *f,* Flachland *n.*
plain-pied [plɛ̃pje] *adv:* ► *de ~* auf gleicher Höhe, Ebene (*avec* mit).
plainte [plɛ̃t] *f* **1.** Klage *f;* Ächzen *n;* **2.** Beschwerde *f;* **3.** *jur* Strafantrag *m.* **plaintif, ive** *a* kläglich; klagend, jammernd; ächzend, stöhnend.
plaire [plɛʀ] ‹*Prés. je plais, ns plaisons; Fut. je plairai; pp. plu, e; Subj. que je plaise, que ns plaisions; Impér. plais, plaisons*› **I.** *itr* gefallen (*à qn* jdm); **II.** *v prn se ~* **1.** *(Pflanzen, Tiere)* gedeihen, fort=kommen; **2.** *(Ort)* lieben, bevorzugen (*dans qc* etw), Gefallen, Freude finden (*à* an e-r S); **3.** ► *je me plais à la campagne* es gefällt mir, ich bin gern auf dem Lande; *comme il vous plaira* wie Sie wollen; *il se plaît au travail* er arbeitet gern; *à Dieu ne plaise!* Gott behüte! *plaît-il?* wie bitte? *s'il vous plaît* bitte.
plaisamment [plɛzamɑ̃] *adv* **1.** scherzhaft; **2.** nett; gefällig.
plaisance [plɛzɑ̃s] *f:* ► *bateau m de ~* Jacht *f.* **plaisancier** *m* Sportsegler *m.*
plaisant, e I. *a* **1.** hübsch, nett, angenehm; **2.** lustig, heiter, kurzweilig; **II.** *s m* Witzbold *m; (mauvais ~).* **plaisanter I.** *itr* scherzen, Spaß machen; **II.** *tr* sich lustig machen (*qn* über jdn); necken (*qn sur qc* jdn mit etw); ► *pour ~* zum Spaß; *ne pas ~* keinen Spaß verstehen (*là-dessus* darin; *sur qc* in etw); *ah ça, plaisantez-vous?* Sie scherzen wohl? **plaisanterie** [plɛzɑ̃tʀi] *f* Scherz, Spaß, Ulk *m;* ► *par ~* im Scherz, aus Spaß; *il ne comprend pas la ~* er versteht keinen Spaß; *c'est une ~* das ist nur Spaß; *~ à part!* Scherz beiseite! ohne Scherz! *~ de mauvais goût* schlechte(r) Spaß *m.* **plaisantin** *m péj* Witzbold *m.*
plaisir [ple(ɛ)ziʀ] *m* **1.** Vergnügen *n,* Freude, Lust *f,* Spaß *m;* **2.** *(bon ~)* Belieben *n;* **3.** ► *à ~* ohne Grund; *au ~!* auf Wiedersehen! *avec ~* mit Vergnügen, gern; *par ~* zum Vergnügen; *pour son ~* zu s-m Vergnügen; **4.** ► *faire ~* Spaß, Freude machen; *se faire un ~ de* sich ein Vergnügen daraus machen zu; *gâcher son ~ à qn* jdm den Spaß verderben.
plan, e [plɑ̃, an] **I.** *a* flach, glatt, eben; **II.** *s m* **1.** Plan *m;* **2.** Anlage, Anordnung *f;* **3.** Karte *f,* (Grund-)Riß; Entwurf *m;* **4.** *math pol* Ebene; Fläche *f;* Niveau; Gebiet *n;* **5.** *film* Aufnahme; Einstellung *f;* **6.** ► *au premier ~* im Vordergrund; *de premier ~* erstklassig; *(Persönlichkeit)* wichtig; *de tout premier ~* allerersten Ranges; *sur ce ~* in dieser Hinsicht; *sur le ~ de* auf der Ebene *gen;* hinsichtlich; **7.** ► *dresser, établir, faire un ~* e-n Plan entwerfen; *être sur le même ~* gleichrangig sein; *(fam) laisser tout en ~* alles stehen- und liegenlassen; *lever un ~* e-n Grundriß auf=nehmen; **8.** ► *gros ~ (film)* Großaufnahme *f; premier, second, troisième ~* Vorder-, Mittel-, Hintergrund *m;* **9.** ► *~ d'aménagement* Bebauungsplan *m; ~ d'amortissement* Tilgungsplan *m; ~ d'eau* Wasserfläche *f; ~ de montage* Montage-, Schaltplan *m; ~ quinquennal* Fünfjahresplan *m; ~ rapproché (film)* Nahaufnahme *f; ~ de travail* Arbeitsplan *m;* Arbeitsfläche; *~ vertical* Aufriß *m; ~ de la ville* Stadtplan *m.*
planche [plɑ̃ʃ] *f* **1.** Brett *n,* Planke, Boh-

le, Diele *f;* **2.** längliche(s) (Garten-)Beet *n;* **3.** *typ* Platte *f;* (Kupfer-)Stich; Holzschnitt *m;* **4.** *fam pl (Ski)* Bretter *n pl;* **5.** *pl theat* Bretter *n pl,* Bühne *f;* **6.** ▶ *avoir du pain sur la* ~ *(fig)* noch viel zu tun haben; **7.** ▶ *jours m pl de* ~ *(mar)* Liegetage *m pl;* ~ *d'aggloméré* Spanplatte *f;* ~ *à billets* Banknotenpresse *f;* ~ *de débarquement (mar)* Gangway *m;* ~ *à dessin* Reißbrett *n;* ~ *à laver* Waschbrett *n;* ~ *de légumes* Gemüsebeet *n;* ~ *en plâtre* Gipsdiele *f;* ~ *à repasser* Bügelbrett *n;* ~ *à roulettes* Skateboard, Rollbrett *n;* ~ *de salut (fig)* letzte Rettung *f;* ~ *de surf* Surfbrett *n;* ~ *à voile* Windsurfbrett *n; faire de la* ~ *à voile* windsurfen. **plancher I.** *s m* **1.** (Fuß-)Boden *m,* Diele *f;* **2.** ▶ *mettre le pied au* ~ *(mot)* das Gas durchtreten; **3.** ▶ *prix m* ~ Mindestpreis *m;* ~ *en parquet, en planches* Parkett-, Bretter(fuß)boden *m;* ~ *des vaches (fam)* feste(s) Land *n;* **II.** *itr (Schule)* vor der Tafel abgefragt werden. **planchette** *f* **1.** Brettchen *n;* **2.** Meßtisch *m.* **planchiste** *m f* Surfer(in *f*) *m.*

planer [plane] **I.** *tr* **1.** *tech* richten, planieren; **2.** *(Brett)* schlichten; **II.** *itr* **1.** schweben *a. fig;* gleiten; **2.** *(Blick)* schweifen; **3.** *(Gefahr)* drohen (*sur qn* jdm).

planétaire [planetɛʀ] **I.** *a astr* planetarisch; **II.** *s m* Planetarium *n.* **planétarium** *m* Planetarium *n.* **planète** *f astr* Planet *m.*

planeur [planœʀ] *m* **1.** *tech* Schlichter *m;* **2.** *aero* Gleit-, Segelflugzeug *n;* ▶ ~ *de transport* Lastensegler *m.*

planification [planifikasjɔ̃] *f* Planung *f.* **planifier** [-fje] *tr* planen; ▶ *économie f planifiée* Planwirtschaft *f.* **planning** [-iŋ] *m* (industrielle) Planung, Produktionsplanung *f;* ▶ ~ *familial* Familienplanung *f.*

planque [plɑ̃k] *f* **1.** *fam* Versteck *n,* Deckadresse *f;* **2.** *fam* Druckposten *m.* **planquer I.** *tr fam* in Sicherheit bringen; verstecken; **II.** *v prn se* ~ sich drücken; unter=tauchen *fig.*

plant [plɑ̃] *m agr* (junge) Pflanze *f,* Setzling *m;* (An-)Pflanzung *f.*

plantain [plɑ̃tɛ̃] *m bot* Wegerich *m.*

plantation [plɑ̃tasjɔ̃] *f* **1.** *agr (Baum)* Setzen; (An-)Pflanzen *n;* **2.** (An-, Be-)Pflanzung; Plantage *f;* **3.** *pl* Kulturen *f pl;* **4.** *(~ des cheveux)* Haaransatz *m.* **plante** *f* **1.** Pflanze *f;* Gewächs *n;* **2.** ▶ *(anat)* ~ *du pied* Fußsohle *f;* **3.** ▶ *jardin m des ~s* botanische(r) Garten *m.* **planter** *tr* **1.** *bot* (an=, be)pflanzen, setzen; **2.** *(Bohnen)* stecken; **3.** auf=, hin=stellen, auf=richten, -pflanzen; **4.** *(Nagel)* ein=schlagen; **5.** *(Zelt)* auf=stellen; **6.** *(Bau)* ab=stecken; **7.** ▶ ~ *là qn (fig)* jdn stehen-, sitzen=lassen, im Stich lassen; *qc* etw auf= geben. **planteur** *m* Pflanzer *m.* **plantigrade** [plɑ̃tigʀad] *m zoo* Sohlengänger *m.*

planton [plɑ̃tɔ̃] *m mil* Ordonnanz *f;* ▶ *(fam) rester de* ~ *une heure* eine Stunde lang warten.

plantureux, se [plɑ̃tyʀø, -øz] *a* **1.** reichlich; üppig; **2.** üppig, füllig.

plaque [plak] *f* **1.** Platte *f;* **2.** Schild *n;* **3.** Deckel *m;* **4.** *med* Fleck *m;* **5.** *el* Anode *f;* **6.** ▶ ~ *chauffante* Heizplatte *f;* ~ *de contrôle* Kontrollmarke *f;* ~ *d'identité (mil)* Erkennungsmarke *f;* ~ *de police, d'immatriculation, minéralogique (mot)* Nummernschild *n;* ~ *tournante* Drehscheibe *f;* ~ *de verglas* Eisplatte *f.*

plaqué *m* Plattierung *f;* Doublee *n.* **plaquer I.** *tr* **1.** *(Metall)* plattieren; **2.** *(Holz)* furnieren; **3.** *sport* auf die Bretter schicken; **4.** *mus (Akkord)* an=schlagen; **5.** *fig fam* sitzen=, stehen=lassen (*qn* jdn); im Stich lassen, aufgeben (*qc* etw); **II.** *v prn* ▶ *se* ~ *au sol* sich auf den Boden werfen. **plaquette** *f* **1.** Broschüre *f;* **2.** Plakette *f.*

plasma [plasma] *m anat* Plasma *n;* ▶ ~ *sanguin* Blutplasma *n.*

plastic [plastik] *m* Plastiksprengstoff *m.* **plasticage** *m* Sprengstoffanschlag *m.*

plasticité [plastisite] *f* **1.** (Ver=)Formbarkeit *f;* **2.** Bildsamkeit *f.* **plastifier** *tr* mit Kunststoff verarbeiten, belegen; ▶ *parquet plastifié* Polyvinylchloridfußbodenbelag *m,* PVC-Belag *m.* **plastique I.** *a* plastisch; bildsam, formbar; **II.** *s m* u. ▶ *matière f* ~ Kunststoff *m;* **III.** *s f* Plastik, Bildhauerkunst *f;* ▶ *arts m pl ~s* bildende Künste *f pl.*

plastiquer [plastike] *tr* e-n Sprengstoffanschlag verüben (auf). **plastiqueur, euse** *m f* Plastikattentäter(in *f*) *m.*

plastron [plastʀɔ̃] *m* **1.** Brustleder *n;* **2.** *(Kleidung)* (Brust-)Einsatz *m;* Vorhemd *n.* **plastronner** *itr* sich in Positur werfen.

plat, e [pla, -at] **I.** *a* **1.** flach, platt, eben, glatt; **2.** *fig* platt, fade, seicht, geistlos; **3.** *(Gesicht)* ausdruckslos; *(Getränk)* schal; **II.** *s m* **1.** (flache) Schüssel, Schale, Platte *f;* **2.** Gericht *n (Speise);* **3.** ▶ *(tout) à* ~ flach (auf dem *od* den Boden), der Länge nach; *(Batterie)* leer; *(Reifen)* platt; **4.** ▶ *faire du* ~ *(fam)* schmeicheln; poussieren (*à qn* jdn); *mettre les pieds dans le* ~ *(fam)* ins Fettnäpfchen treten; *tomber à* ~ *(theat)* völlig durch=fallen; **5.** ▶ *assiette f ~e* flache(r) Teller *m; pays m* ~ Flachland *n; pied m* ~ Plattfuß *m;* **6.** ▶ ~ *de côtes* Rippenstück *n;* ~ *du jour* Tagesgericht *n (Speise);* ~ *de la main* Handfläche, flache Hand *f;* ~ *national* Nationalgericht *n;* ~ *aux œufs* Eierspeise *f.*

platane [platan] *m bot* Platane *f.*

plateau [plato] *m* **1.** Tablett *n;* **2.** Waagschale *f;* **3.** *tech* Platte, Scheibe *f;* **4.** *mot* Ladefläche *f;* **5.** *geog* Tafelland *n;* Hochebene *f;* **6.** *theat* Bühne *f;* **7.** Platteller *m;* Kochplatte *f.*

plate-bande [platbɑ̃d] *f* **1.** Rabatte *f;* **2.** *arch* Sturz *m;* ▶ *marcher sur les ~s de qn (fig fam)* jdm ins Gehege kommen. **plate-forme** [platfɔʀm] *f* **1.** Plattform *f;* **2.** *loc* offene(r) Güterwagen *m;* **3.** *fig pol* Plattform *f,* Wahlprogramm *n;* ~ *d'élévation* Hebebühne *f;* ~ *de forage* Bohrinsel *f;* ~ *de lancement* (Rakete) Starttisch *m;* ~ *récupérable (cosm)* Raumtransporter *m.*

platine [platin] **1.** *f tech* Platte, Scheibe *f;* **2.** *m* Platin *n;* ▶ ~ *à cassettes* Kassettendeck *n;* ~ *des moteurs* Laufwerkplatte *f.* **platiner** *tr* platinieren.

platitude [platityd] *f* **1.** Platt-, Flachheit; Seichtheit *f;* **2.** Gemeinplatz *m,* Platitüde *f.*

platonique [platɔnik] *a* platonisch.

plâtrage [plɑtʀaʒ] *m* (Ver-)Gipsen *n.* **plâtras** [-tʀa] *m* (Gips-)Schutt *m.* **plâtre** *m* **1.** (gebrannter) Gips *m;* **2.** *arch pl* Gipsarbeit *f,* -abguß *m,* -figur *f;* ▶ *mettre dans le ~ (med)* in Gips legen. **plâtrer I.** *tr* **1.** (ver-)gipsen; **2.** in Gips legen; **II.** *v prn se ~ (fam)* sich zu stark pudern. **plâtrerie** [-tʀə-] *f* Gipsarbeit *f.* **plâtrier** [-tʀije] *m* Gipser *m.*

plausible [plozibl] *a* annehmbar, glaubhaft.

play-back [plɛbak] *m* Playback *n.*

play-boy [plɛbɔj] *m (pl play-boys)* Playboy *m.*

plèbe [plɛb] *f* Plebs *f;* Pöbel *m.* **plébéien, ne** [plebejɛ̃, -ɛn] **I.** *a* plebejisch; **II.** *s m f* Plebejer(in *f*) *m.* **plébiscite** [-bisit] *m* Volksabstimmung *f,* -entscheid *m.* **plébisciter** *tr* durch e-e Volksabstimmung entscheiden.

pléiade [plejad] *f* Plejade *f.*

plein, e [plɛ̃, *vor Vokal* plɛn] **I.** *a* **1.** voll, gefüllt (*de* mit); **2.** *fig* völlig, vollständig, ganz; **3.** *(nachgestellt) (Wald)* dicht; *(Blume)* gefüllt; *(Gesicht)* voll, rund; *(Stimme)* voll; **4.** *(nachgestellt) (Tier)* trächtig, tragend; **5.** *(Material)* massiv; *fam* voll; satt; betrunken; **II.** *s m* **1.** *(Schrift)* Grundstrich *m;* **2.** *mar* Flut *f;* **3.** *(Versicherung)* Höchstbetrag *m;* **4.** ▶ *à ~e(s) main(s)* mit vollen Händen, reichlich; *de ~ air* Freiluft-; *de ~ gré* aus freiem Antrieb, aus freien Stücken, von selbst; *en ~* mitten (*dans* in; *sur* auf); *adv* voll, ganz, völlig; *en ~ air* im Freien, unter freiem Himmel; *en ~ champ* auf freiem, offenem Felde; *en ~ hiver* mitten im Winter; *en ~ jour* am hellichten Tage; *en ~e mer* auf hoher See; *en ~e rue* auf offener Straße; *en ~e saison* in der Hochsaison; *en ~ soleil* in der prallen Sonne; *tout ~ (fam)* ganz u. gar; *tout ~ de …* e-e (ganze) Menge, e-n Haufen … **5.** ▶ *battre son ~* in vollem Gange sein; auf vollen Touren, auf Hochtouren laufen; *faire son ~ (d'essence) (mot)* (auf=)tanken; **6.** ▶ ~ *comme un œuf* gepfropft voll; ~ *à craquer* brechend voll; ~ *emploi* Vollbeschäftigung *f;* ~*e lune f* Vollmond *m;* ~*(s) pouvoir(s) m (pl)* Vollmacht *f;* *pleine-saison* Hochsaison *f;* ~*-temps* Vollzeit-. **pleinement** *adv* völlig, ganz, vollkommen. **plénier, ère** [plenje, -ɛʀ] *a* ▶ *assemblée f ~ière* Vollversammlung *f,* Plenum *n;* *session f ~ière* Plenarsitzung *f.* **plénipotentiaire** [-tɑ̃sjɛʀ] *m* Bevollmächtigte(r) *m.* **plénitude** *f* Fülle *f;* Überfluß *m;* ▶ *dans la ~ de* im Vollbesitz *gen.*

pléonasme [pleɔnasm] *m gram* Pleonasmus *m.*

pléthore [pletɔʀ] *f fig* Überfülle *f;* Überfluß *m* (*de* an *dat*). **pléthorique** *a fig* überfüllt.

pleur [plœʀ] *m, lit meist pl* Tränen *f pl.* **pleure-misère** *m f* Jammerer *m.* **pleurer I.** *itr* weinen (*sur* über *acc; de* vor *dat*); *(Augen)* tränen; **II.** *tr* beweinen, -trauern; ▶ ~ *à chaudes larmes* heiße Tränen vergießen.

pleurésie [plørezi] *f med* Brust-, Rippenfellentzündung *f.*

pleureur, se [plørœʀ, -øz] *a* weinerlich; ▶ *saule m ~* Trauerweide *f.* **pleureuse** *f* Klageweib *n.* **pleurnichard, e** *a* weinerlich. **pleurnicher** *itr* weinerlich tun; flennen. **pleurnicheur, se** *a* weinerlich.

pleurote [plørɔt] *f* Austernpilz *m.*

pleuvoir [plœvwaʀ] ⟨*Prés. il pleut; Fut. il pleuvra; pp. plu; Subj. qu'il pleuve*⟩ *itr, v imp* regnen *a. fig; fig* hageln; ▶ *il pleut à verses* gießt in Strömen; *il va ~* es wird gleich regnen.

plèvre [plɛvʀ] *f anat* Brust-, Rippenfell *n.*

plexiglas [plɛksiglas] *m (Warenzeichen)* Plexiglas *n (Warenzeichen).*

plexus [plɛksys] *m anat* Geflecht *n;* ▶ ~ *solaire* Sonnengeflecht *n.*

pli [pli] *m* **1.** Falte *f;* **2.** Knick, Bruch, Kniff *m;* **3.** (Brief-)Umschlag; Brief *m;* **4.** *geol (~ du terrain)* Geländefalte *f;* ~ *synclinal (geol)* Mulde *f;* **5.** *(Kartenspiel)* Stich *m;* **6.** (An-)Gewohnheit *f;* **7.** ▶ *sous ce ~* als Anlage; *sous ~ recommandé* eingeschrieben; **8.** ▶ *faire des ~s* Falten werfen; *ne pas faire un ~ (Kleidung)* tadellos, wie angegossen sitzen; *fig* glatt=gehen; kein Problem sein; **9.** ▶ *jupe f à ~s* Faltenrock *m;* **10.** ▶ ~ *du pantalon* Bügelfalte *f.* **pliable** [plijabl] *a* faltbar, zs.legbar; biegsam; Klapp-. **pliage** *m* Falten, Zs.legen *n.* **pliant, e I.** *a* biegsam; zs.legbar, zs.klappbar; **II.** *s m* u. ▶ *siège m ~* Klappstuhl *m;* *canot m ~* Faltboot *n;* *table f ~e* Klapptisch *m.*

plie [pli] *f zoo* Scholle *f.*

plier [plije] **I.** *tr* **1.** (zs.)falten, zs.legen; knicken; **2.** *(Papier)* knicken; **3.** *(Stuhl)* zs.klappen; **4.** *(Buch)* falzen; **5.** biegen, beugen, krümmen; **II.** *itr* **1.** sich biegen; **2.** sich an=passen; nach=geben; **3.** sich senken, sich neigen; **III.** *v prn se* ~ **1.** nach=geben, sich unterwerfen, sich schicken (*à* in *acc*); **2.** sich beugen; ▶ ~ *bagage;* sein Bündel schnüren; s-e Abfahrt, -reise vor=bereiten; *ne pas ~!* nicht knicken!

plinthe [plɛ̃t] *f* Fuß-, Scheuerleiste *f.*

plissage [plisaʒ] *m (Wäsche, Kleider)* Plissieren, Fälteln *n.* **plissé, e I.** *a* plissiert, gefältelt; Plissee-; **II.** *s m* Plissee *n,* Fältelung *f.* **plissement** *m* **1.** *geol* Faltung *f;* **2.** ▶ ~ *du front* Stirnrunzeln *n.* **plisser I.** *tr* plissieren, fälteln; **II.** *v prn se* ~ sich in Falten legen lassen; ▶ ~ *les yeux* die Augen zusammen=kneifen.

plomb [plɔ̃] *m* **1.** Blei *n;* (Blei-)Kugel *f;* **2.** Schrot *n;* **3.** Plombe *f (am Gepäck);* **4.** *(~ de sonde)* Lot *n;* **5.** *(~ fusible) el* Sicherung *f;* **6.** ▶ *à* ~ lot-, senkrecht; unmittelbar; *de* ~ *(fig)* bleiern; *sans* ~ *(Benzin)* bleifrei; **7.** ▶ *avoir du* ~ *dans l'aile* in Verruf geraten sein; *n'avoir pas de* ~ *dans la tête* (zu) leichtsinnig sein; **8.** ▶ *c'est un* ~ *dans l'estomac* das liegt wie Blei im Magen; *soleil m de* ~ drükkende Sonnenhitze *f.* **plombage** [-baʒ] *m* **1.** Plombieren *n; med* Füllung *f;* **2.** *agr* Walzen *n;* **3.** *com* Plombenverschluß *m.*

plombe [plɔ̃b] *f arg* Stunde *f.*

plombé, e [plɔ̃be] *a* **1.** plombiert; **2.** bleifarben; **3.** *pop* syphilitisch. **plomber** *tr* **1.** *(Gepäck, Zahn)* plombieren; **2.** *(Wagen)* verplomben; **3.** mit Blei beschweren; **4.** *agr* walzen; **5.** *tech* glasieren; verbleien; **6.** *(se)* ~ *(Himmel)* bleigrau, fahl werden. **plomberie** *f* Klempnerei, Spenglerei *f;* Installationsgeschäft *n.* **plombier** [-bje] *(~-zingueur) m* Installateur; Spengler, Flaschner, Klempner (u. Rohrleger) *m.*

plombières [plɔ̃bjɛʀ] *f pl* Eis *n* mit Früchten.

plombifère [plɔ̃bifɛʀ] *a chem* bleihaltig.

plonge [plɔ̃ʒ] *f* ▶ *(fam) faire la* ~ Geschirr spülen. **plongeant, e** *a* **1.** *(Blick)* von oben nach unten gerichtet; **2.** *(Dekolleté)* tief. **plongée** *f* **1.** Tauchen, Tauchmanöver *n;* **2.** *phot film* Aufnahme *f* steil nach unten; **3.** Abdachung *f.* **plongeoir** *m (Schwimmsport)* Sprungturm *m.* **plongeon** *m* **1.** *sport* Kopfsprung *m;* **2.** *orn* Taucher *m;* ▶ *faire, piquer un* ~ e-n Kopfsprung machen. **plonger** ⟨*Prés. je plonge, ns plongeons; Fut. je plongerai; pp. plongé, e*⟩ **I.** *tr itr* **1.** (ein=, unter=)tauchen; (sich) stürzen; **2.** (ver)senken, stoßen, stecken (*dans* in *acc*); **II.** *itr* **1.** abwärts gerichtet sein; **2.** *(Schwimmen)* e-n Hechtsprung machen; springen; **3.** *(Fußball)* hechten; **III.** *v prn se* ~ *(fig)* sich versenken, sich stürzen (*dans* in *acc*); ▶ *se* ~ *dans un livre* sich in ein Buch vertiefen. **plongeur, se** *s m f* **1.** Taucher(in *f*) *m;* **2.** *sport* Springer *m;* **3.** Geschirrspüler, Tellerwäscher *m.*

plot [plo] *m tele* Kontakt *m.*

plouf [pluf] *interj* plumps.

ploutocrate [plutɔkʀat] *m* Plutokrat *m.*

ployer [plwaje] ⟨*Prés. je ploie, ns ployons; Fut. je ploierai; pp. ployé, e*⟩ **I.** *tr* **1.** *lit* biegen, beugen; **2.** *fig* zum Nachgeben zwingen; **II.** *itr* sich biegen, nach=geben.

pluches [plyʃ] *f pl fam* Kartoffelschälen *n.*

pluie [plɥi] *f* **1.** Regen *m a. fig; pl* Regenfälle *m pl;* **2.** *fig* Hagel *m;* **3.** ▶ *faire la* ~ *et le beau temps* tonangebend sein; *parler de la* ~ *et du beau temps* von diesem und jenem sprechen; *le temps est à la* ~ es sieht nach Regen aus; *craint la ~!* vor Nässe schützen! *~s acides* saure(r) Regen *m;* ~ *torrentielle* Wolkenbruch *m.*

plumage [plymaʒ] *m* Gefieder *n.* **plumard** *m fam* Bett *n.* **plume** *f* **1.** (Vogel-)Feder *f; pl* Gefieder *n;* **2.** (Schreib-)Feder *f;* **3.** ▶ *écrire au courant de la* ~ schreiben, was e-m gerade einfällt; *laisser des ~s (fig)* Federn, Haare lassen; *prendre la* ~ zur Feder greifen; **4.** ▶ *homme m de* ~ Schriftsteller *m; léger comme une* ~ federleicht; *nom m de* ~ Schriftstellername *m.* **plumeau** *m pl -x* Staubwedel *m.* **plumer** *tr* **1.** rupfen; **2.** *fig* das Geld aus der Tasche ziehen (*qn* jdm). **plumier** [-mje] *m* Federkasten *m.*

plupart [plypaʀ] *loc adv:* ▶ *la* ~ *des* die meisten; *la* ~ *du temps* meist(ens); *pour la* ~ meistens-, größtenteils, meist(ens).

plural, e [plyʀal] *a pl -aux* mehrfach. **pluralisme** *m* Pluralismus *m.* **pluraliste** *a (Gesellschaft)* pluralistisch. **pluralité** *f* Vielheit, -zahl *f;* ▶ *à la* ~ *des voix (parl)* mit Stimmenmehrheit. **pluridisciplinaire** *a* mehrfäch(e)rig. **pluriel** [-ʀjɛl] *m gram* Plural *m,* Mehrzahl *f.* **pluripartisme** *m pol* Mehrparteiensystem *n.*

plus [ply(s)] **I.** *adv* **1.** mehr; dazu, noch, ferner, außerdem; **2.** *com* zuzüglich; **II.** *s m* **1.** ▶ *le* ~ (das) höchste; meiste *n;* **2.** *math* [plys] Plus(zeichen) *n;* **3.** ▶ *au* ~ *tôt* so bald wie möglich; *(tout) au* ~ höchstens; *d'autant* ~ *que* um so mehr, um so eher als ...; *de* ~ *en* ~ immer mehr; *en* ~ *(de)* (noch) dazu (zu); *le* ~ *vite possible* so schnell wie möglich; *ne ...* ~ nicht mehr; *ne ...* ~ *que* nur noch; *ni* ~ *ni moins* nicht mehr u. nicht weniger; *ni* ~ *ni moins que* genau(soviel) wie; *qui* ~ *est* was noch mehr ist; *rien* *de* ~ weiter nichts; *sans* ~ ohne mehr, ohne noch; nichts weiter; ~ ... ~ je (mehr) ... desto (mehr); ~ *de* mehr; kein ... mehr; ~ *ou moins* mehr oder weniger; ~ *que cela (de ...) (fam)* e-e ganze Menge (...); **4.** ► *il y a* ~ es geht noch weiter, kommt noch schöner. **plusieurs** [-zjœʀ] *a prn inv* mehrere, verschiedene; ► *à* ~ *reprises* (zu) wiederholt(en Malen); ~ *fois* mehrmals. **plus-offrant, e** [plyzɔfʀɑ̃, -t] *m f com* Meistbietende(r *m*) *f*. **plus-que-parfait** [plyskəpaʀfɛ] *m gram* Plusquamperfekt *n*. **plus-value** [plyvaly] *f* Mehrwert; Wertzuwachs *m*.

plutôt [plyto] *adv* **1.** eher, lieber, vielmehr; **2.** ziemlich; recht; **3.** sehr; ► *voyez* ~*!* sehen Sie nur zu!

pluvial, e [plyvjal] *a pl-aux* Regen-; ► *eau* ~*e* Regenwasser *n*. **pluvier** *m orn* Regenpfeifer *m*. **pluvieux, se** *a* regnerisch. **pluviomètre** *m* Regenmesser *m*. **pluviométrie** *f* Niederschlagsmessung *f*. **pluviosité** *f* Niederschlag(smenge *f*) *m*.

pneu [pnø] *m* **1.** *mot* Reifen *m*; **2.** *fam* Rohrpostbrief *m*; ► ~ *à plat (mot)* Plattfuß *m*; ~*s-neige m pl* Winterreifen *m pl*; ~ *de réserve, de rechange* Ersatzreifen *m*. **pneumatique I.** *a* pneumatisch; *tech* Preß-, Druckluft-; Rohrpost-; **II.** *s m* (Gummi-)Reifen *m*, Bereifung *f*; ► *lettre f* ~ Rohrpostbrief *m*; *marteau m* ~ Preßlufthammer *m*.

pneumo(nie) [pnømɔni] *f med* Lungenentzündung *f*.

pochard, e [pɔʃaʀ, -d] *m f fam* Säufer(in *f*) *m*.

poche [pɔʃ] *f* **1.** Tasche *f (an d. Kleidung)*; **2.** (Plastik-)Sack *m*; **3.** (Innen-)Fach *n*; **4.** Tränensack *m*; **5.** Delle *f*; **6.** ► *les mains dans ses* ~*s* mit den Händen in der Hosentasche; *n'avoir pas les yeux dans sa* ~ *(fig)* die Augen auf=machen; *connaître comme sa* ~ wie s-e Westentasche kennen; *en être de sa* ~ *(fam)* Geld verlieren; **7.** ► *c'est dans la* ~ *(pop)* das ist todsicher.

poché, e [pɔʃe] *a*: ► *œil m* ~ blaue(s) Auge *n*; *œufs m pl* ~*s* verlorene Eier *n pl*. **pocher** *tr* **1.** *(Auge)* blau schlagen; **2.** ► ~ *des œufs* Eier pochieren.

pochette [pɔʃɛt] *f* **1.** Ziertüchlein *n*; **2.** Tüte *f*; **3.** Unterarmtasche *f*; ► ~ *de disque* Plattenhülle *f*.

pochoir [pɔʃwaʀ] *m* Schablone *f*.

podium [pɔdjɔm] *m arch* Podium *n*.

poêle [pwal] **1.** *m* (Zimmer-)Ofen *m*; **2.** *f* (~ *à frire)* (Brat-)Pfanne *f*; **3.** *m* Bahrtuch *n*. **poêlon** *m* Kasserolle *f*, Tiegel *m*.

poème [pɔɛm] *m* Gedicht *n*; ► ~ *épique* Epos, Heldengedicht *n*. **poésie** *f* **1.** Poesie, Dichtkunst; Dichtung *f*; **2.** *(kleineres)* Gedicht *n*. **poète** *m* Dichter(in *f*) *m*; *a*: ► *femme f* ~ Dichterin *f*. **poétesse** *f* Dichterin *f*. **poétique I.** *a* poetisch, dichterisch; lyrisch; stimmungsvoll; **II.** *s f* Poetik *f*.

pognon [pɔɲɔ̃] *m arg* Moos *n*, Zaster *m*, Geld *n*.

poids [pwa] *m* **1.** Gewicht *n*; Last *f a. fig*; **2.** *fig* Bedeutung, Wichtigkeit *f*; **3.** *sport* Kugel *f*; **4.** ► *de peu de* ~ belanglos, unerheblich; *de tout son* ~ mit voller Wucht; **5.** ► *attacher du* ~ *à qc* e-r S Gewicht bei=messen; *jeter le* ~ *(sport)* die Kugel stoßen; **6.** ► ~ *et haltères* Gewichtheben *n*; ~ *lourd* Last(kraft)wagen *m*; ~ *mouche, coq, plume, léger, mi-moyen, moyen, (mi-) lourd (Boxen)* Fliegen-, Bantam-, Feder-, Leicht-, Welter-, Mittel-, (Halb-) Schwergewicht *n*; ~ *utile* Nutzlast *f*.

poignant, e [pwaɲɑ̃, -ɑ̃t] *a (Schmerz)* stechend; herzzerreißend; packend.

poignard [pwaɲaʀ] *m* Dolch *m*. **poignarder** *tr* erdolchen.

poigne [pwaɲ] *f fam* Energie *f*, Schneid, Mumm *m*; ► *homme m à* ~ *(fam)* Draufgänger *m*. **poignée** *f* **1.** Handvoll *f a. fig*; **2.** (Hand-)Griff *m*, Heft *n*; Stiel; (Tür-)Drücker; (Schwert-)Knauf *m*; **3.** Topflappen *m*; ► *à* ~*s* mit vollen Händen *a. fig*; ~ *de main* Händedruck *m*. **poignet** [-ɲɛ] *m* **1.** Handgelenk *n*; **2.** Manschette *f*.

poil [pwal] *m* **1.** (Körper-, Bart-)Haar *n a. zoo bot*; **2.** *zoo* Haarkleid, Fell *n*; **3.** Borste *f*; **4.** *(Samt)* Flor *m*; **5.** ► *à* ~ *(pop)* nackt; *à* ~*! (pop)* abtreten! pack ein! *à* ~ *ras, à long* ~ kurz-, langhaarig; *à un* ~ *près* um Haaresbreite; *au* ~ *(fam)* haargenau; *de tout* ~ aller Art; *un* ~ ein bißchen; ein klein wenig; **6.** ► *avoir un* ~ *dans la main (fam)* stinkfaul sein; *ne pas avoir un* ~ *de sec* keinen trockenen Faden am Leib(e) haben; *être de mauvais* ~ schlechte Laune haben; *reprendre du* ~ *de la bête* nicht locker=lassen; sich wieder hochrappeln; *tomber sur le* ~ *à qn* über jdn her=fallen; **7.** ► *c'est au* ~*! (fam)* das haut hin! das ist prima! **8.** ► *manteau m en* ~ *de chameau* Kamelhaarmantel *m*.

poilant, e [pwalɑ̃, -t] *fam* drollig, ulkig. **poiler, se** *v prn fam* sich tot=lachen. **poilu, e** [pwaly] **I.** *a* behaart, haarig; **II.** *s m* Frontsoldat *m (1914–18)*.

poinçon [pwɛ̃sɔ̃] *m* Pfriem *m*; Punze *f*. **poinçonner** *tr* **1.** lochen, stanzen; **2.** *(Gold)* stempeln; **3.** *(Fahrkarte)* lochen. **poinçonneuse** *f* Lochstanze, Stanzmaschine.

poindre [pwɛ̃dʀ] ⟨*Nur in folgenden Formen und Zeiten: Prés. il point; Fut. il poindra; Cond. il poindrait; Passé comp. il a point*⟩ *itr* **1.** *bot* sprießen; **2.** *(Tag)* an=brechen.

poing [pwɛ̃] *m* **1.** Faust *f*; **2.** ► *pieds et*

~s liés (fig) an Händen u. Füßen gefesselt; **3.** ▶ *dormir à ~s fermés* wie ein Murmeltier schlafen; *se ronger les ~s (fig)* verrückt werden; *serrer les ~s* die Fäuste ballen; *coup m de ~* Faustschlag; Schlagring *m*.

point [pwɛ̃] **I.** *s m* **1.** Punkt *m;* **2.** Stelle *f*, Ort, Platz *m;* **3.** *(Nähen)* Stich *m;* **4.** *(Würfel)* Auge *n;* **5.** *aero mar* Standort *m;* **6.** ▶ *à ~* gerade recht, zu rechter Zeit; *(Küche)* durchgebraten, gar; *à tel ~ que* so sehr, daß; *au ~ où nous sommes* wie die Dinge nun einmal liegen; *de ~ en ~* genau, in allen Einzelheiten; Punkt für Punkt, Schritt für Schritt; *de, en tout ~* in jeder Hinsicht, gänzlich; *jusqu'à un certain ~* bis zu e-m gewissen Grade; **7.** ▶ *battre aux ~s (sport)* nach Punkten schlagen; *être au ~ (tech)* gut funktionieren; *theat* eingespielt sein; *être sur le ~ de ...* im Begriff sein zu ...; *faire le ~ de, sur qc* den Stand von etw ermitteln; *mettre les ~s sur les i* alles klar=machen; *mettre au ~ (Gerät)* ein=stellen; *(Sache)* in Ordnung bringen, regeln, klar=stellen; **8.** ▶ *c'est un bon ~ en sa faveur (fig)* das ist ein Plus für ihn; *un ~, c'est tout* und damit basta; **9.** ▶ *deux ~s* Doppelpunkt *m; mauvais ~ (sport)* Strafpunkt *m; mise f au ~ (Gerät)* Einstellung, Regulierung; *fig* Klarstellung *f; victoire f aux ~s (sport)* Punktsieg *m;* **10.** ▶ *~ d'appui* Ansatzpunkt *m; fig* Stütze *f; mil* Stützpunkt *m; ~ d'arrêt* Halte-, Endpunkt *m; ~ d'arrêt facultatif* Bedarfshaltestelle *f; ~ d'arrivée* Endpunkt *m*, Ziel *n; ~ de bélinogramme* Rasterpunkt *m; ~ central* Mittelpunkt *m; ~ de congélation* Gefrierpunkt *m; ~ de côté (med)* Seitenstechen *n; ~ de départ* Ausgangs-, Ansatzpunkt; *com* Abgangsort *m; ~ de destination* Bestimmungsort *m; ~ d'eau* Wasserstelle *f; ~ d'ébullition* Siedepunkt *m; ~ d'exclamation* Ausrufezeichen *n; ~ frontière* Grenzübergang(sstelle *f*) *m; ~ de fuite* Fluchtpunkt *m; ~ d'honneur* Ehrensache *f; ~ d'interrogation* Fragezeichen *n; ~ d'intersection (math)* Schnittpunkt *m; ~ de jonction, de raccordement* Verbindungsstelle *f*, Knotenpunkt *m; ~ noir (med fam)* Mitesser *m; (Verkehr)* Stau; tote(r) Punkt *m; ~ de passage* Übergangsstelle *f; ~s de pénalisation (sport)* Strafpunkte *m pl; ~ de ralliement* Sammelstelle *f; ~ de repère* Anhaltspunkt *m; ~ de rupture* Bruchstelle *f; ~ de saturation (com)* Sättigungspunkt *m; ~s de suspension* Unterbrechungspunkte *m pl; ~ de vente* Verkaufsstelle *f; ~-virgule m* Semikolon *n*, Strichpunkt *m; ~ de vue* Aussichts-, *fig* Gesichtspunkt *m;* **II.** *adv* nein; ▶ *~ de* kein(e); *(beim v): ne ... ~* gar, durchaus nicht; *~ du tout* keineswegs, durchaus nicht.

pointage [pwɛ̃taʒ] *m* **1.** *(Liste)* Abhaken *n;* **2.** Kontrolluhr; Kontrolle *f;* **3.** *(Geschütz)* Richten *n;* **4.** *(Spielkarten)* Zinken *n*.

pointe [pwɛ̃t] *f* **1.** Spitze *f*, Stachel; Stift *m*, Zwecke *f;* **2.** *(Tuch)* Zipfel; Keil *m;* dreieckige(s) Kopf-, Halstuch *n;* **3.** *(~ sèche)* Radiernadel *f;* **4.** Spitzengang,-tanz *m;* **5.** *mil* Spitze *f;* **6.** *fig* Stachel *m;* Stichelei *f;* Witz *m*, Pointe *f;* **7.** Spur, Idee *f;* Anflug *m;* **8.** *(heures f pl de ~)* Spitzenzeiten *f pl; fam* Hochbetrieb *m;* ▶ *heure, période de ~* Hauptgeschäfts-, -verkehrszeit *f*, Stoßzeit *f;* **9.** ▶ *de ~* Spitzen-; *en ~* spitzig; *une ~ de ...* etwas, ein wenig ..., ein bißchen ..., e-e Messerspitze ...; **10.** ▶ *être à la ~ de qc (fig)* bei etw Spitze sein; *finir en ~* spitz zu=laufen; **11.** ▶ *~ d'aiguille, d'épingle* Nadelspitze *f; ~ d'asperge* Spargelkopf *m; ~ Bic (Warenzeichen)* Kugelschreiber *m; ~ de consommation (el, Gas)* Verbrauchsspitze *f; ~ du jour* Tagesanbruch *m; ~ du pied* Fuß-, Zehenspitze(n *pl*) *f; ~ de trafic* Verkehrsspitze *f; ~ (de terre)* Landzunge *f*.

pointeau [pwɛ̃to] *m* **1.** *tech* Körner *m;* **2.** *(Fabrik)* Pförtner *m;* **3.** ▶ *~ de carburateur (mot)* Schwimmernadel *f*.

pointer [pwɛ̃te] **I.** *tr* **1.** *(Liste)* anstreichen; ab=haken; **2.** kontrollieren; **3.** *opt mil* ein=stellen, richten; zielen; **4.** *tech mus (Malerei)* punktieren; **5.** *(Ohren)* spitzen; **II.** *itr* **1.** *(Turm)* in den Himmel ragen; **2.** *(Tag)* an=brechen; **3.** *(Arbeitsloser)* stempeln gehen; **4.** *bot* keimen; ▶ *~ du doigt vers qc* mit dem Finger auf e-e S zeigen. **pointeuse** *f* Stechuhr *f*.

pointillage [pwɛ̃tijaʒ] *m* Punktierung *f*. **pointillé** *m* punktierte Linie *f*. **pointilleux, se** *a* rechthaberisch; kleinlich, *pop* pingelig.

pointu, e [pwɛ̃ty] *a* spitz; *(Ton)* schrill; *fig* stechend, scharf; spitz(findig); *(Ausbildung, Technologie)* hochspezialisiert.

pointure [pwɛ̃tyʀ] *f* (Schuh-, Hut-)Nummer, Größe *f;* ▶ *quelle ~ faites-vous? (fam)* welche Größe, Nummer haben Sie?

poire [pwaʀ] *f* **1.** Birne *f;* **2.** *(~ en caoutchouc)* Gummiball *m;* **3.** *fam fig* Visage *f;* **4.** *fam* Trottel *m;* **5.** ▶ *entre la ~ et le fromage* beim Nachtisch.

poireau [pwaʀo] *m pl -x* Porree, Lauch *m; fam* Warze *f;* ▶ *faire le ~ (fam)* lange warten.

poireauter [pwaʀote] *itr fam* lange warten.

poirée [pwaʀe] *f bot* Mangold *m*.

poirier [pwaʀje] *m* Birnbaum *m*.

pois [pwa(ɑ)] *m* **1.** *bot* Erbse *f;* **2.** ▶ *à ~* getüpfelt; *~ chiche* Kichererbse *f; ~ de senteur* Wicke *f*.

poison [pwazɔ̃] *m* **1.** Gift *n a. fig;* **2.** Plagegeist *m.*
poisse [pwas] *f* ► *(fam) c'est la ~!* das ist Pech! **poisser I.** *tr* **1.** aus=, verpichen; **2.** beschmieren, -sudeln, -schmutzen; **3.** *pop* fest=nehmen; **II.** *itr* klebrig sein. **poisseux, se** *a* klebrig.
poisson [pwasɔ̃] *m zoo* Fisch *m;* ► *être heureux comme un ~ dans l'eau* (munter) wie ein Fisch im Wasser, in s-m Element sein; *faire un ~ d'avril à qn* jdn in den April schicken; *finir en queue de ~* wie das Hornberger Schießen aus=gehen; *banc m de ~* Fischschwarm *m; ~ fumé* Räucherfisch *m; ~ plat* Scholle *f.* **poissonnerie** *f* Fischmarkt *m,* -handlung *f,* -geschäft *n.* **poissonneux, se** *a* fischreich. **poissonnier, ère** *m f* Fischhändler(in *f*) *m.*
poitevin, e [pwatvɛ̃, -in] *a* aus dem, des Poitou *(franz. Provinz).*
poitrail [pwatʀaj] *m* **1.** *(Pferd)* Brust *f;* **2.** *arch* Träger *m.* **poitrinaire** *a* schwindsüchtig. **poitrine** *f* Brust *f;* Busen *m;* ► *se frapper la ~* sich an die Brust schlagen; *~ de boeuf* Kalbsbrust *f.*
poivrade [pwavʀad] *f* Pfeffersoße *f.* **poivre** *m* Pfeffer(korn *n*) *m;* ► *~ grain m de ~* Pfefferkorn *n; ~ et sel* graumeliert. **poivré, e** *a. fig* **1.** gepfeffert, gesalzen; **2.** grob, obszön. **poivrer I.** *tr* pfeffern; **II.** *v prn (pop) se ~* sich besaufen. **poivrière** *f* Pfefferdose *f.*
poivron [pwavʀɔ̃] *m* Paprikaschote *f.*
poivrot [pwavʀo] *m fam* Säufer *m.*
poix [pwa] *f* Pech *n.*
poker [pokɛʀ] *m* Poker(-spiel) *n.*
polaire [polɛʀ] *a* **1.** *astr geog* Polar-; **2.** *phys el* Pol-; **3.** ► *cercle m ~* Polarkreis *m; étoile f ~* Polarstern *m; mer f ~* Eismeer *n.*
polar [polaʀ] *m arg* Krimi *m.*
polarisation [polaʀisasjɔ̃] *f phys a. fig* Polarisation *f.* **polariser** *opt el a. fig* polarisieren; ► *~ l'attention sur soi* die Aufmerksamkeit auf sich ziehen. **polarité** *f phys biol* Polarität *f.*
polaroïd [polaʀɔid] *m (Warenzeichen)* Polaroid-, Sofortbildkamera *f.*
pôle [pol] *m* **1.** *geog astr phys math* Pol *m;* **2.** *fig* diametrale(r) Gegensatz *m,* entgegengesetzte Seite *f;* ► *~ d'attraction* Anziehungspunkt *m; nord, sud* Nord-, Südpol *m.*
polémique [polemik] **I.** *a* polemisch; **II.** *s f* Polemik *f.* **polémiquer, -émiser** *itr* polemisieren. **polémiste** *m* Polemiker *m.*
poli, e [poli] **I.** *a* **1.** glatt, glänzend, blank; **2.** *fig* höflich, zuvorkommend; **II.** *s m* Politur *f.*
police [polis] *f* **1.** Polizei *f;* **2.** *(~ d'assurance)* (Versicherungs-)Police *f;* **3.** ► *faire la ~* für Ordnung sorgen; **4.** ► *agent m de ~* Polizist, Schutzmann *m; ~ anti-émeute* Sicherheitspolizei *f; ~ des constructions, judiciaire, de la route, sanitaire* Bau-, Kriminal-, Verkehrs-, Gesundheitspolizei *f; ~ de chargement (mar)* Konnossement *n,* Seefrachtbrief *m; ~ des frontières* Grenzpolizei *f; ~-secours f* Funkstreife *f;* Überfallkommando *n.*
polichinelle [poliʃinɛl] *m* dumme(r) August *m;* ► *c'est un secret de P~* das ist ein offenes Geheimnis.
policier, ère [polisje, -ɛʀ] **I.** *a* **1.** polizeilich; **2.** ► *film m, roman m ~ (fam)* Krimi *m;* **II.** *m* **1.** Polizeibeamte(r) *m;* **2.** Krimi *m.*
policlinique [poliklinik] *f* Poliklinik *f.*
poliomyélite [poljomjelit], **polio** *f* (spinale) Kinderlähmung *f.*
polir [poliʀ] *tr* **1.** polieren, schleifen, glätten; **2.** *fig* glätten, (aus=)feilen. **polissage** *m* (Glanz-)Schleifen, Polieren *n.*
polisson, ne [polisɔ̃, -ɔn] **I.** *s m f* Bengel *m,* Range *f,* Lausejunge *m;* **II.** *a* **1.** frei, schlüpfrig, unanständig; **2.** *(Blick)* lüstern. **polissonnerie** *f* **1.** Bubenstreich *m;* **2.** lose Reden *f pl.*
politesse [politɛs] *f* Höflichkeit, Zuvorkommenheit *f.*
politcard, e [politikaʀ, -d] *m f péj* skrupellose(r) Politiker(in *f*) *m.* **politicien, ne** [-sjɛ̃, -ɛn] *m f* Politik(ast)er *m.* **politique I.** *a* politisch; **II.** *s f* Politik *f;* ► *~ agraire* Agrarpolitik *f; ~ de l'autruche* Vogel-Strauß-Politik *f; ~ économique* Wirtschaftspolitik *f; ~ extérieure, étrangère* Außenpolitik *f; ~ intérieure* Innenpolitik *f; ~ de la terre brûlée* Politik *f* der verbrannten Erde. **politique-fiction** *f* politische Zukunftsromane *m pl.* **politisation** *f* Politisierung *f.* **politiser** *tr* politisieren; *se ~* sich politisieren. **politologie** *f* Politologie *f.* **politologue** *m f* Politologe *m.*
pollen [pɔlɛn] *m* Pollen, Blütenstaub *m.*
polluant, e [polyɑ̃, -t] *a* umweltverschmutzend; *s m* Schadstoff *m.* **pollué, e** *a* verschmutzt; *(radioaktiv)* verseucht. **polluer** [-lɥe] *tr (Umwelt)* verschmutzen; *(Luft)* verunreinigen. **pollueur** *a* umweltverschmutzend; *s m* (Umwelt-)Verschmutzer *m.* **pollution** [-ly-] *f* (Umwelt-)Verschmutzung, Verunreinigung *f; (radioaktiv)* verseuchen; ► *~ atmosphérique* Luftverschmutzung *f; ~ automobile* Luftverschmutzung *f* durch Fahrzeuge; *(~ de l'environnement)* Umweltverschmutzung *f; ~ industrielle* Umweltverschmutzung *f* durch die Industrie; *~ sonore* Lärmbelästigung *f.*
polo [polo] *m* Polo(spiel) *n;* ► *chemise f de ~* Polohemd *n.*
polochon [poloʃɔ̃] *m fam* Kopfkissen *n,* -rolle *f.*

Pologne, la [pɔlɔɲ] Polen *n.* **polonais, e** *a* polnisch; *s m gram* Polnisch *n*, das Polnische. **Polonais, e** *m f* Pole *m*, Polin *f.*

poltron, ne [pɔltʀɔ̃, -ɔn] **I.** *a* feige; **II.** *m f* Feigling, Hasenfuß *m.* **poltronnerie** *f* Feigheit *f.*

polyandrie [pɔliɑ̃dʀi] *f* Vielmännerei *f.* **polyarthrite** *f med* Entzündung *f* mehrerer Gelenke, Polyarthritis *f.* **polychrome** [-kʀom] *a* polychrom. **polychromie** [-kʀɔ-] *f* Vielfarbigkeit, Buntheit *f.* **polycopie** *f* Vervielfältigung *f.* **polycopié** *m* Skriptum *n.* **polycopier** *tr* vervielfältigen. **polyculture** *f* Anbau *m* verschiedner landwirtschaftlicher Erzeugnisse. **polyester** [pɔljɛstɛʀ] *m* Polyester *m.* **polyéthylène** *m* Polyäthylen *n.* **polygame** *a* polygam. **polygamie** *f* Vielweiberei *f.* **polyglotte** *a* mehrsprachig. **polygone** *m* Vieleck *n.* **polymère** *a chem* polymer. **polymorphe** *a* vielgestaltig, polymorph. **polymorphisme** *m* Polymorphismus *m.*

Polynésie, la [pɔlinezi] Polynesien *n.* **polynésien, ne** *a* polynesisch; *s m gram* polynesisch, das Polynesische. **Polynésien, ne** *m f* Polynesier(in *f*) *m.*

polynévrite [pɔlinevʀit] *f med* Polyneuritis *f.* **polynôme** *m math* Polynom *n*, vielgliedrige Größe *f.* **polynucléaire** *a* mit mehreren Kernen.

polype [pɔlip] *m zoo med* Polyp *m.*

polyphonie [pɔlifɔni] *f mus* Polyphonie. **polysémie** *f* Polysemie, Mehrdeutigkeit *f.* **polystyrène** *m:* ▶ *~ expansé (Warenzeichen)* Styropor *n.* **polytechnicien** [-tɛk-] *m* Schüler *m* der École polytechnique. **polytechnique** *a* polytechnisch. **polythéisme** *m rel* Polytheismus *m.* **polythéiste** *a* polytheistisch. **polyvalence** *f* Polyvalenz *f.* **polyvalent, e** *a* **1.** *chem* mehrwertig; **2.** *fig fam* vielseitig; **3.** vielfach verwendbar; ▶ *lycée ~* Polytechnikum *n.* **polyvinyle** *m* Polyvinyl *n;* ▶ *chlorure de ~* Polyvinylchlorid, PVC *n.*

pommade [pɔmad] *f med* Salbe *f;* ▶ *passer de la ~ à qn (fam)* jdm Honig ums Maul schmieren. **pommader** *tr* mit Pomade ein≈schmieren.

pomme [pɔm] *f* **1.** *bot* Apfel *m;* **2.** *(Kohl, Salat)* Kopf *m;* **3.** ▶ *aux ~s (pop)* pikfein, tipptopp; **4.** ▶ *tomber dans les ~s (pop)* in Ohnmacht fallen; *ma ~ (pop)* meine Wenigkeit; **5.** ▶ *~ d'Adam (anat)* Adamsapfel *m; ~ d'arrosoir* Brause *f; ~ de discorde* Zankapfel *m; ~s frites* Pommes frites *f pl; ~ de pin* Tannenzapfen *m; ~s sautées* Röstkartoffeln *f pl; ~ de terre* Kartoffel *f.* **pommé, e** *a* ▶ *chou m, laitue f ~(e)* Kopfsalat *m.*

pommeau [pɔmo] *m* Knauf *m.*

pommelé, e *a* **1.** *(Himmel)* mit Schäfchenwolken bezogen; **2.** ▶ *cheval m blanc ~* Apfelschimmel *m (Pferd).*

pommette [pɔmɛt] *f* Backenknochen *m.*

pommier [pɔmje] Apfelbaum *m.*

pompe [pɔ̃p] *f* **1.** Pomp, Prunk *m*, Pracht *f*, Gepränge *n;* **2.** *tech* Pumpe *f;* **3.** *(~ à essence)* Tank-, Zapfstelle *f;* **4.** *(fam fig pl)* Latschen *m pl;* **5.** *arg (soldat m de deuxième ~)* Landser *m;* **6.** ▶ *à toutes ~s (fam)* in rasender Eile; **7.** ▶ *avoir le coup de ~ (sport)* erschöpft sein; **8.** ▶ *~ à air* Luftpumpe *f; ~ à bicyclette* Fahrradpumpe *f; ~ à chaleur* Wärmepumpe *f; ~s funèbres* Beerdigungsinstitut *n; ~ à incendie* Feuerspritze *f.* **pompé, e** *a fam* ausgepumpt, erschöpft. **pomper** *tr* **1.** (aus≈) pumpen; auf≈saugen; **2.** *(Schule)* abschreiben (*sur un livre* aus e-m Buch); spicken; **3.** erschöpfen.

pompette [pɔ̃pɛt] *a fam* beschwipst.

pompeux, se [pɔ̃pø, -z] *a* pomphaft, prunkvoll, pompös; *(Stil)* geschwollen, schwülstig.

pompier, ère [pɔ̃pje, -ɛʀ] **I.** *a (Kunst, Literatur) fam* geziert, schwülstig; **II.** *s m* Feuerwehrmann; *pl* Feuerwehr *f.*

pompiste [pɔ̃pist] *m* Tankwart *m.*

pompon *m* Troddel *f;* ▶ *à lui le ~! (fam)* er hat den Vogel abgeschossen. **pomponner** *tr* herausstaffieren; *(se ~)* sich in Schale werfen.

ponçage [pɔ̃saʒ] *m* Abbimsen, -schleifen *n.* **ponce** *f (pierre f ~)* Bimsstein *m.* **poncer** ‹*Prés. je ponce, ns ponçons; Fut. je poncerai; pp. poncé, e*› *tr* ab≈bimsen, -schleifen; poncieren.

ponction [pɔ̃ksjɔ̃] *f* **1.** *med* Punktur *f;* **2.** *(Geld)* Entnahme *f.* **ponctionner** [-sjɔ-] *tr* punktieren, e-n Einstich machen (*qc* in etw).

ponctualité [pɔ̃ktɥalite] *f* Pünktlichkeit *f.*

ponctuation [pɔ̃ktɥasjɔ̃] *f gram* Interpunktion, Zeichensetzung *f.*

ponctuel, le [pɔ̃ktɥɛl] *a* **1.** pünktlich; **2.** punktuell.

ponctuer [pɔ̃ktɥe] *tr* **1.** *gram* mit Satzzeichen versehen; **2.** *fig* unterstreichen.

pondérateur, trice [pɔ̃deʀatœʀ, -tʀis] *a* ausgleichend; mäßigend. **pontération** *f* **1.** Ausgeglichenheit, Ausgewogenheit, Harmonie *f;* **2.** *(Statistik)* Gewichtung *f.* **pondéré, e** *a* ausgeglichen, besonnen. **pondérer** aus≈gleichen; mäßigen.

pondeur, se [pɔ̃dœʀ, øz] **I.** *a* eierlegend; **II.** *s m fig pop (~ de prose)* Vielschreiber *m; f* **1.** Legehenne *f;* **2.** *fam* Gebärmaschine *f.* **pondre** ‹*Prés. je ponds, ns pondons; Fut. je pondrai; pp. pondu, e*› *tr* **1.** *zoo (Eier)* legen; **2.** *fam (Artikel)* verfassen.

poney [pɔnɛ] *m* Pony *n.*

pongiste [pɔ̃ʒist] *m f* Tischtennisspie-

ler(in *f*) *m.*
pont [pɔ̃] *m* **1.** Brücke *f;* **2.** *mar* Deck *n;* **3.** *(Auto) (~ arrière, avant)* Hinter-, Vorderachse *f;* **4.** (Hosen-)Latz *m;* **5.** ▶ *couper les ~s (fig)* alle Brücken ab= brechen; *faire le ~* an e-m Werktag zwischen zwei Feiertagen nicht arbeiten; *faire un ~ d'or à qn* jdm ein finanziell verlockendes Angebot machen; **6.** ▶ *~ aérien* Luftbrücke *f; ~ d'autoroute* Autobahnbrücke *f; ~s et chaussées* Tiefbau-, Straßen- u. Wasserbauwesen *n; ~ de chemin de fer* Eisenbahnbrücke *f; ~-levis m (hist)* Zugbrücke *f; ~ roulant* Laufkran *m; ~ suspendu* Hängebrücke *f.* **pontage** [-taʒ] *m* Brückenbau *m; med* Bypass *m.*
ponte [pɔ̃t] **1.** *m fam* hohe(s) Tier *n;* **2.** *f* (Eier-)Legen *n;* Legezeit *f;* Gelege *n.*
pontife [pɔ̃tif] *m* **1.** Kirchenfürst *m;* **2.** *fig fam* Bonze *m,* hohe(s) Tier *n;* ▶ *souverain ~* Papst *m.* **pontifical, e** *a pl-aux* bischöflich; päpstlich; pontifikal. **pontificat** [-ka] *m* Pontifikat *n.*
ponton [pɔ̃tɔ̃] *m* Prahm *m;* ▶ *~-grue* Schwimmkran *m.* **pontonnier** [-je] *m mil* Brückenbaupionier *m.*
pool [pul] *m* **1.** Pool *m;* **2.** *(~ dactylographique)* Schreibzentrale *f;* ▶ *~ charbon-acier* Montanunion *f.*
pop [pɔp] *a inv* Pop-; *s m* Pop *m.*
pope [pɔp] *m rel* Pope *m.*
popeline [pɔplin] *f* Popelin(e *f*) *m (Stoff).*
popote [pɔpɔt] *f* **1.** Offizierskasino *n;* **2.** ▶ *faire la ~* kochen; *être ~ (fam)* nur Interesse für den Haushalt haben.
popotin [pɔpɔtɛ̃] *m pop* Hinterteil *n;* ▶ *se manier le ~* sich beeilen.
populace [pɔpylas] *f* Pöbel *m.* **populacier, ère** *a* pöbelhaft. **populaire I.** *a* volkstümlich; populär, beliebt; **II.** *s m* einfache(s) Volk *n.* **popularisation** *f* Popularisierung; weite Verbreitung *f* im Volk. **populariser** *tr* **1.** popularisieren; **2.** gemeinverständlich machen. **popularité** *f* Beliebtheit, Volkstümlichkeit, Popularität *f.* **population** *f* **1.** Bevölkerung; Einwohnerzahl *f;* **2.** *biol (Statistik)* Population *f;* ▶ *~ active* erwerbstätige Bevölkerung *f; ~ scolaire* Schülerzahl *f.* **populeux, se** *a* dichtbevölkert. **populiste** *a* Volks-. **populo** *m* **1.** *fam* (einfaches) Volk *n;* **2.** ▶ *c'est plein de ~* eine Menge Leute sind da.
porc [pɔʀ] *m* Schwein(efleisch) *n a. fig.*
porc-épic [pɔʀkepik] *m zoo* Stachelschwein *n.*
porcelaine [pɔʀsəlɛn] *f* Porzellan(geschirr) *n.*
porcelet [pɔʀsəlɛ] *m zoo* Ferkel *n.*
porche [pɔʀʃ] *m* Vorhalle *f.*
porcher, ère [pɔʀʃe, -ɛʀ] *s m f* Schweine-, Sauhirt(in *f*) *m.* **porcherie** [-ʃə-] *f* Schweinestall *m a. fig.* **porcin, e I.** *a* Schweine-; **II.** *s m pl com* Schweine(bestand *m*) *n pl;* ▶ *race f ~e* Schweinerasse *f.*
pore [pɔʀ] *m anat* Pore *f.*
poreux, se [pɔʀø, -z] *a* porös.
porion [pɔʀjɔ̃] *m min* Steiger *m.*
porno [pɔʀno] *a fam* Porno-, pornographisch; *s m* Porno *m.* **pornographie** *f* Pornographie *f.* **pornographique** *a* pornographisch.
porosité [pɔʀɔzite] *f* Porosität, Durchlässigkeit *f.*
porphyre [pɔʀfiʀ] *m min* Porphyr *m.*
port [pɔʀ] *m* Hafen, Hafenstadt *f;* ▶ *arriver à bon ~ (fig)* im sicheren Hafen landen; sein Ziel erreichen; *~ d'attache* Heimathafen *m; ~ de départ, de destination* Ausgangs-, Bestimmungshafen *m; ~ fluvial* Binnenhafen *m; ~ de guerre, de commerce* Kriegs-, Handelshafen *m; ~ spatial (cosm)* Weltraumbahnhof *m.*
port [pɔʀ] *m (Post)* Porto *n;* ▶ *~ dû* unfrankiert, portopflichtig.
port [pɔʀ] *m* Tragen *n;* (Körper-)Haltung *f;* ▶ *le ~ obligatoire de la ceinture de sécurité (mot)* Anschnallpflicht *f.* **portable** *a* **1.** tragbar; **2.** transportierbar.
portail [pɔʀtaj] *m arch* Portal *n.*
portant, e [pɔʀtɛ̃, -t] **I.** *a tech* tragend; **II.** *s m* (Koffer-)Griff *m,* Stütze *f;* ▶ *à bout ~* aus nächster Nähe; *être bien (mal) ~* (nicht) gesund, wohlauf sein.
portatif, ive *a* tragbar.
porte [pɔʀt] *f* **1.** Tür *f,* Tor *n,* Pforte *f;* **2.** *fig* Tor *n (de* zu); **3.** ▶ *à la ~* an, vor der Tür; *à la ~, aux ~s de ...* dicht, nahe bei, an *dat; ~ à ~* Tür an Tür; *de ~ à ~ (com)* von Haus zu Haus; **4.** ▶ *fermer la ~ sur qn* die Tür hinter jdm zu= machen; *frapper à la ~ de qn (fig)* bei jdm an=klopfen, anfragen; *mettre qn à la ~* jdn hinaus=werfen; *trouver ~ close (fig)* vor verschlossene Türen kommen; **5.** ▶ *à la ~!* hinaus (mit ihm)! **6.** ▶ *~ à deux battants* Flügeltür *f; ~ à coulisse* Schiebetür *f; ~ d'entrée* Eingangstür *f; ~ de garage* Garagentor *n.*
porté, e [pɔʀte] *a:* ▶ *être ~ sur qc* e-e große Vorliebe für etw haben.
porte-affiches [pɔʀtafiʃ] *m inv* Anschlagtafel *f,* Schwarzes Brett *n.* **porte-à-porte** *m* Hausierhandel *m;* ▶ *faire du ~* von Haus zu Haus gehen.
porte-avions *m inv* Flugzeugträger *m.*
porte-bagages *m inv (Auto)* Kuli *m; (Fahrrad)* Gepäckträger *m; (Zug)* Gepäcknetz *n.* **porte-bébé** *m (pl porte-bébés)* Babytrage *f.* **porte-billets** *m inv* Brieftasche *f.* **porte-bonheur** *m inv* Glücksbringer *m.* **porte-bouquet** *m* (kleine) Blumenvase *f.* **porte-bouteilles** *m inv* Flaschengestell *n.* **porte-cartes** *m inv* Kartentasche; Ausweis-

hülle *f.* **porte-cigar(ett)es** *m inv* Zigarren-(Zigaretten-)Etui *n.* **porte-clefs** *m inv* Schlüsselbund *m* od *n,* -ring. **porte-conteneurs** *m inv* Containerschiff *n.* **porte-couteau** *m pl porte-couteau(x)* Messerbänkchen *n.* **porte--crayon** *m inv* Bleistifthalter *m.* **porte--documents** *m inv* Kollegmappe *f.* **porte-drapeau** *m inv* Fahnenträger *m a. fig.*

portée [pɔʀte] *f* **1.** *zoo* Wurf *m;* Trächtigkeitsdauer *f;* **2.** Schuß-, Reichweite *f;* **3.** *fig* Tragweite, Bedeutung; Fassungskraft *f;* **4.** *mus* Notensystem *n;* **5.** *mar* Tragfähigkeit *f;* **6.** ► *à ~ de (la) main* greifbar, griffbereit; *~ de voix* Rufweite *f; ~ de vue Sehweite f;* **7.** ► *être à la ~ de qn* für jdn erschwinglich sein; *se mettre à la ~ de qn* sich für jdn verständlich aus≈drücken; **8.** ► *c'est à ma ~* das habe ich bei der Hand; das kann ich mir leisten; das verstehe ich; *c'est hors de ma ~* das ist mir zu hoch, geht über meinen Horizont.

portefeuille [pɔʀtəfœj] *m* **1.** Brieftasche *f;* **2.** *com* Wertpapier≈, Wechselbestand *m;* **3.** *pol* Geschäftsbereich *m.* **porte--flambeau** *m inv* Fackelträger *m.* **porte-jarretelles** *m inv* Strumpfhaltergürtel *m.* **portemanteau** *m* **1.** Garderobe, Kleiderablage *f;* **2.** *mar* Davit *m.* **porte-mine** *m inv* Drehbleistift *n.* **portemonnaie** *m inv* Geldbeutel *m.* **porte-parapluies** *m inv* Schirmständer *m.* **porte-parole** *m inv* Wortführer *m.* **porte-plume** *m inv* Federhalter; ► *~ (à) réservoir* Füllfederhalter *m.*

porter [pɔʀte] **I.** *tr* **1.** tragen; **2.** *(Kleidungsstück)* an≈haben, tragen; **3.** *(Eigenschaft)* haben; *(Datum)* tragen; *(Namen)* führen; **4.** bringen, (hin≈) schaffen; überbringen, -mitteln; **5.** *(in e-e Liste)* eintragen (*sur* in *acc*); **6.** *(Zinsen)* abwerfen; **7.** *(Gefühle)* entgegenbringen (*à qn* jdm); **8.** *(Augen)* richten; *(Aufmerksamkeit)* lenken; **9.** *(Junge)* tragen; **10.** *(Schlag)* versetzen; *(Anschuldigung)* erheben; **11.** führen (*à* zu), nach sich ziehen; **12.** *com* ein≈tragen, buchen, gut≈schreiben; **II.** *itr* **1.** *arch* ruhen, auf≈liegen, auf≈sitzen (*sur* auf *dat*); **2.** *(weit)* reichen, sich erstrecken, tragen; Wirkung haben, wirken; **3.** beeindrucken (*sur qn* jdn); **4.** *(Grund)* aus≈reichen, stichhaltig sein; **5.** schwanger sein; *(Tiere)* tragen, trächtig sein; **6.** sich erstrecken (*sur* auf *acc*); hin≈führen, hinaus≈laufen (*à* auf *acc*); sich belaufen (*sur* auf *acc*); **7.** *(Ziel)* treffen (*sur qc* etw); **III.** *v prn se ~* **1.** sich befinden; **2.** sich begeben, gehen (*vers* zu, nach); sich zu≈wenden (*sur qn* jdm), sich hin≈geben (*à, vers* dat); strömen (*à* zu, nach); **3.** *fig* sich hin≈reißen, verleiten lassen (*à* zu); **4.** auf≈treten; sich aus≈geben (*qc* als *acc*); **5.** ► *se faire ~ malade* sich krank melden; *~ à l'actif (com)* gut≈schreiben; *fig* zugute halten; *~ amitié à qn* Freundschaft für jdn hegen; *~ atteinte à qc* etw beeinträchtigen; *~ bonheur, malheur* Glück, Unglück bringen; *se ~ candidat* kandidieren; *~ qn dans son cœur* jdn in sein Herz geschlossen haben; *~ à la connaissance de qn* jdm zur Kenntnis bringen; *~ un coup à qn* jdm e-n Schlag versetzen; *~ sa croix (fig)* s-e Last tragen; *~ la culotte (Frau)* die Hosen an≈haben; *~ le deuil* Trauer(kleidung) tragen; *~ disparu* als vermißt melden; *~ à domicile* ins Haus liefern; *~ à l'écran* verfilmen; *se ~ garant pour qn, de qc* für jdn, für etw bürgen; *~ un jugement* ein Urteil fällen; *~ la main sur qn* gegen jdn die Hand erheben; *~ sur les nerfs* auf die Nerven gehen; *~ aux nues* in den Himmel heben; *~ à l'ordre du jour* auf die Tagesordnung setzen; *~ ses pas* s-e Schritte lenken; *~ pavillon de (mar)* unter der ... Flagge segeln; *~ plainte contre qn* jdn verklagen; *~ préjudice à qn* für jdn nachteilig sein; *~ la santé de qn* auf jds Gesundheit trinken; *~ sur soi* bei sich haben; *~ témoignage* Zeugnis ab≈legen; *~ en terre* zu Grabe tragen; *~ à la tête (Wein)* zu Kopf steigen; *~ la tête haute* den Kopf hoch tragen; *~ un toast* e-n Toast aus≈bringen; **6.** ► *il porte bien son âge* man sieht ihm sein Alter nicht an; *je me porte bien, mal* es geht mir (gesundheitlich) gut, schlecht; *la nuit ~ conseil (prov)* guter Rat kommt über Nacht; *le choix s'est porté sur lui* die Wahl ist auf ihn gefallen; *sur quoi porte votre critique?* worauf bezieht sich Ihre Kritik? **porte-savon** *m inv* Seifenschale *f.* **porte-serviette(s)** *m inv* Handtuchhalter *m.* **porte-skis** *m inv* Skiträger *m.* **porteur, se I.** *s m f* **1.** Träger, Dienstmann *m;* **2.** Überbringer, Inhaber(in *f*) *m;* **II.** *a* Träger-; zukunftsträchtig; ► *par ~* durch Boten; *être au ~* auf den Inhaber lauten; *chèque m au ~* Inhaberscheck *m; payable au ~* zahlbar an den Inhaber; *~ de télégrammes* Telegraphenbote *m.* **porte-voix** *m inv* Sprachrohr *n.*

portier, ère [pɔʀtje, -ɛʀ] *s m f* **1.** Portier(frau *f*); Hausmeister *m;* **2.** *f* (Wagen-)Tür *f;* Kutschenschlag *m;* **3.** Portiere *f,* Türvorhang *m.* **portillon** [-jɔ̃-] *m* **1.** Türchen *n;* **2.** *loc* kleine Gittertür *f;* ► *ça se bouscule au ~ (fam)* er verheddert sich.

portion [pɔʀsjɔ̃] *f* **1.** Teil *m;* **2.** Ration, (Essens-)Portion *f;* **3.** ► *~ héréditaire (jur)* Erbteil *n.*

portique [pɔʀtik] *m* **1.** *arch* Säulenhalle *f;* **2.** *sport* Balkengerüst *n;* **3.** *tech (~*

roulant) Brückenkran *m;* Verladebrücke *f.*
porto [pɔʀto] *m* Portwein *m.*
portrait [pɔtʀɛ] *m* **1.** Porträt, Bild(nis) *n;* **2.** *pop* Fresse, Schnauze *f;* ▶ *il est le ~ de son père* er ist s-m Vater wie aus dem Gesicht geschnitten; *~ en pied* Bildnis *n* in ganzer Figur. **portraitiste** [-tist] *m* Porträtmaler *m.* **portraiturer** *tr* porträtieren.
portuaire [pɔʀtɥɛʀ] *a* Hafen-; ▶ *installations f pl ~s* Hafeneinrichtungen *f pl.*
portugais, e [pɔʀtygɛ, -ɛz] *a* portugiesisch; *s m gram* Portugiesisch *n,* das Portugiesische. **Portugais, e** *m f* Portugiese *m,* Portugiesin *f.* **Portugal, le** Portugal *n.*
pose [poz] *f* **1.** Aufstellung, Anbringung, Installation *f;* (Plakat-)Anschlag *m;* **2.** *(Kabel)* Verlegen; **3.** *(Knopf)* Annähen *n;* **4.** Pose, (Körper-)Haltung, Stellung *f;* **5.** Affektiertheit, Geziertheit, Effekthascherei *f;* **6.** *phot* Belichtung *f.* **posé, e** *a* **1.** *fig* gesetzt, ernst, ruhig, bedächtig; **2.** ▶ *voix f ~e* feste Stimme *f.* **posemètre** *m phot* Belichtungsmesser *m.*
poser I. *tr* **1.** legen, setzen, stellen; nieder-, ablegen; **2.** *(Hörer)* auf=legen; *(Scheibe)* ein=setzen; **3.** ab=, weg=, auf=stellen; an=ordnen, (her)richten, arrangieren, an=bringen, befestigen; *el* verlegen; **4.** (nieder=)schreiben; fest=setzen, bestimmen; *(Knopf)* an=nähen; **5.** *(Person)* Ansehen verschaffen (*qn* jdm); **6.** *(aero)* auf=setzen; **II.** *itr* **1.** (be)ruhen (*sur* auf *dat*); **2.** *(Kunst)* sitzen; Modell stehen; **3.** *phot* belichten; **4.** *fig* sich affektiert benehmen, nach Effekt haschen; wichtig tun; **III.** *v prn se ~* **1.** *(fig)* auf=treten, sich aus=geben, sich auf=spielen (*en* als); **2.** *(Blick)* fallen (*sur* auf *acc*); *aero* landen, nieder=gehen; **3.** ▶ *~ des affiches* Plakate an=schlagen; *~ sa candidature* kandidieren; *~ les fondements* den Grundstein legen; *~ une question* e-e Frage stellen.
poseur, se *s m f* **1.** Angeber(in *f*), Wichtigtuer *m;* **2.** ▶ *~ de bombes* Bombenleger *m;* *~ de parquet* Parkettleger *m.*
positif, ive [pɔzitif, -iv] **I.** *a* **1.** positiv *a. math gram el;* **2.** *gram* bejahend; **3.** sicher, bestimmt, feststehend; auf Tatsachen beruhend; **4.** bestehend, geltend *(bes. Recht);* **5.** tatsächlich, wirklich; *(Person)* realistisch, nüchtern; praktisch; **II.** *s m* **1.** (das) Wirkliche, Tatsächliche; **2.** *phot* Positiv *n;* **3.** *(degré m) ~ (gram)* Positiv *m.*
position [pɔzisjɔ̃] *f* **1.** Lage; Stellung *a. mil,* Position *f;* **2.** Lage, Situation *f;* **3.** Platz *m,* Stelle *f;* **4.** *fig* Standpunkt *m;* Ansicht *f* (*sur* über *acc*); **5.** (Dienst-)Stellung, Position *f;* **6.** *(Bank)* Kontostand *m;* **7.** ▶ *être en ~ de* in der Lage sein zu; *prendre ~* Stellung nehmen *od* beziehen (*pour, contre* für, gegen *acc*); **8.** ▶ *prise f de ~* Stellungnahme *f;* **9.** ▶ *~(-)clé f* Schlüsselstellung *f;* *~ de confiance* Vertrauensstellung *f;* *~ de départ, initiale* Ausgangsstellung *f.*
positivisme [pozitivizm] *m (Philosophie)* Positivismus *m.* **positiviste** *a* positivistisch; *s m f* Positivist(in *f*) *m.*
posit(r)on [pozit(ʀ)ɔ̃] *m phys* Positron *n.*
possédé, e [pɔsede] **I.** *a* besessen, beherrscht (*de* von); **II.** *s m f* Besessene(r *m*) *f.* **posséder** ⟨*Prés. je possède, ns possédons; Fut. je posséderai; pp. possédé, e*⟩ **I.** *tr* **1.** besitzen; *(Sprache)* beherrschen; *(Gebiet)* gründlich kennen; **2.** Besitz ergriffen haben (*qc* von etw); **3.** *fam* hinters Licht führen, hintergehen, täuschen; **II.** *v prn se ~ (fig)* sich beherrschen, sich zs.=nehmen, sich fassen; ▶ *ne pas se ~ de joie* vor Freude außer sich sein. **possesseur** *m* Besitzer, Inhaber *m.* **possessif, ive I.** *a* besitzergreifend; *gram* besitzanzeigend; Possessiv-; **II.** *s m* Possessivpronomen *n.* **possession** *f* **1.** Besitz *m;* **2.** *rel* Besessensein *n;* **3.** ▶ *être en ~* im Besitz sein (*de qc* e-r S); genießen (*de qc* e-e S); *prendre ~ de* Besitz ergreifen von; **4.** ▶ *prise f de ~* Besitzergreifung *f;* *~ foncière* Grundbesitz *m.*
possibilité [pɔsibilite] *f* **1.** Möglichkeit *f;* **2.** *(Maschine)* Kapazität *f;* **3.** ▶ *être dans la ~ de* in der Lage sein zu; *~ d'écoulement* Absatzmöglichkeit *f.*
possible I. *a* möglich; **II.** *s m* (das) Mögliche; ▶ *au ~* äußerst; *le plus ~, autant que ~* so viel wie möglich; *dans la mesure du ~* im Rahmen des Möglichen; *le mieux ~* so gut wie möglich; *le plus souvent ~* möglichst oft; *le plus tôt ~, aussitôt que ~* sobald wie möglich, möglichst bald; *le plus vite ~* so schnell wie möglich; *faire son ~* sein möglichstes tun; *pas ~!* ach, was! nicht möglich!
postal, e [pɔstal] *a pl -aux* postalisch; Post-; ▶ *boîte f ~e* Post-, Schließfach *n;* *caisse f d'épargne ~e* Postsparkasse *f;* *carte f ~e (illustrée)* (Ansichts-)Postkarte *f;* *colis m ~* Postpaket *n;* *Union f ~e universelle* Weltpostverein *m;* *virement m ~* Postüberweisung *f.*
postcure [pɔstkyʀ] *f med* Nachbehandlung *f.*
postdater [pɔstdate] *tr* nach=datieren.
poste I. *s f* **1.** Post(amt *n*) *f;* **2.** ▶ *par ~* durch die Post, brieflich; *~ restante (bureau central)* (haupt)postlagernd; **3.** ▶ *mettre une lettre à la ~* e-n Brief auf die Post geben; **4.** ▶ *bureau m de ~ central* Hauptpost(amt *n*) *f;* **5.** ▶ *~ aérienne* Luftpost *f;* **II.** *s m* **1.** *mil* (Wacht-)Posten *m;* Wache *f;* Gefechtsstand; Platz *m;* **2.** Stelle *f;* **3.** Stellung,

Funktion *f*, Amt *n*, Dienst *m;* **4.** *min* Schicht *f;* **5.** Telefonapparat, Fernsprecher; (Rundfunk-)Sender *m;* Rundfunkgerät, Radio(apparat *m*) *n*, Empfänger *m;* **6.** *com* (Rechnungs-, Buchungs-)Posten *m;* **7.** ► *être à son* ~ s-n Posten, Platz aus=füllen, s-n Mann stehen; ~*-clé m* Schlüsselstellung *f;* ~ *de confiance* Vertrauensposten *m*, -stelle *f;* ~ *créditeur* Gutschrift *f;* ~ *débiteur* Lastschrift *f;* ~ *de dépannage* Autohilfsdienst *m;* ~ *émetteur, d'émission* (Rundfunk-)Sender *m;* ~ *d'essence* Tankstelle *f;* ~*-frontière m* Grenzposten *m;* ~ *d'incendie, d'eau* (Feuer-)Löschstelle *f;* ~ *de police* Polizeiwache *f*, -revier *n;* ~ *portatif* Kofferradio, -gerät *n;* ~ *de radio* Radioapparat *m;* ~ *de secours* Unfallstation *f;* ~ *de travail* Arbeitsplatz *m;* ~ *27 (tele)* App. 27.

posté, e [pɔste] *s m f* Schichtarbeiter(in *f*) *m; a:* ► *travail* ~ Schichtarbeit *f.*

poster [pɔste] *tr* **1.** auf die Post geben, auf=geben; **2.** postieren, auf=stellen.

poster [pɔstɛʀ] *m* Poster, Plakat *n.*

postérieur, e [pɔsteʀjœʀ] **I.** *a* spätere(r, s); hintere(r, s); jünger (*à* als); **II.** *s m fam* Hintern *m.*

postérité [pɔsteʀite] *f* **1.** Nachkommen(schaft *f*) *m pl;* **2.** Nachwelt *f.*

postface [pɔstfas] *f (Buch)* Nachwort *n.*

posthume [pɔstym] *a* **1.** posthum; **2.** *(Kind)* nachgeboren; **3.** *(Werk)* nachgelassen, hinterlassen; ► *à titre* ~ nach s-m Tode.

postiche [pɔstiʃ] **I.** *a* unecht, falsch; **II.** *s m* Haarteil *m;* Toupet *n.*

postier, ère [pɔstje, -ɛʀ] *s m f fam* Postbediensteter *m*, -beamtin *f.*

postillon [pɔstijɔ̃] *m* **1.** *hist* Postillion *m;* **2.** *fam* Spucke *f;* ► *envoyer des* ~*s.* **postillonner** *itr fam* e-e feuchte Aussprache haben.

postindustriel, le [pɔstɛ̃dystʀiɛl] *a* nachindustriell.

post-opératoire [pɔstɔpeʀatwaʀ] *a med* postoperativ.

postscolaire [pɔstskɔlɛʀ] *a* Fortbildungs-; ► *instruction f* ~ Fortbildungsunterricht *m.*

post-scriptum [pɔstskʀiptɔm] *m* Postskript(um) *n*, Nachschrift *f.*

post-sonorisation [pɔstsɔnɔʀizasjɔ̃] *f (Film)* Nachvertonung *f.*

postulant, e [pɔstylɑ̃, -t] *s m f* Bewerber(in *f*) *m.* **postulat** [-la] *m (Philosophie)* Postulat *n a. math.* **postuler I.** *tr* sich bewerben, nach=suchen (*qc* um etw); **II.** *itr* vor Gericht vertreten.

posture [pɔstyʀ] *f* **1.** *(Körper)* Haltung, Stellung, Positur; Lage *f;* **2.** *fig* Lage, Situation *f*, Verhältnisse *n pl.*

pot [po] *m* **1.** Topf *m;* Kanne *f*, Krug *m;* **2.** *tech* Tiegel *m;* **3.** *pop* Hinterteil *n;* **4.** ► *avoir du* ~ *(pop)* Schwein haben; *découvrir le* ~ *aux roses* hinter die Schliche kommen; *manger à la fortune du* ~ essen, was gerade auf den Tisch kommt; *(pop) se manier le* ~ sich beeilen; **5.** ► *bête, sourd comme un* ~ stockdumm, -taub; ~ *de chambre* [podʃɑ̃bʀ] Nachttopf *m;* ~ *à eau* [pɔtao] Wasserkanne *f*, -krug *m;* ~ *d'échappement (mot)* Auspuff *m;* ~ *d'échappement catalytique (mot)* Abgaskatalysator *m;* ~ *à fleurs* [poaflœʀ] Blumentopf *m;* ~ *à lait* [poalɛ] Milchtopf *m;* ~ *au lait* [pɔtolɛ] Milchkanne *f.*

potable [pɔtabl] *a* **1.** trink-, genießbar; **2.** *fam* leidlich (gut), erträglich, annehmbar; ► *eau f* ~ Trinkwasser *n.*

potache [pɔtaʃ] *m pop* Pennäler *m.*

potage *m* Suppe *f;* ► ~ *aux légumes* Gemüsesuppe *f.* **potager, ère I.** *a* Küchen-, Gemüse-; **II.** *s m* u. ► *jardin m* ~ Gemüsegarten *m.*

potasse [pɔtas] *f chem* **1.** Pottasche *f;* **2.** Kali *n.*

potasser [pɔtase] *tr fam* pauken, ochsen, büffeln.

potassium [pɔtasjɔm] *m chem* Kalium *n.*

pot-au-feu [pɔtofø] *m inv* gekochte(s) Rindfleisch *n* mit Gemüse; *(Topf)* Bratentopf *m.*

pot-de-vin m Bestechungs-, Schmiergelder *n pl.*

pote [pɔt] *m fam* Kumpel *m;* ► *touche pas à mon* ~ Mach' meinen Kumpel nicht an.

poteau [pɔto] *m pl-x* Pfosten, Pfahl *m*, Stange *f;* Mast; *sport* Torpfosten *m;* ► ~*-frontière m* Grenzpfahl *m;* ~ *indicateur* Wegweiser *m;* ~ *télégraphique* Telegrafenmast, -pfahl *m;* ~ *de torture* Marterpfahl *m.*

potée [pɔte] *f* **1.** Topfvoll *m;* **2.** Gemüseeintopf *m.*

potelé, e [pɔtele] *a* rundlich, prall, drall, mollig.

potence [pɔtɑ̃s] *f* Galgen; Träger, Arm; Stützbalken *m.*

potentat [pɔtɑ̃ta] *m* Potentat *m.*

potentialité [pɔtɑ̃sjalite] *f* Potentialität, Möglichkeit *f.* **potentiel, le I.** *a* potentiell, potential, möglich; **II.** *s m phys bes. el* Potential *n.* **potentiomètre** *m el* Potentiometer *n.*

poterie [pɔtʀi] *f* **1.** Tongeschirr *n*, Töpferware *f;* **2.** Töpferei *f.* **potier** [-tje] *m* Töpfer *m.*

potin [pɔtɛ̃] *m* **1.** *fam* Klatsch(erei *f*) *m*, Geschwätz *n;* **2.** Lärm *m.* **potiner** *itr fam* klatschen, tratschen.

potion [pɔsjɔ̃] *f* (Arznei-)Trank *m;* ► ~ *magique* Zaubertrank *m.*

potiron [pɔtiʀɔ̃] *m* Riesenkürbis.

pot-pourri [popuʀi] *(m) mus* Potpourri *n.*

pou [pu] *m pl-x* Laus *f;* ▶ *laid comme un* ~ häßlich wie die Nacht.
poubelle [pubɛl] *f* Müll-, Kehrichteimer *m.*
pouce [pus] *m* **1.** Daumen *m;* **2.** große Zehe *f;* ▶ *donner un coup de* ~ *à qn* jdn begünstigen; *manger sur le* ~ im Stehen essen; *sucer son* ~ *(fig)* am Daumen lutschen; *se tourner les* ~*s* Däumchen drehen. **poucet** [-sɛ] *m* ▶ *le petit* ~ der Däumling.
pouding [pudiŋ] *m* (Plum-)Pudding *m.*
poudre [pudʀ] *f* **1.** Pulver *n;* **2.** (Gesichts-, Körper-)Puder *m;* **3.** ▶ *être vif comme la* ~ leicht auf=brausen; *jeter de la* ~ *aux yeux (fig)* Sand in die Augen streuen; *mettre de la* ~ sich pudern; **4.** ▶ *il n'a pas inventé la* ~ *(fig)* er hat (auch) das Pulver nicht erfunden. **poudrer** *tr* pudern. **poudrerie** [-dʀə-] *f* Pulver-, Munitionsfabrik *f.* **poudreux, se** *a* pulverig; ▶ *neige f* ~*euse* Pulverschnee *m.* **poudrier** [-dʀije] *m* Puderdose *f.* **poudrière** *f* **1.** Pulvermagazin *n;* **2.** *fig* Pulverfaß *n.* **poudroyer** *itr* stauben.
pouf [puf] **I.** *s m* Puff *m (Sitzkissen);* **II.** *interj* plumps!
pouffer [pufe] *itr* ▶ ~ *de rire* laut auf=lachen, in schallendes Gelächter aus=brechen.
pouilleux, se [pujø] **I.** *a* **1.** verlaust; **2.** armselig; **II.** *s m* **1.** Lausekerl *m;* **2.** arme(r) Schlucker *m.*
poulailler [pulaje] *m* **1.** Hühnerstall *m;* **2.** *theat* Olymp *m.*
poulain [pulɛ̃] *m* **1.** Fohlen, Füllen *n;* **2.** *fig* Schützling *m,* Favorit *m; (Sport)* Nachwuchsrennfahrer *m.*
poularde [pulaʀd] *f* junge(s) Masthuhn *n.* **poule** *f* **1.** Huhn *n,* Henne *f;* **2.** *fam* Schätzchen, Liebchen *n;* **3.** Dirne *f;* **4.** *sport* Gruppe, Runde *f;* **5.** *(Pferderennen) (Spiel)* Einsatz *m;* **6.** ▶ *faire la bouche en cul de* ~ den Mund verziehen, ein Maul machen; **7.** ▶ ~ *mouillée* Hasenfuß *m.* **poulet** [-lɛ] *m* **1.** *zoo* Hühnchen; Hähnchen *n;* **2.** ▶ *mon (petit)* ~ mein Liebling *m;* **3.** *arg* Polyp *m.* **poulette** *f* ▶ *ma* ~ *(fam)* mein Mäuschen.
poulie [puli] *f tech* (Block-)Rolle, Riemenscheibe *f.*
poulinière [puliɲɛʀ] *s f* u. *a:* ▶ *jument f* ~ Zuchtstute *f.*
poulpe [pulp] *m* Tintenfisch, Polyp *m.*
pouls [pu] *m* Puls(schlag) *m;* ▶ *tâter le* ~ den Puls fühlen (*à qn* jdm).
poumon [pumɔ̃] *m anat* Lunge(nflügel *m*); *pl* Lunge *f;* ▶ *à plein* ~ aus vollem Halse; *aspirer à pleins* ~*s* tief einatmen; ~ *d'acier* eiserne Lunge *f.*
poupard, e [pupaʀ, -ʀd] *s m f* Pausback *m.*
poupe [pup] *f mar* Heck *n;* ▶ *avoir le vent en* ~ Rückenwind, *fig* Glück haben.
poupée [pupe] *f* **1.** Puppe *f;* **2.** dick verbundende(r) Finger *m;* **3.** *fam fig* (hübsche) Puppe *f;* **4.** ▶ *jouer à la* ~ mit Puppen spielen. **poupin, e** *a* pausbäckig; puppenhaft. **poupon, ne** *m f* pausbackige(s) Baby *n.* **pouponner** *itr* hätscheln. **pouponnière** *f* Kinderkrippe *f.*
pour [puʀ] **I.** *prp* **1.** *(Bestimmung)* für, zugunsten, ... zuliebe; (an)statt, anstelle (von); *(tauschen, Abneigung, gut)* gegen; *(haben)* als, zum, zur; *(gelten)* als; im Namen *gen; (Ehrfurcht)* vor; zu *(a. zeitl.);* **2.** *(kausal)* wegen, um ... willen; was ... betrifft; **3.** *(zeitl.)* für, auf; **4.** *(beim Infinitiv)* um zu; im Begriff zu; **II.** *conj* ▶ ~ *que* damit, dafür daß; obwohl, obgleich; **III.** *s m* **1.** (das) Für; **2.** ▶ *c'est* ~ *cela que* deshalb; *mot* ~ *mot* Wort für Wort; *œil* ~ *œil* Auge um Auge; ~ *affaires* geschäftlich *adv;* ~ *ainsi parler* sozusagen, gewissermaßen; ~ *de bon?* im Ernst? ~ *ce qui me concerne* was mich betrifft; ~ *moi* was mich betrifft, ich meinerseits; ~ *le moins* wenigstens; ~ *le moment* im Augenblick; ~ *Noël* zu Weihnachten; ~ *le plaisir* zum Vergnügen, zum Spaß; ~ *cette raison* aus diesem Grund(e); ~ *toute réponse* statt jeder Antwort; ~ *la vie* auf Lebenszeit; **3.** ▶ *être* ~ *beaucoup (peu, rien) dans* wesentlich (wenig, nichts) bei=tragen zu; **4.** ▶ *je n'y suis* ~ *rien* das ist nicht meine Schuld; *le* ~ *et le contre* das Für und (das) Wider.
pourboire [puʀbwaʀ] *m* Trinkgeld *n.*
pourceau [puʀso] *m* Schwein *n a. fig.*
pour cent [puʀsɑ̃] *m inv* Prozent *n.* **pourcentage** [puʀsɑ̃taʒ] *m* Prozentsatz *m.*
pourchasser [puʀʃase] *tr* verfolgen; jagen.
pourlécher, se [puʀleʃe] sich den Mund lecken; ▶ *le chien se pourlèche, se pourléchait les babines* der Hund leckt(e) sich das Maul.
pourparlers [puʀpaʀle] *m pl pol* Besprechungen *f pl;* ▶ *entrer en* ~*s* Besprechungen aufnehmen; ~*s de Genève* Genfer Abrüstungsgespräche *n pl.*
pourpre [puʀpʀ] **I.** *s f* Purpur(farbe *f*) *(Farbstoff);* Purpur *m (Stoff);* **II.** *a* purpurfarben, -rot.
pourquoi [puʀkwa] **I.** *adv conj* warum, weshalb; **II.** *s m inv* Ursache *f,* Grund *m;* Frage *f;* ▶ *c'est, voilà* ~ deshalb, darum; *demandez-moi* ~ da fragen Sie mich zuviel; ~ *pas?* warum nicht?
pourri, e [puʀi] **I.** *a* **1.** (ver)faul(t), verwest, verdorben, verrottet, mod(e)rig; **2.** *(Wetter)* miserabel; **3.** *fig* korrupt *a. fig;* **II.** *s m (Obst)* faule Stelle *f;* Moder *m;*

► *bande f de ~s (pop)* Saubande *f; été m ~* verregnete(r) Sommer *m; ~ de fric (fam)* steinrich. **pourrir I.** *tr* **1.** (ver)faulen lassen; **2.** *fig* verderben; **II.** *itr u. v prn se ~* **3.** (ver)faulen, verwesen; **4.** *(Lage)* sich verschlimmern; **5.** *fig* verderben; verkommen. **pourriture** *f* **1.** Fäulnis, Fäule *f;* Moder *m;* **2.** *fig* Verderbt-, Verdorbenheit *f.*

poursuite [puʀsɥit] *f* **1.** Verfolgung *f;* **2.** *fig* Streben *n* (*de* nach); **3.** *(Arbeit)* Weiterführung *f;* **4.** *jur* (Straf-)Verfolgung *f;* ► *intenter des ~s contre qn (jur)* jdn gerichtlich belangen; *~ pénale* Strafverfolgung *f.* **poursuivant, e** *m f* Verfolger(in *f*) *m.* **poursuivre** ‹*Prés. je poursuis, ns poursuivons; Fut. je poursuivrai; pp. poursuivi, e; Subj. que je poursuive, que ns poursuivions; Impér. poursuis, poursuivons*› **I.** *tr* **1.** verfolgen *a. fig,* nach=setzen (*qn* jdm); **2.** *fig* an=, erstreben; sinnen (*qc* auf e-e S); **3.** *(Arbeit)* weiter=verfolgen, fort= setzen; nach=stellen (*qn* jdm), nach=jagen (*qc* e-r S); **4.** *jur* verfolgen, belangen; **II.** *v prn se ~* weitergehen; im Gange sein.

pourtant [puʀtɑ̃] *adv* dennoch, trotzdem, doch.

pourtour [puʀtuʀ] Umkreis, Umfang *m.*

pourvoi [puʀvwa] *m jur* Berufung *f;* ► *~ en cassation* Revision *f.* **pourvoir** ‹*Prés. je pourvois, ns pourvoyons; Fut. je pourvoirai; pp. pourvu, e; Subj. que je pourvoie, que ns pourvoyions; Impér. pourvois, pourvoyons*› **I.** *itr* (vor=)sorgen, Sorge tragen (*à* für); **II.** *tr* versehen, aus=statten (*de* mit); **III.** *v prn* ► *se ~ en cassation* Revision ein=legen.

pourvu que [puʀvykə] *conj (u. subj)* wenn nur, vorausgesetzt daß, sofern.

poussah [pusa] *m* **1.** Stehaufmännchen *n;* **2.** *fig* Fettsack *m.*

pousse [pus] *f* **1.** Sprießen, Wachsen; *(Zahn)* Kommen *n;* **2.** (junger) Trieb, Sproß *m;* **3.** *(Wein)* Umschlagen *n;* **4.** *(Pferd)* Dämpfigkeit *f.* **pousse-café** *m inv* Schnaps *m* nach dem Kaffee. **poussé, e** *a* **1.** *fig* hochgezüchtet, -entwickelt; hochgradig; **2.** *(Studien)* gründlich; tiefschürfend. **poussée** *f* **1.** Stoß, Schub, Druck; Drang *m;* **2.** *(Rakete)* Schub; *phys* Auftrieb *m;* **3.** *med* Ausbruch *m;* **4.** *fig (Preise)* Hochschnellen *n;* Explosion *f.* **pousse-pousse** *m inv* Rikscha *f.* **pousser I.** *tr* **1.** stoßen, schieben; drängen, *fam* schubsen; **2.** *(Tür)* auf=, zu=stoßen; **3.** (an=, vorwärts=)treiben; **4.** aus=dehnen; **5.** *(Schrei, Seufzer)* aus=stoßen; **6.** *fig* voran=treiben, vorwärts=bringen, fördern, anspornen (*qn* jdm); **7.** *(Motor)* hochzüchten; **II.** *itr* **1.** drücken; **2.** vor= stoßen, weiter=machen, -gehen, -fahren, -reisen (*jusqu'à* bis); los=gehen (*à* auf *acc*); **3.** sprießen, wachsen; **4.** *(Zahn)* durch=brechen; **5.** *(Wein)* gären; **6.** *(Baum)* aus=schlagen; **III.** *v prn se ~* **1.** sich e-n Weg bahnen; Platz machen; sich schieben, sich drängen; **2.** ► *~ qc à bout* etw auf die Spitze treiben; *~ qn à bout* jdn zum Äußersten treiben; Geduld erschöpfen; *~ sa chance* s-n Vorteil wahr=nehmen; *~ du coude, du genou* mit dem Ellbogen, Knie (an=)stoßen; *~ à Fond (mot)* Vollgas geben; *~ dehors* hinaus=stoßen, -schieben; *poussez!* (Tür) drücken! *(mus)* Aufstrich! *~ à la roue (fig)* übertreiben. **poussette** *f* **1.** Sportwagen *m (für Kinder);* **2.** *mot* (Fahren *n* im) Schneckentempo *n.*

poussier [pusje] *m* (Kohlen-)Staub *m.* **poussière** *f* **1.** Staub *m;* **2.** *lit* (die) sterblichen Reste *m pl;* **3.** ► *et des ~s (fam)* und ein paar Pfennige; **4.** ► *faire de la ~ (fig)* Staub auf=wirbeln. **poussiéreux, se** *a* staubig.

poussif, ive [pusif, -iv] *a* **1.** *(Pferd)* dämpfig; **2.** *(Mensch)* kurzatmig.

poussin [pusɛ̃] *m* **1.** Küken *n;* **2.** ► *mon ~* mein Herzchen.

poutre [putʀ] *f* Balken; (Eisen-)Träger *m.* **poutrelle** *f* kleine(r) Balken *m.*

pouvoir [puvwaʀ] **I.** ‹*Prés. je peux, ns pouvons; Fut. je pourrai; pp. pu; Subj. que je puisse, que ns puissions; Impér. puisse, puissons*› *tr* können, vermögen, imstande sein zu; dürfen; *v prn se ~* möglich sein; **II.** *s m* **1.** Können, Vermögen *n;* **2.** Macht, Herrschaft *f;* **3.** (Vertretungs-)Vollmacht; (Amts-)Befugnis; (Staats-)Gewalt *f;* **4.** *tech* Fähigkeit *f;* **5.** ► *au ~ (pol)* an der Macht; *en mon ~* in meiner Gewalt; **6.** ► *n'en ~ plus* nicht mehr können, *(mit s-n Kräften)* am Ende sein; *munir de ~s* mit Vollmacht aus=statten; **7.** ► *puis-je?* darf, dürfte ich? *cela se peut bien* das ist wohl, durchaus möglich; *cela peut être* das kann sein, ist möglich; **8.** ► *arrivée f au ~, prise f de ~* Machtergreifung *f;* **9.** ► *fondé m de ~* Bevollmächtigte(r); Prokurist *m; plein ~* (Blanko-)Vollmacht; *pol* Ermächtigung *f;* **10.** ► *~ d'achat (excédentaire)* Kaufkraft(überhang *m*) *f; ~ d'observation* Beobachtungsgabe *f.*

pragmatique [pʀagmatik] **I.** *a* pragmatisch; **II.** *s m f* Pragmatiker(in *f*) *m.* **pragmatisme** *m* Pragmatismus *m.*

Prague [pʀag] *f* Prag *n.*

prairie [pʀɛʀi] *f* Wiese, Weide *f;* ► *la P~,* die Prärie *f.*

praline [pʀalin] *f* gebrannte Mandel *f.* **praliné** *m* Nougat *n.*

praticable [pʀatikabl] *a* **1.** *(Plan)* aus-, durchführbar; **2.** *(Weg)* benutzbar, befahrbar. **praticien, ne** [-sjɛ̃, -ɛn] *s m f* praktische(r) Arzt (Ärztin *f*) *m.* **pratiquant, e** [-kɑ̃, -ɑ̃t] *a rel med* praktizierend. **pratique** [-tik] **I.** *a* **1.** praktisch; **2.** zweckmäßig, brauchbar; **3.** anwendbar, ausführbar; **II.** *s f* **1.** Praxis; *f* **2.** Anwendung, Ausführung, -übung *f;* **3.** praktische Erfahrung, Übung, Vertrautheit (*de* mit); **4.** Brauch *m,* Sitte *f;* **5.** ► *c'est de ~ courante* das ist so üblich; *mettre en ~* in die Praxis um=setzen. **pratiquer I.** *tr* **1.** aus=, durch=führen, an=wenden; **2.** *(bes. Beruf)* aus=üben, betreiben; **3.** in die Praxis umsetzen; verwirklichen; **4.** *(Öffnung)* herstellen; an=bringen, -legen; **II.** *v prn se ~* üblich sein.

pré [pʀe] *m* (Stück *n*) Wiese *f.*

préadolescence [pʀeadɔlɛsɑ̃s] *f* die 10—12jährigen *m f pl.*

préalable [pʀealabl] *a* vorher-, voraufgehend; ► *au ~,* **préalablement** *adv* vorher, zuvor.

préambule [pʀeɑ̃byl] *m* Präambel *f.*

préavis [pʀeavi] *m* **1.** vorherige Benachrichtigung, Voranzeige, -warnung *f;* **2.** Kündigung *f;* **3.** *tele* Voranmeldung *f;* ► *sans ~* fristlos; *délai m de ~* Kündigungsfrist *f.*

précaire [pʀekɛʀ] *a* **1.** prekär, unsicher, ungewiß, heikel; **2.** *(Arbeitnehmer)* geringbeschäftigt; *(Arbeitsverhältnis)* ungeschützt; *s m f* Geringbeschäftigte(r *m*) *f.* **précarité** *f* **1.** Unsicherheit *f;* **2.** ungeschützte Arbeitsverhältnisse *n pl;* Geringbeschäftigung *f.*

précaution [pʀekosjɔ̃] *f* Vorsicht(smaßnahme), Behutsamkeit *f;* ► *avec ~* vorsichtig *adv; par ~* aus Vorsicht, vorsichtshalber; *prendre des ~s* Vorsichtsmaßnahmen treffen; *user de ~s* vorsichtig zu Werke gehen. **précautionneux, se** *a* vor-, umsichtig, behutsam.

précédemment [pʀesedamɑ̃] *adv* vorher, zuvor. **précédent, e I.** *a* vorhergehend, vorig, früher; **II.** *s m* Präzedenzfall *m;* ► *sans ~* noch nie dagewesen, erstmalig, beispiellos; *créer, établir un ~* e-n Präzedenzfall schaffen. **précéder** ‹*Prés. je précède, ns précédons; Fut. je précéderai; pp. précédé, e*› *tr* **1.** voran=, voraus=gehen, -fahren (*qn* jdm); **2.** stehen, sich befinden, kommen, statt=finden (*qc* vor e-r S).

précepte [pʀesɛpt] *m* Vorschrift *f;* Gebot *n.*

précepteur, trice [pʀesɛptœʀ, -is] *m f* Erzieher(in *f*), Hauslehrer(in *f*) *m.*

prêche [pʀɛʃ] *m rel* Predigt *f.* **prêcher I.** *tr* **1.** *rel* predigen; **2.** *fig* Moral predigen (*qn* jdm); **II.** *itr rel* predigen; ► *~ dans le désert* tauben Ohren predigen; *~ d'exemple* mit gutem Beispiel voran=gehen; *~ pour son saint* in eigener Sache sprechen. **prêcheur, se** *s m f* Sitten-, Moralprediger(in *f*) *m.* **prêchi-prêcha** *m fam pej* Gewäsch *n.*

précieux, se [pʀesjø, -øz] *a* **1.** kostbar, wertvoll; **2.** *fig* köstlich; **3.** affektiert, geziert; **4.** gesucht. **préciosité** *f* Affektiert-, Geziertheit *f.*

précipice [pʀesipis] *m* Abgrund *m a. fig.* **précipitamment** *adv* Hals über Kopf, überstürzt. **précipitant** *m chem* Fällungsmittel *n.* **précipitation** *f* **1.** Überstürzung, -eilung *f;* **2.** *chem* Fällung *f,* Fällen *n;* **3.** *(Wetter)* Niederschläge *m pl.* **précipité, e I.** *a* **1.** *(Schritt)* eilig; **2.** *(Abreise)* überstürzt; **II.** *s m chem* Niederschlag *m.* **précipiter I.** *tr* **1.** herab=stürzen (*de* von); **2.** überstürzen, -eilen; **3.** beschleunigen; **4.** schleudern, werfen; **5.** *chem* (aus=)fallen; **II.** *itr* u. *v prn se ~ (Ereignisse)* sich überstürzen; ► *se ~ sur* los=stürzen auf *(acc); se ~ dans les bras l'un de l'autre* sich in die Arme fallen.

précis, e [pʀesi] **I.** *a* **1.** genau; klar, deutlich; bestimmt; **2.** *(Stil)* knapp, gedrängt; **II.** *s m* kurze Zs.fassung; Übersicht *f (de* über *acc).* **précisément** *adv* **1.** genau, gerade; **2.** ganz recht, so ist es, jawohl; ► *pas ~* das gerade nicht. **préciser I.** *tr* **1.** genau an=geben; klar aus=drücken; **2.** klarstellen; **II.** *v prn se ~* deutlicher, klarer werden. **précision** *f* **1.** Genauigkeit, Exaktheit; *tech* Präzision *f;* **2.** *pl* genauere Angaben *f pl;* ► *avec ~* genau *adv; s'exprimer avec ~* sich klar u. deutlich aus=drücken.

précoce [pʀekɔs] *a* **1.** frühreif; **2.** früh, vorzeitig; ► *fruits m ~s* Frühobst *n.* **précocité** *f (Kind)* Frühreife *f.*

précombustion [pʀekɔ̃bystjɔ̃] *f* Vorverbrennung *f;* ► *chambre f de ~ (Dieselmotor)* Vorkammer *f.*

précompte [pʀekɔ̃t] *m* einbehaltene(r) Betrag *m* (*sur le salaire* vom Lohn).

préconçu, e [pʀekɔ̃sy] *a (Meinung)* vorgefaßt.

préconiser [pʀekɔnize] *tr* empfehlen, befürworten.

précontraint, e [pʀekɔ̃tʀɛ̃, -t] *a:* ► *béton m ~* Spannbeton *m.*

précuisiné, e [pʀekɥizine] *a (Gastronomie)* Fertig-.

précurseur [pʀekyʀsœʀ] *m* Vorläufer; Wegbereiter *m;* ► *signe m ~* Vorzeichen *n.*

prédateur [pʀedatœʀ] *s m biol* Verfolger, Feind *m; a* Raub-.

prédécesseur [pʀedesesœʀ] *m* Vorgänger *m.*

prédestination [pʀedɛstinasjɔ̃] *f rel* Prädestination *f;* Vorherbestimmung. **prédestiner** *tr rel allg* prädestinieren; vor=(her)bestimmen (*à* zu); ► *être prédestiné à qc* für etw wie geschaffen sein.

prédicat [pʀedika] *m gram* Prädikatsnomen *n.*

prédicateur [pʀedikatœʀ] *m* Kanzelred-

ner, Prediger *m.*
prédiction [pʀediksjõ] *f* Prophezeiung; Vorhersage *f.*
prédilection *f* Vorliebe *f;* ▶ *... de ~* Lieblings-; *avoir une ~ pour* e-e Vorliebe, Schwäche haben für.
prédire [pʀediʀ] ‹*Prés. je prédis, ns prédisons, vz prédisez; Fut. je prédirai; pp. prédit, e; Subj. que je prédise, que ns prédisions; Impér. prédis, prédisons*› *tr* wahr=, weis=sagen, prophezeien.
prédisposer [pʀedispoze] *tr med* empfänglich, geeignet machen (*à* für); *med* prädisponieren (*qn à qc* jdn für etw). **prédisposition** *f* Anlage, Veranlagung; *med* Anfälligkeit *f* (*à* für).
prédominance *f* Vorherrschen, Überwiegen; Übergewicht *n;* Vorherrschaft *f.* **prédominant, e** *a* vorherrschend, dominierend, überwiegend. **prédominer** *itr* vor=herrschen, dominieren, überwiegen.
préélectoral, e [pʀeelɛktɔʀal] *a* vor der Wahl, Wahlkampf-.
préemballé, e [pʀeɑ̃bale] *a* verpackt.
prééminence [pʀeeminɑ̃s] *f* Vorrang *m.* **prééminent, e** *a* hervorstechend; hervorragend.
préemption [pʀeɑ̃psjõ] *f* ▶ *droit m de ~* Vorkaufsrecht *n.*
préétabli, e [pʀeetabli] *a* **1.** vorherbestimmt; **2.** *(Plan)* feststehend; ausgearbeitet.
préexistant, e [pʀeɛgzistɑ̃, -t] *a* vorher bestehend. **préexistence** *f rel* Präexistenz *f.* **préexister** *itr* vorher bestehen; bestehen (*à* vor *dat*).
préfabrication [pʀefabʀikasjõ] *f* Fertigbau *m.* **préfabriqué, e I.** *a* vorgefertigt; **II.** *s m* Fertigbau(teil) *m.* **préfabriquer** *tr* vor=fertigen.
préface [pʀefas] *f* **1.** *(Buch)* Vorrede, Einleitung *f* (*de* zu); Geleitwort *n;* **2.** *fig* Auftakt *m* (*à, de* zu). **préfacer** *tr* e-e Vorrede, ein Geleitwort schreiben (*qc* zu etw).
préfectoral, e [pʀefɛktɔʀal] *a* Präfektur-; des Präfekten. **préfecture** *f* Präfektur *f.*
préférable [pʀefeʀabl] *a* ▶ *être ~ à qc* den Vorzug vor etw verdienen. **préféré, e I.** *s m f* Liebling *m;* **II.** *a* Lieblings-. **préférence** *f* **1.** Bevorzugung *f;* Vorzug *m,* Vorliebe *f* (*pour* für); **2.** *com* Präferenz *f;* **3.** ▶ *de ~* vorzugsweise; *accorder, donner la ~ à qn* jdm den Vorzug geben. **préférentiel, le** *a com* Vorzugs-. **préférer** ‹*Prés. je préfère, ns préférons; Fut. je préférerai; pp. préféré, e*› *tr* vor=ziehen (*qn à qn* jdn jdm); bevorzugen; ▶ *si tu préfères* wenn es dir lieber ist.
préfet [pʀefɛ] *m* Präfekt *m.*
préfiguration [pʀefigyʀasjõ] *f* Vorahnung *f.* **préfigurer** *tr* an=deuten, ahnen lassen.
préfinancement [pʀefinɑ̃smɑ̃] *m* Vorfinanzierung *f.*
préfixe [pʀefiks] *m gram* Präfix *n.* **préfixer** *tr* vorher, im voraus fest=legen; *(Termin)* an=beraumen.
préhenseur [pʀeɑ̃sœʀ], **préhensile** *a* Greif-. **préhension** *f biol* Greifen *n.*
préhistoire [pʀeistwaʀ] *f* Vor-, Urgeschichte *f.* **préhistorique** *a* vor-, urgeschichtlich; prähistorisch.
préindustriel, le [pʀeɛ̃dystʀiɛl] *a* Vorindustriell.
préjudice [pʀeʒydis] *m* Nachteil, Schaden *m;* ▶ *au ~ de* zum Nachteil, zuungunsten *gen; sans ~ de* unbeschadet *gen; causer ~ à qn* jdm Schaden zu=fügen; jdn beeinträchtigen. **préjudiciable** nachteilig *(à* für *acc).* **préjudicier** *itr* schaden (*à qn* jdm), nachteilig sein (*à* für).
préjugé [pʀeʒyʒe] *m* Vorurteil *n;* ▶ *plein de ~s* voreingenommen; *être sans ~s* unvoreingenommen sein.
prélasser, se [pʀelase] *v prn* es sich bequem machen.
prélat [pʀela] *m* Prälat *m.*
prélèvement [pʀelɛvmɑ̃] *m* Entnahme *(sur* aus *dat);* Abhebung *f (von Geld);* Abzug *m;* Einbehaltung *f;* ▶ *~ d'échantillons* Entnahme *f* von Proben; *~ sur le salaire* Lohnabzug *m; ~ de sang* Blutentnahme, -probe *f; ~ à la source* Quellensteuer *f.* **prélever** ‹*Prés. je prélève, ns prélevons; Fut. je prélèverai; pp. prélevé, e*› *tr* ent-, vorweg=nehmen; *(Geld)* ab=heben; ein=behalten; *(Muster)* ziehen; *(Probe)* entnehmen.
préliminaire [pʀelimineʀ] **I.** *a* vorangehend, einleitend; vorläufig; ▶ *remarque f ~* Vorbemerkung *f;* **II.** *s m pl* Präliminarien *pl; (sexuell)* Vorspiel *n.*
prélude [pʀelyd] *m* **1.** *mus* Präludium *n;* **2.** *fig* Auftakt, Anfang *m.* **préluder** *itr* **1.** *mus* präludieren; **2.** *fig* an=fangen, beginnen (*à qc par qc* etw mit e-r S); ein Vorspiel bilden (*à* zu).
prématuré, e [pʀematyʀe] **I.** *a* **1.** früh-, vorzeitig; **2.** (zu) früh, verfrüht; **II.** *s m* Frühgeburt *f.*
préméditation [pʀemeditasjõ] *f jur* Vorsatz *m;* ▶ *avec ~* vorsätzlich. **préméditer** *tr (Flucht)* planen; vorher überlegen.
prémices [pʀemis] *f pl* Anfänge *m pl.*
premier, ère [pʀəmje, -ɛʀ] **I.** *a* **1.** erste(r, s); **2.** ursprünglich; **3.** höchste(r, s), oberste(r, s); **4.** wichtigste(r, s), bedeutendste(r, s); **II.** *s m* **1.** erste(r) Stock *m;* **2.** (Monats-)Erste(r) *m;* **3.** Primus *m;* **III.** *s f* **1.** Fahrkarte *f* 1. Klasse; **2.** *(Schule)* Unterprima *f;* **3.** *theat* Erst-, Uraufführung, Premiere *f;* **4.** *typ* Fahnenkorrektur *f;* **5.** *mot* erste(r) Gang *m;* **6.** ▶ *tout ~* allererste(r, s); *dès le ~ jour*

vom ersten Tage an; *en ~ lieu* in erster Linie; **7.** ▶ *arriver le ~* als erster an=kommen; **8.** ▶ *jeune ~ (theat)* jugendliche(r) Liebhaber(in *f*) *m; matière f ~ère (com)* Rohstoff *m; ~ de l'an* Neujahrstag *m; ~ (de change)* Primawechsel *m; ~-né s m* Erstgeborene(r) *m; a* erstgeboren; *~ plan m* Vordergrund *m; le ~ venu* der erste beste. **premièrement** *adv* erstens, zuerst.

prémilitaire [pʀemilitɛʀ] *a* vormilitärisch.

prémolaire [pʀemɔlɛʀ] *f* Lückzahn *m.*

prémonition [pʀemɔnisjɔ̃] *f* Vorgefühl *n,* Ahnung *f.* **prémonitoire** *a* warnend.

prémontré, e [pʀemɔ̃tʀe] *m f* Prämonstratenser(in *f*) *m.*

prémunir(, se) [pʀemyniʀ] *tr v prn* (sich) schützen, sichern *(contre* gegen, vor *dat).*

prenant, e [pʀənɑ̃] *a* **1.** *fig* ergreifend, packend, mitreißend; **2.** *fam* zeitraubend; anstrengend; ▶ *partie f ~e (com)* Empfänger *m.*

prénatal, e [pʀenatal] *a* ▶ *allocations f pl ~es* Mutterschaftsgeld *n.*

prendre [pʀɑ̃dʀ] ⟨*Prés. je prends, ns prenons; Fut. je prendrai; pp. pris, e; Subj. que je prenne, que ns prenions; Impér. prends, prenons*⟩ **I.** *tr* **1.** (an=, ab=, weg=, mit=, ent=gegen=)nehmen; **2.** (auf=, er-)greifen, (an=)fassen, (fest=)halten, pakken; **3.** fangen; fest=nehmen, verhaften; an=greifen, überfallen; **4.** ertappen; überraschen; **5.** halten, an=sehen *(pour* für); **6.** *(Weg, Richtung)* ein=schlagen; *(Krankheit)* bekommen, sich zu=ziehen; *(Gewohnheit)* an=nehmen; *(Ware)* beziehen; *(Fahrschein)* lösen; **7.** *(Preis)* fordern; **8.** zu sich nehmen, essen, ein=nehmen, trinken; **9.** an=nehmen, den Fall setzen, glauben; **10.** *phot* auf=nehmen, *fam* knipsen; **II.** *itr* **1.** Wurzel schlagen; **2.** Fuß fassen; in Gang kommen; **3.** *(Feuer)* aus=brechen; in Brand geraten; **4.** halten; haften *a. fig;* hängen, fest=sitzen; **5.** gerinnen; ge-, zufrieren; **6.** Anklang finden *(sur* bei); *fig* ein=schlagen, Erfolg haben; **III.** *v prn se ~ (à)* **1.** beginnen, an=fangen (zu); **2.** mit Geschick an=fassen; sich halten (an *dat*), klammern (an *acc*); sich (gegenseitig) fassen, ergreifen; **3.** sich verfangen, hängen=bleiben (an); **4.** *fig* Feuer fangen; **5.** zu=frieren; **6.** *(Himmel)* sich beziehen; **IV.** *(Wendungen)* **1.** ▶ *à le bien ~* bei ruhiger Überlegung; *à tout ~* alles in allem (genommen); **2.** ▶ *aller ~ qn* jdn ab=holen; *s'y ~ bien (mal)* sich geschickt (dumm) dabei an=stellen; *savoir s'y ~ avec qn* mit jdm umzugehen verstehen; **3.** ▶ *~ acte de qc* etw zu Protokoll nehmen; *~ de l'âge* alt werden; *~ l'air* spazieren=gehen, *fam* Luft schnappen; *~ de l'altitude (aero)* steigen; *se ~ d'amitié avec qn* sich mit jdm an=freunden; *~ les armes* zu den Waffen greifen; *~ une attitude* e-e Haltung ein=nehmen; *~ qc en aversion* gegen etw e-e Abneigung fassen; *~ l'avis de qn* jds Rat ein=holen; *~ un bain* baden; *~ la balle au bond* die Gelegenheit beim Schopf ergreifen; *~ pour base* zugrunde legen; *~ à bord* an Bord nehmen; *fam (im Auto)* mitfahren lassen; *se ~ aux cheveux (a. fig)* sich in den Haaren liegen; *~ qn chez soi* jdn bei sich auf=nehmen; *~ à cœur* sich zu Herzen nehmen; sich angelegen sein lassen; *~ congé de qn* sich von jdm verabschieden; *~ connaissance de* Kenntnis nehmen von, *~ en considération* in Erwägung, in Betracht ziehen; *~ courage* Mut fassen; *~ qn au dépourvu* jdn völlig überraschen, unvorbereitet finden; *~ le deuil* Trauer tragen; *~ des dispositions* Vorkehrungen treffen; *~ l'eau* undicht sein; *~ effet* wirksam werden; in Kraft treten; *~ un engagement* e-e Verpflichtung ein=gehen; *~ exemple sur qn* sich an jdm ein Beispiel nehmen; *~ femme (vx)* sich verheiraten; *~ feu* Feuer fangen; *fig* Feuer u. Flamme sein; *~ fin* zu Ende gehen; *~ des forces* an Kräften zu=nehmen; *~ froid* sich erkälten; *~ la fuite* die Flucht ergreifen; *~ (du) goût à ...* Geschmack finden an *(dat); ~ l'initiative* die Initiative ergreifen; *~ (de l')intérêt à ...* Interesse bekommen *od* nehmen an *(dat); ~ le large (mar)* auf die hohe See hinaus=fahren; *fig* das Weite suchen; *~ à la lettre* wörtlich verstehen *od* auf=fassen; *~ la liberté* sich die Freiheit nehmen, sich erlauben; *~ des libertés avec qn* sich jdm gegenüber Freiheiten erlauben *od* heraus=nehmen; *~ livraison de qc* etw in Empfang nehmen; *~ à louage* mieten; *~ une affaire en main* e-e Sache in die Hand nehmen; *~ des mesures* Maßnahmen ergreifen; *~ au mot* beim Wort nehmen *(qn* jdn); *~ naissance* entstehen; *~ note* an=, vor=merken *(de qc* etw); *~ ombrage* mißtrauisch werden; Anstoß nehmen; *~ en otage* als Geisel nehmen; *~ la parole* das Wort ergreifen; *~ part à ...* teil=nehmen an *(dat); ~ à part* beiseite nehmen; *~ à partie* an=greifen; *~ le pas sur qn* jdm voran=gehen; *se ~ de passion pour ...* leidenschaftlich begeistert sein für ...; *~ peur* Angst bekommen; *~ pied* festen Fuß fassen; *~ une photo* e-e Aufnahme machen; *~ plaisir à* Vergnügen finden an *(dat); ~ position* Stellung beziehen *(à l'égard de* in bezug auf *acc); ~ possession de* Besitz ergreifen von; *~ le pouls* den Puls fühlen; *~ des précautions* Vorsichtsmaßnahmen ergreifen; *~ sous sa protection* in s-n Schutz nehmen; *~*

réception de qc etw in Empfang nehmen; ~ *des renseignements* Erkundigungen ein=ziehen; ~ *une résolution, un parti* e-n Entschluß fassen; ~ *sa retraite* in den Ruhestand treten; ~ *au sérieux, au tragique* ernst, tragisch nehmen; ~ *soin de* Sorge tragen für, achten auf *(acc);* ~ *des soins* sich Mühe machen *od* geben; ~ *sa source (Fluß)* entspringen; ~ *sur soi* die Verantwortung übernehmen (*qc, de* für etw, daß); ~ *du temps* Zeit kosten; ~ *son temps* sich Zeit lassen; ~ *qn de vitesse* jdn überrunden; **4.** ► *ça ne prend pas avec moi* das geht, verfängt, *fam* zieht bei mir nicht; *c'est à ~ ou à laisser* entweder — oder; ja oder nein; *d'où avez-vous pris cela?* wo haben Sie das her? *on ne sait par où, par quel bout le* ~ mit ihm ist kein Auskommen; *je viendrai vous* ~ ich hole Sie ab; *on ne m'y prendra plus* das passiert mir nicht noch einmal; *qu'est-ce qui lui prend?* was fällt ihm denn (überhaupt) ein? *pour qui me prenez-vous?* wofür halten Sie mich denn eigentlich?

prénégociation [prenegɔsjasjɔ̃] *f* Vorverhandlung *f.*

preneur, se [prənœr, -øz] *m f* **1.** Pächter(in *f*), Mieter(in) *f*) *m;* **2.** *com* Abnehmer(in *f*), Käufer(in *f*) *m;* ► ~ *d'otage* Geiselnehmer *m;* ~ *de son* Toningenieur *m; trouver* ~ e-n Käufer finden.

prénom [prenɔ̃] *m* Vorname *m.* **prénommé, e** *a* obengenannt; (vor)benannt. **prénommer I.** *tr* e-n Vornamen geben (*qn* jdm); **II.** *v prn se* ~ heißen.

prénotation [prenɔtasjɔ̃] *f* Vormerkung *f.*

prénuptial, e [prenypsjal] *a pl-aux* vor der Eheschließung; ► *certificat m* ~ Ehetauglichkeitszeugnis *n.*

préoccupant, e [preɔkypɑ̃, -t] *a* besorgniserregend. **préoccupation** *f* Besorgnis; Sorge *f* (*de* für). **préoccupé, e** *a* beunruhigt; besorgt. **préoccuper I.** *tr* **1.** beunruhigen, mit Besorgnis erfüllen; **2.** stark beschäftigen; **II.** *v prn se* ~ sich Gedanken machen (*de* über *acc od* um).

préparateur, trice [preparatœr] *m f phys chem* Laborgehilfe *m.* **préparatif** *m, meist pl* Vorbereitung *f* (*de* zu); ► *faire ses ~s* s-e Vorbereitungen treffen; ~ *de guerre* Kriegsvorbereitungen *f pl.* **préparation** *f* **1.** Vorbereitung *(à* auf *acc);* **2.** Auf-, Zubereitung *f;* **3.** *tech* Appretierung *f;* **4.** Präparat *n;* ► *sans* ~ unvorbereitet. **préparatoire** *a* vorbereitend; ► *cours m* ~ 1. Schulklasse *f.* **préparer I.** *tr* **1.** vor=, zu=bereiten; in die Wege leiten; **2.** ein=, zu=richten; **3.** *chem* herstellen; **II.** *v prn se* ~ **1.** sich vor=bereiten *(à* auf *acc);* **2.** im Anzug sein, bevor=stehen.

prépondérance [prepɔ̃derɑ̃s] *f* Übergewicht *n fig;* Vorherrschaft *f.* **prépondérant, e** *a* entscheidend; ausschlaggebend.

préposé, e [prepoze] *s m f* **1.** Briefträger *m;* **2.** ► ~ *au vestiaire* Garderobefrau *f.* **préposer** *tr* beauftragen (*à* mit).

prépositif, ive [prepɔzitif, -iv] *a* ► *locution f ~ive* präpositionale(r) Ausdruck *m.* **préposition** *f gram* Präposition *f,* Verhältniswort *n.* **prépositionnel, le** *a* präpositional.

préprogrammé, e [preprɔgrame] *a inform* vorprogrammiert. **préprogrammer** *tr inform* vor=programmieren.

prépuce [prepys] *m anat* Vorhaut *f.*

préretraite [prerətrɛt] *f* vorgezogene(r), vorzeitige(r) Ruhestand *m.* **préretraité, e** *m f* Frührentner(in *f*) *m.*

prérogative [prerɔgativ] *f* Vorrecht *n.*

près [prɛ] **I.** *adv* nah(e), dicht dabei; in der Nähe; **II.** *prp* bei, in der Nähe von; **1.** ► *à cela* ~ davon abgesehen; *à peu (de chose)* ~ beinahe, fast; annähernd; *de* ~ aus, in der Nähe; *fig* unmittelbar; genau; *de très* ~ ganz aus der Nähe; ~ *de* (nahe) bei, in der Nähe *gen; fig* nahe; gegen, nahezu, fast, beinahe; *tout* ~ ganz nahe, ganz in der Nähe; **2.** ► *être ~ de* im Begriff, nahe daran sein zu; *ne pas y regarder de si* ~ es nicht so genau nehmen; *serrer qn de ~ (fig)* jdm hart zu=setzen.

présage [prezaʒ] *m* Vorzeichen *n;* Vorbedeutung *f.* **présager** *tr (durch ein Zeichen)* an=kündigen, bedeuten; voraus=sehen, ahnen.

presbyte [prɛsbit] *a med* weitsichtig.

presbytère [prɛsbitɛr] *m* Pfarrhaus *n.*

presbytérien, ne [prɛsbiterjɛ̃, -ɛn] *a rel* presbyterianisch; *s m f* Presbyterianer(in *f*) *m.*

presbytie [prɛsbisi] *f med* Weitsichtigkeit *f.*

préscolaire [preskɔlɛr] *a* Vorschul-.

prescriptibilité [preskriptibilite] *f* Verjährbarkeit *f.* **prescriptible** *a* verjährbar. **prescription** *f* **1.** Vorschrift; Ver-, Anordnung *f;* **2.** *jur* Verjährung *f.* **prescrire** ‹*Prés. je prescris, ns prescrivons; Fut. je prescrirai; pp. prescrit, e; Subj. que je prescrive, que ns prescrivions; Impér. prescris, prescrivons*› **I.** *tr* **1.** vor=schreiben, bestimmen; **2.** verschreiben, verordnen; **3.** *jur* ersitzen; **II.** *v prn se* ~ verjähren (*par dix ans* in zehn Jahren).

préséance [preseɑ̃s] *f fig* Vorrang *m;* ► *avoir la ~ sur* den Vortritt haben vor *dat.*

présélection [preselɛksjɔ̃] *f* Vorwahl *f.*

présence [prezɑ̃s] *f* **1.** Anwesenheit, Gegenwart *f;* **2.** Vorhandensein *n;* **3.** Lebendigsein *n;* Aktualität *f;* **4.** Ausstrahlungskraft *f*, Fluidum *n*; **5.** ▶ *en* ~ *de* in Gegenwart, angesichts, im Angesicht *gen*; **6.** ▶ *être en* ~ sich gegenüber=stehen; *faire acte de* ~ sich (kurz) sehen lassen; **7.** ▶ ~ *d'esprit* Geistesgegenwart *f*; *la* ~ *française en Afrique* die militärische Präsenz in Afrika.

présent, e I. *a* **1.** anwesend, vorhanden; **2.** gegenwärtig, augenblicklich; **3.** *com* vorliegend; **II.** *s m* **1.** Gegenwart *f a. gram*, Präsens *n*; **2.** *pl* Anwesende *pl*; *s f* **3.** vorliegende(s) Schreiben, Gegenwärtige(s) *n*; **4.** ▶ *à* ~ gegenwärtig, zur Zeit, jetzt; *à* ~ *que* jetzt, wo; *dans le cas* ~ im vorliegenden Fall; *dans la situation* ~*e* in der gegenwärtigen Lage; *jusqu'à* ~ bis jetzt; *par la* ~*e* hierdurch, -mit; *pour le* ~ für den Augenblick, vorläufig; **5.** ▶ *être* ~ *en personne* persönlich zugegen sein; ~*!* hier!

présent [prezɑ̃] *m* Präsent *n*.

présentable [prezɑ̃tabl] *a* ▶ *être* ~ sich sehen lassen können. **présentateur, trice** *m f* **1.** Vorzeiger *m* (e-s Wechsels); **2.** Ansager, Moderator *m*; **3.** *com* Vorführer *m*, Vorführdame *f*. **présentation** *f* **1.** Vorlage; Über-, Einreichung, Eingabe *f*; **2.** *(Wechsel)* Vorzeigung *f*; **3.** Vorstellung, -führung *f*; **4.** Vorschlag(srecht *n*) *m*; **5.** Ausführung, Aufmachung; Verpackung *f*; **6.** *(Kind)* Geburtslage *f*; **7.** *(Mensch)* äußere Erscheinung *f*; ▶ ~ *de modèles* Modeschau *f*; ~ *personnelle* persönliche Vorstellung *f*.

présentement [prezɑ̃tmɑ̃] *adv* gegenwärtig, zur Zeit, jetzt.

présenter [prezɑ̃te] **I.** *tr* **1.** ▶ *(offrir)* ~ *qc à qn* jdm e-e S vor=setzen, an=bieten; *(montrer)* vor=legen, vor=zeigen; *(Antrag, Gesuch, Unterlagen)* ein=reichen; *(Anspruch, Teilnahme, Patent)* an= melden; geltend machen; *(Ausweis)* vor=weisen, vor=zeigen; **2.** *(introduire qn)* vor=stellen, ein=führen; ▶ ~ *qn à qn* jdm jdn vor=stellen; **3.** ▶ *(recommander)* ~ *qn à* od *pour un emploi* jdn für e-e Beschäftigung empfehlen; **4.** *(Gegenstand, Kunststück)* vor=führen; *(mettre à disposition)* zur Verfügung stellen; *(öffentlich)* vor=bringen, zum Ausdruck bringen, äußern, dar=legen, -stellen; **5.** *(Plan, Lösung)* vor=schlagen; *(Vorschlag)* unterbreiten (*à qn* jdm); **6.** *(Wechsel)* vor=zeigen, -legen, präsentieren; *(Telegramm)* auf=geben; **II.** *itr* ▶ ~ *bien, mal* e-e gute, schlechte Figur machen; **III.** *v prn se* ~ **1.** sich persönlich vorstellen; **2.** sich bewerben (*pour* um); sich melden; sich zeigen (*de* von); auf=treten; erscheinen; vor=kommen; **3.** ▶ ~ *à l'acceptation* zur Annahme vor=legen; ~ *des avantages* Vorteile bringen; ~ *sa candidature* kandidieren (*à* für); ~ *une demande, motion* e-n Antrag stellen; ~ *des difficultés* Schwierigkeiten bieten; ~ *ses excuses* sich entschuldigen; ~ *sous un jour favorable* in günstigem Licht dar=stellen.

présentoir [prezɑ̃twar] *m com* Verkaufsständer *m*.

préservatif [prezɛrvatif] *m med* Kondom *m*. **préservation** *f* Schutz *m*. **préserver** *tr* schützen, bewahren, hüten *(de* vor *dat)*.

présidence [prezidɑ̃s] *f* **1.** Präsidium *n*, Vorsitz *m*; **2.** Amtssitz *m*, -räume *m pl* des Präsidenten, Präsidentenpalais *n*; **3.** ▶ *sous la* ~ unter der Leitung, dem Vorsitz (*de* gen); **4.** ▶ *être nommé à la* ~ zum Vorsitzenden gewählt werden.

président, e *s m f* Präsident(in *f*) *m*; Vorsitzende(r *m*) *f*, Vorsitzer; *(Versammlung)* Leiter *m*; ▶ ~ *de la République* Staatspräsident *m*. **présidentiel, le** *a* Präsidenten-; *s f pl* die Präsidentschaftswahlen. **présider I.** *tr* den Vorsitz führen (*qc* über etw *acc*, bei etw); präsidieren *dat*; **II.** *itr* leiten (*à qc* etw).

présomptif, ive [prezɔ̃ptif, -iv-] *a jur* präsumtiv, mutmaßlich. **présomption** *f* **1.** Vermutung *a. jur*, Mutmaßung *f*; **2.** Anmaßung *f*; Dünkel *m*. **présomptueux, se** [-tɥø, -øz] *a* anmaßend, dünkelhaft.

presque [prɛsk(ə)] *adv* fast, beinahe, nahezu, annähernd. **presqu'île** *f* Halbinsel *f*.

pressant, e [prɛsɑ̃] *a* dringend, eilig; dringlich. **presse** [prɛs] *f* **1.** *tech* Presse, *bes.* (Drucker-)Presse *f a. fig*; **2.** Zeitungswesen *n*; **3.** ▶ *(com) dans les moments de* ~ in Zeiten des Hochbetriebs; **4.** ▶ *sous* ~ *(Buch)* im Druck; **5.** ▶ *avoir une bonne, mauvaise* ~ e-e gute, schlechte Presse haben; *mettre sous* ~ drucken lassen; **6.** ▶ *il n'y a pas de* ~ es eilt nicht; **7.** ▶ *liberté f de la* ~ Pressefreiheit *f*; *mise f sous* ~ Drucklegung *f*; *service m de* ~ Pressedienst *m*; **8.** ▶ ~ *à ail* Knoblauchpresse *f*; ~ *à billets* Notenpresse *f*; ~ *filmée* Wochenschau *f*; ~ *parlée, télévisée* Rundfunk-, Fernsehnachrichten *f pl*; ~ *quotidienne* Tagespresse *f*; ~ *à sensation* Sensations-, Skandalpresse *f*. **presse-citron(s)** *m* Zitronenpresse *f*. **presse-papiers** *m inv* Papierbeschwerer *m*. **pressé, e** *a* **1.** *(Frucht)* ausgepreßt; **2.** *fig* dringend, eilig; **3.** ▶ *aller au plus* ~ das Wichtigste zuerst erledigen, *être* ~ es eilig haben.

pressentiment [presɑ̃timɑ̃] *m* Vorgefühl *n*, Ahnung *f*. **pressentir** ‹*Prés. je pressens, ns pressentons; Fut. je pressentirai; pp. pressenti, e*› *tr* **1.** ahnen; **2.** aus=forschen, -horchen; **3.** sondieren, vor=fühlen (*qn pour qc* bei jdm wegen e-r S).

presser [pʀese] **I.** *tr* **1.** (aus=)pressen, -drücken, -quetschen; *(Trauben)* keltern; **2.** drücken (*qc* auf e-e S); pressen; **3.** beschleunigen, (zur Eile) an=treiben; **4.** dringen (*qn* in jdn), bedrängen, -stürmen (*de questions* mit Fragen); **II.** *itr* drängen, eilen; **III.** *v prn se* ~ **1.** sich beeilen; **2.** sich drücken (*contre qn* an jdn); sich drängen (*autour de qn* um jdn); **3.** ▶ ~ *dans ses bras* in die Arme schließen; ~ *contre son cœur* an sein Herz drücken; *rien ne presse* es hat keine Eile. **pressing** [pʀɛsiŋ] Schnellreinigung *f.* **pression** *f* **1.** Drücken, Pressen *n;* **2.** *phys* Druck *m a. fig;* **3.** Druckknopf *f m;* **4.** ▶ *basses, hautes ~s* Tief-, Hochdruck *m;* **5.** ▶ ~ *artérielle* Blutdruck *m;* ~ *atmosphérique* Luftdruck *m;* ~ *du pneu (mot)* Reifendruck *m.* **pressoir** *m* Kelter *f.* **pressurer** *tr* **1.** keltern, (aus=)pressen, -drükken; **2.** *fig* aus=saugen, erpressen. **pressurisé, e** *a tech* mit Druckausgleich.

prestance [pʀɛstɑ̃s] *f* stattliche Erscheinung *f.*

prestataire [pʀɛstatɛʀ] *m f* Empfänger(in *f*) *m;* ▶ ~ *de l'aide sociale* Sozialhilfeempfänger(in *f*) *m.* **prestation** *f (Versicherung)* Leistung *f;* ▶ *~s familiales* Sozialleistungen *f pl* für die Familie; ~ *en nature* Natural-, Sachleistung *f;* ~ *de serment* Eidesleistung *f;* ~ *de services* Dienstleistungen *f pl.*

preste [pʀɛst] *a* flink, behend(e). **prestesse** *f* Behendigkeit, Gewandtheit *f.*

prestidigitateur [pʀɛstidiʒitatœʀ] *m* Taschenspieler, Zauberkünstler *m.*

prestige [pʀɛstiʒ] *m* Prestige, Ansehen *n.* **prestigieux, se** [-ʒjø, -øz] *a* hervorragend, bestechend; wunderbar.

presto [pʀɛsto] *adv fam* geschwind; in Eile.

présumer [pʀezyme] **I.** *tr* **1.** vermuten, mutmaßen; **2.** an=nehmen; **II.** *itr* ▶ ~ *trop de ...* e-e zu hohe, zu gute Meinung haben von ..., überschätzen.

présupposer [pʀesypoze] *tr* voraus=setzen.

prêt [pʀɛ] *m* **1.** (Aus-, Ver-)Leihen *n;* **2.** Darlehen *n,* Anleihe *f a. fig;* **3.** *mil* Sold *m;* **4.** ▶ *accorder, consentir un* ~ ein Darlehen gewähren; *contracter un* ~ ein Darlehen auf=nehmen; **5.** ▶ *bibliothèque f de* ~ Leihbücherei *f;* ~ *à la construction* Baudarlehen *n;* ~ *d'utérus* Leihmutterschaft *f.*

prêt, e [pʀɛ, -ɛt] *a* **1.** ▶ *être* ~ fertig, bereit, entschlossen sein (*à* zu); **2.** ▶ ~ *à démarrer (mot)* startbereit; ~ *au départ* reisefertig; ~ *à partir (sport)* startbereit; reisefertig. **prêt-à-porter** *m* Konfektion, Fertigkleidung *f.*

prête-nom [pʀɛtnɔ̃] *m* Strohmann *m.*

prêté *m* ▶ *c'est un* ~ *pour un rendu* Wurst wider Wurst.

prétendant, e [pʀetɑ̃dɑ̃, -ɑ̃t] *m f* **1.** (Kron-)Prätendent(in *f*) *m;* **2.** *m* Bewerber, Freier *m.* **prétendre** ⟨*Prés. je prétends, ns prétendons; Fut. je prétendrai; pp. prétendu, e; Subj. que je prétende, que ns prétendions; Impér. prétends, prétendons*⟩ **I.** *tr* **1.** behaupten; **2.** wollen, die Absicht haben; **II.** *itr* streben (*à* nach). **prétendu, e** *a* an-, vorgeblich.

prête-nom [pʀɛtnɔ̃] *m* Strohmann *m.*

prétentieux, se [pʀetɑ̃sjø, -øz] **I.** *a* eingebildet, eitel; affektiert, geziert; *(Stil)* geschraubt; **II.** *s m f* eitle Person *f.* **prétention** *f* **1.** Anspruch *m,* Forderung *f;* **2.** (ehrgeizige) Absicht *f;* **3.** Einbildung, Eitelkeit *f.*

prêter [pʀe(ɛ)te] **I.** *itr (Gewebe, Leder)* nach=geben, sich weiten, sich dehnen; **II.** *tr* **1.** *(mettre à disposition)* (aus=, ver)leihen (*qc à qn* jdm e-e S); *(Geld)* (aus-)leihen, borgen; *(Wohnung)* zur Verfügung stellen; *(s-n Namen)* her=geben (*à qc* für etw); **2.** *(attribuer)* zu=schreiben; *(Absichten)* unterstellen; **3.** *(donner l'occasion de)* Anlaß geben, sich eignen (*à* zu); ▶ ~ *à la critique* Stoff zur Kritik geben; **III.** *v prn se* ~ **1.** *(Sache)* sich eignen, geeignet sein (*à* für); **2.** *(Mensch)* sich schicken (*à* in *acc*); sich an=passen *(à* an *acc);* sich einverstanden erklären (*à* mit); sich her=geben (*à* zu); sich gefallen lassen (*à qc* e-e S); **3.** ▶ ~ *assistance, son appui, son concours* Beistand leisten (*à qn* jdm); ~ *son attention* auf=merken, -passen (*à* auf *acc*); ~ *sur gage* gegen Pfand aus=leihen; ~ *à intérêts* auf Zinsen aus=leihen; ~ *main* Hand an=legen; ~ *l'oreille à qn* jdm Gehör schenken; ~ *serment* schwören; ~ *sa voix à qn* für jdn sprechen.

prétérit [pʀeteʀit] *m gram* Präteritum *n.*

prêteur, se [pʀɛtœʀ, -øz] **I.** *a:* ▶ *n'être pas* ~ nicht gern (ver)leihen; **II.** *s m* Verleiher; Darlehensgeber *m.*

prétexte [pʀetɛkst] *m* Vorwand *m;* ▶ *sous* ~ *(de, que)* unter dem Vorwand (*gen,* daß); *prendre* ~ *de qc* etw zum Vorwand nehmen. **prétexter** *tr* vor=schützen, -geben.

prêtre [pʀɛtʀ] *m* Priester *m;* ▶ ~ *-ouvrier m* Arbeiterpriester *m.* **prêtresse** *f* Priesterin *f.* **prêtrise** *f* Priesterweihe *f.*

preuve [pʀœv] *f* **1.** Beweis(stück, -mittel *n*); Beleg, Nachweis *m;* **2.** *fig* Zeichen *n;* **3.** Alkoholprobe *f;* **4.** ▶ *comme* ~ als, zum Beweis (*de* für); *jusqu'à* ~ *du contraire* bis zum Beweis des Gegenteils; **5.** ▶ *faire* ~ *de courage* Mut zeigen, beweisen; *faire la* ~ *de qc* etw beweisen; *fournir des ~s* Beweise liefern; **6.** ▶ ~ *contraire* Gegenbeweis *m;* ~ *par indices* Indizienbeweis *m.*

prévaloir [prevalwar] ‹*Prés. je prévaux, ns prévalons; Fut. je prévaudrai; pp. prévalu, e; Subj. que je prévale, que ns prévalions; Impér. prévaux, prévalons*› **I.** *itr* sich durch=setzen; die Oberhand gewinnen *(sur, contre* über *acc)*; vor=herrschen; **II.** *v prn* ▶ *se ~ de qc* sich etw zunutze machen; sich auf etw berufen; für sich geltend machen; sich etw ein=bilden auf etw.
prévaricateur, trice [prevarikatœr, -is] *a* pflichtvergessen, untreu. **prévariquer** *itr* s-e Pflicht verletzen.
prévenance [prevənɑ̃s] *f* Zuvorkommenheit *f; pl* Aufmerksamkeiten *f pl.* **prévenant, e** *a* **1.** zuvorkommend; **2.** *(Wesen)* einnehmend. **prévenir** ‹*Prés. je préviens, ns prévenons; Fut. je préviendrai; pp. prévenu, e*› *tr* **1.** zuvor=kommen (*les désirs de qn* jds Wünschen); **2.** vor=beugen *(qc* e-r S *dat)*; **3.** benachrichtigen, in Kenntnis setzen (*qn de qc* jdn von etw); **4.** warnen *(de* vor *dat)*.
préventif, ive *a* **1.** vorbeugend; **2.** ▶ *détention f ~ive* Untersuchungshaft *f.* **prévention** *f* **1.** Vorurteil *n,* Voreingenommenheit *f;* **2.** Vorbeugung, Verhütung *f;* **3.** *jur* Untersuchungshaft *f;* **4.** ▶ *sans ~* unvoreingenommen *adv;* **5.** *~ des accidents (au travail)* Unfallverhütung *f; ~ routière* (Verkehrs-)Unfallverhütung *f.* **préventorium** [-vɑ̃tɔrjɔm] *m* Sanatorium *n (für Tb).* **prévenu, e I.** *a* **1.** ▶ *être ~* voreingenommen sein (*en faveur de qn, contre qn* für, gegen jdn); **2.** *jur* beschuldigt; **II.** *s m f* Angeschuldigte(r *m*) *f.*
prévisible [previzibl] *a* vorhersehbar. **prévision** *f* **1.** Vorhersage, Prognose *f; pl* Aussichten, Erwartungen *f pl;* **2.** Vorhersehen *n;* **3.** *com* Voranschlag *m;* **4.** ▶ *contre toute ~* entgegen allen Erwartungen; *en ~ de ...* in Erwartung *gen; selon toute ~* aller Wahrscheinlichkeit nach; **5.** ▶ *mes ~s se sont réalisées* meine Vermutungen haben sich bestätigt; **6.** ▶ *~s budgétaires* Haushaltsvoranschlag *m; ~s météorologiques* Wettervorhersage *f.* **prévisionnel, le** *a (Maßnahmen)* vorsorglich. **prévoir** ‹*Prés. je prévois, ns prévoyons; Fut. je prévoirai; pp. prévu, e; Subj. que je prévoie, que ns prévoyions; Impér. prévois, prévoyons*› *tr* **1.** vorher=, voraus=sehen, -sagen; **2.** vorsehen, planen; **3.** ▶ *comme prévu* wie geplant; vor=sorgen.
prévôt [prevo] *m hist* Vogt *m.*
prévoyance [prevwajɑ̃s] *f* Voraussicht, Vorhersage; Vor-, Fürsorge *f; caisse f de ~* Vorsorge *f.* **prévoyant, e** *a* vorausschauend; vorsorgend; vorsorglich.
prie-Dieu [pridjø] *m inv* Betstuhl *m.*
prier I. *itr* beten (*à* zu); **II.** *tr* **1.** (inständig) bitten (*qn de qc* jdn um etw); **2.** auffordern, einladen (*à* zu); **3.** ▶ *~ Dieu* zu Gott beten; *ne pas se faire ~* sich nicht (lange) bitten, nötigen lassen; *je vous (en) prie* bitte(schön); wenn ich bitten darf; ich möchte (doch) sehr bitten. **prière** *f* **1.** Gebet *n;* **2.** (inständige) Bitte *f;* **3.** ▶ *à la ~ de ...* auf die Bitte *gen; ~ de ne pas fumer* Rauchen verboten!
prieur, e [priœr] *s m f rel* Prior(in *f*) *m.*
prieuré *m* Priorei *f (Kloster)* Priorat, Amt *n od* Würde *f* e-s Priors, e-r Oberin.
primaire [primɛr] *a* **1.** primär; **2.** Volks-, Grundschul-; **3.** engstirnig, borniert; ▶ *enseignement m ~* Grundschulwesen *n; ère f ~* Erdaltertum, Paläozoikum *n.*
primat [prima] *m rel* Primas *m.*
primates [primat] *m pl zoo* Primaten *m pl.*
primauté [primote] *f* **1.** Vorrang *m (sur* vor *dat)*; **2.** *rel* Primat *m.*
prime [prim] **I.** *s f* **1.** *rel (Fechten)* Prim *f;* **2.** *com* feinste Wolle *f;* **II.** *a:* ▶ *a ~ (math)* a Strich (a'); *de ~ abord* von Anfang an; gleich anfangs; **III.** *s f* **1.** *com* Prämie *f;* **2.** Zugabe, Zulage *f;* **3.** Aufgeld *n;* **4.** *com* Werbegeschenk *n;* **5.** ▶ *~ d'allaitement* Stillgeld *n; ~ d'ancienneté* (Dienst-)Alterszulage *f; ~ annuelle* Jahresprämie *f; ~ d'assurance* Versicherungsprämie *f,* -beitrag *m; ~ d'exportation, d'importation* Aus-, Einfuhrprämie *f; ~ de fin d'année* Jahresabschlußprämie *f; ~ de rideau* Umzugsvergütung *f; ~ de transport* Fahrgeldzuschuß *m; ~ de vacances* Urlaubsgratifikation *f.*
primer [prime] *tr* **1.** prämiieren; einen Preis zuerkennen; **2.** den Vorrang haben (*qc* vor e-r S); übertreffen, zuvor=kommen (*qn* jdm); wichtiger sein als.
primerose [primroz] *f bot* Stockrose *f.*
primesautier, ère [primsotje, -ɛr] *a* impulsiv, spontan.
primeur *f* **1.** *pl* Frühobst, -gemüse *n;* **2.** ▶ *avoir la ~ de qc* etw als erste(r) besitzen, erfahren, hören.
primevère [primvɛr] *f bot* Schlüsselblume *f.*
primitif, ive [primitif, -iv] **I.** *a* **1.** ursprünglich; **2.** primitiv, urtümlich; **3.** einfach; **II.** *s m pl (Kunst, Völker)* Primitive *m pl.* **primitivement** *adv* ursprünglich, anfangs-.
primo [primo] *adv* erstens.
primogéniture [primoʒenityr] *f* Erstgeburt *f.*
primoimmigrant, e [primoimigrɑ̃, -t] *m f* Zuwanderer(in *f*) *m.*
primordial, e [primɔrdjal] *a pl -aux* **1.** ursprünglich; **2.** wichtig, wesentlich.
prince [prɛ̃s] *m* **1.** Fürst *m;* **2.** Prinz *m;* ▶ *être bon ~ (fam)* großzügig sein; *~ charmant* Märchenprinz *m; ~ consort*

Prinzgemahl *m.* **princesse** *f* **1.** Fürstin *f;* **2.** Prinzessin *f;* ► *aux frais de la ~ (fig fam)* auf Staatskosten *pl; haricots m pl ~* Prinzeßbohnen *f pl; robe f ~* Prinzeßkleid *n.* **princier, ère** *a* **1.** fürstlich *a. fig;* **2.** *fig* prunkvoll; luxuriös.

principal, e [prɛ̃sipal] **I.** *a pl-aux* Haupt-; wichtigste(r, s); hauptsächlich; **II.** *s m* **1.** Hauptsache *f,* -punkt *m a. jur;* **2.** *(Notariat)* Bürovorsteher *m;* ► *bâtiment ~* Hauptgebäude *n; personnage ~* Hauptdarsteller *m; proposition f ~e (gram)* Hauptsatz *m.* **principalement** *adv* hauptsächlich, vor allem, insbesondere.

principat [prɛ̃sipa] *m* Fürstenwürde *f; hist* Prinzipat *n.*

principauté [prɛ̃sipote] *f* Fürstentum *n.*

principe [prɛ̃sip] *m* **1.** Ursprung *m;* Quelle *f;* Grund(lage *f*) *m;* **2.** Prinzip *n;* Grundsatz *m;* **3.** *chem* (Grund-)Bestandteil *m;* **4.** ► *en ~* im Prinzip, prinzipiell, grundsätzlich; *être à cheval sur les ~s* ein Prinzipienreiter sein; *par ~* aus Prinzip; **5.** ► *avoir pour ~* als Grundsatz haben; *~ pollueur-payeur* Verursacherprinzip *m.*

printanier, ère [prɛ̃tanje, -ɛr] *a* Frühlings-, -jahrs-; ► *robe f ~ière* Frühjahrskleid *n.* **printemps** [-tɑ̃] *m* Frühling *m,* -jahr *n.*

prioritaire [prijɔritɛr] *a* bevorrechtet; ► *voie f ~* Straße *f* mit Vorfahrtsrecht; *être ~* Vorfahrt haben. **priorité** *f* **1.** Priorität *f;* Vorrang *m,* -recht *n;* **2.** Vorfahrt *f;* **3.** ► *avoir la ~* Vorrang genießen; *avoir ~* Vorfahrt haben *(sur* vor dat*);* **4.** ► *~ à droite* das von rechts kommende Fahrzeug hat Vorfahrt; *route f à ~* bevorrechtigte Straße *f.*

pris, e [pri, -iz] *a* **1.** *(Platz)* besetzt; **2.** *(Pudding)* steif; **3.** *(Mensch)* beschäftigt; **4.** *bien pris(e)* gut gewachsen; **5.** (zu)gefroren; **6.** ► *~ à l'usine, à l'entrepôt* ab Werk, Lager; *~ de vin, de boisson* betrunken. **prise** [priz] *f* **1.** Nehmen, Eingreifen *n;* **2.** *mil* Einnahme, Eroberung *f;* **3.** *(Fischen)* Fang *m; (Jagd)* Beute *f;* **4.** *mar* Prise *f;* **5.** *phys tech* Abzweigung *f,* Anschluß *m; (~ de courant)* Steckdose *f;* **6.** *(Ringkampf)* Griff *m;* **7.** ► *avoir ~ sur qn* auf jdn einwirken, sich bei jdm durchsetzen können; *donner ~ à* Anlaß geben zu; *être aux ~s* sich in den Haaren liegen, kämpfen, ringen (*avec* mit); *lâcher ~* los≈, fahren≈lassen, auf≈geben; nach≈geben; *en venir aux ~s* handgemein werden, sich in die Haare geraten; **8.** ► *fiche f de ~ (el)* Stecker *m;* **9.** ► *~ de bec (fig fam)* Wortwechsel *m; ~ à bord* Übernahme *f* an Bord; *~ en charge (de frais)* (Kosten-)Übernahme *f; ~ de conscience* Bewußtwerden, geistige(s) Erwachen *n; ~ en considération* Berücksichtigung *f; ~ de contact* Fühlungnahme *f; ~ de courant* Steckkontakt *m,* -dose *f; ~ d'eau* Wasserhahn *m; tech* Zapfstelle *f; ~ femelle* Steckdose *f; ~ de judo* Judogriff *m; ~ mâle* Stecker *m; ~ multiple (el)* Mehrfach-, Sammelstecker *m; ~ d'otage(s)* Geiselnahme *f; ~ de position* Stellungnahme *f; ~ de possession* Besitzergreifung *f; ~ de sang* Blutentnahme *f; ~ de secteur (radio)* Netzanschluß *m; ~ de son* Tonaufnahme *f; ~ de tabac* Prise *f* Tabak.

prisée [prize] *f com* Schätzung *f.* **priser** *tr* **1.** *lit* (hoch≈)schätzen; **2.** *(Tabak)* schnupfen.

prisme [prism] *m math phys* Prisma *n.*

prison [prizɔ̃] *f* **1.** Gefängnis *n;* **2.** *(peine f de ~)* Gefängnisstrafe *f;* **3.** *fig* Kerker *m;* ► *condamner à six mois de ~* zu sechs Monaten Gefängnis verurteilen; *~ préventive* Untersuchungsgefängnis *n,* -haft *f.* **prisonnier, ère** [-zɔ-] **I.** *s m f* Gefangene(r *m*) *f;* **II.** *a:* ► *être ~* gefangen, eingesperrt sein; *faire ~* gefangen≈nehmen; *~ de guerre* Kriegsgefangene(r) *m.*

privation [privɑsjɔ̃] *f* **1.** Entziehung *f,* Entzug *m;* **2.** *pl* Entbehrungen *f pl;* ► *~ des droits civils* Aberkennung *f* der Bürgerlichen Ehrenrechte; *~ de sortie* Haus-, Stubenarrest *m.*

privatisation [privatizasjɔ̃] *f* Privatisierung *f.* **privatiser** *tr* privatisieren.

privauté [privote] *f* ► *prendre des ~s avec qn* sich jdm gegenüber zuviel heraus≈nehmen. **privé, e I.** *a* privat; **II.** *s m* ► *dans le ~* im Privatleben; *entreprise f ~e* Privatunternehmen *n; propriété f ~e* Privateigentum *n; vie privée* Privatleben *n.*

priver [prive] **I.** *tr* ► *~ qn de qc* jdm e-e S entziehen, jdn e-r S berauben; **II.** *v prn se ~ de qc* sich *dat* e-e S versagen, sich *acc* e-r S *gen* enthalten.

privilège [privilɛʒ] *m* Privileg, Vorrecht *n;* ► *jouir d'un ~* ein Vorrecht genießen. **privilégié, e** *a* bevorrechtigt, bevorrechtet, privilegiert; ► *être ~* ein Vorrecht haben; begünstigt sein. **privilégier** *tr* privilegieren; bevorzugen.

prix [pri] *m* **1.** Preis *m a. fig;* Kosten *pl;* Wert *m;* **2.** *(Wettbewerb)* Preis *m,* -träger(in *f*) *m;* **3.** ► *au ~ de* um den Preis *gen;* im Vergleich zu; *à ~ fixe* zum Festpreis; *au ~ fort* zum vollen Preis; *à aucun ~* um keinen Preis, auf keinen Fall; *à moitié ~* zum halben Preis; *à ~ d'or* für teures Geld; *à tout ~* um jeden Preis; auf jeden Fall; *à vil ~* zu e-m Spottpreis, spottbillig *adv; de ~* wertvoll; *de peu de ~* von geringem Wert; *hors de ~* unerschwinglich; **4.** ► *attacher un grand ~ à* großen Wert legen auf *acc; augmenter les ~* die Preise erhöhen (*de* um); *décerner un ~*

e-n Preis zu=erkennen; *demander un ~* e-n Preis fordern; *demander le ~* nach dem Preis fragen; *faire monter les ~* die Preise hinauf=treiben; **5.** ▶ *vil ~* Spottpreis *m;* **6.** ▶ *~ d'achat* Kaufpreis *m; ~ du bail* Miet-, Pachtzins *m; ~ de catalogue* Katalog-, Listenpreis *m; ~ au comptant* Barpreis *m; ~ de consolation* Trostpreis *m; ~-consommateur m* Verbraucherpreis *m; ~-courant m* Preisliste *f,* -verzeichnis *n; ~ courant* Marktpreis, -wert *m; ~ coûtant* Selbstkosten-, Einstandspreis *m; ~ de détail* Kleinhandelspreis *m; ~ de gros* Großhandelspreis *m; ~ inabordable* unerschwingliche(r) Preis *m; ~ indicatif m* Richtpreis *m; ~ mondial* Weltmarktpreis *m; ~-plafond m* Höchstpreis *m; ~-plancher m* Mindestpreis *m; ~ à la production* Erzeugerpreis *m; ~ de revient* Selbstkostenpreis *m; ~ sacrifié* Schleuderpreis *m; ~ de vente* Verkaufs-, Ladenpreis *m.*

pro [pʀo] *m inv fam sport* Profi *m.*

probabilité [pʀɔbabilite] *f* Wahrscheinlichkeit *f;* ▶ *selon toute ~* aller Wahrscheinlichkeit nach. **probable** *a* wahrscheinlich; vermutlich. **probablement** *adv* wahrscheinlich.

probant, e [pʀɔbɑ̃, -t] *a* beweiskräftig. **probation** *jur* Strafaussetzung *f (auf Bewährung).* **probationnaire** *m f* auf Bewährung Entlassene(r *m*) *f.* **probatoire** *a* ▶ *agent ~* Bewährungshelfer *m, examen m ~* Einstufungs-, Zwischenprüfung *f.*

probe [pʀɔb] *a* rechtschaffen, redlich. **probité** *f* Rechtschaffenheit, Redlichkeit *f.*

problématique [pʀɔblematik] *a* problematisch, zweifelhaft, fragwürdig. **problème** *m* **1.** Problem *n,* Frage *f;* **2.** *math* Aufgabe *f;* ▶ *~ du chômage* Arbeitslosenproblem *n.*

procédé [pʀɔsede] *m* **1.** Vorgehen; Verfahren *n,* Methode *f;* **2.** *chem* Prozeß *m;* **3.** *pl* Benehmen, Betragen; Verhalten *n;* ▶ *~ de fabrication* Herstellungsverfahren *n.* **procéder** ⟨*Prés. je procède, ns procédons; Fut. je procéderai; pp. procédé, e*⟩ *itr* **1.** schreiten (*à* zu), vor=nehmen, vollziehen (*à qc* etw); vor=gehen, verfahren, zu Werke gehen; **2.** gerichtlich vor=gehen, ein=schreiten (*contre* gegen); **3.** hervor=gehen, her=rühren (*de* aus), kommen (*de* von); *~ au vote* zur Wahl schreiten. **procédure** *f* (Gerichts-)Verfahren *n;* Prozeß(führung, -ordnung *f,* -vorschriften *f pl*); ▶ *~ d'accueil* Aufnahmeverfahren *n; ~ criminelle* Strafverfahren *n,* -prozeß *m; ~ électorale* Wahlverfahren *n; ~ pénale* Strafprozeß(ordnung *f,* -vorschriften *f pl*) *m; ~ d'urgence* Dringlichkeitsverfahren *n.*

procès [pʀɔsɛ] *m* Prozeß; Rechtsstreit *m;* ▶ *sans (autre) forme de ~* ohne weiteres; kurzerhand; *faire un ~ à qn* mit jdm prozessieren; *faire le ~ à qn* jdm den Prozeß machen *a. fig.*

processeur [pʀɔsɛsœʀ] *m inform* Prozessor *m.*

procession [pʀɔsesjɔ̃] *f* Prozession *f,* Umzug *m; fig fam* lange Reihe *f,* lange(r) Zug *m* (Menschen).

processus [pʀɔsɛsys] *m* **1.** Prozeß, (Vor-)Gang *m,* Entwicklung *f;* **2.** *med* Krankheitsverlauf *m;* **3.** *anat* Fortsatz *m.*

procès-verbal [pʀɔsɛvɛʀbal] *m pl-aux* Protokoll *n,* (Verhandlungs-)Niederschrift *f;* (Sitzungs-)Bericht *m;* ▶ *dresser ~* das Protokoll führen; *~ de contravention* gebührenpflichtige Verwarnung *f.*

prochain, e [pʀɔʃɛ̃, -ɛn] **I.** *a (räuml. u. zeitl.)* nah(e); nächste(r, s), kommende(r, s); **II.** *s m:* ▶ *le ~* der Nächste; *la ~e fois* das nächste Mal; *à la ~e occasion* bei der nächsten Gelegenheit; *la semaine ~e* nächste Woche; *fin ~* Ende nächsten Monats; *par le ~ courrier* mit nächster Post; *(fam) à la ~e!* bis zum nächsten Mal! **prochainement** *adv* nächstens, bald, in Kürze. **proche** *a* **I.** nah(e); nahe, dicht bevorstehend; nahe daran; **II.** *s m pl:* ▶ *les ~s* die Verwandten *pl;* **III.** *loc adv* ▶ *de ~ en ~* allmählich; nach und nach; ▶ *~ parent* nahe(r) Verwandte(r *m*) *f.* **Proche-Orient, le** der Nahe Osten, Nahost, der Vordere Orient *m.* **proche-oriental, e** *a* Nahost-, nahöstlich.

proclamation [pʀɔklamasjɔ̃] *f* Ausrufung; Proklamation, Verkündung *f.* **proclamer** *tr* **1.** proklamieren, aus=rufen (*qn qc* jdn als, zu etw); **2.** bekannt=machen, verkünden.

procréateur, trice [pʀɔkʀeatœʀ, -tʀis] *a* (er)zeugend; Zeugungs-; *s m* Erzeuger *m.* **procréation** *f* Zeugung *f;* ▶ *~ artificielle (med)* künstliche Fortpflanzung *f.* **procréatique** *f* Reproduktionstechnologie *f.* **procréer** *tr* (er)zeugen.

procuration [pʀɔkyʀasjɔ̃] *f* **1.** Vollmacht; *com* Prokura *f;* **2.** ▶ *par ~* als Bevollmächtigter; per Prokura; *donner ~ à qn* jdm Vollmacht, Prokura erteilen; *~ de banque* Bankvollmacht *f.* **procurer I.** *tr* **1.** besorgen, be-, verschaffen (*qc à qn* etw jdm); **2.** *fig* geben, verschaffen; **II.** *v prn se ~* sich verschaffen. **procureur** *m* ▶ *~ de la République* (Ober-)Staatsanwalt *m.*

prodigalité [pʀɔdigalite] *f* **1.** Verschwendungssucht *f;* **2.** *pl* übermäßige Ausgaben *f pl.*

prodige [pʀɔdiʒ] *m* **1.** *rel* Wunder *n;* **2.** ▶ *enfant m ~* Wunderkind *n; cela tient du ~* das grenzt ans Wunderbare. **prodigieux, se** *a* **1.** wunderbar; erstaunlich, un-, außergewöhnlich; **2.** ungeheuer, gewaltig.

prodigue [pRɔdig] **I.** *a* verschwenderisch (*de* mit); **II.** *s m f* Verschwender(in *f*) *m;* ▶ *l'enfant m* ~ *(rel)* der verlorene Sohn. **prodiguer** *tr* **1.** verschwenden, vergeuden; **2.** überhäufen (*qc à qn* jdn mit etw); ▶ ~ *ses soins à qn* jdn hegen und pflegen.

producteur, trice [pRɔdyktœR] **I.** *s m f* Produzent *a. film*, Erzeuger, Hersteller *m;* **II.** *a* Erzeugungs-, Herstellungs-; ▶ *entreprise f productrice* Produktionsbetrieb *m; pays m* ~ Erzeugerland *n.*

productif, ive *a* **1.** ergiebig; ertragreich; **2.** einträglich, gewinnbringend; ▶ ~ *d'intérêts* Zinsen bringend. **production** *f* **1.** Produktion, Erzeugung, Herstellung *f;* **2.** *(Bodenschätze)* Gewinnung *f;* **3.** *jur (Urkunde)* Beibringung, Vorlage *f;* **4.** Produktionsziffer *f; pl* Produkte *n pl*, Erzeugnisse *n pl;* **5.** ▶ *coût m, frais m pl de* ~ Produktionskosten *pl; moyens m pl, perte, restriction f de* ~ Produktionsmittel *n pl*, -ausfall *m*, -einschränkung *f;* **6.** ▶ ~ *de l'acier* Stahlerzeugung *f;* ~ *à la chaîne* Fließbandproduktion *f;* ~ *d'eau chaude* Warmwasserbereitung *f;* ~ *énergétique* Energieerzeugung *f;* ~ *excédentaire* Produktionsüberschuß *m;* ~ *de masse* Massenproduktion *f;* ~ *mondiale* Welterzeugung *f.* **productique** *f* computergestützte Fertigung *f.* **productivité** *f* Produktivität *f;* ▶ *accroissement m de la* ~ Steigerung *f* der Produktivität.

produire ‹*Prés. je produis, ns produisons; Fut. je produirai; pp. produit, e; Subj. que je produise, que ns produisions; Impér. produis, produisons*› **I.** *tr* **1.** *(Waren)* produzieren, erzeugen, (hervor=)bringen, her=stellen; *(Bodenschätze)* fördern, gewinnen; *(Früchte)* tragen; **2.** *(Ausweis)* bei-, erbringen, vor=legen, -weisen, -zeigen; *(Gründe)* anführen; *(Anspruch)* an=melden; *(Beweise)* liefern; **3.** *(Künstler)* verfassen, schaffen; **4.** *(Film)* produzieren; **5.** *(Wirkung)* hervor=rufen; herbei=führen, verursachen, veranlassen; **6.** *(Geld)* ein=bringen, ab=werfen; **II.** *v prn se* ~ **1.** sich vollziehen, vor sich gehen, sich ereignen; entstehen; auf=, ein=treten *(a. Stille); theat* auftreten; **2.** ▶ ~ *son plein effet* sich voll aus=wirken; ~ *une impression favorable* e-n günstigen Eindruck machen; ~ *des intérêts* Zinsen bringen. **produit** [-dɥi] *m* **1.** Produkt *a. math chem;* Erzeugnis, Fabrikat *n*, Artikel *m;* **2.** *(Betrieb)* Ausstoß *m*, Ausbeute *f;* **3.** Ertrag, Gewinn, Erlös *m;* Mittel *n; pl* Einkünfte *pl;* **4.** ▶ ~ *agricole* landwirtschaftliche(s) Erzeugnis *n;* ~ *alimentaire* Nahrungsmittel *n; pl* Lebensmittel *n pl;* ~ *antigel* Frostschutzmittel *n;* ~ *de beauté* Schönheitsmittel *n;* ~ *brut* Roherzeugnis *n;* Roh-, Bruttoertrag *m;* ~ *chimique* Chemikalie *f;* ~ *de conservation* Konservierungsmittel *n;* ~*s de consommation* Verbrauchsgüter *n pl;* ~ *de contraste (med)* Kontrastmittel *n;* ~*s fabriqués, manufacturés* Industrieerzeugnisse *n pl;* ~ *final* Endprodukt *n;* ~ *fini, ouvré* Fertigfabrikat *n;* ~ *de fission (chem)* Spaltprodukt *n;* ~ *générique* markenlose(r) Artikel *m;* ~ *de graissage* Schmiermittel *n;* ~ *de luxe* Luxusartikel *m;* ~ *de marque* Markenartikel *m;* ~*s de première nécessité* lebenswichtige Güter *n pl;* ~ *net* Reinerlös, -ertrag, -gewinn *m;* ~ *nominal, réel* Nominal, Realeinkommen *n;* ~ *pétrolier* Erdölprodukt *n;* ~ *pharmaceutique* Arzneimittel *n;* ~ *de (haute) qualité* Qualitätserzeugnis *n;* ~ *social* Sozialprodukt *n.*

proéminence [pRɔeminɑ̃s] *f* Vorspringen *n;* Vorsprung; Buckel *m;* (Boden-)Erhebung, Anhöhe *f.* **proéminent, e** *a (Kissen)* vorspringend.

prof [pRɔf] *m fam* Lehrer *m.*

profanateur, trice [pRɔfanatœR, -is] **I.** *s m f* (Tempel-)Schänder(in *f*) *m;* **II.** *a* ruchlos. **profanation** *f* **1.** *rel* Schändung, Entweihung *f;* **2.** *fig* Entwürdigung *f.* **profane I.** *a* profan; weltlich (gesinnt); **II.** *s m f* Laie *m a. allg;* Außenstehende(r) *m.* **profaner** *tr* **1.** *rel* entweihen, schänden; **2.** *fig* entwürdigen, herab=setzen.

proférer [pRɔfeRe] ‹*Prés. je profère, ns proférons; Fut. je proférerai; pp. proféré, e*› *tr (Drohungen)* aus=stoßen.

professer [pRɔfɛse] *tr* **1.** *(Meinung)* äußern; offen bekunden; **2.** (öffentlich) lehren, unterrichten. **professeur** *m* Professor; (Gymnasial-)Lehrer *m;* ▶ ~ *de faculté* Universitätsprofessor *m;* ~ *de chant, de sport, de ski* Gesangs-, Sport-, Skilehrer *m;* ~ *titulaire* ordentliche(r) Professor *m.* **profession** *f* **1.** Beruf *m;* **2.** Berufsstand *m;* **3.** *rel* Ablegen *n* des (Orden-)Gelübdes; ▶ *exercer une* ~ e-n Beruf aus=üben; ~ *de foi* Glaubensbekenntnis; *pol* Wahlprogramm *n; les* ~*s libérales* die freien Berufe *m pl.* **professionnel, le I.** *a* beruflich; fachlich; gewerbsmäßig; **II.** *s m* Fachmann; Berufssportler, -spieler, -fahrer *m; (Verbrecher)* Professionelle(r); *(Industrie)* Facharbeiter *m;* ▶ *enseignement m* ~ Berufsschul-, Fachunterricht *m; formation, orientation f* ~*le* Berufsausbildung, -beratung *f.* **professoral, e** *a pl -aux* **1.** *pej* schulmeisterlich; **2.** ▶ *corps m* ~ Lehrkörper *m.* **professorat** [-a] *m* Professur *f;* höhere(s) Lehramt *n.*

profil [pRɔfil] *m* **1.** Profil *n a. arch geogr;* Seitenansicht *f;* **2.** *pl* Konturen *f pl;*

Umrisse *m pl;* **3.** äußere Form *f;* **4.** *fig* typische Merkmale *n pl;* ▶ ~ *aérodynamique* Stromlinienprofil *n.* **profilé, e I.** *s m* (Stahl-)Profil *n; pl* Profil-, Formstahl *m;* **II.** *a* profiliert. **profiler I.** *tr* **1.** im Profil dar=stellen; **2.** *tech* profilieren; **II.** *v prn se* ~ sich ab=heben (*sur* von).
profit [pʀɔfi] *m* **1.** Gewinn, Profit; Verdienst *m;* **2.** Vorteil, Nutzen *m;* **3.** ▶ *au* ~ *de* zugunsten *gen; sans* ~ umsonst, vergeblich; *(fam) faire du* ~ lange halten; *faire son, tirer* ~ *de* Nutzen ziehen aus; *mettre à* ~ nutzbringend verwenden, (aus=)nutzen; **4.** ▶ *il y a* ~ *à* es ist vorteilhaft zu; *c'est tout* ~ das ist sehr günstig; **5.** ▶ ~ *de l'entrepreneur* Unternehmergewinn *m.* **profitable** *a* **1.** nutz-, gewinnbringend; **2.** einträglich; vorteilhaft, nützlich. **profiter** *itr* **1.** profitieren, Nutzen haben (*de* von), Nutzen ziehen (*de* aus); (aus=)nutzen (*de qc* e-e S); **2.** (etw) ein=bringen; nützlich sein; zugute kommen; Vorteile bringen (*à qn* jdm); **3.** ▶ *(fam) bien* ~ sich gut entwickeln. **profiteur, se** *m f* ▶ ~ *de guerre, d'inflation* Kriegs-, Inflationsgewinnler *m.*
profond [pʀɔfɔ̃] **I.** *a* **1.** tief; tiefdringend; **2.** *fig* tief(sinnig, -gründig, -schürfend); unergründlich; **3.** innere(r, s); geheim; tiefgreifend; **II.** ▶ *adv creuser* ~ tief graben; **III.** *s m* **1.** Tiefgründigkeit, Gedankentiefe *f;* **2.** ▶ *au plus* ~ *de la forêt* im tiefsten Wald. **profondément** *adv* tief; äußerst. **profondeur** *f* **1.** Tiefe *f a. math;* **2.** *fig* (Gedanken-)Tiefe *f;* Tiefsinn *m,* -gründigkeit *f;* **3.** ▶ *psychologie f des* ~*s* Tiefenpsychologie *f;* ~ *de champ (phot)* Tiefenschärfe *f.*
profusion [pʀɔfyzjɔ̃] *f* verschwenderische Fülle *f;* ▶ *à* ~ in Hülle u. Fülle.
progéniture [pʀɔʒenityʀ] *f fam* Sprößlinge *m pl.*
progiciel [pʀɔʒisjɛl] *m* Softwarepaket *m.*
programmable [pʀɔgʀamabl] *a* in ein Programm aufzunehmen(d); programmierbar. **programmateur** *m* **1.** *radio* Programmgestalter *m;* **2.** *inform* Programmierer *m.* **programmation** *f* **1.** *radio* Programmgestaltung *f;* **2.** *inform* Programmierung *f.* **programmatique** *a* programmatisch. **programme** *m* **1.** Programm *n a. pol u. inform;* **2.** (~ *scolaire)* Studien-, Lehrplan, (Prüfungs-) Stoff *m;* (~ *des cours)* Vorlesungsverzeichnis *n;* **3.** *fig* Plan *m;* Vorhaben *n;* **4.** ▶ *hors* ~ außerplanmäßig, nicht im Programm vorgesehen; **5.** ▶ ~ *de formation* Ausbildungsprogramm *n;* ~ *immédiat, d'aide* Sofort-, Hilfsprogramm *n;* ~ *de production* Fertigungsprogramm *n;* ~ *radiophonique* Rundfunkprogramm *n;* ~ *spatial* Raumfahrtprogramm *n;* ~ *de télévision* Fernsehprogramm *n;* ~ *de travail* Arbeitsprogramm *n.* **programmer I.** *tr* **1.** in das Programm aufnehmen; **II.** *itr inform* programmieren. **programmeur, se** *m f tech inform* Programmierer(in *f*) *m.*
progrès [pʀɔgʀɛ] *m* **1.** *meist pl* Ausbreitung *f; (Feuer)* Umsichgreifen *n;* Fortschreiten *n,* -gang *m;* Steigen *n,* Zunahme *f;* **2.** Fortschritt *m;* ▶ *faire des* ~ Fortschritte machen. **progresser** [-gʀɛse] *itr* **1.** fort=schreiten, Fortschritte machen; vorwärts=kommen; **2.** *mil* vor=rücken; **3.** *(Feuer)* sich ausbreiten; um sich greifen; **4.** *(Wasser)* steigen. **progressif, ive** *a* **1.** vorwärtsschreitend; **2.** steigend, zunehmend. **progression** *f* **1.** Fortschreiten *n,* (allmähliche) Zunahme *f;* **2.** Vormarsch *m,* Vorrücken *n;* Vorstoß *m;* **3.** *math* Reihe *f.* **progressisme** *m* fortschrittliche Gesinnung *f.* **progressiste** *a* fortschrittlich (gesinnt).
prohiber [pʀɔibe] *tr* verbieten, untersagen. **prohibitif, ive** *a* **1.** prohibitiv; **2.** ▶ *prix m* ~ unerschwingliche(r) Preis *m.* **prohibition** *f* Verbot *n;* Sperre *f.*
proie [pʀwa] *f* **1.** Beute *f,* Raub *m,* Opfer *n a. fig;* **2.** ▶ *en* ~ *à* ... ausgesetzt, -geliefert, preisgegeben *dat;* **3.** ▶ *être la* ~ *des flammes* ein Raub der Flammen werden; *oiseau m de* ~ Raubvogel *m.*
projecteur [pʀɔʒɛktœʀ] *m* **1.** Scheinwerfer *m;* **2.** Projektionsgerät *n,* Bildwerfer *m.* **projectile** *m* Geschoß *n.* **projection** [-sjɔ̃] *f* **1.** Wurf *m;* Schleudern; Spritzen *n;* **2.** (Karten-)Projektion *f;* **3.** *film* Vorführung *f;* **4.** ▶ *appareil m de* ~ Projektionsapparat, Bildwerfer *m; cabine f de* ~ *(film)* Vorführraum *m; conférence f avec* ~*s* Lichtbildervortrag *m;* ~ *vidéo* Videovorführung *f.* **projectionniste** *m* Vorführer *m.*
projet [pʀɔʒe] *m* **1.** Plan *m,* Vorhaben, Projekt *n;* **2.** Entwurf *m;* **3.** Bauplan *m;* **4.** ▶ *être en* ~ im Stadium der Planung sein; *faire des* ~*s* Pläne schmieden; ~*s d'avenir, de voyage, de vacances* Zukunfts-, Reise-, Ferienpläne *m pl;* ~ *de loi, de contrat* Gesetz-, Vertragsentwurf *m.* **projeter** [pʀɔʃte] ‹*Prés. je projette, ns projetons; Fut. je projetterai; pp. projeté, e*› **I.** *tr* **1.** werfen, schleudern; spritzen; **2.** projizieren *a. fig; (Film)* vorführen; **3.** projektieren, planen, entwerfen; **4.** vor=haben, sich vor=nehmen; **II.** *v prn se* ~ **1.** sich erstrecken; **2.** *arch* aus=kragen; ▶ ~ *son ombre* seinen Schatten werfen (*sur qc* auf etw).
prolétaire [pʀɔletɛʀ] *m f* Proletarier(in *f*) *m.* **prolétariat** [-a] *m* Proletariat *n.* **prolétarien, ne** *a* proletarisch. **prolétariser** *tr* proletarisieren.
prolifération [pʀɔlifeʀasjɔ̃] *f* **1.** ~ *(cellulaire)* Vermehrung *f* durch Zellteilung;

2. *fig* Weitergabe; schnelle Zunahme *f.* **proliférer** *itr* sich (schnell) vermehren *a. fig;* ► *dans des conditions favorables, les bactéries prolifèrent très rapidement* unter günstigen Bedingungen vermehren sich die Bakterien sehr schnell. **prolifique** *a (Tiere)* sich schnell vermehrend; fruchtbar; kinderreich.

prolixe [pʀɔliks] *a* weitschweifig. **prolixité** Weitschweifigkeit *f.*

prolo [pʀɔlo] *f fam* Prolet *m.*

prologue [pʀɔlɔg] *m* **1.** *theat* Prolog *m;* **2.** *mus* u. *fig fam* Vorspiel *n.*

prolongation [pʀɔlɔ̃gasjɔ̃] *f* (zeitliche) Verlängerung, Ausdehnung *f;* ► ~ *de congé* Urlaubsverlängerung *f;* ~ *du délai* Frist-, Terminverlängerung *f.* **prolongement** *m* **1.** Weiterführung *f,* Ausbau *m,* Verlängerung *f;* **2.** *med* Fortsatz *m;* **3.** *fig* Fortsetzung *f;* **4.** *pl* Auswirkungen *f pl.* **prolonger** ‹*Prés. je prolonge, ns prolongeons; Fut. je prolongerai; pp. prolongé, e*› **I.** *tr* **1.** *(zeitlich)* verlängern, aus=dehnen; hinaus=schieben; **2.** *(Wechsel)* prolongieren; **3.** *(räumlich)* weiterführen; **4.** *(Straße)* weiter ausbauen; **II.** *v prn se* ~ **1.** *(fig)* sich fort=setzen, weiter=gehen; **2.** sich in die Länge ziehen; **3.** *(Weg)* sich hinziehen; **4.** *(Ton)* nachhallen.

promenade [pʀɔmnad] *f* **1.** Spaziergang *m,* -fahrt *f,* -ritt *m;* **2.** Promenade *f;* **3.** ► ~ *en auto, en voiture* Autofahrt, -tour *f.* **promener** ‹*Prés. je promène, ns promenons; Fut. je promènerai; pp. promené, e*› **I.** *tr* **1.** spazieren=, aus=führen; **2.** streichen (*sur qc* über etw); *(Blick)* gleiten, schweifen lassen; **II.** *v prn se* ~ **1.** spazieren=gehen, -reiten, -fahren (*à bicyclette, en auto* mit dem Rad, mit dem Wagen); **2.** ► *envoyer* ~ *(fam)* zum Teufel jagen; **3.** ► *(fig) va te* ~*! (fam)* hau ab! **promeneur, se** *s m f* Spaziergänger(in *f*) *m.* **promenoir** *m* Wandelgang *m,* -halle *f.*

promesse [pʀɔmɛs] *f* **1.** Versprechen *n,* Zusage *f; pl* Versprechungen *f pl;* **2.** *fig* Verheißungen *f pl;* ► *tenir (manquer à) sa* ~ sein Versprechen (nicht) halten; *plein de* ~*s* verheißungsvoll; vielversprechend; *j'ai votre* ~ Sie haben es mir fest versprochen; ~ *de mariage* Heiratsversprechen *n.* **prometteur, se** *a fig* vielversprechend. **promettre** ‹*Prés. je promets, ns promettons; Fut. je promettrai; pp. promis, e; Subj. que je promette, que ns promettions; Impér. promets, promettons*› **I.** *tr* **1.** versprechen, zu=sagen (*de faire* zu tun); **2.** *fig* verheißen, an=künd(ig)en; versichern (*qc à qn* jdm e-e S); **II.** *v prn se* ~ **1.** erhoffen, erwarten, hoffen (*qc* auf e-e S); rechnen (*qc* mit etw); **2.** sich (fest) vor=nehmen.

promis, e [-mi, -iz] *a* versprochen; ► *être* ~ *à qc* für etw ausersehen, zu etw bestimmt sein; *la Terre* ~*e (rel)* das Gelobte Land.

promiscuité [pʀɔmiskɥite] *f* enge(s) Zusammenleben *n;* unmittelbare Nachbarschaft *f.*

promo [pʀɔmɔ] *f (Universität, Hochschule) fam* Jahrgang *m.*

promontoire [pʀɔmɔ̃twaʀ] *m* Vorgebirge, Kap *n.*

promoteur, trice [pʀɔmɔtœʀ, -is] *s m f* **1.** Initiator; Urheber(in *f*); Anstifter(in *f*); Vorkämpfer(in *f*) *m;* **2.** ► ~ *immobilier* Bauträger *m.*

promotion [pʀɔmɔsjɔ̃] *f* **1.** Promotion; Ernennung, Beförderung *f;* **2.** (sozialer) Aufstieg *m;* **3.** ► *(com)* ~ *des ventes* Absatz-, Verkaufsförderung *f;* **4.** ► ~ *immobilière* Baugeschäft *n.* **promotionnel, le** *a com* absatzfördernd. **promouvoir** ‹*Prés. je promeus, ns promouvons; Fut. je promouvrai; pp. promu, e*› *tr* **1.** befördern; ernennen (*qc* zu etw); **2.** *fig* ins Leben rufen; in die Wege leiten; initiieren.

prompt, e [pʀɔ̃, -ɔ̃t] *a* **1.** schnell, rasch, flink, behende; **2.** schnell bereit (*à* zu), schnell bei der Hand (*à* mit); **3.** ► *avoir l'esprit* ~ e-e schnelle Auffassungsgabe haben; ~ *à la répartie* schlagfertig. **promptitude** *f* Schnelligkeit, Geschwindigkeit; Behendigkeit *f.*

promulgation [pʀɔmylgasjɔ̃] *f jur* Verkündung *f.* **promulguer** *tr (Gesetz)* verkünden.

prône [pʀon] *m (kath.)* Predigt *f.* **prôner** *tr* preisen, loben, heraus=streichen.

pronom [pʀɔnɔ̃] *m* Pronomen, Fürwort *n.* **pronominal, e** *a pl-aux* pronominal; ► *verbe m* ~ reflexive(s) Verbum *n.*

prononçable [pʀɔnɔ̃sabl] *a* aussprechbar, auszusprechen(d). **prononcé, e I.** *a* stark ausgeprägt, scharf profiliert, markant; **II.** *s m jur* (Urteils-)Spruch *m;* Verkündung *f.* **prononcer** ‹*Prés. je prononce, ns prononçons; Fut. je prononcerai; pp. prononcé, e*› **I.** *tr* **1.** aus=sprechen; **2.** *(Rede)* halten; **3.** *(Urteil)* fällen, verkünden, verlesen; **4.** *(Strafe)* verhängen; verfügen; **5.** *(Gelübde)* ab=legen; **II.** *itr jur* entscheiden; **III.** *v prn se* ~ **1.** sich bemerkbar machen, hervor=treten; **2.** aus sich heraus=gehen; **3.** (klar, deutlich) s-e Meinung sagen; **4.** sich entscheiden, sich äußern (*contre, pour qn* gegen, für jdn). **prononciation** *f* Aussprache *f.*

pronostic [pʀɔnɔstik] *m* **1.** Voraus-, Vorhersage *f;* An-, Vorzeichen *n;* **2.** *med* Prognose *f;* **3.** *(Toto)* Tip *m.* **pronostiquer** *tr* voraus=, vorher=sagen; prognostizieren.

propagande [pʀɔpagɑ̃d] *f* Propaganda *f;* ► *faire de la* ~ Propaganda machen. **propagandiste** *m f* Propagandist(in *f*) *m.*

propagateur, trice [pʀɔpagatœʀ, -is] *m f* Verbreiter(in *f*) *m*. **propagation** *f* **1.** Ver-, Ausbreitung *f*; **2.** *(Tiere, Pflanzen)* Vermehrung, Fortpflanzung *f*.
propagaz [pʀɔpagaz] *m* Propan(gas) *n*.
propager [pʀɔʒe] ‹*Prés. je propage, ns propageons; Fut. je propagerai; pp. propagé*, ✆› *tr* **1.** ver-, aus≈breiten, propagieren; **2.** vermehren, fort≈pflanzen.
propane [pʀɔpan] *m s. propagaz*.
propédeutique [pʀɔpedøtik] *f* Propädeutik *f*.
propension [pʀɔpɑ̃sjɔ̃] *f* Neigung *f*, Hang *m* (*à* zu).
prophète, prophétesse [pʀɔfɛt, -etɛs] *m f* Prophet(in *f*) *m*; ► *nul n'est ~ dans son pays* der Prophet gilt nichts in s-m Vaterland. **prophétie** [-fesi] *f* Prophezeiung *f*. **prophétique** *a* prophetisch. **prophétiser** *tr* prophezeien.
prophylactique [pʀɔfilaktik] *a* prophylaktisch, vorbeugend. **prophylaxie** *f* Prophylaxe *f*.
propice [pʀɔpis] **1.** *(Mensch)* gnädig; **2.** *(Wetter, Gelegenheit)* günstig.
proportion [pʀɔpɔʀsjɔ̃] *f* **1.** Proportion *f a. math;* Verhältnis *n*; **2.** *pl* Proportionen *f pl*, Ausmaß(e *pl*) *n*; **3.** ► *en ~* entsprechend; im Verhältnis (*de* zu); *dans la ~ où* in dem Maße wie; *toute ~ gardée* den Verhältnissen entsprechend; *hors de toute ~* unverhältnismäßig hoch; **4.** ► *prendre des ~s considérables* beträchtliche Ausmaße an≈nehmen. **proportionné, e** *a* ► *(bien) ~* gut proportioniert. **proportionnel, le** *a math* proportional, im Verhältnis (*à* zu); entsprechend; ► *représentation f ~ le* Verhältniswahlsystem *n*. **proportionnellement** *adv* ► *~ à* im Verhältnis zu, entsprechend *dat*. **proportionner** *tr* **1.** an≈gleichen, -passen; **2.** in ein passendes, vernünftiges Verhältnis bringen (*à* zu).
propos [pʀɔpo] *m* **1.** Vorsatz *m*, Absicht *f*; **2.** *meist pl* Rede *f*; Worte *n pl*, Äußerung(en *pl*) *f*; **3.** ► *à ~* im passenden, rechten Augenblick; bei dieser Gelegenheit; übrigens; *à ce ~* in diesem Zs.hang; *à ~ de rien, (fam) de bottes* um nichts u. wieder nichts; *à quel ~, à ~ de quoi* aus welchem Anlaß *od* Grund; *à tout ~* bei jeder (passenden) Gelegenheit; *hors de ~, mal à ~* unpassend, ungelegen; **4.** ► *arriver, venir à ~* gerade recht, wie gerufen kommen; *juger à ~ de* ... es für passend, angebracht halten zu ..., daß ... **proposer I.** *tr* **1.** vor≈schlagen; *(Plan)* unterbreiten; **2.** *(Gesetzentwurf)* vor≈bringen, -legen; *jur* beantragen; **3.** *(offrir)* an≈bieten; *(Preis)* aus≈setzen; *(Preisfrage)* stellen; *(Thema)* geben; **II.** *v prn se ~* **1.** sich vor≈nehmen, beabsichtigen (*de* zu); sich zum Ziel setzen; **2.** *(être candidat)* sich bewerben (*pour* um; *comme* als); sich (freiwillig) melden (zu). **proposition** *f* **1.** Vorschlag, Antrag *m*; **2.** Angebot *n*; **3.** *gram* Satz *m*; **4.** *(Logik)* Urteil *n*; ► *~ de mariage* Heiratsantrag *m*; *~ de paix* Friedensangebot *n*; *~ principale, subordonnée* Haupt-, Nebensatz *m*.
propre [pʀɔpʀ] **I.** *a* **1.** eigen; charakteristisch (*à* für); **2.** geeignet, brauchbar (*à* zu), passend (*à* für); *(Wort, Ausdruck)* passend, treffend; **3.** sauber, rein(lich) *a. fig*; **4.** gepflegt, tadellos; anständig; **II.** *s m* **1.** Eigenart, Eigentümlichkeit, Besonderheit *f*; **2.** ► *de sa ~ main* eigenhändig; *en ~* als Eigentum, zu eigen; *pour son ~ compte* auf eigene Rechnung; **3.** ► *remettre en main ~* eigenhändig übergeben; **4.** ► *c'est du ~! (fam iron)* das ist mir was Rechtes! *il est ~! fam* er hat sich schön in die Nesseln gesetzt! **5.** ► *nom m ~* Eigenname *m*; *sens m ~* eigentliche(r) Sinn *m*; *~ à rien m* Taugenichts *m*. **proprement** *adv* **1.** eigentlich, an und für sich; **2.** *gram* im eigentlichen Sinn; **3.** sauber; ordentlich, recht gut; ► *à ~ parler* streng genommen; ehrlich gesagt; *~ dit* eigentlich. **propreté** [-pʀə-] *f* Sauberkeit, Reinlichkeit *f*.
propriétaire [pʀɔpʀijetɛʀ] *m f* Eigentümer(in *f*); Hauseigentümer(in *f*), -besitzer(in *f*), -wirt(in *f*) *m*; ► *~ foncier* Grundbesitzer *m*; *~ immobilier* Hausbesitzer *m*. **propriété** *f* **1.** *phys chem* Eigenschaft *f*; **2.** Angemessenheit *f (des Ausdrucks)*; **3.** Eigentum *n*, Besitz(ung *f*) *m*; (Land-)Gut *n*; ► *~ foncière* Grundbesitz *m*. **proprio** *m fam* Hauswirt *m*.
propulser [pʀɔpylse] *tr tech* an≈treiben. **propulseur** *m* Triebwerk *n*, Antrieb, Motor *m*. **propulsion** *f tech* Antrieb *m*; ► *~ à quatre roues* Vierradantrieb *m*.
prorata [pʀɔʀata] *m inv* ► *au ~ de* im Verhältnis zu, nach Maßgabe *gen*.
prorogation [pʀɔʀɔgasjɔ̃] *f* Aufschub *m*; Frist; Verlängerung; Vertagung *f*. **proroger** ‹*Prés. je proroge, ns prorogeons; Fut. je prorogerai; pp. prorogé*, ✆› *tr* auf≈schieben; vertagen.
prosaïque [pʀozaik] *a* prosaisch, nüchtern. **prosateur** *m* Prosaschriftsteller *m*.
proscription [pʀɔskʀipsjɔ̃] *f* Verbot *n*; Abschaffung *f*. **proscrire** [-skʀiʀ] ‹*Prés. je proscris, ns proscrivons; Fut. je proscrirai; pp. proscrit*, ✆› *tr* verbieten, ab≈schaffen. **proscrit, e** [-kʀi, -it] *m f* Verbannte(r *m*) *f*.
prose [pʀoz] *f* **1.** Prosa *f*; **2.** *fig* (Schreib-)Stil *m*.
prosélyte [pʀozelit] *m* Neubekehrte(r) *m*. **prosélytisme** *m* Bekehrungseifer *m*.
prosodie [pʀɔzɔdi] *f gram* Prosodie *f*.

prospecter [pʀɔspɛkte] *tr* **1.** *min* schürfen (*qc* nach etw); **2.** *com (Gebiet)* bereisen; Kundenwerbung treiben. **prospection** [-sjɔ̃] *f* **1.** *min* Schürfung *f;* **2.** *com* (Kunden-)Werbung *f.* **prospectus** [-spɛktys] *m* Prospekt *m;* Reklamezettel *m.*

prospère [pʀɔspɛʀ] *a* erfolgreich, blühend; *(Geschäft)* gutgehend. **prospérer** ‹*Prés. je prospère, ns prospérons; Fut. je prospérerai; pp. prospéré, e*› *itr* **1.** *(Tier, Pflanze)* gedeihen, fort=kommen; **2.** *(Geschäft)* gut gehen. **prospérité** *f* Wohlstand *m;* ▶ *être en pleine* ~ e-n Aufschwung erleben.

prostate [pʀɔstat] *f anat* Vorsteherdrüse *f.*

prosternation [pʀɔstɛʀnasjɔ̃] *f* Fußfall *m.* **prosterner, se** *v prn* sich nieder=werfen (*devant qn* vor jdm), sich zu Füßen werfen (*devant qn* jdm).

prostitué, e [pʀɔstitye] *m f* Prostituierte(r *m*) *f.* **prostituer I.** *tr* **1.** zur Prostitution verleiten; **2.** *fig* herabwürdigen, degradieren; **II.** *v prn se* ~ **1.** der Prostitution nachgehen; **2.** *fig* sich her=geben, sich weg=werfen. **prostitution** *f* **1.** Prostitution *f;* **2.** *fig* Entwürdigung *f.*

prostration [pʀɔstʀasjɔ̃] *f* **1.** *med* (völlige) Entkräftung *f;* **2.** *fig* tiefe Niedergeschlagenheit *f.* **prostré, e** *a* **1.** (völlig) erschöpft, kraftlos; **2.** *fig* niedergeschlagen.

protagoniste [pʀɔtagɔnist] *m theat* Hauptdarsteller *m.*

prote [pʀɔt] *m typ* Faktor *m.*

protecteur, trice [pʀɔtɛktœʀ, -tʀis] **I.** *s m f* **1.** Beschützer(in *f*), Gönner(in *f*); Schutz-, Schirmherr *m;* **2.** *tech* Schutz(vorrichtung *f*) *m;* **II.** *a* **1.** schützend; **2.** *pej* gönnerhaft; **3.** ▶ *droit m* ~ Schutzzoll *m; lunettes f pl protectrices* Schutzbrille *f.* **protection** [-sjɔ̃] *f* **1.** Schutz *m a. tech;* **2.** Beistand *m,* Unterstützung, Hilfe; Protektion *f;* **3.** ▶ ~ *des animaux* Tierschutz *m;* ~ *des données* Datenschutz *m;* ~ *de l'enfance* Jugendschutz *m;* ~ *de l'environnement* Umweltschutz *m;* ~ *contre l'incendie* Brandschutz *m;* ~ *des locataires* Mieterschutz *m;* ~ *maternelle et infantile* Mutterschutz *m;* ~ *contre la rouille* Rostschutz *m;* ~ *sociale* soziale Absicherung *f.* **protectionnisme** *m* Schutzzollpolitik *f.* **protectionniste** *a* Schutzzoll-, *s m* Anhänger *m* der Schutzzollpolitik. **protectorat** [-ʀa] *m* Protektorat *n.*

protégé, e [pʀɔteʒe] *m f* Schützling *m.* **protège-cahier, protège-livre** *m inv* (Schutz=)Umschlag *m.* **protège-oreilles** *m inv* Ohrenschützer *m.* **protéger** ‹*Prés. je protège, ns protégeons; Fut. je protégerai; pp. protégé, e*› *tr* **1.** (be)schützen, (be-)schirmen (*de* vor *dat*); **2.** fördern, unterstützen; protegieren. **protège-tibia** *m* Schienbeinschützer *m.*

protéine [pʀɔtein] *f* Protein *n.*

protestant, e [pʀɔtɛstɑ̃] **I.** *s m f rel* Protestant(in *f*) *m;* **II.** *a* protestantisch. **protestantisme** *m* Protestantismus *m.* **protestataire** *m f* Protestierende(r *m*) *f.* **protestation** *f* **1.** feierliche Versicherung *f;* **2.** Protest(anzeige, -aktion *f*); *jur* Einspruch *m,* Verwahrung *f* (*contre* gegen *acc*); ▶ ~*s d'amitié* Freundschaftsbeteuerungen *f pl.* **protester I.** *itr* **1.** beteuern, versichern (*de qc* e-e S); **2.** formell erklären; **II.** *tr com (Wechsel)* protestieren.

prothèse [pʀɔtɛz] *f med* Prothese *f;* ▶ ~ *dentaire* Zahnersatz *m.*

protocolaire [pʀɔtɔkɔlɛʀ] *a* protokollarisch. **protocole** *m* (diplomatisches) Protokoll *n.*

proton [pʀɔtɔ̃] *m phys* Proton *n.*

protoplasma, protoplasme [pʀɔtɔplasma] *m biol* Protoplasma *n.*

prototype [pʀɔtɔtyp] *m* **1.** *tech* Prototyp *m;* **2.** Muster, Modell, Urbild *n.*

protozoaire [pʀɔtɔzɔɛʀ] *m* Protozoon, Urtier *n,* Einzeller *m.*

protubérance [pʀɔtybeʀɑ̃s] *f* **1.** Beule *f,* Buckel *m;* **2.** *med* Höcker *m;* **3.** *astr* Protuberanz *f.* **protubérant, e** *a* vorspringend; *(Stirn)* gewölbt.

prou [pʀu] *adv:* ▶ *peu ou* ~ mehr oder weniger.

proue [pʀu] *f mar* Bug *m.*

prouesse [pʀuɛs] *f* Heldentat *f a. iron.*

prouvable [pʀuvabl] *a* beweisbar. **prouver** *tr* be-, nach=, erweisen; *(Behauptung)* belegen; dar=legen, -tun, zeigen.

provenance [pʀɔvnɑ̃s] *f* **1.** Herkunft *f,* Ursprung *m,* Quelle *f;* **2.** ▶ *en* ~ *de (loc)* aus Richtung; **3.** ▶ *pays m de* ~ Herkunftsland *n.* **provenant, e** *a* herrührend, -stammend.

provençal, e [pʀɔvɑ̃sal] *a pl-aux* provenzalisch. **Provençal, e** *m f* Provenzale *m,* Provenzalin *f.*

provenir [pʀɔvəniʀ] ‹*Prés. je proviens, ns provenons; Fut. je proviendrai; pp. provenu, e*› *itr* her=kommen, -stammen, -rühren (*de* von *dat*); hervor=gehen, stammen (*de* aus).

proverbe [pʀɔvɛʀb] *m* Sprichwort *n.* **proverbial, e** *a pl-aux* sprichwörtlich.

providence [pʀɔvidɑ̃s] *f* Vorsehung *f.* **providentiel, le** *a* unerwartet, unverhofft.

province [pʀɔvɛ̃s] *f* Provinz *f a. fig.* **provincial, e I.** *a pl-aux* **1.** provinziell; **2.** kleinstädtisch; **II.** *s m f* **1.** Provinzler(in *f*); **2.** Kleinstädter(in *f*) *m.* **provincialisme** *m* Provinzialismus *m.*

proviseur [pʀɔvizœʀ] *m* Direktor *m (e-s staatlichen Gymnasiums).*

provision [pʀɔvizjɔ̃] *f* **1.** Vorrat *m* (*de*

an *dat*); *pl* (Lebensmittel-)Vorräte *m pl*; **2.** *pl* Einkäufe *m pl*, Besorgungen *f pl*; **3.** *(Scheck)* Deckung *f*; **4.** (Kosten-)Vorschuß *m*; **5.** Rückstellung, -lage *f*; **6.** ► *par* ~ vorläufig, einstweilig; *sans* ~ ungedeckt; **7.** ► *faire* ~ *de qc* (sich) etw beschaffen, besorgen; *faire ses* ~*s* s-e Einkäufe machen.

provisoire [pʀɔvizwaʀ] **I.** *a* **1.** *jur* provisorisch, vorläufig, einstweilig; **2.** behelfsmäßig; vorübergehend; **II.** *s m* Provisorium *n*.

provocant, e [pʀɔvɔkɑ̃, -ɑ̃t] *a* aufreizend; provozierend, herausfordernd. **provocateur, trice I.** *a* herausfordernd, provozierend; **II.** *s m* Lockspitzel; Aufwiegler *m*. **provocation** *f* Herausforderung, Provokation *f*. **provoquer** *tr* **1.** provozieren, heraus=, auf=fordern; auf=reizen; **2.** hervor=rufen, bewirken, aus=lösen; **3.** *(Zorn)* erregen.

proxénète [pʀɔksenɛt] *m* Zuhälter *m*. **proxénétisme** *m* Kuppelei *f*.

proximité [pʀɔksimite] *f* Nähe *f*; ► *à* ~ *de* nahe bei; in der Nähe *gen*.

prude [pʀyd] **I.** *a* prüde; zimperlich; **II.** *s f* prüde Person *f*.

prudemment [pʀydamɑ̃] *adv* **1.** um-, vorsichtig; **2.** klugerweise. **prudence** *f* Vor-, Umsicht *f*; Behutsamkeit *f*. **prudent, e** *a* klug, verständig; um-, vorsichtig.

pruderie [pʀydʀi] *f* Prüderie *f*.

prud'homal, e [pʀydɔmal] *a pl-aux jur* arbeitsgerichtlich. **prud'homme** *m*: ► *conseil m des* ~*s* Arbeitsgericht *n*.

prune [pʀyn] *f* **1.** *bot* Pflaume, Zwetsch(g)e *f*; **2.** ► *pour des* ~*s* für nichts u. wieder nichts; *des* ~*s!* *(fam)* das könnte dir so passen! *eau-de-vie f de* ~*s* Zwetsch(g)enwasser *n*. **pruneau** *m pl -x* **1.** Backpflaume *f*; **2.** *pop* blaue Bohne *f*. **prunelle** *f* **1.** *bot* Schlehe *f*; **2.** Pupille *f*. **prunellier** [-nə(ɛ)-] *m bot* Schwarzdorn *m*, Schlehe *f*. **prunier** *m bot* Pflaumen-, Zwetsch(g)enbaum *m*.

prurigineux, se [pʀyʀiʒinø, -øz] *a med* juckend. **prurit** [-(t)] *m* (Haut-)Jucken *n*.

Prusse, la [pʀys] *f* Preußen *n*; ► *bleu m de* ~ Preußischblau, Berliner Blau *n*; *la* ~*-Occidentale* Westpreußen *n*, *la* ~*-Orientale* Ostpreußen *n*. **prussien, ne** *a* preußisch. **Prussien, ne** *m f* Preuße *m*, Preußin *f*.

psalmique [psalmik] *a* Psalm(en)-. **psalmiste** *m* Psalmist *m*. **psalmodie** *f* Psalmensingen. **psalmodier** *tr* **1.** psalmodieren; **2.** herunterleiern.

psaume [psom] *m* Psalm *m*. **psautier** *m* Psalter *m (Buch)*.

pseudo- [psødo] Pseudo-. **pseudonyme** [-nim] *s m* Pseudonym *n*, Deckname *m*.

psitt, pst [ps(i)t] *interj* (p)st!

psittacose [psitakoz] *f* Papageienkrankheit *f*.

psoriasis [psɔʀjazis] *m med* Schuppenflechte *f*.

psychanalyse [psikanaliz] *f* Psychoanalyse *f*. **psychanalyser** *tr (Psychologie)* analysieren. **psychanalyste** *m* Psychoanalytiker *m*. **psychanalytique** *a* psychoanalytisch.

psyché [psiʃe] *f* große(r) Drehspiegel *m*. **psychédélique** [-ke-] *a* psychedelisch.

psychiatre [psikjatʀ] *m* Psychiater *m*. **psychiatrie** *f* Psychiatrie *f*.

psychique [psiʃik] *a* psychisch, seelisch. **psychisme** [-ʃ-] *m* seelische Struktur *f*.

psychodrame [psikɔdʀam] *m* Psychodrama *n*. **psycholinguistique** *f* Psycholinguistik *f*. **psychologie** *f* **1.** Psychologie *f*; **2.** Mentalität *f*; ► ~ *de l'enfant, de l'adolescent* Kinder-, Jugendpsychologie *f*; ~ *des profondeurs* Tiefenpsychologie *f*. **psychologique** *a* psychologisch; ► *moment m* ~ kritische(r) Moment, entscheidende(r) Augenblick *m*. **psychologue** *m* **1.** Psychologe *m*; **2.** Menschenkenner *m*. **psychomoteur, trice** *a anat* psychomotorisch. **psychomotricité** *f* Psychomotorik *f*. **psychopathe** [-pat] *m f* Psychopath(in *f*) *m*. **psychopathologie** *f* Psychopathologie *f*. **psychopathologique** *a* psychopathologisch. **psychose** *f* Psychose *f*. **psychosocial, e** *a* psychosozial. **psychosomatique** *a* psychosomatisch. **psychothérapeute** *m f* Psychotherapeut(in *f*) *m*. **psychothérapeutique, psychothérapique** *a* psychotherapeutisch. **psychothérapie** *f* Psychotherapie *f*. **psychotique** *a* psychotisch; *s m f* Psychotiker(in *f*) *m*.

puant, e [py(y)ɑ̃, -ɑ̃t] *a* **1.** stinkend; **2.** *fig* hochnäsig. **puanteur** *f* Gestank *m*.

pub [pyb] *f fam* Werbung *f*.

pubère [pybɛʀ] *a* mannbar. **puberté** *f* Pubertät(szeit) *f*.

pubis [pybis] *m anat* Schamberg *m*.

public, ique [pyblik] **I.** *a* **1.** öffentlich, allgemein; staatlich; **2.** offen(kundig), publik, allgemein bekannt; **II.** *s m* **1.** Allgemeinheit, Öffentlichkeit *f*; **2.** Publikum *n*; **3.** ► *en* ~ in der Öffentlichkeit; **4.** ► *rendre* ~ bekannt=machen, publik machen, verbreiten; **5.** ► *autorité f* ~*que* Staatsgewalt *f*; *avis m au* ~ öffentliche Bekanntmachung *f*; *fonction, charge f* ~*que* öffentliche(s) Amt *n*; *pouvoirs m pl* ~*s* Behörden *f pl*. **publication** *f* **1.** Veröffentlichung, Herausgabe *f*; **2.** Publikation; Verlagserscheinung *f*; ► ~ *assistée par ordinateur* PAO Desktop Publishing *n*. **publiciste** [-sist] *m* Werbefachmann *m*. **publicitaire I.** *a* Werbe-, Reklame-; **II.** *s m* Werbefachmann *m*; ► *film m* ~ Werbefilm *m*. **publicité** *f* **1.** Öffentlichkeit *f;* **2.** Werbung *f;* **3.** ▶ *faire de la* ~ Reklame machen; werben; **4.** ▶ *campagne f de* ~ Werbefeldzug *m; chef, département m de la* ~ Werbeleiter *m*, -abteilung *f; office m de* ~ Annoncenbüro *n*, Anzeigenannahme *f;* ~ *par affiches* Plakatwerbung *f;* ~ *dans les cinémas* Kinoreklame *f;* ~ *à la radio, à la télévision* Funk-, Fernsehwerbung *f.* **publier** [-blije] *tr* **1.** *(Buch)* veröffentlichen, heraus=geben, =bringen; verlegen; **2.** bekannt=machen, verkünden.

publiphone [pyblifɔn] *m tele* Kartentelefon *n.*

puce [pys] **I.** *s f zoo* Floh *m; inform* Chip *m;* **II.** *a* rotbraun; ▶ *mettre la* ~ *à l'oreille de qn (fam)* jdm e-n Floh ins Ohr setzen; *secouer les* ~*s à qn (fam)* jdm den Kopf waschen; *marché aux* ~*s* Flohmarkt *m;* ~ *électronique (inform)* Chip, Baustein *m.*

puceau, elle [pyso, pysəl] **I.** *a* ▶ *être* ~ noch unberührt sein; **II.** *s f fam* Jungfrau *f;* ▶ *la Pucelle d'Orléans* die Jungfrau von Orléans.

puceron [pysʀɔ̃] *m* Blattlaus *f.*

pudeur [pydœʀ] *f* Scham(haftigkeit) *f;* ▶ *sans* ~ schamlos; *blesser la* ~ das Schamgefühl verletzen. **pudibond, e** [-dibɔ̃, -ɔ̃d] *a* prüde. **pudique** *a* **1.** schamhaft; sittsam; keusch, züchtig; **2.** ▶ *faire une allusion* ~ *à qc* e-e leise Anspielung auf etw machen.

puer [pye] *tr itr* stinken, riechen (*qc* nach etw).

puériculture [pyeʀikyltyʀ] *f* Säuglings-, Kleinkinderpflege *f.*

puéril, e [pyeʀil] *a* kindisch. **puérilité** *f* kindische(s) Wesen *n;* Kinderei *f.*

puerpéral, e *a* ▶ *fièvre f* ~*e* Kindbettfieber *n.*

pugilat [pyʒila] *m* Schlägerei *f.*

puis [pyi] *adv* dann, darauf; ▶ *et* ~ und dann, danach; (und) außerdem; *et* ~*?* und was sonst? und was dann?

puisard [pyizaʀ] *m tech* Sumpf *m*, Ölwanne *f.* **puiser** *tr* **1.** schöpfen *a. fig* (*à, dans* aus *dat*); **2.** *fig* entlehnen (*à, dans* bei).

puisque [pyiskə] *conj* da ja, da (nun) einmal, weil doch; ▶ ~ *je vous le dis!* ich sage Ihnen doch!

puissamment [pyisamɑ̃] *adv* gewaltig, stark, mächtig. **puissance** *f* **1.** Macht; Gewalt; Herrschaft, Regierungsgewalt *f;* **2.** Kraft, Stärke *f;* Vermögen *n;* **3.** *agr* Ertragfähigkeit; **4.** *geol* Mächtigkeit; **5.** *math* Potenz; **6.** *phys* Kraft, Energie; **7.** *tech mot* Leistung(sfähigkeit) *f;* **8.** ▶ *avoir en sa* ~ in s-r Gewalt haben; **9.** ▶ ~ *calorifique* Heizkraft *f;* ~ *effective, utile* Nutzleistung *f;* ~ *mondiale* Weltmacht *f;* ~ *du moteur* Motorleistung, -stärke *f;* ~ *nucléaire* Atomkraft *f;* ~*s occultes* übernatürliche Mächte *f pl;* ~ *du son (radio)* Lautstärke *f;* ~ *spatiale (cosm)* Weltraummacht *f;* ~ *de travail* Arbeitskraft *f*, -potential *n.* **puissant, e** *a* **1.** mächtig, gewaltig; **2.** *(Heer)* stark, (tat)kräftig; **3.** wirksam, einflußreich; **4.** fähig, geschickt; **5.** *tech* leistungsfähig.

puits [pɥi] *m* **1.** Brunnen *m;* **2.** *min* Schacht *m;* **3.** ▶ ~ *d'aérage, d'air* Wetter-, Luftschacht *m;* ~ *artésien* artesischer Brunnen *m;* ~ *de pétrole* (Öl-) Bohrloch *n.*

pull [pyl] *m fam* Pullover; Pulli *m.*

pullover [-ɔvɛ(œ)ʀ] *m* Pullover *m.*

pullulation [pylylasjɔ̃] *f*, **pullulement** *m* Gewimmel *n.* **pulluler** *itr* wimmeln.

pulmonaire [pylmɔnɛʀ] **I.** *a* Lungen-; **II.** *s f bot* Lungenkraut *n.*

pulpe [pylp] *f* (Frucht-)Fleisch *n;* ▶ ~ *dentaire* Zahnpulpa *f.* **pulpeux, se** *a* fleischig; breiig.

pulsation [pylsɑsjɔ̃] *f* **1.** *(Herz)* Schlagen, Klopfen *n;* Puls(schlag) *m;* **2.** *el* Frequenz *f.*

pulsion [pylsjɔ̃] *f* Trieb *m;* ▶ ~ *sexuelle* Geschlechtstrieb *m.*

pulvérisateur [pylveʀizatœʀ] *m* Zerstäuber *m.* **pulvérisation** *f* Pulverisieren; Zerstäuben *n.* **pulvériser** *tr* **1.** pulverisieren *a. fig;* **2.** *fig (Feind)* (völlig) auf=reiben; **3.** *(Einwand)* entkräften; **4.** *(Rekord)* brechen. **pulvérulent, e** *a* pulverförmig.

puma [pyma] *m zoo* Puma *m.*

punaise [pynɛz] *f* **1.** *zoo* Wanze *f;* **2.** Reißnagel, -brettstift *m.*

punch [pɔ̃ʃ] *m* **1.** Punsch *m;* **2.** *sport* [pœnʃ]: ▶ *avoir le* ~ schlagkräftig sein *m.*

punching-ball [pœntʃiŋbol] *m* Punchingball *m.*

punir [pyniʀ] *tr* (be)strafen (*de* mit *dat;* für *acc*); ▶ *en être* ~*i* es büßen müssen. **punissable** *a* strafbar. **punitif, ive** *a* Straf-; ▶ *expédition f punitive* Strafexpedition *f.* **punition** *f* **1.** Bestrafung *f;* **2.** Strafe *f* (*de* für *acc*); ▶ ~ *corporelle* körperliche Züchtigung *f.*

punk [pœ̃k] *a* Punk-, *s m f* Punker(in *f*) *m;* ▶ *musique* ~ Punkrock *m.*

pupille [pypil, *fam* -pij] **1.** *m f* Mündel *n;* **2.** *f* Pupille *f.*

pupitre [pypitʀ] *m* (Schreib-, Lese-)Pult *n; inform* Pult *n;* ▶ ~ *de commande, de distribution (el)* Schaltpult *n;* ~ *de musicien, d'orchestre* Noten-, Dirigentenpult *n.* **pupitreur, se** *m f inform* Anlagenbediener(in *f*) *m.*

pur, e [pyʀ] *a* **1.** *chem* rein; lauter, schier, pur; unge-, unvermischt; **2.** *(Klang)* rein; *(Himmel)* klar, ungetrübt; *(Wasser)* sauber; **3.** *(Herz)* rein; lauter; makellos; frei (*de* von); **4.** *(Geschmack)*

fein; **5.** *(vorgestellt)* rein, bloß, einfach, (weiter) nichts als; **6.** *(nachgestellt) (Zufall)* rein; bloß; *(Zustimmung)* uneingeschränkt; **7.** ▶ *de ~ sang* reinrassig; *en ~e perte* vergeblich, umsonst; *par ~e malice* aus reiner Bosheit; **8.** ▶ *c'est ~e folie* das ist reiner Wahnsinn; *(cheval m) ~ sang m* Vollblutpferd *n.*
purée [pyʀe] *f* **1.** Pürree *n,* Brei *m,* Mus *n;* **2.** *fam fig* Elend *n,* Not *f;* ▶ *il est dans la ~ (fam)* es geht ihm dreckig; **3.** ▶ *~ de pois* Erbspüree *n,* -brei *m.*
purement [pyʀmɑ̃] *adv* ausschließlich; einzig u. allein; bloß, nur; ▶ *~ et simplement* schlicht u. einfach; rundweg. **pureté** *f* **1.** Reinheit *f;* **2.** *(Himmel)* Wolkenlosigkeit, Klarheit *f;* **3.** *(Herz)* Reinheit; **4.** *(Absicht)* Lauterkeit *f.*
purgatif, ive [pyʀgatif, -iv] **I.** *a* abführend; **II.** *s m* Abführmittel *n.* **purgatoire** *s m rel* Fegefeuer *n.* **purge** [pyʀʒ] *f* **1.** *med* Abführmittel *n;* **2.** *tech* Spülung, Entwässerung *f;* **3.** *(Hypothek)* Ablösung *f;* **4.** *pol* Säuberungsaktion *f.*
purger ‹*Prés. je purge, ns purgeons; Fut. je purgerai; pp. purgé, e*› *tr* **1.** *tech* spülen, entwässern; **2.** ein Abführmittel geben (*qn* jdm); **3.** *(Schulden)* tilgen; *(Hypothek)* ab=lösen, löschen; **4.** *(Strafe)* verbüßen; **5.** *pol* säubern.
purificateur, trice [pyʀifikatœʀ, tʀis] *a* reinigend; *s m f* Reiniger *m.* **purification** *f rel tech* Reinigung, Läuterung *f.* **purifier** *tr tech rel fig* reinigen, läutern.
purin [pyʀɛ̃] *m agr* Jauche *f.*
purisme [pyʀism] *m (sprachl.)* Purismus *m.* **puriste** *m* Purist *m.*
puritain, e [pyʀitɛ̃, -ɛn] **I.** *a rel* puritanisch; **II.** *s m f* Puritaner(in *f*) *m a. fig.* **puritanisme** *m* Puritanismus *m.*
purulence [pyʀylɑ̃s] *f* (Ver-)Eiterung *f.* **purulent, e** *a* eitrig, vereitert.
pus [py] *m* Eiter *m.*
pusillanime [pyzilanim] *a lit* kleinmütig, furchtsam.
pustule [pystyl] *f* **1.** Pustel *f,* Eiterbläschen *n;* **2.** *zoo* Warze *f;* Blatter *f.*
putain [pytɛ̃] *f* **1.** Dirne *f;* **2.** *interj* Donnerwetter! **3.** ▶ *~ de temps* Sauwetter *n.*
putatif, ive [pytatif, -iv] *a* vermeintlich.
putois [pytwa] *m zoo* Iltis; ▶ *crier comme un ~ (pop)* wie am Spieß schreien.
putréfaction [pytʀefaksjɔ̃] *f* Fäulnis; Verwesung *f;* ▶ *tomber en ~* in Verwesung über=gehen. **putréfier I.** *tr* in Fäulnis, Verwesung übergehen lassen; **II.** *v prn se ~* verwesen. **putrescence** *f* (Ver-)Faulen *n.* **putrescent, e** *a* (ver)faulend. **putrescible** *a* verweslich; faulend, sich zersetzend. **putride** *a* faul(ig).
putsch [putʃ] *m* Putsch *m.* **putschiste** *m* Putschist *m.*
puy [pɥi] *m (Auvergne)* Berg(kuppe *f*) *m.*
puzzle [pœzl(ə)] *m* Puzzle(spiel) *n, jeu m de patience.*
pygmée [pigme] *m* Pygmäe *m.*
pyjama [piʒama] *m* Pyjama, Schlafanzug *m.*
pylône [pilon] *m* **1.** *arch* Pylon, Standpfeiler *m;* **2.** *tech* Mast *m.*
pylore [pilɔʀ] *m anat* Pförtner *m.*
pyramidal, e [piʀamidal] *a pl-aux* pyramidenförmig. **pyramide** *f arch math* Pyramide *f;* ▶ *~ des âges* Alterspyramide *f; ~ à gradins* Stufenpyramide *f.*
pyrénén, ne [piʀeneɛ̃, -ɛn] *a* pyrenäisch. **Pyrénées, les** *f pl* die Pyrenäen *pl.*
pyrite [piʀit] *f min* Pyrit, Schwefel-, Eisenkies *m.*
pyrogravure [piʀɔgʀavyʀ] *f* Brandmalerei *f.* **pyromane** *m f* Pyromane *m f.* **pyrophosphate** *m chem* Pyrophosphat *n.* **pyrotechnicien** *m* Feuerwerker *m.* **pyrotechnie** *f* Feuerwerkerei *f.*
pyrotechnique *a* pyrotechnisch.
python [pitɔ̃] *m* Pythonschlange *f.*

Q

q, Q [ky] *m* q, Q *n*.
quadragénaire [k(w)adʀaʒenɛʀ] **I.** *a* vierzigjährig; **II.** *s m f* Vierzigjährige(r *m*) *f;* Vierziger(in *f*) *m*. **quadrature** *f math* Quadratur *f;* ▶ *du cercle* Quadratur *f* des Kreises; *fig* unlösbare Aufgabe *f*. **quadriennal, e** *a* vierjährig; alle vier Jahre stattfindend. **quadrilatère** *m math* Viereck *n*.
quadrillage [kadʀijaʒ] *m* **1.** *(Karte)* Gitternetz *n;* **2.** *(Stoff)* Karomuster *n;* **3.** *(Bildfunk)* Raster *m;* **4.** *(Polizei)* Besetzung *f* des Geländes durch ein netzartiges Stützpunktsystem; **5.** *fig* Kontrolle, Überwachung *f;* **6.** *fig* bessere Versorgung *f*. **quadrille** [kadʀij] *m* Quadrille *f (Tanz)*. **quadrillé, e** [ka-] *a* kariert, gewürfelt. **quadriller** *tr* **1.** *(Polizei)* mit einem Kontrollnetz überziehen; kontrollieren, überwachen; **2.** (besser) versorgen.
quadrimoteur, trice [k(w)adʀimɔtœʀ, -tʀis] **I.** *a* viermotorig; **II.** *s m* viermotorige(s) Flugzeug *n*. **quadripartite** *a* Vierer-; ▶ *conférence f ~(t)e* Viererkonferenz *f*. **quadriphonie** *mus* Quadrophonie *f*. **quadrisyllabique** *a* viersilbig. **quadrupède I.** *a* vierfüßig; **II.** *s m* Vierfüß(l)er *m*. **quadruple I.** *a* vierfach; **II.** *s m:* ▶ *le ~* das Vierfache. **quadrupler** *tr (itr)* (sich) vervierfachen. **quadruplés, ées** *m f pl* Vierlinge *m pl*.
quai [ke(ɛ)] *m* **1.** Kai; Ufer-, Hafendamm *m;* **2.** Uferstraße *f;* **3.** Bahnsteig *m;* **4.** ▶ *billet m de ~* Bahnsteigkarte *f; livré à ~* franko Kai; *~ d'Orsay (Pariser Straße)* französische(s) Außenministerium *n; ~ d'arrivée, de départ* Ankunfts-, Abfahrtsbahnsteig *m; ~ de chargement, d'embarquement* Verladerampe *f*.
qualifiable [kalifjabl] *a* **1.** qualifizierbar; bestimmbar; **2.** *sport* teilnahmeberechtigt. **qualificatif, ive I.** *a* ▶ *gram adjectif ~* Adjektiv, Eigenschaftswort *n;* **II.** *s m* Attribut *n*. **qualification** *f* **1.** Qualifikation, Anerkennung *f* (*de* als) **2.** Eignung, Befähigung *f* (*à* zu); **3.** Benennung, Bezeichnung *f;* **4.** *sport* Zulassung, Qualifikation *f*. **qualifié, e** *a* **1.** berufen, befähigt, geeignet, qualifiziert (*pour* zu); **2.** *jur (Diebstahl)* schwer; **3.** *sport* qualifiziert; ▶ *ouvrier m ~* Facharbeiter *m*. **qualifier I.** *tr* **1.** bezeichnen (*qc* als *acc; qn de qc* jdn als etw *acc*), benennen; **2.** *gram* näher bestimmen; **II.** *v prn se ~* **1.** sich bezeichnen, sich aus=geben (*de* als *acc*); **2.** sich qualifizieren, sich aus=weisen (*pour* als *acc*); **3.** *sport* sich qualifizieren (*pour* zu).
qualitatif, ive [kalitatif, -iv] *a* qualitativ. **qualité** *f* **1.** Eigenschaft (*de* als); Qualität, Beschaffenheit; *(Ware)* Güte *f;* **2.** hervorragende Eigenschaft; Befähigung, Fähigkeit *f;* **3.** *jur* Eigenschaft *f;* **4.** ▶ *de ~ inférieure* minderwertig; *en ~ de ...* in s-r Eigenschaft als ...; **5.** ▶ *avoir ~* berechtigt sein (*pour* zu); *produit m de ~* Qualitäts-, Güteerzeugnis *n; ~s d'organisation* Organisationstalent *n; ~ de la vie* Lebensqualität *f*.
quand [kɑ̃, *gebunden* kɑ̃t] **I.** *adv* wann? **II.** *conj* als; wenn; ▶ *depuis ~?* seit wann? wie lange? *(jusqu') à ~?* bis wann? wie lange? *~ même* dennoch, trotzdem; *~ (bien) même* selbst wenn, wenn auch.
quant [kɑ̃] *loc prp* ▶ *~ à* was *(acc)* ... betrifft; *~ à moi* ich meinerseits. **quant-à-soi** *m fam* Zurückhaltung, Reserviertheit *f;* Egoismus *m;* ▶ *rester sur son ~* sich sehr reserviert verhalten.
quantième [kɑ̃tjɛm] *m:* ▶ *le ~ du mois* das Monatsdatum.
quantique [kwɑ̃tik] *a phys* Quanten-; ▶ *mécanique f ~* Quantenmechanik *f*.
quantitatif, ive [kɑ̃titatif, -iv] *a* quantitativ. **quantité** *f* **1.** Quantität; Menge *f;* Gehalt *m* (*de* an *dat*); Anzahl *f;* **2.** *math* Größe *f;* **3.** *gram mus* Quantität, Länge *f;* Zeit-, Silbenmaß *n;* **4.** ▶ *~ de* e-e Menge, viele; *en ~* in Menge, haufenweise; *par petites ~s* in kleinen Mengen; *~ d'électricité, d'énergie, de précipitation, de production* Elektrizitäts-, Energie-, Niederschlags-, Produktionsmenge *f*.
quantum [kwɑ̃tɔm] *m* **1.** Quantum *n*, (An-)Teil *m;* Summe *f*, Betrag *m;* **2.** *phys* (*pl* **quanta** [kw-, kɑ̃ta]) Quant *n;* ▶ *théorie f des ~a* Quantentheorie *f*.
quarantaine [kaʀɑ̃tɛn] *f* **1.** (etwa) vierzig; **2.** *fam* (die) Vierzig, (Alter *n* von) 40 Jahre(n) *n pl;* **3.** *mar* Quarantäne *f;* **4.** *fig* gesellschaftliche Isolierung *f;* ▶ *mettre qn en ~* den Verkehr mit jdm ab=brechen. **quarante** *a* vierzig. **quarantième I.** *a* vierzigste(r, s); **II.** *s m* Vierzigstel *n*.
quart [kaʀ] *m* **1.** Viertel *n;* **2.** *mar* Wache *f;* **3.** Kompaßstrich *m;* **4.** *mil* Feldbecher *m;* **5.** ▶ *le tiers et le ~* dieser u. jener, alle Welt; *deux heures et (un) ~* (ein) Viertel nach zwei, (ein) Viertel drei; *deux heures moins le* od *un ~* (ein)

Viertel vor zwei, drei Viertel zwei; **6.** ► *passer un mauvais ~ d'heure* unangenehme, bange Minuten durchmachen; *il est ~, le ~ a sonné* es ist (ein) Viertel, es hat (ein) Viertel geschlagen; *~ d'heure* Viertelstunde *f; le ~ monde* die neuen Armen *m pl.* **quarte** [kaʀt] *f mus (Fechten)* Quart(e) *f.* **quarteron** *m fig péj* kleiner Haufen *m.* **quartette** [kwaʀtɛt] *m (Jazz)* Viermannband *f.* **quartier** *m* **1.** Viertel *n (a. Mond, Schlachttier);* **2.** Stadtteil *m,* (Stadt-)Viertel *n;* **3.** *pl mil* Quartier *n;* Kaserne *f;* **4.** große(s) Stück *n,* Block *m;* **5.** *(Schuh)* Oberleder *n;* **6.** ► *demander ~* um Gnade bitten; *donner, faire ~ à qn* jdm das Leben schenken; *~ d'affaires, commercial, de commerce* Geschäftsviertel *n; ~ général (mil)* Hauptquartier *n; ~ d'habitation, résidentiel* Wohnviertel *n; Q~ latin* Universitäts- u. Institutsviertel *n* von Paris; Pariser Studenten *m pl.* **quarto** *adv* viertens.

quartz [kwaʀts] *m min* Quarz *m.* **quartzeux, se** *a* Quarz-; quarzhaltig. **quartzifère** *a* quarzhaltig.

quasar [kazaʀ] *m astr* Quasar *m.*

quasi [kazi] **I.** *s m* Kalbskeulenstück *n;* **II.** *adv* fast, beinahe; gewissermaßen; *(vor s)* nahezu gänzlich, fast völlig. **quasiment** *adv fam* beinahe; quasi.

quasimodo [kazimɔdo] *f* Sonntag *m* nach Ostern.

quaternaire [kwatɛʀnɛʀ] **I.** *a chem* quaternär; **II.** *s m* u. ► *ère f ~ (geol)* Quartär *n.*

quatorze [katɔʀz] **I.** *a* vierzehn; **II.** *s m* Vierzehn(er *m) f;* der Vierzehnte; ► *le ~ juillet* der 14. Juli *(französischer Nationalfeiertag).* **quatorzième I.** *a* vierzehnte(r, s); **II.** *s m* Vierzehntel *n.* **quatorzièmement** *adv* vierzehntens.

quatrain [katʀɛ̃] *m* Vierzeiler *m.* **quatre I.** *a* vier; **II.** *s m* **1.** Vier(er *m) f;* der Vierte; **2.** ► *à ~* zu viert, zu vieren; *~ à ~* vier Treppenstufen überspringend; *à ~ pas de* drei Schritt(e) von; *à ~ pattes* auf allen vieren; **3.** ► *ne pas y aller par ~ chemins* gerade, ohne Umweg, direkt darauf los=gehen; *manger comme ~* für drei essen; *se mettre en ~ (fig)* sich gewaltig anstrengen; *fam* sich für jdn umbringen; *se tenir à ~* sich zs.=reißen, -nehmen; **4.** ► *~-saisons: marchand(e f) m des ~* Obst u. Gemüse-Straßenhändler(in *f) m; ~-vingt(s)* [katʀə-] *a* achtzig; *~vingtième* I. *a* achtzigste(r, s); II. *s m* Achtzigstel *n; ~-vingt-dix* neunzig. **quatrième I.** *a* vierte(r, s); **II.** *s m* **1.** der 4. *(e-s Monats);* **2.** 4. Stock *m;* **III.** *s f* **1.** *(Schule)* 4. Klasse *f;* **2.** *mot* vierte(r) Gang *m.* **quatrièmement** *adv* viertens.

quatuor [kwatɥɔʀ] *m mus* Quartett *n;* ► *~ à cordes* Streichquartett *n.*

que [kə] **I.** *prn (relativ)* den, die; das; welche(n, s); was; *(nach Zeitangaben)* in, an dem, der; **II.** *prn interrogatif (fragend)* was? ► *advienne ~ pourra!* komme, was da wolle! *ce ~* was; *faites ce ~ bon vous semble* handeln Sie ganz nach Ihrem Belieben; *~ diable (fam)* was zum Teufel; *qu'est-ce?, qu'est-ce ~ c'est ~ cela?* was ist das? *je ne sais ~ faire* ich weiß nicht, was ich tun soll; **III.** *adv* wie (sehr); so-, wieviel(e); warum; ► *~ c'est bon!* wie gut (das ist, tut, schmeckt)! *~ de fois* wie viele Male, wie oft; *~ de monde!* wieviel Leute! *~ je sache* soviel ich weiß; *~ si, ~ non!* ja doch, nein doch! **IV.** *conj* daß; *(bes. nach Komparativ, autre)* als; *(nach (aus)si, (au)tant, même, tel)* wie; *(wiederholend od stellvertretend für andere conj)* als, wenn, bevor, nachdem, seit, bis, da, obgleich; ► *ne ... ~* nur; *non (pas) ~... (mit subj)* nicht als ob...; *il y a deux ans qu'il est mort* er ist seit 2 Jahren tot; *attendez qu'il revienne* warten Sie, bis er zurückkommt; *autre ~ lui* ein anderer als er; *je crois ~ non* ich glaube nicht; *tant ~ tu voudras* soviel, solange du willst; *tant bien ~ mal (fam)* so einigermaßen; *tel ~ je le connais* so, wie ich ihn kenne; *qu'il vienne!* käme er doch! er ist willkommen! *qu'il vienne ou non* einerlei *od* gleich(gültig), ob er kommt.

Québec [kebɛk] *m* Quebec *n.* **québécois, e** *a* aus Quebec; *s m gram* (das) Französisch, das in der Provinz Quebec gesprochen wird. **Québecois, e** *m f* Einwohner(in *f) m* von Quebec.

quel, le [kɛl] **I.** *prn* welche(r, s)? was für ein(e), *pl* was für? ► *tel ~* (mittel)mäßig; (x-)beliebig; Zufalls-; *~ âge as-tu?* wie alt bist du? *~le chance!* was für ein Glück! *~le heure est-il?* wie spät ist es? **II.** *~ que (m. Konjunktiv)* welches, was für ein, wie (groß) auch immer. **quelconque** [-kɔ̃k] *a* **1.** irgendein(e, r); **2.** belanglos; nebensächlich, unbedeutend; (mittel)mäßig; (x-)beliebig; ► *d'une manière ~* irgendwie. **quelque I.** *adj* **1.** irgendein(e); ein gewisser, eine gewisse; etwas; **2.** *pl* einige, manche, ein paar; **II.** *adv* ungefähr, etwa; ein wenig; ► *30 ans et ~s* etwas über 30 Jahre; *~ chose* etwas; *~ jour* e-s (schönen) Tages; *~ part* irgendwo(hin); *fam* mal wohin *(aufs WC); ~ peu* ein wenig; *~ temps* eine Zeitlang; *être ~ chose* etwas sein, vor=stellen; *cela me dit ~ chose* das sagt, bedeutet mir etwas. **quelquefois** [-kə-] *adv* manchmal, bis-, zuweilen, mitunter, hin u. wieder. **quelqu'un, e** *prn* **1.** (irgend)eine(r, s); (irgend) jemand; **2.** *pl* ► *~ques-un(e)s* einige, ein paar; manche; *être ~* e-e (bedeutende) Persönlichkeit

sein.
quémander [kemɑ̃de] *tr* (aufdringlich) betteln, bitten (*qc* um etw). **quémandeur, se** *s m f* lästige(r), aufdringliche(r) Bettler(in *f*), Bittsteller(in *f*) *m.*
qu'en-dira-t-on [kɑ̃diʀatɔ̃] *m inv fam* Gerede *n* der Leute.
quenelle [kənɛl] *f* Fleischklößchen *n (in Pastete).*
quenotte [kənɔt] *f fam* Beißerchen, (Kinder-)Zähnchen *n.*
quenouille [kənuj] *f* Kunkel *f,* Spinnrokken *m.*
querelle [kəʀɛl] *f* Streit, Zank *m; pl* Streitigkeiten *f pl;* ► *chercher ~ à qn* mit jdm Streit an=fangen. **quereller I.** *tr lit* aus=zanken, -schimpfen, -schelten; **II.** *v prn se ~* sich zanken, streiten (*avec qn* mit jdm). **querelleur, se I.** *a* zank-, streitsüchtig, zänkisch; **II.** *s m f* Zänker *m,* Xanthippe *f.*
questeur [k(ɥ)ɛstœʀ] *m* **1.** *hist* Quästor; **2.** *parl* Schatzmeister *m.*
question [kɛstjɔ̃] *f* **1.** (An-)Frage *f;* **2.** Problem *n;* Angelegenheit *f;* **3.** ► *hist* Folter *f;* **4.** ► *en ~* fraglich, bewußt; **5.** ► *être en ~* zur Debatte stehen; *poser une ~* e-e Frage stellen; *inscrire, mettre une ~ à l'ordre du jour* e-e Frage auf die Tagesordnung setzen; *mettre qn à la ~ (fig fam)* jdn auf die Folter spannen; *presser de ~s* mit Fragen bestürmen; *résoudre, soulever, traiter une ~* e-e Frage lösen, auf=werfen, behandeln; **6.** ► *à la ~!* zur Sache! *c'est une ~ de temps* das ist e-e Frage der Zeit; *il est ~ de* es handelt sich um; es ist die Rede von (*que* davon, daß); *il n'en est pas ~* es kommt nicht in Frage; *la ~ n'est pas là* darum geht es (hier) nicht; **7.** ► *~ d'actualité, à l'ordre du jour* aktuelle Frage *f; ~ d'argent, financière* Geldfrage *f; ~ de principe* Grundsatzfrage *f; ~-piège f* Fangfrage *f: ~ de procédure* Verfahrensfrage *f.* **questionnaire** [-tjɔ-] *m* Fragebogen *m;* ► *à choix multiples (QCM)* Multiple-choice-Fragebogen *m.* **questionner** *tr* be-, aus=fragen (*sur* über). **questionneur, se** *s m f,* Fragesteller (in *f*) *m.*
quête [kɛt] *f* **1.** *vx* Suche(n *n*); **2.** (Geld-) Sammlung; (Kirchen-)Kollekte *f;* ► *être en ~* auf der Suche sein (*de* nach); *~ à domicile* Haussammlung *f.* **quêter** [ke(ɛ)-] **I.** *tr* **1.** *fig (chasse)* jagen (*qc* nach etw); **2.** *fig* erbetteln; **II.** *itr (Spenden)* sammeln. **quêteur, se** *s m f* (Geld-)Sammler(in *f*) *m;* ► *frère m ~* Bettelmönch *m.*
quetsche [kwɛtʃ] *f* **1.** Zwetsch(g)e *f;* **2.** Zwetsch(g)enwasser *n.*
queue [kø] *f* **1.** Schwanz, Schweif *m a. fig (Komet);* **2.** Stiel *a. bot;* Griff *m;* **3.** Zipfel *m,* Ende *n a. fig;* **4.** *fig* Schluß, Rest *m;* Folgen *f pl;* **5.** Schlange *(von Menschen); fam* Latte *f (Schulden);* **6.** Queue *n,* Billardstock *m;* **7.** *(Kleid)* Schleppe *f;* **8.** *tech* Schaft, Zapfen *m;* **9.** ► *à la ~!* hinten anstellen! *à la ~ leu leu* im Gänsemarsch; *en ~* hinten; *fig* am Schwanz; **10.** ► *commencer, prendre par la ~ (Roman)* von hinten an=fangen; *faire la ~* Schlange stehen, an=stehen; *finir en ~ de poisson (fig)* im Sande verlaufen; *prendre la ~, se mettre à la ~* sich (hinten) an=stellen; *tenir la ~ de la poêle (fig)* das Heft in der Hand haben; **11.** ► *il lui a fait une ~ de poisson (arg mot)* er hat ihn geschnitten; *cela n'a ni ~ ni tête* das hat weder Hand noch Fuß; **12.** ► *piano m à ~ (mus)* Flügel *m; robe f à ~* Schleppkleid *n; ~ de cheval, de bœuf* Pferde-, Ochsenschwanz *m.*
qui [ki] **I.** *prn* der, die das; welche(r, s); wer; wen; den, der; **II.** *(Frage)* wer? wen? was? **1.** ► *~ ... ~* der eine ... der andere, die einen ... die anderen; *à ~* (zu) wem; *à ~ est?* wem gehört? *ce ~* was; *c'est moi ~ (betont)* ich; *c'est à ~ ...* es kommt darauf an, wer ...; *celui ~* der(jenige), welcher; *de ~* wessen, von wem; *~ est-ce ~ ...?* wer ...? **2.** ► *à ~ mieux mieux* um die Wette; *~ pis est* was noch schlimmer ist; *~ plus est* was noch mehr heißen will; *un je ne sais ~* ein x-beliebiger; *trouver à ~ parler* s-n Mann finden; *à ~ le tour?* wer ist an der Reihe? *~ va l'a? ~ vive?* wer da? *se tenir sur le ~- vive* auf der Hut sein; *voilà ~ me plaît* so gefällt es mir.
quiche [kiʃ] *f:* ► *~ lorraine* Speckkuchen *m.*
quiconque [kikɔ̃k] *prn* wer auch immer; jeder, der ...; jede, die.
quidam [k(ɥ)idam] *m* ► *un ~* ein gewisser Jemand.
quiétude [k(y)ietyd] *f* Seelenruhe; Gottseligkeit.
quignon [kiɲɔ̃] *m* (Brot-)Ranken, Kanten *m.*
quille [kij] *f* **1.** *(Spiel)* Kegel *m;* **2.** schlanke Weinflasche *f;* **3.** *(Kleidungsstück)* Zwickel; Keil *m* **4.** *arg mil* Ende *n* des Militärdienstes; **5.** *pl* Haxen, Hachsen *m pl;* **6.** *mar* Kiel *m;* **7.** ► *être sur ses ~s (pop)* auf den Beinen, *fig* auf dem Posten, wohlauf sein; *jouer aux ~s* Kegel schieben, kegeln; **8.** ► *jeu m de ~s* Kegelspiel *n.* **quilleur** *m* Kegeljunge *m.*
quincaillerie [kɛ̃kajʀi] *f* **1.** Haus- u. Küchengeräte *n pl,* Eisenwaren(handlung *f,* -handel *m*) *f pl;* **2.** *fam* Kinkerlitzchen *n pl.* **quincaillier** *m* Eisenwarenhändler *m.*
quinconce [kɛ̃kɔ̃s] *m:* ► *en ~* auf Lücke gesetzt.
quinine [kinin] *f pharm* Chinin *n.*

quinquagénaire [k(ɥ)ɛ̃k(w)aʒenɛʀ] **I.** *a* fünfzigjährig; **II.** *s m f* Fünfzigjährige(r *m*) *f;* Fünfziger(in *f*) *m.*
quinquennal, e [k(ɥ)ɛ̃k(ɥ)ɛnal] *a* fünfjährig; alle fünf Jahre stattfindend; ► *plan m* ~ Fünfjahresplan *m.*
quinquet [kɛ̃kɛ] *m:* ► *ouvrir ses ~s (pop)* die Augen auf=machen.
quinquina [kɛ̃kina] *m* **1.** *pharm* Chinarinde *f;* **2.** Apéritif mit Chinarinde.
quint [kɛ̃] ► *Charles(-) Q~ (Kaiser)* Karl V.
quintal [kɛ̃tal] *m* Doppelzentner *m.*
quinte [kɛ̃t] *f* **1.** *mus* Quinte *f (a. Fechten);* **2.** *(~ de toux)* Hustenanfall *m;* **3.** *(Spielkarten)* Folge *f* von fünf Karten derselben Farbe.
quintessence [kɛ̃tɛsɑ̃s] *f fig* Quintessenz, Hauptsache *f.*
quintette [k(ɥ)ɛ̃tɛt] *f mus* Quintett *n.*
quintuple [kɛ̃typl] **I.** *a* fünffach; **II.** *s m:* ► *le ~* das Fünffache. **quintupler** *tr* verfünffachen. **quintuplés, ées** *m f pl* Fünflinge *m pl.*
quinzaine [kɛ̃zɛn] *f* **1.** ► *une ~* (etwa) fünfzehn; **2.** 14 Tage *m pl.* **quinze I.** *a* fünfzehn; **II.** *s m* Fünfzehn(er *m*) *f;* der Fünfzehnte; *sport* Rugbymannschaft *f;* ► *aujourd'hui, demain, lundi en ~* heute, morgen, Montag in 14 Tagen; *dans les ~ jours* innerhalb der nächsten vierzehn Tage. **quinzième I.** *a* fünfzehnte(r, s); **II.** *s m* Fünfzehntel *n.*
quiproquo [kipʀɔko] *m* Verwechs(e)lung *f.*
quittance [kitɑ̃s] *f* Quittung, (Empfangs-, Zahlungs-)Bescheinigung *f;* ► *donner ~ (de)* quittieren, den Empfang bescheinigen *gen; établir, faire une ~* e-e Quittung aus=stellen; *formulaire m de ~* Quittungsformular *n.*
quitte [kit] *a* **1.** nichts schuldig, quitt (*envers qn* jdm gegenüber); **2.** frei, los, ledig; **3.** ► *~ à* auf die Gefahr hin, daß ...; *en (être) ~ pour*... nichts auszustehen haben außer ...; *être ~ de (ses dettes, d'un souci)* (s-e Schulden, e-e Sorge) los sein; *en être ~ à bon marché* gut dabei weggekommen sein; *en être ~ pour la peur* mit dem bloßen Schrecken davon=kommen; *jouer (à) ~ ou double (Spiel)* alles oder nichts spielen; *fig* alles aufs Spiel setzen.
quitter [kite] **I.** *tr* **1.** verlassen; **2.** *(Dienst, Gewohnheiten)* auf=geben; los=, fahren=lassen; sich trennen (*qc* von etw); **3.** *(Kleider)* ab=legen, aus=ziehen; **II.** *v prn se ~* sich trennen; vonea. Abschied nehmen; ► *ne pas ~ des yeux* nicht aus den Augen lassen; *ne quittez pas (l'écoute) (tele)* bleiben Sie am Apparat.
quitus [k(ɥ)itys] *m:* ► *donner quitus* Entlastung erteilen.
qui-vive [kiviv] *m inv* ► *être, se tenir sur le ~* auf der Hut sein.
quoi [kwa] **I.** *prn* was; was? **II.** *interj* was! wie! **1.** ► *à ~* woran, wozu, worauf; *après ~* worauf; darauf, danach; *avoir de ~ vivre* zu leben, das Nötige zum Leben haben; *avoir de ~ (pop)* Geld haben; *à ~ bon?* wozu? zu was? *c'est, voici, voilà de, à ~* davon *od* darüber, daran *od* dazu; *comme ~ (pop)* wie(so); *de ~* wovon, worüber; *eh ~!* was! wie! *(en) ~ faisant* indem ich *etc* das tue, tat; *~ de neuf?* was (gibt's) Neues? *(il n'y a) pas de ~* keine Ursache! (zu danken); **2.** ► *~ ... que* was ... auch (immer); *~ qu'il en soit* wie dem auch (immer) sei, was auch (immer) daran sein mag; *un je ne sais ~* ein gewisses Etwas; *sans ~* sonst; *ne savoir ~ faire* nicht wissen, was man tun soll.
quoique [kwak(ɛ)] *conj m subj* obgleich, obwohl.
quolibet [kɔlibɛ] *m* Anzüglichkeit, Witzelei, Stichelei *f.*
quorum [k(w)ɔʀɔm] *m parl* Quorum *n,* beschlußfähige Anzahl *f;* ► *constater que le ~ est atteint* die Beschlußfähigkeit fest=stellen.
quota [k(w)ɔta] *m* Quote *f.* **quote-part** [kɔtpaʀ] *f* Anteil *m;* Rate; Quote *f;* ► *payer sa ~* s-n Anteil bezahlen.
quotidien, ne [kɔtidjɛ̃, -ɛn] **I.** *a* **1.** täglich; **2.** alltäglich, (wie) gewöhnlich; **II.** *s m* **1.** Alltag *m;* **2.** Tageszeitung *f.*
quotient [kɔsjɑ̃] *m math* Quotient *m;* ► *~ intellectuel (Q. I.)* Intelligenzquotient *m.*

R

r, R [ɛʀ] *m* r, R *n.*
rabâchage [ʀabɑʃaʒ] *m meist pl fam* endlose(s) Wiederholen *n,* -holung *f;* Wiederkäuen; Gequatsche *n.* **rabâcher** *tr fam* immer dasselbe reden, quatschen; endlos wiederholen, wieder=käuen; ► *c'est du rabaché* immer dieselbe Masche. **rabâcheur, se** *m f* langweilige(r) Schwätzer(in *f*) *m.*
rabais [ʀabɛ] *m* **1.** Abzug; Rabatt, (Preis-)Abschlag, Nachlaß *m,* Ermäßigung *f;* **2.** *au* ~ preisgünstig, billig; *vendre* ► *au* ~ zu stark herabgesetzten Preisen verkaufen; *vente f au grand* ~ Verkauf *m* zu stark herabgesetzten Preisen; ~ *de quantité* Mengenrabatt *m.* **rabaisser I.** *tr* **1.** herab=setzen, -würdigen; **2.** *(Verdienste)* schmälern; **3.** *(Stolz)* dämpfen; **II.** *v prn se* ~ sich erniedrigen.
rabat [ʀaba] *m* **1.** *(Tasche)* Klappe *f;* **2.** *tech* Prellklotz *m.* **rabat-joie** *m inv* Störenfried, Spielverderber; Miesmacher *m.* **rabatteur** *m (Jagd)* Treiber; *fig* Werber *m.* **rabattre** ‹*s. battre*› **I.** *tr* **1.** um=, herunter=klappen, -schlagen; um=legen, -biegen; herunter=, nieder=drücken; **2.** glatt machen, glätten; **3.** *(vom Preis)* nach=lassen; ab=ziehen (*de, sur* von); **4.** *fig* herab=setzen, -ziehen, mindern, dämpfen; demütigen; **5.** die Zweige zurück=schneiden (*un arbre* an e-m Baum); **6.** *(Wild)* treiben; **7.** *(Stoß)* parieren; **8.** *(Wasserspiegel)* ab=senken; **II.** *itr:* ► *en* ~ zurück=stecken; Abstriche machen; **III.** *v prn se* ~ **1.** *(Fahrzeug)* plötzlich abschwenken; **2.** *(Nebel)* sich ausbreiten (*au sol* auf dem Boden); **3.** *(Vögel)* sich niederlassen (*dans un champ* auf e-m Feld); **4.** *fig* sich begnügen (*sur qc* mit etw); **5.** ausweichen (*sur qc* auf etw); **6.** ► ~ *le caquet à qn (fam)* jdm das Maul stopfen; *se* ~ *après un dépassement* nach dem Überholen rasch wieder einscheren. **rabattu, e** *a:* ► *chapeau m à bords* ~*s* Hut *m* mit heruntergeschlagenem Rand; *col m* ~ Umlegkragen *m.*
rabbin [ʀabɛ̃] *m rel* Rabbiner *m.* **rabbinat** *m* Rabbinat *n.* **rabbinique** *a* rabbinisch.
rabelaisien, ne [ʀablɛsjɛ̃, -ɛn] *a* Rabelais-; derb, freimütig; ► *un language* ~ eine derbe Ausdrucksweise.
rabibocher [ʀabibɔʃe] **I.** *tr fam* **1.** in Ordnung bringen, (zurecht=)flicken; **2.** *fig* ver-, aus=söhnen; **II.** *v prn se* ~ sich wieder vertragen. **rabiot** *m arg mil mar* übriggebliebene *od* zusätzliche Verpflegung *f;* ► *faire du* ~ Überstunden machen, *mil* nach=dienen.
râble [ʀabl] *m* **1.** *(Hase)* Rücken *m;* **2.** *fam (Mensch)* Kreuz *n;* **3.** *tech* Schürhaken *m;* ► *tomber sur le* ~ *à qn (fam)* jdm auf die Pelle rücken.
râblé, e [ʀɑble] *a* untersetzt, stämmig, vierschrötig.
rabot [ʀabo] *m* Hobel *m;* **raboter** *tr* (ab=, be)hobeln. **raboteux, se** *a* **1.** *(Fläche)* rauh, uneben; **2.** (holp(e)rig *(a. Stil).*
rabougri, e [ʀabugʀi] *a* **1.** *(Pflanze)* verkümmert, verkrüppelt; **2.** *(Mensch)* kümmerlich. **rabougrir I.** *tr* verkümmern, verkrüppeln lassen; **II.** *itr* u. *se* ~ verkrüppeln, verkümmern *a. fig.* **rabouter** *tr* **1.** *tech* an=stücken, -setzen; **2.** *(Stoff)* zs.=nähen.
rabrouer [ʀabʀue] *tr fam* an=schnauzen, -brüllen, -fahren.
racaille [ʀakɑ(a)j] *f* Abschaum *m (der Gesellschaft),* Gesindel, Pack *n.*
raccommodable [ʀakɔmɔdabl] *a* ausbesserungsfähig. **raccommodage** *m* Ausbesserung *f,* Flicken *n,* Instandsetzung, Reparatur *f.* **raccommodement** *m fam* Aussöhnung *f.* **raccommoder I.** *tr* **1.** *(Kleidung)* aus=bessern, flicken, instand setzen, reparieren; *(Strümpfe)* stopfen; **2.** *fig* (wieder) aus=söhnen; **II.** *v prn fam se* ~ sich aus=söhnen, sich wieder vertragen. **raccommodeur, se** *m f* Ausbesserer *m,* Flickerin *f.*
raccompagner [ʀakɔ̃paɲe] *tr* (zurück=) begleiten, -bringen.
raccord [ʀakɔʀ] *m* **1.** *tech* Anschluß (-stück *n*) *m;* Verbindung(sstück *n*); Muffe *f;* Nippel *m;* **2.** *fig* Übergang *m;* **3.** *film* Überblendung *f;* *(fig)* ► *faire un* ~ e-e Verbindung her=stellen; *(fam)* das Make-up auf=frischen. **raccordement** [-də-] *m* **1.** Verbindung; Kupp(e-) lung *f;* **2.** *loc* Anschlußgleis *n;* **3.** *el* Anschluß *m;* ► ~ *interurbain (tele)* Fernanschluß *m.* **raccorder I.** *tr* (miteinander) verbinden, zus.=fügen, -passen; *tele* an=schließen; **II.** *v prn se* ~ verbunden sein (*à* mit *dat*); angeschlossen sein (*à* an *acc*); zusammenpassen.
raccourci, e [ʀakuʀsi] **I.** *a* verkürzt; **II.** *s m* Ver-, Abkürzung *f;* Zs.Fassung; *(Kunst)* Verkürzung *f;* ► *à bras* ~ *(s)* aus Leibeskräften; *en* ~ kurz zs.gefaßt, im Auszug. **raccourcir I.** *tr* ver-, ab=

kürzen, kürzer machen; *pop* e-n Kopf kürzer machen; **II.** *itr* kürzer werden. **raccourcissement** *m* Verkürzung *f; (Tage)* Kürzerwerden *n.*

raccrocher [RakRɔʃe] **I.** *tr* **1.** wieder an=, auf=hängen; **2.** *tele* wieder auf=legen, ein=hängen; **II.** *v prn se* ~ **3.** sich fest= klammern; **4.** *fig (Hoffnung)* sich klammern (*à qc* an e-e S); **5.** sich anschließen (*avec* an *acc).*

race [Ras] *f* **1.** *biol* Rasse *f;* **2.** Geschlecht *n;* Stamm *m,* Familie *f;* **3.** Sippschaft *f;* Brut *f;* ▶ *de* ~ rassig; *de* ~ *pure* reinrassig; *la* ~ *humaine* das Menschengeschlecht; ~ *de vipères (bibl)* Otterngezücht *n.* **racé, e** *a* **1.** *(Tier)* reinrassig, Rasse-; **2.** rassig.

racer [Rɛsœʀ] *m sport* Rennwagen *m,* -jacht *f,* -boot *n.*

rachat [Raʃa] *m* **1.** Rückkauf *m;* **2.** Los-, Freikauf *m;* **3.** Ab-, Einlösung *f;* **4.** *com* Tilgung *f.* **rachetable** *a* rückkäuflich; ein-, ablösbar; tilgbar. **racheter** ‹*Prés. je rachète, ns rachetons; Fut. je rachèterai; pp. racheté, e*› **I.** *tr* **1.** zurück=, wieder=kaufen; ab=, ein=lösen; tilgen; **2.** sich los=, frei=kaufen (*qc* von etw); **3.** *fig* sühnen; wiedergut=machen, aus= gleichen; entschädigen; **II.** *v prn se* ~ sich los=, frei=kaufen.

rachidien, ne [Raʃidjɛ̃] *a* Wirbel(säulen)-; ▶ *nerf m* ~ Rückenmarksnerv *m.*

rachis [-ʃis] *m* Wirbelsäule *f.* **rachitique** *a med* rachitisch.

racial, e [Rasjal] *a* rassisch.

racine [Rasin] *f bot* Wurzel *a. math fig;* (Zahn-, Haar-)Wurzel; (Sprach-)Wurzel *f;* ▶ *sans* ~ wurzellos; *avoir de profondes* ~*s dans (fig)* stark verwurzelt sein in *dat; extraire une* ~ *(math)* e-e Wurzel ziehen; *prendre* ~ Wurzel fassen *od* schlagen, *(fig)* sich fest=setzen *a. fig.*

racisme [Rasism] *m* Rassismus *m.* **raciste** *a* rassistisch; *s m f* Rassist(in *f*) *m.*

rack [Rak] *m* Arrak *m.* **racketter** [-ɛtœʀ] *m* Erpresser *m.*

racket [Rakɛt] *m* Erpressung *f (durch Gewaltandrohung).*

raclée [Rakle] *f* **1.** *pop* Tracht *f* Prügel; **2.** *fig* Schlappe *f.* **raclement** *m* Kratzen, Schaben *n.* **racler I.** *tr* **1.** (ab=) kratzen, schaben; **2.** ▶ ~ *un violon* auf e-r Geige herumkratzen; **3.** *(Wald)* lichten; **II.** *v prn* ▶ *se* ~ *la gorge* sich räuspern; ~ *le gosier* im Halse kratzen. **raclette** *f* Schab-, Kratzeisen *n.* **racleur** *m* **1.** (~ *de violon)* schlechte(r) Geigenspieler; **2.** *mot* Rennsau *f.* **racloir** *m* Schaber, Kratzer *m.* **raclure** *f* **1.** (Ab-)Schabsel *n;* **2.** *fig* Abschaum *m (der Menschheit);* **3.** *pop* Hure; Schlampe *f.*

racolage [Rakɔlaʒ] *m* Kundenfang *m.* **racoler** *tr fam* werben; auf Kundenfang gehen. **racoleur** *m* Werber *m; a: titre m* ~ reißerische(r) Titel *m.* **racoleuse** *f* Straßendirne *f.*

racontar [Rakɔ̃taʀ] *m fam meist pl* Geschwätz *n,* Klatsch *m.* **raconter I.** *tr* erzählen, berichten (*qc* von etw); ▶ *en* ~ lang u. breit erzählen; vor=machen (*qc à qn* jdm e-e S); *en* ~ *de belles* nette Geschichten erzählen; **II.** *v prn se* ~ von sich, einander erzählen. **raconteur, se** *s m f* (Geschichten-)Erzähler(in *f*) *m.*

racorni, e [Rakɔʀni] *a* **1.** *(Fleisch)* zäh; **2.** *(Haut)* ledern; **3.** *fig* verkalkt; veraltet.

racornir I. *tr* zäh, hart machen; **II.** *v prn se* ~ **1.** zäh, hart werden; **2.** zs. schrumpfen; **3.** *fig* verkalken.

radar [RadaR] *m* Radar *m* od *n;* Radar-, Funkmeßgerät *n;* ▶ ~ *de bord* Bordradaranlage *f.* **radariste** *m* Radartechniker *m.*

rade [Rad] *f* Reede *f,* Ankerplatz *m;* ▶ *(fig fam) laisser en* ~ *(Mensch)* im Stich lassen; *(Sache)* auf=geben; *(fig) rester en* ~ *(Auto)* liegen=bleiben; *(Projekt)* zurückgestellt werden. **radeau** *m* Floß *n;* ▶ ~ *pneumatique* Schlauchboot *n.*

radiaire [RadjɛR] *a zoo* strahlenförmig.

radial, e *a* radial; *anat* Radial-, (Arm-) Speichen-; *(voie f)* ~*e* Radiale *f.* **radiant, e** *a* strahlend. **radiateur** *s m* Heizkörper *m;* (~ *électrique)* elektrische(r) Heizkörper *m;* (~ *à gaz)* Gasofen *m;* (~ *d'automobile)* Kühler *m a. aero;* ▶ ~ *soufflant* Elektroraumheizer *m.* **radiation** *f* **1.** (Aus-)Strahlung *f; pl a.* Strahlen *m pl;* **2.** Aus-, Durchstreichen *n;* Streichung; **3.** *jur* Löschung *f;* **4.** ▶ ~ *solaire* Sonnenstrahlung *f;* ~ *thermique* Wärmestrahlung *f.*

radical, e [Radikal] **I.** *a* **1.** *(Maßnahmen)* radikal; rücksichtslos; gründlich; **2.** *pol* radikalsozialistisch; **3.** *bot* Wurzel-; *gram* Stamm-; **II.** *s m* **1.** *gram* Stamm *m,* Wurzel *f;* **2.** *math* Wurzelzeichen; **3.** *chem* Radikal *n;* **4.** *pol* Radikalsozialist *m.* **radicalement** *adv* gründlich, von Grund aus, vollkommen, vollständig. **radicalisation** *f* Radikalisierung *f.* **radicaliser** *tr* radikalisieren. **radicalisme** *m (in Frankreich)* Radikalsozialismus *m.*

radier [Radje] *tr* (aus=, durch=)streichen; *jur* löschen.

radiesthésiste [Radjɛstezist] *m* (Wünschel-)Rutengänger *m.* **radieux, se** *a* **1.** strahlend, glänzend (*de* vor *dat*) *a. fig;* **2.** *fig* freudestrahlend; frisch, blühend.

radifère [RadifɛR] *a* radiumhaltig.

radin [Radɛ̃] *m pop* Geizhals *m.* **radiner** [-dine] *itr pop* (an=)kommen, eintrudeln.

radio [Radjo] *m* **1.** Funkspruch *m;* **2.** (*aero* Bord-)Funker *m;* **3.** *f* Radio *n,* Rundfunk *m;* **4.** Rundfunkgerät *n,* Radioapparat *m;* **5.** Röntgenaufnahme,

-durchleuchtung *f; in Zssgen; a)* (Arm-) Speichen-; *b)* Radio-, Rundfunk-; ► *à la* ~ im, über den Rundfunk; *par* ~ durch Funkspruch, drahtlos; ~ *libre, locale, privée* Privatradio *n;* ~ *pirate* Piratensender *m;* ~ *f scolaire* Schulfunk *m.* **radioactif, ive** *a* radioaktiv. **radioactivité** *f* Radioaktivität *f.* **radioamateur, trice** *m f* Hobbyfunker(in *f*) *m.* **radio-astronomie** *f* Radioastronomie *f.* **radiobalise** *f* Funk-, Signalbake *f.* **radiocassette** *f* Radiokassettenrecorder *m.* **radiocommunication** *f* Funkverkehr *m;* Funkspruch *m.* **radiodiffuser** *tr* (im Rundfunk) übertragen, über den Rundfunk ausstrahlen. **radiodiffusion** *f* **1.** Rundfunk(übertragung *f*) *m;* **2.** Hörfunk *m;* ► *station f de* ~ Rundfunksender *m;* ~ *par fil* Drahtfunk *m.* **radio-électricité** *f* Funktechnik *f.* **radio-électrique** *a* radioelektrisch; ► *par voie* ~ auf dem Funkweg. **radio-élément** *m* radioaktive(r) Stoff *m,* Radioelement *n.* **radio-émetteur** *m* Strahlungssender *m.* **radiogoniomètre** *m* Funkpeilgerät *n.* **radiogramme** *m* **1.** Funkspruch *m;* **2.** Röntgenbild *n.* **radiographie** *f* Röntgen(aufnahme *f*) *n,* -photographie *f.* **radiographier** *tr* röntgen. **radiographique** *a* Röntgen-; ► *examen m* ~ Röntgenuntersuchung *f.* **radioguidage** *m* Funksteuerung *f.* **radioguidé, e** *a* funkgesteuert. **radioisotope** *m phys* radioaktive(s) Isotop *n.* **radiolaire** *m* Strahlentierchen *n.* **radiolésion** *f* entzündliche Veränderung *f* durch Strahlen. **radiolocalisation** *f* Funkortung *f.* **radiologie** *f med* Röntgenologie *f.* **radiologique** *a* röntgenologisch. **radiologue, radiologiste** *m* Röntgenologe *m.* **radiomètre** *m* Radiometer *n.* **radionavigant** *m* (Bord-) Funker *m.* **radionavigation** *f* Funknavigation *f.* **radiophare** *m* Funkfeuer *n.* **radiophonie** *f* Funkfernsprechverkehr *m.* **radiophonique** *a* Rundfunk-; ► *jeu m* ~ Quizsendung *f; pièce f* ~ Hörspiel *n.* **radioprotection** *f* Strahlenschutz *m.* **radiorécepteur, trice** *a* mit Radio(empfangs)teil; *s m* Radioempfänger *m.* **radiorepérage** *m* Funkortung *f.* **radioréveil** *m* Radiowecker *m.* **radioreportage** *m* Rundfunkreportage *f.* **radioreporter** [-ɛʀ] *m* Rundfunkreporter *m.* **radioscopie** *f* Röntgendurchleuchtung *f.* **radiosonde** *f* Radiosonde *f.* **radiotechnique** *a* funktechnisch. **radiotélégramme** *m* Funkspruch *m.* **radiotélégraphie** *f* Funktelegraphie *f.* **radiotélégraphique** *a* funktelegraphisch. **radiotélégraphiste** *m* Funker *m.* **radiotéléphone** *m* Funktelefon *n.* **radiotéléphonie** *f* Funkfernsprechen *n.* **radiotéléscope** *m astr* Radioteleskop *n.* **radiotélévisé, e** *a* in Rundfunk und Fernsehen übertragen. **radiothérapie** *f med* Röntgentherapie *f.* **radiotoxémie** *f* Strahlenkrankheit *f.*

radis [ʀadi] *m* Radieschen *n;* Rettich *m;* ► *n'avoir plus un* ~ *(pop)* keinen Pfennig Geld mehr haben, völlig abgebrannt sein.

radium [-djɔm] *m* Radium *n.* **radiumthérapie** *f med* Radiumbehandlung *f.*

radotage [ʀadɔtaʒ] *m* **1.** *meist pl* (dummes) Geschwätz *n,* Faselei *f, fam* Gequassel *n;* **2.** Geschwätzigkeit *f.* **radoter** *itr fam* Blech reden, faseln; *fam* quasseln. **radoteur, se I.** *a* geschwätzig, schwatzhaft; **II.** *s m f* Schwätzer(in *f*) *m, fam* Quasselstrippe *f.*

radoub [ʀadu(b)] *m mar* Ausbesserung *f;* ► *bassin m de* ~ (Trocken-)Dock *n.* **radouber** *tr mar, fam* aus=bessern, reparieren. **radoubeur** *m* Dockarbeiter *m.*

radoucir [ʀadusiʀ] **I.** *tr* **1.** mildern; **2.** *fig* besänftigen; **3.** *(Ton)* mildern; **II.** *v prn se* ~ **1.** *(Wetter)* milder werden; **2.** *(Person)* umgänglicher werden. **radoucissement** *m (Wetter)* Milderung *f.*

rafale [ʀafal] *f* **1.** Windstoß *m,* Bö *f;* **2.** *mil* Feuerstoß *m.*

raffermir [ʀafɛʀmiʀ] **I.** *tr* **1.** festigen *a. fig,* kräftigen; **2.** *(Brüste)* straffen; **3.** *(Sauce)* steif werden lassen; **4.** *fig* stärken; bestärken (*dans qc* in e-r S); **II.** *v prn se* ~ sich festigen, sich kräftigen; sich straffen. **raffermissement** *m* Festigung, Kräftigung, Straffung, Stärkung *f a. fig.*

raffinage [ʀafinaʒ] *m* Raffinieren *n,* Verfeinerung, Vered(e)lung *f.* **raffiné, e** *a* **1.** verfeinert; **2.** *tech* raffiniert *a. fig.* **raffinement** *m* **1.** Verfeinerung *f;* **2.** *fig* Raffinement *n,* Raffinesse, Raffiniertheit *f;* **3.** Spitzfindigkeit *f.* **raffiner I.** *tr* **1.** verfeinern *a. fig;* **2.** *tech* raffinieren; **II.** *itr* auf die Spitze treiben (*sur qc* e-e S). **raffinerie** *f tech* Raffinerie *f;* ► ~ *de pétrole* Zucker-, Ölraffinerie *f.*

raffoler [ʀafɔle] *itr fam* vernarrt sein (*de* in *acc*), schwärmen (*de* für *acc*); *(Süßigkeiten)* leidenschaftlich gern essen.

raffut, rafut [ʀafy] *m fam* Radau, Lärm *m.*

rafiau, ~ot [ʀafjo] *m fam* alte(r) Kahn *m.*

rafistoler [ʀafistɔle] *tr fam* zurecht=flikken, -schustern.

rafle [ʀa(ɑ)fl] *f* **1.** Razzia *f;* **2.** *faire une* ~ alles weg=schleppen, ein=sacken, aus=plündern. **rafler** *tr* **1.** mit=nehmen, mitgehen heißen; **2.** *com* aufkaufen.

rafraîchir [ʀafʀe(ɛ)ʃiʀ] **I.** *tr* **1.** (ab=, aus=) kühlen, kalt stellen; erfrischen; **2.** *fig* auf=, erfrischen; (neu) beleben; **3.** aus=bessern, wiederher=stellen; **4.** *(Haare)* (nach=)schneiden; **II.** *itr* **1.** ab=kühlen;

kühler werden; **2.** kalt stellen; **III.** *v prn se* ~ **1.** sich erfrischen; **2.** sich aus=ruhen, sich erholen; **3.** *(Wetter)* sich ab=kühlen; **4.** *fam* e-e Erfrischung zu sich nehmen; ▶ ~ *la mémoire de qn (sur tel ou tel point)* jdm etw ins Gedächtnis zurück=rufen. **rafraîchissant, e I.** *a* **1.** kühlend, erfrischend, Erfrischungs-; **2.** *pharm* abführend; **II.** *s m* Beruhigungs-, Abführmittel *n.* **rafraîchissement** *m* **1.** (Ab-)Kühlung *f;* **2.** *meist pl* Erfrischungen *f pl.*

raft [ʀaft] *m (Sport)* Raft *n.* **rafting** *m (Sport)* Rafting *n.*

ragaillardir [ʀagajaʀdiʀ] *tr* auf=heitern, auf=muntern; ▶ *se sentir tout ragaillardi* sich wie neugeboren fühlen.

rage [ʀaʒ] *f* **1.** *med* Tollwut *f;* **2.** Toben *n,* Raserei *f,* Wut *f;* ▶ *écumer de* ~ vor Wut schäumen; ~ *de dents* wahnsinnige Zahnschmerzen *m pl.* **rager** *itr s. enrager.* **rageur, se** *a* jähzornig; wütend, wutschnaubend.

ragot [ʀago] *m meist pl fam* Klatsch *m.*

ragougnasse [ʀaguɲas] *f pop* Fraß *m.*

ragoût [ʀagu] *m* Ragout *n;* ▶ ~ *de mouton* Hammelragout *n.* **ragoûtant, e** [-tɑ̃, -ɑ̃t] *a:* ▶ *peu* ~ unappetitlich; *(Arbeit)* schmutzig.

raid [ʀɛd] *m* **1.** *mil* Einfall, -bruch *m;* Kommandounternehmen *n;* **2.** *aero* Langstrecken-, Fern-, Dauerflug *m;* **3.** Luftangriff *m (~ aérien);* **4.** *sport* Fernfahrt *f.*

raide I. *a* **1.** steif, starr, stramm; gespannt *a. fig;* **2.** *(Weg)* steil; **3.** *fig* unnachgiebig, unbeugsam; schroff; verstockt; starrsinnig, halstarrig; **4.** *fam* abgebrannt, blank; **5.** *pop* völlig blau; **II.** *adv:* ▶ *tomber* ~ *mort, être tué* ~ auf der Stelle tot um=fallen; *c'est un peu* ~ das ist ein starkes Stück. **raideur** *f* **1.** Steifheit *f;* **2.** Starrheit, Schroffheit *f;* **3.** *(Berg, Weg)* Steilheit *f.* **raidillon** [-jɔ̃] *m* steile(r) Pfad *od* Abhang *m.* **raidir I.** *tr* **1.** spannen, straffen, steif machen; ab=, versteifen; **2.** *fig* unbeugsam machen; **II.** *v prn se* ~ **1.** *(fig)* sich stemmen (*contre* gegen); **2.** hart, steif werden. **raidissement** *m* **1.** Spannen, Straffen *n;* **2.** *(Glieder)* Steifwerden *n;* **3.** *pol* Versteifung *f.*

raie [ʀɛ] *f* **1.** *zoo* Rochen *m;* **2.** Strich, Streifen, Kratzer *m;* Rille *f;* **3.** Scheitel *m.*

raifort [ʀɛfɔʀ] *m bot* Meerrettich *m.*

rail [ʀɑ(a)j] *m* **1.** Schiene *f;* **2.** Eisenbahn *f;* ▶ *sortir des ~s* entgleisen.

railler [ʀɑ(a)je] *tr* verspotten, verlachen, sich lustig machen (*qn* über jdn). **raillerie** *f* Spott *m;* ▶ *(n')entendre (pas)* ~ (keinen) Spaß verstehen. **railleur, se I.** *a* schalkhaft, spöttisch; **II.** *s m f* Spötter(in *f*) *m.*

rainette [ʀɛnɛt] *f* Laubfrosch *m.* **rainure** *f* Nut(e), Rille *f,* Schlitz *m.*

raisin [ʀɛzɛ̃] *m* **1.** Weintraube *f;* **2.** *bot* Beere, Traube *f;* **3.** Papierformat *(50×65 cm);* ▶ *~s de Corinthe, secs, de Smyrne* Korinthen, Rosinen, Sultaninen *f pl.*

raison [ʀɛzɔ̃] *f* **1.** Vernunft *f;* Verstand *m;* **2.** Recht *n;* **3.** Grund *m,* Ursache *f,* Anlaß *m;* **4.** Argument *n,* Erklärung; **5.** Genugtuung; **6.** *com* Firma; **7.** *math* Proportion *f,* Verhältnis *n;* **8.** ▶ *à* ~ *de* zum Preise von; *avec (fam juste)* ~ mit gutem Recht, mit Fug u. Recht; *à plus forte* ~ mit um so größerem Recht, um so eher *od* mehr; geschweige denn ...; *comme de* ~ wie (es) recht u. billig ist; *en* ~ *de* mit Rücksicht auf *(acc),* in Anbetracht, auf Grund *gen;* im Verhältnis zu *(a.: à* ~ *de); par la* ~ *que* aus dem Grunde, daß; *plus que de* ~ mehr als recht, gut ist; *pour n'importe quelle* ~ aus irgendeinem Grund; *en* ~ *de quoi* deswegen, -halb, aus diesem Grunde; *pour* ~ *de santé* aus Gesundheitsgründen; **9.** ▶ *avoir* ~ recht haben; *avoir de bonnes ~s* s-e (guten) Gründe haben; *avoir toute sa* ~ bei vollem Verstande sein; *demander* ~ Genugtuung verlangen (*de* für); *donner* ~ *à qn* jdm recht geben; *entendre* ~ Vernunft an=nehmen; *être en* ~ *directe, inverse (math)* direkt, umgekehrt proportional sein; *parler* ~ vernünftig reden; *perdre la* ~ den Verstand verlieren; **10.** ▶ *il y a* ~ *en, pour tout* alles hat s-e Grenzen; *cela n'a ni rime ni* ~ das hat weder Hand noch Fuß; **11.** ▶ *mariage m de* ~ Vernunftehe *f;* ~ *d'être* Existenz-, Daseinsberechtigung *f;* ~ *sociale* Firmenbezeichnung, Firma *f;* ~ *valable* triftige(r) Grund *m.* **raisonnable** *a* **1.** vernünftig; verständig; **2.** anständig, angemessen *(a. Preis);* ziemlich groß. **raisonnablement** *adv* **1.** vernünftig; **2.** mäßig, mittelmäßig; ▶ *fam travailler* ~ mäßig arbeiten. **raisonné, e** *a* durchdacht; systematisch; theoretisch begründet. **raisonnement** *m* **1.** Urteil(skraft *f*) *n;* Schluß(folgerung *f*) *m;* **2.** Beweisführung; Überlegung *f;* **3.** *pl* Einwände *m pl,* Widerrede *f.* **raisonner I.** *itr* **1.** (vernünftig) denken, urteilen; schließen, Schlußfolgerungen ziehen; **2.** sich ausea.=setzen (*avec qn* mit jdm); **3.** Überlegungen an=stellen; **4.** widersprechen; **II.** *tr* gut zu=reden (*qn* jdm); **III.** *v prn se* ~ Vernunft an=nehmen. **raisonneur, se I.** *s m f* **1.** (scharfer) Denker; **2.** Schwätzer, Widerspruchsgeist; Nörgler *m;* **II.** *a* **1.** zum Widerspruch geneigt; **2.** diskutierfreudig.

rajah [ʀaʒa] *m* Radscha *m.*

rajeunir [ʀaʒœniʀ] **I.** *tr* **1.** verjüngen *a. fig;* jung, jünger machen *od* erscheinen lassen; jünger schätzen; verjüngen; **2.**

(Gedanken) neu beleben; **3.** *(Sachen)* erneuern; **II.** *itr* **1.** wieder jung werden; jünger aus=sehen; **2.** *fig* sich erneuern, sich verjüngen; **III.** *v prn se* ~ **1.** sich jünger machen; **2.** *fig* sich verjüngen. **rajeunissant, e** *a* jung machend, jugendlich wirkend. **rajeunissement** *m* **1.** Verjüngung *f;* **2.** *fig* Erneuerung *f.*

rajneeshiste [ʀaʒinist] *m f* Bhagwan-Anhänger(in *f*) *m.*

rajouter [ʀaʒute] *tr* hinzu=fügen.

rajustement [ʀaʒystəmɑ̃] *m* Anpassung; Angleichung *f;* ~**juster I.** *tr* **1.** (wieder) in Ordnung bringen, aus=bessern, reparieren, instand setzen; **2.** anpassen, an=gleichen; **II.** *v prn se* ~ sich wieder zurecht=machen, s-e Kleider in Ordnung bringen.

râlant, e [ʀɑlɑ̃, -ɑ̃t] *a c'est* ~ *(pop)* das ist ärgerlich. **râle** *m* **1.** Röcheln *n;* **2.** *orn* Ralle *f.* **râlement** *m* **1.** Röcheln *n;* **2.** *fam* Gemecker *n.* **râler** *itr* **1.** *(Sterbender)* röcheln; **2.** *fam* nörgeln; **3.** *(Hirsch)* röhren.

ralenti [ʀalɑ̃ti] *m* **1.** *mot aero* Leerlauf *m;* **2.** *film* Zeitraffer *m;* Zeitlupenaufnahme *f;* ► *au* ~ mit der Zeitlupe, in Zeitlupenaufnahme; *fig* in verlangsamtem Tempo; *mettre au* ~ langsamer (ab=)laufen lassen; (ab=)drosseln. **ralentir I.** *tr* verlangsamen; *(Geschwindigkeit)* herab=setzen; *fig* ab=schwächen; dämpfen; **II.** *itr* langsamer werden; abbremsen; **III.** *v prn se* ~ *(fig)* nach= lassen, sich ab=schwächen. **ralentissement** *m* Verlangsamung *f;* Nachlassen *n,* Abschwächung *f; fig* Erlahmen *n.*

ralliement [ʀalimɑ̃] *m* **1.** *fig* Anschluß *m* (*à* an *acc*); **2.** *mil* Sammeln *n.* **rallier** [-lje] **I.** *tr* **1.** (wieder) (ver)sammeln, zs.= führen, -bringen, -ziehen; **2.** *fig* vereinen, *fam* unter e-n Hut bringen; *(um sich)* sammeln, scharen; für sich, für e-e Sache gewinnen; **3.** *(Posten)* wieder ein=nehmen, zurück=kehren (*qc* auf e-e S); **II.** *v prn se* ~ sich wieder sammeln.

rallonge [ʀalɔ̃ʒ] *f* **1.** Verlängerung(sstück *n*) *f,* Ansatz *m; elek* Verlängerungskabel *n;* **2.** *fig* Zusatz *m;* Zuzahlung; Zugabe *f;* ► *servir de* ~ *à (fig)* hinzu=kommen zu; *table f à* ~*(s)* Ausziehtisch *m.* **rallongement** *m* Verlängerung *f.* **rallonger** ‹*Prés. je rallonge, ns rallongeons; pp. rallongé, e*› **I.** *tr* verlängern; *(Tisch)* aus=ziehen; **II.** *itr* länger werden; **III.** *v prn se* ~ länger werden.

rallumer [ʀalyme] **I.** *tr* **1.** wieder an= zünden, an=stecken; **2.** *fig* wieder entfachen, erwecken, aufleben lassen; **II.** *v prn se* ~ **1.** *(fig)* wieder in Gang kommen, sich erneuern; **2.** *fig* sich aufs neue entzünden.

rallye [ʀali] *m sport* Sternfahrt, Rallye *f.*

ramadan [ʀamadɑ̃] *m* Ramadan *m (islamischer Fastenmonat).*

ramage [ʀamaʒ] *m* **1.** Laubwerk, Rankenmuster *n;* **2.** *(Vögel)* Gesang *m,* Zwitschern; *(Kinder)* Plappern *n;* **3.** *(Textil)* Spannen *n.*

ramassage [ʀamasaʒ] *m* (Auf-)Lesen, (Auf-, Ein-)Sammeln *n;* ~ *des ordures ménagères* Müllabfuhr *f;* ~ *scolaire* Abholen *n* der Schüler mit Schulbussen.

ramasse *f:* ► ~*-miettes m inv* Krümelbürste *f* mit Schaufel; ~*-monnaie m inv* Zahlteller *m;* ~*-poussière m inv (Belgien)* Staubfänger *m.* **ramassé, e** *a* **1.** untersetzt, stark, kräftig; **2.** *(Stil)* straff; *(Ausdrucksweise)* knapp; **3.** zs.gekauert. **ramasser I.** *tr* **1.** (auf=, ein=) sammeln, (auf)lesen; zs.=bringen; um sich scharen; **2.** auf=heben, auf=lesen, -greifen, mit=nehmen; **3.** *fam* erwischen, fest=nehmen; **4.** *pop* ab=kanzeln, fertig=machen, aus=schimpfen; **II.** *v pr se* ~ **1.** *(Igel)* sich zs.=rollen; **2.** *fig pop* wieder auf=rappeln; *a.* (hin=)fallen. **ramasseur** *m* Sammler *m.* **ramassis** [-si] *m* Sammelsurium *n;* ► ~ *de voyous* Haufen *m;* Gesindel *n.*

rambarde [ʀɑ̃baʀd] *f mar* Reling *f;* Geländer *n.*

ramdam [ʀamdam] *m fam* Lärm, Krach *m.*

rame [ʀam] *f* **1.** (Bohnen-)Stange *f;* **2.** Ries *n (500 Bogen Papier);* 20 Rollen *f pl* Tapete; **3.** *loc* (Wagen-)Zug; **4.** *mar* Schleppzug *m;* **5.** *(fam)* ► *ne pas en fiche une* ~ stinkfaul sein; **6.** Ruder *n;* Rudersport *m;* ► *à deux* ~*s* zweirud(e-) rig. **rameau** *m* **1.** (kleiner) Zweig *m a. fig;* **2.** *fig* Ab-, Verzweigung, Verästelung *f a. anat;* **3.** *(Gebirge)* Ausläufer *m;* **4.** *(Familie)* Seitenlinie *f;* ► *dimanche m des R*~*x* Palmsonntag *m;* ~ *d'olivier* Ölzweig *m;* Friedenspalme *f.* **ramée** *f* **1.** (abgehauene) grüne Zweige *m pl;* **2.** *poet* Laubwerk; Laubdach *n.*

ramener [ʀamne] ‹*Prés. je ramène, ns ramenons; Fut. je ramènerai; pp. ramené, e*› **I.** *tr* **1.** zurück=führen, -bringen; nach Hause, heim=bringen; **2.** *(Mode)* wieder=beleben, wieder aufleben lassen; *(Ruhe)* wiederher=stellen; *(Blicke)* wieder schweifen lassen; **3.** wieder lenken, aufmerksam machen (*à* auf *acc*); *(Rede)* wieder bringen (*à* auf *acc*); **4.** an sich *(acc)* nehmen *od* ziehen; **5.** *fig* zurück=führen, -bringen (*à* auf *acc*) *a. math;* **II.** *v prn se* ~ **1.** hinaus= laufen, sich zurück=führen lassen (*à* auf *acc*); **2.** *fam* wieder aufkreuzen; ► *la* ~ *(fam)* meckern; ~ *à la raison* wieder zur Vernunft bringen; ~ *à la vie* ins Leben zurück=rufen.

ramequin [ʀamkɛ̃] *m* **1.** *Art* Käsekuchen *m;* **2.** feuerfeste Puddingschale *f.*

ramer [ʀame] **I.** *tr* **1.** *(Erbsen)* mit

Büschen, *(Bohnen)* mit Stangen stützen; **2.** *(Gewebe)* spannen; **3.** ▶ *il s'y entend comme à ~ des choux (fam)* er versteht davon soviel wie die Katze vom Sonntag; **II.** *itr* rudern. **rameur, se** *s m f* Ruderer *m,* Ruderin *f.*

ramier [ʀamje] *m* **1.** Große Holz-, Ringeltaube *f;* **2.** *fam fig* Faulpelz *m.*

ramification [ʀamifikasjɔ̃] *f* **1.** *bot* u. *fig* Verzweigung, Verästelung; **2.** *loc* Abzweigung *f.* **ramifier, se** *v prn* **1.** *bot* u. *fig* sich verzweigen, sich verästeln; **2.** *loc* sich gabeln; **3.** *fig* verzweigt sein.

ramille [-ij] *f* Zweigende *n; pl* Reisig *n.*

ramolli, e [ʀamɔli] **I.** *a* **1.** aufgeweicht; **2.** *fig fam* verkalkt; **3.** *fig fam* schlapp, verweichlicht; **II.** *s m f fam* **1.** verkalkte(r) Mensch *m;* **2.** *fam* Schlappschwanz *m.* **ramollir I.** *tr* **1.** weich machen, auf≈weichen; *med* erweichen; **2.** *fig* verweichlichen; **II.** *v prn se ~* **1.** weich werden, auf≈weichen; **2.** *fig* erschlaffen. **ramollissement** *m* Aufweichen, Weichwerden *n;* ▶ *~ cérébral* Gehirnerweichung *f.*

ramonage [ʀamɔnaʒ] *m* Schornsteinfegen *n.* **ramoner** *tr* **1.** *(Schornstein)* fegen; **2.** *(Bergsteiger)* im Kamin erklettern. **ramoneur** *m* Schornsteinfeger, Kaminkehrer *m.*

rampant, e [ʀɑ̃pɑ̃, -ɑ̃t] **I.** *a* **1.** kriechend; **2.** *fig* kriecherisch; **3.** *arch* geneigt, einhüftig; **II.** *s m* **4.** *arch* Neigung *f;* Schrägdach *n;* ▶ *personnel m ~ (arg aero)* Bodenpersonal *n; plante f ~e* Kletterpflanze *f.* **rampe** *f* **1.** Treppengeländer *n;* **2.** Auffahrt, Rampe *f a. loc theat;* **3.** *theat (feu m de la ~)* Rampenlicht *n;* Lichterkette *f;* **4.** ▶ *passer la ~ (fig)* Anklang finden; wirkungsvoll sein; **5.** ▶ *~ de chargement,' de démarrage* Lade-, Ablauframpe *f; ~ de lancement* Abschußrampe *f.* **ramper** *itr* **1.** kriechen; schleichen; sich schlängeln; **2.** *fig* sich hin≈schleichen, -schlängeln; langsam ziehen; **3.** *fig* kriechen.

rampon(n)eau [ʀɑ̃pɔno] *m fam* Schubs, Stoß *m.*

rancard [ʀɑ̃kaʀ] *m arg* Auskunft *f;* Verabredung *f,* Rendezvous *n;* ▶ *aller aux ~s* sich erkundigen. **rancarder I.** *tr pop* e-n Tip geben; **II.** *v prn se ~* sich erkundigen.

rancart [ʀɑ̃kaʀ] *m:* ▶ *mettre au(x) ~(s) (fam)* zum alten Eisen werfen; *(Person)* abservieren.

rance [ʀɑ̃s] **I.** *a* ranzig; **II.** *s m: sentir le ~* ranzig schmecken. **ranci** [ʀɑ̃si] **I.** *a* ranzig; **II.** *s m* ranzige(r) Geschmack *m.* **rancir** *itr* ranzig werden. **rancissement** *m,* **rancissure** *f* Ranzigwerden *n.*

rancœur [ʀɑ̃kœʀ] *f* Groll *m.*

rançon [ʀɑ̃sɔ̃] *f* **1.** Lösegeld *n;* **2.** *fig* Preis *m.* **rançonnement** *m* Erpressung *f; fam* Nepp *m.* **rançonner** *tr* ein Lösegeld fordern; erpressen. **rançonneur, se** *m f* Erpresser(in *f*) *m.*

rancune [ʀɑ̃kyn] *f* Groll *m;* Rachsucht *f;* ▶ *sans ~ (fam)* nichts für ungut; *garder de la ~ à qn, avoir de la ~ contre qn* jdm etw nach≈tragen. **rancunier, ère** [-nje, -ɛʀ] *a* nachtragend.

randonnée [ʀɑ̃dɔne] *f* Tour *f,* Ausflug *m,* Fahrt *f;* ▶ *faire une ~* e-e Wanderung machen; ▶ *~ pédestre* Wanderung *f.* **randonneur, euse** *m f* Wanderer *m,* Wanderin *f,* Ausflügler(in *f*) *m.*

rang [ʀɑ̃] *m* **1.** Reihe(nfolge), (An-)Ordnung *f;* **2.** Rang(stufe *f*) *a. theat,* Stand *m,* Stellung *f;* **3.** Stelle *f,* Platz *m;* **4.** *mil* Glied *n;* **5.** ▶ *en ~s* in Reih u. Glied; *en ligne sur trois ~s* in Linie zu 3 Gliedern; *en ~ d'oignons* in einer Reihe, einer hinter dem anderen; *par ~ d'ancienneté* nach dem Dienstalter; *par ~ de taille* der Größe nach; **6.** ▶ *avoir ~ de ...* den Rang e-s (e-r) ... haben; *avoir le ~ sur qn* den Vortritt vor jdm haben; *être au ~ de* gehören zu; den Rang, die Stellung *gen* haben; *être, se mettre sur les ~s (bei e-m Wettstreit)* mit≈machen, unter den Mitbewerbern sein, kandidieren; *garder, tenir son ~* s-e Stellung behaupten *od* bewahren; *rentrer dans les ~s (mil)* ins Glied zurück≈treten; *rompre les ~s (mil)* weg≈treten; *serrer les ~s (mil)* auf≈schließen; *sortir des ~s (mil)* aus dem Glied treten; *sorti des ~s (mil)* aus dem Mannschaftsstand hervorgegangen.

rangé, e [ʀɑ̃ʒe] *a* **1.** *(Mensch)* ordentlich; **2.** ▶ *bataille f ~e* regelrechte (Straßen-)Schlacht *f.* **rangée** *f* Reihe, Linie *f (a. Spiel).* **rangement** *m fam* **1.** Aufräumen *n;* **2.** Anordnung *f;* **3.** *(Auto)* ▶ *faire un ~* ein≈parken. **ranger** ⟨*Prés. je range, ns rangeons; pp. rangé, e*⟩ **I.** *tr* **1.** (an≈)ordnen, (um≈, auf≈) stellen; in Ordnung bringen; **2.** weg≈, auf≈räumen; *(Kleider)* weg≈hängen; **3.** *mar* entlang≈fahren (*qc* an e-r S *dat*); **II.** *v prn se ~* **1.** sich auf≈stellen, sich (an≈)ordnen; **2.** zur Seite gehen *od* treten; Platz machen; sich ein≈richten (*dans* in *dat*); **3.** *fig* sich stellen (*du côté de* auf die Seite *gen*); zu≈stimmen, bei≈pflichten (*à un avis* e-r Meinung); **4.** ein ordentlicher Mensch, *fam* solide werden.

ranimer [ʀanime] **I.** *tr* **1.** wieder≈beleben; **2.** *fig* neu entfachen, auf≈frischen; wieder aufleben lassen; an≈feuern; **II.** *v prn se ~* **1.** wieder zu sich kommen; **2.** sich neu beleben; **3.** *(Feuer)* wieder aufflackern.

rap [ʀap] *a* Rap-; *s m* Rap *m.*

rapace [ʀapas] **I.** *a* **1.** räuberisch; **2.** *fig* hab-, gewinnsüchtig; **II.** *s m pl* Raubvögel *m pl.* **rapacité** *f* **1.** Raubgier *f;* **2.**

fig Habsucht, -gier *f.*
rapatrié, e [ʀapatʀije] *m f* Heimkehrer, Rückwanderer *m;* ► *les ~s d'Algérie* die Algerienheimkehrer, -umsiedler *m pl.* **rapatriement** [-tʀimɑ̃] *m* Repatriierung, Rückführung; Heimkehr *f.* **rapatrier** *tr* repatriieren.
râpe [ʀɑp] *f* **1.** Reibe *f;* **2.** Raspel; (grobe) Feile *f.* **râpé, e I.** *a* gerieben; abgeschabt, -genutzt, -getragen; **II.** *s m* geriebene(r) Käse *m.* **râper** *tr* **1.** reiben, raspeln, schaben; **2.** *(im Hals)* kratzen. **râpeux, se** *a* rauh; *(Wein)* herb.
rapetassage [ʀaptasaʒ] *m fam* Ausbessern, Flicken; Flickwerk *n a. fig.* **rapetasser** *tr* **1.** *fam* aus=bessern, flicken; **2.** *fig* zs.=stoppeln, zurechtschustern.
rapetissement *m* **1.** Verkleinerung *f;* **2.** *fig* Herabsetzung, -würdigung *f.* **rapetisser I.** *tr* **1.** kürzer machen; verkleinern; kleiner erscheinen lassen; **2.** *fig* herabsetzen, verkleinern; **II.** *itr* **1.** kleiner, kürzer werden, ab=nehmen; **2.** *(Stoff)* eingehen; **III.** *v prn se ~* kleiner werden; *fig* bescheiden auf=treten.
raphia [ʀafja] *m* **1.** Bambuspalme *f;* **2.** Raffiabast *m.*
rapiat, e [ʀapja, at] *a pop* raffig; knick(e)rig.
rapide [ʀapid] **I.** *a* **1.** schnell, rasch; *(Zeit)* schnell vorüber-, vergehend, verfließend, flüchtig; **2.** *(Fluß)* reißend; abschüssig, steil; **3.** *fig* lebhaft, lebendig *(a. Stil);* **II.** *s m* **1.** Stromschnelle *f;* **2.** *(train)* ► *~ m* Schnellzug, D-Zug *m.* **rapidité** *f* **1.** Schnelligkeit; *(Zeit)* Flüchtigkeit *f;* **2.** (Film-)Empfindlichkeit *f.*
rapiéçage, ~ècement [ʀapjesaʒ, ʀapjɛsmɑ̃] *m* Flicken *n;* Flickerei *f,* Flickwerk *n.* **rapiécer** ‹*Prés. je rapièce, ns rapiéçons; Fut. je rapiécerai; pp. rapiécé, e*› *tr* flicken.
rapin [ʀapɛ̃] *m péj* Farbenkleckser *m.*
rapine [ʀapin] *f* **1.** (Mund-)Raub *m;* **2.** Diebesgut *n,* Beute *f.*
raplapla [ʀaplapla] *a inv fam:* ► *être tout ~ (Person)* schlapp sein; *(Gegenstand)* flach sein.
rappel [ʀapɛl] *m* **1.** Zurückrufen *n; pol* Zurück-, Abberufung *f,* Abruf *m;* **2.** Wiederholung, Wiederaufnahme *f;* **3.** Erinnerung, Mahnung, Aufforderung *f* (*à* an, zu); **4.** Nachforderung; Nachzahlung *f;* **5.** *theat* Herausrufen *n,* Vorhang *m;* **6.** ► *battre, sonner le ~ (mil)* zum Sammeln trommeln *od* blasen; *~ à l'ordre (parl)* Ordnungsruf *m; ~ de salaire* Lohnnachzahlung *f.* **rappeler** [-ple] ‹*Prés. je rappelle, ns rappelons; Fut. je rappellerai; pp. rappelé, e*› **I.** *tr* **1.** zurück=(be)rufen, ab=berufen; **2.** erinnern (*qc à qn* jdn an e-e S), mahnen (*qn à qc* an e-e S); ins Gedächtnis zurück=rufen; **3.** *theat* heraus=rufen; **4.** *mil* ein=berufen; zum Sammeln trommeln *od* blasen; **5.** *(~ au téléphone)* zurück=, an=rufen; **II.** *v prn se ~* **1.** sich erinnern (*qc* an e-e S); sich ins Gedächtnis zurück=rufen; **2.** ► *se ~ à qn* sich jdm wieder in Erinnerung bringen; *~ à l'ordre (parl)* zur Ordnung rufen.
rappliquer [ʀaplike] *itr pop* (wieder=, zurück=, angetanzt) kommen.
rapport [ʀapɔʀ] *m* **1.** Ertrag *m;* Erträgnisse *n pl,* Einkünfte *pl;* **2.** Bericht(erstattung *f*) *m,* Referat; Gutachten; Zeugnis *n; mil* Meldung *f;* **3.** Beziehung *f a. gram;* Vergleich *m* (*à* mit); Verhältnis *n a. math;* **4.** *pl* Beziehungen *f pl,* Verkehr, Umgang *m;* **5.** ► *de bon ~* rentabel, einträglich; *en ~ avec* in Zs.hang mit; *par ~ à* in bezug auf *acc,* was ... betrifft; im Vergleich zu, mit; *(a. sous le ~ de)* in Hinsicht, im Hinblick auf *acc; sous tous les ~s* in jeder Hinsicht; **6.** *avoir ~ à qc* sich auf e-e S beziehen; *élaborer, rédiger, présenter un ~* e-n Bericht aus=arbeiten, ab=fassen, vor=legen; *entrer en ~ avec* in Beziehung treten zu, in Berührung kommen mit; *entretenir des ~s* Beziehungen unterhalten; *être en ~* in Beziehung stehen; *faire un ~* Bericht erstatten (*sur* über *acc*); *mettre en ~* in Beziehung setzen (*avec* zu); in Verbindung bringen (*avec* mit); *rompre, cesser tous ~s avec qn* alle Beziehungen zu jdm ab=brechen; **7.** *maison f de ~* Mietshaus *n; valeur f de ~* Ertragswert *m;* **8.** ► *~s d'affaires* od *de commerce, d'amitié* geschäftliche, freundschaftliche Beziehungen *f pl; ~ d'expert* Sachverständigengutachten *n; ~ final* Schlußbericht *m; ~ de forces* Kräfteverhältnis *n; ~ qualité-prix* Preis-Leistungs-Verhältnis *n; ~s sexuels* Geschlechtsverkehr *m; ~ de gestion* Geschäfts-, Rechenschaftsbericht *m; ~ sur la situation générale, de la caisse, du marché* Lage-, Kassen-, Marktbericht *m.* **rapportable** [-tabl] *a* **1.** *(Tasche)* aufsetzbar; **2.** *(Erlaß)* widerrufbar. **rapporter I.** *tr* **1.** wieder=, zurück=bringen, zurück= erstatten; **2.** mit=bringen; **3.** an=setzen, -fügen, -stükken; **4.** heran=schaffen, an=fahren; *(Hund)* apportieren; **5.** *com* (ein=) bringen, ab=werfen; *(Zinsen)* tragen; **6.** *(Beweis)* erbringen; **7.** berichten; dar=legen; zitieren; weiter=sagen, an=geben; **8.** beziehen (*à* auf *acc*); **9.** zu=schreiben, zugute halten (*à* dat); ein=ordnen (*à* in *acc*); **10.** *(Maßnahme, Gesetz)* zurücknehmen, wider=rufen, für ungültig erklären, auf=heben; **II.** *v prn se ~* **1.** *(gram)* sich beziehen (*à* auf *acc*); sich berufen (*de qc à qn* in e-r S auf jdn); **2.** passen (*à* zu *dat*); ► *s'en ~* sich verlassen (*à* auf *acc*); *~ gros* viel ein=bringen; *(Werbung)* ziehen. **rapporteur, se** *s m f* **1.** Zuträger(in *f*), Petze *f;* **2.** *nur m jur*

parl Berichterstatter, Referent *m;* **3.** *m math* Winkelmesser *m.*
rapprendre [ʀapʀɑ̃dʀ] *irr tr* von neuem, noch einmal lernen.
rapproché, e [ʀapʀɔʃe] *a* **1.** nahe, dicht beiea. liegend *od* befindlich; **2.** verwandt *fig.* **rapprochement** *m* **1.** Zs.rücken, -bringen; Heranrücken, Näherbringen *n;* **2.** *fig* Annäherung; *pol* Verständigung; Aus-, Versöhnung *f;* **3.** Nebenea.stellen *n,* Vergleich(ung *f*) *m.* **rapprocher I.** *tr* **1.** näher heran=rükken (*de* an *acc*); *opt* näher erscheinen lassen; *(zeitlich)* näher=bringen; **2.** *fig* (ea.) näher=bringen; (mitea.) aus=, versöhnen; **3.** *(Abstand)* verringern; an=nähern; zs.=bringen, in Berührung bringen; **4.** gegenüber=, nebenea.=stellen, vergleichen (*de* mit); **II.** *v prn se* ~ **1.** sich nähern, heran=nahen, -kommen (*de* an *acc*); **2.** *fig* sich an=nähern, näher=treten; sich *dat* näher=kommen.
rapt [ʀapt] *m* Entführung *f.*
raquer [ʀake] *tr pop* blechen.
raquette *f* **1.** (Tisch-)Tennisschläger *m;* **2.** Schneereifen, -teller *m;* **3.** *bot* Feigenkaktus *m.*
rare [ʀaʀ] *a* **1.** selten, *fam* rar; knapp; dünn (gesät), spärlich; **2.** *(Haar)* schütter; **3.** *(Puls)* schwach; **4.** *phys chem* dünn; **5.** *(vorangestellt)* außergewöhnlich; *se faire* ~ sich rar machen; sich nur noch selten sehen lassen. **raréfaction** *f* **1.** Verdünnung *f;* **2.** *com* Verknappung *f.* **raréfier I.** *tr* **1.** verdünnen; **2.** seltener werden lassen; **II.** *v prn se* ~ **1.** sich verdünnen, dünner werden; **2.** knapper, seltener werden. **rarement** *adv* selten. **rareté** *f* **1.** Seltenheit *f;* **2.** *com* Knappheit *f,* Mangel *m;* **3.** Rarität, Kostbarkeit *f;* ► ~ *des vivres* Lebensmittelknappheit *f.* **rarissime** *a fam* sehr selten, sehr rar.
ras, e [ʀɑ, -ɑz] *(s. a. raz) a* **1.** glatt (rasiert); kurz(geschoren); kurzhaarig, -florig; *(Hund)* glatthaarig; **2.** flach, eben; *(Maß)* gestrichen voll; **3.** ► *à, au* ~ *de la terre* unmittelbar am Erdboden, dicht am Boden; *très* ~ *(adv)* ganz kurz *(schneiden); en avoir* ~ *le bol* die Nase voll haben, *faire table* ~*e* auf=räumen, reinen Tisch machen (*de* mit); ~*e campagne f* flache(s) Land; offene(s) Gelände *n.* **rasade** [ʀazad] *f* bis an den Rand gefüllte(s) Glas *n.* **rasage** *m* Rasieren *n,* Rasur *f.* **rasant, e 1.** streifend; niedrig; **2.** *(Strahlen, Blick)* flach einfallend; **3.** *fam* langweilig. **rase-mottes** *m,* ► *vol en* ~ *(aero)* Tiefflug *m.* **rasé, e** *a* geschoren; ► *bien, mal* ~ gut, schlecht rasiert. **raser I.** *tr* **1.** rasieren; scheren; **2.** *(Samt)* glatt=schneiden; **3.** *(Gebäude)* ab=brechen, -reißen, schleifen; **4.** streifen, flach weg=fliegen (*qc* über e-e S); entlang=sausen, -rasen (*qc* an e-r S *dat*); *(Maß)* gestrichen voll machen; **5.** *pop* auf die Nerven gehen (*qn* jdm); an=öden, langweilen; **II.** *v prn se* ~ **1.** sich rasieren; sich ab=schleifen; **2.** *fam* sich mopsen, sich langweilen. **raseur, se I.** *m f fam* Nervensäge *f;* langweilige(r) Mensch *m;* **II.** *a fam* langweilig. **rasibus** [-ys] *adv:* ~ ► *de (pop)* ganz dicht vorbei an; *couper* ~ ganz kurz schneiden. **rasoir I.** *s m* **1.** Rasierapparat *m;* **2.** *fam* Nervensäge *f;* **II.** *a invar* langweilig.
rassasiant, e [ʀasazjɑ̃, -ɑ̃t] *a* sättigend. **rassasiement** *m* **1.** Sättigung *f;* **2.** *fig* Übersättigung *f.* **rassasié, e** *a* **1.** satt; **2.** *fig* überdrüssig (*de* gen). **rassasier I.** *tr* **1.** sättigen, satt machen; **2.** *(Wünsche) fig* stillen, befriedigen; **3.** überfüttern (*de* mit) *a. fig;* **4.** *fig* überhäufen, -schütten; **II.** *v prn se* ~ *(de)* sich satt essen (an *dat*), satt werden; *fig* satt bekommen; *je (me) suis rassasié de cela* das hängt mir zum Halse heraus, *fig* das habe ich satt.
rassemblement [ʀasɑ̃bləmɑ̃] *m* Sammeln *n;* Ansammlung *f,* Auflauf *m; pol* Sammlung(sbewegung) *f;* ~*! mil* Antreten! **rassembler I.** *tr* **1.** wieder zs.=führen; versammeln, vereinigen; **2.** *mil* zs.=ziehen; **3.** zs.=bringen, -stellen, -setzen, -fügen; sammeln *a. fig;* **II.** *v prn se* ~ sich versammeln; an=treten; ► ~ *son courage* s-n Mut zusammen=nehmen; ~ *ses forces* Kräfte sammeln.
rasseoir [ʀaswaʀ] ‹*s. asseoir*› **I.** *tr* wieder hin=setzen, -legen, -stellen, auf=richten; **II.** *v prn se* ~ sich wieder (hin=)setzen; *(Flüssigkeit)* sich setzen.
rassérénant, e [ʀaseʀenɑ̃, ɛ] *a* aufheiternd. **rassérènement** *m* **1.** Aufheiterung *f (a. Meteorologie);* **2.** *fig* Beruhigung *f.* **rasséréner** ‹*Prés. je me rassérène, ns ns rassérénons; Fut. je me rassérénerai; pp. rasséréné, e*› **I.** *tr fig* beruhigen; **II.** *v prn se* ~ sich (wieder) auf=heitern, -hellen, -klären; *fig* sich (wieder) beruhigen.
rassis, e [ʀasi, iz] *a* **1.** *(Fleisch)* abgelagert; *(Brot)* altbacken; **2.** *(Land)* lange brachliegend; **3.** *fig* gesetzt, ruhig, besonnen.
rassurant, e *a* beruhigend. **rassurer I.** *tr* beruhigen; Mut ein=flößen (*qn* jdm); **II.** *v prn se* ~ sich (wieder) beruhigen; ruhiger werden; ► *rassurez-vous!* seien Sie unbesorgt!
rastafari [ʀastafaʀi] *a* Rastafari-; *s m* Rastafari *m.*
rasta(quouère) [ʀasta(kwɛʀ)] *m* Hochstapler *m.*
rat [ʀa] *m* **1.** Ratte *f;* **2.** ► ~ *de bibliothèque (fig)* Bücherwurm *m,* Leseratte *f;* ~ *d'eau* Wasserratte *f; mort f aux* ~*s* Rattengift *n.*
rata [ʀata] *m fam* Fraß *m.*

ratage [rataʒ] *m fam* Scheitern *n.*
rataplan [rataplɑ̃] *interj* rumtata.
ratatiné, e [ratatine] *a* **1.** eingeschrumpft; faltig; *fam* verschrumpelt; **2.** *(Gesicht)* zerknittert; **3.** *(Weiblein)* verhutzelt; **4.** *pop* zermatscht. **ratatiner, se** ein=, zs.=schrumpfen; faltig werden; *se faire ~ (fam)* abgemurkst werden.
ratatouille [ratatuj] *f* Ratatouille *f.*
rate [rat] *f* **1.** (weibliche) Ratte *f;* **2.** *anat* Milz *f;* ► *se dilater la ~* Tränen lachen.
raté, e [rate] **I.** *a* mißlungen, verfehlt, gescheitert, *fam* verpatzt; **II.** *s m* **1.** *tech* Versager *m;* *(~ d'allumage) mot* Fehlzündung *f;* **2.** verkrachte Existenz *f,* Versager *m.*
râteau [rato] *m* **1.** Harke *f,* Rechen *m;* **2.** *arg* Kamm *m.* **râtelage** [-tlaʒ] *m* Harken, Rechen *n.* **râteler** *tr* (zs.=)harken, zs.rechen. **râtelier** [-təlje] *m* **1.** *agr* Raufe *f;* **2.** *fam* (*bes.* falsches) Gebiß *n;* **3.** *tech* Gestell *n,* Ständer *m;* ► *manger à deux, à plusieurs ~s (fam)* zwei, mehrere Eisen im Feuer haben.
rater [rate] **I.** *itr* **1.** versagen; *(Gewehr)* nicht los=gehen; **2.** *fig* mißlingen, scheitern, fehl=schlagen, *fam* nicht klappen; **II.** *tr* **1.** *(Ziel)* verfehlen; **2.** *fig* verpassen, versäumen; **3.** *(Prüfung)* nicht bestehen, durch=fallen (*un examen* in e-r Prüfung); **4.** *fam* verpatzen, verkorksen. **ratiboiser** *tr fam* klauen; ► *être ratiboisé* ruiniert, erledigt sein.
ratière [ratjɛʀ] *f* Rattenfalle *f.*
ratificatif, ive [ratifikatif] *a* bestätigend; Bestätigungs-. **ratification** *f jur* Bestätigung, Billigung, Ratifizierung, Ratifikation *f.* **ratifier** *tr jur* bestätigen, billigen, ratifizieren.
ratio [rasjo] *m* Koeffizient *m.*
ration [rasjɔ̃] *f* **1.** Ration *a. mil;* Zuteilung; (tägliche) Verpflegungsmenge *f,* -bedarf *m;* **2.** Anteil *m* (*de* an *acc*). **rationalisation** [-sjɔ-] *f com* Rationalisierung *f.* **rationaliser** *tr* rationalisieren. **rationalisme** *m* Rationalismus *m.* **rationaliste I.** *a* rationalistisch; **II.** *s m* Rationalist *m.* **rationalité** *f* Vernünftigkeit; *math* Rationalität *f.* **rationnaire** *m f* **1.** Rationsempfänger(in *f*) *m;* **2.** Teilnehmer(in *f*) *m* am Essen in e-r Werkskantine. **rationné, e** *a* rationiert, bewirtschaftet. **rationnel, le** *a* **1.** vernunftgemäß, rational *a. math;* **2.** zweckmäßig, rationell. **rationnement** *m* Rationierung, Bewirtschaftung; *(régime m de ~)* Zwangswirtschaft *f;* ► *soumis au ~* rationiert, (zwangs)bewirtschaftet; *~ alimentaire* Lebensmittelrationierung *f;* *~ des logements* Wohnraumbewirtschaftung *f.* **rationner I.** *tr* rationieren, bewirtschaften; auf Rationen setzen; *fig* knapp=halten; **II.** *v prn se ~* sich einschränken; sich (im Essen) zurückhalten.
Ratisbonne [ratisbɔn] *f* Regensburg *n.*
ratissage [ratisaʒ] *m* **1.** Rechen, Harken *n;* **2.** *mil* Durchkämmen *n.* **ratisser** *tr* **1.** rechen, harken; **2.** *(Gelände)* durch=kämmen; **3.** *pop* klauen; **4.** ► *se faire ~ (fam) (Spiel)* alles verlieren; sich ruinieren. **ratissoire** *f* Jäthacke *f.*
raton [ratɔ̃] *m* **1.** *zoo* kleine Ratte *f;* Waschbär *m (a. ~ laveur);* **2.** *Art* Käsekuchen *m;* **3.** *péj* Schimpfname für Nordafrikaner.
rattachement [rataʃmɑ̃] *m pol* Angliederung *f,* Anschluß *m.* **rattacher I.** *tr* **1.** (wieder) an=binden, befestigen; fest=machen, -halten; **2.** *fig* in Verbindung, Zs.hang bringen (*à* mit); **3.** *pol* an=gliedern, an=schließen; **II.** *v prn se ~* sich an=schließen (*à* an *acc*); zs.=gehören (*à* mit *dat*), gehören (*à* zu *dat*).
rattrapage [ratʀapaʒ] *m* **1.** *tech (Spielraum)* Nachregulieren, Justieren; *(Lager)* Nachstellen *n;* **2.** *(Schule)* ► *cours m de ~* Nachholunterricht *m.* **rattraper I.** *tr* **1.** wieder ergreifen, *fam* erwischen, ein=fangen; ein=holen *a. fig;* wieder=erlangen, -bekommen, *fam* -kriegen; **2.** *fig* (wieder) auf=, nach=holen; wieder gut=machen; **II.** *v prn se ~ (Verlust)* wieder auf=holen; nach=holen; sich erholen (*de* von); sich schadlos halten (*sur* an *dat*); ► *on ne m'y rattrapera plus!* das soll mir nicht wieder, nicht noch einmal passieren; *si je le rattrape!* wenn ich den erwische!
rature [ratyʀ] *f (Schrift)* Streichung *f.* **raturer** *tr* (aus=, durch=)streichen.
rauque [ʀok] *a (Stimme)* rauh; *fig* heiser.
ravage [ravaʒ] *m meist pl* **1.** Verwüstung, Verheerung *f;* **2.** *pl* üble Folgen *f pl;* ► *faire (bien) du, des (de grands) ~(s)* (großen) Schaden, große Verwirrung an=richten; *les ~s du temps* der Zahn der Zeit. **ravager** ⟨*Prés. je ravage, ns ravageons; pp. ravagé, e*⟩ *tr* **1.** verwüsten, verheeren; heim=suchen; **2.** entstellen, verunstalten; **3.** *fig* zugrunde richten.
ravalement [ravalmɑ̃] *m* **1.** *arch* (Ver-) Putz, Bewurf *m;* Abputzen *n;* **2.** *(Baum)* Stutzen *n;* **3.** *pop (Frau)* ► *faire un ~* sich anmalen. **ravaler** *tr* **1.** herab=setzen, -würdigen, geringschätzig sprechen (*qn* über jdn); **2.** (wieder) hinunter=schlucken; *fig (Wut)* unterdrücken, verbeißen; **3.** *arch* ab= *od* verputzen; **4.** *min* abteufen; **II.** *v prn se ~* sich erniedrigen; ► *je lui ferai bien ~ ses paroles!* ich werde ihn zur Rede stellen!
ravaudage [ravodaʒ] *m* Ausbessern; *(Strümpfe)* Stopfen; *(Wäsche)* Flicken *n.* **ravauder** *tr* aus=bessern; stopfen, flicken.
rave [rav] *f* Rübe *f.* **ravi, e** *a* hocherfreut, entzückt (*de* über *acc*); bezaubert, hingerissen, außer sich; ► *j'en suis ~* es freut mich sehr.

ravier [ʀavje] *m* Vorspeisen-, Salat-, Kompotteller *m.*
ravigotant, e [ʀavigɔtɑ̃, t] *a fam* erfrischend; kräftigend. **ravigote** *f* pikante Kräutertunke *f.* **ravigoter** *tr fam* wieder auf die Beine, zu Kräften bringen, stärken; *fig* auf=muntern.
ravin [ʀavɛ̃] *m* **1.** Schlucht *f;* Hohlweg *m;* **2.** Rinne *f;* **ravinement** *m geol* Auswaschung; Schluchtenbildung *f.* **raviner** *tr geol* aus=waschen.
ravioli [ʀavjɔli] *m pl (Küche)* Ravioli *pl.*
ravir *tr* **1.** *lit* rauben *a. fig,* entführen; **2.** *fig* hin=, mit=reißen, entzücken, bezaubern; *à* ► ~ wundervoll, entzückend.
raviser, se [ʀavize] *v prn* sich (e-s Besseren) besinnen, s-e Meinung ändern.
ravissant, e [ʀavisɑ̃] *a fig* bezaubernd, entzückend, hinreißend. **ravissement** *m* **1.** Entzücken *n;* **2.** *rel* Verzückung *f;* ► *être dans le* ~ ganz hingerissen sein. **ravisseur, se** *m f* Entführer(in *f*) *m.*
ravitaillement [ʀavitajmɑ̃] *m* **1.** (Lebensmittel-)Versorgung (*en qc* mit etw), Verproviantierung *f;* **2.** *mil* (Lebensmittel-, Munitions-)Nachschub *m;* **3.** *fam* Lebensmittel *pl;* ► ~ *en viande* Fleischversorgung *f.* **ravitailler** **I.** *tr* (mit Lebensmitteln) versorgen; **II.** *v prn se* ~ sich (mit Lebensmitteln) versorgen; *fam* sich stärken; ► ~ *en essence* mit Benzin versorgen. **ravitailleur** *m* **1.** Versorgungsfahrzeug *n;* **2.** *sport* Betreuer *m.* **raviver** **I.** *tr* **1.** wieder=beleben *a. fig;* auf=frischen; **2.** *(Feuer)* an=fachen; **II.** *v prn se* ~ **1.** wieder auf=leben; **2.** sich neu entfachen.
ravoir *tr (nur Infinitiv)* wieder=haben; wieder=bekommen; *fam* sauber bekommen.
rayage, rayement [ʀɛjaʒ, -mɑ̃] *m* Streichung *f.* **rayé, e** ⟨*Prés. je raie* od *raye, ns rayons; Fut. je raierai* od *rayerai, ns rayerons; pp. rayé, e*⟩ *a* **1.** gestreift; *(Papier)* liniert; **2.** *(Karosserie)* zerkratzt. **rayer** *tr* **1.** lin(i)ieren; **2.** (zer-)kratzen; **3.** (aus=, durch=)streichen; *fig (Ausgabe)* streichen; ► ~ *qn du nombre de* jdn nicht mehr zählen zu, rechnen unter *acc; rayez la mention inutile* Nichtzutreffendes streichen; *rayez cela de vos tablettes* od *papiers* schlagen Sie sich das aus dem Sinn.
rayon [ʀɛjɔ̃] *m* **1.** (Licht-)Strahl *m;* **2.** *math* Radius, Halbmesser *m;* **3.** *(Rad)* Speiche *f;* **4.** Fach, Regal, Bücherbrett *n;* **5.** (Honig-)Wabe *f (~ de miel);* **6.** *agr* Rille, Furche *f;* **7.** *com* Abteilung, Sparte *f,* Sektor *m;* **8.** Bereich, Bezirk; Umkreis; *(~ douanier)* Zoll(grenz)bezirk *m;* **9.** ► *à 10 km de ~, dans un ~ de 10 km* im Umkreis von 10 km; *en ~ (com)* auf Lager; **10.** ► *chef m de* ~ Abteilungsleiter *m;* **11.** ► ~ *d'action* Aktionsradius *a. mil,* Wirkungskreis *m,* Verbreitungsgebiet *n;* ~ *de distribution (Post)* Zustellbezirk *m;* ~ *d'espérance* Hoffnungsschimmer, Lichtblick *m;* ~ *frontalier* Grenzbezirk *m;* ~ *laser* Laserstrahl *m;* ~ *de lumière, lumineux* Lichtstrahl *m a. fig;* ~*s X,* Röntgenstrahlen *m pl;* ~ *de vente* Verkaufs-, Vertriebsabteilung *f.* **rayonnage** [-jɔ-] *m* Büchergestell, Regal *n.* **rayonnant, e** *a* strahlend, glänzend; Strahlungs-; ► *être ~ de bonheur, de joie* vor Glück, Freude strahlen. **rayonne** *f* Kunstseide *f.* **rayonné, e** *a* strahlenförmig angeordnet. **rayonnement** *m* **1.** (Aus-, Ab-) Strahlung *f;* **2.** *fig* Ausstrahlung, Wirkung *f.* **rayonner** **I.** *itr* **1.** (aus=)strahlen; **2.** strahlen, glänzen, leuchten *a. fig;* **3.** *fig* ausstrahlen, wirken; **4.** *(Verkehrswege)* strahlenförmig ausgehen; **5.** *(Personen)* Ausflüge in der Umgebung machen; **6.** tätig sein (*dans une région* in e-r Gegend); **II.** *tr* mit Regalen, Fächern versehen; ► ~ *de bonheur, de joie* vor Glück, vor Freude strahlen.
rayure [ʀɛjyʀ] *f* **1.** Streifen *m pl;* **2.** Kratzer *m,* Schramme *f;* ► *à larges ~s* breitgestreift.
raz, ras [ʀɑ] *m inv* starke (Meeres-) Strömung *f;* ► ~ *de marée* Sturm-, Springflut *f; fig (bei Wahlen)* Erdrutsch *m.* **razzia** [ʀa(d)zja] *f:* ► *faire une ~ sur qc* etw völlig ausplündern.
re, ré [ʀə, re] *pref* wieder-; wider-, gegen-; (zu)rück-; neu, aufs neue, von neuem; (Zu-)Rück-.
ré [ʀe] *m mus* d, D *n;* ► ~ *bémol* des, Des *n;* ~ *dièse* dis, Dis *n.* **réabonner** **I.** *tr* wieder, aufs neue abonnieren (*qn* für jdn); **II.** *v prn se* ~ wieder abonnieren (*à qc* etw). **réaccoutumer** wieder gewöhnen (*qn à qc* jdn an e-e S). **réacheminement** *m (Post)* Weiterbeförderung; Zurücksendung *f.* **réacheminer** *tr (Post)* weiter=leiten; zurücksenden.
réactance [ʀeaktɑ̃s] *f el radio* Blindwiderstand *m.* **réacteur** *m* **1.** *aero* Düse(nantrieb *m*) *f,* Strahltriebwerk *n;* **2.** Reaktor *m.* **réactif, ive** **I.** *a* **1.** *phys* rückwirkend; **2.** *chem* reagierend; **II.** *s m chem* Reagens *n.* **réaction** [-ksjɔ̃] *f* **1.** *phys chem biol med* Reaktion, Rück-, Gegenwirkung *f;* **2.** *chem* Umsetzung *f;* **3.** *allg* (Rück-)Wirkung, *bes. pol* Reaktion *f;* **4.** *péj* Rückschritt *m;* **5.** *radio* Rückkopp(e)lung *f;* ► ~ *en chaîne (phys)* Kettenreaktion *f;* ~ *défensive (med)* Abwehrreaktion *f;* ~ *nucléaire (phys)* Kernreaktion *f.* **réactionnaire** **I.** *a pol* reaktionär, fortschrittsfeindlich; **II.** *s m* Reaktionär *m.* **réactiver** *tr chem* reaktivieren; *allg* wieder beleben, wieder in Tätigkeit setzen.
réadaptation [ʀeadaptasjɔ̃] *f* **1.** *biol* Wiederanpassung *f;* **2.** *com* Umstellung *f;* **3.** *med* Rehabilitation *f;* ► ~ *des*

adultes berufliche Umschulung *f.* **réadapter** *tr* **1.** wiederan=passen; *(Betrieb)* um=stellen; **2.** *med* rehabilitieren, wieder beruflich eingliedern. **réagir** *itr* **1.** reagieren *a. phys chem biol med;* zurückwirken (*à* auf *acc*); **2.** widerstehen (*contre* dat); sich wehren (*contre* gegen *acc*); **3.** sich auswirken, zurückwirken (*sur* auf *acc*).

réalisable [Realizabl] *a* **1.** realisier-, ausführbar; **2.** *com* umsetzbar, verwertbar. **réalisateur, trice** *a* u. *s m f* Filmregisseur; Sende-, Spielleiter, Programmgestalter; Moderator *m.* **réalisation** *f* **1.** Verwirklichung, Realisierung; Gestaltung *f;* **2.** Aus-, Durchführung, Erledigung, Erfüllung *f;* **3.** Leistung *f;* **4.** *com* Umsetzung, Flüssigmachung *f;* Verkauf *m;* **5.** *(Film)* Regie; Herstellung *f;* ▶ ~ *d'une construction* Bauausführung *f;* ~ *du sinistre* (Eintritt des) Schadensfall(es), Versicherungsfall *m.* **réaliser I.** *tr* **1.** verwirklichen, in die Tat um=setzen; **2.** gestalten; durch=, aus=führen, erledigen; vollbringen, zustande bringen; **3.** *(Film)* auf=nehmen, herstellen; **4.** *com* um=setzen; zu Geld machen, flüssigmachen; verwerten; **5.** begreifen, erfassen, sich vor=stellen, sich e-n Begriff machen (*qc* von etw); **II.** *v prn se* ~ **1.** sich verwirklichen, Wirklichkeit werden; in Erfüllung gehen; sich selbst verwirklichen; **2.** ▶ ~ *un accord* e-n Vertrag schließen; ~ *un bénéfice* e-n Gewinn erzielen; ~ *des économies* Ersparnisse machen; ~ *par étapes* schrittweise verwirklichen, abschnittsweise durch=führen. **réalisme** *m* Realismus *m.* **réaliste I.** *s m* Realist *m;* **II.** *a* realistisch; wirklichkeitsnah; naturgetreu. **réalité** *f* Wirklichkeit, Realität, Tatsächlichkeit, Tatsache *f;* ▶ *en* ~ in Wirklichkeit.

réanimation [Reanimasjõ] *f med* Wiederbelebung *f; service de* ~ Intensivstation *f.* **réanimer** *tr* wieder=beleben.

réapparaître [ReapaRɛtR] ⟨*s. apparaître*⟩ *itr* wieder erscheinen, wieder zum Vorschein kommen; wieder auftreten. **réapparition** *f* Wiedererscheinen, -auf=treten *n;* ▶ *faire sa* ~ wieder auf=tauchen, wieder auf der Bildfläche erscheinen.

réapprendre [ReapRɑ̃dR] ⟨*s. apprendre*⟩ *tr s. rapprendre.*

réargenter [ReaRʒɑ̃te] *tr* neu versilbern.

réarmement [ReaRməmɑ̃] *m* Wiederbewaffnung, -aufrüstung *f.* **réarmer I.** *tr* wieder=bewaffnen; **II.** *itr* wieder=aufrüsten.

réassortiment [ReasɔRtimɑ̃] *m s. rassort...*

rébarbatif, ive [RebaRbatif, -iv] *a* **1.** abstoßend; **2.** *fig* abweisend, unfreundlich.

rebâtir [Rəbɑtir] *tr* wiederauf=bauen, -her=stellen.

rebattre [RəbatR] *tr* **1.** *(Matratze)* auf=klopfen; **2.** *(Karten)* noch einmal mischen; **3.** *mus (Note)* wiederholen; ▶ ~ *les oreilles à qn de qc* jdm mit etw (beständig) in den Ohren liegen. **rebattu, e** *a* **1.** *(Thema)* abgedroschen; **2.** *(Weg)* viel benutzt; ▶ *j'en ai les oreilles ~es (fig)* das hängt mir zum Hals heraus.

rebelle [Rəbɛl] **I.** *a* **1.** aufrührerisch; aufsässig (*à qn* jdm gegenüber); widerspenstig; **2.** *med* hartnäckig; **II.** *s m f* Rebell(in *f*), Aufrührer(in *f*) *m.* **rebeller, se** *v prn* rebellieren, sich empören, revoltieren (*contre* gegen *acc*).

rébellion [Rebɛljõ] *f* Aufstand, Aufruhr *m a. fig,* Rebellion *f.*

rebiffer, se [Rəbife] *v prn pop* auf=mucken, -begehren, rebellisch werden, aufmüpfig sein.

rebobiner [Rəbɔbine] *tr* zurückspulen.

reboisement [Rəbwazmɑ̃] *m* (Wieder-)Aufforstung *f.* **reboiser** *tr* (wieder) auf=forsten.

rebondi [Rəbõdi] *a* prall; dick u. rund. **rebondir** *itr* **1.** ab=, zurück=prallen; **2.** *fig* wieder in Gang kommen; wieder aktuell werden. **rebondissement** *m* **1.** Ab=, Zurückprallen *n;* **2.** *fig* Rückschlag *m,* -wirkung *f;* Wiederaufleben *n.*

rebord [RəbɔR] *m* **1.** (umgebogener) Rand *m;* Randleiste; Einfassung *f;* Sims *m* od *n,* Gesims *n;* **2.** (Kragen-)Umschlag *m;* (Hut-)Krempe *f;* **3.** ▶ ~ *(de la fenêtre)* Fensterbank *f.*

rebouchage [Rəbuʃaʒ] *m* Verkitten *n* (e-s Loches). **reboucher** *tr* (wieder) zu=stopfen; wieder zu=korken.

rebours [RəbuR] **I.** *loc adv: à, au* ~ gegen den Strich *a. fig;* rückwärts *(lesen, gehen); fig* im entgegengesetzten Sinne, verkehrt; **II.** *loc prp:* ▶ *au ~ de* gegen, im Gegensatz zu, zuwider; *compter à* ~ rückwärts zählen; *prendre qc à* ~ etw falsch auf=fassen *od* verstehen.

rebrousse-poil [RəbRuspwal] *loc adv:* ▶ *à* ~ gegen den Strich; *prendre qn à* ~ jdn vor den Kopf stoßen. **rebrousser** *tr* gegen den Strich bürsten *od* kämmen; ▶ ~ *chemin* um=kehren, kehrt=machen.

rebuffade [Rəbyfad] *f:* ▶ *essuyer une* ~ e-e Abfuhr ein=stecken.

rébus [Reby(s)] *m* **1.** Bilderrätsel *n;* **2.** *fig* Rätsel *n.*

rebut [Rəby] *m* **1.** Ausschuß(ware *f*), Abfall; Schund; Schrott *m;* **2.** unzustellbare Sendung *f;* **3.** *fig* Auswurf *m;* ▶ *jeter au* ~ wegwerfen, auf den Abfallhaufen werfen. **rebutant, e** *a* abweisend, -schreckend, entmutigend; abstoßend, widerlich. **rebuter I.** *tr* **1.**

(glatt, rundweg) ab=weisen; **2.** ab=stoßen, an=widern, ~=ekeln; ab=schrecken, entmutigen; **II.** *v prn se* ~ sich ab=schrecken, den Mut sinken lassen; entmutigt, mutlos werden.
récalcitrant, e [ʀekalsitʀɑ̃] *a* widerspenstig, störrisch.
recaler [ʀəkale] *tr fam (Schule)* durchfallen lassen; ▶ *se faire* ~ durchfallen.
récapitulatif, ive [ʀekapitylatif, -iv] *a* (kurz) zs.fassend. **récapitulation** *f* Zs.fassung, kurze Wiederholung *f.* **récapituler** *tr* zs.=fassen, kurz wiederholen.
recaser [ʀəkaze] **I.** *tr fam* wieder unterbringen; **II.** *v prn se* ~ wieder unterkommen.
receler [ʀəsəle] ‹*Prés. je recèle, ns recelons; Fut. je recèlerai; pp. recelé, e*›, **recéler** [ʀəsele] ‹*Prés. je recèle, ns recélons; Fut. je recélerai; pp. recélé, e*› *è;* **I.** *tr* **1.** *(Geheimnis)* bergen, in sich tragen, enthalten; **2.** *jur* (ver)hehlen; verheimlichen; **3.** verbergen; Unterschlupf gewähren (*qn* jdm); **II.** *v prn se* ~ sich verbergen. **receleur, se** [-slœʀ, -øz] *m f jur* Hehler(in *f*) *m.*
récemment [ʀesamɑ̃] *adv* neulich, kürzlich, vor kurzem.
recensement [ʀəsɑ̃smɑ̃] *m* (Volks-, Stimm-)Zählung *f;* Bestandsaufnahme; *mil* Erfassung *f;* ▶ ~ *de la population, des votes* Volks-, Stimmzählung *f.* **recenser** *tr (Bevölkerung, Stimmen)* zählen; (zahlenmäßig) erfassen. **recenseur** *m* Volkszähler *m.*
récent, e [ʀesɑ̃, -ɑ̃t] *a* neu, frisch, kürzlich erfolgt.
recentrer [ʀəsɑ̃tʀe] *tr (Fußball)* flanken.
récépissé [ʀesepise] *m* Empfangs-, Annahmebescheinigung *f;* (~ *postal)* Einlieferungsschein *m;* ▶ ~ *de dépôt* Hinterlegungs-, Aufbewahrungsschein *m;* ▶ ~ *de paiement* Zahlungsbeleg *m,* Quittung *f.*
réceptacle [ʀesɛptakl] *m* **1.** Sammelbecken *n a. fig;* **2.** *bot* Blütenboden *m;* **3.** *arch tech* (*bes.* Wasser-)Behälter *m.*
récepteur *m* **1.** *tele* Hörer *m;* **2.** *radio* Empfänger *m,* Empfangsgerät *n;* ▶ *décrocher, raccrocher le* ~ den Hörer ab=nehmen, auf=legen; *poste m* ~ Empfangsgerät *n,* Empfänger *m;* ~ *portatif* Kofferradio *n;* ~ *de radio, de télévision en couleurs* Rundfunk-, Farbfernsehempfänger *m.* **réceptif, ive** *a med* ansprechend (*à* auf *acc*), empfänglich (*à* für). **réception** [-sjɔ̃] *f* **1.** Empfang *m a. radio;* **2.** Erhalt *m,* Entgegennahme *f;* **3.** Auf-, Annahme, Einführung *f (bes. in e-e Gesellschaft, ein Amt);* **4.** *(Hotel)* Rezeption *f;* **5.** *arch tech* Abnahme *f;* **6.** ▶ *accuser* ~ *de qc* den Empfang e-r S bestätigen; *prendre* ~ *de qc* etw in Empfang nehmen; **7.** ▶ *accusé m de* ~ Empfangsbestätigung *f; avis m de* ~ *(Post)* Empfangsbescheinigung *f;* **8.** ▶ ~ *collective* Gemeinschaftsempfang *m;* ~ *en haut-parleur* Lautsprecherübertragung, -wiedergabe *f.* **réceptionnaire** *s m* u. *a: agent m* ~Abnahmebeamte(r), -ingenieur *m.* **réceptionner** *tr (Waren)* empfangen, ab=nehmen, prüfen. **réceptionniste** *m (Hotel)* Empfangschef *m.* **réceptivité** *f* **1.** Aufnahmefähigkeit *f (für Sinneseindrücke);* **2.** *med* Anfälligkeit *f;* **3.** *radio* Empfangsbereich *m.*
récessif, ive [ʀesɛsif, -iv] *a biol* rezessiv. **récession** *f fig* Rückgang *m;* Rezession *f,* rückläufige Konjunktur *f.*
recette [ʀ(ə)sɛt] *f* **1.** *com* Einnahme *f;* Erlös, Ertrag *m;* **2.** Steuereinzug *m,* -erhebung *f;* Steueramt *n,* -kasse *f;* **3.** *com* (Waren-)Annahme *f;* **4.** *tech* Abnahme *f;* **5.** *allg* Rezept (*de qc* für etw); Kochrezept *n;* **6.** *pl* Einkünfte *pl;* Eingänge *m pl; film* Einspielergebnisse *n pl;* **7.** ▶ *faire la* ~ (ein=)kassieren (*de qc* etw); **8.** ▶ *excédent m de* ~*s* Mehreinnahme *f,* -ertrag; Einnahmeüberschuß *m;* **9.** ▶ ~*s accessoires* Nebeneinnahmen *f pl,* -verdienst *m;* ~ *annuelle, journalière* Jahres-, Tageseinnahme *f;* ~ *brute, nette* Brutto- *od* Roh-, Netto- *od* Reineinnahme *f;* ~ *de caisse* Kasseneingang *m;* ~*s et dépenses* Einnahmen u. Ausgaben *f pl;* ~*s fiscales* Steuereinnahmen *f pl;* ~ *du jour* Tageskasse *f;* ~ *totale* Gesamteinnahme *f.*
recevabilité [ʀəsəvabilite] *f jur* Zulässig-, Statthaftigkeit *f.* **recevable** *a* **1.** *(Entschuldigung)* annehmbar; **2.** *jur* zulässig, statthaft; berechtigt (*à qc* zu etw). **receveur, se** *m f* **1.** Kassierer(in *f*), Kassenbeamte(r *m*) *f;* **2.** *(Straßenbahn-, Omnibus-)*Schaffner(in *f*) *m;* **3.** ▶ ~ *des contributions* Finanzbeamte(r) *m;* **4.** *nur m (Bluttransfusion)* Empfänger *m.* **recevoir** ‹*Prés. je reçois, ns recevons; Fut. je recevrai; pp. reçu, e; Subj. que je reçoive, que ns recevions; Impér. reçois, recevons*› **I.** *tr* **1.** an=, entgegen=, in Empfang nehmen; empfangen; erhalten, bekommen; **2.** *(Geld)* ausgezahlt, *(Orden)* verliehen bekommen; *(Person) (bei sich* od *feierlich)* auf=nehmen, ein=führen; *(Form, Gesetz)* an=nehmen; *(Besuch, die Taufe)* empfangen; **3.** *arch tech tele* ab=nehmen; **4.** zu=lassen, gestatten, erlauben, genehmigen; *(Brauch)* übernehmen; *(Gefäß)* fassen; **II.** *v prn se* ~ **1.** sich (gegenseitig) einladen; **2.** *sport* auf=springen (*sur la jambe droite* auf dem rechten Fuß); **3.** ▶ *être reçu* in Gebrauch kommen, sich durch=setzen; *(Kandidat)* an-, aufgenommen werden, *(Prüfung)* bestehen; ~ *des applaudissements, des éloges* Beifall, Lob ernten; ~ *l'autorité de la chose*

jugée rechtskräftig werden; *être reçu docteur* promovieren *itr;* ~ *des injures* Beleidigungen hin=nehmen *od* ein=stekken (müssen); **4.** ▶ *j'ai été bien reçu!* da bin ich schön angekommen! *la famille s'exuse de ne pas* ~ von Beileidsbesuchen bitten wir abzusehen; *j'ai reçu sa parole* er hat mir sein Wort gegeben; *il ne reçoit personne* er ist für niemanden zu sprechen; *recevez mes salutations (les plus) distinguées* mit vorzüglicher Hochachtung.

rechange [ʀəʃɑ̃ʒ] *m com* Rückwechsel *m;* ... ▶ *de* ~ Ersatz-, Reserve-, Ausweich-; ... zum Wechseln; *(linge m de)* ~ Wäsche *f* zum Wechseln; *pièce f de* ~ Ersatzteil *n; pneu m de* ~ Ersatzreifen *m; roue f de* ~ *(mot)* Reserverad *n; solution f de* ~ Ersatzlösung *f (e-r Frage).* **rechaper** *tr mot (Reifen)* runderneuern.

réchappé, e [ʀeʃape] *m f* Davongekommene(r *m*) *f.* **réchapper** *itr (Gefahr, Krankheit)* (heil, gesund, glücklich) überstehen (*à, de qc* etw), davon=kommen.

recharge [ʀəʃaʀʒ] *f* **1.** *(Kugelschreiber)* Nachfüllung, Miene *f;* **2.** *(Akku)* Aufladen *n.* **recharger** *tr* **1.** wieder (auf=, be)laden *(a. Gewehr, Akku);* **2.** *tech* mit e-r Auflage versehen; **3.** *(Straße, Gelände)* auf=schütten, -schottern; **4.** e-n neuen Film ein=legen (*son appareil* in s-n Apparat).

réchaud [ʀeʃo] *m* Heizplatte *f;* Kocher *m;* Stövchen *n.*

réchauffé, e [ʀeʃofe] **I.** *a* aufgewärmt; **II.** *s m* **1.** Aufgewärmte(s) *n;* **2.** *fig fam* aufgewärmte(r) Kohl *m,* olle Kamelle, alte Geschichte *f.* **réchauffement** *m* **1.** Aufwärmen *n;* **2.** *(Temperatur)* Erwärmung *f.* **réchauffer I.** *tr* **1.** *(Person, Glieder, Speise)* auf=wärmen; **2.** *tech* vor=, an=wärmen; **3.** *fig* an=feuern, auf=muntern; **4.** *(Herz)* erwärmen; **II.** *v prn se* ~ **1.** sich auf=wärmen; **2.** *(Wetter)* wieder wärmer werden.

rêche [ʀɛʃ] **1.** rauh; herb *(im Geschmack);* **2.** *fig (Charakter)* widerspenstig, schwierig.

recherche [ʀəʃɛʀʃ] *f* **1.** Suche *f;* **2.** Streben, Trachten *n* (*de* nach); **3.** (Nach-, Er-)Forschung; Untersuchung; Ermittlung *f;* **4.** *fig* Raffinement *n; péj* Geziertheit *f;* **5.** *pl* Forschung(sarbeit)en *f pl;* **6.** ▶ *à la* ~ *de* auf der Suche nach; *sans* ~ ungekünstelt, natürlich; *faire des* ~*s* Nachforschungen an=stellen (*sur* nach); Forschung treiben; **7.** ▶ ~ *auprès des consommateurs* Verbraucheranalyse *f;* ~ *de base* Grundlagenforschung *f;* ~ *électronique (Fernseher)* Bildsuchlauf *m; (Radio)* Sendersuchlauf *m;* ~*(s) fondamentale(s)* Grundlagenforschung *f;* ~*(s) de marché* Marktforschung *f;* ~ *opérationnelle* Betriebsforschung *f;* ~*s de la police* polizeiliche Ermitt(e)lungen *f pl.* **recherché, e** *a* **1.** (aus)gesucht, selten; **2.** beliebt, gefragt; **3.** geziert, gekünstelt, affektiert, gesucht; ▶ *être très* ~ stark gefragt sein.

rechercher *tr* **1.** suchen; **2.** erforschen, forschen (*qc* nach etw); **3.** streben, trachten, haschen, jagen (*qc* nach etw); **4.** sich bemühen, sich bewerben (*qc* um etw); **5.** ~ *qn* sich um jdn bemühen *od* reißen; **6.** *jur* fahnden (*qn* nach jdm).

rechigné, e [ʀəʃiɲe] *a* verdrießlich, mürrisch, griesgrämig. **rechigner** *itr* ein verdrießliches, *fam* saures Gesicht machen (*à* zu); mürrisch sein.

rechute [ʀəʃyt] *f rel med allg* Rückfall *m.*

récidive [ʀesidiv] *f jur fig* Rückfall *m.* **récidiver** *itr* **1.** *jur* rückfällig werden; **2.** *(Krankheit, Symptom)* wiederauf=treten. **récidiviste I.** *s m* Rückfällige(r) *m;* **II.** *a* rückfällig.

récif [ʀesif] *m geog* Riff *n;* ▶ ~ *corallien* Korallenriff *n.*

récipiendaire [ʀesipjɑ̃dɛʀ] *m f* Kandidat *m (für e-e Akademie).* **récipient** [-jɑ̃] *m* **1.** Behälter *m,* Gefäß *n;* **2.** *phys* Rezipient *m.*

réciprocité [ʀesipʀɔsite] *f* Gegen-, Wechselseitigkeit; Wechselbeziehung *f;* ▶ *à titre de* ~ auf Gegenseitigkeit. **réciproque** *a math gram* reziprok, umgekehrt; gegen-, wechselseitig; ▶ *rendre la* ~ *à qn (fig)* jdm nichts schuldig bleiben. **réciproquement** *adv* gegen-, wechselseitig; ▶ *et* ~ und umgekehrt.

récit [ʀesi] *m* **1.** Bericht *m;* Erzählung, Geschichte *f;* **2.** *mus* Rezitativ *n;* Solopartie *f;* ▶ *faire le* ~ *de qc* über e-e S berichten, von etw erzählen; ~ *inversé (film)* Rückblendung *f.* **récital** [-tal] *m* Solokonzert *n;* ▶ ~ *de chants, de piano* Liederabend *m,* Klavierkonzert *n.* **récitant, e I.** *a mus* Solo-; **II.** *s m* Ansager, Sprecher *m.* **récitatif** *m mus* Rezitativ *n.* **récitation** *f* **1.** Auf-, Hersagen *n,* Vortrag *m;* **2.** Gedicht *n* (zum Vortragen). **réciter** *tr* auf=, her=sagen, vor=tragen; ▶ *faire* ~ *qn* jdn ab=hören.

réclamant, e [ʀeklamɑ̃, -ɑ̃t] *m f* Beschwerdeführer(in *f*) *m.* **réclamation** *f* **1.** Beschwerde *f;* Einspruch, Einwand *m;* **2.** *com* Mängelrüge; Reklamation, Beanstandung *f;* **3.** *pl* Reklamationsbüro *n;* ▶ *en cas de* ~ im Falle e-r Beschwerde; *sans* ~ unbeanstandet; *déposer une* ~ *contre* Einspruch erheben, e-e Beschwerde vorbringen gegen; *donner lieu à des* ~*s* zu Beschwerden Anlaß geben; *lettre f* de ~ Beschwerdebrief *m.* **réclame** *f* **1.** Reklame, (Kunden-)Werbung, Anpreisung *f;* **2.** *theat* Stichwort *n;* **3.** ▶ *aux fins de* ~ zu

Werbezwecken; **4.** ► *être en* ~ zum Werbepreis verkauft werden; *faire de la* ~ Reklame machen; **5.** ► *article m de* ~ Reklameartikel *m; panneau m* ~ Reklametafel *f;* ~ *par le cinéma, à l'étalage* Kino-, Schaufensterreklame *f.* **réclamer I.** *tr* **1.** dringend bitten, verlangen; **2.** fordern (*qc à qn* etw von jdm), beanspruchen, Anspruch erheben (*qn* auf e-e S); **3.** erfordern, benötigen, brauchen; **II.** *itr* Einspruch erheben *a. jur;* **III.** *v prn se* ~ *de* sich berufen auf *(acc);* ► *non* ~*é (com)* nicht abgeholt.

reclassement [ʀəklasmɑ̃] *m* **1.** Neuordnung, -einteilung *f;* **2.** *(Arbeitskräfte)* Wiedereingliederung; anderweitige Verwendung *f;* ► ~ *des salaires* Besoldungsneuregelung *f.* **reclasser 1.** neu ordnen, neu ein=teilen; **2.** *(Arbeitskräfte)* wieder eingliedern; anderweitig unterbringen; e-n neuen Arbeitsplatz beschaffen (*qn* für jdn).

reclus, e [ʀəkly, -yz] **I.** *a* in e-r Klause, völlig abgeschlossen lebend; **II.** *s m f* Klausner(in *f*) *m.*

réclusion [ʀeklysjɔ̃] *f* Zuchthaus(strafe *f*) *n;* ► ~ *perpétuelle* lebenslängliche(s) Zuchthaus *n.*

recoiffer [ʀəkwafe] **I.** *tr* neu frisieren; die Haare ordnen (*qn* jdm); **II.** *v prn se* ~ **1.** sich die Haare wieder in Ordnung bringen; **2.** den Hut wieder auf=setzen.

recoin [ʀəkwɛ̃] *m* (verborgener) Winkel; Schlupfwinkel *m;* ► *les* ~*s du cœur* die geheimsten Falten *f pl* des Herzens; *(tous) les coins et* ~*s* alle Winkel u. Ecken.

recollage [ʀəkɔlaʒ] *m* Wiederankleben, -aufkleben *n.* **recoller I.** *tr* wieder an=, auf=, fest=kleben; **II.** *itr sport* wieder aufschließen; **III.** *v prn se* ~ *pop* wieder mit jdm zs.leben.

récollection [ʀekɔlɛksjɔ̃] *f rel* Andacht *f.*

récolte [ʀekɔlt] *f* **1.** Ernte(ertrag *m*, -zeit) *f;* (Ab-, Ein-)Ernten, (Ein-)Sammeln *n;* **2.** *fig* Ergebnis *n,* Ausbeute *f;* **3.** ► *rentrer la* ~ die Ernte ein=bringen; **4.** ► *prévisions f pl de la* ~ Ernteaussichten *f pl;* ~ *des blés, des pommes de terre, des betteraves, des fruits, des foins* Getreide-, Kartoffel-, Rüben-, Obst-, Heuernte *f.* **récolter** *tr* **1.** (ein=) ernten *a. fig;* (ein=)sammeln, lesen; **2.** *fig* gewinnen, erzielen; *fam* ein=heimsen.

recommandable [ʀəkɔmɑ̃dabl] *a* empfehlenswert, zu empfehlen(d). **recommandation** *f* **1.** Empfehlung *f;* **2.** Ermahnung *f.* **recommandé, e** *a (Post)* eingeschrieben; ► *lettre f* ~*e* Einschreib(e)brief *m.* **recommander I.** *tr* **1.** ein=schärfen, nahe=legen, dringend raten; **2.** empfehlen, ans Herz legen (*qc à qn* jdm etw, ► *à qn de faire qc* jdm etw zu tun); **3.** *(Brief)* ein=schreiben lassen; ► ~ *qn* jdn empfehlen; **II.** *v prn* **1.** ► *se* ~ *de qn, qc* sich auf jdn, etw berufen, beziehen; **2.** ► *se* ~ *par qc* sich durch etw auszeichnen.

recommencement [ʀəkɔmɑ̃smɑ̃] *m* Wiederbeginn *m.* **recommencer** ⟨*Prés. je recommence, ns recommençons; Fut. je recommencerai; pp. recommencé, e*⟩ **I.** *tr* wieder an=fangen; **II.** *itr* wieder beginnen, an=fangen, ein=setzen (*à, de* zu); ► *cela recommence de plus belle!* das wird ja immer schöner! *c'est toujours à* ~ das wird nie fertig.

récompense [ʀekɔ̃pɑ̃s] *f* Belohnung *f,* Lohn *m a. ironisch* (*de* für); ► *en* ~, *pour sa* ~ als Belohnung; *en* ~ *de qc* zum Lohn für etw. *récompense militaire* militärische Auszeichnung *f.* **récompenser** *tr* belohnen, auszeichnen (*de* für) *a. ironisch.*

recomposable [ʀəkɔ̃pozabl] *a* wiederzs.setzbar. **recomposer** *tr* **1.** wiederzs.=setzen; **2.** *typ* neu setzen. **recomposition** *f* **1.** Wiederzs.setzung *f;* **2.** *typ* Neusatz *m.*

recompter [ʀəkɔ̃te] *tr* nach=zählen, -rechnen.

réconciliation [ʀekɔ̃siljasjɔ̃] *f* Ver-, Aussöhnung *f.* **réconcilier I.** *tr* ver-, aus=söhnen (*avec qn* mit jdm); **II.** *v prn se* ~ sich ver-, aus=söhnen (*avec* mit jdm); ► *se* ~ *avec soi(-même)* wieder mit sich (selbst) ins reine kommen.

reconduction [ʀəkɔ̃dyksjɔ̃] *f* Erneuerung *(e-s Miet-* od *Pachtvertrages);* Weiterführung; *(Ausstellung)* Verlängerung; *(Preis)* Beibehaltung *f.* **reconduire** [-dɥiʀ] ⟨*s. conduire*⟩ *tr* **1.** zurück=, hinaus=begleiten; *péj* heimleuchten (*qn* jdm); hinaus=werfen, -jagen; **2.** *com* verlängern, erneuern; ► ~ *qn à la maison* jdn nach Haus begleiten *od* bringen.

réconfort [ʀekɔ̃fɔʀ] *m* Trost *m;* Stärkung; Hilfe *f;* ► *maigre* ~ schwache(r) Trost *m.* **réconfortant, e** *a* **1.** tröstlich; **2.** stärkend. **réconforter I.** *tr* **1.** stärken, neue Kraft geben (*qn* jdm); **2.** trösten; **II.** *v prn se* ~ wieder zu Kräften kommen (*par* durch).

recongeler [ʀəkɔ̃ʒle] ⟨*s. congeler*⟩ *tr* wiederein=finden.

reconnaissable [ʀəkɔnɛsabl] *a* erkennbar, kenntlich, wiederzuerkennen(d). **reconnaissance** *f* **1.** (Wieder-)Erkennung *f;* Erkennen *n;* **2.** Anerkennung *a. pol; jur* Anerkenntnis *f;* **3.** Erkenntlichkeit, Dankbarkeit *f;* **4.** *mil* Aufklärung, Erkundung *f;* **5.** ► *avec* ~ dankbar; *par* ~ aus Dankbarkeit; **6.** ► *faire la* ~ *de qc* etw besichtigen, in Augenschein nehmen; **7.** ► ~ *de dette* Schuldanerkenntnis *f;* ~ *du terrain* Geländeerkundung *f.* **reconnaissant, e** *a* erkenntlich, dankbar (*de* für). **reconnaître** ⟨*s. connaître*⟩

I. *tr* **1.** (wieder)erkennen (*à* an *dat*); ▶ *je l'ai reconnu à sa voix* ich habe ihn an s-r Stimme erkannt; **2.** *(admettre l'existence)* an=erkennen *a. pol jur;* ▶ *il l'a reconnu comme* od *pour son héritier* er hat ihn als *od* zum Erben eingesetzt; **3.** zu=geben, ein=gestehen; ▶ *il reconnaît sa faute* er gibt zu, daß er sich geirrt hat; **4.** *jur* zu=erkennen (*qc à qn* jdm e-e S); *(Wohltat)* belohnen; **5.** *(explorer)* besichtigen; *mil* auf=klären, *(Gelände)* erkunden; **6.** *inform* erkennen, identifizieren; **II.** *v prn se* ~ **1.** *(Passiv)* erkannt werden; ▶ *un bon cuisinier se reconnaît à* einen guten Koch erkennt man an *(dat);* **2.** *(s'y retrouver)* sich orientieren, sich zurecht=finden; **3.** *fig* zu sich, zur Besinnung kommen; sich (selbst) wieder=kennen (*dans* in *dat*); **4.** ▶ *se ~ coupable* sich schuldig bekennen; *se faire ~* sich zu erkennen geben; *ne plus s'y ~ (fig)* sich nicht mehr aus=kennen; *cela se reconnaît à* das erkennt man an *dat); je vous reconnais bien là* das sieht Ihnen ähnlich.

reconquérir [ʀəkõkeʀiʀ] ⟨*s. conquérir*⟩ *tr* **1.** zurück=erobern; **2.** *fig* zurück=, wieder=gewinnen. **reconquête** *f* **1.** Wiedereroberung *f;* **2.** *fig* Wiedergewinnung *f.*

reconsidérer [ʀəkõsideʀe] ⟨*s. considérer*⟩ *tr* **1.** *(décision, position)* noch einmal überdenken, revidieren; **2.** *(faits)* neu=erwägen.

reconstituant, e [ʀəkõstitɥɑ̃, -t] **I.** *a med* stärkend; **II.** *s m* Stärkungs-, Kräftigungsmittel *n.* **reconstituer** *tr* **1.** wiederher=stellen; **2.** rekonstruieren; **3.** *(Besitz)* wieder erwerben. **reconstitution** *f* Wiederherstellung *f.*

reconstruction [ʀəkõstʀyksjõ] *f* Wiederaufbau *m; plan,* ▶ *travail m de ~* Wiederaufbauplan *m,* -arbeit *f.* **reconstruire** ⟨*s. construire*⟩ *tr* wieder auf=bauen. **reconversion** *f* Umgestaltung, (Wieder-)Umwandlung, Umstellung *f;* ▶ *~ professionnelle* berufliche Umschulung *f.* **reconvertir** *tr (Industrie)* um=stellen; *(Arbeitskräfte)* umschulen.

recopier [ʀəkɔpje] *tr* **1.** noch einmal ab=schreiben; ab=tippen; **2.** ins reine schreiben.

record [ʀəkɔʀ] **I.** *s m* **1.** *sport* Rekord *m,* Höchst-, Best-, *allg* Spitzenleistung *f* (*de* in *dat*); **II.** *a* **2.** Rekord-; **3.** ▶ *améliorer le ~* den Rekord verbessern; *battre le ~* den Rekord brechen; *détenir le ~* den Rekord halten; *de qc (fig)* in e-r S unübertroffen sein, an der Spitze e-r S *gen* stehen; **4.** ▶ *chiffre m ~* Rekordziffer *f; ~ d'altitude, de durée, de vitesse* Höhen-, Dauer-, Schnelligkeitsrekord *m; ~ de fond, de demi-fond, de sprint* Lang-, Mittel-, Kurzstreckenrekord *m; ~ du monde* Weltrekord *m.* **recorder** *tr (Tennisschläger)* neu besaiten.

recordman [ʀekɔʀdman] *m,* **recordwoman** [-wuman] *f* Rekordinhaber(in *f*) *m.*

recoucher [ʀəkuʃe] **I.** *tr* wieder zu Bett bringen; **II.** *v prn se ~* sich wieder hin=legen, ins Bett legen, wieder zu Bett gehen.

recoudre [ʀəkudʀ] *tr* wieder (an=, zu=, zs.=)nähen.

recoupage [ʀəkupaʒ] *m (Wein)* Verschnitt *m.* **recoupe** *f* **1.** Kleienmehl *n;* **2.** *(Edelstein)* Splitter *m; (Edelmetall)* Späne; *(Stoff)* Abfälle *m pl;* **3.** *(Spirituosen)* Verschnitt *m;* **4.** *agr* Grum(me)t *n.* **recoupement** *m* **1.** *arch* Absätze *m pl;* **2.** *(Informationen)* Überschneidung *f.* **recouper I.** *tr* **1.** wieder (ab=, zer-)schneiden; **2.** *(Aussage)* sich überschneiden; **3.** *(Wein)* verschneiden; **4.** *(Kartenspiel)* noch einmal abheben.

recourbement [ʀekuʀbəmɑ̃] *m* Biegung, Krümmung *f.* **recourber** *tr* (um=) biegen, krümmen.

recourir [ʀəkuʀiʀ] ⟨*s. courir*⟩ **I.** *itr* **1.** zurück=laufen, -rennen, -eilen; wieder laufen; **2.** s-e Zuflucht nehmen (*à* zu), sich (um Hilfe) wenden (*à* an *acc);* **3.** *jur* Berufung ein=legen; sich berufen (*à* auf *acc);* **II.** *tr (e-e Strecke)* noch einmal laufen; *~ à la force* Gewalt an=wenden; ▶ *~ à des mesures sévères* strenge Maßnahmen ergreifen. **recours** [-ur] *m* **1.** Zuflucht *f;* **2.** Rechtsmittel *n;* Berufung, Beschwerde *f;* Regreß, Rückgriff *m;* ▶ *en dernier ~* als letztes Mittel; *sans la possibilité d'un ~ aux tribunaux* unter Ausschluß des Rechtsweges; *avoir ~ à* s-e Zuflucht nehmen zu.

recouvrable [ʀəkuvʀabl] *a jur* eintreibbar. **recouvrage** *m* Neubeziehen, -bespannen *n.* **recouvrement** [-vʀə-] *m* **1.** Wiedererlangung; *jur* Ein-, Beitreibung; Einziehung *f; pl com* Forderungen *f pl,* Rück-, Außenstände *m pl;* **2.** Wiederbedecken; *(Dach)* Neudecken *n;* **3.** *geol* Überschiebung, Verwerfung *f;* **4.** *tech arch* Überlappung *f;* **5.** *arch* Bewurf, Putz *m;* Verblendung *f;* **6.** ▶ *à défaut du ~* im Nichtbeitreibungsfalle; **7.** ▶ *mandat m de ~* Vollstreckungsbefehl *m; mandat m de ~ postal* Postauftrag *m; service m de ~* Inkassoabteilung *f; ~ de créances* Factoring *n; ~ des impôts* Steuereinziehung, -treibung *f.* **recouvrer** *tr* **1.** wieder=erlangen; **2.** ein=kassieren, ein=ziehen, beitreiben.

recouvrir [ʀəkuvʀiʀ] **I.** *tr* **1.** wieder bedecken; *(Dach)* neu decken; *(Schirm)* neu bespannen; *(Polster)* neu beziehen; **2.** völlig be-, zu=decken, überziehen (*de* mit); **3.** *fig* verdecken, verhüllen, verschleiern; **4.** umfassen; **II.** *v prn se ~* sich (wieder) bedecken.

récréatif, ive [rekreatif] *a* erheiternd, unterhaltend. **récréation** *f* **1.** *(Schule)* große Pause *f.* **2.** Entspannung, Erholung(spause); (Ruhe-)Pause *f;* ► *être en ~* Pause haben; *centres m pl de ~* Erholungszentren *n pl; constructions f pl de ~ permanente* feste Wochenend- und Ferienhäuser *n pl; espaces m pl de ~* Erholungsgebiete. **récréer** *v prn* sich zerstreuen, sich erholen; sich die Zeit vertreiben.

récrier, se [rekrije] *v prn:* **1.** ► *se ~ d'admiration* in e-n Ausruf der Verwunderung aus=brechen (*à qc* über e-e S); **2.** laut protestieren (*contre qc* gegen etw).

récrimination [rekriminasjõ] *f meist pl* Nörgelei *f.* **récriminer** *itr* sich beklagen, sich beschweren (*contre qn* über jdn).

récrire [rekrir] **I.** *tr* noch einmal, neu schreiben; *(Geschriebenes)* um=arbeiten; **II.** *itr* zurück=schreiben, (brieflich) antworten.

recroquevillé, e [rəkrɔkvije] *a* **1.** zs.geschrumpft, schrump(e)lig; **2.** *(Person)* zs.gekrümmt. **recroqueviller** *v prn* **1.** zs.=schrumpfen, schrump(e)lig werden; **2.** sich zs.-krümmen.

recru, e [rəkry] *a* erschöpft.

recrudescence [rəkrydɛsɑ̃s] *f med* Wiederausbruch *m;* neue(s) Anwachsen *n;* Verschärfung *a. allg;* neue Welle; Verschlimmerung *f.* **recrudescent, e** *a* sich wieder verschlimmernd, wieder schlimmer werdend; zunehmend.

recrue [rəkry] *f* **1.** *mil* Rekrut *m;* **2.** Nachwuchs, Zuwachs; neue(r) Mitarbeiter *m;* neue(s) Mitglied *n.* **recrutement** *m* **1.** Rekrutierung, Aushebung *f;* **2.** *(Arbeitskräfte)* Einstellung *f.* **recruter** **I.** *tr* **1.** *mil* aus=heben, rekrutieren; **2.** *(Arbeitskräfte)* einstellen, (an=)werben; **II.** *v prn se ~* sich rekrutieren, sich ergänzen (*dans, parmi* aus). **recruteur** *a* Werbe-; *agent m ~* Propagandist *m.*

recta [rɛkta] *adv fam* pünktlich; haargenau. **rectangle** **I.** *a* rechtwink(e)lig; **II.** *s m* Rechteck *n.* **rectangulaire** *a* rechteckig.

recteur [rɛktœr] *m* Rektor *m.*

rectifiable [rɛktifjabl] *a* zu berichtigen(d), richtigzustellen(d). **rectificateur, trice** *a* berichtigend. **rectificatif, ive** **I.** *a* berichtigend; Berichtigungs-; **II.** *s m* Richtigstellung *f.* **rectification** *f* **1.** Berichtigung; Richtigstellung *f;* **2.** *(Straße)* Begradigung *f;* **3.** *math chem* Rektifikation *f;* **4.** *tech* Schleifen *n.* **rectifier** *tr* **1.** berichtigen, richtig=stellen; korrigieren; **2.** *(Straße)* begradigen; **3.** *math chem* rektifizieren; **4.** *tech* (ein=)schleifen. **rectiligne** *a* geradlinig *a. fig.*

rectitude [rɛktityd] *f* Richtigkeit *f.*

recto *m typ* Vorderseite; rechte, ungerade Seite *f,* Rekto *n;* ► *au ~* auf der Vorderseite.

rectorat [rɛktɔra] *m* Rektorat *n.*

rectum [rɛktɔm] *m anat* Mastdarm *m.*

reçu, e [rəsy] **I.** *pp recevoir a* feststehend, gültig, anerkannt; üblich; *(inv vorangestellt)* (dankend) erhalten; **II.** *s m* Quittung, Empfangsbescheinigung *f;* ► *donner ~ de qc* etw quittieren, den Empfang e-r S bescheinigen; *être ~* das Examen bestanden haben.

recueil [rəkœj] *m* Sammlung *f.* **recueillement** *m* (innere) Sammlung; Andacht *f.* **recueilli, e** *a* (innerlich) gesammelt; andächtig. **recueillir** ‹*Prés. je recueille, ns recueillons; Fut. je recueillerai; pp. recueilli, e; Subj. que je recueille, que ns recueillions; Impér. recueille, recueillons*› **I.** *tr* **1.** (ein=)sammeln; zs.=lesen, -tragen; **2.** *(Flüssigkeit)* auf=fangen; **3.** *(Erbschaft)* übernehmen, an=treten; **4.** *parl (Stimmen)* auf sich vereinigen; erhalten; **5.** *(Person)* (bei sich) auf=nehmen; **II.** *v prn se ~* sich sammeln; in Ruhe nach=denken, überlegen.

recuire [rəkɥir] ‹*s. cuire*› *tr* **1.** noch einmal kochen *od* backen; **2.** *tech (Metall)* (aus=)glühen. **recuit** *m tech* (Aus-)Glühen *n; (fam)* ► *c'est du ~ (fam)* das ist kalter Kaffee.

recul [rəkyl] *m* **1.** Zurücktreten; Zurückgehen, -weichen *n;* **2.** *fig* Abstand *m;* **3.** *fig* Rückgang *m,* Absinken *n;* **4.** *(Feuerwaffe)* Rückstoß *m.* **reculade** *f fig* Zurückweichen *n,* Rückzug; Rückgang *m.* **reculé, e** *a* entfernt, abgelegen; *(Zeit)* alt; *(Zukunft)* fern. **reculer** **I.** *itr* **1.** zurück=gehen, -treten, -weichen, -fahren; **2.** *fig* nach=geben; aus=weichen; zurück=schrecken (*devant* vor); scheuen; **II.** *tr* **1.** zurück=setzen, -stellen, -legen, -schieben, -tragen, -fahren; **2.** weg=rücken, -schieben, -stellen; **3.** *(Grenze)* zurück=nehmen, -verlegen; **4.** *(zeitlich)* hinaus=, auf=schieben; verzögern; ► *ne ~ devant rien* vor nichts zurück=schrekken. **reculons** *loc adv:* ► *à ~* rückwärts.

récupérable [rekyperabl] *a* **1.** verwertbar; noch brauchbar; **2.** *(Schuld)* eintreibbar; *(Arbeitsstunden)* nachzuholen.

récupération *f* **1.** Wiedererlangung, -gewinnung *f;* **2.** Beitreibung *f;* **3.** Bergung; Erfassung *f;* **4.** *tech* Wieder-, Rückgewinnung; (Wieder-)Verwertung *f;* **5.** *(Arbeitszeit)* Nachholen, Einarbeiten *n.* **récupérer** ‹*Prés. je récupère, ns récupérons; Fut. je récupérerai; pp. récupéré, e*› **I.** *tr* **1.** wieder=erlangen; **2.** bei=treiben; **3.** *tech* zurück=gewinnen; (wieder) verwerten; **II.** *itr* **1.** nach=, *fam* auf=holen; **2.** *sport* sich (wieder) erholen; ► *~ ses frais* auf s-e Kosten kom-

men. **récurage** [rekyraʒ] *m* Scheuern *n*. **récurer** *tr* scheuern, reinigen.
récurrence [rekyrɑ̃s] *f* Rückläufigkeit *f*. **récurrent, e** *a* rückläufig *a. math anat.*
récusable [rekyzabl] *a jur* ablehnbar; bestreitbar; unglaubwürdig. **récusation** *f jur* Ablehnung *f*. **récuser I.** *tr jur* ab=lehnen; zurück=weisen; verwerfen; **II.** *v prn se* ~ sich für unzuständig *od* befangen erklären.
recyclable [rəsiklabl] *a* wieder=verwertbar. **recyclage** *fm tech ecol* Wiederverwertung *f*, *Recycling n;* Wiederaufbereitung *f;* ▶ ~ *professionel* Weiterbildung *f*. **recyclé, e** *a: papier* ~ Umweltschutzpapier, Recyclingpapier *n*. **recycler** *tr tech ecol* wieder=verwerten, wieder=aufbereiten; weiter=bilden, um=schulen.
rédacteur, trice [redaktœr, -tris] *m f* Verfasser(in *f*); *(Zeitung)* Redakteur, Schriftleiter(in *f*) *m;* ▶ ~ *en chef* Chefredakteur *m;* ~ *sportif* Sportschriftleiter *m*. **rédaction** [-ksjɔ̃] *f* **1.** Aufsetzen *n*, Ausarbeitung; Abfassung *f;* **2.** Redaktion, Schriftleitung *f*. **rédactionnel, le** *a* redaktionell.
reddition [re(ɛ)disjɔ̃] *f* **1.** *mil* Übergabe *f;* **2.** ▶ ~ *de compte (com)* Rechnungs(ab)legung *f*.
redécouvrir [rədekuvrir] ‹*s. découvrir*› *tr* wieder=entdecken.
redemander [rəd(ə)mɑ̃de] *tr* **1.** noch einmal fragen *od* bitten; **2.** zurück=fordern, -verlangen.
rédempteur, trice [redɑ̃ptœr, -tris] **I.** *a rel* erlösend; **II.** *s m* Erlöser *m*. **rédemption** [-psjɔ̃] *f rel* Erlösung *f*.
redescendre [rədɛsɑ̃dr] ‹*s. descendre*› **I.** *tr* **1.** wieder hinab=steigen; hinunter=, hinab=gehen, =fahren; **2.** wieder herunter=schaffen; **II.** *itr* **1.** *(Weg)* wieder hinab=führen; **2.** *(Barometer)* wieder fallen; **3.** *fig* absteigen; *(Flugzeug)* tiefer gehen.
redevable [rəd(ə)vabl] *a:* ▶ *être* ~ *de qc à qn* jdm etw schuldig sein, schulden; *fig* jdm zu etw verpflichtet sein, jdm etw verdanken; ~ *de l'impôt* steuerpflichtig. **redevance** *f* Abgabe *f*.
redevenir [rədəvənir] ‹*s. devenir*› *itr* wieder werden.
rédiger [rediʒe] ‹*Prés. je rédige, ns rédigeons; pp. rédigé, e*› *tr* **1.** *(Vertrag)* auf=setzen, aus=arbeiten; ver-, ab=fassen; **2.** *(Zeitung)* redigieren.
redingote [rədɛ̃gɔt] *f* Gehrock *m*.
redire [r(ə)dir] ‹*s. dire*› **I.** *tr* **1.** noch einmal sagen, wiederholen; **2.** weiter=sagen, aus=plaudern; **II.** *itr:* ▶ *trouver à* ~ etw auszusetzen haben (*à qc* an e-r S); *je ne vois rien à* ~ *à cela* ich habe nichts dagegen einzuwenden. **redite** *f* (unnütze) Wiederholung *f*.
redistribution [rədistribysjɔ̃] *f* Neu-, Umverteilung *f*.
redondance [rədɔ̃dɑ̃s] *f* **1.** Wortschwall *m;* Weitschweifig-, Langatmigkeit *f;* **2.** *gram* Redundanz *f*. **redondant, e** *a* **1.** weitschweifig, langatmig; **2.** redundant.
redonner [rədɔne] **I.** *tr* **1.** aufs neue geben; wieder=, zurück=geben; **2.** *theat* wieder spielen; **II.** *itr* zurück=fallen (*dans* in *acc*); wieder ein=setzen *od* an=fangen; ▶ ~ *du courage à qn* jdm wieder Mut machen.
redoublant, e [r(ə)dublɑ̃, -ɑ̃t] *m f* *(Schule)* Sitzengebliebene(r *m*) *f*. **redoublé, e** *a* verstärkt, -mehrt, -doppelt; Doppel-. **redoublement** *m* **1.** Verstärkung, -mehrung, -doppelung *f;* **2.** Zunahme *f;* **3.** *gram* Reduplikation *f*. **redoubler I.** *tr* **1.** verstärken, -mehren, steigern; **2.** *(Kleid)* neu füttern; **3.** *(Fahrzeug)* wieder überholen; **II.** *itr* stärker werden, sich verdoppeln, zu=nehmen; ▶ ~ *(une classe) (Schule)* e-e Klasse wiederholen; ~ *d'efforts, de soins* mit verstärkten Kräften, mit vermehrter Sorgfalt ans Werk gehen.
redoutable [rədutabl] *a* furcht-, grauenerregend; furchbar, fürchterlich. **redouter** *tr* (sehr) (be)fürchten, sich (sehr) fürchten (*qc* vor etw); ▶ *vous n'avez rien à* ~ Sie brauchen keine Angst haben.
redoux [rədu] *m* Wärmeeinbruch *m*.
redressement [rədrɛsmɑ̃] *m* **1.** *fig* Berichtigung *f;* **2.** *(Wirtschaft)* Wiederankurbelung *f*, Wiederaufstieg, -bau *m;* *(Finanzen)* Sanierung *f;* ▶ ~ *économique* Belebung *f*, Aufschwung *m* der Wirtschaft; **3.** *(Körper)* Wiederaufrichten; **4.** *(Flugzeug)* Abfangen *n*. **redresser I.** *tr* **1.** (wieder) auf=, gerade=richten; wieder auf=stellen; *(Flugzeug)* abfangen; **2.** *fig (Fehler)* berichtigen, richtig=stellen; wieder in Ordnung bringen; **3.** *(Unrecht)* wiedergut=machen; *(Mißbrauch)* ab=stellen; **4.** *(Kurs)* befestigen; *(Wirtschaft)* beleben, an=kurbeln, sanieren; **5.** *tech* (nach=, gerade=)richten; *el* gleich=richten; **II.** *v prn se* ~ **1.** sich (wieder) auf=richten; **2.** sich in die Brust werfen; **3.** *(Wirtschaft)* wieder erstarken. **redresseur** *m* **1.** *el radio* Gleichrichter *m;* **2.** *geog* Entzerrungsgerät *n;* ▶ ~ *de torts (fam ironisch)* Weltverbesserer *m*.
réducteur, trice [redyktœr, -tris] **I.** *a* reduzierend; **II.** *s m* **1.** *chem* Reduktionsmittel *n;* **2.** *tech* Untersetzungsgetriebe *n*. **réductible** *a* **1.** *chem* reduzierbar; **2.** *(Anzahl)* herabsetzbar; *(Rente)* kürzbar; **3.** zurückführbar (*à* auf *acc*); zerlegbar. **réduction** [-ksjɔ̃] *f* **1.** Verringerung, -minderung; Abschwächung; Herabsetzung; Einschränkung *f;* **2.** *(Personal)* Abbau *m;* *(Gehalt)* Kür-

zung; *(Zeit)* Verkürzung *f;* **3.** *math* Kürzung; *(Bild)* Verkleinerung *f;* **4.** *(Preis, Gebühr)* Senkung, Ermäßigung *f,* Nachlaß, Abschlag *m;* **5.** *phys chem* Reduktion; **6.** *med* Einrenkung; **7.** *tech* (Ver-)Minderung, Drosselung; *(~ de vitesse)* Untersetzung *f;* **8.** ▶ *~ de la consommation (com)* Verbrauchsrückgang *m; ~ des naissances* Geburtenrückgang *m; ~ du personnel* Personalabbau *m; ~ de la pression* Druckverminderung *f; ~ de prix, d'impôts, du taux d'escompte* Preis-, Steuer-, Diskontsenkung *f; ~ du temps de travail* Arbeitszeitverkürzung *f.*

réduire [ʀedɥiʀ] ‹*Prés. je réduis, ns réduisons; Fut. je réduirai; pp. réduit, e; Subj. que je réduise, que ns réduisions; Impér. réduis, réduisons*› **I.** *tr* **1.** verringern, -mindern; ab=schwächen, herab=setzen; ein=engen, ein=schränken; **2.** vereinfachen, zurück=führen (*à* auf *acc*); ver-, um=wandeln (*en* in *acc*); **3.** beschränken (*à* auf *acc*); *(in e-n Zustand)* bringen, versetzen (*à, dans* in *acc*); unterwerfen, zwingen, nötigen; *(Widerstand)* brechen; **4.** *(Zeit)* verkürzen; *math* kürzen, reduzieren; *(Bild)* verkleinern, verkürzen, verjüngen; **5.** *(Preis, Gebühr)* senken, ermäßigen; *(Maß)* um=rechnen *a. com; com* konvertieren; *(Gehalt)* kürzen; *(Personal, Beamte)* ab=bauen; **6.** *(~ par ébullition) (Flüssigkeit)* ein=kochen, -dicken; **7.** *phys chem (Oxyd)* reduzieren; **8.** *med* ein=renken; **9.** *tech* (ver)mindern; drosseln; **10.** *(~ en petits morceaux, fragments)* zerkleinern; **II.** *v prn se ~* **1.** sich vermindern, -ringern; sich vereinfachen, sich verwandeln (*en qc* in *acc*); **2.** ein=kochen *itr;* **3.** beschränkt sein, sich zurückführen lassen, hinaus=laufen (*à* auf *acc*); sich beschränken (*à* auf *acc*); **4.** ▶ *~ au même dénominateur (math)* auf einen Nenner bringen; *~ au désespoir* zur Verzweiflung treiben *od* bringen; *~ le prix de qc* etw verbilligen; *~ à rien, en poussière* völlig zerstören, vernichten, in nichts auf=lösen; *être réduit à qc* auf e-e S angewiesen sein; *~ au silence, à l'obéissance, à la raison* zum Schweigen, zum Gehorsam, zur Vernunft bringen. **réduit, e** [-dɥi, -it] **I.** *a* **1.** verkleinert, -mindert; vereinfacht; be-, eingeschränkt; **2.** eingedickt; **3.** ge-, verkürzt; **4.** *(Preis)* ermäßigt, herabgesetzt; **II.** *s m* kleine Kammer *f;* Verschlag; (dunkler) Winkel *m;* (finsteres) Loch *n;* ▶ *être ~ à rien* völlig mittellos da=stehen; *à prix ~s* zu herabgesetzten Preisen; *~ à soi-même* auf sich *(acc)* selbst angewiesen.

rééducation [ʀeedykasjɔ̃] *f* **1.** *med* Rehabilitation *f;* **2.** *(~ professionnelle)* Umschulung *f;* **3.** Umerziehung *f.*

rééduquer *tr* **1.** *med* rehabilitieren; **2.** um= erziehen, -schulen.

réel, le [ʀeɛl] **I.** *a* wirklich; *math* real; *jur* dinglich; Real-; **II.** *s m* (das) Wirkliche; ▶ *dans le ~* in (der) Wirklichkeit; *salaire m ~* Reallohn *m.* **réélection** [ʀeelɛksjɔ̃] *f pol* Wiederwahl *f.* **rééligibilité** *f* Wiederwählbarkeit *f.* **rééligible** *a* wiederwählbar. **réélire** *irr* ‹*s. élire*› *tr* wiederwählen. **réellement** *adv* wirklich, tatsächlich.

rééquilibrage [ʀeekilibʀaʒ] *m* Wiederherstellung *f* des Gleichgewichts. **rééquilibrer** *tr* wieder ins Gleichgewicht bringen.

réescompte [ʀeɛskɔ̃t] *m* Rediskont(ierung *f*) *m.* **réescompter** *tr* rediskontieren.

réévaluation [ʀeevalɥasjɔ̃] *f* **1.** Neubewertung; **2.** Wertberichtigung *f;* **3.** Aufwertung *f.* **réévaluer** [-lɥe] *tr* **1.** neu bewerten; **2.** auf=werten.

réexpédier [ʀeɛkspedje] *tr* **1.** weiter= befördern; **2.** *(Post)* nach=senden. **réexpédition** *f* **1.** Weiterbeförderung *f;* **2.** *(Post)* Nachsendung *f.*

refaire [ʀəfɛʀ] ‹*s. faire*› **I.** *tr* **1.** noch einmal, neu machen; **2.** um=arbeiten; **3.** wieder von vorn an=fangen; **4.** wieder-her=stellen *a. med;* reparieren, aus=bessern, wieder in Ordnung bringen; **5.** *fam* hereinlegen, übers Ohr hauen (*qn* jdn); *pop* klauen; **II.** *v prn se ~* **1.** wieder zu Kräften kommen, sich wieder erholen *a. com;* **2.** *(Spiel)* (wieder) auf= holen; **3.** ▶ *se ~ la santé* s-e Gesundheit wiederher=stellen; *c'est fait et refait* das ist längst erledigt.

réfection [ʀefɛksjɔ̃] *f* Wiederherstellung, -instandsetzung, Ausbesserung *f.*

réfectoire [ʀefɛktwaʀ] *m (Internat)* Speisesaal *m; rel* Refektorium *n.*

refend [ʀəfɑ̃] *m* **1.** Reklame-, Werbefläche *f (an der Autobahn);* **2.** ▶ *bois, cuir m de ~* Spaltholz, -leder *n; mur m de ~* Zwischenwand *f; pierre f de ~* Eckstein *m.*

référé [ʀefeʀe] *m plaider en ~* e-e einstweilige Verfügung beantragen; ▶ *ordonnance f de ~* einstweilige Verfügung *f.* **référence** *f* **1.** Hinweis *m;* Verweisung, Stellenangabe; Bezugnahme *f;* **2.** *com* Musterbuch *n;* **3.** *inform* Eintrag *m;* **4.** *pl* Referenzen, Empfehlungen *f pl;* **5.** ▶ *votre ~ (com)* Ihr Zeichen; *prendre des ~s sur qn* Referenzen über jdn ein=holen; *ouvrage m de ~* Nachschlagewerk *n.* **référendum** [-ɛ̃dɔm] *m* Volksentscheid *m;* Volksabstimmung *f.* **référer** ‹*Prés. je réfère, ns référons; Fut. je référerai; pp. référé, e*› **I.** *itr* ▶ *en ~* berichten, Bericht erstatten (*à* dat); sich berufen (*à* auf *acc*); **II.** *v prn se ~ à* sich beziehen auf *acc;* sich halten an *acc;* sich berufen auf *acc;*

► *(en) nous référant* unter Bezugnahme (*à* auf *acc*).
refermer [ʀəfɛʀme] **I.** *tr* wieder schließen; **II.** *v prn se* ~ sich wieder schließen; *(Gesicht)* e-n verschlossenen Ausdruck annehmen.
réfléchi, e [ʀefleʃi] *a* **1.** überlegt; umsichtig; bedächtig; **2.** *gram* reflexiv. **réfléchir I.** *tr phys* zurück=werfen, -strahlen, reflektieren; **II.** *itr* nach=denken (*à* über *acc*), überlegen (*à, sur qc* etw); **III.** *v prn se* ~ sich spiegeln (*dans* in *dat*) *a. fig;* ► *après avoir mûrement ~échi* nach reiflicher Überlegung. **réfléchissant, e** *a* reflektierend.
reflet [ʀəflɛ] *m* **1.** *opt* Reflex *m;* **2.** Spiegelung *f;* Spiegel(bild *n*) *m;* **3.** *fig* Abbild *n,* Abglanz *m;* **4.** *pl* Schimmer, Glanz *m.* **refléter** ‹*Prés. je reflète, ns reflétons; Fut. je refléterai; pp. reflété, e*› **I.** *tr* **1.** *(Licht)* zurück=werfen, -strahlen, (wider=)spiegeln *a. fig;* **2.** *fig* wieder=geben; **II.** *v prn se* ~ **1.** sich wider=spiegeln *a. fig;* **2.** *fig* sich ab=zeichnen (*sur* auf *acc*).
refleurir [ʀəflœʀiʀ] *itr* **1.** wieder, zum zweitenmal blühen; **2.** *fig* wiederauf=blühen, -leben.
réflexe [ʀeflɛks] *m* **1.** *(Physiologie)* Reflex *m;* **2.** ► *avoir de bons ~s* schnell reagieren. **réflexion** *f* **1.** *phys* Reflexion, Spiegelung *f;* **2.** Nachdenken, -sinnen *n;* Überlegung, Betrachtung *f;* **3.** Bemerkung, Äußerung *f;* **4.** ► *à la* ~ bei genauerer Überlegung; *sans* ~ unüberlegt, ohne Überlegung; *(toute)* ~ *faite* nach reiflicher Überlegung; *faire des ~s (fam)* immer s-n Senf dazugeben; *cela mérite* ~ das wäre zu überlegen.
refluer [ʀəflye] *itr* **1.** zurück=fließen, -fluten, -strömen *a. fig;* **2.** *fig* zurück=kehren. **reflux** [-y] *m* **1.** Ebbe *f;* **2.** *fig* Zurückweichen, -strömen *n;* **3.** *(Kapital)* Rückfluß *m;* **4.** *fig* das Hin und Her.
refondre [ʀəfõdʀ] ‹*s. fondre*› *tr* **1.** *tech* um=, ein=schmelzen, um=gießen; **2.** *fig* (völlig) um=arbeiten, neu schreiben. **refonte** *f* **1.** Einschmelzen *n;* **2.** *fig* Umarbeitung, Umgestaltung *f.*
reforestation [ʀəfɔʀɛstasjõ] *f* Wiederaufforstung *f.*
réformable [ʀefɔʀmabl] *a* abzuändern(d); *(Mißbrauch)* abzustellen(d); besserungsfähig. **réformateur, trice I.** *a* reformatorisch; Reform-; **II.** *s m f* Reformer(in *f*); *rel* Reformator *m.* **réforme** *f* **1.** Reform; Um-, Neugestaltung *f;* **2.** *mil* Entlassung; Ausmusterung *f;* **3.** *tech* Außerbetriebsetzung *f;* **4.** ► *la R~ (rel)* die Reformation; ~ *agraire, fiscale, monétaire* Boden-, Steuer-, Währungsreform *f.* **réformé, e I.** *a* **1.** *rel* reformiert; **2.** *mil* dienstunfähig; **II.** *s m* **1.** Reformierte(r) *m;* **2.** *mil* wegen Dienstuntauglichkeit entlassene(r) Soldat *m.* **réformer** *tr* **1.** reformieren; um=gestalten; **2.** *mil* wegen Dienstuntauglichkeit entlassen; **3.** *tech* außer Betrieb setzen; aus=mustern.
refoulement [ʀəfulmɑ̃] *m* **1.** *mil* Zurückdrängung *f;* **2.** *(Wasser)* Stauung *f;* Zurückfluten, -strömen *n;* **3.** *(Tränen)* Zurückhalten; *(Gefühl)* Unterdrücken *n;* *(Psychologie)* Verdrängung *f;* **4.** *(Pumpe)* Förderung *f;* **5.** *loc* Zurückschieben *n.* **refouler I.** *tr* **1.** *(Feind)* zurück=drängen; *(Ausländer)* abschieben; **2.** *(Wasser)* auf=stauen; *(Tränen)* zurück=halten; **3.** *(Gefühl)* unterdrükken; *(Psychologie)* verdrängen; **4.** *tech* stauchen; *(Pumpe)* fördern; **5.** *loc* zurück=schieben.
réfractaire [ʀefʀaktɛʀ] **I.** *a* **1.** aufsässig; widerspenstig; **2.** *tech* feuerfest; hitzebeständig; **II.** *s m* Widerspenstige(r) *m.* **réfracter** *tr opt* brechen. **réfraction** [-ksjõ] *f (Licht, Schall)* Brechung *f.*
refrain [ʀəfʀɛ̃] *m* **1.** Refrain, Kehrreim *m;* **2.** *fig* ständige Redensart *f.*
refréner [ʀəfʀene] ‹*Prés. je réfrène, ns réfrénons; pp. réfréné, e*› *tr fig* zügeln, im Zaum halten, Einhalt gebieten (*qn, qc* jdm, e-r S).
réfrigérant, e [ʀefʀiʒeʀɑ̃, -ɑ̃t] **I.** *a* **1.** kühlend; **2.** *fig* eisig; Kühl-; **II.** *s m* Kühlapparat *m.* **réfrigérateur** *m* Kühlschrank *m.* **réfrigération** *f tech* (Ab-)Kühlung *f.* **réfrigérer** ‹*Prés. je réfrigère, ns réfrigérons; pp. réfrigéré, e*› *tr* **1.** *tech* kühlen; **2.** *fig* abkühlen.
refroidir [ʀəfʀwadiʀ] **I.** *tr* **1.** ab=kühlen (lassen); **2.** *fig (Eifer)* abkühlen, dämpfen; **3.** *fig* entmutigen, ernüchtern; **4.** *arg* ab=murksen, killen; **II.** *itr* kälter werden, ab=kühlen; **III.** *v prn se* ~ **1.** *(med)* sich erkälten; **2.** *(Wetter)* kälter werden; **3.** *fig (Eifer)* nachlassen, erkalten. **refroidissement** *m* **1.** Erkalten *n,* Abkühlung *f;* **2.** *med* Erkältung *f;* **3.** *fig* Abkühlung *f;* ► *prendre un* ~ sich e-e Erkältung zu=ziehen.
refuge [ʀəfyʒ] *m* **1.** Zufluchtsort *m,* Asyl *n;* **2.** *fig* Zuflucht *f;* **3.** Verkehrsinsel *f;* **4.** Schutzhütte *f;* ► *chercher, trouver* ~ Zuflucht suchen (*auprès de qn* bei jdm); ~ pour femmes battues Frauenhaus *n.*
réfugié, e [ʀefyʒje] *m f* Flüchtling *m;* ► *les ~s de la mer m f pl* Boat people *pl;* ~ *de souche allemande* Aussiedler *m.* **réfugier** *se v prn* sich zurück=ziehen; (sich) flüchten, Zuflucht suchen (*chez, auprès de qn* bei jdm).
refus [ʀəfy] *m* **1.** (Ver-)Weigerung; **2.** Ablehnung, Absage, abschlägige Antwort *f,* abschlägige(r) Bescheid *m;* ► *essuyer, éprouver, s'attirer un* ~ e-n abschlägigen Bescheid *od* e-n Korb bekommen; *ce n'est pas de* ~ so etw schlägt man nicht ab *od* aus; ~

d'acceptation, de paiement Annahme-, Zahlungsverweigerung *f.* **refuser I.** *tr* **1.** nicht an=nehmen, ab=, aus=schlagen *(a. Heirat),* zurück=weisen, ab=lehnen; verweigern; **2.** *(Prüfung)* durchfallen lassen; **II.** *v prn se* ~ **1.** sich weigern, es ab=lehnen (*à faire qc* etw zu tun); *à qc* sich gegen etw sperren, etw ab=lehnen; **2.** *qc* sich etw versagen, nicht gönnen; ▶ *ne se* ~ *à rien* nicht nein sagen können; *ne* ~ *aucun travail* keine Arbeit scheuen; *cela ne se refuse pas* das schlägt man nicht ab *od* aus; *il ne se refuse rien* er läßt sich nichts abgehen; *je m'y refuse* das lehne ich strikt ab.
réfutable [ʀefytabl] *a* widerlegbar. **réfutation** *f* Widerlegung *f.* **réfuter** *tr* widerlegen.
regagner [ʀəgɑ(a)ɲe] *tr* **1.** zurück=, wieder=gewinnen; wieder=, zurück=bekommen; **2.** *(Ort)* wieder erreichen, zurück=kehren (*qc* nach etw); **3.** *(Zeit)* wieder ein=holen, -bringen; ▶ ~ *du terrain (fig)* wieder Boden gewinnen.
regain [ʀəgɛ̃] *m* **1.** *agr* Grum(me)t *n;* **2.** *fig* Wiederaufblühen, -leben *n;* Erneuerung *f.*
régal, e [ʀegal] *m* Leckerbissen *m a. fig;* ▶ ~ *pour l'œil, pour l'oreille* Augenweide *f;* Ohrenschmaus *m.* **régalade** *f: boire à la* ~ aus der Flasche trinken, ohne sie anzusetzen. **régaler I.** *tr* **1.** (festlich) bewirten; traktieren (*de* mit); **2.** *fam* frei=halten, die Zeche bezahlen; **3.** *tech* ein=ebnen, planieren; **II.** *v prn se* ~ **1.** gut essen; sich gütlich tun (*de qc* an e-r S); **2.** *fig* genießen (*de* acc).
regard [ʀəgaʀ] *m* **1.** Blick *m;* **2.** *tech* (Einsteig-)Schacht *m;* **3.** ▶ *au* ~ *de* im Hinblick auf *(acc);* verglichen mit; ▶ *d'un seul* ~ mit einem Blick; *en* ~ *(typ)* gegenüberstehend; **4.** ▶ *attacher, fixer ses* ~*s sur* unverwandt starren auf, fixieren (*sur qc* e-e S); *attirer les* ~*s* die Blicke auf sich ziehen; *lancer des* ~*s furieux* wütende Blicke schleudern; *mettre en* ~ *de* gegenüber=stellen *dat,* vergleichen mit; *promener ses* ~*s* s-e Blicke schweifen lassen; ~ *en arrière* Rückblick *m;* ~ *de connaisseur* Kennerblick *m.* **regardant, e** [-dɑ̃, -ɑ̃t] *a* kleinlich, genau, sparsam; ~**er I.** *tr* **1.** an=blicken, -sehen, -schauen; blicken, sehen, schauen (*qc* auf e-e S); **2.** betrachten *a. fig,* besehen, in Augenschein nehmen; **3.** halten (*comme* für), an=sehen (*comme* als); beachten, bedenken; in Erwägung ziehen, berücksichtigen; **4.** an=gehen, betreffen; **5.** *(Wohnung)* ▶ ~ *(vers) le midi* nach Süden liegen; **II.** *itr* **1.** sehen, schauen, blicken (*à* auf *acc, par la fenêtre* zum Fenster hinaus); her=sehen, -schauen; **2.** achten, großen Wert legen (*à* auf *acc*); **III.** *v prn se* ~ **1.** sich (gegenseitig) an=schauen, -sehen; **2.** *(Gebäude)* einander gegenüber=stehen; ▶ *y* ~ *à deux fois* es sich genau überlegen; ~ *de près* aus der Nähe betrachten; *fig* genau achten (*qc* od *à qc* auf e-e S); *ne pas y* ~ *de trop près* ein Auge zu=drücken, fünf gerade sein lassen; *cela ne me regarde pas* das geht mich nichts an, ist nicht meine Sache; *il ne faut pas y* ~ *de si près* das darf man nicht so genau nehmen.
régate [ʀegat] *f meist pl mar* Regatta *f.*
régence [ʀeʒɑ̃s] *f* Regentschaft *f.*
régénérateur, trice [ʀeʒeneʀatœʀ, -tʀis] **I.** *a* regenerierend; **II.** *s m* **1.** *tech* Regenerator, Luftvorwärmer *m;* **2.** *pl* Aufbaupräparate *n pl.* **régénération** *f* Regeneration, Neubildung *f; fig* Wiederherstellung, Erneuerung; wieder her=stellen, erneuern. **régénérer** ‹*s. générer*› *tr* **1.** regenerieren; **2.** *fig* wiederbeleben. **régénérescence** *f* Erneuerung *f.*
régent, e [ʀeʒɑ̃, -ɑ̃t] *m f* Regent(in *f*) *m.* **régenter** *tr* schulmeistern.
régicide [ʀeʒisid] *m* **1.** Königsmörder *m;* **2.** Königsmord *m.*
régie [ʀeʒi] *f* **1.** Regie *f,* -betrieb *m;* **2.** *film* Regieassistenz *f;* ▶ ~ *des tabacs* Tabakregie *f.*
regimber [ʀəʒɛ̃be] *itr* **1.** *(Pferd)* aus=schlagen; **2.** *fig* sich sträuben, sich auf=lehnen (*contre* gegen *acc*).
régime [ʀeʒim] *m* **1.** Regime *n,* Regierungs-, Staatsform; **2.** *(~ administratif)* Verwaltung(ssystem *n,* -norm); Regelung, Einrichtung, Ordnung *f;* System *n;* **3.** *gram* Objekt *n,* (Satz-)Ergänzung; **4.** *med* Diät, Krankenkost *f;* **5.** *tech* (normaler) Leistungsbereich *m; mot* Drehzahl *f;* **6.** ▶ *à* ~ *rapide, lent* schnell, langsam laufend; **7.** *suivre un* ~ Diät halten; **8.** ▶ *plein* ~ *(mot)* Vollgas *n;* **9.** ▶ ~ *des crédits* Kreditwirtschaft *f,* -system *n;* ~ *direct, indirect* Akkusativ-, präpositionale(s) Objekt *n;* ~ *fantoche* Marionettenregime *n;* ~ *fiscal* Steuergesetzgebung *f,* -recht *n;* ~ *de la séparation des biens* Gütertrennung *f.* **régiment** *m* **1.** *mil* Regiment *n;* **2.** *fam* Militär(dienst *m*) *n;* ▶ *un* ~ *de (fig fam)* ein ganzes Heer von.
région [ʀeʒjɔ̃] *f* **1.** Gegend *f a. fig,* Landstrich *m,* Gebiet *n,* Bezirk *m;* **2.** *fig* Bereich *m* od *n,* Gebiet, Feld *n;* **3.** *anat* (Körper-)Gegend *f;* **4.** ▶ ~ *désertique* Wüstengebiet *n;* ~ *économique* Wirtschaftsgebiet *n;* ~ *frontalière, limitrophe* Grenzgebiet *n,* -bezirk *m;* ~ *à haute, basse pression (Meteorologie)* Hoch-, Tiefdruckgebiet *n;* ~ *vinicole* Weingegend *f.* **régional, e I.** *a* regional; **II.** *s m* regionale(s) Telefonnetz *n;* ▶ *informations f pl regionales (radio)* Regionalnachrichten *f pl.* **régionalisation** *f* Regionalisierung *f.* **régiona-**

lisme *m* Regionalismus *m.*
régir [reʒiʀ] *tr* **1.** regeln, lenken, leiten *a. fig;* **2.** *gram* regieren. **régisseur, se** *m f* **1.** (Guts-)Verwalter(in *f*) *m;* **2.** *theat film* Regieassistent(in *f*), Spielleiter(in *f*) *m.*
registre [ʀəʒistʀ] *m* **1.** Register *a. typ,* Verzeichnis *n,* Liste *f;* **2.** *tech* Zug-, Luftklappe; Orgelklappe *f,* Register *n;* **3.** ▶ *mettre, mentionner, inscrire sur un* ~ in ein Register ein=tragen; *je tiens* ~ *de tout* ich merke mir alles, mir entgeht nichts; **4.** ▶ ~ *des associations* Vereinsregister *n;* ~ *du commerce* Handelsregister *n;* ~*s de l'état civil* Standesregister *n;* ~ *des naissances, des mariages, des décès* od *mortuaire* Geburts-, Heirats-, Sterberegister *n;* ~ *pénal* Strafregister *n;* ~ *des réclamations* Beschwerdebuch *n.*
réglable [ʀeglabl] *a* regulier-, verstellbar. **réglage** *m tech* Regulierung, Regelung *f;* ~ *automatique* Selbstregelung *f.*
règle [ʀɛgl] *f* **1.** Lineal *n;* **2.** *fig* Regel *f,* Vorschrift *f;* **3.** *rel* (Ordens-)Regel *f;* **4.** Grundrechnungsart *f;* **5.** *(Physiologie)* Regel *f;* **6.** ▶ *dans la* ~, *en bonne* ~ in Ordnung; wie es sich gehört; *en* ~ regelrecht, vorschriftsmäßig; *en* ~ *générale* in der Regel, gewöhnlich; **7.** *se faire une* ~ *de qc* sich etw zur Regel machen; *c'est la* ~ das ist die Regel, das gewöhnliche; *il est de* ~ *de* es entspricht der Vorschrift, ist üblich, zu; **8.** ~ *à calcul, logarithmique* Rechenschieber *m;* ~ *à dessiner* Reißschiene *f;* ~ *de trois (math)* Dreisatz *m.* **règlement** *m* [ʀɛgləmɑ̃] *m* **1.** Regelung, Abwick(e)lung, Erledigung, Bereinigung, Beilegung *f;* **2.** *com* Begleichung, Zahlung *f;* **3.** Bestimmung, Vorschrift; **4.** *pol parl* Geschäftsordnung *f;* **5.** ▶ *en* ~ *de* zum Ausgleich, zur Begleichung *gen;* ~ *d'application,* Durchführungsbestimmung *f;* ~ *de bourse, de circulation, d'entreprise* od *d'exploitation, de maison, de service, de travail* Börsen-, Verkehrs-, Betriebs-, Haus-, Dienst-, Arbeitsordnung *f;* ~ *de comptes annuel (com)* Jahresabschluß *m;* ~ *d'un concours* Wettbewerbsbedingungen *f pl;* ~ *de sécurité* Sicherheitsvorschriften *f pl.*
réglé, e [ʀegle] *a* **1.** lin(i)iert; **2.** *fig* geregelt, ordentlich; **3.** erledigt, abgeschlossen; **4.** *tech* eingestellt. **réglé, e** [ʀegle] *a* geregelt; abgeschlossen; ~ *à l'amiable* gütliche Beilegung. **réglementaire** [-glə-] *a* vorschrifts-, ordnungsmäßig. **réglementation** *f* **1.** gesetzliche Regelung, Reglementierung *f;* **2.** *com* Bewirtschaftung *f;* **3.** ▶ ~ *de la circulation* Verkehrsregelung *f;* ~ *du marché* Marktordnung *f.* **réglementer** *tr* gesetzlich regeln, durch Verordnungen bestimmen; *com* bewirtschaften.
régler ⟨*Prés. je règle, ns réglons; Fut. je réglerai; pp. réglé,* ⓔ⟩ **I.** *tr* **1.** liniieren; **2.** regulieren; fest=setzen, bestimmen; ordnen; **3.** ein=richten (*sur qc* nach etw); **4.** ab=schließen, erledigen, bereinigen, ab=wickeln, bei=legen; *(Streit)* schlichten; **5.** *com* be-, aus=gleichen, berichtigen, ab=rechnen, bezahlen, *(Schulden)* ab=tragen; **6.** *(Uhr)* stellen (*sur* nach); *tech* ein=stellen, justieren; *radio* ein=stellen, ab=stimmen; **II.** *v prn se* ~ sich richten (*sur* nach); ▶ *avoir un compte à* ~ *avec qn* mit jdm ein Hühnchen zu rupfen haben; ~ *à l'amiable* gütlich bei=legen.
réglisse [ʀeglis] *f m bot* Süßholz *n;* ▶ *jus m de* ~ Lakritzensaft *m.*
régnant, e [ʀeɲɑ̃, -ɑ̃t] *a* **1.** regierend; **2.** *fig* (vor)herrschend. **régner** ⟨*Prés. je règne, ns régnons; Fut. je régnerai; pp. régné,* ⓔ⟩ *itr* **1.** regieren, herrschen *a. fig* (*sur* über *acc*); **2.** *fig* an der Tagesordnung, in Mode sein.
règne [ʀɛɲ] *m* **1.** Regierung(szeit); Herrschaft *f;* **2.** *fig* Vormachtstellung *f;* ▶ *sous le* ~ *de* unter der Regierung *gen;* ~ *végétal, animal* Pflanzen-, Tierreich *n.*
regonfler [ʀəgɔ̃fle] *tr* **1.** *(Reifen)* wieder auf=pumpen; **2.** *pop* wieder Mut machen (*qn* jdm).
regorger [ʀəgɔʀʒe] ⟨*Prés. je regorge, ns regorgeons; pp. regorgé,* ⓔ⟩ *tr* (über)voll sein, strotzen (*de* von); in Hülle und Fülle vorhanden sein.
régresser [ʀegʀɛse] *itr* zurück=gehen; den Krebsgang gehen; ab=nehmen. **régressif, ive** *a* rückläufig. **régression** *f* **1.** Rückgang *m;* **2.** *biol* Rückbildung *f;* **3.** *(Statistik)* Regression *f.*
regret [ʀəgʀɛ] *m* **1.** Bedauern *n;* Reue *f;* **2.** Leid *n,* Schmerz *m,* Trauer *f* (*de qn* um etw); **3.** ▶ *à* ~ ungern, wider Willen; *à mon grand* ~ zu meinem großen Bedauern; **4.** ▶ *exprimer ses* ~*s* sein Bedauern aus=drücken; *je suis au(x)* ~*(s),* es, das tut mir sehr leid; *je suis au* ~ *de* ... zu meinem Bedauern muß ich ... *j'ai le* ~ *de vous dire* ... ich muß Ihnen leider mitteilen ... **regrettable** [-tabl] *a* beklagenswert; bedauerlich. **regretter** *tr* **1.** nach=trauern (*qn* jdm); **2.** *(Abwesende, Verlorenes)* vermissen; **3.** bedauern; bereuen; beklagen.
regroupement [ʀəgʀupmɑ̃] *m* **1.** Umgruppierung, -stellung, -schichtung *f;* **2.** Zusammenfassung, -legung *f;* ▶ ~ *familial* Familienzusammenführung *f;* ~ *social* soziale Umschichtung *f.* **regrouper** **I.** *tr* **1.** um-, neu gruppieren; **2.** *(Daten)* ordnen; **3.** *(Industrie)* zs.=legen; *(Betrieb)* um=stellen; *(Bevölkerung)* um=schichten; **II.** *v prn se* ~ sich zs.=schließen (*autour de qn, derrière qn* um jdn).
régularisation [ʀegylaʀizasjɔ̃] *f com* **1.**

Erledigung, Regulierung *f;* **2.** Ausgleich *m;* **3.** *(Fluß)* Regulierung *f;* ▶ *fonds m de ~* Ausgleichsfonds *m.* **régulariser** *tr* **1.** ins reine, in Ordnung bringen, regeln; **2.** *(Fluß)* regulieren; ▶ *~ sa situation* s-e Verhältnisse ordnen. **régularité** *f* **1.** Regelmäßigkeit; Pünktlichkeit *f;* **2.** Korrektheit; Vorschriftsmäßigkeit *f.*
régulateur, trice I. *a* ordnend; steuernd; regulierend; **II.** *s m* **1.** Ordnungs-, ordnende(s) Prinzip *n;* **2.** *biol tech* Regler *m; ~ de son* Tonblende *f; ~ (de vitesse) (mot)* Geschwindigkeits-, Drehzahlregler *m.* **régulation** *f biol tech* Regelung; Steuerung *f;* ▶ *~ automatique (tech)* Selbstregelung *f; ~ des naissances* Geburtenregelung *f.* **régulé, e** *a* ferngesteuert. **régulier, ère** [-lje, -ɛʀ] **I.** *a* **1.** regel-, gleich-, ebenmäßig; **2.** geordnet; regelrecht; **3.** *(Mensch)* pünktlich; *fam* korrekt; **4.** *(Zug)* fahrplanmäßig; *(Flugzeug)* planmäßig; **5.** ordnungsgemäß; vorschriftsmäßig; regulär; **II.** *s m* **1.** ▶ *clergé m ~* Ordensgeistlichkeit *f;* **2.** *f pop* Olle *f.*
régurgitation [ʀegyʀʒitasjɔ̃] *f mea* Würg-, Brechbewegung *f.* **régurgiter** *tr* wieder aus=spucken.
réhabilitable [ʀeabilitabl] *a* rehabilitierbar. **réhabilitation** *f* **1.** Rehabilitierung *f;* **2.** *(Stadtteil)* Sanierung *f.* **réhabiliter** *tr* **1.** rehabilitieren; **2.** *(Stadtteil)* sanieren.
réhabituer (, se) [ʀeabitɥe] *tr (v prn)* (sich) wieder gewöhnen (*à* an *acc*).
rehaussement [ʀəosmɑ̃] *m arch* Erhöhung *f.* **rehausser** *tr* **1.** erhöhen; *(Stimme)* heben; **2.** *fig* hervor=heben, zur Geltung bringen; steigern, vermehren.
réhydrater [ʀeidʀate] *tr (Trockengemüse)* wieder quellen.
réifier [ʀeifje] *tr* versachlichen.
réimportation [ʀeɛ̃pɔʀtasjɔ̃] *f* Wiedereinfuhr *f.* **réimporter** *tr* wiederein=führen.
réimpression [ʀeɛ̃pʀɛsjɔ̃] *f* Neudruck *m,* -ausgabe *f.* **réimprimer** *tr* neu drucken *od* heraus=geben.
rein [ʀɛ̃] *m* **1.** *med* Niere *f;* **2.** *pl* Nieren-, Hüftgegend *f,* Kreuz *n;* ▶ *avoir les ~s solides (fig)* wohlhabend sein; *~ mobile, flottant med* Wanderniere *f.*
réincarnation [ʀeɛ̃kaʀnasjɔ̃] *f rel* Reinkarnation *f.*
reine [ʀɛn] *f* Königin *a. fig; (Schach)* Dame *f;* ▶ *bouchée f à la ~* Königinpastete *f; ~ des abeilles* Bienenkönigin *f; ~ de beauté* Schönheitskönigin *f.*
reine-claude *f (bot)* Reneklode *f.*
reine-mère *f* Königinmutter *f.*
réinsérer [ʀeɛ̃seʀe] ‹*s. insérer*› *tr* wiederein=gliedern. **réinsertion** *f* Wiedereingliederung.
réintégration [ʀeɛ̃tegʀasjɔ̃] *f jur* Wiedereinsetzung, -gliederung *f.* **réintégrer** ‹s. intégrer› **1.** *jur* wiederein=setzen (*dans ses droits, ses fonctions* in s-e Rechte, sein Amt); **2.** zurück=kehren (*qc* in *acc*).
réintroduire [ʀeɛ̃tʀɔdɥiʀ] ‹*s. introduire*› *irr tr* wieder=einführen.
réitéré, e *a* wiederholt; nochmalig. **réitérer** [ʀeiteʀe] ‹*Prés. je réitère, ns réitérons; pp. réitéré, e*› *tr* wiederholen.
rejaillir [ʀəʒajiʀ] *itr* **1.** *(Flüssigkeit)* (auf=) spritzen; **2.** *(Schande)* zurück=fallen (*sur* auf *acc*).
rejet [ʀəʒɛ] *m* **1.** Auswerfen; Anlandspülen *n; (verpflanztes Organ)* Abstoßung *f; (Erde)* Aushub *m;* **2.** *(Baum)* Schößling *m;* **3.** *geol* Sprunghöhe *f;* **4.** *(Gedicht)* Zeilensprung *m;* **5.** *fig (Vorschlag)* Ablehnung *f;* ▶ *~s radioactifs* radioaktive Abfälle *m pl.* **rejeter** [-ʒte] ‹*s. jeter*› **I.** *tr* **1.** weg=, zurück=werfen; von sich geben, aus=werfen; *mil (Feind)* zurück=werfen; *(Organ)* abstoßen; **2.** *fig* zurückfallen lassen (*dans* in *acc, sur* auf *acc*); *(Verantwortung, Schuld)* zu=schieben (*qc sur qn* jdm etw), ab=wälzen (*sur* auf *acc*), verantwortlich machen (*qc sur qn* jdn für etw); **3.** zurück=, ab=weisen, ab=lehnen, abschlägig bescheiden; **4.** *(Menschen)* verstoßen; nicht gelten lassen, nicht an=erkennen, nicht glauben (*qc* an e-e S); **II.** *v prn se ~* **1.** sich (gegenseitig) vor=werfen, -halten; **2.** sich begnügen (*sur qc* mit etw). **rejeton** [-ʒtɔ̃] *m* **1.** Schößling, Ableger *m a. fig;* **2.** *fam* Sprößling *m; poet* Sproß *m.*
rejoindre [ʀəʒwɛ̃dʀ] ‹*s. joindre*› **I.** *tr* **1.** sich an=schließen (*qn* an jdn), wieder stoßen (*qn, qc* auf jdn, etw; zu jdm, etw); **2.** treffen, ein=holen, kommen, gehen (*qn* zu jdm); *mil (zu s-r Einheit)* zurück=kehren; **II.** *v prn se ~* **1.** *(Straße)* sich wieder vereinigen, wieder zs.=kommen, -stoßen; **2.** *(Personen)* sich (wieder=)treffen; **3.** sich überlagern.
réjoui, e [ʀeʒwi] *a* heiter, fröhlich, froh (-sinnig). **réjouir I.** *tr* **1.** erfreuen; er-, auf=heitern, belustigen; **2.** gut-, wohl=tun, angenehm sein (*qn* jdm); **II.** *v prn se ~* lustig, in froher, heiterer Stimmung sein; ▶ *se ~ de qc* sich an e-r S erfreuen, sich über e-e S freuen. **réjouissance** *f* **1.** Freude; Fröhlichkeit; frohe, heitere Stimmung *f;* **2.** *pl* Freudenfest *n;* ▶ *~s publiques* Volksfest *n.* **réjouissant, e** *a* erfreulich.
relâche [ʀəlaʃ] **1.** *m* ▶ *aujourd'hui ~* heute keine Vorstellung; **2.** *loc adv* ▶ *sans ~* ohne Unterbrechung, pausenlos. **relâché, e** *a* lax, lasch; lose, locker *fig.* **relâchement** *m* **1.** *(Seil)* Lockerung *f; (Muskeln)* Schlaffwerden *n;* **2.** *fig (Eifer)* Erlahmen *n;* Erschlaffung; *(Disziplin)* Lockerung *f;* **3.** *com (Kon-*

junktur) Abschwächung *f.* **relâcher I.** *tr* **1.** *(Seil)* entspannen, lockern; **2.** *fig (Eifer)* erlahmen lassen; *(Disziplin)* lokkern; **3.** *(Gefangenen)* freilassen; **4.** *(Stuhlgang)* erleichtern; **II.** *v prn se* ~ **1.** *(Seil)* locker werden, sich lockern; **2.** *(Disziplin)* sich lockern; **3.** *(Eifer)* erlahmen; **4.** *(Person)* nachlässig werden, nach=lassen (*dans son travail* in der Arbeit).

relais [rəlɛ] *m* **1.** *sport* Staffellauf *m;* **2.** *tele* Relais *n;* **3.** Raststätte *f;* ▶ *prendre le* ~ an die Stelle treten (*de* gen).

relance [rəlɑ̃s] *f* **1.** *(Spiel)* höhere(r) Einsatz *m;* **2.** *fig* Wiederbelebung, -ankurbelung *f,* neue(r) Aufschwung *m.* **relancer** ‹*s. lancer*› **1.** zurück=schleudern, -werfen; **2.** *(Jagd)* wieder auf=scheuchen; **3.** *fig* (hart) zu=setzen (*qn* jdm); **4.** wieder in Schwung bringen, an=kurbeln; **5.** *(Spiel) (Einsatz)* erhöhen; **6.** *(Motor)* wieder anlassen.

relaps, e [rəlaps] *a bes. rel* rückfällig.

relater [rəlate] *tr* (ausführlich) berichten, (genau) erzählen, auf=zählen. **relatif, ive** *a* **1.** bezüglich (*à* gen) sich beziehend (*à* auf *acc*), verbunden (*à* mit); **2.** relativ; bedingt; **3.** *gram* rückbezüglich, Relativ-; ▶ *pronom m* ~ Relativpronomen *n; proposition f* ~*ive* Relativsatz *m.* **relation** *f* **1.** Beziehung *f,* Verhältnis *n;* Zusammenhang *m;* **2.** *pl* (persönliche) Beziehungen *f pl;* Verbindung(en) *f (pl);* Geschäftsfreunde *m pl;* Bekannte *pl;* **3.** ▶ *avoir de nombreuses* ~*s* ausgedehnte Beziehungen haben; *être, entrer en* ~ *avec qn* mit jdm in Verbindung stehen, treten; *se mettre en* ~ sich in Verbindung setzen (*avec* mit); **4.** ▶ ~*s commerciales, d'affaires* Handels-, Geschäftsbeziehungen *f pl.* **relativement** *adv* verhältnismäßig, vergleichsweise; ▶ ~ *à* im Vergleich, mit Bezug auf *acc,* mit. **relativiser** *tr* relativieren. **relativité** *f* Relativität *f.*

relax [rəlaks] *adj inv* entspannt. **relaxation** [rəlaksasjɔ̃] *f (Muskel)* Entspannung *f a. allg.* **relaxe** *f* **1.** Entspannung *f;* **2.** Freilassung *f; être relax(e)* entspannt sein. **relaxer I.** *tr (Gefangenen)* frei=lassen; **II.** *v prn se* ~ *(fam)* sich entspannen. **relayer** [-ɛ(e)je] ‹*Prés. je relaie* od *relaye, ns relayons; Fut. je relaierai* od *relayerai, ns relayerons; pp. relayé, e; Subj. que je relaie* od *relaye, que ns relayions; Impér. relaie* od *relaye, relayons*› **I.** *tr (bei e-r Tätigkeit)* ab=lösen; *(Sendung)* über=nehmen, -tragen; **II.** *v prn se* ~ sich (gegenseitig) vertreten, sich ablösen, abwechseln.

relégation [rəlegasjɔ̃] *f* **1.** *jur* Sicherungsverwahrung *f;* **2.** *sport* Abstieg *m* (in e-e niederere Spielklasse). **reléguer** [-ge] ‹*Prés. je relègue, ns relégons; Fut. je reléguerai; pp. relégué, e*› *tr* abschieben, verbannen *a. fig; (Gegenstand)* ab=stellen, aus=rangieren.

relent [rəlɑ̃] *m* schlechte(r), üble(r) Geruch; *(fig)* ▶ *avoir un* ~ *de* e-n üblen Beigeschmack haben von.

relevable [rəlvabl] *a* aufklappbar; einziehbar. **relève** *f* Ablösung(smannschaft) *f;* Nachwuchs *m;* ▶ *prendre la* ~ ablösen (*de qn* jdn); *fig* die Nachfolge antreten. **relevé, e I.** *a* **1.** *(Kragen)* hochgestellt; *(Ärmel)* hochgekrempelt; **2.** *(Stil)* gehoben; **3.** *(Küche)* pikant; **II.** *s m* **1.** (Rechnungs-)Auszug *m;* Aufstellung *f,* Verzeichnis *n,* Liste *f;* **2.** Erhebung; Aufnahme *f;* **3.** *(Zähler)* Ablesen *n;* ▶ *(faire un)* ~ *de compte* (e-n) Kontoauszug *m* (aus=fertigen); ~ *de fin de mois (com)* Monatsausweis *m.* **relèvement** *m* **1.** Wiederauf-, -hochheben; Aufklappen *n;* **2.** *fig* Wiederaufschwung *m,* Besserung; *(Miete)* Erhöhung *f;* **3.** *tech* (Boden-)Anhebung *f;* **4.** *aero* Peilung *f;* ▶ ~ *de salaire, de traitement* Lohnerhöhung, Gehaltsaufbesserung *f.* **relever** ‹*Prés. je relève, ns relevons; Fut. je relèverai; pp. relevé, e*› **I.** *tr* **1.** (wieder) (auf=, hoch=, er)heben; erhöhen; wieder auf=richten; **2.** *(Masche)* auf=nehmen; *tech* auf=klappen; *(Fahrgestell)* ein=ziehen; *(Kleid)* raffen; *(Kragen)* hoch=schlagen; *(Ärmel)* um=krempeln; *(Haar)* auf=stecken; *mar* wieder flott=machen; *aero* peilen; *(Spielkarten)* auf=nehmen; *(Briefkasten)* leeren; *(Zähler)* ab=lesen; **3.** *fig (Geschäft, sittlich)* heben; stärken, neu beleben; *(Preis)* erhöhen; *(Gehalt)* herauf=setzen; **4.** zur Geltung bringen, heraus=heben, -kehren, -stellen; vorteilhaft sein (*qc* für etw); hervor=heben, unterstreichen; **5.** *(Fehler)* an=streichen, verbessern; *tele (Störung)* beseitigen; *(Beleidigung)* zurück=geben; *(Zählerstand)* auf=schreiben, notieren; *(topographisch)* auf=nehmen; *(mil, in der Arbeit)* ab=lösen; **6.** ▶ ~ *de qc* von etw ab=berufen, entheben *gen,* entbinden von; **II.** *itr:* ▶ ~ *de* hervor=gehen aus; beruhen auf *dat,* ab=hängen, abhängig sein von *(a. Literatur, Kunst);* der Zuständigkeit unterliegen (*de qn* jds); unterstehen (*de qn* jdm); *(Krankheit)* überstehen, sich erholen (*de* von) *(a. von e-m Verlust);* **III.** *v prn se* ~ **1.** (wieder) auf=stehen, sich erheben; **2.** sich (gegenseitig) ab=lösen; **3.** *fig* sich wieder heben, empor=kommen; *(Kurs)* sich erholen; ▶ ~ *de la compétence de qn* jdm unterstehen; *ne* ~ *de personne* von niemandem abhängig, unabhängig sein; *cela relève de ...* dafür ist ... zuständig.

relief [rəljɛf] *m* **1.** Relief *n;* **2.** erhabene Arbeit *f;* **3.** Bodenprofil *n;* **4.** *(Stil)* plastische Wirkung *f;* **5.** ▶ *en* ~ erhaben, (plastisch) hervortretend; **6.** ▶ *avoir du* ~ sich ab=heben; anschaulich sein; *donner du* ~ *à qc* etw hervor=treten lassen, hervor=heben; *mettre en* ~ hervor=heben, klar heraus=stellen; **7.** ▶ ~ *du sol (geol)* Bodengestaltung *f.*

relier [Rəlje] *tr* **1.** wieder (zus.=)binden; **2.** *(Verkehr) el* an=schließen (*à* an *acc*); *tele fig* verbinden (*à* mit); *fig* mitea. verbinden, im Zusammenhang sehen; **3.** *(Buch)* (ein=)binden. **relieur, se** *m f* Buchbinder(in *f*) *m.*

religieusement [Rəliʒjøzmɑ̃] *adv* **1.** gewissenhaft; **2.** andächtig. **religieux, se I.** *a* religiös; fromm, gottesfürchtig; Ordens-; **II.** *s m* Mönch, Ordensbruder *m; f* Nonne, Ordensschwester *f;* ▶ *communauté f ~euse* Religionsgemeinschaft *f; habit m* ~ Ordenskleid *n; ordre m* ~ (Mönchs-)Orden *m.* **religion** *f* Religion *f,* Glaube *m;* Frömmigkeit *f;* ▶ *entrer en* ~ ins Kloster gehen; *guerre f de* ~ Religionskrieg *m;* ~ *d'État* Staatsreligion *f.* **religiosité** *f* Religiosität *f.*

reliquaire [RəlikɛR] *m rel* Reliquiar *n.* **reliquat** [-ka] *m com* Rest(summe *f,* -betrag) *m.* **relique** *f rel* Reliquie *f.*

relire [RəliR] ‹*s. lire*› *tr* noch einmal (über)lesen, wieder lesen; ▶ *lire et* ~ immer wieder lesen.

reliure [RəljyR] *f* (Buch-)Einband *m;* Binden *n;* ▶ ~ *toile (pleine), demi-toile, papier* (Ganz-)Leinen-, Halbleinen-, Papp(ein)band *m.*

relogement [Rəlɔʒmɑ̃] *m* Umquartierung *f.* **reloger** *tr* um=siedeln.

relouer [Rəlwe] *tr* wieder=vermieten.

reluire [RəlɥiR] ‹*s. luire*› *itr* leuchten, scheinen, glänzen, schimmern; ▶ *tout ce qui reluit n'est pas or* es ist nicht alles Gold, was glänzt. **reluisant, e** *a* **1.** leuchtend, schimmernd, glänzend (*de* von); **2.** *fig* ▶ *être peu* ~ wenig erfreulich sein.

reluquer [Rəlyke] *tr fig* neidische *od* begehrliche Blicke werfen (*qc* auf e-e S).

remâcher [Rəmaʃe] *tr* **1.** herumkauen (*qc* auf etw); **2.** *fig fam* nicht los=kommen (*qc* von etw).

remailler [Rəmaje] *tr* Laufmaschen aufnehmen; *textil* repassieren.

remaniement [Rəmanimɑ̃] *m* **1.** Neubearbeitung, Umarbeitung; Um-, Abänderung *f;* **2.** ▶ ~ *gouvernemental, ministériel* Regierungsumbildung *f.* **remanier** [-nje] *tr* **1.** *fig* um=arbeiten, neu bearbeiten; ab=ändern; **2.** *(Regierung, Kabinett)* um=bilden.

remariage [RəmaRjaʒ] *m* Wiederverheiratung *f.* **remarier, se** *v prn* sich wieder=verheiraten.

remarquable [RəmaRkabl] *a* **1.** bemerkenswert, beachtlich, bedeutend; **2.** hervorragend, ausgezeichnet. **remarque** *f* **1.** Bemerkung; Beobachtung *f;* **2.** *(Buch)* Anmerkung *f;* **3.** Vorhaltung *f,* Vorwurf *m.* **remarquer I.** *tr* **1.** an=, bemerken; **2.** erblicken; be(ob)achten; **II.** *v prn se* ~ *(fig)* auffallen; ▶ *faire* ~ aufmerksam machen (*qc à qn* jdn auf *acc*); *se faire* ~ sich bemerkbar machen, sich aus=zeichnen.

remballer [Rɑ̃bale] *tr* wieder, neu verpacken; wieder ein=packen.

rembarquement [Rɑ̃baRkəmɑ̃] *m* Wiedereinschiffung *f.* **rembarquer I.** *tr* wiederein=schiffen; **II.** *v prn* ▶ *se* ~ *dans une affaire (fig)* in ein Geschäft wieder ein=steigen.

rembarrer [Rɑ̃baRe] *tr fig fam* e-e Abfuhr erteilen (*qn* jdm), zurecht=weisen.

remblai [Rɑ̃blɛ] *m* Aufschüttung, -füllung *f;* Damm *m.* **remblayer** ‹*s. balayer*› *tr* auf=schütten, -füllen.

rembourrage [Rɑ̃buRaʒ] *m* Polstern *n;* Polsterung *f.* **rembourrer** *tr* polstern; *(Kissen)* füllen.

remboursable [Rɑ̃buRsabl] *a* ein-, ablösbar; rückzahlbar; tilgbar; ▶ ~ *sur demande* kündbar. **remboursement** *m* **1.** Rückzahlung, (Rück-)Erstattung, (Rück-)Vergütung *f;* **2.** Ein-, Ablösung; Abtragung, Tilgung *f;* **3.** *(Kredit)* Abdeckung *f;* **4.** ▶ *contre* ~ unter, gegen Nachnahme; *envoi m contre* ~ Nachnahmesendung *f;* ~ *des frais de représentation* Aufwandsentschädigung *f;* ~ *intégral* Erstattung *f* der Kosten in voller Höhe. **rembourser** *tr* **1.** zurück=zahlen, (zurück=)erstatten (*à qn de qc* jdm etw); rückvergüten; **2.** ein=, ab=lösen; *(Schulden)* ab=tragen, tilgen; **3.** ▶ *se faire* ~ sich das Geld zurückzahlen lassen; ~ *les frais à qn* jdm die Kosten erstatten; ~ *qn de ses frais* jdm s-e Auslagen vergüten *od* ersetzen.

rembrunir [Rɑ̃bryniR] *v prn se* ~ *(Gesicht)* sich verfinstern, sich verdüstern.

remède [Rəmɛd] *m* **1.** (Heil-, Hilfs-)Mittel *n;* Arznei *f;* **2.** Abhilfe *f;* ▶ *sans* ~ unheilbar; ~ *miracle* Patentrezept *n; porter* ~ *à qc (fig)* e-r S ab=helfen; *il y a* ~ *à cela* dem kann abgeholfen werden. **remédier** *itr* ab=helfen (*à qc* e-r S).

remembrement [Rəmɑ̃bRəmɑ̃] *m:* ~ *(rural)* Flurbereinigung; *allg* Umorganisation *f.*

remémorer [RəmemɔRe] *v prn se* ~ sich wieder erinnern (*qc* an e-e S); sich etw ins Gedächtnis zurückrufen.

remerciement [RəmɛRsimɑ̃] *m oft pl* Dank(esworte *n pl,* -sagung *f*) *m;* ▶ *avec mes ~s* mit Dank zurück; *lettre f de* ~ Dankschreiben *n.* **remercier** [-sje] *tr* **1.** danken (*qn de, pour qc* jdm für etw); danken(d ab=lehnen); *(ironisch)* sich bedanken; **2.** verabschieden, entlassen; ▶ *je vous remercie* ich bedanke mich.

remettre [rəmɛtr] ⟨s. *mettre*⟩ **I.** *tr* **1.** *(Kleidung)* wieder an=ziehen; *(Hut)* wieder auf=setzen; wieder (hin=)stellen, -setzen, -legen, -hängen; wieder (hinein=)stecken; **2.** *med* wieder ein=renken; **3.** *fig jur* wieder ein=setzen (*dans* in *acc*); **4.** wiederher=stellen, wieder auf die Beine bringen; **5.** *(Brief)* überbringen, ab=liefern, -geben; aus=händigen, aus=folgen; überreichen; *(Geld)* überweisen; überlassen; anheim=stellen; *(Verbrecher der Justiz)* über=geben, -antworten; aus=liefern; **6.** zurück=geben, verzichten (*qc* auf e-e S); *(Amt)* zur Verfügung stellen, niederlegen; *(Strafe, Schuld)* erlassen; *(Sünde)* vergeben; *(Vorhaben)* ver-, auf=schieben; *(Spiel, Partie) (nach Unentschieden)* neu beginnen; **7.** *com* e-n Nachlaß gewähren (*5 % sur* 5 % auf); **8.** *theat* ab=sagen, -setzen; *fam, bes. mil* ab=blasen; **II.** *v prn se ~ (med com fig)* **1.** sich erholen (*de* von); sich beruhigen *(a. Wetter)*; sich wieder fassen; sich aus=söhnen (*avec qn* mit jdm); **2.** ▶ *se ~ à qc* sich wieder an e-e S machen, etw wieder an=fangen; auf e-e S zurück=kommen; sich wieder setzen, legen (*à* an, in *acc*); sich wieder hin=geben (*à* dat); **3.** sich wieder versetzen (*dans telle situation* in e-e bestimmte Lage); **4.** sich verschieben, sich hin=ziehen; **5.** ▶ *se ~ sous (fig)* sich wieder unterstellen *dat; sur* sich wieder verlegen auf *(acc)*; **6.** ▶ *en ~ (fam)* übertreiben; *s'en ~ à* sich verlassen auf *(acc); pour ~ à* zu Händen *gen; ~ ça (pop)* wieder an=fangen; e-e neue Runde aus=schenken; **7.** ▶ *~ dans ses droits* wieder in s-e Rechte ein=setzen; *~ au hasard* dem Zufall überlassen; *~ à neuf* erneuern, neu machen, instand setzen; *tech* überholen; *~ qn au pas (fig)* jdn auf Trab bringen; *~ à sa place (fig)* zurecht=weisen; *~ en place (fig)* wieder in Ordnung bringen; *~ en question* wieder in Frage stellen; *~ à la scène, au théâtre* wiederauf=führen; *~ sur le tapis* wieder zur Sprache bringen; *~ au point* klar=stellen; *se ~ au travail* sich wieder an die Arbeit begeben; *~ en vigueur* wieder in Kraft setzen.

remilitarisation [rəmilitarizasjɔ̃] *f* Remilitarisierung *f.* **remilitariser** *tr* remilitarisieren.

réminiscence [reminisɑ̃s] *f* (vage) Erinnerung *f; poet, (Kunst)* Anklang *m (de* an *acc).*

remis, e [rəmi, -iz] *a (Spiel)* unentschieden; ▶ *c'est partie ~e* das muß noch mal gemacht werden; *ce n'est que partie ~e* aufgeschoben ist nicht aufgehoben. **remise** *f* **1.** Übergabe, Aushändigung (*à* an *acc*); *(Post)* Zustellung *f;* **2.** *(Strafe)* Erlaß *m;* **3.** Einstellraum *m,* Wagenhalle *f;* **4.** *com* Nachlaß, Rabatt, Abschlag *m; faire une ~* e-n Nachlaß gewähren (*de* von); *~ en dépôt* Hinterlegung *f; ~ en état* Instandsetzung *f; ~ par exprès* Zustellung *f* durch Eilboten. **remiser** *tr* **1.** *(Wagen)* ein=, unter=stellen; ab=stellen; weg=räumen; **2.** ▶ *~ au garage* in die Garage stellen.

rémission [remisjɔ̃] *f* **1.** *f rel* Vergebung *f;* **2.** *med* Nachlassen *n;* ▶ *sans ~* unerbittlich, unnachsichtig.

remmaillage, rem- [rɑ̃majaʒ, rə-] *m* Aufmaschen *n.* **remmailler** *tr* auf=maschen. **remmailloter** *tr (Kind)* neu wikkeln.

remnogramme [rɛmnɔgram] *m med* Tomogramm *n.* **remnographie** *f med* Kernspintomographie *f.*

remodelage [rəmɔdlaʒ] *m* Neu-, Umgestaltung *f.* **remodeler** *tr* um=gestalten, umstrukturieren.

remontage [rəmɔ̃taʒ] *m* **1.** *mar* Bergfahrt *f;* **2.** *tech* Wiederaufstellen, -zs.setzen *n;* **3.** *(Uhr)* Aufziehen *n;* **4.** *(Schuhe)* Neubesohlen *n.* **remontant, e I.** *a* stärkend, belebend; **II.** *s m* Stärkungstrunk *m.* **remonte** *f mar* Bergfahrt *f.* **remontée** *f* **1.** Wiederaufstieg *m a. fig;* **2.** *min* Ausfahren *n;* **3.** *(Barometer)* erneute(s) Ansteigen *n;* **4.** *sport* Aufholen *n;* **5.** *~ mécanique* Skilift *m.* **remonte-pentes** *m* Skilift *m.* **remonter I.** *itr* **1.** wieder hinauf=steigen; wieder ein=steigen (*en auto* ins Auto); **2.** *(Gelände)* an=steigen; sich heben, steigen *(a. Barometer)*; **3.** *fig* sich erheben; *(im Wert)* wieder steigen; **4.** *(zeitlich)* zurück=gehen, sich zurück=verfolgen, -führen lassen (*à* bis); *(Fehler)* zurück=gehen, -fallen (*à* auf *acc*); **II.** *tr* **1.** *(Treppe, Berg)* hinauf=steigen; (hinauf=) tragen, -bringen, -schaffen *(auf den Dachboden etc); (Bild)* höherhängen; **2.** *arch* erhöhen; an=heben, höher=drehen, -schrauben; **3.** *(Kragen)* hoch=schlagen; *(Feder, Uhr, Grammophon, Spielzeug)* auf=ziehen; **4.** *(Fluß)* aufwärts, hinauf=fahren, -schwimmen; *(Küste)* entlang=fahren (*qc* an e-r S); **5.** wiederauf=stellen *a. tech;* wieder montieren; wieder, neu zs.=setzen *od* auf=stellen; **6.** *(Bestand, Warenlager, Garderobe, Bibliothek)* ergänzen; **7.** *fig (Mut, Stimmung)* heben; **8.** *(Saiteninstrument)* neu beziehen; *(Schmuck)* neu fassen; *(Graphik)* auf=ziehen; *(Farbe)* auf=frischen; **9.** *theat* neu inszenieren; **III.** *v prn* **1.** ▶ *se ~* wieder zu Kräften kommen; **2.** sich wieder versorgen (*en* mit). **remontoir** *m (Uhr)* Aufziehvorrichtung *f.*

remontrance [rəmɔ̃trɑ̃s] *f* Verweis *m; pl* Vorhaltungen *f pl.* **remontrer I.** *tr* noch einmal, wieder zeigen; **II.** *itr* ▶ *en*

~ *à qn* jdm s-e Überlegenheit beweisen. **remordre** [rəmɔrdr] *tr* wieder an=, zu=beißen.
remords [rəmɔr] *m pl* Gewissensbisse *m pl.*
remorquage [rəmɔrkaʒ] *m mar* (Ab-)Schleppen; Bugsieren *n;* Schleppschifffahrt *f; (Auto)* Abschleppen *n.* **remorque** *f* **1.** Schleppen; Schlepptau *n,* -kahn *m; (Auto)* Abschleppen *n;* **2.** *mot* Anhänger *m;* ▶ *se mettre, être à la ~ de qn (fig)* in jds Schlepptau sein; *prendre à la ~* ins Schlepptau nehmen; ab=schleppen. **remorquer** *tr* **1.** *mar mot loc* schleppen, ziehen; bugsieren; *mot* ab=schleppen; **2.** *fam (Person)* mit=schleppen. **remorqueur, se** *s m* u. *a:* ▶ *bateau m ~* Schleppdampfer *m.*
remous [rəmu] *m* **1.** Kielwasser *n;* Wirbel, Strudel, Sog *m;* **2.** *fig* Hin u. Her *n,* Wirbel *m.*
rémoulade [remulad] *f* Remoulade(nsoße) *f.*
rempart [rɑ̃par] *m* Wall *m.*
rempiler [rɑ̃pile] *itr arg mil* sich länger verpflichten.
remplaçable [rɑ̃plasabl] *a* ersetzbar. **remplaçant, e** *s m f* Vertreter(in *f*); *sport* Ersatzmann *m;* Hilfslehrer(in *f*) *m.* **remplacement** *m* **1.** (Stell-)Vertretung *f;* **2.** Ersatz *m;* ▶ *en ~* als Ersatz (*de* für *acc*) *a. fig.* **remplacer** ⟨*Prés. je remplace, ns remplaçons; Fut. je remplacerai; pp. remplacé, e*⟩ *tr* **1.** ersetzen (*de, par* durch) *a. fig;* an die Stelle setzen *od* treten (*qn par qn* jdn an jds; *qn, qc* jds, e-r S *gen*); **2.** vertreten; *fig* wiedergut=machen.
rempli, e [rɑ̃pli] *a (Zeit)* ausgefüllt; *theat* gut besetzt; ▶ *être ~ de soi-même* von sich (selbst) überzeugt sein. **remplir** **I.** *tr* **1.** (auf=, an=)füllen; voll=machen, -gießen, -schenken; *(Graben)* zu=schütten; **2.** *(Zeit)* aus=füllen, gebrauchen, (aus=)nutzen; **3.** *(Amt)* versehen, aus=üben; *(Pflicht, Versprechen, Wunsch, Aufgabe, Hoffnung, Schicksal)* erfüllen; ▶ *~ qn de qc* jdn mit etw erfüllen; **4.** *(Formular)* aus=füllen; **II.** *v prn se ~* sich füllen (*de* mit *dat*); voll werden. **remplissage** *m* **1.** (Auf-, An-, Aus-)Füllung *f;* **2.** *fig* Füllwerk, -sel *n.*
remplumer, se [rɑ̃plyme] *v prn* **1.** *fig* sich (gesundheitl. *od* wirtschaftlich) gut wieder heraus=machen; **2.** wieder rundlicher werden.
remporter [rɑ̃pɔrte] *tr* **1.** weg=tragen, -holen; (wieder) mit=nehmen; **2.** *(Sieg)* erringen; *(Preis)* gewinnen; ▶ *~ une course, un match* ein Rennen, ein Spiel gewinnen.
remuant, e [rəmyɑ̃] *a (Mensch)* lebhaft, rührig; *(Geist)* unruhig. **remue-ménage** [-my-] *m inv fam (Möbel)* Umstellen; *fig* lärmende(s) Durcheinander *n,* Krach *m.* **remue-méninges** [rəmymenɛ̃ʒ] *m inv* Brainstorming *n.* **remuer** [-mɥe] **I.** *tr* **1.** bewegen; um=rühren, -schaufeln, -graben, -füllen; **2.** *(Möbel)* rücken, um=stellen; rütteln (*qc* an e-r S); wackeln (*qc* mit etw); wedeln (*la queue* mit dem Schwanz); **3.** *fig* aufrütteln; rühren, ergreifen; **II.** *itr* **1.** sich bewegen, sich rühren; wackeln; **2.** *fig* unruhig werden; aufbegehren; **III.** *v prn se ~* **1.** sich bewegen, sich rühren; **2.** sich bemühen (*en faveur de qn* für jdn), sich Mühe geben; ▶ *~ ciel et terre* alle Hebel in Bewegung setzen; *remue-toi!* beeil dich!
rémunérateur, trice [remyneratœr, -tris] *a* lohnend, einträglich, gewinnbringend. **rémunération** *f* Lohn *m,* Entlohnung *f,* Entgelt *n,* Vergütung; *(Kapital)* Verzinsung *f,* Ertrag *m; pl* Bezüge *m pl,* Arbeitseinkommen *n;* ▶ *~ de départ* Anfangsgehalt *n.* **rémunérer** ⟨*Prés. je rémunère, ns rémunérons; Fut. je rémunérerai; pp. rémunéré, e*⟩ *tr* **1.** be-, entlohnen; vergüten; **2.** verzinsen.
renâcler [rənakle] *itr* **1.** *(Pferd)* schnauben; **2.** ▶ *~ à qc* Widerwillen empfinden, sich sträuben gegen.
renaissance [rənɛsɑ̃s] *f* **1.** Wiedergeburt *bes. rel;* Erneuerung, Wiederkehr *f;* neue(s) Leben, Wiederaufleben, -blühen *n;* **2.** *(Kunst)* Renaissance *f.* **renaissant, e** *a* wiedererstehend, -kehrend, -auflebend. **renaître** ⟨*Prés. je renais, il renaît, ns renaissons; Fut. je renaîtrai; Subj. que je renaisse, que ns renaissons; Impér. renais, renaissons*⟩ *itr* **1.** wiedergeboren werden *bes. rel;* wieder=erstehen, -auf=leben, -auf=blühen; **2.** *fig* wieder auf=atmen; *~ à qc* e-r S zurück=gegeben, neu geschenkt werden.
rénal, e [renal] *a anat* Nieren-.
renard [rənar] *m zoo* Fuchs *a. fig;* Fuchspelz *m.* **renarde** [-nard] *f zoo* Füchsin, Fähe *f.* **renardière** *f* Fuchsbau *m.*
rencard [rɑ̃kar] *m arg* Nachricht *f.* **rencarder** *tr arg* benachrichtigen. **rencart** *m arg* Verabredung *f;* ▶ *mettre au ~* zum alten Eisen werfen.
renchérir [rɑ̃ʃerir] **I.** *itr* teurer werden, im Preise steigen; (noch) übertreffen (*sur qc* etw); **II.** *itr* überbieten (*sur qn, qc* jdn, etw) *a. fig; fig* hinaus=gehen (*sur* über *acc*), übertreiben (*sur qc* e-e S). **renchérissement** *m* Verteuerung, Preissteigerung *f;* Aufschlag, Kosten-, Preisanstieg *m.*
rencontre [rɑ̃kɔ̃tr] *f* **1.** Begegnung *f,* Treffen, Zs.treffen *n;* **2.** *sport* Begegnung *f,* Kampf *m,* Spiel *n;* **3.** *(Fahrzeuge)* Zusammenstoß *m;* **4.** (Straßen-)Kreuzung *f;* **5.** ▶ *aller, venir à la ~ de qn* jdm entgegen=gehen, -kommen; *tu*

pourrais faire une mauvaise ~ es könnte dir etw zustoßen; ~ *finale* Endspiel *n;* ~ *au sommet* Gipfelkonferenz; Besprechung *f* auf höchster Ebene; ~ *spatiale (cosm)* Treffen *n* im All; ~ *sportive* Sportveranstaltung *f.* **rencontrer I.** *tr* treffen *a. fig,* begegnen (*qn* jdm), stoßen (*qn* auf jdn); *sport* treffen (*qn* auf jdn); **II.** *v prn se* ~ **1.** sich begegnen, sich treffen; aufea.=stoßen, -prallen; **2.** *(Fahrzeuge)* zs.=stoßen; *(Flüsse)* sich vereinigen; **3.** *fig* sich finden; angetroffen werden, vor=kommen; **4.** ► ~ *des difficultés* auf Schwierigkeiten stoßen; *comme cela se rencontre* das trifft sich gut; *cela ne se rencontre pas tous les jours* das findet man nicht alle Tage.

rendement [rɑ̃dmɑ̃] *m* **1.** *com* Ertrag, Nutzen *m,* Ausbeute *f* (*en* an *dat*), Gewinn *m;* Rendite *f;* **2.** *(Physiologie) tech* Leistung *f;* Ausstoß *m;* Leistungsfähigkeit, Ergiebigkeit, Einträglichkeit *f;* Wirkungsgrad, Nutzeffekt *m;* **3.** *sport* Vorgabe *f;* **4.** ► *à gros* ~ ertragreich; *à plein* ~ mit voller Leistung; *d'un mauvais* ~ *(économique)* unrentabel, unwirtschaftlich; ~ *d'un capital* Kapitalertrag *m;* ~ *fiscal* Steueraufkommen *n;* ~ *journalier, quotidien* Tagesleistung *f;* ~ *maximum* Höchst-, Spitzenleistung *f.*

rendez-vous [-de-] *m inv* **1.** Verabredung *f;* Stelldichein, Rendezvous *n;* **2.** Treffpunkt *m;* ► *sur* ~ nach Vereinbarung; *donner un* ~, *prendre* ~ e-e Verabredung treffen, sich verabreden (*pour* für *acc; avec* mit *dat*); ~ *spatial* Treffen *n* im All.

rendormir, se [rɑ̃dɔrmir] ‹*s. dormir*› *v prn* wieder ein=schlafen.

rendre [rɑ̃dr] ‹*Prés. je rends, ns rendons; Fut. je rendrai; pp. rendu, e; Subj. que je rende, que ns rendions; Impér. rends, rendons*› **I.** *tr* **1.** (zurück=, wieder=, heraus=)geben; (zurück=)erstatten, zurück=zahlen; **2.** hin=bringen, -schaffen; zu=stellen, ab=liefern, -geben; **3.** *(Ware)* liefern; *(Gesundheit, Augenlicht)* zurück=geben; *(Hoffnung, Mut)* wieder geben; *(Achtung, Vertrauen)* wieder schenken; *(Geschenk, Ware)* nicht an=nehmen; *(Brief)* überreichen, -geben; *(Physiologie, Ton)* von sich geben; **4.** *com* ein=bringen, ab=werfen; *(auf großes Geld)* heraus=geben; **5.** sich revanchieren (*qc* für etw); vergelten; *(Ohrfeige)* zurück=geben; **6.** *(bildhaft* od *mit Worten)* wieder=geben; zum Ausdruck bringen, dar=stellen; interpretieren; übersetzen; *(Entscheidung)* treffen, fällen; **7.** *(mit a)* machen; **II.** *itr* **1.** Ertrag, Gewinn ab=werfen, Nutzen bringen, sich rentieren, sich bezahlt machen, sich verzinsen; **2.** sich übergeben; **III.** *v prn se* ~ **1.** sich begeben (*à, en, dans, chez* nach, in *acc,* zu *dat*); **2.** Folge leisten (*à une invitation* e-r Einladung); **3.** sich ergeben; **4.** *(Fluß)* sich ergießen (*à* in *acc*); **5.** nach=geben, -kommen; *(e-m Gesuch)* entsprechen; nach=lassen; **6.** *(mit a)* sich machen, zeigen, erweisen als; werden; **7.** ► *se* ~ *à l'avis de qn* sich jds Ansicht beugen; ~ *bien* einträglich *od* ergiebig sein; ~ *compte à qn* jdm Rechenschaft ab=legen; ~ *justice à qn* jdm Gerechtigkeit widerfahren lassen; ~ *la justice* Recht sprechen; *se* ~ *sur place* sich an Ort u. Stelle begeben; ~ *service à qn* jdm e-n Dienst erweisen *od* leisten; ~ *témoignage à qn* Zeugnis für jdn ab=legen; *se* ~ *à son travail* an die Arbeit gehen; ~ *visite à qn* jdn besuchen; **8.** ► *cela rend (fam)* das bringt was ein; *Dieu vous le rende!* vergelt's Gott! **rendu, e I.** *a* **1.** ermüdet, erschöpft; **2.** *(Bild)* ► *bien* ~ gut getroffen; **3.** ► ~ *à domicile* frei Haus; **II.** *s m com* zurückgehende Ware *f;* ► *un prêté (pour un)* ~ Wurst wider Wurst.

rendurcir [rɑ̃dyrsir] **I.** *tr* wieder hart machen; **II.** *v prn se* ~ härter werden. **rendurcissement** *m* Verhärten *n;* Verhärtung *f.*

rêne [rɛn] *f meist pl* Zügel *m a. fig;* ► *lâcher les* ~*s (fig)* die Zügel locker=lassen; *tenir les* ~*s* die Zügel fest in der Hand halten.

renégat [rənega] *m rel* Renegat; Abtrünnige(r) *m a. pol.*

renfermé, e [rɑ̃fɛrme] **I.** *a fam (Mensch)* verschlossen, in sich gekehrt; **II.** *s m:* ► *sentir le* ~ dumpfig, muffig riechen. **renfermer I.** *tr* **1.** (wieder) ein=sperren; *(Sache)* (wieder) weg=schließen; eingesperrt, *(Sache)* unter Verschluß halten; **2.** *fig* ein=schließen, enthalten, umfassen; **II.** *v prn* ► *se* ~ *dans le silence* sich in Schweigen hüllen; *se* ~ *en soi-même* sich in sich (selbst) zurück=ziehen.

renflé, e [rɑ̃fle] *a* bauchig; *(Säule)* ausgebaucht. **renflement** [-flə-] *m* (An-)Schwellung; *arch* Ausbauchung *f.* **renfler I.** *tr* an=schwellen, auf=quellen lassen; **II.** *v prn se* ~ (an=)schwellen.

renflouer [rɑ̃flue] *tr mar* wieder flott=machen *a. fig.*

renfoncé, e [rɑ̃fɔ̃se] *a (Augen)* tiefliegend. **renfoncement** *m* **1.** Vertiefung *f;* **2.** *typ* Einrücken *n.* **renfoncer** ‹*Prés. je renfonce, ns renfonçons; Fut. je renfoncerai; pp. renfoncé, e*› **I.** *tr* **1.** tiefer (hin)ein=drücken, -stoßen, -schlagen; **2.** *arch* zurück=setzen, -nehmen; **3.** *typ (Zeile)* ein=rücken; **II.** *v prn* ► *se* ~ *dans son mutisme* sich wieder in Schweigen hüllen; *se* ~ *dans un fauteuil* sich wieder tief in e-n Sessel fallen lassen.

renforçage, ~cement [rɑ̃fɔrsaʒ, -səmɑ̃] *m* Verstärkung *f a. fig phot.* **renforcer** ‹*Prés. je renforce, ns renforçons; pp. renforcé, e*› *tr* verstärken *a. fig phot; fig* stärken; ▶ *~ qn dans son opinion* jdn in s-r Meinung bestärken; *à talons renforcés* mit verstärkter Ferse. **renfort** [-fɔr] *m* Verstärkung *f a. tech mil;* ▶ *à grand ~ de* mit Hilfe, unter Zuhilfenahme von viel *gen.*

renfrogné, e [rɑ̃frɔɲe] *a (Gesicht)* verdrießlich; *(Stirn)* gerunzelt; *(Mensch)* verstimmt, verärgert. **renfrogner, se** *v prn* sein Gesicht verziehen, ein saures Gesicht machen.

rengagement [rɑ̃gaʒmɑ̃] **1.** *(Arbeitskräfte)* Wiedereinstellung *f;* **2.** *mil* Weiterverpflichtung *f.* **rengager** ‹*s. engager*› **I.** *tr* **1.** wieder ein=stellen; **2.** *(Kampf, Prozeß)* wiederauf=nehmen; **II.** *itr, v prn se ~* **1.** *mil* freiwillig weiter=dienen; **2.** sich wieder ein=lassen (*dans* auf *acc*).

rengaine [rɑ̃gɛn] *f* Schlager, Gassenhauer *m;* ▶ *c'est toujours la même ~ (fam)* das ist immer die alte Leier, dieselbe Platte. **rengainer** *tr* **1.** *(Degen)* wieder in die Scheide stecken; **2.** *fig fam (Ansicht)* zurück=behalten, für sich behalten; unterdrücken.

rengorger, se [rɑ̃gɔrʒe] *v prn* **1.** sich in die Brust werfen *a. fig;* **2.** *(Vogel* u. *fig fam)* sich (auf=)plustern.

reniement [rənimɑ̃] *m* **1.** Verleugnung *f;* **2.** Lossagung *f (von Gott).* **renier** [-nje] **I.** *tr* verleugnen; ab=schwören, sich los=sagen (*qn* von jdm); **II.** *v prn se ~* s-e Ansicht verleugnen.

reniflement [rənifləmɑ̃] *m* Schnüffeln *n.* **renifler I.** *itr* schnüffeln; schniefen; **II.** *tr* schnuppern. **renifleur, se** *m f* Spürnase *f.*

renne [rɛn] *m* Ren, Ren(n)tier *n.*

renom [rənɔ̃] *m* gute(r) Ruf *m;* Ansehen *n.* **renommé, e** [-nɔ-] **I.** *a* berühmt, bekannt (*pour* durch, für); gut renommiert; **II.** *s f* gute(r) Ruf *m,* Ansehen *n.* **renommer** *tr* wieder=ernennen.

renonce [rənɔ̃s] *f (Kartenspiel)* Nichtbedienen *n.* **renoncement** *m* Verzicht *m,* Entsagung *f;* ▶ *~ à soi-même* Selbstverleugnung *f.* **renoncer** ‹*Prés. je renonce, ns renonçons; pp. renoncé, e*› *itr* **1.** verzichten (*à* auf *acc*); *(Plan, Spiel)* auf=geben (*à qc* etw); aus=schlagen (*à* acc); entsagen (*à* dat); **2.** *(Kartenspiel)* nicht bedienen; *~ à soi-même* sich selbst verleugnen. **renonciation** [-sja-] *f jur* Verzicht(leistung *f*) *m* (*à* auf); *(Erbschaft)* Ausschlagen *n.*

renoncule [rənɔ̃kl] *f bot* Hahnenfuß *m.*

renouer [rənue] **I.** *tr* **1.** (wieder an=, fest=, zu=)binden; verknoten; **2.** *fig (Gespräch, Verhandlung)* wiederauf=nehmen, neu (an=)knüpfen, erneuern; **II.** *itr* wiederan=knüpfen (*avec qc* an etw; *qn* mit jdm).

renouveau [rənuvo] *m* **1.** *poet* Lenz, Frühling *m;* **2.** *fig* Erneuerung, neue Blüte *f.* **renouvelable** *a jur com* verlängerbar. **renouveler** ‹*Prés. je renouvelle, ns renouvelons; Fut. je renouvellerai; pp. renouvelé, e*› **I.** *tr* **1.** erneuern, auf=frischen; wiederauf=nehmen; **2.** *(Vorrat)* (wieder) ergänzen; **3.** *jur com* verlängern, erneuern; **II.** *v prn se ~* sich erneuern; wieder ein=setzen, sich wiederholen; ▶ *~ le souvenir de qc* die Erinnerung an e-e S auf=frischen; *se ~ tacitement* stillschweigend verlängert werden. **renouvellement** *m* **1.** Erneuerung; Auffrischung *f;* Wiederaufleben *n;* **2.** *(Vorräte)* Ergänzung *f;* **3.** *jur com* Erneuerung; *(Paß)* Verlängerung *f;* **4.** *parl* Neuwahl *f.*

rénovateur, trice [renɔvatœr, -tris] **I.** *a* erneuernd; **II.** *s m* Erneuerer *m.* **rénovation** *f* **1.** *(Gebäude)* Renovierung, Instandsetzung *f;* **2.** Erneuerung *(a. Physiologie, Gelübde); fig* Wiederbelebung *f.* **rénover** *tr* **1.** *(Gebäude)* renovieren; **2.** restaurieren, erneuern, auf=frischen.

renseigné, e [rɑ̃sɛɲe] *a* (gut)unterrichtet. **renseignement** *m* **1.** Auskunft; Angabe (*sur* über); Erkundigung *f;* **2.** *mil* Aufklärung *f;* **3.** *pl* Nachrichten *f pl; fam (Schalter)* Auskunft *f;* **4.** ▶ *donner des ~s* Auskunft erteilen; *prendre des ~s* Erkundigungen ein=ziehen (*sur* über *acc*); *recueillir des ~s (mil)* Nachrichten ein=holen, -ziehen; *pour ~s s'adresser ici* (nähere) Auskunft hier; *pour plus amples ~s s'adresser à* nähere Auskünfte bei; *bureau m de ~s* Auskunftei *f.* **renseigner I.** *tr* Auskunft erteilen (*qn sur qc* jdm über e-e S); unterrichten (*qn sur qc* jdn über e-e S); **II.** *v prn se ~* Erkundigungen ein=ziehen (*sur* über *acc*); sich erkundigen (*auprès de qn* bei jdm).

rentabiliser [rɑ̃tabilize] *tr* rentabel machen, rationalisieren.

rentabilité [rɑ̃tabilite] *f* Rentabilität, Einträglichkeit; Wirtschaftlichkeit *f.* **rentable** *a* lohnend, einträglich.

rente [rɑ̃t] *f* **1.** Rente *f;* **2.** Staatsanleihe *f;* **3.** ▶ *servir une ~* e-e Rente aus=zahlen; *assurance, banque, caisse f de ~(s)* Rentenversicherung, -bank, -anstalt *f; ~-accident f* Unfallrente *f; ~ foncière* Grundrente *f; ~ d'invalidité, vieillesse* Invaliden-, Altersrente *f.* **rentier, ère** *m f* Rentner(in *f*) *m;* ▶ *faire le ~* Rentner sein.

rentrant, e [rɑ̃trɑ̃] *a math arch* einspringend; *aero (Fahrgestell)* einziehbar. **rentré, e** *a* **1.** *(Backen)* hohl, eingefallen; **2.** *(Wut, Zorn)* unterdrückt *a. fig;* **3.** *aero* eingefahren. **rentrée** *f* **1.**

Rück-, Wiederkehr; Heimkehr *f;* **2.** Wiederbeginn *m,* -aufnahme *(e-r Tätigkeit, bes. nach den Ferien, a. jur theat);* Wiedereröffnung *f;* **3.** *(Ernte)* Einbringen *n; (Geldsumme, Steuer)* Einziehung *f,* -treiben *n;* Beitreibung *f; (Geld, Post)* Eingang *m;* **4.** *(Spiel)* aufgenommene Karten *f pl;* **5.** *mus* Wiederkehr *f (des Hauptmotivs);* **6.** ► *d'une ~ difficile* schwer einzutreiben(d); *sauf, sous réserve de ~ (com)* Eingang vorbehalten; **7.** *opérer des ~s* Außenstände ein=ziehen, -treiben; **8.** ► *~ des classes* Schulanfang *m; ~s fiscales* Steuereinnahmen *f pl; ~ parlementaire* Wiederzs.treten *n* des Parlaments *(nach den Ferien).* **rentrer I.** *itr* **1.** zurück=kommen, -kehren; heim=kehren, nach Hause kommen *od* gehen; wieder herein=kommen, wieder ein=treten; **2.** *(in e-e Organisation, in ein Amt)* wieder ein=treten; die Arbeit, s-e Tätigkeit wiederauf=nehmen; **3.** wieder=erlangen (*dans qc* etw); **4.** *tech* sich inea.=schieben; hinein=gehen, -passen; enthalten sein (*dans* in *dat*); gehören (*dans* zu); **5.** *(Geld)* ein=gehen, -kommen; **6.** *mus (Hauptmotiv)* wieder=kehren; *theat* wieder auf=treten; **7.** *mot* fahren (*dans un arbre* gegen e-n Baum); **II.** *tr* **1.** wieder hinein=tragen, -bringen, -schaffen; *(Ernte)* ein=bringen, -fahren; **2.** *tech* ein=fahren, -ziehen; *(Faden)* ein=ziehen; **3.** *mar* ein=ziehen, -holen; **4.** *(Auto)* fahren (*au garage* in die Garage); **III.** *v prn se ~* **1.** hereingeholt, -gefahren werden; **2.** ► *~ dans ses frais* auf s-e Kosten kommen; *~ dans son bon sens* wieder Verstand an=nehmen; *~ dans le sujet, dans la question* aufs Thema, auf die Frage zurückkommen; **3.** ► *les jambes me rentrent dans le corps* ich bin hundemüde.

renversable [rɑ̃vɛrsabl] *a* kipp-, umkehrbar; **~ant, e** *a fam* unglaublich, -faßbar; umwerfend; ► *c'est ~* das haut einen um. **renverse** *f: tomber à la ~* auf den Rücken fallen *a. fig.* **renversé, e** *a* **1.** auf dem Kopf stehend, umgekehrt, verkehrt; **2.** *(Gegenstand)* umgekippt, umgefallen; **3.** *(Kopf)* hintenübergeneigt; *(Gesicht)* verstört, völlig verändert; ► *crème f ~e* gestürzte(r) Pudding *m.* **renversement** [-sə-] *m* **1.** Umkehrung *a. math;* Verdrehung *f;* **2.** *fig* Verwirrung; Umwälzung *f;* (Um-)Sturz *m a. pol;* Zerstörung *f;* **3.** *(Meeresströmung, Wind)* Drehung; *(Satzteile)* Umstellung; *mus* Umsetzung *f;* **4.** *tech* Umsteuerung; *el* Umschaltung, -polung *f;* **5.** *aero* Kehre *f.* **renverser I.** *tr* **1.** um=kehren *a. math,* auf den Kopf stellen *a. fig;* um=stülpen; um=wenden; **2.** durchea.=bringen, verwirren *(a. Gedanken);* verblüffen; **3.** um=fahren; um=werfen, -kippen, -stürzen, -stoßen *a. fig;* **4.** *fig pol* stürzen; ein=, nieder=reißen, zerstören, dem Erdboden gleich=machen; *fig* zu Fall bringen; **5.** *mus* um=setzen; *(Wagen)* um=kippen, -werfen; *el* um=schalten, -polen; **II.** *itr (Gezeiten)* wechseln; **III.** *v prn se ~* **1.** rückwärts, auf den Rücken fallen; sich nach hinten legen, sich zurück=lehnen; **2.** (um=)fallen, (um=)stürzen, um=kippen; **3.** *(Lage)* sich völlig ändern; ► *ne pas ~!* nicht stürzen! *ça me renverse (fam)* da bleibt mir die Spucke weg.

renvoi [rɑ̃vwa] *m* **1.** Zurückschicken *n,* Rücksendung *f;* **2.** Auf-, Verschiebung, Vertagung *f;* **3.** Verweisung *f (a. jur, im Buch);* Verweisungszeichen *n;* **4.** *(Arbeitskräfte)* Kündigung *f,* Abbau *m,* Entlassung *f;* **5.** *(Physiologie)* Aufstoßen, *fam* Rülpsen *n.*

renvoyer [rɑ̃vwaje] ⟨*Prés. je renvoie, ns renvoyons; Fut. je renverrai; pp. renvoyé, e; Subj. que je renvoie, que ns renvoyions; Impér. renvoie, renvoyons*⟩ **I.** *tr* **1.** zurück=, heim=schicken, nach Haus, weg=, fort=schicken; **2.** *(Ball)* zurück=schlagen, -werfen, -schleudern; **3.** *(zuständigkeitshalber)* verweisen (*à* an, auf *acc*); hin=weisen (*à* auf *acc*); **4.** *(zeitlich)* auf=, verschieben, vertagen; ab=weisen; vertrösten; *(Gesuch)* zurück=gehen lassen; **5.** *(Arbeitskräfte)* entlassen; **6.** *(von der Schule)* verweisen; **II.** *v prn se ~* **1.** sich gegenseitig zu=schieben; **2.** ea. zu=werfen, ins Gesicht schleudern; ► *~ l'ascenseur* den Fahrstuhl zurück=schicken; *(fig, fam)* es jdm heim=zahlen; *~ la balle à qn, se ~ la balle* jdm, ea. die Antwort nicht schuldig bleiben; *se ~ des reproches, des injures* sich gegenseitig Vorwürfe machen, ea. beleidigen.

réoccuper *tr* wieder besetzen, w. ein=nehmen.

réorganisateur, trice [reɔrganizatœr, -tris] **I.** *a* reorganisierend; **II.** *s m* Reorganisator *m.* **réorganisation** *f* Reorganisation, Neugestaltung, -regelung; Umstellung, Umlenkung *f.* **réorganiser** *tr* reorganisieren; neu gestalten, umgestalten.

réorientation [reɔrjɑ̃tasjɔ̃] *f* Neuorientierung *f;* ► *~ professionnelle* Umschulung *f.* **réorienter** *tr* neu orientieren; in e-e andere Richtung lenken; umschulen.

réouverture [reuvɛrtyr] *f* Neu-, Wiedereröffnung *f.*

repaire [r(ə)pɛr] *m* **1.** Höhle *f (wilder Tiere);* **2.** *fig* Schlupfwinkel *m.*

repaître [rəpɛtr] ⟨*s. paître*⟩ **I.** *tr:* ► *~ ses yeux de qc* s-e Augen an etw *dat* weiden; **II.** *v prn se ~* **1.** *(Tier)* sich vollfressen; **2.** *fig* sich berauschen (*de* an *dat*); ► *se ~ de chimères* sich Illusionen hin=geben.

répandre [repɑ̃dʀ] ‹*Prés. je répands, ns répandons; Fut. je répandrai; pp. répandu, e; Subj. que je répande, que ns répandions; Impér. répands, répandons*› **I.** *tr* **1.** fallen lassen, (ver)streuen, -schütten, aus=gießen; *(Tränen)* vergießen; **2.** *(Licht, Geruch, fig Schrecken, Lehre, Gerücht)* aus=, verbreiten; aus=streuen; aus=, verströmen; **3.** aus=teilen, zu=kommen, zugute kommen, zuteil werden lassen *(sur* dat); **II.** *v prn se* ~ **1.** *(Flüssigkeit)* auslaufen, sich ergießen; *(Mode)* sich aus=, verbreiten; **2.** sich ergehen (*en* in *dat*), sich aus=lassen, sich verbreiten (*sur* über *acc*). **répandu, e** *a* **1.** *(Meinung)* verbreitet, gängig, allgemein (anerkannt *od* üblich); bekannt; **2.** *(Wein)* verschüttet; *(Papier)* verstreut.

réparable [reparabl] **1.** *(Fehler)* wiedergutzumachen(d); **2.** *(Schaden)* zu behebe(n)d; zu reparieren(d). **réparateur, trice I.** *a* heilend, stärkend; **II.** *s m* Reparateur *m;* ▸ *~-mécanicien m* Autoschlosser *m.* **réparation** *f* **1.** Reparatur, Ausbesserung, Instandsetzung, Überholung *f;* **2.** *pol* Reparation, (Kriegs-)Entschädigung, Wiedergutmachung, Ersatzleistung *f;* **3.** Genugtuung *f;* **4.** ▸ *demander ~* Genugtuung fordern; *être en ~* in Reparatur sein; **5.** ▸ *atelier m, frais m pl de ~* Reparaturwerkstatt *f,* -kosten *pl; coup m de ~* Strafstoß *m; surface f de ~* Strafraum *m.* **réparer I.** *tr* **1.** reparieren, aus=bessern, instand setzen, überholen, wiederher=stellen *a. med;* **2.** *(s-e Angelegenheiten)* wieder in Ordnung bringen; *(Schaden)* ersetzen, vergüten; **3.** *fig* wiedergut=machen; Genugtuung geben (*qc* für etw); *(verlorene Zeit)* wieder auf=holen; **4.** *tech* polieren, glatt=schleifen; **II.** *v prn se ~* wieder gut werden, in Ordnung kommen, heil werden; ▸ *~ ses forces* wieder zu Kräften kommen.

reparaître [ʀəparɛtʀ] ‹*s. paraître*› *itr* wieder erscheinen; sich wieder zeigen *od* sehen lassen.

repartage [ʀəpartaʒ] *m* Neuverteilung *f.*

repartie [ʀəparti] *f* (schnelle, lebhafte) Entgegnung, Erwiderung *f;* ▸ *avoir la ~ prompte, être prompt à la ~* um e-e Antwort nie verlegen sein.

repartir [ʀəpartiʀ] ‹*s. partir*› *itr* **1.** wieder auf=brechen, ab=fahren, -reisen; **2.** *(Motor)* wieder an=springen; **3.** *~ à zéro* wieder von vorne an=fangen; **4.** wieder zurück=fahren.

répartir [repartiʀ] **I.** *tr* **1.** auf=, verteilen (*entre* unter *acc*); *(Aktien)* zu=teilen; *(Gewinn, Dividende)* aus=schütten; *(Kosten)* um=legen; **2.** ein=teilen, auf=gliedern (*en* in *acc*); **II.** *v prn se ~* sich verteilen; sich aufteilen. **répartiteur** *m com el tele* Verteiler *m.* **répartition** *f* **1.** (Ver-, Auf-)Teilung; Zuteilung; Umlage; Ausschüttung; Aufschlüsselung; Umlegung *f;* **2.** ▸ *~ des actions* Aktienzuteilung *f; ~ des bénéfices, des dividendes* Gewinn-, Dividendenausschüttung *f; ~ des biens d'une succession* Erbteilung *f; ~ des charges* Lastenausgleich *m; ~ des frais* Kostenverteilung, -umlegung *f; ~ par profession* berufliche Gliederung; Aufschlüsselung *f* nach Berufen; *~ du travail* Arbeitsteilung *f; ~ du travail* Arbeitsteilung *f.*

repas [ʀəpɑ] *m* Mahl(zeit *f*), Essen *n;* ▸ *~ d'adieux, de noces* Abschieds-, Hochzeitsessen *n; ~ des fauves* Fütterung *f* der Raubtiere.

repassage [ʀəpɑ(a)saʒ] *m* **1.** Schleifen, Abziehen *n;* **2.** Plätten, Bügeln *n.* **repasser I.** *itr* wieder (vorbei=)kommen, -gehen, -fahren; **II.** *tr* **1.** wieder überqueren, -schreiten; *(mit e-m Boot, e-r Fähre)* wieder über=setzen; **2.** nochmals (herüber=)reichen; **3.** *(Klinge)* ab=streichen, -ziehen; **4.** plätten, bügeln; **5.** *fig* sich (ins Gedächtnis) zurück=rufen; **6.** *(Rolle)* (noch einmal) durch=gehen, überprüfen; **7.** *(Prüfung)* noch einmal machen; **8.** *(Lektion)* wiederholen. **repasseuse** *f* **1.** Plätterin, Büglerin *f;* **2.** *(~ mécanique)* Heißmangel *f.*

repêchage [ʀəpɛʃaʒ] *m* **1.** Herausfischen *n;* **2.** *fam* Wiederholungsprüfung *f.* **repêcher** *tr* **1.** (wieder) aus dem Wasser ziehen; **2.** *(Kandidaten)* durchkommen lassen; **3.** *fig fam* aus der Klemme ziehen; noch e-e Chance geben.

repeindre [ʀəpɛ̃dʀ] ‹*s. peindre*› *tr* **1.** neu (an=)streichen, übermalen; *(schadhaftes Gemälde)* aus=bessern; *(Auto)* neu spritzen; **2.** *fig* wieder, noch einmal schildern.

repenser [ʀəpɑ̃se] *tr* noch einmal überlegen, überdenken; wieder denken (*à qc* an etw).

repentant, e [ʀəpɑ̃tɑ̃, ɑ̃t] *a* reumütig; zerknirscht. **repenti, e** *a* bußfertig; *s m f (de la scène terroriste)* Aussteiger(in *f*) *m.* **repentir, se** ‹*Prés. je me repens, ns ns repentons; Fut. je me repentirai; pp. repenti, e; Subj. que je me repente, que ns ns repentions*› **I.** *v prn* bereuen (*de qc* e-e S); **II.** *s m* Reue (*de qc* über etw *acc*); ▸ *je m'en repens* es reut mich.

repérage [ʀəpeʀaʒ] *m* Ermittlung; Orts-, Standortbestimmung, Ortung, *radio* Peilung *f.*

répercussion [repɛʀkysjɔ̃] *f* **1.** *phys* Zurückwerfen *n; (~ du son)* Widerhall *m;* **2.** *(Steuern)* Abwälzung, Weitergabe *f;* **3.** *fig* Aus-, Rückwirkung *f.* **répercuter I.** *tr* **1.** *phys* zurück=werfen, -strahlen; **2.** *(Steuern)* abwälzen, weitergeben; **II.** *v prn se ~* **1.** *(fig)* zurück=wirken, sich auswirken (*sur* auf *acc*); **2.** *(Geräusch)* widerhallen.

repère [ʀəpɛʀ] *m* **1.** (Kenn-, Merk-)Zeichen *n;* Marke; Markierung *f;* **2.** *radio* (Peil-)Bezugspunkt *m;* ► *point m de ~* Anhaltspunkt *m.* **repérer** ‹*Prés. je repère, ns repérons; Fut. je repérerai; pp. repéré, e*› **I.** *tr* **1.** (kenn-)zeichnen, markieren; **2.** ausfindig machen; *(Ziel)* fest=stellen, auf=finden; *radio* (an=)peilen; **II.** *v prn se ~* sich zurecht=finden (*sur* in *dat*).

répertoire [ʀepɛʀtwaʀ] *m* **1.** (Sach-)Register, Verzeichnis *n,* Liste *f;* **2.** *theat* Repertoire *n a. fig,* Spielplan *m.* **répertorier** *tr* in ein (Sach-)Register auf=nehmen.

répéter [ʀepete] ‹*Prés. je répète, ns répétons; Fut. je répéterai; pp. répété, e*› **I.** *tr* **1.** wiederholen, noch einmal sagen *od* machen; nach=sagen, -sprechen, -machen; **2.** ein=üben, -studieren *a. theat,* proben; **II.** *v prn se ~* sich wiederholen; weiter=erzählen. **répétiteur, trice** *s m f* **1.** Repetitor *m;* **2.** *m tech* Rückmelder *m.* **répétitif, ive** *a* sich wiederholend. **répétition** *f* **1.** Wiederholung *f;* Nachsprechen *n;* **2.** *theat mus* Probe *f;* ► *être en ~ (theat)* einstudiert werden; *~ générale, en costume (theat)* General-, Kostümprobe *f.*

repeuplement [ʀəpœpləmɑ̃] *m* **1.** Wiederbevölkerung *f;* **2.** Wiederbesetzung *(mit Fischen, Wild);* Wiederaufforstung *f.* **repeupler I.** *tr* **1.** wieder=bevölkern; **2.** *(mit Fischen, Wild)* wiederbesetzen; *(Wald)* wieder aufforsten.

repiquage [ʀəpikaʒ] *m* **1.** *(Pflanzen)* Versetzen *n;* **2.** *(Straßenpflaster)* Ausbessern *n;* **3.** *(Schallplatte)* Überspielen *n.* **repiquer** *tr* **1.** *(Pflanzen)* versetzen; **2.** *(Pflaster)* aus=bessern; **3.** *(Zeitungsartikel)* überarbeiten; **4.** *(Schallplatte)* überspielen; ► *se faire ~ (fam)* wieder geschnappt werden; *(pop) ~ à un plat* nochmals zulangen; *~ au truc* erneut Hand anlegen.

répit [ʀepi] *m* **1.** *com* Aufschub *m,* Frist *f;* **2.** *fig* Ruhe, Atempause *f;* ► *sans ~* pausenlos, unaufhörlich.

replacer [ʀəplase] ‹*s. placer*› **I.** *tr* **1.** wieder hin=setzen, -stellen, wieder auf=stellen; **2.** wieder an=stellen; wieder unterbringen, vermitteln; **II.** *v prn se ~* sich e-e neue Stellung verschaffen.

replanter [ʀəplɑ̃te] *tr* um=, neu an=pflanzen.

replâtrer [ʀəplatʀe] *tr* **1.** *arch* neu verputzen; **2.** *fig fam* zurechtschustern.

replet, ète [ʀəplɛ, ɛt] *a* dick, (wohl)beleibt, rundlich.

réplétion [ʀeplesjɔ̃] *f* Übersättigung *f.*

repli [ʀəpli] *m* **1.** Falte *f;* **2.** *(Nähen)* Um-, Einschlag *m;* **3.** Krümmung, Biegung, Windung *f;* **4.** *mil* (planmäßiger) Rückzug *m;* **5.** *(Börse)* (Kurs-)Rückgang *m;* **6.** ► *~ du coeur* geheimste Falten *f pl* des Herzens; *~ stratégique (mil)* strategische(r) Rückzug *m.* **repliable** [-plijabl] *a* zs.klappbar. **repliement** [-plimɑ̃] *m* **1.** *mil* Absetzbewegung *f;* Abbau *m a. tele;* **2.** *(~ sur soi-même)* Zurückgezogenheit *f.* **replier** [-je] **I.** *tr* **1.** (wieder, neu) (zs.=)falten; ein=, um=schlagen; *(Ärmel)* um=, auf=krempeln; (wieder) zs.=klappen, -legen; krümmen; **2.** *mil* zurück=ziehen, -nehmen; ab=bauen; **II.** *v prn se ~* **1.** sich krümmen, sich winden; sich drehen, sich wenden; **2.** *mil* sich absetzen; sich zurückziehen (*sur* auf *acc*); ► *se ~ sur soi (fig)* sich gegen die Außenwelt verschließen.

réplique [ʀeplik] *f* **1.** Erwiderung, Antwort *f;* **2.** Wider-, Gegenrede *f;* **3.** *(Kunst)* Nachbildung, Wiedergabe, Kopie *f;* **4.** *theat* Stichwort *n.* **répliquer I.** *tr* erwidern, entgegnen; **II.** *itr* widersprechen; Einwände machen.

replonger [ʀəplɔ̃ʒe] ‹*s. plonger*› **I.** *tr (Ruder)* wieder (ein=)tauchen (*dans* in *acc*); **II.** *itr* u. *v prn se ~* wieder tauchen (*dans* in *acc*); sich wieder stürzen, vertiefen (*dans* in, auf *acc*); *fam* rückfällig werden.

répondant, e [ʀepɔ̃dɑ̃, -ɑ̃t] *m* Bürge *m.* **répondeur** *m:* ► *~ automatique, téléphonique* (automatischer) Anrufbeantworter *m.* **répondre** ‹*Prés. je réponds, ns répondons; Fut. je répondrai; pp. répondu, e; Subj. que je réponde, que ns répondions; Impér. réponds, répondons*› **I.** *tr* antworten, erwidern, entgegnen; *jur* Bescheid geben (*qc* auf e-e S); **II.** *itr* **1.** antworten, Antwort geben; beantworten (*à* acc); **2.** widersprechen; **3.** *fig (Vertrauen)* rechtfertigen, *(Hoffnung)* erfüllen, *(Wohltat, Höflichkeit)* erwidern (*à qc* etw); **4.** entsprechen, gleich=kommen, gleichwertig sein (*à* dat); **5.** bürgen (*de qn* für jdn); die Verantwortung übernehmen *od* tragen, gerade=stehen, haften (*de* für; *sur sa tête* mit s-m Kopf); **III.** *v prn se ~* **1.** sich entsprechen; **2.** sich (gegenseitig) antworten; abwechselnd; spielen; **3.** ► *j'en réponds* darauf können Sie sich verlassen; *je ne réponds de rien* ich stehe für nichts ein; *ne répond pas (tele)* es meldet sich niemand. **réponse** *f* **1.** Antwort, *(a. inform)* Erwiderung, Entgegnung (*à* auf *acc*); Antwort(schreiben *n,* -brief *m*) *f;* **2.** Reaktion *f;* Ansprechvermögen *n;* **3.** ► *en ~ à votre lettre* in Beantwortung Ihres Schreibens; **4.** ► *laisser, rester sans ~* unbeantwortet lassen, bleiben; **5.** ► *~ payée* (bezahltes) Antworttelegramm *n.*

report [ʀəpɔʀ] *m* **1.** *com* Über-, Vortrag *m,* Überschreibung *f;* **2.** Verschiebung, Vertagung *f;* **3.** Report *m;* Prolongation *f;* **4.** *typ* Umdruck *m;* ▶ ~ *à nouveau* Vortrag *m* auf neue Rechnung. **reportage** *m* Reportage *f,* Bericht(erstattung *f*) *m;* Übertragung *f;* ▶ ~ *documentaire* Dokumentarsendung *f;* ~ *filmé* Filmreportage *f;* ~ *illustré, par l'image* Bildbericht *m,* -reportage *f;* ~ *radio* Rundfunkreportage *f,* Hörbericht *m.* **reporter I.** *tr* **1.** zurück=tragen, -bringen; wieder=, mit=bringen; **2.** *(zeitlich)* verschieben; **3.** *com* übertragen, -schreiben, vor=tragen; **II.** *v prn se* ~ **1.** *(fig)* sich zurück=versetzen (*à* in *acc*); **2.** sich beziehen (*à* auf *acc*); **III.** *s m* [-tɛr] Berichterstatter, Reporter *m;* ▶ ~ *(-)photographe m* Bildbericht(erstatt)er *m.*

repos [rəpo] *m* **1.** Ruhe; (Ruhe-)Pause, Rast, Erholung *f;* **2.** Schlaf *m;* **3.** Pause *f (beim Sprechen);* **4.** ▶ *mil* ~*!* rührt euch! **5.** ▶ *de tout* ~ *(jur)* mündelsicher; *allg* ganz sicher; *(Arbeit)* ruhig; *sans* ~ pausenlos, ohne Unterbrechung; **6.** ▶ *dormir en* ~ *(fig)* ruhig schlafen (können); *laisser en* ~ in Ruhe lassen; *troubler le* ~ *de qn* jdn im Schlaf stören; *ce n'est pas de tout* ~ das ist kein Honiglecken; ~ *hebdomadaire* wöchentlicher Ruhetag *m.* **reposant, e** [-zɑ̃, -ɑ̃t] *a* erholsam. **reposé, e** *a* ausgeruht, erholt, frisch; *à tête* ~*e* in Ruhe, reiflich *(überlegen).* **repose-pied** *m mot* Fußraste *f.* **reposer I.** *tr* **1.** wieder=, zurück=legen, -setzen, -stellen; **2.** (aus=)ruhen, sich erholen lassen; frisch machen, auf=frischen; **3.** *(Wein)* ablagern lassen; *(Erde)* brachliegen lassen; **II.** *itr* **4.** ruhen, liegen; begraben liegen, ruhen; stilliegen (still=liegen); schlafen; **5.** gegründet sein, beruhen (*sur* auf *dat*); **III.** *v prn se* ~ **1.** (sich aus=)ruhen, sich erholen; **2.** sich verlassen (*sur* auf); **3.** *agr* brach=liegen; *(Wein)* sich setzen; **4.** *laisser* ~ (sich aus=)ruhen, *agr* brachliegen, *fig* aus=reifen lassen; ▶ *se* ~ *sur ses lauriers (fig)* auf s-n Lorbeeren aus=ruhen.

repoussant, e [rəpusɑ̃, -ɑ̃t] *a fig* abstoßend, -schreckend; widerlich, ekelhaft. **repoussé, e I.** *a (Metall)* getrieben, gepunzt; **II.** *s m* getriebene Arbeit *f.* **repousser I.** *tr* **1.** zurück=stoßen, -schieben, -treiben; *(Feind)* zurück=schlagen; **2.** *(Person)* entgegen=treten (*qn* jdm); ab=weisen, von sich weisen; **3.** *bot* neu, wieder treiben; **4.** *(Zeitpunkt)* hinausschieben; **5.** *fig* ab=lehnen, zurück=weisen; **II.** *itr (Gras, Bart)* nach=wachsen. **repoussoir** *m* **1.** *tech* Punze *f;* **2.** *fig* Kontrast, Gegensatz *m;* **3.** ▶ *c'est un* ~ das ist ein Kotzmittel *(fam).*

répréhensible [repreɑ̃sibl] *a* tadelnswert.

reprendre [rəprɑ̃dr] ⟨*s. prendre*⟩ **I.** *tr* **1.** wieder (hin=)nehmen; zurück=nehmen *(a. fig sein Wort, Versprechen);* wieder Besitz ergreifen (*qc* von etw); wieder ergreifen, fassen; **2.** wieder=gewinnen *a. fig;* wieder *(Mut)* fassen, *(Hoffnung)* schöpfen, *(Einfluß)* gewinnen; **3.** *(Stadt)* wieder ein=nehmen, zurück=erobern; **4.** wieder ab=, weg=, fort=nehmen; **5.** *(Gewohnheit)* wieder an=, *(Tätigkeit)* wiederauf=nehmen, (Haltung) wieder ein=nehmen; **6.** wieder auf=, wieder zu sich nehmen; zurück=kaufen; *com* in Zahlung nehmen, übernehmen; **7.** *(Wohnung)* wieder beziehen; *(Kleider)* wieder an=ziehen; **8.** beanspruchen, Anspruch erheben (*qc* auf e-e S); **9.** tadeln, zurechtweisen; **10.** *(Weg)* erreichen, wieder ein=schlagen; *(Masche, Erzählung)* wiederauf=nehmen; *theat (Stück)* wieder spielen; *jur (Prozeß)* wiederauf=nehmen; **11.** *(Kleidung)* enger machen; *(Strumpf)* stopfen; *(Mauer)* aus=bessern; **II.** *itr* **1.** (wieder) an=wachsen, wieder Wurzeln schlagen; wieder zu Kräften kommen; **2.** wieder an=fangen, wieder in Gebrauch, in Mode kommen; **3.** *(in der Rede)* fort=fahren; wieder zurück=kommen (*sur* auf *acc*); **III.** *v prn se* ~ **1.** *(fig)* sich wieder klammern, hängen (*à* an *acc*); zurück=kommen (*à* auf *acc*); sich verbessern; **2.** sich erholen *a. com;* s-r wieder Herr werden, wieder zu sich kommen, sich wieder in die Gewalt bekommen; **3.** ▶ *en* ~ *(Jagdhund)* die Fährte wieder=finden; ~ *en compte* in Zahlung nehmen; ~ *le dessus* wieder die Oberhand gewinnen; ~ *des forces* wieder zu Kräften kommen; ~ *son poste* auf s-n Posten zurück=kehren; **4.** ▶ *on ne m'y reprendra plus* das soll mir nicht wieder passieren; *que je ne vous y reprenne plus!* daß mir das nicht nochmal vorkommt! *la fièvre m'a repris* ich habe wieder Fieber bekommen. **repreneur** *m* Übernehmer *m* e-s schlechtgehenden Unternehmens, Sanierer *m.*

représailles [rəprezɑ(a)j] *f pl* Vergeltungsmaßnahmen, Repressalien *f pl.*

représentant, e [rəprezɑ̃tɑ̃] *m f* **1.** (Stell-)Vertreter(in *f*); Repräsentant *m;* **2.** *jur com fig* Vertreter(in *f*) *m;* ▶ ~ *exclusif* Alleinvertreter *m.* **représentatif, ive** *a* **1.** *bes. pol* repräsentativ; stellvertretend; **2.** charakteristisch, typisch; ▶ *gouvernement m* ~ parlamentarische Regierungsform *f.* **représentation** *f* **1.** Vorstellung *f,* Bild *n;* Darstellung, Abbildung *f;* **2.** *theat* Auf-, Vorführung, Vorstellung *f;* **3.** Vertretung *f a. jur pol com;* **4.** Repräsentation *f,* Aufwand *m;* **5.** ▶ *frais m pl de* ~ Repräsentationskosten *pl;* ~ *diplomatique, consulaire* diplomatische, konsularische Vertretung *f* (*auprès de* bei); ~

exclusive (com) Alleinvertretung *f.* **représentativité** *f* repräsentative(r) Charakter *m.* **représenter I.** *tr* **1.** darstellen, veranschaulichen, bedeuten; vor=stellen (*qc à qn* jdm etw); schildern, dar=legen; *(vorteilhaft)* heraus=stellen-, -streichen; versinnbildlichen; **2.** *pol jur com* vertreten; **3.** *theat* auf=führen, spielen; **II.** *itr* repräsentieren; **III.** *v prn* **1.** *se ~* sich (e-e S) vor=stellen, sich vergegenwärtigen; **2.** *(Wahl)* sich wieder stellen; *(Prüfung)* sich wieder melden; **3.** *(Gelegenheit)* sich wieder bieten.

répressible [ʀepʀesibl] *a* strafbar. **répressif, ive** [ʀepʀesif] *a* ► *mesure f repressive* Zwangsmaßnahme *f.* **répression** *f* **1.** Strafandrohung, -verfolgung *f;* **2.** *(Aufstand)* Niederschlagung *f;* **3.** *psychol* Verdrängung *f.*

réprimande [ʀepʀimɑ̃d] *f* (scharfer) Verweis, Tadel *m.* **réprimander** *tr* tadeln (*qn à cause de qc* jdm für, wegen etw). **réprimer** *tr* **1.** unterdrücken, in Schranken halten; **2.** *(Mißbräuche)* abstellen; **3.** *(Aufstand)* niederschlagen.

repris [ʀəpʀi] *m:* ► *~ de justice* Vorbestrafte(r) *m.* **reprise** *f* **1.** *(Stadt)* Wiedereinnahme, -eroberung; Wiederergreifung *f;* **2.** Wiederaufnahme *f,* -beginn *m,* -ingangkommen, -aufleben *n; com* Aufschwung *m; (Kurse)* Wiederanziehen *n;* **3.** *com* Über-, *bes. jur* Rücknahme, Inzahlungnahme *f;* **4.** *(Wäsche)* Ausbessern, Stopfen *n; arch* Ausbesserung, Überholung *f;* **5.** *mot* Anzugsvermögen *n;* **6.** *sport* Runde *f;* **7.** *theat* Wiederaufführung *f;* **8.** ► *à deux, dix ~s* zwei-, zehnmal; *à plusieurs, diverses ~s* mehrmals, -fach, wiederholt; *à la ~* in der Pause; *~ d'entreprise* Sanierung *f;* **9.** ► *faire des ~s à qc* etw aus=bessern, stopfen. **repriser** *tr* stopfen, aus=bessern.

réprobateur, trice [ʀepʀɔbatœʀ, -tʀis] *a* tadelnd, vorwurfsvoll. **réprobation** *f* **1.** *rel* Verdammung *f;* **2.** Mißbilligung *f;* Mißfallen *n.*

reproche [ʀəpʀɔʃ] *m* Vorwurf, Tadel *m;* ► *sans ~* ohne Ihnen (dir) damit etw vor=werfen zu wollen; *faire ~ à qn de qc* jdm etw vorwerfen. **reprocher I.** *tr* **1.** vor=werfen, -halten; tadeln; **2.** mißgönnen; **II.** *v prn se ~ qc* sich etw vorwerfen.

reproducteur, trice [ʀəpʀɔdyktœʀ, -tʀis] **I.** *a* Fortpflanzungs-, Zucht-; **II.** *s m* Zuchttier *n.* **reproductible** *a* fortpflanzungsfähig; erzeugbar. **reproduction** [-ksjɔ̃] *f* **1.** *biol* Fortpflanzung *f;* **2.** *typ* Vervielfältigung *f;* Neu-, Nachdruck *m;* Reproduktion *f; ~ assistée (med)* künstliche Fortpflanzung *f.* **reproduire** [-dɥiʀ] ⟨*s. produire*⟩ **I.** *tr* **1.** *biol* reproduzieren; (wieder) hervor=bringen; **2.** *(Gründe)* wieder vor=bringen; **3.** (wieder) ab=, nach=, neu drucken; **II.** *v prn se ~* **1.** sich wiederholen; **2.** *biol* sich fort=pflanzen.

réprouvable [ʀepʀuvabl] *a* verwerflich, tadelnswert. **réprouvé, e** *s m f rel* Verdammte(r *m*); Ausgestoßene(r *m*) *f.* **réprouver** *tr* **1.** *rel* verdammen; **2.** *allg* verurteilen, mißbilligen.

reps [ʀɛps] *m* Rips *m (Stoff).*

reptile [ʀɛptil] *m* Reptil *n; pl* Kriechtiere, Reptilien *n pl.*

repu, e [ʀəpy] *pp repaître; a* **1.** *fig* vollgestopft, -gepfropft (*de* mit); **2.** ge-, übersättigt.

républicain, e [ʀepyblikɛ̃, -ɛn] **I.** *a* republikanisch; **II.** *s m* Republikaner *m.* **république** *f* Republik *f a. fig;* ► *~ bananière (péj)* Bananenrepublik *f; la R~ démocratique allemande (R. D. A.) (hist)* die Deutsche Demokratische Republik; *la R~ fédérale d'Allemagne (R. F. A.)* die Bundesrepublik (Deutschland); *R~ de Weimar (hist)* Weimarer Republik *f.*

répudier [ʀepydje] *tr* **1.** *(Frau)* verstoßen; **2.** *(Erbschaft)* aus=schlagen; **3.** *fig* verschmähen, ab=lehnen, von sich weisen.

répugnance [ʀepyɲɑ̃s] *f* Widerwille *m,* Abneigung *f;* ► *avec ~* (nur) widerwillig. **répugnant, e** *a* abstoßend, widerlich, ekelhaft. **répugner I.** *itr* **1.** *(der Vernunft)* widerstreben, zuwider sein; Widerwillen, Abneigung empfinden (*à* gegen); **2.** ab=stoßen, an=widern (*à qn* jdn); widerlich sein (*à qn* jdm); ► *il me répugne* es widerstrebt mir (*de* zu); *cela me répugne* das geht mir gegen den Strich.

répulsion [ʀepylsjɔ̃] *f fig* Widerwille *m;* heftige Abneigung *f* (*pour* gegen *acc*).

réputation [ʀepytasjɔ̃] *f* Leumund; gute(r) Ruf *m,* Ansehen *n;* ► *avoir la ~ de* in dem Ruf stehen *gen od* zu; *avoir bonne, mauvaise ~* e-n guten, schlechten Ruf haben; *connaître qn de ~* jdn vom Hörensagen kennen; *~ mondiale* Weltruf *m.* **réputé, e** *a* **1.** berühmt, geschätzt (*pour* als, wegen); **2.** ► *être ~ pour* gelten als; *l'avis est ~ acquis* die Zustimmung gilt als erteilt.

requérant, e [ʀəkeʀɑ̃] *m, f* Antrags-, Bittsteller(in *f*) *m;* Bewerber(in *f*); Beschwerdeführer; Kläger(in *f*) *m.* **requérir** ⟨*Prés. je requiers, ns requérons; Fut. je requerrai; pp. requis, e; Subj. que je requière, que ns requérions*⟩ *tr* **1.** an=fordern, verlangen, in Anspruch nehmen; **2.** *jur (Strafe)* beantragen. **requête** *f jur* Gesuch *n,* Antrag *m;* Bittschrift; Klage(schrift) *f;* ► *à, sur la ~ de qn* auf jds Ansuchen, Antrag.

requiem [ʀekɥijɛm] *m invar rel mus* Requiem *n.*

requin [rəkɛ̃] *m* **1.** Hai(fisch) *m;* **2.** *fig* Halsabschneider *m.*
requinquer [dəkɛ̃ke] *tr fam* aufmöbeln (*qn* jdn); aufwerten.
requis, e [rəki, -iz] **I.** *a* erforderlich; **II.** *s m (ziviler)* Dienstverpflichtete(r) *m;* ▶ *âge m* ~ Mindestalter *n.*
réquisition [rekizisjõ] *f* **1.** *jur* Antrag *m;* **2.** *mil* Requirierung, Beschlagnahme *f;* **3.** (Arbeits-)Dienstverpflichtung *f.* **réquisitionner** *tr* **1.** requirieren, beschlagnahmen; **2.** dienstverpflichten. **réquisitoire** *m* **1.** Plädoyer *n* des Staatsanwalts; **2.** *fig* heftige Vorwürfe *m pl.*
rescapé [rɛskape] *m* Überlebende(r) *m (e-r Katastrophe).*
rescinder [rəsɛ̃de] *tr jur* für ungültig, nichtig erklären.
rescousse [rɛskus] *f:* ▶ *venir à la ~ de qn* jdm zu Hilfe kommen.
réseau [rezo] *m* **1.** Netz *n a. fig loc;* **2.** *anat* Geflecht *n;* **3.** *arch* Maßwerk *n;* *inform* Netz, Netzwerk *n;* **4.** ▶ ~ *de circulation urbaine* innerstädtische(s) Verkehrsnetz *n;* ~ *de distribution* Verteiler-, Energieversorgungsnetz *n;* ~ *d'espionnage* Spionagenetz *n;* ~ *express régional (RER)* Nahverkehrsnetz *n;* ~ *informatique, (inform)* Datennetz *n;* ~ *numérique à intégration de services* dienstintegrierende(s) digitale(s) Fernmeldenetz *n* (ISDN); ~ *de routes* od *routier (de voies) ferré(es), de tramways, de canaux, de lignes aériennes* Straßen-, Autobahn-, Eisenbahn-, Straßenbahn-, Kanal-, Flugliniennetz *n;* ~ *de télécommunications* Nachrichtennetz *n;* ~ *téléphonique* Fernsprechnetz *n.*
résection [resɛksjõ] *f* operative Entfernung *f.*
réséda [rezeda] *m bot* Reseda *f.*
réséquer [reseke] *tr* operativ entfernen.
réservation [resɛrvasjõ] *f* Reservieren, Buchen *n; faire une* ~ e-n Platz, ein Zimmer reservieren (lassen). **réserve** *f* **1.** Reserve, Rücklage *f,* Vorrat *m;* (Waren-)Lager *n;* **2.** Vorbehalt *m;* Ausnahme *f;* **3.** Reserviertheit, Zurückhaltung, Reserve *f;* **4.** *mil* Reserve *f;* **5.** Naturschutzgebiet *n;* **6.** *(Erbrecht)* Pflichtteil *m;* **7.** ▶ *sans* ~ rückhalt-, bedingungslos; *sous toutes ~s* unter Vorbehalt, vorbehaltlich *gen;* ohne Gewähr; *sous cette* ~ mit dieser Einschränkung; **8.** ▶ *accumuler des ~s* Reserven schaffen; *faire des ~s sur qc* Einwände erheben hinsichtlich *gen; faire des ~s* Vorräte anlegen; *garder qc en* ~ etw zurücklegen; *formuler des ~s* Vorbehalte machen; *se tenir sur la* ~ auf der Hut sein; **9.** ▶ *accumulation f de ~s (com)* Reservenbildung *f;* **10.** ▶ ~ *cachée, latente, occulte (com)* stille Reserve *f;* ~ *d'or, de devises* Gold-, Devisenreserve *f;* ~ *de propriété* Eigentumsvorbehalt *m.* **réservé, e** *a* **1.** *(Person)* reserviert, zurückhaltend; **2.** *(Tisch)* reserviert (*à qn* für jdn); ▶ *tous droits ~s* alle Rechte vorbehalten. **réserver I.** *tr* **1.** reservieren, zurück=legen, zur Seite legen, zurück=behalten; vor=sehen; *(Platz)* belegen; **2.** vorbehalten (*qc à qn* jdm etw); auf=sparen; (auf=)bewahren *a. fig;* **3.** *(Meinung)* für sich behalten; **4.** *(Entscheidung)* vertagen; **II.** *v prn se* ~ **1.** für sich reservieren, zurück=legen, -behalten; **2.** *fig* sich vor=behalten (*à* od *de faire qc* etw zu tun); **3.** sich schonen (*pour qc* für etw). **réserviste** *m mil* Reservist *m.* **réservoir** *m* Reservoir, (Wasser-)Becken, Bassin *n,* Behälter, Speicher; (Benzin-)Kanister; (Öl-)Tank *m;* ▶ ~ *d'eau potable* Trinkwasserbehälter *m.*
résidant, e [rezidɑ̃, -ɑ̃t] *a* wohnhaft (*à* in *dat*). **résidence** *f* **1.** Wohnort, -sitz, Aufenthalt(sort) *m;* **2.** Wohnanlage *f;* **3.** *(Staatsoberhaupt)* Residenz *f;* **4.** ▶ *changer de* ~ den Wohnsitz wechseln; *établir sa* ~ sich niederlassen (*à* in *dat*); *mettre qn en ~ surveillée* jds Haus *od* Wohnung unter Bewachung stellen; **5.** ▶ *changement m de* ~ Wohnsitz-, Wohnungswechsel *m;* ~ *secondaire* zweite(r) Wohnsitz *m;* Zweitwohnung *f.* **résident** *m:* ▶ *étranger* ausländischer Mitbürger *m.* **résidentiel, le** *a* Wohn-; ▶ *quartier m* ~ Wohnviertel *n.* **résider** *itr* **1.** s-n Wohnsitz haben; **2.** *fig* liegen, bestehen (*dans, en* in *dat*). **résidu** *m chem tech* Rückstand; Bodensatz; *com* Abfall *m.* **résiduaire** [-dɥɛr] *a* ▶ *eaux f pl ~s* Abwässer *n pl.* **résiduel, le** [-dɥɛl] *a* Rückstand-, Rest-.
résignation [reziɲasjõ] *f* Resignation, Entsagung *f;* ▶ *avec* ~ resigniert, niedergeschlagen. **résigné, e** *a* (in sein Schicksal) ergeben. **résigner I.** *tr (Amt)* nieder=legen; **II.** *v prn se* ~ sich ergeben, sich schicken, sich fügen (*à* in *acc*); ▶ *se ~ à qc* sich mit etw ab=finden.
résiliable [reziljabl] *a jur* aufhebbar; kündbar. **résiliation** *f m* Kündigung *f;* Rücktritt *m.* **résilier** *tr (Vertrag)* auf=heben; kündigen.
résille [rezij] *f* Haarnetz *n.*
résine [rezin] *f bot* Harz *n;* ▶ ~ *synthétique* Kunstharz *n.* **résiner** *tr* Harz ab=zapfen (*qc* aus etw). **résineux, se** *a* harzig.
résistance [rezistɑ̃s] *f* **1.** *phys el mil pol allg* Widerstand *m;* **2.** Widerstandskraft, -fähigkeit; Ausdauer *f;* **3.** *tech* Haltbarkeit; *bes. tech* Festigkeit *f;* **4.** *arch* Tragfähigkeit *f;* **5.** *mil* Gegenwehr *f;* **6.** ▶ *pol* Widerstandsbewegung *f;* **7.** *bousculer, forcer une* ~ e-n Widerstand brechen; *trouver de la* ~ auf Wider-

stand *(acc)* stoßen; *la ~ se raidit* der Widerstand versteift sich; **8.** ▶ *pièce f, plat m de ~ (Essen)* Hauptgericht *n; ~ de l'air, au frottement* Luft-, Reibungswiderstand *m; ~ à la chaleur, au froid, aux intempéries* Hitze-, Kälte-, Wetterbeständigkeit *f; ~ passive,* passiver Widerstand *m.* **résistant, e I.** *a* **1.** widerstandsfähig, zäh; **2.** strapazierfähig, beständig, haltbar; **II.** *s m* Widerstandskämpfer *m;* ▶ *~ à la chaleur, au froid* hitze-, kältebeständig; *~ au lavage* waschecht. **résister** *itr* **1.** widerstehen, sich widersetzen, Widerstand leisten; **2.** ertragen, aus=halten (*à qc* e-e S); standhalten; ▶ *~ à la tentation, à l'envie* der Versuchung widerstehen; *on n'y peut plus ~ (fam)* das ist nicht mehr zum Aushalten.

résolu [ʀezɔly] *a,* **résolument** *adv* entschlossen, bestimmt, resolut; ▶ *j'y suis ~* ich bin dazu entschlossen. **résolution** *f* **1.** Entschluß, Vorsatz *m;* **2.** *pol* Beschluß *m,* Entschließung, Resolution *f;* **3.** Entschlußkraft, Entschlossenheit *f;* **4.** *med* Rückgang *m (e-r Geschwulst);* **5.** *(Problem)* Lösung *f;* **6.** *mus* Auflösung *f;* ▶ *adopter, approuver une ~* e-e Entschließung an=nehmen; *prendre une ~* e-n Entschluß fassen.

résonance [ʀezɔnɑ̃s] *f* **1.** *phys el* Resonanz *f,* Mitschwingen *n,* Nachklang, -hall *m;* **2.** *fig* Widerhall *m,* Echo *n,* Anklang *m.* **résonnant, e** *a* nachhallend, schallverstärkend; *(Stimme)* volltönend. **résonner** *itr* **1.** wieder=hallen; **2.** *fig* voll, erfüllt sein (*de* von).

résorber [ʀezɔʀbe] *tr* **1.** *med* resorbieren; **2.** *fig* beseitigen, glatt aufnehmen, verkraften (*dans* in *dat*). **résorption** [-psjɔ̃] *f* **1.** *med* Resorption *f;* **2.** *fig* Behebung, Beseitigung *f;* **3.** *(Kredit)* Abruf, Verbrauch *m.*

résoudre [ʀezudʀ] ‹*Prés. je résouds, ns résolvons; Fut. je résoudrai; pp. résolu, e; Subj. que je résolve, que ns résolvions; Impér. résouds, résolvons*› **I.** *tr* **1.** *chem* auf=lösen, zerlegen; ver-, um=wandeln (*en* in *acc*); **2.** *fig (Problem, math Aufgabe)* lösen; *(Frage)* entscheiden; beschließen (*de* zu); **3.** *med (Geschwulst)* zurück=gehen lassen; **4.** *mus* auf=lösen; **II.** *v prn se ~* **1.** führen (*à* zu); **2.** sich entschließen, sich entscheiden (*à* zu); **3.** sich auflösen, auf=gehen, ver-, umgewandelt werden (*en* in *acc*); ▶ *~ une difficulté* e-r Schwierigkeit Herr werden.

respect [ʀɛspɛ] *m* **1.** (Hoch-)Achtung *f,* Respekt *m* (*de* vor *dat*); Ehrfurcht *f;* **2.** ▶ *avoir du ~* Respekt haben (*pour* vor *dat*); *tenir en ~* in Schach halten. **respectable** *a* **1.** achtbar, (ehr)würdig; **2.** *com* beachtlich, nennenswert. **respecter I.** *tr* **1.** respektieren, achten; Achtung haben (*qc* vor *dat*); **2.** Rücksicht nehmen (*qc* auf *acc*); nicht stören *od* unterbrechen; **3.** *(Termin)* ein=halten; **4.** *(Vorfahrt)* beachten; **5.** *(Form)* wahren; **II.** *v prn se ~* s-n (eigenen) Wert kennen; *fam* etw auf sich halten; ▶ *se faire ~* sich Respekt verschaffen. **respectif, ive** *a* gegen-, beider-, wechselseitig; betreffend, diesbezüglich, jeweilig. **respectivement** *adv* beziehungsweise; jeweils. **respectueux, se** [-tɥø, -øz] **I.** *a* respektvoll, ehrerbietig; **II.** *s f fam* Dirne *f.*

respirable [ʀɛspiʀabl] *a* atembar; *fig* erträglich. **respiration** *f* Atmung *f;* ▶ *couper la ~ à qn* jdm den Atem nehmen; *reprendre sa ~* wieder zu Atem kommen. **respiratoire** *a* Atmungs-; ▶ *exercices m pl ~s* Atemübungen *f pl; organes m pl ~s* Atmungsorgane *n pl.* **respirer I.** *itr* **1.** atmen, Luft holen; Luft schöpfen, verschnaufen; **2.** *fig* auf=atmen; **II.** *tr* ein=atmen; ein=saugen; *fig* zum Ausdruck bringen, ausströmen.

resplendir [ʀɛsplɑ̃diʀ] *itr* strahlen, glänzen *a. fig* (*de* vor). **resplendissant, e** *a* strahlend, glänzend.

responsabilisant, e [ʀɛspɔ̃sabilizɑ̃, -t] *a* die Verantwortung erhöhend, das Verantwortungsgefühl fördernd. **responsabilisation** *f* Erhöhung der Verantwortung. **responsabilité** [ʀɛspɔ̃sabilite] *f* **1.** Verantwortung (*de* für *acc*); Verantwortlichkeit *f;* **2.** Haftbarkeit; Haftung *f; com* Obligo *n;* **3.** ▶ *sous sa propre ~* auf eigene Verantwortung; *assumer, décliner la ~* die Verantwortung, die Haftung übernehmen, ab=lehnen; *rejeter la ~ sur qn* die Verantwortung auf jdn abwälzen; *j'en prends l'entière ~* ich übernehme dafür die volle Verantwortung; *~ civile* Haftpflicht *f.* **responsable I.** *a* verantwortlich (*de* für); haftbar, -pflichtig; **II.** *s m* Verantwortliche(r) *m;* ▶ *rendre qn ~ de qc* jdn für etw verantwortlich, haftbar machen.

resquille [ʀɛskij] *f* Schwarzfahrt *f;* Vordrängeln *n (in e-r Schlange).* **resquiller** *itr fam* sich vordrängeln; schwarzfahren; schmarotzen; nassauern. **resquilleur** *m arg* Zaungast; Schwarzfahrer; Nassauer *m.*

ressac [ʀəsak] *m* Brandung *f.*

ressaisir [ʀəse(ɛ)ziʀ] **I.** *tr* wieder ergreifen *a. fig,* wieder an sich bringen, wieder Besitz ergreifen (*qc* von etw); **II.** *v prn se ~* sich wieder in die Gewalt bekommen, sich wieder fassen.

ressasser [ʀəsase] *tr fig fam* wiederkäuen.

ressaut [ʀəso] *m* **1.** *bes. arch* Vorsprung *m;* **2.** Unebenheit *f.*

ressemblance [ʀəsɑ̃blɑ̃s] *f* Ähnlichkeit

f. **ressemblant, e 1.** ähnlich; *(Bild)* getreu; **2.** *fig* gleichbleibend. **ressembler I.** *itr* **1.** ähneln; ähnlich sein *od* sehen (*à* dat); **2.** nahe=kommen; gleichkommen, gleichen; *(Bild)* e-e getreue Wiedergabe sein (*à* gen); **II.** *v prn se ~* **1.** sich ähneln, sich ähnlich sehen *od* sein; **2.** sich gleichbleiben; ▶ *cela ne vous ressemble pas* das sieht Ihnen nicht ähnlich; *cela ne ressemble à rien* das ist verrückt.

ressemelage [rəsəmlaʒ] *m* (Neu-)Besohlen *n;* (neue, Paar *n*) Sohlen *f pl.* **ressemeler** ‹*Prés. je ressemelle, ns ressemelons; pp. ressemelé, e*› *tr (Schuhe)* (neu) (be)sohlen.

ressentiment [rəsɑ̃timɑ̃] *m* Ressentiment *n,* heimliche(r) Groll *m.* **ressentir** ‹*Prés. je ressens, ns ressentons; Fut. je ressentirai; pp. ressenti, e; Subj. que je ressente, que ns ressentions*› **I.** *tr* (lebhaft) empfinden, fühlen; mit=, nach= empfinden, -fühlen; *(Gefühl)* hegen; *(Hunger)* verspüren; **II.** *v prn se ~ de* **1.** (die) Nachwirkungen spüren *gen;* **2.** *pop* ▶ *je ne m'en ressens pas* ich schaffe es nicht.

resserre [rəsɛʀ] *f* **1.** Verschlag *m;* **2.** *com* künstliche Angebotsverknappung *f.* **resserrement** *m* **1.** Eingeengtheit, -engung *f;* **2.** *(Schraube)* Anziehen *n;* **3.** *(Freundschaft)* Festigung; **4.** *(Kredit)* Verknappung *f.* **resserrer I.** *tr* **1.** *(Knoten)* fester ziehen; ein=engen, -schnüren; zs.=ziehen, verenge(r)n; verkürzen; *(Kleid)* schnüren; *(Kontrolle)* verschärfen; **2.** *fig (Beziehungen)* enger gestalten; *(Bedürfnisse)* ein=schränken; **II.** *v prn se ~* **1.** *(Geld)* sich verknappen; **2.** *fig (Beziehungen)* enger werden; **3.** sich zs.=ziehen.

ressort [rəsɔʀ] *m* **1.** *tech* Feder *f;* **2.** *fig* treibende Kraft, Triebfeder; Spann-, Tatkraft *f;* **3.** Zuständigkeit *f,* Geschäfts-, Aufgaben-, Amts-, Verwaltungsbereich *m;* **4.** Gerichtsbezirk *m;* **5.** ▶ *de notre ~* in unserm Geschäftsbereich; *en premier, dernier ~ (jur)* in erster, letzter Instanz *a. fig; faire ~* federn; *ce n'est pas de mon ~* dafür bin ich nicht zuständig. **ressortir** *itr* **1.** *(ohne Stammerweiterung)* wieder hinaus=gehen; **2.** *fig* hervor=treten, sich heraus=heben, zur Geltung kommen; **3.** sich belaufen (*à* auf); **4.** *(mit Stammerw.) jur* zur Zuständigkeit gehören (*à* gen); unterstehen; *fig* gehören (*à* zu); **5.** ▶ *faire ~* hervor=treten lassen, zur Geltung bringen; heraus=stellen, hervor=heben; *il ressort de là que* daraus geht hervor, ergibt sich, daß. **ressortissant, e** *m f* (Staats-)Angehörige(r *m*) *f.*

ressource [rəsuʀs] *f* **1.** Mittel *n,* Hilfs-, Einnahmequelle *f;* **2.** *aero* Abfangen *n;* **3.** *(Nähen)* (Naht-)Zugabe *f;* **4.** *pl* (Hilfs-)Mittel *n pl,* Hilfsquellen *f pl,* Reserven *f pl;* Gelder *n pl;* **5.** *pl* Möglichkeiten *f pl;* ▶ *sans ~s* mittellos; *~ d'énergie, énergétique* Energiequelle *f; ~s en matières premières* Rohstoffquellen *f; ~s personnelles* Eigenkapital *n.*

ressusciter [ʀesysite] **I.** *tr* **1.** auf=erwecken; **2.** *fig* wieder auf=leben lassen; **II.** *itr* **1.** wieder auferstehen; **2.** *med* wieder auf=kommen; **3.** *fig* zu neuem Leben erwachen.

restant, e [ʀɛstɑ̃, -ɑ̃t] **I.** *a* **1.** übriggeblieben, noch vorhanden; **2.** *com* rückständig; **II.** *s m* Rest(betrag), Rückstand *m;* ▶ *poste ~e* postlagernd.

restaurant [ʀɛstɔʀɑ̃, -ɑ̃t] *m* Restaurant *n,* Gaststätte *f;* ▶ *~ d'autoroute* (Autobahn-)Raststätte *f; ~ à libre service* Selbstbedienungsrestaurant *n; ~ universitaire* Mensa *f.* **restaurateur, trice** *m f* **1.** Gastronom *m,* Gastwirt(in *f*) *m;* **2.** *(Kunst)* Restaurator *m.* **restauration** *f* **1.** *arch (Kunst)* Restaurierung *f;* **2.** *arch med fig* Wiederherstellung; *fig* Erneuerung *f;* ▶ *~ rapide* Fast-Food-Gastronomie; **3.** *pol hist* Restauration *f;* **4.** Gaststättenwesen *n.* **restaurer I.** *tr* **1.** erneuern, wiederher=stellen *a. arch med;* **2.** *arch (Kunst)* restaurieren; **3.** *pol* wieder ein=setzen; **II.** *v prn se ~* sich (wieder) stärken, neue Kräfte sammeln. **restauroute** *m* Autobahnraststätte *f.* **restau-u** [ʀɛstoy] *m fam* Mensa *f.*

reste [ʀɛst] *m* **1.** Rest *m a. math,* Überbleibsel *n,* -rest; Rückstand; *com* Restbetrag *m;* **2.** Übrige(s), Zurückgebliebene(s), -gelassene(s) *n;* **3.** *fig* Spur *f* (*de* von); *pl* Reste *m pl;* ▶ *le ~* das übrige; die übrigen, die ander(e)n; **4.** ▶ *au ~* außerdem, zudem, darüber hinaus; *de ~* übrig; mehr als nötig; *du ~* übrigens; *et le ~, ainsi du ~* und so weiter; **5.** ▶ *ne pas demander son ~* stillschweigend gehen; sich aus dem Staube machen; *ne pas s'embarrasser du ~* sich um nichts anderes kümmern; *être, demeurer en ~ de qc avec qn* jdm etw schuldig sein, bleiben.

rester [ʀɛste] **I.** *itr* **1.** bleiben; **2.** übrig sein, übrig=bleiben; (zurück)bleiben; an= dauern; sich halten; die Zeit(en) überdauern; **3.** *fam* wohnen; **4.** *il (me, nous) reste à* ich muß, wir müssen noch; ▶ *il ne (me, nous) reste qu'à ...* ich brauche, wir brauchen nur noch zu ...; *~ sur la bonne bouche* auf=hören, wenn es am besten schmeckt, *fig* am schönsten ist; *~ court* es nicht (ganz) schaffen; *(in der Rede)* stecken=bleiben; *~ debout, assis, couché* stehen bleiben, sitzen bleiben, liegen=bleiben; *en ~ là* stehen=bleiben, nicht weiterkommen; dabei=bleiben; *ne pas en ~ là* es damit nicht genug sein lassen; *~ longtemps à ...* lange, viel Zeit brauchen, um zu ...; ~ *en panne (mot)* e-e Panne haben; ~ *en route (fig)* nicht zu Ende kommen; ~ *chez soi* daheim, zu Hause bleiben *od* sein; *y* ~ *(fam)* sterben, *mil* fallen; *où en sommes-nous restés?* wo sind, waren wir stehengeblieben?

restituer [ʀɛstitɥe] *tr* **1.** (zurück=)erstatten, zurück=, wieder=, heraus=geben; **2.** ersetzen. **restitution** [-ty-] *f* **1.** (Rück-) Erstattung, Rückzahlung; Rück-, Herausgabe; Wiederabtretung *f;* Ersatz *m;* **2.** *(Bauwerk)* Wiederherstellung *f.*

restreindre [ʀɛstʀɛ̃dʀ] ‹*Prés. je restreins, ns restreignons; Fut. je restreindrai; pp. restreint, e; Subj. que je restreigne, que ns restreignions; Impér. restreins, restreignons*› **I.** *tr* be-, ein=schränken, begrenzen (*à* auf *acc*); ein=engen; **II.** *v prn se* ~ sich ein=schränken (*à* auf *acc*). **restreint, e** [-tʀɛ̃, -ɛ̃t] *a* beschränkt. **restrictif, ive** *a* be-, einschränkend. **restriction** [-ksjɔ̃] *f* **1.** Ein-, Beschränkung, Begrenzung, Einengung; Verminderung, Drosselung *f;* **2.** *pl* Rationierungsmaßnahmen *f pl;* Entbehrungen *f pl;* **3.** ▶ *avec la* ~ *que* mit der Einschränkung, daß; *sans* ~ unbeschränkt; *être soumis à des* ~*s* Beschränkungen unterliegen; ~ *aux exportations, aux importations, de la production* Aus-, Einfuhr-, Produktionsbeschränkung *f.*

restructuration [ʀəstʀyktyʀasjɔ̃] *f* Umbau *m,* Umstrukturierung *f.*

resucée [ʀəsyse] *f* **1.** *fam* aufgewärmte(r) Kohl *m fig;* **2.** *fam* Runde *f;* noch ein Gläschen *n.*

résultant, e [ʀezyltɑ̃, -ɑ̃t] **I.** *a* hervorgehend (*de* aus); (die) Folge *gen;* **II.** *s f phys* Resultante *f.* **résultat** [-ta] *m* Ergebnis, Resultat *n a. math,* Fazit *n;* ▶ *sans* ~ ergebnislos; *sport* unentschieden; *aboutir à un* ~ zu e-m Ergebnis führen; *avoir pour, comme* ~ zum Ergebnis haben; *obtenir des* ~*s* Ergebnisse erzielen; ~ *électoral, du vote* Wahlergebnis *n;* ~ *de l'examen* Prüfungsergebnis *n.* **résulter** *itr* folgen, sich ergeben, hervor=gehen (*de* aus *dat*); ▶ *il en résulte* daraus folgt, geht hervor, ist zu schließen.

résumé [ʀezyme] *m* Zs.fassung *f,* Resümee *n;* Abriß *m;* Übersicht *f;* ▶ *en* ~ zs.fassend; kurz *adv.* **résumer** **I.** *tr* zs.=fassen, kurz wiederholen, resümieren; **II.** *v prn se* ~ sich kurz fassen (lassen).

résurgence [ʀezyʀʒɑ̃s] *f (Sickerwasser)* Wiederzutagetreten, -auftreten *n a. fig.*

résurrection [ʀezyʀɛksjɔ̃] *f* **1.** *rel* Auferstehung *a. theat;* Auferweckung *f;* **2.** *(übertreibend)* plötzliche Genesung *f;* **3.** *fig* Wiederaufleben, -blühen *n.*

retable [ʀətabl] *m* Altaraufsatz *m.*

rétablir [ʀetabliʀ] **I.** *tr* **1.** wieder herbei=führen; wiederher=stellen *a. med fig;* wiederein=richten, -auf=stellen; **2.** *(Beziehungen)* wieder auf=nehmen; **3.** *tech* reparieren; **4.** *jur* wieder in Kraft *od* in den vorigen Stand setzen; *(in Rechte, Amt)* wiederein=setzen; **II.** *v prn se* ~ **1.** wieder gesund werden; **2.** *(Wetter)* sich wieder beruhigen; **3.** *(Stille)* wieder eintreten. **rétablissement** *m* **1.** Wiederherstellung; *(Wirtschaft)* Gesundung, Erholung; *(Finanzen)* Sanierung *f;* **2.** Genesung *f;* **3.** *sport* Aufschwung *m.*

rétamé, e [ʀetame] *a fam* fertig, kaputt.

rétamer *tr* **1.** neu verzinnen; **2.** *fam* kaputtmachen.

retape [ʀətap] *f:* ▶ *faire la* ~ *(pop)* auf den Strich gehen; *faire de la* ~ *(fam)* die Reklametrommel rühren. **retaper** **I.** *tr* **1.** *(Hut)* auf=arbeiten; *allg* reparieren, in Ordnung bringen; auf=, um=arbeiten, um=ändern; *(Bett)* notdürftig machen; *fam (Kranken)* wieder hoch=, auf die Beine bringen; **2.** noch einmal abtippen; **II.** *v prn se* ~ *(fam)* sich auf=rappeln.

retard [ʀətaʀ] *m* **1.** Verspätung *f;* Zuspätkommen *n;* Verzögerung *f (bes. tech, Uhr)* **2.** *com* Verzug, Rückstand *m;* **3.** *mus* Vorhalt *m;* **4.** ▶ *deux heures de* ~ zwei Stunden Verspätung; *en* ~ *(com)* rückständig; überfällig; *sans* ~ unverzüglich; **5.** ▶ *combler un* ~ auf=holen; *être en* ~ zu spät kommen (*de* acc), sich verspätet haben (*de* um); *fig* zurück=bleiben (*sur* hinter *dat*); *com* im Rückstand sein (*pour* mit); *(Uhr)* nach=gehen (*de 10 minutes* 10 Minuten); *prendre du* ~ zurückbleiben (*sur qn* hinter jdm); **6.** ▶ ~ *à l'allumage (mot)* Spätzündung *f;* ~ *de livraison* Lieferungsverzug *m;* ~ *de paiement* Zahlungsrückstand *m.* **retardataire** [-da-] **I.** *a* **1.** verspätet, zu spät gekommen, säumig; **2.** *com* rückständig; **II.** *s m f* Nachzügler *m.* **retardement** [-də-] *m:* ▶ *à* ~ mit Verzögerung. **retarder** **I.** *tr* **1.** auf=, hinaus=schieben (*d'une semaine* um e-e Woche); **2.** auf=, hin=halten; in Verzug, in Rückstand bringen; **3.** *(Bewegung)* retardieren, verzögern, verlangsamen, hemmen *a. fig;* **4.** *(Uhr)* zurück=stellen; **II.** *itr* **1.** *(Uhr)* zu langsam *od* nach=gehen (*de* acc); **2.** retardieren, zurück=bleiben *a. fig* (*sur* hinter *dat*); **3.** *fam* zu spät kommen, zu spät da sein (*de 5 minutes* 5 Minuten); ▶ ~ *sur son temps* hinter s-r Zeit zurückbleiben.

retenir [ʀətniʀ] ‹*Prés. je retiens, ns retenons; Fut. je retiendrai; pp. retenu, e; Subj. que je retienne, que ns retenions; Impér. retiens, retenons*› **I.** *tr* **1.** zurück=, an=, fest=, be-, da=behalten; zurück=, bei=, ein=be-, vorenthalten; nicht aus den Händen lassen; *(Atem)* an=, *(Tränen)* zurück=halten; unterdrücken; *fig (Zorn)* mäßigen; *(Person)* beruhigen; **2.**

(in Erinnerung, im Gedächtnis) behalten, sich merken; **3.** sich zurück=legen lassen, vor=bestellen, sich vor=merken lassen (*qc* für etw); vorweg engagieren; *(Platz)* belegen; reservieren; **4.** *com* ab=ziehen, -setzen (*sur* von); **5.** *(Anklagepunkt)* aufrecht=erhalten; **6.** *(Zahl beim Rechnen)* (zurück=)behalten; **II.** *v prn se* ~ **1.** sich (fest=)halten (*à* an *dat*); **2.** sich zurück=, an sich halten; **3.** ▶ ~ *l'attention* die Aufmerksamkeit auf sich *acc* ziehen *od* lenken; ~ *au lit* ans Bett fesseln *fig;* **4.** ▶ *je vous retiens (fam, iron)* ich werde mich an Sie erinnern; *je ne vous retiens plus* ich halte Sie nicht, gehen Sie nur! *je ne sais ce qui me retient* ich weiß nicht, was mich daran hindert.

rétention *f* Einbehaltung *f,* Zurückhalten *n;* ▶ ~ *d'urine (med)* Harnverhaltung *f;* ~ *de l'information (pol)* Nachrichtensperre *f.*

retentir [ʀətɑ̃tiʀ] *itr* **1.** (wider=)hallen; (er-)schallen, erklingen, -tönen (*de* von); dröhnen; **2.** sich auswirken (*sur* auf *acc*). **retentissant, e 1.** geräuschvoll, dröhnend; **2.** *fig* aufsehenerregend. **retentissement** *m* Widerhall *m a. fig; fig* (Aus-, Nach-)Wirkung *f;* gute(r) Klang *m (e-s Namens);* ▶ *avoir un grand* ~ großes Aufsehen erregen. **retenu, e** [-tny] **I.** *a* **1.** vorbestellt, reserviert; **2.** *(Stimme)* gedämpft; **II.** *s f (retenue)* **1.** einbehaltene(r) Betrag, (Gehalts-)Abzug *m* (*sur* von); **2.** Zurückbehaltung *f;* **3.** *fig* Zurückhaltung, Mäßigung, Bescheidenheit *f;* **4.** *(Schule)* Nachsitzen *n;* **5.** *(beim Rechnen)* (zurück)behaltene Zahl *f;* **6.** *(Wasser)* Stau *m;* ▶ ~*e sur le salaire, sur le traitement* Lohn-, Gehaltsabzug *m.*

réticence [ʀetisɑ̃s] *f* **1.** (absichtliche) Auslassung, Übergehung *f;* **2.** Zögern, Zurückhalten *n.* **réticent, e** *a* **1.** verschwiegen; **2.** zögernd, zurückhaltend.

réticule [ʀetikyl] *m* **1.** Handtäschchen *n;* **2.** *opt* Fadenkreuz *n.*

rétif, ive [ʀetif, -iv] *a* **1.** störrisch, widerspenstig; **2.** *fig* starrsinnig, unbelehrbar.

rétine [ʀetin] *f anat* Netzhaut *f.*

retiré, e [ʀətiʀe] *a* **1.** *(Ort)* abgelegen, einsam; **2.** *(Leben)* zurückgezogen; **3.** im Ruhestand. **retirer I.** *tr* **1.** (heraus=, zurück=)ziehen, entfernen (*de* aus); (heraus=, zurück=)nehmen (*de* von); **2.** gewinnen (*de* aus); **3.** *(Gewinn, Nutzen)* ziehen (*de* aus); **4.** *(Ruhm)* ernten (*de* von); **5.** *(Schlüssel)* ab=ziehen; **6.** *(Körperteil, Gerät)* zurück=, *(Kopf)* ein=ziehen; **7.** *fig (Versprechen, Beleidigung)* zurück=nehmen; **8.** *(Gunst, Führerschein)* entziehen; **9.** *(Pfand)* ein=lösen; **10.** *(Geld)* ab=heben; **11.** *(Ware)* ab=holen; **12.** *(Angebot, Meldung)* zurück=ziehen; **13.** *(Kleidung)* aus=ziehen; **14.** *(Lästiges)* ab=nehmen; **15.** *theat* (vom Spielplan) ab=setzen; **16.** zs.=ziehen, (ein=)schrumpfen lassen; **II.** *itr* ▶ ~ *au sort* neu losen; **III.** *v prn se* ~ **1.** sich zurück=ziehen (*de* von); heim=, nach Hause gehen; **2.** *(Meer)* zurück=treten; **3.** sich zur Ruhe setzen; **4.** *(Stoff)* ein=laufen, (zs.=, ein=)schrumpfen; **5.** ▶ *se* ~ *des affaires, de la politique* sich von den Geschäften, aus der Politik zurück=ziehen; ~ *de la circulation* aus dem Verkehr ziehen, außer Kurs setzen; ~ *du courrier* Post ab=holen; ~ *sa main (fig)* s-e Hand zurück=ziehen; *se* ~ *de qn* jdn fallenlassen *fig;* ~ *sa parole* sein Wort zurück=nehmen.

retombée [ʀətɔ̃be] *f* **1.** *arch* Anfänger *m;* **2.** ▶ ~*ées radioactives* radioaktive Niederschläge *m pl;* **3.** *pl fig* Abfallprodukt; Ergebnis *n,* Auswirkung *f.* **retomber** *itr* **1.** wieder (hin=, hinunter=)fallen; wieder geraten (*dans* in *acc*); zurück=fallen (*sur qn* auf jdn); zurück=sinken (*dans* in *acc*); **2.** *fig* zurück=, wieder verfallen (*dans un vice* in ein Laster); **3.** *(Vorhang)* (herunter=)hängen; **4.** zurück=kommen (*sur* auf *acc, a. Gespräch*); **5.** her=fallen (*sur* über *acc*); **6.** ▶ *faire* ~ *la faute de qc sur qn* die Schuld an e-r S auf jdn schieben *od* ab=wälzen; ~ *malade* wieder erkranken, wieder krank werden; ~ *dans l'oubli* wieder in Vergessenheit geraten; ~ *sur ses pieds (fig)* wieder auf die Füße fallen.

retordre [ʀətɔʀdʀ] ⟨*s. tordre*⟩ *tr* **1.** zwirnen; **2.** ▶ *donner du fil à* ~ *à qn* jdm viel zu schaffen machen.

rétorquer [ʀetɔʀke] *itr:* ▶ ~ *que* erwidern, daß.

retors, e [ʀətɔʀ, -ʀs] *a* **1.** gezwirnt; **2.** *fig* gerieben, *fam* mit allen Wassern gewaschen.

rétorsion [ʀetɔʀsjɔ̃] *f: (mesure f de* ~*)* Vergeltung(smaßnahme) *f.*

retouche [ʀətuʃ] *f* **1.** *(Kunst) phot* Retusche *f;* **2.** *(Konfektion)* Änderung *f.* **retoucher** *tr* **1.** *(Kunst) phot* retuschieren; **2.** *(Konfektion)* ändern; *allg* überarbeiten. **retoucheur, se** *m f* **1.** *(*~*-photographe)* Retuschierer(in *f*) *m;* **2.** ▶ ~ *en confection* Änderungsschneider(in *f*) *m.*

retour [ʀətuʀ] *m* **1.** Rückkehr, -reise, -fahrt *f,* -flug; Rück-, Heimweg *m;* Wiederkehr, -holung *f;* **2.** *com* Rücksendung, -lieferung *f;* **3.** Gegenleistung *f,* -dienst *m;* Erwiderung *f;* Gegenstück *n;* Gegenseitigkeit *f;* **4.** *fig* Umschwung, -schlag *m;* **5.** *jur (*~ *légal)* Heimfall *m;* **6.** *tech* Rücklauf *m;* **7.** ▶ *à mon* ~ bei meiner Rückkehr; *en* ~ *de* (als Gegenleistung) für; *par* ~ *du courrier* postwendend, umgehend; *sans* ~ für, auf immer, unwiederbringlich *adv; sur le* ~

auf der Rückreise, -fahrt, auf dem Rückflug; *fig* an der Schwelle des Alters; *avec prière de ~* mit der Bitte um Rückgabe, u. R.; *~ à l'envoyeur* zurück an Absender; **8.** *(être)* ▶ *de ~* zurück (sein); *être sur le* od *sur son ~* im Begriff sein *od* stehen heimzukehren; *payer de ~ à qn* jdm e-n Gegendienst erweisen; **9.** ▶ *fret, chargement m de ~* Rückfracht *f; ~ de l'opinion (publique)* Umschlagen *n* der (öffentlichen) Meinung. **retournement** [-nə-] *m fig* Umschwung *m;* Tendenzwende *f.*

retourner [rəturne] **I.** *tr* **1.** um=drehen, (um=)wenden, um=kehren *a. fig;* **2.** *mot* zurück=fahren; *(Kleidung)* wenden; *(Speise)* um=rühren; **3.** zurück=senden, -schicken, zurück=gehen lassen; **4.** um=, auf=wühlen; um=graben; *fig;* **5.** *(Sinn)* auf den Kopf stellen; **6.** *fam (innerlich)* auf=wühlen, erschüttern; herum=kriegen (*qn* jdn); **II.** *itr* **1.** zurück=kehren, -kommen, -reisen, -fahren, -fliegen; wieder gehen, fahren, reisen (*à* nach); sich kehren, sich wenden (*à* gegen); **2.** ▶ *~ à qc* sich wieder an etw machen *od* begeben; **3.** *jur* heim=fallen (*à* an *acc*); **III.** *v prn se ~* **1.** sich um=drehen, -wenden, -kehren, sich um=sehen, -schauen; **2.** *(öffentl. Meinung)* um=schlagen; **3.** andere Maßregeln ergreifen; **4.** ▶ *s'en ~* um=kehren; weg=, fort=gehen; *~ sa veste (fam)* s-e Meinung, s-e Haltung ändern; *savoir se ~* wendig sein; sich zu helfen wissen; *savoir de quoi il retourne (fam)* wissen, woran man ist; *se ~ sur soi-même (fig)* in sich gehen; *tourner et ~* hin u. her über=legen, von allen Seiten betrachten; *(durch Fragen)* aus=pressen, -quetschen; **5.** ▶ *il retourne cœur (Kartenspiel)* Herz ist Trumpf; *de quoi retourne t-il? fig* was ist los? worum dreht es sich? *si inconnu à l'adresse prière de ~ à l'expéditeur* falls unzustellbar, zurück an Absender.

retracer [rətrase] ⟨*Prés. je retrace, ns retraçons; pp. retracé, e*⟩ *tr* dar=stellen, schildern.

rétractation [retraktasjõ] *f* Widerruf *m,* Zurücknahme *f.* **rétracter I.** *tr* **1.** zurück=, ein=ziehen; **2.** *fig* zurück=nehmen, widerrufen; **II.** *v prn se ~* **1.** widerrufen; das Gesagte zurück=nehmen; **2.** sich zs.=ziehen. **rétractile** *a biol* einziehbar.

retrait [rətrɛ] *m* **1.** *tech* Zs.ziehung, Schrumpfung *f; (Stoff)* Einlaufen *n;* **2.** Zurückweichen, -treten *n;* **3.** Zurücknahme, -ziehung *f;* Austritt *m (d'une organisation* aus e-r Organisation); **4.** Entziehung *f,* -zug *m;* Einziehen, -behalten *n;* **5.** *(Ware)* Abholung; **6.** *com* Kündigung; **7.** *(Geld)* Abhebung, Rücknahme; **8.** *(Pfand)* Einlösung *f;* Rückkauf *m;* ▶ *en ~ (arch)* zurückliegend (*de* hinter *dat*); *~ du permis de conduire* Entzug *m* des Führerscheines. **retraite** *f* **1.** *mil* Rückzug *m;* **2.** Rück-, Austritt *m;* **3.** Ruhestand *m;* Ruhegehalt *n,* Pension; *(~ des vieux)* Altersrente *f;* Zurückgezogenheit *f;* **4.** *(Fluß, Fassade)* Zurücktreten; *(Fechten)* Ausweichen *n;* **5.** *com* Rückwechsel *m,* Ritratte *f;* **6.** ▶ *en ~* im Ruhestand; *battre en ~ (mil)* sich zurück=ziehen; *allg* sich in Sicherheit bringen; *fig* nach=geben; *mettre à la ~* in den Ruhestand versetzen; *prendre sa ~* in den Ruhestand treten, sich pensionieren lassen; **7.** ▶ *âge m de la ~* Pensionsalter *n; caisse f de ~* Pensionskasse *f; mise f à la ~* Pensionierung *f; ~ aux flambeaux* Fackelzug *m.* **retraité, e I.** *a* pensioniert, emeritiert; im Ruhestand, außer Dienst; **II.** *s m f* Beamte(r) *m,* Beamtin *f* im Ruhestand, pensionierte(r) Beamte(r); Ruhegehaltsempfänger(in *f*), Pensionär; Rentenempfänger(in *f*), Rentner(in *f*) *m.* **retraitement** *m:* ▶ *~ (des combustibles)* Wiederaufbereitung *f* (der Brennstoff). **retraiter** *tr* wiederbehandeln; wieder=aufbereiten; wieder=aufarbeiten.

retranchement [rətrɑ̃ʃmɑ̃] *m mil* Verschanzung *f.* **retrancher I.** *tr* **1.** kürzen, weg=streichen; **2.** ab=ziehen; **II.** *v prn se ~* sich verschanzen *a. fig* (*derrière* hinter *dat*).

retranscrire [rətrɑ̃skrir] *s. transcrire.*

retransmettre [rətrɑ̃smɛtr] *tr radio* übertragen; *~ par satellite* über Satellit übertragen. **retransmission** *f radio* Übertragung; Wiederholung *f (e-r Sendung).*

rétréci, e [retresi] *a* **1.** *(Stoff)* eingegangen; **2.** *(Fahrbahn)* verengt. **rétrécir I.** *tr* **1.** enger machen *a. fig;* **2.** *fig* ein=engen; **II.** *itr (Stoff)* ein=laufen; **III.** *v prn se ~* enger werden, sich verenge(r)n. **rétrécissement** *m* **1.** Engerwerden *n;* Verengung *f;* **2.** *(Stoff)* Einlaufen *n.*

retremper, se [rətrɑ̃pe] *v prn (fig)* neue Kraft schöpfen (*dans* in *dat*).

rétribuer [retribɥe] *tr* entlohnen, bezahlen; *(Arbeit)* vergüten. **rétribution** [-by-] *f* Entlohnung, Bezahlung, Vergütung *f,* Entgelt *n.*

rétro [retro] *a inv adv* im Stil der zwanziger Jahre; *s m fam (Billard)* Effet *n;* Stil *m* der zwanziger Jahre. **rétroactif, ive** [-trɔ-] *a jur* rückwirkend; ▶ *effet m ~* Rückwirkung *f.* **rétrocéder** *tr jur* wieder ab=treten; rück=übertragen. **rétrofusée** *f* Bremsrakete *f.* **rétrogradation** *f mil* Degradierung *f.* **rétrograde** *a* **1.** rückläufig *bes. astr;* **2.** *fig* fortschrittsfeindlich; *pol* reaktionär. **rétrograder I.** *itr* **1.** zurück=gehen, -weichen; **2.** *fig* rückwärts schreiten; **3.** sich rückläufig bewegen *bes. astr;* **II.** *tr*

1. *mil* degradieren; **2.** *(mot)* zurück=schalten (*de troisième en seconde* vom 3. in den 2. Gang). **rétroprojecteur** *m* Overhead-, Tageslichtprojektor *m.* **rétrospectif, ive** *a* **1.** zurückblickend, -schauend; **2.** nachträglich. **rétrospectivement** *adv* rückblickend, -schauend.

retroussé, e [ʀətʀuse] *a (Rock, Kleid)* geschürzt; gerafft; *(Lippen)* aufgeworfen; *(Ärmel)* aufgekrempelt; ▶ *nez m* ~ Stupsnase *f.* **retrousser I.** *tr (Rock, Kleid)* auf=schürzen, (hoch=)raffen; *(Ärmel)* um=, auf=krempeln; *(Haar)* auf=, hoch=stecken, hoch=kämmen; **II.** *v prn se* ~ das Kleid raffen.

retrouver [ʀətʀuve] **I.** *tr* **1.** wieder=finden, -erlangen, -gewinnen; **2.** wieder (zurück=)finden (*qc* zu etw); wieder vor=finden, an=treffen; **II.** *v prn se* ~ **1.** sich wieder finden; **2.** sich wieder befinden; sich zurecht=finden; **3.** ergeben, **4.** sich wieder=sehen, -treffen; **5.** dabei auf s-e Kosten kommen; **6.** ▶ *s'y* ~ sich zurecht=finden; *je saurai vous* ~ Sie entgehen mir nicht.

rétrovirus [ʀetʀɔviʀys] *m* Retrovirus *m* od *n.*

rétro(viseur) [ʀetʀɔ(vizœʀ)] *m (mot)* Rückspiegel *m;* ▶ ~ *panoramique* Panoramaspiegel *m.*

réunification [ʀeynifikasjɔ̃] *f* Wiedervereinigung *f.* **réunifier** *tr* wiedervereinigen. **réunion** [-njɔ̃] *f* **1.** Zs.schluß *m* (*de qc à qc* e-r S mit e-r S); Sitzung, Versammlung, Zs.kunft *f,* Treffen *n;* **2.** *pol* Angliederung *f,* Anschluß *m;* **3.** Zusammenlegung *f;* **4.** *(Unterlagen)* Zusammenstellung *f;* **5.** Verein(igung *f*) *m;* **6.** ▶ *être en* ~ in e-r Sitzung sein; *faire, tenir une* ~ e-e Versammlung ab=halten; **7.** ▶ *salle f de* ~ Sitzungssaal *m;* ~ *plénière (parl)* Vollversammlung *f.* **réunion-téléphone** *f* Telekonferenz *f.* **réunir I.** *tr* **1.** (wieder=)vereinigen (*à qc* mit etw); zs.=bringen; **2.** verbinden, vereinigen (*qc à qc* etw mit etw); **3.** versammeln; *parl* einberufen; **II.** *v prn se* ~ **1.** zs.=kommen; sich versammeln, zs.=treten, sich treffen, sich vereinigen; *(Versammlung)* tagen; **2.** *(Straßen)* zs.treffen; **3.** ▶ ~ *la documentation* die Unterlagen zs.=stellen; ~ *toutes ses forces* alle Kräfte zs.=nehmen; ~ *toutes les voix (pol)* alle Stimmen auf sich *(acc)* vereinigen; *tout se réunit pour (unpersönl.)* alles kommt zs., um zu.

réussi, e [ʀeysi] *a* gelungen, geglückt. **réussir I.** *itr* **1.** Erfolg haben, zum Ziel gelangen *od* kommen, **2.** *(Sache)* gelingen, glücken; erfolgreich sein; aus=fallen, geraten; **3.** *(Pflanze)* gedeihen; *(Klima)* gut bekommen; **II.** *tr* **1.** zustande bringen, fertig=bringen, zustande bringen; gut gelingen; **2.** *(Prüfung)* bestehen (*a. à qc* etw); ▶ *ne* ~ *à rien* keinen Erfolg haben, zu nichts kommen; *je réussis à* ... es gelingt, glückt mir zu ...; *je ne réussis pas* es mißlingt mir; *je ne réussis (à) rien* es will mir nichts gelingen *od* glücken; *j'ai enfin réussi ma sauce* ich hab's endlich geschafft. **réussite** *f* **1.** Erfolg *m;* Gelingen; Ergebnis *n;* **2.** *(Spiel)* Patience *f.*

revaloir [ʀəvalwaʀ] *tr* heim=zahlen, vergelten. **revalorisation** *f com (Renten)* Aufbesserung, Anpassung *f;* Aufwertung, Revalorisierung *f.* **revaloriser** *tr* revalorisieren; *(Gehälter)* aufbessern; *(Renten)* anpassen; aufwerten.

revanchard, e [ʀəvɑ̃ʃaʀ, -ʀd] **1.** *a* revanchelustig; **2.** ▶ *politicien m* ~ Revanchepolitiker *m.* **revanche** *f* **1.** Vergeltung, Revanche, Rache *f;* **2.** *(Spiel)* Revanche(partie) *f;* ▶ *à charge de* ~ auf Gegenseitigkeit; *en* ~ zum Ersatz, als Gegenleistung; dafür, dagegen; *prendre sa* ~ Rache, *(Spiel)* Revanche nehmen; Vergeltung üben.

rêvasser [ʀɛvase] *itr* s-e Gedanken schweifen lassen, dösen. **rêvasserie** *f* **1.** Dösen *n;* **2.** Hirngespinst *n.* **rêve** *m* **1.** Traum *m a. fig;* **2.** Trugbild *n,* Wunschtraum *m;* ▶ *faire un* ~ *étrange* etwas Seltsames träumen; *ce n'est pas le* ~ *(fam)* ideal ist es nicht; *la maison de mes* ~*s* das Haus meiner Träume.

revêche [ʀəvɛʃ] *a* unfreundlich, mürrisch.

réveil [ʀevɛj] *m* **1.** Auf-, Erwachen *a. fig; mil* Wecken *n;* **2.** Wecker *m (Uhr);* ▶ *au* ~, *à mon, ton etc* ~ beim Erwachen; *je mets le* ~ *à quelle heure?* auf wieviel Uhr soll ich den Wecker stellen? **réveille-matin** *m inv* Wecker *m.* **réveiller I.** *tr* **1.** (auf=)wecken; **2.** *fig* (wieder=, neu=)beleben; auf=, ermuntern; *(Neugierde)* hervor=rufen; *(Aufmerksamkeit)* erregen; *(Erinnerung)* wach=rufen, auf=frischen; **II.** *v prn se* ~ **1.** auf=, erwachen *a. fig;* **2.** *fig* auf=leben.

réveillon [ʀevɛjɔ̃] *m* (Weihnachts-, Neujahrs-)Mitternachtsessen *n.* **réveillonner** *itr* Heiligabend, Silvester feiern.

révélateur, trice [ʀevelatœʀ, -tʀis] **I.** *a* aufschlußreich; **II.** *s m f phot* Entwickler *m.* **révélation** *f* **1.** Aufdeckung, Enthüllung *f;* **2.** *rel* Offenbarung *f;* **3.** *fig* Entdeckung *f;* Star *m;* **4.** *phot* Entwickeln *n.* **révéler** ⟨*Prés. je révèle, ns révélons; Fut. je révélerai; pp. révélé, e*⟩ **I.** *tr* **1.** enthüllen, verkünden; auf=decken, an=zeigen; verraten; **2.** *phot* entwickeln; **3.** *rel* offenbaren; **4.** *(Fähigkeit)* erkennen lassen; **II.** *v prn se* ~ *(acc)* sich zeigen; sich erweisen; sich enthüllen, sich offenbaren (als).

revenant [ʀəvənɑ̃] *m* Gespenst *n,* Geist *m;* ▶ *il y a des* ~*s* es spukt.

revendeur, se [ʀəvɑ̃dœʀ, øz] *m f* Wiederverkäufer(in *f*); Zwischenhändler *m;*

(Drogen) kleiner Dealer *m.*
revendication [Rəvɑ̃dikasjɔ̃] *f jur* Forderung *f;* Anspruch *m* (*de* auf *acc*); ► *~s de salaire* Lohnforderungen *f pl; ~ territoriale (pol)* Gebietsanspruch *m.*
revendiquer *tr jur* fordern, verlangen; beanspruchen, Anspruch erheben (*qc* auf e-e S) *a. fig; ~ un attentat* die Verantwortung für e-n Anschlag übernehmen, sich zu e-m Attentat bekennen; ~ la responsabilité die Verantwortung übernehmen (*de* für).
revendre [Rəvɑ̃dʀ] ‹*s. vendre*› *tr* wieder=, weiter=verkaufen; ► *avoir à ~* mehr als genug, im Überfluß haben (*de qc* etw).
revenez-y [Rəvnezi] *m inv:* ► *avoir un goût de ~* nach mehr schmecken.
revenir [RəvniR] ‹*Prés. je reviens, ns revenons; Fut. je reviendrai; pp. revenu, e; Subj. que je revienne, que ns revenions; Impér. reviens, revenons*› *itr* **1.** wieder=, zurück=kommen, wieder=, zurück=kehren *a. fig* (*à* zu *dat,* in *acc*); **2.** s-e Meinung ändern; sich *(von e-r Krankheit, e-m Schrecken)* erholen (*de qc* von etw); *(Irrtum, Anspruch)* auf=geben (*de qc* acc); **3.** *(Speise)* auf=stoßen (*à qn* jdm) *a. fig;* **4.** zu=kommen, -stehen; hinaus=laufen, -gehen (*à* auf *acc*), (letzten Endes) bedeuten (*à* acc); zu stehen kommen (*à* auf), kosten (*à* acc); **5.** wieder zurück=kommen, zu sprechen kommen (*sur qc* auf *acc*); **6.** ► *en ~ (Krankheit)* überstehen; **7.** ► *pour en ~ à ...* um zurück=zukommen auf *acc; ne pas en ~ de qc* etw nicht fassen, sich nicht genug über e-e S wundern können; **8.** ► *faire ~ (Fleisch)* an=braten, schmoren; **9.** ► *~ qn de qc* jdn von etw ab=bringen; **10.** ► *~ sur une décision* e-e Entscheidung widerrufen; *~ au même* auf dasselbe hinaus=laufen, -kommen; *~ à la question, au sujet, au fait, à ses moutons* wieder zur Sache kommen; *~ (à soi)* wieder zu sich kommen; sich wieder fassen; zur Besinnung kommen; **11.** ► *je n'en reviens pas* ich kann es nicht fassen; *il m'est revenu que* es ist mir zu Ohren gekommen, daß; *il me revient 10 francs* ich bekomme, *fam* kriege 10 Franken heraus; *cela revient à dire ...* das heißt mit ander(e)n Worten ...; *cela me revient de droit* das steht mir von Rechts wegen zu; *il n'y a pas à y ~* der Fall ist erledigt; *n'y revenez plus!* tun Sie das nicht noch mal!
revenu [Rəvny] *m* **1.** Einnahme *f,* Ertrag *m;* Einkommen *n;* **2.** *tech* Vergüten, Anlassen *n;* **3.** *pl* Einkünfte, Bezüge *pl;* **4.** ► *à ~ fixe* festverzinslich; **5.** ► *impôt m sur le ~* Einkommensteuer *f;* Erwerbsquelle *f;* **6.** ► *~ annuel* Jahreseinkommen *n.*
rêver [Re(ɛ)ve] **I.** *itr tr* **1.** träumen *a. fig* (*de qn, de qc* von jdm, von etw); **2.** phantasieren *a. fam fig;* Luftschlösser bauen; **3.** ► *~ à, sur qc* auf *acc* sinnen, über *acc* nach=sinnen, nach=denken, grübeln; **II.** *tr* **1.** träumen (*qc* von etw) *a. fig;* im Traum sehen; **2.** *fig* sich sehnen (*qc* nach etw), sich erträumen.
réverbération [RevɛRbeRasjɔ̃] *f* **1.** *(Licht, Wärme)* Rückstrahlung *f;* **2.** Widerschein *m a. fig;* **3.** Nachhall *m.* **réverbère** *m* Straßenlaterne *f.* **réverbérer** *tr* zurück=strahlen.
reverdir [RəvɛRdiR] **I.** *tr* ergrünen lassen; **II.** *itr* wieder grün werden.
révérence [RevɛRɑ̃s] *f* **1.** Ehrerbietung *f;* **2.** Knicks *m.* **révérend, e I.** *a* ehrwürdig; **II.** *m* Hochwürden *m.* **révérer** ‹*Prés. je révère, ns révérons; Fut. je révérerai; pp. révéré, e*› *tr* verehren.
rêverie [Rɛvri] *f* **1.** Träumerei *f;* **2.** Hirngespinst *n;* ► *s'abandonner à la ~* träumen, dösen; grübeln.
revers [RəvɛR] *m* **1.** Rückseite, linke Seite *f;* **2.** *fig* (harter) Schlag; Rück-, Fehlschlag; Mißerfolg *m, mil* Niederlage *f;* **3.** *(Kleidung)* Aufschlag, Revers *m;* **4.** *sport* Rückhand(schlag *m*) *f;* **5.** ► *~ de fortune* Schicksalsschlag *m; ~ de la main* Handrücken *m; ~ de la médaille (fig)* Kehrseite *f* (der Medaille).
reverser [RəvɛR] *tr* **1.** wieder ein=, nach=gießen; **2.** zurück=gießen; **3.** *jur* übertragen.
réversibilité [RevɛRsibilite] *f* **1.** *phys* Umkehrbarkeit *f;* **2.** *jur* Übertragbarkeit *f.* **réversible** *a* **1.** *phys* umkehrbar; **2.** *(Kleidung)* beiderseitig tragbar; **3.** *jur* rück-, heimfällig; übertragbar.
revêtement [Rəvɛtmɑ̃] *m* **1.** *arch* Verkleidung *a. tech;* Verschalung *f; (Möbel)* Bezug *m;* **2.** *tech* Mantel, Überzug *m;* Auskleidung *f;* **3.** (Straßen-)Decke *f;* ► *~ calorifuge, isolant* Wärme-, Isolierschutz *m.* **revêtir** ‹*Prés. je revêts, ns revêtons; Fut. je revêtrai; pp. revêtu, e; Subj. que je revête, que ns revêtions; Impér. revêts, revêtons*› *tr* **1.** *(Person)* an=kleiden, -an=ziehen; **2.** *fig* versehen, aus=statten (*de* mit) *a. jur;* kleiden (*de* in *acc*); **3.** *(Straße)* befestigen; *tech* ver-, aus=kleiden; **4.** ► *~ l'apparence* sich den Anschein geben (*de* gen *od* zu); *~ qn de pouvoirs* jdn bevollmächtigen, jdm Vollmacht erteilen.
rêveur, se [RɛvœR, -øz] **I.** *a* **1.** träumerisch, verträumt; **2.** nachdenklich; **II.** *s m f* Träumer(in *f*), Grübler *m.*
revient [Rəvjɛ̃] *m:* ► *prix m de ~* Gestehungs-, Fabrik-, Selbstkostenpreis *m.*
revirement [RəviRmɑ̃] *m* **1.** Umschlagen *n,* -schwung *m;* **2.** Schwenkung *f.*
réviser [Revize] *tr* **1.** revidieren, (über-)prüfen; **2.** *tech* überholen. **réviseur** *m* Revisor *m.* **révision** *f* **1.** Revision *a.*

typ, Durchsicht, Über-, Nachprüfung *f*; **2.** *jur* Wiederaufnahme *f*; **3.** Überholung *f*; **4.** *(Rente)* Neufestsetzung, Anpassung *f*; ▶ *faire une ~ (complète) (tech)* gründlich überholen (*de qc* etw); *conseil m de ~* Musterungskommission; *~ de la constitution* Verfassungsänderung *f*.

revivifier [ʀəvivifje] *tr fig* zu neuem Leben erwecken. **revivre** ⟨*s. vivre*⟩ **I.** *itr* **1.** zu neuem Leben erwachen; **2.** *fig* wiederauf=leben -blühen; *(Brauch, Mode)* wieder auf=kommen; sich erneuern; **II.** *tr (im Geist)* an sich vorüberziehen lassen; ▶ *faire ~* ins Leben zurück=rufen, zu neuem Leben erwecken.

révocable [ʀevɔkabl] *a* widerruflich; absetzbar. **révocation** *f* **1.** Widerruf(ung *f*) *m*; Aufhebung *f*; **2.** Absetzung, Entlassung *f*.

revoici, revoilà [ʀəvwasi, -la] *prp adv fam* da ist *bzw* sind wieder; ▶ *me ~* da bin ich wieder.

revoir [ʀəvwaʀ] ⟨*Prés. je revois, ns revoyons; Fut. je reverrai; pp. revu, e; Subj. que je revoie, que ns revoyions; Impér. revois, revoyons*⟩ **I.** *tr* **1.** wieder=sehen, -treffen, wieder begegnen (*qn* jdm); *theat* noch einmal ansehen; **2.** überprüfen; durch=sehen, -gehen, revidieren; **II.** *v prn se ~* sich sehen, (be)finden; sich wieder=sehen; wieder zu sehen sein; **III.** *s m* Wiedersehen *n*; ▶ *au ~!* auf Wiedersehen!

révoltant, e [ʀevɔltɑ̃, -ɑ̃t] *a* empörend. **révolte** *f* **1.** Aufruhr, -stand *m a. fig*, Revolte *f*; **2.** Auflehnung *f*. **révolté, e I.** *a* aufrührerisch, -sässig; **II.** *s m* Aufständische(r), -rührer *m*. **révolter I.** *tr* auf=wiegeln; in Empörung versetzen; **II.** *v prn se ~* **1.** sich erheben (*contre* gegen) *a. fig*, revoltieren; **2.** *fig* sich entrüsten.

révolu, e [ʀevɔly] *a* **1.** *astr (Umlauf)* vollendet; **2.** *(Zeit)* abgelaufen, verstrichen, vergangen; ▶ *à 80 ans ~s* mit der *od* nach Vollendung des 80. Lebensjahres; *avoir 80 ans ~s* volle 80 Jahre alt sein.

révolution [ʀevɔlysjɔ̃] *f* **1.** Revolution *f*, Umsturz *m*, Umwälzung *f*, Umschwung *m*; **2.** *astr* Umlauf *m*; **3.** *math* Drehung *f*; ▶ *la ~ culturelle* die Kulturrevolution; *la R~ française* die Französische Revolution; *la ~ industrielle* die industrielle Revolution. **révolutionnaire I.** *a* revolutionär, umstürzlerisch; *(Maßnahmen)* umstürzend; Revolutions-; **II.** *s m* Revolutionär *m*. **révolutionner** *tr* **1.** in Aufregung versetzen, bestürzen, verwirren, auf=wühlen; **2.** *(Industrie)* revolutionieren.

revolver [ʀevɔlvɛʀ] *m* Revolver *m*.

révoquer [ʀevɔke] *tr* **1.** *(Vertrag)* widerrufen, auf=heben, annullieren; **2.** *(Beamten)* ab=setzen, entlassen.

revouloir [ʀəvulwaʀ] ⟨*s. vouloir*⟩ *tr (fam)* ▶ *tu en reveux?* willst du noch etwas davon?

revue [ʀəvy] *f* **1.** Zeitschrift, Rundschau, Revue *f*; **2.** *theat* Revue *f*; **3.** Übersicht *f*, Bericht *m*; **4.** *mil* Appell *m*, Parade *f*; **5.** ▶ *être de la ~ (pop)* das Nachsehen haben; *passer en ~* durchsehen, -gehen, (genau) prüfen; *mil (Truppe)* die Front abschreiten; **6.** ▶ *année f passée sous ~* Berichtsjahr *n*; *~ de modes* Modenschau *f*; *~ de (la) presse* Presserundschau *f*, -spiegel *m*.

révulsé, e [ʀevylse] *a*: ▶ *les yeux ~s* mit verdrehten Augen. **révulsion** *f med* Ableitung *f*.

rez-de-chaussée [ʀedʃose] *m inv* Erdgeschoß *n*.

rhabiller [ʀabije] *tr* wieder an=ziehen, -kleiden; ▶ *va te ~!* geh nach Hause!

rhénan, e [ʀenɑ̃, -an] *a* rheinisch; Rhein-; *R~, e s m f* Rheinländer(in *f*) *m*. **Rhénanie, la** das Rheinland; ▶ *la R~-Palatinat* Rheinland-Pfalz *n*; *la ~-(du-Nord-) Westphalie* Nordrhein-Westfalen *n*.

rhéostat [ʀeɔsta] *m el* Rheostat *m*.

rhésus [ʀezys] *m* **1.** *zoo* Rhesusaffe *m*; **2.** ▶ *facteur m ~* Rh-Faktor *m*.

rhéteur [ʀetœʀ] *m* Phrasendrescher *m*. **rhétorique I.** *f* **1.** Redekunst *f*; **2.** *péj* Phrasendrescherei *f*; **II.** *a* rhetorisch.

rhéto-roman, e [ʀetɔʀɔmɑ̃, -an] *a* rätoromanisch.

Rhin, le [ʀɛ̃] der Rhein.

rhinite [ʀinit] *f med* Schnupfen *m*, Nasenschleimhautentzündung *f*.

rhinocéros [ʀinɔseʀɔs] *m zoo* Rhinozeros, Nashorn *n*.

rhodanien, ne [ʀɔdanjɛ̃, -ɛn] *a geog* Rhone-.

rhododendron [ʀɔdɔdɛ̃dʀɔ̃] *m bot* Rhododendron *n*.

Rhône, le [ʀon] *geog* die Rhone.

rhubarbe [ʀybaʀb] *f* Rhabarber *m*.

rhum [ʀɔm] *m* Rum *m*.

rhumatisant, e [ʀymatizɑ̃] *m f* Rheumatiker(in *f*) *m*. **rhumatismal, e** *a* rheumatisch. **rhumatisme** *m* Rheuma (-tismus *m*) *n*; ▶ *~ articulaire* Gelenkrheumatismus *m*. **rhumatologie** *f* Rheumatologie *f*. **rhumatologique** *a* rheumatologisch. **rhumatologie** *m f* Rheumatologe *m*.

rhume [ʀym] *m* Katarrh *m*, Erkältung *f*; ▶ *attraper, (fam) prendre un ~* Schnupfen bekommen; ▶ *~ de cerveau* Schnupfen, Husten *m*.

riant, e [ʀjɑ̃, -ɑ̃t] *a* fröhlich, heiter; angenehm.

ribambelle [ʀibɑ̃bɛl] *f fam* (ganze) Reihe, Menge *f*, (ganzer) Haufen *m* (*de* gen).

ribote [ʀibɔt] *f pop* Sauferei *f*.

ribouis [ʀibwi] *m arg* (alter) Schuh *m*.
ribouldingue [ʀibuldɛ̃g] *f arg* Remmidemmi, wüste(s) Gelage *n*.
ricanement [ʀikanmɑ̃] *m* **1.** Spottgelächter *n;* **2.** Grinsen; Gekicher *n*. **ricaner** *itr* **1.** höhnisch, hämisch *od* albern lachen; **2.** grinsen, kichern. **ricaneur, se** *a* grinsend.
ricrac [ʀikʀak] *adv fam* haargenau; ▶ *payer* ~ auf Heller u. Pfennig bezahlen.
richard [ʀiʃaʀ] *m fam* Krösus, schwerreiche(r) Mann *m*. **riche I.** *a* **1.** reich *a. fig* (*en* an *dat*); wohlhabend, vermögend; **2.** fruchtbar, ergiebig *a. fig;* **3.** gehaltvoll; **4.** kostbar, prächtig; **5.** vielfältig; **6.** *pop* gewaltig, großartig; **II.** *s m* **1.** Reiche(r) *m;* **2.** ▶ ~ *en fruits, en poissons* obst-, fischreich; **3.** ▶ *mélange m* ~ *(mot)* gasreiche(s) Gemisch *n; nouveau* ~ Neureiche(r) *m; trop* ~ *(Nahrung)* zu fett; *(Gas)* übersättigt. **richement** *adv* reich, gut. **richesse** *f* **1.** Reichtum *a. fig* (*en* an *dat*); Wohlstand *m*, Wohlhabenheit *f;* **2.** Überfluß *m*, (Über-)Fülle *f;* Fruchtbarkeit, Ergiebigkeit *f;* **3.** Kostbarkeit, Pracht *f;* **4.** *pl* Reichtümer, Schätze *m pl; com* Güter *n pl;* ▶ ~*s du sol* Bodenschätze *m pl*. **richissime** *a fam* stein-, schwerreich.
ricin [ʀisɛ̃] *m bot* Rizinus *m*.
ricocher [ʀikɔʃe] *itr* ab=prallen (*sur* von *dat*). **ricochet** [-ʃɛ] *m* Abprall *m;* ▶ *par* ~ indirekt; auf Umwegen.
rictus [ʀiktys] *m* krampfhafte(s) Lachen *n*.
ride [ʀid] *f* **1.** Runzel, Falte *a. fig; allg* Rille *f;* **2.** *pl* Kräuselung *f (auf dem Wasser)*. **ridé, e** *a* runzelig, faltig; schrump(e)lig, welk; *(Wasserfläche)* gekräuselt.
rideau [ʀido] *m* **1.** Gardine *f*, Vorhang *m a. theat;* **2.** *fig* Schleier *m;* **3.** Baumwand *f;* **4.** ▶ *lever, baisser le* ~ *(theat)* den Vorhang auf=ziehen, fallen lassen; *se tenir derrière le* ~ *(fig)* sich im Hintergrund halten; nicht ans Tageslicht treten; *tirer le* ~ den Vorhang, die Gardine auf= *od* zu=ziehen; *sur qc (fig)* e-n Schleier über e-e S breiten, etw auf sich *(dat)* beruhen lassen; **5.** ▶ ~ *de fer (theat)* eiserne(r) Vorhang *m; a. pol* Eiserne(r) Vorhang *m*.
rider [ʀide] **I.** *tr (Stirn)* in Falten ziehen; *(Wasserfläche)* kräuseln; **II.** *v prn se* ~ faltig, runz(e)lig werden.
ridicule [ʀidikyl] **I.** *a* **1.** lächerlich, lachhaft; **2.** lächerlich, gering; **II.** *s m* Lächerlichkeit *f;* ▶ *tomber dans le* ~ sich lächerlich machen; *tourner qn en* ~ jdn lächerlich machen. **ridiculiser (, se)** *tr* und *v prn* (sich) lächerlich machen.
rien [ʀjɛ̃] **I.** *unbest. prn* etwas; (so gut wie) nichts; *beim v:* ▶ *ne* ... ~ nichts; **II.** *s m* **1.** Nichts *n;* Kleinigkeit *f;* **2.** *pl* Kleinigkeiten, Bagatellen, Lappalien, Nichtigkeiten *f pl;* **III.** *adv pop* **1.** tüchtig, gewaltig; furchtbar, schrecklich *adv;* **2.** ▶ ~ *d'autre* nichts anderes, weiter nichts; *comme si de* ~ *n'était* als wenn nichts geschehen, *fam* los wäre; *de* ~ unbedeutend, belanglos; macht nichts, hat nichts zu sagen; ~ *de* ~ rein gar nichts, absolut nichts; *en moins de* ~, *en un* ~ *de temps* im Nu; ~ *moins que* ... keineswegs ...; ~ *de moins (que)* nichts weniger (als); *si peu que* ~ so gut wie nichts; ~ *de plus* weiter nichts; *pour* ~ (*fam* für) umsonst, für nichts u. wieder nichts; *pour* ~ *au monde* nicht um alles in der Welt; ~ *que* nichts als, nur; ~ *qu'en (entrant)* schon beim (Eintreten); ~ *que d'y penser* wenn ich bloß, nur daran denke; ~ *du tout* wirklich, gar, *fam* absolut nichts; *sans* ~ *dire* ohne ein Wort, *fam* e-n Ton zu sagen; **3.** ▶ *n'être pour* ~ *dans qc* mit etw nichts zu tun, zu schaffen haben; *se fâcher pour un* ~ sich über jede Kleinigkeit, *pop* über jeden Dreck ärgern; *ne* ~ *faire* nichts tun, nicht arbeiten, arbeitslos sein, *fam* feiern; nichts verkaufen *od* ab=setzen *od* los=werden; *n'en* ~ *faire* nichts dergleichen tun; *faire semblant de ne* ~ *voir* so tun, als sähe man nichts, als ob man nichts sähe; **4.** ▶ *il n'y a* ~ *à dire à cela* dazu ist nichts zu sagen; dagegen ist nichts einzuwenden; *ce n'est* ~ das ist nicht schlimm, das hat nichts zu sagen, zu bedeuten; *ce n'est pas* ~ das ist allerhand! *il n'en est* ~ da ist nichts daran, das ist nicht der Fall; *cela ou* ~, *c'est tout un* das ist so gut wie gar nichts; *cela ne fait* ~ das macht nichts; *il ne faut jurer de* ~ man kann nie wissen; *il ne m'est* ~ er bedeutet mir nichts; *il est parti de* ~ er hat mit nichts angefangen; *il ne reste plus* ~ das wäre, ist alles; **5.** ▶ *un, une* ~*-du-tout* hergelaufene(r) Mensch; Taugenichts *m*.
rieur, se [ʀjœʀ, -øz] **I.** *a* lachlustig; lachend; **II.** *s m f* Lacher(in *f*) *m;* ▶ *avoir les* ~*s de son côté* die Lacher auf s-r Seite haben.
rififi [ʀififi] *arg m* Keilerei *f*.
riflard [ʀiflaʀ] *m* **1.** Raspel *f (grobe Feile);* Spa(ch)tel *m* od *f;* **2.** *fam* große(r) Regenschirm *m*.
rigide [ʀiʒid] *a* steif, starr *a. tech; fig* streng, starr. **rigidité** *f* **1.** Steifheit; Starre, Starrheit *f a. fig;* **2.** *fig* Strenge; Starrköpfigkeit *f*.
rigolade [ʀigɔlad] *f pop* Scherz, Spaß, Ulk *m*. **rigolard, e** *a fam* fröhlich, lustig.
rigole [ʀigɔl] *f* Rinne *f*, Abzugsgraben *m*.
rigoler [ʀigɔle] *itr fam* lachen; lustig sein; Spaß, Ulk machen. **rigolo I.** *a fam* **1.** lustig, spaßig; **2.** komisch; **II.** *s m* **1.** Spaßvogel *m;* **2.** *arg* Revolver *m*.

rigorisme [RigɔRism] *m* (Sitten-)Strenge, Unduldsamkeit *f.* **rigoriste** *a* u. *s m f* (sitten-)streng(er Mensch *m*). **rigoureux, se** *a* **1.** streng, rigoros; peinlich gewissenhaft, übergenau; unnachsichtig; hart, unerbittlich; *(Klima)* rauh; **2.** unbestreitbar, unwiderlegbar; uneingeschränkt. **rigueur** [-gœr] *f* Strenge, Härte; Unnachsichtigkeit, Unerbittlichkeit *f;* ▶ *à la* ~ im Notfall, äußersten-, schlimmstenfalls; *de* ~ unerläßlich; *tenir* ~ übel=nehmen (*de qc à qn* jdm e-e S).

rillettes [Rijɛt] *f pl* gebratene(s) Schweinemett, Hackfleisch *n.* **rillons** *m pl* Grieben *f pl.*

rimailler [Rimɑje] *itr fam* Reime schmieden. **rimailleur, se** *m f* Reimschmied *m.* **rime** *f* Reim *m;* ▶ *n'avoir ni* ~ *ni raison* weder Sinn noch Verstand haben. **rimer I.** *itr* reimen, Verse machen; sich reimen *a. fig;* **II.** *tr* in Verse bringen; ▶ *ne* ~ *à rien* keinen Sinn haben; *à quoi ça rime? fam* was soll das heißen? **rimeur** *m* Reimschmied *m.*

rinçage [Rɛ̃saʒ] *m* Spülen *n.* **rincée** *f pop* **1.** Abreibung, Tracht *f* Prügel; **2.** (Regen-)Guß *m.* **rincer** ‹*Prés. je rince, ns rinçons; Fut. je rincerai; pp. rincé, e*› **I.** *tr* **1.** (ab=, aus=, nach=)spülen; **2.** *fam* durchweichen, -nässen; **II.** *v prn* ▶ *se* ~ *la dalle (pop)* e-n heben, hinter die Binde gießen; *se* ~ *l'œil (fam)* Stilaugen machen. **rinceur, se** *m f* **1.** Geschirr-, Tellerwäscher(in *f*) *m;* **2.** *m f* Spülmaschine *f.* **rinçure** *f* Spülwasser *n a. fam.*

ring [Riŋ] *m* (Box-)Ring *m;* ▶ *monter sur le* ~ in den Ring steigen.

ripaille [Ripɑ(a)j] *f fam* Schlemmerei *f;* ▶ *faire* ~. **ripailler** *itr fam* schlemmen.

ripaton [Ripatɔ̃] *m pop* Fuß *m.*

riper [Ripe] **I.** *tr* **1.** *arch* ab=kratzen, -schaben; **2.** *mar* schlieren, gleiten lassen; **II.** *itr* **3.** gleiten, rutschen; **4.** *arg* abhauen, verduften.

ripoliné, e [Ripɔline] *a* mit Lackfarbe gestrichen.

riposte [Ripɔ̂st] *f* **1.** *(Fechten)* Gegenstoß *m;* **2.** *fig mil* Gegenschlag *m;* **3.** schnelle Antwort *f;* ▶ *être prompt à la* ~ nicht auf den Mund gefallen, um e-e Antwort nicht verlegen sein; ~ *graduée (mil)* flexible Antwort *flexible response f.* **riposter** *itr* **1.** *mil fig* e-n Gegenschlag führen, zurückschlagen; **2.** schlagfertig antworten (*à* auf *acc*); **3.** *(Fechten)* ripostieren.

riquiqui [Rikiki] *fam* winzig; armselig.

rire [RiR] ‹*Prés. je ris, ns rions; Fut. je rirai; pp. ri, -; Subj. que je rie, que ns riions; Impér. ris, rions*› **I.** *itr* **1.** lachen; **2.** sich lustig machen, spotten (*de* über *acc*); aus=, verlachen, verspotten (*de qn* jdn); **3.** spaßen, scherzen; **II.** *v prn* ▶ *se* ~ *de qn* jdn auslachen; *de qc* e-r S spotten; nicht ernst nehmen (*de qc* etw); **III.** *s m* **1.** Lachen, Gelächter *n;* **2.** ▶ *pour* ~ zum Spaß, im Scherz; **3.** ▶ *prêter à* ~ zum Lachen heraus=fordern; *pouffer, se pâmer de* ~ platzen, sich den Bauch halten vor Lachen; *se tordre de* ~ sich biegen vor Lachen; ~ *du bout des dents, des lèvres,* ~ *jaune* gezwungen lachen; ~ *sous cape, dans sa barbe* sich ins Fäustchen lachen; ~ *aux éclats, à gorge déployée* schallend, laut los=lachen; ~ *aux larmes* Tränen lachen; **4.** ▶ *il n'y a pas là de quoi* ~ da ist, da gibt's nichts zu lachen; *on a tous eu le fou* ~ wir alle haben Tränen gelacht.

ris [Ri] *m* **1.** (Kalbs-, Lamm-)Brieschen, Bröschen *n;* **2.** *mar* Reff *n.* **risée** *f* **1.** (schallendes, allgemeines) Gelächter *n;* Spott *m,* Gespött *n (a. Person);* **2.** *mar* (starke) Bö *f.* **risette** *f* (fröhliches) Kinderlachen *n;* ▶ *faire* ~ *à qn (Kind)* jdn anlachen. **risible** *a* lächerlich.

risque [Risk] *m* **1.** Gefahr *f,* Wagnis; *com* Risiko *n;* **2.** ▶ *à* ~*(s)* Risiko-; *au* ~ *de* auf die Gefahr *gen* hin; *à tout* ~ auf gut Glück; *à ses* ~*s et périls* auf eigene Rechnung u. Gefahr; **3.** ▶ *comporter des* ~*s* Gefahren mit sich bringen; *courir un* ~ sich e-r Gefahr aus=setzen, Gefahr laufen; *prendre un* ~ ein Risiko auf sich nehmen; *c'est un* ~ *à courir* das Risiko muß man auf sich nehmen; **4.** ▶ *assurance f contre les* ~*s du transport* Transportversicherung *f;* ~ *des affaires, d'entrepreneur, d'exploitation* Geschäfts-, Unternehmer-, Betriebsrisiko *n.* **risque-tout** *m (inv)* Wagehals, Draufgänger *m.* **risqué, e** *a* gewagt. **risquer I.** *tr* wagen; aufs Spiel setzen; *fam* riskieren (*de* zu); **II.** *v prn se* ~ sich einlassen, sich wagen (*dans* in *acc; à faire* zu tun); ▶ ~ *le tout pour le tout* alles aufs Spiel, auf e-e Karte setzen; *le temps risque de changer* es kann sein, daß sich das Wetter ändert.

rissole [Risɔl] *f Art* Pastete *f.* **rissoler I.** *tr (Küche)* goldbraun braten; **II.** *v prn se* ~ braun werden; ▶ *se faire* ~ *(fam)* sich *(von der Sonne)* braun braten lassen.

ristourne [RistuRn] *f* **1.** *com* Rückvergütung *f;* **2.** *mar* Ristorno *m;* **3.** ▶ ~ *de prime* Prämienrückvergütung *f.* **ristourner** *tr com* rückvergüten.

rite [Rit] *m rel* Ritus *m.*

ritournelle [RituRnɛl] *f* **1.** *mus* Ritornell *n;* **2.** *fig fam* alte Leier *f.*

rituel, le [Ritɥɛl] **I.** *a rel* rituell; **II.** *s m* Ritual *n (a. Buch).*

rivage [Rivaʒ] *m* Ufer *n;* Küste(nstrich *m*) *f,* Strand *m.*

rival, e [Rival] **I.** *s m f* Rivale *m,* Rivalin *f;* Nebenbuhler(in *f*) *m;* **II.** *a* rivalisierend. **rivaliser** *itr* rivalisieren, wetteifern (*de qc avec qn* mit jdm in e-r S).

rivalité *f* Rivalität *f;* Wetteifer, -streit *m.*
rive [ʀiv] *f* Ufer *n;* ▶ *pain m de* ~ durchgebackene(s) Brot *n.*
river [ʀive] *tr* **1.** (ver)nieten; **2.** *fig* zs.=schweißen, anea.=binden, -fesseln; ▶ ~ *son clou à qn (fam)* jdm die passende Antwort geben; jdn zum Schweigen bringen.
riverain, e [ʀivʀɛ̃, ɛn] **I.** *a* an e-m Fluß, Wald, an e-r Straße wohnend; **II.** *s m f* Anwohner(in *f*), -lieger(in *f*), -rainer *m.*
rivet [ʀivɛ] *m tech* Niet(e *f*) *m.* **riveter** *tr* (ver)nieten.
rivière [ʀivjɛʀ] *f* Fluß *m;* ▶ *sur la* ~ (unmittelbar) am Fluß; ~ *(de diamants)* Diamantenkollier *n.*
rixe [ʀiks] *f* Schlägerei, Rauferei *f.*
riz [ʀi] *m* Reis *m;* ▶ *potage m au* ~ Reissuppe *f; poule f au* ~ Huhn *n* auf Reis. **riziculture** *f* Reisbau *m.* **rizière** *f* Reisfeld *n.*
RMI [ɛʀɛmi] *m* ▶ ~ Sozialhilfe *f.* **RMIste** *m f* ▶ ~ Sozialhilfeempfänger(in *f*) *m.*
robe [ʀɔb] *f* **1.** (Damen-, Kinder-)Kleid *n;* **2.** Robe *f,* Talar *m;* **3.** *(Frucht)* Hülse; *(Zwiebel)* Schale *f;* **4.** *(Zigarre)* Deckblatt *n;* **5.** *(gens pl de)* ~ Richter u. Anwälte *m pl;* ▶ *pommes f pl de terre en* ~ *de chambre* Pellkartoffeln *f pl;* ~ *d'après-midi, de bal, de fillette, d'intérieur, de mariée, de soirée* od *du soir, de sport, de ville* Nachmittags-, Ball-, Kinder-, Haus-, Braut-, Abend-, Sport-, Straßenkleid *n;* ~ *de chambre* Morgen-, Schlafrock *m.*
robinet [ʀɔbinɛ] *m tech* Hahn *m;* ▶ *fermer le* ~ den Hahn zu=drehen; *ouvrir, tourner le* ~ den Hahn auf=drehen; ~ *à eau, d'essence, à gaz* Wasser-, Benzin-, Gashahn *m;* ~ *d'eau tiède (fig fam)* langweilige(r) Schwätzer *m.* **robinetterie** *f* Armatur(en *pl*) *f.*
robinier [ʀɔbinje] *m bot* Robinie, (falsche) Akazie *f.*
robot [ʀɔbo] *s m* Roboter *a. fig; (Küche)* Mixer *m;* ~ *domestique* Heimroboter *m;* ~ *industriel* Industrieroboter *m.* **robotique** *f* Robotik *f,* Robotertechnik *f.* **robotisation** *f* Automatisierung *f.* **robotiser** *tr* automatisieren.
robuste [ʀɔbyst] *a* stark, kräftig, stämmig, robust; strapazier-, widerstandsfähig; *(Maschine)* stabil (gebaut). **robustesse** *f* Widerstandsfähigkeit, Robustheit *f.*
roc [ʀɔk] *m* Fels(en) *m,* Felsgestein *n.*
rocade *f* Umgehungs-, Ringstraße *f;* ▶ ~ *autoroutière* Autobahnzubringer *m;* ~ *de verdure* Grüngürtel *m.* **rocaille** [-ɑ(a)j] **I.** *s f* **1.** steinige(r) Boden *m;* **2.** *(Kunst)* Muschelwerk *n,* -verzierung *f;* **II.** *a* Rokoko-; *style m* ~ Rokoko(stil *m*) *n.* **rocailleux, se** *a* **1.** steinig; **2.** *fig (Stil)* holp(e)rig; **3.** *(Stimme)* rauh.
rocambolesque [ʀɔkɑ̃bɔlɛsk] *a fam* phantastisch, unglaublich.
roche [ʀɔʃ] *f* **1.** Fels(block *m,* -gestein *n*), Felsen *m;* **2.** *min* Gestein *n; (Edelstein)* Einschluß *m;* ▶ *clair comme (de) l'eau de* ~ sonnenklar; *cristal m de* ~ Bergkristall *m;* ~*s primitives* Urgestein *n.*
rocher *s m* **1.** Fels(en) *m;* Klippe *f;* **2.** *anat* Felsenbein *n.* **rocheux, se** *a* felsig.
rocking-chair [ʀɔkiŋʃɛʀ] *m* Schaukelstuhl *m.*
rococo [ʀɔkoko] **I.** *s m* Rokoko *n;* **II.** *a inv* **1.** Rokoko-; **2.** verschnörkelt, altmodisch *(a. Stil).*
rodage [ʀɔdaʒ] *m* **1.** *tech mot* (Ventil-)Einschleifen; *mot* Einfahren *n;* **2.** *fig* Anlaufzeit *f.* **roder** *tr* **1.** *tech (Auto)* einfahren; *(Ventile)* einschleifen; **2.** *fig* ▶ *être rodé (Person)* eingearbeitet sein; *(Sache)* angelaufen sein.
rôder [ʀode] *itr* umher=schweifen, -streifen; herum=schleichen (*autour de* um); herum=lungern. **rôdeur, se** *s m f* Vagabund(in *f*), Strolch *m.*
rodomontade [ʀɔdɔmɔ̃tad] *f* Prahlerei *f.*
rogations [ʀɔgasjɔ̃] *f pl rel* Bittgänge *m pl.*
rogaton [ʀɔgatɔ̃] *m meist pl* Speisereste *m pl.*
rognage [ʀɔɲaʒ] *m (Buch)* Beschneiden *n.*
rogne [ʀɔɲ] *fam* Stinkwut *f.*
rogner [ʀɔɲe] *tr* **1.** beschneiden *a. fig,* stutzen; **2.** *fig (Beträge)* kürzen; **3.** ▶ ~ *les ailes à qn (fig fam)* jdm die Flügel stutzen; ~ *le pouvoir d'achat* den Geldwert aushöhlen.
rognon [ʀɔɲɔ̃] *m* Niere *f (als Speise).*
rognonner [ʀɔɲɔne] *itr fam* brumme(l)n, etw in den Bart murmeln.
rognure [ʀɔɲyʀ] *f* Schnipsel *m,* Schnitzel *n* od *m pl a. fig.*
rogue [ʀɔg] **I.** *a* hochmütig, -fahrend, abweisend; **II.** *s f (Fisch)* Rogen *m.*
rogué, e [ʀoge] *a:* ▶ *poisson m* ~ Rogener *m.*
roi [ʀwa] *m* König *m a. fig;* ▶ *fête f des Rois* Dreikönigstag *m,* Erscheinungsfest *n.* **roide** [ʀwad] *a vx s.* raide.
roitelet [ʀwatlɛ] *m orn* Goldhähnchen *n;* Zaunkönig *m.*
rôle [ʀol] *m* **1.** *theat fig* Rolle *f;* **2.** Liste, Aufstellung *f,* Verzeichnis *n;* ▶ *à tour de* ~ der Reihe nach, *allg* nachea.; turnusgemäß; *distribuer les* ~*s* die Rollen verteilen; *jouer un grand, petit* ~ *(fig)* e-e große, geringe Rolle spielen; *premier* ~ Hauptrolle *f,* -darsteller *m.*
romain, e [ʀɔmɛ̃, -ɛn] **I.** *a* römisch *(a. Ziffer);* **II.** ▶ **Romain, e** *s m f* Römer(in *f*) *m.* **roman, e I.** *a (Sprache, Kunst)* romanisch; **II.** *s m* **1.** Vulgärla-

tein *n;* **2.** Roman *m;* **3.** ► ~ *d'anticipation, d'aventures, épistolaire, historique, de mœurs, policier, psychologique* Zukunfts-, Abenteuer-, Brief-, historische(r), Sitten-, Kriminal-, psychologische(r) Roman *m.* **roman-feuilleton** *m* Fortsetzungs-, Zeitungsroman *m.* **roman-fleuve** *m* Romanzyklus *m.* **roman-noir** *m* Schauerroman *m.* **roman-photo** *m* Photoroman *m.*

romance [ʀɔmɑ̃s] *f* Romanze *f.* **romancer** *tr* in Romanform bringen.

romanche [ʀɔmɑ̃ʃ] *m gram* Rätoromanisch *n,* das Rätoromanische; *R~s m pl* Rätoromanen *m pl.*

romancier, ère *m f* Romanschriftsteller(in *f*) *m.*

romand, e [ʀɔmɑ̃, -d] *a:* ► *la Suisse romande* die französische Schweiz.

romanesque [ʀɔmanɛsk] *a* **1.** romanhaft; **2.** phantastisch, schwärmerisch.

romani [ʀɔmani] *m,* **romanichel, le** *m f* Zigeuner(in *f*) *m.*

romaniste [ʀɔmanist] *m* Romanist *m.*

romantique [ʀɔmɑ̃tik] **I.** *a* romantisch; **II.** *s m f* Romantiker(in *f*) *m.* **romantisme** *m* Romantik *f.*

romarin [ʀɔmaʀɛ̃] *m bot* Rosmarin *m.*

rombière [ʀɔʀɔ̃bjɛʀ] *f fam* alte Schachtel *f.*

Rome [ʀɔm] *f* Rom *n.*

rompre [ʀɔ̃pʀ] ‹*Prés. je romps, ns rompons; Fut. je romprai; pp. rompu, -; Subj. que je rompe, que ns rompions; Impér. romps, rompons*› **I.** *tr* **1.** zer-, ausea.=, ab=, auf=, durch=brechen; *(Fesseln)* zerreißen *a. fig; (Straße)* auf=reißen, -wühlen; *(Gewalt, Naturkraft)* brechen, hemmen, (ab=)schwächen, ein=dämmen; *(Gleichförmigkeit)* unterbrechen, *(Gleichgewicht)* stören; **2.** *fig (Vertrag, Gelübde)* brechen, verletzen, nicht (ein=)halten; *(Kauf)* rückgängig machen; *(Beziehungen, Unterhaltung, Unternehmen)* ab=brechen; *(Sitzung)* auf=heben, schließen, *(Versammlung)* auf=lösen; *(Ordnung)* durchbrechen; *(Leidenschaft)* überwinden; *(Anstrengung) fam* fertig=machen; *(Jagd) (Hunde)* zurück=rufen; **II.** *itr* **1.** brechen, (zer)reißen, (zer)springen; **2.** *fig* brechen, *fam* Schluß machen (*avec, qn, qc* mit jdm, e-r S); **III.** *v prn se* ~ **1.** (zer)brechen, (zer-, ab=)reißen; **2.** ► *applaudir à tout* ~ tobenden, tosenden Beifall spenden (*qn* jdm); ~ *à l'amiable* im guten ausea.=gehen; ~ *le cou à qn* jdm den Hals um=drehen; ~ *les desseins de qn* jdm e-n Strich durch die Rechnung machen; ~ *la glace (fig)* das Eis brechen, zum Schmelzen bringen; ~ *une lance (fig)* e-e Lanze brechen, ein (gutes) Wort ein=legen (*pour* für); ~ *les os à qn* jdn windelweich schlagen. **rompu, e** *a* **1.** ge-, zerbrochen; **2.** gewöhnt (*à* an *acc*), vertraut (*à* mit), bewandert (*à* in *dat*); **3.** ► *à bâtons ~s* mit Unterbrechungen; ohne Zs.hang; ~ *de fatigue* wie gerädert, völlig zerschlagen.

ronce [ʀɔ̃s] *f bot* Brombeerstrauch *m.*

ronchonner [ʀɔ̃ʃɔne] *itr fam* brumme(l)n, knurren. **ronchonneur, se** *m f fam* Brummbär *m.*

rond, e [ʀɔ̃, ʀɔ̃d] **I.** *a* **1.** rund *(a. Gesicht, Zahl);* **2.** *(Geldbörse)* prall, voll; *(Summe)* rund, nett, bedeutend; *(Stimme)* voll, kräftig; **3.** *fam (Mensch)* rundlich, klein u. dick; **II.** *adv* **1.** *fig* frei, offen, geradeheraus; **2.** *fam* besoffen; **III.** *s m* **1.** Rund(ung *f*) *n,* Kreis *m;* **2.** *fam* Geld *n;* **IV.** *s f* **1.** Runde *f a. sport,* Rund-, Kontrollgang *m;* Kontrollstrecke *f;* **2.** Rundschrift *f;* **3.** Rundgesang, -tanz; Reigen *m;* **4.** *mus* ganze Note *f;* **5.** ► *à la ~e* in der Runde, im Umkreis; im Kreise (herum); *en* ~ im Kreise; *en nombre* ~ rund (gerechnet) *adv; tout* ~ *(Betrag)* ganz genau; **6.** ► ~ *en affaires (com)* schnell von Entschluß; *~-de-cuir m* Aktenmensch *m;* *~e éliminatoire, finale (sport)* Ausscheidungs-, Endrunde *f;* *~e des six jours* Sechstagerennen *n.* **rond-point** *m (Stadt)* runde(r) Platz, Stern *m;* ~ *de serviette* Serviettenring *m.* **rondelet, te** *a* **1.** *fam* rundlich; *(Frau)* mollig; *(Bauch)* stattlich; **2.** *(Portemonnaie)* prall. **rondelle** *f* **1.** Scheibe *f;* **2.** *(Ski)* Schneeteller *m;* **3.** Dichtungsring *m.* **rondement** *adv* **1.** prompt, flink, schnell; eifrig, schwungvoll, mit Schwung *od* Nachdruck; **2.** geradeheraus; ► *y aller* ~ unbeirrt auf sein Ziel zu=gehen. **rondeur** *f* **1.** Rundung *f;* **2.** *fig* Offenheit, Geradheit *f,* Freimut *m.* **rondin** *m* Rund-, Knüppelholz *n;* ► *cabane f en ~s* Blockhütte *f.*

ronéotyper [ʀɔneotipe] *tr* vervielfältigen.

ronflant, e [ʀɔ̃flɑ̃, -ɑ̃t] *a* **1.** schnarchend; dröhnend; **2.** *fig* großsprecherisch, hochtrabend. **ronflement** [-flə-] *m* **1.** Schnarchen; **2.** *(Motor)* Brummen, Dröhnen *n.* **ronfler** *itr* **1.** schnarchen; **2.** *(Motor)* dröhnen. **ronfleur** *m* **1.** Schnarcher *m;* **2.** *tele* Summer *m.*

rongé, e [ʀɔ̃ʒe] *a* **1.** zerfressen; **2.** *fig* verlebt; **3.** *(Papier, Buch)* beschnitten; ► ~ *de chagrin* vergrämt, verhärmt. **rongeant, e** *a (Geschwür)* fressend; *fig (Kummer)* nagend; *(Sorgen)* quälend, lastend, drückend. **ronger** ‹*Prés. je ronge, ns rongeons; pp. rongé, e*› **I.** *tr* **1.** be-, an=, zernagen; zerfressen; **2.** kauen, herum= beißen (*qc* auf, an e-r S); **3.** zerfressen, ätzen, an=greifen; **4.** unterwühlen, -spülen, aus=waschen; **5.** *fig* nagen (*qn, qc* an jdm, e-r S), quälen, keine Ruhe lassen (*qn* jdm); **II.** *v prn se* ~ **1.** *fig* sich verzehren, vergehen (*de* vor

dat); **2.** ▶ *se ~ les ongles* an den Nägeln kauen. **rongeur, se I.** *a* nagend; **II.** *s m pl* Nagetiere *n pl.*
ronron, ronronnement [ʀɔ̃ʀɔ̃, -ɔnmɑ̃] *m* **1.** *(Katze)* Schnurren; **2.** *(mot)* Surren *n;* **3.** *fig* Monotonie, Routine *f.* **ronronner** *tr* **1.** *(Katze)* schnurren; **2.** *(Motor)* surren.
roque [ʀɔk] *m (Schach)* Rochade *f.*
roquefort [ʀɔkfɔʀ] *m* Roquefort *m (Käse).*
roquer [ʀɔke] *itr (Schach)* rochieren.
roquet [ʀɔkɛ] *m* **1.** Mopsbastard; **2.** *pop* kleine(r) Köter; *fig* Kläffer *m.*
roquette [ʀɔkɛt] *f* **1.** *bot* Rautenkohl *m;* **2.** *mil* Rakete *f.*
rorqual [ʀɔʀkwal] *m zoo* Finnwal *m.*
rosace [ʀozas] *f arch* Rosette; (Fenster-)Rose *f.* **rosaire** *m rel* Rosenkranz *m;* ▶ *réciter, (fam) dévider le ~* den Rosenkranz (*fam* her=)beten.
rosbif [ʀɔsbif] *m* Roastbeef *n.*
rose [ʀoz] **I.** *s f* **1.** *bot arch* Rose; **2.** *(Diamant)* Rosette *f;* **II.** *a* **1.** rosa, rosenfarben; **2.** ▶ *avoir un teint de lis et de ~s* wie Milch u. Blut aus=sehen; *voir tout en ~ (fig)* alles in rosigem Licht sehen; *~ cent-feuilles* Zentifolie *f; ~ de(s) chien(s), sauvage* Heckenrose *f; ~ de Noël, d'hiver* Christrose *f; ~ de Notre-Dame* Pfingstrose *f; ~-thé f* Teerose *f; ~ des vents* Windrose *f.* **rosé, e I.** *a* zartrosa; **II.** *s m* Bleichert *m (Wein).*
roseau [ʀozo] *m* Schilf(rohr) *n.*
rosée [ʀoze] *f* Tau *m;* ▶ *goutte f de ~* Tautropfen *m; ~ du soleil (bot)* Sonnentau *m.*
roseraie [ʀozʀɛ] *f* Rosengarten *m.*
rosette [ʀozɛt] *f* (Schleifen-)Rosette; (Ordens-)Bandschleife *f;* ▶ *recevoir la ~* Offizier der Ehrenlegion werden.
rosier [ʀozje] *m* Rosenstrauch, -stock *m.*
rosir [ʀoziʀ] *itr* erröten, rot werden.
rossard [ʀɔsaʀ] *m fam* Taugenichts *m.*
rosse I. *s f* **1.** Mähre *f,* **2.** *fig* gemeine(r) Mensch *m;* **II.** *a fam* **1.** zynisch, sarkastisch, kaltschnäuzig; **2.** streng.
rossée [ʀɔse] *f fam* Tracht *f* Prügel *m pl,* Abreibung, Keile *f.* **rosser** *tr fam* verprügeln, durch=bleuen. **rosserie** *f fam* Gemeinheit *f.*
rossignol [ʀɔsiɲɔl] *m* **1.** *orn* Nachtigall *f;* **2.** *fam* Ladenhüter *m (Ware);* **3.** Dietrich *m.*
rot [ʀo] *m fam* Rülps *m,* Aufstoßen *n.*
rotatif, ive [ʀɔtatif] **I.** *a* rotierend, kreisend; Rotations-; **II.** *s f* u. ▶ *presse f rotative (typ)* Rotationsmaschine *f.* **rotation** *f phys astr* **1.** Rotation, (Um-)Drehung *f;* **2.** Umlauf *m (a. e-s Verkehrs- od Transportmittels);* **3.** *com* Umschlag *m;* **4.** ▶ *temps de ~* Umlaufszeit; *~ de la terre* Erdumdrehung *f.*
rotatoire *a* Dreh-, Kreis-.
roter [ʀɔte] *itr pop* rülpsen, auf=stoßen; ▶ *en ~* es schwer haben.
rôti, e [ʀoti] **I.** *a* gebraten; **II.** *s m* Braten *m;* **III.** *s f* Toast *m,* Röstbrot *n;* ▶ *~ de bœuf, de porc* Rinder-, Schweinebraten *m.*
rotin [ʀɔtɛ̃] *m bot* Spanische(s) Rohr *n;* ▶ *n'avoir plus un ~ (pop)* keinen Pfennig Geld mehr haben.
rôtir [ʀotiʀ] **I.** *tr* braten, rösten, grillen; **II.** *v prn se ~* sich braten lassen (*au soleil* in der Sonne). **rôtissage** *m* Braten, Rösten *n.* **rôtisserie** *f* Grillrestaurant *n.* **rôtisseur, se** *m f* Rotisseur *m.* **rôtissoire** *f* Grill *m.*
roto [ʀɔto] *f fam typ* Rotationsmaschine *f.* **rotogravure** *f* Kupfertiefdruck *m.*
rotonde [ʀɔtɔ̃d] *f* **1.** *arch* Rundbau *m,* Rotunde *f;* **2.** *loc* Lokomotivschuppen *m; en ~ (arch)* rund; Rund-. **rotondité** *f* **1.** Rundheit; **2.** *fam* Wohlbeleibtheit *f.*
rotule [ʀɔtyl] *f* **1.** *anat* Kniescheibe *f;* **2.** *tech* Kugelkopf *m;* ▶ *sur les ~s (sport)* erschöpft.
rouage [ʀwaʒ] *m meist pl* Räder(werk *n*) *n pl,* Getriebe *n a. fig.*
roublard, e [ʀublaʀ] **I.** *a fam* gerissen, gerieben; **II.** *s m f* gerissene(r) Kerl *od* Hund *m;* schlaue(s) Luder *n.* **roublardise** *f fam* Gerissenheit *f.*
rouble [ʀubl] *m* Rubel *m.*
roucoulement [ʀukulmɑ̃] *m (Taube)* Gurren *n.* **roucouler** *itr* **1.** gurren; **2.** *fig fam* girren; Süßholz raspeln; **3.** schmalzig singen.
roue [ʀu] *f* Rad *n;* ▶ *à deux, trois, quatre ~s* zwei-, drei-, vierräd(e)rig; *être la cinquième ~ du carrosse (fig)* das fünfte Rad am Wagen sein; *faire la ~ (Pfau)* ein Rad schlagen *a. sport; fig* sich auf=plustern, -spielen; *mettre à qn des bâtons dans les ~s* jdm e-n Knüppel zwischen die Beine werfen; *pousser à la ~ (fig fam)* mit=helfen; *~ avant, arrière* od *de derrière* Vorder-, Hinterrad *n; ~ dentée* Zahnrad *n; ~ du gouvernail (mar)* Steuerrad *n; ~ libre* Freilauf *m; ~ de secours (mot)* Reserverad *n.* **roué, e** [ʀwe] **I.** *a* durchtrieben; **II.** *s m f* durchtriebene(r) Bursche *f;* gerissene Person *f.* **rouer** *tr hist* rädern; ▶ *~ de coups (fam)* halbtot schlagen. **rouerie** *f* **1.** (schlauer) Trick *m;* **2.** Gaunerei *f.* **rouet** [ʀwɛ] *m* Spinnrad *n.*
rouflaquettes [ʀuflakɛt] *f pl* Koteletten *pl.*
rouge [ʀuʒ] **I.** *a* rot *a. pol; (Eisen)* (rot)glühend *a. fig; (Augen)* gerötet; verweint; *(Haar)* feuer-, brandrot; *(Mensch)* rothaarig; **II.** *s m* **1.** Rot *n;* rote(r) Farbstoff *m;* **2.** rote Schminke *f;* (*~ à lèvres*) Lippenstift *m;* Rouge *n;* **3.** Rotwein *m;* **4.** Rotglut *f;* **5.** *pol* Rote(r) *m;* **6.** ▶ *se fâcher (tout) ~* sich schwarz ärgern, tot=ärgern; *(se) mettre du ~* Rot

auf≈legen; *passer au* ~ bei Rot durchfahren; *voir* ~ *(fig)* rot sehen; *le feu est au* ~ die Ampel steht auf rot; **7.** ► *bâton m de* ~ Lippenstift *m;* ~ *clair, foncé* hell-, dunkelrot; ~ *comme un coq, une écrevisse, une pivoine* puter-, krebs-, feuerrot. **rouge-gorge** *m orn* Rotkehlchen *n.* **rougeâtre** *a* rötlich. **rougeaud, e** *a fam* mit rotem Gesicht. **rougeole** [-ʒɔl] *f med* Masern *pl.* **rougeoyer** *tr* rot auf≈glühen; ins Rötliche gehen. **rouget, te** [-ʒɛ, -ɛt] **I.** *a* leicht gerötet; **II.** *s m* **1.** *zoo* Seebarbe *f,* Knurrhahn *m;* **2.** *med* Rotlauf *m (der Schweine).* **rougeur** *f* **1.** *(Haut)* Rötung *f;* **2.** Erröten *n;* **3.** *pl med* rote Flecken *m pl.* **rougi, e** *a (Augen)* gerötet. **rougir I.** *tr* **1.** rot färben *a. tech,* röten; **2.** *(Eisen)* glühend machen; *(Wasser)* mit etw Wein versetzen; **II.** *itr* **1.** rot werden *a. fig;* **2.** erröten (*de* vor *dat*); ► ~ *jusqu'au blanc des yeux* bis über die Ohren rot werden. **rougissant, e** *a* sich rötend; *(Person)* errötend.

rouille [ʀuj] *f* Rost *m a. bot.* **rouillé, e** *a* **1.** verrostet, rostig; **2.** *fig* eingerostet.

rouiller I. *tr* **1.** rostig machen; **2.** *fig* ein≈rosten, verkümmern lassen; **II.** *itr* (ver-)rosten; **III.** *v prn se* ~ **1.** rostig werden, verrosten; **2.** *fig fam* ein≈rosten.

rouir [ʀwiʀ] *tr itr (Flachs)* rösten, rotten.

roulade [ʀulad] *f (Küche)* Roulade *f a. mus.* **roulage** *m* **1.** *agr* Walzen *n;* **2.** *min* Streckenförderung *f;* **3.** *(Küche)* Auswalzen *n;* **4.** Straßentransport *m;* Spedition *f;* Roll-on-roll-off *n.* **roulant, e I.** *a* **1.** rollend; fahrbar; fahrend; **2.** *fig fam* ulkig; **II.** *s f mil* Feldküche, Gulaschkanone *f;* ► *c'est* ~! *(pop)* das ist zum Schießen! *autoroute f bien* ~*e* schnelle Straße *f; escalier, trottoir m* ~ Rolltreppe *f; fonds m pl* ~*s* Betriebskapital *n; personnel m* ~ *(loc)* fahrende(s) Personal *n; tapis m* ~ Förderband *n.* **roulé, e I.** *a* **1.** *(fam)* ► *bien* ~ *(Frau)* gut gebaut; **2.** gerollt; ► *col m* ~ Rollkragen *m; jambon m* ~ Rollschinken *m.* **rouleau** *m* **1.** Rolle *f a. sport;* **2.** *tech* Walze *f a. agr;* (~ *compresseur)* Straßenwalze *f;* **3.** ► *être à bout de son* ~ *(fam)* am Ende s-r Kunst sein; **4.** ► *essuie-main m à* ~ Rollhandtuch *n;* ~ *de pellicules photographiques* Rollfilm *m;* ~ *de papier* Papierrolle *f.* **roulé-boulé** *m (Fallschirmspringer)* Abroller *m.* **roulée** *f pop* Selbstgedrehte *f (Zigarette).* **roulement** *m* **1.** Rollen *n a. mus;* **2.** *(Fahrzeug)* Fahren *n;* **3.** Wechsel; Turnus *m;* **4.** *(Donner)* Rollen, Grollen *n;* **5.** *tech* Wälzlager *n;* **6.** *com* (Geld-)Umlauf; Umsatz *m;* **7.** ► *par* ~ abwechselnd, schichtweise; *fonds m de* ~ Betriebskapital *n;* ~ *à billes* Kugellager *n;* ~ *d'yeux* Augenrollen *n.* **rouler I.** *tr* **1.** (weg≈)rollen, wälzen; auf≈, zs.≈, ein≈rollen; auf≈wickeln; *(Zigarette)* drehen; *(Acker)* walzen; *(Augen)* rollen; *(in e-m Auto)* fahren; **2.** *fam* ein≈wickeln, übers Ohr hauen; **II.** *itr* **1.** rollen *(a. Donner); (Auto, Person im Auto)* fahren; hinab≈, hinunter≈rollen, -purzeln; **2.** auf den Beinen, unterwegs, *fam* auf der Walze sein; **3.** *fig* s-n Gang gehen, s-n Weg nehmen; klappen; **4.** *(Gespräch)* sich drehen (*sur* um); **5.** *mar* schlingern; **6.** *(Druckerpresse)* rotieren; **7.** *(Geld)* rollen; **III.** *v prn se* ~ **1.** sich (auf≈)rollen; **2.** sich wälzen (*sur* auf *dat, dans* in *dat*); ► ~ *sur l'or* im Golde schwimmen; *se* ~ *les pouces (fam)* Däumchen drehen; ~ *les yeux, les r* die Augen, das R rollen; **3.** *ça roule (pop)* es ist alles in Butter; *tout roule là-dessus* darum dreht sich alles. **roulette** *f* **1.** Rolle *f (unter Möbeln)* **2.** (Sporn-, Teig-, Schnittmuster-)Rädchen *n;* **3.** Roulett(-spiel) *n;* ► *cela va comme sur des* ~*s* das geht wie am Schnürchen, wie geschmiert; *patin m à* ~*s* Rollschuh *m.* **rouleur** *m* **1.** *tech* fahrbare(r) Wagenheber *m;* **2.** *sport* Radrennfahrer *m* (mit großer Ausdauer). **roulis** [-li] *m mar* Schlingern *n.* **roulotte** *f* Wohnwagen *m.* **roulure** *f pop* Nutte *f.*

roumain, e [ʀumɛ̃, -ɛn] *a* rumänisch; *s m gram* Rumänisch *n,* das Rumänische. **Roumain, e** *m f* Rumäne *m,* rumänin *f.* **Roumanie, la** Rumänien *n.*

round [ʀ(u)awnd] *m sport* Runde *f.*

roupie [ʀupi] *f:* ► *avoir la* ~ sich schneuzen müssen; *c'est de la* ~ *de sansonnet* das ist kein Pfifferling wert.

roupiller [ʀupije] *itr fam* pennen. **roupilleur, se** *m f* Penner *m.* **roupillon** *m fam* Schläfchen *n;* ► *piquer un* ~ ein Schläfchen machen.

rouquin, e [ʀukɛ̃, -in] **I.** *a fam* rothaarig **II.** *s m f* Rothaarige(r *m*) *f.*

roure [ʀuʀ] *m s rouvre.*

rouscailler [ʀuskaje] *itr fam* herum≈meckern, schimpfen; protestieren.

rouspétance [ʀuspetɑ̃s] *f fam* Nörgeln, Gemecker *n.* **rouspéter** ‹*Prés. je rouspète, ns rouspétons; Fut. je rouspéterai; pp. rouspété, e*› *itr* meckern, schimpfen. **rouspéteur, se** *s m f fam* Meckerer *m,* Meckerziege *f;* ► *il est rouspéteur* er meckert dauernd.

roussâtre [ʀusɑtʀ] *a* rötlich. **rousse** *f arg* Polente *f.* **roussette** *f* **1.** fliegende(r) Hund *(Fledermaus);* **2.** *(grande* ~*)* Katzen-, *(petite* ~*)* Hundshai *m.* **rousseur** *f* rote (Haar-)Farbe *f;* ► *taches f pl de* ~ Sommersprossen *f pl.* **roussi** *m* Brandgeruch *m;* ► *sentir le* ~ angebrannt, angesengt, *fig* brenzlig riechen. **roussir I.** *tr* an≈, versengen; **II.** *itr (Haar)* rot werden; *(Wäsche)* angesengt werden; *(Küche)* bräunen; *(Blätter)* braun werden.

rouste [RUST] *pop* Keile *f.* **roustir** *tr pop: (fig)* ▶ *être rousti* in e-m Schlamassel stecken.

routage [RUtaʒ] *m (Post)* Sortieren *n.*

route *f* **1.** (Land-)Straße, Chaussee *f;* **2.** Route *f,* Reiseweg *m,* Flugstrecke *f;* **3.** Reise, Fahrt *f;* **4.** ▶ *en* ~ unterwegs, auf dem Wege (*pour* nach), *fam* auf Achse; *sur la* ~ auf der Straße; **5.** ▶ *couper la* ~ *à qn* jdm den Weg ab=schneiden; *demander la* ~ nach dem Weg fragen; *faire* ~ (ab=)reisen (*pour* nach); *mar* Kurs nehmen (*pour* auf *acc*); *faire* ~ *avec qn* mit jdm zs. reisen *od* fahren; *faire fausse* ~ vom Wege ab=kommen; *fig* sich irren; auf dem Holzweg sein; *mettre en* ~ *(tech)* in Gang setzen; *se mettre en* ~ sich auf den Weg machen, auf=brechen; **6.** ▶ *bonne* ~*!* gute Fahrt! *en* ~*!* auf! los! ~ *glissante!* Rutsch-, Schleudergefahr! **7.** ▶ *code m de la* ~ Straßenverkehrsordnung *f; grande* ~ Hauptverkehrsstraße *f; usager m de la* ~ Straßenbenutzer *m;* **8.** ▶ ~ *aérienne* Luftweg *m;* ~ *d'accès* Zubringerstraße *f;* ~ *à grande circulation* Fernverkehrsstraße *f;* ~ *côtière* Küstenstraße *f;* ~ *départementale* Landstraße *f* 1. Ordnung; ~ *d'évitement, de montagne* Umgehungs-, Gebirgsstraße *f;* ~ *nationale* Bundesstraße *f;* ~*s de navigation* Schiffahrtswege *m pl;* ~ *à priorité* Vorfahrtsstraße *f;* ~ *rapide, express* Schnellverkehrsstraße *f.* **router** *tr (Post)* sortieren.

routier, ère **I.** *a* Straßen-; **II.** *s m* **1.** Fern(last)fahrer *m;* (*restaurant m de* ~*s*) Raststätte *f;* **2.** *(Rennsport)* Straßenfahrer *m;* ▶ *carte f* ~*ière* Straßenkarte *f; circulation f* ~*ière* Straßenverkehr *m; gare f* ~*ière* Autobusbahnhof *m; (scout-)* ~ Rover *m.* **routine** *f fig* Routine, Gewohnheit *f.* **routinier, ère** *f* routine-, gewohnheitsmäßig.

rouvre [RUVR] *m* (Stein-)Eiche *f.*

rouvrir [RUVRIR] ⟨*s. ouvrir*⟩ **I.** *tr* wieder (er)öffnen, auf=machen; *(Wunde)* wieder auf=reißen *a. fig;* **II.** *itr* wieder eröffnen, s-e Pforten wieder öffnen; **III.** *v prn se* ~ sich wieder öffnen, wieder auf=gehen; *(Wunde)* wieder auf=platzen.

roux, rousse [RU, -us] **I.** *a (Haar)* rot (-blond), fuchsig; *(Mensch)* rothaarig; **II.** *s m f* **1.** Rothaarige(r *m*) *f;* **2.** *m* Rotblond, Gelbrot *n;* **3.** *m (Küche)* Mehlschwitze *f;* ▶ *lune f rousse* Zeit *f* der späten Nachtfröste *m.*

royal [RWajal] **I.** *a* **1.** königlich *a. fig;* Königs-; **2.** *fig* fürstlich; **3.** *fam* völlig; ▶ *prince m* ~ Kronprinz *m.* **royaliste** **I.** *s m f* Royalist(in *f*) *m;* **II.** *a* royalistisch; ▶ *être plus* ~ *que le roi (fig)* päpstlicher sein als der Papst. **royaume** [-jom] *m* (König-)Reich *n;* ▶ *pas pour un* ~ *(fam)* nicht um alles in der Welt; ~ *céleste, des cieux, (rel)* Himmelreich *n.*

royauté *f* Königtum *n;* Krone *f fig.*

ruade [Ryad] *f (Pferd)* Ausschlagen *n.*

ruban [Rybɑ̃] *m* **1.** Band *n,* Streifen *m;* **2.** (Ordens-)Band *n;* **3.** *arch* Band(ornament) *n;* **4.** ▶ ~ *adhésif* Klebstreifen *m;* ~ *élastique* Gummiband *n,* -litze *f;* ~ *encreur (Schreibmaschine)* Farbband *n;* ~ *isolant* Isolierband *n;* ~ *magnétique* Tonband *n;* ~ *rouge* Band *n* der Ehrenlegion; ~ *violet* Ordensband *n* der Palmes académiques.

rubéole [Rybeɔl] *f med* Röteln *pl.*

rubicond, e [Rybikɔ̃, ɔd] *a (Gesicht)* gerötet, (hoch)rot.

rubis [Rybi] *m* **1.** *min* Rubin; **2.** *(Uhr)* Stein *m;* ▶ *payer* ~ *sur l'ongle* auf Heller u. Pfennig bezahlen.

rubrique [Rybrik] *f* Rubrik, Spalte *f,* Teil *m;* ▶ *sous la* ~ unter der Rubrik; ~ *sportive* Sportteil *m.*

ruche [Ryʃ] *f* **1.** Bienenkorb, -stock *m;* **2.** *fig* Ameisenhaufen *m;* **3.** *(Mode)* Rüsche *f* (*a.* **ruché** *m*). **rucher** **I.** *s m* Bienenhaus *n;* **II.** *tr* mit Rüschen verzieren.

rude [Ryd] *a* **1.** roh, rauh, grob; *(Kampf)* hart; herb *(a. Wein); (Weg)* uneben, holp(e)rig; *(Klima)* rauh; *(Wetter)* unfreundlich; *(Winter)* streng; *(Sturm, Angriff)* heftig; ungestüm, stürmisch; *(Mensch)* abweisend, -stoßend; streng, hart (*à* gegen); **2.** *(vorgestellt) fam* tüchtig, kräftig; Mords-; **3.** ▶ *passer par de* ~*s épreuves* viel, Schweres durch=machen; *c'est un* ~ *joueur* mit ihm ist nicht gut Kirschen essen; *cela me paraît* ~ das will mir nicht in den Kopf. **rudement** *adv* **1.** *fig* mächtig, schrecklich, furchtbar, sehr; **2.** grob, rücksichtslos; **3.** schwer; ▶ *se réjouir* ~ sich schrecklich, furchtbar freuen (*de* über *acc, à la pensée de* ... auf *acc*). **rudesse** *f* **1.** Rauheit; Härte *f;* **2.** *(Wein)* Herbheit; *(Wetter)* Unfreundlichkeit; *(Winter)* Strenge *f;* **3.** Rohheit, Grobheit *f.* **rudiment** *m* **1.** *biol* Rudiment *n;* **2.** *pl* Anfangsgründe *m pl,* Grundlagen *f pl (e-r Wissenschaft).* **rudimentaire** *a* **1.** rudimentär, (noch) unentwickelt; (noch) in den Anfängen steckend; **2.** oberflächlich, unzureichend, dürftig. **rudoiement** *m* grobe Behandlung *f.* **rudoyer** ⟨*Prés. je rudoie, ns rudoyons; Fut. je rudoierai; pp. rudoyé, e*⟩ *tr* an=fahren, grob behandeln.

rue [Ry] *f* **1.** Straße, Gasse *f;* **2.** *min* Gang *m;* **3.** *bot* Raute *f;* **4.** ▶ *au coin de la* ~ an der Straßenecke; *dans la, (franz. Schweiz) en* ~ auf der Straße; *en pleine* ~ auf offener Straße; **5.** ▶ *courir les rues* (fig) allgemein bekannt sein; *être à la* ~ (fig) auf der Straße liegen; obdachlos sein; *jeter à la* ~ auf die

Straße setzen; **6.** ▶ *grande, petite* ~ Haupt-, Nebenstraße *f;* ~ *adjacente, de traverse* Neben-, Querstraße *f;* ~ *d'affaires, d'habitation, de magasins* Geschäfts-, Wohn-, Ladenstraße *f;* ~ *sans issue* Sackgasse *f;* ~ *passante* belebte Straße *f;* ~ *réservée aux jeux* Spielstraße *f;* ~ *à sens unique* Einbahnstraße *f.* **ruée** [rye] *f* Andrang, (An-) Sturm *m.* **ruelle** *f* **1.** (enge) Gasse *f,* Gäßchen *n;* **2.** Gang *m* zwischen Bett u. Wand. **ruer I.** *itr (Pferd)* aus=schlagen; *(fig)* ▶ ~ *dans les brancards* sich sträuben; **II.** *v prn se* ~ her=fallen (*sur* über *acc*), sich stürzen (*sur* auf *acc; vers le métro* in die Metro).

rugir [ryʒiʀ] **I.** *itr (bes. Löwe)* brüllen (*de* vor *acc*); **II.** *tr (Drohung)* ausstoßen. **rugissement** *m* Brüllen, Gebrüll; *allg* Geschrei, Toben *n.*

rugosité [rygozite] *f* Unebenheit *f.* **rugueux, se** [-gø, -øz] *a (Fläche)* rauh, uneben; *(Haut)* runz(e)lig.

ruine [rɥin] *f* **1.** *(meist pl)* Ruine *f a. fig;* Trümmer *pl;* **2.** Verfall *m;* **3.** Ruin, Untergang, Verderb(en *n*); (wirtschaftlicher) Zs.bruch *m; (Gesundheit)* Zerrüttung *f;* **4.** *(être)* ▶ *en* ~*s* in Trümmern (liegen); *menacer* ~ baufällig sein; *tomber en* ~ ein=stürzen, zs.=brechen; verfallen; *c'est une* ~ *humaine* er ist nur noch ein Wrack. **ruiné, e 1.** verfallen; **2.** *fig* zerrüttet; ruiniert. **ruiner I.** *tr* **1.** *(Gebäude u. allg)* zerstören, vernichten; **2.** *fig* untergraben, ruinieren, zugrunde richten; **II.** *v prn se* ~ sich zugrunde richten, sich ruinieren; ▶ *se* ~ *la santé* sich gesundheitlich zugrunde richten. **ruineux, se** *a* **1.** verderblich, verheerend; zum Ruin führend; **2.** sehr kostspielig; äußerst verschwenderisch.

ruisseau [rɥiso] *m* **1.** Bach *m;* **2.** Rinnstein *m,* Gosse *f a. fig;* **3.** *pl fig* Ströme *m pl* (*de* von); ▶ *ramasser dans le* ~ aus der Gosse auf=lesen. **ruisselant, e** *a* **1.** strömend, rinnend; **2.** triefend; ▶ ~ *de sueur* schweißtriefend. **ruisseler** *itr* **1.** strömen, in Strömen laufen, rieseln, rinnen; **2.** triefen (*de* vor *dat*); ▶ *il ruisselait de sueur* er schwitzt, schwitzte am ganzen Körper. **ruisselet** [-slɛ] *m* Bächlein *n.* **ruissellement** *m* **1.** Rinnen, Rieseln, Geriesel *n;* **2.** Glänzen, Glitzern *n.*

rumb, rhumb [rɔ̃b] *m* Strich *m (der Windrose).*

rumba [rumba] *f* Rumba *f* od *m (Tanz).*

rumen [rymɛn] *m* Pansen *m (der Wiederkäuer).*

rumeur [rymœʀ] *f* **1.** Stimmengewirr *n;* allgemeine Unruhe *f;* dumpfe(s) Geräusch *n;* **2.** *(meist pl)* Gerücht(e *pl*); Gerede *n.*

ruminant, e [ryminɑ̃, ɑ̃t] **I.** *a* wiederkäuend; **II.** *s m pl zoo* Wiederkäuer *m pl.* **ruminer I.** *tr itr* wieder=käuen; *fig* **II.** *tr* hin u. her, sich reiflich überlegen, sich durch den Kopf gehen lassen; *fam (Problem)* wälzen; ▶ ~ *sa vengeance* auf Rache sinnen.

rumsteck, romsteck [rɔmstɛk] *m (Küche)* Rumpsteak *n.*

runes [ryn] *f pl* Runen f pl.

rupestre [rypɛstʀ] *a bot (Kunst)* Fels-; ▶ *peinture f* ~ Felsmalerei *f.*

rupin, e [rypɛ̃, in] **I.** *a pop* betucht; **II.** *s m f* reiche(r) *od* feine(r) Kerl *m.* **rupiner** *itr arg (Schule)* (im Examen) glänzen.

rupteur [ryptœʀ] *m mot* Unterbrecher *m.* **rupture** *f* **1.** *tech* Bruch; Riß *m;* **2.** *fig* Unterbrechung; Aufhebung, Annullierung *f;* **3.** Bruch *m,* Trennung; Auflösung *f (e-r Gesellschaft);* Abbruch *m (der Beziehungen);* **4.** ▶ *point m de* ~ *(tech)* Bruch-, *(Verkehr)* Umschlag-, *mil* Einbruchstelle *f;* ~ *de contrat, du tarif* Vertrags-, Tarifbruch *m;* ~ *des relations diplomatiques* Abbruch *m* der diplomatischen Beziehungen; ~ *d'une veine* Aderriß *m.*

rural, e [ryʀal] **I.** *a* ländlich; Land- **II.** *s m pl (ruraux)* Landleute *pl,* Bauern *m pl.*

ruse [ryz] *f* **1.** List, Finte *f,* Trick *m;* **2.** Schlauheit, Pfiffigkeit *f;* ▶ *recourir à la* ~ zu e-r List greifen. **rusé, e I.** *a* listig, gerissen; pfiffig, spitzbübisch; **II.** *s m f* schlaue(r) Fuchs, *fam* Schlaumeier *m;* gerissene Person *f.* **ruser** *itr* List an=wenden, Tricks gebrauchen.

rush [rœʃ] *m* **1.** *sport* Endspurt *m;* **2.** Ansturm, Andrang *m.*

russe [rys] *a* russisch. **Russe** *m f* Russe *m,* Russin *f.* **Russie, la** Rußland *n; la* ~ *soviétique* Sowjetrußland *n.*

rustaud, e [rysto, -od] **I.** *a* ungehobelt, ungeschliffen; **II.** *s m f* Tölpel, Flegel *m,* Trine *f.* **rusticité** *f* (ländliche) Einfachheit; Derbheit *f.* **rustique I.** *a* **1.** ländlich; bäuerlich; **2.** rustikal, einfach; **II.** *s m* Bauernstil *m;* ▶ *meubles m pl* ~*s* Bauernmöbel *n pl.* **rustiquer** *tr (Stein)* (roh) behauen; *(Mauer)* rustikal verputzen. **rustre** *m* Rüpel, Grobian *m.*

rut [ryt] *m* Brunst; *(Jagd)* Brunft *f.*

rutabaga [rytabaga] *m bot* Kohl-, Steckrübe *f.*

rutilant, e [rytilɑ̃] *a* glänzend, funkelnd. **rutiler** *itr* glänzen, blitzen; funkeln.

rythme [ritm] *m* Rhythmus; Takt *m;* Tempo *n;* ▶ *marquer le* ~ den Takt schlagen; ▶ ~ *cardiaque* Herzbewegung *f,* Pulsschlag *m.* **rythmer** *tr* rhythmisch gliedern, gestalten. **rythmique I.** *a* rhythmisch; **II.** *s f* Rhythmik *f.*

S

s, S [ɛs] *m* s S *n.*
sa [sa] *prn s. son.*
sabbat [saba] *m rel* Sabbat; *fig fam* Höllenspektakel *m.*
sabir *m* Kauderwelsch *n.*
sablage [sablaʒ] *m* Sandstreuen *n; (Weg)* Schottern *n; (Gebäude)* Sandstrahlen *n.*
sable [sabl] **I.** *s m* Sand *m;* **II.** *a* sandfarben; ► *bâti sur le ~* auf Sand gebaut *a. fig; être sur le ~ (fam fig)* keinen Pfennig haben; arbeitslos sein; *~ mouvant, de rivière* Treib-, Flußsand *m.* **sablé, e** *a* mit Sand bedeckt; *s m* Sandkuchen *m.* **sabler** *tr* **1.** mit Sand bestreuen; **2.** *(Weg) schottern;* **3.** *(Gebäude) tech* sandstrahlen; ► *~ le champagne* bei einer Feierlichkeit Champagner trinken. **sableux, se** *a* sandig; Sand-; s f Sandstreugerät *n.* **sablier** [-blije] *m* Sanduhr *f.* **sablière** *f* **1.** Sandgrube *f;* **2.** *arch* Schwelle *f.* **sablonneux, se** *a* sandig *f.*
sabordage [sabɔʀdaʒ] *m (Schiff)* Versenken *n.* **saborder** *(Schiff)* versenken; *fig.* zerstören; *se ~ (Schiff)* sich selbst versenken; *fig* sich selbst zerstören.
sabot [sabo] *m* **1.** Holzschuh *m;* **2.** *zoo* Huf *m;* **3.** Kreisel *m (Spielzeug);* **4.** *fig fam* Schlitten *m,* Wrack *n;* **5.** *tech* Schuh *m,* Bremsbacke *f;* **6.** *(baignoire f ~)* Sitzbadewanne *f;* **7.** *(fam)* ► *il travaille comme un ~* er schludert seine Arbeit hin; *~ de Denver* Parkkralle *f; je le vois venir avec ses gros ~s* Nachtigall, ick hör dir trapsen.
sabotage [sabɔtaʒ] *m* Sabotage *f.* **saboter** *tr* **1.** sabotieren; **2.** *(Arbeit)* hin⸗schludern, -pfuschen. **saboteur** *m* Saboteur *m.*
sabre [sabʀ] *m* Säbel *m.* **sabrer** *tr* **1.** nieder⸗säbeln; **2.** *fig* zs.⸗streichen; **3.** *(Kandidaten) fam* durchfallen lassen.
sac [sak] *m* **1.** Sack; Beutel *m;* Tasche *f; (~ à main)* Handtasche *f;* **2.** *(~ de, en papier)* (Papier-)Tüte *f;* **3.** Plünderung *f;* **4.** ► *être ficelé comme un ~* sehr schlecht angezogen sein; *mettre dans le même ~ (fam)* in einen Topf werfen; *prendre qn la main dans le ~* jdn auf frischer Tat ertappen; *vider son ~ (fig)* sein Herz aus⸗schütten; **5.** ► *l'affaire est dans le ~ (fam)* es ist alles in Butter; *~ à bandoulière, en croco, en cuir, à outils, en papier, de voyage* Umhänge-, Kroko-, Leder-, Werkzeug-, Trage-, Reisetasche *f; ~ de couchage, à dos, de sable* Schlaf-, Ruck-, Sandsack *m; ~ de plage, à provisions* Bade-, Einkaufstasche *f; ~-poubelle m* Müllsack *m; ~ à vin* Säufer *m.*
saccade [sakad] *f* Ruck, Stoß *m;* ► *par ~s* ruckweise. **saccadé, e** *a* ruckartig; *(Sprechen)* abgehackt.
saccage [sakaʒ] *m* Plünderung; Verwüstung *f.* **saccager** ⟨*Prés. je saccage, ns saccageons; pp. saccagé, e*⟩ [sakaʒ] *tr* **1.** *(Stadt)* (aus⸗)plündern; **2.** *(Felder)* verwüsten; **3.** *(Wohnung) fig fam* durchea.⸗bringen.
saccharifier [sakaʀifje] *tr chem* verzukkern. **saccharine** *f chem* Sacharin *n;* Süßstoff *m.* **saccharose** *m* (Rohr- *od* Rüben-)Zucker *m.*
sacerdoce [sasɛʀdɔs] *m* Priesteramt *n,* -würde *f.* **sacerdotal, e** *a* priesterlich; Priester-.
sacherie [saʃʀi] Beutelabpackung *f.* **sachet** [-ʃɛ] *m* Säckchen, Beutelchen *n;* ► *~ de thé* Teebeutel *m.*
sacoche [sakɔʃ] *f* Umhänge-, Werkzeug-, Satteltasche *f.*
sacquer [sake] *tr* **1.** *pop* auf die Straße setzen; **2.** *(Kandidaten) fam* durchfallen lassen.
sacramentel, le [sakʀamɑ̃tɛl] *a* **1.** *rel* sakramental; **2.** *fig* üblich.
sacre [sakʀ] *m rel* Salbung; *(Herrscher)* Krönung *f.* **sacré, e 1.** *rel* heilig; geweiht, gesalbt; **2.** *pop (vor s)* verflixt, verflucht, verdammt.
sacrebleu [sakʀəblø] *interj* Verflixt! Donnerwetter!
sacrement [sakʀəmɑ̃] *m rel* Sakrament *n.* **sacrer** *tr (Bischof)* weihen; *(König)* salben.
sacrifice [sakʀifis] *m rel fig* Opfer *n;* ► *faire de grands ~s* große Opfer bringen (*pour* für). **sacrifier I.** *tr rel fig* opfern, *fig* zum Opfer bringen; **II.** *itr* sich unterwerfen (*à qc* e-r S), genau befolgen (*à qc* e-e S); **III.** *v prn se ~* sich (auf⸗)opfern; ► *à des prix sacrifiés* zu Spottpreisen.
sacrilège [sakʀilɛʒ] **I.** *s m* Entheiligung, Entweihung; Freveltat *f;* **II.** *a* gottlos, frevelhaft.
sacripant [sakʀipɑ̃] *m fam* Taugenichts *m.*
sacristain [sakʀistɛ̃] *m* Mesner, Küster *m.*
sacristi [sakʀisti] *interj* Donnerwetter!
sacristie [sakʀisti] *f rel* Sakristei *f.*
sacro-saint, e [sakʀosɛ̃, -t] *a (bes. ironisch)* sakrosankt.

sacrum [sakʀɔm] *m anat* Kreuzbein *n.*
sadique [sadik] **I.** *a* sadistisch; **II.** *s m* Sadist *m.* **sadisme** *m* Sadismus *m.* **sadiste** *m* Sadist *m.*
safran [safʀɑ̃] *m* **1.** *bot* Krokus *m;* **2.** *(Farbstoff)* Safran *m;* **3.** Safrangelb *n.*
sagace [sagas] *a* scharfsinnig. **sagacité** *f* Scharfsinn, -blick *m.*
sage [saʒ] **I.** *a* **1.** weise; verständig; klug; **2.** *(Mädchen)* sittsam; *(Kind)* folgsam, artig; **II.** *s m* Weise(r) *m;* ► *~ comme une image* kreuzbrav. **sage-femme** *f* Hebamme *f,* Entbindungspfleger *m.* **sagesse** *f* **1.** Weisheit; Klugheit *f;* Zurückhaltung *f;* **2.** *(Kind)* Artigkeit, Folgsamkeit *f.*
sagittaire [saʒitɛʀ] **1.** *f* Pfeilkraut *n;* **2.** *m (astr)* Schütze *m.*
Sahara, le [saaʀa] *a* die Sahara. **saharien, ne** *a* Sahara-.
saignant, e [sɛɲɑ̃, -ɑ̃t] *a* **1.** blutend *a. fig;* **2.** *(Fleisch)* nicht durchgebraten. **saignée** *f* **1.** Aderlaß *m a. fig;* **2.** *(~ du bras)* Armbeuge *f.* **saignement** *m* Bluten *n;* ► *~ de nez* Nasenbluten *n.* **saigner** [sɛ(e)ɲe] **I.** *itr* bluten (*du nez* aus der Nase); **II.** *tr* **1.** Blut abzapfen (*qn* jdm); **2.** *fig* schröpfen (*qn* jdn); **III.** *v prn* ► *se ~ aux quatre veines* sein Letztes her=geben (*pour* für *acc*).
saillant, e [sajɑ̃, -ɑ̃t] *a* **1.** *arch* vorspringend, vorkragend; **2.** *fig* hervorstechend. **saillie** *f* **1.** *arch* Vorsprung *m;* Erker *m;* **2.** *(Haustiere)* Decken *n;* *(Pferde)* Beschälen *n;* **3.** *fig* Geistesblitz, witzige(r) Einfall *m.* **saillir I.** *tr* ‹*Gebrauch nur im Infinitiven* u. *in der 3. Person: Prés. il saillit, ils saillissent; pp. sailli, e*› *(Tier)* bespringen; **II.** *itr* ‹*Gebrauch nur im Infinitiven* u. *in der 3. Person: Prés. il saille, ils saillent; pp. sailli, e*› vor springen; *(Muskeln, Augen)* hervor treten. **I.** *itr* vor=springen; *(Muskeln)* hervor=treten; **II.** *tr (Tier)* bespringen, *(Pferd)* beschälen.
sain, e [sɛ̃, sɛn] *a* **1.** gesund *a. fig;* *(Nahrung)* bekömmlich; **2.** *fig* richtig, vernünftig; ► *~ et sauf* wohlbehalten, unversehrt.
saindoux [sɛ̃du] *m* (Schweine-)Schmalz *n.*
sainfoin [sɛ̃fwɛ̃] *m bot* Esparsette *f.*
saint, e [sɛ̃, ɛ̃t] **I.** *a* **1.** heilig; **2.** fromm, brav; **II.** *s m f* Heilige(r *m*) *f;* ► *toute la ~e journée* den lieben, langen Tag; *ne savoir à quel ~ se vouer* nicht aus noch ein wissen; *l'Écriture f ~e* die Heilige Schrift *f; le S~-Esprit m* der Heilige Geist *m; jeudi m ~* Gründonnerstag *m; la semaine ~e* die Karwoche; *Vendredi m ~* Karfreitag *m; ~-bernard m* Bernhardiner, Bernhardinerhund *m; la S~-Jean* Johanni(stag *m*) *n; les ~s de glace* die Eisheiligen *m pl; ~-frusquin m inv fam* Klamotten *pl; et tout le ~* und den ganzen Krempel; *~-glinglin loc adv: à la ~* am Sankt-Nimmerleins-Tag; *sainte-nitouche f,* scheinheilige Person *f; le S~-Père* der Heilige Vater; *le S~-Siège* der Heilige Stuhl. **sainteté** *f* Heiligkeit *f.*
Saint-Gall [sɛ̃gal] *m (Kanton)* Kanton *m* Sankt Gallen; *(Stadt)* Sankt Gallen.
saisi, e [se(ɛ)zi] **I.** *a* **1.** überrascht, verblüfft, betroffen; **II.** *s m jur* Gepfändete(r) *m.* **saisie** *f jur* **1.** Beschlagnahme *f;* **2.** Pfändung *f;* **3.** *inform (Daten)* Erfassung *f.* **saisir I.** *tr* **1.** ergreifen, fassen, fangen, packen *a. fig;* **2.** *med* befallen; **3.** *fig* verstehen, erfassen, begreifen; **4.** *jur* pfänden; beschlagnahmen; **5.** *(bei Gericht)* anhängig machen; vor=legen (*qn de qc* jdm etw); **6.** *inform (Daten)* erfassen; **II.** *v prn se ~* sich bemächtigen (*de qc* e-r S *gen*).
saisissant, e *a* **1.** *(Anblick)* packend, erschütternd; **2.** *(Kälte)* durchdringend; **3.** *(Kontrast)* erstaunlich. **saisissement** *m* **1.** (plötzliche) Ergriffenheit *f;* **2.** Kälteschauer *m.*
saison [sɛzɔ̃] *f* **1.** Jahreszeit *f;* **2.** Zeit (-raum *m*) *f;* **3.** *com* Saison *f;* **4.** ► *en pleine ~* während der Hochsaison; *hors ~* außerhalb der Saison; **5.** ► *être de ~* angebracht sein; *être hors de ~* unpassend sein; *marchande f des quatre ~s* Gemüsehändlerin *f (mit e-m Karrenstand); vente f de fin de ~* Saisonausverkauf *m; ~ des pluies, sèche* Regen-, Trockenzeit *f.* **saisonnier, ère I.** *a* jahreszeitlich; saisonbedingt; **II.** *s m* **1.** Saisonarbeiter *m;* **2.** Feriengast *m;* ► *articles m pl ~s* Saisonartikel *m pl; travail m ~* Saisonarbeit *f.*
salace [salas] *a* geil. **salacité** *f* Geilheit *f.*
salade [salad] *f* **1.** Salat *m;* **2.** *fig fam* Durcheinander *n;* **3.** *(fam fig)* ► *raconter des ~s* Ammenmärchen erzählen; *~ de laitue, de tomates* Kopf-, Tomatensalat *m.* **saladier** *m* Salatschüssel *f.*
salaire [salɛʀ] *m* **1.** (Arbeits-)Lohn *m;* *(Angestellter)* Gehalt *n;* **2.** ► *toucher son ~* s-n Lohn empfangen; **3.** ► *augmentation f de ~* Lohnerhöhung *f; bloquage m des ~s* Lohnstopp *m; échelle f des ~s* Lohnskala *f; impôt m sur les ~s* Lohnsteuer *f; paiement m des ~s* Gehalts-, Lohnauszahlung *f; ~ de base, hebdomadaire, mensuel, minimum* Grund-, Wochen-, Monats-, Mindestlohn *m.*
salaison [salɛzɔ̃] *f* Einsalzen, (Ein-)Pökeln; Pökelfleisch *n.*
salamalecs [salamalɛk] *m pl fam* übertriebene Höflichkeit *f.*
salamandre [salamɑ̃dʀ] *f* **1.** *zoo* Salamander *m;* **2.** *tech* Dauerbrandofen *m.*
salant [salɑ̃] *s m* u. *a:* ► *marais ~*

Meersaline *f.*
salarial, e [salaʀial] *pl -aux a* Lohn-.
salarié, e I. *a* lohnabhängig; **II.** *s m* Lohn-, Gehaltsempfänger, Arbeitnehmer *m.*
salaud [salo] *m fam* Schwein *n;* Schuft, Halunke *m; a* schweinisch.
sale [sal] *a (nachgestellt)* **1.** schmutzig *a. fig,* dreckig, verdreckt, schmuddelig; **2.** *fig* unanständig; schweinisch, gemein; **3.** *(vorangestellt)* unerfreulich, unerquicklich; **4.** *(vorangestellt)* widerwärtig, widerlich, gemein; *(pop) avoir une sale gueule* e-e widerliche Fresse haben; ▶ ~ *gosse* freche(r) Lümmel *m;* sehr unangenehm.
salé, e [sale] **I.** *a* **1.** gesalzen *a. fig;* **2.** *fig* schlüpfrig, gewagt; **3.** *(Preis, Rechnung)* gepfeffert; **II.** *s m* Gesalzene(s) *n.*
salement [salmɑ̃] *adv* **1.** unappetitlich; **2.** *pop* verdammt; scheußlich.
saler *tr* **1.** (ein=)salzen, (ein=)pökeln; **2.** ~ *la note (fig fam)* e-e gepfefferte Rechnung machen; e-n gepfefferten Preis verlangen (*qc* für etw).
saleté [salte] *f* **1.** Schmutz *m,* Unreinlichkeit *f;* **2.** *fig* Zote; *fam* Gemeinheit *f,* üble(r) Streich *m;* **3.** Dreck, Plunder *m.*
saleuse [saløz] *f* Salzstreumaschine *f.*
salière [saljɛʀ] *f* Salzfaß; *pl fig fam* Salznäpfchen *n (Schönheitsfehler).*
saligaud, e [saligo, -od] *m f fam* Schmutzfink, Schweinehund *m.*
salin, e [salɛ̃, -in] **I.** *a* salzartig, salzig; Salz-; **II.** *s m* Salzgarten *m; f* Saline *f.* **salinité** *f* Salz(halt)igkeit *f;* Salzgehalt *m.*
salir [saliʀ] *tr* **1.** beschmutzen, dreckig machen; **2.** *fig* besudeln, beflecken. **salissant, e** *a* **1.** (leicht) schmutzend; **2.** *(Arbeit)* schmutzig. **salissure** *f* Schmutz(fleck) *m.*
salivaire [salivɛʀ] Speichel-; ▶ *glande f* ~ Speicheldrüse *f.* **salive** *f* Speichel *m;* ▶ *perdre sa* ~ *(fig)* sich den Mund fusselig reden. **saliver** *itr* viel Speichel ab=sondern.
salle [sal] *f* **1.** große(s) Zimmer *n,* Saal *m;* Halle *f;* ~ *des pas perdus* Bahnhofshalle *f;* ~ *des professeurs* Lehrerzimmer *n;* ~ *de réunion* Besprechungszimmer *n;* **2.** Kino *n;* **3.** Publikum *n (im Saal);* **4.** ▶ *faire* ~ *comble (theat)* ein volles Haus bringen; **5.** ▶ ~ *d'attente* Wartezimmer *n,* -saal *m;* ~ *d'audience (jur)* Sitzungssaal *m;* ~ *de bain* Badezimmer *n;* ~ *de bal* Ball-, Tanzsaal *m;* ~ *de classe* Klassenzimmer *n;* ~ *de conférences* Vortragssaal *m;* ~ *de contrôle* Schalraum *m;* ~ *de dessin* Zeichensaal *m;* ~ *d'eau* Waschraum *m;* ~ *des fêtes* Festsaal *m;* ~ *de gymnastique* Turnhalle *f;* ~ *de lecture* Lesezimmer *n;* ~ *à manger* Eß-, Speisezimmer *n;* ~ *des professeurs* Lehrerzimmer *n;* ~ *de réunion* Konferenzzimmer *n;* Tagungsraum *m;* ~ *de séjour* Wohnzimmer *n;* ~ *de spectacle* Theater *n;* ~ *des ventes* Auktionslokal *n.*
saloir [salwaʀ] *m* Salz-, Pökelfaß *n.*
salon [salɔ̃] *m* **1.** Salon *m;* Besuchs-, Empfangszimmer *n;* **2.** Ausstellung; Messe *f;* **3.** *com* Salon *m;* **4.** ▶ ~ *de l'agriculture, de l'automobile* Landwirtschafts-, Automobilausstellung *f;* ~ *de beauté* Schönheitsinstitut *n;* ~ *de coiffure* Frisiersalon *m;* ~ *de thé (vornehmes)* Café *n.*
salopard [salɔpaʀ] *m péj* Schwein *n.* **salope** *f (beleidigend)* Miststück *n.* **saloper** *tr pop (Arbeit)* hin=schludern; *(Aufgabe)* schlampig erledigen. **saloperie** *f pop* **1.** Schweinerei *f;* Zote *f;* **2.** Gemeinheit *f,* üble(r) Dreh *m;* **3.** Schund, Ramsch *m;* **4.** Dreck, Schmutz *m.*
salopette [salɔpɛt] *f* **1.** Arbeitsanzug *m;* **2.** Spielhöschen *n.*
salpêtrage [salpɛtʀaʒ] *m* Salpeterbildung *f.* **salpêtre** *m chem* Salpeter *m.*
salpingite [salpɛ̃ʒit] *f* Eileiterentzündung *f.*
salsifis [salsifi] *m* Haferwurz *f;* ▶ ~ *noir, d'Espagne* Schwarzwurzel *f.*
saltimbanque [saltɛ̃bɑ̃k] *m* Gaukler *m.*
salubre [salybʀ] *a* gesund(heitsfördernd). **salubrité** *f* **1.** *(Klima)* heilsame Wirkung *f;* **2.** *(Wohnung)* hygienische Verhältnisse *n pl;* **3.** ▶ *mesures f pl de* ~ Maßnahmen *f pl* der Gesundheitspflege.
saluer [salɥe] *tr* **1.** (be)grüßen; *mil* salutieren (*qn* vor jdm); **2.** *fig* begrüßen, sich freuen (*qc* über e-e S); ▶ ~ *qn de la main* jdm zuwinken. **salut** [-ly] **I.** *m* **1.** Gruß *m,* Begrüßung *f;* **2.** Wohlfahrt *f,* Heil *n,* Rettung *f;* **3.** *rel* Seelenheil *n,* Seligkeit *f;* **II.** *interj* guten Tag! auf Wiedersehen! ▶ *l'armée f du* ~ die Heilsarmee. **salutaire** *a* **1.** heilsam, wohltuend; **2.** nützlich. **salutation** *f* Begrüßung *f;* ▶ *avec mes meilleures ~s, mes ~s distinguées* mit vorzüglicher Hochachtung *f.*
salve [salv] *f mil* Salve *f;* ▶ ~ *d'applaudissements* Beifallssturm *m.*
samedi [samdi] *m* Samstag, Sonnabend *m.*
sana(torium) [sana(tɔʀjɔm)] *m* Sanatorium *n,* Lungenheilstätte *f.*
sanctifiant, e [sɑ̃ktifjɑ̃, -ɑ̃t] *a* heiligend. **sanctifier** heiligen.
sanction [sɑ̃ksjɔ̃] *f* **1.** Genehmigung, Zustimmung *f;* **2.** Sanktion *f;* **3.** *jur* Strafmaßnahme *f;* ▶ *~s économiques* Wirtschaftssanktionen *f pl.* **sanctionnement** *m* Sanktionierung *f.* **sanctionner** *tr* **1.** bestätigen; billigen; **2.** *jur* Gesetzeskraft verleihen (*qc* e-r S); **3.**

(Vergehen) (be)strafen.
sanctuaire [sɑ̃ktɥɛʀ] *m* **1.** Heiligtum *n;* **2.** Altarraum *m;* **3.** *(Tempel)* Allerheiligste(s) *n.*
sandale [sɑ̃dal] *f* Sandale *f.* **sandalette** *f* Sandalette *f.*
sandow [sɑ̃do] *m WZ tech* Gummiseil *n.*
sandre [sɑ̃dʀ] *f zoo* Zander *m.*
sandwich [sɑ̃dwitʃ] *m* belegte(s) Brötchen *n;* ▶ *être pris en* ~ *(fig fam)* eingezwängt sein (*entre* zwischen *dat*).
sang [sɑ̃] *m* **1.** Blut *n a. fig;* **2.** ▶ *à* ~ *chaud, froid (zoo)* warm-, kaltblütig; *tout en* ~ blutüberströmt; **3.** ▶ *avoir le* ~ *chaud (fig)* heißblütig sein; leicht auf=brausen; *avoir du* ~ *de navet dans les veines (fig)* kein Rückgrat haben; *se faire du mauvais* ~ *(fam)* sich Sorgen machen; *suer* ~ *et eau* Blut und Wasser schwitzen; **4.** ▶ *cela fait bouillir le* ~ das bringt e-n zum Kochen; *cela est dans le* ~ das liegt im Blut; *cela me tourne les* ~*s* das geht mir zu Herzen; **5.** ▶ *coup m de* ~ *(med fam)* Schlaganfall *m; pur* ~ Vollblut *n;* ~*-froid m* Kaltblütigkeit *f;* Selbstbeherrschung, Gelassenheit *f; de* ~*froid* kaltblütig, gelassen; ~*-mêlé m f inv* Mischling *m;* ~ *de rate (med)* Milzbrand *m.* **sanglant, e** [-glɑ̃] *a* **1.** blutig, blutbefleckt; blutrot; **2.** *fig* beißend, verletzend.
sangle [sɑ̃gl] *f* Gurt(band *n*); Tragriemen *m.* **sangler** *tr* **1.** einschnüren; **2.** *(Pferd)* e-n Gurt anlegen.
sanglier [sɑ̃glije] *m zoo* Wildschwein *n.*
sanglot [sɑ̃glo] *m* Schluchzer *m; pl* Schluchzen *n;* ▶ *éclater en* ~*s* in Schluchzen aus=brechen. **sangloter** [-glɔ-] *itr* schluchzen.
sangsue [sɑ̃sy] *f zoo* Blutegel *m; fig* Blutsauger *m.*
sanguin, e [sɑ̃gɛ̃, -in] **I.** *a* **1.** Blut-; **2.** sanguinisch; **II.** *s m* **3.** Sanguiniker *m;* **III.** *s f* **4.** Rötel(zeichnung *f*) *m;* **5.** Blutorange *f;* ▶ *groupe m* ~ Blutgruppe *f; pression f* ~*e* Blutdruck *m; rouge* ~ blutrot; *vaisseaux m pl* ~*s* Blutgefäße *n pl.* **sanguinaire** [-gi-] **I.** *a* blutgierig, -rünstig; **II.** *s m bot* Blutwurz *f.* **sanguinolent, e** [-gi-] *a* blutig; mit Blut gemischt.
sanie [sani] *f med* Jauche *f.*
sanitaire [sanitɛʀ] **I.** *a* sanitär; Gesundheits-; **II.** *s m* sanitäre Einrichtungen *f pl; pl mil* Sanitäter *m pl;* ▶ *état m* ~ Gesundheitszustand *m; installations f pl* ~*s* sanitäre Einrichtungen *f pl; voiture f* ~ Krankenwagen *m.*
sans [sɑ̃] **I.** *prp* ohne; **II.** ▶ ~ *que (conj mit subj)* ohne daß; **III.** *adv* ▶ ~ *cela (fam),* ~ *quoi* sonst, andernfalls; ~ *cesse* unaufhörlich *adv;* ~ *rien dire,* ~ *mot dire* ohne ein Wort, *fam* e-n Ton zu sagen; ~ *doute* wahrscheinlich, gewiß, sicher(lich); ~ *aucun doute* zweifellos, ohne Zweifel; ~ *exception* ausnahmslos *adv;* ~ *faute* unweigerlich, unfehlbar *adv;* ~ *plus* ohne weiteres; mehr nicht; ~ *le vouloir* unwillkürlich *adv;* **IV.** ▶ *cela va* ~ *dire* das ist selbstverständlich; (das) versteht sich (von selbst); ▶ ~ *couture, (tech)* ~ *soudure* nahtlos; ~ *date* undatiert; ~ *dents* zahnlos; ~ *éblouissement* blendfrei; ~ *engagement (com)* freibleibend; ~ *exemple* beispiellos; ~ *fil* drahtlos; ~ *manches* ärmellos; ~ *préjudice de ...* unbeschadet *gen;* ~ *ressource(s)* mittellos; ~ *valeur* wertlos.
sans-abri *m (inv)* Obdachlose(r *m*) *f.*
sans-cœur *m (inv)* herzlose(r) Mensch *m.* **sans-culotte** *m hist* Sansculotte *m.*
sans-emploi *m f s. sans-travail.* **sans-façon** *adj* u. *adv* ungeniert, ungezwungen. **sans-fil** *m* Funkspruch *m.* **sans--filiste** *m* Rundfunkhörer, -amateur; Radiobastler *m.* **sans-gêne** *a* ungeniert, rücksichtslos; *s m inv* Ungeniertheit *f.* **sans-logis** *m* Obdachlose(r) *m.*
sans-le-sou *m (inv)* Habenichts *m.*
sans-souci *m (inv)* sorglose(r) Mensch *m;* Sorglosigkeit *f; a* sorglos.
sans-travail *m f (inv)* Arbeitslose(r *m*) *f.*
sansonnet [sɑ̃sɔnɛ] *m orn* Star *m.*
santal [sɑ̃tal] *m* Sandelholz *n.*
santé [sɑ̃te] *f* **1.** Gesundheit; *f (état m de* ~*)* Gesundheitszustand *m;* **2.** ▶ *en bonne* ~ gesund; **3.** ▶ *boire à la* ~ *de qn* auf jds Gesundheit trinken; *à votre* ~*!* auf Ihr Wohl! **4.** ▶ *maison f de* ~ (privates) Sanatorium *n;* Nervenheilanstalt *f; service m de* ~ *(mil)* Sanitätsdienst *m;* ~ *publique* öffentliche(s) Gesundheitswesen *n.*
santiag [sɑ̃tjag] *f* Cowboystiefel *m.*
santon [sɑ̃tɔ̃] *m* Krippenfigur *f (Provence).*
saoudien, ne [saudjɛ̃, -ɛn] *a* saudiarabisch. **Saoudien, ne** *m f* Saudiaraber(in *f*) m.
saoul [su] *s. soûl.*
sape [sap] *f fig* Untergrabung *f; arg* Kleidung *f.* **sapé, e** [sape] *a:* ▶ *être bien* ~ *(arg)* gut in Schale sein. **saper** [sape] **I.** *tr* untergraben *a. fig,* -höhlen, -minieren; **II.** *v prn arg* sich kleiden; ▶ *se* ~ *de neuf* sich neu einkleiden; *être bien sapé* in Schale sein.
sapeur [sapœʀ] *m mil vx* Pionier *m.*
sapeur-pompier *m* Feuerwehrmann *m; pl* Feuerwehr *f.*
saphir [safiʀ] *m* Saphir *m.*
sapin [sapɛ̃] *m bot* Tanne *f; (bois m de* ~*)* Tannenholz *n;* ▶ *sentir le* ~ *(pop)* mit e-m Fuß im Grabe stehen. **sapinière** *f* Tannenwald *m.*
sapristi [sapʀisti] *interj fam* Donnerwetter!
saquer [sake] *tr s. sacquer. tr* **3.** *arg:*

▶ *je ne peux pas le ~* ich kann ihn nicht ab; *elle s'est fait ~ par le professeur* der Lehrer hat ihr eins ausgewischt.
sarabande [saʀabɑ̃d] *f mus* Sarabande *f.*
sarbacane [saʀbakan] *f* Blasrohr *n.*
sarcasme [saʀkasm] *m* Sarkasmus, beißende(r) Spott *m.* **sarcastique** *a* sarkastisch.
sarclage [saʀklaʒ] *m* Jäten *n.*
sarcler [saʀkle] *tr agr* jäten.
sarcome [saʀkom] *m med* Sarkom *n.*
sarcophage [saʀkɔfaʒ] *m* Sarkophag *m.*
Sardaigne, la [saʀdɛɲ] Sardinien *n.* **sarde** *a* sard(in)isch. **Sarde** *m f* Sardinier(in *f*) *m.*
sardine [saʀdin] *f* **1.** *zoo* Sardine *f;* **2.** *pl fam fig* (Unteroffiziers-)Tressen *f pl;* ▶ *~ à l'huile* Ölsardine *f.*
sardonique [saʀdɔnik] *a:* ▶ *rire m ~* sardonische(s), höhnische(s) Lachen *n.*
sari [saʀi] *m* Sari *m.*
sarment [saʀmɑ̃] *m* (Wein-)Ranke *f.*
sarong [saʀɔ̃(g)] *m* Sarong *m.*
sarrasin, e [saʀazɛ̃, -in] **I.** *a* sarazenisch; **II.** Buchweizen *m.* **Sarrasin, e** *m f* Sarazene *m,* Sarazenin *f.*
sarrau [saʀo] *m* Fuhrmannskittel *m.*
Sarre, la [saʀ] die Saar; das Saarland; *(hist)* das Saarland. **Sarrebruck** *m* Saarbrücken *n.*
sarriette [saʀjɛt] *f bot* Bohnenkraut *n.*
sarrois, e [saʀwa, -z] *a* saarländisch. **Sarrois, e** *m f* Saarländer(in *f*) *m.*
sas [sɑ] *m* **1.** Haarsieb *n;* **2.** Schleusenkammer *f.* **sasser 1.** *tr* (durch=)sieben; **2.** *mar* durch=schleusen.
Satan [satɑ̃] *m* Satan *m a. fig.* **satané, e** [-ta-] *a (vorangestellt) fam* verteufelt, verflixt. **satanique** *a* teuflisch, satanisch.
satelliser [satɛlize] *tr cosm* in die Umlaufbahn ein=schießen; *fig pol* zu e-m Satellitenstaat machen; ▶ *se laisser, se faire ~* zum Satellitenstaat werden. **satellite** *s m astr pol* Satellit *m;* ▶ *~ artificiel* künstliche(r) Satellit *m; ~ de communications* Nachrichtensatellit *m; ~ d'observation* Aufklärungssatellit *m; ~ de télécommunications* Fernmeldesatellit *m; ~ de télévision directe* Direktsatellit *m.*
satiété [sasjete] *f* Sattheit, Sättigung *f; fig* Überdruß *m;* ▶ *manger jusqu'à ~* sich satt essen; *répéter (jusqu')à ~* bis zum Überdruß wiederholen.
satin [satɛ̃] *m (Stoff)* Satin, Atlas *m.* **satiné, e I.** *a* **1.** wie Atlas glänzend; **2.** seidenweich; **II.** *s m* Atlasglanz *m.* **satiner** *tr* satinieren.
satire [satiʀ] *f* Satire *f.* **satirique** *a* satirisch.
satisfaction [satisfaksjɔ̃] *f* **1.** Befriedigung, Zufriedenheit *f;* **2.** Genugtuung *f;* ▶ *à la ~ générale* zur allgemeinen Zufriedenheit; *donner ~ à qn* jdm Genugtuung geben. **satisfaire** ⟨*Prés. je satisfais, ns satisfaisons, vs satisfaites; Fut. je satisferai, ns satisferons, vs satisferez; pp. satisfait, e; Subj. que je satisfasse, que ns satisfassions; Impér. satisfais, satisfaisons, satisfaites*⟩ **I.** *tr* **1.** zufrieden=stellen, befriedigen; **2.** *(e-r Leidenschaft)* willfahren, nach=geben; **II.** *itr* genug=tun, gerecht werden (*à qc* e-r S); *(Verbindlichkeiten)* nach=kommen (*à qc* e-r S *dat*); **III.** *v prn se ~* s-e Wünsche, Bedürfnisse befriedigen; ▶ *~ l'attente de qn* jds Erwartungen entsprechen; *~ à la demande, aux besoins* die Nachfrage befriedigen, den Bedarf decken. **satisfaisant, e** [-fəzɑ̃, -ɑ̃t] *a* befriedigend, zufriedenstellend; erfreulich. **satisfait, e** *a* befriedigt; zufrieden (*de* mit).
saturateur [satyʀatœʀ] *m* Luftbefeuchter *m.* **saturation** *f* Sättigung *f.* **saturé, e** *a* **1.** gesättigt, saturiert *a. fig* (*de* mit); **2.** *fig* übersättigt. **saturer** *tr* sättigen, saturieren *a. fig; chem* tränken (*de* mit); *fig* übersättigen (*de* mit); *itr fam* geschafft sein; ▶ *il y a des jours où vraiment je sature!* an manchen Tagen kann ich wirklich nicht mehr!
Saturne [satyʀn] *m astr* Saturn *m.* **saturnisme** *m med* Bleivergiftung *f.*
satyre [satiʀ] *m* **1.** Satyr *m;* **2.** *fig* Lüstling *m.*
sauce [sos] *f* **1.** Soße, *a.* Sauce, Tunke *f;* **2.** *fam* (Regen-)Guß *m;* **3.** ▶ *mettre à toutes les ~s* zu allem gebrauchen; *gâter la ~ (fig)* den Brei verderben. **saucée** *f fam* Regenguß *m.* **saucer** ⟨*Prés. je sauce, ns sauçons; Fut. je saucerai; pp. saucé, e*⟩ *tr* ▶ *~ son pain* sein Brot eintunken (*dans* in *acc*); *se faire ~ (fam)* patschnaß werden. **saucier** *m* Soßenkoch *m.* **saucière** *f* Soßenschüssel *f.*
saucisse [sosis] *f* **1.** Wurst *f (zum Heißmachen* od *Braten);* **2.** ▶ *ne pas attacher ses chiens avec des ~s (fam)* sein Geld nicht zum Fenster hinaus=werfen. **saucisson** *m* **1.** Salami *f;* (Schnitt-)Wurst *f;* ▶ *~ de Lyon* Lyoner (Wurst) *f; ~ sec* Hartwurst *f;* **2.** längliche(s) Brot *n.* **saucissonner** *itr fam* picknicken.
sauf, sauve [sof, -ov] **I.** *a* unbeschädigt, unverletzt, wohlbehalten; **II.** *prp* außer, ausgenommen, abgesehen von ...; ▶ *~ que (conj)* außer daß ...; *~ avis contraire* vorbehaltlich gegenteiliger Mitteilung; *~ erreur* Irrtum vor=behalten; *~-conduit m* Passierschein *m.*
sauge [soʒ] *f bot* Salbei *m* od *f.*
saugrenu, e [sogʀəny] *a* albern.
saule [sol] *m* Weide *f;* ▶ *~ pleureur* Trauerweide *f.*
saumâtre [somɑtʀ] *a* **1.** brackig; **2.**

► *la trouver* ~ *(fam)* es unerfreulich finden.
saumon [somɔ̃] **I.** *s m zoo* Lachs, Salm *m;* **II.** *a inv* lachsfarben, -rosa. **saumoné, e** *a* lachsartig; ► *truite f ~e* Lachsforelle *f.*
saumure [somyʀ] *f* Salzlake *f.*
sauna [sona] *m* Sauna *f.*
saupoudrage [sopudʀaʒ] *m* Gießkannenprinzip *n.* **saupoudrer** [sopudʀe] *tr* bestreuen (*de, avec* mit).
saur [sɔʀ] *a:* ► *hareng m* ~ Bückling *m.*
sauriens [sɔʀjɛ̃] *m pl zoo* (Eid-)Echsen *f pl.*
saut [so] *m* **1.** Sprung *a. fig,* Satz *m;* **2.** Sturz, Fall *m;* **3.** Wasserfall *m;* **4.** ► *au ~ du lit* beim Aufstehen; *par ~s et par bonds* in Sprüngen, sprungweise; **5.** ► *ne faire qu'un ~ chez qn* bei jdm nur auf e-n Sprung vorbei=kommen; ~ *en l'air, de carpe, au cheval, en hauteur, en longueur, à la perche* Luft-, Hecht-, Bock-, Hoch-, Weit-, Stabhochsprung *m;* ~*-de-lit m inv* Morgenrock *m;* ~*-de-mouton m* Straßen-, Gleisüberführung *f;* ~ *d'obstacles* Hindernisspringen *n;* ~ *en parachute* Fallschirmabsprung *m;* ~ *périlleux* Salto mortale *m.* **saute** *f:* ► ~ *d'humeur* Stimmungsumschwung *m.* **saute-mouton** *m* Bockspringen *n.*
sauté, e I. *a* gebraten; ► *pommes f pl (de terre) ~es* Brat-, Schwenkkartoffeln *f pl;* **II.** *s m:* ~ *de veau* Kalbsragout *n.*
sauter [sote] **I.** *itr* **1.** springen, e-n Sprung machen; **2.** *(Knopf)* ab=springen; **3.** *(Glas)* zerspringen; **4.** *(Sicherung)* durch=brennen; **5.** in die Luft fliegen, explodieren; **6.** sich stürzen (*sur* auf *acc*); **7.** hüpfen (*de joie* vor Freude); **8.** *fig* über=wechseln, -springen; **9.** *(Wind)* um=springen; **10.** *fam* s-e Stelle verlieren, (hinaus=)fliegen; **II.** *tr* **11.** springen (*qc* über *acc*); *(Hindernis)* nehmen; **12.** *fig* überspringen, aus=lassen; überlesen; **13.** ► *faire* ~ sprengen; *fig (Geld, Flasche)* springen lassen; *(Bank)* sprengen; *faire ~ qc* in Butter schmoren; *se faire ~ la cervelle* sich e-e Kugel durch den Kopf jagen; ~ *à bas de son lit* aus dem Bett springen; ~ *au cou de qn* jdm um den Hals fallen; ~ *en parachute* (mit dem Fallschirm) ab=springen; ~ *le pas (fig)* zu e-m Entschluß kommen; ~ *aux yeux* in die Augen springen; **14.** ► *on la saute (fam)* ich habe Hunger; *et que ça saute! (fam)* hopp, hopp! dalli!
sauterelle [sotʀɛl] *f* **1.** Heuschrecke *f;* **2.** *fig* Hopfenstange *f.* **sauteur, se** *s m f* **1.** Springer(in *f*) *m;* **2.** *fig fam* Windbeutel *m;* ► ~ *en hauteur, en longueur* Hoch-, Weitspringer *m.*
sauteuse [sotøz] *f* Bratpfanne *f.*
sautillant, e [-jɑ̃, -ɑ̃t] *a* **1.** hüpfend; **2.** *(Stil)* abgehackt. **sautiller** *itr* hüpfen.
sautoir *m sport* Sprunggrube *f; (Schmuck)* lange Halskette *f;* ► *porter en* ~ um den Hals gehängt tragen.
sauvage [sovaʒ] **I.** *a* **1.** wild; ungezähmt; **2.** primitiv; unkultiviert; unzivilisiert; **3.** *fig* menschenscheu, ungesellig; schüchtern; **4.** *bot* wildwachsend; **II.** *s m f* **5.** Wilde(r *m*) *f;* **6.** *fig* Eigenbrötler, Einzelgänger *m.* **sauvagerie** *f* **1.** Wildheit, Roheit *f;* **2.** *fig* Menschenscheu *f.*
sauvegarde [sovgaʀd] *f* Schutz *m;* ► *clause f de* ~ Vorbehaltsklausel *f;* ~ *automatique (inform)* automatische(s) Sichern *n; la ~ de la Création* die Erhaltung der Schöpfung *f.* **sauvegarder** *tr* wahren, schützen; *inform* sichern; ► ~ *les intérêts* die Interessen wahren. **sauve-qui-peut** *m inv* Panik, allgemeine Kopflosigkeit *f,* Durcheinander *n.* **sauver I.** *tr* **1.** retten; in Sicherheit bringen, erretten (*de* vor *dat*); **2.** *(den Schein)* wahren; **3.** *rel* erlösen; **II.** *v prn se* ~ **4.** sich retten, (sich) flüchten, sich in Sicherheit bringen (*de* vor); **5.** entkommen, davon=laufen; sich davon=machen; **6.** *fam* machen, daß man wegkommt; **7.** *(Milch)* über=kochen, -laufen; ► *sauve qui peut!* rette sich, wer kann! **sauvetage** *m* Rettung, Bergung *f;* ► *canot m, ceinture f de* ~ Rettungsboot *n,* -gürtel *m.* **sauveteur** *m* Retter, Berger *m; pl* Bergungsmannschaft *f.*
sauvette *f:* ► *à la* ~ heimlich, verstohlen; in aller Eile; *vendre à la* ~ schwarz verkaufen. **sauveur** *m* Retter *m;* ► *le S~* der Erlöser.
savamment [savamɑ̃] *adv* **1.** gelehrt; mit Sachkenntnis; **2.** geschickt.
savane [savan] *f geog* Savanne *f.*
savant, e [savɑ̃] **I.** *a* **1.** gelehrt; sachkundig (*en* in *dat*); **2.** geschickt, gewiegt; gekonnt; **3.** *(Tier)* dressiert; **II.** *s m f* Gelehrte(r *m*) *f.*
savarin [savaʀɛ̃] *m* Topf-, Napfkuchen *m.*
savate [savat] *f* **1.** alte(r) Pantoffel *od* Schuh; Schlappen *m;* **2.** *fig* Tolpatsch *m, fam* Niete, Flasche *f;* ► *traîner la ~ (fam fig)* am Hungertuch nagen.
Saverne [savɛʀn] *f geog* Zabern *n;* ► *le col de S~* die Zaberner Steige.
saveur [savœʀ] *f* **1.** Geschmack *m;* **2.** *fig* Würze *f;* ► *sans* ~ fade.
Savoie, la [savwa] Savoyen *n.*
savoir [savwaʀ] ⟨*Prés. je sais, ns savons; Fut. je saurai; pp. su, e; Subj. que je sache, que ns sachions; Impér. sache, sachons*⟩ **I.** *tr* **1.** wissen, kennen, verstehen; *(Nachricht, Ereignis)* um etw wissen, Bescheid wissen; ► ~ *l'allemand* Deutsch können; ~ *le nom de qn* jds Namen kennen; *il sait cette chanson par cœur* er kann dieses Lied auswendig; *je ne veux pas le* ~ ich will nichts davon wissen; **2.** können, vermögen;

imstande, fähig sein (*faire qc* etw zu tun); ▶ *il sait nager* er kann schwimmen; **3.** erfahren, beschlagen sein (*qc* in e-r S); Kenntnis haben (*qc* von etw); *fam* etw los haben, zu Hause sein (*qc* in e-r S); **4.** hören, erfahren, vernehmen; ▶ *je le sais de source sûre* ich habe es aus sicherer Quelle; *j'ai su par un ami que* ich habe durch e-n Freund erfahren, daß; **II.** *v prn se* ~ **5.** bekannt sein *od* werden; ▶ *il se savait en danger de mort* es war ihm klar, daß er in Lebensgefahr schwebte; **III.** *s m* **6.** Kenntnisse *f pl*, Wissen *n*; Gelehrsamkeit *f*; **7.** *(à)* ~ nämlich; ▶ *faire* ~ mit=teilen; ~ *sur le bout du doigt* an den Fingern her=sagen können, in- u. auswendig kennen; **8.** ▶ *je ne saurais vous le dire* ich kann es Ihnen (leider) nicht sagen; *(autant) que je sache, à ce que je sais* soviel ich weiß; meines Wissens; *j'en sais quelque chose* ich kann ein Lied davon singen; *(il) reste à* ~ es fragt sich noch; *il ne veut rien* ~ er will nichts davon hören; *c'est bon à* ~ gut, daß ich es weiß; ~ *s'il ira* wer weiß, ob er geht; *sait-on jamais?* man kann nie wissen; *nous vous saurions gré de ...* wir wären Ihnen zu Dank verpflichtet, wenn ...; *la question se posait de* ~ *si ...* es ergab sich die Frage, ob ...; *un je ne sais quoi* ein gewisses Etwas. *savoir-faire m inv* Geschicklichkeit, Gewandtheit *f*; Know-how *n*. **savoir-faire** *m inv* Know-hown. **savoir-vivre** *m inv* Lebensart *f*, Manieren *f pl*.

savon [savõ] *m* **1.** Seife *f*; **2.** *fig fam* Anschnauzer, Rüffel *m*; **3.** ▶ *passer un* ~ *à qn (fig fam)* jdm den Kopf waschen; **4.** ▶ *bulle, eau f de* ~ Seifenblase *f*, -wasser *n*; *pain m de* ~ Stück *n*, Riegel *m* Seife; ~ *à barbe, de Marseille, de toilette* Rasier-, Kern-, Toilettenseife *f*. **savonnage** [-vɔ-] *m* Einseifen *n*; kleine Wäsche *f*. **savonner** *tr* mit Seife waschen; ein=seifen. **savonnette** *f* Toilettenseife *f*. **savonneux, se** *a* seifig.

savourer [savuʀe] *tr* **1.** *fig* (aus=)kosten; **2.** (in Ruhe) genießen. **savoureux, se** *a* **1.** schmackhaft, lecker; **2.** *fig* köstlich.

Savoyard, e *m f* Savoyer(in *f*), Savoyarde *m*, Savoyardin *f*.

Saxe, la [saks] Sachsen *n*; ▶ *porcelaine f de* ~, *s*~ *m* Meiß(e)ner Porzellan *n*. **Saxe-Anhalt, la** Sachsen-Anhalt *n*. **saxon, ne** [saksõ, ɔn] *a* sächsisch. **Saxon, ne** *m f* Sachse *m*, Sächsin *f*.

saxophone [saksɔfɔn] *m* Saxophon *n*.

sbire [zbiʀ] *m* Häscher, Scherge *m*.

scabieuse [skabjøz] *f bot* Skabiose *f*.

scabreux, se [skabʀø] *a* **1.** *(Frage)* heikel; **2.** *(Witz)* anstößig, schlüpfrig.

scalp [skalp] *m* Skalp *m*.

scalpel [skalpɛl] *m* Seziermesser, Skalpell *n*.

scalper [skalpe] *tr* skalpieren.

scandale [skɑ̃dal] *m* **1.** Skandal *m*, Ärgernis *n*; **2.** Entrüstung *f*; **3.** Krach *m*; Aufsehen *n*. **scandaleux, se** *a* skandalös; schändlich, empörend; ärgerlich. **scandaliser I.** *tr* Ärgernis geben (*qn* jdm), Anstoß erregen (*qn* bei jdm); **II.** *v prn se* ~ Anstoß nehmen (*de* an *dat*).

scander [skɑ̃de] *tr* skandieren.

scandinave [skɑ̃dinav] *a* skandinavisch.

Scandinave *s m f* Skandinavier(in *f*) *m*. **Scandinavie, la** Skandinavien *n*.

scanner [skanɛʀ] *m s. scanneur*. **scanneur** [skanœʀ] *m inform med* Scanner *m*. **scanographe** *m med s. scanneur*.

scaphandre [skafɑ̃dʀ] *m* Taucheranzug *m*; ~ *d'altitude (aero)* Überdruckanzug *m*; ~ *autonome* Tauchgerät *n*; ~ *de cosmonaute* Raumanzug *m*. **scaphandrier** *m* Taucher *m*.

scarabée [skaʀabe] *m zoo* Mistkäfer *m*.

scarlatine [skaʀlatin] *f med* Scharlach *m*.

sceau [so] *m pl -x* **1.** Siegel *n*; **2.** *fig* Stempel *m*; ▶ *sous le* ~ *du secret* unter dem Siegel der Verschwiegenheit; *garde m des* ~*x* Justizminister *m*.

scélérat, e [seleʀa, -at] **I.** *a* ruchlos, niederträchtig; **II.** *s m* Schurke *m*.

scellé [sɛle] *m jur* gerichtliche(s) Siegel *n*. **sceller 1.** (ver)siegeln; **2.** *fig* bekräftigen, besiegeln; **3.** *tech (Fugen)* verschmieren, -streichen; ein=mauern.

scénario [senaʀjo] *m* Szenario *n*; *film* Drehbuch *n*, Szenario *n*. **scénariste** *m* Drehbuchautor *m*.

scène [sɛn] *f* **1.** *theat* Bühne *f*; **2.** Szene *f*, Auftritt *m*; **3.** Bühnenbild *n*, Dekoration *f*; **4.** *allg* Geschehnis *n*, Begebenheit *f*, Vorkommnis *n*; **5.** Krach *m*, Szene *f*; **6.** ▶ *adapter à la* ~ für die Bühne bearbeiten; *entrer en* ~ auf=treten; *faire une* ~ *à qn (fig)* jdm e-e Szene machen; *mettre en* ~ inszenieren; **7.** ▶ *metteur m en* ~ Regisseur *m*; *mise f en* ~ Inszenierung, Regie *f*; ~ *en plein air* Freilichtbühne *f*; ~ *de ménage* Ehekrach *m*. **scénique** [senik] *a* Bühnen-, Theater-; bühnenwirksam.

scepticisme [sɛptisism] *m* Skepsis *f*. **sceptique I.** *a* skeptisch; **II.** *s m* Skeptiker *m*.

sceptre [sɛptʀ] *m* Zepter *n*.

Schaffhouse [ʃafuz] *m (Kanton)* Kanton *m* Schaffhausen; *(Stadt)* Schaffhausen *n*.

schéma [ʃema] *m* Schema; Diagramm *n*; Plan *m*. **schématique** *a* schematisch. **schématiser** *tr* schematisch dar=stellen; schematisieren.

schismatique [ʃismatik] **I.** *a rel* schismatisch; **II.** *s m* Schismatiker *m*. **schisme** *m* Schisma *n*.

schiste [ʃist] *m min* Schiefer *m*. **schisteux, se** *a* schief(e)rig.

schlass [ʃlas] *pop s m* Messer *n*.
Schleswig-Holstein, le Schleswig-Holstein *n*.
schlinguer [ʃlɛ̃ge] *itr vulg* stinken.
schnock, schnoque [ʃnɔk] *m (pop)* ▶ *vieux* ~ alte(r) Knacker *m*.
schnouff [ʃnuf] *m arg* Droge *f*, Stoff *m*.
schooner [ʃunɛʀ] *m mar* Schoner *m*.
schizophrène [skizofʀɛn] *med* schizophren. **schizophrénie** *f med* Schizophrenie *f*.
sciant, e *a fam* auf die Nerven fallend.
sciatique [sjatik] *f* Ischias *f*, *fam a. m* od *n*.
scie [si] *f* **1.** Säge *f*; **2.** *pop* Nervensäge *f*; **3.** *fig* abgedroschene(r) Schlager *m*; **4.** *zoo* Sägefisch *m*.
sciemment [sjamɑ̃] *adv* wissentlich.
science [sjɑ̃s] *f* **1.** Kenntnis *f*, Wissen *n*; **2.** Wissenschaft *f*; *pl (~s naturelles)* Naturwissenschaft(en) *f (pl)*; ▶ *~s économiques* Wirtschaftswissenschaften *f pl*; *lettres et ~s humaines* Geistes-, Humanwissenschaften *f pl*. **science-fiction** Science-fiction *f*. **scientifique** *a* wissenschaftlich.
scier [sje] *tr* **1.** (durch=, zer-, ab=)sägen; **2.** ▶ ~ *qn (fam fig)* glatt umwerfen. **scierie** [siʀi] *f* Sägewerk *n*, -mühle *f*.
scinder [sɛ̃de] **I.** *tr* spalten, trennen *a. fig*; **II.** *v prn se* ~ sich (auf=)spalten (*en deux groupes* in zwei Gruppen).
scintillant, e [sɛ̃tijɑ̃, -ɑ̃t] *a* flimmernd, funkelnd, glänzend *a. fig*. **scintillement** [sɛ̃tijmɑ̃] *m* Funkeln, Flimmern *n*. **scintiller** [-j-, *a.* -l-] *itr* glitzern, flimmern, funkeln.
scion [sjɔ̃] *m bot* Schößling *m*.
scission [sisjɔ̃] *f phys chem* Spaltung *f a. fig*.
scissiparité *f zoo* Fortpflanzung *f* durch Teilung.
sciure [sjyʀ] *f (~ de bois)* Sägespäne *m pl*.
scléreux, se [skleʀø] *a med* sklerotisch. **sclérose** *f med* Sklerose *f*; ▶ ~ *des artères* Arterienverkalkung *f*; ~ *en plaques* multiple Sklerose *f*. **sclérosé, e** *a fig* verkalkt.
scolaire [skɔlɛʀ] *a* Schul-; schulisch; ▶ *année f* ~ Schuljahr *n*. **scolarisation** *f* **1.** Einschulung *f*; Schulbesuch *m*; **2.** Bau *m* von Schulen. **scolarisé, e** *a* eingeschult; verschult. **scolariser** *tr* ein=schulen; verschulen. **scolarité** *f* Schulzeit *f*, -besuch *m*.
scolastique [skolastik] **I.** *a* scholastisch; **II.** *s f* Scholastik *f*.
scoliose [skɔljoz] *f med* Skoliose *f*. **scolopendre** [skɔlɔpɑ̃dʀ] *f zoo* Skolopender *m*.
scons(e) [skɔ̃s] *m* Skunk *m (Pelz)*.
scooter [skutɛʀ] *m* Motorroller *m*. **scootériste** *m* Rollerfahrer(in *f*) *m*.
scorbut [skɔʀbyt] *m med* Skorbut *m*. **scorbutique** *a* Skorbut-; *s m f* Skorbutkranke(r *m*) *f*.
score [skɔʀ] *m sport* Punktzahl *f*.
scorie [skɔʀi] *f* Schlacke *f*.
scorpion *m zoo* ▶ ~ *(astr)* Skorpion *m*.
scotch [skɔtʃ] **1.** *(Whisky)* Scotch *m*; **2.** *WZ* Tesafilm *m*.
scout [skut] *m* Pfadfinder *m*. **scoutisme** *m* Pfadfinderbewegung *f*.
scribe [skʀib] *m* Schreiber; *rel* Schriftgelehrte(r) *m*. **scribouillard** [-uj-] *m fam* Schreiberling *m*.
script [skʀipt] *m* Script *n*. **script-girl** [-gœʀl] *f film* Skriptgirl *n*. **scriptural, e** *a* ▶ *monnaie f* ~ *(com)* Buchgeld *n*.
scrofule [skʀɔfyl] *f med* Skrofulose *f*.
scrotum [skʀɔtɔm] *m anat* Hodensack *m*.
scrupule [skʀypyl] *m* **1.** Skrupel, Gewissensbiß, Zweifel *m*, Bedenken *n*; **2.** Sorgfalt, Gewissenhaftigkeit, (ängstliche) Genauigkeit *f*; ▶ *sans* ~ gewissenlos; leichtfertig; *se faire un* ~ *de qc* wegen etw Bedenken tragen. **scrupuleux, se** *a* peinlich genau, gewissenhaft.
scrutateur [skʀytatœʀ] *m pol* Stimmzähler *m*. **scruter** *tr* eingehend prüfen, erforschen, untersuchen.
scrutin [skʀytɛ̃] *m* **1.** Abstimmung *(durch Zettel* od *Kugeln)*, Wahl *f*; **2.** ▶ *par un* ~ *public, secret (parl)* in öffentlicher, geheimer Abstimmung; **3.** ▶ *dépouiller le* ~ die Stimmen zählen; **4.** ▶ *tour m de* ~ Wahlgang *m*; ~ *majoritaire* Mehrheitswahl *f*.
sculpter [skylte] *tr* in Stein hauen; aus=hauen, meißeln; schnitzen (*sur bois* in Holz). **sculpteur** *m* Bildhauer *m*; ▶ ~ *sur bois* Holzschnitzer *m*. **sculptural, e** *a pl -aux* Bildhauer-; *fig (Schönheit)* makellos. **sculpture** *f* **1.** Bildhauerkunst *f*; **2.** Plastik; Skulptur *f*.
se [sə] *prn* sich; einander.
séance [seɑ̃s] *f* **1.** Sitzung; Versammlung *f*; **2.** *(Kino)* Vorstellung; Darbietung *f*; **3.** ▶ ~ *tenante* auf der Stelle, sofort; *clore* od *lever, ouvrir, suspendre, tenir une* ~ e-e Sitzung schließen, eröffnen, unterbrechen, ab=halten; ~ *de clôture, plénière* Schluß-, Plenarsitzung *f*; ~ *de rayons (med)* Bestrahlung *f*; ~ *de travail* Arbeitstagung *f*.
séant, e [seɑ̃, ɑ̃t] *a se* ▶ *mettre sur son* ~ sich aufrecht hin=setzen.
seau [so] *m* Eimer, Kübel *m*; ▶ *il pleut à ~x (fam)* es gießt in Strömen.
sébacé, e [sebase] *a* Talg-. **sébum** [sebɔm] *m (Physiologie)* Hauttalg *m*.
sec, sèche [sɛk, sɛʃ] **I.** *a* **1.** trocken, (aus)ge-, vertrocknet; *(Obst)* gedörrt; *(Laub)* dürr; **2.** *(Wein)* herb; *(Metall)* spröde; **3.** *(Mensch)* mager, hager; **4.** *(Stil)* ledern, hölzern; **5.** *(Wesen)* barsch; gefühllos; **II.** *adv* **6.** kräftig, heftig; **III.** *s m* **7.** (das) Trockene; **8.** *agr*

Trockenfutter *n;* **9.** ► *au* ~ im Trockenen; *à pied* ~ trockenen Fußes; *tout* ~ *(adv)* gerade, genau; bloß; **10.** ► *avoir le gosier* ~ e-e trockene Kehle haben; *boire* ~ tüchtig zechen; *être à* ~ *(fig)* auf dem trocknen sitzen; **11.** ► *légumes m pl* ~*s* Trockengemüse *n.*

sécant, e [sekɑ̃, -ɑ̃t] **I.** *a math* schneidend; **II.** *s f* Sekante *f.*

sécateur [sekatœʀ] *m* Hecken-, Baumschere *f.*

sécession [sesɛsjɔ̃] *f pol* Spaltung, Sezession *f.*

séchage [seʃaʒ] *m* Trocknen *n;* ► *à* ~ *rapide* schnell trocknend.

sèche [sɛʃ] **1.** *a s. sec;* **2.** *s f arg* Kippe *f.*

sèche-linge *m inv* Wäschetrockner *m.*

seche-mains *m inv* Händetrockner *m.*

sèchement [sɛʃmɑ̃] *adv* trocken *a. fig; fig* kalt, unfreundlich. **sèche-cheveux** *m inv WZ* Fön *m.* **sèchement** *adv fig* kalt, unfreundlich; schroff.

séché, e [seʃe] *a* getrocknet; gedörrt; ► ~ *à l'air* luftgetrocknet. **sécher** ‹*Prés. je sèche, ns séchons; Fut. je sècherai; pp. séché, e*› **I.** *tr* **1.** (ab=)trocknen; trocken=legen; **2.** *(Früchte)* dörren; **3.** *(Schule)* schwänzen; **II.** *itr* **4.** (aus=, ver-)trocknen, trocken werden; **5.** *(Pflanze)* verdorren; **6.** *fig (Schule) fam* keine Antwort wissen; **III.** *v prn se* ~ **7.** sich (ab=)trocknen. **sécheresse** *f* **1.** Trockenheit *f;* **2.** *fig* Kälte, Gefühllosigkeit; Schroffheit *f.* **séchoir** *m* Trokkenboden; Trockner *m;* (~ *électrique) WZ* Fön *m.*

second, e [s(ə)gɔ̃, -ɔ̃d] **I.** *a* zweite(r, s); **II.** *s m* **1.** Zweite(r *m*) *f,* Zweite(s) *n;* **2.** *arch* zweite(r) Stock *m;* **3.** Stellvertreter *(des Chefs);* Assistent *m; mar* Erste(r) Offizier *m;* **III.** *s f* **4.** *loc* zweite Klasse *f;* **5.** Sekunde *f (a. mus);* Augenblick, Moment *m;* ► *j'en ai pour deux* ~*es* ich bin gleich soweit; **6.** *mot* zweite(r) Gang *m;* **7.** ► *au* ~ im zweiten Stock; *en* ~ *lieu* an zweiter Stelle. **secondaire** *a* untergeordnet; sekundär; nebensächlich; ► *c'est* ~ das ist Nebensache.

seconder [səgɔ̃de] *tr* **1.** unterstützen; helfen (*qn* jdm); **2.** begünstigen, fördern.

secouer [s(ə)kwe] **I.** *tr* **1.** (auf=, aus=, ab=, durch=)schütteln; (durch=)rütteln; **2.** *fig (seelisch)* erschüttern; an=greifen; **3.** *fig fam* auf Trab bringen, auf=rütteln; (~ *les puces à qn)* zs.=stauchen; **II.** *v prn se* ~ **4.** sich schütteln; **5.** *fig* sich rühren, nicht untätig sein.

secourir [səkuʀiʀ] ‹*Prés. je secours, ns secourons; Fut. je secourrai; pp. secouru, e; Subj. que je secoure, que ns secourions; Impér. secours, secourons*› *tr* helfen, bei=stehen (*qn* jdm); unterstützen. **secourisme** *m* Erste Hilfe *f.* **secouriste** *m* Ersthelfer(in *f*) *m.* **secours** [-uʀ] *m* **1.** Hilfe; Hilfeleistung; Unterstützung *f;* Hilfsdienst *m;* **2.** ► *au* ~*!* Hilfe! *accourir, venir au* ~ *de qn* jdm zu Hilfe eilen *od* kommen; *donner, porter, prêter* ~ Hilfe leisten; **3.** ► *éclairage m de* ~ Notbeleuchtung *f; porte, sortie f de* ~ Notausgang *m; poste m de* ~ Unfallstation *f; les premiers* ~ die Erste Hilfe; ~ *en montagne* Bergwacht *f.*

secousse [s(ə)kus] *f* **1.** Erschütterung *f,* Stoß *m a. fig;* **2.** *fig* Schlag; *med* Schock *m;* ► *par* ~*s* stoßweise; ~ *tellurique* Erdstoß *m; (fam fig) il n'en fiche pas une* ~ er macht keinen Finger krumm.

secret, ète [səkʀɛ, -ɛt] **I.** *a* geheim, verborgen; Geheim-; **II.** *s m* **1.** Geheimnis *n;* Geheimhaltung *f;* **2.** ► *dans le plus grand* ~ in aller Heimlichkeit; *en* ~ heimlich, insgeheim, unter vier Augen; *sous le sceau du* ~ unter dem Siegel der Verschwiegenheit; **3.** ► *garder le* ~ das Geheimnis (be-)wahren; *tenir* ~ geheim=halten; ~ de la confession; de fabrication, Beicht-, Fabrikations-; ~ *des correspondances, professionnel* Brief-, Berufsgeheimnis *n;* ~ *médical* ärztliche Schweigepflicht *f.*

secrétaire [səkʀetɛʀ] *m f* **1.** Sekretär(in *f*) *m;* **2.** Schrift-, Protokollführer *m;* **3.** Schreibschrank *m;* ► ~ *général* Generalsekretär *m.* **secrétariat** [-a] *m* Sekretariat *n;* Geschäftsstelle *f;* ► *école f de* ~ Sekretärinnenschule *f.*

sécréter [sekʀete] ‹*Prés. je sécrète, ns sécrétons; pp. sécrété, e*› *tr (Physiologie)* ab=sondern. **sécrétion** [-sjɔ̃] *f* Absonderung *f.*

sectaire [sɛktɛʀ] **I.** *s m* **1.** Sektierer *m;* **2.** *fig* Fanatiker *m;* **II.** *a* **1.** sektiererisch; **2.** *fig* fanatisch, radikal. **sectarisme** *m* Sektierertum *n,* Fanatismus *m.*

secte *f* **1.** Sekte *f;* **2.** *fig pej* Klüngel *m.*

secteur [sɛktœʀ] *m* **1.** Sektor *m a. fig;* **2.** *mil* (Front-)Abschnitt *m;* **3.** Bezirk *m;* Gegend *f;* **4.** *fig* Abteilung *f,* Bereich *m;* **5.** *el* Stromnetz *n;* **6.** ► *branché sur le* ~ vom Netz gespeist; **7.** ► ~ *privé (com)* Privatwirtschaft *f;* ~ *public (com)* Staatsunternehmen *n pl.*

section [sɛksjɔ̃] *f* **1.** *math* Schnitt *m;* **2.** Querschnitt *m,* Profil *n;* **3.** Abschnitt *m,* Abteilung *f;* **4.** Teilstrecke *f,* Teilstück *n; loc* Streckenabschnitt *m;* **5.** *mil* Zug *m,* Abteilung *f.* **sectionner** *tr* **1.** durchschneiden; **2.** *fig* auf=teilen; unterteilen.

séculaire [sekylɛʀ] *a* **1.** alle hundert Jahre stattfindend; **2.** hundertjährig. **sécularisation** *f* Säkularisation *f.* **séculariser** *tr* säkularisieren. **séculier, ère** *a rel* weltlich; *s m* Laie *m.*

secundo [səgɔ̃do] *adv* zweitens.

sécurisant, e [sekyʀizɑ̃, -t] *a (Psychologie)* beruhigend; ► *un sentiment* ~ ein Gefühl der Geborgenheit. **sécuriser** *tr (Psychologie)* beruhigen; jdm Gebor-

genheit bieten.
sécurité [sekyRite] *f* **1.** Sicherheit *f;* **2.** Sicherung *f;* ▶ *en toute* ~ in aller Ruhe; ~ *aérienne* Flugsicherung *f;* ~ *des données (inform)* Datensicherung *f;* ~ *de l'emploi* Arbeitsplatzsicherung *f;* ~ *routière* Straßenverkehrssicherheit *f;* ~ *sociale* Sozialversicherung *f.*
sédatif, ive [sedatif, -iv] *a* u. *s m* schmerzstillend(es Mittel *n*).
sédentaire [sedɑ̃tɛR] *a* **1.** (viel) sitzend; **2.** *fig* häuslich; **3.** *(Volk)* seßhaft; ▶ *vie f* ~ sitzende Lebensweise *f.* **sédentariser, se** seßhaft werden.
sédiment [sedimɑ̃] *m* **1.** *geol* Sediment(gestein) *n;* **2.** Niederschlag, Bodensatz *m.* **sédimentaire** *a* sedimentär; Ablagerungs-. **sédimentation** *f* Ablagerung.
séditieux, se [sedisjø, -øz] **I.** *a* aufrührerisch; **II.** *s m f* Aufrührer(in *f*) *m.* **sédition** *f* Aufruhr, Aufstand *m.*
séducteur, trice [sedyktœR, -tRis] **I.** *s m f* Verführer(in *f*) *m;* **II.** *a* verführerisch. **séduction** [-ks-] *f* **1.** Verführung *f;* **2.** *fig* Verlockung *f,* Reiz, Zauber *m.*
séduire [-dɥiR] ‹*Prés. je séduis, ns séduisons; Fut. je séduirai; pp. séduit, e; Subj. que je séduise, que ns séduisions; Impér. séduis, séduisons*› *tr* **1.** verführen; **2.** *fig* verleiten, verlocken; bezaubern, betören. **séduisant, e** *a* verführerisch, verlockend; bestechend; bezaubernd, reizvoll, reizend.
segment [sɛgmɑ̃] *m* Segment *n; (Bandwurm)* Glied *n;* ▶ ~ *de piston (tech)* Kolbenring *m.* **segmenter** *tr* in Abschnitte gliedern.
ségrégation [segRegasjɔ̃] *f* ▶ ~ *raciale* Rassendiskriminierung *f.* **ségrégationniste** *a* rassendiskriminierend.
seiche [sɛʃ] *f zoo* Tintenfisch *m.*
seigle [sɛgl] *m* Roggen *m.*
seigneur [sɛɲœR] *m* (Lehns-, Guts-)Herr *m;* ▶ *le Seigneur (rel)* der Herr *(Gott).* **seigneurial, e** *a pl -aux* herrschaftlich.
sein [sɛ̃] *m* **1.** Busen *m; (weibliche)* Brust *f;* **2.** *fig* Schoß *m,* Herz; Innerste(s) *n;* ▶ *au* ~ *de, dans le* ~ *de* ... mitten in *dat;* innerhalb; im Rahmen *gen; donner le* ~ *à* ... stillen, die Brust geben *dat.*
seing [sɛ̃] *m* ▶ *sous* ~ *privé* privatschriftlich.
séisme [seism] *m* Erdbeben *n.* **séismique** *a* seismisch; Erdbeben-. **séismogramme** *m* Seismogramm *n.* **séismographe** *m* Seismograph *m.*
seize [sɛz] **I.** *a* sechzehn; **II.** *s m* Sechzehn(er *m*) *f;* der Sechzehnte. **seizième** **I.** *a* sechzehnte(r, s); **II.** *s m* Sechzehntel *n.*
séjour [seʒuR] *m* Aufenthalt(sort), Wohnort, -sitz *m;* ▶ *permis m, interdiction f de* ~ Aufenthaltsgenehmigung *f,* -verbot *n;* ~ *linguistique* Sprachurlaub *m;* ~ *de vacances* Ferienaufenthalt *m.* **séjourner** *itr* sich auf=halten; bleiben, verweilen *a. fig.*
sel [sɛl] *m* **1.** Salz *n a. fig;* **2.** *fig* Würze *f,* Witz *m;* **3.** ▶ ~ *de bain, de cuisine* Bade-, Kochsalz *n;* ~ *de déneigement* Streusalz.
sélect [selɛkt] *a inv fam* auserlesen; vornehm. **sélecteur** *m tech* Wähler *m.* **sélectif, ive** **1.** *radio* trennscharf; **2.** selektiv. **sélection** [-ks-] *f* **1.** Auswahl, -lese *f;* **2.** *biol* Zuchtwahl *f;* ▶ *match m de* ~ *(sport)* Auswahlspiel *n.* **sélectionner** *tr* aus=wählen; ▶ *équipe f sélectionnée* Auswahlmannschaft *f.* **sélectionneur** *m* **1.** *sport* Trainer *m;* **2.** Arbeitspsychologe *m.* **sélectivité** *f radio* Trennschärfe *f.*
self [sɛlf] *f* **1.** Drosselspule *f;* **2.** Selbstinduktion *f.* **self-service** *m:* Selbstbedienung *f.*
selle [sɛl] *f* **1.** Sattel *m;* **2.** *pl* Stuhlgang *m;* **3.** ▶ *être bien en* ~ fest im Sattel sitzen *a. fig; se mettre en* ~ auf=sitzen; **4.** ▶ ~ *de dame* Damensattel *m;* ~ *de mouton* Hammelrücken *m.* **seller** *tr (Pferd)* satteln. **sellette** *f* ▶ *mettre qn sur la* ~ *(fig)* jdn aus=fragen, -quetschen. **sellier** *m* Sattler *m.*
selon [səlɔ̃] *prp* gemäß, nach; ▶ ~ *moi* meiner Auffassung nach; *c'est* ~ *(fam)* das kommt (ganz) darauf an; ~ *que (conj)* je nachdem.
Seltz [sɛls] *m:* ▶ *eau f de* ~ Selterswasser *n.*
semaille [səmɑj] *f meist pl* **1.** (Aus-) Saat *f;* **2.** Saatzeit *f.*
semaine [s(ə)mɛn] *f* **1.** Woche *f;* **2.** Wochenlohn *m;* **3.** ▶ *des* ~*s entières* wochenlang; *en, sur* ~ wochentags; *deux fois la, par* ~ zweimal wöchentlich; **4.** ▶ *fin m de* ~ Wochenende *f; jour m de la* ~ Wochen-, Werktag *m; la* ~ *continue (Schule)* die zusammenhängende Woche; ~ *de trente-cinq heures* Fünfunddreißigstundenwoche *f; la* ~ *sainte* die Karwoche *f.*
sémantique [semɑ̃tik] **I.** *a* semantisch; **II.** *s f* Semantik *f.*
sémaphore [semafɔR] *m* Semaphor *n od m.*
semblable [sɑ̃blabl] **I.** *a* **1.** ähnlich *a. math,* gleich(artig); **2.** solch, derartig; **II.** *s m* Mitmensch *m;* ▶ *mon* ~ meinesgleichen. **semblant** *m* (An-)Schein *m;* ▶ *un* ~ *de (fam)* so etwas wie; *faire* ~ *de* sich stellen, so tun als ob; *ne faire* ~ *de rien* sich nichts an=merken lassen. **sembler** *itr* scheinen; ▶ *ce me semble* so scheint es mir; *que vous en semble?* was halten Sie davon? *si bon vous semble* wenn Sie wollen.
semelle [s(ə)mɛl] *f* **1.** (Schuh-, Strumpf-)

Sohle; Einlegesohle *f;* **2.** *tech* Platte *f;* **3.** *(Ski)* Lauffläche *f;* ▶ *ne pas quitter qn d'une* ~ jdm nicht von den Fersen weichen; ~ *de cuir* Ledersohle *f.*
semence [s(ə)mɑ̃s] *f* Same(n) *m;* Saat *f a. fig;* ▶ *blé m de* ~ Saatkorn *n.* **semer** ‹*Prés. je sème, ns semons; Fut. je sèmerai; pp. semé, e*› *tr* **1.** *agr* (aus=)säen; *(Feld)* ein=säen (*de* mit); **2.** *fig* aus=streuen; *(Schrecken, Gerücht)* verbreiten; *(Streit)* stiften; **3.** *fam (Menschen)* fallen=lassen, ab=hängen; ▶ ~ *la consternation* Bestürzung hervor=rufen; *qui sème le vent, récolte la tempête (prov)* wer Wind sät, wird Sturm ernten.
semestre [səmɛstʀ] *m* Semester; Halbjahr *n; par* ~ halbjährlich. **semestriel, le** *a* halbjährlich.
semeur, se [səmœʀ, -øz] *m f* Sämann; *fig* Verbreiter(in *f*), (An-)Stifter(in *f*) *m; s f Sämaschine f.*
semi... [səmi] *(in Zssgen)* halb-. **semi-automatique** *a tech* halbautomatisch. **semi-circulaire** halbkreisförmig. **semi-conducteur, trice** *a phys* Halbleiter-; *s m phys* Halbleiter *m.* **semi-liberté** *f jur:* ▶ *être en* ~ Freigänger sein.
séminaire [seminɛʀ] *m* Seminar *n.*
séminal, e [seminal] *a pl -aux* Samen-.
séminariste [seminaʀist] *m* Seminarist *m.*
semi-nomade [səminɔmad] *a* Halbnomaden-; *s m f* Halbnomade *m,* -din *f.*
semi-remorque *f mot* Sattelschlepper *m.*
semis [s(ə)mi] *m* **1.** Sämlinge *m pl;* **2.** Säen *n;* **3.** eingesäte(s) Beet *n.*
Sémite [semit] *s m f* Semit(e) *m,* Semitin *f.* **sémitique** *a* semitisch.
sémiologie [semjɔlɔʒi] *f* Semiologie *f.* **sémiologique** *a* semiologisch. **sémiologue** *m f* Semiotiker(in *f*) *m.* **sémioticien, ne** *m* Semiotiker(in *f*) *m.* **sémiotique** *a* semiotisch; *s f* Semiotik *f.* **semi-perméable** *a* halbdurchlässig. **semi-polaire** *a* semipolar.
semi-voyelle [səmivwajɛl] *f* Halbvokal *m.*
semoir [səmwaʀ] *m* Sämaschine *f.*
semonce [səmɔ̃s] *f* Verweis *m.* **semoncer** *tr* tadeln.
semoule [səmul] *f* Grieß *m.*
sempiternel, le [sɑ̃pitɛʀnɛl] *a* immerwährend, ewig.
sénat [sena] *m* Senat *m.* **sénateur** *m* Senator *m.* **sénatorial, e** *a* Senats-.
sénégalais, e [senegalɛ, -z] *a* senegalesisch. **Sénégalais, e** *m f* Senegalese *m,* -sin *f.*
sénescence [senesɑ̃s] *f* Altern *n.*
sénile [senil] *a* greisenhaft, senil; Alters-; ▶ *maladie f* ~ Alterskrankheit *f.* **sénilité** *f* Greisenhaftigkeit, Altersschwäche *f.*
sens [sɑ̃s] *m* **1.** Sinn *m a. fig;* **2.** Verstand *m,* Vernunft *f,* Urteilsvermögen *n;* **3.** Gefühl, Empfinden *n* (*de* für); **4.** Bedeutung *f;* **5.** Richtung *f;* **6.** ▶ *à mon* ~ meines Erachtens; *au* ~ *figuré, propre* im übertragenen, im eigentlichen Sinn; *dans le* ~ *de la longueur* der Länge nach; *en un* ~ in einer Hinsicht; *en tous* ~ in allen Richtungen; *en* ~ *contraire, inverse* in umgekehrter Richtung; ~ *dessous* [sɑ̃dsydsu] *adv* drunter u. drüber; völlig durcheinander *a. fig;* ~ *devant derrière* [sɑ̃dvɑ̃ dɛʀjɛʀ] *adv* verkehrt (herum); **7.** ▶ *avoir le sens de qc* den Sinn für etw haben; *reprendre ses* ~ wieder zur Besinnung kommen; *tomber sous le(s)* ~ *(fig)* sich mit Händen greifen lassen; ~ *interdit!* Einfahrt verboten! **8.** ▶ ~ *des aiguilles d'une montre* Uhrzeigersinn *m;* ~ *artistique, chromatique* Kunst-, Farbensinn *m;* ~ *commun, bon* ~ gesunde(r) Menschenverstand *m;* ~ *giratoire* Kreisverkehr *m;* ~ *de la marche* Fahrtrichtung *f;* ~ *unique* Einbahnstraße *f.*
sensation [sɑ̃sasjɔ̃] *f* **1.** Gefühl *n,* Empfindung *f;* **2.** große(r) Eindruck *m;* Aufsehen *n;* ▶ *faire* ~ Aufsehen erregen; *presse f, journal m à* ~ Sensationspresse *f,* -blatt, *fam* Revolverblatt *n.* **sensationnel, le** *a* **1.** aufsehenerregend, sensationell; **2.** *fam* ganz groß, ganz prima.
sensé, e [sɑ̃se] *a* vernünftig; sinnvoll.
senseur [sɑ̃sœʀ] *m inform tech* Sensor *m.*
sensibilisation [sɑ̃sibilizasjɔ̃] *f* Sensibilisierung *f.* **sensibiliser** [sɑ̃sibilize] **1.** *biol* sensibilisieren; **2.** *phot* lichtempfindlich machen; **3.** ▶ ~ *l'opinion publique* die öffentliche Meinung empfänglich machen. **sensibilité** *f* **1.** Empfindlichkeit *f a. tech fig;* **2.** *fig* Gemüt *n;* Empfindsamkeit *f;* **3.** Empfindungsvermögen *n.* **sensible** [-sibl] *a* **1.** empfindlich (*à* gegen); **2.** *fig* empfänglich (*à* für); **3.** wahrnehmbar, fühlbar; deutlich, merklich; *(Daten)* sensibel. **sensiblerie** *f* Gefühlsduselei *f.*
sensitif, ive [sɑ̃sitif, -iv] **I.** *a* Empfindungs-; **II.** *s f bot* Mimose *f;* **III.** *s m f* überempfindliche(r) Mensch *m.* **sensoriel, le** *a* sensoriell; Sinnes-.
sensualité [sɑ̃sɥalite] *f* Sinnlichkeit *f.* **sensuel, le** [-sɥɛl] *a* sinnlich.
sentence [sɑ̃tɑ̃s] *f* **1.** Sentenz *f;* **2.** *jur* Urteil *n,* Richterspruch *m.* **sentencieux, se** *a* belehrend; schulmeisterlich.
senteur [sɑ̃tœʀ] *f* Duft, Wohlgeruch *m;* ▶ *pois m de* ~ *(bot)* Gartenwicke *f.*
senti, e [sɑ̃ti] *a* tief empfunden.
sentier [sɑ̃tje] *m* Pfad, Fußweg *m;* ▶ ~ *battu (fig)* ausgetretene(r) Weg *m;* ~ *forestier* Waldweg *m,* ~ *pédagogique*

Naturlehrpfad *m*.
sentiment [sɑ̃timɑ̃] *m* **1.** Gefühl, Empfinden *n;* **2.** Meinung, Ansicht *f;* ▶ *faire du ~ (fam)* sentimental werden; *~ du devoir* Pflichtbewußtsein *n; ~ d'infériorité* Minderwertigkeitsgefühl *n*. **sentimental, e** *a pl -aux* **1.** gefühlvoll, rührselig; **2.** sentimental; **3.** Liebes-. **sentimentalité** *f* Empfindsamkeit, Rührseligkeit *f*.
sentinelle [sɑ̃tinɛl] *f* **1.** *mil* Wache *f*, Posten *m;* **2.** *pop* Kaktus, Kothaufen *m*.
sentir [sɑ̃tiʀ] ‹*Prés. je sens, ns sentons; Fut. je sentirai; pp. senti, e; Subj. que je sente, que ns sentions; Impér. sens, sentons*› **I.** *tr* **1.** fühlen; wahr=nehmen, (be)merken; empfänglich sein (*qc* für etw), empfinden; ein=sehen, erkennen; **2.** riechen (*qc* nach etw) *fam a. fig;* schmecken (*qc* nach etw); *fig* e-n Beigeschmack haben (*qc* von etw); **II.** *v prn se ~* **3.** sich fühlen; sich befinden; **4.** bemerken, verspüren (*de qc* etw); **5.** ▶ *se ~ bien* sich wohl fühlen; *se faire ~ (Sache)* sich bemerkbar machen; *ne pouvoir ~ qn (fam)* jdn nicht riechen können; *~ bon, mauvais* gut, schlecht *od* übel riechen; *ne pas se ~ de joie* außer sich sein vor Freude; *cela se sent* das merkt man.
sépale [sepal] *m bot* Kelchblatt *n*.
séparable [sepaʀabl] *a* trennbar. **séparation** *f* **1.** Trennung, (Ab-)Sonderung *f;* **2.** *(mur m de ~)* Trennwand *f;* ▶ *~ de biens (jur)* Gütertrennung *f*. **séparatisme** *m* Separatismus *m*. **séparatiste** *a* separatistisch; *s m f* Separatist(in *f*) *m*. **séparé, e** *a* getrennt; verschieden. **séparément** *adv* für sich, gesondert. **séparer I.** *tr* **1.** trennen (*de, d'avec* von *dat*); (ab=)sondern, scheiden; **2.** *(Personen)* entzweien, ausea.= bringen; **II.** *v prn se ~* sich trennen; ausea.=gehen; *(Versammlung)* sich auflösen.
sept [sɛt] **I.** *a* sieben; **II.** *s m* Sieben(er *m*) *f;* der Siebente. **septante** [sɛptɑ̃t] *a (Belgien, Schweiz)* siebzig. **septembre** [sɛptɑ̃bʀ] *m* September *m*. **septennat** [-p-] *m* siebenjährige Amtszeit *f (des franz. Staatspräsidenten)*. **septentrional, e** *a pl -aux* nördlich.
septicémie [sɛptisemi] *f med* Blutvergiftung, Sepsis *f*.
septième [sɛtjɛm] **I.** *a* siebente(r, s); **II.** *s m* Siebentel *n;* siebente(r) Stock *m*. **septièmement** *adv* sieb(en)tens.
septique [sɛptik] *a med* septisch; ▶ *fosse f ~* Klärgrube *f*.
septuagénaire [sɛptɥaʒenɛʀ] **I.** *a* siebzigjährig; **II.** *s m f* Siebziger(in *f*) *m*.
septuor [-tɥɔʀ] *m mus* Septett *n*.
sépulcral, e [sepylkʀal] *a pl* ▶ *-aux voix f ~e* Grabesstimme *f*. **sépulcre** *m* Grab(mal) *n;* ▶ *le saint ~* das Heilige Grab *(Jesu)*. **sépulture** *f lit* Grab(stätte *f*) *n*.
séquelle [sekɛl] *f med* Nachwehen *pl a. fig*.
séquence [sekɑ̃s] *f* **1.** *rel mus* Sequenz; **2.** *film* Bildfolge *f; inform* Folge *f*. **séquentiel, le** *a* Folge-; Reihen-; *inform* sequentiell, seriell.
séquestration [sekɛstʀasjɔ̃] *f jur* Freiheitsberaubung *f*. **séquestre** *m jur* Zwangsverwaltung *f*. **séquestrer** *tr jur* unter Zwangsverwaltung stellen; widerrechtlich ein=sperren.
sérail [seʀaj] *m* Serail *n;* Harem *m*.
serbe [sɛʀb] serbisch. Serbe *m f* Serbe *m*, Serbin *f*. **Serbie, la** Serbien *n*.
serein, e [səʀɛ̃, -ɛn] *a* **1.** heiter, wolkenlos; **2.** *fig* ruhig, gelassen, heiter.
sérénade [seʀenad] *f* **1.** *mus* Serenade *f;* **2.** *fig* Ständchen *n;* **3.** *fam fig* Krach *m*, Spektakel *m*. **sérénité** *f* Heiterkeit; innere Ruhe *f*.
serf, serve [sɛʀf, sɛʀv] *m f* Leibeigene(r *m*) *f*.
serge [sɛʀʒ] *f* (Kammgarn-)Serge *f*.
sergent [sɛʀʒɑ̃] *m mil* Unteroffizier *m*.
sériciculture [seʀisikyltyʀ] *f* Seidenraupenzucht *f*.
série [seʀi] *f* **1.** Reihe *f a. math*, Folge, Serie *f;* **2.** *sport* Vorentscheidung; Leistungsgruppe *f;* **3.** ▶ *en ~* serienmäßig, -weise; *el* in Serie (geschaltet); *hors ~ fig* außergewöhnlich; *tech* extra hergestellt; *theat* außer Miete; **4.** ▶ *fabriquer en ~* serienmäßig herstellen; *construction f en ~* Reihenbau *m; fabrication f en ~* Serienfertigung *f; ~ noire (fam)* Unglückssträhne *f*. **sérier** [-ʀje] *tr* (systematisch) auf=gliedern.
sérieusement [seʀjøzmɑ̃] *adv* im Ernst; ernstlich, -haft; ▶ *travailler ~* fleißig arbeiten. **sérieux, se I.** *a* **1.** ernst(haft); **2.** solide, seriös; zuverlässig; aufrichtig; **3.** *(vorangestellt)* bedeutsam, wichtig; bedenklich; **II.** *s m* **4.** Ernst *m*, ernste(s) Wesen *n*, ernsthafte Haltung *f;* **5.** *theat* ernste Rolle *f;* **6.** ▶ *garder, tenir son ~* ernst bleiben; *prendre au ~* (für) ernst nehmen; **7.** ▶ *je suis ~* das ist mein Ernst; *c'est du ~* das ist kein Scherz; *c'est tout ce qu'il a de plus ~* es ist mein völliger Ernst.
sérigraphie [seʀigʀafi] *f* Serigraphie *f*.
serin, e [s(ə)ʀɛ̃, -in] *m f* **1.** *orn* Girlitz *m;* **2.** *m fig* Gimpel *m*. **seriner** [-ʀi-] *tr fig fam* ein=trichtern, ein=pauken.
seringue [səʀɛ̃g] *f med agr* Spritze *f*.
serment [sɛʀmɑ̃] *m* **1.** Eid, Schwur *m;* **2.** ▶ *affirmer par ~* eidlich bekräftigen; *faire, prêter ~* schwören; *je vous en fais le ~* ich schwöre es Ihnen; **3.** ▶ *déposition f sous ~* eidliche Aussage *f; faux ~* Meineid *m; ~ professionnel* Diensteid *m*.
sermon [sɛʀmɔ̃] *m* **1.** *rel* Predigt *f;* **2.** *fig*

Moralpredigt *f.* **sermonner** *tr* ab=kanzeln. **sermonneur, se** *m f* Nörgler(in *f*) *m.*
sérodiagnostic [serɔdjagnɔstik] *m* Serodiagnostik, Serumdiagnostik *f.* **séronégatif, ive** *a* seronegativ, HIV-negativ; *s m f* Serumnegative(r *m*) *f, (Aids)* Aidsnegative(r *m*) *f.* **séropositif, ive** *a* seropositiv; HIV-positiv; *s m f* Serumpositive(r *m*) *f; (Aids)* Aidspositive(r *m*) *f.* **sérothérapie** *f* Serumbehandlung, -therapie *f.*
serpe [sɛrp] *f agr* Hippe *f;* ▶ *taillé à coups de ~* klobig, plump; grob.
serpent [sɛrpɑ̃] *m zoo* Schlange *f a. fig;* ▶ *c'est une langue de ~* sie hat e-e böse Zunge; *peau f de ~* Schlangenleder *n; ~ de mer (fig)* Dauerbrenner *m; ~ à lunettes, à sonnettes* Brillen-, Klapperschlange *f.* **serpenter** *itr* sich schlängeln. **serpentin** *m* **1.** Papierschlange *f;* **2.** *(tech)* ▶ *~ refroidisseur* Kühlschlange *f.*
serpette [sɛrpɛt] *f* Gartenmesser *n,* -hippe *f;* Rebmesser *n.*
serpillière [sɛrpijɛr] *f* Scheuertuch *n.*
serrage [sɛraʒ] *m* **1.** *tech* (Ein-)Spannen *n;* **2.** *(Bremse)* Anziehen *n;* **3.** *(Schraube)* Festziehen *n.*
serre [sɛr] *f* **1.** Gewächshaus *n;* **2.** *zoo pl* Fänge *m pl,* Klauen *f pl.* **serré, e I.** *a* **1.** gedrängt, zs.gepreßt, eng; straff; *(Gewebe)* fest, dicht; **2.** *(Kleidung)* enganliegend, knapp; *(Reihe)* geschlossen; *(Regen)* dicht; **3.** *fig (Stil)* knapp, straff; *(Konkurrenz)* scharf; **II.** *adv* **4.** vorsichtig, überlegt; streng, genau; **5.** ▶ *avoir le cœur ~* bedrückt *od* beklommen sein; *avoir la gorge ~e* kein Wort heraus=bringen; *avoir un jeu ~* kein Risiko ein=gehen. **serre-livres** *m inv* Bücherstütze *f.* **serrement** *m* ▶ *~ de cœur* Bedrücktheit; Beklemmung *f; ~ de main* Händedruck *m.* **serre-papiers** *m inv* Briefbeschwerer *m.* **serrer I.** *tr* **1.** (zs=) drücken, (zs.=)pressen; **2.** verengen; zu=ziehen, zs.=schnüren; **3.** *(Bremse, Schraube)* an=ziehen; **4.** befestigen, fest=binden, -knüpfen; *(die Zähne)* zs.= beißen; **5.** ▶ *~ qn* jdn bedrängen; jdm hart zusetzen; **6.** ▶ *~ qc* dicht an etw entlang=gehen, -fahren; **II.** *itr* **7.** ▶ *~ à droite* sich rechts einordnen; **III.** *v prn se ~* **8.** sich zs.=drängen; **9.** *(Herz)* sich zs.=schnüren; **10.** sich eng an=lehnen *od* anschmiegen (*contre* an *acc*); **11.** ▶ *~ (au plus près) sur la droite* (scharf) rechts heran=fahren; *~ de près (mil)* nach=drängen (*qn* jdm); *fig* in die Enge treiben; hart zu=setzen (*qn* jdm). **serre-tête** *m inv* Stirnband *n.*
serrure [sɛryr] *f* (Tür-)Schloß *n;* ▶ *~ de sûreté* Sicherheitsschloß *n.* **serrurerie** [-ryrri] *f* Schlosserei *f.* **serrurier** *m* Schlosser *m;* ▶ *~ en bâtiment* Bauschlosser *m.*
sertir [sɛrtir] *tr* **1.** *(Stein)* fassen; **2.** falzen. **sertissure** *f* Fassung *f.*
sérum [serɔm] *m* Serum *n.*
servage [sɛrvaʒ] *m hist* Leibeigenschaft *f.*
servante [sɛrvɑ̃t] Bedienerin *f.* **serveur, se** *m f* **1.** *m* Kellner *m;* **2.** *m (Tennis)* Aufschläger *m;* **3.** *f* Kellnerin *f.* **serviable** *a* hilfsbereit. **service** *m* **1.** Dienst *m;* **2.** Bedienung *f;* **3.** Dienststelle, Abteilung, Verwaltung, Behörde *f;* **4.** *(~ militaire)* Militärdienst *m;* **5.** (Verkehrs-)Verbindung *f;* **6.** *(~ divin, religieux)* Gottesdienst *m;* **7.** *(~ de table)* (Eß-)Service, Eßgeschirr; Gedeck *n; (~ de linge)* Tischwäsche *f;* **8.** *com (~ après-ventes)* Kundendienst *m;* **9.** Freikarte *f,* -exemplar *n;* **10.** *(Tennis)* Aufschlag *m;* **11.** *pl* Dienstleistungsgewerbe *n; mil* Versorgungstruppen *f pl;* **12.** ▶ *de ~* diensttuend, -habend; *en ~* in Gebrauch; in Betrieb; *hors de ~* unbrauchbar; *prêt pour le ~* betriebsfähig; **13.** ▶ *demander un ~ à qn* jdn um e-n Dienst bitten; *être de ~* Dienst haben; *faire le ~ de qc* etw gratis zu=senden; *mettre en ~* in Dienst stellen, in Betrieb nehmen; *rendre ~ à qn* jdm e-n Dienst leisten; **14.** ▶ *qu'y a-t-il pour votre ~?* womit kann ich Ihnen dienen? **15.** ▶ *heures f pl de ~* Dienststunden *f pl; mise f en ~* Inbetriebnahme *f; règlement m de ~* Dienstvorschrift, Betriebsordnung *f;* **16.** ▶ *~ des achats* Einkaufsabteilung *f; ~ à café, à dessert, à liqueur, à thé* Kaffee-, Dessert-, Likör-, Teeservice *n; ~ de la comptabilité* Buchhaltung *f; ~ du contentieux* Rechtsabteilung *f; ~ des crédits* Kreditabteilung *f; ~ de dépannage* Reparaturwerkstatt *f; ~ météo(rologique)* Wetterdienst *m; ~ national de dépannage routier (mot)* Pannendienst *m; ~ de nuit* Nachtdienst *m; ~ du personnel* Personalbüro *n; ~ des Ponts et Chaussées* Straßenbauverwaltung *f; ~ de presse* Besprechungsexemplar *n (Buch); ~ de la publicité* Werbeabteilung *f; ~ public* öffentliche(r) Versorgungsbetrieb *m; ~ de recouvrement* Inkassoabteilung *f; ~ de renseignements* Auskunft *f; ~ de santé* Sanitätswesen *n; ~ de secourisme* Hilfsdienst *m; ~ des ventes* Verkaufsabteilung *f.*
serviette [sɛrvjɛt] *f* **1.** *(~ de table)* Serviette *f;* **2.** *(~ de toilette)* Handtuch *n;* **3.** Aktentasche, Mappe *f;* ▶ *~-éponge f* Frottierhandtuch *n; ~ hygiénique, périodique* (Damen-)Binde *f; ~ en papier* Papierserviette *f.*
servile [sɛrvil] *a* sklavisch *a. fig;* unterwürfig. **servilité** *f* Unterwürfigkeit *f.*
servir ⟨*Prés. je sers, ns servons; Fut. je servirai; pp. servi, e; Subj. que je serve,*

que ns servions; Impér. sers, servons› **I.** *itr* **1.** *(Mensch)* dienen (*comme* als, *chez* bei); **2.** *(Tennis)* auf=schlagen; ▶ *il sert très mal* er hat e-n sehr schlechten Aufschlag; **3.** *(Sache)* dienen (*à* zu, *de* als); brauchbar, nützlich sein, nützen; ▶ *cette pile n'a servi qu'une fois* diese Batterie ist nur einmal benutzt worden; *cela nous sert de presse-papier* das dient uns als Briefbeschwerer; **4.** ▶ *~ à faire qc* dazu dienen, etw zu tun; à *quoi sert-il de (inf)* wozu nützt es zu *(inf)*; **II.** *tr* **5.** (be)dienen; **6.** servieren, auf=tragen, vorsetzen (*qc* e-e S); auf=warten (*qn* jdm); **7.** *(Rente)* aus=zahlen; *(Bestellung)* erledigen; **8.** *(Karten)* geben; **9.** beliefern (*un client* e-n Kunden); **III.** *v prn se ~* **10.** sich bedienen (*de qc* e-r S *gen*); **11.** benutzen, verwenden (*de qc* etw); **12.** ein=kaufen (*chez* bei); **13.** ▶ *~ de rien* keinen Zweck haben; **14.** ▶ *les circonstances l'ont bien servi* die Umstände waren günstig für ihn (sie); *à quoi sert-il de ...* welchen Zweck hat es zu ...; *Madame est servie* der Tisch ist gedeckt. **serviteur** [sɛʀvitœʀ] *m* Diener *m.* **servitude** *f* Knechtschaft *f.*

servo-frein [sɛʀvofʀɛ̃] *m mot* Servo-, Ausgleichsbremse *f.* **servo-moteur** *m* Servo-, Stellmotor *m.*

ses [se, sɛ] *prn s. son.*

session [sesjɔ̃] *f* **1.** Sitzung(speriode) *f;* **2.** Prüfungsperiode *f.*

set [sɛt] *m (Tennis)* Satz.

seuil [sœj] *m* **1.** (Tür-)Schwelle *f a. geol fig;* **2.** *fig* Anfang, Beginn, Anbruch *m;* ▶ *au ~ de l'hiver* zu Beginn, am Anfang des Winters; *~ de pauvreté* Armutsgrenze *f.*

seul, e [sœl] **I.** *a* **1.** *(nur prädikativ)* allein(stehend); einsam; **2.** *(vorangestellt)* alleinig; einzig; bloß; **3.** ▶ *d'une ~e pièce* aus einem Stück, einteilig; *un, e ~(e)* ein(e) einzige(r, s); *(pas) un ~* (nicht) ein einziger; **II.** *s* ▶ *personne ~e* Single *m; ~ à ~* unter vier Augen; *cela va tout ~* das geht (ganz) von selbst; *vous n'êtes pas le ~* Sie sind nicht der einzige. **seulement** *adv* **1.** lediglich, nur, bloß; **2.** *(Satzanfang)* aber, allein, bloß; **3.** *(zeitlich)* erst; ▶ *pas ~* nicht nur.

sève [sɛv] *f* **1.** *bot* Saft *m a. fig;* **2.** *fig* Kraft, (jugendliche) Frische *f,* Temperament *n.*

sévère [sevɛʀ] *a* **1.** streng *(a. Kälte); (Verweis)* scharf; *(Verlust, Schaden)* schwer; *(Kritik)* hart; unnachsichtig; **2.** (form)streng, schlicht, einfach, sachlich, nüchtern. **sévérité** *f* **1.** Strenge; *(Urteil)* Härte; *(Verweis)* Schärfe *f;* **2.** *fig (a. Stil)* Einfachheit, Schlichtheit, Sachlichkeit, Nüchternheit *f.*

sévices [sevis] *m pl* Mißhandlung(en *pl*) *f.* **sévir** *itr* **1.** streng vor=gehen (*contre* gegen); **2.** *(Seuche)* wüten; **3.** *(Krise)* herrschen.

sevrage [səvʀaʒ] *m (Kind)* Entwöhnung *f.* **sevrer** *tr* **1.** *(Kind)* entwöhnen; **2.** *fig* berauben; wegnehmen (*qn de qc* jdm etw).

sexagénaire [sɛksaʒenɛʀ] **I.** *a* sechzigjährig; **II.** *s m f* Sechzigjährige(r *m*) *f.*

sex-appeal [sɛksapil] *m* Sexappeal *m.* **sexe** [sɛks] *m* **1.** Geschlecht *n;* **2.** Geschlechtsteile *m pl.* **sexisme** [sɛksizm] *m* Sexismus *m.* **sexiste** *a* sexistisch; *s m f* Sexist(in *f*) *m.* **sexologie** *f* Sexologie, Sexualforschung *f.* **sexologue** *m f* Sexologe, Sexualforscher(in *f*) *m.* **sex-shop** *m* Sexboutique *f,* Sexshop *m.*

sextant [sɛkstɑ̃] *m mar* Sextant *m.*

sextuor [sɛtɥɔʀ] *m mus* Sextett *n.* **sextuple** sechsfach. **sextuplé(e)s** *m (f) pl* Sechslinge *m pl.*

sexualité [sɛksɥa-] *f* Geschlechtlichkeit *f.* **sexuel, le** [-ksɥɛl] *a* geschlechtlich, sexuell; Geschlechts-.

sexy [sɛksi] *a inv* sexy.

seyant, e [sɛjɑ̃, -ɑ̃t] *a* gutsitzend, kleidsam.

shampooing [ʃɑ̃pwɛ̃] *m* Kopfwaschen; Schampunieren *n;* ▶ *se faire faire un ~* sich die Haare waschen lassen.

shoot [ʃut] *m (Fußball)* Schuß *m.* **shooter** *tr itr (Fußball)* schießen; ▶ *se ~ (fam) (Droge)* fixen, drücken.

show-business [ʃobiznɛs] *m* Schaugeschäft, Showbusineß, Showgeschäft *n.*

shopping [ʃɔpiŋ] *m* ▶ *faire du ~* e-n Einkaufsbummel machen.

si [si] **I.** *conj* wenn, falls, wofern; ob; **II.** *s m* Wenn *n;* ▶ *~ ce n'est que ...* wenn nicht ..., außer wenn ...; *~ tant est que ...* wenn es so, an dem, der Fall ist, daß ...; *vous pensez s'il a été content* Sie können sich denken, wie zufrieden er war; **III.** *adv* so; *(beteuernd)* ja, doch; ▶ *mais ~!* aber ja! *que ~!* und wie! *~ bien que ...* so daß ...; *~ fait!* doch, jawohl! *~ ... que* so ... auch; **IV.** *s m inv mus* h, H *n;* ▶ *~ bémol* b, B *n.*

Sibérie, la [sibeʀi] Sibirien *n.* **sibérien, ne** *a* sibirisch. **Sibérien, ne** *m f* Sibirier(in *f*) m.

Sicile, la [sisil] Sizilien *n.* **sicilien, ne** *a* sizilianisch. **Sicilien, ne** *m f* Sizilianer(in *f*) *m.*

SIDA, Sida [sida] *m med* Aids *s.* **sidatique** *a* aidskrank; *s m f* Aidskranke(r) *m f.*

side-car [sidkaʀ, sajd-] *m mot* (Motorrad *n* mit) Beiwagen *m.*

sidéen, ne [sideɛ̃, -ɛn] *a* aidskrank; *m f* Aidskranke(r) *m f.*

sidéral, e [sideʀal] *a* Stern-; siderisch.

sidéré, e [sideʀe] *a fam* verblüfft, baff. **sidérer** ‹*Prés. je sidère, ns sidérons; Fut. je sidérerai; pp. sidéré, e*›.

sidérurgie [sideʀyʀʒi] *f* Eisenindustrie *f.*

sidérurgique *a* eisenverarbeitend; Eisenhütten-.
sidologie [sidɔlɔʒi] *f med* Aidsmedizin *f;* Aidsforschung *f.* **sidologue** *m f* Aidsspezialist(in *f*) *m.*
siècle [sjɛkl] *m* **1.** Jahrhundert *n;* **2.** *rel* Welt *f;* ► *~ des lumières* (Zeitalter *n* der) Aufklärung *f.*
siège [sjɛʒ] *m* **1.** Sitz(möbel *n*) *m;* Sitzgelegenheit *f,* (Sitz-)Platz *m;* **2.** *fig* (Regierungs-, Amts-, Wohn-)Sitz *m (a. e-r Firma, e-s Vereins);* **3.** *jur (magistrature f du ~)* Richterstand *m;* **4.** *parl* Sitz *m;* **5.** *mil* Belagerung *f;* **6.** *fam* Gesäß *n;* **7.** ► *au ~ de la société* am Sitz der Gesellschaft; *à deux ~s* zweisitzig; **8.** *prendre un ~* Platz nehmen; **9.** ► *bain m de ~* Sitzbad *n; le ~ apostolique, le Saint-S~* der Heilige Stuhl; *~ avant, arrière* Vorder-, Rücksitz *m; ~ du conducteur* Führersitz *m; ~ éjectable (aero)* Schleudersitz *m; ~ de réserve* Notsitz *m.* **siéger** ‹*Prés. je siège, ns siégeons; Fut. je siégerai; pp. siégé, e*› [sjeʒe] *itr* **1.** *(Behörde)* s-n Sitz haben; **2.** *(Parlament)* e-e Sitzung ab=halten; *(Gericht)* tagen; **3.** *(Abgeordneter)* e-n Sitz haben.
sien, ne [sjɛ̃, sjɛn] **I.** *prn* sein(ig), ihr(ig); ihm, ihr gehörig, *fam* von ihm, ihr; **II.** ► *le ~, la ~ne s m f* der, die das (Sein(ig)e, Ihr(ig)e; *les ~s* die Sein(ig)en, s-e Angehörigen *m pl; faire des ~nes (fam)* dumme Streiche machen; *y mettre du ~* sein Teil bei=tragen.
sieste [sjɛst] *f* Mittagsschlaf *m,* Siesta *f.*
sieur [sjœʀ] *m jur (vor e-m Namen)* Herr *m a. péj.*
sifflant, e [siflɑ̃, -ɑ̃t] **I.** *a* pfeifend, zischend; **II.** *s f* Zischlaut *m.* **sifflement** *m* Pfeifen, Sausen, Zischen *n.* **siffler** *tr itr* **1.** pfeifen (*un air* e-e Melodie; *un chien* e-m Hund); **2.** *theat* aus=pfeifen, -zischen. **sifflet** [-ɛ] *m* **1.** Pfeife *f;* **2.** *(coup m de ~)* Pfiff *m;* **3.** *theat* Auspfeifen, Auszischen *n;* **4.** *(fam)* ► *couper le ~ à qn* jdn aus dem Konzept bringen. **siffleur, se** *a* pfeifend; *(Schlange)* zischend. **sifflotement** [-flɔt-] *m* leise(s) Pfeifen *n.* **siffloter** *tr itr* vor sich hin=pfeifen.
sigle [sigl] *m* (Ab-)Kürzung *f.*
signal [siɲal] *m pl -aux* Zeichen, Signal *n;* ► *donner le ~ (fig)* das Zeichen geben (*de* zu); *~ d'alarme (loc)* Notbremse *f; ~ d'arrêt* Haltesignal *n; ~ de circulation* Verkehrszeichen *n; ~ de détresse* -signal *n; ~ lumineux* Lichtsignal *n, ~ sonore* Signalton *m; ~ vidéo* BAS-Signal *n.* **signalement** *m* Personalbeschreibung *f;* Steckbrief *m.* **signalé, e** *a* angezeigt. **signaler I.** *tr* **1.** signalisieren; an=zeigen, an=kündigen; **2.** *fig* hin=weisen, aufmerksam machen (*qc* auf e-e S); **II.** *v prn se ~* sich hervor=tun, sich aus=zeichnen; ► *rien à ~* keine besonderen Vorkommnisse. **signalétique** *a* beschreibend; ► *plaque f ~* Typenschild *n.* **signalisation** *f* **1.** Zeichengebung *f,* Signalisieren *n;* **2.** *(Straße)* Beschilderung *f;* ► *feux m pl de ~* Verkehrsampel *f; panneau m de ~* Verkehrszeichen *n; ~ routière* Verkehrsregelung *f.*
signataire [siɲatɛʀ] *m* Unterzeichner *m.*
signature *f* **1.** Unterschrift *f;* **2.** Unterzeichnung *f;* **3.** ► *avoir la ~* zeichnungsberechtigt sein; *revêtir de sa ~* mit s-r Unterschrift versehen; **4.** ► *spécimen m de ~* Unterschriftprobe *f; ~ en blanc* Blankounterschrift *f; ~ sociale* Firmenzeichnung *f.*
signe [siɲ] *m* **1.** Zeichen *n;* **2.** Wink *m;* **3.** Anzeichen *n;* **4.** *math mus* Vorzeichen *n;* **5.** *en ~ de* zum Zeichen *gen; sous le ~ de ...* im Zeichen *gen;* **6.** *ne pas donner ~ de vie* kein Lebenszeichen von sich geben; *faire ~ à qn* jdm (zu=)winken, *fig* e-n Wink geben; *~ avant-coureur (allg)* Vorzeichen *n; ~ de croix* Kreuzeszeichen *n.* **signer I.** *tr* (unter)zeichnen; unterschreiben, s-n Namen setzen (*qc* unter e-e S); **II.** *v prn rel se ~* sich bekreuzigen. **signet** [siɲɛ] *m* Buch-, Lesezeichen *n.*
signifiant, e [siɲifjɑ̃, -ɑ̃t] **I.** *a* bedeutend, bedeutungsvoll; **II.** *s m gram* Signifikant *m.* **significatif, ive** *a* bezeichnend; bedeutsam. **signification** *f* **1.** Bedeutung; Sinn *m;* **2.** *jur (Urteil)* Zustellung *f.* **signifié** *m gram* Signifikat *n.* **signifier** *tr* **1.** bedeuten, aus=drükken, heißen; **2.** mit=teilen, dar=tun; *jur* zu=stellen.
sikh [sik] *a* Sikh-; *s m f* Sikh *m f.*
silence [silɑ̃s] *m* **1.** Stille, Ruhe *f;* (Still-) Schweigen *n;* **2.** *mus* Pause *f;* ► *en ~* schweigend; *garder le ~* Stillschweigen bewahren; *imposer ~* Ruhe gebieten; *passer sous ~* verschweigen; *~!* Ruhe! still (da)! **silencieux, se** [-sjø, -øz] **I.** *a* schweigsam, stumm; still, ruhig; laut-, geräuschlos; **II.** *s m mot* Schalldämpfer *m.*
Silésie, la [silezi] Schlesien *n.* **silésien, ne** *a* schlesisch. **Silésien, ne** *m f* Schlesier(in *f*) *m.*
silex [silɛks] *m min* Flint, Feuerstein *m.*
silhouette [silwɛt] *f* **1.** Silhouette *f;* Schattenbild *n;* **2.** Gestalt, Figur *f.*
silicone [silikon] *m* Silikon *n.*
sillage [sijaʒ] *m mar* Kielwasser *n;* ► *marcher dans, suivre le ~ de qn* in jds Fuß(s)tapfen treten. **sillon** *m* **1.** *agr* Furche *f;* **2.** *tech* Rille *f.* **sillonner** *tr (Meer)* durch=ziehen, -furchen, -kreuzen.
silo [silo] *m agr (Rüben)* Miete *f; (Getreide)* Silo *m.*
simagrée [simagʀe] *f* ► *faire des ~s*

sich zieren; *fam* Mätzchen machen.
similaire [similɛʀ] *a* gleichartig; ähnlich. **similarité** *f* Gleichartigkeit *f.*
simili [simili] *m* Nachahmung, Imitation *f; en* ~ unecht, nachgemacht. **similitude** *f* Ähnlichkeit *f.*
simoun [simun] *m* Samum *m.*
simple [sɛ̃pl] **I.** *a* **1.** einfach; unkompliziert, ungezwungen; schlicht; schmucklos; **2.** *(Person)* simpel; einfältig, harmlos; **3.** *(vorangestellt)* einfach, bloß; **II.** *s m* **4.** *(Tennis)* Einzel *n;* **5.** *f pl bot* Heilkräuter *n pl; c'est la* ~ *vérité* das ist die nackte Wahrheit. **simplement** *adv* einfach; bloß, nur. **simplet, te** [-ɛ] *a* etwas einfältig. **simplicité** *f* **1.** Einfachheit; Natürlichkeit, Schlichtheit *f;* **2.** Einfalt *f.* **simplification** *f* Vereinfachung *f.* **simplifier** *tr* vereinfachen *a. math.* **simpliste** *a* einseitig; grob vereinfachend.
simulacre [simylakʀ] *m* **1.** Trugbild *n;* **2.** Schein *m; faire le* ~ *de*... so tun, als ob ...; vor=täuschen. **simulateur, trice** *m f* **1.** Simulant(in *f*) *m;* **2.** *m tech* Simulator *m;* ▶ ~ *de vol* Flugsimulator *m.* **simulation** *f* Vortäuschung; Verstellung *f;* Simulieren *n a. tech.* **simulé, e** *a* vorgetäuscht, fingiert; Schein-. **simuler** *tr* vor=geben, -täuschen, simulieren *(a. inform).*
simultané, e [simyltane] *a* gleichzeitig; simultan. **simultanéité** *f* Gleichzeitigkeit *f.*
sinapisme [sinapism] *m med* Senfpflaster *n.*
sincère [sɛ̃sɛʀ] *a* aufrichtig, offen, wahrhaftig. **sincérité** *f* Aufrichtigkeit, Offenheit, Wahrhaftigkeit; *(Gefühl)* Echtheit *f.*
sinécure [sinekyʀ] *f fam* Druckposten *m; (fam)* ▶ *ce n'est pas une* ~ das ist keine leichte Aufgabe.
singe [sɛ̃ʒ] *m* **1.** *zoo* Affe *m;* **2.** *fam* (der) Alte, Chef *m;* **3.** *pop* Büchsenfleisch *n.* **singer** *tr* nach=ahmen, -äffen. **singerie** *f* ▶ *faire des* ~*s* Faxen machen.
singulariser [sɛ̃gylaʀize] **I.** *tr* auf=fallen lassen; **II.** *v prn se* ~ aufzufallen suchen. **singularité** *f* Eigenheit; Merkwürdigkeit; Seltsamkeit, Sonderbarkeit *f.* **singulier, ère** [-lje, -ɛʀ] **I.** *a* **1.** einzeln; einzig(artig); **2.** eigenartig, seltsam, sonderbar, schrullig; **II.** *s m gram* Einzahl *f,* Singular *m.* **singulièrement** *adv* **1.** sehr, ganz besonders; **2.** eigenartiger-, seltsamerweise.
sinistre [sinistʀ] **I.** *a* **1.** unheilvoll, -verkündend, -drohend; düster; **2.** schlimm, arg, schändlich; **II.** *s m* **3.** Unglück(sfall *m*) *n;* Katastrophe *f;* **4.** *(Versicherung)* Versicherungsfall, Schaden *m.* **sinistré, e I.** *a* geschädigt; von e-m Unglück betroffen, heimgesucht; abgebrannt; **II.** *s m* Geschädigte(r) *m.*
sinologie [sinɔlɔʒi] *f* Chinakunde, Sinologie *f.*
sinon [sinɔ̃] *conj* **1.** sonst, andernfalls; **2.** wenn nicht; **3.** außer; ▶ ~ *que*... außer daß...
sinoque [sinɔk] *a fam* übergeschnappt.
sinueux, se [sinɥø, -øz] *a* gewunden; kurvenreich; kurvig. **sinuosité** *f* **1.** Gewundenheit *f;* **2.** Windung, Biegung, Krümmung *f.*
sinus [sinys] *m math* Sinus *m.* **sinusite** *f med* Stirnhöhlenvereiterung *f.*
Sion [sjɔ̃] *f* Zion, Jerusalem; Sitten *n (Schweiz).* **sionisme** [sjɔ-] *m* Zionismus *m.* **sioniste I.** *a* zionistisch; **II.** *s m* Zionist *m.*
siphon [sifɔ̃] *m* Siphon *m;* ▶ ~ *à eau de Seltz* Sodawasserflasche *f.*
sire [siʀ] *m (Anrede)* Majestät.
sirène [siʀɛn] *f* Sirene *f a. tech;* ▶ ~ *d'alarme* Alarmsirene *f.*
siroc(c)o [siʀɔko] *m* Schirokko *m.*
sirop [siʀo] *m* Sirup *m.* **siroter** *tr* (langsam u. mit Genuß) schlürfen. **sirupeux, se** *a* **1.** sirupartig; **2.** *(Musik)* schmalzig.
sis, e [si, siz] *a jur (Gebäude)* gelegen.
sismique [sismik] Erdbeben-; seismisch; ▶ *secousse f* ~ Erdstoß *m.* **sismographe** *m* Seismograph *m.* **sismologie** *f* Erdbebenkunde *f.* **sismologue** *m f* Seismologe 2m, -gin *f.*
site [sit] *m* **1.** Landschaft, Gegend; Stätte *f;* **2.** Anlage *f;* **3.** *(Stadt)* Lage *f;* ▶ ~ *de lancement* Abschußbasis *f;* ~ *protégé* Naturschutzgebiet *n;* ~ *de stockage (des déchets nucléaires)* Atommülldeponie *f.*
sit-in [sitin] *m* Sit-in *n.*
sitôt [sito] **I.** *adv* sogleich, sobald, alsbald; ▶ *pas de* ~ nicht so bald; **II.** ▶ ~ *que (conj)* sobald (als).
situation [sitɥasjɔ̃] *f* **1.** Lage *f a. fig;* **2.** Position, Stellung; Haltung *f;* **3.** *com* Stand, Ausweis *m;* **4.** *fig* Zustand *m,* Umstände *m pl,* Verhältnisse *n pl;* **5.** ▶ *être en* ~ Gelegenheit haben (*de* zu); *exposer la* ~ die Lage dar=legen; *la* ~ *s'affermit, empire* die Lage festigt sich, verschlechtert sich; **6.** ▶ ~ *atmosphérique, météorologique* Wetterlage *f;* ~ *de la caisse* Kassenstand *m;* ~ *économique* Wirtschaftslage *f;* ~ *de famille* Familienstand *m;* ~ *financière* Vermögenslage *f;* ~ *du marché* Markt-, Absatzlage *f;* ~ *de premier plan* leitende Stellung *f.* **situé, e** [-tɥe] *a* gelegen; ▶ *être* ~ liegen (*sur* an *dat*). **situer I.** *tr* **1.** einordnen; s-e Stelle an=weisen (*qn, qc* jdm, e-r S); **2.** *(Handlung)* verlegen (*à* nach); **II.** *v prn se* ~ **3.** liegen, sich befinden; **4.** *fig* sich einpendeln (*dans le voisinage de* ungefähr bei).
six [sis] *vor Kons.* [si] *vor Vok.* [siz] **I.** *a* sechs; **II.** *s m* Sechs(er *m*) *f;* der Sechste; ▶ ~ *jours m pl* Sechstagerennen *n;*

▶ *trois francs les* ~ drei Francs das halbe Dutzend *(Bier).* **sixième** [-zjɛm] **I.** *a* sechste(r, s); **II.** *s m* Sechstel *n;* sechste(r) Stock *m; f (Schule)* Sexta *f.* **sixièmement** *adv* sechstens. **sixte** [sikst] *f mus* Sexte *f.*
skating [skɛtiɲ] *m* Rollschuhlaufen *n.*
sketch [skɛtʃ] *m* Sketsch *m.*
ski [ski] *m* Ski *m;* ▶ *à ~s* auf Skiern; *faire du* ~ Ski fahren *n;* ~ *de fond* Langlaufschi *m.* **ski-bob** *m* Schibob *m.* **skier** [skje] *tr* Skilaufen; *aller au* ~ zum Skilaufen, zum Wintersport gehen; *bâton m de* ~ Skistock *m;* ~ *nautique, de saut* Wasser-, Sprungski *m.* **skieur, se** *m f* Skiläufer(in *f*) *m.* **skipass** [skipas] *m* Skipaß *m.*
skunks [skœ̃ks] *m s. sconse.*
slalom [slalɔm] *m sport* Slalom *m;* ▶ *~géant, spécial* Riesen-, Spezialslalom *m.*
slave [slav] *a* slawisch. **Slave** *s m f* Slawe *m,* Slawin *f.*
sleeping [slipiŋ] *m* Schlafwagen *m.*
slip [slip] *m* Slip *m;* (beinlose) Unterhose *f;* ▶ ~ *de bain* Badehose *f;* ~ *pour dames* Damenslip *m,* -höschen *n.*
slogan [slɔgɑ̃] *m* Schlagwort *n,* Parole *f;* ▶ ~ *électoral* Wahlparole *f.*
smala [smala] *f fam* Familie; Sippschaft *f;* ▶ *avec toute sa* ~ mit Kind und Kegel.
smash [smaʃ] *m sport* Schmetterball *m.*
smic [smik] *m* Mindestlohn *m.* **smicard, e** *m f* Mindestlohnempfänger(in *f*) *m.*
smog [smɔg] *m* Smog *m.*
smoking [smokiŋ] *m* Smoking *m.*
snack [snak] *m* Schnellgaststätte *f.*
snob [snɔb] **I.** *s m* Snob *m;* **II.** *a* snobistisch. **snobinard, e** *a fam* etepetete. **snobisme** *m* Snobismus *m.*
sobre [sɔbʀ] *a* **1.** mäßig, enthaltsam; **2.** *fig* maßvoll, gemäßigt; sparsam (*de* mit); **3.** *(Kleidung)* einfach, schlicht, unauffällig. **sobriété** [-bʀijete] *f* **1.** Enthaltsamkeit, Mäßigkeit *f;* **2.** Nüchternheit; *(Stil)* Schmucklosigkeit; *(Kleidung)* Schlichtheit, Einfachheit *f.*
sobriquet [sɔbʀikɛ] *m* Spitzname *m.*
soc [sɔk] *m agr* Pflugschar *f.*
sociabilité [sɔsjabilite] *f* **1.** Geselligkeit *f;* **2.** Ansprechbarkeit; Kontaktfähigkeit *f.* **sociable 1.** gesellig; um-, zugänglich; **2.** ansprechbar, gemeinschaftsfähig.
social, e [sɔsjal] *a pl -aux* **1.** gesellschaftlich; sozial; gesellig *a. zoo;* **2.** *com* Gesellschafts-; **3.** ▶ *année f ~e* Geschäftsjahr *n; assistante f ~e* Werkfürsorgerin *f; capital m* ~ Gesellschaftskapital *n; charges f pl ~es* Soziallasten *f pl; raison f ~e* Firma, Firmenbezeichnung *f,* -name *m; siège m* ~ Sitz *m* e-r Gesellschaft. **social-démocrate** *a* sozialdemokratisch; *s m f* Sozialdemokrat(in *f*) *m.* **socialisation** *f* Sozialisierung *f.* **socialiser** *tr* sozialisieren. **socialisme** *m* Sozialismus *m.* **socialiste** **I.** *a* sozialistisch; **II.** *s m f* Sozialist(in *f*) *m.*
sociétaire [sɔsjetɛ̃ʀ] *m com* Gesellschafter *m.* **société** *f* **1.** Gesellschaft *f a. com;* **2.** Verein(igung *f*) *m;* **3.** *com* Firma *f;* **4.** ▶ ~ *anonyme, par actions* Aktiengesellschaft *f;* ~ *d'assurance(s)* Versicherungsgesellschaft *f;* ~ *duale* Zwei-Drittel-Gesellschaft *f;* ~ *immobilière* Immobiliengesellschaft *f;* ~ *d'intérim* Zeitarbeitfirma *f;* ~ *mère* Muttergesellschaft *f;* ~ *mixte (com)* Gemeinschaftsunternehmen *n;* ~ *de navigation* Schiffahrtsgesellschaft *f;* ~ *prestataire de services* Dienstleistungsunternehmen *n;* ~ *protectrice des animaux* Tierschutzverein *m;* ~ *secrète* Geheimbund *m;* ~ *sportive* Sportverein, -klub *m.*
socioculturel, le *a* soziokulturell. **socio-économique** *a* sozioökonomisch. **socio-éducatif, ive** *a* sozialpädagogisch. **socio-linguistique** *a* soziolinguistisch; *s f* Soziolinguistik *f.*
sociologie [sɔsjɔlɔʒi] *f* Soziologie *f.* **sociologique** *a* soziologisch. **sociologue** [-lɔg] *m* Soziologe *m.* **socio(-)professionnel, le** *a;* ▶ *catégorie socioprofessionnelle* Berufsgruppe *f.*
socle [sɔkl] *m arch* Sockel *m a. el geol.*
socque [sɔk] *m* Holzüberschuh *m;* Sokkelsandale *f.* **socquette** *f WZ* Söckchen *n.*
soda [sɔda] *m* Sodawasser *n* mit Fruchtsirup.
sodium [sɔdjɔm] *m chem* Natrium *n.*
sœur [sœʀ] *f* Schwester *f a. rel; (fam fig)* ▶ *et ta ~?* was geht das dich an? **sœurette** *f fam* Schwesterchen *n.*
soi [swa] *prn* sich; ▶ *de, en* ~ an sich; *à part* ~ für sich; *chez* ~ zu Hause, daheim; *prendre sur* ~ *(fig)* auf sich nehmen; *cela va de* ~ das versteht sich von selbst; *~-disant* **I.** *a inv* sogenannt; angeblich; **II.** *adv* sozusagen.
soie [swa] *f* Seide *f; (~ de porc)* Borste *f;* ▶ *de* ~ seiden; *pure* ~ reine Seide *f;* reinseiden; ~ *artificielle, grège, naturelle* Kunst-, Roh-, Naturseide *f.* **soierie** *f* Seidenware *f,* -gewebe *n,* -handel *m.*
soif [swaf] *f* **1.** Durst *m;* **2.** *fig* Hunger *m,* Gier *f* (*de* nach); ▶ *avoir* ~ *de (fig)* heftig verlangen nach; *boire à sa* ~ s-n Durst löschen; *donner* ~ Durst machen.
soigné, e [swaɲe] *a* **1.** gepflegt; *(Arbeit)* sorgfältig; **2.** *pop* tüchtig. **soigner I.** *tr* **1.** pflegen; versorgen, sorgen (*qn, qc* für jdn, etw); sorgfältig um= gehen (*qc* mit etw); **2.** *fam* tüchtig vor= knöpfen, -nehmen; **3.** *med* behandeln; ▶ *se faire* ~ (sich) behandeln lassen; **II.** *v prn se* ~ sich pflegen; sich in acht

nehmen; auf s-e Gesundheit acht=(geb)en. **soigneur** *m sport* Masseur *m.* **soigneux, se** *a* sorgfältig, umsichtig.
soin [swɛ̃] *m* **1.** Sorgfalt *f;* **2.** Sorge *f;* **3.** *pl* Pflege *f;* **4.** *pl* Behandlung *f,* Bemühungen *f pl;* **5.** ► *aux bons ~s de* ... bei ... *(auf Briefen);* **6.** ► *avoir, prendre ~* Sorge tragen (*de* für); *donner des ~s à qn (med)* jdn behandeln; *entourer de ~s* umsorgen, umhegen; *être aux petits ~s pour qn* jdm jeden Wunsch von den Augen ab=lesen; *laisser à qn le ~* es jdm überlassen (*de* inf); *les premiers ~s* die Erste Hilfe; *~s de beauté, corporels, dentaires, du visage* Schönheits-, Körper-, Zahn-, Gesichtspflege *f.*
soir [swaʀ] **I.** *m* **1.** Abend; Nachmittag *m;* **II.** *a inv* **2.** abend; **3.** ► *au, le ~* abends, am Abend; *du ~ (nach Uhrzeit)* nachmittags, abends; *hier ~* gestern abend; *vers, sur le ~* gegen Abend; *tous les lundis ~* alle Montagabend; *à ce ~!* bis heute abend! *le ~ tombe, descend* es wird Abend. **soirée** *f* **1.** Abend(gesellschaft *f*) *m;* **2.** *(Kino)* Abendvorstellung *f;* ► *dans la ~* im Laufe des Abends; *en ~* im Lauf des abends; *en fin de ~* am späten Abend; *tenue f de ~* Abend-, Gesellschaftskleidung *f;* *~ dansante, de gala* Tanz-, Festabend *m.*
soit [swa(t)] **I.** *conj;* ~ ... ~ sei es ..., sei es; entweder ... oder; **II.** *interj* meinetwegen! (nun) gut! schön! **III.** *s. être.*
soixantaine [swasɑ̃tɛn] *f:* ► *une ~ (de)* etwa sechzig; *approcher de la ~* sich den Sechzigern nähern. **soixante** *a* sechzig; ► *~-dix* siebzig. **soixantième** **I.** *a* sechzigste(r, s); **II.** *s m* Sechzigstel *n.*
soja [sɔʒa], **soya** [sɔja] *m bot* Sojabohne *f.*
sol [sɔl] *m* **1.** (Erd-, Fuß-)Boden *m; agr* Erde *f,* Land *n;* **2.** *chem* Sol *n;* **3.** *inv mus* g, G *n;* ► *~ dièse* gis, Gis *n;* **4.** ► *nature f du ~* Bodenbeschaffenheit *f;* *~ calcaire, cultivé, rocailleux, sabl(onn)eux* Kalk-, Kultur-, Fels-, Sandboden *m.*
solaire [sɔlɛʀ] *a* Sonnen-; ► *année f, cadran m, éclipse, tache f ~* Sonnenjahr *n,* -uhr, -finsternis *f,* -fleck *m.* **solarium** [-aʀjɔm] *m* Solarium *n;* Sonnenterrasse *f.*
soldat [sɔlda] *m* Soldat *m.* **soldatesque** [-tɛsk] *f* Soldateska *f.*
solde [sɔld] **1.** *f* Sold *m,* Löhnung *f;* ► *être à la ~ de qn* in jds Diensten stehen; **2.** *m com* Saldo *m;* Saldierung *f;* *pl* Restposten *m pl; pl* Aus-, Schlußverkauf *m* **3.** ► *pour ~ de mon compte* zum Ausgleich meiner Rechnung; **4.** ► *accuser, présenter un ~* e-n Saldo auf=weisen (*de* von); *établir le ~* den Saldo fest=stellen; **5.** ► *~ en caisse* Kassenbestand *m;* *~s de fin d'été, d'hiver* Sommer-, Winterschlußverkauf *m.* **solder** **I.** *tr* **1.** *com* be-, aus=gleichen, saldieren; bezahlen; **2.** *(Ware)* billiger absetzen; verramschen; **II.** *v prn* ► *se ~ par un bénéfice, déficit* mit e-m Gewinn, e-m Fehlbetrag (ab=)schließen; *se ~ par un succès* von Erfolg gekrönt werden; *soldé 300 frs* herabgesetzte(r) Preis 300 frs.
sole [sɔl] *f zoo* Seezunge *f.*
solécisme [sɔlesism] *m* sprachliche(r) Fehler *m.*
soleil [sɔlɛj] *m* **1.** Sonne(nlicht *n*) *f;* Sonnenschein *m;* **2.** Feuerrad *n;* **3.** *bot* Sonnenblume *f;* **4.** ► *au ~* in der Sonne, im Sonnenschein; *au coucher du ~* bei Sonnenuntergang; **5.** ► *s'allonger, se mettre au ~* sich in die Sonne legen; *avoir des biens au ~* Grundbesitz haben; *piquer un ~* knallrot werden; *il fait (du) ~* die Sonne scheint; **6.** ► *coup m de ~* Sonnenbrand *m; grand ~ (sport)* Riesenwelle *f; la place au ~ (fig)* der Platz an der Sonne; *le ~ levant, couchant* die auf-, untergehende Sonne.
solennel, le [sɔlanɛl] *a* feierlich, festlich. **solennité** *f* Feierlichkeit, Festlichkeit *f.*
Soleure [sɔlœʀ] *m (Kanton)* Kanton *m* Solothurn; *(Stadt)* Solothurn *n.*
solfatare [sɔlfataʀ] *f geol* Solfatare *f.*
solfège [sɔlfɛʒ] **1.** Musiklehre *f;* **2.** Gesangsübung(sbuch *n*) *f;* Solfeggio *n.* **solfier** [-fje] *mus* solfeggieren.
solidaire [sɔlidɛʀ] *a* **1.** solidarisch, gegenseitig verpflichtet, verantwortlich (*de* für); **2.** *jur* gesamtschuldnerisch; Gesamt-. **solidariser, se** *v prn* sich solidarisch erklären, gemeinsame Sache machen (*avec* mit *dat*). **solidarité** *f* **1.** Zusammenhalt *m,* Solidarität *f* (*avec* mit *dat*); **2.** *jur* Solidarhaftung *f.*
solide [sɔlid] **I.** *a* **1.** fest *a. phys;* stark, kräftig; haltbar, dauerhaft, gediegen *a. fig,* solide, widerstandsfähig; *(Textil)* strapazierfähig; **2.** *(Person)* kräftig; robust; **3.** *fig* gewichtig, wohlbegründet, stichhaltig; **4.** *(Firma)* zahlungsfähig; **II.** *s m* (fester) Körper *m.* **solidifier** **I.** *tr* (ver)festigen; stärken; verdichten; **II.** *v prn se ~ (chem)* erstarren. **solidité** *f* **1.** Festigkeit; Haltbarkeit, Dauerhaftigkeit, Strapazierfähigkeit *f;* **2.** *fig* Gründlichkeit, Gediegenheit, Zuverlässigkeit; Stichhaltigkeit *f;* **3.** *com* Kreditwürdigkeit *f.*
soliloque [sɔlilɔk] *m* Selbstgespräch *n.*
soliste [sɔlist] **I.** *s m f mus* Solist(in *f*) *m;* **II.** *a* Solo-.
solitaire **I.** *a* **1.** einsam, allein(ig); ungesellig; zurückgezogen, einsiedlerisch; **2.** *(Ort)* abgelegen, abgesondert, abgeschieden; **II.** *s m* **3.** Einsiedler *m;* **4.** *zoo* alte(r) Keiler *m;* **5.** Solitär *m (Diamant);* ► *ver m ~* Bandwurm *m.* **solitude** *f* **1.** Einsamkeit; Vereinsamung;

Zurückgezogenheit *f;* **2.** Abgelegenheit, Abgeschiedenheit *f.*
solive [sɔliv] *f* (Decken-)Balken *m.* **soliveau** *m* **1.** kleine(r) Balken *m;* **2.** *fig* völlige Null *f.*
sollicitation [sɔlisitasjõ] *f* Gesuch *n;* (dringende) Bitte *f;* Ersuchen *n.* **solliciter** *tr* **1.** ersuchen, dringend bitten (*qc* um etw, *à* od *de* zu); **2.** *(Aufmerksamkeit)* erregen. **solliciteur, se** Bittsteller(in *f*) *m.* **sollicitude** *f* Fürsorge, Betreuung *f.*
solo [sɔlo] *m pl a. soli mus fig* Solo *n.*
solstice [sɔlstis] *m* Sonnenwende *f.*
soluble [sɔlybl] *a* **1.** löslich; **2.** *(Aufgabe)* lösbar. **solution** *f* **1.** *chem math* Lösung *f a. fig;* **2.** *fig* (Auf-)Lösung *f; (Schwierigkeit)* Beseitigung *f;* ▶ ~ *de continuité* Unterbrechung *f.* **solutionner** *tr (Problem)* lösen.
solvabilité [sɔlvabilite] *f com* Zahlungs-, Kreditfähigkeit *f.* **solvable** *a* zahlungs-, kreditfähig, solvent. **solvant** *m chem* Lösungsmittel *n.*
sombre [sõbʀ] *a* **1.** düster *a. fig,* lichtlos; *(Wetter)* trübe; *(Himmel)* verhangen; *(Farbe)* dunkel; **2.** *(vorangestellt)* erbärmlich, dumm; **3.** *(Mensch)* mürrisch, verdrossen; *(Miene)* finster, trübselig; *(Gedanken)* trübe, finster; ▶ ~ *idiot m* Vollidiot *m.* **sombrer** *itr* **1.** *mar* ab=sacken, unter=gehen; **2.** ▶ ~ *dans la boisson* dem Trunk verfallen.
sommaire [sɔmɛʀ] **I.** *a* kurz (zs.)gefaßt, gedrängt, summarisch; **II.** *s m* Zs.fassung, kurze Inhaltsangabe *f.*
sommation [sɔmasjõ] *f jur* Aufforderung; Mahnung *f.*
somme 1. *f* Summe *f,* Betrag *m; fig* Gesamtheit *f;* **2.** *f:* ▶ *bête f de* ~ Lasttier *n a. fig;* **3.** *m* Schläfchen *n;* ▶ *en* ~ *ronde* rund (gerechnet); *en* ~, ~ *toute* alles in allem; *faire la* ~ zs.=rechnen (*de qc* etw); ~ *en toutes lettres* Betrag *m* in Worten; ~ *totale* Gesamtsumme *f.*
sommeil [sɔmɛj] **1.** Schlaf *m;* **2.** Schläfrig-, Müdigkeit *f;* **3.** ▶ *avoir* ~ müde, schläfrig sein; *être en* ~ *(fig) (Verhandlungen)* ruhen; *(Betrieb)* stillegen; *mettre en* ~ *(fig)* auf Eis legen; *tomber de* ~ vor Müdigkeit um=fallen; ~ *de plomb* bleierne(r) Schlaf *m.* **sommeiller** [-e(ɛ)je] *itr* schlummern *a. fig.*
sommelier [sɔməlje] *m* Kellermeister; Weinkellner *m.*
sommer [sɔme] *tr* **1.** auf=fordern; **2.** *math* addieren.
sommet [sɔmɛ] *m* **1.** Gipfel *m,* Spitze *f,* höchste(r) Punkt *m;* **2.** *math* Scheitelpunkt *m;* **3.** *fig* Gipfel, höchste(r) Grad *m;* **4.** ▶ *réunion f au* ~ Gipfelkonferenz *f;* ~ *du poumon* Lungenspitze *f; à quelle hauteur se trouve le* ~? wie hoch ist der Gipfel?
sommier [sɔmje] *m* **1.** *arch* Kämpfer, Tragbalken *m;* **2.** ~*s (judiciaires)* Erkennungsdienst *m;* **3.** Matratze *f;* ▶ ~ *élastique* Sprungfedermatratze *f.*
sommité [sɔm(m)ite] *f fig* Kapazität, Größe *f.*
somnambule [sɔmnɑ̃byl] **I.** *a* nachtwandelnd; **II.** *s m f* Nachtwandler(in *f*) *m.* **somnambulisme** *m* Nachtwandeln *n.* **somnifère** *m* Schlafmittel *n.* **somnolence** *f* Dösen *n;* Schläfrigkeit; Schlaftrunkenheit *f.* **somnolent, e** *a* dösig, schläfrig, schlaftrunken. **somnoler** *itr* dösen.
somptuaire [sõptɥɛʀ] *a* ▶ *dépenses f pl* ~*s* übertriebene(r) Aufwand *m.* **somptueux, se** *a* prächtig, prunkvoll. **somptuosité** *f* Pracht *f,* Prunk; (großer) Aufwand *m.*
son [sõ] **sa,** *pl* **ses I.** *a* sein(e), ihr(e); **II.** *s m* Kleie *f;* ▶ *taches f pl de* ~ Sommersprossen *f pl;* **III.** *s m* **1.** Ton *m;* ▶ *monter le* ~ *(radio)* den Ton lauter machen; **2.** Laut *m a. gram;* **3.** *(Stimme)* Klang *m;* **4.** *phys* Schall *m;* **5.** ▶ *au* ~ *des cloches* unter Glockengeläut; **6.** ▶ *ingénieur m du* ~ Toningenieur *m; mur m du* ~ Schallmauer *f; prise f de* ~ Tonaufnahme *f; vitesse f du* ~ Schallgeschwindigkeit *f.*
sonar [sɔnaʀ] *m* Sonar *n.*
sonate [sɔnat] *f mus* Sonate *f.* **sonatine** *f mus* Sonatine *f.*
sondage [sõdaʒ] *m* **1.** *tech* Probebohrung *f;* **2.** *med* Sondierung *f a. fig;* **3.** *mar* Lotung *f;* **4.** *fig* Stichprobe; *(~ d'opinion)* Befragung, Umfrage *f;* Erhebungen *f pl;* Meinungsforschung *f;* ▶ *faire des* ~*s* Umfragen, Untersuchungen an=stellen. **sonde** *f* **1.** Sonde *f a. med;* **2.** *mar* Lot, Senkblei *n;* **3.** ▶ ~ *atmosphérique* Luftsonde *f;* ~ *spatiale* Raumsonde *f;* ~*-écho f* Echolot *n.* **sonder** *tr* **1.** sondieren, untersuchen *a. fig;* **2.** *mar* loten, peilen; **3.** *fig* aus=horchen, -forschen; ▶ ~ *le terrain (fig)* die Lage peilen, auf den Busch klopfen.
songe [sõʒ] *m lit* Traum *m.* **songer** ‹*Prés. je songe, ns songeons; Fut. je songerai; pp. songé, e*› *itr* **1.** denken (*à* an *acc, à Inf.* daran denken zu *inf*); **2.** überlegen (*à qc* etw), nach=sinnen (*à* über *acc*), acht=geben (*à* auf *acc*); **3.** sich interessieren (*à* für). **songeur, se** *a* träumerisch, versonnen; nachdenklich.
sonique [sɔnik] *a* ▶ *vitesse f* ~ Schallgeschwindigkeit *f.*
sonnaille [sɔnɑj] *f* Kuhglocke *f.* **sonnant, e** *a:* ▶ *à huit heures* ~*es* Schlag, Punkt acht Uhr. **sonné, e** *a* **1.** ▶ *il est midi* ~ es hat gerade zwölf geschlagen; *il a 50 ans bien* ~*s* er ist gut 50 Jahre alt; **2.** *fam* verrückt. **sonner I.** *itr* **1.** läuten (*à la porte* an der Tür); klingeln *a. tele; (Uhr)* schlagen; **2.** klingen, (er)tönen, (er)schallen; **II.** *tr* **3.** läuten;

klingeln (*qn* jdm); **4.** *mil* blasen (*la charge* zum Angriff); **5.** *(die Stunde)* schlagen; **6.** *tele* an=läuten, -rufen (*qn* jdn); **7.** *(fam)* ▶ *se faire* ~ e-n Schlag versetzt bekommen; *fig* eins auf den Deckel bekommen; ~ *les cloches à qn (fam)* jdm die Meinung sagen; *(pop) on ne vous a pas sonné* ich habe Sie nicht um Ihre Meinung gefragt. **sonnerie** *f* **1.** (Glocken-)Geläut(e) *n;* **2.** Klingel(anlage) *f;* **3.** *(Uhr)* Läutwerk *n;* **4.** Horn-, Trompetensignal *n.* **sonnet** [-ɛ] *m* Sonett *n.* **sonnette** *f* **1.** Klingel; Glocke *f;* **2.** *tech* (Pfahl-)Ramme *f;* ▶ *bouton m de* ~ Klingelknopf *m.* **sonneur** *m* Glöckner *m.*

sonore [sɔnɔʀ] *a* **1.** tönend, klingend, schallend; **2.** klangvoll, wohlklingend; *(Ton)* voll; **3.** *gram* stimmhaft; **4.** *tech* Schall-, Ton-; **5.** ▶ *film m* ~ Tonfilm *m; fond m* ~ Geräuschkulisse; musikalische Untermalung *f; onde f* ~ Schallwelle *f.* **sonorisation** *f* Tonuntermalung; Tonwiedergabe *f.* **sonoriser** *tr* **1.** *film* vertonen; **2.** *(Laut)* stimmhaft aus=sprechen; **3.** *(Saal)* beschallen; mit e-r Lautsprecheranlage versehen. **sonorité** *f* **1.** Klangfülle *f;* **2.** *(Raum)* Akustik *f.*

sophisme [sɔfism] *m* Trugschluß *m.* **sophiste** *m* Sophist *m.* **sophistication** *f* Unnatürlichkeit *f.* **sophistique** *a* sophistisch. **sophistiqué, e** *a* gekünstelt, unecht, geziert. **sophistiquer** *tr* **1.** verfälschen; **2.** *tech* sorgfältig pflegen.

soporifique [sɔpɔʀifik] **I.** *a med* **1.** einschläfernd; Schlaf-; **2.** *fig* langweilig; **II.** *s m med* Schlafmittel *n.*

soprano [sɔpʀano] *m, pl a. -ni* Sopran *m.*

sorbet [sɔʀbɛ] *m* Sorbett *m.* **sorbetière** [-bə-] *f* (Speise-)Eismaschine *f.*

sorbier [sɔʀbje] *m bot* Eberesche *f;* Vogelbeerbaum *m.*

sorcellerie [sɔʀsɛlʀi] *f* Hexerei, Zauberei *f.* **sorcier, ère** [-sje, -ɛʀ] *s m f* Zauberer *m;* Hexe *f;* ▶ *il ne faut pas être grand* ~ *pour cela* dazu gehört nicht viel; *apprenti m* ~ Zauberlehrling *m; (pol) chasse f aux ~ières* Hexenjagd *f.*

sordide [sɔʀdid] *a* **1.** schmutzig *a. fig,* dreckig, schmierig; **2.** *fig* schäbig, gemein.

sornettes [sɔʀnɛt] *f pl* Geschwätz, Geschwafel, Gewäsch *n.*

sort [sɔʀ] *m* **1.** Los *n;* **2.** Geschick, Schicksal; Glück *n;* **3.** Lage *f;* Los *n;* Verhältnisse *n pl,* Situation *f;* **4.** ▶ *faire un* ~ *à qc (pop)* mit etw fertig werden, etw endgültig erledigen; *jeter un* ~ *à qn, qc* jdn, etw behexen; *tirer au* ~ losen; *faut qu'il y ait un* ~ es ist wie verhext; *tirage m au* ~ Auslosung *f.*

sortable [sɔʀtabl] *a* ▶ *il n'est plus* ~ man kann sich mit ihm nicht mehr sehen lassen. **sortant, e** *a* **1.** ausscheidend; bisherig; **2.** *(Lotterie)* ▶ *numéros m pl ~s* Gewinnzahlen *f pl.*

sorte [sɔʀt] *f* Art, Weise, Gattung, Sorte *f;* ▶ *de la* ~ so; *de (telle)* ~ *que, en* ~ *que (conj)* so daß ...; *en quelque* ~ gewissermaßen; *toute(s)* ~ *(s) (de ...)* allerlei (...).

sortie [sɔʀti] *f* **1.** Ausgang, -stieg *m;* Ausfahrt; Ausfallstraße *f;* **2.** Hinausgehen *n;* Ausreise *f;* Herausgehen; Verlassen *n* (*de* gen); **3.** Ausfahrt *f,* Spaziergang *m,* Ausflug *m;* **4.** *theat sport* Abgang *m;* **5.** *mil* Ausbruch *m; aero* Einsatz *m;* **6.** *com (Geld)* Abfluß, Abzug *m; (Waren)* Ausfuhr *f; (aus e-m Betrieb)* Abfluß, Abgang *m;* **7.** *(Krankenhaus) pl* Entlassungen *f pl,* Abgänge *m pl;* **8.** ▶ *à la* ~ *de ...* beim Verlassen *gen;* **9.** ▶ *se ménager une porte de* ~ sich ein Hintertürchen offen=halten; *(fam) je suis de* ~ ich fahr weg; *il fit une* ~ *contre son voisin (fam)* er ist über s-n Nachbarn hergezogen; **10.** ▶ ~ *de bain* Bademantel *m;* ~ *des classes* Schulschluß *m;* ~ *des données (inform)* Datenausgabe *f;* ~ *dans l'espace (cosm)* Spaziergang *m* im All; ~ *de secours* Notausgang, -ausstieg *m.*

sortilège [sɔʀtilɛʒ] *m* Zauber *m,* Zauberei *f.*

sortir [sɔʀtiʀ] ‹*Prés. je sors, ns sortons; Fut. je sortirai; pp. sorti, e; Subj. que je sorte, que ns sortions; Impér. sors, sortons*› **I.** *itr* **1.** hinaus=, heraus=gehen, -fahren, -treten, -kommen; **2.** hervor=gehen, -kommen, her=kommen, her=, ab=stammen; **3.** verlassen (*de qc* etw); sich entfernen (*de qc* von etw); *(vom Tisch)* auf=stehen; *(Krankheit)* gerade genesen sein (*de* von); *(aus dem Gefängnis)* eben entlassen sein; *(aus e-m Hafen)* aus=laufen; **4.** *(von e-m Thema)* ab=kommen, -weichen; **5.** *(Schule)* besucht haben; **6.** *(Gegenstand)* heraus=, hervor=ragen (*de* aus); **7.** *fig* hervor=treten; keimen, sprießen; zur Welt kommen; **8.** *(Buch)* heraus=kommen, erscheinen; *(Film)* an=laufen; **9.** *(Fahrgestell)* aus=fahren; **II.** *tr* **10.** *(Person, Hund)* ausführen; **11.** heraus=bringen, -nehmen, -schaffen, -ziehen, -fahren (*de* aus); **12.** hinaus=werfen; **13.** auf den Markt, ans Tageslicht bringen; **14.** *fam (Bemerkung)* von sich geben; **III.** *v prn* **15.** ▶ *s'en* ~ sich aus der Affäre ziehen; **16.** ▶ *au* ~ *de ...* beim Verlassen *gen;* **17.** ▶ ~ *de chez qn* eben erst bei jdm gewesen sein; ~ *un nouveau modèle* ein neues Modell herausbringen; ~ *de son rôle* aus der Rolle fallen; ~ *du service* aus dem Dienst aus=scheiden; **18.** ▶ *les jeux lui sortent de la tête* er ist außer sich; *il faut le* ~ *de là* man muß ihm auf die Beine helfen; *cela sort*

de l'ordinaire das fällt aus dem Rahmen.
sosie [sɔzi] *m* Doppelgänger *m.*
sot, te [so, sɔt] **I.** *lit a* dumm, töricht; **II.** *lit s m* Narr *m; f* Närrin *f.* **sottise** *f* Dummheit, Torheit, Unvernunft *f;* ► *il lui a dit des ~s (fam)* er hat ihm Beleidigungen an den Kopf geworfen.
sou [su] *m* **1.** Sou *m (5 Centimes);* **2.** *fig* Pfennig, Heller *m;* **3.** *pl fam fig* Geld *n;* **4.** ► *~ à ~, ~ par ~* Pfennig für Pfennig, aus kleinsten Beträgen; *n'avoir pas un ~, être sans le ~* keinen Pfennig Geld haben.
souabe [swab] *a* schwäbisch. **Souabe** *m f* Schwabe *m,* Schwäbin *f.* **Souabe, la** [swab] Schwaben *n.*
soubassement [subasmɑ̃] *m* Sockel *m.*
soubresaut [subʀəso] *m (Pferd)* plötzliche(r) Sprung *m;* Zs.zucken, -fahren *n.*
soubrette *f theat* Kammerzofe *f a. allg.*
souche [suʃ] *f* **1.** (Baum-)Stumpf *m;* **2.** Kontrollblatt *n,* -abschnitt *m;* **3.** *fig* Stammvater; Ursprung *m;* **4.** ► *dormir comme une ~* wie ein Murmeltier schlafen; *faire ~* Nachkommen haben; *rester là comme une ~* wie angewurzelt stehenbleiben.
souci [susi] *m* **1.** Sorge, Besorgnis *f;* Kummer *m;* **2.** Bemühen *n* (*de* um); **3.** *bot* Ringelblume *f;* ► *se faire du ~ pour qc (fam)* sich um etw Sorgen machen. **soucier, se** [-sje] *v prn* ► *ne pas se ~ de qc, qn* sich nicht um etw, jdn kümmern; nichts nach jdn, etw fragen. **soucieux, se** *a* **1.** bedacht (*de* auf), besorgt (*de* um); **2.** bekümmert, sorgenvoll.
soucoupe [sukup] *f* Untertasse *f;* *~ volante* fliegende Untertasse *f.*
soudage [sudaʒ] *m* Schweißen, Löten *n.*
soudain, e [sudɛ̃, -ɛn] *a adv* plötzlich, jäh, unvermittelt, schlagartig, unerwartet. **soudainement** *adv* plötzlich, sofort. **soudaineté** *f* Plötzlichkeit; Schlagartigkeit *f.*
Soudan, le [sudɑ̃] der Sudan.
soude [sud] *f chem* Soda *f* od *n;* ► *bicarbonate m de ~* (kohlensaures) Natron *n;* *~ caustique* Natronlauge *f,* Ätznatron *n.* **soudé, e** *a* **1.** *med* ver-, zs.gewachsen; **2.** *fig* fest verbunden.
souder I. *tr* **1.** (zu-, ver)schweißen; zs.=löten; **2.** *fig* zs.=schweißen; ► *~ à l'autogène* autogen schweißen; **II.** *v prn se ~ (biol)* zusammenwachsen. **soudeur** *m* Schweißer *m.* **soudoyer** ⟨*Prés. je soudoie, ns soudoyons; Fut. je soudoierai; pp. soudoyé,* ⟩ *tr* dingen, (er)kaufen. **soudure** *f* **1.** Schweißen *n;* **2.** Schweißnaht, Lötstelle *f;* **3.** *tech* Lot, Lötzinn *n;* **4.** *biol* Zusammenwachsen *n;* **5.** *fig* Überbrückung *f;* **6.** ► *sans ~* nahtlos; *faire la ~ (fig)* überbrücken.
soufflage [suflaʒ] *m* (Glas-)Blasen *n.*
soufflant, e *a* **1.** *tech* ► *machine f ~e* Gebläse *n;* **2.** *fig fam* ► *c'est ~* das ist verblüffend; *~ de vie* Lebensfunke *m.*
souffle *m* **1.** Hauch *m;* **2.** Atem(zug) *m,* Puste *f;* **3.** *(Wind)* Wehen, Blasen *n;* **4.** *tech* Sog; Strom; Luftdruck *m;* **5.** *med* Pfeifen, *radio* Rauschen *n;* **6.** ► *avoir le ~ coupé* ganz außer Atem sein; *éteindre d'un ~* aus=blasen; *être à bout de ~* außer Atem sein; *on en a le ~ coupé* es benimmt, verschlägt e-m den Atem; **7.** ► *~ d'air, de vent* Luft-, Windhauch *m.* **soufflé, e I.** *a fig fam* ► *être ~* baff sein; **II.** *s m* Auflauf *m,* Soufflé *n.* **souffler I.** *itr* **1.** *(Wind)* blasen, wehen; **2.** *(Person)* pusten, hauchen, schnaufen, keuchen; **3.** Atem holen, verschnaufen; auf=atmen; **II.** *tr* **4.** blasen, *fam* pusten; **5.** an=, aus=, weg= blasen; **6.** *(Glas)* blasen; **7.** *(Feuer)* u. *fig (Streit)* entfachen, schüren; **8.** *(Schule)* vor=, ein=sagen, zu=flüstern; *theat* soufflieren; ein=geben, inspirieren; **9.** *(Stein)* weg=nehmen; **10.** *fam* ► *~ qc à qn* jdm etw (vor der Nase) weg=schnappen; *(Freundin)* aus=spannen; *ne pas ~ mot* keinen Ton von sich geben, nicht piep sagen; *~ qc à l'oreille de qn* jdm etw ins Ohr flüstern. **soufflerie** [-flə-] *f* **1.** Gebläse *n;* **2.** Windkanal *m.* **soufflet** [-ɛ] *m* **1.** Blasebalg *m;* **2.** *tech* (Falten-)Balg *m;* **3.** *(Kleidung)* Zwickel, Keil *m;* **4.** *lit* Ohrfeige *f.* **souffleur, se** *m f* **1.** *theat* Souffleur *m,* Souffleuse *f;* **2.** *(~ de verre)* Glasbläser *m;* **3.** *f* Gebläse *n;* ► *trou m du ~* Souffleurkasten *m.*
souffrance [sufʀɑ̃s] *f* **1.** Leid(en) *n,* Schmerz *m;* **2.** ► *en ~ (Arbeit)* unerledigt; *(Rechnung)* unbezahlt, unbeglichen; *(Scheck)* ungedeckt; *(Wechsel)* notleidend; *(Brief)* nicht abgeholt, unbestellbar. **souffrant, e** *a* ► *je suis ~* mir ist nicht wohl. **souffre-douleur** *m inv* Prügelknabe *m.* **souffreteux, se** [-frə-] *a* leidend, kränklich. **souffrir** ⟨*Prés. je souffre, ns souffrons; Fut. je souffrirai; pp. souffert,* -⟩ **I.** *tr* **1.** leiden, (er)dulden, ertragen, aus=stehen; **2.** gestatten, zu=lassen; **II.** *itr* **3.** leiden (*de* an, unter *dat*), dulden, Schmerzen ertragen; **4.** *(Handel)* da(r)nieder=liegen; ► *ne ~ aucun retard* keinen Aufschub dulden; *~ de la faim* Hunger leiden.
soufrage [sufʀaʒ] *m tech* Schwefeln *n.* **soufre** *m chem* Schwefel *m.* **soufrer** *tr* aus=, ein=schwefeln. **soufrière** [-fʀijɛʀ] *f* Schwefelgrube *f.*
souhait [swɛ] *m* **1.** Wunsch *m;* **2.** *à ~* nach Wunsch; ► *à vos ~s!* Gesundheit! *les meilleurs ~s de bonne année* die besten Wünsche zum Jahreswechsel. **souhaitable** [-tabl] *a* wünschenswert. **souhaiter** *tr* wünschen; herbei=sehnen, -wünschen; ► *je souhaite (de) partir* ich möchte abreisen.

souille [suj] *f* Suhle *f*. **souiller** besudeln, verdrecken, beschmutzen (*de* mit *dat*) *a. fig.* **souillon** *m f fam* Schmutzfink *m*, -liese *f*. **souillure** *f* Schmutzfleck *m; fig* Schandfleck *m*.
souk [suk] *m (arabischer)* Markt *m*.
soûl, e [su, sul] **I.** *a fig fam* besoffen; **II.** *s m fam:* ▶ *manger tout son* ~ sich ordentlich satt essen. **soûlard, e** *m f pop* Säufer(in *f*) *m*. **soûler I.** *tr* **1.** *fam* besoffen machen (*qn* jdn); **2.** *fig* ermüden (*qn* jdn); **II.** *v prn se* ~ sich besaufen. **soûlerie** *f pop* Sauferei *f*. **soûlographie** *f fam* Besäufnis *f*.
soulagement [sulaʒmɑ̃] *m* Erleichterung, Linderung *f*. **soulager** ‹*Prés. je soulage, ns soulageons; Fut. je soulagerai; pp. soulagé, e*› **I.** *tr* **1.** *fig* erleichtern; **2.** unterstützen, helfen (*qn* jdm); **3.** *(Schmerz)* lindern; **4.** *tech* entlasten; **II.** *v prn se* ~ **5.** s-e Notdurft verrichten; *fam* sich erleichtern, austreten; ▶ ~ *qn de son portefeuille* jdn um s-e Brieftasche erleichtern.
soulèvement [sulɛvmɑ̃] *m* Erhebung *f*, Aufstand *m*. **soulever** [-lve] ‹*Prés. je soulève, ns soulevons; Fut. je soulèverai; pp. soulevé, e*› **I.** *tr* **1.** an=, auf=, hoch=heben; in die Höhe heben; hoch=nehmen; **2.** *(Bremse, Schleier)* lüften; **3.** *(Staub)* auf=wirbeln; **4.** *fig (Schwierigkeiten)* bereiten; **5.** *(Frage)* an=schneiden, auf=werfen; *(Punkt)* auf= greifen; **6.** *(Bevölkerung)* auf=wiegeln; **7.** *(Begeisterung)* hervor=rufen; **II.** *v prn se* ~ **8.** *(Person)* sich auf=richten; **9.** *fig* sich erheben, sich empören; ▶ ~ *le cœur* Übelkeit, Abscheu erregen; *il veut lui* ~ *ses clients* er will ihm s-e Kunden ausspannen.
soulier [sulje] *m* (Halb-)Schuh *m*; ▶ *être dans ses petits* ~*s* in peinlicher Verlegenheit sein; ~ *de bain, de bal, de dame, d'enfant, de gymnastique, d'homme, de sport, de tennis, de ville* Bade-, Tanz-, Damen-, Kinder-, Turn-, Herren-, Sport-, Tennis-, Straßenschuh *m*.
soulignement [suliɲəmɑ̃] *m* Unterstreichung *a. fig.* **souligner** *tr* **1.** unterstreichen *a. fig;* **2.** *fig* betonen, hervor=heben.
soumettre [sumɛtʀ] ‹*Prés. je soumets, ns soumettons; Fut. je soumettrai; pp. soumis, e; Subj. que je soumette, que ns soumettions; Impér. soumets, soumettons*› **I.** *tr* **1.** unterwerfen; unter=ordnen, unterstellen; **2.** *(zur Genehmigung, zur Unterschrift)* vor=legen; unterbreiten; **3.** *(e-r Prüfung)* unterziehen; **II.** *v prn se* ~ **4.** sich unterwerfen, sich fügen; **5.** sich unterziehen (*à* dat); sich bereit erklären (*à dat*, zu). **soumis, e** [-mi, -iz] *a* gefügig; folgsam, gehorsam; ▶ ~ *au droit de timbre, à l'impôt* stempel-, steuerpflichtig. **soumission** *f* **1.** Unterwerfung *f;* **2.** Gehorsam *m*, Ergebenheit *f;* **3.** ▶ *par (voie de)* ~ auf dem Submissionswege; *la* ~ *est ouverte jusqu'au ...* Angebote sind bis zum ... einzureichen.
soumissionnaire *m* Submittent *m*.
soupape [supap] *f* Ventil *n*.
soupçon [supsɔ̃] *m* **1.** Argwohn, Verdacht *m;* Verdächtigung *f;* **2.** ▶ *un* ~ *de ... (fam)* ein bißchen ..., e-e Idee, ganz wenig ... **soupçonner** *tr* **1.** beargwöhnen, verdächtigen (*de fraude* des Betrugs); Argwohn hegen (*qn* gegen jdn); **2.** argwöhnen, vermuten, ahnen.
soupçonneux, se *a* argwöhnisch, mißtrauisch.
soupe [sup] *f* Suppe *f; pop* Essen *f;* ▶ *trempé comme une* ~ *(fam)* pudelnaß; *être* ~ *au lait* leicht auf=brausen; ~ *de poissons* Fischsuppe *f;* ~ *populaire* Volksküche *f*.
soupente [supɑ̃t] *f arch* Hängeboden; Verschlag *m*.
souper [supe] **I.** *s m* Abendessen, Nachtmahl *n;* **II.** *itr* zu Abend essen; *(fig fam)* ▶ *j'en ai soupé* ich habe die Nase voll.
soupeser [supəze] *tr* **1.** mit der Hand ab=wiegen; **2.** *fig* ab= wägen.
soupière [supjɛʀ] *f* Suppenschüssel, -terrine *f*.
soupir [supiʀ] *m* **1.** Seufzer *m;* **2.** *mus* Viertelpause *f;* ▶ *rendre le dernier* ~ den letzten Atemzug tun.
soupirail [supiʀaj] *m* Kellerfenster, -loch *n*. **soupirer** *tr itr* **1.** seufzen; **2.** *lit* schmachten, sich sehnen (*après, pour* nach).
souple [supl] *a* **1.** *(Körper)* biegsam, geschmeidig, gelenkig; *(Leder)* weich; **2.** *fig* wendig, aalglatt; anpassungsfähig. **souplesse** *f* **1.** Geschmeidigkeit *f;* **2.** *fig* Wendigkeit; Nachgiebigkeit; Anpassungsfähigkeit *f;* **3.** *(Leder)* Weichheit *f*.
souquer [suke] **I.** *tr mar* an=holen; **II.** *itr:* ▶ ~ *aux* od *sur les avirons* sich in die Riemen legen.
sourate [suʀat] *f* Sure *f (Koran)*.
source [suʀs] *f* **1.** Quelle *f a. fig hist; fig* Ursprung *m;* **2.** ▶ *être à la* ~ *(fig)* an der Quelle sitzen (*de* gen); *prendre sa* ~ *(Fluß)* entspringen; *fig* her=rühren (*de* von); *tenir de bonne* ~ aus guter Quelle haben; *cela coule de* ~ *(fig)* das ergibt sich von selbst; **3.** ▶ ~ *de chaleur, de courant, d'énergie, lumineuse* Wärme-, Strom-, Energie-, Lichtquelle *f;* ~ *d'eau minérale, d'huile, thermale* Mineral-, Öl-, Thermalquelle *f;* ~ *d'erreurs, de périls* Fehler-, Gefahrenquelle *f;* ~ *du mal* Wurzel *f* des Übels. **sourcier** [-sje] *m* Rutengänger *m*.
sourcil [suʀsi] *m* Augenbraue *f;* ▶ *froncer le* ~ die Stirn runzeln. **sourcilier, ère** Augenbrauen-. **sourciller**

[-sije] *itr* ▶ *ne pas* ~ *(fig)* nicht mit der Wimper zucken.
sourd, e [suʀ, suʀd] **I.** *a* **1.** taub (*à* gegen; *de* auf *dat*), gehörlos; **2.** *(Stimme, Schmerz)* dumpf; gedämpft; **3.** *(Feindschaft)* heimlich, versteckt; **4.** *gram* stimmlos; **II.** *s m f* **5.** Taube(r *m*), Gehörlose(r *m*) *f;* **6.** ▶ *être, rester* ~ *aux prières de qn* gegen jds Bitten taub bleiben; *faire la* ~*e oreille (fig)* nichts hören wollen; *frapper comme un* ~ blind darauflos=schlagen; ~*-muet,* ~*e-muette* a) *a* taubstumm; b) *s m f* Taubstumme(r *m*) *f;* ~ *d'une oreille* auf einem Ohr taub; ~ *comme un pot (fam)* stocktaub. **sourdine** *f mus* Dämpfer *m;* ▶ *en* ~ *(mus)* gedämpft; *mettre une* ~ *à qc (fig)* e-r S e-n Dämpfer auf=setzen.
souriceau [suʀiso] *m* Mäuschen *n.* **souricière** [-sjɛʀ] *f* **1.** Mause-, Mäusefalle *f;* **2.** *fig* Falle *f.*
sourire [suʀiʀ] ‹*Prés. je souris, ns sourions; Fut. je sourirai; pp. souri, -; Subj. que je sourie, que ns souriions; Impér. souris, sourions*› **I.** *itr* **1.** lächeln (*de* über *acc,* vor *dat*) *a. fig;* **2.** an=, zu=lächeln; **3.** *fig* günstig sein (*à qn* jdm); **II.** *s m* Lächeln *n;* ▶ *faire un* ~ *à qn* jdm zulächeln; *elle a toujours le* ~ sie lacht immer.
souris [suʀi] *f* **1.** *zoo* Maus *f a. anat;* **2.** *fam fig* Kleine; Süße *f; (inform)* Maus *f;* **3.** *(~ d'hôtel)* Hoteldiebin *f;* ▶ *on entendrait trotter une* ~ es ist mäuschenstill.
sournois, e [suʀnwa, -az] **I.** *a* hinterhältig, heimtückisch; **II.** *s m f* Duckmäuser(in *f*) *m.* **sournoiserie** *f* Heimtücke; Hinterhältigkeit *f.*
sous [su] *prp* **1.** *(örtlich)* unter(halb *gen*); **2.** *(zeitlich)* unter; während, zur Zeit *gen;* innerhalb *gen,* in, binnen; **3.** *(Verhältnis, Einfluß)* unter; **4.** ▶ ~ *clé* unter Verschluß; ~ *(la) main* bei der, zur Hand; ~ *peu* in kurzem; ~ *la pluie* im Regen; ~ *prétexte* unter dem Vorwand (*de* gen); **5.** ▶ ~ *ce rapport* in dieser Beziehung *od* Hinsicht; *passer* ~ *silence* mit Stillschweigen übergehen; *rire* ~ *cape* in sich hineinlachen. **sous-alimentation** [-za-] *f* Unterernährung *f.* **sous-alimenté, e** *a* unterernährt. **sous-alimenter** unterernähren. **sous-bois** *m* Unterholz *n.* **sous-chef** *m* zweite(r) Direktor *m.* **sous-commission** *f* Unterkommission *f.*
souscripteur [suskʀiptœʀ] *m* **1.** Subskribent *m;* **2.** *(Wechsel)* Aussteller *m;* ▶ ~ *à un emprunt* Zeichner *m* e-r Anleihe. **souscription** [-ps-] *f com* Zeichnung; Subskription *f;* ▶ *mettre en* ~, *offrir à la* ~ zur Zeichnung auf=legen. **souscrire** ‹*Prés. je souscris, ns souscrivons; Fut. je souscrirai; pp. souscrit, e; Subj. que je souscrive, que ns souscrivions; Impér. souscris, souscrivons*› **I.** *tr* unterschreiben, -zeichnen; *(Wechsel)* aus=stellen; subskribieren; **II.** *itr* zeichnen (*à* auf *acc*); ein=willigen (*à* in *acc*). **souscrit, e** [-kʀi, -it] *a com* gezeichnet; unterschrieben.
sous-cutané, e [sukytane] *a med* subkutan. **sous-développé, e** *a* unterentwickelt. **sous-développement** *m* Unterentwicklung *f.* **sous-directeur, trice** *m f* stellvertretende(r) Direktor(in *f*) *m.* **sous-emploi** *m* Unterbeschäftigung *f.* **sous-employé, e** *a* unterbeschäftigt. **sous-ensemble** *m (in der Mengenlehre)* Teilmenge *f.* **sous-entendre** ‹*s. entendre*› *tr* stillschweigend einbeziehen; ▶ *il est sous-entendu que* ... es versteht sich von selbst, daß ... **sous-entendu** *m* Anspielung *f,* Hintergedanke *m.* **sous-estimation** *f* Unterschätzung *f.* **sous-estimer** *tr* unterschätzen. **sous-exposer** *tr phot* unterbelichten. **sous-exposition** *f phot* Unterbelichtung *f.* **sous-fifre** *m fam* kleine(r) Untergebene(r) *m.* **sous-homme** *m* Untermensch *m.* **sous-jacent, e** *a* **1.** darunterliegend; **2.** *fig* zugrunde, tiefer liegende. **sous-lieutenant** *m* Leutnant *m.* **sous-locataire** *m* Untermieter *m.* **sous-location** *f* Untermiete *f.* **sous-louer** *tr* **1.** untervermieten; **2.** in Untermiete nehmen; *(Zimmer)* sich ein=mieten. **sous-main** *m inv* (Schreib-)Unterlage; Schreibmappe *f;* ▶ *en* ~ *(loc adv)* heimlich. **sous-marin, e I.** *a* unterseeisch; **II.** *s m* U-Boot *n;* ~ *atomique* Atom-U-Boot *n.* **sous-médicalisé, e** *a* medizinisch unterversorgt. **sous-multiple** *m mat* Zahl *f,* die in e-r anderen aufgeht. **sous-nappe** *f* Tischtuchunterlage *f.* **sous-off(icier)** *m* Unteroffizier *m.* **sous-ordre** *m* Untergebene(r) *m.* **sous-payé, e** *a* unterbezahlt. **sous-payer** *tr* unterbezahlen. **sous-peuplement** *m* Unterbevölkerung *f.* **sous-peuplé, e** *a* unterbevölkert. **sous-préfecture** *f* Unterpräfektur *f.* **sous-préfet** *m* Unterpräfekt *m.* **sous-production** *f* Unterproduktion *f.* **sous-produit** *n* **1.** Nebenprodukt *n;* **2.** schlechte Nachahmung *f.* **sous-secrétaire** ▶ *m* ~ *d'Etat* Unterstaatssekretär *m.* **sous-titrage** *m* Untertitelung *f.* **sous-titrer** *tr* untertiteln. **sous-titré, e** *a film* mit Untertiteln.
soussigné, e [susiɲe] **I.** *a* unterschrieben, unterzeichnet; **II.** *s m f* Unterzeichnete(r *m*) *f;* ▶ *je* ~ *Untel déclare que* ... ich, der Unterzeichnete X., erkläre, daß ..
sous-sol [susɔl] *m* **1.** *geol* Untergrund *m;* **2.** Bodenschätze *m pl;* **3.** Kellergeschoß, Souterrain *n.* **sous-tendre** *tr fig* als Grundlage dienen für; ab=stützen. **sous-titre** *m* Untertitel *m a. film.*

soustraction [sustʀaksjɔ̃] *f* **1.** *math* Abziehen *n*, Subtraktion *f*; **2.** *jur (Dokumente)* Beiseiteschaffen *n*; Unterschlagung *f*. **soustraire** [-tʀɛʀ] ‹*Prés. je soustrais, ns soustrayons; Fut. je soustrairai; pp. soustrait, e*› **I.** *tr* **1.** *jur* unterschlagen; beiseiteschaffen; **2.** entziehen (*qn à qc* jdn e-r S); schützen (qn à qc jdm vor etw); **3.** *math* subtrahieren, abziehen; **II.** *v prn se* ~ sich entziehen (*à une obligation* e-r Verpflichtung); entgehen.

sous-traitance [sutʀɛtɑ̃s] *f* Weitergabe *f* an e-n Subunternehmer, e-e Subunternehmerin; ▶ *donner un projet en* ~ ein Projekt an e-n Subunternehmer, e-e Subunternehmerin vergeben. **sous-traitant** *m* Unterlieferant *m*. **sous-verre** *m* Bild *n* unter Glas. **sous-vêtements** *m pl* Unterkleidung *f*; ▶ ~ *pour dames, pour hommes* Damen-, Herren(unter)wäsche, -unterkleidung *f*.

soutache [sutaʃ] *f* Litze *f*, Besatz *m*.

soutane [sutan] *f* **1.** S(o)utane *f*; **2.** *fig* Priesterstand *m*.

soute [sut] *f mar* Bunker *m*; *aero* Laderaum *m*; ▶ ~ *à bagages, à fret* Gepäck-, Frachtraum *m*.

soutenable [sutnabl] *a (Einwand)* stichhaltig, triftig.

soutènement [sutɛnmɑ̃] *m* ▶ *mur m de* ~ Stützmauer *f*.

souteneur [sutnœʀ] *m* Zuhälter *m*.

soutenir [sutniʀ] ‹*Prés. je soutiens, ns soutenons; Fut. je soutiendrai; pp. soutenu, e; Subj. que je soutienne, que ns soutenions; Impér. soutiens, soutenons*› **I.** *tr* **1.** (ab=)stützen; *tech* ab=fangen, ab=steifen; **2.** *fig* aus=halten, ertragen; **3.** unterstützen; helfen, bei=stehen (*qn* jdm); **4.** behaupten, versichern; **5.** *(Meinung)* bleiben (*qc* bei e-r S), verfechten; *(Doktorarbeit)* verteidigen; **6.** *(Gespräch)* in Gang halten; **7.** *(Medikament)* stärken; **II.** *v prn se* ~ **8.** sich (er)halten; sich gleich=bleiben; Bestand haben; **9.** verteidigt werden können; **10.** sich gegenseitig unterstützen. **soutenu, e** *a* **1.** *(Börse)* fest, behauptet; **2.** *(Stil)* gehoben; **3.** *(Bemühungen)* anhaltend, ununterbrochen, gleichbleibend.

souterrain, e [sutɛʀɛ̃, -ɛn] **I.** *a* unterirdisch; **II.** *s m* Stollen, Tunnel *m*; Unterführung *f*.

soutien [sutjɛ̃] *m* **1.** Stütze *f a. fig*; **2.** *fig* Unterstützung *f*, Rückhalt; *(~ de famille)* Ernährer, Versorger *m*; ▶ *~-gorge m* Büstenhalter *m*.

soutirer [sutiʀe] *tr* **1.** *(Wein)* abstechen; abziehen; **2.** *fig (Geheimnis)* entlocken; **3.** *(Geld)* aus der Tasche ziehen.

souvenir [suvniʀ] ‹*Prés. je me souviens, ns ns souvenons; Fut. je me souviendrai; pp. souvenu, -; Subj. que je me souvienne, que ns ns souvenions; Impér. souviens-toi, souvenons-ns*› **I.** *v prn se* ~ sich erinnern (*de* an *acc*), sich entsinnen (*de qc* e-r S *gen*), denken (*de* an *acc*); *il s'en souviendra* das wird er noch bereuen; *imp:* ▶ *il me souvient que* ... ich entsinne, erinnere mich, daß ...; *autant qu'il m'en souvienne* soweit, soviel ich mich erinnere; **II.** *s m* **1.** Erinnerung *f*; **2.** (Reise-)Andenken *n*; **3.** ▶ ~ *de X.* Gruß *m* aus X.

souvent [suvɑ̃] *adv* oft(mals), häufig; ▶ *plus ~! (fam)* nie(mals) mehr! *le plus* ~ meistens.

souverain, e [suvʀɛ̃, -ɛn] **I.** *a* oberste(r, s), höchste(r, s); *fig (Mittel)* unfehlbar; **II.** *s m f* Herrscher(in *f*) *m*; ▶ *le ~ pontife* der Papst. **souveraineté** *f* Souveränität *f*; ▶ ~ *aérienne* Lufthoheit *f*.

sous-verre *m* Bild *n* unter Glas.

soviet [sɔvjɛt] *m* Sowjet *m*. **soviétique** *a* sowjetisch; Sowjet-. **Soviétique** *m f* Sowjetbürger(in *f*) *m*.

soya *s. soja.*

soyeux, se [swajø, -øz] *a* seidig, seidenartig, -weich.

spacieux, se [spasjø, -øz] *a* geräumig, weit.

sparadrap [spaʀadʀa] *m* Heftpflaster *n*.

spartiate [-sjat] *a* spartanisch; ▶ *à la* ~ (mit) spartanisch(er Strenge).

spasme [spasm] *m med* Krampf *m*. **spasmodique** *a* krampfhaft, -artig.

spath [spat] *m min* (Feld-)Spat *m*.

spatial, e [spasjal] *a* Raum-; ▶ *station f ~e* Raumstation *f*. **spationaute** [spasjɔnot] *m f* Raumfahrer(in *f*) *m*. **spationautique** *a* Raumfahrt-. **spationef** *m* Raumschiff *n*.

spatule [spatyl] *f* **1.** Spa(ch)tel *m*; **2.** *zoo* Löffelreiher *m*.

speaker, ine [spikœʀ, -kʀin] *m f radio* Ansager(in *f*) *m*.

spécial, e [spesjal] *a* besondere(r, s), speziell; Sonder-, Spezial-, Fach-; ▶ *rien de* ~ nichts Besonderes. **spécialement** *adv* besonders, eigens, speziell. **spécialisation** *f* Spezialisierung *f*. **spécialiser** *v prn se* ~ sich spezialisieren (*dans* auf *acc*: *en* in *acc*). **spécialiste** *m* Spezialist, Fachmann *m*. **spécialité** *f* **1.** Spezialität *f*, (Fach-)Gebiet, Fach *n*, Sparte *f*; **2.** *fam* Eigenart, Besonderheit *f*.

spécieux, se [spesjø, -øz] *a* scheinbar wahr.

spécification [spesifikasjɔ̃] *f* **1.** Spezifikation, Einzelaufführung *(von Posten)*, Aufgliederung; Einzelbezeichnung *f*; **2.** *jur* Verarbeitung *f*. **spécificité** *f* Spezifizität, Eigentümlichkeit *f*. **spécifier** *tr* einzeln auf=führen, spezifizieren; genau an=geben, bezeichnen. **spécifique** *a* eigen(tümlich); kennzeichnend; spezifisch; ▶ *poids m ~ (phys)* spezifische(s) Gewicht *n*.

spécimen [spesimɛn] *m* Freiexemplar; Muster *n*; Probenummer *f*, -heft *n*; ▶ ~ *de signature* Unterschriftsprobe *f*.
spectacle [spɛktakl] *m* **1.** Anblick *m*, Schauspiel *n a. theat;* **2.** *theat* Vorstellung *f*, Theater *n;* **3.** ▶ *aller au* ~ ins Theater gehen; *se donner en* ~ *(fig)* sich zur Schau stellen; **4.** ▶ *pièce f à grand* ~ Ausstattungsstück *n; salle f de* ~ Theatersaal *m;* ~ *de music-hall* Varietévorstellung *f*. **spectaculaire** *a* eindrucks-, wirkungsvoll; aufsehenerregend, sensationell. **spectateur, trice** *m f* Zuschauer(in *f*) *m*.
spectral, e [spɛktʀal] *a (phys)* ▶ *analyse f* ~*e* Spektralanalyse *f*.
spectre *m* **1.** Gespenst; *fig* Schreckgespenst *n;* **2.** *phys* Spektrum *n*. **spectroscope** *m phys* Spektroskop *n*.
spéculateur, trice [spekylatœʀ] *m f* Spekulant(in *f*) *m;* ▶ ~ *en bourse* Börsenspekulant *m*. **spéculation** *f* Spekulation *f a. com; se livrer à des* ~*s* spekulieren. **spéculer** *itr* spekulieren *a. fig* (*sur* auf *acc*, mit).
spéculum [spekylɔm] *m med* Spiegel *m*.
spéléologie [speleɔlɔʒi] *f* Höhlenkunde, -forschung *f*. **spéléologue** [-lɔg] *m* Höhlenforscher *m*.
spermaticide [spɛʀmatisid] *s. spermicide*. **spermatozoïde** *m biol* Samentierchen, Spermatozoon *n*. **sperme** *m biol* (männlicher) Samen *m*, Sperma *n*.
spermicide *a* samentötend; *s m* samentötende(s) Mittel *n*.
sphère [sfɛr] *f* **1.** *math* Kugel *f;* **2.** *fig* Sphäre *f*, Bereich, Kreis *m;* **3.** ▶ ~ *d'activité* Wirkungsbereich, -kreis *m;* ~ *d'application, d'influence* Anwendungs-, Einflußbereich *m;* ~ *d'intérêt* Interessensphäre *f*. **sphérique** *a* sphärisch; kugelförmig.
sphincter [sfɛ̃ktɛʀ] *m* Schließmuskel *m*.
sphinx [sfɛ̃ks] *m* Sphinx *f a. fig*.
spinal, e [spinal] *a anat* Wirbelsäulen-.
spiral, e [spiʀal] **I.** *a* spiralförmig; **II.** *s f* Spirale *f;* ▶ *en* ~*e* spiral(förm)ig.
spire [spiʀ] *f* **1.** Windung *f (e-r Spirale);* **2.** Gewinde *n*.
Spire [spiʀ] *f* Speyer *n*.
spirite [spiʀit] **I.** *s m f* Spiritist(in *f*) *m;* **II.** *a* spiritistisch. **spiritisme** *m* Spiritismus *m*. **spiritualiser** *tr* vergeistigen. **spirituel, le** *a* **1.** geistig; **2.** geistreich, witzig; **3.** *rel* geistlich. **spiritueux, se I.** *a* (stark) alkoholisch; **II.** *s m pl* Spirituosen *pl*.
splendeur [splɑ̃dœʀ] *f* Glanz *m*, Pracht *f*. **splendide** *a* glänzend, prächtig, strahlend, herrlich.
spolier [spɔlje] *tr* berauben (*qn de qc* jdn e-r S).
spondée [spɔ̃de] *m* Spondeus *m (Versfuß)*.
spongieux, se [spɔ̃ʒjø, -z] *a* schwamm(art)ig.
sponsor [spɔ̃sɔʀ] *m* Sponsor *m*. **sponsoriser** *s. parrainer*.
spontané, e [spɔ̃tane] *a* **1.** spontan; selbsttätig; aus eigenem Antrieb, aus freien Stücken (erfolgend); **2.** *(Person)* unbefangen, spontan. **spontanéisme** *m pol* Spontitum *n*. **spontanéiste** *a pol* Sponti-; *s m f pol* Sponti *m f*. **spontanéité** *f* Spontaneität; Ursprünglichkeit *f*. **spontanément** *adv* von selbst; spontan.
sporadique [spɔʀadik] *a* vereinzelt, sporadisch.
spore [spɔʀ] *f bot* Spore *f*.
sport [spɔʀ] *m* **1.** Sport *m; pl* Sportarten *f pl;* **2.** ▶ *être* ~ fair sein; *faire du* ~ Sport treiben; **3.** *(fig fam)* ▶ *il va y avoir du* ~ da wird's was geben; *c'est du* ~ das ist eine schöne Leistung; **4.** ▶ ~ *de compétition, de détente* Leistungs-, Ausgleichssport *m;* ~*s d'hiver, nautiques* Winter-, Wassersport(arten *f pl*) *m*. **sportif, ive I.** *a* **1.** sportlich; **2.** *fam* fair; **II.** *s m f* Sportler(in *f*); ▶ *rubrique f* ~*ive (Zeitung)* Sportrubrik *f*.
spot [spɔt] *m tech* (Abtast-)Fleck; *tele* Punkt *m; (Lampe)* Strahler *m;* ▶ ~ *publicitaire* Werbespot *m*.
sprat [spʀat] *m zoo* Sprotte *f*.
spray [spʀɛ] *m* Spray *m* od *n*.
sprint [spʀint] *m sport* **1.** Spurt; Endspurt *m;* **2.** Sprint *m*. **sprinter I.** [spʀintœʀ] *s m* Sprinter *m;* **II.** [-e] *itr* spurten; zum Endspurt ansetzen.
squale [skwal] *m zoo* Hai(fisch) *m*.
squame [skwam] *f* Schuppe *f*. **squameux, se** *a* schuppig.
squash [skwaʃ] *m Sport* Squash *n*.
squat [skwat] *m* leerstehendes Haus *n* als Notunterkunft. **squattage** *m* Hausbesetzen *n*. **squatter** [skwate] *tr s. squattériser*. **squatter** [skwatœʀ] *m* Hausbesetzer(in f) *m*. **squattériser** ein Haus besetzen.
square [skwaʀ] *m* Grünanlage *f*.
squelette [skəlɛt] *m* Skelett *a. tech*, Gerippe *a. fig fam; tech* Gerüst *n*. **squelettique** *a* Skelett-; ▶ *d'une maigreur* ~ spindel-, klapperdürr.
stabilisateur [stabilizatœʀ] *m tech* Stabilisator *m*. **stabilisation** *f* Stabilisierung, Konsolidierung *f;* ▶ ~ *des cours, des prix* Kurs-, Preisstabilisierung *f*. **stabiliser** *tr* **1.** stabilisieren; konsolidieren; **2.** (be)festigen, standfest machen; verfestigen. **stabilité** *f* **1.** *tech* Standfestigkeit, -sicherheit, Stabilität, Festigkeit *f;* **2.** *fig* Stabilität; Beständigkeit, Dauer; Haltbarkeit; Wertbeständigkeit *f;* ▶ ~ *des prix* Preisstabilität *f*. **stable** *a* **1.** *tech* (stand)fest, stabil; **2.** *fig* beständig, stabil.
stade [stad] *m* **1.** Stadion *n*, Kampfbahn

f, Sportplatz *m;* **2.** *fig* Stadium *n*, Abschnitt, Stufe *f*, Stand *m;* **3.** ▶ ~ *de développement* Entwicklungsstufe *f;* ~ *d'essai, de fabrication* Versuchs-, Fertigungsstadium *n;* ~ *nautique* Schwimmstadion *n*.

stage [staʒ] *m* **1.** Praktikum *n*, Probe-, Vorbereitungszeit *f;* **2.** (Fortbildungs-) Lehrgang *m;* ▶ *faire un* ~ ein Praktikum machen. **stagiaire** [-ʒjɛʀ] *m* **1.** Praktikant, Volontär, Referendar *m;* **2.** Lehrgangsteilnehmer *m*.

stagflation [stagflasjɔ̃] *f com* Stagflation *f*.

stagnant, e [stagnɑ̃, -ɑ̃t] *a* **1.** *(Flüssigkeit)* stehend, stagnierend; **2.** *com* stagnierend, stockend, flau; ▶ *être* ~ stagnieren. **stagnation** [-gna-] *f* Stokkung *f*, Stillstand *m*, Stagnieren *n; com* Flaute *f*.

stalactite [stalaktit] *f geol* Stalaktit *m*.

stalagmite [-gmit] *f geol* Stalagmit *m*.

stalle [stal] *f* **1.** *rel* Chorstuhl *m; pl* Chorgestühl *n;* **2.** *(Pferdestall)* Stand *m*.

stalinien, ne [stalinjɛ̃, -ɛn] *a* stalinistisch; *s m f* Stalinist(in *f*) *m*. **stalinisme** *m* Stalinismus *m*.

stance [stɑ̃s] *f* Stanze, Strophe *f*.

stand [stɑ̃d] *m* **1.** (Ausstellungs-)Stand; **2.** *(~ de tir)* Schießstand *m*.

standard [stɑ̃daʀ] **I.** *s m* **1.** Norm *f*, Standard *m*, Muster *n;* **2.** *tele* Fernsprechvermittlung *f;* **II.** *a* genormt; Norm-, Standard-. **standardisation** *f* Normung, Standardisierung, Typisierung *f*. **standardiser** *tr* normen, typisieren, standardisieren, vereinheitlichen. **standardiste** *f* Telefonistin *f*.

standing [stɑ̃diŋ] *m* Status *m;* gehobene Lebenshaltung *f;* ▶ *immeuble m de grand* ~ Wohngebäude *n* für höchste Ansprüche.

star [staʀ] *f* (Film-)Star *m*. **starlett(e)** *f* Filmsternchen.

starter [staʀtɛʀ] *s m* **1.** *sport* Starter *m;* **2.** *mot* Choke *m*.

station [stasjɔ̃] *f* **1.** Station *f;* Halteplatz *m*, -stelle *f; (~ de taxis)* (Droschken-) Stand *m;* **2.** Kurort *m; (~ de sports d'hiver)* Wintersportplatz *m;* **3.** (Funk-, Radio-)Station *f;* **4.** ▶ ~ *balnéaire* Seebad *n;* ~ *centrale* Zentrale *f;* ~ *de bord* Bordfunkstelle *f*, ~ *climatique* Luftkurort *m;* ~ *debout* (Aufrecht-)Stehen *n;* ~ *émettrice* Rundfunkstation *f;* ~ *d'épuration* Kläranlage *f;* Trinkwasseraufbereitungsanlage *f;* ~ *estivale, hivernale* Sommer-, Winterkurort *m;* ~ *de forage en haute mer* Bohrinsel *f;* ~ *habitée (cosm)* bemannte Raumstation *f;* ~ *hydro-électrique* Wasserkraftwerk *n;* ~ *météorologique* Wetteramt *n;* ~ *de métro* Untergrund-, U-Bahn-Station *f;* ~ *orbitale* Orbitalstation *f;* ~ *permanente (cosm)* Raumstation *f*, ~ *radar* Radarstation *f;* ~ *scientifique* Forschungsstation *f;* ~ *de ski* Skizentrum *n;* ~ *spatiale (cosm)* (Welt-)Raumstation *f;* ~*-service f*, ~ *d'essence* Tankstelle *f;* ~ *de télévision* Fernsehsender *m;* ~ *thermale* Badeort *m*. **stationnaire I.** *a* **1.** stationär, ortsfest; **2.** fest-, stillstehend; gleichbleibend; ▶ *rester* ~ unverändert bleiben. **stationnement** *m* **1.** *mot* Parken *n;* **2.** ▶ *en* ~ parkend; ~ *interdit!* Parken verboten! **3.** ▶ *disque m de* ~ Parkscheibe *f; interdiction f de* ~ Parkverbot *n; lieu m de* ~ Standort *m; parc m de* ~ Parkplatz *m*. **stationner** *itr* parken; ▶ *être stationné* stationiert sein; *défense de* ~*!* Parken verboten! *sortie de voiture, prière de ne pas* ~ Einfahrt frei=halten!

statique [statik] **I.** *a* statisch; **II.** *s f* Statik *f*. **statisticien** *m* Statistiker *m*.

statistique I. *s f* Statistik *f;* **II.** *a* statistisch; ▶ *établir une* ~ e-e Statistik auf=stellen; ~ *des accidents* Unfallstatistik *f*.

statuaire [statyɛʀ] **I.** *s f* Bildhauerkunst *f;* **II.** *a* Bildhauer-. **statue** [staty] *f* Statue *f*, Standbild *n*, Skulptur *f;* ▶ ~ *équestre* Reiterstandbild *n*. **statuer** [-tye] *itr* entscheiden (*sur* über *acc*). **statuette** *f* Statuette *f*.

statu quo [statykwo] *m* Status quo, bisherige(r) Zustand *m*.

stature [statyʀ] *f* **1.** Wuchs *m*, Gestalt *f;* **2.** *fig (Person)* Format *n*.

statut [staty] *m* **1.** *jur pl* Satzung *f*, Statut *n;* **2.** Status *m*, Stellung *f*, Stand *m*. **statutaire** *a* satzungsgemäß.

steeple(-chase) [stipl, stipəlʃɛz] *m sport* Hindernislauf *m*.

stellaire [stɛlɛʀ] *a* Stern-.

stencil [stɛ̃-, stɛnsil] *m* Matrize *f*.

sténodactylo(graphe) [stenɔdaktilo(graf)] *m f* Stenotypist(in *f*) *m*. **sténographe** *m* Stenograph *m*. **sténographie** *f* Stenographie *f*. **sténographier** *tr* stenographieren. **sténographique** *a* stenographisch. **sténotypie** *f* Maschinenstenographie *f*.

steppe [stɛp] *f* Steppe *f*.

stère [stɛʀ] *m* Ster, Raummeter *m*.

stéréo [steʀeo] **I.** *s f* Stereo *n;* ▶ *en* ~ in Stereo; **II.** *a* Stereo-; ▶ *chaîne f*, *disque m* ~ Stereoanlage *f*, -platte *f*. **stéréométrie** *f* Stereometrie, Raumlehre *f*. **stéréophonie** *f* Raumton *m;* Stereophonie *f*. **stéréophonique** *a* stereophon. **stéréoscope** *m* Stereoskop *n*. **stéréoscopie** *f* Stereoskopie *f*. **stéréotype** *m* Stereotyp *m* od *n*. **stéréotypé, e** *a* ▶ *un sourire* ~ ein stereotypes Lächeln. **stéréotyper** *tr* stereotypieren; *fig* e-e feste Form geben (*qc* e-r S).

stérile [steʀil] **I.** *a* **1.** unfruchtbar, steril

a. fig; **2.** *fig* unproduktiv; unergiebig; unschöpferisch; nutzlos; **3.** keimfrei, steril; **II.** *s m min* taube(s) Gestein *n.* **stérilet** *m (zur Empfängnisverhütung)* Spirale *f.* **stérilisation** *f* **1.** Sterilisierung, Entkeimung *f;* **2.** Unfruchtbarmachung *f.* **stériliser** *tr* **1.** sterilisieren, entkeimen; **2.** unfruchtbar machen. **stérilité** *f* **1.** Unfruchtbarkeit, Sterilität *f;* **2.** *fig* Unergiebigkeit, Unproduktivität *f.*

sterne [stɛʀn] *f* Seeschwalbe *f (Möwe).*

sternum [stɛʀnɔm] *m* Brustbein *n.*

stéthoscope [stetɔskɔp] *m med* Stethoskop *n.*

stigmate [stigmat] *m* **1.** *med bot* Narbe *f;* **2.** *rel pl* Wundmale *n pl.* **stigmatisation** *f* Stigmatisierung *f.* **stigmatiser** *tr fig* brandmarken.

stimulant, e [stimylɑ̃, -ɑ̃t] **I.** *a* stimulierend, anregend; **II.** *s m* **1.** *med* Reizmittel *n;* **2.** *fig* Anreiz *m.* **stimulateur** m: ▶ *cardiaque* (Herz-)Schrittmacher *m.* **stimulation** *f* **1.** Belebung *f,* Anreiz *m a. fig;* **2.** *fig* Anregung *f.* **stimuler** *tr* **1.** an≈stacheln, -spornen, -regen *a. med;* **2.** *(Geschäft)* beleben; **3.** *med* stimulieren, anregen.

stipulation [stipylɑsjɔ̃] *f jur* Bestimmung, Klausel; Vereinbarung, Absprache *f.* **stipuler** *tr* **1.** *jur* vertraglich fest≈legen *od* bestimmen; **2.** verabreden, aus≈machen; ausdrücklich sagen.

stock [stɔk] *m* **1.** *com* Vorrat, (Lager-, Waren-)Bestand *m; pl* Lager *n;* **2.** ▶ *en ~* vorrätig, auf Lager; *jusqu'à épuisement du ~* solange (der) Vorrat reicht; **3.** ▶ *constituer un ~* e-n Vorrat an≈legen; *entamer le ~* den Vorrat an≈greifen; *j'en ai tout un ~* ich habe e-e ganze Menge davon. **stockage** *m com* (Ein-)Lagerung, Lagerhaltung *f,* Stapeln *n; (~ excessif)* Hortung *f.* **stocker** *tr com* (ein≈)lagern, (auf≈)stapeln, auf Lager nehmen; horten; *inform ab≈speichern.*

stoïcien, ne [stɔisjɛ̃, -ɛn] **I.** *a* stoisch; **II.** *s m f* Stoiker(in *f*) *m.* **stoïcisme** *m* Stoizismus *m.* **stoïque** *a* stoisch; *fig* unerschütterlich.

stomacal, e [stɔmakal] *a* Magen-. **stomatoscope** *m* Mundspiegel *m.* **stomatoscopie** *f med* Magenspiegelung *f.*

stop [stɔp] **I.** *interj* stop(p)! halt! **II.** *s m* **1.** *mot* Bremslicht *n;* **2.** Stoppstelle *f,* -schild *n;* ▶ *aller en ~, faire du ~* per Anhalter fahren. **stoppage** *m* (Kunst-)Stopfen *n.* **stopper** *tr* **1.** an≈halten, stoppen; *(Maschine)* ab≈stellen; **2.** kunst≈stopfen. **stoppeuse** *f* Kunststopferin *f.*

store [stɔʀ] *m* **1.** (Roll-)Vorhang *m;* **2.** Markise *f.*

strabisme [stʀabism] *m med* Schielen *n.*

strangulation [stʀɑ̃gylasjɔ̃] *f* Erdrosselung *f.*

Strasbourg [stʀazbuʀ] *m* Straßburg *n.*

strapontin [stʀapɔ̃tɛ̃] *m* Klappsitz *m.*

stratagème [stʀataʒɛm] *m* (Kriegs-)List *f.*

strate [stʀat] *f geol* Schicht *f.*

stratège [stʀatɛʒ] *m* Stratege *m.* **stratégie** *f* Strategie *f a. fig.* **stratégique** *a* strategisch.

stratification [stʀatifikasjɔ̃] *f geol* Schichtung *f.* **stratifié, e** *a* geschichtet.

stratocumulus [stʀatɔkymylys] *m* Haufenschichtwolke *f.* **stratosphère** *f* Stratosphäre *f.* **stratus** [stʀatys] *m* Schichtwolke *f.*

streptocoque [stʀɛptɔkɔk] *m med* Streptokokkus *m.* **streptomycine** *f med* Streptomyzin *n.*

stress [stʀɛs] *m* Streß *m.* **stressant, e** *a* stressig. **stresser** *tr* stressen.

strict, e [stʀikt] *a* **1.** streng, genau; **2.** *(Disziplin)* straff; **3.** ▶ *au sens ~* im engeren Sinne; *~ement confidentiel* streng vertraulich.

strident, e [stʀidɑ̃, -ɑ̃t] *a* schrill, kreischend, gellend. **stridulant, e** *a zoo* zirpend.

strie [stʀi] *f* **1.** *arch* Rille, Riefe *f;* **2.** *(im Glas)* Schliere *f.* **strié, e** [strije] *a* geriffelt, gestreift.

strip-tease [stʀiptiz] *m* Striptease *m* od *n;* Stripteaselokal *n.* **strip-teaseur, euse** *m f* Stripteasetänzer *m,* Stripteasetänzerin *f.*

strophe [stʀɔf] *f* Strophe *f.*

structural, e [stʀyktyʀal] *a pl -aux* strukturell; strukturalistisch. **structuralisme** *m* Strukturalismus *m.* **structuraliste** *a* strukturalistisch; s m f Strukturalist(in *f*) *m.* **structuration** *f* Strukturierung *f.* **structure** [stʀyktyʀ] *f* Struktur *f,* (Auf-)Bau *m,* Gefüge, Gerüst *n fig,* Gliederung *f.* **structuré, e** *a* aufgebaut, gegliedert, strukturiert. **structurel, le** *a* strukturell. **structurer** *tr* strukturieren.

stuc [styk] *m arch* Stuck *m.* **stucateur** *m* Stuckarbeiter, Stukkateur *m.*

studieux, se [stydjø, -øz] *a* fleißig, strebsam, rührig, arbeitsam; eifrig (*à* zu).

studio [stydjø] *m* **1.** Einzimmerwohnung *f,* Appartement *n;* **2.** (Künstler-, Film-)Atelier *n;* **3.** *radio* Senderaum *m;* **4.** intime(s) Theater *n.*

stupéfaction [stypefaksjɔ̃] *f* Verblüffung *f.* **stupéfait, e** *a* verblüfft. **stupéfiant, e I.** *a* verblüffend; **II.** *s m* Rauschgift *n.* **stupéfier** *tr* verblüffen. **stupeur** *f* Bestürzung, Betroffenheit *f.*

stupide [stypid] *a* dumm, stupide. **stupidité** *f* Dummheit *f.*

style [stil] *m* **1.** Stil *m;* Ausdrucks-, Darstellungsweise *f;* **2.** *bot* Griffel *m;* **3.** *fig* *fam* Art *f*; ▶ ~ *de vie* Lebensweise *f*. **stylé, e** *a* perfekt. **stylet** [-lɛ] *m* Stilett *n*. **styliser** *tr* stilisieren. **styliste** *m* **1.** Stilist *m*; **2.** ~ *industriel* Formgestalter *m*. **stylistique I.** *s f* Stilistik *f*; **II.** *a* stilistisch.

stylo [stilo] *m* Füll(feder)halter, Füller *m*; ▶ ~*o à bille* Kugelschreiber *m*. **stylo-feutre** *m* Filzstift, Filzschreiber *m*. **stylomine** *m* *WZ* Drehbleistift *m*.

Styrie, la [stiʀi] die Steiermark.

su [sy] *m* ▶ *au vu et au* ~ *de tous* vor aller Augen.

suaire [sɥɛʀ] *m* Grabtuch *n*.

suant, e [sɥɑ̃, -t] *a* **1.** schwitzend; **2.** *fam fig* unausstehlich.

suave [sɥav] *a* süß, sanft, lieblich; einschmeichelnd.

sub . . . [syb] *in Zssgen:* unter-; Unter-. **subalterne I.** *a* untergeordnet; **II.** *s m* Untergebene(r) *m*. **subculture** *f* Subkultur *f*. **subconscient, e I.** *a* unterbewußt; **II.** *s m* Unterbewußtsein *n*. **subdiviser** *tr* unterteilen. **subdivision** *f* Unterteilung *f*; Abschnitt *m*.

subir [sybiʀ] *tr* **1.** ertragen, erleiden *(a. Verlust)*; aus=stehen, durch=machen; über sich ergehen lassen, hin=nehmen; sich gefallen lassen; **2.** sich unterziehen (*qc* e-r S); **3.** *(Strafe)* verbüßen; **4.** *(Prüfung)* ab=legen; **5.** ▶ ~ *l'influence de qn* unter jds Einfluß stehen; ~ *un interrogatoire* verhört werden; ~ *une majoration (Preis)* e-e Erhöhung erfahren.

subit, e [sybi, -it] *a* plötzlich, unvermittelt.

subjectif, ive [sybʒɛktif, -iv] *a* subjektiv, persönlich; unsachlich. **subjectivité** *f* Subjektivität *f*; Unsachlichkeit *f*. **subjonctif** *m gram* Konjunktiv *m*. **subjuguer** *tr* in den Bann schlagen; fesseln.

sublimation [syblimasjɔ̃] *f chem* Sublimierung *f a. fig*. **sublime I.** *a* **1.** erhaben; **2.** *fig* überragend; **II.** *s m* das Erhabene. **sublimé** *m chem* Sublimat *n*. **sublimer** *tr chem* sublimieren *a. fig*. **subliminal, e** *a* unterschwellig.

submerger [sybmɛʀʒe] ‹*Prés. je submerge, ns submergeons; Fut. je submergerai; pp. submergé, e*› *tr* **1.** unter Wasser setzen, überschwemmen; **2.** *fig* überwältigen. **submersible** *m mar* U-Boot *n*. **submersion** *f* **1.** Überschwemmung *f*; **2.** ▶ *mort m par* ~ Tod *m* durch Ertrinken.

subodorer [sybɔdɔʀe] *tr fam* (voraus=) ahnen.

subordination [sybɔʀdinasjɔ̃] *f* Unterordnung *f a. gram*. **subordonné, e I.** *a* untergeordnet (*à* dat), abhängig (*à* von); **II.** *s m* Untergebene(r) *m*; ▶ *être* ~ unterstehen, unterstellt sein (*à qn* jdm); *proposition f* ~*e (gram)* Nebensatz *m*. **subordonner** *tr* unter=ordnen, unterstellen, abhängig machen (*à qc* von etw); knüpfen (*à qc* an e-e S).

suborner [sybɔʀne] *tr (Zeugen)* bestechen; beeinflussen. **suborneur, se** *m f* Verführer(in *f*) *m*.

subrepticement [sybʀɛptismɑ̃] *a* heimlich, verstohlen; *jur* erschlichen.

subside [sypsid] *m meist pl* Zuschuß *m*, finanzielle Unterstützung *f*. **subsidiaire** [-ps-, -bz-] *a jur* subsidiär.

subsistance [sybzistɑ̃s] *f* **1.** (Lebens-) Unterhalt *m*; **2.** *mil* ▶ *dépôt m des* ~*s* Verpflegungslager *n*. **subsister** [-bz-] *itr* **1.** fort=, weiter=bestehen, fort=dauern; noch vorhanden sein; **2.** leben (*de* von); sein Auskommen haben.

substance [sypstɑ̃s] *f* **1.** Substanz *f*, Stoff *m*; **2.** *fig* Bestand *m*; Wesen *n*, Inhalt, Gehalt *m*; (das) Wesentliche; **3.** ▶ *en* ~ im wesentlichen, in der Hauptsache. **substantiel, le** *a* **1.** substantiell; **2.** *fig* wesentlich; gehaltvoll, inhaltsreich; **3.** *fam* nahrhaft, kräftig.

substantif [sypstɑ̃tif] *m* Hauptwort, Substantiv *n*.

substituer [sypstitɥe] *tr* an die Stelle setzen (*à* gen), ersetzen, aus=, vertauschen; ▶ *se* ~ *à qn* sich an jds Stelle setzen. **substitution** [-sjɔ̃] *f* **1.** Ersetzen *n*, Ersatz *m*; **2.** *math* Substitution *f*; Aus-, Vertauschen *n*; **3.** *ling* ~ *f consonantique* Lautverschiebung *f*; **4.** *de* ~ Ersatz.

substrat(um) [sypstʀa(tɔm)] *m* **1.** *ling* Substrat *n*; **2.** Grund *m*, Unterlage *f*.

subterfuge [syptɛʀfyʒ] *m* Ausflucht, Ausrede *f*.

subtil, e [syptil] *a* **1.** scharfsinnig; spitzfindig; **2.** *(Frage)* delikat, schwierig; **3.** *fig* durchdringend.

subtiliser [syptilize] **I.** *tr fam* stibitzen, mausen klauen; **II.** *itr* grübeln; tüfteln.

subtilité [syptilite] *f* **1.** Scharfsinn *m*; **2.** *fig* Feinheit, Subtilität *f*.

suburbain, e [sybyʀbɛ̃, -ɛn] *a* vorstädtisch.

subvenir [sybvəniʀ] ‹*Prés. je subviens, ns subvenons; Fut. je subviendrai; pp. subvenu, e; Subj. que je subvienne, que ns subvenions; Impér. subviens, subvenons*› *itr* ▶ ~ *aux besoins de qn* für jds Bedürfnisse aufkommen; jds Bedürfnisse bestreiten. **subvention** [vɑ̃sjɔ̃] *f* Beihilfe, Subvention *f*. **subventionner** [-sjɔne] *tr* subventionieren.

subversif, ive [sybvɛʀsif] *a fig* zersetzend, umstürzlerisch. **subversion** *f* Umsturz *m*; zersetzende Tätigkeit; Unterwanderung *f*.

suc [syk] *m* Saft *m*; ▶ ~ *gastrique* Magensaft *m*.

succédané [syksedane] *m* Ersatz *m a. fig*; ▶ ~ *de café, de sucre* Kaffee-, Zuckerersatz *m*.

succéder [syksede] ‹*Prés. je succède, ns*

succédons; Fut. je succéderai; pp. succédé, e) **I.** *itr (mit avoir)* folgen *(à qn, qc* auf jdn, etw); nachfolgen (*à qn* jdm); **II.** *v prn se* ~ aufeinanderfolgen.

succès [syksɛ] *m* **1.** Erfolg *m;* **2.** *theat* Beifall *m;* **3.** ▶ *avec* ~ erfolgreich; *sans* ~ erfolglos; **4.** ▶ *assurer le* ~ *de qc* e-e S zum Erfolg führen; *avoir du* ~ Erfolg haben *(au cinéma* im Film; *auprès des femmes* bei Frauen); Beifall finden (*au théâtre* im Theater); *avoir grand* ~ großen Anklang, starken Beifall finden; *remporter des* ~ Erfolge davontragen; *elle a beaucoup de* ~ sie hat viel Erfolg; **5.** *film m à* ~ Kassenschlager *m; hommes m pl à* ~ Frauenheld *m;* ~ *électoral* Wahl-; ~ fou Bombenerfolg *m;* ~ *de librairie* Bucherfolg, Bestseller *m.*

successeur [syksesœʀ] *m* **1.** Nachfolger *m;* **2.** Erbe *m.* **successif, ive** *a* aufeinanderfolgend; ununterbrochen. **succession** *f* **1.** Aufeinanderfolge *f; (~ ininterrompue)* ununterbrochene Reihenfolge *f;* **2.** *jur* Erbfolge *f;* **3.** *jur* Erbschaft *f,* Nachlaß *m.* **successivement** *adv* nach-, hintereinander.

succinct, e [syksɛ̃] *a* **1.** kurz, knapp, gedrängt; **2.** ▶ *repas m* ~ karge(s) Mahl *n;* **3.** ▶ *soyez* ~ fassen sie sich kurz.

succomber [sykɔ̃be] *itr* **1.** um=kommen, sterben; **2.** zusammenbrechen (*sous* unter *dat*); **3.** *fig (e-r Versuchung)* nicht widerstehen können (*à qc* e-r S *dat*).

succulence [sykylɑ̃s] *f* Schmackhaftigkeit *f.* **succulent, e** *a* lecker, schmackhaft.

succursale [sykyʀsal] *f com* Filiale, Zweigniederlassung *f,* -geschäft *n.*

sucer [syse] ‹*Prés. je suce, ns suçons; pp. sucé, e*› *tr* **1.** (ein=, aus=)saugen, lutschen; **2.** *fig (Menschen)* aus=saugen; ~ *son pouce* am Daumen lutschen. **sucette** *f* **1.** Lutscher, Schnuller *m;* **2.** Lutschbonbon *m* od *n.*

suçoir [syswaʀ] *m zoo* Saugrüssel *m.* **suçon** *m fam* Knutschfleck *m.* **suçoter** *tr* lutschen.

sucrage [sykʀaʒ] *m tech* Zuckern *n (des Weines).* **sucre** *m* Zucker *m; casser du* ~ *(sur le dos de qn) (fam)* (über jdn) her=ziehen; ▶ *as-tu mis du* ~ *dans mon café?* hast du Zucker in meinen Kaffee getan? ~ *en morceaux, de raisin* Würfel-, Traubenzucker *m.* **sucré, e** *a* **1.** gezuckert, (ge)süß(t); **2.** *fig* zuckersüß. **sucrer I.** *tr* **1.** zuckern; süßen; **II.** *v prn se* ~ *(fam)* **2.** Zucker nehmen; **3.** *fig fam* reichlich für sich sorgen, ab=sahnen. **sucrerie** *f* **1.** Zuckerfabrik *f;* **2.** *pl* Süßigkeiten *f pl.* **sucrier, ère I.** *a* Zukker-; **II.** *s m* Zuckerdose *f.*

sud [syd] **I.** *m* Süd(en) *m;* **II.** *a inv* südlich; Süd-; ▶ *l'Amérique f du S*~ Südamerika *n; au* ~ *de* südlich, im Süden von; ~*-est m* Südost(en) *m;* ~*-ouest m* Südwest(en) *m.* **sud-africain, e** südafrikanisch. **Sud-Africain, e** *m f* Südafrikaner(in *f*) *m.* **sud-américain, e** *a* südamerikanisch. **Sud-Américain, e** *m f* Südamerikaner(in *f*) *m.* **sud-coréen, ne** *a* südkoreanisch. **Sud-Coréen, ne** *m f* Südkoreaner(in *f*) *m.*

sudation [sydasjɔ̃] *f med* Schwitzen *n.*

sudorifique *a pharm* schweißtreibend.

sudoripare *a anat glande f* ~ Schweißdrüse *f.*

Sudètes, les [sydɛt] die (das) Sudeten(land *n*) *pl.*

Suède, la [sɥɛd] Schweden *n.* **suédois, e** *a* schwedisch. **Suédois, e** *m f* Schwede *m,* Schwedin *f.*

suée [sye] *f* ▶ *j'en ai eu une* ~ der Angstschweiß brach bei mir aus. **suer I.** *itr* schwitzen; **II.** *tr* aus=schwitzen; — ~ *sang et eau (fig)* sich ins Zeug legen; *se faire* ~ *(fam)* sich langweilen; ~ *à grosses gouttes* von Schweiß triefen; *ça me fait* ~ *(fam)* das hängt mir zum Halse raus. **sueur** *f* Schweiß *m;* ▶ *à la* ~ *de son front* im Schweiße s-s Angesichts; *je suis en* ~ ich bin in Schweiß gebadet; *cela vous donne des* ~*s froides* dabei bricht einem der Angstschweiß aus; *goutte f de* ~ Schweißtropfen *m.*

suffire [syfiʀ] **I.** *itr* **1.** genügen, genug sein; aus=reichen (*à* für); **2.** *(Ausgaben)* bestreiten (*à* acc); **II.** *v prn* ▶ *se* ~ *à soi-même* auf eigenen Füßen stehen, niemand(en) brauchen; ~ *seul à qc* etw allein tun können; *ça suffit!* das langt aber! *il suffit d'une fois* einmal genügt. **suffisamment** *adv* hin-, ausreichend, genügend, sattsam, hinlänglich. **suffisance** *f* Selbstgefälligkeit *f,* Dünkel *m.* **suffisant, e** *a* **1.** genügend; hin-, ausreichend; **2.** *fig* selbstgefällig, dünkelhaft.

suffixe [-fiks] *m* Suffix *n.*

suffocant, e [syfɔkɑ̃, -ɑ̃t] *(Hitze)* erstickend; drückend. **suffocation** *f med* Atemnot *f;* Ersticken *n.* **suffoquer I.** *tr* den Atem verschlagen (*qn* jdm); **II.** *itr* ersticken *a. fig* (*de colère* vor Zorn).

suffrage [syfʀaʒ] *m* **1.** (Wahl-)Stimme; Abstimmung, Stimmabgabe; *f;* **2.** *fig* Zustimmung *f,* Beifall *m;* ▶ *donner son* ~ *à qn* jdm s-e Stimme geben; *recueillir la majorité des* ~*s* die Mehrheit der Stimmen auf sich vereinigen; ~*s exprimés* gültige Stimmen *f pl;* ~ *universel* allgemeine(s) Wahlrecht *n.* **suffragette** *f* Frauenrechtlerin *f.*

suggérer [sygʒeʀe] ‹*Prés. je suggère, ns suggérons; Fut. je suggérerai; pp. suggéré, e*› *tr* ein=geben, -flüstern; nahe=legen, suggerieren. **suggestif, ive** *a* suggestiv; aufreizend. **suggestion** *f* **1.** Anregung; Empfehlung *f;* **2.** Suggestion

f. **suggestionner** *tr* beeinflussen; suggerieren (*qn* jdm).
suicidaire [sɥisidɛʀ] *a* selbstmörderisch; *s m f* Selbstmordkandidat(in *f*) *m.* **suicide** [sɥisid] *m* Selbstmord *a. fig,* Freitod *m.* **suicidé, e** *m f* Selbstmörder(in *f*) *m.* **suicider, se** *v prn* Selbstmord verüben, sich das Leben nehmen.
suie [sɥi] *f* Ruß *m.*
suif [sɥif] *m* Talg *m.*
suint [sɥɛ̃] *m* Wollschweiß *m.* **suintement** [-tmɑ̃] *m* (Durch-)Sickern; *(Wand)* Schwitzen *n.* **suinter** *itr* (durch=)sickern; *(Wand)* schwitzen.
suisse *a* schweizerisch, Schweizer. **Suisse, esse** *m f* Schweizer(in *f*) *m.* **Suisse, la** [sɥis] die Schweiz.
suite [sɥit] *f* **1.** Folge *f;* **2.** Fortsetzung *f;* **3.** Begleitung *f,* Gefolge *n;* **4.** Zimmerflucht *f;* **5.** *mus* Suite *f;* **6.** ▶ *à la ~ de* ... nach, hinter *dat;* im Anschluß an *(acc); comme* od *faisant ~ à* ... im Anschluß an *(acc); dans la ~* in der Folge; *de ~* nacheinander; *fam* gleich; *et ainsi de ~* und so weiter; *tout de ~* sofort; auf der Stelle; *par la ~* in der Folge, später; *par ~* infolgedessen; *par ~ de* infolge *gen;* **7.** ▶ *avoir de la ~ dans les idées* ein Vorhaben folgerichtig durchführen; *donner ~ à qc* e-r S Folge leisten *od* statt=geben; *faire ~ à qc* auf etw *acc* folgen; *prendre la ~ de qn* jds Nachfolge an=treten.
suivant, e [sɥivɑ̃, -ɑ̃t] **I.** *a* (nach)folgend; nächste(r, s); nachstehend; **II.** *s m* (der) Folgende; ▶ *au ~!* der nächste, bitte! **III.** *prp* nach, gemäß, zufolge, laut, entsprechend; längs, entlang; **IV.** *conj* ▶ *~ que*... je nachdem ... **suivi, e** *a* **1.** fortgesetzt, fortlaufend, ununterbrochen; regelmäßig; **2.** gut besucht; im Schwang, in der Mode; **3.** *(Nachfrage)* anhaltend; **4.** *s m* Nachbetreuung f; **5.** ▶ *être ~ de qc* etw nach sich ziehen, etw zur Folge haben.
suivre [sɥivʀ] ‹*Prés. je suis, ns suivons; Fut. je suivrai; pp. suivi, e; Subj. que je suive, que ns suivions; Impér. suis, suivons*› **I.** *tr* **1.** folgen (*qn* jdm; *qc* e-r S, auf e-e S); nach=gehen, -fahren, -fliegen (*qn, qc* jdm, e-r S); **2.** begleiten, sich an=schließen (*qn* jdm), mit= kommen (*qn* mit jdm); verfolgen *a. fig* (*des yeux* mit den Augen); **3.** befolgen, beherzigen; **4.** *(Weg)* gehen, folgen *dat;* entlang=gehen (*qc* an e-r S); *(Richtung)* ein=schlagen; **5.** *(Kurs)* teil=nehmen (*qc* an e-r S); *(Vorlesung)* besuchen, hören; *(Sendung)* regelmäßig hören; *(Mode)* mit=machen, sich richten (*qc* nach etw); **6.** *com (Artikel)* laufend herstellen, verkaufen, führen; **7.** *(Geschäft)* hinterhersein *dat;* sich einsetzen (*qc* für etw); sich angelegen sein lassen; **II.** *itr* **8.** (nach=) folgen; hinterdrein=gehen, -fahren, -fliegen; **9.** nach=kommen, später kommen; nach=rücken *a. mil;* **III.** *v prn se ~* **10.** aufea.=folgen; hintereinander gehen, fahren; **11.** ▶ *à ~* Fortsetzung folgt; *faire ~* nach=senden, -schicken; weiter=geben, -leiten; *~ son cours* s-n Gang gehen; normal verlaufen; *~ le mouvement (fig fam)* mit dem Strom schwimmen; *~ les traces, les pas de qn* in jds Fuß(s)tapfen treten; *~ un traitement (med)* sich behandeln lassen; **12.** ▶ *il suit de là que* es folgt daraus, daß; *comme suit* wie folgt; *prière de faire ~* bitte nachsenden; *suivez-moi bien!* passen Sie gut auf! *vous me suivez?* können Sie mir folgen?
sujet, te [syʒɛ, -ɛt] **I.** *a* **1.** anfällig (*à* für); **2.** geneigt (*à* zu); ▶ *~ à des inconvénients* mit Nachteilen verbunden; **II.** *s m* **1.** Gegenstand *m,* Thema *n; (Roman)* Stoff *m;* Motiv *n;* **2.** Anlaß, Grund *m;* Ursache *f;* **3.** *gram* Subjekt *n;* **4.** Person *f; (~ d'expérience)* Versuchsperson *f,* -tier *n;* **5.** ▶ *à ce ~* diesbezüglich, in dieser Beziehung; *sur ce ~* über dieses Thema; **6.** ▶ *donner ~* Anlaß geben (*à* zu); *entrer dans le vif du ~* zum Kern der Sache kommen; *mauvais ~* Taugenichts *m.*
sulfamide [sylfamid] *m pharm* Sulfonamid *n.*
sulfate [sylfat] *m chem* Sulfat *n.* **sulfater** *tr agr* mit Kupferkalk spritzen. **sulfhydrique:** ▶ *acide m ~* Schwefelwasserstoff *m.* **sulfure** *m chem* Sulfid *n;* ▶ *~ de carbone* Schwefelkohlenstoff *m.* **sulfurer** *tr* schwefeln. **sulfureux, se** *a chem* schwefel(halt)ig. **sulfurique** *a chem* ▶ *acide m ~* Schwefelsäure *f.*
sultan, e [syltɑ̃, -an] *m f* Sultan(in *f*) *m.*
sunnite [synit] *a rel* sunnitisch; *s m f* Sunnit(in *f*) *m.*
super... [sypɛʀ] **I.** *in Zssgen:* Super-, Über-; super-, über-, hoch-; **II.** *s m (Benzin)* Super *n.*
superbe [sypɛʀb] *a* prächtig, pracht-, prunkvoll; herrlich.
supercarburant [sypɛʀkaʀbyʀɑ̃] *m* Superbenzin *n.*
supercherie [-ʃəʀi] *f* Täuschung *f;* Betrug *m.*
supérette [sypeʀɛt] *f* Lebensmittel-Selbstbedienungsgeschäft *n;* Supermarkt *m (bis 400 qm).*
superficie [sypɛʀfisi] *f* Oberfläche *f a. fig;* Flächenraum, -inhalt *m; geog* Fläche *f;* ▶ *~ cultivable* Anbaufläche *f.* **superficiel, le** *a* oberflächlich *a. fig; fig* geringfügig, unbedeutend.
superflu, e [sypɛʀfly] *a* überflüssig, unnütz.
supergrand, e [sypɛʀgʀɑ̃, -d] *a pol* Supermacht *f.*
super-huit [sypɛʀɥit] *a inv (Film, Kamera)* Super-8-.

supérieur, e [syperjœr] **I.** *a* **1.** höher (gelegen, stehend); obere(r, s); **2.** überragend, beherrschend; **3.** hervorragend, vorzüglich; überlegen (*en* an *dat;* in *dat*); **II.** *s* **4.** *m f* Vorgesetzte(r *m*); **5.** *f rel* Oberin *f.* **supériorité** *f* **1.** Überlegenheit *f* (*en* in, an *dat; sur* über *acc*), Übergewicht *n;* **2.** Vorrang *m;* ▶ ~ *numérique* zahlenmäßige Überlegenheit *f.*
superlatif [sypɛrlatif] *m gram* Superlativ *m.*
superman [sypɛrman] *m* Supermann *m.*
supermarché [sypɛrmarʃe] *m* Supermarkt *m.*
superposable [sypɛrpozabl] *a math* Deckungsgleich. **superposer** *tr* über=, aufea.=legen; auf=stapeln, -schichten. **superposition** *f* Überdeckung, Überlagerung; Schichtung *f.*
superproduction [sypɛrprɔdyksjɔ̃] *f film* Monumentalfilm *m.*
superpuce [sypɛrpys] *f* Superchip *m.*
superpuissance [sypɛrpɥisɑ̃s] *f* Supermacht *f;* ▶ *vitesse f* ~ Überschallgeschwindigkeit *f.*
superstar [sypɛrstar] *f* Superstar *m.*
superpuissance [sypɛrpɥisɑ̃s] *f* Übermacht *f.* **supersonique** *a* Überschall-.
superstitieux, se [sypɛrstisjø] *a* abergläubisch. **superstition** *f* Aberglaube *m.*
superstructure [sypɛrstryktyr] *f* Über-, Oberbau *m; mar* Aufbauten *m pl.*
supertanker [sypɛrtɑ̃kœr] *m* Großtanker *m.*
superviser [sypɛrvize] *tr* überprüfen; überwachen. **superviseur** *m a. inform* Überwachungsprogramm *n,* Supervisor *m.*
supplanter [syplɑ̃te] *tr* verdrängen; *(Rivalen)* aus=stechen.
suppléance [sypleɑ̃s] *f* Stellvertretung *f.* **suppléant, e** **I.** *a* stellvertretend; Ersatz-; **II.** *s m f* Stellvertreter(in *f*), Ersatzmann *m.* **suppléer** *itr* ersetzen (*à qc* etw); ab=helfen (*à qc* e-r S *dat*).
supplément [syplemɑ̃] *m* **1.** Ergänzung; (finanzielle) Zulage *f;* **2.** *loc* Zuschlag *m;* **3.** *(Buch)* Nachtrag, Anhang, Zusatz *m; (Zeitung)* Beilage *f,* -blatt *n;* **4.** *com* (Preis-)Aufschlag, Aufpreis *m;* **5.** ▶ *c'est en* ~ das geht extra; *payer un* ~ nach=zahlen. **supplémentaire** *a* zusätzlich, ergänzend; ▶ *faire des heures* ~*s* Überstunden machen; *frais m pl* ~ Extra-, Mehrkosten *pl; paiement m* ~ Zuzahlung *f; train m* ~ *(loc)* Entlastungszug *m.* **supplémenter:** ▶ *faire* ~ *son billet (loc)* nach=lösen. **supplétif, ive** *a* ergänzend; Ergänzungs-.
suppliant, e [sypliјɑ̃, -ɑ̃t] *a* flehend. **supplication** *f* inständige, demütige Bitte *f.*
supplice [syplis] *m* (Todes-)Strafe *(dernier* ~*); fig* Marter, Pein, Qual *f;* ▶ *être au* ~ *(fig)* wie auf glühenden Kohlen sitzen; ~ *de Tantale* Tantalusqualen *f pl.* **supplicier** *tr* martern, quälen.
supplier [syplije] *a* inständig, demütig bitten, an=flehen. **supplique** [-plik] *f* Bittschrift *f.*
support [sypɔr] *m* **1.** *tech* Stütze, Auflage *f,* Bock *m;* Stativ *n; inform* Medium *n;* **2.** *fig* Träger *m;* ~ *de données (inform)* Datenträger *m;* ~ *de publicité* Werbeträger *m.* **supportable** [-tabl] *a* erträglich. **supporter** **I.** *tr* **1.** tragen, (unter)stützen, (fest)halten; **2.** *fig* (v)ertragen; aus=halten, stand=halten (*qc* e-r S *dat*); **3.** (er)dulden, sich gefallen lassen; **II.** *s m* [-œr] *sport* Anhänger; Schlachtenbummler *m;* ▶ ~ *des frais* Kosten tragen.
supposé, e [sypoze] *a* vermutlich; falsch; ▶ ~ *que (mit subj)* vorausgesetzt, angenommen, daß. **supposer** *tr* **1.** an=nehmen, meinen, vermuten; **2.** voraus=setzen, den Fall setzen, für möglich halten; ▶ ~ d'emploi Stellenabbau, Arbeitsplatzabbau *m; il est permis de* ~ man darf an=nehmen. **supposition** *f* Annahme, Vermutung *f.*
suppositoire [sypɔzitwar] *m pharm* Zäpfchen *n.*
suppression [sypresјɔ̃] *f* **1.** Beseitigung, Abschaffung, Aufhebung; Streichung *f;* **2.** *(Stelle)* Abbau *m;* Wegfall *m.* **supprimer** *tr* **1.** auf=heben, ab=schaffen; **2.** *(Stelle)* ab=bauen; **3.** *(Person)* beseitigen, beiseite schaffen; (weg=)streichen; einsparen.
suppurer [sypyre] *itr* eitern.
supputation [sypytasjɔ̃] *f* Berechnung, Schätzung *f,* Überschlag *m.* **supputer** *tr* berechnen, schätzen, überschlagen.
supranational, e [sypranasjɔnal] *a* übernational. **supranationalité** *f* Supranationalität *f.*
suprématie [sypremasi] *f* **1.** *pol jur* Oberhoheit *f;* **2.** Vormachtstellung, Überlegenheit *f.*
suprême *a* höchste(r, s), äußerste(r, s), oberste(r, s); letzte(r, s); ▶ *au* ~ *degré* im höchsten Maße; *dans un* ~ *effort* mit äußerster Kraft; *l'heure f, le moment, l'instant m* ~ das letzte Stündlein.
sur [syr] **I.** *prp* **1.** *(Ort)* über, auf; an; bei, zu; **2.** *(Richtung)* gegen, an, auf ... zu, nach; **3.** *(Zeit)* gegen, (etwa) um; **4.** *(Beziehung)* auf, auf ... hin, auf Grund *gen,* an, über, aus, nach; *in Zssgen:* Über-, Ober-; **5.** ▶ *coup* ~ *coup* Schlag auf Schlag; *sottise* ~ *sottise* eine Dummheit nach der ander(e)n; ~ *ce(la)* darauf(hin); ~*-le-champ adv* auf der Stelle, sogleich; ~ *l'heure* unverzüglich; ~ *soi* bei sich; ~ *le soir* gegen Abend; ~ *terre et* ~ *mer* zu Wasser u. zu Lande; **6.** ▶ *être* ~ *le départ* im Begriff sein abzu-

reisen; *être* ~ *un travail* bei e-r Arbeit sein; *fermer la porte* ~ *qn (fig)* die Tür hinter jdm zu=machen; *revenir* ~ *ses pas* zurück=kehren; *tomber* ~ *qn* auf jdn stoßen; *travailler* ~ *qc* an e-r S arbeiten; *la clef est* ~ *la porte (fam)* der Schlüssel steckt (in der Tür); **II.** *a:* **sur, e** [syʀ] *a* säuerlich; herb.

sûr, e [syʀ] *a* **1.** sicher, gewiß; **2.** zuverlässig; **3.** gefahrlos; **4.** ▶ *à coup* ~, *pour* ~ gewiß, ohne Zweifel, (ganz) bestimmt; *être* ~ *de qc* e-r S *(gen)* sicher sein.

surabondance [syʀabɔ̃dɑ̃s] *f* Überfülle *f* (*de* an *dat*). **surabondant, e** *a* überreichlich. **surabonder** *itr* im Überfluß vorhanden sein.

suraigu, ë [syʀɛgy] *a (Ton)* schrill; *(Stimme)* kreischend.

suralimentation [syʀalimɑ̃tasjɔ̃] *f* **1.** Überernährung *f;* **2.** *tech* Aufladung *f.* **suralimenter** *tr* **1.** überfüttern; **2.** *tech* auf=laden.

suranné, e [syʀane] *a* veraltet, altmodisch.

surarmement [syʀaʀməmɑ̃] *m* Überbewaffnung *f.*

surate [syʀat] *f rel* Sure *f.*

surbaissé, e [syʀbɛse] *a arch* **1.** ▶ *arc m* ~ Flachbogen *m;* **2.** *(Karosserie)* heruntergezogen.

surcharge [syʀʃaʀʒ] *f* **1.** Überlast(ung) *f,* Übergewicht *n;* **2.** *(Briefmarke)* Aufdruck *m;* **3.** Übermalung *f.* **surcharger** ⟨*s. charger*⟩ *tr* **1.** über(be)lasten; überladen; **2.** überschreiben, -drucken; übermalen; **3.** ▶ *être surchargé de travail* mit Arbeit überlastet sein.

surchauffe [syʀʃof] *f tech com* Überhitzung *f.* **surchauffé, e** *a* **1.** *tech com* überhitzt; **2.** *fig* übermäßig erregt.

surchoix [syʀʃwa] *m* ▶ *produit m* ~ Erzeugnis *n* erster Wahl *f.*

surclasser [syʀklase] *tr sport* übertreffen; weit überlegen sein (*qn* jdm).

surcouper [syʀkupe] *tr (Karten)* übertrumpfen.

surcroît [syʀkʀwa] *m* ▶ *de, par* ~ überdies, obendrein; ~ *de dépenses, de travail* Mehraufwand *m,* -arbeit *f.*

surdi-mutité [syʀdimytite] *f* Taubstummheit *f.* **surdité** *f* Taubheit, Schwerhörigkeit *f.*

surdose [syʀdoz] *f* Überdosis *f.*

surdoué, e [syʀdue] *a* überbegabt.

sureau [syʀo] *m bot* Holunder *m.*

surélévation [syʀelevasjɔ̃] *f arch* Aufbau *m,* Überhöhung; Aufstockung *f.* **surélevé, e** *a* ▶ *rez-de-chaussée m* ~ Hochparterre *n.* **surélever** ⟨*s. élever*⟩ *tr arch* er-, überhöhen; auf=stocken.

sûrement [syʀmɑ̃] *adv* sicher(lich), gewiß, bestimmt.

suremploi [syʀɑ̃plwa] *m* Überbeschäftigung *f.*

surenchère [syʀɑ̃ʃɛʀ] *f com* höhere(s) Gebot *n,* Überbietung *f a. fig.* **surenchérir** *itr jur* mehr bieten. **surenchérisseur** *m* Überbieter *m.*

surendettement [syʀɑ̃dɛtmɑ̃] *m com* Überverschuldung *f.*

surentraînement [syʀɑ̃tʀɛnmɑ̃] *m* Übertraining *n.* **surentraîner** *tr* übertrainieren.

suréquipement [syʀekipmɑ̃] *m tech* übermäßige Ausstattung *f.*

surestimation [syʀɛstimasjɔ̃] *f* Überschätzung; Überbewertung *f.* **surestimer** *tr* überschätzen; überbewerten.

sûreté [syʀte] *f jur* Sicherheit *f;* ▶ *pour plus de* ~ sicherheitshalber; *mettre en* ~ in Sicherheit bringen; *épingle f de* ~ Sicherheitsnadel *f; serrure f de* ~ Sicherheitsschloß *n;* ~ *nationale* Sicherheitspolizei *f.*

surévaluer [syʀevalɥe] *tr* überbewerten.

surexcitation [syʀɛksitasjɔ̃] *f* Übererregbarkeit; Überreizung *f.* **surexciter** *tr* überreizen; (übermäßig) erregen.

surexposer [syʀɛkspoze] *tr phot* überbelichten. **surexposition** *f phot* Überbelichtung *f.*

surf [sœʀf] *m* Surfen *n;* ▶ *faire du* ~ surfen.

surface [syʀfas] *f* **1.** Oberfläche *f a. fig;* **2.** Fläche(ninhalt *m*) *f; inform* Fenster *n;* **3.** *(magasin m à)* ▶ *grande* ~ Großraumladen *m;* **4.** *faire* ~ auf=tauchen; **5.** ▶ ~ *de réparation (sport)* Strafraum *m;* ~ *de la terre* Erdoberfläche *f.* **surfacer** *tr tech* plandrehen.

surfait, e [syʀfɛ] *a* überbewertet; zu hoch eingeschätzt.

surgelé, e [syʀʒəle] *a* tiefgekühlt.

surgeler ⟨*s. geler*⟩ *tr* tief=kühlen.

surgir [syʀʒiʀ] *itr* plötzlich auf=tauchen *a. fig;* zum Vorschein kommen; *(Problem)* sich erheben.

surhausser [syʀose] *tr* überhöhen.

surhomme [syʀɔm] *m* Übermensch *m.* **surhumain, e** *a* übermenschlich.

surimposer [syʀɛ̃poze] *tr* zu hoch belasten *od* besteuern. **surimposition** *f* übermäßige Besteuerung *f.*

surimpression [syʀɛ̃pʀɛsjɔ̃] *f phot* Doppelbelichtung *f;* Überblenden *n.*

surin [syʀɛ̃] *m arg* Messer *n.*

surintendant, e [syʀɛ̃tɑ̃dɑ̃] *m f* **1.** *hist* Oberintendant *m;* **2.** ▶ ~*e d'usine* Betriebsfürsorgerin *f.*

surinformation [syʀɛ̃fɔʀmasjɔ̃] *f* Informationsflut *f.* **surinformé, e** *a* mit Informationen überflutet.

surlendemain [syʀlɑ̃dmɛ̃] *m* übernächste(r) Tag *m;* ▶ *le* ~ am übernächsten Tag.

surmédicalisation [syʀmedikalizasjɔ̃] *f* übertriebene(r) medizinische(r) Aufwand *m.*

surmenage [syʀmənaʒ] *m* Überarbeitung, -anstrengung; Überbeanspru-

chung *f*. **surmener** ‹*s. mener*› **I.** *tr* überbürden, -lasten; strapazieren; **II.** *v prn se* ~ sich überarbeiten, -anstrengen.
surmoi [syʀmwa] *m inv Psychoanalyse* Über-Ich *n*.
surmontable [syʀmɔ̃tabl] *a* überwindlich. **surmonter** *tr* **1.** übersteigen, -ragen; sich erheben (*qc* über etw); **2.** *fig* überwinden, aus dem Weg räumen; überstehen, meistern.
surnager [syʀnaʒe] ‹*s. nager*› *itr* obenauf schwimmen.
surnatalité [syʀnatalite] *f* Geburtenüberschuß *m*. **surnaturel, le I.** *a* übernatürlich; **II.** *s m* (das) Übernatürliche.
surnom [syʀnɔ̃] *m* Bei-, Übername *m*.
surnombre [syʀnɔ̃bʀ] *m* ▶ *être en* ~ überzählig sein.
surnommer [syʀnɔme] *tr* e-n Beinamen geben (*qn* jdm).
surnuméraire [syʀnymeʀɛʀ] *a* überzählig.
surpasser [syʀpase] **I.** *tr* übertreffen, -ragen (*en* an, in *dat*), -steigen (*de* um); **II.** *v prn se* ~ sich selbst übertreffen.
surpeuplé, e [syʀpøple] *a* übervölkert. **surpeuplement** *m* Übervölkerung *f*.
surplace [syʀplas] *m (Fahrrad)* Stehversuch *m*; ▶ *faire du* ~ nicht vorankommen.
surplis [syʀpli] *m rel* Chorhemd *n*.
surplomb [syʀplɔ̃] *m*: *en* ~ vorspringend; *(Mauer)* überhängend. **surplomber I.** *itr (Mauer)* über=hängen; **II.** *tr* hinaus=ragen (*qc* über e-e S).
surplus [syʀply] *m* Überschuß, -hang, Rest *m*; ▶ *au* ~ übrigens, im übrigen.
surpopulation [syʀpɔpylasjɔ̃] *f* Überbevölkerung *f*; *(Gefängnis)* Überfüllung *od* Überbelegung *f*.
surprenant, e [syʀpʀənɑ̃] *a* überraschend, verwunderlich, erstaunlich. **surprendre** ‹*Prés. je surprends, ns surprenons; Fut. je surprendrai; pp. surpris, e; Subj. que je surprenne, que ns surprenions; Impér. surprends, surprenons*› *tr* **1.** überraschen; ertappen, erwischen; **2.** überrumpeln; unerwartet besuchen; **3.** überraschen, in Erstaunen setzen, frappieren.
surpression *f tech* Überdruck *m*.
surprise [syʀpʀiz] *f* **1.** Überraschung *f*; Verwunderung *f*; **2.** unerwartete(s) Geschenk *od* Vergnügen *n*; **3.** ▶ *à la* ~ *de tous* zur allgemeinen Überraschung; **4.** ▶ *aller de* ~ *en* ~ aus dem Staunen nicht heraus=kommen; *prendre par* ~ überrumpeln; *ce m'était une* ~ *agréable* ich war angenehm überrascht; ~*-partie f* (private) Tanzveranstaltung *f*.
surproduire [syʀpʀɔdɥiʀ] *irr tr* zu viel produzieren. **surproduction** *f com* Überproduktion *f*.
surréalisme [syʀʀealism] *m* Surrealismus *m*. **surréaliste** *m* Surrealist *m*.
surrégénérateur [syʀʀeʒeneʀatœʀ] *m* schnelle(r) Brüter, Brutreaktor *m*.
surrénal, e [syʀenal] ▶ *a: capsule, glande f* ~*e* Nebenniere *f*.
sursaturation [syʀsatyʀasjɔ̃] *f chem* Übersättigung *f*. **sursaturer** *tr chem* übersättigen.
sursaut [syʀso] *m* Auffahren, -springen ▶ *n; en* ~ ruckartig; *avoir un* ~ *d'énergie* sich e-n Ruck geben; *s'éveiller en* ~ aus dem Schlaf auf=fahren. **sursauter** *itr* auf=springen, auf=fahren, -schrecken.
surseoir *itr jur* ver-, auf=schieben; *(Strafe)* aus=setzen (*à qc* etw). **sursis** [-si] *m jur* Aufschub *m*; ▶ *avec* ~ *(jur)* mit Bewährung; ~ *d'appel (mil)* Zurückstellung *f*. **sursitaire** *m mil* Zurückgestellte(r) *m*.
surtaxe [syʀtaks] *f* **1.** Nach-, Strafporto *n*; **2.** (Steuer-)Zuschlag *m*.
surtout [syʀtu] **I.** *adv* vor allem, besonders, insbesondere; ▶ ~ *que (fam)* vor allem, weil; **II.** *s m (~ de table)* Tafelaufsatz *m*.
surveillance [syʀvɛjɑ̃s] *f* Aufsicht, Überwachung *f*; ▶ *sans* ~ unbeaufsichtigt; ~ par télévision en circuit fermé Videoüberwachung *f*; *être placé sous la* ~ *de la police* unter Polizeiaufsicht stehen. **surveillant, e** *m f* Aufseher(in *f*) *m*. **surveiller I.** *tr* **1.** überwachen, ein wachsames Auge haben (*qc* auf e-e S), beaufsichtigen; **2.** achten (*qc* auf etw); **II.** *v prn se* ~ **3.** sich in acht nehmen; **4.** auf s-e Linie achten.
survenir [syʀvəniʀ] ‹*Prés. je surviens, ns survenons; Fut. je surviendrai; pp. survenu, e; Subj. que je survienne, que ns survenions; Impér. surviens, survenons*› *itr* plötzlich dazu=kommen; (unerwartet) ein=treten, sich ereignen.
survêtement [syʀvɛtmɑ̃] *m* Trainingsanzug *m*.
survie *f* **1.** Überleben *n*; **2.** Leben *n* nach dem Tode. **survivance** *f* Überbleisel *n*. **survivant, e I.** *a* überlebend; **II.** *s m f* Überlebende(r *m*) *f*. **survivre** ‹*Prés. je survis, ns survivons; Fut. je survivrai; pp. survécu, -; Subj. que je survive, que ns survivions; Impér. survis, survivons*› *itr* überleben (*à qn* jdn); mit dem Leben davon=kommen; überdauern (*à* acc).
survol [syʀvɔl] *m* Überfliegen *n*. **survoler** *tr* **1.** überfliegen *a. fig*; **2.** *(Frage)* flüchtig streifen.
survolté, e [syʀvɔlte] *a fig fam* übernervös.
sus [sy(s)] *adv* ▶ *en* ~ noch dazu; darüber (hinaus); *en* ~ *de* ... über ... hinaus, zu; zusätzlich zu.
susceptibilité [sysɛptibilite] *f* Empfindlichkeit *f*. **susceptible** *a* **1.** *(Person)* empfindlich; **2.** ▶ *être* ~ geeignet (*de* für); imstande, fähig sein (*de* zu).

susciter [sysite] *tr (Bewunderung)* hervor=rufen, entstehen lassen; *(Unruhe)* erwecken, an=stiften.
susdit, e; [syʀdi, it] **susmentionné, e** [syʀmɑ̃sjɔne] **I.** *a* obengenannt, -erwähnt; **II.** *s m f* Obengenannte(r *m*) *f.*
suspect, e [syspɛ, -ɛt] *a* verdächtig; ► *être* ~ *de* im Verdacht stehen zu. **suspecter** *tr* verdächtigen (*de* gen); im Verdacht haben.
suspendre [syspɑ̃dʀ] ‹*Prés. je suspends, ns suspendons; Fut. je suspendrai; pp. suspendu, e; Subj. que je suspende, que ns suspendions; Impér. suspends, suspendons*› *tr* **1.** *tech* auf=, ein=hängen; **2.** *fig* aus=setzen (*qc* mit etw), ein=stellen; unterbrechen; **3.** des Amtes entheben, suspendieren; **4.** *jur* vorläufig außer Kraft setzen; *(Zeitung)* verbieten; ► ~ *les paiements* die Zahlungen einstellen. **suspendu, e** *a* **1.** aufgehängt; **2.** *(Wagen)* gefedert; ► *pont m* ~ Hängebrücke *f.* **suspens** *a: en* ~ in der Schwebe, unentschieden; *laisser en* ~ in der Schwebe lassen; *garder qc en* ~ etw unentschieden lassen. **suspense** [-pɛn(ɑ̃)s] *m* Spannung *f.* **suspensif, ive** *a jur* aufschiebend. **suspension** *f* **1.** *tech* Aufhängung; *(Fahrzeug)* Federung *f;* **2.** *fig* Unterbrechung, Vertagung *f,* Aufschub; Stillstand *m;* **3.** Suspendierung, Amtsenthebung *f;* **4.** *(lampe f à* ~*)* Hängelampe *f;* **5.** *(points m pl de* ~*)* Auslassungspunkte *m pl.*
sustentation [systɑ̃tasjɔ̃] *aero f* Auftrieb *m.* **sustenter, se** *v prn* sich stärken.
susurrer [sysyʀe] *tr itr* flüstern.
suture [sytyʀ] *f* Naht *f a. anat med bot fig;* ► *point m de* ~ *(fig)* Nahtstelle *f.* **suturer** *tr med* zs.=nähen.
suzerain, e [syzʀɛ̃, -ɛn] **I.** *a* lehnsherrlich; **II.** *s m hist* Lehnsherr *m.* **suzeraineté** *f* **1.** *hist* Lehnsherrlichkeit *f;* **2.** *jur* Suzeränität *f.*
svastika [svastika] *m* Hakenkreuz *n.*
svelte [svɛlt] *a* schlank. **sveltesse** *f* Schlankheit *f.*
sweater [switœʀ] *m* Strickweste *f.*
sycomore [sikɔmɔʀ] *m bot* Sykomore *f.*
syénite [sjenit] *f min* Syenit *m.*
syllabe [silab] *f* Silbe *f.* **syllabique** *a* Silben-.
syllogisme [sillɔʒism] *m* Syllogismus *m.*
sylphe [silf] *m,* **sylphide** [silfid] *f* Luftgeist *m.*
sylvains [silvɛ̃] *m pl* Waldgottheiten *f pl.* **sylvestre** *a* Wald-. **sylviculteur** *m* Forstwirt *m.* **sylviculture** *f* Forstwirtschaft *f.*
symbiose [sɛ̃bjoz] *f biol* Symbiose *f.*
symbole [sɛbɔl] *m* **1.** Symbol, Sinnbild, Zeichen *n;* **2.** *rel* Glaubensbekenntnis *n.* **symbolique I.** *a* symbolisch, sinnbildlich; **II.** *s f* Symbolik *f.* **symboliser** *tr* **1.** sinnbildlich dar=stellen; **2.** versinnbildlichen, symbolisieren. **symbolisme** *m* Symbolismus *m.* **symboliste I.** *s m* Symbolist *m;* **II.** *a* symbolistisch.
symétrie [simetʀi] *f* Symmetrie *f.* **symétrique** *a* symmetrisch.
sympa [sɛ̃pa] *a inv fam (Person)* sympathisch; *(Sache)* prima. **sympathie** [sɛ̃-] *f* Sympathie; Zuneigung *f;* ► *grève f de* ~ Sympathiestreik *m; encre f* ~ unsichtbare Tinte *f.* **sympathique** *a* sympathisch *a. anat; (Lokal)* gemütlich, nett. **sympathisant, e I.** *a* sympathisierend; **II.** *s m f* Sympathisant(in *f*) *m.* **sympathiser** *itr* Sympathie empfinden (*avec* für).
symphonie [sɛ̃fɔni] *f mus* Symphonie *f.* **symphonique** *a mus* symphonisch. **symphoniste** *m mus* Symphoniker *m.*
symposium [sɛ̃pozjɔm] *m* Symposium *n.*
symptomatique [sɛ̃ptɔmatik] *a* symptomatisch, kennzeichnend (*de* für *acc*). **symptôme** [-tom] *m med allg* Symptom; *fig* Anzeichen *n,* Vorbote *m.*
synagogue [sinagɔg] *f rel* Synagoge *f.*
synchrone [sɛ̃kʀon] *a* synchron, gleichlaufend. **synchronie** *f ling* Synchronie *f.* **synchronisation** *f film* Synchronisierung *f.* **synchroniser** *tr* aufea. ab=stimmen; synchronisieren. **synchronisme** *m tech* Gleichlauf *m.* **synchrotron** [sɛ̃kʀɔtʀɔ̃] *m* Synchrotron *n.*
syncope [sɛ̃kɔp] *f* **1.** *med* Ohnmacht *f;* **2.** *mus* Synkope *f.* **syncopé, e** *a* ► *rythme m* ~ synkopierte(r) Rhythmus *m.* **syncoper** *tr mus* synkopieren.
syndic [sɛdik] *m* **1.** Verwalter *m;* **2.** *(~ de faillite)* Konkursverwalter. **syndical, e** *a* gewerkschaftlich; ► *chambre f ~e* Arbeitgeberverband *m; union f ~e* Gewerkschaft *f.* **syndicaliser, se** sich (gewerkschaftlich) organisieren. **syndicalisme** *m* **1.** Syndikalismus *m;* **2.** Gewerkschaftsbewegung *f.* **syndicaliste** *m* **1.** Syndikalist *m;* **2.** Gewerkschaftler *m.* **syndicat** [-ka] *m* **1.** Gewerkschaft *f;* **2.** Syndikat, Konsortium *n,* Verband *m;* Genossenschaft; Vereinigung *f;* **3.** ► ~ *agricole* landwirtschaftliche Genossenschaft *f;* ~ *intercommunal* kommunale(r) Zweckverband *m;* ~ *financier* Finanzkonsortium *n;* ~ *d'initiative* Fremdenverkehrsverein *m;* ~ *des médecins* Ärztekammer *f;* ~ *ouvrier* Arbeitergewerkschaft *f;* ~ *patronal* Arbeitgeberverband *m;* ~ *professionnel* Berufsgenossenschaft *f.* **syndiqué, e I.** *s m f* Gewerkschaftler(in *f*) *m;* **II.** *a* gewerkschaftlich organisiert. **syndiquer I.** *tr* zu e-r Genossenschaft zs.=schließen; gewerkschaftlich organisieren; **II.** *v prn se* ~ e-e Genossenschaft, ein Syndikat bilden; sich gewerkschaft-

lich zs.=schließen, organisieren.
syndrome [sɛ̃dʀɔm] *m med* Syndrom *n.*
synodal, e [sinɔdal] *a* Synodal-. **synode** *m hist rel* Synode *f; (evangelischer)* Kirchentag *m.*
synode [sinɔd] *m hist rel* Synode *f.*
synonyme [sinɔnim] **I.** *a gram* sinnverwandt; **II.** *s m* Synonym *n.* **synonymie** *f* Sinnverwandtschaft.
synopsis [sinɔpsis] *f;* **1.** Zs.schau, Übersicht *f;* **2.** *film* Exposé *n.* **synoptique** *a* übersichtlich nebenea.gestellt, synoptisch *a. rel;* ► *tableau m* ~ Übersichtstafel *f.*
synovie [sinovi] *f anat* Gelenkschmiere *f.*
syntagme [sɛ̃tagm] *m ling* Syntagma *n.*
syntaxe [sɛ̃taks] *f* Syntax, Satzlehre *f.*
synthèse [sɛ̃tɛz] *f* Synthese; Zs.schau, Zs.fassung *f,* (Gesamt-)Überblick *m;* ► ~ *vocale (inform, ling)* Sprachsynthese *f.* **synthétique** *a* synthetisch; zs.fassend; gesamt-; künstlich (hergestellt); ► *image* ~ Computerbild *n.* **synthétiser** *tr* **1.** zs.=fassen; **2.** *tech* synthetisch her=stellen. **synthétiseur** *m* Synthesizer *m.*
syntonie, [sɛ̃tɔni] **syntonisation** [sɛ̃tɔnizasjɔ̃] *f radio* Abstimmung *f.*
syphilis [sifilis] *f med* Syphilis *f.* **syphilitique** *a* syphilitisch.
syriaque [siʀjak] *a (Sprache)* syrisch.
Syrie, la Syrien *n.* **syrien, ne** *a* syrisch. **Syrien, ne** *m f* Syrer(in *f*) *m.*
systématique [sistematik] *a* systematisch. **systématiser** *tr* in ein System bringen; systematisch ein=teilen. **système** *m* **1.** System *n,* Zs.fassung *f,* Lehrgebäude *n;* **2.** Plan *m,* Ordnung *f,* Aufbau *m,* Methode *f; pol* Regierungsform *f;* **3.** *geol* Formation *f;* **4.** *fam (le ~ D)* Kniff *m;* ► *taper sur le ~ de qn (pop)* jdm auf den Nerven herum=trampeln; ~ décimal (math) Dezimalsystem *n;* ~ *de coordonnées (math)* Koordinatensystem *n;* ~ *économique* Wirtschaftssystem *n;* ~ *électoral* Wahlsystem *n;* ~ *expert (inform)* Expertensystem *n;* ~ *d'exploitation* Betriebsverfahren *n; (inform)* Betriebssystem *n;* ~ *immunitaire (med)* Immunsystem *n;* ~ *informatique (inform)* Datenverarbeitungssystem *n;* Computersystem *n;* ~*métrique* metrische(s) System *n;* ~ *monétaire* Währungssystem *n;* ~ *de sécurité* Alarmanlage *f;* ~ *de (télé)surveillance* (Video-) Überwachungsanlage *f;* ~ *vidéo* Videoanlage *f.*

T

t, T [te, tə] *m* t, T *n;* ▶ *fer m en, à ~* T-Eisen *n.*
ta [ta] *prn s. ton.*
tabac [taba] **I.** *s m* Tabak *m; pl* Tabakregie *f;* **II.** *a inv* tabakbraun; ▶ *passer à ~* zusammen=schlagen; *c'est le même ~ (pop)* das ist Jacke wie Hose; *bureau, débit m de ~* Tabakladen *m; faire un ~* e-n Roesenerfolg haben; *~ à chiquer, à fumer, à priser* Kau-, Rauch-, Schnupftabak *m.* **tabagie** *f péj* verräucherte Bude *f.* **tabagisme** *m* übermäßige(r) Tabakkonsum *m;* ▶ *~ passif* Passivrauchen *n.*
tabassage [tabasaʒ] *m* Zusammenschlagen *n.* **tabasser** *tr* zusammen=schlagen.
tabatière [tabatjɛʀ] *f* **1.** (Schnupf-)Tabaksdose; **2.** *(fenêtre f à ~)* Dachluke *f.*
tabernacle [tabɛʀnakl] *m rel* Tabernakel *n;* ▶ *Fête f des ~s* Laubhüttenfest *n.*
tablature [tablatyʀ] *f mus* Tabulator *f;* ▶ *donner de la ~ à qn (fig)* jdm Steine in den Weg legen.
table [tabl] *f* **1.** Tisch *m;* **2.** Tafel *f;* Essen *n;* Tischgesellschaft *f;* **3.** *arch* Platte *f;* **4.** Verzeichnis *n,* Tabelle, Auf-, Zs.stellung *f;* **5.** *tech* Bahn *f;* **6.** *min* Herd *m;* **7.** ▶ *dresser, mettre la ~* den Tisch decken; *se mettre à ~* sich zu Tisch setzen; *fam* aus=packen; **8.** *~ alphabétique* Index *m,* Register, alphabetische(s) Verzeichnis *n; ~ basse* Couchtisch *m; ~ de camping, à dessin, de jardin, de jeu, de travail* Camping-, Zeichen-, Garten-, Spiel-, Arbeitstisch *m; ~ de conversion, d'intérêts,* Umrechnungs-, Zinstabelle *f; ~ de logarithmes (math)* Logarithmentafel *f; ~ des matières* Inhaltsverzeichnis *n; ~ de négociations* Verhandlungstisch *m; ~ à repasser* Bügelbrett *n; ~ ronde* Gespräch *n* am runden Tisch *(a. pol); ~ roulante* Teewagen *m; ~s tournantes (Spiritismus)* Tischrücken *n.*
tableau [tablo] *m* **1.** Gemälde, Bild *n;* **2.** *(~ noir)* (Schul-, Wand-)Tafel *f;* Schwarze(s) Brett *n;* **3.** Tabelle, Liste *f,* Verzeichnis *n;* Plan *m;* **4.** *fig* Aussicht *f,* Anblick *m;* Darstellung, Schilderung *f;* **5.** *theat* (Bühnen-)Bild *n,* Verwandlung *f;* **6.** ▶ *sous forme de ~* tabellarisch; *~ d'affichage* Anschlagtafel *f; ~ de bord* Instrumenten-, Armaturenbrett *n; ~de composition des trains* Tafel *f* der Wagenfolge; *~ de distribution (el)* Schalttafel *f,* -brett *n; ~ de lots* Gewinnliste *f; ~ de mortalité* Sterbetafel *f; ~ de service* Dienstplan *m; ~ synoptique* Übersichtsplan *m,* Tabelle *f.*
tablée [table] *f* Tischgesellschaft *f.* **tabler** *itr* setzen (*sur* auf *acc*), rechnen (*sur* mit). **tablette** *f* **1.** (Bücher-, Schrank-)Brett *n;* **2.** Platte *f,* Gesims *n,* Sims *m* od *n;* Fach *n;* **3.** *(Schokolade)* Tafel; Pastille *f;* **4.** ▶ *mettez cela sur vos ~s* merken Sie sich das; *rayez cela de vos ~s* schlagen Sie sich das aus dem Kopf.
tablier [tablije] *m* **1.** Schürze *f,* Schurz *m;* **2.** *tech* Fahrbahn *f;* **3.** *(Kamin)* Zugregler *m;* **4.** Motorhaube *f;* ▶ *rendre son ~ (fam)* s-e Stelle auf=geben, sein Amt nieder=legen; *~ à bretelles, de cuisine* Träger-, Küchenschürze *f.*
tabou [tabu] *a rel fig* tabu.
tabouret [tabuʀɛ] *m* Hocker, Schemel *m;* ▶ *~ de bar, de piano* Bar-, Klavierhocker *m.*
tabulaire [tabylɛʀ] *a* **1.** tabellarisch; **2.** tafelförmig. **tabulateur** *m* Tabulator *m.* **tabulatrice** *f* Tabelliermaschine *f.*
tac [tak] *m:* ▶ *du ~ au ~* schlagfertig *adv.*
tache [taʃ] *f* **1.** Fleck(en) *m;* **2.** *fig* Schandfleck; Makel, Fehler *m;* **3.** ▶ *sans ~s* makellos; **4.** ▶ *faire ~* aus dem Rahmen fallen; nicht passen; *faire ~ d'huile (fig)* sich langsam verbreiten, allmählich um sich greifen; **5.** ▶ *~ d'encre, de graisse, de rouille, de sang* Tinten-, Fett-, Rost-, Blutfleck *m; ~ originelle* Erbsünde *f; ~s de rousseur* Sommersprossen *f pl; ~ solaire* Sonnenfleck *m.*
tâche [taʃ] *f* **1.** Aufgabe, Arbeit *f;* **2.** ▶ *remplir sa ~* s-e Aufgabe erfüllen; *travailler à la ~* im Akkord arbeiten; *je ne suis pas à la ~ (fam)* immer mit der Ruhe.
tacher [taʃe] *tr* fleckig machen, beschmutzen, beflecken *a. fig.*
tâcher [tɑʃe] **I.** *itr* sich bemühen, trachten (*de* zu); **II.** *tr* zu=sehen (*que* subj).
tacheté, e [taʃte] *a* gefleckt.
tachymètre [takimɛtʀ] *m* Drehzahlmesser, Tachometer *m.*
tacite [tasit] *a* stillschweigend. **taciturne** *a* schweigsam, verschlossen.
tacot [tako] *m fam mot* alte Kiste *f.*
tact [takt] *m* **1.** Gefühl *n,* Tastsinn *m;* **2.** *fig;* Feingefühl *n,* Takt(gefühl *n*) *m;* **3.** ▶ *sans ~* taktlos; *avoir du ~, faire preuve de ~* taktvoll sein.

tacticien [taktisjɛ̃] *m mil* Taktiker *m.* **tactile** [taktil] *a* Tast-; ▶ *poils m pl ~s (Katze)* Schnurrhaare *n pl.* **tactique** [taktik] **I.** *s f* Taktik *f;* **II.** *a* taktisch. **taffetas** [tafta] *m* Taft *m.* **tag** [tag] *m* aufgesprühtes Graffiti *m.* **tagueur, se** *m f* Graffiti-Sprüher(in *f*) *m.* **taie** [tɛ] *f* **1.** *(~ d'oreiller)* Kopfkissenbezug *m;* **2.** *(Auge)* weiße(r) Hornhautfleck *m.* **taillable** [tajabl] *a hist* zinspflichtig. **taillader** [tajade] **I.** *tr* Schnitte machen in; **II.** *v prn se ~* sich schneiden (*la joue* in die Wange). **taille** [taj] *f* **1.** (Ein-, Zu-)Schnitt *m;* Schneiden, Behauen, Schleifen *n;* **2.** *(Edelstein)* Schliff *m;* **3.** *min* Streb; **4.** (Kupfer-)Stich *m;* **5.** (Körper-)Größe *f,* Wuchs *m,* Gestalt, Statur, Figur; Taille *f;* **6.** *(Bekleidung)* Größe, Taillenweite *f;* **7.** *fig* Format *n,* Größe *f;* **8.** Steuer *f;* **9.** ▶ *de ~ moyenne* mittlerer Größe; *être de la même ~* gleich groß sein; *être de ~* Manns genug sein (*à* zu); *prendre par la ~* um die Hüfte fassen; **10.** ▶ *pierre f de ~* Quaderstein *m; ~ des cheveux* Haarschneiden *n; ~ de guêpe* Wespentaille *f.* **taillé, e** *a* **1.** (zu)geschnitten; behauen; **2.** *(Stein)* geschliffen; **3.** *fig* wie geschaffen (*pour* für); **4.** ▶ *~ en athlète* athletisch gebaut; *il n'est pas ~ pour cela* er ist nicht der Mann dafür; *bien ~* gut gewachsen *od* gebaut. **taille-crayon(s)** *m inv* Bleistiftspitzer *m.* **tailler** **I.** *tr* **1.** zurecht=, zu=, zerschneiden; **2.** *(Baum)* beschneiden, stutzen; **3.** *(Bleistift)* (an=)spitzen; **4.** *(Stein)* behauen; **5.** *(Edelstein)* schleifen; **II.** *v prn (pop) se ~* **1.** abhauen, verduften; **2.** ▶ *~ une bavette (fig fam)* e-n Schwatz halten; *~ au ciseau* aus=meißeln; *se ~ un succès* Erfolg haben. **tailleur** *m* **1.** Schneider *m;* **2.** *(costume m ~)* (Schneider-)Kostüm, Jackenkleid, Tailleur *n;* **3.** ▶ *~ pour dames* Damenschneider *m; ~ de pierres* Steinmetz *m; ~ de verre* Glasschleifer *m.* **taillis** [taji] *m* Unterholz, Dickicht *n.* **tain** [tɛ̃] *m* Spiegelbelag *m.* **taire** [tɛʀ] ‹*Prés. je tais, ns taisons; Fut. je tairai; pp. tu, e; Subj. que je taise, que ns taisions; Impér. tais, taisons*› **I.** *tr* verschweigen; **II.** *v prn se ~* **1.** (still-)schweigen; verstummen; für sich behalten (*sur qc* etw), *fam* sich aus=schweigen (*sur* über *acc*); **2.** ▶ *faire ~* zum Schweigen bringen; Ruhe gebieten (*qn* jdm); **3.** *fig (Gerücht)* zum Verstummen bringen. **Tai(-)wan** [taiwan] *m* Taiwan *n.* **talc** [talk] *m min* Talk *m;* ▶ *poudre f de ~* Talkum-, Körperpuder *m.* **talent** [talɑ̃] *m* **1.** Anlage, Fähigkeit, Gabe *f,* **2.** Talent *n;* ▶ *~ d'organisateur* Organisationstalent *n.* **talentueux, se** [-tjø, -øz] *a* talentiert, begabt, fähig. **taler** [tale] *tr (Obst)* anschlagen. **talion** [taljɔ̃] *f hist jur* Vergeltung *f.* **talisman** [talismɑ̃] *m* Talisman *m.* **talkie-walkie** [tɔkiwɔlki] *m (pl talkies-walkies)* Walkie-talkie *n.* **taloche** [talɔʃ] *f fam* Ohrfeige. **talon** [talɔ̃] *m* **1.** Ferse, Hacken *f;* **2.** *(Schuh)* Absatz *m; (Strumpf)* Ferse *f;* **3.** *(Autoreifen)* Wulst *m;* **4.** *com* Kontrollabschnitt *m;* **5.** Stock *m* (Spiel-)Karten; **6.** ▶ *avoir l'estomac dans les ~s* e-n Bärenhunger haben; *être sur les ~s de qn* hinter jdm her sein; *marcher sur les ~s de qn* jdm auf den Fersen folgen; *tourner les ~s* Fersengeld geben. **talonner** [-lɔ-] *tr* **1.** auf den Fersen sein (*qn* jdm) *a. fig;* **2.** die Sporen geben (*un cheval* e-m Pferd); **3.** *fig* keine Ruhe lassen (*qn* jdm). **talonnette** *f* **1.** *(Schuh)* Ferseneinlage *f;* **2.** *(Hose)* Stoßband *n.* **talquer** [talke] *tr* mit Talkum ein=reiben. **talus** [taly] *m* Böschung *f,* Abhang *m.* **tamanoir** [tamanwaʀ] *m zoo* Großer Ameisenbär *m.* **tamarin** [tamaʀɛ̃] *m* Tamarinde *f.* **tamaris** [tamaʀis] *m bot* Tamariske *f.* **tambouille** [tɑ̃buj] *f* **1.** *fam* Küche *f; péj* Fraß *m;* **2.** ▶ *faire la ~* kochen. **tambour** [tɑ̃buʀ] *m* **1.** *mus* Trommel *f;* **2.** ▶ *(partir) sans ~ ni trompette* sang- u. klanglos (ab=ziehen); *battre le ~* trommeln; *fig* die Reklametrommel rühren; **3.** ▶ *~ battant* im Geschwindschritt; *fig* in großer Eile; *~ de frein* Bremstrommel *f.* **tambourin** *m mus* Tamburin *n.* **tambouriner** **I.** *itr* (*bes.* nervös mit den Fingern) trommeln (*sur* auf *acc*); ▶ *~ sur la porte* an die Tür trommeln; **II.** *tr (Marsch)* trommeln. **tamis** [tami] *m* Sieb *n;* ▶ *passer au ~ (fig)* unter die Lupe nehmen; aussieben. **Tamise, la** [tamiz] die Themse. **tamiser** [tamize] **1.** (durch=)sieben, durch=seihen; **2.** *(Licht)* dämpfen. **tamoul, e** [tamul] *a* tamilisch. **Tamoul, e** *m f* Tamile *m,* -in *f.* **tampon** [tɑ̃pɔ̃] *m* **1.** Pfropfen, Stöpsel; Dübel *m;* **2.** Stempel *m; (~ encreur)* Stempelkissen *n;* **3.** *loc* Puffer *m;* **4.** *mus tech* Dämpfer *m;* **5.** *med* Tupfer (Watte-)Bausch, Tampon *m;* **6.** *a:* ▶ *État m ~* Pufferstaat *m; ~-buvard m* Löscher *m; ~ hygiénique* Tampon *m.* **tamponnement** [-pɔ-] *m loc* Zs.stoß *m.* **tamponner** **I.** *tr* **1.** be-, ab=tupfen; **2.** zs.=stoßen (*qc* mit etw), auf=fahren (*qc* auf e-e S); **3.** stempeln; **II.** *v prn se ~* aufea.prallen, kollidieren, zus.=stoßen; ▶ *il s'en tamponne le coquillard (fam)* er pfeift darauf. **tam-tam** [tamtam] *m fam* lärmende Reklame *f,* Rummel *m;* Tamtam *n.*

tan [tɑ̃] *m* (Gerber-)Lohe *f*.
tanche [tɑ̃ʃ] *f zoo* Schlei(e *f*).
tandem [tɑ̃dɛm] *m* **1.** Tandem *n;* **2.** *fig* Gespann *n;* ▶ *en ~ (fig)* zu zweit. **tandemiste** *m* Tandemfahrer *m*.
tandis que [tɑ̃dikə] *conj* **1.** solange (wie); **2.** *(Gegensatz)* während, wohingegen.
tangage [tɑ̃gaʒ] *m mar* Stampfen *n*.
tangent, e I. *a* **1.** *math* (sich) berührend (*à* an *dat*); **2.** *fam* knapp, mit Hängen und Würgen; **II.** *s f math* Tangente *f;* ▶ *prendre la ~ (fam)* sich aus dem Staube machen. **tangentiel, le** [-sjɛl] *a* Tangential-.
tangible [tɑ̃ʒibl] *a* **1.** berührbar, fühlbar; **2.** *fig* greifbar.
tango [tɑ̃go] **I.** *s m* Tango *m;* **II.** *a inv* orangerot.
tanguer [tɑ̃ge] *itr mar* stampfen; schwanken.
tanière [tanjɛʀ] *f* **1.** Höhle *f (wilder Tiere);* **2.** *fig* Schlupfwinkel *m*.
tank [tɑ̃k] *m* **1.** Tank *m;* **2.** *mil* Panzer *m;* **3.** *fam* Straßenkreuzer *m*. **tanker** [tɑ̃kɛʀ] *m* Tanker *m*. **tankiste** *m* Angehörige(r) *m* der Panzertruppe.
tannage [tanaʒ] *m* Gerben *n*, Gerbung *f*. **tannant, e** *a* **1.** gerbend; **2.** *fig pop* unerträglich. **tanne** *f med* Mitesser *m*. **tanné, e** *a* gegerbt *a*. *fig (Gesicht)*. **tanner** *tr* **1.** gerben; **2.** *fig fam* auf die Nerven fallen (*qn* jdm). **tannerie** *f* (Loh-)Gerberei *f*. **tanneur** *m* (Loh-) Gerber *m*. **tannin, tanin** *m* Gerbstoff *m; (Wein)* Gerbsäure *f*.
tan-sad [tɑ̃sad] *m mot* Soziussitz *m*.
tant [tɑ̃] **I.** *adv* soviel(e); so, so sehr, dermaßen; ebenso(sehr); **II.** ▶ *~ que (conj)* soweit (wie), solange (wie), sosehr (auch); *~ ... que* sowohl ... als auch; *en ~ que ...* (in der Eigenschaft) als ...; insofern (als); *si ~ est que* vorausgesetzt, angenommen, wenn dem so ist, daß; wenn überhaupt; *~ que ça (fam)* soviel; *~ bien que mal* so gut es (eben) geht, recht u. schlecht; *~ mieux, pis* um so, desto besser, schlimmer; *~ et plus* [tɑ̃tɛply(s)] noch (weit) mehr; *(un) ~ soit peu* ein ganz klein wenig; *~ s'en faut que* weit entfernt zu, daß.
tante [tɑ̃t] *f* **1.** Tante *f;* **2.** *fam* Schwule(r) *m*. **tantine** *f* Tantchen *n*.
tantième [tɑ̃tjɛm] *m* Gewinnanteil *m*, Tantieme *f*.
tantinet [tɑ̃tinɛ] *m:* ▶ *un ~ (de)* ein klein(es) bißchen.
tantôt [tɑ̃to] *adv* **1.** bald, in kurzem, gleich; **2.** heute nachmittag; ▶ *~ ..., ~* bald ..., bald; *à ~!* bis nachher, bis später, bis gleich!
taon [tɑ̃] *m zoo* Bremse *f*.
tapage [tapaʒ] *m* **1.** Krach, Radau, Lärm, *m;* **2.** Aufsehen *n*. **tapageur, se** *a* **1.** lärmend, laut; **2.** *fig* auffällig. **tape** *f fam* Klaps *m*. **tapé, e I.** *a* **1.** *(Obst)* überreif; **2.** *(Frau)* nicht mehr jung; **3.** *fam* treffend, schlagfertig; **4.** verrückt; **II.** *s f fam* Haufen *m*, Menge *f;* ▶ *c'est bien ~ (pop)* das ist prima. **tape-à-l'œil** *(a)* auffällig, protzig; ▶ *c'est du ~ ~* das ist Kitsch. **tapecul** [-ky] *m inv* Klapperkasten *m (Wagen)*. **taper I.** *tr* **1.** e-n Klaps geben (*qn* jdm); klopfen, schlagen; **2.** *(~ à la machine)* tippen, auf der Maschine schreiben; **3.** *fam* an=pumpen (*qn de qc* jdn um etw); **II.** *itr* **1.** *(~ à la machine)* tippen; **2.** *(auf dem Klavier)* klimpern; **3.** stampfen *(des pieds, les pieds)* mit den Füßen; verprügel (*sur qn* jdn); **4.** lästern, her=ziehen (*sur qn* über jdn); **5.** *(Wein)* zu Kopf steigen; **III.** *v prn se ~ (pop)* **1.** in die Röhre gucken, leer aus=gehen (*de qc* bei etw); **2.** *arg* sich genehmigen (*qc* e-e S); **3.** ▶ *~ dans l'œil de qn (fam fig)* jdm in die Augen stechen; *~ dans qc* bei etw tüchtig zu=langen; mit etw großzügig um=gehen; *~ sur les nerfs, sur le système à qn* jdm auf die Nerven fallen; *~ dans le tas (fam)* blind drauflos=schlagen; **4.** ▶ *il s'est tapé tout le travail* er hat die ganze Arbeit übernommen; *le soleil tape dure* die Sonne brennt heiß herunter; *il a tapé dans le mille* er hat es geschafft; *il peut toujours se ~ (fam)* da kann er noch lange warten. **tapette** *f* **1.** Teppichklopfer *m;* Fliegenklatsche *f;* **2.** *fam* gutes Mundwerk *n;* **3.** *vulg* Schwule(r) *m;* ▶ *avoir une fière ~ (pop)* wie ein Buch reden.
tapeur, se *m f fam* Pumpgenie *n*.
tapin [tapɛ̃] *m* ▶ *(fam) faire le ~* auf den Strich gehen.
tapinois [tapinwa] *adv:* ▶ *en ~* heimlich.
tapioca [tapjɔka] *m* Tapioka(-suppe) *f*.
tapir [tapiʀ] **I.** *s m zoo* Tapir *m;* **II.** *v prn se ~* sich ducken, nieder=hocken, -kauern.
tapis [tapi] *m* **1.** Teppich; Läufer *m;* **2.** Decke *f;* Überzug *m;* **3.** *sport* (Ring-) Matte *f;* **4.** *(~ routier)* (Straßen-)Belag *m;* **5.** ▶ *aller au ~* zu Boden gehen *(Boxen); amuser le ~* die Gesellschaft unterhalten; *envoyer au ~ (sport)* auf die Matte legen *(Ringen); être sur le ~* zur Debatte stehen; *mettre sur le ~ (fig)* aufs Tapet, zur Sprache bringen; **6.** ▶ *~-brosse m* Türmatte *f; ~ de caoutchouc* Gummimatte *f*, -belag *m; ~ de gazon* Rasen(teppich) *m; ~ de montage* Montageband *n; ~ roulant* Förderband *n;* Rollsteig *m; ~ de sol* Bodenteppich *m; ~ de table* Tischdecke *f; ~ vert (fig)* grüne(r) Tisch *m*. **tapisser** *tr* **1.** tapezieren; **2.** mit Wandteppichen verkleiden; **3.** bedecken, überziehen. **tapisserie** *f* **1.** Tapisserie *f;* Wandbehang, -teppich, Gobelin *m;* **2.** Kanevasstickerei *f;*

3. ▶ *faire* ~ *(beim Tanz)* sitzen≈bleiben, ein Mauerblümchen sein. **tapissier, ère** *m f* **1.** *(~-décorateur)* Tapezierer *m;* **2.** Polsterer.

tapoter [tapɔte] **I.** *tr* **1.** tätscheln; leicht (ab-)klopfen; **2.** *(Melodie)* klimpern; **II.** *itr* leicht klopfen *(sur la table)* auf den Tisch; *(~ du piano)* klimpern. **tapotis** [-ti] *m* Klappern *n.*

taquet [takɛ] *m* **1.** Keil *m;* Pflock, Anschlag *m;* **2.** *mar* Klampe *f.*

taquin, e [takɛ̃, -in] *a* schalkhaft. **taquiner** *tr* necken, ärgern; verulken, foppen, hänseln. **taquinerie** *f* Neckerei; Stichelei, Hänselei *f,* Ulk *m.*

tarabiscoté, e [tarabiskɔte] *a* übermäßig verziert; *(Stil)* geschraubt, geschwollen.

tarabuster [tarabyste] *tr* **1.** schikanieren, drangsalieren; **2.** beunruhigen, quälen.

taratata [taratata] *interj* geh! geh! Unsinn!

taraud [taro] *m* Gewindebohrer *m.* **tarauder** *tr* **1.** *tech* ein Innengewinde schneiden; **2.** *(Insekten)* ein Loch bohren *(qc in e-r S).*

tard [tar] *adv a s* spät; ▶ *au plus* ~ spätestens, nicht später als; *tôt ou* ~ früher oder später; *sur le* ~ am späten Abend, spätabends; in vorgerückten Jahren; *il se fait* ~ es wird spät. **tarder I.** *itr* zögern, zaudern (*à* zu); ▶ *sans* ~ unverzüglich; *sans plus* ~ ohne weiteres Zögern; ~ *à arriver* lange auf sich *(dat)* warten lassen; **II.** *v imp* ▶ *il me tarde* ich möchte gern; ich sehne mich (*de, que m. subj* danach zu, daß). **tardif, ive** *a* spät; sich spät entwickelnd, spätreif; ▶ *fruits m pl ~s* Spätobst *n; rentrer à une heure tardive* zu später Stunde heimkommen. **tardiflore** *a bot* spätblühend.

tare [tar] *f* **1.** *com* Tara *f,* Verpackungsgewicht *n;* **2.** *fig* Makel, Mangel, Fehler *m;* ▶ ~ *héréditaire* erbliche Belastung *f.* **taré, e** *a* **1.** *fig* korrupt, verdorben; **2.** *(Ware)* beschädigt; **3.** erblich belastet.

tarentelle [tarɑ̃tɛl] *f* Tarantella *f (Tanz).*

tarentule [tarɑ̃tyl] *f zoo* Tarantel *f.*

tarer [tare] *tr com* die Verpackung wiegen (*qc* e-r S).

targette [tarʒɛt] *f* Fenster-, Drehriegel *m.*

targuer, se [targe] *v prn* prahlen, sich brüsten (*de qc* mit etw); pochen (*de qc* auf e-e S).

tarière [tarjɛr] *f* **1.** Löffelbohrer *m;* **2.** *zoo* Legeröhre *f.*

tarif [tarif] *m* **1.** Tarif *m;* Preisangabe, -liste *f;* **2.** Gebühr *f;* Satz *m;* Taxe *f;* **3.** ▶ *à demi-*~ zum halben Preis; *à* ~ *réduit* zu ermäßigten Preisen; **4.** ▶ *payer plein* ~ voll zahlen; **5.** ▶ *majoration, réduction f du* ~ Tariferhöhung, -senkung *f;* ~ *d'annonces, de chemin de fer, de faveur* od *préférentiel, à forfait, postal* Anzeigen-, Eisenbahn-, Vorzugs-, Pauschal-, Posttarif *m;* ~ *dégressif* Staffelrabatt *m;* ~ *des honoraires* Gebührenordnung *f.* **tarifaire** *a* tarifmäßig; Tarif-. **tarifer** *tr* den Tarif, Preis fest≈setzen. **tarification** *f* Tarifgestaltung, Tarifierung *f.*

tarin [tarɛ̃] *m* **1.** *orn* Zeisig *m;* **2.** *arg* Zinken *m,* Nase *f.*

tarir [tarir] **I.** *tr* (aus≈)trocknen, versiegen lassen *a. fig;* **II.** *itr* **1.** ver-, aus≈trocknen, versiegen *a. fig;* **2.** *fig* auf≈hören, ein Ende nehmen; ▶ *ne pas* ~ *sur qc* von etw nicht los≈kommen, immer wieder auf e-e S (zu sprechen) kommen; *la conversation tarit* die Unterhaltung stockt. **tarissable** *a* versiegbar. **tarissement** *m* Aus-, Vertrocknen; Versiegen *n a. fig.*

tarlatane [tarlatan] *f (Textil)* Tarlatan *m.*

tarots [taro] *m pl* Tarockkarten *f pl.*

tarse [tars] *m anat* Fußwurzel *f.*

tartan [tartɑ̃] *m* Plaid-, Schottenstoff *od* -umhang *m.*

tartar(e) [tartar] *a* tatarisch; ▶ *(steak)* ~ rohes Rinderhackfleisch mit Sauce tartare. **Tartare** *m f* Tatar *m.*

tartarin [tartarɛ̃] *m fam* Prahlhans *m.*

tartarinade *f fam* Prahlerei *f.*

tarte [tart] **I.** *s f* **1.** Torte *f;* **2.** *arg* Ohrfeige *f;* **II.** *a fam* häßlich; lächerlich; blöde; ▶ *c'est pas de la* ~ das hat es in sich; ~ *aux cerises, aux fraises* Kirsch-, Erdbeertorte *f,* -kuchen *m;* ~ *à la crème* a) Sahnetorte *f;* b) *fig* Thema *n* Nummer eins. **tartelette** [-tə-] *f* Törtchen *n.*

tartine [tartin] *f* **1.** (bestrichene Brot-) Schnitte *f,* Butterbrot *n;* **2.** *fig* endlose Rede, Tirade *f;* ▶ ~ *de beurre, de confiture* Butter-, Marmeladebrot *n.* **tartiner** *tr (Brotschnitte)* bestreichen.

tartre [tartr] *m* Wein-, Kessel-, Zahnstein *m.* **tartareux, se** *a* wein-, kessel-, zahnsteinartig. **tartrique** *a* Weinstein-.

tartufe [tartyf] *m* Heuchler, Scheinheilige(r) *m.* **tartuferie** *f* Heuchelei, Scheinheiligkeit *f.*

tas [tɑ] *m* **1.** Haufen, Stapel, Stoß *m;* **2.** *fig* Menge, *pop* Masse *f;* **3.** *arch* unfertige(r) Baukörper *m;* Baustelle *f;* Arbeitsplatz *m;* **4.** ▶ *dans le* ~ in der Menge; **5.** ▶ *mettre en* ~ aufhäufen, auf e-n Haufen legen; **6.** ▶ *grève f sur le* ~ Sitzstreik *m; un* ~ *de gens (fam)* e-e Menge Leute; *un* ~ *de questions (fam)* ein Haufen, e-e Menge Fragen; ~ *de salauds! (pop)* Saubande!

tasse [tas] *f* Tasse *f;* ▶ *boire une* ~ *(beim Baden)* Wasser schlucken; ~ *à café, à thé* Kaffee-, Teetasse *f;* ~ *de café* Tasse *f* Kaffee.

tassement [tasmɑ̃] *m (Mauer)* Sichsetzen, Sichsenken *n.* **tasser I.** *tr* **1.** zs.=drängen, zs.=drücken; fest=stampfen; **2.** *(Menschen)* zs.=pferchen; **II.** *itr bot* sich aus=breiten, dichter werden; **III.** *v prn se* ~ **1.** *(arch)* sich senken, sich setzen; **2.** *(Speisen) (fam)* verdrücken; ▶ *ça va se* ~ *(fam)* das legt, gibt sich, das geht vorbei, vorüber; *café m bien tassé* sehr starker Kaffee.
taste-vin, tâte-vin [ta(s)təvɛ̃] *m inv* Probierglas *n.*
tata [tata] *f fam* Tantchen *n.*
tatane [tatan] *f fam* Schuh *m.*
tâter [tate] **I.** *tr* **1.** befühlen, ab=, betasten; **2.** *fig* aus=forschen, aus=horchen, sondieren; **II.** *itr* **1.** versuchen, probieren (*de qc* etw); **2.** *fig fam* aus=probieren (*de qc* etw); **III.** *v prn se* ~ mit sich selbst zu Rate gehen; ▶ ~ *le pouls* den Puls fühlen; ~ *le terrain (fig)* das Terrain ab=tasten; *fig* auf den Zahn fühlen.
tatillon, ne [tatijɔ̃, -ɔn] *a* kleinlich; pedantisch. **tatillonner** *itr* sich um Kleinigkeiten kümmern.
tâtonnement [tɑtɔnmɑ̃] *m* Tasten *n; fig pl* tastende Versuche *m pl.* **tâtonner** *itr* **1.** herum=tasten, -tappen; **2.** *fig* tastende Versuche machen; zögernd zu Werke gehen. **tâtons:** ▶ *à* ~ tastend, tappend; *fig* aufs Geratewohl; *avancer à* ~ sich vortasten.
tatou [tatu] *m zoo* Gürteltier *n.*
tatouage [tatwaʒ] *m* Tätowieren *n.* **tatouer** *tr* tätowieren.
taudis [todi] *m* armselige Behausung *f,* Elendsquartier; *fam* (Dreck-)Loch *n.*
taulard [tolaʀ] *m arg* Knastbruder *m.*
taule *f arg* Knast *m.* **taulier, ère** *m f arg* (Gast-)Wirt(in *f*) *m.*
taupe [top] *f* **1.** *zoo* Maulwurf(sfell *n*) *m;* ▶ *myope comme une* ~ stark kurzsichtig; **2.** *math* Vorbereitungsklasse für die Grandes écoles. **taupière** *f* Maulwurfsfalle *f.* **taupinière** *f* Maulwurfshügel, -haufen *m.*
taureau [tɔʀo] **1.** *zoo* Stier, Bulle *m;* **2.** ▶ *le T~ astr* der Stier; *prendre le* ~ *par les cornes* den Stier bei den Hörnern packen; *course f de ~x* Stierkampf *m.* **taurillon** *m* Jungstier *m.* **tauromachie** [-ʃi] *f* Stierkampf *m.*
taux [to] *m* **1.** (Prozent-)Satz, Zinsfuß *m;* **2.** Quote, Rate *f;* **3.** *(Börse)* Kurs; Preis *m;* **4.** Ziffer *f;* **5.** ▶ *au* ~ *de ...* zum Zinsfuß von ...; **6.** ▶ ~ *d'amortissement* Tilgungsquote *f;* ~ *du change* Wechselkurs *m;* ~ *de distribution* Verteilungsschlüssel, Verteiler *m;* ~ *d'émission* Emissionskurs *m;* ~ *d'escompte* Diskontsatz *m;* ~ *de mortalité* Sterblichkeitsziffer *f.*
tavelé, e [tavle] *a (Obst)* fleckig.
taverne [tavɛʀn] *f* (rustikales) Restaurant *n.*
taxation [taksɑsjɔ̃] *f* **1.** Einschätzung, Veranschlagung; **2.** Besteuerung *f;* **3.** *jur* Kostenfestsetzung *f.* **taxe** *f* **1.** Steuer (*sur* auf *acc*); Abgabe; Gebühr(en *pl*) (*de* für); Taxe *f;* **2.** Zuschlag *m;* **3.** *com* Preis *m;* **4.** ▶ *être soumis à une* ~ abgabepflichtig sein; ~ *sur les chiens* Hundesteuer *f;* ~ *d'enlèvement des ordures ménagères* Müllabfuhrgebühr *f;* ~ *locale* Gemeindesteuer *f;* ~ *sur les postes récepteurs de radiodiffusion, de télévision* Rundfunk-, Fernsehgebühren *f pl;* ~ *sur le revenu* Einkommensteuer *f;* ~ *de séjour* Kurtaxe *f;* ~ *de stationnement* Parkgebühr *f;* ~ *téléphonique* Fernsprechgebühr *f;* ~ *sur la valeur ajoutée (T.V.A.)* Mehrwertsteuer *f.* **taxer** *tr* **1.** mit e-r Steuer belegen, besteuern; veranlagen; **2.** den Preis, die Kosten fest=setzen (*qc* von etw); **3.** *fig* beschuldigen (*qn* jdn); bezeichnen (*de* als).
taxi [taksi] *m* Taxe *f;* ▶ *héler, appeler un* ~ ein Taxi herbeirufen; *il fait le* ~ er ist Taxichauffeur.
taxidermie [taksidɛʀmi] *f* Ausstopfen *n (von Tieren).*
taximètre [taksimɛtʀ] *m* Taxameter *m.* **taxiphone** *m* Münzfernsprecher *m.*
taxonomie [taksɔnɔmi] *f* (Wissenschaft *f* von der) Systematik *f.*
tchécoslovaque [tʃekɔslɔvak] *a* tschechoslowakisch. **Tchécoslovaque** *m f* Tscheche *m,* Tschechin *f.* **Tchécoslovaquie, la** die Tschechoslowakei.
tchèque [tʃɛk] *a* tschechisch. **Tchèque** *m f* Tscheche *m,* Tschechin *f.*
tchin-tchin [tʃintʃin] *interj* prosit! prost!
te [tə] *prn* dir, dich.
té [te] *m* T-Stück, *(fer m en ~)* T-Eisen *n;* Reißschiene *f;* ▶ *en* ~ T-förmig.
technicien, ne [tɛknisjɛ̃, -ɛn] *m f* Techniker(in *f*) *m;* ▶ ~ *de la publicité* Werbefachmann *m.* **technicité** *f* technische(r) Charakter *m.* **technique I.** *s f* Technik *f;* **II.** *a* technisch; fachlich; ▶ *avoir la (bonne)* ~ *(fam)* den Dreh heraushaben; *mot m, expression f* ~ Fachwort *n,* -ausdruck *m;* ~ *du chauffage, de l'éclairage, de la radiodiffusion* Heizungs-, Beleuchtungs-, Rundfunktechnik *f;* ~ *de pointe* hochentwikkelte Technik *f.* **technocrate** *m* Technokrat *m.* **technocratie** [-si] *f* Technokratie *f.* **technocratique** *a* technokratisch. **technocratisation** *f* Technokratisierung *f.* **technologie** *f* Technologie *f.* **technologique** *a* technologisch. **technologiste** *m f s. technologue.* **technologue** *m f* Technologue *m.* -*gin f.* **technopole** *f* technologische Metropole *f.*
te(c)k [tɛk] *m* Teakbaum *m,* -holz *n.*
tectonique [tɛktɔnik] *f geol* Tektonik *f.*
Téflon [teflɔ̃] *m (Warenzeichen)* Teflon

n (Warenzeichen).
tégument [tegymɑ̃] *m zoo bot* Hülle, Haut, Decke *f.*
teigne [tɛɲ] *f* **1.** *zoo* Motte *f;* **2.** *med* (Kopf-)Grind *m;* ► *c'est une* ~ er ist ein Giftzwerg. **teigneux, se** *a* grindig.
teindre [tɛ̃dʀ] ‹*Prés. je teins, ns teignons; Fut. je teindrai; pp. teint, e; Subj. que je teigne, que ns teignions; Impér. teins, teignons*› *tr* färben. **teint, e** [tɛ̃, tɛ̃t] **I.** *a* gefärbt; **II.** *s m* Teint *m,* Gesichtsfarbe *f;* **III.** *s f* Farbton *m,* Färbung *a. fig;* Schattierung *f; fig* Anflug, Anstrich *m;* ► *grand* ~ farbecht; *fig* überzeugt, echt. **teinté, e** *a* getönt, gefärbt. **teinter** *tr* färben; tönen (*de rouge* rot). **teinture** *f* **1.** Farbstoff *m,* -lösung *f;* **2.** Färben *n;* Färbung *f;* **3.** *chem* Tinktur *f;* ► ~ *d'iode* Jodtinktur *f.* **teinturerie** [-tyʀʀi] *f* **1.** chemische Reinigung *f;* **2.** Färberei *f.* **teinturier** *m* **1.** Inhaber *m* e-r chemischen Reinigung; **2.** Färber *m.*
tel, le [tɛl] **I.** *a* solch(er, e, s); solch, so ein(e, er, es); derart(ig); **II.** *prn* manche(r, s); manch eine(r, s); ► *de* ~*le sorte que* ... so, dergestalt, daß ...; ~ *que* ... so wie ...; ~ *quel* in demselben Zustand, unverändert; soso, mittelmäßig; ~*s ceux qui* ... wie diejenigen, welche ...; ~ ... ~ wie ..., so; ~ *ou* ~ das oder jenes; *il n'y a rien de* ~ *que* ... es geht nichts über ...; **III.** ► *M. Un* ~, *Mme Une* ~*le* Herr, Frau Soundso.
télé-alarme [telealaʀm] *f* Hausnotruf *m.*
télébenne [telebɛn] *f* Kabinenbahn *f.*
téléboutique [telebutik] *f (Warenzeichen)* Telefonladen *m.*
télécabine [telekabin] *f* Kabinenseilbahn *f.*
télécarte [telekaʀt] *f* Telefonkarte *f.*
télécinéma [telesinema] *m* Fernsehkino *n.*
télécommande [telekɔmɑ̃d] *f* Fernsteuerung *f; (Gerät)* Fernbedienung *f.* **télécommandé, e** *a* ferngesteuert, -gelenkt. **télécommander** *tr* fern=steuern; fern=bedienen.
télécommunications [telekɔmynikasjɔ̃] *f pl* Fernmeldewesen *n;* -technik *f;* Nachrichtenwesen *n,* -technik *f;* ► ~ *par satellite* Nachrichtenübertragung *f* mittels Satelliten.
téléconférence [telekɔ̃feʀɑ̃s] *f* Telekonferenz *f.*
télécopie [telekɔpi] *f* Fernkopie *f,* Telebrief *m,* Telefax *n; (Verfahren)* Faxen *n.* **télécopier** *tr* faxen. **télécopieur** *m* Fernkopierer *m,* Telefaxgerät *n.*
télédistribution [teledistʀibysjɔ̃] *f* Kabelfernsehen *n.*
télédépannage [teledepanaʒ] *m (von Computern)* Reparatur, Instandsetzung *f.*
télédétection [teledetɛksjɔ̃] *f* Satellitenerkundung *f.*
télé-enseignement [teleɑ̃sɛɲəmɑ̃] *m* Fernunterricht *m,* Telekolleg *n.*
téléfilm [telefilm] *m* Fernsehfilm *m.*
télégénique [teleʒenik] *a* telegen.
télégramme [telegʀam] *m* Telegramm *n;* ► *envoyer, expédier un* ~ ein Telegramm schicken, auf=geben; ~ *chiffré* Chiffretelegramm *n;* ~ *de condoléances* Beileidstelegramm *n;* ~ *éclair* Blitztelegramm *n;* ~ *de félicitation, de luxe* Glückwunsch-, Schmuckblattelegramm *n.* **télégraphe** *m* Telegraph *m.* **télégraphie** *f* Telegraphie *f;* ► ~ *sans fil* drahtlose Telegraphie *f.* **télégraphier** *tr* telegraphieren. **télégraphique** *a* telegraphisch; ► *adresse f* ~ Telegrammadresse, Drahtanschrift *f; mandat m* ~ telegraphische Postanweisung *f; poteau m* ~ Telegraphenmast *m.* **télégraphiste** *m* Telegrammbote *m.*
téléguidage [telegidaʒ] *m* Fernsteuerung *f.* **téléguidé, e** *a* ferngesteuert, -gelenkt. **téléguider** *tr a. fig* fern=lenken, -steuern.
téléimprimeur [teleɛ̃pʀimœʀ] *m* Fernschreiber *m.*
télé-informatique [teleɛ̃fɔʀmatik] *f* Datenverarbeitung *f.*
télékinésie [telekinezi] *f* Telekinese *f.*
télémaintenance [telemɛ̃tnɑ̃s] *f inform* Fernwartung *f.* **télémateur, trice** *m f inform* Benutzer(in *f*) *m.* **télématique** *a* telematisch, Telematik-; *s f* Telematik *f;* Telekommunikation *f.*
télémécanicien [telemekanisjɛ̃] *m* Fernmeldetechniker *m.*
télémètre [telemɛtʀ] *m* Entfernungsmesser *m.* **télémétrie** *f* Telemetrie *f.* **téléobjectif** [teleɔbʒɛktif] *m* Teleobjektiv *n.*
téléologie [teleɔlɔʒi] *f* Teleologie *f.*
télépathe [telepat] *s m f* Telepath(in *f*) *m.* **télépathie** *f* Telepathie *f.* **télépathique** *a* telepathisch.
téléphérique, téléférique [telefeʀik] *m* Seilschwebebahn *f.*
téléphone [telefɔn] *m* **1.** Telefon *n,* Fernsprecher *m;* **2.** Fernsprechverkehr *m,* -netz *n;* **3.** ► *par* ~ telefonisch, fernmündlich; **4.** ► *appeler qn au* ~, *donner un coup de* ~ *à qn* jdn an=rufen; *avoir le* ~ Telefon haben; *on vous appelle au* ~ Sie werden am Telefon verlangt; **5.** ► *abonné m au* ~ (Fernsprech-)Teilnehmer *m; annuaire m des* ~*s, abonnés au* ~ Telefon-, Fernsprechbuch *n; central m du* ~ (Fernsprech-) Vermittlung *f; coup m de* ~ Anruf *m; numéro m de* ~ Ruf(nummer *f*) *m;* ~ *arabe* Buschtrommel *f;* ~ *automatique* Selbstanschluß, -wählverkehr *m;* ~ *portable* tragbares Telefon *n;* ~ *public* öffentliche Fernsprechstelle *f;* ~ *à touches* Tastentelefon *n;* ~ *visuel* Bildtele-

fon *n;* ~ *de voiture* Autotelefon *n.* **téléphoner** *tr itr* telefonieren; *tr* telefonisch durch=sagen; an=rufen. **téléphonie** *f* Telephonie *f.* **téléphonique** *a* telefonisch, fernmündlich; Fernsprech-; ▶ *appel m* ~ Anruf *m; communication f* ~ Ferngespräch *n; installation f* ~ Fernsprechanlage *f; ligne f, réseau m* ~ Fernsprechleitung *f,* -netz *n.* **téléphoniste** *m f* Fernsprechbeamte(r) *m,* -beamtin *f.*

télérecherche [teleʀəʃɛʀ] *f* Personenrufanlage *f.*

téléreportage [teleʀəpɔʀtaʒ] *m* Fernsehbericht *m.* **téléreporter** *m f* Fernsehreporter(in *f*) m.

téléréservation [teleʀezɛʀvasjõ] *f* Reservierung *f* (über elektronische Medien).

télescopage [telɛskɔpaʒ] *m loc mot* Zs.stoß *m,* Auffahren *n.* **télescope** *m* Teleskop *n.* **télescoper I.** *tr* zs.stoßen mit; auffahren auf; **II.** *v prn se* ~ zs.stoßen, zs.prallen, aufea. auf=fahren. **télescopique** *a* teleskopisch; ausziehbar.

téléscripteur, télétype [teleskʀiptœʀ] *m* Fernschreiber *m;* ▶ *abonné m au réseau télex* Fernschreibteilnehmer *m.*

télésiège [telesjɛʒ] *m* Sessellift *m.* **téléski** *m* Schilift *m.*

téléspectateur, trice [telespɛktatœʀ, -is] *m f* Fernsehteilnehmer(in *f*), Fernseher *m.*

télésurveillance [telesyʀvɛjɑ̃s] *f* Fernüberwachung *f.*

télétechnique [teletɛknik] *f* Fernmeldetechnik *f.*

Télétel [teletɛl] *m (Warenzeichen)* Bildschirmtext *m.* **télétexte** *m* Bildschirmtext *m,* Btx *n.*

télétraitement [teletʀɛtmɑ̃] *m inform* Datenfernverarbeitung.

télétransmission [teletʀɑ̃smisjõ] *f* Fernsehübertragung *f.*

télétravail [teletʀavaj] *m* Telearbeit *f.*

télévisé, e [televize] *a* durch Fernsehen übertragen; Fernseh-. **téléviser** *tr* durch Fernsehen übertragen. **télé(viseur)** *m* Fernsehempfänger *m.* **télé(vision)** *f* Fernsehen *n;* ▶ *émission f de* ~ Fernsehübertragung, -sendung *f;* ~ *par câble* Kabelfernsehen *n;* ~ *commerciale* Werbefernsehen *n;* ~ *en couleurs* Farbfernsehen *n;* ~ *scolaire* Schulfernsehen *n.*

télex [telɛks] Fernschreiber *m (Gerät).* **télexiste** *f* Fernschreiberin *f.*

tellement [tɛlmɑ̃] *adv* so (sehr), derart(ig), dermaßen; ▶ *pas* ~ nicht überwältigend, nicht besonders.

tellière [tɛljɛʀ] *f* Papierformat *n* 44 × 34 cm.

tellurique [tɛlyʀik] *a:* ▶ *secousse f* ~ Erdstoß *m.*

téméraire [temeʀɛʀ] *a* verwegen, waghalsig; *(Urteil)* leichtfertig. **témérité** *f* Waghalsigkeit, Tollkühnheit, Verwegenheit *f.*

témoignage [temwaɲaʒ] *m* **1.** *jur* Zeugenaussage *f,* Zeugnis *n;* **2.** Beweis *m,* Zeichen *n;* **3.** ▶ *en* ~ zum Beweis, als Zeichen (*de* gen); **4.** ▶ *appeler en* ~ als Zeugen vor=laden; *entendre en* ~ als Zeugen hören; *porter, rendre* ~ Zeugnis ab=legen (*à* für); *refuser le* ~ die Aussage verweigern; **5.** ▶ ~ *de sympathie* Sympathiekundgebung *f.* **témoigner I.** *itr* **1.** bezeugen (*de qc* e-e S), als Zeuge aus=sagen (*contre* gegen; *en justice* vor Gericht); **2.** beweisen, an den Tag legen (*de qc* e-e S); **II.** *tr* bezeugen; zeigen, äußern; ▶ ~ *de son innocence* s-e Unschuld bezeugen. **témoin** *m* **1.** Zeuge *m,* Zeugin *f;* **2.** *fig* Zeichen *n,* Beweis *m;* **3.** *(Vermessung)* Markierung *f;* **4.** *biol* Versuchstier *n,* -pflanze *f;* **5.** *sport* Staffelstab *m;* **6.** ▶ *assermenter un* ~ e-n Zeugen vereidigen; *déposer comme* ~ als Zeuge aus=sagen; *être* ~ anwesend, Zeuge sein; *prendre à* ~ *(inv)* als Zeugen an=rufen; sich berufen (*qn* auf jdn); **7.** ▶ *mes yeux en sont* ~*s* ich habe es mit eigenen Augen gesehen; **8.** ▶ *appartement m* ~ Musterwohnung *f; appel m des* ~*s* Aufruf *m* der Zeugen; *audition f des* ~*s* Zeugenverhör *n; déclaration f de* ~ Zeugenaussage *f; lampe-*~ *f* Kontrollampe *f;* **9.** ▶ ~ *à charge, à décharge* Be-, Entlastungszeuge *m;* ~ *de Jéhovah* Zeuge *m* Jehovas; ~ des mariés Trauzeuge *m;* ~ *oculaire* Augenzeuge *m;* ~ *principal, numéro un, -clef m* Kronzeuge *m.*

tempe [tɑ̃p] *f anat* Schläfe *f.*

tempérament [tɑ̃peʀamɑ̃] *m* **1.** Temperament *n,* Gemütsart, Anlage, Veranlagung, Natur *f,* Charakter *m;* **2.** Konstitution *f;* **3.** ▶ *acheter à* ~ auf Raten kaufen; **4.** ▶ *achat m, vente f à* ~ Teilzahlungs-, Ratenkauf, -verkauf *m; crédit m à* ~ Teilzahlungskredit *m.*

tempérance [tɑ̃peʀɑ̃s] *f* Mäßigkeit, Mäßigung *f.* **tempérant, e** *a* mäßig, enthaltsam.

température [tɑ̃peʀatyʀ] *f* **1.** Temperatur *f;* **2.** Körpertemperatur *f;* Fieber *n;* **3.** ▶ *avoir, faire de la* ~ Fieber, Temperatur haben; *prendre la* ~ *d'un groupe* die Stimmung in e-r Gruppe erkunden; **4.** ▶ ~ *de l'air, au sol* Luft-, Bodentemperatur *f;* ~*s diurnes* Tagestemperaturen *f pl.*

tempéré, e [tɑ̃peʀe] *a* **1.** gemäßigt; **2.** *fig* ausgewogen, -geglichen. **tempérer** ⟨*Prés. je tempère, ns tempérons; Fut. je tempérerai; pp. tempéré, e*⟩ *tr* mäßigen, mildern, ab=schwächen.

tempête [tɑ̃pɛt] *f* **1.** (schwerer) Sturm *m a. fig;* Unwetter *n;* ▶ ~ *de neige*

Schneesturm *m;* **2.** ► *déchaîner des ~s* Proteststürme entfesseln; **3.** ► *~ d'applaudissement* Beifallssturm *m.* **tempêter** *itr fam* toben, wettern. **tempétueux, se** *a* stürmisch.
temple [tɑ̃pl] *m* **1.** Tempel *m;* **2.** (protestantische) Kirche *f.*
temporaire [tɑ̃pɔʀɛʀ] *a* vorübergehend; einstweilig. **temporel, le** *a* zeitlich; weltlich, irdisch. **temporisateur, trice** *a* hinhaltend; abwartend. **temporiser** *itr* ab=warten.
temps [tɑ̃] *m* **1.** Zeit *f,* Zeitabschnitt, -punkt *m,* -alter *n,* -dauer *f;* Stadium; **2.** Wetter *n,* Wetterlage, Witterung *f;* **3.** *mus* Tempo *n,* Takt *m,* Zeitmaß *n;* **4.** *gram* Tempus *n;* **5.** *(~ de service) mil* Dienstzeit *f;* **6.** *mot* Takt *m;* **7.** ► *à ~* rechtzeitig; *au ~ jadis* einst(mals), ehemals; *avant le ~* vorzeitig, verfrüht *adv; avec le ~* mit, im Laufe der Zeit; *ces derniers ~* in letzter Zeit; *dans le ~* früher; *de ~ à autre, de ~ en ~* von Zeit zu Zeit, hin u. wieder, dann u. wann; *de tout ~* von jeher; *depuis quelque ~* seit einiger Zeit; *en même ~* gleichzeitig *adv; en son ~* zu s-r Zeit; *en tout ~* zu jeder Zeit, jederzeit; *en ~ opportun, utile* zur rechten, zu gegebener Zeit; *entre ~* inzwischen; *par le ~ qui court* heutzutage; *par (un) beau ~* bei schönem Wetter; *par tous les ~* bei jeder Witterung; *la plupart du ~* meistens; *pour un ~* vorübergehend, e-e Zeitlang; *sans perdre de ~* unverzüglich; **8.** ► *avoir le ~* Zeit haben; *faire passer le ~ à qn* jdm die Zeit vertreiben; *gagner du ~* Zeit gewinnen; *parler de la pluie et du beau ~* vom Wetter reden; *perdre du ~, le ~* Zeit verlieren; *prendre beaucoup de ~* viel Zeit in Anspruch nehmen *od* kosten; *tuer le ~* die Zeit tot=schlagen; **9.** ► *il est grand ~* es ist höchste Zeit; *il y a peu de ~* (noch) vor kurzem; *il n'y a pas de ~ à perdre* es ist keine Zeit zu verlieren; *prenez votre ~* lassen Sie sich Zeit! **10.** ► *changement m brusque de ~* Wetterumschlag *m; épargne, perte f de ~* Zeitersparnis *f,* -verlust *m; moteur m à deux ~, à quatre ~* Zwei-, Viertaktmotor *m; prévision f du ~* Wettervorhersage *f; ~ d'attente* Wartezeit *f; ~ de cuisson* Kochzeit *f; ~ d'émission* Sendezeit *f; ~ d'épreuve* Probezeit *f; ~ de guerre, de paix* Kriegs-, Friedenszeit *f; ~ d'ouverture* Öffnungszeit *f; ~ partagé* Time-sharing *n; ~ de pose (phot)* Belichtungszeit *f; ~ record* Rekordzeit *f; ~ de réflexion* Bedenkzeit *f;* Denkpause *f; ~ de repos* Ruhezeit *f; ~sidéral, solaire (astr)* Stern-, Sonnenzeit *f.*
tenable [tənabl] *a* ► *ce n'est pas ~* das ist nicht auszuhalten.
tenace [tənas] *a* zäh(e) *a. fig;* hartnäckig, beharrlich; *(Wille)* eisern. **ténacité** *f* **1.** Zähigkeit *a. fig,* Festigkeit *f;* **2.** *fig* Beharrlichkeit, Hartnäckigkeit, Ausdauer *f.*
tenaille [tənɑ(a)j] *f meist pl* (Beiß-)Zange *f.* **tenailler** *tr fig* quälen, peinigen.
tenancier, ère [t(ə)nɑ̃sje, -ɛʀ] *m f (meist péj)* Inhaber, Besitzer; Wirt *m.*
tenant, e [tənnɑ̃, -ɑ̃t] **I.** *a:* ► *séance f ~e* auf der Stelle; **II.** *s m* **1.** Anhänger, Verfechter *m;* **2.** *sport (~ du titre)* Titelhalter *m;* **3.** ► *d'un seul ~* in e-m Stück; *connaître tous les ~s et les aboutissants (fig)* die Verhältnisse genau kennen, über alles orientiert sein.
tendance [tɑ̃dɑ̃s] *f* **1.** Bestreben *n,* Neigung *f,* Hang *m;* **2.** Tendenz *f;* **3.** *pol* Gesinnung *f;* **4.** *(Börse)* Stimmung *f;* ► *avoir une ~ à la baisse* e-e rückläufige Tendenz auf=weisen. **tendancieux, se** *a* tendenziös.
tendelet [tɑ̃dlɛ] *m mar* Sonnensegel *n.*
tender [tɑ̃dɛʀ] *m loc* Tender *m.*
tendeur [tɑ̃dœʀ] *m tech* Spanner *m.*
tendineux, se [tɑ̃dinø, -z] *a* sehnig.
tendon *m anat* Sehne *f.*
tendre [tɑ̃dʀ] **I.** *a* **1.** zart, weich *(a. Speise),* mürbe; **2.** *fig* empfindsam, zartfühlend; zärtlich, liebevoll; **3.** *(Melodie)* lieblich, einschmeichelnd, rührend; **4.** ► *dès la (plus) ~ enfance* von früher Jugend an; *n'être pas ~ pour qn* jdn nicht mit seidenen Handschuhen an=fassen; *mot m ~* Kosewort *n;* **II.** ‹*Prés. je tends, ns tendons; Fut. je tendrai, ns tendrons; pp tendu, e; Subj. que je tende, que ns tendions; Impér. tends, tendons*› *tr* **1.** (an=, auf=)spannen, (aus=) strecken; fest=, an=ziehen; **2.** *(Raum)* aus=schlagen, *(Wand)* bespannen (*de* mit); tapezieren; **3.** *(die Hand)* aus=strecken, hin=halten, reichen; **4.** *(Falle)* stellen; *(Schlinge)* legen; **5.** *(Zelt)* auf=schlagen; **III.** *itr* **1.** ab=zielen (*à* auf *acc*); **2.** die Tendenz, die Neigung haben (*à* zu); **3.** streben (*à* nach); **IV.** *v prn se ~* **1.** gespannt werden; **2.** ► *~ l'oreille* die Ohren spitzen; *~ la perche à qn* jdm Hilfe leisten.
tendresse [tɑ̃dʀɛs] *f* Zärtlichkeit *f.*
tendron [tɑ̃dʀɔ̃] *m* **1.** *bot* Sproß *m;* **2.** (Kalbs-)Brust *f.*
tendu, e [tɑ̃dy] *a* **1.** gespannt *a. fig (Lage, Verhältnis);* **2.** *(Geist)* angespannt.
ténèbres [tenɛbʀ] *f pl* Dunkel *n,* Finsternis, Nacht *f.* **ténébreux, se** *a* **1.** dunkel, finster, düster; **2.** *fig* geheimnisvoll; dunkel, unverständlich.
teneur [tənœʀ] *f* **1.** Wortlaut, Tenor *m;* **2.** *chem* Gehalt *m* (*en* an *dat*); **3.** *(~ de livres)* Buchhalter *m;* ► *~ en eau, en humidité* Wasser-, Feuchtigkeitsgehalt *m.*
ténia [tenja] *m zoo* Bandwurm *m.*

tenir [tənir] ‹*Prés. je tiens, ns tenons; Fut. je tiendrai; pp tenu, e; Subj. que je tienne, que ns tenions; Impér. tiens, tenons*› **I.** *tr* **1.** (fest=, in der Hand) halten; fassen, packen (*par le bras* am Arm); **2.** stand=halten (*qc* e-r S), aus=halten; **3.** *(Platz)* ein=nehmen; bewohnen; in Besitz haben; **4.** verdanken (*de* dat), haben (*de* von); gelernt haben (*de* von, bei); **5.** *(Rang, Stelle)* inne=haben, bekleiden; **6.** *(Bücher, Artikel)* führen; *(Geschäft)* betreiben; *(Gasthaus, -stätte)* bewirtschaften; **7.** *(Sitzung)* ab=halten; **8.** entlang=gehen (*qc* an e-r S), folgen (*qc* e-r S), sich halten (*qc* an e-r S, *sa droite* rechts); halten (*pour* für); **II.** *itr* **1.** halten, fest=halten, -sitzen, -stecken; **2.** bestehen, dauern, sich halten; *(Schnee)* liegen=bleiben; **3.** hängen (*à qn* an jdm); **4.** grenzen, stoßen, liegen (*à* an *acc*), benachbart sein (*à qc* e-r S *dat*); **5.** her=rühren, her=kommen, ab=hängen (*à* von); **6.** ähnlich sein *od* sehen, gleichen (*de qn* jdm); teil=haben (*de* an *dat*); **7.** aus=halten, -harren; stand=halten, widerstehen; **8.** (großen) Wert legen (*à* auf *acc*); darauf bestehen (*à ce que* daß); **9.** Platz finden (*dans, à* in *dat*); **10.** ein=treten (*pour* für); **III.** *v prn* se ~ **1.** sich, ea. halten (*par la main* an der Hand); mitea. verbunden sein; sich fest=halten (*à* an *dat*); stehen (*auprès de* bei); **2.** *fig* sich halten (*à* an *acc*); sich zurück=halten; **3.** sich an=sehen, betrachten (*pour* als), sich halten (*pour* für); **4.** e-n Halt *od* Zs.hang haben; **5.** *(Veranstaltung)* abgehalten werden, statt=finden; **6.** *(Gedanken)* zs.=hängen, logisch aufea.=folgen; **IV.** *(Wendungen)* **1.** ▶ *être tenu à* verpflichtet sein zu (*au secret* zum Schweigen); *ne pas* ~ locker, lose sein *od* sitzen, nicht halten; *ne pas ~ en place* aufgeregt hin u. hergehen; *en ~ (fam)* verknallt, verliebt sein (*pour* in *acc*); *savoir à quoi s'en ~* wissen, woran man ist; Bescheid wissen; *y* ~ Wert darauf *(acc)* legen (*à* zu, *à ce que* daß); *ne plus y* ~ keinen Wert mehr darauf legen; es nicht mehr aus=halten können; *ne pas y* ~ sich nicht viel daraus machen; **2.** ▶ ~ *pour acquis, pour assuré, pour certain que* es für erwiesen, sicher halten, daß; ~ *à bail* in Pacht haben; ~ *la caisse* die Kasse führen; ~ *sous clef* unter Verschluß halten; ~ *compagnie* Gesellschaft leisten; ~ *compte* berücksichtigen (*de qc* e-e S); Rechnung tragen (*de qc* e-r S); (hoch) an=rechnen (*de qc* e-e S); ~ *un compte* ein Konto unterhalten *od* haben (*chez* bei); ~ *le coup (fam), le choc (pop)* aus=halten; *se ~ debout* aufrecht stehen; ~ *qn à distance* sich jdn vom Leibe halten; *se ~ sur ses gardes* auf der Hut sein; *ne pas se ~ de joie* vor Freude außer sich sein; ~ *à jour* auf dem laufenden halten; *ne pas ~ le même langage* anea. vorbei=reden; ~ *sa langue* den Mund halten; ~ *lieu* ersetzen (*de qc* e-e S); ~ *la mer* seetüchtig sein; ~ *son rang* standesgemäß leben; ~ *en respect* in Schach halten; ~ *rigueur à qn de qc* jdm etw nicht vergessen *od* verzeihen können; ~ *bien la route (mot)* e-e gute Straßenlage haben; ~ *au sec* trocken auf=bewahren; ~ *qc secret* etw verschweigen; ~ *de bonne source* aus guter Quelle haben; ~ *tête* Widerstand leisten; *se ~ tranquille* sich ruhig verhalten, still sein; **3.** ▶ *tiens! tenez!* da! da hast du's, haben Sie's! sieh! Sehen Sie! hör, hören Sie mal! *tenez-vous bien!* halten Sie sich fest! machen Sie sich auf allerlei *(acc)* gefaßt! *je tiens à vous dire* es liegt mir viel daran, Ihnen zu sagen; *il ne tient qu'à vous* es hängt nur von Ihnen ab; es liegt nur an Ihnen; *cela ne tient pas debout* das hält *od* geht nicht; das hat keinen Sinn; *qu'à cela ne tienne* davon soll es nicht ab=hängen.

tennis [te(ɛ)nis] *m* Tennis *n;* ▶ *jouer au* ~ Tennis spielen; *joueur, euse de* ~ Tennisspieler(in *f*) *m; court, tournoi m de* ~ Tennisplatz *m* -turnier *n;* ~ *de table* Tischtennis *n.*

tenon [tənõ] *m* **1.** *tech* Zapfen *m;* **2.** *(Zahn)* Stift *m.*

ténor [tenɔʀ] *m mus* Tenor *m.*

tenseur [tɑ̃sœʀ] *m anat* Spanner *m.*

tension *f* **1.** Spannung *f a. el pol;* **2.** *phys* Druck *m;* **3.** *fig* Anspannung *f;* ▶ *réduire la ~ (pol)* die Spannung (ver)mindern; *haute* ~ Hochspannung *f;* ~ *artérielle* Blutdruck *m;* ~ *de réseau* Netzspannung *f.*

tentaculaire [tɑ̃takylɛʀ] *a* **1.** *zoo* Fühler-; **2.** *fig (Stadt)* sich nach allen Richtungen ausbreitend. **tentacule** *m zoo (Insekt)* Fühler *a. fig; (Polyp)* Fangarm *m.*

tentant, e [tɑ̃tɑ̃, -t] *a* verlockend. **tentation** *f* Versuchung, Lockung *f.* **tentative** *f* Versuch *m;* ▶ ~ *de conciliation, de fuite* Schlichtungs-, Fluchtversuch *m;* ~ *de record* Rekordversuch *m.*

tente [tɑ̃t] *f* Zelt *n;* ▶ *sous la* ~ im Zelt; *dresser, plier une* ~ ein Zelt auf=schlagen, ab=brechen; *se retirer sous sa ~ (fig)* sich gekränkt zurück=ziehen; ~ *familiale* Hauszelt *n.*

tenter [tɑ̃te] *tr* **1.** versuchen, (aus=)probieren; **2.** in Versuchung führen; **3.** verlocken, reizen; ▶ *être bien tenté* große Lust haben (*de* zu); ~ *le coup (fig)* e-n Versuch unternehmen.

tenture [tɑ̃tyʀ] *f* Behang *m;* (Stoff-)Tapete *f.*

tenu, e [təny] *a* ▶ *être ~ à qc, de faire qc* verpflichtet sein zu etw, etw zu tun; *bien* ~ gepflegt, ordentlich, in Ordnung.

tenue [təny] *f* **1.** Haltung *f,* Benehmen, Auftreten *n;* **2.** *mus* Halten *n (e-s Tones);* **3.** *(Bücher, Geschäft)* Führung *f;* **4.** Anzug *m,* Kleidung; *mil* Uniform *f;* ► *être en petite* ~ wenig anhaben; *se mettre en* ~ *de travail* die Arbeitskleidung anziehen; *garder une* ~ *ferme* e-e feste Haltung bewahren; ~ à jour (inform) Datenpflege *f;* ~ *des livres* Buchführung, -haltung *f;* ~ *de plage* Strandanzug *m;* ~ *de soirée* Abendanzug *m;* ~ *de sport* Sportkleidung *f.*
ténu, e [teny] *a* dünn, schwach, zart, fein. **ténuité** *f* Dünnheit, Zartheit, Feinheit *f.*
ter [tɛʀ] *adv* ► *il habite au numéro 20ter* er wohnt Nr. 20 c.
térébenthine [teʀebɑ̃tin] *f chem* Terpentin *n.*
térébrant, e [teʀebʀɑ̃, -t] *a zoo med (Schmerz)* bohrend.
tergiversations [tɛʀʒivɛʀsasjɔ̃] *f pl* Ausflüchte *f pl.* **tergiverser** *tr* Ausflüchte machen; aus=weichen.
terme [tɛʀm] *m* **1.** Ende *n,* Abschluß *m;* Ziel *n;* Termin *m,* Frist *f;* **2.** Vierteljahr(smiete *f*) *n;* **3.** (Fach-)Ausdruck *m;* **4.** *math* Glied *n;* **5.** *pl* Verhältnis *n,* Beziehungen *f pl;* Zustand *m;* Bedingungen *f pl;* **6.** Wortlaut *m;* **7.** ► *à* ~ auf Zeit *od* Kredit; *à* ~ *fixe* zu bestimmter Zeit; *à court, long* ~ kurz-, langfristig; *aux* ~*s de ...* nach dem Wortlaut *gen; en d'autres* ~*s* mit anderen Worten; **8.** ► *être en bons* ~*s avec qn* mit jdm auf gutem Fuß stehen; *fixer un* ~ e-n Zeitpunkt, Termin fest=legen; *mettre un* ~ ein Ende machen (*à* dat); *mener qc à son* ~ etw zu Ende führen; *le* ~ *échoit* die Frist läuft ab; **9.** ► *enfant m né avant* ~ Frühgeburt *f;* ~ *final* Schlußtermin *m;* ~ *de livraison* Lieferfrist, -zeit *f; pl* Lieferbedingungen *f pl;* ~ *de paiement* Zahlungstermin *m;* ~ *de préavis* Kündigungstermin *m;* ~ *technique* Fachausdruck *m.*
terminaison [tɛʀminɛzɔ̃] *f gram* Endung *f;* ► ~ *nerveuse (anat)* Nervenendigung *f.* **terminal, e I.** *a* ► *classe f* ~*e* Abschlußklasse *f; être en* ~*e* in der Abschlußklasse sein; **II.** *s m inform* Terminal *n.* **terminer I.** *tr* **1.** beenden, vollenden, ab=schließen; **2.** erledigen, fertig=stellen; **II.** *v prn se* ~ **1.** *(gram)* end(ig)en (*en, par* auf *acc*); **2.** zu Ende gehen, aufhören.
terminologie [tɛʀminɔlɔʒi] *f* Terminologie *f.*
terminus [tɛʀminys] *m* Endhaltestelle, -station *f.*
termite [tɛʀmit] *m zoo* Termite *f.* **termitière** [tɛʀmitjɛʀ] *f* Termitenhügel *m.*
ternaire [tɛʀnɛʀ] *a chem* ternär.
terne [tɛʀn] *a* **1.** trüb(e), matt, glanzlos; **2.** *(Person)* unbedeutend; **3.** *fig (Stil)* farblos; *(Gespräch)* uninteressant. **ternir** *tr* **1.** trübe, matt, glanzlos machen; trüben; mattieren; **2.** *fig* ab=schwächen; **3.** *(Ansehen)* beeinträchtigen.
terrain [tɛʀɛ̃] *m* **1.** Boden *a. fig,* Grund (u. Boden) *m;* **2.** Terrain, Gelände, Gebiet *n;* **3.** *agr* Grundstück *n;* **4.** *geol* Formation *f;* **5.** *min* Gebirge *n;* **6.** *mil* Übungsplatz *m;* **7.** *sport* Spielfeld *n;* **8.** ► *sur le* ~ an Ort u. Stelle; *disputer le* ~ *(mil)* s-e Stellung, *fig* sein Recht, s-n Standpunkt behaupten; *être sur son* ~ *(fig)* in s-m Element, zu Hause sein; *gagner, perdre du* ~ Gelände gewinnen, an Boden verlieren; *préparer, déblayer le* ~ *(fig)* den Weg ebnen; *rester maître du* ~ das Feld behaupten; *sonder, tâter le* ~ das Gelände ab=tasten; vor=fühlen; *tout* ~ *(mot)* geländegängig; **9.** ► ~ *accidenté* unebene(s) Gelände *n;* ~ *d'atterrissage (aero)* Landeplatz *m;* ~ *d'aviation* Flugfeld *n;* ~ *à bâtir* Baugelände *n,* -grund *m;* ~ *de camping* Campingplatz *m;* ~ *d'élection (fig)* Nährboden *m;* ~ *d'entente* Verständigungsgrundlage *f;* ~ *d'entraînement* Übungsgelände *n;* ~ *d'exposition* Ausstellungsgelände *n;* ~ *de golf* Golfplatz *m;* ~ *industriel* Industriegelände *n;* ~ *de jeux* Spielplatz *m;* ~ *rocheux, sablonneux* Fels-, Sandboden *m;* ~ *de sport* Sportplatz *m;* ~ *vague* leere(s) Gelände *n;* ~ *de vol à voile* Segelfluggelände *n.*
terrasse [tɛʀas] *f* (Garten-, Café-)Terrasse *f;* Flachdach *n;* ► *en* ~, *à* ~*s* terrassenförmig. **terrassement** *m* **1.** *(travaux m pl de* ~*)* Boden-, Erdbewegung, Planierung *f;* **2.** Erdaufschüttung *f.* **terrasser** *tr* **1.** nieder=strecken, -schlagen, völlig mutlos machen; **2.** *fig* niederwerfen. **terrassier** *m* Erdarbeiter *m.*
terre [tɛʀ] *f* **1.** Erde *f a. el;* **2.** Erdboden, Grund *m;* **3.** Land; Feld, Grundstück, (Land-)Gut *n;* **4.** *fig* Welt *f;* **5.** *pl* Ländereien *f pl,* Güter *n pl;* **6.** ► *de* ~ irden; Ton-; *par, à* ~ auf dem *od* den Boden, zu Boden; *sous* ~ unter der, die Erde; *sur mer et sur* ~ zu Wasser u. zu Lande; **7.** ► *avoir les pieds sur* ~ *(fig)* mit beiden Beinen auf der Erde stehen; *être sous* ~ unter der Erde liegen, tot sein; *mettre pied à* ~ ab=steigen; *remuer ciel et* ~ Himmel u. Hölle in Bewegung setzen, nichts unversucht lassen; **8.** ► *voilà tous nos projets par* ~ *(fam)* alle unsere Pläne sind über den Haufen geworfen; **9.** ► ~ *arable* Ackererde, -krume *f,* Mutterboden *m;* Kulturland *n;* ~ *argileuse* Lehm *m;* ~ *à bail* Pachtgrundstück *n;* ~ *cuite* Terrakotta *f;* ~ *ferme* Festland *n;* ~ *en friche, en jachère* Brachland *n;* ~ *grasse* fette(r) Boden *m;* ~ *labourable* Ackerland *n;* *(Verkehr)* Leitinsel *f;* ~ *à porcelaine*

Porzellanerde *f*, Kaolin *n; la ~ promise* das Gelobte Land *(Palästina); ~ réfractaire* feuerfeste(r) Ton *m*, Schamotte *f; la T~ sainte* das Heilige Land *(Palästina)*. **terre-à-terre** *(a inv)* alltäglich, gewöhnlich; schwunglos, spießig. **Terre-Neuve** *f* Neufundland *n*. **terreau** [tɛʀo] *m* Humus-, Blumenerde *f*. **terre-plein** *m* Erdaufschüttung. **terrer I.** *tr agr* mit Erde bedecken; häufeln; **II.** *v prn se ~* sich in die Erde ein=graben; *fig* sich verkriechen; sich nicht zeigen. **terrestre** *a fig* irdisch; Land-, Erd-; ▶ *par voie ~* auf dem Landwege; *forces f pl ~s* Landstreitkräfte *f pl; globe m ~* Erdball *m*.

terreur [tɛʀœʀ] *f* Schrecken *m;* ▶ *répandre, jeter, faire régner la ~* Schrekken verbreiten.

terreux, se [tɛʀø, -z] *a* **1.** erdig; erdhaltig; erdfarben; **2.** *(Gesicht)* fahl.

terrible [tɛʀibl] *a* **1.** schrecklich, furchtbar, entsetzlich; **2.** *fam* außerordentlich, riesig; gewaltig; *(Mensch)* phantastisch, toll; ▶ *ça marche ~* das geht prima; *ça n'a rien de ~* da ist nichts dran. **terriblement** *adv* entsetzlich, furchtbar; ▶ *c'est ~ ennuyeux* das ist schrechlich langweilig.

terrien, ne [tɛʀjɛ̃, -ɛn] **I.** *a* landbesitzend; **II.** *s m* Erdbewohner *m;* ▶ *propriétaire m ~* (Groß-)Grundbesitzer *m*. **terrier** *m* **1.** *zoo* Bau *m;* **2.** Terrier *m (Hunderasse)*.

terrifiant, e [tɛʀifjɑ̃, -t] *a* schreckenerregend, erschreckend; grauenhaft. **terrifier** *tr* erschrecken, e-n Schrecken ein=jagen (*qn* jdm).

terril [tɛʀil] *m min (Abraum)* Halde *f*.

terrine [tɛʀin] *f* **1.** Napf *m*, tiefe Schüssel, Terrine *f;* **2.** Pastete *f*.

territoire [tɛʀitwaʀ] *m* **1.** Gebiet *n;* Bezirk *m;* **2.** *zoo* Lebensraum *m;* ▶ *~ douanier* Zollgebiet *n; ~ métropolitain* Mutterland *n*. **territorial, e** *a* territorial; ▶ *eaux f pl ~es* Hoheitsgewässer *n pl*. **territorialité** *f* Zugehörigkeit *f* zu e-m Staatsgebiet. **terroir** *m* (Grund u.) Boden *m*, Land *n; (goût m de ~)* Erdgeschmack *m;* ▶ *sentir le ~ (fig)* s-e Herkunft nicht verleugnen können.

terroriser [tɛʀɔʀize] *tr* in Schrecken versetzen, terrorisieren. **terrorisme** *m* Terrorismus *m;* ▶ *~ urbain* Terrorismus *m* in Großstädten. **terroriste I.** *s m* Terrorist *m;* **II.** *a* terroristisch; ▶ *attentat m ~* Terroranschlag *m*.

tertiaire [tɛʀsjɛʀ] **I.** *a* tertiär; **II.** *s m* **1.** *geol* Tertiär *n;* **2.** ▶ *secteur m ~* Dienstleistungsbetriebe *m pl*. **tertio** [-sjo] *adv* drittens.

tertre [tɛʀtʀ] *m* kleine(r) Hügel *m*, Anhöhe *f*.

tes [te, tɛ] *prn s. ton*.

tessiture [tɛsityʀ] *f mus* Stimmlage *f*.

tesson [tɛsɔ̃] *m* Scherben *f pl; tech* Bruch *m*.

test [tɛst] *m* Test *m*, Probe, Prüfung *f;* ▶ *soumettre qn à un ~, faire passer des ~s à qn* jdn testen; *~ antipollution (mot)* Abgassonderuntersuchung *f; ~ de dépistage med* Vorsorgeuntersuchung *f; ~ de grossesse* Schwangerschaftstest *m; ~ de radioactivité* Radioaktivitätstest *m; ~ d'aptitude* Eignungstest *m*.

testament [tɛstamɑ̃] *m* **1.** Testament *n*, Letzte(r) Wille *m*, letztwillige Verfügung *f;* **2.** ▶ *par ~* testamentarisch; **3.** ▶ *faire son ~* sein Testament machen; *l'Ancien, le Nouveau T~ (rel)* das Alte, das Neue Testament; *~ olographe* eigenhändige(s) Testament *n*. **testamentaire** *a* testamentarisch, letztwillig. **testateur, trice** *m f* Erblasser(in *f*) *m*. **tester I.** *itr* sein Testament machen, letztwillig verfügen; **II.** *tr* prüfen, testen.

testicule [tɛstikyl] *m anat* Hoden *m*.

testimonial, e [tɛstimɔnjal] *a* Zeugen-.

tétanos [tetanɔs] *m med* Wundstarrkrampf, Tetanus *m*.

têtard [tɛtaʀ] *m* **1.** *zoo* Kaulquappe *f;* **2.** *arg* Kind *n*.

tête [tɛt] *f* **1.** Kopf *m a. tech*, Haupt *n;* Schädel *m;* **2.** *fig* Geist, Verstand *m;* **3.** Festigkeit, Entschlossenheit, Willenskraft; Kaltblütigkeit; Geistesgegenwart; Hartnäckigkeit *f;* **4.** Person *f* (*pl* Köpfe *m pl*); **5.** Kopfende *n;* **6.** oberste(r) Teil *m*, Spitze *f a. fig;* Anfang *m;* **7.** Gesicht(sausdruck *m*) *n;* **8.** *sport* Kopfball *m;* **9.** *(article m de ~)* Leitartikel *m;* **10.** *(longeur f d'une ~) sport* Nasenlänge *f;* **11.** *(Baum)* Wipfel *m;* **12.** *(Hirsch)* Geweih *n;* **13.** *(Münze)* Vorderseite *f;* **14.** ▶ *à la ~ de* an der Spitze *gen; à ~ reposée* mit klarem Kopf, mit Bedacht; *en ~ de* am Kopf, an der Spitze *gen;* vorn an; *(Liste)* oben auf; *la ~ la première* kopfüber; *fig* Hals über Kopf; *par ~* pro Kopf; **15.** ▶ *avoir de la ~, une bonne ~* ein kluger Kopf sein, *fam* Köpfchen haben; *calculer de ~* im Kopf rechnen; *avoir la ~ dure* schwer begreifen, *fam* schwer von Begriff sein; *avoir la ~ près du bonnet* leicht auf=brausen, hitzköpfig sein; *avoir la ~ lourde* e-n schweren Kopf haben; *en avoir par-dessus la ~ (fam)* es satt haben; *faire la ~ (pop)* schmollen; *faire une ~ (Fußball)* köpfen; *n'en faire qu'à sa ~* nur machen, was man will; *se jeter à la ~ de qn (fig)* sich jdm an den Hals werfen; *laver la ~ à qn (fig)* jdm den Kopf waschen; *monter, porter à la ~* zu Kopf steigen; *monter la ~ à qn* jdn auf=hetzen; *se payer la ~ de qn* sich über jdn lustig machen; *piquer une ~* e-n Kopfsprung machen; *perdre la ~* den Kopf verlieren; *prendre la ~* die Führung übernehmen; sich an die Spitze setzen; *ne savoir où donner de la* ~ nicht wissen, wo e-m der Kopf steht; *tenir* ~ die Spitze bieten; *(faire) tourner la* ~ *à qn* jdm den Kopf verdrehen; **16.** ► *j'en ai par-dessus la* ~ ich habe die Nase voll davon; *je mettrais, donnerais ma* ~ *à couper que* ... ich wette meinen Kopf, daß ...; *c'est à se jeter la* ~ *contre les murs* das ist zum Auswachsen; man könnte rasend werden; *vous en répondez sur votre* ~ Sie haften mit Ihrem Kopf dafür; *la* ~ *me tourne* mir dreht sich alles, mir ist schwindlig; *il va faire une* ~ er wird ein Gesicht machen; **17.** ► *coup m de* ~ Dummheit *f (Handlung); mauvaise* ~ Unruhestifter *m;* ~ *atomique (Rakete)* Atomsprengkopf *m;* ~ *baissée* blindlings; ~ *(de bétail)* Stück (Vieh); ~ brûlée Draufgänger(in *f*) m; ~ *carrée* Dickkopf *m;* ~ *chaude* Hitzkopf *m;* ~ *à l'envers* Querkopf *m;* ~ *de lecture (Plattenspieler)* Tonarm *m; (Kassettenrecorder)* Tonkopf *m;* ~ *de lettre* Briefkopf *m;* ~ *de ligne* Kopfstation *f;* Ausgangspunkt *m;* ~ *de linotte* leichtsinnige(r) Mensch *m;* ~ *de liste* erste(r) *m f* auf e-r Liste; *pol* Nummer *m* eins der Kandidatenliste; ~ *de pont (mil)* Brückenkopf *m;* ~ *de Turc* Prügelknabe, Buhmann *m.* **tête-à-queue** *m:* ► *faire un* ~ sich um s-e eigene Achse drehen. **tête-à-tête** *m inv* vertraute(s) Beisammensein *n* zu zweit; zweiteilige(s) Frühstückservice *n.* **tête-bêche** *(adv)* verkehrt, umgekehrt. **tête-de-nègre** schwarzbraun.

tétée [tete] *f:* ► *il a six* ~*s par jour* er wird sechs Mal täglich gestillt. **téter** *tr* saugen (*qc* e-e S *od* an e-r S); ► *donner à* ~ die Brust geben.

tétin [tetɛ̃] *m* Brustwarze *f.* **tétine** [-tin] *f* **1.** Zitze *f,* Euter *n;* **2.** Schnuller *m.* **téton** *m (weibliche)* Brust *f.*

tétrachlorure [tetʀaklɔʀyʀ] *m chem* Tetrachlorid *n.* **tétraèdre** *m math* Tetraeder *n.* **tétralogie** *f* Tetralogie *f.* **tétraplégie** *f med* Quadriplegie, Lähmung *f* aller vier Extremitäten. **tétrarque** *m (Bibel)* Tetrarch, Vierfürst *m.*

têtu, e [tety] *a* eigensinnig, dick-, starrköpfig; ► ~ *comme une mule* halsstarrig.

teuton, ne [tøtɔ̃, -ɔn] *a* teutonisch. **teutonique** *a* ► *l'ordre* ~ der Deutsche (Ritter-)Orden.

texte [tɛkst] *m (a. inform)* **1.** Text, Wortlaut *m;* Original *n;* **2.** Bibelstelle *f;* **3.** Thema *n;* **4.** *lit* Werk *n;* Manuskript *n.*

textile [tɛkstil] **I.** *a* faserig; Textil-, Spinnstoff-; **II.** *s m* **1.** Spinnstoff *m;* **2.** *(industrie f* ~*)* Textilindustrie *f.*

textuel, le *a* [tɛkstɥɛl] wörtlich.

texture [tɛkstyʀ] *f* Struktur; *tech* Textur *f.*

thaï [taj] *m gram* Thai *n.* **thaïlandais, e** *a* thailändisch. **Thaïlandais, e** *m f* Thai *m f,* Thailänder(in *f*) m. **Thailande, la** Thailand *n.*

thalassothérapie[talasɔteʀapi] *f med* Thalassotherapie *f.*

thalidomide [talidɔmid] *f* Contergan *(Warenzeichen) n.*

thé [te] *m* (schwarzer) Tee; Teestrauch *m,* -blätter *n pl;* ► *prendre du* ~ Tee trinken; *salon m de* ~ Café *n;* ~ *au citron, au lait* Tee mit Zitrone, Milch; ~ *dansant* Tanztee *m.*

théâtral, e [teɑtʀal] *a* **1.** bühnenmäßig; Theater-; **2.** *fig* theatralisch. **théâtre** *m* **1.** Theater, Schauspielhaus *n;* **2.** Bühne; Schauspielkunst *f;* **3.** (Bühnen-)Werke *n pl;* **4.** *fig* Schauplatz; Wirkungskreis *m;* **5.** ► *aller au* ~ ins Theater gehen; *faire du* ~ als Schauspieler auf=treten; *coup m de* ~ Knalleffekt *m;* ~ *en plein air* Freilichtbühne *f;* ~ *de verdure* Gartentheater *n.*

théier [teje] Teestrauch *m.* **théière** *f* Teekanne *f.*

théisme [teizm] *m* Theismus *m.*

thématique [tematik] *a gram mus* thematisch.

thème [tɛm] *m* **1.** Thema *n,* Gegenstand, Stoff *m;* **2.** *mus* Motiv *n;* **3.** *(Schule)* Hinübersetzung *f.*

théocratie [teɔkʀasi] *f* Theokratie *f.* **théocratique** *a* theokratisch.

théodolite [teɔdɔlit] *m* Theodolit *m (Meßgerät).*

théogonie [teɔgɔni] *f* Theogonie *f.* **théologie** *f* Theologie *f;* ► ~ *de la libération* Befreiungstheologie *f.* **théologien** *m* Theologe *m.* **théologique** *a* theologisch.

théorème [teɔʀɛm] *m math* Lehrsatz *m.* **théoricien, ne** *m f* Theoretiker(in *f*) *m.* **théorie** *f* Theorie, Lehre *f,* Lehrgebäude *n;* ► *en* ~ theoretisch *adv; tomber dans la* ~ *(fam)* theoretisch werden; ~ *de l'hérédité* Vererbungslehre *f.* **théorique** *a* theoretisch. **théoriser** *tr* theoretisieren.

théosophie [teɔzɔfi] *f* Theosophie *f.*

thérapeute [teʀapøt] *m med* Therapeut *m.* **thérapeutique I.** *s f* **1.** *med* Therapeutik *f;* **2.** Therapie *f,* Heilverfahren *n;* **II.** *a med* therapeutisch. **thérapie** *f* Therapie *f;* ► ~ *comportementale* Verhaltenstherapie *f;* ~ *familiale* Familientherapie *f; génétique, génique* Gentherapie *f;* ~ *occupationelle* Beschäftigungstherapie *f.*

thermal, e [tɛʀmal] *a pl-aux* Thermal-; ► *eaux f pl* ~*es* Thermalwasser *n; établissement m* ~ Kurhaus *n; station f* ~*e* Kurort *m.* **thermalisme** *m* Bäderwesen *n.* **thermes** [tɛʀm] *m pl* **1.** *hist* Thermen *f pl;* **2.** Kurhaus *n.* **thermie** *f* Megakalorie *f.* **thermique** *a* thermisch;

► *centrale f* ~ Wärmekraftwerk *n.* **thermocopie** *f* Wärmekopie *f.* **thermodynamique** [-mɔ-] *f* Thermodynamik *f.* **thermoélectricité** *f* Thermoelektrizität *f.* **thermoélectrique** *a* thermoelektrisch. **thermogène** *a* wärmeerzeugend. **thermomètre** *m* **1.** Thermometer *n;* **2.** *fig* Barometer *n;* ► ~ *médical* Fieberthermometer *n.* **thermonucléaire** *a* thermonuklear; Atom-, Kern-. **thermoplongeur** *m* Tauchsieder *m.* **thermos** [-ɔs]: ► *bouteille f* ~ Thermosflasche *f.* **thermostat** [-ta] *m* Thermostat *m.*

thésard, e [tezaʀ, -d] *m f arg* Doktorand(in *f*) *m.*

thésaurisation [tezɔʀizasjɔ̃] *f* Hortung *f.* **thésauriser** *tr* horten.

thèse [tɛz] *f* **1.** These, Behauptung *f;* **2.** Dissertation; Abhandlung; *(doctorat d'État)* Habilitationsschrift *f;* ► *roman m, pièce f à* ~ Tendenzroman *m,* -stück *n.*

thibaude [tibod] *f* Teppichunterlage *f.*

thon [tɔ̃] *m* Thunfisch *m.*

thoracique [tɔʀasik] *a* Brust(kasten, -korb). **thorax** [-ks] *m anat* Brust (-kasten, -korb *m*) *f.*

thrombose [tʀɔ̃boz] *f med* Thrombose *f.*

Thuringe, la [tyʀɛ̃ʒ] Türingen *n.*

thuya [tyja] *m bot* Lebensbaum *m.*

thym [tɛ̃] *m bot* Thymian *m.* **thyroïde** [tiʀɔid] *f,* ► *corps m, glande f* ~ Schilddrüse *f.* **thyroïdien, ne** *a* ► *insuffisance f ~ne* Schilddrüsenunterfunktion *f.*

tiare [tjaʀ] *f* Tiara *f.*

tibia [tibja] *m* Schienbein *n;* ► *coup m de pied dans les ~s* Tritt *m* ans Schienbein.

tic [tik] *m* **1.** *med* Tic *m,* Zucken *n;* **2.** Tick *m,* Angewohnheit, Schrulle *f;* ► *c'est un* ~ *chez lui* das ist ein Tick von ihm.

tic(-)tac [tiktak] *m inv (Uhr)* Ticktack *n.*

ticket [tikɛ] *m* **1.** Fahrkarte *f,* -schein *m;* **2.** *arg* zehn Francs; **3.** ► *(pop) avoir un* ~ *avec qn* jdn erobert haben; **4.** ► ~ *de quai, de métro* Bahnsteigkarte *f,* U-Bahnfahrschein *m;* ~ *modérateur* Selbstbeteiligung *f.*

tiédasse [tjedas] *a péj (Getränke)* lauwarm.

tiède [tjɛd] *a* **1.** lauwarm, überschlagen; *(Luft)* lau, (ge)lind, mild; **2.** *fig* lau; unentschlossen.

tiédeur [tjedœʀ] *f* **1.** angenehme Wärme; *(Luft)* Milde *f;* **2.** *fig* Lauheit *f.* **tiédir I.** *itr* **1.** lauwarm werden *a. fig;* **2.** *fig* erkalten, lau werden, ab=flauen; **II.** *tr* ab=kühlen lassen.

tien, ne [tjɛ̃, tjɛn] *prn* dein(ig)e *(vgl. mien).*

tiercé [tjɛʀse] *s m* Wette *f (bei Pferderennen).*

tiers, tierce [tjɛʀ, tjɛʀs] **I.** *a* dritte(r, s); **II.** *s m* Drittel *n;* Dritte(r) *(Mann) m;* **III.** *s f* **1.** *mus sport* Terz *f;* **2.** drei gleiche aufea.folgende (Spiel-)Karten *f pl;* **3.** *typ* Revision *f;* **4.** *astr math* Sekunde *f;* **5.** *rel* Terz *f;* ► *(fam) je me moque du* ~ *comme du quart* mir ist alles piepegal. **Tiers-Etat, le** [tjɛʀzeta] *(hist)* der dritte Stand. **tiers monde** [tjɛʀmɔ̃d] *m (pol)* die Entwicklungsländer *n pl.* **tiers-mondiste** *a* die Dritte Welt unterstützend; *s m f* Person *f,* die die Dritte Welt unterstützt.

tif(fe)s [tif] *m pl pop* Haar(e *pl*) *n.*

tige [tiʒ] *f* **1.** *bot* Stiel, Stengel *m;* **2.** *(Baum)* Stamm *m;* **3.** *(Säule, Stiefel)* Schaft *m;* **4.** *tech* Stange *f.*

tignasse [tiɲas] *f fam* wilde(r) Haarschopf *m.*

tigre [tigʀ] *m zoo* Tiger *m.* **tigré, e** *a* getigert, wie ein Tiger gestreift. **tigresse** *f* **1.** Tigerin *f;* **2.** *fig* Furie *f.*

tilde [tild] *m typ* Tilde *f.*

tilleul [tijœl] **I.** *s m* Linde(nbaum *n*); Lindenblüte(ntee *m*) *f;* **II.** *a inv* lind(grün).

tilt [tilt] *m:* ► *faire* ~ e-n Aha-Effekt haben.

timbale [tɛ̃bal] *f* **1.** *mus* (Kessel-)Pauke *f;* **2.** Trinkbecher *m;* **3.** *(Art)* Auflauf *m;* ► *décrocher la* ~ *(fig)* sein Ziel erreichen. **timbalier** *m mus* Paukenschläger *m.*

timbrage [tɛ̃bʀaʒ] *m* Abstempelung *f.* **timbre** *m* **1.** (Schlag-)Glocke; (Fahrrad-)Klingel *f;* **2.** (Glocken-)Klang *m;* **3.** *(Stimme, Instrument)* Klangfarbe *f;* **4.** Stempel(marke *f*); Poststempel *m; (~-poste m)* Briefmarke *f;* **5.** ► *apposer, oblitérer un ~-poste* e-e Briefmarke auf=kleben, entwerten; **6.** ► ~ *de bienfaisance* Wohlfahrtsmarke *f;* ~ *en caoutchouc* Gummistempel *m;* ~ *dateur, à dater* Datums-, Tagesstempel *m.* **timbré, e** *a* **1.** gestempelt; **2.** frankiert, freigemacht; **3.** *fam* verrückt; ► *bien* ~ klangvoll; *papier m* ~ Stempelpapier *n.* **timbrer** *tr* **1.** (ab=)stempeln; **2.** e-e (Brief-)Marke auf=kleben (*qc* auf e-e S); **3.** mit e-r Gebührenmarke, e-m Gebührenstempel versehen.

time-sharing [taimʃɛʀiŋ] *m s. temps-partagé.*

timide [timid] *a* schüchtern, zaghaft, ängstlich; ► *c'est un grand* ~ er ist sehr gehemmt. **timidité** *f* Befangenheit; Schüchternheit, Zaghaftigkeit; Ängstlichkeit *f.*

timon [timɔ̃] *m* Deichsel *f.* **timonerie** *f mar* Ruderwache *f,* -haus *n.* **timonier** *m* **1.** *mar* Steuermann *m;* **2.** Deichselpferd *n.*

timoré, e [timɔʀe] *a* ängstlich; unentschlossen.

tinctorial, e [tɛ̃ktɔʀjal] *a pl -aux* Färbe-. **tinette** [tinɛt] *f* Aborteimer *m; pl fam* Klo *n*.

tintamarre [tɛ̃tamaʀ] *m fam* Lärm *m*, Getöse *n*. **tintement** *m* **1.** Klingeln, Bimmeln *n;* **2.** *(Gläser)* Klingen; Klirren *n;* **3.** *(~ d'oreilles)* Ohrensausen *n*. **tinter** *itr* klingen, läuten; ► *les oreilles me tintent* ich habe Ohrensausen.

tintin [tɛ̃tɛ̃] *m* ► *j'ai fait ~ (fam)* ich habe in die Röhre, in den Mond geguckt.

tintouin [tɛ̃twɛ̃] *m fam* **1.** Lärm, Spektakel *m;* **2.** unnütze Arbeit, Plage *f*, Ärger *m;* ► *après bien du ~* nach vielem Wenn u. Aber; *donner du ~* in Schwierigkeiten bringen (*à qn* jdn).

tique [tik] *f zoo* Zecke *f*.

tiquer [tike] *itr fam* zs.=zucken, -fahren; stutzen.

tir [tiʀ] *m* **1.** Schießen *n;* **2.** *mil* Feuer *n;* Beschuß *m;* **3.** *sport* Schuß *m;* **4.** *(champ m de ~)* Schießstand *m;* **5.** ► *~ au but* Schuß *m* aufs Tor; *~ à la cible* Scheibenschießen *n; ~ forain* Schießbude *f; ~ au pigeon* Tontaubenschießen *n*.

tirade [tiʀad] *f* Tirade *f; fig* Wortschwall *m*.

tirage [tiʀaʒ] *m* **1.** Ziehen *n;* **2.** *(Lotterie)* Ziehung, *(~ au sort)* Auslosung *f;* **3.** *(Kamin)* Ziehen *n*, Zug *m a. tech;* **4.** *typ* Drucken *n*, Abdruck *m;* Auflage(nhöhe) *f;* **5.** *phot* Abziehen *n*, Abzug *m;* **6.** ► *il y a du ~ (fam)* es gibt Schwierigkeiten; **7.** ► *jour m de ~* Ziehungstag *m; liste f des ~s* Ziehungsliste *f; ~ global* Gesamtauflage *f*.

tiraillement [tiʀɑjmɑ̃] *m* **1.** Hin- u. Herzerren *n;* **2.** *fig* Reibungen, Schwierigkeiten *f pl;* **3.** *med (~s d'estomac)* Magenkrämpfe *m pl*. **tirailler I.** *tr* **1.** hin- u. her=zerren; **2.** *fig* hin- u. her=reißen, keine Ruhe lassen (*qn* jdm); **II.** *itr* herumballern. **tirailleur** *m* Schütze *m;* ► *en ~s* in geöffneter Ordnung.

tirant [tiʀɑ̃] *m* **1.** Strippe; Schlaufe *f;* **2.** *(~ d'eau)* Tiefgang *m;* **3.** ► *~ d'air* lichte Höhe *f (e-r Brücke)*. **tire** *f* **1.** ► *voleur m, vol m à la ~* Taschendieb(-stahl) *m;* **2.** *arg* fahrbare(r) Untersatz, Schlitten *m*. **tire-au-flanc** *fam* Drükkeberger *m*. **tire-bouchon** *m* Korken-, Pfropfenzieher *m;* ► *en ~* aufgeringelt. **tire-d'aile** pfeilschnell. **tire-fesse** *m fam* Schlepplift *m*. **tire-larigot** *m inv:* ► *à ~* reichlich. **tiré, e** *s m* **1.** Jagd(gebiet *n*) *f;* **2.** *com* Bezogene(r), Trassat *m;* **3.** ► *avoir les traits ~s* schlecht, abgespannt aus=sehen; *ça fait une ~e (fam)* das ist ein ganz schönes Stück; **4.** ► *~ par les cheveux (fig)* an den Haaren herbeigezogen; *~ à quatre épingles (fam)* piekfein; *~ m à part* Sonderdruck *m*.

tirelire [tiʀliʀ] *f* **1.** Sparbüchse *f;* **2.** *fam* Kopf, Dez *m*.

tirer [tiʀe] **I.** *tr* **1.** ziehen (*les oreilles* an den Ohren; *par le bras* am Arm); zerren; **2.** *(Riegel)* vor=schieben; **3.** (her)an=, herbei=, (her)aus=ziehen, in die Länge ziehen; **4.** entnehmen; (ab=)zapfen, (ab=)schöpfen; **5.** *(Kuh)* melken; *(Hut)* ab=nehmen; *(Vorhang)* auf= *od* zu=ziehen; *(Karten)* legen; *(Horoskop)* stellen; *(Zunge)* heraus=strecken; **6.** *fig (Plan)* entwerfen; *(Wort)* entlehnen (*de* aus); *(Töne)* entlocken *(d'un instrument* e-m Instrument); **7.** *com* ziehen, trassieren (*sur* auf *acc*); *(Scheck)* aus=stellen; **8.** *typ* drucken; *phot* ab=ziehen; *(Schuß)* ab=schießen, -feuern; schießen (*un oiseau* auf e-n Vogel); **9.** *mar* e-n Tiefgang haben (*six mètres d'eau* von sechs Metern); **II.** *itr* **1.** ziehen (*sur sa cigarette* an s-r Zigarette); e-n Zug aus=üben; (straff) an=ziehen, spannen; **2.** (an)gespannt sein; sich wenden, sich richten; **3.** *(Vogel)* streichen; *(Farbe)* spielen, über=gehen (*sur le rouge* ins Rote, in Rot); **4.** *fam* ähnlich sein *od* sehen (*sur qn* jdm); schlagen, arten (*sur* nach); **5.** *com* ziehen, ab=geben, trassieren (*sur* auf *acc*); schießen; *(~ des armes)* fechten; *(~ au sort)* losen; **III.** *v prn se ~* **1.** ► *~ d'affaire, du pétrin (fam)* sich aus der Klemme ziehen; *je me suis tiré en douce (fam)* ich habe mich verdrückt; *il s'en est tiré à bon compte* er ist billig weggekommen. **2.** ► *ne pouvoir rien ~ de qn* aus jdn nichts heraus=bringen, -kriegen; *~ qn d'affaire* jdm aus der Verlegenheit helfen; *~ à l'arc* mit dem Bogen schießen; *~ à conséquence* Folgen haben; *~ la conséquence* die Folgerung ziehen (*de* aus); *~ à sa fin* s-m Ende zu=gehen; *~ au flanc (fam), au cul (pop)* sich drükken; *~ qn de son lit (fam)* jdn aus dem Bett holen; *~ en longueur* (sich) in die Länge ziehen; *~ les marrons du feu (fig)* die Kastanien aus dem Feuer holen; *~ parti, profit, avantage* Vorteil ziehen (*de* aus); *~ sa source* entspringen (*de* in *dat*, auf *dat*); *~ une traite* e-n Wechsel ziehen (*sur* auf); *~ vanité, gloire* stolz sein, sich etw einbilden (*de* auf *acc*); *~ vengeance* sich rächen, Rache nehmen (*de qn* an jdm); *~ à qn les vers du nez* jdn aus=horchen; jdm die Würmer aus der Nase ziehen.

tiret [tiʀɛ] *m* Gedanken-, Trennungsstrich *m*. **tirette** *f (Möbel)* Ausziehplatte *f*. **tireur, se** *m f* **1.** Schütze *m;* **2.** *tech* Drahtzieher *m;* **3.** *com* Aussteller, Trassant *m;* **4.** *f (~euse de cartes)* Kartenlegerin *f*. **tiroir** *m* **1.** Schublade *f*, -fach *n;* **2.** *tech* Schieber *m*. **tiroir-caisse** [tiʀwaʀkɛs] Registrierkasse *f*.

tisane [tizan] *f* (Kräuter-)Tee *m*.

tison [tizɔ̃] *m* halbverbrannte(s) Stück *n* Holz. **tisonner I.** *itr* im Feuer herum≈stochern; **II.** *tr* schüren. **tisonnier** *m* Schürhaken *m*, -eisen *n*.
tissage [tisaʒ] *m* **1.** Weben *n;* **2.** Weberei *f;* **3.** Gewebe *n*. **tisser** *tr* **1.** (ein≈, ver)weben; **2.** ▶ ~ *des intrigues* Intrigen spinnen. **tisserand** [-srɑ̃] *m* (Leine-)Weber *m*. **tisseur, se** *m f* Weber(in *f*) *m*. **tissu** *m* **1.** Gewebe *a. anat*, Gespinst *n;* **2.** Stoff *m;* **3.** *(Textil)* Ware *f;* **4.** Webweise *f;* **5.** *fig* Verkettung *f*, Gefüge *n;* **6.** ▶ *gants m pl en* ~ Stoffhandschuhe *m pl;* ~ *d'ameublement* Möbelstoff *m;* ~ *cellulaire, conjonctif (anat)* Zell-, Bindegewebe *n;* ~ *pour blouses, pour chemises, de coton, -éponge m, pour robes* Blusen-, Hemden-, Baumwoll-, Frottee-, Kleiderstoff *m;* ~ *économique* Wirtschaftsgefüge *n;* ~ *de mensonges* Lügengewebe *n*.
Titan [titɑ̃] *m* Titan *m*.
titane [titan] *m chem* Titan *n*.
titanesque [titanɛsk] *a* titanisch, riesenhaft. **titanique** *a* titanisch, gigantisch; *chem* Titan-.
titi [titi] *m pop (Paris)* Straßenjunge *m*.
titiller [titile (-je)] *tr itr* kitzeln; *itr* prickeln.
titrage [titraʒ] *m chem* Titrieren *n;* Maßanalyse *f*. **titre** *m* **1.** Titel *m;* (Berufs-)Bezeichnung *f;* Ehrentitel *m;* **2.** *sport* Titel *m;* **3.** *(Buch)* Titel *m; (Zeitung)* Überschrift *f;* **4.** *jur* Rechtstitel *m*, Anrecht *n*, Anspruch *m;* **5.** *com* Schein, Titel, Ausweis *m*, Urkunde *f;* **6.** *chem* Feingehalt; *(Flüssigkeit)* Gehalt, Titer *m; (~ de fil)* (Garn-)Nummer *f;* **7.** *pl com* Effekten *f pl*, Stücke *n pl;* **8.** ▶ *à juste* ~ mit vollem Recht; *à plus d'un* ~ in mehr als e-r Hinsicht; *à* ~ *de ...* (in der Eigenschaft) als ...; *à* ~ *bénévole* freiwillig; *à* ~ *d'essai* probeweise; *à* ~ *exceptionnel* ausnahmsweise; *à* ~ *gracieux, gratuit* unentgeltlich, gratis, kostenlos *adv; à* ~ *indicatif, d'information* zur Unterrichtung; zur Kenntnisnahme; *à* ~ *onéreux* gegen Entgelt; *à* ~ *de paiement* an Zahlungs Statt; *à* ~ *de réciprocité* auf Gegenseitigkeit; **9.** ▶ *posséder à bon* ~ rechtmäßig besitzen; *produire des ~s* Urkunden vor≈legen; **10.** ▶ *marché m des ~s* Effektenmarkt *m;* ~ *de créance* Schuldschein *m;* ~ *au porteur* Inhaberpapier *n*. **titrer** *tr* **1.** e-n Titel verleihen (*qn* jdm); **2.** *chem* titrieren.
titubant, e [titybɑ̃, -ɑ̃t] *a* schwankend. **tituber** *itr* (sch)wanken, hin u. her taumeln.
titulaire [titylɛr] **I.** *a* festangestellt; verbeamtet; **II.** *s m (Amt, Dokument)* Inhaber *m;* ▶ ~ *d'un compte* Kontoinhaber *m;* ~ *d'un permis de conduire* Inhaber *m* e-s Führerscheins; ~ *d'une rente* Rentenempfänger *m*. **titulariser** *tr* fest an≈stellen; verbeamten.
toast [tɔst] *m* **1.** Trinkspruch, Toast *m;* **2.** Röstbrot *n*, Toast *m;* ▶ *porter un* ~ e-n Trinkspruch aus≈bringen (*à qn* auf jdn).
toboggan [tɔbɔgɑ̃] *m* **1.** Rodel(schlitten) *m;* **2.** Rutschbahn *f;* **3.** *tech* Rutsche; provisorische Stahlbrücke *f*.
toc [tɔk] **I.** *interj* klopf! klopf! **II.** *s m fam* Schund, Tinnef *m;* ▶ *c'est du* ~ das ist nur nachgemacht.
tocade [tɔkad] *s. toquade*.
tocante [tɔkɑ̃t] *f s. toquante*.
tocard, e [tɔkar, -d] **I.** *a fam* mies; häßlich; ▶ *ça fait* ~ das sieht scheußlich aus; **II.** *s m pop* **1.** schlechtes Rennpferd *n;* **2.** Nichtskönner *m*.
tocsin [tɔksɛ̃] *m* Sturmglocke *f*.
toge [tɔʒ] *f* **1.** *hist* Toga *f n;* **2.** Robe *f*.
tohu-bohu [tɔybɔy] *m* Chaos, Durcheinander *n*.
toi [twa] *prn* du; dir, dich (vgl. *moi*).
toile [twal] *f* **1.** Leinwand *f*, Leinen *n;* **2.** Gewebe, Tuch *n*, Stoff *m;* **3.** Gemälde *n;* **4.** Zelt *n;* **5.** *mar* Segel *n;* **6.** *theat (~ de fond)* Prospekt; *fig* Hintergrund *m;* **7.** ▶ *demi-~ (Buch)* Halbleinen *n;* ~ *d'araignée* Spinn(en)gewebe *n;* ~ *cirée* Wachstuch *n;* ~ *de coton* Baumwolleinen *n*, Kattun *m;* ~ *d'emballage* Packleinen *n;* ~ *d'émeri* Schmirgelleinwand *f;* ~ *de fond* Hintergrund *m;* ~ *de tente* Zeltleinwand *f;* ~ *à voiles* Segeltuch *n*.
toilette [twalɛt] *f* **1.** Waschen, Herrichten *n;* **2.** Kleidung *f*, Toilette, Aufmachung *f;* **3.** *pl* Abort *m*, Toilette *f*, Abort *m*, WC *n;* ▶ *en grande* ~ in großer Toilette *od* Aufmachung *f; faire (sa)* ~ *sich waschen* **4.** ▶ *cabinet m de* ~ Waschraum *m; gant m de* ~ Waschlappen *m;* ~ *d'été* Sommerkleid *n;* ~ *du soir, de bal* Abend-, Balltoilette *f*.
toilier, ère [twalje, -ɛr] *a* Leinen-; *s m f* Leinenhändler(in *f*), -fabrikant *m*.
toise [twaz] *f* **1.** *hist* Klafter *f;* **2.** Größenmaß *n*. **toiser** *tr* **1.** ab≈messen; **2.** *fig fam* mit dem Blick messen; *(~ des pieds à la tête)* von oben bis unten mustern.
toison [twazɔ̃] *f* **1.** (Schaf-)Wolle *f;* **2.** *fam* Mähne *f;* ▶ *la T~ d'or* das Goldene Vlies.
toit [twa] *m* **1.** Dach *n;* **2.** Wohnung, Behausung *f;* ▶ *crier qc sur les ~s* etw aus≈posaunen; ~ *en tuiles, en verre* Ziegel-, Glasdach *n;* ~ *ouvrant (mot)* Schiebedach *n*. **toiture** [-tyr] *f* Bedachung *f;* ▶ *enlever la* ~ das Dach ab≈decken.
tôle [tol] *f* Blech *n;* ▶ ~ *ondulée* Wellblech *n*.
tolérable [tɔlerabl] *a* erträglich. **tolérance** *f* **1.** Duldsamkeit, Toleranz *a. tech;* Nachsicht, Duldung *f;* **2.** *tech*

Spielraum *m;* **3.** zulässige Abweichung *f.* **tolérant, e** *a* duldsam, tolerant; nachsichtig. **tolérer** ⟨*Prés. je tolère, ns tolérons; Fut. je tolérerai; pp. toléré, e*⟩ *tr* **1.** ertragen, dulden; gestatten, zu=lassen, geschehen lassen; **2.** *(Arznei)* vertragen.

tôlerie [tolʀi] *f* **1.** Blechschmiede *f,* Walzwerk *n;* **2.** Blechwaren *f pl.* **tôlier** *m* Blechschmied *m.*

tollé [tɔle] *m* Zetergeschrei *n.*

tomaison [tɔmɛzɔ̃] *f typ* Bandbezeichnung, -nummer *f.*

tomate [tɔmat] *f* Tomate *f;* ▶ *concentré, jus m de ~s* Tomatenmark *n,* -saft *m; être rouge comme une ~* puterrot sein.

tombac [tɔ̃bak] *m* Tombak *m (Legierung).*

tombal, e [tɔ̃bal] *a* Grab-; ▶ *pierre f ~e* Grabstein *m,* -platte *f.*

tombant, e [tɔ̃bɑ̃, -t] *a* fallend; *(Haar)* herunterhängend; *(Schultern)* abfallend; ▶ *à la nuit ~e* bei Einbruch der Dunkelheit.

tombe [tɔ̃b] *f* Grab *n,* letzte Ruhestätte *f.* **tombeau** *m pl -x* **1.** Grabmal; Grab(stätte *f*) *n,* Gruft *f;* **2.** *fig* Tod *m,* Ende *n,* Untergang *m;* ▶ *rouler à ~ ouvert (mot)* wie wahnsinnig rasen.

tombée [tɔ̃be] *f* ▶ *à la ~ de la nuit, du jour* bei Einbruch der Dunkelheit. **tomber I.** *itr (mit être)* **1.** fallen (*à, par terre* zu Boden); herunter=, nieder=fallen; ab=, zu=, hin=, um=fallen; **2.** stürzen *a. pol (Regierung),* zu Fall kommmen; sinken; *(Bergsteiger, Flugzeug)* ab=stürzen; **3.** her=fallen (*sur* über *acc*), sich stürzen (*sur* auf *acc*); **4.** stoßen (*sur* auf *acc*), zufällig treffen (*sur qn* jdn); **5.** *theat* durch=fallen; **6.** *(Fluß)* münden; **7.** *(Gespräch, Rede)* kommen (*sur* auf *acc*); **8.** zu=fallen (*sur qn* jdm); **9.** hinein=geraten, gehen (*dans un piège* in e-e Falle); **10.** außer Gebrauch kommen, veralten; unterliegen, ein=, verfallen; **11.** ab=nehmen, nach=lassen, stocken; *(Wind)* sich legen; *(Meer)* sich beruhigen; *(Stimme)* leiser, schwächer werden; *(Zorn)* ab=kühlen; *(Haare, Zähne)* aus=fallen; **12.** *(Feiertag)* fallen (*un lundi* auf e-n Montag); **13.** *(Nacht)* herein=brechen; *(Tag)* sich neigen; **14.** *com* fällig werden; **II.** *tr (mit avoir)* **1.** *fam* um=legen, nieder=werfen, -strecken; **2.** *(Frau)* verführen; **3.** ▶ *~ la veste* die Jacke ausziehen; **4.** ▶ *bien, mal ~* gerade recht *od* zur rechten, zur unrechten Zeit kommen; *laisser ~ qn (fam)* jdn fallen=lassen, im Stich lassen; *qc (fam)* etw fallen=lassen, auf=geben; **5.** ▶ *~ d'accord* überein=kommen, sich verständigen (*avec qn* mit jdm); *~ en arrêt* stehen=bleiben; *~ sous le coup d'une loi* unter ein Gesetz fallen; *~ enceinte* schwanger werden; *~ en désuétude* veralten; *~ en flammes (aero)* brennend ab=stürzen; *~ sous la main à qn* jdm unter die Finger kommen; *~ sous la main de qn* jdm in die Hände, in jds Hände fallen; *~ malade* krank werden; *~ des nues, de son haut* wie aus allen Wolken fallen; *~ dans l'oubli* in Vergessenheit geraten; *~ dans le panneau (fam)* herein=fallen; ins Garn gehen; *~ sur ses pieds, debout (fig)* auf die Beine fallen; Glück im Unglück haben; *~en proie à qc* e-r S verfallen; *~ raide mort* tot um=fallen; *~ en ruines* verfallen; *~ sous le sens* ein=leuchten; *~ de sommeil* vor Müdigkeit um=fallen; *~ à plat (fam)* flach=fallen; in den Wind geredet sein; *~ la veste (fam)* die Ärmel aufkrempeln, tüchtig ran=, an die Arbeit gehen; **6.** ▶ *il tombe de la pluie, de la grêle, de la neige, à seaux* es regnet, hagelt, schneit, gießt wie aus Kübeln; *ils nous sont tombés dessus* sie sind über uns hergefallen; *ça tombe mal, à pic* das trifft sich schlecht, ausgezeichnet; *les bras m'en tombent* ich kann es kaum fassen.

tombereau [tɔ̃bʀo] *m pl -x* Kippkarren *m;* Karrenladung *f.*

tombeur [tɔ̃bœʀ] *m* **1.** *(Ringkampf)* Sieger *m;* **2.** *fam* Verführer *m.*

tombola [tɔ̃bɔla] *f* Tombola *f.*

tome [tɔm] *m* Band, Teil *m* (e-s Werkes).

tomographie [tɔmɔgʀafi] *f med* Tomographie *f.*

tom-pouce [tɔmpus] *m* **1.** *fam* Knirps *m;* **2.** Taschenschirm *m.*

ton [tɔ̃] *s m* **1.** Ton, Klang *m;* Tonart *f;* **2.** *fig* Sprache, Redeweise *f;* Farbton *m,* Schattierung *f;* **3.** Benehmen *n,* Haltung *f;* Stil *m;* **4.** ▶ *de bon ~* geschmackvoll; *~ sur ~* Ton in Ton; *sur tous les ~s (fig)* in allen Tonarten; **5.** ▶ *donner le ~* den Ton an=geben; *hausser le ~* lauter reden; schärfere Saiten auf=ziehen; *ne le prenez pas sur ce ~-là* ich verbitte mir diesen Ton.

ton, ta, tes [tɔ̃, ta, te] *prn ~* dein(e).

tonal, e [tɔnal] *a pl -als mus* Ton-; tonal. **tonalité** *f* **1.** *mus* Tonart, Klangfarbe *f;* **2.** Farbton *m;* **3.** *(Telefon)* Amtszeichen *n;* Wählton *m;* ▶ *régulateur m de ~ (radio)* Klangregler *m.*

tondeuse [tɔ̃døz] *f* **1.** Haarschneidemaschine *f;* **2.** *(~ à gazon)* Rasenmäher *m.* **tondre** ⟨*Prés. je tonds, ns tondons; Fut. je tondrai; pp. tondu, e; Subj. que je tonde, que ns tondions; Impér. tonds, tondons*⟩ *tr* **1.** (ab=)scheren; *(Rasen)* mähen; **2.** *fig fam* neppen, rupfen; ▶ *se laisser ~ la laine sur le dos* sich alles gefallen lassen. **tondu, e I.** *a (Kopf, Rasen)* geschoren (*de près* kurz); **II.** *s m:* ▶ *(fam) il n'y avait que trois pelés et deux ~* bloß ein paar Männeken waren da.

tonicité [tɔnisite] *f* stärkende Wirkung *f*. **tonifier** *tr* stärken, kräftigen. **tonique I.** *a* **1.** stärkend, kräftigend; **2.** *fig* belebend; **3.** *mus* Ton-; **4.** *gram* Betonung(s)-; **II.** *s m* Stärkungsmittel *n;* **III.** *s f* **1.** *(note f ~)* Grundton *m;* **2:** *gram* Tonsilbe *f*.
tonitruant, e [tɔnitʀyɑ̃, -t] *fam (Stimme)* dröhnend, donnernd. **tonitruer** *itr (Person)* donnern.
tonnage [tɔnaʒ] *m* **1.** *mar* Schiffs-, Frachtraum *m*, Tonnage; **2.** Gesamttonnage *f*.
tonnant, e [tɔnɑ̃, -t] *a (Stimme)* dröhnend.
tonne [tɔn] *f* **1.** Tonne *f*, Faß *n;* **2.** *(~ métrique)* Tonne *f (1000 kg)*. **tonneau** *m pl* -*x* **1.** Faß *n*, Tonne *f (a. 1000 kg);* **2.** *aero* Rolle *f;* **3.** ▶ *être du même ~ (fig)* aus einem Holz geschnitzt sein; *faire plusieurs ~x* sich mehrfach überschlagen; **4.** ▶ *~ d'arrosage* (Straßen-)Sprengwagen *m; ~ de bière, de vin* Bier-, Weinfaß *n; ~ de jauge* Registertonne *f (2,830 m³)*. **tonnelet** [-nlɛ] *m* Fäßchen *n*. **tonnelier** [-nə-] *m* Böttcher *m*. **tonnelle** *f* **1.** *arch* Tonnengewölbe *n;* **2.** Gartenlaube *f*. **tonnellerie** *f* Böttcherei, Küferei; Faßfabrik *f*.
tonner [tɔne] *itr* donnern *a. fig* (*contre qn* gegen jdn); ▶ *il tonne* es donnert. **tonnerre** *m* **1.** Donner *m;* **2.** ▶ *(mille) ~(s)!* Donnerwetter! *fig fam c'est du ~* das ist toll, phantastisch; **3.** ▶ *coup m de ~* Donnerschlag *m; fig* schwere(r) Schlag *m; ~ d'applaudissement* stürmische(r) Beifall *m*.
tonsure [tɔ̃syʀ] *f* Tonsur *f*.
tonte [tɔ̃t] *f* **1.** (Schaf-)Schur *f;* **2.** Schurwolle *f;* **3.** *(Rasen)* Mähen *n*.
tonton [tɔ̃tɔ̃] *m (Kindersprache)* Onkel *m*.
tonus [tɔnys] *m fig* Energie, Spannkraft *f*.
top [tɔp] *m* **1.** Zeitzeichen *n*, Ton; Start *m;* **2.** Meßpunkt *m*.
topaze [tɔpɑz] *m min* Topas *m*.
tope [tɔp] *interj:* ▶ *~ (là)!* einverstanden! topp! **toper** *itr* einverstanden sein, ein=willigen; ein=schlagen; ▶ *topez-là* einverstanden!
topinambour [tɔpinɑ̃buʀ] *m bot* Topinambur *f*.
topique [tɔpik] **I.** *a* **1.** *med* örtlich; **2.** *fig* zur Sache gehörig; **II.** *s m* **1.** *med* örtliche(s) Mittel *n;* **2.** *fig* Gemeinplatz *m*.
topo [tɔpo] *m* **1.** *fam* Ausführungen *f pl*, Rede *f;* Überblick, Abriß *m;* **2.** Weg-, Fahrtbeschreibung *f;* ▶ *c'est toujours le même ~* das ist immer die alte Leier. **topographe** [-pɔ-] *m* Topograph *m*. **topographie** *f* Orts-, Geländebeschreibung, Topographie *f*. **topographique** *a* topographisch. **toponymie** *f* Ortsnamenkunde *f*.
toquade [tɔkad] *f fam* Fimmel *m*, Marotte *f;* ▶ *avoir une ~ pour qn* in jdn verknallt sein.
toquante [tɔkɑ̃t] *f arg* (Taschen-)Uhr *f*.
toque [tɔk] *f (randlose)* Mütze *f*.
toqué, e [tɔke] *a fam* verrückt; ▶ *~ de* verliebt in.
toquer [tɔke] *tr* stoßen (*qc* an etw); klopfen (*à la porte* an die Tür).
toquer, se [tɔke] *v prn fam* sich verknallen, sich vergaffen (*de qn* in jdn); Feuer u. Flamme sein (*de* für).
torche [tɔʀʃ] *f* **1.** Fackel *f a. fig;* **2.** (*~ électrique*) Stablampe *f*.
torché, e [tɔʀʃe] *a fam* **1.** ▶ *c'est ~* das ist gekonnt; **2.** *(Arbeit)* gepfuscht. **torcher** *tr* **1.** *fam* ab=wischen, reinigen, putzen; **2.** *pop* hin=schlampen, -pfuschen; ▶ *je m'en torche* das ist mir völlig egal.
torchère [tɔʀʃɛʀ] *f* große(r) Kandelaber *m*.
torchon [tɔʀʃɔ̃] *m* **1.** Spül-, Putz-, Wisch-, Scheuerlappen *m;* **2.** *fig* Geschmiere, Geschreibsel *n;* ▶ *le ~ brûle* es ist Streit im Hause. **torchonner** *tr fam* hin=pfuschen, -hauen.
tordant, e [tɔʀdɑ̃] *a fam* zum Totlachen.
tord-boyaux [tɔʀbwajo] *m inv pop* Rachenputzer; Fusel *m*.
tordre [tɔʀdʀ] ‹*Prés. je tords, ns tordons; Fut. je tordrai; pp. tordu, e; Subj. que je torde, que ns tordions; Impér. tords, tordons*› **I.** *tr* **1.** (um-, ver)drehen; ab=drehen; verwinden; *(Wäsche)* aus=wringen, -winden; **2.** *tech* verwinden; zwirnen; **II.** *v prn se ~* **1.** sich winden, sich krümmen (*de douleur* vor Schmerz); *(den Arm)* sich verrenken; *(den Fuß)* sich verstauchen; **2.** ▶ *~ le cou* den Hals um=drehen; *se ~ les mains* die Hände ringen; *se ~ de rire, rire à se ~* sich biegen vor Lachen. **tordu, e I.** *s m f arg* Idiot(in *f*) *m;* **II.** *a* **1.** *(Beine)* krumm; **2.** *fam* schief gewickelt; ▶ *il est complètement ~* er spinnt.
tore [tɔʀ] *m arch* (Säulen-)Wulst, Rundstab *m a. tech*.
torero [tɔʀeʀo] *m* Stierkämpfer, Torero *m*.
torgn(i)ole [tɔʀɲɔl] *f fam* Ohrfeige *f*.
tornade [tɔʀnad] *f* Tornado, Wirbelsturm *m*.
toron [tɔʀɔ̃] *m* **1.** *tech* Litze *f;* **2.** *arch* Wulst *m*.
torpeur [tɔʀpœʀ] *f* **1.** Starre, Erstarrung, Betäubung, Gefühllosigkeit *f;* **2.** Apathie *f*. **torpide** *a* (er)starr(t), gefühllos; apathisch, stumpf.
torpillage [tɔʀpijaʒ] *m* Torpedierung *f*. **torpille** [-ij] *f* **1.** *zoo* Zitterrochen *m;* **2.** *mil* Torpedo *m*. **torpiller** *tr* **1.** torpedieren *a. fig;* **2.** *(Plan, Gesetzesvorschlag)*

zu Fall bringen. **torpilleur** *m mar* Torpedoboot *n.*
torréfacteur [tɔʀefaktœʀ] *m* (Kaffee-) Röster *m.* **torréfaction** *f* Rösten *n.* **torréfier** [-fje] *tr* rösten.
torrent [tɔʀɑ̃] *m* **1.** Gieß-, Sturz-, Wildbach *m;* **2.** *fig* Flut *f,* Schwall *m;* ▶ *laisser passer le ~ (fig)* warten, bis der Sturm vorüber ist; *la pluie tombe à ~s* es regnet in Strömen. **torrentiel, le** [-sjɛl] *a* Wildbach-; ▶ *pluie f ~le* Wolkenbruch *m.*
torride [tɔʀid] *a (Hitze)* glühend; *(Klima)* heiß.
tors, e [tɔʀ, -ʀs] *a* gedreht, gewunden; *(Faden)* gezwirnt; *(Beine)* krumm. **torsade** *f* **1.** *tech* Verwindung *f;* **2.** *(~ de cheveux)* Zopf *m.*
torse [tɔʀs] *m* **1.** *anat* Brust *f;* **2.** *(Kunst)* Torso *m;* ▶ *bomber le ~* die Brust wölben; *~ nu* mit nacktem Oberkörper.
torsion [tɔʀsjɔ̃] *f tech* (Ver-)Drehung, (Ver-)Windung, Torsion *f.*
tort [tɔʀ] *m* **1.** Unrecht; Verschulden *n,* Fehler *m;* **2.** Schaden, Nachteil *m;* **3.** ▶ *à ~* zu Unrecht; *à ~ et à travers* ins Blaue hinein; *à ~ ou à raison* zu Recht oder zu Unrecht; **4.** ▶ *avoir ~* unrecht haben; *donner ~ à qn* jdm unrecht geben; *être dans son ~* im Unrecht sein; *faire du ~ à qn* jdm schaden; *mettre qn dans son ~* jdn ins Unrecht setzen; *c'est un ~!* das ist nicht richtig!
torticolis [tɔʀtikɔli] *m med* Schiefhals *m.*
tortillard [tɔʀtijaʀ] *m fam* Bummelzug *m.* **tortiller I.** *tr* zs.=drehen, winden; **II.** *itr* wackeln (*des hanches* mit den Hüften); *fig* Ausflüchte suchen; **III.** *v prn se ~* sich krümmen, sich winden, sich ringeln; ▶ *il n'y a pas à ~ (fam)* da hilft keine Ausrede. **tortillon** *m* Kopfpolster *n;* ▶ *~ de papier* zs.gedrehtes Papier *n.*
tortionnaire [tɔʀsjɔnɛʀ] *m* Folterknecht *m.*
tortu, e [tɔʀty] *a* schief, krumm, gewunden; fig *verschroben.*
tortue [tɔʀty] *f zoo* Schildkröte *f;* ▶ *à pas de ~* im Schneckengang; *c'est une vraie ~ (fam)* ist das eine lahme Ente!
tortueux, se [tɔʀtɥø, -øz] *a* **1.** gewunden, verschlungen; **2.** *fig* krumm, unlauter.
torture [tɔʀtyʀ] *f* **1.** Folter *a. fig; fig* Qual *f;* **2.** ▶ *mettre à la ~* auf die Folter spannen; *se mettre l'esprit à la ~* sich den Kopf zerbrechen; **3.** ▶ *chambre f, instrument m de ~* Folterkammer *f,* -werkzeug *n.* **torturer** *tr* **1.** foltern; **2.** *fig* martern, peinigen; Gewalt an=tun (*un texte* e-m Text).
torve [tɔʀv] *a (Blick)* drohend, finster.
tôt [to] *adv* früh, bald, (früh)zeitig; ▶ *au plus ~* so bald wie möglich; möglichst bald; *~ ou tard* früher oder später.
total, e [tɔtal] **I.** *a pl -aux* **1.** gesamt; **2.** völlig, vollständig, ganz, restlos; Total-, Gesamt-; **II.** *adv fam* kurz (und gut); **III.** *s m (montant m ~, somme f ~e)* Gesamtbetrag *m,* Summe *f;* Ganze(s) *n;* ▶ *au ~* im ganzen; *faire le ~* zs.rechnen; *se monter au ~* sich insgesamt belaufen (*à* auf *acc*); *recette f ~e* Gesamteinnahme *f.* **totalisateur** *m* Totalisator *m.* **totaliser** *tr* **1.** zs.=zählen; sich insgesamt belaufen auf *(acc);* **2.** *(Punkte, Stimmen)* erzielen, auf sich vereinigen. **totalitaire** *a* totalitär. **totalitarisme** *m* Totalitarismus *m.* **totalité** *f* Gesamtheit *f;* ▶ *en ~* insgesamt.
toubib [tubib] *m fam* Arzt *m.*
touchant, e [tuʃɑ̃, -ɑ̃t] **I.** *a fig* rührend, (herz)ergreifend; **II.** *prp* in bezug auf.
touche *f* **1.** *(Fisch)* Anbeißen *n;* **2.** *(Klavier, Schreibmaschine)* Taste *f;* **3.** *(Malerei)* Pinselstrich *m;* **4.** *sport* Seitenlinie *f; (Fußball)* Einwurf *m;* **5.** *(Fechten)* Treffer *m;* **6.** ▶ *avoir une ~ (fig fam)* e-e Eroberung gemacht haben; *donner la dernière ~ à qc* die letzte Hand an e-e S an=legen; *être mis sur la ~* ausgebootet werden; **7.** ▶ *il y a ~* der Ball ist ins Seitenaus; *quelle ~!* was für ein Aufzug! **touche-à-tout** [tuʃatu] *m (inv fam)* Naseweis *m;* ▶ *c'est un ~* er nimmt sich immer zuviel vor. **touché, e** *a fig* gerührt; heimgesucht. **toucher I.** *tr* **1.** an=, berühren; an=fassen, -stoßen (*de* mit); **2.** treffen *(a. Fechten); sport* an=schlagen; **3.** *(Haus, Grundstück)* grenzen (*à* an *acc*); *(Farbe)* auf=tragen; **4.** *(Scheck)* ein=lösen, -kassieren; *(Geld)* ab=heben, ein=nehmen, vereinnahmen, bekommen, in Empfang nehmen; **5.** *fig* rühren, ergreifen (*qn* jdn); **6.** betreffen, an=gehen (*ne ... pas* nichts); **7.** berühren; zu sprechen kommen (*qc* auf e-e S); sagen, mit=teilen; beibringen (*un mot à qn* jdm etw); **8.** verwandt sein (*qn* mit jdm); **II.** *itr* **1.** rühren (*à qc* an e-e S), berühren (*à qc* etw); *(Speise)* an=rühren (*à qc* etw); **2.** ganz nahe sein *od* kommen; stoßen, grenzen (*à* an *acc*); **3.** *mus* spielen (*de qc* etw); **4.** *mar* auf=laufen; an=laufen (*à un port* e-n Hafen); **5.** *(Vorrat)* an=greifen (*à qc* etw); **6.** *fig* an=gehen, betreffen (*à qc* etw); **III.** *v prn se ~* **1.** sich berühren; anea.=stoßen, -grenzen; **2.** *fig* miteinader in Verbindung stehen; **IV.** *s m* **1.** Gefühl(ssinn *m*) *n,* Tastsinn; **2.** *mus* Anschlag *m;* **3.** *(Stoff)* Anfühlen *n,* Griff *m;* **4.** ▶ *au ~* beim Anfühlen; **5.** ▶ *n'avoir pas l'air d'y ~* so aus=sehen, als könne man keiner Fliege etw zuleide tun; *être doux au ~* sich weich an=fühlen; *se laisser ~ (fig)* sich erweichen lassen; *~ des appointements* ein Gehalt beziehen; *~ au but* das Ziel erreichen; *~ à sa fin* s-m Ende zu=gehen; auf die, zur

Neige gehen; ~ *au port (fig)* sich dem Ziel nähern; ~ *qn par téléphone* jdn telefonisch erreichen; ~ *au vif (fig)* mitten ins Herz treffen; *touchez-là!* Hand drauf! eingeschlagen!

toue [tu] *f* Fährboot *n*. **touer** *tr mar* verholen.

touffe [tuf] *f* Büschel *n* (*de cheveux, d'herbes* Haare, Gras). **touffu, e** *a* **1.** dicht; buschig; **2.** *(Buch)* unübersichtlich.

touiller [tuje] *tr fam* um=rühren.

toujours [tuʒuʀ] *adv* **1.** immer, stets; immerzu, unaufhörlich; **2.** noch immer, immer noch; **3.** wenigstens, immerhin, doch; indessen, nur; **4.** ▶ *depuis* ~ von jeher; *pour* ~ für immer; ~ *est-il que ...* trotzdem, jedenfalls, immerhin; soviel ist sicher, daß ...; **5.** ▶ *cause* ~*!* rede du nur! *ce n'est pas moi,* ~ ich war es jedenfalls nicht!

toundra [tundʀa] *f geog* Tundra *f*.

toupet [tupɛ] *m* **1.** (Haar-)Büschel *n;* Tolle *f;* **2.** *fig fam* Dreistigkeit, Unverfrorenheit *f;* ▶ *avoir le* ~ die Stirn haben, sich erdreisten (*de* zu).

toupie [tupi] *f* **1.** Kreisel *m;* **2.** (Holz-)Fräsmaschine *f;* **3.** ▶ *vieille* ~ *(fig pop)* alte Schachtel *f*.

tour [tuʀ] **I.** *s m* **1.** Umdrehung, kreisförmige Bewegung *f,* Umlauf; **2.** (Spazier-)Gang, Rundgang *m;* Wanderung *f,* Ausflug *m;* Fahrt, Reise *f* (*du monde* um die Welt); **3.** *(Tanz)* Tour *f;* **4.** *sport* Runde *f;* **5.** Krümmung, Windung *f a. tech;* **6.** Rand *m,* Einfassung *f; (Ort)* Umkreis; **7.** *(Körper)* Umfang *m; (Kleidung)* Weite *f;* **8.** *tech* Drehbank; Töpferscheibe *f;* **9.** *fig* Streich *m;* Kunststückchen *n;* **10.** (Rede-)Wendung, Ausdrucksweise *f;* **11.** (~ *d'esprit)* Geisteshaltung *f;* **12.** Reihe(nfolge) *f;* **13.** ▶ *à* ~ *de bras* mit voller Gewalt *od* Wucht; *en un* ~ *de main* im Handumdrehen; ~ *à* ~, *à* ~ *de rôle* der Reihe nach, e-r nach dem andern; abwechselnd; **14.** ▶ *accorder le* ~ *de faveur à qn* jdn bevorzugt ab=fertigen; *faire le* ~ *de qc* um etw herum=gehen, -fahren, -reisen; *faire un* ~ e-n Spaziergang machen; *faire un* ~ *d'horizon* e-n Gesamtüberblick gewinnen *a. fig; fermer une porte à double* ~ in e-m Türschloß den Schlüssel zweimal herum=drehen; *jouer un mauvais* ~ *à qn* jdm übel mit=spielen; **15.** ▶ *c'est mon* ~ ich bin dran, an der Reihe; *votre* ~ *viendra* Sie kommen auch noch dran; *à qui le* ~*?* wer ist dran? **16.** ▶ ~ *d'adresse* Kunststück *n;* ~ *éliminatoire, d'honneur, de repêchage (sport)* Ausscheidungs-, Ehren-, Zwischenrunde *f;* ~ *de force* Glanz-, Gewaltleistung; Kraftprobe *f;* ~ *de hanches, de poitrine, de taille* Hüft-, Brust-, Taillenweite *f;* ~ *de main* Hand-, Kunstgriff *m;* ~ *de piste (aero)* Platzrunde *f;* ~ *de potier* Töpferscheibe *f;* ~ *de reins (med)* Hexenschuß *m;* ~ *de scrutin d'élection* Wahlgang *m;* **II.** *s f* **1.** Turm *m;* **2.** *(Turm-)* Hochhaus *n;* **3.** ▶ ~ *de contrôle, d'église, de sondage* Kontroll-, Kirch-, Bohrturm *m;* ~ *d'ivoire (fig)* Elfenbeinturm *m;* ~ *de lancement (cosm)* Startturm *m;* ~ *de réfrigération (tech)* Kühlturm *m;* ~ *de télévision* Fernsehturm *m*.

tourbe [tuʀb] *f* Torf *m; extraire la* ~ Torf stechen. **tourbière** *f* Torfmoor *n*.

tourbillon [tuʀbijɔ̃] *m* **1.** Wirbelwind, -sturm *f;* **2.** *(Wasser)* Strudel *f;* **3.** *fig* Wirbel, Trubel *m;* ▶ ~ *de neige* Schneegestöber *n;* ~ *de poussière* Staubwirbel *m*. **tourbillonner** *itr* **1.** *(Staub)* wirbeln; **2.** *(Wasser)* strudeln; **3.** ▶ *les souvenirs tourbillonnaient dans sa tête* die Erinnerungen schwirrten in seinem Kopf herum.

tourelle [tuʀɛl] *f* **1.** *arch* Türmchen *n;* **2.** *mar* (Geschütz-)Turm *m;* **3.** *aero* Maschinengewehrkanzel *f; (Panzer)* Drehturm *m*.

tourière [tuʀjɛʀ] *f* (Kloster-)Pförtnerin *f*.

tourisme [tuʀism] *m* **1.** Fremdenverkehr *m;* Touristik *f,* Tourismus *m;* **2.** ▶ *faire du* ~ als Tourist reisen; **3.** ▶ *agence f, bureau m de* ~ Verkehrsbüro *n; publicité f de* ~ Fremdenverkehrswerbung *f; voiture f de* ~ Personenwagen *m;* ~ *collectif, individuel* Gesellschafts-, Individualtourismus *m;* ~ *culturel* Bildungstourismus *m*. **touriste** *m* Tourist, Urlauber, Feriengast *m;* ▶ *je suis là en* ~ ich bin als Tourist hier; *classe f* ~ Touristenklasse *f*. **touristique** *a* Reise-, Touristen-, Fremdenverkehrs-; ▶ *guide m* ~ Reiseführer *m; menu m* ~ billige(s) Menü *n* für Touristen; *renseignements m pl* ~*s* Reiseinformationen *f pl; ville f* ~ Fremdenverkehrsstadt *f*.

tourmaline [tuʀmalin] *f min* Turmalin *m*.

tourment [tuʀmɑ̃] *m* Qual *f;* quälende Sorge *f*. **tourmenté, e** *a* **1.** *(Ausdruck)* gequält; **2.** *(Meer)* stürmisch; **3.** *(Gelände)* durchschnitten; **4.** *(Gesicht)* gramzerfurcht. **tourmenter** **I.** *tr* **1.** quälen, plagen *a. fig;* **2.** Kummer, Sorgen machen (*qn* jdm); **II.** *v prn se* ~ sich Sorgen machen.

tournage [tuʀnaʒ] *m film* Dreharbeit *f*.

tournailler [tuʀnaje] *itr fam* **1.** dauernd hin u. her gehen; **2.** umher=, herum=schleichen *(autour de qn* um jdn).

tournant, e **I.** *a* sich drehend; rotierend; drehbar, schwenkbar; **II.** *s m* **1.** *(Weg, Fluß)* Biegung, Krümmung; Kurve; (Straßen-)Ecke; Wendeplatte, Kehre *f;* **2.** *fig* Wende(punkt *m*) *f;* **3.** ▶ *marquer un* ~ e-n Wendepunkt bedeuten; *il a su prendre le* ~ *(fig)* er hat sich gut angepaßt; **4.** ▶ *escalier m* ~ Wendeltreppe *f;* ~ *en épingle à cheveux* Haarnadelkurve *f;* ~ *du siècle* Jahrhundertwende *f.* **tourné, e** *a* **1.** gelegen (*vers le nord* nach Norden); **2.** *(Milch)* geronnen; *(Wein)* umgeschlagen; **3.** ▶ *bien* ~ gut gebaut *od* gewachsen; *(Kompliment)* gelungen; **4.** ▶ *mal* ~ aus der Art geschlagen; unbeholfen. **tournebouler** [-nə-] *tr fam* durcheinanderbringen, erschüttern (*qn* jdn). **tournebroche** *m* Drehspieß *m.* **tournedisque** *m* Plattenspieler *m.* **tournedos** [-do] *m* Rindsfilet *n.* **tournée** *f* **1.** Dienst-, Geschäftsreise *f;* **2.** *theat* Tournee *f;* **3.** *(Briefträger)* Gang; **4.** *fam* Bummel *m;* **5.** *pop* Runde (*de vin* Wein), Lage (*de bière* Bier); **6.** *pop* Tracht *f* Prügel. **tournemain** *adv:* ▶ *en un* ~ im Handumdrehen, im Nu.

tourner I. *tr* **1.** drehen, (um=)wenden, um=kehren; **2.** herum=gehen, biegen (*qc* um etw); schwenken; **3.** *mil (den Feind)* umgehen; **4.** *(Buchseite)* um=blättern, wenden; **5.** *tech* (ab=)drehen, drechseln; **6.** *(Film)* drehen; **7.** *(Wasserhahn)* auf=, zu=drehen; *(Licht)* ein=schalten; **8.** *(Soße)* umrühren; **9.** *fig (Tätigkeit)* richten (*vers* auf *acc*); wenden (*à son avantage* zu s-m Vorteil); **II.** *itr* **1.** sich drehen, herum=gehen, -laufen (*autour de* um); sich wenden; **2.** ab=biegen (*à droite, à gauche* rechts, links); **3.** kreisen, rotieren, (um=) laufen *a. tech;* **4.** filmen; **5.** *(Wind)* um=schlagen; **6.** sich verwandeln (*en* in *acc*), werden (*en* zu); aus=gehen, aus= fallen; aus=arten (*en* in *acc*); **7.** sich (ver)ändern; *(Wein)* sauer werden; *(Milch)* gerinnen; **III.** *v prn se* ~ **1.** sich um=wenden (*vers* zu); sich wenden (*contre qn* gegen jdn); sich verwandeln (*en* in *acc*), werden (*en* zu); **2.** ▶ ~ *à l'aigre* sich verschlechtern, sich verschlimmern; ~ *bien, mal* e-e gute, schlechte Wendung nehmen; ~ *le bouton* das Licht ein=schalten *od* an=knipsen; ~ *le dos à qn* jdm den Rücken zu=kehren; ~ *les intérieurs* die Innenaufnahmen drehen; ~ *à la manivelle* kurbeln; ~ *autour du pot* wie die Katze um den heißen Brei gehen; ~ *qn en ridicule* jdn lächerlich, sich über jdn lustig machen; ~ *rond (tech)* rund=laufen; *fam* gut aus=gehen, gut ab=laufen; ~ *le sang (fig)* das Blut erstarren lassen, e-n Schrecken ein=jagen; ~ *les talons* sich aus dem Staube machen; ~ *la tête à qn* jdm den Kopf verdrehen; ~ *au tragique* e-e tragische Wendung nehmen; ~ *de travers* mißraten, schlecht aus=gehen; ~ *à vide (mot)* leer=laufen; **3.** ▶ *la chance a tourné* das Blatt hat sich gewendet; *la tête me tourne* mir wird schwind(e)lig; *je ne sais plus de quel côté me* ~ ich weiß nicht mehr, wo mir der Kopf steht; *tournez s'il vous plaît* bitte wenden! *silence, on tourne (film)* Achtung! Aufnahme! **tournesol** *m* **1.** Sonnenblume *f;* **2.** *chem* Lackmus *m* od *n.* **tourneur** *m* Dreher; Drechsler *m.* **tournevis** [-əvis] *m* Schraubenzieher *m.* **tourniquer, tournicoter** *itr* auf und ab, hin und her gehen. **tourniquet** [-kɛ] *m* **1.** Drehkreuz *n;* **2.** Fensterwirbel *m;* **3.** Rasensprenger *m;* **4.** (Postkarten-) Drehständer *m.* **tournis** [-i] *m* **1.** Drehkrankheit *f;* **2.** ▶ *vous me donnez le* ~ Sie machen mich ja schwindlig.

tournoi [tuʀnwa] *m* Turnier *n;* Wettbewerb *m;* ▶ ~ *des cinq nations* Fünfnationenturnier *n.*

tournoiement [tuʀnwamɑ̃] *m* Drehen, Wirbeln *n.* **tournoyer** ‹*Prés. je tournoie, ns tournoyons; Fut. je tournoierai; pp. tournoyé, e*› *itr* sich im Kreise drehen, (herum=)wirbeln.

tournure [tuʀnyʀ] *f* **1.** Figur, Gestalt *f;* **2.** Redewendung, Redensart; **3.** *(Geschehen)* Wendung *f,* Ausgang; ▶ *prendre une bonne, mauvaise* ~ e-e gute, schlechte Wendung nehmen; ~ *d'esprit* Geisteshaltung *f.*

tourte [tuʀt] *f* **1.** Pastete *f;* **2.** *fig pop* Trampel *m.* **tourteau** *m pl -x* **1.** (Öl-) Kuchen, Trester *m;* **2.** *zoo* Einsiedlerkrebs *m.*

tourtereau [tuʀtəʀo] *m pl -x* **1.** junge Turteltaube *f;* **2.** *pl* Liebespärchen *n.* **tourterelle** *f* Turteltaube *f.*

tous [tus; tu(s, z)] *m pl* alle; ▶ *dans tous les azimuts* nach allen Richtungen; auf allen Gebieten.

Toussaint, la [tusɛ̃] Allerheiligen *n.*

tousser [tuse] *itr* **1.** husten; **2.** sich räuspern. **toussoter** *itr* hüsteln.

tout, e [tu, tut] **I.** *a* ganz(er, e, es); alle(r, -s); jede(r, s); **II.** *adv* ganz, gänzlich, durchaus, ganz u. gar, völlig, vollständig; **III.** *s m* Ganze(s) *n,* Gesamtheit *f;* **IV.** *(Wendungen)* **1.** ▶ *à* ~ *prendre* alles in allem, im ganzen genommen; *après* ~ schließlich, im Grunde, übrigens; *de* ~*e(s) sorte(s)* allerlei; *du* ~, *pas* od *point du* ~ durchaus nicht, keineswegs, -falls, ganz u. gar nicht; *en* ~ *ou en partie* ganz oder teilweise; *en* ~ *temps* jederzeit; *malgré* ~ trotz allem; *(pendant)* ~*e l'année* ganzjährig *adv; rien du* ~ gar nichts; *somme* ~*e* alles in allem; ~ *autant* ebensoviel, ebensosehr; ~ *de bon* allen Ernstes; ~ *comme* gerade wie; als ob; ~ *à coup* plötzlich; ~ *d'un coup* mit e-m Schlag; ~ *à fait* ganz u. gar, gänzlich, völlig, vollständig; ~ *à l'heure* soeben, gerade (eben); ~ *de même* trotzdem; ~ *au moins* wenigstens; ~ *le monde* jedermann; ~ *au plus* höchstens; ~ ... *que* wenn auch; so sehr auch; ~ *de suite* sogleich, sofort; *à* ~ *venant* den ersten besten; **2.** ▶ *changer*

du ~ au ~ von Grund auf ändern; *être ~ yeux et ~ oreille* ganz Auge u. ganz Ohr sein; *risquer le ~ pour le ~* alles aufs Spiel setzen; *le ~ est de* die Hauptsache dabei ist, zu.
tout-à-l'égout [tutalegu] *m inv* Kanalisation *f.*
toutefois [tutfwa] *adv* indessen, aber doch, dennoch, gleichwohl; ► *excepté ~* ausgenommen jedoch; *si ~* wenn überhaupt.
toute-puissance [tutpɥisɑ̃s] *f* Allmacht *f.*
toutou [tutu] *m (Kindersprache)* Wauwau *m.*
tout-puissant, toute-puissante [tupɥisɑ̃, tutpɥisɑ̃t] *a* allmächtig.
tout-fou [tufu] *a fam* plemplem.
tout-petit [tupəti] *m* Kleinkind *n.*
tout-terrain [tutɛʀɛ̃] *a* geländegängig.
tout-venant [tuvnɑ̃] *m min* Förderkohle *f;* ungesiebte(s) Material *n;* unsortierte Ware *f.*
toux [tu] *f* Husten *m.*
toxicité [tɔksisite] *f* Giftigkeit *f.* **toxicologie** *f* Toxikologie *f.* **toxicologique** *a* toxikologisch. **toxicologue** *m f* Toxikologe *m;* -gin *f.* **toxicomane** *m* (Rauschgift-)Süchtige(r) *m;* ► *~ à la seringue* Fixer(in *f*) *m fam.* **toxicomaniaque** *a* Sucht-. **toxicomanie** *f* Süchtigkeit, Drogenabhängigkeit, -sucht *f.* **toxine** *f* Toxin *n.* **toxique I.** *a* giftig; **II.** *s m* Giftstoff *m.*
toxoplasmose [tɔksɔplasmoz] *f med* Toxoplasmose *f.*
trac [tʀak] *m* **1.** Lampenfieber *n,* Bammel *m,* Angst *f;* **2.** ► *tout à ~* völlig unerwartet.
tracas [tʀaka] *m* Mühen *f pl;* Ärger *m,* Sorgen *f pl;* ► *avoir du ~* Ärger haben; *~ des affaires* geschäftliche Schwierigkeiten *od* Sorgen *f pl.* **tracasser I.** *tr* plagen, quälen; schikanieren, ärgern; beunruhigen; **II.** *v prn se ~* beunruhigt sein. **tracasserie** *f meist pl* Plackerei, Schikane *f.* **tracassier, ère** *a* quälend; auf die Nerven gehend; schikanös. **tracassin** *m* ► *fam il a le ~* er läßt den Kopf hängen.
trace [tʀas] *f* **1.** Spur *f a. fig;* **2.** *(~ de pas)* Fährte *f;* **3.** *fig* Hinweis *m;* **4.** ► *sans laisser de ~s* spurlos; *marcher sur les ~s, suivre les ~s de qn (fig)* jds Spur folgen; jdm (nach=)folgen; *~ de freinage* Bremsspur *f.* **tracé** *m* **1.** Trasse, Linie(nführung) *f;* **2.** Musterzeichnung *f;* **3.** *(Grenze)* Verlauf *m.* **tracer** ‹*Prés. je trace, ns traçons; pp. tracé, e*› **I.** *tr* **1.** auf=, vor=zeichnen; entwerfen, skizzieren; **2.** an=reißen; ab=stecken; **3.** *(Straße)* trassieren; *(Furche)* ziehen; **4.** ► *~ une ligne* e-e Linie ziehen; **II.** *itr fam* rennen; *mot* rasen.
trachée [tʀaʃe] *f (~-artère)* Luftröhre *f.*
trachéite [-ʃeit] *f med* Luftröhrenentzündung *f.*
tract [tʀakt] *m* Flugschrift *f,* -blatt *n,* Prospekt *m.*
tractation [tʀaktasjɔ̃] *f, meist pl* Machenschaften *f pl.*
tracter [tʀakte] *tr mot* ziehen, schleppen; ► *~ une caravane, un bateau* einen Wohnwagen, ein Boot im Schlepp haben. **tracteur** *m* Traktor *m,* Zugmaschine *f,* Schlepper *m;* ► *~-remorque m* Sattelschlepper *m.* **traction** [-sjɔ̃] *f* **1.** *tech* Ziehen *n,* Zug *m;* Betrieb *m;* **2.** *sport* Klimmzug, Liegestütz *m;* ► *~ avant (mot)* Vorderrad-, Frontantrieb *m.*
tradition [tʀadisjɔ̃] *f* Überlieferung, Tradition *f;* Brauch *m.* **traditionalisme** *m* Traditionsbewußtsein *n.* **traditionaliste I.** *s m* traditionsgebundene(r) Mensch, Traditionalist *m;* **II.** *a* traditionsbewußt. **traditionnel, le** *a* überliefert, herkömmlich, traditionell.
traducteur, trice [tʀadyktœʀ, -tʀis] *m f* Übersetzer(in *f*) *m.* **traduction** [-ksjɔ̃] *f* Übersetzung, Übertragung; *allg* Wiedergabe *f;* ► *pour ~ conforme* für die Richtigkeit der Übersetzung; *~ assistée par ordinateur* computergestützte Übersetzung *f.* **traduire** [-dɥiʀ] ‹*Prés. je traduis, ns traduisons; Fut. je traduirai; pp. traduit, e; Subj. que je traduise, que ns traduisions; Impér. traduis, traduisons*› **I.** *tr* **1.** übersetzen, übertragen; **2.** aus=drücken, zum Ausdruck bringen, dar=legen; *inform* übertragen; **II.** *v prn se ~* **1.** sich aus= drücken, zum Ausdruck kommen, sich kund=tun, sich offenbaren, sich erweisen; **2.** ► *~ en justice, devant un tribunal* vor Gericht bringen *od* stellen. **traduisible** *a* übersetzbar.
trafic [tʀafik] *m* **1.** Handel; Verkehr; Straßenverkehr *m;* **2.** *(~ illicite)* Schleichhandel *m;* **3.** ► *suspendre le ~* den Verkehr ein=stellen; **4.** ► *densité, intensité f du ~* Verkehrsdichte *f; heures f pl de faible ~* verkehrsschwache Zeit *f; ligne f à grand ~* Hauptverkehrslinie *f;* **5.** ► *~ aérien* Flug-, Luftverkehr *m; ~ d'armes* Waffenschieberei *f; ~ commercial* Handelsverkehr *m; ~ à petite, à grande distance* Nah-, Fernverkehr *m; ~ d'excursion* Ausflugsverkehr *m; ~ ferroviaire* Eisenbahnverkehr *m; ~ fluvial* Binnenschiffahrtsverkehr *m; ~ frontalier* Grenzverkehr *m; ~ local* Ortsverkehr *m; ~ (des) marchandises* Güter-, Warenverkehr *m; ~ maritime* Schiffsverkehr *m; ~ d'opium, de stupéfiants* Opium-, Rauschgifthandel *m; ~ d'outre-mer* Überseeverkehr *m; ~ des paiements* Zahlungsverkehr *m; ~ postal* Postverkehr *m; ~ téléphonique* Fernsprechverkehr *m; ~ touristi-*

que Fremdenverkehr *m;* ~ *en transit* Durchgangsverkehr *m;* ~ *de va-et-vient* Pendelverkehr *m;* ~ *voyageurs* Personenverkehr *m.* **traficoter** *itr* unsaubere Geschäfte machen. **trafiquant, e** *m f (Waffen)* Schieber *m; (Drogen)* Dealer *m;* ▶ ~ *du marché noir* Schwarzhändler *m.* **trafiquer I.** *tr péj* Schwarzhandel treiben mit, schieben; *(Waren)* verfälschen; **II.** *itr fig* Gewinn schlagen (*de* aus); ▶ *qu'est-ce que tu trafiques là? (fam)* was treibst du denn da?

tragédie [tʀaʒedi] *f* Tragödie *f,* Trauerspiel *n.* **tragédien, ne** *m f theat* Tragöde *m,* Tragödin *f.* **tragi-comédie** *f* Tragikomödie *f.* **tragi-comique** *a* tragikomisch. **tragique I.** *a* **1.** tragisch; **2.** *fig* traurig, unglücklich; **II.** *s m* das Tragische, die Tragik; Tragiker *m;* ▶ *prendre au* ~ tragisch nehmen; *tourner au* ~ e-e tragische Wendung nehmen.

trahir [tʀaiʀ] *tr* **1.** verraten, im Stich lassen, verlassen, preis=geben; **2.** enthüllen, sehen lassen, erkennen lassen; **3.** *(Hoffnungen)* nicht erfüllen; **4.** *(Vertrauen)* mißbrauchen; **5.** *(Mann, Frau)* untreu sein (*qn* jdm); **6.** *(Gedanken)* verfälschen, nicht richtig wiedergeben; ▶ ~ *les intérêts de qn* jdm schaden. **trahison** [-zɔ̃] *f* Verrat *m;* ▶ *haute* ~ Hochverrat *m.*

traille [tʀɑ(a)j] *f* (Seil-)Fähre *f.*

train [tʀɛ̃] *m* **1.** Gang, Lauf *m a. fig;* Gangart *f;* Schritt; *fig* Schwung *m;* **2.** *(~ de vie)* Lebenshaltung, -weise *f;* **3.** (lange) Reihe, Serie, Kette *f;* **4.** *sport* Tempo *n;* **5.** *mil* Nachschubtruppe *f;* **6.** *loc* Zug *m;* **7.** *tech* Walzenstraße *f;* Getriebe *n;* maschinelle Ausrüstung *f;* **8.** *(~ de bois)* Floß *n;* **9.** *(Pferd) (~ de derrière)* Hinterteil; *fam (Mensch)* Hintern *m;* **10.** ▶ *à fond de* ~ blitzschnell; *par le* ~ mit dem Zug; **11.** ▶ *aller bon* ~ tüchtig aus=schreiten; rasch fahren; *aller son* ~ s-n Gang gehen; *aller son petit* ~ s-n alten Gang, im alten Trott gehen; *baisser, sortir le* ~ *d'atterrissage (aero)* das Fahrgestell aus=fahren; *changer de* ~ *(loc)* um=steigen; *être en* ~ *(fig)* in Fahrt, gut aufgelegt sein; im Werden sein; *être en* ~ *de ...* im Begriff *od* dabei sein zu ...; *former un* ~ e-n Zug zs.=stellen; *manquer, rater le* ~ den Zug verpassen *od* verfehlen; *mener grand* ~ ein großes Haus führen; *mettre en* ~ in Gang bringen, veranlassen (*de* zu); *typ* zu=richten; *fig* in Schwung bringen, auf=heitern; *permettre l'entrée d'un* ~ e-n Zug ein=fahren lassen; **12.** ▶ ~ *avant, arrière (mot)* Vorder-, Hinterachse *f;* ~ *de correspondance, direct, express, (de) marchandises, omnibus, (d')ouvrier(s), rapide* Anschluß-, Fernschnell-, Schnell-, Güter-, Personen-, Arbeiter-, Eilzug *m;* ~*-atelier m* Werkstattzug *m;* ~ *d'atterrissage (aero)* Fahrgestell *n;* ~*-auto* Autozug *m;* ~ *automoteur* Triebwagenzug *m;* ~ *de banlieue* Vorortzug *m;* ~ *bis, supplémentaire* Entlastungszug *m;* ~ *(venant) en sens inverse, de sens contraire* Gegenzug *m;* ~*-ferry m* Eisenbahnfähre *f;* ~ *à grande vitesse (TGV)* Hochgeschwindigkeitszug *m;* ~ *miniature* Spielzeugeisenbahn *f;* ~ *de neige* Wintersportsonderzug *m;* ~ *de pneus* Satz *m* Reifen; ~ *de réformes* Reformwelle *f;* ~ *routier (mot)* Lastzug *m;* ~ *à tôles (tech)* Blechstraße *f;* ~ *de touage, de péniches (mar)* Schleppzug *m.*

traînage [tʀɛnaʒ] *m* **1.** Ziehen, Schleppen *n;* **2.** *min* Förderung *f.* **traînailler, traînasser** *itr fam* herumbummeln, trödeln; *tr (Arbeit)* hängen=lassen, schleppend erledigen. **traînant, e** *a* schleppend *a. fig.* **traînard** *m fam* **1.** Nachzügler *m;* **2.** bumm(e)lige(r) Mensch *m.* **traîne** *f* **1.** Schleppe *f;* **2.** ▶ *être à la* ~ weit zurück=bleiben; *elle laisse tout à la* ~ sie läßt alles herumliegen; *robe f à* ~ Kleid *n* mit Schleppe. **traîneau** *m pl -x* **1.** Schlitten *m;* **2.** *mar* Schleppnetz *n.* **traînée** *f* **1.** Streifen *m,* Spur *f;* **2.** *pop* Nutte *f;* **3.** ▶ *se répandre comme une* ~ *de poudre* sich wie ein Lauffeuer verbreiten; ~*s de condensation (aero)* Kondensstreifen *m pl.*

traîne-misère [tʀɛnmizɛʀ] *m (inv fam)* arme(r) Schlucker *m.* **traîner I.** *tr* **1.** (nach=, hinter sich her=)ziehen, (nach=, fort=, mit sich herum=)schleppen; mit sich führen; *(auf dem Boden)* schleifen; **2.** *(~ après soi) fig* nach sich ziehen, mit sich bringen; **3.** *(Flügel)* hängenlassen; *(Arbeit)* schleppend erledigen; **4.** *(~ en longueur)* auf die lange Bank schieben; sich in die Länge ziehen; *(Worte)* dehnen; **II.** *itr* **1.** *(Kleid)* auf dem Boden schleifen; **2.** herum=liegen; **3.** sich hin=ziehen, sich hin=schleppen; lange dauern, auf der Stelle treten; zurück=bleiben; *(bei der Arbeit)* trödeln; **4.** *(~ dans les rues)* herum=lungern; **5.** *(Kranker)* dahin=siechen; **III.** *v prn se* ~ **1.** sich dahin=schleppen, sich mühsam fort=schleppen; *fig* sich hin=ziehen; **2.** ▶ ~ *dans la boue (fig)* durch den Schmutz ziehen; ~ *la jambe, (fam) la patte* ein Bein nach=ziehen; ~ *les pieds* schlurfen; *avoir une voix* ~*ante* in schleppendem Ton sprechen. **traîneur, se** *m f* Bummelant(in *f*) *m.*

traintrain [tʀɛ̃tʀɛ̃] *m:* ▶ *(fam) le* ~ *(quotidien, journalier)* das (tägliche) Einerlei, der (graue) Alltag; *tout va son petit* ~ es geht alles s-n Gang, es ist alles beim alten.

traire [tʀɛʀ] ‹*Prés. je trais, ns trayons; Fut. je trairai; pp. trait, e*› *tr* melken.

trait [tʀɛ] *m* **1.** Strich *m;* Linie *f;* **2.** *(Waage)* Ausschlag *m;* **3.** *(~ de lumière)* (Licht-)Strahl *m;* **4.** *(Pferd)* Zugseil *n;* Strang; **5.** Pfeil *m;* **6.** *fig* (Charakter-, Gesichts-)Zug *m,* Merkmal *n;* **7.** *(~ d'esprit)* gute(r) Einfall, Geistesblitz *m;* *(~ de courage)* tapfere Tat *f;* **8.** ▶ *à grands ~s (fig)* in großen Zügen; *comme un ~* pfeilschnell; *d'un ~ de plume* mit e-m Federstrich; *d'un (seul) ~* in einem Zug; **9.** ▶ *avoir ~* sich beziehen (*à* auf *acc*), im Zusammenhang stehen (*à* mit *dat*); *boire à longs ~s* in langen Zügen trinken; *décocher un ~* e-n Pfeil ab=schießen; *partir comme un ~* wie ein Pfeil los=schnellen; **10.** ▶ *animal m de ~* Zugtier *n;* *~ d'union* Bindestrich *m.*
traitable [tʀɛtabl] *a* umgänglich, verträglich, fügsam; *tech* schmelzbar.
traite [tʀɛt] *f* **1.** (Weg-)Strecke *f;* **2.** *com* Tratte *f,* gezogene(r) Wechsel *m;* **3.** Melken *n;* **4.** ▶ *(tout) d'une ~* ohne Aufenthalt, in e-m Stück *od* Zug; **5.** *accepter une ~* e-n Wechsel akzeptieren; *faire protester une ~* e-n Wechsel protestieren lassen; *tirer une ~ sur qn* e-n Wechsel auf jdn aus=stellen; *~ des blanches* Mädchenhandel *m;* *~ des êtres humains* Menschenhandel *m.*
traité [tʀete] *m* **1.** Vertrag *m,* Abkommen *n;* **2.** Abhandlung *f,* Lehrbuch *n;* **3.** ▶ *conclure* od *négocier, dénoncer, signer un ~* e-n Vertrag schließen, kündigen, unterzeichnen; **4.** ▶ *~ d'arbitrage, d'armistice, de commerce, de paix* Schiedsgerichts-, Waffenstillstands-, Handels-, Friedensvertrag *m;* *~ de non-prolifération, TNP (mil)* Atom(waffen)sperrvertrag *m.*
traitement [tʀɛtmɑ̃] *m* **1.** Behandlung *f a. med;* **2.** *(Beamter)* Gehalt *n;* **3.** *tech* Verarbeitung, Aufbereitung *f;* **4.** ▶ *toucher un ~ fixe* ein festes Gehalt beziehen; **5.** ▶ *échelon, groupe, supplément m de ~* Gehaltsstufe, -gruppe, -zulage *f;* *retenue f sur le ~* Gehaltsabzug *m;* **6.** ▶ *~ annuel, de base, initial, mensuel* Jahres-, Grund-, Anfangs-, Monatsgehalt *n;* *~ curatif, médical* Heilverfahren *n,* -behandlung *f;* *~ à distances* Teleprocessing *n;* *~ des données (inform)* Datenverarbeitung *f;* *~ des eaux potables* Trinkwasseraufbereitung *f;* *~ de la nation la plus favorisée* Meistbegünstigung *f.* **traiter** **I.** *tr* **1.** *(Thema)* behandeln, dar=legen; **2.** unter-, verhandeln (*qc* über e-e S); **3.** *(Person)* behandeln *a. med,* um=gehen (*qn* mit jdm); **4.** nennen, an=reden (*de* mit); heißen (*de qc* etw); **5.** *lit* bewirten; **6.** *tech* be-, verarbeiten; *(Erz)* auf=bereiten; vergüten, veredeln; **II.** *itr* **1.** handeln (*de* von, über *acc*); **2.** unter-, verhandeln (*de la paix* über den Frieden); **3.** *com* verhandeln (*avec* mit *dat*). **traiteur** *m* Lieferant *m* von fertigen Essen.
traître, esse [tʀɛtʀ, -ɛs] **I.** *s m f* Verräter(in *f*) *m;* **II.** *a* **1.** verräterisch, falsch, treulos; **2.** heimtückisch; **3.** *(Wein)* gefährlich; ▶ *ne pas dire un ~ mot* kein Sterbenswörtchen sagen. **traîtreusement** [-tʀø-] *adv* verräterisch. **traîtrise** *f* Tücke *f;* Verrat *m.*
trajectoire [tʀaʒɛktwaʀ] *f* (Flug-)Bahn *f.*
trajet [-ʒɛ] *m* Strecke *f,* Weg *m,* Fahrt *f.*
tralala [tʀalala] *m fam* Tamtam, Aufwand, Pomp *m;* ▶ *en grand ~* mit großem Pomp.
tram [tʀam] *m fam.* **tramway** [-wɛ] *m* Straßenbahn *f.*
trame [tʀam] *f (Textil)* Schuß, Einschlag *m;* ▶ *la ~ des événements* die Verkettung der Ereignisse. **tramer** *tr* an=stiften, an=zetteln; ▶ *il se trame qc* es braut sich etw zs., *fam* es tut sich etw.
tramontane [tʀamɔ̃tan] *f* Nordwind *m.*
tranchant, e [tʀɑ̃ʃɑ̃, -ɑ̃t] **I.** *a* **1.** schneidend; *(Klinge)* scharf; **2.** *(Ton)* entschieden, nachdrücklich; **II.** *s m* Schneide *f;* ▶ *à deux ~s* zweischneidig *a. fig.*
tranche *f* **1.** Schnitte, Scheibe *f* (*de pain* Brot)f; **2.** Abschnitt, Teil *m,* Tranche; **3.** *(Lotterie)* Ausspielung *f;* **4.** *(Münze)* Rand; *(Buch)* Schnitt *m;* **5.** *loc* Wagengruppe; **6.** *math* Zahlengruppe *f;* **7.** ▶ *couper en ~s* in Scheiben schneiden; *s'en payer une ~ (fam)* sich köstlich amüsieren. **tranché, e** *a* **1.** fest, klar (abgegrenzt); **2.** *(Meinung)* bestimmt; **3.** *(Farbe)* sich scharf abhebend.
tranchée *f* **1.** Graben; Einschnitt *a. fig,* Durchstich *m;* **2.** *mil* Schützengraben *m;* **3.** *(Wald)* Schneise *f.* **tranchée-abri** *f* Schützen-, Luftschutzgraben *m.*
trancher **I.** *tr* **1.** durch=, ab=hauen, ab=hacken, (ab=, durch=, zer-)schneiden; *(Kopf)* ab=schlagen; **2.** *(Frage)* entscheiden; *(Problem)* rasch lösen; **II.** *itr* **1.** ab=stechen, sich scharf, stark ab=heben (*sur, avec* von); **2.** ▶ *(le) ~ net (fam)* kurzen Prozeß machen, nicht viel Federlesens machen; ▶ *~ dans le vif* energische, strenge Maßnahmen ergreifen.
tranquille [tʀɑ̃kil] *a* ruhig, still, friedlich; ▶ *soyez ~* seien Sie unbesorgt; *laisse ça ~* laß die Finger davon. **tranquillement** *adv* ungestört, in (aller) Ruhe; unbesorgt. **tranquillisant, e** **I.** *a* beruhigend; **II.** *s m* Beruhigungsmittel *n.*
tranquilliser **I.** *tr* beruhigen; beschwichtigen; **II.** *v prn se ~* ruhig(er) werden, sich beruhigen; ▶ *tranquillisez-vous* seien Sie unbesorgt!
tranquillité *f* Ruhe, Stille *f;* Frieden *m;* Unbesorgtheit *f;* ▶ *en toute ~* getrost.
transaction [tʀɑ̃zaksjɔ̃] *f* **1.** *jur* Vergleich *m,* Übereinkommen *n;* **2.** *com*

Transaktion *f,* Geschäft *n;* Abschluß; Verkehr *m;* ► *~s bancaires, par chèques, par virements* Bank-, Scheck-, Giroverkehr *m; ~s au comptant* Kassageschäfte *n pl.*
transat(lantique) [tʀɑ̃zatlɑ̃tik] **I.** *a* transatlantisch; überseeisch; **II.** *s m* **1.** Überseedampfer *m;* **2.** Liegestuhl *m; s f* transatlantische(s) Yachtrennen *n.*
transbahuter [tʀansbayte] **I.** *tr fam* umziehen, wegschaffen; **II.** *v prn se ~* anderswohin gehen, weggehen.
transbordement [tʀɑ̃sbɔʀdəmɑ̃] *m* Umladen *n; com* Umschlag *m.* **transborder** *tr* um=laden. **transbordeur** *s m* u. *a.:* ► *pont m ~* Schwebefähre *f.*
transcendance [tʀɑ̃sɑ̃dɑ̃s] *f* Transzendenz *f.* **transcendant, e** *a* **1.** überlegen, hervorragend; **2.** transzendent.
transcender *tr* übertreffen.
transcoder [tʀɑ̃skɔde] *tr inform (von Code)* um=wandeln.
transcontainer [tʀɑ̃skɔ̃tɛnɛʀ] *m* Großraumbehälter *m.*
transcontinental, e [tʀɑ̃skɔ̃tinɑ̃tal] *a* transkontinental.
transcription [tʀɑ̃skʀipsjɔ̃] *f* **1.** Abschreiben *n;* Übertragung *f;* **2.** Eintrag(ung *f*) *m;* **3.** Transkription *f.*
transcrire ‹*Prés. je transcris, ns transcrivons; Fut. je transcrirai; pp. transcrit, e; Subj. que je transcrive, que ns transcrivions; Impér. transcris, transcrivons*› *tr* **1.** ab=schreiben; ein=, übertragen; **2.** transkribieren.
transe [tʀɑ̃s] *f* **1.** *meist pl* (große) Angst, Bangigkeit *f;* **2.** *sing* Trancezustand *m;* ► *être dans des ~s mortelles* Todesängste aus=stehen; *entrer en ~* außer sich, in Ekstase geraten.
transept [tʀɑ̃sɛpt] *m arch* Querschiff *n.*
transférable [tʀɑ̃sfeʀabl] *a* übertragbar.
transfèrement *m jur* Überstellung *f.*
transférer ‹*Prés. je transfère, ns transférons; Fut. je transférerai; pp. transféré, e*› *tr* **1.** über=führen; verlegen, versetzen; **2.** *com* um=buchen, übertragen; **3.** an=, überweisen, transferieren; **4.** *jur* überstellen. **transfert** [-fɛʀ] *m* **1.** Übertragung, Übereignung; **2.** Überweisung *f;* **3.** Umschreibung, Umbuchung *f;* **4.** Überführung, Verlegung *f;* **5.** Transfer *m;* ► *~s de populations* Umsiedlung *f; ~de technologie* Technologietransfer *m.*
transfiguration [tʀɑ̃sfigyʀasjɔ̃] *f rel* Verklärung *f.* **transfigurer** *tr* verklären.
transfo [tʀɑ̃sfo] *m fam* Trafo *m.* **transformable** *a* ver-, umwandelbar. **transformateur** *m el* Transformator *m.*
transformation *f* **1.** Ver-, Umwandlung, Veredelung; Verarbeitung *f;* Umbau *m;* **2.** *el* Umformung, Umspannung; **3.** *chem* Umsetzung *f;* ► *poste m de ~* Umspannwerk *n.* **transformer I.** *tr* **1.** ver-, um=wandeln, um=gestalten, um=formen, um=bauen (*en* in *acc*); modernisieren; **2.** *el* um=spannen, transformieren; **II.** *v prn se ~* sich (ver)wandeln, sich verändern (*en* in *acc*). **transformisme** *m biol* Abstammungslehre *f.*
transfuge [tʀɑ̃sfyʒ] *m* Überläufer *m.*
transfuser [tʀɑ̃sfyze] *tr (Blut)* übertragen. **transfusion** *f (~ sanguine)* (Blut-) Übertragung *f.*
transgresser [tʀɑ̃sgʀɛse] *tr (Gebot, Gesetz)* übertreten; *(Befehl)* zuwiderhandeln *(qc dat).* **transgression** *f* Übertretung *f.*
transhumance [tʀɑ̃zymɑ̃s] *f* Almauftrieb *m;* Wanderschäferei *f.* **transhumer** *tr (Vieh)* auf die Almen treiben.
transi, e [tʀɑ̃s(z)i] *a* steif, erstarrt (*de, par le froid* vor Kälte); ► *(fig) amoureux ~* schüchterne(r) Liebhaber *m.*
transiger [tʀɑ̃ziʒe] ‹*Prés. je transige, ns transigeons; Fut. je transigerai; pp. transigé, e*› *tr* **1.** e-n Vergleich ab=schließen; **2.** e-n Kompromiß schließen, sich ab=finden (*avec* mit); ► *~ avec son devoir* s-e Pflicht nachlässig erfüllen; *je ne transige pas là-dessus* da lasse ich nicht mit mir handeln.
transir [tʀɑ̃siʀ, tʀɑ̃ziʀ] *tr* erstarren lassen.
transistor [tʀɑ̃zistɔʀ] *m el* Transistor *m.*
transistoriser *tr* mit Transistoren ausrüsten.
transit [tʀɑ̃zit] *m* Transit *m,* Durchfuhr *f;* ► *en ~* im Transitverkehr; *commerce, trafic m de ~* Transithandel *m; marchandises f pl en ~* Durchfuhrgüter *n pl; port m de ~* Transithafen *m.* **transitaire I.** *a* Transit-, Durchfuhr-; **II.** *s m* Transithändler *m.* **transiter I.** *tr* im Transitverkehr befördern; **II.** *itr* im Transitverkehr durch=gehen.
transitif, ive [tʀɑ̃zitif, -iv] *gram* transitiv, zielend. **transition** [-sjɔ̃] *f* Übergang *m.* **transitoire** *a* vorübergehend; ► *période f ~* Übergangszeit *f.*
translation [tʀɑ̃slasjɔ̃] *f* **1.** Überführung, Verlegung; Versetzung; Übertragung *a. jur;* **2.** *tech* Verschiebung *f.*
translucide [tʀɑ̃slysid] *a* durchscheinend.
trans-manche [tʀɑ̃smɑ̃ʃ] *a* Ärmelkanal-; über den Ärmelkanal.
transmetteur [tʀɑ̃smɛtœʀ] *m tele* Sender *m.* **transmettre** ‹*Prés. je transmets, ns transmettons; Fut. je transmettrai; pp. transmis, e; Subj. que je transmette, que ns transmettions; Impér. transmets, transmettons*› *tr* **1.** über=, weiter=geben, weiter=leiten (*à* nach); **2.** übermitteln, zu=stellen; **3.** *(Krankheit)* übertragen; **4.** *(Strom)* leiten.
transmigration [tʀɑ̃smigʀasjɔ̃] *f:* ► *~ des âmes* Seelenwanderung *f.*
transmissible [tʀɑ̃smisibl] *a* **1.** übertragbar; **2.** vererblich. **transmission** *f*

1. Übertragung *f (à la radio* durch den Rundfunk); **2.** Weiter-, Übergabe; Übermittlung *f;* **3.** *tech* Antrieb *m,* (Übersetzungs-)Getriebe *n;* **4.** *pl mil* Nachrichtenwesen *n;* Fernmeldetruppe *f;* **5.** ► *réseau m de ~s* Nachrichtennetz *n; ~ à cardan* Kardangetriebe *n; ~ de la chaleur, d'énergie* Wärme-, Energieübertragung *f; ~ en direct* Direktübertragung; Live-Sendung *f; ~ des informations* Nachrichtenübertragung *f; ~ de pensée* Gedankenübertragung *f; ~ radiophonique, de télévision* Rundfunk-, Fernsehübertragung *f.*

transmu(t)able [trɑ̃smɥ(yt)abl] *a* verwandelbar. **transmutation** *f* Um-, Verwandlung *f (en* in *acc).* **transmu(t)er** [-mɥ(yt)e] *tr* um=, verwandeln *(en* in *acc).*

transocéanique [trɑ̃zɔseanik] *a* transozeanisch; Übersee-, Transozean-.

transparaître [trɑ̃sparɛtr] *(Prés. je transparais, il transparaît, ns transparaissons; Fut. je transparaîtrai; pp. transparu,* ℮) *tr* **1.** durch=scheinen; **2.** *fig* sichtbar werden.

transparence [trɑ̃sparɑ̃s] *f* **1.** Durchsichtigkeit, Transparenz *f;* **2.** *(Haut)* Zartheit *f.* **transparent, e I.** *a* **1.** durchsichtig; lichtdurchlässig, durchscheinend; **2.** *(Haut)* zart; **3.** *fig* leicht zu durchschauen(d); **II.** *s m* **1.** Linienblatt *f;* **2.** Transparent *n.*

transpercer [trɑ̃spɛrse] *tr* **1.** durchbohren, -stechen; **2.** dringen *(qc* durch etw); ► *transpercé par la pluie* völlig durchnäßt.

transpiration [trɑ̃spirasjɔ̃] *f* Schwitzen *n.* **transpirer** *itr* **1.** schwitzen; **2.** *fig* durch=sickern.

transplantable [trɑ̃splɑ̃tabl] *a* verpflanzbar. **transplantation** *f* **1.** Verpflanzung *f a. fig;* **2.** *med* Transplantation *f;* **3.** Umsiedlung *f;* ► *~ cardiaque* Herztransplantation *f.* **transplanter** *tr* **1.** verpflanzen *a. fig;* **2.** *med* transplantieren; **3.** umsiedeln.

transport [trɑ̃spɔr] *m* **1.** Transport *m,* Beförderung *f,* Versand *m;* **2.** *jur* Abtretung, Inaugenscheinnahme *f; (~ sur place)* Lokalbesichtigung *f;* **3.** *com* Umbuchung *f;* **4.** *(~ au cerveau)* Hirnschlag *m;* **5.** *mar* Transporter *m;* **6.** *lit fig* Begeisterung *f;* **7.** Transportwesen, -mittel *n pl;* Verkehrsgewerbe *n;* **8.** ► *assurance f contre les risques du ~* Transportversicherung *f; entrepreneur m de ~s* Transportunternehmer, Spediteur *m; entreprise f de ~s* Rollfuhrunternehmen *n; frais m pl de ~* Transportkosten *pl; moyen m de ~* Beförderungsmittel *n;* **9.** ► *~ aérien* Beförderung *f* auf dem Luftwege; *~ en commun* öffentliche Verkehrsmittel *n pl; ~ par eau, par terre* Beförderung *f* auf dem Wasser-, auf dem Landwege; *~ combiné, container, porte à porte* kombinierter Verkehr, Behälterverkehr, Verkehr *m* von Haus zu Haus; *~ d'énergie* Energieübertragung *f; ~ de marchandises à courte distance* Güternahverkehr *m; ~ par mer* Verschiffung *f;* Seetransport *m; ~ de personnes* Personenverkehr *m; ~ privé* Werkverkehr *m; ~ par route, routier, par voiture* Beförderung *f* per Achse, Straßentransport *m; ~ par voie ferrée, par wagon, par chemin de fer* Bahntransport *m.*

transportable [-tabl] *a* transportabel, transportierbar; *(Kranker)* transportfähig. **transporté, e** *a fig* **1.** verzückt, hingerissen, begeistert; **2.** *(~ de fureur)* rasend, wütend. **transporter I.** *tr* **1.** befördern, transportieren *(en camion* mit Lastwagen); **2.** weg=bringen, fort=schaffen, versenden; **3.** *(an e-n Ort, e-e Zeit)* verlegen, versetzen; **4.** *jur* ab=treten; **5.** *com* übertragen, um=buchen; überweisen; **6.** *fig* begeistern, hin=reißen, entzücken; **II.** *v prn se ~* **1.** *(fig)* sich begeben *(chez qn* zu jdm); **2.** sich (in Gedanken) versetzen; sich hin=reißen lassen; ► *se ~ sur les lieux* sich an Ort u. Stelle begeben. **transporteur** *m* **1.** Spediteur, Transportunternehmer, Verkehrsträger *m;* **2.** *tech* Lade-, Transporteinrichtung *f,* Förderer *m.*

transposable [trɑ̃spozabl] *a* **1.** versetzbar; **2.** *mus* transponierbar. **transposer** *tr* **1.** versetzen, um=stellen; **2.** *mus* transponieren. **transposition** *f* **1.** Versetzung, Umstellung *f;* **2.** *mus* Transponieren *n.*

transroulage [trɑ̃srulaʒ] *m* Ro-Ro-Verkehr *m.*

transsaharien, ne [trɑ̃s(s)aarjɛ̃, -ɛn] *a* Transsahara-.

transsexualisme [trɑ̃ssɛksyalism] *m* Transsexualismus *m.* **transsexualité** *f* Transsexualität *f.* **transsexuel, le** *a* transsexuel, le; *m f* Transsexuelle(r *m) f.*

transsibérien, ne [trɑ̃ssiberjɛ̃, -ɛn] *a* transsibirisch.

transsonique [trɑ̃ssɔnik] *a* Überschall-, mit Schallgeschwindigkeit fliegend.

transsubstantiation [trɑ̃ssypstɑ̃sjasjɔ̃] *f rel* Transsubstantiation *f.*

transsuder [trɑ̃ssyde] *itr* durch die Poren austreten.

transvasement [trɑ̃svazmɑ̃] *m* Umfüllung *f.* **transvaser** *tr* um=füllen.

transversal, e [trɑ̃svɛrsal] *a pl -aux* transversal; Quer-; ► *coupe f ~e* Querschnitt *m.* **transversalement** *adv* quer.

transvestisme [trɑ̃svɛstism] *m* Transvestismus *m.*

transvider [trɑ̃svide] *tr* umfüllen.

Transylvanie, la [trɑ̃silvani] Siebenbür-

gen *n*.
trapèze [trapɛz] **I.** *s m math sport* Trapez *n;* **II.** *a:* ▶ *muscle m* ~ Trapezmuskel *m.* **trapéziste** *m* Trapezkünstler *m.* **trapézoïdal, e** *a pl-aux* trapezförmig; ▶ *courroie f* ~*e* Keilriemen *m.*
trappe [trap] *f* **1.** Falle *a. fig;* Klapptür *f;* **2.** *aero* Ausstieg *m;* **3.** Schiebefenster *n;* **4.** *theat* Versenkung *f;* ▶ *tomber dans la* ~ in die Falle gehen. **trappeur** *m* Trapper *m.*
trappiste [trapist] *m rel* Trappist *m.*
trapu, e [trapy] *a* **1.** gedrungen, untersetzt, stämmig; **2.** *(Gebäude)* massig; **3.** *fam (Problem)* schwierig; ▶ *être* ~ *en maths* in Mathematik beschlagen sein.
traquenard [traknar] *m* Falle *f a. fig.*
traquer *tr* **1.** *(Jagd)* treiben, hetzen; umstellen; **2.** verfolgen.
trauma [troma] *m med* Trauma *n.* **traumatique** [tromatik] *a med* Wund-; ▶ *fièvre f* ~ Wundfieber *n.* **traumatiser** *tr* e-n Schock versetzen (*qn* jdm). **traumatisme** *m* Trauma *n,* Schock *m.* **traumatologie** *f* Unfallchirurgie *f.*
travail [travaj] *m pl -aux* **1.** Arbeit(szeit) *f;* **2.** Anstrengung, Mühe; Belastung, Beanspruchung; Leistung *f;* **3.** Be-, Verarbeitung *f;* **4.** *chem* Gärung *f;* **5.** Geburtswehen *pl;* **6.** ▶ *sans* ~ arbeitslos; **7.** ▶ *aller au* ~ zur Arbeit gehen; *cesser le* ~ die Arbeit ein=stellen; *faire du* ~ *supplémentaire* Überstunden machen; *se mettre au* ~ sich an die Arbeit begeben *od* machen; *réduire la durée du* ~ die Arbeitszeit verkürzen; *travaux!* Bauarbeiten! Baustelle! **8.** ▶ *accident m du* ~ Arbeitsunfall *m; Bureau International du T*~ Internationale(s) Arbeitsamt *n; cessation f du* ~ Arbeitseinstellung *f; chantier m de* ~ Arbeitsplatz *m; contrat m de* ~ Arbeitsvertrag *m; droit m au* ~ Recht *n* auf Arbeit; *durée f du* ~ Arbeitsdauer *f; heures f pl de* ~ Arbeitsstunden *f pl; incapacité f de* ~ Arbeitsunfähigkeit *f; marché m du* ~ Arbeitsmarkt *m; ministère m du* ~ Arbeitsministerium *n; office m du* ~ Arbeitsamt *n; poste m de* ~ Arbeitsplatz *m; salle f de* ~ Kreissaal *m; vêtements m pl de* ~ Arbeitskleidung *f;* **9.** ▶ ~ *administratif* Verwaltungsarbeit *f;* ~ *agricole* Landarbeit *f;* ~ *à la chaîne* Fließbandarbeit *f;* ~ *à domicile* Heimarbeit *f;* ~ *féminin* Frauenarbeit *f;* ~ *à forfait, à la pièce, à la tâche* Akkordarbeit *f;* ~ *illicite, noir* Schwarzarbeit *f;* ~ *intellectuel* Kopf-, Geistesarbeit *f;* ~ *à la machine, à la main* od *manuel* Maschinen-, Handarbeit *f;* ~ *à mi-temps, à plein temps* Halbtags-, Ganztagsarbeit *f;* ~ *au noir* Schwarzarbeit *f;* ~ *de nuit* Nachtarbeit *f;* ~ *occasionnel* Gelegenheitsarbeit *f;* ~ *posté* Schichtarbeit *f;* ~ *précaire* sozial nicht abgesichertes, zeitlich befristetes Arbeitsverhältnis *n,* Gelegenheitsarbeit *f;* ~ *de précision* Präzisionsarbeit *f;* ~ *qualifié* Facharbeit *f;* ~ *à temps partiel* Teilzeitarbeit *f;* ~ *à temps réduit* Kurzarbeit *f;* ~ *saisonnier* Saisonarbeit *f;* ~ *en série* Reihenfertigung *f;* ~ *souterrain* Tiefbau *m;* **10.** *pl* **travaux** (Bau-)Arbeiten *f pl;* ▶ ~ *accessoires* Nebenarbeiten *f pl;* ~ *d'assainissement* Sanierungsarbeiten *f pl;* ~ *d'art* Kunstbauten *m pl;* ~ *du bâtiment* Bauarbeiten *f pl;* ~ *de déblaiement* Aufräumungsarbeiten *f pl;* ~ *forcés* Zwangsarbeit *f;* ~ *publics* Bauarbeiten *f pl* der öffentlichen Hand; ~ *routiers* Straßenbauarbeiten *f pl;* ~ *de sauvetage* Bergungs-, Rettungsarbeiten *f pl;* ~ *de terrassement* Erdarbeiten *f pl;* ~ *de tournage (film)* Dreharbeiten *f pl.*
travailler I. *tr* **1.** be-, verarbeiten; **2.** durch=kneten; **3.** *(Stil)* durch=arbeiten, durch=feilen; **4.** *fam* büffeln, pauken; **5.** *(Person)* bearbeiten, zu beeinflussen, zu gewinnen suchen; **6.** *(Kunden)* besuchen; **7.** ein=üben (*au piano* auf dem Klavier); **8.** *fig* quälen, plagen; beunruhigen; keine Ruhe lassen (*qn* jdm); **II.** *itr* **1.** arbeiten (*à, sur* an, über *dat*); sich (ab=)mühen (*à* um), sich an=strengen (*à* zu); **2.** *(Holz)* sich (ver)werfen, sich verziehen, arbeiten; **3.** *chem* gären; **4.** *(Teig)* gehen; **5.** ▶ ~ *à perte (com)* mit Verlust arbeiten; *il travaille du chapeau* er ist übergeschnappt. **travailleur, se I.** *s m f* Arbeiter(in *f*) *m;* Werktätige(r *m*), Schaffende(r *m*) *f;* **II.** *a* werktätig, schaffend; Arbeiter-; **III.** *s f* Nähkasten *m;* ▶ ~ *à domicile, intellectuel, manuel, saisonnier* Heim-, Kopf- *od* Geistes-, Hand-, Saisonarbeiter *m;* ~ *frontalier* Grenzgänger *m;* ~ *indépendant* selbständige(r) Gewerbetreibende(r) *m;* ~ *précaire* Gelegenheitsarbeiter(in *f*) *m;* ~ *social* Sozialarbeiter(in *f*) *m.*
travée [trave] *f* **1.** *arch* Feld, Fach; (Gewölbe-)Joch *n;* **2.** Bankreihe *f.*
travel(l)ing [travliŋ] *m film* Fahraufnahme *f;* Kamerawagen *m.*
travers [travɛr] *m* **1.** ▶ *à* ~ *qc, au* ~ *de qc (prp)* quer durch, über etw; *à* ~ *champ* querfeldein; *de* ~ schief, schräg, quer; verkehrt; *en* ~ quer (*de* durch, über), übereck; **2.** ▶ *entendre de* ~ sich verhören; *se mettre en* ~ *(fig)* sich quer legen *od* stellen; hindern; durchkreuzen (*de qc* etw); *regarder de* ~ von der Seite, scheel an=sehen; *rayé en* ~ quergestreift; **3.** ▶ *chacun a ses* ~ jeder hat seine Schwächen.
traverse [travɛrs] *f* **1.** Querbalken *m,* -leiste *f,* -riegel *m;* **2.** Schwelle *f;* **3.** Kämpferholz *n;* ▶ *prendre un chemin de* ~ e-n kürzeren Weg gehen, ab=kürzen.

traversée [traverse] *f* Überquerung *f*, Durchgang *m*, -fahrt, Überfahrt, Reise *f* (*d'un pays* durch ein Land). **traverser** *tr* **1.** durchqueren, -dringen, -fließen, -schreiten; **2.** gehen, führen (*qc* durch, über e-e S); **3.** überschreiten, -queren; durchfahren, -reisen; **4.** ▶ ~ *qc* durch, über e-e S gehen, reiten, fahren, schwimmen; durch etw reisen; **5.** *tech* durchhauen, -brechen; **6.** *fig* *(Krise)* durch=machen.

traversier, ère [traversje, -ɛr] *a* ▶ *flûte f ~ière* Querflöte *f*.

traversin [traversɛ̃] *m* Schlummerrolle *f*.

travesti, e [travɛsti] **I.** *a* verkleidet; **II.** *s m* **1.** Kostümierung, Verkleidung *f*; **2.** (Masken-)Kostüm *n*; **III.** *m f* **1.** Transvestit *m*; **2.** *theat* Hosenrolle *f*; ▶ *bal m ~* Kostümball *m*. **travestir** *tr* **1.** verkleiden, kostümieren (*en* als); **2.** *fig* verdrehen; entstellen. **travestisme** *m s. transvestisme*. **travestissement** *m* **1.** Verkleidung, Kostümierung *f*; **2.** *fig* Verdrehung, Entstellung *f*.

traviole [travjɔl] *adv*: ▶ *de ~ (fam)* schief.

trayeur, se [trɛjœr, -øz] *m f* Melker(in *f*) *m*; *f* Melkmaschine *f*. **trayon** *m* Zitze *f*.

trébuchant, e [trebyʃɑ̃, -ɑ̃t] *a* **1.** stolpernd, torkelnd; **2.** ▶ *espèces sonnantes et ~es* klingende Münze *f*. **trébuchement** *m* stolpern *n*. **trébucher** *itr* stolpern, straucheln *a. fig* (*contre, sur* über).

trébuchet [trebyʃɛ] *m* **1.** Probier-, Münzwaage *f*; **2.** (Vogel-)Falle *f a. fig*.

tréfilage [trefilaʒ] *m* Drahtziehen *n*. **tréfiler** *tr* zu Draht ziehen. **tréfilerie** *f* Drahtzieherei *f*.

trèfle [trɛfl] *m* **1.** *bot* Klee *m*; **2.** *arch* Dreipaß *m*; **3.** *(Karten)* Kreuz *n*; **4.** *(Autobahn)* Kleeblatt *n*; ▶ *~ à quatre feuilles* vierblättrige(s) Kleeblatt *n*.

tréfonds [trefɔ̃] *m*: ▶ *connaître le fonds et le ~ de qc* etw in- u. auswendig kennen.

treillage [trɛjaʒ] *m* Gitter-, Lattenwerk *n*. **treille** *f* Weinspalier *n*, -laube *f*. **treillis** [-ji] *m* **1.** Gitter(werk) *n*; **2.** Drillich *m (Stoff)*; ▶ *mât m en ~* Gittermast *m*; *~ métallique* Maschendraht *m*; Drahtgitter *n*.

treize [trɛz] **I.** *a* dreizehn; **II.** *s m* Dreizehn(er *m*) *f*; der Dreizehnte. **treizième** **I.** *a* dreizehnte(r, s); **II.** *s m* Dreizehntel *n*. **treizièmement** *adv* dreizehntens.

tréma [trema] *m gram* Trema *n*.

tremblaie [trɑ̃blɛ] *f* Espenwäldchen *n*.

tremblant, e [trɑ̃blɑ̃, -t] **I.** *a* zitternd, bebend (*de* vor); **II.** *s m (Orgel)* Tremulant *m*.

tremble [trɑ̃bl] *m bot* Espe, Zitterpappel *f*.

tremblé, e [trɑ̃ble] *a* zitt(e)rig. **tremblement** [-blə-] *m* **1.** Zittern, Beben *n*; **2.** *mus* Tremolo *n*; **3.** ▶ *tout le ~ (pop)* alles übrige; der ganze Krempel; *~ de terre* Erdbeben *n*. **trembler** *itr* **1.** zittern, beben (*de* vor); **2.** *fig* bangen (*pour qc* um etw). **tremblotant, e** [-blɔ-] *a* zitternd; flimmernd; flackernd. **tremblote** *f*: ▶ *avoir la ~ (fam)* zittern, schlottern. **tremblotement** *m* Zittern *n*. **trembloter** *tr* zittern; *(Licht)* flakkern.

trémie [tremi] *f* **1.** *tech* Trichter *m*; **2.** Einfahrt *f* zu e-r Tiefgarage.

trémière [tremjɛr] *a*: ▶ *rose f ~* Stockrose *f*.

trémolo [tremɔlo] *m mus* Tremolo *n*.

trémousser, se [tremuse] *v prn* **1.** zappeln; **2.** sich in den Hüften wiegen.

trempage [trɑ̃paʒ] *m* Anfeuchten, Einweichen *n*. **trempe** *f* **1.** *tech* Härtung, Härten *n*; **2.** *fig* Schlag *m*, Kaliber *n*; **3.** *pop* Dresche, Tracht *f* Prügel. **trempé, e** *a* **1.** durchnäßt (*jusqu'aux os* bis auf die Haut); eingeweicht; **2.** *tech* gehärtet; **3.** *fig (Charakter)* energisch, fest; **4.** ▶ *~ de sueur* in Schweiß gebadet; *(Kleidung)* durchgeschwitzt. **tremper** **I.** *tr* **1.** durch=, ein=weichen, an=feuchten, tränken; **2.** (ein=)tauchen; *(Speise)* ein=tunken, -stippen, -brocken; **3.** *(Wein)* verdünnen; **4.** *tech* härten; ab=schrecken; **II.** *itr* **1.** im Wasser liegen, wässern; **2.** *fig* teil=nehmen, -haben (*dans un crime* an e-m Verbrechen); **III.** *v prn se ~* ein kurzes Bad nehmen. **trempette** *f*: ▶ *faire ~* **1.** Brot eintunken; **2.** ein kurzes Bad nehmen.

tremplin [trɑ̃plɛ̃] *m* **1.** Sprungbrett *n a. fig*; **2.** *(~ de ski)* Sprungschanze *f*.

trentaine [trɑ̃tɛn] *f*: ▶ *une ~ (de)* etwa dreißig; *avoir passé la ~ (fam)* über die Dreißig sein, die Dreißig überschritten haben. **trente** **I.** *a* dreißig; **II.** *s m* Dreißig(er *m*) *f*; der Dreißigste; ▶ *se mettre sur son ~ et un (fam)* sich in Schale werfen. **trentenaire** *a jur* dreißigjährig. **trentième** **I.** *a* dreißigste(r, s); **II.** *s m* Dreißigstel *n*.

trépan [trepɑ̃] *m* **1.** *tech* Bohrmeißel *m*; **2.** *med* Trepan *m*. **trépanation** [-pa-] *f med* Trepanation *f*. **trépaner** *tr med* trepanieren.

trépas [trepɑ] *m* Hinscheiden *n*, Tod *m*. **trépassé, e** [-pa-] *m f* Verstorbene(r *m*) *f*; ▶ *la fête des T~s* Allerseelen *n*. **trépasser** *itr lit* sterben, entschlafen.

trépidant, e [trepidɑ̃, -ɑ̃t] *a* **1.** schnell; wirbelnd; **2.** *fig* erregt, fieberhaft, lebhaft. **trépidation** *f* Vibrieren; Zittern; Stampfen *n*. **trépider** *tr* zucken, zittern, vibrieren.

trépied [trepje] *m* Dreifuß *m*; *phot* Stativ *n*.

trépignement [trepiɲmɑ̃] *m* Stampfen,

Trampeln *n.* **trépigner** *itr* (mit den Füßen, auf=)stampfen, trampeln (*de colère* vor Zorn).
très [tʀɛ] *adv* sehr, stark; höchst, übermäßig, -aus, hoch-; recht; ► *j'en ai ~ envie (fam)* ich habe große Lust; *le T~-Haut* der Allerhöchste *(Gott).*
trésor [tʀezɔʀ] *m* **1.** Schatz *m;* **2.** Staatskasse *f,* Schatzamt *n;* Fiskus *m,* Finanzverwaltung *f;* **3.** *pl* Schätze *m pl;* **4.** *fig* kostbarste(s) Gut *n;* Fundgrube *f;* **5.** Schatzkammer *f;* ► *mon petit ~* mein Schätzchen. **trésorerie** [-ʀi] *f* **1.** Schatzamt *n,* Fiskus *m;* **2.** Finanzen *f pl,* Geldmittel *n pl;* **3.** Kassenlage; Finanzgebarung *f;* ► *faire face aux besoins de ~* den finanziellen Anforderungen entsprechen; *certificat m de ~* Schatzanweisung *f.* **trésorier, ère** *m f* Schatzmeister(in *f*), Kassenführer(in *f*), Kassierer(in *f*) *m.*
tressaillement [tʀesajmɑ̃] *m* Zs.zucken, Zs.fahren *n,* Schauder *m.* **tressaillir** ‹*Prés. je tressaille, il tressaille, ns tressaillons; Fut. je tressaillerai; pp. tressailli; Subj. que je tressaille, que ns tressaillions; Impér. tressaille, tressaillons*› *itr* auf=, zs.=fahren, zs.=zucken, (er)zittern, erschauern (*de* vor).
tressauter [tʀesote] *itr* **1.** auf=fahren, -springen; **2.** hin- und hergeschüttelt werden.
tresse [tʀɛs] *f* **1.** Geflecht *n,* Flechte; Litze, Tresse *f;* **2.** ► *~ de cheveux* Zopf *m.* **tresser** *tr* (um-, ver-, zs.=)flechten; *(Kranz)* winden.
tréteau [tʀeto] *m pl -x* Gestell *n,* Bock *m,* Gerüst, Lager *n; pl péj* Wanderbühne *f.*
treuil [tʀœj] *m* **1.** *tech* Winde; **2.** *min* Haspel *f; mar* Spill *n.*
trêve [tʀɛv] *f* **1.** *mil* Waffenstillstand *m;* **2.** *(zwischen Parteien)* Burgfrieden *m;* **3.** *fig* Ruhe, Rast *f;* ► *sans ~* rastlos, ununterbrochen; *~ de discussions!* genug geredet! *~ de railleries!* Scherz beiseite!
Trèves [tʀɛv] *f* Trier *n.*
tri [tʀi] **I.** *in Zssgen:* drei; **II.** *s m* Sortieren *n.* **triage** [-jaʒ] *m* Aus-, Verlesen, Sortieren *n;* ► *gare f de ~* Verschiebebahnhof *m.*
triangle [tʀiɑ̃gl] *m* **1.** Dreieck *n;* **2.** *mus* Triangel *m;* ► *~ de signalisation (mot)* Warndreieck *n.* **triangulaire** *a* dreieckig. **triangulation** *f (Landmessung)* Triangulation *f.*
trias [tʀiɑs] *m geol* Trias *f.*
tribo-électricité [tʀibɔelɛktʀisite] *f* Reibungselektrizität *f.*
tribord [tʀibɔʀ] *m mar* Steuerbord *n.*
tribu [tʀiby] *f* **1.** (Volks-)Stamm *m;* **2.** *fam* Sippe, Sippschaft *f.*
tribulation [tʀibylasjɔ̃] *f* Trübsal *f,* Leiden *n; pl* Widerwärtigkeiten *f pl.*
tribun [tʀibœ̃] *m hist* (Volks-)Tribun *m.*
tribunal [tʀibynal] *m pl -aux* **1.** Gericht(shof *m*); Gerichtsgebäude *n; (salle f du ~)* Sitzungssaal *(im Gericht);* **2.** *fig* Richterstuhl *m;* **3.** ► *comparaître devant un ~* vor e-m Gericht erscheinen; *recourir à un ~ supérieur* Berufung ein=legen; **4.** ► *greffier m du ~* Gerichtsschreiber *m; ~ administratif, arbitral, d'appel, de cassation, de commerce, du travail* Verwaltungs-, Schieds-, Appellations-, Kassations-, Handels-, Arbeitsgericht *n; ~ du peuple* Volksgerichtshof *m.*
tribune [tʀibyn] *f* (Redner-)Tribüne *f;* ► *~ de la presse* Pressetribüne *f.*
tribut [tʀiby] *m hist* Tribut *m;* ► *payer ~ (fig)* Tribut zollen (*à qc* e-r S *dat*). **tributaire** [-tɛʀ] *a* **1.** *hist* tribut-, zinspflichtig; **2.** *fig* abhängig (*de* von); **3.** ► *être ~ (Fluß)* münden, sich ergießen (*de* in *acc*); **4.** *fig* ab=hängen (*de* von), angewiesen sein (*de* auf *acc*).
tricentenaire [tʀisɑ̃t(ə)nɛʀ] *m* Dreihundertjahrfeier *f.*
triceps [tʀisɛps] *m* dreiköpfige(r) Muskel *m.*
triche [tʀiʃ] *f fam* Mogelei, Schiebung *f.* **tricher** *itr* falsch=spielen, mogeln, betrügen. **tricherie** *f* Betrügerei, Mogelei *f.* **tricheur, se** *m f* Falschspieler(in *f*), Betrüger(in *f*), Mogler(in *f*) *m.*
trichine [tʀikin] *f zoo* Trichine *f.*
trichromie [tʀikʀɔmi] *f typ* Dreifarbendruck *m.*
tricolore [tʀikɔlɔʀ] *a* dreifarbig; ► *drapeau m ~* Trikolore *f; les ~es (sport) f* die französische Nationalmannschaft *f.*
tricorne [tʀikɔʀn] *m* Dreispitz *m (Hut).*
tricot [tʀiko] *m;* **1.** Strick-, Wirkware *f;* **2.** Pullover *m;* Trikot *m* od *n;* **3.** Strickarbeit *f.* **tricotage** [-kɔ-] *m* Stricken *n.* **tricoter 1.** *itr tr* stricken, wirken; **2.** *itr pop (~ des jambes)* abhauen, rennen. **tricoteuse** *f* **1.** Strickerin *f;* **2.** Strickmaschine *f.*
trictrac [tʀiktʀak] *m* Tricktrack *n.*
tricycle [tʀisikl] *m* Dreirad *n;* ► *~ de livreur* dreirädrige(r) Lieferwagen *m.*
trident *m* Dreizack *m.* **trièdre** [tʀi(j)ɛdʀ] *a* dreiflächig. **triennal, e** [-jɛnal] *a* ► *plan m ~* Dreijahresplan *m.*
trier [tʀije] *tr* aus=lesen, (aus=)sortieren; sichten; ► *~ sur le volet (fig)* sorgfältig aus=wählen. **trieur, se** *m f* Sortierer(in *f*) *m; m* Sortierer m; Sortiermaschine *f (für Lochkarten).*
trifouiller [tʀifuje] **I.** *tr fam* durchwühlen; **II.** *itr* stöbern, wühlen (*dans* in).
trigonométrie [tʀigɔnɔmetʀi], *fam* **trigo** *f* Trigonometrie *f.* **trigonométrique** *a* trigonometrisch.
trilingue [tʀilɛ̃g] *a* dreisprachig.
trille [tʀij] *m mus* Triller *m.*

trillion [tʀiljɔ̃] *m* Trillion *f.*
trilogie [tʀilɔʒi] *f theat* Trilogie *f.*
trimaran [tʀimaʀɑ̃] *m* Trimaran *m.*
trimbal(l)age [tʀɛ̃balaʒ] *m.* **trimbal(l)ement** *m fam* Transport *m.* **trimbal(l)er I.** *tr fam* mit sich herum=schleppen; ▶ *qu'est-ce qu'il trimbal(l)e!* der ist aber blöd! **II.** *v prn se ~ (fam)* tippeln.
trimer [tʀime] *itr pop* schuften, sich ab=rackern.
trimestre [tʀimɛstʀ] *m* **1.** Vierteljahr, Quartal *n;* **2.** vierteljährliche Zahlung *od* Miete *f;* ▶ *par ~* vierteljährlich. **trimestriel, le** *a* vierteljährlich; Vierteljahrs-.
trimoteur [tʀimɔtœʀ] *a* dreimotorig.
tringle [tʀɛ̃gl] *f* **1.** (*bes.* Gardinen-)Stange *f;* **2.** Leiste *f.*
trinité [tʀinite] *f rel* Trinität, Dreifaltigkeit *f;* ▶ *la T~* das Dreifaltigkeitsfest.
trinitrotoluène [tʀinitʀɔtɔlɥɛn] *m chem* Trinitrotoluol *n,* T.N.T.
trinquer [tʀɛ̃ke] *itr* **1.** mit den Gläsern an=stoßen; **2.** *pop* eins auf den Deckel kriegen.
trio [tʀijo] *m mus* Trio *a. fig,* Terzett *n.*
triolet [tʀiɔlɛ] *m* **1.** Triolett *n (Gedicht);* **2.** *mus* Triole *f.*
triomphal, e [tʀijɔ̃fal] *a pl -aux* triumphal; jubelnd, begeistert. **triomphant, e** *a* triumphierend, frohlockend; siegreich. **triomphateur** *m* Sieger, Triumphator *m.* **triomphe** *m* Triumph, Sieg, glänzende(r) Erfolg *m.* **triompher** *itr* **1.** siegen, *fig* Herr werden (*de qn* über jdn), überwinden, bezwingen (*de qn* jdn); **2.** triumphieren, frohlocken, jubeln.
tripaille [tʀipɑ(a)j] *f (Jagd)* Eingeweide *n.*
triparti, e; tripartite [tʀipaʀti] *a* dreigeteilt; Dreier-. **tripartisme** *m pol* Dreiersystem *n.*
tripatouiller [tʀipatuje] *tr fam* **1.** herumpfuschen (*qc* an e-r S); **2.** verfälschen.
tripe [tʀip] *f meist pl* **1.** *(Tier, fam Mensch)* Gedärm(e), Gekröse, Eingeweide *n;* **2.** Kaldaunen *f pl;* ▶ *(pop) ça vous prend aux ~s* das geht dir bis ins Mark. **triperie** *f* Darmhandlung *f.* **tripette** *f:* ▶ *ça ne vaut pas ~ (fam)* das ist keinen Pfifferling wert.
triphasé, e [tʀifaze] *a el* Dreiphasen-, Dreh-.
triplace [tʀiplas] *m aero* Dreisitzer *m.*
triple [tʀipl] **I.** *a* dreifach; Drei-; **II.** *s m* Dreifache(s) *n;* ▶ *au ~ galop (fam)* wie ein geölter Blitz; *en ~ exemplaire* in dreifacher Ausfertigung. **triplé(e)s** *m (f) pl* Drillinge *m pl.* **tripler** *tr itr* (sich) verdreifachen.
tripot [tʀipo] *m* Spielhölle *f.*
tripotage [tʀipɔtaʒ] *m fam* krumme Touren *f pl;* faule(s) Geschäft *n.* **tripotée** *f* **1.** *fam* Tracht *f* Prügel; **2.** *pop* Stallvoll *m* (*d'enfants* Kinder). **tripoter I.** *tr fam* befummeln, betätscheln; **II.** *itr* krumme Sachen drehen.
triptyque [tʀiptik] *m* **1.** *mot* Triptik *n;* **2.** *(Kunst)* Triptychon *n.*
trique [tʀik] *f pop* Knüttel, Knüppel *m;* ▶ *sec comme un coup de ~, (fam)* spindel-, klapperdürr; *mener qn à coup de ~* mit jdm gewalttätig umgehen.
trisaïeul, e [tʀizajœl] *m f* Ururgroßvater *m,* -mutter *f.*
triste [tʀist] *a* **1.** traurig, betrübt (*de* über *acc*); **2.** trübselig, verdrießlich; **3.** unfreundlich; trübe, düster; **4.** erbärmlich, jämmerlich; armselig; ▶ *rouler de ~s pensées* traurigen Gedanken nachhängen. **tristesse** *f* **1.** Traurigkeit, Trauer, Trübseligkeit *f;* **2.** Trübsinn, traurige(r) Augenblick *m.*
triton [tʀitɔ̃] *m zoo* Molch *m.*
trituration [tʀityʀasjɔ̃] Zerreiben *n.* **triturer** *tr* **1.** zerreiben, zerstoßen; **2.** (zer)kauen; **3.** zerknüllen; ▶ *(fam) se ~ les meninges* sich das Hirn zermartern.
trivial, e [tʀivjal] *a pl -aux* derb, grob; gemein. **trivialité** *f* Derbheit, Zote *f.*
troc [tʀɔk] *m* Tausch(handel) *m.*
trochaïque [tʀɔkaik] *a* trochäisch.
trochée [tʀɔʃe] *m* Trochäus *m.*
troène [tʀɔɛn] *m bot* Liguster *m.*
troglodyte [tʀɔglɔdit] *m* **1.** Höhlenbewohner *m;* **2.** *orn* Zaunkönig *m.*
trogne [tʀɔɲ] *f fam* (Trinker-)Gesicht *n.*
trognon [tʀɔɲɔ̃] *m* **1.** Kerngehäuse *n,* Griebs; *(Kohl)* Strunk *m;* **2.** *fam* Kerlchen *n;* ▶ *on nous a eu jusqu'au ~* man hat uns gewaltig reingelegt.
Troie [tʀwa] *f hist* Troja *n.*
trois [tʀwɑ] **I.** *a* drei; **II.** *s m* Drei(er *m*) *f;* der Dritte. **troisième** [-zjɛm] **I.** *a* dritte(r, s); **II.** *s m* **1.** Drittel *n;* **2.** dritte(r) Stock *m;* **3.** *f mot* dritte(r) Gang *m.* **troisièmement** *adv* drittens. **trois-mâts** *m mar* Dreimaster *m.* **trois-quarts** *m inv* **1.** *mus* Dreiviertelgeige *f;* **2.** dreiviertellange(r) Mantel *m.*
trolley [tʀɔlɛ] *m* (Rollen-)Stromabnehmer *m.* **trolleybus** [-bys] *m* Oberleitungsomnibus, Obus *m.*
trombe [tʀɔ̃b] *f (~ de vent)* Windhose *f;* (*~ d'eau*) Wolkenbruch *m;* ▶ *arriver en ~* wie ein Wirbelwind dahergefegt kommen.
trombine [tʀɔ̃bin] *f fam* Gesicht *n.*
trombone [tʀɔ̃bɔn] *m* **1.** Posaune(nbläser *m*) *f;* **2.** Büroklammer *f.* **tromboniste** *m* Posaunenbläser *m.*
trompe [tʀɔ̃p] *f* **1.** *mus (~ de chasse)* Jagdhorn; *(~ de brume)* Nebelhorn *n;* **2.** *arch* Trompe *f;* **3.** *zoo* Rüssel *m;* **4.** ▶ *~ d'Eustache (anat)* Eustachische Röhre, Ohrtrompete *f;* *~ utérine (anat)* Eileiter *m.*

trompe-l'œil [tʀɔ̃plœj] *m (inv) fig* trügerische(r) Schein *m.* **tromper** [tʀɔ̃pe] **I.** *tr* **1.** täuschen, betrügen, hintergehen; hinters Licht führen, übers Ohr hauen; **2.** *lit (den Erwartungen)* nicht entsprechen; **3.** *(Hunger, Schmerz, Gefühl)* betäuben; **II.** *v prn se* ~ sich täuschen, sich irren (*sur qn* in jdm); ▶ *se* ~ *d'adresse* sich in der Adresse irren; *fig* an die falsche Adresse geraten; *se* ~ *de route* e-n verkehrten Weg ein=schlagen; *c'est ce qui vous trompe* darin täuschen Sie sich; *c'est à s'y* ~ das sieht sich zum Verwechseln ähnlich. **tromperie** *f* Betrug *m,* Täuschung *f.*

trompette [tʀɔ̃pɛt] *f mus* Trompete; *m* Trompeter *m;* ▶ *nez m en* ~ Stupsnase *f.*

trompeur, se [tʀɔ̃pœʀ, -øz] *a* täuschend; trügerisch.

tronc [tʀɔ̃] *m* **1.** *bot* Stamm *m;* **2.** *anat* Rumpf *m;* **3.** *(Kegel, Pyramide, Säule)* Stumpf *m;* **4.** Opferstock *m;* **5.** *(Genealogie)* Stamm *m,* Hauptlinie *f; (horaires à la carte)* Kernzeit *f;* ▶ ~ *commun (fig)* gemeinsame Grundlage *f.*

tronche [tʀɔ̃ʃ] *f* **1.** Block, Klotz *m;* **2.** *pop* Birne *f,* Dez *m.*

tronçon [tʀɔ̃sɔ̃] *m* **1.** Stück *n;* **2.** (Teil-) Abschnitt *m,* (Teil-)Strecke *f;* ▶ ~ *d'autoroute* Autobahnabschnitt *m.* **tronçonner** [-sɔ-] *tr* in Stücke teilen, zerstückeln, zerschneiden; zersägen.

trône [tʀon] *m* Thron *m a. fig.* **trôner** *itr* thronen *a. fig.*

tronqué, e [tʀɔ̃ke] *a* **1.** abgestumpft; **2.** *fig* verstümmelt; ▶ *cône m, pyramide f* ~*(e) (math)* Kegel-, Pyramidenstumpf *m.* **tronquer** *tr fig* verstümmeln.

trop [tʀo] **I.** *adv (~ de)* zuviel; zu sehr; (all)zu; sehr, äußerst; **II.** *s m* Zuviel *n;* ▶ *de* ~, *en* ~ zuviel, überflüssig; *par* ~ allzusehr, gar zu; ~ *peu* zu wenig, nicht genug; ~ ... *pour que* ... zu ..., als daß ...; *c'en est* ~ das schlägt dem Faß den Boden aus; *vous n'êtes pas de* ~ *(fam)* Sie können ruhig dableiben; *vous êtes* ~ *aimable* das ist sehr liebenswürdig von Ihnen.

trope [tʀɔp] *m* Trope *f.*

trophée [tʀɔfe] *m* Trophäe *f,* Siegeszeichen *n.*

trophique [tʀɔfik] *a anat med* Ernährungs-.

tropical, e [tʀɔpikal] *a pl -aux* tropisch. **tropicalisé, e** *a* tropenfest. **tropique** *s m* **1.** Wendekreis *m* (*du Cancer* des Krebses, *du Capricorne* des Steinbocks); **2.** *pl* (die) Tropen.

troposphère [tʀɔpɔsfɛʀ] *f* Troposphäre *f.*

trop-perçu [tʀopɛʀsy] *m* zuviel erhobene(r) Betrag *m.* **trop-plein** *m* **1.** Überfülle *f;* **2.** *tech* Überlauf *m.*

troquer [tʀɔke] *tr* (aus=, ver-, um=)tauschen; ▶ ~ *son cheval borgne contre un aveugle* vom Regen in die Traufe kommen.

troquet [tʀɔkɛ] *m pop* Kneipe *f.*

trot [tʀo] *m* Trab *m;* ▶ *aller au* ~ traben; *au (grand)* ~ in (aller) Eile; *au* ~*!* fix! los! dalli!

trotte [tʀɔt] *f* ▶ *(fam) ça fait une* ~ das ist ein ganz schönes Ende. **trotter** *itr* **1.** traben; trotten; trippeln; **2.** umher=laufen, -rennen; **3.** ▶ *cela me trotte par la tête* das geht mir im Kopf herum. **trotteur, se** *m f* **1.** Traber *m;* **2.** *m* Trotteurschuh *m;* **3.** *f* Sekundenzeiger *m.* **trottiner** *itr* trippeln; *(Pferd)* trappeln. **trottinette** *f* (Kinder-)Roller *m.*

trottoir [tʀɔtwaʀ] *m* Gehweg *m,* Trottoir *n;* ▶ *faire le* ~ *(pop)* auf den Strich gehen.

trou [tʀu] *m* **1.** Loch *n;* **2.** *fig* Lücke *f;* **3.** Kaff; Nest; **4.** *(Nadel)* Öhr *n;* **5.** *pop* Gefängnis *n;* **6.** ▶ *n'être jamais sorti de son* ~ nie fortgekommen sein; *faire son* ~ *(fig)* es zu etwas, weit bringen; *rester dans son* ~ *(fig)* sich verkriechen; **7.** ▶ ~ *d'air* Luftloch *n a. aero;* ~ *d'eau* Wasserloch *n;* ~ *de mémoire* Gedächtnislücke *f;* ~ *du nez* Nasenloch *n;* ~ *d'ozone* Ozonloch *n;* ~ *de la serrure* Schlüsselloch *n;* ~ *de sonde, de forage* Bohrloch *n;* ~ *du souffleur* (Souffleur-) Kasten *m;* ~ *de souris* Mauseloch *n.*

troubadour [tʀubaduʀ] *m* Troubadour *m.*

troublant, e [tʀublɑ̃, -ɑ̃t] *a* **1.** beunruhigend, aufregend, störend; **2.** verwirrend; betörend. **trouble I.** *s m* **1.** Unordnung *f,* Durcheinander *n;* **2.** Verwirrung, Aufregung, innere Unruhe *f;* **3.** *pl pol* Unruhen *f pl;* **4.** *med* Störungen *f pl;* **II.** *a* **1.** trüb(e); *(Wasser)* schmutzig; **2.** *fig* undurchsichtig, verdächtig; **3.** ▶ *sans* ~ störungsfrei; **4.** ▶ *avoir la vue* ~, *voir* ~ undeutlich, verschwommen sehen *a. fig; pêcher en eau* ~ *(fig)* im trüben fischen; **5.** ▶ ~*s de la circulation, digestifs, de la vision* Kreislauf-, Verdauungs-, Sehstörungen *f pl;* ~ *du comportement* Verhaltensstörungen *f pl.* **troublé, e** *a* verstört; verwirrt; unsicher; unruhig. **trouble-fête** *m (inv)* Störenfried *m.* **troubler I.** *tr* **1.** trüben; stören; **2.** durchea.=bringen, in Unordnung bringen; **3.** verwirren, unsicher machen (*qn* jdn); **4.** *(Gewissen)* beunruhigen; **5.** *(Plan)* durchkreuzen; **II.** *v prn se* ~ **1.** trübe werden, sich trüben; **2.** *(Person)* verwirrt, verlegen werden, die Fassung verlieren, in Verwirrung geraten.

troué, e [tʀue] *a* durchlöchert. **trouée** *f* **1.** Loch *n,* Öffnung *f;* **2.** *mil* Durchbruch *m;* **3.** *(Wald)* Schneise *f;* **4.** *geog* Pforte, Senke *f.* **trouer I.** *tr* durchbohren, -löchern; perforieren; **II.** *v prn se* ~ Löcher bekommen.

troufion [trufjõ] *m pop* Landser *m.*
trouillard, e [trujaʀ, -ʀd] **I.** *s m f pop* Angsthase *m;* **II.** *a* feige. **trouille** *f pop* Angst *f;* ▶ *avoir la ~ (pop)* Schiß haben.
troupe [trup] *f* **1.** Schar *f,* Trupp, Haufen, Schwarm *m;* **2.** *(Tiere)* Herde *f,* Rudel *n; (Vögel)* Schwarm *m;* **3.** *mil theat* Truppe *f;* ▶ *en ~* truppweise. **troupeau** *m pl ~x* **1.** Herde *f a. fig rel;* **2.** *péj fig* Hammelherde *f,* Haufen *m.*
trousse [trus] *f* **1.** Bündel *n,* Pack *m;* Garnitur *f,* Satz *m; (~ pour outils)* (Werkzeug-)Tasche *f;* Etui *n; (~ de toilette)* (Reise-)Necessaire *n;* Rasier-, *(~ de couture)* Nähzeug *n;* **2.** *med* Besteck *n;* **3.** ▶ *être aux ~s de qn* hinter jdm her, jdm auf den Fersen sein; *je l'ai à mes ~s* er ist hinter mir her; **4.** ▶ *~ de manucure* Maniküretui *n; ~ de maquillage* Schminktäschchen *n; ~ de pansement* Verbandszeug *n; ~ à pharmacie* Taschenapotheke *f; ~ de voyage* Reisenecessaire *n.*
trousseau [truso] *m pl -x* **1.** Aussteuer, Ausstattung *f;* **2.** *(~ de clés)* Schlüsselbund *m* od *n.*
trousser [truse] *tr (Schwanz)* auf=binden; *(a. Geflügel, Wild)* zs.=binden, -packen; ▶ *~ les filles (fam)* Frauen verführen.
trouvaille [truvaj] *f* **1.** (glücklicher) Fund; **2.** gute(r) Einfall *m,* glänzende Idee *f;* **3.** *fam* Volltreffer *m.* **trouvé, e** *a* **1.** *fig* gut (ausgedacht); **2.** ▶ *bureau m des objets ~s* Fundbüro *n; enfant m ~* Findelkind *n.* **trouver I.** *tr* **1.** (auf=) finden, (an=)treffen, begegnen; **2.** ertappen, überraschen; **3.** *fig* bekommen; auf=treiben, sich verschaffen; **4.** aus= denken, entdecken, erfinden; **5.** bemerken (*à, en qn* an jdm); **6.** finden, erachten, halten für, der Ansicht sein (*que* daß); **II.** *v prn se ~* **1.** sich (ein=, vor=) finden; dasein, vorhanden sein; **2.** *zoo bot* vor=kommen; **3.** sich befinden (*en, dans* in *dat*); sich fühlen; **4.** ▶ *aller, venir ~* be-, auf=suchen; *y ~ son compte* dabei auf s-e Rechnung, Kosten kommen; *se ~ bien* sich wohl fühlen; *~ bon (mauvais)* (miß)billigen; *se ~ être* sich heraus=stellen, sich erweisen als; *se ~ mal* ohnmächtig werden; *~ à (re) dire* etw auszusetzen, zu beanstanden haben; *ne pas ~ le temps de qc* zu etw (einfach) nicht kommen; **5.** *je trouve le temps long* die Zeit wird mir lang; *il se trouve que ...* es fügt sich, daß ...; *où trouve-t-on?* wo bekommt man? *(fam) où est-ce que tu as trouvé cela?* wo hast du denn das aufgeschnappt?
trouvère [truvɛʀ] *m* nordfranzösische(r) Minnesänger *m.*
truand [tʀyɑ̃] *m fam* Ganove *m.* **truander** *tr fam* begaunern.
trublion [tʀybliõ] *m* Unruhestifter *m.*
truc [tʀyk] *m* **1.** *fam* Kniff, Dreh, Pfiff *m;* **2.** *fam* Ding(s) *n;* ▶ *connaître le ~ (fam)* den Dreh heraus=, weg=haben. **trucage** *m s. truquage.*
truchement [tʀyʃmɑ̃] *m f* ▶ *par le ~ de qn* durch jds Vermittlung.
trucider [tʀyside] *tr fam* umlegen.
truculence [tʀykylɑ̃s] *f* Urwüchsigkeit *f.* **truculent, e** [-lɑ̃, -ɑ̃t] *a* urwüchsig, vital, derb.
truelle [tʀyɛl] *f* (Maurer-)Kelle *f.*
truffe [tʀyf] *f* **1.** *bot* Trüffel *m;* **2.** Hundenase *f.* **truffer** *tr* **1.** trüffeln; **2.** *pop* spicken, voll=stopfen (*de* mit). **trufficulture** *f* Trüffelzucht *f.*
truie [tʀɥi] *f* Mutterschwein *n,* Sau *f.*
truisme [tʀyism] *m* Binsenwahrheit *f.*
truite [tʀɥit] *f zoo* Forelle *f;* ▶ *~ saumonée* Lachsforelle *f.*
truquage [tʀykaʒ] *m* **1.** *fam* Schwindel *m;* Fälschung *f;* **2.** *phot* Trick(aufnahme *f*) *m,* Photomontage *f;* ▶ *~ de bilan* Bilanzverschleierung *f.* **truqué, e** *a* falsch, betrügerisch. **truquer** *tr fig* frisieren, verfälschen; auf alt zurecht=machen. **truqueur** *m* **1.** Fälscher *m;* **2.** Photomontagetechniker *m.*
trust [tʀœst] *m com* Trust *m;* ▶ *~ de l'acier* Stahltrust *m.* **truster** *tr* vertrusten.
tsar [tsaʀ] *m* Zar *m.* **tsarine** *f* Zarin *f.* **tsariste** *a* zaristisch.
tsé-tsé [tsetse] *f zoo* Tsetsefliege *f.*
tsigane [tsigan] *m* Zigeuner *m.*
tu [ty] **1.** *prn* du; **2.** *pp s. se taire;* ▶ *être à ~ et à toi avec qn* mit jdm auf du u. du stehen.
tuant, e [tyɑ̃, -ɑ̃t] *a fam* ermüdend; langweilig; anstrengend.
tub [tœb] *m* Wanne *f;* ▶ *prendre un ~* sich duschen.
tuba [tyba] *m* **1.** *mus* Tuba *f;* **2.** *sport* Schnorchel *m.*
tubage [tybaʒ] *m* **1.** Verrohren *n;* **2.** *med* Einführung *f* e-r Sonde.
tubard, e [tybaʀ, -d] *a fam* tuberkulös.
tube [tyb] *m* **1.** Rohr *n,* Röhre *f a. radio; (für Medikamente)* Röhrchen *n;* **2.** Tube *f;* **3.** *(~ à essai)* (Reagenz-)Glas *n;* **4.** *anat bot* Kanal, Gang *m;* **5.** *fig pop* Hit *m;* **6.** ▶ *~ fluorescent, néon, à vide* Leuchtstoff-, Neon-, Vakuumröhre *f; ~ digestif (anat)* Verdauungskanal *m; ~-image m* Bildröhre *f.*
tubercule [tybɛʀkyl] *m* **1.** *bot* (Wurzel-)Knolle *f;* **2.** *med* Tuberkel *f,* Knötchen *n.* **tuberculeux, se I.** *a* **1.** *bot* knollig, knotig; **2.** *med* tuberkulös, Tb-krank; **II.** *s m f* Tuberkulose-, Tb-Kranke(r *m*) *f.* **tuberculose** *f med* Tuberkulose *f;* ▶ *~ pulmonaire* Lungentuberkulose *f.*
tubéreux, se [tybeʀø, -øz] **I.** *a* knollig; **II.** *s f bot* Tuberose *f.*
tubulaire [tybylɛʀ] *a* röhrenförmig;

Rohr-. **tubulure** *f* Rohransatz, Stutzen *m;* ▶ ~ *de remplissage* Füllstutzen *m.*
tué, e [tɥe] **I.** *a* getötet, gefallen; **II.** *s m f* Tote(r *m*) *f;* Gefallene(r) *m.*
tue-chien [tyʃjɛ̃] *inv bot* Herbstzeitlose *f.* **tue-mouche** *s m inv* Fliegenpilz *m.*
tuer [tɥe] **I.** *tr* **1.** töten; tot=, erschlagen; beseitigen, aus dem Wege räumen; um=bringen; den Garaus machen (*qn* jdm); **2.** erstechen; *(~ d'un coup de fusil)* erschießen; *(vor Kummer)* unter die Erde bringen; *(Vieh)* schlachten; *(Ungeziefer)* vertilgen; *(Unkraut)* vernichten *a. fig;* **3.** *fig* belästigen; auf die Nerven fallen (*qn* jdm); *fam* kaputt=machen, krank machen; **II.** *v prn se* ~ **1.** Selbstmord begehen; **2.** den Tod finden, tödlich verunglücken; **3.** sich die größte Mühe geben (*à* zu); ▶ *se ~ au travail* sich zu Tode arbeiten; *il est à ~* man könnte ihn umbringen; *je suis tué* ich bin total erledigt; *je me tue à vous le répéter* ich sage es Ihnen tausendmal. **tuerie** [tyʀi] *f* Metzelei *f,* Gemetzel *n.*
tue-tête [tytɛt] ▶ *à ~* aus Leibeskräften *(schreien).*
tueur [tɥœʀ] *m* **1.** Schlächter *m (im Schlachthaus);* **2.** ▶ ~ *à gage* gedungene(r) Mörder *m.*
tuf [tyf] *m min* Tuff(stein) *m.*
tuile [tɥil] *f* **1.** (Dach-)Ziegel *m;* **2.** ▶ *(fam) ça, c'est une ~* das ist ein Schlag *m* ins Kontor; ein Strich *m* durch die Rechnung. **tuilerie** *f* Ziegelei *f.*
tulipe [tylip] *f* Tulpe *f.*
tulle [tyl] *m* Tüll *m.*
tuméfaction [tymefaksjõ] *f med* Schwellung *f.* **tuméfier I.** *tr* anschwellen lassen; **II.** *v prn se ~* an=schwellen.
tumeur [tymœʀ] *f med* Tumor *m;* Geschwulst *f;* ▶ ~ *cancéreuse* Krebsgeschwulst *f;* ~ *cérébrale* Gehirntumor *m;* ~ *maligne* bösartige Geschwulst *f.* **tumoral, e** *a* Geschwulst-.
tumulte [tymylt] *m* **1.** Tumult, Lärm *m,* Aufruhr *m;* **2.** Hektik *f;* **3.** *(Sturm)* Toben *n;* ▶ ~ *de la rue* Straßenlärm *m.*
tumultueux, se [-tɥø, øz] *a* **1.** *(Sitzung)* lärmend; **2.** *(Diskussion)* stürmisch; **3.** *(Wogen)* tobend.
tumulus [tymylys] *m* Hügelgrab *n.*
tungstène [tœ̃gstɛn] *m chem* Wolfram *n.*
tunique [tynik] *f* **1.** *hist* Tunika *f;* **2.** *mil* Waffenrock *m;* **3.** *anat bot* Haut *f;* **4.** Kasackbluse *f.*
Tunisie, la [tynizi] Tunesien *n.* **Tunisien, ne** *m f* Tunesier(in *f*) *m.*
tunnel [tynɛl] *m* Tunnel *m;* ▶ *arriver au bout du ~ (fig)* die schwierigen Zeiten hinter sich haben; ~ *aérodynamique* Windkanal *m;* ~ *pour automobiles, de chemin de fer, routier* Auto-, Eisenbahn-, Straßentunnel *m;* ~ *de lavage* Waschstraße *f;* ~ *sous la Manche* Ärmelkanaltunnel *m.*
turban [tyʀbɑ̃] *m* Turban *m.*
turbin [tyʀbɛ̃] *m arg* Arbeit *f.*
turbine [tyʀbin] *f* Turbine *f;* ▶ ~ *à gaz, à vapeur* Gas-, Dampfturbine *f.* **turbiner** *itr pop* schuften.
turbo-alternateur, turbo-générateur [tyʀboaltɛʀnatœʀ] *m* Turbogenerator *m.* **turbomoteur** *m* Turbomotor *m.* **turbopropulseur** *m* TP-Triebwerk *n.* **turboréacteur** *m* TL-Triebwerk *n.*
turbot [tyʀbo] *m zoo* Steinbutt *m.*
turbotrain [tyʀbotʀɛ̃] *m* Turbinenzug *m.*
turbulence [tyʀbylɑ̃s] *f* **1.** *(Kind)* Ungestüm *n;* Ausgelassenheit *f;* **2.** *meteo tech* Turbulenz *f.* **turbulent, e** [-lɑ̃, -ɑ̃t] *a* **1.** *(Kind)* ungestüm, wild, stürmisch; **2.** *tech* turbulent.
turc, turque [tyʀk] *a* türkisch; ▶ *cabinet m à la turque* Stehklosett *n;* ~ *(fam)* Prügelknabe *m.* **Turc, Turque** *m f* Türke *m,* Türkin *f;* ▶ *fort comme un ~* stark wie ein Pferd; *tête f de ~ (fam)* Prügelknabe *m.*
turf [tyʀf] *m* (Pferde-)Rennbahn *f,* Turf *m.* **turfiste** *m* Freund *m* von Pferderennen.
turlupiner [tyʀlypine] *tr* ▶ *(fam) ça me turlupine* das geht mir auf die Nerven, quält mich.
turlututu [tyʀlytyty] *interj* papperlapapp!
turne [tyʀn] *f pop* Bude *f.*
turpitude [tyʀpityd] *f* Schändlichkeit; Schandtat *f.*
turque [tyʀk] *s. turc.* **Turquie, la** die Türkei.
turquoise [tyʀkwaz] **I.** *s f min* Türkis *m;* **II.** *a inv* türkisfarben.
tussilage [tysilaʒ] *m bot* Huflattich *m.*
tutélaire [tytelɛʀ] *a* **1.** *lit* schützend; **2.** *jur* vormundschaftlich. **tutelle** *f* **1.** *jur* Vormundschaft *f;* **2.** *fig* Schutz *m;* **3.** *péj* Bevormundung *f;* **4.** ▶ *être en ~* unter Vormundschaft stehen; *tenir qn en ~ (fig)* jdn am Gängelband führen. **tuteur, trice** *m f* **1.** Vormund *m;* **2.** *m (Gärtnerei)* Stütze *f.*
tutoiement [tytwamɑ̃] *m* Duzen *n.* **tutoyer** ‹*Prés. je tutoie, ns tutoyons; Fut. je tutoierai; pp. tutoyé, e*› *tr* duzen.
tutu [tyty] *m* Ballettröckchen *n.*
tuyau [tɥijo] *m pl -x* **1.** Rohr *n,* Röhre *f;* Schlauch *m;* **2.** *(Kleid)* Röhrenfalte *f;* **3.** *fig fam* Tip, (vertraulicher) Wink *m;* **4.** ▶ *dire, raconter qc à qn dans le ~ de l'oreille* jdm etw heimlich zuflüstern; **5.** ▶ ~ *d'arrosage* Gartenschlauch *m;* ~ *de chauffage* Heizungsrohr *n;* ~ *de conduite d'eau* Wasserleitungsrohr *n;* ~ *de poêle* Ofenrohr *n;* ~ *de prise d'essence* Benzinzuleitung *f.* **tuyautage** *m* Rohrleitung *f,* -netz *n.* **tuyauter** *tr* **1.** in Röhrenfalten legen; **2.** *fam*

vertrauliche Mitteilungen machen (*qn* jdm). **tuyauterie** *f* Rohrleitung(en *f pl*) *f*.

tuyère [ty(ɥi)jɛʀ] *f tech* Düse *f*.

tympan [tɛ̃pɑ̃] *m* **1.** *anat* Trommelfell *n;* **2.** *arch* Tympanon, Giebelfeld *n;* **3.** *tech* Schöpfrad *n;* ▶ *à crever le ~ (fig)* ohrenbetäubend.

type [tip] **I.** *s m* **1.** Type *f*, Baumuster *n*, -art *f*, Modell *n*, Ausführung *f;* **2.** *fam* Kerl, Mensch *m;* **3.** *péj* Type, Marke *f;* **II.** *a* Modell-, Standard-; ▶ *être le ~ de qn* jds Typ, Fall sein. **typesse** *f pop* Weibsbild *n*.

typhique [tifik] **I.** *a med* Typhus-; typhuskrank; **II.** *s m f* Typhuskranke(r *m*) *f*. **typhoïde I.** *a med* typhoid; **II.** *s f (fièvre f ~)* Typhus *m*.

typhon [tifɔ̃] *m* Taifun *m*.

typhus [tifys] *m med (~ exanthématique)* Flecktyphus *m*.

typique [tipik] *a* typisch, charakteristisch.

typo(graphe) [tipo(pɔgʀaf)] *m* Schriftsetzer *m*. **typographie** *f* Buchdruckerkunst *f*. **typographique** *a* typographisch.

tyran [tiʀɑ̃] *m* Tyrann *m*. **tyrannie** *f* **1.** Tyrannei, Gewaltherrschaft *f;* **2.** *fig* Zwang *m*. **tyrannique** *a* **1.** tyrannisch; **2.** *fig* diktatorisch; unwiderstehlich. **tyranniser** *tr* tyrannisieren.

Tyrol, le [tiʀɔl] Tirol *n;* ▶ *le ~ méridional* Südtirol *n*. **Tyrolien, ne** *m f* Tiroler(in *f*) *m*. **tyrolienne** [tiʀɔljɛn] *f* Jodler *m*.

tzar [tsaʀ] *m s. tsar*.

tzigane [tsigan] *m f s. tsigane*.

U

u, U [y] *m* u, U *n*.
ubiquité [ybikɥite] *f* Allgegenwart *f;* ▶ *je n'ai pas le don d'~* ich kann nicht überall zu gleicher Zeit sein.
ukase [ykaz] *m* strikte Anweisung *f*.
Ukraine, l' [ykʀɛn] *f* die Ukraine.
ulcération [ylseʀasjɔ̃] *f med* Geschwürbildung *f*. **ulcère** *m med* Geschwür *n;* ▶ *~ de l'estomac* Magengeschwür *n; ~ de jambe, variqueux* Unterschenkel-, Krampfadergeschwür *n*. **ulcéré, e** *a fig* verbittert, verärgert. **ulcérer I.** *tr* **1.** *med* ein Geschwür verursachen (*qc* auf etw *dat*) **2.** *fig* verbittern, sehr kränken; ▶ *ce laxisme l'ulcère* diese Laxheit ärgert ihn sehr; **II.** *v prn s'~* ein Geschwür bilden. **ulcéreux, se** *a* schwärend; mit Geschwüren bedeckt.
ultérieur, e [ylteʀjœʀ] *a* **1.** *(örtlich) geog* jenseitig; **2.** *(zeitlich)* später; **3.** *(Reihenfolge)* fernere(r, s), weitere(r, s); nachträglich; ▶ *remettre à une date ~* auf später, ein späteres Datum verschieben. **ultérieurement** *adv* später, in der Folge, hernach.
ultimatum [yltimatɔm] *m pol* Ultimatum. **ultime** *a* (aller)letzte(r, s); äußerste(r, s).
ultra . . . [yltʀa] *in Zssgen:* über-, ultra-; *s m* Ultra *m*. **ultra-court, e** *a:* ▶ *ondes f pl ~es (radio)* Ultrakurzwellen *f pl*. **ultra-gauche** *a* linksextremistisch. **ultramoderne** *a* ultramodern. **ultramontain, e** *a rel* ultramontan. **ultra-perfectionné, e** *a* hochentwickelt. **ultrasensible** *a* hochsensibel. **ultra-son** *m* Ultraschall *m*. **ultra(-)sonore** *a:* ▶ *ondes f pl ultra(-)sonores* Ultraschallwellen *f pl*. **ultraviolet, te** *a* ultraviolett.
ululer [ylyle] *itr (Eule)* schreien.
un, une [œ̃, yn] **I.** *a, art, prn indéfini* **1.** ein(er, e, s); **2.** einzig; ungeteilt; einheitlich; eins; *(nachgestellt):* ▶ *acte, chapitre m ~* erste(r) Akt *m;* erste(s) Kapitel *n;* **II.** *s m* Einer *m;* **1.** Eins *f;* erste Blattseite *f;* **2.** ▶ *l'~. . ., l'autre* der e-e . . . der andere; *l'~ l'autre* einander, sich gegenseitig; *l'~ et l'autre* beide(s); *l'~ dans l'autre* im Durchschnitt, durchschnittlich; *l'~ après l'autre* einer nach dem andern; *~ à ~* [œ̃naœ̃] einzeln, hinter-, nachea., einer nach dem ander(e)n; *de l'~ à l'autre* von einem zum ander(e)n; *de deux choses l'~e* eins von beiden; *en ~e pièce* einteilig; *de deux jours l'~* einen um den andern, jeden zweiten Tag; *ni l'~ ni l'autre* keine(r, s) von beiden; *pas ~, ~e* nicht ein(er, e, es), kein(er, e, es); **3.** ▶ *ne faire qu'~* ein Herz u. eine Seele sein; *c'est tout ~* das ist ganz gleich, einerlei.
unanime [ynanim] *a* **1.** einstimmig; einmütig, einhellig; **2.** ▶ *à défaut d'accord ~* falls keine Einstimmigkeit erzielt wird; **3.** ▶ *adopter qc par un vote ~* etw einstimmig annehmen; *être ~(s) sur qc* über e-e S einer Meinung sein. **unanimité** *f* Einstimmig-, Einmütig-, Einhelligkeit *f;* ▶ *à l'~* einstimmig; *obtenir l'~ des suffrages* einstimmig gewählt werden.
Unesco [ynɛsko] *f* UNESCO *f*.
uni, e [yni] **I.** *a* **1.** verein(ig)t, verbunden; einig; **2.** *(Stoff)* ungemustert, einfarbig; **3.** *(Fläche)* glatt, eben; **4.** *(Leben)* gleichförmig, eintönig; **5.** *(Stil)* einfach, schlicht, schmucklos; **II.** *s m* ungemusterte(r), glatte(r) Stoff *m*. **unicellulaire** *a biol* einzellig.
unicité [ynisite] *f* **1.** Einmaligkeit *f;* **2.** *math* Eindeutigkeit *f*.
unicolore [ynikɔlɔʀ] *a* einfarbig. **unidimensionnel, le** *a* eindimensional.
unième [-njɛm] *in Zssgen:* ein (und) . . . ste(r, s), . . . (und) erste(r, s).
unificateur, trice [ynifikatœʀ, -tʀis] *a* einigend. **unification** *f* **1.** Vereinigung *f;* **2.** Vereinheitlichung *f*. **unifier** *tr* **1.** einigen, zs.≈schließen, -tun, -fügen; **2.** vereinheitlichen.
uniforme [ynifɔʀm] **I.** *a* **1.** gleichförmig, -artig, -mäßig; einheitlich; **2.** gleichförmig; einförmig; **II.** *s m* Uniform; Dienstkleidung *f*. **uniformément** *adv* gleichförmig. **uniformisation** *f* Vereinheitlichung, Uniformierung *f*. **uniformiser** *tr* **1.** vereinheitlichen; **2.** *pol* gleich≈schalten. **uniformité** *f* **1.** Ein-, Gleichförmigkeit *f;* **2.** Eintönigkeit *f*.
unijambiste [ynizɑ̃bist] *a* einbeinig.
unilatéral, e *a jur* einseitig. **unilingue** *a* einsprachig.
union [ynjɔ̃] *f* **1.** Zs.schluß *m*, Vereinigung *a. biol*, Verbindung *f;* Verein; Verband, Bund *m;* Bündnis *n*, Union; Genossenschaft, (Arbeits-)Gemeinschaft *f;* **2.** Ehe(bund *m*); **3.** Einigkeit *f;* **4.** ▶ *l'~ fait la force* Einigkeit macht stark; **5.** ▶ *~ douanière* Zollunion *f; hist* Zollverein *m; ~ économique* Wirtschaftsverband *m; ~ libre* eheähnliche Gemeinschaft *f*. *~ Postale Universelle, U.P.U.* Weltpostverein *m*.

Union soviétique, l' [ynɔ̃sɔvjetik] die Sowjetunion.
unipare [ynipaʀ] *a* (nur) ein Junges zur Welt bringend. **unipolaire** [ynipɔlɛʀ] *a* einpolig. **uniprix** *m* WZ Einheitspreisgeschäft; Warenhaus *n.*
unique [ynik] *a* **1.** einzig, alleinig, einzeln; **2.** einzigartig, einmalig, unvergleichlich; **3.** *fam* eigenartig, komisch; Einzel-; Einheits-; **4.** ▶ *juge m* ~ Einzelrichter *m; liste f* ~ *(pol)* Einheitsliste *f; magasin m à prix* ~ Einheitspreisgeschäft *n; sens m* ~ Einbahnstraße *f.* **uniquement** *adv* einzig u. allein; *pas* ~ nicht nur (das).
unir [yniʀ] **I.** *tr* **1.** verein(ig)en, zs.=schließen, verbinden; **2.** verheiraten, trauen; **II.** *v prn s'*~ **1.** sich vereinigen, sich zs.=schließen; **2.** sich verheiraten, sich vermählen.
unisexe [ynisɛks] *a* Unisex-. **unisexué, e** *a bot* eingeschlechtlich.
unisson [ynisɔ̃] *f* **1.** ▶ *chanter, jouer à l'*~ unisono singen, spielen; **2.** *(fig) à l'*~ einstimmig; *se mettre à l'*~ sich an=passen (de an *acc*), sich richten (de nach).
unitaire [ynitɛʀ] *a* einheitlich, unitarisch.
unité *f* Einheit *f;* Einigkeit *f; mil* Einheit *f,* Truppenteil; ▶ ~ *centrale (inform)* Zentraleinheit *f;* ~ *de commande (inform)* Steuerwerk *n;* ~ *de contrôle maximum (im Gefängnis)* Hochsicherheitstrakt *m;* ~ *de disquette (inform)* Diskettenlaufwerk *n;* ~ *de longueur, de lumière, de mesure, monétaire, de superficie, de temps* Längen-, Licht-, Maß-, Währungs-, Flächen-, Zeiteinheit *f;* ~ *de valeur (Universität)* Schein *m.*
univalent, e [ynivalɑ̃, -ɑ̃t] *a chem* einwertig.
univalve [ynivalv] *a* einschalig.
univers [ynivɛʀ] *m* **1.** Welt(all *n*) *f,* Universum *n;* **2.** *fig* Welt *f.* **universaliser** *tr* allgemein verbreiten; verallgemeinern. **universalité** *f* **1.** Universalität; Allgemeinheit, allgemeine Verbreitung; Viel-, Allseitigkeit *f;* **2.** *jur* Gesamtheit *f.* **universel, le** *a* allgemein, umfassend, all-, vielseitig, universal; ▶ *exposition f ~le* Weltausstellung *f.*
universitaire [ynivɛʀsitɛʀ] **I** *a Universitäts-; akademisch;* **II.** *s m* Hochschullehrer *m;* ▶ *cité f* ~ Studentenwohnheim *n; droits m pl ~s* Studiengebühren *pl.* **université** *f* Universität *f;* ▶ *l'*~ Lehrkörper *m* (aller französischen Schulen).
univitellin, e [ynivitɛlɛ̃, -in] *a biol* eineiig.
univoque [ynivɔk] *a* eindeutig.
untel, unetelle [ɛ̃tɛl, yntɛl] *m f* Sowieso *m f.*
upérisation [ypeʀizasjɔ̃] Ultrahocherhitzung *f.* **upériser** *tr* ultrahocherhitzen.
upsilon [ypsilɔ̃] *m (im griechischen Alphabet)* Ypsilon *n.*
uranium [yʀanjɔm] *m chem* Uran *n.*
urbain, e [yʀbɛ̃, -ɛn] *a* städtisch; Stadt-; ▶ *agglomération f ~e* städtische Siedlung *f; chauffage m* ~ Fernheizung *f; population f ~e* Stadtbevölkerung *f; réseau m* ~ *(tele)* Ortsnetz *n.* **urbanisation** *f* Verstädterung; städtebauliche Entwicklung *f.* **urbaniser** *tr* verstädtern *tr.* **urbanisme** *m* Städtebau *m,* Stadtplanung *f;* ▶ ~ *régional* Landesplanung *f.* **urbaniste** *m* Städtebauer *m.* **urbanistique** *a* städtebaulich.
urbanité [yʀbanite] *f* Höflichkeit *f.*
urée [yʀe] *f chem* Harnstoff *m.* **urémie** *f med* Urämie, Harnvergiftung *f.* **uretère** *m* Harnleiter *m.* **urètre** *m* Harnröhre *f.*
urgence [yʀʒɑ̃s] *f* **1.** Dringlichkeit *f;* **2.** ▶ *(med) une* ~ ein Notfall; **3.** ▶ *d'*~ dringend; *en cas d'*~ in dringenden Fällen; *il y a* ~ die Sache drängt, ist sehr eilig; **4.** ▶ *admission, habitation, vente f d'*~ Notaufnahme, -wohnung *f,* -verkauf *m; degré m d'*~ Dringlichkeitsstufe *f; état m d'*~ *(pol)* Not-, Ausnahmezustand *m; service m des ~s* Unfallstation *f.* **urgent, e** [-ʒɑ̃, -ɑ̃t] *a* dringend, vordringlich, eilig; *(auf Postsendungen)* eilt; ▶ *très* ~ eilt sehr! *besoin, cas m* ~ dringende(r) Bedarf, Fall *m.* **urger** *itr* dringend sein; ▶ *ça urge!* es eilt!
urinaire [yʀinɛʀ] *a* Harn-. **urine** *f* Harn, Urin *m.* **uriner** *itr* Wasser lassen, urinieren. **urinoir** *m* Bedürfnisanstalt *f.* **urique** *a:* ▶ *acide m* ~ Harnsäure *f.*
urne [yʀn] *f* Urne *f;* ▶ ~ *électorale* Wahlurne *f.*
urologie [yʀɔlɔʒi] *f med* Urologie *f.* **urologue** *m* Urologe *m.*
urticaire [yʀtikɛʀ] *f* Nesselsucht *f.*
us [ys] *m pl* ▶ ~ *et coutumes* Sitten u. Gebräuche *pl.* **usage** *m* **1.** Brauch *m,* Gewohnheit, Sitte *f;* **2.** *gram* Sprachgebrauch *m;* **3.** Gebrauch *m;* Anwendung, Benutzung *f;* **4.** ▶ *~s commerciaux* kaufmännische Usancen *f pl;* **5.** *jur* Nutzung *f;* **6.** ▶ *à l'*~ *de...* für den, zum Gebrauch *gen; d'après les ~s* wie üblich; *hors d'*~ außer Gebrauch; nicht mehr gebräuchlich; *sous les réserves d'*~ unter üblichem Vorbehalt; **7.** ▶ *être d'*~ gebräuchlich, üblich sein; *être encore en* ~ noch verwendet werden; *faire* ~ benutzen (*de qc* etw); *faire mauvais* ~ *de qc* etw mißbrauchen; **8.** ▶ *garanti à l'*~ garantiert haltbar; *références f pl d'*~ übliche Referenzen *f pl;* ~ *externe (pharm)* äußerlich. **usagé, e** *a* gebraucht; getragen. **usager** *m* **1.** Benutzer, Teilnehmer *m;* **2.** *(Statistik)* Konsument *m;* ▶ ~ *de la route* Straßenbenutzer, Verkehrsteilnehmer *m;* ~ *du*

téléphone Fernsprechteilnehmer *m.* **usager-revendeur** *m* drogenabhängige(r) Dealer *m.*

usé, e [yze] *a* **1.** verbraucht, abgenutzt; **2.** *(Kleidung)* abgetragen, verschlissen; **3.** *tech* ausgeleiert; **4.** *fig (Mensch)* verbraucht; **5.** *(Thema)* abgedroschen; ► *eaux f pl ~es* Abwässer *n pl.* **user I.** *itr* an=wenden, (ge)brauchen (*de violence* Gewalt), Gebrauch machen (*de* von); **II.** *tr* verbrauchen, ab=nutzen, verschleißen; **III.** *v prn s'~* sich ab=nutzen; sich auf=reiben, sich verbrauchen, sich ab=stumpfen; ► *en ~ avec qn* jdn behandeln.

usinage [yzinaʒ] *m tech* Be-, Verarbeitung, Fertigung *f.* **usine** *f* **1.** Fabrik *f,* Werk *n,* Betrieb *m,* Anlage *f;* **2.** *fig fam* stark frequentierter Ort *m;* **3.** ► *à l'~* ab Werk; **4.** ► *c'est une ~ (fig)* das ist der reinste Jahrmarkt; **5.** ► *~ aéronautique* Flugzeugfabrik *f; ~ affiliée* Zweigwerk *n; ~ électrique* Elektrizitätswerk *n; ~ à gaz* Gaswerk *n; ~ d'incinération d'ordures (ecol)* Müllverbrennungsanlage *f; ~ de laminage* Walzwerk *n; ~ métallurgique* Hütte(nwerk *n*) *f; ~ de (re)traitement (ecol)* (Wieder-)Aufbereitungsanlage *f; ~ sidérurgique* Eisenhüttenwerk *n; ~ de tissage* (mechanische) Weberei *f.* **usiner** *tr* **1.** ver-, bearbeiten, verformen; **2.** (fabrikmäßig) her=stellen; **3.** ► *(fam) ça usine!* da wird aber gearbeitet!

usité, e [yzite] *a (Wort)* gebräuchlich, üblich.

ustensile [ystɑ̃sil] *m* Gerät *n;* ► *~ de cuisine, de ménage* Küchen-, Haushaltgerät *n.*

usuel, le [yzɥɛl] **I.** *a* gebräuchlich, üblich; gewöhnlich; **II.** *s m* häufig benutzte(s) Buch e-r öffentlichen Bibliothek.

usufruit [yzyfʀɥi] *m* Nießbrauch *m* (*sur* an *dat*). **usufruitier, ère** *m f jur* Nutzungsberechtigte(r *m*) *f.*

usuraire [yzyʀɛʀ] *a* wucherisch; Wucher-; ► *intérêts m pl ~s* Wucherzinsen *m pl.* **usure** *f* **1.** Wucher *m;* **2.** Abnutzung *f,* Verschleiß *m;* **3.** ► *prêter à ~* zu Wucherzinsen leihen; *résistant à l'~* widerstandsfähig, verschleißfest; *(Kleidung)* strapazierfähig. **usurier** *m* Wucherer *m.*

usurpateur, trice [yzyʀpatœʀ] *m f* Usurpator *m.* **usurpation** *f jur* Anmaßung *f.* **usurper** *tr* **1.** sich widerrechtlich an=eignen, sich anmaßen; **2.** *pol* usurpieren.

ut [yt] *m mus* c, C *n;* ► *~ dièse* cis, Cis *n; ~ majeur, mineur* C-Dur, c-Moll *n.*

utérin, e [yteʀɛ̃, -in] *a* **1.** *anat* Gebärmutter-; **2.** *jur* mütterlicherseits. **utérus** [yteʀys] *m anat* Gebärmutter *f.*

utile [ytil] **I.** *a* nützlich, brauchbar, zweckdienlich, vorteilhaft; **II.** *s m* (das) Nützliche; ► *en temps ~* zu gegebener Zeit; *joindre l'~ à l'agréable* das Angenehme mit dem Nützlichen verbinden; *juger, croire ~* für ratsam halten. **utilisable** *a* brauchbar; verwertbar; verwendbar. **utilisateur, trice** *m* Benutzer(in *f*) *m,* Verbraucher(in *f*); ► *~ final, de première main* Letzt-, Erstverbraucher *m.* **utilisation** *f* **1.** Verwertung, Ausnutzung; **2.** Benutzung, Verwendung *f;* Einsatz *m;* **3.** ► *d'une vaste gamme d'~* mit vielseitigen Einsatzmöglichkeiten; **4.** ► *~ des déchets* Abfallverwertung *f; ~ pacifique de l'énergie atomique* friedliche Nutzung *f* der Atomenergie; *~ des forces hydrauliques* Nutzung *f* der Wasserkraft; *~ des loisirs* Freizeitgestaltung *f.* **utiliser** *tr* **1.** aus=nutzen; nutzbar machen; **2.** gebrauchen, an=wenden, benutzen. **utilitaire** *a* **1.** Nutz-; **2.** auf unmittelbaren Nutzen gerichtet; **3.** utilitaristisch; ► *article m ~* Gebrauchsartikel *m; véhicule m ~* Nutzfahrzeug *n.* **utilitarisme** *m* Utilitarismus; *fam* Zweckdenken *n.* **utilité** *f* **1.** Nützlichkeit *f,* Nutzen *m;* Brauchbarkeit, Verwendbarkeit *f;* **2.** *pl theat* Nebenrollen *f pl;* **3.** ► *d'~ publique* gemeinnützig; **4.** ► *être d'une grande ~* sehr nützlich, sehr vorteilhaft sein; **5.** ► *~ marginale* Grenznutzen *m.*

utopie [ytɔpi] *f* Utopie *f.* **utopique** *a* utopisch. **utopiste** *m* Utopist, Träumer, Weltverbesserer *m.*

uval, e [yval] *a* Trauben-; ► *cure f ~e* Traubenkur *f; station f ~e* Ausschank *m* von Traubensaft.

uvulaire [yvylɛʀ] *a anat* uvular; Zäpfchen-. **uvule** *f anat* Zäpfchen *n.*

V

v, V [ve] *m* v, V *n.*
va [va] *s. aller; interj* meinetwegen! einverstanden! es gilt! *fam* geh! glaub mir's! ▶ *~ donc!* aber geh! *(fam) ~ pour cette fois!* also gut, dieses eine Mal!
vacance [vakɑ̃s] *f* **1.** freie, unbesetzte Stelle *f;* **2.** *pl* Ferien *pl;* ▶ *en ~s* auf *od* im Urlaub; *combler une ~* e-e freie Stelle neu besetzen; *prendre des ~s* in Urlaub gehen; *colonie f de ~s* Ferienkolonie *f; ~s 3ᵉ âge* Seniorenferien *pl; ~s f pl annuelles* Jahresurlaub *m.* **vacancier** *m* Feriengast; Urlaubsreisende(r) *m.* **vacant, e** *a* **1.** *(Stelle)* offen, frei, vakant, unbesetzt; **2.** *(Blick)* leer; **3.** *(Wohnung)* frei, leer(stehend); **4.** *jur* herrenlos.
vacarme [vakaʀm] *m* (Heiden-)Lärm, Radau, Krach *m.*
vacataire [vakatɛʀ] *m f* Aushilfe *f.*
vacation *f* **1.** Zeitaufwand *m (e-s Beamten);* **2.** *pl* Präsenz-, Tagegelder *n pl,* Gebühren *f pl;* **3.** *jur* Gerichtsferien *pl.*
vaccin [vaksɛ̃] *m* Impfstoff *m* **vaccinal, e** [-si-] *a* Impf-. **vaccination** *f* Impfung *f.* **vaccine** *f med* Kuhpocken *pl.* **vacciner** *tr* impfen *(contre* gegen *acc);* ▶ *(fig fam) être vacciné* geheilt sein *(contre* von *dat).*
vache [vaʃ] **I.** *s f* **1.** Kuh *f; (cuir m de ~)* Rindsleder *n;* **2.** *pop* Polizist *m;* **3.** ▶ *vieille ~ (fam)* hundsgemeine(r) Kerl *m;* **4.** ▶ *(fam) la ~!* Donnerwetter! *une ~ de moto* ein tolles Motorrad; **II.** *a pop* gemein, schuftig; ▶ *manger de la ~ enragée (fam)* viel durch=machen, sich kümmerlich durch=schlagen; *parler français comme une ~ espagnole* Französisch radebrechen; *~ à lait* Milchkuh *f a. fig.*
vachement [vaʃmɑ̃] *adv fam* sehr, gewaltig; ▶ *il la trouve ~ bien* er findet sie toll
vacher, ère [vaʃe, -ɛʀ] *m f* Kuhhirt *m,* Stallmagd *f.* **vacherie** *f* **1.** Kuhstall *m;* **2.** *pop* Gemeinheit *f;* ▶ *quelle ~ de temps!* was für ein Sauwetter!
vacillant, e [vasijɑ̃, -ɑ̃t] **1.** schwankend *a. fig,* taumelnd; wack(e)lig; **2.** *(Licht)* flackernd; **3.** *fig* wankelmütig, unbeständig, unschlüssig. **vacillation** *f* **1.** Schwanken *a. fig,* Wackeln *n;* **2.** *(Licht)* Flackern *n.* **vacillement** *m* **1.** Schwanken *n;* **2.** *(Licht)* Flackern *n;* **3.** *fig* Zögern *n,* Unschlüssigkeit *f.* **vaciller** *itr* **1.** wackeln, (sch)wanken; taumeln; **2.** *(Licht)* flackern; **3.** *fig* verwirrt, unschlüssig, unbeständig sein; **4.** *(Gedächtnis)* unzuverlässig sein.
vacuité [vakɥite] *f fig* Leere *f.*
vadrouille [vadʀuj] *f:* ▶ *(fam) faire une ~* herumstrolchen. **vadrouiller** *itr fam* herum=bummeln. **vadrouilleur, se** *m f* ▶ *(fam) des touristes ~s* herumbummelnde Touristen *m pl.*
va-et-vient [vaɛvjɛ̃] *m inv* Hin u. Her; Kommen u. Gehen *n; el* Wechselschalter *m;* ▶ *mouvement m de ~* Hin- u. Herbewegung *f.*
vagabond, e [vagabɔ̃, -ɔ̃d] **I.** *a* umher=schweifend, unstet, ruhelos; **II.** *s m* Landstreicher, *fam* Tippelbruder *m.* **vagabondage** *m* **1.** Landstreicherei *f;* **2.** ▶ *~s de l'imagination* Schweifen *n* der Phantasie. **vagabonder** *itr* **1.** (herum=)strolchen, vagabundieren; sich herum=treiben; **2.** *fig (Gedanken)* schweifen, umher=wandern.
vagin [vaʒɛ̃] *m anat* Scheide *f.* **vaginal, e** [-ʒi-] *a* Scheiden-.
vagir [vaʒiʀ] *itr (Säugling)* wimmern; **vagissement** *m* Wimmern, Schreien *n.*
vague [vag] **I.** *s f* Welle *a. fig,* Woge *f;* **II.** *a* **1.** unbestimmt, undeutlich, verschwommen, vag(e), unklar; **2.** unsicher, unzuverlässig; **3.** *(Kleidung)* lose, weit; **4.** *(Land)* unbebaut, öde; **III.** *s m* (das) Unbestimmte, Leere, Verschwommene; ▶ *se perdre dans le ~* ins Blaue hinein reden; den festen Boden unter den Füßen verlieren *fig; rester dans le ~* im unklaren bleiben; *crête f, creux m des ~s* Wellenberg *m,* -tal *n; piscine f à ~s* Wellenbad *n; terre f (vaine et) ~* Ödland *n; ~ m à l'âme* unbestimmte Sehnsucht *f,* Weltschmerz *m; ~ de chaleur, déferlante, de froid, de proue* Hitze-, Brandungs-, Kälte-, Bugwelle *f; ~ de sauterelles* Heuschreckenschwarm *m.*
vaguemestre [vagmɛstʀ] *m mil* mit der Verteilung der Post beauftragte(r) Unteroffizier *m.*
vaguer [vage] *itr* ▶ *laisser ~ son imagination* s-e Phantasie schweifen lassen.
vaillamment [vajamɑ̃] *adv* tapfer. **vaillance** *f* Tapferkeit *f.* **vaillant, e** *a* mutig, beherzt; ▶ *n'avoir pas un sou ~* keinen Pfennig Geld *od* roten Heller haben; *(fam) il n'est guère ~* er ist noch nicht wieder auf der Höhe.
vain, e [vɛ̃, vɛn] *a* **1.** vergeblich; unnütz, ergebnis-, fruchtlos; leer *(a. Versprechungen),* nichtig; **2.** *lit* hochmütig; **3.**

(Befürchtungen) unbegründet; ► *en* ~ umsonst, vergebens, vergeblich.
vaincre [vɛ̃kʀ] ⟨*Prés. je vaincs, il vainc, ns vainquons; Fut. je vaincrai; pp. vaincu, e; Subj. que je vainque, que ns vainquions; Impér. vaincs, vainquons*⟩ *tr* **1.** besiegen, bezwingen, überwältigen *n;* **2.** *sport mil* schlagen; **3.** *fig* überwinden, übertreffen, überflügeln, überrunden; **4.** *(Schwierigkeit)* meistern, Herr werden *gen.* **vaincu, e I.** *a* besiegt, überwunden; **II.** *s m f* Besiegte(r *m*) *f.*
vainement [vɛnmɑ̃] *adv* umsonst, vergebens, vergeblich.
vainqueur [vɛ̃kœʀ] **I.** *s m* Sieger (*de* über *acc*), Überwinder *m;* **II.** *a* siegreich; ► ~ *aux points (sport)* Punktsieger *m.*
vairon [vɛʀɔ̃] **I.** *a m (Augen)* verschieden(farben); **II.** *s m* Elritze *f (Fisch).*
vaisseau [vɛso] *m* **1.** *mar* Schiff *n;* **2.** *anat bot* Gefäß *n;* **3.** *arch* (Kirchen-)Schiff *n;* ► *brûler ses* ~*x* alle Brücken hinter sich abbrechen; *le V*~ *fantôme (Oper)* der Fliegende Holländer; ~*x sanguins* Blutgefäße *n pl;* ~ *spatial* Raumschiff *n.*
vaisselle [vɛsɛl] *f* (Tafel-, Tisch-)Geschirr *n;* ► *faire la* ~ (das) Geschirr spülen; ab≈waschen; *eau f de* ~ Spül-, Abwaschwasser *n.*
val [val] *m vx* Tal *n;* ► *par monts et par vaux* über Berg u. Tal.
valable [valabl] *a* **1.** gültig; **2.** *(Entschuldigung)* annehmbar, zulässig; **3.** *(Grund)* triftig; **4.** *jur* rechtsverbindlich; **5.** *(Film, Buch)* wertvoll; ► ~ *pour une semaine* e-e Woche gültig.
Valais, le [valɛ] das Wallis. **Valaisan, e** *m f* Walliser(in *f*) *m.*
valdinguer [valdɛ̃ge] *itr fam* hinunterpurzeln; ► *envoyer* ~ zum Teufel schikken; *(Sache)* vom Tisch fegen.
valence [valɑ̃s] *f* **1.** *chem* Wertigkeit *f;* **2.** *gram* Valenz *f.*
valenciennes [valɑ̃sjɛn] *f* Valenciennes-Spitze *f.*
valériane [valeʀjan] *f bot pharm* Baldrian *m.*
valet [valɛ] *m* **1.** servile(r) Mensch *m;* **2.** *(Kartenspiel)* Bube *m;* **3.** ► ~ *de chambre* Kammerdiener *m;* ~ *de ferme* (Bauern-)Knecht *m.*
valeur [valœʀ] *f* **1.** Wert *m;* **2.** *pl* Effekten *pl,* Wertpapiere *n pl;* Mittel *n pl;* **3.** entsprechende Menge *f;* **4.** *com* Bedeutung, Wichtigkeit; *(Argument)* Durchschlagskraft *f;* **5.** *mus* Wert *m;* **6.** *pl (Statistik)* Meßzahlen *f pl;* **7.** ► *à sa* ~ s-m Wert entsprechend; *de* ~ wertvoll; *de faible* ~ geringwertig; *d'une* ~ *de ...* im Werte von; *la* ~ *de ...* ungefähr, etwa ...; *sans* ~ wertlos; nicht stichhaltig; **8.** ► *attacher de la* ~ *à qc* e-r S Bedeutung bei≈messen; Wert auf e-e S legen; *augmenter de* ~ im Wert steigen; *estimer à sa juste* ~ richtig bewerten; *mettre en* ~, *donner de la* ~ *à* zur Geltung bringen; hervor≈heben; *agr* bestellen; **9.** ► *déclaration f de* ~ Wertangabe *f; mise f en* ~ Auswertung; *agr* Bestellung, Urbarmachung *f;* **10.** ► ~ *d'achat, d'acquisition* Anschaffungswert *m;* ~ *alimentaire, nutritionnelle* Nährwert *m;* ~ *approchée* Näherungswert *m;* ~ *d'échange* Tauschwert *m;* ~ *à l'état neuf* Neuwert *m;* ~ *litigieuse* Streitwert *m;* ~ *locative* Mietwert *m;* ~ *marchande* Handels-, Marktwert *m;* ~*s mobilières* Effekten *pl;* ~*s de père de famille, de tout repos* mündelsichere Wertpapiere *n pl;* ~*s de placement, de portefeuille* Anlagewerte *m pl;* ~*s au porteur* Inhaberpapiere *n pl;* ~ *de rachat* Rückkaufswert *m;* ~*-seuil f* Schwellenwert *m;* ~ *unitaire* Einheitswert *m;* ~ *d'usage* Gebrauchswert *m;* ~ *vénale* Verkaufswert *m.* **valeureux, se** *a* tapfer.
validation [validasjɔ̃] *f jur* Gültigkeitserklärung, Bestätigung; *(Sozialvers.)* Anrechnung *f.* **valide** *a* **1.** gesund, kräftig; **2.** *jur* rechtsgültig, -wirksam. **valider** *tr* für (rechts)gültig erklären; *(Fahrschein)* gültig machen; *inform* ab≈schicken. **validité** *f* (Rechts-)Gültigkeit *f;* ► *délai m, durée f de* ~ Gültigkeitsdauer *f.*
valise [valiz] *f* (Hand-, Reise-)Koffer *m;* ► *faire sa* ~ s-n Koffer packen.
vallée [vale] *f* Tal *n;* ► ~ *encaissée* (Tal-)Kessel *m;* ~ *de larmes, de misère (fig)* Jammertal *n.* **vallon** *m* kleine(s) Tal *n.* **vallonné, e** *a* hügelig, gewellt. **vallonnement** *m* Talbildung *f.*
valoir [valwaʀ] ⟨*Prés. je vaux, ns valons, ils valent; Fut. je vaudrai; pp. valu, e; Subj. que je vaille, que ns valions*⟩ **I.** *itr* **1.** gelten, wert sein; **2.** kosten; **3.** taugen, gut sein (*pour* für); **4.** *fig* verdienen; **II.** *tr* **1.** ein≈bringen, -tragen; **2.** ► *à* ~ *sur...* als Abschlag, in Anrechnung auf *acc; autant vaut* es fehlt nicht viel dran; *vaille que vaille* koste es, was es wolle; so oder so; **3.** ► *faire* ~ *qc* etw geltend machen; etw ins rechte Licht setzen, heraus≈stellen; etw nutzbar machen; zur Geltung bringen; *(Gut)* selbst bewirtschaften; *ne faire rien qui vaille* nichts Brauchbares fertig≈bringen, zustande bringen; **4.** ► ~ *mieux* mehr wert *od* besser sein; *ne* ~ *pas la peine* nicht der Mühe wert sein (*de* zu); ~ *son pesant d'or* Gold wert sein; **5.** ► *il vaut mieux* es ist vorteilhafter; *cela ne vous vaut rien* das bekommt Ihnen nicht; *ça ne me dit rien qui vaille (fam)* das lockt mich nicht; das läßt mich Schlimmes befürchten; *qu'est-ce qui nous vaut cet honneur?*

was verschafft uns die Ehre? **valorisation** *f com* Valorisierung; *fig* Höherbewertung *f.* **valoriser** *tr* valorisieren, auf=werten *a. fig;* den Wert erhöhen.
valse [vals] *f* **1.** Walzer *m;* **2.** *fig* ständige Änderung *f;* ▶ *~-hésitation f* Unentschiedenheit *f.* **valser** *itr* (*tr* als) Walzer tanzen; ▶ *envoyer ~ qn* jdn hinauswerfen; *faire ~ l'argent (fam)* Geld springen lassen; *il est allé ~ dans le ruisseau* er ist in die Gosse gepurzelt. **valseur, se** *m f* Walzertänzer(in *f*) *m.*
valve [valv] *f* **1.** *bot* Fruchtklappe *f;* **2.** *zoo (Muschel)* Klappe *f;* **3.** *tech* Ventil *n;* Klappe *f.* **valvule** *f anat* Klappe *f;* ▶ *~ du cœur* Herzklappe *f.*
vamp [vãp] *m film* Vamp *m.* **vamper** *tr fam* umgarnen (*qn* jdn).
vampire [vãpiʀ] *m* **1.** Vampir *m;* **2.** *fig* Blutsauger *m;* **3.** sadistische(r) Massenmörder *m.*
van [vã] *m* **1.** (Getreide-)Schwinge *f;* **2.** Pferdetransportwagen *m.*
vanadium [vanadjɔm] *m chem* Vanadium *n.*
vandalisme [vãdalism] *m* Vandalismus *m.*
vanille [vanij] *f* Vanille *f.*
vanité [vanite] *f* Nichtigkeit; Eitelkeit; Einbildung *f;* ▶ *faire, tirer ~ de qc* sich etw auf e-e S ein=bilden. **vaniteux, se I.** *a* eitel, eingebildet; **II.** *s m* eingebildete(r) Mensch *m.*
vannage *m* **1.** *agr* Schwingen *n (des Getreides);* **2.** *tech* Schieberanlage *f.* **vanne** *f* **1.** *tech* Schütz, Schieber *m;* **2.** *fam* Stichelei *f.*
vanné, e [vane] *a fam* wie gerädert.
vanneau [vano] *m orn* Kiebitz *m.*
vanner [vane] *tr* **1.** *(Getreide)* worfeln, schwingen; **2.** *fig fam* fertig= *od* kaputt=machen.
vannerie [vanʀi] *f* Korbmacherei *f,* -waren *f pl.* **vannier** *m* Korbmacher, -flechter *m.*
vantail [vãtaj] *m pl -aux* (Tür-, Fenster-) Flügel *m.*
vantard, e [vãtaʀ, -d] **I.** *s m f* Prahler(in *f*), Großsprecher(in *f*) *m;* **II.** *a* prahlerisch, großsprecherisch. **vantardise** *f* Prahlerei, Großsprecherei *f.* **vanter I.** *tr* rühmen, preisen, (überschwenglich) loben; **II.** *v prn se ~* prahlen, auf=schneiden, *fam* an=geben; sich rühmen (*de qc* e-r S *gen*), groß=tun (*de qc* mit etw); ▶ *il n'y a pas de quoi se ~* das ist wahrlich kein Ruhmesblatt.
Vanuatu [vanyatu] *m* Vanuatu *n.*
va-nu-pieds [vanypje] *m inv* Habenichts *m.*
vapeur [vapœʀ] **1.** *f* Dampf; *(Wetter, Alkohol) fig* Dunst *m;* **2.** *m* Dampfer *m;* **3.** ▶ *à la ~* in Eile; *à toute ~* mit Volldampf, in Windeseile; **4.** ▶ *renverser la ~* Gegendampf geben; *fig* das Steuer herum=reißen; **5.** ▶ *~ f d'eau, d'échappement* Wasser-, Abdampf *m.* **vaporeux, se** [-pɔ-] *a* **1.** dunstig; **2.** duftig, zart. **vaporisateur** *m* Spray(dose *f*); (Parfüm-)Zerstäuber *m.* **vaporisation** *f* **1.** Zerstäuben *n;* **2.** Verdampfung *f.* **vaporiser I.** *tr* **1.** verdampfen; **2.** zerstäuben; **II.** *v prn se ~* verdampfen.
vaquer [vake] *itr (Gericht, Schule)* Ferien haben; ▶ *~ à qc* sich um etw bemühen *od* (be)kümmern; etw besorgen, erledigen; *(e-r Arbeit)* nach=gehen.
varan [vaʀã] *m zoo* Waran *m.*
varappe [vaʀap] *f (Gebirge)* Klettern *n;* ▶ *faire de la ~.* **varapper** *itr* klettern. **varappeur** *m* Alpinist *m.*
varech [vaʀɛk] *m* Braunalgen *f pl;* Tang *m.*
vareuse [vaʀøz] *f* Matrosenbluse; *allg* Jacke *f.*
variabilité [vaʀjabilite] *f* Veränderlichkeit *f.* **variable I.** *a* veränderlich, wechselnd; **II.** *s f math* Variable *f;* **III.** *s m (Barometer)* ▶ *être au ~* auf Veränderlich stehen. **variante** *f (Text)* Variante; *allg* Abwandlung *f.* **variation** [-sjõ] *f* **1.** Veränderung, Abwandlung, -weichung, Schwankung *f,* Wechsel *m;* **2.** *math mus astr* Variation *f;* ▶ *~ saisonnière* Saisonschwankung *f;* *~ de température* Temperaturschwankung *f.*
varice [vaʀis] *f med* Krampfader *f.*
varicelle [vaʀisɛl] *f med* Windpocken *pl.*
varié, e [vaʀje] *a* **1.** verschiedenartig, vielfältig, mannigfaltig, abwechslungsreich; abwechselnd; **2.** *(Farbe)* bunt; **3.** *mus* mit Variationen. **varier I.** *tr* **1.** verschiedenartig gestalten, variieren *a. mus;* ab=wandeln, -ändern; **2.** Abwechslung bringen (*qc* in e-e S); **II.** *itr* **1.** sich (ver)ändern, sich wandeln, (ab=)wechseln; **2.** *(Preise)* schwanken; **3.** sich nicht gleich=bleiben; verschiedener Meinung sein (*sur* über *acc*), nicht überein=stimmen (*sur* in *dat*), vonea. ab=weichen (*sur* in *dat*). **variété** *f* **1.** Verschiedenartigkeit, Verschiedenheit, Abweichung, Divergenz; Abwechslung *f;* **2.** *bot* Spielart *f;* **3.** *pl (Bibliographie)* Vermischte(s) *n;* ▶ *spectacle m de ~s* Varieté(theater) *n.* **variole** [vaʀjɔl] *f med* Pocken, Blattern *pl.*
variolé, e *a* pocken-, blatternarbig. **varioleux, se I.** *a* Pocken-; **II.** *s m f* Pockenkranke(r) *m.* **variolique** *a* Pokken-.
variomètre [vaʀjɔmɛtʀ] *m aero* Variometer *n.*
variqueux, se [vaʀikø, -z] *a* ▶ *ulcère m ~* Krampfadergeschwür.
vasculaire [vaskylɛʀ] *a anat* Gefäß-. **vascularisation** *f (Physiologie)* Gefäßbildung *f,* -system *n.*
vase [vaz] **I.** *m* (Blumen-)Vase *f,* Gefäß

n; **II.** *f* Schlamm; *(~ de mer)* Schlick *m;* ▶ *~ m de nuit* Nachttopf *m,* -geschirr *n.*
vasectomie [vazɛktɔmi] *f* Vasektomie *f.*
vaseline [vazlin] *f pharm* Vaseline *f.*
vaseux, se [vazø, -z] *a* **1.** schlammig; **2.** *fig fam* schwerfällig; verworren, unklar; **3.** ▶ *être ~ (fam)* nicht auf dem Damm sein.
vasistas [vazistas] *m* Oberlicht-, Guckfenster *n.*
vaso-constricteur, vaso-dilatateur [vazokɔ̃stʀiktœʀ] *a m anat* gefäßverengend, -erweiternd. **vaso-moteur** *a m anat* vasomotorisch.
vasouillard, e [vazujaʀ, -d] *a fam* undurchsichtig, unklar. **vasouiller** *itr fam fig* **1.** schwimmen, den Faden verlieren; **2.** *(Geschäft)* nur schleppend vorwärts=gehen.
vasque [vask] *f* **1.** Brunnenbecken *n;* **2.** flache Schale *f (auf dem Tisch).*
vassal, e [vasal] *m f hist* Lehnsmann; Vasall(in *f*) *m.* **vassalité** *f* **1.** *hist* Lehnsverhältnis *n;* **2.** *fig* Abhängigkeit *f.*
vaste [vast] *a* **1.** weit, ausgedehnt; **2.** *fig* weitgehend, -reichend, umfangreich; umfassend, vielseitig; **3.** ▶ *(fam) c'est une ~ blague* das ist ein ganz großer Schwindel.
va-tout [vatu] *m inv* Einsatz *m* aller Mittel; ▶ *jouer son ~* alles aufs Spiel, auf e-e Karte setzen.
Vaud [vo] *m* Waadt *f (Schweizer Kanton).*
vaudeville [vodvil] *m* Posse *f a. fig;* Vaudeville *n.*
vau-l'eau [volo] ▶ *fig: (s'en) aller à ~* in die Binsen gehen, scheitern, mißglükken.
vaurien [voʀjɛ̃] *m* Taugenichts *m.*
vautour [votuʀ] *m* **1.** *orn* Geier *m;* **2.** *fig* Aasgeier, Wucherer *m;* ▶ *~ des agneaux* Lämmergeier *m.*
vautrer, se [votʀe] *v prn* **1.** sich wälzen; sich hin=lümmeln; **2.** *fig* sich ganz hin=geben (*dans* dat).
vau-vent: [vovɑ̃] ▶ *à ~ (Jagd)* mit dem Wind im Rücken.
vauvert [vovɛʀ] *m:* ▶ *au diable ~ (fig fam)* ans, am andere(n) Ende der Welt.
va-vite [vavit] *f:* ▶ *à la ~* oberflächlich, in Eile.
veau [vo] *m* **1.** *zoo* Kalb *n;* **2.** Kalbleder, -fleisch *n;* **3.** *mot* lahme Kiste *f; (Pferd)* lahme Ente *f;* **4.** ▶ *(fam) s'allonger comme un ~* sich hin=lümmeln; *(fam) pleurer comme un ~ (pop)* wie ein Schloßhund heulen; **5.** ▶ *~ marin, de mer* Seehund *m.*
vecteur [vɛktœʀ] *m* **1.** *math* Vektor *m;* **2.** *med* Wirt *m;* **3.** Trägerrakete *f (für atomare Sprengladungen).* **vectoriel, le** [-tɔ-] *a* Vektoren-.
vécu, e [veky] **I.** *a* erlebt; *(Geschichte)* wahr; **II.** *s m* Erlebte(s) *n.*
vedette [vədɛt] *s f* **1.** *theat* Hauptdarsteller(in *f*); *film* Star *m; sport* Größe; *allg* bekannte Persönlichkeit *f;* **2.** *mar* Schnellboot *n;* **3.** *pl com* führende Werte *m pl;* **4.** ▶ *en ~ fig* ins Auge springend, im Vordergrund; **5.** ▶ *avoir la ~* die Hauptrolle spielen; *mettre en ~ (fig)* heraus=stellen; *(Zeitung)* in großer Aufmachung bringen; *se mettre en ~* sich in den Vordergrund drängen; *~ du cinéma* Filmstar *m.*
végétal, e [veʒetal] **I.** *a* pflanzlich; Pflanzen-; **II.** *s m* Pflanze *f,* Gewächs *n;* ▶ *règne m ~* Pflanzenreich *n; terre f ~e* Mutterboden *m.* **végétarien, ne I.** *a* vegetarisch; **II.** *s m f* Vegetarier(in *f*) *m.* **végétatif, ive** *a* vegetativ. **végétation** *f* **1.** Vegetation, Pflanzenwelt *f;* **2.** *pl med* Wucherungen *f pl.* **végéter** ‹*Prés. je végète, ns végétons; Fut. je végéterai; pp. végété, e*› *itr fig* (dahin=) vegetieren, kümmerlich (dahin=)leben.
véhémence [veemɑ̃s] *f* **1.** Heftigkeit *f,* Ungestüm *n;* **2.** *fig* Feuer *n.* **véhément, e** *a* heftig, ungestüm; hitzig, leidenschaftlich, feurig.
véhicule [veikyl] *m* **1.** Fahrzeug, Beförderungsmittel *n;* **2.** Träger *m a. fig;* **3.** ▶ *~ à coussin d'air* Luftkissenfahrzeug *n; ~ d'information* Informationsträger *m; ~ non polluant* umweltfreundliche(s) Fahrzeug *n; ~ de répandage* (Sand-) Streufahrzeug *n; ~ routier* Straßenfahrzeug *n; ~ spatial (cosm)* Raumschiff *n; ~ tout terrain, tous terrains* geländegängige(s) Fahrzeug *n; ~ tracteur* Zugmaschine *f; ~ utilitaire* Nutzfahrzeug *n.* **véhiculer** *tr* **1.** befördern, transportieren; **2.** *fig* übermitteln.
veille [vɛj] *f* **1.** Wachen *n;* **2.** (Nacht-) Wache *f;* **3.** Vortag, Vorabend *m;* **4.** *pl* Nachtarbeit *f,* nächtliche Studien; schlaflose Nächte *f pl;* **5.** ▶ *la ~* tags zuvor, am Tage vorher; *la ~ au soir* am Vorabend; *être à la ~ de qc (fig)* vor etw stehen; *~ du Nouvel An* Silvester *n; ~ de Noël* Heilige(r) Abend *m.* **veillée** *f* **1.** Nachtwache *f;* **2.** Abendstunden *f pl;* ▶ *~ funèbre* Totenwache *f.* **veiller I.** *itr* **1.** wachen (*auprès de* bei), auf=bleiben; **2.** acht=geben, auf=passen (*à qc* auf e-e S); **3.** sorgen (*à* für); Sorge tragen (*à ce que* daß); **4.** überwachen, beaufsichtigen, unter s-e Obhut nehmen (*sur qc* etw); **II.** *tr* **1.** wachen, die Nacht verbringen (*un malade* bei e-m Kranken); **2.** ▶ *~ au grain (fig)* auf der Hut sein; *~ aux intérêts de qn* jds Interesse wahr=nehmen. **veilleur, se** *m f* Wächter(in *f*) *m;* ▶ *~ de nuit* Nachtwächter, -portier *m.* **veilleuse** *f* Nachtlampe *f,* -licht *n; tech* Sparflamme *f; mot* Standlicht *n;* ▶ *mettre en ~* (auf) klein stel-

len; *fig* auf Eis legen; *mettre ses phares en ~ (mot)* das Standlicht ein=schalten; *~-liseuse f* Leselampe *f.*
veinard, e [vɛnaʀ, -ʀd] **I.** *s m f* Glückspilz *m;* **II.** *a* ▶ *ce qu'il est ~* hat der aber Glück. **veine** *f* **1.** *anat* (Blut-)Ader, Vene *f;* **2.** *geol* Ader *f,* Flöz *n;* **3.** *(Stein, Holz)* Ader *f a. bot;* **4.** *fig* dichterische Ader *f;* **5.** *fam* Glück *n,* Dusel *m, pop* Schwein *n;* **6.** ▶ *avoir de la ~* Glück, *fam* Dusel haben; *n'avoir pas de sang dans les ~s (fig)* kein Mark in den Knochen haben; *être en ~ de qc* zu etw aufgelegt sein. **veiné, e** *a (Marmor)* geädert; *(Holz)* gemasert. **veiner** *tr tech* masern. **veineux, se** *a* **1.** *anat* venös; Ader-, Venen-; **2.** *(Holz)* gemasert. **veinule** *f* Äderchen *n.* **veinure** *f* Maserung *f.*
vêlage [vɛlaʒ] *m* Kalben *n.*
vélaire [velɛʀ] **I.** *a* velar; **II.** *s f* Velar *m.*
vêler [vele] *itr* kalben.
vélin [velɛ̃] *m* Velin *n (Pergament);* ▶ *papier m ~* Velin(papier) *n.*
véliplanchiste [veliplɑ̃ʃist] *m f* Windsurfer(in *f*) *m.* **vélivole** *a* Segelflug-; *s m f* Segelflieger(in *f*) *m.*
velléité [vɛleite] *f* Anwandlung *f.*
vélo [velo] *m fam* Fahrrad *n;* ▶ *rouler à ~, faire du ~* radfahren; ~ tout-terrain (VTT) BMX-Rad *n.*
vélocité [velɔsite] *f* Geschwindigkeit, Schnelligkeit *f;* ▶ *exercices m pl de ~ (mus)* Geläufigkeitsübungen *f pl.*
vélodrome [velɔdʀom] *m* Radrennbahn *f.* **vélomoteur** *m* Moped *n.* **vélo-ski** *m* Schibob *m.*
velours [vəluʀ] *m* **1.** Velours, Samt *m;* **2.** samtartige Beschaffenheit; Weichheit *f;* **3.** *gram* falsche z-Bindung *f;* **4.** ▶ *à pas de ~* sacht; *jouer sur le ~ (pop)* nichts riskieren; *patte f de ~* Samtpfötchen *n;* *~ côtelé* Kordsamt *m;* *~ de coton* Cord *m.* **velouté, e I.** *a* samtartig, -weich; *(Wein)* voll und mild; *(Suppe)* sämig; **II.** *s m* **1.** Samtglanz *m;* **2.** Samtband *n;* **3.** *fig* samtige Weichheit *f;* **4.** *(Saucen)* Schwitze *f;* ▶ *~ d'asperges* Spargelcremesuppe *f.* **velouter** *tr* samtartig machen. **velouteux, se** *a* samt(art)ig.
velu, e [vəly] *a* (dicht) behaart, haarig.
vélum [velɔm] *m* große(s) Zeltdach *n.*
velvet [vɛlvɛ] *m* Velvet *m.*
venaison [vənɛzɔ̃] *f* Wildbret *n.*
vénal, e [venal] *a (Person)* käuflich; bestechlich. **vénalité** *f* **1.** Käuflichkeit *f a. fig;* **2.** *fig* Bestechlichkeit *f.*
venant [vənɑ̃] *m* ▶ *à tout (tous) ~(s)* jedem beliebigen, dem ersten besten.
vendable [vɑ̃dabl] *a* verkäuflich.
vendange [vɑ̃dɑ̃ʒ] *f* Weinlese, -ernte *f.* **vendanger** ⟨*Prés. je vendange, ns vendangeons; pp. vendangé, e*⟩ **I.** *itr* Weinlese halten; **II.** *tr (Trauben)* ernten. **vendangeur, se** Weinleser(in *f*) *m.*
vendetta [vɛ̃dɛt(t)a] *f* Blutrache *f.*
vendeur, se [vɑ̃dœʀ, -øz] *m f* Verkäufer(in *f*) *m;* ▶ *~ à la sauvette* fliegender Händler *m.*
vendre [vɑ̃dʀ] ⟨*Prés. je vends, ns vendons; Fut. je vendrai; pp. vendu, e; Subj. que je vende, que ns vendions; Impér. vends, vendons*⟩ **I.** *tr* **1.** verkaufen, veräußern; **2.** *fig* verraten; **II.** *v prn se ~* **1.** *(com)* Absatz finden; verkauft werden; **2.** sich verkaufen, sich bestechen lassen; **3.** ▶ *à ~* zu verkaufen; verkäuflich; **4.** ▶ *se ~ facilement* guten Absatz finden, gut gehen; *~ en bloc* in Bausch u. Bogen verkaufen; *~ au comptant* bar verkaufen; *~ à crédit, à perte, à terme* auf Kredit, mit Verlust, auf Termin verkaufen; *~ au* od *en détail* im Einzelhandel verkaufen; *~ aux enchères* versteigern; *~ en gros* im großen verkaufen; *~ (à) bon marché* billig verkaufen; *~ la mèche (fam)* das Geheimnis verraten; *~ au poids, avec profit* nach Gewicht, mit Gewinn verkaufen; *~ au prix coûtant* zum Selbstkostenpreis verkaufen; *~ à tout prix* zu jedem Preis verkaufen.
vendredi [vɑ̃dʀədi] *m* Freitag *m;* ▶ *~ saint* Karfreitag *m.*
vénéneux, se [venenø, øz] *a* giftig.
vénérable [veneʀabl] *a* ehrwürdig; ehrfurchtgebietend. **vénération** *f* Verehrung; Ehrfurcht, Ehrerbietung *f.* **vénérer** ⟨*Prés. je vénère, ns vénérons; Fut. je vénérerai; pp. vénéré, e*⟩ *tr* verehren.
vénerie [vɛnʀi] *f* Hetzjagd *f.*
vénérien, ne [veneʀjɛ̃, -ɛn] **I.** *a:* ▶ *maladies f pl ~nes* Geschlechtskrankheiten *f pl;* **II.** *s m f* Geschlechtskranke(r *m*) *f.*
Venezuela, le [venezɥɛla] Venezuela *n.* **vénézuélien, ne** venezilanisch; **Vénézuélien, ne** *s m f* Venezolaner(in *f*) *m.*
vengeance [vɑ̃ʒɑ̃s] *f* Rache *f;* ▶ *par ~* aus Rache; *tirer ~ de qn* sich an jdm rächen. **venger** ⟨*Prés. je venge, ns vengeons; pp. vengé, e*⟩ **I.** *tr* rächen (*qn, qc* jdn, etw); **II.** *v prn se ~* sich rächen, Rache nehmen (*de qn* an jdm; *de qc sur qn* für etw an jdm). **vengeur, eresse I.** *a* rächend; **II.** *s m f* Rächer(in *f*) *m.*
véniel, le [venjɛl] *a rel (Sünde)* läßlich; *fam (Fehler)* verzeihlich.
venimeux, se [vənimø, -øz] *a* **1.** *(Tier)* giftig *a. fig;* **2.** *fig* boshaft. **venin** *m* **1.** (tierisches) Gift *n a. fig;* **2.** *fig* Bösartigkeit, Bosheit *f.*
venir [vəniʀ] *itr* ⟨*Prés. je viens, ns venons; Fut. je viendrai; pp. venu, e; Subj. que je vienne, que ns venions; Impér. viens, venons*⟩ **1.** (herein=, hervor=, hinauf=, hinüber=)kommen; **2.** mit=gehen, begleiten (*avec qn* jdn); **3.** *(Flüssigkeit)*

laufen; **4.** *(Wasser)* steigen (*à* bis an *acc*); **5.** *(Kleidungsstück)* reichen, gehen (*à* bis); **6.** *fig* her=kommen, (ab=) stammen (*de* von, aus); **7.** *(in der Reihenfolge)* kommen (*après* nach), folgen (*après* auf *acc*); **8.** *(Gewitter)* herauf=ziehen, im Anzug sein; **9.** sich zeigen, in Erscheinung treten; **10.** statt=finden; ein=treten; **11.** gelangen (*jusqu'à* bis zu); **12.** *(Erbschaft)* zu=fallen, zu=kommen; **13.** wachsen, gedeihen, geraten, fort=kommen; **14.** *gram* stehen (*avant* vor *dat*); **15.** ▶ *à* ~ zukünftig; *bien* ~ gut wachsen, gedeihen; *en* ~ so weit gehen (*jusqu'à* zu), greifen (*à* zu), es so weit bringen (*à* daß); *en* ~ *là* so weit kommen; *en* ~ *aux mains* handgemein werden, anea.=geraten; *mal* ~ nicht gedeihen *od* fort=kommen wollen, verkümmern, mißraten; *ne pas* ~ aus=bleiben; *y* ~ sich zu etw entschließen; darauf zu sprechen kommen; **16.** ▶ *faire* ~ kommen lassen, bestellen; beziehen; *ne faire qu'aller et* ~ immer in Bewegung, gleich wieder zurück sein; *laisser, voir* ~ auf sich *acc* zu=kommen lassen; ab=warten; **17.** ▶ ~ *en avion, en bateau, en chemin de fer, à pied, en voiture* mit dem Flugzeug, dem Schiff, der Eisenbahn, zu Fuß, mit dem Wagen kommen; ~ *à bien* gut aus=gehen, gelingen; ~ *à bout de qc* etw zustande bringen, fertig=bringen; mit etw fertig=werden; ~ *chercher qn* jdn ab=holen; ~ *à l'esprit, à l'idée* in den Sinn kommen, ein=fallen; ~ *à faire qc* zufällig etw tun; ~ *de faire qc* soeben etw getan haben; ~ *à ses fins* s-n Zweck erreichen; ~ *au jour, au monde* an den Tag, auf die *od* zur Welt kommen; ~ *à rien* verkümmern, zugrunde gehen; ~ *voir* besuchen; **18.** ▶ *je viens vous dire* ich möchte Ihnen (gern) sagen; *d'où vient?* woher kommt es? woran liegt es? *cela viendra* das wird schon werden; *il vient (math)* es folgt; *s'il vient à pleuvoir* sollte es regnen; *il est venu des lettres pour vous* es sind Briefe für Sie da; *vous y venez* Sie kommen der Sache näher; *où voulez-vous* ~*?* worauf wollen Sie hinaus? was wollen Sie denn? *viens voir!* komm her! *je te vois* ~ ich weiß, was du vor hast.

Venise [vəniz] *f geog* Venedig *n*. **vénitien, ne** *a* venezianisch.

vent [vɑ̃] *m* **1.** Wind *m;* **2.** *(Jagd)* Witterung *f;* **3.** *(Physiologie)* Blähung *f,* Wind *m;* **4.** ▶ *fig c'est du* ~ das ist leeres Gerede; **5.** *pl* Blasinstrumente *n pl;* **6.** ▶ *au* ~ im Wind; *dans le* ~ nach der neuesten Mode; *en plein* ~ im Freien; *(Baum)* freistehend; **7.** ▶ *aller contre* ~ *et marée* sich durch nichts ab=schrekken, ab=halten lassen; *avoir* ~ *de qc* von etw Wind bekommen haben; etw ahnen; *prendre le* ~ *(fig)* sich orientieren; *tourner à tous les* ~*s (fig)* sehr wendig sein; **8.** ▶ *quel bon* ~ *vous amène?* welcher glückliche Zufall führt Sie hierher? *il y a, il fait du* ~ es ist windig; **9.** ▶ *coup m de* ~ Windstoß *m; moulin m à* ~ Windmühle *f;* **10.** ▶ ~ *en altitude* Höhenwind *m;* ~ *alizé* Passat *m;* ~ *arrière* od *bon* ~, ~ *contraire* od *debout* Rücken-, Gegenwind *m;* ~ *de côté, latéral* Seitenwind *m;* ~ *du nord, du sud, d'est, d'ouest* Nord-, Süd-, Ost-, Westwind *m;* ~ *solaire (cosm)* Sonnenwind *m.*

vente [vɑ̃t] *f* **1.** Verkauf, Vertrieb, Absatz *m;* **2.** *(Wald)* Einschlag *m;* **3.** ▶ *de bonne* ~ od *de* ~ *facile, de* ~ *difficile* leicht, schwer verkäuflich; *en* ~ *dans, chez* erhältlich in *dat,* bei; *en* ~ *partout* überall erhältlich; *sauf* ~ Zwischenverkauf vorbehalten; **4.** ▶ *être de bonne* ~ guten Absatz finden; gut gehen; *mettre, offrir en* ~ zum Verkauf an=bieten; **5.** ▶ *bureau, chef m, chiffres m pl, conditions f pl, contrat m, organisation f, prix, service m, valeur f de* ~ Verkaufsbüro *n,* -leiter *m,* -ziffern, -bedingungen *f pl,* -vertrag *m,* -organisation *f,* -preis *m,* -abteilung *f,* -wert *m; maison f de* ~ *par correspondance* Versandgeschäft *n; possibilités f pl de* ~ Absatzmöglichkeiten *f pl; salle f des* ~ Auktionslokal *n;* **6.** ▶ ~ *au comptant* Barverkauf *m;* ~ *au* od *en détail, en gros* Klein-, Großverkauf *m;* ~ *à l'emporter* Verkauf *m* über die Straße; ~ *aux enchères, à la criée, à l'encan* Versteigerung *f;* ~ *exclusive* Alleinverkauf *m;* ~ *de fin de saison* Saisonschlußverkauf *m;* ~ *de liquidation* Totalausverkauf *m;* ~ *au numéro (Zeitung)* Einzelverkauf *m;* ~ *réclame* Werbeverkauf *m;* ~ *à tempérament* Teilzahlungsverkauf *m.*

venter [vɑ̃te] *v imp:* ▶ *il vente* es ist windig **venteux, se** *a* windig; **ventilateur** *m* Ventilator; Lüfter *m;* Gebläse *n;* **ventilation** *f* **1.** Be-, Entlüftung *f;* **2.** *min* Bewetterung *f;* **3.** *jur* Abschätzung *f;* **4.** *com* Aufgliederung, Aufschlüsselung *f.* **ventiler** *tr* **1.** be-, ent-, durchlüften, ventilieren; **2.** *min* bewettern; **3.** *jur* ab=schätzen; **4.** *com* aufschlüsseln, auf=gliedern. **ventis** [-i] *m pl* Windbruch *m.*

ventouse [vɑ̃tuz] *f* **1.** *zoo* Saugnapf *m;* **2.** *med* Schröpfkopf *m;* **3.** *tech* Luftloch *n,* -klappe *f.*

ventral [vɑ̃tʀal] *a* Bauch-. **ventre** *m* **1.** Bauch *a. tech fig;* Leib *m;* **2.** Ausbauchung *f;* **3.** Mutterleib, Schoß *m;* **4.** *phys* Bauch *m;* **5.** ▶ ~ *à terre* in gestrecktem, *fig* in rasendem Galopp; **6.** ▶ *avoir du* ~ e-n Bauch haben; *se coucher à plat* ~ sich flach auf den Bauch legen; *prendre du* ~ Fett an=setzen, e-n Bauch bekommen. **ventricule** *m anat* Ventrikel *m;*

(~ **du cœur**) Herzkammer *f*. **ventrière** [-tʀijɛʀ] *f* Bauchgurt *m*. **ventriloque** *m* Bauchredner *m*. **ventripotent, e** *a fam* dickbäuchig. **ventru, e** *a fam* dickbäuchig; *tech* stark bauchig.

venu, e [vəny] **I.** *a:* ▶ *bien* ~ gelungen, gut ausgeführt; *mal* ~ mißlungen, mißraten; *il serait mal* ~ *de (inf)*; **II.** *s m* ▶ *nouveau* ~ Neuankömmling *m*; *le premier* ~ der erste beste; **III.** *s f* Ankunft *f*; ▶ *d'une belle* ~*e* gut gewachsen; *tout d'une* ~*e* aus e-m Guß.

vêpres [vɛpʀ] *f pl rel* Vesper *f*.

ver [vɛʀ] *m* **1.** *zoo* Wurm *m*; Raupe; Made *f*; **2.** ▶ *tirer les* ~*s du nez à qn (fig)* jdm die Würmer aus der Nase ziehen; *nu comme un* ~ splitternackt; *piqué des* ~*s* wurmstichig; **3.** ▶ ~ *blanc* Engerling *m*; ~ *de farine, solitaire* Mehl-, Bandwurm *m*; ~ *du fromage* Käsemade *f*; ~ *luisant* Glühwürmchen *n*; ~ *solitaire* Bandwurm *m*; ~ *de terre* Regenwurm *m*; ~ *à soie* Seidenraupe *f*.

véracité [veʀasite] *f* Wahrhaftigkeit; *(Aussage)* Richtigkeit *f*.

véranda [veʀɑ̃da] *f* Veranda *f*.

verbal, e [vɛʀbal] *a pl -aux* mündlich; *gram* Verbal-.

verbalisation [vɛʀbalizasjɔ̃] *f* Protokollaufnahme; *(Polizei)* gebührenpflichtige Verwarnung *f*. **verbaliser** *itr* **1.** ein Protokoll auf=nehmen; gebührenpflichtig verwarnen (*contre qn* jdn); **2.** *psych* in Worte fassen.

verbe [vɛʀb] *m* **1.** Wort *n*; **2.** *gram* Zeitwort, Verbum *n*; ▶ *avoir le* ~ *haut* das große Wort führen. **verbeux, se** *a* wortreich; redselig, geschwätzig. **verbiage** *m* Geschwätz *n*, Wortschwall *m*; ▶ *tourner au* ~ in Geschwätz aus=arten. **verbosité** *f* Geschwätzigkeit, Schwatzhaftigkeit *f*.

verdâtre [vɛʀdatʀ] *a* grünlich, blaßgrün. **verdelet, te** [-dəlɛ] *a* **1.** *(Wein)* säuerlich; **2.** *fig* noch rüstig. **verdeur** *f* **1.** *(Holz)* Saftigkeit *f*; zu frische(r) Zustand *m*; **2.** *(Obst)* Unreife *f*; **3.** *(Wein)* Säure, Herbheit, Unausgereiftheit *f*; **4.** *fig* Rüstigkeit, Jugendfrische *f*.

verdict [vɛʀdikt] *m* **1.** *jur* Spruch *m* der Geschworenen **2.** (hartes) Urteil *n a. fig*; Entscheidung *f*; **3.** ▶ *rendre le* ~ das Urteil fällen; ~ *d'acquittement* Freispruch *m*; ~ *de culpabilité* Schuldspruch *m*. **verdir I.** *tr* grün färben; **II.** *itr* ergrünen, grün werden; sich mit Grünspan überziehen. **verdissement** *m* Grünwerden, Ergrünen *n*. **verdoyant, e** *a* grün. **verdoyer** *itr* grün sein. **verdure** *f* **1.** Grün *n*; Rasen *m*, Gras; Laub *n*; **2.** Grünzeug, Gemüse *n*; **3.** ▶ *en pleine* ~ mitten im Grünen; *ceinture f de* ~ Grüngürtel *m*.

véreux, se [veʀø, øz] *a* **1.** wurm(stich)ig; **2.** *fig* verdächtig, faul, anrüchig; **3.** *(Kaufmann)* unreell.

verge [vɛʀʒ] *f* **1.** Rute, Gerte *f*; **2.** Stab, Stock *m*; Stange *f*; **3.** *(~ d'ancre)* (Anker-)Schaft *m*; **4.** *(Waage)* Zeiger *m*; **5.** *anat* männliche(s) Glied *n*.

verger [vɛʀʒe] *m* Obstgarten *m*.

verglacé, e [vɛʀglase] *a (Straße)* vereist. **verglas** [-a] *m* Glatteis *n*.

vergogne [vɛʀgɔɲ] *f:* ▶ *sans* ~ schamlos, unverschämt.

vergue [vɛʀg] *f mar* Rahe *f*.

véridique [veʀidik] *a* wahrhaft(ig), aufrichtig, zuverlässig; wahrheitsliebend.

vérifiable [veʀifjabl] *a* nachprüfbar, feststellbar. **vérificateur** *m* Prüfer, Kontrolleur *m*; ▶ ~ *aux comptes* Rechnungsprüfer *m*; ~ *des poids et mesures* Eichmeister *m*. **vérification** *f* **1.** (Nach-, Über-)Prüfung, Kontrolle, Untersuchung *f*; **2.** Bestätigung, Feststellung *f*; ▶ ~ *de la caisse* Kassenprüfung *f*; ~ *des comptes, des écritures* Buch-, Rechnungsprüfung *f*; ~ *par prélèvement* Stichprobe *f*. **vérifier I.** *tr* **1.** (nach=, über)prüfen (*sur place* an Ort u. Stelle; ▶ ~ *de ses propres yeux* mit eigenen Augen); kontrollieren, untersuchen; **2.** nach=rechnen, -zählen; durch=, nach=sehen; **3.** bestätigen; **II.** *v prn se* ~ sich bewahrheiten, sich bestätigen; ▶ ~ *le poids* nach=wiegen (*de qc* etw).

vérin [veʀɛ̃] *m* **1.** *tech* Winde *f*, Wagenheber; **2.** *(Spannbeton)* Druckring *m*.

véritable [veʀitabl] *a* wahr, wahrhaft(ig); echt, wirklich. **vérité** *f* **1.** Wahrheit; Wahrhaftigkeit, Aufrichtigkeit *f*; **2.** Lebensechtheit, Wirklichkeit *f*; **3.** ▶ *à la* ~ freilich, zwar, allerdings; *en* ~ in Wahrheit, in der Tat, wahrhaftig; in Wirklichkeit, eigentlich; *à dire la* ~ um die Wahrheit zu sagen; **4.** ▶ *dire à qn ses quatre* ~*s (fam)* jdm seine Meinung sagen; **5.** ▶ *heure f de* ~ Stunde *f* der Wahrheit; ~ *de la Palice* Binsenwahrheit *f*.

verjus [vɛʀʒy] *m* Saft *m* unreifer Trauben.

vermeil, le [vɛʀmɛj] **I.** *a* hoch-, karminrot; **II.** *s m* feuervergoldete(s) Silber *n*.

vermicelle [vɛʀmisɛl] *m* **1.** Fadennudeln *f pl*; **2.** Nudelsuppe *f*.

vermiculaire [vɛʀmikylɛʀ] *a* wurmförmig; ▶ *appendice m* ~ *(anat)* Wurmfortsatz *m*. **vermifuge** *m* Wurmmittel *n*.

vermillon [vɛʀmijɔ̃] **I.** *s m* Zinnober *m*; **II.** *a* zinnoberrot.

vermine [vɛʀmin] *f* **1.** Ungeziefer *n*; **2.** *fig* Gesindel *n*.

vermoulu, e [vɛʀmuly] *a* wurm(stich)ig, wurmzerfressen.

vermout(h) [vɛʀmut] *m* Wermut *m*.

vernaculaire [vɛʀnakylɛʀ] **I.** *a* einheimisch; Volks-, Landes-; **II.** *s m* Landes-,

Eingeborenensprache *f.*
vernal, e [vɛʀnal] *a* Frühlings-.
verni, e [vɛʀni] *a* lackiert; ▶ *être ~ (fam)* Glück haben; *c'est un ~* er ist ein Glückspilz.
vernier [vɛʀnje] *m tech* Nonius *m.*
vernir [vɛʀniʀ] *tr* lackieren; firnissen. **vernis** [-ni] *m* **1.** Firnis *m;* Politur; Glasur; Lasur *f;* Lack *m;* **2.** ▶ *avoir un ~ d'instruction (fig)* nur oberflächlich gebildet sein; *~ à polir* Schleiflack *m; ~ à ongles* Nagellack *m.* **vernissage** *m* **1.** Glasieren *n;* Lackierung *f;* Firnissen *n;* **2.** *fig (Kunstausstellung)* Vernissage *f.* **vernisser** *tr (Keramik)* glasieren. **vernisseur** *m* Lackierer *m.* **vernissure** *f* Firnissen, Glasieren; Lasieren *n,* Lackierung *f.*
vérole [veʀɔl] *f pop* Syphilis *f.*
véronique [veʀɔnik] *f bot* Veronika, Männertreu *f,* Ehrenpreis *m.*
verrat [vɛʀa] *m zoo* Eber *m.*
verre [vɛʀ] *m* **1.** Glas *n;* **2.** *com* Flasche *f;* **3.** *pl* Augengläser *n pl,* Brille *f;* **4.** ▶ *de, en ~* gläsern; Glas-; **5.** ▶ *avoir un ~ dans le nez (fam)* zu tief ins Glas geguckt haben; **6.** ▶ *un petit ~* ein Gläschen (Schnaps); *~ à boire* Trinkglas *n; ~ à bouteilles, de sécurité, à vitre(s)* od *à fenêtre(s)* Flaschen-, Sicherheits-, Fensterglas *n; ~s de contact* Haftschalen *f pl; ~ à vin* Weinglas *n; ~ de vin* Glas *n* Wein. **verrerie** [-ʀəʀi] *f* Glasbläserei, -hütte, -industrie *f;* Glaswaren *f pl;* ▶ *~(s)!* Vorsicht, Glas! **verrier** *m* Glasbläser *m.* **verrière** *f* **1.** Glasdach *n;* **2.** große(s) Kirchenfenster *n.* **verroterie** *f* Glasperlen *f pl,* kleine Glaswaren *f pl.*
verrou [veʀu] *m* **1.** (Tür-, Fenster-)Riegel *m,* Sperrklinke *f,* Verschluß *m;* **2.** *(Fußball)* Riegelstellung *f;* **3.** ▶ *sous les ~s* hinter Schloß u. Riegel; *mettre, pousser, tirer le ~* den Riegel vor=schieben; *~ de sûreté* Sicherheitsschloß *n.* **verrouillage** [-uj-] *m* **1.** Verriegelung, Blockierung *f;* **2.** *mil* Abriegelung *f.* **verrouiller** *tr* **1.** zu=, verriegeln; **2.** *mil* ab=riegeln.
verrue [vɛʀy] *f* Warze *f.* **verruqueux, se** *a* warzenartig.
vers [vɛʀ] **I.** *s m* Vers *m;* **II.** *prp* gegen, in Richtung auf, nach, zu; *(zeitlich)* gegen, (etwa) um; ▶ *~ midi, les cinq heures, Pâques, le printemps* gegen Mittag, fünf Uhr, Ostern, das Frühjahr; *~ l'intérieur du pays* landeinwärts.
versant, e [vɛʀsɑ̃] *m* Abhang *m;* ▶ *~ nord* Nordhang *m.*
versatile [vɛʀsatil] *a* schwankend, wankelmütig; wandelbar; unbeständig. **versatilité** *f* Unbeständigkeit *f,* Wankelmut *m.*
verse [vɛʀs] *f* **1.** Liegen *n* des Getreides; **2.** ▶ *il pleut à ~* es gießt in Strömen.
versé, e [vɛʀse] erfahren, (wohl) bewandert, geübt (*dans* in).
verseau [vɛʀso] *m astr* Wassermann *m.*
versement [vɛʀsəmɑ̃] *m com* Einzahlung (*à, sur un compte* auf ein Konto); Einlage, Leistung *f;* ▶ *contre ~ de...* gegen Zahlung *gen; en plusieurs ~s* in Raten; *effectuer, faire un ~* e-e Einzahlung vor=nehmen. **verser I.** *tr* **1.** (aus=, weg=, ver)schütten, -gießen; **2.** (hin)ein=gießen, ein=schütten, -füllen, -schenken; *(Tränen, Blut)* vergießen; **3.** um=werfen, -kippen; ab=laden; **4.** *com* ein=zahlen (*à* auf *acc,* bei); **II.** *itr* **1.** um=kippen, -stürzen; **2.** *fig* hin=neigen (*dans* zu); **3.** ▶ *~ un acompte* e-e Abzahlung leisten; *~ à boire à qn* jdm ein=schenken; *~ dans le fossé (mot)* in den Graben fahren; *~ dans le ridicule* sich lächerlich machen.
verset [vɛʀsɛ] *m* (Bibel-)Vers *m.*
verseur [vɛʀsœʀ] *m (Kanne)* Schnabel *m.*
versificateur [vɛʀsifikatœʀ] *m* Reimschmied *m.* **versifier I.** *itr* Verse schmieden; **II.** *tr* in Verse bringen.
version [vɛʀsjɔ̃] *f* **1.** Herübersetzung, Übertragung *f (aus e-r Fremdsprache);* **2.** Version, Fassung, Darstellung, Auffassung, Lesart *f;* **3.** *(Geburtshilfe)* Wendung *f;* ▶ *en ~ originale soustitrée (film)* in Originalfassung mit Untertiteln.
verso [vɛʀso] *m* Rückseite *f (e-s Buches);* ▶ *au ~* umseitig; *voir au ~* bitte wenden, siehe Rückseite.
vert, e [vɛʀ, vɛʀt] **I.** *a* **1.** grün *a. pol; (Obst)* unreif; *(Gemüse)* frisch; *(Holz)* noch saftig; *(Wein)* unausgereift, säuerlich, sauer, herb; *(Kaffee)* ungebrannt; *tech* noch unbearbeitet; **2.** *fig* noch rüstig; jugendlich, frisch; **3.** *fig (Tadel)* scharf; *(Vorwurf)* heftig; *fam (Ausdruck, Witz)* derb, saftig; **II.** *s m* **1.** Grün *n;* grüne Farbe *f;* (das) Grüne, Weide *f;* Grünfutter *n; pol* Grüne(r *m*) *f;* **2.** ▶ *en dire de ~es (pop)* Zoten erzählen; *envoyer au diable ~* zum Teufel jagen; *en être ~ (de peur) (fam)* kreidebleich sein; *se mettre au ~ (fig fam)* ins Grüne hinaus=ziehen; **3.** ▶ *ceinture f ~e* Grüngürtel *m; espace m ~* Grünfläche *f; haricots m pl ~s* grüne Bohnen *f pl; plan m ~* Grüne(r) Plan *m; révolution ~e* völlige Wandlung *f* der Landwirtschaft. **vert-de-gris** *m* Grünspan *m.* **vertement** *adv* ▶ *reprendre qn ~* jdn heftig tadeln.
vertébral, e [vɛʀtebʀal] *a pl-aux anat* Wirbel-; ▶ *colonne f ~e* Wirbelsäule *f.* **vertèbre** *f anat* Wirbel *m.* **vertébrés** *m pl zoo* Wirbeltiere *n pl.*
vertical, e [vɛʀtikal] **I.** *a pl -aux* senk-, lotrecht, vertikal; **II.** *s f* Senkrechte, Vertikale *f;* ▶ *coupe f ~e* Längsschnitt

m.
vertige [vɛʀtiʒ] *m* **1.** *med* Schwindel *m;* **2.** *fig* Taumel *m;* ▶ *ça me donne le ~* da wird mir schwindlig; *j'ai le ~* mir ist schwindlig. **vertigineux, se** *a* schwindlig; schwindelerregend.
vertu [vɛʀty] *f* **1.** Tugend; **2.** *(Frau)* Sittsamkeit *f;* **3.** *tech* Eigenschaft; *allg* Kraft *f,* Vermögen *n,* Wirksamkeit *f;* **4.** ▶ *en ~ de...* kraft, auf Grund, vermöge *gen; ~ curative* Heilwirkung *f.* **vertueux, se** [-tɥø, -øz] *a* tugendhaft, sittsam, keusch.
verve [vɛʀv] *f* Schwung *m,* Feuer *n,* Begeisterung *f;* ▶ *être en ~* in Schwung sein.
verveine [vɛʀvɛn] *f bot* Eisenkraut *n.*
vesce [vɛs] *f bot* Wicke *f.*
vésical, e [vezikal] *a pl -aux anat* Blasen-.
vésicatoire [vezikatwaʀ] *m* Zugpflaster *n.*
vésicule [vezikyl] *anat* Bläschen *n,* Blase *f a. med;* ▶ *~ biliaire* Gallenblase *f.*
vespasienne [vɛspazjɛn] *f* Bedürfnisanstalt *f.*
vesse [vɛs] *f* lautlose(r) Wind *m.*
vessie [vɛsi] *f anat* (Harn-)Blase *f;* ▶ *faire prendre à qn des ~s pour des lanternes (fam)* jdm ein X für ein U vormachen; *~ de ballon* Gummiblase *f; ~ natatoire* Schwimmblase *f (der Fische).*
veste [vɛst] *f* **1.** Jacke *f,* Jackett *n,* Sacko *m;* **2.** ▶ *prendre une ~ (pop)* e-e Schlappe erleiden, e-n Reinfall erleben; *retourner sa ~ (fam fig)* um=schwenken. **vestiaire** [-tjɛʀ] *m* Kleiderablage, Garderobe *f (a. die Sachen);* Umkleideraum *m.*
vestibule [vɛstibyl] *m* **1.** (Vor-)Halle, Diele *f;* Flur, Vorplatz *m;* **2.** *anat* Vorhof *m.*
vestige [vɛstiʒ] *m f pl* Überreste *m pl; (fig)* Spuren *f pl.*
vestimentaire [vɛstimɑ̃tɛʀ] *a* Kleidungs-; ▶ *dépenses f pl ~s* Ausgaben *f pl* für Kleider. **veston** *m* Sakko *m;* Jacke *f;* ▶ *~ croisé, droit* Zwei-, Einreiher *m; ~ d'intérieur* Hausjacke *f.*
vêtement [vɛtmɑ̃] *m* **1.** (Be-)Kleidung *f,* Kleidungsstück *n;* **2.** *pl* Kleider *n pl;* **3.** ▶ *changer de ~(s)* sich um=ziehen; **4.** ▶ *industrie f du ~* Bekleidungsindustrie *f; ~s de dessous* Unterwäsche *f; ~s de dessus (pour dames, pour hommes)* (Damen-, Herren-)Oberbekleidung *f; ~s d'été, d'hiver* Sommer-, Winterkleidung *f; ~s de femmes, d'hommes* Damen-, Herrenkleidung *f; ~s de sport* Sport(be)kleidung *f; ~s tout fait* Fertigkleidung, Konfektion *f; ~s de travail* Arbeitskleidung *f.*
vétéran [veteʀɑ̃] *m mil allg* Veteran *m.*
vétérinaire [veteʀinɛʀ] **I.** *a* tierärztlich; **II.** *s m* Tierarzt *m;* ▶ *médecine f ~* Tierheilkunde *f.*
vétille [vetij] *f meist pl* Kleinigkeit, Bagatelle, Lappalie *f.*
vêtir [ve(ɛ)tiʀ] ‹*Prés. je vêts, ns vêtons; Fut. je vêtrai; pp. vêtu, e; Subj. que je vête, que ns vêtions; Impér. vêts, vêtons*› **I.** *tr* (an=)kleiden; an=ziehen (*qn* jdn); **II.** *v prn se ~* sich (an=)kleiden; sich an=ziehen.
veto [veto] *m inv* Veto *n;* ▶ *mettre son ~ à qc* sein Veto gegen etw ein=legen; gegen etw Einspruch erheben.
vêture [vetyʀ] *f rel* Einkleidung *f.*
vétuste [vetyst] *a* alt, abgenutzt, verbraucht; *(Gebäude)* baufällig. **vétusté** *f* hohe(s) Alter *n;* Baufälligkeit *f.*
veuf, veuve [vœf, vœv] **I.** *s m f* Witwe(r *m*) *f;* **II.** *a* verwitwet; ▶ *être ~* verwitwet sein.
veule [vøl] *a* **1.** schlaff, schlapp, schwach, energielos; **2.** *agr (Boden)* zu leicht; **3.** *(Zweig)* zu dünn. **veulerie** [vø-] *f* Energielosigkeit, Schlappheit; Weichlichkeit *f.*
veuvage [vœvaʒ] *m* Witwer-, Witwenstand *m.*
vexant, e [vɛksɑ̃, -ɑ̃t] *a* **1.** *(Bemerkung)* beleidigend; ärgerlich; **2.** ▶ *c'est ~* das ist ärgerlich. **vexation** *f* Schikane; Beleidigung; Demütigung *f.* **vexatoire** *a* schikanös. **vexer I.** *tr* beleidigen; *fam* ärgern, reizen (*qn* jdn); **II.** *v prn se ~* beleidigt sein.
via [vja] *prp* über *acc (e-n Ort fahren).*
viabilisé, e *a (Gelände)* erschlossen. **viabilité** *f* **1.** Befahrbarkeit *f;* **2.** Lebensfähigkeit *f a. fig;* **3.** *(Gelände)* Erschließung *f.* **viable** *a* **1.** *(Kind)* lebensfähig *a. fig;* **2.** *fig (Plan)* aus-, durchführbar; **3.** *(Weg fig)* gangbar.
viaduc [vjadyk] *m* Viadukt *m.*
viager, ère [vjaʒe, -ɛʀ] **I.** *a* auf Lebenszeit; **II.** *s m* Leibrente *f.*
viande [vjɑ̃d] *f* **1.** Fleisch *n (als Nahrung);* ▶ *~ congelée* Gefrierfleisch *n; ~ de conserve* Büchsenfleisch *n; ~ fraîche* Frischfleisch *n;* **2.** *pop amène ta ~* komm her; *sac m à ~* Schlafsack *m.* **viander** *itr (Rotwild)* äsen.
viatique [vjatik] *m rel* letzte Wegzehrung *f.*
vibrant, e [vibʀɑ̃, -ɑ̃t] *a* **1.** schwingend, vibrierend; **2.** *(Stimme)* klang-, kraftvoll; **3.** *fig* schwungvoll, begeisternd, mitreißend. **vibraphone** *m mus* Vibraphon *n.* **vibrateur** *m tech* (Beton-)Rüttler *m; el* Vibrator *m.* **vibration** *f* **1.** Erzittern, Beben, Vibrieren *n;* **2.** Schwingung; Erschütterung *f;* **3.** *(Luft)* Flimmern *n.* **vibratoire** *a* vibrierend, schwingend; Schwingungs-. **vibrer** *itr* **1.** schwingen, vibrieren; zittern, beben; **2.** *(Luft)* flimmern; **3.** *fig* mit=schwingen; hingerissen sein; ▶ *faire ~ une corde*

(fig) e-e Saite an=schlagen.
vibrisses [vibʀis] *f pl* Härchen *n pl* in der Nase; *zoo* Schnurrhaare *n pl.*
vicaire [vikɛʀ] *m* Vikar *m.*
vice [vis] **I.** *s m* **1.** Mangel, Defekt, Fehler *m,* schwache Stelle *f;* **2.** Untugend *f,* Laster *n;* **3.** ▶ ~ *de construction, d'exécution, de fabrication* Konstruktions-, Ausführungs-, Fabrikationsfehler *m;* ~ *de forme (jur)* Formfehler *m;* **II.** *in Zssgen:* Vize-, Unter-; stellvertretend. **vice-consul** [viskõsyl] *m* Vizekonsul *m.* **vice-président** *m* Vizepräsident *m.* **vicié, e** [-sje] *a* **1.** verdorben; *(Luft)* verbraucht; **2.** *jur* ungültig. **vicier** *tr* **1.** *(Luft)* verschmutzen; *(Geschmack)* verderben; **2.** *jur* ungültig machen. **vicieux, se** *a* **1.** fehler-, mangelhaft *a. jur;* **2.** liederlich, schlecht, lasterhaft; **3.** *(Tier)* bösartig; tückisch; ▶ *cercle m* ~ *(fig)* Teufelskreis *m.*
vicinal, e [visinal] *a:* ▶ *chemin m* ~ Gemeindeweg *m.*
vicissitude [visisityd] *f pl* Wechselfälle *m pl (des Lebens),* Auf und Ab *n.*
vicomte, esse [vikõt] *m f* Vicomte(sse *f*) *m.*
victime [viktim] *f* **1.** *rel* Opfer(tier) *n;* **2.** *allg* Opfer *n (Person),* Geschädigte(r), Betroffene(r) *m;* ▶ *faire des ~s* Menschenleben, Opfer fordern; ~ *d'accident de la circulation* Verkehrsopfer *n.*
victoire [viktwaʀ] *f* Sieg *m;* ▶ *remporter la* ~ den Sieg davon=tragen; ~ *aux points (sport)* Punktsieg *m.*
victorieux, se *a* siegreich.
victuailles [viktɥɑ(a)j] *f pl* Lebensmittel *n pl.*
vidage [vidaʒ] *m* **1.** Entleerung *f;* **2.** *fam* Rausschmiß *m.*
vidange [vidɑ̃ʒ] *f* **1.** Entleerung *f;* **2.** *mot* Ölwechsel *m;* **3.** Fäkalienabfuhr *f;* **4.** *pl* Fäkalien *pl;* **5.** Abfluß(rohr *n*) *m;* ▶ *faire la* ~ *(mot)* Öl wechseln. **vidanger** ⟨*Prés. je vidange, ns vidangeons; pp. vidangé, e*⟩ *tr* **1.** *(Abort)* (ent)leeren; **2.** *mot (Öl)* wechseln.
vide [vid] **I.** *a* **1.** leer; unbewohnt, unbesetzt; **2.** *fig* hohl; unausgefüllt, frei; inhaltlos; nichtig, bedeutungslos; *(Blick)* wesenlos; ▶ ~ *de...* frei, entblößt von..., ohne; **II.** *s m* **1.** Vakuum *n,* (luft)leere(r) Raum, Hohl-, Zwischenraum *m;* lichte Öffnung *f;* **2.** *geol* Senkung *f;* **3.** *fig* Lücke; Leere; Nichtigkeit *f;* **4.** ▶ *à* ~ *(adv)* leer; **5.** ▶ *faire le* ~ evakuieren (*dans qc* etw), *autour de qn* jdn isolieren; **6.** ▶ *marche f à* ~ Leerlauf *m.*
vidéo [video] *a inv* Video-. **vidéo-cassette** *f* Videokassette *f.* **vidéoclip** *m* Videoclip *m.* **vidéoclub** *m* Videokassettengeschäft *n.* **vidéocompte** *m* Telekonto *n.* **vidéoconférence** *f* Videokonferenz *f.* **vidéodisque** *m* Bildplatte *f;* ▶ ~ *laser* Bildplatte *f* nach dem Laser-Vision-System. **vidéomagazine** *m* Videomagazin *n,* Videozeitschrift *f.* **vidéophone** *m* Video-, Bildtelefon *n.*
vide-ordures [vidɔʀdyʀ] *m inv* Müllschlucker *m.*
vidéotéléphone [videɔtelefɔn] *m s. vidéophone.* **vidéotex** *m* Bildschirmtext *m.* **vidéothèque** *f* Videothek *f.* **vidéotransmission** *f* Videoübertragung *f.*
vide-poches [vidpɔʃ] *m inv (Zelt)* Innentasche *f; mot* Handschuhfach *n;* Ablage *f.* **vider I.** *tr* **1.** (aus=, ent)leeren, leer machen; *(Glas)* leeren; *(Teich)* ab=lassen; **2.** *(Ort)* räumen; *(Geflügel, Fisch)* aus=nehmen; *(Frucht)* entkernen; *allg* aus=höhlen; **3.** *tech* aus=bohren, aus=schneiden; **4.** *fig fam* ermüden, aus=pumpen; **5.** *(Streit)* beenden, bei=legen; *(Sache)* regeln; *(Rechnung)* begleichen; **6.** *pop* raus=schmeißen, an die Luft setzen; **7.** *v prn* ▶ *se* ~ *de tout sens* jeden Sinn verlieren. **videur** *m* Rausschmeißer *m.*
vidimer [vidime] *tr* beglaubigen.
vie [vi] *f* **1.** Leben; Dasein *n;* **2.** Lebensdauer *f,* -lauf *m,* -geschichte, -weise, -führung, -haltung *f;* **3.** Lebensunterhalt *m;* **4.** Lebendigkeit, Lebhaftigkeit *f;* **5.** ▶ *à* ~ auf Lebenszeit; lebenslänglich; *au péril de ma, ta etc* ~ unter Lebensgefahr; *en* ~ am Leben; *jamais de la* ~ niemals; *pour la* ~ für immer; *sans* ~ leblos, unbelebt; kraftlos; *la* ~ *durant* sein Leben lang, lebenslang; **6.** ▶ *donner la* ~ das Leben schenken (*à* dat), ins Leben rufen (*à* acc); *gagner sa* ~ s-n Lebensunterhalt verdienen; *rendre la* ~ *dure à qn* jdm das Leben schwer machen; **7.** ▶ *assurance f sur la* ~ Lebensversicherung *f; coût m de la* ~ Lebenshaltungskosten *pl; niveau m de* ~ Lebensstandard *m; qualité f de la* ~ Lebensqualität *f;* **8.** ▶ ~ *active* Erwerbsleben *n;* ~ *en commun* Gemeinschaftsleben *n;* ~ *conjugale* Eheleben *n;* ~ *économique* Wirtschaftsleben *n;* ~ *d'étudiant, de garçon* Studenten-, Junggesellenleben *n;* ~ *familiale* Familienleben *n;* ~ *financière, sportive* Börsen-, Sportteil *m (e-r Zeitung);* ~ *professionnelle* Berufsleben *n.*
vieillard [vjɛjaʀ] *m* Greis, alte(r) Mann *m;* ▶ *maison f de ~s* Altersheim *n.*
vieille I. *s f* alte Frau, Greisin *f;* **II.** *a s. vieux.* **vieillerie** *f* **1.** alte(r) Kram, Plunder *m;* **2.** *fig* abgedroschene Sachen *f pl.* **vieillesse** *f* **1.** (Greisen-)Alter *n;* (hohes) Alter *n;* **2.** alte Leute *pl;* ▶ *mourir de* ~ an Altersschwäche sterben. **vieillir I.** *itr* **1.** altern, alt werden; **2.** veralten; außer Gebrauch kommen; **II.** *tr* alt machen, ein älteres Aussehen geben *od* verleihen *(qc* e-r S *dat);*

► *laisser* ~ ab≈lagern. **vieillissant, e** *a* alternd. **vieillissement** *m* **1.** Altern *n;* **2.** *(Bevölkerung)* Überalterung *f.*
vieillot, te [-jo, -ɔt] *a* **1.** ältlich; **2.** altmodisch.
vielle [vjɛl] *f mus* (Dreh-)Leier *f.*
Vienne [vjɛn] *f* Wien *n.*
vierge [vjɛʀʒ] **I.** *s f* Jungfrau *f a. astr;* ► *la V~* die Jungfrau Maria; *V~* Marienbild *n,* Madonna *f;* **II.** *a* **1.** jungfräulich, unberührt, unschuldig, rein; *(rel)* unbefleckt; **2.** ungebraucht, unbenutzt; **3.** *(Papier)* unbeschrieben; **4.** *(Film)* unbelichtet; ► *forêt f ~* Urwald *m.*
Viêtnam, le [vjɛtnam] Vietnam *n.*
vieux, vieil, vieille [vjø, vjɛj] **I.** *a* **1.** alt; **2.** veraltet; **3.** langjährig; altmodisch; **II.** *s m f* Alte(r *m*) *f; pl pop* (die) Alten, Eltern *pl;* ► *mon ~!* mein Lieber! *avoir l'air ~* alt aus≈sehen; *ne pas faire de ~ os (fam)* nicht alt werden *a. fig.*
vif, vive [vif, viv] **I.** *a* **1.** lebendig, lebend, am Leben; **2.** lebhaft *a. fig,* beweglich, rege, aufgeweckt; schwungvoll; *(Bewegung)* schnell; **3.** hitzig, heftig; stark, streng, scharf *(a. Kälte);* **4.** *(Ausdruck)* drastisch; **5.** *(Licht)* hell, grell; **6.** *(Firnis)* hell; **7.** *(Grat)* scharf; **8.** *(Fels)* nackt; **9.** *(Kalk)* gebrannt; **10.** *(Holz)* frisch, im Saft stehend; **11.** *(Wald, Gegend)* wildreich; **12.** *el* unter Spannung; **II.** *s m* **1.** *jur* Lebende(r) *m;* **2.** ► *de vive force* mit nackter Gewalt; im Handstreich; *de vive voix* mündlich; **3.** ► *couper, trancher dans le ~* energisch vor≈gehen; *entrer dans le ~ du sujet* zum Wesentlichen, zum Kern der Sache kommen; *piquer au ~* schwer beleidigen; *toucher au ~* ins Mark treffen; *prendre sur le ~* nach der Natur zeichnen *od* auf≈nehmen; aus dem Leben greifen; **4.** ► *eau f vive* Quellwasser *n; haie f vive* lebende Hecke *f; kilo m ~* Kilo *n* Lebendgewicht *n; plaie f vive* offene Wunde *f; ~-argent m inv: c'est du ~* er ist ein Quecksilber.
vigie [viʒi] *f mar* Ausguck *m.* **vigilance** *f* Wachsamkeit *f.* **vigilant, e** *a* wachsam, umsichtig, aufmerksam. **vigile** *f* **1.** *rel* Vigilie *f;* **2.** Nachtwächter *m.*
vigne [viɲ] *f* **1.** *(cep m de ~)* Rebe *f,* Weinstock *m;* **2.** Weinberg *m;* ► *être dans les ~s du Seigneur (fig)* in weinseliger Laune sein. **vigneron, ne** *m f* Winzer(in *f*) *m.*
vignette [viɲɛt] *f* **1.** Vignette *f;* Einbandzeichnung *f;* **2.** *(Soz.Versicherung)* Kontrollabschnitt *m;* Banderole; Kfz-Steuermarke; Gebührenmarke *f; (auf Arzneimittelverpackung)* Preisetikett *n;* **3.** *com* Gütesiegel *n.*
vignoble [viɲɔbl] *m* Weinberg, -garten *m,* -gegend *f.*
vigoureux, se [viguʀø] *a* **1.** kräftig, kraftvoll, stark; **2.** fest, nachdrücklich, energisch. **vigueur** [-gœʀ] *f* **1.** (Körper-, Lebens-, Ausdrucks-)Kraft; Stärke *f;* **2.** Nachdruck *m,* Energie, Festigkeit; Geisteskraft *f;* **3.** ► *(jur) en ~* geltend; in Kraft; *(Versicherung)* bestehend; **4.** ► *plein de ~* kraftvoll, -strotzend; *sans ~* kraftlos; *(Kunst)* matt; **5.** ► *entrer, être, mettre en ~* in Kraft treten, sein, setzen; *entrée f en ~* Inkrafttreten *n; mise f en ~* Inkraftsetzung *f.*
vil, e [vil] *a* **1.** gemein, niederträchtig; **2.** ► *à ~ prix* spottbillig, zu e-m Spottpreis. **vilain, e I.** *a* **1.** gemein, schlecht, böse, übel, niederträchtig, schändlich; **2.** widerlich, häßlich, gräßlich; **3.** *(Wetter)* garstig, *fam* scheußlich; **II.** *s m f* ungezogene(r) Junge *m;* unartige(s) Mädchen *n;* ► *il fait ~* es ist scheußliches Wetter; *cela tourne au ~* das wird ungemütlich.
vilebrequin [vilbʀəkɛ̃] *m* **1.** *tech* Bohrwinde; **2.** *mot* Kurbelwelle *f.*
vilipender [vilipɑ̃de] *tr* verächtlich behandeln; gering≈schätzen; schlecht sprechen (*qn* von jdm, über jdn).
villa [vil(l)a] *f* Landhaus *n,* Villa *f.*
village [vilaʒ] *m* Dorf *n;* ► *~ de toile* Zeltstadt *f; ~ de vacances* Feriendorf *n.* **villageois, e I.** *s m f* Dorfbewohner(in *f*) *m;* **II.** *a* ländlich.
ville [vil] *f* Stadt *f;* **1.** ► *à la ~* in der Stadt *(Gegensatz: auf d. Lande); en ~* in der Stadt, außer Haus; *(postalisch)* hier; **2.** ► *toute la ~ en parle* das ist Stadtgespräch; **3.** ► *aménagement m des ~s* Stadtplanung *f; chaussure, tenue, robe f de ~* Straßenschuh, -anzug *m,* -kleid *n; grande ~* Großstadt *f; hôtel m de ~* Rathaus *n; petite ~* Kleinstadt *f; vieille ~* Altstadt *f;* **4.** ► *~ de congrès* Kongreßstadt *f; ~ jumelée* Partnerstadt *f; ~ littorale, portuaire, satellite* Küsten-, Hafen-, Trabantenstadt *f; ~-musée f* sehenswürdige Stadt *f.*
villégiature [villeʒjatyʀ] *f* Sommerfrische *f.* **villégiaturer** *itr* in der Sommerfrische sein.
vin [vɛ̃] *m* Wein *m;* ► *entre deux ~s* nicht ganz nüchtern; *cuver son ~* s-n Rausch aus≈schlafen; *mettre de l'eau dans son ~ (fig)* gelindere Saiten auf≈ziehen; *~ blanc, chaud, du cru* od *du pays, mousseux, ordinaire, rouge* Weiß-, Glüh-, Land-, Schaum-, Tisch-, Rotwein *m; ~ rosé* Rosé, Schiller; Bleichert *m.*
vinaigre [vinɛgʀ] *m* Essig *m;* ► *faire ~ (fam)* schnell machen, rennen; *tourner au ~ (fig)* e-e schlechte Wendung nehmen; *cornichon m au ~* Essiggurke *f; ~ de vin* Weinessig *m.* **vinaigrer** *tr* mit Essig an≈machen. **vinaigrette** *f* Salatsauce *f.* **vinaigrier** *m* Essigfabrikant, -händler *m,* -flasche *f.*
vinasse [vinas] *f fam* **1.** schlechte(r)

Wein *m;* **2.** Schlempe *f.*

vindas [vɛ̃da(s)] *m* **1.** *mar* Gangspill *n;* **2.** Rundlauf *m (Turngerät).*

vindicatif, ive [vɛ̃dikatif, -iv] *a* rachsüchtig.

vinée [vine] *f* Weinlese, -ernte *f.* **viner** *tr* Alkohol zu=setzen (*le vin* dem Wein). **vineux, se** *a (Wein)* alkoholreich; weinfleckig; nach Wein riechend; ► *rouge* ~ weinrot.

vingt [vɛ̃] **I.** *a* zwanzig; **II.** *s m* Zwanzig(er *m*) *f;* der Zwanzigste; ► *~-quatre heures sur vingt-quatre* rund um die Uhr. **vingtaine** *f:* ► *une* ~ *de* ... etwa zwanzig ... **vingtième I.** *a* zwanzigste(r, s); **II.** *s m* Zwanzigstel *n.* **vingtièmement** *adv* zwanzigstens.

vinicole [vinikɔl] *a* Weinbau-; ► *région f* ~ Weinbaugebiet *n.* **viniculture** *f* Weinbau *m;* Weinerzeugung *f.* **vinification** *f* Weinbereitung *f.*

viol [vjɔl] *m* Vergewaltigung, *jur* Notzucht *f.*

violacé, e [vjɔlase] *a* ins Violette spielend.

violateur, trice [vjɔlatœʀ, -tʀis] *m f jur (~ des lois)* Rechtsbrecher *m; rel* Kirchenschänder *m.* **violation** *f* Übertretung, Verletzung *(e-s Gesetzes);* Schändung *f;* ► ~ *de domicile* Hausfriedensbruch *m;* ~ *de frontière* Grenzverletzung *f;* ~ *du secret des lettres, du secret professionnel* Verletzung *f* des Brief-, des Berufsgeheimnisses; ~ *de sépulture* Grabschändung *f.*

viole [vjɔl] *f mus* Viola *f.*

violemment [vjɔlamɑ̃] *adv* heftig. **violence** *f* **1.** Heftigkeit *f; (Sturm)* Wüten, Toben *n;* **2.** Brutalität, Gewaltsamkeit; Gewalt(tätigkeit) *f;* ► *faire ~ à qn* jdm Gewalt an=tun; *se faire ~* sich zs.=nehmen, -reißen, sich zwingen; *user de ~, employer la ~, faire ~ (à)* Gewalt gebrauchen (gegen). **violent, e** *a* **1.** heftig, stürmisch, stark, gewaltig; **2.** brutal, gewalttätig; **3.** *sport* anstrengend; **4.** ► *(fam) c'est un peu ~* das geht zu weit. **violenter** *tr* zwingen; Gewalt an=tun (*qn, qc* jdm, e-r S). **violer** *tr* schänden; vergewaltigen, notzüchtigen.

violet, ette [vjɔlɛ, -ɛt] **I.** *a* violett, veilchenblau; **II.** *s m* Violett *n;* **III.** *s f bot* Veilchen *n.*

violeur [vjɔlœʀ] *m* Vergewaltiger *m.*

violier [vjɔlje] *m bot* Levkoje *f.*

violon [vjɔlɔ̃] *m* **1.** *mus* Geige, Violine *f;* **2.** Geiger *m;* **3.** *fam* Arrestlokal, Polizeigewahrsam *n.* **violoncelle** *m mus* Cello *n.* **violoncelliste** *m* Cellist *m.* **violoniste** *m f* Geiger(in *f*) *m.*

viorne [vjɔʀn] *f bot* Schneeball *m.*

vipère [vipɛʀ] *f* **1.** *zoo* Viper, Otter *f;* **2.** *fig* Giftnudel *f.*

virage [viʀaʒ] *m* **1.** Wendung *f, mar* Wenden *n;* Drehung *f,* Drehen *n;* **2.** *mot* Kurve *a. aero,* Kehre, Straßenbiegung, -krümmung *f;* **3.** *phot* Tonung *f;* **4.** (Farb-)Umschlagen *n;* **5.** ► *s'engager dans le ~* in die Kurve gehen; *opérer un ~ à gauche* e-e Schwenkung nach links vornehmen; *prendre un ~ à la corde* e-e Kurve schneiden; **6.** ► *~ à 180 degrés* Schwenkung *f* um 180°; *~ à droite, à gauche* Rechts-, Linkskurve *f;* *~ en épingle à cheveux* Haarnadelkurve *f;* *~ relevé* überhöhte Kurve *f.*

virago [viʀago] *f* Mannweib *n.*

virée [viʀe] *f fam* Spritztour *f.*

virement [viʀmɑ̃] *m* **1.** *mar (~ de bord)* Wenden *n;* **2.** *com* Überweisung *f,* Giro *n;* **3.** ► *effectuer, opérer un ~* girieren, überweisen; *payer, régler par ~* durch Überweisung, bargeldlos zahlen; **4.** ► *avis m de ~* Gutschriftanzeige *f;* *carnet m de ~s* Überweisungsheft *n;* *chèques et ~s postaux* Postscheck- u. Giroverkehr *m;* *compte m de ~* Girokonto *n;* *ordre m de ~* Überweisungsauftrag *m;* *~ bancaire, postal* Bank-, Postüberweisung *f.* **virer I.** *itr* **1.** sich wenden, sich drehen; **2.** *mot* die Kurve nehmen, kurven; die Richtung ändern; **3.** *fig* s-e Meinung ändern; **4.** *(Farbe)* spielen *(à* in *acc);* **II.** *tr* **1.** *mar* wenden; **2.** *com* überweisen *(au compte de* auf das Konto, zugunsten *gen);* **3.** *phot* tönen; **4.** *fam* hinauswerfen (*qn* jdn); ► *se faire ~* hinausgeworfen werden; **5.** ► *~ de bord (mar)* wenden; *fig* umschwenken; ins andere Lager über=gehen; *~ à droite, à gauche* rechts, links abbiegen.

virevolte [viʀvɔlt] *f meist pl* **1.** Wendungen *f pl;* Drehungen *f pl; (Tänzerin)* Umherwirbeln *n;* **2.** *fig* plötzliche Meinungsänderung *f.* **virevolter** *itr* sich drehen; umherwirbeln.

virginal, e [viʀʒinal] *a* jungfräulich.

virginie [viʀʒini] *m* Virginia *m (Tabak).*

virginité [viʀʒinite] *f* Jungfräulichkeit, Reinheit, Unberührtheit *f a. fig.*

virgule [viʀgyl] *f* Komma *n.*

viril, e [viʀil] *a* **1.** männlich; **2.** *fig* mannhaft; Mannes-. **viriliser** *tr* vermännlichen. **virilité** *f* **1.** Männlichkeit; Mannbarkeit, Manneskraft *f;* Mannesalter *n;* **2.** *fig* Mannhaftigkeit *f.*

virole [viʀɔl] *f* **1.** *tech* Zwinge *f;* **2.** Prägering *m.*

virologie [viʀɔlɔʒi] *f med* Virologie *f.* **virologiste** *m f* Virologe *m,* -gin *f.*

virtualité [viʀtɥalite] *f* Virtualität *f.* **virtuel, le** *a* **1.** virtuell *a. phys opt;* **2.** theoretisch möglich.

virtuose [viʀtyɔz] *m f* Virtuose *m,* Virtuosin *f.* **virtuosité** *f* Virtuosität, Meisterschaft; vollendete Technik *f.*

virulence [viʀylɑ̃s] *f* **1.** *med* Virulenz; *(Substanz)* Giftigkeit *f;* **2.** *(Reaktion)* Heftigkeit, Schärfe *f.* **virulent, e** *a* **1.**

med virulent; **2.** *(Rede)* heftig, scharf; **3.** *(Bemerkung)* bissig.
virus [viʀys] *m* **1.** *biol* Virus *n* od *m;* **2.** ▶ *attraper le ~ du cinéma (fig)* ein Kinonarr werden.
vis [vis] *f* Schraube *f;* ▶ *(fig) serrer la ~ à qn* jdn kurz=halten; *~ sans fin* Schnecke *f.*
visa [viza] *m* Visum *n,* Sichtvermerk *m;* ▶ *~ de transit* Durchreisevisum *n.*
visage [vizaʒ] *m* **1.** Gesicht *n;* Gesichtszüge *m pl;* **2.** Gesichtsausdruck *m,* Miene *f;* **3.** Gesicht *n,* Person *f;* **4.** *fig* Gesicht *n,* Seite *f;* ▶ *agir à ~ découvert* ohne Hintergedanken handeln; *changer de ~* die Farbe wechseln; *faire bon ~* katzenfreundlich sein (*à qn* zu jdm); *(fam) trouver ~ de bois* vor verschlossener Türe stehen; *~ sans expression* Pokergesicht *n;* *~ pâle* Bleichgesicht *n.* **visagiste** *m f* (Gesichts-)Kosmetiker(in *f*) *m.*
vis-à-vis [vizavi] **I.** *prp (örtlich)* gegenüber *(de dat);* ▶ *ils habitaient vis à vis* sie wohnten einander gegenüber; *(fig) il a agi très mal ~ de sa famille* er hat sich gegenüber s-r Familie sehr schlecht benommen; **II.** *adv* einander gegenüber; ▶ *se trouver ~* einander gegenüber=stehen; **III.** *s m (Person, Sache)* Gegenüber *n;* ▶ *être en ~* einander gegenüber=liegen, =stehen; *la maison n'a pas de ~* das Haus hat kein Gegenüber.
viscéral, e [viseʀal] *a* **1.** *anat* Eingeweide-; **2.** *fig* irrational; tief verwurzelt; *(Haß)* abgründig. **viscères** *m pl anat* Eingeweide *n pl.*
viscose [viskoz] *f chem* Viskose *f.* **viscosimètre** *m tech* Viskosimeter *n.* **viscosité** *f* **1.** *phys* Viskosität, Zähflüssigkeit *f;* **2.** Glitschigkeit *f.*
visé [vize] *m* Zielen *n;* ▶ *tirer au ~* gezielt schießen.
visée [vize] *f* **1.** *(Geometer)* Visieren *n;* **2.** *pl fig* Absichten *f pl;* ▶ *avoir des ~s ambitieuses* hochfliegende Pläne haben; *avoir des ~s sur qc* Absichten auf etw haben; etw im Auge haben. **viser I.** *itr* **1.** hin=, ab=zielen *(à* auf *acc),* trachten *(à* nach *acc);* erstreben (*à qc* etw); **2.** ▶ *~ à améliorer qc* etw bessern wollen; **II.** *tr* **1.** zielen (*à* auf); anvisieren (*qc* etw); **2.** *(Bemerkung)* gemünzt sein (*qn* auf jdn); ab=zielen (*qn* auf jdn); sich beziehen (*qn* auf jdn); bestimmt sein (*qn* für jdn); **3.** *pop* angucken, anschauen; **4.** *(Paß)* mit e-m Visum versehen; **5.** ▶ *~ trop haut* zu hoch hinaus=wollen; *~ qn à la tête* auf jds Kopf zielen. **viseur** *m* **1.** Visier *n;* **2.** *phot* Sucher *m.*
visibilité [vizibilite] *f* **1.** Sicht; Sichtweite *f;* **2.** Sichtbarkeit *f;* ▶ *~ réduite à 100 m* Sichtweite 100 m; *donner une bonne ~* gute Sicht gewähren; *pilotage m sans ~* Blindflug *m.* **visible** *a* **1.** sichtbar, wahrnehmbar, erkennbar (*à l'œil nu* mit bloßem Auge); **2.** sichtlich, offensichtlich, merklich; **3.** ▶ *elle n'est pas ~* sie ist nicht zu sprechen; *il est ~ que* es ist offensichtlich, liegt auf der Hand, daß. **visiblement** *adv* sichtlich, merklich.
visière [vizjɛʀ] *f* (Helm-)Visier *n;* (Mützen-)Schirm *m;* ▶ *lever la ~ (fig)* Farbe bekennen; *rompre en ~ à qn (fig)* jdm etw ins Gesicht sagen.
vision [vizjõ] *f* **1.** Sehen, Sehvermögen *n;* **2.** Vision *f,* Gesicht *n,* Erscheinung *f;* **3.** Vorstellung *f,* Bild *n;* ▶ *double ~* zweite(s) Gesicht *n;* *troubles m pl de la ~* Sehstörungen *f pl.* **visionnaire I.** *a* seherisch; schwärmerisch, phantastisch; **II.** *s m f* Seher(in *f*); Träumer(in *f*); Phantast(in *f*), Schwärmer(in *f*) *m.* **visionner** *film* mit dem Bildwerfer betrachten; *allg* in Augenschein nehmen. **visionneuse** *f film* Bildwerfer, -betrachter, Diabetrachter *m (Gerät).*
visiophone *m s. vidéophone.*
visitation [vizitasjõ] *f:* ▶ *la ~ (rel)* die Heimsuchung *f* Mariä. **visite** *f* **1.** Besuch *m;* Besichtigung *f;* **2.** Revision, Überprüfung; *mar* Durchsuchung *f;* **3.** Besucher *m;* **4.** *(~ médicale)* Untersuchung; Visite *f;* **5.** ▶ *être en ~ chez qn* bei jdm zu, auf Besuch sein; *faire, rendre ~ à qn* jdn besuchen, jdm e-n Besuch ab=statten; *carte f de ~* Visitenkarte *f;* *heures f pl de ~* Besuchszeit *f;* *~ des bagages* Gepäckkontrolle *f;* *~-conférence* Führung *f;* *~ domiciliaire* Haussuchung *f;* *~ de la douane, douanière* Zollabfertigung *f;* *~ guidée* Führung *f;* *~ des lieux (jur)* Lokaltermin *m;* *~ de reprise* Nachuntersuchung *f.* **visiter** *tr* **1.** *(Person)* besuchen; **2.** *(Sache)* besichtigen, in Augenschein nehmen; **3.** *(Arzt)* Kranken-, Hausbesuch machen (*qn* bei jdm); **4.** durch-, untersuchen; visitieren; **5.** *rel* heim=suchen. **visiteur, se** *m f* **1.** Besucher(in *f*) *m;* **2.** Kontrolleur, Inspekteur *m;* ▶ *infirmière-~euse f* Gesundheitsfürsorgerin *f;* *~ forain* Messebesucher *m.*
vison [vizõ] *m zoo* Nerz; Nerzmantel *m.*
visqueux, se [viskø, -øz] *a* **1.** viskos, zäh (-flüssig); **2.** *(Haut)* glitschig; **3.** *fig (Person)* aalglatt.
vissage [visaʒ] *m* Verschraubung *f.* **visser** *tr* **1.** (an=, auf=, fest=, zu=)schrauben *(à, sur* an, auf *acc);* **2.** *pop* tüchtig ran=kriegen; **3.** ▶ *être vissé (fig) sur sa chaise* sitzen bleiben, *dans son emploi* schon ewig da sein. **visserie** *f* Schrauben(fabrik *f*) *f pl.*
Vistule, la [vistyl] *geog* die Weichsel *f.*
visualiser [vizyalize] *tr* **1.** *tech* sichtbar machen; **2.** *film* in Bilder umsetzen; **3.** auf einem Bildschirm sichtbar werden

lassen, dar=stellen.

visuel, le [vizɥɛl] *a* visuell; *m inform* Bildschirmgerät *n;* ▶ *angle m* ~ Blick-, Gesichtswinkel *m; champ m* ~ Blick-, Gesichtsfeld *n.*

vitale, e [vital] *a* vital; lebenswichtig; ▶ *espace m* ~ Lebensraum *m; minimum m* ~ Existenzminimum *n.* **vitalité** *f* Lebenskraft, Vitalität *f.*

vitamine [vitamin] *f* Vitamin *n.* **vitaminé, e** *a* mit Vitaminen angereichert, vitaminiert.

vite [vit] **I.** *a sport* schnell; **II.** *adv* schnell, rasch, geschwind; ▶ *au plus* ~ möglichst schnell; schnellstens; *aussi* ~ *que possible* so schnell wie möglich, auf dem schnellsten Wege; *avoir* ~ *fait de qc* etw rasch erledigt haben; *faites* ~*!* beschleunigen Sie sich!

vitesse [vitɛs] *f* **1.** Schnelligkeit; Geschwindigkeit; Raschheit, Flinkheit *f;* **2.** Zügigkeit *f;* **3.** *sport* Kurzstreckenlauf *m;* Laufbegabung *f;* **4.** *mot* Gang *m; tech* Dreh-, Tourenzahl *f;* **5.** ▶ *à deux* ~*s* unterschiedlich schnell; *(société)* Zwei-Drittel-; *à toute* ~ in aller Eile; mit Volldampf; *à la* ~ *de la lumière* mit Lichtgeschwindigkeit; *en* ~ *(fam)* schnellstens; *en grande, petite* ~ als Eil-, Frachtgut; **6.** ▶ *changer de* ~ *(mot)* um=schalten; *descendre la* ~ *(mot)* zurückschalten; *être en perte de* ~ *(fig)* an Bedeutung *od* Einfluß verlieren; *gagner qn de* ~ jdm zuvor=kommen; *mettre la première* ~, *passer en deuxième* ~ *(mot)* den ersten, zweiten Gang ein=schalten; *réduire la* ~ die Geschwindigkeit herab=setzen, ab=bremsen; **7.** ▶ ~ *initiale, maxima, minima, moyenne, de pointe, du son, du vent, du vol* Anfangs-, Höchst-, Mindest-, Durchschnitts-, Spitzen-, Schall-, Wind-, Fluggeschwindigkeit *f.*

viticole [vitikɔl] *a* Weinbau-; ▶ *région f* ~*e* Weinbaugebiet *n.* **viticulteur** *m* Winzer; *österr* Weinhauer *m.* **viticulture** *f* Weinbau *m.*

vitrage [vitʀaʒ] *m* **1.** Verglasung *f;* **2.** Glaswand, -tür *f;* Fenster *n pl;* **3.** Glaserarbeiten *f pl;* **4.** *(rideau de* ~*)* Scheibengardine *f.* **vitrail** [-aj] *m* Kirchenfenster *n.* **vitre** *f* **1.** Fensterscheibe *f;* **2.** *loc* Fenster; *mot* Seitenfenster *n;* **3.** ▶ *casser les* ~*s (fig)* Krach schlagen; **4.** ▶ *verre m à* ~*s* Fensterglas *n;* ~ *antibuée* Klarsichtscheibe *f;* ~ *arrière, avant* Heck-, Frontscheibe *f.* **vitré, e** *a* verglast; Glas-; ▶ *porte f* ~*ée* Glastür *f.* **vitrer** *tr* verglasen. **vitrerie** *f* Glaserei *f;* Glaserhandwerk *n,* Glashandel *m,* -waren *f pl.* **vitreux, se** *a* glasartig; *(Blick)* glasig. **vitrier** [-tʀije] *m* Glaser *m.* **vitrifier** *tr* **1.** zu Glas verarbeiten; **2.** *(Parkett)* versiegeln. **vitrine** *f* **1.** Vitrine *f,* Glasschrank *m;* **2.** Schaufenster *n,* -kasten *m;* ▶ *montrer qc en* ~ etw im Schaufenster ausstellen.

vitriol [vitʀijɔl] *m chem* Vitriol *n.* **vitrioler** *tr* Vitriol ins Gesicht spritzen (*qn* jdm).

vitupération [vitypeʀasjõ] *f meist pl* heftige Vorwürfe *m pl.* **vitupérer** ‹*Prés. je vitupère, ns vitupérons; Fut. je vitupérerai; pp. vitupéré*› wettern, schimpfen, protestieren (*contre* gegen *acc*).

vivable [vivabl] *a* ▶ *fam ce n'est pas* ~ hier kann man nicht leben.

vivace [vivas] *a* **1.** *(Kind)* lebenskräftig; **2.** *fig* langlebig; beharrlich; *(Vorurteil)* eingewurzelt; **3.** *bot* ausdauernd. **vivacité** *f* **1.** Lebhaftigkeit *f;* **2.** *fig* Heftigkeit, Hitze *f;* **3.** *(Gefühl)* Stärke, Kraft *f;* **4.** Aufgewecktheit, Regsamkeit *f.*

vivant, e [vivɑ̃, -t] **I.** *a* **1.** lebendig, lebend, am Leben; lebenswahr, -voll; **2.** *fig* lebhaft; **3.** *(Straße)* belebt, verkehrsreich; **II.** *s m* **1.** Überlebende(r) *m;* ▶ *les* ~*s* die Lebenden; **2.** ▶ *de son* ~ zu s-n Lebzeiten; **3.** ▶ *bon* ~ Genießer *m.*

vivat [viva] Vivat *n.*

vivement [vivmɑ̃] *adv* **1.** rasch, schnell; **2.** lebhaft, kräftig; **3.** heftig, eifrig, nachdrücklich, scharf; ▶ ~ *que cela finisse!* wenn das nur schon zu Ende wäre!

viveur [vivœʀ] *m* Lebemann *m.*

vivier [vivje] *m* Fischteich, -behälter *m.*

vivifiant, e [vivifjɑ̃, -t] *a* belebend; kräftigend, stärkend. **vivifier** *tr* **1.** beleben, mit Leben erfüllen, beseelen; **2.** kräftigen, stärken.

vivipare [vivipaʀ] *a zoo* lebendige Junge zur Welt bringend.

vivisection [vivisɛksjõ] *f med* Vivisektion *f.*

vivoter [vivɔte] *itr fam* kümmerlich leben, vegetieren.

vivre [vivʀ] ‹*Prés. je vis, ns vivons; Fut. je vivrai; pp. vécu, e; Subj. que je vive, que ns vivions; Impér. vis, vivons*› **I.** *itr* **1.** leben *a. fig,* (am Leben) sein, existieren, bestehen; **2.** fort=leben, -bestehen, dauern; **3.** wohnen; **4.** sich ernähren, leben (*de* von); **5.** aus=kommen (*avec qn* mit jdm); **II.** *tr* (er)leben; durchmachen; *(Tage)* verleben; *(ein Ereignis)* ganz mitleben; **III.** *s m pl* **1.** Verpflegung *f,* Mundvorrat, Proviant *m;* ▶ *le* ~ *et le couvert* Unterkunft und Verpflegung; **2.** *avoir juste de quoi* ~ gerade noch durch=kommen; *faire* ~ *qn* für jds Lebensunterhalt aufkommen; *jdn* ernähren; ~ *comme un coq en pâte* leben wie Gott in Frankreich; ~ *d'amour et d'eau fraîche* von Luft und Liebe leben; ~ *au jour le jour* von der Hand in den Mund leben; *qui vive?* wer da? **3.** ▶ *dépôt m de* ~*s (mil)* Verpflegungslager *n;* ~*s de réserve (mil)* eiserne Ration *f;* ~*s de route (mil)* Marschverpflegung *f.*

vlan, v'lan [vlɑ̃] *interj* bums!
vocable [vɔkabl] *m* Wort *n,* Benennung *f;* ▶ *sous le ~ de saint Joseph (rel)* dem heiligen Josef geweiht.
vocabulaire [vɔkabylɛʀ] *m* **1.** Wortschatz *m;* **2.** Terminologie *f;* **3.** Wörterverzeichnis, Vokabular *n.*
vocal, e [vɔkal] *a* Stimm-; ▶ *cordes f pl ~es (anat)* Stimmbänder *n pl; musique f ~e* Vokalmusik *f.* **vocalique** *gram* vokalisch. **vocalisation** *f gram* **1.** Vokalisierung *f;* **2.** *mus* Stimmübung *f.* **vocalise** *f* Stimmübung *f;* ▶ *air m à ~s* Koloraturarie *f.* **vocaliser I.** *itr mus* Stimmübungen machen; **II.** *tr gram* vokalisieren.
vocatif [vɔkatif] *m gram* Vokativ *m.*
vocation [vɔkasjɔ̃] *f* **1.** Berufung, Bestimmung *f;* **2.** Neigung, Anlage *f;* **3.** Rolle, Bestimmung, Aufgabe *f;* ▶ *avoir ~ à qc* die Bedingungen für etw erfüllen; *manquer sa ~* s-n Beruf verfehlen
vociférations [vɔsifeʀasjɔ̃] *f pl* Geschrei, Gebrüll, Gezeter *n.* **vociférer** ‹*Prés. je vocifère, ns vociférons; Fut. je vociférerai; pp. vociféré, e*› **I.** *itr* schreien, brüllen, toben; **II.** *tr* heraus=brüllen.
vocodeur [vɔkɔdœʀ] *m* Vocoder *m.*
vœu [vø] *m pl -x* **1.** Gelübde *n;* **2.** (Glück-)Wunsch *m;* **3.** Versprechen *n;* **4.** Wunsch *m;* Begehren, Verlangen *n;* **5.** ▶ *faire ~* geloben; sich ernstlich vor=nehmen (*de* zu); *faire des ~x pour la prospérité de qn* jdm alles Gute wünschen; *formuler un ~* e-n Wunsch äußern; **6.** ▶ *carte f de ~x* Glückwunschkarte *f;* *~x de bonne année* Glückwünsche *m pl* zum Jahreswechsel.
vogue [vɔg] *f* Beliebtheit *f;* ▶ *être en ~* beliebt sein, Zulauf haben; Mode, im Schwange sein.
voici [vwasi] *adv* hier, da ist, sind; ▶ *et ~ comment* u. zwar, nämlich; *la lettre que ~* dieser Brief hier; *me ~* da bin ich; *les ~* da sind sie; *~ pourquoi ...* der Grund dafür, die Veranlassung dazu war (ist), daß ...; *~ venir le printemps* der Frühling steht vor der Tür.
voie [vwa] *f* **1.** Weg *m,* Straße, Strecke; Bahn *f;* **2.** *loc* Gleis *n;* **3.** Fahrbahn *f,* Bahnkörper *m;* Spurweite *f;* **4.** *(Jagd)* Spur, Fährte *f;* **5.** *min* Strecke *f,* Ort *m;* **6.** *anat* Weg *m,* Bahn *f,* Gang, Kanal *f;* **7.** *fig* Weg *m,* Vermittlung *f,* Mittel *n;* **8.** ▶ *à ~ étroite* schmalspurig; *à plusieurs ~s* mehrgleisig; *à ~ unique* eingleisig; *en ~ de* auf dem Wege, im Begriff zu; *en bonne ~* auf dem richtigen Wege; *en ~ de préparation* in Vorbereitung; *par la ~ de* durch, auf dem Wege *gen; par ~ d'affiche* durch Anschlag; *par ~ ferrée* mit der Bahn; *par la ~ hiérarchique* auf dem Dienstwege; **9.** ▶ *être en ~ d'amélioration* Fortschritte machen, sich bessern, besser werden; *être toujours par ~ et par chemin* dauernd unterwegs sein; *faire une ~ d'eau* leck werden; *mettre qn sur la ~ (fig)* jdm auf die Spur, die Sprünge helfen; *mettre sur une ~ de garage (fig)* kalt=stellen, (jdn) aufs Abstellgleis schieben; *ouvrir la ~ à qn (fig)* jdm den Weg ebnen; *prendre la ~ des airs, de mer, de terre* den Luft-, See-, Landweg benutzen; **10.** ▶ *ligne f à ~ unique, à double ~* ein-, zweigleisige Strecke *f;* *~ d'accès (à l'autoroute)* Auffahrt *f* (zur Autobahn); *~ d'arrivée, de départ (loc)* Ankunfts-, Abfahrtgleis *n;* *~ carrossable* Fahrweg *m,* -straße *f;* *~ à grande circulation* Hauptverkehrsstraße *f;* *~ de contournement* Umgehungsstraße *f;* *~ de grande communication* Fernverkehrsstraße *f;* *~ de départ (aero)* Startbahn *f;* *~ d'eau* Wasserstraße *f; (Schiff)* Leck *n;* *~ ferrée* Schienenweg, -strang *m;* Gleis(anlage *f*) *n;* *~ lactée (astr)* Milchstraße *f;* *~ maritime* Schiffahrtsweg *m;* *~ de navigation intérieure* Binnenschiffahrtstraße *f;* *~ nerveuse (anat)* Nervenbahn *f;* *~ de raccordement* Tangentenverbindung *f;* *~s respiratoires (anat)* Atemwege *m pl;* *~ terrestre* Landweg *m;* *~ à sens unique* Einbahnstraße *f.*
voilà [vwala] *adv* da, dort, hier ist, sind; ▶ *~!* da! *me ~* da bin ich; *nous y ~* da haben wir's! *vous y ~* nun haben Sie's geschafft; *~ ce que c'est que de ...* so geht es, wenn ...; *~ bien parler* das nenne ich reden; *~ pourquoi* deshalb; *~ tout* das ist alles; *(fam) ne ~-t-il pas qu'il pleut?* da regnet es tatsächlich.
voile [vwal] **I.** *f* **1.** Segel *n;* **2.** Segeln *n,* Segelsport *m;* **3.** Segelschiff *n;* **4.** ▶ *avoir du vent dans les ~s (pop fig)* Schlagseite haben; *faire ~* segeln (*vers* nach); *faire force de ~s* mit vollen Segeln fahren; *(fam) mettre les ~s* abhauen; sich verdünnisieren; **II.** *m* **1.** Schleier *m a. fig;* **2.** Voile *m (Stoff);* **3.** Vorhang *m;* **4.** *anat* Velum *n;* **5.** ▶ *sous le ~ de* unter dem Deckmantel *gen;* **6.** ▶ *jeter le ~ sur qc* etw verschleiern, vertuschen; **7.** ▶ *vol m à ~* Segelflug *m;* *~ de brume* Nebelschleier *m;* *~ de deuil, de mariée* Trauer-, Brautschleier *m.* **voilé, e 1.** verschleiert *(a. Blick),* verhüllt *a. fig; (Himmel)* bewölkt, bedeckt; **2.** *(Stimme)* belegt, heiser; *(Vorwurf)* versteckt; **3.** *tech* verzogen, verbogen. **voiler I.** *tr* **1.** verschleiern, verhüllen *a. fig;* **2.** *fig* verbergen, bemänteln (*de* mit); **3.** *(Blick)* trüben; **4.** *tech* verbiegen; **II.** *v prn se ~* sich verbiegen, sich verziehen, sich werfen. **voilette** *f* Hutschleier *m.* **voilier** *m* **1.** Segelschiff *n,* Segler *m;* **2.** Segelmacher *m;* ▶ *~ d'entraînement* Segelschulschiff *n.* **voilure** *f* **1.** *mar* Segelwerk *n;* **2.** *aero* Tragfläche *f,* -flügel *m;* **3.** *(Fallschirm)*

Hülle, Kappe *f;* **4.** *tech* Verziehen, Sichwerfen *n;* **5.** *(Rad)* Achter *m.*

voir [vwaʀ] ‹*Prés. je vois, ns voyons; Fut. je verrai; pp. vu, e; Subj. que je voie, que ns voyions; Impér. vois, voyons*› **I.** *tr* **1.** (an=)sehen, erblicken, zu Gesicht bekommen; **2.** wahr=nehmen, bemerken; finden, fest=stellen; **3.** besuchen, Umgang haben, verkehren, zs.=kommen (*qn* mit jdm); **4.** *(Besuch)* empfangen; **5.** (nach=)prüfen, durch=, nach=sehen; **6.** beurteilen, an=sehen, auf=fassen; **7.** ein=sehen, verstehen, begreifen, wissen; **II.** *itr* **1.** sehen (können); die Aussicht haben *(sur* auf *acc);* **2.** achten *(à* auf *acc),* sehen (*à* nach), sorgen (*à* für), sich kümmern (*à* um); **III.** *v prn se* ~ **1.** sich sehen; sich (häufig) treffen, zs.=sein; in Verbindung stehen, mitea. verkehren; **2.** ▶ *aller, venir* ~ besuchen (*qn* jdn); besichtigen, an=sehen (*qc* etw); nach=sehen, sich erkundigen; *avoir qc à* ~ *avec qc* etw mit e-r S zu tun haben; *faire* ~ zeigen; *en faire* ~ *à qn (de toutes les couleurs)* jdm Sorgen, Kummer machen; *se faire* ~ sich sehen lassen, sich zeigen; *laisser* ~ sehen, sichtbar werden lassen; *y* ~ *clair* im Bilde sein, Bescheid wissen; wissen, wie der Hase läuft; *n'y* ~ *que de feu (fam)* nichts bemerken, verstehen; *n'y* ~ *goutte* nichts sehen; ~ *le jour* das Licht der Welt erblicken; ~ *de loin (fig)* von weitem kommen sehen; *ne pas* ~ *plus loin que le bout de son nez (fig)* nicht über s-e Nasenspitze hinaus=sehen; ~ *la mort de près* dem Tod ins Auge sehen; ~ *en rose* durch e-e rosa(-rote) Brille sehen; ~ *venir* kommen sehen; ab=warten; es sich überlegen; *qn* jdn durchschauen; **3.** ▶ *voyons!* na also! hör mal! kein Unsinn! *voyons-les venir* warten wir's ab!; *allons* ~ *(fam)* wir wollen mal sehen; *je demande à* ~ *(fam)* ich muß mal sehen; *j'en ai vu bien d'autres* ich habe (schon) ganz was anderes mitgemacht; *on aura tout vu* das ist doch die Höhe! das auch noch! *c'est tout vu* das ist ein für allemal erledigt; darüber ist kein Wort mehr zu verlieren; *cela n'a rien à y* ~ das hat nichts damit zu tun, tut nichts zur Sache; *cela se voit tous les jours* das ist nichts Besonderes, nichts Neues; *cela ne s'est jamais vu* das ist noch nie dagewesen; *voyez-vous cela?* da haben wir's! *essayez pour* ~ versuchen Sie's mal! *peut-on* ~ *M. X.?* Ist Herr X. zu sprechen?

voire [vwaʀ] *adv* sogar, selbst; ▶ ~ *même (fam)* ja sogar.

voirie [vwaʀi] *f* **1.** Straßen-, Wegebauamt *n;* **2.** öffentliche Straßen *f pl;* **3.** Schuttabladeplatz *m;* städtische Müllabfuhr *f.*

voisin, e [vwazɛ̃, -in] **I.** *a* **1.** benachbart, Nachbar-; **2.** (an)grenzend *(de* an *acc);* nahe (*de* bei); **3.** *fig* nahe verwandt; **4.** *(zeitlich)* um, gegen; **II.** *s m f* Nachbar(in *f*) *m.* **voisinage** [-inaʒ] *m* **1.** Nachbarschaft *f;* **2.** *fig* Nähe, Verwandtschaft, Ähnlichkeit *f;* ▶ *dans le* ~ *immédiat* ganz in der Nähe. **voisiner** *itr* gute Nachbarschaft halten, verkehren *(avec* mit *dat); fig* stehen, liegen (*avec* neben *dat*).

voiture [vwatyʀ] *f* **1.** Auto *n,* Wagen *m;* **2.** *loc* Wagen, Waggon *m;* **3.** Karren, Wagen *m;* **4.** ▶ *monter en* ~ ein=steigen; *en* ~*! (loc)* einsteigen! *la* ~ *tient bien la route (mot)* der Wagen liegt gut auf der Straße; **5.** ▶ *lettre f de* ~ Frachtbrief *m;* **6.** ▶ ~*-ambulance f* Krankenwagen *m;* ~*-atelier f mot* Werkstattwagen *m;* ~*-bar f* Eisenbahnwagen *m* mit Bar; ~ *à bras* Handwagen *m;* ~ *de correspondance, directe (loc)* Kurswagen *m;* ~*-couchettes f* Liegewagen *m;* ~ *de course (mot)* Rennwagen *m;* ~ *d'enfant* Kinderwagen *m;* ~*-lits f* Schlafwagen *m;* ~ *d'occasion* Gebrauchtwagen *m;* ~ *particulière* Privatwagen *m;* ~ *à poupée(s)* Puppenwagen *m;* ~ *radio* Funk(Streifen)wagen *m;* ~*-restaurant f* Speisewagen *m;* ~ *de série* Serienwagen *m;* ~ *de sport* Sportwagen *m;* ~ *de tête* Wagen *m* an der Spitze (des Zuges); ~ *de tourisme* Personenkraftwagen, PKW *m;* ~ *tout-terrain* geländegängiges Fahrzeug, Geländefahrzeug *n,* Geländewagen *m.* **voiturer** *tr* (mit e-m Wagen) transportieren *a. allg.* **voiturette** *f* Hand-, *mot* Kleinwagen *m.* **voiturier** *m* Fuhrmann *m.*

voix [vwa] *f* **1.** Stimme *f a. allg fig;* **2.** *fig* Ansicht, Auffassung, Meinung *f;* **3.** (Wahl-)Stimme *f;* **4.** ▶ *à basse, à haute* ~ leise, laut; *à la majorité des* ~ mit Stimmenmehrheit; *à plusieurs* ~ *(mus)* mehrstimmig; *à l'unanimité des* ~ einstimmig; *de vive* ~ mündlich; *en* ~ bei Stimme; *en cas de partage égal des* ~ bei Stimmengleichheit; *par 3* ~ *contre 2* mit 3 gegen 2 Stimmen; **5.** ▶ *aller, passer aux* ~ *(parl)* zur Abstimmung schreiten; *avoir* ~ *au chapitre (fig)* ein Wort mitzureden haben; *avoir* ~ *prépondérante* den Ausschlag geben; *avoir toutes les* ~ einstimmig gewählt werden; *donner de la* ~ *(Hund)* an=schlagen, bellen; *(Mensch)* schreien; *mettre aux* ~ zur Abstimmung stellen; *parler à haute* ~*, à basse* ~ laut, leise reden; *recueillir 10* ~ 10 Stimmen erhalten; ~ *de synthèse (inform)* synthetische Stimme *f;* **6.** ▶ *il n'y a qu'une* ~ es herrscht Einstimmigkeit; **7.** ▶ *majorité, parité f des* ~ Stimmenmehrheit, -gleichheit *f;* **8.** ▶ ~ *active (parl)* aktive(s) Wahlrecht; *gram* Aktiv *n;* ~ *consultative* beratende Stimme *f;* ~ *exprimées* abgegebene Stimmen *f pl;* ~ *pas-*

sive (parl) passive(s) Wahlrecht; *gram* Passiv *n.*

vol [vɔl] **I.** *s m* **1.** Flug *m,* Fliegen *n a. aero;* **2.** *(Vogel)* Flugstrecke; Spannweite *f;* **3.** Schwarm *m;* **4.** ▶ *au ~* im Flug; *à ~ d'oiseau* aus der Vogelschau; in Luftlinie, in gerader Linie; **5.** ▶ *prendre son ~* ab=fliegen; *fig* sich frei=machen; flügge werden; **6.** ▶ *~ acrobatique* Kunstflug *m; ~ à basse altitude* Tiefflug *m; ~ sans escale, d'essai* Nonstop-, Versuchsflug *m; ~ habité* bemannte(r) Raumflug *m; ~ de nuit, plané, à voile* Nacht-, Gleit-, Segelflug *m; ~ sans visibilité* Blindflug *m;* **II.** *s m* **1.** Diebstahl; Raub *m;* **2.** ▶ *c'est un ~!* das ist der reinste Diebstahl, Betrug! **3.** ▶ *assurance f (contre le) ~* Diebstahlversicherung *f; ~ avec effraction, à l'étalage* Einbruchs-, Schaufensterdiebstahl *m; ~ qualifié* schwere(r) Diebstahl *m.*

volage [vɔlaʒ] *a* flatterhaft, wankelmütig, wetterwendisch, unbeständig.

volaille [vɔlɑ(a)j] *f* **1.** Geflügel *n;* **2.** Stück *n* Geflügel. **volailler** *m* Geflügelhändler *m.*

volant, e [vɔlɑ̃, -t] **I.** *a* **1.** fliegend; **2.** *(Blatt)* lose; **3.** beweglich, transportabel; **II.** *s m* **1.** *mot* Steuer-, Lenkrad *n;* **2.** *tech* Schwungrad *n;* **3.** *(Textil)* Falbel *f,* Volant *m;* **4.** Federball(spiel *n*) *m;* **5.** *com* Rücklage, Reserve *f;* **6.** Abreißblatt *n;* **7.** ▶ *les ~s* das fliegende Personal *(aero); personnel m ~* jederzeit an jedem Ort einsatzbereites Personal *n;* **8.** ▶ *prendre le ~* sich ans Steuer setzen; *pont m ~* fliegende Brücke *f.* **volatil, e** *a chem* flüchtig.

volatile [vɔlatil] *m* Stück *n* Geflügel. **volatilisation** [vɔlatilisasjɔ̃] *f chem* Verflüchtigung, Verdunstung *f.* **volatiliser I.** *tr* verflüchtigen; *fig fam (Sorgen)* verjagen; **II.** *v prn se ~* **1.** verdunsten; **2.** *fam* sich verdünnisieren. **volatilité** *f chem* Flüchtigkeit *f.*

vol-au-vent [vɔlovɑ̃] *m inv* (Blätterteig-)Pastete *f.*

volcan [vɔlkɑ̃] *m* Vulkan *m.* **volcanique** [-ka-] *a* vulkanisch.

volé, e [vɔle] **I.** *a (Sache)* gestohlen; *(Person)* bestohlen; **II.** *s m f* Bestohlene(r *m*) *f.*

volée [vɔle] *f* **1.** *(Vögel)* Flug *m;* **2.** *(Vögel, Kinder)* Schwarm *m; (Rebhühner)* Volk *n,* Kette *f;* **3.** *fig* Menge *f;* **4.** *(~ de coups)* Tracht *f* Prügel; **5.** (Geschoß-)Hagel *m;* **6.** *arch* Treppenstück *n,* Lauf *m;* **7.** *(Kran)* Arm, Ausleger *m;* **8.** ▶ *à la ~* im Fluge; in vollem Schwung; *prendre sa ~* auf=fliegen. **voler I.** *itr* **1.** fliegen; **2.** *fig (Person)* eilen; **3.** *(Zeit)* verfliegen; ▶ *~ en éclats* zersplittern; **II.** *tr* **1.** stehlen, entwenden (*qc* e-e S), bestehlen (*qn* jdn); **2.** *(Kunden)* betrügen, aus=nehmen, *fam* neppen; **3.** *(Titel)* sich unrechtmäßig an=eignen; **4.** ▶ *ne l'avoir pas volé* es ehrlich verdient haben.

volet [vɔlɛ] *m* **1.** Fensterladen *m;* **2.** (Verschluß-)Klappe *f a. tele aero;* **3.** *mot* Drossel(klappe) *f;* **4.** *(Altarbild)* Flügel *m;* **5.** *(Schriftstück)* Blatt *n,* Teil *m;* **6.** *fig* Teil *m;* **7.** ▶ *trier sur le ~* sorgfältig aus=suchen; *~ d'atterrissage (aero)* Landeklappe *f.*

voleter [vɔlte] *itr* (herum=)flattern; ▶ *deux papillons de nuit volettent autour de la lampe* zwei Motten flattern um die Lampe herum.

voleur, se [vɔlœʀ, øz] **I.** *a* diebisch; **II.** *s m f* Dieb(in *f*); Spitzbube, Gauner *m;* ▶ *~ à la tire* Taschendieb *m.*

volière [vɔljɛʀ] *f* Vogelhaus *n.*

volleyeur [vɔlɛjœʀ] *m* Volleyballspieler *m.*

volontaire [vɔlɔ̃tɛʀ] **I.** *a* **1.** freiwillig; **2.** absichtlich; eigenwillig, -sinnig; **II.** *s m* Freiwillige(r) *m.* **volontairement** *adv* **1.** unaufgefordert; aus freien Stücken; **2.** absichtlich. **volontariat** [-a] *m mil* freiwillige(r) Militärdienst *m.* **volonté** *f* **1.** Wille *m,* Willenskraft, -stärke *f;* **2.** Anordnung *f,* Gebot *n;* Verfügung *f;* **3.** ▶ *à ~* nach Belieben, nach Wunsch; *faire ses quatre ~s* nur nach s-m Kopf handeln; **4.** ▶ *les dernières ~s* der Letzte Wille; *bonne, mauvaise ~* Gut-, Böswilligkeit *f; homme m de bonne ~* Mensch *m* guten Willens; *manque m de ~* Willensschwäche *f.*

volontiers [vɔlɔ̃tje] *adv* gern, mit Vergnügen; bereitwillig.

volt [vɔlt] *m el* Volt *n.* **voltage** *m el* Spannung *f;* **voltampère** *m* Voltampere *n.*

volte [vɔlt] *f* Volte *f.* **volte-face** *f inv* **1.** Kehrtwendung *f;* **2.** *fig* Sinnes-, Meinungsänderung *f.* **volter** *itr* voltigieren. **voltige** *f* ▶ *haute ~* Akrobatik *f* auf dem Seil; *fig* gewagte(s) Unternehmen *n; ~ intellectuelle* Gehirnakrobatik *f.* **voltiger** ⟨*Prés. je voltige, ns voltigeons; pp. voltigé, e*⟩ *itr* **1.** hin u. her fliegen, flattern *a. fig;* **2.** *(Schmetterling)* gaukeln; **3.** *(Lächeln)* spielen (*sur les lèvres* um die Lippen); **4.** *(Kind)* herumtanzen *(autour de* um *acc);* **5.** *(Papier)* umherflattern. **voltigeur** *m* Trapezkünstler *m.*

voltmètre [vɔltmɛtʀ] *m el* Voltmeter *n.*

volubile [vɔlybil] **1.** zungenfertig, redselig; **2.** ▶ *plante f ~* Schlingpflanze *f.*

volubilis [vɔlybilis] *m bot* Winde *f.*

volubilité [vɔlybilite] *f* Zungenfertigkeit *f.*

volucompteur [vɔlykɔ̃tœʀ] *m* WZ Zählwerk *n (e-r Zapfsäule).*

volume [vɔlym] *m* **1.** *(Buch)* Band *m;* **2.** *phys* Volumen *n,* Rauminhalt *m;* **3.** Menge *f,* Ausmaß *n,* Umfang *m;* **4.**

(Kunst) Körper *m;* **5.** ► *faire* ~ Platz beanspruchen; **6.** ► ~ *de la circulation, de la construction* Verkehrs-, Bauvolumen *n;* ~ *de logement* Wohnraum *m;* ~ *sonore* Lautstärke *f;* ~ *du trafic* Verkehrsaufkommen *n;* ~ *des ventes* Absatzmenge *f;* ~ *de la voix* Stimmfülle. **volumétrique** *a* volumetrisch, maßanalytisch. **volumineux, se** *a* umfangreich.

volupté [vɔlypte] *f* **1.** (Sinnen-)Lust, Wollust *f;* **2.** Wonne *f;* Hochgenuß *m,* große(s) Vergnügen *n.* **voluptueux, se** [-tɥø, -øz] *a* sinnenfreudig, sinnlich; wollüstig.

volute [vɔlyt] *f* **1.** *arch* Volute; **2.** *(Geige)* Schnecke *f;* ► ~*s de fumée* Rauchkringel *m pl.*

vomique [vɔmik] ► *a noix f* ~ Brechnuß *f.* **vomir** *tr* **1.** (er)brechen, von sich geben; **2.** *(Blut, Feuer) fig (Verderben)* speien; heraus=schleudern, aus=speien; **3.** *(Beleidigungen)* aus=stoßen; ► *c'est à* ~ das ist widerlich **vomissement** *m* **1.** (Er-)Brechen *n;* **2.** Erbrochene(s) *n.* **vomitif, ive I.** *a pharm* Brechreiz hervorrufend, Brech-; **II.** *s m* Brechmittel *n.*

vorace [vɔʀas] *a* **1.** gefräßig; **2.** *fig* gierig. **voracité** *f* **1.** Gefräßigkeit *f;* **2.** *fig* Gier *f.*

vos [vo] *prn pl s. votre.*

Vosges, les [voʒ] *f pl* die Vogesen *pl.*

votant, e [vɔtɑ̃, -ɑ̃t] **1.** *m f* Abstimmende(r *m*), Stimmberechtigte(r *m*) *f;* **2.** *m pl* abgegebene Stimmen *f pl.* **votation** *f (Schweiz)* Abstimmung, Wahl *f.* **vote** *m* **1.** Abstimmung; (Wahl-)Stimme *f;* Votum *n; (Haushalt)* Verabschiedung; *(Gesetz)* Annahme; *(Kredit)* Bewilligung *f;* **2.** ► *s'abstenir du* ~ sich der Stimme enthalten; *avoir droit de* ~ stimmberechtigt sein; *donner son* ~ s-e Stimme (ab=)geben; *procéder à un* ~ *sur qc* über e-e S ab=stimmen; **3.** ► *bulletin m de* ~ Wahl-, Stimmzettel *m; droit m de* ~ Wahl-, Stimmrecht *n; local, bureau m de* ~ Wahllokal *n; majorité f des* ~*s* Stimmenmehrheit *f; résultat m du* ~ Abstimmungsergebnis *n;* **4.** ► ~ *par acclamations* Abstimmung *f* durch Zuruf; ~ *par assis et levé* Abstimmung *f* durch Sitzenbleiben u. Aufstehen; ~ *de confiance* Vertrauensvotum *n;* ~ *de défiance, de censure* Mißtrauensvotum *m;* ~ *à mains levées* Abstimmung *f* durch Handzeichen, durch Erheben der Hand; ~ *nul, en blanc* ungültige Stimme *f.* **voter I.** *itr* (ab=)stimmen (*pour, contre* für, gegen); wählen; **II.** *tr* ab=stimmen (*qc* über e-e S); (durch Abstimmung) genehmigen, bewilligen; *(Haushalt)* verabschieden; ► ~ *la confiance à qn (parl)* jdm das Vertrauen aus=sprechen.

votif, ive [vɔtif, -iv] *a* Votiv-, Weih-.

votre, *pl* **vos** [vɔtʀ, vo] *prn* euer, eure; Ihr(e).

vôtre [votʀ] *prn* eur(ig)e; Ihr(ig)e; ► *à la* ~*! (entgegnend)* auf das Ihre *(Wohl); je suis des* ~*s* ich mache mit; *les* ~*s* Ihre Angehörigen, Ihre Familie.

vouer [vwe] **I.** *tr* **1.** *(Gefühl)* hegen; **2.** *(sein Leben)* weihen *a. fig,* dar=bringen, widmen *a. fig;* geloben; **3.** bestimmen (*à qc* zu etw); **II.** *v prn se* ~ *à qc* sich e-r S *(dat)* widmen; ► *ne savoir à quel saint se* ~ nicht ein noch aus wissen; ~*voué à l'échec* zum Scheitern verurteilt.

vouloir [vulwaʀ] ⟨*Prés. je veux, ns voulons; Fut. je voudrai; pp. voulu, e; Subj. que je veuille, que ns voulions; Impér. veux* od *veuille, voulons* od *veuillons, voulez* od *veuillez*⟩ **I.** *tr* **1.** wollen, willens sein (*inf.* zu); beabsichtigen, sich vornehmen; **2.** wünschen, haben wollen; fordern, verlangen, befehlen; **3.** erfordern, brauchen; **4.** einverstanden sein (*qc* mit etw), ein=willigen (*qc* in e-e S); **II.** *itr* **1.** ► *en* ~ böse sein (*à qn* jdm, auf jdn); *en* ~ *à qn* es jdm übel=nehmen, zürnen (*de* wegen); **2.** trachten (*à* nach), Absichten haben *(à* auf *acc);* **III.** *v prn se* ~ **1.** sein wollen; **2.** die Absicht haben; **IV.** *s m* **1.** Wollen *n,* Wille *m;* **2.** ► *sans le* ~ (ganz) unabsichtlich; **3.** ► *je voudrais bien* ich hätte, möchte gern; *je voudrais bien savoir* ich möchte gern wissen, wüßte gern; *je le veux bien* ich habe nichts dagegen; *à qui en voulez-vous?* wem soll das gelten? wen meinen Sie damit? ~ *du bien à qn* es gut mit jdm meinen; ~ *dire* sagen wollen, meinen; bedeuten, zu sagen haben, heißen; *bon* ~ gute(r) Wille *m,* Bereitwilligkeit *f.* **voulu, e** *a* erforderlich, vorgeschrieben; beabsichtigt; ► *en temps* ~ zu gegebener Zeit; *c'est* ~ das ist beabsichtigt.

vous [vu] *prn* ihr; Sie; euch; Ihnen; ► *de* ~ *à moi* unter uns gesagt.

voussoir [vuswaʀ] *m arch* Wölb-, Bogenstein *m.* **voussure** *f arch* Wölbung *f; (Fenster)* Laibungsbogen *m.*

voûte [vut] *f arch* Gewölbe *n,* Wölbung *f;* ► ~ *en berceau* Tonnengewölbe *n.* **voûté, e** *a* **1.** *arch* gewölbt; gebogen, gekrümmt; **2.** *(Mensch)* gebeugt. **voûter** *tr* **1.** *arch* überwölben; **2.** *allg* krümmen, beugen; ► *l'âge l'a vouté* er ist vom Alter gebeugt.

vouvoiement [vuvwamɑ̃] *m* Siezen *n.*

vouvoyer ⟨*Prés. je vouvoie, ns vouvoyons; Fut. je vouvoierai; pp. vouvoyé, e*⟩ *tr* siezen.

voyage [vwajaʒ] *m* **1.** Reise (*en Amérique* nach Amerika, *à Rome* nach Rom); **2.** Fahrt *f;* **3.** *(Waren)* Transport *m;* **4.** *(Rauschgiftsüchtiger)* Trip *m;* **5.** ► *au retour de mon* ~ bei meiner Rückkehr;

aller en ~ auf Reisen gehen; *être en* ~ *d'affaires* auf Geschäftsreise, geschäftlich verreist sein; *faire un* ~ e-e Reise machen; *partir en* ~ e-e Reise an=treten; *il a fallu trois ~s au camion* man mußte dreimal mit dem Lastwagen fahren; **6.** ▶ *agence f, articles m pl, chèque m, frais m pl, nécessaire m de* ~ Reisebüro *n*, -artikel *m pl*, -scheck *m*, -kosten *pl*, -necessaire *n*; ~ *d'affaires, d'agrément, circulaire, d'études, à forfait, en groupe, de noces, de service* Geschäfts-, Vergnügungs-, Rund-, Studien-, Pauschal-, Gesellschafts-, Hochzeits-, Dienstreise *f*; ~ *d'aller et retour* Hin- u. Rückreise *f*; ~ *en avion, en bateau* Flug-, Schiffsreise *f*; ~ *dans l'espace* Raumfahrt *f*, -flug *m*; ~ *d'essai* Probefahrt *f*; ~ *en train* Bahnfahrt *f*; Reise *f* mit der Eisenbahn; ~ *en voiture* Autofahrt *f*. **voyager** ‹*Prés. je voyage, ns voyageons; Fut. je voyagerai; pp. voyagé, e*› *itr* **1.** reisen; e-e Reise machen *od* unternehmen; **2.** *(Waren)* transportiert werden; **3.** sich bewegen; ▶ ~ *pour affaires* (Geschäfts-)Reisender sein. **voyageur, se I.** *s m f* Reisende(r *m*) *f*; *m* Fahrgast, Passagier; Wanderer *m*; **II.** *a* Reise-, Wander- ▶ *avoir l'humeur voyageuse* reiselustig sein; *pigeon m* ~ Brieftaube *f*; *wagon m de ~s (loc)* Personenwagen *m*; ~ *de commerce* (Handlungs-)Reisende(r) *m*; *~-kilomètre m* Personenkilometer *m*. **voyagiste** *m f* Reiseveranstalter(in *f*) *m*.

voyance [vwajɑ̃s] *f* (das) zweite Gesicht *n*. **voyant, e I.** *a* auffallend; *(Farbe)* schreiend, grell; *(Lüge)* durchsichtig; **II.** *s m f* **1.** Hellseher(in *f*) *m*; **2.** *m* Kontrollicht, Leuchtzeichen *n*.

voyelle [vwajɛl] *f* Vokal, Selbstlaut *m*.

voyou [vwaju] *m pop* **1.** Gassenjunge; Strolch, Rocker *m*; **2.** Ganove *m*.

vrac [vʀak] *loc adv*: ▶ *en* ~ **1.** *(com)* lose; unverpackt; **2.** *fig* unordentlich; ▶ *laisser qc en* ~ etw unordentlich herumliegen lassen; *marchandises f pl en* ~ *(com)* Schüttgut *n*.

vrai [vʀɛ] **I.** *a* **1.** wahr; **2.** wahrhaft, aufrichtig, wahrheitsliebend; **3.** *meist vorangestellt* echt; naturgetreu, lebenswahr, wirklich; **4.** rein, unverfälscht; **II.** *adv* ▶ *(fam) dire* ~ die Wahrheit sagen; *faire* ~ echt wirken; ~*!* wirklich! stimmt! **III.** *s m* (das) Wahre, (die) Wahrheit *f*; ▶ *à* ~ *dire, à dire* ~ offen gestanden; eigentlich; *pas* ~*?* nicht wahr? *pour de* ~ *(fam)* im Ernst; *être dans le* ~ das Richtige getroffen haben; *il est* ~ *que* es stimmt zwar, daß; *il n'en est pas moins* ~ *que* trotzdem ist es wahr, daß. **vraiment** *adv* wirklich, wahrhaftig; wahrlich. **vraisemblable** [-sɑ̃-] *a* wahrscheinlich. **vraisemblance** *f* Wahrscheinlichkeit *f*; ▶ *selon toute* ~ aller Wahrscheinlichkeit nach.

vrille [vʀij] *f* **1.** (Nagel-)Bohrer *m*; **2.** *bot* Ranke *f*; **3.** ▶ *descendre en* ~ *(aero)* abtrudeln. **vriller I.** *tr (mit e-m Bohrer)* durchbohren; **II.** *itr* **1.** sich spiralig ein=rollen; **2.** *(Geschoß, Rakete)* in Schraubenlinie auf=steigen; **3.** *aero* trudeln; **4.** *(Seil)* sich verdrehen; **5.** ▶ *la douleur lui vrille le crâne* er hat rasende Kopfschmerzen.

vrombir [vʀɔ̃biʀ] *itr* **1.** *(Insekt)* summen, surren; brummen; **2.** *(Motor)* dröhnen. **vrombissement** *m* Brummen, Surren, Summen *n*.

vu, e [vy] **I.** *a* geprüft, gesehen; ▶ *être bien* ~ *(fig)* gern gesehen, gut angeschrieben sein (*de qn* bei jdm; *pour qc* wegen e-r S); *être mal* ~ *partout* e-n schlechten Ruf haben; *ni* ~ *ni connu* heimlich, geheimgehalten; *(c'est bien)* ~*?* verstanden? *c'est tout* ~*!* das ist für mich erledigt! **II.** *prp* in Anbetracht (*qc* gen); ▶ ~ *les circonstances* angesichts der Umstände; **III.** *conj*: ▶ ~ *que* in Anbetracht dessen, daß; mit Rücksicht darauf, daß; **IV.** *s m*: ▶ *au* ~ *(et au su) de tout le monde* vor aller Augen, offenkundig; *(jur) sur le* ~ *des pièces* nach Prüfung der Unterlagen.

vue [vy] *f* **1.** Gesichtssinn *m*, Sehkraft *f*, -vermögen; Sehen, Gesicht *n*, Augen(licht *n*) *n pl*; **2.** (An-, Aus-)Sicht *f*; (An-, Aus-)Blick *m*; **3.** *fig* Ansicht, Meinung, Auffassung *f*; Gedanken *m pl*; **4.** Absichten *f pl*, Pläne *m pl*; **5.** *com* Sicht *f*; **6.** Lichtöffnung *f*; Fenster(öffnung *f*) *n*; **7.** ▶ *à* ~ auf Sicht; *aero mar* mit Sicht; *à 3 jours de* ~ 3 Tage nach Sicht; *à première* ~ auf den ersten Blick; *à* ~ *de nez (fam)* über den Daumen gepeilt; *à* ~ *d'œil* zusehends; *à perte de* ~ soweit das Auge reicht; *en* ~ in Sicht; *en* ~ *de* ... angesichts *gen*, *fig* im Hinblick auf *acc*; **8.** ▶ *avoir bonne* ~ gute Augen haben; *avoir la* ~ *courte (fig)* kurzsichtig sein; *connaître qn de* ~ jdn vom Sehen kennen; *être en* ~ *(fig)* an hervorragender Stelle stehen; *garder à* ~ im Auge behalten; *mettre en* ~ offen zeigen; *fig* deutlich sichtbar machen; *(fig fam) en mettre plein la* ~ *à qn* jdm Sand in die Augen streuen; *perdre de* ~ aus den Augen verlieren; **9.** ▶ *argent m à* ~ tägliche(s) Geld *n*; *payable à* ~ zahlbar bei Sicht; *prise f de ~s* Filmaufnahme *f*; *traite f à* ~ Sichtwechsel *m*; **10.** ▶ ~ *aérienne* Luftbild *n*; ~ *basse, courte* Kurzsichtigkeit *f*; ~ *d'ensemble, de face, latérale* Gesamt-, Vorder-, Seitenansicht *f*; ~ *imprenable* unverbaubare Aussicht *f*; ~ *rapprochée* Groß-, Nahaufnahme *f*; ~ *du sol (aero)* Bodensicht *f*.

vulcanisation [vylkanizasjɔ̃] *f tech* Vulkanisierung *f.* **vulcaniser** *tr tech* vulkanisieren. **vulcanologie** *f* Vulkanologie *f.* **vulcanologue** *m f* Vulkanologe *m.*

vulgaire [vylgɛʀ] **I.** *a* **1.** *(vorangestellt)* gewöhnlich; **2.** *(nachgestellt)* gemein, ordinär, vulgär; **3.** Volks-; **II.** *s m lit* gemeine(s) Volk *n;* (das) Gemeine; ► *latin m* ~ Vulgärlatein *n; tomber dans le* ~ gemein werden.

vulgarisateur, trice [vylgaʀizatœʀ, -tʀis] *m f* Autor(in *f*) *m* populärwissenschaftlicher Werke. **vulgarisation** *f* allgemeinverständliche Darstellung *f;* ► *ouvrage m de* ~ populärwissenschaftliche(s) Werk *n.* **vulgariser** *tr* gemeinverständlich dar=stellen; allgemein verbreiten.

vulgarité [vylgaʀite] *f* Gemeinheit *f.*

vulnérabilité [vylneʀabilite] *f* Verwundbarkeit *f.* **vulnérable** *a* **1.** verwundbar; **2.** *fig* empfindlich, schwach; ► *point m* ~ wunde(r) Punkt *m.*

vulve [vylv] *f anat* Scham *f.*

W

w, W [dublǝve] *m* w, W *n.*
wagon [vagõ] *m* **1.** Eisenbahn-, *loc nur* Güterwagen, Waggon *m;* **2.** Wagenladung *f;* ► *franco sur* ~ franko Waggon; ~ *à bagages* Gepäckwagen *m;* ~ *à bestiaux* Viehwagen *m;* ~ *frigorifique* Kühlwagen *m;* ~ *de marchandises* Güterwagen *m;* ~ *de voyageurs* Personenwagen *m.* **wagon-bar** *m* Eisenbahnwagen *m* mit Bar; **wagon-citerne, wagon-réservoir** *m* Kesselwagen *m.* **wagon-foudre** Faßwagen *m.* **wagon-lit** Schlafwagen *m.* **wagonnet** [-nɛ] *m* Lore *f.* **wagonnier** *m* Rangierer *m.* **wagon-poste** *m* Postwagen *m.* **wagon-restaurant** *m* Speisewagen *m.*
walkman [wɔkman] *m (Warenzeichen) (pl walkmans)* Walkman *m.*
walk-over [walkɔvœʀ] *m fig fam* einseitige(r) Wettbewerb *m;* leichte(s) Spiel *n.*
wallon, ne [walõ, -ɔn] *a* wallonisch; *s m gram* Wallonisch *n,* das Wallonische. **Wallon, ne** *m f* Wallone *m,* Wallonin *f.*
wapiti [wapiti] *m zoo* Wapiti *m.*
warrant [w(v)aʀɑ̃] *m com* Lagerschein *m.* **warranter** [-te] *tr com* durch Lagerschein sichern.
water-polo [watɛʀpɔlo] *m* Wasserball *m.*
waters [watɛʀ] *m pl fam* Klosett *n.*
watt [wat] *m el* Watt *n.* **wattheure** *m (pl wattheures)* Wattstunde *f.*
week-end [wikɛnd] *m* Wochenende *n;* ► *partir en* ~ übers Wochenende wegfahren; ~ *gastronomique* Feinschmekkerwochenende *n.*
western [wɛstɛʀn] *m* Wildwestfilm *m.* **western-spaghetti** *m* Italowestern *m.*
Westphalie, la [vɛstfali] Westfalen *n.*
whisky [wiski] *m (pl whiskies* od *whiskys)* Whisky *m.*
white-spirit [waitspiʀit] *m inv* Terpentinersatz *m.*
williams [wiljams] *f* Williamsbirne *f.*
windsurf [windsœrf] *m (Warenzeichen)* Windsurfbrett *n.*
wolfram [vɔlfʀam] *m* Wolframit *n.*
Wurtemberg, le [vyʀtɛ̃bɛʀ] Württemberg. **wurtembergeois, e** *a* württembergisch, Württemberger. **Wurtembergeois, e** *m f* Württemberger(in *f*) *m.*
Wurtzbourg [vyʀtsbuʀ] *m* Würzburg *n.*

X

x, X [iks] *m* x, X *n;* **1.** *math* x *n (Unbekannte);* **2.** *arg* (Student *m* der) École polytechnique in Paris; **3.** ► *Monsieur X* Herr X; *jambes en ~* X-Beine; *rayons m pl X* Röntgenstrahlen *m pl.*

xénophobe [ksenɔfɔb] *a* ausländer-, fremdenfeindlich. **xénophobie** *f* Ausländerfeindlichkeit *f.*

xérès [kseʀɛs] *m* Sherry *m (Wein).*

Xérocopie [kseʀɔkɔpi] *f (Warenzeichen)* Xerokopie *f.* **xérocopier** *tr* xerokopieren, xeroxen. **Xérographie** [kseʀɔgʀafi] *f typ* Xerographie *f.*

xylographie [ksilɔgʀafi] *f* Holzschneidekunst *f.*

xylophone [ksilɔfɔn] *m* Xylophon *n.*

Y

y, Y [igʀɛk] *m* y, Y *n;* **I.** *(Buchstabe)* y, Y ['ypsilon]; **II.** [i] *adv* da, dort; dort-, dahin; da dort hinauf, hinunter; **III.** *prn* darin, daran, darauf; dazu, dafür; ▶ ~ *compris* ... einschließlich *gen; j'~ suis (fam)* ich verstehe; *j'~ tiens* ich lege Wert darauf; *il ~ a* (*fam* ja) es gibt; vor; *il ~ va de qc* es geht um etw; *vous ~ êtes? (fam)* klar?

yacht [jɔt, jak] *m mar* Jacht *f;* ▶ ~ *à voiles* Segeljacht *f.* **yachting** [jɔtiŋ] *m* Segelsport *m;* ▶ ~ *sur glace* Eissegeln *n.*

yaourt [jauʀ] *m* Joghurt *m* od n. **yaourtière** *f* Joghurtmaschine *f.*

yéménite [jemenit] *a* jemenitisch. **Yéménite** *s m f* Jemenit(in *f*) *m.* **Yemen, le** [jemɛn] Jemen *m.*

yen [jɛn] *m* Yen *m.*

yéti [jeti] *m* yeti, Schneemensch *m.*

yeuse [jøz] *f bot* Steineiche *f.*

yeux [jø] *m pl s. œil.*

yiddish [jidiʃ] *a* jiddisch; *s m gram* Jiddisch *n,* das Jiddische.

yoga [jɔga] *m* Joga *n.*

yog(h)ourt [jɔguʀ(t)] *m s. yaourt.*

yogi [jɔgi] *m* Yogi *m.*

yole [jɔl] *f mar* Jolle *f,* Beiboot *n.*

yougoslave [yugɔslav] *a* jugoslawisch. **Yougoslave** *m f* Jugoslawe *m,* -slawin *f.* **Yougoslavie, la** Jugoslawien *n.*

youyou [juju] *m mar* Ding(h)i *n.*

yo-yo [jojo] *m* Jojo *m.*

yucca [juka] *m* Yucca *f.*

Z

z, Z [zɛd] *m* z, Z *n;* ▶ *depuis a jusqu'à* ~ von A bis Z.
zazou [zazu] *s m fam* exzentrische(r) Jazzfan *m.*
zèbre [zɛbʀ] *m* **1.** *zoo* Zebra *n;* **2.** *pop* Kerl *m.* **zébré, e** *a* gestreift. **zébrure** *f* (Zebra-)Streifen *m pl.*
zébu [zeby] *m zoo* Zebu *m,* Buckelochse *m.*
zégisme [zeʒism] *m com* Nullwachstum *n.*
zèle [zɛl] *m* Eifer *m* (*de* für); Beflissenheit; ▶ *avec* ~ eifrig; *faire du* ~ *(fam)* übereifrig sein; *grève du* ~ Bummelstreik, Dienst *m* nach Vorschrift.
zélé, e [zele] *a* eifrig, voll Eifer.
zenith [zenit] *m* **1.** *astr* Zenit *m;* **2.** *fig* Höhe(-punkt *m*) *f,* Gipfel *m;* ▶ *être au* ~ im Zenit stehen; *fig* auf dem Höhepunkt sein.
zéphyre [zefiʀ] *m* Zephir *(a. Stoff),* Zephyr *m.*
zeppelin [zɛplɛ̃] *m* Zeppelin *m.*
zéro [zeʀo] **I.** *s m* **1.** Null(punkt *m*) *f;* **2.** *fig* Null *f (Mensch);* **II.** *a* null; ▶ *être à* ~ auf Null stehen; *reprendre, repartir à* ~ wieder von vorn an=fangen; *c'est* ~ *(fam)* das ist nichts; *5 buts à* ~ 5 zu 0; *point m* ~ *(fig)* Ausgangspunkt *m; faute, heure* ~ null Fehler, null Uhr.
zest [zɛst] *interj* ▶ *(fam) être entre le zist et le* ~ nicht wissen, was man tun soll; unentschlossen sein.
zeste [zɛst] *m* (Zitronen-, Orangen-) Schale *f.*
zézaiement [zezɛmɑ̃] *m* Lispeln *n.* **zézayer** ⟨*Prés. je zézaie od zézaye, ns zézayons; Fut. je zézaierai* od *zézayerai; pp. zézayé, e*⟩ *itr* lispeln.
zibeline [ziblin] *f zoo* Zobel *m (a. Pelz).*
zieuter *s. zyeuter.*
zig(ue) [zig] *m pop* Kerl, Bursche *m.* **zigoto** *m:* ▶ *faire le* ~ sich auf=spielen.
zigouiller [ziguje] *tr pop* abmurksen.
zigzag [zigzag] *m* Zickzack(linie *f*) *m;* ▶ *faire des ~s (Weg)* sich schlängeln; *(Betrunkener)* in Schlangenlinien gehen, fahren. **zigzaguer** [-ge] *itr* im Zickzack gehen; hin u. her taumeln, torkeln.
Zimbabwe, le [zimbabwe] Zimbabwe, Simbabwe *n.*
zinc [zɛ̃g] *m* **1.** Zink *n;* **2.** *fam* Theke *f,* Schanktisch *m;* **3.** *fam* Flugzeug *n,* Kiste *f;* ▶ *sur le* ~ an der Theke. **zincifère** [-si-] *a* zinkhaltig. **zincographie** [-kɔ-] *f* Zinkdruck *m.* **zinguer** *tr* **1.** verzinken; **2.** *(Dach)* mit Zinkblech decken.
zinnia [zinja] *m bot* Zinnie *f.*
zinzin [zɛ̃zɛ̃] **I.** *s m fam* Ding *n;* **II.** *a inv fam* verrückt, plemplem.
zip [zip] *m* WZ Reißverschluß *m.* **zipper** *tr* mit e-m Reißverschluß versehen.
zist *s. zest.*
zizanie [zizani] *f* ▶ *semer la* ~ Zwietracht stiften.
zizi [zizi] *m* **1.** *orn* Zaunammer *f;* **2.** *(Kindersprache)* Pimmel *m.*
zizique [zizik] *m arg* Musik *f.*
zodiaque [zɔdjak] *m astr* Tierkreis *m;* ▶ *signe m du* ~ Tierkreiszeichen *n.*
zona [zɔna] *m med* Gürtelrose *f.*
zonage [zonaʒ] *m (Städtebau)* Aufteilung *f* in Nutzungsflächen. **zone** [zon] *f* **1.** *geog allg* Zone *f,* Streifen *m;* **2.** Bereich *m,* Gebiet *n,* Bezirk *m;* **3.** Raum; Landstrich *m;* **4.** ▶ ~ *d'action* Wirkungsbereich *m;* ~ *(anti)cyclonique, de (haute) basse pression (Meteorologie)* (Hoch-) Tiefdruckgebiet *n;* ~ *bleue* Kurzparkzone *f;* ~ *côtière* Küstengebiet *n;* ~ *dangereuse* Gefahrenzone *f,* -gebiet *n;* ~ *démilitarisée* entmilitarisierte Zone *f;* ~ *dénucléarisée* atomwaffenfreie Zone *f;* ~ *de grosse concentration urbaine* Ballungszentrum *n;* ~ *d'habitation* Wohngebiet *n;* ~ *industrielle* Industriegebiet *n;* ~ *d'influence* Einflußbereich *m;* ~*monétaire* Währungsraum *m;* ~ *non-fumeurs* Nichtraucherzone *f;* ~ *d'occupation* Besatzungszone *f;* ~ *de parcage* Abstellraum *m;* ~ *piétonne, piétonnière* Fußgängerzone *f;* ~ *résidentielle* Wohngebiet *n;* ~*s de salaire* Lohnzonen; Gehaltsstufen *f pl;* ~ *de silence* Gebiet *n,* in dem kein Signal gegeben werden darf; ~ *tampon* Pufferzone *f; de mauvais temps* Schlechtwettergebiet *n;* ~ *torride, tempérée, glaciale* heiße, gemäßigte, kalte Zone *f;* ~ *de verdure* Grünstreifen *m (e-r Stadt).*
zoo [zo(o), in Zssgen zɔɔ] *m* zoologische(r) Garten, Zoo *m; in Zssgen* Tier-. **zoologie** *f* Zoologie *f.* **zoologique** *a* zoologisch. **zoologiste** *m* Zoologe *m.*
zoom [zum] *m phot* Zoom *m.*
zootechnie [zɔɔtɛkni] *f* Tierzucht *f.*
zouave [zwav] *m* ▶ *faire le* ~ *(pop)* renommieren; den Hanswurst spielen.
Zoug [zug] *m* Kanton *m* Zug; *(Stadt)* Zug *n.*
Zoulou [zulu] *m* Zulu *m.*

zozo [zozo] *m fam* Dummkopf, Dussel *m.*
zozoter [zɔzɔte] *s. zézayer.*
Zurich [zyʀik] *m* Kanton *m* Zürich; *(Stadt)* Zürich *n.*
zut [zyt] *interj fam* Mist!
zyeuter [zjøte] *tr pop* an=glotzen, -gaffen, -starren.
zygoma [zigɔma] *m anat* Jochbein *n.*

PONS

Schülerwörterbuch

Deutsch – Französisch

von
Dr. Heinrich Mattutat

Neubearbeitung 1991
Edition révisée 1991

Ernst Klett Verlag für Wissen und Bildung
Stuttgart · Dresden

PONS – Schülerwörterbuch Deutsch – Französisch
von Dr. Heinrich Mattutat
Anhang: Michaela Heinz

Dieses Wörterbuch ist mit Ausnahme des Übungsanhangs
zur Wörterbuchbenutzung inhaltsidentisch mit
PONS – Kompaktwörterbuch Französisch.
Ernst Klett Verlag für Wissen und Bildung GmbH,
Stuttgart
ISBN 3-12-517201-2

A

A, a *n* ‹-, -› [a:] *(Buchstabe)* A, a *m; mus* la *m;* ► *von A bis Z* de(puis) A (jusqu')à Z, d'un bout à l'autre; *von A bis Z erfunden* inventé de toutes pièces; *wer A sagt, muß auch B sagen (prov)* quand le vin est tiré, il faut le boire.

Aachen *n* ‹-s, ø› ['a:xən] *geog* Aix-la-Chapelle *f.*

Aal *m* ‹-(e)s, -e› [a:l] *zoo* anguille *f;* ► *sich wie ein ~ winden* se tortiller comme une anguille. **aalen,** *sich (fam: sich faul ausstrecken)* tirer sa flemme, s'étirer; ► *sich in der Sonne ~* faire le lézard. **aalglatt** *a fig* souple comme une anguille.

Aargau ['a:rgaʊ] *(der Schweizer Kanton)* l'Argovie *f.*

Aas *n* ‹-es, -e› [a:s, '-zə] *(Tierleiche)* charogne *f, a. fig pej;* cadavre *m;* ► *kein ~ (pop)* pas un chat, personne. **Aasfliege** *f* mouche *f* à viande. **Aasfresser** *m zoo* nécrophage *m.* **Aasgeier** *m, a. fig.* vatour m.

ab [ap] **I.** *adv (~gegangen, ~getrennt, los)* parti, perdu; ► *~sein (a.)* manquer; *loc* départ; *Köln ~ 7.15* Cologne départ 7.15; *~ und zu* de temps en temps, de loin en loin; *von ... ~ (zeitl.)* à partir de ..., dès ...; *von heute ~* à partir d'aujourd'hui; *weit ~ von* loin de; *Hut ~!* chapeau bas! *~ nach Kassel! (fam)* oust(e)! filez! **II.** *prp (örtl.)* pris, départ *(adv);* ► *~ Werk, Lager* pris à l'usine, au dépôt; *(zeitl.)* à partir de; *~ 1. April* à partir du 1er avril.

abändern ['apˀɛndərn] *tr* modifier, changer; *(umarbeiten)* remanier; *jur (Urteil)* commuer; *parl* amender. **Abänderung** *f* modification, *f,* changement; *(Umarbeitung)* remaniement *m; jur* commutation *f; parl* amendement *m.* **Abänderungsantrag** *m parl* amendement *m.*

ab=arbeiten 1. *refl.: sich ~* s'épuiser *od* s'éreinter (à force de travail), s'esquinter.

Abart *f* ['apˀa:rt] *bes. biol* variété, variante *f.* **abartig** *a* anormal.

Abbau *m* **1.** *(Ausea.nehmen)* démontage; *(e-r Fabrikeinrichtung a.)* démantelage *m;* **2.** *mines* exploitation *f* (minière); **3.** *chem (e-r Verbindung)* décomposition, dégradation *f;* **4.** *fig (Bestände, Preise, Gehälter, Personal)* réduction, diminution *f;* **5.** *(Maßnahme, Einrichtung, Dienststelle)* suppression *f* (graduelle); ► *~ der Zollschranken* suppression *f* graduelle des barrières douanières. **ab=bauen** *tr* **1.** *(ausea.nehmen)* défaire, démonter; *(Zelt a.)* plier; *(Maschine)* démonter; *(Fabrikeinrichtung a.)* démanteler; **2.** *mines* exploiter; **3.** *chem* décomposer, dégrader; **4.** *fig (Bestände etc)* réduire, diminuer; **5.** *(Maßnahme etc)* supprimer graduellement.

ab=beißen ‹*biß ab, abgebissen*› *tr* arracher avec les dents; ► *sich lieber die Zunge ~ (fam)* préférer se faire couper la langue (*als* que de).

ab=beizen *tr* décaper, dérocher.

ab=bekommen ‹*bekam ab, abbekommen*› *tr* **1.** *(losbekommen)* détacher; **2.** *(erhalten)* emporter; *(Schlag)* attraper; ► *etw ~* avoir sa part.

ab=berufen ‹*berief ab, abberufen*› *tr (Diplomaten)* rappeler; ► *aus diesem Leben* od *in die Ewigkeit ~ werden* être rappelé à Dieu. **Abberufung** *f* rappel *m.*

ab=bestellen ‹*ohne -ge-*› *tr com* décommander, contremander; *(Zeitung)* résilier *od* faire cesser l'abonnement de; *(Person)* décommander. **Abbestellung** *f* contrordre, *m; (Zeitung)* cessation *f* d'abonnement *od* de l'abonnement (de).

ab=betteln *tr:* ► *jdm etw ~* obtenir qc de qn à force de prier, soutirer qc à qn.

ab=bezahlen ‹*ohne -ge-*› *tr* achever de payer; amortir; *(in Raten)* payer en *od* par acomptes. **Abbezahlung** *f* amortissement *m.*

ab=biegen ‹*bog ab, abgebogen*› *tr* ‹*h*› **1.** plier, écarter en pliant; **2.** *fig (ablenken)* détourner, écarter; *itr* ‹*sein*› **3.** *(vom Weg, weg aus s-r Richtung)* tourner.

Abbild *n (Ebenbild)* image *f; fig* reflet *m.* **ab=bilden** *tr* figurer, représenter. **Abbildung** *f typ* illustration, reproduction *f.*

ab=binden ‹*band ab, abgebunden*› *tr* **1.** *(losbinden)* délier, détacher; **2.** *med (Ader)* ligaturer, lier.

Abbitte *f* excuses *f pl; (öffentliche)* amende *f* honorable; ► *~ leisten* od *tun* demander pardon; *(öffentlich)* faire amende honorable.

ab=blasen ‹*bläst, blies ab, abgeblasen*› *tr* **1.** *(Staub)* enlever en soufflant; **2.** *fig fam (Veranstaltung, Streik)* supprimer, annuler, *(nach Beginn)* interrompre.

ab=blättern *itr (Farbe)* s'écailler.

ab=blenden *tr* **1.** *(durch Abdecken)* voiler, masquer; *mot* mettre en code; **2.**

phot diaphragmer; *itr* **3.** *mot* baisser les phares, mettre (les phares) en code; ▶ *abgeblendet haben (mot)* être en code. **Abblendlicht** *n* phare *m* code.

ab=blitzen *itr:* ▶ *jdn ~ lassen (fam)* envoyer qn promener, éconduire qn.

ab=brausen *itr ‹sein› fam (schnell abfahren)* partir en flèche; filer.

ab=brechen *‹bricht, brach ab abgebrochen› tr ‹h›* **1.** rompre, détacher; *(Zweig)* casser; **2.** *(Mauer, Gebäude)* démolir; *(Zelt)* démonter; **3.** *fig (Tätigkeit)* interrompre, arrêter, suspendre; *(Kampf)* arrêter, cesser; *(Streik)* cesser; *(Verhandlungen, Beziehungen)* rompre; *itr* **4.** *‹h› fig (aufhören)* s'arrêter, cesser; *(in der Rede)* s'interrompre; **5.** *‹sein›* se rompre, se briser; ▶ *die Beziehungen zu jdm ~* rompre les relations avec qn; *kurz ~ (itr: in der Rede)* couper court; *tr (Rede: plötzlich aufhören)* couper court à; *das Lager ~ (mil)* lever le camp; *die Zelte ~ (fig)* abattre les tentes.

ab=brennen *‹brannte ab, abgebrannt› tr ‹h›* brûler, réduire en cendres; *itr ‹sein›* brûler, être consumé par le feu.

ab=bringen *‹brachte ab, abgebracht› tr* **1.** enlever; **2.** *fig:* ▶ *jdn von etw ~* détourner, faire revenir qn de qc; *jdn von s-r Meinung ~* faire changer qn d'avis; *vom Thema ~* détourner du sujet; *sich von etw nicht ~ lassen* ne pas démordre de qc.

ab=bröckeln *itr ‹sein›* s'effriter.

Abbruch *m* **1.** *(e-s Gebäudes)* démolition *f;* **2.** *fig (der Beziehungen, Verhandlungen)* rupture *f; (e-s Wettkampfes)* arrêt *m;* ▶ *e-r S ~ tun* porter atteinte *od* préjudice à qc; *e-r S keinen ~ tun (a.)* ne rien enlever à qc; *(Haus) auf ~ verkaufen* vendre pour la démolition. **abbruchreif** *a (Haus)* croulant, délabré.

ab=buchen *tr com (abziehen)* déduire; *(zur Last schreiben)* débiter; *(abschreiben, streichen)* amortir. **Abbuchung** *f* déduction *f;* débit *m,* charge *f;* amortissement *m.*

ab=bürsten *tr (Gegenstand)* brosser.

ab=büßen *tr (Schuld)* expier; *jur (Strafe)* purger.

Abc *n ‹-, -›* [abe'tse:] alphabet; *fig (Anfangsgründe)* abc *m.* **ABC-Waffen** *f pl* armes ABC, armes *f pl* atomiques, biologiques et chimiques.

ab=danken *itr (sein Amt niederlegen)* démissionner, donner sa démission; *(Fürst)* abdiquer. **Abdankung** *f ‹-, -en›* démission; *(Fürst)* abdication *f.*

ab=decken *tr* **1.** *(Belag, Decke: abnehmen)* enlever; *(Dach, Haus, Beet: freilegen)* découvrir; *(Tisch)* desservir; **2.** *(zudecken)* (re)couvrir.

ab=dichten *tr allg* obturer; *(Loch)* boucher, colmater; *(Ritze)* calfeutrer; *(wasserdicht machen)* rendre étanche. **Abdichtung** *f* obturation *f;* colmatage; calfeutrage *m.*

ab=drehen *tr* **1.** détacher *od* enlever en tordant; **2.** *(Wasser)* couper, fermer; *(Gas)* fermer; *el (Licht)* éteindre.

ab=drosseln *tr (Gas, el)* étrangler; *mot* mettre au ralenti.

Abdruck *m* **1.** ‹-(e)s, ⸚e› ['apdrʊk, -ʏkə] empreinte *(a. d. Fingers),* marque *f;* **2.** ‹-s, -e› *typ* reproduction, copie *f;* **ab=drucken** *tr typ* imprimer, tirer, reproduire, copier; *(veröffentlichen)* publier.

ab=drücken *tr (Gewehr)* appuyer sur la détente; faire partir le coup.

ab=dunkeln *tr (Raum)* obscurcir.

ab=ebben *itr ‹sein› (Flut)* reculer, se retirer; *fig* baisser, décliner.

Abend *m ‹-s, -e›* ['a:bənt, -də] *(als Zeiteinheit)* soir *m; (in s-m Verlauf, mit Bezug auf s-n Inhalt)* soirée *f;* ▶ *am ~* le soir; *am ~ vorher* la veille (au soir); *am folgenden ~* le lendemain soir; *eines ~s* un (beau) soir; *gestern a~* hier (au) soir; *heute a~* ce soir; *morgen a~* demain soir; *zu ~ essen* dîner; *jdm e-n guten ~ wünschen* souhaiter *od* donner le bonsoir à qn; *es wird ~* le soir tombe; *bis heute a~!* à ce soir! *guten ~!* bonsoir! *es ist noch nicht aller Tage ~ (prov)* qui vivra verra; *man soll den Tag nicht vor dem ~ loben (prov)* il ne faut pas trop tôt chanter victoire; *der Heilige ~* la veille de Noël. **Abendanzug** *m* tenue *f* de soirée. **Abendbrot** *n,* **Abendessen** *n* repas du soir, dîner *m.* **Abenddämmerung** *f* crépuscule *m.* **abendfüllend** *a:* ▶ *~er Film m* grand film, long métrage *m.* **Abendkasse** *f theat: an der ~* à l'entrée. **Abendkleid** *n* robe *f* de soirée *od* du soir. **Abendkurs** *m* cours *m* du soir. **Abendland,** *das* l'Occident *m.* **abendländisch** *a* occidental. **Abendmahl** *n rel* cène; *(Kunst)* Cène *f.* **Abendrot** *n,* **Abendröte** *f* coucher *m* de soleil. **abends** *adv* le soir. **Abendschule** *f* école *f od* cours *m pl* du soir. **Abendsonne** *f* soleil *m* couchant. **Abendstern** *m* étoile *f* du soir *od* du berger. **Abendstunden** *f pl* soirée, veillée *f.*

Abenteuer *n ‹-s, -›* ['a:bəntɔyər] aventure *f;* ▶ *auf ~ ausgehen* chercher des aventures, courir l'aventure. **abenteuerlich** *a* aventureux. **Abenteuerlust** *f* aventurisme *m.* **Abenteuerroman** *m* roman *m* d'aventures. **Abenteurer** *m* ‹s, -› aventurier *m.*

aber ['a:bər] **I.** *conj* mais; *(indessen, jedoch)* cependant, pourtant, toutefois; *(trotzdem, dennoch, nichtsdestoweniger)* néanmoins; ▶ *nun ~* or; *oder ~* ou bien; **II.** *adv:* ▶ *~ und ~mals* toujours de nouveau; *tausend und ~ tausend,*

Tausende und ~ Tausende des milliers et des milliers. **III. Aber** *n* ‹-s, -› mais *m;* ► *nach vielem Wenn und ~* après beaucoup d'hésitations. **Aberglaube** *m* superstition *f.* **abergläubisch** *a* superstitieux.

ab=erkennen ‹*erkannte ab, aberkannt*› *tr* contester, refuser (*jdm etw* qc à qn); *jur* priver, déposséder (*jdm etw* qn de qc). **Aberkennung** *f* contestation *f,* refus *m; jur* privation, dépossession *f;* ► *~ der bürgerlichen Ehrenrechte* privation des droits civiques.

abermals *adv* encore (une fois).

ab=ernten *tr (Feld)* moissonner.

Abessinien *n* ‹-s, ø› [abɛ'si:niən] *geog* l'Abyssinie *f.* **Abessinier(in** *f***)** *m* ‹-s, -› [-niər] Abyssin(e *f*); Abyssinie(ne *f*) *m.* **abessinisch** *a* abyssin(ien).

ab=fahren ‹*fuhr ab, abgefahren*› *itr* ‹*fährt, sein*› **1.** *allg* partir (*nach* pour); *(Fahrzeug)* démarrer; **2.** *(Schi: abwärts fahren)* descendre; *tr*‹*h*› **3.** *(Last)* transporter; **4.** *(e-e Strecke)* couvrir (une distance). **Abfahrt** *f* **1.** *allg* départ; *(Fahrzeug)* démarrage *m;* **2.** *(Schi: Talfahrt)* descente *f.* **abfahr(ts)bereit** *a* prêt à partir. **Abfahrt(s)zeit** *f* heure *f* de *od* du départ.

Abfall *m (wertlose Überbleibsel, meist pl: Abfälle)* résidu *m,* déchets *m pl; (im Haus)* ordures *f pl;* ► *radioaktive(r) ~* déchets *m pl* radioactifs. **Abfalleimer** *m* poubelle *f.*

ab=fallen ‹*fällt, fiel ab, abgefallen*› *itr* ‹*sein*› **1.** *(herunterfallen)* tomber, se détacher; **2.** *(Gelände)* s'incliner, aller en pente; *(Straße)* descendre; **3.** *(schlechter sein)* être inférieur (*gegen* à); **4.** ► *es fällt etw, nichts für mich ab* j'en aurai ma part; je n'en aurai rien.

abfällig *a fig (Urteil)* défavorable.

Abfallprodukt *n (verwertbar)* sous-produit *m.* **Abfallverwertung** *f* recyclage *m* des déchets.

ab=fangen ‹*fängt, fing ab, abgefangen*› *tr* **1.** *(Boten, Brief, tele)* intercepter; *radio* capter; **2.** *(Stoß)* amortir; *(Schlag)* parer; **3.** *(Flugzeug)* redresser.

ab=färben *itr, a. fig* déteindre (*auf* sur).

ab=fassen *tr (verfassen, schreiben)* rédiger.

ab=feilen *tr* enlever avec la lime, limer.

ab=fertigen *tr* **1.** expédier *(a. Zug); (Gepäck)* enregistrer; *(zollamtlich)* dédouaner; *(Schiff)* armer; **2.** *(Kunden)* servir; ► *jdn kurz ~* expédier qn. **Abfertigung** *f* expédition *f; (Gepäck)* enregistrement *m.* **Abfertigungsschalter** *m* guichet *m* (od comptoir *m*) d'enregistrement.

ab=feuern *tr (Schuß)* tirer.

ab=finden ‹*fand ab, abgefunden*› *tr (entschädigen)* dédommager, indemniser (*für etw* de qc); ► *sich mit etw ~* s'accommoder, prendre son parti de qc. **Abfindung** *f* ‹-, -en› *(Entschädigung)* dédommagement *m,* indemnisation; indemnité *f* (forfaitaire); *(Vergleich)* accord *m.*

ab=flachen *tr* aplatir, aplanir, niveler.

ab=flauen ['apflauən] *itr* ‹*sein*› *(Wind)* se calmer; *fig (Interesse)* diminuer.

ab=fliegen ‹*flog ab, abgeflogen*› *itr* ‹*sein*› *aero* s'envoler, décoller, partir (*nach* pour).

ab=fließen ‹*floß ab, abgeflossen*› *itr* ‹*sein*› s'écouler.

Abflug *m (der Zugvögel, aero)* départ; *aero* envol, décollage *m.*

Abfluß *m* (voie *f* d')écoulement *m; (e-s Teiches, Staubeckens)* décharge *f.* **Abflußrinne** *f* déversoir, caniveau *m.* **Abflußrohr** *n* tuyau *m* d'écoulement.

ab=fordern *tr:* ► *jdm etw ~* demander *od* réclamer qc à qn, exiger qc de qn.

ab=fragen *tr* faire réciter (*etw* od *jdn* qc *od* qn).

Abfuhr *f* ‹-, -en› ['apfu:r] **1.** transport, charriage, camionnage *m;* **2.** *fig fam (Zurückweisung)* refus *m,* rebuffade *f; jdm e-e ~ erteilen* éconduire qn.

ab=führen *tr* **1.** *(Gefangenen)* emmener; **2.** *itr med* purger. **Abführmittel** *n* laxatif *m.*

ab=füllen *tr (Flüssiges)* soutirer; *(in Flaschen)* mettre en bouteilles, embouteiller. **Abfüllung** *f* mise *f* en bouteilles.

Abgabe *f* **1.** *(Ablieferung)* délivrance, livraison; **2.** *(Verkauf)* vente *f;* **3.** *meist pl adm* droits, impôts *m pl,* taxes *f pl,* contribution(s *pl*) *f.*

Abgang *m* **1.** *theat sport (von der Schule)* sortie; *(aus e-r Stelle, e-m Amt)* retraite; **2.** *(Verlust)* perte *f; (bei Flüssigkeiten)* coulage *m.* **Abgangszeugnis** *n* certificat *m* de fin d'études.

Abgas *n, a. pl tech mot* gaz *m* d'échappement *od* de combustion. **abgasarm** *a* écologique, peu polluant. **Abgaskatalysator** *m* catalyseur *m* antipollution. **Abgasrückführung** *f* recyclage *m* des (gaz) polluants. **Abgassonderuntersuchung** *f,* **Abgastest** *m* contrôle (*od* test) *m* antipollution. **Abgaswert** *m* teneur *f* en (gaz) polluants.

abgearbeitet *a* surmené.

ab=geben ‹*gibt, gab ab, abgegeben*› *tr* **1.** remettre, (dé)livrer, donner; *(in der Garderobe)* déposer; *(Handgepäck)* mettre en consigne, consigner; **2.** *sport (Ball)* passer; **3.** *(Erklärung)* faire; **4.** *(verkaufen)* vendre; *(abtreten)* céder; **5.** *(Amt)* se démettre de, résigner; **6.** *phys (Wärme)* dégager; *(Strahlungsenergie)* émettre; ► *sich mit etw, jdm ~ (befassen)* s'occuper de qc, de qn; *e-n Schuß ~* tirer un coup; *s-e Stimme für jdn ~ (parl)* voter pour qn; *sein Urteil* *über etw* ~ donner son jugement sur qc; *abgegebene Stimmen f pl (parl)* suffrages *m pl* exprimés.

abgebrannt *a (Mensch)* sinistré; *fig fam (ohne Geld)* à sec, raide, fauché.

abgebrüht *a fig fam (erfahren)* dur à cuire; ► ~ *sein (a.)* ne plus rougir de rien.

abgedroschen *a fig* usé, galvaudé, rebattu, banal, trivial; ► *~e Redensart f* expression *f* banale, cliché *m.*

abgehackt *a, a. fig* haché; *fig (Sprechweise, Stil)* saccadé, sautillant.

ab=gehen ⟨*ging ab, abgegangen*⟩ *itr* ⟨*sein*⟩ **1.** *(abfahren)* s'en aller, partir (*nach* pour); *(Schauspieler von der Bühne)* quitter la scène, sortir; *(Schüler)* sortir, quitter l'école; *(Beamter)* prendre sa retraite; **2.** *(sich lösen, z. B. Sohle, Rad)* se détacher; *(Knopf)* s'en aller, sauter; *(Farbe)* passer; **3.** *(Ware: sich verkaufen)* se vendre, s'écouler; **4.** *(abzweigen)* bifurquer; **5.** *fig (von s-r Meinung)* se départir, démordre (*von* de); *impers* **6.** *(fehlen)* manquer, faire faute (*jdm* à qn); ► *von s-n Forderungen* ~ réduire ses exigences; *von der Wahrheit* ~ s'écarter de la vérité; *sich nichts ~ lassen* ne se priver de rien; *es ging nicht ohne Streit ab* on en est venu aux coups; *es gehen 3 Mark ab* trois marks sont à déduire.

abgekämpft *a mil* u. *allg* usé, épuisé.

abgekartet *a:* ► *~es Spiel n* jeu *m* joué.

abgeklärt *a (Flüssigkeit* u. *fig)* décanté, clarifié; *fig (heiter)* calme, serein.

abgelagert *a (Brot)* rassis; *(Wein)* vieilli en cave; *(Holz)* bien sec.

abgelaufen *a* **1.** *(Schuhe)* usé; **2.** *(Termin, Frist)* expiré.

abgelegen *a* éloigné, écarté, isolé; *(einsam)* solitaire.

abgemacht *a* convenu, fait; ► *~!* (c'est) convenu *od* entendu! d'accord!

abgeneigt *a* pas *od* peu disposé, peu enclin; ► *e-r S ~ sein* répugner à qc.

abgenutzt *a* usé; *(Kleidung)* râpé.

Abgeordnete, *e m f* ⟨-n, -n⟩ *parl* député; délégué(e *f*) *m.* **Abgeordnetenhaus** *n.* **Abgeordnetenkammer** *f* Chambre *f* des députés.

abgerissen *a* **1.** *(zerlumpt)* déguenillé; **2.** *fig (Worte)* incohérent; ► *~e Sätze m pl* phrases *f pl* décousues.

abgerundet *a, a. fig* arrondi; *(Zahl)* en chiffres ronds.

abgeschieden *a* **1.** *s. abgelegen;* **2.** *(verstorben)* décédé, défunt. **Abgeschiedenheit** *f* ⟨-, ø⟩ isolement *m;* solitude *f.*

abgeschlossen *a* **1.** *(eingeschlossen)* (ren)fermé; *(getrennt)* séparé, isolé; **2.** *fig (beendet)* fini, achevé.

abgeschmackt ['apgəʃmakt] *a fig (fade)* fade, plat, insipide; *(albern)* inepte, saugrenu. **Abgeschmacktheit** *f* fadeur, platitude; ineptie *f.*

abgesehen: ► ~ *von* abstraction faite de, sans parler de; *davon* ~ à part cela; *von einigen Ausnahmen* ~ à quelques exceptions près.

abgespannt *a (müde)* fatigué; *(erschöpft)* épuisé, abattu. **Abgespanntheit** *f* ⟨-, ø⟩ fatigue *f;* épuisement *m.*

abgestanden *a (Wein, Bier)* éventé.

abgestorben *a* mort.

abgestumpft *a* **1.** *math (Kegel)* tronqué; **2.** *fig (Sinn)* usé; *(seelisch, geistig)* insensible, indifférent (*gegen* à); *(stumpf)* hébété, abruti. **Abgestumpftheit** *f* ⟨-, ø⟩ fig (geistige) indifférence *f;* hébétement *m.*

abgetragen *a (Kleidung)* usé, râpé.

ab=gewinnen ⟨*gewann ab, abgewonnen*⟩ *tr (Geld)* gagner (*jdm etw* qc sur qn); ► *e-r S Geschmack* ~ trouver *od* prendre goût à qc.

ab=gewöhnen *tr:* ► *jdm etw* ~ déshabituer, désaccoutumer qn de qc, faire perdre l'habitude de qc à qn; *sich etw* ~ se déshabituer, se désaccoutumer de qc.

Abglanz *m fig* reflet *m.*

Abgott *m* faux dieu *m,* idole *f.*

ab=grenzen *tr* délimiter; *sport (Spielfeld)* marquer. **Abgrenzung** *f* ⟨-, ø⟩ délimitation, *f.*

Abgrund *m* gouffre; *a. fig* précipice, abîme *m;* ► *an den Rand des ~s bringen, am Rande des ~s stehen (fig)* amener, être au bord de la ruine *od* du gouffre.

ab=gucken *tr:* ► *jdm etw* ~ imiter qn; *(abschreiben)* copier.

Abguß *m metal* moulage *m.*

ab=hacken *tr* découper.

ab=haken *tr (auf e-r Liste)* pointer.

ab=halten ⟨*hält, hielt ab, abgehalten*⟩ *tr* **1.** *(Kind)* faire faire ses besoins à; **2.** *(zurück-, fernhalten)* arrêter, retenir; **3.** *(hindern)* empêcher (*von* de); *(von der Arbeit)* détourner (*von* de); ► *Gericht* ~ siéger; *Gottesdienst* ~ célébrer l'office, officier; *sich durch nichts ~ lassen* aller contre vent et marée.

ab=handeln *tr* **1.** *(abkaufen)* acheter (*jdm etw* qc à qn); **2.** ► *vom Preis* ~ faire rabattre du prix; **3.** *fig (schriftl. erörtern)* traiter.

abhanden *adv* ► ~ *kommen* se perdre, s'égarer.

Abhandlung *f* traité *m,* dissertation *f.*

Abhang *m* pente *f,* penchant, versant *m,* côte *f; steiler* ~ escarpement *m.*

ab=hängen *tr* **1.** *(herabnehmen)* dépendre; *(Bild, Hörer)* décrocher *a. loc; loc (Wagen)* découpler; **2.** *fam (überholen)* semer *pop; sport* distancer; *itr* ⟨*hing ab, abgehangen*⟩ **3.** *fig (Sache)* être fonction *od* tributaire (*von* de); *von jdm, etw* ~ dépendre de qn, de qc; ► *es hängt nur von Ihnen ab* il ne tient qu'à vous. **abhängig** *a* dépendant (*von* de); *gram* subordonné (*von* à); ▶ *etw ~ machen von* subordonner qc à. **Abhängigkeit** *f* ‹-, ø› *fig* dépendance *f* (*von* de); sujétion *a. pol; bes. gram* subordination *f;* ▶ *gegenseitige ~* interdépendance *f.*

ab⸗härten *tr* endurcir, aguerrir, rompre (*gegen* à); **Abhärtung** *f* endurcissement *m.*

ab⸗hauen 1. *tr* ‹*hieb ab, hat abgehauen*› couper, trancher; **2.** *itr* ‹*haute ab, ist abgehauen*› *pop (weggehen)* filer, décoller; ▶ *hau ab!* fiche le camp!

ab⸗heben ‹*hob ab, abgehoben*› *tr* **1.** *(hochheben)* enlever; *(Hörer)* décrocher; *(Spielkarten)* couper; **2.** *(Geld)* retirer; **3.** *refl sich ~ (sich abzeichnen)* se silhouetter; avoir du relief; ▶ *sich ~ von* se découper sur.

ab⸗helfen ‹*hilft, half ab, abgeholfen*› *itr:* ▶ *dem kann abgeholfen werden* il y a remède à cela.

ab⸗hetzen, *sich* s'éreinter.

Abhilfe *f* remède, redressement *m,* réparation *f;* ▶ *~ schaffen* porter remède, y remédier.

ab⸗holen *tr (Person u. Sache)* aller *od* venir chercher *od* prendre; ▶ *jdn vom Bahnhof ~* aller attendre qn à la gare; *~ lassen* envoyer chercher, faire prendre; *nicht abgeholt (Brief)* non réclamé, en souffrance.

ab⸗holzen *tr* déboiser.

ab⸗horchen *tr* écouter; *med* ausculter.

ab⸗hören *tr* **1.** *(aufsagen lassen)* faire réciter; **2.** *tele radio* écouter; *(überwachen)* intercepter, capter. **Abhören** *n* ‹-s, ø› *(Abhorchen)* écoutes *f pl.*

Abi ['abi] ‹-s, (-s)› *n fam (Abitur)* bac *m.*

abiotisch [a'bio:tɪʃ] *a* abiotique.

ab⸗irren *itr* ‹*sein*› dévier (*von* de).

Abitur *n* ‹-s, (-e)› [abi'tu:r] baccalauréat; *fam* bachot *m.* **Abiturient** *m* ‹-en, -en› [abituri'ɛnt] bachelier *m.*

ab⸗jagen *tr: jdm etw ~* arracher qc à qn.

ab⸗kapseln, *sich* ['apkapsəln] *fig* s'isoler, se retrancher du monde.

ab⸗kaufen *tr: jdm etw ~* acheter qc à *od* de qn.

ab⸗kehren, *sich* se détourner (*von* de).

ab⸗klären *tr (Flüssigkeit)* décanter.

Abklatsch *m fig (Nachahmung)* imitation, (mauvaise) copie *f.*

ab⸗klingen ‹*klang ab, abgeklungen*› *itr* ‹*sein*› *(Ton)* s'évanouir, mourir; *fig (Erregung)* s'affaiblir; *(Schmerz)* s'adoucir.

ab⸗klopfen *tr med* percuter.

ab⸗knipsen *tr* enlever, pincer; *(Draht)* couper.

ab⸗knöpfen *tr* **1.** déboutonner; **2.** *fig fam:* ▶ *jdm etw ~* soustraire qc à qn.

ab⸗knutschen *tr fam* bécoter.

ab⸗kochen *tr (Wasser)* faire bouillir.

ab⸗kommandieren ‹*ohne -ge-*› *tr mil* détacher.

Abkomme *m* ‹-n, -n› ['apkɔmə] *(Nachkomme)* descendant *m.* **ab⸗kommen** ‹*kam ab, abgekommen*› *itr* ‹*sein*› **1.** *(vom Weg)* s'écarter, dévier (*von* de); **2.** *fig (vom Thema)* s'écarter (*von* de); **3.** *(sich abgewöhnen)* sortir (*von* de); **4.** *(Brauch)* tomber en désuétude, passer (de mode), se perdre; ▶ *gut ~ (sport)* prendre un bon départ; *vom Kurs ~ (mar aero)* s'écarter de sa route *od* du cap; *von s-r Rede ~* perdre le fil de son discours; *vom Weg ~ (a.)* perdre son chemin, s'égarer; *vom geraden* od *rechten Weg ~ (fig)* quitter le droit chemin; *ich komme nicht davon ab* cela ne me sort pas de l'idée; *ich bin längst davon abgekommen* j'en suis revenu depuis longtemps. **Abkommen** *n* **1.** ‹-s, ø› *sport* départ *m;* **2.** ‹-s, -› *(Übereinkunft, Vertrag)* accord *m,* convention *f,* pacte *m;* ▶ *ein ~ treffen* faire un arrangement, conclure une convention.

abkömmlich ['apkœm-] *a* disponible, libre. **Abkömmling** *m* ‹-s, -e› *s. Abkomme.*

ab⸗koppeln *tr loc* décrocher.

ab⸗kratzen 1. *tr (Schmutz, Farbe)* enlever en grattant; *(Gegenstand)* gratter, racler; *(Wand, Mauer)* décrépir; **2.** *itr vulg (sterben)* claquer, casser sa pipe.

ab⸗kriegen *tr fam s. abbekommen;* ▶ *Schläge* od *was ~* prendre qc, ramasser une raclée.

ab⸗kühlen 1. *tr* rafraîchir, refroidir *a. fig; fig* calmer, apaiser; **2.** *itr* se refroidir, tiédir; **3.** *refl: sich ~ (Mensch)* se rafraîchir. **Abkühlung** *f* rafraîchissement; refroidissement *m, a. mete* u. *fig.*

ab⸗kürzen *tr (kürzer machen, a. fig)* écourter; *(Weg, Verfahren)* raccourcir; *(Wort)* abréger. **Abkürzung** *f* **1.** *(kürzerer Weg)* raccourci *m;* **2.** *(abgekürztes Wort)* abréviation *f.*

ab⸗laden ‹*lädt, lud ab, abgeladen*› *tr* décharger.

Ablage *f* **1.** *(von Akten)* rangement, classement *m;* **2.** *(Ort)* dépôt *m.*

ab⸗lagern 1. *tr (Wein)* laisser vieillir; **2.** *refl: sich ~ (als Bodensatz)* se déposer. **Ablagerung** *f* dépôt *m.*

Ablaß *m* ‹-sses, ⸚sse› ['aplas, -ɛ-] **1.** décharge *f;* **2.** *rel* indulgence *f.*

ab⸗lassen ‹*läßt, ließ ab, abgelassen*› *tr* **1.** *(Flüssigkeit)* faire écouler; *(Wein)* (sou)tirer; *(Faß, Teich)* vider; *(Luft)* faire *od* laisser échapper; *(Dampf)* lâcher; *mot* vidanger; **2.** *(abgeben)* céder; ▶ *von etw ~* se désister de qc; *von jdm ~* lâcher qn.

Ablauf *m* **1.** *(e-s Vorgangs)* déroulement *m;* **2.** *(e-r Frist, e-s Vertrages)* expiration *f;* ▶ *nach ~ der Frist* à terme échu. **ab⸗laufen** ‹*läuft, lief ab, abgelaufen*› *itr* ‹*sein*› **1.** *(Vorgang, Film)* se dérouler; **2.**

(zu Ende gehen) se terminer, finir; *(Frist, Vertrag)* expirer; *tr* ⟨*h*⟩ **3.** *(Schuhe, Sohlen)* user, éculer.

Ablaut *m gram* alternance vocalique, apophonie *f.*

ab=lecken *tr* lécher; ▶ *sich die Finger* ~ se lécher les doigts.

ab=legen *tr* **1.** déposer; **2.** *(Kleider)* enlever, ôter; **3.** *(für immer)* mettre au rebut; **4.** *(Maske)* lever; **5.** *(Karten im Spiel)* écarter; **6.** *(Brief, Akten)* classer; **7.** *fig (Gewohnheit, Vorurteil)* se défaire de, se débarrasser de; ▶ *e-n Eid* ~ prêter serment; *e-n Fehler* ~ se corriger d'un défaut; *e-e Prüfung* ~ passer *od* subir un examen; *Rechenschaft* od *Rechnung* ~ rendre compte (*über* de); *die Trauer* ~ quitter le deuil; *ein Zeugnis* ~ rendre témoignage (*von* de); *legen Sie ab!* débarrassez-vous!

ab=lehnen *tr* refuser; *(Antrag)* rejeter, repousser; *jur (Richter, Zeugen)* récuser. **ablehnend** *a* défavorable, négatif; ▶ *sich* ~ *verhalten* se montrer défavorable (*gegenüber e-r S* à qc). **Ablehnung** *f* ⟨-, -en⟩ refus; *(e-s Antrags)* rejet *m; jur* récusation *f.*

ab=leiten *tr* **1.** *(Wasser; el: Strom, Blitz)* détourner; **2.** *(Wasserlauf; med; gram)* dériver; **3.** *philos (folgern)* déduire. **Ableitung** *f* détournement *m;* dérivation *f.*

ab=lenken *tr* **1.** détourner, dévier; *opt* diffracter; **2.** *(zerstreuen)* distraire, divertir. **Ablenkung** *f* **1.** détournement *m,* déviation; *opt* diffraction *f;* **2.** *fig* distraction, diversion *f.*

Ablesegerät *n* lecteur *m.* **ab=lesen** *tr* **1.** *(Rede)* lire (*von* sur); **2.** *(e-n Zähler)* relever; *jdm etw an den Augen, von den Lippen* ~ lire qc dans les yeux, sur les lèvres de qn.

ab=leugnen *tr* (dé)nier *a. jur;* désavouer; ▶ *s-n Glauben* ~ renier sa foi.

ab=liefern *tr* (dé)livrer, remettre. **Ablieferung** *f* délivrance, remise *f.*

ablösbar *a* **1.** détachable; **2.** *fin* rachetable; amortissable; *(Anleihe)* remboursable. **ab=lösen** *tr* **1.** détacher (*von* de); **2.** *fig (bei e-r Arbeit; mil: e-e Einheit)* relayer; *(im Amt)* remplacer; **3.** *fin* racheter; *(Anleihe)* rembourser; *(Hypothek)* purger; **4.** *refl: sich* ~ se détacher (*von* de); *(abblättern)* s'écailler. **Ablösung** *f* **1.** *(bei e-r Tätigkeit, mil)* relève *f; (im Amt)* remplacement *m;* **2.** *fin* rachat, amortissement *m.*

ab=machen *tr* **1.** *(losmachen)* défaire, détacher; **2.** *(e-n Handel)* faire, conclure; *(vereinbaren)* convenir de, accorder; *jur (vertraglich)* stipuler; ▶ *gütlich* ~ régler à l'amiable; *das war nicht abgemacht* cela n'était pas convenu; *das sollen sie unter sich* ~*!* à eux de s'arranger! **Abmachung** *f* ⟨-, -en⟩ arrangement, règlement *m;* convention *f,* accord *m; jur* stipulation *f.*

ab=magern ['apma:gərn] *itr* ⟨*sein*⟩ (a)maigrir.

ab=malen *tr (nach d. Natur)* peindre; *(kopieren)* copier.

Abmarsch *m* départ *m, a. mil.* **ab=marschieren** ⟨*ohne -ge-*⟩ *itr* ⟨*sein*⟩ se mettre en marche *od* en route.

ab=melden: *sich (polizeilich)* ~ déclarer son départ (à la police). **Abmeldung** *f (polizeiliche)* déclaration *f* de départ.

ab=messen ⟨*mißt, maß ab, abgemessen*⟩ *tr* mesurer; *(Gelände)* arpenter; *(dosieren)* doser.

ab=montieren ⟨*ohne -ge-*⟩ *tr* démonter.

ab=mühen, *sich* se donner du mal *od* de la peine.

ab=nagen *tr* ronger.

Abnahme *f* ⟨-, ø⟩ **1.** *(Wegnehmen)* enlèvement *m; med (e-s Gliedes)* amputation, ablation *f;* **2.** *(Prüfung)* contrôle *m; (e-s Neubaus, e-r neuen Maschine)* réception; *(e-r Rechnung)* audition *f;* **3.** *(Kauf)* achat *m;* **4.** *fig (Kleinerwerden)* diminution *f; (Schwächerwerden)* affaiblissement, déclin *m;* ▶ *bei* ~ *von ... (com)* pour l'achat de ...

ab=nehmen ⟨*nimmt, nahm ab, abgenommen*⟩ *tr* **1.** *(Bild; tele: Hörer)* décrocher; *(Wäsche)* dépendre; *(Hut)* ôter; *(Brille, Verband)* enlever; *med (amputieren)* amputer, couper; **2.** *(Ausweis, Fahrkarte)* retirer; **3.** *(prüfen)* contrôler; *(e-n Neubau, e-e neue Maschine)* recevoir; *(e-e Rechnung)* examiner, vérifier; **4.** *(kaufen)* acheter, prendre; *itr* **5.** *(kleiner, kürzer werden)* diminuer *(a. Tage); (schwächer werden)* baisser; *(Mond, Tage)* décroître; *(Mensch, Tier)* maigrir (*10 Pfund* de 10 livres); *(Kräfte)* s'affaiblir, décliner; ▶ *jdm die Arbeit* ~ décharger qn; *jdm ein Versprechen* ~ faire promettre qc à qn. **Abnehmer** *m com* acheteur, preneur *m;* ▶ *(e-n)* ~ *finden* trouver acheteur.

Abneigung *f* aversion, antipathie *f* (*gegen* pour); *(Widerwille)* répugnance *f.*

abnorm [ap'nɔrm] *a* anormal. **Abnormität** *f* ⟨-, -en⟩ [-'tɛ:t] anomalie *f.*

ab=nötigen *tr* extorquer (*jdm etw* qc à qn).

ab=nutzen *tr* user; *sich* ~ s'user. **Abnutzung** *f* usure *f.*

Abonnement *n* ⟨-s, -s⟩ [abɔn(ə)'mã(s)] abonnement *m* (*auf* à); ▶ *das* ~ *erneuern* se réabonner; *ein* ~ *haben (theat)* être abonné. **Abonnent** *m* ⟨-en, -en⟩ [abɔ'nɛnt] abonné *m.* **abonnieren** ⟨*ohne ge-*⟩ *tr* abonner, s'abonner à.

ab=ordnen *tr* déléguer; *parl* députer. **Abordnung** *f* délégation; députation *f.*

Abort *m* ⟨-s, -e⟩ **1.** ['ap'ɔrt] *vx fam (Klosett)* cabinets *od* lieux *m pl* d'aisance. **2.** *(a.* **Abortus** ⟨-, ø⟩)

[a'bɔrt(ʊs)] *med* fausse couche *f*.
ab=pflücken *tr* cueillir.
ab=prallen *itr* ‹*sein*› (re)bondir, rejaillir (*an* sur); ricocher.
ab=putzen *tr (Staub etc)* enlever; *(Gegenstand)* nettoyer.
ab=quälen, *sich* se tourmenter, se torturer.
ab=rackern, *sich* s'éreinter, s'échiner.
ab=raten ‹*rät, riet ab, abgeraten*› *tr* u. *itr:* ▶ *jdm (von) etw* ~ déconseiller qc à qn, dissuader qn de qc.
ab=räumen *tr (Sachen vom Tisch)* enlever; *(den Tisch)* desservir.
ab=rechnen *tr* **1.** *(abziehen)* décompter, déduire; **2.** *(Konto)* régler, liquider; *itr:* ▶ *mit jdm* ~ *(a. fig)* régler ses comptes avec qn. **Abrechnung** *f* **1.** *(Abzug)* décompte *m*, déduction *f*; **2.** *(e-s Kontos)* liquidation *f*.
Abrede *f:* ▶ *in* ~ *stellen (bestreiten)* mettre en doute, contester; *e-e* ~ *treffen* tomber d'accord, se concerter.
ab=reiben ‹*rieb ab, abgerieben*› *tr* frotter, frictionner.
Abreise *f* départ *m* (*nach* pour); **ab=reisen** *itr* ‹*sein*› partir (*nach* pour).
ab=reißen ‹*riß ab, abgerissen*› *tr* ‹*h*› **1.** arracher; **2.** *(Gebäude)* démolir; *itr* ‹*sein*› **3.** se rompre. **Abreißkalender** *m* calendrier-bloc *m*.
ab=richten *tr (Tier)* dresser; *(Pferd)* entraîner.
ab=riegeln *tr* verrouiller *a. mil; (Straße)* barr(icad)er; *mil* barrer.
Abriß *m (Skizze)* esquisse, ébauche *f*; *(kurze Darstellung)* abrégé, précis *m*.
ab=rollen 1. *tr* dérouler, dévider; **2.** *itr fig (Ereignis)* se dérouler.
ab=rücken *itr* ‹*sein*› **1.** (se) reculer, se retirer (*von* de); *fig* s'écarter, s'éloigner (*von jdm, von etw* de qn, de qc); **2.** *mil* partir (*nach* pour).
Abruf *m, a. inform* appel *m*; ▶ *auf* ~ sur appel. **ab=rufen** ‹*rief ab, abgerufen*› *tr* rappeler; *inform* (Daten)appeler.
ab=runden *tr (Zahl)* arrondir; *s. a. abgerundet*.
ab=rüsten *tr* u. *itr mil* désarmer. **Abrüstung** *f* désarmement *m*. **Abrüstungskonferenz** *f* conférence *f* sur le désarmement.
ab=rutschen *itr* ‹*sein*› glisser; *mot aero* déraper.
ab=sacken *itr* ‹*sein*› *(sich senken)* s'enfoncer, s'affaisser; *(sinken)* couler, sombrer; *aero* faire une abattée.
Absage *f* ‹-, -n› refus *m*; **ab=sagen 1.** *tr (rückgängig machen)* révoquer; **2.** *itr* refuser.
ab=sägen *tr* **1.** couper avec une scie, scier; **2.** *fig fam pol* débarquer, limoger.
Absatz *m* **1.** *(im Gelände)* terrasse *f*; **2.** *(Treppen~)* palier *m*; **3.** *(Schuh~)* talon *m*; **4.** *(Schrift)* paragraphe *m*; **5.** *(Verkauf)* écoulement, débit *m*, vente *f*; ▶ ~ *finden (com)* se vendre, trouver un débouché; *e-n* ~ *machen (beim Schreiben)* aller à la ligne; *~! (beim Diktat)* alinéa! à la ligne! **Absatzmarkt** *m* débouché, marché *m*.
ab=schaben *tr* racler, ratisser.
ab=schaffen *tr* **1.** *(aufheben)* abolir, supprimer; *(Gesetz)* abroger; *(Mißbrauch)* supprimer; **2.** *(Hund, Telefon etc)* se défaire de, se débarrasser de. **Abschaffung** *f* abolition; suppression *f*.
ab=schalten 1. *tr el (Strom)* couper, interrompre; *(Gerät: ausschalten)* mettre hors circuit, fermer; *tech (Maschine)* débrayer; **2.** *itr fig fam:* ▶ *abgeschaltet haben* ne plus faire attention.
ab=schätzen *tr (mit den Augen)* estimer, mesurer des yeux; *(berechnend)* évaluer, taxer, priser; *jur* expertiser, faire l'expertise de. **abschätzig** *adv:* ▶ *von jdm* ~ *sprechen* médire de qn.
Abschaum *m* ‹-(e)s, ø› écume *f a. fig;* ▶ *der* ~ *der Menschheit* la lie du genre humain.
Abscheu *m* ‹-(e)s, ø› *(Ekel)* dégoût *m*; *(Abneigung)* répugnance, répulsion *f*; ▶ ~ *erregen* faire horreur. **abscheulich** *a* détestable, dégoûtant; répugnant, repoussant.
ab=schicken *tr* envoyer, expédier; *inform* valider.
ab=schieben ‹*schob ab, abgeschoben*› *tr* **1.** *(wegschicken)* renvoyer, chasser; *(unerwünschte Ausländer)* expulser; **2.** *(Schuld, Verantwortung)* repousser.
Abschied *m* ‹-(e)s, (-e)› ['apʃi:t(s), -dəs] **1.** départ *m*, adieux *m pl*; **2.** *(Ausscheiden aus dem Amt)* congé *m*, retraite *f*; ▶ *jdm den* ~ *geben* mettre qn à la retraite; *von jdm* ~ *nehmen* faire ses adieux à qn, prendre congé de qn; *s-n* ~ *nehmen* démissionner; *bes. mil* quitter le service. **Abschiedsfeier** *f* fête *f* d'adieux. **Abschiedsrede** *f* discours *m* d'adieux.
ab=schießen ‹*schoß ab, abgeschossen*› *tr* **1.** *(Vogel)* abattre; *(Flugzeug)* abattre; **2.** *(Pfeil)* décocher; *(Geschoß)* tirer; *(Gewehr)* décharger; *(Torpedo, Rakete)* lancer; *(Schuß)* tirer; ▶ *den Vogel* ~ *(fig)* décrocher la timbale.
ab=schirmen *tr (Licht)* tamiser; *el* blinder; *radio (gegen Nebengeräusche)* antiparasiter; *TV* mettre sous écran.
ab=schlachten *tr (Tier)* tuer, abattre; *pej* égorger.
Abschlag *m com* réduction, déduction *f*; ▶ *auf* ~ *zahlen* payer par acomptes. **ab=schlagen** ‹*schlägt, schlug ab, abgeschlagen*› *tr* **1.** *(abtrennen, a. den Kopf)* couper, trancher; *(Nüsse)* gauler; **2.** *(Gerüst)* démonter; **3.** *fig* refuser (*jdm etw* qc à qn); *(Bitte, Angriff)* repousser.

abschlägig I. *a: ~e Antwort f* réponse *f* négative, refus *m;* **II.** *adv:* ▶ *~ beschieden werden* essuyer un refus.
Abschlagszahlung *f com* (paiement par) acompte(s) *m.*
ab=schleifen, *sich* ⟨*schliff ab, abgeschliffen*⟩ se polir *a. fig; fig* se dégrossir.
Abschleppdienst *m mot* (service de) dépannage *m.* **ab=schleppen** *tr (Fahrzeug)* remorquer; *mot* dépanner. **Abschleppseil** *n* câble *m* de dépannage. **Abschleppwagen** *m* dépanneuse *f.*
ab=schließen ⟨*schloß ab, abgeschlossen*⟩ *tr* **1.** *(zuschließen)* fermer à clé; **2.** *fig (beenden)* achever, terminer, finir; *bes. com* clôturer; *(Debatte)* clore; *(Rechnung)* régler, balancer; *(Konto, die Bücher)* arrêter; **3.** *(eingehen, bes. Versicherung)* contracter; *(Vertrag)* conclure, passer; *itr* **4.** *(enden)* s'achever, se terminer; *refl* **5.** *sich ~* s'enfermer, s'isoler; ▶ *mit e-m Gewinn ~* se solder par un bénéfice; *ein Geschäft ~* conclure *od* faire un marché; *luftdicht ~* fermer hermétiquement, sceller. **abschließend I.** *a* définitif; **II.** *adv* pour finir, en conclusion.
Abschluß *m* **1.** *com (der Bücher)* arrêté, bilan *m;* **2.** *(e-s Geschäftes)* marché *m; jur (e-s Vertrags)* conclusion *f;* ▶ *zum ~* pour (en) finir, finalement; *zum ~ bringen* achever, terminer. **Abschlußprüfung** *f* examen *m* de fin d'études. **Abschlußzeugnis** *n* certificat *m* de fin d'études.
ab=schmecken *tr (Speise)* goûter; ▶ *ein Gericht (mit etw) ~* assaisonner un plat (de qc).
ab=schmieren *tr mot* graisser. **Abschmieren** *n* graissage *m.*
ab=schminken *tr* démaquiller; *sich ~* se démaquiller.
ab=schnallen *tr* déboucler.
ab=schneiden ⟨*schnitt ab, abgeschnitten*⟩ *itr:* ▶ *gut ~ tr* **1.** (dé)couper, trancher; **2.** *fig (unterbinden)* couper; ▶ *jdm den Rückzug ~* couper la retraite à qn; faire bonne figure, réussir, obtenir un bon résultat; *schlecht ~* faire mauvaise figure; *(scheitern)* échouer.
Abschnitt *m* **1.** *(Teil)* section, division; tranche *f;* **2.** *(Kontroll~)* souche *f; com* talon; *fin* coupon *m;* **3.** *mil (Front~)* secteur; *(Straße, loc: Bau~)* tronçon *m;* **4.** *(Schriftstück, Buch)* passage *m;* **5.** *(Zeit~)* époque; *(Lebens~)* période *f.*
ab=schöpfen *tr (das Fett)* dégraisser (*von etw* qc).
ab=schrauben *tr* dévisser.
ab=schrecken *tr* effrayer, rebuter; *(entmutigen)* décourager *(jdn von etw* qn de qc); ▶ *sich durch nichts ~ lassen* aller contre vent et marée. **abschreckend** *a* effrayant, rebutant; ▶ *~e(s) Beispiel n* exemple *m* à ne pas suivre.
Abschreckung *f* ⟨-, -en⟩ découragement *m; mil* dissuasion *f.* **Abschreckungswaffe** *f* arme *f* de dissuasion.
ab=schreiben ⟨*schrieb ab, abgeschrieben*⟩ *tr* **1.** copier (*von* sur); *(ins reine schreiben)* écrire *od* mettre au propre; **2.** *(plagiieren)* plagier; **3.** *(abziehen, -rechnen)* déduire, décompter; *fin (tilgen)* amortir; **4.** *fig (nicht mehr rechnen mit)* ne plus compter sur. **Abschreibung** *f* consommation *f* de capital fixe; *pl* amortissements *m pl* fiscaux; *(Anrechnung)* imputation *f; com fin (Wertminderung)* amortissement *m* (pour usure).
Abschrift *f* copie *f;* ▶ *beglaubigte ~* copie *f* certifiée conforme.
ab=schürfen *tr (die Haut)* érafler. **Abschürfung** *f* éraflure *f.*
Abschuß *m* **1.** *(Starten e-s Torpedos, e-r Rakete)* lancement *m;* **2.** *(Zerstörung e-s Panzers, e-s Flugzeugs)* destruction *f.* **Abschußbasis** *f.* **Abschußrampe** *f (für Raketen)* rampe *f* de lancement.
abschüssig ['apʃʏsɪç] *a* escarpé, abrupt.
ab=schütteln *tr (Obst)* faire tomber; *a. fig (das Joch)* secouer.
ab=schwächen *tr* affaiblir, diminuer; *(Stoß, Geräusch, Farbe)* amortir; *(Ausdruck, Behauptung)* atténuer, modérer.
ab=schweifen *itr* ⟨*sein*⟩ *(in der Rede)* s'écarter du sujet. **Abschweifung** *f* ⟨-, -en⟩ *fig* digression.
absehbar *a:* ▶ *in ~er Zeit* dans un avenir prévisible; *nicht ~ (Folgen)* imprévisible. **ab=sehen** ⟨*sieht, sah ab, abgesehen*⟩ : ▶ *es auf jdn, etw abgesehen haben* viser à qn, à qc; avoir qn, qc en vue; *von etw ~* faire abstraction de qc; *es ist noch kein Ende abzusehen* on ne peut pas encore en prévoir l'issue.
abseits *adv* à l'écart.
ab=senden ⟨*sandte* od *sendete ab, abgesandt* od *abgesendet*⟩ *tr* envoyer, expédier. **Absender** *m* expéditeur *m;* ▶ *zurück an ~* retour à l'expéditeur.
absetzbar *a* **1.** *(Beamter)* amovible, révocable; **2.** *(Betrag)* déductible; **3.** *(Ware)* vendable. **ab=setzen** *tr* **1.** déposer, mettre à terre; *(Trinkglas, Gewehr)* reposer; **2.** *(Hut)* ôter; **3.** *(abrükken)* écarter; **4.** *(Beamten)* suspendre; *(Monarchen)* déposer, détrôner; **5.** *(von der Tagesordnung, vom Haushaltsplan)* rayer; *theat (vom Spielplan)* remettre; **6.** *(abziehen, -rechnen)* déduire, décompter (*von* de); **7.** *(verkaufen)* écouler, vendre; *refl: sich ~* **8.** *(chem)* se déposer; **9.** *mil* se retirer. **Absetzung** *f* ⟨-, -en⟩ destitution *f;* détrônement *m; theat* remise *f.*
Absicht *f* ⟨-, -en⟩ intention *f; (Vorhaben)* dessein; projet; *(Ziel)* but *m;* ▶ *in der ~ zu …* dans le but *od* dessein de …; *in der besten ~* avec les meilleures

intentions; *in welcher ~?* pour quel motif? *mit ~* à dessein, intentionnellement; *mit (voller) ~* de propos délibéré, délibérément; *ohne ~* sans dessein; *das lag nicht in meiner ~* je ne l'ai pas fait exprès. **absichtlich I.** *a* intentionnel, volontaire, fait à dessein; **II.** *adv* exprès, intentionnellement.

ab=sitzen ‹*saß ab, abgesessen*› **1.** *itr* ‹*sein*› *(vom Pferd)* descendre de cheval; **2.** *tr* ‹*h*› *fam (e-e Strafe)* purger; *(Stunden im Büro)* tirer *fam.*

absolut [apzo'lu:t] **I.** *a* absolu; **II.** *adv* absolument; ► *~ nicht (fam)* pas le moins du monde. **Absolution** *f* ‹-, -en› *rel* absolution, rémission *f; jdm ~ erteilen* absoudre qn. **Absolutismus** *m* ‹-, ø› [-'tis-] *pol* absolutisme *m.* **absolutistisch** *a* absolutiste.

ab=sondern *tr* **1.** isoler; séparer (*von* de); **2.** *physiol* sécréter, excréter; *refl* **3.** *sich ~* s'isoler, se séparer (*von* de). **Absonderung** *f* ‹-, -en› **1.** isolement *m,* séparation *f;* **2.** *physiol* sécrétion *f.*

absorbieren [apzɔr'bi:rən] ‹*ohne -ge-*› *tr* absorber. **Absorption** *f* absorption *f.*

ab=spalten *tr* détacher.

ab=speichern *tr inform* stocker, mémoriser.

abspenstig *a:* ► *jdm seine Freunde ~ machen* détourner qn de ses amis.

ab=sperren *tr* **1.** *(Straße)* barrer; **2.** *(zuschließen)* fermer (à clé).

ab=spielen 1. *tr (Schallplatte, Band)* jouer; *mus* déchiffrer; **2.** *refl: sich ~ (sich ereignen)* se passer, avoir lieu.

Absprache *f* accord *m,* convention *f.*

ab=sprechen ‹*spricht, sprach ab, abgesprochen*› *tr* **1.** convenir (*etw mit jdm* de qc avec qn); **2.** contester, dénier *(jdm etw* qc à qn; *(verweigern)* refuser *(jdm etw* qc à qn); **3.** *refl* ► *sich ~* se donner le mot.

ab=springen ‹*springt, sprang ab, abgesprungen itr* ‹*sein*› **1.** sauter (à *od* en bas); *aero* sauter en parachute; **2.** *(Lack, Farbe)* tomber par écailles.

Absprung *m* saut; *sport* appel *m.*

ab=spülen *tr* rincer, laver.

ab=stammen *itr* descendre, sortir (*von* de). **Abstammung** *f* ‹-, en› descendance *f.* **Abstammungslehre** *f biol* théorie *f* de l'évolution.

Abstand *m* **1.** *(räuml.)* écart; *(räuml. u. zeitl.)* espace *m,* distance *f,* intervalle *m;* **2.** *fig (Unterschied)* différence *f;* **3.** *(~ssumme)* indemnité *f; (Reuegeld)* dédit, forfait *m;* **4.** *fig (innerer ~)* recul *m;* ► *in gewissen Abständen* de distance en distance; *in regelmäßigen Abständen* à intervalles réguliers; *mit ~ (bei weitem)* de beaucoup, de loin.

ab=statten *tr:* ► *jdm e-n Besuch ~* faire une visite à qn; *jdm s-n Dank ~* présenter ses remerciements à qn.

ab=stauben *tr* épousseter.

ab=stechen ‹*sticht, stach ab, abgestochen*› *tr* **1.** *(Rasen, Torf)* couper; **2.** *(Schlachttier)* saigner; *itr* **3.** contraster, jurer (*gegen* od *von etw* avec qc); *(bes. von Farben)* trancher (sur qc). **Abstecher** *m* ‹-s, -› *(kleiner Zwischenausflug)* crochet *m.*

ab=stecken *tr (abgrenzen)* délimiter; *(Baulinie: festlegen)* tracer; *(mit Fähnchen od Fluchtstäben)* jalonner.

ab=stehen ‹*stand ab, abgestanden*› *itr* **1.** être distant *od* écarté (*von* de); **2.** *(schal werden)* s'éventer; ► *~de Ohren n pl* oreilles *f pl* décollées.

ab=steigen ‹*stieg ab, abgestiegen*› *itr* ‹*sein*› *(vom Pferd, Rad, in e-m Hotel)* descendre (*von de, in* à dans).

ab=stellen *tr* **1.** *(absetzen, hinstellen)* déposer, mettre à terre; *(Fahrzeug: parken, a. loc)* garer; **2.** *(Leitung, Versorgungsnetz: sperren)* couper; *(außer Betrieb setzen)* mettre hors service, arrêter, stopper; *(abschalten a.)* fermer; **3.** *fig (unterbinden, aufheben)* supprimer, abroger; *(Mißbrauch)* réformer, redresser. **Abstellgleis** *n loc* u. *fig* voie *f* de garage. **Abstellraum** *m* débarras *m.*

ab=stempeln *tr* **1.** timbrer, estampiller; *(Briefmarke)* oblitérer; **2.** *fig (bezeichnen)* qualifier (*als* de).

ab=sterben ‹*stirbt, starb ab, abgestorben*› *itr* ‹*sein*› *bot* se faner, se dessécher, se flétrir; *med* se nécroser.

Abstieg *m* ‹-(e)s, -e› descente *f.*

ab=stimmen 1. *tr* (*Musikinstrument* u. *fig*) accorder, mettre d'accord (*auf* avec); *(aufea.)* harmoniser; *(Farben)* assortir; *tech* synchroniser; *radio* régler; **2.** *itr* voter (*über etw* qc); ► *über etw ~ lassen* mettre qc aux voix; *aufea. abgestimmt sein (mus* u. *fig)* s'accorder. **Abstimmknopf** *m radio* bouton d'accord, syntonisateur *m.* **Abstimmung** *f* **1.** accord(age) *m;* harmonisation, mise *f* en harmonie; *radio* accordage *m (a. TV),* synchronisation *f,* réglage *m;* **2.** *(Wahl)* vote; *(geheime)* scrutin; *(Volks~)* plébiscite, référendum *m;* ► *in öffentlicher, geheimer ~* par un scrutin public, secret; *~ durch Handaufheben* vote *m* à main levée.

abstinent [apsti'nɛnt] *a* abstinent. **Abstinenz** *f* ‹-, ø› [-'nɛnts] abstinence *f.* **Abstinenzler** *m* ‹-s, -› abstinent *m.*

ab=stoßen ‹*stößt, stieß ab, abgestoßen*› *tr* **1.** *a. fig* repousser; *(Ball, loc: Wagen)* lancer; *(Boot vom Ufer)* éloigner; **2.** *(die Ecken)* écorner; **3.** *(schnell u. billig verkaufen)* solder; **4.** *fig* rebuter, répugner à; dégoûter, écœurer. **abstoßend** *a fig* repoussant, rebutant, répugnant.

abstrahieren [apstra'hi:rən] ‹*ohne ge-*› *tr (zum Begriff erheben)* abstraire. **abstrakt** [-'strakt] *a* abstrait; ► *~e Kunst*

f art abstrait, abstractionnisme *m.* **Abstraktion** *f* ⟨-, -en⟩ abstraction *f.*
ab=streichen ⟨*strich ab, abgestrichen*⟩ *tr.* **Abstreicher** *m* ⟨-s, -⟩ *tech* racloir, grattoir *m.*
ab=streifen *tr (Asche von der Zigarre* od *Zigarette)* faire tomber.
ab=streiten ⟨*stritt ab, abgestritten*⟩ *tr* contester; *(leugnen)* (dé)nier.
ab=stufen *tr fig* graduer; *(Farben)* dégrader. **Abstufung** *f* ⟨-, -en⟩ grad(u-)ation; dégradation *f.*
ab=stumpfen *tr fig* engourdir, hébéter, rendre indifférent; *(Gefühl)* affaiblir.
Absturz *m* chute *f, a. aero.*
ab=stürzen *itr* ⟨*sein*⟩ tomber (d'en haut); faire une chute *a; aero* s'abattre.
ab=stützen *tr* étayer, *bes. mines* étançonner; *(Baum)* tuteurer.
ab=suchen *tr* fouiller, chercher dans; *(durchkämmen)* ratisser.
absurd [ap'zʊrt] *a* absurde. **Absurdität** [-'tɛːt] *f* ⟨-, -en⟩ absurdité *f.*
Abszeß *m* ⟨-sses, -sse⟩ [aps'tsɛs] *med* abcès *m.*
Abt *m* abbé, prieur *m.* **Abtei** *f* abbaye *f.*
ab=tasten *tr* tâter, palper; *radio* balayer; *TV* lire; *fig* sonder.
Abtastnadel *f* aiguille *f* de lecture.
Abteil *n loc* compartiment *m.* **ab=teilen** *tr (einteilen)* diviser; *(durch Zwischenwände)* cloisonner; *(trennen)* partager, séparer. **Abteilung** *f* **1.** ['---] *(Einteilung)* division; *(Trennung)* séparation *f;* **2.** [-'--] *(Teil)* partie, division *f; adm* département *m; com* section, branche *f, (bes. Warenhaus)* rayon; *(Dienststelle)* service; *mil allg* détachement; *(Gruppe)* groupe *m.* **Abteilungsleiter** *m* chef *m* de section *od* de rayon.
Äbtissin *f* ⟨-, -nen⟩ [ɛp'tɪsɪn] abbesse *f.*
ab=töten *tr* **1.** *(Nerv)* dévitaliser; **2.** *fig (Gefühl)* supprimer, étouffer, amortir.
ab=tragen ⟨*trägt, trug ab, abgetragen*⟩ *tr* **1.** *(Speisen, Geräte vom Tisch)* desservir; **2.** *(Erde, Schutt)* déblayer; *(Bauwerk)* démolir, raser; **3.** *(Kleidung)* user; **4.** *(Schuld)* acquitter, amortir.
abträglich ['aptrɛːklɪç] *a* défavorable.
Abtransport *m (von Material* u. *Gegenständen)* transport; *(a. von Truppen* u. *Gefangenen)* enlèvement *m;* **ab=transportieren** ⟨*ohne -ge-*⟩ *tr* transporter; enlever.
ab=treiben ⟨*trieb ab, abgetrieben*⟩ *tr* ⟨*h*⟩ **1.** déporter; *mar a.* drosser; **2.** *(Leibesfrucht)* faire avorter; *itr* ⟨*sein*⟩ **3.** *mar aero* dériver; ▶ *ein Kind* ~ se faire avorter; *sie hat abgetrieben* elle a avorté, elle s'est fait avorter. **Abtreibung** *f* ⟨-, -en⟩ *med* avortement *m;* ▶ *bei jdm e-e* ~ *vornehmen* avorter qn. **Abtreibungsarzt** *m* médecin *m* avorteur. **Abtreibungsklinik** *f* clinique *f* comportant un service d'interruption de grossesse.
ab=trennen *tr* détacher, séparer; *(Angenähtes)* découdre.
ab=treten ⟨*tritt, trat ab, abgetreten*⟩ *tr* ⟨*h*⟩ **1.** *(die Schuhe)* décrotter, essuyer; **2.** *fig (überlassen)* céder *bes. pol,* abandonner (*jdm etw* qc à qn); *itr* ⟨*sein*⟩ **3.** *(hinausgehen, sich zurückziehen)* sortir, se retirer; *theat* sortir de scène. **Abtreter** *m* paillasson; *(aus Metall)* décrottoir *m.* **Abtretung** *f* ⟨-, -en⟩ cession *f (a. e-s Gebietes).*
ab=trocknen *tr* essuyer.
abtrünnig ['aptrʏnɪç] *a, bes. pol* révolté, rebelle. **Abtrünnige** *m f* ⟨-n, -n⟩ *rel* renégat (e *f*)apostat(e *f*) *m.*
ab=tun ⟨*tut, tat ab, abgetan*⟩ *tr (zurückweisen)* repousser; ▶ *damit ist's nicht abgetan* tout n'est pas encore dit.
ab=urteilen *tr* juger, condamner.
ab=wägen ⟨*wog* od *wägte ab, abgewogen* od *abgewägt*⟩ *tr fig* (sou)peser, (bien) considérer; *(gegenea.)* (bien) comparer.
ab=wälzen *tr* rouler (*von* de).
ab=wandeln *tr* varier, modifier.
ab=warten 1. *tr* attendre, laisser *od* voir venir; **2.** *itr* attendre, demeurer *od* rester dans l'expectative; *das bleibt abzuwarten* il faut voir; *warten wir (mal) ab!* attendons! **abwartend** *a:* ▶ *e-e* ~*e Haltung einnehmen* garder une attitude d'expectative.
abwärts ['apvɛrts] *adv* vers le bas, en bas; *(fluß~)* en aval; ▶ ~ *fahren,* ~ *gehen* descendre; *der Weg führt* ~ le chemin va en descendant.
ab=waschen ⟨*wäscht, wusch ab, abgewaschen*⟩ *tr* laver, nettoyer; ▶ *das Geschirr* ~ faire la vaisselle.
Abwässer *n pl* eaux d'égout *od* résiduaires *od* usées, eaux-vannes *f pl od* industrielles. **Abwässerentsorgung** *tech* traitement *m* des eaux usées. **Abwasserkanal** *m* égont *m.* **Abwasserklärung** *f* épuration *f* des eaux d'égout. **Abwasserreinigung** *f* épuration *f* des eaux usées.
ab=wechseln *itr* changer, varier; *sich* ~ *(sich ablösen)* se relayer; *(regelmäßig wechseln)* alterner. **abwechselnd I.** *a* alternant, alternatif; **II.** *adv* à tour de rôle; alternativement. **Abwechs(e)lung** *f* ⟨-, en⟩ changement *m,* variation; *(Mannigfaltigkeit)* variété, diversité *f;* ▶ *zur* ~ pour changer. **abwechslungsreich** *a* varié.
Abweg *m, meist pl:* ▶ *auf* ~*e führen (fig)* détourner du bon chemin; *auf* ~*e geraten (fig)* s'écarter du bon chemin.
abwegig *a* déroutant, faux.
Abwehr *f* défense; *(Widerstand)* résistance *f; (Spionage~)* contre-espionnage *m;* **ab=wehren** *tr* **1.** *(Schlag, Stoß)* parer; *(Angriff)* repousser, refouler; **2.**

(Fliegen) chasser; **3.** *(Dank)* refuser.

ab=weichen ⟨*wich ab, abgewichen*⟩ *itr* ⟨*sein*⟩ **1.** *mar aero (vom Kurs)* dévier; *phys astr* décliner; *(von e-m Thema)* s'écarter, s'éloigner, dévier (*von* de); **2.** ▶ *vonea.* ~ diverger; différer (*in* en). **Abweichung** *f* ⟨-, -en⟩ **1.** *(mar, aero, Geschoß)* dérivation; *phys astr* déclinaison, variation *f;* **2.** *(Unterschied)* différence *f.*

ab=weisen ⟨*wies ab, abgewiesen*⟩ *tr* **1.** *(Besucher)* éconduire; *(Bittsteller)* renvoyer, congédier; **2.** *(Bitte)* refuser, rejeter, rebuter; *(Wechsel)* refuser; *jur* décliner; ▶ *jdn kurz* ~ congédier qn brièvement. **abweisend** *a* distant.

ab=wenden ⟨*wandte* od *wendete ab, abgewandt* od *abgewendet*⟩ *tr* **1.** *(den Blick)* détourner; **2.** *(Gefahr, Unglück)* écarter, prévenir; ▶ *sich von jdm, von etw* ~ se détourner de qn, de qc.

ab=werfen ⟨*wirft, warf ab, abgeworfen*⟩ *tr* **1.** *(Pferd den Reiter)* démonter; **2.** *(Ballast)* jeter, lâcher; *(Flugblätter, Bomben)* lancer, larguer; **3.** *(Spielkarte)* se débarrasser de; **4.** *fig (Gewinn)* rapporter, rendre; ▶ *mit dem Fallschirm* ~ parachuter; *das Gehörn, Geweih* ~ jeter ses bois.

ab=werten ['apve:rtən] *tr fin* dévaluer. **Abwertung** *f* dévaluation *f.*

abwesend ['apve:zənt] *a* **1.** absent; *jur* défaillant; **2.** *fig (geistes~)* distrait. **Abwesende** *m f* ⟨-n, -n⟩ absent(e *f*) *m.* **Abwesenheit** *f* ⟨-, ø⟩ absence *f;* ▶ *in* ~ *(jur)* par contumace; *in jds* ~ en l'absence de qn.

ab=wickeln *tr* **1.** dérouler; *(Garn)* dévider; **2.** *com adm* liquider.

ab=wiegen ⟨*wog ab, abgewogen*⟩ *tr* peser; ▶ *mit der Hand* ~ soupeser.

ab=wimmeln *tr fam:* ▶ *jdn* od *etw* ~ se envoyer promener qn *od* qc.

ab=winken *itr* faire signe que non.

ab=wischen *tr (Staub etc)* enlever; *(Gegenstand)* essuyer, nettoyer; ▶ *sich die Stirn* ~ s'éponger, s'essuyer le front.

Abwurf *m aero* largage; *(Fallschirm~)* parachutage *m.*

ab=zahlen *tr (tilgen)* amortir; *(in Raten)* payer par acomptes.

ab=zählen *tr* dénombrer; compter; *mil* décompter; ▶ *mit abgezähltem Geld bezahlen* faire l'appoint; *das läßt sich an den Fingern* ~ *(fig)* cela se compte sur les doigts.

Abzahlung *f* règlement, amortissement *m;* ▶ *auf* ~ *kaufen* acheter à tempérament.

Abzeichen *n* insigne *m.*

ab=zeichnen *tr* **1.** dessiner; *(Bild)* copier; **2.** *(mit s-m Handzeichen versehen)* parapher; **3.** *refl sich* ~ *(sich abheben)* se dessiner, se préciser.

ab=ziehen ⟨*zog ab, abgezogen*⟩ *tr* ⟨*h*⟩ **1.** (re)tirer; **2.** *(Wein)* (sou)tirer; **3.** *(Ring, Schlüssel)* retirer; **4.** *(Bett)* dégarnir; **5.** *(Hasen)* dépouiller; **6.** *(Klinge)* repasser, aiguiser; **7.** *math* ôter, soustraire; *com* déduire (*von* sur); *itr* ⟨*sein*⟩ **8.** *(Rauch)* sortir; **9.** *mil* se retirer, lever le camp; *fam allg* décamper; ▶ *vom Lohn* ~ retenir sur le salaire.

ab=zielen ▶ *itr: auf etw* ~ viser à qc; *auf jdn* ~ faire allusion à qn, viser qn.

Abzug *m* **1.** *(des Rauchs)* sortie *f;* **2.** *(am Gewehr)* détente, gâchette *f;* **3.** *phot typ* épreuve *f; typ* tirage *m;* **4.** *com* déduction, *(am Lohn)* retenue (*an* sur) *f; nach* ~ *der Kosten* après déduction des frais. **abzüglich** *prp:* ▶ ~ *der Kosten* après déduction des frais, déduction faite des frais. **abzugsfähig** *a com* déductible, déduisible.

ab=zweigen *tr* **1.** détourner; brancher (*von* sur), dériver (*von* de); **2.** *fig (Geld)* prélever; *itr* ⟨*sein*⟩ **3.** *(Straße, loc)* détourner, bifurquer. **Abzweigung** *f* ⟨-, -en⟩ **1.** détournement *m;* **2.** *(e-r Straße, loc)* embranchement *m,* bifurcation *f;* **3.** *el* branchement *m,* dérivation *f.*

ach [ax] *interj (Klage)* hélas! *fam (Erstaunen)* ah! tiens! ▶ ~ *ja!* mais oui! ~ *was!* ~ *wo!* bah! allons donc!

Achat *m* ⟨-(e)s, -e⟩ [a'xa:t] *min* agate *f.*

Achse *f* ⟨-, -n⟩ ['aksə] **1.** *(e-s Wagens)* essieu *m;* **2.** *math pol* axe *m;* ▶ *auf* ~ *(fam)* en route; *sich um s-e eigene* ~ *drehen (mot)* faire un tête-à-queue.

Achsel *f* ⟨-, -n⟩ ['aksəl] *anat* aisselle; *(Schulter)* épaule *f;* ▶ *die* od *mit den ~n zucken* hausser les épaules. **Achselhöhle** *f* creux *m* de l'aisselle. **Achselzucken** *n* haussement *m* d'épaules.

Achsenkreuz *n math* système *m* de coordonnée.

acht [axt] *(Zahlwort)* huit; ▶ *alle* ~ *Tage* tous les huit jours; *(heute, Montag) in* ~ *Tagen* dans une huitaine; *vor* ~ *Tagen* il y a huit jours.

Acht [axt] **1.** *f* ⟨-, -en⟩ huit *m;* **2.** *f* ⟨-, ø⟩ *(Aufmerksamkeit)* ▶ *außer acht lassen* négliger; *sich in acht nehmen vor* se mettre en garde contre; **3.** *f* ⟨-, ø⟩ *(Bann)* ban *m;* ▶ *in* ~ *und Bann tun (fig)* mettre au ban.

achtbar *a* respectable, honorable.

Achtel *n* ⟨-s, -⟩ ['axtəl] huitième *m.* **Achtelnote** *f mus* croche *f.* **Achtelpause** *f mus* demi-soupir *m.*

achten ['axtən] *itr* **1.** ▶ *auf etw* ~ faire attention, regarder à qc; **2.** *(Rücksicht nehmen auf)* prendre soin de qc; *tr* **3.** *(hoch~)* considérer, respecter, estimer.

ächten ['ɛçtən] *tr* bannir; *a. fig* proscrire, mettre au ban; ▶ *gesellschaftlich* ~ mettre au ban de la société.

achtens *adv* huitièmement.

achte(r, s) *a* huitième. **Achter** *m* ⟨-s, -⟩ = *Acht.* **Achterbahn** *f* montagnes *f pl*

russes. **achtfach** *a* octuple; *das Achtfache* huit fois autant.
acht≈geben ⟨*gibt, gab acht, achtgegeben*⟩ *itr* être *od* se tenir en garde *od* sur ses gardes. **achtlos** *a* inattentif; négligent. **Achtlosigkeit** *f* ⟨-, ø⟩ inattention.
achtmalig *a* octuple. **Acht-Minuten-Takt** *m* unités *f pl* de huit minutes. **Achtstundentag** *m* journée *f* de huit heures; ► *der ~ (a.)* les huit heures *f pl.*
Achtung *f* ⟨-, ø⟩ ['axtʊŋ] *(Hoch~)* considération *f,* respect *m,* estime *f;* ► *aus ~ vor* par respect pour; *jdm ~ entgegenbringen* porter du respect à qn, avoir de grands égards pour qn; *~ genießen* être respecté; *hoch in jds ~ stehen* tenir une grande place dans l'estime de qn; *sich ~ verschaffen* se faire respecter; *~!* attention! gare! prenez garde! *mil* garde à vous! fixe! *alle ~!* mince (alors)! *pop; ~, fertig, los! (sport)* à vos marques! prêts! partez!
Ächtung *f* ⟨-, ø⟩ ['ɛçtʊŋ] bannissement *m; bes. fig* proscription *f.*
achtzehn *(Zahlwort)* dix-huit. **achtzig** *(Zahlwort)* quatre-vingt(s); *(Schweiz)* huitante; *(Belgien)* octante; ► *in den ~er Jahren (e-s Jahrhunderts)* dans les années quatre-vingts. **achtzigjährig** *a* octogénaire. **Achtzigstel** *n* ⟨-s, -⟩ quatre-vingtième *m.* **Achtzigste(r, s)** *a* quatre-vingtième.
ächzen ['ɛçtsən] *itr* geindre, gémir.
Acker *m* ⟨-s, ¨-⟩ ['akər, 'ɛkər] champ *m.* **Ackerbau** *m* agriculture *f;* ► *~ treiben* cultiver la terre. **Ackerbaukunde** *f* agronomie *f.* **Ackerboden** *m* terre *f* arable *od* labourable. **Ackerfläche** *f* surface *f* labourée. **Ackerland** *n s. Ackerboden m.* **ackern** *itr* labourer; *fig fam (schwer arbeiten) = schuften.* **Ackerpferd** *n* cheval *m* de labour.
ad absurdum [at ap'zʊrdʊm] : ► *jdn ~ führen* réduire qn à l'absurde.
Adamsapfel *m anat* pomme *f* d'Adam. **Adamskostüm** *n fam* tenue *f* d'Adam *od* d'Ève.
adäquat [adɛ'kva:t, at?-] *a* adéquat, conforme (*dat* à).
addieren [a'di:rən] ⟨*ohne ge-*⟩ *tr math* additionner, faire l'addition. **Addiermaschine** *f* additionneuse *f.* **Addition** *f* ⟨-, -en⟩ [-si'o:n] addition *f.*
ade [a'de:] *interj* adieu!
Adel *m* ⟨-s, ø⟩ ['a:dəl] *a. fig* noblesse *f; der ~ (die Adligen)* les nobles *m pl;* ► *~ verpflichtet (prov)* noblesse oblige. **ad(e)lig** *a* noble; *(Adels-)* nobiliaire. **Ad(e)lige** *m f* ⟨-n, -n⟩ noble *m f;* gentilhomme *m.* **adeln** *tr* anoblir.
Ader *f* ⟨-, -n⟩ ['a:dər] *anat (Blut~; a. in Holz od Gestein)* veine; *(Schlag~; a. fig: Verkehrs~)* artère *f; min a.* filon; *el (Kabel~)* fil *m,* âme *f;* ► *e-e poetische ~ haben* avoir une veine poétique.
Aderlaß *m* ⟨-sses, ¨-sse⟩ *a. fig* saignée *f.*
Ad-hoc-Bildung [at'ho:(ɔ)k-] *f (Wort)* formation *f* ad hoc.
adieu [a'diø:] *interj* adieu!
Adjektiv *n* ⟨-s, -e⟩ ['atjɛkti:f, --'-; -ti:və] *gram* adjectif *m;* **adjektivisch** *a* adjectif.
Adler *m* ⟨-s, -⟩ ['a:dlər] *orn* aigle *m; (Feldzeichen)* aigle *f.* **Adlerhorst** *m* aire *f* (de l'aigle). **Adlernase** *f* nez *m* aquilin.
Admiral *m* ⟨-s, -e/(¨-e)⟩ [atmi'ra:l] *mar* amiral *m.* **Admiralität** *f* ⟨-, -en⟩ [-'tɛ:t] amirauté *f.*
adoptieren [adɔp'ti:rən] ⟨*ohne ge-*⟩ *tr* adopter. **Adoption** *f* ⟨-, -en⟩ [-tsi'o:n] adoption *f.* **Adoptivsohn** [-'ti:f-] *m,* **Adoptivvater** *m* fils, père *m* adoptif.
Adressat *m* ⟨-en, -en⟩ [adrɛ'sa:t] *(Empfänger)* destinataire.
Adreßbuch [a'drɛs-] *n* bottin, annuaire.
Adresse *f* ⟨-, -n⟩ [a'drɛsə] adresse *f, a. inform; an die falsche ~ geraten (fig)* se tromper d'adresse. **addressieren** [-'si:rən] ⟨*ohne ge-*⟩ *tr* adresser.
Adria ['a:dria], *die* l'Adriatique *f; das Adriatische Meer* la mer Adriatique.
A-Dur *n* ['a:du:r] *mus* la *m* majeur.
Advent *m* ⟨-(e)s, (-e)⟩ [at'vɛnt] *rel* Avent *m.* **Adventszeit** *f* temps *m* de l'Avent.
Adverb(ium) *n* ⟨-s, -ien⟩ [at'vɛrp, -biʊm, -biən] *gram* adverbe *m.* **adverbial** [-bi'al] *a* adverbial.
Advokat *m* ⟨-en, -en⟩ [atvo'ka:t] *(plädierender)* avocat *m.*
Aerobic [ɛə'rɔbɪk] *n* aérobic *m.*
Aerodynamik *f* [aero-] aérodynamique *f.*
Affäre *f* ⟨-, -n⟩ [a'fɛ:rə] affaire *f;* ► *sich aus der ~ ziehen* se tirer d'affaire.
Affe *m* ⟨-n, -n⟩ ['afə] **1.** *zoo* singe *m;* **2.** *fig fam pej (Geck)* fat *m.*
affig ['afɪç] *a fig fam* ridicule.
Affekt *m* ⟨-(e)s, -e⟩ [a'fɛkt] *(Gemütsbewegung)* émotion *f;* ► *im ~ handeln (jur)* commettre un acte passionnel. **affektiert** [-'ti:rt] *a* affecté, emprunté, précieux.
affenartig *a:* ► *mit ~er Geschwindigkeit (fig fam)* à une vitesse vertigineuse. **Affenbrotbaum** *m bot* baobab *m.* **Affenliebe** *f* amour *m* aveugle. **Affenschande** *f* scandale *m.*
Afrika *n* ⟨-s, ø⟩ ['a(:)frika] l'Afrique *f.* **Afrikaner(in *f*)** *m* ⟨-s, -⟩ [-'ka:-] Africain, e *m f.* **afrikanisch** [-'ka:-] *a* africain, d'Afrique. **afroamerikanisch** *a* afro-américain.
After *m* ⟨-s, -⟩ ['aftər] *anat* anus *m.*
Ägäis [ɛ'gɛ:ɪs], *die* l'Égée *f.* **ägäisch** *a geog* égéen; *das Ägäische Meer* la mer Égée.
Agent *m* ⟨-en, -en⟩ [a'gɛnt] agent *m.* **Agentur** *f* ⟨-, -en⟩ [-'tu:r] agence *f.*

Aggregat *n* ‹-(e)s, -e› [agre'ga:t] agrégat; *el* groupe *m.*
Aggression *f* ‹-, -en› [agrɛsi'o:n] *(Angriff)* agression, attaque *f.* **aggressiv** [-'si:f] *a* agressif.
Agonie *f* ‹-, -n› [ago'ni:] agonie *f.*
Agrarier *m* ‹-s, -› [a'gra:riər] *(Landwirt)* agrarien *m.* **Agrarland** *n* pays *m* agricole. **Agrarmarkt** *m* marché *m* agricole. **Agrarpolitik** *f* politique *f* agraire *od* agricole. **Agrarreform** *f* réforme *f* agraire.
Ägypten *n* ‹-s, ø› [ɛ'gʏptən] l'Égypte *f.* **Ägypter(in** *f)* *m* ‹-s, -› Égyptien, ne *m f.* **ägyptisch** *a* égyptien, d'Égypte; ► *e-e ~e Finsternis (fig)* des ténèbres *f pl* épaisses.
ah [a(:)] *interj* ah! ha! *~ so!* tiens!
aha [a'ha(:)] *interj* ah! (ah!); voilà! **Aha-Effekt** *m:* ► *e-n ~ haben* faire tilt. **Aha-Erlebnis** *n:* ► *ein ~ sein* faire tilt.
ahnden ['a:ndən] *tr (bestrafen)* punir.
Ahne *m* ‹-n, -n› aïeul *m.*
ähneln ['ɛ:nəln] *itr* ressembler (un peu).
ahnen ['a:nən] *tr* pressentir, présager; *fam* flairer; *(vermuten)* se douter de; *(kommen sehen)* voir venir; ► *das konnte ich nicht ~* je ne suis pas devin.
Ahnen *m pl* ['a:nən] aïeux, ancêtres *m pl.* **Ahnengalerie** *f* galerie *f* des ancêtres. **Ahnenkult** *m rel* culte *m* des ancêtres.
ähnlich I. *a (dem Wesen nach, a. math)* semblable; *(dem Aussehen nach)* ressemblant; *(gleichartig, entsprechend)* pareil, similaire, analogue; **II.** *adv* de (la) même (façon); ► *jdm ~ sehen* od *sein* ressembler à qn; *das sieht dir ~!* cela te ressemble! **Ähnlichkeit** *f* ‹-, -en› ressemblance; *bes. math* similitude; *(Gleichartigkeit)* analogie *f.*
Ahnung *f* ‹-, -en› *(Vorgefühl)* pressentiment, présage; *(ich habe) keine ~!* aucune idée! **ahnungslos I.** *a* inconscient; **II.** *adv* sans se douter de rien. **Ahnungslosigkeit** *f* inconscience *f.*
Ahorn *m* ‹-s, -e› ['a:hɔrn] *bot* érable *m.*
Ähre *f* ‹-, -n› ['ɛ:rə] épi *m.*
Aids [eɪdz, eɪts] *n* ‹-, ø› *med* sida *m.* **Aidsberatungsstelle** *f* centre *m* d'assistance pour le sida. **aidsinfiziert** *a* porteur, euse du sida. **aidskrank** *a* atteint du sida. **Aidskranke** *m f* malade *m f* du sida, sidéen *m,* -ne *f.* **Aidsmedizin** *f* sidologie *f.* **aidspositiv** *a* séropositif. **Aidstest** *m* test *m* de dépistage du sida.
Airbus ['ɛ:bus] *m* airbus *m.*
Ajatollah [aja'tɔla] ‹-(s), -s› *m* ayatollah *m.*
Akademie *f* ‹-, -n› [akade'mi:] académie *f.* **Akademiker** *m* ‹-s, -› [-'de:mikər]: *~ sein* avoir fait des études universitaires. **akademisch** [-'de:-] *a* académique; *(Universität)* universitaire.
Akazie *f* ‹-, -n› [a'ka:tsiə] *bot* acacia *m.*
akklimatisieren [aklimati'zi:ren] ‹*ohne ge-*› *tr* acclimater.
Akkord *m* ‹-(e)s, -e› [a'kɔrt, -də] **1.** *mus* accord; **2.** ► *im ~ arbeiten* travailler à la *od* aux pièce(s) *od* à la tâche *od* à forfait. **Akkordarbeit** *f* travail *m* à la *od* aux pièce(s).
Akkordeon *n* ‹-s, -s› [a'kɔrdeɔn] *mus* accordéon *m.*
akkreditieren [akredi'ti:rən] ‹*ohne ge-*› *tr* accréditer.
Akkumulator *m* ‹-s, -en› [akumu'la:tɔr, -'to:rən] *el (Akku)* accu(mulateur) *m.*
akkurat [aku'ra:t] *a (genau)* exact; *(sorgfältig)* soigneux.
Akkusativ *m* ‹-s, -e› ['akuzati:f, ---'-, -və] *gram* accusatif *m.*
Akrobat *m* ‹-en, -en› [akro'ba:t] acrobate *m.* **akrobatisch** *a* acrobatique.
Akropolis *f* ‹-, -polen› [a'kro:polɪs, -'po:lən] *hist* acropole *f.*
Akt *m* ‹-(e)s, -e› [akt] **1.** *(Handlung)* acte *m,* action *f;* **2.** *jur theat* acte *f;* **3.** *(Geschlechts~)* acte *m* sexuel; **4.** *(Kunst)* nu *m,* académie *f.*
Akte *f* ‹-, -n› ['aktə] *adm jur* acte *m,* pièce *f,* document *m;* ► *zu den ~n legen* classer, joindre au dossier. **Aktendeckel** *m* chemise *f.* **Aktenmappe** *f s. Aktentasche.* **Aktenschrank** *m* classeur, casier, cartonnier *m.* **Aktentasche** *f* serviette *f.* **Aktenvermerk** *m* aide-mémoire *m.* **Aktenzeichen** *n* numéro *m* du dossier.
Aktie *f* ‹-, -n› ['aktsiə] *fin* action *f;* ► *s-e ~n fallen, steigen (fig fam)* ses actions sont en baisse, remontent. **Aktiengesellschaft** *f (AG)* société *f* par actions *od* anonyme (S.A.). **Aktienkurse** *m pl* cours *m* des actions.
Aktion *f* ‹-, -en› [aktsi'o:n] action; *mil* opération *f;* ► *in ~ treten* entrer en action. **Aktionär** *m* ‹-s, -e› [-'nɛ:r] *fin* actionnaire *m.* **Aktionsradius** *m, a. mil* rayon *m* d'action.
aktiv I. [ak'ti:f] *a* **1.** actif; **2.** *(unternehmend)* entreprenant; **II. Aktiv** *n* **1.** ‹-s, (-e)› ['ak-] *gram* actif *m;* **2.** *pl,* **Aktiva, Aktiven** [ak'ti:va, -vən] *fin* actif *m,* masse *f* active; ► *Aktiva und Passiva* l'actif *m* et le passif. **aktivieren** [-'vi:rən] ‹*ohne ge-*› *tr (beleben)* activer, stimuler. **Aktivierung** *f allg* stimulation; *scient, a. psych* activation *f.* **Aktivität** *f* ‹-, -en› [-'tɛ:t] activité *f.* **Aktivposten** *m com* actif *m,* valeur *f* active.
Aktualität *f* ‹-, -en› [aktuali'tɛ:t] actualité *f.* **aktuell** [aktu'ɛl] *a* actuel.
Akupunktur [akupuŋk'tu:r] *f* ‹-, -en› acupuncture, acuponture *f.*
Akustik *f* ‹-, ø› [a'kʊstɪk] *(Schallehre)* acoustique; *(Klangwirkung)* sonorité *f.* **Akustikkoppler** *m inform* coupleur *m* acoustique. **akustisch** *a* acoustique.
akut [a'ku:t] *a* **1.** *med* aigu; **2.** *fig (drin-*

gend) urgent.

Akzent *m* ‹-(e)s, -e› [ak'tsɛnt] **1.** *gram* accent *m;* **2.** *(Aussprache)* prononciation *f.*

Akzept *n* ‹-(e)s, -e› [ak'tsɛpt] *fin (Wechsel: Annahmeerklärung)* acceptation; *(a~ierter Wechsel)* lettre de change, traite *f.* **akzeptabel** [-'ta:bəl] *a (annehmbar)* acceptable. **akzeptieren** [-'ti:-] ‹*ohne ge-*› *tr* accepter; *fin a.* faire honneur à.

Alabaster *m* ‹-s, (-)› [ala'bastər] *min* albâtre *m.*

Alarm *m* ‹-(e)s, -e› [a'larm] alarme; *bes. mil* alerte *f;* ▶ *~ blasen, schlagen* sonner, donner l'alarme *od* l'alerte; *blinder* od *falscher ~* fausse alarme *od* alerte. **Alarmanlage** *f* avertisseur *m od* dispositif d'alarme. **Alarmbereitschaft** *f:* ▶ *in ~* en état d'alerte. **Alarmglocke** *f* sonnerie *f* d'alarme. **alarmieren** [-'mi:-] ‹*ohne ge-*› *tr* alarmer; *mil* alerter. **Alarmstufe** *f* cote *f* d'alerte. **Alarmzustand** *m* état *m* d'alerte.

Albaner(in *f***)** *m* ‹-s, -› [al'ba:nər] Albanais(e *f*) *m.* **Albanien** *n* ‹-s, ø› [al'ba:niən] l'Albanie *f.* **albanisch** *a* albanais; ▶ *(das) Albanisch(e)* l'albanais.

Albatros *m* ‹-, -se› ['albatrɔs, -sə] *orn* albatros *m.*

albern ['albərn] **I.** *a* sot; niais, inepte; *(blöde)* nigaud; ▶ *~es Zeug n* niaiseries *f pl;* **II.** *itr* faire *od* dire des bêtises. **Albernheit** *f* ‹-, -en› niaiserie; sottise *f.*

Albino *m* ‹-s, -s› [al'bi:no] albinos *m.*

Album *n* ‹-s, -ben› ['album, -bən] album *m.*

Alchimie *f* ‹-, ø› [alçi'mi:] alchimie *f.* **Alchimist** *m* ‹-en, -en› alchimiste *m.*

Alemanne *m* ‹-n, -n› [alə'manə] Alaman *m.* **alemannisch** *a* alémanique.

Alge *f* ‹-, -n› ['algə] *bot* algue *f.*

Algebra *f* ‹-, ø› ['algebra] algèbre *f.* **algebraisch** [-'bra:-] *a* algébrique.

Algerien *n* ‹-s, ø› [al'ge:riən] *(Land)* l'Algérie *f.* **Algerier(in** *f***)** *m* ‹-s, -› [-riɛr] Algérien(ne *f*) *m.* **algerisch** *a* algérien, d'Algérie. **Algier** ['alʒi:r] *n (Stadt)* Alger *m.*

algorithmisch [algo'rɪtmɪʃ] *a* algorithmique. **Algorithmus** [algo'rɪtmus, -mə] *m* algorithme *m.*

Alibi *n* ‹-s, -s› ['a:libi] *jur* alibi *m;* ▶ *sein ~ nachweisen* fournir un alibi. **Alibifunktion** *f* fonction *f* bidon.

Alimente *n pl* [ali'mɛntə] *jur* pension *f* alimentaire.

Alkohol *m* ‹-s, -e› ['alkohɔl/-ho:l] alcool *m.* **alkoholfrei** *a* non-alcoolisé. **Alkoholgegner** *m* antialcoolique *m.* **Alkoholgehalt** *m* taux *m* d'alcool. **Alkoholiker** *m* ‹-s, -› [-'ho:likər] *(Trinker)* alcoolique *m.* **alkoholisch** [-'ho:-] *a* alcoolique, spiritueux; *~e Getränke n pl* spiritueux *m pl.* **alkoholisieren** [-'zi:-] *tr* alcooliser. **Alkoholismus** *m* ‹-, ø› [-'lɪsmus] alcoolisme *m.* **Alkoholmißbrauch** *m* abus *m* d'alcool. **Alkoholmotor** *m* moteur *m* à alcool. **Alkoholkontrolle** *f* alcootest *m.* **Alkoholspiegel** *m* taux *m* d'alcool (dans le sang). **Alkoholtest** *m* alcootest *m.* **Alkoholverbot** *n* prohibition *f.* **Alkoholvergiftung** *f (akute)* intoxication *f* par l'alcool; *(chronische)* alcoolisme.

All *n* ‹-s, ø› [al] univers *m.*

all [al] **I.** *(alle, aller, alles) a* tout, e; *pl* tous les, toutes les; ▶ *~ beide* tous les deux; *mit ~er Deutlichkeit* clairement, nettement; **II.** *(alle) s pl* tous, toutes *m f pl;* ▶ *wir sind ~e da* nous sommes au complet; **III.** *(alles)* tout; ▶ *dies* od *das ~es* tout cela; *~es in ~em* à tout prendre, somme toute; *trotz ~em* malgré tout; *nicht um ~es in der Welt* pour rien au monde, pas pour tout l'or du monde; *vor ~em* avant tout, surtout; *das ist* od *wäre ~es* c'est *od* voilà tout; *damit ist ~es gesagt* c'est tout dire; *ist das ~es?* n'est-ce que cela? *da hört doch ~es auf!* c'est trop *od* un peu fort! *fam* c'est du propre! *mein ein und ~es* tout mon bonheur.

Allah ['ala] ‹-s, ø] *rel* Allah *m.*

alle ['alə] *a fam (Vorrat: aufgebraucht)* épuisé; ▶ *der Wein ist ~* il n'y a plus de vin. **alledem** ['aləde:m, --'-] : *trotz ~ (conj: trotzdem)* malgré tout.

Allee *f* ‹-, -n› [a'le:, -'le:ən] *(baumbestandener Weg)* allée; *(Prachtstraße)* avenue *f.*

allein [a'laɪn] **I.** *a* seul; *(einsam)* solitaire, isolé; ▶ *ganz ~* tout seul; *mit jdm ~ sein* être seul *od* en tête-à-tête avec qn; *etw ~ tun* faire qc soi-même; *er ~ (als einziger) sprach* lui seul parlait, il était le seul à parler; **II.** *adv (nur)* seulement, uniquement; ▶ *von ~* tout seul; *~ der Gedanke* la seule pensée; **III.** *conj (jedoch)* cependant, mais. **Alleineigentümer** *m* propriétaire *m* unique. **Alleinerbe** *m* héritier *m* unique. **alleinerziehend** *a* élevant son *od* ses enfant(s) seul. **Alleinerziehende(r)** *m f* parent *m* isolé. **Alleinherrschaft** *f* pouvoir *m* absolu. **Alleinsein** *n* solitude *f.* **alleinstehend** *a* (vivant) seul; ▶ *~ Mutter f* femme *f* seule avec enfant(s). **Alleinverkauf** *m* vente *f* exclusive. **Alleinvertretung** *f* représentation *f* exclusive. **Alleinvertrieb** *m* exclusivité *f.*

allemal ['alə'ma:l] *adv* toutes les fois; ▶ *ein für ~* une fois pour toutes.

allenfalls ['alən'fals] *adv (höchstens)* tout au plus; *(notfalls)* à la rigueur.

allerbeste(r, s) ['alər'bɛstə] (le, la) meilleur(e) de tous, de toutes, de tout; *das Allerbeste (a.)* le fin du fin; *am allerbesten (adv)* le mieux du monde.

allerdings *adv* **1.** *(einschränkend)* à la

vérité; **2.** *(in der Tat)* en effet; ▶ *~! (da haben Sie recht!)* ma foi, oui! **allererste(r, s)** *a* le premier de tous, la première de toutes.

Allergie *f* ‹-, -n› [alɛrˈgiː] *med* allergie *f.* **allergisch** [-ˈlɛrgɪʃ] *a* allergique. **Allergologe(-gin** *f***)** *m* [alɛrgoˈloːgə] ‹-n, -n› allergologue *m f.* **Allergologie** [-loˈgiː] *f* allergologie *f.*

allerhand *a = allerlei; fam (viel)* toutes sortes de, pas mal de; ▶ *~ mitgemacht haben* en avoir vu de toutes les couleurs; *das ist ja ~! (fam)* c'est trop fort! **Allerheiligen** *n rel* la Toussaint. **allerlei** [ˈ--ˈlaɪ] *a* toute sorte de, de toute(s) sorte(s), de *od* en tout genre. **Allerlei** *n* ‹-s, (-s)› pot-pourri, pêle-mêle *m;* ▶ *Leipziger ~ (Küche)* macédoine *f.* **Allerletzte(r, s)** *a* le dernier de tous, la dernière de toutes. **allerliebst** *a* très gentil, ravissant. **allermeisten I.** *a:* ▶ *die ~* la plupart de; **II.** *adv:* ▶ *am ~* le plus souvent. **allerneueste(r, s)** *a* le plus nouveau *od* récent, le dernier; *das Allerneueste* la dernière nouveauté, le dernier cri. **Allerseelen** *n rel* le jour *od* la fête des morts. **allerseits** *adv* de tous côtés, partout. **Allerweltskerl** *m* gaillard; *fam* homme *m* à toutes mains. **Allerwenigste,** *das* le minimum; *am allerwenigsten (adv)* le moins du monde.

allgemein [ˈalgəˈmaɪn] **I.** *a (überwiegend)* général; *(umfassend)* universel; *(gemeinsam)* commun; ▶ *~e Dienstpflicht f* service *m* obligatoire; *~es Wahlrecht n* suffrage *m* universel; **II.** *adv* u. ▶ *im ~en* en général, généralement. **Allgemeinbildung** *f* culture *od* formation *f* générale. **Allgemeingut** *n:* ▶ *~ werden* se vulgariser. **Allgemeinheit** *f* ‹-, -en› généralité, universalité *f;* ▶ *im Interesse der ~* dans l'intérêt général; *~ zugänglich (zu besichtigen)* ouvert au public. **allgemeinverständlich** *a* à la portée de tous. **Allgemeinzustand** *m med* état *m* général.

Allheilmittel *n* [alˈhaɪl-] panacée *f.*

Allianz *f* ‹-, -en› [aliˈants] *pol* alliance *f.*

Alligator *m* ‹-s, -en› [aliˈgaːtɔr, -ˈtoːrən] *zoo* alligator *m.*

Alliierten, *die, m pl* [aliˈiːrtən] les puissances *f pl* alliées, les Alliés *m pl.*

alljährlich [ˈalˈjɛːr-] **I.** *a* annuel; **II.** *adv a.* tous les ans.

Allmacht *f* ‹-, ø› [ˈalmaxt] toute-puissance *f.* **allmächtig** [-ˈmɛçtɪç] *a* tout-puissant; ▶ *der A~e (Gott)* le Tout-Puissant.

allmählich [alˈmɛːlɪç] **I.** *a* graduel; **II.** *adv a.* peu à peu, petit à petit.

Allopath [aloˈpaːt] ‹-en, -en› *m med* allopathe *m.* **Allopathie** [-paˈtiː] ‹-, ø› *f* allopathie *f.* **allopathisch** [-loˈpaːtɪʃ] *a* allopathique.

Allradantrieb *m tech* quatre roues *f pl* automotrices.

Alltag [ˈaltaːk] *m* vie *f* quotidienne; ▶ *der graue ~* le train-train quotidien.

alltäglich *a* **1.** [ˈ---] quotidien, journalier, de tous les jours; **2.** [-ˈ--] *fig (gewöhnlich)* ordinaire, commun; ▶ *nicht ~ (a.)* hors du commun.

alltags *adv* dans la semaine.

allwissend [-ˈ--] *a* omniscient.

allzu [ˈaltsuː] *adv* (par) trop. **allzusehr** *adv* (par) trop. **allzuviel** *pron* trop.

Allzweck . . . *(in Zssgen)* à toute fin.

Alm *f* ‹-, -en› [alm] alpe *f.* pâturage *m* alpestre.

Almosen *n* ‹-s, -› [ˈalmoːzən] aumône *f; (jdm ein)* ▶ *~ geben* faire l'aumône *od* la charité (à qn).

Alpen *die, f pl,* [ˈalpən] les Alpes *f pl.* **Alpenveilchen** *n* cyclamen *m.*

Alphabet *n* ‹-(e)s, -e› [alfaˈbeːt] alphabet *m.* **alphabetisch** *a* alphabétique.

alphanumerisch [alfanuˈmeːrɪʃ] *a* alphanumérique.

alpin [alˈpiːn] *a scient* alpin.

Alptraum *m* cauchemar *m.*

als [als] *conj* **1.** *(zeitl.)* quand; *(genauer bestimmend)* lorsque; *(die Gleichzeitigkeit betonend)* comme; **2.** *(in der Eigenschaft ~)* comme, en, en qualité de, en tant que, à titre de; **3.** *(nach dem Komparativ)* que, *(vor Zahlen)* de; ▶ *100 DM ~ Belohnung erhalten* recevoir 100 DM de récompense; *zu stolz, als daß . . .* trop fier pour . . .; *damals, ~* alors que; *erst, ~* ne . . . que; *e-s Tages, ~* un jour que; *~ ob, ~ wenn* comme si; *nicht ~ ob* non (pas) que *subj; so tun, ~ ob . . .* faire semblant de *inf.* **alsbald** [-ˈ-] *adv* aussitôt.

also [ˈalzoː] *conj (folglich)* donc, par conséquent, en conséquence; *interj (= nun)* voyons; ▶ *~?* alors? *na ~!* eh bien, voilà!

alt [alt] *a* ‹*älter, ältest*› **1.** vieux; **2.** *(schon lange bestehend)* de vieille date; **3.** *(von Menschen, mit Angabe des Alters)* âgé (de . . . ans); **4.** *(ehemalig)* ancien; **5.** *(altertümlich, antik)* antique; **6.** *com (gebraucht)* usagé; **7.** *pop (schlecht)* tocard; ▶ *auf meine ~en Tage* sur mes vieux jours; *~ aussehen* avoir l'air vieux; *alles beim ~en lassen* laisser les choses comme elles sont; *~ genug sein, um zu . . .* être d'âge à *od* en âge de . . .; *zu ~ sein* avoir passé l'âge (*um zu . . .* de . . .); *~ werden* vieillir; *wir sind gleich ~* vous êtes, il, elle est de mon (notre) âge; *er ist immer der ~e (derselbe)* il est toujours le même; *er sieht nicht so ~ aus, wie er ist* on ne lui donnerait pas son âge; *es bleibt alles beim ~en* rien n'a changé; *wie ~ sind Sie?* quel âge avez-vous? *für wie ~ halten Sie mich?* quel âge me donnez-

-vous? *~er Junge!* mon vieux! *~es Eisen n* ferraille *f; die ~en Griechen, Römer* les anciens Grecs, Romains *m pl; ~ und jung* tout le monde, jeunes et vieux, grands et petits; *das Alte Testament* l'Ancien Testament.

Altar *m* ‹-(e)s, ¨-e› [al'ta:r, -'tɛ:rə] *rel* autel *m.*

altbacken *a* rassis. **Altbau** *m* construction *f* ancienne. **Altbausanierung** *f* rénovation *f* des bâtiments vétustes. **Altbauwohnung** *f* habitation *f* ancienne. **altbewährt** *a* bien connu. **Alte,** *der* vieux, vieillard *m; der ~ (fam: Chef)* le singe, le patron; *mein Alter (fam: Vater)* mon père. **Alteisen** *n* ferraille *f.* **Alteisenhändler** *m* ferrailleur *m.*

älter ['ɛltər] *a* **1.** *(Komparativ von: alt)* plus âgé; *(von Geschwistern)* aîné; **2.** *(nicht mehr jung)* d'un certain âge, entre deux âges; ▶ *~ werden* avancer en âge; *er ist zwei Jahre ~ als ich* il a deux ans de plus que moi, il est mon aîné de deux ans.

Alter *n* ‹-s, -› ['altər] âge; *(hohes)* âge *m* avancé, vieillesse *f; das ~* les vieux jours *m pl; (von Sachen)* vétusté *f; im ~ von* à l'âge de, âgé de; ▶ *im besten ~* dans la force de l'âge; *in meinem ~* à mon âge; *seit, von a~s her* de tout temps; *man sieht ihm sein ~ nicht an* il ne paraît pas son âge. **altern** *itr* ‹*sein*› vieillir.

alternativ [altɛrna'ti:f] *a* alternatif, -ive; *pol* alternatif, autonome; ▶ die Alternativen *(pol)* les alternatifs, les autonomes *m pl.* **Alternative** *f* ‹-, -n› [alterna'tivə] alternative *f.* **Alternative(r)** *m f* membre *m* du mouvement alternatif.

Alterserscheinung *f* ['altərs-] signe *m* de vieillesse. **Altersgrenze** *f* limite *f* d'âge; ▶ *die ~ erreichen* arriver à la limite d'âge. **Altersheim** *n* asile *m* de vieillards. **Altersrente** *f* rente *od* pension de vieillesse, retraite *f* des vieux. **Altersschwäche** *f* sénilité, décrépitude *f;* ▶ *an ~ sterben* mourir de vieillesse. **Altersunterschied** *m* différence *f* d'âge. **Altersversicherung** *f* assurance-vieillesse *f.*

Altertum *n* ‹-s, ø› ['altərtu:m] antiquité *f; pl s. Altertümer.*

Altertümer ['altərty:mər] *n pl* antiquités *f pl.* **altertümlich** *a (Gegenstand)* antique; *(Wort, Redensart, Stil)* archaïque.

Altfranzösisch(e, *das***)** l'ancien français *m.* **Altglas** *n* verre *m* perdu. **Altglasbehälter** *m* conteneur *m* à verre usé. **Altgriechisch(e,** *das***)** le grec ancien. **Althochdeutsch(e,** *das***)** l'ancien haut allemand *m.*

altklug *a* blanc-bec *pred.*

Altmaterial *n* vieux matériel *m.* **Altmetall** *n* vieux métal *m.* **altmodisch** *a* passé de mode, démodé. **Altpapier** *n* papier *m* à recycler. **Altpapierbehälter** *m* conteneur *m* pour papier à recycler. **Altpapiersammlung** *f* ramassage *m* du papier à recycler. **Altstadt** *f* vieille ville, cité *f.* **Altstadtsanierung** *f* remodelage *m* des quartiers anciens. **Altstimme** *f* voix *f* d'alto. **Altwarenhändler** *m* brocanteur, fripier *m.* **Altwarenhandlung** *f* bric-à-brac *m.* **Altweibersommer** *m (schöner Spätherbst)* été *m* de la Saint-Martin.

Alufolie *f* papier *m* (d')aluminium.

Aluminium *n* ‹-s, ø› [alu'mi:nium] aluminium *m.*

am [am] *(= an dem) s. an; (bei Daten u. anderen Zeitangaben steht im Französ. der acc mit best. Artikel):* ▶ *~ 14. Juli* le quatorze juillet; *~ Abend* le soir; *~ besten* le mieux; *~ meisten* le plus.

Amateur *m* ‹-s, -e› [ama'tø:r] *bes. sport* amateur *m.* **Amateurfunker(in** *f***)** *m* cibiste *m f* amateur.

Amboß *m,* ‹-sses, -sse› ['ambɔs] *a. anat* enclume *f.*

ambulant [ambu'lant] *a com* ambulant; *med* ambulatoire.

Ameise *f* ‹-, -n› ['a:maɪzə] fourmi *f.* **Ameisenbär** *m* fourmilier, tamanoir *m.* **Ameisenhaufen** *m* fourmilière. **Ameisensäure** *f* acide *m* formique. **Ameisenstaat** *m* république *f* de fourmis.

amen ['a:mən] *interj* amen! ainsi soit-il! ▶ *zu allem ja und ~ sagen* dire amen à tout.

Amerika *n* [a'me:rika] *(a. = USA)* l'Amérique *f.* **Amerikaner(in)** *m* ‹-s, -› (*f* ‹-, -nen›) [-'ka:nər(ɪn)] Américain(e *f*) *m.* **amerikanisch** **I.** *a* américain, d'Amérique; **II.** *adv* à l'américaine. **Amerikanismus** *m* ‹-, -men› [-'nɪsmʊs, -mən] américanisme *m.*

Amethyst *m* ‹-(e)s, -e› [ame'tʏst] *min* améthyste *f.*

Aminosäuren [a'mi:no-] *f pl chem* amino-acides, acides *m pl* aminés.

Amme *f* ‹-, -n› ['amə] nourrice *f.* **Ammenmärchen** *n* conte *m* de bonne femme *od* de ma mère l'oie.

Ammoniak *n* ‹-s, ø› ['amoniak,---'-] *chem* ammoniac *m.* **Ammoniaklösung** *f* ammoniaque *f.*

Amnestie *f* ‹-, -n› [amnɛs'ti:] *jur (Begnadigung)* amnistie *f.* **amnestieren** [-'ti:rən] ‹*ohne ge-*› *tr* amnistier.

Amoklaufen *n* ['a:mɔk/a'mɔk] *m* folie *f* meurtrière. **Amokläufer** *m* tueur *m* fou.

a-Moll *n* ['a:mɔl] *mus* la *m* minieur.

Amortisation *f* ‹-, -en› [amɔrtizatsi'o:n] *fin* amortissement *m.* **amortisieren** ‹*ohne ge-*› *tr* amortir.

Ampel *f* ‹-, -n› ['ampəl] *(Verkehrs~)* feux *m pl.*

Ampere *n* ‹-(s), -› [ã'pɛ:r, am'pɛ:r] *el* ampère *m.*
Amphibie *f* ‹-, -n› [am'fi:biə] *zoo* amphibie *m; pl (als Klasse)* amphibiens, batraciens *m pl.*
Ampulle *f* ‹-, -n› [am'pʊlə] *med* ampoule *f.*
Amputation *f* ‹-, -en› [amputatsi'o:n] *med* amputation *f.* **amputieren** [-'ti:rən] ‹*ohne ge-*› *tr* amputer.
Amsel *f* ‹-, -n› ['amzəl] *orn* merle *m.*
Amt *n* ‹-(e)s, ⸗er› [amt, 'ɛmtər] **1.** *(Dienststellung, Aufgabe)* fonction *f,* emploi *m;* charge; *(~sgewalt)* autorité *f;* **2.** *(Dienststelle, -raum)* bureau, office, service *m,* administration *f; tele* central *m* (téléphonique); ▶ *im ~* en service; *in Ausübung meines ~es* dans l'exercice de mes fonctions; *kraft meines ~es* en vertu de ma charge; *ein ~ antreten* od *übernehmen* entrer en charge *od* en fonction, prendre ses fonctions; *ein ~ ausüben* exercer *od* remplir une fonction; *im ~ bleiben* rester *od* demeurer en fonction; *jdn in sein ~ einführen* initier qn à ses fonctions; *jdn s-s ~es entheben* destituer qn de ses fonctions; *fam* mettre qn à pied; *sein ~ niederlegen* résigner ses fonctions, démissionner; *s-s ~es walten* s'acquitter de ses fonctions. **amtieren** [-'ti:rən] ‹*ohne ge-*› *itr* être en fonction(s). **amtierend** *a* actuel. **amtlich** *a* officiel, d'office. **Amtmann** *m* ‹-s, -leute/-männer› secrétaire.
Amtsantritt *m* ['amts-] entrée *f* en fonction(s). **Amtsarzt** *m* médecin *m* administratif. **Amtsbefugnis** *f* compétence *f;* ▶ *s-e ~se überschreiten* outrepasser les limites de sa compétence. **Amtsenthebung** *f* suspension, destitution *f.* **Amtsführung** *f* gestion, administration *f.* **Amtsgericht** *n* tribunal *m* cantonal *od* de première instance. **Amtsgeschäfte** *n pl* fonctions *f pl* publiques. **Amtshandlung** *f* acte *m* officiel *od* de fonction, opération *f* administrative. **Amtsniederlegung** *f* démission *f.* **Amtsrichter** *m* juge *m* de première instance.
amüsant [amy'zant] *a* amusant, divertissant. **amüsieren** [-'zi:rən] ‹*ohne ge-*› *tr* amuser; ▶ *sich köstlich ~~* s'amuser (follement).
an [an] **I.** *prp (Grundbedeutung)* à; **1.** *(räuml.)* ▶ *~ der Wand* au mur; *~ der (Land-)Straße* au bord de la route; *am Rhein* sur le Rhin; *~ e-r Stelle* à un endroit; *am Feuer* près du feu; *am Kopf* à la tête; *~ der Hand (a. halten)* à la main; *Haus ~ Haus* une maison après l'autre; *~ die Wand stellen, werfen* mettre, jeter contre le mur; *~ allen Gliedern zittern* trembler de tous ses membres; **2.** *(zeitl.)* ▶ *~ e-m bestimmten Tage* à un jour fixé; *am Tage der Prüfung* le jour de l'examen; *es ist ~ der Zeit zu* il est temps de; **3.** *(instrumental)* ▶ *~ der Hand, Leine führen* mener par la main, en laisse; *~ Krücken gehen* marcher avec des béquilles; **4.** *(kausal)* ▶ *~ etw liegen (von etw herrühren)* venir de qc; *~ etw leiden, sterben* souffrir, mourir de qc; **5.** *(verschiedene Beziehungen ausdrückend):* ▶ *sich ~ jdn wenden* s'adresser à qn; *gut, schlecht ~ jdm handeln* agir bien, mal envers qn; *~ etw arbeiten* travailler à *od* sur qc; *das liegt ~ Ihnen* c'est votre affaire; *~ der Sache ist kein wahres Wort* c'est une fable *od* une invention pure; *arm, reich ~* pauvre, riche en; *~ (und für) sich (im Grunde)* au fond, en fait; **6.** ▶ *~ die (mit e-m Zahlwort: gegen, ungefähr)* à peu près, environ; **II.** *(adv)* ▶ *von jetzt* od *nun ~* à partir de ce moment, désormais, dorénavant; *von morgen ~* dès demain; *~sein (angestellt, eingeschaltet sein)* marcher, fonctionner; *(Feuer, Licht)* être allumé.
Anabolikum [ana'bo:likum] *n* ‹-s, -ka› *pharm* anabolisant *m.*
analog [ana'lo:k, -gə] *a (ähnlich, entsprechend)* analogue; *inform* analogique. **Analogie** *f* ‹-, -n› [-lo'gi:] analogie *f.* **Analogrechner** *m inform* calculateur *m* analogique.
Analphabet *m* ‹-en, -en› ['an-, analfa'be:t] analphabète, illettré *m.*
Analyse *f* ‹-, -n› [ana'ly:zə] analyse *f.* **analysieren** [-'zi:rən] ‹*ohne ge-*› *tr* analyser. **analytisch** [-'ly:tɪʃ] *a* analytique.
Ananas *f* ‹-, -/se› ['ananas] ananas *m.*
Anarchie *f* ‹-, -n› [anar'çi:] anarchie *f.* **anarchisch** [-'narçɪʃ] *a* anarchique. **Anarchist** *m* ‹-en, -en› [-'çɪst] anarchiste *m.* **anarchistisch** [-'çɪstɪʃ] *a* anarchiste.
Anästhesie [anɛste'zi:] ‹-, -n› *f med* anesthésie *f.* **Anästhesist(in** *f)* *m* [-'zɪst] ‹-en, -en› anesthésiste *m f.*
Anatomie *f* ‹-, -n› [anato'mi:] anatomie *f.* **anatomisch** [-'to:mɪʃ] *a* anatomique.
an⸗bahnen *tr* ouvrir la voie à, amorcer.
an⸗bändeln *itr fam:* ▶ *mit jdm ~* faire la cour à qn, flirter avec qn.
Anbau *m* **1.** ‹-(e)s, -ten› *arch* agrandissement *m,* annexe *f;* **2.** ‹-(e)s, ø› *agr (von Pflanzen)* culture *f.* **an⸗bauen** *tr* **1.** *arch* ajouter, adosser (*an* à); **2.** *agr* planter, cultiver. **Anbaumöbel** *n pl* meubles *m pl* par éléments.
anbei ['anbaɪ, -'-] *adv* ci-inclus, ci-joint.
an⸗beißen ‹*biß an, angebissen*› **1.** *tr* mordre dans; **2.** *itr (Fisch beim Angeln u. fig)* mordre à l'hameçon; ▶ *zum A~ hübsch* joli à croquer.
an⸗belangen ‹*ohne ge-*› *tr impers: was mich anbelangt* quant à moi.
an⸗bellen *tr* aboyer (*jdn* après qn).

an≈beraumen ⟨*ohne ge-*⟩ *tr adm jur* (pré)fixer.
an≈beten *tr, a. fig* adorer. **Anbetung** *f* ⟨-, ø⟩ adoration *f.*
Anbetracht: *in ~ (gen)* en considération (de), eu égard (à), vu, attendu.
an≈biedern, *sich* se faire bien vu (*bei jdm* de qn).
an≈bieten ⟨*bot an, abgeboten*⟩ *tr* offrir; ► *zum Kauf ~* mettre en vente.
an≈binden ⟨*band an, angebunden*⟩ **1.** *tr* lier, attacher (*an* à); **2.** *itr fig:* ► *mit jdm ~* chercher querelle *od* noise à qn.
Anblick *m* **1.** *(das Anblicken)* vue *f,* regard *m;* **2.** *(Aussehen)* aspect *m;* ► *beim ~ (gen)* à la vue (de). **an≈blicken** *tr* regarder.
an≈bohren *tr* forer, percer.
an≈brechen ⟨*bricht, brach an, angebrochen*⟩ **1.** *tr* ⟨*h*⟩ *(Vorrat, Packung, Flasche)* entamer; **2.** *itr* ⟨*sein*⟩ *(Tag)* se lever; *(Nacht)* tomber.
an≈brennen ⟨*brannnte an, angebrannt*⟩ *itr* ⟨*sein*⟩ *(Speise)* commencer à brûler; *angebrannt riechen* sentir le brûlé.
an≈bringen ⟨*brachte an, angebracht*⟩ *tr* **1.** *(hintun u. befestigen)* mettre, poser, placer, installer, appliquer; **2.** *(zur Sprache bringen)* mettre sur le tapis.
Anbruch *m* ⟨-(e)s, ø⟩ *(Beginn)* commencement *m; (der Nacht)* tombée; *(des Tages)* pointe *f.*
an≈brüllen *tr fam* crier après, contre qn.
Andacht *f* ⟨-, -en⟩ ['andaxt] **1.** *(innere Haltung)* recueillement *m;* **2.** *rel* acte *m* de dévotion, dévotions *f pl; (Gebet)* prière *f;* **andächtig** ['-dɛçtıç] *a rel* recueilli.
Andalusien *n* ⟨-s, ø⟩ [anda'lu:ziən] l'Andalousie *f.* **Andalusier(in** *f*) *m* ⟨-s, -⟩ [-'lu:ziər] Andalou(se *f*) *m.* **andalusisch** [-'lu:zıʃ] *a* andalou.
an≈dauern *itr* durer, continuer. **andauernd I.** *a* continuel; **II.** *adv a.* à tout moment, constamment.
Anden ['andən] *pl* Andes *pl;* Cordillère *f* des Andes.
Andenken *n* ⟨-s, -⟩ **1.** *(Gedenken)* mémoire *f;* **2.** *(Erinnerungsstück)* souvenir *m;* ► *zum ~ an* en mémoire de.
ander(e, er, es) ['andər-] *pron* autre; ► *ein ~er, (pl) ~e (allg)* autrui *m; die ~en (a.)* le reste; *jeder ~e* tout autre; *kein ~er* aucun *od* nul autre, personne (d')autre; *der eine und der ~e* l'un et l'autre; *weder der eine noch der ~e* ni l'un ni l'autre; *alles ~e als* rien moins que; *nichts ~es* rien (d')autre; *am ~n Tage* le lendemain; *auf der ~en Seite (a. fig)* de l'autre côté; *einer nach dem ~en* l'un après l'autre; *(abwechselnd)* tour à tour; *ein Fehler nach dem ~en* faute sur faute; *ein ums ~e Mal* une fois sur deux; *unter ~em* entre autres (choses); *mit ~en Worten* en d'autres termes; *ein ~es Kleid anziehen* changer de robe; *ein ganz ~er geworden sein* être tout changé; *von etwas ~em sprechen* changer de conversation; *sich auf ~e verlassen* compter sur autrui; *sie sind einer wie der ~e* l'un vaut l'autre; *das ist etwas ~es* c'est autre chose, c'est différent; *es verging ein Monat um den ~en* les mois s'écoulaient. **ander(e)nfalls** ['-(-)'-] *adv* autrement, sinon. **ander(er)seits** ['--(-)'-] *adv* d'autre part, d'(un) autre côté; *(dafür)* en revanche; *(dagegen)* par contre. **andermal** ['--'-]: *ein ~* une autre fois, un autre jour.
ändern ['ɛndərn] **1.** *tr* changer, modifier; *(Kleidung)* retoucher; **2.** *refl: sich ~* changer; *(bes. Preise)* varier; ► *den Kurs ~ (mar aero)* changer de route *od* de cap; *s-e Meinung ~* changer d'avis; *das ändert nichts an der Sache* cela n'y fera rien.
anders ['andərs] *adv* autrement, d'une autre manière *od* façon, différemment; ► *nirgend(wo) ~* nulle part ailleurs; *~ ausgedrückt* autrement dit; *sich ~ besinnen* se raviser; *ich kann nicht ~* je ne puis faire autrement; *mir geht's nicht ~* il n'en va pas autrement pour moi; *das klingt schon ganz ~* voilà qui est différent; *das muß ~ werden* il faut que ça change; *jemand ~* quelqu'un d'autre; *wer ~ (als er)?* qui d'autre (que lui)? *erzählen Sie das jemand ~!* à d'autres! **andersartig** *a* différent. **Andersdenkende** *m f pol* dissident(e *f*) *m.* **andersherum** ['---'-] *adv* dans l'autre sens. **anderswo** ['--'-] *adv* ailleurs, autre part. **anderswoher** ['---'-] *adv* d'ailleurs. **anderswohin** ['---'-] *adv* ailleurs, autre part.
anderthalb ['andərt'halp] *(Zahlwort)* un et demi; ► *~ Stunden f pl* une heure et demie.
Änderung *f* ⟨-, -en⟩ ['ɛndərʊŋ] changement *m,* modification; retouche; variation *f;* ► *~en vorbehalten (pp)* sous réserve de modifications.
anderweitig ['--'--] **I.** *a* autre; **II.** *adv* autrement; *(~swo)* ailleurs.
an≈deuten *tr (durch Zeichen)* indiquer (par des signes); *(zu verstehen geben)* donner à entendre, faire comprendre. **Andeutung** *f* indication *f,* signe *m;* ► *auf e-e (bloße) ~ hin* à demi-mot.
Andorra [an'dɔra] *n* Andorre *f.* **Andorraner(in** *f*) *m* [-'ranər] Andorran,e *m f.* **andorranisch** *a* andorran.
Andrang *m* ⟨-(e)s, ø⟩ affluence, presse *f; (Menschenstrom)* foule *f.*
an≈drehen *tr* **1.** *(Schraube)* serrer (en tournant); **2.** *(el: Licht)* allumer; *radio* faire marcher; ► *jdm etw ~ (fig fam: aufschwatzen)* refiler qc à qn.
an≈eignen, *sich* **1.** s'approprier (*etw* qc); *(sich e-r S bemächtigen)* s'emparer (*etw*

de qc); *(widerrechtlich)* s'arroger, usurper (*etw* qc); **2.** *(Kenntnisse)* acquérir.
aneinander [--'--] *adv* l'un à *od* contre l'autre. **aneinander≈grenzen** *itr* se toucher, être contigu; *(Staaten a.)* être limitrophe. **aneinander≈reihen** *tr* mettre à la file, aligner.
Anekdote *f* ‹-, -n› [anɛk'do:tə] anecdote *f.*
an≈ekeln ['an-] *tr* dégoûter, écœurer.
Anemone *f* ‹-, -n› [ane'mo:nə] *bot* anémone *f.*
anerkannt *a* reconnu; *(allgemein ~)* généralement admis.
an≈erkennen ‹*erkannte an, anerkannt*› *tr* **1.** reconnaître (*als* pour); *(eingestehen)* avouer; *jur (gerichtlich, gesetzlich ~)* légitimer, légaliser; *fin (Wechsel)* accepter; **2.** *(zu schätzen wissen)* rendre justice à, apprécier. **anerkennend** *a (Worte)* favorable, élogieux. **anerkennenswert** *a* louable. **Anerkennung** ['an-, an'ʔɛr'kɛnʊŋ] *f* **1.** reconnaissance *f;* aveu *m; jur* légitimation, légalisation; *fin* acceptation *f;* **2.** appréciation.
an≈fachen *tr (Feuer)* souffler; *a. fig (Leidenschaft)* attiser, allumer.
an≈fahren ‹*fährt, fuhr an, angefahren*› *tr* ‹*h*› **1.** *(heranschaffen)* charrier; **2.** *(mit e-m Fahrzeug anstoßen)* accrocher; **3.** *(mit Worten)* brusquer, rudoyer; *itr* ‹*sein*› **4.** *(sich in Bewegung setzen)* se mettre en marche, s'ébranler; *mot a.* démarrer. **Anfahrt** *f (Zufahrt)* accès, abord *m, (Ankunft)* arrivée *f.*
Anfall *m med* attaque *f,* accès *m.* **an≈fallen** ‹*fällt, fiel an, angefallen*› *tr* ‹*h*› *(überfallen)* assaillir; attenter (*jdn* à qn); attaquer.
anfällig *a* susceptible (*für* de), *med* réceptif (*für* à); ► *~ sein für Erkältungen* être sujet aux refroidissements. **Anfälligkeit** *f* ‹-, ø› susceptibilité, réceptivité *f,* manque *m* de résistance.
Anfang *m* ‹-(e)s, ⸚e› commencement, début *m; (Ursprung)* origine *f;* ► *am, im, zu ~* au commencement, au début; *gleich zu ~* au premier *od* de prime abord; *von ~ an* dès le début; *von ~ bis zu Ende* du commencement à la fin; *~ Mai* au début de mai; *noch in den (ersten) Anfängen stecken* n'en être qu'à ses débuts; *aller ~ ist schwer (prov)* il n'y a que le premier pas qui coûte. **an≈fangen** ‹*fängt, fing an, angefangen*› *tr* **1.** commencer; **2.** *fam (tun)* faire, entreprendre; *itr* **3.** commencer (*zu tun* à *od* de faire); *(zum erstenmal tun)* débuter; *alles (mögliche) ~* entreprendre toutes sortes de choses; *ein Gespräch ~* entamer une conversation; *mit nichts angefangen haben* être parti de rien; *etw richtig ~* prendre qc par le bon bout; *(wieder) von vorn ~* recommencer, reprendre (à zéro); *mit etw nichts anzufangen wissen* ne savoir que faire de qc; *das fängt ja gut an!* voilà qui commence bien!
Anfänger(in *f***)** *m* ‹-s, -› débutant(e *f*) *m;* **anfänglich I.** *a* premier, initial; **II.** *adv = anfangs.*
anfangs ['anfaŋs] *adv* au début.
an≈fassen *tr* **1.** *(berühren)* toucher (à); **2.** *(anfangen, in Angriff nehmen)* commencer; se prendre à; **3.** *(jdn behandeln)* prendre, traiter; ► *sich (ea.) ~* se donner les mains; *es falsch* od *verkehrt ~* s'y prendre de travers.
anfechtbar *a a. jur* contestable. **an≈fechten** ‹*ficht, focht an, angefochten*› *tr jur (nicht anerkennen)* contester. **Anfechtung** *f* ‹-, -en› **1.** *jur* contestation *f;* **2.** *fig (Versuchung)* tentation *f.*
an≈fertigen *tr* faire; *(im großen)* fabriquer, manufacturer, confectionner. **Anfertigung** *f* fabrication, confection *f.*
an≈feuchten *tr* mouiller, humecter.
an≈feuern *tr fig bes. sport* encourager.
an≈flehen *tr* implorer.
an≈fliegen ‹*flog an, angeflogen*› *tr aero* **1.** aborder; **2.** *(Zwischenlandung machen in)* faire escale à.
Anflug *m* **1.** *aero* (vol *m* d')approche; arrivée *f;* **2.** *fig* teinte, idée *f,* soupçon *m* (*von* de).
an≈fordern *tr (Sache)* demander; *(S u. Person)* réclamer. **Anforderung** *f* **1.** demande; réclamation *f;* **2.** *(Erfordernis)* exigence *f;* ► *hohe ~en an jdn stellen* exiger beaucoup de qn.
Anfrage *f* demande; *parl* interpellation *f; inform* consultation *f;* ► *auf ~* sur demande. **an≈fragen** *itr:* ► *bei jdm ~* demander, s'adresser à qn.
an≈freunden, *sich* se lier d'amitié (*mit jdm* avec qn).
an≈fühlen: ► *sich hart, weich ~* être dur, mou au toucher.
Anfuhr *f* ‹-, -en› transport *m.*
an≈führen *tr* **1.** conduire; *(a. den Tanz)* mener; *mil* commander; **2.** *(Text)* citer; *(Beispiel)* donner; *(Grund)* alléguer; **3.** *(täuschen)* duper; ► *von jdm angeführt werden (a.)* être la dupe de qn. **Anführer** *m* conducteur, chef; *pol pej* meneur; *mil* commandant; *sport* leader *m.* **Anführungszeichen** *n pl* guillemets *m pl.*
Angabe *f* **1.** *(Hinweis)* indication; *(Auskunft)* information *f;* **2.** *fam (Prahlerei)* fla-fla *m,* esbroufe; vantardise *f;* ► *nähere ~n* détails *m pl,* spécifications *f pl.*
an≈geben ‹*gibt, gab an, angegeben*› *tr* **1.** indiquer; *(erklären, bes. Wert, Einkommen)* déclarer; *(Gründe)* donner, alléguer; **2.** *(bei d. Polizei etc anzeigen)* dénoncer; *(verpetzen, bes. in d. Schule)* moucharder, cafarder; *itr* **3.** *fam (prah-*

len) faire du fla-fla *od* de l'esbroufe; se vanter (*mit* de); ► *den Ton ~ (mus u. fig)* donner le ton. **Angeber** *m* **1.** *(Denunziant)* dénonciateur, délateur; *(Petzer, bes. in d. Schule)* rapporteur, cafard *m;* **2.** *fam (Prahler)* crâneur, esbroufeur *m.* **Angeberei** *f* ‹-, -en› *fam = Angabe (Prahlerei).* **angeblich I.** *a* prétendu, soi-disant *a. adv;* **II.** *adv* à ce qu'on dit.
angeboren *a* inné, natif, de naissance; *scient* congénital.
Angebot *n* offre *f;* ► *~ und Nachfrage* l'offre et la demande.
angebracht *a* opportun, convenable; ► *nicht ~* déplacé.
angegossen *a:* ► *wie ~ sitzen (Kleidungsstück)* aller comme un gant.
angegriffen *a fig (müde)* fatigué, épuisé.
angeheitert *a (beschwipst)* un peu gai.
an=gehen ‹*ging an, angegangen*› *tr* ‹*h*› **1.** *(betreffen)* regarder, concerner; **2.** *(Problem)* aborder; *itr* ‹*sein*› **3.** *(Feuer)* prendre; **4.** *(ankämpfen)* lutter (*gegen etw* contre qc); ► *was mich angeht* quant à moi; *das geht mich (nichts) an* cela (ne) me regarde (pas), c'est (ce n'est pas) mon affaire. **angehend** *a (Mensch in e-m Stand* od *Beruf)* jeune; *ein ~er Arzt* un jeune médecin.
an=gehören ‹*angehört*› *itr* appartenir *(e-r Organisation* à une organisation), être membre (*e-r Organisation* d'une organisation). **Angehörige** *m f* ‹-n, -n› *meist pl: die ~n (Mitglieder)* les membres *m pl; (e-s Betriebes)* le personnel; ► *meine ~n* ma famille; *die nächsten ~n* les plus proches parents *m pl.*
Angeklagte *m, f* ‹-n, -n› *jur* accusé(e *f*), prévenu(e *f*) *m.*
Angel *f* ‹-, -n› ['aŋəl] **1.** *(~schnur)* ligne, canne *f* (à pêche); **2.** *(Tür~)* gond, pivot *m.*
Angelegenheit *f* affaire; *bes. jur* cause *f;* ► *in welcher ~ kommen Sie?* quel est le but de votre démarche?
angelernt *a* **1.** *(Können)* acquis, appris; **2.** *(Arbeiter)* spécialisé; ► *~er Arbeiter m* ouvrier *m* spécialisé (O. S.).
Angelhaken *m* ['aɥəl-] hameçon *m.*
angeln *tr* u. *itr* pêcher à la ligne. **Angeln** *n* pêche *f* à la ligne. **Angelrute** *f* gaule, canne *f* à pêche.
Angelsachse ['aŋəl-] *m* Anglo-Saxon *m.* **angelsächsisch** *a* anglo-saxon; *(das) A~(e)* (l')anglo-saxon *m.*
angemessen *a (passend)* convenable.
angenehm *a* agréable; *(Mensch a.)* sympathique; *(willkommen)* bienvenu; ► *sehr ~! (beim Vorstellen)* enchanté.
angenommen I. *a* **1.** *(Fall: gesetzt)* supposé, hypothétique; **2.** *(Name)* d'emprunt, de guerre; **3.** *(Kind)* adoptif; **II.** *conj:* ► *~, daß* à supposer que *(subj).*
angeregt *a* animé. *sich ~ unterhalten* avoir une conversation animée.
angesehen *a (geachtet)* considéré, estimé, renommé.
Angesicht *n* ‹-(e)s, (-e/-er)› *lit poet* face *f.* **angesichts** *prp gen fig (im Hinblick auf)* eu égard à, devant.
Angestellte *m f* ‹-n, -n› employé(e *f*) *m;* ► *die ~n pl* le personnel; *kaufmännischer ~r* employé *m* de commerce.
angestrengt *adv (arbeiten)* avec beaucoup d'efforts, avec bien du mal.
angetrunken *a* un peu gris.
angewandt *a (Wissenschaft: praktisch)* appliqué; ► *~e Psychologie f* psychologie *f* appliquée.
angewiesen *(pp von: anweisen) a:* ► *auf jdn ~ sein* dépendre de qn.
an=gewöhnen ‹*angewöhnt*› : ► *sich etw ~* s'accoutumer *od* s'habituer à qc, prendre l'habitude de qc.
Angewohnheit *f* habitude, accoutumance *f;* ► *aus ~* par habitude.
Angina *f* ‹-, ø)› [aŋ'gi:na] *med* angine *f.*
an=gleichen ‹*glich an, angeglichen*› *tr* conformer (*an* à).
Angler *m* ‹-s, -› ['aŋlər] pêcheur *m* (à la ligne).
an=gliedern *tr* joindre, rattacher.
Anglikaner *m* ‹-s, -› [aŋgli'ka:nər] *rel* anglican *m;* **anglikanisch** *a* anglican.
Anglist *m* ‹-en, -en› [aŋ'glɪst] angliciste; *(Student a.)* anglicisant *m.* **Anglistik** *f* ‹-, ø› [-'glɪstɪk] philologie *f* anglaise. **Anglizismus** *m* ‹-, -men› [-'tsɪsmʊs, -mən] anglicisme *m.*
Angloamerikaner *m* ['aŋglo-] Anglo--américain *m.*
angreifbar *a* attaquable. **an=greifen** ‹*griff an, angegriffen*› *tr* **1.** attaquer *a. fig;* assaillir; **2.** *(die Gesundheit beeinträchtigen)* affecter, ébranler; *(ermüden)* fatiguer, épuiser; ► *(auf die Nerven gehen)* taper sur les nerfs; *(seelisch)* secouer; *chem (zersetzen)* corroder, altérer. **Angreifer** *m* ‹-s, -› attaquant, assaillant, agresseur *m.*
an=grenzen *itr* confiner (*an* à); avoisiner (*an etw* qc). **angrenzend** *a (bes. Grundstück)* contigu, adjacent (*an* à).
Angriff *m allg* attaque, agression (*auf* contre); *mil (Sturm~)* charge *f,* assaut *m; (Groß~)* offensive *f; (Luft~)* raid *m;* ► *in ~ nehmen (fig)* se prendre à, attaquer; *zum ~ übergehen* passer à l'attaque, prendre l'offensive. **Angriffskrieg** *m* guerre *f* d'agression. **angriffslustig** *a* prompt à attaquer, agressif.
Angst *f* ‹-, ¨e› [aŋst, 'ɛŋstə] peur (*vor* de); angoisse; *(innere Unruhe)* anxiété, inquiétude; *(Todes~)* détresse *f,* transes *f pl; med (krankhafte ~)* phobie *f;* ► *(es mit der) ~ bekommen* prendre peur, s'effrayer; *~ haben* avoir peur (*vor* de); *jdm ~ machen* faire peur à qn, effrayer qn. **angst** *a (bange):* ► *mir*

war ~ und bange j'étais en transes. **Angsthase** *m fam* poule *f* mouillée, poltron *m*.

ängstigen, *sich* ['ɛŋstɪgən] s'inquiéter, se tourmenter (*um* de); ▶ *sich zu Tode ~* mourir de peur. **ängstlich** *a* peureux, craintif; *(schüchtern)* timide. **Ängstlichkeit** *f* ‹-, ø› timidité *f*.

Angstschweiß *m* ['aŋst-] sueur *f* froide. **angstvoll** *a* angoissé.

an≈gucken *tr fam* regarder.

an≈gurten, *sich (im Auto)* mettre *od* boucler sa ceinture.

an≈haben ‹*hat, hatte an, angehabt*› *tr* **1.** *(Kleidungsstück tragen)* porter, être vêtu de; **2.** ▶ *jdm nichts ~ können* n'avoir pas de prise sur qn.

an≈haften *itr* adhérer (*e-r S* à qc).

Anhalt *m* ‹-(e)s, (-e)› = *~spunkt;* ▶ *jdm e-n ~ geben* mettre qn sur la voie. **an≈halten** ‹*hält, hielt an, angehalten*› *tr* **1.** *(zum Stehen bringen)* arrêter, (faire) stopper; **2.** *(ermahnen)* inviter, exhorter (*jdn zu etw* qn à qc); *itr* **3.** *(stehenbleiben)* s'arrêter, stationner; **4.** *(andauern)* durer, persister; continuer; **5.** *(sich bewerben)* demander, solliciter (*um etw* qc); ▶ *den Atem ~* retenir son souffle. **anhaltend** *a (andauernd)* continu(el), permanent. **Anhalter(in *f*)** *m* auto-stoppeur, -euse *m f;* ▶ *per ~ fahren* faire de l'autostop. **Anhaltspunkt** *m* point de repère, indice *m*, indication *f*.

anhand [an'hant] *prp gen* od *von...* à partir de, en s'appuyant sur.

Anhang *m* **1.** *(zu e-m Buch)* appendice; *(Nachtrag)* supplément *m; (zu e-m Vertrag)* annexe *f;* **2.** *(Anhängerschaft)* adhérents, partisans *m pl; pej* coterie, clique *f*.

an≈hängen ‹*hing an, angehängt*› *tr* **1.** suspendre; *(an e-n Haken)* accrocher (*an* à); **2.** *tele (Hörer)* raccrocher; **3.** *(Wagen, Anhänger ankuppeln)* atteler (*an* à); ▶ *jdm was ~ (fam: Übles nachsagen)* médire de qn, *fam* déblatérer contre qn. **Anhänger** *m* **1.** *(Schmuck)* pendentif *m*, breloque *f;* **2.** *(beschrifteter)* étiquette *f;* **3.** *(Straßenbahn)* baladeuse; *mot* remorque *f;* **4.** *fig (Mensch)* adhérent, partisan; *(e-r Lehre)* adepte; *(Schüler)* disciple; *sport* supporter *m*. **anhänglich** *a* attaché, dévoué, fidèle. **Anhänglichkeit** *f* ‹-, ø› attachement *m* (*an* pour).

an≈häufen *tr* accumuler, amasser, amonceler; *sich ~* s'accumuler, s'amasser, s'amonceler. **Anhäufung** *f* accumulation *f;* amoncellement *m*.

an≈heben ‹*hob an, angehoben*› *tr* (sou-)lever; *(Preis)* relever.

an≈heften *tr* attacher, fixer (*an* à).

an≈heimeln *tr:* ▶ *jdn ~* rappeler le foyer à qn. **anheim≈fallen** ‹*fällt, fiel anheim, anheimgefallen*› *itr* ‹*sein*› : ▶ *der Vergessenheit ~* tomber dans l'oubli. **anheim≈stellen** *tr:* ▶ *das stelle ich Ihnen anheim* je m'en remets *od* rapporte à vous.

an≈heuern *tr (Matrosen)* engager.

Anhieb *m:* ▶ *auf ~* du premier coup.

an≈hören *tr* écouter; ▶ *sich gut ~* être agréable à entendre; *das hört sich (so) an, als ob ...* on croirait que ...

animieren ‹*ohne ge-*› *tr* entraîner.

Anis *m* ‹-es, -e› ['a:nɪs, a'ni:s] *bot* anis *m*. **Anislikör** *m* anisette *f*.

Ankauf *m* achat *m*, acquisition *f*. **an≈kaufen** *tr* acheter, acquérir.

Anker *m* ‹-s, -› ['aŋkər] *mar arch tech (Uhr)* ancre *f;* ▶ *el* portant, induit *m*, armature *f; vor ~ gehen, sich vor ~ legen* jeter *od* mouiller l'ancre; *den ~ lichten* lever l'ancre.

an≈ketten *tr* enchaîner.

Anklage *f allg* u. *jur* accusation, inculpation *f;* ▶ *~ gegen jdn erheben, jdn unter ~ stellen* mettre qn en accusation, accuser *od* poursuivre qn; *unter ~ stehen* être en état d'accusation (*wegen* pour). **Anklagebank** *f* banc *m* des accusés. **an≈klagen** *tr* accuser, inculper (*e-r S* de qc).

Ankläger *m* accusateur *m*.

Anklageschrift *f* acte *m* d'accusation.

an≈klammern, *sich* s'accrocher, se cramponner, s'agripper (*an* à).

Anklang *m* **1.** *fig (Erinnerung)* réminiscence *f* (*an* de); **2.** *(Beifall)* résonance *f*, écho *m* (favorable); ▶ *~ finden* trouver écho, avoir du succès (*bei jdm* auprès de qn).

an≈kleben *tr* coller *(Plakat)* afficher, apposer; *itr* se coller, adhérer (*an* à); ▶ *A~ verboten!* défense d'afficher!

an≈klopfen *itr* frapper à la porte.

an≈knipsen *tr (das Licht)* allumer; ▶ *das Licht ~ (a.)* tourner le bouton.

an≈knüpfen 1. *tr fig: Beziehungen ~* entrer en relations (*zu jdm* avec qn); **2.** *itr* ▶ *fig: an etw (e-e Äußerung des Gesprächspartners) ~* partir de qc

an≈kommen ‹*kam an, angekommen*› *itr* ‹*sein*› **1.** arriver, venir; **2.** *(Erfolg haben)* avoir du succès; ▶ *impers: es kommt auf ... an (hängt von ... ab)* il dépend de ...; *es darauf ~ lassen* courir sa chance; *darauf kommt es nicht so (sehr) an* peu importe; *darauf soll es nicht ~* qu'à cela ne tienne! **Ankömmling** *m* ‹-s, -e› ['ankœmlɪŋ] nouveau venu *m*.

an≈kreuzen *tr* marquer d'une croix.

an≈kündigen *tr* **1.** annoncer, faire savoir *od* connaître; *(öffentlich bekanntmachen)* publier; **2.** *(vorbedeuten)* présager; *refl* **3.** *sich ~* s'annoncer. **Ankündigung** *f* **1.** annonce; publication *f;* **2.** présage *m*.

Ankunft *f* ‹-, ø› arrivée *f*.
an=kurbeln *tr* **1.** donner un tour de manivelle à; **2.** *fig (in Gang bringen)* mettre en marche, encourager. **Ankurbelung** *f* ‹-, ø› *(Wirtschaft)* relance *f*.
an=lächeln *tr* sourire (*jdn* à qn).
Anlage *f* **1.** *(Anordnung)* disposition *f*, arrangement; plan *m; arch* construction, *tech (Tätigkeit* u. *Ergebnis)* installation *f; (Einrichtung)* dispositif, groupe *m;* **2.** *fin (Geld~)* placement, investissement *m;* **3.** *(~ zu e-m Schriftstück)* pièce jointe, annexe *f;* **4.** *fig (Veranlagung, Neigung)* disposition *f*, penchant *m* (*zu* pour); *(Befähigung)* aptitude *f* (*zu* à), talent *m* (*zu* pour); **5.** *pl (Park)* parc, jardin *m;* **6.** *tech (Betriebs~n)* matériel *m;* **7.** *inform* système *m*.
Anlaß *m* ‹-sses, ¨sse› ['anlas, '-lɛsə] **1.** *(Ursache)* cause; *(Grund)* raison *f; (Beweggrund)* motif *m;* **2.** *(Gelegenheit)* occasion *f;* ▶ *aus ~ (gen)* = *anläßlich; ohne jeden ~* sans aucun motif; *~ geben zu* donner lieu à.
an=lassen ‹*läßt, ließ an, angelassen*› *tr* **1.** *(Kleidungsstück anbehalten)* garder (sur soi), ne pas ôter; **2.** *tech mot (in Gang setzen)* mettre en marche, lancer; *mot* démarrer. **Anlasser** *m* ‹-s, -› *mot* démarreur, starter *m*.
anläßlich ['anlɛslɪç] *prp gen* à l'occasion de.
Anlauf *m* élan *m;* ▶ *im ersten ~* du premier coup, d'emblée; *e-n ~ nehmen* prendre son élan. **an=laufen** ‹*läuft, lief an, angelaufen*› *tr* ‹*h*› **1.** *mar* toucher *od* faire escale (*e-n Hafen* à un port); *itr* ‹*sein*› **2.** *fig (anfangen)* commencer, démarrer; *tech* se mettre en marche, *mot* démarrer; **3.** *(Glas: beschlagen)* s'embuer, se ternir; ▶ *blau, rot ~ (physiol)* bleuir, rougir (*vor* de); **Anlaufstelle** *f* permanence *f*.
an=legen *tr* **1.** *(Schmuck, Kleidung)* mettre; *(Verband)* appliquer; **2.** *(Gewehr)* épauler; **3.** *(Stadt, Gebäudekomplex)* fonder; *(Fabrik)* établir; *(Garten)* planter, aménager; *(Weg)* tracer; *(Kanal)* creuser, percer; *tech* installer, construire; *(Sammlung, Kartei)* faire, constituer; **4.** *fin* placer, investir; *itr* **5.** *(mit dem Gewehr zielen)* coucher en joue (*auf jdn* qn); **6.** *mar* aborder, accoster (*an etw* qc); faire escale (*in e-m Hafen* à un port); ▶ *es darauf ~, zu ..., prendre à tâche de ...* **Anlegeplatz** *m*, **Anlegestelle** *f mar* embarcadère, appontement *m*.
an=lehnen *tr* appuyer, adosser (*an* à, contre); *(Tür, Fenster)* laisser entrouvert; *sich ~* s'appuyer, s'adosser (*an* contre). **Anlehnung** *f* ‹-, (en)› ▶ *fig: in ~ an* suivant l'exemple de.
Anleihe *f* ‹-, -n› ['anlaɪə] *fin (erhaltene)* emprunt; *(gewährte)* prêt *m;* ▶ *e-e ~ aufnehmen* contracter un emprunt.
an=leimen *tr* coller (*an* à, contre).
an=leiten *tr* diriger, instruire. **Anleitung** *f* direction(s *pl*), instruction(s *pl*) *f*, directives *f pl*.
an=lernen *tr (Lehrling)* instruire, former.
an=liegen ‹*lag an, angelegen*› *itr (Kleidungsstück)* être ajusté; ▶ *eng ~* coller, se mouler. **Anliegen** *n (Wunsch)* désir *m; (Bitte)* prière, demande *f;* ▶ *ein ~ vorbringen* présenter une prière. **anliegend** *a (Kleidungsstück)* juste; *(eng~)* collant. **Anlieger** *m* ‹-s, -› *(Anwohner)* riverain *m*.
an=locken *tr (Tier mit e-m Köder)* appâter, *fig* allécher, attirer.
an=lügen ‹*log an, angelogen*› *tr* mentir (*jdn* à qn).
an=machen *tr* **1.** *(festmachen)* attacher (*an* à), fixer (*an* sur); **2.** *(Mörtel, Kalk, Beton)* gâcher; *(Salat)* assaisonner; ▶ *Licht ~* allumer la lumière.
an=malen *tr* peindre.
an=maßen, *sich* avoir la prétention *od* l'audace, se permettre (*etw zu tun* de faire qc), se permettre, s'arroger (*etw* qc); ▶ *ich maße mir nicht an, darüber zu urteilen* je ne me permettrais pas d'en juger; *sich ein Recht ~* usurper un droit. **anmaßend** *a (anspruchsvoll)* prétentieux, arrogant; *(dünkelhaft)* présomptueux. **Anmaßung** *f* ‹-, -en› prétention, arrogance; présomption *f;* ▶ *widerrechtliche ~* usurpation *f*.
an=melden *tr* annoncer; *adm* déclarer; *sich ~* s'annoncer; ▶ *Konkurs ~* se déclarer en faillite, déposer son bilan; *sich zu einem Kurs ~* s'inscrire à un cours; *ein Patent ~* déposer un brevet; *sich polizeilich ~* faire sa déclaration de séjour, déclarer son arrivée.
Anmeldeschein *m (polizeilicher)* fiche *f* de déclaration. **Anmeldung** *f* annonce; déclaration *f;* ▶ *polizeiliche ~* déclaration *f* d'arrivée *od* de séjour.
an=merken *tr* **1.** (an)noter, prendre note de; **2.** ▶ *jdm etw ~* lire qc sur le visage de qn; *sich nichts ~ lassen* ne faire semblant de rien. **Anmerkung** *f* ‹-, -en› *(in e-m Buch)* note.
Anmut *f* ‹-, ø› ['anmu:t] grâce, charme *m*. **anmutig** *a* gracieux, charmant.
an=nähen *tr* coudre, attacher (*an* à).
an=nähern *tr* (r)approcher (*dat* de). **annähernd I.** *a* approximatif; **II.** *adv* approximativement, à peu de chose près; ▶ *nicht ~ (so viel)* bien moins. **Annäherung** *f* ‹-, -en› approche *f; fig* rapprochement *m*. **Annäherungsversuch** *m* tentative *f* de rapprochement.
Annahme *f* ‹-, (-n)› **1.** *(Empfang, bes. loc: Gepäck~)* réception; *(e-s Angebots, Geschenks, Wechsels)* acceptation; *(e-s Schülers)* admission; *(an Kindes Statt;*

e-s Antrags, Gesetzes, Glaubens, e-r Lehre) adoption *f;* **2.** *(Vermutung)* supposition, hypothèse *f;* ▶ *in der ~, daß* en supposant que, à supposer que *subj.*
annehmbar *a (a. Preis)* acceptable; *(zulässig)* admissible; *jur* recevable. **an=nehmen** ‹*nimmt, nahm an, angenommen*› *tr* **1.** *allg* recevoir; *(Angebot, Geschenk, Wechsel)* accepter; *(Kind, Vorschlag, Antrag, Gesetz, rel: Lehre, Glauben)* adopter; *(Religion)* embrasser; *(Rat)* suivre; *(Farbe, Geschmack; Namen, Titel)* prendre; **2.** *(vermuten)* supposer, présumer; ▶ *sich jds ~* prendre soin *od* s'occuper de qn; *es wird allgemein angenommen, daß ...* il est communément admis que .... **Annehmlichkeit** *f* ‹-, -en› agrément, côté *m* agréable.
annektieren [anɛk'ti:rən] ‹*ohne ge-*› *tr* annexer.
Annonce *f* ‹-, -n› [a'nɔ̃:sə] , **annoncieren** [-'si:rən] ‹*ohne ge-*› *tr s. Anzeige (Zeitung) etc.*
annullieren [anʊ'li:rən] ‹*ohne ge-*› *tr* annuler. **Annullierung** *f* ‹-, -en› annulation *f.*
an=öden *tr fam (langweilen)* ennuyer.
Anomalie *f* ‹-, -n› [anoma'li:] anomalie, irrégularité *f.*
anonym [ano'ny:m] *a* anonyme. **Anonymität** *f* ‹-, -en› [-nymi'tɛ:t] anonymat *m.*
an=ordnen *tr* **1.** *(ordnen)* disposer, arranger; *(in Reihen* od *Stößen)* ranger; *(in Gruppen)* grouper; **2.** *(bestimmen, festlegen)* régler, fixer, arrêter; *(befehlen; med: verordnen)* ordonner; *(vorschreiben)* prescrire. **Anordnng** *f* **1.** disposition *f,* arrangement *m,* distribution *f;* rangement; groupement *m;* **2.** règlement *m,* fixation *f;* ordre *m; bes. med* ordonnance; prescription *f.*
anorganisch ['an-, anɔr'ga:nɪ] *a scient* inorganique; ▶ *~e Chemie f* chimie *f* minérale.
an=packen *tr* empoigner; *fig fam (Arbeit, Problem)* aborder, attaquer; ▶ *itr (fam) mit ~* donner un coup de main.
an=passen *tr* **1.** *(angleichen)* accommoder, ajuster, adapter (*an* à); **2.** *(anprobieren)* essayer; **3.** *refl sich ~* s'accommoder, s'adapter, se conformer (*an* à); *biol* s'adapter, s'assimiler. **Anpassung** *f* ‹-, ø› accomodation *f,* ajustement *m,* adaptation, *biol a.* assimilation *f; (der Renten)* rajustement *m.* **anpassungsfähig** *a* qui s'adapte facilement. **Anpassungsvermögen** *n* souplesse, faculté *f* d'adaptation.
an=pfeifen *tr sport* donner le coup de sifflet; *fam* passer un savon. **Anpfiff** *m sport* coup *m* de sifflet; *fam* savon *m.*
an=pflanzen *tr* planter.
Anprall *m* ‹-(e)s, (-e)› choc; *(Zs.stoß)* impact *m.*
an=prangern *tr fig* clouer au pilori, dénoncer publiquement.
an=preisen ‹*pries an, angepriesen*› *tr* recommander, louer, préconiser; *com* faire de la réclame pour.
Anprobe *f* essayage *m.* **an=probieren** ‹*ohne -ge-*› *tr* essayer.
an=pumpen *tr fig fam* taper.
an=rechnen *tr* **1.** compter, mettre en compte; *com* facturer; *com jur* imputer (*auf* sur); *(zu Lasten schreiben)* débiter (*jdm etw* qn de qc); **2.** *(zugute halten)* tenir compte de; ▶ *jdm etw hoch ~* savoir beaucoup de gré à qn de qc; *sich etw als Verdienst ~* se faire un mérite de qc. **Anrechnung** *f* mise en compte; imputation *f* (*auf* sur); ▶ *in ~ bringen (com)* passer *od* porter en compte.
Anrecht *n* droit, titre *m* (*auf* à).
Anrede *f (Titel)* titre *m.* **an=reden** *tr* adresser la parole à; *(gelegentlich)* aborder, accoster; ▶ *jdn mit Du, mit Sie ~* tutoyer, vouvoyer qn.
an=regen *tr* **1.** *(lebhafter machen)* animer, inciter, exciter; *a. med* stimuler; *(den Appetit)* ouvrir, exciter, aiguiser; **2.** *(vorschlagen)* proposer, suggérer. **anregend** *a* animateur, excitant; *a. med* stimulant; *(Buch)* intéressant; *med* incitant. **Anregung** *f* **1.** animation, incitation; excitation; inspiration; stimulation *f;* **2.** *(Anstoß)* impulsion; *(Vorschlag)* suggestion *f;* ▶ *auf jds ~ hin* à l'instigation de qn.
Anreiz *m (von außen)* incitation, instigation, *a. med* excitation *f.* **an=reizen** *tr* inciter, *a. med* exciter (*zu* à).
an=rempeln *tr fam* bousculer.
an=rennen ‹*rannte an, angerannt*› *itr* ‹*sein*›: ▶ *gegen etw ~ (fig)* lutter contre qc.
Anrichte *f* ‹-, -n› ['anrɪçtə] **1.** *(Küchenmöbel)* dressoir, bahut *m;* **2.** *(Raum)* office *f.* **an=richten** *tr* **1.** *(Speise)* dresser, préparer; *(Salat)* assaisonner; ▶ **2.** *fig (tun)* faire, causer, occasionner; ▶ *Schaden ~* causer des dégâts.
anrüchig ['anrʏçɪç] *a (verdächtig)* suspect.
Anruf *m* **1.** (cri d')appel *m;* **2.** *tele* appel, coup *m* de téléphone *od fam* de fil. **anrufbar** *a* : ▶ *~e Telefonzelle f* cabine *f* à rappel. **Anrufbeantworter** *m tele* répondeur *m* (automatique). **an=rufen** ‹*rief an, angerufen*› *tr* **1.** appeler, interpeller; *(Schiff, Taxi)* héler; *mil* sommer; **2.** *tele* appeler (au téléphone), téléphoner à, donner un coup de téléphone *od fam* de fil à, sonner; **3.** *rel* invoquer.
an=rühren *tr* **1.** toucher (à); **2.** *(Speise, Farbe)* délayer; *(Mörtel, Kalk, Beton)* gâcher; ▶ *nicht ~* ne pas toucher.
Ansage *f* ‹-, -n› *(Bekanntgabe)* notifica-

tion; *bes. radio* annonce *f.* **an=sagen** *tr* avertir, notifier; *bes. radio* annoncer; *(durchsagen)* communiquer; ▶ *s-n Besuch ~* annoncer sa visite. **Ansager** *m* ⟨-s, -⟩ [ˈ-za:gər] *(Kleinkunstbühne)* présentateur; *radio* speaker *m.* **Ansagerin** *f radio* speakerine *f.*

an=sammeln *tr* (r)amasser; accumuler; sich ~ s'amasser, s'accumuler; *(Menschen)* se rassembler, s'attrouper. **Ansammlung** *f* amas *m;* accumulation *f;* rassemblement, attroupement *m.*

ansässig [ˈanzɛsɪç] *a* établi, domicilié, résident.

Ansatz *m* **1.** *(Verlängerungsstück)* rallonge *f;* **2.** *fig (Anfang)* commencement, début *m.* **3.** *(Haar)* naissance *f.* **Ansatzpunkt** *m* point *m* de départ.

an=schaffen *tr* acquérir, acheter. **Anschaffung** *f* ⟨-, -en⟩ achat *m,* acquisition *f.*

an=schalten *tr el* mettre en circuit; ▶ *das Licht ~* allumer la lumière.

an=schauen *tr* regarder; *(lange)* contempler. **anschaulich** *a* clair, évident. **Anschaulichkeit** *f* ⟨-, ø⟩ clarté, évidence *f,* caractère *m* expressif. **Anschauung** *f* **1.** ⟨-, ø⟩ contemplation; *(innere)* intuition *f;* **2.** ⟨-, -en⟩ *(Überzeugungen, Meinung)* idées *f pl,* opinion *f.*

Anschein *m* ⟨-(e)s, ø⟩ apparence *f;* ▶ *dem ~ nach* selon les apparences, à en juger par l'apparence; *sich den ~ geben, als ob ...* faire semblant de *inf; es hat den ~, als ob ...* il semble que *subj,* il paraît que *(Indikativ).* **anscheinend** *adv* apparemment, visiblement.

an=schicken, *sich* se disposer, se préparer (*etw zu tun* à faire qc).

an=schießen ⟨*schoß an, angeschossen*⟩ *tr (durch e-n Schuß verletzen)* blesser.

Anschlag *m* **1.** *(Plakat~, ~ am Schwarzen Brett)* affichage *m;* **2.** *(Schreibmaschine)* frappe *f;* **3.** *(Klavier)* toucher *m;* **4.** *(Gewehr)* mise *f* en joue; **5.** *(~zettel)* affiche *f,* placard *m,* pancarte *f,* écriteau *m;* **6.** *(Veranschlagung, Kosten~)* estimation, évaluation *f,* devis *m;* **7.** *(Plan)* projet, plan *m; (geheimer ~)* machination *f; (Verschwörung)* complot; *(Mord~)* attentat *m.* **an=schlagen** ⟨*schlägt, schlug an, angeschlagen*⟩ *tr* **1.** *(Plakat, Bekanntmachung)* afficher, apposer; **2.** *(Klavier, Saite)* frapper; *(Glocke)* sonner; **3.** *sport* toucher; **4.** *(Ball)* servir; **5.** *(Gewehr)* mettre en joue; **6.** *(Geschirr: beschädigen)* ébrécher; **7.** *med (wirken)* faire de l'effet, opérer (*auf jdn* sur qn). **Anschlagsäule** *f* colonne *f* d'affichage.

an=schließen ⟨*schloß an, angeschlossen*⟩ *tr* **1.** *(Fahrrad mit e-r Kette)* attacher, enchaîner; **2.** *el* relier, connecter (*an* à); brancher (*an* sur); *tele* raccorder (*an* à); *radio* relayer; **3.** *com* affilier (*an* à); **4.** *refl sich ~ (Mensch)* se joindre, se rattacher, s'associer; ▶ *sich jds Meinung ~* se ranger à l'avis de qn; *sich e-r Partei ~* s'affilier à dans un parti. **anschließend I.** *a* suivant; **II.** *adv* ensuite, par la suite, (immédiatement) après.

Anschluß *m* **1.** *(an Wasser, Gas)* distribution; *el* connexion *f,* raccordement; *tele (dauernde Einrichtung)* raccord *(zeitweilige Verbindung)* communication *f;* **2.** *loc* correspondance *f;* **3.** *fig a. pol hist* rattachement *m; com* affiliation *f* (*an* à); ▶ *im ~ an* faisant suite à; *den ~ erreichen (loc)* avoir *od* attraper la correspondance; *~ suchen (Bekanntschaft)* chercher à lier connaissance. **Anschlußbox** *f inform* boîtier *m* de raccordement. **Anschlußdose** *f el* boîte de connexion, prise *f* de courant. **Anschlußkabel** *n el* câble de raccordement; *tele* câble *m* d'abonné. **Anschlußzug** *m loc* correspondance *f.*

an=schmiegen, *sich* se serrer (*an* contre).

an=schnallen *tr* boucler; *sich ~ (mot aero)* boucler *od* mettre sa ceinture. **Anschnallgurt** *m mot aero* ceinture (de sécurité); *aero* sangle *f.*

an=schnauzen *tr fam* rabrouer, passer un savon à; *pop* engueuler.

an=schneiden ⟨*schnitt an, angeschnitten*⟩ *tr (Lebensmittel, Stoff, fig: Thema)* entamer.

Anschovis *f* ⟨-, -⟩ [anˈʃo:vɪs] anchois *m.*

an=schrauben *tr* visser (*an* à).

an=schreiben ⟨*schrieb an, angeschrieben*⟩ *tr* **1.** *(an die Tafel)* écrire; **2.** *(Schuld)* mettre *od* porter au compte; ▶ *bei jdm gut (schlecht) angeschrieben sein* être bien (mal) vu *od* en faveur auprès de qn.

an=schreien ⟨*schrie an, angeschrien*⟩ *tr* rudoyer.

Anschrift *f* adresse *f.*

an=schuldigen *tr* accuser, inculper, incriminer. **Anschuldigung** *f* ⟨-, -en⟩ accusation *f.*

an=schweißen *tr tech* souder (*an* à).

an=schwellen ⟨*schwillt, schwoll an, angeschwollen*⟩ *itr* ⟨*sein*⟩ enfler *a. med; med* se tuméfier; *(sich blähen)* se gonfler; *(Fluß a.)* monter.

an=schwemmen *tr (Holz)* flotter; *(Sand)* charrier; *(Erdboden)* déposer.

an=sehen ⟨*sieht, sah an, angesehen*⟩ *tr* **1.** *(anblicken)* regarder; *(lange)* contempler; *(prüfen)* examiner; **2.** *(halten für)* considérer (*als* comme); *(beurteilen)* juger; **3.** *(besichtigen)* visiter; ▶ *angesehen werden als* passer pour; *(dulden)* laisser faire, tolérer qc; *jdn schief ~* regarder qn de travers; *etw nicht mehr mit ~ können* ne plus pouvoir supporter le spectacle de qc; *man sieht es ihm* *an, daß …* on voit à sa mine que …; *man sieht es ihm nicht an* il n'en a pas l'air; *sieh mal (einer) an!* tiens, tiens! **Ansehen** *n* ‹-s, ø› **1.** *(Anblick)* vue *f,* aspect *m;* **2.** *fig (Achtung)* considération *f; (Ruf)* réputation; *(Geltung)* autorité *f;* ► *dem ~ nach zu urteilen* à en juger sur l'apparence; *hohes ~ genießen* jouir d'un grand crédit. **ansehnlich** *a* **1.** *(staatlich)* beau, de belle apparence; **2.** *fig (Person)* notable; *(Sache)* considérable; ► *eine ~e Summe* une belle somme.

an=setzen *tr* **1.** mettre (*an* à, contre), *(Trinkgefäß an die Lippen)* porter (*an* à); **2.** *(anfügen, anstücken)* ajouter, apposer; **3.** *(einschätzen)* évaluer, taxer, priser; *itr* **4.** s'apprêter à; ► *Bauch ~* prendre du ventre; *zur Landung ~ (aero)* se préparer à atterrir.

Ansicht *f* ‹-, -en› **1.** *(Tätigkeit)* vue, aspect *m; (Prüfung)* inspection *f,* examen *m; (Bild)* vue; **2.** *(Meinung)* opinion *f,* avis *m;* ► *meiner ~ nach* à mon avis, selon moi; *s-e ~ ändern* changer d'idée *od* d'avis; *s-e ~ äußern* donner son avis *od* opinion; *der ~ sein,* être d'avis que …; *verschiedener, entgegengesetzter ~ sein* être d'un avis différent, contraire *od* opposé; *zur ~ senden (com)* envoyer à vue *od* au choix *od (Buch)* en communication. **Ansichts(post)karte** *f* carte *f* (postale) illustrée. **Ansichtssendung** *f com* envoi *m* à vue *od* au choix.

an=siedeln *tr* établir, domicilier; *(Nomaden)* fixer; *sich ~* s'établir, se fixer. **Ansied(e)lung** *f* **1.** *(Vorgang)* colonisation *f,* établissement *m;* **2.** *(Ergebnis: Ort)* colonie *f.*

Ansinnen *n* ‹-s, -› exigence, prétention *f.*

an=spannen *tr* **1.** *(Pferd, Wagen)* atteler; **2.** *(straffen)* bander; **3.** *a. fig (s-e Kräfte, s-n Geist)* tendre.

an=speien ‹*spie an, angespien*› *tr* cracher sur.

Anspiel *n sport* commencement *m* du jeu. **an=spielen** *itr* **1.** jouer (le premier); **2.** *fig* faire allusion (*auf etw* à qc). **Anspielung** *f* ‹-, -en› allusion *f,* sous-entendu *m.*

an=spitzen *tr allg* appointer, aiguiser.

Ansporn *m* ‹-(e)s, ø› excitation, stimulation *f.* **an=spornen** *tr (Pferd* u. *fig)* éperonner, talonner; *fig* stimuler.

Ansprache *f* allocution, harangue *f; arg (Schule)* laïus *m.*

ansprechbar *a physiol* réactif. **an=sprechen** ‹*spricht, sprach an, angesprochen*› **1.** *tr* adresser la parole à; **2.** *itr physiol* réagir (*auf etw* à qc). **ansprechend** *a* attirant; sympathique.

Ansprechpartner(in *f) m* interlocuteur *m,* -trice *f.*

an=springen ‹*sprang an, angesprungen*› *itr* ‹*sein*› *mot* partir, démarrer.

Anspruch *m (Recht)* droit (*auf* sur); *(Rechts~)* titre *m; a. fig* prétention; *jur* réclamation *f* (*auf* de); ► *~ auf etw erheben prétendre à qc, réclamer, revendiquer qc; auf etw ~ haben* avoir droit à qc; *hohe Ansprüche stellen* affecter de grandes prétentions; *etw in ~ nehmen* avoir recours à qc, *sehr in ~ genommen sein* être fort occupé. **anspruchslos** *a* sans prétention(s), modeste. **Anspruchslosigkeit** *f* ‹-, ø› modestie, simplicité *f.* **anspruchsvoll** *a* prétentieux, exigeant.

an=spucken *tr* cracher sur.

Anstalt *f* ‹-, -en› ['anʃtalt] établissement *m;* institution *(a. Schule).*

Anstand *m* **1.** ‹-(e)s, ⸚e› *(Jagd)* affût *m,* hutte *f;* **2.** ‹-(e)s, ø› *(gutes Benehmen)* (bonne) tenue *f,* bonnes manières *f pl, (Schicklichkeit)* bienséance, décence *f;* ► *mit ~* décemment, convenablement; *auf den ~ gehen (Jäger)* se mettre à l'affût; *den ~ verletzen* manquer aux convenances; *den ~ wahren* garder les bienséances. **Anstandsbesuch** *m* visite *f* de courtoisie. **Anstandsdame** *f* chaperon *m.* **anstandshalber** *adv* par convenance. **anstandslos** *adv* sans hésiter *od* hésitation, sans difficulté.

anständig I. *a* **1.** *(schicklich)* bienséant, décent, convenable; *(ehrbar)* honnête; **2.** *fig fam (groß)* suffisant, raisonnable; **II.** *adv* décemment, convenablement, dûment, comme il faut; ► *sich ~ benehmen* se. tenir bien; *~e Menschen m pl* gens *m pl* (de) bien, honnêtes gens. **Anständigkeit** *f* ‹-, ø)› honnêteté.

an=starren *tr* regarder fixement.

anstatt [an'ʃtat] **I.** *prp gen* à la place de; **II.** *conj: ~ zu (inf), ~ daß …* au lieu de *inf.*

an=staunen *tr* regarder avec étonnement; *(bewundern)* admirer.

an=stecken *tr* **1.** attacher (avec des épingles); *(Ring)* mettre; *(Abzeichen)* arborer; **2.** *(anzünden)* allumer; *(in Brand stecken)* mettre le feu à; **3.** *med* infecter, contaminer; *itr fig = ansteckend sein (fig); sich ~ (med)* s'infecter, se contaminer. **ansteckend** *a med* infectieux, contagieux; ► *~ sein (med a.)* se communiquer, se gagner; *fig (Lachen, Gähnen)* être contagieux. **Ansteckung** *f* ‹-, -en› *med* infection, contagion, contamination *f.*

an=stehen ‹*stand an, angestanden*› *itr* › *(Schlange stehen)* faire la queue.

an=steigen ‹*stieg an, angestiegen*› *itr* ‹*sein*› monter; *(Weg)* aller en montant; **Ansteigen** *n com fin* hausse *f;* ► *~ der Preise* hausse *f* des prix.

anstelle [an'ʃtɛlə] = *an Stelle.*

an=stellen ['an-] *tr* **1.** mettre, poser, placer (*an* contre); *(Leiter)* (ap)poser; **2.**

(Maschine) mettre en marche; *radio* faire marcher, allumer; **3.** *(in Arbeit nehmen)* embaucher, engager, employer; **4.** *fig* faire, arranger; ▶ *sich* ~ *(Schlange stehen)* prendre la file, faire la queue; *fig (sich zieren)* faire des manières *od* des façons; *angestellt werden* obtenir un *od* l'emploi; *sich dumm* ~ faire l'imbécile; *sich geschickt, ungeschickt (dabei)* ~ s'y prendre bien, mal; *was hast du da wieder angestellt?* qu'as-tu encore fait comme bêtises? *wie hast du (denn) das angestellt?* comment t'y es-tu pris? **Anstellung** *f* engagement, emploi *m;* embauche *f;* ▶ *feste* ~ situation *f* stable *od* fixe.

Anstich *m (e-s Fasses)* mise *f* en perce.

Anstieg *m* ‹-(e)s, -e› montée *f.*

an=stiften *tr* **1.** *(verursachen)* causer, susciter; *pej (anzetteln)* machiner, tramer; **2.** *(jdn veranlassen)* pousser, inciter, exciter (*zu etw* à qc). **Anstifter** *m pej* instigateur, fauteur *m.* **Anstiftung** *f pej* incitation, excitation *f.*

an=stimmen *tr (Lied)* entonner.

Anstoß *m* **1.** choc, heurt *m;* **2.** *sport* coup *m* d'envoi; **3.** *fig (Antrieb)* impulsion *f,* branle *m;* **4.** *(Ärgernis)* offense *f,* scandale *m;* ▶ *bei jdm* ~ *erregen* choquer, scandaliser qn; *zu etw den* ~ *geben* donner l'impulsion *od* le branle à qc; *an etw* ~ *nehmen* être choqué par qc, se formaliser, se scandaliser de qc. **an=stoßen** ‹*stößt, stieß an, angestoßen*› **1.** *tr* choquer, heurter, cogner; **2.** *itr* se heurter (*an* à); ▶ *mit den Gläsern* ~ choquer les verres, trinquer.

anstößig ['anʃtø:sıç] *a* choquant, scandaleux; indécent; *(schlüpfrig)* scabreux. **Anstößigkeit** *f* ‹-, -en› indécence *f.*

an=strahlen *tr allg (mit Scheinwerfern)* illuminer.

an=streichen ‹*strich an, angestrichen*› *tr* **1.** *(mit Farbe)* peindre, badigeonner; **2.** *(kennzeichnen)* marquer. **Anstreicher** *m* ‹-, -en› peintre *m* (en bâtiment(s)).

an=strengen *tr* **1.** *(den Geist)* tendre; **2.** *(ermüden)* fatiguer; *refl* **3.** *sich* ~ faire des efforts, se donner du mal. **anstrengend** *a (Arbeit)* fatigant. **Anstrengung** *f* ‹-, -en› **1.** effort *m; (geistige)* contention *f;* **2.** fatigue *f.*

Anstrich *m (Farbe)* couleur; *(Überzug)* couche *f* (de peinture), enduit *m.*

an=stücken *tr* (r)ajouter (une pièce à).

Ansturm *m* assaut *m,* ruée; *(von Kunden)* affluence *f.* **an=stürmen** *itr* ‹*sein*› : ▶ ~ *gegen* donner l'assaut à, assaillir.

Ansuchen *n* ‹-s, -› demande, requête *f.*

Antarktis [ant'ʔarktıs] , *die geog* l'Antarctique, l'Antarctide *f.* **antarktisch** *a* antarctique.

an=tasten *tr* **1.** *(Vorrat)* toucher à, entamer; **2.** *fig* porter atteinte à, attenter à.

Anteil *m* part, portion, quote-part *f;* ▶ *an etw* ~ *haben* avoir part, participer à qc; *an etw* ~ *nehmen* prendre part, s'intéresser à qc. **anteilmäßig** *adv* proportionnellement. **Anteilnahme** *f* ‹-, ø› intérêt *m; (Mitgefühl)* compassion *f; (Beileid)* condoléances *f pl.*

Antenne *f* ‹-, -n› [an'tɛnə] *zoo (Fühler), radio TV* antenne *f.*

Anthrazit *m* ‹-s, (-e)› [antra'tsıt] *min* anthracite *m.*

Anthropologie *f* ‹-, ø› [antropolo'gi:] anthropologie *f.* **anthropologisch** [-'lo:gıʃ] *a* anthropologique.

Antialkoholiker ['anti-] *m* antialcoolique *m.* **Anti-Atomkraft-Bewegung** *f* contestation *f* nucléaire. **antiautoritär** *a* antiautoritaire. **Antibabypille** *f* pilule *f* anticonceptionelle. **Antibiotikum** *n* ‹-s, -tika› [-bi'o:tikʊm, -ka] *pharm* antibiotique *m.* **Antiblockiersystem** *n mot* système *m* anti-blocage. **Antidepressivum** [-deprɛ'si:vʊm, -va] ‹-s, -va› antidépresseur *m.* **Antifaschismus** *m pol* antifascisme *m.* **Anti-G-Anzug** *m aero* combinaison *f* anti-g. **Antigen** [-'ge:n] *n* ‹-s, -e› *biol* antigène *m.* **Antihistamin** [-hısta'mi:n] ‹-s, -e› *n* antihistaminique *m.* **Antiimperialismus** *m pol* anti-impérialisme *m.*

antik [an'ti:k] *a* antique. **Antike** *f* ‹-, -n› *(Altertum)* antiquité *f; (antikes Kunstwerk)* antique *f; pl* antiquités *f pl.*

Antikommunismus *m* anticommunisme *m.* **Antikörper** *m physiol* anticorps *m.*

Antillen [an'tılən] *die, pl geog* les Antilles *f pl.*

Antilope *f* ‹-, -n› [anti'lo:pə] *zoo* antilope *f.*

Antimon *n* ‹-s, ø› [anti'mo:n] *chem* antimoine *m.*

Antipathie *f* ‹-, -n› [antipa'ti:] antipathie *f.* **Antipode** *m* ‹-n, -n› [-'po:də] *geog* u. *fig* antipode *m.*

Antipsychiatrie *f* antipsychiatrie *f.*

Antiqua *f* ‹-, ø› [an'ti:kva] *typ* caractères *m pl* romains. **Antiquar** *m* ‹-s, -e› [-'kva:r] *(Altbuchhändler) fam* bouquiniste *m.* **Antiquariat** *n* ‹-s, -e› [-ri'at] librairie *f* d'occasion; *(seltener)* brocante *f;* ▶ *moderne(s)* ~ *(Bücher im Ausverkauf)* livres *m pl* soldés *od* en solde, surplus *m* d'éditeurs. **antiquarisch** [-'kva:rıʃ] *a* ancien, d'occasion. **Antiquität** *f* ‹-, -en› [-'tɛ:t] objet *m* ancien *od* d'époque. **Antiquitätenhändler** *m* antiquaire.

Antirassismus *m* antiracisme *m.*

Anti-Satellitenwaffe *f arme f* antisatellite.

Antisemitismus *m* ‹-, ø› [antizemi'tısmʊs] antisémitisme *m.* **Antiseptikum** [-'zɛptikʊm, -ka] ‹-s, -tika› *n pharm* antiseptique *m.* **antiseptisch**

[-'zɛptɪʃ] *a* antiseptique.
Antizionismus *m* antisionisme *m.*
Antlitz *n* ‹-es, (-e)› ['antlɪts] *poet* face *f.*
Antrag *m* ‹-(e)s, ¨-e› ['antra:k, '-trɛ:gə] **1.** proposition; *(Angebot)* offre; *(Heirats~)* demande *f* en mariage; **2.** *(Gesuch)* pétition; *jur* requête; *parl* motion *f;* ▶ *auf ~ (gen)* à la demande de; *jur* à la requête de; *e-n ~ stellen* présenter une requête *od parl* une motion. **an=tragen** ‹*trägt, trug an, angetragen*› *tr (vorschlagen)* proposer; *(anbieten)* offrir; ▶ *jdm s-e Dienste ~* offrir ses services à qn. **Antragsformular** *n* formulaire *m od* formule *f* de demande. **Antragsteller** *m* pétitionnaire; *jur* demandeur, requérant.
an=treffen ‹*trifft, traf an, angetroffen*› *tr* rencontrer, trouver.
an=treiben ‹*trieb an, angetrieben*› *tr* **1.** *(Vieh)* aiguillonner; *(mit e-r Peitsche)* fouailler; **2.** *tech* commander, actionner; *bes. mot mar aero* propulser; **3.** *fig* inciter, exciter, stimuler (*zu* à).
an=treten ‹*tritt, trat an, angetreten*› *itr mil* se rassembler; *fig* se présenter; ▶ *e-e Reise ~ (a.)* partir en voyage; *e-e Stelle ~* entrer en place.
Antrieb *m* **1.** *tech* commande *f,* actionnement *m; bes. mot mar aero* propulsion *f,* entraînement *m; (~sübertragung)* transmission *f;* **2.** *fig* impulsion, instigation, stimulation *f;* ▶ *aus eigenem ~* de ma propre initiative.
Antritt *m:* ▶ *~ e-r Reise* départ *m* (en voyage); *~ e-r Stelle* entrée *f* en place. **Antrittsbesuch** *m* visite *f* d'entrée. **Antrittsrede** *f* discours *m* inaugural.
an=tun ‹*tut, tat an, angetan*› *tr (erweisen)* faire; ▶ *sich etwas ~* attenter à ses jours; *es jdm ~* charmer qn.
Antwerpen *n* ‹-s, ø› [ant'vɛrpən] *geog* Anvers *m.*
Antwort *f* ‹-, -en› ['antvɔrt] réponse, réplique; *(schnelle)* repartie; *(scharfe)* riposte *f;* ▶ *jdm die ~ schuldig bleiben* laisser qn sans réponse; *keine ~ schuldig bleiben* avoir réponse à tout; *um ~ wird gebeten* réponse, s'il vous plaît (= R.S.V.P.); *keine ~ ist auch eine ~ (prov)* le silence vaut une réponse. **antworten** *tr* u. *itr* répondre, répliquer; *(schnell)* repartir; *(scharf)* riposter (*auf* à); *itr* faire réponse (*auf* à). **Antwortkarte** *f* carte-réponse *f.* **Antwortschreiben** *n* lettre *f* (de) réponse *f.* **Antworttelegramm** *n* télégramme-réponse *m.*
an=vertrauen ‹*ohne -ge-*› *tr* confier (*jdm etw* qc à qn); ▶ *sich jdm ~ (gesprächsweise)* se confier, s'ouvrir à qn.
an=wachsen ‹*wächst, wuchs an, angewachsen*› *itr* ‹*sein*› **1.** *(Pflanze)* prendre racine; *med* s'agglutiner; **2.** *fig (zunehmen)* (s'ac)croître, s'accumuler.
Anwalt *m* ‹-(e)s, ¨-e› ['anvalt, '-vɛltə] *(bevollmächtigter Vertreter)* mandataire, syndic; *fig (Fürsprecher)* défenseur, tuteur *m; = Rechts~.* **Anwaltsbüro** *n* cabinet *m* (d'affaires), étude *f.* **Anwaltskosten** *pl* frais *m pl* d'avocat.
Anwandlung *f* velléité *f,* accès *m.*
Anwärter *m* ‹-s, -› candidat; *(Thron~)* prétendant *m* (*auf* à).
Anwartschaft *f* ‹-, (-en)› candidature *f.*
an=weisen ‹*wies an, angewiesen*› *tr* **1.** *(zuweisen)* assigner; **2.** *(anleiten)* diriger; *(belehren)* instruire; **3.** *fin (Zahlung)* ordonnancer; *(Summe)* mandater; ▶ *jdm e-n Platz ~ (a.)* placer qn. **Anweisung** *f* **1.** *(Anleitung)* directives *f pl; (Belehrung)* instruction *f;* **2.** *(Befehl, Vorschrift)* ordre, précepte *m; mil* consigne *f;* **3.** *fin* assignation, affectation *f;* mandat *m.*
anwendbar *a* applicable (*auf* à). **an=wenden** *tr* appliquer; *(verwenden, gebrauchen)* utiliser, faire usage de, employer; ▶ *Gewalt ~* faire violence. **Anwender(in** *f***)** *m inform* utilisateur, trice *m f.* **Anwendung** *f* ‹-, -en› application; utilisation *f,* usage, emploi *m;* ▶ *~ finden* s'appliquer (*auf* à). **Anwendungsbereich** *m* champ *m* d'application. **Anwendungsprogrammierer(in** *f***)** *m* programmeur *m* d'application.
anwerben ‹*wirbt, warb an, angeworben*› *tr (Arbeiter)* embaucher; *(Mitglieder)* recruter; *mil* enrôler, recruter. **Anwerbung** *f* embauche *f;* recrutement.
Anwesen *n* ‹-s, -› *(Grundstück)* (bien-)fonds *m.* **anwesend** *a* présent; ▶ *~ sein bei* être présent à, assister à. **Anwesende** *m pl* assistants *m pl, die ~n* l'assistance *f.* **Anwesenheit** *f* ‹-, ø)› présence *f; in ~ (gen)* en présence (de).
an=widern *tr* dégoûter, répugner à; *das widert mich an (a.)* cela me dégoûte.
an=wurzeln *itr* ‹*sein*› *: wie angewurzelt dastehen (fig)* être cloué sur place.
Anzahl *f* ‹-, ø› nombre *m,* quantité *f;* ▶ *e-e ganze ~ ...* bon nombre de ...
an=zahlen *tr* faire un premier versement de. **Anzahlung** *f (Vorgang)* premier versement; *(Summe)* acompte *m.*
an=zapfen *tr (Faß)* mettre en perce; *tele (Leitung)* brancher.
Anzeichen *n* signe, indice; *(Vorzeichen)* présage, augure; *med* symptôme *m;* ▶ *es sind alle ~ dafür vorhanden, daß* tout laisse présager que.
Anzeige *f* ‹-, -n› ['antsaɪgə] **1.** *allg* indication *f;* **2.** *(bei e-r Behörde)* déclaration; *jur* dénonciation, délation *f;* **3.** *(Zeitungs~)* annonce, insertion *f; (im Textteil)* entrefilet, communiqué; *(Familien~)* faire-part *m;* **4.** *inform* affichage *m;* ▶ *~ gegen jdn erstatten* dénoncer qn; **an=zeigen** *tr* **1.** *(bezeichnen)* indiquer; *(Meßinstrument)* marquer; *(an-*

deuten) dénoter; **2.** *(mitteilen)* informer, avertir, aviser (*jdm etw* qn de qc); **3.** *(bei e-r Behörde)* déclarer, faire déclaration de; *jur* dénoncer, porter plainte contre; **4.** *(ankündigen, a. in e-r Zeitung)* annoncer; *(Familienereignis)* faire part de; *(bekanntmachen)* notifier; *com (Warenempfang)* aviser, donner avis de. **5.** *inform* afficher. **Anzeigenannahme** *f* réception *f* des annonces, office *m* de publicité. **Anzeigenblatt** *n* feuille *f* de publicité. **Anzeigenseite** *f*, **Anzeigenteil** *m (e-r Zeitung)* page *f*, rubrique *f* de publicité *od* des annonces. **Anzeiger** *m* **1.** *jur (Person)* dénonciateur, délateur, rapporteur *m;* **2.** *(Gerät)* appareil *m* indicateur; **3.** *(Zeitung)* moniteur *m.*

an=zetteln *tr fig* tramer, ourdir.

an=ziehen ⟨*zog an, angezogen*⟩ *tr* **1.** *allg* u. *phys* attirer; **2.** *(spannen)* tirer; *(Saite)* tendre; *(Schraube, Bremse)* serrer; **3.** *chem (Feuchtigkeit)* absorber; *(Geruch)* s'imprégner de *od* prendre l'odeur de; **4.** *(Kleidungsstück)* mettre; *(ankleiden)* habiller; **5.** *fig (fesseln)* attirer, intéresser; *itr* **6.** *com fin (steigen)* monter, hausser, être en hausse; *refl:* **7.** *sich ~* s'habiller; ► *ein anderes Kleid, frische Wäsche ~* changer de robe, de linge; *(die) Schuhe ~* se chausser. **anziehend** *a fig* attractif; attrayant, attirant. **Anziehung** *f phys* u. *fig* attraction *f; fig* attrait, charme *m.* **Anziehungskraft** *f phys* force d'attraction, gravitation *f; fig* attrait, charme *m.*

Anzug *m (Jacke u. Hose)* costume, complet *m;* ► *im ~ sein* (s')approcher, se préparer, s'amorcer; *ein Gewitter ist im ~* un orage s'annonce.

an=zünden *tr* allumer, enflammer; *(Streichholz a.)* frotter; *(in Brand stekken)* mettre le feu à, incendier.

an=zweifeln *tr* mettre en doute.

apart [a'part] *a* particulier, original.

Apartheid *f* ⟨-, ø⟩ [a'pa:rthaɪt] *pol (Rassentrennung in Südafrika)* apartheid *m.*

Apathie *f* ⟨-, -n⟩ [apa'ti:] apathie, indolence, indifférence *f.* **apathisch** [-'pa:tɪʃ] *a* apathique, indolent, indifférent.

Apennin(en, *die pl***)** [apɛ'ni:n(ən)] *der, geog* les Apennins *m pl.*

Apfel *m* ⟨s, ¨-⟩ ['ap-, 'ɛpfəl] pomme *f;* ► *in den saueren ~ beißen (fig)* avaler la pilule; *der ~ fällt nicht weit vom Stamm (prov)* tel arbre, tel fruit; tel père, tel fils. **Apfelbaum** *m* pommier *m.* **Apfelkuchen** *m* tarte *f* aux pommes. **Apfelmost** *m* cidre *m.* **Apfelmus** *n* purée *f* de pommes. **Apfelsaft** *m* jus *m* de pommes. **Apfelschnaps** *m* calvados *m.* **Apfelsine** *f* ⟨-, -n⟩ [-'zi:nə] orange *f.* **Apfelsinenbaum** *m* oranger *m.* **Apfelstrudel** *m (Gebäck)* chausson *m* aux pommes. **Apfelwein** *m* cidre *m.*

Apostel *m* ⟨-s, -⟩ [a'pɔstəl] apôtre *m.* **Apostelgeschichte,** *die* les Actes *m pl* des Apôtres.

Apostroph *m* ⟨-s, -e⟩ [apɔs'tro:f] *gram* apostrophe *f.* **apostrophieren** [-tro-'fi:rən] ⟨*ohne ge-*⟩ *tr gram* mettre une apostrophe à.

Apotheke *f* ⟨-, -n⟩ [apo'te:kə] pharmacie *f.* **Apotheker** *m* ⟨-s, -⟩ pharmacien *m.*

Apparat *m* ⟨-(e)s, -e⟩ [apa'ra:t] **1.** appareil *a. tele; tele (Nebenanschluß)* poste (supplémentaire); *radio* poste *m;* **2.** *(Ausrüstung)* équipement *m;* ► *bleiben Sie am ~! (tele)* ne quittez pas! **Apparatur** *f* ⟨-, -en⟩ [-ra'tu:r] appareillage, mécanisme *m.*

Apparatschick *m* [apa'ratʃɪk] ⟨-s, -s⟩ *pej* apparatchik *m.*

Appell *m* ⟨-s, -e⟩ [a'pɛl] **1.** *mil* revue *f;* **2.** *allg* appel *m* (*an* à); ► *e-n ~ richten an* en appeler à. **Appellationsgericht** *n* cour *f od* tribunal *m* d'appel. **appellieren** [-pɛ'li:rən] ⟨*ohne ge-*⟩ *itr* en appeler, faire appel (*an* à).

Appetit *m* ⟨-(e)s, (-e)⟩ [ape'ti:t] appétit *m* (*auf* de); *fig (Gelüst)* envie *f;* ► *~ haben* avoir de l'appétit; *jdm den ~ nehmen* couper l'appétit à qn; *der ~ kommt beim Essen (prov)* l'appétit vient en mangeant. **appetitlich** *a* appétissant *a. fig; fig* joli, séduisant. **appetitlos** *a* sans appétit. **Appetitlosigkeit** ⟨-, ø⟩ manque *m* d'appétit. **Appetitzügler** *m* coupe-faim, freinateur *m* de l'appétit.

applaudieren [aplau'di:rən] ⟨*ohne ge-*⟩ *itr* applaudir. **Applaus** *m* ⟨-es, (-e)⟩ [a'plaus, -zə] applaudissements *m pl.*

Aprikose *f* ⟨-, -n⟩ [apri'ko:zə] abricot *m.* **Aprikosenbaum** *m* abricotier *m.*

April *m* ⟨(-s), (-e)⟩ [a'prɪl] avril *m.* **Aprilscherz** *m* poisson *m* d'avril.

Apsis *f* ⟨-, -iden⟩ ['apsɪs, ap'si:dən] *arch rel* abside *f*, chevet *m.*

Aquädukt *m* ⟨-(e)s, -e⟩ [akvɛ'dʊkt] aqueduc *m.*

Aquamarin *m* ⟨-s, -e⟩ [akvama'ri:n] *min* aigue-marine *f.*

Aquarell *n* ⟨-(e)s, -e⟩ [akva'rɛl] aquarelle *f.*

Aquarium *n* ⟨-s, -rien⟩ [a'kva:rium, -iən] aquarium *m.*

Äquator *m* ⟨-s, ø⟩ [ɛ'kva:tɔr] *geog* équateur *m.* **äquatorial** [-toi'a:l] *a* équatorial.

Ar *n, a. m* ⟨-(e)s, (-e)⟩ [a:r] *(100 qm)* are *m.*

Ära *f* ⟨-, (Ären)⟩ ['ɛ:ra] ère *f.*

Araber *m* ⟨-s, -⟩ ['a:rabər] Arabe *m.* **Arabeske** *f* ⟨-, -n⟩ [ara'bɛskə] *(Ornament)* arabesque *f.* **Arabien** *n* [-'ra:biən] n ⟨-s, ø⟩ l'Arabie *f.* **arabisch** *a* arabe; *(das) A~(e)* l'arabe *m.*

aramäisch *a* [ara'mɛːɪʃ] araméen *a. gram;* (das) Aramäisch(e) araméen *m.*

Arbeit *f* ‹-, -en› ['arbaɪt] **1.** travail *m,* besogne *f; pop* boulot, turbin *m; (Beschäftigung)* occupation *f,* emploi; *(Feld~)* labour *m; (Fron~, Last)* corvée *f; (mühsame ~, Mühe)* labeur *m,* peine; *(Aufgabe)* tâche; *(Hand~)* main-d'œuvre; *(Werk, Schaffen)* œuvre *f,* travail; *(Ausführung, Gestaltung)* facture *f;* **2.** *(fertiges Werk)* ouvrage, travail; *(Kunstwerk)* œuvre; *(wissenschaftl. ~)* travail *m,* étude *f; (Schule: Übungs~)* exercice; *(schriftl. Haus~)* devoir *m; (Prüfungs~)* composition *f; (Straf~)* pensum *m;* ▶ *die ~ aufnehmen* prendre son service; *die ~ einstellen* od *niederlegen* cesser le travail, se mettre en grève; *~ finden* trouver un emploi; *an die ~ gehen, sich an die ~ machen* se mettre au travail; *keine ~ haben, ohne ~ sein* être sans travail *od* sur le pavé, chômer; *keine ~ scheuen* ne pas reculer devant la besogne; *mit ~ überhäuft sein* être accablé *od* excédé de travail; *~ suchen* chercher un emploi.

arbeiten ['arbaɪtən] *itr* **1.** travailler; *arg* bosser, turbiner; *(beschäftigt sein)* être occupé (*mit etw* à qc); **2.** *(Maschine)* fonctionner, marcher; *(Holz)* travailler; *(Kapital)* travailler; *tr* **3.** *(herstellen)* faire; ▶ *an etw ~* travailler à qc; *bei jdm ~* travailler chez qn; *nicht ~ (a.)* ne rien faire. **arbeitend** *a:* ▶ *die ~e Bevölkerung* la population active; *~es Kapital n* capital *m od* fonds *m pl* de roulement *od* investi(s).

Arbeiter *m* ‹-s, -› ['arbaɪtər] *(Arbeitender)* travailleur; *(Fabrik~; Standesangehöriger)* ouvrier *m; (Ameise)* fourmi *f* ouvrière; *pl (e-r Firma)* personnel *m* ouvrier; ▶ *angelernter ~* ouvrier semi-qualifié; *geistiger ~,* travailleur *m* intellectuel; *gelernter ~* ouvrier *m* qualifié; *ungelernter ~* ouvrier *m* non-qualifié; **Arbeiterbewegung** *f* mouvement ouvrier *m.* **Arbeitergewerkschaft** *f* syndicat *m* ouvrier. **Arbeiterin** *f* travailleuse; *(Fabrik~)* ouvrière *f; s. a. Arbeitsbiene.* **Arbeiterklasse** *f* classe *f* ouvrière. **Arbeiterpartei** *f* parti *m* ouvrier. **Arbeiterpriester** *m* prêtre-ouvrier *m.* **Arbeiterschaft** *f* ‹-, (-en)› ouvriers *m pl,* main-d'œuvre *f; (Belegschaft)* personnel *m* ouvrier. **Arbeitervertreter** *m* représentant *od* délégué *m* ouvrier. **Arbeitervertretung** *f* représentation *f* des travailleurs. **Arbeiterviertel** *n* quartier *m* ouvrier.

Arbeitgeber *m* ['arbaɪt-] employeur, patron; *arg* dab(e) *m.* **Arbeitgeberanteil** *m (an den Sozialbeiträgen)* cotisation *f* patronale. **Arbeitgeberschaft** *f* patronat *m.* **Arbeitgeberverband** *m* syndicat *m od* fédération patronal(e), association *f* d'employeurs. **Arbeitnehmer** *m* salarié *m.* **Arbeitnehmeranteil** *m (an den Sozialbeiträgen)* cotisation *f* ouvrière. **Arbeitnehmerverband** *m* syndicat *m* ouvrier.

Arbeitsamt *n* ['arbaɪts-] agence *f* pour l'emploi, ANPE *f.* **Arbeitsausfall** *m* perte *f* de travail. **Arbeitsbedingungen** *f pl* conditions *f pl* de travail. **Arbeitsbeschaffungsmaßnahme** *f, meist pl* mesure *f* pour la création d'emplois. **Arbeitsbiene** *f* abeille *f* ouvrière. **Arbeitseifer** *m* application, assiduité *f.* **Arbeitseinstellung** *f* cessation *od* interruption *f* du travail; débrayage *m.* **Arbeitseinteilung** *f* répartition *f* du travail. **Arbeitserlaubnis** *f* permis *m* de travail(ler). **Arbeitsessen** *n (auf Treffen u. Tagungen)* déjeuner *m* d'affaires. **arbeitsfähig** *a* apte *od* propre au travail. **Arbeitsfähigkeit** *f* aptitude au *od* capacité *f* de travail. **Arbeitsfeld** *n,* **Arbeitsgebiet** *n* champ *m* d'activité. **Arbeitsfriede** *m* paix *f* sociale. **Arbeitsgang** *m* phase *f* de travail; ▶ *in e-m einzigen ~* en une seule opération. **Arbeitsgemeinschaft** *f com* groupement *m* d'entreprises *od (Schule)* d'études. **Arbeitsgericht** *n* tribunal *m* du travail; conseil *m* des prud'hommes. **Arbeitsgruppe** *f pol* groupe *m* de travail. **Arbeitskleidung** *f* vêtements *m pl* de travail. **Arbeitskosten** *pl* charges *f pl* salariales. **Arbeitskraft** *f (e-s Menschen)* capacité *od* faculté de travail; *(Arbeiter)* ouvrier *m; pl* main-d'œuvre *f,* bras, ouvriers *m pl.* **Arbeitskräftemangel** *m* pénurie *f* de main-d'œuvre. **Arbeitskreis** *m* groupe *m* (de travail). **Arbeitslager** *n* camp *m* de travail. **Arbeitsleistung** *f (e-r Maschine)* puissance *f* de travail, rendement *m; (geleistete Arbeit)* travail produit, débit *m.* **arbeitslos** *a* sans travail, en chômage. **Arbeitslose** *m f* chômeur *m,* -euse *f.* **Arbeitslosengeld** *n* allocation *f* (de) chômage. **Arbeitslosenhilfe** *f* allocation *f* de solidarité, allocation *f* de fin de droits. **Arbeitsloseninitiative** *f* association *f* de chômeurs. **Arbeitslosenversicherung** *f* assurance-chômage *f.* **Arbeitslosigkeit** *f* chômage *m.* **Arbeitsmarkt** *m* marché *m* du travail. **Arbeitsniederlegung** *f s. Arbeitseinstellung.* **Arbeitsordnung** *f* règlement *m* du travail.

Arbeitsplatz *m* **1.** *(räuml.)* lieu *m* de travail; **2.** *(feste Arbeit)* poste *m* de travail. **Arbeitsplatzabbau** *m* suppression *f* d'emplois. **Arbeitsplatzgarantie** *f* garantie *f* de l'emploi. **Arbeitsplatzsicherung** *f* sécurité *f* de l'emploi. **Arbeitsrecht** *n* droit *m* ouvrier; *(Gesetzsammlung)* législation *f* du travail. **arbeitsscheu** *a* rétif au travail, paresseux, fainéant. **Arbeitsstunde** *f* heure de travail; *(Werteinheit)* heure-travail *f*. **Arbeitssuchende** *m f* demandeur *m* d'emploi. **Arbeitsteilung** *f* division *od* répartition *f* du travail. **arbeitsunfähig** *a* incapable de travailler, inapte au travail. **Arbeitsunfähigkeit** *f* incapacité de *od* inaptitude *f* au travail. **Arbeitsunfall** *m* accident *m* de *od* du travail. **Arbeitsverhältnis** *n jur* état *m* de travail; *pl* conditions *f pl* de travail. **Arbeitsvertrag** *m* contrat *m* de travail. **Arbeitsweise** *f (e-r Person)* manière *od* méthode *f* de travailler. **Arbeitszeit** *f* horaire *m od* durée *f* de travail; ▶ *gleitende* ~ horaire *m* mobile. **Arbeitszeitverkürzung** *f* réduction *f* du temps de travail; ▶ ~ *mit vollem Lohnausgleich* réduction *f* du temps de travail avec compensation intégrale de salaire. **Arbeitszimmer** *n* cabinet *m* de travail, étude *f*.

archaisch [ar'ça:ɪʃ] *a (sehr alt, altertümlich)* archaïque. **Archaismus** *m* ‹-, -men› [-ça'ɪsmus, -mən] *(altertüml. Ausdruck)* archaïsme *m*. **Archäologe** *m* ‹-en, -en› [-çɛo'lo:gə] archéologue *m*. **Archäologie** *f* ‹-, ø› [-lo'gi:] archéologie *f*. **archäologisch** [-'lo:gɪʃ] *a* archéologique.

Arche *f* ‹-, -n› ['arçə] *:* ▶ ~ *(Noah)* arche *f* (de Noé).

Architekt *m* ‹ en, -en› [arçi'tɛkt] architecte *m*. **architektonisch** [-'to:-] *a* architectonique; **Architektur** *f* ‹-, -en› [-'tu:r] architecture *f*.

Archiv *n* ‹-s, -e› [ar'çi:f, -və] archives *f pl;* **Archivar** *m* archiviste *m*.

Ardennen *die, pl* [ar'dɛnən] les Ardennes *f pl*.

Areal *n* ‹-s, -e› [are'a:l] *(Bodenfläche)* aire, superficie *f*.

Arena *f* ‹-, -en› [a're:na, -ən] arène *f*.

arg [ark, '-gə] **I.** *a ‹ärger, ärgst› (böse)* méchant; *(boshaft)* malin, malicieux; *(schlecht, schlimm)* mauvais; **II.** *adv (stark)* fort, très; *fam (heftig)* rudement; *(sehr)* bien, fort; ▶ *im ~en liegen* aller mal; *(immer) ärger werden* aller de mal en pis.

Argentinien *n* ‹-s, ø› [argɛn'ti:niən] *geog* l'Argentine *f;* **Argentinier(in** *f*) *m* ‹-s, -› (*f* ‹-, -nen›) [-'ti:niər] Argentin(e *f*) *m*. **argentinisch** *a* argentin.

Ärger *m* ‹-s, ø› ['ɛrgər] *(Verdruß)* dépit, ennui *m*, vexation *f; (Unannehmlichkeit)* désagrément *m*, contrariété *f*, *fam* embêtement *m;* ▶ *aus* od *vor* ~ de dépit; *s-n ~ an jdm auslassen* décharger sa bile sur qn; *viel ~ haben* avoir beaucoup d'ennuis *od* de contrariétés. **ärgerlich** *a (Sache)* fâcheux, ennuyeux, contrariant, vexant; *fam* embêtant; *wie ~!* que c'est embêtant! **ärgern 1.** *tr* fâcher; *(verdrießen)* ennuyer, contrarier, vexer, chagriner; *(schikanieren)* chicaner, tracasser; *(reizen)* taquiner, offusquer, agacer; *fam* embêter; *pop* faire bisquer; **2.** *refl:* ▶ *sich* ~ se faire de la bile *od* du mauvais sang, *pop* bisquer; *sich über etw* ~ se fâcher. **Ärgernis** *n* ‹-ses, -se› scandale, esclandre *m;* ▶ *(öffentliches) ~ erregen* faire du scandale *od* de l'esclandre.

Arglist *f* ‹-, ø› ['arklɪst] *jur* dol *m;* astuce, malice; perfidie *f*. **arglistig** *a* astucieux, malicieux; perfide. **arglos** *a* sans malice; *(unbefangen)* ingénu, naïf. **Arglosigkeit** *f* ‹-, ø› ingénuité, naïveté *f*.

Argument *n* ‹-(e)s, -e› [argu'mɛnt] argument *m;* **argumentieren** [-'ti:rən] ‹*ohne ge-*› *itr* argumenter, raisonner.

Argwohn *m* ‹-(e)s, ø› ['arkvo:n] soupçon *m*, suspicion; *(Mißtrauen)* défiance, méfiance *f;* ▶ *gegen jdn ~ hegen* soupçonner qn, se méfier de qn. **argwöhnen** *tr* soupçonner. **argwöhnisch** *a* soupçonneux, défiant, méfiant.

Arie *f* ‹-, -n› ['a:riə] *mus* air *m*, aria *f*.

Arier *m* ‹-s, -› ['a:riər] Aryen *m*.

Aristokrat *m* ‹-en, -en› [arɪsto'kra:t] aristocrate *m*. **Aristokratie** *f* ‹-, -n› [-'ti:] aristocratie *f*. **aristokratisch** [-'kra:-] aristocratique.

Arithmetik *f* ‹-, ø› [arɪt'me:tɪk] arithmétique *f*. **arithmetisch** [-'me:-] *a* arithmétique.

Arkade *f* ‹-, -n› [ar'ka:də] *arch* arcade *f*.

Arktis ['arktɪs] *,die* l'Arctique *f;* **arktisch** *a* arctique.

arm [arm] *a ‹ärmer, ärmst›* **1.** pauvre (*an* en); *(mittellos)* dépourvu; *(bedürftig)* indigent, nécessiteux, besogneux; **2.** *fig (unglücklich, bedauernswert)* pauvre, malheureux, infortuné, misérable; ▶ ~ *machen* appauvrir; ~ *werden* s'appauvrir; *ich Ärmster!* misérable que je suis! *du Ärmster!* mon pauvre!

Arm *m* ‹-(e)s, -e› [arm] *a. tech* u. *fig* bras *m (a. e-s Flusses); (Leuchter)* branche *f; (Deichsel)* limon *m; (Kran)* volée *f;* ▶ ~ *in* ~ bras dessus, bras dessous; *jdm den ~ anbieten* offrir, donner le bras à qn; *jdn mit offenen ~en aufnehmen* accueillir qn à bras ouverts; *jdn in die ~e nehmen* embrasser qn; *die Beine unter die ~e nehmen (fam)* prendre ses jambes à son cou.

Armatur *f* ‹-, -en› [arma'tu:r] armature; *tech (Ausrüstung)* garniture *f*. **Armaturenbrett** *n mot aero* tableau *m* de bord *od* de commande.

Armband *n* bracelet *m*. **Armbanduhr** *f* montre-bracelet *f*. **Armbinde** *f (Abzeichen)* brassard *m; med* écharpe *f*.

Armee *f* ‹-, -n› [ar'me:, -e:ən] armée *f*. **Armeekorps** *n* corps *m* d'armée.

Ärmel *m* ‹s, -› ['ɛrməl] manche *f;* ▶ *etw aus dem* ~ faire qc en un tournemain. **Ärmelaufschlag** *m* revers de manche, parement *m.* **Ärmelkanal,** *m* la Manche. **ärmellos** *a* sans manches.
Armenien *n* ‹-s, ø› [ar'me:niən] l'Arménie *f.* **Armenier(in** *f***)** *m* ‹-s, -› (*f* ‹-, -nen›) [-niər] Arménien(ne *f*) *m.* **armenisch** [-'me:-] *a* arménien.
Armenrecht *n* assistance *f* judiciaire (gratuite).
Armlehne *f* bras, accoudoir, accotoir *m.* **Armleuchter** *m* candélabre *m.*
ärmlich ['ɛrmlɪç] *a (von Sachen)* pauvre; *(dürftig)* chétif. **Ärmlichkeit** *f* ‹-, ø)› pauvreté; mesquinerie *f.*
Armreif *m* tour *m* de bras. **Armschlinge** *f med* écharpe *f.*
armselig *a* pauvre, triste, misérable, pitoyable. **Armseligkeit** *f* ‹-, ø› pauvreté, misère *f.*
Armut *f* ‹-, ø› pauvreté (*an* de); *(Bedürftigkeit)* indigence *f* (*an* de); ▶ ~ *schändet nicht (prov)* pauvreté n'est pas vice. **Armutsgrenze** *f* seuil *m* de pauvreté.
Armvoll *m* brassée *f* (de).
Aroma *n* ‹-s, -men/-as/(-mata)› [a'ro:ma, -mən/-mas/-mata] arôme, parfum *m.* **aromatisch** [-'ma:-] *a* aromatique.
Arrak *m* ‹-s, -e/-s› ['arak] arac(k) *m.*
Arrest *m* ‹-(e)s, -e› [a'rɛst] *mil* arrêts *m pl;* ▶ ~ *haben* être aux arrêts. **Arrestlokal** *n* salle *f* de police.
Arsch *m* ‹-(e)s, e› [arʃ, 'ɛrʃə] *vulg* cul *m.* **Arschbacke** *f* fesse *f.* **Arschkriecher** *m vulg* lèche-cul *m pop.* **Arschlecker** *m* = **Arschkriecher; Arschloch** *n vulg* pauvre type, trou *m* du cul.
Arsen(ik) *n* ‹-s, ø› [ar'ze:n(ɑk)] *chem* arsenic *m.*
Art *f* ‹-, -en› [a:rt] **1.** *(~ u. Weise)* manière, façon *f,* mode *m;* **2.** *(Wesen, Beschaffenheit)* nature *f,* naturel, caractère *m;* **3.** *(Sorte)* sorte, espèce *f,* genre *m, zoo bot* espèce *f;* ▶ *aller* ~ de *od* en tout genre; *auf diese* ~ de cette manière *od* façon; *einzig in seiner* ~ seul de son espèce; *nach* ~ *(gen)* à la manière *od* façon, *lit* à l'instar (de); **arten** *itr: nach jdm* ~ tenir de qn. **Artenschutz** *m* protection *f* des espèces animales et végétales. **Art(en)erhaltung** *f biol* conservation *f* de l'espèce.
Arterie *f* ‹-, -n› [ar'te:riə] *anat* u. *fig* artère *f.* **Arterienverkalkung** *f med* artériosclérose *f.*
artfremd *a* étranger à l'espèce.
artig *a* **1.** *(Kind)* sage; **2.** *(nett, liebenswürdig)* gentil, gracieux; *(galant)* galant, courtois; ▶ *sehr* ~ sage comme une image.
Artikel *m* ‹-s, -› [ar'ti:kəl, -'tɪ-] *a. gram com* article *m;* ▶ *e-n* ~ *führen (com)* faire un article; *gängiger* ~ *(com)* article *m* d'écoulement facile; *(un)bestimmter* ~ *(gram)* article *m* (in)défini. **artikulieren** [-'li:rən] ‹*ohne ge-*› *tr (deutl. aussprechen)* articuler.
Artillerie *f* ‹-, (-n)› [artɪlə'ri:] artillerie *f.* **Artilleriebeschuß** *m:* ▶ *unter* ~ *liegen* être exposé au feu de l'artillerie. **Artilleriefeuer** *n* feu *m* d'artillerie.
Artischocke *f* ‹-, -n› [arti'ʃɔkə] *bot* artichaut *m.*
Artist *m* ‹-en, -en› [ar'tɪst] artiste *m* de cirque. **artistisch** [-'tɪs-] *a allg* artistique.
Artothek [arto'te:k] ‹-, -en› artothèque *f.*
Arznei *f* ‹-, -en› [a:rts'naɪ] médicament, remède *m.* **Arzneimittellehre** *f* pharmacologie *f.* **Arzneiwaren** *f pl* produits *m pl* pharmaceutiques.
Arzt *m* ‹-es, ¨-e› [a:rtst, 'ɛ:rtstə] médecin; *fam* docteur; *arg* toubib *m;* ▶ *behandelnder, beratender* ~ médecin *m* traitant, consultant; *praktischer* ~ généraliste, omnipraticien *m.*
Ärztekammer ['ɛ:rtstə-] *f* conseil *m* de l'ordre. **Ärzteschaft** *f* ‹-, ø› corps *m* médical.
Arztgebühren *f pl* honoraires *m pl* médicaux. **Arzthelferin** *f* assistante *f* médicale.
Ärztin *f* ‹-, -nen› femme médecin; *fam* doctoresse *f.*
Arztkosten *pl* frais *m pl* de médecin.
ärztlich *a* médical; ▶ *in ~er Behandlung sein* se faire soigner par un médecin; *~es Attest n, ~e Bescheinigung f* certificat *m* médical; *~e Hilfe f* assistance *f* d'un *od* du médecin; *~e Schweigepflicht f* secret *m* médical; *~e Untersuchung f* examen *m* médical; *~e Verordnung f* ordonnance *f* (médicale).
Arztpraxis *f* cabinet *m* médical *od* de médecin.
as *n* ‹-, -› [as] *mus* la *m* bémol.
As *n* ‹-ses, -se› [as] *(Spielkarte)* as *m.*
Asbest *m* ‹-(e)s, -e› [as'bɛst] *min* amiante, asbeste *m.* **Asbestanzug** *m* vêtement *m* d'amiante. **Asbestisolierung** *f* isolation *f* à l'amiante.
Asche *f* ‹-, (-n)› ['aʃə] cendre *f (in Redensarten meist pl);* ▶ *in Schutt und* ~ *legen* réduire en cendres. **Aschenbecher** *m* cendrier *m.* **Aschenbrödel** *n* Cendrillon *f; fig* souffre-douleur *m.* **Aschermittwoch** *m rel* mercredi *m* des Cendres. **aschfahl** *a* **aschgrau** *a* gris cendré.
ASCII-Code *m* ‹-s, -s› *inform* Code *m* ASCII.
As-Dur *n* ['asdu:r] *mus* la *m* bémol majeur.
Asiat(in *f***)** *m* ‹-en, -en› (*f* ‹-, -nen›) [azi'a:t] Asiatique *m f.* **asiatisch** [-zi'a:-] *a* asiatique. **Asiaten** *n* ‹-s, ø› ['a:ziən] l'Asie *f.*

Asket *m* ‹-en, -en› [as'ke:t] ascète *m*. **asketisch** *a* ascétique.

as-Moll *n* ['asmɔl] *mus* la *m* bémol mineur.

asozial ['azotsia:l, ---'-] *a* asocial.

Asphalt *m* ‹-(e)s, -e› [as'falt] asphalte, bitume *m*. **Asphaltdecke** *f* revêtement *m* en asphalte. **asphaltieren** [-'ti:rən] ‹*ohne ge-*› *tr* asphalter, bitumer.

Assel *f* ‹-, -n› ['asəl] *zoo* cloporte *m*.

Assembler [ə'sɛmblə] ‹-s, -› *m inform* assembleur *m*.

Assessor *m* ‹-s, -en› [a'sɛsɔr, -'so:rən] *(Schule)* (jeune) professeur; *jur* (jeune) juge *m*.

Assimilation *f* ‹-, -en› [asimilatsi'o:n] assimilation; *physiol a.* animalisation *f*. **assimilieren** ‹*ohne ge-*› *tr* assimiler; *physiol a.* animaliser.

Assistent *m* ‹-en, -en› [asɪs'tɛnt] assistant, aide *m*. **Assistenzarzt** *m* médecin *m* assistant. **assistieren** [-'ti:rən] ‹*ohne ge-*› *itr* assister *(jdm* qn, *bei etw* à qc).

Assyrien *n* ‹-s, ø› [a'sy:riən] *n hist* l'Assyrie *f*. **Assyr(i)er(in)** *m* ‹-s, -› (*f* ‹-, -nen›) [-riər] Assyrien(ne *f*) *m*. **assyrisch** [-'sy:-] *a* assyrien.

Ast *m* ‹-(e)s, ¨-e› [ast, 'ɛstə] **1.** branche *f*; **2.** *(im Holz)* nœud *m*; ▶ *sich e-n ~ lachen (fam)* rire comme un bossu.

Aster *f* ‹-, -n› ['astər] *bot* aster *m*.

astfrei *a (Holz)* sans nœuds.

Ästhet *m* ‹-en, -en› [ɛs'te:t] esthète *m*. **Ästhetik** *f* ‹-, (-en)› [-'te:tɪk] esthétique *f*. **ästhetisch** [-'te:tɪʃ] *a* esthétique.

Asthma *n* ‹-s, ø› ['astma] *med* asthme *m*. **Asthmatiker** *m* ‹-s, -› [-'ma:tikər] asthmatique *m*. **asthmatisch** [-'ma:-] *a* asthmatique.

Astloch *n* trou *m*. **astrein** = **astfrei.** ▶ *nicht ganz ~ (fig fam)* pas très catholique.

Astrologe *m* ‹-n, -n› [astro'lo:gə] astrologue *m*. **Astrologie** *f* ‹-, ø› [-lo'gi:] astrologie *f*. **astrologisch** [-'lo:-] *a* astrologique. **Astronaut** *m* ‹-en, -en› [-'naut] astronaute *m*. **Astronom** *m* ‹-en, -en› [-'no:m] astronome *m*. **Astronomie** *f* ‹-, ø› [-no'mi:] astronomie *f*. **astronomisch** [-'no:-] *a (a. fig: unvorstellbar groß)* astronomique. **Astrophysik** *f* [-fy'zi:k] astrophysique *f*.

ASU *f* ‹-, -s› *s. Abgassonderuntersuchung.*

Asyl *n* ‹-(e)s, -e› [a'zy:l] asile *a. fig; fig (Zuflucht)* refuge, abri *m*; ▶ *um ~ bitten* demander asile. **Asylant** [azy'lant] ‹-en, -en› *m* réfugié *m*. **Asylantrag** *m* demande *f* d'asile. **asylberechtigt** *a* qui a droit à l'asile politique. **Asylbewerber** *m* demandeur *m* d'asile. **Asylrecht** *n* droit *m* d'asile. **Asylverfahren** *n* procédure *f* de demande d'asile.

Asymmetrie *f* ‹-, -n› [azʏme'tri:] asymétrie *f*. **asymmetrisch** [-'me:-] *a* asymétrique.

Asymptote *f* ‹-, -n› [azʏm'pto:tə] *math* asymptote *f*.

Atelier *n* ‹-s, -s› [atəli'e:] *(Werkstatt)* atelier; *(e-s Künstlers) a.* studio *m*.

Atem *m* ‹-s, ø› ['a:təm] haleine; *(Atmung)* respiration *f*; *(~zug)* souffle *m*; ▶ *außer ~* hors d'haleine, à bout de souffle, essoufflé; *den ~ anhalten* retenir sa respiration; *(tief) ~ holen* respirer (profondément); *nach ~ ringen* haleter. **atemberaubend** *a (Erzählung etc)* palpitant. **Atembeschwerden** *f pl* troubles *m pl* respiratoires; = *Atemnot.* **Atemgerät** *n* appareil *m* respiratoire. **Atemnot** *f* essoufflement, suffocation *f*. **Atempause** *f fig (Frist)* répit *m*; ▶ *e-e ~ einlegen* od *einschieben* faire une pause, souffler. **Atemwege** *m pl anat* voies *f pl* respiratoires. **Atemzug** *m* souffle *m*; ▶ *in einem ~* tout d'une haleine; *bis zum letzten ~* jusqu'au dernier soupir.

Atheismus *m* ‹-, ø› [ate'ɪsmus] athéisme *m*. **Atheist** *m* ‹-en, -en› [-te'ɪst] athée *m*. **atheistisch** *a* athée.

Athen *n* ‹-s, ø› [a'te:n] *geog* Athènes *f sing.*

Äther *m* ‹-s, ø› ['ɛ:tər] *philos* u. *chem* éther *m*. **ätherisch** [ɛ'te:rɪʃ] *a chem* u. *fig (leicht)* éthéré; ▶ *~es Öl n* huile *f* volatile.

Äthiopien *n* ‹s, ø› [ɛti'opiən] *geog* l'Éthiopie *f*. **äthiopisch** *a* éthiopien.

Athlet *m* ‹-en, -en› [at'le:t] athlète *m*. **Athletik** [-'le:tɪk] ‹-, ø› *f* athlétisme *m*. **athletisch** *a* athlétique.

Atlantik [at'lantɪk] , *der* l'Atlantique *m*; ▶ *jenseits des ~s* outre-Atlantique. **Atlantikpakt** *der* le Pacte atlantique. **Atlantikrat** *der* le conseil atlantique. **atlantisch** *a* atlantique; ▶ *der A~e Ozean* l'océan *m* Atlantique; *atlantische(s) Bündnis n* l'Alliance *f* atlantique; *der A~e Rat* = *Atlantikrat.*

Atlas *m* **1.** ‹-/-sses, -sse/Atlanten› ['atlas, -sə(s), at'lantən] *(Kartenwerk)* atlas; **2.** ‹-/-ses, -se› ['atlas, -sə(s)] *(Textil)* satin *m*.

atmen ['a:tmən] *tr* u. *itr* respirer.

Atmosphäre *f* ‹-, -n› [atmo'sfɛ:rə] *a. fig* atmosphère; *fig* ambiance *f*, milieu *m*. **atmosphärisch** *a* atmosphérique.

Atmung *f* ‹-, ø)› ['a:tmʊŋ] respiration *f*.

Atoll *n* ‹-s, -e› [a'tɔl] *geog (Koralleninsel)* atoll *m*.

Atom *n* ‹-s, -e› [a'to:m] atome *m*. **atomar** [ato'ma:r] *a* atomique, nucléaire; ▶ *~es Wettrüsten n* course *f* aux armements nucléaires. **Atombombe** *f* bombe *f* atomique *od* nucléaire *od* A. **atombombensicher** *a* à l'épreuve des bombes atomiques. **Atombombenversuch** *m* essai *m* nucléaire. **Atombunker** *m* abri *m* anti-atomique. **Atom-**

energie *f* énergie *f* atomique *od* nucléaire; ▶ *friedliche Nutzung f der ~* utilisation *f* pacifique de l'énergie atomique. **Atomexplosion** *f* explosion *f* nucléaire. **Atomforscher** *m* (savant) atomiste *m*. **Atomgemeinschaft** *f*: ▶ *Europäische ~ (Euratom)* Communauté *f* européenne de l'énergie atomique. **Atomgesetz** *n* loi *f* atomique. **Atomgewicht** *n* poids *m od* masse *f* atomique. **Atomindustrie** *f* industrie *f* nucléaire. **atomisieren** [-mi'zi:rən] ⟨*ohne ge-*⟩ *tr (in kleinste Teile teilen)* atomiser. **Atomkern** *m* noyau *m* atomique; ▶ *(Zssgen s. unter Kern)*. **Atomkraft** *f* puissance *f* nucléaire. **Atomkraftwerk** *n* centrale *f* atomique *od* nucléaire. **Atomkrieg** *m* guerre *f* atomique. **Atommacht** *f pol* puissance *f* nucléaire. **Atommeiler** *m* pile *f* atomique. **Atommüll** *m* déchets *m pl* atomiques. **Atompilz** *m* champignon *m* atomique. **Atomphysik** *f* physique *f* nucléaire. **Atomrakete** *f* atomique. **Atomreaktor** *m* réacteur *m* atomique. **Atomspaltung** *f* fission *f* de l'atome. **Atomstreitmacht** *f* force *f* nucléaire. **Atomtest** *m* = *Atomversuch*. **Atomteststopp** *m* arrêt *m* des essais nucléaires. **Atom-U-Boot** *n* sous-marin *m* atomique. **Atomuhr** *f* horloge *f* atomique. **Atomversuch** *m* essai *m od* expérience *f* atomique *od* nucléaire. **Atomwaffen** *f pl* armes *f pl* atomiques. **atomwaffenfrei** *a*: ▶ *~e Zone f* zone *f* dénucléarisée. **Atomwaffensperrvertrag** *m* traité *m* de non-prolifération (des armes nucléaires). **Atomwissenschaft** *f* science *f* de l'atome. **Atomzahl** *f chem* numéro *od* nombre *m* atomique. **Atomzeitalter** *n* âge *m* atomique. **Atomzerfall** *m*, **Atomzertrümmerung** *f* désintégration *f* de l'atome.

atonal ['a:-, ato'na:l] *a mus* atonal.

ätsch [ɛ:tʃ] *interj* c'est bien fait!

Attentat *n* ⟨-(e)s, -e⟩ [atɛn'ta:t] attentat *m* (*auf jdn* contre qn). **Attentäter** *m* ⟨-s, -⟩ [-'tɛ:tər] auteur *m* d'un l'attentat.

Attest *n* ⟨-(e)s, -e⟩ [a'tɛst] attestation *f*, certificat *m*.

Attraktion *f* ⟨-, -en⟩ [atraktsi'o:n] attraction *f*. **attraktiv** [-'ti:f, -və] *a* attirant, attrayant; séduisant.

Attrappe *f* ⟨-, -n⟩ [a'trapə] *(vorgetäuschter Gegenstand)* simulacre *m*; *com (Schaupackung)* présentation *f* factice.

Attribut *n* ⟨-(e)s, -e⟩ [atri'bu:t] **1.** *(Merkmal, Zeichen)* attribut *m*; **2.** *(Sinnbild)* symbole, emblème *m*; **3.** *gram* épithète *f*. **attributiv** ['a-, -bu'ti:f, -və] *a*: ▶ *~es Adjektiv n* adjectif *m* épithète.

ätzen ['ɛtsən] *tr chem* corroder; *allg (angreifen)* attaquer, ronger; *(Kunst: Radierung)* graver à l'eau-forte; *med* cautériser. **ätzend** *a* **1.** *chem* corrosif; *med* u. *fig* caustique; **2.** *fig (beißend)* mordant; ▶ *echt ~! (fam)* ça craint!

au [aʊ] *interj* (oh) oh! ▶ *~weh!* aïe!

Aubergine *f* ⟨-, -n⟩ [obɛr'ʒi:nə] *bot* aubergine *f*.

auch [aʊx] **I.** *conj (unbetont)* aussi, (aussi) bien; *(aber)* mais; *(nur im Satzganzen zum Ausdruck kommend:)* ▶ *so reich du ~ sein magst* si riche que tu sois; *was es ~ sei* quoi que ce soit; *wie dem ~ sei* quoi qu'il en soit; *wozu ~?* (mais) à quoi bon? **II.** *adv (betont) (desgleichen, ebenso)* de même, également; *(vor Substantiv)* même; ▶ *ich ~ nicht* (ni) moi non plus; *er tut es ja ~* il en fait bien autant; *das ~ noch!* il ne manquait plus que cela! *~ gut!* soit! *~ recht!* comme vous voudrez! *~ nicht schlecht!* pas mal non plus!

Audienz *f* ⟨-, -en⟩ [aʊdi'ɛnts] audience *f*; ▶ *e-e ~ geben* donner audience. **Audienzzimmer** *n* salle *f* d'audience.

Audiogramm [aʊdio'gram] ⟨-s, -e⟩ *n* audiogramme *m*.

Audion(röhre *f*) *n* ⟨-s, -s/-onen⟩ ['aʊdiɔn, -di'o:nən] *n radio* lampe *f* détectrice.

audiovisuell [aʊdiovizu'ɛl] *a (Unterrichtsmethode)* audio-visuel.

Auditorium *n* ⟨-s, -rien⟩ [aʊdi'to:riʊm] **1.** *(Hörsaal)* salle *f* de conférences; *(Univ.)* amphithéâtre; **2.** *(Zuhörerschaft)* auditoire *m*.

Au(e) *f* ⟨-, -en⟩ [aʊ(ə)] prairie *f*.

Auerhahn ['aʊər-] *m orn* coq de bruyère, (grand) tétras *m*. **Auerochse** *m* aurochs *m*.

auf [aʊf] **I.** *prp* **1.** *(räuml.) meist:* sur; ▶ *~ dem, das Dach* sur le toit; *~ dem Boden* od *der Erde* sur le sol; *~ den Boden* od *die Erde* à terre; *~ dem Meer* sur la mer; *(zu Schiff)* en mer; *~ der Treppe, dem Hof, der Straße* dans l'escalier, la cour, la rue; *~ der (ganzen) Welt* dans le monde (entier); *~ dieser Seite* de ce côté; **2.** *(räuml. u. zugleich e-e innere Beziehung ausdrückend:)* ▶ *~ dem Zimmer* dans la chambre; *~ dem Bahnhof, dem Feld, dem Markt, der Post (alle a. im acc)* à la gare, aux champs, au marché, à la poste; *~ der Welt (da, am Leben)* au monde; **3.** *(in bestimmten Situationen:)* ▶ *~ Besuch, ~ der Reise, dem Wege, der Flucht* en visite, en voyage, en route, en fuite; *~ der Jagd* à la chasse; **4.** *(zeitl.)* ▶ *~ e-n Augenblick, ~ lange Zeit, ~ immer* pour un moment, pour longtemps, pour toujours *od* à jamais; *~ einmal (plötzlich)* subitement, soudain; *~ e-n Sonntag fallen* tomber un dimanche; *~ morgen!* à demain! **5.** *(Art u. Weise:)* ▶ *~ diese (Art und) Weise* de cette façon *od* manière, de la sorte; *~ diesem Wege* par ce chemin; ~ *deutsch* en allemand; **6.** *(Folge:)* ▶ ~ *Anfrage* sur demande; ~ *Befehl* par ordre; ~ *jds Bitte* à la prière de qn; ~ *jds Rat* sur le conseil de qn; **7.** *(Bezug:)* ▶ ~ *zehn Bürger kommen acht Autos* il huit voitures pour dix personnes; **8.** *(besondere Wendungen:)* ▶ ~ *meine Kosten* à mes frais; ~ *der einen, ander(e)n Seite (einer-, and(e)rerseits)* de l'un, de l'autre côté; *Monat ~ Monat verging* les mois passaient; *das hat etwas ~ sich* c'est important; **II.** *adv (~gestanden, nicht im Bett)* debout, sur pied, levé; *(~stehend, offen)* ouvert; ▶ *von Jugend* ~ dès ma *etc* jeunesse; ~ *und ab (hin~ u. hinunter)* de haut en bas; *(hin u. her)* de long en large; ~ *und davon* parti; ~ *und ab gehen (a.)* faire les cent pas; *sich ~ und davon machen* prendre le large, *fam* filer; *~!* debout! *(vorwärts)* allons! en route! **III.** *s:* ▶ *das A~ und Ab (des Lebens)* les hauts et les bas *m pl* (de la vie); **IV.** *conj:* ~ *daß* afin que, pour que *subj;* afin de, pour *inf.*

auf=arbeiten *tr* **1.** *(alten Gegenstand)* remettre à neuf; *fam* retaper; **2.** *(aufs laufende bringen)* mettre à jour.

auf=atmen *itr fig* respirer, se sentir soulagé.

auf=bahren *tr* exposer sur le catafalque.

Aufbau *m* ‹-(e)s, ø› **1.** *(Tätigkeit)* construction; *(Errichtung)* érection *f; tech* montage *m; fig* organisation *f;* **2.** *(Gefüge)* structure; *fig* organisation *f,* système *m;* **3.** ‹*pl* -ten› *(Gegenstand) mot* carrosserie; *mar* superstructure *f.* **auf=bauen** *tr* **1.** construire; ériger; *tech* monter; **2.** *fig* créer, organiser.

auf=bäumen, *sich (Pferd* u. *fig)* se cabrer; *fig* se révolter (*gegen* contre).

auf=begehren ‹*ohne -ge-*› *itr (mit Worten)* protester; *(mit Taten)* se révolter.

auf=behalten ‹*behält, behielt auf, aufbehalten*› *tr (Kopfbedeckung)* garder.

auf=bereiten ‹*ohne -ge-*› *tr metal* préparer, traiter, séparer. **Aufbereitung** *f* ‹-, -en› préparation *f,* traitement *m.*

auf=bessern *tr (Summe, Lohn)* arrondir, augmenter.

auf=bewahren ‹*ohne -ge-*› *tr* garder, conserver, réserver; *(für jem anders)* avoir en dépôt. **Aufbewahrung** *f* ‹-, ø› garde, conservation *f.*

auf=bieten ‹*bot auf, aufgeboten*› *tr* **1.** *(einberufen)* convoquer; *mil* lever, appeler sous les drapeaux; **2.** *adm (Brautpaar)* publier les bans de; **3.** *fig (Kraft, Eifer, Einfluß)* employer; ▶ *s-e ganze Beredsamkeit* ~ déployer toute son éloquence (*um zu* pour).

auf=binden ‹*band auf, aufgebunden*› *tr* **1.** *(losmachen)* délier, dénouer; **2.** *(hochbinden)* relever; ▶ *jdm etwas* od *e-n Bären* ~ en faire accroire à qn.

auf=blähen **1.** *tr* enfler, gonfler, bouffir; **2.** *refl: sich* ~ s'enfler, se gonfler; *fig* se rengorger.

auf=bleiben ‹*blieb auf, aufgeblieben*› *itr* ‹*sein*› *(nicht zu Bett gehen)* rester debout, veiller; ▶ *lange* ~ veiller tard.

auf=blicken *itr* lever les yeux.

auf=blitzen *itr (Licht* u. *fig: Gedanke)* jaillir comme un éclair.

auf=blühen *itr* ‹*sein*› **1.** éclore, s'épanouir; **2.** *fig* prospérer.

auf=brausen ‹*sein*› *itr* **1.** bouillonner, entrer en effervescence; **2.** *fig* se mettre en colère, s'emballer; ▶ *gleich* od *leicht* ~ avoir la tête près du bonnet.

auf=brechen ‹*bricht, brach auf, aufgebrochen*› *tr* ‹*h*› **1.** briser, rompre, casser; *(Möbelstück)* forcer; *(Tür)* enfoncer; *itr* ‹*sein*› **2.** *(aufspringen)* percer, éclater, crever; *(Wunde)* se rouvrir; *(Geschwür)* aboutir; *(Knospe)* éclore, s'ouvrir; **3.** *(weggehen)* partir, se mettre en route.

auf=brennen ‹*brannte auf, aufgebrannt*› *tr:* ▶ *e-m Tier ein Zeichen* ~ marquer un animal.

auf=bringen ‹*brachte auf, aufgebracht*› *tr* **1.** *(Geld)* trouver, mobiliser; *(Kosten, Steuern)* faire face à; **2.** *(Gerücht)* lancer; *(Mode)* lancer, introduire; ▶ *den Mut* ~ avoir le courage (*etw zu tun* de faire qc); *Verständnis* ~ montrer de la compréhension.

Aufbruch *m* **1.** *(Abreise)* départ *m;* **2.** *fig pol* nouveau départ *m.*

auf=brühen *tr* faire bouillir; *(Tee)* infuser.

auf=bürden *tr, a. fig:* ▶ *jdm etw* ~ charger qn de qc.

auf=decken *tr, a. fig (enthüllen)* découvrir; *fig* dévoiler, déceler, révéler; ▶ *s-e Karten* ~ *(a. fig)* montrer son jeu.

auf=drängen **1.** *tr* imposer (*jdm etw* qc à qn); **2.** *refl: sich* ~ s'imposer.

auf=drehen *tr* ouvrir en tournant.

aufdringlich *a* importun. **Aufdringlichkeit** *f* ‹-, ø› importunité *f.*

auf=drücken *tr* **1.** *(Stempel, Siegel)* mettre, appliquer; **2.** *(durch Drücken öffnen)* ouvrir en poussant, pousser; **3.** *med (Geschwür)* crever.

aufeinander [aʊfaɪˈnandər] *adv (räuml.)* l'un sur l'autre; *(zeitl.)* l'un après l'autre; *(gegenea.)* l'un contre l'autre. **aufeinander=legen** *tr* mettre l'un sur l'autre. **aufeinander=prallen** *itr* ‹*sein*› se heurter, s'entrechoquer; *loc (zwei Züge)* se tamponner.

Aufenthalt *m* ‹-(e)s, -e› [ˈaʊfʔɛnthalt] séjour, stationnement; *loc* arrêt *m;* ▶ *5 Minuten* ~ *(loc)* 5 minutes d'arrêt. **Aufenthaltserlaubnis** *f,* **Aufenthaltsgenehmigung** *f* permis *m* de séjour. **Aufenthaltsort** *m* (lieu de) séjour *m.* **Aufenthaltsraum** *m* salle *f* de séjour.

auf=erlegen ⟨*ohne -ge-*⟩ *tr (Verpflichtung)* imposer (*jdm etw* qc à qn); *(Strafe)* infliger.

auf=erstehen ⟨*erstand auf, auferstanden*⟩ *itr* ⟨*sein*⟩ *rel* ressusciter. **Auferstehung** *f* ⟨-, ø⟩ résurrection *f.*

auf=erwecken ⟨*ohne -ge-*⟩ *tr (Toten)* ressusciter. **Auferweckung** *f* ⟨-, ø⟩ résurrection *f.*

auf=essen ⟨*ißt, aß auf, aufgegessen*⟩ *tr* achever de manger; *itr* manger tout.

auf=fahren ⟨*fährt, fuhr auf, aufgefahren*⟩ *tr* ⟨*h*⟩ ; **1.** *mil (Geschütze)* mettre en batterie; **2.** *(anfahren u. Aufstellung nehmen)* se présenter, se ranger; **3.** *(aufprallen)* heurter, tamponner (*auf etw* qc); *loc* buter (*auf etw* contre qc); *mot* donner (*auf etw* contre qc). **Auffahrt** *f* **1.** *(Aufstieg)* montée, ascension *f;* **2.** *(vor e-m Schloß etc)* rampe *f; (zur Autobahn)* embranchement *m* d'accès, bretelle *f* (d'autoroute).

auf=fallen ⟨*fällt, fiel auf, aufgefallen*⟩ *itr* ⟨*sein*⟩ *(im günstigen Sinn)* se (faire) remarquer; *(im ungünstigen Sinn)* s'afficher; ▶ *jdm* ~ frapper; *nicht* ~ passer inaperçu; *unangenehm* ~ faire (une) mauvaise impression; *es fällt mir auf, daß ...* ce qui me frappe, c'est que ...

auffällig *a* frappant, étonnant; *(Farbe, Kleidung)* voyant, tape-à-l'œil.

auf=fangen ⟨*fängt, fing auf, aufgefangen*⟩ *tr* **1.** *(Gegenstand in der Luft)* saisir au vol, attraper; **2.** *(Stoß)* amortir, absorber; **3.** *(abstürzendes Flugzeug)* redresser; **4.** *(Flüssigkeit)* recueillir; **5.** *(Worte)* intercepter. **Auffanglager** *n* camp *od* centre *m* d'accueil.

auf=fassen *tr (verstehen)* concevoir, comprendre. **Auffassung** *f* conception, *(Meinung)* opinion *f;* **Auffassungsgabe** *f* compréhension, intelligence *f;* ▶ *schnelle* ~ esprit *m* prompt.

auf=finden *tr* trouver.

auf=fliegen ⟨*flog auf, aufgeflogen*⟩ *itr* ⟨*sein*⟩ **1.** *(Vogel)* s'envoler; **2.** *(Tür)* s'ouvrir brusquement.

auf=fordern *tr (höflich)* inviter, convier, (*zu* à); *(mahnend)* exhorter (*zu* à); *(ersuchen)* requérir, (*zu* de); *(befehlen)* ordonner (*zu* de); *jur* mettre en demeure (*zu* de); *jur mil* sommer (*zu* de). **Aufforderung** *f* invitation *f,* appel *m; adm* intimation; *jur* mise en demeure, *a. mil* sommation *f.*

auf=forsten ['aʊffɔrstən] *tr* reboiser. **Aufforstung** *f* ⟨-, -en⟩ reboisement *m.*

auf=fressen ⟨*frißt, fraß auf, aufgefressen*⟩ *tr* manger; *a. fig* dévorer.

auf=frischen **1.** *tr (a. fig: Kenntnisse etc)* rafraîchir; *(Farben)* raviver; *(el. Batterie)* régénérer; *fig (Erinnerung, Bekanntschaft)* raviver, renouveler; **2.** *itr (Wind)* fraîchir.

auf=führen *tr* **1.** *(verzeichnen)* consigner, mentionner; énumérer; **2.** *theat* représenter, jouer, donner; *mus* exécuter; *refl* **3.** *sich* ~ *(sich benehmen)* se conduire, se comporter; ▶ *sich gut, schlecht* ~ se conduire bien, mal; *einzeln* ~ *(in e-r Rechnung)* spécifier. **Aufführung** *f* **1.** mention *f;* **2.** *theat* représentation; *mus* exécution f; **3.** *(Betragen)* conduite *f,* comportement *m;* ▶ *zur* ~ *bringen (theat)* faire jouer; *mus* exécuter.

auf=füllen *tr (Gefäß: wieder ganz füllen)* remplir; *(Loch, Lücke)* combler; *(Gelände)* remblayer; ▶ *sein Lager* ~ *(com)* remonter ses stocks;

Aufgabe *f* **1.** *(e-r Postsendung)* expédition, remise *f; (e-s Telegramms)* envoi *m; loc (des Gepäcks a.)* expédition *f,* enregistrement *m;* **2.** *(Pflicht)* devoir *m; (Auftrag, Bestimmung)* tâche, mission; *(dienstliche Funktion)* fonction *f;* **3.** *(Schulaufgabe)* devoir *m; math* problème; **4.** *jur (Verzicht)* abandon *m; (Besitzaufgabe)* renonciation *f,* délaissement *m; (e-s Amtes)* résignation; *(e-s Geschäftes)* cessation *f;* ▶ *es sich zur* ~ *machen zu ...* prendre à tâche de ... *(lit); e-r* ~ *gewachsen sein* être à la hauteur d'une tâche.

Aufgabenbereich *m* ressort *m,* compétence *f.*

Aufgang *m* **1.** *astr* levée *f;* **2.** *arch* montée, rampe *f; (Treppe)* escalier *m.*

auf=geben ⟨*gibt, gab auf, aufgegeben*⟩ *tr* **1.** *(Postsendung)* expédier, remettre; *(Telegramm)* envoyer, expédier; *(Inserat)* insérer; *com (Bestellung)* passer, faire; *loc (Gepäck)* expédier, faire enregistrer; **2.** *(Rätsel)* poser; **3.** *(verzichten auf)* renoncer à, abandonner; *(Amt, Stelle)* résigner; *(Geschäft)* se retirer de; *(Hoffnung)* perdre; *(Schachpartie)* remettre; ▶ *den Geist* ~ rendre l'âme *od* l'esprit; *das Spiel* ~ abandonner *od* quitter la partie.

aufgebläht *a fig pej* boursouflé.

aufgeblasen *a fig* bouffi d'orgueil, ampoulé, rengorgé.

Aufgebot *n adm (von Verlobten)* publication *f* des bans (de mariage); ▶ *ein großes* ~ *an* un grand déploiement de.

aufgebracht *a* fâché, irrité, furieux, indigné (*über etw* de qc).

aufgedunsen ['aʊfgədʊnzən] *a* bouffi, boursouflé.

auf=gehen ⟨*ging auf, aufgegangen*⟩ *itr* ⟨*sein*⟩ **1.** *(astr, Vorhang)* se lever; **2.** *(Samen, Teig)* lever; **3.** *(sich öffnen)* s'ouvrir; *(Knospe, Blüte)* éclore, s'épanouir; *(Geschwür)* percer, crever; **4.** *(Haar, Knoten)* se défaire, se dénouer; *(Naht)* se découdre, se défaire; *(Kleidungsstück)* se défaire, se déboutonner; **5.** *math* être divisible (sans reste); ▶ ~ *in (dat.)* être absorbé par; *mir gingen die Augen auf (fig)* mes yeux se dessillaient.

aufgehoben *a:* ▶ *gut ~ sein* être entre de bonnes mains.

aufgeklärt *a* éclairé, instruit.

aufgelegt *a (gelaunt)* disposé (*zu* à); ▶ *gut, schlecht ~ sein* être bien, mal disposé.

aufgeregt *a* excité, agité. **Aufgeregtheit** *f* ⟨-, ø⟩ excitation, agitation *f.*

aufgeschlossen *a fig (empfänglich)* ouvert, compréhensif; ~ *für* sensible à.

aufgeschmissen *a fam* fichu, perdu.

aufgeschossen *a: hoch ~er Mensch m* grande perche *f; (Gemüse)* monté.

aufgesprungen *a (Hände)* gercé; *(Lippen)* crevassé.

aufgeweckt *a fig* éveillé, dégourdi.

auf=gießen ⟨*goß auf, aufgegossen*⟩ *tr* verser; *den Kaffee, Tee ~* verser de l'eau sur le café, le thé.

auf=gliedern *tr* diviser (*in* en). **Aufgliederung** *f* division, classification *f.*

auf=greifen ⟨*griff auf, aufgegriffen*⟩ *tr* attraper, saisir; *fig (Frage)* soulever.

aufgrund [auf'grʊnt] *prp gen = auf Grund.*

Aufguß *m (Küche, pharm)* infusion *f.* **Aufgußbeutel** *m (schwarzer Tee)* sachet *m* de thé; *(Kräutertee)* Infusette *f* (Warenzeichen).

auf=haben ⟨*hat, hatte auf, aufgehabt*⟩ *tr* **1.** *(Kopfbedeckung)* avoir sur la tête, porter; **2.** *(offen haben, a. Laden)* être ouvert; **3.** *(Schularbeiten)* avoir à faire.

auf=halten ⟨*hält, hielt auf, aufgehalten*⟩ *tr* **1.** *(offenhalten)* tenir *od* laisser ouvert; **2.** *(zurückhalten)* retenir; *(verzögern)* retarder; *(Hieb, Schlag)* parer; **3.** *refl: sich ~* s'arrêter, s'attarder (*bei* od *mit etw* à qc); **4.** *(sich aufregen)* trouver à redire *(über etw* à qc).

auf=hängen *tr* **1.** suspendre; *(an e-m Haken* od *Nagel)* accrocher; *(Wäsche)* étendre; *(Gardinen)* pendre; **2.** *fam (erhängen)* pendre. **Aufhänger** *m* ⟨-s, -⟩ *(an Kleidungsstücken)* attache *f.*

auf=heben ⟨*hob auf, aufgehoben*⟩ *tr* **1.** *(vom Boden)* ramasser; **2.** *(aufbewahren)* garder, conserver; **3.** *(abbrechen, beenden)* lever; *(Verlobung)* rompre; *(Vertrag)* résilier; *(abschaffen)* abolir, supprimer; *adm (für ungültig, nichtig erklären)* révoquer, annuler; *jur* annuler, rescinder; *(Urteil in letzter Instanz)* casser; *(Gesetz)* abroger; **4.** *refl a. chem* se neutraliser. **Aufheben** *n:* ▶ *viel ~s um* od *von etw machen* faire grand bruit, cas de qc. **Aufhebung** *f* ⟨-, ø⟩ *(Abbruch, Beendigung)* levée; cessation; *(der Verlobung)* rupture; *(e-s Vertrages)* résiliation; *(Abschaffung)* abolition, suppression; *(Ungültigkeitserklärung)* révocation, annulation; *(e-s Urteils)* cassation; *(e-s Gesetzes)* abrogation *f.*

auf=heitern *tr* épanouir, rasséréner, égayer; *sich ~* s'épanouir, se dérider; *(Himmel)* s'éclaircir. **Aufheiterung** *f* ⟨-, -en⟩ *(e-s Menschen)* épanouissement *m;* **2.** *mete* amélioration *f.*

auf=hellen, *sich* s'éclaircir *a. fig, (Gesicht)* s'épanouir; *(Himmel)* se dégager.

auf=hetzen *tr* exciter, monter *(gegen jdn* contre qn); *(e-e Gruppe)* ameuter.

auf=holen *tr (Vorsprung, Zeitverlust)* rattraper, récupérer; *itr sport* gagner.

auf=horchen *itr* dresser l'oreille; ▶ *jdn ~ lassen (fig)* éveiller l'intérêt de qn.

auf=hören *itr* cesser, (s')arrêter, finir (*etw zu tun* de faire qc); ▶ *nicht ~* n'en plus finir (*zu* ... de ...); *hören Sie auf damit!* finissez-en!

auf=kaufen *tr* acheter en masse *od* en bloc; *pej* accaparer.

auf=keimen *itr* ⟨*sein*⟩ *fig* naître.

aufklappbar *a* relevable; *mot (Verdeck)* décapotable; **auf=klappen** *tr (Messer, Buch)* ouvrir; *(Verdeck)* décapoter.

auf=klären 1. *tr (aufhellen)* éclaircir; *fig (erhellen, aufdecken)* éclaircir, tirer au clair; *(Menschen)* éclairer (*über etw* sur qc); *(Mitteilung machen)* informer, instruire; *mil* éclairer, reconnaître; **2.** *itr mil* aller en reconnaissance; *aero* entreprendre des vols de reconnaissance; **3.** *refl: sich ~* s'éclaircir; ▶ *jdn über e-n Irrtum ~* tirer qn d'erreur; *ein Kind ~* faire l'éducation sexuelle d'un enfant. **Aufklärer** *m* ⟨-s, -⟩ *mil* éclaireur.

Aufklärung *f* **1.** *(Aufhellung)* éclaircissement *m; (Unterrichtung)* information *f;* **2.** *philos hist* philosophie *f* des lumières, rationalisme *m;* **3.** *(sexuelle)* initiation *f;* **4.** *mil (taktische)* reconnaissance *f.* **Aufklärungsflug** *m* vol *m* de reconnaissance.

auf=kleben *tr* coller (*auf* sur, à); ▶ *e-e Briefmarke auf den Brief ~* affranchir la lettre. **Aufkleber** ⟨-s, -⟩ *m* autocollant *m.*

auf=knöpfen *tr* déboutonner.

auf=knoten *tr* déficeler.

auf=kochen *tr* faire bouillir.

auf=kommen ⟨*kam auf, aufgekommen*⟩ *itr* ⟨*sein*⟩ **1.** *(Brauch, Mode)* se répandre; **2.** *für etw ~* répondre de qc, subvenir à qc; ▶ *keinen Zweifel ~ lassen* ne laisser s'élever aucun doute; *für jdn ~ müssen* avoir qn à sa charge.

auf=krempeln *tr* (re)trousser.

auf=lachen *itr:* ▶ *laut ~* éclater *od* pouffer de rire, rire aux éclats.

auf=laden ⟨*lädt, lud auf, aufgeladen*⟩ *tr (Last auf e-n Wagen; el: Batterie, Akku)* charger.

Auflage *f* **1.** *(Überzug)* revêtement, enduit *m,* couche *f;* **2.** *(Verpflichtung)* charge, obligation *f;* **3.** *(e-s Buches)* édition *f; (e-r Zeitung)* tirage *m;* ▶ *durchgesehene, verbesserte, vermehrte* ~ édition *f* revue, corrigée, augmentée. **Auflage(n)höhe** *f* tirage *m.*

auf≈lassen ‹*läßt, ließ auf, aufgelassen*› *tr* **1.** *(offenlassen)* laisser ouvert; **2.** *(Kopfbedeckung)* garder.

auf≈lauern *itr* guetter, épier (*jdm* qn).

Auflauf *m* **1.** attroupement, rassemblement *m;* **2.** *(Küche)* soufflé *m.* **auf≈laufen** ‹*läuft, lief auf, aufgelaufen*› *itr* ‹*sein*› *mar* (s')échouer (*auf* sur).

auf≈leben *itr:* renaître, reprendre.

auf≈legen *tr* **1.** *(Tischdecke, Schallplatte)* mettre; *tele (Hörer)* raccrocher; *(Pflaster)* appliquer; *(Farbe, Schminke)* mettre; **2.** *(Buch)* éditer.

auf≈lehnen, *sich fig* se soulever, se révolter, se rebeller (*gegen* contre).

auf≈lesen ‹*liest, las auf, aufgelesen*› *tr* ramasser, (re)cueillir.

auf≈leuchten *itr* ‹*h* od *sein*› s'allumer, flamboyer.

auflisten *tr* répertorier; *inform* lister. **Auflistung** *f inform* listage *m.*

auf≈lockern *tr* **1.** *(Erdboden)* remuer; *(Federbett)* taper; **2.** *(Raum, Vortrag)* égayer; *(Stimmung)* détendre. **Auflokkerung** *f fig (Verkehr)* décongestion *f.*

auf≈lösen *tr* **1.** *(in e-r Flüssigkeit)* diluer, délayer; **2.** *chem, fig (Verein, Versammlung)* dissoudre; *(Geschäft)* liquider; *(Vertrag)* annuler; *(Verlobung)* rompre; **3.** *(Rätsel)* résoudre; **4.** *refl: sich* ~ se délayer, se diluer; **5.** *chem, fig* se dissoudre; *pol (in Teilstaaten)* se démembrer. **Auflösung** *f* **1.** *(in Wasser)* délayage *m,* dilution; *chem* (dis)solution *f;* **2.** *math mus* résolution; *TV (Bild~)* définition; *(e-s Rätsels, Problems)* solution *f;* **3.** *pol* démembrement *m; jur parl etc* dissolution; *com* liquidation *f.* **Auflösungszeichen** *n mus* bécarre *m.*

auf≈machen 1. *tr (öffnen)* ouvrir; *(Flasche)* déboucher; **2.** *refl: sich* ~ *(aufbrechen, abreisen)* s'en aller, partir, se mettre en route. **Aufmachung** *f* ‹-, ø› (e-r Ware) présentation *f; (Äußeres bei Menschen)* tenue *f.*

Aufmarsch *m mil* déploiement *m; (strategisch)* concentration *f; (Parade)* défilé *m; fig* entrée *f* en lice. **auf≈marschieren** ‹*ohne -ge-*› *itr* se déployer; se concentrer; *(bei e-r Parade)* défiler.

aufmerksam *a* **1.** attentif (*auf* à); **2.** *(höflich)* plein d'attentions; ▶ *jdn auf etw* ~ *machen* attirer l'attention de qn sur qc. **Aufmerksamkeit** *f* ‹-, -en› **1.** *nur sing* attention *f;* **2.** *meist pl (Höflichkeiten)* attentions, prévenances *f pl,* égards *m pl;* ▶ *s-e* ~ *auf etw richten* porter son attention sur qc; *die* ~ *auf sich ziehen* retenir l'attention.

auf≈muntern ['aʊfmʊntərn] *tr* (r)animer; *fig* encourager; *(aufheitern)* égayer. **Aufmunterung** *f* ‹-, ø› encouragement *m.*

Aufnahme *f* ‹-, -n› **1.** *(Empfang)* accueil *m,* réception *f;* **2.** *(in e-e Schule)* admission *f* (*in* à); **3.** *fin (von Kapital)* emprunt *m;* **4.** *phot (Vorgang)* pose; *(Bild auf d. Filmstreifen)* image; *(Foto)* photo(graphie); *film* prise *f* de vues et de son; *(Ton* ▶ ~ *auf Platte od Band)* enregistrement; **5.** *(~ von Beziehungen)* établissement *m* (*von* de), entrée (*von* en); *(von Verhandlungen)* ouverture *f;* ▶ *e-e* ~ *machen (phot)* faire une photo; *Achtung,* ~*! (film)* silence, on tourne! **aufnahmefähig** *a (Markt)* capable d'absorber. **Aufnahmegebühr** *f* droit(s *pl*) *m* d'admission *od* d'entrée. **Aufnahmegerät** *n film* appareil de prises de vues; *(für Tonaufnahme)* appareil *m* d'enregistrement. Aufnahmegesuch *n* demande *f* d'admission. **Aufnahmelager** *n (für Flüchtlinge)* camp *od* centre *m* d'accueil. **Aufnahmeland** *n (von Flüchtlingen)* pays *m* d'accueil. **Aufnahmeprüfung** *f* examen *od* concours *m* d'admission *od* d'entrée. **Aufnahmeverfahren** *n* procédure *f* d'admission.

auf≈nehmen ‹*nimmt, nahm auf, aufgenommen*› *tr* **1.** *(empfangen)* accueillir, recevoir (*in* dans); **2.** *(in e-e Schule, e-n Verein etc)* admettre (*in* à); **3.** *fin (Geld, Kapital)* emprunter; *(Anleihe)* contracter; *(Bestellung, Hypothek)* prendre; **4.** *phot* photographier; *film* tourner, réaliser; *(Schallplatte, Tonband, radio)* enregistrer; **5.** *(e-e Tätigkeit beginnen)* commencer; *(Verhandlungen)* engager; **6.** *(ansehen, beurteilen)* prendre; ▶ *jdn freundlich* ~ faire bon accueil à qn; *wie hat sie die Nachricht aufgenommen?* comment a-t-elle pris la nouvelle?

auf≈opfern, *sich* se sacrifier.

auf≈passen *itr* faire attention (*auf* à); *(Kind)* surveiller; ▶ *(auf der Hut sein)* être sur ses gardes; *(zuhören)* écouter; ~*! aufgepaßt!* attention! **Aufpasser** *m* ‹-s, -› surveillant *m.*

auf≈peitschen *tr fig (Sturm das Meer)* soulever; *(Leidenschaft)* exciter.

auf≈pflanzen *tr (Fahne)* planter.

auf≈platzen *itr* ‹*sein*› crever, éclater.

Aufprall *m* choc, heurt *m.* **auf≈prallen** *itr* ‹*sein*› heurter (*auf etw* qc).

auf≈probieren ‹*ohne -ge-*› *tr (Hut)* essayer.

auf≈pumpen *tr (Reifen)* gonfler.

auf≈raffen, *sich* se relever; *(zu e-m Entschluß, zu e-r Tat)* finir par se décider.

auf≈räumen *tr* ranger; *(Zimmer a.)* faire; *(von Trümmern befreien)* déblayer; *itr fig:* ▶ *mit etw* ~ faire table rase de qc. **Aufräumungsarbeiten** *f*

pl travaux *m pl* de déblaiement.
aufrecht ['aufrɛçt] **I.** *a* **1.** *a. fig* droit; *(senkrecht)* vertical; **2.** *fig (redlich)* loyal, intègre; **II.** *adv* debout; **auf=recht=erhalten** ‹*erhält, erhielt aufrecht, aufrechterhalten*› *tr fig (Behauptung)* maintenir.
auf=regen *tr* émouvoir, agiter; *refl: sich* ~ s'émouvoir (*über* de); s'énerver; se faire du mauvais sang (*wegen e-r S* pour qc); ▶ *regen Sie sich nur nicht auf!* ne vous en faites donc pas! *fam.* **aufregend** *a* émouvant, irritant. **Aufregung** *f* ‹-, -en› émoi *m*, agitation, excitation *f;* ▶ *in ~ versetzen* mettre en émoi.
auf=reißen ‹*riß auf, aufgerissen*› *tr* **1.** déchirer *(a. e-e Wunde)*, arracher *(a. d. Straßenpflaster);* **2.** *(schnell öffnen)* ouvrir brusquement.
auf=reizen *tr* irriter, exciter; pousser (*zu etw* à). **aufreizend** *a (erregend)* irritant, provocant.
auf=richten *tr* **1.** dresser, élever; **2.** *fig (trösten)* consoler, remonter; *refl:* **3.** *sich* ~ se mettre debout, se (re)dresser; *(im Bett)* se mettre sur son séant.
aufrichtig *a* sincère, droit, franc; ▶ *mein ~es Beileid* mes sincères condoléances. **Aufrichtigkeit** *f* ‹-, ø› sincérité, droiture, bonne foi *f.*
auf=riegeln *tr* déverrouiller.
auf=rollen *tr* **1.** *(zs.rollen)* (en)rouler; **2.** *(ausea.rollen)* dérouler.
Aufruf *m* appel *m* (*zu* à); *(Aufforderung)* sommation; *inform* appel *m; adm* proclamation *f.* **auf=rufen** ‹*rief auf, aufgerufen*› *tr* **1.** appeler (*zu* à); *(auffordern)* sommer (*zu tun* de faire); **2.** *(Schüler)* interroger. **3.** *inform* appeler.
Aufruhr *m* ‹-(e)s, -e› ['-ru:r] *allg* tumulte; *(Aufstand)* soulèvement *m*, insurrection, rébellion *f;* ▶ *in ~* en tumulte.
Aufrührer *m* ‹-s, -› émeutier, insurgé, rebelle *m.* **aufrührerisch** *a* rebelle, séditieux.
auf=runden *tr (Zahl, Summe)* arrondir.
auf=rüsten *tr u. itr* (ré)armer. **Aufrüstung** *f* (ré)armement *m.*
auf=rütteln *tr, a. fig* secouer.
auf=sagen *tr* réciter.
auf=sammeln *tr* ramasser, recueillir.
aufsässig ['-zɛsıç] *a* récalcitrant.
Aufsatz *m* **1.** *(arch* u. *Möbel)* chapiteau *m; (Schornsteinaufsatz)* mitre *f;* **2.** *fig (Abhandlung)* essai (*über* sur), dissertation *(Zeitungs)* article *m; (Schulaufsatz)* rédaction, dissertation *f.*
auf=saugen *tr, a. fig* absorber.
auf=schauen *itr* lever les yeux.
auf=scheuchen *tr (Wild)* débucher, débusquer; *(a. Menschen)* effaroucher.
auf=schichten *tr* entasser, empiler.
auf=schieben ‹*schob auf, aufgeschoben*› *tr fig* différer, remettre; *jur* proroger; ▶ *besser aufgeschoben als aufgehoben (prov)* mieux vaut tard que jamais.
Aufschlag *m* **1.** *(am Ärmel, an der Hose)* revers; *(am Kleid)* parement *m;* **2.** *(Aufprall)* chute *f; (e-s Geschosses)* impact *m;* **3.** *com (Preis~)* augmentation, majoration *f.* **auf=schlagen** ‹*schlägt, schlug auf, aufgeschlagen*› *tr* ‹*h*› **1.** *(Nuß, Ei)* casser; *(Eis)* percer; **2.** *(Buch)* ouvrir; **3.** *(Bett)* monter; *(Zelt, Lager)* dresser; **4.** *(die Ärmel)* retrousser; *(Kragen)* remonter; *itr* ‹*aux: sein*› **5.** *(beim Fall)* tomber (*auf* sur); donner (*auf* contre); *(Geschoß, Flugzeug)* percuter; ‹*sein*› **6.** *(Preis)* monter, augmenter; ▶ *die Augen ~* lever *od* ouvrir les yeux.
auf=schließen ‹*schloß auf, aufgeschlossen*› *tr* ouvrir.
auf=schlitzen *tr* fendre, taillader; ▶ *jdm den Bauch ~* éventrer qn.
Aufschluß *m:* ▶ *jdm über etw ~ geben* renseigner qn sur qc, informer qn de qc, donner *od* fournir des explications sur qc à qn. **aufschlußreich** *a* instructif; significatif, révélateur.
auf=schlüsseln *tr (verteilen)* répartir.
auf=schnallen *tr (lösen)* déboucler.
auf=schneiden ‹*schnitt auf, aufgeschnitten*› **1.** *tr* couper *(a. Buch); (Fleisch)* découper, trancher; *med* inciser; *(Geschwür a.)* percer; **2.** *itr fig fam* blaguer; fanfaronner. **Aufschneider** *m* ‹-s, -› *fig fam* blagueur, fanfaron *m.*
Aufschnitt *m (kalter ~)* viande froide, charcuterie *f.*
auf=schnüren *tr* déficeler, défaire.
auf=schrauben *tr (öffnen)* dévisser.
auf=schrecken *tr* ‹*h*› *(bes. Tiere)* effaroucher; *(Menschen)* alarmer; faire réveiller en sursaut; *itr* ‹*sein*› sursauter.
Aufschrei *m* (grand) cri, cri *m* perçant.
auf=schreiben ‹*schrieb auf, aufgeschrieben*› *tr* mettre par écrit, noter; ▶ *jdn ~ (vom Verkehrspolizisten)* dresser procès-verbal à qn.
auf=schreien ‹*schrie auf, aufgeschrien*› *itr* pousser un cri *od* des cris.
Aufschrift *f allg* inscription *f.*
Aufschub *m* délai *m; (absichtlich)* remise *f*, renvoi; *(Verzögerung)* retard *m.*
auf=schütteln *tr* secouer, remuer; *(Kissen)* tapoter. **aufschütten** *tr* entasser; *(Erde)* rapporter; *(Straße)* remblayer; *(Damm)* élever.
auf=schwingen, *sich* ‹*schwang auf, aufgeschwungen*› s'élancer; *(Vogel, fig:)* prendre son essor; ▶ *sich zu etw ~ (fig: sich entschließen)* se résoudre à qc.
Aufschwung *m* **1.** *sport (am Reck)* saut *m* en suspension; **2.** *fig* élan, essor; *com* redressement *m*, extension, expansion *f.*
auf=sehen ‹*sieht, sah auf, aufgesehen*› *itr = aufschauen.* **Aufsehen** *n* ‹-s, ø› sensation *f;* ▶ *~ erregen* faire sensation

od de l'éclat *od* du bruit. **aufsehenerregend** *a* sensationnel, retentissant; **Aufseher** ‹*sein*› *m* contrôleur, inspecteur; *(Wächter)* garde, gardien, surveillant *m.*
auf=sein ‹*ist, war auf, aufgewesen*› *itr* ‹*sein*› **1.** *(geöffnet sein)* être ouvert; **2.** *(nicht im Bett sein)* être debout.
auf=setzen *tr* **1.** mettre, poser (*auf* sur); *(Flugzeug)* poser; *(Kopfbedeckung, Brille)* mettre; *(Küche)* mettre sur le feu; *(Flicken)* appliquer; **2.** *(schriftlich)* mettre par écrit, rédiger; *jur* libeller; *(Rechnung, Vertrag)* dresser, établir; *(Urkunde)* minuter; *itr* **3.** *aero* se poser.
Aufsicht *f* surveillance; inspection *f,* contrôle *m;* ▶ *die ~ über etw führen* od *haben* surveiller qc; *unter (polizeilicher) ~ stehen* être sous surveillance. **Aufsichtführende** *m f* ‹-n, -n› surveillant(e *f*) *m.* **Aufsichtsbeamte** *m* ‹-n, -n› inspecteur, contrôleur, surveillant *m.* **Aufsichtspersonal** *n* personnel *m* de surveillance. **Aufsichtsrat** *m com* conseil *m* d'administration.
auf=sitzen ‹*saß auf, aufgesessen*› *itr* ‹*sein*› *(aufs Pferd steigen)* monter à cheval; (*auf ein Fahr- od Motorrad steigen)* monter sur le siège; ▶ *hinten* od *mit ~ (auf e-m Pferd)* monter en croupe.
auf=spannen *tr* tendre; *(Schirm)* ouvrir; *(Segel)* déployer.
auf=sparen *tr* réserver, économiser; ▶ *das Beste bis zuletzt ~* garder qc pour la bonne bouche.
auf=speichern *tr agr* engranger; *com* stocker; *(Energie, bes. el)* accumuler.
auf=sperren *tr (aufschließen)* ouvrir.
auf=spielen 1. *itr (zum Tanz)* jouer (une danse); **2.** *refl: sich ~ (fig)* se donner des airs.
auf=spießen *tr* embrocher.
auf=springen ‹*sprang auf, aufgesprungen*› *itr* ‹*sein*› **1.** *(Mensch: vom Sitz)* (sur)sauter, bondir; **2.** *(auf ein Pferd, Fahrzeug)* monter; **3.** *(Ball)* rebondir; **4.** *(platzen)* éclater, crever; *(die Haut)* (se) gercer, se crevasser.
auf=spulen *tr tech* (em)bobiner.
auf=spüren *tr (Wild)* flairer, dépister; *(chem, Radar)* détecter; *fig* flairer.
auf=stacheln *tr, a. fig* aiguillonner.
Aufstand *m* soulèvement *m,* insurrection, sédition, rébellion, révolte *f.*
Aufständische *m f* ‹-n, -n› insurgé(e *f*) *m;* rebelle *m.*
auf=stapeln *tr* empiler, entasser.
auf=stauen *tr (Wasser)* refouler.
auf=stechen ‹*sticht, stach auf, aufgestochen*› *tr* percer; *med* crever.
auf=stecken *tr* **1.** *(mit Stecknadeln befestigen)* épingler; **2.** *(Haar, Vorhang)* relever; **3.** *fig fam (aufgeben)* abandonner, laisser tomber.
auf=stehen ‹*stand auf, aufgestanden*› *itr* ‹*sein*› se lever (*vom Tisch* de table). **Aufstehen** *n* lever *m;* ▶ *beim ~* au lever, au saut du lit.
auf=steigen ‹*stieg auf, aufgestiegen*› *itr* ‹*sein*› **1.** *(aufs Pferd, auf ein Fahrzeug)* monter; **2.** *(Mensch im Ballon)* faire une ascension; *(Rauch, Nebel)* s'élever; *(Gestirn, Rakete)* se lever; *(Flugzeug)* prendre l'air, décoller; **3.** *fig (beruflich)* avancer. **aufsteigend** *a* montant; *(Gestirn, Wind)* ascendant.
auf=stellen *tr* **1.** mettre (debout), placer, poser; *(aufrichten)* élever; *(errichten)* ériger; **2.** *(anordnen)* (ar)ranger, disposer; *(Bett)* monter, dresser; *(Leiter, Kegel, Schachfiguren)* dresser; *(Falle)* tendre; **3.** *(Maschine)* monter, installer; *mil (Geschütz)* mettre en batterie; **4.** *(Posten)* placer, poster; **5.** *(Liste, Inventar, Bilanz, Rechnung)* faire, dresser, établir; *(Theorie)* échafauder; **6.** *refl sich ~* se placer, se poster; *mil* se former; ▶ *e-n Kandidaten ~* présenter un candidat. **Aufstellung** *f* **1.** placement *m,* pose; élévation *f;* **2.** *(Anordnung)* (ar)rangement *m,* disposition *f;* **3.** *(e-r Maschine)* montage *m,* installation; *mil (e-s Geschützes)* mise *f* en batterie; **4.** *(von Raketen)* déploiement *m;* **5.** *(der Posten)* disposition *f;* **6.** *sport (e-r Mannschaft)* composition *f;* **7.** *(e-r Liste, e-s Inventars, e-r Bilanz, e-s Programms)* établissement *m.*
Aufstieg *m* ‹-(e)s, -e› ['-ʃti:k, -gə] **1.** *(a. Schi)* montée; *(e-s Ballons)* ascension *f;* *(e-s Flugzeugs)* départ, décollage *m;* **2.** *fig (beruflicher)* avancement *m.* **Aufstiegsmöglichkeiten** *f pl (berufliche)* perspectives *f pl* de carrière.
auf=stöbern *tr (Wild)* débusquer; *fig (Seltenheit)* déterrer, dénicher.
auf=stocken *tr* **1.** *arch* surélever, exhausser (*um* de); **2.** *fin* augmenter.
auf=stoßen ‹*stößt, stieß auf, aufgestoßen*› *tr* ‹*h*› **1.** ouvrir en poussant, pousser; *(Faß)* défoncer; *itr* ‹*sein*› **2.** *(rülpsen)* avoir des renvois, éructer, *pop* roter. **Aufstoßen** *n* ‹-s, ø› *(Rülpsen)* renvois *m pl,* éructation *f.*
auf=streichen ‹*strich auf, aufgestrichen*› *tr (Farbe)* appliquer (*auf* sur).
auf=stülpen *tr (Hut)* enfoncer.
auf=suchen *tr (Arzt)* consulter.
Auftakt *m (Eröffnung, Beginn)* ouverture *f,* prélude, début *m.*
auf=tanken *itr mot* faire son plein d'essence, (re)faire le plein.
auf=tauchen *itr* ‹*sein*› **1.** émerger; *(U-Boot)* faire surface; *(Lebewesen)* remonter à la surface; **2.** *fig* apparaître.
auf=tauen 1. *tr* ‹*h*› dégeler *(a. fin: Kapital)*; *(Tiefkühlkost)* décongeler; **2.** *itr* ‹*sein*› *(Erde etc)* dégeler; *fig (geselliger werden)* se dégeler, se dégourdir.

auf=teilen *tr* répartir, partager; *(Baugelände)* lotir; *(Grundbesitz)* morceler; *(Staat)* démembrer. **Aufteilung** *f* répartition *f;* lotissement; morcellement; démembrement *m.*

auf=tischen ['-tɪʃən] *tr* servir *(jdm etw* qc à qn).

Auftrag *m* ‹-(e)s, ¨-e› charge *f; (Befehl)* ordre *m; (Besorgung)* course; *com* commission; *(Bestellung)* commande *f,* ordre *m;* ▶ *im ~ (gen)* par ordre (de); *jdm e-n ~ erteilen* passer une commande à qn; *den ~ haben zu ...* être chargé de ... **auf=tragen** ‹*trägt, trug auf, aufgetragen*› *tr* **1.** *(Speisen)* servir, apporter; **2.** *(Farbe)* mettre, étaler; **3.** ▶ *jdm etw ~ (fig)* charger qn de qc; *dick ~ (fig fam)* bluffer, exagérer. **Auftraggeber** *m* commettant; *jur* mandant *m.* **Auftragnehmer** *m jur* mandataire *m.* **Auftragsbestätigung** *f* confirmation *f* de commande.

auf=treiben ‹*trieb auf, aufgetrieben*› *tr* **1.** *fig (bekommen, finden)* déterrer, dénicher; trouver; **2.** *(anschwellen lassen)* gonfler; *med* ballonner.

auf=trennen *tr* découdre; défaire.

auf=treten ‹*tritt, trat auf, aufgetreten*› *itr* ‹*sein*› **1.** marcher; **2.** *(in Erscheinung treten)* se présenter (*als* comme); se produire; **3.** *(sich benehmen)* se conduire; faire figure (*wie ein, als* de); *(sich ausgeben)* se poser (*als* en); **4.** *(gegen jdn)* prendre parti (contre qn); **5.** *theat* entrer en scène, faire son entrée; **6.** *(Krankheit)* se déclarer, se manifester; ▶ *sicher ~ (fig)* avoir de l'aplomb; *als Zeuge (vor Gericht) ~* comparaître en témoin. **Auftreten** *n* **1.** marche *f;* **2.** présentation *f;* **3.** *theat* entrée *f* (en scène); ▶ *sicheres ~ (fig)* assurance *f,* aplomb *m.*

Auftrieb *m* **1.** *(Vieh auf e-m Markt)* arrivage *m;* **2.** *phys aero* portance *f* (aérodynamique); **3.** *fig (Anstoß)* impulsion *f,* élan, essor *m.*

Auftritt *m* **1.** *theat* entrée (en scène); **2.** *(Teil e-s Aufzuges; fig)* scène *f.*

auf=trumpfen *itr* (lui, leur) dire son fait.

auf=tun ‹*tut, tat auf, aufgetan*› *tr:* ouvrir; *refl sich ~* s'ouvrir.

auf=türmen *tr* amonceler, entasser; *sich ~ (fig: Schwierigkeiten)* surgir, s'accumuler.

auf=wachen *itr* ‹*sein*› s'éveiller, se réveiller.

auf=wachsen ‹*wächst, wuchs auf, aufgewachsen*› *itr* ‹*sein*› *(Kind)* grandir.

auf=wallen *itr a. fig:* bouillonner. **Aufwallung** *f fig* emportement *m.*

Aufwand *m* ‹-(e)s, ø› luxe *m,* pompe *f,* faste; *(Zurschaustellung)* étalage *m;* ▶ *unter großem ~ von* à grand renfort de. **Aufwandsentschädigung** *f* indemnité *f* de représentation.

auf=wärmen *tr (Speise)* réchauffer; *fig pej (Vergangenes)* réveiller.

aufwärts ['aʊfvɛrts] *adv* en haut, vers le haut. **Aufwärtsentwicklung** *f* extension *f,* progrès *m.*

auf=wecken *tr* réveiller, éveiller.

auf=weichen *tr* (r)amollir; *(Weg)* détremper.

auf=weisen ‹*wies auf, aufgewiesen*› *tr* présenter, offrir.

auf=wenden *tr* mettre en œuvre; *(Geld)* mettre, dépenser. **aufwendig** *a (luxuriös)* luxueux; coûteux.

auf=werfen ‹*wirft, warf auf, aufgeworfen*› *tr* **1.** *(Damm)* élever; **2.** *fig (Frage)* soulever, mettre sur le tapis.

auf=werten *tr fin* revaloriser. **Aufwertung** *f* revalorisation, réévaluation *f.*

auf=wickeln *tr* **1.** (en)rouler (*auf* sur); *(Garn)* pelot(onn)er; **2.** *(lösen)* dérouler, développer; *(Garn)* dévider.

auf=wiegeln *tr* agiter, soulever. **Aufwieg(e)lung** *f* ‹-, ø› agitation *f,* soulèvement *m.*

auf=wiegen ‹*wog auf, aufgewogen*› *tr, a. fig* contrebalancer; *fig* compenser; ▶ *das ist nicht mit Gold aufzuwiegen (fig)* cela n'a pas de prix.

Aufwiegler *m* agitateur *m.*

auf=wirbeln *tr* ‹*h*› *(Staub, Blätter)* soulever; ▶ *viel Staub ~ (fig)* faire grand bruit; *itr* ‹*sein*› monter en tourbillons.

auf=wischen *tr* essuyer, torcher.

auf=wühlen *tr (die Erde)* retourner, fouiller; *fig* remuer, retourner.

auf=zählen *tr* énumérer, dénombrer. **Aufzählung** *f* énumération *f.*

auf=zäumen *tr* brider.

auf=zehren *tr (auf-, verbrauchen)* consumer; *(erschöpfen)* épuiser.

auf=zeichnen *tr (aufschreiben)* noter; *(registrieren)* enregistrer. **Aufzeichnung** *f (Notiz)* note *f; (Registrierung)* enregistrement *m.*

auf=ziehen ‹*zog auf, aufgezogen*› *tr* ‹*h*› **1.** *(bes. Vorhang, Schlagbaum, Zugbrücke)* lever; **2.** *(Fahne)* hisser; *(Segel)* mettre; **3.** *(Uhr)* remonter; **4.** *(Schublade öffnen)* tirer; **5.** *(auf e-e Schnur ziehen)* enfiler; *(auf e-n Rahmen, Saite auf ein Instrument)* monter; *(auf Leinwand)* entoiler; **6.** *(Pflanzen)* cultiver; *(Tiere)* élever; *(Kind)* élever, nourrir; **7.** *itr* ‹*sein*› *(Wache, Wolken)* monter; *(Gewitter)* approcher, s'élever.

Aufzug *m* **1.** *(für Lasten)* élévateur, monte-charge(s); *(Fahrstuhl)* ascenseur *m;* **2.** *(festlicher Aufmarsch)* cortège *m,* procession *f;* **3.** *theat* acte *m.*

auf=zwingen ‹*zwang auf, aufgezwungen*› *tr:* ▶ *jdm etw ~* imposer qc à qn.

Augapfel *m* ['aʊk-] globe *m* de l'œil; ▶ *etw wie s-n ~ hüten* tenir à qc comme à la prunelle de ses yeux.

Auge *n* ‹-s, -n› ['aʊgə] **1.** œil *m, pl* yeux

(a. auf d. Suppe u. bot); **2.** *bot (Knospe) a.* pointe *f,* bourgeon *m;* gemme *f;* **3.** *(Würfel-, Kartenspiel)* point *m;* **4.** *(Blick)* regard *m; (Sehen)* vue *f;* ▶ *mit bloßem ~* à l'œil nu; *mit eigenen ~n* de mes *etc* (propres) yeux; *so weit das ~ reicht* à perte de vue; *unter vier ~n* entre quatre yeux, tête à tête; *vor aller ~n* au vu et au su de tout le monde; *vor meinen ~n* sous mes yeux; *etw mit anderen ~n ansehen (fig)* voir qc avec d'autres yeux; *im ~ behalten (fig)* ne pas perdre de vue; *mit e-m blauen ~ davonkommen* l'échapper belle; *in die ~n fallen* od *springen* od *stechen* sauter aux yeux, attirer l'œil; *etw ins ~ fassen* envisager qc; *jdm etw vor ~n führen* démontrer qc à qn; *ein blaues ~ haben (durch e-n Schlag)* avoir l'œil poché *od* au beurre noir; *gute, schwache ~n haben* avoir la vue bonne, faible; *nicht aus den ~n lassen* ne pas quitter des yeux; *große ~n machen* ouvrir de grands yeux, avoir les yeux écarquillés; *jdm die ~n öffnen* ouvrir *od* dessiller les yeux à qn (*über* sur); *e-r Gefahr ins ~ sehen* faire face à un danger; *ganz ~ und Ohr sein* être tout yeux et tout oreilles; *jdm unter die ~n treten* paraître devant qn; *sich die ~n verderben* s'abîmer *od* se crever les yeux; *nicht aus den ~n verlieren* ne pas perdre de vue; *vor etw die ~n verschließen (fig)* fermer les yeux sur qc; *(die ganze Nacht) kein ~ zutun (können)* ne pas fermer l'œil de la nuit; *aus den ~n, aus dem Sinn (prov)* loin des yeux, loin du cœur; *magisches ~ (in der Haus-* od *Wohnungstür)* microviseur; *radio* œil *m* magique; *ins ~ springend* en vedette.

Augenarzt *m* ['aʊgən-] oculiste, ophtalmologiste *m.* **Augenblick** *m* clin d'œil, moment, instant *m;* ▶ *im ersten ~* au premier abord; *im nächsten ~* l'instant d'après; *in diesem ~* à *od* en ce moment; *jeden ~* à tout (tous) moment(s), à tout *od* chaque instant; *vom ersten ~ an* dès l'abord, de prime abord; *er muß jeden ~ kommen* il devrait être là d'un instant à l'autre; *einen ~!* un instant! un moment! (une) minute! *der rechte ~* la bonne heure. **augenblicklich I.** *a* momentané, instantané; *(gegenwärtig)* présent, actuel; **II.** *adv* momentanément, à l'instant, sur *od* pour le moment. **Augenbraue** *f* sourcil *m.* **Augenfarbe** *f* couleur *f* des yeux. **Augenheilkunde** *f* ophtalmologie *f.* **Augenhöhe** *f: in ~* au niveau de l'œil. **Augenhöhle** *f anat* orbite *f.* **Augenklinik** *f* clinique *f* ophtalmologique. **Augenlicht** *n (Sehkraft)* vue *f.* **Augenlid** *n* paupière *f.* **Augenmaß** *n* mesure *f* à vue (d'œil); ▶ *nach ~* à vue d'œil *od fam* de nez; *ein gutes ~ haben* avoir le coup d'œil. **Augenmerk** *n* ⟨-(e)s, ø⟩*:* ▶ *sein ~ auf etw richten* faire attention à qc; viser à qc. **Augenschein** *m* ⟨-(e)s, ø⟩ apparence, évidence *f;* ▶ *etw in ~ nehmen* inspecter, examiner qc. **augenscheinlich I.** *a* apparent, évident; **II.** *adv a.* selon toute apparence. **Augenspiegel** *m med* ophtalmoscope, rétinoscope *m.* **Augenweide** *f* régal *m* pour l'œil. **Augenwinkel** *m* coin *m* de l'œil. **Augenzeuge** *m* témoin *m* oculaire.

August *m* **1.** ['aʊgʊst] *(Vorname)* Auguste; **2.** ⟨-(e)s/-, (-e)⟩ [aʊ'gʊst] *(Monat)* août *m.*

Auktion *f* ⟨-, -en⟩ [aʊktsi'o:n] vente aux enchères, criée *f.* **Auktionator** *m* ⟨-s, -en⟩ [-'na:tɔr, -na'to:rən] commissaire-priseur *m.*

Aula *f* ⟨-, -len/-s⟩ ['aʊla(s), -lən] salle *f* des fêtes.

Aurikel *f* ⟨-, -n⟩ [aʊ'ri:kəl] *bot* oreille-d'ours *f.*

aus [aʊs] **I.** *prp* **1.** *(räuml.: ~ ... heraus)* de; ▶ *~ der Kiste, ~ dem Hause, ~ Paris* de la caisse, de la maison, de Paris; *~ der Hand fressen (Tier)* manger dans la main; *etw ~ e-r Schublade nehmen* prendre qc dans un tiroir; *~ dem Fenster sehen* regarder par la fenêtre; *~ e-r Tasse trinken* boire dans une tasse; *jdn ~ dem Hause werfen* mettre qn à la porte; **2.** *(zeitl.) ~ dem 18. Jahrhundert* du 18ᵉ siècle; **3.** *(Stoff)* de, en; ▶ *~ Holz* de *od* en bois; **4.** *(Herkunft)* de; ▶ *~ gutem Hause* de bonne famille; *~ dem Französischen (übersetzt)* du français; **5.** *(kausal)* par, pour, de; ▶ *~ Angst* de peur (*vor* de); *~ Erfahrung* par expérience; *~ diesem Grunde* pour cette raison; *~ Mangel an* faute de; *~ Mitleid* par pitié; *~ Überzeugung* par conviction; **6.** *(modal)* ▶ *~ Leibeskräften* de toutes mes *etc* forces; *~ dem Kopf (auswendig)* par cœur; **7.** *(Trennung)* ▶ *~ dem Gebrauch* hors d'usage; *~ der Mode* passé de mode; **II.** *adv (vorbei, vorüber)* fini, passé; *(Feuer, Licht)* éteint; *(Aufschrift auf Geräten)* arrêt; *sport* hors jeu; ▶ *von hier ~* d'ici; *von meinem Fenster ~* de ma fenêtre; *von Haus ~* de naissance; *von mir ~* quant à moi; *(meinetwegen)* si tu veux; *von diesem Standpunkt ~* de ce point de vue; *auf etw ~ sein* chercher qc, aspirer à qc; *darauf ~ sein, etw zu tun* chercher à faire qc; *bei jdm ~ und ein gehen* avoir ses entrées chez qn; *nicht (mehr) ~ noch ein wissen* ne plus savoir sur quel pied danser; *alles ist ~* tout est fini; *Licht ~!* éteignez la lumière!

aus=arbeiten *tr* élaborer; *(schriftlich)* composer, rédiger; ▶ *sorgfältig ~* fignoler, ouvrager. **Ausarbeitung** *f* élaboration; composition, rédaction *f.*

aus=arten *itr⟨sein⟩* dégénérer (*in, zu* en).
aus=atmen *tr u. itr* expirer.
aus=baggern *tr* draguer, excaver.
Ausbau *m* ⟨-(e)s, ø⟩ **1.** *arch* menus ouvrages *m pl;* aménagement *m;* **2.** *fig (Erweiterung)* élargissement, agrandissement *m;* **3.** *tech (Herausnehmen)* démontage *m.* **aus=bauen** *tr* **1.** *arch (Haus, Wohnung)* aménager; **2.** *fig (erweitern)* élargir, agrandir; *(entwickeln)* développer; **3.** *tech (herausnehmen)* démonter. **ausbaufähig** *a fig* susceptible d'agrandissement *od* de développement.
aus=beißen ⟨*biß aus, ausgebissen*⟩ *tr:* ► *sich e-n Zahn* ~ se casser une dent; *du kannst dir die Zähne daran* ~ c'est un vrai casse-tête.
aus=bessern *tr allg* réparer, refaire; *(Kleidung, Wäsche)* ravauder; *(flicken)* raccommoder; *(stopfen)* repriser; *(Gemälde)* restaurer. **Ausbesserung** *f* réparation, réfection *f;* ravaudage, raccommodage *m;* restauration *f.*
Ausbeute *f* **1.** rendement, produit; *(Gewinn)* gain, profit, bénéfice *m;* **2.** *mines (Fördermenge)* extraction *f.* **aus=beuten** *tr agr mines* exploiter *a. fig, fig* tirer parti *od* profit de, profiter de; *jdn* ~ *(ausnutzen)* abuser de qn. **Ausbeuter** *m* exploitant, *pej* exploiteur *m.* **Ausbeuterei** *f* ⟨-, -en⟩ *pej.* **Ausbeutung** *f* ⟨-, ø⟩ *a. fig* exploitation *f.*
aus=bilden *tr* **1.** former, développer; **2.** *(unterrichten, a. mil)* instruire (*in etw* en qc); *refl* **3.** *sich* ~ se former; se perfectionner. **Ausbilder** *m* ⟨-s, -⟩ *allg* formateur; bes. mil instructeur, moniteur *m;* **Ausbildung** *f* ⟨-, (-en)⟩ formation *f,* développement; *(e-s Lehrlings)* apprentissage *m; (Unterricht, a. mil)* instruction *f;* ► *militärische* ~ instruction *f od* entraînement *m* militaire.
aus=bitten ⟨*bat aus, ausgebeten*⟩ *tr: sich etw* ~ demander qc.
aus=blasen ⟨*bläst, blies aus, ausgeblasen*⟩ *tr (Streichholz, Kerze)* souffler, éteindre; *(Hochofen)* éteindre.
aus=bleiben ⟨*blieb aus, ausgeblieben*⟩ *itr⟨sein⟩* **1.** ne pas venir; **2.** ne pas avoir lieu, faire défaut; ► *es konnte nicht* ~, *daß* il était inévitable que; *der Erfolg blieb aus* ce fut un échec.
Ausblick *m* vue *f.*
aus=bohren *tr* forer, creuser, tarauder; *(aushöhlen)* (é)vider.
aus=brechen ⟨*bricht, brach aus, ausgebrochen*⟩ *tr* ⟨*h*⟩ **arracher;** *itr* ⟨*sein*⟩ **3.** *(Mensch aus d. Gefängnis, Tier aus d. Käfig)* s'évader, s'échapper; *mil* faire une sortie; **4.** *(Vulkan)* faire éruption; *(Feuer)* prendre; *(Feuer, Krankheit)* se déclarer; *(Krieg)* éclater; ► *in Gelächter* ~ éclater de rire; *in Tränen* ~ fondre en larmes. **Ausbrecher** *m* ⟨-s, -⟩ évadé, échappé *m.*
aus=breiten *tr* **1.** *(a. d. Arme)* étendre; *(entfalten, a. die Flügel)* déployer, déplier; *(aufrollen)* dérouler; **2.** *(Waren auslegen)* étaler; *refl:* **3.** *sich* ~ *(Feuer)* se propager; *(Krankheit, phys: Wellen)* se répandre; *(Unsitte)* faire tache d'huile. **Ausbreitung** *f* ⟨-, ø⟩ **1.** *phys* diffusion; *(des Lichtes)* propagation *f;* **2.** *(e-r Krankheit)* extension *f.*
aus=brennen ⟨*brannte aus, ausgebrannt*⟩ *tr* ⟨*h*⟩ brûler; *med (Wunde)* cautériser; *itr* ⟨*sein*⟩ *(innen verbrennen)* être consumé par le feu.
Ausbruch *m* **1.** *mil (Ausfall)* sortie *f;* **2.** *(e-s Vulkans)* éruption, explosion; *(e-r Krankheit)* apparition; *(e-r Seuche)* invasion *f; (e-s Krieges)* déclenchement; *(e-s Gefühls)* déchaînement; *(der Freude)* transport *m;* ► *zum* ~ *kommen (Krankheit)* se déclarer; (*Wut mete*) se manifester, éclater.
aus=brüten *tr* **1.** *(Eier)* couver; **2.** *fig (aushecken)* couver, machiner.
Ausbund *m* ⟨-(e)s, ø⟩ *(von e-m Menschen: Muster)* modèle, parangon *m;* ► *ein* ~ *von Gelehrsamkeit* un prodige d'érudition.
aus=bürgern [ˈ-bʏrgərn] *tr* expatrier. **Ausbürgerung** *f* ⟨-, -en⟩ privation *f* de nationalité.
aus=bürsten *tr* brosser.
Ausdauer *f* endurance, persévérance *f.*
aus=dehnen *tr* étendre, élargir; *phys* dilater, amplifier; *(verlängern)* allonger; *(zeitl.)* prolonger; *fig* étendre; *(vergrößern)* agrandir; *(erweitern)* amplifier; *sich* ~ s'étendre *a. fig,* s'élargir, se dilater; s'allonger; se prolonger; *fig* s'agrandir. **Ausdehnung** *f* **1.** *(Vorgang)* extension *f,* élargissement *m; phys* dilatation *f; (Verlängerung)* allongement *m; (zeitl.)* prolongation *f; (Vergrößerung)* agrandissement *m;* **2.** *(Weite, Umfang)* étendue *f.*
aus=denken ⟨*dachte aus, ausgedacht*⟩ *tr* imaginer; *(ersinnen)* concevoir; *(erfinden)* inventer; ► *sich etw* ~ s'imaginer qc; *es ist nicht auszudenken, was passiert wäre, wenn* ... on imagine mal ce qui se serait passé, si ...
aus=drehen *tr (Gas)* fermer, éteindre; *(Licht)* éteindre.
Ausdruck *m* ⟨-(e)s, ¨-e⟩ *allg* expression *f; (Fach~)* terme *m; (Redensart)* locution *f; inform* listage *m;* ► *zum* ~ *bringen* exprimer, formuler; *zum* ~ *kommen* se traduire (*durch* par).
ausdrucken *tr inform* imprimer.
aus=drücken *tr* **1.** *(Zitrone, Schwamm)* presser; *(Saft e-r Frucht)* extraire, pressurer; **2.** *(Zigarette)* écraser; **3.** *fig (zum Ausdruck bringen)* exprimer; *(erkennen lassen)* trahir, révéler; *(äußern)* énoncer; *sich* ~ s'exprimer; s'énoncer;

(Gefühl) se traduire (*durch* par); ▶ *etw klar* od *deutlich* ~ expliciter qc. **ausdrücklich I.** *a* explicite; exprès, formel, strict; **II.** *adv* expressement.
ausdruckslos *a* sans expression, inexpressif; *(Stil)* sans relief, plat. **ausdrucksvoll** *a* plein d'expression, expressif. **Ausdrucksweise** *f* manière *od* façon de s'exprimer; *(Sprechweise)* manière de parler, diction, élocution *f; (Schreibart, Stil)* style *m.*
auseinander [aʊs?aɪ'nandər] *adv* séparés, éloignés (l'un de l'autre). **auseinander≈bringen** ⟨*brachte auseinander, auseinandergebracht*⟩ *tr* séparer, désunir; *(Sache)* disjoindre. **auseinander≈fallen** ⟨*fällt, fiel auseinander, auseinandergefallen*⟩ *itr* ⟨*sein*⟩ tomber en morceaux, se défaire. **auseinander≈falten** *tr (Taschen-, Mundtuch etc)* déplier. **auseinander≈gehen** ⟨*ging auseinander, auseinandergegangen*⟩ *itr* ⟨*sein*⟩ **1.** se séparer; *(Volksmenge)* se disperser; **2.** *(sich lockern)* se disloquer; *(aus den Fugen gehen)* se disjoindre; *(sich auflösen)* se dissoudre; **3.** *(strahlenförmig verlaufen)* diverger; **4.** *fam* grossir; **5.** *fig (Meinungen)* diverger, différer; ▶ *im guten* ~ se séparer à l'amiable. **auseinander≈halten** ⟨*hält, hielt auseinander, auseinandergehalten*⟩ *tr fig* distinguer, discerner. **auseinander≈klaffen** *itr* ⟨*sein*⟩ béer, être béant. **auseinander≈nehmen** ⟨*nimmt, nahm auseinander, auseinandergenommen*⟩ *tr (zerlegen)* défaire, démonter. **auseinander≈rücken** *itr* ⟨*sein*⟩ s'écarter, s'espacer. **auseinander≈setzen** *tr (erklären)* expliquer, exposer; *im einzelnen* détailler; ▶ *sich mit e-m Problem* ~ réfléchir à un problème. **Auseinandersetzung** *f* ⟨-, -en⟩ *(Streit)* discussion, dispute, querelle *f.*
auserlesen *a* choisi, de choix, sélectionné; *(nur Sache)* exquis.
auserwählt *a* choisi; *bes. rel* élu.
ausfahrbar *a tech* à chariot. **aus≈fahren** ⟨*fährt, fuhr aus, ausgefahren*⟩ *tr* ⟨*h*⟩ **1.** *(spazierenfahren)* promener; **2.** *tech (Fahrgestell)* sortir, baisser, descendre; *mil (Panzerturm)* extraire; *itr* ⟨*sein*⟩ **3.** aller se promener *od* sortir en voiture; **4.** *mines* (re)monter, sortir. **Ausfahrt** *f* **1.** *(Herausfahren)* sortie *f;* **2.** *(Spazierfahrt)* sortie *od* promenade *f* en voiture; **3.** *(~stelle)* sortie *f* de voiture; ▶ ~ *freihalten!* sortie de voiture.
Ausfall *m* **1.** *(beim Fechten)* fente, botte; *mil* sortie *f;* **2.** *(Wegfallen)* manque *m,* perte *f, (e-r Silbe)* chute *f; com* moins-perçu *m,* différence *f* en moins; *fin (Fehlbetrag)* déficit *m;* **3.** *tech mot* arrêt *m,* panne; *loc (von Zügen)* suppression *f.* **aus≈fallen** ⟨*fällt, fiel aus, ausgefallen*⟩ *itr* ⟨*sein*⟩ **1.** *(Haare, Zähne)* tomber; **2.** *(wegfallen)* manquer, faire défaut; *tech mot* s'arrêter, tomber en panne; **3.** *(Veranstaltung)* n'avoir pas lieu; *(a. loc: Zug)* être supprimé; ▶ *gut, schlecht* ~ avoir un bon, un mauvais résultat; *die Schule fällt aus* il n'y aura pas classe.
ausfallend, ausfällig *a (beleidigend)* agressif, offensant, insultant.
aus≈feilen *tr* limer; *fig (sprachlich)* limer, raboter, châtier.
aus≈fertigen *tr (Urkunde)* rédiger, dresser; *jur* grossoyer. **Ausfertigung** *f* **1.** *(e-r Urkunde)* rédaction, passation; *jur* grosse *f;* **2.** *(Exemplar e-r Urkunde)* exemplaire *m.*
ausfindig *a:* ~ *machen* trouver, découvrir, déterrer, dénicher.
aus≈fließen ⟨*floß aus, ausgeflossen*⟩ *itr* ⟨*sein*⟩ s'écouler, fuir.
Ausflucht *f* ⟨-, ¨e⟩ *fig* faux-fuyant, subterfuge *m,* tergiversation *f;* ▶ *Ausflüchte machen* faire des détours, tergiverser; *leere Ausflüchte f pl* pauvres excuses *f pl.*
Ausflug *m* excursion *f,* tour *m.*
Ausflügler *m* ⟨-s, -⟩ ['-fly:klər] excursionniste *m.*
Ausfluß *m* écoulement *m,* fuite; *(~öffnung)* issue; *(e-s Teichs)* décharge *f.* **Ausflußrohr** *n* tuyau *m* de décharge.
aus≈fragen *tr* questionner, interroger *(über* sur).
aus≈fressen ⟨*frißt, fraß aus, ausgefressen*⟩ *tr (Krippe, Trog, Napf)* vider; ▶ *etw ausgefressen haben (fig fam)* avoir qc sur la conscience.
Ausfuhr *f* ⟨-, -en⟩ exportation, sortie *f.* **Ausfuhrartikel** *m* article *m* d'exportation.
ausführbar *a (durchführbar)* faisable, exécutable, réalisable.
Ausfuhrbeschränkung *f* restriction *f* à l'exportation *od* aux exportations. **Ausfuhrbestimmungen** *f pl* règlements *m pl* de l'exportation. **Ausfuhrbewilligung** *f,* **Ausfuhrgenehmigung** *f* licence *f od* permis *m* d'exportation.
aus≈führen *tr* **1.** *(spazierenführen)* sortir, promener; **2.** *com* exporter; **3.** *(durchführen)* effectuer; *(Auftrag, Befehl)* exécuter, accomplir; *(Plan)* mettre en action, réaliser; **4.** *(darlegen)* traiter, exposer. **Ausführende** *m, f* ⟨-n, -n⟩, *mus* exécutant(e *f*) *m* interprète *m f.*
Ausfuhrerklärung *f* déclaration *f* d'exportation. **Ausfuhrhafen** *m* port *m* d'exportation. **Ausfuhrhandel** *m* commerce *m* d'exportation. **Ausfuhrland** *n* pays *m* exportateur.
ausführlich I. *a* ample, détaillé, circonstancié; **II.** *adv* en détail; ▶ ~ *über etw sprechen* discourir sur *od* de qc. **Ausführlichkeit** *f* ⟨-, ø⟩ abondance des détails; *(Weitschweifigkeit)* prolixité *f.*

Ausfuhrsubvention *f* subvention *f* à l'exportation. **Ausfuhrüberschuß** *m* excédent *m* d'exportation.

Ausführung *f* **1.** *(e-r Arbeit, e-s Auftrags)* exécution *f*, accomplissement *m; (e-s Plans)* réalisation, mise *f* en action; **2.** *(Bauart, Stil, mus)* facture; *(Anfertigung)* confection *f; (Modell)* type, modèle *m;* **3.** *(Darlegung: Tätigkeit)* développement *m*, explication *f; (das Dargelegte)* exposé *m*. **Ausführungsbestimmungen** *f pl* disposition *od* ordonnance *f* d'exécution *od* d'application; *pol* décret *m* d'application.

Ausfuhrverbot *n* défense *f* d'exporter, embargo *m*. **Ausfuhrzoll** *m* droit(s *pl*) *m* d'exportation.

aus=füllen *tr* **1.** *(Loch, Graben)* combler (*mit* de); *(aufschütten)* remblayer; **2.** *(Formular)* remplir; **3.** *(Posten)* tenir, remplir; ► *sein Beruf füllt ihn aus* il est comblé sur le plan professionnel.

Ausgabe *f* **1.** *(Verteilung)* distribution; *(von Banknoten und Wertpapieren)* émission; *(von Fahrkarten etc)* délivrance *f;* **2.** *(Geld~)* dépense *f;* **3.** *(e-s Buches)* édition *f;* **4.** *inform* sortie *f*.

Ausgang *m* **1.** sortie *f; (e-s Engpasses)* débouché *m;* **2.** *(Ende)* fin *f*, dénouement; *(Ergebnis)* résultat *m;* **3.** *pl (ausgehende Post)* courrier *m* à poster; ► *~ haben (Hausangestellte)* avoir sortie; *kein ~!* sortie interdite, impasse. **Ausgangspunkt** *m* point *m* de départ; *scient* épicentre *m*. **Ausgangsstellung** *f* position *f* de départ.

aus=geben ‹*gibt, gab aus, ausgegeben*› *tr* **1.** *(verteilen)* distribuer; *(Banknoten und Wertpapiere)* émettre, mettre en circulation; *(Fahrkarten etc)* délivrer; **2.** *(Geld)* dépenser, débourser; **3.** *refl sich ~ als, für* (se) faire passer pour, (se) donner pour; ► *einen ~* payer une bouteille *od* un coup à boire *pop*.

ausgedehnt *a* étendu; *(groß)* vaste.

ausgedient *a mil (entlassen)* libéré, *fam (pensioniert)* retraité, en retraite.

ausgefallen *a (seltsam, selten)* étrange, singulier, rare.

ausgefranst *a* effrangé, effil(och)é.

ausgeglichen *a* **1.** *(in der Form)* (bien) proportionné; *(Budget)* en équilibre; **2.** *(Mensch)* (bien) équilibré; *(Charakter)* pondéré, harmonieux. **Ausgeglichenheit** *f* ‹-, ø› équilibre *m;* pondération, harmonie *f*.

aus=gehen ‹*ging aus, ausgegangen*› *itr* ‹*sein*› **1.** sortir; **2.** *(Haare)* tomber; **3.** *(Feuer, Licht, Zigarre)* s'éteindre; **4.** *(Ware, Geld)* commencer *od* venir à manquer; *(Vorrat)* s'épuiser; **5.** *(enden)* finir, tourner (*gut* bien, *schlecht* mal); ► *~ von (s-n Ausgang nehmen)* partir de, commencer par; *gut ~ (a.)* avoir une heureuse issue; *leer ~* revenir les mains vides *od* bredouille.

ausgehungert *a* affamé, famélique.

ausgeklügelt *a* raffiné.

ausgelassen *a* gaillard, folâtre. **Ausgelassenheit** *f* ‹-, ø› gaillardise, folâtrerie *f*.

ausgemacht *a (vereinbart)* entendu, arrêté; *(Preis)* convenu.

ausgenommen *prp* excepté, à l'exception de, exception faite de.

ausgeprägt *a fig* marqué, prononcé.

ausgerechnet *adv* justement, précisément.

ausgeruht *a* bien reposé.

ausgerüstet *a* garni, muni (*mit* de).

ausgeschlossen *a* exclu; ► *~!* impossible!

ausgeschnitten *a (Kleid)* décolleté.

ausgeschrieben *a* en toutes lettres.

ausgesprochen **I.** *a fig* prononcé, marqué; **II.** *adv* décidément, nettement.

ausgestorben *a:* ► *wie ~ (pred)* désert.

ausgetreten *a (Weg)* battu.

ausgewählt *a* sélectionné, choisi.

ausgewogen *a (ebenmäßig)* (bien) proportionné; *(Satz)* arrondi.

ausgezeichnet ['----, '--'--] **I.** *a* excellent; distingué; **II.** *adv a.* à merveille *(oft iron);* ► *~!* parfait! fameux! à merveille!

ausgiebig *a* ample, copieux, abondant.

aus=gießen ‹*goß aus, ausgegossen*› *tr (Flüssigkeit)* verser, répandre; *(ausschütten)* déverser.

Ausgleich *m* ‹-(e)s, -e› égalisation; *(von Gegensätzen)* harmonisation; *(gleichmäßige Verteilung von Steuern etc)* péréquation *f; (Vergleich, a. pol)* arrangement, accord *m; (~e-s Kontos, des Haushalts)* balance *f*, équilibre *m; (Ersatz)* compensation *f;* **aus=gleichen** ‹*glich aus, ausgeglichen*› *tr* égaliser; *(Gegensätze)* harmoniser; *(gleichmäßig verteilen)* faire la péréquation de; *(Konto, Haushalt)* balancer, équilibrer; *(Verlust)* compenser; *(Defizit)* combler; *sport* handicaper; *sich ~* s'égaliser; *(sich aufheben)* se compenser; *(sich das Gleichgewicht halten)* s'équilibrer. **ausgleichend** *a* compensateur.

aus=gleiten ‹*glitt aus, ausgeglitten*› *itr* ‹*sein*› glisser.

aus=graben ‹*gräbt, grub aus, ausgegraben*› *tr allg* déterrer; *(Verschütteten)* dégager; *(Leiche)* exhumer; *(zu Forschungszwecken)* fouiller; *fig (wieder ans Licht ziehen)* déterrer; réveiller; *fam* ressortir; *(literarisches Werk)* exhumer, redécouvrir. **Ausgrabung** *f* ‹-, -en› déterrement *m;* exhumation; *(des Forschers)* fouille(s *pl*) *f*.

Ausguß *m (in der Küche)* évier *m*.

aus=halten ‹*hält, hielt aus, ausgehalten*› *tr* **1.** *(Druck, Belastung, a. fig)* soutenir;

fig (ertragen) supporter, endurer. **2.** *itr (durchhalten)* tenir (bon), durer, persévérer; ▶ *ich halte es nicht mehr aus* je n'en puis plus; *es ist nicht (mehr) zum A~* c'est à n'y plus tenir.
aus≈handeln *tr* négocier.
aus≈händigen ['-hɛndɪgən] *tr* remettre; délivrer. **Aushändigung** *f* ‹-, ø› remise, délivrance *f*.
Aushang *m* ‹-(e)s, ⸚e› *(Plakat)* affiche *f*, placard *m*.
aus≈hängen *tr* ‹*hat ausgehängt*› **1.** *(Fenster)* décrocher; *(Tür)* déboîter; *tech* dé(sem)brayer, démonter; **2.** *(Plakat, Schild)* afficher; *itr* ‹*hat ausgehangen*› **3.** *(Plakat)* être affiché. **Aushängeschild** *n* enseigne *f*; ▶ *als ~ dienen (fig: Reklame machen)* servir d'argument publicitaire *od* de faire-valoir.
aus≈harren *itr* persévérer (*in* dans).
aus≈heben ‹*hob aus, ausgehoben*› *tr* **1.** *(Erde, Steine)* enlever; *(Graben, a. mil)* creuser, déblayer; **2.** *(Tür)* déboîter; *(Fenster)* décrocher; **3.** *(Vögel aus dem Nest, a. fig: Verbrecher)* dénicher; *mil (feindliche Stellung)* dénicher, déloger; **4.** *mil (Truppen)* lever, recruter.
aus≈hecken *tr fam (ersinnen)* machiner, tramer; élucubrer, *fam* concocter.
aus≈heilen *tr* ‹*h*› u. *itr* ‹*sein*› guérir (complètement).
aus≈helfen ‹*hilft, half aus, ausgeholfen*› *itr* aider, assister; ▶ *jdm ~* donner un coup de main à qn; *fam* dépanner qn.
Aushilfe *f* aide, assistance *f*; *s. Aushilfskraft.* **Aushilfskellner** *m* extra *m*. **Aushilfskraft** *f* aide, auxiliaire *m f*. **aushilfsweise** *adv* provisoirement.
aus≈höhlen *tr* creuser, excaver.
aus≈holen *itr* **1.** *(zum Schlag)* lever *od* allonger le bras, lever la main; **2.** ▶ *weit ~ (fig: in der Erzählung)* remonter au déluge.
aus≈horchen *tr*: ▶ *jdn ~* sonder qn (*über* sur); tâter le pouls à qn.
aus≈kennen, *sich* ‹*kannte aus, ausgekannt*› s'y connaître; *fig* s'y retrouver; ▶ *sich in etw gut ~* être ferré sur qc.
aus≈klammern *tr* **1.** *math* enlever les parenthèses de; **2.** *allg fig* exclure, ignorer, laisser de côté.
Ausklang *m fig (e-s Festes)* fin *f*.
aus≈kleiden *tr* **1.** déshabiller; **2.** ▶ *mit etw ~ (Fläche, Raum)* revêtir *od* garnir de qc; *refl* **3.** *sich ~* se déshabiller.
aus≈klingen ‹*klang aus, ausgeklungen*› *itr* ‹*sein*› **1.** *(Ton)* expirer, mourir; **2.** *fig* s'achever (*mit* par); ▶ *harmonisch ~ (Fest)* se terminer dans la bonne entente.
aus≈klopfen *tr (Kleider, Teppich)* battre, épousseter; *(Pfeife)* débourrer. **Ausklopfer** *m* ‹-s, -› *(Gerät)* tapette *f*.
aus≈knipsen *tr fam (Licht)* éteindre.
aus≈kochen *tr (Fleisch)* faire bien cuire; *(den Saft)* extraire par la cuisson; *(Wäsche)* faire bouillir.
aus≈kommen ‹*kam aus, ausgekommen*› *itr* ‹*sein*› **1.** ▶ *mit jdm ~* s'entendre avec qn; *mit jdm gut ~* s'accorder bien *od* être en bons termes avec qn; **2.** ▶ *mit s-m Geld (gerade) ~* joindre les deux bouts; *ohne etw ~ können* savoir se passer de qc. **Auskommen** *n*: ▶ *sein gutes ~ haben* avoir largement de quoi vivre; *es ist kein ~ mit ihm* on ne sait par quel bout *od* par où le prendre.
aus≈kosten *tr (genießen)* jouir de ... (jusqu'au bout), savourer.
aus≈kramen *tr* **1.** *fam (Behälter)* vider; **2.** *(Waren, fig: Neuigkeiten)* déballer, étaler.
aus≈kratzen *tr (die Augen)* arracher.
aus≈kundschaften *tr* espionner.
Auskunft *f* ‹-, ⸚e› ['-kʊnft, '-kʏnftə] **1.** information *f*; renseignement *m* (*über* sur); **2.** *die ~* le bureau d'information, *(Bahnhof)* les renseignements; ▶ *jdn um ~ bitten* demander des renseignements à qn; *nähere ~ erteilt* od *erteilen* ... pour de plus amples renseignements s'adresser à ...
aus≈kuppeln *tr loc* désaccoupler; *mot* débrayer.
aus≈lachen *tr*: *jdn ~* rire, se moquer.
aus≈laden ‹*lädt, lud aus, ausgeladen*› **1.** *tr* décharger; *mar* débarquer, débarder; **2.** *(Gast)* désinviter, décommander l'invitation de; **3.** *itr, bes. arch (weit vorstehen)* faire saillie. **ausladend** *a, bes. arch* saillant, en saillie, proéminent.
Auslage *f* **1.** *com* étalage *m*; montre *f*; *(vor dem Laden)* éventaire *m*; **2.** *pl (Geld~n)* débours *m (pl)*; ▶ *jdm die* od *s-e ~n (zurück)erstatten* od *vergüten* rembourser ses frais *od* dépenses à qn, rembourser qn de ses frais *od* dépenses.
Ausland *n* ‹-(e)s, ø› étranger, extérieur *m*; ▶ *ins ~ gehen* aller à l'étranger; *im ~ leben* vivre à l'étranger.
Ausländer *m* ‹-s, -› étranger *m*. **Ausländerin** *f* étrangère *f*. **ausländerfeindlich** *a* hostile aux étrangers, xénophobe. **Ausländerwahlrecht** *n* droit *m* de vote des étrangers. **ausländisch** *a* étranger; *com* provenant de l'étranger.
Auslandsaufenthalt *m* séjour *m* à l'étranger. **Auslandsbeziehungen** *f pl* relations *f pl od* rapports *m pl* avec l'étranger; **Auslandsdeutsche** *m f* ‹-n, -n› Allemand(e *f*) *m* vivant à l'étranger. **Auslandserzeugnis** *n* produit *m* étranger. **Auslandsgeschäft** *n* opération *f* avec l'étranger. **Auslandsguthaben** *n* avoir *m* à l'étranger. **Auslandskorrespondent** *m* **1.** *(e-r Zei-*

tung) correspondant *m* à l'étranger; **2.** *(e-r Firma)* correspondancier *m* pour l'étranger. **Auslandsmarkt** *m* marché *m* étranger *od* extérieur. **Auslandsporto** *n* port pour l'étranger, tarif *m* international. **Auslandspostanweisung** *f* mandat *m* (de poste) international.

aus=lassen ‹*läßt, ließ aus, ausgelassen*› *tr* **1.** *(Saum am Kleid)* défaire, sortir; **2.** *(Fett)* faire fondre; **3.** *(weglassen)* omettre, oublier; *(absichtlich)* supprimer, retrancher; ▶ *sich über etw ~ (äußern)* s'étendre, s'expliquer sur qc; *s-e Wut an jdm ~* passer *od* décharger sa colère sur qn. **Auslassung** *f (Weglassung)* omission *f*. **Auslassungspunkte** *m pl gram* points *m pl* de suspension. **Auslassungszeichen** *n gram* apostrophe *f*.

Auslauf *m* ‹-(e)s, ⸚e› **1.** *(des Geflügels)* basse-cour *f;* **2.** *(e-s Schiffes)* départ *m;* **3.** *aero* dégagement, espace libre; *(Pisten~)* bout *m* de piste. **aus=laufen** ‹*läuft, lief aus, ausgelaufen*› *itr* ‹*sein*› **1.** sortir; *(Schiff)* partir (*nach* pour), prendre la mer; **2.** *(abfließen)* (s'é)couler, fuir; *(Gefäß, Behälter)* fuir; **3.** se terminer; ▶ *spitz ~* se terminer en pointe.

Ausläufer *m* **1.** *bot* rejeton *m;* **2.** *(e-s Gebirges)* contrefort *m*.

Auslaut *m gram* son *m* final, finale *f*.

aus=leben, *sich* vivre sa vie.

aus=lecken *tr* lécher, *(Tier)* laper.

aus=leeren *tr* vider; *(Grube)* vidanger.

aus=legen *tr* **1.** *(Waren)* étaler; **2.** *(verkleiden, überziehen)* revêtir, garnir (*mit* de); *(Boden)* recouvrir (*mit* de); ▶ *mit Fliesen ~* carreler; *(inkrustieren)* incruster, marqueter; **3.** *(Geld: vorschießen)* avancer; **4.** *(deuten)* interpréter; *(erklären)* expliquer, commenter; ▶ *falsch ~* mal interpréter. **Auslegung** *f* ‹-, -en› *fig* interprétation; explication *f*, commentaire *m; (der Bibel)* exégèse *f*.

Ausleihe *f* ‹-, -n› **1.** *(von Büchern)* prêt *m* à domicile; **2.** *(Raum)* salle *f* de prêt. **aus=leihen** ‹*lieh aus, ausgeliehen*› *tr* prêter; ▶ *sich ~* emprunter.

aus=lernen *itr (Lehrling)* finir son apprentissage.

Auslese *f* ‹-, ø› **1.** choix; *(durch Sortieren)* tri(age) *m; bes. biol* sélection *f;* **2.** *(Wein)* grand vin, vin *m* de cru; **aus=lesen** ‹*liest, las aus, ausgelesen*› *tr* **1.** *(sortieren)* trier; *bes. biol* sélectionner; **2.** *(zu Ende lesen)* lire jusqu'au bout.

aus=liefern *tr* **1.** *(Ware)* (dé)livrer, expédier; **2.** *(Verbrecher)* extrader; ▶ *jdm, e-r S ausgeliefert sein (fig)* être à la merci *od* au gré de qn, de qc. **Auslieferung** *f* **1.** *(von Waren)* délivrance, livraison, expédition *f;* **2.** *(e-s Verbrechers)* extradition *f*.

aus=liegen ‹*lag aus, ausgelegen*› *itr (Zeitung)* être à la disposition des clients.

aus=löschen *tr* **1.** *(Feuer, Licht)* éteindre; **2.** *(Schrift* u. *fig)* effacer.

aus=lösen *tr* **1.** *(Pfand)* dégager, retirer; *(Wechsel)* acquitter; *(Gefangenen)* racheter; **2.** *tech phot fig (veranlassen)* déclencher; **3.** *fig (Gefühle)* provoquer, susciter. **Auslöser** *m* ‹-s, -› *tech phot* déclencheur *m*. **Auslösung** *f* **1.** dégagement; acquittement; rachat *m;* **2.** déclenchement *m*.

aus=losen *tr (verlosen)* mettre en loterie. **Aus=loung** *f* ‹-, (-en)› *(Verlosung)* mise *f* en loterie; tirage *m* (au sort).

aus=machen *tr* **1.** *(Kartoffeln aus d. Erde)* arracher; *(Hülsenfrüchte aus d. Schale)* écosser; **2.** *(Feuer, Licht)* éteindre; *(Hochofen)* mettre hors feu; *radio* fermer; **3.** *(sichten)* trouver, détecter; *mil (Ziel)* repérer, identifier; **4.** *(verabreden)* convenir de, arrêter, décider, fixer, stipuler; **5.** *(e-e größere Einheit bilden)* former, constituer; ▶ *das war nicht ausgemacht* cela n'était pas convenu; *das müssen* od *sollen sie unter sich ~!* à eux de décider entre eux!

aus=malen *tr* **1.** *(Raum)* peindre; *(kolorieren)* colorier, enluminer; **2.** *fig (schildern)* dépeindre; **3.** *refl sich etw ~ (fig)* se figurer, s'imaginer qc.

Ausmaß *n* mesure, étendue, dimension *f;* ▶ *in geringem, großem ~* dans une faible, large mesure; *beträchtliche ~e annehmen* prendre des proportions considérables.

aus=merzen ['-mɛrtsən] *tr (aussondern)* éliminer, retrancher; *(vernichten)* extirper, anéantir.

aus=messen ‹*mißt, maß aus, ausgemessen*› *tr* mesurer; *(Flächeninhalt)* arpenter; *(Rauminhalt)* cuber; *mar (Tonnage)* jauger.

aus=misten *tr (Stall)* nettoyer de son fumier; *fig fam* mettre de l'ordre dans.

Ausnahme *f* ‹-, -n› exception *f (von* à); ▶ *mit ~ (gen)* excepté, à l'exception (de), exception faite (de), sauf; *ohne jede ~* sans aucune exception; *e-e ~ bilden* faire exception; *~n bestätigen die Regel (prov)* l'exception confirme la règle. **Ausnahmefall** *m* cas *m* exceptionnel, exception *f*. **Ausnahmezustand** *m pol* état *m* d'exception *od* d'urgence.

ausnahmslos *a* u. *adv* sans exception; **ausnahmsweise** *adv* par exception, exceptionnellement.

aus=nehmen ‹*nimmt, nahm aus, ausgenommen*› *tr* **1.** *(Eier, junge Vögel)* dénicher; **2.** *(Wild, Geflügel, Fisch)* vider; **3.** *jdn von etw ~* exclure qn de qc; *refl* **4.** ▶ *sich ~ wie* avoir l'air de, faire l'effet de. **ausnehmend** *adv (sehr)* extraordinairement, extrêmement.

aus=nutzen *tr* **1.** *(Sache)* exploiter, profiter de, bénéficier de; **2.** *pej (Person)* abuser de, exploiter.
aus=packen *tr* **1.** *(Paket od Behälter u. Inhalt)* déballer; *(Inhalt)* dépaqueter; *(Koffer)* défaire; **2.** *fig fam (Neuigkeiten)* faire un déballage de; vider son sac.
aus=pfeifen ‹*pfiff aus, ausgepfiffen*› *tr (Schauspieler etc)* siffler, huer.
aus=plaudern *tr* raconter, colporter.
aus=plündern *tr* dévaliser, dépouiller.
aus=posaunen ‹*ohne -ge-*› *tr fig fam* trompeter, crier sur les toits.
aus=pressen *tr* **1.** *(Früchte)* press(ur)er; *(Saft)* exprimer; *(Öl)* extraire; **2.** *fig (Menschen)* pressurer, extorquer.
aus=probieren ‹*ohne -ge-*› *tr (versuchen)* essayer (*an* sur); *(erproben)* éprouver, mettre à l'épreuve.
Auspuff *m* ‹-(e)s, -e› *mot* échappement *m*. **Auspuffgase** *n pl* gaz *m pl* d'échappement. **Auspuffrohr** *n* conduite *f od* tuyau *m* d'échappement.
aus=pumpen *tr (Raum, Behälter)* vider; *(Flüssigkeit)* pomper; *med (den Magen)* laver.
aus=pusten *tr fam* souffler.
aus=quartieren ['-kvarti:rən] ‹*ohne -ge-*› *tr* déloger.
aus=quetschen *tr* **1.** *(Frucht)* press(ur)er; **2.** *fig fam (ausfragen)* presser de questions, tourner et retourner.
aus=radieren ‹*ohne -ge-*› *tr* effacer; *(mit e-m Gummi)* gommer.
aus=rangieren ‹*ohne -ge-*› *tr (Sache)* mettre hors de service; *fam* réformer.
aus=rauben *tr* = *ausplündern*.
aus=räuchern *tr (Wespennest)* enfumer.
aus=räumen *tr (Möbelstück, Schublade)* vider; *(Zimmer)* dégarnir.
aus=rechnen *tr* calculer, compter.
Ausrede *f (Ausflucht)* détour, faux-fuyant, subterfuge *m*, échappatoire *f*; *(Vorwand)* prétexte *m*; *(Entschuldigung)* excuse *f*; ▶ *faule* ~ mauvaise excuse *f*. **aus=reden 1.** *tr: jdm etw* ~ dissuader qn de qc, ôter qc de l'esprit *od* de la tête de qn; **2.** *itr* finir de parler; ▶ *jdn nicht* ~ *lassen* couper la parole à qn; *lassen Sie mich (doch)* ~*!* laissez-moi finir.
aus=reichen *itr* suffire. **ausreichend I.** *a* suffisant; **II.** *adv* suffisamment.
aus=reifen *itr* ‹*sein*› *a. fig* (bien) mûrir.
Ausreise *f* sortie *f*. **Ausreiseerlaubnis** *f*, **Ausreisegenehmigung** *f* permis *m* de sortie. **aus=reisen** *itr* ‹*sein*› sortir du pays. **Ausreisevisum** *n* visa *m* de sortie.
aus=reißen ‹*riß aus, ausgerissen*› *tr* ‹*h*› **1.** *(Haare, Unkraut)* arracher; *itr* ‹*sein*› **2.** *(sich abtrennen)* se déchirer; *(Naht)* se découdre; **3.** *fig fam (weglaufen)* détaler, décamper; ▶ *sich kein Bein* ~ *(fig)* ne pas se casser la tête. **Ausreißer** *m fam* fuyard; *mil* déserteur *m*.
aus=reiten ‹*ritt aus, ausgeritten*› *itr* ‹*sein*› sortir *od* se promener à cheval.
aus=renken ['-rɛŋkən] *tr med* démettre, disloquer; luxer.
aus=richten *tr* **1.** axer (*auf* sur); *mil* aligner; **2.** *(Bestellung)* faire, s'acquitter de; *(Gruß)* transmettre; **3.** *refl sich* ~ *(mil)* s'aligner; *fig, a. pol* s'orienter (*auf* sur); ▶ *etwas* ~ *(zuwege bringen)* réussir (à faire qc); *richten Sie ihm e-n Gruß aus!* saluez-le de ma part. **Ausrichtung** *f (geistige, a. pol)* orientation *f*.
Ausritt *m* sortie *od* promenade *f* à cheval.
aus=rollen *tr (Teig)* étendre; *(Kabel)* dérouler.
aus=rotten ['-rɔtən] *tr, a. fig* extirper, exterminer. **Ausrottung** *f* ‹-, ø› extermination *f*.
aus=rücken *tr* ‹*h*› **1.** *tech* déclencher, dé(sem)brayer; *itr* ‹*sein*› **2.** *mil* sortir, partir.
Ausruf *m* exclamation *f*, cri *m*. **aus=rufen** ‹*rief aus, ausgerufen*› *tr (Waren, Zeitungen)* crier; *(bekanntmachen)* publier; *(feierlich)* proclamer (*jdn zum König* qn roi). **Ausrufer** *m* ‹-s, -› crieur *m*. **Ausrufesatz** *m gram* proposition *f* exclamative. **Ausrufewort** *n gram* interjection *f*. **Ausrufung** *f* ‹-s, ø› *(öffentliche)* publication; *(feierliche)* proclamation *f*. **Ausrufungszeichen** *n gram* point *m* d'exclamation.
aus=ruhen *itr* u. *refl* se reposer.
aus=rüsten *tr* équiper; *mar a.* armer; *(mit Werkzeugen)* outiller; *fig* munir, pourvoir (*mit* de). **Ausrüstung** *f* équipement; *mar a.* armement *m*.
aus=rutschen *itr* ‹*sein*› glisser; *mot* déraper.
Aussaat *f* semailles *f pl*.
aus=säen *tr* semer *a. fig*.
Aussage *f* ‹-, -n› énoncé *m*, déclaration *f*, rapport *m*; *jur (Zeugen~)* déposition *f*; ▶ *nach jds* ~ au dire de qn; *bei s-r* ~ *bleiben* maintenir sa déposition; *e-e falsche* ~ *machen* faire une fausse déposition; *die* ~ *verweigern* refuser le témoignage; *s-e* ~ *widerrufen* se rétracter, se dédire. **aus=sagen** *tr* énoncer, déclarer, rapporter, dire; *jur* déposer (en justice), témoigner (*über* de). **Aussagesatz** *m gram* proposition *f* affirmative.
Aussatz *m* ‹-es, ø› ['-zats] *med (Lepra)* lèpre *f*.
aussätzig ['-zɛtsɪç] *a* lépreux. **Aussätzige** *m,f* ‹-n, -n› lépreux *m*, -cuse *f*.
aus=saugen *tr* sucer, vider en suçant.
aus=schachten ['-ʃaxtən] *tr* excaver, creuser.
aus=schalten *tr* **1.** *tech mot* arrêter, mettre au point mort; *(elektr. Strom)* mettre hors circuit, couper, interrompre; *(Licht)* éteindre; *radio* fermer.

2. *fig* écarter, éliminer, exclure. **Ausschaltung** *f fig* élimination; exclusion *f.*

Ausschau *f* ‹-, ø› ► :~ *halten* scruter l'horizon. **aus≈schauen 1.** *itr nach jdm* ~ chercher qn des yeux *od* du regard; **2.** = *aussehen.*

aus≈scheiden ‹*schied aus, ausgeschieden*› *tr* ‹*h*› **1.** *chem* dégager, extraire; *physiol* sécréter; **2.** *(herausnehmen u. wegtun)* écarter; *sport* éliminer; *itr* ‹*sein*› **3.** *(aus e-r Gemeinschaft)* se séparer, sortir (*aus* de); *sport* être éliminé. **Ausscheidung** *f* ‹-, -en› **1.** *chem* dégagement *m*, extraction; *physiol* sécrétion, excrétion, élimination *f;* **2.** *sport* élimination *f.* **Ausscheidungskampf** *m* **Ausscheidungsspiel** *n sport* (épreuve *f od* match *m*) éliminatoire *f.*

aus≈schelten ‹*schilt, schalt aus, ausgescholten*› *tr* gronder, tancer.

aus≈schenken *tr (gewerbl.)* débiter.

aus≈schicken *tr (Boten)* envoyer; *nach jdm* ~ envoyer chercher qn.

aus≈schiffen, *sich* débarquer.

aus≈schimpfen *tr* = *ausschelten.*

aus≈schirren *tr (Pferd)* déharnacher.

aus≈schlachten *tr (Tier)* dépecer; *(Maschine, Auto)* démonter, casser.

aus≈schlafen ‹*schläft, schlief aus, ausgeschlafen*› **1.** *itr u. refl* dormir son content; **2.** *tr:* ► *s-n Rausch* ~ cuver son vin.

Ausschlag *m* **1.** *med (Haut~)* éruption *f*, eczéma *m;* **2.** *(der Waage)* trait *m; (des Pendels)* oscillation; *(der Magnetnadel)* déviation *f;* **aus≈schlagen** ‹*schlägt, schlug aus, ausgeschlagen*› *tr* **1.** *(Zahn)* casser; *(Auge)* crever; **2.** *fig (zurückweisen)* refuser, rejeter; *(Erbschaft)* répudier; *(ablehnen)* décliner; **3.** *itr (Pferd)* ruer; ‹*aux: haben* od *sein*› **4.** *(Waage)* pencher, trébucher; *(Pendel)* osciller; *(Zeiger, Magnetnadel)* dévier; **5.** *(Baum)* bourgeonner, pousser; **ausschlaggebend** *a* décisif, déterminant.

aus≈schließen ‹*schloß aus, ausgeschlossen*› *tr:* **1.** *jdn* ~ *(aus e-r Gemeinschaft)* exclure qn (*aus* de); **2.** *(unmöglich machen)* exclure; **3.** *(ausnehmen)* excepter; **4.** *refl sich* ~ s'exclure (*von* de); ► *um Mißverständnisse auszuschließen* pour éviter des malentendus. **ausschließlich I.** *a* exclusif; **II.** *prp gen* à l'exclusion de.

aus≈schlüpfen *itr* ‹*sein*› *(aus d. Ei)* éclore.

Ausschluß *m (aus e-r Gemeinschaft)* exclusion; *sport* disqualification *f; unter* ~ *(gen)* à l'exclusion (de).

aus≈schmücken *tr* orner, décorer, parer (*mit* de); *a. fig* embellir; *fig (Erzählung)* enrichir. **Ausschmückung** *f* ‹-, -en› ornementation *f, a. fig* embellissement; *fig* enrichissement *m.*

aus≈schneiden ‹*schnitt aus, ausgeschnitten*› *tr (herrausschneiden)* découper (*aus* dans); *(Kleid)* échancrer; *(am Hals)* décolleter.

Ausschnitt *m* **1.** *(Zeitungs~)* coupure *f; (Film)* extrait *m*, séquence *f; (aus e-m Gemälde etc)* détail, fragment *m;* **2.** **(am Hals)** décolleté *m.*

aus≈schöpfen *tr (Behälter)* épuiser; *(Flüssigkeit)* puiser; ► *alle Möglichkeiten* ~ *(fig)* épuiser toutes les possibilités.

aus≈schrauben *tr* dévisser.

aus≈schreiben ‹*schrieb aus, ausgeschrieben*› *tr* **1.** *(Wort)* écrire en toutes lettres; **2.** *(Rechnung)* dresser, établir; *(Scheck, Wechsel)* remplir; **3.** *(bekanntmachen)* publier, annoncer; *(öffentliche Arbeit)* mettre en adjudication; *(Stelle, Amt)* déclarer vacant, mettre au concours; *(Wettbewerb)* ouvrir; *(neue Steuern)* imposer. **Ausschreibung** *f* ‹-, -en› *(von Arbeiten)* mise au concours; imposition *f.*

Ausschreitung *f* ‹-, -en› *fig (Gewalttat)* acte *m* de violence; ► *es kam zu ~en* il y a eu des violences.

Ausschuß *m* **1.** *(minderwertige Ware)* (marchandise *f* de) rebut *m*, camelote *f;* **2.** *(Kommission)* comité *m*, commission *f.* **Ausschußmitglied** *n* membre *m* d'un *od* du comité.

aus≈schütteln *tr* secouer.

aus≈schütten *tr* **1.** *(Inhalt)* verser, répandre; *(Gefäß)* vider; **2.** *(Dividende)* distribuer, répartir. **Ausschüttung** *f* ‹-, -en› *fin* distribution, répartition *f.*

ausschweifend *a (Phantasie)* extravagant, déréglé; *(Leben)* déréglé, dissolu; ► *ein ~es Leben führen* se livrer à la débauche. **Ausschweifung** *f* ‹-, -en› *fig* excès *m*, débauche *f.*

aus≈sehen ‹*sieht, sah aus, ausgesehen*› *itr (wirken)* paraître (*jung* jeune); avoir l'air, faire l'effet (*wie* de; *als ob* ... de *inf*); *fam* faire (*jung* jeune); *(ähnlich sehen)* ressembler (*wie* à); ► *älter, jünger* ~, *als man ist* paraître plus, moins que son âge; *gut, schlecht* od *nicht gut* ~ *(gesundheitlich)* avoir bonne, mauvaise mine; *es sieht ganz danach aus, als ob* on a bien l'impression que; *wie siehst du (nur) aus!* de quoi as-tu l'air! **Aussehen** *n* ‹-s, ø› air *m; (Ausdruck)* mine, figure *f; (Anblick)* aspect *m;* ► *nach dem* ~ *zu urteilen* à en juger sur l'apparence.

außen ['aʊsən] *adv* (en *od* au) dehors, à l'extérieur; ► *nach* ~ en dehors; *von* ~ de dehors; *von innen nach* ~ du dedans au dehors; *von* ~ *(gesehen)* du dehors, vu de l'extérieur; *nach* ~ *aufgehen (Tür)* s'ouvrir vers l'extérieur.

Außenantenne *f* ['aʊsən-] antenne *f*

extérieure. **Außenaufnahme** *f film* extérieurs *m pl.* **Außenbezirk** *m (e-r Stadt)* quartier *m* extérieur. **Außenbordmotor** *m mar* (moteur) hors-bord; *aero* moteur *m* extérieur.

aus≈senden ⟨*sandte* od *sendete aus, ausgesandt* od *ausgesendet*⟩ *tr (Boten)* envoyer; *lit (Strahlen)* darder, lancer.

Außendienst *m (mil, Polizei, adm)* service *m* extérieur. **Außendurchmesser** *m* diamètre *m* extérieur. **Außenfläche** *f* surface *f* extérieure. **Außenhandel** *m* commerce *m* extérieur. **Außenhandelsbilanz** *f* bilan *m od* balance *f* du commerce extérieur. **Außenminister** *m* ministre des Affaires étrangères; *(von Großbritannien)* secrétaire d'État aux Affaires étrangères; *(der USA)* secrétaire *m* au Département d'État. **Außenministerium** *n* ministère *m* des Affaires étrangères. **Außenpolitik** *f* politique *f* extérieure *od* étrangère. **außenpolitisch** *a* de la politique extérieure *od* étrangère; ▶ *~e Lage f* situation *f* extérieure. **Außenseite** *f* (côté) extérieur *m.* **Außenseiter** *m allg* marginal, non-conformiste; *sport* outsider *m.* **Außenstände** *m pl com* créances (à recouvrer), dettes *f pl* actives; ▶ *~ eintreiben* od *einziehen* opérer des rentrées. **Außenstehende** *m f* ⟨-n, -n⟩ *(Laie, allg)* profane *m f.* **Außenstelle** *f com* agence *f.* **Außentemperatur** *f* température *f* extérieure. **Außenwelt** *f* monde *m* extérieur. **Außenwinkel** *m math* angle *m* externe.

außer ['ausər] **I.** *prp (örtl. u. zeitl. nur noch in bestimmten Wendungen, s. u.; ausgenommen, ohne)* excepté *(vor- od nachgestellt),* à l'exception de, sauf, sans; *(neben, über... hinaus)* en dehors de, outre, à côté de; *(zusätzlich zu)* en sus de; ▶ *~ Betrieb, ~ Dienst (nicht im Dienst)* hors service; *~ sich sein* être hors de soi; *~ sich sein vor Freude* être transporté *od* ivre de joie; *~ sich sein (vor Zorn)* être outré; **II.** *conj: ~ daß* sauf que, sinon que, sauf si; ▶ *~ wenn* à moins que ... ne *subj.*

außerberuflich ['ausər-] *a* en dehors du travail professionnel. **außerdem** ['-de:m, --'-] *adv* en outre, outre cela, de *od* en plus, au surplus; *(obendrein)* par-dessus le marché; *(übrigens)* d'ailleurs, par ailleurs, du reste.

äußere(r, s) ['ɔysərə] *a* extérieur, extrinsèque. **Äußere,** *das* ⟨-(e)n, ø⟩ **1.** *(Erscheinungsbild)* l'extérieur *m,* les dehors *m pl; (Schein)* les apparences; **2.** *pol* les affaires *f pl* étrangères; ▶ *zuviel auf das ~ geben* se fier trop aux apparences; *ein angenehmes ~s haben* avoir un physique agréable.

außerehelich *a* extraconjugal; *(Kind)* illégitime, naturel. **außereuropäisch** *a* extra-européen. **außergewöhnlich** *a* exceptionnel, extraordinaire. **außerhalb I.** *adv* au dehors, à l'extérieur; **II.** *prp (gen)* hors (de), en dehors (de); ▶ *von ~* du dehors.

äußerlich ['ɔysərlɪç] **I.** *a* extérieur, externe; ▶ *~! (pharm)* réservé à l'usage externe; **II.** *adv a.* en apparence; **Äußerlichkeit** *f* ⟨-, -en⟩ formalité *f; pl* dehors *m pl.*

äußern ['ɔysərn] *tr* **1.** *(aussprechen)* dire, proférer, émettre; *(Wunsch)* exprimer; **2.** *refl sich zu etw ~* dire son avis sur qc.

außerordentlich I. *a* extraordinaire; **II.** *adv a.* extrêmement. **außerplanmäßig** *a* hors cadre, hors programme.

äußerst ['ɔysərst] *adv* extrêmement, au plus haut degré, on ne peut plus.

äußerste(r, s) *a* **1.** *(räuml.)* le plus éloigné; **2.** *fig* extrême; *(Preis)* dernier; ▶ *am ~en Ende (gen)* à l'extrémité (de); *von ~er Wichtigkeit* de toute première importance. **Äußerste,** *das* l'extrême *m; (Ende)* l'extrémité *f;* ▶ *aufs ~ gefaßt sein* s'attendre au pire; ▶ *bis zum ~n gehen* aller jusqu'au bout; *etw aufs ~ treiben* pousser qc jusqu'au bout; *jdn zum ~n treiben* pousser qn à bout; **äußerstenfalls** *adv* à la rigueur; *(schlimmstenfalls)* au pis aller.

Äußerung *f* ⟨-, -en⟩ ['ɔysərʊŋ] *(Worte)* dires, propos *m pl; (Bekundung)* manifestation *f.*

aus≈setzen *tr* **1.** *(Boot)* mettre à la mer; *(Menschen auf e-e einsame Insel, neugeborenes Kind)* abandonner; *(das Allerheiligste)* exposer; **2.** *(Belohnung)* offrir; *(Preis)* proposer; *(Rente)* constituer; **3.** *jur (bes. Strafe)* surseoir (à); *itr* **4.** *(stocken, s-e Tätigkeit unterbrechen)* cesser, (s')arrêter; *(Motor)* avoir des ratés; ▶ *(zeitweise ~)* être intermittent; *mit etw ~* interrompre, suspendre qc; **5.** *refl sich ~ (der Witterung, dem Spott)* s'exposer (*dat* à); ▶ *an allem etwas auszusetzen haben* trouver à redire à tout, chercher la petite bête; *e-r S ausgesetzt sein* être exposé *od* en butte à qc; *auf s-n Kopf sind 10.000 DM ausgesetzt* sa tête est mise à prix pour 10.000 DM. **Aussetzen** *n* ⟨-s, ø⟩ arrêt *m;* interruption *f.* **Aussetzung** *f* ⟨-, -en⟩ **1.** abandon *m;* **2.** *(e-r Belohnung)* offre *f;* **3.** *jur (e-r Strafe)* sursis *m.*

Aussicht *f* **1.** vue (*auf* sur); *(Fernsicht)* perspective *f a. fig;* **2.** *fig (Erfolgs~)* chance; *(Hoffnung)* espérance *f;* ▶ *mit schöner ~ (Gebäude etc)* panoramique; *etw in ~ haben (fig)* avoir qc en vue; *gute ~en haben (fig)* avoir de bonnes chances (*zu* de); *jdm etw in ~ stellen* faire entrevoir qc à qn. **aussichtslos** *a* sans espoir, sans chance de succès; *~er Fall m (a. med)* cas *m* désespéré. **Aus-**

sichtslosigkeit *f* ‹-, ø› inutilité *f*. **aussichtsreich** *a* plein de promesses, prometteur. **Aussichtsturm** *m* belvédère *m*.
Aussiedler(in *f*) *m* ‹-, -› réfugié,e de souche allemande (venant d'un pays de l'est).
aus=söhnen, *sich* se réconcilier, faire la paix (*mit* avec). **Aussöhnung** *f* ‹-, ø› réconciliation *f*.
aus=sortieren ‹*ohne -ge-*› *tr* trier, mettre à part.
aus=spannen *tr* **1.** *(Netz, Flügel)* (é)tendre, déployer; **2.** *(Pferd)* dételer; **3.** *itr* se détendre, se reposer.
aus=speien ‹*spie aus, ausgespien*› *tr* cracher.
aus=sperren *tr* fermer la porte à; *(Arbeiter)* lock-outer. **Aussperrung** *f* ‹-, -en› *(Kampfmaßnahme der Arbeitgeber)* lock-out *m*.
aus=spielen 1. *tr (Karte)* jouer; **2.** *itr (im Kartenspiel)* jouer le premier, avoir la main; *sport* servir; ► *wer spielt aus?* à qui l'entame?
aus=spionieren ‹*ohne -ge-*› *tr* espionner.
Aussprache *f* **1.** prononciation *f*; *(Tonfall)* accent *m*; **2.** discussion *f*; *parl* débat *m, meist pl*.
aus=sprechen ‹*spricht, sprach aus, ausgesprochen*› *tr* **1.** *(Gedanken)* énoncer; *(Wunsch)* exprimer, form(ul)er; **2.** *(lautlich wiedergeben)* prononcer; **3.** *itr (zu Ende sprechen)* finir, achever; **4.** *refl sich* ~ *(s-e Meinung sagen)* s'exprimer; ► *sich für, gegen jdn, etw* ~ se prononcer, se déclarer pour, contre qn, qc; *sich mit jdm* od *gegenseitig* ~ s'expliquer (*über etw* sur qc); *lassen Sie mich (doch)* ~! laissez-moi finir!
Ausspruch *m (e-s Weisen* od *Dichters)* sentence, parole *f*, mot *m*.
aus=spucken *tr* cracher.
aus=spülen *tr* rincer, laver.
aus=staffieren ['aʊsʃta,fi:rən] ‹*ohne -ge*› *tr* garnir, équiper (*mit* de).
Ausstand *m (Streik)* grève *f*.
aus=stanzen *tr tech* poinçonner.
aus=statten ['aʊsʃtatən] *tr (versehen mit)* garnir, munir, équiper, pourvoir (*mit* de). **Ausstattung** *f* ‹-, -en› équipement; *(e-r Wohnung)* ameublement; mobilier *m*; *theat* décor *m*.
aus=stechen ‹*sticht, stach aus, ausgestochen*› *tr* **1.** *(Rasen)* enlever; **2.** *(die Augen)* crever; **3.** *fig (Menschen)* supplanter, éclipser. **Ausstechform** *f (des Bäckers)* moule *m* à découper.
aus=stehen ‹*stand aus, ausgestanden*› **1.** *itr (noch erwartet werden)* être en retard; **2.** *tr (ertragen)* endurer, supporter; ► *Angst* ~ avoir peur; *jdn nicht* ~ *können* ne pouvoir voir qn en peinture; *die Antwort steht noch aus* on n'a pas encore de réponse.
aus=steigen ‹*stieg aus, ausgestiegen*› *itr* ‹*sein*› descendre (*aus* de); *(Terrorist)* quitter la scène terroriste; *fam (aus der Gesellschaft)* quitter la société établie; ► *alles* ~! *(loc)* tout le monde descend!
Aussteiger(in *f*) *m (Terrorist)* repentie, e *m f*; *(aus der Gesellschaft)* nonconformiste *m f* se retirant de la société établie.
aus=stellen *tr* **1.** *(Waren)* étaler; *(auf e-r Messe* od *Ausstellung)* exposer; **2.** *(Urkunde)* dresser; *(Bescheinigung, Zeugnis, Paß)* délivrer; *(Rechnung)* établir; *(Scheck)* tirer. **Aussteller** *m* ‹-s, -› **1.** *(auf e-r Messe)* étalagiste; *(auf e-r Ausstellung)* exposant *m*; **2.** *(e-s Schecks)* tireur. **Ausstellung** *f* ‹-, -en› **1.** étalage *m*; exposition *f*, salon *m*; **2.** *(e-s Schriftstücks)* délivrance *f*; *(e-s Schecks, Wechsels)* tirage *m*, création *f*; ► *landwirtschaftliche* ~ concours *m* agricole. **Ausstellungshalle** *f* salle *f* *od* hall *od* pavillon *m* d'exposition. **Ausstellungsstand** *m* stand *m* (d'exposition).
aus=sterben ‹*stirbt, starb aus, ausgestorben*› *itr* ‹*sein*› *biol* disparaître. **Aussterben** *n* disparition *f*; ► *im* ~ menacé de disparition.
Aussteuer *f* ‹-, ø› *(e-r Braut)* trousseau *m*.
Aussteiger(in *f*) *m (aus der Gesellschaft)* marginal,e *m f*. **Ausstieg** *m* ‹-(e)s, -e› sortie *f*; *(aus der Gesellschaft)* marginalisation *f*; *(aus der Kernenergie)* abandon *m*.
aus=stopfen *tr (Tierbalg)* empailler.
Ausstoß *m* ‹-ßes, (¨ße)› ['-ʃto:s] *tech com* rendement. **aus=stoßen** ‹*stößt, stieß aus, ausgestoßen*› *tr* **1.** *(Menschen aus e-r Gemeinschaft)* expulser, exclure (*aus* de); chasser; **2.** *tech* éjecter; **3.** *(Laut)* proférer; *(Schrei, Seufzer)* pousser; **4.** *tech com (herstellen u. verkaufen)* produire, débiter. **Ausstoßung** *f* ‹-, ø› **1.** expulsion, exclusion *f*; *tech* éjection *f*.
aus=strahlen *tr* **1.** *(Licht, Wärme)* répandre; **2.** *radio* diffuser, émettre. **Ausstrahlung** *f* ‹-, (-en)› **1.** *(von Licht, Wärme)* rayonnement *m*, (ir)radiation *f*; **2.** *radio* diffusion, émission *f*.
aus=strecken *tr (den Arm)* étendre, allonger; *(die Hand)* tendre; ► *sich (lang)* ~ s'étendre (tout de son long).
aus=streichen ‹*strich aus, ausgestrichen*› *tr (Geschriebenes)* rayer.
aus=streuen *tr* disséminer, répandre.
aus=strömen *itr* ‹*sein*› *(Flüssigkeit)* s'écouler; *(Dampf)* s'échapper; *(Gas)* fuir; *tr* ‹*h*› *(Wärme, Geruch)* répandre.
aus=suchen *tr (auswählen)* choisir.
Austausch *m* ‹-(e)s, ø› échange *m*; *im* ~ *gegen* en échange de. **austauschbar** *a*, *a. tech* interchangeable. **Austausch-**

barkeit *f* ‹-, ø› interchangeabilité *f.* **aus=tauschen** *tr* échanger *(gegen* contre); *(im Tauschhandel)* troquer.

aus=teilen *tr (verteilen)* distribuer, répartir, partager; *(Schläge)* donner.

Auster *f* ‹-, -n› ['austər] *zoo* huître *f.* **Austernbank** *f* banc *m* d'huîtres. **Austernzucht** *f* ostréiculture.

aus=toben, sich *(s-n Zorn ~)* donner libre cours à *od* décharger sa colère; *(Kinder)* s'en donner à cœur joie, s'ébattre librement.

aus=tragen ‹*trägt, trug aus, ausgetragen*› *tr* **1.** *(Waren, Zeitungen)* porter à domicile; distribuer; **2.** *fig (Streit: regeln)* régler, arranger; *sport* disputer.

Australien *n* [aus'tra:liən] n ‹-s, ø› l'Australie *f.* **Australier(in** *f***)** *m* ‹-s,-› Australien, ne *m f.* **australisch** [-'tra:-] *a* australien, d'Australie.

aus=treiben ‹*trieb aus, ausgetrieben*› *tr* expulser, chasser (*aus* de); *(bösen Geist, den Teufel)* exorciser; ▶ *ich werde dir deine Frechheit schon ~!* je te guérirai de ton insolence.

aus=treten ‹*tritt, trat aus, ausgetreten*› *tr* ‹*h*› **1.** *(Feuer)* éteindre avec le(s) pied(s); **2.** *itr* ‹*sein*› *(aus e-r Gemeinschaft)* sortir de, quitter.

Austritt *m (aus e-r Gemeinschaft)* sortie *f,* retrait *m.* **Austrittserklärung** *f* déclaration *f* de sortie *od* de démission.

aus=trocknen *itr* ‹*sein*› se dessécher, s'assécher; *(Quelle)* tarir. **Austrocknung** *f* dessèchement, assèchement *m,* dessiccation *f;* tarissement *m.*

aus=üben *tr (Beruf, Amt, Kunst; Macht, Druck, Reiz, Einfluß)* exercer; *(Wirkung)* produire (*auf jdn* sur qn). **Ausübung** *f* exercice *m.*

Ausverkauf *m com* soldes *m pl; (Total~)* liquidation *f.* **aus=verkaufen** *tr* solder; *a. itr* liquider. **ausverkauft** *a (Ware)* épuisé; ▶ *vor ~em Hause spielen* faire salle comble; *~! (theat)* complet!

Auswahl *f* ‹-, ø› **1.** *(Vorgang)* choix *m,* sélection *f;* **2.** *(Ergebnis)* choix *m* (*an* de); *com* assortiment; *(aus e-m Buch* od *Gesamtwerk)* choix *m; zur ~* au choix; *e-e ~ treffen* faire un choix.

aus=wählen *tr* choisir, sélectionner (*unter* parmi); ▶ *ausgewählte Gedichte n pl* choix *m* de poésies; *ausgewählte Werke n pl* œuvres *f pl* choisies.

aus=walzen *tr metal* laminer.

Auswanderer *m* émigrant *m.* **aus=wandern** *itr* ‹*sein*› émigrer. **Auswanderung** *f* émigration *f.*

auswärtig ['ausvɛrtɪç] *a pol* extérieur, étranger; ▶ *das A~e Amt* le ministère des Affaires étrangères; *~es Mitglied n (e-r Gesellschaft)* membre *m* correspondant. **auswärts** *adv* (en) dehors, au-dehors; hors de la ville; ▶ *nach ~* en dehors; *von ~* de *od* du dehors; *~ schlafen* découcher. **Auswärtsspiel** *n sport* match *m* à l'extérieur.

aus=waschen ‹*wäscht, wusch aus, ausgewaschen*› *tr* **1.** *(Kleidung, Wunde)* laver; **2.** *geol* ronger.

auswechselbar *a* échangeable; *bes. tech* amovible; *(unterea. ~)* interchangeable; *(ersetzbar)* remplaçable. **aus=wechseln** *tr* (é)changer; *(ersetzen)* remplacer. **Auswechs(e)lung** *f* ‹-, -en› échange; remplacement *m.*

Ausweg *m* ['ausve:k] sortie; *a. fig* issue *f; fig* moyen, expédient *m;* ▶ *immer e-n ~ wissen* avoir toujours une porte de sortie; *einziger ~* seul parti *m* à prendre. **auswegslos** *a fig* sans issue; ▶ *in e-r ~en Lage* dans une situation désespérée.

aus=weichen ‹*wich aus, ausgewichen*› *itr* ‹*sein*› se ranger (de côté), s'effacer; *(aus dem Wege gehen)* éviter qn, qc; ▶ *e-m Schlag, e-r Schwierigkeit geschickt ~* esquiver un coup, une difficulté; **ausweichend I.** *a (Antwort)* évasif; **II.** *adv:* ▶ *~ antworten* répondre évasivement, faire une réponse de Normand. **Ausweichmöglichkeit** *f* possibilité *f* d'évitement.

aus=weinen, sich pleurer son content.

Ausweis *m* ‹-es, -e› ['ausvaɪs, -zə] pièce *f* d'identité. **aus=weisen** ‹*wies aus, ausgewiesen*› **1.** *tr* expulser, chasser (*aus* de); **2.** *refl: sich ~* établir *od* prouver son identité. **Ausweiskarte** *f* carte *f* d'identité. **Ausweispapiere** *n pl* papiers *m pl* d'identité. **Ausweisung** *f* expulsion *f.*

aus=weiten *tr* élargir; *a. fig (Handel, Macht etc)* étendre; *sich ~ (a.)* prendre de l'ampleur. **Ausweitung** *f* ‹-, -en› *fig* extension, expansion *f.*

auswendig *a:* ▶ *~ können, lernen* savoir, apprendre par cœur.

aus=werfen ‹*wirft, warf aus, ausgeworfen*› *tr* **1.** *(Angel, Netz, Anker)* jeter; **2.** *(Erde)* jeter; *(Graben)* creuser; *(Asche, von e-m Vulkan)* lancer, vomir .

aus=werten *tr (Unterlagen, Statistiken)* exploiter, dépouiller; *phot mil* interpréter. **Auswertung** *f* exploitation *f;* dépouillement *m.*

aus=wirken *refl: sich ~* se répercuter, retentir, avoir tel ou tel effet (*auf etw* sur qc); ▶ *sich voll ~* produire son plein *od* tout son effet *(auf* sur). **Auswirkung** *f* effet *m,* conséquence *f.*

aus=wischen *tr* **1.** *(Gefäß)* essuyer; **2.** *(Schrift)* effacer; *(mit e-m Schwamm)* éponger; ▶ *jdm eins ~ (fig fam)* jouer un tour à qn, *fam* faire une crasse à qn.

aus=wringen ‹*wrang aus, ausgewrungen*› *tr (Wäsche)* tordre, essorer.

Auswuchs *m allg* **1.** excroissance *f;* **2.** *pl fig (Übertreibungen)* excès, abus *m;*

Auswüchse der Phantasie produits *m pl* monstrueux de l'imagination.
Auswurf *m* **1.** *physiol* crachat *m; med* expectoration *f;* **2.** *fig (Abschaum)* déjection *f,* rebut *m,* lie *f.*
aus=zahlen *tr* **1.** payer; *(Rente)* servir, verser; **2.** *(Teilhaber, Gläubiger)* désintéresser; **3.** *refl sich ~ (fam: sich lohnen)* être payant.
aus=zählen *tr* **1.** ▶ *die Stimmen ~ (parl)* dépouiller le scrutin **2.** *(Boxer)* compter out.
aus=zeichnen *tr* **1.** *(Waren)* étiqueter, coter; *typ* mettre en vedette; **2.** *(Menschen)* distinguer; *(mit e-m Orden)* décorer; **3.** *refl sich ~* se distinguer, se signaler (*durch* par). **Auszeichnung** *f* **1.** *com* étiquetage *m;* **2.** distinction; mention *f* honorable; *(bes. Schule)* accessit *m; mil* citation (à l'ordre du jour); *(mit e-m Orden)* décoration *f;* ▶ *die Prüfung mit ~ bestehen* passer l'examen avec mention.
ausziehbar *a (Tisch)* extensible, à rallonge(s); **aus=ziehen** ‹*zog aus, ausgezogen*› *tr* ‹*h*› **1.** *(Nagel, Zahn)* arracher, extraire; **2.** *(Tisch)* rallonger; **3.** *(Kleidungsstück)* ôter, retirer, enlever; *(entkleiden)* déshabiller; **4.** *metal (strecken)* étirer, étendre; **5.** *(Stoffe aus e-r Pflanze; Sonne: Farbe* od *Feuchtigkeit; Schrift(steller) exzerpieren)* extraire; **6.** *itr* ‹*sein*› partir (*zu* pour); **7.** *auf Abenteuer ~* partir à l'aventure, partir courir l'aventure; *(aus e-r Wohnung)* déménager, déloger; **8.** *refl sich ~* se déshabiller. **Ausziehen** *n (der Kleider)* déshabillage *m.* **Ausziehleiter** *f* échelle *f* à coulisse.
Auszubildende(r) *m* stagiaire, apprenti *m.*
Auszug *m* **1.** *(aus Pflanzenstoffen, aus e-m Register, Werk)* extrait *m;* **2.** *(Rechnungs-, Konto~)* relevé; **3.** *(aus e-r Wohnung)* déménagement *m.* **auszugsweise** *adv* par extraits.
autark [aʊ'tark] *a* autarcique. **Autarkie** *f* ‹-,(-n)› [-'ki:] autarcie *f.*
authentisch [aʊ'tɛntɪʃ] *a* authentique. **Authentizität** *f* ‹-, ø› [-titsi'tɛ:t] authenticité *f.*
Auto *n* ‹-s, -s› ['aʊto] *(kurz für: ~mobil)* auto, voiture *f;* **Autoabgas** *n* gaz *m* d'échappement. **Autoantenne** *f* antenne *f* de voiture. **Autobahn** *f* autoroute *f;* ▶ *gebührenpflichtige ~* autoroute *f* à péage; *(in Kanada)* superboulevard *m.* **Autobahnauffahrt** *f* bretelle *f* d'accès; **Autobahnbrücke** *f* pont *m* d'autoroute. **Autobahndreieck** *n* = **Autobahnkreuz** *n* échangeur *m* (d'autoroute). **Autobahnraststätte** *f* restoroute *m.*
Autobiographie *f* ‹-, -n› [aʊtobiogra'fi:] autobiographie *f.* **autobiographisch** [-'gra:fɪʃ] *a* autobiographique.
Autobombe *f* voiture *f* piégée.
Autobus *m* ['aʊto-] autobus; *fam* bus; *(Überland-, Reisebus)* autocar *m.* **Autobahnhof** *m* gare *f* routière.
Autodidakt *m* ‹-en, -en› [aʊtodi'dakt] autodidacte *m.* **autodidaktisch** *a* autodidacte.
Autofähre *f* ['aʊto-] bac *m* à voitures. **Autofahrer** *m (Herrenfahrer)* automobiliste; *(Führer)* chauffeur *m;* ▶ *schlechter* od *rücksichtsloser ~ (a. fam)* chauffard *m.* **Autofriedhof** *m* cimetière *m* de voitures. **Autogas** *n* gaz (comprimé), gaz de pétrole liquéfié, GPL *m.*
autogen [aʊto'ge:n] *a:* ▶ *~e Schweißung f* soudage *m od* soudure *f* autogène; ▶ *~e(s) Training n* training *m* autogène. **Autogramm** *n* autographe *m.*
Autohändler *m* ['aʊto-] concessionnaire *m* en automobiles. **Autokarte** *f* carte *f* routière. **Autokino** *n* autorama *m.*
Autokratie *f* ‹-, -n› [-kra'ti:] autocratie *f.* **autokratisch** [-'kra:tɪʃ] *a* autocratique.
Automat *m* ‹-en, -en› [aʊto'ma:t] automate *m;* machine *f* automatique; *(Spiel~)* machine à sous; *(Waren~)* distributeur automatique. **Automatik** *f* ‹-, (-en)› [-'ma:tɪk] automatisme *m.* **Automatikgurt** *m* ceinture *f* à enrouleur. **Automatikwagen** *m* voiture *f* (à transmission) automatique. **Automation** *f* ‹-, ø› [-tsi'o:n] automation *f.* **automatisch** [-'ma:-] *a* automatique; *hum* presse-bouton. **automatisieren** [-ti'zi:rən] ‹*ohne ge-*› *tr* automatiser. **Automatisierung** *f* automatisation *f.*
Automobil *n* ‹-s, -e› [aʊtomo'bi:l] automobile *f; vgl. Auto.* **Automobilausstellung** *f* salon *m* de l'automobile. **Automobilindustrie** *f* industrie *f* automobile. **Automobilklub** *m* club *m* automobile.
autonom [-aʊto'no:m] *a* autonome. **Autonomie** *f* ‹-, ø› [-no'mi:] autonomie *f.*
Autonummer *f* numéro *m* d'immatriculation.
Autopilot *m* pilote *m* automatique.
Autor *m* ‹-s, -en› ['aʊtɔr, -'to:rən] auteur *m.*
Autoradio *n* ['aʊto-] auto-radio *f.* **Autoreifen** *m* pneu(matique); *fam* caoutchouc *m.* **Autoreisezug** *m* train *m* auto-couchettes. **Autorennen** *n* course *f* d'automobiles.
Autorenlesung *f* lecture *f* (d'auteur).
Autoreverse *n tech* système *m* autoreverse.
Autorin *f* [aʊ'to:rɪn] (femme *f*) auteur *m.* **autorisieren** [-tori'zi:rən] ‹*ohne ge-*› *tr* autoriser (*zu* à). **autoritär** [-ri'tɛ:r] *a* autoritaire. **Autorität** *f* ‹-, -en› [-'tɛ:t]

autorité *f* (*über* sur); ▶ *s-e ~ festigen* raffermir son autorité; *als ~ gelten* faire autorité.

Autoschlange *f* ['aʊto-] file *f* de voitures. **Autoschlosser** *m* mécanicien, garagiste; *fam* mécano *m.* **Autoschlüssel** *m pl* clés *f pl* de voiture.

Autosuggestion *f* [aʊtozʊgɛsti'o:n] autosuggestion *f.*

Autotelefon *n* radio-téléphone cellulaire, téléphone *m* de voiture.

Autotransfusion *f med* autotransfusion.

Autounfall *m* ['aʊto-] accident *m* d'auto. **Autoverkehr** *m* trafic *m od* circulation *f* automobile. **Autovermietung** *f* location *f* de voitures.

Aval *m* ‹-s, -e› [a'val] *fin jur (Wechselbürgschaft)* aval, cautionnement *m.*

avancieren [avɑ̃'si:rən] ‹*ohne ge-*› *itr* ‹*sein*› *(befördert werden, aufrücken)* avancer.

Avantgarde *f* ‹-, -n› [a'vɑ̃:gardə] *(in der Kunst)* avant-garde *f.* **avantgardistisch** *a* d'avant-garde.

avisieren [avi'zi:rən] ‹*ohne ge-*› *tr (benachrichtigen)* aviser, donner avis à, prévenir.

Avocado *f* [avo'ka:do] ‹-, -s› *(Baum)* avocatier; *(Frucht)* avocat *m.*

Axiom *n* ‹-s, -e› [aksi'o:m] *philos math (Grundsatz)* axiome *m.*

Axt *f* ‹-, ¨-e› [akst, 'ɛkstə] hache *f.*

Azalee *f* ‹-, -n› [atsa'le:ə, -(ə)n] . **Azalie** *f* ‹-, -n› [a'tsa:liə] *bot* azalée *f.*

Azoren [a'tso:rən] *die, pl geog* les Açores *f pl.*

Azubi [a'tsu:bi] ‹-s, -s› *m* = *Auszubildende(r).*

B

B, b *n* ‹-, -› [be:] *(Buchstabe)* B, b *m; mus* si *m* bémol.
Baby *n* ‹-s, -s› ['be:bi] bébé *m.* **Babyausstattung** *f,* **Babywäsche** *f* layette *f.* **Babyboom** *m* explosion démographique. **Babyjahr** *n* année *f* de congé parental. **babysitten** *itr* faire du babysitting, garder des enfants. **Babysitter** *m* garde *f* d'enfants.
Bach *m* ‹-(e)s, ⸚e› [bax, 'bɛçə] ruisseau *m.* **Bachstelze** *f orn* bergeronnette *f.*
Bache *f* ‹-, -n› ['baxə] *(Wildsau)* laie *f.*
Backbord ['bak-] *n mar (linke Schiffsseite, von hinten gesehen)* bâbord *m.*
Backe *f* ‹-, -n› ['bakə] joue *(a. der Zange); (Schraubstock)* mâchoire *f;* ▶ *mit vollen ~n kauen* manger à belles dents.
backen ['bakən] **1.** ‹*bäckt, backte, hat gebacken*› *tr* cuire, faire; *(in der Pfanne)* frire; **2.** ‹*hat gebackt*› *itr (kleben)* coller (*an* à); *(Schnee)* prendre.
Backenbart ['bakən-] *m* favoris *m pl, fam* côtelettes *f pl.* **Backenknochen** *m* os *m* de la pommette. **Backenzahn** *m* molaire *f.*
Bäcker *m* ‹-s, -› ['bɛkər] boulanger *m.* **Bäckerei** *f* ‹-,-en› [-'raɪ] boulangerie *f.*
Backfisch ['bak-] *m* **1.** poisson *m* frit; **2.** *fig fam* petite jeune fille *f.* **Backform** *f* moule *m* (à pâtisserie). **Backmulde** *f* pétrin *m;* huche *f.* **Backofen** *m* four *m; fig* fournaise *f.* **Backpfeife** *f* gifle *f.* **Backpfeifengesicht** *n* tête *f* à gifles. **Backpulver** *n* levure *f* en poudre *od* chimique *od* alsacienne. **Backstein** *m* brique *f.* **Backstube** *f* fournil *m,* boulangerie *f.* **Backtrog** *m* = *Backmulde.* **Backwerk** *n* pâtisserie *f.*
Bad *n* ‹-(e)s, ⸚er› [ba:t, 'bɛ:dər] **1.** bain; *(Badezimmer)* salle de bains; *(Hallenbad, Freibad)* piscine; **2.** *(Seebad)* station *f* balnéaire; **3.** *(Handlung)* bain *m,* baignade *f;* ▶ *ein ~ nehmen* prendre un bain.
Badeanstalt ['ba:də-] *f* établissement *m* de bain(s), piscine *f.* **Badeanzug** *m* costume *od* maillot *m* de bain. **Badehose** *f* caleçon de bain, slip *m* (de bain). **Badekappe** *f* bonnet *m* de bain. **Bademantel** *m* peignoir *m* (de bain). **Bademeister** *m* maître *m* nageur. **Bademütze** *f* bonnet *m* de bain.
baden ['ba:dən] *tr* baigner; donner un bain (*jdn* à qn); *itr.* prendre un bain; *(im Freien)* se baigner. **Baden** *n* ‹-s, ø› bain *m,* baignade *f.*
Baden-Württemberg *n* le Bade-Wurtemberg.
Badeort *m* (ville *f* d')eaux *f pl.* **Badeschuhe** *m pl* chaussures *f pl* de bain. **Badestrand** *m* plage *f.* **Badetuch** *n* serviette *f* de bain. **Badewanne** *f* baignoire *f.* **Badezeug** *n* affaires *f pl* de bain. **Badezimmer** *n* salle *f* de bains.
Bagatelle *f* ‹-, -n› [baga'tɛlə] bagatelle *f.* **bagatellisieren** [-tɛli'zi:rən] ‹*ohne ge-*› *tr* minimiser.
Bagger *m* ‹-s, -› ['bagər] excavateur *m,* excavatrice *f; (Schwimmbagger)* drague *f.* **baggern** *itr* excaver; draguer.
Bahn *f* ‹-, -en› [ba:n] **1.** *(Weg)* voie *f,* chemin *m,* route; *sport* piste *f; (e-s einzelnen Wettkämpfers)* couloir *m;* **2.** *(Eisen~)* chemin *m* de fer; **3.** *(Strecke)* ligne, voie *f* ferrée; **4.** *(Straßen~)* tram(way) *m;* **5.** *phys* parcours *m; (Flug~)* trajectoire *f; astr* cours *m;* orbite *f (a. d. Elektronen); anat med* trajet *m,* voie *f;* **6.** *tech* table; face *f;* **7.** *fig* chemin *m,* carrière *f,* cours *m;* ▶ *an der ~* à la gare; *mit der ~, per ~* par voie ferrée; *mit der ~ fahren* voyager par le train; *auf die schiefe ~ geraten* s'écarter du droit chemin, être sur une mauvaise pente; *freie ~ haben* avoir le champ libre; *~ frei!* (attention!) cédez la piste! laissez le passage! **Bahnarbeiter** *m* ouvrier *m* des chemins de fer. **Bahnbeamte** *m* ‹-n, -n› employé *m* de chemin de fer, *fam* cheminot *m.* **bahnbrechend** *a* qui ouvre de nouvelles voies, qui fait date, initiateur. **Bahnbrecher** *m* pionnier, initiateur *m.*
bahnen ['ba:nən] *tr (e-n Weg, a. fig)* frayer.
Bahngelände *n* emprises *f pl* de la voie.
Bahnhof *m* ['ba:n-] gare, station *f.* **Bahnhofshalle** *f* hall *m* (de la gare).
Bahnkörper *m* ['ba:n-] terre-plein, corps *m* de la voie. **bahn(post)lagernd** *adv* gare restante. **Bahnpolizei** *f* police *f* des chemins de fer. **Bahnpostamt** *n* bureau *m* (de) gare. **Bahnschranke** *f* barrière *f.* **Bahnsteig** *m* quai *m.* **Bahnsteigkarte** *f* billet *od* ticket *m* de quai. **Bahnsteigkartenautomat** *m* distributeur *m* (automatique) de billets *od* tickets de quai. **Bahntransport** *m* transport *m* par chemin de fer *od* voie ferrée *od* wagon. **Bahnübergang** *m:* ▶ *schienengleicher ~* passage *m* à niveau; *(un)beschrankter ~* passage *m* à niveau (non) gardé. **Bahnverbindung** *f* communication *f* par voie ferrée.

Bahnwärter *m* garde-barrière, garde--voie *m.*
Bahre *f* ‹-, -n› ['ba:rə] civière *f*, brancard *m; (Totenbahre)* bière *f.*
Baiser *n* ‹-s, -s› [bɛ'ze:] *(Gebäck)* meringue *f.*
Baisse *f* ‹-, -n› ['bɛ:sə] *fin* baisse *f.*
Bajonett *n* ‹-(e)s, -e› [bajo'nɛt] baïonnette *f.*
Bake *f* ‹-, -n› ['ba:kə] *mar* balise, bouée *f; pl* balisage *m.*
Bakkarat *n* ‹-s, ø› ['bakara(t)] *(Glücksspiel)* baccara *m.*
Bakterie *f* ‹-, -n› [bak'te:riə] bactérie *f;* microbe *m.* **bakteriell** [-teri'ɛl] *a* bactérien. **Bakterienkrieg** *m* guerre *f* bactériologique. **Bakterienkultur** *f* culture *f* bactérienne. **Bakteriologe** *m* ‹-n, -n› [-rio'lo:gə] bactériologiste, bactériologue *m.* **Bakteriologie** *f* ‹-, ø› [-lo'gi:] bactériologie *f.* **bakteriologisch** [-'lo:-] *a* bactériologique.
Balance *f* ‹-, -n› [ba'lã:s(ə)] équilibre *m.* **Balanceakt** *m fig* tour *m* de passe--passe. **balancieren** [-'si:rən] ‹*ohne ge-*› *tr* ‹*h*› balancer, *(Ball)* faire tenir en équilibre; *itr* ‹*sein*› se balancer, se tenir en équilibre.
bald [balt] *adv (in naher Zukunft)* bientôt; *(früh)* tôt; *(beinahe)* presque; *(leicht)* facilement; ▶ *auf* od *bis* ~ à bientôt; *möglichst* ~, *so* ~ *als* od *wie möglich* aussitôt que possible, le plus tôt possible; *nicht so* ~ (ne ...) pas si vite; ~ *da,* ~ *dort* tantôt ici, tantôt là; un peu partout; ~ *darauf* peu (de temps) après.
Baldachin *m* ‹-(e)s, -e› ['baldaxi:n] baldaquin, dais *m.*
baldig ['baldıç] *a* prochain. **baldmöglichst** *adv* le plus tôt possible, aussitôt que possible.
Baldrian *m* ‹-s, -e› ['baldria:n] *bot pharm* valériane *f.* **Baldriantropfen** *m pl* teinture *f* de valériane.
Balearen [bale'a:rən] , *die pl* les (îles) Baléares *f pl.*
Balg (1) *m* ‹-(e)s, ¨-e› [balk, 'bɛlgə] peau, dépouille *f; anat* follicule; **(2)** *m* od *n* ‹-(e)s, **er**› [balk, 'bɛlgər] *fam (ungezogenes Kind)* gamin, e *m f,* marmot, moutard *m.* **balgen,** *sich (fam)* se chamailler, s'accrocher. **Balgerei** *f* [-'raı] *fam* chamaill(eri)e, bagarre, rixe *f.*
Balkan ['balka:n] , *der (Gebirge)* les (monts) Balkans *m pl;* = *~länder.* **Balkanhalbinsel,** *die* la péninsule des Balkans, les Balkans *m pl.* **Balkanstaaten,** *die m pl* les États *m pl* des Balkans.
Balken *m* ‹-s, -› ['balkən] poutre *f;* ▶ *(Holz) zu* ~ *schneiden* équarrir. **Balkendecke** *f* plafond *m* à solives *od* enfoncé. **Balkenwerk** *n* charpente *f.*
Balkon *m* ‹-s, -s/-e› [bal'kõ:, -'ko:n(ə)] *(a. theat, Kino)* balcon *m,* galerie *f.* **Balkontür** *f* porte de balcon.
Ball *m* ‹-(e)s, ¨-e› [bal, 'bɛlə] **(1)** balle *f; (großer, a. Fußball)* ballon *m; (Kugel)* boule *(a. Billard),* pelote *f;* ▶ ~ *spielen* jouer à la balle; **(2)** *(Tanz)* bal *m;* ▶ *auf den* ~ *gehen* aller au bal.
Ballade *f* ‹-, -n› [ba'la:də] ballade *f.*
Ballast *m* ‹-(e)s, (-e)› ['balast, -'-] lest, ballast; *fig* fatras, remplissage *m;* ▶ ~ *abwerfen (a. fig)* jeter du lest; *aero* délester. **Ballaststoff** *m med* cellulose *f* végétale.
ballen ['balən] *tr (die Faust)* fermer, serrer; *sich* ~ se pelotonner, se serrer.
Ballen *m* ‹-s, -› ['balən] **1.** *com* balle *f; (kleiner)* ballot *m;* ▶ *in* ~ *(ver)packen* mettre en balles.
Ballerina *f* ‹-, -nen› [balə'ri:na, -nən] *(Tänzerin)* ballerine *f.*
Ballermann ['balərman] *m fam (Schußwaffe)* flingue *m.* **ballern** ['balərn] *itr fam (schießen)* tirer.
Ballett *n* ‹-(e)s, -e› [ba'lɛt] ballet *m.* **Ballettkorps** *n* corps *m* de ballet. **Ballettmeister** *m* maître *m* de ballet. **Ballettröckchen** *n* tutu *m.* **Ballettschuhe** *m pl* chaussons *m pl* de danse. **Ballett(t)änzer(in *f*)** *m* danseur, se *m f* de ballet; *f* ballerine *f.*
Balljunge *m* ramasseur *m* de balles.
Ballkleid *n* ['bal-] robe *f* de bal.
Ballon *m* ‹-s, -s/-e› [ba'lõ:(s), -'lo:n(s); -'lo:nə] ballon; *(kleiner)* ballonnet; *(Luftballon)* ballon, aérostat; *(Korbflasche)* ballon *m;* dame-jeanne *f.*
Ballsaal *m* ['bal-] salle *f* de bal. **Ballspiel** *n* jeu *m* de balle *od* de paume.
Ballung *f* ‹-, -en› ['baluŋ] amas *m,* agglomération *f.* **Ballungsgebiet** *n geog* concentration *f* urbaine. **Ballungsraum** *m geog* conurbation *f.* **Ballungszentrum** *n geog* zone *f* de grosse concentration urbaine.
Balneotherapie [balneo-] *f* balnéothérapie *f.*
Balsam *m* ‹-s, -e› ['balza(:)m] *a. fig* baume *m.* **balsamieren** [-'mi:rən] ‹*ohne ge-*› *tr* embaumer.
Balte *m* ‹-n, -n› ['baltə] , **Baltin** *f* Balte *m f.* **Baltikum** ['baltikum] , *das* les pays *m pl* baltes. **baltisch** *a* baltique.
Balustrade *f* ‹-, -n› [balus'tra:də] balustrade *f.*
Balzzeit *f orn* pariade *f.* **balzen** *itr* être en chaleur.
Bambus *m* ‹-/-ses, -se› ['bambus] *bot* bambou *m.* **Bambusrohr** *n* (bâton *m od* canne *f* de) bambou *m.*
Bammel *m* ‹-s, ø› ['baməl] *pop (Angst)* trac *m,* frousse *f.*
banal [ba'na:l] *a* banal, plat. **Banalität** *f* ‹-, -en› [-li'tɛ:t] banalité, platitude *f.*
Banane *f* ‹-, -n› [ba'na:nə] banane *f.* **Bananenrepublik** *f péj* république *f* bananière. **Bananenstaude** *f* bananier

m.

Banause *m* ‹-n, -n› [ba'nauzə] *fam* péquenaud *od* péquenot *m.*

Band (1) 1. *n* ‹-(e)s, ¨er› [bant, 'bɛndər] ruban *m; (Haar-, Stirn-)* bandeau *m; (Kinnband)* bride; *(Kleiderbesatz)* bande; *(Gurt-, Förderband)* courroie *f; arch* ruban, bandeau *m,* bandelette *f; anat (Gelenkband)* ligament, tendon; *radio (Bereich)* bande *f;* ▶ *am laufenden ~* constamment; *fig fam* sans repos; *auf ~ aufnehmen* enregistrer sur bande (magnétique); **2.** *n* ‹-(e)s, -e› [bant, '-də] *fig (innere Bindung)* lien *m; (Fesseln)* liens, fers *m pl;* **(2)** *m* ‹-(e)s, e› [bant, 'bɛndə] volume; *(starker)* tome *m; (Einband, in Zssgen)* reliure *f; Bände sprechen (fig)* en dire long; **(3)** *f* ‹-, -s› [bɛnt(s)] *(Kapelle)* orchestre *m.*

Bandage *f* ‹-, -n› [ban'da:ʒə] *med (a. Schutzbinde)* bandage *m.* **bandagieren** [-'ʒi:rən] ‹ohne ge-› *tr* bander.

Bandarbeit *f* ['bant-] travail *m* à la chaîne. **Bandaufnahme** *f* enregistrement *m* sur bande *od* sur ruban magnétique. **Bandbreite** *f radio* largeur *f* de bande; *(Spanne)* fourchette *f.*

Bande *f* ‹-, -n› ['bandə] *(Gruppe, Schar)* bande, horde, troupe *f; (Verbrecherbande)* gang *m;* ▶ *feige ~! (pop)* bande de lâches! **Bandenführer** *m* meneur *m.* **Bandenkrieg** *m* guérilla *f.*

Banderole *f* ‹-, -n› [bandə'ro:lə] banderole; *(Zigarre)* bague *f* fiscale.

Bandfertigung *f* ['bant-] fabrication *f* à la chaîne.

bändigen ['bɛndɪgən] *tr* **1.** *(zähmen)* dompter, apprivoiser; **2.** *fig* maîtriser, contrôler, refréner. **Bändigung** *f* ‹-(-en)› **1.** domptage, apprivoisement *m;* **2.** *fig* maîtrise, refrénation *f.*

Bandit *m* ‹-en, -en› [ban'di:t] bandit *m.*

Bandmaß *n* ['bant-] mètre *m* à ruban. **Bandmontage** *f* montage *m* à la chaîne. **Bandsäge** *f* scie *f* à ruban. **Bandscheibe** *f anat* disque *m* intervertébral. **Bandwurm** *m* ver solitaire *m.*

bang(e) [baŋ(ə)] *a* ‹*banger* od *bänger, am bangsten* od *bängsten*› craintif, peureux, anxieux; *(besorgt)* inquiet; ▶ *jdm ~e machen* faire peur à qn; *mir ist (angst und) ~e* j'ai grand-peur (*vor* de), je tremble (*vor* devant). **Bange** *f* ‹-, ø› : *(haben Sie)* ▶ *keine ~!* n'ayez pas peur; ne vous inquiétez pas. **bangen** *itr* avoir peur (*vor* de), appréhender, redouter (*vor etw* qc); craindre, trembler (*um* pour); ▶ *um sein Leben ~* craindre pour sa vie; *mir bangt davor* j'en ai peur.

Bank *f* **(1)** ‹-, ¨e› [baŋk, 'bɛŋkə] *(Möbel)* banc *m; loc mot* banquette *f; (Werkbank)* établi *m;* **(2) 1.** ‹-, -en› *fin* banque; *(Spielbank)* banque, maison *f* de jeu; **2.** ‹-, e› *geol (Lager, Schicht)* banc, sillon, lit; *(Sandbank)* banc (de sable); *(Untiefe)* haut-fond *m;* ▶ *Geld auf der ~ haben* avoir de l'argent en banque; *auf die lange ~ schieben* faire traîner, remettre; *vor leeren Bänken spielen (theat)* jouer pour les banquettes.

Bankangestellte *m, f* ‹-n, -n› ['baŋk-] employé, e *m f* de banque **Bankanweisung** *f* chèque *m.* **Bankauszug** *m* relevé *m* de banque. **Bankbeamte** *m* ‹-n, -n› employé *m* de banque. **Bankdirektor** *m* directeur *m* d'une *od* de la banque.

Bankett *n* ‹-(e)s, -e› [baŋ'kɛt] banquet, festin, dîner *m* de gala. *a.*

Bankfach *n* ['baŋk-] banque *f.* **Bankgeheimnis** *n* secret *m* de banque. **Bankgeschäft** *n* **1.** *(Institut)* établissement *m* de banque *od* bancaire; **2.** *(Vorgang)* opération *f* de banque *od* bancaire. **Bankguthaben** *n* avoir *od* dépôt *m* en banque. **Bankier** *m* ‹-s, -s› [-ki'e:] banquier, financier *m.* **Bankkonto** *n* compte *od* dépôt *m* de *od* en banque *od* bancaire; **Bankleitzahl** *f* code *m* établissement. **Banknote** *f* billet *m* de banque. **Banknotenumlauf** *m* circulation *f* monétaire *od* de billets de banque. **Bankomat** [baŋko'ma:t] ‹-en, -en› *m* distributeur *m* de billets (de banque), guichet *m* automatique. **Bankraub** *m* hold-up *m* d'une banque, attaque *f* à main armée contre une banque.

Bankrott *m* ‹-(e)s, -e› [baŋ'krɔt] banqueroute; *fig* faillite *f;* ▶ *~ machen* tomber en *od* faire faillite, *fig* échouer. **bankrott** *a* en faillite, insolvable.

Bankschalter *m* ['baŋk-] guichet *m* de banque. **Bankschließfach** *n* coffre-fort *m.* **Banküberweisung** *f* virement *m* de banque *od* bancaire. **Bankverbindung** *f* relation *f* bancaire. **Bankverkehr** *m* transactions *od* opérations *f pl* bancaires.

Bann *m* ‹-(e)s, ø› [ban] **1.** *hist* ban; *rel* excommunication *f;* **2.** *fig (Zauber)* charme *m,* fascination *f;* ▶ *mit dem ~ belegen (hist)* mettre au ban; *rel* excommunier. **bannen** *tr* **1.** *fig (vertreiben)* bannir; *(Gefahr)* conjurer; **2.** *(einnehmen, fesseln)* captiver, charmer, fasciner; ▶ *(wie) gebannt auf etw starren* regarder qc fixement.

Banner *n* ‹-s, -› ['banər] bannière *f,* étendard *m.*

Bantamgewicht *n* ['bantam-] *sport* poids *m* coq.

bar [ba:r] **I.** *a* **1.** *(nur mit s im gen) lit (ohne)* dépourvu, dénué, exempt de; **2.** *fin* comptant; liquide, effectif; **II.** *adv fin* comptant; ▶ *gegen ~, in ~(em Gelde)* au comptant, en espèces; *~ bezahlen* payer (en argent) comptant *od* en espèces; *etw für ~e Münze nehmen*

prendre qc pour argent comptant.
Bär *m* ‹-en, -en› [bɛ:r] ours *m;* ▶ *jdm e-n ~en aufbinden* monter un bateau à qn; *der Große, Kleine ~ (astr)* la Grande, Petite Ourse.
Baracke *f* ‹-, -n› [ba'rakə] baraque *f.* **Barackenlager** *n* baraquement *m.*
Barbar(in *f***)** *m* ‹-en, -en› [bar'ba:r] barbare *m f.* **Barbarei** *f* [-'raɪ] barbarie *f.* **barbarisch** [-'ba:rɪʃ] *a* barbare.
Barbestand *m* ['ba:r-] avoir *m* en espèces, encaisse *f.* **Barbetrag** *m* montant *m* en espèces.
Barchent *m* ‹-s, -e› ['barçənt] *(Textil)* futaine *f.*
Bardame *f* ['ba:r-] barmaid *f.*
Bareinnahme *f* ['ba:r-] recettes *od* entrées *f pl* de caisse.
Bärenhaut *f* ['bɛ:rən-] : ▶ *auf der ~ liegen (fam)* fainéanter. **Bärenhunger** *m fam* faim *f* de loup *od* du diable.
Barett *n* ‹-(e)s, -e/(-s)› [ba'rɛt] barrette; toque *f.*
barfuß, barfüßig ['ba:rfu:s, fy:sɪç] **I.** *a u. adv* nu-pieds; **II.** *adv* pieds nus.
Bargeld *n* ['ba:r-] = *bares Geld.* **bargeldlos** *a* par virement *od* mandat. **Bargeschäft** *n* marché *m* comptant.
Barhocker *m* ['ba:r-] tabouret *m* de bar.
Bariton *m* ‹-s, -e› ['ba:ritɔn, '-to:nə] *mus* baryton *m.*
Barium *n* ‹-s, ø› ['ba:riʊm] *chem* baryum *m.*
Barkauf *m* ['ba:r-] achat *m* au comptant.
Barke *f* ‹-, -n› ['barkə] barque, barge *f.*
Barkeeper *m,* **Barmixer** *m* ['ba:r-] barman *m.*
barmherzig [barm'hɛrtsɪç] *a* miséricordieux, charitable; ▶ *~er Gott!* (Dieu de) miséricorde! **Barmherzigkeit** *f* ‹-, ø› miséricorde, pitié, charité *f;* ▶ *~ üben* faire la charité.
Barock *n* od *m* ‹-s, ø› [ba'rɔk] baroque *m.* **barock** *a (Kunst u. fig)* baroque.
Barometer *n* [baro'me:tər] baromètre *m;* ▶ *das ~ steht auf veränderlich* le baromètre est au variable. **Barometerstand** *m* hauteur *f* barométrique.
Baron *m* ‹-s, -e› [ba'ro:n] baron *m.* **Baronin** *f* baronne *f.*
Barpreis *m* ['ba:r-] prix *m* comptant.
Barren *m* ‹-s, -› ['barən] **1.** *(Handelsform d. Metalle)* lingot *m,* barre *f;* **2.** *sport* barres *f pl* parallèles.
Barriere *f* ‹-, -n› [bari'ɛ:rə] barrière *f.*
Barrikade *f* ‹-, -n› [bari'ka:də] barricade *f.* **Barrikadenkämpfe** *m pl* combats *m pl* sur les barricades.
Barsch *m* ‹-(e)s, -e› [ba:rʃ] *(Fisch)* perche *f.*
barsch [barʃ] *a* brusque, rude, âpre.
Barscheck *m* chèque *m* ordinaire *od* payable au comptant.
Bart *m* ‹-(e)s, ⸚e› [ba:rt, 'bɛ:rtə] **1.** barbe; *bot* arête, barbe *f;* **2.** *(des Schlüssels)* panneton *m;* ▶ *in den ~ brummen* murmurer *od* parler entre ses dents, grommeler; *sich den od e-n ~ wachsen lassen* se laisser pousser sa barbe. **Bartflechte** *f bot med* lichen *m.* **Bartwuchs** *m* barbe *f.*
Baryt *m* ‹-(e)s, -e› [ba'ry:t, -'rʏt] *min* baryte *f.*
Barzahlung *f* ['ba:r-] paiement *m* comptant *od* en espèces; ▶ *nur gegen ~* payable au comptant.
Basalt *m* ‹-(e)s, -e› [ba'zalt] *min* basalte *m.*
Basar *m* ‹-s, -e› [ba'za:r] *(Verkaufsstätte)* bazar *m.*
Base *f* ‹-, -n› ['ba:zə] **(1)** cousine *f;* **(2)** *chem* base *f.*
Basel *n* ‹-s, ø› ['ba:zəl] Bâle *f.*
Basilika *f* ‹-, -ken› [ba'zi:lika, -kən] *arch* basilique *f.*
Basilikum [ba'zi:likʊm] ‹-s, -s/-ken› *n bot* basilic *m.*
Basis *f* ‹-, Basen› ['ba:zɪs, -zən] *arch* base *f,* fondement *m; math fig (Grundlage)* base *f.*
basisch ['ba:zɪʃ] *a chem* basique.
Basisgemeinde *f rel* communauté *f* de base. **basisnah** *a* démocratique.
Baske *m* ‹-n, -n› ['baskə] , **Baskin** *f* Basque *m,* Basquaise *f.* **Baskenland** *n* pays *m* basque. **Baskenmütze** *f* béret *m* basque.
Basrelief *n* ‹-s, -s/-e› ['bareliɛf, ---'-] *(Kunst)* bas-relief *m.*
Baß *m* ‹-sses, **sse**› [bas, 'bɛsə] *(Stimme u. Sänger)* basse; *(Instrument)* contrebasse *f.*
Bassist *m* ‹-en, -en› [ba'sɪst] *(Spieler)* contrebassiste *m; (Sänger)* basse *f.*
Baßschlüssel *m* ['bas-] clef *f* de fa.
Bast *m* ‹-(e)s, -e› [bast] liber *m,* fibre végétale; *(Rinde)* écorce.
basta ['basta] *interj* assez! baste! ▶ *und damit ~!* pas un mot de plus!
Bastard *m* ‹-(e)s, -e› ['bastart, -də] **1.** *(uneheliches Kind)* bâtard, enfant *m* naturel; **2.** *(Mischling)* hybride, métis *m.*
Bastei *f* ‹-, -en› [bas'taɪ] , **Bastion** *f* ‹-, -en› [-ti'o:n] *mil* bastion *m.*
Basteln ['bastəln] *n* bricolage *m.* **basteln** *tr* u. *itr* bricoler.
Bastler *m* ‹-s, -› ['bastlər] bricoleur *m.*
Bataillon *n* ‹-s, -e› [batal'jo:n] bataillon *m.*
Batist *m* ‹-(e)s, -e› [ba'tɪst] *(Textil)* batiste *f.*
Batterie *f* ‹-, -n› [batə'ri:] **1.** *mil* batterie; **2.** *el* batterie, pile *f,* accumulateur *m; mot* pile *f* (d'allumage). **Batterieempfänger** *m,* **Batteriegerät** *n radio* poste *m* sur accu. **Batteriezündung** *f mot* allumage *m* par batterie.
Bau *m* ‹-(e)s, -ten› [baʊ, '-tən] **1.** *(Tätigkeit u. Gebäude)* construction *f;* **2.** *(Gebäude)* bâtiment *m,* bâtisse *f,* édifice;

zoo terrier *m;* **3.** *allg (Gefüge, Gliederung)* architecture, structure *f;* **4.** *pl (~ten) film* décors *m pl;* ► *im ~ (befindlich)* en (cours *od* voie de) construction *od* (d')édification, en chantier; *vom ~ sein (fam)* être du bâtiment. **Bauabschnitt** *m* période de construction, tranche *f* (des travaux). **Bauamt** *n* office *m* des constructions, service *m* des travaux publics. **Bauarbeiten** *f pl* travaux *m pl* de construction. **Bauarbeiter** *m* ouvrier *m* du bâtiment. **Baubaracke** *f* baraque *f* de chantier. **Baubüro** *n* bureau *m* de construction.

Bauch *m* ‹-(e)s, ⁻e› [baʊx, 'bɔʏçə] ventre; *(Unterleib)* abdomen; *(starker Leib)* embonpoint *m;* ► *~ ansetzen, e-n ~ bekommen* prendre du ventre *od* de l'embonpoint; *sich den ~ vor Lachen halten* se tenir les côtes *od* se pâmer de rire; *sich auf den ~ legen, auf dem ~ liegen* se coucher, être à plat ventre; *sich den ~ vollschlagen (pop)* se remplir le jabot. **Bauchatmung** *f* respiration *f* abdominale. **Bauchbinde** *f* ceinture (abdominale), ventrière *f.* **Bauchfell** *n anat* péritoine *m.* **Bauchfellentzündung** *f* péritonite *f.* **Bauchhöhle** *f* cavité *f* abdominale. **Bauchlandung** *f aero* atterrissage *m* sur le ventre *od* train rentré. **Bauchredner** *m* ventriloque *m.* **Bauchspeck** *m (Küche)* petit lard, lard *m* maigre. **Bauchspeicheldrüse** *f anat* pancréas *m.* **Bauchweh** *n* mal *m* au ventre.

Baudenkmal *n* ['baʊ-] ► *geschütztes ~* monument *m* public. **bauen** *tr* **1.** bâtir, construire; *(errichten)* élever, dresser; *(Tunnel)* percer; *(Nest)* faire; **2.** *agr (anbauen)* planter, cultiver; **3.** *fig* baser, fonder (*auf* sur); *itr* **4.** travailler à la construction (*an* de); **5.** *fig* compter (*auf jdn* sur qn); avoir confiance (en qn).

Bauer ['baʊər] **(1)** *m* ‹-n/(-s), -n› *(Landwirt)* paysan; *(Pächter)* fermier; *(Landmann)* agriculteur, cultivateur, laboureur; *(Schach)* pion; **(2)** *n, a. m* ‹-s, -› *(Käfig)* cage *f.*

Bäuerin *f* ['bɔʏər-] paysanne, fermière. **bäuerlich** *a* paysan, rustique, campagnard; *(ländlich)* rural, champêtre.

Bauernbrot *n* ['baʊərn-] pain *m* de campagne. **Bauernhaus** *n,* **Bauernhof** *m* ferme, métairie *f.* **Bauernmöbel** *n pl* meubles *m pl* rustiques. **Bauernverband** *m* syndicat *m* paysan.

Bauersleute *pl* paysans *m pl.*

Bauerwartungsland *n* terrain *m* à bâtir. **baufällig** ['baʊ-] *a* croulant, délabré, vétuste; ► *~ sein* menacer ruine. **Baufälligkeit** *f* délabrement *m,* vétusté *f.* **Baufirma** *f* entreprise *f* de construction. **Bauführer** *m* chef de chantier *od* de construction. **Baugelände** *n* terrain *m* à bâtir. **Baugenehmigung** *f* permis *m* de construire, autorisation *f* de construire *od* de construction. **Baugerüst** *n* échafaudage *m.* **Baugesellschaft** *f* société *f* de construction *od* immobilière. **Baugewerbe** *n* (industrie *od* profession *f* du) bâtiment *m.* **Bauherr** *m* maître d'œuvre; promoteur *m.* **Bauholz** *n* bois *m* de charpente *od* d'œuvre *od* de construction. **Bauingenieur** *m* ingénieur *m* civil. **Baujahr** *n* année *f* de construction *od* de fabrication. **Baukasten** *m* boîte *f od* jeu *m* de construction. **Bauklotz** *m* bloc *m* de jeu de construction. **Baukosten** *pl* frais *m pl* de construction. **Baukostenzuschuß** *m* subvention de construction, quote-part *f* des frais de construction. **Baukunst** *f* architecture *f.* **Bauleiter** *m* directeur de(s) travaux, chef *m* de chantier. **Bauleitung** *f* direction *f* des travaux.

Baum *m* ‹-(e)s, ⁻e› [baʊm, 'bɔʏmə] arbre *m;* ► *alte Bäume versetzt man nicht (prov)* les vieux arbres ne se transplantent pas.

Baumaterial *n* ['baʊ-] matériaux *m pl* de construction.

Baumbestand *m* ['baʊm-] peuplement *m* forestier. **Baumblüte** *f (Vorgang und Zeit)* floraison, fleuraison *f.*

Baumeister *m* ['baʊ-] architecte; *allg* constructeur *m.*

baumeln ['baʊməln] *itr* pendiller, brandiller; ► *~ lassen (die Beine)* balancer.

bäumen ['bɔʏmən] , *sich* se cabrer, se dresser.

Baumgrenze *f* ['baʊm-] *geog* limite *f* d'arbres. **Baumgruppe** *f* bosquet. **Baumkrone** *f* cime *f* d'arbre. **baumlang** *a:* ► *ein ~er Kerl fam* un grand gaillard. **Baummarder** *m* martre *f* (commune). **Baumpfahl** *m* tuteur *m.* **Baumreihe** *f* rangée *f* d'arbres. **Baumrinde** *f* écorce *f* d'arbre. **Baumsäge** *f* (scie) égoïne *od* égohine *f.* **Baumschule** *f* pépinière *f.* **Baumstamm** *m* tronc d'arbre; fût *m.* **baumstark** *a* fort comme un chêne. **Baumstumpf** *m* souche *f* d'arbre, chicot *m.* **Baumtod** *m* dépérissement *m* des arbres.

Baumwolle *f* ['baʊmvɔlə] coton *m.* **Baumwollindustrie** *f* industrie *f* cotonnière *od* du coton. **Baumwollstaude** *f* cotonnier *m.*

Bauplan *m* ['baʊ-] *arch* plan *od* projet *od* programme de construction; *tech* plan *m* de montage. **Bauplatz** *m* terrain à bâtir, chantier *m.*

bäurisch ['bɔʏrɪʃ] *a péj* rustaud, rustre.

Bauruine *f* construction *f* inachevée.

Bausch *m* ‹-(e)s, -e/⁻e› [baʊʃ, 'bɔʏʃə] *(fester)* bourrelet, coussinet; *(Wattebausch)* tampon; *(lockerer)* bouffant, renflement *m;* ► *in ~ und Bogen (a. kaufen)* en bloc. **bauschen** *tr* faire

bouffer; *itr (Segel)* s'enfler; *sich* ~ bouffer, blouser. **bauschig** *a* bouffant.
Bauschutt *m* décombres *m pl.* **Bausparkasse** *f* caisse d'épargne de construction. **Baustein** *m* pierre *f* à bâtir; *fig* élément *m* constitutif. **Baustelle** *f* chantier *m* (de construction); ► ~*!* Travaux! *Betreten der* ~ *verboten!* chantier interdit au public. **Baustil** *m* style *m* architectural). **Baustoffe** *m pl* matériaux *m pl* de construction. **Baustopp** *m* arrêt *m* de construction *f.* **Bauunternehmer** *m* entrepreneur *m* de construction. **Bauverbot** *n* interdiction *f* de construire. **Bauvorhaben** *n* projet *m* de construction *od* de travaux. **Bauweise** *f* méthode *f od* genre *m* de construction. **Bauwerk** *n* édifice, bâtiment *m,* bâtisse *f.* **Bauwirtschaft** *f* industrie *f* du bâtiment.
Bauxit *m* ‹-s, -e› [baʊ'ksi:t, -'ksɪt] *min* bauxite *f.*
Bayer(in *f***)** *m* ‹-n, -n› (*f* ‹-, -nen›) [baɪər] Bavarois(e *f*) *m.* **bay(e)risch** *a* bavarois. **Bayern** *n* la Bavière.
Bazillus *m* ‹-, -llen› [ba'tsɪlʊs, -lən] bacille *m.*
B-Dur *n* ['be:du:r] *mus* si *m* bémol majeur.
beabsichtigen ‹*ohne ge-*› *tr* vouloir, entendre, compter, penser (*etw zu tun* faire qc); avoir l'intention, envisager, projeter (*etw zu tun* de faire qc). **beabsichtigt** *a bes. jur* intentionnel; ► *das hatte ich nicht* ~ je ne l'ai pas fait exprès.
beachten ‹*ohne ge-*› *tr* **1.** faire attention, avoir égard (*etw* à qc); *(berücksichtigen)* tenir compte (*etw* de qc), prendre en considération; **2.** *(befolgen) (Rat)* suivre, *(Regel, Vorschrift)* observer, respecter. **beachtenswert** *a* remarquable. **beachtlich** *a* considérable. **Beachtung** *f* ‹-, ø› **1.** attention; *(Berücksichtigung)* considération *f;* **2.** *(Befolgung)* observation *f;* ► ~ *finden* intéresser.
Beamte *m* ‹-n, -n› [bə'ʔamtə] *allg* agent; *(Staatsbeamter)* fonctionnaire, officier; *(Justiz-, Verwaltungsbeamter)* magistrat; homme de robe. **Beamtenlaufbahn** *f* carrière *f* de fonctionnaire. **Beamtentum** ‹-s, ø› *n* (corps *f* des) fonctionnaires *m pl;* fonction *f* publique. **Beamtenverhältnis** *n:* ► *im* ~ *stehen* être fonctionnaire. **beamtet** *a* titulaire; en charge. **Beamtin** *f* fonctionnaire *f.*
beängstigen ‹*ohne ge-*› *tr* faire peur (*jdn* à qn); inquiéter, alarmer (*jdn* qn). **beängstigend** *a* inquiétant, alarmant.
beanspruchen ‹*ohne ge-*› *tr* **1.** *(Person)* réclamer; prétendre (*etw* à qc); *(fordern)* revendiquer; **2.** *(Sache) (erfordern)* demander, exiger; *(Zeit)* prendre; *tech* employer, solliciter, fatiguer. **Beanspruchung** *f* ‹-, -en› **1.** réclamation; revendication *f;* **2.** sollicitation; engagement *m.*
beanstanden ‹*ohne ge-*› *tr* réclamer (*etw* contre qc); *(Einwendungen machen)* faire *od* formuler des objections (*etw* à qc); *(Einspruch erheben)* contester. **Beanstandung** *f* ‹-, -en› réclamation; objection, critique; contestation *f.*
beantragen ‹*ohne ge-*› *tr* demander, solliciter; *jur* requérir; ► *ein Stipendium* ~ faire une demande de bourse.
beantworten ‹*ohne ge-*› *tr* répondre (*etw* à qc). **Beantwortung** *f* ‹-, -en› réponse *f* (*e-r S* à qc).
bearbeiten ‹*ohne ge-*› *tr* **1.** *(arbeiten an)* travailler à; traiter *a. jur; (ausarbeiten)* élaborer; *(redigieren)* rédiger; *(überarbeiten)* remanier, refondre; *mus* arranger; adapter (*für die Bühne, den Film, den Funk, das Fernsehen* à la scène, à l'écran, à la radio, à la télévision); **2.** *tech* travailler, façonner, tailler; *agr* cultiver; **3.** *fig fam (Menschen zu überreden suchen)* travailler. **Bearbeitung** *f* ‹-, -en› **1.** travail; traitement *m a. jur;* rédaction *f;* remaniement *m,* refonte *f;* *mus* arrangement *m;* adaption *f* (*für die Bühne, den Film, den Funk, das Fernsehen* à la scène, à l'écran, à la radio, à la télévision); **2.** *tech* travail *m,* façonnement *m;* ► *in* ~ en préparation, en étude.
Beatmungsgerät *n* appareil *m* de réanimation.
beaufsichtigen ‹*ohne ge-*› *tr* surveiller, contrôler, inspecter, garder. **Beaufsichtigung** *f* ‹-, -en› surveillance *f,* contrôle *m,* inspection *f.*
beauftragen ‹*ohne ge-*› *tr* charger *(a. e-n Rechtsanwalt)* (*jdn mit etw* qn de qc); mandater, déléguer (*jdn mit etw* qn à qc); ► *mit etw* ~*t sein* avoir mission de *od* pour qc. **Beauftragte** *m f* ‹-n, -n› chargé(e *f*) d'affaires, mandataire, délégué(e *f*) *m.*
bebauen ‹*ohne ge-*› *tr* **1.** bâtir, couvrir de bâtiments; **2.** *(Acker)* cultiver.
beben ['be:bən] *itr* trembler, frémir. **Beben** *n* tremblement *m.*
Becher *m* ‹-s, -› ['bɛçər] gobelet *m,* timbale *f; (kleiner; Baggereimer)* godet *m; bot* cupule *f, (der Eichel)* godet *m.* **becherförmig** *a* en forme de gobelet.
Becken *n* ‹-s, -› ['bɛkən] **1.** *(flaches Gefäß)* bassin *m (a. Hafen-, Schwimmbecken, geog, anat); (Waschbecken)* cuvette; *(Brunnenbecken)* vasque *f;* **2.** *pl mus* cymbales *f pl.* **Beckenknochen** *m* os *m* du bassin.
Becquerel [bɛkə'rɛl] *n (Maßeinheit für Radioaktivität)* becquerel *m.*
bedacht [bə'daxt] *a:* ► *auf etw* ~ *sein (nach etw streben)* songer à qc; être soucieux. **Bedacht** *m:* ► *mit* ~ avec

circonspection; *(mit Absicht)* de propos délibéré. **bedächtig** [bə'dɛçtıç] **I.** *a (besonnen)* réfléchi; *(gesetzt)* posé; *(vorsichtig)* prudent; **II.** *adv* avec circonspection; posément. **Bedächtigkeit** *f* ‹-, ø› réflexion, prudence *f.* **bedachtsam** [bə'daxtza:m] *a (besonnen)* réfléchi; *(umsichtig)* circonspect.

bedanken, *sich* ‹*ohne ge-*› **1.** remercier (*bei jdm für etw* qn de qc); **2.** *(ablehnen)* refuser (avec politesse) (*für etw* qc).

Bedarf *m* ‹-(e)s, ø› [bə'darf] **1.** besoins *m pl* (*an* de), quantité *f* nécessaire; **2.** *(Nachfrage)* demande *f* (*an* de); ► *bei ~* en cas de besoin, si nécessaire; *nach ~* selon *od* suivant les besoins; *den ~ decken* couvrir les besoins. **Bedarfsfall** *m:* ► *im ~* en cas de besoin, au besoin. **Bedarfsgüter** *n pl* biens *m pl* de consommation. **Bedarfshaltestelle** *f* arrêt *m* facultatif.

bedauerlich *a (Sache)* regrettable, déplorable; *(beklagenswert)* lamentable; ► *es ist ~, daß* il est à regretter *od* regrettable que. **bedauerlicherweise** *adv* malheureusement. **bedauern** ‹*ohne ge-*› *tr* **1.** *(Sache)* regretter; *(beklagen)* déplorer; **2.** *(Menschen)* plaindre, avoir pitié de; ► *zu ~ sein* être à plaindre; *(ich) bedauere* je regrette; mille regrets! **Bedauern** *n* regret *m;* ► *mit ~* avec regret; *zu meinem (großen) ~* à mon (grand) regret. **bedauernswert** *a = bedauerlich.*

bedecken ‹*ohne ge-*› *tr* couvrir, recouvrir, revêtir (*mit* de); *(schützen)* abriter; *sich ~ (den Hut aufsetzen)* se couvrir *(a. vom Himmel).* **bedeckt** *a (Himmel)* couvert, voilé; *(Gelände)* couvert.

bedenken ‹*bedachte, bedacht*› *tr* **1.** *(erwägen)* considérer, prendre en considération; penser, songer (*etw* à qc); **2.** *(beachten)* prendre garde à, tenir compte de; **3.** *refl sich ~* réfléchir, délibérer; ► *wenn man bedenkt, daß ...* dire que ...; *zu ~ geben* donner à réfléchir; *die Folgen ~* peser les conséquences. **Bedenken** *n* ‹-s, ø› **1.** *(Erwägung)* réflexion; délibération, considération *f;* **2.** *pl (Zweifel, Befürchtungen)* doutes *m pl,* préoccupations *f pl;* ► *ohne ~* sans hésiter, sans hésitation, en toute assurance, sans scrupule; *gegen etw ~ äußern* faire *od* formuler des réserves sur qc; *~ haben* hésiter (*etw zu tun* à faire qc). **bedenklich** *(Sache) (besorgniserregend)* inquiétant; *(ernst)* sérieux, grave; *(gefährlich)* dangereux, scabreux; ► *das macht* od *stimmt ~* cela donne à réfléchir. **Bedenkzeit** *f* temps *m* de (la) réflexion.

bedeuten ‹*ohne ge-*› *tr (besagen) (Sache)* signifier, vouloir dire; *(vorbedeuten)* présager; *(mit sich bringen)* comporter, entraîner; ► *etwas ~ (wichtig sein)* avoir de l'importance, être de conséquence; *jdm etwas ~ (wert sein)* signifier qc pour qn; *das beteutet, daß ...* autant dire que ...; *das hat nichts zu ~* cela n'a aucune importance *od* pas d'importance, cela ne signifie rien; *was soll das ~?* qu'est-ce que cela signifie *od* veut dire? **bedeutend I.** *a (wichtig)* important; *(hervorragend)* éminent; *(beachtlich, beträchtlich)* notable, remarquable; **II.** *adv* considérablement, sensiblement. **bedeutsam** *a* significatif, révélateur. **Bedeutung** *f* **1.** *(Sinn)* signification *f,* sens *m; (Vorbedeutung)* présage *m;* **2.** *(Wichtigkeit)* importance; *(Tragweite)* portée, conséquence *f;* ► *ohne (jede) ~* sans aucune importance; *einer Sache ~ beimessen* attacher de l'importance à qc; *~ gewinnen* prendre de l'importance; *von ~ sein* être d'importance. **bedeutungslos** *a* insignifiant, négligeable. **Bedeutungslosigkeit** *f* ‹-, ø› insignifiance *f.* **Bedeutungsumfang** *m* étendue; *(e-s Wortes)* aire *f* sémantique. **bedeutungsvoll** *a* significatif.

bedienen ‹*ohne ge-*› *tr* **1.** *(Menschen, Maschine, schwere Waffe)* servir; *tech (Apparat, Maschine) a.* manier, manœuvrer, manipuler; **2.** servir (*bei Tisch* à table); **3.** *(Kartenspiel)* fournir, donner; **4.** *refl. sich ~* se servir (*e-r S* de qc); ► *~ Sie sich!* servez-vous (, s'il vous plaît); *ich bin bedient!* je suis servi! **Bediener(in** *f*) *m inform* opérateur, trice *m f.* **Bedienerführung** *f inform* mode *m* d'utilisation. **Bedienung** *f* ‹-, -en› **1.** *(ohne pl) (Tätigkeit)* service; *tech* maniement *m,* manœuvre *f;* **2.** *(Personal)* gens *pl* de service, personnel *m,* domestiques *m pl; (Kellnerin)* serveuse *f;* ► *~ inbegriffen* service compris. **Bedienungsvorschrift** *f* instructions *f pl* d'utilisation *od* d'emploi.

bedingen [bə'dıŋən] ‹*ohne ge-*› *tr* **1.** *(voraussetzen)* conditionner, présupposer; *(erfordern)* exiger, nécessiter; **2.** *(verursachen)* causer, occasionner. **bedingt I.** *a* conditionnel *a. jur; (beschränkt)* limité; ► *~ durch* dû à; **II.** *adv* sous (certaines) réserve(s); relativement; ► *~ gültig* d'une validité relative. **Bedingung** *f* ‹-, -en› **1.** *(Voraussetzung)* condition; *(Erfordernis)* exigence *f;* **2.** *(Vertragsbestimmung)* stipulation; clause; modalité *f; pol* préalable *m;* **3.** *pl (Verhältnisse)* conditions, modalités *f pl;* ► *unter der ~, daß ...* sous condition de *inf,* que ..., à (la) condition que ... *(subj); unter diesen ~en* dans ces conditions; *e-e ~ erfüllen* remplir une condition. **bedingungslos I.** *a* inconditionné, inconditionnel; **II.** *adv* sans condition, sans réserve.

bedrängen ‹*ohne ge-*› *tr (bestürmen)* presser, tourmenter, embarrasser. **Bedrängnis** *f* ‹-, -se›, **Bedrängung** *f* ‹-, -en› embarras *m; (Notlage)* gêne *f;* ► *in äußerster ~ sein* être aux abois.
bedrohen ‹*ohne ge-*› *tr* menacer. **bedrohlich** *a* menaçant. **Bedrohung** *f* menace *f;* ► *~ des Friedens* menace *f* pour la paix.
bedrucken ‹*ohne ge-*› *tr* imprimer.
bedrücken ‹*ohne ge-*› *tr* oppresser, opprimer, déprimer, accabler, affliger. **bedrückend** *a* oppressif, accablant. **bedrückt** *a* accablé, déprimé, affligé.
Beduine *m* ‹-n, -n› [bedu'i:nə] Bédouin *m.*
bedürfen ‹*bedarf, bedurfte, bedurft*› *itr* avoir besoin (*e-r S* de qc); *(Sache) (erfordern)* nécessiter, demander, exiger (*e-r S* qc); ► *das bedarf e-r Erklärung* cela demande des explications; *es bedarf nur e-s Wortes* il suffit d'une parole, une parole suffit. **Bedürfnis** *n* ‹-ses, -se› besoin *m; (Erfordernis)* nécessité (*nach* de), exigence *f;* ► *ein ~ befriedigen (physiol)* faire *od* satisfaire ses besoins; *ein ~ verspüren* éprouver *od* ressentir un besoin; *es ist mir ein ~ zu ...* j'éprouve le besoin de ... **bedürfnislos** *a (Mensch)* frugal, sans besoins; *(bescheiden)* modeste. **bedürftig** *a (Mensch)* indigent, besogneux, nécessiteux. **Bedürftigkeit** *f* ‹-, ø› indigence *f.*
Beefsteak *n* ‹-s, -s› ['bi:fste:k] bifteck *m.*
beeid(ig)en ‹*ohne ge-*› *tr (Aussage)* affirmer sous serment. *(nur:)* **beeidigen** ‹*ohne ge-*› *(Person)* assermenter; faire prêter serment (*jdn* à qn). **beeidigt** *a (Aussage)* sous serment; *(Person)* assermenté, juré.
beeilen, *sich* ‹*ohne ge-*› se dépêcher, se hâter; s'empresser (*etw zu tun* de faire qc).
beeindrucken ‹*ohne ge-*› *tr* impressionner.
beeinflußbar [-flʊs-] *a* influençable. **beeinflussen** ‹*ohne ge-*› *tr* influencer, influer sur. **Beeinflussung** ‹-, (-en)› *f* influence (*gen* sur).
beeinträchtigen ‹*ohne ge-*› *tr* porter préjudice *od* atteinte à. **Beeinträchtigung** *f* ‹-, -en› préjudice *m,* atteinte *f.*
beend(ig)en ‹*ohne ge-*› *tr* terminer, finir, achever; *(aufhören mit)* cesser. **Beendigung** *f* ‹-, ø› achèvement *m;* cessation *f.*
beengen ‹*ohne ge-*› *tr* (res)serrer; gêner *a. fig; fig* oppresser; ► *beengt leben* vivre à l'étroit.
beerben ‹*ohne ge-*› *tr* hériter (*jdn* de qn).
beerdigen [bə'e:rdɪgən] ‹*ohne ge-*› *tr* enterrer. **Beerdigung** *f* ‹-, -en› **1.** enterrement *m;* **2.** *(feierliche Handlung)* funérailles, obsèques *f pl.* **Beerdigungsinstitut** *n* pompes *f pl* funèbres.
Beere *f* ‹-, -n› ['be:rə] baie *f; (Wein~)* grain *m.* **Beerenfrüchte** *f pl,* baies *f pl.*
Beet *n* ‹-(e)s, -e› [be:t] *agr* planche; *(Rabatte)* plate-bande *f,* parterre *m.*
befähigen *(ohne ge-) tr* rendre apte (*zu* à); rendre capable (*zu* de), qualifier (*zu* pour); **befähigt** *a* apte (*zu* à), capable (*zu* de), qualifié (*zu* pour). **Befähigung** *f* ‹-, (-en)› aptitude, capacité (*zu* à), qualification *f* (*zu* pour).
befahrbar *a (Straße)* praticable. **befahren I.** ‹*befährt, befuhr, befahren*› *tr* passer (*etw* sur qc); **II.** *a (Straße)* fréquenté.
Befall *m* ‹-(e)s, ø› *(durch Parasiten)* envahissement *m.* **befallen** ‹*befällt, befiel, befallen*› *tr (Ungeziefer)* envahir, infester; *(Krankheit)* attaquer, atteindre, saisir; *(Furcht)* saisir.
befangen *a* **1.** *(eingeschüchtert, verwirrt)* intimidé, embarrassé, gêné; **2.** *(voreingenommen)* prévenu; ► *in e-m Irrtum ~* dans l'erreur. **Befangenheit** *f* ‹-, ø› **1.** timidité *f;* embarras *m,* gêne *f;* **2.** prévention *f.*
befassen, *sich* ‹*ohne ge-*› **1.** s'occuper (*mit* de); **2.** *(handeln von)* traiter (de).
Befehl *m* ‹-(e)s, -e› [bə'fe:l] ordre, commandement *m; inform* action *f;* ► *auf ~* par ordre; *gen* sur ordre de; *e-n ~ ausführen* exécuter un ordre; *e-n ~ erteilen* donner un ordre; *~ ist ~* un ordre est un ordre; *ausdrücklicher od strikter ~* injonction *f.* **befehlen** ‹*befiehlt, befahl, befohlen*› **1.** *tr* ordonner, commander, donner (l')ordre (*etw zu tun* de faire qc); **2.** *tr (herrschen)* avoir le commandement; ► *wie Sie ~* comme vous voudrez, comme il vous plaira. **befehlend** *a,* **befehlerisch** *a* impérieux, dictatorial. **Befehlsform** *f gram* impératif *m.* **Befehlshaber** *m* commandant, chef *m;* ► *oberster ~* commandant *m* en chef. **Befehlsverweigerung** *f* refus *m* d'obéissance. **Befehlszeile** *f inform* ligne *f* réservée aux instructions.
befestigen [bə'fɛstɪgən] ‹*ohne ge-*› *tr* **1.** fixer, attacher (*an* à), affermir; **2.** *(Straße)* revêtir; **3.** *mil* fortifier; **4.** *fig* fortifier, (r)affermir; consolider, stabiliser. **Befestigung** *f* ‹-, (-en)› **1.** *(Festmachen)* fixation *f; tech* serrage *m;* **2.** *mil* fortification *f;* **3.** *fig* raffermissement *m,* consolidation *f.*
befeuchten ‹*ohne ge-*› *tr* humecter.
befinden ‹*befand, befunden*› *tr* **1.** *(erachten)* trouver, juger; *itr* **2.** *jur (entscheiden)* juger, décider (*über* de); **3.** *refl sich ~ (örtlich)* se trouver, être; *geog* être situé; **4.** *(gesundheitlich)* se porter, se trouver. **Befinden** *n* ‹-s, ø› **1.** *(Meinung)* avis *m,* opinion *f;* **2.** *(gesundheitlich)* (état *m* de) santé *f.* **befindlich**

a: ► *im Bau* ~ en construction.
beflecken ‹*ohne ge-*› *tr* tacher (*mit* de); *(beschmutzen)* salir, souiller; *fig* entacher, souiller.
befliegen ‹*beflog, beflogen*› *tr aero:* ► *e-e Flugstrecke* ~ desservir une ligne aérienne.
beflissen [bəˈflɪsən] *a (eifrig)* empressé, assidu, appliqué. **Beflissenheit** *f* ‹-, ø› empressement *m*, application *f*.
beflügeln ‹*ohne ge-*› *tr fig* rendre agile; *(s-e Schritte)* accélérer, hâter. **beflügelt** *a fig* ailé, rapide.
befolgen ‹*ohne ge-*› *tr (Rat)* suivre; *(Anweisung)* observer, obéir à.
befördern ‹*ohne ge-*› *tr* **1.** *(transportieren)* transporter; expédier, acheminer; *(Telegramm)* transmettre; **2.** *(fördern, unterstützen)* favoriser, protéger; *(die Verdauung)* stimuler; **3.** *(im Rang)* promouvoir, élever (*zum* od *zur* au rang de); ► *befördert werden* être promu; avancer. **Beförderung** *f* ‹-, -en› **1.** transport *m;* expédition *f*, acheminement *m; tele* transmission *f;* **2.** *(im Rang)* promotion *f;* avancement *m*. **Beförderungsbedingungen** *f pl* conditions *f pl* de *od* du transport. **Beförderungsmittel** *n* moyen *m* de transport.
befrachten ‹*ohne ge-*› *tr (Wagen)* charger; *mar* affréter.
befragen ‹*ohne ge-*› *tr* interroger; *(um Rat fragen)* consulter; *(ausfragen)* questionner, interviewer. **Befragung** *f* ‹-, (-en)› consultation; interview; information *f; jur* interrogatoire; *(Umfrage)* sondage *m*, enquête *f*.
befreien ‹*ohne ge-*› *tr* **1.** libérer, délivrer; *(Sklaven)* affranchir; *(von e-r Hülle)* dégager; *(aus d. Abhängigkeit)* émanciper; *(entlasten)* dégager, décharger; **2.** *(etw erlassen)* dispenser (*jdn von etw* qn de qc); *(freistellen)* exempter; **3.** *(aus e-r Gefahr)* tirer, sauver (*aus* de); **4.** *refl sich* ~ se libérer; se débarrasser (*aus, von* de); ► *sich aus e-r schwierigen Lage* ~ se tirer d'une position difficile. **Befreier** *m* ‹-s, -› libérateur *m*. **Befreiung** *f* ‹-, ø› **1.** libération, délivrance *f;* affranchissement *m;* émancipation *f;* **2.** dégagement *m;* dispense; *mil* exemption *f*. **Befreiungskrieg** *m* guerre *f* d'indépendance. **Befreiungstheologie** *f* théologie *f* de la libération.
befremden ‹*ohne ge-*› *tr* étonner, frapper, déconcerter. **Befremden** *n* ‹-s, ø› étonnement *m*. **befremdend** *a*, **befremdlich** *a* étrange, insolite.
befreunden, *sich* ‹*ohne ge-*› se lier d'amitié (*mit jdm* avec qn). **befreundet** *a:* ► *ich bin mit ihm* ~ *(a.)* je suis un de ses amis; *ein ~es Land* un pays ami.
befrieden ‹*ohne ge-*› *tr pol (beruhigen)* pacifier. **Befriedung** *f* ‹-, (-en)› pacification *f*.
befriedigen [bəfriːdɪgən] ‹*ohne ge-*› *tr (zufriedenstellen)* satisfaire, contenter; *(beschwichtigen)* apaiser, calmer; *(Begierde, Trieb)* assouvir. **Befriedigung** *f* ‹-, ø› **1.** *(Zufriedenheit)* contentement *m*, satisfaction *f;* **2.** *(e-r Begierde, e-s Wunsches)* apaisement, assouvissement *m*.
befristet *a com fin* limité, à terme; ► *kurz* ~ à court terme.
befruchten ‹*ohne ge-*› *tr a. fig* féconder; être fécond pour; ► *künstlich* ~ inséminer. **Befruchtung** *f* ‹-, -en› fécondation *f;* ► *künstliche* ~ fécondation artificielle, insémination *f*.
Befugnis *f* ‹-, -se› autorisation *f*, pouvoir, droit *m*. **befugt** *a* autorisé (*zu* à).
Befund *m* ‹-(e)s, -e› *(Feststellung)* constatation *f;* *(Bericht)* rapport *m;* ► *ärztlicher* ~ rapport *m* médical.
befürchten ‹*ohne ge-*› *tr* craindre, appréhender, redouter; ► *es ist* od *steht zu* ~, *daß* ... il est à craindre que *(subj)*. **Befürchtung** *f* ‹-, -en› crainte; appréhension *f*.
befürworten ‹*ohne ge-*› *tr* plaider pour. **Befürworter** *m* ‹-s, -› préconiseur; avocat *m*. **Befürwortung** *f* ‹-, -en› avis *m* favorable, recommandation *f*.
begabt [bəˈgaːpt] *a* doué (*für* pour); *fam* talentueux. **Begabung** *f* ‹-, -en› [-bʊŋ] don; talent *m*.
begaffen *tr* regarder bouche bée.
begatten, *sich* ‹*ohne ge-*› s'accoupler. **Begattung** *f* ‹-, -en› coït *m; (bei Tieren)* accouplement *m*.
begebbar [-ˈgeːp-] *a fin* négociable. **begeben** [-bən] ‹*begibt, begab, begeben*› **1.** *tr (Anleihe)* émettre; *(Wechsel)* négocier; **2.** *refl: sich* ~ *(gehen, fahren)* se rendre, aller (*nach* vers); **3.** *impers (sich ereignen)* arriver, se passer; ► *sich in Gefahr* ~ encourir *od* s'exposer à un danger. **Begebenheit** *f* ‹-, -en› événement, incident *m*.
begegnen [bəˈgeːgnən] ‹*ohne ge-*› *itr* ‹*sein*› **1.** *(treffen)* rencontrer (*jdm* qn); *(Schwierigkeiten)* recontrer, se heurter à; **2.** *impers (widerfahren)* arriver; **3.** *refl sich* od *ea.* ~ se rencontrer. **Begegnung** *f* ‹-, -en› rencontre, entrevue *f*.
begehen ‹*beging, begangen*› *tr* **1.** *(Weg)* passer sur; *(prüfend)* inspecter; **2.** *(Tat, Verbrechen)* commettre, perpétrer; *(Sünde)* commettre; **3.** *(Fest)* célébrer, fêter; ► *Selbstmord* ~ se suicider.
Begehr(en *n)* *m* od *n* ‹-s, ø› [bəˈgeːr] désir *m*, envie *f*. **begehren** ‹*ohne ge-*› *tr* désirer, convoiter, envier; *(verlangen)* demander (*zu* de); ► *ein Mädchen zur Frau* ~ vouloir épouser une fille. **begehrenswert** *a* désirable, convoitable. **begehrlich** *a* avide, convoiteur; *(lüstern)* concupiscent. **Begehrlichkeit** *f*

‹-, -en› avidité, convoitise; *(Lüsternheit)* concupiscence *f.* **begehrt** *a* recherché; *com* demandé.

begeistern ‹*ohne ge-*› **1.** *tr* enthousiasmer, passionner; ► *jdn für e-e S ~* gagner qn à qc; **2.** *refl: sich ~* s'enthousiasmer, se passionner (*für etw* pour qc). **begeistert** *a (Mensch)* enthousiaste, passionné. **Begeisterung** *f* ‹-, ø› enthousiasme *m,* passion *f.*

Begier *f* ‹-, ø› [bəˈgiːr] , **Begierde** *f* ‹-, -n› désir *m,* envie; avidité, convoitise (*nach* de); *(Lüsternheit)* concupiscence *f.* **begierig I.** *a* désireux, envieux, avide (*auf, zu* de); *(lüstern)* concupiscent; **II.** *adv* avidement.

begießen ‹*begoß, begossen*› *tr* arroser.

Beginn *m* ‹-(e)s, ø› [bəˈgɪn] commencement; début *m; (Ursprung)* origine, naissance *f; (Ausgangspunkt)* (point de) départ *m;* ► *bei ~* au commencement; *gleich zu ~* dès le début. **beginnen** ‹*begann, begonnen*› *tr, itr,* commencer débuter; se mettre, procéder (*mit* à); *(Gespräch)* engager, entamer.

beglaubigen ‹*ohne ge-*› *tr* **1.** attester, certifier; *(Unterschrift)* légaliser; **2.** *(e-n Diplomaten)* accréditer (*bei jdm* auprès de qn); ► *etw ~ lassen (a.)* demander acte de qc; *Abschrift beglaubigt* copie conforme. **Beglaubigung** *f* ‹-, -en› attestation, certification, vérification; légalisation *f.*

begleichen ‹*beglich, beglichen*› *tr (bezahlen)* régler, payer, acquitter. **Begleichung** *f* ‹-, (-en)› règlement, acquittement *m.*

begleiten ‹*ohne ge-*› *tr* accompagner *a. mus* (*auf d. Klavier* au piano); *(Anstandsdame)* chaperonner; *mil* escorter; *mar* convoyer; ► *nach Hause ~* raccompagner, reconduire. **Begleiter** *m* ‹-s, -› **1.** compagnon; **2.** *mus mil* accompagnateur, -trice *m, f.* **Begleiterscheinung** *f* phénomène *m* concomitant. **Begleitflugzeug** *n* avion *m* d'escorte. **Begleitmusik** *f* accompagnement *m; film* musique *f* scénique. **Begleitschein** *m* feuille *f* de route; *(Zoll)* acquit-à-caution *m.* **Begleitschreiben** *n* lettre *f* d'envoi. **Begleitung** *f* ‹-, -en› **1.** *a. mus* accompagnement *m;* **2.** *(Gefolge)* compagnie *f,* cortège *m,* suite *f;* ► *in ~ (gen)* en compagnie de, accompagné de.

beglücken ‹*ohne ge-*› *tr* rendre heureux, ravir. **beglückwünschen** ‹*ohne ge-*› *tr* féliciter, congratuler (*zu* de).

begnadet *a* béni, doué. **begnadigen** ‹*ohne ge-*› *tr* gracier, amnistier. **Begnadigung** *f* ‹-, -en› grâce *f,* pardon *m;* amnistie *f.* **Begnadigungsgesuch** *n* recours *m* en grâce.

begnügen [bəˈgnyːgən] , *sich* ‹*ohne ge-*› se contenter, être content (*mit* de).

Begonie *f* ‹-, -n› [beˈgoːniə] *bot* bégonia *m.*

begraben ‹*begräbt, begrub, begraben*› *tr* enterrer *a. fig (bes. Hoffnung),* inhumer, ensevelir; ► *etw endgültig ~ (fig)* faire une croix sur qc.

Begräbnis *n* ‹-ses, -se› [bəˈgrɛːpnɪs] enterrement; ensevelissement *m.* **Begräbnisfeier** *f* funérailles, obsèques *f pl.*

begreifen ‹*begreifen, begriffen*› *tr* u. *itr (verstehen)* comprendre, saisir, entendre; ► *das begreife ich nicht* cela me dépasse. **begreiflich** *a* compréhensible, concevable; ► *jdm etw ~ machen* faire comprendre qc à qn. **begreiflicherweise** *adv* naturellement.

begrenzen ‹*ohne ge-*› *tr* limiter, borner; *(abgrenzen)* délimiter, circonscrire; *(einschränken)* restreindre. **begrenzt** *a* limité, restreint; *(Verstand)* borné; ► *~ haltbar (Lebensmittel)* périssable. **Begrenzung** *f* ‹-, -en› limitation; délimitation; restriction *f.*

Begriff *m* ‹-(e)s, -e› notion *f,* concept *m,* idée *f;* ► *im ~ zu* sur le point de, près de, en train de; *e-n ~ von etw haben* avoir une idée *od* notion de qc; *sich e-n ~ von etw machen* s'imaginer qc; *schwer von ~ sein (fam)* avoir la tête dure; *ist dir das ein ~?* est-ce que cela te dit quelque chose? **begriffen** *a:* ► *im Entstehen ~* en (voie de) formation. **begriffsstutzig** *a:* ► *~ sein* avoir la tête dure.

begründen ‹*ohne ge-*› *tr* **1.** *(gründen)* fonder, établir, constituer; **2.** *(den Grund angeben für)* motiver; *(bes. Anspruch)* justifier (*damit, daß* ... en disant que ...). **begründet** *a* motivé; (bien) fondé; *(berechtigt)* justifié. **Begründung** *f* **1.** *(Gründung)* fondation *f,* établissement *m;* **2.** explication, justification; ► *mit der ~, daß* en donnant pour motif que.

begrüßen ‹*ohne ge-*› *tr* **1.** saluer; **2.** *(gern sehen)* se réjouir, se féliciter (*etw* de qc). **Begrüßung** *f* ‹-, -en› salutation *f,* salut *m.*

begünstigen [bəˈgʏnstɪgən] ‹*ohne ge-*› *tr* **1.** favoriser, avantager, privilégier; **2.** *jur (Verbrechen)* prêter assistance à. **Begünstigung** *f* ‹-, -en› **1.** traitement *m* de faveur *od* préférentiel; **2.** *jur* complicité *f* après coup.

begutachten ‹*ohne ge-*› *tr* expertiser; *allg* donner son avis sur. **Begutachtung** *f* ‹-, -en› expertise *f; allg* avis *m.*

begütert [-ˈgyː-] *a (Person)* aisé, riche.

behaart *a* poilu; *bot* peluché; ► *dicht od stark ~* velu.

behaftet *a* atteint, affecté (*mit* de).

behagen [bəˈhaːgən] ‹*ohne ge-*› *itr impers:* ► *das behagt mir nicht* cela ne me plaît pas. **Behagen** *n* ‹-s, ø› : *mit ~* à mon *etc* aise; avec plaisir. **behaglich**

a (Sache) confortable, agréable. **Behaglichkeit** *f* ‹-, ø› confort *m*.

behalten ‹*behält, behielt, behalten*› *tr* **1.** garder, conserver; **2.** *(im Gedächtnis)* retenir; ▶ *etw im Auge* ~ ne pas perdre qc de vue.

Behälter *m* ‹-s, -› [bəˈhɛltər] récipient; *(für Flüssigkeiten)* réservoir *m*, *(Akku)* bac *m*.

behandeln ‹*ohne ge-*› *tr* **1.** *(Menschen, Sache, Thema)* traiter (*jdn als* qn en; *etw (ein Thema)* de qc); **2.** *(Kranken, Wunde)* soigner; ▶ *jdn von oben herab* ~ traiter qn de haut; *schlecht* ~ maltraiter. **Behandlung** *f* **1.** traitement *m*; **2.** *med* soins *m pl* (médicaux); thérapeutique *f*; ▶ *in* ~ en traitement; *ärztliche* ~ traitement *m* médical.

beharren ‹*ohne ge-*› *itr* persévérer, persister (*auf, in etw* dans qc); *(auf e-r Meinung)* insister (*auf* sur), tenir ferme (*auf etw* à qc). **beharrlich** *a (Mensch)* persévérant, persistant. **Beharrlichkeit** *f* ‹-, ø› persévérance, persistance *f*.

behauen ‹*behaute, behauen*› *tr (Steine)* tailler; *(a. Holz)* dégrossir, façonner.

behaupten ‹*ohne ge-*› *tr* **1.** *(die Behauptung aufstellen)* prétendre, avancer; *(beteuern)* maintenir, affirmer, assurer; **2.** *(erfolgreich verteidigen)* tenir, soutenir; *(Stellung)* maintenir; *mil* tenir; rester maître *(etw* de qc); **3.** *refl sich* ~ se maintenir, tenir bon *od* ferme; *(Preise, Kurse)* être ferme; ▶ *das habe ich nicht behauptet* je n'ai pas dit cela. **Behauptung** *f* ‹-, -en› **1.** affirmation, assertion *f*; **2.** (*ohne pl*) *(Halten, Wahrung)* maintien *m*.

Behausung *f* ‹-, -en› *(Wohnung)* demeure *f*; ▶ *ärmliche* ~ taudis, galetas *m*.

beheben ‹*behob, behoben*› *tr (Mißstand abstellen)* enlever, faire disparaître *od* cesser, remédier à.

beheimatet *a* originaire (*in* de), domicilié (*in* à).

Behelf *m* ‹-(e)s, -e› [bəˈhɛlf] expédient, moyen *m* de fortune. **behelfen,** *sich* ‹*behilft, behalf, beholfen*› s'arranger, se tirer d'affaire *od* d'embarras, s'en tirer; *fam* se débrouiller. **behelfsmäßig I.** *a* provisoire, improvisé, de fortune; **II.** *adv* provisoirement.

behend(e) [bəˈhɛnt,-də] *a (flink)* agile, leste. **Behendigkeit** *f* ‹-, ø› agilité *f*.

beherbergen ‹*ohne ge-*› *tr* héberger, loger.

beherrschen ‹*ohne ge-*› *tr* **1.** *pol* régner sur, dominer; commander, contrôler; **2.** *fig (großen Einfluß haben)* avoir de l'emprise *od* de l'ascendant (*jdn* sur qn); **3.** *(Leidenschaft in der Gewalt haben)* maîtriser, avoir de l'empire sur; **4.** *(e-e Kunst, e-e Sprache)* posséder; **5.** *(übertragen)* dominer; **6.** *refl sich* ~ se dominer, se maîtriser. **beherrschend** *a* dominant. **Beherrschtheit** *f* ‹-, ø› maîtrise *f* de *od* empire *m* sur soi(-même). **Beherrschung** *f* ‹-, ø› domination *f* (*gen* de), empire *m* (*gen* sur).

beherzigen [bəˈhɛrtsɪgən] ‹*ohne ge-*› *tr* prendre à cœur; *(Rat)* suivre.

behilflich *a* secourable, serviable; ▶ *jdm* ~ *sein* aider qn (*bei etw* à qc).

behindern ‹*ohne ge-*› *tr* gêner, embarrasser, entraver, handicaper. **behindert** *a* gêné, e; handicapé, e. **Behindertenausweis** *m* carte *f* d'invalidité. **behindertengerecht** *a (Bedürfnissen der Behinderten entsprechend)* adapté aux handicapés; *adv* (spécialement) pour les handicapés. **Behindertensport** *m* sport *m* pour handicapés, handisport *m*. **Behinderte** *m f* handicapé, e *m f*; ▶ *geistig, körperlich Behinderter* handicapé *m* mental, physique. **Behinderung** *f* ‹-, -en› empêchement *m*, entrave *f*, handicap *m*.

Behörde *f* ‹-, -n› [bəˈhøːrdə] autorité, administration *f*; ▶ *die* ~*n (pl)* les pouvoirs *m pl* publics. **behördlich** *a* officiel; administratif; ▶ *mit* ~*er Genehmigung* officiellement autorisé.

behüten ‹*ohne ge-*› *tr* garder (*vor* de); sauvegarder, protéger (*vor* contre, de); ▶ *Gott behüte!* à Dieu ne plaise!

behutsam [bəˈhuːtzaːm] **I.** *a* précautionneux, circonspect, prudent; **II.** *adv* avec précaution *od* ménagement; ▶ ~ *vorgehen* agir en douceur. **Behutsamkeit** *f* ‹-, ø› précaution; circonspection, prudence *f*.

bei [baɪ] *prp dat* **1.** *(örtlich: in der Nähe von)* près de, auprès de; ▶ ~ *Paris* près de Paris; *nahe, dicht* ~ tout près de; *die Schlacht* ~ *Marathon* la bataille de Marathon; *(räumliche Bezogenheit:)* ~ *jdm* chez qn; ~ *sich (unterwegs mitgeführt)* avec soi; *(in der Kleidung)* sur soi; **2.** *(zeitlich: während, gleichzeitig mit)* à, pendant, lors de, au moment de; ▶ ~ *meiner Ankunft* à mon arrivée; ~ *meinem Besuch* lors de ma visite; ~*m Eintritt in ...* en entrant *od* au moment d'entrer dans ...; ~ *Tag, Nacht* le *od* de jour, la *od* de nuit; ~ *e-m Unfall (während e-s Unfalles)* dans un accident; **3.** *(begründend: in Hinblick* od *mit Rücksicht auf)* en considération de, tenant compte de, étant donné, eu égard à; ▶ ~ *so vielen Schwierigkeiten* en considération de tant de difficultés; **4.** *(einräumend: trotz)* malgré, en dépit de, avec; ▶ ~ *aller Vorsicht* malgré *od* en dépit de toutes les précautions; ~*m besten Willen* avec la meilleure volonté du monde; **5.** *(verschiedene Wendungen:)* ▶ *beim Bäcker* chez le boulanger; ~ *den Chinesen (von Zuständen, Gewohnheiten, Sitten)* chez les Chinois;

~ *guter, schlechter Laune* de bonne, mauvaise humeur; ~ *Molière (in den Werken M.s)* chez *od* dans Molière; ~ *e-m Unfall (im Falle e-s Unfalls)* en cas d'accident; ~ *sich anfangen* commencer par soi-même; *ich dachte ~ mir* je pensais en moi-même; ~ *Gott!* par Dieu!
bei=behalten ‹*behält, behielt bei, beibehalten*› *tr* garder, conserver.
bei=bringen ‹*brachte bei, beigebracht*› *tr* **1.** *(Unterlagen)* fournir, présenter; *(Zeugen)* produire; **2.** *(zufügen)* infliger, faire subir; **3.** *fam (lehren)* apprendre, enseigner (*jdm etw* qc à qn).
Beichte *f* ‹-, -n› [baıçtə] confession *f;* ▶ *e-e ~ ablegen* faire une confession. **beichten** *tr* confesser; *itr* se confesser. **Beichtstuhl** *m* confessionnal *m.* **Beichtvater** *m* confesseur.
beide [baıdə] *a* les deux, tous (les) deux, l'un et l'autre; ▶ *die ~n* les deux; *einer, eins, von ~n* l'un ou l'autre, l'un des deux; *keiner von ~n* aucun des deux, ni l'un ni l'autre. **beidemal** *adv* les deux fois. **beiderlei** [-'laı] *a inv* des deux sortes *od* espèces; ▶ ~ *Geschlechts* des deux sexes. **beiderseitig I.** *a* **1.** des deux côtés; bilatéral; **2.** *(gegenseitig)* réciproque, mutuel, respectif; **II.** *adv:* ▶ ~ *tragbar (Kleidung)* réversible. **beiderseits** *adv* des deux côtés *od* parts, de part et d'autre.
beieinander [-'nandər] *adv* ensemble.
Beifahrer *m (Mitfahrender)* passager, compagnon *m* de route.
Beifall *m* ‹-s, ø› *(durch Klatschen)* applaudissement(s *pl*) *m; (durch Zurufe)* acclamation(s *pl*) *f;* ▶ ~ *ernten* être applaudi (*jds* par qn); ~ *klatschen* applaudir.
beifällig I. *a* approbateur; **II.** *adv* dans un sens favorable.
bei=fügen *tr* ajouter; *(bes. in Brief)* joindre, annexer. **Beifügung** *f gram (Attribut) (a)* épithète *f, (s)* complément *m* de nom.
Beigabe *f com* prime *f, fam* extra *m.*
beige ['bɛ:ʒə, 'be:ʒə] *a* beige.
bei=geben ‹*gibt, gab bei, beigegeben*› *tr* ajouter, (ad)joindre.
Beigeschmack *m* ‹-(e)s, ø› arrière-goût *m.*
Beihilfe *f* **1.** aide *f,* secours *m;* assistance *f;* **2.** *jur* complicité *f* par assistance.
bei=kommen ‹*kam bei, beigekommen*› *itr* ‹*sein*› *(Schwierigkeiten)* maîtriser, venir à bout de.
Beil *n* ‹- (e)s, -e› hache, hachette *f.*
Beilage *f* **1.** *allg* pièce *f* jointe; **2.** *(zur Zeitung)* supplément *m;* **3.** *(Küche)* garniture *f;* ▶ *mit ~ (Küche)* garni.
beiläufig I. *a (Bemerkung)* fait en passant; **II.** *adv* en passant.
bei=legen *tr* **1.** *(beifügen)* ajouter, joindre; inclure *(e-m Brief* dans une lettre); **2.** *(zuschreiben)* attribuer, prêter, imputer; **3.** *(Streit: schlichten)* arranger, régler; terminer; ▶ *e-r Sache große Bedeutung ~* attacher beaucoup d'importance à quelque chose. **Beilegung** *f* ‹-, ø› arrangement, règlement *m,* cessation *f.*
Beileid *n* ‹-(e)s, ø› condoléances *f pl;* ▶ *jdm sein ~ aussprechen, bezeigen* présenter des, exprimer ses condoléances. **Beileidsbesuch** *m* visite *f* de condoléances; *von ~en bitten wir abzusehen* la famille s'excuse de ne pas recevoir. **Beileidsbrief** *m,* **Beileidsschreiben** *n* lettre *f* de condoléances.
bei=liegen ‹*lag bei, beigelegen*› *itr* être joint (*e-r S* à qc); **beiliegend I.** *a* ci-joint; **II.** *adv* sous ce pli.
bei=mengen *tr, s. beimischen.*
bei=messen ‹*mißt, maß bei, beigemessen*› *tr (Bedeutung, Wert)* attacher, attribuer.
bei=mischen *tr* mélanger (*e-r S etw* qc et qc), mêler (*e-r S* à qc); **Beimischung** *f* addition *f;* mélange *m.*
Bein *n* ‹-(e)s, -e› [baın] **1.** *(Mensch, Pferd)* jambe; *(Tier)* patte *f;* **2.** *(Tisch, Stuhl)* pied *m;* ▶ *(wieder) auf den ~en* sur pied; *sich kein ~ ausreißen (fam)* ne pas se fouler *od* se casser; *wieder auf die ~e bringen (e-n Kranken)* remettre sur pied; *jdm wieder auf die ~e helfen (a. fig)* remettre qn sur ses pieds, *fig* à flot; *jdm ~e machen (fig)* faire partir *od (fam)* décamper qn; *immer auf den ~en sein* être toujours debout; *mit einem ~ im Grabe stehen* avoir un pied dans la tombe; *jdm ein ~ stellen* faire un croc-en-jambe à qn; *sich die ~e vertreten* se dégourdir les jambes.
beinahe [baı'na:ə] *adv* presque, à peu (de chose) près; peu s'en faut; ▶ *ich wäre ~ gefallen* j'ai failli tomber *od* manqué de tomber.
Beiname *m* surnom *m.*
Beinbruch *m* ['baın-] fracture *f* de la jambe. **beinern** *a* d'os, en os.
beinhalten [bə'ınhaltən] ‹*ohne ge-*› *tr* comprendre, contenir.
Beinhaus *n* ['baın-] ossuaire, charnier *m.* **Beinprothese** *f* jambe *f* artificielle *od* articulée.
Beipackkatalysator *m* catalyseur *m* à installation différée.
bei=pflichten *itr* se ranger à l'avis, adopter l'opinion (*jdm* de qn); approuver (*jdm* qn, *e-r S* qc).
beirren ‹*ohne ge-*› *tr* ▶ *sich nicht ~ lassen* aller droit devant soi, aller son chemin.
beisammen [baı'zamən] *adv* ensemble; ▶ ~ *sein* être réunis. **Beisammensein** *n* réunion *f.*
Beischlaf *m* ‹-(e)s, ø› coït *m.*
Beisein *n:* ▶ *im ~ (gen)* en présence

(de).

beiseite [baɪ'zaɪtə] *adv* à part, de côté, à l'écart; ▶ ~ *lassen* laisser de côté; ~ *legen* mettre à part; *(sparen)* mettre de côté; ~ *schaffen* mettre à l'écart; faire disparaître; ~ *schieben* écarter *a. fig;* ~ *treten* se mettre à l'écart; *Scherz* od *Spaß* ~*!* trêve de plaisanteries.

bei=setzen *tr (beerdigen)* enterrer, inhumer. **Beisetzung** *f* ‹-, -en› funérailles, obsèques *f pl;* ▶ *die* ~ *fand in aller Stille statt* les obsèques ont eu lieu dans l'intimité.

Beispiel *n* exemple *m;* ▶ *als* ~ à titre d'exemple; *nach dem* ~ *(gen)* à l'exemple (de); *zum* ~ par exemple; *als* ~ *dienen* servir d'exemple (*für* à); *sich an jdm ein* ~ *nehmen* prendre exemple sur qn, prendre qn pour modèle; *mit gutem* ~ *vorangehen* prêcher l'exemple, donner l'exemple *od* le bon exemple. **beispielhaft** *a* exemplaire. **beispiellos** *a* sans précédent; *(unvergleichlich)* incomparable. **beispielsweise** *adv* par exemple.

beißen ['baɪsən] ‹*biß, gebissen*› **1.** *tr* mordre; **2.** *refl: sich* ~ *(Farben)* jurer;▶ *sich auf die Lippen* ~ se mordre les lèvres. **beißend** *a* **1.** mordant, piquant *a. fig; (scharf)* acéré, âcre *a. fig;* **2.** *fig* caustique, amer. **Beißzange** *f* tenaille(s *pl*), pince *f* coupante.

Beistand *m* **1.** *(Hilfe)* (entr)aide *f,* secours *m,* assistance *f;* appui, soutien *m;* **2.** *(Person)* soutien, défenseur; *(Rechtsbeistand)* conseiller juridique; ▶ *jdm* ~ *leisten* prêter assistance.

bei=stehen ‹*stand bei, beigestanden*› *itr* aider, assister, seconder (*jdm* qn).

beisteuern *tr* contribuer (*zu* à); ▶ *dazu* ~ donner sa quote-part.

bei=stimmen *itr* consentir; approuver (*jdm* qn); être de l'avis, se ranger à l'avis (*jdm* de qn).

Beitrag *m* **1.** contribution *f,* apport *m* (*zu* à) *a. fig; (Mitgliedsbeitrag)* cotisation *f;* ▶ *s-n* ~ *leisten* apporter sa contribution (*zu* à). **bei=tragen** ‹*trägt, trug bei, beigetragen*› *tr* contribuer, aider (*zu* à); ▶ *wesentlich, wenig, nichts* ~ *zu etw* être pour beaucoup, peu, rien dans qc. **beitragspflichtig** *a* devant cotiser.

bei=treten ‹*tritt, trat bei, beigetreten*› *itr* ‹*sein*› *(e-m Verein etc)* adhérer, s'affilier (*dat* à), entrer (*dat* dans).

Beitritt *m* affiliation, adhésion (*zu* à); entrée *f* (*zu* dans); ▶ *s-n* ~ *erklären* donner son adhésion.

Beiwagen *m (am Motorrad)* side-car *m.*

bei=wohnen *itr* **1.** assister, prendre part (*e-r S* à qc); **2.** *(beischlafen)* avoir des rapports sexuels (*jdm* avec qn).

Beize *f* ‹-, -n› ['baɪtsə] *tech* corrodant, mordant; *(für Metall)* décapant.

beizeiten [baɪ'tsaɪtən] *adv (früh)* de bonne heure.

beizen ['aɪtsɛn] *tr (Metall)* décaper; *(Holz)* teindre; *(Tabak)* saucer.

bejahen ‹*ohne ge-*› *tr* affirmer. **bejahend** *a* affirmatif. **Bejahung** *f* affirmation; réponse *f* affirmative.

bekämpfen ‹*ohne ge-*› *tr* combattre; lutter (*etw* contre qc). **Bekämpfung** *f* ‹-, -en› combat *m,* lutte *f* (*e-r S* contre qc).

bekannt [bə'kant] *a* **1.** connu (*als* comme; *für* pour; *bei* de); **2.** *(Sache)* public, notoire; **3.** *(berühmt)* renommé, célèbre, fameux; ▶ *jdn mit jdm* ~ *machen* présenter qn à qn; *allgemein* ~ *sein (Sache)* être notoire; *dafür* ~ *sein, daß ...* être connu pour *inf; mit jdm* ~ *sein* connaître qn; *etw als* ~ *voraussetzen* supposer la connaissance de qc; ~ *werden* se faire connaître *od* un nom; *(Sache)* s'ébruiter. **Bekannte** *m f* ‹-n, -n› connaissance *f.* **Bekanntenkreis** *m* cercle *m* d'amis. **Bekanntgabe** *f* communication, notification *f.* **bekanntgeben** ‹*gibt, gab bekannt, bekanntgegeben*› *tr* communiquer, notifier, annoncer. **bekanntlich** *adv* comme on sait. **bekanntmachen** *tr* annoncer, publier, afficher. **Bekanntmachung** *f* ‹-, -en› avis *m,* publication *f.* **Bekanntschaft** *f* ‹-, -en› **1.** connaissance *f;* **2.** *(Personenkreis)* connaissances *f pl;* ▶ *jds* od *mit jdm* ~ *machen* faire la connaissance de qn.

bekehren ‹*ohne ge-*› *tr* convertir (*zu* à). **Bekehrung** *f* ‹-, -en› conversion *f.*

bekennen ‹*bekannte, bekannt*› *tr* confesser; avouer; ▶ *sich* ~ *zu (bes. rel)* professer, suivre; *Farbe* ~ *(fig)* lever le masque, *fam* annoncer la couleur; *sich schuldig* ~ *(jur)* plaider coupable. **Bekennerbrief** *m* lettre *f* (revendiquant un attentat, un détournement ou un enlèvement). **Bekenntnis** *n* ‹-ses, -se› confession *f a. rel;* aveu *m; (Sünden-, Schuldbekenntnis)* confiteor *m.*

beklagen ‹*ohne ge-*› **1.** *tr* déplorer, plaindre, regretter; **2.** *refl: sich* ~ se plaindre (*bei jdm über etw* de qc à qn). **beklagenswert** *a* **1.** *(Mensch)* à plaindre; **2.** *(Sache)* déplorable, regrettable. **Beklagte** *m f* ‹-n, -n› *jur* défendeur *m,* défenderesse *f.*

bekleben ‹*ohne ge-*› *tr* coller (*etw mit etw* qc sur qc).

bekleiden ‹*ohne ge-*› *tr* **1.** habiller, vêtir (*mit* de); **2.** *(ein Amt)* occuper, remplir, exercer. **Bekleidung** *f* habillement, vêtement(s *pl*) *m.*

beklemmen ‹*ohne ge-*› *tr* oppresser, serrer le cœur à. **beklemmend** *a* angoissant, étouffant. **Beklemmung** *f* ‹-, -en› oppression *f,* serrement *m* de cœur, angoisse *f.*

beklommen [bə'klɔmən] *a* oppressé, serré. **Beklommenheit** *f* ‹-, ø› serrement *m* de cœur.

bekommen ⟨*bekam, bekommen*⟩ *tr* **1.** recevoir; *(durch Bemühung)* obtenir; *(e-e Krankheit)* attraper, contracter; **2.** *itr impers (guttun)* réussir, faire du bien (*jdm* à qn); ► *graue Haare* ~ grisonner; *Schläge* ~ être battu; *e-n Schnupfen* ~ s'enrhumer; *Zähne* ~ faire ses dents; *ich habe es geschenkt* ~ on me l'a offert; *das bekommt mir nicht* cela ne me vaut rien; *es ist nirgends zu* ~ on ne le trouve nulle part; *was* ~ *(wünschen) Sie?* vous désirez? *was* od *wieviel* ~ *Sie?* je vous dois combien? *wohl bekomm's!* à votre santé! grand bien vous fasse!

bekömmlich [bə'kœmlıç] *a (Speise)* digest(ibl)e, sain et léger. **Bekömmlichkeit** *f* ⟨-, ø⟩ digestibilité *f*.

bekräftigen [bə'krɛftıgən] ⟨*ohne ge-*⟩ *tr* confirmer, (ré)affirmer. **Bekräftigung** *f* confirmation, affirmation.

bekreuzigen, *sich* ⟨*ohne ge-*⟩ se signer.

bekriegen ⟨*ohne ge-*⟩ *tr* faire la guerre (*jdn* à qn).

bekritzeln ⟨*ohne ge-*⟩ *tr* griffonner (*etw* sur qc).

bekümmern ⟨*ohne ge-*⟩ **1.** *tr* chagriner, peiner, affliger; **2.** *refl: sich* ~ se soucier (*um* de); avoir soin (*um* de). **bekümmert** *a* chagrin, peiné, affligé.

bekunden ⟨*ohne ge-*⟩ *tr* manifester, montrer, exprimer; *(durch Worte)* témoigner (*etw* de qc).

beladen ⟨*belädt, belud, beladen*⟩ *tr* charger (*mit* de).

Belag *m* ⟨-(e)s, ⸚e⟩ [bə'la:k, -'lɛ:gə] couche *f*, enduit; *(Spiegel)* tain; *(Straße)* revêtement *m* (routier); *med* (Zahnbelag) dépôt *m;* ► *e-n* ~ *auf der Zunge haben* avoir la langue chargée.

Belagerer *m* ⟨-s, -⟩ assiégeant *m*. **belagern** ⟨*ohne ge-*⟩ *tr* assiéger. **Belagerung** *f* ⟨-, -en⟩ siège *m*. **Belagerungszustand** *m pol* état *m* de siège.

Belang *m* ⟨-(e)s, -e⟩ [bə'laŋ] *(nur in bestimmten Wendungen);* ► *von* ~ d'importance; *ohne* ~ sans importance. **belangen** ⟨*ohne ge-*⟩ *tr:* ► *was mich belangt (vx)* quant à moi. **belanglos** *a* sans importance, insignifiant. **Belanglosigkeit** *f* ⟨-, -en⟩ insignifiance *f*.

belassen ⟨*beläßt, beließ, belassen*⟩ *tr* laisser; ► *es dabei* ~ s'en tenir là.

Belastbarkeit *f* ⟨-, ø⟩ capacité *od* charge *f* admise. **belasten** ⟨*ohne ge-*⟩ *tr* **1.** charger (*mit* de); **2.** *com (Person)* inscrire *od* porter (*etw* qc) au débit (*jdm* de qn); *(Konto)* débiter (*mit* de); *(Grundstück)* grever d'une hypothèque, hypothéquer; **3.** *(beschuldigen)* charger, incriminer; **4.** *fig* grever, accabler; *sich* ~ se charger (*mit* de). **belastend** *a:* ► ~*es Material n (jur)* pièces *f pl* à conviction. **belastet** *a* chargé; *fig (Mensch)* surmené.

belästigen [bə'lɛstıgən] ⟨*ohne ge-*⟩ *tr* incommoder, importuner; *(stören)* déranger, gêner; ► *jdn mit Fragen* ~ accabler qn de questions. **Belästigung** *f* ⟨-, -en⟩ molestation *f*, dérangement *m*.

Belastung *f* ⟨-, -en⟩ [bə'lastʊŋ] **1.** charge *f;* **2.** *tech (Beanspruchung)* effort *m; tele* débit *m;* **3.** *com* inscription au débit (*e-s Kontos* d'un compte); **4.** *jur* charge, incrimination *f;* **5.** *fig (Mensch)* accablement *m*, lassitude *f*, découragement *m*. **Belastungsgrenze** *f tech* limite *f* de charge. **Belastungsprobe** *f tech* essai *m* de charge; *fig* épreuve *f*. **Belastungszeuge** *m jur* témoin *m* à charge.

belaubt *a* feuillu; ► *dicht* ~ touffu.

belauern ⟨*ohne ge-*⟩ *tr* guetter, épier.

belauschen ⟨*ohne ge-*⟩ *tr* épier.

Belchen ⟨-s, ø⟩ ['bɛlçən]: ► *der Elsässer* ~ *(Berg)* le Ballon d'Alsace.

beleben ⟨*ohne ge-*⟩ *tr* (r)animer, vivifier, aviver; *sich* ~ s'animer, se ranimer. **belebend** *a* animateur, vivifiant. **belebt** *a (verkehrsreich)* fréquenté, animé. **Belebung** *f* ⟨-, ø⟩ animation; *com* reprise *f*.

Beleg *m* ⟨-(e)s, -e⟩ [bə'le:k, -gə] **1.** *(Nachweis für Zahlung)* quittance *f;* **2.** *(Beweis)* preuve; *(Beweisstück)* pièce *f* à l'appui *od (bes. com)* justificative, document; *(Beispiel)* exemple *m* attesté; ► *als* ~ *für* à l'appui de. **belegen** ⟨*ohne ge-*⟩ *tr* **1.** *(bedecken)* (re)couvrir (*mit* de); *(verkleiden, überziehen)* revêtir (*mit* de); *(Scheibe Brot)* garnir (*mit* de); **2.** *agr (weibl. Tier)* couvrir; **3.** *(e-n Platz)* retenir, réserver; *(Zimmer, Haus)* occuper; *(Vorlesung)* s'inscrire à; **4.** *fig (durch ein Schriftstück beweisen)* prouver, justifier; appuyer (*mit* par); ► *den zweiten etc Platz* ~ *(sport)* se classer deuxième *etc*. **Belegschaft** *f* ⟨-, -en⟩ personnel *od* effectif *m* d'une *od* de l'entreprise. **belegt** [-'le:kt] *a* **1.** *(Platz)* réservé; occupé *a. tele;* **2.** *(Stimme)* couvert, voilé; **3.** *(Wortform)* attesté; **4.** *(Zunge)* chargé, empâté; ► ~*es Brot n* sandwich *m*.

belehren ⟨*ohne ge-*⟩ *tr* instruire, renseigner, informer (*jdn über etw* qn de qc); ► *jdn e-s Besseren* ~ ouvrir les yeux à qn. **Belehrung** *f* ⟨-, -en⟩ instruction *f*, renseignement *m*, information; leçon *f*.

beleibt [bə'laıpt] *a* corpulent, replet, gros.

beleidigen [-'laıd-] ⟨*ohne ge-*⟩ *tr* offenser, insulter, injurier, outrager; ► *gleich beleidigt sein* se vexer pour un rien. **beleidigend** *a* injurieux, offensant, insultant. **Beleidigung** *f* ⟨-, -en⟩ offense, insulte, injure *f*, affront, outrage *m*.

beleihen ⟨*belieh, beliehen*⟩ *tr* **1.** *(Geldgeber)* prêter sur; **2.** *(Geldnehmer)* gager (un emprunt sur). **Beleihung** *f* ⟨-, -en⟩

mise *f* en gage, prêt *m* sur gage.
belesen *a (Mensch)* qui a beaucoup lu; instruit.
beleuchten ‹*ohne ge-*› *tr* éclairer; *(festlich)* illuminer. **Beleuchtung** *f* ‹-, (-en)› éclairage *m;* illumination *f;* ► *künstliche* ~ éclairage *m* artificiel.
Belgien *n* ‹-s, ø› ['bɛlgiən] la Belgique. **Belgier(in *f*)** *m* ‹-s, -› [-giər] Belge *m f.* **belgisch** *a* belge.
belichten ‹*ohne ge-*› *tr phot* exposer. **Belichtung** *f* ‹-, (-en)› exposition, pose *f.*
belieben ‹*ohne ge-*› *itr (wünschen, geruhen)* daigner (*zu tun* faire), condescendre (*zu tun* à faire); ► *wie es Ihnen beliebt* à votre aise *od* gré *od* guise. **Belieben** *n* ‹-s, ø› volonté *f,* gré; (bon) plaisir *m;* ► *nach* ~ à discrétion, à mon *etc* gré; *(ganz) nach Ihrem* ~ comme il vous plaira. **beliebig** *a* au choix, n'importe quel; *adv* = *nach Belieben;* ► *jeder ~e* n'importe qui; *zu jeder ~en Zeit* à n'importe quelle heure; ~ *viel(e)* n'importe combien. **beliebt** *a (Mensch)* aimé, populaire; *(Sache)* recherché, en vogue; ► *sich* ~ *machen* se faire bien voir (*bei jdm* de qn). **Beliebtheit** *f* ‹-, ø› popularité *f;* ► *sich großer* ~ *erfreuen* jouir d'une grande popularité.
bellen ['bɛlən] *itr* aboyer.
Belletristik *f* ‹-, ø› [bɛle'trɪstɪk] (belles-) lettres *f pl.*
belohnen ‹*ohne ge-*› *tr* récompenser (*für* de). **Belohnung** *f* ‹-, -en› récompense *f;* ► *zur* ~ pour récompense; *zur* ~ *für* en récompense de; *e-e* ~ *aussetzen* offrir une récompense.
Belüftung *f* ‹-, (-en)› aérage *m,* aération *f.* **Belüftungsanlage** *f* aération *f.*
belügen ‹*belog, belogen*› *tr* mentir (*jdn* à qn).
belustigen ‹*ohne ge-*› *tr* amuser, égayer.
bemächtigen [-'mɛçt-] , *sich* ‹*ohne ge-*› s'emparer (*e-r S* de qc).
bemalen ‹*ohne ge-*› *tr* peindre.
bemängeln ‹*ohne ge-*› *tr* critiquer, blâmer; trouver regrettable (*daß* que).
bemannt *a (Rakete)* habité.
bemerkbar *a:* ► *sich* ~ *machen* se faire remarquer *od* sentir; *(Person)* attirer l'attention. **bemerken** ‹*ohne ge-*› *tr* **1.** *(wahrnehmen)* apercevoir, s'apercevoir de, remarquer *(a. äußern);* **2.** *(erwähnen)* mentionner, signaler. **bemerkenswert** *a* remarquable. **Bemerkung** *f* ‹-, -en› remarque, observation *f.*
bemessen *a:* ► *knapp* ~ mesuré trop juste. **Bemessungsgrundlage** *f adm* base *f* de calcul.
bemitleiden [bə'mɪtlaɪdən] *tr* s'apitoyer (*jdn* sur qn); ► *du bist zu* ~ tu es à plaindre. **bemitleidenswert** *a* digne de pitié, pitoyable.
bemittelt *a* fortuné, aisé.
bemoost [bə'mo:st] *a* couvert de mousse.
bemühen [bə'my:ən] ‹*ohne ge-*› *sich* ~ se donner de la peine (*um etw* pour qc); ► *sich* ~, *etw zu tun* se mettre en peine *od* s'efforcer de faire qc; *sich umsonst* od *vergeblich* ~ perdre son temps; ~ *Sie sich nicht!* ne vous dérangez pas. **bemüht** *a: (darum)* ► ~ *sein, etw zu tun* s'efforcer de faire qc. **Bemühung** *f* ‹-, -en› effort, empressement *m.*
bemuttern ‹*ohne ge-*› *tr* entourer de soins maternels; *iron* dorloter.
benachbart [-'nax-] *a* voisin, avoisinant.
benachrichtigen [-'na:x-] ‹*ohne ge-*› *tr* informer, avertir, prévenir (*von etw* de qc). **Benachrichtigung** *f* ‹-, -en› information *f,* avertissement *m.*
benachteiligen [-'na:x-] ‹*ohne ge-*› *tr* désavantager, handicaper *a. sport.* **benachteiligt** *a* désavantagé, handicapé. **Benachteiligung** *f* ‹-, -en› désavantage, handicap *m.*
Benefizvorstellung [bene'fi:ts-] *f* concert *m* gratuit, de charité.
benehmen, *sich* ‹*benimmt, benahm, benommen*› se comporter, se conduire (*wie, als* comme, en); ► *sich (gut)* ~ bien se conduire. **Benehmen** *n* ‹-, ø› comportement *m,* conduite *f,* manières *f pl;* ► *gutes* ~ bonnes manières *f pl;* savoir-vivre *m.*
beneiden ‹*ohne ge-*› *tr* envier (*jdn um etw* qc à qn); ► *er beneidet dich um dein Glück* il est jaloux de ton bonheur. **beneidenswert** *a* enviable.
Benelux(staaten *m pl***)** [bene'lʊks, 'be:-] pays *m pl* du Benelux *od* Bénélux.
benennen ‹*benannte, benannt*› *tr* **1.** dénommer, désigner; *(Straße)* baptiser; **2.** *(vorschlagen)* proposer (*als* comme). **Benennung** *f* ‹-, -en› dénomination, désignation *f.*
Bengel *m* ‹-s, -/-s› ['bɛŋəl] gamin, *fam* gosse *m.*
benommen *a* étourdi; traumatisé.
benötigen [bə'nø:tɪgən] ‹*ohne ge-*› *tr* avoir besoin (*etw* de qc), nécessiter; ► *etw dringend* ~ avoir grand besoin *od* un besoin urgent de qc.
benutzbar *a* utilisable; *(Weg, Straße)* praticable. **benutzen, benützen** ‹*ohne ge-*› *tr* utiliser, employer; user, faire usage (*etw* de qc); ► *die Gelegenheit* ~ profiter de l'occasion. **benutzerfreundlich** *a* pratique. **Benutzung** *f* utilisation *f,* emploi; usage *m.* **Benutzungsgebühr** *f (Straße)* péage *m.*
Benzin *n* ‹-s, -e› [bɛn'tsi:n] *mot chem* benzine; *mot (Petroleumbenzin)* essence *f.* **Benzingutschein** *m* bon *m* d'essence. **Benzinkanister** *m* bidon *m* d'essence, jerrycan *m.* **Benzinpumpe** *f* pompe *f* à essence. **Benzinstand** *m* niveau *m* d'essence. **Benzinstands-**

messer *m* jauge *f* à essence, indicateur *m* d'essence. **Benzintank** *m* réservoir *m* à essence. **Benzinverbrauch** *m* consommation *f* d'essence. **Benzinzapfstelle** *f* distributeur *m* d'essence.

beobachten [bə'ʔo:baxtən] ‹*ohne ge-*› *tr* **1.** observer; *(genau)* examiner, scruter; *(heimlich)* épier; **2.** *(beachten)* suivre; *(einhalten)* observer, garder. **Beobachter** *m* ‹-s, -› observateur. **Beobachtung** *f* ‹-, -en› observation *f;* ▶ *unter ~ (med)* en observation; *unter ~ stehen* être surveillé. **Beobachtungsgabe** *f* pouvoir *od* esprit *m* d'observation.

bepacken ‹*ohne ge-*› *tr* charger (*mit* de).

bepflanzen ‹*ohne ge-*› *tr* planter (*mit* de). **Bepflanzung** *f* plantation *f.*

bequem [bə'kve:m] *a* **1.** *(Sache)* commode; *(behaglich)* confortable; **2.** *(Mensch)* qui aime ses aises; *fam (träge)* paresseux; ▶ *es sich ~ machen* se mettre à l'aise. **bequemen,** *sich* ‹*ohne ge-*› s'accomoder. **Bequemlichkeit** *f* ‹-, -en› **1.** commodité *f,* aises *f pl,* confort *m.*

beraten I. ‹*berät, bereit, beraten*› *tr* **1.** conseiller; **2.** *itr* u. ▶ *sich ~ (ratschlagen)* délibérer, conférer (*über etw* sur qc); tenir conseil; **II.** *pp* u. *a:* ▶ *gut, schlecht ~* bien, mal conseillé *od* avisé. **beratend** *a* consultatif; *~er Arzt m* médecin *m* consultant. **Berater** *m* ‹-s, -› conseiller. **beratschlagen** *itr* ‹*ohne ge-*› = *beraten itr* u. *sich beraten.* **Beratung** *f* ‹-, -en› délibération, conférence *f; bes. jur med* consultation *f.* **Beratungsstelle** *f* permanence-conseil *f.*

berauben ‹*ohne ge-*› *tr* voler, dépouiller, dévaliser; *fig (e-s Rechts, e-s Vorteils)* priver (*gen* de).

berauschen ‹*ohne ge-*› *tr a. fig* griser, enivrer; *fig* passionner; ▶ *sich ~ (a. fig)* se griser, s'enivrer (*an* de). **berauschend** *a* capiteux; *a. fig* enivrant.

berechenbar *a* [bə'rɛçən-] calculable; appréciable.

berechnen ‹*ohne ge-*› *tr* **1.** calculer, compter (*jdm etw* qc à qn); *(schätzen)* évaluer, estimer; **2.** *(in Rechnung stellen)* mettre en compte. **berechnend** *a (auf s-n Vorteil bedacht)* intéressé, égoïste. **Berechnung** *f* **1.** calcul, compte *m;* évaluation, estimation *f;* **2.** *fig (Absicht)* politique *f;* ▶ *aus ~* par politique, par calcul; *~en anstellen* faire *od* effectuer des calculs.

berechtigen [-'rɛç-] ‹*ohne ge-*› *tr* autoriser, donner droit, habiliter (*zu* à). **berechtigt** *a (Anspruch, Forderung etc, a. fig)* juste, légitime, fondé, justifié; ▶ *~ sein zu* être autorisé à. **berechtigterweise** *adv* légitimement. **Berechtigte** *m f* ‹-n, -n› ayant droit *m.* **Berechtigung** *f* ‹-, (-en)› autorisation *f,* droit (*zu* à); *jur* bien-fondé *m.*

bereden ‹*ohne ge-*› *tr* **1.** parler (*etw* de qc), discuter, débattre; **2.** *(überreden)* persuader; **3.** *refl sich ~* conférer (*mit jdm über etw* avec qn au sujet de qc). **Beredsamkeit** *f* ‹-, ø› éloquence *f.* **beredet** *a (Mensch)* éloquent, disert.

Bereich *m, a. n* ‹-(e)s, -e› **1.** *(Gebiet)* région, zone *f;* district *m;* **2.** *fig* secteur, rayon, domaine; *(Aufgaben~)* ressort *m; tech, a. radio* gamme; *radio* bande *f;* ▶ *im ~ der Möglichkeit* dans le domaine du possible.

bereichern ‹*ohne ge-*› *tr* enrichir; *sich ~* s'enrichir (*um etw* de qc; *an etw,* sur qc; *an jdm (fam)* sur le dos de qn). **Bereicherung** *f* ‹-, -› enrichissement *m.*

bereifen ‹*ohne ge-*› *tr mot* équiper de pneus.

bereift *a (mit Rauhreif)* givré, givreux.

Bereifung *f* ‹-, (-en)› *mot* (équipement *m* de) pneus *m pl.*

bereinigen ‹*ohne ge-*› *tr (Angelegenheit)* mettre ordre à; *(Schuld)* régler.

bereisen ‹*ohne ge-*› *tr* voyager (*ein Land* dans un pays).

bereit [bə'raɪt] *a* **1.** *(Mensch)* prêt, disposé (*zu* à); **2.** *(Sache) (verfügbar)* disponible; ▶ *sich ~ erklären zu* être prêt *od* disposé à. **bereiten** ‹*ohne ge-*› *tr* **1.** *(vorbereiten)* préparer, disposer (*zu* à); **2.** *(zubereiten)* préparer, faire; **3.** *fig (verursachen)* faire, causer; ▶ *jdm Kummer ~* affliger qn. **bereit≈halten** ‹*hält, hielt bereit, bereitgehalten*› *tr* tenir prêt. **bereit≈legen** *tr* mettre en place. **bereits** *adv* déjà. **Bereitschaft** *f* disposition; disponibilité *f;* ▶ *in ~* en alerte. **Bereitschaftsarzt** *m* médecin *m* de service. **Bereitschaftsdienst** *m* service *m* de permanence *od* de réserve; ▶ *ärztlicher ~* permanence *f* médicale, service *m* d'urgence. **Bereitschaftspolizei** *f* compagnie *f* républicaine de sécurité, C.R.S. *pl.* **bereit≈stehen** ‹*stand bereit, bereitgestanden*› *itr* être prêt (*zu* à); *(verfügbar sein)* être à la disposition (*für jdn* de qn). **bereitwillig I.** *a* disposé, prêt; *(dienstfertig)* obligeant; **II.** *adv* volontiers. **Bereitwilligkeit** *f* disposition *f;* empressement *m;* obligeance *f.*

bereuen ‹*ohne ge-*› *tr* se repentir (*etw* de qc).

Berg *m* ‹-(e)s, -e› [bɛrk, -gə] *allg* montagne *f; (bes. in Namen)* mont *m; (kleiner)* monticule *m; (Steigung)* côte; *fig* tas *m; pl (Gebirge)* montagne *f;* ▶ *über ~ und Tal* par monts et par vaux; *(noch nicht) über den ~ sein* (n')avoir (pas encore) fait le plus difficile; *~e versetzen (fig)* déplacer des montagnes; *er ist über alle ~e* il est (parti) bien loin.

bergab [-'ʔap] *adv* en descendant; ▶ *~ gehen (Geschäft)* être *od* aller à la dérive; *es geht mit ihm ~ (geschäftlich)* ses affaires vont mal; *(gesundheitlich)* il baisse, il décline. **Bergarbeiter** *m* (ouvrier) mineur *m.* **bergauf** [-'ʔaʊf] *adv* en montant; ▶ *es geht mit ihm ~ (geschäftlich)* ses affaires vont bien; *(gesundheitlich)* il va mieux. **Bergbau** *m* industrie *f* minière. **Bergbaugebiet** *n* bassin *m* minier. **Bergbauingenieur** *m* ingénieur *m* des mines. **Bergbesteigung** *f* ascension *f.*

bergen ['bɛrgən] ⟨*birgt, barg, geborgen*⟩ *tr* **1.** *(retten)* sauver; *(in Sicherheit bringen)* mettre en sûreté *od* à l'abri, abriter; *(Tote, Verschüttete)* dégager, ramener à la surface; **2.** *fig (enthalten)* contenir, renfermer, comprendre.

Bergfried *m* ⟨-(e)s, -e⟩ [bɛrgfri:t] *arch hist* donjon *m.* **Bergführer** *m* guide *m* de montagne. **Berggeist** *m* génie *m* des montagnes. **bergig** *a* montagneux. **Bergkette** *f* chaîne *f* de montagnes. **Bergkristall** *m* cristal *m* de roche. **Bergkuppe** *f* sommet (arrondi), mamelon *m.* **Bergmann** *m* ⟨-(e)s, -leute⟩ = *Bergarbeiter.* **Bergmassiv** *n* massif *m* (montagneux). **Bergpredigt** *f rel* Sermon *m* sur la montagne. **Bergrecht** *n* code *m* minier. **Bergrücken** *m* croupe *f* (de montagne). **Bergrutsch** *m* glissement *m* de terrain. **Bergsteigen** *n* alpinisme *m.* **Bergsteiger** *m* alpiniste. **Berg-und-Tal-Bahn** *f* montagnes *f pl* russes.

Bergung *f* ⟨-, (-en)⟩ ['bɛrgʊŋ] sauvetage *m.* **Bergungsarbeiten** *f pl* travaux *m pl* de sauvetage. **Bergungsmannschaft** *f* colonne *f* de sauvetage.

Bergwacht *f* ['bɛrg-] secours *m* en montagne. **Bergwand** *f* paroi *f,* flanc *m.* **Bergwerk** *n* mine; *(Kohlenbergwerk)* houillère *f,* mine *f* de charbon.

Bericht *m* ⟨-(e)s, -e⟩ [bə'rɪçt] rapport, exposé, compte-rendu; *(längerer)* récit *m; (amtlicher)* communiqué *m; (Zeitung, radio)* reportage *m; laut ~* suivant avis; ▶ *~ erstatten* rapporter (*über etw* qc), faire un rapport (*über* sur). **berichten** ⟨*ohne ge-*⟩ *tr* rapporter, exposer; rendre compte de; *(erzählen)* relater, raconter; *(amtlich)* communiquer. **Berichterstatter** *m allg (a. auswärtiger ~ e-r Zeitung)* correspondant; *(Zeitung)* reporter; *pol (Referent)* rapporteur; *jur* juge *m* rapporteur. **Berichterstattung** *f allg* rapport *m,* chronique *f; (Zeitung)* reportage *m;* correspondance *f.*

berichtigen ⟨*ohne ge-*⟩ *tr* corriger, rectifier, redresser; *tech* mettre au point *od* en ordre, régler. **Berichtigung** *f* ⟨-, -en⟩ correction, rectification *f,* redressement *m; tech* mise *f* au point, réglage *m.*

berieseln ⟨*ohne ge-*⟩ *tr* **1.** arroser; **2.** *fig (mit Musik, Reklame)* abreuver, inonder (*mit* de). **Berieselung** *f* ⟨-, ø⟩ **1.** arrosage *m;* **2.** *fig (mit Musik)* flot *m* ininterrompu.

beritten *a* monté, à cheval.

Berlin [bɛr'li:n] *n* ⟨-s, ø⟩ Berlin *f.* **Berliner** [bɛr'li:nər] *a inv* berlinois; *(Krapfen) m* beignet *m.* **Berliner(in** *f***)** *m* ⟨-s, -⟩ Berlinois,e *m f.*

Bernhardiner(hund) *m* ⟨-s, -⟩ [-'di:nər] saint-bernard *m.*

Bernstein *m* ⟨-(e)s, ø⟩ ['bɛrn-] ambre jaune; succin *m.*

bersten ['bɛrstən] ⟨*birst, barst, geborsten*⟩ *itr* ⟨*sein*⟩ se fendre, se crevasser; *(platzen, a. fig)* crever, éclater. **Berstkatastrophe** *f (im Kernkraftwerk)* explosion *f.* **Berstschutz** *m (im Kernkraftwerk)* dispositif *m* de sécurité anti-explosion.

berüchtigt [bə'rʏçtɪçt] *a* mal famé.

berücksichtigen [-'rʏkzɪçt-] ⟨*ohne ge-*⟩ *tr (erwägen)* considérer, prendre en considération; avoir égard (*etw* à qc); tenir compte (*etw* de qc). **Berücksichtigung** *f* ⟨-, ø⟩ (prise en) considération *f;* ▶ *ohne ~ (gen)* sans égard (pour); *unter ~ (gen)* en considération (de), tenant compte (de); *~ finden* entrer en considération *od* en ligne de compte.

Beruf *m* ⟨-(e)s, -e⟩ profession *f,* métier *m;* ▶ *freier ~* profession *f* libérale; *ohne ~* sans profession; *von ~* de (son) métier; *e-n ~ ausüben* exercer une profession *od* un métier. **berufen I.** ⟨*berief, berufen*⟩ *tr* **1.** *(ernennen)* nommer, appeler (*zu* à); **2.** ▶ *sich ~ auf* se référer, se reporter; **II.** *a (befugt)* autorisé; ▶ *zu etw ~ sein* avoir mission de *od* pour *od* la vocation de qc. **beruflich** *a* professionnel. **Berufs...** professionnel; *(vor e-r Berufsbezeichnung)* de métier. **Berufsausbildung** *f* formation *f* professionnelle. **Berufsausübung** *f* exercice *m* d'une *od* de sa profession. **Berufsberatung** *f* orientation *f* professionnelle. **Berufsbild** *n* profil *m* d'une profession. **Berufserfahrung** *f* expérience *f* professionnelle. **Berufsheer** *n* armée *f* de métier. **Berufskleidung** *f* vêtements *m pl* de travail. **Berufskrankheit** *f* maladie *f* professionnelle. **Berufsleben** *n* vie *f* professionnelle. **Berufsoffizier** *m* officier *m* de carrière. **Berufsschule** *f* école *f* professionnelle *od* d'apprentissage. **Berufssoldat** *m* militaire *m* de carrière. **Berufsspieler** *m* (joueur) professionnel *m.* **Berufssport** *m* professionnalisme *m.* **Berufssportler** *m* professionnel *m.* **berufstätig** *a* en activité; ▶ *~ sein* exercer une profession *od* un métier; *~e Bevölkerung f* population *f* active. **Berufsverbot** *n* mise à pied, interdiction *f* professionnelle. **Berufsvorbereitungsjahr** *n* année *f* de préparation à la vie active. **Berufswahl** *f* choix *m* de la profession. **Berufszweig** *m* branche, spécialité *f*.

Berufung *f* ‹-, -en› **1.** *(ohne pl) (innere)* vocation, mission *f* (*zum* od *zur* ... de ...); **2.** *(Ernennung)* nomination, promotion *f;* **3.** *jur* appel, recours *m;* ► *unter* od *mit ~ auf* se référant à; *~ einlegen (jur)* interjeter appel, se pourvoir en appel. **Berufungsgericht** *n* cour d'appel, justice *f* de ressort. **Berufungsklage** *f* appel *m.* **Berufungsverfahren** *n* instance *f* d'appel.

beruhen ‹*ohne ge-*› *itr* reposer, être fondé, s'appuyer (*auf* sur); *(s-e Ursache haben in)* provenir (*auf* de); ► *auf e-m Irrtum ~* provenir d'une erreur; *etw auf sich ~ lassen* laisser dormir qc; *das beruht auf Gegenseitigkeit* c'est réciproque. **beruhigen** ‹*ohne ge-*› *tr* tranquilliser, calmer, rassurer, apaiser; *refl: sich ~* se calmer, se rassurer; *(Wind)* tomber; *(Wetter, Lage)* s'arranger; ► *da bin ich (ja) beruhigt!* me voilà tranquille. **beruhigend** *a* **1.** rassurant; **2.** *med* calmant, sédatif. **Beruhigung** *f* ‹-, ø› apaisement, soulagement *m.* **Beruhigungsmittel** *n med* tranquillisant, sédatif *m.*

berühmt *a* célèbre, illustre, fameux, renommé. **Berühmtheit** *f* ‹-, -en› célébrité *(a. Person),* renommée *f.*

berühren ‹*ohne ge-*› *tr* **1.** toucher (à); *(streifen)* effleurer, frôler; **2.** *(erwähnen)* effleurer, mentionner; **3.** *(angehen)* toucher, regarder, concerner; **4.** *refl sich ~* se toucher; *fig* rejoindre; avoir des points communs (*mit jdm* avec qn). **Berührung** *f* ‹-, -en› contact, attouchement; effleurement *m; in ~ bringen* mettre en contact; *in ~ kommen mit* entrer en rapport avec. **Berührungspunkt** *m a. fig* point *m* de contact.

besät *a fig* (par)semé; jonché (*mit* de).

besagen ‹*ohne ge-*› *tr (bedeuten)* dire, signifier. **besagt** *a* susmentionné.

besänftigen ‹*ohne ge-*› *tr* apaiser, adoucir. **Besänftigung** *f* ‹-, ø› apaisement, adoucissement *m.*

Besatz *m (Textil)* garniture *f.*

Besatzung *f* ‹-, -en› **1.** *(Garnison)* garnison *f; (Truppen)* troupes *f pl* d'occupation; **2.** *mar aero* équipage *m.* **Besatzungsarmee** *f* armée *f* d'occupation. **Besatzungsgebiet** *n* zone *f* d'occupation. **Besatzungsmacht** *f* puissance d'occupation. **Besatzungsstreitkräfte** *f pl* forces *f pl* d'occupation. **Besatzungszone** *f* zone *f* d'occupation.

besaufen, *sich* ‹*besäuft, besoff, besoffen*› *pop* se soûler, se saouler, se cuiter.

beschädigen [-ˈʃɛːd-] ‹*ohne ge-*› *tr* endommager, détériorer, dégrader. **Beschädigung** *f (Vorgang)* endommagement *m,* détérioration, dégradation *f.*

beschaffen I. ‹*ohne ge-*› *tr* procurer; pourvoir, approvisionner (*jdm etw* qn de qc); *sich etw ~* se procurer qc; **II.** *a:* ► *so ~, daß* de nature à. **Beschaffenheit** *f* ‹-, ø› *(Zustand)* état *m,* condition; qualité *f.* **Beschaffung** *f* ‹-, ø› approvisionnement *m,* acquisition *f; (Lieferung)* fourniture *f.*

beschäftigen [-ˈʃɛft-] ‹*ohne ge-*› *tr* **1.** occuper (*mit* à); **2.** *(als Arbeitskraft)* employer; **3.** *fig (geistig)* (pré-)occuper; ► *sich ~* s'occuper (*mit* de); *sich intensiv mit etw ~* s'adonner à. **beschäftigt** *a* occupé (*mit* à); ► *sehr ~* affairé; absorbé, accaparé (*mit* par). **Beschäftigung** *f* ‹-, -en› **1.** occupation *f;* **2.** *(durch e-n Arbeitgeber)* emploi *m;* **3.** *(Arbeit)* travail *m;* activité *f.* **Beschäftigungsförderungsgesetz** *n* loi *f* favorisant la création d'emplois. **Beschäftigungsnachweis** *m* certificat *m* d'emploi. **Beschäftigungspolitik** *f* politique *f* de l'emploi. **Beschäftigungstherapie** *f* thérapie *f* occupationnelle.

beschämen ‹*ohne ge-*› *tr* humilier, confondre, rendre honteux *od* confus. **beschämend** *a* humiliant. **beschämt** *a* honteux, confus, confondu.

beschatten ‹*ohne ge-*› *tr fig (heimlich überwachen)* filer, prendre en filature.

Beschau *f* ‹-, ø› *(Untersuchung)* contrôle *m,* inspection *f.* **beschauen** ‹*ohne ge-*› *tr* **1.** contempler; **2.** *(prüfen)* inspecter, examiner, contrôler. **beschaulich** *a* contemplatif. **Beschaulichkeit** *f* contemplation *f.*

Bescheid *m* ‹-(e)s, -e› **1.** *(Mitteilung)* avis *m,* communication; *(Antwort)* réponse *f;* **2.** *(behördlicher)* décret *m;* **3.** *(Entscheidung)* décision *f, bes. jur* arrêt *m;* ► *~ bekommen* avoir une réponse; recevoir un avis; *jdm ~ geben* informer qn; donner une réponse à qn; *~ wissen* savoir à quoi s'en tenir; *über etw ~ wissen* être au courant *od* au fait; *nun wissen Sie ~!* maintenant vous savez. **bescheiden I.** ‹*beschied, beschieden*› *tr* **1.** *(benachrichtigen)* informer, renseigner; **2.** *(beordern)* mander, citer; *(vorladen)* assigner; ► *abschlägig beschieden werden* essuyer un refus; **II.** *a* **1.** modeste; humble. **Bescheidenheit** *f* ‹-, ø› modestie; humilité; discrétion; simplicité *f;* ► *in aller ~* en toute humilité.

bescheinen ‹*beschien, beschienen*› *tr:* ► *von der Sonne beschienen* ensoleillé.

bescheinigen [-ˈʃaɪn-] ‹*ohne ge-*› *tr* attester, certifier; ► *den Empfang e-s Briefes ~* accuser réception d'une lettre. **Bescheinigung** *f* ‹-, -en› *(Vorgang u. Schriftstück)* attestation *f; (Schriftstück)* certificat *m.*

beschenken ‹*ohne ge-*› *tr* faire un ca-

deau (*jdn* à qn); ▶ *reichlich* ~ combler de cadeaux.
bescheren ‹*ohne ge-*› [-'ʃe:r-] *tr* donner, offrir. **Bescherung** *f* ‹-, (-en)› distribution *f* des étrennes; ▶ *das ist ja eine schöne ~! da haben wir die ~!* nous voilà dans de beaux draps!
beschießen ‹*beschoß, beschossen*› *tr* **1.** faire feu sur, tirer contre *od* sur; *(mit MG)* mitrailler; *(mit schweren Waffen)* canonner, bombarder; **2.** *phys* irradier *(mit Neutronen* par des neutrons). **Beschießung** *f* ‹-, (-en)› **1.** tir; bombardement *m;* **2.** irradiation *f.*
beschimpfen ‹*ohne ge-*› *tr* insulter, injurier, outrager **Beschimpfung** *f* ‹-, -en› affront *m,* insulte, injure *f,* outrage *m.*
beschirmen ‹*ohne ge-*› *tr* abriter, protéger (*vor* contre *od* de).
Beschlag *m* **1.** *(Metallteile auf Holz)* garniture, armature, ferrure *f;* **2.** *(Feuchtigkeit auf Glas etc)* buée. **beschlagen I.** ‹*beschlägt, beschlug, beschlagen*› **1.** *tr* ‹*h*› garnir, armer, ferrer; *(mit Nägeln)* clouter; *(Pferd)* ferrer; **2.** *itr* ‹*sein*› *(Glas etc)* se couvrir de buée, s'embuer, suer; *(schimmeln)* moisir; **II.** *a* **1.** armé, garni, ferré; *(mit Nägeln)* clouté; **2.** *fig (Mensch)* versé (*in* dans); *fam* ferré, calé (*in* en); ▶ *auf s-m Gebiet sehr ~ sein* être un expert dans son domaine. **Beschlagenheit** *f* ‹-, ø› savoir *m,* connaissances *f pl.* **Beschlagnahme** *f* ‹-, -n› *jur* saisie; mainmise *f,* (mise *f* sous) séquestre *m,* séquestration *f.* **beschlagnahmen** ‹*ohne ge-*› *tr jur* saisir, confisquer, séquestrer.
beschleunigen *a* [-'ʃlɔyn-] ‹*ohne ge-*› *tr* accélérer; ▶ *s-e Schritte ~* presser le pas. **beschleunigt** *a* accéléré; *(Puls a.)* rapide. **Beschleunigung** *f* ‹-, (-en)› accélération *f.*
beschließen ‹*beschloß, beschlossen*› *tr* **1.** *(beenden)* terminer, achever, finir; *(e-e Reihe)* fermer; **2.** *(den Beschluß fassen)* décider, se décider, se résoudre (*zu* à); *(übereinkommen)* convenir (*zu* de); **3.** *jur* décréter, décerner; *parl* voter; ▶ *es ist beschlossene Sache* la décision est prise.
Beschluß [-'ʃlʊs] *m* **1.** *(Schluß)* clôture, fin *f;* **2.** *(Entscheid)* conclusion, résolution, *a. jur* décision *f; jur* décret, arrêt(é); *parl* vote *m;* ▶ *e-n ~ fassen* adopter une résolution, prendre une décision. **beschluß(un)fähig** *a (parl):* ▶ *~ sein* (n'être pas) en nombre.
beschmieren ‹*ohne ge-*› *tr* barbouiller.
beschmutzen ‹*ohne ge-*› *tr a. fig* salir, souiller, encrasser.
beschneiden ‹*beschnitt, beschnitten*› *tr* couper, cisailler; *(bes. Buchbinderei)* rogner; *(Baum)* tailler, ébrancher; *rel* circoncire; **2.** *fig* rogner, retrancher; restreindre, réduire. **Beschneidung** *f* ‹-, -en› **1.** *rel* circoncision *f.* **2.** *fig* restriction, réduction *f.*
beschnüffeln ‹*ohne ge-*› *tr a. fig* flairer.
beschönigen ‹*ohne ge-*› *tr* embellir. **Beschönigung** *f* ‹-, -en› embellissement.
beschränken ‹*ohne ge-*› *tr* limiter, borner, restreindre, réduire (*auf* à); *refl:* ▶ *sich ~* se limiter, se borner, se restreindre (*auf* à); *sich auf das Notwendigste ~* s'en tenir à l'essentiel.
beschränkt *a* **beschrankt I.** *a (Bahnübergang)* gardé. **1.** *fig* limité, borné, restreint; **2.** *(Geist)* borné, rétréci; **II.** *adv* avec des restrictions. **Beschränktheit** *f* ‹-, ø› **1.** *(geringer Umfang)* limites, bornes *f pl;* **2.** *(geistige)* étroitesse *od* médiocrité *f* d'esprit. **Beschränkung** *f* ‹-, -en› *(Vorgang u. Zustand)* limitation, restriction; *(Vorgang)* réduction *f.*
beschreiben ‹*beschrieb, beschrieben*› *tr* **1.** *(Papier)* écrire (*etw* sur qc), couvrir d'écriture; **2.** *(schildern)* décrire, (dé)peindre; tracer; *(genau)* détailler; *(Person)* signaler; **3.** *math (Kurve)* décrire, tracer, dessiner. **beschreibend** *a* descriptif. **Beschreibung** *f* ‹-, -en› description, peinture *f.*
beschreiten ‹*beschritt, beschritten*› *tr:* ▶ *den Rechtsweg ~* recourir à la justice; *neue Wege ~* quitter les sentiers battus.
beschriften ‹*ohne ge-*› *tr* inscrire, mettre une inscription (*etw* sur qc); *(etikettieren)* étiqueter. **Beschriftung** *f* ‹-, -en› **1.** *(Tätigkeit)* étiquetage *m;* **2.** *(Ergebnis)* inscription, légende; étiquette *f.*
beschuldigen ‹*ohne ge-*› *tr* inculper, incriminer, accuser *(e-r S* de qc). **Beschuldigung** *f* ‹-, -en› inculpation, incrimination, accusation *f.*
Beschuß *m* ‹-sses, ø› [-'ʃʊs] = *Beschießung.*
beschützen ‹*ohne ge-*› *tr* protéger, abriter; couvrir, mettre à l'abri. **Beschützer** *m* ‹-s, -› protecteur *m.*
Beschwerde *f* ‹-, -n› [-'ʃve:rdə] **1.** *(Mühe)* peine, fatigue; *(Leiden)* malaise *m,* infirmité *f,* troubles *m pl;* **2.** *(Klage)* plainte, charge, réclamation *f,* grief; *jur* pourvoi, recours *m;* **3.** *pl (körperliche)* incommodités; *jur* doléances *f pl.* **Beschwerdeschrift** *f* acte *m* de pourvoi, plainte *f.*
beschweren ‹*ohne ge-*› **1.** *tr (belasten)* charger; peser (*etw* sur qc); **2.** *refl: sich ~* se plaindre (*bei jdm* à qn, *über jdn, etw* de qn, qc); porter plainte (*über jdn* contre qn). **beschwerlich** *a* pénible; fatigant, accablant; incommode. **Beschwerlichkeit** *f* ‹-, -en› peine *f,* fatigues *f pl;* incommodité *f.*
beschwichtigen [-'ʃvɪçt-] ‹*ohne ge-*› *tr* apaiser, calmer.
beschwindeln ‹*ohne ge-*› *tr* tromper,

berner.
beschwipst *a fam* gris, éméché.
beschwören ‹*beschwor, beschworen*› *tr* **1.** *jur* affirmer par serment, jurer; **2.** *(Geister)* conjurer; *(Schlangen)* charmer; **3.** *(anflehen)* adjurer, conjurer; supplier, implorer. **Beschwörung** *f* ‹-, -en› **1.** conjurations *f pl;* **2.** adjuration, supplication, imploration *f.*
beseelt *a* animé.
besehen ‹*besieht, besah, besehen*› *tr* regarder (de près).
beseitigen ‹*ohne ge-*› *tr* **1.** écarter, éloigner; supprimer; se débarrasser (*etw* de qc); **2.** *(beheben)* réparer; remédier (*etw* à qc); *(Hindernis)* éliminer, écarter; *(Schwierigkeit)* lever; *(Zweifel)* dissiper; **3.** *fig (Menschen entfernen)* éliminer; *(verschwinden lassen)* supprimer. **Beseitigung** *f* ‹-, ø› **1.** éloignement; élimination *f;* **2.** abolition, cessation; réparation; solution, dissipation *f.*
Besen *m* ‹-s, -› ['be:zən] balai *m.* **Besenschrank** *m* placard *m* à balais. **Besenstiel** *m* manche *m* à balai.
besessen [-'zɛsən] *a* **1.** *(innerlich erfüllt)* obsédé (*von* de *od* par); fanatique; *pej* maniaque; **2.** *(vom bösen Geist)* possédé du démon; ▶ *wie* ~ *(adv)* comme possédé (du démon) *od* forcené. **Besessene** *m f* ‹-n, -n› maniaque *m.*
besetzen ‹*ohne ge-*› *tr* **1.** *(mit Besatz)* garnir (*mit* de); *(besäen)* piqueter (*mit Sternen* d'étoiles); **2.** *(e-n Platz)* occuper; *(mil: ein Land, e-e Stadt)* occuper (militairement); **3.** *mar (bemannen)* équiper; *(Stelle)* pourvoir à; *theat film (die Rollen)* distribuer. **besetzt** *a* **1.** garni (*mit* de); chargé; **2.** *(Platz)* occupé; réservé; *mil tele* occupé; *(Fahrzeug)* complet; ▶ *~es Gebiet n* territoire *m* occupé. **Besetztzeichen** *n tele* signal *m* de ligne occupée. **Besetzung** *f* ‹-, -en› **1.** *mil* occupation *f;* **2.** *theat film* distribution *f.*
besichtigen ‹*ohne ge-*› *tr* regarder; visiter; inspecter; *(prüfend)* examiner; *mil* passer en revue. **Besichtigung** *f* ‹-, -en› visite; inspection *f;* examen *m; mil* revue *f.* **Besichtigungszeit** *f* heures *f pl* d'ouverture.
besiedeln ‹*ohne ge-*› *tr* coloniser; *(bevölkern)* peupler. **besiedelt** *a:* ▶ *dicht, dünn* ~ surpeuplé, sous-peuplé. **Besied(e)lung** *f* ‹-, (-en)› colonisation *f,* peuplement *m.*
besiegeln ‹*ohne ge-*› *tr* sceller.
besiegen ‹*ohne ge-*› *tr* vaincre; *a. fig* l'emporter (*jdn, etw* sur qn, qc); *fig* surmonter. **Besiegte** *m f* ‹-n, -n› vaincu(e *f*) *m.*
besinnen, *sich* ‹*besann, besonnen*› **1.** *(überlegen)* réfléchir; **2.** *refl (sich erinnern)* se souvenir (*auf etw* de qc); ▶ *ohne sich (lange) zu* ~ sans hésiter; *sich anders* od *e-s anderen* ~ changer d'avis. **besinnlich** *a (Mensch)* pensif, songeur, méditatif; *(Zeit)* calme, paisible. **Besinnung** *f* ‹-, ø› ▶ *jdn zur* ~ *bringen* ramener qn à la raison; *(wieder) zur* ~ *kommen* reprendre connaissance; *fig* revenir à la raison. **besinnungslos** *a* sans connaissance, évanoui.
Besitz *m* ‹-es, ø› possession, propriété; *jur* détention; *(Vermögen)* fortune *f,* biens *m pl,* avoir; patrimoine *m;* ▶ *im* ~ *(gen)* en possession (de); *von etw* ~ *ergreifen, etw in* ~ *nehmen* prendre possession de qc; *gemeinsamer* ~ copropriété *f.* **Besitzanspruch** *m* droit *m* de possession. **Bestitzverteilung** *f* distribution *f* de la propriété. **besitzanzeigend** *a gram:* ▶ *~es Fürwort n* pronom *m* possessif. **besitzen** ‹*besaß, besessen*› *tr* posséder; être en possession de; *(innehaben)* détenir; avoir; être pourvu *od* muni de; ▶ *gemeinsam* ~ posséder en commun. **Besitzer(in *f*)** *m* ‹-s, -› (*f* ‹-, -nen›) possesseur; *(Eigentümer)* propriétaire; *jur* détenteur; *(Inhaber)* porteur *m.* **Besitzergreifung** *f* prise *f* de possession. **besitzlos** *a* sans biens, pauvre. **Besitztum** *n* ‹-s, ¨er› possession *f,* biens *m pl.* **Besitzung** *f* *(Landgut)* propriété *f,* terres *f pl,* fonds (de terre), domaine *m; (Kolonie)* colonie *f,* possessions *f pl;* territoires *m pl;* ▶ *überseeische ~en* territoires *m pl* d'outre-mer.
besoffen *a pop* soûl, saoul, plein; ▶ *total* ~ soûl comme une bourrique.
besohlen ‹*ohne ge-*› *tr* ressemeler.
besolden [-'zɔld-] ‹*ohne ge-*› *tr* salarier; *(höher)* appointer. **Besoldung** *f* ‹-, ø› *mil* solde *f; allg* paiement *m,* rémunération, rétribution *f.*
besondere(r, s) [-'zɔndər] *a* spécial, particulier; *(gesondert)* séparé, individuel; *(unterschiedlich)* distinct, différent; *(eigentümlich)* particulier, singulier; *(ungewöhnlich)* exceptionnel; *etwas B~s* quelque chose de spécial; ▶ *im ~n* en particulier. **Besonderheit** *f* ‹-, -en› spécialité, particularité; *(einzelne)* caractéristique *f.* **besonders** *adv* **1.** *(insbesondere)* spécialement, particuliè rement, en particulier; *(für sich allein)* à part; **2.** *(hauptsächlich)* surtout, principalement; **3.** *(außerordentlich)* extraordinairement; ▶ *nicht* ~ ... pas trop ..., pas tellement ....
besonnen *a* réfléchi; *(vernünftig)* raisonnable; *(ausgeglichen)* pondéré; *(gesetzt)* posé; *(vorsichtig)* prudent, avisé. **Besonnenheit** *f* ‹-, ø› réflexion, sagesse; pondération; prudence *f.*
besorgen ‹*ohne ge-*› *tr* **1.** *(betreuen)* avoir *od* prendre soin (*etw* de qc); **2.** *(beschaffen)* procurer; *(einkaufen)*

acheter; ► *(sich) etw* ~ (se) procurer, acheter qc. **Besorgnis** *f* ‹-, -se› crainte, appréhension; inquiétude, préoccupation *f;* ► *zu* ~ *Anlaß geben* donner de l'inquiétude. **besorgniserregend** *a* inquiétant, préoccupant. **besorgt** *a* **1.** inquiet, soucieux, préoccupé; **2.** *(fürsorglich)* soigneux, prévoyant; empressé, plein d'égards. **Besorgtheit** *f* ‹-, ø› inquiétude, préoccupation *f.* **Besorgung** *f* ‹-, -en› **1.** *(ohne pl) (Wartung)* entretien; soin(s *pl*) *m,* conduite *f;* **2.** *(Beschaffung)* approvisionnement *m;* fourniture *f; (Einkauf)* achat *m,* emplette *f;* ► *~en machen* faire des courses *od* des commissions.

bespannen ‹*ohne ge-*› *tr* **1.** atteler (*e-n Wagen mit Pferden* des chevaux à une voiture); **2.** *(Fläche, Wand, Rahmen)* tendre, revêtir (*mit* de); ► *mit Stoff* ~ *(a. aero)* entoiler. **Bespannung** *f* ‹-, ø› **1.** attelage *m;* **2.** *allg* revêtement *m,* garniture *f;* entoilage *m.*

bespitzeln ‹*ohne ge-*› *tr* moucharder, espionner.

besprechen ‹*bespricht, besprach, besprochen*› *tr* **1.** *(sprechen über)* commenter; *(rezensieren)* critiquer, faire le compte rendu de; **2.** *(beraten)* discuter, débattre; délibérer (*etw* de, sur qc); **3.** *(magisch beschwören)* conjurer; **4.** *refl sich* ~ s'aboucher *(mit jdm* avec qn). **Besprechung** *f* ‹-, -en› **1.** commentaire *m;* critique *f,* compte *m* rendu; **2.** *(Unterredung)* entretien, colloque *m;* discussion *f;* **3.** *(Beschwörung)* conjuration *f.* **Besprechungsexemplar** *n* exemplaire *m* de presse *od* pour compte rendu.

bespritzen ‹*ohne ge-*› *tr* éclabousser; *(mit Farbe, Blut)* tacher (*mit* de).

besser ['bɛsər] *(Komparativ von: gut)* **I.** *a* meilleur; **II.** *adv* mieux; ► *immer* ~ de mieux en mieux; *um so* ~ tant mieux; ~ *gesagt (adv)* pour mieux dire; ~ *sein (a.)* valoir mieux; ~ *(daran) tun* faire mieux; *es* ~ *wissen* en savoir davantage *od* plus (long); *es geht mir* ~, je suis *od* vais mieux; *es wäre* ~ mieux vaudrait (*zu gehen* aller). **Bessere, das** (le *od* du) meilleur; ► *zum ~n* en mieux; *jdn eines ~n belehren* détromper qn; *sich eines ~n besinnen* se raviser; *ich könnte nichts ~es tun als ...* je ne saurais faire mieux que de ... **bessern** *tr (sittlich)* amender; *refl: sich* ~ devenir meilleur, s'améliorer; *(bes. sittlich)* s'amender; *(Gesundheit)* se rétablir, aller mieux; *(Wetter)* s'améliorer. **Besserung** *f* ‹-, ø› (a. med com mete) amélioration *f; (sittlich)* amendement; *(Gesundheit)* rétablissement *m;* ► *auf dem Wege der* ~ *sein* aller mieux; *gute ~!* meilleure santé! **Besserwisser** *m* ergoteur *m.*

Bestand *m* **1.** *(Bestehen)* existence; *(Fortdauer)* permanence, continuité, durée *f;* **2.** *com (Vorrat)* stock *m; (Kassenbestand)* encaisse *f; (Saldo)* solde; *(Viehbestand)* cheptel *m;* ► *mit reichem* ~ bien fourni; *ohne* ~ instable *a; den* ~ *aufnehmen* faire *od* dresser *od* établir l'inventaire; ~ *haben, von* ~ *sein* durer, persister, subsister.

beständig **I.** *a (dauerhaft)* constant, persistant; *a. chem mete fin* stable; *tech* résistant, inattaquable; *(Farbe)* indélébile; *(andauernd)* continu(el); **II.** *adv (immer)* constamment, continuellement, incessament, sans cesse. **Beständigkeit** *f* ‹-, ø› constance, persistance; stabilité; continuité *f.*

Bestandsaufnahme *f* (établissement *m* de l')inventaire *m;* ► ~ *machen = den Bestand aufnehmen.* **Bestandteil** *m (stofflich)* ingrédient, *bes. chem* composant *m; allg* partie *f* (constituante); élément *m;* ► *wesentlicher* ~ élément *m* constitutif.

bestärken ‹*ohne ge-*› *tr:* ► *jdn in etw* ~ fortifier, (r)affermir qn dans qc.

bestätigen [-'ʃtɛ:t-] ‹*ohne ge-*› *tr* **1.** *(Worte, Verdacht)* confirmer. **2.** *(bescheinigen)* attester, certifier; *(Urteil)* valider; **3.** *refl sich* ~ se confirmer, se vérifier; s'avérer; ► *amtlich* od *gerichtlich* ~ légaliser, sanctionner, ratifier. **Bestätigung** *f* ‹-, -en› **1.** confirmation *f;* **2.** attestation *f,* certificat(ion *f*) *m;* validation *f.* **Bestätigungsschreiben** *n* lettre *f* de confirmation.

bestatten ‹*ohne ge-*› *tr* inhumer, enterrer. **Bestattung** *f* ‹-, -en› inhumation *f,* enterrement *m;* funérailles *f pl.*

bestäuben [-'ʃtɔʏb-] ‹*ohne ge-*› *tr bot* féconder. **Bestäubung** *f* ‹-, -en› *bot* fécondation, pollinisation *f.*

bestechen ‹*besticht, bestach, bestochen*› *tr* corrompre, acheter; *(e-n Zeugen)* suborner. **bestechlich** *a* corruptible, vénal. **Bestechlichkeit** *f* corruptibilité, vénalité *f.* **Bestechung** *f* ‹-, -en› corruption; *(von Zeugen)* subornation *f.*

Besteck *n* ‹-(e)s, -e/(-s)› [-'ʃtɛk] **1.** *(Eßbesteck)* couvert *m;* **2.** *med* trousse *f.*

bestehen ‹*bestand, bestanden*› **1.** *tr (Kampf, Probe)* soutenir; *(Prüfung)* réussir à; **2.** *itr (existieren)* exister, être; *(dauern)* durer, subsister; ► *auf etw* ~ insister; s'obstiner à qc; *auf s-m Recht* ~ faire valoir obstinément ses droits; ~ *aus* se composer de, être composé de; *darin* ~, *daß* consister à *inf.* **Bestehen** *n* **1.** réussite *f;* **2.** existence, persistance; subsistance *f;* ► *seit* ~ *der Welt* depuis la création du monde. **bestehen≈bleiben** ‹*blieb bestehen, bestehengeblieben*› *itr* rester, demeurer, continuer. **bestehend** *a* existant; *(Gesetz)* en vigueur.

besteigen ⟨*bestieg, bestiegen*⟩ *tr* monter sur; *(Berg)* gravir, escalader; faire l'ascension de; *(Fahrrad)* enfourcher; ▶ *das* od *ein Pferd* ~ monter à cheval; *den Thron* ~ *(fig)* accéder au trône. **Besteigung** *f (e-s Berges)* ascension *f.*

bestellen ⟨*ohne ge-*⟩ *tr* **1.** *agr* cultiver, labourer, mettre en valeur; **2.** *(Grüße)* transmettre; **3.** *com* commander, passer (une) commande de; *(reservieren lassen)* retenir; **4.** *(kommen lassen)* faire venir; ▶ *jdn* ~ mander, citer, convoquer qn. **Besteller** *m* ⟨-s, -⟩ *com* commettant; *(Abonnent)* abonné *m.* **Bestellkarte** *f* carte *f* de commande. **Bestellnummer** *f com* numéro *m* de commande. **Bestellschein** *m com* bon *od* bulletin de commande; *(Bibliothek)* bulletin *m* de demande. **Bestellung** *f* ⟨-, -en⟩ **1.** *agr* mise *f* en valeur; **2.** *(Grüße)* transmission *f;* **3.** *com* commande *f,* ordre *m,* commission *f;* ▶ *auf* ~ sur commande; *e-e* ~ *aufgeben* faire une commande (*bei jdm* à qn).

beste(r, s) ['bɛst-] *a (Superlativ von: gut)* le, la meilleur, e; ▶ *der erste* ~ le premier venu; *am ~n, aufs* ~ le mieux (du monde), au mieux; *etwas zum ~n geben* régaler (*jdm etw* qn de qc); *es wird das* ~ *sein, wenn* le mieux, c'est que; *~n Dank!* merci bien! grand merci! **Beste** *m f* ⟨-n, -n⟩ *(e-r Klasse od Gruppe)* le premier, la première; le leader. **Beste,** *das* le meilleur; le mieux; ▶ *das ~e* le dessus du panier, le suc; la fine fleur; *fam* la crème (*an e-r S* de qc); *zu jds ~n* pour le bien de qn; *sein ~s geben* od *tun, das* ~ *herausholen* faire de son mieux; *hoffen wir das ~!* espérons que tout ira pour le mieux. **bestenfalls** *adv* au mieux, dans le meilleur des cas; *(höchstens)* (tout) au plus, au maximum. **bestens** *adv* au mieux.

besteuern *tr* taxer; *(hoch)* grever d'impôts. **Besteuerung** *f* taxation *f.*

bestialisch [bɛsti'a:lɪʃ] *a* bestial. **Bestialität** *f* ⟨-, ø⟩ [-ali'tɛ:t] bestialité *f.*

besticken ⟨*ohne ge-*⟩ *tr* broder.

Bestie *f* ⟨-, -n⟩ ['bɛstiə] bête féroce; *fig (Mensch)* brute *f.*

bestimmen ⟨*ohne ge-*⟩ *tr* **1.** *(festsetzen)* décider, déterminer, désigner, fixer; *(anordnen)* ordonner, commander, décréter; *(genau festlegen)* préciser, spécifier; *(Begriff)* définir; **2.** *(Pflanze)* identifier; **3.** *(ernennen)* nommer, désigner; *(zuweisen, zudenken)* destiner, affecter (*für* à), désigner, prévoir (*für* pour); *(Summe)* appliquer (*zu* à); *itr* **4.** *(entscheiden)* décider (*über* de); *(verfügen)* disposer (*über* de). **bestimmend** *a* déterminant, décisif. **bestimmt I.** *a* **1.** *(festgelegt)* décidé, déterminé, résolu; *(Artikel)* défini; *(Zeitpunkt, Preis)* fixé; **2.** *(entschieden)* décisif, catégorique; **3.** *(gewiß)* sûr, certain; *(genau)* précis, spécifié, explicite; *(deutlich)* net; *(endgültig)* définitif; **4.** *(vorgeschrieben)* prescrit; ordonné, décrété; **5.** *(zugedacht)* destiné, affecté (*für* à), désigné, prévu (*für* pour); **6.** *(Mensch) (fest in der Haltung)* ferme; *(Ton)* affirmatif; **II.** *adv* sûrement, certainement, à coup sûr, pour sûr; ▶ *ganz* ~ sans aucun doute; *etw ganz* ~ *tun* ne pas manquer de faire qc. **Bestimmtheit** *f* ⟨-, ø⟩ certitude; fermeté *f.* **Bestimmung** *f* **1.** *(Entscheidung)* décision; *(Festsetzung)* détermination, fixation; *(Anordnung)* ordonnance *f,* décret *m,* prescription; *(genaue Festlegung)* précision, spécification, détermination; *(e-s Begriffes)* définition; *gram* détermination; **2.** *(e-r Pflanze)* identification *f;* **3.** *(Ernennung)* désignation; *(Zuweisung)* destination, affectation; **4.** *(Vertragsbestimmung)* stipulation, clause; *(a. gesetzliche)* disposition; *(Schicksal)* destin *m,* destinée *f,* sort *m.* **Bestimmungsort** *m* (lieu *od* point *m* de) destination *f.*

bestrafen ⟨*ohne ge-*⟩ *tr* punir (*für etw, mit etw* de qc). **Bestrafung** *f* ⟨-, -en⟩ punition *f.*

bestrahlen ⟨*ohne ge-*⟩ *tr* éclairer (de ses rayons); *phys* irradier; *(der Bestrahlung aussetzen)* exposer, *med* traiter aux rayons. **Bestrahlung** *f phys* irradiation; *(Lichtbad)* exposition à l'action des rayons, séance *f* de rayons; ▶ *radioaktive* ~ irradation *f* radioactive. **Bestrahlungsapparat** *m* appareil *m* à radiations. **Bestrahlungslampe** *n* lampe *f* d'irradiation.

bestreben, *sich* ⟨*ohne ge-*⟩ s'efforcer (*etw zu tun* de faire qc), s'appliquer, chercher (*etw zu tun* à faire qc), tâcher (*etw zu tun* de faire qc). **Bestreben** *n* effort *m,* application, aspiration *f.* **bestrebt** *a:* ▶ ~ *sein* = *sich bestreben.*

bestreichen ⟨*bestrich, bestrichen*⟩ *tr* enduire (*mit* de); ▶ *mit Butter* ~ beurrer.

bestreiten ⟨*bestritt, bestritten*⟩ *tr* **1.** contester; *(abstreiten)* (dé)nier; se défendre (*etw* de qc); démentir, désavouer; **2.** *(Kosten)* payer; subvenir, pourvoir, fournir (*etw* à qc); *(Unterhalt)* suffire, faire face (*etw* à qc).

bestreuen ⟨*ohne ge-*⟩ *tr* (par)semer, (*mit* de); *(mit Salz, Zucker, Mehl)* saupoudrer (*mit* de).

Bestseller ['bɛstzɛlər] *m* ⟨-s, -⟩ bestseller *m.*

bestürmen ⟨*ohne ge-*⟩ *tr* assaillir *a. fig,* donner l'assaut à; ▶ *mit Fragen* od *Bitten* ~ presser de questions.

bestürzend *a* bouleversant, stupéfiant. **bestürzt** *a* bouleversé, stupéfait, consterné. **Bestürzung** *f* ⟨-, ø⟩ bouleversement *m,* stupéfaction, consternation *f.*

Bestzeit *f* temps *m* record.

Besuch *m* ‹-(e)s, -e› [bəˈzuːx] **1.** visite; *(Aufenthalt)* séjour *m; (häuslicher od regelmäßiger)* fréquentation *f;* **2.** *(Gast)* visiteur, hôte *m;* ▶ *auf* od *zu* ~ en visite; *jdm e-n* ~ *abstatten* faire *od* rendre visite à qn; *zu jdm auf* ~ *kommen* venir voir qn. **besuchen** ‹*ohne ge-*› *tr aller* voir, rendre visite à; visiter *a. med u. com; (häufig od regelmäßig)* fréquenter; ▶ *die Schule* ~ aller à l'école; *e-e Vorlesung* ~ suivre un cours. **Besucher** *m* ‹-s, -› visiteur; *(Gast)* hôte *m.* **Besuchszeit** *f* heures *f pl* de visite. **besucht** *a:* ▶ *gut* ~ suivi; *viel* ~ *(Ort)* fréquenté.

Betablocker *m* ‹-s, -› bêtabloquant, betabloqueur *m.*

betasten ‹*ohne ge-*› *tr* tâter, palper.

betätigen ‹*ohne ge*› **1.** *tr tech* commander, manœuvrer; *(a. Waffe)* actionner; **2.** *refl: sich* ~ *(sich beschäftigen)* s'occuper, travailler. **Betätigung** *f* ‹-, -en› **1.** *tech* commande, manœuvre *f;* **2.** *(Beschäftigung)* travail *m;* occupation, activité *f;* **Betätigungsfeld** *n* champ *m* d'activité.

betäuben ‹*ohne ge-*› *tr* **1.** *(durch Lärm)* assourdir, étourdir; **2.** *(Schmerz)* assoupir, engourdir; *(Gefühl, Gewissen)* tromper; **3.** *med* endormir, insensibiliser, anesthésier. **betäubend** *a (Lärm)* assourdissant; *fig (Duft)* entêtant. **Betäubung** *f* **1.** assourdissement, étourdissement; **2.** *med* anesthésie, narcose *f;* ▶ *örtliche* ~ anesthésie *f* locale. **Betäubungsmittel** *n* narcotique *m.*

Bete *f* ‹-, -n› [ˈbeːtə]: ▶ *rote* ~ *(Rübe)* betterave *f* rouge.

beteiligen ‹*ohne ge-*› *tr* **1.** faire participer (*jdn an etw* qn à qc); *com* accorder un intérêt (*jdn* à qn); *refl* **2.** *sich* ~ se joindre, s'intéresser (*an etw* à qc); **3.** *(beteiligt sein)* participer, prendre part (*an etw* à qc); partager (*an etw* qc); *(mitarbeiten)* collaborer, coopérer (*an* à). **beteiligt** *a com* intéressé (*an* à, dans); ~ *sein* = *sich beteiligen;* ▶ *an e-m Unfall* ~ *sein* être impliqué dans un accident. **Beteiligte** *m f* ‹-n, -n› participant, intéressé; *(Teilhaber)* associé, partenaire; *(Vertragspartei)* partie *f* contractante *od* intéressée; *(an e-m Verbrechen)* complice *m.* **Beteiligung** *f* ‹-, -en› **1.** participation *f;* **2.** *com* intérêt *m (an etw* à *od* dans qc); **3.** *(Mitwirkung)* collaboration, coopération *f;* concours *m; (an e-m Verbrechen)* complicité *f.*

beten [ˈbeːtən] *tr* u. *itr* prier (*zu Gott* Dieu); *itr* dire une *od* sa prière.

beteuern ‹*ohne ge-*› *tr* affirmer; protester (*etw* de qc). **Beteuerung** *f* affirmation; protestation *f.*

betiteln ‹*ohne ge-*› *tr* intituler, appeler, nommer; donner le titre de (*jdn* à qn).

Beton *m* ‹-s, -s› [beˈtõː, -ˈtoːn] béton *m.*

betonen [-ˈtoːn-] ‹*ohne ge-*› *tr* mettre l'accent (*etw* sur qc); *a. fig* accentuer; *fig* souligner, appuyer (*etw* sur qc).

betonieren [betoˈniːrən] ‹*ohne ge-*› *tr* bétonner. **Betonieren** *n,* ‹-s, ø› **Betonierung** *f* ‹-, -en› bétonnage *m.* **Betonklotz** *m péj* cage *f* en béton. **Betonmischer** *m,* **Betonmischmaschine** *f* bétonnière *f.* **Betonstraße** *f* route *f* bétonnée *od* en béton.

betont *adv fig* ostensiblement. **Betonung** *f* ‹-, -en› accentuation *f,* accent *m.*

betören [-ˈtøːr-] ‹*ohne ge-*› *tr fig* enjôler. **betörend** *a* enjôleur.

Betracht *m* ‹-(e)s, ø› [bəˈtraxt] : ▶ *(nicht) in* ~ *kommen* (ne pas) entrer en ligne de compte; *außer* ~ *lassen* faire abstraction, ne pas tenir compte (*etw* de qc); *in* ~ *ziehen* prendre en considération, faire entrer en ligne de compte. **betrachten** ‹*ohne ge-*› *tr* **1.** regarder, contempler; *(genau)* étudier; *(prüfen)* examiner, scruter; **2.** *(halten für)* regarder, considérer (*als* comme); tenir, compter (*als* pour); ▶ *genau betrachtet (adv)* tout bien considéré, tout compte fait. **Betrachter** *m* ‹-s, -› contemplateur, spectateur, observateur *m.*

beträchtlich [-ˈtrɛçt-] **I.** *a* considérable, important; **II.** *adv* sensiblement.

Betrachtung *f* ‹-, -en› contemplation; considération, réflexion *f;* ▶ *bei näherer* ~ à y regarder de plus près.

Betrag *m* ‹-(e)s, ⸚e› montant *m,* somme *f; (bis zum)* ▶ *im* ~ *von* (jusqu')à concurrence de; ~ *erhalten (Quittungsformel)* reçu, pour acquit. **betragen** ‹*beträgt, betrug, betragen*› **1.** *itr (sich belaufen auf)* faire; s'élever, (se) monter, se chiffrer à; **2.** *refl: sich* ~ *(sich benehmen)* se conduire, se comporter. **Betragen** *n* conduite *f,* manières *f pl.*

betrauern ‹*ohne ge-*› *tr* porter le deuil (*jdn* de qn), pleurer (*jdn* qn).

Betreff *m* ‹-(e)s, ø›: ▶ *in b~ (gen)* concernant, touchant; quant (à), au sujet (de). **betreffen** ‹*betrifft, betraf, betroffen*› *tr (angehen)* concerner, toucher, regarder; *(sich beziehen auf)* se rapporter, avoir rapport *od* trait à; *betrifft (im Brief)* objet; *was... betrifft* = *in* ~; *was mich betrifft* quant à moi, pour ma part, en ce qui me concerne; *das betrifft mich nicht* cela ne me concerne pas. **betreffend I.** *a* en question; *(erwähnt)* mentionné; **II.** *prp* concernant, touchant; ▶ *der B~e (Person)* l'intéressé *m.* **betreffs** *prp gen* concernant.

betreiben ‹*betrieb, betrieben*› *tr* **1.** *(durchführen)* poursuivre, mener; *(eifrig)* se livrer à; **2.** *(Beruf, Gewerbe)* exercer; *(Geschäft)* tenir, exploiter; *(Politik)* pratiquer. **Betreiben** *n:* ▶ *auf jds* ~ à l'instigation de qn.

betreten I. ‹*betritt, betrat, betreten*› *tr*

(Haus, Raum) entrer, mettre le pied (*etw* dans qc); *(Rasen)* marcher sur; **II.** *a (Weg)* frayé, battu; **Betreten** *n* ‹-s, ø› accès *m*; ► ~ *verboten!* défense interdit d'entrer; ~ *des Rasens verboten* ne pas marcher sur la pelouse.

betreuen ‹*ohne ge-*› *tr* soigner; prendre soin (*jdn* de qn, *etw* de qc); *(beaufsichtigen)* avoir la garde *od* charge (*jdn* de qn), surveiller.

Betrieb *m* **1.** entreprise, exploitation *f*; **2.** *tech (Arbeiten)* marche *f*, fonctionnement; *m*; **3.** *(Verkehr)* circulation *f*, trafic; *(Rummel)* mouvement *m*; activité, animation *f*; ► *außer* ~ hors service; arrêté, désaffecté; *(nicht betriebsfähig)* en panne; *in* ~ en marche, en service; en exploitation; *den* ~ *einstellen* arrêter *od* suspendre l'exploitation; *außer* ~ *setzen* mettre hors marche, arrêter; *in* ~ *setzen* mettre en marche, faire marcher, actionner; *handwerklicher* ~ entreprise *f* artisanale; *landwirtschaftlicher* ~ exploitation *f* agricole. **betrieblich** *a* de l'entreprise, de l'exploitation. **betriebsam** *a (Mensch)* actif. **Betriebsamkeit** *f* activité *f*, affairement *m*. **Betriebsanlagen** *f pl* installations *f pl* (industrielles). **Betriebsarzt** *m* médecin *m* d'entreprise. **Betriebsausflug** *m* excursion *f* de l'entreprise. **betriebsfähig** *a* en état d'exploitation; prêt à marcher *od* à fonctionner. **Betriebsferien** *pl* fermeture *f* annuelle. **Betriebsführer** *m* chef *m* d'entreprise *od* d'exploitation. **Betriebsführung** *f* gestion de l'entreprise. **Betriebsgelände** *n* terrain *m* de l'exploitation. **Betriebskapital** *n* fonds *m pl* de roulement; capital *m* d'exploitation. **Betriebskosten** *pl* frais *m pl* d'exploitation. **Betriebsleiter** *m* = *Betriebsführer*. **Betriebsleitung** *f* direction *f* d' *od* de l'entreprise. **Betriebsrat** *m* ‹-(e)s, ⸚e› comité *m* d'entreprise. **Betriebsratsmitglied** *n* délégué, e *m f* du personnel. **Betriebsratsvorsitzende(r** *m***)** *f* président, e *m f* du comité d'entreprise. **Betriebssicherheit** *f* sécurité *f* à l'intérieur de l'entreprise. **Betriebsstörung** *f* arrêt *m* de fonctionnement. **Betriebsunfall** *m* accident *m* du travail. **Betriebssystem** *m inform* système *m* d'exploitation. **Betriebsverfassungsgesetz** *n* législation *f* sur le droit syndical. **Betriebsversammlung** *f* réunion *f* du personnel. **Betriebswirt** *m* spécialiste *m* de micro-économie. **Betriebswirtschaft** *f* économie *f* des entreprises. **Betriebswirtschaftslehre** *f* micro-économie *f*. **betriebswirtschaftlich** *a* qui concerne la gestion d'une entreprise.

betrinken, *sich* ‹*betrank, betrunken*› s'enivrer, se griser.

betroffen *a (pp von: betreffen) (ergriffen, fassungslos)* saisi, consterné, interdit. **Betroffene** *m, f* ‹-n, -n› victime *f*. **Betroffenheit** *f* ‹-, ø)› consternation *f*.

betrüben ‹*ohne ge-*› *tr* attrister, contrister, affliger. **betrüblich** *a (Sache)* triste, affligeant, désolant. **Betrübnis** *f* ‹-, -se› tristesse, affliction *f*. **betrübt** *a* triste, affligé, désolé.

Betrug *m* ‹-(e)s, ø› tromperie, fraude, supercherie, imposture; *(Täuschung)* duperie, mystification; *(im Spiel)* tricherie *f*; *jur* dol *m*. **betrügen** [bəˈtry:gən] ‹*betrog, betrogen*› *tr* tromper *(a. in der Liebe)*, frauder; *(fam)* refaire; frustrer (*um* de); *(beschwindeln)* duper; *(im Spiel)* tricher; ► *von jdm betrogen (beschwindelt) werden* être la dupe de qn. **Betrüger** *m* ‹-s,-› trompeur, fraudeur, imposteur; tricheur *m*. **betrügerisch** *a* frauduleux; *jur* dolosif; ► *in ~er Absicht* dans l'intention de frauder, frauduleusement.

betrunken *a* ivre, soûl, saoul; ► *in ~em Zustand* en état d'ivresse *od* d'ébriété; *völlig* ~ ivre mort.

Bett *n* ‹-(e)s, -en› [bɛt] **1.** *(a. e-s Flusses)* lit *m*; *loc* couchette *f*; **2.** *mines* couche, veine *f*; **3.** *tech* banc *m*, table *f*, plateau *m*; ► *zu* ~ *bringen* coucher, mettre au lit; *zu* ~ *gehen, sich zu* ~ *legen* aller se coucher, aller *od* se mettre au lit; *das* ~ *hüten, ans* ~ *gefesselt sein* garder le lit, être alité; *das* ~ *machen* faire le lit. **Bettbezug** *m* draps *m pl od* garniture *f* de lit. **Bettcouch** *f* divan-lit, divan *m* transformable. **Bettdecke** *f* couverture *f* de lit.

bettelarm *a* pauvre comme Job *od* comme un rat d'église, miséreux, gueux. **Bettelei** *f* ‹-, -en› [-ˈlaı] mendicité *f*. **Bettelmönch** *m* moine *m* mendiant. **betteln** *itr* **1.** mendier; demander l'aumône *od* la charité; **2.** *fig* quémander. **Bettelorden** *m* ordre *m* mendiant. **Bettelsack** *m* besace *f*. **Bettelstab** *m*: ► *an den* ~ *bringen* réduire à la mendicité *od* besace. **Bettelvolk** *n* gueux *m pl*.

betten [ˈbɛtən], *sichs* s'allonger, se coucher. **Bettfedern** *f pl* duvet *m*. **Bettflasche** *f* bouillotte *f*. **Bettgestell** *n* bois de lit, châlit *m*. **bettlägerig** *a* alité. **Bettlägerigkeit** *f* alitement *m*. **Bettlaken** *n* drap *m* (de lit).

Bettler *m* ‹-s, -› mendiant, gueux *m*.

Bettnässen *n* [ˈbɛt-] *med* incontinence d'urine, énurèse *f*. **Bettruhe** *f* repos *m* au lit. **Bettung** *f* ‹-, -en› *tech* lit, radier; *loc* ballast *m*. **Bettvorlage** *f*. **Bettwäsche** *f* linge *m* de lit, blanc *m*. **Bettzeug** *n* literie *f*.

betupfen ‹*ohne ge-*› *tr* tamponner.

Beugemuskel *m* [ˈbɔygə-] fléchisseur *m*. **beugen** *tr* **1.** (in)fléchir, plier, courber;

2. *phys (Licht)* diffracter; **3.** *gram (Hauptwort)* décliner; *(Zeitwort)* conjuguer; **4.** *refl sich* ~se plier, se courber, fléchir; se pencher; s'incliner (*dat* od *vor mit dat* devant); *(sich demütigen)* s'humilier (*vor* devant). **Beugung** *f* ⟨-, -en⟩ **1.** fléchissement *m,* flexion *f;* **2.** *phys* diffraction *f;* **3.** *gram* flexion; déclinaison; conjugaison *f.*

Beule *f* ⟨-, -n⟩ ['bɔʏlə] *allg* bosse.

beunruhigen ⟨*ohne ge-*⟩ *tr* inquiéter, agiter, alarmer; *sich* ~ s'inquiéter, se préoccuper (*über* de). **beunruhigend** *a (Sache)* inquiétant, alarmant. **Beunruhigung** *f* ⟨-, -en⟩ inquiétude, préoccupation, agitation *f.*

beurkunden ⟨*ohne ge-*⟩ *tr (schriftlich)* documenter, attester, certifier; *(urkundlich belegen)* prouver *od* confirmer par des titres *od* documents. **Beurkundung** *f* ⟨-, -en⟩ documentation, attestation, certification *f.*

beurlauben ⟨*ohne ge-*⟩ *tr (entlassen)* congédier, licencier, donner congé à; *(Beamten)* suspendre.

beurteilen ⟨*ohne ge-*⟩ *tr* juger (*etw* de qc); *(abschätzen)* estimer, apprécier; ► *soweit sich das ~ läßt* autant qu'on puisse en juger. **Beurteilung** *f* ⟨-, -en⟩ jugement *m,* appréciation; critique *f.*

Beute *f* ⟨-, ø⟩ ['bɔʏtə] *allg* u. *mil* butin *m; (Raub)* rapine, *(a. von Raubtieren)* proie; *mar* prise; *(Fang)* capture *a. mar; fig (Opfer)* proie, victime *f;* ► *jdm zur ~ fallen* tomber entre les mains de qn; *reiche ~* dépouilles *f pl* opimes.

Beutel *m* ⟨-s, -⟩ ['bɔʏtəl] sac, sachet *m; (Geldbeutel)* bourse *f,* porte-monnaie *m; zoo* poche *f.* **Beuteltiere** *n pl* marsupiaux *m pl.*

bevölkern [-'fœlk-] ⟨*ohne ge-*⟩ *tr* peupler (*mit* de). **bevölkert** *a* peuplé. **Bevölkerung** *f* ⟨-, (-en)⟩ **1.** *(Besiedlung)* peuplement *m;* **2.** *(Einwohner)* population *f;* habitants *m pl;* ► *eingesessene ~* indigénat *m.* **Bevölkerungsdichte** *f* densité *f* de la population *od* d'habitants. **Bevölkerungsexplosion** *f* explosion *f* démographique. **Bevölkerungszunahme** *f* augmentation *f* démographique.

bevollmächtigen [-'fɔlmɛçt-] ⟨*ohne ge-*⟩ *tr* donner procuration (*jdn* à qn). **bevollmächtigt** *a* autorisé, habilité (*zu* à). **Bevollmächtigte** *m f* ⟨-n, -n⟩ mandataire; *com* fondé de pouvoir, procureur; *pol* plénipotentiaire; délégué *m* spécial.

bevor [bə'fo:r] *conj* avant que *subj;* avant de *inf;* ► *nicht ~* pas avant que *subj; ~ ich nicht weiß* tant que je ne sais pas.

bevormunden ⟨*ohne ge-*⟩ *tr fig* tenir en tutelle; mener en laisse. **Bevormundung** *f* ⟨-, -en⟩ *fig* tutelle *f.*

bevor=stehen ⟨*stand bevor, bevorgestanden*⟩ *itr* être imminent *od* en perspective; attendre (*jdm* qn). **bevorstehend** *a* imminent, proche.

bevorzugen ⟨*ohne ge-*⟩ *tr* préférer, aimer mieux; *zoo (als Aufenthaltsort)* se plaire dans. **Bevorzugung** *f* ⟨-, -en⟩ préférence *f;* traitement *m* de faveur.

bewachen ⟨*ohne ge-*⟩ *tr* garder; surveiller. **bewacht** *a (Parkplatz)* gardé. **Bewachung** *f* ⟨-, -en⟩ gardiennage *m;* surveillance *f;* ► *unter ~* sous garde.

bewachsen [-'vaksən] *a* recouvert (*mit* de).

bewaffnen ⟨*ohne ge-*⟩ *tr* armer, équiper (*mit* de). **bewaffnet** *a* armé; à main armée *a. adv;* ► *~e Neutralität f* neutralité *f* armée. **Bewaffnung** *f* ⟨-, (-en)⟩ armement, équipement *m* (en armes).

bewahren ⟨*ohne ge-*⟩ *tr* **1.** garder (*vor* de); *(schützen)* protéger (*vor* contre), préserver (*vor* de); **2.** *(erhalten)* conserver; maintenir; ► *(Gott) bewahre!* à Dieu ne plaise! jamais de la vie!

bewähren [-'vɛ:r-] , *sich* ⟨*ohne ge-*⟩ faire ses preuves; donner de bons résultats. **bewährt** *a* éprouvé. **Bewährung** *f* épreuve *f; jur* sursis *m.* **Bewährungsfrist** *f jur* sursis *m.*

bewahrheiten, *sich* ⟨*ohne ge-*⟩ s'avérer, se prouver, se confirmer.

bewaldet *a* boisé, couvert de bois.

bewältigen [-'vɛlt-] , ⟨*ohne ge-*⟩ *tr (Arbeit)* venir à bout (*etw* de qc); *(Schwierigkeit)* surmonter; *(Strecke)* faire.

bewandert *a (Mensch)* versé (*in* dans); *fam* ferré, calé, fort (*in* en).

bewässern [-'vɛs-] ⟨*ohne ge-*⟩ *tr* irriguer, arroser. **Bewässerung** *f* ⟨-, -en⟩ irrigation *f,* arrosage *m.*

bewegen (1) ⟨*ohne ge-*⟩ **1.** *tr* mouvoir, remuer; *a. fig* agiter; *(in Gang bringen, bes. tech)* mettre en marche *od* en action; *fig* émouvoir, toucher, attendrir; **2.** *refl: sich ~* se mouvoir, (se) remuer, bouger, se déplacer; *tech* marcher, fonctionner; ► *sich frei ~ können* être libre de ses mouvements; *sich nicht von der Stelle ~* rester sur place; **(2)** ⟨*bewog, bewogen*⟩ *tr (zu dem Entschluß bringen)* amener, porter, pousser, inciter (*zu* à). **Beweggrund** *m* motif, mobile *m,* cause, raison *f.* **beweglich** *a* **1.** *(Sache)* mobile, mouvant; **2.** *(Mensch: gelenkig)* agile, souple; *(regsam)* actif; **3.** *tech* articulé, volant; **4.** *jur* mobilier, meuble. **Beweglichkeit** *f* ⟨-, ø⟩ mobilité; agilité; activité; vivacité, animation *f.* **bewegt** *a* **1.** *(Sache)* en mouvement, agité; *(See)* agité, houleux, gros; *(Stimme)* tremblant; **2.** *(Mensch) fig* ému, touché; **3.** *(Leben)* mouvementé, agité. **Bewegung** *f* ⟨-, -en⟩ **1.** mouvement *m,* agitation *f; (mit der Hand)* geste *m;* **2.** *pol* mouvement *m;* ► *bei der geringsten ~* au moindre geste; *sich in ~ setzen* se mettre en marche *od* en mouvement *a. loc mot;* s'ébranler. **Bewegungsfreiheit** *f* liberté *f* des mouvements, *fig* d'action. **bewegungslos** *a* immobile. **Bewegungslosigkeit** *f* immobilité *f.*

beweinen ⟨*ohne ge-*⟩ *tr* pleurer, déplorer.

Beweis *m* ⟨-es, -e⟩ [-'vaıs] **1.** preuve, justification (*für* de); *math philos* démonstration *f;* **2.** *(Zeichen)* signe *m,* marque *f;* ▶ *als* od *zum* ~ *für* comme preuve de; *etw unter* ~ *stellen* faire preuve *od* acte de qc; *schlagender, schlüssiger, zwingender* ~ preuve *f* éclatante, concluante *od* formelle, irrécusable. **Beweisaufnahme** *f* procédure *f* probatoire. **beweisbar** *a* prouvable, démontrable. **beweisen** ⟨*bewies, bewiesen*⟩ *tr* **1.** prouver, démontrer; faire preuve; **2.** *(bezeigen)* témoigner. **Beweisführung** *f* argumentation *f,* raisonnement *m.* **Beweisgrund** *m* argument *m,* raison *f* probante. **beweiskräftig** *a* probant, concluant; démonstratif. **Beweismaterial** *n* preuves; pièces *f pl* à l'appui.

bewenden *itr:* ▶ *es bei etw* ~ *lassen* en rester à qc. **Bewenden** *n:* ▶ *mag es mit ... sein* ~ *haben!* passe pour ...!

bewerben [-'vɛrbən] , *sich* ⟨*bewirbt, bewarb, beworben*⟩ demander (*bei jdm um etw* qc à qn); *(um ein Amt, e-e Stelle)* solliciter, postuler (*um etw* qc); *(kandidieren)* présenter sa candidature, se porter candidat (*als* au poste de). **Bewerber** *m* ⟨-s, -⟩ aspirant, solliciteur, postulant, candidat; *(Freier)* prétendant *m.* **Bewerbung** *f* ⟨-, -en⟩ demande (d'emploi); sollicitation; candidature *f.* **Bewerbungsgespräch** *n* entretien *m.* **Bewerbungsschreiben** *n* lettre *f* de demande d'emploi. **Bewerbungsunterlagen** *f pl* dossier *m* de canditure.

bewerkstelligen ⟨*ohne ge-*⟩ *tr* effectuer, réaliser, mettre en œuvre, exécuter.

bewerten [-'ve:rt-] ⟨*ohne ge-*⟩ *tr* **1.** *(abschätzen)* évaluer; *(einschätzen)* estimer, apprécier, priser; **2.** *(Schule)* noter; *sport* classer; ▶ *zu hoch* ~ surévaluer, surestimer; *zu niedrig* ~ sous-évaluer, sous-estimer; *richtig* ~ estimer à sa juste valeur. **Bewertung** *f* **1.** évaluation; estimation, appréciation *f;* **2.** *(Schule)* note *f; sport* classement *m.*

bewilligen ⟨*ohne ge-*⟩ *tr* accorder, concéder, autoriser; *(bes. Geld)* allouer; *(genehmigen)* permettre; *parl* voter. **Bewilligung** *f* ⟨-, -en⟩ concession, autorisation; allocation; permission *f.*

bewirken ⟨*ohne ge-*⟩ *tr* effectuer, causer; provoquer, avoir pour conséquence.

bewirten ⟨*ohne ge-*⟩ *tr (mit Essen u. Trinken)* régaler, traiter. **bewirtschaften** ⟨*ohne ge-*⟩ *tr* **1.** *agr* exploiter, faire valoir, cultiver; **2.** *adm com* réglementer. **Bewirtschaftung** *f* ⟨-, ø⟩ **1.** exploitation *f;* **2.** réglementation *f;* contingentement, rationnement *m.* **Bewirtung** *f* ⟨-, -en⟩ traitement *m.*

bewohnbar *a* habitable. **bewohnen** ⟨*ohne ge-*⟩ *tr* habiter; habiter *od* demeurer à *od* dans; *(Haus)* occuper. **Bewohner** *m* ⟨-s, -⟩ habitant *m.*

bewölken [-'vœlk-] , *sich* ⟨*ohne ge-*⟩ se couvrir de nuages, s'ennuager. **bewölkt** *a* couvert de nuages, nuageux. **Bewölkung** *f* ⟨-, ø⟩ nuages *m pl.*

Bewunderer *m* ⟨-s, -⟩ [-'vundər-] admirateur *m.* **bewundern** ⟨*ohne ge-*⟩ *tr* admirer. **bewundernswert** *a* admirable, digne d'admiration. **Bewunderung** *f* ⟨-, ø⟩ admiration *f.*

bewußt [bə'vʊst] **I.** *a* conscient; *jur (überlegt)* délibéré, réfléchi, intentionnel; **II.** *adv* sciemment, en connaissance de cause; ▶ *sich e-r S* ~ *sein* avoir conscience de qc; *sich keiner Schuld* ~ *sein* n'avoir rien à se reprocher. **bewußtlos** *a* sans connaissance, évanoui. **Bewußtlosigkeit** *f* ⟨-, ø⟩ perte de connaissance; inconscience *f,* évanouissement *m,* défaillance. **Bewußtsein** *n* ⟨-s, ø⟩ conscience, connaissance *f* de soi; ▶ *(nicht) bei vollem* ~ *(med)* (in)conscient; *wieder zu(m)* ~ *kommen* od *das* ~ *wiedererlangen* reprendre connaissance; *das* ~ *verlieren* perdre connaissance, s'évanouir, défaillir, se pâmer; *es kam mir zum* ~ je m'en rendis compte. **Bewußtseinsspaltung** *f med* dédoublement *m* de la personnalité, schizophrénie *f.* **Bewußtwerden** *n* prise *f* de conscience.

bezahlen *tr* ⟨*ohne ge-*⟩ **1.** payer (*etw, für etw* qc); **2.** *(Rechnung a.)* régler; *(Schuld)* régler, acquitter, liquider, *(Wechsel)* honorer; *(Auslagen)* rembourser; **3.** *(entlohnen)* payer, rétribuer, salarier; *(Arzt, Anwalt)* honorer; ▶ *bar* ~ payer en espèces; *teuer* ~ *(a. fig)* payer cher; *im voraus* ~ payer d'avance; *sich bezahlt machen* valoir la peine. **Bezahlung** *f* paiement; règlement; acquittement *m;* liquidation *f,* remboursement *m;* rétribution *f.*

bezaubern ⟨*ohne ge-*⟩ *tr* enchanter, charmer, fasciner. **bezaubernd** *a* enchanteur; charmant, fascinant.

bezeichnen ⟨*ohne ge-*⟩ *tr* **1.** *(mit e-m Zeichen versehen)* marquer, étiqueter; **2.** *(benennen)* désigner, (dé)nommer, appeler; qualifier, traiter (*als* de); **3.** *(kennzeichnen)* caractériser, définir; *(angeben)* indiquer, dénoter. **bezeichnend** *a* significatif; caractéristique, typique. **Bezeichnung** *f* **1.** marque, étiquette *f,* indice; *a. math mus* signe *m;* **2.** *(Benennung)* désignation, dénomination; appellation; qualification *f;* **3.** *(Kennzeichnung)* caractérisation, définition *f.*

bezeugen ‹*ohne ge-*› *tr* témoigner, attester. **Bezeugung** *f* témoignage *m*, attestation *f*.
bezichtigen ‹*ohne ge-*› *tr* accuser, inculper, incriminer (*jdn e-r S* qn de qc). **Bezichtigung** *f* ‹-, -en› accusation, inculpation *f*.
beziehbar *a (Wohnung)* livrable, habitable; **beziehen** ‹*bezog, bezogen*› *tr* **1.** *(überziehen, bedecken)* couvrir, revêtir, garnir (*mit* de); *(Bett)* mettre des draps à; **2.** *(Wohnung, Haus)* aller occuper; s'établir, s'installer dans *od a.* à; *(Markt, Messe)* exposer à; *mil* s'établir dans; **3.** *(bekommen)* percevoir, recevoir; *(Ware)* acheter; *(Zeitung)* être abonné à; ▶ *sich auf etw* ~ se référer à qc, *a. gram* se rapporter à qc; *(Sache)* avoir rapport, porter sur qc, concerner qc. **Bezieher** *m* ‹-s, -› *(e-r Ware)* acheteur; *(e-r Zeitung)* abonné *m*. **Beziehung** *f* relation, correspondance *f*, *a. gram* rapport *m; (Verbindung)* liaison *f*, contact *m*, connexion *f*, commerce *m;* ▶ *in dieser* ~ à ce sujet, à cet égard, *in jeder* ~ à tous (les) égards, sous toutes ses formes; *in mancher* ~ à maints égards; *alle ~en zu jdm abbrechen* rompre tous rapports avec qn; *~en zu jdm aufnehmen*, établir des relations avec qn; *enge, freundschaftliche, geschäftliche ~en* rapports *m pl* intimes, amicaux, d'affaires *od* commerciaux. **beziehungslos** *a* incohérent, décousu. **beziehungsweise** *adv* respectivement; ou (bien), ou encore, ou plutôt.
Bezirk *m* ‹-(e)s, -e› district *m;* circonscription; *(Gebiet)* zone, région *f; (Stadtbezirk)* quartier; *(Bereich)* secteur, rayon *m*.
Bezug *m* **1.** *(Überzug)* revêtement *m*, garniture; *(Hülle)* housse, poche *f; (Bett)* drap *m; (Kissen)* taie *f;* **2.** *(Erhalt)* perception, réception *f; (von Ware)* achat *m*, acquisition; commande *f; (Zeitung)* abonnement *m;* **3.** *pl (Einkommen)* émoluments *m pl*, rémunération *f*, revenu; *(Gehalt)* traitement; *(Lohn)* salaire *m;* ▶ *in b~ auf* par rapport à, relativement à, à l'égard de, touchant, concernant; quant à; *auf etw ~ nehmen* se référer, se rapporter à qc.
bezüglich [-ə'tsy:klıç] **I.** *a* relatif (*auf* à); concernant; **II.** *prp gen = in bezug auf*.
Bezugnahme *f* référence *f;* ▶ *unter ~ auf* (en) nous référant à. **Bezugsquelle** *f* source d'approvisionnement, ressource *f*.
bezwecken ‹*ohne ge-*› *tr fig* avoir pour but; viser; tendre (*etw* à qc).
bezweifeln ‹*ohne ge-*› *tr* douter (*etw* de qc), mettre *od* révoquer en doute.
bezwingen ‹*bezwang, bezwungen*› *tr (besiegen)* vaincre; *(unterwerfen)* soumettre, assujettir; *(bewältigen)* venir à bout (*etw* de qc); *(meistern)* maîtriser; *(Schwierigkeit)* surmonter; *(Gefühl, Leidenschaft)* dompter, mater; *refl: sich ~* se maîtriser; se dominer.
Bhagwananhänger(in *f*) *m* ['bagvan-] rajneeshiste *m f*.
Biathlon ['bi:athlɔn] *n* ‹-s, -s› biathlon *m*.
Bibel ['bi:bəl] , *die* ‹-, -n› la Bible, l'Écriture *f* sainte. **Bibelauslegung** exégèse *f* (biblique). **bibelfest** *a* versé dans la Bible. **Bibelspruch** *m* verset *m*.
Biber *m* ‹-s, -› ['bi:bər] *zoo (a. Pelz)* castor *m*.
Bibliographie *f* ‹-, -n› [bibliogra'fi:] bibliographie *f*. **Bibliothek** *f* ‹-, -en› [-'te:k] bibliothèque *f;* ▶ *öffentliche, wissenschaftliche ~* bibliothèque *f* publique, de recherche. **Bibliothekar** *m* ‹-s, -e› [-'ka:r] bibliothécaire.
biblisch ['bi:blıʃ] *a* biblique; ▶ *B~e Geschichte f* histoire *f* sainte.
bieder ['bi:dər] *a* brave, honnête, probe. **Biederkeit** *f* ‹-, ø› honnêteté, probité *f*. **Biedermann** *m* ‹-s, -männer› brave homme *m; péj* bon bourgeois *m*. **Biedermeierstil** *m* style *m* Restauration (1814 *bis* 1830) *od* Louis-Philippe (1830 *bis* 1848).
biegen ['bi:gən] ‹*bog, gebogen*› **1.** *tr* ‹*h*› courber, plier, ployer, fléchir; *tech* cintrer, couder; **2.** *itr* ‹*sein*› (con)tourner (*um etw* qc); **3.** *refl: sich ~* se courber, se plier, se ployer. **Biegen** *n:* ▶ *auf ~ oder Brechen* quoi qu'il advienne. **biegsam** ['bi:k-] *a* flexible, pliable, ployable, pliant, souple. **Biegsamkeit** *f* ‹-, ø› flexibilité, souplesse *f*. **Biegung** *f* **1.** ['-gʊŋ] ‹-, -en› courbure *f*, pliage; pli, ploiement, fléchissement *m*, flexion *f;* cintrage *m;* **2.** *(e-r Straße)* tournant *m*.
Biene *f* ‹-, -n› ['bi:nə] abeille *f*. **Bienenfleiß** *m* zèle *m*. **Bienenhaus** *n* ruche *f*. **Bienenkönigin** *f* reine des abeilles, abeille mère, mère *f* abeille. **Bienenkorb** *m* ruche *f*. **Bienenschwarm** *m* essaim *m* d'abeilles; ruchée *f*. **Bienenzucht** *f* apiculture *f*.
Bier *n* ‹-(e)s, -e› [bi:r] bière *f;* ▶ *~ anstechen* mettre de la bière en perce; *Glas n ~* bock, demi *m; helles, dunkles ~* bière *f* blonde, brune. **Bierbauch** *m fam* bedaine *f*. **Bierdeckel** *m* dessous, rond *m*. **Bierfaß** *n* tonneau *m* à bière. **Bierflasche** *f* bouteille *f* à bière. **Biergarten** *m* jardin *m* aménagé pour la consommation de la bière. **Bierglas** *n* verre *m* à bière. **Bierkrug** *m* cruche *f*.
Biest *n* ‹-(e)s, -er› [bi:st] *fam péj* bête, brute *f*.
bieten [bi:tən] ‹*bot, geboten*› **1.** *tr* offrir; proposer; *(auf e-r Versteigerung)* miser; **2.** *refl: sich ~ (bes. Gelegenheit)* se présenter, s'offrir; ▶ *sich etw ~ lassen* accepter, souffrir qc; *sich alles ~ lassen* encaisser tout (en silence). **Bieter** *m* ‹-s,

-› offrant; *(Versteigerung)* enchérisseur *m.*
Bigamie *f* ‹-, ø› [biga'mi:] bigamie *f.* **Bigamist** *m* ‹-en, -en› [-ga'mɪst] bigame *m.*
bigott [bi'gɔt] *a* bigot; hypocrite.
Bikini *m* ‹-s, -s› [bi'ki:ni] *(zweiteiliger Badeanzug)* bikini, deux-pièces *m.*
Bilanz *f* ‹-, -en› [bi'lants] *a. fig* bilan *m;* balance *f* (des comptes); *fig* résultat *m;* ▶ *die ~ aufstellen* dresser *od* établir *od* arrêter le bilan, faire la balance; *die ~ ziehen (fig)* faire le bilan *od* la balance; *aktive, passive ~* bilan *m* excédentaire, déficitaire.
Bild *n* ‹-(e)s, -er› [bɪlt, '-dər] **1.** image *f a. phot film tele; (Ölbild)* tableau; *(Bildnis)* portrait *m; (Abbildung)* illustration, figure; *(auf Spielkarten)* figure; *(auf Münzen)* effigie; *(Lichtbild)* photo(graphie); *(Abzug)* épreuve *f;* **2.** *theat* tableau *m;* **3.** *(Götzenbild)* idole *f;* **4.** *(Sinnbild)* symbole *m; (Gleichnis)* parabole *f;* **5.** *(Redefigur)* métaphore, figure *f;* **6.** *(Vorstellung)* idée *f;* ▶ *sich ein ~ von etw machen* se faire une idée de qc; *im ~e sein (fam)* y voir clair, être au fait *od* au courant. **Bildarchiv** *n* archives *f pl* photographiques, photothèque *f.* **Bildausschnitt** *m* détail *m.* **Bildband** *m* livre-album *m.* **Bildbeilage** *f* supplément *m* illustré. **Bildbetrachter** *m (für Dias etc)* visionneuse *f.*
bilden ['bɪldən] *tr* **1.** *(gestalten)* former, façonner; modeler; *(schaffen)* créer, faire; *gram (Wort, Satz)* former; **2.** *(Menschen)* cultiver; *(den Geist, Verstand)* former; **3.** *(darstellen, sein)* constituer; **4.** *refl* ▶ *sich ~ (entstehen)* se former, se développer, naître; **5.** *(Mensch)* se cultiver; *(lernen)* s'instruire; ▶ *e-e Regierung ~* former un gouvernement. **bildend** *a (gestaltend)* formateur; ▶ *die ~en Künste f pl* les arts *m pl* plastiques.
Bilderbibel *f* ['bɪldər-] Bible *f* illustrée; **Bilderbogen** *m* feuille *f* d'images. **Bilderbuch** *n* livre *m* d'images. **Bildergalerie** *f* galerie *f* de tableaux. **Bilderrahmen** *m* cadre *m.* **Bilderrätsel** *n* rébus *m.* **Bilderschrift** *f* écriture figurative *od* pictographique, idéographie *f;*
Bildfläche *f* ['bɪlt-] surface *f* de l'image; *film* écran *m;* ▶ *auf der ~ erscheinen (fig)* apparaître; *von der ~ verschwinden* disparaître, s'éclipser. **Bildfolge** *f film* séquence *f.* **Bildhauer** *m* sculpteur, statuaire *m.* **Bildhauerei** *f,* **Bildhauerkunst** *f* sculpture, statuaire *f.* **bildhübsch** *a* ravissant. **bildlich I.** *a* figuré, métaphorique, figuratif; **II.** *adv* au figuré, figurément; ▶ *~er Ausdruck m* expression figurée, métaphore *f.* **Bildnis** *n* ‹-ses, -se› portrait *m; (auf Münzen)* effigie *f.* **Bildplatte** *f* vidéodisque *m.* **Bildröhre** *f TV* tube-image *m.* **Bildsäule** *f* statue *f.* **Bildschärferegler** *m* bouton *m* de réglage contrastes-lumière. **Bildschirm** *m* écran *m.* **Bildschirmarbeit** *f inform* travail *m* à l'écran. **Bildschirmgerät** *n inform* visuel *m.* **Bildschirmseite** *f* page-écran *f.* **Bildschirmtext** *m inform* vidéotex, Minitel *(Warenzeichen),* Télétel *m (Warenzeichen).* **Bildstelle** *f* laboratoire *m* photo(graphique). **Bildstreifen** *m phot* pellicule *f,* film *m.* **Bildsucher** *m phot* viseur *m.* **Bildsuchlauf** *m* recherche *f* électronique. **Bildtelefon** *n* vidéo(télé)phone, visiophone *m.* **Bildübertragung** *f* transmission *f* de l'image; *scient* téléphotographique *f.* **Bildtelegraphie** *f* phototélégraphie *f.* **Bildtelephonie** *f* phonévision *f.*
Bildung *f* ‹-, -en› ['bɪldʊŋ] **1.** *allg (Vorgang u. Zustand)* formation *f; (Entwicklung)* développement *m,* évolution *f;* **2.** *(Schaffung)* création, élaboration; (Gründung) fondation; *(Aufbau)* structure, organisation *f;* **3.** *(Erziehung)* éducation, culture; ▶ *allgemeine ~* culture générale; *(Gelehrsamkeit)* érudition *f; ohne ~* inculte; sans éducation; *politische ~* éducation *f* politique. **Bildungsanstalt** *f* maison d'éducation; école *f.* **bildungsfähig** *a* éducable. **Bildungslücke** *f* lacune *f* dans les connaissances. **Bildungsstand** *m* niveau *m* culturel. **Bildungsurlaub** *m* congé *m* de formation professionnelle. **Bildungswesen** *n* enseignement *m.*
Bildunterschrift *f* ['bɪlt-] légende *f.* **Bildwerfer** *m* projecteur; appareil *m od* lanterne *f* de projection, diascope *m; film* visionneuse *f.* **Bildwerk** *n* sculpture *f.* **Bildwörterbuch** *n* dictionnaire *m* illustré. **Bildzeile** *f TV* ligne *f* d'analyse *od* d'exploration.
Billard *n* ‹-s, -e› ['bɪliart, -də] billard *m;* ▶ *~ spielen* jouer au billard. **Billardkugel** *f* bille *f* de billard.
Billiarde *f* ‹-, -n› [bɪli'ardə] mille billions *m pl.*
billig ['bɪlɪç] *a* **1.** *(gerecht)* équitable, juste; **2.** *(wohlfeil)* bon marché (*Komparativ:* meilleur marché), de prix modéré, pas cher, à bon compte; **3.** *fig pej* sans valeur, (trop) simple; facile; mauvais; ▶ *~e Ausrede* mauvaise excuse. *~er werden* diminuer de prix. **Billigangebot** *n* offre *f* spéciale. **billigen** *tr* approuver, agréer; consentir à. **Billigflug** *m* vol *m* à prix réduit. **Billigkeit** ‹-, ø› **1.** *(Gerechtigkeit)* équité, justice *f;* **2.** *(Ware)* bas prix, bon marché *m.* **Billigung** *f* ‹-, ø› approbation *f,* agrément, consentement, assentiment *m.*
Billion *f* ‹-, -en› [bɪli'o:n] billion *m.*
Bimsstein *m* pierre *f* ponce.
binär [bi'nɛ:r] *a math inform* binaire.

Binärzahl *f* nombre *m* binaire. **Binärzeichen** *n* caractère (*od* symbole) *m* binaire. **Binärziffer** *f* chiffre binaire, c. b. *m.*
Binde *f* ‹-, -n› ['bındə] *allg* bande *f,* bandeau; *med* bandage *m; (Schlinge)* écharpe *f.* **Bindegewebe** *n anat* tissu *m* conjonctif. **Bindeglied** *n* lien *m.* **Bindehaut** *f anat* conjonctive *f.* **Bindehautentzündung** *f* conjonctivite *f.* **Bindemittel** *n tech* matière *f* agglutinante, agglutinant *m.*
binden ['bındən] ‹*band, gebunden*› *tr* **1.** lier, nouer; *(befestigen)* attacher; *(fesseln)* enchaîner; ligoter; *(Besen, Schleife)* faire; *(Krawatte)* nouer; *(Blumen)* faire un bouquet de; **2.** *(Buch)* relier; *mil (Kräfte), fin (Geldmittel)* engager; **4.** *(Phonetik, mus)* lier; **5.** *fig (verpflichten)* obliger, engager (*an* à); *itr* **6.** *(Phonetik, mus)* faire la liaison; **7.** *refl sich* ~ *(fig)* s'engager, s'obliger (*jdm gegenüber* envers qn). **bindend** *a fig* obligatoire; engageant.
Bindestrich *m* ['bındə-] trait *m* d'union; **Bindewort** *n gram* conjonction *f.*
Bindfaden ['bınt-] *m* ficelle *f.* **Bindung** *f* ['-dʊŋ] f ‹-, -en› **1.** fixation *(a. med u. Schi),* liaison *f;* **2.** *(Band)* lien *m,* attache *f;* **3.** *(Textil)* croisement *m;* armure *f;* **4.** *chem* liaison *f;* **5.** *mil fin* engagement *m;* **7.** *fig (Verpflichtung)* obligation *f,* engagement *m;* **8.** *pl fig* liens *m pl,* attaches *f pl.*
binnen ['bınən] *prp* dans, en l'espace de; ► ~ *48 Stunden* dans les *od* sous 48 heures. **Binnenfischerei** *f* pêche *f* en eau douce. **Binnengewässer** *n pl* eaux *f pl* intérieures *od* continentales. **Binnenhafen** *m* port *m* intérieur *od* fluvial. **Binnenhandel** *m* commerce *m* intérieur. **Binnenland** *n* intérieur *m* (du pays). **Binnenmarkt** *m* marché *m* intérieur *od* national. **Binnenmeer** *n* mer *f* intérieure. **Binnenschiffahrt** *f* navigation *f* intérieure *od* fluviale.
Binse *f* ‹-, -n› ['bınzə] jonc *m;* ► *in die ~n gehen (fig fam)* foirer. **Binsenwahrheit** *f* vérité *f* de La Palice; truisme *m.*
Biochemie *f* ‹-, ø› [bioçe'mi:] biochimie. **Biochemiker** *m* biochimiste *m.* **Bioenergetik** [bioʔenɛr'ge:tık] *f* ‹-, ø› bioénergie *f.* **Biogas** *n* biogaz *m.* **Bioindustrie** *f* bio-industrie *f.* **Biokost** *f* produits *m pl* naturels diététiques. **Biologe** *m* ‹-n, -n› [-'lo:gə] biologiste *m.* **Biologie** *f* ‹-, ø› [-'gi:] biologie *f.* **biologisch** [-'lo:-] *a* biologique. **Biomedizin** *f* biomédecine *f.* **Biotechnologie** *f* biotechnologie *f.* **biotisch** [bi'o:tıʃ] *a* biotique. **Biotop** [bio'to:p] *n* ‹-s, -e› biotope *m.*
Birke *f* ‹-, -n› ['bırkə] bouleau *m.* **Birkenwald** *m* boulaie *f.*
Birma *n* ‹-s, ø› ['bırma] la Birmanie. **Birmane** *m* ‹-n, -n› [-'ma:nə] , **Birmanin** *f* ‹-, -nen› Birman(e*f*) *m.* **birmanisch** *a* birman.
Birnbaum ['bırn-] *m (a. Holz)* poirier *m.*
Birne *f* **1.** poire *f;* **2.** *el* ampoule *f;* **3.** *pop (Kopf)* caboche *f.*
bis [bıs] *prp (zeitl. u. räuml.)* jusque, jusqu'à, à; *(zwischen zwei aufea.folgenden Zahlen das Ungefähre ausdrükkend)* entre ... et ..., ... ou ...; ► ~ *auf (außer)* sauf, excepté, à l'exception de; ~ *zu (Reihenfolge)* jusqu'à; *conj (a.:* ~ *daß)* jusqu'à ce que, en attendant que; *von Anfang* ~ *Ende* depuis le début jusqu'à la fin, du début à la fin; *von früh* ~ *spät* du matin au soir; *von Kopf* ~ *Fuß, vom Scheitel* ~ *zur Sohle* de la tête aux pieds, de pied en cap; ~ *bald* à bientôt; ~ *da-* od *dorthin* jusque-là; ~ *gleich!* à tout à l'heure! ~ *heute* jusqu'aujourd'hui, jusqu'à ce jour; ~ *jetzt noch nicht* pas encore; ~ *ins kleinste* jusqu'au moindre détail; ~ *wann?* jusqu'à quand? ~ *auf weiteres* jusqu'à nouvel ordre; pour le moment.
Bisam *m* ‹-s, -e/-s› ['bi:zam] *(Droge)* musc *m.* **Bisamratte** *f* rat *m* musqué.
Bischof *m* ‹-s, ¨-e› ['bıʃɔf, -ø:fə/-ʃœfə] évêque *m.* **bischöflich** *a* épiscopal. **Bischofsamt** *n* épiscopat, évêché *m.* **Bischofsmütze** *f* mitre *f.* **Bischofssitz** *m* siège épiscopal; évêché *m.* **Bischofsstab** *m* crosse, houlette *f.*
Bisexualität [bizɛksuali'tɛ:t] *f* bisexualité *f.* **bisexuell** [bizɛksu'ɛl] *a* bis(s)exuel, bis(s)exué.
bisher [bıs'he:r] *adv,* **bislang** [bıs'laŋ] *adv* jusqu'ici, jusqu'à présent.
Biskaya [bıs'ka:ja] , *die* la Biscaye; ► *der Golf von* ~ le Golfe de Gascogne.
Bismarckhering ['bısmark-] *m* hareng *m* mariné.
Bison *m* ‹-s, -s› ['bi:zɔn] *zoo* bison *m.*
Biß *m* ‹-sses, -sse› [bıs, '-sə] morsure *f.*
bißchen ['bısçən] : ► *ein* ~ (...) un *od* quelque peu (de); un doigt *od* une pointe (de); *fam* une idée; *das* ~ ... le peu de ...; *ein ganz kleines* ~ un tout petit peu; *kein, nicht ein* ~ rien de tout; pas du tout.
Bissen *m* ‹-s, -› ['bısən] morceau *m; (Mundvoll)* bouchée *f;* ► *keinen* ~ *hinunterbringen (können)* ne pas pouvoir avaler une bouchée. **bissig** *a* **1.** *(Hund)* méchant, hargneux; **2.** *fig (Bemerkung)* mordant, caustique.**Bissigkeit** *f* ‹-, ø› **1.** méchanceté *f;* **2.** *fig* mordant *m,* causticité *f.* **Bißwunde** *f* ['bıs-] morsure *f.*
Bistum *n* ‹-s, ¨-er› ['bıstu:m, -ty:mər] évêché; *(Diözese)* diocèse *m.*
bisweilen [bıs'vaılən] *adv* parfois, quelquefois, de temps en temps.
Bitte *f* ‹-, -n› ['bıtə] prière, demande;

(Ansuchen) requête *f;* ► *dringende* od *inständige* od *flehentliche* ~ supplication, adjuration, instance, sollicitation *f; auf jds* ~ à la prière *od* demande *od* requête de qn; *e-e* ~ *abschlagen* rejeter *od* refuser une demande; *e-e* ~ *äußern* faire une demande; *e-e* ~ *gewähren* accorder *od* satisfaire une demande. **bitte** *interj* s'il vous (te) plaît; je vous (te) prie; *(auf Schildern)* S.V.P.; ► ~ *schön!* je vous (t'en) prie; à votre service; *wie* ~*?* vous dites? **bitten** ['bɪtən] ‹*bat, gebeten*› *tr* prier (*jdn, etw zu tun* qn de faire qc); demander (*jdn um etw* qc à qn); ► *dringend* od *inständig od flehentlich* ~ implorer, supplier (*jdn* qn); solliciter (*um etw* qc); *jdn um e-n Gefallen* ~ demander une faveur à qn; *ums Wort* ~ demander la parole; *sich lange* ~ *lassen* se faire prier; *ich lasse* ~ faites entrer; *ich bitte um Verzeihung* je vous demande pardon; excusez-moi; *darf ich* ~*? (zum Tanz)* puis-je me permettre? *darf ich Sie um das Salz* ~*?* voudriez-vous me passer le sel? *wenn ich* ~ *darf* je vous prie.

bitter ['bɪtər] *a a. fig* amer; *fig* acerbe, aigre; ► *das ist* ~ c'est dur; ~ *schmekken* avoir un goût amer; *es ist* ~ *kalt* il fait un froid de loup; *du hast es* ~ *nötig* tu en as vraiment besoin. **bitterböse** *a (sehr erzürnt)* très fâché. **Bittere** *n* ‹-n, -n› *(Branntwein)* amer, bitter *m.* **bitterernst** *a* très sérieux. **Bitterkeit** *f* ‹-, ø› amertume *a. fig; fig* aigreur, acerbité *f.* **bitterlich** *adv fig* amèrement.

Bittschrift *f* ['bɪt-] pétition *f.*

Biwak *n* ‹-s, -e/-s› ['bi:vak] bivouac *m.*

bizarr [bi'tsar] *a* bizarre; singulier.

blähen ['blɛ:ən] **1.** *tr* gonfler, enfler, ballonner; **2.** *itr physiol* causer des vents *od* des flatuosités, ballonner; **3.** *refl: sich* ~ se gonfler; (s')enfler, ballonner. **Blähung** *f* ‹-, -en› physiol flatulence, flatuosité *f.*

blamabel [bla'ma:bəl] *a* honteux. **Blamage** *f* ‹-, -n› [-'ma:ʒə] (courte) honte *f.* **blamieren** [-'mi:rən] ‹*ohne ge-*› *tr* discréditer; ridiculiser; *refl: sich* ~ se couvrir de honte, se rendre ridicule.

blank [blaŋk] *a (glänzend)* brillant, (re) luisant; poli; *(glatt)* lisse; *(hell)* clair; *(sauber)* propre; ► ~ *putzen (allg)* astiquer; *(Metall)* fourbir; *(Leder, Schuhe)* lustrer.

blanko ['blaŋko] *a fin jur* en blanc, à découvert. **Blankounterschrift** *f* signature *f* en blanc. **Blankovollmacht** *f* plein pouvoir *m;* procuration *f* en blanc.

Blase *f* ‹-, -n› ['bla:zə] **1.** bulle; *(in zähflüssiger Masse)* boursouflure, cloque *f;* **2.** *anat* vessie; *med* ampoule *f.*

Blasebalg *m* ['bla:zə-] soufflet *m.* **blasen** ['bla:zən] ‹*bläst, blies, geblasen*› *tr* **1.** *allg (a. Glas)* souffler; **2.** *mus* sonner (d'un instrument).

Bläser *m* ‹-s, -› ['blɛ:zər] **1.** *mus* joueur (d'un instrument à vent); **2.** *tech* souffleur *m.*

blasiert [bla'zi:rt] *a* blasé, hautain.

Blasinstrument *n* ['bla:s-] instrument *m* à vent.

Blasphemie *f* ‹-, -n› [blasfe'mi:] *(Gotteslästerung)* blasphème *m.*

Blasrohr *n* ['bla:s-] sarbacane *f.*

blaß [blas] *a* ‹*blasser* od *blässer, blassest* od *blässest*› pâle; *(bleich)* blême; *(fahl)* livide; *(farblos, a. fig)* décoloré; *(Erinnerung)* vague; ► *keine blasse Ahnung* ne pas avoir la moindre idée de qc. **blaßblau** *a* bleu pâle. **Blässe** ['blɛsə] *f* pâleur *f.*

Blatt *n* ‹-(e)s, ¨-er› [blat, 'blɛtər] **1.** *(bot, Papier, Zeitung)* feuille *f;* journal *m; (Buch)* feuillet, folio *m;* **2.** *tech (Metallscheibe)* lame; *(Ruder, Propeller)* pale *f;* **3.** *(Fleischerei; Schulter)* épaule; **4.** *(Kartenspiel)* main *f;* ► *kein* ~ *vor den Mund nehmen* ne pas mâcher ses mots *od* paroles; *vom* ~ *singen, spielen* chanter, jouer à première vue; *(beides a.)* lire, déchiffrer; *loses* ~ feuille *f* détachée, papier *m* volant. **blättern** ['blɛtərn] *itr* feuilleter (*in e-m Buch* un livre).

Blattern ['blatərn] *f pl med* variole, petite vérole *f.* **blatternarbig** *a* marqué de (la) petite vérole, vérolé, grêlé.

Blätterteig *m* ['blɛtər-] pâte *f* feuilletée, (gâteau) feuilleté, mille-feuille *m.* **Blätterteigpastete** *f* vol-au-vent *m.*

Blattgold *n* ['blat-] or *m* en feuilles. **blattgrün** *n* vert *m* des feuilles, chlorophylle *f.* **Blattlaus** *f* puceron *m.* **Blattpflanze** *f* plante *f* verte. **Blattstiel** *m* pétiole *m.*

blau [blaʊ] *a* **1.** bleu; *(himmelblau)* azur(é); **2.** *fig fam (besoffen)* plein; *pop* rond, noir; ► ~ *(besoffen) sein (a.)* avoir une cuite; ~ *werden* bleuir, *pop (besoffen)* prendre une cuite; ~*es Auge n* œil *m* poché, *fam* au beurre noir; ~*er Fleck m med* bleu *m.* **Blau** *n* ‹-s, -(s)› bleu *m.* **blauäugig** *a* aux yeux bleus; *fig* naïf, -ïve. **Blaubeere** *f* airelle, myrtille *f.* **blaublütig** *a (adlig)* de sang bleu *od* noble. **Blaue,** *das:* ► *ins* ~ *hinein reden* parler à tort et à travers *od* en l'air; *das* ~ *vom Himmel versprechen* promettre la lune; *Fahrt f ins* ~ voyage-surprise *m.* **Blauhelm** *m (Soldat)* casque *m* bleu.

Bläue *f* ‹-, ø› ['blɔʏə] bleu *m,* couleur *f* bleue.

Blaufuchs *m* renard *m* bleu. **blaugrau** *a* gris bleu.

bläulich ['blɔʏlɪç] *a* bleuâtre, céruléen.

Blaumeise *f* ['blaʊ-] mésange *f* bleue. **Blausäure** *f chem* acide *m* prussique *od* cyanhydrique. **blauschwarz** *a* noir bleuâtre. **Blaustift** *m* crayon *m* bleu. **Blaustrumpf** *m fig* bas *m* bleu.

Blech *n* ‹-(e)s, -e› [blɛç] **1.** tôle *f; (Weißblech)* fer-blanc; **2.** *(Kuchenblech)* plafond *m;* **3.** *fig fam (Quatsch)* radotage *m,* bêtises *f pl;* ▶ *~ reden (fig fam)* dire des bêtises, radoter. **Blechbüchse** *f,* **Blechdose** *f* boîte *f* de fer-blanc. **blechen** *tr pop (bezahlen)* cracher, abouler; *itr arg* casquer. **blechern** *a* **1.** de *od* en tôle *od* fer-blanc; **2.** *(Klang, Stimme)* creux, blanc. **Blechinstrument** *n mus* (instrument de) cuivre *m.* **Blechkanister** *m* bidon *m* en tôle. **Blechmusik** *f* (musique *f* de) cuivres *m pl.* **Blechschere** *f* cisailles *f pl.* **Blechtrommel** *f* tambour *m* en fer-blanc. **Blechverkleidung** *f* revêtement *m* en tôle. **Blechwalzwerk** *n* tôlerie *f,* laminoir *m* à tôles. **Blechwaren** *f pl* tôlerie, ferblanterie *f.*

Blei *n* ‹-(e)s, -e› [blaɪ] **1.** *(Metall)* plomb *m;* **2.** *(Lot)* fil *m* à plomb; *mar* sonde *f;* ▶ *mit ~ belegen* od *beschweren* plomber; *das liegt wie ~ im Magen* c'est un plomb sur l'estomac.

Bleibe *f* ‹-, (-n)› ['blaɪbə] gîte, asile; logis *m;* ▶ *keine ~ haben* vagabonder.

bleiben ['blaɪbən] ‹*blieb, geblieben*› *itr* ‹*sein*› **1.** rester, demeurer; **2.** *(andauern)* durer, se maintenir; *(weiterexistieren, -leben)* survivre; **3.** *(beharren)* persister (*bei* dans); ▶ *dabei ~, daß* en revenir à dire que; *draußen ~* rester dehors; *gesund ~* rester en bonne santé; *zu Hause ~* rester à la maison *od* chez soi; *bei der Wahrheit ~* s'en tenir à la vérité; *das bleibt abzuwarten* il faut attendre; *es bleibt alles beim alten* rien n'est changé; *wo bleibt er nur?* où peut-il bien être? *~ wir dabei!* restons-en-là! *~ Sie am Apparat! (tele)* ne quittez pas (l'écoute); *es bleibt dabei!* ce qui est dit est dit; *das bleibt unter uns!* que cela reste entre nous. **bleibend** *a* durable; permanent; ▶ *~er Wert m* valeur *f* durable. **bleiben=lassen** ‹*läßt, ließ bleiben, bleibenlassen*› laisser; ▶ *laß das bleiben!* laisse cela!

Bleibenzin *n* essence *f* au plomb. **Bleibergwerk** *n* ['blaɪ-] mine *f* de plomb.

bleich [blaɪç] *a* blême, blafard, hâve; *(blaß)* pâle; ▶ *~ werden* blêmir, pâlir. **bleichen** *tr* blanchir; *(die Haare)* décolorer. **Bleichen** *n* blanchiment, blanchissage *m.* **Bleichsucht** *f* ‹-, ø› anémie, chlorose *f.* **bleichsüchtig** *a* anémique, chlorotique.

Bleidämpfe *m pl* fumée *f* de plomb. **bleiern** *a a. fig* de plomb. **Bleierz** *n* minerai *m* de plomb. **bleifarben** *a* livide, blafard. **bleifrei** *a (Benzin)* sans plomb, sans additif. **Bleifreitankstelle** *f* station *f* à essence sans plomb. **Bleigehalt** ‹-(e)s, -e› *m* teneur *f* en plomb. **Bleiglanz** *m min* galène *f.* **Bleiglätte** *f min* massicot *m,* litharge *f.* **bleihaltig** *a* plombifère. **Bleihütte** *f* plomberie *f.* **Bleikammer** *f chem* chambre *f* de plomb. **Bleikristall** *n* cristal *m* au plomb. **Bleirohr** *n* tuyau *od* conduit *m* de *od* en plomb. **Bleistift** *m* crayon *m.* **Bleistifthalter** *m* porte-crayon *m.* **Bleistiftmine** *f* mine *f* de crayon. **Bleistiftspitzer** *m* taille-crayon(s) *m.* **Bleistiftzeichnung** *f* dessin *m* au crayon (noir). **Bleivergiftung** *f* saturnisme *m.* **Bleiverglasung** *f* résille *f.* **Bleiweiß** *n* blanc *m* de plomb, céruse *f.*

Blende *f* ‹-, -n› ['blɛndə] **1.** *(Scheuklappe)* œillère *f; (Lichtschirm)* écran; *phot* diaphragme *m;* **2.** *(Mineral)* blende *f.* **blenden** *tr* **1.** crever les yeux à, rendre aveugle; *a. fig* aveugler; *(vorübergehend durch Licht u. fig)* éblouir; **2.** *fig* fasciner; **3.** *(täuschen)* tromper; *mil* camoufler; **4.** *itr (Lichtreflexe bilden)* jeter des reflets variés; *fig (schillern)* miroiter; ▶ *sich ~ (täuschen) lassen* se laisser éblouir *od* tromper. **blendend** *a* **1.** aveuglant, resplendissant; *a. fig* éblouissant; **2.** *fig* éclatant, brillant; *fam (ausgezeichnet)* formidable, excellent. **blendfrei** *a* anti-éblouissant. **Blendlaterne** *f* lanterne *f* sourde. **Blendschutzscheibe** *f mot* pare-soleil *m.* **Blendung** *f* ‹-, -en› **1.** aveuglement *m;* **2.** *fig (Täuschung)* tromperie *f.* **Blendwerk** *n* illusion *f;* mirage *m.*

Blick *m* ‹-(e)s, -e› [blɪk] **1.** regard; *(kurzer* od *rascher)* coup *m* d'œil; *(verstohlener* od *liebevoller)* œillade *f;* **2.** *(An-, Ausblick)* vue *f;* ▶ *auf den ersten ~* du premier coup d'œil, à première vue; *mit ~ auf* face à, avec vue sur; *mit einem ~* d'un seul regard; *e-n ~ für etw haben* avoir l'œil pour qc; *s-n ~ richten auf* lever les yeux sur, porter ses regards sur; *s-e ~e schweifen lassen* promener ses regards; *die ~e auf sich ziehen* attirer les regards; *jdm e-n vernichtenden ~ zuwerfen* mitrailler qn du regard; *böser ~* mauvais œil *m; forschender ~* regard *m* investigateur; *verstohlener ~* regard *m* furtif *od* en coulisse. **blicken** *itr* regarder; ▶ *sich ~ lassen* se faire voir. **Blickfang** *m* point de mire; *pej* tape-à-l'œil *m.* **Blickfeld** *n* champ *m* visuel; *fig* horizon *m.* **Blickkontakt** *m* contact *m* visuel. **Blickpunkt** *m opt* point de vue. **Blickrichtung** *f* direction *f* de regard *od* de visée. **Blickwinkel** *m fig* angle *m.*

blind [blɪnt] **I.** *a* **1.** *a. fig* aveugle (*gegen, für* pour); **2.** *(glanzlos)* terne, mat; **3.** *(Schuß)* à blanc; **II.** *adv = blindlings;* ▶ *nicht ~ sein (fig)* avoir des yeux; *~ werden* perdre la vue; *~er Eifer schadet nur (prov)* trop de zèle nuit; *~er Alarm m* fausse alarme *od* alerte *f; ~er*

Gehorsam m obéissance *f* aveugle. **Blinddarm** *m* cæcum; *(Wurmfortsatz)* appendice *m.* **Blinddarmentzündung** *f* appendicite; typhlite *f.* **Blinddarmoperation** *f* appendicectonnie *f.* **Blinde** *m f* ‹-n, -n› aveugle *m f.* **Blindekuh (-spiel** *n*) *f* colin-maillard *m;* **Blindenheim** *n* maison *f od* foyer *m* d'aveugles. **Blindenhund** *m* chien *m* d'aveugle. **Blindenschrift** *f* (écriture *f*) braille *m.* **Blindgänger** *m mil* obus *m od* grenade *f* non-éclaté(e); **blindgeboren** *a* aveugle-né. **Blindgeborene** *m f* aveugle-né(e *f*) *m.* **Blindheit** *f* ‹-, ø› cécité *f; fig* aveuglement *m;* ► *mit ~ geschlagen (fig)* aveuglé. **Blindlandung** *f* atterrissage *m* à l'aveugle. **blindlings** *adv* aveuglément, à l'aveuglette. **Blindschleiche** *f* orvet *m.*

blinken ['blɪŋkən] *itr* **1.** clignoter, scintiller, étinceler; **2.** *mil (Blinkzeichen geben)* faire des signaux lumineux. **Blinker** *m* ‹-s, -› *(Gerät)* appareil de signalisation optique; *mot* (feu) clignotant *m.* **Blinklicht** *n od* lumière *f* clignotant(e).

blinzeln ['blɪntsəln] *itr* cligner les *od* des yeux, clignoter, battre des paupières.

Blitz *m* ‹-es, -e› [blɪts] éclair *m,* foudre *f (poet a. m); phot (Blitzlicht)* flash *m;* ► *wie der ~* comme un éclair; *wie vom ~ getroffen* comme frappé par la foudre. **Blitzableiter** *m* paratonnerre, parafoudre. **blitzartig I.** *a* foudroyant; **II.** *adv* en un éclair, comme l'éclair. **blitzblank** *a* brillant, reluisant. **blitzen** *itr (funkeln)* fulgurer, étinceler, briller; *(Augen)* flamboyer. **Blitzgerät** *n phot* flash *m.* **Blitzgespräch** *n tele* entretien-éclair *m,* conversation-éclair *f.* **Blitzkrieg** *m* guerre-éclair *f.* **Blitzlicht** *n* ‹-(e)s, -er› *phot* flash *m.* **Blitzlichtaufnahme** *f* photo *f* au flash. **blitzsauber** *a* éclatant de propreté. **Blitzschlag** *m* coup *m* de foudre. **blitzschnell I.** *a* rapide comme l'éclair; **II.** *adv* comme un éclair *od* la foudre. **Blitzstreik** *f* grève-surprise *f.*

Block *m* [blɔk] **1.** ‹-(e)s, ¨-e› bloc; *(Holzblock)* billot *m,* bille; *(Felsblock)* roche *f; (Gußblock)* lingot *m,* barre *f; (Schokolade)* bâton; **2.** ‹-(e)s, e/-s› *(Notiz-, Brief-, Zeichenblock)* bloc *m;* **3.** ‹-(e)s, -s› *(Häuserblock)* pâté *m;* **4.** *fig pol parl* bloc *m.* **Blockade** ‹-, -n› [-'ka:də] *pol* blocus *m;* ► *die ~ aufheben* lever le blocus; *die ~ brechen* forcer le blocus. **Blockbildung** *f pol* formation *f* d'un bloc. **Blockflöte** *f* flûte *f* à bec *od* douce. **blockfrei** *a pol* non-engagé, non-aligné; ► *die B~en m pl* les non-engagés *m pl.* **Blockfreiheit** *f pol* non-alignement, non-engagement *m.* **Blockhaus** *n* maison *f* blindée; *mil* blockhaus *m.* **blockieren** [-'ki:rən] ‹*ohne ge-*› *tr* **1.** bloquer; barrer, barricader; **2.** *tech* verrouiller. **blockiert** *a fig* gelé; *fam* coincé. **Blockierung** *f* ‹-, -en› **1.** blocage *m;* **2.** *tech* verrouillage *m.* **Blockschrift** *f* (lettres *f pl*) égyptienne(s) *f;* ► *in ~* en gros, en majuscules *f pl* d'imprimerie.

blöd(e) [blø:t, '-də] *a* **1.** *(schwachsinnig)* débile, imbécile; **2.** *(albern)* niais, inepte; *(dumm)* sot, stupide; *fam (dämlich)* farfelu, gaga; ► *~er Kerl m* sot; *sich ~ anstellen (fam)* faire l'idiot *od* l'âne. **blödeln** [-dəln] *itr* dire des sottises. **Blödheit** *f* ‹-, -en› **1.** *(Schwachsinn)* imbécillité *f;* **2.** *(Dummheit)* bêtise, sottise *f.* **Blödsinn** *m (Unsinn)* non-sens *m;* idiotie *f;* bêtises *f pl;* ► *so ein ~!* (que) c'est idiot! **blödsinnig** *a* **1.** *(schwachsinnig)* imbécile, idiot; **2.** *(dumm)* sot, stupide.

blöken ['blø:kən] *itr (Schaf)* bêler.

blond [blɔnt] *a* blond; *~ werden* blondir. **blondieren** [-'di:rən] ‹*ohne ge-*› *tr* blondir, oxygéner. **Blondine** *f* ‹-, -n› [-'di:nə] blonde, blondine *f.*

bloß [blo:s] **I.** *a* **1.** *(nackt)* nu, découvert; **2.** *(rein, nichts als)* pur, seul, simple; **II.** *adv (nur)* seulement, simplement; ne ... que; *(in abgeschwächter Bedeutung)* donc; ► *der ~e Anblick* la seule vue; *mit ~em Auge* à l'œil nu; *mit ~en Füßen* pieds nus, nu-pieds; *wo bleibst du ~?* où es-tu donc? *~ nicht!* surtout pas.

Blöße *f* ‹-, -n› ['blø:sə] nudité *f; fig:* ► *sich e-e ~ geben* donner prise sur soi, prêter le flanc.

bloß=legen *tr* ['blo:s-] mettre à nu, dénuder, découvrir; *fig* dévoiler, révéler. **bloß=stellen** *tr* mettre à nu, démasquer; compromettre. **Bloßstellung** *f* compromission *f.*

Bluff *m* ‹-s, -s› [blʊf] bluff *m; fam* esbroufe *f.* **bluffen** *itr* bluffer.

blühen ['bly:ən] *itr* être en fleur; *a. fig* fleurir; *fig* être florissant, prospérer; ► *wer weiß, was uns noch blüht!* qui sait ce qui nous attend. **blühend** *a* fleuri, en fleur; *fig* florissant, prospère; *(Stil)* fleuri; *(Schönheit)* éclatant; ► *im ~en Alter* à la fleur de l'âge.

Blume *f* ‹-, -n› ['blu:mə] **1.** fleur *f;* **2.** *(Bierschaum)* mousse *f;* **3.** *(d. Weines)* bouquet *m;* ► *durch die ~* à demi-mot; *mit ~n schmücken* garnir de fleurs. **Blumenbeet** *n* parterre *m.* **Blumengarten** *m* jardin *m* de fleurs. **Blumengeschäft** *n* magasin *m* de fleuriste. **Blumenkasten** *m* caisse *f* à fleurs. **Blumenkohl** *m* chou-fleur *m.* **Blumenkorso** *m* fête *od* bataille *f* de fleurs. **Blumenmädchen** *n* bouquetière *f.* **Blumenständer** *m* jardinière *f.* **Blumenstock** *m* pot *m* de fleurs. **Blumenstrauß** *m* ‹-ßes, -ße› bouquet *m* (de fleurs). **Blumentopf** *m* pot *m* à *od* de fleurs. **Blumenvase** *f* vase *m* à fleurs. **blumig** ['blu:mıç] *a (Stil)* maniéré.

Bluse *f* ‹-, -n› ['blu:zə] corsage *m;* blouse *f; (Hemdbluse)* chemisier *m.*

Blut *n* ‹-(e)s, ø/*(med)* -e› [blu:t] *a. fig* sang *m; fig (Abstammung)* origine, race *f;* ▶ *bis aufs* ~ jusqu'au sang; *ruhig* ~ *bewahren* conserver son sang-froid; ~ *und Wasser schwitzen (fig)* avoir une peur bleue; ~ *spenden* donner son sang; ~ *vergießen* verser du sang; *das liegt* od *steckt mir im* ~ j'ai cela dans le sang, *fam* dans la peau; *immer ruhig* ~*!* du calme! *die Bande des* ~*es* les liens du sang; *blaues* ~ sang *m* bleu. **Blutader** *f* veine *f.* **Blutalkoholspiegel** *m* taux *m* d'alcoolémie. **Blutandrang** *m* congestion *f.* '**blutarm** *a* anémique. **Blutarmut** *f med* anémie *f.* **Blutaustausch** *m* exsanguino-transfusion *f.* **Blutbad** *n* massacre, carnage *m.* **Blutbank** *f* ‹-, -en› *med* banque *f* de sang. **blutbildend** *a* hématopoïétique. **Blutbildung** *f* hématopoïèse *f.* **Blutbuche** *f bot* hêtre *m* rouge. **Blutdruck** *m* ‹-(e)s, ø› pression *f* sanguine *od* tension *f* artérielle; ▶ *hoher* ~ hypertension *f; niedriger* ~ hypotension *f.*

Blüte *f* ‹-, -n› ['bly:tə] **1.** fleur *f;* **2.** *(Zeit)* floraison *f;* **3.** *fig (Höhepunkt)* prospérité *f,* apogée *m;* **4.** *(Elite)* fleur, élite *f;* **5.** *(Stilblüte)* perle *f;* ▶ *in (voller)* ~ *stehen* être en fleur, fleurir.

Blutegel *m* ['blu:t-] *zoo* sangsue *f.* **bluten** *itr* saigner (*aus* de); *(Rebe)* pleurer; ▶ *meine Nase blutet* je saigne du nez.

Blütenblatt *n* ['bly:tən-] pétale *m.*

blutend ['blu:tənt] *a* saignant.

Blütenkelch *m* ['bly:tən-] calice *m.* **Blütenstaub** *m* pollen *m.*

Blutentnahme *f* ['blu:t-] prise *f* de sang.

blütenweiß ['bly:tən-] *a* d'ivoire.

Bluter *m* ‹-s, -› ['blu:tər] *med* hémophile *m.* **Bluterguß** *m* épanchement *m* de sang, hémorragie *f.* **Bluterkrankheit** *f* hémophilie *f.*

Blütezeit *f* ['bly:tə-] floraison; *fig* prospérité *f,* apogée *m.*

Blutfarbstoff *m:* ▶ *rote(r)* ~ hémoglobine *f.* **Blutgefäß** *n anat* vaisseau *m* sanguin. **Blutgerinnsel** *n* caillot (de sang), thrombus *m.* **Blutgeschwür** *n* furoncle; *pop* clou *m.* **Blutgier** *f* férocité *f.* **blutgierig** *a* altéré de sang, féroce, sanguinaire. **Blutgruppe** *f* groupe *m* sanguin. **Bluthochzeit** *f:* ▶ *die Pariser* ~ (1572) (le massacre de) la Saint-Barthélémy. **Bluthund** *m* bouledogue *f.* **Bluthusten** *m med* hémoptysie *f.* **blutig** *a* sanglant, saigneux, ensanglanté; *(blutbefleckt)* taché *od* souillé de sang; *(Fleisch)* saignant; ▶ ~*er Anfänger* bleu *m.* **blutjung** *a* tout jeune, à l'âge tendre. **Blutkonserve** *f* sang *m* de donneur. **Blutkörperchen** *n* globule *m* (du sang); ▶ *rotes* ~ globule *m* rouge, hématie *f; weißes* ~ globule blanc, leucocyte *m.* **Blutkreislauf** *m* circulation *f* du sang. **Blutlache** *f* mare *f* de sang. **Blutorange** *f* orange *f* sanguine. **Blutprobe** *f* analyse *f* du sang. **Blutrache** *f* vendetta *f.* **blutreinigend** *a* dépuratif. **blutrot** *a* rouge sang(uin). **blutrünstig** *a* sanguinaire. **Blutsauger** *m* suceur de sang; *fig* vampire *m,* sangsue *f.* **Blutschande** *f* inceste *m.* **Blutschuld** *f* homicide, meurtre *m.* **Blutsenkung** *f* sédimentation *f* du sang. **Blutspender** *m* donneur *m* de sang. **blutstillend** *a* hémostatique. **Blutstropfen** *m* goutte *f* de sang. **Blutsturz** *m med* hémoptysie *f* violente. **blutsverwandt** *a* consanguin. **Blutsverwandtschaft** *f* consanguinité *f.* **Bluttat** *f* meurtre *m.* **blutüberströmt** *a* tout en sang. **Blutübertragung** *f* transfusion *f* sanguine. **Blutung** *f* ‹-, -en› perte de sang; *scient* hémorragie *f.* **blutunterlaufen** *a* ecchymosé. **Blutvergießen** *n* effusion *f* de sang. **Blutvergiftung** *f* empoisonnement *m* du sang; *scient* septicémie *f.* **Blutverlust** *m* perte *f* de sang. **Blutwurst** *f* boudin *m.* **Blutzuckerspiegel** *m* taux *m* de sucre dans le sang.

b-Moll *n* ['be:mɔl] *mus* si *bémol mineur.*

BMX-Rad *n* vélocross *m.*

Bö *f* ‹-, -en› [bø:, '-ən] *(Windstoß)* rafale *f.*

Boat people ['bout pi:pəl] *pl* -*s* réfugié(es) *m f pl* de la mer, boat people *m pl.*

Bob [bɔp] ‹-s, -s› *m* bob(sleigh) *m.* **Bobbahn** *f* piste *f* de bob. **Bobfahrer** *m* coureur *m* de bob.

Bock *m* ‹-(e)s, ⸚e› **1.** *(Ziegenbock)* bouc; *(Schafbock)* bélier; *(Rehbock)* chevreuil *m;* **2.** *tech (Gestell)* chevalet, tréteau; *(Turngerät)* cheval d'arçon; *(Kutschbock)* siège *m* du cocher; **3.** *fam (Fehler)* bévue *f;* ▶ *den* ~ *zum Gärtner machen* enfermer le loup dans la bergerie; *e-n* ~ *schießen (fig)* faire une gaffe, gaffer. **bockbeinig** *a fig* récalcitrant, entêté. **Bockbier** *n* bière *f* de mars. **bocken** *itr (Pferd)* se cabrer; *fig* s'entêter. **Bockleiter** *f* échelle *f* double *od* pliante. **Bockshorn** *n:* ▶ *jdn ins* ~ *jagen (fig fam)* faire peur à qn. **Bockspringen** *n (Spiel)* saute-mouton. **Bocksprung** *m sport* saut *m* au cheval d'arçon.

Boden *m* ‹-s, -/⸚› ['bo:dən, 'bø:-] **1.** *(Erdboden)* sol, fond *m,* terre; *(Ackerboden)* terre *f* arable; *(*~*fläche)* terrain; *(Grund und Boden)* terroir, fonds *m,* glèbe *f; (Meeresboden,* ~ *e-s Gefäßes od Behälters)* fond *m;* **2.** *(Fußboden)* sol, plancher, parquet; *(Dachboden)* grenier; *(Heuboden)* fenil *m;* **3.** *fig (Grundlage)* fond *m,* base *f;* ▶ *auf französischem ~* sur le territoire français; *zu ~ fallen* tomber par terre; *(an) ~ gewinnen (fig)* gagner du terrain; *festen ~ unter den Füßen haben (fig)* être sur un terrain solide; *auf den ~ legen* mettre à terre; *an ~ verlieren (fig)* perdre du terrain; *den (festen) ~ unter den Füßen verlieren* perdre pied. **Bodenbelag** *m (Platten)* pavage, pavement, dallage; *(Pflaster)* pavé *m.* **Bodenbeleuchtung** *f aero* balisage *m.* **Bodenbeschaffenheit** *f* nature *od* du sol; état *m* du terrain. **Bodenerhebung** *f* élévation, éminence *f.* **Bodenertrag** *m* revenu *m* foncier. **Bodenfeuchtigkeit** *f* humidité *f* du sol. **Bodenfrost** *m* gelée *f* au sol. **Bodengestaltung** *f geol* relief *m* du sol. **Bodenhaltung** *f (von Hühnern)* élevage *m* en liberté. **Bodenkammer** *f* mansarde *f.* **bodenlos** *a* **1.** sans fond; **2.** *fig (unerhört)* inouï; ▶ *~e Frechheit f* grande impertinence *f.* **Bodenpersonal** *n aero* personnel *m* au sol *od* non-navigant. **Bodenrecht** *n* droit *m* foncier. **Bodenreform** *f* réforme *f* agraire. **Bodenrente** *f* rente *f* foncière. **Bodensatz** *m chem* résidu, sédiment *m; (in e-m Faß)* baissière *f; (von Wein od Bier)* dépôt *m,* lie *f.* **Bodenschätze** *m pl* richesses *f pl* du sol *od* minières. **Bodensee,** *der* le Lac de Constance. **Bodensenkung** *f* affaissement du sol, repli *m* (de terrain). **Bodenstreitkräfte** *f pl mil* forces *f pl* de surface. **Bodentemperatur** *f* température *f* au sol. **Bodenturnen** *n* exercices *m pl* (gymnastiques) au sol, gymnastique *f* au sol. **Bodenuntersuchung** *f* sondage *m.*

Bodybuilder ['bɔdibɪldər] *m* ‹-s, -› culturiste *m.* **Bodybuilding** [-dɪŋ] *n* ‹-(s), ø› culturisme *m.* **Bodybuildinggerät** *n* instrument *m* de culturisme.

Bogen *m* ‹-s, -/⁻› ['bo:gən, 'bø:-] **1.** *(math, arch, Waffe)* arc *m;* **2.** *arch (Gewölbebogen)* cintre, arceau *m; (Biegung)* courbe, courbure *f,* coude *m; anat* arcade *f;* **3.** *(Geigenbogen)* archet *m; (Papier)* feuille *f;* ▶ *in hohem ~ (fig fam)* à la volée; *e-n (großen) ~ um jdn machen* (faire un détour pour) éviter qn; *mit dem ~ schießen* tirer à l'arc; *den ~ spannen* bander l'arc. **bogenförmig** *a* en arc, arqué, cintré, voûté. **Bogengang** *m* arcade *f.* **Bogengewölbe** *n* voûte *f* en plein cintre. **Bogenlicht** *n* lumière *f* à arc. **Bogenschütze** *m* archer; *(sport)* tireur *m* à l'arc.

Bohle *f* ‹-, -n› ['bo:lə] *(starkes Brett)* planche *f* (épaisse), madrier, ais *m.*

Böhmen *n* ‹-s, ø› ['bø:mən] la Bohême. **böhmisch** *a* bohémien; ▶ *das sind ~e Dörfer für mich* c'est de l'algèbre *od* du grec *od* de l'hébreu pour moi.

Bohne *f* ‹-, -n› ['bo:nə] **1.** *bot* haricot *m;* **2.** *(Kaffeebohne)* grain *m;* ▶ *grüne, weiße ~n* haricots *m pl* verts, blancs. **Bohnenstange** *f* rame de haricots; *fig fam* (grande) perche *f,* échalas *m.* **Bohnensuppe** *f* potage *m* aux haricots.

Bohner *m* ‹-s, -› ['bo:nər], **Bohnerbesen** *m* cireuse *f.* **Bohnermaschine** *f* cireuse *f* mécanique. **bohnern** *tr* cirer, encaustiquer; *itr* faire le parquet. **Bohnerwachs** *n* encaustique *f.*

bohren ['bo:rən] *tr* **1.** percer, forer, sonder; **2.** *(nach Erdöl)* prospecter; **3.** *fig fam (nachforschen)* fouiller, fouiner; ▶ *mit dem Finger in der Nase ~* se mettre le doigt dans le nez; *in den Grund ~ (mar)* couler, saborder; *ein Loch ~* percer *od* creuser un trou. **Bohrer** *m* ‹-s, -› *(Werkzeug)* perçoir *m,* perceuse *f,* foret, alésoir *m; (des Zahnarztes)* fraise *f* (de dentiste). **Bohrloch** *n* puits *m* de sondage *od* à pétrole. **Bohrmaschine** *f* foreuse, perceuse, perforatrice; sondeuse; *(Zahnarzt)* fraise *f* (de dentiste). **Bohrturm** *m* tour *f* de sondage, derrick. **Bohrung** *f* ‹-, -en› perçage, alésage; *(Erdöl)* forage, sondage; *(Tunnel)* percement *m.* **Bohrwinde** *f* vilebrequin *m.*

Boiler *m* ‹-s, -› ['bɔylər] chauffe-eau *m.*

Boje *f* ‹-, -n› ['bo:jə] *mar* bouée, balise *f.*

Bolivianer(in) *m* ‹-s, -› (*f* ‹-, -nen›) [bolivi'a:nər] Bolivien (ne *f*) *m.* **bolivianisch** *a* bolivien. **Bolivien** *n* ‹-s, ø› [-'li:viən] la Bolivie.

Bollwerk *n* ‹-(e)s, -e› ['bɔlvɛrk] bastion, *a. fig* rempart, boulevard *m.*

Bolschewismus *m* ‹-, ø› [bɔlʃe'vɪsmʊs] bolchevisme *m.* **Bolschewist** *m* ‹-en, -en› [-'vɪst] bolcheviste *m.* **bolschewistisch** *a* bolcheviste, bolchevique.

Bolzen *m* ‹-s, -› ['bɔltsən] boulon, goujon *m; (Zapfen)* cheville, broche *f,* pivot *m.*

bombardieren [-'di:rən] ‹*ohne ge-*› *tr mil, a. phys* bombarder; *(mit Artillerie)* canonner *(a. fig fam: bestürmen).* **Bombardierung** *f* ‹-, -en› *mil phys* bombardement *m.*

Bombast *m* ‹-(e)s, ø› [bɔm'bast] *(Schwulst)* emphase. **bombastisch** *a (Stil)* emphatique, ampoulé.

Bombe *f* ‹-, -n› ['bɔmbə] bombe *f;* ▶ *~n abwerfen* lancer des bombes (*über* sur); *die ~ ist geplatzt (fig)* la nouvelle s'est répandue, le scandale a éclaté.

Bombenabwurf *m* lancement *m* de bombes. **Bombenangriff** *m* attaque *f* à la bombe. **Bombenanschlag** *m* attentat *m* à la bombe. **Bombenerfolg** *m fam* succès *m* monstre *od* fou. **Bombenflugzeug** *n* avion de bombardement, bombardier *m.* **bombengeschä-**

digt *a* sinistré. **Bombengeschäft** *n fam:* ▶ *~e machen* réaliser de gros gains, faire des affaires d'or. **Bombenhagel** *m* grêle *f* de bombes. **bombensicher** *a* **1.** anti-bombes; **2.** *fig fam* absolument sûr. **Bombentrichter** *m* entonnoir *m* de bombe. **Bomber** *m* ‹-s, -› ['bɔmbər] = *Bombenflugzeug n.*

Bon *m* ‹-s, -s› [bõ:, -s] *(Gutschein)* bon *m.*

Bonbon *m* od *n* ‹-s, -s› [bõ'bõ:, -s] bonbon *m,* dragée *f.*

Bonze *m* ‹-n, -n› ['bɔntsə] bonze *m.*

Boot *n* ‹-(e)s, -e› [bo:t] bateau *m,* embarcation, barque *f,* canot; *(kleines)* batelet *m;* ▶ *~ fahren* faire du canot; *wir sitzen alle in e-m ~ (fig)* nous sommes tous logés à la même enseigne. **Bootsfahrt** *f* promenade *f* en bateau. **Bootsflüchtling** *m* Vietnamien, ne *m f* réfugié(e) par voie de mer. **Bootshaken** *m* gaffe *f.* **Bootshaus** *n* hangar *m* à bateaux. **Bootsmann** *m* ‹-s, -leute› *(Deckoffizier)* premier maître *m.* **Bootsrennen** *n* régates *f pl.*

Bord ‹-(e)s, -e› [bɔrt, '-də] **(1)** *n dial (Bücherbrett)* rayon *m,* étagère, tablette *f;* **(2)** *m (Schiffsrand);* bord *m;* ▶ *an ~ bringen* embarquer; *an ~ gehen* aller à bord, s'embarquer; *über ~ werfen* jeter par-dessus bord; *fig* se débarrasser (*etw* de qc); *Mann über ~! (Notschrei)* un homme à la mer! **Bordcomputer** *m* ordinateur *m* de bord.

Bordell *n* ‹-s, -e› [bɔr'dɛl] bordel *m.*

Bordfunker *m* ['bɔrt-] *mar; aero* radio *m* (de bord *od* navigant). **Bordingenieur** *m* mécanicien *m* navigant. **Bordmechaniker** *m aero* mécanicien *m* de bord. **Bordstein** *m* bordure de trottoir; (pierre de) bordure *f.* **Bordwaffen** *f pl aero* armes *f pl* de bord.

Borg *m* ‹-(e)s, ø› [bɔrk, -g(ə)s] *:* ▶ *auf ~* à crédit. **borgen** [-g-] *tr* **1.** *(leihen)* prêter (*jdm etw* qc à qn); **2.** *(entleihen)* emprunter (*etw von jdm* qc à qn).

Borke *f* ‹-, -n› ['bɔrkə] *(Baumrinde)* écorce; *(Kruste)* croûte *f.* **Borkenkäfer** *m ent* bostryche *f.*

borniert [bɔr'ni:rt] *a* borné. **Borniertheit** *f* ‹-, -en› étroitesse *f* (d'esprit).

Borsalbe *f* ['bo:r-] vaseline *f* boriquée.

Börse *f* ‹-, -n› ['bø:rzə, 'bœrzə] **1.** *fin* bourse; *(als Gebäude)* Bourse *f;* **2.** *(Geldbeutel)* porte-monnaie *m.*

Börsenbericht *m* bulletin *m* de la bourse *od* financier. **Börsenblatt** *n* journal *m* financier. **Börsengeschäft** *n* opération *od* transaction *f* de bourse; ▶ *~e betreiben* traiter à la bourse. **Börsenjobber** *m* ‹-s, -› [-dʒɔbər] boursier, tripoteur *m.* **Börsenkrach** *m* krach *m,* débâcle *f* boursière. **Börsenkurs** *m* cours *m* de bourse. **Börsenmakler** *m* agent de change, courtier *m* en valeurs. **Börsennotierung** *f* cotation en bourse, cote *f.* **Börsenschwankungen** *f pl* fluctuations *f pl* des cours. **Börsenschwindel** *m* tripotage *m.* **Börsenschwindler** *m* tripoteur *m.* **Börsenspekulant** *m* spéculateur à la bourse; agioteur *m.* **Börsenspekulation** *f* spéculation *f* à la bourse, agiotage *m.*

Borste *f* ‹-, -n› ['bɔrstə] soie *f* (de porc). **Borstentier** *n* porc *m.* **borstig** *a* **1.** sétifère; hérissé; **2.** *fig* revêche.

Borte *f* ‹-, -n› ['bɔrtə] bordure *f,* passe-poil, galon *m.*

Borwasser *n* ['bo:r-] eau *f* boriquée.

bösartig ['bø:s-] *a* **1.** méchant, malin; *(Tier)* malicieux; **2.** *med* malin, pernicieux. **Bösartigkeit** *f* ‹-, ø› **1.** méchanceté, malignité *f;* **2.** *med* malignité, virulence *f.*

Böschung *f* ‹-, -en› ['bœʃʊŋ] talus *m,* berge, pente *f.*

bös(e) [bø:s, -zə] *a* **1.** *(Mensch)* méchant, mauvais; *(unartig)* malin, vilain; **2.** *(ärgerlich)* fâché, irrité; **3.** *(Sache: schlimm)* mauvais; grave, fort; *(Krankheit)* dangereux, pernicieux; ▶ *ohne ~e Absicht* sans mauvaise intention, sans penser à mal; *~e ansehen* regarder de travers; *auf jdn* od *mit jdm ~e sein* être fâché avec qn, en vouloir à qn; *~e werden* se fâcher; *es sieht ~ aus (fig)* ça va mal; *ich hab' es nicht ~ gemeint,* je n'ai pas pensé à mal; *~er Blick m* mauvais œil *m; ~er Geist m (rel)* (esprit) malin, démon *m; e-e ~e Zunge* une méchante *od* mauvaise langue, une langue de vipère. **Böse,** *der* le malin, le diable. **Böse,** *das* mal *m;* ▶ *jdm etw B~s antun* faire du mal à qn; *B~s im Sinn haben* od *im Schilde führen* avoir de mauvaises intentions; *B~s mit Gutem vergelten* rendre le bien pour le mal. **Bösewicht** *m* ‹-(e)s, -er/-e› ['--vıçt] méchant, malfaiteur; coquin, vaurien *m.*

boshaft ['bo:shaft] *a* malin, malicieux, malfaisant. **Boshaftigkeit** *f,* **Bosheit** *f* ‹-, -en› méchanceté, malignité, malice *f.* ▶ *aus reiner ~* par pure méchanceté *od* malice.

Bosnien *n* ‹-s. ø› ['bɔsniən] la Bosnie.

Bosporus ['bɔsporus] *der, geog* le Bosphore.

böswillig ['bø:s-] **I.** *a* malintentionné, malveillant; malicieux; **II.** *adv* par mauvaise volonté, de mauvaise foi. **Böswilligkeit** *f* ‹-, ø› malveillance; malice; mauvaise volonté *f.*

Botanik *f* ‹-, ø› [bo'ta:nık] botanique *f;* **Botaniker** *m* ‹-s, -› [-'ta:nikər] botaniste; **botanisch** *a* botanique.

Bote *m* ‹-n, -n› ['bo:tə] *(Kurier)* messager, courrier; garçon *m* de courses; *(Dienstmann)* facteur, commission-

naire; *fig (Vorbote)* héraut *m.* **Botengang** *m* course, commission *f.*
botmäßig ['bo:tmɛ:sɪç] *a* soumis. **Botmäßigkeit** *f* ‹-, -en› soumission *f.*
Botschaft *f* ‹-, -en› ['bo:tʃaft] **1.** *(Nachricht)* message *m;* communication *f;* **2.** *pol (a. Gebäude)* ambassade *f.* **Botschafter(in** *f***)** *m* ‹-s, -› (*f* ‹-, -nen›) ambassadeur *m,* ambassadrice *f.* **Botschaftsrat** *m* conseiller *m* d'ambassade.
Böttcher *m* ‹-s, -› ['bœtçər] tonnelier *m.*
Bottich *m* ‹-(e)s, -e› ['bɔtɪç] cuve *f.*
Bouillon *f* ‹-, -s› [bu'ljɔ̃:] bouillon, consommé *m.* **Bouillonwürfel** *m* cube *m* de consommé.
Bowle *f* ‹-, -n› ['bo:lə] **1.** *(Getränk)* vin *m* aromatisé; **2.** *(Gefäß)* bol *m.*
boxen ['bɔksən] *itr* boxer. **Boxer** *m* ‹-s, -› boxeur *m.* **Boxhandschuh** *m* gant *m* de boxe. **Boxkampf** *m* combat *od* match *m* de boxe. **Boxsport** *m* boxe *f.*
Boykott *m* ‹-(e)s, -e› [bɔy'kɔt] boycottage *m.* **boykottieren** [-'ti:rən] ‹*ohne ge-*› *tr* boycotter.
brach [bra:x] *a agr* inculte, en friche. **Brache** *f* ‹-, -n› **Brachfeld** *n,* **Brachland** *n* (champ *m od* terre en) friche *f od* repos *m.*
brach=liegen ['bra:x-] ‹*lag brach, brachgelegen*› *itr* **1.** reposer, rester inculte; **2.** *fig* être en friche, reposer, dormir.
brackig ['brakɪç] *a* saumâtre. **Brackwasser** *n* eau *f* saumâtre.
Branche *f* ‹-, -n› ['brã:ʃə] *com* branche, spécialité *f,* genre *m* d'affaires. **Branchenadreßbuch** *n* annuaire *m* du commerce. **Branchenführer** *m* entreprise *f* phare.
Brand *m* ‹-(e)s, ¨-e› [brant, 'brɛndə] **1.** *(Feuer)* feu; *(Feuersbrunst)* incendie; *(großer)* embrasement *m;* **2.** *bot* rouille *f; (Getreidebrand)* charbon *m,* nielle *f;* **3.** *med* gangrène, nécrose *f;* ▶ *in ~ geraten* prendre feu, s'enflammer; *etw in ~ setzen* od *stecken* mettre le feu à qc *od* qc en feu, incendier qc. **Brandbombe** *f* bombe *f* incendiaire.
branden ['brandən] *itr (Wellen)* déferler *a. fig,* se briser (*gegen* contre).
Brandfackel *f* ['brant-] torche *f* incendiaire; *fig* brandon *m.* **Brandgefahr** *f* danger *m* d'incendie. **Brandherd** *m* foyer *od* lieu *m* de l'incendie, source *f* de feu. **brandig** *a* **1.** *bot* rouillé, charbonné, niellé; **2.** *med* gangrené, gangreneux. **Brandmal** *n* ‹-s, -e› marque *f* de brûlure; stigmate *m a. fig; fig* marque *f* d'infamie. **brandmarken** *tr* marquer au fer rouge; stigmatiser *a. fig; fig* flétrir. **Brandmauer** *f* mur *m* mitoyen *od* coupe-feu. **Brandschaden** *m* dégâts *m pl* causés par l'incendie. **Brandsohle** *f* semelle *f* intérieure. **Brandstätte** *f* lieu *m* d'incendie. **Brandstifter** *m* incendiaire *m.* **Brandstiftung** *f jur* incendie *m* volontaire *od* criminel.
Brandung ['brandʊŋ] *f* ‹-, (-en)› brisant, déferlement, ressac *m.*
Brandwache *f* ['brant-] *(Person)* piquet *m* d'incendie. **Brandwunde** *f* brûlure *f.* **Brandzeichen** *n* marque *f* au fer rouge.
Branntwein ['brant-] *m* eau-de-vie *f.*
Brasilianer(in *f***)** *m* ‹-s, -› (*f* ‹-, -nen›) [brazili'a:nər] Brésilien(ne *f*) *m.* **brasilianisch** *a* brésilien. **Brasilien** *n* ‹-s, ø› [-'zi:liən] le Brésil.
Bratapfel *m* ['bra:t-] pomme *f* cuite.
braten ‹*brät, briet, gebraten*› *tr (Fleisch)* rôtir, cuire; *(in der Pfanne)* frire; *(auf dem Rost)* griller; *itr* rôtir, cuire, frire, griller. ▶ *braun ~ (itr)* (*tr* faire) rissoler. **Braten** *n (Tätigkeit)* rôtissage *m,* friture *f.* **Braten** *m* ‹-s, -› *(Fleisch)* rôti *m.* **Bratenwender** *m* tourne-broche *m.* **Brathuhn** *n* poulet *m* rôti. **Bratkartoffeln** *f pl* pommes *f pl* de terre sautées. **Bratpfanne** *f* poêle *f* à frire. **Bratrost** *m* gril *m.*
Bratsche *f* ‹-, -n› ['bra:tʃə] *mus* alto *m.*
Bratspieß *m* ['bra:t-] broche *f* (à rôtir), hâtier *m.* **Bratwurst** *f* saucisse *f.*
Brauch ‹-(e)s, ¨-e› [braʊx, 'brɔyçə] *(Sitte)* coutume *f,* usage *m,* tradition *f;* ▶ *das ist ~* c'est la coutume.
brauchbar ['braʊx-] *a (verwendbar)* utilisable; *(Kleidung)* mettable. **Brauchbarkeit** *f* ‹-, ø› utilité *f.*
brauchen ['braʊxən] *tr* **1.** *(benutzen)* employer, se servir de, user de, faire usage de, utiliser; **2.** *(nötig haben)* avoir besoin de; falloir; ▶ *ich brauche Geld* il me faut de l'argent; *lange ~, um zu ...* être long à ...; *zwei Stunden ~, um zu ...* mettre deux heures à ... *od* pour ...; *Sie ~ es nur zu sagen* vous n'avez qu'à le dire. **Brauchtum** *n* ‹-s, ø› mœurs et coutumes *f pl.*
Braue *f* ‹-, -n› ['braʊə] sourcil *m.*
brauen *tr (Bier)* brasser. **Brauer** *m* ‹-s, -› brasseur *m.* **Brauerei** *f* ‹-, -en› [-'raɪ], **Brauhaus** *n* brasserie *f.* **Braukessel** *m* chaudière *f* à brasser, brassin *m.*
braun [braʊn] *a* brun, marron; *(Haar)* brun; *(Pferd)* bai; *(~gebrannt)* basané, bronzé, tanné, hâlé; ▶ *~ färben, ~ werden* brunir; *(Mensch in der Sonne)* brunir, se bronzer, se hâler.
Bräune *f* ‹-, ø› ['brɔynə] **1.** couleur *f* brune; *(Hautfarbe)* hâle *m;* **2.** *med* angine *f.* **bräunen** *tr* brunir; *(die Haut)* brunir, bronzer, hâler. **bräunlich** *a* brunâtre.
Braunschweig *n* ‹-s, ø› ['braʊnʃvaɪk] Brunswick *m.*
Brause *f* ‹-, -n› ['braʊzə] **1.** douche *f;* *(Gießkanne)* arrosoir *m;* *(~kopf)* pomme *f* d'arrosoir; **2.** *(Getränk)* eau *f* gazeuse. **Brausekopf** *m* **1.** pomme *f*

d'arrosoir; **2.** *fig (Hitzkopf)* tête *f* brûlée. **brausen** *itr* **1.** ‹*h*› bruire; bourdonner, gronder; *(Wind)* souffler; *(Wogen) a.* mugir; **2.** ‹*sein*› *(Fahrzeug)* aller *od* filer à grande vitesse; **3.** *refl* ► *sich* ~ se doucher. **brausend** *a* bruyant, bourdonnant. **Brausepulver** *n* poudre *f* effervescente.

Braut *f* ‹-, ¨-e› [braʊt, 'brɔʏtə] fiancée; *fam* prétendue; *(am Hochzeitstag)* (nouvelle) mariée *f.* **Brautführer** *m* garçon *m* d'honneur. **Brautgeschenk** *n* cadeau *m* de fiançailles. **Bräutigam** *m* ‹-s, -e› ['brɔʏtigam] fiancé; *fam* prétendu; *(am Hochzeitstag)* (jeune) marié *m.* **Brautjungfer** *f* ['braʊt-] demoiselle *f* d'honneur. **Brautkleid** *n* robe *f* de mariée *od* nuptiale. **Brautleute** *pl,* **Brautpaar** *n* fiancés, (nouveaux) mariés *m pl.* **Brautschleier** *m* voile *m* de mariée.

brav [bra:f] *a* brave; *(gut, nett)* bon, gentil; *(Kind)* sage.

Breakdance ['breɪkda:ns] *m* ‹-(s)›, ø› break-dance *m.*

Brechdurchfall *m* ['brɛç-] *med* cholérine *f.* **Brecheisen** *n* pince-monseigneur *f.*

brechen ['brɛçən] ‹*bricht, brach, gebrochen*› *tr* ‹*h*› **1.** *(entzweibrechen)* rompre; *(zerbrechen)* casser; *(in Stücke ~)* briser, mettre en morceaux, fracasser; *(Steine)* extraire; *(Hanf)* broyer; *(Flachs)* briser; *med (Knochen)* casser, fracturer; **2.** *opt* réfracter; *fig (den Frieden, e-n Vertrag, ein Gelübde)* rompre; **3.** *itr* ‹*sein*› (se) rompre, (se) casser, se briser; *(Damm)* crever; **4.** *(sich erbrechen)* vomir, rendre; **5.** *fig (mit jdm)* rompre (avec qn); **6.** *refl sich ~ (Wellen)* se briser (*an* contre); *(Licht)* se réfracter; ► *sich den Arm ~* se casser *od* se fracturer le bras; *e-n Eid ~* violer *od* trahir un serment; *jdm das Genick ~ fig* briser, anéantir qn; *den Rekord ~* battre le record; *mir bricht das Herz* j'ai le cœur brisé.

Brechmittel *n pharm* vomitif, émétique *m.* **Brechreiz** *m* envie de vomir, nausée *f.*

Brechung *f* ‹-, (-en)› *opt* réfraction *f.*

Brei *m* ‹-(e)s, -e› [braɪ] *(halbflüssige Speise)* bouillie; *(Kartoffel-, Erbsbrei)* purée; *(bes. von Obst)* marmelade; *pharm* pulpe; *tech (Masse)* pâte *f;* ► *zu ~ schlagen (fig fam)* réduire en bouillie. **breiig** *a* comme de la bouillie; *(Omelett)* baveux.

breit [braɪt] *a* large; *(weit, ausgedehnt)* ample, vaste; *fig (weitschweifig)* ample, prolixe; ► *~er machen* élargir; *~er werden* s'élargir; *mach dich nicht so ~! (fam)* ne prends pas toute la place! *1 m ~* large d'un mètre. **breitbeinig** *adv* les jambes écartées. **breit=drücken** *tr* aplatir. **Breite** *f* ‹-, -n› largeur; *(Weite, Ausdehnung)* étendue *f; (Stoff)* lé *m,* laize; *geog astr* latitude; *fig (Stil)* ampleur, prolixité *f;* ► *in die ~ gehen* grossir; *nördliche ~* latitude *f* nord. **breiten** *tr (ausbreiten)* étendre. **Breitengrad** *m geog* degré de latitude, parallèle *m.* **breit=machen,** *sich (fam)* prendre toute la place. **breit=schlagen** ‹*schlägt, schlug breit, breitgeschlagen*› *tr:* ► *sich ~ lassen* se laisser persuader. **breitschult(e)rig** *a* large *od* carré d'épaules. **Breitseite** *f mar* bordée *f.* **breit=treten** ‹*tritt, trat breit, breitgetreten*› *tr fig (e-n Gesprächsgegenstand)* s'appesantir sur, rabâcher.

Bremen *n* ‹-s, ø› ['bre:mən] Brême *f.*

Bremsblockierschutz *m* système *m* (de freinage) anti-blocage. **Bremse** *f* ‹-, -n› ['brɛmzə] **(1)** *tech* frein *m;* **(2)** *ent* taon *m.* **bremsen 1.** *itr* freiner, donner un coup de frein; ► *scharf ~* freiner brusquement; **2.** *tr (a. e-e Bewegung, Geschwindigkeit u. fig fam)* freiner, enrayer; ► *er ist nicht zu ~! (hum)* on ne peut plus l'arrêter. **Bremser** *m* ‹-s, -› *loc* garde-frein *m.* **Bremsfläche** *f* surface *f* de freinage. **Bremshebel** *m* levier *m od* manette *f* de frein. **Bremsklotz** *m* cale *f* de roue. **Bremslicht** *n* feu *m* d'arrêt. **Bremspedal** *n* pédale *f* de frein. **Bremsschlupfregler** *m* système *m* anti-blocage. **Bremsspur** *f* trace *f* de freinage. **Bremsvorrichtung** *f* dispositif *m* de freinage. **Bremsweg** *m* parcours *m od* course *f* de freinage.

brennbar ['brɛn-] *a* **1.** combustible; **2.** *(entzündlich)* inflammable. **Brennbarkeit** *f* ‹-, ø› **1.** combustibilité *f;* **2.** inflammabilité *f.* **brennen** ‹*brannte, gebrannt*› ['brɛnən] *itr* **1.** brûler, être en flammes; **2.** *(Licht)* être allumé; *(Ofen)* marcher; **3.** *(auf der Haut)* piquer; *(in der Kehle)* écorcher; *(Augen, Wunde)* cuire; **4.** *tr* brûler; *(Porzellan, Kalk, Ziegel)* cuire; *(Kaffee)* torréfier, griller; *(Branntwein)* distiller; *med* cautériser; ► *fig: darauf ~, etw zu tun* être impatient, brûler de faire qc; *vor Ungeduld ~* brûler *od* griller d'impatience; *die Sonne brennt* le soleil est brûlant; *das Streichholz will nicht ~* l'allumette ne prend pas; *es brennt!* au feu! *fam* ça brûle! **brennend** *a* **1.** brûlant, ardent, en feu, en flammes; **2.** *(Licht, Streichholz)* allumé; **3.** *(Schmerz)* cuisant *a. fig; (Brennen verursachend, von e-r Pflanze* od *e-m Insektenstich)* urticant; **4.** *fig* brûlant, ardent; *(Interesse)* vif. **Brenner** *m* ‹-s, -› *(Gerät)* brûleur; *(Gasbrenner)* bec *m.* **Brennerei** *f* ‹-, -en› [-'raɪ] *(Schnapsbrennerei)* distillerie *f.* **Brennglas** *n* verre *m* ardent. **Brennholz** *n* bois *m* de chauffage.

Brennmaterial *n* combustible *m.* **Brenn(n)essel** *f* ‹-, -n› ['brɛnnɛsəl] *bot* ortie *f.* **Brennpunkt** *m* **1.** *phys* foyer *a. fig; scient* focus; *in Zssgen* focal; **2.** *fig* centre *m.* **Brennschere** *f* fer *m* à friser. **Brennspiritus** *m* alcool *m* à brûler. **Brennstoff** *m* = *Brennmaterial; mot aero* carburant *m,* essence *f.* **Brennweite** *f opt* distance focale *f.*

brenzlig ['brɛntslıç] *a* qui sent le brûlé *od* le roussi; *fig fam (bedenklich)* délicat, précaire; ▶ *es wird* ~ *(fig fam: gefährlich)* ça sent le roussi.

Bresche *f* ‹-, -n› ['brɛʃə] brèche *f;* ▶ *e-e* ~ *schlagen* ouvrir une brèche.

Bretagne [bre'tanjə], *die* la Bretagne. **Bretone** *m* ‹-n, -n› , **Bretonin** [bre'to:nə, -nın] *f* Breton(ne *f*) *m.* **bretonisch** *a* breton.

Brett *n* ‹-(e)s, -er› [brɛt] **1.** planche *f; vx* ais *m; (e-s Regals)* tablette *f; (Bücherbrett)* rayon *m;* **2.** ▶ *die ~er pl (Schier)* les skis *m pl;* **3.** *theat (Bühne)* les planches *f pl.* **4.** *(Schach, Dame)* échiquier, damier *m;* ▶ *ein* ~ *vor dem Kopf haben (fig)* avoir un bandeau sur les yeux, être aveugle; *schwarze(s)* ~ tableau (noir) *m.* **Bretterverschlag** *m* cloison *f* en planches. **Bretterwand** *f,* **Bretterzaun** *m* clôture *f* de planches. **Brettspiel** *n* jeu *m* de table.

Brezel *f* ‹-, -n› ['bre:tsəl] bretzel.

Brief *m* ‹-(e)s, -e› [bri:f] lettre; *(Handschreiben)* missive; *rel lit iron* épître *f.* **Briefablage** *f adm com* classement *m.* **Briefbeschwerer** *m* presse-papiers, serre-papiers *m.* **Briefgeheimnis** *n* secret *m* des lettres. **Briefkarte** *f* carte-lettre *f.* **Briefkasten** *m* boîte *f* aux lettres. ▶ *den* ~ *leeren* faire la levée. **Briefkopf** *m* tête *f od* en-tête *m* de lettre. **brieflich** *a* u. *adv* par lettre, par poste; ▶ ~ *mit jdm verkehren* correspondre avec qn. **Briefmarke** *f* timbre-poste *m.* **Briefmarkenautomat** *m* distributeur *m* de timbres-poste. **Briefmarkensammler** *m* philatéliste *m.* **Brieföffner** *m* coupe-papier *m.* **Briefordner** *m* classeur *m* (de lettres). **Briefpapier** *n* papier *m* à lettre(s). **Briefstil** *m* style *m* épistolaire. **Brieftasche** *f* portefeuille. **Brieftaube** *f* pigeon *m* voyageur. **Briefträger** *m* facteur *m.* **Briefumschlag** *m* enveloppe *f,* pli *m.* **Briefwaage** *f* pèse-lettre(s) *m.* **Briefwahl** *f pol* vote *m* par correspondance. **Briefwechsel** *m* échange *m* de lettres, correspondance *f;* ▶ *mit jdm in* ~ *stehen* correspondre, être en correspondance avec qn.

Brigade *f* ‹-, -n› [bri'ga:də] *mil* brigade *f.* **Brigadegeneral** *m (Generalmajor)* général *m* de brigade.

Brigg *f* ‹-, -s› [brık] *mar* brick *m.*

Brikett *n* ‹-s, -s/(-e)› [bri'kɛt] briquette *f,* aggloméré *m.*

brillant [brıl'jant] *a* brillant, excellent. **Brillant** *m* ‹-en, -en› *(Edelstein)* brillant *m.* **Brillantring** *m* bague *f* à brillant(s).

Brille *f* ‹-, -n› ['brılə] **1.** (paire *f* de) lunettes *f pl;* **2.** *(Klosettbrille)* lunette *f;* ▶ *e-e* ~ *aufsetzen* mettre des lunettes.

Brillenetui *n,* ['brılən-] étui *m* à lunettes. **Brillenglas** *n* verre *m* de lunettes. **Brillenschlange** *f zoo* serpent à lunettes, naja *m.* **Brillenträger(in** *f*) *m:* ▶ ~ *sein* porter des lunettes.

bringen ['brıŋən] ‹*brachte, gebracht*› *tr* **1.** *(an e-n bestimmten Ort tragen* od *schaffen)* porter, transporter; mettre; *(herbeitragen* od *-schaffen)* apporter; **2.** *(an e-n bestimmten Ort führen)* mener, conduire; *(herbeiführen)* amener; ▶ *etw an sich* ~ s'emparer de qc; s'approprier qc; *etw wieder an sich* ~ recouvrer qc; *jdn auf etw (e-e Idee)* ~ donner l'idée de qc à qn; *es dahin* od *so weit* ~, *daß* faire en sorte que; en venir à *inf; jdn dahin* od *dazu* od *so weit* ~, *daß* amener qn à *inf; etw hinter sich* ~ en terminer avec qc; *mit sich* ~ *(zur Folge haben)* traîner (après soi), entraîner, comporter; *jdn um etw* ~ faire perdre qc à qn; *(berauben)* priver qn de qc; *es weit* ~ aller loin; *zustande* od *zuwege* ~ réaliser, venir à bout de; *Glück* ~ porter bonheur; *zum Lachen* ~ faire rire; *in Sicherheit* ~ mettre en sûreté; *um den Verstand* ~ rendre fou; *Zinsen* ~ porter des intérêts; *was* ~ *die Zeitungen darüber?* qu'en disent les journaux?

brisant [bri'zant] *a* explosif. **Brisanz** [bri'zants] ‹-, -en› *f (Sprengkraft)* force *f* explosive; *fig* nature *f* explosive.

Brise *f* ‹-, -n› ['bri:zə] brise *f.*

Britannien *n* ‹-s› [bri'taniən] *hist* la Grande-Bretagne. **Brite** *m* ‹-n, -n› ['brı-, 'bri:tə], **Britin** *f* Britannique *m f.* **britisch** *a* britannique.

bröckeln *itr* ‹*sein*› ['brœkəln] s'émietter.

Brocken *m* ‹-s, -› ['brɔkən] bribe *f a. fig; (Stückchen)* morceau; fragment *m;* ▶ *harter* ~ *(fig)* tâche *f* ardue, gros morceau *m; ein paar* ~ *Latein* quelques bribes de latin. **brockenweise** *adv* par bribes, par morceaux, par fragments.

brodeln ['bro:dəln] *itr* bouillonner.

Brokat *m* ‹-(e)s, -e› [bro'ka:t] brocart *m.*

Brokkoli ['brɔkoli] *pl (Spargelkohl)* brocoli *m.*

Brom *n* ‹-s, ø› [bro:m] *chem* brome *m.*

Brombeere *f* ‹-, -n› ['brɔmbe:rə] mûre *f* sauvage. **Brombeerstrauch** *m* ronce *f.*

Bronchialkatarrh *m,* **Bronchitis** *f* ‹-, ø› [brɔn'çi:tıs] bronchite *f.* **Bronchien** *f pl* ['brɔnçiən] bronches *f pl.*

Bronze *f* ‹-, -n› ['brõ:sə] bronze *m.* **bronzefarben** *a* couleur (de) bronze. **Bronzezeit** *f* âge *m* de bronze.

Brosche *f* ‹-, -n› ['brɔʃə] broche *f*. **broschiert** *a* broché. **Broschüre** *f* ‹-, -n› [brɔ'ʃy:rə] brochure.

Brot *n* ‹-(e)s, -e› [bro:t] **1.** pain *m;* **2.** *fig (Lebensunterhalt)* (gagne-)pain *m;* ▶ *sein ~ verdienen* gagner son pain *od* sa vie; *belegtes ~* tartine *f*, sandwich *m; geröstetes ~* pain grillé, toast *m; Laib m ~* miche *f* (de pain); *Schnitte f ~* tranche *f* de pain; *Stück n ~* morceau *m* de pain; *das tägliche ~* le pain quotidien. **Brotbeutel** *m* panetière; *mil* musette *f*.

Brötchen *n* ‹-s, -› ['brø:tçən] petit pain *m*.

Brotkanten *m*, **Brotknust** *m* ['bro:t-] croûton *m*. **Brotkorb** *m* panier *m* à pain; ▶ *jdm den ~ höher hängen (fig)* tenir la bride haute à qn. **Brotkrume** *f* miette *f* (de pain). **Brotkruste** *f*, **Brotrinde** *f* croûte *f* de pain. **brotlos** *a:* ▶ *jdn ~ machen* ôter ses moyens d'existence à qn; *~e Kunst f* art *m* peu lucratif. **Brotröster** *m (Gerät)* grille-pain *m*. **Brotschneidemaschine** *f* coupe-pain *m*.

Bruch *m* ‹-(e)s, ⸚e› [brʊx, 'brʏçə] **1.** *(Brechen)* cassure, brisure; *a. fig* rupture; *(Zerbrochenes)* casse *f; tech* bris *m; com (Schokolade etc)* débris, déchets *m pl; (~stelle)* cassure, crevasse, fente *f;* **2.** *(Falte)* pli *m;* **3.** *geol (Verwerfung)* faille *f;* **4.** *med (Knochenbruch)* fracture *f;* **5.** *(Eingeweidebruch)* hernie *f;* **6.** *math* fraction *f;* **7.** *fig (e-s Vertrages etc)* rupture, violation *f;* **8.** *(Spaltung, Zerwürfnis)* scission *f;* **9.** *fam (Schund, Dreck)* pacotille *f*, toc *m;* ▶ *in die Brüche gehen (fig)* faire le saut, échouer, sombrer; *gemeiner ~ (math)* fraction *f* ordinaire. **Bruchband** *n med* bandage *m* herniaire. **Bruchbude** *f fam* château *m* de cartes, cambuse *f*. **bruchfest** *a* résistant à la rupture.

brüchig ['brʏçɪç] *a (zerbrechlich)* fragile; *(spröde)* cassant; *(bröckelig)* friable; *(zerbrochen)* cassé.

Bruchoperation *f* ['brʊx-] *med* herniotomie *f*. **Bruchrechnen** *n* calcul *m* fractionnaire. **Bruchstein** *m* moellon *m*. **Bruchstrich** *m math* barre *f* de fraction. **Bruchstück** *n* fragment *m*. **bruchstückweise** *adv* en *od* par fragments. **Bruchteil** *m* fraction *f*.

Brücke *f* ‹-, -n› ['brʏkə] **1.** pont *m a. fig;* **2.** *(Fußgängerbrücke* u. *mar: Kommandobrücke)* passerelle *f;* **3.** *tech (e-r ~nwaage)* plate-forme *f;* **4.** *(Zahnersatz)* bridge *m;* ▶ *e-e ~ schlagen (a. fig)* jeter *od* lancer un pont *(über* sur).

Brückenbau *m*['brʏkən-] construction *f* de ponts, pontage *m*. **Brückenbogen** *m* arche *f*. **Brückengeländer** *n* garde-fou, parapet *m od* balustrade *f* (de pont). **Brückengeld** *n* péage *m*. **Brükkenkopf** *m mil* tête *f* de pont.

Bruder *m* ‹-s, ⸚› ['bru:dər, 'bry:-] frère *a. rel (Ordensbruder); fam* frangin; *allg* camarade, *pop* copain *m;* ▶ *lustiger ~, ~ Lustig* joyeux compère *m*. **Brüderlein** *n* ‹-s, -› ['bry:dərçən, -laɪn] petit frère, *fam* frérot *m*. **brüderlich** ['bry:dər-] **I.** *a* fraternel, de frère; **II.** *adv a.* en frère(s). **Brüderlichkeit** *f* ‹-, ø› fraternité *f*. **Brudermord** *m*, **Brudermörder** *m* ['bru:dər-] fratricide *m*. **Bruderschaft** *f rel* confrérie; congrégation *f*. **Brüderschaft** *f* ['bry:dər-] fraternité; *fig (Kollegialität)* confraternité *f;* ▶ *mit jdm ~ schließen (trinken)* fraterniser avec qn (en trinquant).

Brügge ['brʏgə] *n geog* Bruges *f*.

Brühe *f* ‹-, -n› ['bry:ə] **1.** *(Fleischbrühe)* bouillon, consommé; **2.** *pej (Schmutzwasser)* eau *f* sale *od* de vaisselle. **brühen** *tr (kochen)* ébouillanter, échauder. **Brühwürfel** *m* cube *m* de consommé.

brüllen ['brʏlən] *itr (Rind)* mugir, beugler; *(Löwe)* rugir; *(Mensch)* beugler, hurler; *pop* gueuler.

Brummbär ['brʊm-] *m fam (mürrischer Mensch)* ours, grognard, *fam* bougon(neur) *m*. **brummen** *itr* **1.** *(Bär)* grogner; gronder; *fig (Mensch)* grogner, bougonner; **2.** *(Insekt, Kreisel)* bourdonner; *mot* ronfler; *aero* vrombir; *tr* **3.** *(Mensch)* grogner, grommeler, murmurer; ▶ *in den Bart ~* marmonner; *mir brummt der Schädel (pop)* j'ai la tête cassée. **Brummer** *m* ‹-s, -› *ent fam (Blaue Schmeißfliege)* mouche *f* bleue. **brummig;** *a fam (mürrisch)* grognon, grognard.

brünett [bry'nɛt] *a* brun, brunet.

Brunnen *m* ‹-s, -› ['brʊnən] *(Springbrunnen)* fontaine *f; (Ziehbrunnen)* puits *m; (Pumpe)* pompe; *(Heilquelle)* source *f* thermale, eaux *f pl* (minérales). **Brunnenrand** *m* margelle *f*. **Brunnenröhre** *f* tuyau *m* de fontaine.

Brunst *f* ‹-, ⸚e› [brʊnst, 'brʏnstə] *zoo* rut *m*, chaleur *f*.

brünstig ['brʏnstɪç] *a zoo* en chaleur.

brüsk [brʏsk] *a* brusque, rude. **brüskieren** [-'ki:rən] ‹*ohne ge-*› *tr* brusquer.

Brüssel *n* ['brʏsəl] Bruxelles *f*. **Brüsseler(in** *f***)** *m* ‹-s, -› Bruxellois,e *m f*.

Brust *f* ‹-, ⸚e› [brʊst, 'brʏstə] **1.** poitrine *f; (Busen)* sein *m*, gorge; *(Mutterbrust)* mamelle *f*, téton; *(des Pferdes)* poitrail; *(~korb, ~kasten* u. *ent)* thorax *m;* **2.** *fig (Herz, Seele)* cœur, sein *m;* ▶ *aus voller ~* à pleine gorge; *(e-m Kind) die ~ geben* donner le sein (à un enfant). **Brustbein** *n anat* sternum *m*. **Brustbeutel** *m* sachet *m* porté sur la poitrine.

brüsten ['brʏstən] *, sich* se rengorger, se pavaner; ▶ *sich mit etw ~* se vanter, faire parade de qc.

Brustfell *n* ['brʊst-] *anat* plèvre *f*.

Brustfellentzündung *f med* pleurésie *f*. **Brustkasten** *m*, **Brustkorb** *m* thorax; *fam* coffre *m*. **Brustmuskel** *m anat* pectoral *m*. **Bruststimme** *f* voix *f* de poitrine. **Brusttasche** *f (äußere)* poche (de) poitrine; *(innere)* poche *f* intérieure. **Brustumfang** *m*, **Brustweite** *f* tour *m* de poitrine. **Brustwarze** *f* ['brʊst-] mamelon *m*.

Brut *f* ‹-, -en› ['bru:t] *(das Brüten)* incubation; *(Eier od Junge von Vögeln)* couvée, nichée *f*; *(Fischbrut)* frai, alevin; *ent* couvain *m*; *fig pej (von Menschen)* engeance *f*.

brutal [bru'ta:l] *a* brutal. **Brutalität** *f* ‹-, (-en)› [-tali'tɛ:t] brutalité *f*.

Brutapparat *m* ['bru:t-] couveuse *f* (artificielle), incubateur *m*.

brüten ['bry:tən] *itr* couver *a. fig*; ▶ *über etw* ~ méditer *od* machiner qc.

Bruthitze *f* ['bru:t-] *fig fam* chaleur *f* d'étuve. **Brutstätte** *f fig* foyer *m*.

brutto ['brʊto] *a* u. *adv com* brut; fort *inv*. **Bruttoeinkommen** *n* revenu *m* brut. **Bruttogewicht** *n* poids *m* brut *od* fort. **Bruttopreis** *m* prix *m* fort *od* brut. **Bruttoregistertonne** *f mar* tonneau *m* de jauge brut. **Bruttosozialprodukt** *n* produit *m* national brut. **Bruttoverdienst** *m* salaire *m* brut.

Brutzeit *f* ['bru:t] couvaison *f*.

Btx [beteiks] *m* (= *Bildschirmtext)* Minitel *m*. **Btx-Anbieter** *m* serveur *m*. **Btx-Anschluß** *m* système *m* télétexte. **Btx-Banking** *n* opérations *f pl* bancaires par minitel. **Btx-Terminal** *n* terminal *m* de télétexte. **Btx-Verzeichnis** *n* annuaire *m* télématique.

Bub *m* ‹-en, -en› [bu:p, -bən] *(süddeutsch: Junge)* garçon, gars, gamin, *fam* gosse *m*. **Bube** *m* ‹-n, -n› **1.** *(Schurke)* coquin, fripon, fourbe *m*; **2.** *(im Kartenspiel)* valet *m*. **bübisch** ['by:bɪʃ] *a* polisson, fripon, fourbe.

Buch *n* ‹-(e)s, ¨er› [bu:x, 'by:çər] livre; *com a.* registre *m*; *(zu e-r Oper)* livret; *(Zählmaß für Papier)* main *f*; ▶ *wie es (a. er, sie) im ~ steht* exemplaire; *über etw ~ führen* tenir registre de qc; *das ist mir ein ~ mit sieben Siegeln* c'est de l'hébreu pour moi; *antiquarisches ~* livre d'occasion, bouquin *m*; *das ~ der Bücher (Bibel)* la Sainte Écriture, la Bible. **Buchbinder** *m* relieur *m*. **Buchbinderei** *f (Werkstatt)* atelier *m* de relieur; *(Gewerbe)* reliure *f*. **Buchdruck** *m* impression *f* typo(graphique). **Buchdrucker** *m* imprimeur; typographe *m*. **Buchdruckerei** *f* imprimerie; typographie *f*.

Buche *f* ‹-, -n› ['bu:xə] *bot* hêtre *m*. **Buchecker** *f* faîne *f*.

buchen ['bu:xən-] *tr* **1.** *com* prendre note, passer aux comptes; **2.** *sport* marquer; *(Platz, Zimmer)* retenir, réserver.

Buchenholz *n* ['bu:xən-] hêtre *m*; **Buchenwald** *m* hêtraie *f*.

Bücherbrett *n* ['by:çər-] tablette *f*, rayon *m*, étagère *f*. **Bücherbus** *m (fahrbare Bücherei)* bibliobus *m*. **Bücherei** *f* ‹-, -en› [by:çə'raɪ] bibliothèque *f*. **Bücherfreund** *m* amateur de livres, bibliophile *m*. **Bücherrevisor** *m* = *Buchprüfer*. **Büchersammlung** *f* collection de livres, bibliothèque *f*. **Bücherschrank** *m* bibliothèque *f*. **Bücherstütze** *f* serre-livres *m*. **Bücherwurm** *m* **1.** *ent* teigne *f* (des livres), ver *m* rongeur; **2.** *fig* rat de bibliothèque, bouquineur *m*.

Buchfink *m* ['bu:x-] pinson *m*

Buchführung *f* ['bu:x-] tenue des livres, comptabilité *f*; ▶ *einfache, doppelte ~* comptabilité *f* en partie simple, double. **Buchhalter** *m* teneur de livres *od* d'écritures, commis aux écritures, comptable *m*. **Buchhaltung** = Buchführung *f*. **Buchhändler** *m* libraire *m*. **Buchhandlung** *f* librairie *f*; ▶ *~ und Antiquariat* librairie *f* ancienne et moderne. **Buchhülle** *f* couvre-livre *m*. **Buchmalerei** *f* peinture *f* de manuscrits. **Buchmesse** *f* foire *f* du livre. **Buchprüfer** *m com* expert-comptable *m*. **Buchprüfung** *f com* vérification *f* des livres.

Buchs(baum) ['bʊks-] *m bot* buis *m*.

Buchse *f* ‹-, -n› ['bʊksə] *tech* douille *f*, manchon *m*.

Büchse *f* ‹-, -n› ['bʏksə] **1.** boîte *f*; *(Kapsel)* étui *m*; **2.** *(Gewehr)* fusil *m*, carabine *f*. **Büchsenmilch** *f* lait *m* condensé. **Büchsenöffner** *m* ouvre-boîtes *m*.

Buchstabe *m* ‹-ns/(-n), -n› ['bu:xʃta:bə] lettre *f*, caractère *m*; ▶ *in ~n (Zahl)* en toutes lettres; *großer ~* majuscule *f*; *kleiner ~* minuscule *f*. **buchstabieren** [-'bi:rən] ‹*ohne ge-*› *tr* épeler.

buchstäblich ['bu:xʃtɛ:plɪç] *a (dem Buchstaben nach)* à la lettre, au pied de la lettre; *fig (geradezu)* littéralement.

Bucht *f* ‹-, -en› [bʊxt] baie; *(kleine)* anse, crique *f*.

Buchung *f* ‹-, -en› ['bu:xʊŋ] *com (Vorgang)* passation *f* d'écriture (en compte *od* sur les livres); *(Ergebnis)* écriture *f*.

Buchweizen *m*['bu:x-] blé noir, sarrasin *m*.

Buckel *m* ‹-s, -› ['bʊkəl] **1.** *(Höcker, a. med)* bosse, gibbosité *f*; **2.** *fam (Rükken)* dos *m*; **3.** *(Hügel)* colline; ▶ *e-n ~ machen (Katze)* faire le gros dos; *du kannst mir den ~ runterrutschen!* *(fam)* je me fiche de toi! **buck(e)lig** *a* bossu. **Buck(e)lige** *m*, *f* ‹-n, -n› bossu(e *f*) *m*.

bücken ['bʏkən], *sich* se baisser (*nach etw* pour ramasser qc); ▶ *gebückt (gehen)* (se tenir) courbé (en marchant).

buddeln ['bʊdəln] *itr fam (wühlen)*

fouiller.
Buddhismus *m* ‹-, ø› [bu'dɪsmʊs] bouddhisme *m*. **Buddhist(in *f*)** *m* ‹-en, -en› [-'dɪst] bouddhiste *m f*. **buddhistisch** *a* bouddhique.
Bude *f* ‹-, -n› ['bu:də] **1.** *allg* baraque; *(Verkaufsstand)* échoppe *f*; **2.** *fam pej (Zimmer)* piaule, *pop* turne *f*.
Budget *n* ‹-s, -s› [by'dʒe:] *(Haushaltsplan)* budget *m*.
Büfett *n* ‹-(e)s, -s/-e› [by'fɛt, -'fe:] *(Anrichte)* buffet, bahut *m*.
Büffel *m* ‹-s, -› ['byfəl] *zoo* buffle *m*.
büffeln *itr fam* bûcher, bachoter.
Bug *m* [bu:k] **1.** ‹-s, -e/¨-e› ['bu:k, 'by:gə] *(Brust des Pferdes u. des Rindes)* paleron *m*; **2.** ‹-s, -e› *mar* proue *f*.
Bügel *m* ‹-s, -› ['by:gəl] **1.** *allg* pièce *f* courbe; **2.** *(Kleiderbügel)* cintre *m*; **3.** *(Korb)* anse; *tech* archet *m*; **4.** *mil (Gewehrabzug)* pontet *m*. **Bügelbrett** *n* planche *f* à repasser. **Bügeleisen** *n* fer à repasser; *(des Schneiders)* carreau *m*. **Bügelfalte** *f* pli *m* (de pantalon). **bügelfrei** *a* sans repassage. **bügeln** *tr (Wäsche, Kleider)* repasser.
buhlen ['bu:lən] : ▶ *um jds Gunst ~* briguer la faveur de qn.
Bühne *f* ‹-, -n› ['by:nə] *theat* scène *f a. fig*, plateau *m*; *(Theater)* théâtre *m*; *(Gerüst)* estrade, tribune *f*; *(Arbeitsbühne)* échafaudage *m*, plate-forme *f*; ▶ *die ~ (a.)* les planches *f pl*; *über die ~ gehen (Stück)* être représenté.
Bühnenanweisung *f* ['by:nən-] indication *f* scénique *m*. **Bühnenaussprache** *f* prononciation *f* de *od* employée au théâtre. **Bühnenbearbeitung** *f* adaptation *f* au théâtre. **Bühnenbild** *n* décors *m pl*. **Bühnenbildner** *m* peintre *od* de décors. **Bühnenkünstler** *m* artiste *m* dramatique. **Bühnenstück** *n* pièce *f* de théâtre. **bühnenwirksam** *a* scénique. **Bühnenwirkung** *f* effet *m* théâtral.
Bukett *n* ‹-(e)s, -e/-s› [bu'kɛt] *(Blumenstrauß; Duft des Weines)* bouquet *m*.
Bulgare *m* ‹-n, -n› [bʊl'ga:rə] **Bulgarin** *f* Bulgare *m f*. **Bulgarien** *n* ‹s, ø› [-'ga:riən] la Bulgarie. **bulgarisch** *a* bulgare.
Bullauge ['bʊl-] *n arch* œil-de-bœuf; *mar aero* hublot *m*. **Bulldogge** *f zoo* (boule)dogue *m*. **Bulldozer** *m* ‹-s, -› [-do:zər] *tech* bulldozer *m*. **Bulle** *m* ‹-n, -n› *(Stier)* taureau *m*. **Bullenhitze** *f fam* fournaise *f*.
Bumerang *m* ‹-s, -e/-s› ['bu:-, 'bʊməraŋ] boomerang *m*.
Bummel *m* ‹-s, -› ['bʊməl] *fam (Spaziergang)* balade, virée *f*; ▶ *e-n ~ machen* être en goguette, *pop* vadrouiller; *(Schaufenster~)* faire du lèche-vitrines. **Bummelant** *m* ‹-en, -en› [-'lant] *fam* lambin, traînassier *m*. **Bummelei** *f* ‹-, -en› [-'laɪ] *(Getrödel)* lambinerie *fam*; *(Langsamkeit)* lenteur; *(Nachlässigkeit)* négligence *f*. **bummelig** *a (langsam)* lambin, lent; *(nachlässig)* négligent. **bummeln** *itr ‹sein›* flâner, se balader; *(trödeln)* ‹*h*› traîner, mus(ard)er, lambiner. **Bummelzug** *m loc fam* tortillard *m*.
bums [bʊms] *interj* boum! patatras!
Bund I. *m* ‹-(e)s, ¨-e› [bʊnt, 'byndə] **1.** *allg* lien *m*; *(Band)* bande *f*, bandeau; **2.** *tech* cercle, anneau, collier *m*; **3.** *fig (Bündnis)* union, alliance; *(Schutzbündnis)* ligue; *(Staaten~)* confédération, *(zu e-m best. Zweck)* coalition *f*; *(Vertrag)* pacte *m*; ▶ *e-n ~ schließen* contracter une alliance (*mit jdm* avec qn); *mit jdm im ~e sein* être l'allié de qn; **II.** *n* ‹-(e)s, -e› [bʊnt, -də] *(Bündel)* faisceau, paquet; *(Stroh, Heu, gewisse Gemüse)* botte *f*; *(Holz)* fagot *m*.
Bündel *n* ‹-s, -› ['byndəl] *(Heu, Stroh)* botte *f*; *(Reisig)* fagot; *(Pack)* paquet *m*, trousse, *(Akten)* liasse *f*, dossier; *(Liktoren-, Strahlen~)* faisceau *m*; ▶ *in ein ~ schnüren* taponner. **bündeln** *tr* lier ensemble *od* en faisceau; *(Heu, Stroh)* botteler; *(Holz)* fagoter.
Bundesbahn *f* ['bʊndəs-] chemin *m* de fer fédéral. **Bundesbank** *f* banque fédérale, Bundesbank *f*. **Bundesdatenschutzbeauftragte(r)** *m f* agent *m* fédéral chargé de la protection des données. **bundesdeutsch** *a* de la République fédérale allemande. **Bundesgartenschau** *f* exposition *f* nationale d'horticulture. **Bundesbehörde** *f* autorité *f* fédérale. **Bundesgenosse** *m* allié, confédéré *m*. **Bundeskanzler** *m* chancelier *m* de la République fédérale (Allemagne, Autriche). **Bundeskanzleramt** *n* chancellerie *f* fédérale. **Bundesminister** *m* ministre *m* de la République fédérale. **Bundespräsident** *m* président (de la République) fédéral(e). *(Schweizer)* président *m* de la Confédération. **Bundesrat** *m* conseil *m* fédéral. **Bundesregierung** *f* gouvernement *m* fédéral. **Bundesrepublik** *f* république *f* fédérale; ▶ *die ~ (Deutschland)* la République fédérale (d'Allemagne). **Bundesschatzbrief** *m* bon *m* du Trésor. **Bundesstaat** *m* confédération *f*; État fédératif *od* fédéral. **Bundesstraße** *f* route *f* fédérale. **Bundestag** *m* diète *f* fédérale. **Bundesverfassung** *f* constitution *f* fédérale. **Bundesverfassungsgericht** *n* tribunal *m* constitutionnel de la République fédérale.
Bundfaltenhose *f* pantalon *m* à pinces.
bündig ['byndɪç] **I.** *a*: ▶ *kurz und ~* court et frappant; **II.** *adv* de manière concise, en peu de mots. **Bündnis** *n* ‹-ses, -se› union, alliance; coalition *f*;

► *ein ~ schließen* contracter une alliance. **bündnisfrei** *a (neutral)* non--engagé.

Bunker *m* ‹-s, -› ['bʊnkər] **1.** *mar (Kohlenbunker)* soute *f* à charbon; **2.** *mil* abri *m* bétonné *(a. Luftschutzbunker),* casemate *f.*

bunt [bʊnt] **I.** *a* **1.** *(mehrfarbig)* de diverses couleurs, multicolore, *scient* polychrome; *(farbig)* de *od* en couleur; *(~scheckig)* tacheté, bariolé, bigarré, *fam* panaché; **2.** *fig (verschiedenartig, gemischt)* varié, mélangé; *(verworren)* confus; **II.** *adv (~ durchea.)* pêle-mêle; ► *es zu ~ treiben* aller trop loin; *~er Abend m* soirée *f* de variétés. **Buntheit** *f* ‹-, ø› **1.** diversité de couleurs; *(~scheckigkeit)* bigarrure *f,* bariolage *m;* **2.** *fig* variété, diversité *f.* **Buntsandstein** *m* grès *m* bigarré. **Buntspecht** *m* pic *m* rouge, épeiche *f.* **Buntstift** *m* crayon *m* de couleur.

Bürde *f* ‹-, -n› ['bʏrdə] *a. fig* charge *f,* fardeau *m.*

Burg *f* ‹-, -en› [bʊrk, '-gən] **1.** *(Wehrbau)* château (fort), castel; **2.** *fig (Zuflucht)* refuge, asile *m.*

Bürge *m* ‹-n, -n› ['bʏrgə] *allg* garant *m; fin* caution *f,* accréditeur *m;* ► *e-n ~n stellen* fournir caution. **bürgen** *itr* garantir; se porter garant *(für jdn, etw* de *od* pour qn, qc); ► *für e-n Wechsel ~ (fin)* avaliser un effet.

Bürger *m* ‹-s, -› ['bʏrgər] *hist (e-r Stadt), pol* bourgeois; *(Städter)* citadin; *(Staatsbürger)* citoyen *m.* **Bürgerinitiative** *f pol* comité *m* de défense. **Bürgerkrieg** *m* guerre *f* civile. **bürgerlich** *a* **1.** *hist, (soziologisch)* bourgeois; *(nicht adlig)* roturier; **2.** *allg u. jur* civil; *(staatsbürgerlich)* civique; ► *B~e(s) Gesetzbuch n* code *m* civil; *(Aberkennung f od Verlust m der) ~e(n) Rechte n pl* (dégradation civique, privation *f* des) droits *m pl* civiques. **Bürgermeister** *m (französischer)* maire; *(ausländischer u. in Belgien)* bourgmestre *m;* ► *Regierender ~ (von Berlin)* bourgmestre *m* régnant. **Bürgermeisteramt** *n* mairie; *(Belgien, Schweiz)* maison *f* communale. **Bürgerrecht** *n* droit de cité. **Bürgerrechtler(in** *f)* *m* ‹-s, -› militant,e *m f* pour les droits civiques. **Bürgerschaft** *f* ‹-, (-en)› bourgeoisie *f,* bourgeois *m pl.* **Bürgersteig** *m* trottoir *m.* **Bürgertum** *n* ‹-s, ø› bourgeoisie *f.* **Bürgerversammlung** *f* assemblée *f* communale.

Burgfrieden *m* ['bʊrk-] *pol parl* trêve *f.* **Burggraben** *m* fossé *m* d'un *od* du château, douve *f.*

Bürgschaft *f* ‹-, -en› ['bʏrk-] garantie; caution *f,* cautionnement *m;* ► *~ leisten für* fournir caution pour.

Burgund *n* [bʊr'gʊnt] la Bourgogne.

Burgunder(in *f)* *m* ‹-s, -› *(f* ‹-, -nen›) Bourguignon(e *f)* *m; m pl (hist: germanischer Stamm)* Burgondes *m pl.* **Burgunder** *m* ‹-s, -› *(Wein)* bourgogne *m.* **burgundisch** *a* bourguignon. ► *B~e Pforte f (geog)* Trouée *f* de Belfort.

Burkina Faso [bʊr'ki:na 'fa:zo] *n* ‹-s, ø› *goeg* Burkina-Fasso *m.* **burkinisch** [bʊr'ki:nɪʃ] *a* burkinabé.

Burma *n* ['bʊrma] *geog* la Birmanie.

Burnus *m* ‹-ses, -se› ['bʊrnʊs] *(Beduinenmantel)* burnous *m.*

Büro *n* ‹-s, -s› [by'ro:] bureau, office *m.* **Büroangestellte,** *der, die* employé, e *m f* de bureau. **Büroarbeit** *f* travail *m* de bureau *od* comptable. **Büroautomation** *f* Bureautique *f (Warenzeichen).* **Bürobedarf** *m* fournitures *f pl od* matériel *m* de bureau. **Büroeinrichtung** *f* équipement *od* mobilier *od* matériel *m* de bureau. **Bürohaus** *n* immeuble de bureau, building *m* (administratif *od* commercial). **Büroklammer** *f* attache *f,* trombone *m.* **Bürokommunikation** *f* Bureautique *f (Warenzeichen).* **Bürokratie** *f* ‹-, -n› [-rokra'ti:] bureaucratie *f,* fonctionnarisme *m.* **bürokratisch** [-'kra:-] *a* bureaucratique. **Büromaschine** *f* machine *f* de bureau *od* de comptabilité. **Büromöbel** *n pl* meubles *m pl* de bureau. **Bürotechnik** *f* Bureautique *f (Warenzeichen).*

Bursche *m* ‹-n, -n› ['bʊrʃə] *(Kerl)* gaillard, *fam* gars, *pop* type, zig(ue) *m;* ► *übler ~* vilain monsieur, mauvais sujet *m.* **burschikos** [-ʃi'ko:s] *a* sans façons, sans-gêne; *fam* décontracté. **Bürschchen** *n,* **Bürschlein** *n* ‹-s, -› ['bʏrʃçən, -laɪn] *(kleiner Schelm)* petit coquin *m.*

Bürste *f* ‹-, -n› ['bʏrstə] brosse *f; el* balai *m.* **bürsten** *tr* brosser. **Bürstenbinder** *m* brossier *m.* **Bürstenhandel** *m,* **Bürstenwaren** *f pl* brosserie *f.*

Bus *m* ‹-ses, -se› [bʊs, '-sə] *(Autobus)* (auto)bus *m.*

Busch *m* ‹-es, ⸚e› [bʊʃ, 'bʏʃə] **1.** *(Strauch)* buisson, arbuste, arbrisseau *m;* **2.** *(Gehölz)* petit bois, bosquet; *(Dikkicht)* taillis, hallier *m,* brousse *f;* ► *auf den ~ klopfen (fig fam)* tâter le terrain. **Buschbohne** *f* haricot *m* nain.

Büschel *n* ‹-s, -› ['bʏʃəl] *(Bündel)* faisceau *m; (Handvoll)* poignée; *(bes. Haare)* touffe *f,* toupet, épi *m; (a. Federn)* houppe; *bes. ent* u. *el* aigrette *f.* **büschelweise** *adv* par faisceaux, par touffes.

Buschhemd *n* ['bʊʃ-] chemisette, saharienne *f.* **buschig** *a (mit Gebüsch bestanden)* buissonneux, broussailleux; *(dicht gewachsen)* touffu. **Buschmänner,** *die m pl (südafrikan. Volk)* les Boschimans, les Bushmen *m pl.* **Busch-**

messer *n* sabre *m* d'abattis.
Busen *m* ‹-s, -› ['bu:zən] **1.** *(weiblicher)* sein *m*, poitrine *f;* **2.** *(Meerbusen)* golfe *m*, baie *f;* **3.** *fig* cœur *m*. **Busenfreund** *m* ami *m* intime.
Bussard *m* ‹-s, -e› ['bʊsart, -də] *orn (Mäusebussard)* buse *f*.
Buße *f* ‹-, -n› ['bu:sə] **1.** *bes. rel* pénitence; *(Sühne)* expiation *f;* **2.** *jur (Geldbuße)* amende *f;* ▶ ~ *tun* faire pénitence.
büßen ['by:sən] *tr (sühnen)* expier; *itr* porter la peine (*für etw* de qc); ▶ *für etw* ~ *müssen* pâtir *od* être puni de qc; *das sollst du mir* ~*!* tu me le paieras cher. **Büßer(in** *f***)** *m* ‹-s, -› (*f* ‹-, -nen›) pénitent(e *f*) *m*.
Büste *f* ‹-, -n› ['bʏstə] buste *m*. **Büstenhalter** *m* soutien-gorge *m*.
Bütte *f* ‹-, -n› ['bʏtə] *(hölzernes Gefäß)* cuve *f*, cuveau, baquet *m*, hotte *f*. **Büttenpapier** *n* papier *m* à la cuve.
Butter *f* ‹-, ø› ['bʊtər] beurre *m;* ▶ *mit* ~ *bestreichen* beurrer; *es ist alles in* ~ *(fig fam)* l'affaire est dans le sac; *pop* ça roule; *zerlassene* ~ beurre *m* fondu. **Butterblume** *f* (renoncule *f)* bouton-d'or *m*. **Butterbrot** *n* tartine (de beurre), beurrée *f*. **Butterbrotpapier** *n* papier *m* à beurre. **Butterdose** *f* beurrier *m*. **Butterfaß** *n (zum Buttern)* baratte *f*. **Butterkeks** *m* petit-beurre *m*. **Buttermaschine** *f* baratte *f*. **Buttermilch** *f* lait de beurre, babeurre *m*. **buttern** *itr* faire du beurre, battre le beurre, baratter.
Butzemann *m* ‹-s, -männer› ['bʊtsə-] *(Kobold)* lutin, farfadet *m*. **Butzenscheibe** *f* vitrail *m* en cul-de-bouteille.
Byte [bait] ‹-s, -s› *n inform* octet *m*.
byzantinisch *a* byzantin. **Byzanz** [by'tsants] *f geog hist* Byzance *f*.

C

C, c *n* ‹-, -› [tse:] *(Buchstabe)* C, c *m; mus* do, ut *m.*
Café *n* ‹-s, -s› [ka'fe:] *(Kaffeehaus)* café *m.* **Cafeteria** [kafetə'ri:a] ‹-, -s› *f* cafeteria, caféteria, cafétéria *f.*
campen ['kɛmpən] *itr fam (zelten)* camper, faire du camping. **Camping** *n* ‹-s, ø› ['kɛmpɪŋ] camping *m.* **Campingausrüstung** *f* matériel *m* de camping. **Campingbus** *m* camping-car *m.* **Campingplatz** *m* terrain de camping, camp *m.*
Cartoon *m* od *n* [kar'tu:n] ‹-(s), -s› bande dessinée, bédé, B.D. *f.*
Catcher *m* ‹-s, -› ['kɛtʃər] *(Freistilringkämpfer)* catcheur *m.*
CB-Funk *m* C. B. *f,* bande *f* publique.
CD *f* Compact Disc *m,* disque *m* audionumérique. **CD-Player** *m* platine *f* de disque audionumérique. **CD-Spieler** *m s. CD-Player.*
C-Dur *n* ['tse:du:r] *mus* do *od* ut *m* majeur.
Cellist *m* ‹-en, -en› [tʃɛ'lɪst] *mus* violoncell(ist)e *m.* **Cello** *n* ‹-s, -i/-s› ['tʃɛlo, -li] violoncelle *m.*
Cellophan *n* ‹-s, ø› [tsɛlo'fa:n] cellophane *f;* ► *in ~ verpackt* sous cellophane, cellophané.
Cembalo *n* ‹-s, -i/-s› ['tʃɛmbalo, -li] *mus* clavecin *m.*
ces *n* [tsɛs] *mus* ut *m* bémol. **Ces-Dur** *n* ut *m* bémol majeur.
Ceylon *n* ‹-s, ø› ['tsaɪlɔn] *geog* Ceylan *m.* **Ceylonese** *m* ‹-n, -n› [-lo'ne:zə], **Ceylonesin** *f* ‹-, -nen› Cing(h)alais(e *f*) *m.* **ceylonesisch** *a* cing(h)alais.
Chamäleon *n* ‹-s, -s› [ka'mɛleɔn] *zoo* caméléon *m a. fig.*
Champagner *m* ‹-s, -› [ʃam'panjər] vin de Champagne, champagne *m.*
Champignon *m* ‹-s, -s› ['ʃampɪnjɔ̃, ʃɑ̃pi'ɲɔ̃] *(Edelpilz)* champignon *m* de culture *od* de couche.
Chance *f* ‹-, -n› ['ʃɑ̃:s(ə), -ən] chance *f; pl (Aussichten) a.* possibilités *f pl;* ► *jdm e-e ~ geben* donner une chance à qn; *die ~ verpassen* rater le coche *fam.* **Chancengleichheit** *f* égalité *f* des chances. **chancenlos** *a* sans avenir.
Chanson(n)ette *f* ‹-, -n› [ʃɑ̃sɔ'nɛt(ə)] chanteuse (de variété *od* de café-concert), divette *f.*
Chaos *n* ‹-, ø› ['ka:ɔs] chaos *m.* **Chaot(in)** *m f* désordonné,e *m f; pol* gauchiste *m f.* **chaotisch** [ka'o:tɪʃ] *a* chaotique, *pol* gauchiste; *fig fam (Mensch)* farfelu, brouillon, bordélique, merdique; ► *es geht ~ zu* c'est complètement merdique.
Charakter *m* ‹-s, -e› [ka'raktər, -'te:rə] caractère *m; (Wesensart)* nature *f,* naturel, tempérament *m;* ► *e-n guten ~ haben (Mensch)* avoir bon caractère; *vertraulichen ~ haben (Unterredung)* être confidentiel; *ein Mann von ~* un homme de caractère. **Charaktereigenschaft** *f* trait *m* de caractère. **Charakterfehler** *m* défaut *m* de caractère. **charakterfest** *a* d'un caractère ferme. **Charakterfestigkeit** *f* fermeté *f* de caractère, consistance *f.* **charakterisieren** [-teri'zi:rən] ‹*ohne ge-*› *tr (beschreiben)* caractériser, dépeindre. **Charakterisierung** *f* caractérisation *f.* **Charakteristik** *f* ‹-, -en› [-'rɪstɪk] caractéristique *f; (Personenbeschreibung)* portrait *m* moral, peinture *f* de caractère. **Charakteristikum** *n* ‹-s, -ka› [-'rɪstikʊm] trait *m* caractéristique. **charakteristisch** *a* caractéristique; typique (*für etw* de qc). **charakterlich** [-'rak-] **I.** *a* de caractère, caractériel; **II.** *adv:* ► *~ einwandfrei* d'un caractère impeccable. **charakterlos** *a* sans caractère. **Charakterlosigkeit** *f* manque *m* de caractère. **Charakterschwäche** *f* faiblesse *f* de caractère. **Charakterstärke** *f* force *f* de caractère. **charaktervoll** *a* de caractère. **Charakterzug** *m* trait de caractère, trait *m* caractéristique.
charismatisch [çarɪs'ma:tiʃ] *a* charismatique.
charmant [ʃar'mant] *a* charmant, ravissant. **Charme** *m* ‹-s, ø› [ʃarm] charme *m,* appas *m pl.*
Charta *f* ‹-, -s› ['karta] *(Verfassungsurkunde)* charte *f;* ► *die ~ der Vereinten Nationen (von 1945)* la Charte des Nations Unies.
Charterflug ['tʃartərflu:k] ‹-(e)s, ⸚e› *m* vol m charter. **Charterflugzeug** *n* charter *m.* **chartern** *tr mar* affréter, prendre à fret.
Chassis *n* ‹-, -› [ʃa'si:] *mot radio* châssis *m.*
Chauffeur *m* ‹-s, -e› [ʃɔ'fø:r] chauffeur, conducteur *m.* **chauffieren** [-'fi:rən] ‹*ohne ge-*› *tr* u. *itr mot* conduire.
Chauvi *m* ['ʃovi] ‹-s, -s› *fam* phallocrate *m.* **Chauvinismus** *m* ‹-, ø› [ʃovi'nɪsmʊs] chauvinisme *m;* ► *männlicher ~* phallocratie *f.* **Chauvinist(in** *f*) *m*

chauvin,e *m f;* ▶ *männlicher* ~ phallocrate *m.* **chauvinistisch** *a* chauvin; ▶ *männlich* ~ phallocrate.
checken ['tʃɛkən] *tr fam (prüfen)* vérifier, contrôler; *(begreifen)* piger; *(merken)* relever. **Checkliste** ['tʃɛklɪstə] *f* liste *f* de contrôle.
Chef *m* ⟨-s, -s⟩ [ʃɛf] chef *a. mil; (e-r Firma)* patron; *arg* singe *m.* **Chefarzt** *m* médecin en chef, médecin-chef *m.* **Chefetage** *f* étage *m* de la direction. **Chefin** *f* patronne; *fam* chef(f)esse *f.* **Chefredakteur** *m* rédacteur *m* en chef. **Chefsekretär(in)** *m f* secrétaire *m f* de direction.
Chemie *f* ⟨-, ø⟩ [çe'mi:] chimie *f;* ▶ *analytische, synthetische* ~ chimie *f* analytique, synthétique; *angewandte* ~ chimie *f* appliquée; *anorganische* ~ chimie *f* minérale; *organische* ~ chimie *f* organique; *physikalische* ~ physico-chimie *f.* **Chemiefaser** *f* fibre *f* synthétique. **Chemiemüll** *m ecol* déchets *m pl* chimiques. **Chemikalien** *f pl* [-mi'ka:liən] produits *m pl* chimiques. **chemikalienfest** *a* résistant aux agents chimiques. **Chemiker** *m* ⟨-s, -⟩ ['çe:mikər] chimiste *m.* **chemisch** ['çe:mɪʃ] *a* chimique, de chimie; ▶ *auf ~em Wege* chimiquement; *~e Fabrik f* usine *od* fabrique *f* de produits chimiques; *~e Formel f* formule *f* chimique *od* de constitution; *~es Laboratorium n* laboratoire *m* de chimie; *~-physikalisch a* chimico-physique; ~ *rein* chimiquement pur; *~e Reinigung f* nettoyage *m* à sec; *~e Untersuchung f* analyse *f* chimique; *~e Verbindung f (Vorgang)* combinaison *f* chimique; *(Produkt)* combiné *m* chimique. **chemotherapeutisch** [çemo-] *a med* chimiothérapeutique. **Chemotherapie** *f med* chimiothérapie *f.*
Chicorée *f* ⟨-, ø⟩ [ʃiko're:] *bot* endive *f.*
Chiffre *f* ⟨-, -n⟩ ['ʃɪfər] *(Kennziffer, -wort; Geheimschrift)* chiffre; *(Anzeige)* numéro *m;* ▶ *unter der ~ ...* aux initiales ..., sous la rubrique ... **Chiffretelegramm** *n* télégramme *m* chiffré. **chiffrieren** [-'fri:rən] ⟨*ohne ge-*⟩ *tr (verschlüsseln)* chiffrer, écrire en chiffre. **Chiffrierer** *m* ⟨-s, -⟩ chiffreur *m.* **Chiffrierkunst** *f* cryptographie *f.* **Chiffriermaschine** *f* machine *f* à chiffrer. **Chiffrierschlüssel** *m* code *m.* **Chiffrierverfahren** *n* procédé *m* de chiffrement.
Chile *n* ⟨s, ø⟩ [çi:le, 'tʃi:le] le Chili. **Chilene** *m* ⟨-n, -n⟩ [-'le:-] , **Chilenin** *f* ⟨-, -nen⟩ Chilien(ne *f*) *m.* **chilenisch** *a* chilien.
China *n* ⟨s, ø⟩ ['çi:na] la Chine. **Chinese** *m* ⟨-n, -n⟩ [-'ne:zə] , **Chinesin** *f* ⟨-, -nen⟩ Chinois(e *f*) *m.* **chinesisch** *a* chinois, de (la) Chine; ▶ *die C~e Mauer* la Grande Muraille de Chine); *~e Tusche f* encre *f* de Chine.
Chinin *n* ⟨-s, ø⟩[çi'ni:n] *pharm* quinine *f.*
Chip *m* ⟨-s, -s⟩ [tʃɪp] *inform* puce *f* (électronique); *(Kartoffelchip)* chip *f.*
Chipkarte *f inform* carte *f* à mémoire, à puce.
Chirurg *m* ⟨-en, -en⟩ [çi'rʊrk, -gən] chirurgien, opérateur *m.* **Chirurgie** *f* ⟨-, -n⟩ [-'gi:] chirurgie, médecine *f* opératoire. **chirurgisch** [-'rʊrg-] *a* chirurgical, chirurgique; ▶ *~er Eingriff m* intervention *f* chirurgicale.
Chlor *n* ⟨-s, ø⟩ [klo:r] *chem* chlore *m.* **chloren** *tr* chlorurer. **chlorhaltig** *a* chloré. **Chlorid** *n* ⟨-(e)s, -e⟩ [-'ri:t, -də] chlorure *m.* **chlorieren** [-'ri:rən] ⟨*ohne ge-*⟩ *tr = chloren;* **chlorig** *a* chloreux. **Chloroform** *n* ⟨-s, ø⟩ [-ro'fɔrm] chloroforme *m.* **chloroformieren** [-'mi:rən] ⟨*ohne ge-*⟩ *tr* chloroform(is)er. **Chlorophyll** *n* ⟨-s, ø⟩ [-'fʏl] *bot (Blattgrün)* chlorophylle *f.* **Chlorwasserstoff** *m* acide *m* chlorhydrique.
Choke [tʃo:k] ⟨-s, -s⟩ *m mot* starter *m.*
Cholera *f* ⟨-, ø⟩ ['ko:lera] *med* choléra *m.* **Choleraepidemie** *f* épidémie *f* de choléra.
Choleriker *m* ⟨-s, -⟩ [ko'le:rikər] *(Jähzorniger)* colérique *m.* **cholerisch** [-'le:-] *a* colérique, coléreux; *(sehr reizbar)* bilieux, irascible, irritable.
Cholesterin *n* ⟨-s, ø⟩ [çoleste'ri:n] *physiol (Gallenfett)* cholestérol *m,* cholestérine *f.*
Chor [ko:r, 'kø:rə] **(1)** *m* ⟨-(e)s, ⸚e⟩ *mus theat* chœur *m;* ▶ *im* ~ en chœur; *im ~ sprechen* faire chorus; **(2)** *m,* a. *n* ⟨-(e)s, -e/⸚e⟩ *arch rel* chœur *m.* **Choral** *m* ⟨-s, ⸚e⟩ [ko'ra:l, -'rɛ:lə] choral, cantique *m,* hymne *f.* **Choreographie** *f* ⟨-, -n⟩ [-reogra'fi:] *(Tanzbeschreibung, -entwurf)* chorégraphie *f.* **Chorknabe** *m* petit chanteur *m;* **Chorsänger** *m* choriste *m.*
Christ *m* ⟨-en, -en⟩ [krɪst] chrétien *m.* **Christbaum** *m* arbre *m* de Noël. **Christenheit** *f* ⟨-, ø⟩ chrétienté *f.* **Christentum** *n* ⟨-, ø⟩ christianisme *m;* ▶ *zum* ~ *bekehren* christianiser. **Christfest** *n* Noël *m.* **Christkind** *n* petit Noël *m; das* ~ *(Jesus selbst)* l'enfant *m* Jésus. **christlich** *a* chrétien; ▶ *die ~e Zeitrechnung* l'ère *f* chrétienne. **Christmesse** *f,* **Christmette** *f* messe *f* de minuit. **Christnacht** *f* nuit *f* de Noël. **Christrose** *f bot* rose *f* de Noël, ellébore *m* (noir). **Christus** ['krɪstʊs] *m* Jésus-Christ *m,* le Christ; *vor, nach Christi Geburt* avant, après Jésus-Christ; *er sieht aus wie das Leiden Christi* il a une tête d'enterrement.
Chrom *n* ⟨-s, ø⟩ [kro:m] *chem* chrome *m.*
chromatisch [-'ma:-] *a (farbig, mus)*

chromatique.
Chromosom *n* ‹-s, -en› [-mo'zo:m] *biol* chromosome *m*.
Chromstahl *m* acier *m* chromé.
Chronik *f* ‹-, -en› ['kro:nɪk] chronique *f*. **chronisch** *a bes. med* chronique. **Chronist** *m* ‹-en, -en› [kro'nɪst] chroniqueur *m*. **Chronologie** *f* ‹-, -n› [-nolo'gi:] *(Zeitrechnung, -folge)* chronologie *f*. **chronologisch** [-'lo:-] *a* chronologique. **Chronometer** *n* ‹-s, -› [-'me:tər] *(Zeit-* od *Taktmesser)* chronomètre *m*.
Chrysantheme *f* ‹-, -n› [kryzan'te:mə] *bot* chrysanthème *m*.
Chur *n* [ku:r] *geog* Coire.
circa ['tsɪrka] *adv* environ, à peu près.
cis *n* ‹-, -› [tsɪs] *mus* ut *m* dièse. **Cis-Dur** *n* ut *m* dièse majeur. **Cis-Moll** *n* ut *m* dièse mineur.
Clearing *n* ‹-s, -s› ['kli:rɪŋ] *fin (Ausgleich)* clearing *m*, compensation *f*. **Clearingabkommen** *n* accord *m* de clearing.
clever ['klɛvər] *a fam* malin, futé.
Clinch [klɪn(t)ʃ] ‹-(e)s, ø› *m sport* accrochage *m; fig fam* conflict *m*.
Clique *f* ‹-, -n› ['klɪ:kə] clique, coterie *f*, clan *m*.
Clown *m* ‹-s, -s› [klaʊn] clown, paillasse *m*.
c-Moll *n* ['tse:mɔl] *mus* ut *m* mineur.
Cocktail *m* ‹-s, -s› ['kɔkte:l] cocktail *m*. **Cocktailkleid** *n* robe *f* de cocktail. **Cocktailparty** *f* cocktail *m*.
Codeumwandlung *f* transcodage *m*.
Comic ['kɔmik] ‹-s, -s› *m* bande *f* dessinée, bédé, B.D. *f*.
Compact-Disc *f* [kɔm'pakt dɪsk] disque *m* compact, audionumérique.
Compiler [kɔm'pailər] ‹-s, -› *inform* compilateur *m*.
Computer *m* ‹s, -› [kɔm'pju:tər] ordinateur *m*. **Computerarbeitsplatz** *m* emploi *m*, poste *m* dans l'informatique. **Computerbetrug** *m* escroquerie *f* informatique. **Computerbild** *n* image *f* de synthèse. **Computerfreak** *m* fana *m f* de l'ordinateur. **computergesteuert** *a* commandé par ordinateur. **Computergraphik** *f* dessin *m* assisté par ordinateur (D.A.O. *m*). **Computerkriminalität** *f* délits *m pl* informatiques, fraude *f* informatique. **computerlesbar** *a* lisible par ordinateur. **computern** *itr fam* pianoter *fam*. **Computerspiel** *n* jeu *m* électronique. **Computersprache** *f* langage *m* informatique. **Computersystem** *n* système *m* informatique. **Computertisch** *m* console *f* de visualisation. **Computertomographie** *f med* scanner *m*. **computerunterstützt** *a* assisté *a* par ordinateur; ► *~e(r) Unterricht m* enseignement *m* assisté par ordinateur; *~e Übersetzung* traduction *f* assistée par ordinateur.
Conférencier *m* ‹-s, -s› [kɔ̃ferɑ̃si'e:] *(Ansager)* présentateur, animateur *m*.
Container *m* ‹-s, -› [kɔn'te:nər] (gros) container *m*. **Containerschiff** *n* porte-conteneurs *m inv*.
Contergan [kɔntɛr'gaÄn] ‹-s, ø› *n pharm (Warenzeichen)* thalidomide *f*. **Conterganskind** *n* victime *f* de la thalidomide.
cool [ku:l] *a (arg: gefaßt)* calme; *(arg: locker)* cool; *(Jugendsprache: angenehm)* chouette, cool; *adv* froidement, calmement.
Copilot ['ko:pilo:t] *m* copilote *m*.
Cordjeans *pl* ['kɔrtdʒi:nz] pantalon *m* en velours côtelé.
Corpus delicti *n* ‹--, -pora delicti› ['kɔrpus, 'kɔrpora de'lɪkti] *jur* corps *m* du délit.
Couch *f* ‹-, -es› [kaʊtʃ] divan *m*. **Couchtisch** *m* table *f* basse.
Couleur *f* [ku'lø:r] ‹-, -s *u.* -en› couleur *f*, *(Politiker, Journalist ...)* tendence *f*; ► *verschiedener, aller ~* de tous bords.
Countdown *m* ‹-s, -s› ['kaʊnt'daʊn] compte *m* à rebours.
Coup *m* [ku:] ‹-s, -s› exploit *m*; ► *das war sein größter ~* c'était son coup de maître.
Coupon *m* ‹-s, -s› [ku'pɔ̃:] *fin (Abschnitt)* coupon, talon *m*, souche *f*.
Cousin *m* ‹-s, -s› [ku'zɛ̃:] *(Vetter)* cousin *m*. **Cousine** *f* ‹-, -n› [-'zi:nə] *(Base)* cousine *f*.
Cowboy *m* ‹-s, -s› ['kaʊbɔʏ] cow-boy *m*. **Cowboystiefel** *m* sautiag *f*.
Creme *f* ‹-, -s› [krɛ:m, kre:m] crème *f a. fig; die ~ (fig) (das Beste)* le fin du fin. **Cremefarbe** *f*, **cremefarben** *a* couleur *(f)* crème. **Cremetorte** *f* gâteau *m* à la crème.
Crew *f* ‹-, -s› [kru:] équipage *m*.
Crux *f* ‹-, ø› [krʊks] pierre *f* d'achoppement.
Curie ‹-, -› [kʏ'ri:] *n phys (Maßeinheit der Radioaktivität)* curie *m*.
Curry ‹-s, ø› *m* od *n* ['kari, 'kœri] curry *m*.
Cursor *m* ['kœrzər] *inform* curseur *m*.
Cut(away) *m* ‹-s, -s› ['kat-, 'kœtəve] jaquette *f*.
Cutter *m* ‹-s, -› ['katər] *film (Schnittmeister)* monteur *m*.

D

D, d *n* ‹-, -› [de:] *(Buchstabe)* D, d; *mus* ré *m.*
da [da:] **I.** *adv* **1.** *(örtlich)* là, y; *(hier)* ici; ► *hier und* ~, ~ *und dort* ça et là; par-ci, par-là; de loin en loin; ~ *bin ich* me voilà; me voici; (je suis) présent; *ich bin gleich wieder* ~ je reviens tout de suite *od* à l'instant; ~ *ist* od *sind* ... voilà ...; ~ *bist du ja!* ah, te voilà! ~! ~ *hast du's!* tiens! voilà! *das Buch* ~ ce livre-là, le livre que voilà; **2.** *(zeitlich)* à ce moment; alors; en ce temps(-là); ► *von* ~ *ab* od *an,* dès *od* depuis lors, à partir de ce moment(-là); ~ *siehst du* ... tu vois maintenant ...; ~ *haben wir's!* nous y voilà! ça y est! ~ *haben wir den Salat!* *(fam)* c'est le bouquet! **3.** *(in diesem Fall, in dieser Lage)* alors, en ce cas, dans cette situation *od* ces circonstances; **II.** *conj (kausal)* comme; *(im Nachsatz)* parce que; ► ~ *doch,* ~ *ja* puisque, étant donné que, attendu que, vu que; ~ *dem so ist* puisqu'il en est ainsi; cela étant.
dabei [da'baɪ, 'da:baɪ] *adv* **1.** *(örtlich)* (tout) près, auprès; *(mit* ~*)* de la partie; **2.** *(bei dieser Gelegenheit)* à cette occasion, à ce propos; en l'occurrence; **3.** *(übrigens, außerdem)* avec cela, en outre, de *od* en plus; or; en même temps; *(doch)* cependant, pourtant; ► *es* ~ *bewenden lassen,* ~ *bleiben (bei e-r Meinung)* en rester là, s'en tenir là; ~ *bleiben, daß* persister à dire que; *nichts Böses* ~ *denken* ne pas penser à mal; ~ *sein zu* ... être en train de ... *od* occupé à ...; *ich bin* ~*!* je suis de la partie, j'en suis; *ich kann nichts* ~ *finden* quel mal à cela? *ich verliere nichts* ~ je n'y perds rien; *das ist das Gute, Schlimme* ~ c'est le bon, mauvais côté de la chose; *es bleibt* ~ c'est entendu; ~ *kommt nichts heraus* il n'en sortira rien (de bon), cela ne mène *od* sert à rien; *es ist nichts* ~ il n'y a rien là-dedans; *(das ist nicht schwer)* ça va (bien); *(das macht nichts)* cela ne fait rien; *was ist (denn) (schon)* ~*! (fam)* quel mal *od* danger y a-t-il? où est le mal? **dabei=sein** ‹*ist, war dabei, dabeigewesen*› *itr* ‹*aux: sein*› ► *mit* ~ y être (présent), participer, en être, être de la partie *od* de la fête; *(beim Unterricht)* faire attention; *überall* ~ être de toutes les fêtes *od* sorties.
da=bleiben ‹*blieb da, dageblieben*› *itr* ‹*sein*› rester (là); ► *Sie können ruhig* ~ vous n'êtes pas de trop.
Dach *n* ‹-s, ¨er› [dax, 'dɛçər] toit *m; (Bedachung)* toiture, couverture *f; (~stuhl)* comble *m;* ► *unterm* ~ au grenier; *unter* ~ *und Fach (fig)* à l'abri, à couvert; *das* ~ *abdecken* enlever la toiture; *das* ~ *decken* couvrir le bâtiment *od* la maison; *kein* ~ *über dem Kopf haben* (n')avoir ni feu ni lieu, être sans feu ni lieu; *eins aufs* ~ *kriegen (fig fam)* recevoir une taloche; se faire rabrouer, essuyer une remontrance; *mit jdm unter e-m* ~ *wohnen* habiter sous le même toit que qn. **Dachbalken** *m* entrait *m; pl* charpente *f.* **Dachboden** *m* grenier *m.* **Dachdecker** *m* couvreur *m.* **Dachfenster** *n* lucarne *f; (rundes)* œil *m* de bœuf. **Dachfirst** *m* faît(ag)e *m.* **Dachgarten** *m* jardin-terrasse, jardin *m* suspendu. **Dachgepäckträger** *m mot* galerie *f* (porte-bagages). **Dachgeschoß** *n* combles *m pl; (ausgebautes)* étage *m* mansardé. **Dachgesellschaft** *f com* holding *m.* **Dachkammer** *f* chambre mansardée, mansarde *f.* **Dachlawine** *f* paquet *m* de neige (tombant d'un toit). *pej* galetas *m.* **Dachluke** *f* lucarne, (fenêtre à) tabatière *f.* **Dachpappe** *f* carton-pierre, carton *od* papier *m* goudronné. **Dachreiter** *m arch* clocheton *m,* tour(elle) *f* du transept. **Dachrinne** *f* gouttière *f,* chéneau *m.* **Dachständer** *m mot* galerie.
Dachs *m* ‹-es, -e› [daks] *zoo* blaireau *m.*
Dachstuhl *m* ['dax-] comble(s *pl*) *m,* ferme *f.* **Dachwohnung** *f* logement *m* mansardé; *fam* pigeonnier *m.* **Dachziegel** *m* tuile *f.*
Dackel *m* ‹-s, -› ['dakəl] basset *m.*
dadurch ['da:durç] *adv* **1.** *(örtlich)* par(-)là; **2.** *(Mittel, Art u. Weise)* par là, par cela, par ce moyen, de cette façon *od* manière, (c'est) ainsi (que); ► ~, *daß (conj)* étant donné que, du fait que; *(bei gleichem Subjekt in Haupt- und Nebensatz Gerundium:)* en; *er rettete sich* ~, *daß er aus dem Fenster sprang* il se sauva en sautant par la fenêtre.
dafür ['da:-, da'fy:r] *adv* **1.** *allg* pour cela; à cela, de cela; y, en; **2.** *(zum Ersatz)* en échange, en revanche; *(als Gegenleistung)* en retour; *(zum Lohn)* en récompense; *(aber)* mais; ► ~, *daß* pour *inf;* ~ *sein* approuver; ~ *oder dagegen sein* être pour ou contre; ~ *sorgen, daß* avoir soin de *od* que; veiller à ce que; *ich bin* ~, *daß* je suis d'avis que *subj; ich bürge* ~, *ich stehe* ~ j'en

réponds; *ich halte ihn ~* je le tiens pour tel *od* crois tel; *ich werde ~ sorgen* j'y pourvoirai; *man hält ihn ~* il passe pour tel; *was geben Sie ~?* qu'en donnez-vous? *sind Sie ~?* est-ce votre avis? approuvez-vous cela? *wer kann etwas ~?* à qui la faute? *alles spricht ~, daß* tout semble indiquer que. **Dafürhalten** *n* opinion *f;* ► *nach meinem ~* à mon avis, selon moi. **Dafür=können** ‹*kann, konnte dafür, dafürgekonnt*› *itr:* ► *ich kann nichts dafür* je n'y puis rien, je n'y suis pour rien, ce n'est pas ma faute.

dagegen ['da:-, da'ge:gən] *adv* **1.** *allg* contre cela; là-contre; à cela, y; **2.** *(im Vergleich dazu)* en comparaison, en regard, auprès de cela; **3.** *(hingegen, indessen)* par contre, au contraire, d'autre part; ► *etwas ~ haben* n'être pas d'accord; *nichts ~ haben* n'avoir rien contre, ne pas s'y opposer; ne pas (y) voir d'inconvénient; *~ sein* être contre, être d'(un) avis contraire, s'y opposer; *nichts ~ tun können* ne rien pouvoir faire contre; *wenn Sie nichts ~ haben (a.)* si vous voulez (bien me le permettre). **dagegen=halten** ‹*hält, hielt dagegen, dagegengehalten*› *tr* **1.** *(damit vergleichen)* comparer (à cela); **2.** *(einwenden)* opposer, rétorquer.

daheim [da'haım] *adv* chez moi, toi etc; à la maison; *(in der Heimat)* dans mon, ton *etc* pays; ► *~ bleiben, ~ sein* rester chez soi, être à la maison *od* au logis. **Daheim** *n* ‹-s, ø› chez-soi, foyer, intérieur *m.*

daher ['da:-, da'he:r] **I.** *adv* **1.** *(örtlich)* de là, de ce côté(-là); **2.** *(kausal)* de là, d'où *(am Satzanfang);* ► *das kommt ~, daß* od *weil* ... cela vient de ce que ...; *~ die Aufregung!* d'où l'excitation! **II.** *conj (deshalb)* c'est pourquoi, pour cette raison, à cause de cela, par conséquent; *(~ auch)* aussi *(am Satzanfang mit Inversion).* **daher=reden** *tr* parler sans réfléchir; *itr:* ► *dumm ~* débiter des sottises.

dahin ['da:-, da'hın] *adv* **1.** *(örtlich)* là (-bas), vers cet endroit(-là); y; ► *bis ~* jusque là, d'ici là; **2.** *(zeitlich: bis ~) (Vergangenheit)* jusqu'alors, jusqu'à ce moment-là; *(Futur)* d'ici là; **3.** *(vergangen)* passé; *(verloren)* perdu; *fam (futsch)* fichu; ► *es ~ bringen, daß* ... arriver, parvenir, réussir à *inf; jdn ~ bringen, daß er* ... amener qn à *inf; etw (so) ~ sagen* venir à dire qc; *~ ist es (nun* od *also) gekommen!* c'est là que les choses en sont venues! on en est donc arrivé là! **dahingehend** *adv (sich äußern)* en ce sens. **dahin=raffen** *tr* emporter, enlever, faucher, moissonner. **dahin=siechen** *itr* ‹*sein*› dépérir, aller en dépérissant. **dahin=stellen** *tr:* ► *dahingestellt sein lassen* laisser en suspens, ne pas se prononcer sur; *das mag dahingestellt bleiben* passons là-dessus.

dahinten ['da:-, da'hıntən] *adv* là-bas (derrière). **dahinter** *adv* (là-)derrière; ► *viel Aufhebens und nichts ~ fam* du vent! de l'esbroufe! **dahinter=kommen** ‹*kam dahinter, dahintergekommen*› *itr* ‹*sein*› *fam (in Erfahrung bringen)* trouver le joint, éventer la mèche, découvrir le pot aux roses. **dahinter=stecken** *itr: da* od ► *es steckt etwas dahinter* il y a quelque chose dessous, il y a anguille sous roche; *da* od *es steckt nichts dahinter (bei ihm)* il n'y a rien derrière.

Dahlie *f* ‹-, -n› ['da:liə] *bot* dahlia *m.*

Dalmatien *n* [dal'matsiən] *geog* la Dalmatie.

damalig ['da:ma:lıç] *a* d'alors, de ce temps-là, de cette époque-là. **damals** *adv* alors; en ce temps-là, à cette époque; ► *schon ~* dès cette époque; *seit ~* depuis lors.

Damast *m* ‹-(e)s, -e› [da'mast] *(Textil)* damas *m.*

Dame *f* ‹-, -n› ['da:mə] dame *f (a. im Dame-, Schach- u. Kartenspiel);* ► *~ (das Spiel) spielen* jouer aux dames; *die (große) ~ spielen* faire la grande dame, jouer à la madame; *meine ~n und Herren!* mesdames et messieurs! *junge ~* demoiselle, jeune fille *f.* **Damebrett** *n* damier *m.*

Damenbinde *f* ['da:mən-] serviette *f* hygiénique. **Damen(fahr)rad** *n* bicyclette *f* de dame. **Damenfriseur** *m* coiffeur *m* pour dames. **Damenhandtasche** *f* sac *m* de dame. **Damenkleidung** *f* vêtement de femme, habillement *m* féminin. **Damenkostüm** *n* (costume) tailleur *m.* **Damenmannschaft** *f sport* équipe *f* féminine. **Damenmantel** *m* manteau *m* de dame; *(auf Taille gearbeitet)* redingote *f.* **Damenmode** *f* mode *f* féminine. **Damenoberbekleidung** *f* vêtements *m pl* pour dames. **Damensalon** *m (beim Friseur)* salon *m* de coiffure pour dames. **Damenschneider** *m* tailleur *m* pour dames. **Damensitz** *m:* ► *im ~* à l'écuyère; *im ~ reiten* monter en amazone. **Damenwahl** *f (Tanz)* choix *m* du cavalier.

Damespiel *n* ['da:mə-] jeu *m* de dames; ► *das ~* les dames *f pl.* **Damestein** *m* pion *m.*

Damhirsch *m* ['dam-] *zoo* daim *m.*

damit ['da:-, da'mıt] **I.** *adv allg* avec cela; de cela, à cela, en, y; *(dadurch)* par cela, par ce moyen, par là; **II.** *conj* afin que, pour que *subj; (bei gleichem Subjekt)* afin de, pour *inf;* ► *ich bin ~ einverstanden, zufrieden* j'y consens, j'en suis d'accord, cela me va, d'accord là-dessus; ~ *ist mir nicht gedient* cela ne me sert à rien, cela ne m'arrange pas du tout; ~ *ist alles gesagt* c'est tout dire; *das hat nichts ~ zu tun* cela n'a rien à faire à cela *od* rien à y voir; *was soll ich ~ (anfangen)?* que voulez-vous que j'en fasse? *was wollen Sie ~ sagen?* que voulez-vous dire par là?

dämlich ['dɛ:mlıç] *a fam (dumm)* ballot, jobard.

Damm *m* ‹-(e)s, ¨-e› [dam, 'dɛmə] **1.** *(Aufschüttung)* remblai *a. loc,* terrassement *m; (Straße)* chaussée *f;* **2.** *(Deich)* digue *a. fig,* levée *f;* **3.** *anat* périnée *m;* **4.** *fig (Schranke)* barrière *f;* ▶ *e-n ~ aufschütten* élever une digue; *nicht auf dem ~ sein (fig fam)* n'être pas *od* ne pas se sentir dans son assiette, être mal fichu. **Dammbruch** *m* rupture *f* de (la) digue.

dämmerig ['dɛmərıç] *a* crépusculaire; *allg* sombre; ▶ *es wird ~ = es dämmert.* **Dämmerlicht** *n* lueur *f* du crépuscule *od* de l'aube. **dämmern** *itr (vom Morgen)* poindre; *impers:* ▶ *es dämmert (morgens)* le jour *od* l'aube point, il commence à faire jour; *(abends)* la nuit *od* le soir tombe, il commence à faire nuit; *jetzt dämmert es bei mir (fig fam)* (maintenant) je commence à voir clair, il me vient une lueur. **Dämmerung** *f* ‹-, -en› *(Abend~)* crépuscule *m,* nuit tombante; *(Morgen~)* aube *f,* point(e *f*) *m* du jour; ▶ *in der ~ (abends)* à la nuit tombante, à la tombée de la nuit, entre chien et loup; *(morgens)* à l'aube, au point *od* à la pointe du jour.

Dämon *m* ‹-s, -en› ['dɛ:mɔn, dɛ'mo:nən] démon; génie *m;* **dämonisch** [-'mo:-] *a* démoniaque; *pej (teuflisch)* diabolique, satanique, infernal.

Dampf *m* ‹-(e)s, ¨-e› [dampf, 'dɛmpfə] vapeur; *(~wolke)* buée; *(Rauch)* fumée *f;* ▶ *unter ~ (tech)* sous pression; *den ~ ablassen* lâcher la vapeur; *~ hinter etw machen (fig fam)* pousser qc. **Dampfbad** *n* bain *m* de vapeur. **Dampfdruck** *m* pression *od* tension *f* de vapeur. **dampfen** *itr* dégager des vapeurs, fumer.

dämpfen ['dɛmpfən] *tr* **1.** *allg* traiter à la vapeur; *tech* étouffer; *(Textil)* décatir; **2.** *(Küche)* étuver, cuire à l'étuvée; **3.** *fig (abschwächen, mildern)* affaiblir, adoucir; *(Stoß, radio)* amortir; *(Schall)* assourdir; mettre la sourdine à; *(die Stimme)* étouffer; ▶ *die Konjunktur ~ (fin)* donner un coup de frein à l'économie; *mit gedämpfter Stimme* à voix étouffée, à mi-voix.

Dampfer *m* ‹-s, -› ['dampfər] (bateau à) vapeur, steamer *m.*

Dämpfer *m* ‹-s, -› ['dɛmpfər] **1.** *allg* étouffeur; *phys chem* modérateur *m;* **2.** *mus u. fig* sourdine *f; fig* douche *f;* ▶ *jdm e-n ~ aufsetzen (fig fam)* doucher qn, faire déchanter qn.

Dampferlinie *f* ['dampfər-] ligne *f* de navigation.

Dampfhammer *m* ['dampf-] marteau-pilon *m* à vapeur. **Dampfbügeleisen** *n* fer *m* (à repasser) à vapeur. **Dampfheizung** *f* chauffage *od* calorifère *m* à vapeur. **dampfig** *a* vaporeux. **Dampfkessel** *m* chaudière *f* à vapeur, générateur *m* (de vapeur). **Dampfkochtopf** *m* marmite *f* à pression *od* autocuiseur *m,* cocotte-minute *f.* **Dampfkraftwerk** *n,* **Dampfkraftzentrale** *f* centrale *f* thermique. **Dampflokomotive** *f* locomotive *f* à vapeur. **Dampfmaschine** *f* machine *f* à vapeur. **Dampfschiff** *n = Dampfer.* **Dampfschiffahrt** *f* navigation *f* à vapeur. **Dampfturbine** *f* turbine *f* à vapeur.

Dämpfung *f* ‹-, -en› ['dɛmpfʊŋ] **1.** *tech (Textil)* vaporisage, décatissage *m;* **2.** *fig (Abschwächung)* affaiblissement, adoucissement *m.*

Dampfventil *n* ['dampf-] soupape *f* à vapeur. **Dampfwalze** *f* rouleau *m* compresseur. **Dampfwolke** *f* buée *f.*

danach ['da:-, da'na:x] *adv* **1.** *(zeitlich)* après (cela *od* quoi), puis, ensuite; à la suite de quoi; **2.** *(in bezug auf ein Ziel)* vers cela; *allg* à *od* de cela, y, en; **3.** *fam (demzufolge, dementsprechend)* d'après *od* suivant *od* selon cela, conformément à cela; ▶ *bald, kurz, lange, unmittelbar ~* peu, aussitôt, longtemps, immédiatement après; *~ aussehen* en avoir l'air; *sich ~ erkundigen* s'en informer; *nichts ~ fragen* ne s'en soucier guère; *sich ~ richten* s'y conformer; *sich ~ sehnen* soupirer après; *~ streben* y aspirer; *ich frage nichts ~* cela ne m'intéresse pas; *~ habe ich nicht gefragt* ce n'est pas ce que j'ai demandé; *richten Sie sich ~!* tenez-vous-le pour dit!

Däne *m* ‹-n, -n› ['dɛ:nə], **Dänin** *f* ‹-, -nen› Danois(e *f*) *m.*

daneben [da'ne:bən, 'da:ne:bən] *adv* **1.** *(örtlich)* à côté (de cela), (au)près (de cela); ▶ *dicht ~* tout contre; **2.** *(außerdem)* outre cela, en outre, en plus; **3.** *(gleichzeitig)* en même temps. **daneben≈gehen** ‹*ging daneben, danebengegangen*› *itr* ‹*sein*› *(Schuß)* manquer.

Dänemark *n* ['dɛ:nəmark] le Danemark. **dänisch** *a* danois.

Dank *m* ‹-(e)s, ø› [daŋk] remerciement *m; (~barkeit)* gratitude, reconnaissance *f;* ▶ *mit ~* avec reconnaissance; *zum ~ für* en reconnaissance de; *jdm zu ~ verpflichtet sein* être obligé à *od* envers qn; *Gott sei ~!* Dieu merci! *besten* od *vielen (herzlichen) ~!* merci beaucoup od bien! grand merci! mes *od* nos meilleurs remerciements! *mit ~ zurück!* avec mes remerciements. **dank** *prp gen* grâce à; à la faveur de. **dankbar I.** *a* **1.** *(Mensch)* reconnaissant (*für* de) *(verpflichtet)* obligé; **2.** *(Sache) fig* aisé, facile, qui rend bien, *fam* payant; *(lohnend)* profitable, lucratif; *theat (Publikum)* excellent; *(Rolle)* à grand effet; **II.** *adv* avec reconnaissance *od* gratitude; ▶ *jdm für etw ~ sein* savoir gré de qc à qn; *ein ~es Motiv (phot)* un sujet photogénique. **Dankbarkeit** *f* ‹-, ø› *(Gefühl)* gratitude; *(Äußerung)* reconnaissance *f* (*für* de); ▶ *aus ~* par reconnaissance (*für* de). **danken** *itr* **1.** remercier (*jdm für etw* qn de *od* pour qc); *(den Gruß erwidern)* rendre le salut; **2.** *(höflich ablehnen)* refuser poliment; *tr* **3.** *(verdanken)* devoir (*jdm etw* qc à qn); **4.** *(vergelten)* récompenser (*jdm etw* qn de qc); ▶ *jdm etw nicht ~* savoir peu de *od* ne savoir pas gré à qn de qc; *~d erhalten (com)* pour acquit; *nichts zu ~!* (il n'y a) pas de quoi; *danke, gleichfalls!* merci, également! *danke (, nein); nein, danke!* non, merci! je vous remercie; *danke schön* od *sehr* od *vielmals!* merci bien *od* beaucoup! **dankenswert** *a* digne de reconnaissance. **Danksagung** *f* remerciement(s *pl*) *m.*

dann [dan] *adv* **1.** *(darauf)* alors, puis, ensuite, après (cela); **2.** *(außerdem)* de plus, en outre, outre cela; **3.** *(in diesem Fall)* alors, dans *od* en ce cas; ▶ *selbst ~ nicht* même pas dans ce cas(-là); *~ und wann* de temps en temps, de temps à autre; *~ (eben) nicht!* eh bien alors, non! *und* od *was ~?* et après? et puis? et ensuite?

daran [da'ran, 'da:ran], *fam* **dran** [dran] *adv* **1.** *(örtlich)* (là-)dessus, sur cela; *(daneben)* (au)près, à côté; **2.** *allg* à *od* de cela; y, en; ▶ *~ denken, glauben* y penser, croire; *gut ~ sein* être en bonne posture; *nahe ~ sein zu ...* être près de ...; *schlecht* od *übel ~ sein* être en mauvaise posture; *gut ~ tun zu (inf)* faire bien de *inf; ich bin ~ (an der Reihe)* c'est mon tour (*zu* de); *ich bin nicht schuld ~* ce n'est pas ma faute; *ich war nahe ~ zu fallen* j'ai manqué de *od* j'ai failli tomber; *ich denke ja gar nicht ~!* je n'y pense pas, pour moi il n'en est pas question; *~ erkenne ich ihn* je le reconnais bien là; *ich weiß nicht, wie ich ~ bin* je ne sais où j'en suis; *du kommst auch noch dran* ton tour viendra; *man weiß nicht, wie man mit ihm ~ ist* on ne sait à quoi s'en tenir avec lui; *es liegt mir viel ~* j'y tiens beaucoup; *es liegt mir wenig ~* peu m'importe (*zu* de); *es ist etwas Wahres ~* il y a du vrai là-dedans; *wenn du ~ vorbeikommst* quand tu passeras devant; *wer ist dran?* à qui le tour? *Sie sind ~!* c'est à vous, c'est votre tour; *~ soll es nicht liegen!* qu'à cela ne tienne! **daran=gehen** ‹*ging daran, darangegangen*› *itr* ‹*sein*› s'y mettre, commencer. **daran=machen** *sich* se mettre (*zu* à). **daran=setzen** *tr (aufs Spiel setzen)* risquer, hasarder; ▶ *alles ~* mettre tout en œuvre.

darauf ['da:-, da'raʊf], *fam* **drauf** [draʊf] *adv* **1.** *(örtlich)* (là-)dessus, sur cela; **2.** *(zeitlich)* puis, ensuite, après (cela *od* quoi), là-dessus, sur ce(la); **3.** *allg* à *od* de cela; y, en; ▶ *gleich ~* immédiatement après; *kurz ~* peu après; *am Tag ~* le lendemain; *~ achten* y prendre garde; *es ~ ankommen lassen* accepter le risque; *hundert drauf haben (mot fam)* faire du cent; *drauf und dran sein* être sur le point (*zu* de); *stolz ~ sein* en être fier; *sich ~ verlassen* compter là-dessus; *~ gebe ich nichts* je n'y attache pas d'importance; *er ist nur ~ aus zu ...* il ne pense qu'à ...; es, *(fam)* das kommt ~ an ça dépend, c'est selon; *kommt es nicht an* ça n'a pas d'importance; *wenn es ~ ankommt* en cas de besoin; *wie kommst du ~?* d'où te vient cette idée? **drauf=gehen** ‹*ging darauf, daraufgegangen*› *itr* ‹*sein*› *(verbraucht werden) (Person)* disparaître, périr; *(Sache)* être consommé, dépensé; ▶ *mein ganzes Geld ist draufgegangen* tout mon argent y est passé; *dabei geht viel Zeit ~* cela prend beaucoup de temps. **daraufhin** [--'-, '---] *adv (zeitlich)* là-dessus, sur ce(la); *(demgemäß)* d'après cela *od* quoi. **drauflos=reden** *itr* parler à tort et à travers. **drauflos=schlagen** ‹*schlägt, schlug drauflos, drauflosgeschlagen*› *itr:* ▶ *blind ~* taper dans le tas, frapper comme un sourd.

daraus ['da:-, da'raʊs], *fam* **draus** [draʊs] *adv* de là, de cela, en, par là; ▶ *ich mache kein Geheimnis ~* je n'en fais pas de mystère; *ich mache mir nichts ~* je ne m'en soucie guère, je m'en moque; *ich werde nicht klug ~* je n'y comprends rien; *~ folgt, daß ...* il s'ensuit que ...; *~ wird nichts* cela ne se fera pas.

darben ['darbən] *itr* être dans la besoin, manquer du nécessaire; *fam* vivoter.

dar=bieten ['da:r-] ‹*bot dar, dargeboten*› *tr:* ▶ *(sich) ~* (s')offrir, (se) présenter; *theat* représenter. **Darbietung** *f* offre, présentation *f.*

darein [da'raɪn, 'da:raɪn], *fam* **drein** [draɪn] *adv* dans ce lieu, là-dedans, y. **darein=finden,** *sich* ‹*fand darein, dareingefunden*› s'y résigner. **darein=reden** *itr* se mêler à *od* intervenir dans la conversation.

darin ['da:-, da'rɪn], *fam* **drin** [drɪn] *adv (örtlich)* (là-)dedans, y; *fig* en cela; ▶ ~

inbegriffen y compris; ~ *haben Sie recht, irren Sie sich* en cela vous avez raison, vous vous trompez. **darinnen,** *fam* **drinnen** *adv* (là-)dedans.

dar=legen ['da:r-] *tr* exposer, faire voir, (dé)montrer; *(erklären)* expliquer.

Darlehen *n* ⟨-s, -⟩ ['da:r-] prêt *m;* ▶ *ein* ~ *aufnehmen* contracter un emprunt; *jdm ein* ~ *geben* faire un prêt à qn. **Darlehensgeber** *m* prêteur *m* (d'argent). **Darlehenskasse** *f* caisse *od* banque *f* de prêts. **Darlehensnehmer** *m* emprunteur *m.* **Darlehensvertrag** *m* contrat *m* de prêt.

Darm *m* ⟨-(e)s, ¨-e⟩ [darm, 'dɛrmə] intestin, boyau *m.* **Darmbein** *n anat* ilion *m.* **Darmflora** *f* flore *f* intestinale. **Darmgeschwür** *n* ulcère *m* intestinal. **Darmkrebs** *m med* cancer *m* intestinal. **Darmsaite** *f (an Geige, Tennisschläger)* corde *f* à *od* de boyau. **Darmwand** *f* paroi *f* intestinale. **Darmzotten** *f pl* villosités *f pl* (intestinales).

dar=reichen ['da:r-] *tr* tendre, présenter, offrir.

dar=stellen ['da:r-] *tr* **1.** *(veranschaulichen)* démontrer, exposer; *(mit Worten darlegen)* développer; *(beschreiben)* décrire *a. math,* (dé)peindre; **2.** *(bedeuten)* représenter; **3.** *theat* représenter, jouer, faire; **4.** *chem* préparer; **5.** *inform* afficher (à l'écran); ▶ *bildlich* ~ figurer. **Darsteller(in** *f***)** *m theat* interprète *m f,* acteur *m,* actrice *f.* **darstellerisch** *a* d'interprète. **Darstellung** *f* ⟨-, -en⟩ **1.** démonstration, exposition *f;* développement *m;* description *f;* **2.** représentation, interprétation *f;* **3.** *chem tech* préparation *f;* **4.** *(ausgeführte* ~*)* exposé *m; inform* affichage *m* (à l'écran); ▶ *bildliche* ~ figuré *m; graphische* ~ graphique, diagramme *m.* **Darstellungsweise** *f* manière *f* de décrire *od* de (dé)peindre *od* de (re) présenter.

dar=tun ⟨*tut, tat dar, dargetan*⟩ ['da:r-] *tr* (dé)montrer, faire voir; *(erklären)* expliquer.

darüber ['da:-, da'ry:bər] , *fam* **drüber** ['dry:bər] *adv* **1.** *(örtlich)* au-dessus (de cela), (là-)dessus, par-dessus; *(~ hinweg)* par-delà, au-delà; **2.** *(zeitlich)* là-dessus, sur ces entrefaites, pendant ce temps (-là); **3.** *allg* là-dessus, de cela, en, y; **4.** *fig* en outre, au reste, par-dessus le marché; ▶ ~ *hinaus (örtl., zeitl.)* au-delà; *sich* ~ *freuen* s'en réjouir; ~ *hinweg sein* pouvoir s'en passer; *sich* ~ *hinwegsetzen* s'en passer; *es geht nichts* ~ il n'y a rien de mieux; ~ *besteht kein Zweifel* cela ne fait pas de doute.

darum ['da:-, da'rʊm] , *fam* **drum** [drʊm] *adv* **1.** *(örtlich) (~ herum)* autour (de cela), tout autour; **2.** *(hinweisend)* pour *od* de cela, en; **3.** *(kausal: deshalb)* c'est *od* voilà pourquoi, à cause de cela, pour cette raison; ▶ ~ *bringen* en frustrer; *sich* ~ *kümmern* s'en soucier; *ich bitte Sie* ~ je vous en prie; *ich gäbe viel* ~, *wenn ...* je donnerais beaucoup pour *inf; es handelt sich nicht* ~ il ne s'agit pas de cela; *warum?* ~*!* pourquoi? parce que!

darunter ['da:-, da'rʊntər] , *fam* **drunter** ['drʊntər] *adv* **1.** *(örtlich)* (au-)dessous, là-dessous, par-dessous; **2.** *fig (unter e-r bestimmten Anzahl, Größe, Summe)* au-dessous, moins, à moins; **3.** *(unter e-r Anzahl)* dans le *od* du nombre; ▶ ~ *leiden* en souffrir; *es geht alles drunter und drüber* tout va à vau-l'eau; *was verstehen Sie* ~*?* qu'entendez-vous par là? **darunter=liegen** ⟨*lag darunter, daruntergelegen*⟩ *itr* être *od* se trouver (là-)dessous *od* en bas.

das [das] *(Artikel u. Relativpron) s. der; (Demonstrativpron)* cela, ceci, ce, *fam* ça; ▶ ~ *ist, sind* c'est, ce sont; *(wenn gegenwärtig)* voici, *fam* voilà; ~ *bin ich* c'est moi; ~ *ist meine Frau (a.)* voici ma femme; ~ *ist gut (a.)* voilà qui est bien; *was ist* ~*?* qu'est-ce (que c'est *od* cela)? *auch* ~ *noch! und nicht nur* ~*!* et cela encore en plus! il ne manquait plus que cela! ~ *war e-e Freude!* quelle joie!

da=sein ['da:zaɪn] ⟨*ist, war da, dagewesen*⟩ *itr* ⟨*sein*⟩ *(anwesend, vorhanden sein)* être présent *od* arrivé; être là; *(existieren)* exister; ▶ *nicht* ~ *(a.)* être absent; faire défaut; *es ist alles schon (einmal) dagewesen* il n'y a rien de nouveau sous le soleil; *das ist noch nie dagewesen* c'est sans précédent; *ist jemand dagewesen?* est-ce qu'on m'a demandé? **Dasein** *n* ⟨-s, ø⟩ *(Anwesenheit)* présence; *(Leben)* existence, vie *f.* **Daseinsberechtigung** *f* droit *m* à l'existence, raison *f* d'être. **Daseinskampf** *m* lutte *f* pour la vie.

da=sitzen ⟨*saß da, dagesessen*⟩ *itr* **1.** être assis (là); **2.** *(untätig)* ne rien faire, se croiser les bras.

daß [das] *conj allg* que; *(final) (auf* ~*)* afin que, pour que *subj,* afin de, pour *inf;* ▶ *bis* ~ jusqu'à ce que *subj; (so)* ~ de sorte que, de manière que; *es sei denn,* ~ à moins que ne *subj; nicht* ~ *ich wüßte!* pas que je sache; ~ *du mir ja nicht darangehst!* surtout ne touche pas à ça!

dasselbe *pron s. derselbe;* ▶ *immer* ~ *sagen* chanter toujours la même chanson; *das ist (genau)* ~ c'est exactement la même chose.

da=stehen ⟨*stand da, dagestanden*⟩ *itr* être là *od* debout; ▶ *wie angewachsen* od *angewurzelt* ~ être comme une statue.

Datei [-'-] ⟨-, -en⟩ *f inform* fichier *m.* **Dateiname** *m inform* nom *m* de fichier. **Dateiverwaltung** *f inform* gestion *f* de fichiers.

Daten ['datən] *pl von Datum; pl inform tech math* données *f pl.* **Datenausgabe** *f inform* sortie *f* des données. **Datenbank** *f* banque *f* de données. **Datenbasis** *f* base *f* de données. **Dateneingabe** *f inform* entrée *f* des données. **Datenerfassung** *f* saisie *f* des données. **Datenpflege** *f* mise à jour *f* des données. **Datenschutz** *m* protection *f* des données. **Datenschutzbeauftragte** *m f* commissaire *m f* à la protection des données. **Datenschutzgesetz** *n* loi *f* sur la protection des données.**Datensicherung** *f* mémorisation *f* (des données). **Datenträger** *m* support *m* de données. **Datentypist(in** *f*) *m* opérateur-pupitreur *m*, operatrice-pupitreuse *f.* **Datenverarbeitung** *f* traitement *m* des données.

datieren [da'ti:rən] ⟨*ohne ge-*⟩ **1.** *tr* dater, mettre la date à; **2.** *itr (bestehen)* dater (*von* de); ▶ *datiert sein* porter une date. **Datierung** *f* ⟨-, -en⟩ datation *f.*

Dativ *m* ⟨-s, -e⟩ ['da:ti:f, -və] *gram* datif *m.*

Datum *n* ⟨-s, Daten⟩ ['da:tum, -tən] date *f;* ▶ *unter dem heutigen* ~ en date de ce jour; *jüngeren* od *neueren* ~*s* de nouvelle *od* fraîche date; *welches* ~ *haben wir heute?* quel jour, *fam* le combien sommes-nous aujourd'hui? ~ *des Poststempels* date *f* de la poste. **Datum(s)stempel** *m* (tampon *od* timbre) dateur, composteur *m.*

Dattel *f* ⟨-, -n⟩ ['datəl] datte *f.* **Dattelpalme** *f* dattier *m.*

Dauer *f* ⟨-, ø⟩ ['dauər] **1.** *(Zeit)* durée, période *f,* temps *m;* **2.** *(Fortdauer)* continuité, permanence, persistance; *(Beständigkeit)* durabilité, stabilité, solidité *f;* ▶ *auf die* ~ à la longue, *fam* à perpette; *für die* ~ *von* ... pour une durée de ...; *von kurzer, langer* ~ de courte, longue durée; *von* ~ *sein* se maintenir. **Dauerarbeitslose(r)** *m f* chômeur *m,* -euse *f* de longue durée. **Dauerauftrag** *m com* ordre *m* permanent. **Dauerausscheider** *m med* contact *m.* **Dauerbrenner** *m* poêle *m* à feu continu; *fig* succès *m* continu. **Dauerfahrt** *f sport* épreuve *f* de fond, raid *m.* **dauerhaft** *a* durable, *(beständig)* stable; *(fest)* solide. **Dauerhaftigkeit** *f* ⟨-, ø⟩ durabilité; stabilité; solidité *f.* **Dauerkarte** *f* abonnement *m.* **Dauerlauf** *m sport* course *f* de fond. **dauern (1)** *itr* durer; *(fortdauern)* continuer, persister, subsister; ▶ *das dauert nicht lange* cela ne durera pas longtemps; les choses n'iront pas loin; *es dauert lange, bis er kommt* il est long à venir; *es dauerte nicht lange, bis er kam* il ne tarda pas à venir; *es dauert (mir) zu lange* c'est trop long (pour moi); *wie lange dauert es, bis Sie ...?* combien de temps mettez-vous à *od* vous faut-il pour *inf?* **(2)** *tr (leid tun)* faire pitié (*jdn* à qn). **dauernd I.** *a* continu, persistant; *(ständig)* permanent. **II.** *adv* à tout moment, à tous moments; constamment; ▶ *für* ~ pour toujours, à demeure. **Dauerobst** *n* fruits *m pl* de garde. **Dauerstellung** *f (im Beruf)* situation stable *od* d'avenir, stabilité d'emploi; *mil* position *f* fixe. **Dauerwelle(n** *pl*) *f (Frisur)* permanente, indéfrisable *f.* **dauerwellen** *tr (Haar)* permanenter. **Dauerwirkung** *f* effet *m* persistant. **Dauerwurst** *f* saucisson *m* de garde. **Dauerzustand** *m* état *m* permanent *od* endémique.

Daumen *m* ⟨-s, -⟩ ['daumən] pouce *m;* ▶ *die* ~ *drehen (vor Langeweile)* se tourner les pouces; *jdm den* od *die* ~ *halten* od *drücken (Glück wünschen)* croiser les doigts pour qn; *am* ~ *lutschen* sucer son pouce. **Daumenballen** *m* éminence *f* thénar.

Daunen *pl* ['daunə] duvet *m.* **Daunendecke** *f* édredon *m.*

davon ['da:-, da'fɔn] *adv* de là, de cela, en; par là; ▶ *etwas* od *mehr* ~ *haben* en profiter, y gagner; ~ *wissen* être au courant; *das kommt* ~, *daß* ... cela vient de ce que ...; ~ *ist er wach geworden* cela l'a réveillé; *was habe ich* ~*?* à quoi cela me sert-il? **davon=fliegen** ⟨*flog davon, davongeflogen*⟩ *itr* ⟨*sein*⟩ s'envoler. **davon=gehen** ⟨*ging davon, davongegangen*⟩ *itr* ⟨*sein*⟩ *(weggehen)* s'en aller. **davon=kommen** ⟨*kam davon, davongekommen*⟩ *itr* ⟨*sein*⟩ s'en tirer; *(Kranker)* en revenir, en réchapper; ▶ *noch mal* ~ revenir de loin; *mit e-m blauen Auge* od *mit knapper Not* ~ l'échapper belle; *mit heiler Haut* ~ s'en tirer sain et sauf; *mit dem Leben* ~ sauver sa vie; *mit dem (bloßen) Schrekken* ~ en être quitte pour la peur. **davon=laufen** ⟨*läuft, lief davon, davongelaufen*⟩ *itr* ⟨*sein*⟩ *(weglaufen)* détaler, filer; ▶ *es ist zum D~! (fam)* c'est à n'y pas tenir. **davon=machen,** *sich* filer, décamper. **davon=tragen** ⟨*trägt, trug davon, davongetragen*⟩ *tr* emporter; ▶ *von e-m Unfall Verletzungen* ~ être blessé dans un accident; *den Sieg* ~ l'emporter, remporter la victoire (*über jdn* sur qn).

davor ['da:-, da'fo:r] *adv* **1.** *(örtlich)* devant; **2.** *allg* de cela, en; ▶ *mir graut* ~ j'ai horreur de cela, j'en ai horreur. **davor=stehen** ⟨*stand davor, davorgestanden*⟩ *itr* être *od* se trouver devant.

dazu ['da:-, da'tsu:] *adv* **1.** *(örtlich)* y; **2.** *(zu diesem Zweck)* à cela, pour cela, à cet effet, à cette fin, dans ce but; **3.** *(außerdem)* en outre, de *od* en plus, avec cela, en même temps; ► *noch* ~ par surcroît, par-dessus le marché; en sus; *~gehören* en être, en faire partie; *sich ~ äußern* s'exprimer sur ce point; *endlich komme ich ~, zu ...* enfin je parviens à ...; ~ *kommt, daß* ajoutez (à cela) que; *was sagen Sie ~?* qu'en dites--vous? *wie kommen Sie ~?* qu'est-ce qui vous a pris? **dazugehörig** *a* qui en fait partie. **dazumal** ['---] *adv:* ► *Anno ~ (hum)* alors, en ce temps-là. **dazu=tun** ‹*tut, tat dazu, dazugetan*› *tr (hinzutun)* (y) ajouter; **Dazutun** *n: ohne mein ~* sans mon intervention.

dazwischen ['da:-, da'tsvɪʃən] *adv* **1.** *(örtlich* u. *fig)* entre (les deux); **2.** *(zwischendurch)* entre-temps. **dazwischen=fahren** ‹*fährt, fuhr dazwischen, dazwischengefahren*› *itr* ‹*sein*› intervenir énergiquement. **dazwischen=kommen** ‹*kam dazwischen, dazwischengekommen*› *itr* ‹*sein*› *(Sache)* survenir; ► *wenn nichts dazwischenkommt* s'il n'arrive rien (d'ici là), sauf imprévu. **dazwischen=treten** ‹*tritt, trat dazwischen, dazwischengetreten*› *itr* ‹*sein*› intervenir, s'interposer.

DDR [dedeɛr] ‹-› *f Deutsche Demokratische Republik (hist)* R.D.A. *f.*

D-Dur *n* ['de:du:r] *mus* ré *m* majeur.

Deal *m* ['di:l] ‹-s, -s› transaction *f.* **dealen** ['di:lən] *tr (Droge)* revendre, être revendeur de. **Dealer** ['di:lər] ‹-s, -› *m* trafiquant *m;* (petit) revendeur *m* (de drogue).

Debatte *f* ‹-, -n› [de'batə] *(parl nur)* débat *m; allg* discussion *f;* ► *zur ~ stehen* être en question; *zur ~ stellen* (sou)mettre en discussion *od* au débat; *das steht hier nicht zur ~* la question n'est pas là; ce n'est pas de cela qu'il s'agit. **debattieren** [-'ti:rən] ‹*ohne ge-*› *tr* u. *itr* débattre, discuter (*etw* od *über etw* qc).

Debüt *n* ‹-s, -s› [de'by:] *theat (erstes Auftreten)* début *m.* **debütieren** [-'ti:rən] ‹*ohne ge-*› *itr theat* débuter, jouer son premier rôle.

dechiffrieren [deʃɪ'fri:rən] ‹*ohne ge-*› *tr* déchiffrer.

Deck *n* ‹-(e)s, -s/(-e)› [dɛk] *mar* pont *m;* ► *alle Mann an ~!* tout le monde sur le pont! **Deckbett** *n (Federbett)* édredon *m; (Decke)* couverture *f* (de lit). **Deckblatt** *n* **1.** *bot* bractée *f;* **2.** *(e-r Zigarre)* feuille *f* de robe. **Decke** *f* ‹-, -n› **1.** *(a. Textil)* couverture *f; (Tischdecke)* tapis *m* de table; *(Pferdedecke)* housse; *(Wagendecke)* bâche *f;* **2.** *(deckende Schicht)* couche *f; (Straßendecke)* tapis (routier), revêtement *m;* **3.** *(Zimmerdecke)* plafond; *mines* ciel, plafond *m;* **4.** *bot, zoo* tégument *m;* **5.** *mot (Reifendecke)* enveloppe *f,* bandage *m;* ► *an die ~ gehen (fig fam)* s'emporter; *mit jdm unter einer ~ stecken (fig)* être d'intelligence *od fam* de mèche avec qn; *sich nach der ~ strecken (fig)* s'accommoder aux circonstances, vivre selon ses moyens.

Deckel *m* ‹-s, -› ['dɛkəl] **1.** couvercle *m;* **2.** *(Buch)* couverture *f;* **3.** *(Taschenuhr)* cuvette *f;* **4.** *bot, zoo* opercule; dôme *m;* **5.** *tech* chapeau *m,* calotte *f;* **6.** *pop (Hut)* galurin, *hum* couvre-chef *m;* ► *einen auf den ~ kriegen (fig fam)* recevoir une tuile *od* un coup.

decken *tr* **1.** *(Dach)* couvrir *(a. von e-r Farbe);* **2.** *(Bedarf)* satisfaire à; *(Kosten)* couvrir; *(Fehlbetrag)* combler; *fin (Wechsel)* honorer; **3.** *(schützen)* couvrir, abriter, mettre à l'abri, protéger; **4.** *agr (beschälen)* couvrir, monter, sauter, saillir; *refl: sich ~* **5.** *(bes. math)* coïncider (*mit* avec); **6.** *fig (Meinung)* être identique (*mit* à); **7.** *bes. fin (sich sichern)* se couvrir, se nantir (*vor* de); ► *für 6 Personen ~ (den Tisch)* mettre 6 couverts; *den Schaden, e-n Verlust ~* réparer les dégâts, une perte; *den Tisch ~* mettre le couvert; *es ist gedeckt* le couvert est mis. **Deckenbeleuchtung** *f* éclairage *m* du *od* illumination *f* de plafond. **Deckengemälde** *n* (fresque *f* de) plafond *m.* **Deckmantel** *m fig: unter dem ~ (gen)* sous le manteau *od* couvert (de). **Deckname** *m* nom d'emprunt *od* de guerre, pseudonyme; *(e-s Schriftstellers) a.* nom *m* de plume. **Deckoffizier** *m mar* sous-officier *m* de marine. **Deckstuhl** *m mar* transatlantique *m.*

Deckung *f* ‹-, (-en)› ['dɛkʊŋ] **1.** *mil* couvert, abri *m,* protection *f;* **2.** *fin* couverture, sûreté, garantie *f,* nantissement *m;* ► *ohne ~ (fin)* à découvert; *(Wechsel)* sans provision; *zur ~ der Kosten* pour couvrir les dépenses; *in ~ gehen, ~ nehmen (mil)* se couvrir, se mettre à couvert *od* à l'abri; *~ haben (fin)* être (à) couvert, avoir des garanties; *(Schach)* exposer. **deckungsgleich** *a math* congruent.

Decoder [de'ko:dər] ‹-s, -› *m TV, inform* décodeur *m.*

defekt [de'fɛkt] *a* défectueux; *(beschädigt)* endommagé, gâté; abîmé, en panne. **Defekt** *m* ‹-(e)s, -e› défaut, manque *m; mot* panne *f.*

defensiv [defɛn'zi:f] *a* défensif. **Defensive** *f* ‹-, -n› défensive *f;* ► *in der ~* sur la défensive.

definieren [defi'ni:rən] ‹*ohne ge-*› *tr* définir. **Definition** *f* ‹-, -en› [-tsi'o:n] définition *f.* **definitiv** [-ni'ti:f] *a* définitif.

Defizit *n* ‹-s, -e› ['de:fitsɪt] *fin* déficit, découvert *m;* ► *ein ~ aufweisen* accuser un déficit.

Deflation *f* ‹-, -en› [deflatsi'o:n] *fin* déflation *f.*

deformieren [defɔr'mi:rən] ‹*ohne ge-*› *tr* déformer.
Degen *m* ‹-s, -› ['de:gən] *(Waffe)* épée *f*, sabre *m*; ► *den ~ ziehen* dégainer.
degenerieren [degene'ri:rən] ‹*ohne ge-*› *itr* ‹*sein*› dégénérer.
degradieren [degra'di:rən] ‹*ohne ge-*› *tr mil* dégrader; *adm* rétrograder. **Degradierung** *f* dégradation; rétrogradation *f*.
dehnbar ['de:n-] *a* **1.** extensible, élastique; *phys* dilatable; *(Gas)* expansible; *(Gewebe, Leder)* souple, qui se prête; *(Metall)* ductile, malléable; **2.** *fig* élastique; *(Begriff)* vague, mal défini. **Dehnbarkeit** *f* ‹-, ø› extensibilité, élasticité *a. fig;* dilatabilité; expansibilité; souplesse; ductilité, malléabilité *f*. **dehnen** *tr* **1.** étendre; *(in die Breite)* élargir; *(in die Länge)* allonger; *phys* dilater; *(Gewebe, Metall)* étirer; **2.** *(Worte)* traîner; *mus* filer. **Dehnung** *f* ‹-, -en› extension *f;* élargissement, allongement *m;* dilatation, expansion *f;* étirage *m*.
Deich *m* ‹-(e)s, -e› [daɪç] digue (maritime), levée *f*.
Deichsel *f* ‹-, -n› ['daɪksəl] timon, limon *m*, flèche; *(Gabeldeichsel)* limonière *f*, brancards *m pl*. **deichseln** *tr fam (hinkriegen) pop* goupiller; arranger.
dein [daɪn] *pron* ton, ta, *pl* tes; ► *der, die, das ~e* le tien, la tienne; *die D~en (pl)* les tiens *m pl; ich bin ~* je suis à toi. **deinerseits** *adv* de ta part, de ton côté, à ton tour. **deinesgleichen** *pron* ton (tes) pareil(s), ton (tes) semblable(s). **deinethalben** *adv*, **deinetwegen** *adv*, **deinetwillen** *adv:* ► *um ~* à cause de toi, pour (l'amour de) toi. **deinige** ['-nɪgə] *(mit best. Artikel)* = *deine*.
Dekade *f* ‹-, -n› [de'ka:də] décade *f*.
dekadent [deka'dɛnt] *a* décadent, déliquescent. **Dekadenz** *f* ‹-, ø› [-'dɛnts] décadence, déliquescence *f*.
Dekan *m* ‹-s, -e› [de'ka:n] *(rel, Univ.)* doyen *m*. **Dekanat** *n* ‹-(e)s, -e› [-ka'na:t] *rel* doyenné; *(Univ.)* décanat *m*.
Deklamation *f* ‹-, -en› [deklamatsi'o:n] déclamation, récitation *f*. **deklamieren** [-'mi:rən] ‹*ohne ge-*› *tr (auswendig hersagen)* déclamer, réciter.
Deklaration *f* ‹-, -en› [deklaratsi'o:n] *(grundsätzl. Erklärung)* déclaration *f*. **deklarieren** [-'ri:rən] ‹*ohne ge-*› *tr* déclarer.
Deklination *f* ‹-, -en› [deklinatsi'o:n] *gram phys astr* déclinaison *f*. **deklinieren** [-'ni:rən] ‹*ohne ge-*› *tr gram* décliner.
dekodieren [deko'di:rən] *tr* a. *inform* décoder. **Dekodierung** *f* décodage *m*.
Dekontamination *f* [dekɔkontaminatsi'o:n] ‹-, -en› décontamination *f*. **dekontaminieren** [dekɔntami'ni:rən] *tr* = *entseuchen* décontaminer. **Dekontaminierung** ‹-, -en› *f* = *Dekontamination*.
Dekorateur *m* ‹-s, -e› [dekora'tø:r] décorateur; *(Polsterer)* tapissier; *(Schaufenster~)* étalagiste *m*. **Dekoration** *f* ‹-, -en› [-tsi'o:n] décoration *f; theat* décor(s *pl*) *m*. **dekorieren** [-'ri:rən] ‹*ohne ge-*› *tr* décorer.
Dekret *n* ‹-(e)s, -e› [de'kre:t] *(Erlaß)* décret *m*. **dekretieren** [-kre'ti:rən] ‹*ohne ge-*› *tr* décréter.
Delegation *f* ‹-, -en› [delegatsi'o:n] délégation *f*. **delegieren** [-'gi:rən] ‹*ohne ge-*› *tr* déléguer. **Delegierte** *m f* délégué(e *f*) *m*.
delikat [deli'ka:t] *a* **1.** *(Sache) (lecker)* délicat, délicieux, fin; **2.** *(heikel)* délicat, difficile. **Delikatesse** *f* ‹-, -n› [-ka'tɛsə] **1.** *(Leckerbissen)* friandise *f;* morceau *m* délicat; **2.** *(Zartgefühl)* délicatesse *f;* **3.** *pl com* comestibles *m pl* de choix. **Delikatessengeschäft** *n* épicerie *f* fine.
Delikt *n* ‹-(e)s, -e› [de'lɪkt] *jur* délit *m*, infraction *f*. **Delinquent** *m* ‹-en, -en› [-lɪŋ'kvɛnt] délinquant; criminel *m*.
Delirium *n* ‹-s, -rien› [de'li:rium, -riən] *med* délire *m*.
Delphin *m* ‹-s, -e› [dɛl'fi:n] *zoo* dauphin *m*.
Delta *n* ‹-(s), -s/-ten› ['dɛlta] *(griech. Buchstabe, geog)* delta *m*.
dem [de(:)m] *(dat von: der* u. *das):* ► *wenn ~ so ist* s'il en est ainsi; *wie ~ auch sei* quoi qu'il en soit.
Demagoge *m* ‹-n, -n› [dema'go:gə] démagogue *m*. **Damagogie** *f* ‹-, -n› [-go'gi:] démagogie *f*. **demagogisch** [-'go:gɪʃ] *a* démagogique.
demaskieren [demas'ki:rən] ‹*ohne ge-*› *tr* démasquer.
Dementi *n* ‹-s, -s› [de'mɛnti] démenti *m*. **dementieren** [-'ti:rən] ‹*ohne ge-*› *tr* démentir.
dementsprechend I. *a* conforme à cela. **II.** *adv*, **demgemäß** *adv*, **demnach** *adv*, **demzufolge** *adv* conformément à cela, en conséquence, par conséquent, dès lors. **demgegenüber** *adv* par contre, d'autre part.
Demission *f* ‹-, -en› [demɪsi'o:n] démission *f*.
demnächst *adv (nächstens)* bientôt, prochainement, sous peu.
Demo ['de:mo] ‹-, -s› *f fam* manif *f*.
Demokrat *m* ‹-en, -en› [demo'kra:t] démocrate *m*. **Demokratie** *f* ‹-, -n› [-kra'ti:] démocratie *f*. **demokratisch** [-'kra:tɪʃ] *a (von Sachen)* démocratique; *(von Personen)* démocrate. **demokratisieren** [-ti'zi:rən] ‹*ohne ge-*› *tr* démocratiser. **Demokratisierung** *f* ‹-, ø› démocratisation *f*.
demolieren [demo'li:rən] ‹*ohne ge-*› *tr*

démolir.

Demonstrant *m* ‹-en, -en› [demɔn'strant] *bes. pol* manifestant *m.* **Demonstration** *f* ‹-, -en› [-stratsi'o:n] **1.** *(Darlegung)* démonstration *f;* **2.** *bes. pol* manifestation *f.* **Demonstrationszug** *m* cortège *m* de manifestants. **demonstrativ** [-stra'ti:f] *a* ostensible. **Demonstrativpronomen** *n gram (substantivisches)* pronom démonstratif; *(adjektivisches)* adjectif *m* démonstratif. **demonstrieren** [-'stri:rən] ‹*ohne ge-*› **1.** *tr (darlegen)* démontrer; **2.** *itr bes. pol* manifester, faire une manifestation.

Demontage *f* ‹-, -n› [demɔn'ta:ʒə, -mɔ̃-] *tech* démontage *m.* **demontieren** ‹*ohne ge-*› *tr* démonter.

Demoralisation *f* ‹-, ø› [demoraliza-tsi'o:n] **Demoralisierung** *f* [-'zi:rʊŋ] démoralisation *f.* **demoralisieren** ‹*ohne ge-*› *tr* démoraliser.

Demoskopie *f* ‹-, -n› [demosko'pɪ:] étude *od* science *f* de l'opinion. **demoskopisch** *a:* ▶ *D~es Institut n* Institut *m* d'opinion publique.

Demut *f* ‹-, ø› ['de:mu:t] humilité, soumission *f.*

demütig ['de:my:tɪç] *a (Mensch)* humble; *(unterwürfig)* soumis. **demütigen** *tr* humilier, abaisser, confondre, mortifier; *sich ~* s'humilier, s'abaisser, se prosterner, *rel* se mortifier. **demütigend** *a* humiliant, abaissant. **Demütigung** *f* ‹-, -en› humiliation *f,* abaissement *m,* mortification *f.*

Denkansatz ['dɛŋk-] *m* démarche *f* intellectuelle. **denkbar** *a* imaginable, concevable; ▶ *auf die ~ einfachste Art* de la plus simple manière possible. **denken** ['dɛŋkən] ‹*dachte, gedacht*› *tr* **1.** penser; croire; *itr* **2.** penser (*an* à, *über, von* de), songer (*an* à), présumer (*von* de); *(nachdenken)* réfléchir (*über* à *od* sur); *(sinnen)* méditer (*über* sur); **3.** *(vorhaben)* penser, compter (*etw zu tun* faire qc); **4.** *(der Ansicht sein)* être d'avis (*daß* que); *refl.* **5.** *sich ~ (sich vorstellen)* s'imaginer, se figurer, se représenter; *(rechnen mit)* s'attendre à; ▶ *bei sich ~* penser à part soi; *daran ~, etw zu tun* penser à faire qc; *gut, schlecht von jdm ~* avoir bonne, mauvaise opinion de qn; *nicht daran ~ zu* ... ne pas penser à ...; *gar nicht daran ~ zu* ... être bien loin de ...; *zu ~ geben* donner à penser *od* songer *od* réfléchir; *für jdn gedacht (bestimmt) sein* être destiné à qn; *ich denke mir mein Teil dabei* j'ai mon idée à moi; *ich habe mir nichts Böses dabei gedacht* je ne songeais pas à mal; *das kann ich mir ~* je m'en doute; *das kann ich mir nicht ~* cela me paraît impossible, cela passe mon imagination; *du wirst noch (mal) daran ~* tu t'en (res)souviendras; *Sie haben an alles gedacht* vous avez tout prévu; *Sie können sich ~* ... vous jugerez bien ...; *das übrige können Sie sich ~* vous devinez le reste; *man denkt nie an alles* on ne peut tout prévoir; *das gibt mir zu ~* cela me donne à penser, cela m'intrigue; *gedacht, getan* aussitôt dit, aussitôt fait; *wer hätte das gedacht?* qui aurait dit cela? *ich denke ja gar nicht daran!* je m'en garderai bien! ce n'est nullement mon intention; *das habe ich mir gedacht!* c'est ce que j'ai pensé, je m'y attendais, je m'en doutais; *wenn ich bloß daran denke!* rien que d'y penser! *denkste! (fam)* pas question! bernique! pas de ça, Lisette! *~ Sie mal!* figurez-vous! pensez donc! *wo ~ Sie hin!* quelle idée! y pensez-vous! *der Mensch denkt und Gott lenkt* l'homme propose et Dieu dispose. **Denken** *n* ‹-s, ø› pensée; ▶ *logisches ~* esprit *m* de suite, justesse *f* de pensée. **Denker** *m* ‹-s, -› penseur; philosophe, esprit *m.* **Denkmal** *n* ‹-s, -mäler/(-male)› monument *m;* ▶ *jdm ein ~ errichten* élever une statue à qn. **Denkmalschutz** *m* protection *f* des monuments; ▶ *unter ~ stehen, stellen* être classé, classer monument historique. **Denkschrift** *f* mémoire, mémorandum *m.* **Denksport(aufgabe** *f*) *m* jeu *m* d'esprit. **Denkzettel** *m fig iron* (bonne) le/on correction *f;* ▶ *jdm e-n ~ geben* donner une leçon, administrer une correction à qn.

denn [dɛn] **I.** *conj (kausal)* car; *(nach Komparativ: als)* que; **II.** *adv (eigentlich, überhaupt)* donc; ▶ *mehr ~ je* plus que jamais; *wieso ~?* comment donc? *es sei ~, daß* ... à moins que ne *subj; wo bist du ~?* où es-tu donc?

dennoch ['dɛnɔx] *adv* u. *conj* cependant, pourtant; néanmoins, quand même.

denuklearisieren [denukleari'zi:rən] *tr* dénucléariser.

Denunziant *m* ‹-en, -en› [denʊntsi'ant] dénonciateur, délateur *m.* **Denunziation** *f* ‹-, -en› [-tsiatsi'o:n] dénonciation, délation *f.* **denunzieren** [-'tsi:rən] ‹*ohne ge-*› *tr* dénoncer.

Deodorant [de'odo'rant] ‹-s, -e/-s› *n* déodorant *m.* **deodorisierend** *a* déodorant. **Deoroller** *m* déodorant *m* à bille. **Deospray** *m od n* déodorant *m* en aérosol.

Depesche *f* ‹-, -n› [de'pɛʃə] dépêche *f,* télégramme; *fam* câble *m.* **depeschieren** [-'ʃi:rən] ‹*ohne ge-*› *tr* télégraphier; *itr* envoyer un télégramme.

deponieren [depo'ni:rən] ‹*ohne ge-*› *tr* déposer, mettre en dépôt.

Depositen [depo'zi:tən] *pl fin* dépôt(s *pl*) *m;* valeurs *f pl* en dépôt.

Depot *n* ‹-s, -s› [de'po:] dépôt, entrepôt, magasin *m.*
Depression *f* ‹-, -en› [deprɛsi'o:n] dépression *f.*
deprimieren [depri'mi:rən] ‹*ohne ge-*› *tr (seelisch niederdrücken)* déprimer, décourager, accabler.
Deputat *n* ‹-(e)s, -e› [depu'ta:t] *(Naturallohn)* allocation *od* rémunération *f* en nature. **Deputation** *f* ‹-, -en› [-tsi'o:n] *(Abordnung)* députation, délégation *f.* **deputieren** [-'ti:rən] ‹*ohne ge-*› *tr* députer, déléguer. **Deputierte** *m f* ‹-n, -n› député(e *f*), délégué(e *f*) *m.*
der, die, das, *pl* **die** [de(:)r, di(:), das] *(Artikel)* le, la, *pl* les; *(Demonstrativpron) s. dieser; jener; derjenige; (Relativpron) s. welcher.* **derart** *adv* tellement, de telle manière, de la sorte, de ce genre; *(so sehr)* tant; ▶ *~, daß* de sorte que, à tel point que. **derartig** *a* tel, pareil, semblable, de cette sorte.
derb [dɛrp] *a* **1.** *(fest)* ferme, solide; *(hart)* dur; *(kräftig)* fort, vigoureux; **2.** *(grob)* rude, grossier, vert; *(Ausdruck)* cru, trivial, vulgaire; ▶ *~er Witz m* gauloiserie *f.* **Derbheit** *f* **1.** fermeté, solidité; dureté; vigueur *f;* **2.** rudesse, grossièreté; *(des Ausdrucks)* crudité, trivialité *f.*
derenthalben *adv,* **derentwegen** *adv,* **derentwillen,** *um (adv)* à cause *od* pour l'amour de qui *od* duquel, de laquelle, desquel(le)s. **dergestalt** *adv (so):* ▶ *~(, daß)* de façon (à ce que). **dergleichen** *a inv* tel, pareil, semblable; ▶ *nichts ~ tun* n'en rien faire; *nichts ~!* rien de pareil! pas de ça! **derjenige, diejenige, dasjenige,** *pl* **diejenigen** ['-je:nɪg-] *pron* celui, celle, *pl* ceux *m,* celles *f* (*welche(r, s)* qui). **dermaßen** *adv (so sehr)* tant; *~, daß* au point de *inf.* **derselbe, dieselbe, dasselbe,** *pl* **dieselben** *pron* le, la même, *pl* les mêmes.
Derwisch *m* ‹-s, -e› ['dɛrvɪʃ] *rel* derviche *m.*
derzeit *adv* à l'heure qu'il est, à présent, actuellement. **derzeitig** *a* présent, actuel.
des [dɛs] **(1)** *(gen von: der* u. *das);* **(2)** *n mus* ré *m* bémol.
Des-Dur *n* ré *m* bémol majeur.
Deserteur *m* ‹-s, -e› [dezɛr'tø:r] déserteur *m.* **desertieren** [-'ti:rən] ‹*ohne ge-*› *itr* déserter. **Desertion** *f* ‹-, -en› [-'tsio:n] désertion *f.*
desgleichen [dɛs'glaɪçən] *adv* de même, pareillement. **deshalb, deswegen** ['dɛs-] *adv (kausal* u. *final)* c'est *od* voilà pourquoi, pour *od* à cause de cela, pour cette raison; *(final)* à cet effet; ▶ *eben ~ ...* c'est bien pourquoi ...; *deshalb, weil* (c'est) parce que.
Desinfektion *f* ‹-, -en› [dezɪnfɛktsi'o:n] *med* désinfection *f.* **Desinfektionsmittel** *n* désinfectant; (für Wunden) antiseptique *m.* **desinfizieren** [-fi'tsi:rən] ‹*ohne ge-*› *tr* désinfecter, assainir.
Desinformation *f* [dezɪnfɔrmatsi'o:n] ‹-, -en› désinformation *f.* **desinformieren** [dezɪnfɔr'mi:rən] *tr* désinformer.
Desktop Publishing [dɛsktɔppʌblɪʃɪŋ] *n* publication *f* assistée par ordinateur.
Despot *m* ‹-en, -en› [dɛs'po:t] despote, tyran *m.* **despotisch** *a* despotique, tyrannique.
dessen ['dɛsən] *(gen der Relativpron der u. das u. des Demonstrativpron dieser); = seine(r, s);* ▶ *ich bin mir ~ bewußt* j'ai conscience de cela, j'en ai conscience. **dessenungeachtet** *adv* malgré cela, nonobstant, néanmoins.
Dessert *n* ‹-s, -s› [dɛ'sɛ:r, -'sɛrt] dessert *m.*
Destillat *n* ‹-(e)s, -e› [dɛstɪ'la:t] *chem* distillat *m.* **Destillation** *f* ‹-, -en› [-latsi'o:n] *chem* distillation *f.* **destillieren** [-'li:rən] ‹*ohne ge-*› *tr* distiller, passer à l'alambic. **Destillierkolben** *m* matras à distillation, alambic *m.*
desto ['dɛsto] *adv* d'autant; ▶ *je ..., ~* ... plus ..., plus ..; *~ mehr* d'autant plus; *je schneller, ~ besser* plus cela ira vite; mieux cela vaudra; *~ besser!* tant mieux! *~ schlimmer!* tant pis!
Detail *n* ‹-s, -s› [de'taɪ(l), -'ta(:)j] détail *m;* ▶ *ins ~ gehen* entrer dans le(s) détail(s). **detaillieren** [-ta'ji:rən] ‹*ohne ge-*› *tr (einzeln darlegen)* détailler, spécifier.
Detektiv *m* ‹-s, -e› [detɛk'ti:f, -və] détective *m.* **Detektivfilm** *m,* **Detektivroman** *m* film, roman *m* policier.
Detektor *m* ‹-s, -en› [de'tɛktɔr, -'to:rən] *radio* détecteur *m.*
Detonation *f* ‹-, -en› [detonatsi'o:n] détonation *f.* **detonieren** [-to'ni:rən] ‹*ohne ge-*› *itr* ‹*sein*› *chem* détoner, exploser.
deuteln ['dɔʏtəln] *itr* subtiliser, ratiociner (*an etw* sur qc). **deuten** *tr* **1.** *(auslegen) (a. Träume)* interpréter; *(erklären)* expliquer; *itr* **2.** ▶ *auf jdn (mit dem Finger, der Hand) ~* montrer qn (du doigt, de la main); **3.** ▶ *auf etw ~* annoncer, présager qc; *alles deutet darauf hin, daß* tout porte à croire que. **deutlich** *a* **1.** *(gut unterscheidbar)* distinct; *(klar)* clair, net, précis; bien défini; **2.** *(Schrift)* lisible; **3.** *(spürbar)* sensible; **4.** *(ausgeprägt)* marqué; ▶ *sich ~ ausdrücken (a.)* mettre les points sur les i; *jdm etw ~ machen* faire comprendre qc à qn. **Deutlichkeit** *f* distinction; clarté, netteté, précision; lisibilité *f.* **Deutung** *f* interprétation; explication *f.*
deutsch [dɔʏtʃ] *a* allemand, d'Allemagne; *lit* germanique; *bes. hist* teuton (-ique); ▶ *auf ~* en allemand; *mit jdm*

(deutlich) reden parler français à qn; *~-französisch (a)* franco-allemand; *(Wörterbuch)* allemand-français; *die ~e Schweiz* la Suisse alémanique; *(das) D~(e)* l'allemand *m*, la langue allemande. **Deutsche,** *der, die* Allemand, e *m f.* **deutschfeindlich** *a* germanophobe. **deutschfreundlich** *a* germanophile. **Deutschland** *n* ‹s, ø› l'Allemagne *f.* **deutschsprachig** *a* germanophone. **deutschstämmig** *a* de souche allemande.

Devise *f* ‹-, -n› [de'vi:zə] **1.** *(Wahlspruch)* devise *f;* **2.** *pl fin* devises *f pl*, changes *m pl.*

Devisenbestimmungen [de'vi:zən-] *f pl* règlement *m* sur les monnaies. **Devisenbewirtschaftung** *f* réglementation *f od* contrôle *m* des devises *od* changes. **Devisenhandel** *m* commerce *m* des devises. **Devisenmarkt** *m* marché *m* des changes *od* devises.

devot [de'vo:t] *a* **1.** *(gottergeben)* dévot; **2.** *(unterwürfig)* soumis.

Dezember *m* ‹-(s), (-)› [de'tsɛmbər] décembre *m.*

dezent [de'tsɛnt] *a* **1.** *(anständig)* décent; **2.** *(zurückhaltend)* réservé, discret; **3.** *(zart)* tendre, délicat; **4.** *mus (gedämpft)* amorti.

Dezernat *n* ‹-(e)s, -e› [detsɛr'na:t] *adm* ressort, service *m.* **Dezernent** *m* ‹-en, -en› [-'nɛnt] chef *m* de service.

dezimal [detsi'ma:l] *a math* décimal. **Dezimalbruch** *m* (fraction) décimale *f.* **Dezimalstelle** *f* décimale *f.* **Dezimalsystem** *n* système *m* décimal *od* métrique.

dezimieren [detsi'mi:rən] ‹*ohne ge-*› *tr* décimer.

Dia *n* ‹-s, -s› ['di:a] *phot* diapo *f.*

Diabetes *m* ‹-, ø› [dia'be:tɛs] *med (Zuckerkrankheit)* diabète *m.* **Diabetiker** *m* ‹-s, -› [-'be:tikər] diabétique *m.* **diabetisch** *a* diabétique.

Diabetrachter *m* visionneuse *f.*

diabolisch [dia'bo:lɪʃ] *a (teuflisch)* diabolique.

Diadem *n* ‹-s, -e› [dia'de:m] diadème *m.*

Diagnose *f* ‹-, -n› [dia'gno:zə] *med* diagnostic *m.* **Diagnostik** *f* ‹-, (-en)› [diag'nɔstɪk] diagnose *f.* **diagnostisch** *a* diagnostique. **diagnostizieren** [diagnɔsti'tsi:rən] ‹*ohne ge-*› *tr* diagnostiquer.

diagonal [diago'na:l] *a math* diagonal; ▶ *~ (flüchtig) lesen (fam)* lire en diagonale. **Diagonale** *f* ‹-, -n› *math* diagonale *f.*

Diagramm *n* ‹-s, -e› [dia'gram] *(Schaubild)* diagramme, graphique *m.*

Diakon *m* ‹-s/-en, -e/-en› [dia'ko:n] *rel* diacre *m.* **Diakonissin** *f* diaconesse *f.*

Dialekt *m* ‹-(e)s, -e› [dia'lɛkt] *(Mundart)* dialecte, patois *m.* **Dialektik** *f* ‹-, ø› [-'lɛktɪk] *philos* dialectique *f.*

Dialog *m* ‹-(e)s, -e› [dia'lo:k] dialogue *m.* **Dialogrechner** *m* ordinateur *m* à interface homme-machine.

Dialyse [dialy:zə] ‹-, -n› *f med* dialyse *f.*

Diamant *m* ‹-en -en› [dia'mant] diamant *m.* **diamanten** *a* de diamant(s); en diamants; ▶ *~e Hochzeit f* noces *f pl* de diamants. **Diamantenhalsband** *n* rivière *f* de diamants. **Diamanthändler** *m* diamantaire *m.*

Diathek *f* ‹-, -en› photothèque *f.*

Diät *f* ‹-, ø› [di'ɛ:t] diète *f; med* régime *m* (alimentaire). **Diäten** *pl parl (Tagegelder)* indemnité *f* (parlementaire); ▶ *d~ leben* faire diète; *auf ~ setzen (med)* mettre au régime; *strenge ~* grand régime *m.* **Diätkost** *f* produits *m pl* de régime.

Diavortrag *m* conférence *f* avec diapositives, diaporama *m.*

dich [dɪç] *pron (mit v verbunden)* te; *(unverbunden u. nach prp)* toi.

dicht [dɪçt] **I.** *a* **1.** *(~ stehend)* dense *(a. Bevölkerung);* épais *(bes. Nebel);* dru *(a. Regen); (buschig)* touffu; *(gedrängt)* serré; *(~ u. fest)* compact, solide, consistant; *(Stoff)* serré; **2.** *(luftdicht)* hermétique; *(wasserdicht)* étanche, imperméable; **II.** *adv:* ▶ *~ an etw* à même qc; *~ bei* tout près de; *~ dabei* tout près; *~ hinter ...* juste derrière ... **Dichte** *f* ‹-, (-n)›, **Dichtigkeit** *f* ‹-, ø› **1.** densité *a. phys;* épaisseur; compacité, solidité, consistance *f;* **2.** étanchéité, imperméabilité *f.*

dichten ['dɪçtən] **(1)** *tr tech (verstopfen)* boucher, bourrer, colmater; *(mit Werg)* étouper; étancher; *mar* calfater; **(2)** *tr poet* faire, écrire, composer; *itr* faire des vers.

Dichter *m* ‹-s, -› ['dɪçtər] poète; *allg* rêveur *m.* **Dichterin** *f* femme poète, poétesse *f.* **dichterisch** *a* poétique. **Dichterling** *m* ‹-s, -e› versificateur, rim(aill)eur *m.*

dicht=halten ['dɪçt-] ‹*hält, hielt dicht, dichtgehalten*› *itr fam (nichts verraten)* garder le secret *od fam* sa langue.

Dichtkunst *f* ['dɪçt-] art *m* poétique, poésie *f.*

Dichtung *f* ‹-, -en› ['dɪçtʊŋ] **(1)** *tech* bourrage, joint *m;* étoupement; étanchement; *mar* calfatage *m;* **(2)** *poet* poésie; *(einzelnes Werk)* œuvre *f* poétique; *(Epos)* poème *m; allg* fiction *f.*

dick [dɪk] *a* **1.** *(dem Durchmesser nach)* épais; *(dem Umfang nach)* gros, fort, corpulent, replet; **2.** *(geschwollen, von e~m Körperteil)* enflé, gonflé; = *dicht (stehend);* = *~flüssig;* ▶ *mit jdm durch ~ und dünn gehen* suivre qn toujours et partout; *~ machen* grossir; *(fett)* engraisser; *~(er) machen (erscheinen lassen)* grossir; *e-n Meter ~*

sein avoir un mètre d'épaisseur; *~(er) werden (Mensch)* prendre de l'embonpoint *od* de la graisse, grossir, faire de la graisse; *~ angezogen* très vêtu; *~e Milch f* lait *m* caillé *od* pris. **dickbäuchig** *a (Mensch)* ventru, pansu. **Dickdarm** *m anat* gros intestin *m*. **Dicke** *f* ‹-, -n› épaisseur; grosseur; corpulence *f*, embonpoint *m*. **dickfellig** *a fig* endurci, insensible. **dickflüssig** *a* épais, filant, consistant, visqueux. **Dickhäuter** *m zoo* pachyderme *m*. **Dikkicht** *n* ‹-(e)s, -e› ['-kıçt] fourré; *(Gebüsch)* taillis *m*, broussailles *f pl*. **Dickkopf** *m* forte *od* mauvaise tête *f*; ▶ *e-n ~ haben* avoir la tête dure. **dickköpfig** *a* entêté, têtu. **Dickschädel** *m fam* mule *f*. **Dickwanst** *m* patapouf *m*.

Didaktik *f* ‹-, ø› [di'daktık] didactique *f*. **didaktisch** [-'daktıʃ] *a (lehrhaft)* didactique.

die [di(:)] *(Artikel, Relativpron) s. der; (Demonstrativpron) s. dieser* u. *jener*.

Dieb *m* ‹-(e)s, -e› [di:p] voleur, larron; *(Einbrecher)* cambrioleur *m*; ▶ *~e! haltet den ~!* au voleur! **Diebin** *f* voleuse *f*. **diebisch I.** *a* enclin au vol, voleur. **II.** *adv fig:* ▶ *sich ~ freuen* se frotter les mains. **Diebstahl** *m* vol *m*; *pop* fauche *f*; *(kleiner)* larcin; ▶ *geistiger ~* plagiat, larcin *m* littéraire; *schwerer ~ (jur)* vol *m* qualifié.

Diele *f* ‹-, -n› ['di:lə] **1.** *(Brett)* planche *f*, madrier *m*; **2.** *(Hausflur)* vestibule *m*.

dienen ['di:nən] *itr* **1.** servir (*jdm* qn, *zu etw* à qc), rendre service (*jdm zu etw* de qc à qn), être utile (*jdm* à qn, *zu etw* à qc); **2.** *(in Stellung sein)* être en service *od* condition (*bei jdm* chez qn); *mil* servir, faire son service militaire; ▶ *als etw ~* servir de qc, faire fonction *od* office de qc; *als (Ersatz für) etw ~* tenir lieu de qc, remplacer qc; *damit ist mir nicht gedient* cela ne me sert à rien, cela ne fait pas mon affaire; *womit kann ich Ihnen ~?* qu'y a-t-il pour votre service? **Diener** *m* ‹-s, -› **1.** serviteur; *(Dienstbote)* domestique, valet; *(Lakai)* laquais; *(Knecht)* valet; *rel* ministre *m*; **2.** *fig (Verbeugung)* révérence *f*. **Dienerin** *f* ‹-, -nen› servante *f*. **Dienerschaft** *f* ‹-, ø› domestiques, gens *m pl* de maison. **dienlich** *a* **1.** *(brauchbar)* utile, propre (*zu* à); *(zweckdienlich)* convenable, expédient; **2.** *(heilsam)* salutaire.

Dienst *m* ‹-es, -e› [di:nst] **1.** service; *(Amt)* office *m*, charge; *(Stellung)* place, condition *f*, emploi *m*; *(Funktion)* fonction *f*; **2.** *(Liebes~)* bon office *m*; **3.** *rel* office, ministère *m*; ▶ *außer ~* hors (du) service; *(im Ruhestand) (Abkürzung: a. D.)* en retraite, ancien ...; *im ~ (befindlich)* de service; *(während des ~es)* pendant le service; *im ~ (gen)* au service (de); *den ~ antreten* entrer en service; *jdm e-n ~ erweisen* od *leisten* rendre (un) service à qn; *~ haben* être de service, *mil a.* de semaine; *jds ~e in Anspruch nehmen* utiliser les services de qn; mettre qn à contribution; *zu jds ~en stehen* être à la disposition *od* aux ordres de qn; *meine Beine versagen den ~* mes jambes se dérobent; *was steht zu ~en?* qu'y a-t-il pour votre service? *Offizier, Unteroffizier m vom ~* officier, sergent *m* de service. **Dienstabteil** *n loc* compartiment *m* de service.

Dienstag *m* ‹-(e)s, -e› ['di:nsta:k] mardi *m*.

Dienstalter *n* ['di:nst-] ancienneté, date *f* du brevet; ▶ *nach dem ~* par rang *od* ordre d'ancienneté. **Dienstälteste** *m f* le (la) plus ancien(ne); doyen(ne *f*) *m*. **Dienstanweisung** *f* instruction *f* de service. **Dienstbote** *m* domestique *m f*. **Dienstеifer** *m* zèle, empressement *m*. **diensteifrig** *a* zélé, empressé; *(gefällig)* serviable, obligeant. **dienstfrei** *a* libre *od* exempt de service; ▶ *~ haben* n'être pas de service. **Dienstgrad** *m mil* grade *m* (militaire). **diensthabend** *a* de service. **Dienstjahr** *n* année *f* de service; *pl* état *m* de service. **Dienstleistung** *f* (prestation *f* de) service *m*; *(als Arbeitsentgelt)* rémunération *f* en services; ▶ *die ~en pl* les services *m pl*, le (secteur) tertiaire *m*. **dienstlich I.** *a* officiel; **II.** *a. adv* de service, d'office; ▶ *~ verhindert* retenu par le service. **Dienstleistungsabend** *m* soirée *f* de prestation de services, nocturne *f*; ▶ *Donnerstag ist ~* le jeudi, les magasins sont ouverts en nocturne. **Dienstmädchen** *n* bonne, domestique *f*. **Dienstpflicht** *f*: ▶ *allgemeine ~ (mil)* service *m* militaire obligatoire. **Dienstreise** *f* déplacement *m* (de service). **Dienststelle** *f* service, office, bureau *m*; ▶ *vorgesetzte ~* autorité *f* hiérarchique supérieure. **Dienststunden** *f pl* heures *f pl* de service. **diensttuend** *a bes. mil* de service. **Dienstvorschrift** *f* règlement *m od* instruction *f od* ordre *m* de service; *mil* consigne *f*. **Dienstwagen** *m* voiture *f* de service. **Dienstweg** *m* voie *f* hiérarchique; ▶ *auf dem ~e* par la voie hiérarchique; *den ~ einhalten* suivre *od* respecter la voie hiérarchique. **Dienstwohnung** *f* logement *m* de service. **Dienstzeit** *f* **1.** *mil* durée *f*, années *f pl* de service; **2.** *(Bürostunden)* (temps *m od* heures *f pl* de) service *m*; ▶ *aktive ~ (mil)* présence *f* (réelle) sous les drapeaux.

diesbezüglich ['di:s-] **I.** *a* relatif; **II.** *a. adv* à ce sujet, à cet effet.

Dieselkraftstoff *m* ['di:zəl-] combustible *m* pour moteurs diesel. **Diesellok(omotive)** *f* locomotive *f* (à moteur) diesel. **Dieselmotor** *m* moteur *m* diesel.

diese(r, s) ['di:zə-] *pron* ce (*vor Vokal* cet), cette, *pl* ces; *(substantivisch)* celui-ci, celle-ci, *pl* ceux-ci, celles-ci; ▶ *~er und jener* l'un et l'autre. **dies(es)** *(substantivisch)* ceci; ▶ *von ~em und jenem sprechen* parler de choses et d'autres; *~ ist*... c'est..., voici... **diesjährig** ['di:s-] *a* de cette année. **diesmal** *adv* cette fois. **diesseitig** *a* de ce côté(-ci), en deçà. **diesseits I.** *adv* de ce côté(-ci), en deçà; **II.** *prp gen* en deçà de.

diesig ['di:zıç] *a* brumeux, nébuleux.

Dietrich *m* ‹-s, -e› ['di:trıç] *(Nachschlüssel)* passe-partout, crochet; *fam* rossignol *m;* ▶ *mit e-m ~ öffnen* crocheter.

diffamieren [dıfa'mi:rən] ‹*ohne ge-*› *tr (verleumden)* diffamer, calomnier, dénigrer.

Differential *n* ‹-s, -e› [dıfərɛntsi'a:l] *math* différentielle *f*. **Differentialrechnung** *f* calcul *m* différentiel. **Differenz** *f* ‹-, -en› [-'rɛnts] **1.** *(Unterschied)* différence *f;* **2.** *fig (Streit)* différend *m*. **differenzieren** [-rɛn'tsi:rən] ‹*ohne ge-*› *tr (unterscheiden)* différencier *a. math.* **Differenzierung** *f (Unterscheidung)* différentiation *f*. **differieren** [-'ri:rən] ‹*ohne ge-*› *itr (vonea. abweichen)* différer, être différents.

digital [digi'ta:l] *a inform* digital, numérique. **Digitalanzeige** [digi'ta:l-] *f* affichage *m* numérique. **Digitalaufnahme** *f* enregistrement *m* numérique. **Digitalrechner** *m inform* calculateur *m* numérique. **Digitaluhr** *f* montre *f* digitale od à affichage numérique.

Diktaphon *n* ‹-(e)s, -e› [dıkta'fo:n] *(Tonbandgerät)* dictaphone *m*, machine *f* à dicter. **Diktat** *n* ‹-(e)s, -e› [dık'ta:t] **1.** *(Nachschrift)* dictée *f;* **2.** *(strenger Befehl)* injonction *f; pol* traité *m* imposé; ▶ *nach jds ~* sous la dictée de qn; *ein ~ aufnehmen* écrire sous la dictée; *ein ~ schreiben* faire une dictée. **Diktator** *m* ‹-s, -en› [-'ta:tɔr, -'to:rən] dictateur *m*. **diktatorisch** [-'to:rıʃ] *a* dictatorial. **Diktatur** *f* ‹-, -en› [-'tu:r] dictature *f*. **diktieren** [-'ti:rən] ‹*ohne ge-*› *tr (Text, Bedingungen)* dicter; *pol* imposer. **Diktiergerät** [-'ti:r-] *n* dictaphone *m*.

Dilemma *n* ‹-s, -s/-ata› [di'lɛma, -ta] dilemme *m*.

Dilettant *m* ‹-en, -en› [dilɛ'tant] *(Halbwisser)* dilettante; *(Liebhaber)* amateur *m*.

Dill *m* ‹-(e)s, -e› [dıl] *bot* anet(h); *(Küche: meist)* fenouil *m*.

Diluvium *n* ‹-s, ø› [di'lu:vium] *geol* ère *f* glaciaire, diluvium *m*.

Dimension *f* ‹-, -en› [dimɛnzi'o:n] dimension *f*.

Ding *n* ‹-(e)s, -e› [dıŋ] **1.** chose *f; (Gegenstand)* objet *m;* **2.** *(Angelegenheit)* affaire *f;* **3.** *fam (Person)* ‹-(e)s, -er› être *m*, créature *f;* ▶ *vor allen ~en* avant tout, surtout; *wie die ~e nun einmal liegen* dans les circonstances actuelles, au point où nous en sommes; *unverrichteterdinge abziehen* s'en retourner comme on était venu, revenir bredouille; *guter ~e sein* être de bonne humeur; *das geht nicht mit rechten ~en zu* le diable s'en mêle, ce n'est pas naturel; *das ist ein ~ der Unmöglichkeit* c'est une chose infaisable, c'est impossible; *so liegen die ~e* voilà où en sont les choses. **dingen** ‹*dingte, gedungen* od *gedingt*› *tr (anwerben)* engager, embaucher; *(Mörder)* soudoyer. **dingfest** *a:* ▶ *~ machen* mettre en état d'arrestation, arrêter. **Dings** *n* ‹-, ø› *fam* chose *f*, machin. **Dingsbums** ‹-, -› *fam* truc, machin *m*.

dinieren [di'ni:rən] ‹*ohne ge-*› *itr* dîner.

Diphtherie *f* ‹-, (-n)› [difte'ri:] *med* diphtérie *f*.

Diphthong *m* ‹-(e)s, -e› [dif'tɔŋ] *gram* diphtongue *f*.

Diplom *n* ‹-(e)s, -e› [di'plo:m] diplôme, brevet *m*. **Diplomat** *m* ‹-en, -en› [-plo'ma:t] diplomate *m*. **Diplomaten(akten)tasche** *f* serviette *f* état-major, *fam* maroquin *m*. **Diplomatie** *f* ‹-, ø› [-ma'ti:] diplomatie *f*. **Diplomatik** *f* ‹-, ø› [-'ma:tık] *(Urkundenlehre)* diplomatique *f*. **diplomatisch** [-'ma:tıʃ] *a* diplomatique; *(von Personen)* diplomate; ▶ *die ~en Beziehungen abbrechen, (wieder) aufnehmen* rompre, (r)établir les relations diplomatiques; *das ~e Korps* le corps diplomatique. **Diplomingenieur** *m* ingénieur *m* diplômé.

dir [di:r] *pron dat (mit v verbunden)* te; *(unverbunden)* à toi; *(mit prp)* toi.

direkt [di'rɛkt] **I.** *a* direct, (tout) droit; *(unmittelbar)* immédiat; **II.** *adv* **1.** directement, en droite ligne, immédiatement; **2.** *(geradezu)* absolument; vraiment, véritablement; ▶ *es war mir ~ peinlich* je me sentais vraiment gêné; *~e Rede f (gram)* discours *m* direct. **Direktflug** *m* vol *m* direct. **Direktion** *f* ‹-, -en› [-tsi'o:n] **1.** *(Leitung)* direction; *(Verwaltung)* administration *f;* **2.** *(Vorstand)* conseil *m* d'administrateurs *od* de gérants. **Direktive** *f* ‹-, -n› [-'ti:və] *(Weisung)* directive *f; pl* instructions *f pl* (générales). **Direktor** *m* ‹-s, -en› [-'rɛktɔr, -'to:rən] *allg adm com* directeur; *adm* gouverneur; *(Geschäftsführer)* gérant; *(e-r staatl. höheren Schule (lycée))* proviseur; *e-r städt. höheren Schule (collège))* principal *m; stellvertretender,* ▶ *Zweiter ~* sous-directeur *m*. **Direktorin** [-'to:rın] *f*, **Direktrice** *f* ‹-, -n› [-'tri:sə] directrice *f*. **Direktsatellit** *m* satellite *m* de télévision directe.

Direktorium *n* ‹-s, -rien› [-'to:rium, -riən] comité *m* directeur. **Direktübertragung** *f radio TV;* ▶ *als ~* en direct. **Direktzugriff** *m inform* accès *m* direct.

Dirigent *m* ‹-en, -en› [diri'gɛnt] *mus* chef *m* d'orchestre. **dirigieren** [-'gi:rən] ‹*ohne ge-*› *tr* diriger; *mus mil* conduire.

Dirne *f* ‹-, -n› ['dırnə] **1.** *vx* (jeune) fille *f;* **2.** *(Prostituierte)* fille (publique), prostituée, putain *f.*

dis *n* ‹-, -› [dıs] *mus* ré *m* dièse.

Disharmonie *f* ‹-, -n› [dısharmo'ni:] *mus* dissonance, discordance; *fig* désunion, dissension, discorde *f.* **disharmonisch** [-'mo:nıʃ] *a mus* dissonant; *a. fig* discordant.

Diskette [dıs'kɛtə] ‹-, -n› *f inform* disquette *f,* disque *m* souple. **Diskettenlaufwerk** *n inform* lecteur *m* de disquettes.

Diskjockey *m* ['dıskdʒɔke] ‹-s, -s› disc-jockey *m* animateur,trice *m f.* **Diskkamera** ['dısk-] *f phot* appareil *m* à photodisque.

Disko ['dısko] ‹-, -s› *f fam* discothèque, *fam* boîte *f.* **Diskomode** *f* mode *f* disco. **Diskomusik** *f* musique *f* disco.

Diskont *m* ‹-(e)s, -e› [dıs'kɔnt] **1.** *fin* escompte *m;* **2.** *com (Nachlaß)* réduction, remise *f.* **diskontfähig** *a* escomptable. **diskontieren** [-'ti:rən] ‹*ohne ge-*› *tr* escompter; faire l'escompte de. **Diskontsatz** *m* taux *m* d'escompte.

Diskothek *f* ‹-, -en› [dısko'te:k] discothèque *f.*

diskreditieren [dıskredi'ti:rən] ‹*ohne ge-*› *tr (in Verruf bringen)* discréditer, déprécier, décrier.

Diskrepanz *f* ‹-, -en› [dıskre'pants] divergence *f.*

diskret [dıs'kre:t] *a* discret. **Diskretion** *f* ‹-, ø› [-kretsi'o:n] discrétion *f; (strenge)* ▶ *~ wird zugesichert* discrétion assurée *od* garantie.

diskriminieren [dıskrimi'ni:rən] ‹*ohne ge-*› *tr* discriminer. **diskriminierend** *a* discriminatoire. **Diskriminierung** *f* discrimination *f.*

Diskus *m* ‹-, -se/Disken› ['dıskus] *sport* disque *m.* **Diskuswerfen** *n,* **Diskuswurf** *m* lancement *m* du disque.

Diskussion *f* ‹-, -en› [dıskusi'o:n] discussion *f,* débats *m pl;* ▶ *sich mit jdm in e-e ~ einlassen* entrer en discussion avec qn; *etw zur ~ stellen* mettre qc en discussion. **diskutieren** ‹*ohne ge-*› *tr* discuter, débattre, agiter; *itr* discuter (*über etw* de qc).

dis-Moll *n* ['dısmɔl] ré *m* dièse mineur.

Dispens *m* ‹-es, -e› [dıs'pɛns, -zə] . **Dispensation** *f* ‹-, -en› [-zatsi'o:n] *(Befreiung)* dispense, exemption *f.* **dispensieren** [-'zi:rən] ‹*ohne ge-*› *tr* dispenser, exempter (*jdn von etw* qn de qc).

Display [dısplei] ‹-s, -s› *n inform* afficheur *m.*

disponieren [dıspo'ni:rən] ‹*ohne ge-*› *itr* **1.** *(verfügen)* disposer (*über etw* de qc); **2.** *(planen)* projeter. **Disposition** *f* ‹-, -en› [-zitsi'o:n] *allg* disposition *f; (Anordnung) a.* arrangement *m; (Anlage) a.* prédisposition, aptitude *f.*

Disput *m* ‹-(e)s, -e› [dıs'pu:t] dispute, discussion, altercation *f.* **disputieren** [-pu'ti:rən] ‹*ohne ge-*› *itr* disputer, discuter (*über etw* de *od* sur qc).

Disqualifikation *f* ‹-, -en› [dıskvalifikatsi'o:n] , *bes. sport* disqualification *f.* **disqualifizieren** [-'tsi:rən] ‹*ohne ge-*› *tr bes. sport* disqualifier.

Dissertation *f* ‹-, -en› [dısɛrtatsi'o:n] *(Abhandlung)* dissertation; *(Doktor~)* thèse *f* de doctorat.

Dissident *m* ‹-en, -en› [disi'dɛnt] *rel* dissident, non-conformiste *m.*

Dissonanz *f* ‹-, -en› [dıso'nants] *mus* u. *fig* dissonance *f.*

Distanz *f* ‹-, -en› [dıs'tants] distance *f a. fig.* **distanzieren** [-'tsi:rən] ‹*ohne ge-*› *tr bes. sport* distancer; ▶ *sich von jdm ~ (fig)* prendre ses distances à l'égard de qn, se désolidariser d'avec qn.

Distel *m* ‹-, -n› ['dıstəl] *bot* chardon *m.* **Distelfink** *m orn* chardonneret *m.*

Distrikt *m* ‹-(e)s, -e› [dıs'trıkt] district, arrondissement *m.*

Disziplin *f* ‹-, -en› [dıstsi'pli:n] **1.** *(Zucht)* discipline *f;* **2.** *(Fachgebiet)* discipline, branche *od* matière (d'enseignement); spécialité *f;* ▶ *~ halten* maintenir la discipline. **disziplinarisch** [-'na:rıʃ] *a* disciplinaire. **diszipliniert** [-'ni:rt] *a* discipliné. **Diszipliniertheit** *f* ‹-, ø› esprit *m* de discipline. **disziplinlos** *a* indiscipliné. **Disziplinlosigkeit** *f* ‹-, ø› indiscipline *f.*

Diva *f* ‹-, -s/-ven› ['di:va] diva, vedette, star, étoile *f.*

divers [di'vɛrs] *a pl attr* divers, différents.

Dividend *m* ‹-en, -en› [divi'dɛnt] *math* dividende *m.* **Dividende** *f* ‹-, -n› [-'dɛndə] *fin* dividende *m.* **dividieren** [-'di:rən] ‹*ohne ge-*› *tr math* diviser (*durch* par).

Division *f* ‹-, -en› [divizi'o:n] *math mil* division *f.*

Diwan *m* ‹-s, -e› ['di:va(:)n] divan *m.*

d-Moll *n* ['de:mɔl] *mus* ré *m* mineur.

doch [dɔx] *adv* u. *conj (jedoch, dennoch)* cependant, pourtant; quand même, tout de même; néanmoins; *(abgeschwächt)* donc *(od bleibt unübersetzt); interj (in Abrede Gestelltes bekräftigend)* si (fait), mais si *od* oui; ▶ *du weißt ~, daß ...* tu sais bien que ...; *das ist ~ die Höhe!* alors ça, c'est le bouquet! *kommen Sie ~ herein!* entrez donc! *wenn er ~ käme!* si seulement il

venait! *also ~!* qu'est-ce que je disais! *ja ~!* mais oui! mais si! *nicht ~!* mais non! que non! non pas!
Docht *m* ‹-(e)s, -e› [dɔxt] mèche *f.*
Dock *n* ‹-(e)s, -s› [dɔk] *mar* dock, bassin *m* (de construction *od* de radoub); cale *f.* **Dockarbeiter** *m* docker *m.*
Dogge *f* ‹-, -n› ['dɔgə] *(Hunderasse)* dogue; *(Bulldogge)* bouledogue *m.*
Dogma *n* ‹-s, -men› ['dɔgma] *rel, allg* dogme *m.* **dogmatisch** [-'ma:tɪʃ] *a* dogmatique.
Dohle *f* ‹-, -n› ['do:lə] *orn* choucas *m;*
Doktor *m* ‹-s, -en› ['dɔktɔr, -'to:rən] *(a. pop: Arzt)* docteur *m (entspricht in Frankr. eher dem deutschen Dr. habil);* ► *den* od *(fam) s-n ~ machen, ~ werden* passer *od* être reçu docteur, passer son doctorat; *Herr ~!* monsieur! *(nur wenn ein Arzt angeredet wird)* docteur! *~ der Medizin (Dr. med.), der Philosophie (Dr. phil.)* docteur *m* en médecine, ès lettres. **Doktorarbeit** *f,* **Doktordissertation** *f* thèse *f* de doctorat. **Doktorgrad** *m,* **Doktortitel** *m* grade *od* titre *m* de docteur.
Doktrin *f* ‹-, -en› [dɔk'tri:n] doctrine *f.*
Dokument *n* ‹-(e)s, -e› [doku'mɛnt] document *m,* pièce *f,* certificat; *jur* acte, instrument *m.* **Dokumentarfilm** [-'ta:r-] *m* (film) documentaire *m.* **dokumentarisch** [-'ta:rɪʃ] *a* documentaire. **Dokumentation** *f* ‹-, -en› [-tatsi'o:n] documentation *f.* **dokumentieren** [-'ti:rən] ‹*ohne ge-*› *tr* documenter, attester, certifier.
Dolch *m* ‹-(e)s, -e› [dɔlç] poignard; *(kleiner)* stylet *m; (großer)* dague *f.*
Dolde *f* ‹-, -n› ['dɔldə] *bot* ombelle *f.*
Dollar *m* ‹-s, -s› ['dɔlar] dollar *m.*
Dolmetsch(er) *m* ‹-s, -› ['dɔlmɛtʃ(ər)] interprète *a. fig.* **dolmetschen** *tr* interpréter; traduire; *itr* servir d'interprète.
Dom *m* ‹-(e)s, -e› [do:m] *(Bischofskirche)* cathédrale *f; (in Italien)* dôme *m.*
Domäne *f* ‹-, -n› [do'mɛ:nə] terre *f* domaniale; domaine *m* de l'État *od* public.
Domherr *m* ['do:m-] chanoine *m.*
dominant [domi'nant] *a biol* dominant. **Dominante** *f* ‹-, -n› *bes. mus* dominante *f.* **Dominieren** [-'ni:rən] ‹*ohne ge-*› *tr* u. *itr* dominer (*über* sur). **Domino** ['do:mino] *n* ‹-s, -s› *(Spiel)* (jeu *m* de) dominos *m pl.* **Dominostein** *m* domino *m.*
Dompfaff *m* ['do:m-] *orn* bouvreuil *m.*
Dompteur *m* ‹-s, -e› [dɔmp'tø:r] dompteur *m.*
Donau ['do:naʊ] , *die* le Danube. **Donauländer,** *die n pl* la région danubienne.
Donner *m* ‹-s, -› ['dɔnər] tonnerre *m;* ► *ich bin wie vom ~ gerührt* je suis comme frappé de la foudre. **donnern** *itr* **1.** tonner; **2.** *fig (Mensch)* tempêter, fulminer (*gegen jdn* contre qn); ► *es donnert* il tonne. **Donnerschlag** *m* coup *m* de tonnerre *od* de foudre. **Donnerstag** *m* ‹-(e)s, -e› jeudi *m.* **Donnerwetter** *n: ~! (fam)* (mille) tonnerre(s)! sacristi! sapristi!
doof [do:f] *a pop (blöde)* bête, godichon.
dopen ['do:pən] *tr sport* doper. **Doping** *n* ‹-s, -s› ['-pɪŋ] doping, dopage *m.*
Doppel *n* ‹-s, -› ['dɔpəl] *(Duplikat)* double, duplicata; *(Tennis)* double *m;* ► *gemischtes ~* double *m* mixte. **Doppelagent** *m* agent *m* double. **Doppelbelastung** *f* double tâche *f.* **Doppelbeschluß** *m (Nato~)* double décision *f* de l'OTAN. **Doppelbett** *n* lit *m* à deux personnes *od* de milieu, grand lit; lits *m pl* jumeaux. **Doppelbettzimmer** *n* chambre *f* à grand lit. **Doppeldecker** *m aero* biplan *m.* **Doppeldeckomnibus** *m* autobus *m* à impériale. **Doppelfenster** *n* double fenêtre, contre-fenêtre *f,* vitrage *m* double. **Doppelgänger** *m* double, sosie *m.* **Doppelkinn** *n* double menton *m.* **doppeln** *tr* doubler. **Doppelname** *m* double nom *m.* **Doppelpunkt** *m* deux points *m pl.* **Doppelrolle** *f theat* deux rôles *m pl.* **doppelseitig** *a (Kleidung)* réversible. **Doppelsinn** *m* double sens *m,* équivoque, ambiguïté *f.* **Doppelstecker** *m el* prise *f* double *od* bipolaire.
doppelt ['dɔpəlt] **I.** *a* double; **II.** *adv* en double, deux fois; ► *in ~er Ausfertigung* en double; *~ soviel* deux fois autant; *~ bezahlen* payer double; *~ soviel bezahlen* payer le double; *etw ~ haben* avoir qc en double; *ein ~es Spiel treiben* jouer double jeu; *~e Buchführung f (com)* comptabilité *f* en partie double.
Doppeltür *f* ['dɔpəl-] contre-porte *f.* **Doppelverdiener** *m* cumulard *m.* **Doppelwährung** *f* double étalon, bimétallisme *m.* **Doppelzentner** *m* quintal *m* métrique. **Doppelzimmer** *n* chambre *f* à deux lits.
Dorf *n* ‹-(e)s, ¨er› [dɔrf, 'dœrfər] village; *(Weiler)* hameau *m.* **Dorfbewohner** *m* villageois *m.* **Dorfschule** *f* école *f* de village.
Dorn [dɔrn] *m* **1.** ‹-(e)s, -en/(¨er)› *bot* épine *f,* piquant *m;* **2.** ‹-(e)s, -e› *(an e-r Schnalle)* ardillon *m; tech* broche, tige *f,* goujon, mandrin *m,* chevillette *f;* ► *jdm ein ~ im Auge sein* être la bête noire de qn, offusquer, *fam* hérisser qn. **Dornenkrone** *f (rel)* couronne *f* d'épines. **dornenreich** *a,* **dornenvoll** *a fig* pénible, plein de difficultés. **dornig** *a* épineux *a. fig; fig = dornenreich;* **Dornröschen** *n (Märchengestalt)* la Belle au bois dormant.
dörren ['dœrən] *tr* (des)sécher; *(rösten)* torréfier, sécher au four. **Dörrobst** *n*

fruits *m pl* secs *od* séchés.

Dorsch *m* ⟨-(e)s, -e⟩ [dɔrʃ] *zoo* (petite) morue *f*.

dort [dɔrt] *adv* là; y; ▶ *da und ~* çà et là; *von ~* de là; en; *~ drüben, hinten* là-bas; *~ oben, unten* là-haut, là-bas; *~ ist, ~ sind* voilà. **dorther** *adv* de (par) là, de là-bas, en; ▶ *von ~* de ce côté(-là). **dorthin** *adv* de ce côté-là, par là, là-bas, y. **dorthinein** *adv* là-dedans. **dortig** *a* de *od* situé là-bas, en ce lieu(-là).

Dose *f* ⟨-, -n⟩ ['do:zə] **1.** boîte; *(Konservendose)* boîte *f* de conserves; **2.** *el (Steckdose)* (boîte de) prise *f* de courant.

dösen ['dø:zən] *itr fam* sommeiller, somnoler; rêvasser.

Dosenmilch *f* ['do:zən-] lait *m* (condensé *od* concentré) en boîte. **Dosenöffner** *m* ouvre-boîtes *m*.

dosieren [do'zi:rən] ⟨*ohne ge-*⟩ *tr med pharm fig* doser. **Dosierung** *f* ⟨-, -en⟩ dosage *m*. **Dosis** *f* ⟨-, Dosen⟩ ['do:zɪs, -zən] *med pharm fig* dose, quantité *f*.

dotieren [do'ti:rən] ⟨*ohne ge-*⟩ *tr* doter (*mit* de).

Dotter *m* od *n* ⟨-s, -⟩ ['dɔtər] jaune *m* d'œuf.

Double *n* ⟨-s, -s⟩ ['du:b(ə)l] *film* doublure *f*.

Dozent *m* ⟨-en, -en⟩ [do'tsɛnt] maître de conférences, chargé *m* de cours. **dozieren** [-'tsi:rən] ⟨*ohne ge-*⟩ *tr* u. *itr (lehren)* enseigner; professer.

Drache *m* ⟨-n, -n⟩ ['draxə] *(Fabeltier)* dragon *m*. **Drachen** *m* ⟨-s, -⟩ **1.** *(Spielzeug)* cerf-volant *m*; **2.** *fig fam (böse Frau)* dragon *m*, mégère *f*. **drachen=fliegen** ⟨*aux: sein*⟩ itr faire du deltaplane. **Drachenfliegen** *n* vol libre, deltaplane *m*. **Drachenflieger(in** *f*) *m* libériste *m f*.

Draht *m* ⟨-(e)s, ⸚e⟩ [dra:t, 'drɛ:tə] fil métallique, *(Eisendraht)* fil de fer; *tele (Kabel)* câble *m*; ▶ *per ~ (tele)* par câble; *auf ~ sein (fam)* être débrouillard; être en forme, être plein d'allant. **Drahtanschrift** *f* adresse *f* télégraphique. **Drahtbürste** *f* brosse *f* métallique. **drahten** *tr* télégraphier, câbler. **Drahtgitter** *n* grillage *m* métallique. **Drahtglas** *n* verre *m* filé *od* armé. **drahthaarig** *a (Hund)* à poil dur. **drahtlos I.** *a* radiotélégraphique, radiotéléphonique; **II.** *a, adv* sans fil, par radio; ▶ *~e Telegraphie f* télégraphie sans fil (T.S.F.), radiotélégraphie *f*; *~e Telephonie f* téléphonie sans fil, radiotéléphonie *f*. **Drahtseil** *n* câble métallique, filin *m* d'acier. **Drahtseilbahn** *f* (chemin de fer) funiculaire *m*. **Drahtzaun** *m* treillage *m* métallique. **Drahtzieher** *m fig* meneur, instigateur, machinateur *m* (d'intrigues); ▶ *der ~ sein (fig)* tirer les ficelles.

drakonisch [dra'ko:nɪʃ] *a (streng)* draconien.

drall [dral] *a (kräftig, stramm)* vigoureux, plantureux, solide.

Drall *m* ⟨-(e)s, -e⟩ [dral] **1.** *(Geschoßdrehung)* dérivation *f*; *(Ball)* effet *m*; **2.** *(Windung der Züge in Feuerwaffen)* pas *m* de rayure.

Drama *n* ⟨-s, -men⟩ ['dra:ma, '-mən] drame *m*. **Dramatiker** *m* ⟨-s, -⟩ [-'ma:tikər] auteur dramatique, dramaturge *m*. **dramatisch** [-'ma:tɪʃ] *a* dramatique, *fig a.* théâtral. **dramatisieren** [-ti'zi:rən] ⟨*ohne ge-*⟩ *tr* dramatiser.

dran [dran] *adv fam = daran.*

dränieren [drɛ'ni:rən] ⟨*ohne ge-*⟩ *tr (unterirdisch entwässern)* drainer. **Drän(ier)ung** *f* drainage *m*.

Drang *m* ⟨-(e)s, (⸚e)⟩ [draŋ] **1.** *(Druck)* (op)pression *f*; *(Dringlichkeit)* besoin *m* (urgent), urgence *f*; **2.** *(Trieb)* poussée, impulsion *f*, instinct *m*; *(Hang)* tendance *f*, penchant (*zu* à), désir *m (zu* de).

Drängelei *f* ⟨-, -en⟩ [drɛŋə'laɪ] *fam* presse *f*. **drängeln** ['drɛŋəln] *tr* u. *itr fam* **1.** pousser, bousculer; *itr a.* jouer des coudes; **2.** tarabuster, tanner; ▶ *er hat so lange gedrängelt, bis ich nachgegeben habe* il m'a tarabusté jusqu'à ce que je cède. **drängen** *tr* **1.** *(drücken)* presser, serrer, pousser (*gegen* contre); **2.** *fig (antreiben)* pousser (*zu* à), presser (*zu* de); *(e-n Schuldner)* opprimer, obséder, tourmenter; *itr* **3.** presser; insister (*auf etw* sur qc); *refl sich ~* se presser (*um* autour de), se pousser; ▶ *sich an die Wand ~ lassen* se laisser passer devant; *die Sache drängt* il y a urgence; *die Zeit drängt* le temps presse. **Drängen** *n* poussée; *fig* oppression, obsession; *(dringende Bitten)* insistance *f*; ▶ *auf jds ~* sur les instances de qn.

Drangsal *f* ⟨-, -e⟩ ['draŋza:l] *(Bedrängnis)* détresse, calamité *f*, tourment *m*. **drangsalieren** [-'li:rən] ⟨*ohne ge-*⟩ *tr (quälen)* tourmenter, tracasser.

drastisch ['drastɪʃ] *a (Sache) (derb)* fort, vif, vert; *(sehr wirksam)* rigoureux, draconien.

drauf [draʊf] *adv fam = darauf.*

Draufgänger(in *f*) *m* fonceur,euse *m f*. *m* risque-tout, casse-cou, dur, sabreur *m*. **draufgängerisch** *a* fonceur,se, de fonceur,se.

Draufgeld *n com* arrhes *f pl*.

draußen ['draʊsən] *adv* (au-)dehors; ▶ *von ~* de *od* du dehors.

drechseln ['drɛksəln] *tr* tourner; *fig (Worte)* façonner méticuleusement. **Drechsler** *m* ⟨-s, -⟩ tourneur *m*. **Drechslerei** *f* ⟨-, -en⟩ [-slə'raɪ] *(Werkstatt)* atelier *m* de tourneur.

Dreck *m* ⟨-(e)s, ø⟩ [drɛk] **1.** saleté, ordure, crasse; *(Straßenschmutz)* boue, crotte *f*; **2.** *pop (Schund)* pacotille, camelote *f;* **3.** *pop (Kleinigkeit)* bagatelle, vétille *f;* ► *sich über jeden ~ ärgern (pop)* se fâcher pour un rien; *~ am Stecken haben (fig)* avoir de la poix aux mains, être soi-même compromis *od fam* mouillé; *durch den ~ ziehen (fig)* traîner dans la boue; *das geht Sie e-n ~ an! (pop)* mêlez-vous de vos affaires! *mach deinen ~ allein!* débrouille-toi tout seul! **dreckig** *a* sale, crasseux; *(Straße)* boueux, crotté; ► *es geht mir ~ (fam)* ça va mal, *pop* je suis dans la mouise.

Dreh *m* ‹-(e)s, -s/-e› [dre:] *fam (Handgriff, Trick)* truc *m, pop* combine *f;* ► *den ~ heraushaben* avoir trouvé *od* connaître le truc. **Dreharbeiten** *f pl film* (travaux *m pl* de) tournage *m.* **Drehbank** *f* tour *m.* **drehbar** *a* tournant, rotatif. **Drehbleistift** *m* crayon à coulisse, porte-mine à vis, stylomine *m.* **Drehbuch** *n film* scénario *m.* **Drehbuchautor** *m* scénariste *m.* **drehen** *tr* **1.** *allg* tourner *a. tech;* **2.** *(Zigarette)* rouler; **3.** *(Fahrzeug)* virer; **4.** *(Film)* tourner, réaliser; *refl:* **5.** *sich ~* tourner (*um etw* autour de qc), virer, pivoter; ► *sich um etw ~ (fig fam)* tourner autour de qc, s'agir de qc; *(bes. Gespräch)* rouler sur qc; *ein Ding ~ (pop)* faire un coup; *sich im Kreise ~* tourner sur soi-même, tournoyer, *(auf e-m Fuß)* pirouetter; *fig* tourner en rond, *fam* se mordre la queue; *darum dreht sich alles* tout roule là-dessus; *der Wind dreht sich* le vent tourne. **Dreher** *m* ‹-s, -› tourneur *m.* **Drehkreuz** *n (Wegsperre)* tourniquet *m.* **Drehorgel** *f mus* orgue *m* de Barbarie. **Drehscheibe** *f tech* tour *m; loc* plaque *od* plate-forme *f* tournante. **Drehstrom** *m el* courant *m* triphasé. **Drehstuhl** *m* chaise *f* pivotante *od* tournante *od* à pivot. **Drehtür** *f* porte *f* tournante *od* pivotante. **Drehung** *f* ‹-, -en› **1.** *(um sich selbst)* tour, mouvement *m* giratoire, rotation; ► *halbe ~ rechts* demi-tour à droite; **2.** *(um e-n anderen Körper)* révolution *f;* **3.** *(Wendung)* virage *m.*

drei [draɪ] *(Zahlwort)* trois; ► *für ~ essen* manger comme quatre; *nicht bis ~ zählen können (fig)* être bouché *od* bête comme ses pieds. **Drei** *f* ‹-, -en› trois *m.* **Dreiachser** *m mot* camion *m* à trois essieux. **dreibeinig** *a* à trois pieds. **dreidimensional** *a* à trois dimensions; *~er Film m (a.)* cinéma *m* en relief. **Dreieck** *n* **1.** *math* triangle *m;* **2.** *(Zeichengerät)* équerre *f.* **dreieckig** *a* triangulaire. **Dreieinigkeit** *f rel* trinité *f.* **Dreier** *m* ‹-s, -› = *D~.* **dreierlei** [-'laɪ] *a* de trois sortes *od* espèces; ► *auf ~ Art* od *Weise* de trois manières (différentes). **dreifach** *a* triple. **Dreifachstecker** *m el* fiche *f* tripolaire. **Dreifaltigkeit** *f* = *Dreieinigkeit.* **Dreifuß** *m* trépied *m.* **Dreiganggetriebe** *n mot* boîte *f* à trois vitesses. **dreihundert** *(Zahlwort)* trois cent(s). **dreijährig** *a* **1.** *(drei Jahre alt)* (âgé) de trois ans; **2.** *(von ~er Dauer)* triennal. **Dreikampf** *m sport* triathlon *m.* **dreikantig** *a* triangulaire. **Dreikäsehoch** *m fam* nabot, marmouset *m.* **Dreikönigsfest** *n* jour *m od* fête des Rois, Epiphanie *f.* **dreimotorig** *a aero* trimoteur. **Dreipunkt-Sicherheitsgurt** *m* ceinture *f* à enrouleur automatique. **Dreirad** *n* tricycle; *(Lieferdreirad)* triporteur *m.* **Dreisatz** *m math* règle *f* de trois. **dreispaltig** *a typ* à trois colonnes. **Dreispitz** *m (Hut)* tricorne *m.*

dreißig ['draɪsɪç] *(Zahlwort)* trente; ► *etwa ~ (...)* une trentaine (de); *in den ~er Jahren (e-s Jahrhunderts)* dans les années trente (à quarante). **Dreißiger** *m* ‹-s, -› homme *m* de trente ans. **Dreißigerjahre** *n pl:* ► *in den ~n (e-s Menschenlebens) sein* avoir entre trente et quarante ans. **dreißigjährig** *a* de trente ans; ► *der D~e Krieg (hist)* la guerre de Trente Ans. **Dreißigstel** *n* ‹-s, -› trentième *m.* **dreißigste(r, s)** *a* trentième.

dreist [draɪst] *a (Mensch, Sache) (kühn)* hardi, audacieux; *(frech)* effronté, impertinent, impudent; *fam* culotté.

dreistellig ['draɪ-] *a (Zahl)* de trois chiffres.

Dreistigkeit *f* ‹-, -en› ['draɪstɪçkaɪt] hardiesse, audace; *pej* effronterie, impertinence *f.*

dreistöckig ['draɪ-] *a* à *od* de trois étages. **dreitägig** *a* de trois jours. **dreiteilig** *a* (divisé) en trois parties, triparti, tripartite. **dreiviertellang** *a (Kleidungsstück)* trois-quarts. **Dreiviertelstunde** *f* trois quarts *m pl* d'heure. **Dreivierteltakt** *m mus* mesure *f* à trois temps. **Dreiwege-Katalysator** *m mot* catalysateur *m.* **Dreizack** *m (des Poseidon)* trident *m.* **dreizehn** *(Zahlwort)* treize; ► *jetzt schlägt's aber ~! (fam)* c'est le comble! c'en est trop! **Dreizehntel** *n* treizième *m.* **dreizehnte(r, s)** *a* treizième. **Dreizimmerwohnung** *f* trois-pièces *m inv.*

Dresche *f* ‹-, ø› ['drɛʃə] *f pop* fessée, rossée, trempe *f.* **dreschen** ‹*drischt, drosch, gedroschen*› *tr* **1.** *agr* battre; **2.** *pop (prügeln)* fesser, rosser. **Drescher** *m* ‹-s, -› batteur *m.* **Dreschflegel** *m* fléau *m.* **Dreschmaschine** *f* batteuse *f.*

dressieren [-'si:rən] ‹*ohne ge-*› *tr* dresser. **Dressur** *f* ‹-, -en› [-'su:r] dressage *m.*

Drift *f* ‹-, -en› [drɪft] courant *m* de surface, dérive *f.*

Drill *m* ‹-(e)s, ø› [drɪl] *mil* entraînement, dressage; *gram* exercice, drill; *pej* capo-

ralisme *m*. **Drillbohrer** *m tech* drille *f*. **drillen** *tr* **1.** *tech (mit d. Drillbohrer bohren)* forer; **2.** *mil* entraîner, dresser, exercer.
Drillich *m* ‹-s, -e› [drılıç] *(Stoff)* treillis, coutil *m*.
Drilling *m* ‹-s, -e› ['drılıŋ] *(Jagdgewehr)* fusil *m* à trois coups *od* à triple canon. **Drillinge** *pl* triplés *m pl*.
drin, drinnen [drın, '-ən] = *darin*.
dringen ['drıŋən] ‹*drängt, drang, gedrungen*› *itr* ‹*sein*› : ▶ *in etw* ~ entrer, pénétrer dans qc; *durch etw* ~ pénétrer à travers qc, passer par qc; *an die Öffentlichkeit* ~ transpirer dans le public; *in jdn* ~ presser qn (de questions); *in jdn* ~, *etw zu tun (inf)* presser qn de faire qc; ‹*h*› *auf etw* ~ *(fig)* insister sur qc *od* pour avoir qc; *darauf* ~, *daß*... insister pour que *subj; auf Bezahlung* ~ insister pour être payé. **dringend** *a* pressant, urgent, impérieux; *(Bitte)* instant; ▶ *in ~en Fällen* dans les cas urgents *od* d'urgence; *etw ~ benötigen* od *brauchen* avoir grand besoin de qc; *es* od *die Sache ist (sehr)* ~ il y a urgence; *~e Bitte f* instance *f*. **dringlich** *a* = *dringend*. **Dringlichkeit** *f* urgence *f*.
dritte(r, s) ['drıtə] *a* troisième; ▶ *aus ~r Hand* d'un tiers; *in Gegenwart e-s D~n* en présence d'un tiers *od* d'une tierce personne; *der lachende D~* le troisième larron. ▶ *die Dritte Welt* le tiers monde, le Tiers-Monde. **Drittel** *n* ‹-s, -› tiers *m*. **drittens** *adv* troisièmement, en troisième lieu; tertio. **Dritte-Welt-Laden** *m* magasin *m* de produits artisanaux du Tiers-Monde.
droben ['dro:bən] *adv* en haut; là-haut.
Droge *f* ‹-, -n› ['dro:gə] drogue *f*. **drogenabhängig** *a* drogé,e, intoxiqué,e. **Drogenabhängige** *m f* drogué,e, toxicomane *m f*. **Drogenberatung** *f* aide *f* aux toxicomanes. **Drogenberatungsstelle** *f* centre *m* d'accueil pour toxicomanes. **Drogenhandel** *m* trafic *m* de la drogue. **Drogenkriminalität** *f* délits *m pl* liés à la drogue. **Drogentote** *m f* victime *f* de la drogue. **Drogenabhängigkeit** *f* accoutumance *f* à la drogue, toxicomanie *f*. **Drogerie** *f* ‹-, -en› [-gə'ri:] droguerie *f*. **Drogist** *m* ‹-en, -en› [-'gıst] droguiste *m*.
Drohbrief *m* ['dro:-] lettre *f* de menaces *od* comminatoire. **drohen** *itr* menacer (*mit etw* de qc); ▶ *einzustürzen* ~ menacer ruine; *ihm droht Gefängnis* il est menacé d'emprisonnement. **drohend** *a* menaçant; ▶ *~e Gefahr f* danger *m* imminent.
Drohne *f* ‹-, -n› ['dro:nə] *ent* faux(-)bourdon *m*.
dröhnen ['drø:nən] *itr* résonner, retentir; *mir dröhnt der Kopf* ma tête bourdonne.
Drohung *f* ‹-, -en› ['dro:ʊŋ] menace *f*; ▶ *~en ausstoßen* proférer des menaces.
drollig ['drɔlıç] *a* drôle, amusant, comique, *fam* cocasse, *pop* rigolo.
Dromedar *n* ‹-s, -e› ['dro:-, drome'da:r] *zoo* dromadaire *m*.
Drops *m (n)* ‹-, -› [drɔps] *pl*: ▶ *saure* ~ (bonbons) acidulés *m pl*.
Droschke *f* ‹-, -n› ['drɔʃkə] *(Pferde~)* fiacre *m*, voiture *f* de place; *(Auto)* taxi *m*.
Drossel *f* ‹-, -n› ['drɔsəl] **(1)** *orn (Gattung)* merle *m*; **(2)** *tech* étrangleur; *mot* volet *m*. **drosseln** *tr tech* étrangler, étouffer, amortir, réduire; *mot* mettre au ralenti; *fig* restreindre, réduire, freiner. **Drosselung** *f* ‹-, -en› *tech* étranglement *m*; *fig* restriction *f*; ▶ ~ *der Produktion* freinage *m* de la production.
drüben ['dry:bən] *adv* de l'autre côté. **drüber** *adv* = *darüber*.
Druck *m* **1.** ‹-(e)s, **e**› [drʊk, 'drʏkə] *phys tech fig* pression; *(großer Massen, e-s Gewölbes)* poussée; *phys med* compression; *(Bedrückung)* oppression *f*; **2.** ‹-(e)s, -e› *typ allg* impression *f*, *(Vorgang; Auflage)* tirage *m*; ▶ *e-n* ~ *ausüben* exercer une pression (*auf* sur); *jdn unter* ~ *setzen* presser qn; *unter* ~ *stehen* être sous contrainte. **Druckausgleich** *m tech* compensation *f* de pression; ▶ *mit* ~ pressurisé. **Druckbogen** *m* feuille *f*, placard *m*. **Druckbuchstabe** *m* lettre *f od* caractère *m* d'imprimerie.
Drückeberger *m* ['drʏkə-] *fam* lâcheur, tire-au-flanc; *mil* embusqué *m*.
drucken ['drʊkən] *tr typ* imprimer, tirer; ▶ *neu* ~ réimprimer; ~ *lassen a.* mettre sous presse.
drücken ['drʏkən] *tr* **1.** presser, serrer; *(zs.~)* comprimer; **2.** *(Gewichtheben)* jeter; **3.** *(Siegel)* appliquer, apposer (*auf* sur); **4.** *(Preise)* faire baisser; **5.** *fig (bedrücken)* opprimer, oppresser; accabler, affliger; peser sur le cœur (*jdn* à qn); *itr* **6.** *(lasten)* peser, presser (*auf* sur); *(auf e-n elektr. Knopf)* appuyer (*auf* sur), presser (*auf* acc); **7.** *(Kleidung, Schuh)* gêner, serrer; *refl* **8.** *sich* ~ *(fam)* filer (en douce), s'esquiver, se tirer, tirer au flanc; *bes. mil* s'embusquer; ▶ *sich vor etw* ~ s'efforcer de couper à qc; *jdm die Hand* ~ serrer la main à qn; *jdm etw in die Hand* ~ glisser qc dans la main de qn; *ich weiß, wo dich der Schuh drückt (fam)* je sais où le bât te blesse. **drükkend** *a* pesant, lourd; *(Hitze)* accablant, étouffant; *fig* accablant, déprimant; *(Schulden)* écrasant. **Drücker** *m* ‹-s, -› *(Türklinke)* poignée, clenche *f*, loquet *m*.

Drucker *m* ‹-s, -› ['drʊkər] imprimeur, typographe *m; (Gerät) bes. inform* imprimante *f*. **Druckerei** [-'raɪ] *f* imprimerie *f*. **Druckerlaubnis** *f* permission *f* d'imprimer, imprimatur *m*. **Druckerschwärze** *f* encre *f* d'imprimerie. **Druckfehler** *m* faute *od* erreur *f* d'impression *od* typographique. **Druckfehlerverzeichnis** *n* errata *m*. **druckfertig** *a* bon à tirer. **druckfest** *a tech* résistant à la (com)pression. **Druckkabine** *f aero* cabine *f* pressurisée. **Druckknopf** *m (am Kleid)* bouton-pression; *el* bouton-poussoir *m*. **Drucklegung** *f* mise *f* à l'impression *od* sous presse. **Druckluft** *f* air *m* comprimé. **Druckluftbohrer** *m mines* perceuse *f* à air comprimé. **Druckmaschine** *f typ* machine à imprimer, presse *f* (typographique). **Druckmesser** *m tech* indicateur de pression, manomètre *m*. **Druckmittel** *n fig* moyen *m* de pression *od* de coercition. **Druckpumpe** *f* pompe *f* de pression *od* foulante. **Druckregler** *m tech* régulateur *m* de pression. **druckreif** *a typ* bon à tirer, imprimable. **Drucksache** *f typ* imprimé *m*. **Druckschrift** *f* **1.** *typ (Schriftart)* caractères *m pl* d'imprimerie *od* typographiques; ▶ *in ~* en capitales d'imprimerie; **2.** *(gedrucktes Werk)* (ouvrage) imprimé; livre *m*.

drucksen ['drʊksən] *itr fam (zögern)* lambiner, hésiter, vaciller.

drum [drʊm] *adv* = *darum;* ▶ *sei's ~!* soit, tant pis; *das D~ und Dran (fam)* tout le tremblement.

drunten ['drʊntən] *adv* en bas, là-bas.

drunter *adv* = *darunter.*

Drüse *f* ‹-, -n› ['dry:zə] *anat* glande *f*.

Dschungel *m* od *n* ‹-s, -› *a. f* ‹-, -n› ['dʒʊŋəl] jungle *f*.

Dschunke *f* ‹-, -n› ['dʒʊŋkə] jonque *f*.

du [du:] *pron (mit v verbunden)* tu; *(unverbunden)* toi.

Dualsystem *n* [du'a:l-] *math* numération *f* binaire.

Dübel *m* ‹-s, -› ['dy:bəl] *tech (Pflock)* cheville *f*, goujon, tampon *m*.

Dublee *n* ‹-s, -s› [du'ble:] *(Metall mit Überzug)* doublé, plaqué *m*. **Dublette** *f* ‹-, -n› [-'blɛtə] *(Doppelstück)* double; *gram* doublet *m*.

ducken ['dʊkən] *tr (senken)* baisser; *fig* (r)abaisser, humilier; *refl: sich ~ (sich bücken)* se baisser; *(niederkauern)* se blottir, se tapir, s'accroupir; *fig* se plier, courber l'échine, se soumettre. **Duckmäuser** *m* ‹-s, -› ['-mɔʏzər] *(Heuchler)* sournois, hypocrite; *(Feigling)* poltron *m*.

Dudelsack *m* ['du:dəlzak] *mus* cornemuse, musette *f*.

Duell *n* ‹-s, -e› [du'ɛl] duel *m*. **Duellant** *m* ‹-en, -en› [-'lant] duelliste *m*. **duellieren** [-'li:rən] , *sich ‹ohne ge-›* se battre en duel *(mit jdm* avec qn).

Duett *n* ‹-(e)s, -e› [du'ɛt] *mus* duo *m*.

Duft *m* ‹-(e)s, ⸚e› [dʊft, 'dʏftə] *(Geruch)* odeur *f; (Wohlgeruch)* parfum, arôme *m*, senteur. **duften** *itr* répandre *od* exhaler une odeur *od* un parfum; sentir bon; ▶ *nach etw ~* sentir qc. **duftend** *a* odor(ifér)ant, parfumé, embaumé, aromatique. **duftig** *a* = *~end; fig (leicht u. zart)* léger, flou, aérien.

dulden ['dʊldən] *tr* **1.** *(erleiden)* souffrir; *(ertragen)* endurer, supporter; *(über sich ergehen lassen)* subir; **2.** *(zulassen, erlauben)* admettre, permettre; *bes. rel pol* tolérer; ▶ *keinen Aufschub ~* ne souffrir aucun retard *od* point de délai. **Dulden** *n* ‹-s, ø› *(Leiden)* souffrance *f*. **Dulder** *m* ‹-s, -› souffre-douleur, martyr *m*. **Duldsam** *a (nachsichtig)* indulgent; *bes. rel pol* tolérant. **Duldsamkeit** *f* ‹-, ø› indulgence; tolérance *f*. **Duldung** *f* ‹-, (-en)› tolérance *f*.

dumm [dʊm] *a ‹dümmer, dümmst›* **1.** *(Mensch)* stupide, sot, bête; inintelligent; *(unwissend)* ignorant; *(beschränkt)* borné; *(einfältig)* simple, imbécile; *(blöde)* idiot; *(albern)* inepte, niais; **2.** *(von e-r S: unangenehm)* désagréable, ennuyeux, fâcheux; ▶ *ein ~es Gesicht machen* avoir l'air bête; *~es Zeug reden* dire des bêtises *od* des inepties, radoter; *jdn für ~ verkaufen* duper qn; *das wird mir zu ~* j'en ai assez; *da müßte ich ja schön ~ sein!* il faudrait que je sois bien bête; *das ist (aber) ~!* c'est bête; *pop* ça la fout mal; *~es Zeug!* chansons que tout cela! *e-e ~e Geschichte* une vilaine histoire. **Dummheit** *f* ‹-, -en› **1.** stupidité, sottise, bêtise; inintelligence; ignorance; imbécillité; idiotie; ineptie, niaiserie *f;* **2.** *(Handlung)* sottise, bêtise *f; (Schnitzer)* gaffe *f;* ▶ *~en machen* faire des folies. **Dummkopf** *m* sot, idiot, bêta, benêt, imbécile; *fam* crétin *m*.

dumpf [dʊmpf] *a* **1.** *(schwül)* lourd, étouffant; *(drückend)* accablant; **2.** *(muffig)* moisi; **3.** *(Geräusch, Schmerz)* sourd; **4.** *(Ahnung)* vague; *(Gefühl)* engourdi, apathique. **Dumpfheit** *f* ‹-, ø› *fig* engourdissement *m*, torpeur; apathie *f*.

Düne *f* ‹-, -n› ['dy:nə] dune *f*.

Dung *m* ‹-(e)s, ø› [dʊŋ] engrais, fumier *m*.

Düngemittel *n* ['dʏŋə-] = *Dünger.* **düngen** *tr* engraisser, fumer; *itr* servir d'engrais. **Dünger** *m* ‹-s, -› engrais *m*. **Düngung** *f* ‹-, ø› fumage *m*.

dunkel ['dʊŋkəl] *a* **1.** obscur; *(düster, finster)* sombre, ténébreux; **2.** *(Farbe)* foncé; **3.** *(Vokal)* sourd; **4.** *fig (unverständlich)* obscur, confus; *(unbestimmt)* vague *(mehrdeutig)* douteux; **5.** *(ver-*

dächtig) louche; ▶ *im D~n* dans l'obscurité; *im D~n tappen* aller à l'aveuglette, marcher à tâtons; *fig (im d~)* marcher dans les ténèbres; *ich erinnere mich ~* je me rappelle vaguement; *es wird ~* il se fait nuit, la nuit tombe; *dunkles Bier n* bière *f* brune; *dunkle Nacht f* nuä *f* épaisse *od* noire. **Dunkel** *n* ‹-s, ø› obscurité *f*, ténèbres *f pl.*

Dünkel *m* ‹-s, ø› ['dʏŋkəl] présomption, suffisance, fatuité, infatuation *f*.

dünkelhaft ['dʏŋkəl-] *a* présomptueux, suffisant, (in)fat(ué).

dunkelblau, dunkelbraun, dunkelgrau, dunkelgrün, dunkelrot ['dʊŋkəl-] bleu, brun, gris, vert, rouge foncé. **dunkelblond** châtain. **Dunkelheit** *f* ‹-, (-en)› obscurité *f a. fig*, ténèbres *f pl.* **Dunkelkammer** *f phot* chambre *f* noire. **Dunkelmann** *m* ‹-s, -männer› obscurantiste *m*. **dunkeln** *itr impers:* ▶ *es dunkelt* la nuit tombe.

dünken ['dʏŋkən] *impers:* ▶ *mich* od *mir dünkt* il me paraît *od* semble.

dünn [dʏn] **I.** *a* **1.** *(dem Durchmesser nach)* mince; *(Stoff)* léger; *(dem Umfang nach)* menu; **2.** *(lang u. ~)* grêle, fluet; *(schlank)* svelte, délié, élancé; *(mager)* maigre, décharné, sec; **3.** *(fein)* fin; *(schwach, brüchig)* ténu; *(spärlich, ~gesät)* rare, clairsemé; **4.** *(schwach: von e-m Getränk)* clair, faible; *(Luft)* léger; **5.** *fig (Leistung)* mince, (un peu) léger, inconsistant; ▶ *~ werden* s'amincir, (s')amaigrir; *(Haar, Flüssigkeit)* s'éclaircir; **II.** *adv* ▶ *~ auftragen* appliquer en couche mince. **dünnbevölkert** *a* peu peuplé. **Dünndarm** *m anat* intestin *m* grêle. **Dünne** *f* ‹-, ø› , **Dünnheit** *f* ‹-, ø› **1.** minceur; légèreté *f*; **2.** sveltesse; maigreur *f*; **3.** finesse *f*; **4.** ténuité; rareté *f*. **dünngesät** *a* clairsemé *a. fig; fig* rare. **dünn=machen,** *sich (fig fam) = sich drücken.*

Dunst *m* ‹-es, ⸚e› [dʊnst, 'dʏnstə] **1.** *(Dampf)* vapeur; *(schwacher Nebel)* brume légère, nébulosité *f*; **2.** *(Ausdünstung)* exhalaison, émanation; *(Feuchtigkeit)* moiteur; *(Wäschedunst)* buée *f*; **3.** *(Rauch)* fumée *f*; ▶ *keinen blassen ~ von etw haben* n'avoir pas la moindre idée *od* le moindre soupçon de qc.

dünsten ['dʏnstən] *tr (Küche: dämpfen)* étuver, cuire à l'étuvée.

dunstig ['dʊnstıç] *a* vaporeux; *(neblig)* nébuleux; *(feucht)* humide.

Duplikat *n* ‹-(e)s, -e› [dupli'ka:t] duplicata, double *m*.

Dur *n* ‹-, ø› [du:r] *f mus* mode *m* majeur.

durch [dʊrç] **I.** *prp acc* **1.** *(örtlich)* par, par la voie de; *(quer~)* à travers, au travers de; **2.** *(zeitlich)* pendant, durant; **3.** *(vermittels)* par, au moyen de, moyennant, à force de; *(dank)* grâce à; *(infolge)* par suite de; ▶ *~ die Post* par la poste; *~ Zufall* par hasard, par accident; *~ den Fluß schwimmen* traverser la rivière à la nage; *~ die Luft fliegen* fendre l'air; *~ die Nase sprechen* parler du nez; **II.** *adv:* ▶ *~ und ~* d'un bout à l'autre, de bout en bout, de part en part; *fig* tout à fait; *~ und ~ naß* trempé (*Mensch:* jusqu'aux os); *~ sein (örtlich)* être passé; *(fertig)* avoir fini (*mit etw* qc); *(außer Gefahr)* être hors de danger; *(~s Examen)* avoir réussi; *(von Sachen: kaputt)* être percé *od* déchiré; *es ist zwei Uhr ~* il est deux heures passées.

'durch=arbeiten 1. *tr (durchtrainieren)* entraîner; *(Buch)* étudier à fond; **2.** *itr (ohne Unterbrechung)* travailler sans interruption *od* sans relâche; ▶ *die (ganze) Nacht ~* travailler (pendant) toute la nuit.

'durch=atmen *itr* respirer à fond.

durchaus *adv (vollständig)* complètement, entièrement, tout à fait, à fond; *(unbedingt)* absolument; ▶ *~ nicht* pas *od* point du tout, pas le moins du monde, nullement.

'durch=betteln, *sich* vivre de mendicité.

'durch=blättern durch'blättern ‹*ohne -ge-*› *tr* feuilleter; parcourir (en feuilletant).

Durchblick *m* échappée *f*. **'durch=blikken** *itr:* ▶ *~ lassen (fig)* laisser entrevoir, donner à entendre.

durch'bluten ‹*ohne ge-*› *tr physiol* irriguer. **Durchblutung** *f* irrigation *f* sanguine.

durch'bohren, ‹*ohne ge-*› *tr* perforer, (trans)percer. **'durch=bohren** *tr:* ▶ *ein Loch ~* percer un trou, trouer. **durch'bohrend** *ppr u. a (Blick)* perçant.

'durch=braten ‹*brät, briet durch, durchgebraten*› *tr* bien rôtir *od* cuire; ▶ *nicht durchgebraten* saignant.

'durch=brechen ‹*bricht, brach durch, durchgebrochen*› *tr* **1.** *(zerbrechen)* casser, briser, rompre; *itr* ‹*aux: sein*› **2.** se casser, se briser, se rompre; **3.** *(Keim, Zahn)* percer; *(die Sonne)* percer les nuages *od* le brouillard; **4.** *fig* se faire jour, se montrer, se révéler. **durch'brechen** ‹*durchbricht, durchbrach, durchbrochen*› *tr* **1.** (trans)percer; *(einstoßen)* enfoncer; *mil (die Front)* percer, enfoncer; *(Blockade)* rompre; **2.** *fig (Regel)* violer.

'durch=brennen ‹*brannte durch, durchgebrannt*› *itr* ‹*sein*› **1.** *el (Sicherung)* fondre, fuser, sauter; *(Lampe, Röhre)* brûler; **2.** *fig fam (fliehen)* filer, prendre la poudre d'escampette.

'durch=bringen ‹*bringt, brachte durch, durchgebracht*› *tr* **1.** faire passer *(a. ein Gesetz); (Kandidaten)* faire réussir; *(Kranken)* tirer d'affaire; **2.** *(Geld)* dissiper, dilapider, gaspiller.

durch'brochen *a (Gewebe)* ajouré, à jour.
Durchbruch *m* ⟨-(e)s, ¨-e⟩ ['-brʊx] **1.** *(Vorgang)* percement *m*, percée *f a. mil;* **2.** *(Stelle)* rupture *f;* **3.** *fig (plötzliches Auftreten)* irruption *f;* ▶ *zum ~ kommen (fig)* se faire jour.
'durch⸗denken ⟨*dachte durch, durchgedacht*⟩, **durch'denken** ⟨*durchdachte, durchdacht*⟩ *tr* approfondir, examiner à fond.
'durch⸗drängen, *sich* passer de force, se frayer un passage *od* un chemin.
durch'dringen ⟨*durchdrang, durchdrungen*⟩ *tr* **1.** pénétrer, (trans)percer; *(Strahlen)* traverser; **2.** *(ganz eindringen in)* s'infiltrer dans, imprégner; *von etw durchdrungen (fig)* pénétré, imbu de qc. **'durch⸗dringen** ⟨*drang durch, durchgedrungen*⟩ *itr* ⟨*sein*⟩ **1.** pénétrer, percer; se frayer un passage; **2.** *(Stimme)* porter; **3.** *fig (sich durchsetzen)* se faire jour, réussir, l'emporter. **Durchdringung** [-'--] *f* ⟨-, ø⟩ pénétration; infiltration *f*.
'durch⸗drücken *tr fig fam (durchsetzen)* faire passer *od* admettre; ▶ *die Knie ~* effacer les genoux.
durcheinander [dʊrçʔaɪ'nandər] *adv* pêle-mêle, à la débandade, sens dessus dessous; ▶ *ganz ~ (verwirrt) sein* avoir la tête à l'envers. **Durcheinander** *n* ⟨-s, (-)⟩ *(Unordnung)* confusion *f*, désordre *m*. **durcheinander⸗bringen** ⟨*brachte durcheinander, durcheinandergebracht*⟩ *tr (Gedanken)* (em)brouiller; *(verwechseln)* confondre; ▶ *jdn ~* renverser l'esprit *od* la cervelle à qn. **durcheinander⸗werfen** ⟨*wirft, warf durcheinander, durcheinandergeworfen*⟩ *tr fig (Begriffe)* (em)brouiller, mettre sens dessus dessous.
durch'fahren ⟨*durchfährt, durchfuhr, durchfahren*⟩ *tr (Ort, Gegend)* traverser, passer par. **'durch⸗fahren** ⟨*fährt, fuhr durch, durchgefahren*⟩ *itr* ⟨*sein*⟩ ne pas interrompre le parcours; *(nicht umsteigen)* ne pas changer de train; ▶ *die Nacht ~* passer la nuit en roulant *od* en voiture; *der Zug fährt durch* le train brûle la station. **Durchfahrt** *f* ['--] **1.** passage *m*, traversée *f;* **2.** *(Torweg)* porte *f* cochère; ▶ *~ verboten!* passage interdit, défense de passer.
'Durchfall *m* **1.** *fig (Versagen)* échec; *theat* four *m;* **2.** *med* diarrhée, *fam* colique *f*. **'durch⸗fallen** ⟨*fällt, fiel durch, durchgefallen*⟩ *itr* ⟨*sein*⟩ **1.** tomber à travers; **2.** *fig (versagen)* échouer, ne pas réussir; *(bei e-r Prüfung)* être refusé *od* recalé; *fam* être collé; *parl* être blackboulé; *theat* tomber à plat, faire un four.
'durch⸗feilen *tr* **1.** percer *od* couper à la lime; **2.** *fig (Text)* repasser la lime sur, limer, polir, *fam* fignoler.
'durch⸗finden, *sich* ⟨*fand durch, durchgefunden*⟩ trouver son chemin, se retrouver; *fig* se débrouiller.
durch'fließen ⟨*durchfloß, durchflossen*⟩ *tr (Fluß)* traverser, arroser, baigner; **'durch⸗fließen** ⟨*floß durch, durchgeflossen*⟩ *itr* ⟨*sein*⟩ couler à travers.
durch'forschen ⟨*ohne ge-*⟩ *tr* examiner (à fond), sonder, scruter; *(Land)* explorer.
'durch⸗fragen, *sich* demander son chemin.
Durchfuhr *f* ⟨-, -en⟩ ['dʊrçfu:r] passage; *com* transit *m*.
durchführbar ['dʊrç-] *a* exécutable, faisable, réalisable, viable. **Durchführbarkeit** *f* ⟨-, ø⟩ faisabilité, possibilité *f* de réaliser. **'durch⸗führen** *tr* exécuter, mettre à exécution, mener à bien *od* à bonne fin; *(verwirklichen)* réaliser; *(vollenden)* accomplir, (par)achever. **Durchführung** ['---] *f* exécution, réalisation; *(Anwendung)* (mise en) application *f; (Vollendung)* accomplissement, achèvement *m*. **Durchführungsbestimmungen** *f pl jur* dispositions *od* modalités *f pl* d'application.
Durchgang *m* ['--] **1.** passage *m, a phys astr; (zwischen zwei Mauern)* allée *f; arch* couloir; **2.** *com* transit *m;* ▶ *~ verboten! kein ~!* passage interdit, défense de passer, circulation interdite. **Durchgangslager** *n* camp *m* de passage *od* de triage. **Durchgangsland** *n* pays *m* transitaire. **Durchgangsstraße** *f* route directe; *(in Frankr.)* route *f* nationale. **Durchgangsverkehr** *m loc* service direct; *com* (trafic de) transit *m*.
durchgängig I. *a* général; **II.** *adv* en entier, dans son ensemble.
'durch⸗geben ⟨*gibt, gab durch, durchgegeben*⟩ *tr (Meldung)* transmettre; *(Befehl)* faire passer.
durchgedreht ['---] *a fam (verwirrt)* déconcerté, désorienté.
'durch⸗gehen ⟨*ging durch, durchgegangen*⟩ *itr* ⟨*sein*⟩ **1.** passer; **2.** *(Pferd)* s'emballer; prendre le mors aux dents *(a. von e-m Menschen); fam (Mensch)* filer, décamper, prendre la poudre d'escampette; *(Kassierer)* lever le pied, manger la grenouille; **3.** *parl (Antrag)* passer, être adopté; *tr* ⟨*aux: haben*⟩ **4.** *fig (Schriftstück, Buch)* parcourir; *(prüfend)* examiner, contrôler, reviser, passer en revue; ▶ *~ lassen* (laisser) passer *a. fig* (*jdm etw* qc à qn); *etw ~ lassen* fermer les yeux sur qc; *für diesmal mag es ~* passe pour cette fois. **durchgehend** ['---] **I.** *a* ininterrompu, continu *(a. Arbeitszeit);* ▶ *~er Zug m* train *m* direct; **II.** *adv* en général, généralement; *(ohne Ausnahme)* sans exception; ▶ *~ geöffnet (Geschäft)* ouvert

sans interruption.

'**durch=greifen** ⟨*griff durch, durchgegriffen*⟩ *itr* **1.** passer la main à travers; **2.** *fig* prendre des mesures énergiques, trancher net. **durchgreifend** *a* énergique, décisif, tranchant, radical.

'**durch=halten** ⟨*hält, hielt durch, durchgehalten*⟩ *itr (bis zum Ende aushalten)* tenir bon *od* ferme, ne pas céder, aller jusqu'au bout.

'**durch=hauen** ⟨*haute* od *hieb durch, durchgehauen*⟩ *tr (spalten)* fendre, couper en deux; *(Knoten)* trancher; ▶ *sich* ~ se frayer un chemin.

'**durch=helfen** ⟨*hilft, half durch, durchgeholfen*⟩ *itr:* ▶ *jdm* ~ tirer qn d'affaire; *sich* ~ s'en tirer, se tirer d'affaire, *fam* se débrouiller.

'**durch=kämmen** *tr (das Haar)* démêler (avec le peigne). **durch'kämmen** ⟨*ohne -ge-*⟩ *tr (mil, Polizei)* ratisser, fouiller.

'**durch=kommen** ⟨*kam durch, durchgekommen*⟩ *itr* ⟨*sein*⟩ **1.** (parvenir à) passer; *(Zahn)* percer (*bei jdm* à qn); **2.** *fig (entkommen)* se sauver; **3.** *(genesen)* guérir, *fam* en réchapper; **4.** *(bei e-r Prüfung)* réussir, être reçu; **5.** *(auskommen) fam* y arriver; ▶ *die Sonne kommt durch* le soleil arrive.

durch'kreuzen ⟨*ohne -ge-*⟩ *tr fig (stören)* contrecarrer, contrarier.

'**durch=lassen** ⟨*läßt, ließ durch, durchgelassen*⟩ *tr* **1.** laisser passer, donner *od* livrer passage à; **2.** *opt* transmettre; **3.** *(bei e-r Prüfung)* ne pas refuser.

durchlässig ['---] *a (bes. für Wasser)* perméable, poreux;*(für Licht)* transparent, diaphane.

'**durch=laufen** ⟨*läuft, lief durch, durchgelaufen*⟩ **1.** *itr* ⟨*sein*⟩ passer (en courant) (*durch* par); *(Flüssigkeit)* passer (en coulant), filtrer; **2.** *tr* ⟨*h*⟩ *(Schuhsohlen)* percer; user. **durch'laufen** ⟨*durchläuft, durchlief, durchlaufen*⟩ *tr* courir à travers, passer par; *fig* parcourir.

'**durch=lesen** *tr* ⟨*liest, las durch, durchgelesen*⟩ lire.

durch'leuchten ⟨*ohne -ge-*⟩ *tr* **1.** pénétrer de lumière; **2.** *(Eier)* examiner à la lumière; *med* examiner aux rayons X, radiographier; **3.** *fig (aufhellen)* tirer au clair. **Durchleuchtung** [-'--] *f* ⟨-, -en⟩ *med* examen *m* radioscopique, radioscopie, radiographie *f.*

durch'löchern ⟨*ohne -ge-*⟩ *tr* trouer, cribler.

'**durch=machen** *tr* passer par, traverser; *(erleben, bes. Unangenehmes)* voir, éprouver; ▶ *viel* ~ passer par de rudes épreuves, en voir de dures; *fam* manger de la vache enragée.

'**Durchmarsch** *m mil* passage *m.*

'**durch=marschieren** ⟨*ohne -ge-*⟩ *itr* ⟨*sein*⟩ passer (par).

Durchmesser *m* ⟨-s, -⟩ ['---] *math* diamètre; *tech* calibre *m.*

durchnäßt [-'nɛst] *pp u. a* mouillé, trempé.

'**durch=nehmen** *tr* ⟨*nimmt, nahm durch, durchgenommen*⟩ *(im Unterricht)* s'occuper de, traiter.

'**durch=pausen** *tr* poncer, calquer.

'**durch=peitschen** *tr* **1.** fouetter, fouailler, fustiger, cravacher; **2.** *fig (Unterrichtsstoff; parl: Gesetz)* expédier.

'**durch=probieren** ⟨*ohne ge-*⟩ *tr* essayer, *(Speisen)* déguster l'un après l'autre.

'**durch=prügeln** *tr* rosser, rouer de coups.

durch'queren ⟨*ohne -ge-*⟩ *tr* traverser. **Durchquerung** *f* ⟨-, -en⟩ traversée *f.*

'**durch=rechnen** *tr* calculer (d'un bout à l'autre), faire le compte de.

Durchreise *f* ['---] passage *m;* ▶ *auf der* ~ de passage. '**durch=reisen** *itr* ⟨*sein*⟩ passer. **durch'reisen** ⟨*ohne ge-*⟩ *tr* parcourir, traverser. **Durchreisende** *m f* passant(e *f*), voyageur *m,* -euse *f.* **Durchreisevisum** *n* visa *m* de transit.

'**durch=reißen** ⟨*riß durch, durchgerissen*⟩ *tr* ⟨*h*⟩ déchirer; *itr* ⟨*sein*⟩ se déchirer.

'**durch=ringen,** *sich* ⟨*rang durch, durchgerungen*⟩ surmonter tous les obstacles; ▶ *sich zu e-r Überzeugung* ~ s'affermir dans une conviction.

'**durch=rosten** *itr* ⟨*sein*⟩ se rouiller de part en part, être percé par la rouille.

'**durch=rühren** *tr (Küche: durch ein Sieb)* passer à la passoire.

Durchsage *f* ⟨-, -n⟩ ['---] *radio* transmission *f* verbale. '**durch=sagen** *tr mil (Befehl)* faire passer; *radio* transmettre oralement.

'**durch=sägen** *tr* couper à la scie, scier.

durch'schauen ⟨*ohne -ge-*⟩ *tr fig (Absicht)* percer à jour, pénétrer, déchiffrer; ▶ *jdn* ~ voir venir qn.

'**durch=scheinen** ⟨*schien durch, durchgeschienen*⟩ *itr* luire à travers, transparaître. **durchscheinend** *a* translucide, transparent, diaphane.

'**durch=schlafen** ⟨*schläft, schlief durch, durchgeschlafen*⟩ *itr* dormir sans se réveiller *od* d'un trait.

Durchschlag *m* ['--] **1.** *(e-s Geschosses)* pénétration *f;* **2.** *(Küche: Sieb)* passoire *f,* passe-bouillon *m;* **3.** *(Schreibmaschine)* copie *f.* '**durch=schlagen** ⟨*schlägt, schlug durch, durchgeschlagen*⟩ *itr* ⟨*sein*⟩ **1.** *(Geschoß)* percer, traverser (*durch etw* qc); *(Nässe, Farbe)* pénétrer; *(Papier)* boire; *el (Funken)* percer, claquer; **2.** *(sich durchsetzen)* être efficace, réussir; *refl* **3.** *sich* ~ se frayer un passage *od* un chemin; *fam* se défendre; ▶ *sich kümmerlich* ~ vivoter, *fam* tirer le diable par la queue. **durchschlagend** *a (wirksam)* efficace; *(entscheidend)* décisif, éclatant, percutant.

Durchschlagpapier *n (Kohlepapier)* papier *m* pelure. **Durchschlagskraft** *f (e-s Geschosses)* force *od* puissance de perforation *od* de pénétration; *fig* force *f* percutante.

'durch=schlängeln ['-ʃlɛŋəln] , *sich* serpenter *od* se glisser à travers; se faufiler.

'durch=schleusen *tr (Schiff)* écluser; *fig* faire passer.

'durch=schlüpfen *itr* ‹*sein*› (se) glisser à travers, se faufiler.

'durch=schmuggeln *tr* faire passer en fraude *od* en contrebande.

'durch=schneiden ‹*schnitt durch, durchgeschnitten*› *tr* couper (en deux), trancher. **durch'schneiden** ‹*durchschnitt, durchschnitten*› *tr* couper, croiser, traverser.

Durchschnitt *m* ['--] *(Mittelwert)* moyenne *f;* ► *im* ~ en moyenne; *über, unter dem* ~ au-dessus, au-dessous de la moyenne. **durschnitten** [-'--] *a (Gelände)* accidenté, tourmenté. **durchschnittlich** *a* moyen; *adv* = *im* ~. **Durchschnittsalter** *n* âge *m* moyen. **Durchschnittseinkommen** *n* revenu *m* moyen. **Durchschnittsgeschwindigkeit** *f* vitesse *f* moyenne. **Durchschnittsmensch** *m* homme *m* médiocre *od* ordinaire. **Durchschnittswert** *m* valeur *f* moyenne.

Durchschrift *f* ['--] copie *f*, double *m*.

Durchschuß *m* ['--] **1.** *mil* perforation *f;* **2.** *(Buch: unbedruckte Blätter)* interfoliage; *typ (Zeilenabstand)* interlignage *m*.

durch'schwimmen ‹*durchschwamm, durchschwommen*› *tr* traverser à la nage.

'durch=schwitzen *tr* tremper de sueur.

'durch=sehen ‹*sieht, sah durch, durchgesehen*› *tr* parcourir (du regard); *(prüfend)* passer en revue, examiner, vérifier; *typ* corriger.

'durch=seihen *tr* passer au tamis, filtrer, tirer au clair.

'durch=setzen *tr* faire passer *od* exécuter *od* adopter; ► *es* ~, *daß* obtenir que; *sich* ~ s'imposer, triompher, se faire jour.

Durchsicht *f* ['--] **1.** *(zwischen Häusern etc)* échappée; *(im Wald)* percée *f;* **2.** *(Prüfung)* inspection *f*, examen *m*, révision; *typ* correction *f;* ► *bei* ~ *der Bücher* à l'examen des livres; *zur* ~ à l'examen. **durchsichtig** *a* **1.** *(Glas)* transparent; *(Flüssigkeit) a.* limpide; **2.** *fig (klar)* clair; *(offensichtlich)* évident, manifeste. **Durchsichtigkeit** *f* transparence; limpidité; clarté; évidence *f*.

'durch=sickern *itr* ‹*sein*› **1.** suinter à travers; filtrer; **2.** *fig (Nachricht, Geheimnis)* transpirer, s'ébruiter.

'durch=sprechen ‹*spricht, sprach durch, durchgesprochen*› *tr (Plan, Problem)* discuter, débattre.

durch'stöbern ‹*ohne -ge-*›, **'durch=stöbern** *tr* fouiller, fureter, retourner.

Durchstoß *m* ['--] *mil* percée, poussée *f*.

durch'stoßen ‹*durchstößt, durchstieß, durchstoßen*› *tr (Wand, Damm etc)* (trans)percer (*mit* de).

'durch=streichen ‹*strich durch, durchgestrichen*› *tr (Geschriebenes* od *Gedrucktes)* rayer, barrer, biffer.

durch'streifen ‹*ohne -ge-*› *tr (Gelände)* parcourir (en tous sens); ► *das Gelände, die Gegend* ~ battre la campagne.

durch'suchen ‹*ohne -ge-*› *tr (Haus)* fouiller; *(amtlich)* visiter; *jur* perquisitionner. **Durchsuchung** *f* ‹-, -en› [-'--] fouille; visite; perquisition *f*.

'durch=treten ‹*tritt, trat durch, durchgetreten*› *tr (Schuhsohlen, Fußboden)* user; ► *den Gashebel* ~ *(mot)* donner des gaz à fond.

durchtrieben *a* fin(aud), rusé, madré, matois. **Durchtriebenheit** *f* ‹-, ø› finesse, ruse *f*.

durch'wachen ‹*ohne -ge-*› *tr:* ► *die Nacht* ~ passer la nuit à veiller, veiller toute la nuit; *durchwachte Nacht f* nuit *f* blanche.

durchwachsen [-'--] *a (Fleisch)* entrelardé; *(Speck)* maigre.

durch'waten ‹*ohne -ge-*› *tr*, **'durch=waten** *itr* ‹*sein*› passer à gué.

durchweg(s) ['-vɛk, -'-/ '-ve:ks, -'-] *adv* **1.** d'un bout à l'autre, de bout en bout, toujours et partout; **2.** *(ganz allgemein)* généralement; *(ganz u. gar)* tout à fait; *(ausnahmslos)* sans exception.

'durch=winden, *sich* ‹*wand durch, durchgewunden*› se faufiler, se tirer d'affaire, se débrouiller.

durch'wühlen ‹*ohne -ge-*› *tr*, **'durch=wühlen** *tr* fouiller; *pop* trifouiller.

'durch=zählen *tr* compter (un à un).

'durch=zechen *itr:* ► *bis zum Morgen* ~ boire toute la nuit. **durch'zechen** *tr* ‹*ohne -ge-*› passer la nuit à boire.

'durch=ziehen ‹*zieht, zog durch, durchgezogen*› *tr* ‹*h*› tirer à travers; faire passer; *itr* ‹*sein*› passer. **durch'ziehen** ‹*durchzog, durchzogen*› *tr (Land)* parcourir, traverser.

Durchzug *m* ['--] **1.** passage *m (a. der Vögel);* **2.** *(Zugluft)* courant *m* d'air.

'durch=zwängen, *sich* passer de force, forcer le passage.

dürfen ['dʏrfən] ‹*darf, durfte, gedurft*› *itr* avoir la permission *od* le droit de, être autorisé à; pouvoir; ► *nicht* ~ ne pas devoir; *ich darf keinen Kaffee trinken (a.)* le café m'est défendu; *ich glaube sagen zu* ~ je me crois autorisé à dire; *wenn ich bitten darf* s'il vous plaît; *das* ~ *Sie nicht vergessen* vous ne devez pas oublier cela; *das dürfte stimmen* je crois que c'est juste *od* comme cela; *darf ich?* puis-je? vous permettez? tu permets? *darf hier geraucht werden?* est-il permis de fumer ici?

dürftig ['dʏrftɪç] *a (armselig)* pauvre, chétif, mesquin; *fig (ungenügend)* maigre, insuffisant. **Dürftigkeit** *f* ⟨-, ø⟩ pauvreté; *fig* insuffisance, mesquinerie *f*.

dürr [dʏr] *a* **1.** *(Pflanzenteil: abgestorben, trocken)* mort; **2.** *(Mensch, Tier: mager)* maigre, décharné, grêle; **3.** *fig (unfruchtbar)* aride, stérile; ▶ *mit ~en Worten* sèchement, en peu de mots. **Dürre** *f* ⟨-, -n⟩ **1.** *(Trockenheit)* sécheresse *f*; **2.** maigreur *f*; **3.** *fig* aridité, stérilité *f*.

Durst *m* ⟨-es, ø⟩ [dʊrst] soif *f* (*nach* de) *a. fig;* ▶ *~ bekommen, (fam) kriegen* commencer à avoir soif; *~ haben* avoir soif; *s-n ~ löschen* boire à sa soif, étancher sa soif, se désaltérer; *(Tier)* s'abreuver; *jds ~ stillen* désaltérer qn; *e-n über den ~ trinken* boire un coup de trop; *ich habe e-n furchtbaren od schrecklichen ~* je boirais la mer et les poissons. **dursten, dürsten** *itr* avoir soif (*nach* de) *a. fig;* ▶ *nach Rache dürsten (a.)* avoir soif de vengeance. **durstig** *a* altéré, *bes. fig* assoiffé (*nach* de); ▶ *~ machen* donner soif; *~ sein* avoir soif. **durstlöschend** *a*, **durststillend** *a* désaltérant.

Dusche *f* ⟨-, -n⟩ ['du:-, 'dʊʃə] douche *f;* ▶ *kalte ~ (fig)* douche *f* glacée. **duschen** *itr* u. *sich ~* se doucher, prendre une douche.

Düse *f* ⟨-, -n⟩ ['dy:zə] *tech* tuyère, buse *f* diffuseur; *mot aero* gicleur, injecteur *m*.

Dusel *m* ⟨-s, ø⟩ ['du:zəl] *fam (Glück)* chance, veine *f;* ▶ *~ haben* avoir de la veine, être en veine, être verni.

Düsenantrieb *m* ['dy:zən-] *aero* propulsion *f* par réaction; ▶ *mit ~* à réaction, réacteur; *mit doppeltem ~* biréacteur. **Düsenflugzeug** *n* avion *m* à réaction.

düster ['dy:stər] *a* **1.** sombre, ténébreux, obscur; **2.** *fig* sombre; *(traurig)* triste, morne, funèbre; *(unheilverkündend)* lugubre.

Duty-free-Shop ⟨-s, -s⟩ *m* boutique *f* hors taxes.

Dutzend *n* ⟨-s, -e⟩ ['dʊtsənt] douzaine *f;* ▶ *zu ~en* par douzaines; *im ~ billiger* treize à la douzaine; *halbes ~* demi-douzaine. **dutzend(e)mal** *adv* des douzaines de fois. **dutzendweise** *adv* à la douzaine, par douzaines.

duzen ['du:tsən] *tr* tutoyer; *sich ~* se tutoyer, être à tu et à toi.

Dyn *n* ⟨-s, -⟩ [dy:n] *phys (Krafteinheit)* dyne *f*. **Dynamik** *f* ⟨-, ø⟩ [dy'na:mɪk] *phys u. fig* dynamique *f*. **dynamisch** [-'na:-] *a* dynamique. **Dynamit** *n* ⟨-(e)s, ø⟩ [-na'mɪt, -'mi:t] dynamite *f*. **Dynamo(maschine** *f***)** *m* ⟨-s, -s⟩ [-'na:mo, 'dy:namo] *el mot* dynamo, génératrice *f*. **Dynamometer** *n (Kraftmesser)* dynamomètre *m*.

D-Zug *m* ['de:-] (train) express *od* rapide *m*.

E

E, e *n* ‹-, -› [e:] *(Buchstabe)* E, *mus* mi *m*.
Ebbe *f* ‹-, -n› ['ɛbə] marée *f* basse, reflux, jusant *m*; ► *es ist* ~ la marée descend *od* baisse; ~ *und Flut* le flux et le reflux, la marée.
eben ['e:bən] **I.** *a (flach)* plat; *(Boden)* ras, de plain-pied; *(Weg)* égal; *(glatt)* lisse; *math* plan; **II.** *adv (~ gerade)* justement, précisément, tout à l'heure, à l'instant même; ► *zu ~er Erde* au rez-de-chaussée, de plain-pied; ~ *das* ... précisément cela; c'est précisément ce qui ...; ~ *erst* à peine; ~ *machen (Boden)* affleurer; *ich wollte* ~ *sagen* j'allais dire; *ich habe* ~ *gegessen* je viens de manger; *ich will* ~ *nicht* mais c'est que je ne veux pas.
Ebenbild *n* ['e:bən-] image *f*, portrait *m*; ► *er ist das* ~ *s-s Vaters* il est tout le portrait de son père. **ebenbürtig** *a* égal (par la naissance) *a. fig;* de même condition; *fig* l'égal (*dat* de), de pair.
Ebene *f* ‹-, -n› ['e:bənə] **1.** plaine *f*; **2.** *(gleiche Höhe)* niveau *m*; **3.** *math* plan *m*; ► *auf gleicher* ~ du *od* au niveau (*mit, wie* de); *auf höherer* ~ *(fig)* sur un plan élevé; *auf höchster* ~ *(pol)* au niveau le plus élevé, au sommet.
ebenfalls ['e:bən-] *adv* également, pareillement, de même, aussi.
Ebenholz *n* ['e:bən-] (bois *m* d')ébène *f*.
Ebenmaß *n* ['e:bən-] harmonie *f*, proportions *f pl* harmonieuses. **ebenmäßig** *a* égal, bien proportionné.
ebenso ['e:bənzo:] *adv* pareillement, semblablement, de même, aussi; ► ~ *wie* aussi bien que, à l'égal de; ~ ... *wie* ... aussi ... que ...; *es* ~ *machen* faire de même. **ebensogut** ['---,-] *adv* tout aussi bien. **ebensolange** ['---,--] *adv* (tout) aussi longtemps. **ebensooft** ['---,-] *adv* (tout) aussi souvent. **ebensosehr** *adv*. **ebensoviel** ['---,-] *adv* (tout, juste) autant (*wie* de, que). **ebensowenig** ['---,--] *adv* (tout) aussi peu (*wie* de, que), (ne ...) pas plus (*wie* de, que).
Eber *m* ‹-s, -› ['e:bər] verrat *m*; *wilder* ~ sanglier *m* (mâle). **Eberesche** *f bot* sorbier *m*.
ebnen ['e:bnən] *tr (Boden)* aplanir, niveler; ► *jdm den Weg* ~ *(fig)* frayer la voie *od* le chemin à qn.
Echo *n* ‹-s, -s› ['ɛço] écho *m a. fig u. tele;* ► *ein* ~ *geben* faire écho. **Echolot** *n* écho-sonde, sonde-écho *f*.
echt [ɛçt] **I.** *a* **1.** véritable, vrai; *(Urkunde)* authentique; **2.** *fig* naturel, original; bon, réel, vrai; *(rein)* pur; **II.** *adv* bien, tout à fait; ► *~er Edelstein m* pierre *f* précieuse véritable. **Echtheit** *f* ‹-, ø› *a. fig* bonne qualité; ver(ac)ité; *(Urkunde)* authenticité; *fig* naturel *m*; *(Reinheit)* pureté. **Echtzeit** *f inform* temps *m* réel. **Echtzeituhr** *f inform* horloge *f*.
Eck *n* ‹-(e)s, -e(n)› [ɛk] *dial* = *Ecke*. **Eckbank** *f* banquette *f*. **Ecke** *f* ‹-, -n› **1.** coin *m*; *(Zimmer) a.* encoignure *f*; **2.** *(Spitze)* angle *m*; *(vorspringende, a. arch)* corne *f*; *(Straße)* tournant *m*; **3.** *(Ende)* bout; *fam (kurze Entfernung)* bout *m* de chemin; ► *an allen ~en und Enden* dans tous les coins, de tous côtés, partout; *gleich um die* ~ (tout) à côté, tout près; *um die* ~ *biegen* tourner à l'angle *od* au coin; *um die* ~ *bringen (fig fam)* faire disparaître, assassiner. **eckig** *a* **1.** anguleux, angulaire; **2.** *fig (linkisch)* gauche, maladroit; *(ungeschliffen)* mal dégrossi; ► *~e Klammern f pl (typ)* crochets *m pl*. **Eckstein** *m arch* pierre *f* angulaire *(a. fig) od* de refend. **Eckzahn** *m* canine *f*.
Ecu [e'ky:] *m* ‹-(s), -(s)› *(Europäische Währungseinheit)* écu *m*.
edel ['e:dəl] *a* **1.** *lit (adlig) u. fig (Charakter; Körperteil)* noble; *fig* généreux; **2.** *(Pferd)* de race; *(Frucht)* exquis, sélectionné; *(Wein)* de cru, fin, généreux; *lit (Metall, Stein)* précieux. **Edelgas** *n* gaz *m* rare. **Edelmann** *m* ‹-s, -leute› gentilhomme *m*. **Edelmetall** *n* métal *m* précieux. **Edelmut** *m* générosité, noblesse *f* (de cœur). **edelmütig** *a* généreux, noble. **Edelstein** *m* pierre précieuse, gemme *f*; *pl* pierreries *f pl*. **Edeltanne** *f* sapin *m* argenté *od* blanc. **Edelweiß** *n bot* edelweiss, pied-de-lion *m*, immortelle *f* des neiges.
Edikt *n* ‹-(e)s, -e› [e'dɪkt] édit, décret *m*.
E-Dur *n* ['e:du:r] mi *m majeur*.
EDV *f* [e:de:'faʊ] *(elektronische Datenverarbeitung)* traitement *m* de l'information *od* des données. **EDV-Anlage** *f* système *m* informatique.
Efeu *m* ‹-s, ø› ['e:fɔʏ] lierre *m*.
Effekt *m* ‹-(e)s, -e› [ɛ'fɛkt] **1.** *(Wirkung)* effet *m*; **2.** tech (Nutzen) puissance *f*. **Effekten** *pl fin (Wertpapiere)* effets, titres *m pl*, valeurs *f pl* mobilières. **Effektenmarkt** *m* marché *m od* bourse *f* des titres *od* des valeurs. **effektiv** [ɛfɛk'ti:f] *a* effectif, réel.
EG [e:ge:] *(Europäische Gemeinschaft)*

I. *a* européen; communautaire; **II.** *sf* C.E. *f;* l'Europe *f.* **EG-Binnenmarkt** *m* marché *m* unique européen. **EG-Bürger(in** *f***)** *m* citoyen, ne *m f* européen, ne. **EG-Norm** *f* norme *f* européenne.

egal [e'ga:l] *a* égal, pareil; ▶ *das ist mir (ganz)* ~ ça m'est (tout à fait) égal.

Egge *f* ‹-, -n› ['ɛgə] herse *f.* **eggen** *tr* herser.

Egoismus *m* ‹-, ø› [ego'ɪsmʊs] égoïsme *m.* **Egoist** *m* ‹-en, -en› [-'ɪst] égoïste *m.* **egoistisch** [-'ɪstɪʃ] *a* égoïste.

ehe ['e:ə] *conj* avant que *subj, (bei gleichem Subjekt)* avant de *inf.*

Ehe *f* ‹-, -n› ['e:ə] mariage, ménage *m;* ▶ *aus erster ~ (Kind)* du premier lit; *in zweiter ~ (heiraten)* en secondes noces; *e-e ~ eingehen* od *schließen* contracter mariage, conclure un mariage; *wilde ~* union *f* libre, concubinage *m.* **eheähnlich** *a:* ▶ *~e Gemeinschaft* union *f* libre. **Eheberatung** *f* conseil *m* conjugal. **Ehebrecher(in** *f***)** *m* (homme *m,* femme *f)* adultère *m f.* **Ehebruch** *m* adultère *m;* ▶ *~ begehen* commettre un adultère. **Ehefrau** *f,* **Ehegattin** *f* femme (mariée), épouse, conjointe *f.* **Ehegatte** *m* mari, époux, conjoint *m.* **Ehehälfte** *f:* ▶ *meine bessere ~ (fam)* ma chère moitié *f.* **Ehekrach** *m* scène *f* de ménage. **Eheleute** *pl* couple *m,* époux, conjoints *m pl;* ▶ *wie ~ zs.leben* vivre maritalement. **ehelich** *a* **1.** conjugal, *bes. jur* matrimonial; **2.** *(Kind)* légitime. **ehelos** *a* célibataire, non marié, resté(e) garçon (fille). **Ehelosigkeit** *f* célibat *m.*

ehemalig ['e:əma:lɪç] *a* ancien, d'autrefois, ci-devant; *pol* ex-.

Ehemann *m* ‹-(e)s, -männer› ['e:ə-] = *Ehegatte;* ▶ *junger ~* (jeune) marié *m.* **Ehepaar** *n* couple *m,* époux *m pl;* ▶ *das junge ~* le jeune ménage.

eher ['e:ər] *adv* **1.** *(früher)* plus tôt, avant, antérieurement (*als* à); **2.** *(lieber)* plutôt, de préférence; ▶ *je ~, desto besser* le plus tôt sera le mieux; *nicht ~ als* pas plus tôt que; *ich würde ~ ... als ...* j'aimerais mieux ... que (de) ...

Ehering *m* ['e:ə-] alliance *f.*

ehern ['e:ərn] *a fig* d'airain.

Ehescheidung *f* ['e:ə-] divorce *m.* **Eheschließung** *f* (célébration *f* du) mariage *m;* ▶ *Zahl f der ~en* nuptialité *f.*

Ehrabschneider *m* ['e:r-] diffamateur, calomniateur *m.* **ehrbar** *a* **1.** *(Mensch)* honorable, respectable; **2.** *(Benehmen) (anständig)* honnête, décent. **Ehrbarkeit** *f* ‹-, (-en)› **1.** honorabilité, respectabilité *f;* **2.** honnêteté, décence *f.* **Ehre** *f* ‹-, -n› honneur *m; (Auszeichnung)* distinction; ▶ *in allen ~n* (en tout bien et) en tout honneur; *zu jds ~(n)* en *od* pour l'honneur, à la gloire de qn; *wieder zu ~n bringen* réhabiliter; *jdm die ~ erweisen zu ...* faire à qn l'honneur de ...; *jdm die letzte ~ erweisen* rendre les derniers devoirs *od* les honneurs funèbres à qn; *die ~ haben zu ...* avoir l'honneur de ...; *jdn, etw in ~n halten* honorer, respecter qn *od* qc; *jdm ~ machen* faire honneur à qn; *es ist mir e-e ~ zu ...* c'est un honneur pour moi de ...; cela me fait honneur de ... **ehren** *tr* **1.** honorer (*durch, mit* de), rendre honneur *od* gloire à; **2.** *(achten)* respecter, estimer, considérer; ▶ *sich geehrt fühlen* se sentir honoré; *(sehr) geehrter Herr! (Briefanrede)* Monsieur. **Ehrenamt** *n* charge *od* fonction *f* honorifique. **ehrenamtlich** *a* bénévole. **Ehrenbürger** *m* citoyen *m* d'honneur. **Ehrendoktor** *m* docteur *m* honoris causa. **ehrenhaft** *a (Sache)* honorable; *(Person)* honnête. **Ehrenhaftigkeit** *f* ‹-, ø› honorabilité; honnêteté *f.* **ehrenhalber** *adv* pour l'honneur, honoris causa. **Ehrenmal** *n* ‹-(e)s, ¨er/(-e)› monument *m* aux morts *od* aux victimes de la guerre. **Ehrenmann** *m* ‹-s, -männer› homme d'honneur *od* de bien; galant homme *m.* **Ehrenmitglied** *n* membre *m* honoraire *od* d'honneur. **Ehrenplatz** *m* place *f* d'honneur. **Ehrenrechte** *n pl:* ▶ *die bürgerlichen ~* les droits *m pl* civiques; *Verlust m der bürgerlichen ~* privation *f* des droits civiques. **Ehrenrettung** *f* réhabilitation *f* (d'honneur); *fig (Verteidigung)* apologie *f.* **ehrenrührig** *a* injurieux, diffamant, infamant. **Ehrensache** *f* point *m* d'honneur. **Ehrenurkunde** *f* diplôme *m* d'honneur. **ehrenvoll I.** *a* honorable; **II.** *adv* avec honneur. **ehrenwert** *a* honorable, respectable. **Ehrenwort** *n* ‹-(e)s, -e› parole *f* d'honneur; ▶ *auf ~* sur parole. **ehrerbietig** *a* respectueux. **Ehrerbietung** *f* (témoignage de) respect *m,* considération, révérence *f.* **Ehrfurcht** *f (Verehrung)* vénération *f (vor* pour*); (Achtung)* respect *m* (*vor* de, pour); ▶ *aus ~ vor* par respect pour *od* de; *~ gebieten* forcer le respect. **ehrfurchtsvoll** *a,* **ehrfürchtig** *a* respectueux. **Ehrgefühl** *n* sens *od* sentiment *m* de l'honneur. **Ehrgeiz** *m* ambition *f;* amour-propre *m.* **ehrgeizig** *a* ambitieux, qui a de l'amour-propre. **ehrlich** *a* **1.** *(Person)* honnête; *(rechtschaffen)* probe, loyal, intègre; **2.** *(Person* u. *Sache) (aufrichtig)* sincère, de bonne foi; ▶ *~ (gesagt)* pour parler franc(hement), à dire vrai; *es mit jdm ~ meinen* être sincère avec qn; *~ währt am längsten (prov)* avec la bonne foi on va loin. **Ehrlichkeit** *f* ‹-, ø› **1.** honnêteté; probité, loyauté, intégrité *f;* **2.** sincérité, bonne foi *f.* **ehrlos** *a* sans honneur, malhonnête, infâme. **Ehrlosigkeit** *f* ‹-, ø› déshonneur *m,* infamie *f.* **Ehrung** *f* ‹-, -en› *(Huldigung)* hommage *m.* **Ehrwürden** *(Anrede): Ew. ~!* Votre Révérence! **ehrwürdig** *a* **1.** vénérable, respectable; **2.** *(Geistlicher)* révérend.

Ei *n* ‹-(e)s, -er› [aı] œuf *m;* ▶ *~er legen* pondre; *faules ~* œuf *m* gâté *od* pourri; *hartgekochtes ~* œuf *m* dur; *rohes ~* œuf *m* cru; *verlorene ~er* œufs *m pl* pochés; *weichgekochtes ~* œuf *m* à la coque; *das ~ des Kolumbus* l'œuf de Christophe Colomb.

Eibe *f* ‹-, -n› ['aıbə] *bot* if *m.*

Eichamt *n* ['aıç-] administration *f* des poids et mesures; poids *m* public.

Eiche *f* ‹-, -n› ['aıçə] chêne *m.* **Eichel** *f* ‹-, -n› ['aıçəl] *bot anat* gland *m.* **Eichelhäher** *m orn* geai *m.*

eichen ['aıçən] **I.** *tr allg* vérifier; *(Maße u. Gewichte)* étalonner; *(Waage)* ajuster; *(Gefäß)* jauger; **II.** *a* de *od* en chêne.

Eichenholz *n* ['aıçən-] bois *m* de chêne. **Eichenwald** *m* forêt de chênes, chênaie *f.* **Eichhörnchen** *n* écureuil *m.*

Eid *m* ‹-(e)s, -e› [aıt, -də] serment *m;* ▶ *an ~es Statt* à titre de serment; *e-n ~ leisten* od *schwören* prêter serment; *unter ~ aussagen* déposer sous serment; *ich könnte e-n ~ darauf schwören* j'en jurerais, *fam* j'en mettrais ma main au feu. **eidbrüchig** *a* parjure.

Eidechse *f* ‹-, -n› ['aıdɛksə] lézard *m.*

Eidesformel *f* ['aıdəs-] formule *f* de serment. **Eidesleistung** *f* prestation *f* de serment. **eidesstattlich** *a:* ▶ *~e Erklärung f* déclaration *f* tenant lieu de serment. **Eidgenossenschaft** *f:* ▶ *die Schweizerische ~* la Confédération helvétique. **eidlich** ['aıtlıç] **I.** *a* sous serment; **II.** *adv* sous (la foi du) serment, par serment.

Eierbecher *m* ['aıər-] coquetier *m.* **Eierkuchen** *m* omelette *f; (bretonischer ~)* crêpe *f* (bretonne). **Eierlikör** *m* liqueur *f* au jaune d'œuf. **Eierschale** *f* coquille *f* (d'œuf). **Eierstock** *m anat* ovaire *m.*

Eifer *m* ‹-s, ø› ['aıfər] zèle *m,* assiduité *f; (Geschäftigkeit)* empressement *m; (Leidenschaft)* ardeur, ferveur *f,* feu, fanatisme *m;* ▶ *im ~ des Gefechts (fig)* dans le feu de l'action; *blinder ~ schadet nur (prov)* trop de zèle nuit. **Eiferer** *m* ‹-s, -› zélateur, fanatique *m.* **eifern** *itr* s'emporter (*gegen* contre). **Eifersucht** ['-zuxt] *f* jalousie, rivalité *f.* **eifersüchtig** *a* jaloux (*auf* de).

eiförmig ['aı-] *a* ovale, oviforme.

eifrig ['aıfrıç] **I.** *a* zélé, assidu; *(geschäftig)* empressé; *(leidenschaftlich)* ardent (*in* à), fervent; **II.** *adv* avec zèle, avec empressement.

Eigelb *n* ['aı-] jaune *m* d'œuf.

eigen ['aıgən] *a* **1.** propre; personnel, privé, à moi *etc;* **2.** *(besonderer)* spécial, à part; séparé; **3.** *(~tümlich)* particulier, caractéristique, spécifique; **4.** *(~artig)* singulier, étrange, curieux; **5.** *(Mensch) (wählerisch)* difficile, exigeant; *(sorgfältig, genau)* soigneux, méticuleux, exact; **6.** *(Sache) (heikel)* délicat; ▶ *in ~er Person* en personne; *Zimmer mit ~em Eingang* pièce avec entrée indépendante; *auf ~e Gefahr* à ses risques et périls; *das sind s-e ~en Worte* ce sont ses propres termes. **Eigenantrieb** *m* autopropulsion *f.* **Eigenart** *f* particularité, individualité *f,* caractère *m.* **eigenartig** *a* **1.** particulier, caractéristique; **2.** *(sonderbar)* singulier, étrange, curieux. **Eigenbedarf** *m* consommation *f* privée *od* propre. **Eigenbrötler** *m* ‹-s, -› ['-brø:tlər] original *m.* **Eigengewicht** *n* poids *m* propre *od* mort; *(Wagen)* tare *f.* **eigenhändig** *a u. adv* de ma *etc* propre main; ▶ *~ geschrieben* autographe; *(Testament)* olographe. **Eigenkapital** *n* capital propre, apport personnel; *fin* actif net, passif *m* non exigible. **Eigenliebe** *f* amour *m* de soi. **eigenmächtig** **I.** *a* arbitraire, autoritaire; **II.** *adv* de ma *etc* propre autorité, de mon *etc* propre chef. **Eigenname** *m* nom *m* propre. **Eigennutz** *m* intérêt particulier *od* personnel, égoïsme *m.* **eigennützig** **I.** *a* intéressé, égoïste; **II.** *adv* par intérêt (particulier *od* personnel). **eigens** *adv* exprès, spécialement, particulièrement. **Eigenschaft** *f* ‹-, -en› *allg* qualité *f,* caractère, attribut *m; scient* propriété *f;* ▶ *in s-r ~ als* en qualité de, à titre de. **Eigenschaftswort** *n* ‹-(e)s, ¨-er› *gram* adjectif *m.* **Eigensinn** *m* obstination, opiniâtreté *f,* entêtement *m.* **eigensinnig** *a* obstiné, opiniâtre, entêté, têtu. **eigentlich** **I.** *a* **1.** *(wirklich)* réel, vrai, véritable; **2.** *(wesentlich)* essentiel, intrinsèque; ▶ *im ~en Sinn* au sens propre; *das ~ Frankreich* la France proprement dite; *der ~ Wert* la valeur intrinsèque; **II.** *adv* **1.** *(in Wirklichkeit)* en effet, en réalité, en vérité, en fait; **2.** *(genaugenommen)* à proprement parler, à vrai dire, à dire vrai, proprement dit; *(im Grunde)* au *od* dans le fond. **Eigentum** *n* ‹-s, ø› ['-tu:m] propriété *f.* **Eigentümer** *m* ‹-s, -› ['-ty:mər] propriétaire *m.* **eigentümlich** *a* **1.** caractéristique, particulier, spécifique; **2.** *(sonderbar)* singulier, curieux, drôle de ... **Eigentümlichkeit** *f* caractère (propre), trait *m* caractéristique; particularité, singularité *f.* **Eigentumswohnung** *f* appartement *m* en copropriété *f.* **eigenwillig** *a* **1.** volontaire; capricieux; **2.** = *eigensinnig.*

eignen ['aıgnən]: *sich ~ zu* od *für* être apte *od* propre à *od* qualifié pour; *(Sache)* se prêter à. **Eignung** *f* ‹-, ø› qualification, aptitude *f.*

Eilbestellung ['ail-] *f* remise *f* par

exprès. **Eilbote** *m:* ▶ *durch ~n* par exprès. **Eilbrief** *m* lettre *f* exprès. **Eile** *f* ‹-, ø› hâte, précipitation *f;* ▶ *in ~* à la *od* en hâte; *in aller ~* en toute hâte, précipitamment, à toute vitesse; *es hat keine ~* cela ne presse pas, rien ne presse. **eilen** *itr* **1.** ‹*sein*› *(Mensch)* courir, marcher à grands pas; *(Zeit)* passer rapidement, fuir; **2.** ‹*h*› *(Sache)* presser; ▶ *zu Hilfe ~* voler au secours; *es eilt nicht* il n'y a pas d'urgence. **Eilgut** *n* (marchandises *f pl od* envoi *m* en) grande vitesse *f.* **eilig I.** *a (Sache)* pressant, urgent; *(schnell)* rapide, prompt; **II.** *adv* à la hâte; ▶ *in ~en Fällen* dans les cas d'urgence; *es ~ haben* être (em-)pressé, marcher à grands pas, avoir hâte (*mit, zu* de); *warum so ~?* pourquoi si vite? **Eilsendung** *f* envoi *m* exprès. **Eilzug** *m* rapide, train *m* direct. **Eilzustellung** *f* = *Eilbestellung.*

Eileiter *m* ['aɪ-] *anat (Mensch)* trompe *f* utérine; *(Tier)* oviducte *m.* **Eileiterschwangerschaft** *f* grossesse *f* extra-utérine.

Eimer *m* ‹-s, -› ['aɪmər] seau *m;* ▶ *im ~ sein (Sache) (pop)* être fichu.

ein [aɪn] **(1)** *(unbest. Artikel u. Zahlwort)* un, une; ▶ *der, die ~e (pron)* (l')un *m,* (l')une *f; ~er (jemand)* quelqu'un(e *f*) *m,* on, vous; *~ für allemal* une fois pour toutes; *~er nach dem andern* l'un après l'autre, chacun à son tour, à tour de rôle; *in ~em fort* continuellement; *weder ~ noch aus wissen* ne (pas) savoir où donner de la tête; *~ und derselbe* le même, une seule et même personne; *der ~e ..., der andere* l'un ..., l'autre; *~er von beiden* l'un des deux, l'un ou l'autre; *~s von beiden* de deux choses l'une; **(2) I.** *interj el (= einschalten!)* fermé; **II.** *adv (auf Geräten)* mise en marche.

Einakter *m theat* pièce *f* en un acte.

einander [aɪ'nandər] *adv* l'un (à) l'autre, les uns aux *od* les autres, mutuellement, réciproquement; ▶ *~ helfen* s'entraider; *~ schaden* s'entre-nuire.

ein=arbeiten *tr:* ▶ *jdn ~* initier qn au travail; *sich ~ in* se mettre en train, se mettre au courant de. **Einarbeitung** *f* ‹-, (-en)› mise au courant *od* en train, adaptation, formation *f.* **Einarbeitungszeit** *f* période *f* de formation.

einarmig *a* manchot.

ein=äschern ['-ɛʃərn] *tr* réduire en cendres; *(Leiche)* incinérer. **Einäscherung** *f* ‹-, -en› incinération, crémation *f.*

ein=atmen *tr* aspirer, respirer.

einäugig *a* borgne.

Einbahnstraße *f* (rue *f* à) sens *m* unique.

ein=balsamieren ‹*ohne -ge-*› *tr* embaumer.

Einband *m* ‹-(e)s, ⸚e› *(Buch)* reliure *f.*

einbändig *a* en un volume.

Einbau *m* ['aɪnbaʊ] *allg* mise *f* en place; *(von Möbeln)* aménagement, encastrement *m; tech* installation *f,* montage *m.* **ein=bauen** *tr (Möbel)* aménager, encastrer; *tech* installer, monter. **Einbauküche** *f* cuisine *f* encastrée.

Einbaum *m (Boot)* pirogue *f.*

Einbaumotor *m (Fahrrad)* moteur auxiliaire, propulseur *m.* **Einbauschrank** *m* placard *m.* **Einbauteil** *n* élément *m* de montage.

einbegriffen *a* y compris; implicite; ▶ *alles ~* tout compris.

ein=behalten ‹*behält, behielt ein, einbehalten*› *tr* retenir (*vom Lohn* sur le salaire).

ein=berufen ‹*berief ein, einberufen*› *tr allg* convoquer; *(Wehrpflichtigen)* appeler (sous les drapeaux); *parl* réunir. **Einberufung** *f* convocation *f; mil* appel *m* (sous les drapeaux).

ein=betten *tr tech* encastrer, enrober. **Einbettzimmer** *n* chambre *f* à un lit.

ein=beulen *tr* bosseler, bossuer.

ein=biegen ‹*bog ein, eingebogen*› *itr* ‹*sein*› : ▶ *nach links, rechts ~* tourner *od* virer à gauche, à droite.

ein=bilden, sich 1. *(sich vorstellen)* se représenter, se figurer, s'imaginer; **2.** *(überzeugt sein)* être persuadé (*von* de, *daß* que); ▶ *sich etwas ~ auf* être fier de, se prévaloir de, se piquer de; *bilden Sie sich ja nicht ein, daß ...* n'allez pas croire que ... **Einbildung** *f* **1.** *(Vorstellung)* imagination, fantaisie *f; (bloße Annahme)* pure imagination, illusion chimère; *(krankhafte ~)* fabulation *f;* **2.** *(Dünkel)* prétention, présomption *f.* **Einbildungskraft** *f* imagination, faculté *od* puissance *f* imaginative.

ein=blenden *tr film radio TV* enchaîner.

Einblick *m fig* aperçu *m (in etw* de qc); ▶ *jdm e-n ~ in etw gewähren* mettre qn au courant de qc.

ein=brechen ‹*bricht, brach ein, eingebrochen*› *itr* ‹*sein*› **1.** faire irruption (*in* dans); *(mit Gewalt)* entrer de force (*in* dans); *(Einbrecher)* cambrioler (*in etw* qc); **2.** *(Decke)* s'écrouler, s'effondrer; *(Mensch auf dem Eis)* s'enfoncer. **Einbrecher** *m* ‹-s, -› cambrioleur *m.*

ein=brennen ‹*brannte ein, eingebrannt*› *tr (Zeichen)* brûler.

ein=bringen ‹*brachte ein, eingebracht*› *tr* **1.** *(Ernte)* rentrer, engranger; **2.** *(Geld)* rapporter, réaliser; **3.** *parl (Antrag, Gesetzentwurf)* déposer; **4.** *fig* valoir, mériter (*jdm etw* qc à qn).

ein=brocken *tr (Brot)* tremper; ▶ *da hast du dir aber etwas Schönes eingebrockt! (fig fam)* tu t'es mis dans de beaux draps *od* dans un sacré pétrin!

Einbruch *m* ‹-(e)s, ⸚e› ['-brʊx] **1.** *allg* irruption *f;* **2.** *(in ein Land)* invasion;

(in ein Haus) effraction *f*, cambriolage *m;* ▶ *bei ~ der Dunkelheit* od *Nacht* à la tombée de la nuit.
ein=bürgern 1. *tr* naturaliser; **2.** *refl: sich ~ (fig)* s'introduire, s'établir, devenir une habitude, passer dans l'usage.
Einbuße *f* atteinte, perte *f.* **ein=büßen** *tr* perdre, essuyer une perte de.
ein=dämmen *tr* endiguer *a. fig.*
ein=decken: *sich ~ mit* se pourvoir de, s'approvisionner en. **Eindecker** *m* ⟨-s, -⟩ aero monoplan *m.*
eindeutig *a* sans équivoque, clair, univoque. **Eindeutigkeit** *f* ⟨-, (-en)⟩ clarté *f.*
ein=dicken *(Küche) tr* épaissir, condenser; *chem* concentrer.
ein=dringen ⟨*drang ein, eingedrungen*⟩ *itr* ⟨*sein*⟩ pénétrer, entrer de force; forcer l'entrée (de); *(Flüssigkeit, a. mil)* s'infiltrer; ▶ *in ein Land ~* envahir un pays. **eindringlich I.** *a (Sache)* pénétrant, pressant, énergique; **II.** *adv* avec insistance. **Eindringlichkeit** *f* ⟨-, ø⟩ insistance *f.* **Eindringling** *m* ⟨-s, -e⟩ ['-lɪŋ] intrus; *mil* envahisseur *m.*
Eindruck *m* ⟨-(e)s, ⸚e⟩ **1.** empreinte *(a. sport, im Boden)*, marque *f;* **2.** *fig* impression *f*, effet *m;* ▶ *auf jdn ~ machen* faire impression sur qn, impressionner qn; *ich habe den ~, daß* j'ai l'impression que, il me semble que.
ein=drücken *tr (platt drücken)* aplatir; *(einstoßen)* enfoncer; *(zerdrücken)* écraser, casser.
eindrucksvoll *a* impressionnant, imposant, qui fait de l'effet.
ein=ebnen *tr* aplanir, niveler, égaliser.
Einehe *f* monogamie *f.*
eineiig ['aɪnˀaɪɪç] : ▶ *~e Zwillinge m pl* jumeaux *m pl* univitellins.
einen ['aɪnən] *tr (einigen)* uni(fie)r.
ein=engen *tr* mettre à l'étroit, rétrécir, resserrer; *fig* gêner.
einer ['aɪnər] *s. ein.* **Einer** *m* ⟨-s, -⟩ **1.** *math* unité *f;* **2.** *(Boot)* canot à un rameur, skiff *m.* **einerlei** [-'laɪ] *a inv* de la même sorte; ▶ *~ was, wann, wo, wie* n'importe quoi, quand, où, comment; *das ist mir ~* cela *od fam* ça m'est égal, peu m'importe. **Einerlei** *n* ⟨-s, ø⟩ uniformité, monotonie *f.* **einerseits** *adv* d'une part, d'un côté.
einfach I. *a* simple; ordinaire *(a. Brief);* élémentaire; *(leicht zu tun)* facile; *(schlicht)* modeste, naturel; *(Essen)* frugal; *(Stil)* uni, sans recherche; **II.** *adv* simplement; ▶ *ganz ~ (adv)* tout simplement *od* bonnement; *das ist nicht so ~, wie es aussieht (a.)* cela ne s'enfile pas comme des perles. **Einfachheit** *f* ⟨-, ø⟩ simplicité; frugalité; modestie *f.*
ein=fädeln *tr* **1.** *(Nadeln)* enfiler; **2.** *fig* engager, entamer, amorcer.
ein=fahren ⟨*fährt, fuhr ein, eingefahren*⟩ *tr* ⟨*h*⟩ **1.** *(Ernte)* rentrer, engranger; *aero (Fahrgestell)* rentrer, escamoter; **2.** *mot* roder; enfoncer; *itr* ⟨*sein*⟩ **3.** *mines* descendre (dans le puits); **4.** *loc* entrer (en gare). **Einfahrt** *f* **1.** entrée *f; (Torweg)* porte *f* cochère; **2.** *mines* descente *f* (dans le puits); **3.** *mar* détroit *m; (Kanal)* tête *f;* **4.** *loc* entrée *f* en gare; ▶ *keine ~! ~ verboten!* sens interdit! *~ freihalten!* sortie de voiture.
Einfall *m* **1.** *phys (Licht)* incidence *f;* **2.** *mil* invasion, irruption *f;* **3.** *fig (Gedanke)* idée *f; (launiger ~)* caprice *m*, fantaisie, lubie *f; (witziger ~)* boutade, saillie, pointe *f.* **ein=fallen** ⟨*fällt, fiel ein, eingefallen*⟩ *itr* ⟨*sein*⟩ **1.** *(einstürzen)* s'effondrer, s'écrouler, (s')ébouler, tomber en ruine; **2.** *opt* entrer, faire incidence; **3.** *mil* faire irruption (*in* dans), envahir (*in etw* qc); **4.** *(in den Sinn kommen)* venir à la pensée *od* l'idée *od* l'esprit; ▶ *das fällt mir (gar) nicht ein!* je n'y pense pas; j'en suis bien loin; *was fällt dir (denn) (überhaupt) ein?* qu'est-ce qui te prend? de quoi t'avises-tu? **Einfallslosigkeit** *f* absence *f* d'idées. **Einfallswinkel** *m opt* angle *m* d'incidence.
Einfalt *f* ⟨-, ø⟩ simplicité, naïveté, ingénuité *f.* **einfältig** *a* simple; naïf, ingénu; *pej* niais, sot. **Einfaltspinsel** *m* simple, niais, nigaud, benêt, imbécile *m.*
Einfamilienhaus *n* maison *od* villa *f* individuelle.
ein=fangen ⟨*fängt, fing ein, eingefangen*⟩ *tr* prendre, capturer.
einfarbig *a* d'une seule couleur, unicolore; *(Stoff)* uni; *typ* monochrome.
ein=fassen *tr* **1.** *(umgeben)* entourer, encadrer, enclore; **2.** *(Schmuck)* monter, sertir, enchâsser; **3.** *(säumen)* border, garnir (*mit* de). **Einfassung** *f* bande *f*, (re)bord *m; (Saum)* bordure *f.*
ein=fetten *tr* graisser, lubrifier.
ein=finden, *sich* ⟨*fand ein, eingefunden*⟩ se retrouver; se trouver, se rendre (*zu* à).
ein=flößen *tr* **1.** *(Flüssigkeit)* instiller, ingurgiter (*jdm etw* qc à qn); **2.** *fig (Gefühl)* inspirer, insinuer.
Einfluß *m fig* influence (*auf* sur), action *f; (Ansehen)* crédit *m;* ▶ *auf jdn e-n ~ ausüben, ~ haben* avoir de l'influence *od* de l'emprise sur qn; *unter jds ~ stehen* subir l'influence de qn. **Einflußbereich** *m* sphère *od* zone *f* d'influence. **einflußreich** *a* influent; puissant.
einförmig *a* uniforme; *fig* monotone. **Einförmigkeit** *f* uniformité; *fig* monotonie *f.*
ein=fried(ig)en *tr* (en)clore, clôturer. **Einfriedung** *f* enclos *m*, clôture, enceinte *f.*
ein=frieren ⟨*fror ein, eingefroren*⟩ *itr* **1.** geler; **2.** *fig fin* geler; ▶ *das E ~ der Preise* le blocage *m* des prix. **Einfrieren**

n (von Löhnen usw.) gel *m.*
ein=fügen *tr* emboîter, encastrer, enchâsser; *fig (Wort)* ajouter, insérer.
ein=fühlen: *sich in jdn, etw* ~ s'identifier à *od* avec qn, qc. **Einfühlung(svermögen** *n***)** *f* tact *m.*
Einfuhr *f* ‹-, -en› importation *f.* **Einfuhrartikel** *m* article *m* d'importation. **Einfuhrbeschränkung** *f* restriction *f* de l'importation *od* aux importations. **Einfuhrbestimmungen** *f pl* règlements *m pl* d'importation. **ein=führen** *tr* **1.** *(Menschen in e-e Gesellschaft)* introduire (*bei* auprès de, chez); *(in ein Amt)* installer (*in* dans); *(in e-e Tätigkeit, Wissenschaft)* initier (*in* à); **2.** *(Ware)* importer; *(Brauch)* introduire, établir; *(Mode)* lancer; **3.** *tech (Werkstück), med (Instrument)* introduire, insinuer. **Einfuhrgenehmigung** permis *m od* autorisation *f* d'importation. **Einfuhrland** *n* pays *m* importateur. **Einfuhrsperre** *f* interdiction *od* prohibition *f* d'importation. **Einführung** *f* **1.** *(Mensch)* introduction, présentation; *(in ein Amt)* installation; *(in e-e Wissenschaft)* initiation *f;* **2.** *(Brauch)* introduction *f,* établissement *m; (in den Handel)* lancement *m;* **3.** *tech* introduction, entrée; *med (Instrument)* introduction, insinuation *f.* **Einfuhrzoll** *m* droit *m* d'entrée, taxe *f* d'importation.
ein=füllen *tr* verser (*in* dans); *mot* remplir.
Eingabe *f (Schreiben)* demande, pétition, *jur* requête *f; inform* saisie *f.* **Eingabegerät** *n inform* terminal *m.* **Eingabetastatur** *f (des Computers)* clavier *m* de commande.
Eingang *m* **1.** *allg* entrée *f;* **2.** *(Zugang)* accès *m;* **3.** *com (Ware)* (r)entrée *f,* arrivage *m, (a. Brief)* arrivée; **4.** *(Geld)* rentrée, recette *f,* recouvrement *m; pl (eingegangene Waren)* rentrées *f pl;* ▶ *mit eigenem* ~ *(Zimmer)* indépendant; ~ *verboten!* entrée interdite. **Eingangstür** *f* porte *f* d'entrée.
ein=geben ‹*gibt, gab ein, eingegeben*› *tr* **1.** *(Arznei)* donner, administrer; **2.** *(Daten)* taper; **3.** *fig* suggérer, inspirer.
eingebildet *a* **1.** *(Sache) (vorgestellt)* imaginaire, fictif; **2.** *(Mensch) (eitel)* vaniteux, suffisant, (in)fat(ué), prétentieux, présomptueux; ▶ *auf etw* ~ *sein* se piquer de qc.
eingeboren *a* indigène. **Eingeborene** *m f* indigène *m f;* natif *m,* native *f.*
Eingebung *f* ‹-, -en› *fig* inspiration *f.*
eingefallen *a (Wangen)* creux, cave.
eingefleischt *a* invétéré, endurci.
ein=gehen ‹*ging ein, eingegangen*› *itr* ‹*sein*› **1.** *(Brief)* arriver; *(Geld)* rentrer; **2.** *(Stoff)* rétrécir, se raccourcir; **3.** *(absterben)* dépérir, s'éteindre; *(Tier)* crever (*an* de); *com (Geschäft)* cesser (d'exister), disparaître; *(Zeitung)* disparaître, cesser de paraître; *tr* ‹*sein*› **4.** *(Ehe, Geschäft)* conclure, contracter; ▶ *auf etw* ~ *(e-r S zustimmen)* accepter qc, consentir, souscrire à qc; *auf jds Bitte* ~ consentir à la demande de qn; *auf (die) Einzelheiten* ~ entrer dans les détails; *ein Risiko* ~ prendre un risque; *e-e Wette* ~ faire un pari. **eingehend I.** *a* détaillé, minutieux, circonstancié; **II.** *adv* à fond, longuement.
Eingemachte(s) *n* conserves; *(Obst)* confitures *f pl;* ▶ *ans Eingemachte gehen (fig)* entamer ses réserves.
ein=gemeinden *tr* incorporer.
eingenommen *a:* ▶ ~ *für, gegen* prévenu en faveur de, contre; *(sehr) von sich* ~ *sein* se croire (beaucoup).
eingerostet *a* rouillé *(a. fig).*
eingeschnappt *a:* ▶ *gleich* ~ *sein (fam)* se blesser *od* se froisser pour un rien.
eingeschneit *a* bloqué par les neiges.
eingeschrieben *a (Brief)* recommandé, sous pli.
eingesessen *a (Bevölkerung)* indigène.
Eingeständnis *n* aveu *m.*
ein=gestehen *tr* ‹*gestand ein, eingestanden*› avouer; *(zugeben)* admettre.
eingetragen *a adm* déclaré, enregistré; ▶ *~e Schutzmarke f (com)* marque *f* déposée.
Eingeweide *n (pl)* viscères *m pl,* entrailles *f pl; (Gedärm)* intestins *m pl, (von Tieren)* tripes *f pl.*
eingeweiht *a* initié (*in* à), informé (*in* de). **Eingeweihte** *m f* ‹-n, -n› initié(e *f*) *m,* adepte *m.*
eingleisig *a loc* à voie unique.
ein=gliedern *tr* incorporer, intégrer (*jdn, etw e-r S* qn, qc à qc).
ein=graben ‹*gräbt, grub ein, eingegraben*› *tr* enterrer, enfouir; ▶ *sich* ~ *(mil)* se retrancher; *(Tier)* se terrer.
ein=gravieren ‹*ohne -ge-*› *tr* graver (*in* sur).
ein=greifen ‹*griff ein, eingegriffen*› *itr* **1.** mettre la main (*in* dans); *fig* entrer en action *od* jeu, intervenir (*in* dans) *a. mil;* se mêler (*in* de); *(ins Gespräch)* interrompre (*in etw* qc); **2.** *tech (Maschinenteil)* engrener (*in* avec), mordre *(a. Anker);* ▶ *in jds Rechte* ~ empiéter sur les droits de qn. **Eingreifen** *n* **1.** intervention *f;* **2.** *tech* engrenage *m.* **eingreifend** *a (Maßnahme)* énergique, efficace. **Eingriff** *m* **1.** *med* intervention (chirurgicale), opération *f;* **2.** *(in ein Recht)* atteinte *f* (*in* à), empiétement *m* (*in* sur).
ein=haken *tr* agrafer, accrocher.
Einhalt *m:* ▶ *e-r S* ~ *gebieten* arrêter qc.
ein=halten ‹*hält, hielt ein, eingehalten*› **1.** *tr (Bedingung, Frist, Vertrag, Regel)* observer; *(Datum)* respecter; *(Verspre-*

chen, a. Straßenseite) tenir; *(Richtung)* suivre; **2.** *itr: mit etw* ~ s'interrompre dans qc; cesser de faire qc; *haltet ein!* cessez! **Einhaltung** *f* observation *f*.
ein=hämmern *tr fig:* ▶ *jdm etw* ~ faire entrer qc dans la tête de qn.
ein=handeln *tr* faire emplette de; ▶ *gegen etw* ~ échanger contre qc.
einheimisch *a* du pays, natif; *bot zoo* indigène. **Einheimische** *m, f* natif, *m, f*.
ein=heimsen *tr (zs. tragen)* engranger; *fig (einstecken)* recueillir, empocher.
einheiraten *itr* entrer par mariage (*in* dans).
Einheit *f* ‹-, -en› ['aınhaıt] unité *f a. math, phys, tech, mil;* ▶ *e-e* ~ *bilden* faire corps (*mit* avec). **einheitlich** *a* **1.** unitaire, uniforme, homogène; **2.** *(übereinstimmend)* suivi, conforme à l'ensemble. **Einheitlichkeit** *f* ‹-, ø› **1.** unité, uniformité, homogénéité *f;* **2.** suite, conformité *f*. **Einheits . . .** unique, unifié *a; pol* unioniste; *(Typ)* standardisé. **Einheitspreis(geschäft** *n***)** *m* (magasin à) prix *m* unique.
einhellig I. *a* unanime; **II.** *adv* à l'unanimité, d'un commun accord.
ein=holen *tr* **1.** aller chercher, acheter; *(die Ernte)* rentrer, engranger; **2.** *(erreichen)* rejoindre, rattraper *a. fig,* atteindre; *itr* **3.** *(einkaufen)* faire des courses *od* des emplettes; ▶ *e-e Erlaubnis, Genehmigung* ~ demander une autorisation; *ein Gutachten, Auskünfte, Nachrichten* ~ (aller) prendre une expertise, des renseignements, des nouvelles.
ein=hüllen *tr* envelopper (*in* dans).
einig ['aınıç] *a (einmütig)* unanime; ▶ *sich* ~ *sein* être d'accord (*über* sur; *daß* pour dire que); *(sich)* ~ *werden* tomber d'accord (*über* sur). **einige** ['-nıgə] **I.** *pron a* quelque, un peu de, *fam* une certaine dose de; *pl* quelques; **II.** *s pl* quelques-un(e)s *m (f) pl;* ▶ *nach* ~*r Zeit* au bout d'un certain temps. **einigemal** *adv* quelquefois, parfois. **einigen** *tr (Land)* unifier; ▶ *sich über etw* ~ tomber *od* se mettre d'accord sur qc. **einigermaßen** *adv* dans une certaine mesure, en quelque sorte; *(leidlich)* passablement, assez bien. **Einigkeit** *f* ‹-, ø› concorde *f*. **Einigung** *f* ‹-, (-en)› unification *f*.
ein=impfen *tr* inoculer; ▶ *jdm etw* ~ *(fig)* inculquer qc à qn.
ein=jagen *tr:* ▶ *jdm e-n Schreck* ~ effrayer qn.
einjährig *a* **1.** *(ein Jahr alt)* d'un an; **2.** *(ein Jahr dauernd, a. bot)* annuel.
ein=kalkulieren ‹*ohne -ge-*› *tr* mettre en ligne de compte.
Einkammersystem *m pol* monocamérisme *m*.
ein=kassieren ‹*ohne -ge-*› *tr* encaisser.
Einkauf *m* achat *m; (kleiner* ~*)* emplette *f;* ▶ *(s-e) Einkäufe machen* faire des achats *od* emplettes, faire ses *od* aller aux provisions. **ein=kaufen** *tr* acheter.
Einkäufer *m* acheteur *m*.
Einkaufsbummel *m:* ▶ *e-n* ~ *machen* courir les magasins. **Einkaufsgenossenschaft** *f* coopérative *f*. **Einkaufspreis** *m* prix *m* d'achat *od* coûtant; ▶ *zum* ~ au prix coûtant. **Einkaufstasche** *f* sac *m* à provisions. **Einkaufswagen** *m* caddy, chariot *m*. **Einkaufszentrum** *n* centre *m* commercial.
Einkehr *f* ‹-, ø› **1.** entrée *f* (dans une auberge); **2.** *fig* recueillement *m;* ▶ ~ *halten (fig)* rentrer en soi-même, se recueillir. **ein=kehren** *itr* ‹*sein*› descendre dans un hôtel.
ein=klammern *tr (Wort)* mettre en(tre) parenthèses *(runde) od* entre crochets *(eckige Klammern)*.
Einklang *m* accord *m,* harmonie *f;* ▶ *sich in* ~ *befinden, in* ~ *stehen mit* être en harmonie avec; *in* ~ *bringen* mettre d'accord, harmoniser, accorder.
ein=kleben *tr* coller (*in* dans).
ein=kleiden *tr* vêtir; habiller *a. mil*.
ein=klemmen *tr* serrer, coincer.
ein=kochen *tr (Obst)* confire; *allg* mettre en conserve.
ein=kommen ‹*kam ein, eingekommen*› *itr* ‹*sein*› *(Geld)* rentrer; ▶ *um etw* ~ demander, solliciter qc. **Einkommen** *n* ‹s, -› revenu *m,* salaire *m;* ▶ *kein gesichertes* ~ *haben* n'avoir ni office ni bénéfice; *steuerpflichtiges* ~ revenu *m* imposable. **Einkommensgruppe** *f* tranche *f* de revenus. **einkommensschwach** *a* à faible revenu. **einkommensstark** *a* à haut revenu. **Einkommensteuer** *f* impôt *m* sur le(s) revenu(s).
ein=kreisen *tr* cerner; encercler.
Einkünfte *pl* ['-kʏnftə] revenu(s *pl*) *m,* rentes *f pl*.
ein=laden ‹*lädt, ludt ein, eingeladen*› *tr* **1.** *(verladen)* charger, embarquer (*in* dans); **2.** *(Gast)* inviter, convier (*zu* à). **Einladen** *n* chargement, embarquement *m*. **einladend** *a* engageant, attrayant. **Einladung** *f* ‹-, -en› invitation *f* (*zu* à); ▶ *auf* ~ *(gen)* sur l'invitation (de).
Einlage *f* **1.** *(Schuh)* support, cambrillon *m;* **2.** *(Suppe)* garniture *f;* **3.** *fig allg* insertion *f; theat* entracte *m;* **4.** *fin* mise *f* de fonds, dépôt *m*. **ein=lagern** *tr* emmagasiner, entreposer, mettre en dépôt (*bei* chez).
Einlaß *m* ‹-sses, ¨-sse› ['-las, '-lɛsə] admission *f a. tech mot*. **ein=lassen** ‹*läßt, ließ ein, eingelassen*› *tr* **1.** laisser entrer, admettre; **2.** *(Wasser)* faire couler; **3.** *(einfügen)* encastrer, enchâsser; ▶ *sich auf etw* ~ consentir à qc; *sich mit jdm*

in ein Gespräch ~ engager une conversation avec qn.
ein=laufen ⟨*läuft, lief ein, eingelaufen*⟩ *itr* **1.** *mar* entrer au port; **2.** *(Stoff)* (se) rétrécir.
ein=leben: *sich* ~ *in* s'acclimater dans; *fig* s'habituer à, s'adapter à.
ein=legen *tr* **1.** mettre (*in* dans); *(in e-n Brief)* inclure, joindre; **2.** *(Heringe)* mariner; *(Früchte)* confire; **3.** *(in Holz)* incruster, marqueter; **4.** *fig* insérer *a. theat;* ▶ *e-n Film* ~ *(phot)* charger l'appareil; *e-e Pause* ~ faire une pause. **Einlegesohle** *f* semelle *f* intérieure.
ein=leiten *tr* **1.** introduire, commencer *(mit* par); **2.** préparer, ménager; **3.** *(Buch)* préfacer; **4.** *jur* ouvrir; *(Prozeß)* instruire; *(Verhandlungen)* ouvrir, engager, entamer. **einleitend** *a* introductif, (pré)liminaire; *mil* préparatoire. **Einleitung** *f* **1.** introduction, ouverture *f;* **2.** préparatif *m, bes. mil* préparation *f;* **3.** *(Vorrede)* préambule *m; (Buch)* préface *f,* avant-propos; *mus* prélude *m,* ouverture *f;* **4.** *jur* commencement *m, (a. Verhandlungen)* ouverture *f.*
ein=lenken *itr* se raviser, en rabattre.
ein=leuchten *itr* être *od* paraître évident. **einleuchtend** *a* clair, évident.
ein=liefern *tr* (dé)livrer, remettre; ▶ *ins Krankenhaus* ~ transporter à l'hôpital. **Einlieferung** *f* livraison, remise *f,* dépôt *m.* **Einlieferungsschein** *m com* reçu *m,* bulletin *m* de dépôt.
ein=lösen *tr* **1.** racheter, dégager; *(Pfand)* retirer; **2.** *(Banknote)* rembourser; *(Scheck)* toucher, encaisser; *(Wechsel)* acquitter, honorer; *(Wertpapier)* convertir; *(Zinsschein)* payer; **3.** *fig (sein Wort, Versprechen)* tenir, s'acquitter de. **Einlösung** *f* **1.** rachat, dégagement; *(Pfandschein)* amortissement, dégagement; **2.** *(Banknote)* remboursement; *(Scheck)* encaissement; *(Wechsel, Zinsschein)* paiement *m; (Wertpapier)* conversion *f.*
ein=machen *tr* mettre en conserve, conserver; *(in Zucker od Essig)* confire. **Einmachglas** *n* bocal à conserves, verre *m* à confiture(s).
einmal ['aɪnma:l] *adv* une fois; *(einst)* autrefois, jadis; *(künftig)* un jour; ▶ *auf* ~ *(zugleich)* à la fois, en même temps; *(plötzlich)* tout à coup, soudain; *nicht* ~ pas même; *(beim v)* ne ... même pas; *noch* ~ encore une fois, de nouveau; *wenn* ~ ... une fois que ...; ~ ..., ~ ... tantôt ..., tantôt ...; *das ist nun* ~ *so* voilà, c'est comme ça; *es war* ~ il y avait *od* il était une fois; ~ *ist keinmal (prov)* une fois n'est pas coutume. **Einmaleins** *n* ⟨-, ø⟩ [-'aɪns] table *f* de multiplication. **einmalig** *a* unique *a. fig; fig* exceptionnel, hors série; ▶ *~e Gelegenheit f* occasion *f* unique. **Einmaligkeit** *f* ⟨-, ø⟩ originalité, unicité *f.* **Einmalspritze** *f* seringue *f* à usage unique.
Einmannbetrieb *m* entreprise *f* comprenant une seule personne.
Einmarsch *m mil* entrée *f.* **ein=marschieren** ⟨*ohne -ge-*⟩ *itr* ⟨*sein*⟩ entrer, faire son entrée (*in* dans).
ein=mischen: *sich* ~ *in* se mêler de *od* à, s'ingérer dans, intervenir dans. **Einmischung** *f* ingérence, intervention *f.*
einmotorig *a aero* monomoteur.
ein=münden *itr (Straße)* entrer (*in* dans), aboutir (*in* à, dans, sur).
einmütig **I.** *a* unanime; **II.** *adv* à l'unanimité. **Einmütigkeit** *f* ⟨-, ø⟩ unanimité *f.*
Einnahme *f* ⟨-, -en⟩ **1.** *(ohne pl) mil (e-r Stadt)* prise *f;* **2.** *com fin* recette; *(Steuern)* perception *f; theat* recettes *f pl* de caisse. **Einnahmequelle** *f* source de revenus, ressource *f.*
ein=nehmen ⟨*nimmt, nahm ein, eingenommen*⟩ *tr* **1.** *(Mahlzeit, Arznei, Platz, Stadt)* prendre; *(Arznei)* s'administrer; absorber; **2.** *(Geld)* toucher, encaisser; *(Steuern)* percevoir; **3.** *(Raum)* occuper; *(Stellung)* tenir; *(Haltung)* observer; **4.** *(jdn)* captiver, charmer, séduire; ▶ *jds Stelle* ~ remplacer qn. **einnehmend** *a fig* prévenant, engageant, captivant, séduisant.
ein=nicken *itr* ⟨*sein*⟩ *fam* s'assoupir.
ein=nisten, *sich* nicher; *fig* s'installer.
Einöde *f* ⟨-, -n⟩ ['aɪnˀø:də] lieu *m od* région *f* désert(e).
ein=ölen *tr* huiler, lubrifier, graisser.
ein=ordnen *tr* ranger, classer; *(in Rubriken)* classifier; *sich rechts, links, in der Mitte* ~ *(mot)* se mettre dans la file de droite, de gauche, du milieu.
ein=packen **1.** *tr* empaqueter, *com* emballer; **2.** *itr fig fam* plier bagage.
Einpartei(en)regierung *f,* **Einpartei(-en)system** *n* gouvernement, système *m* monopartite.
ein=pferchen *tr (Schafe)* parquer *a. fig; fig* serrer, *fam* entasser.
ein=prägen *tr* empreindre, imprimer (*in* dans), graver (*in* sur); *fig:* ▶ *sich etw* ~ se graver qc dans la mémoire. **einprägsam** *a* qui reste *od* marque.
ein=quartieren ['-kvarti:rən] ⟨*ohne -ge-*⟩ *tr* loger, installer, *mil a.* cantonner. **Einquartierung** *f* logement *m,* installation *f, mil a.* (mise *f* en) cantonnement *m.*
ein=rahmen *tr* encadrer.
ein=rammen *tr* enfoncer.
ein=rasten *itr* s'enclencher.
ein=räumen *tr* **1.** *(Sachen)* ranger, mettre en place; *(Schrank, Wohnung)* aménager; **2.** *fig (Recht)* concéder, reconnaître; *(Frist, Kredit)* accorder; **3.** *(zugeben)* admettre (*etw* qc, *daß* que), convenir (*etw* de qc).

ein=rechnen *tr: (nicht) eingerechnet* y compris (non compris).
einreden *tr: jdm etw* ~ faire croire *od fam* avaler qc à qn; ▶ *sich* ~, *daß* ... se persuader (à tort) que ...; *itr: auf jdn* ~ chercher à persuader qn.
ein=reiben ⟨*rieb ein, eingerieben*⟩ *tr* frotter (*mit etw* de qc), frictionner (*mit etw* avec qc). **Einreibung** *f* frottement *m*, friction *f*.
ein=reichen *tr* présenter, remettre, déposer; ▶ *e-n Antrag, ein Gesuch* ~ déposer *od* faire une demande.
ein=reihen *tr* ranger (*unter* parmi), insérer (*unter* dans); ▶ *sich* ~ s'inscrire, prendre rang (*unter* parmi).
Einreise *f* entrée *f*. **ein=reisen** *itr* entrer. **Einreisevisum** *n* visa *m* d'entrée.
ein=renken ['-rɛŋkən] *tr* **1.** *(Glied)* remettre, remboîter; **2.** *fig fam (wieder* ~*)* arranger.
ein=rennen ⟨*rannte ein, eingerannt*⟩ *tr:* ▶ *jdm das Haus* ~ *(fig)* assiéger qn.
ein=richten *tr* **1.** arranger, disposer; **2.** *(Wohnung)* meubler, aménager; *(Bad, WC)* installer; *(Geschäft)* monter; **3.** *(Filiale)* ouvrir; *(Dienst, Verwaltung)* organiser; ▶ *es* od *sich so* ~, *daß* faire en sorte que *subj*, s'arranger pour que *od* de manière à *inf; sich* ~ s'installer, s'organiser; *(mit s-n Mitteln)* s'arranger. **Einrichtung** *f* **1.** arrangement *m;* mise *f* au point; **2.** *(e-r Wohnung)* ameublement, aménagement *m; (Ausstattung)* installation *f*, équipement *m;* **3.** *(öffentliche* ~*)* institution *f;* service *m;* **4.** *tech (Vorrichtung)* dispositif, mécanisme *m*, *(Anlage)* disposition *f;* ▶ *sanitäre* ~ appareil *m* sanitaire.
ein=ritzen *tr* graver (*in* sur).
ein=rollen *tr* enrouler.
ein=rosten *itr* ⟨*sein*⟩ (se) rouiller *a. fig*.
ein=rücken *tr* ⟨*h*⟩ **1.** *typ* (faire) rentrer; **2.** *tech* enclencher; *itr* ⟨*sein*⟩ **3.** entrer (*in* dans); *mil* entrer (en garnison), partir (au service militaire).
eins [aɪns] *(Zahlwort)* un; ▶ *die E*~ *(pl: die Einsen)* le (nombre) un; ~ *a (Ia)* excellent, parfait; de premier ordre; ~ *(einig) werden* tomber d'accord; *das läuft auf* ~ *hinaus* cela revient au même.
ein=sacken *tr* mettre en sac, ensacher.
ein=salzen ⟨*salzte ein, eingesalzen*⟩ *tr* saler.
einsam ['-za:m] *a (Mensch)* seul, solitaire; *(Ort)* isolé, désert. **Einsamkeit** *f* ⟨-, (-en)⟩ solitude *f*, isolement *m*.
ein=sammeln *tr* recueillir *(bes. Geld); (vom Boden, a. die Hefte)* ramasser.
Einsatz *m* **1.** *(Koffer*~*)* châssis; *(Topf)* accessoire *m;* **2.** *(im Spiel)* mise *f* (en jeu), enjeu *m;* **3.** *allg* utilisation *f*, engagement *m*, mise *f* en œuvre; *(Arbeits*~*)* mise au travail; *mil, a. aero* (mise *od* entrée en ligne *od* en) action, mission *f;* **4.** *theat* entrée; *mus* rentrée *f;* ▶ *durch* ~ *(gen)* en utilisant ...; *im* ~ en action; *unter* ~ *des eigenen Lebens* au péril de sa vie. **einsatzbereit** *a allg* disponible; *mil* prêt (à l'action *od* à entrer en ligne); *aero* prêt (à décoller). **Einsatzbereitschaft** *f* disponibilité *f*. **einsatzfreudig** *a* enthousiaste.
ein=saugen *tr (Luft)* aspirer, inhaler; *(Flüssigkeit)* s'imbiber de, absorber.
ein=schalten *tr* **1.** = *einschieben;* **2.** *el* mettre en circuit, allumer; *radio mot* mettre; *mot tech* embrayer; *(Strom)* fermer le circuit; **3.** *refl sich* ~ *(fig)* s'interposer, intervenir; ▶ *eingeschaltet (pp el)* en circuit; *das Licht* ~ tourner le bouton; *den ersten Gang* ~ passer la première. **Einschaltquote** *f radio TV* écoute *f*. **Einschaltung** *f* ⟨-, (-en)⟩ **1.** insertion; intercalation, interpolation *f;* **2.** *el* fermeture, mise *f* en circuit; *tech mot* embrayage *m;* **3.** *fig* intervention *f*.
ein=schärfen *tr* inculquer (*jdm etw* qc à qn).
ein=schätzen *tr* évaluer, taxer; ▶ *richtig* ~ estimer à sa juste valeur.
ein=schenken *tr* verser; *itr* verser *od* servir à boire.
ein=schieben ⟨*schob ein, eingeschoben*⟩ *tr* insérer, intercaler, interpoler.
ein=schiffen: ▶ *sich* ~ *nach* s'embarquer pour. **Einschiffung** *f* ⟨-, (-en)⟩ embarquement *m*.
ein=schlafen ⟨*schläft, schlief ein, eingeschlafen*⟩ *itr* **1.** s'endormir, s'assoupir; **2.** *(Glied)* s'engourdir; **3.** *fig (allmählich aufhören)* se refroidir, se ralentir; ▶ *vor dem E*~ avant de s'endormir; *wieder* ~ se rendormir.
ein=schläfern *tr* endormir, assoupir. **einschläfernd** *a* soporifique, somnifère *a. fig*.
Einschlag *m* **1.** *(Holz)* coupe, vente *f;* **2.** *(Blitz)* chute; *(Geschoß)* point *m* de chute *od* d'impact; **3.** *(Weberei)* trame *f; (Kleidung)* repli *m*. **ein=schlagen** ⟨*schlägt, schlug ein, eingeschlagen*⟩ *tr* **1.** *(Nagel, Pfahl)* planter, enfoncer; **2.** *(Tür)* enfoncer; *(Fenster, Zähne)* casser; **3.** *(Holz im Wald)* couper; **4.** *(Weberei)* tramer; *(Kleiderrand)* rentrer; **5.** *(einwickeln)* envelopper, emballer; **6.** *fig (Weg, Richtung)* prendre, entrer dans; *itr* **7.** *(auf jdn)* tomber (sur qn) à bras raccourcis; **8.** *(in jds Hand)* toper; **9.** *(Blitz, Geschoß)* tomber, éclater (*in* sur); **10.** *fig (Erfolg haben)* réussir, tourner bien. **einschlägig** *a* relatif à; ▶ ~*e Literatur f* littérature *f* relative au sujet.
ein=schleichen, *sich* ⟨*schlich ein, eingeschlichen*⟩ se glisser, se faufiler, *fig* s'insinuer (*in* dans).
ein=schleppen *tr (Seuche)* importer.
ein=schließen ⟨*schloß ein, eingeschlos-*

sen› *tr* **1.** mettre sous clef, (r)enfermer; serrer; **2.** *(umgeben)* entourer, encercler; *(umzäunen)* enclore; *mil (Feind)* envelopper; *(Festung)* cerner, bloquer; **3.** *fig* inclure, englober; *(enthalten)* renfermer, contenir, comprendre. **einschließlich I.** *adv* inclusivement; **II.** *prp gen* y compris. **Einschluß** *m min* inclusion *f.*

ein=schmeicheln: *sich bei jdm* ~ s'insinuer auprès de qn. **einschmeichelnd** *a* insinuant.

ein=schmieren *tr* enduire (*mit* de); *tech mot* graisser, lubrifier; *(mit Öl)* huiler; *(mit Salbe)* oindre, pommader.

ein=schmuggeln *tr: (sich)* ~ (s')introduire furtivement.

ein=schneiden ‹*schnitt ein, eingeschnitten*› *tr* inciser, taillader. **einschneidend** *a* incisif; *(Maßnahme)* radical, de rigueur.

Einschnitt *m* **1.** incision, taillade, (dé-)coupure *f (a. im Gelände);* **2.** *fig (Wendepunkt)* tournant *m.*

ein=schränken *tr* borner, limiter, restreindre; ▶ *sich* ~ se restreindre; *(in s-n Ausgaben)* réduire ses dépenses. **einschränkend** *a (Maßnahme)* restrictif, limitatif. **Einschränkung** *f* ‹-, -en› limitation, restriction; réserve *f;* ▶ *mit, ohne* ~ sous, sans restriction.

Einschreib(e)brief *m* lettre *f,* envoi *m* recommandé(e). **ein=schreiben** ‹*schrieb ein, eingeschrieben*› *tr* inscrire (*in* dans); *(eintragen)* enregistrer; ▶ *sich in ...* ~ s'inscrire dans ... ; *sich an e-r Universität* ~ *lassen* s'inscrire, se faire immatriculer, prendre ses inscriptions (*in* à). **Einschreiben** *n* enregistrement *m; (Brief)* lettre *f* recommandée; ▶ *als* ~, ~*!* recommandé! **Einschreibung** *f* inscription; *(Universität)* immatriculation *f.*

ein=schreiten ‹*schritt ein, eingeschritten*› *itr* ‹*sein*› intervenir; prendre des mesures. **Einschreiten** *n* intervention.

ein=schrumpfen *itr* ‹*sein*› (se) rétrécir.

Einschub *m* insertion *f.*

ein=schüchtern *tr* intimider. **Einschüchterung** *f* intimidation *f.*

ein=schulen *tr* scolariser; mettre à l'école. **Einschulung** *f* scolarisation *f.*

Einschuß *m* **1.** *(Einschußstelle)* entrée *f* (d'une balle); **2.** *(Textil)* trame *f.*

ein=segnen *tr* bénir, consacrer. **Einsegnung** *f* bénédiction, consécration *f.*

ein=sehen ‹*sieht, sah ein, eingesehen*› *tr* **1.** regarder dans; jeter un coup d'œil dans *od* sur; *(Akten)* prendre connaissance de; **2.** *fig (begreifen)* voir, comprendre; *(Fehler)* reconnaître.

ein=seifen *tr* **1.** savonner; **2.** *fig fam:* ▶ *jdn* ~ rouler qn.

einseitig *a bes. scient jur* unilatéral; *(Schmerzen)* d'un seul côté; *(Ernährung)* mal équilibré; *(Mensch)* étroit, simpliste; trop spécialisé; *(parteiisch)* partial. **Einseitigkeit** *f* simplisme *m,* étroitesse; partialité *f.*

ein=senden ‹*sandte* od *sendete ein, eingesandt* od *eingesendet*› *tr* envoyer, expédier; *(e-r Zeitung)* communiquer. **Einsender** *m* expéditeur; *(Zeitung)* correspondant *m.* **Einsendeschluß** *m* date *f* limite (d'envoi).

ein=setzen *tr* **1.** mettre, placer (*in* dans); *(Fensterscheibe, Stiftzahn)* poser; **2.** *(Pfand)* mettre en jeu, miser; **3.** *(Person)* installer, investir; *mil (Truppen)* engager, mettre en ligne; **4.** commencer, s'ouvrir; *(Sache)* s'amorcer; *mus* rentrer; ▶ *sich für etw* ~ s'employer à qc; *sich für jdn* ~ intervenir pour *od* en faveur de qn, la défense de qn. **Einsetzung** *f* ‹-, -en› insertion; institution *f,* établissement *m; (in ein Amt)* installation, investiture *f.*

Einsicht *f* ‹-, -en› **1.** *(Verständnis)* compréhension, intelligence *f,* entendement, jugement *m.* **2.** *(ohne pl)* ~**, Einsichtnahme** *f* révision, inspection *f,* examen *m,* examination *f;* ▶ *in etw* ~ *nehmen* prendre connaissance de qc, examiner qc; *zur* ~ *kommen, daß* se rendre compte que. **einsichtig** *a* compréhensif, intelligent, judicieux.

ein=sickern *itr* s'infiltrer (*in* dans) *a. fig.*

Einsiedler *m* ermite *m.*

einsilbig *a* **1.** *gram* monosyllab(iqu)e; **2.** *fig (schweigsam)* taciturne.

ein=spannen *tr fam* (*in etw* à qc) atteler.

ein=sparen *tr* économiser. **Einsparung** *f* ‹-, -en› économie, compression *f.*

ein=speisen *tr (Strom, Wasser)* distribuer; *inform (Daten)* taper; *TV (Programm)* incorporer. **Einspeisung** *f tech* distribution; *inform* entrée; *TV* introduction *f.*

ein=sperren *tr* enfermer; *(im Gefängnis)* emprisonner; *fam* coffrer.

ein=spielen, *sich (sport)* s'exercer, s'entraîner (à jouer); *(Waage)* s'équilibrer, *(Wasserwaage, Kompaß)* se stabiliser; *gut eingespielt sein (Orchester, theat, Mannschaft)* être au point.

ein=springen ‹*sprang ein, eingesprungen*› *itr:* ▶ *für jdn* ~ remplacer qn.

ein=spritzen *tr tech* injecter; *med* seringuer. **Einspritzanlage** *f tech* système *m* à injection. **Einspritzmotor** *m mot* moteur *m* à injection. **Einspritzpumpe** *f tech* pompe *f* d'injection. **Einspritzverfahren** *n* système *m* à injection **Einspritzvergaser** *m mot* carburateur *m* à giclage.

Einspruch *m* réclamation, objection, protestation *f;* ▶ ~ *erheben* émettre une protestation, déposer une réclamation (*gegen* contre).

einspurig *a* à une voie.
einst [aınst] *adv* **1.** *(ehemals)* une fois, autrefois, jadis; **2.** *(dereinst)* un jour.
ein≈stampfen *tr (Buch)* mettre au pilon.
ein≈stecken *tr* **1.** mettre, fourrer dans sa poche; *(Geld)* empocher; **2.** *(Brief)* mettre à la boîte; *(el: Stecker)* ficher; **3.** *fig fam (~ müssen)* essuyer, *(Schlag)* encaisser, *(Beleidigung)* avaler.
ein≈stehen ‹*stand ein, eingestanden*› *itr:* ► *für jdn ~* répondre de qn.
ein≈steigen ‹*stieg ein, eingestiegen*› *itr* ‹*sein*› monter (en voiture); *loc* monter dans le train; ► *in ein Geschäft ~ (fam)* s'associer à une affaire; *(alles) ~! (loc)* en voiture (, S.V.P.)!
einstellbar *a tech* ajustable, réglable.
ein≈stellen *tr* **1.** *(Buch im Regal)* mettre en place; *(Pferdewagen)* remiser; *loc mot* garer; **2.** *(Arbeitskraft)* embaucher, engager; **3.** *tech* ajuster, régler; braquer *(a. Feuerwaffe); phot* mettre au point; *radio (Gerät)* régler, *(Sender)* prendre; *(Fernseher)* mettre (*auf* sur); **4.** *(aufhören mit)* cesser, arrêter; suspendre *jur (Prozeß, Verfahren)* arrêter, mettre hors de cour; **5.** *refl sich ~ (kommen)* venir, arriver, apparaître; se montrer, se présenter; *(Schmerz)* se faire sentir; ► *sich auf etw ~* se préparer à qc; *die Arbeit ~* se mettre en grève.
einstellig *a math* d'un (seul) chiffre.
Einstellung *f* **1.** *(Aufbewahrung)* mise *f* en dépôt; **2.** *(von Arbeitern)* embauchage *m,* embauche *f;* **3.** *tech* ajustement, ajustage, réglage *m; phot* mise *f* au point; *radio* réglage, accord *m;* **4.** *(von Zahlungen)* suspension; *(Arbeit)* cessation *f; (Betrieb, Verkehr, jur: Verfahren)* arrêt *m; mil (Feuer)* suspension, cessation *f;* **5.** *(innere ~)* manière de voir, attitude *f.* **Einstellungssperre** *f,* **Einstellungsstop** *m* arrêt *m* de l'embauche.
Einstieg *m* ‹-s, -e› entrée *f.* **Einstiegsdroge** *f* drogue *f* d'initiation.
ein≈stimmen *itr mus u. fig* joindre sa voix (*in* à); ► *in ein Lied ~* entonner une chanson.
einstimmig **I.** *a* **1.** *mus* à une (seule) voix; **2.** *fig* unanime; **II.** *adv* à l'unanimité (*parl* des voix), unanimement; ► *nach ~em Urteil* de l'aveu de tout le monde. **Einstimmigkeit** *f* ‹-, ø› unanimité *f.*
einstöckig *a* à un *od* d'un étage.
ein≈stoßen ‹*stößt, stieß ein, eingestoßen*› *tr (Tür)* enfoncer, effondrer.
ein≈studieren ‹*ohne -ge-*› *tr theat (Stück)* répéter; *(Rolle)* étudier. **Einstudierung** *f* répétition *f.*
ein≈stufen *tr* classer, classifier (*in* dans); *(in e-e Steuerklasse)* coter. **Einstufung** *f* classement *m,* classification; *(in e-e Steuerklasse)* cote *f.* **Einstufungstest** *m* test *m* de niveau.
einstündig *a* d'une heure.
ein≈stürmen *itr:* ► *auf jdn ~* fondre sur qn; *(feindlich)* assaillir qn.
Einsturz *m* chute *f,* (é)croulement *m;*
ein≈stürzen *itr* ‹*sein*› tomber en ruine, (s'é)crouler, s'effondrer. **Einsturzgefahr** *f* danger *m* d'écroulement.
einstweilen ['aınst'-] *adv* en attendant, entre-temps. **einstweilig** *a* temporaire, intérimaire, *jur* provisionnel; ► *~e Verfügung f* mesure *f* provisoire.
eintägig *a* d'un jour.
Eintagsfliege *f ent* éphémère *m.*
ein≈tauchen *tr* plonger, immerger.
ein≈tauschen *tr* (é)changer, troquer (*gegen* contre); faire l'échange de.
ein≈teilen *tr* diviser (*in* en); *(in Grade)* graduer; *(in Klassen)* classer; *(verteilen)* distribuer, partager. **einteilig** *a* d'une (seule) pièce, en une pièce. **Einteilung** *f* division, graduation *f,* classement *m;* distribution *f,* partage *m.*
eintönig *a* monotone, uniforme. **Eintönigkeit** *f* ‹-, ø› monotonie, uniformité *f.*
Eintopf(gericht *n***)** *m* plat *m* unique.
Eintracht *f* ‹-, ø› concorde, harmonie *f,* accord *m.* **einträchtig** **I.** *a* uni, en harmonie; **II.** *adv* en bonne harmonie *od* intelligence.
Eintrag *m* = *Eintragung.* **ein≈tragen** ‹*trägt, trug ein, eingetragen*› *tr* **1.** *(in ein Buch, e-e Liste)* inscrire (*in* sur), enregistrer (*in* dans); *jur* entériner; **2.** *(Gewinn)* rapporter, rendre, valoir; ► *eingetragener Verein m* association *f* déclarée.
einträglich *a* profitable, lucratif, de bon rapport.
Eintragung *f* inscription *f,* enregistrement; *jur* entérinement *m.*
ein≈träufeln *tr* instiller.
ein≈treffen ‹*trifft, traf ein, eingetroffen*› *itr* ‹*sein*› **1.** *(ankommen)* arriver; **2.** *(geschehen)* se produire, s'accomplir, se réaliser, s'avérer.
ein≈treiben ‹*trieb ein, eingetrieben*› *tr (Außenstände, Steuern)* faire rentrer, recouvrer. **Eintreibung** *f (von Geldern)* rentrée *f,* recouvrement *m.*
ein≈treten ‹*tritt, trat ein, eingetreten*› *tr* ‹*h*› **1.** *(Tür)* enfoncer (d'un coup de pied); *itr* ‹*sein*› **2.** entrer (*in* dans); *(in e-e Partei)* adhérer (*in* à), entrer (*in* dans); **3.** ► *für jdn ~ (jdn vertreten)* remplacer qn; *(für jdn einstehen)* répondre de qn; *für etw ~* préconiser qc; **4.** *(geschehen)* arriver, avoir lieu, se produire, *(überraschend)* survenir.
ein≈trichtern *tr fig fam:* ► *jdm etw ~* fourrer *od* enfoncer qc dans le crâne *od* dans la tête de qn, seriner qc à qn.
Eintritt *m* **1.** entrée; *(in e-n Verein, e-e Partei)* entrée, admission, adhésion *f;* **2.**

(e-s Ereignisses, Beginn) arrivée *f;* ► ~ *frei!* entrée gratuite! ~ *verboten!* entrée interdite! défense d'entrer! **Eintrittskarte** *f* (billet *m*, carte *f* d')entrée.
ein≈tunken *tr* tremper (*in* dans).
ein≈üben *tr* étudier; *(Person)* exercer.
ein- und ausgehen: ► *bei jdm* ~ avoir ses entrées chez qn.
ein≈verleiben ⟨*ohne ge-*⟩ *tr* incorporer (*in* dans, à), englober (*in* dans); *(Gebiet)* annexer (*in* à).
Einvernehmen *n* accord *m*, entente, intelligence *f;* ► *in gutem* ~ en bonne intelligence, en bons termes.
einverstanden *a:* ► *mit etw* ~ *sein* approuver qc; *ich bin damit* ~ j'en conviens; ~*!* d'accord! **Einverständnis** *n* ⟨**-ses, (-se)**⟩ accord, consentement *m*, intelligence; *(strafbares)* connivence *f;* ► *im* ~ *mit* en accord, de concert avec, *pej* de connivence avec; *in beider-, gegenseitigem* ~ par consentement mutuel, d'un commun accord.
Einwand *m* ⟨**-(e)s, ¨e**⟩ objection *f;* ► *e-n* ~ *erheben* faire une objection.
Einwanderer *m* immigrant *m; (Eingewanderter)* immigré *m.* **ein≈wandern** *itr* ⟨*sein*⟩ immigrer. **Einwanderung** *f* immigration *f.*
einwandfrei *a* irréprochable, impeccable, sans (aucun) défaut.
einwärts *adv* en dedans.
Einwegflasche *f* bouteille *f* non reprise. **Einwegspritze** *f* seringue *f* à usage unique. **Einwegverpackung** *f* emballage *m* perdu.
ein≈weichen *tr* tremper; *(Wäsche)* tremper, essanger, prélaver.
ein≈weihen *tr rel* consacrer, bénir; *(Gebäude, Denkmal)* inaugurer; *(Gebrauchsgegenstand)* étrenner; ► *jdn in etw* ~ mettre qn au courant *od* au fait de qc; *eingeweiht sein* être au fait *od* dans le secret. **Einweihung** *f* ⟨**-, (-en)**⟩ **1.** *rel* consécration, bénédiction; *allg* inauguration; *(erster Gebrauch)* étrenne *f;* **2.** *(in ein Geheimnis)* initiation *f* (*in* à).
ein≈weisen ⟨*wies ein, eingewiesen*⟩ *tr* donner des directives à, instruire; *(in ein Amt)* introduire, installer (*in* dans); ► *jdn in ein Krankenhaus* ~ faire entrer qn à l'hôpital. **Einweisung** *f* direction; introduction, installation *f.*
ein≈wenden ⟨*wandte* od *wendete ein, eingewandt* od *eingewendet*⟩ *tr* objecter, opposer (*gegen* à); ► *dagegen ist nichts einzuwenden* il n'y a pas d'objection à cela. **Einwendung** *f* objection, opposition *f (gegen* à).
ein≈werfen ⟨*wirft, warf ein, eingeworfen*⟩ *tr* **1.** *(Brief)* mettre (à la boîte), poster; **2.** *(Fenster)* casser (*mit* ... à coups de ...); **3.** *fig* objecter.
ein≈wickeln *tr* **1.** *(einrollen)* enrouler; *com* envelopper; **2.** *fig fam (betrügen)* embobiner, rouler.
ein≈willigen *itr* consentir (*in* à), agréer (*in etw* qc). **Einwilligung** *f* consentement *m*, approbation *f*, agrément, assentiment *m*, permission *f.*
ein≈wirken *itr* agir, influer, exercer une influence (*auf* sur). **Einwirkung** *f* ⟨**-, -en**⟩ action, influence *f* (*auf* sur).
Einwohner(in *f***)** *m* habitant(e *f*) *m.* **Einwohnermeldeamt** *n* bureau *m* de déclaration de domicile. **Einwohnerschaft** *f* ⟨**-, ø**⟩ habitants *m pl*, population *f.* **Einwohnerzahl** *f* nombre *m* d'habitants.
Einwurf *m* **1.** *(für Briefe)* ouverture; *(für Münzen)* fente *f;* **2.** *fig* objection, remarque, observation *f.*
Einzahl *f gram* singulier *m.*
ein≈zahlen *tr* payer, verser. **Einzahlung** *f* paiement, versement *m.*
Einzel *n* ⟨**-s, -**⟩ ['aɪntsəl] *(Tennis)* simple *m.* **Einzelfall** *m* cas *m* isolé. **Einzelgänger** *m zoo u. fig* solitaire *m.* **Einzelhaft** *f* emprisonnement *m od* détention *f* cellulaire. **Einzelhandel** *m* commerce de détail, petit commerce *m.* **Einzelhändler** *m* (marchand) détaillant *m.* **Einzelheit** *f* détail *m*, particularité *f;* ► *in allen* ~*en (a.)* point par point; *(nicht) auf* ~*en eingehen* (ne pas) entrer dans les détails.
einzeln ['aɪntsəln] **I.** *a (alleinig)* seul, unique; *(Sonder...)* individuel, particulier; *(für sich betrachtet)* particulier; *(abgetrennt)* séparé, détaché, isolé; *(paariger Gegenstand)* dépareillé; **II.** *adv* individuellement; en particulier, séparément, isolément, un(e) à un(e); ► *im* ~*en* en détail; ~ *aufführen* spécifier; *jeder* ~*e* chacun en particulier.
Einzelperson *f* ['aɪntsəl-] individu *m.* **Einzelstück** *n* exemplaire *m* isolé. **Einzelteil** *n* pièce *f* détachée. **Einzelzimmer** *n (im Hotel)* chambre *f* à un lit.
einziehbar *a* **1.** *aero (Fahrgestell)* escamotable; **2.** *(Geld)* recouvrable. **ein≈ziehen** ⟨*zog ein, eingezogen*⟩ *tr* ⟨*h*⟩ **1.** *(Faden, Band)* faire entrer, introduire (*in* dans); **2.** *(Krallen)* rentrer; *(Schultern)* effacer; *(Bauch)* rentrer; *(Segel, Flagge)* amener; *aero (Fahrgestell)* escamoter; *(Antenne)* rentrer; **3.** *(Gelder, Wechsel)* encaisser; *(Außenstände, Beitrag)* recouvrer; *(Steuer)* percevoir; *(beschlagnahmen)* confisquer, saisir; **4.** *mil (Rekruten)* appeler (sous les drapeaux), mobiliser, incorporer; *itr* ⟨*sein*⟩ **5.** *(s-n Einzug halten)* entrer, faire son entrée (*in* dans); *(in e-e Wohnung)* emménager; ► *bei jdm* ~ aller loger chez qn; **6.** *(Flüssigkeit)* s'infiltrer (*in* dans), être absorbé (*in* par). **Einziehung** *f* **1.** *(von Außenständen)* recouvrement *m*, rentrée; *(von Steuern)* perception; *(Be-*

schlagnahme) confiscation *f; (e-r Geldsorte)* retrait *m;* **2.** *mil* appel *m* (sous les drapeaux), mobilisation *f.*

einzig ['aintsɪç] **I.** *a* seul, unique; **II.** *adv (nur in Wendungen):* ▶ *~ und allein* uniquement. **einzigartig** *a* unique (dans son genre), sans pareil, hors ligne, extraordinaire.

Einzimmerwohnung *f* studio *m.*

Einzug *m (in e-e Stadt)* entrée *f, a. mil; (in e-e Wohnung)* emménagement *m.* **Einzugsauftrag** *m* prélèvement *m* automatique. **Einzugsermächtigung** *f fin* autorisation *f* de prélèvement automatique. **Einzugsfest** *n* entrée *f* solennelle. **Einzugsgebiet** *n* secteur *m* de perception. **Einzugsverfahren** *n* système *m* de prélèvement automatique.

Einzylindermotor *m* moteur *m* monocylindrique.

Eis *n* ‹-es, ø› [aɪs] *(a. Speise~)* glace *f;* ▶ *das ~ brechen (a. fig)* rompre la glace; *~ führen (Fluß)* charrier de la glace; *auf ~ legen* mettre à la glace; *fig (zurückstellen)* remettre à plus tard; *~ am Stiel* bâton(net) glacé. **Eisbahn** *f* patinoire *f.* **Eisbär** *m* ours *m* blanc. **Eisbein** *n (Küche)* jambonneau, jarret *m* de porc. **Eisberg** *m* iceberg *m,* montagne *f* de glace. **Eisblumen** *f pl (am Fenster)* fleurs *f pl* de givre. **Eisbrecher** *m mar* brise-glace *m; (Brücke)* éperon, avant-bec *m.* **Eisdiele** *f* (café) glacier *m.*

Eisen *n* ‹-s, -› ['aɪzən] fer *m (a. als Werkzeug);* ▶ *aus ~ (a. fig)* de fer, en fer; *zum alten ~ gehören (fig fam) (Mensch)* être mûr pour la retraite; *(Sache)* être bon pour la casse.

Eisenbahn *f* ['aɪzən-] chemin *m* de fer; *(in bestimmten Zssgen)* voie *f* ferrée, rail *m;* ▶ *es ist höchste ~ (fig fam)* il n'y a plus une minute à perdre. **Eisenbahnbrücke** *f* pont *m* de chemin de fer. **Eisenbahndirektion** *f* direction *f* des chemins de fer. **Eisenbahner** *m* cheminot *m.* **Eisenbahnergewerkschaft** *f* syndicat *m* des cheminots. **Eisenbahnerstreik** *m* grève *f* des cheminots *od* du rail. **Eisenbahnfähre** *f* ferry-boat *m.* **Eisenbahnfahrplan** *m* indicateur *od* horaire *m* (des chemins de fer). **Eisenbahnfahrt** *f* voyage *m* en chemin de fer. **Eisenbahngesellschaft** *f* compagnie *f* des chemins de fer *od* ferroviaire. **Eisenbahnknotenpunkt** *m* nœud *m* ferroviaire. **Eisenbahnlinie** *f* ligne *f* de chemin de fer. **Eisenbahnnetz** *n* réseau *m* (de voies) ferré(es). **Eisenbahntarif** *m* tarif *m* de chemin de fer *od* ferroviaire. **Eisenbahnunglück** *n* accident *m* de chemin de fer, catastrophe *f* ferroviaire. **Eisenbahnverwaltung** *f* administration *f* des chemins de fer. **Eisenbahnwagen** *m* wagon *m* (de chemin de fer).

Eisenbeschlag *m* ['aɪzən-] garniture de fer, ferrure *f.* **eisenbeschlagen** *a* armé de fer. **Eisenbeton** *m* béton *od* ciment *m* armé. **Eisenblech** *n* tôle *f* (de fer), fer battu, fer-blanc *m.* **Eisendraht** *m* fil *m* de fer. **Eisenerz** *n* minerai *m* de fer. **Eisengitter** *n* grille *f* en fer. **eisenhaltig** *a* ferrugineux. **Eisenhändler** *m* quincaillier, ferronnier *m.* **Eisenhüttenwerk** *n* usine *f od* établissements *m pl* sidérurgique(s). **Eisenindustrie** *f* industrie *f* du fer. **Eisenstange** *f* barre *f* de fer. **Eisenwaren** *f pl* quincaillerie *f.*

eisern ['aɪzərn] *a* de fer *a. fig,* en fer; *fig a.* d'airain, de bronze; *(Wille)* tenace; ▶ *~e Ration f mil* vivres *m pl* de réserve; *E~er Vorhang (pol)* rideau *m* de fer.

eisfrei *a* débarrassé des glaces. **Eisgang** *m* débâcle *f.* **eisgekühlt** *a* glacé, *(Wein)* frappé. *die* **Eisheiligen** *m pl* les saints *m pl* de glace. **Eishockey** *n* hockey *m* sur glace. **eisig** *a, a. fig,* **eis(ig)kalt** *a* glacé *a. fig; fig* glacial; *(Empfang)* glacé. **Eiskaffee** *m* café *m* glacé. **Eiskrem** *f* crème *f* glacée, ice-cream *m.* **Eis(kunst)lauf** *m* patinage *m* (artistique). **eis=laufen** *itr* patiner; **Eisläufer** *m* patineur *m.* **Eismaschine** *f* machine à glace, glacière, sorbetière *f.* **Eismeer** *n* mer *f* de glace; ▶ *das Nördliche, Südliche ~* l'océan *m* Glacial Arctique, Antarctique. **Eispickel** *m (Bergsport)* piolet *m.* **Eisscholle** *f* glaçon *m.* **Eisschrank** *m* glacière *f.* **Eisvogel** *m orn* alcyon, martin-pêcheur *m.* **Eiswürfel** *m (für Getränke)* glaçon *m.* **Eiszapfen** *m* glaçon *m.* **Eiszeit** *f* période *od* époque *f* glaciaire.

eitel ['aɪtəl] *a* **1.** *(Mensch) (eingebildet)* vain, vaniteux, suffisant; *(putz-, gefallsüchtig)* coquet; **2.** *(Sache) (nichtig)* vain, futile. **Eitelkeit** *f* **1.** vanité, présomption, suffisance; coquetterie *f;* **2.** *(Nichtigkeit)* vanité, futilité *f.*

Eiter *m* ‹-s, ø› ['aɪtər] pus *m,* matière *f* purulente. **eiterig** *a* purulent, suppurant; **eitern** *itr* suppurer.

Eiweiß *n* ['aɪ] blanc d'œuf; *scient* albumen *m; chem* albumine *f; (rohes)* glaire *f.* **Eizelle** *f biol* ovule *m.*

Ekel (1) *m* ‹-s, ø› ['e:kəl] *(Übelkeit)* nausée *f,* écœurement *a. fig; pop* mal au cœur; *fig* dégoût *m* (*vor* de), aversion (*vor* pour), répugnance *f;* ▶ *~ erregen* soulever le cœur; *fig* dégoûter (*jds* qn); **(2)** *n* ‹-s, -› répugnant personnage; *pop* affreux *m.* **ekelerregend** *a,* **ekelhaft** *a,* **ek(e)lig** *a,* nauséabond, écœurant, dégoûtant, répugnant, rebutant. **ekeln** *tr od itr, impers:* ▶ *mich* od *mir ekelt (es) davor* cela me donne des nausées *od* me soulève le cœur *od* me dégoûte.

Ekstase *f* ‹-, -n› [ɛkˈsta:sə] extase *f; in ~ geraten* s'extasier. **ekstatisch** *a* extatique.
elastisch [eˈlastɪʃ] *a* élastique, flexible *a. fig.* **Elastizität** *f* ‹-, ø› [-itsiˈtɛ:t] élasticité, flexibilité *f,* ressort *m, a. fig.*
Elch *m* ‹-(e)s, -e› [ɛlç] *zoo* élan *m.*
Elefant *m* ‹-en, -en› [eleˈfant] éléphant *m.*
elegant [eleˈgant] *a* élégant, *fam* chic. **Eleganz** *f* ‹-, ø› [-ˈgants] élégance *f, fam* chic *m.*
elektrifizieren [elɛktrifiˈtsi:rən] ‹*ohne ge-*› *tr* électrifier. **Elektrifizierung** *f* électrification *f.* **Elektriker** *m* ‹-s, -› [eˈlɛktrikər] électricien *m.* **elektrisch** [eˈlɛktrɪʃ] **I.** *a* électrique; **II.** *adv:* ▶ *~ beleuchten* éclairer à l'électricité. **elektrisieren** [elɛktriˈzi:rən] ‹*ohne ge-*› *tr* électriser *a. fig.* **Elektrizität** *f* ‹-, ø› électricité *f.* **Elektrizitätswerk** *n* centrale *od* station *f* électrique.
Elektroauto [eˈlɛktro-] *n* véhicule *m* à propulsion électrique, voiture *f* électrique.
Elektrode *f* ‹-, -n› [elɛkˈtro:də] électrode *f.*
Elektrogerät *n* [eˈlɛktro-] appareil *m* électrique *od* électroménager. **Elektroherd** *m* cuisinière *f* électrique. **Elektrokardiogramm** *n (EKG) med* électrocardiogramme *m.* **Elektrolyse** *f* ‹-, -n› [-ˈly:zə] électrolyse *f.* **Elektromagnet** *m* électro-aimant *m.* **elektromagnetisch** *a:* ▶ *~e Wellen f pl* ondes *f pl* hertziennes *od* électromagnétiques. **Elektrometer** *n* électromètre *m.* **Elektromotor** *m* moteur électrique, électromoteur *m.*
Elektron *n* ‹-s, -en› [ˈe:lɛktrɔn, (elɛkˈtro:n), -ˈtro:nən] *phys (Elementarteilchen)* électron *m.* **Elektronen...** [elɛkˈtro:nən-] électronique *a.* **Elektronenbeschießung** *f* bombardement *m* électronique. **Elektronenblitz** *m phot* flash *m* électronique. **Elektronengehirn** *n* cerveau électronique, ordinateur *m.* **Elektronenmikroskop** *n* microscope *m* électronique. **Elektronenrechner** *m* calculateur *m* électronique. **Elektronenröhre** *f* tube *m* électronique. **Elektronenschleuder** *f* canon *m* électronique, cyclotron *m.* **Elektronenstrahl** *m* faisceau *od* rayon *m* électronique. **Elektronenstrahlung** *f* radiation *f* électronique.
Elektronik *f* ‹-, ø› [elɛkˈtro:nɪk] électronique *f.* **elektronisch** [-ˈtro:nɪʃ] *a* électronique.
Elektroschock *m* [eˈlɛktro-] *med* électrochoc *m.* **Elektrotechnik** *f* électrotechnique *f.* **Elektrotechniker(in *f*)** *m* électro-technicien,ienne *m f; (Ingenieur)* ingénieur-électricien.
Element *n* ‹-(e)s, -e› [eleˈmɛnt] *chem* élément *a. allg; el* élément *m* (primaire), pile *f,* couple *m;* ▶ *in s-m ~ sein (fig)* être dans son élément. **elementar** [-mɛnˈta:r] *a* élémentaire, primaire. **Elementarunterricht** *m* enseignement *m* primaire.
Elend *n* ‹-(e)s, ø› [ˈe:lɛnt, -dəs] *(Not)* misère, détresse *f; (große Armut)* dénuement *m;* ▶ *ins ~ stürzen* réduire à la misère; *fam* mettre sur la paille; *es ist ein ~, daß, zu* c'est une calamité que, que de. **elend** *a* misérable; *(kümmerlich)* chétif; *(jämmerlich)* lamentable, pitoyable; *(unglücklich)* malheureux; *(krank)* malade; ▶ *~ aussehen* avoir (très) mauvaise mine, faire triste figure; *mir ist ganz ~* j'ai mal au cœur. **Elendsquartier** *n* taudis *m.* **Elendsviertel** *n* quartier *m* insalubre.
elf [ɛlf] onze; *die E~* le (numéro) onze; *sport* le onze, l'équipe *f.*
Elf *m* ‹-en, -en› [ɛlf] elfe, sylphe *m.* **Elfe** *f* sylphide *f* ‹-, -n›.
Elfenbein *n* ‹-(e)s, ø› [ˈɛlfənbaɪn] ivoire *m.* **elfenbeiern** *a* en ivoire, d'ivoire. **elfenbeinfarben** *a* ivoirin. **Elfenbeinküste,** *die geog hist* la Côte-d'Ivoire. **Elfenbeinschnitzerei** *f* ivoirerie *f.* **Elfenbeinturm** *m* tour *f* d'ivoire.
Elfmeter *m* [ˈɛlf-] *sport* penalty *m.* **elfte(r, s)** *a* onzième; onze. **elftel** *n* ‹-s, -› onzième *m.*
eliminieren [elimiˈni:rən] ‹*ohne ge-*› *tr* éliminer.
elitär [eliˈtɛ:r] *a* élitaire; *pej* élitiste.
Elite *f* ‹-, -n› [eˈli:tə] élite, fleur; ▶ *die geistige ~* l'élite *f* intellectuelle. **Eliteeinheit** *f mil* unité *f* d'élite. **Elitetruppe** *f* corps *m od* troupe *f* d'élite.
Elixier *n* ‹-s, -e› [elɪˈksi:r] élixir *m.*
Ellbogen *m* ‹-s, -› [ˈɛlbo:gən] coude *m;* ▶ *die ~ gebrauchen (a. fig)* jouer des coudes.
Elle *f* ‹-, -n› [ˈɛlə] **1.** *anat* cubitus *m;* **2.** *(Maß)* aune *f.*
Ellipse *f* ‹-, -n› [ɛˈlɪpsə] *math gram* ellipse *f.* **elliptisch** [ɛˈlɪptɪʃ] *a* elliptique.
Elsaß [ˈɛlzas] , *das* l'Alsace *f.* **Elsaß-Lothringen** *n* l'Alsace-Lorraine *f.*
Elsässer(in) *m* ‹-s, -› (*f* ‹-, -nen›) [ˈɛlzɛsər] Alsacien(ne *f*) *m.* **elsässisch** *a* alsacien, d'Alsace.
Elster *f* ‹-, -n› [ˈɛlstər] *orn* pie; *pop* agasse *od* agace *f.*
elterlich [ˈɛltərlɪç] *a* des parents; ▶ *~e Gewalt f* pouvoir *m* paternel(le).
Eltern *pl* [ˈɛltərn] parents *m pl,* père et mère. **Elternhaus** *n* maison *f* familiale. **Elternliebe** *f* amour *m* des parents (pour leurs enfants). **elternlos** *a* orphelin. **Elternmörder** *m* parricide *m.* **Elternurlaub** *m* congé *m* parental.
Email *n* ‹-s, -s› , **Emaille** *f* ‹-, -n› [eˈma:j, -ˈmaɪ(l)] émail *m.* **emaillieren** [-ˈ(l)ji:rən] ‹*ohne ge-*› *tr* émailler.

Emanze [e'mantsə] *f* ‹-, -n› *fam pej* femme *f* émancipée. **Emanzipation** *f* ‹-, (-en)› [emantsipatsi'o:n] émancipation *f*. **emanzipatorisch** [-'to:rɪʃ] *a* émancipateur. **emanzipieren** [-'pi:rən] ‹*ohne ge-*› *tr* émanciper.
Embargo *n* ‹-s, -s› [ɛm'bargo] embargo *m*.
Embryo *m* ‹-s, -nen› ['ɛmbryo, -'o:nən] *physiol* embryon *m*. **Embryologie** [-lo'gi:] ‹-, ø› *f* embryologie *f*. **embryonal** [-'na:l] *a a. fig* embryonnaire.
Emigrant *m* ‹-en, -en› [emi'grant] *pol* émigré *m*. **Emigration** *f* ‹-, (-en)› [-tsi'o:n] émigration *f*. **emigrieren** [-'gri:rən] ‹*ohne ge-*› *itr* émigrer.
Emission *f* ‹-, -en› [emɪsi'o:n] *phys fin* émission *f*.
emittieren [emi'ti:rən] ‹*ohne ge-*› *tr phys fin* émettre.
e-Moll *n* ['e:mɔl] mi *m* mineur.
Empfang *m* ‹-(e)s, ¨-e› [ɛm'pfaŋ, -'pfɛŋə] **1.** *(Person* od *Sache)* réception *f; (Person)* accueil *m; (Audienz)* audience *f;* **2.** *radio* réception, audition *f*. ▶ *bei* ~ au reçu; *den* ~ *bescheinigen* accuser réception (*e-r S* de qc); *etw in* ~ *nehmen* prendre livraison *od* réception de qc. **empfangen** ‹*empfängt, empfing, empfangen*› *tr* **1.** *(Person* od *Sache, a. fig)* recevoir; *(Person)* accueillir; **2.** *(Geld, bes. Lohn u. (mil) Löhnung)* toucher; **3.** *radio* recevoir, *fam* prendre; *itr* **4.** *physiol* concevoir, devenir enceinte.
Empfänger *m* ‹-s, -› [ɛm'pfɛŋər] **1.** *(e-r Postsendung)* destinataire; *(e-r Ware)* consignataire *m*, partie *f* prenante; *(e-r Zahlung)* bénéficiaire *m;* **2.** *radio (Gerät)* (poste) récepteur *m*. **empfänglich** *a* **1.** accessible (*für* à), susceptible (*für* de); *(für Komplimente, Wohltaten)* sensible (*für* à); *(für Eindrücke)* impressionnable; **2.** *med* réceptif (*für* à). **Empfängnis** *f* ‹-, (-se)› *physiol* conception *f*. **empfängnisverhütend** *a:* anticonceptionnel, contraceptif. **Empfängnisverhütung** *f* contraception *f*.
Empfangsbescheinigung *f* [ɛm'pfaŋs-] *com* reçu, récépissé *m*. **Empfangsstation** *f radio* (poste) récepteur *m*. **Empfangszimmer** *n* salon *m* (de réception).
empfehlen [ɛm'pfe:lən] ‹*empfiehlt, empfahl, empfohlen*› **1.** *tr* recommander; ▶ *s-e Seele Gott* ~ recommander son âme à Dieu; **2.** *refl: sich* ~ *(sich verabschieden)* se retirer, prendre congé. ▶ *sich französisch* ~ *(fig)* filer à l'anglaise; *es empfiehlt sich* il convient (*zu* à), il est bon *od* recommandé (*zu* de). **empfehlenswert** *a* recommandable. **Empfehlung** *f* recommandation *f; pl (Zeugnisse)* références *f pl;* ▶ *auf* ~ *(gen)* sur la recommandation (de); ~ *an Herrn X., Frau Y.* mes compliments à M. X., mes hommages à Mme Y. **Empfehlungsbrief** *m*, lettre *f* de recommandation *od* d'introduction.
empfinden ‹*empfand, empfunden*› *tr* sentir, éprouver; *(seelisch)* ressentir. **empfindlich** *a* **1.** *(Person u. Sache)* sensible *a. phot* (*für, gegen* à); *(zartfühlend; heikel)* délicat; **2.** *(Person) (leicht verletzt)* susceptible, chatouilleux; *(reizbar)* irritable *a. med;* **3.** *(Schmerz, Kälte)* vif; ▶ ~*e Stelle f* point *m* sensible. **Empfindlichkeit** *f* ‹-, (-en)› **1.** sensibilité; délicatesse *f;* **2.** susceptibilité; irritabilité *f*. **empfindsam** *a* sensible, émotif, sentimental. **Empfindsamkeit** *f* ‹-, (-en)› sensibilité, émotivité, sentimentalité *f*. **Empfindung** *f* ‹-, -en› **1.** sensation *f;* **2.** *fig (Gefühl)* sentiment *m*.
empor [ɛm'po:r] *adv* en haut, vers le haut, en l'air. **empor=arbeiten,** *sich (fig)* se hisser; ▶ *sich wieder* ~ *(fig)* revenir à la surface. **Empore** *f* ‹-, -n› [ɛm'po:rə] *(in e-r Kirche)* galerie *f; (in e-m Theater)* balcon *m*.
empören [ɛm'pø:rən] ‹*ohne ge-*› **1.** *tr fig (entrüsten)* indigner; **2.** *refl: sich* ~ se soulever, se révolter, s'insurger; *fig* s'indigner. **empörend** *a* révoltant. **Empörer** *m* ‹-s, -› révolté, rebelle, insurgé *m*.
Emporkömmling *m* ‹-s, -e› [ɛm'po:rkœmlɪŋ] arriviste, parvenu *m*. **empor=ragen** *itr* se dresser, s'élever (*über* au-dessus de). **empor=schwingen,** *sich* ‹*schwang empor, emporgeschwungen*› prendre l'essor *od* son essor.
empört *a* indigné (*über* de). **Empörung** *f* ‹-, -en› [ɛm'pørʊŋ] **1.** soulèvement *m*, révolte, rébellion, insurrection *f;* **2.** *(ohne pl) fig (Entrüstung)* indignation *f*.
emsig ['ɛmzɪç] *a* diligent, appliqué, assidu, laborieux. **Emsigkeit** *f* ‹-, ø› diligence, application, assiduité *f*.
End... ['ɛnt-] *(in Zssgen)* final, terminal, définitif. **Endbahnhof** *m* (gare *f*) terminus *m*. **Endbuchstabe** *m* finale *f*. **Ende** *n* ‹-s, -n› ['ɛndə] **1.** *(räuml.)* bout *m; (e-r Kolonne)* queue *f; tech* about *m;* **2.** *(zeitl.)* fin; *(Ausgang)* issue; *(Tod)* fin, mort *f; fig* terme *m*, fin *f; (Ziel)* but, effet; ▶ *am* ~ finalement; à la fin, à l'issue *(gen* de); *(ohne Mittel)* à bout; *(schließlich)* après tout; *am anderen* ~ *der Stadt* à l'autre bout de la ville; *am äußersten* ~ tout au bout; *am unteren* ~ au bas (bout) (*gen* de); *am* ~ *der Welt* au bout du monde; *an allen (Ecken und)* ~*n* dans tous les coins, de toutes parts; *gegen* ~ *(gen)* vers la fin (de); *letzten* ~*s* au bout du *od* en fin de compte; ~ *Mai* (à la) fin (de) mai; *e-r S ein* ~ *bereiten* mettre fin à qc; *zu* ~ *bringen* finir, terminer, achever, venir à bout de; *zu e-m* od *zum guten* ~ *bringen*

od *führen* mener à bonne fin *od* à bien, faire aboutir; *zu ~ gehen, s-m ~ zugehen* toucher *od* tirer à sa fin, prendre fin; *(Frist)* expirer; *ein ~ haben* od *nehmen* finir, prendre fin; *zu keinem ~ kommen* n'en plus finir; *ein schlimmes ~ nehmen* finir mal; *am ~ s-r Kraft* od *Kräfte sein* n'en pouvoir plus, être à bout de forces; *das nimmt kein ~, das will ja gar kein ~ nehmen* cela n'en finit jamais, c'est à n'en plus finir; *das muß ein ~ haben* il faut que cela finisse; *~ gut, alles gut (prov)* tout est bien qui finit bien. **enden 1.** *itr* finir (*mit* par), aboutir (*mit* à), cesser, être à sa fin; *(Frist)* expirer; *gram* se terminer (*auf* en); *(sterben)* mourir; **2.** *tr* finir, terminer, achever, mettre fin à; ▶ *nicht ~ wollender Beifall m* des applaudissements *m pl* à n'en plus finir. **Endergebnis** *n* résultat *m* final *od* définitif. **Endgeschwindigkeit** *f* vitesse *f* finale. **endgültig** *a* définitif.

Endivie *f* ⟨-, -n⟩ [ɛnˈdiːviə] *bot* endive, chicorée *f.*

Endkampf *m* [ˈɛnt-] *sport* finale *f.* **endlagern** *tr* ⟨*meist nur inf od pp: endgelagert*⟩ stocker définitivement. **Endlagerung** *f (von Atommüll)* stockage *m* définitif. **endlich I.** *a* **1.** *(begrenzt)* fini, limité; **2.** *(abschließend)* final; **II.** *adv* enfin, finalement; ▶ *~!* enfin! **endlos I.** *a* infini, interminable; **II.** *adv* sans fin, à l'infini, à n'en plus finir, à perte de vue. **Endlosigkeit** *f* infinité *f.* **Endprodukt** *n* produit *m* final. **Endpunkt** *m* point *m* d'arrêt *od* d'arrivée. **Endrunde** *f sport* round *m* final. **Endsilbe** *f* (syllabe) finale *f.* **Endspiel** *n sport* (rencontre *od* poule) finale *f.* **Endspurt** *m* finish *m.* **Endstadium** *n* phase *f* finale. **Endstation** *f* (station *f*) terminus *m.* **Endsumme** *f* somme *f* totale, total *m.* **Endung** *f gram* terminaison, désinence *f.* **Endziel** *n* objectif final, terme *m.* **Endtermin** *m* date limite, clôture *f.*

Endoskop [ɛndoˈskoːp] *n* ⟨-s, -e⟩ endoscope *m.* **Endoskopie** [ɛndoskoˈpiː] *f* ⟨-, -n⟩ endoscopie *f.*

Energetik [enɛrˈgeːtɪk] ⟨-, ø⟩ *f* énergétique *f.* **Energie** *f* ⟨-, -n⟩ [enɛrˈgiː] **1.** *phys* force (motrice), puissance, énergie *f a. fig;* **2.** *psych* vigueur, activité *f,* dynamisme *m.* **Energiebedarf** *m* demande *f* d'énergie, besoins *m pl* énergétiques; **Energieerzeugung** *f* production *f* énergétique *od* d'énergie. **Energiekrise** *f* crise *f* de l'énergie. **Energiequelle** *f* (res)source *f* d'énergie, ressource *f* énergétique. **Energieübertragung** *f* transmission *f od* transport *m* d'énergie. **Energieverbrauch** *m* consommation *f* d'énergie *od* énergétique. **Energieversorgung** *f* alimentation *f od* approvisionnement *m* en énergie. **energisch** [eˈnɛrgɪʃ] *a* énergique; ▶ *~ sein* avoir de l'énergie; *nicht ~ genug sein* manquer d'énergie.

eng [ɛŋ] *a* **1.** étroit *a. fig,* serré; **2.** *fig (eingeschränkt)* restreint; **3.** *(Beziehung)* intime; ▶ *im ~sten Familienkreis* dans la plus stricte intimité; *im ~eren Sinn* au sens étroit, proprement dit; *~er machen (werden)* (se) rétrécir; *in die ~ere Wahl kommen* avoir subi une première sélection.

engagieren [-ˈʒiːrən] ⟨*ohne ge-*⟩ *tr (anstellen)* employer, *bes. theat* engager; *sich ~ (sich binden)* s'engager.

enganliegend [ˈɛŋ-] *a (Kleidung)* collant, juste. **engbefreundet** *a* lié d'étroite amitié. **Enge** *f* ⟨-, -n⟩ [ˈɛŋə] étroitesse *f a. fig;* exiguïté; *fig* goulot *m* d'étranglement; ▶ *jdn in die ~ treiben* coincer, mettre qn au pied du mur.

Engel *m* ⟨-s, -⟩ [ˈɛŋəl] ange *m.* **engelhaft** *a,* angélique, séraphique. **Engelsgeduld** *f* patience *f* d'ange. **Engelszunge** *f:* ▶ *mit (Menschen- und) ~n reden* parler le langage des anges.

engherzig [ˈɛŋ-] *a* étroit, mesquin. **Engherzigkeit** *f* sécheresse de cœur, mesquinerie *f.*

England *n* [ˈɛŋlant] l'Angleterre *f.* **Engländer** *m* ⟨-s, -⟩ **1.** Anglais *m;* **2.** *tech* clé *f* anglaise. **Engländerin** *f* Anglaise *f.* **englisch** *a* anglais, d'Angleterre; *(in Zssgn)* anglo-; ▶ *die ~e Sprache* l'anglais, la langue anglaise. **englischsprechend** *a* anglophone.

engmaschig [ˈɛŋ-] *a* à mailles serrées. **Engpaß** *m geog* défilé, goulet *m,* gorge *f.* **engstirnig** *a* borné. **Engstirnigkeit** *f* étroitesse *f* d'esprit.

Enkel *m* ⟨-s, -⟩ [ˈɛŋkəl] **1.** petit-fils *m, pl* petits-enfants *m pl.* **Enkelin** *f* petite-fille *f.* **Enkelkind** *n* petit-enfant *m.*

Enklave *f* ⟨-, -n⟩ [ɛnˈklaːvə] *geog* enclave *f.*

Ensemble *n* ⟨-s, -s⟩ [ãˈsãbəl] *(Kleidung, theat mus)* ensemble *m; theat* troupe *f.*

entarten ⟨*ohne ge-*⟩ *itr* ⟨*sein*⟩ *pej* dégénérer (*in, zu* en). **entartet** *a pej* dégénéré. **Entartung** *f* ⟨-, (-en)⟩ *pej* dégénération *f.*

entäußern ⟨*ohne ge-*⟩ *:* ▶ *sich e-r S ~* se dessaisir, se défaire, se dépouiller de qc. **Entäußerung** *f* dessaisissement *m.*

entbehren [ɛntˈbeːrən] ⟨*ohne ge-*⟩ *tr* être dépourvu *od* privé de, manquer de; ▶ *etw ~ können* (pouvoir) se passer de qc. **entbehrlich** *a* superflu. **Entbehrung** *f* ⟨-, -en⟩ privation *f.*

entbinden ⟨*entband, entbunden*⟩ *tr* **1.** *fig (von e-r Pflicht, e-m Eid, e-r Aufgabe)* délier, décharger (*von* de); **2.** *med* accoucher; *entbunden werden (med)* accoucher (*von* od *gen* de). **Entbindung** *f* ⟨-, -en⟩ **1.** déliement *m;* **2.** *med* accouchement *m.* **Entbindungsheim** *n*

maison d'accouchement, maternité *f*. **Entbindungspfleger** *m* sage-femme *f*.
entblößen [ɛnt'blø:sən] ‹*ohne ge-*› *tr* découvrir, mettre à nu, dénuder. **entblößt** *a* **1.** nu; **2.** *fig* dénué, (*e-r S* de qc).
entbrennen ‹*entbrannte, entbrannt*› *itr* ‹*sein*› *fig* s'enflammer, s'allumer (*in* de); *(Kampf)* éclater.
entdecken ‹*ohne ge-*› *tr* découvrir. **Entdecker** *m* ‹-s, -› explorateur *m*. **Entdeckung** *f* ‹-, -en› découverte *f*.
Ente *f* ‹-, -n› ['ɛntə] **1.** canard *m; (weibliche ~)* cane *f;* **2.** *(Zeitungs~)* canard, bobard *m; junge ~* caneton *m*.
entehren ‹*ohne ge-*› *tr* déshonorer, *(entwürdigen)* dégrader, avilir. **entehrend** *a* déshonorant; *(Strafe)* infamant. **Entehrung** *f* déshonneur *m;* dégradation *f*, avilissement *m*.
enteignen ‹*ohne ge-*› *tr (Person)* exproprier, déposséder. **Enteignung** *f* expropriation, dépossession *f*.
enteilen ‹*ohne ge-*› *itr* ‹*sein*› s'enfuir; *fig (Zeit)* fuir.
Entenbraten *m* ['ɛntən-] canard *m* rôti.
enterben ‹*ohne ge-*› *tr* déshériter.
Enterich *m* ‹-s, -e› ['ɛntərɪç] canard *m* mâle.
entern ['ɛntərn] *tr* accrocher, aborder.
Entertainer [ɛntər'te:nər] *m* ‹-s,-› animateur *m*.
entfachen ‹*ohne ge-*› *tr* attiser *a. fig*.
entfahren ‹*entfährt, entfuhr, entfahren*› *itr* ‹*sein*› échapper (*jdm* à qn).
entfallen ‹*entfällt, entfiel, entfallen*› *itr* ‹*sein*› **1.** échapper (*den Händen* des mains); *fig* échapper (*jdm* à qn); **2.** *(Anteil)* revenir (*auf jdn* à qn); **3.** *fin* cesser d'être attribué; ▶ *entfällt (auf Formularen)* sans objet; *das ist mir ~* cela m'a échappé *od* m'est sorti (de la mémoire); *entfällt (Antwort auf Fragebogen)* néant.
entfalten ‹*ohne ge-*› *tr* déplier; déployer *(a. fig: Fähigkeit, Tätigkeit) (entwikkeln)* développer; *sich ~* se déployer; *(Blume)* s'épanouir; *fig* se développer. **Entfaltung** *f* dépliage; déploiement; développement; *(Blume)* épanouissement *m*.
entfärben ‹*ohne ge-*› *tr* décolorer; *sich ~* se décolorer, se déteindre; *(Gesicht)* changer de couleur, pâlir.
entfernen ‹*ohne ge-*› **1.** *tr* éloigner; *(wegnehmen)* ôter; *(wegschaffen)* écarter, faire disparaître; *(Fleck)* enlever; *chem* éliminer; *med* extirper; *(Mandeln)* enlever; **2.** *refl: sich ~* s'éloigner, s'écarter; *(abweichen)* dévier (*von* de); *(weggehen)* partir; *(sich zurückziehen)* se retirer. **entfernt** *a (räuml. u. zeitl. fern)* lointain, distant; *(abgelegen)* écarté, reculé; ▶ *nicht im ~esten* pas le moins du monde; *~e Ähnlichkeit f* vage ressemblance *f; ~e Verwandte pl* parents *m pl* éloignés. **Entfernung** *f* ‹-, -en› **1.** *(Wegschaffen)* éloignement *m*, élimination *f; (von Schutt)* déblaiement *m; med* extirpation; *(aus d. Amt)* révocation *f;* **2.** *(Abstand)* écartement *m*, distance *f;* ▶ *auf e-e ~ von* à une distance de; *auf kurze, weite ~* à courte *od* petite, à grande distance; *aus der ~* à distance; *in einiger, geringer ~* à quelque distance (*von* de). **Entfernungsmesser** *m phot* télémètre *m*.
entfesseln ‹*ohne ge-*› *tr* déchaîner *a. fig*. **Entfesselung** *f fig* déchaînement *m*.
entflammen ‹*ohne ge-*› **1.** *tr* ‹*h*› *(a. fig)* enflammer, embraser; *fig* électriser, passionner, enthousiasmer; *itr* ‹*sein*› s'enflammer, s'embraser *a. fig*. **entflammt** *a fig* embrasé, enthousiasmé.
entfliegen ‹*entflog, entflogen*› *itr* ‹*sein*› s'envoler.
entfliehen ‹*entfloh, entflohen*› *itr* ‹*sein*› **1.** s'enfuir, se sauver; **2.** *fig (Zeit)* fuir.
entfremden ‹*ohne ge-*› *tr* aliéner, éloigner, détourner. **Entfremdung** *f* aliénation, désaffection *f*.
entführen ‹*ohne ge-*› *tr* enlever, ravir; *(Kind) a.* kidnapper. **Entführer** *m* ravisseur *m*. **Entführung** *f* enlèvement, *(vx)* ravissement *m*.
entgegen [ɛnt'ge:gən] *prp dat* **1.** *(Richtung)* vers, au-devant de, à la rencontre de; **2.** *(Gegensatz)* contre, contraire à; *~ der Ankündigung* contrairement à ce qui a été annoncé. **entgegen=bringen** ‹*brachte entgegen, entgegengebracht*› *tr* **1.** porter à la rencontre (*jdm* de qn); **2.** *fig (Gefühle)* éprouver (*jdm* pour qn).
entgegen=gehen ‹*ging entgegen, entgegengegangen*› *itr* ‹*sein*› aller au-devant (*jdm* de qn); *(zum Treffpunkt, freundl. od feindl.)* aller à la rencontre (*jdm* de qn); ▶ *s-m Ende ~* toucher à sa fin. **entgegengesetzt** *a* contraire, opposé (*dat* à); ▶ *im ~en Fall* dans le cas contraire; *in ~er Richtung* dans le sens opposé; *~er Meinung sein* être d'opinion contraire. **entgegen=halten** ‹*hält, hielt entgegen, entgegengehalten*› *tr* tendre (*jdm* à qn), *(einwenden)* objecter. **entgegen=kommen** ‹*kam entgegen, entgegengekommen*› *itr* **1.** *(Person)* venir au-devant *od* à la rencontre (*jdm* de qn); *(Fahrzeug)* venir en sens inverse; **2.** *fig* faire des avances (*jdm* à qn); se montrer prévenant; ▶ *das kommt mir sehr entgegen* cela me convient *od fam* m'arrange tout à fait. **Entgegenkommen** *n* complaisance, prévenance *f*, avances *f pl*. **entgegenkommend** *a fig* complaisant, prévenant. **Entgegennahme** *f* réception, acceptation *f*. **entgegen=nehmen** ‹*nimmt, nahm entgegen, entgegengenommen*› *tr* recevoir, accepter. **entgegen=sehen** *itr (e-m Ereignis)* envisa-

ger, *com* attendre (*e-r S* qc). **entgegen=setzen** *tr fig* opposer. **entgegen=stehen** ‹*stand entgegen, entgegengestanden*› *itr fig:* ▶ *dem steht nichts entgegen* rien ne s'y oppose. **entgegen=treten** ‹*tritt, trat entgegen, entgegengetreten*› *itr* s'opposer (*jdm* à qn).

entgegnen [ɛnt'ge:gnən] ‹*ohne ge-*› *tr* répondre, répliquer; *(schnell)* repartir; *(schlagfertig)* riposter. **Entgegnung** *f* réponse, réplique; repartie; riposte *f.*

entgehen ‹*entging, entgangen*› *itr* ‹*sein*› échapper à; ▶ *sich etw (nicht)* ~ *lassen* (ne pas) laisser échapper qc.

Entgelt *n a. m* ‹-(e)s, -e› [ɛnt'gɛlt] **1.** *(Lohn)* salaire *m; (Entlohnung)* rémunération, rétribution; **2.** *(Entschädigung)* compensation *f,* dédommagement *m.* **entgelten** ‹*entgilt, entgalt, entgolten*› *tr (entlohnen)* rémunérer.

entgleisen ‹*ohne ge-*› *itr* ‹*sein*› *loc* sortir des rails; dérailler *a. fig;* ▶ *zum E~ bringen* faire dérailler. **Entgleisung** *f* ‹-, -en› *loc* déraillement *a. fig.*

entgleiten ‹*entglitt, entglitten*› *itr* ‹*sein*› : ▶ *jdm* ~ échapper des mains de qn.

enthaaren ‹*ohne ge-*› *tr* (d)épiler. **Enthaarung** *f* (d)épilation *f.* **Enthaarungsmittel** *n* (d)épilatoire *m.*

enthalten ‹*enthält, enthielt, enthalten*› *tr* contenir; *(fassen)* tenir; *fig (einschließen, umfassen)* renfermer, comprendre; *(in sich begreifen)* embrasser, impliquer; ▶ *sich der Stimme* ~ *(pol)* s'abstenir (de voter). **enthaltsam** *a* abstinent, tempérant; *(geschlechtl.)* chaste; *(mäßig im Genuß)* sobre. **Enthaltsamkeit** *f* abstinence, tempérance; chasteté; sobriété *f.*

enthärten ‹*ohne ge-*› *tr (Wasser)* adoucir. **Enthärter** *m* ‹-s, -› *m* adoucisseur *m.* **Enthärtung** *f* adoucissement *m.* **Enthärtungsmittel** *n* agent *m* d'adoucissement.

enthaupten ‹*ohne ge-*› *tr* décapiter. **Enthauptung** *f* décapitation *f.*

entheben ‹*enthob, enthoben*› *tr* délivrer, débarrasser, dispenser (*gen* de); ▶ *s-s Amtes* ~ destituer, relever de sa charge.

enthüllen ‹*ohne ge-*› *tr* découvrir, dévoiler; *(Denkmal)* inaugurer; *fig* révéler. **Enthüllung** *f* découverte; inauguration *f;* dévoilement *m,* révélation *f.*

enthülsen ‹*ohne ge-*› *tr* écosser, monder, *(Reis)* décortiquer.

Enthusiasmus *m* ‹-, ø› [ɛntuzi'asmʊs] enthousiasme *m.* **enthusiastisch** [-'astɪʃ] **I.** *a* enthousiaste; **II.** *adv* avec enthousiasme.

entjungfern ‹*ohne ge-*› *tr* déflorer.

entkalken *tr (Boden)* décalcifier; *(Wasser)* détartrer. **Entkalker** ‹-s, -› *m* détartrant *m.* **Entkalkung** *f med* détartrage *m.* **Entkalkungsmittel** *n* détartrant *m.*

entkernen ‹*ohne ge-*› *tr* ôter les noyaux *od* pépins de, dénoyauter, vider.

entkleiden ‹*ohne ge-*› *tr* déshabiller, dévêtir; *sich* ~ se déshabiller, se dévêtir.

entkoffeiniert [ɛntkɔfei'ni:rt] *a (Kaffee)* décaféiné.

entkolonialisieren *tr* décoloniser. **Entkolonialisierung** *f* décolonisation *f.*

entkommen ‹*entkam, entkommen*› *itr* ‹*sein*› s'échapper (*aus* de), échapper à *a. fig,* se sauver.

entkorken ‹*ohne ge-*› *tr* déboucher.

entkräften ‹*ohne ge-*› *tr* **1.** affaiblir, exténuer, épuiser; **2.** *fig (Argument)* infirmer, annuler. **Entkräftung** *f* affaiblissement *m,* épuisement *m,* exténuation *f.*

entladen ‹*entlädt, entlud, entladen*› **1.** *tr (ab-, ausladen)* décharger *(a. Gewehr u. el); mar* débarquer; **2.** *refl: sich* ~ se décharger *a. el; (Feuerwaffe)* partir; *(Gewitter, Zorn)* éclater. **Entladung** *f* **1.** *(Ab-, Ausladen)* déchargement, *mar* débarquement *m;* **2.** *el* décharge *f.*

entlang [ɛnt'laŋ] *adv:* ▶ *an ...* ~ u. *prp (nachgestellt mit acc, seltener mit nachfolgendem dat)* le long de. **entlang=fahren** ‹*fährt, fuhr entlang, entlang gefahren*› *itr,* **entlang=gehen** ‹*ging entlang, entlanggegangen*› *itr* ‹*sein*› longer (*an etw* qc).

entlarven ‹*ohne ge-*› *tr fig* démasquer.

entlassen ‹*entläßt, entließ, entlassen*› *tr* **1.** *(bes. Schüler)* renvoyer; *(aus dem Krankenhaus)* laisser sortir; *(aus der Haft)* libérer; *(verabschieden)* congédier; **2.** *(absetzen)* destituer; *(e-n Beamten)* relever de ses fonctions; *(Angestellten) a.* remercier; *(Arbeiter)* licencier, débaucher; ▶ *fristlos* ~ renvoyer sans préavis. **Entlassung** *f* **1.** renvoi; congé(diement) *m; jur* libération *f;* **2.** destitution *f;* licenciement *a. mil,* débauchage *m;* ▶ *s-e* ~ *einreichen* donner sa démission. **Entlassungsgesuch** *n* (demande de *od* lettre de) démission, demande *f* de licenciement.

entlasten ‹*ohne ge-*› *tr* **1.** décharger (*von* de); *tech arch* soulager; *fig (erleichtern)* soulager, débarrasser; **2.** *(von e-r Verpflichtung, e-r Schuld)* décharger, exonérer (*von* de); *(von e-r Steuer)* dégrever; **3.** *(Straße vom Verkehr)* dégager, décongestionner. **Entlastung** *f* ‹-, (-en)› **1.** décharge *f; tech* délestage; *fig* soulagement, débarras *m;* **2.** dégrèvement *m; fin* décharge *f,* quitus *m;* **3.** *jur* décharge, exonération *f; (vom Verkehr)* décongestion *f.* **Entlastungszeuge** *m* témoin *m* à décharge. **Entlastungszug** *m loc (Vorzug)* train *m* supplémentaire.

entlaufen ‹*entläuft, entlief, entlaufen*› *itr* ‹*sein*› *(Tier)* échapper.

entlausen ‹*ohne ge-*› *tr* épouiller.

entledigen [ɛnt'le:dɪgən] ‹*ohne ge-*› :

▶ *sich s-r Aufgabe* ~ accomplir, s'acquitter de sa tâche.
entleeren ‹*ohne ge-*› *tr* vider, dépoter; *(Darm)* évacuer; *(Abort, Benzintank)* vidanger.
entlegen [ɛnt'le:gən] *a* éloigné, écarté.
entleihen ‹*entlieh, entliehen*› *tr* emprunter (*etw von jdm* qc à qn). **Entleihung** *f* ‹-, -en› emprunt *m.*
entlocken ‹*ohne ge-*› *tr (Töne e-m Instrument)* tirer (*dat* de); *(Geheimnis)* arracher, soutirer (*jdm etw* qc à qn); *(Geständnis, Tränen)* arracher.
entlohnen ‹*ohne ge-*› *tr* payer, rémunérer, rétribuer. **Entlohnung** *f* ‹-, -en› rémunération *f.*
entmannen ‹*ohne ge-*› *tr* castrer. **Entmannung** *f* ‹-, (-en)› castration *f.*
entmilitarisieren ‹*ohne ge-*› *tr* démilitariser.
entmündigen ‹*ohne ge-*› *tr* mettre sous tutelle. **Entmündigung** *f* mise *f* sous tutelle.
entmutigen ‹*ohne ge-*› *tr* décourager. **Entmutigung** *f* découragement *m.*
Entnahme *f* prise *f; (e-r Probe)* prélèvement; *fin* retrait, décaissement *m.*
entnationalisieren *tr pol (Wirtschaftszweig)* dénationaliser. **Entnationalisierung** *f* dénationalisation *f.*
entnazifizieren *tr* dénazifier. **Entnazifizierung** ‹-, (-en)› *f* dénazification *f.*
entnehmen ‹*entnimmt, entnahm, entnommen*› *tr* **1.** *(wegnehmen)* prendre (*dat* de, à); *(Probe)* prélever; *(e-m Buch)* tirer (*dat* de); *fin* retirer; **2.** *(folgern)* conclure (*aus* de).
entpuppen, *sich* ‹*ohne ge-*› jeter le masque; se dévoiler, se révéler (*als etw* qc).
entrahmen ‹*ohne ge-*› *tr (Milch)* écrémer.
enträtseln ‹*ohne ge-*› *tr* débrouiller, dévoiler; *(Schrift)* déchiffrer.
entreißen ‹*entriß, entrissen*› *tr* arracher (*jdm etw* qc à qn).
entrichten ‹*ohne ge-*› *tr (Betrag)* payer.
entrinnen ‹*entrann, entronnen*› *itr* ‹*sein*› échapper (*e-r Gefahr* à un danger).
entrosten ‹*ohne ge-*› *tr* dérouiller.
entrümpeln ‹*ohne ge-*› *tr* déblayer.
entrüsten, *sich* ‹*ohne ge-*› s'indigner, se fâcher (*über* de). **entrüstet** *a* indigné. **Entrüstung** *f* ‹-, (-en)› indignation *f.*
entsagen ‹*ohne ge-*› *itr* se résigner; ▶ *e-r S* ~ renoncer à qc.
entsalzen *tr* dessaler. **Entsalzung** ‹-, (-en)› *f* dessalement, dessalage *m.*
entschädigen ‹*ohne ge-*› *tr* dédommager, *(gesetzlich)* indemniser (*für etw* de qc). **Entschädigung** *f* **1.** *(Vorgang)* dédommagement *m,* indemnisation; **2.** *(Schadenersatz)* dommages-intérêts *m pl; (Summe)* indemnité *f;* ▶ *als* ~ *für allg* en compensation de. **Entschädigungssumme** *f* indemnité *f.*
entschärfen ‹*ohne ge-*› *tr (Schußwaffe, Munition, Mine, Bombe)* désamorcer.
Entscheid *m* ‹-(e)s, -e› [ɛnt'ʃaɪt, -də] *bes. jur = Entscheidung.* **entscheiden** ‹*entschied, entschieden*› **1.** *tr (Frage)* décider (*etw* qc, *über etw* de qc); *jur* juger (*über etw* qc), statuer (*über etw* sur qc), prononcer (*auf etw* qc); *(durch Schiedsspruch)* arbitrer; **2.** *refl: sich* ~ se décider (*für* pour, à), se déterminer (*für* à); adopter (*für etw* qc); ▶ *die Mehrheit entscheidet* la majorité est décisive. **entscheidend** *a* décisif; ▶ *das E~e dabei ist ...* l'essentiel ici est ... **Entscheidung** *f* ‹-, -en› **1.** décision; *(Entschluß)* résolution *f;* **2.** *jur (der Geschworenen)* verdict; *(des Gerichts)* jugement; *(der letzten Instanz)* arrêt *m; (des Schiedsgerichts)* (sentence *f* d')arbitrage; *(Verfügung)* arrêté *m;* ▶ *e-e* ~ *treffen* prendre une décision. **Entscheidungsspiel** *n sport* match *m* décisif, belle *f.* **Entscheidungsträger** *m* décideur *m.* **entschieden** [ɛnt'ʃi:dən] **I.** *a* **1.** *(Sache)* décidé; **2.** *(Person: fest, energisch)* ferme, énergique; *(entschlossen)* résolu, déterminé; **II.** *adv* **1.** décidément; **2.** résolument; catégoriquement; **3.** nettement. **Entschiedenheit** *f* ‹-, ø› *(Entschlossenheit)* résolution, détermination *f.*
entschlafen ‹*entschläft, entschlief, entschlafen*› *itr* ‹*sein*› s'endormir *a. fig (sterben); fig* s'éteindre.
entschließen, *sich* ‹*entschloß, entschlossen*› se résoudre, se décider, se déterminer (*etw zu tun* à faire qc); ▶ *sich anders* ~ se raviser, changer d'avis. **Entschließung** *f parl* résolution *f.* **entschlossen** [ɛnt'ʃlɔsən] *a* **1.** résolu, décidé, déterminé (*etw zu tun* à faire qc); fixé; **2.** *(charakterfest)* ferme, énergique. **Entschlossenheit** *f* ‹-, ø› **1.** résolution, (esprit *m* de) décision *f;* **2.** *(Festigkeit)* fermeté, énergie *f.*
entschlüpfen ‹*ohne ge-*› *itr* ‹*sein*› échapper.
Entschluß *m* résolution, décision, détermination *f.* ▶ *e-n* ~ *fassen* prendre un parti *od* une résolution *od* une décision.
entschlüsseln ‹*ohne ge-*› *tr* déchiffrer. **Entschlüsselung** *f* déchiffrage, déchiffrement *m.*
entschuldigen ‹*ohne g-*› *tr* **1.** excuser, pardonner; **2.** *(rechtfertigen)* expliquer, justifier (*durch* en alléguant); disculper (*wegen e-r S* de qc); *refl* **3.** *sich* ~ s'excuser (*bei jdm wegen e-r S* de qc auprès de qn); ▶ ~ *Sie!* excusez-moi! pardon! **Entschuldigung** *f* ‹-, -en› **1.** excuse *f,* pardon *m;* **2.** *(Rechtfertigung)* justification *f;* ▶ *als* ~ *für* comme excuse de; *jdn um* ~ *bitten* demander pardon à qn; *zu s-r* ~ *kann man sagen ...* on peut dire à sa décharge ...; *dafür*

gibt es keine ~ c'est inexcusable.
entschwefeln *tr* désulfurer. **Entschwefelung** *f* désulfuration *f*. **Entschwefelungsanlage** *f* dispositif *od* système *m* de désulfuration.
entschwinden ⟨*entschwand, entschwunden*⟩ *itr* ⟨*sein*⟩ disparaître, se perdre (au loin); ▶ *das ist mir entschwunden* je ne m'en souviens plus.
entsenden ⟨*entsandte* od *entsendete, entsandt* od *entsendet*⟩ *tr* envoyer; *(Vertreter)* déléguer, députer.
entsetzen, *sich* ⟨*ohne ge-*⟩ s'effrayer, s'épouvanter (*über* de). **Entsetzen** *n* ⟨-s, ø⟩ épouvante, horreur *f*, effroi *m*. **entsetzlich** *a a. fam (übertreibend)* épouvantable, effroyable, affreux.
entseuchen *tr* décontaminer. **Entseuchung** *f* décontamination *f*.
entsichern ⟨*ohne ge-*⟩ *tr (Schußwaffe)* enlever la sûreté (*etw* de qc).
entsiegeln ⟨*ohne ge-*⟩ *tr* décacheter, *jur* desceller, lever les scellés de.
entsinnen ⟨*entsann, entsonnen*⟩ : ▶ *sich e-r S* ~ se souvenir de qc, se rappeler qc.
entsorgen ⟨*ohne ge-*⟩ *(Müll)* éliminer. **Entsorgung** *f tech (Abfälle, Abwässer)* élimination, évacuation *f*.
entspannen ⟨*ohne ge-*⟩ *tr* **1.** détendre, relâcher; *(Bogen) a.* débander; *(Muskel)* décontracter; **2.** *refl sich* ~ se détendre, se relâcher; *(Muskel, Gesicht)* se décontracter; *fig* se détendre, se délasser, se reposer; ▶ *die Lage entspannt sich (pol)* la tension diminue. **entspannt** *a pol* décontracté. **Entspannung** *f* **1.** détente *f*, relâchement *m*; *(Muskel)* décontraction; **2.** *fig* détente *f*; relâchement *m*, relaxation *f*; *(Zerstreuung)* délassement *m*, distraction *f*. **Entspannungspolitik** *f* politique *f* de détente.
entsprechen ⟨*entspricht, entsprach, entsprochen*⟩ *itr dat* **1.** correspondre à, être conforme à; *(zuea. passen)* s'accorder à *od* avec; **2.** *(e-m Wunsch)* se conformer (à), satisfaire (à); *(e-r Bitte, e-m Antrag)* faire droit (à), donner suite (à), admettre. ▶ *jds Erwartungen* ~ satisfaire *od* répondre à l'attente de qn. **entsprechend I.** *a* correspondant, conforme, proportionné (*dat* à); *(gleichwertig)* adéquat (*dat* à); analogue; **II.** *adv* au fur et à mesure, à l'avenant; ▶ *den Umständen* ~ suivant les circonstances, selon le cas. **Entsprechung** *f* ⟨-, -en⟩ correspondance, conformité; analogie *f*; *(Wort)* équivalent *m*.
entspringen ⟨*entsprang, entsprungen*⟩ *itr* ⟨*sein*⟩ **1.** *(Fluß)* prendre sa source (*in, auf* de); **2.** *fig* = *entstammen*.
entstaatlichen *tr* dénationaliser. **Entstaatlichung** *f* dénationalisation *f*.
entstalinisieren *tr* déstaliniser. **Entstalinisierung** *f* déstalinisation *f*.
entstammen ⟨*ohne ge-*⟩ *itr* ⟨*sein*⟩ descendre, provenir, naître (*dat* de).
entstauben *tr* dépoussiérer. **Entstaubung** *f* dépoussiérage *m*.
entstehen ⟨*entstand, entstanden*⟩ *itr* ⟨*sein*⟩ naître, prendre naissance, tirer son origine, provenir, résulter (*aus* de); *(sich bilden)* se former; *(Streit)* s'élever; *(Schaden)* être causé (*durch* par); *(Kosten)* être occasionné; *(Wörter, Begriffe)* apparaître, se créer; ▶ *im E~ begriffen* en voie de formation, naissant. **Entstehung** *f* ⟨-, (-en)⟩ origine, naissance; formation; *scient* genèse *f*.
entsteigen ⟨*entstieg, entstiegen*⟩ *itr* ⟨*sein*⟩ sortir, surgir (*dat* de).
entsteinen ⟨*ohne ge-*⟩ *tr* = *entkernen*.
entstellen ⟨*ohne ge-*⟩ *tr* **1.** *(verunstalten)* défigurer, déformer; **2.** *fig* dénaturer; *(den Sinn)* altérer. **entstellend** *a (Narbe)* inesthétique. **Entstellung** *f* ⟨-, -en⟩ défiguration, déformation *f*.
entsticken *tr* dénitrifier. **Entstickung** *f* dénitrification *f*. **Entstickungsanlage** *f* dispositif *m* de dénitrification.
entströmen ⟨*ohne ge-*⟩ *itr* ⟨*sein*⟩ *(Flüssigkeit)* s'écouler, *(Gas)* s'échapper (*dat* de).
enttäuschen ⟨*ohne ge-*⟩ *tr* décevoir, désappointer, désillusionner; *(ernüchtern)* désenchanter. **Enttäuschung** *f* déception *f*, désappointement *m*, désillusion *f*; désenchantement *m*; ▶ *e-e* ~ *erleben* éprouver une déception.
entthronen ⟨*ohne ge-*⟩ *tr* détrôner *a. fig.*
entvölkern ⟨*ohne ge-*⟩ *tr* (*sich* se) dépeupler.
entwaffnen ⟨*ohne ge-*⟩ *tr* désarmer. **Entwaffnung** *f* ⟨-, ø⟩ désarmement *m*.
entwarnen ⟨*ohne ge-*⟩ *itr (nach Fliegeralarm)* sonner la fin de l'alerte. **Entwarnung** *f* fin *f* d'alerte.
entwässern ⟨*ohne ge-*⟩ *tr agr* drainer; *(trockenlegen)* dessécher. **Entwässerung** *f* ⟨-, -en⟩ canalisation *f* d'écoulement, drainage; dessèchement *m*; *chem* déshydratation. **Entwässerungsanlage** *f* installation *f* de drainage.
entweder [ɛntˈveːdər] *conj:* ▶ ~ ... *oder* ou (bien) ... ou (bien), soit ... soit; ~ — *oder! (fam)* de deux choses l'une! c'est à prendre ou à laisser!
entweichen ⟨*entwich, entwichen*⟩ *itr* ⟨*sein*⟩ s'évader, (s')échapper *(a. Gas)*; *(Gas) a.* se dégager.
entweihen ⟨*ohne ge-*⟩ *tr rel* profaner, violer. **Entweihung** *f* ⟨-, (-en)⟩ profanation *f*, sacrilège *m*.
entwenden ⟨*ohne ge-*⟩ *tr (stehlen)* voler, dérober; détourner.
entwerfen ⟨*entwirft, entwarf, entworfen*⟩ *tr (Plan)* dresser, tracer, dessiner; *(flüchtig beschreiben)* esquisser, ébaucher, crayonner; *(Gesetz)* projeter.
entwerten [ɛntˈveːrtən] ⟨*ohne ge-*⟩ *tr*

déprécier; *fin* dévaluer, dévaloriser; *(Briefmarke)* oblitérer. **Entwerter** *m* ‹-s, -› composteur *m*. **Entwertung** *f* dépréciation *f*; dévaluation, dévalorisation; oblitération *f*.

entwickeln ‹*ohne ge-*› *tr* **1.** développer *(a. fig u. phot); phot a.* révéler; **2.** *chem (Dampf, Gas)* dégager; **3.** *fig (entfalten)* déployer; **4.** *(Gedanken, Plan)* concevoir, élaborer; **5.** *refl: sich* ~ se développer *(a. fig)*; **6.** *chem* se dégager; **7.** *fig* se former, évoluer; ▶ *sich zu etw* ~ devenir qc. **Entwickler** *m* ‹-s, -› *phot* révélateur *m*. **Entwick(e)lung** *f* ‹-, -en› **1.** développement *m (a. fig u. phot)*; **2.** déploiement *m a. mil*; **3.** *chem* dégagement *m*; réalisation *f*; **4.** *fig* conception, formation, élaboration; **5.** *(Aufwärtsentwicklung)* évolution *f a. biol*. **Entwicklungsalter** *n* (époque de la) puberté *f*. **Entwicklungsdienst** *m* coopération *f*. **entwicklungsfähig** *a* évolutif. **Entwicklungsgeschichte** *f biol* génétique *f*. **Entwicklungshelfer(in** *f*) *m* coopérant *m*, -e *f*. **Entwicklungshilfe** *f pol* coopération *f*. **Entwicklungsland** *n pol* pays *m* en voie de développement. **Entwicklungsstufe** *f* degré *m* d'évolution.

entwirren ‹*ohne ge-*› *tr, a. fig* démêler, débrouiller.

entwischen ‹*ohne ge-*› *itr* ‹*sein*› *fam* (s') échapper.

entwöhnen [ɛnt'vø:nən] ‹*ohne ge-*› *tr* déshabituer (de qc); *(Kind)* sevrer.

Entwurf *m* **1.** ébauche *f*, linéaments *m pl*, projet *m*; **2.** *(Skizze)* esquisse *f*, croquis *m*, maquette *f*.

entwurzeln ‹*ohne ge-*› *tr* déraciner *a. fig*.

entzerren ‹*ohne ge-*› *tr (Luftaufnahme)* redresser, restituer; *tele radio* corriger la distorsion de.

entziehen ‹*entzog, entzogen*› *tr* **1.** retirer, soustraire, enlever, ôter (*jdm etw* qc à qn), priver (*jdm etw* qn de qc); **2.** *chem* extraire (*e-r S etw* qc à qc); **3.** *refl sich* ~ se dérober, se soustraire (*e-r unangenehmen S* à qc), esquiver (*e-r Verpflichtung* une obligation); ▶ *sich der Strafe* ~ se soustraire à sa punition; *jdm das Wort* ~ *(parl)* retirer la parole à qn; *das entzieht sich meiner Kenntnis* je l'ignore complètement. **Entziehung** *f* ‹-, ø› **1.** *(Wegnahme)* privation *f*, enlèvement; *(e-r Berechtigung, bes. des Führerscheins)* retrait *m*, *(befristet)* suspension *f*; **2.** *chem* extraction *f*. **Entziehungskur** *f med* cure *f* de désintoxication.

entziffern ‹*ohne ge-*› *tr allg* déchiffrer; ▶ *nicht zu* ~*(d)* indéchiffrable. **Entzifferung** *f* ‹-, -en› déchiffrement *m*.

entzücken ‹*ohne ge-*› *tr* ravir, charmer, enchanter, émerveiller. **Entzücken** *n* ‹-s, ø› ravissement, enchantement, émerveillement *m*. **entzückend** *a* ravissant, charmant. **entzückt** *a* ravi, enchanté (*über, zu* de).

entzündbar *a* inflammable. **entzünden** ‹*ohne ge-*› **1.** *tr* mettre le feu à; enflammer, allumer *a. fig*; **2.** *refl: sich* ~ prendre feu; s'enflammer *a. fig u. med*; s'allumer *a. fig*. **entzündet** *a med* enflammé. **Entzündung** *f* ‹-, -en› inflammation *a. med u. tech; med a.* irritation *f*.

entzwei *adv* en deux; *(in Stücke)* en morceaux; *(zerbrochen)* cassé, rompu, brisé; *(zerrissen)* déchiré; *fam* fichu. **entzweien** ‹*ohne ge-*› *tr* désunir, diviser, brouiller; *sich* ~ se désunir, se diviser, se brouiller. **entzweit** *a (uneinig)* désuni. **Entzweiung** *f* ‹-, -en› désunion, division.

Enzian *m* ‹-s, -e› ['ɛntsia:n] *(bot* u. *Likör)* gentiane *f*.

Enzyklopädie *f* ‹-, -n› [ɛntsyklopɛ'di:] encyclopédie *f*. **enzyklopädisch** [-'pɛ:dɪʃ] *a* encyclopédique.

Epidemie *f* ‹-, -n› [epide'mi:] épidémie *f*. **epidemisch** [-'de:mɪʃ] *a* épidémique.

Epik *f* ‹-, ø› ['e:pɪk] poésie *f* épique. **Epiker** *m* ‹-s, -› ['e:pikər] poète *m* épique.

Epilepsie *f* ‹-, ø› [epilɛ'psi:] épilepsie *f*. **Epileptiker** *m* ‹-s, -› [-'lɛptikər] épileptique *m*. **epileptisch** *a* épileptique.

Epilog *m* ‹-s, -e› [epi'lo:k, -gə] épilogue *m*.

episch ['e:pɪʃ] *a* épique.

Episode *f* ‹-, -n› [epi'zo:də] épisode *m*.

Epoche *f* ‹-, -n› [e'pɔxə] époque *f*. **epochemachend** *a* qui fait époque.

Epos *n* ‹-, Epen› ['e:pɔs, -pən] épopée *f*, poème *m* épique.

er [e:r] *pron (mit v verbunden)* il; *(unverbunden)* lui; ▶ ~ *selbst* lui-même; ~ *ist es* c'est lui; *da ist* ~ le voilà.

erachten [ɛr'ʔ-] ‹*ohne ge-*› *tr:* ▶ *für gut* ~ *(zu ...)* juger à propos (de ...); **Erachten** *n: meines ~s, nach meinem* ~ à mon avis *od* gré.

erarbeiten ‹*ohne ge-*› : *sich etw* ~ acquérir *od* gagner qc par son travail.

Erbanlage *f biol* caractère *m* héréditaire.

erbarmen [ɛr'barmən] ‹*ohne ge-*› : *sich jds* od *über jdn* ~ avoir pitié de qn. **Erbarmen** *n* ‹-s, ø› pitié, miséricorde, compassion *f*; ▶ *zum* ~ à faire pitié. **erbarmenswert** *a*, **erbarmenswürdig** *a* digne de pitié, pitoyable.

erbärmlich *a* **1.** pitoyable, piteux, déplorable, misérable; **2.** *(gemein)* bas, vil. **Erbärmlichkeit** *f* ‹-, ø› **1.** état *m* pitoyable *od* misérable; misère *f*; **2.** *(Gemeinheit)* bassesse *f*.

erbarmungslos [ɛr'barmuŋs-] *a* sans merci *od* pitié.

erbauen ‹*ohne ge-*› *tr* **1.** bâtir, construire,

élever; **2.** *(Stadt)* fonder. **Erbauer** *m* ⟨-s, -⟩ **1.** constructeur, architecte *m;* **2.** *(Gründer)* fondateur *m.* **erbaulich** *a* édifiant. **erbaut** *a fig* ▶ *(hum) von etw nicht sehr ~ sein* ne pas être très édifié de qc. **Erbauung** *f* ⟨-, ø⟩ **1.** construction *f;* **2.** *(Gründung)* fondation *f.*

Erbe ['ɛrbə] **1.** *m* ⟨-n, -n⟩ héritier; *(e-s Vermächtnisses)* légataire *m;* ▶ *jdn zum ~n bestimmen* faire son héritier de qn; **2.** *n* ⟨-s, ø⟩ héritage *m;* succession *f;* *(elterliches)* patrimoine *m; jur* hérédité *f;* ▶ *ein ~ antreten* recueillir un héritage.

erbeben ⟨*ohne ge-*⟩ *itr* ⟨*sein*⟩ trembler, frémir (*vor* de).

erben ['ɛrbən] *tr* hériter (*etw* de qc; *etw von jdm* qc de qn).

erbeuten ⟨*ohne ge-*⟩ *tr mil* capturer, enlever, prendre.

Erbfaktor *m* ['ɛrp-] *biol* facteur *m* héréditaire. **Erbfall** *m* cas *m* de succession. **Erbfolge** *f* ordre *m* héréditaire *od* (ordre *m* de) succession *f;* ▶ *gesetzliche ~* ordre *m* légal des successions. **Erbgut** *n* bien héréditaire, patrimoine.

erbieten ⟨*erbot, erboten*⟩ : *sich ~ zu tun* s'offrir à.

Erbin *f* ⟨-, -nen⟩ ['ɛrbɪn] héritière *f.*

erbitten ⟨*erbat, erbeten*⟩ *tr:* ▶ *etw von jdm ~* demander qc à qn.

erbittert *a* exaspéré; *(Kampf, Ringen)* acharné. **Erbitterung** *f* ⟨-, ø⟩ irritation, aigreur, exaspération *f.*

Erbkrankheit *f* ['ɛrp-] maladie *f* héréditaire.

erblassen ⟨*ohne ge-*⟩ *itr* ⟨*sein*⟩ pâlir, blêmir (*vor* de).

Erblasser(in *f***)** *m* ⟨-s, -⟩ ['ɛrp-] testateur *m,* testatrice *f.* **erblich** *a* héréditaire *od* génétique; *biol* transmissible. ▶ *nicht ~ (biol)* intransmissible; *~ belastet* héréditairement taré; *~e Belastung f* tare *f* héréditaire. **Erblichkeit** *f* ⟨-, ø⟩ , *a. biol* hérédité *f.*

erblicken ⟨*ohne ge-*⟩ *tr* voir, apercevoir; ▶ *das Licht der Welt ~* voir le jour.

erblinden ⟨*ohne ge-*⟩ *itr* ⟨*sein*⟩ devenir aveugle, perdre la vue. **Erblindung** *f* ⟨-, (-en)⟩ perte *f* de la vue.

erblühen ⟨*ohne ge-*⟩ *itr* ⟨*sein*⟩ fleurir; *fig* s'épanouir.

Erbmasse *f* ['ɛrp-] *jur* héritage, patrimoine *m; biol* idioplasma *m.*

erbrechen ⟨*erbricht, erbrach, erbrochen*⟩ **1.** *tr (Behältnis)* rompre, briser; *(Brief)* décacheter; *(Schloß)* fracturer; *(Tür)* enfoncer, forcer; **2.** *itr* u. *sich ~ (med)* vomir. **Erbrechen** *n* ⟨-s, ø⟩ *med* vomissement *m.*

Erbrecht *n* ['ɛrp-] droit *m* successoral.

erbringen ⟨*erbrachte, erbracht*⟩ *tr:* ▶ *den Beweis ~* produire la preuve.

Erbschaft *f* ⟨-, -en⟩ ['ɛrp-] héritage *m,* succession *f.* **Erbschaftssteuer** *f* impôt successoral, impôt *m* sur les successions. **Erbschleicher** *m* captateur *m.* **Erbschleicherei** *f* captation *f* (d'héritage).

Erbse *f* ⟨-, -n⟩ ['ɛrpsə] *bot* (petit) pois *m.* **Erbsensuppe** *f* potage *m* aux pois.

Erbstück *n* ['ɛrp-] objet *m* hérité. **Erbsünde** *f rel* péché *m* originel. **Erbteil** *n* od *m* part d'héritage *od* héréditaire, *jur* portion *f* héréditaire.

Erdachse *f* ['e:rt-] axe *m* de la terre. **Erdanziehung** *f* gravité *f.* **Erdarbeiten** *f pl* travaux *m pl* de terrassement. **Erdbahn** *f astr* orbite *f* terrestre. **Erdball** *m* = *Erdkugel.* **Erdbeben** *n* tremblement *m* de terre. **Erdbeere** *f* *(Frucht)* fraise *f;* *(Pflanze)* fraisier *m.* **Erdboden** *m* sol *m,* terre *f,* terrain *m;* ▶ *unmittelbar am ~* à ras de terre, au ras du sol; *dem ~ gleichmachen* raser. **Erddrehung** *f* rotation *f* de la terre. **Erddurchmesser** *m* diamètre *m* de la terre. **Erde** *f* ⟨-, -n⟩ ['e:rdə] **1.** *geog astr* terre *f;* *(Welt)* monde *m;* **2.** *(Boden)* terre *f,* terrain, sol *m;* **3.** *pl chem* terres *f pl;* ▶ *über der ~* au-dessus du sol; *unter der ~* sous terre; *auf die ~ fallen* tomber à *od* par terre; *auf die ~ legen* od *stellen* mettre à terre; *mit beiden Beinen auf der ~ stehen (fig)* avoir les pieds sur terre. **erden** *tr el radio* mettre à la terre *od* à la masse. **Erdenbürger** *m poet* mortel *m.*

erdenken ⟨*erdachte, erdacht*⟩ *tr* imaginer, concevoir, inventer. **erdenklich** *a:* ▶ *alle(s) ~e* ... tout le, toute la ... imaginable.

erdfarben ['e:rt-] *a* couleur de terre, terreux. **Erdfloh** *m ent* altise *f.* **Erdgas** *n* gaz *m* naturel. **Erdgasleitung** *f* gazoduc *m.* **Erdgeist** *m* gnome *m.* **Erdgeschoß** *n arch* rez-de-chaussée *m.* **Erdhalbkugel** *f* hémisphère *m.*

erdichten ⟨*ohne ge-*⟩ *tr* inventer, imaginer; *(in böser Absicht)* forger, controuver. **erdichtet** *a* inventé, fictif.

erdig ['e:rdɪç] *a* terreux. **Erdinnere,** *das* les entrailles *f pl* de la terre. **Erdkarte** *f* planisphère *m* terrestre, mappemonde *f.* **Erdkreis** *m,* **Erdkugel** *f* globe *m* (terrestre). **Erdkunde** *f* géographie *f.* **Erdleitung** *f el* conduite *f* souterraine. **Erdmagnetismus** *m* magnétisme *m* terrestre. **Erdmittelpunkt** *m* centre *m* de la terre. **Erdnuß** *f bot* arachide, cacah(o)uète *f.* **Erdoberfläche** *f* surface *f* de la terre.

Erdöl *n* ['e:rtʔø:l] pétrole *m.* **Erdölchemie** *f* pétrochimie *f.* **Erdölfelder** *n pl* champs *m pl* pétrolifères. **Erdölindustrie** *f* industrie *f* du pétrole *od* pétrolière. **Erdölleitung** *f* oléduc *m.* **Erdölraffinerie** *f* raffinerie de pétrole, pétrolerie *f.* **Erdölvorkommen** *n* gisement *m* pétrole.

Erdreich *n* ['e:rt-] terre *f*, terrain *m*.
erdreisten ‹*ohne ge-*›: ► *sich* ~, *etw zu tun* avoir l'audace de faire qc.
Erdrinde *f* ['e:rt-] écorce terrestre *od* du globe, lithosphère *f*.
erdrücken ‹*ohne ge-*› *tr* *(zermalmen)* écraser.
Erdrutsch *m* ['e:rt-] glissement de terrain, éboulement *m*. **Erdscholle** *f* motte, glèbe *f*. **Erdstoß** *m* mouvement *m* sismique, secousse *f* tellurique. **Erdteil** *m* partie *f* du monde, continent *m*.
erdulden ‹*ohne ge-*› *tr* souffrir, subir.
Erdumdrehung *f* ['e:rt-] *(Rotation)* rotation *f* de la terre. **Erdumkreisung** *f* *(e-s Satelliten)* vol *m* orbital. **Erdumseg(e)lung** *f* circumnavigation *f* de la terre. **Erdung** *f* ‹-, (-en)› *el radio* mise à la masse *od* terre.
ereifern, *sich* ‹*ohne ge-*› s'emporter, s'échauffer (*gegen* contre).
ereignen [ɛr'ˀaɪgnən], *sich* ‹*ohne ge-*› se passer, se produire; *(plötzlich)* survenir. **Ereignis** *n* ‹-ses, -se› événement, incident *m*. **ereignisreich** *a* mouvementé.
Eremit *m* ‹-en, -en› [ere'mi:t] ermite *m*.
erfahren I. ‹*erfährt, erfuhr, erfahren*› *tr* **1.** *(erleben)* faire l'expérience de, éprouver; *(erleiden)* subir, essuyer; **2.** *(hören)* apprendre; avoir bruit (*etw* de qc); ► *etw von jdm* ~ *haben* tenir qc de qn; **II.** *a* *(bewandert)* versé (*in* dans); *(geschickt)* expert (*in* en), rompu (*in* à). **Erfahrenheit** *f* ‹-, ø› *(nur Zustand)* = *Erfahrung*; **Erfahrung** *f* ‹-, -en› *(Vorgang u. Endzustand)* expérience *f*; *(praktische)* usage *m*, pratique; *(meist pej)* routine *f*; ► *aus (eigener)* ~ par expérience; *mit* ~ *in (Stellenanzeige)* confirmé dans; *in* ~ *bringen* apprendre; ~ *haben* avoir de l'expérience (*in etw* de qc). **erfahrungsgemäß** *adv* par expérience.
erfassen ‹*ohne ge-*› *tr* **1.** *(a. inform)* saisir; *fig (geistig)* comprendre, concevoir; **2.** *(registrieren)* enregistrer, *bes. mil* recenser; ► *von einem Lastwagen erfaßt werden* se faire accrocher *od* happer par un camion. **Erfassung** *f* ‹-, ø› *(Registrierung)* enregistrement, *mil* recensement *m*; *inform* saisie *f*.
erfinden ‹*erfand, erfunden*› *tr* inventer, imaginer; *(frei* ~*)* broder. **Erfinder** *m* ‹-s, -› inventeur *m*. **erfinderisch** *a* inventif; *(findig)* ingénieux. **Erfindung** *f* ‹-, -en› invention; *(freie)* fiction *f*.
Erfolg *m* ‹-(e)s, -e› [ɛr'fɔlk, -gə] **1.** *(guter)* succès *m*, réussite *f*; **2.** *(Ausgang, Ergebnis)* issue *f*, résultat *m*; ► *mit, ohne* ~ avec, sans succès; *zum* ~ *führen* mener à bien; ~ *haben* avoir du succès, réussir, arriver, parvenir; *jdm, e-r S zum* ~ *verhelfen* contribuer au succès de qn, de qc. **erfolgen** ‹*ohne ge-*› *itr* ‹*sein*› *(geschehen)* arriver, se faire, se produire; *(stattfinden)* avoir lieu; *(Zahlung)* être effectué, s'effectuer; *(Angabe, Auskunft)* être donné. **erfolglos** *a* sans succès *a. adv*, inutile. **Erfolglosigkeit** *f* insuccès *m*, inutilité *f*. **erfolgreich I.** *a* couronné de succès; **II.** *adv* avec succès; ► *e-e* ~*e Laufbahn* une carrière brillante. **Erfolgsaussichten** *f pl* chances *f pl* de succès *od* de réussite. **erfolgversprechend** *a* prometteur.
erforderlich *a* nécessaire, exigé, voulu, *(Alter)* requis; ► *soweit* ~ si nécessaire.
erfordern *tr* exiger, réclamer, demander, nécessiter. **Erfordernis** *n* ‹-ses, -se› **1.** *(Bedürfnis)* exigence *f*, besoin *m*; **2.** *(Notwendigkeit)* nécessité; *(Bedingung)* condition *f*.
erforschen ‹*ohne ge-*› *tr* **1.** *(Land)* explorer; **2.** *allg* rechercher, étudier; *(die Meinung)* sonder, scruter; *(Geheimnis)* sonder; ► *sein Gewissen* ~ interroger sa conscience, s'examiner. **Erforschung** *f* ‹-, ø› **1.** *(e-s Landes)* exploration *f*; **2.** *allg* recherche, sondage *m*.
erfragen ‹*ohne ge-*› *tr* *(sich erkundigen nach)* s'informer de; ► *zu* ~ *bei* s'adresser à.
erfreuen ‹*ohne ge-*› *tr* réjouir; faire plaisir à, plaire à; ► *sich an etw* ~ avoir *od* prendre *od* trouver plaisir; *sich e-r guten Gesundheit* ~ jouir d'une bonne santé; *ich bin darüber erfreut* j'en suis content *od* heureux. **erfreulich** *a* réjouissant; ► *es ist* ~ *zu ...* il fait bon de, c'est un plaisir de ... **erfreulicherweise** *adv* heureusement.
erfrieren ‹*erfror, erfroren*› *itr* ‹*sein*› *(Pflanze, Körperglied)* geler; *(Mensch, Tier)* mourir de froid.
erfrischen ‹*ohne ge-*› *tr* (*sich* se) rafraîchir. **erfrischend** *a* rafraîchissant. **Erfrischung** *f* ‹-, -en› rafraîchissement *m*. **Erfrischungsraum** *m* buvette *f*.
erfüllen ‹*ohne ge-*› *tr* **1.** remplir (*mit* de); **2.** *fig* remplir; *(Versprechen, Pflicht, Aufgabe)* accomplir, acquitter; **3.** *(Bedingung, Voraussetzung)* justifier, *a. math* satisfaire à; **4.** *refl sich* ~ *(Hoffnung, Wunsch)* s'accomplir, se réaliser. **Erfüllung** *f* **1.** *(Aufgabe, Pflicht, Versprechen)* accomplissement *m*; *(Wunsch, Hoffnung)* réalisation *f*; **2.** *(Vollendung)* consommation *f*; ► *in* ~ *gehen* s'accomplir, se réaliser.
ergänzen [ɛr'gɛntsən] ‹*ohne ge-*› *tr* *(vervollständigen)* compléter, parfaire, *(Vorrat)* suppléer à; *(Lücke)* combler; *(lückenhaften Text)* restituer; *sich* ~ se compléter. **ergänzend** *a* complémentaire; *(zusätzlich)* supplémentaire. **Ergänzung** *f* *(Vervollständigung)* complément *m* *a. gram math*; *(e-s Textes)* restitution *f*; *(Buch)* supplément *m*. **Ergänzungs...** supplétif *a*, supplémentaire *a*, d'appoint. **Ergänzungswinkel**

m math angle *m* complémentaire.
ergeben I. ⟨*ergibt, ergab, ergeben*⟩ *tr* **1.** *(zeitigen)* donner, produire; *(einbringen)* rapporter; **2.** *(sich belaufen auf)* se monter à, s'élever à; **3.** *refl sich* ~ *(mil)* se rendre, capituler; *(in sein Schicksal)* se soumettre (à), se résigner (à); **4.** *(folgen)* résulter, s'ensuivre; ► *hieraus* od *daraus ergibt sich, daß* il s'ensuit que, il ressort de là que; *die Umfrage hat* ~, *daß* le sondage a révélé que; **II.** *a* **1.** dévoué; **2.** *(gehorsam)* obéissant; *(unterwürfig)* soumis, humble; **3.** *(gefaßt)* résigné (*dat* à). **Ergebenheit** *f* ⟨-, ø⟩ **1.** dévouement, attachement *m;* **2.** *(Gefaßtheit)* résignation *f.* **Ergebnis** *n* ⟨-ses, -se⟩ résultat *m; (End~)* conclusion; *(Ausgang)* issue *f; math* résultat; *sport (Punktzahl)* score *m; (Folge)* conséquence *f;* ► *gute ~se erzielen* donner de bons résultats. **ergebnislos** *a* sans fruit *od* résultat; *(vergeblich)* inutile, vain.
ergehen ⟨*erging, ergangen*⟩ : ► *etw über sich* ~ *lassen* essuyer, endurer, supporter, souffrir qc (patiemment); *sich in Vermutungen* ~ se perdre en conjectures; *wie ist es dir ergangen?* qu'es-tu devenu?
ergiebig [ɛrˈgi:bɪç] *a agr (Boden)* productif, fertile. **Ergiebigkeit** *f* ⟨-, ø⟩ *agr* productivité, fertilité *f.*
ergießen, *sich* ⟨*ergoß, ergossen*⟩ se déverser, s'épandre (*über* sur); *(Fluß)* se jeter (*in* dans); *fig* s'épancher.
Ergotherapeut ⟨-en, -en⟩ *m* ergothérapeute *m.* **Ergotherapie** *f* ergothérapie *f.*
ergrauen ⟨*ohne ge-*⟩ *itr* ⟨*sein*⟩ grisonner.
ergreifen ⟨*ergriff, ergriffen*⟩ *tr* **1.** saisir (*beim Arm* par le bras), *a. fig;* prendre; *(packen)* empoigner; **2.** *(erwischen)* attraper; *(festnehmen)* arrêter, capturer; **3.** *fig (rühren)* toucher, émouvoir, captiver; ► *das Wort* ~ prendre la parole. **ergreifend** *a* saisissant, touchant, émouvant. **Ergreifung** *f* ⟨-, ø⟩ *(Festnahme)* prise, arrestation, capture *f.*
ergriffen [ɛrˈgrɪfən] *a fig (gerührt)* touché, ému. **Ergriffenheit** *f* ⟨-, ø⟩ émotion *f* (ressentie).
ergründen ⟨*ohne ge-*⟩ *tr* **1.** sonder *a. fig; fig* approfondir, pénétrer; **2.** *(herausbekommen)* découvrir.
Erguß *m* ⟨-sses, ¨-sse⟩ [ɛrˈgʊs, -ˈgʏsə] *a. med u. fig* effusion *f,* épanchement *m.*
erhaben *a* **1.** élevé *a. fig;* **2.** *(Kunst)* en relief; **3.** *fig* éminent, auguste, sublime; ► *über etw* ~ *sein* être au-dessus de qc. **Erhabenheit** *f fig* sublimité *f.*
erhalten I. ⟨*erhält, erhielt, erhalten*⟩ *tr* **1.** *(bekommen)* recevoir; *(durch Bemühungen)* obtenir; **2.** *(bewahren)* conserver, garder; *(in e-m Zustand)* maintenir; *(unterhalten, z. B. Straßen)* entretenir; **3.** *(ernähren)* entretenir, soutenir; **4.** *(Endprodukt)* s'obtenir (*aus* à partir de); ► *Betrag (dankend)* ~ pour acquit; **II.** *a: gut, schlecht* ~ en bon, mauvais état (de conservation); bien, mal conservé.
erhältlich [ɛrˈhɛltlɪç] *a com* en vente (*bei* chez, *in* dans).
Erhaltung *f* ⟨-, ø⟩ *(Bewahrung)* conservation *f.*
erhängen, *sich* ⟨*ohne ge-*⟩ se pendre. **Erhängen** *n* ⟨-s, ø⟩ pendaison *f.*
erhärten ⟨*ohne ge-*⟩ *tr* **1.** rendre dur, durcir; **2.** *fig (Aussage)* confirmer; **3.** *itr* u. *sich* ~ devenir dur, (se) durcir.
erhaschen ⟨*ohne ge-*⟩ *tr* saisir; attraper *a. fig (Blick, Worte).*
erheben ⟨*erhob, erhoben*⟩ *tr* **1.** *(Körperteil)* lever; *(Gegenstand)* élever *a. fig;* **2.** *fig* ériger (*zu* en); *math (in e-e Potenz)* élever; **3.** *fin (Gebühr, Abgabe)* lever, *(Steuer)* percevoir; *(Beitrag)* demander; prélever; *refl: sich* ~ **4.** *(aufstehen, a. Wind)* se lever; **5.** *fig (Frage, Streit)* s'élever; *(Schwierigkeiten)* surgir; **6.** *(sich empören)* se soulever, s'insurger, se révolter; ► *ein Geschrei* ~ pousser des cris. **Erheben** *n:* ► *durch* ~ *der Hand (abstimmen)* (voter) à main levée. **erhebend** *a* qui élève *od* exalte l'âme *od* l'esprit. **erheblich** *a* considérable, important. **Erhebung** *f* ⟨-, -en⟩ **1.** *(Bodenerhebung)* éminence *f;* **2.** *fig (Umfrage)* enquête, recherche *f;* **3.** *(von Abgaben, Steuern)* levée, perception, imposition *f;* **4.** *pol (Aufstand)* soulèvement *m,* insurrection *f.*
erheitern ⟨*ohne ge-*⟩ *tr* égayer; *(unterhalten)* amuser, divertir; *sich* ~ *(Gesicht)* se dérider. **erheiternd** *a* amusant, divertissant.
erhellen ⟨*ohne ge-*⟩ *tr fig* éclaircir, répandre de la lumière sur.
erhitzen ⟨*ohne ge-*⟩ *tr* chauffer; *fig* échauffer; *sich* ~ chauffer; *fig* s'échauffer.
erhoffen ⟨*ohne ge-*⟩ *tr* espérer, s'attendre à, escompter.
erhöhen ⟨*ohne ge-*⟩ *tr* **1.** *a. fig* élever, relever, hausser; *arch (aufstocken)* surélever. **2.** *fig (Geschwindigkeit, Summe, Wert)* augmenter (*um* de); *(Löhne, Tarife, Steuern)* relever (*um* de); *(Strafe)* aggraver; **3.** *refl sich* ~ *(a. fig)* s'élever, hausser, augmenter; *sich* ~ *auf* passer (*auf* à); *(Zahl, Summe, Kapital)* augmenter. **erhöht** *a (Puls)* élevé; *(Tätigkeit)* accru. **Erhöhung** *f* ⟨-, -en⟩ **1.** élévation *a. fig; (Anhöhe)* hauteur, éminence *f;* **2.** *fig* augmentation, majoration *f;* relèvement *m;* aggravation *f.*
erholen, *sich* ⟨*ohne ge-*⟩ **1.** *(von e-r Krankheit)* se rétablir, se remettre, se remonter, *(von e-r Überraschung)* revenir (*von* de); **2.** *(ausruhen)* se reposer,

se récréer, *(sich entspannen)* se délasser, se détendre; **3.** *fig com (Preise, Markt)* se refaire, se remettre; *fin (Kurse)* se relever; *(Börse)* reprendre, être en reprise. **erholsam** *a* reposant. **Erholung** *f* ‹-, ø› **1.** rétablissement *m;* **2.** *(Ruhe)* repos *m*, récréation *f; (Entspannung)* délassement *m*, détente *f.* **Erholungsaufenthalt** *m* séjour *m* de repos. **Erholungsheim** *n* maison *f* de repos.

erhören ‹*ohne ge-*› *tr (Bitte)* exaucer.

erinnern ‹*ohne ge-*› *tr: jdn an etw* ~ rappeler qc à qn, faire penser qn à qc; *sich an etw* ~ se souvenir de qc, se rappeler qc; ► *wenn ich mich recht erinnere* si j'ai bonne mémoire; *ich kann mich nicht mehr daran* ~ je ne m'en souviens plus. **Erinnerung** *f* ‹-, -en› souvenir *m;* ► *in* ~ *an etw* en mémoire de qc; *zur* ~ *an jdn* à la mémoire de qn; *alte* ~*en* souvenirs *m pl* lointains.

erkalten ‹*ohne ge-*› *itr* ‹*sein*› (se) refroidir *a. fig.*

erkälten, *sich* ‹*ohne ge-*› *(med)* se refroidir, prendre froid, s'enrhumer; ► *erkältet* être enrhumé. **Erkältung** *f* ‹-, -en› *med* refroidissement, rhume *m.*

erkämpfen ‹*ohne ge-*› *tr* gagner de haute lutte; *(Sieg)* remporter.

erkennbar *a* reconnaissable; *(wahrnehmbar)* perceptible; *(mit dem bloßen Auge)* discernable; ► *ohne* ~*en Grund* sans cause apparente. **erkennen** ‹*erkannte, erkannt*› *tr* **1.** *(bes. Menschen)* reconnaître (*an der Stimme* à la voix); **2.** *(wahrnehmen)* (s')apercevoir (de); **3.** *itr jur* prononcer (*auf e-e Strafe* une peine); ► *sich zu* ~ *geben* se faire (re)connaître; *klar zu* ~ *sein (fig)* ressortir clairement. **erkenntlich** *a (dankbar):* ► *sich* ~ *zeigen* témoigner de la reconnaissance. **Erkenntnis** *f* ‹-, -se› **1.** connaissance, notion; ► *die* ~ *(ohne pl)* la connaissance, la science **2.** constatation *f; jur* jugement *m.* **Erkennung** *f* ‹-, (-en)› reconnaissance *f; med (e-r Krankheit)* dépistage *m.* **Erkennungsmarke** *f mil* plaque *f* d'identité. **Erkennungszeichen** *n* signe *m* de reconnaissance.

Erker *m* ‹-s, -› ['ɛrkər] *arch* (pièce en) saillie *f.*

erklärbar *a* explicable, interprétable. **erklären** ‹*ohne ge-*› *tr* **1.** *(erläutern)* expliquer; *(ausführlich)* exposer; *(ein Wort)* définir; *(e-n Text)* commenter; *(auslegen)* interpréter; *(erhellen)* éclaircir; **2.** *(aussagen)* déclarer; *(verkünden)* proclamer. **erklärlich** *a* explicable; *(verständlich)* compréhensible. **erklärt** *a* déclaré, avoué; ► *ein* ~*er Gegner* un adversaire déclaré. **Erklärung** *f* ‹-, -en› **1.** explication; exposition; définition *f;* commentaire *m;* interprétation *f;* éclaircissement *m;* **2.** déclaration; proclamation *f;* ► *e-e* ~ *abgeben* faire une déclaration (*über* au sujet de); *eidesstattliche* ~ déclaration *f* à titre de serment.

erklingen ‹*erklang, erklungen*› *itr* ‹*sein*› résonner, retentir.

erkranken *itr* ‹*sein*› tomber malade, attraper une maladie; ► ~ *an* être atteint de. **Erkrankung** *f* ‹-, -en› maladie *f;* ► *wegen* ~ pour cause de maladie.

erkunden ‹*ohne ge-*› *tr* sonder; *(ausspionieren)* espionner; *mil* reconnaître; ► *das Gelände* ~ *(mil u. fig)* sonder, tâter le terrain. **erkundigen** ‹*ohne ge-*›: ► *sich bei jdm nach etw* ~ s'informer de, se renseigner sur, s'enquérir de qc auprès de qn. **Erkundigung** *f* ‹-, -en› information *f* (*nach* sur); ► *(Auskunft)* renseignement *m (über* sur). **Erkundung** *f mil* reconnaissance *f.*

erlahmen ‹*ohne ge-*› *itr* ‹*sein*› *fig (nachlassen)* s'affaiblir, diminuer, *(Eifer)* se refroidir.

erlangen ‹*ohne ge-*› *tr* atteindre; *(durch Bemühungen)* obtenir.

Erlaß *m* ‹-sses, -sse› [ɛr'las, -sə] **1.** *(Befreiung)* dispense, exemption; *(e-r Strafe, Schuld)* remise *f;* **2.** *(Verordnung)* édit *m*, ordonnance *f; (der Regierung)* décret; *(ministerieller)* arrêté *m.* **erlassen** ‹*erläßt, erließ, erlassen*› *tr:* **1.** *jdm etw* ~ dispenser, exempter qn de qc; *(Strafe, Schuld)* remettre qc à qn; *(Gebühren)* exonérer qn de qc; **2.** *(verordnen)* édicter, ordonner, décréter, arrêter.

erlauben ‹*ohne ge-*› *tr* permettre (*jdm etw* qc à qn; *jdm, etw zu tun* à qn de faire qc), autoriser (*jdm, etw zu tun* qn à faire qc); ► *sich* ~, *etw zu tun* se permettre de faire qc, oser faire qc, prendre la liberté de faire qc; *(sich gönnen, sich leisten)* se payer, s'offrir; *was* ~ *Sie sich?* que vous permettez-vous? ~ *Sie, bitte!* permettez, s'il vous plaît. **Erlaubnis** *f* ‹-, ø› [-'laʊp-] permission, autorisation *f; (Einwilligung)* consentement *m;* ► *um die* ~ *bitten zu tun* demander la permission de faire.

erläutern ‹*ohne ge-*› *tr* expliquer; *(Text)* interpréter; commenter. **Erläuterung** *f* explication; interprétation *f;* commentaire *m.*

Erle *f* ‹-, -n› ['ɛrlə] au(l)ne *m.*

erleben ‹*ohne ge-*› *tr* vivre, voir, connaître; *(durchmachen)* subir, essuyer, éprouver; ► *etwas* ~ avoir une aventure; *hat man so was schon erlebt?* a-t--on jamais vu chose pareille? *der kann was* ~*! (iron)* il en entendra parler! **Erlebnis** *n* ‹-ses, -se› chose vécue, expérience *f; (großes)* événement *m; (aufregendes)* aventure *f.*

erledigen [ɛr'le:dɪgən] ‹*ohne ge-*› *tr (Arbeit)* expédier, finir, terminer; *(Auftrag)*

exécuter, s'acquitter de; *(Angelegenheit)* régler; *(die Post)* mettre à jour. **erledigt** *a* **1.** *(Sache)* terminé; réglé; **2.** *pop* crevé; *(am Ende)* ratiboisé, fini. **Erledigung** *f* ⟨-, ø⟩ expédition, terminaison; exécution; liquidation *f;* règlement *m;* mise *f* à jour.
erlegen ⟨*ohne ge-*⟩ *tr (Wild)* tuer.
erleichtern ⟨*ohne ge-*⟩ *tr* **1.** *fig* alléger; faciliter; **2.** *iron fam (um einiges ~)* délester. **Erleichterung** *f* ⟨-, -en⟩ allégement *m;* facilitation; décharge *f.*
erleiden ⟨*erlitt, erlitten*⟩ *tr* éprouver, subir, essuyer.
erlernen ⟨*ohne ge-*⟩ *tr* apprendre.
erlesen *a* choisi, de choix.
erleuchten ⟨*ohne ge-*⟩ *tr* éclairer; *fig* éclaircir, inspirer. **erleuchtet** *a:* éclairé. **Erleuchtung** *f fig* éclaircissement *m;* inspiration, intuition *f.*
erliegen ⟨*erlag, erlegen*⟩ *itr* succomber (*dat* à).
Erlös *m* ⟨-es, -e⟩ [ɛr'lø:s, -zəs] *(Ertrag)* recette *f.*
erlöschen ⟨*erlosch, erloschen*⟩ *itr* ⟨*sein*⟩ **1.** s'éteindre *a. fig;* **2.** *adm jur* expirer; *(Firma)* cesser d'exister. **Erlöschen** *n* ⟨-, -en⟩ extinction *a. fig; adm jur* expiration, déchéance *f.*
erlösen [-'lø:zən] ⟨*ohne ge-*⟩ *tr* délivrer (*von* de); *rel* sauver, racheter. **Erlöser** *m rel* Sauveur, Rédempteur *m.* **Erlösung** *f* ⟨-, ø⟩ délivrance *f; rel* Rédemption *f.*
ermächtigen ⟨*ohne ge-*⟩ *tr* autoriser, *jur* habiliter (*zu* à). **Ermächtigung** *f* ⟨-, -en⟩ autorisation; *jur* habilitation *f.*
ermahnen ⟨*ohne ge-*⟩ *tr* exhorter (*zu* à), recommander; *(verwarnen)* admonester. **Ermahnung** *f* exhortation, recommandation; admonestation *f.*
ermangeln ⟨*ohne ge-*⟩ *itr:* ► *e-r S ~* manquer de qc. **Ermangelung** *f:* ► *in ~ (gen)* faute (de), à défaut (de), par manque (de); *in ~ e-s Besseren* faute de mieux.
ermäßigen [ɛr'mɛ:sɪgən] ⟨*ohne ge-*⟩ *tr (Preis)* réduire, baisser, diminuer. **Ermäßigung** *f* réduction, diminution *f.*
ermatten ⟨*ohne ge-*⟩ *tr (itr)* (se) fatiguer, (se) lasser; (s')affaiblir. **ermattet** *a* fatigué, las, exténué. **Ermattung** *f* ⟨-, ø⟩ fatigue, lassitude *f,* affaiblissement *m.*
ermessen ⟨*ermißt, ermaß, ermessen*⟩ *tr* **1.** *fig (abschätzen)* estimer, apprécier; **2.** *(geistig erfassen)* concevoir, juger de. **Ermessen** *n:* ► *nach jds ~* au jugement de qn. **Ermessensfrage** *f* question *f* d'appréciation. **Ermessensspielraum** *m* marge *f* de décision.
ermitteln ⟨*ohne ge-*⟩ *tr (forschen nach)* rechercher; enquêter; *(ausfindig machen)* trouver, découvrir. **Ermittlung** *f* ⟨-, -en⟩ **1.** *(Nachforschung)* recherche, investigation, enquête *f; (Ausfindigmachen)* découverte *f;* **2.** *jur* instruction *f* judiciaire; ► *~en anstellen* faire des recherches. **Ermittlungsverfahren** *n jur* instruction *f* pénale.
ermöglichen ⟨*ohne ge-*⟩ *tr* rendre possible.
ermorden ⟨*ohne ge-*⟩ *tr* assassiner. **Ermordung** *f* ⟨-, -en⟩ assassinat *m.*
ermüden [-'my:dən] ⟨*ohne ge-*⟩ *tr (itr)* ⟨*h (sein)*⟩ (se) fatiguer, (se) lasser. **ermüdend** *a* fatigant. **Ermüdung** *f*⟨-, ø⟩ fatigue *a. tech,* lassitude *f.*
ermuntern ⟨*ohne ge-*⟩ *tr* **1.** *(aufheitern)* égayer; **2.** *(anregen)* animer, exciter (*zu* à); *(ermutigen)* encourager (*zu* à).
ermutigen ⟨*ohne ge-*⟩ *tr* encourager (*zu* à).
ernähren ⟨*ohne ge-*⟩ *tr* **1.** *physiol* nourrir; *(verpflegen)* alimenter; **2.** *(versorgen)* entretenir, sustenter; ► *sich ~* se nourrir (*von* de). **Ernährer** *m* ⟨-s, -⟩ *(e-r Familie)* soutien *m.* **Ernährung** *f* ⟨-, ø⟩ **1.** *physiol* nutrition; *(Verpflegung)* alimentation *f;* **2.** *(Unterhalt)* entretien *m,* sustentation *f;* ► *falsche ~* malnutrition *f; (Unter~)* sous-alimentation *f.*
ernennen ⟨*ernannte, ernannt*⟩ *tr: ~ zu* nommer, désigner, promouvoir. **Ernennung** *f* nomination, désignation, promotion *f.*
erneue(r)n ⟨*ohne ge-*⟩ *tr* **1.** renouveler *(a. im Sinne von wieder anfangen, wiederholen); (Beziehungen)* renouer; *pol (Vertrag)* prolonger; **2.** *(ersetzen, auswechseln)* remplacer; *(wieder instand setzen)* réparer, rénover, remettre en état *od* à neuf; *(Farbe)* rafraîchir; *mot (Reifen)* rechaper; *mot (Öl)* vidanger. **Erneuerung** *f* ⟨-, -en⟩ **1.** renouvellement; renouement *m; pol* prolongation *f;* **2.** remplacement *m;* réparation, rénovation *f;* rafraîchissement. **erneuert I.** *a* répété, réitéré; **II.** *adv* à *od* de nouveau.
erniedrigen ⟨*ohne ge-*⟩ *tr* **1.** *fig (demütigen)* abaisser, humilier, avilir; **2.** *refl sich ~* s'abaisser, s'humilier, s'avilir. **Erniedrigung** *f* ⟨-, -en⟩ *fig* abaissement *m,* humiliation *f;* avilissement *m.*
Ernst *m* ⟨-es, ø⟩ [ɛrnst] sérieux *m; (Würde; Gefährlichkeit)* gravité *f;* ► *allen ~es* tout de bon, pour de bon; *mit etw ~ machen* prendre qc au sérieux; *das ist Ihr ~? im ~?* sérieusement? *pop* sans blague? *das ist (doch) nicht Ihr ~!* vous plaisantez. **ernst** *a (Person u. Sache)* sérieux; *(würdevoll; gefährlich)* grave; ► *~ bleiben* garder *od* tenir son sérieux; *(nicht) ~ nehmen* (ne pas) prendre au sérieux. **Ernstfall** *m mil* cas *m* de conflit *od* guerre; ► *im ~* au *od* en cas de besoin. **ernstgemeint** *a,* **ernsthaft** *a* sérieux. **Ernsthaftigkeit** *f* sérieux *m.*
Ernte *f* ⟨-, -n⟩ ['ɛrntə] **1.** récolte *a. fig;*

(Getreide) moisson; *(Heu)* fenaison; *(Obst)* cueillette; *(Wein)* vendange *f;* **2.** *fig (Ertrag)* rapport *m.* **Erntearbeiter** *m* moissonneur *m.* **Erntedankfest** *n* (fête *f* d')actions *f pl* de grâces pour la récolte. **ernten** *tr* récolter *a. fig; (Getreide)* moissonner; *(Obst)* cueillir; *fig* recueillir; *itr* faire la moisson. **Erntezeit** *f* temps *m* de la moisson.

ernüchtern ‹*ohne ge-*› *tr* dégriser *a. fig; fig* désenchanter; désillusionner. **Ernüchterung** *f* ‹-, -en› dégrisement *a. fig; fig* désenchantement *m,* désillusion *f.*

Eroberer *m* ‹-s, -› [ɛr'ˈo:bərər] conquérant *m.* **erobern** ‹*ohne ge-*› *tr, a. fig* conquérir; *(Stadt)* prendre. **Eroberung** *f* ‹-, -en› conquête *a. fig;* prise *f.*

eröffnen ‹*ohne ge-*› *tr* **1.** *(bes. Geschäft, Konto, Kredit, Testament)* ouvrir; **2.** *(feierlich)* inaugurer; *(anfangen)* commencer, *(bes. Aussprache, Kampf, mil: Gefecht)* engager, entamer; *mil (Feuer)* ouvrir; **3.** *(mitteilen)* faire savoir, communiquer, signaler (*jdm etw* qc à qn), faire part, s'ouvrir (*jdm etw* de qc à qn). **Eröffnung** *f* **1.** ouverture; inauguration *f;* **2.** *(Mitteilung)* communication *f.*

erörtern ‹*ohne ge-*› *tr* discuter, débattre. **Erörterung** *f* ‹-, -en› discussion *f,* débat *m.*

Erosion *f* ‹-, -en› [erozi'o:n] *geol* érosion *f.*

Erotik *f* ‹-, ø› [e'ro:tık] érotisme *m.* **erotisch** [e'ro:tıʃ] *a* érotique.

erpicht [ɛr'pıçt] *a:* ▶ *auf etw ~* avide de qc.

erpressen ‹*ohne ge-*› *tr* **1.** extorquer, (*etw von jdm* qc à qn); **2.** *jdn (durch Androhung von Enthüllungen)* faire chanter qn. **Erpresser** *m* ‹-s, -› exacteur; maître chanteur *m.* **erpresserisch** *a* extorsionnaire. **Erpressung** *f* ‹-, -en› extorsion *f;* chantage *m.*

erproben ‹*ohne ge-*› *tr* éprouver, faire l'épreuve de, mettre à l'épreuve; *tech* essayer, expérimenter. **erprobt** *a* éprouvé, à toute épreuve. **Erprobung** *f* ‹-, -en› épreuve *f,* expérimentation *f.*

erquicken ‹*ohne ge-*› *tr* rafraîchir, ranimer, récréer; *fig* réconforter; **~d** *a* rafraîchissant; *fig* réconfortant.

erraten ‹*errät, erriet, erraten*› *tr* deviner.

errechnen ‹*ohne ge-*› *tr* calculer.

erregbar [ɛr're:kba:r] *a* excitable, irritable. **Erregbarkeit** *f* ‹-, ø› excitabilité, irritabilité *f.* **erregen** [-'re:gən] ‹*ohne ge-*› *tr* **1.** *(in Erregung bringen)* émouvoir, agiter, exciter, irriter; **2.** *(hervorrufen)* provoquer, faire naître, causer; *(Begierde)* éveiller; *(Neid)* susciter. **Erreger** *m* ‹-s, -› *med* agent *m* (pathogène). **erregt** *a* ému, agité, excité, irrité; *(Diskussion)* animé, vif. **Erregung** *f* ‹-, -en› agitation, excitation, irritation *f.*

erreichbar *a* **1.** *(zugänglich)* accessible; **2.** *fig (Ziel) attr* qu'on peut atteindre. **erreichen** ‹*ohne ge-*› *tr* **1.** arriver à, parvenir à; *(einholen)* rejoindre, rattraper; **2.** *fig (Ziel)* atteindre.

erretten ‹*ohne ge-*› *tr* sauver.

errichten ‹*ohne ge-*› *tr (Gebäude)* construire; *(Gebäude, Denkmal)* élever, ériger; *math (Lot)* élever; *fig* ériger, implanter, établir, fonder, créer. **Errichtung** *f* construction *f;* établissement *m,* fondation, création *f.*

erringen ‹*errang, errungen*› *tr* gagner; ▶ *den Sieg ~* remporter la victoire.

erröten [ɛr'rø:tən] ‹*ohne ge-*› *itr* ‹*sein*› rougir (*über, vor* de).

Errungenschaft *f* ‹-, -en› [ɛr'ruŋənʃaft] acquisition *f.*

Ersatz *m* ‹-es, ø› **1.** *(Auswechslung)* remplacement *m;* **2.** *(Erstattung)* restitution *f; (Schadenersatz)* dédommagement *m,* indemnité *f;* **3.** *(gleichwertiger)* équivalent *m; (Ersatzstoff)* produit de remplacement, succédané, ersatz *m; med* prothèse *f;* **4.** *mil* réserve, recrue *f;* ▶ *als* od *zum ~* en compensation, en remplacement, en revanche; *als ~ für* en échange de, à la place de; *als ~ dienen für* tenir lieu de. **Ersatzbatterie** *f el* pile *f* de rechange. **Ersatzdienst** *m mil (für Kriegsdienstverweigerer)* service *m* compensatoire. **Ersatzkasse** *f (priv. Krankenkasse)* caisse *f* privée d'assurance-maladie. **Ersatzmann** *m* ‹-s, -leute› remplaçant *m; sport s. Ersatzspieler.* **Ersatzreifen** *m* pneu *m* de rechange. **Ersatzteil** *n (od m) tech* élément *m* od pièce *f* de rechange. **Ersatzteillager** *m* dépôt *m* de pièces de rechange. **ersatzweise** *adv* subsidiairement.

ersaufen ‹*ersäuft, ersoff, ersoffen*› *itr* ‹*sein*› *agr tech mines u. pop (ertrinken)* se noyer.

ersäufen ‹*ohne ge-*› *tr = ertränken.*

erschaffen ‹*erschuf, erschaffen*› *tr lit* créer. **Erschaffung** *f* ‹-, ø› *(der Welt)* création *f.*

erschallen ‹*erscholl* od *erschallte, erschallt* od *erschollen*› *itr* ‹*sein*› résonner, retentir.

erscheinen ‹*erschien, erschienen*› *itr* ‹*sein*› **1.** paraître, se montrer, se présenter; *(ankommen)* arriver; *(plötzlich, a. von Geistern)* apparaître; *(vor Gericht)* comparaître; **2.** *(Buch)* paraître; ▶ *nicht ~ (vor Gericht)* faire défaut; *soeben erschienen (Buch)* vient de paraître. **Erscheinen** *n* **1.** arrivée; *jur* comparution *f;* **2.** *(Buch)* parution *f;* ▶ *ihr ~ einstellen (Zeitung, Zeitschrift)* suspendre sa parution. **Erscheinung** *f* ‹-, -en› **1.** *(Geister)* apparition; *(inneres Gesicht)* vision *f;* **2.** *(Tatsache)* fait, phénomène *m;* **3.** *(Symptom)* symptôme; ▶ *in ~ treten* se montrer; se manifester, se déclarer; *äußere ~ (e-s Menschen)* aspect, extérieur, physique *m.* **Erscheinungsdatum** *n (Buch)* date *f* de parution. **Erscheinungsfest** *n rel* Épiphanie, fête *f* des Rois.

erschießen ‹*erschoß, erschossen*› *tr* tuer (d'un coup de feu); *(auf Grund e-s Urteils)* fusiller, passer par les armes; *sich ~* se brûler la cervelle. **Erschießung** *f* ‹-, -en› *mil* exécution *f.* **Erschießungskommando** *n* peloton *m* d'exécution.

erschlaffen ‹*ohne ge-*› *itr* ‹*sein*› *fig* se relâcher, s'amollir, s'affaiblir. **Erschlaffung** *f* ‹-, ø› relâchement, amollissement, affaiblissement *m.*

erschlagen ‹*erschlägt, erschlug, erschlagen*› *tr* assommer; ▶ *vom Blitz ~ werden* être frappé par la foudre.

erschleichen ‹*erschlich, erschlichen*› *tr (Erbschaft)* capter.

erschließen ‹*erschloß, erschlossen*› *tr fig (sein Herz; Markt)* ouvrir; *(Land)* aménager; *(Baugelände, Einnahmequelle)* mettre en valeur. **Erschließung** *f* ‹-, -en› ouverture; mise *f* en valeur.

erschöpfend I. *a fig* complet, exhaustif, *(Auskunft)* détaillé; **II.** *adv* à fond; ▶ *~ behandeln (Thema, Frage)* épuiser. **erschöpft** *a (Mensch, Tier)* épuisé, exténué, harassé; *agr (Boden)* fatigué, amaigri; ▶ *meine Mittel sind ~* je suis au bout de mes moyens. **Erschöpfung** *f* ‹-, ø› épuisement *m,* exténuation *f.*

erschrecken 1. ‹*erschreckte, erschreckt*› *tr* ‹*h*› effrayer, épouvanter; **2.** ‹*erschrak, erschrocken*› *itr* ‹*sein*› s'effrayer, s'épouvanter (*über, vor* de). **erschreckend** *a* effroyable, épouvantable.

erschüttern ‹*ohne ge-*› *tr* **1.** *a. fig* ébranler, secouer; **2.** *fig (seelisch)* frapper, troubler, bouleverser. **erschütternd** *a* poignant, bouleversant. **Erschütterung** *f* ‹-, -en› **1.** vibration *f; a. fig* ébranlement *m,* secousse *f,* choc *m;* **2.** *fig* grosse émotion *f,* bouleversement *m.*

erschweren ‹*ohne ge-*› *tr (schwieriger machen)* rendre plus difficile, compliquer; ▶ *~de Umstände m pl (jur)* circonstances *f pl* aggravantes.

erschwinglich *a (Preis)* abordable.

ersehen ‹*ersieht, ersah, ersehen*› *tr* voir (*aus* dans, par); ▶ *daraus ist zu ~* od *ersieht man* on voit par là, il en ressort.

ersehnen ‹*ohne ge-*› *tr* désirer ardemment.

ersetzen ‹*ohne ge-*› *tr* **1.** *(auswechseln)* remplacer; **2.** *(erstatten)* restituer, rembourser, rendre; *(Verlust, Schaden)* compenser, réparer; *jdm etw* dédommager qn de qc.

ersichtlich *a* évident, manifeste.

ersinnen ‹*ersann, ersonnen*› *tr* imaginer.

erspähen ‹*ohne ge-*› *tr* épier, découvrir; *mil* repérer.

ersparen ‹*ohne ge-*› *tr* **1.** *(Geld)* mettre de côté, économiser; **2.** *fig* épargner; ▶ *jdm etw ~* épargner qc à qn. **Ersparnis** *f* ‹-, -se› économie, épargne *f.*

erst [e:rst] *adv* **1.** *(zuerst)* premièrement, en premier lieu; *(anfangs)* d'abord, au commencement; *(vorher)* avant; **2.** *(noch, nicht eher als)* ne ... que, pas avant; **3.** *(steigernd: gar)* donc; *(erst einmal)* une fois *(meist nicht zu übersetzen);* ▶ *eben* od *gerade ~* tout à l'heure, il n'y a qu'un instant; *~ gestern* hier seulement; *~ vor einem Monat* il n'y a qu'un mois; *~ recht* à plus forte raison; *~ recht nicht* bien moins encore; *wenn ich ~ mal weg bin* une fois parti; *ich bin eben ~ angekommen* je viens d'arriver; *es ist ~ 2 Uhr* il n'est que deux heures; *und ich ~!* et moi donc! *nun ~ recht!* raison de plus! *nun ~ recht nicht!* moins que jamais!

erstarren ‹*ohne ge-*› *itr* ‹*sein*› **1.** (se) raidir; *(Flüssigkeit, weiche Substanz)* se solidifier, se figer; *fig (Blut)* se glacer; **2.** *(Mensch)* être glacé; ▶ *~ lassen* raidir; figer; glacer. **erstarrt** *a: vor Kälte ~* transi (de froid), glacé; *er stand wie ~ (da)* il était là comme pétrifié. **Erstarrung** *f* ‹-, ø› raideur *f,* raidissement *m.*

erstatten ‹*ohne ge-*› *tr (bes. Geld)* rendre, rembourser, restituer; ▶ *jdm s-e Auslagen ~* rembourser qn de ses frais. **Erstattung** *f* restitution *f; (der Auslagen)* remboursement *m.*

Erstaufführung *f* ['e:rst-] *theat* première; *mus* première audition *f.*

erstaunen ‹*ohne ge-*› **1.** *tr* ‹*h*› étonner, surprendre; **2.** *itr* ‹*sein*› s'étonner, s'ébahir (*über* de). **Erstaunen** *n* ‹-s, ø› étonnement *m,* surprise *f,* ébahissement *m;* stupéfaction *f;* ▶ *zu meinem größten ~* à ma grande surprise; **erstaunlich I.** *a* étonnant, surprenant; **II.** *adv* étonnamment. **erstaunt** *a* étonné, ébahi.

Erstausgabe *f* ['e:rst-] *(Buch)* édition *f* originale *od* princeps.

erste(r, s) ['e:rstə-] *a* premier, première; *fig a.* meilleur, meilleure; ▶ *das erste* la première chose; *als erster* le premier; *an erster Stelle* en premier lieu; *fürs erste* premièrement, d'abord; *(einstweilen)* pour le moment; *im 1. Stock* au premier; *der, die Erste sein (a.)* remporter la victoire *od* le prix; *zum ersten! (Auktion)* une fois! *der erste beste* le premier venu; *1. Klasse (loc)* première *f.*

erstechen ‹*ersticht, erstach, erstochen*› *tr* poignarder.

erstehen ‹*erstand, erstanden*› *tr* ‹*h*›

acheter, acquérir.
ersteigen ⟨*erstieg, erstiegen*⟩ *tr* monter, gravir; *fig* parvenir à. **Ersteigung** *f* ascension *f.*
erstellen ⟨*ohne ge-*⟩ *tr* aménager, élaborer.
erstens [[ˈe:rstəns] *adv* premièrement, primo (1°), d'abord.
ersticken ⟨*ohne ge-*⟩ *tr* ⟨*h*⟩ étouffer, suffoquer; *itr* ⟨*sein*⟩ *a. fig* (s')étouffer, suffoquer (*vor* de). **Erstickung** *f* étouffement *m,* suffocation; asphyxie *f.*
erstklassig [ˈe:rst-] *a* de première qualité, de (premier) choix. **erstmalig** *a* sans précédent. **erstmals** *adv* (pour) la première fois.
erstorben [ɛrˈʃtɔrbən] *a (Gefühl)* éteint.
erstreben ⟨*ohne ge-*⟩ *tr* tendre à, viser à; *(Amt, Ehre)* aspirer à, prétendre à. **erstrebenswert** *a* digne d'efforts.
erstrecken, *sich* ⟨*ohne ge-*⟩ s'étendre (*bis an* od *zu* jusqu'à; *über* [*a. zeitl.*] sur); ► *sich auf etw ~ (fig)* s'appliquer à qc, couvrir qc.
erstürmen ⟨*ohne ge-*⟩ *tr* prendre d'assaut, enlever.
ersuchen ⟨*ohne ge-*⟩ *tr* **1.** *(bitten)* demander (*jdn um etw* qc à qn; *jdn, etw zu tun* à qn de faire qc); solliciter (*jdn um etw* qc de qn; *jdn, etw zu tun* qn de faire qc); **2.** *(auffordern)* requérir, sommer (*jdn, etw zu tun* qn de faire qc). **Ersuchen** *n* **1.** demande, sollicitation *f;* **2.** requête, sommation *f;* ► *auf jds ~* sur la demande, à la requête de qn.
ertappen ⟨*ohne ge-*⟩ *tr* prendre, attraper.
erteilen ⟨*ohne ge-*⟩ *tr* donner; ► *Auskunft ~* donner des renseignements; *das Wort ~* donner *od* accorder la parole.
ertönen ⟨*ohne ge-*⟩ *itr* ⟨*sein*⟩ retentir, (ré)sonner.
Ertrag *m* ⟨-(e)s, ⸚e⟩ [ɛrˈtra:k, -ˈtrɛ:gə] **1.** rapport, produit *m;* **2.** *(e-s landwirtsch. od industr. Betriebs)* rendement *m; mines* tonnage; *fin* taux *m* de capitalisation; **3.** *(Einnahme)* revenu *m; (Erlös)* recette *f; pl fin* produits *m pl* financiers. **ertragen** ⟨*erträgt, ertrug, ertragen*⟩ *tr (aushalten)* supporter, soutenir, endurer; *(dulden)* tolérer; ► *nicht zu ~* insupportable, intolérable. **ertragfähig** *a* productif. **Ertragfähigkeit** *f* productivité *f.*
erträglich [-ˈtrɛ:k-] *a* supportable.
ertragreich [ɛrˈtra:k-] *a* de bon rapport, à gros rendement.
ertränken ⟨*ohne ge-*⟩ *tr* noyer; *sich ~* se jeter à l'eau.
ertrinken ⟨*ertrank, ertrunken*⟩ *itr* ⟨*sein*⟩ se noyer. **Ertrinken** *n* noyade *f.*
erübrigen [ɛrˈʔy:brɪgən] ⟨*ohne ge-*⟩ *tr* **1.** épargner, économiser; *(Zeit)* trouver; **2.** *sich ~ (überflüssig sein)* être inutile *od* superflu.
erwachen ⟨*ohne ge-*⟩ *itr* ⟨*sein*⟩ s'éveiller *a. fig,* se réveiller. **Erwachen** *n* ⟨-s, ø⟩ réveil *m;* ► *beim ~* au réveil.
erwachsen I. ⟨*erwächst, erwuchs, erwachsen*⟩ *itr lit: ~ zu* grandir et devenir; *fig (hervorgehen)* naître, sortir, résulter (*aus* de); **II.** *a (pp)* adulte, grand. **Erwachsene** *m f* adulte *m; die E~n (pl)* les adultes *m pl.* **Erwachsenenbildung** *f* formation *f* des adultes.
erwägen ⟨*erwog, erwogen*⟩ *tr* peser; *(bedenken)* considérer; *(prüfen)* examiner (avec soin); penser (*zu inf*); ► *alles wohl erwogen* tout bien pesé. **Erwägung** *f* ⟨-, -en⟩ considération *f;* examen *m;* ► *in ~ ziehen* prendre en considération.
erwähnen ⟨*ohne ge-*⟩ *tr* mentionner, faire mention de. **Erwähnung** *f* mention *f.*
erwärmen ⟨*ohne ge-*⟩ **1.** *tr* chauffer; (r)échauffer; **2.** *refl: sich ~* se chauffer; s'échauffer *a. fig* (*für* au sujet de). **Erwärmung** *f* ⟨-, (-en)⟩ (r)échauffement *m.*
erwarten ⟨*ohne ge-*⟩ *tr* **1.** attendre, escompter; **2.** *(rechnen mit)* s'attendre à; ► *es ist zu ~, daß* il est à présumer *od* supposer que; *das* od *es war zu ~* on pouvait s'y attendre. **Erwarten** *n:* ► *über alles ~* au-delà de toute attente; *wider E~* contre toute attente. **Erwartung** *f* attente, expectative; *(Hoffnung)* espérance *f;* ► *in ~ (gen)* dans l'attente (de); *voll(er) ~.* **erwartungsvoll** *a* plein d'espoir.
erwecken ⟨*ohne ge-*⟩ *tr fig* éveiller; exciter, susciter, provoquer, faire naître; ► *vom Tode ~* ressusciter.
erweichen ⟨*ohne ge-*⟩ *tr fig (rühren, umstimmen)* fléchir, attendrir, émouvoir; *sich ~ lassen* se laisser fléchir.
Erweis *m* ⟨-es, -e⟩ [ɛrˈvaɪs, -zə] : ► *den ~ erbringen* fournir la preuve. **erweisen** ⟨*erwies, erwiesen*⟩ *tr* **1.** *(beweisen)* prouver, (dé)montrer; **2.** *(Dankbarkeit)* montrer, témoigner; **3.** *(e-n Dienst)* rendre; *(e-e Ehre, e-n Gefallen)* faire; *(e-e Gunst)* accorder; **4.** *refl sich ~* se (dé-)montrer, se révéler, se trouver; ► *sich als wahr ~* s'avérer.
erweitern ⟨*ohne ge-*⟩ *tr* **1.** élargir; *(Öffnung)* évaser; *(ausdehnen)* étendre, dilater; **2.** *fig (liter. Werk)* amplifier; *(vermehren)* augmenter; *(Geschäft)* agrandir; *(Sammlung)* enrichir; **3.** *refl sich ~* s'élargir; s'évaser; s'étendre, se dilater; augmenter; s'agrandir. **Erweiterung** *f* **1.** élargissement; évasement *m;* extension, dilatation *f;* **2.** amplification; augmentation *f;* agrandissement *m.*
Erwerb *m* ⟨-(e)s, -e⟩ [ɛrˈvɛrp, -bə] **1.** *(Erwerbung)* acquisition *f;* **2.** *(Broterwerb)* gagne-pain, travail *m.* **erwerben** ⟨*erwirbt, erwarb, erworben*⟩ *tr (a. sich ~)* acquérir; gagner; ► *sich Kenntnisse*

~ acquérir des connaissances. **erwerbslos** *a* sans travail, chômeur. **erwerbsunfähig** *a* incapable de gagner sa vie. **Erwerbszweig** *m* branche *f* d'activité. **Erwerbung** *f* acquisition *f*.
erwidern ⟨*ohne ge-*⟩ *tr* **1.** répondre (*auf* à), répliquer; *(schlagartig)* riposter, répartir; **2.** *(Gruß, Besuch, mil: das Feuer)* rendre; *(Gefühl)* payer de retour. **Erwiderung** *f* ⟨-, -en⟩ réponse, réplique; riposte, repartie *f*.
erwiesenermaßen [ɛr'vi:zənər'ma:sən] *adv* il a été prouvé que.
erwirken ⟨*ohne ge-*⟩ *tr* obtenir.
erwischen ⟨*ohne ge-*⟩ *tr (Delinquenten) fam* attraper, pincer, coincer; ▶ *sich ~ lassen (a.)* se faire prendre *od* pincer.
erwünscht *a* souhaité, désiré.
erwürgen ⟨*ohne ge-*⟩ *tr* étrangler.
Erz (1) *n* ⟨-es, -e⟩ [e:rts] **1.** *(metallhaltiges Gestein)* minerai; **2.** *lit (Bronze)* airain, bronze *m*; ▶ *abbauwürdiges ~* minerai *m* exploitable; **(2) ~...** ['ɛrts-] *(in Zssgen) rel, hist* arch(i)-; *pej* achevé, consommé, fieffé, parfait. **Erzader** *f* filon *m od* veine *f* métallifère.
erzählen ⟨*ohne ge-*⟩ *tr* (ra)conter, dire, narrer; ▶ *ich kann etwas davon ~* j'en sais qc; *man erzählt sich, daß* on dit que; **erzählend** *a* narratif. **Erzähler** *m* ⟨-s, -⟩ conteur, narrateur *m*. **Erzählung** *f*⟨-, -en⟩ **1.** *(Tätigkeit)* narration *f*; **2.** *(Geschichte)* histoire *f*, conte *m*; *(Novelle)* nouvelle *f*.
Erzbischof *m* ['ɛrts-] archevêque, métropolitain *m*. **erzbischöflich** *a* archiépiscopal, métropolitain. **Erzbistum** *n* ⟨-s, ⸚er⟩ [-bɪstu:m, -ty:mər] *(Gebiet)* archevêché; *(Amt, Würde)* archiépiscopat *m*. **Erzengel** *m* archange *m*.
erzeugen ⟨*ohne ge-*⟩ *tr* **1.** *physiol* procréer; engendrer *a. fig*; **2.** *fig (schaffen)* créer, faire naître; *(hervorbringen)* former; **3.** *(herstellen)* produire, fabriquer; *chem (Wärme)* dégager; *inform* générer. **Erzeuger** *m* ⟨-s, -⟩ **1.** procréateur, père *m*; **2.** *agr tech* producteur *m*. **Erzeugnis** *n* ⟨-ses, -se⟩ produit *m*, production, fabrication *f*; ▶ *gewerbliches, landwirtschaftliches ~* produit *m* fabriqué agricole. **Erzeugung** *f* **1.** *(Zeugung)* procréation, génération *f*; **2.** *fig (wirtschaftl.)* production, fabrication *f*.
Erzfeind *m* ['ɛrts-] ennemi juré. **Erzherzog** *m hist* archiduc *m*.
erziehen ⟨*erzog, erzogen*⟩ *tr* élever, éduquer; *(schulen)* former, faire; ▶ *gut, schlecht erzogen* bien, mal élevé. **Erzieher** *m* ⟨-s, -⟩ éducateur, pédagogue; *(Hauslehrer)* précepteur *m*. **Erzieherin** *f* ⟨-, -nen⟩ éducatrice; *(Hauslehrerin)* gouvernante, préceptrice *f*. **erzieherisch** *a* éducatif, pédagogique. **Erziehung** *f* ⟨-, ø⟩ éducation, instruction *f*; ▶ *e-e gute ~ genossen haben* avoir reçu une bonne éducation. **Erziehungsgeld** *n* allocation *f* parentale d'éducation (APE). **Erziehungsurlaub** *m* congé *m* parental. **Erziehungswesen** *n* instruction *f* publique. **Erziehungswissenschaft** *f* pédagogie *f*.
erzielen ⟨*ohne ge-*⟩ *tr (erreichen)* obtenir, atteindre, aboutir à; *(Gewinn)* réaliser.
erzürnen ⟨*ohne ge-*⟩ *tr (refl)* (se) fâcher, (s')irriter, (se) mettre en colère.
erzwingen ⟨*erzwang, erzwungen*⟩ *tr* forcer, obtenir de *od* par force, extorquer (*von jdm* à qn).
es [ɛs] **I.** *pron* **1.** *(stellvertretend für ein s) (Nominativ)* il, elle; *acc* le, la, l'; ▶ *ich sehe ~ (das Buch, das Meer)* je le vois (le livre), je la vois (la mer); *sind Sie der Vater, die Mutter? — ja, ich bin ~* êtes-vous le père, la mère? — oui, je le suis; **2.** *(unpersönlich) (Nominativ)* il, ce (c'), on, *(bleibt unübersetzt)*; ▶ *~ gibt* il y a; *~ regnet* il pleut; *~ ist (nicht) wahr* c'est vrai (ce n'est pas vrai); *~ arbeitet sich hier besser* on travaille mieux ici; *ich bin ~* c'est moi; *~ klopft* on frappe; *~ lebe der Kaiser!* vive l'empereur! *gen* en; *ich bereue ~* je m'en repens; *dat* y; *ich bin ~ gewohnt* j'y suis habitué; *acc (wird anders ausgedrückt; s. jeweils das v)*; *ich halte ~ nicht mehr aus* je n'y tiens plus; *~ gut haben* être à son aise; **II.** *n mus* mi *m* bémol.
Esche *f* ⟨-, -n⟩ ['ɛʃə] frêne *m*.
Es-Dur *n* ['ɛsdu:r] mi *m* bémol majeur.
Esel *m* ⟨-s, -⟩ ['e:zəl] âne *a. fig pej*; *(Zuchtesel)* baudet *m*; ▶ *ich ~!* imbécile que je suis! **Eselchen** *n* petit âne, ânon, bourricot, bourriquet *m*. **Eselin** *f* ânesse, bourrique *f*. **Eselsbrücke** *f fig fam* pont *m* aux ânes. **Eselsohr** *n (im Buch)* corne *f*. **Eseltreiber** *m* ânier *m*.
Eskalation *f* ⟨-, -en⟩ [ɛskalatsi'o:n] *(Steigerung)* escalade *f*.
Eskimo *m* ⟨-s, -s⟩ ['ɛskimo] Esquimau *m*.
es-Moll *n* ['ɛsmɔl] mi *m* bémol mineur.
Espresso [ɛs'prɛso] *m* ⟨-(s), -(s)⟩ expresso *m*. **Espressomaschine** *f* machine *f* à expresso.
Essai *od* **Essay** *m* od *n* ⟨-s, -s⟩ [ɛ'se:, 'ɛse] *lit* essai *m*.
eßbar ['ɛsba:r] *a* mangeable, bon à manger; *(genießbar, bes. Pilz)* comestible.
essen ['ɛsən] ⟨*ißt, aß, gegessen*⟩ *tr* manger *itr* faire *od* prendre un repas; ▶ *zu Abend, zu Mittag ~* dîner, déjeuner; *etw (sehr) gern ~* aimer qc; *tüchtig ~* manger de bon appétit; *gut ~ und trinken* faire bonne chère.
Essen *n* ⟨-s, -⟩ ['ɛsən] *allg* manger; *(Speise)* mets, plat; *(Mahlzeit)* repas; *(Mittagessen)* déjeuner; *(Abendessen)* dîner; *(Festessen)* festin, banquet *m*; *(Imbiß)* collation *f*, casse-croûte *m*; *(Kost)* nourriture *f*; *fam* fricot *m*; ▶ *beim ~* pen-

dant le repas. **Essen(s)marke** *f* bon *m* pour un repas. **Essenszeit** *f* heure *f* du repas.

Essenz *f* ‹-, -en› [ɛ'sɛnts] essence, huile *f* essentielle.

Esser *m* ‹-s, -› ['ɛsər] mangeur *m*.

Eßgeschirr *n* ['ɛs-] service *m* de table.

Essig *m* ‹-s, (-e)› ['ɛsɪç] vinaigre *m*. **Essiggurke** *f* cornichon *m* au vinaigre.

Eßkastanie *f* ['ɛs-] marron *m*, châtaigne *f*. **Eßkultur** *f* gastronomie *f*. **Eßlöffel** *m* cuillère *f* à soupe *od* de table. **eßlöffelvoll** *m* cuillerée *f* à bouche. **Eßzimmer** *n* salle *f* à manger.

Este *m* ‹-n, -n› ['ɛstə, 'e:stə] , **Estländer** *m* ‹-s, -› Estonien *m*.

Estin *f* Estonienne *f*. **Estland** *n* l'Estonie *f*. **estländisch** *a*, **estnisch** *a* estonien.

Etage *f* ‹-, -n› [e'ta:ʒə] étage *m*.

Etappe *f* ‹-, -n› [e'tapə] **1.** *(Teilstrecke e-r Reise, mil: e-s Marsches)* étape *f*; **2.** *mil (rückwärtige Verbindung)* ligne *f* d'approvisionnement; *mil (rückwärtiges Gebiet)* arrière *m*. **Etappensieger(in** *f***)** *m* vainqueur *m f* de l'étape. **etappenweise** *adv* par étapes.

Etat *m* ‹-s, -s› [e'ta:] *(Staatshaushalt)* budget *m*.

etepetete [e:təpe'te:tə] *a fam* affecté, cérémonieux.

Ethik *f* ‹-, ø› ['e:tɪk] éthique, morale *f*. **Ethikkomission** *f* comité *m* d'éthique. **ethisch** ['e:tɪʃ] *a* éthique, (d'ordre) moral.

Ethnographie *f* ‹-, -n› [-gra'fi:] ethnographie *f*. **Ethnologie** *f* ‹-, -n› [-lo'gi:] ethnologie *f*.

Etikett *n* ‹-(e)s, -e/-s› [eti'kɛt] *(Schildchen)* étiquette, *com* marque *f*. **Etikette** *f* ‹-, -n› *(besondere Umgangsformen)* étiquette *f*; ▶ *gegen die ~ verstoßen* manquer à l'étiquette.

etliche ['ɛtlɪçə] *pron (s) pl* quelques-un(e)s; *(a) pl* quelques.

Etui *n* ‹-s, -s› [ɛt'vi:, ety'i:] étui *m*.

etwa ['ɛtva] *adv* **1.** *(ungefähr)* environ, autour de; **2.** *(vielleicht)* peut-être, *fam* par hasard; **3.** par exemple, disons; ▶ *~ hundert* dans les cent; *vor ~ einer Stunde* il y a environ une heure; *denken Sie nicht ~, daß* ... n'allez pas penser que ...

etwaige(r, s) [ɛt'va:ɪç, '---] *a* éventuel.

etwas ['ɛtvas] **I.** *pron* **1.** *(s)* quelque chose *m*; ▶ *das ist ~ für mich* c'est mon affaire; *das ist immerhin ~* c'est déjà quelque chose; **2.** *(a)* quelque, un peu de; ▶ *das ist ~ anderes* c'est autre chose, c'est différent; **II.** *n* ‹-, ø› ▶ *ein gewisses E~* un je(-)ne(-)sais(-)quoi; **III.** *adv* un *od* quelque peu.

Etymologie *f* ‹-, -n› [etymolo'gi:] étymologie *f*. **etymologisch** [-'lo:gɪʃ] *a* étymologique.

euch [ɔʏç] *pron (dat u. acc von: ihr)* vous; *(dat unverbunden)* à vous.

euer, eu(e)re ['ɔʏər, 'ɔʏ(ə)rə] *pron* votre, *pl* vos; ▶ *der, die, das Eu(e)re, die Eu(e)ren,* le, la, les vôtre(s). **eu(e)resgleichen, eu(e)retwegen, eu(e)retwillen** *s. euresgleichen etc.*

Eugenik [ɔʏ'ge:nɪk] *f* ‹-, ø› eugénique *f*, eugénisme *m*. **eugenisch** [-'ge:nɪʃ] *a* eugénique.

Eule *f* ‹-, -n› ['ɔylə] *orn* hibou *m*; chouette *f*.

Eunuch *m* ‹-en, -en› [ɔʏ'nu:x] eunuque *m*.

Euphemismus *m* ‹-, men› [ɔʏfe'mɪsmʊs] euphémisme *m*. **euphemistisch** [-'mɪstɪʃ] *a* euphémistique.

eurerseits ['ɔʏr-] *adv* de votre côté *od* part. **euresgleichen** *pron* vos pareils. **euretwegen** *adv*, *um* **euretwillen** *adv* à cause de vous, pour (l'amour de) vous. **Eurige** *pron (s)*: ▶ *der, die, das ~, die ~n* le, la, les vôtre(s).

Eurocheque [ɔyroʃɛk] ‹-s, -s› *m* eurochèque *m*. **Eurocheque-Karte** *f* carte eurochèque *f*. **Eurodollar** *m* eurodollar *m*. **Eurogeld** *n* monnaie *f* européenne. **Euromarkt** *m* marché *m* européen. **Eurokrat** [ɔyro'kra:t] ‹-en, -en› *m* eurocrate *m f*. **Euro-Norm** *f* norme *f* européenne.

Europa *n* [ɔʏ'ro:pa] l'Europe *f*. **Europäer** *m* ‹-s, -› [-'pɛ:ər] Européen *m*. **europäisch** [-'pɛ:ɪʃ] *a* européen; ▶ *~er Binnenmarkt* marché *m* unique européen; *~er Gedanke m* européanisme *m*; *E~e (Wirtschafts-) Gemeinschaft (Abk. E(W)G)* Communauté *f* (Économique) Européenne (*Abk.* C.(E.)E.); *~e Norm* norme *f* européenne. **europäisieren** [-pɛi'zi:rən] ‹*ohne ge-*› *tr* européaniser. **Europaparlament** *n* Assemblée *f* européene, Parlement *m* européen. **Europapokal** *m sport* Coupe *f* d'Europe. **Europarat** *m* conseil *m* de l'Europe (C. E.). **Europawahl(en** *pl***)** *f* éléctions *f pl* européenes. **europaweit** *a* dans toute l'Europe; à toute l'Europe.

Euter *n* ‹-s, -› ['ɔʏtər] pis *m*.

evakuieren [evaku'i:rən] ‹*ohne ge-*› *tr (Gebiet von Menschen)* évacuer. **Evakuierung** *f* évacuation *f*.

evangelisch [evaŋ'ge:lɪʃ] *a* évangélique; protestant. **Evangelist** *m* ‹-en, -en› [-ge'lɪst] évangéliste *m*. **Evangelium** *n* ‹-s, -lien› [-'ge:liʊm, -liən] *(Lehre)* évangile; *(Buch)* Evangile *m*.

Eva(s)kostüm *n fam* tenue *f* d'Eve.

eventuell [-tu'ɛl] *a (adv)* éventuel(lement).

ewig ['e:vɪç] *a* **1.** *rel philos* éternel; *(immerwährend; a. Schnee)* perpétuel; **2.** *fam (dauernd)* continuel, incessant; *pej* sempiternel; ▶ *auf ~* à (tout) jamais, pour jamais; *das dauert ja ~! (fam)* ça n'en finit pas. **Ewigkeit** *f* ‹-, (-en)› éter-

nité *f; fam* siècle *m;* ▶ *in (alle) ~* à tout jamais.
Exaktheit *f* ‹-, ø› exactitude, précision *f.*
Examen *n* ‹-s, -/-mina› [ɛ'ksa:mən, -mina] examen *m (Redewendungen s. unter: Prüfung).* **examinieren** [-'ni:rən] ‹*ohne ge-*› *tr* examiner.
Exekutive *f* ‹-, -n› [ɛkseku'ti:və] (pouvoir) exécutif *m.*
Exemplar *n* ‹-s, -e› [-'pla:r] exemplaire *m.* **exemplarisch** [-'pla:rɪʃ] *a* (*adv* de manière) exemplaire.
exerzieren [ɛksɛr'tsi:rən] ‹*ohne ge-*› *itr mil* faire l'exercice. **Exerzierplatz** *m* champ *m* de mars *od* de manœuvre, place *f* d'armes.
Exil *n* ‹-s, -e› [ɛ'ksi:l] exil ▶ *m; ins ~ gehen* s'exiler.
Existentialismus *m* ‹-, ø› [-tia'lɪsmus] existentialisme *m.* **Existenz** *f* ‹-, -en› [-'tɛnts] existence *f.* **Existenzangst** *f psych* crainte *f* existentielle. **Existenzberechtigung** *f* raison *f* d'être. **existenzfähig** *a* capable d'exister. **Existenzgründung** *f* création *f* d'entreprise. **Existenzkampf** *m* lutte *f* pour l'existence. **Existenzminimum** *n* minimum *m* vital. **Existenzmittel** *n pl* moyens *m pl* d'existence. **existieren** [-'ti:rən] ‹*ohne ge-*› *itr* **1.** exister; vivre; **2.** *(auskömmlich leben)* subsister, vivre.
exklusiv [ɛksklu'zi:f] *a* exclusif; *fam (Gruppe, Wohnung)* huppé, sélect.
exkommunizieren [ɛkskɔmuni'tsi:rən] ‹*ohne ge-*› *tr* excommunier.
Exlibris *n* ‹-, -› [ɛks'li:brɪs] *(Bücherzeichen)* ex-libris *m.*
Exmatrikulation *f* ‹-, -en› [ɛksmatrikulatsi'o:n] radiation *f* (de la liste des étudiants). **exmatrikulieren** [-'li:rən] ‹*ohne ge-*› *tr* rayer de la liste (des étudiants).
exotisch [ɛ'kso:tɪʃ] *a* exotique.
expansion *f* ‹-, -en› [-zi'o:n] *phys pol* expansion *f.*
Expedition *f* ‹-, -en› [ɛkspeditsi'o:n] **1.** expédition *f;* **2.** *(e-r Zeitung)* bureau *m.*
Experiment *n* ‹-(e)s, -e› [ɛksperi'mɛnt] expérience *f.* **experimentell** [-'tɛl] *a* expérimental. **experimentieren** [-'ti:rən] ‹*ohne ge-*› *itr* expérimenter (*mit etw* qc; *an etw* sur qc).
Experte *m* ‹-n, -n› [ɛks'pɛrtə] expert *m.* **Expertensystem** *n inform* système *m* expert. **Expertise** *f* ‹-, -n› [-'ti:zə] *(Gutachten)* expertise *f.*
explodieren [ɛksplo'di:rən] ‹*ohne ge-*› *itr* ‹*sein*› exploser, détoner, éclater. **Explosion** *f* ‹-, -en› [-zi'o:n] explosion, détonation *f.* **Explosionsgefahr** *f* danger *od* risque *m* d'explosion. **Explosionsmotor** *m* moteur *m* à explosion. **explosiv** *a* explosif.
Exponent *m* ‹-en, -en› [ɛkspo'nɛnt] *math* exposant *m.* **exponieren** [-'ni:rən], *sich* ‹*ohne ge-*› s'exposer (*dat* à).
Export *m* ‹-(e)s, -e› [ɛks'pɔrt] exportation *f.* **Exportartikel** *m* article *m* d'exportation. **Exporteur** *m* ‹-s, -e› [-'tø:r] exportateur *m.* **Exportfirma** *f* firme *f* d'exportation. **Exporthandel** *m* commerce *m* d'exportation. **exportieren** [-'ti:rən] ‹*ohne ge-*› *tr* exporter. **Exportüberschuß** *m* excédent *m* d'exportation.
Expressionismus *m* ‹-, (-en)› [ɛksprɛsio'nɪsmus] expressionisme *m.* **expressionistisch** [-'nɪstɪʃ] *a* expressionniste.
exquisit *a* exquis, choisi.
extra ['ɛkstra] **1.** *a, attr inv fam* extra-(ordinaire), additionnel, supplémentaire; **2.** *adv* **1.** *(noch dazu)* en plus, en sus; **2.** *(absichtlich)* exprès. **Extrablatt** *n (Zeitung)* (édition) spéciale *f.* **Extrafein** *a* extra-fin, su(pe)rfin.
extrakorporal [ɛkstrakɔrpo'ra:l] *a:* ▶ *~e Befruchtung f* conception *f* in vitro.
Extrakt *m a. n* ‹-(e)s, -e› [ɛks'trakt] extrait *m; fig* essence *f.*
extravagant [ɛkstrava'gant] *a* extravagant. **Extravaganz** *f* ‹-, -en› [-'gants] extravagance *f.*
Extrawurst *f fig fam* qc de particulier.
extrem [ɛks'tre:m] *a* extrême. **Extrem** *n* ‹-s, -e› extrême *m;* ▶ *von e-m ~ ins andere fallen* passer d'un extrême à l'autre, tomber d'une extrémité dans l'autre. **Extremist** *m* ‹-en, -en› [-'mɪst] extrémiste, ultra *m.* **Extremitäten** *f pl* [-'tɛ:tən] *anat* extrémités *f pl.*
exzentrisch [ɛks'tsɛntrɪʃ] *a* excentrique.
Exzeß *m* ‹-sses, -sse› [ɛks'tsɛs] excès *m.*
Eyeliner [ailainər] ‹-s, -› *m* eye-liner *m.*

F

F, f *n* ‹-, -› [ɛf] *(Buchstabe)* F, f *m; mus* fa *m.*
Fabel *f* ‹-, -n› ['fa:bəl] **1.** *(Literaturgattung)* fable *f; (Handlung e-r Dichtung)* action, intrigue *f;* **2.** *allg (erfundene Geschichte)* fiction, invention *f,* conte *m.* **fabelhaft** *a* **1.** *(unwirklich, phantastisch)* fabuleux, imaginaire, phantastique; **2.** *fam (übertreibend: großartig)* épatant, étonnant; fabuleux; prodigieux, merveilleux; magnifique. **fabeln** *itr (sich nicht an die Wahrheit halten)* raconter des histoires; *(phantasieren, Unsinn reden)* radoter, divaguer. **Fabeltier** *n,* **Fabelwesen** *n* monstre *m* fabuleux.
Fabrik *f* ‹-, -en› [fa'bri:k, -'brɪk] usine, fabrique, manufacture *f.* **Fabrikabwässer** *n pl* eaux *f pl* industrielles. **Fabrikant** *m* ‹-en, -en› [-'kant] fabricant, manufacturier *m.* **Fabrikarbeiter(in** *f***)** *m* ouvrier *m,* -ière *f,* (d'usine). **Fabrikat** *n* ‹-(e)s, -e› [-'ka:t] produit *m* (manufacturé). **Fabrikation** *f* ‹-, -en› [fabrikatsi'o:n] fabrication *f,* production *f.* **Fabrikationsfehler** *m* défaut *od* vice *m* de fabrication. **Fabrikbesitzer** *m* propriétaire d'usine, industriel *m.* **fabrikneu** *a* sortant de l'usine.
fabrizieren [fabri'tsi:rən] ‹*ohne ge-*› *tr* fabriquer, usiner; *allg (machen)* faire; *(erzeugen)* produire.
Fach *n* ‹-(e)s, ⸚er› [fax, 'fɛçər] **1.** *(in e-m Behälter, bes. e-r Tasche, e-m Koffer)* compartiment *m; (in e-m Möbelstück)* case *f; (in e-m Bücherschrank, -gestell)* rayon; *(Schubfach)* tiroir *m; fig (Berufszweig)* branche, spécialité; *(Lehr-, Unterrichtsfach)* discipline, matière *f;* ▶ *unter Dach und ~ bringen* mener à bien; *vom ~ sein* être du métier *od* de la branche; *das ist nicht mein ~* ce n'est pas de mon ressort. **Facharbeiter** *m* ouvrier qualifié *od* professionnel *m; pl* main-d'œuvre *f* spécialisée. **Facharzt** *m* médecin *m* spécialiste. **Fachausdruck** *m* terme *m* technique *od* de métier. **Fachbuch** *n* livre *m* spécialisé.
fächeln ['fɛçəln] *tr* éventer (*jdn* qn).
Fächer *m* ‹-s, -› ['fɛçər] éventail *m.*
Fachfrau *f* spécialiste *f.* **Fachgebiet** *n* ['fax-] matière, spécialité *f.* **Fachgeschäft** *n* magasin *m od* maison *f* spécialisé(e). **Fachidiot(in** *f***)** *m* polarisé, e *m f.* **Fachkenntnisse** *f pl* connaissances *f pl* professionnelles *od* spéciales. **fachkundig** *a* compétent, expert. **fachlich** *a* professionnel; ▶ *die ~en Voraussetzungen erfüllen* être qualifié. **Fachliteratur** *f* littérature *f* spécialisée. **Fachmann** *m* ‹-s, -leute/(-männer)› homme de *od* du métier, spécialiste, expert *m.* **fachmännisch** *a* professionnel, spécial; du métier, expert. **Fachschule** *f* école *f* professionnelle. **fachsimpeln** *itr* parler métier. **Fachsprache** *f* langage *f* technique *od* du métier. **Fachwerk** *n arch* colombage *m.* **Fachwerkhaus** *n* maison *f* à colombage. **Fachzeitschrift** *f* périodique *m od* revue *f* spécial(e) *od* professionnel(le).
Fackel *f* ‹-, -n› ['fakəl] flambeau *m a. fig;* torche *f.* **Fackelzug** *m* retraite *f* aux flambeaux.
fad(e) [fa:t, '-də] *a (Speise u. fig)* fade, insipide; *(abgeschmackt, geistlos)* plat.
Faden *m* ['fa:dən] **1.** ‹-s, ⸚› *a. fig* fil; *(sehr dünner ~; anat, zoo, bot; Glühfaden)* filament *m;* **2.** ‹-s, -› *mar (Längenmaß)* brasse *f;* ▶ *die Fäden in der Hand haben* od *halten (fig)* tenir *od* tirer les ficelles; *nur (noch) an e-m (seidenen) ~ hängen (fig)* ne tenir (plus) qu'à un fil, tenir à un cheveu; *den ~ (der Rede) verlieren* perdre le fil (de son discours); *roter ~ fig* fil *m* conducteur. **Fadennudeln** *f pl* vermicelle *m.* **fadenscheinig** *a* **1.** usé jusqu'à la corde, élimé, râpé; **2.** *fig (Vorwand)* cousu de fil blanc, transparent.
Fadheit *f* ‹-, ø› fadeur *f.*
Fagott *n* ‹-(e)s, -e› [fa'gɔt] *mus* basson *m.*
fähig ['fɛ:ɪç] *a (tüchtig, tauglich)* capable (*zu* de); apte (*zu* à); *(bereit)* capable, susceptible (*zu* de). **Fähigkeit** *f* ‹-, -en› capacité, aptitude, faculté *f.*
fahl [fa:l] *a (von matter, trüber Farbe)* terne; *(bleich)* blême, blafard; *(blaß)* pâle; *(erdfarben)* terreux; *(bleifarben)* livide.
fahnden ['fa:ndən] *itr:* ▶ *nach jdm ~* rechercher qn. **Fahndung** *f* ‹-, -en› recherche(s *pl*) *f.*
Fahne *f* ‹-, -n› ['fa:nə] drapeau *m; pl typ = Fahnenabzug;* ▶ *mit fliegenden ~n* bannières déployées; *e-e ~ haben (fam: betrunken sein)* sentir l'alcool à plein nez.
Fahnenabzug *m* ['fa:nən-] *typ* placard *m.* **Fahneneid** *m* serment *m* de fidélité au drapeau. **Fahnenflucht** *f* désertion *f.* **fahnenflüchtig** *a* déserteur. **Fah-**

nenstange *f* hampe *f* de drapeau. **Fahnenträger** *m, a. fig* porte-drapeau *m.*

Fähnrich *m* ⟨-s, -e⟩ ['fɛ:nrɪç] *hist* cornette *m.*

Fahrausweis ['fa:rʔausvaɪs, -zə] *m (Zug)* billet; *(Bus, Straßenbahn, U-Bahn)* ticket *m.*

Fahrbahn *f* ['fa:r-] voie; *(Straßendamm)* chaussée; *sport* piste *f.* **fahrbar** *a (beweglich)* mobile. **Fahrdamm** *m (e-r Straße)* chaussée *f.*

Fähre *f* ⟨-, -n⟩ ['fɛ:rə] bac *m; (Seilfähre)* traille *f.*

fahren ['fa:rən] ⟨*fährt, fuhr, gefahren*⟩ *itr* ⟨*sein*⟩ **1.** *(Fahrzeug)* marcher, se déplacer; *(bes. Auto)* rouler; **2.** *(Mensch)* aller *(mit dem Fahrrad, dem Wagen, der Bahn, dem Schiff* à *od* en bicyclette, en voiture, en chemin de fer, en bateau); **3.** *(abfahren, -reisen)* partir; *tr* ⟨*h*⟩ **4.** *(ein Fahrzeug)* conduire, piloter; **5.** *(Menschen, Tier)* conduire, transporter; *(Last)* transporter, *(schwere)* charrier; **6.** *(haben, besitzen)* ▶ *e-n VW* ~ avoir une VW *od* rouler en VW; *durch* od *über Paris* ~ passer par Paris; *jdn über den Haufen* ~ *(pop)* renverser qn; *jdn nach Hause* ~ ramener qn (à la maison) en voiture; *aus der Haut* ~ *(fig)* sortir de ses gonds, se mettre hors de soi; *in die Höhe* ~ sursauter; *rückwärts* ~ reculer, faire marche arrière *od loc* machine arrière; *Schi* ~ faire du ski; *zur See* ~ *(Seemann sein)* être marin; *ein Gedanke fuhr mir durch den Kopf* une idée m'a traversé l'esprit *od* m'est passée par la tête; *der Schreck fuhr mir in die* od *durch alle Glieder* la frayeur m'a coupé bras et jambes; *rechts* ~*!* serrez à droite. **fahrend** *ppr loc* en marche.

Fahrer *m* ⟨-s, -⟩ ['fa:rər] conducteur; *mot* chauffeur, pilote *m.* **Fahrerflucht** *f* délit *m* de fuite. **Fahrersitz** *m mot* siège *m* du chauffeur. **Fahrgast** *m* passager *m.* **Fahrgeld** *n* frais *m pl* de transport. **Fahrgelegenheit** *f* moyen *m* de transport. **Fahrgemeinschaft** *f* déplacement *m* en commun à frais partagés. **Fahrgestell** *n* **1.** *mot* châssis *m;* **2.** *aero* train d'atterrissage, atterrisseur *m.* **Fahrkarte** *f loc* billet *m; halbe* ~ *(für Kinder)* demi-place *f.* **Fahrkartenautomat** *m* distributeur *m* de tickets. **Fahrkartenschalter** *m* guichet *m.* **fahrlässig** *a* négligent, nonchalant; *(sorglos)* insouciant; ▶ *~e Körperverletzung, Tötung f* blessure *f,* homicide *m* par imprudence. **Fahrlässigkeit** *f* négligence, imprudence, nonchalance *f.* **Fahrlehrer** *m mot* moniteur *m* d'auto-école.

Fährmann *m* ⟨-s, -männer/-leute⟩ ['fɛ:r-] batelier, passeur *m.*

Fahrplan *m* ['fa:r-] horaire; *(in Heftform)* indicateur *m.* **fahrplanmäßig** *a* prévu. **Fahrpreis** *m* prix *m* du transport *od (Taxi)* de la course. **Fahrprüfung** *f* examen *m* du permis de conduire. **Fahrrad** *n* bicyclette *f; fam* vélo *m.* **Fahrradständer** *m* support *m* pour bicyclettes. **Fahrrinne** *f mar* chenal *m.* **Fahrschein** *m* ticket *m.* **Fahrscheinentwerter** ⟨-s, -⟩ *m* composteur *m.*

Fährschiff *n* ['fɛ:r-] ferry-boat *m.*

Fahrschule *f* ['fa:r-] auto-école *f.* **Fahrschüler** *m* élève *m* d'auto-école. **Fahrstuhl** *m* ascenseur, lift *m.* **Fahrt** *f* ⟨-, -en⟩ [fa:rt] **1.** *(Bewegung e-s Fahrzeuges)* marche *f;* **2.** *(Ortsveränderung mit Hilfe e-s Fahrzeuges)* course *f,* trajet *m; (Ausflug)* promenade, sortie *f; (Reise)* voyage; **3.** *(Fahrstrecke)* parcours *m;* ▶ *auf der* ~ en route (*nach* pour); *in (voller)* ~ *(Fahrzeug)* en (pleine) marche; *gute* ~*!* bonne route!

Fährte *f* ⟨-, -n⟩ ['fɛ:rtə] trace, piste *f;* ▶ *jdn auf die richtige, falsche* ~ *bringen (fig)* mettre qn sur la bonne, mauvaise piste.

Fahrtenbuch *n* ['fa:rtən-] livret *m* de transport. **Fahrtenmesser** *n* poignard *m* scout. **Fahrtrichtungsanzeiger** *m mot* indicateur *m* (de changement) de direction, flèche *f.*

Fahrwasser *n* ['fa:r-] passe *f,* chenal *m.* **Fahrzeit** *f* durée *f* de *od* du parcours *od bes. mar* du trajet. **Fahrzeug** *n* véhicule *m.*

fair [fɛ:r] *a* loyal.

Faksimile *n* ⟨-s, -s⟩ [fak'zi:mile] fac-similé *m.*

faktisch ['faktɪʃ] **I.** *a (tatsächlich)* réel, effectif; **II.** *adv a.* en réalité. **Faktor** *m* ⟨-s, -en⟩ ['faktɔr, -'to:rən] *math allg* facteur. **Faktum** *n* ⟨-s, -ten⟩ ['faktʊm] *(Tatsache)* fait *m;*

Fakultät *f* ⟨-, -en⟩ [fakʊl'tɛ:t] *(Univ.)* faculté *f.* **fakultativ** [-ta'ti:f] *a (wahlfrei)* facultatif.

Falke *m* ⟨-n, -n⟩ ['falkə] *orn* faucon *m.*

Fall *m* ⟨-(e)s, e⟩ [fal, 'fɛlə] **1.** *(das Fallen, a. phys* u. *fig)* chute *f;* **2.** *(Umstand)* cas *m,* circonstance, occurrence *f; (Einzelfall, Vorkommen)* cas *m a. med;* **3.** *jur (Strafsache)* affaire *f;* **4.** *gram* cas *m;* ▶ *auf alle Fälle, auf jeden* ~ en tout cas, dans tous les cas; *(unbedingt)* de toute façon *od* manière, à tout prix; *auf keinen* ~ en aucun cas, en aucune façon, à aucun prix; *für alle Fälle* à toute(s) fin(s utiles); *für den* ~*, daß ...; im ~e, daß ...* au cas où *cond; in d(ies)em* ~ en *od* dans ce cas; *von* ~ *zu* ~ selon le cas, suivant les circonstances; *zu* ~ *bringen (fig)* faire tomber; *das ist ein klarer* ~ od *(fam) klarer* ~*! (fam)* c'est clair comme le jour; *das ist nicht mein* ~ *(fam)* ce n'est pas mon genre; *setzen* *wir* od *gesetzt den ~, daß*... supposons *od* à supposer que *subj.* **Fallbeil** *n* guillotine *f.*

Falle *f* ‹-, -n› ['falə] **1.** *a. fig* piège *m*, attrape *f*, traquenard; *(für Vögel)* trébuchet; *fig* guet-apens *m*; **2.** *pop (Bett)* pieu *m*; ► *in e-e ~ locken* attirer dans une guet-apens; *jdm e-e ~ stellen* tendre un piège *od* un guet-apens à qn.

fallen ['falən] ‹*fällt, fiel, gefallen*› *itr* ‹*sein*› **1.** *(stürzen)* tomber, faire une chute; **2.** *(Soldat im Kriege)* tomber *od* être tué (à la guerre *od* à l'ennemi); **3.** *(Hochwasser, Barometer, Preise etc)* baisser; *(Hochwasser a.)* décroître; **4.** *(treffen)* tomber (*auf* sur), frapper (*auf etw* qc); *(Blick)* rencontrer (*auf jdn, auf etw* qn, qc); *(Verdacht, Wahl)* se porter; **5.** *(Ereignis auf e-n Wochentag)* tomber (*auf e-n Sonntag* un dimanche); **7.** *(Licht a.)* venir, pénétrer (*durch etw* par qc); **8.** *(in e-n Zustand geraten)* tomber *(mit adverb. Bestimmung)*; devenir *(mit a)*; **9.** *(unter ein Gesetz etc)* tomber (*unter* sous); *(unter e-n Begriff)* rentrer (*unter* dans); **10.** *(Entscheidung: vollzogen werden)* être pris *od* prononcé; **11.** *(Schuß)* partir; ► *impers: es ist Regen, Schnee gefallen* il est tombé de la pluie, de la neige; *zu Boden* od *auf die Erde ~* tomber à *od* par terre; *immer auf den gleichen Tag ~* tomber un jour fixe; *~ lassen* laisser tomber *od* choir; *(e-e Masche ~ lassen u. fig: ein Wort ~lassen)* lâcher, laisser échapper; *~lassen (sich nicht mehr kümmern um)* se désintéresser *(jdn* de qn); *(verzichten auf)* renoncer à; *das fällt mir schwer* j'ai de la peine à le faire; *er ließ kein Wort darüber ~* il n'en souffla mot. **Fallen** *n* **1.** chute *f*; **2.** *fig (Abnahme)* diminution; *fin* baisse *f.*

fällen ['fɛlən] *tr* **1.** *(Baum)* abattre; **2.** *chem* précipiter; **3.** *math (Lot)* abaisser; **4.** ► *ein Urteil ~ (jur)* porter *od* rendre un jugement. **Fällen** *n* abattage *m.*

Fallgeschwindigkeit *f* ['fal-] vitesse *f* de chute. **Fallgesetze** *n pl phys* lois *f pl* du mouvement de chute. **Fallgrube** *f* trappe *f.*

fällig ['fɛlıç] *a fin* échéant, échu; *(zahlbar)* payable, dû; *(Schuld)* exigible; ► *~ werden* venir *od* arriver à échéance. **Fälligkeit** *f* ‹-, ø› *fin* échéance; exigibilité *f.* **Fälligkeitsdatum** *n* date *f* d'échéance.

Fallobst *n* ['fal-] fruits *m pl* tombés.

falls [fals] *conj* au cas où *cond*, si.

Fallschirm *m* ['falʃırm] parachute *m*; ► *mit dem ~ abspringen* faire une descente *od* sauter en parachute; *mit dem ~ abwerfen (Geräte od Material)* parachuter, larguer. **Fallschirmabsprung** *m* descente *f od* saut *m* en parachute. **Fallschirmjäger** *m* parachutiste *m.* **Fallschirmspringen** *n* parachutage, parachutisme *m.* **Fallschirmspringer** *m* parachutiste *m.*

Fallstrick *m* ['fal-] *fig* piège *m.*

Fällung *f* ‹-, (-en)› ['fɛlʊŋ] **1.** *chem* précipitation *f*; **2.** *math* abaissement *m.*

falsch [falʃ] **I.** *a* **1.** *(verkehrt)* faux; *(nicht der richtige, nur mit best. Artikel)* pas le bon, le mauvais; *(irrtümlich)* erroné; *(unkorrekt, unvorschriftsmäßig)* incorrect; *(unpassend)* impropre; **2.** *(nachgemacht, unecht, bes. von Haaren u. Bärten)* postiche; *(nachgeahmt)* imité; *(künstlich)* artificiel, *(von Zähnen)* faux; *(Würfel, Spielkarte)* faussé, truqué; *(Name)* d'emprunt; **3.** *(geheuchelt)* feint, simulé; *(Mensch: unaufrichtig)* faux; *(heuchlerisch)* hypocrite; *(heimtückisch, hinterhältig)* sournois, insidieux; *(heimtückisch, treulos, verräterisch)* perfide, traître; **II.** *adv* faux; mal; ► *es ~ anfangen* od *anfassen* s'y prendre de travers; *jdn ~ anfassen* od *behandeln* prendre qn à l'envers, *fam* à rebrousse-poil; *etw ~ auffassen* od *verstehen* prendre qc de travers; *~ aussprechen* prononcer mal; *~ gehen (Uhr)* n'être pas à l'heure; *~ schreiben* mal orthographier; *~ spielen (mus)* jouer faux; *(beim Kartenspiel)* tricher (au jeu); *(Sie sind) ~ verbunden* il y a erreur.

fälschen ['fɛlʃən] *tr (nachmachen)* falsifier; *(bes. Banknoten, Unterschrift)* contrefaire; *(abändern)* altérer; *(verfälschen, entstellen)* fausser. **Fälscher** *m* ‹-s, -› falsificateur, faussaire *m.*

Falschgeld *n* ['falʃ-] fausse(-)monnaie *f.* **Falschheit** *f* ‹-, ø› fausseté; duplicité; hypocrisie; sournoiserie; perfidie *f.*

fälschlich ['fɛlʃlıç] **I.** *a* faux, erroné; **II.** *adv* faussement, à faux, par erreur.

Falschmünzer *m* ['falʃ-] faux-monnayeur *m.*

Fälschung *f* ['fɛlʃʊŋ] **1.** *(Tätigkeit)* falsification; altération *f*; **2.** *(Ergebnis)* contrefaçon *f*, faux *m.* **fälschungssicher** *a* infalsifiable; ► *~er Personalausweis m* carte *f* d'identité infalsifiable.

Faltblatt *n* ['falt-] dépliant *m.* **Falte** *f* ‹-, -n› **1.** pli *m*; **2.** *(Runzel)* ride *f*; ► *e-e ~ bekommen (Stoff, Papier)* prendre un pli; *~n bekommen (Stoff)* goder, se chiffonner; *(Gesicht vom Alter)* se rider; *in ~n legen (Stoff)* plisser; *die Stirn in ~n legen* od *ziehen* froncer les sourcils. **falten** *tr* plier; ► *die Hände ~* joindre les mains. **faltenlos** *a* **1.** sans plis; **2.** *(Gesicht)* sans rides. **Faltenrock** *m* jupe *f* plissée. **Faltenwurf** *m* draperie *f.*

Falter *m* ‹-s, -› *ent* papillon *m.*

faltig *a* plissé, à plis. **Faltprospekt** *m* dépliant *m.*

Falz *m* ‹-es, -e› [falts] **1.** *(Nut)* rainure;

feuillure; *(Gleitrille)* coulisse *f;* **2.** *(Buchbinderei)* onglet *m; (Briefmarkenfalz)* charnière *f.* **falzen** *tr* **1.** *(nuten)* rainer; **2.** *(Blech)* replier; *(Buchbinderei)* plier, encarter.

familiär [famili'ɛ:r] *a (vertraut, vertraulich)* familier. **Familie** *f* ‹-, -n› [-'mi:liə] famille; *(Verwandtschaft)* parenté *f;* ► *zur ~ gehören* faire partie de la famille; *Ihre ~* les vôtres; *kinderreiche ~* famille *f* nombreuse. **Familienanschluß** [fa'mi:liən-] *m:* ► *mit ~ (in e-r Anzeige)* vie *f* de famille. **Familienkreis** *m:* ► *im ~* en famille, au sein de la famille; *im engsten ~(e)* dans la plus stricte intimité. **Familienleben** *n* vie *f* de famille. **Familiennachzug** *m* réunification *f* des familles. **Familienname** *m* nom *m* de famille. **Familienoberhaupt** *n* chef *m* de famille. **Familienstand** *m* situation *f* de famille. **Familienvater** *m* père *m* de famille. **Familienzusammenführung** *f* regroupement *m* familial.

famos [fa'mo:s] *a fam* fameux, épatant.

Fanatiker *m* ‹-s, -› [fa'na:tikər] fanatique *m.* **fanatisch** [-'na:tɪʃ] *a* fanatique. **Fanatismus** *m* ‹-, ø› [-'tɪsmʊs] fanatisme *m.*

Fanfare *f* ‹-, -n› [fan'fa:rə] *mus* fanfare *f.*

Fang *m* ‹-(e)s, e› [faŋ, 'fɛŋə] **1.** *(Tätigkeit)* capture, prise *f;* **2.** *(Ergebnis)* prise; *(Beute)* proie *f,* butin *m; (beim Fischen)* pêche *f;* **3.** *zoo (Stoßzahn)* défense *f,* croc *m;* **4.** *(Raubvogel: Fuß)* serre *f;* ► *e-n guten ~ machen* faire une bonne prise. **Fangarm** *m zoo (Polyp)* tentacule, bras *m.* **Fangfrage** *f* question-piège *f.* **fangen** ['faŋən] ‹*fängt, fing, gefangen*› *tr* saisir; *a. fig* prendre, attraper; ► *er hat sich wieder gefangen (fig)* il a retrouvé son équilibre. **Fangleine** *f* **1.** *(Jagd)* lasso *m; (zur Lebensrettung)* corde *f* de sauvetage; **2.** *pl (e-s Fallschirms)* suspentes *f pl.*

Farbaufnahme *f* ['farp-] photo *f* en couleurs. **Farbband** *n (der Schreibmaschine)* ruban *m.* **Farbe** *f* ‹-, -n› ['-bə] **1.** *a. fig* couleur *f; (Gesichtsfarbe)* teint *m;* **2.** *(Färbemittel)* teinture; *(Material zum Malen, Anstreichen)* peinture, couleur; *typ* encre *f;* **3.** *(~ der Spielkarten)* couleur *f;* ► *e-e ~ auftragen* étaler *od* mettre une couleur; *~ bekennen (fig)* jouer cartes sur table; *die ~ wechseln* changer de couleur. **farbecht** ['farp-] *a,* **Farbechtheit** *f* grand teint *m.*

färben ['fɛrbən] **1.** *tr* colorer; *(bes. Stoffe, gewerblich)* teindre; **2.** *itr (abfärben)* déteindre; ► *sich ~* se colorer; *blau, rot ~* teindre en bleu, en rouge; *sich gelb ~* prendre un ton jaune; jaunir.

farbenblind ['farbən-] *a med* daltonien. **Farbenblindheit** *f* daltonisme *m.* **Farb(en)druck** *m* ‹-(e)s, -e› impression *f* (en) couleur(s). **farbenfreudig** *a,* **farbenfroh** *a* haut en couleur. **Farb(en)kasten** *m* boîte *f* de *od* à couleurs. **Farb(en)photographie** *f* photographie *f* en couleurs. **Farbenpracht** *f* éclat *m* (des couleurs). **farbenprächtig** *a* haut en couleur.

Färber *m* ‹-s, -› ['fɛrbər] teinturier *m.* **Färberei** [-'raɪ] *f* teinturerie *f.*

Farbfernsehen *n* ['farp-] télévision *f* en couleurs. **Farbfilm** *m* film *m* en couleurs. **farbig** ['-bɪç] *a* coloré, de *od* en couleur; *fig (Stil)* haut en couleur. **Farbig(e** *m***)** *f* ‹-n, -n› homme *m,* femme *f* de couleur. **Farbkissen** ['farp-] *n (zum Stempeln)* tampon *m* (encreur). **Farbkopierer** *m* copieur *m* couleur. **farblos** *a, a. fig* incolore, sans couleur. **Farbspritz(verfahr)en** *n* peinture *f* au pistolet. **Farbstift** *m* crayon *m* de couleur *od* (de) pastel. **Farbstoff** *m* matière *od* substance *f* colorante, produit *m* tinctorial. **Farbton** *m* ton *m;* nuance *f.*

Färbung *f* ‹-, -en› ['fɛrbʊŋ] *(Farbe)* coloration *f,* coloris *m,* teinte *f.*

Farm *f* ‹-, -en› [farm] exploitation *f* agricole. **Farmer** *m* ‹-s, -› exploitant *m* agricole.

Farnkraut ['farn-] *n* fougère *f.*

Fasan *m* ‹-(e)s, -e(n)› [fa'za:n] faisan *m.* **Fasanerie** *f* ‹-, -n› [-nə'ri:] faisanderie *f.*

Fasching *m* ‹-s, -e/-s› ['faʃɪŋ] carnaval *m.*

Faschismus *m* ‹-, ø› [fa'ʃɪsmʊs] *pol* fascisme *m.* **Faschist** *m* ‹-en, -en› [-'ʃɪst] fasciste *m.* **faschistisch** [-'ʃɪstɪʃ] *a* fasciste.

Faselei *f* ‹-, -en› [fa:zə'laɪ] radotage *m.* **faseln** *itr* **1.** *(wirr reden)* divaguer, radoter; **2.** *(schwatzen)* bavarder.

Faser *f* ‹-, -n› ['fa:zər] filament *m,* fil *m; bes. scient* u. *tech* fibre *f.* **faserig** *a* filamenteux, filandreux; fibreux. **fasern** *itr* s'effil(och)er. **Faserschreiber** *m* (crayon-)feutre *m.*

Faß *n* ‹-sses, ⸚sser› [fas, 'fɛsər] tonneau; *(bes. für Wein)* fût *m; (bes. für Bier)* futaille; *(großes)* tonne *f,* foudre; *(kleines)* baril, tonnelet *m; (Stückfaß)* barrique, pièce; *(Butterfaß)* baratte; ► *vom ~ (Wein)* à la tireuse; *(Bier)* à la pression.

Fassade *f* ‹-, -n› [fa'sa:də] *arch* façade *f.*

faßbar ['fasba:r] *a* saisissable; *fig (verständlich)* compréhensible, concevable.

fassen ['fasən] *tr* **1.** *(ergreifen, a. e-n verfolgten Menschen)* saisir, empoigner, prendre; *jur* appréhender; *(festnehmen)* arrêter; **2.** *(aufnehmen können, von e-m Behälter)* avoir une contenance de; *(a. von e-m Raum)* contenir; **3.** *(einfassen)* sertir, enchâsser; *(einrahmen)* encadrer; **4.** *(e-e Quelle)* capter; **5.** *fig (begreifen, verstehen)* saisir, comprendre; **6.** *refl sich* ~ *(sich wieder beruhigen)* se ressaisir, revenir (à soi), se calmer; ► *jdn bei der Hand* ~ prendre la main à qn; *sich kurz* ~ se résumer, être bref; *ich kann es nicht* ~ je n'en reviens pas; *das ist nicht zu* ~*!* c'est impensable!

Fassung *f* ‹-, -en› ['fasʊŋ] **1.** *(Einfassung)* monture; *(bes. von Edelsteinen)* sertissure; *el* douille *f;* **2.** *(Gestaltung, Bearbeitung e-s Kunst-, Literaturwerks, bes. in e-r anderen Sprache)* version *f;* ► *in dieser* ~ *(a.)* sous cette forme; *(die)* ~ *bewahren (fig)* garder son calme *od* son sang-froid; *jdn aus der* ~ *bringen* faire perdre contenance à qn, décontenancer, désarçonner qn. **Fassungskraft** *f fig (Verständnis)* compréhension, intelligence *f.* **fassungslos** *a* décontenancé, déconcerté. **Fassungsvermögen** *n* contenance, capacité *f,* volume *m.*

fast [fast] *adv* presque, à peu (de chose) près; ► *ich wäre* ~ *gefallen* j'ai failli tomber, j'ai manqué de tomber.

fasten ['fastən] *itr (nichts essen, bes. rel)* jeûner; *rel (kein Fleisch essen)* faire maigre. **Fasten** *n rel* jeûne, *pl* carême *m.* **Fastenzeit** *f rel* carême *m.*

Fast-food-Gastronomie *f* restauration *f* rapide.

Fastnacht *f* mardi *m* gras.

Faszination *f* ‹-, -en› [fastsinatsi'o:n] fascination *f.* **faszinieren** [-'ni:rən] ‹*ohne ge-*› *tr* fasciner; charmer, enchanter. **faszinierend** *a* charmant.

fatal [fa'ta:l] *a (ärgerlich)* fâcheux, ennuyeux; *(unangenehm)* désagréable, contrariant; *(peinlich)* pénible. **Fatalismus** *m* ‹-, ø› [-ta'lɪsmʊs] fatalisme *m.* **fatalistisch** [-'lɪstɪʃ] *a* fataliste.

fauchen ['faʊxən] *itr (Katze)* souffler; *fig fam (schimpfen)* rouspéter.

faul [faʊl] *a* **1.** *(Mensch) (träge)* paresseux, fainéant; **2.** *(Nahrungsmittel)* gâté; *(organische Substanz)* pourri, corrompu; **3.** *fig (fragwürdig)* douteux, véreux, mauvais; ► *das sieht* ~ *aus* ça ne sent pas bon.

Fäule *f* ‹-, ø› ['fɔʏlə] pourriture *f.*

faulen ['faʊlən] *itr* ‹*sein*› pourrir, se gâter; se corrompre, se décomposer. **faulenzen** ['faʊlɛntsən] *itr* paresser, fainéanter, cagnarder. **Faulenzer** *m* ‹-s, -› paresseux, fainéant *m.* **Faulenzerei** *f* ‹-, (-en)› [-'raɪ] , **Faulheit** *f* ‹-, ø› paresse, fainéantise *f.* **faulig** *a* pourri, corrompu; *med* putride.

Fäulnis *f* ‹-, ø› ['fɔʏlnɪs] pourriture, décomposition, putréfaction *f.* **Fäulniserreger** *m (Bakterie)* microbe saprogène; agent *m* de décomposition.

Faulpelz *m* ['faʊl-] = *Faulenzer.* **Faultier** *n zoo* paresseux; *scient* aï, bradype *m.*

Fauna *f* ‹-, -nen› ['faʊna] *(Tierwelt)* faune *f.*

Faust *f* ‹-, ⸚e› [faʊst, 'fɔʏstə] poing *m;* ► *auf eigene* ~ de son propre chef, de sa propre initiative; *die* ~ *ballen* serrer le poing; *das paßt wie die* ~ *aufs Auge* cela rime comme hallebarde et miséricorde; *fam* cela vient comme un cheveu sur la soupe.

Fäustchen *n* ‹-s, -› ['fɔʏstçɛn] : ► *sich ins* ~ *lachen* rire dans sa barbe *od* sous cape.

faustdick ['faʊst-] *a:* ► *es* ~ *hinter den Ohren haben* être un malin. **Fausthandschuh** *m* moufle *f.* **Faustpfand** *n* gage *m* mobilier. **Faustregel** *f* règle *f* générale *od* approximative. **Faustschlag** *m* coup *m* de poing.

Favorit *m* ‹-en, -en› [favo'ri:t] *sport* favori *m.*

Fazit *n* ‹-s, -e/-s› ['fa:tsɪt] *(Schlußsumme)* bilan, total; *fig (Ergebnis, Folge)* bilan, résultat *m;* ► *das* ~ *ziehen (fig)* dresser le bilan.

FCKW *m* ‹-s, ø› ['ɛftse:ka'we:] *chem* CFC *m.*

F-Dur *n* ['ɛfdu:r] *mus* fa *m* majeur.

Februar *m* ‹-(s), (-e)› ['fe:brua:r] février *m.*

fechten [fɛçtən] ‹*ficht, focht, gefochten*› *itr sport* faire de l'escrime. **Fechten** *n* = *Fechtsport.* **Fechter** *m* ‹-s, -› *sport* escrimeur *m.* **Fechtsport** *m* escrime *f.*

Feder *f* ‹-, -n› ['fe:dər] **1.** *(Vogel- und Stahlfeder)* plume *f;* **2.** *(Sprungfeder)* ressort *m;* ► *noch in den* ~*n (im Bett) liegen (fam)* être encore au plumard *od* au lit; *sich mit fremden* ~*n schmücken (fig)* se parer des plumes du paon. **Federball** *m* **1.** *(Spielzeug)* volant *m;* **2.** *(Spiel)* badminton *m.* **Federbett** *n* édredon *m.* **Federbusch** *m* plumet, panache *m,* aigrette *f.* **Federfuchser** *m fam pej* gratte-papier, scribouillard *m.* **Federgewicht** *n (Boxen)* poids *m* plume. **Federhalter** *m* porte-plume *m.* **federleicht** *a* léger comme une plume. **Federlesen** *n: nicht viel* ~*s machen* ne pas (y) aller par quatre chemins, ne pas prendre de gants. **federn 1.** *itr tech* faire ressort; ► *gut* ~ *(Wagen)* être bien suspendu; **2.** *refl: sich* ~ *(die Federn verlieren)* perdre ses plumes, se déplumer; *(sich mausern)* muer. **federnd** *a (elastisch)* élastique, souple. **Federung** *f a. mot* suspension *f* (à ressort); *mot* ressort *m* de voiture. **Federvieh** *n* volaille *f.* **Federzeichnung** *f (Kunst)* dessin *m* à la plume.

Fee *f* ‹-, -n› [fe:, 'fe:ən] fée *f.* **feenhaft** *a* féerique, fabuleux; merveilleux.

Fegefeuer *n* ['fe:gə-] *rel* purgatoire *m.*

fegen 1. *tr* balayer, nettoyer; *(Schornstein)* ramoner; **2.** *itr* ‹*sein*› *(Wind; fam:*

Mensch) passer en tourbillon.
Fehde *f* ‹-, -n› ['fe:də] *(Streit, meist hist od fig)* querelle *f*, démêlé *m*, lutte *f*.
fehl [fe:l] *adv:* ▶ *~ am Platz* mal placé, déplacé. **Fehlanzeige** *f* état *m* néant. **Fehlbetrag** *m* déficit, écart *m;* ▶ *e-n ~ aufweisen* être déficitaire *od* en déficit.
fehlen ['fe:lən] *itr* u. *impers* **1.** *(mangeln, nicht vorhanden sein)* manquer, être manquant, faire faute *od* défaut; **2.** *(abwesend sein a.)* être absent; ▶ *es fehlt mir (an) etw* il me manque qc, je manque de qc; *es an nichts ~ lassen* ne rien négliger, faire son possible; *mir fehlt nichts (ich bin wohlauf)* je suis bien; *du fehlst mir sehr* tu me manques beaucoup; *es hätte nicht viel gefehlt* il s'en est fallu de peu, à peu (de chose) près; *was fehlt dir?* qu'est-ce que tu as? qu'est-ce qui ne va pas? où as-tu mal? *das fehlte (gerade) noch! (iron)* il ne manquait (plus) que cela! *weit gefehlt!* tant s'en faut! erreur! loin de là!
Fehler *m* ‹-s, -› ['fe:lər] **1.** *(Sache: Mangel, Defekt)* manque, défaut, vice *m;* **2.** *(Person: Versehen, Vergehen)* faute; *(Irrtum)* erreur *f;* ▶ *e-n ~ machen* od *begehen* faire *od* commettre une faute; *0 (null) ~* zéro faute. **fehlerfrei** *a* exempt de défauts, sans défaut(s); correct; *(Schul-, Prüfungsarbeit)* exempt de fautes, sans faute(s). **fehlerhaft** *a* défectueux; incorrect. **Fehlerquelle** *f* source *od scient* cause *f* d'erreur.
Fehlgeburt *f* ['fe:l-] fausse couche *f*. **fehl=gehen** ‹*ging fehl, fehlgegangen*› *itr* ‹*sein*› *(Mensch)* se tromper; *(Schuß)* manquer son but. **Fehlgriff** *m* méprise *f*, impair *m*, bévue *f*. **Fehlermeldung** *f inform* indication *f* d'erreur. **Fehlschlag** *m* coup *m* manqué. **fehl=schlagen** ‹*schlägt, schlug fehl, fehlgeschlagen*› *itr* ‹*sein*› *(erfolglos bleiben)* avorter, échouer. **Fehlschluß** *m* conclusion *f* erronée. **Fehlstart** *m sport* faux départ *m*; *aero* décollage *m* manqué. **Fehltritt** *m a. fig* faux pas *m*. **Fehlurteil** *n* jugement *m* erroné; *jur* erreur *f* judiciaire.
Feier *f* ‹-, -n› ['faıər] *(Festlichkeit)* fête; *(feierliche Handlung)* cérémonie, solennité; *(kleine, bes. Familienfeier)* réunion *f;* ▶ *zur ~ des Tages* pour célébrer le jour. **Feierabend** *m* **1.** *(abendliche Freizeit)* soirée *f;* **2.** *(Beginn d. abendl. Freizeit, Arbeitsschluß)* cessation *f* du travail; ▶ *am* od *nach ~* pendant la soirée, après travail. **feierlich** *a* solennel. **Feierlichkeit** *f* **1.** *(Eigenschaft)* solennité *f*. **2.** *(Handlung)* solennité, cérémonie *f*. **feiern 1.** *tr* fêter, célébrer; *(Menschen verherrlichen, ehren)* fêter, faire fête à, honorer; **2.** *itr (nicht arbeiten)* se reposer, chômer; ne rien faire; ▶ *krank~ (hum)* se faire porter pâle. **Feiertag** *m rel* u. *pol* jour de fête; *(freier Tag)* jour *m* férié *od* de repos; ▶ *gesetzlicher ~* fête *f* légale.
feig(e) [faık, '-gə] *a* lâche, poltron, couard.
Feige *f* ‹-, -n› ['faıgə] *bot* figue *f*. **Feigenbaum** *m* figuier *m*. **Feigenblatt** *n (Kunst)* feuille *f* de vigne.
Feigheit *f* ‹-, ø› ['faıkhaıt] lâcheté, poltronnerie, couardise *f*. **Feigling** *m* ‹-s, -e› lâche, poltron, couard *m*.
Feile *f* ‹-, -n› ['faılə] lime *f*. **feilen** *tr* limer; *fig (Text)* polir. **Feilspäne** *m pl*, **Feilstaub** *m* limaille, limure *f*.
feilschen ['faılʃən] *itr a. fig* marchander.
fein [faın] *a* **1.** *(dünn, zart)* fin, mince, menu, délié, ténu; *(klein zerteilt)* fin; **2.** *(genau)* fin, exact; *(Sinn: scharf)* fin; *(spitzfindig)* subtil; *(~fühlend)* délicat; *(sehr gut, ausgezeichnet)* fin, bon, raffiné, exquis; **3.** *(vornehm)* distingué; *(Herr)* galant, *(Dame)* élégant; *(wohlerzogen)* bien élevé; ▶ *sich ~ machen* se faire beau; s'endimancher; *das hast du ~ gemacht! (fam)* c'est très bien! tu t'en es bien tiré! *~e Dame f (a.)* élégante *f;* *~er Herr* od *Mann m (a.)* homme *m* de qualité *od* de bien.
Feind *m* ‹-(e)s, -e› [faınt, '-də] ennemi; *(Gegner)* adversaire *m;* ▶ *jdn zum ~ haben* avoir qn pour ennemi. **Feindbild** *n* idée *f* précon/ue de l'adversaire. **Feindeshand** *f:* ▶ *in ~* pris *od* occupé par l'ennemi. **Feindesland** *n:* ▶ *in ~* en pays ennemi. **feindlich** *a* **1.** ennemi *bes. mil;* hostile; **2.** *(gegnerisch)* adverse, opposé. **Feindschaft** *f* inimitié, hostilité; animosité *f*. **feindselig** *a* haineux, hostile. **Feindseligkeit** *f* hostilité *f;* ▶ *die ~en eröffnen, einstellen* ouvrir, suspendre les hostilités.
Feineinstellung *f* ['faın-] réglage *m* de précision *od* parfait, *radio* démultiplication *f*. **feinfühlig** *a* délicat, sensible. **Feingefühl** *n* délicatesse *f*, tact *m*. **Feingehalt** *m (chem u. Edelmetall)* titre *m*. **Feingold** *n* or *m* raffiné *od* fin. **Feinheit** *f* ‹-, -en› **1.** *(Zartheit)* finesse *f;* **2.** *(Genauigkeit)* exactitude; *(Spitzfindigkeit)* subtilité; *(~fühligkeit)* délicatesse *f;* *(hohe Qualität)* finesse, excellence *f*. **Feinkostgeschäft** *n* magasin *m* de comestibles *m pl*. **Feinmechanik** *f* mécanique *f* de précision. **Feinschmecker** *m* gourmet, friand *m*. **Feinwaschmittel** *n* poudre *f* pour tissus délicats.
feist [faıst] *a (fett, dick)* gras, replet, gros.
Feld *n* ‹-(e)s, -er› [fɛlt, '-dər] **1.** *(Gelände)* champs *m pl*, campagne; *(Ebene)* plaine *f;* *(Geländestück)* terrain; *(Akker)* champ *m*, pièce *f* de terre; **2.** *arch* champ, panneau *m*, travée; *(Schach-*

brett) case *f;* **3.** *phys el* champ *m; TV* section *f;* **4.** *inform* champ *m*, zone *f;* **5.** *fig (Gebiet)* champ, terrain, domaine *m;* ► *das ~ behaupten* rester maître du terrain; *(Gründe) ins ~ führen* avancer, invoquer; *das ~ räumen (fig)* abandonner le terrain, battre en retraite; *das ist ein weites ~ (fig)* c'est un vaste domaine. **Feldarbeit** *f* travail *m* agricole; *pl a.* travaux *m pl* des champs. **Feldbett** *n mil* lit *m* de camp. **Feldflasche** *f* bidon *m*. **Feldgeistliche** *m* aumônier *m* (militaire). **feldgrau** *a mil* gris verdâtre. **Feldherr** *m* général *m* (commandant en chef). **Feldhüter** *m* garde *m* champêtre. **Feldküche** *f mil* (cuisine) roulante *f*. **Feldlager** *n mil* camp, bivouac *m*. **Feldlazarett** *n* hôpital *m* de campagne, ambulance *f*. **Feldmarschall** *m* maréchal *m*. **Feldmaus** *f* campagnol *m*. **Feldmesser** *m* arpenteur *m*. **Feldpost** *f* poste *f* militaire *od* aux armées; *(Aufschrift auf Sendungen)* franchise militaire (F.M.). **Feldpostnummer** *f* (numéro du) secteur *m* postal. **Feldsalat** *m* mâche, doucette *f*. **Feldspat** *m min* feldspath *m*. **Feldstecher** *m opt* jumelle(s *pl*) *f* de campagne. **Feldwebel** *m* sergent-chef *m*. **Feldweg** *m* chemin *m* rural. **Feldzug** *m* campagne, expédition *f*.

Felge *f* ‹-, -n› ['fɛlgə] *(Radkranz)* jante *f*.

Fell *n* ‹-(e)s, -e› [fɛl] *(Tierhaut)* peau; *(des Pferdes)* robe *f; (Pelz)* pelage *m*, fourrure *f; pop (vom Menschen)* cuir *m;* ► *ein dickes ~ haben (fig fam)* avoir la peau dure; *jdm das ~ über die Ohren ziehen (fig fam)* rouler qn.

Fels *m* ‹-en, -en›, **Felsen** *m* ‹-s, -› [fɛls, '-zən] roc; *(~hang, ~wand)* rocher *m*. **Felsblock** *m* (bloc *m* de) roche *f*. **felsenfest** *a fig* inébranlable; ► *~ an etw glauben* croire qc dur comme fer *od* fermement. **Fels(en)wand** *f* paroi *f* rocheuse. **Felsgestein** *n* roche *f*. **felsig** *a* rocheux. **Felsmassiv** *n* massif rocheux, groupe *m* de rochers.

Feminismus ‹-, n› *m* féminisme *m*. **Feminist(in *f*)** *m* ‹-en, -en› féministe *m f*. **feministisch** *a* féministe.

Fenchel *m* ‹-s, -› ['fɛnçəl] *bot* fenouil, aneth *m* doux.

Fenster *n* ‹-s, -› ['fɛnstər] fenêtre, croisée *f;* ► *zum ~ hinausschauen* regarder par la fenêtre; *aus dem ~ werfen* jeter par la fenêtre. **Fensterbank** *f* appui *od* rebord *m* (de la fenêtre). **Fensterbrett** *n* planche *od* tablette *f* d'appui. **Fensterbriefumschlag** *m* enveloppe *f* à fenêtre. **Fensterflügel** *m* battant *m* (de fenêtre). **Fensterglas** *n* verre *m* à vitres. **Fensterkurbel** *f mot* manivelle *f* de lève-fenêtre. **Fensterladen** *m* volet; *(äußerer)* contre-vent *m*. **Fensterleder** *n* peau *f* de chamois. **Fensternische** *f* embrasure *f*. **Fensterplatz** *m* coin-fenêtre *m*. **Fensterrahmen** *m* châssis *m*. **Fensterscheibe** *f* vitre *f*, carreau *m*.

Ferien *pl* ['fe:riən] vacances *f pl; (Urlaub)* congé *m*. **Feriendorf** *n* village *m* de vacances. **Ferienheim** *n* centre *m* de vacances. **Ferienkurs** *m* cours *m* de vacances. **Ferienlager** *n* camp *m* de vacances. **Ferienzeit** *f* vacances *f pl*.

Ferkel *n* ‹-s, -› ['fɛrkəl] **1.** petit cochon, porcelet, goret *m;* **2.** *fig fam (schmutziger Mensch)* cochon *m*.

Ferment *n* ‹-(e)s, -e› [fɛr'mɛnt] *chem biol* ferment *m*.

fern [fɛrn] **I.** *a* lointain, éloigné, distant; *(a. zeitl.)* reculé; **II.** *adv* loin; ► *~ von* loin de; *von ~ betrachtet* vu de loin; *in nicht zu ~er Zeit* sous peu; *der F~e Osten* l'Extrême-Orient *m*.

Fernamt *n* ['fɛrn-] *tele* (service) interurbain *m*. **Fernantrieb** *m tech* transmission à distance, télécommande *f*. **Fernauslöser** *m phot* déclencheur *m* à distance. **Fernbedienung** *f* télécommande *f*. **fern=bleiben** ‹*blieb fern, ferngeblieben*› *itr* ‹*sein*› **1.** *(Unterricht, Veranstaltung)* ne pas se rendre (*e-r S* à qc). **2.** ne pas participer, ne pas se mêler (*e-r S* à qc). **Fernblick** *m* vue *f* panoramique. **Ferne** *f* ‹-, ø› lointain, éloignement *m*, distance *f;* ► *aus der ~* de loin; *in der ~* au loin, dans le lointain; *das liegt noch in weiter ~* nous en sommes encore (bien) loin. **Fernempfang** *m radio* réception *f* à grande distance. **ferner** *adv (außerdem)* en outre; encore. **fernerhin** *adv (in Zukunft)* à l'avenir, désormais. **Fernfahrer** *m* (chauffeur) routier *m*. **Fernfahrt** *f* long trajet. **Fernflug** *m* vol à (grande) distance; long-courrier; *mil* raid *m*. **Ferngas** *n* gaz *m* (amené) à longue distance. **ferngelenkt** *a* téléguidé, télécommandé. **ferngespräch** *n tele* conversation *od* communication *f* interurbaine. **ferngesteuert** *a = ferngelenkt*. **Fernglas** *n* jumelle(s *pl*) *f*. **fern=halten** ‹*hält, hielt fern, ferngehalten*› *tr* tenir éloigné *od* à l'écart (*jdn von etw* qn de qc); ► *sich von jdm ~* éviter qn; *sich von etw ~* se tenir à l'écart de qc. **Fernheizung** *f* chauffage *m* à distance *od* urbain. **fernher** *adv* de loin. **Fernkopie** *f* télécopie *f*. **Fernkopierer** *m* télécopieur *m*. **Fernkurs(us)** *m* cours *m* par correspondance. **Fernlastzug** *m mot* convoi *m*. **Fernleitung** *f tele* circuit *m* interurbain. **Fernleitungsnetz** *n tele* réseau *m* interurbain. **Fernlenkung** *f* téléguidage *m*, télécommande *f*. **fern=liegen** ‹*lag fern, ferngelegen*› *itr:* ► *das liegt mir fern* c'est loin de ma pensée. **Fernmeldeamt** *n* télécommunications *f pl*. **Fernmeldenetz** *n:*

► *dienstintegrierende(s) digitale(s) ~ (tele)* réseau *m* numérique à intégration de services. **Fernmeldesatellit** *m* satellite *m* de télécommunication. **Fernmeldetechnik** *f* télétechnique *f*. **Fernmeldewesen** *n* télécommunications *f pl*. **Fernost:** ► *in ~* en Extrême-Orient. **fernöstlich** *a* d'Extrême-Orient. **Fernrohr** *n* longue-vue *f*, lunette *f* d'approche. **Fernruf** *m (Telephongespräch)* appel *m* téléphonique. **Fernschreiben** *n* télex *m*, lettre *f* télétypée. **Fernschreiber** *m (Apparat)* téléscripteur, télétype, téléimprimeur, télex *m*. *(Mensch)*, **Fernschreiberin** *f* télexiste *m*, *f*. **Fernschreibnetz** *n* réseau *m* télex. **Fernschreibnummer** *f* numéro *m*. de télex. **Fernschreibstelle** *f* poste télétype, télex *m*. **Fernschreibteilnehmer** *m* abonné *m* au réseau télex.

Fernsehansager(in *f***)** *m* ['fɛrnze:-] speaker(ine *f*) *m* de télévision. **Fernsehantenne** *f* antenne *f* de télévision. **Fernsehapparat** *m* appareil *od* poste de télévision, téléviseur *m*. **Fernsehaufnahme** *f* prise *f* de télévision. **Fernsehbericht** *m* téléreportage *m;* reportage *m* télévisé. **fern=sehen** ‹*sieht, sah fern, ferngesehen*› *itr* regarder la télévision. **Fernsehen** *n* télévision; *fam* télé *f;* ► *im ~ übertragen* téléviser. **Fernseher** *m* **1.** *(Person)* téléspectateur *m;* **2.** *(Gerät)* téléviseur *m*. **Fernsehfilm** *m* film *m* pour la télévision; téléfilm *m*. **Fernsehgebühren** *f pl* taxe *f* de télévision. **Fernsehgerät** *n* appareil *od* poste *od* récepteur de télévision, téléviseur *m*. **Fernsehkamera** *f* caméra de télévision, télécaméra *f*. **Fernsehnachrichten** *f pl* journal *m* télévisé. **Fernsehnetz** *n* réseau *m* télévisé *od* de télévision. **Fernsehprogramm** *n* programme *m* de télévision. **Fernsehsender** *m* émetteur *m od* station *f* de télévision. **Fernsehsendung** *f* émission *f* de télévision. **Fernsehspiel** *n* jeu *m* télévisé. **Fernsehstudio** *n* studio *m* de télévision. **Fernsehtechniker** *m* technicien *m* de la télévision. **Fernsehturm** *m* tour *f* de télévision. **Fernsehübertragung** *f* émission *od* transmission *f* de télévision.

Fernsicht *f* ['fɛrn-] vue *f* sur le lointain.

Fernsprechamt *n* ['fɛrnʃprɛç-] bureau téléphonique *od* du téléphone; central *m* (téléphonique). **Fernsprechanlage** *f* installation *f od* poste *m* téléphonique. **Fernsprechapparat** *m* appareil *m* téléphonique. **Fernsprecher** *m (Apparat)* appareil téléphonique, téléphone *m*. **Fernsprechgebühr** *f* taxe *f* téléphonique. **Fernsprechgeheimnis** *n* secret *m* des communications téléphoniques. **Fernsprechnetz** *n* réseau *m* téléphonique. **Fernsprechstelle** *f* poste *m* téléphonique. **Fernsprechteilnehmer** *m* abonné *m* au téléphone. **Fernsprechverkehr** *m* trafic *m od* communication *f* téléphonique. **Fernsprechvermittlung** *f* central *m* (du télé-téléphone). **Fernsprechzelle** *f* cabine *f* téléphonique. **Fernsprechzentrale** *f* central *m*.

fern=stehen ['fɛrn-] ‹*stand fern, ferngestanden*› *itr:* ► *jdm, e-r S ~* être étranger à qn, à qc. **Fernsteuerung** *f* manœuvre à distance, télécommande *f*, téléguidage *m*. **Fernverkehr** *m* trafic à grande distance; *loc* service des grandes lignes; *tele* service *m* interurbain. **Fernverkehrsstraße** *f* route *od* voie *f* de *od* à grande circulation. **Fernweh** *n* nostalgie *f* du voyage. **Fernwirkung** *f* effet *m* de distance. **Fernzündung** *f* allumage *m* à distance.

Ferse *f* ‹-, -n› ['fɛrzə] *anat (a. des Strumpfes)* talon *m;* ► *jdm auf den ~n sein* être sur les talons *od* aux trousses de qn, talonner qn. **Fersengeld** *n:* ► *~ geben (fam: fliehen)* tourner les talons, lever le pied.

fertig ['fɛrtıç] *a* **1.** *(~gestellt, vollendet)* fini, achevé; **2.** *(bereit)* prêt (*zu* à); **3.** *fam (erschöpft)* rompu de fatigue; *pop* canné; **4.** *fam (erledigt, zugrunde gerichtet)* fini, perdu; ► *mit etw ~ sein* avoir fini *od* terminé *od* achevé qc; *mit etw ~ werden (beenden, vollenden)* finir, terminer, achever qc; *(zustande kommen)* venir à bout, se tirer de qc; *ohne jdn, etw ~ werden* savoir se passer de qn, de qc; *nicht damit ~ werden (sich erfolglos bemühen)* ne pas en sortir; *sieh zu, wie du damit ~ wirst!* débrouille-toi tout seul! *~ verpackt* préemballé; **Fertigbau(weise** *f***)** *m* construction *f* en éléments préfabriqués. **fertig=bringen** ‹*brachte fertig, fertiggebracht*› *tr* venir à bout de; ► *es ~ (können)* en trouver le moyen, y arriver. **fertigen** [-gən] *tr (herstellen)* fabriquer, produire, faire. **Fertighaus** *n* maison *f* préfabriquée. **Fertigkeit** *f (Gewandtheit)* adresse; *(Geschicklichkeit)* habileté, dextérité *f*. **Fertigkleidung** *f* (vêtements *m pl*) prêt(s) *m* à porter, confection *f*, tout fait *m;* **fertig=machen** *tr* **1.** achever, finir; *(bereit machen)* préparer; **2.** *fig fam (müde u. nervös machen)* esquinter, achever; **3.** *(heruntermachen)* éreinter, déchirer à belles dents; **fertig=stellen** *tr* achever, finir. **Fertigstellung** *f* achèvement *m*, finition, mise *f* au point. **Fertigteil** *n* élément *m* préfabriqué. **Fertigung** *f* ‹-, (-en)› *tech* usinage *m;* fabrication, production *f*. **Fertigungstechnik** *f* technique *f* de fabrication. **Fertigware** *f* produit *m* manufacturé *od* préfabriqué.

fes *n* [fɛs] *mus* fa *m* bémol.
fesch [fɛʃ] *a (schick)* chic, pimpant; *fam* chouette; *(flott, forsch)* fringant.
Fessel *f* ‹-, -n› ['fɛsəl] lien *m; (Kette)* chaîne *f,* fers *m pl; (Fußfessel; fig: Hindernis, Einengung)* entrave *f;* ▶ *jdm ~n anlegen, jdn in ~n legen* lier qn, mettre qn aux fers. **Fesselballon** *m* ballon *m* captif. **fesseln** *tr* **1.** ligoter, enchaîner, charger de chaînes *od* de fers; *(Tier)* entraver; **2.** *fig* captiver, hypnotiser. **fesselnd** *a (spannend)* captivant.
Fest *n* ‹-(e)s, -e› [fɛst] fête *f;* ▶ *ein ~ feiern* célébrer une fête, fêter; *bewegliches, unbewegliches ~* fête *f* mobile, fixe.
fest [fɛst] *a* **1.** *(nicht flüssig)* solide; *(nicht weich)* ferme; *(hart)* dur; **2.** *(nicht lose)* fixe; **3.** *fig (energisch, unerschütterlich; unabänderlich, endgültig)* ferme; **4.** *(beständig, a. von e-m Arbeitsplatz, e-m Börsenkurs)* stable; *(keiner Veränderung, keinem Wechsel unterworfen, a. von Wohnsitz, Preis, Lohn, Gehalt, Kundschaft)* fixe; ▶ *~ bleiben (standhalten)* tenir ferme; *schlafen* dormir à poings fermés; *~ (davon) überzeugt sein, daß ...* avoir la ferme conviction que ...; *sich ~ vornehmen, etw zu tun* prendre la ferme résolution de faire qc; *~ werden (erstarren)* se solidifier, faire prise.
Festakt *m* ['fɛst-] cérémonie *f.*

festangestellt ['fɛst-] *a* employé en permanence, titularisé. **fest=beißen,** *sich* ‹*biß fest, festgebissen*› ne pas démordre. **fest=binden** ‹*band fest, festgebunden*› *tr* lier *od* attacher solidement.
Festessen *n* ['fɛst-] banquet, repas *m* de fête.
fest=fahren ['fɛst-] ‹*fährt, fuhr fest, festgefahren*› *itr: festgefahren sein* être embourbé *od* en panne; *fig* être au point mort; ▶ *sich ~ (fig)* s'embourber, s'enferrer, s'enliser. **festgesetzt** *a:* ▶ *zur ~en Zeit* à l'heure dite. **festgewurzelt** *a* (profondément) enraciné. **fest=halten** ‹*hält, hielt fest, festgehalten*› *tr* **1.** *(zurückhalten)* retenir, clouer; *(anhalten)* arrêter; **2.** *(gefangenhalten)* détenir; **3.** *fig (in Worten, im Bild, in der Erinnerung)* retenir; *itr* **4.** *fig* tenir ferme (*an* à); ne pas démordre (*an* de); ▶ *sich an etw ~* se tenir ferme, s'accrocher à qc; *starr an etw ~ (fig)* être entiché de qc. **festigen** *tr fig* affermir *a. fin;* fortifier, consolider. **Festigkeit** *f* ‹-, ø› **1.** *(fester Zustand)* consistance; *(Härte)* dureté *f;* **2.** *(Widerstandsfähigkeit)* résistance *f;* **3.** *fig (Standhaftigkeit)* fermeté *f a. fin;* aplomb *m,* persévérance *f.* **Festigung** *f* ‹-, ø› affermissement *m;* consolidation, solidification *f.* **fest=kleben** **1.** *tr* coller; **2.** *itr (Vorgang)* s'attacher (solidement). **Festland** *n* terre *f* ferme; *(Kontinent)* continent *m.* **fest=legen** *tr* **1.** *(bestimmen)* déterminer, établir, arrêter, fixer; **2.** *fin* immobiliser; **3.** *refl sich ~ (sich binden)* se lier, s'engager (*auf etw* à qc). **Festlegung** *f* **1.** détermination *f,* établissement *m,* fixation *f;* **2.** *fin mil* immobilisation *f.*
festlich ['fɛstlɪç] **I.** *a* de fête; *(feierlich)* solennel; ▶ *in ~er Stimmung* en fête; **II.** *adv: ~ begehen* célébrer en grande pompe; *~ gekleidet* endimanché; *~ geschmückt* paré pour la fête. **Festlichkeit** *f* ‹-, -en› (Fest) fête; *(Feier)* cérémonie *f.*
fest=liegen ['fɛst-] ‹*lag fest, festgelegen*› *itr a. fin* être immobilisé. **fest=machen** *tr* **1.** *(befestigen, festbinden)* fixer, attacher, lier; *mar* amarrer; **2.** *(abmachen, vereinbaren)* arrêter, fixer; *itr* **3.** *mar* ancrer.
Festmahl *n* ['fɛst-] banquet *m.*
Festmeter *m (cbm Holz)* stère *m.* **fest=nageln** *tr* **1.** clouer; **2.** *fig fam* river son clou à. **Festnahme** *f* arrestation, capture *f.* **fest=nehmen** ‹*nimmt, nahm fest, festgenommen*› *tr (verhaften)* saisir, appréhender, arrêter.
Festplatte *f inform* disque dur, disque *m* à têtes fixes.
Festplatz *m* place *f* des fêtes. **Festrede** *f* discours *m* (solennel).
fest=schnallen ['fɛst-] *tr* boucler. **fest=schrauben** *tr* visser. **fest=setzen** *tr* **1.** *(inhaftieren)* emprisonner, écrouer; **2.** *fig (bestimmen)* fixer, arrêter. **fest=sitzen** ‹*saß fest, festgesessen*› *itr (nicht von der Stelle können)* ne (pas) pouvoir bouger, être immobilisé *od* en panne.
Festspiele *n pl* ['fɛst-] festival *m.* **Festspielhaus** *n* théâtre *m* des fêtes.
fest=stecken ['fɛst-] *tr* attacher *od* fixer *od* maintenir par des épingles. **fest=stehen** ‹*stand fest, festgestanden*› *itr fig* être arrêté *od* un fait établi; *impers:* ▶ *es steht fest, daß ...* il est établi, c'est un fait, il est de fait que ...; *eins steht ~* une chose est sûre. **fest=stellen** *tr* **1.** *tech* arrêter, fixer, bloquer; **2.** *fig (erkennen)* constater, vérifier; ▶ *jds Personalien ~* établir l'identité de qn. **Feststellung** *f fig* constatation, vérification *f;* établissement *m.*
Festtag *m* ['fɛst-] jour *m* de fête.
Festung *f* ['fɛstʊŋ] forteresse, place *f* forte.
Festzug *m* ['fɛst-] cortège *m* (solennel).
Fetisch *m* ‹-(e)s, -e› ['fe:tɪʃ] *rel* u. *fig* fétiche *m.* **Fetischismus** *m* ‹-, ø› [-'ʃɪsmʊs] *rel* u. *med* fétichisme *m.*
fett [fɛt] *a* **1.** *(Tier; Mensch: pop; Fleisch, Speise)* gras; *(Boden)* gras, fer-

tile; **2.** *fig (groß, reich)* gros, riche, bon; **3.** *(einträglich)* lucratif; ► *dick und ~* gros et gras; *zu ~ (Nahrung)* trop riche.
Fett *n* **1.** graisse *f; (fettes Fleisch)* gras *m;* **2.** *chem* matière *f* grasse; *pl* corps gras; ► *das ~ abschöpfen* dégraisser (*von etw* qc). **Fettauge** *n (auf der Suppe)* œil *m* (de graisse). **Fettbauch** *m* gros ventre *m.* **fetten** *tr* u. *itr* graisser. **Fettfleck** *m* tache *f* de graisse. **fettgedruckt** *a typ* imprimé en (caractères) gras. **Fettgehalt** *m* teneur *f* en matières grasses. **fettig** *a* graisseux; *(Haut, Haar)* gras. **fettleibig** *a* obèse, gras; *(dick)* gros, replet. **Fettleibigkeit** *f* obésité *f.* **Fettnäpfchen** *n:* ► *ins ~ treten (fig fam)* mettre les pieds dans le plat. **Fettpolster** *n anat* coussinet de graisse *od* adipeux; *pej* bourrelet *m* de graisse. **Fettsäure** *f chem* acide *m* gras. **Fettschicht** *f* couche *f* de graisse. **Fettsucht** *f med* adipose *f.*
Fetus *m* ⟨-/-ses, -se/Feten⟩ ['fe:tʊs, -sə] *physiol* fœtus *m.*
Fetzen *m* ⟨-s, -⟩ ['fɛtsən] lambeau *a. fig;* chiffon *m.*
feucht [fɔʏçt] *a* humide, mouillé, moite; ► *~ werden* s'humidifier, s'humecter. **feuchtheiß** *a = feuchtwarm.* **Feuchtigkeit** *f* ⟨-, ø⟩ humidité, moiteur *f.* **Feuchtigkeitscreme** *f* crème *f* hydratante. **Feuchtigkeitsmesser** ⟨-s, -⟩ *m* hygromètre, hygroscope *m.* **feuchtwarm** *a* d'une chaleur humide.
feudal [fɔʏ'da:l] *a* **1.** *hist* féodal; **2.** *fig fam (piekfein, luxuriös)* somptueux, fastueux, luxueux. **Feudalismus** *m* ⟨-, ø⟩ [-'lɪsmʊs] féodalisme *m.*
Feuer *n* ⟨-s, -⟩ ['fɔʏər] *a. mil* u. *fig* feu *m;* ► *bei gelindem, starkem ~* à petit, à grand feu; *wie ~ und Wasser* comme le jour et la nuit; *~ (an)machen* od *anzünden* faire du feu, allumer un feu; *jdn um ~ bitten* demander du feu à qn; *das ~ einstellen (mil)* cesser le feu; *das ~ eröffnen (mil)* ouvrir le feu; *~ fangen (a. fig)* prendre feu; *(in Brand geraten)* s'allumer, s'enflammer; *für jdn durchs ~ gehen* se jeter au feu, *~ und Flamme sein* être tout feu tout flamme (*für jdn* pour qn); *~!* au feu! **Feueralarm** *m* alerte *f* au feu. **Feueranzünder** *m* allume-feu *m.* **Feuerbefehl** *m mil* ordre *m* de tir. **feuerbeständig** *a* résistant au feu; *scient* réfractaire. **Feuerbestattung** *f* incinération *f.* **Feuereifer** *m* zèle *m* ardent, ferveur *f.* **Feuereinstellung** *f mil* cessez-le-feu *m.* **feuerfest** *a* résistant au feu, incombustible; ignifugé. **feuergefährlich** *a* facilement inflammable. **Feuergefecht** *n* combat *m* par le feu. **Feuerhaken** *m (Schüreisen)* tisonnier, pique-feu; *(der Feuerwehr)* croc *m* à incendie. **Feuerland** *n geog* la Terre de Feu. **Feuerländer(in *f*)** *m* Fuégien, ne *m, f.* **Feuerleiter** *f* échelle *f* à *od* d'incendie. **Feuerlöscher** *m* extincteur *m* d'incendie. **Feuermelder** *m* avertisseur *m* d'incendie. **feuern** *itr* **1.** *(heizen)* chauffer, faire du feu; **2.** *mil* faire feu (*auf* sur); *tr* **3.** *fam* jeter, balancer; *(entlassen)* virer. **feuerrot** *a* rouge feu *od* comme une pivoine. **Feuersbrunst** *f* incendie *m.* **Feuer(s)gefahr** *f* danger *m* d'incendie. **feuersicher** *a* à l'épreuve du feu. **feuerspeiend** *a:* ► *~er Berg m* volcan *m.* **Feuerspritze** *f* pompe *f* à incendie. **Feuerstein** *m* pierre *f* à feu *od* à briquet *od* à fusil; *geol* silex *m.* **Feuerung** *f* ⟨-, -en⟩ **1.** *(ohne pl) (Tätigkeit)* chauffage *m;* **2.** *(ohne pl) (Brennmaterial)* combustible *m;* **3.** *(Anlage)* four, fourneau *m.* **Feuerversicherung** *f* assurance *f* contre l'incendie. **Feuerwache** *f* poste *m* d'incendie. **Feuerwaffe** *f* arme *f* à feu. **Feuerwasser** *n (Branntwein)* eau *f* de vie. **Feuerwehr** *f* (corps *m* des) sapeurs-pompiers *m pl.* **Feuerwehrauto** *n* fourgon-pompe *m,* voiture *f* de(s) pompiers. **Feuerwehrmann** *m* (sapeur-)pompier *m.* **Feuerwehrschlauch** *m* manche *f* à incendie. **Feuerwerk** *n* feu *m* d'artifice. **Feuerwerker** *m a. mil* artificier, pyrotechnicien *m.* **Feuerzeug** *n* briquet *m.*
Feuilleton *n* ⟨-s, -s⟩ [fœj(ə)'tõ(:)] *(e-r Zeitung)* feuilleton *m.* **Feuilletonist** *m* ⟨-en, -en⟩ [-to'nɪst] feuilletoniste *m.*
feurig ['fɔʏrɪç] *a* de feu, ardent; *fig* plein de feu, brûlant, fervent, *(Pferd)* fringant; *(Wein)* généreux.
Fez *m* ⟨-es, ø⟩ [fe:ts] *(fam dial: Spaß)* plaisanterie *f.*
Fiasko *n* ⟨-s, -s⟩ [fi'asko] *(Mißerfolg)* fiasco; *theat* four *m;* ► *ein ~ erleben* ramasser une veste.
Fibel *f* ⟨-, -n⟩ ['fi:bəl] abécédaire; *(in Zssgen: Elementarbuch)* abrégé *m* (de ...).
Fichte *f* ⟨-, -n⟩ ['fɪçtə] *bot* sapin (rouge); *scient* épicéa *m.* **Fichtenwald** *m* sapinière *f.*
ficken ['fɪkən] *tr vulg* baiser.
fidel [fi'de:l] *a fam (lustig)* joyeux, gai.
Fieber *n* ⟨-s, (-)⟩ ['fi:bər] fièvre; *fig* fièvre, passion *f;* ► *~ haben* avoir de la fièvre *od* de la température; *fam* faire de la température; *hohes ~* forte fièvre *f.* **Fieberanfall** *m* accès *m* de fièvre. **fieberfrei** *a* sans fièvre. **fieberhaft I.** *a a. fig* fiévreux, fébrile; **II.** *adv fig a.* avec fièvre. **Fieberkurve** *f* courbe *f* de température. **fiebern** *itr* avoir de la fièvre *od* de la température, être fiévreux. **Fieberphantasie** *f* hallucination *f.* **Fieberthermometer** *n* thermomètre *m* médical. **Fieberwahn** *m* délire *m.*
Fiedel *f* ⟨-, -n⟩ ['fi:dəl] *fam (Geige)* violon; *pop* crincrin *m.* **fiedeln** *itr fam*

râcler du violon.

Figur *f* ⟨-, -en⟩ [fiˈguːr] **1.** *(Gestalt)* silhouette, stature, taille *f;* **2.** *(Standbild)* statue; *(kleinere)* statuette, figurine; *(e-s Schachspiels)* pièce; *(auf e-r Spielkarte)* figure *f;* **3.** *(math, Tanz, Eiskunstlauf)* figure; *aero* acrobatie *f;* **4.** *(in e-r Handlung, e-m Geschehen)* personne *f,* personnage *m;* ▶ *e-e gute Figur haben* être bien fait *od* bien bâti; *e-e gute ~ machen* faire (bonne) figure; *keine gute ~ machen (fam)* ne pas faire bonne figure.

figürlich [fiˈgyːrlɪç] *a* u. *adv gram* au figuré.

Filet *n* ⟨-s, -s⟩ [fiˈleː] *(Küche)* filet *m.* **Filetbraten** *m* filet *m* (rôti).

Filiale *f* ⟨-, -n⟩ *com* (magasin *m*) succursale, filiale *f.* **Filialleiter** *m* gérant *m* d'une *od* de la succursale.

Film *m* ⟨-(e)s, -e⟩ [fɪlm] **1.** *(dünne Haut)* film *m,* pellicule *f;* **2.** *phot (Lichtbildstreifen)* pellicule *f,* film *m;* **3.** *(Kunstwerk)* film *m;* **4.** *(Lichtspielwesen)* film, cinéma *m;* ▶ *mit e-m ~ überziehen (tech)* filmer; *e-n ~ drehen* tourner un film; *der ~ läuft* on passe le film. **Filmarchiv** *n* cinémathèque, filmothèque *f.* **Filmatelier** *m* studio *m.* **Filmaufnahme** *f* prise *f* de vues de cinéma *od* cinématographiques. **Filmemacher(in *f*)** *m* metteur *m* en scène. **filmen 1.** *tr* filmer, cinématographier; **2.** *itr (a. von e-m Schauspieler)* faire du cinéma, tourner. **Filmen** *n* ⟨-s, ø⟩ filmage *m.* **Filmfestspiele** *n pl* festival *m* cinématographique *od* du cinéma. **Filmgesellschaft** *f* société *f* cinématographique. **Filmindustrie** *f* industrie *f* cinématographique *od* du cinéma. **Filmkamera** *f* caméra *f* (de cinéma). **Filmkassette** *f (für Kassettenkamera)* cassette *f.* **Filmkritiker** *m* critique *m* de cinéma. **Filmkunst** *f* art *m* cinématographique, cinématographie *f.* **Filmprobe** *f* (tournage *m* d'une) bande *f* d'essai. **Filmproduzent** *m* producteur *m* cinématographique. **Filmprojektor** *m* projecteur *m* cinématographique. **Filmprüfstelle** *f* office *m* de contrôle des films. **Filmregisseur** *m* metteur en scène *m.* **Filmreportage** *f* reportage *m* cinématographique *od* filmé. **Filmschauspieler(in *f*)** *m* acteur *m,* actrice *f* de cinéma. **Filmstar** *m* vedette *f* de cinéma, star *f.* **Filmszene** *f* scène *f* de film. **Filmtheater** *n* (salle *f* de) cinéma *m.* **Filmverleih** *m* location *od* distribution de films; *(einzelnes Unternehmen)* maison *f* de location de films. **Filmvorführung** *f* projection *f* de films. **Filmvorschau** *f* bande *f* de lancement. **Filmzensur** *f* censure *f* cinématographique.

Filter *m* od *n* ⟨-s, -⟩ [ˈfɪltər] filtre *a. opt phot radio; opt phot a.* écran *m.* **Filtereinsatz** *m (d. Gasmaske)* cartouche *f* (du masque à gaz). **Filterkaffee** *m* café *m* moulu. **Filtermundstück** *n (e-r Zigarette)* bout *m* filtre. **filtern** *tr* filtrer. **Filterpapier** *n* papier-filtre *m.* **Filterzigarette** *f* cigarette-filtre *f.*

Filz *m* ⟨-es, -e⟩ [fɪlts] **1.** feutre *m;* **2.** *fig fam (Geizhals)* ladre, pingre, grippe-sou *m.* **filzen** *tr* **1.** feutrer; **2.** *(durchsuchen)* fouiller. **filzig** *a* **1.** feutré; **2.** *fig fam* ladre, pingre. **Filzlaus** *f ent* morpion *m.* **Filzstift** *m* feutre, crayon-feutre, stylo-feutre *m.* **Filzpantoffeln** *m pl* pantoufles *f pl* en feutre.

Fimmel *m* ⟨-s, -⟩ [ˈfɪməl] *fam* toquade; folie *f.*

Finale *n* ⟨-s, -/(-s)⟩ [fiˈnaːlə] **1.** *mus* finale *m;* **2.** *sport* (épreuve *od* poule) finale *f.*

Finanz *f* ⟨-, -en⟩ [fiˈnants] **1.** *(Geldwesen; Geldleute)* finance *f;* **2.** *pl (Geldangelegenheiten)* finances *f pl.* **Finanzamt** *n* perception *f.* **Finanzbeamte** *m* fonctionnaire *m* aux finances. **finanziell** [-tsiˈɛl] *a* financier. **finanzieren** [-ˈtsiːrən] ⟨ohne ge-⟩ *tr* financer. **Finanzierung** *f* ⟨-, ø⟩ financement *m.* **Finanzlage** *f* situation *f* financière, état *m* des finances. **Finanzminister** *m* ministre *m* des finances. **Finanzministerium** *n* ministère *m* des finances. **Finanzpolitik** *f* politique *f* financière *od* des finances *od* budgétaire. **finanzschwach** *a* économiquement faible. **Finanzspritze** *f fig* injection de capitaux. **finanzstark** *a* économiquement fort. **Finanzverwaltung** *f* administration *od* régie *f* financière *od* des finances. **Finanzwesen** *n* finance *f.*

Findelkind *n* [ˈfɪndəl-] enfant *m* trouvé. **finden** ⟨*fand, gefunden*⟩ **1.** *tr a. fig* trouver; *(antreffen)* rencontrer; *(entdecken) a.* découvrir, mettre au jour; **2.** *refl: sich ~ (wieder zum Vorschein kommen)* être retrouvé; *(vorkommen)* se trouver; ▶ *Ruhe ~* trouver la paix; *nicht zu ~ sein* être introuvable; *es fand sich, daß* il se trouva que; *das wird sich (schon) ~* on va le retrouver; on verra bien; tout va s'arranger. **Finder** *m* ⟨-s, -⟩ trouveur; *jur* inventeur *m.* **Finderlohn** *m* droit *m* de trouvaille. **findig** *a* ingénieux; inventif. **Findigkeit** *f* ⟨-, ø⟩ ingéniosité, inventivité *f.* **Findling** *m* ⟨-s, -e⟩ **1.** enfant *m* trouvé; **2.** *geol* block *m* erratique.

Finger *m* ⟨-s, -⟩ [ˈfɪŋər] doigt *m;* ▶ *an den ~n abzählen* compter sur ses doigts *od* sur les doigts de la main; *etw mit spitzen ~n anfassen* saisir qc du bout des doigts; *jdm auf die ~ klopfen* taper *od* donner sur les doigts à qn; *die ~ von etw lassen* ne pas se mêler de qc; *keinen ~ krumm machen (fig)* ne rien faire de ses dix doigts; *sich etw aus den ~n saugen (fig fam: frei erfinden)* inventer qc de toutes pièces; *sich in den ~ schneiden* se couper le doigt; *jdm auf die ~ sehen (fig)* avoir qn à l'œil; *mit dem ~ auf jdn zeigen (a. fig)* montrer qn du *od* avec le doigt; *den kann man um den ~ wickeln (fig fam)* il est souple comme un gant; *~ weg! (fam)* bas les mains! bas les pattes! *kleiner ~* petit doigt, (doigt) auriculaire *m.* **Fingerabdruck** *m* ‹-(e)s, ⸚e› empreinte *f* digitale. **fingerdick** *a* gros comme le doigt; de l'épaisseur d'un doigt. **fingerfertig** *a* habile de ses doigts *od* de ses mains. **Fingerfertigkeit** *f* habileté des doigts *od* des mains, dextérité *f.* **Fingerglied** *n anat* phalange *f.* **Fingerhut** *m* **1.** dé *m* à coudre; **2.** *bot* digitale *f.* **fingern** *itr:* ▶ *an etw ~* manier, manipuler, tripoter qc. **Fingernagel** *m* ongle *m.* **Fingerspitze** *f* bout *m* du doigt. **Fingerspitzengefühl** *n fig* doigté; tact *m.* **Fingerzeig** *m* avertissement *m,* indication *f;* avis *m.*

fingieren [fɪŋ'gi:rən] ‹*ohne ge-*› *tr* feindre, simuler.

Fink *m* ‹-en, -en› [fɪŋk] *orn* pinson *m.*

Finne *m* ‹-n, -n›, **Finnin** *f* ‹-, -nen› ['fɪnə, -ɪn] Finlandais(e *f*) *m.* **finnisch** *a* finnois, finlandais; *(das) F~(e)* le finnois. **Finnland** *n* ‹-s, ø› la Finlande. **Finnlandisierung** *f pol* finlandisation *f.*

finster ['fɪnstər] *a* sombre; obscur; *fig* sombre, ténébreux, morne; *(unheilvoll)* lugubre, sinistre; ▶ *im ~n tappen (fig)* errer dans les ténèbres; *das ~e Mittelalter* l'obscur moyen âge; *~e Nacht f* nuit *f* noire *od* épaisse. **Finsternis** *f* ‹-, -se› **1.** *a. fig* ténèbres *f pl,* obscurité *f;* **2.** *astr* éclipse *f.*

Finte *f* ‹-, -n› ['fɪntə] *(List)* ruse *f.*

Firma *f* ‹-, -men› ['fɪrma, -mən] **1.** *com* firme, maison *f* (de commerce); **2.** nom *m od* raison *f* social(e).

Firmament *n* ‹-(e)s, -e› [fɪrma'mɛnt] firmament *m.*

firmen ['fɪrmən] *tr rel* confirmer.

Firmenbezeichnung *f* nom *m od* raison *f* social(e). **Firmenschild** *n* enseigne *f,* écriteau *m.* **Firmenstempel** *m* ['fɪrmən-] cachet *m* de la firme.

Firmling *m* ‹-s, -e› confirmand *m.* **Firmung** *f* ‹-, -en› confirmation *f.*

Firn(schnee) *m* ‹-(e)s, -e› [fɪrn(-)] *(Altschnee)* neiges *f pl* éternelles.

Firnis *m* ‹-ses, -se› ['fɪrnɪs] vernis *m.* **firnissen** *tr* vernir, vernisser.

First *m* ‹-es, -e› [fɪrst] **1.** *(Dachfirst)* faîte, comble *m;* **2.** *(Berggipfel)* sommet *m; (Grat)* crête *f.*

fis *n* ‹-, -› [fɪs] *mus fa m* dièse.

Fisch *m* ‹-(e)s, -e› [fɪʃ] poisson *m;* ▶ *weder ~ noch Fleisch* ni chair ni poisson; mi-figue, mi-raisin; *munter wie ein ~ im Wasser* (heureux) comme un poisson dans l'eau; *stumm wie ein ~* muet comme une carpe. **Fischbein** *n* (fanon *m* de) baleine *f.* **Fischbesteck** *n* couvert *od* service *m* à poisson. **Fischdampfer** *m* bateau de pêche, pêcheur; chalutier *m.* **fischen** *tr* u. *itr* pêcher; ▶ *im trüben ~ (fig)* pêcher en eau trouble. **Fischer** *m* ‹-s, -› pêcheur *m.* **Fischerboot** *n* bateau *m od* barque *f* de pêche *od* de pêcheur. **Fischereigebiet** *n* pêcherie *f.* **Fischfang** *m* capture du poisson; pêche *f.* **Fischgeschäft** *n* poissonnerie *f.* **Fischhändler(in *f*)** *m* marchand, e de poisson; poissonnier, ère *m, f.* **Fischlaich** *m* frai *m.* **Fischnetz** *n* filet *m* de pêche. **Fischotter** *m, a. f* loutre *f.* **fischreich** *a* poissonneux. **Fischsuppe** *f* soupe de poisson; bouillabaisse *f.* **Fischteich** *m* vivier *m.* **Fischzucht** *f* pisciculture *f.*

Fis-Dur *n* ['fɪsdu:r] *mus* fa *m* dièse majeur.

fiskalisch [fɪs'ka:lɪʃ] *a adm* fiscal. **Fiskus** *m* ‹-, (-ken/-se)› ['fɪskʊs, -kən] fisc; Trésor *m.*

Fistel *f* ‹-, -n› ['fɪstəl] *med* fistule *f.* **Fistelstimme** *f* voix *f* de tête, fausset *m.*

fit [fɪt] *a sport* en forme, en condition physique. **Fitneß** ‹-, ø› *f* condition physique, forme *f* physique. **Fitneßcenter** *n* centre *m* de culturisme. **Fitneßstudio** *n* salle *f* de culturisme.

fix [fɪks] *a* **1.** *(fest)* fixe; **2.** *fam (flink, gewandt)* leste, preste, prompt; *(geschickt)* adroit, habile; ▶ *~!* vite, vite! *~ und fertig* fin prêt; *fam (erschöpft)* lessivé, vanné. **fixen** *tr arg* se piquer (à l'héroïne). **Fixer(in *f*)** *m* ‹-s, -› *arg* héroïnomane *m f.* **fixieren** ‹*ohne ge-*› *tr* **1.** *(festmachen)* fixer; **2.** *(anstarren)* fixer du regard, regarder fixement *od* dans les yeux. **fixiert** *a fam:* ▶ *auf etw ~ sein* être obsédé par qc. **Fixierung** *f* ‹-, ø› fixation *f.* **Fixum** *n* ‹-s, -xa› ['fɪksʊm, -sa] *(festes Gehalt)* fixe *m.*

flach [flax] *a* **1.** *(eben)* plat, plan, ras; **2.** *(untief)* bas; peu profond *a. fig;* **3.** *fig (oberflächlich)* superficiel, plat; ▶ *mit der ~en Hand* du plat de la main.

Flachdach *n* ['flax-] toit *m* plat. **Flachdruck** *m* ‹-(e)s, -e› *typ* impression *f* à plat.

Fläche *f* ‹-, -n› ['flɛçə] **1.** surface *f a. math; math* plan *m;* **2.** *(Oberfläche)* superficie *f.*

Flächenantenne *f* ['flɛçən-] antenne *f* en nappe. **Flächenausdehnung** *f* superficie *f.* **flächendeckend** *a* global, exhaustif, complet. **flächengleich** *a math* égal en surface. **Flächeninhalt** *m math* superficie, aire *f.* **Flächenmaß** *n* mesure *f* de superficie.

Flachhang *m* ['flax-] pente *f* douce. **Flachküste** *f* côte *f* plate *od* basse. **Flachland** *n* pays *m* plat.

Flachs *m* ‹-es, ø› [flaks] *bot* lin *m.* **flachsblond** *a* blond filasse.
flachsen ['flaksən] *itr fam (spotten)* se moquer.
flackern ['flakərn] *itr* vaciller, danser.
Fladen *m* ‹-s, -› ['fla:dən] **1.** *(flacher Kuchen)* galette *f;* **2.** *(Kuhmist)* bouse *f* (de vache).
Flagge *f* ‹-, -n› ['flagə] *mil bes. mar* pavillon *m;* ▶ *unter deutscher* ~ sous pavillon allemand; *die* ~ *aufziehen* od *hissen* arborer *od* hisser le pavillon; *die französische* ~ *führen, unter französischer* ~ *segeln* battre pavillon français; *die* ~ *streichen* amener le pavillon, mettre pavillon bas. **flaggen** *itr* pavoiser. **Flaggensignal** *n* signalisation *f* par fanions. **Flaggschiff** *n* vaisseau *m* amiral.
Flak *f* ‹-, -(s)› [flak] *(Kurzwort für: Fliegerabwehrkanone u. -artillerie)* canon *m* contre avion *od* de D.C.A. *od* antiaérien; *(als Waffengattung)* arme antiaérienne, défense *f* contre avions, D.C.A.
Flame *m* ‹-n, -n› ['fla:mə], **Flamin** *od* **Flämin** *f* Flamand(e *f*) *m.*
Flamingo *m* ‹-s, -s› [fla'mɪŋgo] *orn* flamant *m.*
flämisch ['flɛ:mɪʃ] *a* flamand.
Flamme *f* ‹-, -n› ['flamə] flamme *f;* ▶ *in* ~*n aufgehen* être la proie des flammes; *in* ~*n stehen* être en flammes. **flammen** *itr* flamber, flamboyer. **flammend** *a* **1.** flamboyant, enflammé; **2.** *fig* flamboyant, ardent. **Flammenschutz** *m tech* pare-flamme *m.* **Flammenwerfer** *m mil* lance-flammes *m.*
Flandern *n* ‹-s, ø› ['flandərn] la Flandre.
Flanell *m* ‹-s, -e› [fla'nɛl] *(Stoff)* flanelle *f.*
Flanke *f* ‹-, -n› ['flaŋkə] **1.** *allg* u. *mil (Seite), anat (Weiche)* flanc, côté *m;* **2.** *sport* saut *m* de côté. **flankieren** [-'ki:rən] ‹*ohne ge-*› *tr* flanquer.
Flansch *m* ‹-(e)s, -e› [flanʃ] *tech* bride *f.*
Flasche *f* ‹-, -n› ['flaʃə] **1.** bouteille *f;* *(Saugflasche)* biberon *m;* **2.** *pop pej (Mensch)* cloche, savate *f,* pauvre type *m;* ▶ *in* ~*n* en bouteilles, embouteillé; *e-m Kind die* ~ *geben* donner le biberon à un enfant; *(gleich) aus der* ~ *trinken* boire à même la bouteille *od* au goulot; *auf* ~*n ziehen* embouteiller.
Flaschenbier *n* ['flaʃən-] bière *f* en bouteilles *od* canettes. **Flaschenbürste** *f* goupillon *m.* **Flaschengestell** *n* porte--bouteilles *m.* **Flaschenhals** *m* goulot *od* col *m* de bouteille. **Flaschenöffner** *m* ouvre-bouteilles *m.* **Flaschenpfand** *n* consigne *f* (de bouteilles). **Flaschenpost** *f* bouteille *f* à la mer. **Flaschenwärmer** ‹-s, -› *m (für Säuglingsflasche)* chauffe-biberon *m.* **Flaschenwein** *m* vin *m* en bouteille(s).
Flaschenzug *m tech* moufle *f,* palan *m.*
Flaschner *m* ‹-s, -› ['flaʃnər] *(Klempner, Spengler)* plombier-zingueur *m.*
flatterhaft ['flatər-] *a* volage, léger, inconstant. **Flatterhaftigkeit** *f* ‹-, ø› humeur volage, légèreté, inconstance *f.* **flattern** *itr* **1.** ‹*sein*› *(Tier)* voleter, voltiger; **2.** ‹*h*› *(Fahne etc im Wind)* flotter, s'agiter; *(Segel a.)* battre.
flau [flaʊ] *a* **1.** *(schlaff, weich)* mou; *(schwach)* faible; *(Farbe: matt)* mat; **2.** *fig (Stimmung)* indolent, languissant; *fin* calme, sans activité; ▶ *mir wird* ~ *(schlecht)* je vais me trouver mal. **Flauheit** *f* ‹-, ø› mollesse; faiblesse; indolence *f.*
Flaum *m* ‹-(e)s, ø› [flaʊm] *(weiche Federn od Haare)* duvet; *(erster Bart)* poil follet, duvet *m.* **Flaumfeder** *f* plumule *f.* **flaumig** *a* duveté, cotonneux. **flaumweich** *a a. fig* moelleux.
Flaus *m* ‹-es, -e› **Flausch** *m* ‹-(e)s, -e› [flaʊs, -ʃ] *(Textil)* frise *f.* **flauschig** *a (weich)* cotonneux.
Flausen *f pl* ['flaʊzən] *fam* fariboles, bourdes, sornettes *f pl;* blague *f.*
Flaute *f* ‹-, -n› ['flaʊtə] **1.** *(Windstille)* calme (plat); **2.** *fin* marasme *m;* morte--saison, période *f* creuse.
Flechte *f* ‹-, -n› ['flɛçtə] **1.** *(Zopf)* natte, tresse *f;* **2.** *bot* lichen *m;* **3.** *med* dartre, gourme *f.* **flechten** ‹*flicht, flocht, geflochten*› *tr (Zopf)* tresser, natter; *(~werk)* clayonner, clisser; *(Korbwaren)* tresser; *(Stuhl, Kranz)* faire. **Flechtwerk** *n* clayonnage *m,* clisse *f.*
Fleck *m* ‹-(e)s, -e› , **Flecken** *m* ‹-s, -› ['flɛk(ən)] **1.** *(Flicken, Stück)* pièce *f,* morceau *m;* **2.** *(Schmutz-, Farbfleck)* tache; *(Schmutzfleck)* souillure *f;* **3.** *(Stelle, Ort)* endroit *m;* place *f;* ▶ *e-n* ~ *entfernen* enlever une tache; *nicht vom* ~ *kommen* ne pas avancer d'un pouce; *blauer* ~ *(med)* bleu *m; scient* ecchymose *f.* **Flecken** *m* ‹-s, -› *(Ortschaft)* bourg(ade *f*) *m.* **fleckenlos** *a* sans tache, immaculé. **Fleckenmittel** *n* détergent *m.* **Fleckenwasser** *n* produit *m* à détacher. **Fleckfieber** *n,* **Flecktyphus** *m med* typhus *m* (exanthématique). **fleckig** *a (schmutzig)* taché; souillé, sale; *(Obst)* tavelé.
Fledermaus *f* ['fle:dər-] *zoo* chauve--souris *f.*
Flegel *m* ‹-s, -› ['fle:gəl] *(Rüpel)* mufle, malotru, mal élevé *m.* **Flegelei** *f* ‹-, -en› [-'laɪ] muflerie *f.* **flegelhaft** *a* mufle; impertinent, malappris. **Flegeljahre** *n pl* âge *m* ingrat.
flehen ['fle:ən] *itr* implorer, supplier (*zu jdm* qn). **Flehen** *n* imploration, supplication *f.* **flehentlich** *adv* instamment, avec ferveur.
Fleisch *n* ‹-(e)s, ø› [flaɪʃ] **1.** *(am Körper)*

chair *f*; **2.** *(als Nahrungsmittel u. Speise)* viande *f*; **3.** *(Fruchtfleisch)* chair, pulpe *f*; ▶ *ins ~ schneiden (fig)* couper dans le vif; *(Strick)* entrer dans la chair; *sich ins eigene ~ schneiden (fig)* se faire tort à soi-même. **Fleischbeschau** *f* inspection *f* sanitaire de la viande. **Fleischbrühe** *f* bouillon *m* de viande. **Fleischer** *m* ‹-s, -› boucher; *(~warenhersteller)* charcutier *m*. **Fleischerei** *f* ‹-, -en› [-'raɪ] boucherie; charcuterie *f*. **fleischfarben** *a* couleur chair, incarnat. **fleischfressend** *a zoo* carnivore. **fleischig** *a* charnu; *bot* pulpeux. **Fleischklößchen** *n* ['-kløsçən] boulette *f* de viande, godiveau *m*. **fleischlich** *a* charnel, de la chair. **fleischlos** *a* **1.** *(lebende Glieder)* décharné; **2.** *(Kost, Mahlzeit)* sans viande, maigre. **Fleischvergiftung** *f* empoisonnement *m od* intoxication *f* par la viande. **Fleischwaren** *f pl* charcuterie *f*. **Fleischwolf** *m* hachoir, moulin *m* à viande.

Fleiß *m* ‹-es, ø› [flaɪs] application, assiduité; diligence *f*; ▶ *ohne ~ kein Preis (prov)* nul bien sans peine. **Fleißarbeit** *f* travail *m* minutieux. **fleißig** *a* appliqué; diligent; laborieux, travailleur; *(Arbeit)* fait avec soin.

flennen ['flɛnən] *itr fam (weinen, heulen)* pleurnicher.

fletschen ['flɛtʃən] *tr*: ▶ *die Zähne ~* montrer les dents.

flexibel [flɛ'ksi:bəl] *a (biegsam)* flexible; ▶ *flexible Altersgrenze f* âge *m* variable de la retraite. **Flexibilisierung** *f* flexibilisation, autonomisation *f*. **Flexion** *f* ‹-, -en› [-si'o:n] *gram (Beugung)* flexion *f*.

Flickarbeit *f* ['flɪk-] **1.** rapiècement, rapiéçage *m*; **2.** *fig (Stümperei)* fagotage, bousillage *m*. **flicken** *tr* rapiécer; *(ausbessern)* raccommoder, repriser, ravauder; *(Schuh)* rapetasser. **Flicken** *m* ‹-s, -› *(Stück Stoff)* pièce *f*, morceau *m*; reprise *f*; pan d'étoffe, chiffon *m*. **Flikkenteppich** *m* tapis *m* de patchwork. **Flickwort** *n gram* mot *m* explétif; *(in Gedichten)* cheville *f*. **Flickzeug** *n* nécessaire *m* de réparation.

Flieder *m* ‹-s, -› ['fli:dər] *bot* lilas.

Fliege *f* ‹-, -n› ['fli:gə] **1.** *(ent* u. *Bärtchen an der Unterlippe)* mouche *f*; **2.** *(Querbinder)* nœud *m* papillon; ▶ *zwei ~n mit einer Klappe schlagen (fig)* faire d'une pierre deux coups; *keiner ~ etw tun (können)* être incapable de faire du mal à une mouche.

fliegen ['fli:gən] ‹*flog, geflogen*› *itr* ‹*sein*› **1.** voler; **2.** *aero* aller en avion; **3.** *fig (geworfener Gegenstand)* être précipité; **4.** *(sich werfen, eilen)* se précipiter, se jeter, sauter; **5.** *fam (aus e-r Stelle)* sauter, être viré; *tr* ‹*h*› **6.** *aero (e-e Maschine)* piloter; **7.** *(Person)* transporter par avion; ▶ *gegen etw ~* frapper, heurter qc; *(Flugzeug)* s'écraser contre qc; *in die Luft ~ (explodieren)* sauter, exploser; *~ lassen (Vogel)* laisser la liberté à. **Fliegen** *n* ‹-s, ø› vol *m*; aviation *f*. **fliegend** *a* volant.

Fliegenfänger *m* ['fli:gən-] attrape-mouches *m*. **Fliegengewicht** *n (Boxen)* poids *m* mouche. **Fliegengitter** *n* toile *f* métallique. **Fliegenklappe** *f* tapette *f*. **Fliegenpilz** *m bot* tue-mouches *m*, fausse oronge *f*.

Flieger *m* ‹-s, -› ['fli:gər] **1.** *(Flugzeug)* avion *m*; **2.** *(Flugzeugführer)* aviateur; aéronaute; pilote; *(Luftwaffensoldat)* aviateur *m*. **Fliegerabwehr(kanone)** *f* = *Flak*. **Fliegeralarm** *m* alerte *f* aérienne *od* aux avions; ▶ *~ geben* sonner la sirène d'alerte. **Fliegerangriff** *m* attaque *f* aérienne *od* par avions, raid *m* aérien. **Fliegerhorst** *m* base *f* aérienne *od* d'aviation.

fliehen ['fli:ən] ‹*floh, geflohen*› **1.** *itr* ‹*sein*› fuir, s'enfuir, prendre la fuite; ▶ *vor jdm ~* s'enfuir devant qn; **2.** *tr* ‹*h*› fuir, éviter. **fliehend I.** *ppr* fuyant, en fuite; **II.** *a fig (Stirn)* fuyant.

Fliese *f* ‹-, -n› ['fli:zə] dalle *f*, carreau *m*. **Fliesenleger** *m* carreleur *m*.

Fließarbeit *f* [fli:s-] travail *m* à la chaîne. **Fließband** *n* chaîne *f*. **Fließbandfertigung** *f* production *f* à la chaîne. **fließen** ['fli:sən] ‹*floß, geflossen*› *itr* ‹*sein*› *a. fig* couler; ▶ *durch etw ~ (von e-m Fluß)* traverser, arroser qc; *in etw ~ (Fluß)* se verser dans, être tributaire de qc; *der Schweiß floß mir von der Stirn* mon front ruisselait de sueur. **fließend I.** *a*: ▶ *~es Wasser n (in e-m Zimmer)* eau *f* courante. **II.** *adv (sprechen)* couramment.

Flimmer ['flɪmər] ‹-s, -› *m* lueur *f* faible et tremblotante. **Flimmerkiste** *f fam hum pej* téloche *f*. **flimmern** ['flɪmərn] *itr* scintiller; *(Licht)* trembloter; vaciller; *a. film* vibrer.

flink [flɪŋk] *a* **1.** rapide, prompt; *(behende)* preste, leste, agile; **2.** *(munter, lebhaft)* alerte, fringant, vif.

Flinte *f* ‹-, -n› ['flɪntə] fusil *m*, carabine *f*; ▶ *die ~ ins Korn werfen (fig)* jeter le manche après la cognée.

flippen ['flɪpən] *itr* jouer au flippeur. **Flipper(automat)** ['flɪpər] ‹-s, -› *m* flippeur, billard *m* électrique.

Flirt *m* ‹-(e)s, -s› [flɪrt] flirt *m*. **flirten** *itr* flirter.

Flitter *m* ‹-s, -› ['flɪtər] **1.** *(einzelner)* paillette *f*; **2.** *allg* clinquant *m*. **Flitterwochen** *f pl* lune *f* de miel.

flitzen ['flɪtsən] *itr* ‹*sein*› *fam (sausen, rennen)* filer comme une flèche.

Flocke *f* ‹-, -n› ['flɔkə] flocon *m*. **flockig** *a* floconneux, pelucheux.

Floh *m* ‹-(e)s, ¨-e› [flo:, 'flø:ə] *ent* puce *f*.

Flohmarkt *m* marché *m* aux puces.
Flop [flɔp] ‹-s, -s› *m (Reinfall)* bide *f.*
Floppy-disc *f inform* disquette *f.*
Flor [flo:r] *m* **1.** ‹-s, -e› *(Blumenfülle, Blüte)* floraison, fleuraison *f;* **2.** *m* ‹-s, -e/¨-e)› *(Textil)* crêpe, voile *m; (dünner)* gaze *f.* **Flora** *f* ‹-, -ren› *bot* flore *f.*
Florenz *n* [flo'rɛnts] *geog* Florence *f.*
Florett *n* ‹-(e)s, -e› [flo'rɛt] *(Stoßwaffe)* fleuret *m.* **Florettfechten** *n* escrime *f* au fleuret.
florieren [flo'ri:rən] ‹*ohne ge-*› *itr (blühen, fig)* être florissant *od* en fleur.
Floskel *f* ‹-, -n› ['flɔskəl] *(Redensart)* fleur *f* de rhétorique. **floskelhaft** *a (Stil)* fleuri.
Floß *n* ‹-es, ¨-e› [flo:s, 'flø:sə] radeau; train *m* de bois.
Flosse *f* ‹-, -n› ['flɔsə] **1.** *zoo* nageoire *f;* aileron *m;* **2.** *aero* plan *m* fixe.
flößen ['flø:s-] *tr (Holz)* (faire) flotter. **Flößer** *m* ‹-s, -› flotteur; batelier *m* d'un radeau.
Flöte *f* ‹-, -n› ['flø:tə] *mus* flûte *f.* **flöten** *itr* jouer de la flûte. **Flötenbläser** *m* flûtiste *m,* (joueur *m* de) flûte *f.* **flötengehen** ‹*ging flöten, flötengegangen*› *itr* ‹*sein*› *fam (verlorengehen)* se perdre; s'envoler. **Flötenspieler** *m,* **Flötist** *m* ‹-en, -en› [-'tɪst] = *Flötenbläser.* **Flötenton** *m: jdm die Flötentöne beibringen (fig fam)* apprendre la civilité à qn.
flott [flɔt] *a* **1.** *mar* à flot; **2.** *fig (flink, leicht)* dégagé, déluré, dégourdi, léger; *(leicht, leichtlebig)* gai, gaillard, joyeux; **3.** *(schick)* chic, élégant; *(Stil)* cursif; ► ~ *gehen* marcher d'un pas léger; *fig (Geschäft)* marcher bien; ~ *leben* mener joyeuse vie, mener la vie à grandes guides; *wieder ~ werden (mar)* revenir sur l'eau.
Flotte *f* ‹-, -n› ['flɔtə] *mar* flotte; *(Marine)* marine *f.* **Flottenparade** *f* revue *f* navale. **Flottenstützpunkt** *m* point *m* d'appui de la flotte, base *f* navale.
Flöz *n* ‹-es, -e› [flø:ts] *geol* couche sédimentaire, stratification *f* horizontale.
Fluch *m* ‹-(e)s, ¨-e› [flu:x, 'fly:çə] **1.** *(Verfluchung)* malédiction, imprécation *f; rel* anathème, blasphème *m;* **2.** *(Unsegen)* malédiction *f,* malheur *m;* **3.** *(ungehöriger, derber Ausruf)* juron, gros mot *m.* **fluchen** *itr* **1.** maudire; ► *jdm* od *auf jdn ~* maudire qn, donner sa malédiction à qn; **2.** *(e-n ~, Flüche ausstoßen)* jurer, pester, lancer un *od* des juron(s); ► *über etw ~* pester contre qc.
Flucht *f* ‹-, -en› [flʊxt] **(1)** *(zu: fliehen)* fuite; *(aus etw)* évasion *f; fig (Verlassen, Auszug)* exode *m;* ► *die ~ ergreifen* prendre la fuite *od fam* le large; *in die ~ schlagen* mettre en fuite *od* en déroute, faire fuir; *auf der ~ sein* être en fuite; **(2)** *(zu: fliegen; gerade Linie, Aufeinanderfolge)* alignement *m,* enfilade *f.* **fluchtartig** *adv* précipitamment. **Fluchtfahrzeug** *n* véhicule *m* du fugitif. **Fluchthelfer(in *f*)** *m* passeur, euse *m f.* **Fluchthilfe** *f* aide *f* au passage d'un réfugié à l'étranger. **Fluchthilfeorganisation** *f* organisation *f* de passeurs.
flüchten ['flʏçtən] *itr* ‹*sein*› u. *sich ~* fuir, s'enfuir, prendre la fuite; se sauver; se réfugier. **flüchtig I.** *a* **1.** *(fliehend)* fuyant, en fuite; fugitif, fuyard; **2.** *(schnell vergehend)* fugitif, fugace, passager; **3.** *(oberflächlich)* superficiel; *(Eindruck)* vague; *(nachlässig)* négligent, inattentif, distrait; **4.** *chem* volatil; **II.** *adv a.* à la hâte; superficiellement; ► ~ *lesen* parcourir; *fam* lire en diagonale. **Flüchtigkeit** *f* ‹-, ø› **1.** rapidité *f;* **2.** négligence, inattention, distraction *f.* **Flüchtigkeitsfehler** *m* faute *od* erreur *f* d'inattention. **Flüchtling** *m* ‹-s, -e› réfugié *m.* **Flüchtlingslager** *n* camp *m* de réfugiés. **Flüchtlingsorganisation** *f* organisation *f* de réfugiés.
Fluchtversuch *m* ['flʊxt-] tentative *f* de fuite. **Fluchtweg** *m* parcours *m* de la fuite.
Flug *m* ‹-(e)s, e› [flu:k, 'fly:gə] **1.** vol *m a. aero;* **2.** *(Vogelschwarm)* volée *f;* **3.** *fig (der Gedanken)* envol(ée *f*) *m;* ► *die Zeit verging (wie) im ~e* le temps passa très vite. **Flugabwehr** *f* défense *f* anti-aérienne *od* contre avions. **Flugbahn** *f mil* trajectoire *f; aero* trajet *m.* **Flugbenzin** *n* kérosène *m.* **Flugblatt** *n* tract *m.* **Flugboot** *n* hydravion *m* à coque. **Flugdauer** *f* durée de vol *od* de trajet. **Fluglotse** *m* aiguilleur *m* du ciel.
Flügel *m* ‹-s, -› ['fly:gəl] **1.** *zoo* u. *aero* aile *f; (Tragfläche)* plan *m;* **2.** *(e-r Bombe)* ailette; *tech* ailette, pale; *(Windmühlenflügel; arch)* aile *f; (Tür-, Fensterflügel)* battant; *(Altarflügel)* volet; *(Lungenflügel)* lobe *m; (Nasenflügel; mil)* aile *f;* **3.** *mus* piano *m* à queue; ► *jdm die ~ beschneiden (fig)* couper *od* rogner les ailes *od* les ongles à qn. **Flügelaltar** *m* retable *m* à volets. **Flügeldecke** *f ent* élytre *m.* **Flügelmutter** *f tech* écrou *m* à ailettes *od* à oreilles *od* à papillon. **Flügelschlag** *m orn* coup *m* d'aile. **Flügelschraube** *f* vis *f* à ailettes. **Flügeltür** *f* porte *f* battante *od* à deux battants.
Fluggast *m* ['flu:k-] passager (d'un avion), voyageur *m* aérien.
flügge ['flʏgə] *a* prêt à quitter le nid; ► ~ *werden (fig)* prendre sa volée.
Fluggesellschaft *f* compagnie *f* de navigation aérienne. **Flughafen** *m* ['flu:k-] aéroport, aérodrome *m.* **Flughöhe** *f* altitude *od* hauteur *f* (de vol). **Flugkapitän** *m* chef-pilote *m.* **Fluglehrer** *m* moniteur de vol, pilote-instructeur *m.* **Flugleitung** *f* direction *f* de

l'aéroport. **Flugnetz** *n* réseau *m* d'aviation. **Flugpersonal** *n* personnel *m* navigant. **Flugplan** *m (Heft)* indicateur *od* horaire *m* aérien. **Flugplatz** *m* aérodrome, champ *m* d'aviation.

flugs [flʊks] *adv* **1.** à la volée, rapidement, vite; **2.** *(sofort)* aussitôt.

Flugsand *m* ['flu:g-] sables *m pl* mouvants. **Flugschein** *m (e-s Piloten)* brevet de pilote aviateur; *(e-s Fluggastes)* billet *m* d'avion. **Flugschreiber** *m* boîte *f* noire. **Flugschrift** *f* tract, pamphlet, libelle *m*, brochure *f* de propagande. **Flugschule** *f* école *f* d'aviation. **Flugsicherung** *f* sécurité *f* aérienne. **Flugsimulator** *m* simulateur *m* de vol. **Flugsteig** *m* aire *f* de débarquement et d'embarquement. **Flugtechnik** *f* aérotechnique *f*. **flugtechnisch** *a* aérotechnique. **Flugverkehr** *m* trafic *m* aérien. **Flugweg** *m* itinéraire *m* aérien; route *f* aérienne. **Flugwerk** *n* voilure *f*; *(e-r Rakete a.)* empennage *m*. **Flugwesen** *n* aviation *f*. **Flugzeit** *f* durée *f* de vol *od* de trajet; temps *m* du parcours.

Flugzeug *n* ‹-(e)s, -e› ['flu:ktsɔʏk] avion *m*; ▶ *ein ~ steuern* piloter un avion. **Flugzeugabsturz** *m* chute *f* d'un avion. **Flugzeugbau** *m* construction *f* aéronautique *od* des avions. **Flugzeugbesatzung** *f* équipage *m* (d'un *od* de l'avion). **Flugzeugentführer** *m* pirate *m* de l'air. **Flugzeugentführung** *f* détournement *m* d'avion; ▶ *~en pl* piraterie *f* aérienne. **Flugzeugfabrik** *f* usine *f* d'avions *od* d'aviation *od* aéronautique. **Flugzeugführer** *m* pilote *m* (d'avion). **Flugzeughalle** *f* hangar *m* (d'avion); ▶ *in der ~ abstellen* garer. **Flugzeugindustrie** *f* industrie *f* aéronautique. **Flugzeugladung** *f* charge *f* de l'avion. **Flugzeugmechaniker** *m* mécanicien *m* d'avion. **Flugzeugmodell** *n* modèle *m* d'avion. **Flugzeugmutterschiff** *n* (navire de) transport *m* d'avions. **Flugzeugträger** *m* porte-avions *m*; ▶ *auf e-m ~ landen* apponter. **Flugzeugunglück** *n* accident *m* d'avion *od* aérien. **Flugzeugverband** *m* formation *f* d'avions.

fluktuieren [flʊktu'i:rən] ‹*ohne -ge*› *itr (schwanken)* fluctuer. **Flukturieren** *n* fluctuation(s *pl*) *f*.

Fluor *n* ‹-s, ø› ['flu:ɔr] *chem* fluor *m*. **Fluoreszenz** *f* ‹-, ø› [fluorɛs'tsɛnts] fluorescence *f*. **fluoreszieren** [-'tsi:rən] ‹*ohne -ge*› *itr (aufleuchten)* être fluorescent. **floureszierend** *a* fluorescent.

Flur [flu:r] **(1)** *f* ‹-, -en› *(Wiesen u. Felder)* champs *m pl*; **(2)** *m* ‹-(e)s, -e› *(Hausflur)* vestibule; *(Treppenflur)* palier *m*; *(Wohnungsflur)* entrée *f*, couloir *m*. **Flurbereinigung** *f* ['flu:r-] remembrement *m* rural; remaniement *m* parcellaire *od* des parcelles. **Flurfrevel** *m* délit *m* rural. **Flurhüter** *m* garde *m* champêtre. **Flurname** *m* nom toponymique; lieu-dit *m*. **Flurschaden** *m* dégâts *m pl* causés aux cultures.

Fluß *m* ‹-sses, ⸚sse› [flʊs, 'flʏsə] **1.** *(fließendes Gewässer)* rivière *f*; **2.** *(Fließen)* écoulement; *(der Tränen)* flot; *(des Blutes)* flux; *fig (der Worte)* flot, flux; *tech* flux *m*; **3.** *(fließende Masse)* coulée *f*; ▶ *wieder in ~ bringen* remettre en train, renouveler. **flußab(wärts)** *adv* en aval. **Flußarm** *m* bras *m* de rivière. **flußauf(wärts)** *adv* en amont. **Flußbett** *n* lit *m* (d'un fleuve). **Flußdiagramm** *n* organigramme *m*. **Flußfisch** *m* poisson *m* de rivière.

flüssig ['flʏsɪç] *a* **1.** liquide, fluide; *(geschmolzen, bes. Metall)* fondu; **2.** *fig (Stil)* coulant, aisé; **3.** *fin (verfügbar)* liquide, disponible; ▶ *kein Geld ~ haben* ne pas avoir d'argent liquide; *~ machen (schmelzen)* liquéfier, rendre liquide. **Flüssiggas** *n* gaz *m* liquide. **Flüssigkeit** *f* ‹-, -en› ['flʏsɪçkaɪt] liquide, fluide *m*. **Flüssigkristall** *m* cristal *m* liquide. **Flüssigkristallanzeige** *f* écran *m* à cristaux liquides. **flüssig=machen** *tr fin* liquider, réaliser.

Flußkrebs *m* écrevisse *f* à pattes rouges. **Flußlauf** *m* ['flʊs-] cours *m* (de la rivière). **Flußpferd** *n* hippopotame *m*. **Flußregulierung** *f* rectification *f* d'un fleuve. **Flußschiffahrt** *f* navigation fluviale, batellerie *f*. **Flußspat** *m min* spath *m* fluor, fluorine *f*. **Flußufer** *n* rive *f*; bord *m od* berge *f* (d'une *od* de la rivière).

flüstern ['flʏstərn] *tr* chuchoter, murmurer; *lit* susurrer; ▶ *jdm etw ins Ohr ~* chuchoter *od* glisser qc à l'oreille de qn. **Flüsterpropaganda** *f* bouche-à-oreille *m*.

Flut *f* ‹-, -en› [flu:t] **1.** flux, flot *m*; *poet* onde *f*; **2.** *(Hochwasser)* inondation *f*, déluge *m*; **3.** *(Gezeitenstand)* marée *f* montante *od* haute; **4.** *fig* flot, déluge, torrent *m*; **5.** *pl* vagues *f pl*, flots *m pl*; ▶ *~ von Tränen* torrent *m* de larmes. **fluten** *itr* ‹*sein*› couler *od* arriver à flots. **Flutkraftwerk** *n* usine *f* marémotrice. **Flutlicht(lampe** *f*) *n* (projecteur *m* à) flots *m pl* de lumière. **Flutwelle** *f* raz *m* de marée.

f-Moll *n* ['ɛfmɔl] *mus* fa *m* mineur.

Föderalismus *m* ‹-s, ø› [fødera'lɪsmʊs] *pol* fédéralisme *m*. **föderalistisch** [-'lɪstɪʃ] *a* fédéraliste.

Fohlen *n* ‹-s, -› ['fo:lən] *zoo* poulain *m*; *(Stutfohlen)* pouliche *f*. **fohlen** *itr* pouliner.

Föhn *m* ‹-(e)s, -e› [fø:n] *mete* fœhn *m*.

Folge *f* ‹-, -n› ['fɔlgə] **1.** *(Ergebnis)* suite, conséquence *f*; résultat, effet *m*; **2.** *(Abfolge, Reihe)* suite, succession, série *f*; **3.** *(Fortsetzung)* continuation *f*; ▶ *in der ~*

dans *od* par la suite; *an die ~n denken* considérer *od* peser les conséquences, réfléchir aux conséquences; *etw zur ~ haben* avoir qc pour conséquence; *~n haben* être de *od* tirer à conséquence. **Folgeerscheinung** *f* conséquence *f*, effet *m*. **folgen** *itr* ⟨*sein*⟩ **1.** *(nachgehen)* suivre (*jdm* qn); **2.** *fig (befolgen, nachahmen)* suivre (*e-r S* qc); **3.** *(zeitl. ~)* venir après; ⟨*h*⟩ **4.** *(gehorchen)* obéir (*jdm* qn); ▶ *e-r S ~* suivre qc, succéder à qc; *aus e-r S ~* résulter de qc; *jdm auf Schritt und Tritt ~* ne pas lâcher qn d'un pas; *(geistig) ~ (können)* (être capable de) suivre; *daraus folgt* il en résulte, il s'ensuit *(daß* que); *wie folgt* comme suit; *Fortsetzung folgt* à suivre. **folgend** *a* suivant, successif, subséquent; ▶ *~es* les choses suivantes, ce qui suit; *er schreibt ~es* voici ce qu'il écrit; *der, das F~e* le suivant. **folgendermaßen** *adv* de la manière suivante. **folgenschwer** *a* gros de conséquences, grave. **folgerichtig** *a* conséquent, concluant, logique. **Folgerichtigkeit** *f* conséquence *f*. **folgern** *tr* déduire, conclure (*aus* de). **Folgerung** *f* ⟨-, -en⟩ déduction, conclusion *f*; ▶ *die ~ aus etw ziehen* tirer la conséquence de qc. **Folgezeit** *f*: ▶ *in der ~* par la suite. **folglich** ['fɔlk-] *adv* par conséquent, en conséquence; par suite; *(also)* donc, ainsi. **folgsam** *a* obéissant, soumis, docile. **Folgsamkeit** *f* ⟨-, ø⟩ obéissance, soumission, docilité *f*.

Foliant *m* ⟨-en, -en⟩ [foli'ant] *(Buch in Folio)* in-folio *m*. **Folie** *f* ⟨-, -n⟩ ['fo:liə] *tech* feuille *f*; *(des Spiegels)* tain *m*. **Folio** *n* ⟨-s, -s/-lien⟩ ['fo:lio, '-liən] *(Blatt im Geschäftsbuch)* folio *m*.

Folter *f* ⟨-, -n⟩ ['fɔltər] **1.** *(~bank)* chevalet *m*; **2.** *(~ung)* torture *f*; ▶ *jdn auf die ~ spannen (a. fig)* mettre qn à la torture *od* à la question *od* au supplice. **foltern** *tr* torturer; = *auf die Folter spannen*. **Folterung** *f* torture *f*.

Fön *m* ⟨-(e)s, -e⟩ [fø:n] *el* séchoir (à cheveux), sèche-cheveux *m*.

Fonds *m* ⟨-, -⟩ [fɔ̃:], *des ~* [fɔ̃(s)], ▶ *die ~* [fɔ̃:s] *fin* fonds, capital *m*.

Fontäne *f* ⟨-, -n⟩ [fɔn'tɛ:nə] jet *m* d'eau.

foppen ['fɔpən] *tr* mystifier, duper, berner.

Förderanlage *f* ['fœrdər-] *mines* installation *f* d'extraction *od* de transport. **Förderband** *n* bande *f* transporteuse. **Förderer** *m* ⟨-s, -⟩ *(Unterstützer)* promoteur *m*. **Förderkurs** *m* cours *od* stage *m* de perfectionnement. **Förderleistung** *f* production *f* minière. **förderlich** *a* profitable, utile.

fordern ['fɔrdərn] *tr* **1.** demander *(a. e-n Preis)*; *(Anspruch erheben auf)* réclamer; **2.** *(erfordern, voraussetzen, erwarten)* exiger; **3.** *(zum Duell)* provoquer; ▶ *von jdm Genugtuung, Rechenschaft (a. fig) ~* demander réparation, des comptes à qn; *viele Opfer ~* coûter beaucoup de vies humaines.

fördern ['fœrdərn] *tr* **1.** *(weiterbringen, unterstützen)* faire progresser *od* avancer, pousser; encourager; favoriser, promouvoir; **2.** *mines* extraire; transporter; ▶ *~des Mitglied n* membre *m* bienfaiteur.

Förderschacht *m* *mines* puits *m* d'extraction. **Förderstaaten** *m pl (Erdöl)* pays *m pl* producteurs de pétrole. **Förderturm** *m* = *Fördergerüst*.

Forderung *f* ['fɔrdərʊŋ] **1.** demande; réclamation *f*; **2.** *(zum Duell)* provocation *f* (en duel); **3.** *com* créance *f*; *fin* réalisable *m*; ▶ *e-e ~ erheben* od *geltend machen* prétendre; *e-e ~ erfüllen* satisfaire à une demande; *~en an jdn stellen* exiger de qn.

Förderung ['œrdərʊŋ] *f* **1.** avancement; encouragement; secours *m*; **2.** *mines* extraction, récolte *f*; herchage *m*; **3.** *tech* transport *m*.

Förderwagen *m* *mines* wagonnet *m* de mine.

Forelle *f* ⟨-, -n⟩ [fo'rɛlə] truite *f*; ▶ *~ blau* truite au bleu.

Form *f* ⟨-, -en⟩ [fɔrm] **1.** *(äußere Gestalt)* forme *f*; **2.** *fig* formes *f pl*, façon *f*; **3.** *gram* forme; *(aktive u. passive)* voix *f*; **4.** *tech* moule *m*; ▶ *in ~ (sport)* en condition; *feste ~en annehmen (fig)* prendre corps; *gefährliche ~en annehmen* prendre une tournure inquiétante; *e-r S e-e feste ~ geben (fig)* donner une forme plus concrète à qc; *in ~ sein (fam)* être en forme; *die ~en verletzen (fig)* manquer aux usages; *die ~ wahren* garder les formes. **formal** [-'ma:l] *a (die Form betreffend; förmlich)* formel. **Formalität** *f* ⟨-, -en⟩ [-li'tɛ:t] *(Förmlichkeit)* formalité *f*. **Format** *n* ⟨-(e)s, -e⟩ [-'ma:t] **1.** format *m*; **2.** *(Bildformat)* cadrage *m*; *typ* garniture *f*; ▶ *ein Mann von ~* un homme d'envergure. **formatieren** ⟨*ohne ge-*⟩ *tr inform* formater. **Formation** *f* ⟨-, -en⟩ [-matsi'o:n] *mil geol* formation *f*; ▶ *geschlossene ~ (aero)* formation *f* de vol serrée. **formbar** *a* plastique. **Formbarkeit** *f* ⟨-, ø⟩ plasticité *f*. **formbeständig** *a* indéformable. **Formblatt** *n* formulaire *m*, formule *f* imprimée, imprimé *m*. **Formel** *f* ⟨-, -n⟩ *math chem* formule *f*; ▶ *auf e-e ~ bringen* formuler. **formelhaft** *a* stéréotypé. **formell** [-'mɛl] **I.** *a* formel; **II.** *adv a.* selon les formes. **formen** *tr* former, modeler, façonner; *(machen)* faire. **Formenlehre** *f* *gram* morphologie *f*. **formenreich** *a* aux formes multiples, multiforme. **Former** *m* ⟨-s, -⟩ *(Arbeiter)* (ouvrier) mouleur *m*. **Formerei** *f* [-'raɪ] moulerie *f*, atelier *m* de moulage. **Formfehler** *m* défaut *od jur* vice *m* de forme. **formieren** [-ˈmiːrən] ‹*ohne ge-*› *tr (bilden; mil: aufstellen)* former. **Formierung** *f* formation *f*.

förmlich [ˈfœrmlɪç] **I.** *a* **1.** *(in den gehörigen Formen)* dans les formes, en bonne et due forme; **2.** *(steif)* guindé; *(feierlich)* cérémonieux; **3.** *(regelrecht, wirklich)* véritable; **II.** *adv* **1.** formellement, en bonne et due forme; **2.** *fam (fast)* presque; littéralement. **Förmlichkeit** *f* formalité *f*; ▶ *ohne ~en* sans cérémonie.

formlos [ˈfɔrm-] *a* **1.** sans forme; *(unförmig)* informe, difforme; **2.** *(ungezwungen)* sans façon(s). **Formsache** *f* formalité *f*; ▶ *das ist (nur) ~* ce n'est qu'une formalité. **Formular** *n* ‹-s, -e› [-muˈlaːr] formulaire *m*, formule *f* (imprimée); ▶ *ein ~ ausfüllen* remplir un formulaire. **formulieren** [-ˈliːrən] ‹*ohne ge-*› *tr* formuler; *(ausdrücken)* exprimer. **Formulierung** *f* ‹-, -en› formulation *f*, mode *m* d'expression. **Formung** *f* ‹-, ø› formation *f*; *tech* façonnage, moulage *m*. **formvollendet** *a* de forme parfaite.

forsch [fɔrʃ] *a (kräftig, draufgängerisch)* crâne; fringant, plein d'entrain.

forschen [ˈfɔrʃən] *itr* faire des recherches; rechercher, explorer (*nach etw* qc). **Forscher** *m* ‹-s, -› chercheur, investigateur; *(Gelehrter)* savant *m*. **Forschung** *f* ‹-, -en› recherche; investigation, exploration *f*.

Forschungsanstalt *f* [ˈfɔrʃʊngs-] institut *m* de recherche. **Forschungsreise** *f* (voyage *m* d')exploration *f*. **Forschungsstätte** *f* centre *m* de recherche. **Forschungssatellit** *m* satellite *m* de recherche. **Forschungsurlaub** *m* congé *m* sabbatique. **Forschungszentrum** *n* centre *m* de recherche.

Forst *m* ‹-(e)s, -e(n)› [fɔrst] forêt *f*. **Forstamt** *n* administration *f od* service *m* des eaux et forêts. **Forstaufseher** *m* garde forestier, inspecteur *m* des eaux et forêts. **Forstbeamte** *m* employé *m* de l'administration des eaux et forêts.

Förster *m* ‹-s, -› [ˈfœrstər] (garde) forestier *m*.

Forstfrevel *m* [ˈfɔrst-] délit *m* forestier. **Forsthaus** *n* maison *f* forestière. **Forstwirtschaft** *f* sylviculture, exploitation *f* forestière.

fort [fɔrt] *adv (weg)* (ne ...) pas ici *od* là, parti, absent; au loin; ▶ *in einem ~* sans relâche, d'un trait; *und so ~* et ainsi de suite; *~ (mit dir)!* va-t'en!

Fort *n* ‹-s, -s› [foːr] *mil* fort; *(kleines)* fortin *m*.

Fortbestand *m* continuation, continuité *f*, maintien *m*. **fort=bestehen** ‹*bestand fort, fortbestanden*› *itr* continuer (d'exister), subsister, persister. **fort=bewegen,** *sich* avancer; se déplacer. **Fortbewegung** *f* locomotion *f*.

fort=bilden, *sich* continuer *od* poursuivre ses études, se perfectionner. **Fortbildung** *f* perfectionnement *m*. **Fortbildungskurs** *m* cours *m* d'adultes.

fort=bringen ‹*brachte fort, fortgebracht*› *tr* déplacer; emporter; *(Menschen)* emmener; faire partir.

Fortdauer *f* continuation, persistance, durée *f*. **fort=dauern** *itr* continuer; durer.

fort=entwickeln, *sich* continuer à se développer. **Fortentwick(e)lung** *f* développement *m* ultérieur.

fort=fahren ‹*fährt, fuhr fort, fortgefahren*› *itr* ‹*sein*› **1.** partir, s'en aller; **2.** *fig (weitermachen)* continuer, poursuivre; ▶ *in s-r Rede ~* continuer son discours.

Fortfall *m* ‹-(e)s, ø› suppression, abolition *f*. **fort=fallen** ‹*fällt, fiel fort, fortgefallen*› *itr* ‹*sein*› être supprimé *od* aboli.

fort=fliegen ‹*flog fort, fortgeflogen*› *itr* ‹*sein*› s'envoler.

fort=führen *tr (fortsetzen)* continuer, prendre la suite de. **Fortführung** *f (Fortsetzung)* continuation *f*.

Fortgang *m* ‹-(e)s, ¨-(e)› **1.** *(Weggang)* départ *m*; **2.** *fig (weiterer Ablauf)* suite *f*; ▶ *s-n ~ nehmen* continuer, se poursuivre. **fort=gehen** ‹*ging fort, fortgegangen*› *itr* ‹*sein*› s'en aller, partir.

fortgeschritten *a fig* avancé, développé; ▶ *Kursus m für F~e* cours *m* supérieur.

fortgesetzt *a (andauernd)* continu(el), permanent.

fort=jagen *tr* chasser, mettre à la porte.

fort=kommen ‹*kam fort, fortgekommen*› *itr* ‹*sein*› **1.** (parvenir à) s'en aller, échapper; **2.** *fig (weiterkommen)* faire des progrès; faire son chemin, réussir; ▶ *machen Sie, daß Sie ~!* allez-vous-en! décampez! filez! **Fortkommen** *n fig* avancement, progrès *m*.

fort=laufen ‹*läuft, lief fort, fortgelaufen*› *itr* ‹*sein*› s'éloigner (en courant); s'enfuir, s'échapper, se sauver. **fortlaufend** *a* suivi, continu; ▶ *~ numerieren* numéroter en continu.

fort=leben *itr* survivre.

fort=pflanzen 1. *tr* transmettre; **2.** *refl: sich ~ (biol)* se reproduire; *phys* se propager; *fig* se répandre, se perpétuer. **Fortpflanzung** *f* ‹-, ø› *biol* reproduction, génération; *a. phys* propagation *f*. **fortpflanzungsfähig** *a* reproductif. **Fortpflanzungsfähigkeit** *f* reproductivité *f*. **Fortpflanzungsmedizin** *f* médicine *f* de la reproduction.

fort=räumen *tr* enlever, débarrasser.

fort=schaffen *tr* enlever, ôter, faire disparaître; *(Menschen)* emmener.

fort=schicken *tr (Sache u. Person)* expédier; *(Person)* renvoyer, congédier.

fort=schreiten ‹*schritt fort, fortgeschritten*› *itr* ‹*sein*› *(Arbeit, Zeit)* avancer. **fortschreitend** *a* progressif.

Fortschritt *m* progrès, avancement *m;* ► *~e machen* faire des progrès, progresser; *(Arbeit)* avancer. **fortschrittlich** *a* progressiste; avancé. **Fortschrittlichkeit** *f* progressisme *m.*

fort=setzen *tr* continuer, poursuivre. **Fortsetzung** *f* ‹-, -en› **1.** *(Vorgang)* continuation *f;* **2.** *(Ergebnis)* suite *f;* ► *in ~en* en feuilleton; *~ folgt* à suivre. **Fortsetzungsroman** *m* (roman-) feuilleton *m.*

fortwährend I. *a* continuel, constant; **II.** *adv* continuellement. **fort=werfen** ‹*wirft, warf fort, fortgeworfen*› *tr* jeter.

fossil [fɔ'si:l] *a geol* fossile. **Fossil** *n* ‹-s, -ien› [-'si:liən] fossile *m.*

Foto ['fo:to] ‹-s, -s› *n fam* photo *f.* **Fotoalbum** *n* ['fo:to-] album *m* de photo(graphie)s. **Fotoapparat** *m* appareil *m* photo(graphique). **Fotoatelier** *n* atelier *m* de photographie. **Fotofinish** [foto'fɪnɪʃ] *n* photofinish *f.* **Fotokopierer** *m* ‹-s, -› photocopieur *m,* photocopieuse *f.* **Fotolabor** *n* laboratoire *m* photo(graphique). **Fotoreportage** *f* reportage *m* photographique. **Fotosatz** *m* ‹-es, ø› photocomposition *f.* **Fotothek** [foto'te:k] *f* ‹-, en› photothèque *f.* **Fotozelle** *f* photopile *f.*

Fötus *m* ['fø:tus] = *Fetus.*

foul [faul] *a:* ► *~ spielen s. foulen.* **Foul** ‹-s, -s› *n sport* coup *m* défendu; *(Fußball)* faute *f; (Boxen)* coup *m* bas. **foulen** ['faulən] *itr* contrevenir aux règles; faire une faute; porter un coup bas.

Fracht *f* ‹-, -en› [fraxt] **1.** *mar aero* fret *m,* cargaison; *allg* charge *f;* **2.** *(~gebühr, ~geld)* fret *m.* **Frachtbrief** *m* lettre *f* de voiture *od* de chargement; *mar* connaissement *m.* **Frachtdampfer** *m.* **Frachter** *m* ‹-s, -› cargo *m.* **Frachtflugzeug** *n* avion-cargo *m.* **frachtfrei** *a* (en) port *od* fret payé, franco de port. **Frachtgut** *n* (marchandise en) petite vitesse *f; als ~* en *od* par petite vitesse. **Frachtkahn** *m* chaland *m.* **Frachtkosten** *pl* frais *m pl* de transport. **Frachtschiff** *n* = *Frachtdampfer.* **Frachtstück** *n* colis *m.* **Frachtverkehr** *m* transport *m* des marchandises.

Frack *m* ‹-(e)s, ¨e/-s› [frak, 'frɛkə] habit, frac *m.*

Frage *f* ‹-, -n› ['fra:gə] question, demande; *bes. gram* interrogation *f;* ► *ohne ~ (fig)* sans aucun doute; *fam* pour sûr; *e-e ~ stellen* poser une question; *e-e ~ beantworten* répondre à une question; *die ~ bejahen, verneinen* répondre affirmativement, négativement; *jdn mit ~n bestürmen* assaillir qn de questions; *in ~ kommen* entrer en ligne de compte; *(Bewerber)* être un candidat valable; *etw in ~ stellen* mettre qc en question *od* en doute *od* en cause; *das kommt nicht in ~* il n'en est pas question; *das steht außer ~* il n'y a pas *od* cela ne fait pas de doute. **Fragebogen** *m* questionnaire *m.*

fragen ['fra:gən] **1.** *tr (Sache u. Person)* demander (*jdn nach etw* qc à qn); *(Person be-, ausfragen)* questionner; interroger; **2.** *itr: nach* od *wegen etw ~* demander qc; **3.** *refl: sich ~* se demander (*ob* si); **4.** *impers: es fragt sich* reste à savoir (*ob* si); ► *jdn nach dem Weg ~* demander son chemin à qn; *ich frage nicht viel danach* je n'en fais pas grand cas; *da ~ Sie mich zuviel!* demandez-moi pourquoi; *sehr gefragt (Ware)* très demandé. **Fragerei** *f* [-'raɪ] *pej* interrogatoire *m.* **Fragesatz** *m gram* proposition *f* interrogative. **Fragestellung** *f* **1.** *gram* forme *f* interrogative; **2.** *allg* termes *m pl* du problème. **Fragezeichen** *n* point *m* d'interrogation.

fraglich ['fra:k-] *a* **1.** *(zur Rede stehend)* en question, en cause; **2.** *(ungewiß)* incertain, peu sûr; *(zweifelhaft)* douteux, problématique. **fraglos** *adv* incontestablement, sans aucun doute.

Fragment *n* ‹-(e)s, -e› [fra'gmɛnt] *(Bruchstück)* fragment *m.* **fragmentarisch** [-'ta:rɪʃ] *a* fragmentaire.

fragwürdig ['fra:k-] *a (zweifelhaft)* douteux, problématique.

Fraktion *f* ‹-, -en› [fraktsi'o:n] *parl* fraction *f,* groupe *m* (parlementaire). **Fraktionsführer** *m* président *m* du groupe (parlamentaire).

frank [fraŋk] *adv:* ► *~ und frei* franchement, carrément, nettement.

frankier|en [fraŋ'ki:rən] ‹*ohne ge-*› *tr (Postsendung: freimachen)* affranchir. **Frankierung** *f* ‹-, ø› affranchissement *m.*

Franke *m* ‹-n, -n› ['fraŋkə] Franconien; *hist* Franc *m.* **Franken** *n geog* la Franconie *m; (schweiz. Währungseinheit)* franc *m* suisse. **Frankfurt** ['fraŋkfurt] *n* Francfort *f;* ► *~ am Main, an der Oder* Francfort-sur-le-Main, Francfort-sur--l'Oder *f.*

Fränkin *f* ['frɛŋk-] Franconienne *f.* **fränkisch** *a geog* franconien; *hist* franc, franque.

franko ['fraŋko] *adv (postfrei)* franco; franc de port.

Frankreich *n* ['fraŋkraɪç] la France.

Franse *f* ‹-, -n› ['franzə] frange *f.* **fransen** *tr* u. *itr* franger. **fransig** *a* frangé.

Franzose *m* ‹-n, -n› [fran'tso:zə] Français *m.* **franzosenfeindlich** *a* francophobe. **franzosenfreundlich** *a* francophile. **Französierung** *f* francisation *f.* **Französin** [-'tsø:zɪn] *f* Française *f.* **französisch** *a* français; *(das) F~(e)* (le) français; ► *sich ~ empfehlen, ~en Abschied nehmen* filer à l'anglaise, brûler la politesse; *die ~e Schweiz* la Suisse romande. **französischsprachig** *a* francophone.

fräsen ['frɛ:zən] *tr* fraiser, tailler (à la fraise). **Fräsmaschine** *f* fraiseuse *f.*

Fraß *m* ‹-es, ø› [fra:s] *pop pej* mangeaille, rata(touille *f*) *m,* bouffe *f.*

Fratze *f* ‹-, -n› ['fratsə] **1.** grimace *f;* **2.** caricature, figure *f* grotesque; ► *hübsche ~* joli minois *m; ~n schneiden* faire des grimaces.

Frau *f* ‹-, -en› [frau] femme *f;* ► *meine, Ihre ~* ma, votre femme; *Ihre ~ Gemahlin* madame (X.); *Ihre ~ Mutter* madame votre mère; *gnädige ~* Madame; *zur ~ nehmen* prendre pour femme *od* en mariage, épouser.

Frauenarzt *m* ['frauən-] gynécologue *m.* **Frauenbeauftragte** déléguée *f* à la condition féminine. **Frauenbewegung** *f* mouvement *m* de libération de la femme. **frauenfeindlich** *a* hostile aux femmes, misogyne. **Frauenförderung** *f* amélioration *f* de la condition féminine. **frauenfreundlich** *a* favorable aux femmes. **Frauengruppe** *f* groupe-femmes *m.* **Frauenhaus** *n* centre *m* d'hébergement pour femmes battues. **Frauenheilkunde** *f* gynécologie *f.* **Frauenheld** *m* homme *m* à femmes. **Frauenklinik** *f* clinique gynécologique; maternité *f.* **Frauenkrankheit** *f* maladie *f* de femme. **Frauenrechtlerin** *f* féministe *f.* **Frauenzeitschrift** *f* périodique *m* féminin. **Frauenzimmer** *n meist pej* femme; fille; bougresse; donzelle *f;* ► *liederliches ~* femme *f* de mauvaise vie.

Fräulein *n* ‹-s, -› ['frɔylaın] (ma)demoiselle *f;* ► *Ihr ~ Tochter* mademoiselle votre fille; *gnädiges ~* Mademoiselle.

frech [frɛç] *a* insolent, effronté, impertinent, impudent; ► *jdn ~ ansehen* regarder qn sous le nez. **Frechdachs** *m* insolent, audicieux *m.* **Frechheit** *f* insolence, effronterie, impertinence, impudence *f; fam* culot, toupet *m;* ► *die ~ besitzen zu ...* avoir l'audace *od fam* le toupet de ...; *so eine ~!* quelle insolence *od* impertinence! *fam* quel toupet!

Fregatte *f* ‹-, -n› [fre'gatə] *mar* frégate *f.* **Fregattenkapitän** *m* capitaine *m* de frégate.

frei [fraı] **I.** *a* **1.** libre (*von* de); *(in F~heit)* en liberté; *(ungebunden, unabhängig)* indépendant; **2.** *(befreit)* exempt, quitte (*von* de); **3.** *(offen, unbedeckt)* (à) découvert, dégagé; **4.** *(unbesetzt)* libre; *(Gebiet)* inoccupé; *(Stelle, Arbeitsplatz)* vacant; *(verfügbar)* disponible; **5.** *(gratis)* gratuit; *(Postsendung)* franc *inv* de port, franco *inv; (~gemacht)* affranchi; *(Eintritt)* libre, gratuit; **6.** *(Ansichten)* libéral; *(Benehmen)* (trop) libre, sans gêne, sans retenue; **II.** *adv (~mütig, offen)* franchement, tout net, sans fard; ► *~ Bahnhof, Fabrik, Haus (com)* franco *od* rendu en gare, à l'usine, à domicile; *~ nach (Text)* adapté de; *~e Kost, ~e Wohnung haben* être nourri, logé; *den Rücken ~ haben (fig)* être couvert sur ses arrières; *(die) ~e Wahl haben* avoir libre choix; *~en Zutritt haben* avoir libre accès; *~ lassen (nicht beschreiben)* laisser en blanc; *sich ~ machen* se déshabiller; *~ (aus dem Stegreif) sprechen* improviser; *~ stehen (Fußball)* être démarqué; *~ werden (Energie)* se libérer; *(Gas)* se dégager; *(geistiges Eigentum)* tomber dans le domaine public; *ich bin so ~* si vous permettez; *die ~en Berufe m pl* les professions *f pl* libérales; *ein ~es Leben* une vie indépendante; *~e Liebe f* union *f* libre; *~er Schriftsteller, Journalist m* écrivain, journaliste *m* indépendant; *~e Seite f (in e-m Buch* od *Heft)* page *f* en blanc; *~er Tag m* jour *m* de congé; *~e Übersetzung f* traduction *f* libre.

Freibad *n* ['fraı-] piscine *f* (à ciel ouvert). **Freiberufler** ‹-s, -› *m* personne à son compte, personne *f* qui exerce une profession libérale. **freiberuflich** *a* u. *adv:* ► *~ tätig sein* excercer une profession libérale. **Freibetrag** *m fin (Steuer)* montant *m* exonéré, exonération, tolérance *f.* **freibleibend I.** *a com* facultatif, conditionnel; **II.** *adv* sans engagement, sans obligation. **Freibrief** *m (Vorrecht)* privilège *m.* **Freiburg** ['fraıbʊrk] *n* ‹-s, ø› *(Stadt in der Schweiz)* Fribourg *f; (Schweizer Kanton)* Fribourg-en-Breisgau. **Freidenker** *m* libre penseur *m.* **Freie,** *das: im ~n* en plein air, au grand air; ► *im ~n schlafen* coucher *od* dormir à la belle étoile. **Freiexemplar** *n (Buch)* exemplaire *m* gratuit *od* de presse. **Freifahrt** *f* parcours *m* gratuit. **frei≈geben** ‹*gibt, gab frei, freigegeben*› *tr* **1.** *(Menschen)* relâcher, remettre en liberté, relaxer; congédier; **2.** *(behördlich)* homologuer; *(aus e-r Sperre)* débloquer; *(Eigentum)* lever la réquisition de; *itr* **3.** *(Film)* autoriser la sortie de; ► *jdm ~* donner du congé à qn; *für den Verkehr ~* ouvrir à la circulation. **freigebig** *a* libéral, généreux; ► *sehr ~* munificent; *mit etw sehr ~ sein* ne pas marchander qc. **Freigebigkeit** *f* libéralité, générosité, largesse *f;* ► *große ~* munificence *f.* **Freigeist** *m* libre penseur *m.* **Freigelassene** *m f (ehemaliger Sklave)* affranchi(e *f*), émancipé(e *f*) *m.* **Freigepäck** *n* franchise *f* de bagages. **Freigrenze** *f fin* tolérance, limite *f* d'imposition. **frei≈haben** ‹*hat, hatte frei, freigehabt*› *itr* être libre, ne pas être de service. **Freihafen** *m* port *m* franc *od* ouvert. **frei≈halten** ‹*hält, hielt frei, freigehalten*› *tr* **1.** *(nicht versperren)* tenir dégagé; *(Garage)* ne pas stationner devant; **2.** *(Stuhl, Platz)* garder; **3.** *(beim Trinken)* défrayer, régaler; ► *Ausfahrt ~!* sortie de voiture. **Freihandel** *m* libre-échange *m*. **freihändig** *adv (zeichnen, radfahren)* à main levée; *(schießen)* à bras franc.

Freiheit *f* ‹-, -en› ['fraıhaıt] **1.** *(ohne pl)* liberté; *(Unabhängigkeit)* indépendance *f;* **2.** *(Bewegungsfreiheit)* latitude, *(Freiheiten)* facilités; *(Ungezwungenheit)* franchise *f;* **3.** *adm (Befreiung)* exemption; *(Sonderstellung)* immunité *f;* ► *sich gegen jdn ~en herausnehmen* se permettre des familiarités envers qn; *jdm alle* od *volle ~ lassen* laisser toute latitude, lâcher la bride à qn; *sich die ~ nehmen, zu ...* prendre la liberté *od* la hardiesse de ..., se permettre de ...; *in ~ setzen* mettre en liberté. **freiheitlich** *a* libéral. **Freiheitsberaubung** *f* privation *f* de *od* attentat *m* à la liberté. **Freiheitsdrang** *m* soif de liberté, indépendance *f*. **Freiheitskrieg** *m* guerre *f* d'indépendance. **Freiheitsstrafe** *f* peine *f* privative de liberté.

Freikarte *f* ['fraı-] *theat* billet *m* de faveur. **Freikörperkultur** *f* nudisme; naturisme *m*. **Freilandgemüse** *n* légumes *m pl* de plein champ. **frei≈lassen** ‹*läßt, ließ frei, freigelassen*› *tr* **1.** *(Gefangenen)* relâcher, (re)mettre en liberté, relaxer; **2.** *(Sklaven)* affranchir, émanciper. **Freilassung** *f* **1.** (re)mise en liberté, libération *f;* **2.** affranchissement *m*, émancipation *f*. **Freilauf** *m (am Fahrrad)* roue *f* libre. **frei≈legen** *tr* mettre à nu *od* à découvert, dégager; déblayer; *(bei Ausgrabungen)* mettre au jour. **Freilegung** *f* mise *f* à nu *od* à découvert, dégagement *m;* mise *f* au jour. **Freileitung** *f el* ligne *f* aérienne.

freilich *adv (allerdings)* à dire vrai, à vrai dire, à la vérité, certes, il est vrai que... ; ► *~!* mais *od* ah oui! certainement! bien sûr! je crois bien!

Freilichtbühne *f* scène *f* en plein air. **Freilichtmuseum** *n* village *m* reconstitué. **Freilichttheater** *n* théâtre *m* en plein air. **Freilos** *n (bei d. Lotterie)* billet *m* gratuit. **frei≈machen** *tr (Postsendung)* affranchir. **Freimachung** *f (Post)* affranchissement *m*. **Freimaurer** *m* franc-maçon *m*. **Freimaurerei** *f* franc-maçonnerie *f*. **freimaurerisch** *a* franc-maçonnique. **Freimut** *m*, **Freimütigkeit** *f* franchise; caractère ouvert; *(im Reden)* franc-parler *m*. **freimütig I.** *a* franc, ouvert, sincère; **II.** *adv a.* avec rondeur, à cœur ouvert; **frei≈sprechen** *tr* acquitter; *jur* déclarer non coupable. **Freisprechung** *f*, **Freispruch** *m jur* (jugement *od* verdict d')acquittement *m*. **Freistaat** *m* république *f*. **Freistatt** *f*, **Freistätte** *f* asile *m*. **frei≈stehen** ‹*stand frei, freigestanden*› *itr impers:* ► *es steht Ihnen frei zu ...* vous êtes libre de ..., libre à vous de ... **Freistelle** *f (Stipendium)* bourse *f*. **frei≈stellen** *tr:* ► *jdm ~, etw zu tun* laisser qn libre *od* laisser à qn le choix de faire qc. **Freistoß** *m (beim Fußball)* coup *m* franc.

Freitag *m* ‹-(e)s, -e› ['fraıta:k] vendredi *m*.

Freitisch *m* ['fraı-] entretien *m od* pension gratuit(e); *(für Studenten)* allocation *f* de repas. **Freitod** *m* mort *f* volontaire. **Freitreppe** *f* escalier extérieur, perron *m*. **Freiübungen** *f pl sport* exercices *m pl* d'assouplissement *od* à mains libres. **Freiumschlag** *m* enveloppe *f* affranchie *od* timbrée. **Freiwild** *n fig* hors-la-loi *m*. **freiwillig I.** *a* **1.** *(Mensch, Handlung)* volontaire; *(Handlung)* spontané; **2.** *(Veranstaltung, bes. Unterricht)* facultatif; **II.** *adv a.* de bon *od* de son (bon) gré, de plein gré. **Freiwillige** *m f a. mil* volontaire *m f*. **Freiwilligkeit** *f* spontanéité *f;* bon gré *m*. **Freizeit** *f* loisirs *m pl*. **Freizeitgestaltung** *f* organisation *f* des loisirs. **Freizeitkleidung** *f* tenue *f* de loisirs. **Freizügigkeit** *f* liberté *f* du choix de la résidence.

fremd [frɛmt] *a* **1.** *(anderer)* étranger, autre; *(~artig)* différent; étrange, singulier; **2.** *(unbekannt)* étranger, inconnu; **3.** *(e-m anderen gehörig)* d'autrui; *(geliehen, angenommen)* emprunté; ► *sich ~ fühlen* se trouver dépaysé; *ein ~es Land* un autre pays. **fremdartig** *a* étrange, singulier, bizarre; exotique. **Fremdartigkeit** *f* ‹-, ø› étrangeté *f;* exotisme *m*. **Fremde** *f* ‹-, ø› ['-də] (pays) étranger *m*. **Fremdenführer** *m* guide *m*. **Fremdenlegion** *f mil* légion *f* étrangère. **Fremdenverkehr** *m* tourisme *m*. **Fremde** *m f* étranger *m*, -ère *f*. **Fremdherrschaft** *f* domination *f* étrangère. **Fremdkapital** *n* capitaux *m pl* confiés *od* empruntés. **Fremdkörper** *m* corps *m* étranger. **fremdländisch** *a* étranger. **Fremdling** *m* ‹-s, -e› étranger *m*. **Fremdsprache** *f* langue *f* étrangère. **Fremdsprachenkorrespondent(in** *f)* *m* correspondancier, -ère *m f* pour les langues étrangères. **fremdsprachig** *a (e-e fremde Sprache sprechend)* parlant une langue étrangère. **fremdsprachlich** *a* concernant une langue étrangère. **Fremdwort** *n* mot *m* étranger *od* d'emprunt.

Frequenz *f* ‹-, -en› [fre'kvɛnts] *phys radio* fréquence *f*. **Frequenzbereich** *m* gamme *f* de fréquences.

Freske *f* ‹-, -n› , **Fresko** *n* ‹-s, -ken›

['frɛskə, '-o] *(Kunst)* fresque *f.* **Freskomalerei** *f* peinture *f* à fresque.

Fresse *f* ‹-, -n› *vulg (Mund)* gueule *f;* ▶ *jdm in die ~ schlagen* donner sur la gueule à qn. **fressen** ['frɛsən] ‹*frißt, fraß, gefressen*› *tr* u. *itr* **1.** *(Tier)* manger; *vulg (Mensch)* bouffer, bâfrer; **2.** *(Rost)* corroder; ▶ *sich voll ~* s'empiffrer, se gaver. **Fressen** *n* ‹-s, ø› *(der Tiere)* manger *m; vulg* boustifaille, bâfre *f;* ▶ *der Hund hat sein ~* on a donné à manger au chien; *das war ein gefundenes ~ für mich* ce fut une bonne aubaine pour moi.

Freßnapf ['frɛsnapf] *m (für Hund od Katze)* écuelle *f.*

Frettchen *n* ‹-s, -› ['frɛtçən] *zoo* furet *m.*

Freude *f* ‹-, -n› ['frɔʏdə] joie; *(Fröhlichkeit)* réjouissance *f; (Vergnügen)* plaisir *m;* ▶ *mit ~n* avec plaisir; *(außer sich) vor ~* (transporté) de joie; *~ an etw haben* trouver plaisir à qc; *jdm ~ machen* faire plaisir à qn; *jdm die ~ verderben* gâter la joie de qn; *geteilte ~ ist doppelte ~ (prov)* plaisir partagé, plaisir doublé. **Freudenschrei** *m* cri d'allégresse, hosanna *m.* **freudestrahlend** *a* rayonnant de joie, épanoui. **freudig** *a* joyeux. **freudlos** *a* sans joie, triste, morne. **Freudlosigkeit** *f* ‹-, ø› tristesse *f.*

freuen ['frɔʏən], *sich* être joyeux *od* heureux; ▶ *sich über etw ~* se réjouir, être bien aise de qc; *sich auf etw ~* se réjouir (d'avance) de qc; *impers: das freut mich* cela me fait plaisir, j'en suis bien aise *od* heureux; *das freut mich sehr* j'en suis ravi.

Freund *m* ‹-(e)s, -e› [frɔʏnt, '-də] **1.** ami *m;* **2.** *(Liebhaber von Sachen)* amateur *m;* ▶ *ein (guter) ~ von mir* un (bon) ami à moi, un de mes (bons) amis; *~e gewinnen* gagner *od* se faire des amis; *kein ~ von etw sein* ne pas aimer qc. **Freundin** *f* amie *f.* **freundlich** *a* **1.** *(Mensch: liebenswürdig, nett)* aimable, bienveillant, avenant, accueillant, affable; *(herzlich)* cordial, amical; **2.** *(Wohnung)* (clair et) accueillant; *(Gegend)* riant; *(Farbe)* gai; *com (Tendenz)* bien disposé; ▶ *das ist sehr ~ von Ihnen* c'est très aimable à vous; *seien Sie so ~ und ...* faites-moi l'amitié de ..., soyez assez bon pour ...; *~e Grüße m pl* amitiés *f pl.* **Freundlichkeit** *f* ‹-, -en› **1.** *(ohne pl)* amabilité, bienveillance, affabilité *f;* **2.** *(freundliches Entgegenkommen)* marque d'amitié, obligeance, civilité *f.* **Freundschaft** *f* amitié *f;* ▶ *~ schließen* contracter *od* lier amitié (*mit jdm* avec qn). **freundschaftlich** *a* amical, d'ami; ▶ *etw ~ regeln* régler qc à l'amiable. **Freundschaftsspiel** *n sport* match *m* amical. **Freundschaftsvertrag** *m pol* traité *m* d'amitié.

Frevel *m* ‹-s, -› ['fre:fəl] méfait, forfait, crime; *rel* sacrilège *m.* **frevelhaft** *a* criminel; *rel* sacrilège, impie. **freveln** *itr* se rendre coupable d'un crime. **Frevler** *m* ‹-s, -› criminel; *rel* sacrilège, impie *m.*

Frieden *m* ‹-s, (-)› ['fri:dən] **1.** paix *f;* **2.** *fig (Ruhe, Stille)* repos, calme *m,* tranquillité *f;* ▶ *um ~ bitten* demander la paix; *in ~ leben* vivre en paix; *~ schließen* faire la paix; *~ stiften* faire régner la paix; *den ~ stören* troubler la paix. **Friedensbewegung** *f* mouvement *m* pacifiste. **Friedensbruch** *m* ['fri:dəns-] infraction à *od* rupture *f* de la paix. **Friedensinitiative** *f (Friedensbemühungen)* démarches *f pl,* initiative *f* de paix; *(für den Frieden eintretende Gruppe)* comité *m* pour la paix. **Friedenskonferenz** *f* conférence *f* de la paix. **Friedenspfeife** *f* calumet *m* de la paix. **Friedensrichter** *m* juge *m* de paix. **Friedensschluß** *m* conclusion *f* de la paix. **Frieden(s)stifter** *m* pacificateur *m.* **Friedensverhandlungen** *f pl* négociations *f pl* de paix. **Friedensvertrag** *m* traité *m* de paix. Friedenszeit *f:* ▶ *in ~en* en temps de paix. **friedfertig** [fri:t-] *a* pacifique, paisible. **Friedhof** *m* cimetière *m.* **friedlich** *a* **1.** pacifique; **2.** *fig (ruhig)* paisible, calme, tranquille; ▶ *mit ~en Mitteln, auf ~em Wege* pacifiquement, en paix; *~e Beilegung f* règlement *m* pacifique; *~e Koexistenz f* coexistence *f* pacifique. **friedliebend** *a* pacifique, épris de paix.

frieren [fri:rən] ‹*fror, gefroren*› *itr* **1.** ‹*sein*› *(gefrieren)* geler, se congeler, prendre; **2.** ‹*h*› *(Mensch, Tier)* geler, avoir froid; *impers:* ▶ *es friert* il gèle; *es friert mich* je gèle, j'ai froid.

Fries *m* ‹-es, -e› [fri:s, '-ze] *(arch, Textil)* frise *f.*

Friese *m* ‹-n, -n› ['fri:zə], **Friesin** *f* ‹-, -nen› Frison(ne *f*) *m.* **friesisch** *a* frison. **Friesland** *n* ‹-s, ø› la Frise.

frisch [frɪʃ] *a* **1.** *(in ~em Zustand, bes. von Nahrungsmitteln)* frais; *(Gemüse)* vert; **2.** *(Teint)* frais; *(Mensch) (gesund u. munter)* frais, éveillé, dispos, alerte, gaillard; en bonne santé; **3.** *(kühl)* frais; *fam* frisquet; **4.** *(unverbraucht, neu)* frais, nouveau; ▶ *~e Wäsche anziehen* changer de linge; *das Bett ~ beziehen* changer les draps du lit; *~ gewagt ist halb gewonnen (prov)* la fortune sourit aux audacieux; *~ gebacken (fig fam: gerade ernannt* od *befördert)* frais émoulu; *~e Luft f* air frais, grand air *m.* **Frische** *f* ‹-, ø› fraîcheur *f,* frais *m; fig* verdeur, vigueur *f;* ▶ *in alter ~* frais et dispos comme toujours. **Frischgemüse** *n* légumes *m pl* verts *od* frais. **Frischhaltedatum** *n* date-limite *f.* **Frischling** *m* ‹-s, -e› *zoo* marcassin *m.*

Friseur *m* ‹-s, -e› [fri'zø:r] coiffeur *m.* **Friseuse** *f* ‹-, -n› [-'zø:zə] coiffeuse *f.* **frisieren** ‹*ohne ge-*› *tr* **1.** coiffer; **2.** *fig (wirkungsvoller machen)* arranger; *com (Bilanz)* maquiller. **Frisiermantel** *m* peignoir *m.* **Frisiersalon** *m* salon *m* de coiffure.

Frist *f* ‹-, -en› [frɪst] **1.** *(Termin)* terme, délai *m;* **2.** *(Aufschub)* répit *m; com fin* prolongation, prorogation *f;* moratorium; *jur* sursis *m;* **3.** *allg (Zeitraum)* temps *m,* période *f;* ► *nach Ablauf der ~* à terme échu; *die ~ einhalten* observer le délai; *e-n Monat ~ haben* avoir un mois de répit; *die ~ läuft (am ...) ab* le délai échoit (le ...). **fristen** *tr:* ► *kümmerlich sein Leben ~* vivoter, tirer le diable par la queue. **fristlos** *a* u. *adv* sans délai; ► *~ entlassen* renvoyer sans préavis.

Frisur *f* ‹-, -en› [fri'zu:r] coiffure *f.*

frivol [fri'vo:l] *a (leichtfertig)* frivole; *(schlüpfrig)* lascif.

froh [fro:] *a* joyeux, bien aise, content; *(erfreut)* ravi; *(heiter)* gai; ► *s-s Lebens nicht mehr ~ werden* ne plus avoir de goût à vivre; *ich bin ~ (darüber), daß ...* je suis content que ..., je me réjouis du fait que ...

fröhlich ['frø:lɪç] *a* joyeux, réjoui, enjoué, épanoui, jovial. **Fröhlichkeit** *f* ‹-, ø› joie *f,* enjouement *m,* gaieté, gaîté *f.*

frohlocken [fro'lɔkən] *itr* ‹*ohne ge-*› être transporté de joie, pousser des cris de joie *od* d'allégresse; exulter. **Frohsinn** *m* gaieté *f,* enjouement *m.*

fromm [frɔm] ‹*frommer* od *frömmer, frommst* od *frömmst*› *a* **1.** *(Mensch)* pieux, dévot, religieux; **2.** *(Pferd)* doux, docile; ► *~es Werk n* œuvre *f* pie.

Frömmelei *f* ‹-, en› [frœmə'laɪ] fausse dévotion, bigoterie, tartuferie *f.* **frömmeln** ['frœməln] *itr* faire le dévot *od* le cagot. **Frömmigkeit** *f* ‹-, ø› piété, dévotion, religiosité *f.* **Frömmler** *m* ‹-s, -› faux dévot, bigot, cagot, tartufe *m.*

Fron(arbeit) *f* ['fro:n-] *m hist u. fig* corvée *f.*

Fronleichnam *m* [fro:n'laɪçna:m] *rel* Fête-Dieu *f.*

Front *f* ‹-, -en› [frɔnt] **1.** *arch* façade *f,* frontispice *m;* **2.** *mil* front *m;* première ligne *f;* **3.** *mete* u. *fig, bes. pol* front *m;* ► *die ~ wechseln (a. fig)* faire volte-face. **frontal** [-'ta:l] *a* frontal. **Frontverlauf** *m* tracé *m* du front.

Frosch *m* ‹-(e)s, ⸚e› [frɔʃ, 'frœʃə] grenouille *f; e-n ~ im Hals haben (fig fam)* avoir un chat dans la gorge. **Froschlaich** *m* frai *m* de grenouille. **Froschmann** *m* ‹-(e)s, er› homme-grenouille *m.* **Froschperspektive** *f* perspective *f* à ras de terre. **Froschschenkel** *m* cuisse *f* de grenouille. **Froschteich** *m* grenouillère *f.*

Frost *m* ‹-(e)s, ⸚e› [frɔst, 'frœstə] gelée *f,* froid *m;* ► *starker, strenger ~* grand froid *m,* forte gelée *f.* **Frostaufbruch** *m (der Straßen)* soulèvement *m* dû au gel. **Frostbeule** *f* engelure *f.*

frösteln ['frœstəln] *itr* avoir froid *od* des frissons; *impers:* ► *mich fröstelt* j'ai des frissons.

frostempfindlich ['frɔst-] *a* sensible au gel. **frostfrei** *a* sans gelée. **frostig** *a* **1.** froid, glacial, glacé, de glace; **2.** *fig* froid. **Frostschäden** *m pl* dégâts *m pl* dus à *od* causés par la gelée. **Frostschutzmittel** *n* (produit) antigel *m.*

Frottee(stoff *m***)** *n* od *m* ‹-/-s, -s› [frɔ'te:] tissu-éponge *m.* **frottieren** [-'ti:rən] ‹*ohne ge-*› *tr* frotter, frictonner.

Frucht *f* ‹-, ⸚e› [frʊxt, 'frʏçtə] **1.** fruit *m;* **2.** *(Leibesfrucht)* fruit, embryon, fœtus *m;* **3.** *fig (Ergebnis, Wirkung)* fruit, produit, résultat, effet *m;* ► *Früchte ansetzen (Baum)* se mettre à fruit; *Früchte tragen* porter des fruits; *a. fig* fructifier, porter des fruits. **fruchtbar** *a a. fig* fertile, fécond, productif; *(Land a.)* généreux. **Fruchtbarkeit** *f* ‹-, ø› fertilité, fécondité, productivité *f.* **fruchten** *itr:* ► *nichts ~ (nichts nützen)* rester *od* demeurer sans effet. **Fruchtfleisch** *n* pulpe *f.* **fruchtig** *a (Wein)* fruité. **fruchtlos** *a fig* infructueux, inutile, inefficace; sans fruit, sans résultat, sans effet. **Fruchtlosigkeit** *f* ‹-, ø› inutilité, inefficacité *f.* **Fruchtpresse** *f* presse-fruits *m.* **Fruchtsaft** *m* jus *m* de fruits. **Fruchtwasser** *n physiol* liquide *m* amniotique. **Fruchtwasseruntersuchung** *f* amniocentèse *f.* **Fruchtwechsel** *m* alternance *f* des cultures.

früh [fry:] **I.** *a (vor der festgesetzten Zeit)* avant l'heure fixée; *(vorzeitig)* précoce, prématuré; *(~ am Tage)* matinal; *(Gemüse u. Obst: ~reif)* hâtif; ► *am ~en Morgen* de grand matin; *~e Kindheit f* première enfance *f; ein ~er Winter m* un hiver précoce; **II.** *adv* de bonne heure, tôt; *gestern ~* hier matin; *heute ~* ce matin; *von ~ bis spät* du matin (jusqu')au soir; *zu ~* trop tôt, avant l'heure; en avance, d'avance, par avance; *zu ~er Stunde* tôt le matin; aux aurores. **Frühaufsteher** *m* lève-tôt *m fam;* ► *ein ~ sein* être matinal. **Frühe** *f* ‹-, ø› : *in der ~* le matin; *in aller ~* de grand *od* de bon matin. **früher** *(Komparativ von ~, adv)* **1.** *(eher, zeitiger)* plus tôt, de meilleure heure; **2.** *(einst, ehemals)* autrefois, jadis; ► *je ~, desto besser* le plus tôt sera le mieux; *~ oder später* tôt ou tard, un jour ou l'autre. **frühere(r, s)** *(Komparativ von früh, a)* antérieur; *(ehemaliger)* ancien; *(erster)* premier; ► *in ~n Zeiten* autrefois. **Früherkennung** *f med* dépistage *m.* **frühestens** *adv* au plus tôt. **frühe-**

ste(r, s) *(Superlativ von früh, a)* premier; *(ältester)* (le) plus ancien. **Frühgeburt** *f* **1.** *(Vorgang)* naissance *f* avant terme; **2.** *(Kind)* enfant né avant terme, prématuré *m.* **Frühgemüse** *n* primeurs *f pl.* **Frühjahr** *n* printemps *m.* **Frühjahrsmüdigkeit** *f* fatigue *f* due au printemps. **Frühkartoffeln** *f pl* pommes *f pl* de terre nouvelles *od* primeurs. **Frühling** *m* ‹-s, -e› printemps; *poet* renouveau *m.* **frühmorgens** *adv* de grand *od* de bon matin. **Frühobst** *n* fruits *m pl* précoces. **Frühreif** *a* hâtif; *a. fig* précoce. **Frühreife** *f a. fig* précocité; *fig* maturité *f* précoce. **Frühschicht** *f:* ▶ ~ *haben* être du matin. **Frühschoppen** *m* (petit) verre *m* du matin. **Frühstück** *n* petit déjeuner *m.* **frühstücken** *itr* déjeuner, prendre le petit déjeuner. **frühzeitig I.** *a* prématuré, précoce; **II.** *adv* de bonne heure, tôt.

Fuchs *m* ‹-es, ⸚e› [fʊks, ˈfʏksə] **1.** *(Tier u. Pelz)* renard *m;* **2.** *(Pferd)* alezan *m;* ▶ *alter* od *schlauer* ~ *(fig)* vieux *od* fin renard, fin *od* rusé compère *m; junger* ~ renardeau *m.* **Fuchsbau** *m* renardière *f,* terrier *m* de *od* du renard.

Füchsin *f* ‹-, -nen› [ˈfʏksɪn] renarde *f.*

Fuchsjagd *f* [ˈfʊks-] chasse *f* au renard. **Fuchspelz** *m* renard *m.* **fuchsrot** *a* roux; roussâtre. **Fuchsschwanz** *m* **1.** queue *f* de renard; **2.** *bot* queue-de-renard *f;* **3.** *(Säge)* scie *f* égoïne. **fuchs(teufels)wild** *a* fâché tout rouge, hors de ses gonds.

Fuchtel *f* ‹-, -n› [ˈfʊxtəl] *(Stock):* ▶ *unter jds* ~ *stehen (fig)* être sous la férule *od* la coupe de qn. **fuchteln** *itr* agiter les bras, gesticuler.

Fug *m* [fu:k] : ▶ *mit* ~ *und Recht* à bon droit, en bonne justice.

Fuge *f* ‹-, -n› [ˈfu:gə] **(1)** *(Furche)* sillon *m; (Nute)* rainure *f,* joint *m,* jointure *f;* ▶ *aus den* ~*n gehen* se disloquer (complètement); **(2)** *mus* fugue *f.*

fügen [ˈfy:gən] *tr* **1.** *tech* joindre, jointoyer, emboîter, assembler; **2.** *fig lit (anordnen)* disposer, régler; *refl: sich* ~ **3.** *(sich einordnen)* se conformer, s'accommoder, s'adapter; **4.** *(sich ergeben, resignieren)* se résigner. **fügsam** *a* docile, soumis. **Fügsamkeit** *f* ‹-, ø› docilité, soumission *f.* **Fügung** *f* ‹-, -en› *(Schicksal)* destinée *f.*

fühlbar [fy:l-] *a* tangible, palpable, sensible; *(spürbar, deutlich)* sensible. **fühlen** *tr* **1.** *(tasten)* tâter, palper; **2.** *(empfinden)* sentir, éprouver; **3.** *refl sich* ~ se sentir; ▶ *sich als...* ~ *(sich für ... halten)* se prendre pour...; *sich für etw verantwortlich* ~ se sentir responsable de qc; *sich nicht wohl* ~ ne pas se sentir bien; *wie fühlst du dich?* comment te trouves-tu? **Fühler** *m* ‹-s, -› *zoo* tentacule *m,* antenne *f;* ▶ *die* ~ *ausstrecken (fig)* lancer un ballon d'essai.

Fuhre *f* ‹-, -n› [ˈfu:rə] **1.** *(Fahrt)* charriage, roulage, transport *m;* **2.** *(Ladung)* charroi *m,* charretée, charge *f.*

führen [ˈfy:rən] *tr* **1.** *(geleiten)* conduire, mener, guider; **2.** *(leiten)* conduire, guider; *mar* gouverner, barrer; *aero* piloter; **3.** *mil* mener, diriger; *(anführen, befehligen)* commander; **4.** *(mit sich* ~, *bei sich haben)* porter, avoir sur *(am Leibe) od* avec *(in der Hand, in e-r Trage)* soi; **5.** *(im Wappen)* avoir (dans ses armes); **6.** *(Fluß: Geröll, Eis)* charrier; **7.** *com (e-n Artikel)* tenir, avoir; **8.** *(etw Langes u. Schmales, e-n Graben, e-e Mauer etc anlegen, ziehen)* établir, dresser; *itr* **9.** *(an erster Stelle stehen)* être en tête, tenir la tête; *sport* mener; **10.** *(hinführen, s-e Richtung nehmen)* mener; **11.** *refl sich* ~ *(sich betragen)* se conduire; ▶ *etw zu Ende* ~ achever, terminer, finir qc; *sich gut* ~ avoir une bonne conduite; *e-n Namen, Titel* ~ porter un nom, un titre; *zu nichts* ~ ne mener *od* n'aboutir à rien; *Verhandlungen* ~ négocier; *das führt zu nichts (a.)* cela ne donne rien; c'est une impasse; *das würde zu weit* ~ cela nous entraînerait trop loin; *was führt Sie zu mir?* qu'est-ce qui *od* quel bon vent vous amène? *wohin soll das (noch)* ~*?* à quoi cela aboutira-t-il? **führend** *a (Persönlichkeit)* dirigeant; *com (Haus)* le *od* la plus renommé(e) *od* connu(e); *(Hotel)* le meilleur. **Führer** *m* ‹-s, -› [ˈfy:rər] **1.** chef, directeur, conducteur; *mil* commandant en chef; *pol* leader *m;* **2.** *loc* mécanicien; *(e-s öffentl. Verkehrsmittels)* conducteur; *mot* chauffeur; *mar aero* pilote *m;* **3.** *(Fremden-, Reiseführer)* guide *m (a. Buch).* **Führerhaus** *n mot* cabine *f.* **Führerkabine** *f aero* poste de pilotage, habitacle (du pilote), cockpit *m.* **Führernatur** *f* nature *f* de chef. **Führerschein** *m mot* permis de conduire; *aero* brevet *m* de pilote; ▶ *s-n* ~ *machen* passer son permis de conduire. **Führersitz** *m* siège *m* du chauffeur *(mot) od* du pilote *(aero).* **Führerstand** *m tech* cabine de conduite *od* de manœuvre; *loc* cabine *f od* poste *m* de mécanicien *od* de conduite *od* d'équipage.

Fuhrmann *m* ‹-(e)s, -leute/(-männer)› [ˈfu:r-] voiturier, charretier, roulier *m.* **Fuhrpark** *m (Kraftwagenbestand)* parc *m.*

Führung *f* ‹-, -en› [ˈfy:rʊŋ] **1.** *(Leitung)* conduite, direction, gestion; *(Verwaltung)* administration *f; pol* leadership *m;* **2.** *(Besichtigung)* visite *f* guidée *od* commentée; **3.** *tech* guide, guidage *m,* glissière *f;* **4.** *(Benehmen)* conduite *f;* ▶ *in* ~ *liegen (sport)* être en tête; *die* ~

übernehmen prendre la direction. **Führungskraft** *f (leitender Angestellter)* cadre *m*. **Führungsleiste** *f tech* barre *f* conductrice. **Führungsschiene** *f tech* (rail-)guide *m*, glissière; *(für Raketenstart)* rampe *f* de lancement. **Führungsstab** *m mil* état-major *m* de commandement *od* d'exécution. **Führungszeugnis** *n* certificat *m* de bonne conduite *od* de bonne vie et mœurs.

Fuhrunternehmen *n* ['fu:r-] entreprise *f* de transports, messageries *f pl*. **Fuhrunternehmer** *m* entrepreneur *m* de transports *od* de roulage.

Füllbleistift *m* ['fʏl-] porte-mine *m*. **Fülle** *f* ‹-, ø› plénitude; *(große Menge)* grande quantité, masse; *(Reichtum)* richesse, opulence; *(Überfluß)* abondance, profusion *f*; ► *in verschwenderischer* ~ en abondance, à profusion. **füllen** *tr* **1.** emplir, remplir; garnir (*mit etw* de qc); *(vollstopfen)* bourrer, gonfler; *(Küche)* farcir; *(hohlen Zahn)* plomber, obturer; **2.** *(Buch-, Heftseiten)* couvrir; ► *in Flaschen* ~ mettre en bouteilles; *in e-n Sack* od *in Säcke* ~ ensacher. **Füller** *m* ‹-s, -› *fam (Füllhalter)* stylo *m*. **Füllfederhalter** *m* stylo(graphe). **Füllhorn** *n* corne *f* d'abondance. **füllig** *a (rundlich)* rondelet, replet. **Füllmaterial** *n* matériel *m* de remplissage. **Füllung** *f* ‹-, -en› **1.** remplissage; *(mit Luft, e-m Gas)* gonflement; *(e-s Zahnes)* plombage *m*, obturation; *(Küche)* farce *f*; **2.** *(e-r Tür)* panneau; *arch* entrevous *m*.

fummeln ['fʊməln] *itr fam* tripoter.

Fund *m* ‹-(e)s, -e› [fʊnt, '-də] **1.** *(Auffindung, a. fig)* découverte *f*; **2.** *(~stück)* objet *m* trouvé; *(glücklicher ~)* trouvaille, aubaine *f*; ► *e-n (guten* od *glücklichen) ~ machen* faire une trouvaille.

Fundament *n* ‹-(e)s, -e› [fʊnda'mɛnt] *arch* u. *fig* fondation *f*, fondement(s *pl*) *m*; *fig* base *f*; ► *das ~ legen (a. fig)* jeter *od* poser le(s) fondement(s) (*zu* de). **fundamental** [-'ta:l] *a (grundlegend)* fondamental. **Fundamentalismus** [fʊndamɛnta'lɪsmʊs] *m* ‹-, ø› *pol* fondamentalisme; *rel* intégrisme *m*. **Fundamentalist(in** *f***)** *m* [-'lɪst] ‹-en, -en› *pol* fondamentaliste, *rel* intégriste *m f*.

Fundbüro *n* ['fʊnt-] bureau *m* des objets trouvés. **Fundgrube** *f fig* mine *f*.

fundieren [fʊn'di:rən] ‹*ohne ge-*› *tr (gründen, begründen)* fonder; ► *gut fundiert (pp, fin)* bien fondé.

fündig ['fʏndɪç] *a mines* exploitable, riche; ► ~ *werden (ein Lager finden)* découvrir (un gisement).

Fundsache *f* ['fʊnt-] objet *m* trouvé. **Fundunterschlagung** *f* détournement *m* d'objets trouvés.

fünf [fʏnf] *(Zahlwort)* cinq; ► ~ *gerade sein lassen (fig)* ne pas y regarder de trop près; *das ~te Rad am Wagen sein (fam)* être la cinquième roue du carrosse. **Fünf** *f* ‹-, -en› cinq *m*. **Fünfeck** *n* pentagone *m*. **fünfeckig** *a* pentagonal. **Fünfer** *m* ‹-s, -› = *Fünf*. **fünferlei** ['--'laɪ] *a* de cinq sortes *od* espèces. **fünffach** *a* quintuple; ► *das F~e* cinq fois autant. **fünfhundert** *(Zahlwort)* cinq cent(s). **Fünfjahr(es)plan** *m* plan *m* quinquennal *od* de cinq ans. **Fünfkampf** *m sport* pentathlon *m*. **Fünflinge** *pl* quintuplé(e)s *m (f) pl*. **fünfmal** *adv* cinq fois. **Fünfmarkstück** *n* pièce *f* de cinq marks. **Fünftagewoche** *f* semaine *f* de cinq jours. **Fünftel** *n* ‹-s, -› cinquième *m*. **fünftens** *adv* cinquièmement. **fünfte(r, s)** *a* cinquième. **35-Stunden-Woche** *f* semaine *f* de 35 heures. **fünfzehn** *(Zahlwort)* quinze. **Fünfzehntel** *n* quinzième *m*. **fünfzehnte(r, s)** *a* quinzième. **fünfzig** *(Zahlwort)* cinquante. **Fünfziger(in** *f***)** *m* quinquagénaire *m f*. **Fünfzigmarkschein** *m* billet *m* de cinquante marks. **fünfzigste(r, s)** *a* cinquantième.

fungieren [fʊŋ'gi:rən] ‹*ohne ge-*› *itr (ein Amt ausüben)* faire fonction (*als* de).

Funk *m* ‹-s, ø› ['fʊŋk] *(Rundfunk; drahtlose Telegraphie)* radio, T.S.F. *f*. **Funkamateur** *m* amateur *m* de radio. **Funkausstellung** *f* salon *m* de la radio. **Funkbearbeitung** *f* adaptation radiophonique, mise *f* en ondes. **Funkbericht** *m* reportage *m* radiodiffusé.

Funke *m* ‹-ns, -n›, **Funken** *m* ‹-s, -› ['fʊŋkə(n)] étincelle; *(großer)* flammèche *f*; ► *keinen ~n Verstand haben* ne pas avoir un grain *od* un brin de raison; *~n sprühen* jeter des étincelles. **funkeln** *itr* étinceler, scintiller, éclater. **funkelnagelneu** *a* (tout) flambant neuf.

funken ['fʊŋkən] *tr* **1.** radiotélégraphier, transmettre par radio; **2.** *itr fam* fonctionner, marcher. **Funken** *n* ‹-s, ø› radiotélégraphie *f*. **Funker** *m* ‹-s, -› *a. mar aero* radio(télégraphiste), opérateur *m* radio. **Funkerraum** *m aero* poste *m* du radiotélégraphiste. **Funkfernsprecher** *m (Gerät)* radio-téléphone *m*. **Funkgerät** *n* appareil *m* (de) radio *od* radioélectrique. **Funkhaus** *n* station *f* émettrice *od* d'émission(s) *od* de T.S.F. **Funkkolleg** *n* cours *m pl* radiodiffusés. **Funknavigation** *f* radionavigation *f*. **Funknetz** *n* réseau *m* radio(électrique). **Funkschatten** *m* zone *f* morte dans les radio-émissions. **Funksignal** *n* signal *m* radioélectrique. **Funkspruch** *m* radio-(télé)gramme, message *m* radio-(phonique), radiocommunication *f*; ► *e-n ~ aufnehmen* recevoir un message (radio). **Funkstation** *f* station *f od* poste radio(télégraphique) *od* de radiodiffusion *od* d'émission *od* de T.S.F.; poste *m* émetteur, station *f* émettrice. **Funkstille** *f* silence radio, temps *m* mort, suspension *f* (des émissions radio). **Funkstreifenwagen** *m* voiture *f* radio. **Funktechnik** *f* technique radiophonique, radiotechnique *f.*

Funktion *f* ‹-, -en› [fuŋktsi'o:n] **1.** *(Tätigkeit)* fonction, activité *f;* **2.** *(Amt)* fonction, charge *f;* **3.** *math* fonction *f;* ▶ *in ~ treten* entrer en fonction(s). **Funktionär** *m* ‹-s, -e› [-'nɛ:r] fonctionnaire *m.* **funktionieren** [-'ni:rən] ‹*ohne ge-*› *itr* fonctionner; *(betriebsfähig sein, a.)* marcher; ▶ *gut ~ (tech)* être au point. **funktionsfähig** *a* opérationnel.

Funkturm *m* ['fuŋk-] pylône *m* de T.S.F., tour *f* hertzienne. **Funkverbindung** *f* liaison *f* (par) radio *od* hertzienne, contact *m* radio; ▶ *in ~ stehen* être en contact par radio. **Funkverkehr** *m* radiocommunication *f.*

für [fy:r] *prp* **1.** *(zugunsten)* pour; en faveur de; ▶ *sich ~ jdn, ~ etw einsetzen, ~ jdn, ~ etw eintreten* prendre fait et cause pour qn, pour qc; prendre le parti de qn, prendre parti pour qc; *~ jdn einspringen* remplacer qn; **2.** *(in bezug auf)* pour; quant à; ▶ *~ mich genügt es* pour moi, ça suffit; *ich ~ meine Person* pour ma part, en ce qui me concerne; *an und ~ sich* en soi, en lui-même, en elle-même; *~ diesmal* pour cette fois; **3.** *(im Verhältnis zu)* pour; vu; ▶ *~ e-n Ausländer spricht er gut Deutsch* pour un étranger il parle bien l'allemand; **4.** *(gegen, bes. von Heilmitteln)* pour, contre; **5.** *(anstelle von)* pour; à la place de, en échange de, contre; ▶ *~ jdn bezahlen* payer à la place de qn; *ich habe ihm ein Buch ~ das Bild gegeben* je lui ai donné un livre pour *od* en échange de l'image; **6.** *(als)* comme; pour; ▶ *ich halte ihn ~ ein Genie* je le tiens pour un génie; *das halte ich ~ richtig* cela me semble correct; **7.** ▶ *Schritt ~ Schritt* pas à pas; *Tag ~ Tag* jour après jour; **8.** ▶ *was ~ ein Glück!* quelle chance! **Für** *n:* ▶ *das F~ und (das) Wider* le pour et le contre.

Furche *f* ‹-, -n› ['furçə] *(Ackerfurche)* sillon, rayon; *(Runzel)* sillon *m;* ▶ *e-e ~ ziehen* tracer un sillon. **furchen** *tr* sillonner.

Furcht *f* ‹-, ø› [furçt] crainte; *(Angst)* peur; *(Ängstlichkeit)* timidité; *(Befürchtung)* appréhension *f;* ▶ *aus ~* de crainte (*vor* de); *~ empfinden* od *haben* avoir peur; *~ erwecken* faire peur. **furchtbar I.** *a* **1.** redoutable, effrayant; **2.** *a. fam (übertreibend)* effroyable; terrible; **II.** *adv fam (übertreibend)* énormément, rudement, diablement; ▶ *das ist ~ einfach* c'est simple comme bonjour.

fürchten ['fyrçtən] *tr* craindre; avoir peur de, redouter; *befürchten)* appréhender; ▶ *sich ~* avoir peur (*vor* de); *für jds Leben ~* trembler pour la vie de qn; *er fürchtet, zu spät zu kommen* il craint d'être en retard. **fürchterlich I.** *a a. fam (übertreibend)* effroyable, formidable, terrible, horrible, épouvantable, affreux; **II.** *adv fam (übertreibend) = furchtbar adv.*

furchtlos ['furçt-] *a* sans peur; intrépide. **Furchtlosigkeit** *f* ‹-, ø› intrépidité *f.* **furchtsam** *a* craintif, peureux; *(ängstlich)* timide; **Furchtsamkeit** *f* ‹-, ø› timidité *f.*

füreinander [fy:r'ʔaɪ'nandər] *adv* l'un pour l'autre; les uns pour les autres.

Furie *f* ‹-, -n› ['fu:riə] furie *f.*

Furnier *n* ‹-s, -e› [fur'ni:r] *tech* (feuille *f* de) placage *m.* **furnieren** ‹*ohne ge-*› *tr* (contre-)plaquer.

Furore *f* [fu'ro:rə] : ▶ *~ machen (fam: Aufsehen erregen)* faire fureur.

Fürsorge *f* ‹-, ø› ['fy:rzɔrgə] soins *m pl,* sollicitude *f;* = *Fürsorgeunterstützung;* ▶ *öffentliche ~* assistance *f* publique; *soziale ~* assistance *f* sociale. **Fürsorgeamt** *n* bureau *m* d'assistance publique *od* de bienfaisance. **Fürsorgeunterstützung** *f* secours *m.*

Fürsprache *f* ['fy:rʃpra:xə] intervention, intercession *f;* ▶ *~ für jdn einlegen* intervenir *od* intercéder en faveur de qn. **Fürsprecher** *m* intercesseur, porte-parole *m.*

Fürst *m* ‹-en, -en› [fyrst] prince; *(Herrscher)* souverain *m.* **Fürstenhaus** *n* maison princière, dynastie *f.* **Fürstentum** *n* ‹-s, ¨-er› principauté *f.* **Fürstin** *f* ‹-, -nen› princesse *f.* **fürstlich** *a* princier *a. fig;* de prince.

Furt *f* ‹-, -en› [furt] gué *m.*

Furunkel *m* ‹-s, -› [fu'ruŋkəl] *med* furoncle, *fam* clou *m.*

Fürwort *n* ['fy:r-] pronom *m.*

Furz *m* ‹-es, ¨-e› [furts, 'fyrtsə] *pop* pet *m.* **furzen** *itr* péter.

Fusel *m* ‹-s, -› ['fu:zəl] *fam* tord-boyaux *m.*

Fusion *f* ‹-, -en› [fuzi'o:n] *phys chem (Verschmelzung), com (Zs.schluß)* fusion *f.* **fusionieren** [-zio'ni:rən] ‹*ohne ge-*› *tr (verschmelzen; zs.schließen)* fusionner.

Fuß *m* ‹-es, ¨-e› [fu:s, 'fy:sə] **1.** *a. allg* u. *fig* pied *m; (bei vielen Tieren, bes. orn* u. *ent)* patte *f;* **2.** *(Maß, Versfuß)* pied *m;* ▶ *am ~e des Berges* au pied de *od* au bas de *od* en bas de la montagne; *(festen) ~ fassen* prendre pied; *zu ~ gehen* aller à pied; *kalte Füße haben* avoir froid aux pieds; *auf großem ~e leben* vivre sur un grand pied; mener grand train; *gut, schlecht zu ~ sein* être bon, mauvais marcheur; *jdn auf freien ~ setzen* mettre qn en liberté; *auf eigenen Füßen stehen (fig)* voler de ses propres ailes; *mit jdm auf gutem ~ stehen* être en bons termes avec qn; *jdm auf den ~ treten* marcher sur le pied de qn; *mit Füßen treten (fig)* fouler aux pieds. **Fußabstreicher** *m* décrottoir *m*. **Fußangel** *f mil* chausse-trape *f*. **Fußbad** *n* bain de pieds, pédiluve *m*. **Fußball** *m* **1.** *(Spiel)* football *m;* **2.** *(Ball)* ballon *m* (de football). **Fußballmannschaft** *f* équipe *f* de football. **Fußballplatz** *m* terrain *m* de football. **Fußballspiel** *n* match *m* de football. **Fußball(spiel)er** *m* footballeur *m*. **Fußbank** *f* bout *m* de pied. **Fußboden** *m* plancher; sol *m*. **Fußbodenbelag** *m* revêtement *m* pour planchers. **Fußbreit** *m* ‹-, ø› : ► *keinen ~ zurückweichen* ne pas reculer d'une semelle. **Fußbremse** *f mot* frein *m* à pédale.

Fussel *f* ‹-, -n› ['fʊsəl] *fam (Fädchen)* petit bout *m* de fil. **fusselig** *a* effiloché.

fußen['fu:sən] *itr fig (beruhen)* être fondé, se fonder, reposer (*auf* sur). **Fußende** *n (e-s Bettes)* pied *m* (d'un lit). **Fußgänger** *m* piéton *m*. **Fußgängerbrücke** *f* passerelle *f*. **Fußgängerüberweg** *m* passage *m* pour piétons. **Fußgängerzone** *f* zone *f* piétonne. **Fußgelenk** *n* cou-de-pied *m*. **Fußmatte** *f* paillasson, essuie-pieds *m*. **Fußnote** *f* note (au bas de la *od* des pages), annotation *f*. **Fußpflege** *f* soins *m pl* donnés par un pédicure. **Fußsack** *m* chauffe-pieds *m*, chancelière *f*. **Fußschaltung** *f mot* commande *f* à pied *od* par pédale. **Fußsohle** *f* plante *f* du pied. **Fußspitze** *f* pointe *f* du pied. **Fußspur** *f*, **Fuß(s)tapfen** *m* empreinte, trace *f*, vestige *m;* ► *in jds ~ treten (fig)* marcher sur les pas *od* sur les traces de qn. **Fußtritt** *m* coup *m* de pied. **Fußweg** *m (neben e-r Landstraße)* accotement, bas-côté *m*.

futsch [fʊtʃ] *adv fam (weg)* fichu; *pop* foutu.

Futter *n* ['fʊtər] **(1)** ‹-s, ø› *(Fressen für Tiere)* nourriture *f;* fourrage *m*, pâture, pâtée, mangeaille *f;* **(2)** ‹-s, -› *(innerer Stoff von Kleidungsstücken)* doublure; *tech* garniture *f;* ► *ausknöpfbares ~* doublure *f* (d'hiver) amovible.

Futteral *n* ‹-s, -e› [fʊtə'ra:l] étui *m*, gaine *f*, fourreau *m*.

Futtergetreide *n* ['fʊtər-] céréales *f pl* secondaires. **Futtermittel** *n pl* produits *m pl* de fourrage. **futtern** *itr pop (essen)* becqueter, béqueter, bouffer.

füttern ['fʏtərn] *tr* **(1)** *(Tier)* donner à manger à, **(2)** *(Schneiderei)* doubler.

Futternapf *m* ['fʊtər-] = *Freßnapf*. **Futterpflanze** *f* plante *f* fourragère.

Fütterung *f* ‹-, -en› ['fʏtərʊŋ] distribution *f* de la nourriture.

Futur *n* ‹-s,-e› [fu'tu:r] *gram* futur *m*.

G

G, g *n* ‹-, -› [ge:] *(Buchstabe)* G, g *m; mus* sol *m.*
Gabe *f* ‹-, -n› ['ga:bə] **1.** *(Geschenk)* présent, cadeau *m; (Opfer~)* offrande; *(milde ~)* aumône, charité *f;* **2.** *(Begabung)* don, talent *m,* faculté, aptitude *f.*
Gabel *f* ‹-, -n› ['ga:bəl] *(Eß~)* fourchette *a. tele; (Ast~, Heu~, Rad~ etc a. mil)* fourche *f.* **gabelförmig** *a* fourchu. **gabeln,** *sich* bifurquer. **Gabelung** *f* ‹-, -en› **1.** *(Baum, Geweih)* enfourchure *f;* **2.** *(Rohr-, Verkehrs-, Wegegabelung etc)* embranchement *m,* bifurcation *f.*
gackern ['gakərn] *itr (Henne)* caqueter.
gaffen ['gafən] *itr* badauder; regarder bouche bée. **Gaffer** *m* ‹-s, -› badaud(e *f*) *m.*
Gage *f* ‹-, -n› ['ga:ʒə] *(e-s Schauspielers)* traitement; *(einmalige)* cachet *m.*
gähnen ['gɛ:nən] *itr* bâiller (*vor* de).
Gala *f* ‹-, ø› ['ga(:)la]: ▶ *in ~* en tenue de soirée.
Galan *m* ‹-s, -e› [ga'la:n] galant *m.*
galant [ga'lant] *a* galant, courtois.
Galeere *f* ‹-, -n› [ga'le:rə] galère *f.* **Galeerensklave** *m* galérien *m.*
Galerie *f* ‹-, -n› [galə'ri:] *arch* galerie *f.*
Galgen *m* ‹-s, -› ['galgən] potence *f; (kleiner)* gibet *m.* **Galgenfrist** *f* délai *od* quart *m* d'heure de grâce. **Galgenhumor** *m* humour *m* noir *od* macabre. **Galgenstrick, Galgenvogel** *m* gibier *m* de potence.
Galiläa *n* [gali'ɛa] la Galilée.
Galle *f* ‹-, -n› **1.** *anat physiol* bile *f, zoo* fiel *m;* **2.** *fig (Bitterkeit)* fiel *m,* amertume *f;* ▶ *mir läuft die ~ über* ça m'échauffe la bile. **gallenbitter** *a* amer comme du fiel. **Gallenblase** *f* vésicule *f* biliaire. **Gallenkolik** *f* colique *f* hépatique. **Gallenleiden** *n* affection *f* biliaire. **Gallensteine** *m pl* calculs *m pl* biliaires.
Gallert *n* ‹-(e)s, -e›, **Gallerte** *f* ‹-, -n› ['ga-, ga'lɛrtə] gélatine *f* (végétale). **gallertartig** *a* gélatineux.
Gallien *n* ['galiən] la Gaule. **Gallier** *m* ‹-s, -› ['-liər] Gaulois *m.*
gallig ['galıç] *a* bilieux *a. fig; fig* fielleux; *(griesgrämig)* atrabilaire.
gallisch ['galıʃ] *a* gaulois.
Galopp *m* ‹-s, -s/-e› [ga'lɔp] galop *m, a. Tanz;* ▶ *im ~* au galop. **galoppieren** [-'pi:rən] ‹*ohne ge-*› *itr* ‹*sein*› galoper.
Galvanisation *f* ‹-, ø› [galvanizatsi'o:n] *tech med* galvanisation *f.* **galvanisch** [-'va:nıʃ] *a* galvanique. **galvanisieren** ‹*ohne ge-*› *tr tech med* galvaniser.
gammeln *itr fam* traînasser. **Gammler** *m* ‹-s, -› ['gamlər] traîne-savates.
Gang *m* ‹-s, ⸚e› [gaŋ, 'gɛŋə] **1.** allure *f,* démarche *f;* **2.** *(einzelner, Besorgung)* course, *(Besorgung)* commission *f; (a. Spaziergang)* tour *m;* promenade *f;* **3.** *fig (Verlauf)* marche *f,* cours, train *m; (Geschäft)* marche *f;* **4.** *tech* marche *f,* fonctionnement *m; mot* vitesse *f;* **5.** *arch* galerie *f,* couloir *a. loc,* passage *m; (zwischen Sitzreihen)* allée *f;* **6.** *bot anat* canal, tube; *anat* conduit *m;* voie *f;* **7.** *mines* veine *f,* filon *m;* **8.** *sport* reprise *f; (Fechten)* assaut *m;* **9.** *(Küche)* service; *(Speisen)* plat *m;* ▶ *im ~(e), in vollem ~(e)* en (pleine) marche *od* activité; *in ~ bringen* faire marcher, mettre en marche *od* en mouvement *od* en route, amorcer; *e-n ~ einschalten (mot)* passer (en) une vitesse; *s-n ~ gehen (fig)* aller son train, suivre son cours; *in ~ kommen* s'amorcer; *es geht alles s-n ~* tout va son petit traintrain.
gang [gaŋ] *adj:* ▶ *~ und gäbe* (tout à fait) courant, chose courante.
Gangart *f* ['gaŋ-] *(Mensch)* démarche *f; (Pferd)* allure *f.* **gangbar** *a (Weg)* praticable; *fig* viable.
Gängelband *n* ['gɛŋəl-]: ▶ *am ~ führen* = **gängeln** *tr fig* mener à la lisière, tenir en laisse.
gängig ['gɛŋıç] *a* **1.** *(gebräuchlich)* usité, courant; **2.** *(Ware)* de bon débit.
Gangschalthebel *m* ['gaŋ-] *mot* levier *m* de vitesse. **Gangschaltung** *f mot* changement *m* de vitesse.
Gangster *m* ‹-s, -› ['gɛŋstər] gangster, bandit *m.*
Gangway *f* ‹-, -s› ['gɛŋwɛı] *mar* passerelle *f.*
Gans *f* ‹-, ⸚e› [gans, 'gɛnzə] oie *f;* ▶ *dumme ~ (fig pej)* oie, dinde, bécasse *f.*
Gänseblümchen *n* ['gɛnzə-] pâquerette *f.* **Gänsebraten** *m* oie *f* rôtie. **Gänsefüßchen** *n pl (Satzzeichen)* guillemets *m pl.* **Gänsehaut** *f fig* chair *f* de poule. **Gänseklein** *n* abattis *m* d'oie. **Gänseleberpastete** *f* (pâté de) foie *m* gras. **Gänsemarsch** *m: im ~ gehen* marcher à la file indienne. **Gänserich** *m* ‹-s, -e› [-rıç] jars *m.* **Gänsespiel** *n* jeu *m* de l'oie.
ganz [gants] **I.** *a* **1.** tout, entier, total; *(vollständig, -zählig)* complet; **2.** *(unversehrt)* intact; **3.** *(vollkommen)* par-

fait; **II.** *s: das Ganze* le tout, le total, l'ensemble *m; ein Ganzes (math)* un entier; **III.** *adv* **1.** tout (à fait), entièrement, totalement, complètement, absolument; **2.** *(vollkommen)* parfaitement; **3.** *fam (recht, ziemlich)* assez; ▶ *als G~es, im ~en* en bloc, en entier, dans l'ensemble, au total; *nicht (so) ~* pas tout à fait; *voll und ~* à fond, sans réserves; *~ und gar* tout à fait, de fond en comble; *~ und gar nicht* (pas *od* point) du tout, pas le moins du monde; *~ genau (adv)* fort exactement; *~ wenig* bien peu; *ein G~es bilden* faire *od* former corps; *aufs G~e gehen* risquer le tout pour le tout; *ich bin ~ Ihrer Meinung* je suis tout à fait de votre avis; *~ recht!* c'est vrai, c'est ça, fort bien, parfaitement! **ganzjährig** *adv* (pendant) toute l'année. **gänzlich** ['gɛntslıç] **I.** *a* entier, total, complet; **II.** *adv* entièrement, totalement, complètement, absolument. **Ganztagsbeschäftigung** *f* travail *m* à temps complet.

gar [ga:r] **I.** *a* **1.** *(Küche)* assez *od* bien cuit, à point; *(fertig)* prêt; **2.** *(Leder)* tanné; *(Stahl)* affiné; **II.** *adv* **1.** *(recht, ganz, sehr)* bien, tout, très, *(bei Verneinung)* du tout; **2.** *(sogar)* même; ▶ *~ kein* pas de ... du tout; *~ nicht* pas *od* point du tout, nullement; *(rein) ~ nichts* rien du tout, absolument rien.

Garage *f* ‹-, -n› [ga'ra:ʒə] garage *m;* ▶ *in die ~ fahren, stellen* garer, rentrer au garage.

Garant *m* ‹-en, -en› [ga'rant] garant *m.* **Garantie** *f* ‹-, -ien› [-ran'ti:] garantie; *(Bürgschaft)* caution *f; fig* certificat *m;* ▶ *die ~ übernehmen* se porter garant *(für etw* de qc). **garantieren** [-'ti:rən] ‹*ohne ge-*› *tr* garantir. **Garantieschein** *m* bulletin *od* bon *m* de garantie. **Garantiezeichen** *n* label *m* de garantie.

Garbe *f* ‹-, -n› ['garbə] *agr* gerbe *f.*

Garde *f* ‹-, -n› ['gardə] garde *f.*

Garderobe *f* ‹-, -en› [gardə'ro:bə] **1.** *(Kleidung)* vêtements *m pl,* garde-robe *f;* **2.** *(Kleiderablage)* garde-robe *f; theat etc* vestiaire *m; (e-s Künstlers)* loge *f;* ▶ *an der ~ abgeben* déposer au vestiaire. **Garderobenständer** *m* portemanteau *m.*

Gardine *f* ‹-, -n› [gar'di:nə] rideau *m;* ▶ *die ~ auf-, zuziehen* tirer le rideau. **Gardinenpredigt** *f* sermon *m* (conjugal), semonce *f;* ▶ *jdm e-e ~ halten* sermonner qn. **Gardinenstange** *f* tringle *f* (de rideau).

Gardist *m* ‹-en, -en› [gar'dıst] garde *m.*

gären ['gɛ:rən] *itr* **1.** ‹*gegoren; h* od *sein*› fermenter; *der Wein hat* od *ist gegoren* le vin a fermenté; **2.** ‹*gegärt; h*› *fig:* ▶ *es gärt im Volk* le peuple est en agitation.

Garn *n* ‹-(e)s, -e› [garn] fil *m; (Netz)* filet, rets, panneau *m.*

Garnele *f* ‹-, -n› [gar'ne:lə] *zoo* crevette *f.*

garnieren [gar'ni:rən] ‹*ohne ge-*› *tr (Kleid, Speise)* garnir (*mit* de). **Garnison** *f* ‹-, -en› [-ni'zo:n] garnison *f;* ▶ *in ~ (liegen)* (être) en garnison. **Garnitur** *f* ‹-, -en› [-'tu:r] **1.** *(Besatz)* garniture *f,* parement; **2.** *(Kleidung)* garniture *f;* **3.** *(Satz zs.gehöriger Dinge)* assortiment, assemblage, jeu; ▶ *zweite ~ fam* les doublures *f pl.*

Garnknäuel *m* od *n* ['garn-] pelote *f* de fil. **Garnrolle** *f* bobine *f* de fil.

garstig ['garstıç] *a (häßlich)* laid, vilain; *(abstoßend)* repoussant, répugnant; *(böse)* méchant.

Garten *m* ‹-s, ¨-› ['gartən, 'gɛr-] jardin *m;* ▶ *e-n ~ anlegen* planter un jardin; *im ~ arbeiten* jardiner. **Gartenarbeit** *f* jardinage *m.* **Gartenarchitekt** *m* architecte *m* paysagiste. **Gartenfest** *n* garden-party *f.* **Gartenlaube** *f* tonnelle *f,* berceau *m.* **Gartenmöbel** *n pl* meubles *m pl* de jardin. **Gartenschau** *f* exposition *f* d'horticulture. **Gartenschere** *f* sécateur *m.* **Gartenstuhl** *m* chaise *f* de jardin. **Gartentisch** *m* table *f* de jardin. **Gartenzaun** *m* clôture *f.*

Gärtner *m* ‹-s, -› ['gɛrtnər] jardinier, horticulteur, *(Gemüse~)* maraîcher *m.* **Gärtnerei** *f* [-'raı] **1.** *(Gewerbe)* jardinage *m,* horticulture *f;* **2.** *(Betrieb)* exploitation *f* maraîchère.

Gärung *f* ['gɛ:rʊŋ] fermentation *f.*

Gas *n* ‹-es, -e› [ga:s, '-zə] gaz *m (a. als Leucht~);* ▶ *das ~ andrehen* ouvrir le gaz; *das ~ abstellen* fermer le gaz; *~ geben (mot fam)* mettre les gaz, accélérer, appuyer sur l'accélérateur; *~ wegnehmen (mot)* couper les gaz. **Gasanzünder** *m (Gerät)* allume-gaz *m.* **Gasbeleuchtung** *f* éclairage *m* au gaz. **Gasbrenner** *m* brûleur à *od* bec *m* de gaz. **gasförmig** *a* gazéiforme, gaseux. **Gasgenerator** *m* gazogène *m.* **Gashahn** *m* robinet *m* à gaz. **Gasheizung** *f* chauffage *m* au gaz. **Gasherd** *m* cuisinière *f od* réchaud *od* fourneau *m* à gaz. **Gaskocher** *m* réchaud *m* à gaz. **Gaslampe** *f* lampe *f* à gaz. **Gasleitung** *f* conduite *f* de gaz; gazoduc; *tech* feeder *m.* **Gasmann** *m* contrôleur *m* du gaz. **Gasmaske** *f* masque *m* à gaz. **Gasmesser** *m (Gerät)* compteur *m* à gaz. **Gasofen** *m* poêle *od* four à gaz, radiateur *m* à gaz. **Gasolin** *n* ‹-s, ø› [-zo'li:n] gazoline *f.* **Gasometer** *m* gazomètre *m.* **Gaspedal** *n mot* (pédale *f* d')accélérateur *m.* **Gasrohr** *n* tuyau *m* à gaz, conduite *f* de gaz.

Gasse *f* ‹-, -n› ['gasə] ruelle *f.*

Gast *m* ‹-es, ¨-e› [gast, 'gɛstə] **1.** hôte, invité; *(Tisch~)* convive *m;* **2.** *(Fremder)* étranger; *(Besucher)* visiteur *m;* **3.** *(in e-r Gaststätte)* consommateur; *(in*

e-m Hotel) voyageur; *(in e-r Pension)* pensionnaire *m;* ▶ *zu ~ bitten* od *laden* inviter; *Gäste haben* avoir des invités; *bei jdm zu* od *jds ~ sein* être l'hôte *od* l'invité de qn. **Gastarbeiter** *m* travailleur *m* immigré; *pl* main-d'œuvre *f* étrangère.
Gästebuch *n* ['gɛstə-] livre *m* d'hôtes. **Gästezimmer** *n (privat)* chambre *f* d'amis.
gastfreundlich *a* hospitalier, accueillant. **Gastfreundschaft** *f* hospitalité *f.* **Gastgeber(in** *f)* *m* hôte *m,* hôtesse *f.* **Gasthaus** *n,* **Gasthof** *m* (petit) hôtel *m,* hôtellerie *f.* **Gasthörer** *m (Univ.)* auditeur *m* libre. **gastieren** [-'ti:rən] ‹*ohne ge-*› *itr theat* jouer en tournée. **gastlich** *a* hospitalier.
Gastronom *m* ‹-en, -en› [gastro'no:m] gastronome *m.* **Gastronomie** *f* ‹-, ø› [gastrono:'mi:] gastronomie *f.*
Gastroskopie *f* ‹-, -n› [gastrosko'pi:] *med* gastroscopie *f.*
Gastspiel *n* ['gast-] *(Künstlerauftritt)* représentation *f* d'acteurs en tournée; *sport* match *m* à l'extérieur. **Gaststätte** *f* café *m,* auberge *f.* **Gaststätten- und Beherbergungsgewerbe** *n* industrie *f* hôtelière. **Gaststube** *f (in e-r Gaststätte)* salle *f.* **Gastwirt** *m* aubergiste; *(Speise~)* restaurateur *m.* **Gastwirtschaft** *f* = *Gaststätte.*
Gasvergiftung *f* intoxication *f* par le gaz. **Gasversorgung** *f* approvisionnement *m* en gaz. **Gaswerk** *n* usine *f* à gaz.
Gatte *m* ‹-n, -n› ['gatə] mari, époux *m;* ▶ *die ~n m pl* les époux *m pl.*
Gatter *n* ‹-s, -› ['gatər] grille, claire-voie *f.*
Gattin *f* ['gatın] épouse, femme *f.*
Gattung *f* ‹-, -en› ['gatʊŋ] *(allg. Sammelbegriff)* genre *m,* espèce, sorte *f; bot zoo* genre *m.*
GAU *m* [gaʊ] ‹-s, -s› *(Abkürzung für: größter anzunehmender Unfall)* le plus grave accident nucléaire imaginable.
Gaudi *n* ‹-s, ø› , *f* ‹-, ø› ['gaʊdi] *fam* amusement *m.*
Gaukelei *f* [gaʊkə'laı] jonglerie *f,* escamotage *m.* **gaukeln** *itr* **1.** *(flattern)* voltiger; **2.** *(Taschenspieler)* jongler. **Gaukler** *m* ‹-s, -› jongleur, prestidigitateur *m.*
Gaul *m* ‹-(e)s, ⸚e› [gaʊl, 'gɔʏlə] cheval *m;* ▶ *alter ~* rosse, haridelle *f.*
Gaumen *m* ‹-s, -› ['gaʊmən] palais *m.*
Gauner *m* ‹-s, -› ['gaʊnər] *(Betrüger)* escroc *m.* **Gaunerei** *f* [-'raı] escroquerie. **Gaunersprache** *f* langue *f* verte *od* du milieu.
Gazastreifen ['ga:za-] , *der geog* la bande de Gaza.
Gaze *f* ‹-, -n› ['ga:zə] gaze *f.*
Gazelle *f* ‹-, -n› [ga'tsɛlə] *zoo* gazelle *f.*
G-Dur *n* ['ge:du:r] *mus* sol *m* majeur.
Gebäck *n* ‹-(e)s, ø› pâtisserie(s *pl) f,* (petits) gâteaux *m pl.*
Gebälk *n* ‹-(e)s, ø› charpente *f,* poutrage *m.*
geballt *a (Faust)* fermé, serré.
Gebärde *f* ‹-, -n› [gə'bɛ:rdə] geste *m.* **gebärden:** ▶ *sich ~ wie* prendre des allures de.
gebären [ge'bɛ:rən] ‹*gebiert, gebar, geboren*› *tr* accoucher de, mettre au monde, enfanter. **Gebärmutter** *f anat* matrice *f,* utérus *m.* **Gebärmutterhals** *m* col *m* de l'utérus.
Gebäude *n* ‹-s, -› [gə'bɔʏdə] bâtiment *m,* construction *f;* édifice *m.*
gebaut *a:* ▶ *gut ~ (Mensch)* bien bâti *od* fait *od* taillé *od* tourné.
Gebeine *n pl* os *m pl; (menschl. Überreste)* ossements *m pl.*
Gebell *n* ‹-(e)s, ø› aboiement(s *pl) m.*
geben ['ge:bən] ‹*gibt, gab, gegeben*› *tr* **1.** donner; *(schenken)* faire cadeau *od* présent de; **2.** *(reichen)* tendre, passer; **3.** *(gewähren)* accorder, offrir, procurer; *(zuteilen)* attribuer, assigner; **4.** *(Ohrfeige)* donner; **5.** *(Karten)* servir; **6.** *theat* donner, représenter, jouer; **7.** *tele* transmettre; **8.** *(Ertrag)* donner, rapporter; *(liefern)* fournir; ▶ *von sich ~ (Ton)* proférer; *(Nahrung)* rendre; *(Worte)* lâcher; *sich gelassen ~* prendre un air dégagé; *sich ~ (Schmerz)* s'apaiser; *(Eifer)* se relâcher; *zu gegebener Zeit* en temps opportun *od* utile; *zu denken ~* donner à penser *od* à réfléchir; *sich zu erkennen ~* se faire connaître; *sich geschlagen ~* s'avouer vaincu; *Kredit, Rabatt ~* faire crédit, un rabais; *zu verstehen ~* donner à entendre; *dem habe ich es aber ordentlich gegeben!* je lui ai dit ce que je pensais; *wer gibt? (Karten)* à qui la donne? *~ Sie mir Herrn X.! (tele)* passez-moi M. X.! *es gibt* il y a; *was gibt's (Neues)?* qu'est-ce qu'il y a de nouveau? *das gibt es nicht* cela n'existe pas; *(das) gibt's nicht!* jamais! *gegebene Größe f (math)* donnée *f.* **Geber** *m* ‹-s, -› ['ge:bər] donneur, donateur *m.*
Gebet *n* ‹-(e)s, -e› [gə'be:t] prière, oraison *f;* ▶ *jdn ins ~ nehmen* confesser qn, mettre qn sur la sellette. **Gebetbuch** *n* livre de prières, paroissien *m.*
Gebiet *n* ‹-(e)s, -e› [gə'bi:t] **1.** région, zone *f; adm pol* territoire *m;* **2.** *fig (Fach~)* ressort *m,* spécialité, branche; *(geistiges ~)* sphère *f,* domaine *m;* ▶ *auf allen ~en (fig)* dans tous les domaines; *auf dem ~ (der Technik)* en matière (de technique), en ce qui concerne (la technique).
gebieten [gə'bi:tən] ‹*gebot, geboten*› **1.** *tr (befehlen)* commander, ordonner *(jdm etw* qc à qn); *(fordern)* exiger,

réclamer; **2.** *itr* commander (*über ein Volk* à un peuple); *(verfügen)* disposer (*über* de). **Gebieter** *m* ‹-s, -› maître, seigneur, souverain *m*. **Gebieterin** *f* maîtresse, souveraine *f*. **gebieterisch** *a* impérieux, impératif, dictatorial, despotique. **Gebietsanspruch** *m pol* revendication *f* territoriale. **Gebietshoheit** *f* souveraineté *f* territoriale.

Gebilde *n* ‹-s, -› **1.** *(Schöpfung, Werk)* création, œuvre *f*, produit *m*; **2.** *(Gestalt)* forme, figure, configuration *f*.

gebildet *a* cultivé, instruit, lettré.

Gebirge *n* ‹-s, -› [gəˈbɪrgə] montagne *f*, monts *m pl*. **gebirgig** *a* montagneux. **Gebirgsbach** *m* torrent *m* de montagne. **Gebirgszug** *m* chaîne *f* de montagnes.

Gebiß *n* ‹-sses, -sse› [gəˈbɪs] **1.** *(natürliches)* denture, dentition *f*; **2.** *(künstliches)* appareil dentaire, dentier *m*.

geblümt *a (Textil)* à fleurs.

gebogen *a* (re)courbé, courbe, arqué.

geboren *(pp von: gebären)* né, de naissance; ▶ *(Frau) ~e X.* née X; *~er Deutscher m* Allemand *m* de naissance; *~ werden* naître, être né.

geborgen *(pp von: bergen)* sauvé; *a* en sûreté, à l'abri (*vor* de).

Gebot *n* ‹-(e)s, -e› [gəˈbo:t] **1.** *vx rel (Befehl)* commandement *m*; **2.** *(Auktion)* offre, enchère *f*; ▶ *ein ~ machen* faire une offre; *jdm zu ~e stehen* être à la disposition de qn; *die Zehn ~e (rel)* les dix commandements; *das ~ der Stunde* les nécessités *f pl* de l'heure. **geboten** *a* nécessaire. ▶ *~ sein* s'imposer.

Gebrauch *m* ‹-(e)s, (¨e)› [gəˈbraʊx, -ˈbrɔʏçə] *(ohne pl) (Anwendung)* usage, emploi; *(Handhabung)* maniement *m*; ▶ *außer ~* hors d'usage; *in ~* en usage, en service; *von etw ~ machen* se servir de qc; *in ~ nehmen* mettre en usage. **gebrauchen** ‹*gebraucht*› *tr* employer, faire usage de, user de, se servir de; *(nutzbar machen)* utiliser; *(handhaben)* manier; *(Arznei)* prendre, user de; ▶ *nicht mehr zu ~(d)* hors d'usage *od* de service.

gebräuchlich [gəˈbrɔʏçlɪç] *a* en usage; *(üblich)* usuel, d'usage; *(Ausdruck)* usité, usuel, courant; ▶ *nicht mehr ~* hors d'usage, désuet; *~ sein (a.)* avoir cours.

Gebrauchsanweisung *f* [gəˈbraʊxs-] mode *m* d'emploi. **gebrauchsfertig** *a* prêt à l'usage *od* à servir. **Gebrauchsgegenstand** *m* objet d'usage courant, objet *m* usuel. **Gebrauchsgüter** *n pl* biens *m pl* de consommation.

gebraucht [gəˈbraʊxt] *a (schon benutzt)* qui a déjà servi, usagé; *(alt, (Buch: antiquarisch)* d'occasion. **Gebrauchtwagen** *m* voiture *f* d'occasion.

Gebrechen *n* ‹-s, -› *(Körperfehler)* infirmité *f*. **gebrechlich** *a (körperbehindert)* infirme, invalide. **Gebrechlichkeit** *f* ‹-, ø› infirmité, invalidité *f*.

gebrochen I. *a:* ▶ *mit ~er Stimme* d'une voix étranglée; *ganz ~ (fig)* accablé de douleur; **II.** ▶ *adv: ~ Deutsch sprechen* écorcher l'allemand.

Gebrüder *pl* frères *m pl;* ▶ *die ~ Grimm* les frères Grimm; *~ Müller (com)* Muller frères.

Gebrüll *n* ‹-(e)s, ø› *(Rinder u. fig)* mugissement; *(wilde Tiere)* rugissement *m*.

Gebühr *f* ‹-, -en› [gəˈby:r] **1.** *(meist pl)* tarif *m*; *(Abgabe)* taxe *f*, droit(s *pl*), impôt *m*; *(nur pl)* vacations *f pl*; *(Arzt, Rechtsanwalt)* honoraires *m pl*. **2.** *(ohne pl; nur in bestimmten Wendungen: Pflicht, Schicklichkeit)* ▶ *nach ~* dûment, comme il convient. **gebühren** [gəˈby:rən] ‹*gebührt*› *itr* être dû, revenir de droit (*jdm* à qn). **Gebührenansage** *f* [gəˈby:rən-] *tele* indication *od* notification *f* de la taxe. **gebührend** [geˈby:rənt] *a*, **gebührlich** *a (schuldig)* dû (*dat* à); *(verdient)* mérité; *(zukommend)* qui revient, revenant. **Gebührenerhöhung** *f* [gəˈby:rən-] majoration *f* des droits. **Gebührenerlaß** *m* remise *f* des droits. **gebührenfrei** *a* exempt de droits *od* taxes. **Gebührenfreiheit** *f* franchise *f*. **gebührenpflichtig** *a* soumis aux droits *od* à la taxe, taxé; *(Straße, Brücke)* à péage; ▶ *~e Verwarnung f* contravention *f*.

gebunden 1. *(Buch)* relié; **2.** *mus* lié; **3.** *fig* engagé, assujetti (*an* à).

Geburt *f* ‹-, -en› [gəˈbu:rt] **1.** naissance *a. fig*; *(Vorgang)* mise *f* au monde, accouchement *m*; **2.** *(Abstammung, Ursprung)* origine *f*; ▶ *von ~ an* de naissance; *Deutscher m von ~* Allemand *m* de naissance. **Geburtenkontrolle** *f*, **Geburtenregelung** *f* contrôle *m od* régulation *f* des naissances. **Geburtenrückgang** *m* recul *m* des naissances, dénatalité *f*. **Geburtenziffer** *f* natalité *f*. **Geburtenzuwachs** *m* augmentation *f* de la natalité.

gebürtig [gəˈbʏrtɪç] *a:* ▶ *~ aus* natif de, originaire de, né à.

Geburtsdatum *n* [gəˈbu:rts-] date *f* de naissance. **Geburtsfehler** *m* tare *f* congénitale. **Geburtshaus** *n* maison *f* natale. **Geburtshelfer(in** *f*) *m* accoucheur *m*, euse *f*. **Geburtsort** *m* lieu *m* de naissance. **Geburtsregister** *n* registre *m* des naissances. **Geburtstag** *m* jour *m* de (la) naissance; *(als Fest)* anniversaire *m*. **Geburtstagskind** *n* celui, celle qui fête son anniversaire. **Geburtsurkunde** *f* acte *m* de naissance. **Geburtswehen** *f pl* douleurs *f pl*.

Gebüsch *n* ‹-es, -e› buissons *m pl*.

Geck *m* ‹-en, -en› [gɛk] fat, dandy *m*.

Gedächtnis *n* ‹-ses, -se› [gə'dɛçtnɪs] **1.** mémoire *f;* **2.** *(Erinnerung)* commémoration *f,* souvenir *m;* ► *aus dem* ~ de mémoire; *(auswendig)* par cœur; *zum* ~ en mémoire *od* en commémoration (*an jdn* od *etw* de qn *od* de qc); *sich etw ins* ~ *zurückrufen* se remémorer qc; *mein* ~ *läßt mich im Stich* la mémoire me fait défaut; *ein schlechtes* ~, *ein* ~ *wie ein Sieb* une mémoire de lièvre. **Gedächtnislücke** *f* trou *m* de mémoire. **Gedächtnisschwund** *m* amnésie *f.* **Gedächtnisstütze** *f* moyen *m* mnémotechnique.

gedämpft *a* **1.** *(Küche)* à l'étouffée *od* à l'étuvée; **2.** *(Schall)* amorti.

Gedanke *m* ‹-ns, -n› **1.** pensée; *(Einfall)* idée, conception; **2.** *(Begriff)* notion *f,* concept *m;* **3.** *pl (Denken)* pensées *f pl,* réflexion, méditation *f;* **4.** *(Absicht)* intention *f; (Plan)* projet, dessein *m;* ► *in* ~*n* en pensée; *(aus Zerstreutheit)* par distraction, sans y penser; *auf den* ~*n bringen, daß* amener à penser que; donner l'idée de *inf; jdn auf andere* ~*n bringen* changer les idées à qn; distraire qn; *auf den* ~*n kommen zu ...* s'aviser de ...; ~*n lesen* lire dans la pensée; *sich* ~*n machen* être préoccupé (*über* de); *mit dem* ~ *spielen zu ...* nourrir *od* caresser l'idée de ...; *auf diesen* ~*n wäre ich nie gekommen* cette idée ne me serait jamais venue; *der bloße* ~ la seule pensée; *in* ~*n (versunken)* plongé dans la *od* ses méditation(s). **Gedankenaustausch** *m* échange *m* d'idées *od* de vues. **Gedankengang** *m* fil *m* des idées. **gedankenlos I.** *a* irréfléchi, étourdi, distrait; *(mechanisch)* machinal; **II.** *adv a.* sans réfléchir, sans y penser; machinalement. **Gedankenlosigkeit** *f* irréflexion, étourderie *f.* **Gedankenstrich** *m* tiret *m.* **Gedankenübertragung** *f* transmission *f* de pensée. **gedankenvoll** *a (nachdenklich)* pensif. **gedanklich** *a* mental, idéel.

Gedärm *n* ‹-(e)s, -e› [gə'dɛrm] boyaux, intestins *m pl.*

Gedeck *n* ‹-(e)s, -e› couvert; *(im Restaurant)* menu, repas *m* à prix fixe.

Gedeih *m:* ► *auf* ~ *und Verderb* à la grâce de Dieu. **gedeihen** [gə'daɪən] ‹*gedieh, gediehen*› *itr* ‹*sein*› *bot* pousser; *allg* prospérer; *(sich entwickeln)* se développer; ► *nicht* ~ *(bot) a.* se déplaire; *prächtig* ~ être en pleine prospérité; *fig* ne faire que croître et embellir; *die Sache ist so weit gediehen, daß* la chose en est arrivée au point que. **gedeihlich** *a (günstig)* profitable.

gedenken [gə'dɛŋkən] ‹*gedachte, gedacht*› *itr* **1.** ► *jds (ehrend)* ~ évoquer la mémoire de qn; **2.** *(beabsichtigen)* penser, compter (*zu tun* faire), avoir l'intention, se proposer (*zu tun* de faire). **Gedenkfeier** *f* fête *f* commémorative. **Gedenktafel** *f* plaque *f* commémorative. **Gedenktag** *m* anniversaire *m.*

Gedicht *n* ‹-(e)s, -e› poème *m, (kurzes)* poésie *f.* **Gedichtsammlung** *f* recueil *m* de poésies, anthologie *f* (lyrique).

gediegen *a* **1.** *(Metall: rein)* pur; *fig allg (echt)* vrai, de bon aloi; **2.** *(zuverlässig)* ferme; *(Möbel)* solide.

gedörrt *a (Obst)* tapé.

Gedränge *n* ‹-s, ø› **1.** presse, cohue; *(Menge)* foule *f;* **2.** *fig (Notlage)* embarras *m;* ► *ins* ~ *kommen* se trouver dans l'embarras. **gedrängt** *a* pressé, serré, compact; *(Stil)* concis, dense; *(von Menschen)* comble, bondé.

gedrückt *a fig (Mensch)* déprimé; *(Lage)* pénible, gêné.

Geduld *f* ‹-, ø› [gə'dʊlt] patience; *(Nachsicht)* indulgence; *(Langmut)* longanimité *f;* ► ~ *haben* avoir de la patience, patienter; *die* ~ *verlieren* perdre patience, s'impatienter. **gedulden** *sich,* [-dən] ‹*geduldet*› prendre patience, patienter. **geduldig** *a* patient; *(nachsichtig)* indulgent; ► ~ *ertragen* prendre en patience. **Geduldsfaden** *m:* ► *mir reißt der* ~ ma patience est à bout.

gedungen [gə'dʊŋən] *a:* ► ~*er Mörder m* tueur *m* à gages.

gedunsen [gə'dʊnzən] *a* bouffi, boursouflé.

geehrt *a* honoré; ► *sehr* ~*er Herr!* Cher monsieur.

geeignet *a* apte, propre (*zu, für* à); *(passend)* convenable (*zu* à); *(Person, Mittel)* approprié.

geerdet [gə'eːrdət] *a el* mis à la terre.

Gefahr *f* ‹-, -en› danger, péril *m;* ► *auf die* ~ *(gen) hin* au risque de; *auf eigene* ~ à ses risques; *außer* ~ hors de danger; *bei* ~ en cas de danger; *in* ~ *bringen* mettre en danger ; ~ *laufen zu* courir le danger *od* risque de; *es besteht keine* ~ il n'y a pas de danger.

gefährden [gə'fɛːrdən] ‹*gefährdet*› *tr* mettre en danger. **gefährdet** *a* menacé, en danger. **Gefährdung** *f* ‹-, -en› danger (*gen* pour), risque *m (gen* de).

Gefahrengebiet *n* [gə'faːrən-] zone *f* dangereuse. **Gefahrenherd** *m pol* foyer *m* de troubles. **Gefahrenquelle** *f* source *f* de périls.

gefährlich [gəfɛːrlɪç] *a* dangereux, *(nur Sache)* périlleux; ► ~ *verletzt* grièvement blessé. **Gefährlichkeit** *f* ‹-, ø› danger *m; (e-r Krankheit)* gravité *f.*

gefahrlos [gə'faːr-] *a* sans danger *od* risque, sûr.

Gefährte *m* ‹-n, -n› [gə'fɛːrtə] compagnon; camarade *m.* **Gefährtin** *f* compagne; camarade *f.*

Gefälle *n* ‹-s, -› inclinaison, déclivité *(a. Fluß); loc* pente, rampe; *(Wasserkraft-*

werk) différence *f* de niveau.
Gefallen [gəˈfalən] **1.** *m* ‹-s, -› complaisance *f,* service *m;* ► *jdm e-n ~ tun* od *erweisen* rendre un service à qn, obliger qn; *jdm den ~ tun zu …* faire à qn le plaisir de … **2.** *n* ‹-s, ø› plaisir *m;* ► *an etw ~ finden* se (com)plaire à qc, trouver *od* prendre plaisir à qc. **gefallen** [gəˈfalən] ‹*gefällt, gefiel, gefallen*› *itr (angenehm sein)* plaire, agréer (*jdm* à qn); ► *sich ~ in* se (com)plaire à *od* en *od* dans; *sich alles ~ lassen* encaisser tout *fam; das gefällt mir (gut)* cela me plaît (bien); *wie gefällt Ihnen der Film?* comment trouvez-vous le film?
gefallen I. *(pp von fallen)* tombé; **II.** *a mil* mort. **Gefallene** *m:* ► *die ~n (mil)* les morts *m pl.* **Gefallenendenkmal** *n* monument *m* aux morts.
gefällig [gəˈfɛlıç] *a* **1.** complaisant, aimable; **2.** *(dienstfertig)* obligeant, serviable; *(zuvorkommend)* prévenant; **3.** *(angenehm)* agréable, plaisant; ► *jdm ~ sein* obliger qn. **Gefälligkeit** *f* ‹-, -en› **1.** *(ohne pl)* complaisance; prévenance *f;* **2.** obligeance *f,* service *m;* ► *aus ~* par complaisance. **gefälligst** *adv:* ► *hör ~ zu* voudrais-tu m'écouter? *sieh ~ nach!* prends la peine de regarder.
gefangen *a* en prison, prisonnier, captif; *(inhaftiert)* détenu. **Gefangene** *m, f* prisonnier *bes. mil,* captif; *(Inhaftierter)* détenu *m.* **Gefangenenlager** *n* camp *m* de prisonniers. **gefangen=halten** ‹*hält, hielt gefangen, gefangengehalten*› *tr* tenir en captivité, retenir prisonnier. **Gefangennahme** *f* arrestation *f,* emprisonnement *m; mil* capture *f.* **gefangen=nehmen** ‹*nimmt, nahm gefangen, gefangengenommen*› *tr* arrêter, emprisonner; *mil* faire prisonnier, capturer. **Gefangenschaft** *f* ‹-, ø› captivité; *(Haft)* détention *f;* ► *aus der ~ entlassen* libérer (de captivité); *in ~ geraten (mil)* être fait prisonnier.
Gefängnis *n* ‹-ses, -se› [gəˈfɛŋnıs] **1.** *(Ort)* prison, maison *f* de réclusion; **2.** *(Strafe)* prison *f.* **Gefängnishof** *m* cour *f* de prison. **Gefängnisstrafe** *f* peine *f* de prison; ► *zu e-r ~ verurteilen* condamner à la prison. **Gefängniswärter** *m* gardien *m* de prison.
Gefäß *n* ‹-es, -e› [gəˈfɛ:s] **1.** vase, récipient *m;* **2.** *anat bot* vaisseau *m.*
gefaßt [gəˈfast] *a* **1.** *(innerlich vorbereitet)* préparé (*auf* à); *(ergeben)* résigné; **2.** *(ruhig)* calme, tranquille; ► *sich auf etw ~ machen,* s'attendre *od* faire face à qc.
Gefecht *n* ‹-(e)s, -e› [gəˈfɛçt] *(Kampfhandlung)* action, affaire *f; (Zs.stoß)* engagement *m; (Treffen)* rencontre *f; (Kampf)* combat *m;* ► *außer ~ setzen* mettre hors de combat. **gefechtsbereit** *a* en garde, prêt à combattre; ► *~ machen* mettre en garde. **Gefechtskopf** *m* ogive *f;* ► *atomare(r) od nukleare(r) ~* ogive (*od* tête) nucléaire. **Gefechtsstand** *m* poste *m* de combat *od* de commandement.
gefeit [gəˈfaıt] *a (geschützt)* invulnérable (*gegen* à).
Gefieder *n* ‹-s, -› [gəˈfi:dər] plumage *m.* **gefiedert** *a* emplumé.
Gefilde *n* ‹-s, -› [gəˈfıldə] *(pl) poet (Fluren)* guérets, sillons *m pl.*
Geflecht *n* ‹-(e)s, -e› **1.** entrelacs; *(aus Zweigen)* treillis *m; (aus Weidenruten)* claie *f,* clayon *m;* **2.** *anat* plexus *m.*
gefleckt *a* tacheté, moucheté.
geflissentlich [gəˈflısəntlıç] **I.** *a* intentionnel, prémédité; **II.** *adv* à dessein, exprès.
Geflügel *n* ‹-s, ø› volaille *f.* **Geflügelfarm** *f* ferme *f* avicole. **Geflügelhändler** *m* marchand *m* de volaille. **geflügelt** *a orn* ailé; *ent* alifère; ► *~e Worte n pl* sentences *f pl,* adages *m pl.* **Geflügelzucht** *f* aviculture *f.* **Geflügelzüchter** *m* aviculteur *m.*
Geflüster *n* ‹-s, ø› chuchotement; *fig* murmure *m.*
Gefolge *n* ‹-s, ø› suite *f,* cortège *m,* escorte *f.* **Gefolgschaft** *f* ‹-, ø› suite *f; pol (Anhänger)* partisans, adhérents; *(Schüler, Jünger)* disciples *m pl.*
gefragt *a (begehrt)* en faveur; ► *stark, wenig ~* très, peu demandé.
gefräßig [gəˈfrɛ:sıç] *a* glouton, vorace. **Gefräßigkeit** *f* ‹-, ø› gloutonnerie, voracité *f.*
Gefreite *m* ‹-n, -n› caporal; brigadier *m.*
Gefrieranlage *f* installation *f* de congélation. **gefrieren** ‹*gefror, gefroren*› *itr* ‹*sein*› (se) geler, se congeler. **Gefrierfach** *n (im Eisschrank)* freezer *m.* **gefriergetrocknet** *a* lyophilisé. **Gefrierfleisch** *n* viande *f* frigorifiée. **Gefrierpunkt** *m* point *m* de congélation; ► *auf, über, unter dem ~* à, au-dessus de, au-dessous de zéro. **Gefrierschrank** *m* congélateur-armoire *m.* **Gefriertruhe** *f* surgélateur *m.*
Gefrorenes *n* ‹-n, ø› glace *f.*
Gefüge *n* ‹-s, -› [gəˈfy:gə] *(Struktur)* structure *f.* **gefügig** *a (fügsam)* accommodant, docile.
Gefühl *n* ‹-(e)s, -e› **1.** *(mit pl)* sentiment *m,* émotion *f;* **2.** *(ohne pl) (Sinnesempfindung)* sensation *f; (Tastsinn)* toucher *m;* **3.** *(Sinn, Verständnis)* sens (*für etw* de qc); *(Takt)* tact *m;* ► *mit ~* avec âme. **gefühllos** *a* insensible (*für* à), sans âme, impassible. **Gefühllosigkeit** *f* insensibilité, impassibilité *f.* **Gefühlsausbruch** *m* transport *m* de passion. **Gefühlsduselei** *f fam* sensiblerie *f.* **Gefühlsleben,** *das* la vie affective. **gefühlvoll** *a* plein de sentiment, sentimental; *(empfindsam)* sensible.

gefüllt *a (Süßes)* fourré; *(Gericht)* farci. **gefüttert** *a (Kleidungsstück)* doublé; *(mit Pelz od Wolle)* fourré.

gegeben *a:* ▶ *zu ~er Zeit* en temps voulu *od* utile. **gegebenenfalls** *adv* le cas échéant, à l'occasion, s'il y a lieu.

gegen ['ge:gən] *prp* **1.** *(feindlich)* contre; *(meist freundlich)* envers, pour; **2.** *(entgegen)* contraire à; ▶ *~ meinen Willen (a.)* malgré moi; **3.** *(im Tausch)* en échange de, pour, contre; **4.** *(auf... zu)* vers; *(Zeit)* vers, sur; **5.** *(etwa)* à peu près, environ, autour de; **6.** *(im Vergleich zu)* auprès de, comparé à, en comparaison de; ▶ *~ 4 Uhr* vers (les) 4 heures; *~ Quittung* contre quittance, sur reçu; *(gut) ~ Kopfweh* (bon) pour le mal de tête; *ich wette 10 ~ 1* je parie à dix contre un. **Gegenangriff** *m* contre-attaque, contre-offensive *f*. **Gegenanzeige** *f med* contre-indication *f*. **Gegenbeweis** *m* preuve *f* (du) contraire. **Gegenbefehl** *m* contrordre *m*. **Gegenbeispiel** *n* contre-exemple *m*. **Gegenbesuch** *m:* ▶ *e-n ~ machen* rendre une visite.

Gegend *f* ‹-, -en› ['ge:gənt] *(Landstrich)* contrée, région *f*, site.

Gegendarstellung *f* version *f* différente. **Gegendemonstrant(in** *f)* *m* contre-manifestant, e *m f*. **Gegendemonstration** *f* contre-manifestation *f*. **Gegendienst** *m:* ▶ *jdm e-n ~ leisten* payer qn de retour. **gegeneinander** [-'nandər] *adv* l'un contre *od* envers *od* pour l'autre; ▶ *~halten (vergleichen)* comparer. **Gegenfrage** *f:* ▶ *mit e-r ~ antworten* répondre par une question. **Gegengewicht** *n* contrepoids *m;* ▶ *das ~ halten* contrebalancer (*e-r S* qc). **Gegengift** *n* contrepoison, antidote *m*, antitoxine *f*. **Gegengutachten** *n* contre-expertise *f*. **Gegenkandidat** *m pol* candidat *m* de l'opposition. **Gegenklage** *f jur* action *od* demande reconventionnelle, plainte *f* récriminatoire. **gegenläufig** *a tech* contraire, opposé. **Gegenleistung** *f* contre-valeur, contrepartie *f;* ▶ *als ~ für* en échange de. **Gegenlicht** *n* contre-jour *m*, *a. phot*. **Gegenliebe** *f:* ▶ *keine ~ finden* ne pas être aimé en retour. **Gegenoffensive** *f* contre-offensive *f*. **Gegenmaßnahme** *f* mesure *f* de rétorsion; *(gewaltsame)* représaille(s *pl*) *f;* ▶ *~n ergreifen* od *treffen* prendre des contre-mesures; user de représailles. **Gegenpapst** *m* antipape *m*. **Gegenpartei** *f pol* parti *m* d'opposition; *jur* partie *f* adverse. **Gegenprobe** *f* contre-épreuve *f*, *a. pol*. **Gegenrede** *f* **1.** *(Widerspruch)* contradiction *f;* **2.** *(Erwiderung)* réplique *f*. **Gegenreformation** *f rel hist* Contre-Réforme *f*. **Gegenrevolution** *f* contre-révolution *f*.

Gegensatz *m* **1.** contraire, opposé *m;* **2.** *(Widerspruch)* contraste *m*, opposition, contradiction *f;* ▶ *im ~ zu* au contraire de, contrairement à, à l'opposé de; *e-n ~ bilden zu* contraster avec; *Gegensätze ziehen sich an* les extrêmes s'attirent. **gegensätzlich** *a* opposé, contrastant; antithétique.

Gegenschlag *m* contrecoup *m*.

Gegenseite *f* côté *m* opposé; *fig* opposition; *jur* partie *f* adverse. **gegenseitig** **I.** *a* mutuel, réciproque; **II.** *adv a.* par réciprocité; ▶ *in ~em Einvernehmen* d'un commun accord; *sich ~ helfen* s'entraider. **Gegenseitigkeit** *f* ‹-, ø› mutualité, réciprocité *f;* ▶ *das beruht auf ~* c'est réciproque. **Gegenspieler** *m fig* rival, adversaire *m*.

Gegenstand *m* **1.** objet *m;* **2.** *(Angelegenheit)* affaire *f;* **3.** *(Thema)* sujet *m*, matière *f*. **gegenstandslos** *a* sans objet *od* intérêt *od* raison d'être.

Gegenstoß *m* contrecoup *m; (Fechten)* riposte; *mil* contre-attaque *f* immédiate. **Gegenströmung** *f* contre-courant *m*. **Gegenstück** *n* pendant *m;* ▶ *das ~ bilden zu* faire pendant à. **Gegenteil** *n* contraire, opposé, inverse *m;* ▶ *im ~* au contraire, à l'opposé. **gegenteilig** *a* contraire, opposé. **Gegenterror** *m* contre-terrorisme *m*.

gegenüber [-'y:bər] **I.** *adv* vis-à-vis, en face; ▶ *das Haus ~* la maison d'en face; **II.** *prp dat* **1.** vis-à-vis de, en face de; **2.** *fig (im Vergleich mit)* en face de, auprès de, par rapport à; **3.** *(angesichts)* en présence de; ▶ *mir ~ (im Umgang mit mir)* envers moi, à mon égard. **Gegenüber** *n* ‹-s, -› *(Person)* vis-à-vis *m*. **gegenüberliegend** *a* d'en face, opposé. **gegenüber=stehen,** *sich* ‹*stand gegenüber, gegenübergestanden*› se faire face. **gegenüber=stellen** *tr* **1.** mettre en face, opposer; *fig* mettre en regard (*dat* de); *jur* confronter (*dat* avec); **2.** *(vergleichen)* comparer, rapprocher. **Gegenüberstellung** *f* **1.** opposition; *jur* confrontation *f;* **2.** *fig* comparaison *f*.

Gegenverkehr *m* circulation *f* en sens inverse *od* à contre-voie.

Gegenwart *f* ‹-, ø› ['ge:gənvart] **1.** présence *f;* **2.** *(Jetztzeit)* temps présent, notre temps *m*, époque *f* actuelle; *gram* présent *m;* ▶ *in ~ (gen)* en face (de); en présence (de); *in meiner ~* en ma présence. **gegenwärtig** **I.** *a* **1.** présent; **2.** *(jetzig)* actuel; du moment; **3.** *fig (erinnerlich)* présent à l'esprit; **II.** *adv* à présent, actuellement, à l'heure actuelle.

Gegenwehr *f* défense, résistance *f*. **Gegenwert** *m* contrepartie *f*, équivalent *m*. **Gegenwind** *m* vent *m* contraire *od* debout. **gegen=zeichnen** *tr* contresigner.

Gegner(in *f*) *m* ‹-s, -› ['ge:gnər] adversaire *m f*, antagoniste *m f*; *jur* opposant(e *f*) *m*; *(Feind)* ennemi(e *f*) *m*. **gegnerisch** *a*, *a. jur u. pol* adverse, opposé, *mil* ennemi. **Gegnerschaft** *f* ‹-, ø› opposition *f*, antagonisme *m*.
Gehabe *n* ‹-s, ø› manières *f pl* affectées.

Gehackte *n* ‹-n, ø› viande *f* hachée.
Gehalt [gə'halt] **(1)** *m* ‹-(e)s, -e› **1.** *(Anteil, bes. chem min)* teneur *f*, titre *m*; **2.** *fig (Wesen, Qualität, Wert)* consistance *f*, fond *m*, solidité, valeur *f*; **(2)** *n* ‹-(e)s, ¨er› *(der Staatsbeamten)* traitement *m*; *(der Offiziere)* solde *f*; *(der Angestellten)* appointements; *(der Hausangestellten)* gages *m pl*; ▶ *ein ~ beziehen* toucher un traitement *od* des appointements, être aux appointements (*von* de), émarger (*aus der Staatskasse* au budget); *festes ~* traitement *m* fixe. **gehaltlos** *a* vide, futile, insignifiant. **Gehaltsempfänger** *m* salarié, employé *m*. **Gehaltserhöhung** *f* augmentation *f* de salaire. **gehaltvoll** *a* **1.** *(Erz)* riche (*an* en), de bon aloi; *(Nahrung)* substantiel, nutritif; **2.** *fig* fondé, solide.
gehässig [gə'hɛsıç] *a* haineux; *(zänkisch)* hargneux. **Gehässigkeit** *f* ‹-, -en› haine; hargne *f*.
Gehäuse *n* ‹-s, -› *tech* abri, carter, boisseau, *(a. Uhr)* boîtier *m*; *(Wanduhr)* cage *f*; *(Rundfunkgerät)* coffre *m*.
gehbehindert *a* handicapé moteur.
Gehege *n* ‹-s, -› [gə'he:gə] (en)clos *m*, enceinte *f*; *(für Tiere)* parc *m*; ▶ *jdm ins ~ kommen (fig)* aller *od* marcher sur les brisées de qn.
ˈ**geheim** [gə'haım] *a* secret; *(versteckt)* caché, dérobé; *(unbekannt)* inconnu; *(heimlich)* clandestin; *(vertraulich)* confidentiel; *(vertraut)* privé, intime; ▶ *im ~en* en secret, en cachette; *streng (vertraulich und) ~* strictement confidentiel. **Geheimagent** *m* agent secret, affidé *m*. **Geheimdienst** *m* service *m* secret. **Geheimgesellschaft** *f* société *f* secrète. **geheim≈halten** ‹*hält, hielt geheim, geheimgehalten*› *tr* tenir secret. **Geheimhaltung** *f* conservation *f* du secret. **Geheimkode** *m inform* code *m* secret. **Geheimnis** *n* ‹-ses, -se› secret; *bes. rel* mystère *m*; ▶ *das ~ (be)wahren* garder le secret; *das ~ lüften* dévoiler le secret; *aus etw ein ~ machen* faire un mystère de qc; *ein offenes ~* un secret de Polichinelle. **Geheimniskrämer** *m* cachottier *m*. **Geheimniskrämerei** *f* cachotterie *f*. **Geheimnisträger(in** *f*) *m* détenteur, trice *m f* de secrets d'Etat. **geheimnisvoll** *a* mystérieux; ▶ *~ tun* faire le mystérieux. **Geheimpolizei** *f* police *f* secrète. **Geheimschrift** *f* cryptographie *f*. **Geheimtinte** *f* encre *f* sympathique. **Geheimtür** *f* porte *f* secrète. **Geheimzahl** *f inform* code *m* secret.
Geheiß *n* ‹-es, ø›: ▶ *auf jds ~* sur l'ordre de qn.
gehemmt *a psych* refoulé, coincé.
gehen ['ge:ən] ‹*ging, gegangen*› *itr* ‹*sein*› **1.** *allg* aller; *(zu Fuß)* aller à pied, marcher, cheminer; *(spazierengehen)* se promener; *(nach links, rechts)* prendre (à gauche, à droite); **2.** *(weggehen)* s'en aller, partir; *(Zug, Schiff: abfahren)* partir; **3.** *tech (a. Uhr)* marcher, fonctionner; **4.** *(Ware)* se vendre, se débiter; *(Geschäft)* marcher, réussir; **5.** *(Gerücht)* courir, circuler; **6.** *(Teig)* lever; ▶ *~ auf (Fenster)* donner sur; *mit jdm ~* accompagner qn; *(mit e-m Mädchen)* fréquenter qn; *zu jdm ~ (jdn besuchen)* aller voir qn; *zum Arzt ~* aller chez le médecin; *in sich ~* rentrer en soi-même; *auf und ab ~* se promener de long en large; *auf die 50 ~* aller sur ses 50 ans; *nach dem Äußeren ~* juger sur les apparences; *bei jdm aus und ein ~* fréquenter qn; *essen ~* aller déjeuner *od* dîner; *gut ~ (com)* bien marcher; *ich gehe jetzt* je vous (te) laisse *(fam)*; geh(e) (doch od *schon)!* va (donc)! *impers: es geht* ça va *(a. gesundheitlich)*; *es geht nicht anders* c'est le seul moyen, il faut en passer par là; *es geht mir gut* je vais *od* me porte bien, *fam* ça va bien; *es* od *das geht nicht* cela ne se peut pas, (ça,) c'est impossible; *es geht mir schlecht* je ne vais pas bien, *fam* ça va mal, ça ne va pas; *es geht schon, es wird schon ~* ça ira; *es geht (so, einigermaßen) (fam)* ça va *od* ça marche (pas trop mal); *es geht mir auch so* il en est de même pour moi, c'est la même chose pour moi; *es geht nichts über* ... il n'y a rien de tel que ...; *es geht um* ... il y va de ...; *darum geht es (hier) nicht* la question n'est pas là; *es geht um Leben und Tod* c'est une question de vie ou de mort; *das geht zu weit* cela va trop loin, c'en est trop; *worum geht's?* de quoi s'agit-il? *wie geht es Ihnen?* comment allez-vous? *wenn es nach mir ginge* si ce n'était que de moi. **Gehen** *n* marche *f*, *a. sport*. **gehen≈lassen** ‹*läßt, ließ gehen, gehenlassen*› **1.** *tr (in Ruhe l.)* laisser tranquille; **2.** *refl: sich ~ (im Benehmen)* se laisser aller; *(in der Kleidung)* se laisser aller, se négliger.
gehetzt *a fig* traqué, bousculé.
geheuer [gə'hɔyər] *a (nur verneint)*: ▶ *das kommt mir nicht ~ vor* l'affaire est suspecte.
Gehilfe *m* ‹-n, -n›, **Gehilfin** *f* ‹-, nen› aide *m f*, assistant(e *f*) *m*; *(Amts~)* adjoint(e *f*) *m*.
Gehirn *n* ‹-(e)s, -e› **1.** *(als Substanz)* cervelle *f*; **2.** *(als Organ)* cerveau *m*. **Gehirnblutung** *f* hémorragie *f*

cérébrale. **Gehirnerschütterung** *f* commotion *f* cérébrale. **Gehirnhaut** *f* méninge *f*. **Gehirnhautentzündung** *f* méningite *f*. **Gehirnschlag** *m* apoplexie, congestion *f* cérébrale, *fam* coup *m* de sang. **Gehirntod** *m* mort *f* cérébrale. **Gehirntumor** *m med* tumeur *f* cérébrale. **Gehirnwäsche** *f pol* lavage *m* de cerveau.

Gehölz *n* ‹-es, -e› [gəˈhœlts] bois, bosquet, boqueteau *m*.

Gehör *n* ‹-(e)s, ø› **1.** *(Sinn)* ouïe *f*; **2.** *(Sinn für Musik)* oreille *f*; ▶ *nach ~ (mus)* à l'oreille; *~ finden* avoir, trouver audience (*bei jdm* auprès de qn); *ein gutes ~ haben* avoir l'oreille fine; *sich ~ verschaffen* se faire écouter.

gehorchen ‹*gehorcht*› *itr* obéir (*jdm* à qn); *jdm nicht ~* désobéir à qn.

gehören ‹*gehört*› *itr* **1.** *(a. als Besitz)* appartenir, être (*dat* à); **2.** *(als Teil)* faire partie (*zu* de); *(zu e-r Zahl, Gemeinschaft)* être (au nombre, au rang) de; **3.** avoir sa place, avoir à faire; ▶ *wie es sich gehört* selon les règles, comme il faut *od* convient; *das gehört sich nicht* cela ne se fait pas; *dazu gehört nicht viel* il ne faut pas être grand clerc *od* sorcier pour cela; *diese Frage gehört nicht hierher* cette question n'a rien à voir ici; *du gehörst ins Bett* tu devrais être au lit. **gehörig I.** *a* **1.** *(gebührend)* dû; *(nötig)* nécessaire, requis; *(passend)* convenable; **2.** *(tüchtig)* bon, grand; ▶ *e-e ~e Tracht Prügel* une bonne rossée; **II.** *adv (gebührend)* dûment, comme il faut, bien; en toute franchise.

gehörlos [gəˈhø:r-] *a* sourd. **Gehörlosigkeit** *f* ‹-, ø› surdité *f*. **Gehörnerv** *m* nerf *m* auditif.

gehorsam [gəˈho:rza:m] *a* obéissant. **Gehorsam** *m* ‹-s, ø› obéissance *f*.

Gehweg *m* ‹-s, -e› [ˈge:ve:k] trottoir *m*.

Geier *m* ‹-s, -› [ˈgaɪər] vautour *m*.

Geige *f* ‹-, -n› [ˈgaɪgə] violon *m*; ▶ *die erste ~ spielen (fig)* jouer le premier rôle. **geigen** *itr* jouer du violon. **Geigenbauer** *m* luthier *m*. **Geigenbogen** *m* archet *m*. **Geiger** *m* ‹-s, -› joueur de violon, violoniste *m*.

Geigerzähler *m* [ˈgaɪgər-] *phys* compteur *m* (de) Geiger.

geil [gaɪl] *a* **1.** *bot (üppig, wuchernd)* luxuriant, exubérant; **2.** *zoo (brünstig)* en chaleur; *(wollüstig)* luxurieux, lascif.

Geisel *m* ‹-s, -› *od f* ‹-, -n› [ˈgaɪzəl] otage *m*. **Geiselnahme** *f* prise *f* d'otage(s). **Geiselnehmer(in** *f*) *m* ‹-s, -(-, -innen)› preneur, -euse *m f* d'otage(s).

Geiß *f* ‹-, -en› [gaɪs] chèvre *f*. **Geißblatt** *n bot* chèvrefeuille *m*. **Geißbock** *m* bouc *m*.

Geißel *f* ‹-, -n› [ˈgaɪsəl] fouet *m*, *a. fig; rel* discipline *f*; *fig (Plage)* fléau *m*. **geißeln** *tr* fouetter; fustiger *a. fig; rel* flageller *a. fig; fig* châtier.

Geist *m* [gaɪst] **1.** ‹-(e)s, ø› esprit; génie *m*; *(Verstand)* intelligence *f*; **2.** ‹-(e)s, -er› *(Gespenst)* fantôme, spectre, revenant *m*; **3.** ‹-(e)s, -e› alcool, esprit; ▶ *den ~ aufgeben* rendre l'âme *od* l'esprit; *von allen guten ~ern verlassen sein* avoir perdu le sens; *ich weiß, wes ~es Kind er ist* je sais de quel bois il se chauffe; *der Heilige ~* l'Esprit saint, le Saint-Esprit.

Geistererscheinung *f* [ˈgaɪstər-] apparition, vision *f*. **Geisterglaube** *m* spiritisme *m*. **geisterhaft** *a* spectral, fantômatique, surnaturel. **geistern** *itr* ‹*sein*› rôder (en fantôme). **Geisterstunde** *f* heure *f* des revenants.

geistesabwesend [ˈgaɪstəs-] *a* absent, distrait. **Geistesabwesenheit** *f* absence (d'esprit), distraction *f*. **Geistesblitz** *m* éclair *m* de génie, saillie *f*. **Geistesgegenwart** *f* présence *f* d'esprit. **geistesgestört** *a* aliéné; ▶ *~ sein* avoir l'esprit dérangé. **Geisteshaltung** *f* état *m od* tournure d'esprit, mentalité *f*. **geisteskrank** *a* aliéné. **Geisteskranke** *m f* ‹-n, -n› malade *m f* mental(e). **Geisteskrankheit** *f* maladie *od* aliénation *f* mentale. **Geistesleben** *n* vie *f* intellectuelle. **geistesverwandt** *a* congénial (*jdm* à qn). **Geisteswissenschaften** *f pl* lettres *f pl*. **Geisteszustand** *m* état *m* mental.

geistig [ˈgaɪstɪç] *a* **1.** intellectuel, mental; *(immateriell)* spirituel, immatériel; **2.** *(alkoholisch)* spiritueux.

geistlich [ˈgaɪstlɪç] *a rel* spirituel; *(kirchlich)* ecclésiastique; *(klerikal)* clérical; *mus* sacré. **Geistliche** *m* ‹-n, -n› *allg* ecclésiastique, clerc; *(kath. Pfarrer)* curé, prêtre; *(evang. Pfarrer)* pasteur. **Geistlichkeit** *f* ‹-, ø› clergé *m*.

geistlos [ˈgaɪstlo:s] *a* sans esprit; *(dumm)* stupide; *(nichtssagend)* banal, insignifiant. **geistreich** *a* spirituel; ▶ *~er Mann m* homme *m* d'esprit. **geisttötend** *a fig* abrutissant.

Geiz *m* ‹-es, ø› [gaɪts] avarice; *(übertriebene Sparsamkeit)* parcimonie; *(Knauserei)* ladrerie, lésine, mesquinerie *f*. **geizen** *itr* être avare (*mit* de). **Geizhals** *m*, **Geizkragen** *m* avare, ladre, lésineur; *fam* grippe-sou *m*. **geizig** *a* avare; *(zu sparsam)* parcimonieux; *(knauserig)* ladre; lésineur; mesquin.

Gejammer *n* ‹-s, ø› lamentations *f pl*.

Gejohle *n* ‹-s, ø› criaillerie *f*; *(Hohngeschrei)* huées *f pl*.

Gekicher *n* ‹-s, ø› rires *m pl* étouffés.

Gekläff *n* ‹-(e)s, ø› jappement, glapissement *m*.

Geklapper *n* ‹-s, ø› claquement *m*.

Geklirr *n* ‹-(e)s, ø› cliquetis *m*.

gekonnt [gəˈkɔnt] *a (Darbietung)* bien

exécuté, très réussi.
Gekritzel *n* ‹-s, ø› griffonnage *m.*
gekünstelt *a (Benehmen)* affecté; *(Stil)* apprêté, artificiel, factice; *(unnatürlich)* forcé; *(gesucht)* recherché; étudié; *(geziert)* maniéré; *(geschraubt)* guindé.
Gelächter *n* ‹-s, -› [gə'lɛçtər] rire; *(Hohn∼)* ricanement *m;* ▶ *in ∼ ausbrechen* éclater de rire; *sich dem ∼ aussetzen* s'exposer à la risée.
Gelage *n* ‹-s, -› banquet, festin *m; (Zech∼)* beuverie, goguette *f.*
gelähmt *a* paralysé, perclus. **Gelähmte** *m f* paralytique *m f.*
Gelände *n* ‹-s, -› [gə'lɛndə] *geog mil* terrain *m; (Gebiet)* territoire *m; (Stück Land)* (pièce de) terre *f; (Bau∼)* terrain *m* à bâtir; ▶ *ebenes* od *flaches ∼* terrain *m* plat *od* de niveau; *hügeliges ∼* terrain *m* accidenté; *offenes ∼* terrain *m* découvert. **Geländebeschaffenheit** *f* nature *f* du terrain. **Geländefahrt** *f.* **Geländelauf** *m* cross-country *m;* ▶ *∼ machen* faire du tout-terrain. **Geländefahrzeug** *n* véhicule *m* tout-terrains. **Geländegängigkeit** *f* capacité tout-terrain, aptitude *f* au tout-terrain.
Geländer *n* ‹-s, -› [gə'lɛndər] **1.** balustrade *f,* parapet *m;* **2.** *(an Brücken, Ufern etc)* garde-fou *m; (Treppen∼)* rampe *f; tech u. mar* garde-corps *m.*
gelangen [gə'laŋən] ‹*gelangt*› *itr* ‹*sein*› (par)venir, arriver, atteindre (*zu, nach* à; *bis zu* od *nach* jusqu'à); ▶ *in den Besitz e-r S ∼* acquérir *od* gagner qc.
gelassen I. *a (ruhig)* calme, tranquille; *(gleichmütig)* impassible; *(geduldig)* patient; *(ergeben)* résigné; **II.** *adv* sans s'émouvoir; ▶ *∼ bleiben* garder son calme. **Gelassenheit** *f* ‹-, ø› calme *m;* impassibilité; patience *f.*
Gelatine *f* ‹-, ø› [ʒela'ti:nə] gélatine *f.*
geläufig [gə'lɔʏfɪç] *a (Ausdruck, Redensart)* courant; ▶ *jdm ∼ sein* être familier à qn.
gelaunt *a* ▶ *gut, schlecht ∼* bien, mal disposé; de bonne, mauvaise humeur.
Geläut(e) *n* ‹-(e)s, -e› sonnerie *f; (von Glöckchen)* tintement *m.*
gelb [gɛlp] *a* jaune; ▶ *∼ färben* od *werden* jaunir. **Gelbfieber** *n* fièvre *f* jaune. **gelblich** *a* jaunâtre. **Gelbsucht** *f med* jaunisse *f.*
Geld *n* ‹-(e)s, -er› [gɛlt, '-dər] argent *m, (bes. kleineres)* monnaie *f;* ▶ *mit s-m ∼ auskommen* joindre les deux bouts; *∼ haben (reich sein)* avoir de quoi; *kein ∼ bei sich haben* n'avoir point d'argent sur soi; *keinen Pfennig ∼ haben* n'avoir pas le sou, être sans le sou; *zu ∼ machen* convertir en argent; *im ∼ schwimmen* rouler sur l'or, être tout cousu d'or; *um ∼ spielen* jouer pour de l'argent; *∼ verdienen* gagner de l'argent; *das ist nicht mit ∼ zu bezahlen* c'est impayable; *∼ regiert die Welt (prov)* l'argent mène le monde; *bares ∼* argent comptant *od* en caisse, numéraire *m,* espèces *f pl; echtes, falsches ∼* monnaie forte, fausse monnaie *f; öffentliche ∼er pl* deniers *m pl* publics. **Geldanlage** *f* placement *m* de fonds. **Geldaufwertung** *f* réévaluation *f* de la monnaie. **Geldautomat** *m* distributeur de billets (de banque), guichet *m* automatique. **Geldbeutel** *m (fast nur noch fig)* bourse *f.* **Geldbrief** *m* lettre *f* chargée. **Geldeinwurf** *m (Schlitz am Automaten)* fente *f.* **Geldentwertung** *f* dépréciation monétaire, dévaluation, inflation *f.* **Geldgeber** *m* prêteur (d'argent), bailleur *m* de fonds. **Geldgier** *f* cupidité *f.* **geldgierig** *a* avide d'argent, cupide. **Geldknappheit** *f* rareté *f* de l'argent. **Geldmittel** *n pl* ressources *f pl* financières. **Geldquelle** *f* ressource *f* (d'argent). **Geldreserve** *f* réserve *f* monétaire. **Geldschein** *m* billet de banque, *pop* fafiot *m.* **Geldschrank** *m* coffre(-fort) *m.* **Geldsorte** *f* espèce *f.* **Geldstrafe** *f* amende *f.* **Geldstück** *n* pièce *f* de monnaie. **Geldsumme** *f* somme *f* d'argent. **Geldumlauf** *m* circulation *f* monétaire. **Geldverknappung** *f* resserrement *m* du marché monétaire. **Geldwäsche** *f fig* blanchiment *m* d'argent. **Geldwert** *m* valeur *f* monétaire *od* en argent. **Geldwesen** *n* monnaie *f;* système *m* monétaire.
Gelee *n* od *m* ‹-s, -s› [ʒe'le:] gelée *f.*
gelegen I. *a* **1.** *(örtlich)* situé; *(Zimmer)* donnant (*nach* sur); **2.** *(passend)* opportun; **II.** *adv* à propos, à point; ▶ *es ist mir daran ∼, daß* il m'importe que *subj; das kommt mir sehr ∼* cela m'arrange (très) bien; *mir ist nicht viel daran ∼* peu m'importe. **Gelegenheit** *f* occasion; *(günstige)* chance, facilité (*zu* de); ▶ *bei ∼* à l'occasion; *gen* à l'occasion de, à propos de; *bei dieser ∼* à cette occasion; *∼ haben zu* avoir l'occasion de; *die ∼ nutzen* profiter de l'occasion; *es bietet sich e-e ∼* il se présente une occasion; *e-e gute, günstige ∼* une bonne *od* belle occasion, une occasion favorable. **Gelegenheitsarbeit** *f* job *m,* petit boulot *m.* **Gelegenheitskauf** *m* (achat *m* d')occasion *f.* **gelegentlich I.** *a* occasionnel, de rencontre; *(zufällig)* accidentel; **II.** *adv* occasionnellement.
gelehrig *a* docile (d'esprit); *(klug)* intelligent. **Gelehrsamkeit** *f* ‹-, ø› érudition *f,* savoir *m.* **gelehrt** *a* savant, érudit, docte. **Gelehrte** *m f* ‹-n, -n› savant, érudit, homme *m* d'étude.
Geleise *n* ‹-s, -› *(vgl. Gleis)* **1.** *(Wagenspur)* ornière *a. fig;* **2.** *loc* voie *f* (ferrée), rails *m pl;* ▶ *wieder ins ∼*

bringen (fig) remettre dans la bonne voie; *aus dem ~ springen* dérailler.
Geleit *n* ‹-(e)s, -e› *(Begleitung)* accompagnement *m*, (re)conduite; *mil* escorte *f*; *mil mar* convoi; *(Trauer~)* cortège *m*; ▶ *jdm das ~ geben* faire escorte à qn; *freies ~* sauf-conduit *m*. **Geleitschutz** *m* convoyage *m*. **Geleitwort** *n* *(Buch)* préface *f*, avant-propos *m*. **Geleitzug** *m mar* convoi *m*.
Gelenk *n* ‹-(e)s, -e› *anat bot* jointure, articulation *f*; *tech* joint *m* (articulé). **Gelenkentzündung** *f* arthrite *f*. **gelenkig** *a* **1.** *(Sache) (gegliedert)* articulé; *(biegsam)* flexible; **2.** *(Person: geschmeidig)* souple. **Gelenkigkeit** *f* ‹-, ø› flexibilité; souplesse *f*. **Gelenkrheumatismus** *m* rhumatisme *m* articulaire.
gelernt *a*: ▶ *~er Arbeiter m* ouvrier *m* qualifié.
geliebt *a* aimé, chéri. **Geliebte** *m f* ‹-n, -n› bien-aimé(e *f*) *m*; *f* maîtresse *f*.
gelind(e) [gə'lınt, (-də)] *a (mild, sanft)* doux, modéré, faible; ▶ *~ere Saiten aufziehen* adoucir *od* baisser le ton.
gelingen [gə'lıŋən] ‹*gelang, ist gelungen*› *itr* ‹*sein*› *(Unternehmen)* réussir; *impers*: ▶ *es gelingt mir* je réussis (*zu* à), j'arrive (*zu* à). **Gelingen** *n* réussite *f*, succès *m*.
gellen ['gɛlən] *itr* retentir, résonner; *es gellt mir in den Ohren* les oreilles me tintent. **gellend** *a* strident, aigu.
geloben *tr* promettre, (solennellement), faire vœu de; ▶ *das Gelobte Land (rel)* la Terre promise.
Gelöbnis *n* ‹-ses, -se› [gə'lø:pnıs] promesse *f* (solennelle), vœu *m*.
gelten ['gɛltən] ‹*gilt, galt, gegolten*› *tr* **1.** *(wert sein)* valoir; *itr* **2.** *(gültig sein)* être valable *od* valide *od* en vigueur, avoir cours; **3.** *(maßgebend sein)* faire autorité *od* loi; **4.** *(betreffen)* regarder (*jdm* qn), concerner (*jdm* qn), s'adresser (*jdm* à qn); ▶ *~ als, für* passer pour; *impers: es gilt zu* il s'agit de, il faut, c'est le moment de; *~ lassen* laisser passer, admettre; *das gilt Ihnen* c'est à votre adresse; *das gilt nicht* cela ne compte pas, *fam* cela n'est pas de jeu; **geltend** *a (Bestimmung, Gesetz)* en vigueur; ▶ *~ machen (sich berufen auf)* se prévaloir de; *(durchsetzen)* faire valoir.
Geltung *f* ‹-, ø› ['gɛltʊŋ] **1.** *(Gültigkeit)* validité, vigueur *f*; **2.** *(Ansehen)* crédit *m*, autorité *f*; **3.** *(Bedeutung)* importance *f*; ▶ *zur ~ bringen* mettre en valeur, faire valoir; *~ haben* faire autorité; *(gültig sein)* être valable *od* applicable; *zur ~ kommen* se faire valoir; *(Bild, Kleid)* faire de l'effet; *sich ~ verschaffen* se faire valoir, s'imposer. **Geltungsbedürfnis** *n* besoin *m* de se faire valoir. **Geltungsbereich** *m* domaine *od* champ *m* d'application. **Geltungsdauer** *f* durée *f* de la validité.
Gelübde *n* ‹-s, -› [gə'lʏpdə] vœu *m*; ▶ *ein ~ ablegen* faire un vœu.
gelungen *(pp von: gelingen)* bien réussi.
gemächlich [gə'mɛ(:)çlıç] **I.** *a (ruhig, gemütlich)* nonchalant; **II.** *adv a.* à son aise.
Gemahl *m* ‹-(e)s, (e)› [gə'ma:l] époux *m*. **Gemahlin** *f* épouse *f*; ▶ *Ihre Frau ~* Madame N.
gemahnen *tr*: ▶ *jdn an etw ~* rappeler qc à qn.
Gemälde *n* ‹-s, -› [gə'mɛ:ldə] *allg* peinture *f*; *(Tafelbild)* tableau *m*; *(auf Leinwand)* toile *f*. **Gemäldeausstellung** *f* exposition *f* de peinture *od* de tableaux, salon *m*. **Gemäldegalerie** *f* galerie *f od* musée *m* de peinture *od* de tableaux.
gemasert *a* veiné.
gemäß [gə'mɛ:s] **I.** *a (entsprechend)* conforme *(dat* à); **II.** *prp (a. angehängt)* conformément à, en conformité de *od* avec, selon, suivant, d'après.
gemäßigt [gə'mɛ:sıçt] *a* modéré; *(Klima)* tempéré.
Gemäuer *n* ‹-s, -› [gə'mɔyər] murailles *f pl*, masure *f*.
Gemeckere *n* ‹-s, ø› [gə'mɛkər(ə)] *(Nörgeln)* rouspétance *f*.
gemein *n* [gə'maın] *a* **1.** commun; **2.** *(gewöhnlich)* ordinaire, vulgaire; **3.** *pej* bas, vil(ain), infâme; ▶ *etw mit jdm ~ haben* avoir qc de commun avec qn; *~er Kerl m* gueux *m*, canaille *f*.
Gemeinde *f* ‹-, -n› [gə'maındə] **1.** *adm* commune; *rel (Pfarr~)* paroisse *f*; **2.** *(beim Gottesdienst)* les fidèles *m pl*. **Gemeindebeamte** *m* ‹-n, -n› officier *od* fonctionnaire *od* employé *m* communal. **Gemeindehaus** *n rel* maison *f* paroissiale. **Gemeindekasse** *f* caisse *f* communale. **Gemeinderat** *m (Körperschaft)* conseil *m* municipal; *(Person)* conseiller *m* municipal. **Gemeindesteuer** *f* impôt *m od* taxe communal(e), taxe *f* locale. **Gemeindeverwaltung** *f* administration municipale *f*. **Gemeindewahl** *f* élection *f* municipale. **Gemeindezentrum** *n* foyer *m* socio-éducatif.
Gemeineigentum *n* ‹-s, ø› [gə'maın-] propriété *f* collective; ▶ *in ~ überführen* collectiviser. **gemeingefährlich** *a* constituant un danger public. **gemeingültig** *a* généralement admis *od* reçu *od* applicable. **Gemeingut** *n* bien *m* commun. **Gemeinheit** *f (Gesinnung)* vulgarité, bassesse; *(gemeine Handlung)* infamie. **gemeinhin** *adv* ordinairement. **Gemeinnutz** *m* intérêt *m* général. **gemeinnützig** *a* d'intérêt général, d'utilité publique. **Gemeinplatz** *m* lieu *m* commun, banalité *f*. **gemeinsam I.** *a* commun, collectif; **II.**

adv **1.** en commun; **2.** *(mitea.)* ensemble; ▶ *~e Sache machen* se solidariser, faire cause commune (*mit jdm* avec qn); *der G~e Markt* le marché commun. **Gemeinschaft** *f* ‹-, -en› **1.** communauté, collectivité; *rel* communion *f;* **2.** *(Beziehungen, Verkehr)* commerce *m*, relation(s *pl*) *f;* ▶ *in ~ mit* en société de; *häusliche ~* communauté *f* de ménage. **Gemeinschaftsantenne** *f* antenne *f* collective. **Gemeinschaftsgefühl** *n*, **Gemeinschaftsgeist** *m* solidarité *f*. **Gemeinschaftskunde** *f* instruction *f* civique. **Gemeinschaftspraxis** *f* cabinet *m* de groupe. **Gemeinschaftsproduktion** *f film* coproduction *f*. **Gemeinschaftsraum** *m* salle *f* commune. **gemeinverständlich** *a* à la portée de tous. **Gemeinwohl** *n* bien *m* public.

Gemenge *n* ‹-s, -› mélange; *geol* agrégat *m*.

gemessen *a* **1.** mesuré, précis; **2.** *fig (bedächtig, ernst)* réservé, grave.

Gemetzel *n* ‹-s, -› massacre, carnage *m*.

Gemisch *n* ‹-(e)s, -e› mélange *m*, mixture *f; (Treibstoff~)* polycarburant *m*. **gemischt** *a* mélangé; *(Ehe, Schule)* mixte; *(Körperschaft)* mi-parti; *(Gefühle)* mitigé; *(Gesellschaft)* mélangé; *(Salat)* composé. **gemischt-rassig** *a (Gesellschaft)* multiracial.

Gemme *f* ‹-, -n› ['gɛmə] gemme *f*.

Gemse *f* ‹-, -n› ['gɛmzə] chamois; *(in den Pyrenäen)* isard *m*.

Gemurmel *n* ‹-s, ø› murmure(s *pl*).

Gemüse *n* ‹-s, -› [gə'my:zə] légume(s *pl*) *m*. **Gemüsebau** *m* culture *f* maraîchère. **Gemüsegarten** *m* (jardin) potager *m*. **Gemüsegärtner** *m* maraîcher *m*. **Gemüsehändler(in *f*)** *m* marchand(e *f*) *m* de légumes.

Gemüt *n* ‹-(e)s, -er› [gə'my:t] âme *f*, cœur, sentiment(s *pl*) *m;* ▶ *die ~er pl* les esprits *m pl; sich etw zu ~e führen (fam)* **1.** déguster qc, se régaler de qc; **2.** *(beherzigen)* prendre qc à cœur. **gemütlich I.** *a* **1.** confortable, agréable, intime; **2.** *(Mensch)* débonnaire; aimable; **II.** *adv (in Ruhe)* doucement; ▶ *es sich ~ machen* se mettre à l'aise; *hier ist es ~* il fait bon ici. **Gemütlichkeit** *f* ‹-, ø› confort(able) *m*, intimité *f*. **Gemütsart** *f* [gə'my:ts-] naturel, tempérament, caractère *m*. **Gemütsbewegung** *f* émotion *f*. **gemütskrank** *a* dépressif, -ive. **Gemütsmensch** *m fam* homme *m* de cœur. **Gemütsverfassung** *f* = **Gemütszustand** *m* état *m* d'âme, humeur *f*, moral *m*.

Gen *n* ‹-s, -e› [ge:n] *biol* gène *m* (héréditaire).

genannt [gə'nant] *a* nommé, appelé, dit; surnommé.

genau [gə'naʊ] **I.** *a* exact; *(bestimmt)* précis; *(ausführlich)* détaillé; *(richtig, knapp)* juste; *(peinlich ~)* scrupuleux, minutieux; *(streng)* strict, rigoureux; **II.** *adv a.* au juste, à la lettre, exactement; ▶ *~ um 3 Uhr* à trois heures précises; *~ gehen (Uhr)* aller juste; *jdn ~ kennen* connaître qn à fond; *es ~ nehmen mit (gewissenhaft beachten)* suivre à la lettre; *es nicht so ~ nehmen* ne pas y regarder de si près; *~ passen* aller juste; *sich etw ~ überlegen* réfléchir bien à qc. **genaugenommen** *adv* strictement parlant. **Genauigkeit** *f* ‹-, ø› exactitude; précision, *(e-r Waage)* sensibilité; *(in der Wiedergabe)* fidélité *f*. **genauso** *adv:* ▶ *~ gut* aussi bien.

Gendarm *m* ‹-en, -en› [ʒan'darm] gendarme *m*. **Gendarmerie** *f* ‹-, -n› [-mə'ri:] gendarmerie *f; (Polizeistation)* poste *od* commissariat *m* de police.

genehm [gə'ne:m] *a pred:* ▶ *jdm ~ sein* convenir à qn, être agréable à qn. **genehmigen** ‹*genehmigt*› *tr* **1.** *(billigen)* consentir à, approuver, agréer; **2.** *(gestatten, zulassen)* permettre, autoriser; *(gewähren)* accorder; **3.** *refl sich ~ (fam)* s'envoyer, se taper *(ein Gläschen* un verre*);* ▶ *amtlich ~* homologuer. **Genehmigung** *f* ‹-, -en› consentement *m*, approbation *f*, agrément *m;* permission, autorisation *f;* ▶ *mit ~ (gen)* avec l'autorisation (de) ...; *die ~ einholen* demander l'autorisation. **genehmigungspflichtig** *a* soumis à l'approbation *od* à une autorisation.

geneigt *a* **1.** *(abfallend)* incliné, penché; *(abschüssig)* (en) déclive; **2.** *fig* disposé (*zu* à); *(gesonnen)* porté, enclin (*zu* à). **Geneigtheit** *f* ‹-, ø› *fig* disposition *f* (*zu* à); *(fig: Hang)* penchant *m*, inclination *f*.

General *m* ‹-s, -e/¨-e› [gene'ra:l] général *m*. **Generaldirektor** *m* directeur général, gouverneur *m*. **Generalintendant** *m mil* intendant *m* en chef. **Generalkonsul** *m* consul *m* général. **Generalkonsulat** *n* consulat *m* général. **Generalmajor** *m* général de division. **Generalprobe** *f theat* (répétition *f*) générale *f*. **Generalsekretär** *m* secrétaire *m* général. **Generalstaatsanwalt** *m* procureur *m* général. **Generalstab** *m:* ▶ *Großer ~* état-major *m* général. **Generalstreik** *m* grève *f* générale. **Generalüberholung** *f mot* révision *f* générale. **Generalversammlung** *f* assemblée *f* générale.

Generation *f* ‹-, -en› [generatsi'o:n] génération *f*. **Generationskonflikt** *m* conflit *m* de générations. **Generationswechsel** *m biol* génération *f* alternante.

Generator *m* ‹-s, -en› [-'ra:tɔr, -'to:rən] *el* générateur *m*, dynamo *f; (Gas~)* gazogène *m*.

generell [-'rɛl] *(allgemein) a* général.

genesen [gə'ne:zən] ‹*genas, genesen*› *itr* ‹*sein*› guérir, se rétablir. **Genesende** *m f* ‹-n, -n› convalescent(e *f*) *m*. **Genesung** *f* ‹-, ø› guérison *f*, rétablissement *m*, convalescence *f*; ► *auf dem Wege der* ~ en convalescence.
Genetik *f* ‹-, ø› [ge'ne:tɪk] génétique *f*. **Genetiker** [-'ne:tɪkər] ‹-s, -› *m* généticien *m*. **genetisch** *a* génétique.
Genf *n* [gɛnf] Genève *f*. **Genfer** *m* ‹-s, -› Genevois *m*; ► *der* ~ *See* le (lac) Léman.
genial [geni'a:l] *a* génial. **Genialität** *f* ‹-, ø› [-li'tɛ:t] génialité *f*, génie *m*.
Genick *n* ‹-(e)s, -e› nuque *f*; *(Hals)* cou *m*. **Genickschuß** *m* coup *m* de feu dans la nuque. **Genickstarre** *f* méningite *f* cérébro-spinale.
Genie *n* ‹-s, -s› [ʒe'ni:] génie *m*. **Geniestreich** *m* coup *m* de génie.
genieren *sich* [ʒe'ni:rən], ‹*ohne ge-*› éprouver de la gêne *od* de l'embarras (*vor jdm* envers qn).
genießbar [gə'ni:s-] *a (Speise)* mangeable, comestible; *(Getränk)* potable, buvable, bon à boire. **genießen** ‹*genoß, genossen*› *tr* **1.** *(Speise)* manger; *(Getränk)* boire, prendre; **2.** *(mit Genuß verzehren)* savourer; *fig* jouir de. **Genießer** *m* ‹-s, -› jouisseur; *(Feinschmekker)* gourmet *m*. **genießerisch** *adv* en gourmet *od* connaisseur.
Genitalien *f* [geni'ta:liən] *pl anat* parties *f pl* génitales.
Genitiv *m* ‹-s, -e› ['ge:niti:f, -və] *gram* génitif *m*.
Genmanipulation *f* manipulation *f* génétique. **Genmutation** *f* mutation *f* génétique.
Genom *n* [ge'no:m] *biol* génotype *m*.
genormt *a* standard(isé).
Genosse *m* ‹-n, -n› [gə'nɔsə] camarade *a. pol*, compagnon, *fam* compère, copain *m*; ► *und* ~*n (pej)* et consorts. **Genossenschaft** *f* [gə'nɔsənʃaft] *com* association; (société) coopérative *f*, syndicat *m*; ► *(sich) zu e-r* ~ *zs.schließen* (se) syndiquer; *landwirtschaftliche* ~ syndicat *m* agricole. **genossenschaftlich** *a* coopératif.
Gent [gɛnt] Gand *f*.
Gentechnik *f* technique *f* génétique. **Gentechniker(in** *f*) *m* technicien *m*, ne *f* du gène. **Gentechnologe** *m* généticien *m*. **Gentechnologie** *f* génie *m* génétique. **Gentherapie** *f* thérapie *f* génétique. **Gentransfer** *m* greffe *f* génétique, greffe *f* de gène.
Genua *n* ['ge:nua] Gênes *f*.
genug [ge'nu:k] *adv* assez (de), suffisamment; en suffisance; ► *nicht* ~ *(a.)* trop peu; ~ *haben von* avoir assez de; *es damit nicht* ~ *sein lassen* ne pas en rester là; *das Beste ist gerade gut* ~ *für ihn* rien n'est trop beau pour lui.
Genüge *f* ‹-, ø› [gə'ny:gə] *(nur in Wendungen)*: ► *zur* ~ assez, en suffisance, suffisamment. **genügen** ‹*genügt*› *itr* suffire; ► *jdm* ~ satisfaire *od* contenter qn; *den Anforderungen* ~ satisfaire aux exigences; *das genügt* cela suffit. **genügend** *a* suffisant, satisfaisant; *(wertend)* passable. **genügsam** *a (Mensch)* facile à satisfaire, content de peu; *(mäßig)* sobre, frugal. **Genügsamkeit** *f* ‹-, ø› sobriété, frugalité *f*.
Genugtuung *f* [gə'nu:ktu:ʊŋ] satisfaction; réparation *f*; ► *von jdm für etw* ~ *fordern* demander satisfaction *od* réparation *od* raison de qc à qn.
Genuß *m* ‹-sses, ¨-sse› [gə'nʊs, -'nʏsə] **1.** *(Besitz)* jouissance *f*; *(Gebrauch)* usage; *jur (Nießbrauch)* usufruit *m*; **2.** *(Verzehr)* consommation *f*; **3.** *(Vergnügen)* plaisir *m*. **Genußmittel** *n* produit *m* de consommation de luxe. **genußreich** *a* délicieux. **Genußsucht** *f* goût *m* du plaisir. **genußsüchtig** *a* avide de jouissances, adonné aux plaisirs.
Geographie *f* ‹-, ø› [geogra'fi:] géographie *f*. **geographisch** [-'gra:fɪʃ] *a* géographique. **Geologie** *f* ‹-, ø› [-'gi:] géologie *f*. **geologisch** [-'lo:gɪʃ] *a* géologique. **Geometrie** *f* ‹-, -n› [-'tri:] géométrie *f*; ► *analytische, darstellende, ebene* ~ géométrie *f* analytique, descriptive, plane. **geometrisch** [-'me:trɪʃ] *a* géométrique. **geostationär** *a* géostationnaire.
Gepäck *n* ‹-(e)s, ø› [gə'pɛk] bagage(s *pl*) *m*, effets *m pl*; *mil* paquetage *m*; ► *sein* ~ *aufgeben* (faire) enregistrer ses bagages. **Gepäckabfertigung** *f*, **Gepäckannahme** *f*, **Gepäckaufgabe** *f (Stelle)* (bureau d')enregistrement *m* des bagages. **Gepäckaufbewahrung** *f* consigne *f* (des bagages). **Gepäckausgabe** *f* livraison *f* des bagages. **Gepäckmehrgewicht** *n* excédent *m* de bagages. **Gepäcknetz** *n* filet *m* (à bagages). **Gepäckschein** *m* bulletin *m* de consigne. **Gepäckschließfach** *n* consigne *f* automatique. **Gepäckstück** *n* colis *m*. **Gepäckträger** *m* **1.** *(Person)* porteur *(a. e-s Hotels)*, commissionnaire *m*; **2.** *(am Fahrrad)* porte-bagages *m*; *mot* galerie *f*. **Gepäckwagen** *m* fourgon *m*.
Gepard *m* ‹-s, -e› ['ge:part, -də] *zoo* guépard *m*.
gepfeffert *a* poivré; *fig* salé.
gepflegt *a (Person)* soigné; *(Haus)* entretenu, bien tenu.
Gepflogenheit *f* ‹-, -en› [gə'pflo:gənhaɪt] coutume *f*.
Geplapper *n* ‹-s, ø› [gə'plapər] babil(lage), bavardage, caquet *m*.
Geplätscher *n* ‹-s, ø› gazouillement *m*.
Geplauder *n* ‹-s, ø› causerie *f*, bavardage *m*.
Gepolter *n* ‹-s, ø› fracas, vacarme *m*.

Gepräge *n* ‹-s, -› empreinte; *fig* marque *f*, cachet, coin *m*.
Gepränge *n* ‹-s, ø› [gəˈprɛŋə] pompe *f*.
gerade [gəˈra:də] **I.** *a (geradlinig)* droit, aligné; **1.** *fig (unmittelbar)* direct; **2.** *(Charakter)* droit, sincère, franc, loyal; **3.** *(Zahl)* pair; **II.** *adv* **1.** droit, en ligne droite; directement; **2.** *(genau)* juste(ment), précisément, exactement; **3.** *(soeben)* tout à l'heure, il y a un instant; ▶ *~ recht (zeitl.)* à point nommé; *ich bin ~ gekommen* je viens d'arriver; *ich will ~ gehen* je suis en train *od* sur le point de partir; *da fällt mir ~ ein* à propos; *das fehlte ~ noch!* il ne manquait plus que cela! *nun ~!* exprès! **Gerade** *f* ‹-n, -n› (ligne) droite *f*. **geradeaus** *adv* tout droit; ▶ *~ gehen* aller droit devant soi. **gerade=biegen** ‹*bog gerade, geradegebogen*› *tr fig* redresser. **geradeheraus** *adv* franchement, sans détour, *fam* carrément.
geradeso [gəˈra:də-] *adv* pareillement. **gerade=stehen** ‹*stand gerade, geradegestanden*› *itr* se tenir droit; ▶ *für etw ~ (fig)* répondre de qc. **geradewegs** *adv* directement. **geradezu** *adv* **1.** tout droit; **2.** *fig (freimütig)* franchement, *fam* carrément; **3.** *(sogar)* même; ▶ *das ist ja ~ Wahnsinn* de la folie pure et simple.
Geradheit *f* ‹-, ø› [gəˈra:t-] rectitude *fig (Redlichkeit)* droiture, loyauté *f*. **geradlinig** *a* en ligne droite; *math* rectiligne.
Geranie *f* ‹-, -n› [geˈra:niə, -nium] *bot* géranium *m*.
Gerassel *n* ‹-s, ø› [gəˈrasəl] cliquetis *m*.
Gerät *n* ‹-(e)s, -e› [gəˈrɛ:t] **1.** ustensile(s *pl*); *(notwendiges ~)* nécessaire; *(Werkzeug)* outil(s *pl*), outillage; *(Mal-, Jagd-, Fisch~)* attirail; *a. mil* engin; *(komplizierteres)* instrument; *(Apparat)* appareil; *radio* poste; *(Turn~)* agrès *m pl*; **2.** *tech mil (Ausrüstung)* équipement; *mil* matériel *m*; *(Schiffs~)* apparaux *m pl*.
geraten [gəˈra:tən] **(1) I.** ‹*gerät, geriet, geraten*› *itr* ‹*sein*› **1.** *(zufällig kommen)* arriver (par hasard), parvenir (*an* à); entrer (*in* dans), tomber (*in* dans *od* entre); *(auf e-n Weg)* s'engager (*auf* dans); **2.** *(ausfallen)* tourner; *(gelingen)* réussir; *(gedeihen)* prospérer; ▶ *an jdn ~* tomber sur qn; *außer sich ~* sortir de ses gonds; *an den Falschen ~* mal tomber; **II.** *pp, a: gut, schlecht ~ (Sache)* bien, mal réussi; *(Lebewesen)* bien, mal tourné; ▶ *er ist ganz nach s-m Vater ~* c'est le portrait de son père; **(2)** *(pp von: raten)*: ▶ *für ~ halten* juger à propos (*zu* de).
Gerätekonfiguration *f inform* système *m* informatique.
Geräteturnen *n* [gəˈrɛ:tə-] gymnastique *f* avec agrès.
Geratewohl *n* [gəra:təˈvo:l] *:* ▶ *aufs ~* au hasard, à tout hasard.
geraum *a attr: ~e Zeit (lange)* longtemps; *seit ~er Zeit* depuis longtemps.
geräumig [gəˈrɔʏmɪç] *a* spacieux, vaste.
Geräusch *n* ‹-(e)s, -e› bruit *m*; ▶ *beim leisesten ~* au moindre bruit. **geräuscharm** *a* silencieux. **Geräuschdämpfung** *f* isolation *f* acoustique *od* phonique. **Geräuschkulisse** *f* **1.** *film radio* bruitage *m*; **2.** *fam* bruit *m* de fond. **geräuschlos** *a* sans bruit. **geräuschvoll** *a* bruyant.
gerben [ˈgɛrbən] *tr* tanner; ▶ *jdm das Fell ~ (fig)* rosser qn. **Gerber** *m* ‹-s, -› tanneur *m*. **Gerberei** *f* ‹-, -en› [-ˈraɪ] tannerie *f*. **Gerbsäure** *f* acide *m* tannique. **Gerbstoff** *m* tan(n)in *m*.
gerecht *a* juste; *(Person: unparteiisch; Sache: angemessen)* équitable; *(Anspruch)* légitime; *(Strafe)* mérité; ▶ *jdm ~ werden* rendre justice à qn; *e-r S ~ werden* faire justice à qc. **Gerechtigkeit** *f* ‹-, ø› justice; probité, honnêteté *f*.
Gerede *n* ‹-s, ø› verbiage; *(Geschwätz)* bavardage *m*, racontars *m pl*; ▶ *ins ~ bringen* faire parler de.
gereichen ‹*gereicht*› *itr:* ▶ *jdm zu ... ~* servir, contribuer à ... de qn; *jdm zur Ehre ~* faire honneur à qn.
gereizt *a* irrité. **Gereiztheit** *f* ‹-, ø› irritation *f*.
Geriatrie *f* ‹-, ø› [geriaˈtri:] gériatrie *f*. **geriatrisch** *a* [geˈria:triʃ] gériatrique.
Gericht *n* ‹-(e)s, -e› [gəˈrɪçt] **(1) 1.** *jur (Behörde)* cour (de justice), justice *f*, tribunal *m*; **2.** *(Gebäude)* palais *m* de justice; **3.** *(die Richter)* les juges *m pl*; **4.** *(~sbarkeit)* juridiction, justice *f*; ▶ *jdn vor ~ bringen* traduire *od* déférer qn en justice; *vor ~ erscheinen* (com)paraître; *mit jdm ins ~ gehen (fig)* critiquer, juger qn; *das höchste* od *oberste ~* la Cour suprême *od* la Haute Cour de Justice; *das Jüngste ~ (rel)* le Jugement dernier; *zuständiges ~* justice *f* de ressort; **(2)** *(Küche)* mets, plat *m*. **gerichtlich** *a* judiciaire; juridique; *(adv)* ▶ *auf ~em Wege* par voie de droit; *jdn ~ verfolgen* poursuivre qn en justice; *~ bestätigen* homologuer; *~ vorgehen* se pourvoir en justice.
Gerichtsakten *f pl* [gəˈrɪçts-] dossier *m* judiciaire. **Gerichtsarzt** *m* médecin *m* légiste. **Gerichtsbarkeit** *f* juridiction *f*. **Gerichtsdiener** *m* huissier *m*. **Gerichtsentscheid** *m* décision *f* judiciaire. **Gerichtsferien** *pl* vacances judiciaires, vacations *f pl*. **Gerichtshof** *m* cour *f* (de justice), tribunal, siège *m*. **Gerichtskosten** *pl* frais *m pl* de justice *od* de procédure. **Gerichtssaal** *m* audience *f*, auditoire *m*. **Gerichtsverfahren** *n* procédure *f* (judiciaire). **Ge-**

richtsverhandlung *f* débat(s *pl*) *m* judiciaire(s). **Gerichtsvollzieher** *m* huissier *m*.
gering [gəˈrɪŋ] *a* petit; minime; *(Preis)* bas, modique; ▶ *kein G~erer als* nul autre que; *nicht im ~sten* (ne ...) pas le moins du monde, (ne ...) pas du tout. **gering=achten** *tr* faire peu de cas de. **geringfügig** *a* minime; *(Beschäftigung, Beschäftigter)* précaire. **Geringfügigkeit** *f* petitesse *f*. **geringschätzig** *a* méprisant, dédaigneux. **Geringschätzung** *f* mépris, dédain *m*.
gerinnen [gəˈrɪnən] ⟨*gerann, geronnen*⟩ *itr* ⟨*sein*⟩ se figer, se coaguler; *(Milch)* se cailler. **Gerinnsel** *n* ⟨-s, -⟩ [-zəl] *(Rinnsal)* ruisselet, filet *m* d'eau; *(Blut~)* caillot *m* de sang. **Gerinnung** *f* ⟨-, (-en)⟩ coagulation *f*.
Gerippe *n* ⟨-s, -⟩ [gəˈrɪpə] squelette *m*, ossature, carcasse *f*.
gerissen *a* **1.** *(zerrissen, geplatzt)* déchiré, crevé; **2.** *fig (schlau)* fin(aud), rusé, retors.
Germane *m* ⟨-n, -n⟩ [gɛrˈmaːnə] Germain *m*. **germanisch** *a* germanique; *hist* germain. **Germanist** *m* ⟨-en, -en⟩ [-ˈnɪst] germaniste *m*. **Germanistik** *f* ⟨-, ø⟩ [-ˈnɪstɪk] germanistique *f*; étude *f* de la langue allemande (*od* des langues germaniques).
gern [gɛrn] *adv* volontiers, avec plaisir, de bon gré; ▶ *herzlich ~* de tout mon cœur; *~ mögen, haben* aimer; *~ tun* aimer faire; *ich glaube es ~* je veux bien le croire; *ich hätte gern ...* je voudrais bien ...; *ich möchte ~ wissen* je voudrais bien savoir; *~ geschehen!* (il n'y a) pas de quoi; *du kannst mich mal ~ haben* fiche-moi le camp! **Gernegroß** *m* ⟨-es, -e⟩ fanfaron, hâbleur *m*.
Geröll *n* ⟨-(e)s, -e⟩ [gəˈrœl] éboulis *m*, galets *m pl*.
Gerontokratie *f* ⟨-, -en⟩ [gerɔntokraˈtiː] gérontocratie *f*. **Gerontologie** *f* ⟨-, ø⟩ [gerɔntoloˈgiː] gérontologie *f*.
Gerste *f* ⟨-, ø⟩ [ˈgɛrstə] orge *f*. **Gerstenkorn** *n* grain d'orge; *med* orgelet *m*.
Gerte *f* ⟨-, -n⟩ [ˈgɛrtə] verge, baguette *f*.
Geruch *m* ⟨-(e)s, ⸚e⟩ [gəˈrʊx, -ˈrʏçə] **1.** odeur *f*; *(Wohl~)* senteur *f*, parfum *m*; **2.** *(Spürsinn)* flair *m*; **3.** *fig (Ruf)* réputation *f*. **geruchlos** *a* inodore, sans odeur. **Geruchsnerv** *m* nerf *m* olfactif. **Geruchssinn** *m* odorat *m*.
Gerücht *n* ⟨-(e)s, -e⟩ [gəˈrʏçt] bruit *m*, rumeur *f*; ▶ *es geht das ~* le bruit court.
gerufen *a*: ▶ *wie ~ kommen* arriver *od* venir à propos.
geruhen ⟨*geruht*⟩ *itr* daigner (*zu tun* faire). **geruhsam** *a* calme, paisible.
Gerümpel *n* ⟨-s, ø⟩ [gəˈrʏmpəl] : ▶ *altes ~* fatras *m*, vieux meubles *m pl*.
Gerundium *n* ⟨-s, -dien⟩ [geˈrʊndiʊm, -diən] *gram* gérondif *m*.
Gerüst *n* ⟨-(e)s, -e⟩ **1.** *(Bau~)* échafaudage *m*; **2.** *(Schau~)* tribune *f*; ▶ *ein ~ aufschlagen* monter *od* dresser un échafaudage.
ges *n* ⟨-, -⟩ [gɛs] *mus* sol *m* bémol.
gesagt *(pp von: sagen)*: ▶ *~, getan* aussitôt dit, aussitôt fait.
gesalzen *a*, *a. fig fam* salé.
gesamt [gəˈzamt] *a* total, (tout) entier, global; tout le, tout la. **Gesamt** *n* ⟨-s, ø⟩ (le) total, (la) totalité, (l')ensemble *m*, (le) tout; *(in Zssgen) = gesamt.* **Gesamtansicht** *f* vue *f* d'ensemble *od* générale. **Gesamtausgabe** *f* **1.** édition *f* complète; **2.** *pl (an Geld)* frais *m pl* totaux. **Gesamtbetrag** *m* somme *f* total(e), total *m*. **Gesamteindruck** *m* effet *m od* vue *f* d'ensemble. **Gesamtheit** *f* ⟨-, ø⟩ totalité *f*, tout, ensemble *m*; *(von Menschen)* collectivité *f*, corps *m*. **Gesamtkosten** *pl* coût *m* total. **Gesamtschaden** *m* dommage *m* total. **Gesamtübersicht** *f* vue *f* d'ensemble. **Gesamtwert** *m* valeur *f* totale.
Gesandte *m* ⟨-n, -n⟩ *pol* envoyé *m* (extraordinaire). **Gesandtschaft** *f* légation *f*.
Gesang *m* ⟨-(e)s, ⸚e⟩ [gəˈzaŋ, -ˈzɛŋə] **1.** chant; *orn a.* ramage *m*; **2.** *(Teil e-s Epos)* chant *m*. **Gesangbuch** *n rel* livre *m* de cantiques. **Gesanglehrer** *m* professeur *m* de chant. **Gesangverein** *m* société chorale *od* de chant, orphéon *m*.
Gesäß *n* ⟨-es, -e⟩ [gəˈzɛːs] séant *m*, fesses *f pl*, derrière *m*.
Geschäft *n* ⟨-(e)s, -e⟩ [gəˈʃɛft] **1.** *(Vorgang)* affaire; *(Beschäftigung)* occupation, besogne *f*; *(Gewerbe)* métier *m*; *(Handel)* affaires *f pl*, commerce, négoce *m*; **2.** *(Unternehmen, Firma)* entreprise *f*, fonds *m od* maison *f* de commerce, établissement; *(Büro)* bureau; *(Laden)* magasin *m*, *(kleinerer)* boutique *f*; **3.** *fam (Notdurft)* besoins *m pl*; ▶ *ein ~ abschließen* conclure un marché; *ein schlechtes ~ gemacht haben* avoir fait une *od* de mauvaise(s) affaire(s); *ein (gutes) ~ machen* faire une (bonne) affaire; *unsaubere ~e machen* faire des affaires louches, tripoter; *sein ~ verstehen* entendre bien son métier; *wie geht das ~?* comment vont les affaires? **geschäftig** *a* affairé, actif. **Geschäftigkeit** *f* ⟨-, ø⟩ affairement *m*; activité *f*; **geschäftlich I.** *a* d'affaires; commercial; **II.** *adv* pour affaires; ▶ *jdn ~ sprechen* parler affaires avec qn; *~ verhindert* empêché par les affaires.
Geschäftsabschluß *m* [gəˈʃɛfts-] conclusion d'une *od* de l'affaire *od* d'un *od* du marché; opération, transaction *f*. **Geschäftsanteil** *m* part *f* sociale. **Geschäftsaufgabe** *f* cessation d'affaires *od* de commerce; *(Liquidation)* liquida-

tion *f.* **Geschäftsbereich** *m* champ d'activité; *pol* portefeuille; *adm* ressort *m*, compétence *f.* **Geschäftsbericht** *m com* compte rendu d'exploitation; *allg* compte rendu *m* de gestion; *(e-s Vereins)* bilan *m* de société. **Geschäftsbeziehungen** *f pl* relations *f pl* d'affaires. **Geschäftsbrief** *m* lettre *f* d'affaires. **geschäftsfähig** *a* compétent, habile en affaires. **Geschäftsfähigkeit** *f* compétence *f* en affaires. **Geschäftsfrau** *f* femme *f* d'affaires. **Geschäftsfreund** *m* correspondant *m.* **geschäftsführend** *a* gérant, gestionnaire. **Geschäftsführer** *m com* gérant (d'affaires), directeur gérant; *(e-s Vereins)* secrétaire *m.* **Geschäftsführung** *f* gestion *od* direction des affaires *f.* **Geschäftsgang** *m (Besorgung)* course *f* pour affaires; *(Gang der Geschäfte)* marche *f* des affaires. **Geschäftsgründung** *f* fondation *f* d'une *od* de la maison. **Geschäftshaus** *n* maison *f* (de commerce). **Geschäftsinhaber** *m* propriétaire *m* d'une maison de commerce *od* d'un magasin. **Geschäftsinteresse** *n pl* intérêts *m pl* commerciaux. **Geschäftsjahr** *n* année *f* commerciale. **Geschäftsleben** *n* vie *f* commerciale, affaires *f pl.* **Geschäftsleitung** *f* gestion des affaires, direction *f.* **Geschäftsleute** *pl* gens d'affaires, commerçants, négociants *m pl.* **Geschäftsmann** *m* ‹-(e)s, -leute/(-männer)› homme d'affaires, négociant, commerçant *m.* **Geschäftsordnung** *f adm* règlement *m* intérieur; *pol parl* règlement; ► *e-e ~ aufstellen* arrêter *od* établir son règlement. **Geschäftsräume** *m pl* bureaux, locaux *m pl* à usage commercial. **Geschäftsreise** *f* voyage *od* déplacement *m* d'affaires; ► *auf ~* en voyage d'affaires. **Geschäftsreisende** *m* voyageur *od* voyageur-représentant de commerce. **Geschäftsschluß** *m* heure *f* de fermeture. **Geschäftsstelle** *f* bureau, secrétariat *m; (untergeordnete)* agence *f.* **Geschäftsstraße** *f* rue *f* marchande *od* commerçante. **Geschäftsträger** *m pol* chargé *m* d'affaires. **geschäftstüchtig** *a* habile en affaires. **geschäftsunfähig** *a* incapable de contracter. **Geschäftsunfähigkeit** *f* incapacité *f* légale (de contracter). **Geschäftsunkosten** *pl* frais *m pl* généraux. **Geschäftsverbindung** *f* relations *f pl* d'affaires; ► *mit jdm in ~ stehen, treten* avoir affaire, entrer en relations d'affaires avec qn. **Geschäftsverkehr** *m* mouvement *m* d'affaires, opérations *f pl.* **Geschäftsviertel** *n* quartier *m* d'affaires *od* commercial. **Geschäftszeit** *f (Büro)* heures *f pl* de bureau *od (Laden)* d'ouverture. **Geschäftszimmer** *n* bureau *m.*

geschätzt *a (geachtet)* estimé.

geschehen [gəˈʃe:ən] ‹*geschieht, geschah, geschehen*› *itr* ‹*sein*› arriver, se passer, se produire; *(stattfinden)* avoir lieu, se faire; *(getan werden)* être fait, s'accomplir; *(zustoßen)* advenir; ► *als wenn nichts ~ wäre* comme si de rien n'était; *(das ist) gern ~!* (il n'y a) pas de quoi; *das geschieht dir (ganz) recht (so)* tu as ce que tu mérites, tu l'as voulu; *was ~ ist, ist ~* ce qui est fait est fait; *es muß etwas ~!* il faut faire qc! *was auch ~ mag* quoi qu'il advienne. **Geschehnis** *n* ‹-ses, -se› événement; fait *m.*

gescheit [gəˈʃaɪt] *a (klug)* intelligent; *(vernünftig)* raisonnable, sensé; *(scharfsinnig)* judicieux, sagace.

Geschenk *n* ‹-(e)s, -e› don, présent; *(kleines)* cadeau *m;* ► *jdm etw zum ~ machen* faire présent *od* cadeau de qc à qn; *kleine ~e erhalten die Freundschaft* les petits présents entretiennent l'amitié. **Geschenkartikel** *m pl* cadeaux, articles *m pl* pour offrir. **Geschenkgutschein** *m* chèque-cadeau *m.* **Geschenkpapier** *n* papier-cadeau *m.*

Geschichte *f* ‹-, -n› [gəˈʃɪçtə] **1.** histoire *f;* **2.** *(Erzählung)* histoire *f,* conte; récit *m;* **3.** *(Angelegenheit)* affaire *f; (Ereignis)* événement *m;* ► *mach keine ~n! (fam)* ne fais pas d'histoires; *Alte, Mittlere, Neuere, Neueste ~* histoire *f* ancienne, du Moyen Age, moderne, contemporaine; *Biblische ~* histoire *f* sainte. **geschichtlich** *a* historique. **Geschichtsschreiber** *m* [gəˈʃɪçts-] historien, historiographe *m.* **Geschichtswissenschaft** *f* (science de l')histoire *f.*

Geschick *n* ‹-(e)s, -e› [gəˈʃɪk] *(Schicksal)* sort, destin *m,* destinée *f.* **Geschicklichkeit** *f* ‹-, ø› *n* ‹-(e)s, ø› adresse, habileté, dextérité *f,* savoir-faire *m.* **geschickt** *a* adroit, habile (*in etw* dans qc, *im* ... à *inf*).

geschieden [gəˈʃi:dən] *a* divorcé (*von jdm* d'avec qn).

Geschirr *n* ‹-(e)s, -e› [gəˈʃɪr] **1.** *(Tafel-, Tisch~)* vaisselle; *(Küchen~)* batterie *f* de cuisine; **2.** *(Pferde~)* harnais; ► *(das) ~ spülen* faire la vaisselle. **Geschirrschrank** *m* buffet *m.* **Geschirrspülmaschine** *f* machine *f* à laver la vaisselle; lave-vaisselle *m.* **Geschirrtuch** *n* torchon *m.* **Geschirrwärmer** *m* chauffe-plats *m inv.*

Geschlecht *n* ‹-(e)s, -er› [gəˈʃlɛçt] **1.** *(Familie)* famille, race, lignée, descendance *f;* **2.** *(Menschenalter)* génération *f;* **3.** *biol* sexe *m;* **4.** *gram* genre *m;* ► *das schöne ~* le beau sexe; *das schwache, starke ~* le sexe faible, fort.

geschlechtlich *a* sexuel. **Geschlechtsakt** *m* acte sexuel, coït *m*. **Geschlechtsdiskriminierung** *f* discrimination *f* entre les sexes. **Geschlechtskrankheit** *f* maladie *f* vénérienne. **Geschlechtsleben** *n* vie *f* sexuelle. **Geschlechtsorgan** *n* organe *m* génital. **Geschlechtsreife** *f* maturité *f* (sexuelle). **geschlechtsspezifisch** *a* particulier à chaque sexe. **Geschlechtsteile** *n (a. m) pl* parties *f pl* génitales. **Geschlechtstrieb** *m* instinct *m* sexuel. **Geschlechtsverkehr** *m* rapports *m pl* sexuels. **Geschlechtswort** *n gram* article *m*.

geschliffen *a (Stein)* taillé; *(Glas)* poli, biseauté; *fig* impeccable.

geschlossen *(pp von: schließen) adv* **1.** *(ausnahmslos)* à l'unanimité, en corps; **2.** *mil* en formation serrée *od* dense; ▶ *~! (theat)* relâche! *~e Gesellschaft f* société fermée; réunion *f* privée. **Geschlossenheit** *f* ‹-, ø› ensemble; accord *m*.

Geschmack *m* ‹-(e)s, ¨e(r)› [gəˈʃmak] **1.** *(Speise)* goût *m* (*nach etw* de qc); *(Wohl~)* saveur *f*; **2.** *fig* goût *m*; ▶ *mit ...geschmack* parfumé au, à la ...; *an etw ~ finden* prendre (du) goût à qc, goûter qc; *~ haben (fig)* avoir du goût; *das ist nicht mein ~* cela n'est pas à mon goût; cela ne me plaît pas; *über den ~ soll man nicht streiten (prov)* des goûts et des couleurs il ne faut pas discuter. **geschmacklos** *a* **1.** sans goût, sans saveur; *(fade)* fade, insipide; **2.** *fig* de mauvais goût; ▶ *sich ~ anziehen* od *kleiden (fam a.)* se fagoter, se ficeler. **Geschmacklosigkeit** *f* ‹-, -en› **1.** fadeur, insipidité *f*; **2.** *fig* mauvais goût *m*. **Geschmacksnerv** *m* nerf *m* gustatif. **Geschmack(s)sache** *f*: ▶ *das ist ~* c'est une affaire de goût. **geschmackvoll** *a, a. fig* de bon goût; ▶ *~ gekleidet* habillé avec goût *od* élégance.

Geschmeide *n* ‹-s, -› [gəˈʃmaɪdə] *lit poet* joyaux, bijoux *m pl*, parure *f*.

geschmeidig *a (biegsam)* flexible, souple *a. fig*; *fig (wendig)* souple, maniable. **Geschmeidigkeit** *f* ‹-, ø› flexibilité, souplesse *f a. fig*.

Geschöpf *n* ‹-(e)s, -e› créature *f*.

Geschoß *n* ‹-sses, -sse› [gəˈʃɔs] **1.** projectile *m*; *(Gewehr)* balle *f*; **2.** *(Stockwerk)* étage *m*.

geschraubt *a (Haltung, Benehmen)* affecté, guindé; *(Sprache, Stil)* apprêté, affecté, maniéré.

Geschrei *n* ‹-s, ø› cris *m pl*, criaillerie, clameur *f*; ▶ *um etw viel ~ machen* faire grand bruit autour de qc.

Geschütz *n* ‹-es, -e› pièce (d'artillerie), canon *m*; ▶ *schweres ~ auffahren (fig)* dresser ses batteries. **Geschützfeuer** *n* canonnade *f*. **Geschützstellung** *f* position *f* de (la) pièce.

geschützt *a*: ▶ *~ gegen* od *vor* à l'abri de.

Geschwader *n* ‹-s, -› [gəˈʃva:dər] *mar aero* escadre *f*.

Geschwätz *n* ‹-es, ø› [gəˈʃvɛts] babil(lage), bavardage *m*. **geschwätzig** *a* bavard, loquace; *(Kind; Vogel)* babillard. **Geschwätzigkeit** *f* ‹-, ø› loquacité *f*.

geschweige **I.** *adv (um so weniger)* encore (bien) moins; **II.** ▶ *conj ~ denn, daß* à moins que.

geschwind [gəˈʃvɪnt] **I.** *a (schnell)* rapide, prompt; **II.** *adv a.* vite. **Geschwindigkeit** *f* ‹-, -en› *phys tech* vitesse; *(hohe)* rapidité; *(im Handeln)* promptitude *f*; ▶ *mit e-r ~ von* à la vitesse de. **Geschwindigkeitsbegrenzung** *f* limitation *f* de (la) vitesse.

Geschwister *pl* [gəˈʃvɪstər] frère(s) *m (pl)* et sœur(s) *f (pl)*.

geschwollen *a* **1.** *med* enflé, *(entzündet)* tuméfié; *(Auge)* bouffi; *(Ader)* gonflé; **2.** *(Stil)* ampoulé; ▶ *~ reden* parler avec emphase.

Geschworene *m f* [-ˈʃvo:r-] *jur* juré *m*. **Geschworenengericht** *n* cour *f* d'assises; *(Mitglieder)* le jury *m*.

Geschwulst *f* ‹-, ¨e› enflure *f*.

Geschwür *n* ‹-(e)s, -e› [gəˈʃvy:r] ulcère, abcès *m*.

Ges-Dur *n* [ˈgɛsdu:r] *mus* sol *m* bémol majeur.

Geselle *m* ‹-n, -n› [gəˈzɛlə] **1.** *(Handwerks~)* compagnon, garçon *m* (*z. B.: Schneider~* garçon tailleur); **2.** *(Kerl)* gaillard *m*; *lustiger ~* joyeux compère *m*. **gesellen** ‹*gesellt*› *tr* joindre, associer, réunir; ▶ *sich ~* se joindre (*zu* à), s'associer, se réunir (*zu* avec). **Gesellenprüfung** *f* épreuve *f* de compagnon.

gesellig *a* sociable; ▶ *~es Beisammensein n* réunion amicale *f*. **Geselligkeit** *f* ‹-, -en› sociabilité, mondanité; réunion *f* amicale.

Gesellschaft *f* ‹-, -en› [gəˈzɛlʃaft] **1.** compagnie; *(organisierte u. soziologische)* société; *(Organisation a.)* association *f*; *(kleinere)* club, cercle *m*; *theat* troupe; *pej* clique *f*; **2.** *(gesellschaftl. Veranstaltung)* réunion; *(Abend~)* soirée *f*; ▶ *in guter, schlechter ~* en bonne, mauvaise compagnie; *geschlossene ~* société *f* fermée; réunion *f* privée; *~ mit beschränkter Haftung (GmbH)* société *f* à responsabilité limitée (S.A.R.L.). **Gesellschafter** *m* ‹-s, -› **1.** *allg* compagnon *m*; **2.** *com* sociétaire, associé *m*; ▶ *stiller ~ (com)* commanditaire *m*; *guter ~* homme *m* de bonne compagnie. **gesellschaftlich** *a* social; de société, mondain.

gesellschaftsfähig *a* présentable. **Ge-**

sellschaftsreise *f* voyage *m* organisé *od* en groupe *od* d'entreprise; *pl* tourisme *m* collectif. **Gesellschaftsschicht** *f* couche *f* sociale. **Gesellschaftsspiel** *n* jeu *m* de société.

Gesetz *n* ‹-es, -e› [gəˈzɛts] loi *f*, *a. fig;* ▶ *im Namen des ~es* au nom de *od* de par la loi; *nach dem ~* d'après la loi; *ein ~ abändern* amender une loi; *ein ~ annehmen* adopter une loi; *ein ~ aufheben* abroger une loi; *~e geben* od *machen* légiférer; *ein ~ übertreten* contrevenir à une loi. **Gesetzblatt** *n* bulletin *od* corps *od* recueil des lois, bulletin *m* officiel. **Gesetzbuch** *n* code *m.* **Gesetzentwurf** *m* projet *m* de loi. **Gesetzeskraft** *f:* ▶ *~ erlangen, haben* acquérir, avoir force de loi. **Gesetzeslücke** *f* vide *m* juridique. **Gesetzestafeln** *f pl rel* Tables *f pl* de la Loi. **Gesetzesvorlage** *f* projet *m* de loi; ▶ *e-e ~ einbringen* présenter un projet de loi. **Gesetzgeber** *m* législateur *m.* **Gesetzgebung** *f* législation *f.* **gesetzlich** *a* légal; *(gesetzmäßig)* conforme à la loi; *(rechtmäßig)* légitime; ▶ *~er Erbe m* héritier *m* légitime; *~er Feiertag m* fête *f* légale; *~ geschützt* breveté; marque *f* déposée. **gesetzlos** *a* sans loi, anarchique. **Gesetzlosigkeit** *f* anarchie *f.* **Gesetzmäßigkeit** *f* **1.** légalité; légitimité *f;* **2.** *scient* régularité *f.*

gesetzt *(pp von: setzen) a (ruhig)* posé, rassis; *(ernst)* sérieux, grave; ▶ *~ den Fall, daß* soit, supposons que; ▶ *~es Wesen n.* **Gesetztheit** *f* ‹-, ø› esprit *m* mûr; pondération *f.*

gesichert *a* **1.** assuré, en sûreté *(gegen* contre); sûr, à couvert, à l'épreuve *(gegen* de); **2.** *(Gewehr)* (mis) au cran d'arrêt; *tech* bloqué.

Gesicht *n* [gəˈzɪçt] **1.** ‹-(e)s, -er› visage *m,* figure; *scient lit poet* face; *(~ssinn)* vue *f;* **2.** *n* ‹-(e)s, -e› *(Vision)* vision, apparition *f;* ▶ *zu ~ bekommen* voir; *jdm ins ~ lachen* rire au nez de qn; *ein finsteres ~ machen* faire grise mine; *ein langes ~ machen* avoir la mine longue; *jdm ins ~ sehen* regarder qn en face; *jdm wie aus dem ~ geschnitten sein* être le portrait de qn; *über das ganze ~ strahlen* avoir une mine joyeuse; *das ~ verlieren (fig)* perdre la face; *das ~ wahren* sauver la face. **Gesichtsausdruck** *m* [gəˈzɪçts-] physionomie *f.* **Gesichtsfarbe** *f* teint *m.* **Gesichtskreis** *m* horizon *m, a. fig.* **Gesichtspflege** *f* soins *m pl* du visage. **Gesichtspunkt** *m fig* point de vue, aspect *m;* ▶ *unter diesem ~* de ce point de vue. **Gesichtsstraffung** *f med* lifting *m.* **Gesichtswasser** *n* lotion *f* faciale. **Gesichtswinkel** *m* **1.** *anat* angle facial; *opt* angle *m* visuel; **2.** *fig* aspect *m.* **Gesichtszüge** *m pl* traits *m pl.*

Gesims *n* ‹-es, -e› [gəˈzɪms, -zə] *arch (Mauerwerk)* entablement *m; (Zierleiste)* moulure, corniche *f.*

Gesinde *n* ‹-s, -› [gəˈzɪndə] domestiques *m pl.* **Gesindel** *n* ‹-s, ø› canaille, racaille *f.*

gesinnt *a (nur in Zssgen)* qui a telle ou telle opinion; ▶ *feindlich ~* hostile. **Gesinnung** *f* ‹-, (-en)› *(Denkart)* manière de penser; *(Überzeugung)* conviction, opinion *f, a. pol; pol* principes *m pl.* **Gesinnungsgenosse** *m* ami *m* politique. **Gesinnungswechsel** *m* changement *m* d'opinion, volte-face *f.*

gesittet *a (von guten Umgangsformen)* de bonnes manières, civil; *(kultiviert)* civilisé.

gesonnen [gəˈzɔnən] *a* disposé (*zu* à).

Gespann *n* ‹-(e)s, -e› *(Zugtiere)* attelage *m.*

gespannt *a* **1.** *allg* tendu; *(Muskel, Feder tech)* bandé; *(Revolver)* armé; **2.** *fig (Mensch)* suspendu (*auf* à), captivé; *(Aufmerksamkeit)* soutenu; **3.** *(Lage)* tendu; ▶ *ich bin ~ auf deinen Freund* je suis curieux de voir ton ami. **Gespanntheit** *f* ‹-, ø› *fig* attention soutenue, impatience *f; (der Lage)* tension *f.*

Gespenst *n* ‹-(e)s, -er› [gəˈʃpɛnst] fantôme, spectre; *(Geist e-s Toten)* revenant *m.* **gespensterhaft** *a,* **gespenstig** *a* fantomal, spectral. **Gespensterschiff** *n,* **Gespensterstadt** *f* vaisseau *m,* ville *f* fantôme.

gesperrt *pp a* **1.** *(Weg)* barré; *(Konto)* bloqué; **2.** *typ* espacé; ▶ *~!* interdit!

Gespött *n* ‹-(e)s, ø› moquerie, dérision *f;* ▶ *sich zum ~ (gen) machen, zum ~ (gen) werden* devenir la risée (de).

Gespräch *n* ‹-(e)s, -e› [gəˈʃprɛːç] **1.** conversation *f, a. tele,* entretien, dialogue *m; (Plauderei)* causerie *f; (gelehrtes)* colloque; *(Debatte)* débat *m,* discussion *f; pl pol* dialogue *m;* **2.** *tele* communication *f;* ▶ *das ~ auf etw bringen* faire tomber la conversation sur qc; *mit jdm ein ~ führen* s'entretenir avec qn; *~ unter vier Augen* tête-à-tête *m.* **Gesprächsbereitschaft** *f* volonté *f* de négociation. **Gesprächsdauer** *f tele* durée *f* de conversation. **geprächig** *a* causeur, communicatif. **Gesprächigkeit** *f* ‹-, ø› humeur *f* causeuse. **Gesprächspartner(in** *f***)** *m* interlocuteur, -trice *m, f; tele a.* correspondant, e *m, f.* **Gesprächsstoff** *m,* **Gesprächsthema** *n* sujet *m* de conversation. **Gesprächstherapie** *f psych* entretiens *m pl* thérapeutiques.

gespreizt *pp, a* **1.** écarté; **2.** *fig* affecté.

gesprenkelt *a* tacheté, moucheté.

Gestalt *f* ‹-, -en› **1.** forme, figure; *(nicht genau erkennbar)* silhouette *f;* **2.** *(Figur, Körperbau)* figure, tournure,

(Wuchs) stature, taille *f;* **3.** *lit* personnage *m,* figure *f;* ▶ *in ~ (gen)* sous (la) forme (de), en la personne (de); *(feste) ~ annehmen* prendre corps, se former, *(Plan)* se dessiner, se concrétiser; *menschliche ~* silhouette, forme *f* humaine. **gestalten** ⟨*gestaltet*⟩ *tr* former, façonner. **Gestaltung** *f* ⟨-, (-en)⟩ (con)formation, configuration *f; (Formgebung)* façonnement *m; (Kunst)* réalisation *f.*

Gestammel *n* ⟨-s, ø⟩ balbutiements, bégaiements *m pl.*

Geständnis *n* ⟨-ses, -se⟩ aveu *m,* confession *f;* ▶ *ein ~ ablegen* faire un aveu.

Gestank *m* ⟨-(e)s, ø⟩ [gəˈʃtaŋk] mauvaise odeur, puanteur *f.*

gestatten [gəˈʃtatən] ⟨*gestattet*⟩ *tr* permettre; *(gewähren)* accorder; ▶ *~ Sie!* permettez, pardon (... Monsieur, Madame, Mademoiselle).

Geste *f* ⟨-, -n⟩ [ˈgɛstə] geste *m.*

gestehen ⟨*gestand, gestanden*⟩ *tr (bekennen)* confesser, avouer, *itr* faire des aveux; *(zugeben)* admettre, convenir de; ▶ *offen gestanden* à vrai dire.

Gestein *n* ⟨-(e)s, -e⟩ pierres *f pl; min* roche(s *pl*) *f,* minéral *m.*

Gestell *n* ⟨-(e)s, -e⟩ **1.** bâti; *(Stütze)* support; *(Bock)* tréteau, chevalet *m; (Möbel)* étagère *f;* **2.** *(Wagen)* train; *(Fahr~) mot* châssis, *aero* atterrisseur *m.*

gestern [ˈgɛstərn] *adv* hier; ▶ *~ früh, abend* hier matin, soir; *~ vor acht Tagen* il y a eu huit jours hier; *nicht von ~ sein (fig fam)* n'être pas né d'hier.

gestiefelt *a:* ▶ *der G~e Kater* le chat botté.

Gestikulation *f* ⟨-, ø⟩ [gɛstikulatsiˈoːn] gesticulation *f.* **gestikulieren** [-ˈliːrən] ⟨*ohne ge-*⟩ *itr* gesticuler.

Gestirn *n* ⟨-(e)s, -e⟩ [gəˈʃtɪrn] astre *m,* étoile *f.* **gestirnt** *a (Himmel)* étoilé, (par)semé d'étoiles.

gestört *a radio* brouillé.

Gestotter *n* ⟨-s, ø⟩ bégaiements, balbutiements *m pl.*

Gesträuch *n* ⟨-(e)s, -e⟩ buissons *m pl.*

gestreift *a* rayé, zébré; strié.

gestrichelt *a:* ▶ *~e Linie f* ligne *f* discontinue. **gestrichen** *a (bemalt)* peint; *(Vorsicht)* ▶ *frisch ~!* attention à la peinture, peinture fraîche.

gestrig [ˈgɛstrɪç] *a* d'hier; ▶ *am ~en Tage* hier.

Gestrüpp *n* ⟨-(e)s, -e⟩ [gəˈʃtrʏp] broussailles *f pl,* fourré *m.*

Gestüt *n* ⟨-(e)s, -e⟩ [gəˈʃtyːt] haras *m.*

Gesuch *n* ⟨-(e)s, -e⟩ [gəˈzuːx] demande, *bes. jur* requête; *(Bittschrift)* pétition, supplique *f;* ▶ *ein ~ einreichen* faire une demande, présenter requête (*an* à).

gesucht *a* **1.** recherché; *com* demandé; **2.** *fig (gekünstelt)* affecté, maniéré.

gesund [gəˈzʊnt] *a* ⟨*gesunder* od *gesünder, gesundest* od *gesündest*⟩ sain *a. fig;* en bonne santé; *pred* bien (portant); *(kräftig)* valide; *(Gesichtsfarbe)* frais; *(Appetit, Schlaf)* bon; *(heilsam, z. B. Klima)* sain, salubre; *fig* salutaire, bon; *(Verstand, Urteil)* sain; ▶ *ein ~es Urteil haben* avoir du jugement; avoir le jugement sain; *~ machen* guérir; *das ist für ihn ganz ~* cela lui fait du bien; *~ und munter* (frais et) gaillard. **gesunden** [-dən] ⟨*gesundet*⟩ *itr* ⟨*sein*⟩ guérir, se rétablir, recouvrer la santé. **Gesundheit** *f* ⟨-, ø⟩ santé; *(Heilsamkeit)* salubrité *f;* ▶ *bei bester ~ sein* être en parfaite santé; *auf jds ~ trinken* boire à la santé de qn; *~!* à vos souhaits! **gesundheitlich I.** *a* sanitaire, hygiénique; **II.** *adv* quant à la santé; ▶ *aus ~en Gründen* pour raison de santé. **Gesundheitsamt** *n* office *m* de la santé *od* d'hygiène. **Gesundheitsapostel** *m* personne *f* plaidant pour une vie plus saine. **gesundheitshalber** *adv* pour raison de santé. **Gesundheitsministerium** *n* ministère *m* de la santé publique. **gesundheitsschädlich** *a* nuisible à la santé. **Gesundheitszustand** *m: (allgemeiner)* état *m* (général) de la santé; ▶ *guter, schlechter ~* bonne, mauvaise santé *f.* **Gesundung** *f* ⟨-, ø⟩: ▶ *~ der Wirtschaft* rétablissement *m* économique.

Getier *n* ⟨-(e)s, ø⟩ animaux *m pl.*

getigert *a* tigré.

Getöse *n* ⟨-s, ø⟩ fracas, vacarme *m.*

getragen *a (Kleidung)* usagé.

Getrampel *n* ⟨-s, ø⟩ trépignements *m pl.*

Getränk *n* ⟨-(e)s, -e⟩ boisson *f,* breuvage *m;* ▶ *geistige ~e* spiritueux *m pl.* **Getränkesteuer** *f* droit *od* impôt *m* sur les boissons.

getrauen, *sich* ⟨*getraut*⟩ oser (*zu tun* faire), se faire fort (*zu tun* de faire).

Getreide *n* ⟨-s, -⟩ céréales *f pl,* blé *m,* grains *m pl.* **Getreide(an)bau** *m* culture *f* des céréales. **Getreideart** *f* espèce *od* sorte *f* de céréales. **Getreideernte** *f* récolte *f* des grains *od* des blés. **Getreidehandel** *m* commerce *m* des céréales *od* des grains. **Getreidehändler** *m* négociant *m* en blés. **Getreideprodukt** *n* produit *m* de céréales. **Getreideproduktion** *f* production *f* céréalière. **Getreidesilo** *m* silo *m* à blé.

getreu *a* fidèle, loyal.

Getriebe *n* ⟨-s, -⟩ **1.** *tech* train (d'engrenages), engrenage, rouage *m;* transmission *f;* **2.** *(Betriebsamkeit)* agitation *f,* mouvement *m.*

getrost [gəˈtroːst] *adv* avec confiance, en toute tranquillité.

Getto *n* ⟨-s, -s⟩ [ˈgɛto] ghetto *m.* **Gettoisierung** *f* ⟨-, ø⟩ ghettoïsation *f.*

Getue *n* ‹-s, ø› [gəˈtu:ə] manières *f pl* (affectées), affectation, minauderie *f*.
Getümmel *n* ‹-s, -› [gəˈtʏməl] **1.** *(Gedränge)* presse, cohue *f;* **2.** *(Tumult)* tumulte, vacarme *m*.
getüpfelt [gəˈtʏpfəlt] *a (gefleckt)* moucheté; *(Stoff)* à pois.
Gewächs *n* ‹-es, -e› [gəˈvɛks] **1.** plante *f*, végétal *m;* **2.** *(Wein)* cru *m*.
gewachsen *a:* ▶ *jdm ~ sein* tenir tête à qn; *e-r S ~ sein* être à la hauteur de qc; *~er Boden m* sol *m* naturel.
Gewächshaus *n* [gəˈvɛks-] serre *f*.
gewagt *a* osé, risqué, hasardé; ▶ *ein ~es Spiel treiben* jouer gros (jeu); *e-e ~e Sache* un saut périlleux.
Gewähr *f* ‹-, ø› [gəˈvɛ:r] garantie, caution, sûreté *f;* ▶ *ohne ~* sans garantie; *für etw ~ leisten* garantir qc, se porter garant *od* répondre de qc. **gewähren** ‹*gewährt*› *tr* **1.** *(Bitte)* accorder; accéder à; **2.** *(Kredit)* accorder, octroyer; *fig (geben, verschaffen)* donner, offrir, procurer; ▶ *jdn ~ lassen* laisser faire qn.
gewahren ‹*gewahrt*› *tr* voir, remarquer, s'apercevoir de.
gewährleisten [gəˈvɛ:r-] ‹*gewährleistet*› *tr* garantir, se porter garant de. **Gewährleistung** *f* ‹-, ø› (prestation de) garantie *f*.
Gewahrsam *m* ‹-s, -e› [gəˈva:rza:m] *(Obhut)* garde; *(Haft)* détention *f;* ▶ *in ~ nehmen* prendre en garde.
Gewährsmann *m* agent *m* de renseignement. **Gewährung** *f* ‹-, ø› accord; octroiement *m*.
Gewalt *f* ‹-, -en› [gəˈvalt] **1.** *(zwingende Kraft)* force; *(Zwang)* contrainte *f; (Macht)* pouvoir *m*, puissance *f;* **2.** *(staatliche, a. sittliche)* autorité *f; (Herrschaft)* empire; contrôle *m;* **3.** *(~tätigkeit)* violence; *(Heftigkeit)* véhémence *f;* ▶ *mit ~* de *od* par force; *mit aller ~* à toute force; à tour de bras; *~ anwenden* recourir à *od* employer la violence; *jdn in s-e ~ bringen* mettre *od* porter la main sur qn; *sich in der ~ haben* être maître de soi, se maîtriser; *in jds ~ sein* être entre les mains *od* à la merci *od fam* entre les pattes de qn; *gesetzgebende, richterliche, vollziehende ~* pouvoir *m* législatif, judiciaire, exécutif; *höhere ~ (jur)* force *f* majeure; *elterliche ~* autorité *f* paternelle. **Gewaltanwendung** *f* usage *m* de la force. **Gewaltenteilung** *f pol* division *od* séparation *f* des pouvoirs. **gewaltfrei** *a* non-violent. **Gewaltherrschaft** *f* dictature, tyrannie *f;* despotisme *m*. **gewaltig** *a* **1.** *(mächtig)* puissant; *(stark)* fort; *(heftig)* violent; **2.** *(sehr groß)* gros, énorme, immense, colossal. **Gewaltlosigkeit** *f* ‹-, ø› *pol* non-violence *f*. **gewaltsam I.** *a* violent; *(Tod)* sanglant; **II.** *adv a.* de *od* par force; ▶ *~ öffnen (Tür)* forcer; *~er Umsturz m* révolution *f* sanglante. **Gewaltstreich** *m* coup *od* tour *m* de force. **Gewalttat** *m* acte *m* de violence. **gewalttätig** *a* violent, brutal. **Gewalttätigkeit** *f* violence, brutalité *f*. **Gewaltverzicht** *m* refus *m* de la violence, non-violence *f*.
Gewand *n* ‹-(e)s, ⸚er› vêtement, habit *m*.
gewandt [gəˈvant] *a (flink)* agile, leste; *(geschickt)* adroit, habile (*in* en); *(Stil)* aisé, coulant. **Gewandtheit** *f* agilité; adresse, habileté *f*.
Gewässer *n* ‹-s, -› [gəˈvɛsər] *pl geog* eaux *f pl; mar* parages *m pl*.
Gewebe *n* ‹-s, -› [gəˈve:bə] tissu *m, a. anat u. fig*.
Gewehr *n* ‹-(e)s, -e› fusil *m;* arme *f*. **Gewehrkugel** *f* balle *f* de fusil.
Geweih *n* ‹-(e)s, -e› bois *m*, ramure *f*.
Gewerbe *n* ‹-s, -› **1.** (arts et) métier(s) *m (pl)*, industrie *f*, commerce *m;* **2.** *allg* travail *m*, activité; *(Beruf)* profession *f;* ▶ *ein ~ betreiben* exercer un métier. **Gewerbeaufsicht(samt** *n***)** *f* inspection *f* des métiers, (office *m* d')inspection *f* du travail. **Gewerbebetrieb** *m* exploitation *f* industrielle *od* commerciale. **Gewerbeordnung** *f* réglementation des *od* loi *f* sur les professions. **Gewerbeschein** *m* patente, licence *f*. **Gewerbeschule** *f* école *f* professionnelle *od* des arts et métiers. **Gewerbesteuer** *f* patente *f*. **Gewerbetreibende** *m f* ‹-n, -n›: ▶ *selbständiger ~r* travailleur *m* indépendant.
gewerblich [gəˈvɛrplɪç] *a* industriel; professionnel. **gewerbsmäßig** *a* professionnel, de profession, de métier.
Gewerkschaft *f* [-ˈvɛrk-] syndicat *m*, union *od* association *f* syndicale. **Gewerkschaftler** *m* ‹-s, -› syndicaliste *m*. **gewerkschaftlich** *a* syndical(iste); ▶ *~ organisiert* syndiqué. **Gewerkschaftsbewegung** *f* mouvement syndical; syndicalisme *m*. **Gewerkschaftsbund** *m* confédération *f* syndicale. **Gewerkschaftsführer** *m* dirigeant *m* syndicaliste. **Gewerkschaftsfunktionär** *m* permanent *m* syndical. **Gewerkschaftsmitglied** *n* membre *m* d'un syndicat.
Gewicht *n* ‹-(e)s, -e› [gəˈvɪçt] poids *m, a. fig; fig (Wichtigkeit)* importance *f;* ▶ *nach ~ (com)* au poids; *ins ~ fallen* être de poids, avoir de l'importance; *spezifisches ~* poids *m* spécifique. **Gewichtheben** *n sport* poids *m* et haltères *m pl*, haltérophilie *f*. **gewichtig** *a fig* de (grand) poids, important. **Gewichtsverlust** *m* perte *f* de poids. **Gewichtszunahme** *f* augmentation *f* du poids. **Gewichtung** *f* ‹-, -en› *(Statistik)* pondération *f*.
gewiegt *a (schlau)* futé, *pop* roublard.

Gewieher *n* ‹-s, ø› hennissements *m pl.* **gewillt** *a* disposé, d'humeur (*zu* à). **Gewimmel** *n* ‹-s, ø› fourmillement *m.* **Gewinde** *n* ‹-s, -› **1.** *tech* filet, pas *m* de vis; **2.** *(Girlande)* guirlande *f,* feston *m.* **Gewinn** *m* ‹-(e)s, -e› [gə'vɪn] **1.** *(Vorteil)* avantage; *(Nutzen)* profit; *(Verdienst m)* gain; *com* bénéfice, lucre; *(Ertrag)* revenu, produit *m;* **2.** *(im Spiel, durch Spekulation)* gain; *(in der Lotterie)* lot *od* billet *od* numéro *m* gagnant; ▶ ~ *bringen* donner du bénéfice *od* des profits; *am ~ beteiligt sein* être intéressé aux bénéfices; **Gewinnanteil** *m* part *f* de bénéfice *od* de profit. **Gewinnausschüttung** *f* distribution d'un *od* du bénéfice, répartition *f* de(s) bénéfice(s). **Gewinnbeteiligung** *f* participation *f* aux bénéfices. **gewinnbringend** *a* profitable, lucratif. **gewinnen** ‹*gewann, gewonnen*› *tr* **1.** gagner *a. fig; (Preis im Wettkampf)* remporter; **2.** *fig* prendre, (s')attirer; **3.** *mines chem* extraire; *(durch Verarbeitung)* tirer (*aus* de); *itr* **4.** *(an Wert zunehmen)* gagner (*an* en); ▶ *damit ist nicht viel gewonnen* on n'y gagne guère; *frisch gewagt ist halb gewonnen (prov)* qui ne risque rien n'a rien; *wie gewonnen, so zerronnen (prov)* ce qui vient par la flûte s'en retourne par le tambour. **gewinnend** *ppr a* **1.** gagnant; **2.** *fig (Äußeres, Wesen)* séduisant. **Gewinner** *m* ‹-s, -› gagnant; vainqueur *m.* **Gewinnliste** *f* liste *f* des (numéros) gagnants. **gewinnsüchtig** *a* âpre au gain, avide de gain. **gewinnträchtig** *a* lucratif, ive. **Gewinnung** *f* ‹-, ø› *mines chem* extraction *f.*

Gewinsel *n* ‹-s, ø› gémissements *m pl.*

gewiß [gə'vɪs] **I.** *a* sûr, assuré, certain; **II.** *adv* sûrement, assurément, certainement, certes, sans aucun doute; *(unbetont, im Sinne von: wohl)* sans doute; **III.** *interj* mais oui! bien sûr! ▶ *ganz ~!* sans aucun doute, infailliblement; *bis zu e-m gewissen Grad* dans une certaine mesure; *gewisses Etwas n* je-ne-sais--quoi *m; ein gewisser N.* un certain N.

Gewissen *n* ‹-s, -› conscience *f* (morale); ▶ *etw auf dem ~ haben* avoir qc sur la conscience; *ein gutes* od *reines ~ haben* avoir la conscience nette *od* tranquille; *ein schlechtes ~ haben* avoir mauvaise conscience; *sich ein ~ aus etw machen* faire un cas de conscience de qc; *jdm ins ~ reden* faire appel *od* s'adresser à la conscience de qn. **gewissenhaft** *a* consciencieux, scrupuleux; *(peinlich genau)* minutieux, méticuleux. **Gewissenhaftigkeit** *f* ‹-, ø› (délicatesse de) conscience, probité *f.* **gewissenlos** *a* sans scrupules, sans principes. **Gewissenlosigkeit** *f* ‹-, ø› manque *m* de conscience *od* de scrupules. **Gewissensbisse** *m pl* remords; *(vor d. Tat)* scrupules *m pl.* **Gewissensfreiheit** *f* liberté *f* de conscience. **Gewissenskonflikt** *m* conflit *m* de conscience. **Gewissenszwang** *m* contrainte *f* morale.

gewissermaßen *adv* en quelque sorte, de quelque manière; pour ainsi dire.

Gewißheit *f* certitude, assurance *f;* ▶ ~ *erlangen* obtenir des certitudes; *sich ~ über etw verschaffen* s'assurer de qc.

Gewitter *n* ‹-s, -› [gə'vɪtər] orage *m,* tempête *f;* ▶ *es ist ein ~ im Anzug* le temps est à l'orage. **gewitt(e)rig** *a* orageux. **gewittern** ‹*gewittert*› *itr* faire de l'orage. **Gewitterregen** *m* pluie *f* d'orage. **Gewitterwolke** *f* nuage *m* orageux.

gewitz(ig)t *a (schlau)* rusé, malin.

gewogen [gə'vo:gən] *a:* ▶ *jdm ~ sein* être bien disposé pour *od* envers qn *od* à l'égard de qn.

gewöhnen [gə'vø:nən] ‹*gewöhnt*› *tr: (sich) ~ an* (s')accoutumer à, (s')habituer à, (se) familiariser avec; *man gewöhnt sich an alles* on se fait à tout.

Gewohnheit *f* ‹-, -en› [gə'vo:nhaɪt] *(persönliche)* habitude, accoutumance, coutume *f,* usage *m,* pratique *f;* ▶ *aus ~* par habitude; *die ~ haben, etw zu tun* avoir coutume de faire qc; *sich etw zur ~ machen* se faire une habitude de qc; *zur ~ werden* tourner en habitude, passer en coutume; *die Macht der ~* la force de l'habitude. **gewohnheitsmäßig** **I.** *a* habituel; routinier; **II.** *adv* par habitude. **Gewohnheitsmensch** *m* homme *m* d'habitude, routinier *m.* **Gewohnheitsrecht** *n* droit *m* coutumier. **Gewohnheitstrinker** *m* buveur *m* invétéré.

gewöhnlich [gə'vø:n-] **I.** *a* **1.** *(gewohnt)* habituel; *(üblich)* usuel; *(alltäglich)* ordinaire; **2.** *(mittelmäßig)* commun; *(einfach)* simple; *(unfein, gemein)* vulgaire; **II.** *adv* d'habitude; en (règle) général(e); ▶ *wie ~* comme d'habitude.

gewohnt *a (Sache, Vorgang)* habituel, coutumier, d'usage; ▶ *etw ~ sein* être habitué à qc, avoir l'habitude de qc.

Gewöhnung *f* ‹-, ø› [gə'vø:nʊŋ] accoutumance *f.*

Gewölbe *n* ‹-s, -› [gə'vœlbə] **1.** voûte *f;* **2.** *(Gruft)* caveau *m.* **gewölbt** *a arch* voûté, cintré.

Gewühl *n* ‹-(e)s, ø› [gə'vy:l] *(Menschenmenge)* foule, presse, cohue *f.*

gewunden *a (gedreht)* tors, tortu, spiral, en spirale; *(Weg: sich schlängelnd)* tortueux; *(Fluß)* sinueux.

gewürfelt *a* coupé en petits carrés; *(Stoff)* quadrillé.

Gewürm *n* ‹-(e)s, ø› [gə'vyrm] vermine *f.*

Gewürz *n* ‹-es, -e› [gə'vyrts] épice *f,*

condiment *m.* **Gewürzgurke** *f* cornichon *m.* **Gewürznelke** *f* (clou de) girofle *m.* **Gewürzregal** *n* étagère *f* à épices. **gewürzt** *a* épicé, aromatisé.
gezackt *a* denté, dentelé, crénelé.
Gezänk *n* ‹-(e)s, ø› [gəˈtsɛŋk] querelles, criailleries *f pl.*
Gezeiten *pl* marées *f pl.* **Gezeitenkraftwerk** *n* usine *f* marémotrice. **Gezeitenströmung** *f* courant *m* de marée.
geziemen, *sich* [gəˈtsi:mən] ‹*geziemt*› *(impers)* convenir, être convenable; ► *wie es sich geziemt* comme il convient, comme il faut.
geziert [gəˈtsi:rt] *a (gekünstelt)* affecté; maniéré, recherché.
Gezirp(e) *n* ‹-(e)s, ø› [gəˈtsɪrpə] *ent* chant, grésillement *m.*
Gezwitscher *n* ‹-s, ø› gazouillement, ramage *m.*
gezwungen *a (Lachen)* de commande; ► ~ *lachen (lächeln)* (sou)rire du bout des lèvres *od* des dents. **gezwungenermaßen** *adv* obligatoirement.
Ghana *n* [ˈga:na] *geog* le Ghana.
Ghostwriter *m* ‹-s, -› [ˈgoʊstraɪtə(r)] nègre *m.*
Gicht *f* [gɪçt] **(1)** ‹-, ø› *med* goutte, arthrite *f;* **(2)** ‹-, -en› *tech* gueulard *m.*
Giebel *m* ‹-s, -› [ˈgi:bəl] *arch* pignon, fronton *m.*
Gier *f* ‹-, ø› [gi:r] **1.** *(Begierde)* avidité, soif *f* (*nach* de); **2.** *(Freß~)* gloutonnerie *f.* **gierig** *a* **1.** avide (*nach* de), âpre (*nach* à); **2.** *(freß~)* glouton.
gießen ‹*goß, gegossen*› *tr* **1.** verser; répandre (*über* sur); **2.** *(Glas, Metall)* fondre, couler; *(Bildwerk)* jeter en fonte, mouler; *itr impers* **3.** ► *es gießt wie aus Kübeln* od *in Strömen* il pleut à seaux *od* à verse. **Gießerei** *f* [-ˈraɪ] fonderie *f;* moulerie *f.* **Gießform** *f* moule *m.* **Gießkanne** *f* arrosoir *m.* **Gießkannenprinzip** *n* saupoudrage *m;* ► *nach dem* ~ en saupoudrant. **Gießofen** *m* fourneau *m* (de fonderie).
Gift *n* ‹-(e)s, -e› [gɪft] poison; *(tierisches, a. fig: Bosheit)* venin *m;* ► ~ *sein für (fig fam)* être meurtrier pour; ~ *und Galle speien* cracher son venin, épancher sa bile *od* son fiel; *darauf können Sie ~ nehmen* j'en donnerais ma tête à couper. **Giftgas** *n* gaz *m* toxique. **giftgrün** *a* vert acide. **giftig** *a* **1.** *zoo* venimeux; *(bot min)* vénéneux; **2.** *(vergiftet)* empoisonné; **3.** *scient* toxique, virulent; **4.** *fig* envenimé, plein de fiel; *(boshaft)* malicieux; ► *~er Blick m (a.)* regard *m* venimeux. **Giftküche** *f* source *f* principale de matières toxiques. **Giftmischer(in *f*)** *m* empoisonneur, -euse *m, f.* **Giftmord** *m* meurtre *m* par empoisonnement. **Giftmüllkippe** *f* décharge *f* de produits toxiques. **Giftpflanze** *f* plante *f* vénéneuse. **Giftpilz** *m* champignon *m* vénéneux. **Giftschlange** *f* serpent *m* venimeux. **Giftstoff** *m* toxique; *med* virus *m,* toxine *f.* **Giftzahn** *m* crochet *m* (à venin).
Gigant *m* ‹-en, -en› [giˈgant] géant *m.* **gigantisch** *a* gigantesque, colossal.
Gimpel *m* ‹-s, -› [ˈgɪmpəl] **1.** *orn* bouvreuil *m;* **2.** *fig* serin, dindon, sot.
Ginster *m* ‹-s, -› [ˈgɪnstər] *bot* genêt *m.*
Gipfel *m* ‹-s, -› [ˈgɪpfəl] **1.** *(e-s Berges)* sommet *m,* tête; *(steiler)* cime *f;* **2.** *fig (Höhepunkt)* comble, point culminant, zénith, apogée *m;* ► *das ist (doch) der ~!* c'est un comble! **Gipfelkonferenz** *f pol* conférence *f* au sommet. **gipfeln** *itr fig* culminer. **Gipfelpunkt** *m* point *m* culminant.
Gips *m* ‹-es, -e› [gɪps] *min* gypse; *(gebrannt)* plâtre *m.* **Gipsabguß** *m* moulage *m* (en plâtre). **gipsen** *tr* plâtrer. **Gipser** *m* ‹-s, -› plâtrier *m.* **Gipsfigur** *f* moulage, plâtre *m.* **Gipsverband** *m med* bandage *m* plâtré.
Giraffe *f* ‹-, -n› [giˈrafə] girafe *f.*
Girant *m* ‹-en, -en› [ʒiˈrant] *fin* endosseur *m.* **girieren** [-ˈri:rən] ‹*ohne ge-*› *tr* transférer.
Girlande *f* ‹-, -n› [gɪrˈlandə] guirlande *f.*
Giro *n* ‹-s, -s› [ˈʒi:ro] *(bargeldlose Überweisung)* virement, transfert *m.* **Giroeinlagen** *f pl* dépôts *m pl* à vue *od* en compte courant. **Girokasse** *f* banque *f* de virement. **Girokonto** *n* compte *m* de virement. **Giroverkehr** *m* opérations *f pl* de virement. **Girozentrale** *f* banque *f* centrale de virement.
gis *n* ‹-, -› [gɪs] *mus* sol *m* dièse.
Gischt *m* ‹-es, (-e)› *od f* ‹-, -en› [gɪʃt] écume *f;* *(Meer)* embrun *m.*
gis-Moll *n* [ˈgɪsmɔl] sol *m* dièse mineur.
Gitarre *f* ‹-, -n› [giˈtarə] guitare *f.*
Gitter *n* ‹-s, -› [ˈgɪtər] grille *f,* grillage, treillis *m;* *radio* grille *f.* **Gitterfenster** *n* fenêtre *f* grillagée *od* à barreaux. **gitterförmig** *a* treillissé, grillagé. **Gitterwerk** *n* grillage, treillage *m.* **Gitterzaun** *m* clôture *f* à claire-voie.
Glacéhandschuhe [glaˈse:-] *m pl* gants *m pl* glacés.
Gladiole *f* ‹-, -n› [gladiˈo:lə] *bot* glaïeul, lis *m* de Saint-Jean.
Glanz *m* ‹-es, ø› [glants] **1.** *(blendender, a. fig)* éclat; *(heller, a. fig)* brillant; *(e-r glatten Fläche)* lustre; *(Schimmer)* luisant, *(e-s Stoffes)* lissé; *tech (Leder, Stoff, Papier)* apprêt *m;* **2.** *fig (Pracht)* splendeur; *(Jugend, Blütezeit)* fleur; *(Ruhmes~)* gloire, illustration *f.*
glänzen [ˈglɛntsən] *itr* **1.** briller *a. fig;* *(schimmern, leuchten)* (re)luire; *(strahlen)* resplendir, rayonner; **2.** *fig (in e-m Fach)* exceller (*in* en), *fam* faire des étincelles; *tr* **3.** *tech (polieren)* polir; *(Metall)* brunir; *(Papier)* lisser; *(Stoff)*

lustrer, *(Leder)* vernir; ▶ *es ist nicht alles Gold, was glänzt (prov)* tout ce qui brille n'est pas or. **glänzend I.** *a* **1.** brillant; *(schimmernd)* (re)luisant; *(leuchtend)* radieux; *(strahlend)* resplendissant, rayonnant; **2.** *tech (poliert)* poli; *(Metall)* bruni; *(Papier)* lissé; *(Stoff)* lustré; *(Leder)* verni; **3.** *fig* splendide, magnifique; **II.** *adv fig* avec éclat; ▶ *e-e ~e Idee* une idée de génie.
Glanzleistung *f* ['glants-] brillante performance *f.* **glanzlos** *a* sans lustre; *(matt)* mat; *(trübe)* terne; *(Augen)* éteint. **Glanznummer** *f* clou *m fam.* **Glanzpapier** *n* papier *m* lissé. **glanzvoll** *a fig* brillant, magnifique, glorieux.
Glas *n* ‹-es, ⸚er› [gla:s, '-zəs, 'glɛ:zər] **1.** verre *m;* **2.** *(Brille)* verres *m pl,* lunettes *f pl; (Fernglas)* jumelle(s *pl*) *f;* **3.** *tech* tube *m* (à essai); ▶ *Vorsicht, ~!* verre(s)! *geschliffenes ~* verre *m* taillé; *ein ~ Wasser* un verre d'eau. **Glasauge** *n* œil *m* artificiel *od* de verre. **Glasballon** *m (Korbflasche)* dame-jeanne *f; chem* ballon *m* (de verre). **Glasbläser** *m* souffleur (de verre), verrier *m.* **Glasbläserei** *f* verrerie *f.* **Glaser** *m* ‹-s, -› vitrier *m.*
gläsern ['glɛ:zərn] *a* de verre; *fig* transparent.
Glasfabrik *f* ['gla:s-] verrerie *f.* **Glasfaser** *f* fibre *f* optique. **Glasfaserkabel** *n* câble *m* à fibres optiques. **Glasglocke** *f* globe *m; (über e-r Pflanze)* cloche *f.* **Glashaus** *n* serre *f.* **glasieren** [gla'zi:rən] ‹*ohne ge-*› *tr tech* émailler, vernir, vernisser; *(a. Konditorei)* glacer. **glasig** *a (a. Blick)* vitreux. **Glasindustrie** *f* verrerie *f.* **Glaskasten** *m* cage vitrée, vitrine *f.* **Glasmalerei** *f* peinture *f* d'apprêt. **Glasperle** *f* perle *f* de verre. **Glasplatte** *f* plaque *f* de verre. **Glasscheibe** *f* vitre *f,* carreau *m* (de verre). **Glasscherbe** *f* tesson *m* de verre. **Glasschrank** *m* armoire vitrée, vitrine *f.* **Glassplitter** *m* éclat *m* de verre. **Glastür** *f* porte-fenêtre, porte *f* vitrée. **Glasur** *f* ‹-, -en› [-'zu:r] *tech* émail; *(Porzellan)* vernis *m,* glaçure *f; (Küche)* glace *f.* **Glaswaren** *f pl* verrerie *f.* **Glaswolle** *f* laine *f* de verre.
glatt [glat] **I.** *a* **1.** lisse; *(Stoff)* uni; *(Haut)* doux; lisse, sans rides; *(Haare)* plat, lisse; *(kahl)* ras, sans poil, glabre; *(~rasiert)* ras(é); *(sauber)* net; *(geglättet)* poli, lissé; *(schlüpfrig)* glissant; **2.** *(strikt, z. B. Weigerung)* catégorique; **3.** *(wendig)* souple; *(einschmeichelnd)* insinuant, flatteur; ▶ *e-e ~e Rechnung* un compte rond; **II.** *adv* **1.** facilement, sans difficulté, sans accroc; **2.** *fam = glattweg;* **3.** *fam (restlos, ganz)* complètement, entièrement, absolument.
Glätte *f* ‹-, (-n)› ['glɛtə] lisse *m.* *(Glatteis)* état *m* glissant.
Glatteis *n* ['glat-] verglas *m;* ▶ *jdn aufs ~ führen (fig)* tendre un piège à qn.
glätten ['glɛtən] *tr* **1.** lisser, effacer les plis de; *(Falten)* effacer; *tech* polir, planer; *(Holz)* unir; *(Metall)* adoucir, brunir; *(Papier)* satiner; *(Stoff)* lustrer; **2.** *fig (den Stil)* limer, polir; **3.** *refl sich ~ (Gesichtszüge)* se dérider.
glattweg ['-vɛk] *adv* nettement, (tout) net, sans façon, bel et bien.
Glatze *f* ‹-, -n› ['glatsə] tête *f* chauve, *fam* tête *f* pelée; ▶ *e-e ~ haben* être chauve. **Glatzkopf** *m fam* pelé, chauve *m.* **glatzköpfig** *a fam* pelé, chauve.
Glaube *(seltener* **Glauben***) m* ‹-ns, (-n)› ['glaubə(n)] **1.** *rel (e-s einzelnen)* foi, croyance (*an etw* à qc, *an Gott* en Dieu); *allg* créance *f,* crédit *m; (Überzeugung)* conviction; *(Meinung)* opinion *f;* **2.** *(Konfession, Religion)* foi, confession, religion *f;* ▶ *jdm, e-r S ~n schenken* donner créance *od* faire crédit à qn, ajouter foi à qc. **glauben** ['glaubən] *tr* **1.** *(für wahr halten)* croire (*jdm* qn, *etw* qc); **2.** *(meinen)* penser; *(vermuten)* supposer, présumer; **3.** *(vertrauen auf)* avoir confiance en; *itr* **4.** *rel* avoir foi *(an* en), croire (*an* à); ▶ *wenn man ihm ~ darf* à l'en croire; *ich glaube dir aufs Wort* je te crois sur parole; *das glaube ich gern* je veux bien le croire; *ich glaube nicht daran* je n'y crois pas; *ich möchte fast ~ ...* j'ai presque l'impression ...; *man könnte ~, daß* on dirait que; *das ist nicht od kaum zu ~* c'est à n'y pas croire; *~ Sie mir!* croyez-moi! **Glaubensbekenntnis** *n* ['glaubəns-] profession *f* de foi; credo *m, a. pol.* **Glaubensfreiheit** *f* liberté *f* religieuse *od* des cultes. **Glaubensgenosse** *m* coreligionnaire *m.* **Glaubenskrieg** *m* guerre *f* de religion. **Glaubenssatz** *m* article de foi, dogme *m.* **Glaubensspaltung** *f* schisme *m.*
glaubhaft ['glaup-] *a* **1.** croyable, digne de foi; **2.** *(verbürgt)* authentique; ▶ *etw ~ machen* donner créance à qc. **Glaubhaftigkeit** *f* ‹-, ø› crédibilité *f.*
gläubig ['glɔybɪç] *a rel* croyant, fidèle. **Gläubige** *m* ‹-n, -n› *rel, meist pl:* ▶ *die ~n* les croyants, fidèles *m pl.* **Gläubiger** *m* ‹-s, -› ['-gər] *com* créancier, créditeur *m.* **Gläubigkeit** *f* ‹-, ø› ['-bɪç-] foi, religiosité *f.*
glaubwürdig *a* digne de foi. **Glaubwürdigkeit** *f* ‹-, ø› crédibilité *f.*
gleich [glaɪç] **I.** *a* égal *a. math; (identisch)* identique, le *od* la même, *pred* la même chose; *(~artig)* pareil, semblable; **II.** *adv* **1.** *(vor a) (ebenso)* aussi, autant, également; *(vor s)* comme, tel; **2.** *(anschließend)* d'emblée, *fam* de suite; *(sofort)* aussitôt, tout de suite, à l'instant, immédiatement, sur-le-champ; *(bald)* tout à l'heure; ▶ *~ als ...* dès que ...; *~*

zu Anfang dès le début, dès l'abord; *im ~en Augenblick* au même moment; *~ breit, groß, hoch* de la même largeur, grandeur *od* taille, hauteur; *~ darauf* l'instant d'après; *~ heute* dès aujourd'hui; *~ viel (die ~e Menge)* autant; *in ~er Weise* également; *~ wie* n'importe comment; *zu ~er Zeit* en même temps; *G~es mit G~em vergelten* rendre la pareille, rendre la monnaie de sa pièce; *das dachte ich mir ~* je m'en doutais bien; *das ist mir ~* cela m'est égal; *das bleibt sich ~* c'est tout un; *das läuft aufs ~e hinaus* cela revient au même; *wie war doch ~ Ihr Name?* quel est votre nom déjà? *~!* un moment! *bis ~!* à tout à l'heure, à tout de suite; *~ und ~ gesellt sich gern (prov)* qui se ressemble s'assemble. **gleichaltrig** *a* du même âge. **gleichartig** *a* du même genre, similaire. **gleichbedeutend** *a* équivalent (*mit* à). **gleichberechtigt** *a* égal en droits; à droits égaux. **Gleichberechtigung** *f* égalité *f* des droits. **gleichbleibend** *a* toujours égal. **gleichen** ‹*glich, geglichen*› *itr (sehr ähneln)* ressembler (*jdm* à qn), être semblable (*e-r S* à qc); ▶ *sie ~ einander aufs Haar* ils se ressemblent comme deux gouttes d'eau. **gleichermaßen** *adv,* **gleicherweise** *adv* pareillement, de la même façon *od* manière. **gleichfalls** *adv* également, pareillement, de même; ▶ *danke, ~!* merci, de même! **gleichförmig** *(eintönig)* monotone. **Gleichförmigkeit** *f* monotonie *f*. **gleichgesinnt** *a* sympathisant. **gleichgestellt** *a* du même rang. **Gleichgewicht** *n* équilibre *m,* balance *f, a. pol;* ▶ *ins ~ bringen* mettre en équilibre, équilibrer; *aus dem ~ bringen* déséquilibrer, désaxer; *sich das ~ halten* se faire équilibre; *das ~ stören* déranger *od* rompre l'équilibre; *das ~ verlieren* perdre l'équilibre; *das europäische ~* l'équilibre *m* européen. **Gleichgewichtsstörung** *f* déséquilibre *m*. **gleichgültig I.** *a* indifférent (*gegen* à); *(uninteressiert)* désintéressé; **II.** *adv* avec indifférence; ▶ *das ist mir ~* cela m'est égal *od* indifférent, cela ne m'intéresse pas, peu m'importe. **Gleichgültigkeit** *f* indifférence *f;* désintéressement *m; rel* indifférentisme *m; pop* je-m'en-foutisme *m*. **Gleichheit** *f* ‹-, ø› égalité, parité, *(Gleichartigkeit)* similarité, similitude *f*. **Gleichheitszeichen** *n math* signe *m* d'égalité. **gleich≈kommen** ‹*kam gleich, gleichgekommen*› *itr* ‹*sein*› *:* ▶ *jdm ~* égaler qn (*an* en); *e-r S ~ (fast gleich sein)* égaler (presque) qc. **gleichlautend** *a (Texte)* identique; homophone. **gleich≈machen** *tr* rendre égal, égaliser, niveler; ▶ *dem Erdboden ~* raser. **Gleichmaß** *n* (bonnes) proportion(s *pl*), harmonie *f*. **gleichmäßig** *a* régulier; *~ verteilt* régulièrement distribué. **Gleichmäßigkeit** *f* régularité *f*. **Gleichmut** *m* ‹-(e)s, ø› impassibilité *f,* calme *m*. **gleichmütig** *a* impassible, calme. **Gleichnis** *n* ‹-ses, -se› **1.** *(Sinnbild)* symbole *m;* **2.** *(Vergleich)* comparaison *f;* **3.** *(bildl. Erzählung)* allégorie, parabole *f*. **Gleichrichter** *m el* redresseur; *radio* rectificateur, détecteur *m*. **gleichsam** *adv* pour ainsi dire. **gleich≈schalten** *tr pol* mettre au pas, normaliser, uniformiser. **Gleichschaltung** *f pol* mise au pas, normalisation, uniformisation *f*. **gleichschenk(e)lig** *math* isocèle. **Gleichschritt** *m, bes. mil* pas *m* cadencé; cadence *f*. **gleichseitig** *a math* équilatéral. **gleich≈stellen** *tr* mettre au même niveau *od* rang; *jur* assimiler. **Gleichstellung** *f jur* assimilation; émancipation *f*. **Gleichstrom** *m el* courant *m* continu. **gleich≈tun** ‹*tut, tat gleich, gleichgetan*› *tr:* ▶ *es jdm ~* égaler qn; *es jdm ~ wollen* rivaliser avec qn. **Gleichung** *f* ‹-, -en› *math* équation *f;* ▶ *~ mit einer, mit mehreren Unbekannten* équation *f* à une, à plusieurs inconnue(s). **gleichviel** *adv* tout autant; ▶ *~, ob* peu importe que *subj*. **gleichwertig** *a* **1.** équivalent; **2.** *chem gram* de même valence. **gleichwie** *conj* comme, ainsi que, de même que. **gleichwink(e)lig** *a math* équiangle. **gleichwohl** *adv* pourtant, cependant, toutefois. **gleichzeitig I.** *a* simultané; **II.** *adv* en même temps, simultanément. **Gleichzeitigkeit** *f* simultanéité *f*.

Gleis *n* ‹-es, -e› [glaɪs, ˈ-zə(s)] = *Geleise*. **Gleisabstand** *m* entrevoie *f*. **Gleisanschluß** *m (e-r Fabrik)* raccordement de voie ferrée; ▶ *mit ~* embranché sur le chemin de fer. **Gleisarbeiten** *f pl* travaux *m pl* de voie ferrée.

Gleitbahn [ˈglaɪt-] *f (Schlittenbahn)* glissoire, glissade; *tech* glissière *f*. **Gleitboot** *n* hydroplane, hydroglisseur *m*. **gleiten** ‹*glitt, geglitten*› *itr* ‹*sein*› glisser; *mot* déraper; *tech (in e-r Vorrichtung)* coulisser; *(nicht fassen)* patiner; *aero* planer; ▶ *auf dem Wasser ~ (a.)* hydroplaner; *~ lassen (Hand)* glisser; *(Blick)* laisser errer; *gleitende Arbeitszeit f = Gleitzeit; gleitende Lohnskala f* échelle *f* mobile des salaires. **Gleitflug** *m* vol *m od* descente *f* plané(e). **Gleitmittel** *n* lubrifiant *m*. **Gleitschiene** *f* glissière *f*. **Gleitschutz** *m mot* (enveloppe *f*) antidérapant(e) *m*. **Gleitzeit** *f* horaire *m* libre *od* mobile *od* variable *od* à la carte.

Gletscher *m* ‹-s, -› [ˈglɛtʃər] glacier *m*. **Gletscherbrand** *m med* dermite *f* des neiges. **Gletschersee** *m* lac *m* glaciaire. **Gletscherspalte** *f* crevasse *f* de glacier.

Glied *n* ‹-(e)s, -er› [gli:t, 'gli:dər] **1.** *a. math (Gleichung)* membre *m; (Finger~)* phalange *f; (des Bandwurmes)* segment *m;* **2.** *(Ketten~)* chaînon, maillon *m;* **3.** *gram (Satz~)* partie *f,* terme *m;* **4.** *mil* rang *m,* file *f;* ► *an allen ~ern zittern* trembler de tous ses membres; *männliches ~* membre *m* viril. **Gliederfüßer** *m pl zoo* arthropodes *m pl.* **gliedern** *tr* diviser (*in* en); *(einteilen)* grouper, classifier; *(logisch anea.reihen)* enchaîner; ► *sich ~ in* se diviser en. **Gliederung** *f* ‹-, -en› **1.** *anat* articulation *f;* **2.** *allg* division; *(Aufbau)* organisation *f; (Einteilung)* groupement *m,* classification *f; (logische Verknüpfung)* enchaînement *m; (e-r Rede)* structure *f,* plan *m; mil* division, articulation *f.* **Gliedmaßen** *f pl* membres *m pl,* extrémités *f pl.*

glimmen [glımən] ‹*glomm* od *glimmte; geglommen* od *geglimmt*› *itr* jeter une faible lueur, brûler sans flamme; *(unter Asche)* couver.

glimpflich ['glımpflıç] *adv:* ► *~ davonkommen* s'en tirer à bon compte.

glitschig *a* glissant.

glitzern ['glıtsərn] *itr* étinceler, scintiller.

Globus *m* ‹-/-ses, -ben/-busse› ['glo:bʊs] globe *m* (terrestre).

Glocke *f* ‹-, -n› ['glɔkə] **1.** cloche *f; (Klingel)* sonnette *f; (am Fahrrad)* timbre *m;* **2.** *(e-r Lampe)* globe *m;* **3.** *tech (Luftpumpe)* récipient *m; (Gasometer)* cuve *f;* ► *an die große ~ hängen* crier sur les toits; *die ~n läuten (tr)* sonner les cloches. **Glockenblume** *f* campanule, clochette *f.* **glockenförmig** *a* en (forme de) cloche. **Glockengeläut(e)** *n* carillon *m; unter ~* au son des cloches. **Glockengießer** *m* fondeur *m* de cloches. **Glockenschlag** *m* coup *m* de cloche; ► *auf den ~* à l'heure sonnante. **Glockenspiel** *n* carillon *m.* **Glockenturm** *m* clocher, campanile, beffroi *m; (kleiner)* clocheton *m.*

Glorie *f* ‹-, -n› ['glo:riə] gloire *f.* **glorifizieren** [-rifi'tsi:rən] ‹*ohne ge-*› *tr* glorifier. **glorreich** *a* glorieux.

Glossar *n* ‹-s, -e› [glɔ'sa:r] glossaire *m.*

Glosse *f* ‹-, -n› ['glɔsə] glose *f, a. pej.* **glossieren** [-'si:rən] ‹*ohne ge-*› *tr* gloser sur, commenter; *pej* gloser.

Glotze *f* ‹-, -n› *fam pej* télé *f;* ► *vor der ~ sitzen* se mettre les yeux au carré. **glotzen** ['glɔtsən] *itr* ouvrir de grands yeux, *fam* faire des yeux ronds.

Glück *n* ‹-(e)s, ø› [glʏk] **1.** *(gutes ~)* bonheur *m, fam* veine; *(~sfall, Zufall)* fortune *f,* coup *m* de chance; *(Erfolg)* (bonne) chance *f,* succès *m; (dauerndes)* prospérité *f;* **2.** *(inneres)* bonheur *m;* ► *auf gut ~* au petit bonheur la chance; *zum ~* par bonheur, heureusement; *~ bringen* porter bonheur; *~ haben* avoir de la chance *od fam* de la veine; *mehr ~ als Verstand haben* être plus heureux que sage; *sein ~ machen* faire fortune; *von ~ sagen können, daß* pouvoir s'estimer heureux de ce que; *sein ~ suchen* chercher fortune; *jdm zu etw ~ wünschen* féliciter qn pour *od* de qc; *viel ~!* bonne chance! **glückbringend** *a* qui porte bonheur.

Glucke [glʊkə] *f* ‹-, -n› (poule) couveuse *f.*

glücken ['glʏkən] *itr* ‹*sein*› *(gelingen)* réussir; ► *es ist mir geglückt* j'ai réussi (*zu* à).

gluckern ['glʊkərn] *itr (Flüssigkeit)* glouglouter.

glücklich ['glʏk-] **I.** *a (beglückt)* heureux; *(vom ~ gesegnet)* fortuné; *(günstig)* favorable; **II.** *adv* bien; ► *~ machen* rendre heureux; *sich ~ schätzen* s'estimer heureux. **glücklicherweise** *adv* heureusement, par bonheur. **glückselig** *a* bienheureux. **Glückseligkeit** *f* félicité, *rel* béatitude *f.* **Glücksfall** *m* coup *m* de chance *od* de hasard, aubaine *f.* **Glückskäfer** *m* bête *f* à bon Dieu. **Glückspilz** *m* veinard, chançard *m.* **Glücksrad** *n* roue *f* de la Fortune; *(der Spielbank)* roulette *f.* **Glückssache** *f:* ► *das ist ~* c'est un coup de dé(s). **Glücksspiel** *n* jeu *m* de hasard. **Glücksstern** *m* bonne étoile *f.* **Glückstag** *m* jour *m* de chance. **glückstrahlend** *a* rayonnant de bonheur, radieux. **Glückwunsch** *m* vœux, compliments, souhaits *m pl,* félicitations *f pl;* congratulation *f;* ► *herzlichen ~! herzliche ~wünsche!* toutes mes félicitations. **Glückwunschkarte** *f,* **Glückwunschtelegramm** *n* carte *f,* télégramme *m* de félicitation(s).

Glühbirne *f* ['gly:-] *el* ampoule *f.* **glühen** *itr* **1.** être ardent; **2.** *fig* brûler (*vor Eifer* de zèle), être enflammé; ► *mir glüht der Kopf* la tête me brûle. **glühend** *a* **1.** brûlant, rouge; **2.** *fig* ardent, fervent; ► *~e Hitze f* fournaise *f.* **glühendheiß** *a* brûlant; *(Luft)* torride. **Glühfaden** *m el* filament *m* (à incandescence). **Glühwein** *m* vin *m* chaud. **Glühwürmchen** *n* ver *m* luisant, luciole *f.* **Glühzündung** *f* allumage *m* par incandescence.

Glut *f* ‹-, -en› [glu:t] **1.** chaleur ardente, ardeur; *(Feuer)* braise *f,* brasier *m; (Hitze)* chaleur torride; **2.** *fig* chaleur, ardeur, ferveur *f.* **glutrot** *a* rouge ardent.

g-Moll *n* ['ge:mɔl] *mus* sol *m* mineur.

Gnade *f* ‹-, -n› ['gna:də] **1.** grâce; *(Gunst)* faveur; **2.** *(Erbarmen)* miséricorde; *(Milde)* clémence; *(des Siegers)* merci *f; mil* quartier *m;* ► *um ~ bitten* demander grâce (*jdn* à qn); *~ vor Recht ergehen lassen* préférer miséricorde à justice; *~ walten lassen* faire grâce, user de clémence.

Gnadenbrot *n* ['gna:dən-] : ▶ *das ~ essen* être entretenu par charité. **Gnadenerlaß** *m* amnistie *f.* **Gnadenfrist** *f* délai *m* de grâce. **Gnadengesuch** *n* recours *m* en grâce; ▶ *ein ~ einreichen* se pourvoir en grâce. **Gnadenstoß** *m* coup *m* de grâce.

gnädig ['gnɛ:dıç] *a* **1.** *(huldreich)* gracieux, clément; *(gütig)* bénin; *(wohlwollend)* bienveillant; **2.** *(günstig gesinnt)* favorable, propice.

Gneis *m* ‹-es, -e› [gnaıs, '-zə] *min* gneiss *m.*

Gnom *m* ‹-en, -en› [gno:m] *(Zwerg)* gnome *m.*

Gockel(hahn) *m* ‹-s, -› ['gɔkəl(-)] *fam* coq *m.*

Gold *n* ‹-(e)s, ø› [gɔlt, '-dəs] or *m;* ▶ *nicht mit ~ aufzuwiegen sein, ~ wert sein* valoir son pesant d'or. **Goldbarren** *m* barre *f od* lingot *m* d'or. **Goldbestand** *m* encaisse-or *f.* **Golddekkung** *f fin* couverture-or *f.* **Golddublee** *n* doublé *m* (d')or. **golden** ['-dən] *a* d'or, en or; *(~farbig)* doré; *~e Uhr f* montre *f* en or. **Goldfasan** *m* faisan *m* doré. **Goldfeder** *f (am Füller)* plume *f* en or. **Goldfisch** *m* poisson *m* rouge. **Goldgehalt** *m* poids d'or fin, titre *m.* **goldgelb** *a* (jaune) doré. **Goldgewinnung** *f* production *f* aurifère. **Goldgräber** *m* chercheur *m* d'or. **Goldgrube** *f* mine *f* d'or *a. fig.* **goldig** ['-dıç] *a* doré; *fig fam* joli (petit), mignon. **Goldkäfer** *m* scarabée *m* doré. **Goldlack** *m bot* giroflée *f* jaune. **Goldmedaille** *f* médaille *f* d'or. **Goldmünze** *f* pièce *od* monnaie *f* d'or. **Goldregen** *m bot* cytise *m.* **Goldschmied** *m* orfèvre *m.* **Goldschnitt** *m (Buch)* dorure *f* sur tranche; ▶ *mit ~* doré sur tranche. **Goldstaub** *m* or *m* moulu. **Goldstück** *n (Münze)* pièce *od* monnaie *f* d'or, *fam* jaunet *m.* **Goldsucher** *m* chercheur *m* d'or. **Goldvorkommen** *n mines* gisement *m* aurifère. **Goldwaage** *f* trébuchet *m;* ▶ *auf die ~ legen (fig)* peser. **Goldwährung** *f* étalon-or *m.* **Goldwaren** *f pl* orfèvrerie *f.*

Golf [gɔlf] **(1)** *m* ‹-(e)s, -e› *geog* golfe *m;* **(2)** *n* ‹-s, ø› *sport* golf *m.* **Golfhose** *f* pantalon *m* de golf. **Golfplatz** *m* ['gɔlf-] terrain *m* de golf. **Golfschläger** *m* club *m.* **Golf(spiel)er** *m* golfeur *m.*

Golfstrom, *der* le Gulf Stream.

Gondel *f* ‹-, -n› ['gɔndəl] **1.** gondole *f;* **2.** *aero* nacelle *f.*

gönnen ['gœnən] *tr (nicht neiden)* ne pas envier (*jdm etw* qc à qn); ▶ *nicht ~* envier (*jdm etw* qc à qn); *sich etw ~* s'accorder qc; *ich gönne es dir* tant mieux pour toi. **Gönner(in** *f)* *m* ‹-s, -› (*f* ‹-, -nen›) protecteur, -trice *m, f; (Wohltäter)* bienfaiteur, -trice *m, f,* patron(ne *f*) *m; (e-s Künstlers)* mécène *m.* **Gönnermiene** *f* air *m* protecteur.

Gör *n* ‹-(e)s, -en›, **Göre** *f* ‹-, -n› gosse *m f,* gamin, e *m, f.*

Gorilla *m* ‹-s, -s› [go'rıla] *zoo* gorille *m.*

Gosse *f* ‹-, -n› ['gɔsə] caniveau, ruisseau *m; in der ~ enden (fig)* finir dans la rue.

Goten *m pl* ['go:tən] *hist* Goths *m pl.*

Gotik *f* ‹-, ø› [-tık] (style) gothique *m.* **gotisch** [-tıʃ] *a* gothique.

Gott *m* ‹-es/(-s), ⸚er› [gɔt, 'gœtər] *(der eine)* Dieu; *(heidnischer)* dieu *m;* ▶ *leider ~es* hélas, malheureusement; *mit ~es Hilfe* grâce(s) à *od* par la grâce de Dieu; *so ~ will* s'il plaît à Dieu; *um ~es willen* pour l'amour de Dieu; *an ~ glauben* croire en Dieu; *wie ~ in Frankreich leben* vivre comme un coq en pâte; *auf ~ vertrauen* s'en remettre à Dieu; *bei ~!* par Dieu! *großer ~! o (mein) ~!* grand *od* juste Dieu! mon Dieu! *grüß ~!* bonjour; *vergelt's ~!* Dieu vous (te) le rende! *weiß ~!* Dieu sait! *~ bewahre!* Dieu m'en, t'en *etc* préserve! à Dieu ne plaise! *~ sei Dank!* Dieu merci! Dieu soit loué! *der liebe ~* le bon Dieu.

Götterbild *n* ['gœtər-] idole *f.*

Gottesanbeterin *f* ['gɔtəs-] *ent* mante *f* religieuse *od* prie-Dieu. **Gottesdienst** *m* service divin, office (divin), culte *m;* ▶ *~ halten* célébrer l'office, officier. **Gottesfurcht** *f* crainte *f* de Dieu; piété *f.* **gottesfürchtig** *a* craignant Dieu; pieux, religieux. **Gotteshaus** *n* maison *f* de Dieu *od* du Seigneur. **Gotteslästerung** *f* blasphème, sacrilège *m.* **Gottesmutter** *f* mère *f* de Dieu. **Gottessohn** *m* fils *m* de Dieu. **Gottesurteil** *n hist* ordalie *f,* jugement *m* de Dieu.

Gottheit *f* ['gɔt-] *(göttl. Natur)* divinité; *(Gott)* déité *f.*

Göttin *f* ['gœt-] déesse *f.* **göttlich** *a* divin.

gottlob ['gɔt-] *interj* Dieu (en) soit loué! **gottlos** *a* athée, irréligieux; *pej* impie. **Gottlosigkeit** *f* athéisme *m;* impiété *f.* **Gottmensch** *m* homme-Dieu *m.* **Gottvater** *m* Dieu le Père. **gottverlassen** *a* **1.** *(verdammt)* réprouvé, maudit; **2.** *fam (abgelegen)* solitaire. **Gottvertrauen** *n* confiance *f* en Dieu.

Götze *m* ‹-n, -n› ['gœtsə] faux dieu *m,* idole *f.* **Götzenbild** *n* idole *f.* **Götzendienst** *m* idolâtrie *f.*

Grab *n* ‹-(e)s, ⸚er› [gra:p, 'grɛ:bər] **1.** tombeau *m; lit* tombe *f,* sépulcre *m;* **2.** *(~stelle, Grube)* fosse *f;* ▶ *mit ins ~ nehmen (fig: ein Geheimnis)* emporter dans la tombe; *sich sein (eigenes) ~ schaufeln (fig)* creuser son (propre) tombeau; *(fam) mit einem Bein im ~e stehen (fig)* avoir un pied dans la tombe; *zu ~e tragen* porter en terre; *sich im ~e umdrehen (fig)* se retourner dans sa tombe; *schweigen wie ein ~*

être muet comme la tombe. **Grab(denk)mal** *n* monument *m* funéraire. **Graben** *m* ‹-s, ̈-› fossé *a. geol; (Wasser~)* canal *m*, rigole; *mil* tranchée *f*. **graben** ‹*gräbt, grub, gegraben*› *tr* **1.** *(Loch)* creuser; *(Brunnen)* foncer, forer; **2.** *mines* extraire; *itr* **3.** fouiller; *agr* bêcher; *(Ausgrabungen machen)* faire des fouilles. **Grabgewölbe** *n* caveau *m*. **Grabhügel** *m* tombe *f; hist* tumulus *m*. **Grabmal** *s. Grab(denk)mal.* **Grabplatte** *f* pierre *f* sépulcrale *od* tombale. **Grabrede** *f* oraison *f* funèbre. **Grabschändung** *f* violation *f* de tombeau. **Grabstein** *m* pierre *f* tombale *od* tumulaire *od* funéraire. **Grabung** *f (archäologische)* fouilles *f pl.*

Grad *m* ‹-(e)s, -e/*aber: 3 Grad*› [gra:t, '-də] **1.** degré *m, a. math phys geog;* **2.** *(Univ.: Würde)* grade *m;* ▶ *bis zu e-m gewissen ~* jusqu'à un certain degré *od* point; *in hohem ~* à un haut degré; extrêmement; *im höchsten ~* au plus haut *od* au dernier degré; *zweiten ~es (Verwandtschaft)* au deuxième degré; *math* du deuxième degré; *akademischer ~* grade *m* universitaire; *bei drei ~ Celsius, Wärme, Kälte* par trois degrés centigrades, au-dessus de zéro, au-dessous de zéro. **Gradmesser** *m* échelle graduée *f*. **Gradnetz** *n geog* canevas *m* de lignes géographiques.

Graf *m* ‹-en, -en› [gra:f] comte *m*.

Gräfin *f* ['grɛ:fɪn] comtesse *f*.

Grafschaft *f* ['gra:f-] comté *m*.

Gram *m* ‹-(e)s, ø› [gra:m] chagrin, tourment *m*, affliction *f*. **gram** *a:* ▶ *jdm ~ sein* en vouloir *od* garder rancune à qn. **grämen** ['grɛ:mən], *sich* se chagriner, s'affliger (*über etw* de qc). **grämlich** *a* chagrin, morose.

Gramm *n* ‹-s, -e/*aber: 3 Gramm*› [gram] gramme *m*.

Grammatik *f* ‹-, -en› grammaire *f*. **grammat(ikal)isch** [-'mat(i'ka:l)ɪʃ] *a* grammatical; ▶ *~er Fehler m* faute *f* de grammaire.

Granat *m* ‹-(e)s, -e› [gra'na:t] *min* grenat *m*. **Granatapfel** *m bot* grenade *f*. **Granat(apfel)baum** *m* grenadier. **Granate** *f* ‹-, -n› *mil* obus *m*. **Granatfeuer** *n* tir *m* à obus. **Granatsplitter** *m* éclat *m* d'obus. **Granattrichter** *m* trou d'obus, entonnoir *m*. **Granatwerfer** *m mil (Waffe)* lance-grenades *m*.

grandios [grandi'o:s] *a* grandiose.

Granit *m* ‹-s, -e› [gra'ni:t, -'nɪt] *min* granit *m*.

Granne *f* ‹-, -n› ['granə] *bot* arête *f; pl* barbe *f*.

Graphik *f* ‹-, -en› ['gra:fɪk] art *m* graphique; *(graphische Blätter)* estampes *f pl.* **Graphikdrucker** imprimante *f* graphique. **Graphiker** *m* ‹-s, -› ['-fikər] dessinateur (publicitaire) *m*. **graphisch** *a* graphique.

Graphit *m* ‹-(e)s, -e› [-'fi:t, -'fɪt] *min* graphite *m*.

Graphologie [-lo'gi:] ‹-, ø› *f* graphologie *f*.

Gras *n* ‹-es, ̈-er› [gra:s, 'grɛ:zər] herbe *f;* ▶ *ins ~ beißen (müssen) fam* mordre la poussière; *das ~ wachsen hören* se croire très fin; *über etw ~ wachsen lassen* laisser faire le temps. **grasbewachsen** *a* herbeux, herbu. **Grasdecke** *f* couche *f* végétale. **grasen** *itr* paître, brouter. **grasgrün** *a* vert comme l'herbe. **Grashalm** *m* brin *m* d'herbe. **Grashüpfer** *m ent* sauterelle *f*. **Grasmücke** *f orn* fauvette *f*.

gräßlich ['grɛslɪç] *a* horrible, affreux, atroce, épouvantable.

Grat *m* ‹-(e)s, -e› [gra:t] *geog (Kammlinie)* crête, arête *f; a. arch (Dach~).*

Gräte *f* ‹-, -n› ['grɛ:tə] arête *f*.

gratis ['gra:tɪs] *adv* gratis, gratuitement. **Gratisangebot** *n* offre *f* gratuite.

Gratulation *f* ‹-, -en› [gratulatsi'o:n] félicitation(s *pl*) *f*. **gratulieren** [-'li:rən] ‹*ohne ge-*› *itr:* ▶ *jdm zu etw ~* féliciter qn de *od* pour qc; *ich gratuliere Ihnen herzlich* je vous présente toutes mes félicitations.

grau [graʊ] *a* gris; *fig (düster)* sombre; ▶ *~ werden (Haare)* grisonner; *darüber lasse ich mir keine ~en Haare wachsen* je ne m'en soucie pas. **Grau** *n* ‹-s, -/(-s)› gris *m*, couleur *f* grise. **graubraun** *a* gris(-)brun, bis. **Graubrot** *n* pain *m* bis.

Graubünden *n* les Grisons *m pl.*

grauen ['graʊən] **(1)** *itr: der Tag graut* le jour commence à poindre; **(2)** *impers: mir graut davor* cela me fait horreur. **Grauen** *n (Schauder)* (frisson *m* d') horreur *f*, effroi *m*. **grauenhaft** *a*, **grauenvoll** *a* horrible, affreux, atroce.

grauhaarig ['graʊ-] *a* à cheveux gris. **graumeliert** *a (Haar)* grisonnant, *fam* poivre et sel.

Graupeln *f* ['graʊpəln] *pl mete* grésil *m*. **graupeln** *itr impers* grésiller. **Graupelschauer** *m* giboulée *f*.

Graupen *f pl* ['graʊpən] orge *m* mondé.

grausam ['graʊza:m] **I.** *a* cruel; **II.** *adv fig fam (sehr)* énormément. **Grausamkeit** *f* ‹-, -en› cruauté *f*.

grausen ['graʊzən] *itr impers:* ▶ *mir graust* j'ai horreur, je frémis d'horreur (*vor* devant). **Grausen** *n* horreur, épouvante *f*. **grausig** *a* horrible, épouvantable.

Graveur *m* ‹-s, -e› [gra'vø:r] graveur *m*. **gravieren** ‹*ohne ge-*› *tr* graver.

Gravitation *f* ‹-, ø› [gravitatsi'o:n] *phys astr* gravitation *f*. **Gravitationsgesetz** *n* loi *f* de la gravitation.

Grazie *f* ‹-, -n› ['gra:tsiə] (bonne) grâce *f*. **graziös** [-'tsiø:s] *a* gracieux.

Greif *m* ‹-(e)s/-en, -e/-en› [graɪf] *(Fabeltier)* griffon *m*.
Greifbagger *m* ['graɪf-] excavateur *m od* grue *f* à grappin *od* à benne preneuse. **greifbar 1.** *a (zur Hand)* à portée de la main; **2.** *fig (konkret, real)* saisissable, palpable, tangible; ▶ *in ~er Nähe* tout proche. **greifen** ‹*griff, gegriffen*› *tr* prendre, (se) saisir (de); *(packen)* empoigner, *fam* agripper; *mus (Saite)* toucher; *itr:* ▶ *zu etw ~ (fig)* avoir recours à qc; *um sich ~* s'étendre, se répandre, se propager, gagner du terrain, faire tache d'huile; *das ist zu hoch gegriffen* c'est exagéré. **Greifer** *m* ‹-s, -› *tech* griffe *f a. typ*, harpon; *(e-s Baggers)* grappin *m*, benne *f* preneuse. **Greifreflex** *m (von Säuglingen)* agrippement *m*. **Greifzange** *f* tenailles *f pl*.
Greis *m* ‹-es, -e› [graɪs, '-zə] vieillard *m*. **greis** *a attr* vieux, âgé. **Greisenalter** *n* vieillesse *f*. **greisenhaft** *a* sénile. **Greisenhaftigkeit** *f* sénilité *f*. **Greisin** *f* vieille (femme) *f*.
grell [grɛl] *a (Farbe)* cru, voyant, criard; *(Licht)* cru, vif, éblouissant; *(Ton)* strident, aigu, perçant.
Gremium *n* ‹-s, -mien› ['gre:miʊm, '-miən] *pol* organe *m*, commission *f*.
Grenzberichtigung *f* [grɛnts-] rectification *f* de frontière. **Grenzbewohner** *m* frontalier *m*. **Grenzbezirk** *m* district *m* frontalier, région *f* front(al)ière *od* limitrophe. **Grenze** *f* ‹-, -n› *allg* limite; *pol* frontière *f*; *(Grenzgebiet)* confins *m pl*; *(Grenzpunkt)* terme *m*; *(Schranke)* borne(s *pl*) *f*; *(äußerste ~)* extrémité *f*, confins *m pl*; ▶ *an der ~ (pol)* à *od* sur la frontière; *sich in ~n halten (fig)* rester dans les bornes; *e-r S ~n setzen* mettre des bornes à qc; *die ~ überschreiten* passer la frontière; *die ~n überschreiten (fig)* dépasser *od* franchir les bornes; *alles hat s-e ~n* il y a une limite à tout; *äußerste ~* extrémité *f*. **grenzen** *itr:* ▶ *~ an* **1.** être attenant *od* contigu, confiner, être voisin *od* limitrophe de; **2.** *fig* approcher, tenir de, friser; *das grenzt an Wahnsinn* cela frise la démence; *das grenzt ans Wunderbare* cela tient du miracle. **grenzenlos** *a* sans bornes *od* limites, illimité; *(unendlich)* infini; *fig* immense, *fam* énorme. **Grenzfall** *m* cas *m* limite *od* extrême. **Grenzgänger** *m* travailleur *m* frontalier. **Grenzland** *n* pays *m* limitrophe. **Grenzlinie** *f* ligne *f* limitrophe *od* de démarcation; *fig* limite *f*. **Grenzschutz** *m* garde *f* des frontières. **Grenzstadt** *f* ville *f* frontière. **Grenzübertritt** *m* passage *m* de la frontière. **Grenzverkehr** *m* trafic *m* frontalier. **Grenzverletzung** *f* violation *f* de frontière. **Grenzwert** *m math* valeur limite; *tech* limite *f*. **Grenzzwischenfall** *m* incident *m* de frontière.
Gretchenfrage *f* ['gre:tçən] question *f* décisive.
Greuel *m* ‹-s, -› ['grɔʏəl] horreur, abomination *f*. **Greueltat** *f* atrocité *f*. **greulich** ['grɔʏlɪç] *a* horrible, abominable.
Grieche *m* ‹-n, -n› ['gri:çə] Grec *m*. **Griechenland** *n* la Grèce. **Griechin** *f* ‹-, -nen› Grecque *f*. **griechisch** *a* grec, hellénique.
Griesgram *m* ‹-(e)s, -e› ['gri:sgra:m] grincheux, bourru, grognon *m*. **griesgrämig** *a* grincheux, bourru, grognon.
Grieß *m* ‹-es, -e› [gri:s, '-səs] **1.** *(grober Sand)* gravier *m*; **2.** *(Küche)* semoule *f*; **3.** *med* gravelle *f*. **Grießbrei** *m* bouillie *f* de semoule. **Grießsuppe** *f* potage *m* à la semoule.
Griff *m* ‹-(e)s, -e› [grɪf] **1.** *(beim Ringen)* prise *f*; *mus* touche *f*; *pl mil* maniement *m* d'armes; **2.** *(Stiel)* manche *m*; *(Tür, Koffer, Stock)* poignée; *(Schere)* branche; *(Henkel)* anse; *tech* attelle *f*; ▶ *etw im ~ haben (fig)* avoir l'habitude de qc. **griffbereit** *a* à portée de la main.
Griffel *m* ‹-s, -› ['grɪfəl] **1.** crayon *m* d'ardoise; **2.** *bot* style, pistil *m*.
Grill *m* ‹-s, -s› [grɪl] gril *m*.
Grille *f* ‹-, -n› ['grɪlə] **1.** *zoo* grillon, *pop* cricri *m*; **2.** *(Laune)* caprice *m*, chimère, fantaisie, *fam* lubie *f*.
grillen ['grɪlən] *tr* griller.
Grimasse *f* ‹-, -n› [gri'masə] grimace *f*; ▶ *~n schneiden* faire des grimaces.
Grimm *m* ‹-(e)s, ø› [grɪm] *lit* courroux *m*. **grimmig** *a* furieux, farouche; ▶ *~e Kälte f* froid *m* de canard *od* de loup.
Grind *m* ‹-(e)s, -e› [grɪnt, '-də] *med* escarre *f*.
grinsen ['grɪnzən] *itr* ricaner. **Grinsen** *n* ricanement *m*.
grippal [grɪ'pa:l] *a* grippal. **Grippe** *f* ‹-, -n› ['grɪpə] grippe, influenza *f*; ▶ *die ~ haben* être grippé. **Grippeschutzimpfung** *f* vaccin *m* antigrippe.
Grips *m* ‹-es, -e› [grɪps] *pop:* ▶ *~ (Köpfchen) haben* avoir de la jugeotte.
grob [gro:p] ‹*gröber, gröbst*› *a* **1.** gros; *(plump)* grossier; *(bäurisch)* lourdaud, rustaud; **2.** *(unhöflich)* impoli; *(roh)* rude, brutal; **3.** *(Fehler, Verstoß)* grave, grossier; ▶ *in ~en Zügen (schildern)* d'une manière globale; à grands traits; *~e Fahrlässigkeit f* négligence *f* grave; *~er Fehler m* faute *f* grossière *od* grave. **Grobeinstellung** *f radio* réglage *m* approximatif *od* grossier; mise *f* rapide. **Grobheit** *f* **1.** grossièreté; rusticité *f*; **2.** impolitesse; rudesse, brutalité; *(grobes Wort)* gros mot *m*; ▶ *sich ~en an den Kopf werfen* s'engueuler comme du poisson pourri *pop*. **Grobian** *m* ‹-(e)s, -e› ['gro:bia:n] grossier, lourdaud, rustre. **grobkörnig** *a* à gros grains.
gröblich ['grø:plɪç] **I.** *a* gros(sier); **II.**

adv grossièrement.
Grog *m* ‹-s, -s› [grɔk] grog *m*.
grölen *itr* brailler.
Groll *m* ‹-(e)s, ø› [grɔl] ressentiment *m*, rancœur; rancune; *(Verbitterung)* aigreur, amertume; *(Feindseligkeit)* animosité *f*. **grollen** *itr* entretenir des ressentiments; *jdm* ~ garder rancune, en vouloir à qn, bouder qn. **grollend** *a* plein de ressentiments, rancunier.
Grönland *n* ['grø:n-] le Grœnland.
Gros *n* ‹-, -› [gro:, *gen, pl* gro:s] *mil* gros *m*.
groß [gro:s] ‹*größer, größt*› *a* **1.** grand; *(~ u. dick)* gros; *(ausgedehnt)* vaste, ample; *(geräumig)* spacieux; *(lang, a. zeitl.)* long; *(hoch)* haut; *(hochgewachsen)* de grande *od* haute taille; **2.** *(erwachsen)* adulte; **3.** *(wichtig)* important; *(bedeutend)* grand; **4.** *(Fehler)* gros, grave; **5.** *(Hitze)* gros, fort; *(Kälte)* intense; ▶ *im ~en (und) ganzen* en gros, en général, en somme, somme toute, à tout prendre; *jdn ~ anschauen* od *ansehen* regarder qn avec surprise; *nur ~es Geld haben* ne pas avoir de monnaie; *größer machen* agrandir; *~ (mit ~em Anfangsbuchstaben) schreiben* écrire avec une majuscule; *gleich ~ sein* être de la même taille; *~* od *größer werden* grandir, croître, pousser; *wie ~ bist du?* quelle est ta taille? *~ und klein* grands et petits. **Großabnehmer** *m* gros consommateur *m*. **Großaktionär** *m* gros actionnaire, actionnaire *m* principal. **großartig I.** *a* grandiose, magnifique, imposant; *(ausgezeichnet)* excellent; *fam* fameux, épatant, grandissime, super; **II.** *adv* à merveille; ▶ *das ist (ja) ~! (fam)* c'est sensationnel. **Großaufnahme** *f film* gros plan *m*. **Großauftrag** *m com* grande *od* grosse commande *f*. **Großbetrieb** *m* grande entreprise *od* exploitation, exploitation *f* en grand. **Großbritannien** *n* la Grande-Bretagne.**großbritannisch** *a* britannique. **Großbuchstabe** *m* lettre majuscule *od* capitale, majuscule *f*.

Größe *f* ‹-, -n› ['grø:sə] **1.** grandeur *a. fig; (Dicke, Stärke)* grosseur; *(Ausdehnung, Umfang)* étendue; *(Weite)* ampleur *f; (Rauminhalt)* volume *m; (Fassungsvermögen)* contenance, capacité; *(Länge, a. zeitl.)* longueur; *(Höhe)* hauteur; *(Körper~)* taille; *(Kleidungsstück: Nummer)* taille; *(Hut, Handschuhe, Schuhe)* pointure; *math* grandeur, quantité; *astr (e-s Sternes)* magnitude; *(Stärke)* force, intensité; *(Erhabenheit)* sublimité, majesté *f*; **2.** *(berühmte Person)* célébrité *f*, grand personnage; *fam (auf e-m Gebiet)* as *m*, *sport* vedette *f*; ▶ *der ~ nach* par ordre de grandeur; *... in jeder ~* toute la gamme des ...; *in natürlicher ~ (Abbildung)* en grandeur nature; *unbekannte ~ (math)* inconnue *f*.
Großeinkauf *m* ['gro:s-] achat *m* en gros. **Großeinsatz** *m mil u. allg* vaste opération *f; (e-r Waffe)* emploi *m* massif. **Großeltern** *pl* grands-parents *m pl*.
Größenordnung *f* ['grø:ən-] ordre *m* de grandeur.
Größenwahn *m* ['grø:ən-] folie *f* des grandeurs, mégalomanie *f*. **größenwahnsinnig** *a* mégalomane.
Große *m* ['gro:s-] **1.** *pol* grand *m*; **2.** *fam (Erwachsener)* grande personne *f*. **Großformat** *n* grand format *m*. **Großgrundbesitzer** *m* grand propriétaire *m*. **Großhandel** *m* commerce *m* en *od* de gros. **Großhändler** *m* marchand *od* négociant en gros, grossiste *m*. **Großhandlung** *f* magasin *m* de gros. **großherzig** *a* magnanime, généreux. **Großherzigkeit** *f* magnanimité, générosité *f*. **Großherzog** *m* grand-duc *m*. **Großherzogin** *f* grande-duchesse *f*. **Großherzogtum** *n* grand-duché *m*. **Großhirn** *n* cerveau *m*. **Großhirnrinde** *f* écorce *f* cérébrale.
Großmacht *f* ['gro:s-] *pol* grande puissance *f*. **Großmarkt** *m* marché-gare *m*. **Großmaul** *n* vantard, fanfaron, hâbleur. **großmütig** *a* magnanime, généreux. **Großmutter** *f* grand-mère *f*. **Großneffe** *m* petit-neveu *m*. **Großnichte** *f* petite-nièce *f*. **Großonkel** *m* grand-oncle *m*. **Groß-Paris** *n* l'agglomération *od* la région *f* parisienne. **Großstadt** *f* grande ville *f*. **Großstädter** *m* habitant *m* d'une grande ville; *pl* habitants *m pl* des grandes villes. **großstädtisch** *a* des grandes villes, métropolitain. **Großtante** *f* grand-tante *f*. **Großteil** *m* grande partie *f*.
größtenteils *adv* pour la plus grande partie, pour la plupart; *(zeitl.)* la plupart du temps.
Großunternehmen *n* ['gro:s-] grande entreprise *f*. **Großvater** *m* grand-père *m*. **Großveranstaltung** *f* grande manifestation *f*. **Großverkauf** *m* vente *f* en gros. **Großvieh** *n* gros bétail *m*. **Großwetterlage** *f* situation *f* météorologique globale; *fig pol* climat *m* polique général. **groß=ziehen** ‹*zog groß, großgezogen*› *(aufziehen) tr* élever. **großzügig** *a* **1.** *(in der Form)* de grand style; **2.** *(in den Ansichten)* large d'esprit, à larges vues; **3.** *(freigebig)* généreux, libéral. **Großzügigkeit** *f* **1.** grand style *m*; **2.** largeur *f* de vues; **3.** générosité, libéralité *f*.
grotesk [gro'tɛsk] *a* grotesque.
Grotte *f* ‹-, -n› ['grɔtə] grotte *f*.
Grube *f* ‹-, -n› ['gru:bə] **1.** fosse *f*, *a. anat;* creux *m*, *a. anat;* **2.** *mines* mine,

(offene) carrière *f;* ▶ *wer andern e-e ~ gräbt, fällt selbst hinein (prov)* tel est pris qui croyait prendre.

Grübelei *f* [grybə'laɪ] préoccupations, pensées *f pl* négatives. **grübeln** *itr* ruminer.

Grubenbahn *f* ['gru:bən-] voie *f* de mine. **Grubenexplosion** *f* explosion *f* de mine. **Grubengas** *n* grisou *m;* ▶ *~ enthaltend* grisouteux. **Grubenlampe** *f* lampe *f* de mineur. **Grubenunglück** *n* accident *m* minier, catastrophe *f* minière.

Gruft *f* ‹-, ¨-e› [grʊft, 'grʏftə] *(Grab)* fosse, tombe *f; (Grabgewölbe)* caveau *m; (Krypta)* crypte *f.*

grün [gry:n] *a* **1.** vert; *(Frucht: unreif)* vert; *(Getreide)* en herbe; **2.** *fig fam (neu, unerfahren)* neuf, inexpérimenté; ▶ *am ~en Tisch (fig)* autour du tapis vert; *~er Junge m* blanc-bec *m.* **Grünanlage** *f (kleinere)* îlot *m* de verdure.

Grund *m* ‹-(e)s, ¨-e› [grʊnt, 'grʏndə] **1.** *(ohne pl) (tiefste Stelle)* fond *m;* **2.** *(ohne pl) (Erdboden)* sol, terrain *m;* **3.** *(ohne pl) (~lage)* fondement *m,* base *f;* **4.** *fig (Ursache)* cause, raison, source *f; (Beweg~)* motif; *(Beweis~)* argument; *(Anlaß)* sujet *m;* ▶ *auf ~ (a. aufgrund) (gen)* en raison *od* vertu *od* faveur (de), sur la base (de); *auf eigenem ~ und Boden* sur mes, tes *etc* terres; *aus diesem ~e* pour cette raison, en raison de quoi, de ce chef; *aus gutem ~* et pour cause; *im ~e (genommen)* au fond, dans le fond, au fait; *von ~ auf* od *aus* à fond, de fond en comble, du tout au tout; *e-r S auf den ~ gehen* aller au fond *od* à la racine de qc; *~ haben (im Wasser)* avoir pied; *(allen) ~ haben zu* avoir (tout) lieu de; *s-e guten Gründe haben* avoir de bonnes raisons; *es besteht ~ zu ...* il y a lieu de ...; *das ist ein ~ mehr* raison de plus; *das ist kein ~ zum Lachen* il n'y a pas de quoi rire; *ich habe meine Gründe (dafür)* j'ai mes raisons; *triftiger ~* raison *f* valable; *zwingender ~* motif *m* contraignant, raison *f* impérieuse. **Grundausbildung** *f mil* instruction *f* élémentaire. **Grundausstattung** *f mot* équipement *m* de série. **Grundbedeutung** *f* sens *m* premier *od* primitif. **Grundbedingung** *f* condition *f* fondamentale. **Grundbegriff** *m* notion *od* conception *f* fondamentale. **Grundbesitz** *m* propriété foncière *od* immobilière *f.* **Grundbesitzer** *m* propriétaire *m* foncier *od* terrien. **Grundbestandteil** *m* élément *m* constitutif; *chem* (composé *m* de) base *f.* **Grundbuch** *n* cadastre, livre *m* foncier.

gründen ['grʏndən] *tr* **1.** fonder; *(einrichten)* établir; *(stiften)* instituer; *(ins Leben rufen)* créer; **2.** *fig (stützen)* appuyer *od* baser *od* faire reposer (*auf* sur); ▶ *sich ~ auf* être fondé *od* se fonder *od* s'appuyer *od* reposer sur. **Gründer** *m* ‹-s, -› fondateur; créateur *m.*

grundfalsch ['grʊnt'-] *a* absolument faux. **Grundfarbe** *f phys* couleur *f* simple *od* primaire; *(Malerei, Zeugdruck)* fond *m.* **Grundfehler** *m* vice *m* radical. **Grundform** *f* forme *f* primitive; *gram* infinitif *m.* **Grundgebühr** *f* taxe de base *od* fixe; *tele* taxe *f* d'abonnement. **Grundgedanke** *m* idée *f* fondamentale *od* dominante. **Grundgesetz** *n (Verfassung)* loi *f* fondamentale *od* constitutionnelle *od* constitutive.

grundieren [-'di:rən] ‹*ohne ge-*› *tr (Malerei)* apprêter, imprimer; *(Färberei)* piéter. **Grundierung** *f* ‹-, -en› *(Malerei)* couche *od* peinture de fond, apprêt *m.*

Grundkurs *m (Schule)* cours *m* de base. **Grundlage** *f* base *f,* fondement *m; fig* assise, pierre *f* fondamentale; ▶ *auf der ~ (gen)* à partir de; *die ~ bilden* servir de base; *die ~n legen* jeter *od* poser les fondements; jeter les bases (*für etw* de qc). **Grundlagenforschung** *f* recherche(s *pl*) *f* fondamentale(s) *od* de base. **grundlegend I.** *a* fondamental, foncier; ▶ *von ~er Bedeutung* d'une importance capitale; **II.** *adv* complètement, du tout au tout.

gründlich I. *a* **1.** solide, profond; **2.** *(exakt)* détaillé, scrupuleux; **II.** *adv* profondément; à fond; ▶ *~e Kenntnisse f pl* connaissances *f pl* approfondies. **Gründlichkeit** *f* ‹-, ø› **1.** solidité; *(Tiefe)* profondeur *f;* **2.** *(Genauigkeit)* exactitude, minutie *f.*

Grundlohn *m* ['grʊnt-] salaire *m* de base. **grundlos** *a* **1.** *(Gewässer)* sans fond, insondable; *(Weg)* défoncé; **2.** *fig (unbegründet)* sans fondement *od* motif. **Grundnahrungsmittel** *n* nourriture *f* de base.

Gründonnerstag *m* [gry:n'dɛn-] jeudi *m* saint.

Grundrechnungsart *f* ['grʊnt-] : *die vier ~en* les quatre opérations *f pl* fondamentales. **Grundregel** *f* règle *f* fondamentale, principe *m.* **Grundrente** *f* rente *f* foncière. **Grundriß** *m arch* plan *m od* section horizontal(e), vue *f* en plan. **Grundsatz** *m* principe, axiome *m; (Lebensregel)* maxime *f;* ▶ *e-n ~ aufstellen* poser un principe; *(starr) an s-n Grundsätzen festhalten* tenir (bon) à ses principes; *(sich) etw zum ~ machen* se faire un principe de qc. **Grundsatzerklärung** *f pol* déclaration *f* de principes. **grundsätzlich I.** *a* fondé sur des principes; **II.** *adv* par *od* en principe. **Grundschuld** *f* dette *f* foncière. **Grundschule** *f* école *f* élémentaire *od* primaire. **Grundstein** *m arch* pierre de base, première pierre; *fig* pierre *f* fondamentale; ▶ *den ~ legen* poser la première pierre *od fig* les fondements. **Grundsteuer** *f* impôt *m* foncier *od* immobilier. **Grundstock** *m fin* base *f*, capital *m*. **Grundstoff** *m chem* corps simple, élément *m*; *tech (Rohstoff)* matière *f* première *od* de base, produit *m* de base. **Grundstoffindustrie** *f* industrie *f* primaire *od* de base. **Grundstück** *n* (bien-)fonds, bien foncier, terrain *m*. **Grundstücksmakler** *m* agent *m* immobilier. **Grundton** *m* **1.** *mus* (note) tonique; *(Malerei)* nuance *f* de fond; **2.** *fig (e-r Rede)* note *f* générale. **Grundübel** *n* vice *od* mal foncier, grand mal *m*.

Gründung *f* ‹-, -en› ['grʏndʊŋ] fondation *f*; établissement *m*; création *f*.

grundverschieden ['grʊnt-] *a* tout à fait différent; *~ sein (a.)* différer du tout au tout. **Grundwahrheit** *f* vérité *f* fondamentale. **Grundwasser** *n* eau(x *pl*) *f* souterraine(s). **Grundwasserspiegel** *m* nappe *f* souterraine *od* phréatique. **Grundzahl** *f gram* nombre *m* cardinal; *math* base *f*.

Grün(e) *n* ‹-s, -› ['gry:n-] vert *m*; *(Natur)* verdure *f*; *im G~en* dans la verdure. **Grüne** *m f pol:* ▶ *die Grünen* les verts, les écologistes, *fam* les écolos *m pl*. **grünen** *itr* verdir; *poet* verdoyer. **Grünfläche** *f* espace *m* vert. **Grünfutter** *n* (fourrage) vert, herbage *m*. **Grüngürtel** *m (e-r Stadt)* ceinture *f* verte *od* de verdure. **grünlich** *a* verdâtre. **Grünschnabel** *m* blanc-bec, béjaune *m*, jeune barbe *f*. **Grünspan** *m* vert-de--gris *m*. **Grünstreifen** *m (e-r Stadt)* zone *f* de verdure, espace *m* vert; *(entlang e-r Straße)* ligne *f* de verdure.

grunzen ['grʊntsən] *itr* grogner.

Gruppe *f* ‹-, -n› ['grʊpə] *allg* groupe, groupement *m*, *a. com pol mil; (Klasse)* classe, catégorie; *(organisierte)* troupe, formation *f*; *(Besoldungs~)* échelon; *mil* groupe *m*; *(von Arbeitern od Sportlern)* équipe *f*; ▶ *in der ~* en groupe; *in ~n* en *od* par groupes. **Gruppenaufnahme** *f*, **Gruppenbild** *n phot* groupe *m*. **Gruppenbildung** *f* groupement *m*. **Gruppenführer** *m mil* chef *m* de groupe *od* de file. **gruppenweise** *adv* par *od* en groupes. **gruppieren** [-'pi:rən] ‹*ohne ge-*› *tr (anordnen)* grouper; *(klassifizieren)* classifier; *sich ~* se grouper. **Gruppierung** *f* ‹-, -en› groupement *m*; classification *f*.

gruselig ['gru:zəlɪç] *a* qui fait dresser les cheveux sur la tête, qui donne le frisson. **gruseln** *impers: mir* od *mich gruselt's* j'ai le frisson.

Gruß *m* ‹-es, ¨-e› [gru:s, 'gry:sə] salut *m*, *a. mil; (schriftlicher)* compliments, respects, hommages *m pl*; ▶ *mit besten* od *herzlichen Grüßen, viele liebe Grüße (sendet Dir* od *Ihnen)* bien des choses (de ma part), avec toutes mes amitiés; *e-n ~ erwidern* rendre un salut; *richten Sie ihm meine herzlichsten Grüße aus!* faites-lui mes amitiés; *~ aus X* souvenir de X.

grüßen ['gry:sən] *tr* saluer; *mil* faire le salut militaire (*jdn* à qn); ▶ *jdn ~ lassen* dire bien des choses, faire ses amitiés à qn.

gucken ['gʊkən] *itr fam* regarder, jeter un coup d'œil; *(verstohlen)* lorgner, guigner (*nach etw* qc); ▶ *aus dem Fenster ~* regarder par la fenêtre; *guck mal!* regarde (donc). **Guckloch** *n* judas *m*.

Guerillakrieg *m* [ge'rɪl(j)a-] guérilla *f*.

Guillotine *f* ‹-, -n› [gɪljo'ti:nə, gijo'ti:nə] guillotine *f*.

Guinea *n* [gi'ne:a] la Guinée.

Gulasch *n* od *m* ‹-(e)s, -e› ['gu:-, 'gʊlaʃ] goulasch *m*.

Gulden *m* ‹-s, -› ['gʊldən] florin *m*.

gültig ['gʏltɪç] *a* valable; de mise *(a. Geld)*; *jur* valide; *(gesetzlich)* légal, légitime; ▶ *für ~ erklären* rendre valable, valider; légaliser, légitimer; *~ sein* être valable; *(Geld)* avoir cours. **Gültigkeit** *f* ‹-, ø› validité, *jur* vigueur; légalité, légitimité *f*; *(Geld)* cours *m*.

Gummi *n* od *m* ‹-s, -(s)› ['gʊmi] **1.** *(Material)* caoutchouc *m*; **2.** *(Radier~)* gomme *f* (à effacer). **Gummiball** *m* balle *f* de caoutchouc *od* élastique. **Gummiband** *n* ruban élastique, élastique *m*. **Gummibärchen** *n* chnapi nounours *m*. **Gummibaum** *m* caoutchouc, gommier *m*. **gummieren** [-'mi:rən] ‹*ohne ge-*› *tr* gommer; *(Stoff)* caoutchouter; *(Papier)* dextriner, encoller; *gummiertes Papier n* papier *m* gommé. **Gummierung** *f* gommage; caoutchoutage, encollage *m*. **Gummihandschuh** *m* gant *m* de caoutchouc. **Gummiknüppel** *m* matraque *f* de caoutchouc. **Gummimantel** *m* imperméable *m*. **Gummireifen** *m* pneu(matique) *m*. **Gummischlauch** *m* tuyau de *od* boyau *m* en caoutchouc. **Gummischuhe** *m pl* caoutchoucs *m pl*. **Gummistiefel** *m pl* bottes *f pl* en caoutchouc.

Gunst *f* ‹-, ø› [gʊnst] faveur; *(Wohlwollen)* grâce *f*, bonnes grâces *f pl*; ▶ *zu jds ~en* en faveur de qn; *jdm e-e ~ erweisen* faire une faveur à qn; *bei jdm in ~ stehen* être en grâce *od* en faveur auprès de qn, être dans les bonnes grâces de qn. **Gunstbezeigung** *f* (marque de) faveur *f*.

günstig ['gʏnstɪç] *a* favorable, propice, opportun; *(vorteilhaft)* avantageux. **Günstling** *m* ‹-s, -e› favori *m*. **Günstlingswirtschaft** *f* favoritisme *m*.

Gurgel *f* ‹-, -n› ['gʊrgəl] gosier *m*, gorge *f*; ▶ *jdn an* od *bei der ~ packen* prendre qn à la gorge. **gurgeln** *itr (die Gurgel spülen)* se gargariser.

Gurke *f* ‹-, -n› ['gʊrkə] concombre; *(kleine)* cornichon *m;* ▶ *saure ~* cornichon *m* au vinaigre.

gurren ['gʊrən] *itr (Taube)* roucouler.

Gurt *m* ‹-(e)s, -e› [gʊrt] *(Riemen)* courroie, bande; *(Bett~, Sattel~)* sangle; *(Gürtel)* ceinture *f, mil* ceinturon *m; (Trag~)* bretelle; *aero* ralingue *f.* **Gurtanlegepflicht** *f:* ▶ *es besteht ~* le port de la ceinture est obligatoire.

Gürtel *m* ‹-s, -› ['gʏrtəl] **1.** ceinture *f, a. fig;* **2.** *(Absperrung)* cordon *m;* **3.** *geog* zone *f;* ▶ *den ~ enger schnallen (fig)* se serrer la ceinture. **Gürtelrose** *f med* zona *m* zoster. **Gürteltier** *n* tatou *m.*

gürten ['gʏrtən] *tr* ceindre.

Gurtmuffel *m fam* personne *f* qui refuse de porter la ceinture de sécurité.

Guß *m* ‹-sses, ⸚sse› [gʊs] **1.** *(Wasserstrahl)* jet *m,* douche; *(Regen~)* averse, ondée *f;* **2.** *tech* fonte, coulée *f;* ▶ *aus einem ~* d'un seul jet *a. fig; fig* tout d'une venue. **Gußeisen** *n* fer de fonte, fonte *f.* **gußeisern** *a* de *od* en fonte. **Gußform** *f* moule *m* à fonte, lingotière *f.*

gut [gu:t] ‹*besser, best*› **I.** *a* **1.** bon; de bon aloi; *(~mütig, gütig)* bon; *(sittlich ~, rechtschaffen)* bon, vertueux, honnête, brave; **2.** *(richtig)* juste, correct; **3.** *(nützlich)* utile; *(dienlich)* propre (*zu* à); *(förderlich, heilsam)* salutaire; *(vorteilhaft)* avantageux; **4.** *(~ erhalten)* en bon état; *(Gedächtnis)* bon, fidèle; **5.** *fin (Scheck)* bon, valable; **6.** *(reichlich)* bon, considérable; **II.** *adv* **1.** bien; *(günstig)* favorablement; **2.** *(richtig, einwandfrei)* correctement; **3.** *(ausreichend)* suffisamment; *(reichlich)* amplement, abondamment; ▶ *das G~e* le bien; le bon; *im ~en* amicalement, à l'amiable; *~ und gern* bel et bien; *so ~ wie* pour ainsi dire, presque; *so ~ wie möglich* aussi bien que possible, le mieux possible; *wenn alles ~ geht* si tout va bien; *~ riechen (itr)* sentir bon; *zu etw ~ sein* être bon à qc; *jdm ~ sein* aimer qn, vouloir du bien à qn; *des G~en zuviel sein* passer la mesure; *mit jdm (sehr) ~ stehen* être bien *od* en bons termes avec qn; *~ (daran) tun zu* faire bien de; *~ wiegen (com)* faire bon poids; *es geht mir ~* je vais bien, je me porte bien; *mir ist nicht ~* je ne me sens pas bien; *uns steht nichts G~es bevor* il y a des points noirs à l'horizon; *Sie haben ~ reden, lachen* vous avez beau dire, rire; *es ist ~, daß ...* il est bon que *subj,* heureusement que; *wozu ist das ~* od *soll das ~ sein?* à quoi cela sert-il? à quoi bon? *lassen wir es ~ sein!* n'en parlons plus! *seien Sie so ~ und ...* ayez la bonté de ..., veuillez ...; *alles G~e!* bonne chance! *~ (so)!* bon! *(es ist ja) schon ~!* soit! passe! va! entendu! *ein ~er Mensch* un homme de bien; *~es Wetter n* beau temps *m.* **Gut** *n* ‹-(e)s, ⸚er› [gu:t, 'gy:tər] **1.** *(Besitz)* bien *m;* **2.** *(Land~)* (fonds *m* de) terre, propriété *f,* domaine *m; (Pacht~, Bauern~)* ferme *f;* **3.** *pl (Waren)* marchandises *f pl;* ▶ *unrecht ~ gedeihet nicht (prov)* bien mal acquis ne profite jamais. **Gutachten** *n* ['gu:t-] avis (consultatif *od* d'expert), rapport *m* (d'expert), expertise *f; jur pol* mémoire *m;* ▶ *ein ~ abgeben* donner un avis; *ein ~ einholen* recueillir un avis. **Gutachter** *m* expert *m.* **gutartig** *a* **1.** *(Tier)* inoffensif; **2.** *med* bénin. **gutdünken** *n:* ▶ *nach ~* à volonté, à discrétion.

Güte *f* ‹-, ø› ['gy:tə] **1.** *(e-s Menschen)* bonté; *(Herzens~)* bénignité; *(Freundlichkeit)* bienveillance, douceur; *(Gefälligkeit)* obligeance, complaisance *f;* **2.** *(e-r Ware)* (bonne) qualité; ▶ *du meine ~!* mon Dieu!

Gute-Nacht-Geschichte *f* histoire *f* (avant de s'endormir). **Gute-Nacht-Kuß** *m* bise *f* (avant de s'endormir).

Güterabfertigung *f* ['gy:tər-] (bureau *m* d')expédition *f* de(s) marchandises. **Güterbahnhof** *m* gare *f* de(s) *od* aux marchandises. **Güterfernverkehr** *m* transport *m* à longue distance. **Gütergemeinschaft** *f:* ▶ *eheliche ~* communauté *f* des biens. **Güternahverkehr** *m* transport *m* à courte distance. **Gütertarif** *m* tarif *m* marchandises. **Gütertransport** *m* transport *m* de marchandises. **Gütertrennung** *f jur* séparation *f* des biens. **Güterwagen** *m* wagon de marchandises, camion *m.* **Güterzug** *m* train *m* de marchandises.

Gütezeichen *n* ['gy:tə-] marque *f* de qualité.

gutgehend *a* ['gu:t-] *(Geschäft)* prospère. **gutgelaunt** *a* de bonne humeur. **gutgemeint** *a* fait dans une bonne intention. **gutgläubig** *a* **1.** de bonne foi; **2.** *(leichtgläubig)* crédule. **gut=haben** ‹*hat, hatte gut, gutgehabt*› *tr com* avoir à son crédit *od* actif. **Guthaben** *n fin* avoir, actif; *(Spareinlage)* dépôt *m;* **gut=heißen** ‹*hieß gut, gutgeheißen*› *tr* approuver; acquiescer à.

gütig ['gy:tɪç] *a* bon; *(freundlich)* aimable; *(zuvorkommend)* obligeant. **gütlich I.** *a* amiable; **II.** *adv* u. ▶ *auf ~em Wege* à l'amiable, amicalement; *sich ~ tun* se régaler (*an etw* de qc).

gutmütig ['gu:t-] *a* bon; *~er Mensch m* bonne pâte *f* d'homme. **Gutmütigkeit** *f* bonté, bonhomie *f,* bon cœur *m.*

Gutsbesitzer *m,* **Gutsherr** *m* propriétaire *m* foncier *od* terrien. **Gutschein** *m* bon *m.*

gut=schreiben ‹*schrieb gut, gutgeschrie-*

ben› tr fin: ▶ *jdm etw* ~ porter qc *od* au crédit de qn. **Gutschrift** *f* créance *f.*
Gutshof *m* ferme *f.*
gutsituiert *a (Mensch)* aisé.
Gutsverwalter *m* gérant *m* d'une propriété.
gut=tun ‹*tut, tat gut, gutgetan*› *itr: jdm* ~ faire du bien à qn. **gutwillig I.** *a* de bonne volonté; **II.** *adv* de (son) bon gré.
Guyana *n* la Guyane.
Gymnasiast *m* ‹-en, -en› [gʏmnazi'ast] lycéen, collégien *m.* **Gymnasium** *n* ‹-s, -ien› [-'na:ziʊm, -ziən] *(deutsches u. schweizerisches; altgriechisches)* gymnase; *(französisches)* lycée, collège; *(nicht staatliches)* collège *m* privé.
Gymnastik *f* ‹-, ø› [gʏm'nastɪk] gymnastique *f.*
Gynäkologie *f* ‹-, ø› [-lo'gi:] *(Frauenheilkunde)* gynécologie *f.* **gynäkologisch** *a* [-'lo:gɪʃ] gynécologique.

H

H, h *n* ‹-, -› [ha:] *(Buchstabe)* H, h *m; mus* si *m.*
ha [ha] *interj* ha! *fam* hein!
Haag [ha:k] *m:* ▶ *Den* ~ la Haye.
Haar *n* ‹-(e)s, -e› [ha:r] **1.** *(Kopfhaar)* cheveu *m; das* ~, *die* ~*e (des Kopfes)* les cheveux *m pl,* la chevelure; **2.** *(Bart-, Körper-, Tier-, Pflanzenhaar)* poil *m;* ▶ *aufs* ~ exactement, au plus juste, *fam* au poil; *mit Haut und* ~*en (fig)* à corps perdu, totalement; *um ein* ~ à peu de chose près; d'un rien; à un cheveu près; *ein* ~ *in der Suppe finden* trouver à redire (à qc); *sich in die* ~*e geraten* s'attraper *od* se prendre aux cheveux; *jdm kein* ~ *krümmen* ne pas toucher un cheveu à qn; *sich keine grauen* ~*e wachsen lassen (fig)* ne pas se faire des cheveux (blancs); *an jdm kein gutes* ~ *lassen* déchirer qn à belles dents; *sich in den* ~*en liegen* être aux prises, s'arracher les yeux, se prendre aux cheveux; *sich die* ~*e raufen* s'arracher les cheveux; *fig* se mordre les doigts *fam; sich die* ~*e schneiden (lassen)* se (faire) couper les cheveux; *da stehen einem die* ~*e zu Berge* cela fait dresser les cheveux sur la tête; *das ist an den* ~*en herbeigezogen* c'est tiré par les cheveux. **Haarausfall** *m* chute *f* des cheveux. **Haarbalg** *m anat* follicule *m* pileux. **Haarbreit** *n:* ▶ *um ein* ~ à un cheveu (près); cheveu (que). **Haarbürste** *f* brosse *f* à cheveux. **haaren,** *sich (Tier, Fell, Pelz)* perdre son poil. **Haarentfernungsmittel** *f* dépilatoire *m.* **Haarentfernungskrem** *f* crème *f* à épiler. **Haarentfernungsmittel** *n* dépilatoire *m.* **Haaresbreite** *f:* ▶ *um* ~ = *um ein Haarbreit.* **Haarfarbe** *f* couleur *f* de cheveux. **haargenau** *adv fam* très exactement; *(erzählen)* par le menu, ric-(à-)rac. **haarig** *a* poilu, velu. **Haarklammer** *f* pince *f* à cheveux. **Haarkleid** *n zoo* pelage *m.* **haarklein** *adv* = *haargenau.* **Haarknoten** *m* chignon *m.* **Haarnadel** *f* épingle *f* à cheveux. **Haarnadelkurve** *f (Straße)* virage *od* tournant *m* en épingle à cheveux. **Haarnetz** *n* filet *m* à cheveux, résille *f.* **haarscharf I.** *a* **1.** bien affilé, tranchant; **2.** *fig* très exact *od* précis; **II.** *adv (ganz dicht)* tout près (*an ... vorbei* de). **Haarschleife** *f* ruban, *(im Haar)* nœud *m.* **Haarschneiden** *n* coupe *od* taille *f* des cheveux; ▶ ~, *bitte!* une coupe, s'il vous plaît! **Haarschnitt** *m* = *Haarschneiden; (Frisur)* coiffure *f.* **Haarspalterei** *f* subtilité *f;* ▶ ~ *treiben* couper les cheveux en quatre. **Haarspray** *m* od *n* [-ʃpre:] laque *f.* **haarsträubend** *a* horripilant; à faire dresser les cheveux sur la tête. **Haartracht** *f* coiffure *f.* **Haartrockner** *m* sèche-cheveux *m.* **Haarwaschen** *n,* **Haarwaschmittel** *n* shampooing *m.* **Haarwasser** *n* lotion *f* capillaire. **Haarwuchs** *m* **1.** *(Vorgang)* pousse *f* des cheveux; **2.** *(Zustand)* chevelure *f.* **Haarwuchsmittel** *n* produit *m* capillaire. **Haarwurzel** *f* racine *f* capillaire *od* des cheveux.
Hab [ha:p] : ▶ *mein (ganzes)* ~ *und Gut n* tout mon avoir *m,* toutes mes affaires *f pl.* **Habe** *f* ‹-, ø› ['ha:bə] bien, avoir *m; (persönliche)* effets *m pl* (personnels); *(Eigentum)* propriété; *(Besitz)* possession *f.* **haben** ‹*hat, hatte, gehabt*› *tr* avoir; *(besitzen)* posséder, (dé)tenir; *(erhalten haben)* tenir (*von* de); *(enthalten)* contenir; ▶ *sich* ~ *(fam: so tun)* se conduire, se comporter; faire des manières; *bei sich* ~ *(am Körper)* avoir *od* porter sur soi; *etw für sich* ~ avoir quelque chose de bon; *gegen jdn etw* ~ avoir de l'animosité *od* une dent contre qn; *mit jdm etw* ~ avoir des histoires avec qn; *es mit jdm zu tun* ~ avoir affaire à qn; *jdn über sich* ~ avoir qn pour supérieur; *jdn unter sich* ~ avoir qn sous ses ordres; *etw (e-e Eigenschaft) von s-m Vater* ~ tenir qc de son père; *jdn zum besten* ~ (se) jouer (de) qn; *nichts dagegen* ~ n'avoir rien contre, le vouloir bien; *jdn zum Freund* ~ avoir qn pour ami; *es gut* ~ être à son aise *od* heureux; vivre bien; *es im Hals* ~ avoir mal à la gorge; *lieber* ~ aimer mieux, préférer; *am liebsten* ~ aimer le mieux; *Zeit* ~ avoir le temps; *zu* ~ *sein (com)* se vendre, être en vente; *etw* ~ *wollen* vouloir qc; *(fordern)* exiger qc; *ich hab's* j'y suis; *ich hätte gern* je voudrais bien; *beinahe hätte ich ...* j'ai failli *inf; ich* ~ *ihn (erwischt)* je le tiens; *wir* ~ *jetzt Winter* (maintenant) nous sommes en hiver; *das hat nichts auf sich* od *nichts zu sagen* cela ne veut rien dire, ce n'est rien; *was habe ich (denn) davon?* qu'est-ce que j'y gagne? *welchen Tag, (fam) den wievielten* ~ *wir heute?* — *wir* ~ *den 10. Juni* quel jour *od fam* le combien sommes-nous aujourd'hui? — nous sommes le 10 juin;

was hast du? (was ist dir?) qu'est-ce que tu as? *welche Größe, Nummer ~ Sie?* quelle est votre taille, pointure? *pop* quelle taille, pointure faites-vous? *und damit hat sich's (fam)* et voilà! c'est fini! *da ~ wir's!* od *(fam) die Bescherung!* od *(pop) den Salat!* nous voilà propres *od* bien lotis *od fam* dans de beaux draps! **Haben** *n* ‹-, ø› *com* avoir, crédit *m.* **Habenichts** *m* ‹-(es), -e› pauvre hère *od* diable, sans-le-sou *m.* **Habensaldo** *m fin* solde *m.* **Habgier** *f* avidité, cupidité, rapacité *f.* **habgierig** *a* avide, cupide, rapace. **habhaft** *a: jds,* ▶ *e-r S ~ werden* s'emparer de, se saisir de, mettre la main sur qn, qc.

Habicht *m* ‹-s, -e› ['ha:bıçt] *orn* autour *m.*

Habilitation [habilitatsi'o:n] ‹-, -en› *f* thèse *f* donnant accès à l'enseignement universitaire. **habilitieren** [-'ti:rən] se qualifier pour l'enseignement universitaire.

Habitus ['ha:bitus ‹-, ø› *m (Erscheinungsbild, Anlage, Körperbau)* constitution *f,* habitus *m.*

Habseligkeiten *f pl* ['ha:p-] nippes, frusques *f pl,* tout le saint-frusquin *od* saint-crépin. **Habsucht** *f* = *Habgier.* **habsüchtig** = *habgierig.*

Hackbeil ['hak-] *n* hachette *f.* **Hackbraten** *m* rôti de viande hachée; *(als Aufschnitt)* pâté *m* de viande.

Hacke *f* ‹-, -n› ['hakə] **(1)** houe; *mines* sape *f;* **(2)** *(Ferse)* talon *m.*

hacken *tr* **1.** *(den Boden)* houer, piocher; *(Holz)* fendre; *(Fleisch)* hacher; **2.** *(picken)* becqueter; **3.** *itr inform* pirater, crocheter. **Hacker(in** *f***)** *m* ['hakər(-ın)] ‹-s, - (-, -innen)› *inform arg* pirate *m f* de l'informatique, crocheteur, -euse *m f.* **Hackfleisch** *n* viande *f* hachée; hachis *m.* **Hackklotz** *m* billot *m.* **Hackmesser** *n* hachoir, couperet *m.*

Häcksel *n (a. m)* ‹-s, ø› ['hɛksəl] paille *f* hachée.

Hader *m* ‹-s, ø› ['ha:dər] *lit (Zank)* querelle, dispute, discorde *f.* **hadern** *itr:* ▶ *mit jdm ~* se quereller avec qn; *mit dem Schicksal ~* accuser son sort.

Hafen *m* ‹-s, ¨-› ['ha:-, 'hɛ:fən] port *m, a. fig;* ▶ *e-n ~ anlaufen* faire escale dans un port; *aus e-m ~ auslaufen* quitter un port; *in den ~ einlaufen* entrer au port. **Hafenanlagen** *f pl* installations *f pl* portuaires. **Hafenarbeiter** *m* ouvrier portuaire, docker *m.* **Hafenbecken** *n* bassin *m,* darse *f.* **Hafenbehörde** *f* service *m* portuaire, autorités *f pl* du port. **Hafeneinfahrt** *f* entrée *f* du port; ▶ *enge ~* goulet *m.* **Hafengebühr(en** *pl***)** *f* droits *m pl* de port, droit *m* de quai. **Hafenpolizei** *f,* **Hafenwache** *f* police *f* de(s) port(s). **Hafensperre** *f* embargo *m.* **Hafenstadt** *f* ville *f* portuaire, port *m* (de mer).

Hafer *m* ‹-s, ø› ['ha:fər] avoine *f;* ▶ *ihn sticht der ~ (fig)* sa fortune lui monte à la tête; il a la tête enflée. **Haferflocken** *f pl* flocons *m pl* d'avoine.

Haft *f* ‹-, ø› [haft] détention, prison *f,* emprisonnement *m;* ▶ *in ~* détenu *a;* en prison; *aus der ~ entlassen* relâcher, libérer, élargir; *in ~ nehmen* arrêter, emprisonner. **Haftanstalt** *f* maison *f* d'arrêt. **haftbar** *a* responsable; ▶ *jdn für etw ~ machen* rendre qn responsable de qc; *persönlich ~* contraignable par corps. **Haftbefehl** *m* mandat d'arrêt *od* de dépôt, ordre *m* d'écrou. **haften** *itr* **1.** *(festsitzen)* coller, tenir, s'attacher, adhérer (*an* à); ▶ *im Gedächtnis ~* s'imprimer dans la mémoire; **2.** *für etw ~ (verantwortlich sein)* répondre de qc. **Haftentlassung** *f* levée *f* d'écrou; ▶ *bedingte ~* libération *f* conditionnelle. **Haftfähigkeit** *f tech* adhésivité *f.* **Haftgläser** *n pl opt* verres *m pl* de contact.

Häftling *m* ‹-s, -e› ['hɛftlıŋ] détenu *m.*

Haftpflicht *f* ['haft-] responsabilité *f* civile (*für* en matière de). **haftpflichtig** *a* civilement responsable. **Haftpflichtversicherung** *f* assurance *f* responsabilité civile. **Haftschalen** *f pl* = *Haftgläser.* **Haftung** *f* ‹-, ø› responsabilité *f;* ▶ *für etw die ~ übernehmen* assumer *od* prendre la responsabilité de qc; *Gesellschaft mit beschränkter ~ (GmbH)* société *f* à responsabilité limitée (SARL).

Hagebutte *f* ‹-, -n› ['ha:gəbutə] cynorhodon, fruit *m* de l'églantier *od* du rosier; *pop* gratte-cul *m.*

Hagel *m* ‹-s, ø› ['ha:gəl] grêle *f (a. fig von Steinen, Pfeilen etc).* **Hagelkorn** *n* grêlon *m.* **hageln** ‹*hagelt*› *impers* grêler; ▶ *es hagelt* il grêle, il tombe de la grêle. **Hagelschauer** *m* orage *m* de grêle. **Hagelschlag** *m* chute *f* de grêle. **Hagelversicherung** *f* assurance *f* contre la grêle.

hager ['ha:gər] *a (mager)* maigre, (grand et) sec, grêle, décharné.

haha [ha'ha(:)] *interj* hi, hi, hi!

Häher *m* ‹-s, -› ['hɛ:ər] *orn* geai *m.*

Hahn *m* ‹-(e)s, ¨-e› [ha:n, 'hɛ:nə] **1.** *orn* coq *m;* **2.** *tech* robinet *m;* **3.** *(Faß)* canelle *f;* **4.** *(Gewehr)* chien *m;* ▶ *den ~ aufdrehen (zudrehen)* ouvrir *od* tourner (fermer) le robinet; *es kräht kein ~ danach* personne ne s'en soucie *od* n'y fait attention; *~ im Korb* coq *m* du village. **Hahnenfuß** *m bot* renoncule *f.* **Hahnenkampf** *m* combat *m* de coqs. **Hahnenschrei** *m* chant *m* du coq. **Hahnentritt** *m (im Ei)* chalaze *f.* **Hahnentrittmuster** *n* pied-de-poule *m.*

Hai(fisch) *m* ‹-(e)s, -e› [haı] requin,

squale *m*.

Hain *m* ‹-(e)s, -e› [haın] *poet* bois, bosquet *m*.

häkeln ['hɛ:kəln] *tr* faire au crochet; *itr* faire du crochet. **Häkelnadel** *f* crochet *m* (à dentelle).

Haken *m* ‹-s, -› ['ha:kən] **1.** croc; *(kleiner)* crochet *m; (Kleider-, Wandhaken)* patère *f*, portemanteau; *(Angelhaken)* hameçon *m; (Klammer)* agrafe *f; arch* crampon *m*, harpe *f*, harpon *m; tech* griffe *f;* **2.** *(Boxen)* crochet *m;* ► *vom ~ nehmen* décrocher; *e-n ~ schlagen (Hase, a. fig)* faire un crochet; *die Sache hat e-n ~* il y a quelque chose qui cloche dans l'affaire. **hakenförmig** *a* crochu. **Hakenkreuz** *n* croix *f* gammée, svastika *m*.

halb [halp] **I.** *a* demi; *(in Zssgen)* demi-, mi-, semi-, quasi-; **II.** *adv* à demi, (à) moitié; ► *~ und ~* moitié moitié, entre les deux; *(so) ~ und ~ (fam)* coucicouci, couci-couça, presque; *auf ~em Wege* à moitié chemin, à mi-chemin; *um ~ drei* à deux heures et demie; *zum ~en Preis* à moitié prix; *(Tür) ~ öffnen* entrebâiller, entrouvrir; *es schlägt ~* la demie sonne; *das ist ~ so schlimm (fam)* ce n'est qu'un demi-mal; *das ist nichts Halbes und nichts Ganzes* ce n'est ni fait ni à faire. **halbamtlich** *a* semi-officiel, officieux. **halbautomatisch** *a* semi-automatique. **Halbbildung** *f* demi-savoir *m*. **Halbbruder** *m* demi-frère; *(väterlicherseits)* frère consanguin; *(mütterlicherseits)* frère *m* utérin. **Halbdunkel** *n* demi-jour *m*. **Halbedelstein** *m* pierre *f* demi-précieuse.

halber ['halbər] *prp (nachgestellt, a. angehängt)* pour (des raisons de), à cause de; ► *der Ehre ~ (ehrenhalber)* pour l'honneur.

Halbfabrikat *n* ['halp-] **Halbfertigware** *f* produit (de)mi-fini *od* semi-fini, demi-produit *m*. **Halbgeschwister** *pl* enfants *m pl* de deux lits. **Halbgott** *m* demi-dieu *m*. **Halbheit** *f* ‹-, -en› *(Unvollkommenheit)* imperfection, insuffisance *f*. **halbieren** [-'bi:rən] ‹*ohne ge-*› *tr* partager *od* couper en deux *od* par le milieu. **halbiert** *a* mi-parti. **Halbierung** *f* ‹-, -en› mi-partition; *math* bissection *f*. **Halbinsel** *f* presqu'île; *(große)* péninsule *f*. **Halbjahr** *n* semestre *m*. **halbjährlich I.** *a* semestriel. **II.** *adv* tous les six mois, par semestre. **Halbkreis** *m* demi-cercle, hémicycle *m*. **Halbkugel** *f* hémisphère *m*. **halblaut** *a* u. *adv* à (de)mi-voix. **Halbleder(ein)band** *m* demi-reliure *f*. **Halbleinen** *n (Buch)* demi-toile *f*. **Halbleiter** *m el* semi-conducteur *m*. **Halblinks** *m* ‹-, -› *sport* inter *m* gauche. **halbmast** *adv:* ► *auf ~* en berne; *~ flaggen (itr)* mettre le pavillon en berne. **Halbmesser** *m* rayon *m*. **Halbmond** *m* demi-lune *f (a. als Symbol)* croissant *m*. **halbnackt** *a* à demi *od* à moitié nu. **halboffen** *a (Tür)* entrouvert. **Halbpension** *f* demi-pension *f*. **Halbrechts** *m* ‹-, -› sport inter *m* droit. **halbrund** *a* semi-circulaire; ► *~er Platz, Tisch* *m* demi-lune *f*. **Halbschatten** *m* pénombre; *(Kunst)* demi-teinte *f*. **Halbschlaf** *m* demi-sommeil *m*, somnolence *f*. **Halbschuh** *m* chaussure *f* basse. **Halbschwergewicht** *n sport* poids *m* mi-lourd. **Halbschwester** *f* demi-sœur *f*. **Halbstarke** *m* demi-sel, blouson *m* noir. **Halbstiefel** *m* bottine *f*. **Halbtagsarbeit** *f*, **Halbtagsbeschäftigung** *f* travail *od* emploi *m* à temps partiel *od* à mi-temps. **halbtot** *a* (de)mi-mort, à demi *od* à moitié mort. **halbvoll** *a* à moitié plein. **Halbwaise** *f* orphelin(e *f*) de père *od* de mère. **halbwegs** ['-ve:ks] *adv (leidlich)* passablement, tant bien que mal. **Halbwelt** *f* demi-monde *m*. **Halbwertzeit** *f phys chem* demi-vie, période *f* (radioactive). **halbwüchsig** *a* adolescent; *(Junge)* imberbe. **Halbwüchsige(r)** *m* adolescent *m*. **Halbzeit** *f sport* mi-temps *f*.

Halde *f* ‹-, -n› ['haldə] **1.** *(Hang)* pente *f*, versant, coteau *m;* **2.** *(Schutthalde)* éboulis *m; mines* halde *f*, terril, carreau *m*. **Haldenbestand** *m*, **Haldenvorrat** *m* stock *m* sur le carreau.

Hälfte *f* ‹-, -n› ['hɛlftə] moitié *f;* ► *bis zur ~ (Mitte)* jusqu'au milieu; *zur ~* à *od* par moitié; *zur ~ beteiligen, beteiligt sein (com)* mettre, être de moitié; *meine bessere ~ (hum: Ehefrau)* ma moitié.

Halle *f* ‹-, -n› ['halə] *(Saal)* salle *f*, hall *m; (langer Saal)* galerie *f; (Eingang)* vestibule, hall; *(Bahnhof)* hall; *aero* hall, hangar *m*.

hallen ['halən] *itr (schallen)* résonner, retentir.

Hallenbad *n* ['halən-] piscine *f* (couverte). **Hallenkirche** *f* église-hall *f*. **Hallensport** *m* sport *m* sur terrain couvert. **Hallentennis** *n* tennis *m* (sur court) couvert. **Hallenturnen** *n* gymnastique *f* en salle.

hallo [ha'lo:, 'halo] *interj* eh *od* hé (là-bas)! ho! hep! holà! *tele* allô!

Halluzinogen [halutsino'ge:n] ‹-s, -e› *n pharm* hallucinogène *m*.

Halm *m* ‹-(e)s, -e› [halm] brin; *(Getreidehalm)* chaume, tuyau *m;* ► *auf dem ~ (agr)* sur pied.

halogen [halo'ge:n] *a* halogène *m*. **Halogen** ‹-s, -e› *n chem* halogène. **Halogenleuchte** *f phot* projecteur *m* pour lampe quartz-halogène, lampe *f* quartz-halogène. **Halogenscheinwerfer** *m* [halo'ge:n-] *mot* phare *m* à iode.

Hals *m* ⟨-es, ⸚e⟩ [hals, 'hɛlzə] **1.** cou *m;* **2.** *(Kehle)* gorge *f,* gosier *m;* **3.** *(Flasche)* col *m;* **4.** *(Geige)* manche *m;* ▶ *aus vollem ~e* à pleine gorge, à gorge déployée, à pleins poumons; *bis an den ~, bis zum ~* par-dessus la tête; *~ über Kopf* précipitamment, la tête la première; *sich den ~ brechen* se casser *od* se rompre le cou; *jdm um den ~ fallen* se jeter *od* sauter au cou de qn; *es im ~ haben* avoir mal à la gorge; *jdn, etw auf dem ~e haben* avoir qn, qc sur les bras *od* sur le dos; *in den falschen ~ kriegen* avaler de travers; *fig* prendre en mauvaise part; *aus vollem ~e lachen* rire à plein gosier *od* à pleine gorge *od* à gorge déployée; *e-n langen ~ machen, den ~ recken (um etw zu sehen)* allonger le cou; *sich jdn, etw vom ~e schaffen* se débarrasser, se défaire de qn, de qc; *jdm den ~ umdrehen* tordre le cou à qn; *sich jdm an den ~ werfen* se jeter au cou de qn; *das hängt mir zum ~(e) raus (fig fam)* j'en ai par-dessus la tête, ça me fait suer, *arg* j'en ai marre; *bleiben Sie mir damit vom ~e!* ne m'embêtez pas *od* laissez-moi tranquille *od fam* fichez-moi la paix avec cela! *steifer ~ (med)* torticolis *m.* **Halsabschneider** *m fig fam (Wucherer)* requin, usurier *m.* **Halsader** *f* (veine) jugulaire *f.* **Halsband** *n* collier *m.* **halsbrecherisch** *a* à se casser le cou, périlleux. **Halsentzündung** *f* inflammation de la gorge, angine *f.* **Halskette** *f* collier *m.* **Halskrause** *f med* minerve *f.* **Halslänge** *f:* ▶ *um e-e ~ gewinnen* gagner d'une encolure. **Hals-Nasen-Ohren-Arzt** *m* oto-rhino-laryngologiste *m.* **Halsschlagader** *f* carotide *f.* **Halsschmerzen** *m pl* mal *m* de gorge; ▶ *~ haben* avoir mal à la gorge. **Halsschmuck** *m* collier *m.* **halsstarrig** *a* obstiné, opiniâtre, entêté, têtu (comme un mulet). **Halsstarrigkeit** *f* obstination, opiniâtreté *f;* entêtement *m.* **Halstuch** *n* cache-col *m,* écharpe *f,* cache-nez, foulard, *(für Damen)* fichu *m.* **Halsweite** *f* encolure *f.* **Halswirbel** *m* vertèbre *f* cervicale.

Halt *m* ⟨-(e)s, -e⟩ [halt] **1.** *(Anhalten)* arrêt *m;* halte *f;* **2.** *(Stütze, Unterstützung)* appui, soutien, support *m;* **3.** *fig (Festigkeit)* fermeté, fixité, solidité; *(innerer ~)* consistance, tenue *f;* ▶ *ohne ~* instable, inconstant, sans caractère; *(beim Klettern) keinen ~ finden* ne pas trouver de prise; *den ~ verlieren (fig)* perdre pied. **halt** *interj* halte(-là)! holà! stop! arrêtez-vous! ▶ *~! wer da? (mil)* halte-là! qui vive? **haltbar** *a* **1.** *(dauerhaft)* durable, consistant, résistant, *(Lebensmittel)* de garde; **2.** *(stabil)* stable, solide; *tech* soutenable; ▶ *~ machen (Lebensmittel)* conserver. **Haltbarkeit** *f* ⟨-, ø⟩ **1.** endurance, durabilité, consistance, résistance *f,* bon usage *m;* **2.** stabilité, solidité *f.* **Haltbarkeitsdatum** *n (vor allem bei Lebensmitteln)* date-limite *f.* **Haltbarmachung** *f* ⟨-, ø⟩ *(von Lebensmitteln)* conservation *f.* **halten** ⟨*hält, hielt, gehalten*⟩ *tr* **1.** tenir; *mus (Ton)* soutenir; *(stützen, festhalten)* soutenir, supporter; **2.** *(anhalten)* arrêter; *(zurückhalten)* retenir; **3.** *(aufrechterhalten)* maintenir; conserver; *(enthalten)* contenir; **4.** *(einhalten)* garder, oberver; *(Versprechen)* tenir; **5.** *(besitzen, unterhalten)* avoir, entretenir; **6.** *(abhalten, begehen, feiern)* célébrer; *itr* **7.** *(anhalten, stehenbleiben)* s'arrêter, faire (une) halte; *(mit dem Wagen)* arrêter sa voiture; *(stehenbleiben ohne auszusteigen)* stationner; **8.** *(festsitzen)* tenir (ferme); *(dauern, dauerhaft sein)* tenir, durer, être solide *od* de bon usage; *refl: sich ~* **9.** *(sich aufrecht ~)* se (main)tenir, se soutenir, se tenir debout; **10.** *(sich verhalten)* se conduire, se comporter; **11.** *(dauern, bleiben, nicht vergehen)* durer; *(Lebensmittel)* se conserver; *(Farbe)* tenir; *(Wetter)* persister, se maintenir, être constant; *(Preise)* être stable; *mil* se tenir; ▶ *~ für* prendre pour, regarder *od* considérer comme, croire, juger; *für zwanzig ~ (fam)* donner vingt ans à; *für (recht, wahr, nötig) ~* tenir pour, croire (juste, vrai, nécessaire); *für gut ~* trouver bon; *ge~ werden für* passer pour; *es mit jdm* od *zu jdm ~* être pour qn *od* du côté de qn; *große Stücke auf jdn ~* avoir une haute opinion de qn; *sich an etw ~ (festhalten)* se tenir, s'accrocher à qc; *fig* s'en tenir à qc; *an sich ~* se contenir, se retenir; *etw auf sich ~* se croire quelqu'un; *sich gerade ~* se tenir droit; *sich nicht* od *schlecht ~ (Lebensmittel)* se conserver mal; *nichts von etw ~* ne faire aucun cas de qc; *e-e Predigt ~* faire un sermon; *sein Versprechen nicht ~* trahir sa promesse; *viel von jdm ~* avoir qn en grande estime; *(nicht) viel von etw ~* faire grand (ne faire aucun) cas de qc; *sich vor Lachen nicht mehr ~ können* ne plus se tenir de rire; *ich weiß, was ich davon zu ~ habe* je sais à quoi m'en tenir; *das hält* cela tient; *das hält nicht* cela ne tient pas (debout); *wofür ~ Sie mich denn eigentlich* od *überhaupt?* mais pour qui me prenez-vous? *was ~ Sie davon?* qu'en pensez-vous? que vous en semble? **Haltestelle** *f* station *f,* (point d')arrêt *m.* **Halteverbot** *n mot* interdiction *f* de stationner. **haltlos** *a* **1.** *(Mensch)* sans consistance, faible, mou; instable; **2.** *(Behauptung)* insoutenable, sans fondement. **Haltlosigkeit** *f* ‹-, ø› **1.** *(Mensch)* inconsistance, faiblesse, mollesse *f*; **2.** *(Behauptung)* manque *m* de fondement. **halt=machen** *itr* s'arrêter, faire (une) halte. **Haltung** *f* **1.** *(Körperhaltung)* tenue *f*, maintien *m*; *(Stellung)* posture, position, pose *f*; **2.** *fig* état *m* moral; *(Einstellung)* attitude; *(Verhalten)* conduite *f*, maintien *m*, tenue *f*; ▶ *s-e ~ (Einstellung) ändern* changer d'attitude; *(stramme) ~ annehmen (mil)* se mettre au garde-à-vous; *die ~ bewahren* faire bonne contenance *od* figure; *e-e ~ einnehmen* prendre une attitude; *die ~ verlieren* perdre contenance; *aufrechte ~ (biol: als Merkmal des Menschen)* station *f* verticale.

Halunke *m* ‹-n, -n› [ha'lʊŋkə] *hum* gredin, chenapan *m*, canaille *f*.

Hamburg ['hamburk] *n* Hambourg *m*.

hämisch ['hɛmɪʃ] *a* méchant, malicieux.

Hammel *m* ‹-s, -/(¨)› ['ha-,'hɛməl] mouton *m*. **Hammelbraten** *m* rôti de mouton, mouton *m* rôti. **Hammelfleisch** *n* mouton *m*; **Hammelherde** *f pej* troupeau *m* (de moutons). **Hammelkeule** *f* gigot *m*. **Hammelkotelett** *n* côtelette *f* de mouton. **Hammelrücken** *m* selle *f* de mouton.

Hammer *m* ‹-s, ¨› ['ha-, 'hɛmər] **1.** marteau *a. anat; (Schmiedehammer)* martinet *m*; **2.** *(Hammerwerk)* forge, usine *f* métallurgique; ▶ *unter den ~ kommen (a. fig)* être vendu aux enchères; *~ und Sichel (pol)* la faucille et le marteau; *das ist aber ein ~! (fam)* ça alors, c'est un comble! **hämmern** ['hɛmərn] *tr* battre au marteau, marteler; *itr* marteler. **Hammerschlag** *m* coup de marteau. **Hammerwerfen** *n* ['hamər-] *sport* lancement *m* du marteau.

Hämoglobin [hɛmoglo'bi:n] ‹-s, ø› *n med* hémoglobine *f*.

Hämorrhoiden *f pl* [hɛmoro'i:dən] *med* hémorroïdes *f pl*.

Hampelmann *m* ‹-(e)s, ¨er› ['hampəl-] pantin *m*.

Hamster *m* ‹-s, -› ['hamstər] *zoo* hamster *m*. **Hamsterer** *m* ‹-s, -› accapareur (de marchandises), thésauriseur *m*. **hamstern** *tr* accaparer; *itr (~ gehen)* aller au ravitaillement.

Hand *f* ‹-, ¨e› [hant, 'hɛndə] main *(a. = Handschrift)*; *pop* patte *f*; ▶ *an, bei der ~ (nehmen)* par la main; *an ~ (gen)* au moyen de; en s'appuyant sur; *aus erster, zweiter ~* de première, seconde main; *bei der ~* à la main, sous (la) main, en main, à portée de la main; *in der ~* à *od* dans la main, en main; *~ in ~* la main dans la main; *mit der ~* manuellement, à la main; *mit beiden Händen* à *od* des deux mains; *mit eigener ~* de sa (propre) main, de ses mains; *mit vollen Händen* à pleines mains; *a. fig* à poignée, sans compter; *unter der ~ (unterderhand) (fig)* en sous-main, sous le manteau, en secret; *von ~ zu ~* de main en main; *zur ~ = bei der ~*; *zu Händen (gen) (Post)* aux bons soins de, à l'attention de, à remettre à; *um jds ~ anhalten* od *bitten* demander la main de qn *od* qn en mariage; *selbst ~ anlegen* mettre la main à la pâte, prêter la main; *mit leeren Händen dastehen (fig)* être bredouille; *jdm die ~ drücken* serrer *od* toucher la main, donner une poignée de main à qn; *jdm in die Hände fallen (Sache)* tomber sous la main de qn; *in jds Hände fallen (Person)* tomber au pouvoir *od* aux mains de qn; *jdm aus der ~ fressen (Tier, a. fig von Menschen)* manger dans la main à *od* de qn; *jdm die ~ geben* tendre la main à qn; *jdm an die ~ gehen* donner un coup de main à qn; *jdn in der ~ haben (fig)* avoir qn sous sa coupe; *freie ~ haben (fig)* avoir les mains libres *od* le champ libre, avoir carte blanche; *~ und Fuß haben (fig)* tenir debout; *e-e glückliche ~ haben* avoir la main heureuse *od (im Spiel)* un beau jeu; *kalte Hände haben* avoir froid aux mains; *bei etw s-e ~ im Spiel haben* avoir la main, être pour quelque chose dans qc; *alle Hände voll zu tun haben* être débordé de travail, ne savoir où donner de la tête; *in andere Hände kommen (fig)* changer de mains; *sich mit Händen greifen lassen (fig)* tomber sous le sens; *von der ~ in den Mund leben* vivre au jour le jour, tirer le diable par la queue; *von s-r Hände Arbeit leben* vivre du travail de ses mains; *aus der ~ legen* mettre de côté; *die letzte ~ an etw legen* mettre la dernière main à qc, donner la dernière touche à qc; *s-e ~ für etw ins Feuer legen (fig)* mettre sa main au feu pour qc; *die Hände in den Schoß legen* se croiser les bras; *sich die Hände schmutzig machen* se salir les mains; *jdn bei der ~ nehmen* prendre qn par la main; *etw in die ~ nehmen (a. fig)* prendre qc en main(s); *jdm die ~ reichen* tendre la main à qn; *die Hände ringen* se tordre les mains; *nicht die ~ vor den den Augen sehen* ne voir goutte; *in jds ~* od *Händen sein* être entre les mains *od* au pouvoir de qn; *zur ~ sein* être à portée de la main; *jdn auf Händen tragen (fig)* faire tout pour qn; *in andere Hände übergehen* changer de mains; *von langer ~ vorbereiten* préparer de longue main *od* date; *s-e Hände in Unschuld waschen* s'en laver les mains; *sich mit Händen und Füßen dagegen wehren, daß ...* faire des pieds et des mains pour ne pas ...; *von der ~ weisen* repousser, rejeter; *die Hände über dem Kopf zs.schlagen (erstaunt)* lever les bras au ciel; *(verzweifelt)* s'arracher les cheveux; *dafür lege ich meine ~ ins Feuer* j'en mettrais ma main au feu; *mir sind die Hände gebunden (fig)* j'ai les mains liées; *das ist nicht von der ~ zu weisen* cela mérite considération, ce n'est pas méprisable; *die Arbeit geht ihm leicht von der ~* il travaille vite; *das hat weder ~ noch Fuß* cela n'a ni rime ni raison *od* ni queue ni tête; *das liegt auf der ~* c'est manifeste *od* évident *od* une chose évidente; *~ aufs Herz!* la main sur la conscience! *~ drauf!* tope (là)! touchez là! *Hände hoch!* haut les mains! *Hände weg!* bas les mains! *e-e ~ wäscht die andere (prov)* une main lave l'autre; donnant donnant; *flache ~* plat *m* de la main, paume *f; hohle ~* creux *m* de la main; *die öffentliche ~* les pouvoirs *m pl* publics, le fisc; *rechte ~ (fig: unentbehrlicher Helfer)* bras droit, *fam* sous-verge *m.* **Handarbeit** *f* **1.** *(Tätigkeit)* travail *od* ouvrage *m* manuel; **2.** *(Produkt)* travail *m od* fabrication *f* à la main, ouvrage *m* fait à la main; **3.** *pl (weibliche)* ouvrages *m pl* de dames. **Handarbeiter** *m* travailleur manuel, manœuvre *m.* **Handarbeitsunterricht** *m* travaux *m pl* manuels. **Handauflegen** *n rel* imposition *f* des mains. **Handball** *m* **1.** *(Spiel)* handball *m;* **2.** *(Ball)* ballon *m* de handball. **Handballer** *m (fam),* **Handballspieler** *m* ‹-s,-› handballeur *m.* **Handbewegung** *f* geste *m* de la main. **Handbibliothek** *f,* **Handbücherei** *f* bibliothèque *f* de consultation sur place. **Handbreit** *f;* ▶ *keine ~ Landes* pas un pouce de terrain. **Handbremse** *f mot* frein *m* à main; ▶ *die ~ ziehen* mettre le frein à main. **Handbuch** *n* manuel *m.*

Händedruck *m* ‹-(e)s, ¨e› ['hɛndə-] poignée *f od* serrement *m* de main.

Handel *m* ‹-s, ø› ['handəl] **1.** *allg (Gewerbe)* commerce; *(Großhandel)* négoce; *(Wirtschaftszweig)* trafic *m;* **2.** *(einzelner Vorgang)* marché; *(Tausch)* troc *m;* **3.** *fig (Angelegenheit, Geschichte)* affaire *f;* ▶ *nicht im ~ (befindlich)* hors commerce; *mit jdm ~ treiben* faire du commerce *od*, commercer avec qn; *im ~ hört die Freundschaft auf! (prov)* les affaires sont les affaires.

Händel *m pl* ['hɛndəl] querelle *f;* ▶ *mit jdm ~ suchen* chercher querelle à qn.

handeln ['handəln] *itr* **1.** *(Handel treiben)* faire du commerce *od* négoce; ▶ *mit etw ~* faire le commerce de qc, trafiquer qc; **2.** *(feilschen)* marchander; **3.** *allg (tätig sein)* agir (*an jdm* envers qn); **4.** *(Literaturwerk, Buch)* traiter (*von etw* de qc), avoir pour sujet (*von etw* qc); ▶ *gehandelt werden (an der Börse)* se négocier; *impers: es handelt sich um* il s'agit de, il est question de; il y va de; *worum handelt es sich (eigentlich)?* de quoi s'agit-il? **Handel** *n (Feilschen)* marchandage *m.*

Handelsabkommen *n* ['handəls-] accord *m od* convention *f* commercial(e). **Handelsartikel** *m* article *m* de commerce. **Handelsbank** *f* banque *f* commerciale *od* de commerce. **Handelsbeziehungen** *f pl* relations *f pl* commerciales, échange(s *pl*) *m* commercial (commerciaux). **Handelsbilanz** *f* bilan *m od* balance *f* commercial(e). **handelseinig** *a:* ▶ *~ sein, werden* être, tomber d'accord en affaire. **Handelserlaubnis** *f* carte de commerce, patente *f.* **Handelsfirma** *f* maison (de commerce), firme; *jur* raison *f* sociale. **Handelsflagge** *f* pavillon *m* marchand. **Handelsflotte** *f* flotte *f* commerciale. **Handelsfreiheit** *f* liberté *f* de *od* du commerce. **Handelsgericht** *n* tribunal *m* de commerce. **Handelsgesellschaft** *f* société *od* association *od* compagnie *f* de commerce *od* commerciale; ▶ *Offene ~* société *f* en nom collectif. **Handelsgesetz** *n* loi *f* commerciale. **Handelshafen** *m* port *m* de commerce *od* marchand. **Handelshaus** *n* maison *f* (de commerce). **Handelshochschule** *f* école supérieure de commerce. **Handelsindex** *m* indice *m* de commerce. **Handelskammer** *f* chambre *f* de commerce. **Handelskorrespondent** *m* correspondancier *m.* **Handelskorrespondenz** *f* correspondance *f* commerciale. **Handelskrieg** *m* guerre *f* commerciale. **Handelsmacht** *f* puissance *f* commerciale. **Handelsmarine** *f* marine *f* marchande. **Handelsmission** *f* mission *f* commerciale. **Handelsniederlassung** *f (im Ausland)* factorerie *f,* comptoir *m.* **Handelsrecht** *n* droit *m* commercial. **Handelsregister** *n* registre *m* du commerce. **Handelsreisende** *m* voyageur *m* de commerce. **Handelsschiff** *n* navire *od* vaisseau *od* bâtiment *m* marchand *od* de commerce. **Handelsschule** *f* école *f* de commerce *od* commerciale. **handelsüblich** *a* d'usage. **Handelsvertrag** *m* traité de commerce; contrat *m* de société. **Handelsvertreter** *m* représentant de commerce, agent *m* commercial. **Handelsvertretung** *f* agence *f* commerciale. **Handelsvollmacht** *f* pouvoir *m* commercial. **Handelsware** *f* article *m* de commerce. **Handelszentrum** *n* centre *m* commercial. **Handelszweig** *m* branche *f* de commerce.

Handeltreibende *m* ‹-n, -n› commerçant, marchand *m.*

händeringend ['hɛndə-] *a adv* se tordant les mains. **Händetrockner** ‹-s,-› *m (Gerät)* sèche-mains *m.*

Handfertigkeit *f* ['hant-] habileté *f* manuelle. **handfest** *a* solide, fort, robuste, vigoureux; ► *ein ~er Bursche* un rude gaillard. **Handfeuerwaffe** *f* arme *f* à feu portative. **Handfläche** *f* paume *f* *od* plat *m* de la main. **handgearbeitet** *a* fait à la main. **Handgelenk** *n* poignet *m;* ► *aus dem ~ (fig)* en un tour de main. **handgemacht** *a* fait à la main. **handgemein** *a:* ► *~ werden* en venir aux mains. **Handgemenge** *n* corps à corps *m*, mêlée *f*. **handgenäht** *a* cousu main. **Handgepäck** *n* bagages à main, petits bagages *m pl*. **handgeschrieben** *a* écrit à la main, manuscrit. **Handgranate** *f* grenade *f* (à main); ► *scharfe ~* grenade *f* réelle. **Handleiste** *f (am Geländer)* main *f* courante. **handgreiflich** *a fig* palpable, évident, manifeste; *~ werden* passer à des voies de fait. **Handgriff** *m* **1.** *(zum Handhaben od Festhalten)* poignée, manette; *mot* brassière, croisée *f;* **2.** *(Bewegung)* tour de main; *(Kunstgriff)* truc *m*, ficelle *f*. **Handhabe** *f fig* prise *f;* ► *e-e ~ bieten* donner prise. **handhaben** ‹*handhabt, handhabte, gehandhabt*› *tr* **1.** manier, manipuler, employer; *tech* manœuvrer; **2.** *fig (anwenden)* appliquer; ► *leicht zu ~(d)* maniable. **Handhabung** *f* **1.** maniement *m*, manipulation *f*, emploi *m; tech* manœuvre *f*. **2.** *fig* application *f;* ► *sichere ~* sécurité *f* d'emploi. **Handharmonika** *f* accordéon *m*. **Handkarren** *m* charrette à bras, poussette *f*. **Handkurbel** *f mot* manivelle *f*. **Handkuß** *m* baisemain *m*. **Handlanger** *m* manœuvre *a. fig*, homme de peine; *(e-s Maurers)* aide-maçon; *fig* suppôt *m*. **Handleiste** *f (am Geländer)* main *f* courante.

Händler *m* ‹-s, -› ['hɛndlər] marchand, commerçant, *a. pej* trafiquant; *(Kleinhändler)* détaillant *m*.

handlich ['hantlıç] *a* maniable, facile à manier. **Handlichkeit** *f* ‹-, ø› maniabilité *f*. **Handlinie** *f* ligne *f* de la main; ► *die ~n deuten* lire dans la main *od* les lignes de la main.

Handlung *f* ‹-, -en› ['handlʊŋ] **1.** *(Tätigkeit)* action *f; (Tat)* acte, fait *m;* **2.** *theat film* action; **3.** *(Geschäft)* commerce *m; (Handelshaus)* maison (de commerce); *(Laden)* boutique *f*, magasin *m;* ► *strafbare, unerlaubte ~ (jur)* acte *m* punissable, illicite. **Handlungsbevollmächtigte** *m com* mandataire commercial, fondé *m* de pouvoir. **handlungsfähig** *a* capable d'agir. **Handlungsfähigkeit** *f* capacité *f* d'agir *od jur* d'exercice des droits civils. **Handlungsfreiheit** *f* liberté *f* d'action. **handlungsunfähig** *a* incapable d'agir. **Handlungsweise** *f* manière *od* façon *f* d'agir.

Handmassage *f* massage *m* manuel. **Handpfleger(in** *f***)** *m* manucure *m f*. **Handrücken** *m* ['hant-] dos *od* revers *m* de la main, arrière-main *f*. **Handsatz** *m typ* composition *f* à la main *od* manuelle. **Handschellen** *f pl* menottes *f pl;* ► *jdm ~ anlegen* menotter qn. **Handschlag** *m* coup *m od* poignée *f* de main; ► *etw durch ~ bekräftigen* toper pour qc; *keinen ~ tun* ne faire œuvre de ses dix doigts. **Handschrift** *f* **1.** main, écriture *f;* **2.** *(handgeschriebenes Buch)* manuscrit *m*. **handschriftlich** **I.** *a* écrit à la main, manuscrit; **II.** *adv* par écrit. **Handschuh** *m* gant *m;* ► *jdn (nicht) mit seidenen ~en anfassen* (ne pas) mettre *od* prendre des (de) gants avec qn. **Handschuhnummer** *f* pointure *f;* ► *~ 7 haben* ganter du sept. **Handspiegel** *m* miroir *m od* glace *f* à main. **Handstand** *m sport* arbre *m* droit sur les mains. **Handtasche** *f* sac *m* à main. **Handteller** *m* paume *f*. **Handtuch** *n (einfaches)* essuie-main(s) *m; (Toilettenhandtuch)* serviette *f* (de toilette). **Handtuchhalter** *m* porte-serviette(s) *m*. **Handumdrehen** *n:* ► *im ~* en un tour de main *od* tournemain; *pop* en cinq sec. **Handvoll** *f* ‹-, -›: ► *e-e ~ (gen)* une poignée (de). **Handwagen** *m* voiture à bras, voiturette *f*. **Handwerk** *n* métier *m;* ► *das ~ (die Handwerker)* le corps de métier, l'artisanat *m; jdm das ~ legen (fig)* mettre fin aux menées *od* agissements de qn; *jdm ins ~ pfuschen* od *reden* vouloir en remontrer à qn. **Handwerker** *m* artisan, homme *m* du métier. **Handwerksbetrieb** *m* entreprise *f* artisanale. **Handwerkskammer** *f* chambre *f* des métiers. **Handwerksmeister** *m* maître artisan, patron *m*. **Handwerkszeug** *n* outils *m pl*, outillage *m*. **Handwurzel** *f anat* carpe *m*. **Handzeichen** *m* signe *m* de la main; ► *jdm ein ~ geben* faire un signe (de la main) à qn; *Abstimmung per ~* vote *m* à main levée. **Handzeichnung** *f* dessin *m*. **Handzettel** *m* tract *m*.

hanebüchen ['ha:nəby:çən] *a (unerhört)* inouï, incroyable.

Hanf *m* ‹-(e)s, ø› [hanf] *bot* chanvre *m*.

Hänfling *m* ‹-s, -e› ['hɛnflıŋ] *orn* linot(te *f*) *m*.

Hang *m* ‹-(e)s, ¨-e› [haŋ, 'hɛŋə] **1.** *(Abhang)* pente *f; lit* penchant, versant *m;* **2.** *fig (Neigung)* penchant *m*, inclination (*zu* pour), propension, tendance, disposition *f* (*zu* à).

Hängebauch *m* ventre *m* pendant. **Hängeboden** *m* ['hɛŋə-] *arch* soupente *f*. **Hängebrücke** *f* pont *m* suspendu. **Hängelampe** *f* (lampe à) suspension *f*. **Hängematte** *f* hamac *m*. **hängen** *tr* ‹*hängt, hängte, gehängt*› **1.** *(aufhängen)* (sus)pendre; *(auf e-n Ha-*

ken) accrocher; *(henken)* pendre; *itr* ‹*hängt, hing, gehangen*› **2.** pendre, être (sus)pendu; *(an e-m Haken)* être accroché; *(haften)* adhérer (*an* à); **3.** *fig* tenir, être attaché (*an* à); **4.** *(in der Schwebe sein)* être *od* rester en suspens; ▶ *an den Nagel ~ (fig) (aufgeben)* pendre au clou; *sehr an etw ~* tenir beaucoup à qc. **Hängen** *n:* ▶ *mit ~ und Würgen (fam)* à grand-peine. **hängen=bleiben** ‹*blieb hängen, hängengeblieben*› *itr* ‹*sein*› **1.** s'accrocher (*an etw* à qc); **2.** *fig fam (nicht wegfinden)* prendre racine. **hängend** *a* pendant; suspendu. **hängen=lassen** ‹*läßt, ließ hängen, hängenlassen*› *(vergessen)* laisser; oublier; ▶ *den Kopf ~* baisser l'oreille, *pop* avoir le cafard; ne pas avoir le moral *fam.*

Hanglage *f* coteau *m.*

Hannibal ['hanibal] *m hist* Annibal *m.*

Hannover [ha'no:fər] *n* Hanovre *f; (ehem. Königreich u. preuß. Provinz)* le Hanovre.

Hans *m* [hans] Jean *m.*

Hansa, Hanse, *die* ['hanza, -zə] *(hist)* la Hanse.

Hansdampf *m* ‹-(e)s, -e› ['hans-] *:* ▶ *~ in allen Gassen* brasseur *m* d'affaires.

Hanseat(in *f***)** *m* [hanze'a:t(in)] ‹-en, -en (-, -innen)› habitant, e *m f* d'une ville hanséatique. **hanseatisch** [-ze'tɪʃ] *a* hanséatique.

Hänselei *f* ‹-, -en› [hɛnzə'laɪ] taquinerie, brimade *f.* **hänseln** ['hɛnzəln] *tr* taquiner, brimer, lutiner.

Hansestadt *f* ['hanzə-] ville *f* hanséatique.

Hanswurst *m* ‹-(e)s, -e/(¨e)› bouffon, paillasse, baladin, pitre *m.*

Hantel *f* ‹-, -n› ['hantəl] *sport* haltère *m.*

hantieren [han'ti:rən] ‹*ohne ge-*› *itr (handhaben)* manier, manipuler (*mit etw* qc); *(sich zu schaffen machen)* être à la besogne, s'affairer, s'occuper.

hapern ['ha:pərn] *itr (nicht recht funktionieren)* boiter; *fam* clocher; *impers:* ▶ *es hapert an etw* il y a qc qui ne marche pas.

Häppchen ['hɛpçən] ‹-s, -› *n* petit morceau *m.*

Happen *m* ‹-s, -› ['hapən] morceau *m,* bouchée *f;* ▶ *leckerer ~* morceau *m* friand. **happig** *a:* ▶ *das ist ein bißchen ~ (fam)* c'est un peu fort.

Hardware ['ha:deɛə] ‹-, -s› *inform* matériel, hardware *m.*

Harem *m* ‹-s, -s› ['ha:rɛm] harem *m.*

Harfe *f* ‹-, -n› ['harfə] harpe *f;* ▶ *~ spielen.* **harfen** *itr* jouer de la harpe.

Harke *f* ‹-, -n› ['harkə] râteau *m.* **harken** *tr* ratisser.

Harlekin *m* ‹-s, -e› ['harleki:n] arlequin *m.*

Harm *m* ‹-(e)s, ø› [harm] *(Kummer)* affliction *f,* chagrin, tourment *m.*

härmen, *sich* ['hɛrmən] s'affliger, se chagriner, se tourmenter (*um etw* de qc).

harmlos ['harmlo:s] *a* **1.** *(ungefährlich)* inoffensif, *bes. med* bénin, anodin; **2.** *(unschuldig, friedlich)* innocent, ingénu, paisible. **Harmlosigkeit** *f* ‹-, ø› **1.** caractère *m* inoffensif; *med* bénignité *f;* **2.** innocence, ingénuité *f.*

Harmonie *f* ‹-, -n› [harmo'ni:] *mus* harmonie *f, a. fig.* **harmonieren** [-'ni:rən] ‹*ohne ge-*› *itr* s'accorder (*mit* avec); ▶ *mitea. ~* s'entendre, être à l'unisson.

Harmonika *f* ‹-, -s/-ken› [-'mo:nika] *(Mundharmonika)* harmonica; *(Ziehharmonika)* accordéon *m.* **harmonisch** [-'mo:nɪʃ] *a mus* harmonique; *allg* harmonieux, (bien) proportionné. **harmonisieren** *tr* harmoniser. **Harmonium** *n* ‹-s, -nien› [-'mo:nium, -niən] *mus* harmonium *m.*

Harn *m* ‹-(e)s, ø› [harn] urine *f.* **Harnblase** *f* vessie *f.* **harnen** *itr* uriner. **Harnglas** *n* urinal *m.*

Harnisch *m* ‹-(e)s, -e› ['harnɪʃ] harnais *m; (Brust~)* cuirasse; *(Rüstung)* armure *f;* ▶ *jdn in ~ bringen* mettre qn en colère.

Harnleiter *m* ['harn-] *anat* uretère *m.* **Harnröhre** *f* urètre *m.* **Harnsäure** *f* acide *m* urique. **Harnstein** *m med* calcul *m* urinaire. **harntreibend** *a* diurétique. **Harnuntersuchung** *f* uroscopie *f.*

Harpune *f* ‹-, -n› [har'pu:nə] harpon *m.* **harpunieren** [-'ni:rən] ‹*ohne ge-*› *tr* harponner.

harren ['harən] *itr lit* attendre (*e-r S* od *auf etw* qc), être dans l'attente (*e-r S* od *auf etw* de qc).

harsch [harʃ] *a* dur, rude, âpre. **Harsch** *m* ‹-es, ø› *(Schnee)* neige *f* croûtée.

hart [hart] ‹*härter, härtest*› **I.** *a* **1.** dur *a. fig;* **2.** *(fest)* ferme, solide, résistant; **3.** *(rauh)* rude, âpre; *(drückend)* lourd, pesant; *(schwer, mühsam)* difficile, rude, pénible; **4.** *(streng)* sévère, rigoureux; *(unbeugsam)* inflexible, raide, de fer; **5.** *(hartherzig, gefühllos)* endurci, insensible; **II.** *adv (dicht, sehr nahe):* ▶ *~ an* tout près de; *jdn ~ anfassen* mener qn durement; *jdm ~ zusetzen* serrer qn de près; *~ machen* rendre dur, *a. fig* (en)durcir; *chem* solidifier; *~ werden* (se) durcir, prendre; *chem* se solidifer; *es geht ~ auf ~* c'est un combat acharné; ils ne se font pas de cadeaux *fam;* ils se rendent coup pour coup; *~e Droge f* drogue *f* forte; *~e Landung f (aero)* atterrissage *m* brutal; *~es Los* od *Schicksal n* sort *m* cruel.

Härte *f* ‹-, -n› ['hɛrtə] **1.** dureté *a. fig; (Haut)* rudesse; *(Stahl)* trempe; *(Farbe)* sécheresse *f;* **2.** *fig (Maßnahme, Schicksal)* rigueur; *(Strenge)* sévérité *f;* **3.** *(Roheit)* rudesse, cruauté *f.* **Härte-**

grad *m* degré de dureté; *(Stahl)* degré *m* de trempe. **härten** *tr* (en)durcir; *(Stahl)* tremper, *sich* ~ (se) durcir, s'endurcir.
Hartfaserplatte *f* ['hart-] panneau *m* dur, plaque *f* en fibre dure. **hartgefroren** *a* gelé, glacé. **hartgekocht** *a (Ei)* dur. **Hartgeld** *n* monnaie *f* (métallique), argent sonnant, numéraire *m*. **hartgesotten** *a fig* endurci, inflexible, *fam* dur à cuire. **Hartgummi** *m* caoutchouc *m* durci, ébonite *f*. **hartherzig** *a* dur, impitoyable; ~ *sein (a.)* avoir le cœur dur. **Hartherzigkeit** *f* dureté *od* sécheresse *f* de cœur. **Hartholz** *n* bois *m* dur. **hartleibig** *a* constipé; ▶ ~ *sein* avoir le ventre dur. **hartnäckig** *a* opiniâtre, obstiné, tenace, acharné, entêté, têtu; *med* persistant; ▶ *er bestand* ~ *darauf* il n'en voulut pas démordre. **Hartnäckigkeit** *f* opiniâtreté, obstination, ténacité *f*, acharnement, entêtement *m*; *med* persistance *f*. **Hartspiritus** *m* alcool *m* solidifié.
Härtung *f* ‹-, ø› ['hɛrtʊŋ] durcissement; *(Stahl)* trempage *m*, trempe *f*.
Harz *n* ‹-es, -e› [ha:rts] résine *f*. **harzig** *a* résineux.
Hasch *n* ‹-s, ø› [haʃ] *(fam)* haschich *m*.
Haschee *n* ‹-s, -s› [ha'ʃe:] *(Hackfleisch)* hachis *m*, viande *f* hachée.
haschen ['haʃən] **1.** *tr* attraper (au vol), saisir au vol, happer; **2.** *itr* chercher à attraper *od* saisir (*nach etw* qc), *fig* viser, aspirer, tendre (*nach etw* à qc); ▶ *nach Effekt* ~ viser à l'effet.
Häschen *n* ‹-s, -› ['hɛ:sçən] levraut *m*; ▶ *mein* ~*! (fam)* mon petit lapin!
haschieren [ha'ʃi:rən] ‹*ohne ge-*› *tr* hacher
Haschisch ['haʃɪʃ] ‹-(s), ø› *n od m* *(Rauschgift)* haschisch *m*.
Hase *m* ‹-n, -n› ['ha:zə] lièvre; *(Rammler)* bouquin *m*; ▶ *alter* ~ *(fig)* vieux renard *m*; *wissen, wie der* ~ *läuft (fig)* y voir clair, *pop* connaître la musique; *da liegt der* ~ *im Pfeffer!* c'est là que gît le lièvre! voilà le hic! *falscher* ~ *m (Hackbraten)* pâté *m* de viande.
Hasel(busch *m***)** *f* ‹-, -n› ['ha:zəl(-)], **Haselstrauch** *m* noisetier, coudrier *m*. **Haselnuß** *f* noisette *f*.
Hasenbraten *m* ['ha:zən-] lièvre *m* rôti. **Hasenfuß** *m fig* poltron *m*, poule *f* mouillée. **Hasenpfeffer** *m (Ragout)* civet *m* de lièvre. **Hasenscharte** *f med* bec-de-lièvre *m*.
Häsin *f* ‹-, -nen› ['hɛ:zɪn] hase *f*.
Haß *m* ‹-sses, ø› [has] haine (*auf, gegen* de, pour, contre); *(Erbitterung)* animosité; *(Groll)* rancune *f*, ressentiment *m*. **Haßausbruch** *m* accès *m* de haine.
hassen ['hasən] *tr* haïr, avoir en haine, détester. **hassenswert** *a* haïssable, odieux.
haßerfüllt *a* haineux.
häßlich ['hɛslɪç] *a* laid *a. fig*, hideux, affreux; *fig (Worte, Charakter)* vilain; *(widerlich)* odieux; ▶ ~ *machen*, ~ *werden* enlaidir; ~ *wie die Nacht* laid comme un pou *od* un singe. **Häßlichkeit** ‹-, ø› *f* laideur *f*.
Hast *f* ‹-, ø› [hast] hâte, précipitation *f*. **hasten** *itr* ‹*sein*› se hâter, se précipiter. **hastig I.** *a* précipité; *fig (aufgeregt)* emporté; **II.** *adv* en hâte.
Hätschelkind *n* enfant *m f* choyé, e. **hätscheln** ['hɛ(:)tʃəln] *tr* **1.** *(liebkosen)* caresser, cajoler; **2.** *(verzärteln)* choyer, dorloter.
Haube *f* ‹-, -n› ['haʊbə] **1.** bonnet *m*, capeline; *(Trachten- und Schwestern~)* coiffe *f*; *(e-r Krankenschwester)* bandeau *m*; **2.** *orn* h(o)uppe, crête *f*; **3.** *tech* hotte *f*; *mot aero* capot *m*; ▶ *unter die* ~ *bringen* marier, *fam (Mädchen)* caser.
Hauch *m* ‹-(e)s, (-e)› [haʊx] **1.** souffle *m*, *a. fig*; *(Ausdünstung)* exhalaison; *(Duft)* odeur *f*, parfum *m*; **2.** *fig (Andeutung, Anflug)* trace, idée *f*, soupçon *m*. **hauchdünn** *a* mince comme un fil. **hauchen** *tr* souffler. **hauchzart** *a* léger comme un souffle.
Haudegen *m* ['haʊ-] *(Mensch)* sabreur, baroudeur *m*. **Haue** *f* ‹-, -n› **1.** *(Hacke)* houe, pioche *f*, pic *m*; **2.** *fam (Schläge)* fessée, rossée *f*. **hauen** ‹*haute* od *hieb*, *gehauen*› *tr* **1.** *(schlagen)* battre, frapper, taper; *(prügeln) fam* rosser; **2.** *mines* extraire; *(Stein, Feile)* tailler; ▶ *sich* ~ se battre, *fam* se rosser; *um sich* ~ distribuer des coups. **Hauer** *m* ‹-s, -› **1.** *(Eckzahn e-s Ebers)* défense, broche *f*; **2.** (*a.* **Häuer** *m* ‹-s, -› ['hɔʏər]) abatteur, haveur, mineur *m*.
häufeln ['hɔʏfəln] *tr agr* butter, terrer. **häufen** *tr* **1.** entasser, accumuler, amonceler, amasser; **2.** *sich* ~ *(fig)* s'accumuler, s'amonceler, s'amasser, se multiplier.
Haufen *m* ‹-s, -› ['haʊfən] **1.** tas, amas, monceau, *(wertloser)* ramassis *m*; *(geschichteter)* pile *f*; **2.** *(große Zahl)* grand nombre *m*, quantité *f*; *(Schar)* groupe *m*, troupe, bande *f*, *pej* troupeau *m*; *(Volks~)* foule, multitude *f*. ▶ *e-n* ~ *Geld ausgeben* dépenser une fortune; *über den* ~ *werfen* renverser, bouleverser, culbuter; *fig* jeter par-dessus bord, *fam* chambarder. **haufenweise** *adv* en masse, en quantité, en foule, en *od* par bande. **Haufenwolke** *f* cumulus *m*.
häufig ['hɔʏfɪç] **I.** *a* fréquent; *(zahlreich)* nombreux; *(wiederholt)* répété; **II.** *adv* fréquemment, bien des fois, souvent; ▶ ~ *besuchen* fréquenter. **Häufigkeit** *f* ‹-, ø› grand nombre *m*, fréquence *f a. scient*. **Häuflein** *n* petit tas *od* monceau *m*; *(Menschen)* poignée

f; ▶ *wie ein ~ Unglück (fam)* tout triste.

Häufung *f* ⟨-, ø⟩ entassement *m*, accumulation *f*, amoncellement *m*; *fig* multiplication *f*.

Haupt *n* ⟨-(e)s, ⸚er⟩ [haupt, ˈhɔʏptər] **1.** tête *f*, *a. fig; (Ober~, Führer)* chef; *(e-r Partei) a.* leader, coryphée *m;* **2.** *(in Zssgen)* principal *a*, capital *a*, cardinal *a*, général *a*, central *a;* ▶ *erhobenen ~es*, la tête haute, le nez en l'air *od* au vent; *gesenkten ~es* la tête basse; *gekröntes ~* tête *f* couronnée. **Hauptaltar** *m* maître-autel *m*. **hauptamtlich** *a adv* à titre professionnel. **Hauptanschluß** *m tele* raccordement *m od* ligne *f* principal(e). **Hauptarbeit** *f* gros *m* de l'ouvrage, grosse besogne *f*. **Hauptaufgabe** *f* tâche *od* mission *od adm* fonction *f* principale. **Hauptaugenmerk** *n:* ▶ *sein ~ richten auf* diriger son attention principalement sur. **Hauptausschuß** *m* comité *m* central. **Hauptbahnhof** *m* gare *f* centrale. **Hauptbedeutung** *f (e-s Wortes)* sens *m* principal. **Hauptbedingung** *f* condition *f* essentielle. **Hauptberuf** *m* profession *f* principale. **hauptberuflich** *a adv* à temps complet *od* plein. **Hauptbestandteil** *m* élément *m* principal *od* dominant *od* constitutif. **Hauptbuch** *n com* grand livre, sommier *m*. **Hauptdarsteller(in** *f) m theat* premier rôle *m*, vedette *f*, protagoniste *m*. **Haupteigenschaft** *f* qualité *f* dominante *od* maîtresse. **Haupteingang** *m* entrée *f* principale. **Haupteinkommensquelle** *f* source *f* principale de revenu(s).

Haupteslänge *f:* ▶ *jdm um ~ überragen* dépasser qn d'une tête.

Hauptfach *n (Schule)* matière *od* discipline principale; *(persönl. Sondergebiet)* spécialité *f*. **Hauptfigur** *f* personnage *m* principal. **Hauptgericht** *n (e-r Mahlzeit)* plat *m* de résistance. **Hauptgeschäftszeit** *f* heures *f pl* d'affluence *od* de pointe. **Hauptgewinn** *m (Lotterie)* gros lot *m*. **Hauptgrund** *m* raison *f* principale. **Haupthahn** *m tech* robinet *m* principal. **Hauptleitung** *f tech el* conduite *f* principale.

Häuptling *m* ⟨-s, -e⟩ [ˈhɔʏptlɪŋ] chef *m* de tribu.

Hauptmahlzeit *f* [ˈhaupt-] repas *m* principal. **Hauptmann** *m* ⟨-(e)s, -leute⟩ *mil* capitaine; *allg* chef *m*. **Hauptmerkmal** *n* caractère *m* principal *od* distinctif. **Hauptmieter** *m* locataire *m* principal. **Hauptnenner** *m math* dénominateur *m* commun. **Hauptperson** *f* personnage *m* principal *od* central *od* de premier plan; ▶ *~ sein (fam)* jouer le premier rôle. **Hauptpost(amt** *n)* *f* (bureau *m* de) poste central(e), grande poste *f*, hôtel *m* des Postes. **hauptpostlagernd** *a* poste restante bureau central. **Hauptproblem** *n* problème *m* cardinal. **Hauptquartier** *n:* ▶ *das (Große) ~ (mil)* le (grand) Quartier *m* général. **Hauptrolle** *f theat, a. fig* premier rôle; *fig* rôle *m* principal. ▶ *die ~ spielen (theat u. fig)* avoir la vedette. **Hauptsache,** *die* la chose principale, le principal, l'essentiel *m;* ▶ *in der ~* en substance; *(im Grunde)* au fond; *zur ~ kommen* en venir au fait; *das ist die ~ (a.)* c'est le principal *od* l'essentiel; *die ~ dabei ist zu* le tout est de; *die ~ fehlt noch* ce n'est pas le tout. **hauptsächlich** **I.** *a* principal, essentiel, capital, majeur; **II.** *adv* principalement, notamment, surtout, avant tout. **Hauptsaison** *f* saison *f* de pointe. **Hauptsatz** *m gram* proposition *f* principale; *mus* thème, motif *m*. **Hauptschalter** *m el* commutateur *m* central. **Hauptschlagader** *f* aorte *f*. **Hauptschlüssel** *m* passe-partout *m*. **Hauptschuld** *f* faute principale; *fin* dette *f* principale. **Hauptschuldige** *m, f jur* principal(e) coupable *m (f)*. **Hauptsicherung** *f el* coupe-circuit *m* principal. **Hauptstadt** *f* capitale, *allg* métropole *f*. **Hauptstraße** *f (in e-r Stadt)* grande rue, grand-rue *f*. **Haupttreffer** *m (Lotterie)* gros lot *m*. **Haupttreppe** *f* grand escalier *m*. **Hauptursache** *f* cause *f* principale. **Hauptverhandlung** *f jur* audience *f* principale. **Hauptverkehrsstraße** *f* grande route, route *od* artère principale, route *od* voie *f* à grande circulation. **Hauptverkehrszeit** *f* heures *f pl* d'affluence *od* de pointe. **Hauptversammlung** *f* assemblée *f* générale. **Hauptverwaltung** *f* direction *f* générale. **Hauptwachtmeister** *m* adjudant-chef *m* de compagnie. **Hauptwirkung** *f* effet *m* principal. **Hauptwort** *n gram* nom, substantif *m*.

Haus *n* ⟨-es, ⸚er⟩ [haus, ˈhɔʏzər] **1.** maison; *fam* bâtisse *f; (Gebäude)* bâtiment, édifice; *(herrschaftl. Stadthaus)* hôtel; *(Herrenhaus e-s Gutes)* manoir *m; (Wohnhaus)* habitation; *(Wohnung)* demeure *f*, domicile, logis; *(Heim)* foyer *f;* **2.** *(Haushalt)* ménage *m;* **3.** *(Dienerschaft, Personal)* maison *f*, personnel *m;* **4.** *(Familie)* famille, lignée; *(Fürstenhaus)* maison, dynastie *f;* **5.** *(Handelshaus, Firma)* maison (de commerce), firme *f;* **6.** *theat* salle *f* (de spectacles); *(Publikum)* public *m;* **7.** *parl (Kammer)* chambre *f;* ▶ *aus gutem ~e* de bonne famille, bien né; *frei ~ (com)* franco *od* rendu à domicile; *nach ~(e)* à la maison, chez soi; *von ~ aus* d'origine, originairement, de naissance; à l'origine; *von ~ zu ~ gehen* aller de porte en porte; *jdn nach ~e begleiten* od *bringen* reconduire qn chez lui; *zu ~e bleiben* rester à la maison *od* chez soi, garder le logis; *das ganze ~ nach jdm, e-r S durchsuchen* chercher qn, qc de la cave au grenier; *sich (ganz) wie zu ~e fühlen* être comme chez soi, ne pas se gêner; *nach ~e gehen* rentrer (à la maison *od* chez soi); *das ~ hüten* garder la maison; *in etw zu ~e (fig fam: beschlagen, bewandert) sein* être sur son terrain; *in Paris zu ~e sein* être de Paris, habiter Paris; *vor ausverkauftem (leerem) ~e spielen* jouer à bureaux fermés (devant *od* pour les banquettes); *jdm das ~ verbieten* fermer *od* défendre *od* (faire) refuser sa porte à qn; *wo sind Sie zu ~e?* d'où êtes-vous? *tun Sie (ganz), als ob Sie zu ~e wären!* faites comme chez vous! ne vous gênez pas! *Dame* od *Frau f des ~es* maîtresse *f* de maison; *fideles ~ (fam)* joyeux compère *od* drille *m; gelehrtes ~ (fam)* puits *m* de science, encyclopédie *f* vivante; *Herr m des ~es* maître *m* de maison. **Hausangestellte** *m, f* employé(e *f*) *m* de maison; *pl* gens *pl* de maison. **Hausapotheke** *f* armoire à pharmacie, pharmacie *f* de famille. **Hausarbeit** *f (der Hausfrau)* travaux *m pl* domestiques *od* du ménage, travail *m* ménager; *s. a. Hausaufgabe.* **Hausarrest** *m* privation *f* de sortie. **Hausarzt** *m* médecin *m* de famille *od* habituel. **Hausaufgabe** *f (Schule)* devoir *m.* **hausbacken** *a fig* terre-à-terre, prosaïque; terne; *fam* pot-au-feu, pantouflard. **Hausbar** *f:* ► *fahrbare ~* chariot *m* à liqueurs. **Hausbesetzer** ‹-s, -› *m* squatter *m.* **Hausbesetzung** *f* squattage *m.* **Hausbesitzer(in** *f*) *m* propriétaire *m, f* (de la maison). **Hausbewohner** *m* habitant *m* de la maison.

Häuschen *n* ‹-s, -› ['hɔʏsçən] maisonnette *f,* pavillon *m;* ► *ganz aus dem ~ (fig fam)* hors de soi, estomaqué; *ganz aus dem ~ geraten, sein* se mettre, être dans tous ses états.

Hausdame *f* ['haʊs-] dame *f* de compagnie. **Hausdiener** *m* domestique, valet *m.* **Hauseinfahrt** *f* porte *f* cochère.

hausen ['haʊzən] *itr pej u. fam* gîter, nicher, percher; ► *übel ~* faire des ravages.

Häuserblock *m* ['hɔʏsər-] îlot *od* pâté *m* de maisons. **Häuserreihe** *f* rangée *f* de maisons.

Hausflur *m* ['haʊs-] vestibule *m.* **Hausfrau** *f* ménagère; *(in der Statistik)* femme *f* au foyer. **Hausfreund** *m* ami de la maison; *pej* sigisbée *m.* **Hausfrieden** *m* paix *f* domestique *od* du foyer. **Hausfriedensbruch** *m* violation *f* de *od* du domicile. **Hausgebrauch** *m:* ► *für den ~* à usage domestique. **Hausgehilfin** *f* aide de ménage *od* domestique, bonne *f* (à tout faire). **hausgemacht** *a (aus eigener Herstellung)* fait à la maison; *(intern)* interne. **Hausgemeinschaft** *f* maisonnée *f.* **Haushalt** *m* ‹-(e)s, -e› **1.** *(a. com)* ménage *m;* **2.** *(Staatshaushalt)* budget *m;* ► *die privaten ~e (Statistik)* les ménages *m pl* privés; *(jds ~* od *jdm) den ~ führen* od *besorgen* tenir le ménage *od* la maison (de qn); *den ~ verabschieden (parl)* approuver le budget. **haus=halten** ‹*hält, hielt haus, hausgehalten*› *itr* tenir le ménage *od* la maison; ► *mit s-n Kräften ~* ménager ses forces. **Haushälterin** *f* femme *f* de ménage. **haushälterisch I.** *a* ménager, économe; **II.** *adv* avec économie. **Haushalt(s)artikel** *m pl* articles *m pl* de ménage. **Haushaltsdebatte** *f parl* débat *m od* discussion *f* budgétaire. **Haushalt(s)geld** *n* argent *m* du ménage. **Haushalt(s)gerät** *n* ustensile *m* de ménage. **Haushaltsgesetz** *n* loi *f* budgétaire. **Haushaltsjahr** *n* année *f od* exercice *m* budgétaire. **Haushaltslücke** *f pol* impasse *f* budgétaire. **Haushaltsmüll** *m* ordures *f pl* ménagères. **Haushaltsplan** *m* budget *m;* ► *den ~ aufstellen* établir *od* fixer le budget. **Haushaltung** *f* **1.** ménage, *adm* foyer *m* domestique; **2.** budget *m* familial. **Haushaltungsschule** *f* école *f* ménagère. **Haushaltungsvorstand** *m* chef *m* de ménage. **Hausherr(in** *f*) *m* maîtr(ess)e *m (f)* de maison, maître *m* de céans; *(Gastgeber)* hôt(ess)e *m (f).* **haushoch** *a fig (Überlegenheit)* écrasant; ► *~ schlagen (sport)* écraser.

hausieren ['haʊ'zi:rən] ‹*ohne ge-*› *itr* faire du porte-à-porte, colporter (*mit etw* qc) *a. fig.* **Hausierer** *m* ‹-s, -› colporteur, porte-balle, marchand *m* ambulant.

Hauskleid *n* ['haʊs-] robe *f* d'intérieur; négligé, deshabillé *m.* **Hauslehrer** *m* précepteur *m.*

häuslich ['hɔʏslɪç] *a* **1.** domestique; **2.** *(Mensch)* sédentaire, casanier; ► *sich ~ einrichten* se mettre en ménage; *sich ~ niederlassen (fam)* s'installer, planter sa tente. **Häuslichkeit** *f* ‹-, ø› **1.** *(Ort)* intérieur, chez soi; home *m;* **2.** *fig* (goût *m* de la) vie *f* de famille.

Hausmädchen *n* ['haʊs-] servante, bonne *f* (à tout faire). **Hausmann** *m* homme *m* au foyer. **Hausmannskost** *f* nourriture *f* ordinaire. **Hausmeister** *m* concierge, portier *m.* **Hausmitteilung** *f* circulaire *f.* **Hausmittel** *n pharm* remède *m* de bonne femme. **Hausmüll** *m* ordures *f pl* ménagères. **Hausnotruf** *m* téléalarme *f.* **Hausnummer** *f* numéro *m* de la maison. **Hausordnung** *f (e-r Anstalt)* règlement *m* intérieur. **Hausputz** *m* nettoyage *m.* **Hausrat(s)versicherung** *f*

assurance *f* mobilière. **Hausschlüssel** *m* clé *f* de la maison. **Hausschuhe** *m pl* chaussons *m pl*, pantoufles *f pl*. **Hausschwamm** *m* bolet destructeur, *scient* fungus *m*.
Hausse *f* ‹-, -n› ['ho:s(ə)] *fin (Steigen der Kurse)* hausse *f*; ▶ *auf ~ spekulieren* spéculer à la hausse.
Hausstand *m* ['haʊs-] ménage *m*. **Haussuchung** *f jur* visite domiciliaire, perquisition domiciliare *od* à domicile, fouille à domicile, *jur* descente *f* de justice. **Haussuchungsbefehl** *m* mandat *m* de perquisition. **Haustelefon** *n* téléphone privé; interphone *m*. **Haustier** *n* animal *m* domestique. **Haustür** *f* porte *f* de la maison. **Hausverwalter** *m* gérant *m* d'immeubles. **Hauswirt(in *f*)** *m* propriétaire *m, f*, *arg* proprio *m*.
Haut *f* ‹-, ¨e› [haʊt, 'hɔʏtə] peau *f*, *(Tierhaut)* cuir *m*; *(abgeworfene* od *abgezogene)* dépouille *f*; *zoo bot* tégument *m*, tunique; *(e-r Frucht)* peau, pelure; *(Milch)* peau; *(flache, gespannte)* membrane *f*; ▶ *mit ~ und Haaren* cuir et poil, tout cru, tout entier; *die ~ abziehen* dépouiller, écorcher (*e-m Tier* un animal); *(bei e-m Geschäft)* plumer *fam*; *mit heiler ~ davonkommen* s'en tirer sain et sauf *od* sans une égratignure, l'échapper belle; *aus der ~ fahren* éclater, sortir de ses gonds, se mettre dans tous ses états; *auf der faulen ~ liegen* ne faire rien, *fam* se la couler douce; *sich s-r ~ wehren* défendre sa peau; *sich in s-r ~ wohl fühlen* se sentir bien dans sa peau; *ich möchte nicht in s-r ~ stecken* je ne voudrais pas être dans sa peau; *niemand kann aus seiner ~ (heraus)* on est ce qu'on est *fam*; *bis auf die ~ durchnäßt* trempé jusqu'aux os. **Hautabschürfung** *f* excoriation *f*. **Hautarzt** *m* dermatologue *m*. **Hautatmung** *f* respiration *f* cutanée. **Hautausschlag** *m* éruption *f* cutanée. **Hautblase** *f med* ampoule *f*.
Häutchen *n* ‹-s, -› ['hɔʏtçən] pellicule; *anat* membrane, *a. bot* cuticule *f*; *(auf e-r Flüssigkeit, tech)* film, *tech (auf Öl)* feuil *m*.
Hautcreme *f* ['haʊt-] crème *f* de beauté.
häuten ['hɔʏtən] *tr* enlever la peau à, écorcher, dépouiller; *sich ~ (die Haut verlieren)* peler; *(die Haut erneuern)* quitter sa *od* changer de peau, faire peau neuve; *zoo* se dépouiller, muer.
hauteng ['haʊt-] *a (Hose, Kleid)* collant, qui moule les formes.
Hautevolee *f* ‹-, ø› [(h)o:tvo'le:] grand monde; *pop* gratin *m*, haute *f*.
Hautfarbe *f* ['haʊt-] teint *m*. **Hautkrankheit** *f*, **Hautleiden** *n* maladie de la peau, dermatose *f*. **Hautkrebs** *m* cancer *m* de la peau. **hautnah** *adv fig* de tout près. **Hautpflege** *f* hygiène *f* de la peau. **Hautpflegemittel** *n* cosmétique *m*. **Hautübertragung** *f anat* transplantation *f* cutanée.
Häutung *f* ‹-, -en› ['hɔʏtʊŋ] *zoo* mue *f*.
Havanna [ha'vana] **1.** *n (Stadt)* La Havane; **2.** *f* ‹-, -s› *(Zigarre)* havanne *m*.
Havarie *f* ‹-, -n› [hava'ri:] *(Seeschaden)* avarie *f*.
H-Dur *n* ['ha:du:r] *mus* si *m* majeur.
he [he:] *interj* hé! eh! ohé! hep! holà!
Hebamme *f* ‹-, -n› ['he:pˀamə, 'he:-bamə] sage-femme, accoucheuse *f*.
Hebebock *m* ['he:bə-] *mot* chèvre *f*, vérin *m*. **Hebebühne** *f mot* plate-forme *f* d'élévation, pont élévateur, élévateur *m* d'auto(mobile)s.
Hebel *m* ‹-s, -› ['he:bəl] levier *m*, *a. fig*; *(kleiner)* manette *f*; ▶ *alle ~ in Bewegung setzen* faire jouer tous les ressorts, mettre tout en œuvre. **Hebelarm** *m* bras *m* de levier. **Hebelwirkung** *f* effet *m* de levier.
heben ['he:bən] ‹*hob, gehoben*› *tr* **1.** *(hochheben)* lever, élever, soulever; *(hochwinden)* hisser, guinder; *(Schiff)* renflouer; *(Auto)* soulever, hausser; *(anheben, erhöhen, a. fig)* lever, hausser; *fig (die Stimme)* élever, hausser; **2.** *(Stimmung)* relever; *(vermehren, steigern)* augmenter; *(verbessern)* améliorer, réformer; *(fördern)* relever, encourager; **3.** *(hervorkehren)* relever, mettre en relief, faire ressortir, rehausser; **4.** *refl sich ~* se lever, s'élever *a. fig, fig* se relever, reprendre; *(steigen)* hausser; *(zunehmen)* augmenter; ▶ *einen ~ (fam) (trinken)* boire un coup, lever *od* hausser le coude. **Heber** *m* ‹-s, -› **1.** *(Saugheber)* siphon *m*; **2.** *(Auto)* cric *m*. **Hebewerk** *n* appareil de levage *od* élévatoire; *mar* élévateur *m* à bateaux.
hebräisch [he'brɛ:ɪʃ] *a* hébraïque; *gram (das) Hebräisch(e) (Sprache)* l'hébreu *m*.
Hebung *f* ‹-, ø› ['he:bʊŋ] **1.** levée *f*, levage; *(e-s Schiffes)* renflouage *m*; *(des Bodens)* élévation *f*, soulèvement *m*; **2.** *fig (Vermehrung)* augmentation *f*; *(Steigerung)* relèvement *m*; **3.** *(Förderung)* encouragement *m*; *com* reprise *f*.
Hecht *m* ‹-(e)s, -e› [hɛçt] brochet *m*. **Hechtsprung** *m (Schwimmsport)* saut *m* de carpe.
Heck *n* ‹-(e)s, -e/-s› [hɛk] *mar* poupe *f*; *mot aero* arrière *m*; *aero* queue *f*. **Heckantrieb** *m mot* traction *f* arrière.
Hecke *f* ‹-, -n› ['hɛkə] *(Einfriedung)* haie *f* (vive).
hecken ['hɛkən] *itr (Vögel: Junge zur Welt bringen)* faire des petits, couver; *(nisten)* nicher.
Heckenrose *f* ['hɛkən-] **1.** *(Strauch)* églantier, rosier *m* sauvage; **2.** *(Blüte)* églantine, rose *f* sauvage *od* des chiens.

Heckenschere *f* cisailles *f pl*, sécateur *m*. **Heckenschütze** *m* franc-tireur *m*.
Heckfenster *n* ['hɛk-] lunette *f* arrière. **Heckklappe** *f* hayon *m*. **Heckmotor** *m mot* moteur *m* à l'arrière. **Heckscheibe** *f mot* lunette *f* arrière. **Heckscheibenwischer** *m* essuie-glace *m* (de la vitre) arrière. **Hecktür** *f* hayon *m*.
heda ['he:da] *interj* hé! ho(là)!
Heer *n* ‹-(e)s, -e› [he:r] **1.** armée *f* (de terre); **2.** *(Unzahl)* légion, foule, multitude, masse *f*; ▶ *ein ganzes ~ von* un régiment de; *stehendes ~* armée *f* permanente. **Heeresgruppe** *f* groupe *m* d'armées. **Heeresleitung** *f* direction *f* de l'armée. **Heerführer** *m* commandant d'armée; *allg* général, capitaine *m*. **Heerscharen** *f pl fig* légions *f pl*.
Hefe *f* ‹-, -n› ['he:fə] levain *m*, *(bes. Bierhefe)* levure; *(bes. Weinhefe)* lie; *(Bodensatz* lie *f*. **Hefeteig** *m* pâte *f* à pizza.
Heft *n* ‹-(e)s, -e› [hɛft] **1.** *(Griff)* manche *m*; *(e-r Waffe)* poignée *f*; **2.** *(Schreibheft)* cahier; *(Notizheft)* carnet *m*; *(Leseheft)* brochure *f*; ▶ *das ~ in d. Hand haben (fig)* tenir les commandes; *fam* tenir la queue de la poêle, être du côté du manche. **heften** *tr* **1.** *(mit Nadeln befestigen)* épingler; *(mit Nägeln)* clouer; *(mit Fäden)* faufiler; *(anhaken)* agrafer; *(kleben)* coller; *(Buch)* brocher; *(Kleid)* bâtir; **2.** *fig (s-n Blick)* fixer (*auf* sur), plonger (*auf* dans); ▶ *sich an jds Fersen ~* suivre qn comme son ombre. **Hefter** *m* ‹-s, -› *(Schnell~)* classeur *m*. **Heftfaden** *m* faufil; *(des Schneiders)* bâti; *(des Buchbinders)* fil *m* à brocher.
heftig ['hɛftɪç] **I.** *a* **1.** violent, véhément; *(stark)* fort, intense; *(Regen)* abondant; *(Wind)* grand; *(Schmerz)* aigu; *(Tadel)* brusque; *(Streit)* animé; *(Leidenschaft)* ardent; **2.** *(stürmisch, ungestüm)* rude, impétueux; *(aufbrausend)* emporté, irascible; **II.** *adv* violemment; fortement; ▶ *~ werden* s'emporter. **Heftigkeit** *f* ‹-, ø› **1.** violence, véhémence; intensité, acuité; brusquerie; ardeur *f*; **2.** rudesse, impétuosité *f*; emportement *m*, irascibilité *f*.
Heftmaschine *f* ['hɛft-] agrafeuse *f*, *(für Bücher)* brocheuse *f*. **Heftpflaster** *n* emplâtre (adhésif *od* agglutinant), taffetas d'Angleterre, sparadrap *m*; ▶ *ein ~ auflegen* appliquer, mettre un emplâtre. **Heftzwecke** *f* punaise *f*.
Hege *f* ‹-, ø› ['he:gə] *(des Wildes)* conservation *f*.
Hegemonie *f* ‹-, -n› [hegemo'ni:] hégémonie *f*.
hegen ['he:gən] *tr* **1.** *(erhalten, schonen)* conserver; *(für die Erhaltung, bes. des Wildes, sorgen)* avoir *od* prendre soin de; **2.** *fig (Gefühle)* avoir, éprouver, entretenir, nourrir; *(Hoffnung a.)* caresser; ▶ *~ und pflegen* choyer.
Hehl *n, a. m* [he:l] *lit:* ▶ *kein(en) ~ aus etw machen* ne pas faire mystère de qc, ne pas dissimuler qc. **Hehler** *m* ‹-s, -› receleur *m*. **Hehlerei** *f* [-'raɪ] recel, recèlement *m*.
hehr [he:r] *a poet (erhaben)* auguste, sublime.
Heide ['haɪdə] **(1)** *f* ‹-, -n› *bot* bruyère; *(Landschaft)* lande(s *pl*); *(Ödland)* garrigue, varenne *f*; **(2)** *m* ‹-n, -n› *rel* païen *m*.
Heidekraut *n* ['haɪdə-] bruyère, *(Büschel)* brande *f*.
Heidelbeere *f* ['haɪdəl-] myrtille, airelle *f*.
Heidenangst *f* ['haɪdən-] *fam* peur bleue, *pop* frousse *f*. **Heidenarbeit** *f*: ▶ *das ist e-e ~* c'est le diable à confesser; c'est un travail de bénédictin. **Heidengeld** *n*: ▶ *ein ~* un argent fou. **Heidenlärm** *m* vacarme infernal, tapage; *fam* chambard *m*. **Heidenspaß** *m* plaisir *m* fou.
Heidentum *n* ‹-s, ø› paganisme *m*. **heidnisch** ['haɪdnɪʃ] *a* païen; *(ungläubig)* mécréant.
heikel ['haɪkəl] *a* **1.** *(Sache) (kitzlig)* délicat, précaire; **2.** *(Person: schwierig, wählerisch)* difficile.
Heil *n* ‹-(e)s, ø› [haɪl] *(Glück)* bonheur *m*, félicité; *(Gedeihen)* prospérité *f*; *bes. rel* salut *m*; ▶ *~ (dat)* gloire (à); *sein ~ versuchen* tenter sa fortune *od* sa chance, chercher une chance de salut; *~!* salut! *~ und Segen* salut et prospérité. **heil** *a (ganz, unbeschädigt)* entier, intact, indemne; ▶ *~ und gesund* sain et sauf.
Heiland *m* ‹-(e)s, -e› ['haɪlant] *rel* le Sauveur.
Heilanstalt *f* ['haɪl-] établissement *m* hospitalier. **Heilbad** *n* station *f* thermale. **heilbar** *a* guérissable, curable. **Heilbarkeit** *f* ‹-, ø› curabilité *f*. **heilbringend** *a* salutaire. **Heilbutt** *m zoo* flétan *m*. **heilen 1.** *tr* ‹h› guérir (*von* de); **2.** *itr* ‹sein› *(Wunde)* (se) cicatriser. **Heilerfolg** *m* succès *m* du traitement. **heilfroh** *a* très content (d'en avoir fini). **Heilgymnastik** *f* gymnastique *f* médicale *od* fonctionnelle. **Heilgymnastiker(in *f*)** *m* kinésithérapeute *m f*.
heilig ['haɪlɪç] *a* **1.** saint, sacré; **2.** *(unverletzlich)* inviolable; ▶ *bei allem, was (mir) ~ ist* par tout ce qu'il y a de plus sacré (pour moi); *hoch und ~ versprechen* promettre solennellement; *der H~e Stuhl* le Saint-Siège; *der H~e Vater (Papst)* le Saint-Père. **Heilige** *m f* ‹-n, -n› saint(e *f*) *m*. **heiligen** *tr* **1.** sanctifier; *(weihen)* consacrer; **2.** *fig (rechtfertigen)* justifier, sanctionner. **Heili-**

genleben *n (Lebensbeschreibung)* hagiographie *f.* **Heiligenschein** *m* auréole; *(Kunst)* gloire *f,* nimbe *m.* **Heiligkeit** *f* ⟨-, ø⟩ sainteté *f;* ▶ *Seine ~ (der Papst)* Sa Sainteté. **heilig=sprechen** ⟨*spricht, sprach heilig, heiliggesprochen*⟩ *tr* canoniser. **Heiligsprechung** *f* canonisation *f.* **Heiligtum** *n* ⟨-(e)s, ¨er⟩ *(Tempel)* sanctuaire, lieu *m* saint.

Heilkraft *f* ['haɪl-] vertu *f* médicinale *od* curative. **Heilkräuter** *n pl* herbes *od* plantes *f pl* médicinales *od* officinales, *(einheimische)* simples *m pl.* **Heilkunde** *f* médecine, science *f* médicale. **heillos** *a (unselig)* malheureux, *(bedauerlich)* déplorable; *(unabänderlich)* irrémédiable; *(furchtbar, schrecklich)* terrible; *(Durcheinander)* épouvantable. **Heilmethode** *f* méthode de traitement; thérapeutique, médication *f.* **Heilmittel** *n* remède, médicament *m.* **Heilpflanze** *f* plante *f* officinale, *(einheimische)* simple *m.* **Heilpraktiker** *m* guérisseur *m.* **Heilquelle** *f* source *f* médicinale *od* thermale. **heilsam** *a (gesund, wirkungsvoll, gut)* salutaire. **Heilsarmee,** *die* l'armée *f* du salut. **Heilung** *f* ⟨-, (-en)⟩ **1.** guérison *f,* rétablissement *m;* cure *f;* **2.** *(e-r Wunde)* cicatrisation *f.* **Heilungsprozeß** *m* processus *m* de la guérison. **Heilverfahren** *n* traitement *m* curatif.

Heim *n* ⟨-(e)s, -e⟩ [haɪm] **1.** domicile *m,* habitation *f;* *(eigenes, trautes)* intérieur, chez-soi, home *m;* **2.** *(soziale Einrichtung)* foyer *m,* maison *f,* home *m.* **heim** *adv* à la maison, chez soi; dans son pays. **Heimarbeit** *f* travail *m* à domicile; ▶ *~ machen* travailler à domicile. **Heimarbeiter** *m* travailleur *m* à domicile.

Heimat *f* ⟨-, ø⟩ ['haɪma:t] pays *m,* patrie *f; mil* intérieur *m.* **Heimatland** *n* pays *m* (natal), patrie *f.* **heimatlich** *a* du *od* de mon, ton *etc* pays. **heimatlos** *a* sans patrie; *jur* apatride. **Heimatlose** *m f* ⟨-n, -n⟩ sans-patrie *m;* apatride *m f.* **Heimatort** *m* pays *m* natal *od* d'origine. **Heimatrecht** *n* droit de domicile *od* de naturalité, indigénat *m.* **Heimatstadt** *f* ville *f* natale. **Heimatvertriebene** *m, f* réfugié(e *f*) *m.*

Heimchen *n* ⟨-s, -⟩ ['haɪmçən] *zoo* grillon, *fam* cricri *m.* ▶ *~ am Herd* femme *f* d'intérieur, grillon *m* du foyer.

Heimcomputer *m* ordinateur *m* à domicile, micro-ordinateur *m* familial, ordinateur *m* domestique.

heim=fahren ['haɪm-] ⟨*fährt, fuhr heim, heimgefahren*⟩ *itr* ⟨*sein*⟩ rentrer. **Heimfahrt** *f* retour *m;* ▶ *auf der ~* en rentrant. **Heimindustrie** *f* industrie *f* domestique. **heimisch** *a* local, du pays; ▶ *sich ~ fühlen, ~ sein* être (comme) chez soi; *~ machen (werden)* (s')acclimater, (s')habituer. **Heimkehr** *f* retour *m,* rentrée *f.* **heim=kehren** *itr* ⟨*sein*⟩ retourner *od* rentrer chez soi. **Heimkehrer** *m* (prisonnier de guerre) rapatrié *m.* **heim=leuchten** *itr:* ▶ *jdm ~ (fig fam)* envoyer promener qn.

heimlich ['haɪmlɪç] **I.** *a* secret, clandestin, dérobé; *(verstohlen)* furtif; **II.** *adv a.* en secret, en cachette, à la dérobée. **Heimlichkeit** *f* ⟨-, (-en)⟩ clandestinité *f; in aller ~* dans le plus grand secret; *~en vor jdm haben* (avoir à) cacher qc à qn. **Heimlichtuerei** *f* cachotterie *f.* **heimlich=tun** ⟨*tut, tat heimlich, heimlichgetan*⟩ *itr* se donner des airs mystérieux.

Heimreise *f* ['haɪm-] retour *m.* **Heimroboter** *m* robot *m* domestique. **heim=schicken** *tr* renvoyer. **heim=suchen** *tr (Krankheit, Unwetter, Naturkatastrophe)* toucher, atteindre, frapper. **heimtückisch** *a* malicieux, malin *(a. Krankheit),* sournois; *(verräterisch)* traître, perfide; *(falsch)* faux. **heimwärts** *adv* chez soi, à la maison. **Heimweg** *m* retour *m;* ▶ *auf dem ~* au retour, en rentrant; *sich auf den ~ machen* prendre le chemin du retour. **Heimweh** *n* mal *m* du pays, nostalgie *f; fam* cafard *m.* **Heimwerker(in** *f*) *m* bricoleur, euse *m f.* **heim=zahlen** *tr fig:* ▶ *es jdm ~* rendre la pareille à qn, rendre à qn la monnaie de sa pièce.

Heinrich *m* ['haɪnrɪç] *m,* **Heinz** *m* Henri *m.*

Heinzelmännchen *n* lutin *m.*

Heirat *f* ⟨-, -en⟩ ['haɪra:t] mariage *m.* **heiraten** *tr* épouser; prendre *(vom Mann)* pour épouse *od* femme, *(von der Frau)* pour époux *od* mari; *itr* se marier. **Heiratsantrag** *m* proposition de *od* demande *f* en mariage; ▶ *jdm e-n ~ machen* demander qn en mariage. **Heiratsanzeige** *f (Bekanntmachung)* annonce *f od* faire-part *m* de mariage; *(Ehewunsch)* annonce *f* matrimoniale. **heiratsfähig** *a* mûr pour le mariage, mariable; *(Mädchen)* nubile; ▶ *~es Alter n* âge *m* nubile; *~e Tochter f* fille *f* à marier. **Heiratsurkunde** *f* acte *m* de mariage. **Heiratsvermittler(in** *f*) *m* courtier, -ière *m, f* matrimonial(e), agent *m* matrimonial. **Heiratsvermittlung(sbüro** *n*) *f* agence *f* matrimoniale. **Heiratsvertrag** *m* contrat *m* de mariage.

heischen ['haɪʃən] *tr* demander, exiger.

heiser ['haɪzər] *a (durch Erkältung* od *Schreien)* enroué; ▶ *sich ~ schreien* s'égosiller; *~ werden* s'enrouer. **Heiserkeit** *f* ⟨-, ø⟩ enrouement *m.*

heiß [haɪs] *a* **1.** chaud; *(Zone)* torride; **2.** *fig* ardent, fervent, passionné; *(Tränen)* brûlant; ▶ *~ machen, ~ werden* chauffer; *es ist ~* il fait chaud; *mir ist ~* j'ai chaud; *es ging* ~ *her* ça chauffait; *es wird* ~*! (Spiel)* vous brûlez; ~*e Quelle f* source *f* thermale. **heißblütig** *a fig* chaud, passionné, fougueux.

heißen ['haɪsən] ⟨*hieß, geheißen*⟩ *tr* **1.** *(nennen)* appeler, nommer; **2.** *(bedeuten)* vouloir dire, signifier; **3.** *(befehlen:) jdn etw tun* ~ ordonner *od* commander *od* dire à qn de faire qc; **4.** *itr.* s'appeler, se nommer, avoir nom; ► *es heißt, daß ...* on dit, le bruit court que ...; *das heißt* c'est-à-dire; ou du moins; *das heißt mit anderen Worten* cela revient à dire; *das soll nicht* ~, *daß* cela ne veut pas dire *od* ce n'est pas pour cela; ... pour autant; *hier heißt es schnell handeln* là, il s'agit de faire vite; *wie* ~ *Sie?* comment vous appelez-vous? quel est votre nom? *wie heißt dieser Ort?* quel est le nom de ce lieu? *wie heißt das auf französisch?* comment cela se dit-il en français? *was soll das* ~*?* qu'est-ce à dire? qu'est-ce que cela veut dire?

heißgeliebt ['haɪs-] *a* passionnément aimé. **Heißhunger** *m* faim dévorante *od* féroce; *med* boulimie *f*. **heiß=laufen,** *sich* ⟨*läuft, lief heiß, heißgelaufen*⟩ *(tech)* s'échauffer, surchauffer. **Heißluft** *f* air *m* chaud. **Heißmangel** *f* repasseuse *f* mécanique. **Heißsporn** *m* ⟨-(e)s, -e⟩ tête *f* chaude. **heißumkämpft** *a* très, vivement disputé. **Heißwasserspeicher** *m* accumulateur *m* d'eau chaude.

heiter ['haɪtər] *a* **1.** serein, hilare, gai, joyeux; **2.** *(Himmel)* clair, pur; ► *das kann ja* ~ *werden! (fam)* ça s'annonce bien! **Heiterkeit** *f* ⟨-, ø⟩ sérénité, hilarité, gaieté *f*, enjouement *m;* clarté, pureté *f*. **Heiterkeitserfolg** *m:* ► *e-n* ~ *haben* provoquer le rire.

Heizanlage *f* ['haɪts-] installation de chauffage, chaufferie *f*. **heizbar** *a:* ► ~*es Zimmer n* chambre *f* avec possibilité de chauffage. **Heizdecke** *f el* couverture *f* chauffante. **heizen** *tr* chauffer (*mit* à); *itr* chauffer, faire du feu. **Heizer** *m* ⟨-s, -⟩ chauffeur *m*. **Heizkessel** *m* chaudière *f* (de chauffage). **Heizkissen** *n* coussin *m* électrique. **Heizkörper** *m (d. Zentralheizung)* corps de chauffage; radiateur *m* (d'appartement). **Heizkosten** *pl* frais *m pl* de chauffage. **Heizlüfter** *m* radiateur *m* soufflant. **Heizmaterial** *n* combustible *m*. **Heizofen** *m:* ► *elektrischer* ~ radiateur *m* électrique. **Heizöl** *n* mazout, fuel, pétrole *m* combustible. **Heizsonne** *f:* ► *elektrische* ~ radiateur *m* électrique. **Heizung** *f* ⟨-, -en⟩ **1.** ⟨*ohne pl*⟩ *(Heizen)* chauffage *m*, chauffe *f;* **2.** *(Anlage)* chauffage *m;* ► *die* ~ *an-, abstellen* faire marcher, arrêter le chauffage. **Heizwert** *m* pouvoir *m* calorifique.

Hektar *n (a. m)* ⟨-s, -e⟩ ['hɛk-, hɛk'ta:r] hectare *m*.

hektisch ['hɛktɪʃ] *a med* hectique.

hektographieren [hɛktogra'fi:rən] ⟨*ohne ge-*⟩ *tr* polycopier, ronéotyper.

Hektoliter *n* (a. *m*) [hɛkto'li:tər] hecto(litre) *m*.

Held *m* ⟨-en, -en⟩ [hɛlt, '-dən] héros; *(Vorkämpfer)* champion *m;* ► *der* ~ *des Tages* l'homme *m od* l'idole *f* du jour. **Heldengedicht** *n* épopée; *(bes. altfranzösisches)* chanson *f* de geste. **heldenhaft** *a*, **heldenmütig** *a* héroïque. **Heldenmut** *m* héroïsme *m*. **Heldensage** *f* légende *f*. **Heldentat** *f* action héroïque, prouesse *f*, haut fait, exploit *m*. **Heldentod** *m* mort *f* héroïque; ► *den* ~ *sterben* mourir au champ d'honneur. **Heldentum** *n* ⟨-s, ø⟩ héroïsme *m*. **Heldin** *f* ⟨-, -nen⟩ héroïne *f*.

helfen ['hɛlfən] ⟨*hilft, half, geholfen*⟩ *itr* **1.** aider, assister, secourir, seconder (*jdm* qn); *(unterstützen)* donner un coup d'épaule (*jdm* à qn); soutenir (*jdm* qn); **2.** *(nützen)* être utile, profiter (*jdm* à qn); ► *ea.* ~ s'entraider; *gegen etw* ~ *(Arznei)* être bon pour *od* efficace contre qc; *jdm bei der Arbeit* ~ aider qn dans son travail; *jdm in den Mantel* ~ aider qn à mettre son manteau; *sich zu* ~ *wissen* ne pas être embarrassé; *fam* savoir se débrouiller *od* se tirer d'affaire; *ich kann mir nicht* ~, *ich muß es sagen* je ne puis m'empêcher de le dire; *ich weiß mir nicht mehr zu* ~ je ne sais plus que faire; *das hilft nichts* cela ne sert à rien; *es hilft nichts, du mußt* ... rien à faire, il faut que tu ...; *hilf dir selbst, so hilft dir Gott! (prov)* aide-toi, le Ciel t'aidera. **Helfer(in)** *m* ⟨-s, -⟩ (f ⟨-, -nen⟩) aide *m f;* assistant(e *f*) *m*. **Helfershelfer** *m* homme de main, complice, suppôt *m*.

Heliotherapie *f med* héliothérapie *f*.

Heliotrop [-'tro:p] ⟨-s, -e⟩ *n bot, m min* héliotrope *m*.

Helikopter [heli'kɔptər] ⟨-s, -⟩ *m aero (Hubschrauber)* hélicoptère *m*.

Helium ['he:lɪʊm] ⟨-s, ø⟩ *n chem* hélium *m*. **Heliumröhre** *f* tube *m* d'hélium.

hell [hɛl] *a* **1.** clair; *(Licht, Schein)* vif; **2.** *fig (Klang, bes. Stimme)* clair; **3.** *(Kopf)* lucide; *fam (aufgeweckt, klug)* prudent, circonspect, perspicace, clairvoyant; ► *am* ~*en Tag* en plein *od* au grand jour; *es ist* ~ il fait clair; *es ist schon* ~*(er Tag)* il fait déjà grand jour; *es wird* ~ le jour se lève, il commence à faire jour; *ein Helles!* une blonde! **hellblau** *a* bleu clair. **hellblond** *a* blond. **Helldunkel** *n (Kunst)* clair-obscur *m*. **Helle** *f* ⟨-, ø⟩: ► *strahlende* ~ brillance, vive lumière *f*, éclat *m*. **hellgelb** *a*, **hellgrün** *a* jaune, vert clair. **hellhörig** *a:* ▶ *~ sein* **1.** avoir l'oreille *od* l'ouïe fine; **2.** *(Wohnung)* être sonore. **Helligkeit** *f* ‹-, ø› clarté, lumière *f.* **hell(l)icht** *a:* ▶ *am ~en Tage = am hellen Tag.* **Hellsehen** *n* seconde *od* double vue, voyance *f.* **Hellseher(in** *f***)** *m* ‹-s, -› (clair)voyant(e *f*) *m.* **hellwach** *a* éveillé.

Helm *m* ‹-(e)s, -e› [hɛlm] casque *m.* **Helmbusch** *m* panache *m.*

Hemd *n* ‹-(e)s, -en› [hɛmt, '-dən] chemise *f.* **Hemdbluse** *f* chemisier *m.* **hemdsärmelig** *a* en manches de chemise.

Hemisphäre *f* ‹-, -n› [hemi'sfɛːrə] hémisphère *m.*

hemmen ['hɛmən] *tr (anhalten)* arrêter, retenir; *(verlangsamen)* ralentir; *(verzögern)* retarder; *(bremsen)* freiner, *(hindern, a. fig)* gêner, entraver, embarrasser; *fig (zügeln)* enrayer, freiner, mettre un frein à, *bes. psych* refréner, inhiber. **Hemmnis** *n* ‹-ses, -se› entrave *f,* embarras; *(Hindernis)* obstacle, empêchement *m.* **Hemmschuh** *m* patin *od* sabot d'enrayage, sabot *m* d'arrêt; *loc* cale *f; fig = Hemmnis.* **Hemmschwelle** *f* appréhensions *f pl.* **Hemmung** *f* ‹-, -en› **1.** arrêt *m,* rétention *f;* ralentissement *m;* retardement *m;* freinage; *(Behinderung, a. fig)* empêchement *m;* **2.** *tech* arrêt; *(Uhr)* échappement *m;* **3.** *psych (Zügelung)* refrènement *m,* inhibition *f; pl (Schüchternheit)* gêne *f;* ▶ *(keine) ~en haben* être gêné; être inhibé; (ne pas se gêner). **hemmungslos** *a* effréné, sans frein. **Hemmungslosigkeit** *f* ‹-, ø› impétuosité *f,* emportement *m.*

Hengst *m* ‹-es, -e› [hɛŋst] cheval *m* entier.

Henkel *m* ‹-s, -› ['hɛŋkəl] *(Tasse, Topf)* oreille; *(Korb)* anse; *(Handtasche)* poignée *f.* **Henkelkorb** *m* panier *m* à anse.

henken ['hɛŋkən] *tr* pendre. **Henker** *m* ‹-s, -› bourreau *m.* **Henkersmahl(zeit** *f***)** *n* dernier repas du condamné; *fig* dîner *m* d'adieu.

Henne *f* ‹-, -n› ['hɛnə] poule *f;* ▶ *junge ~* poulette *f.*

Hennegau ['hɛnəgaʊ], *der geog* le Hainault.

her [heːr] *adv* **1.** *(örtlich)* (par) ici, de ce côté(-ci); ▶ *um ... ~* autour de ...; *von ... ~* de ...; **2.** *(zeitlich)* ▶ *von ... ~ (seit)* depuis ...; *es ist ... ~* il y a ...; *hin und ~* par-ci, par-là; de côté et d'autre; *Freund hin, Freund ~ ...* ami ou pas ...; *hinter etw (jdm) ~ sein (fam)* être après qc (qn); *damit ist es nicht weit ~ (fam)* ce n'est pas grand-chose, ça ne va pas loin; *das ist (schon) lange ~* il y a (bien) longtemps; *es ist (bald) ein Jahr ~* ça fait (va faire) un an; *wo hast du (denn) das ~?* où as-tu pris cela? *~ damit! (pop)* aboule!

herab [hɛ'rap] *adv* en bas, vers le bas; ▶ *von ... ~* en *od* au bas de, du haut de; *von oben ~ (fig)* de haut; *(sprechen)* du haut de sa grandeur. **herab=blicken** *itr: auf jdn ~ (fig)* regarder qn de haut. **herab=fallen** *fällt, fiel herab, herabgefallen› itr ‹sein›* tomber. **herab=lassen** *‹läßt, ließ herab, herabgelassen› tr* **1.** descendre; ▶ *sich (an e-m Seil) ~* se laisser descendre (le long d'une corde); **2.** *(fig)* s'abaisser; condescendre (*zu etw* à qc); *sich ~, etw zu tun* s'abaisser jusqu'à *od* à faire qc, daigner faire qc. **herablassend** *a* condescendant, protecteur; dédaigneux. **Herablassung** *f* condescendance *f.* **herab=sehen** *‹sieht, sah herab, herabgesehen› itr = herabblicken.* **herab=setzen** *tr (Preis)* (a)baisser, réduire, diminuer; *jur (Strafe)* réduire. **Herabsetzung** *f* ‹-, -en› réduction, diminution *f; (des Preises)* abaissement *m,* réduction *f,* rabais *m; jur* commutation.

Heraldik *f* ‹-, ø› [he'raldɪk] héraldique *f,* blason *m.*

heran [hɛ'ran] *adv* tout près. **heran=bilden** *tr* former. **heran=fahren** *‹fährt, fuhr heran, herangefahren› itr ‹sein›:* ▶ *rechts, links ~* serrer à droite, à gauche. **heran=kommen** *‹kam heran, herangekommen› itr ‹sein›* **1.** (s')approcher (*an jdn, etw* de qn, qc); **2.** *fig (sich vergleichen können)* égaler (*mit jdm, etw* qn, qc); ▶ *an sich ~ lassen* attendre (patiemment); *die Dinge an sich ~ lassen* temporiser, prendre une attitude passive; voir venir. **heran=machen,** *sich* s'approcher (*an jdn* de qn), accoster (*an jdn* qn); ▶ *sich an etw ~* se mettre à qc. **heran=nahen** *itr ‹sein› (örtl. u. zeitl.)* (s')approcher. **heran=reichen** *itr:* ▶ *an etw ~* atteindre à qc; *an jdn ~ (fig)* égaler qn. **heran=wachsen** *‹wächst, wuchs heran, herangewachsen› itr ‹sein›* croître, grandir. **Heranwachsende** *m f* ‹-n, -n› jeune homme *m,* jeune fille *f* (de 18 à 21 ans). **heran=ziehen** *‹zog heran, herangezogen› tr:* ▶ *jdn zu etw ~* soumettre qn à qc; *jdn zur Mitarbeit ~* utiliser les services de qn, se servir de qn.

herauf [hɛ'raʊf] *adv* en haut, vers le haut. **herauf=beschwören** *‹beschwor herauf, heraufbeschworen› tr* **1.** évoquer; **2.** *(e-e Gefahr, ein Unheil)* provoquer, amener, susciter, déclencher. **herauf=holen** *tr (Sache)* monter; *(Person)* faire monter. **herauf=kommen** *‹kam herauf, heraufgekommen› itr ‹sein›* monter. **herauf=ziehen** *‹zog herauf, heraufgezogen›* **1.** *tr ‹h›* tirer en haut; **2.** *itr ‹sein› (Gewitter)* monter, s'élever, s'approcher.

heraus [heˈraus] *adv* (en) dehors; ▶ *aus* ... ~ hors (de); *von innen* ~ du dedans; ~ *sein (Zahn, Nagel, Fremdkörper; fam: veröffentlicht sein)* être sorti; *(Geheimnis)* avoir transpiré, être public; *es ist* ~ *(es ist gesagt)* le mot est lâché; ~ *damit!* ~ *mit der Sprache!* parlez! expliquez-vous! **heraus=bekommen** ‹*bekam heraus, herausbekommen*› *tr* **1.** *(Nagel, Zahn)* parvenir à arracher; **2.** *(herausfinden)* (re)trouver; *(raten)* deviner; *(lösen)* résoudre; **3.** *(als Ergebnis erhalten)* obtenir, recevoir; ▶ *aus jdm nichts* ~ *(durch Fragen)* ne pouvoir rien tirer de qn; *ich bekomme 3 Mark* ~ il me revient 3 marks. **heraus=bringen** ‹*brachte heraus, herausgebracht*› *tr* **1.** porter dehors, sortir; **2.** *(Fleck)* enlever, faire partir; **3.** *(Ware)* sortir, lancer; *(Buch)* éditer, publier; *theat* porter à la scène; *film* porter à l'écran; **4.** *(raten)* deviner; *(in Erfahrung bringen)* savoir; ▶ *aus jdm nichts* ~ ne pouvoir rien tirer de qn; *kein Wort* ~ *können* ne pouvoir dire *od* proférer un (seul) mot. **heraus=fahren** ‹*fährt, fuhr heraus, herausgefahren*› *itr* ‹*sein*› *(Wort)* échapper. **heraus=finden** ‹*fand heraus, herausgefunden*› **1.** *tr* (re)trouver, découvrir, dénicher, déchiffrer; **2.** *itr* u. ▶ *sich* ~ trouver la sortie; s'en sortir. **Herausforderer** *m* provocateur; *sport* challenger *m.* **heraus=fordern** *tr* provoquer (*zu* à); *(zum Duell)* provoquer en duel; *sport* challenger; ▶ *zu e-m Boxkampf, Wettlauf* ~ défier à la boxe, à la course. **herausfordernd** *a* provocant *(a. Blick);* provocateur. **Herausforderung** *f* provocation *f;* défi; *sport* challenge *m;* ▶ *die* ~ *annehmen* relever le gant. **heraus=geben** ‹*gibt, gab heraus, herausgegeben*› *tr* **1.** *(Buch)* éditer; *(veröffentlichen)* publier; **2.** *(Geld)* donner en retour, rendre; ▶ *auf 10 Mark* ~ rendre la monnaie sur 10 marks. **Herausgeber** *m (e-s Buches)* éditeur; *(e-r Zeitung)* (administrateur-) gérant *m.* **heraus=gehen** ‹*ging heraus, herausgegangen*› *itr* ‹*sein*› *(Fleck)* partir, s'en aller; ▶ *aus sich* ~ *(fig)* parler franchement; perdre sa timidité; se dégeler. **heraus=greifen** ‹*griff heraus, herausgegriffen*› *tr (auswählen)* choisir (au hasard). **heraus=gucken** *itr fam (aus e-m Fenster)* regarder dehors; ▶ *aus e-r Tasche* ~ sortir. **heraus=haben** ‹*hat, hatte heraus, herausgehabt*› *tr:* ▶ *es* ~ toucher *od* frapper au but; *den Bogen* ~ *(fam)* avoir trouvé le truc; savoir s'y prendre. **heraus=halten** ‹*hält, hielt heraus, herausgehalten*› : *sich aus etw* rester en dehors de qc; ne pas vouloir être mêlé à qc. **heraus=hängen** *tr* suspendre au dehors. **heraus=heben** ‹*hob heraus, herausgehoben*› *tr (hervortreten lassen)* faire ressortir, relever. **heraus=holen** *tr* **1.** sortir; **2.** *fig (Gewinn, Vorteil)* tirer; ▶ *etw* ~ *aus* tirer profit de. **heraus=kommen** ‹*kam heraus, herausgekommen*› *itr* ‹*sein*› **1.** sortir, déboucher (*aus* de); **2.** *(die Folge sein)* résulter, être le résultat (*bei* de); **3.** *(bekanntwerden)* transpirer, s'ébruiter, se répandre; **4.** *(Buch)* sortir, paraître; ▶ *aus dem Staunen nicht* ~ ne pas revenir de son étonnement; *das kommt auf eins* ~ cela revient au même; *dabei kommt nichts* ~ cela ne mène à rien, c'est peine perdue. **heraus=kriegen** *fam für: herausbekommen.* **heraus=lesen** ‹*liest, las heraus, herausgelesen*› *tr (aus e-m Text)* retirer. **heraus=nehmen** ‹*nimmt, nahm heraus, herausgenommen*› *tr* sortir, retirer, enlever, ôter; prendre (*aus* dans); ▶ *sich jdm gegenüber etw* od *allerhand* od *zuviel* ~ prendre des licences *od* des privautés avec qn; *jdm die Mandeln* ~ opérer qn des amygdales. **heraus=ragen** *itr* faire saillie; ▶ *aus etw* ~ s'élever au-dessus de qc, dominer qc. **heraus=reden,** *sich* trouver une bonne excuse; s'en tirer avec de belles paroles. **heraus=reißen** ‹*riß heraus, herausgerissen*› *tr* arracher. **heraus=rücken** *tr* ‹*h*› **1.** *(Geld)* financer, *fam* casquer; **2.** *(Stuhl)* écarter, pousser; *itr* ‹*sein*› **3.** faire voir (*mit etw* qc); ▶ *mit d. Sprache* ~ *(fam)* accoucher. **heraus=schauen** *itr* = *herausgucken.* **heraus=schlagen** ‹*schlägt, schlug heraus, herausgeschlagen*› **1.** *tr* ‹*h*› *fam (Vorteil, Gewinn)* gratter; tirer (*aus* de); **2.** *itr* ‹*sein*› *(Flamme)* sortir. **heraus=spritzen** *itr* ‹*sein*› jaillir, gicler. **heraus=stellen** *tr* **1.** mettre dehors; **2.** *fig (hervorheben)* mettre en évidence *od* en lumière *od* en vedette *od* en relief; **3.** *refl sich* ~ *(sich zeigen)* se montrer, apparaître, se faire jour; ▶ *sich als richtig* ~ se révéler, s'avérer juste; *es hat sich herausgestellt, daß* il est apparu que. **heraus=streichen** ‹*strich heraus, herausgestrichen*› *tr fig fam (hervorheben: Sache)* mettre en relief, *(Person)* faire mousser. **heraus=wachsen** ‹*wächst, wuchs heraus, herausgewachsen*› *itr* ‹*sein*› sortir (*aus* de); *ich bin aus meinen Sachen herausgewachsen* mes habits sont devenus trop petits. **heraus=wirtschaften** *tr (Gewinn)* tirer (*aus* de). **heraus=ziehen** ‹*zog heraus, herausgezogen*› *tr* (re)tirer, arracher (*aus* de).

herb [hɛrp] *a* **1.** *(im Geschmack)* revêche, âpre, acerbe; *(Wein)* sec, vert; **2.** *fig (bitter)* amer, acerbe, *(Worte) a.* dur, rude, vert; *allg (streng, rauh)* austère.

Herbarium *n* ‹-s, -rien› [hɛr'ba:rium, -rien] herbier *m.*

herbei [hɛr'baɪ] *adv* (par) ici, de ce côté-ci; ▶ *~!* approchez! (venez) à moi! **herbei=eilen** *itr ‹sein›* accourir. **herbei=führen** *tr fig (verursachen)* causer, occasionner; *(absichtlich)* arranger. **herbei=lassen,** *sich ‹läßt, ließ herbei, herbeigelassen›* consentir *od* condescendre (*zu etw* à qc). **herbei=rufen** *‹rief herbei, herbeigerufen› tr* appeler, faire venir, héler. **herbei=sehnen** *tr,* **herbei=wünschen** *tr* désirer (ardemment). **herbei=ziehen** *‹zog herbei, herbeigezogen› tr:* ▶ *an den Haaren ~ (fig)* tirer par les cheveux.

Herberge *f* ‹-, -n› ['hɛrbɛrgə] *(Unterkunft)* gîte, logis *m.* **herbergen** *itr* être hébergé *od* logé (*bei jdm* par qn).

Herbizid *n* herbicide *m.*

Herbst *m* ‹-(e)s, -e› [hɛrpst] automne *m; (Erntezeit)* récolte; *(Weinlese)* vendange *f.* **herbstlich** *a* d'automne, automnal. **Herbstzeitlose** *f* ‹-, -n› *bot* colchique, *pop* tue-chien *m.*

Herd *m* ‹-(e)s, -e› [he:rt, '-də] **1.** *(Feuerstelle)* foyer, âtre; *(Küchenherd)* fourneau *m* (de cuisine), cuisinière *f;* **2.** *fig (Ausgangspunkt)* foyer *m;* ▶ *am häuslichen ~* au coin du feu.

Herde *f* ‹-, -n› ['he:rdə] troupeau *a. fig.* **Herdenmensch** *m:* ▶ *ein ~ sein* avoir l'esprit moutonnier *od* des réactions grégaires. **Herdentrieb** *m* instinct grégaire *a. fig; fig* esprit *m* moutonnier.

Herdplatte *f* ['he:rt-] sole *f.* **Herdring** *m (zum Verkleinern der Öffnung)* diminutif *m.*

herein [hɛ'raɪn] *adv* (en) dedans; ▶ *~!* entrez! *hier ~, bitte!* (entrez) par ici, s'il vous plaît! **herein=bekommen** *‹bekam herein, hereinbekommen› tr* **1.** *com (Ware)* recevoir; **2.** *radio (Sender)* capter. **herein=brechen** *‹bricht, brach herein, hereingebrochen› itr ‹sein›* **1.** *(Unglück)* fondre (*über jdn* sur qn); **2.** *(Nacht)* tomber, descendre, arriver. **herein=fallen** *‹fällt, fiel herein, hereingefallen› itr ‹sein› fig fam (betrogen werden)* tomber dans le piège *od* dans le panneau; *fam* donner dedans *od* dans le panneau; ▶ *auf etw ~* couper dans qc; *auf jdn ~* se faire avoir *od* posséder par qn *pop; darauf fällt jeder herein* chacun s'y laisse prendre. **herein=holen** *tr (Sache)* aller chercher; *(Person)* faire entrer, amener. **herein=kommen** *‹kam herein, hereingekommen› itr ‹sein›* entrer. **herein=lassen** *‹läßt, ließ herein, hereingelassen› tr* laisser *od* faire entrer. **herein=legen** *tr fig fam (betrügen, anführen)* mettre *od* ficher *od* fourrer dedans, ▶ *sich ~ lassen* se laisser envelopper (*von* par). **herein=regnen** *itr impers: es regnet herein* la pluie entre.

her=fallen ['he:r-] *‹fällt, fiel her, hergefallen› itr ‹sein› über etw,* ▶ *über jdn ~* tomber, fondre, se jeter, se ruer sur qc, sur qn. **Hergang** *m fig (Verlauf)* marche, succession *f; (Einzelheiten)* détails *m pl.* **her=geben** *‹gibt, gab her, hergegeben› tr* donner, passer, remettre, céder; ▶ *wieder ~* rendre; *das Letzte ~* se donner complètement; fournir l'effort maximum; *sich zu etw ~* se prêter à qc, prêter la main à qc. **hergebracht** *a* traditionnel, coutumier, d'usage. **her=gehen** *‹ging her, hergegangen› itr ‹sein›:* ▶ *hinter jdm ~* suivre qn. **hergelaufen** *a:* ▶ *~er Mensch m* homme *m* de rien *od* sans aveu. **her=halten** *‹hält, hielt her, hergehalten› tr:* ▶ *~ müssen* devoir payer, être le souffre-douleur *od* la tête de Turc. **her=holen** *tr (Sache)* aller chercher; *(Person)* amener. **her=hören** *itr* écouter.

Hering *m* ‹-s, -e› ['he:rɪŋ] **1.** hareng *m;* **2.** *(Zeltpflock)* piquet *m* (de tente); ▶ *grüner, marinierter ~* hareng *m* frais, mariné.

her=kommen ['he:r-] *‹kam her, hergekommen› itr ‹sein›* **1.** venir (ici); *(sich nähern)* (s')approcher; **2.** *(herrühren)* provenir (*von* de); *(Wort: sich ableiten)* être dérivé (*von* de); *(die Folge sein)* résulter (*von* de). **herkömmlich** *a* = *hergebracht.* **Herkunft** *f* ‹-, ø› *(Abstammung)* naissance; *(soziale)* extraction; *(Ursprung)* origine; *com (von Waren)* provenance; *(Ableitung e-s Wortes)* dérivation, étymologie *f.* **Herkunftsbezeichnung** *f* appellation *f* d'origine. **her=leiern** *tr* psalmodier; *(Rede)* débiter. **her=leiten** *tr fig (ableiten)* dériver (*von* de); ▶ *sich ~* tirer son origine (*von* de). **her=machen:** ▶ *sich über etw ~* se mettre à qc, se jeter sur qc; *(etw in Angriff nehmen)* entreprendre, attaquer qc; *sich über jdn ~* fondre, tomber, se jeter sur qn.

Hermelin *n* ‹-s, -e› [hɛrmə'li:n] *zoo* hermine *f.* **Hermelin(pelz** *m*) *m* ‹-s, -e› hermine *f, com* roselet *m.*

hermetisch [hɛr'me:tɪʃ] *a* hermétique.

hernach [hɛr'na:x] *adv* après (cela), puis, ensuite, par la suite, plus tard.

her=nehmen ['he:r-] *‹nimmt, nahm her, hergenommen› tr* prendre, tirer.

heroisch [he'ro:ɪʃ] *a* héroïque. **Heroismus** *m* ‹-, ø› [-ro'ɪsmus] héroïsme *m.*

Herold *m* ‹-(e)s, -e› ['he:rɔlt, -də] héraut; *fig* messager, précurseur *m.*

Herpes ['hɛrpɛs] ‹-, ø› *m med* herpès *m.*

Herr *m* ‹-/(-en)n, -en› [hɛr] **1.** *allg* monsieur *m;* ▶ *~ Müller* Monsieur Müller; **2.** *(beim Tanz)* cavalier; *(Gebieter)* maître; *(Eigentümer)* propriétaire; *(Arbeitgeber)* chef, patron; *(Vorgesetzter)* supérieur; *(Adliger, hist: Lehns-*

herr) seigneur; *(Herrscher)* souverain *m;* **3.** ▶ *der ~ (Gott)* le Seigneur; *sein eigener ~ sein* être son maître; *~ im Hause sein* être maître chez soi; *~ der Lage sein* être maître de la situation; *e-r S ~ werden* vaincre qc; *mein* od *gnädiger* od *(im Brief) sehr geehrter ~!* monsieur; *meine ~en!* messieurs; *~ X.!* monsieur (M.) X.; *~ General! ~ Feldwebel!* mon général! mon adjudant! *niemand kann zwei ~en dienen (prov)* nul ne peut servir deux maîtres; *meine (Damen und) ~en!* (Mesdames et) Messieurs! *der ~ des Hauses* le maître de la maison. **Herrenartikel** *m pl* articles *m pl* pour messieurs. **Herren(be-)kleidung** *f* vêtements *m pl* pour hommes. **Herrendoppel** *n (Tennis)* double *m* messieurs. **Herrenfriseur** *m* coiffeur *m* pour hommes. **Herrenhaus** *n (e-s Gutes)* maison *f* seigneuriale, manoir, château *m.* **Herrenleben** *n:* ▶ *ein ~ führen* mener grand train. **herrenlos** *a* abandonné, non réclamé; *jur* vacant; ▶ *~es Gut n* épave *f.* **Herrenmode(n** *pl***)** *f* mode(s *pl*) *f* masculine(s). **Herrenschneider** *m* tailleur *m* pour hommes. **Herrentoilette** *f* W.-C. *m* pour hommes. **Herrgott,** *der* le Seigneur, Dieu *m.* **Herrgottsfrühe** *f:* ▶ *in aller ~* de bon *od* grand matin.

her=richten ['he:r-] *tr* arranger; ▶ *neu ~* mettre à neuf.

Herrin *f* ‹-, -nen› ['hɛrɪn] maîtresse *f.* **herrisch** *a* de maître, impérieux, magistral, despotique; *(barsch)* brusque; *(stolz)* hautain; ▶ *ein ~es Auftreten* l'air hautain. **herrlich I.** *a (großartig)* magnifique, superbe; *(ausgezeichnet)* excellent; *(prächtig)* somptueux; *(glänzend)* brillant, splendide; *(ausgesucht)* exquis; *(köstlich)* délicieux; *(wunderbar)* merveilleux; *(glorreich)* glorieux; **II.** *adv a.* à merveille. **Herrschaft** *f* ‹-, -en› **1.** *(ohne pl) (Beherrschung)* domination, maîtrise *f* (*über* de) *a. fig; (Befehlsgewalt)* commandement *m* (*über* de, sur), autorité *f; (Regierung e-s Fürsten)* règne, empire *m; (Herrschergewalt)* souveraineté *f;* **2.** *(Gebiet)* domaine *m;* **3.** ▶ *die ~* les maîtres, les patrons *m pl, (in der Sprache der Dienerschaft)* Monsieur et Madame; *meine ~en! (Anrede)* Mesdames et Messieurs! *~ des Volkes* souveraineté *f* populaire; *die ~ über den Wagen verlieren* perdre la maîtrise de son véhicule. **herrschaftlich** *a (grundherrlich)* seigneurial; *(Wohnung)* de maître, grand et beau. **herrschen** *itr* **1.** *(Herr sein)* dominer (*über* sur); *(befehlen)* commander (en maître); *(Fürst)* régner (*über* sur); **2.** *fig (Seuche, Not)* sévir; *(Ordnung, Ruhe)* régner; *es herrscht Schweigen* le silence règne. **herrschend** *a (vorherrschend)* régnant, (pré)dominant. **Herrscher** *m* ‹-s, -› *(Gebieter)* dominateur, maître; *(Landesherr)* souverain; *(regierender Fürst)* prince (régnant), potentat *m.* **Herrscherhaus** *n* dynastie, maison *f* (régnante). **Herrschsucht** *f* soif *f* de pouvoir, caractère despotique, despotisme *m.* **herrschsüchtig** *a* impérieux, autoritaire.

her=rühren ['he:r-] *itr* (pro)venir, prendre source (*von* dans). **her=sagen** *tr* dire, réciter. **her=stellen** *tr* **1.** *(hierher stellen)* mettre ici; **2.** *(produzieren)* produire, faire, fabriquer, manufacturer, confectionner, créer; *(fabrikmäßig)* usiner; **3.** *(schaffen, ins Leben rufen)* créer, réaliser; *tele (Verbindung)* établir. **Hersteller** *m* ‹-s, -› producteur, fabricant, manufacturier *m.* **Herstellung** *f* ‹-, ø› **1.** production, fabrication, manufacture, confection *f;* **2.** création, réalisation *f.* **Herstellungskosten** *pl* frais *m pl* de fabrication *od* de production. **Herstellungsland** *n* pays *m* producteur. **Herstellungsverfahren** *n* procédé *od* mode *m* de fabrication.

Hertz [hɛrts] ‹-, -› *n el* hertz *m,* période *f* par seconde.

herüber [hɛ'ry:bər] *adv* par ici, de ce côté-ci, en deçà; ▶ *~ und hinüber* deçà (et) delà. **herüber=kommen** ‹*kam herüber, herübergekommen*› *itr* ‹*sein*› venir (par) ici.

herum [hɛ'rʊm] *adv* autour, à l'entour; ▶ *um ... ~ (prp; räuml.)* autour de, à l'entour de; *(zeitl.)* autour de, *(gegen)* vers; *(bei Zahlenangaben)* environ; *um Weihnachten ~* aux environs de *od* vers Noël; *im Kreise ~* à la ronde; *~ sein (fam: zeitl.)* être fini; *immer um jdn ~ (fig: bemüht) sein* s'empresser autour de qn. **herum=bummeln** *itr* flâner, battre le pavé, traîner. **herum=drehen** *tr* (re)tourner. ▶ *sich ~* se retourner, faire demi-tour; *den Schlüssel zweimal ~* fermer à double tour. **herum=fahren** ‹*fährt, fuhr herum, herumgefahren*› *itr* ‹*sein*› *fam (ziellos)* aller çà et là *od* par-ci, par-là. **herum=fuchteln** *itr:* ▶ *mit dem Säbel ~* ferrailler. **herum=führen** *tr* conduire çà et là; *(in der Stadt)* piloter. **herum=fummeln** *itr fam* tripoter (*an etw* qc). **herum=gehen** ‹*ging herum, herumgegangen*› *itr* ‹*sein*› **1.** circuler, se promener, flâner; **2.** passer (de mains en mains); **3.** *(Zeit)* passer, s'écouler; **4.** contourner; ▶ *das geht mir im Kopf herum* cela me trotte dans la tête *od* la cervelle. **herum=horchen** *itr* écouter partout. **herum=irren** *itr* errer. **herum=kommen** ‹*kam herum, herumgekommen*› *itr* ‹*sein*› ▶ *um etw nicht ~ (fam)* ne pas pouvoir échapper *od fam* couper à qc; *in der*

Welt ~ courir le monde, voir du pays; *ich bin darum herumgekommen (fam)* cela m'a été épargné. **herum=kramen** *itr fam* (far)fouiller (*in* dans). **herum=kriegen** *tr fam* = *herumbekommen.* **herum=laufen** ⟨*läuft, lief herum, herumgelaufen*⟩ *itr* ⟨*sein*⟩ *(ziellos)* courir çà et là; ► *so kannst du nicht* ~*!* tu ne peux tout de même pas sortir dans cette tenue! **herum=liegen** ⟨*lag herum, herumgelegen*⟩ *itr (unordentlich)* traîner. **herum=lungern** *itr* battre le pavé; traîner la savate; *arg* glander. **herum=meckern** *itr fam,* **herum=nörgeln** *itr* geindre *fam;* râler *pop.* **herum=reichen** *tr* faire passer. **herum=reisen** *itr* ⟨*sein*⟩ *(planlos)* voyager çà et là; voir du pays. **herum=reiten** ⟨*ritt herum, herumgeritten*⟩ *itr* ⟨*sein*⟩ *fig* être à cheval *od* insister (*auf etw* sur qc). **herum=schlagen,** *sich* ⟨*schlägt, schlug herum, herumgeschlagen*⟩ se battre, *fig (mit Worten)* batailler, *fam* se chamailler (*mit jdm* avec qn). **herum=schleppen** *tr:* ► *etw mit sich* ~ traîner *od fam* trimbaler qc avec soi; *e-e Erkältung mit sich* ~ se trimbaler avec un rhume. **herum=schnüffeln** *itr* mettre *od* fourrer son nez *od* fureter partout. **herum=sitzen** ⟨*saß herum, herumgesessen*⟩ *itr fig (nichts tun)* ne rien faire. **herum=sprechen,** *sich* ⟨*spricht, sprach herum, herumgesprochen*⟩ passer de bouche en bouche, se divulguer; se répandre. **herum=stehen** ⟨*stand herum, herumgestanden*⟩ *itr (Sachen)* traîner; *(Mensch)* badauder, bayer aux corneilles. **herum=stöbern** *itr* fouiller, fureter (*in* dans). **herum=streiten,** *sich* ⟨*stritt herum, herumgestritten*⟩ se prendre de parole *od fam* de bec. **herum=suchen** *itr* chercher partout. **herum=toben** *itr* faire le diable (à quatre). **herum=treiben,** *sich* traîner, vagabonder, courir les cafés. **herum=werfen** ⟨*wirft, warf herum, herumgeworfen*⟩ *tr:* ► *das Steuer* ~ *(fig)* renverser la vapeur. **herum=wühlen** *itr* = *herumstöbern; fig* fourrager, tripoter (*in* dans). **herum=ziehen** ⟨*zog herum, herumgezogen*⟩ *itr* ⟨*sein*⟩ flâner, vagabonder, rôder.

herunter [hɛ'rʊntər] **I.** *adv* en bas, à bas, à terre, du haut; **II.** *a fam (gesundheitl.)* bas; ► *von ...* ~ *(prp)* du haut de *a. fig,* à bas de; *von oben* ~ du haut en bas; *ich kann nicht* ~ je ne puis descendre; ~*!* descends! descendez! **herunter=fallen** ⟨*fällt, fiel herunter, heruntergefallen*⟩ *itr* ⟨*sein*⟩ tomber. **herunter=gehen** ⟨*ging herunter, heruntergegangen*⟩ *itr* ⟨*sein*⟩ *fig (Fieber)* diminuer; *(Preis)* baisser. **heruntergekommen** *a fig (Mensch u. Geschäft)* à la dérive, en dérive, *fam* déliquescent; qui a beaucoup baissé. **herunter=handeln** *tr (e-n Betrag)* gagner en marchandant. **herunter=hauen** ⟨*heruntergehauen*⟩ *tr:* ► *jdm eine* ~ gifler qn. **herunter=holen** *tr (Sache)* descendre; *(Vogel, Flugzeug) a.* abattre. **herunterklappbar** *a* rabattable. **herunter=klappen** *tr (Kragen, Sitz)* rabattre; *(Verdeck)* baisser. **herunter=kommen** ⟨*kam herunter, heruntergekommen*⟩ *itr* ⟨*sein*⟩ **1.** venir en bas, descendre; **2.** *fig (sittlich)* s'encanailler; *er ist sehr heruntergekommen* il est très diminué; il a beaucoup baissé; il se laisse aller. **herunter=leiern** *tr* ânonner, bêler. **herunter=machen** *tr fig (schmähen)* ravaler, mettre à bas, rabaisser. **herunter=nehmen** ⟨*nimmt, nahm herunter, heruntergenommen*⟩ *tr* descendre, dépendre, décrocher. **herunter=purzeln** *itr* ⟨*sein*⟩ dégringoler. **herunter=schlucken** *tr* avaler. **herunter=wirtschaften** *tr* ruiner.

hervor [hɛr'fo:r] *adv* en avant; dehors; ► *unter dem Bett* ~ de dessous le lit; **hervor=bringen** ⟨*bringt, brachte hervor, hervorgebracht*⟩ *tr* produire, engendrer, créer, enfanter, faire naître; *(Ton, Wort)* proférer; *(bewirken)* opérer. **hervor=gehen** ⟨*ging hervor, hervorgegangen*⟩ *itr* ⟨*sein*⟩ *fig (herkommen)* sortir, provenir (*aus* de); *(sich ergeben)* relever, ressortir, résulter, s'ensuivre (*aus* de); ► *als Sieger aus ...* ~ sortir vainqueur de ...; *daraus geht* ~*, daß ...* il en résulte, il ressort de là, il s'ensuit que ... **hervor=heben** ⟨*hob hervor, hervorgehoben*⟩ *tr fig* mettre en relief *od* en évidence *od* en vedette, mettre l'accent sur, accentuer, souligner; appuyer sur. **hervor=holen** *tr* tirer (*aus* de). **hervor=locken** *tr* attirer (dehors). **hervor=ragen** *itr* **1.** s'élever au-dessus de *a. fig;* avancer, saillir, être en saillie; émerger (*aus* de); **2.** *fig* se distinguer, exceller; ► *über jdn, etw* ~ dépasser qn, qc. **hervorragend** *a* **1.** saillant, en saillie, proéminent; **2.** *fig* (pré)éminent, excellent, exceptionnel, hors ligne *od* classe. **hervor=rufen** ⟨*rief hervor, hervorgerufen*⟩ *tr* **1.** *(Schauspieler)* rappeler (par des applaudissements); **2.** *(verursachen)* causer, engendrer, *med* provoquer; *(erregen)* soulever, susciter; *(Bewunderung)* exciter. **hervorstechend** *a fig (auffallend)* saillant, éminent, frappant. **hervor=treten** ⟨*tritt, trat hervor, hervorgetreten*⟩ *itr* ⟨*sein*⟩ *fig* apparaître; *(sich abheben)* se détacher, ressortir, se dessiner; ► ~ *lassen (fig)* donner du relief à, faire ressortir, marquer. **hervor=tun,** *sich* ⟨*tut, tat hervor, hervorgetan*⟩ se mettre en évidence, se faire remarquer, se distinguer, se signaler. **hervor=wagen,** *sich* oser sortir.

Herz *n* ⟨des -ens, dem -en, *pl* -en⟩

[hɛrts] **1.** cœur *m (a. im Kartenspiel u. fig);* **2.** *fig a.* entrailles *f pl; (Gemüt, Seele)* âme; *(Mitleid)* pitié *f; (Mut)* courage *m;* **3.** *(Kern, Mittelpunkt)* cœur, centre *m;* ▶ *im ~en Deutschlands* au cœur de l'Allemagne; *leichten ~ens* d'un cœur léger; *schweren ~ens* le cœur gros; *von ganzem ~en* de tout mon *etc* cœur, de tout *od* grand cœur, de toute mon *etc* âme; *von ~en gern* de bon cœur; bien volontiers; je ne demande pas mieux; *sein ~ ausschütten* ouvrir *od* épancher son cœur, s'épancher (*jdm* à qn); *es nicht übers ~ bringen zu ...* ne pas avoir le cœur *od* le courage de ...; *sich ein ~ fassen* prendre courage, *fam* prendre son courage à deux mains; *alle ~en gewinnen* attirer *od* gagner tous les cœurs; *etw auf dem ~en haben* avoir qc sur le cœur; *ein gutes ~ haben (fig)* avoir bon cœur, être généreux; *das ~ auf dem rechten Fleck haben* avoir le cœur bien placé; *jdn in sein ~ geschlossen haben* porter qn dans son cœur; *das ~ auf der Zunge haben* avoir le cœur sur les lèvres; *jds ~ höher schlagen lassen* faire battre le cœur à qn; *jdm ans ~ legen, etw zu tun* conjurer qn de faire qc; *von ~en lieben* aimer d'amour; *s-m ~en Luft machen (fam)* se décharger la rate; *sich etw zu ~en nehmen* prendre qc à cœur; *jdm ans ~ gewachsen sein* tenir au cœur à qn; *ein ~ und eine Seele sein* ne faire qu'un, n'être qu'un en deux corps; *das ~ blutet mir* j'ai le cœur qui saigne; *mir fällt ein Stein vom ~en* je me sens soulagé d'un (grand) poids; *mir fiel das ~ in die Hosen (fig fam)* le cœur me manqua; *mir klopft das ~* mon cœur bat; *das ~ schlug ihm bis zum Hals* son cœur bondit; *mir wird das ~ schwer* j'ai le cœur gros; *Hand aufs ~!* la main sur la conscience!

her=zählen ['he:r-] *tr:* ▶ *an den Fingern ~ können* savoir sur le bout du doigt.

Herzanfall *m* ['hɛrts-] défaillance *od* crise *f* cardiaque. **Herzbeschwerden** *f pl* troubles *m pl* cardiaques. **Herzbeutel** *m anat* péricarde *m.* **Herzeleid** *n* affliction *f,* chagrin, crève-cœur *m.* **herzen** *tr* presser contre *od* sur son cœur, caresser, cajoler. **Herzensangelegenheit** *f* affaire *f* de cœur. **Herzensbildung** *f* noblesse *f* de cœur. **Herzensbrecher** *m* bourreau *m* des cœurs. **herzensgut** *a* qui a un cœur d'or. **Herzensgüte** *f* bonté *f* de cœur. **Herzenslust** *f:* ▶ *nach ~* à cœur joie, tout son content. **Herzenswunsch** *m* désir *m* profond; ▶ *nach ~* à souhait. **herzergreifend** *a* touchant, saisissant. **Herzfehler** *m* vice *m* du cœur, *scient* déficience *f* cardiaque. **Herzgrube** *f anat* creux *m* de l'estomac *od scient* épigastrique. **herzhaft I.** *a* brave, courageux, hardi; bon; **II.** *adv:* ▶ *~ lachen* rire de bon cœur. **herzförmig** *a* en (forme de) cœur. **Herzgeräusch** *n* souffle *m* du cœur.

her=ziehen ['he:r-] ⟨*zog her, hergezogen*⟩ *itr* ⟨*sein*⟩*:* ▶ *über jdn ~ (schimpfen)* dire du mal de qn.

herzig ['hɛrtsɪç] *a* mignon, charmant, gentil.

Herzinfarkt *m* ['hɛrts-] infarctus *m* du myocarde. **Herzkammer** *f anat* ventricule *m* du cœur. **Herzkirsche** *f* bigarreau *m,* guigne *f.* **Herzklappe** *f anat* valvule *f* du cœur. **Herzklappenfehler** *m* affection *f* valvulaire. **Herzklopfen** *n* battement *m* du cœur, palpitations *f pl;* ▶ *ich habe ~* j'ai le cœur qui bat. **herzkrank** *a,* **herzleidend** *a* cardiaque. **Herzkrankheit** *f,* **Herzleiden** *n* maladie de cœur; *scient* affection cardiaque, cardiopathie *f.* **herzlich I.** *a* cordial, sincère, affectueux; **II.** *adv a.* bien; de tout mon *etc* cœur; ▶ *~ gern* très volontiers, de bon cœur, avec le plus grand plaisir; je ne demande pas mieux; *(mit) ~e(n) Grüße(n)* cordialement, amicalement; avec toutes mes *etc* amitiés. **Herzlichkeit** *f* ⟨-, ø⟩ cordialité, tendresse, affection *f.* **herzlos** *a fig* sans cœur, de marbre, froid comme un marbre, dur, sec, insensible. **Herz-Lungen-Maschine** *f med* machine *f* cœur-poumon. **Herzmittel** *n* cardiotonique *m.* **Herzmuskel** *m* myocarde *m.*

Herzog *m* ⟨-(e)s, ¨e (-e)⟩ ['hɛrtso(:)k] duc *m.* **Herzogin** *f* duchesse *f.* **herzoglich** *a* ducal. **Herzogtum** *n* ⟨-(es)s, ¨er⟩ duché *m.*

Herzrhythmusstörung *f* arythmie *f.* **Herzschlag** *m* ['hɛrts-] *med* arrêt *m* du cœur; insuffisance *f* cardiaque. **Herzschrittmacher** *m* stimulateur *m* cardiaque. **Herzspezialist** *m* cardiologue *m.* **herzstärkend** *a* cordial, cardiaque, réconfortant. **Herzstillstand** *m* arrêt *m* du cœur. **Herztätigkeit** *f* activité *f* fonctionnelle du cœur. **Herzvorhof** *m* oreillette *f.* **Herzton** *m* bruit *m* du cœur. **Herzwand** *f* paroi *f* du cœur. **herzzerreißend** *a* déchirant, poignant, navrant, à fendre le cœur *od* l'âme.

Hesse *m* ⟨-n, -n⟩ ['hɛsə] Hessois *m.* **Hessen** *n* la Hesse. **hessisch** *a* hessois, de (la) Hesse.

heterogen [hetero'ge:n] *a (ungleich)* hétérogène.

Heterosexualität *f* hétérosexualité *f.* **heterosexuell** *a* hétérosexuel.

Hetze *f* ⟨-, -n⟩ ['hɛtsə] *(Eile)* hâte, précipitation *f.* **hetzen** *tr* **1.** ⟨*h*⟩ *(jagen)* chasser, traquer; *(Hund)* lâcher (*auf* sur); *(Menschen: verfolgen)* pourchasser, traquer, talonner; poursuivre, persécuter; *itr* **2.** ⟨*sein*⟩ *(eilen)* être pressé; **3.** ⟨*h*⟩

(Hetzreden halten) tenir des propos incendiaires; *(den Streit schüren)* souffler la discorde; ▶ *gegen jdn* ~ exciter les passions contre qn. **Hetzjagd** *f* chasse *f* à courre; *fig* = *Hetze.* **Hetzkampagne** *f pol* campagne *f* d'agitation. **Hetzrede** *f* discours *m* provocateur *od* incendiaire.

Heu *n* ‹-(e)s, ø› [hɔʏ] foin *m;* ▶ ~ *machen* faire les foins, faner. **Heuboden** *m* grenier à foin, fenil *m.*

Heuchelei *f* ‹-, -en› [hɔʏçə'laɪ] hypocrisie, affectation, feinte, dissimulation *f; (Scheinheiligkeit)* pharisaïsme *m,* tartuferie, papelardise *f.* **heucheln** ['hɔʏçəln] *tr (vortäuschen)* feindre, affecter, simuler; ▶ *Mitleid* ~ feindre la pitié; *itr (sich verstellen)* feindre, faire semblant. **Heuchler(in)** (*f* ‹-, -nen›) *m* ‹-s, -› hypocrite *m f,* grimacier, -ière *m, f;* faux dévot *m,* fausse dévote *f,* tartufe *m,* cafard(e *f*) *m.* **heuchlerisch** *a (falsch)* faux, dissimulé, hypocrite, grimacier; *(scheinheilig)* cafard, cagot.

heuer ['hɔʏər] *adv* cette année.

Heuernte *f* ['hɔʏ-] récolte des foins, fenaison *f.* **Heugabel** *f* fourche *f* à foin. **Heuhaufen** *m* tas *m od* meule *f* de foin.

heulen ['hɔʏlən] *itr* **1.** hurler; *(Sturm)* gémir, mugir; *(Sirene)* hurler; **2.** *fam (weinen)* pleur(nich)er; *(Kind)* piailler, piauler

Heuschnupfen *m* ['hɔʏ-] rhume *m* des foins. **Heuschober** *m,* **Heuschuppen** *m,* **Heustadel** *m* fenil *m.* **Heuschrecke** *f ent* sauterelle, locuste *f.*

heute ['hɔʏtə] *adv* **1.** aujourd'hui; **2.** = *heutzutage;* ▶ *ab* ~, *von* ~ *ab* od *an* à partir d'aujourd'hui; *bis* ~ jusqu'à aujourd'hui; *noch* ~, ~ *noch* aujourd'hui même, dès aujourd'hui; *(noch immer)* encore aujourd'hui; *von* ~ *auf morgen* du jour au lendemain; ~ *abend* ce soir; ~ *morgen* ce matin; ~ *(nach)mittag* cet après-midi; ~ *nacht* cette nuit; ~ *vormittag* ce matin; ~ *in acht, vierzehn Tagen* (d')aujourd'hui en huit, quinze. **heutig** *a* **1.** d'aujourd'hui, de ce jour; **2.** *(gegenwärtig)* présent; *(neuzeitlich)* actuel, moderne. **heutzutage** *adv* de nos jours.

Heuwagen *m* ['hɔʏ-] chariot *m* à foin. **Heuwender** *m (Gerät)* faneuse *f.*

Hexe *f* ‹-, -n› ['hɛksə] sorcière, magicienne *f.* **hexen** *itr* être sorcier *od* sorcière, pratiquer la magie; ▶ *ich kann nicht* ~ je ne suis pas sorcier. **Hexenkessel** *m fig* chaudron *m* aux sorcières. **Hexenschuß** *m med* tour de reins, lumbago *m.* **Hexerei** *f* ‹-, (-en)› [-'raɪ] sorcellerie, magie *f;* sortilège, maléfice *m.*

Hickhack *n* ['hɪkhak] ‹-s, -s› *fam (sinnlose Streiterei)* chicanerie, bisbille *f.*

Hieb *m* ‹-(e)s, -e› [hi:p, '-bə] **1.** coup *m* (tranchant *od* de taille); **2.** *(Baum~)* coupe *f;* **3.** *fig (bissige Bemerkung)* coup *m* de bec *od* dent *od* patte; ▶ *~e bekommen* recevoir des coups. **hiebfest** *a* invulnérable. **hieb- und stichfest** *a fig* à toute épreuve, irréfutable. **Hiebwunde** *f* balafre *f.*

hier [hi:r] *adv* **1.** ici; en ce lieu; *(auf Erden)* en ce monde; **2.** *(in diesem Augenblick)* à ce moment; *(bei diesen Worten)* à ces mots; ▶ *attr (nachstehend)* -ci: *dieser* ~ celui-ci, *d(ies)er Brief* ~ cette lettre-ci, la lettre que voici; ~ *und da* çà et là; par-ci, par-là; de loin en loin; *von* ~ d'ici; *von* ~ *an* à partir d'ici; ~ *ist, sind* voici, *fam* voilà; ~ *bin ich* me voici *od fam* voilà; *ich bin nicht von* ~ je ne suis pas d'ici; *hier X. (tele)* X. à l'appareil; ~! *(mil)* présent! **hieran** *adv* à *od* en ceci; ~ *sehen Sie* vous voyez par là.

Hierarchie [hierar'çi:] ‹-, -n› *f* hiérarchie *f.* **hierarchisch** [-'rarçɪʃ] *a* hiérarchique.

hierauf *adv (zeitl.)* après cela, ensuite. **hieraus** *adv fig* de ceci, de *od* par là. **hierbei** *adv* à ceci, à cela. **hier=bleiben** ‹*blieb hier, hiergeblieben*› *itr* ‹*sein*› rester (ici). **hierdurch** *adv fig* de cette façon, comme cela; *(im Brief)* par la présente. **hierfür** *adv* pour ceci *od* cela. **hierher** *adv* (par) ici, de ce côté-ci; ▶ *~! (a.)* à moi! *bis* ~ *(örtl. u. zeitl.)* jusqu'ici; *das gehört nicht* ~ cela n'a rien à voir *od* à faire ici. **hierin** *adv* là-dedans; *fig* en cela. **hiermit** *adv* avec cela; c'est ainsi que; *(im Brief)* par la présente. **hierüber** *adv fig* là-dessus. **hierunter** *adv, fig* là-dessous; ▶ ~ *versteht man* on entend par là. **hiervon** *adv* de cela, en. **hierzu** *adv* **1.** *(zu diesem)* à ceci, à cela; sur ce point; y; **2.** *(zu diesem Zweck)* à cet effet; ~ *kommt noch, daß* ajoutez que.

hiesig ['hi:zɪç] *a* d'ici, de cet endroit, de cette ville, de ce pays; *(örtlich)* local.

Hi-Fi-Anlage [,hai'fai-] chaîne *f* hi-fi.

high [hai] *a arg (von Rauschgift)* camé; *fig* en pleine forme.

High-Tech [,hai'tɛk] *n* od *f* haute technologie *f.* **High-Tech-Betrieb** *m* entreprise *f* de haute technologie. **High-Tech-Industrie** *f* industrie *f* de haute technologie. **High-Tech-Land** *n* région *f* à haute technologie. **High-Tech-Zeitalter** *n* ère *f* de la haute technologie.

Hilfe *f* ‹-, -n› ['hɪlfə] **1.** aide *f,* secours; *(Unterstützung)* appui *m; (Beistand, bes. med)* assistance *f;* **2.** *(Hilfsperson)* auxiliaire *m f;* ▶ *mit* ~ *(gen)* à l'aide (de), au *od* par le moyen (de), à la faveur (de), au prix (de); *ohne fremde* ~ tout seul; sans l'aide de personne; par moi(toi, lui)-même; *jdn um ~ bitten* demander du secours *od* de l'aide à qn; *jdm zu ~ kommen* venir en aide à qn *od* au secours *od* à la rescousse de qn; *um ~ rufen* crier *od* appeler au secours; *jdn zu ~ rufen* appeler qn à l'aide *od* à son aide; *(zu) ~!* à l'aide! au secours! à moi! *Erste ~ (med)* secourisme *m*. **Hilfeleistung** *f* secours *m*, assistance *f*, *bes. med;* ► *unterlassene ~ (jur)* non-assistance *f* à personne en danger. **Hilferuf** *m* appel *m* à l'aide *od* au secours. **hilflos** *a* **1.** impuissant; *(Kranker)* impotent; **2.** *(ratlos)* embarrassé; qui ne sait pas se tirer d'affaire. **Hilflosigkeit** *f* **1.** impuissance, impotence *f;* **2.** embarras *m*. **hilfreich** *a* secourable, serviable.

Hilfs... ['hɪlfs-] *(Ersatz-)* auxiliaire *a*, de secours, de fortune. **Hilfsarbeiter** *m* manœuvre, homme *m* de peine. **hilfsbedürftig** *a* qui a besoin d'aide; indigent. **hilfsbereit** *a* secourable, serviable. **Hilfsbereitschaft** *f* serviabilité *f*. **Hilfsdienst** *m* secours; service *m* de secourisme *od mil* auxiliaire. **Hilfskraft** *f (Person)* aide *m f*. **Hilfsmittel** *n* moyen (d'action), expédient *m*, ressource *f*. **Hilfsmotor** *m (a. am Fahrrad)* moteur auxiliaire, servo-moteur *m*. **Hilfsorganisation** *f* organisation *f* d'aide. **Hilfsprogramm** *n inform* programme *m* auxiliaire. **Hilfsquellen** *f pl* ressources *f pl*. **Hilfsverb(um)** *n*, **Hilfszeitwort** *n* (verbe) auxiliaire *m*. **Hilfswerk** *n* œuvre *f* sociale *od* de secours.

Himbeere *f* ‹-, -n› ['hɪmbe:rə] framboise *f*. **Himbeersaft** *m*, **Himbeersirup** *m* sirop *m* de framboises. **Himbeerstrauch** *m* framboisier *m*.

Himmel *m* ‹-s, -› ['hɪməl] **1.** ciel *m a. rel* (*pl* cieux); **2.** *(am Bett)* ciel (de lit) (*pl* ciels); *(Thron-, Altar~)* baldaquin *m;* ► *am ~* au *od* dans le ciel; *im ~* au ciel; *unter freiem ~* en plein air; *(schlafen)* à la belle étoile; *jdn, etw in den ~ heben (fig)* porter qn, qc aux nues; *in den ~ kommen* aller au ciel, gagner le ciel; *im siebten ~ sein* être au septième ciel *od* aux anges; *~ und Hölle versprechen* promettre la lune; *das schreit zum ~* cela crie vengeance; c'est un scandale! *du lieber ~!* Dieu du ciel! *um ~s willen!* au nom du ciel! pour l'amour de Dieu! **himmelangst** *a:* ► *mir ist ~* j'ai une peur du diable. **Himmelbett** *n* lit *m* à ciel *od* à baldaquin. **himmelblau** *a* bleu (de) ciel *od* horizon *od* azuré, azur. **Himmelfahrt** *f:* ► *Christi ~* l'Ascension *f; Mariä ~* l'Assomption *f*. **Himmelfahrtskommando** *n* mission--suicide *f*. **Himmelreich** *n* royaume *m* des cieux *od* céleste *od* éternel. **himmelschreiend** *a* qui crie vengeance, révoltant, inouï, scandaleux. **Himmelskörper** *m* corps *m* céleste. **Himmelsrichtung** *f* point *m* cardinal. **himmelweit** *a:* ► *das ist ein ~er Unterschied* c'est tout à fait différent, cela fait une grosse différence.

himmlisch ['hɪmlɪʃ] *a* céleste, du ciel.

hin [hɪn] **I.** *adv (örtl.)* y, là; **II.** *a pred fam (verflossen)* fini, passé, *(kaputt)* fichu, flambé, *pop* foutu; ► *auf etw ~ (auf Grund e-r S)* sur, à cause de qc; *~ und her* çà et là; de long en large; *~ und wieder* de temps en temps *od* à autre, de loin en loin; *durch Jahre ~* pendant des années; *~ und zurück (loc)* aller et retour; *(sich) ~ und her bewegen* (s')agiter; *~ und her drehen* tourner et retourner; *~ und her gehen* faire les cent pas; *~ und her schwanken* balancer; *~ und her überlegen* peser et repeser, tourner et retourner; *Dankbarkeit ~, Dankbarkeit her!* gratitude par-ci, gratitude par-là! *wo ist er ~?* où est-il allé? *das Hin und Her* le va-et-vient, les allées et venues *f pl; fig: nach langem* od *vielem Hin und Her* après d'interminables débats; *~- und hergerissen werden (fig)* être tiraillé entre des sentiments contraires; *Hin- und Rückfahrt f* aller et retour *m*.

hinab [hɪ'nap] *adv* en bas; en descendant. **hinab=fahren** ‹*fährt, fuhr hinab, hinabgefahren*› *itr*, **hinab=gehen** ‹*ging hinab, hinabgegangen*› *itr*, **hinab=steigen** ‹*stieg hinab, hinabgestiegen*› *itr* ‹*sein*› descendre. **hinab=schauen** *itr*, **hinab=sehen** ‹*sieht, sah hinab, hinabgesehen*› *itr* regarder en bas. **hinab=stürzen** *itr* ‹*sein*› tomber, dégringoler.

hin=arbeiten ['hɪn-] *itr:* ► *auf etw ~* poursuivre qc, viser à qc.

hinauf [hɪ'naʊf] *adv* en haut, vers le haut; en montant; ► *da ~* par là. **hinauf=fahren** ‹*fährt, fuhr hinauf, hinaufgefahren*› *itr* ‹*sein*› monter; *(e-n Fluß)* remonter. **hinauf=gehen** ‹*ging hinauf, hinaufgegangen*› *itr* ‹*sein*› aller en haut, monter *(a. Preis)*. **hinauf=steigen** ‹*stieg hinauf, hinaufgestiegen*› *itr* ‹*sein*› monter.

hinaus [hɪ'naʊs] *adv* (en) dehors, vers le dehors; ► *da ~* par là; *darüber ~* au--delà; *fig* de plus; par-dessus le marché; *hier ~* par ici; *nach vorn, hinten ~ (Zimmer)* sur le devant, sur la cour; *über... ~ (räuml.)* au-dessus de, au-delà de; *(zeitl.)* au-delà de; *(mehr als)* au--dessus de, en sus de; *zum Fenster, zur Tür ~* par la fenêtre, par la porte; *zum Haus ~* hors de la maison; *wo geht es ~?* où est la sortie? *worauf geht* od *soll das ~?* à quoi cela aboutira-t-il? *~ mit Ihnen!* sortez! **hinaus=begleiten** ‹*ohne -ge-*› *tr* reconduire. **hinaus=gehen** ‹*ging hinaus, hinausgegangen*› *itr* ‹*sein*› aller dehors, sortir; ► *über etw* ~ dépasser qc. **hinaus=laufen** ⟨*läuft, lief hinaus, hinausgelaufen*⟩ *itr* ⟨*sein*⟩: ► *auf etw* ~ *(fig)* aboutir *od* se ramener *od* se réduire à qc; *auf eins* od *dasselbe* ~ revenir au même. **hinaus=lehnen,** *sich* se pencher en dehors; ► *nicht* ~*!* ne pas se pencher en dehors. **hinaus=schikken** *tr* envoyer dehors, faire sortir. **hinaus=schießen** *itr:* ► *übers Ziel* ~ *(fig fam)* dépasser le but. **hinaus=werfen** ⟨*wirft, warf hinaus, hinausgeworfen*⟩ *tr (Sache)* jeter dehors *od* par la fenêtre; *(Person)* mettre à la porte *(a. aus e-r Stelle) od* dehors. **hinaus=wollen** ⟨*will, wollte hinaus, hinausgewollt*⟩ *itr* vouloir sortir; ► *auf etw* ~ *(hinzielen)* viser, vouloir en venir à qc; *hoch* ~ avoir de hautes visées; *worauf ich hinaus will, ist* je veux dire que; *worauf wollen Sie hinaus?* où voulez-vous en venir?

Hinblick *m* ['hın-]: ► *in* od *im* ~ *auf* en considération *od* vue de, par égard à *od* pour, eu égard à.

hin=bringen ['hın-] ⟨*brachte hin, hingebracht*⟩ *tr (Sache)* y porter; *(Person)* y conduire *od* accompagner; ► *s-e Zeit mit ...* ~ passer son temps à ...

hinderlich ['hındərlıç] *a (lästig, störend)* gênant, embarrassant, encombrant; *(ungelegen)* importun; ► *jdm* ~ *sein (Person)* gêner, contrarier qn. **hindern** *tr* **1.** *(versperren)* encombrer; *(hemmen)* empêcher, entraver; *(behindern)* contrarier, faire obstacle à; **2.** *(stören)* déranger, gêner, incommoder, embarrasser; ► *ich hindere dich nicht daran zu (inf)* je ne t'empêche pas de *inf; ich weiß nicht, was mich daran hindert* je ne sais ce qui me retient. **Hindernis** *n* ⟨-ses, -se⟩ *allg* obstacle; *fig* pierre *f* d'achoppement; *(Behinderung)* empêchement *m; (Schwierigkeit)* difficulté *f,* embarras *m;* ► *allen* ~*sen zum Trotz* contre *od* malgré vent et marée; *jdm* ~*se in den Weg legen* mettre des obstacles, causer des difficultés à qn; *ein* ~ *aus dem Weg räumen* lever *od* écarter un obstacle; *auf ein* ~ *stoßen* rencontrer un obstacle. **Hindernislauf** *m,* **Hindernisrennen** *n* course *f* d'obstacles *od* de steeple *od* de haies. **Hinderungsgrund** *m* (motif *m* d') empêchement *m.*

hin=deuten ['hın-] *itr* **1.** montrer, désigner (du doigt) (*auf etw* qc); **2.** *fig (andeuten)* donner à entendre; faire allusion (*auf etw* à qc); **3.** laisser prévoir (*auf etw* qc); *(hinweisen)* indiquer (*auf etw* qc).

Hindu *m* ⟨-(s), -(s)⟩ ['hındu] Hindou *m.*

hindurch [hın'dʊrç] *adv* **1.** *(örtl.)* à travers; **2.** *(zeitl.)* pendant, durant; ► *durch etw* ~ à travers qc, au travers de qc, en traversant qc; *das ganze Jahr* ~ pendant toute l'année; *Jahre* ~ des années entières *od* durant; *mitten* ~ en traversant en plein milieu.

hinein [hı'naın] *adv* dedans; ► ~ *in* dans; *mitten in etw* ~ au beau milieu de qc; *(bis) tief in die Nacht* ~ bien avant dans la nuit. **hinein=finden** ⟨*fand hinein, hineingefunden*⟩ ► *sich in etw* ~ se familiariser avec qc, s'accommoder de qc, se faire à qc. **hinein=gehen** ⟨*ging hinein, hineingegangen*⟩ *itr* ⟨*sein*⟩ **1.** entrer; **2.** *(~passen)* entrer, tenir (*in* dans).

hinein=knien: ► *sich in etw* ~ *(fig)* s'atteler à qc; prendre qc à bras-le-corps. **hinein=legen** *tr fig (prellen)* mettre dedans. **hinein=passen** *itr* entrer, tenir (*in* dans). **hinein=reden** *itr:* ► *in etw* ~ se mêler de qc. **hinein=stecken** *tr* mettre *od* fourrer dedans; *(den Finger)* introduire. **hinein=versetzen:** ► *sich in jds Lage* ~ se mettre à la place de qn.

hin=fahren ⟨*fährt, fuhr hin, hingefahren*⟩ **1.** *tr* ⟨*h*⟩ y conduire (en voiture); *(Lasten)* y transporter *od* charrier; **2.** *itr* ⟨*sein*⟩ y aller. **Hinfahrt** *f* aller *m;* ► *auf der* ~ à l'aller; *(nur)* ~*! (loc)* aller *m* simple. **hin=fallen** ⟨*fällt, fiel hin, hingefallen*⟩ *itr* ⟨*sein*⟩ tomber (par terre); ► *lang* od *der Länge nach* ~ s'étaler de tout son long. **hinfällig** *a* **1.** *(schwach)* faible, débile; *(gebrechlich)* infirme, fragile, caduc; *(vor Alter)* décrépit; **2.** *(haltlos)* illusoire, vain, insoutenable; **3.** *(ungültig)* caduc, (an-)nul(é), périmé. **Hinfälligkeit** *f* ⟨-, ø⟩ **1.** faiblesse, débilité; infirmité, fragilité, décrépitude *f;* **2.** illusion, vanité *f;* **3.** caducité, nullité *f.* **Hinflug** *m aero* vol *m* aller. **hin=führen** *tr* (y) conduire *(zu* à, chez, vers); *fig* mener (*zu* à); ► *wo soll das* ~*?* où cela nous mènera-t-il? **Hingabe** *f (Ergebenheit)* dévouement; *(Eifer)* zèle *m,* application *f.* **Hin=geben** ⟨*gibt, gab hin, hingegeben*⟩ **1.** *tr* donner; *(überlassen)* laisser; *(preisgeben)* abandonner; *(opfern)* sacrifier; **2.** *refl: sich* ~ se donner (*jdm* à qn); s'adonner (*e-r S* à qc), suivre (*e-r S* qc). **hingebungsvoll I.** *a (ergeben)* dévoué; **II.** *adv* avec abandon. **hingegen** [-'--] *adv* au contraire, par contre. **hin=gehen** ⟨*ging hin, hingegangen*⟩ *itr* ⟨*sein*⟩ **1.** (y) aller, s'y rendre; **2.** *(Zeit)* (se) passer; ► *jdm etw* ~ *lassen* passer qc à qn; *diesmal mag es noch* ~ passe pour cette fois. **hingerissen** *a* transporté, ravi. **hin=halten** ⟨*hält, hielt hin, hingehalten*⟩ *tr* **1.** tendre, présenter; **2.** *fig (warten lassen)* faire attendre, lanterner, amuser; ► *s-n Kopf für etw* ~ assumer pleinement (la responsabilité de) qc. **hin=hauen** ⟨*haute hin, hingehauen*⟩ *tr fam (Arbeit)* trousser, bâcler, *pop* torcher; *das haut hin! (pop)* c'est bien vu! c'est au poil! ça gaze! **hin=horchen** *itr*, **hin=hören** *itr* écouter; prêter l'oreille (*auf* à).

hinken ['hɪŋkən] *itr* boiter (*auf dem rechten, linken Fuß* du pied droit, gauche); clocher *a. fig (Vergleich); fam* clopiner. **hinkend I.** *a* boiteux *a. fig;* **II.** *adv* clopin-clopant.

hin=knien ['hɪn-] *itr* u. *sich* ~ se mettre à genoux, s'agenouiller. **hinlänglich I.** *a* suffisant; **II.** *adv a.* assez. **hin=legen 1.** *tr* mettre, (dé)poser, placer; **2.** *refl: sich* ~ s'étendre, s'allonger; *(zu Bett gehen)* se coucher; *(infolge Krankheit)* s'aliter; ▶ *~! (mil)* couchez-vous! **hin=nehmen** ⟨*nimmt, nahm hin, hingenommen*⟩ *tr* **1.** prendre, accepter; **2.** *fig (erdulden)* supporter; *(einstecken, hinunterschlukken)* avaler. **hin=raffen** *tr* enlever, emporter. **hinreichend I.** *a* suffisant; **II.** *adv a.* assez. **Hinreise** *f* (voyage) aller *m;* ▶ *auf der* ~ à l'aller. **hin=reißen** ⟨*riß hin, hingerissen*⟩: *sich* ~ *lassen zu* se laisser entraîner *od* aller à, s'abandonner à. **hinreißend** *a* entraînant, ravissant, à ravir. **hin=richten** *tr (töten)* exécuter. **Hinrichtung** *f* ⟨-, -en⟩ exécution *f* (capitale), supplice *m.* **hin=schmeißen** ⟨*schmiß hin, hingeschmissen*⟩ *tr* **1.** *fam* jeter, flanquer (à terre); **2.** *fig* ⟨*sieht, sah hin, hingesehen*⟩ *(Arbeit)* envoyer promener. **hin=sehen** *fam itr* y regarder; ▶ *genau* ~ regarder de près; *ohne hinzusehen* sans regarder. **hin=setzen,** *sich* s'asseoir. **Hinsicht** *f:* ▶ *in* ~ *auf* en considération de, en ce qui concerne, eu égard à; *in dieser* ~ à cet égard, à ce sujet, sous ce rapport, de ce côté; *in gewisser* ~ à certains égards; *in jeder* ~ à tous égards, sous tous les rapports, de *od* en tout point. **hinsichtlich** *prp gen* à l'égard de, par rapport à, en ce qui concerne, quant à. **Hinspiel** *n sport* match *m* aller. **hin=stellen** *tr* **1.** (y) mettre, placer, poser; **2.** *fig (darstellen)* présenter, dépeindre (*als* comme); *refl* **3.** *sich* ~ se placer, se planter, se poster (*vor jdn* devant qn); ▶ *er hat die Sache so hingestellt, als ob ...* à l'entendre, on aurait pu croire que ...

hinten ['hɪntən] *adv* **1.** derrière, à l'arrière; *(im Hintergrund)* au fond; **2.** *(hinter anderen)* en arrière, en queue; *(am Ende)* au bout, à la *od* en queue; ▶ *nach* ~ en arrière; *nach* ~ *hinaus s. hinaus; von* ~ par derrière, de dos; ~ *im Buch* à *od* vers la fin du livre. **hintenherum** *adv* par derrière; ▶ *etw* ~ *kriegen (com fam)* obtenir qc par la bande. **hintenüber** [--'--] *adv* à la renverse.

hinter ['hɪntər] *prp* **1.** *(örtl.)* derrière; en arrière de; **2.** *(in der Reihenfolge)* après, à la suite de; ▶ *einer* ~ *dem andern* l'un après l'autre, à la file, à la queue leu leu; ~ *sich* derrière soi; *etw* ~ *sich bringen* en finir avec qc, parvenir au bout de qc; *(Entfernung)* couvrir; *etw* ~ *sich haben* en avoir fini avec qc; venir de faire *od* vivre qc; ~ *etw kommen (entdecken)* découvrir qc; *(erkennen)* saisir, comprendre; ~ *sich lassen (überholen)* dépasser, devancer, distancer; *(übertreffen)* surpasser; *die Tür* ~ *jdm zumachen* fermer la porte sur qn. **Hinterachse** *f loc mot* essieu, *mot a.* pont *m* arrière. **Hinterbacke** *f* fesse *f.* **Hinterbein** *n* patte *f* de derrière; ▶ *sich auf die ~e stellen (Pferd)* se cabrer; *fig* regimber, se dresser *od* monter sur ses ergots. **Hinterbliebenen,** *die* la famille (du défunt); *adm jur* les ayants cause *od* droit. **hinterbringen** ⟨*hinterbrachte, hinterbracht*⟩ *tr (heimlich mitteilen)* rapporter, dénoncer. **hintere** *a* arrière, de derrière; *(im Hintergrund befindlich)* du fond, reculé. **hintereinander** [---'--] *adv* **1.** *(örtl.)* l'un(e) derrière l'autre, à la file, en file, d'affilée; *el* en série; **2.** *(zeitl.)* l'un après l'autre; *(Reihenfolge)* successivement; ▶ *sich* ~ *aufstellen* prendre la file; *zwei Jahre* ~ deux ans de suite, deux années consécutives; ~ *gehen* od *laufen, marschieren* aller à la file, marcher l'un après l'autre. **Hintergedanke** *m* arrière-pensée *f.* **hintergehen** ⟨*hinterging, hintergangen*⟩ *tr (betrügen)* tromper, duper, abuser, frauder. **Hintergrund** *m* **1.** fond *(a. Kunst); theat u. fig* arrière-plan *m;* **2.** *pl fig* dessous *m pl;* ▶ *im* ~ *bleiben (fig)* rester dans l'ombre; *sich im* ~ *halten (fig)* se tenir derrière le rideau; *in den* ~ *treten (fig)* passer à l'arrière-plan. **Hintergrundmusik** *f* musique *f* de fond; fond *m* musical *od* sonore. **Hinterhalt** *m* embuscade *f;* guet-apens *m;* ▶ *in e-n* ~ *locken* attirer dans une embuscade. **hinterhältig** *a* insidieux, sournois, dissimulé. **Hinterhaus** *n* bâtiment *m od* maison *f* sur (la) cour, arrière-corps *m.* **hinterher** ['--- / --'-] *adv* **1.** *(als letzter)* après les autres, *fam* à la queue; **2.** *(nachher)* après coup, plus tard. **hinterher=laufen** ⟨*läuft, lief hinterher, hinterhergelaufen*⟩ *itr* ⟨*sein*⟩: ▶ *jdm* ~ courir après qn. **Hinterhof** *m* arrière-cour *f.* **Hinterkopf** *m* derrière de la tête, occiput *m.* **Hinterland** *n* arrière-pays, hinterland *m.* **hinterlassen** ⟨*hinterläßt, hinterließ, hinterlassen*⟩ *tr* **1.** *(e-e Nachricht)* laisser, déposer; *(unordentliches Zimmer)* laisser derrière soi; **2.** *(als Erbe)* laisser en mourant, transmettre. **Hinterlassenschaft** *f* héritage *m; jur* succession *f.* **hinterlastig** *a aero* lourd de l'arrière. **Hinterlauf** *m (Wild)* pied *m* de derrière. **hinterlegen** ⟨*ohne -ge-*⟩ *tr (Gepäck)* mettre en dépôt (*bei* chez), consigner; *(Geld)* déposer. **Hinterleib** *m ent* abdomen *m.* **Hinterlist** *f* ruse *f,* artifice, guet-apens *m; (Verschlagenheit)* astuce *f.* **hinterlistig** *a* rusé, artificieux; astucieux; *(hinterhältig)* sournois, insidieux. **Hintermann** *m* ⟨-(e)s, ¨-er⟩ **1.** homme de derrière, suivant *m;* **2.** *fig (Helfer)* soutien; *(Drahtzieher)* instigateur, machinateur *m;* ▶ *mein (etc)* ~ l'homme *m* derrière moi *etc.* **Hintern** *m* ⟨-s, -⟩ *fam* derrière, postérieur *m.* **Hinterrad** *n* roue *f* arrière *od* de derrière. **Hinterradantrieb** *m mot* commande *f* aux roues arrière. **Hinterrücks** *adv* par derrière; *fig (heimtückisch)* insidieusement; ▶ *jdn ~ überfallen* tirer dans les jambes de qn. **Hintersitz** *m mot* siège *m* arrière. **Hinterste(r, s)** *a* dernier. **Hintertreffen** *n:* ▶ *ins ~ geraten* od *kommen (fig)* être en perte de vitesse, être éclipsé. **hintertreiben** ⟨*hintertrieb, hintertrieben*⟩ *tr* faire échouer, déjouer, traverser, contrecarrer. **Hintertreppe** *f* escalier *m* de service. **Hintertupfingen** *n* [hintərˈtʊpfɪŋən] Triffouillis-les-Oies *m.* **Hintertür** *f* porte *f* de derrière *od* de sortie *od* dérobée; ▶ *sich eine ~ (ein Hintertürchen) offenhalten (fig)* se ménager une porte de sortie. **Hinterwäldler** *m* homme des bois, *fam* ours *m.* **hinterziehen** ⟨*hinterzog, hinterzogen*⟩ *tr (Geld)* détourner, soustraire; ▶ *Steuern, Zoll ~* frauder l'impôt, les droits de douane.

hinüber [hɪˈny:bər] **I.** *adv* au-delà, de l'autre côté; ▶ *da ~* par là; *über etw ~* par-dessus qc; **II.** *a pred fam (kaputt)* fichu. **hinüber=springen** ⟨*sprang hinüber, hinübergesprungen*⟩ *itr* ⟨*sein*⟩ sauter de l'autre côté. **hinüber=wollen** ⟨*will, wollte hinüber, hinübergewollt*⟩ *itr* vouloir passer de l'autre côté.

hin- und hergerissen *pp:* ▶ *~ werden (fig)* être tiraillé entre des sentiments contraires. **Hin- und Rückfahrt** *f* aller et retour *m.*

hinunter [hɪˈnʊntər] *adv* en bas; *(zur Erde)* à *od* par terre; ▶ *(da) ~!* descendez *bzw* descends (par là); *den Berg ~* en descendant la montagne. **hinunter=fahren** ⟨*fährt, fuhr hinunter, hinuntergefahren*⟩ *itr* ⟨*sein*⟩ , **hinunter=gehen** ⟨*ging hinunter, hinuntergegangen*⟩ *itr* ⟨*sein*⟩ descendre. **hinunter=kippen** *tr,* **hinunter=spülen** *tr, pop (Getränk)* lamper, siffler. **hinunter=schlucken** *tr* avaler, engloutir, gober; ▶ *s-n Ärger ~* ravaler sa colère. **hinunter=werfen** ⟨*wirft, warf hinunter, hinuntergeworfen*⟩ *tr* jeter en bas; ▶ *jdn die Treppe ~* jeter qn au bas de l'escalier.

Hinweg *m* [ˈhɪnve:k] aller *m;* ▶ *auf dem ~* à l'aller, en y allant.

hinweg [hɪnˈvɛk] *adv* (au) loin; *~!* loin d'ici! va-t'en! *~ damit!* ôtez cela de ma vue! *itr: über etw ~ sein* en avoir fini avec qc. **hinweg=gehen** ⟨*ging hinweg, hinweggegangen*⟩ *itr* ⟨*sein*⟩*:* ▶ *über jdn ~ (a. fig)* passer sur le corps *od* le ventre de qn; *(flüchtig) über etw ~* glisser, passer, ne pas insister sur qc. **hinweg=kommen** ⟨*kam hinweg, hinweggekommen*⟩ *itr* ⟨*sein*⟩*:* ▶ *über etw ~ (fig)* se consoler de qc. **hinweg=sehen** ⟨*sieht, sah hinweg, hinweggesehen*⟩ *itr* **1.** regarder (*über* par-dessus); **2.** *fig* fermer les yeux (*über* sur); ▶ *darüber will ich noch ~ (, aber)* passe encore (, mais). **hinweg=setzen:** ▶ *sich über etw ~* se mettre au-dessus de qc, passer par-dessus qc.

Hinweis *m* ⟨-es, -e⟩ [ˈhɪnvaɪs] mention, indication *f,* renseignement, avertissement *m; (Anweisung)* directive; *(Verweisung)* référence *f,* renvoi *m* (*auf* à); ▶ *unter ~ auf* avec mention de. **hin=weisen** ⟨*wies hin, hingewiesen*⟩ *tr: jdn auf etw ~* faire observer *od* donner à entendre qc à qn; *itr: auf etw ~* indiquer, signaler qc; *darauf ~, daß* mentionner, faire observer que, attirer l'attention sur le fait que. **Hinweiszeichen** *n* signe *m* de renvoi. **hin=werfen** ⟨*wirft, warf hin, hingeworfen*⟩ *tr* **1.** jeter (à terre); **2.** *fig (Zeichnung)* esquisser; ▶ *ein Wort ~* jeter un mot en passant. **hin=ziehen,** *sich* ⟨*zog hin, hingezogen*⟩ *(zeitl.)* se prolonger, se traîner en longueur; ▶ *sich zu jdm hingezogen fühlen* être *od* se sentir attiré par qn; *sich zu etw hingezogen fühlen* avoir de l'inclination pour qc.

Hinz [hɪnts] *m:* ▶ *~ und Kunz (alle Welt)* Pierre et Paul; *(pej)* n'importe qui.

hinzu [hɪnˈtsu:] *adv (außerdem)* de *od* en plus, en outre, en sus. **hinzu=fügen** *tr* ajouter (*zu* à). **hinzu=kommen** ⟨*kam hinzu, hinzugekommen*⟩ *itr* ⟨*sein*⟩ **1.** s'approcher, (sur)venir; **2.** *(Sache)* s'ajouter; ▶ *es kommt noch ~, daß; ~ kommt noch, daß* à cela s'ajoute que, joignez à cela que. **hinzu=zählen** *tr* ajouter (en comptant) (*zu* à). **hinzu=ziehen** ⟨*zog hinzu, hinzugezogen*⟩ *tr (zur Beratung)* faire appel à, *(Arzt)* consulter; ▶ *e-n Spezialisten ~* avoir recours à un spécialiste.

Hiob [ˈhi:ɔp] *m rel* Job *m.* **Hiobsbotschaft** *f* mauvaise nouvelle *f.*

Hirn *n* ⟨-(e)s, -e⟩ [hɪrn] **1.** *(Organ)* cerveau *m;* **2.** *(Substanz u. Speise)* cervelle *f;* **3.** *fig (Verstand)* cervelle *f,* cerveau *m;* ▶ *sich das ~ zermartern* se creuser la cervelle. **Hirngespinst** *n* chimère *f,* fantôme *m,* utopie *f.* **Hirnhaut** *f* méninge *f.* **Hirnhautentzündung** *f* méningite *f.* **hirnrissig** *a pop* débile. **Hirnschale** *f* boîte *f* crânienne, crâne *m.* **Hirntod** *m* mort *f* célébrale. **hirn-**

verbrannt *a fam* complètement fou, absurde.
Hirsch *m* ‹-(e)s, -e› [hɪrʃ] cerf *m*. **Hirschfänger** *m* couteau de chasse, coutelas *m*. **Hirschgeweih** *n* bois *m od* ramure *f* de cerf. **Hirschkäfer** *m* cerf-volant, lucane *m*. **Hirschkalb** *n* faon *m*. **Hirschkeule** *f* cuissot *m* de cerf. **Hirschkuh** *f* biche *f*.
Hirse *f* ‹-, ø› ['hɪrzə] *bot* millet, mil *m*.
Hirt *m* ‹-en, -en› [hɪrt] pâtre; *a. fig (Seelenhirt)* pasteur; *(Schafhirt)* berger *m*. **Hirtenbrief** *m rel* lettre *f od* mandement *m* pastoral(e).
his *n* ‹-, -› [hɪs] *mus* si *m* dièse.
hissen ['hɪsən] *tr* hisser; *bes. mar* arborer.
Historie *f* ‹-, -n› [hɪs'to:riə] histoire *f*. **Historiker** *m* ‹-s, -› [-'to:rikər] historien *m*. **historisch** [-'to:rɪʃ] *a* historique; ► ~ *sein* appartenir à l'histoire.
Hitliste *f* hit-parade, palmarès *m*. **Hit-parade** *f* hit-parade *m*.
Hitze *f* ‹-, ø› ['hɪtsə] **1.** chaleur *f*; **2.** *(Erregung)* irritation *f*; ► *in der ~ des Gefechts* au fort du combat; *fig* dans le feu de l'action *od* de la discussion; *drükkende ~* chaleur *f* accablante *od* étouffante. **hitzebeständig** *a* résistant à la chaleur; ► ~ *sein* aller au feu. **hitzeempfindlich** *a* sensible à la chaleur. **Hitzeschild** *m* bouclier *m* thermique. **Hitzewelle** *f* vague *od* onde *f* de chaleur. **hitzig** *a* **1.** *med* fébrile; *(Fieber)* aigu; **2.** *(Person: leicht erregbar)* très irritable; irascible; *(heftig, ungestüm)* impétueux, bouillant; **3.** *(Debatte)* violent. **Hitzkopf** *m* tête *f* chaude. **Hitzschlag** *m* coup *m* de chaleur, insolation *f*.
HIV *n* ‹-s, -s› [ha:i'faʊ] *(Human Immunodeficiency Virus) med* LAV *m*. **HIV-infiziert** *a* atteint, e du sida. **HIV-negativ** *a* séronégatif, ive. **HIV-positiv** *a* séropositif, ive. **HIV-Test** *m* test *m* de dépistage du sida. **HIV-Virus** *m* virus *m* du sida.
Hiwi *m* ['hi:vvi] ‹-s, -s› étudiant, e *m f* assistant un professeur à l'université.
hm [hm] *interj* hem! heu!
H-Milch ['ha:] *f* lait *m* longue conservation.
h-Moll *n* ['ha:mɔl] *mus* si *m* mineur.
Hobby *n* ‹-s, -s› ['hɔbi] cheval de bataille, dada *m*.
Hobel *m* ‹-s, -› ['ho:bəl] rabot *m*. **Hobelbank** *f* établi *m* (de menuisier). **hobeln** *tr* raboter; ► *wo gehobelt wird, fallen Späne (prov)* on ne peut pas faire une omelette sans casser d'œufs.
hoch [ho:x] ‹*höher, höchst*› **I.** *a* **1.** haut *(zehn Meter* de dix mètres); **2.** *fig (Ton)* élevé, aigu; **3.** *(Stellung, Zahl, Preis)* élevé; *(Strafe)* sévère; *(Geldstrafe)* fort; **4.** *(erhaben)* sublime; *(hervorragend, bedeutend)* grand, éminent; **II.** *adv fig* beaucoup, bien, fort, très; ► *im hohen Norden* à l'extrême Nord; *drei Mann ~* au nombre de trois; *drei Treppen ~* au 3e (étage); *~ erfreut* très heureux; *nicht zu ~ gegriffen (Zahl)* pas exagéré, raisonnable; *wenn es ~ kommt* tout au plus; *~ oben* tout en haut; *~ 4 (math)* à la puissance 4; *jdm etw ~ anrechnen* tenir grand compte de qc à qn; savoir gré à qn de qc; *~ und heilig versprechen* promettre solennellement; *(zu) ~ hinauswollen* viser (trop) haut; *das ist mir zu ~* cela me dépasse, c'est au-dessus *od* hors de ma portée; *es geht ~ her* on s'en donne à cœur joie; *wie ~ schätzen Sie ...?* à combien évaluez-vous ...? *~ lebe der König!* vive le roi! *er lebe ~!* vivat! *hohes Alter n* grand *od* bel âge, âge *m* avancé; *hohe Ehre f* grand honneur *m*; *hoher Feiertag m* grande fête *f*; *das Hohe Gericht* la Haute Cour; *hoher Offizier m* officier *m* supérieur; *hohe Zinsen m pl* gros intérêts *m pl*. **Hoch** *n* ‹-s, -s› **1.** *mete* (zone de) haute pression *f*, anticyclone *m*; **2.** *(Hochruf)* vivat *m*; ► *ein dreifaches ~ für ...!* trois hourras pour ...! **Hochachtung** *f* haute considération, grande estime *f*, grand respect *m*; ► *mit vorzüglicher ~* = **hochachtungsvoll** *adv (am Briefende)* avec mes (nos) salutations distinguées; agréez *od* veuillez agréer l'assurance de ma (notre) considération distinguée *od* de mes (nos) sentiments distingués. **Hochaltar** *m* maître-autel *m*. **Hochamt** *n rel* grand-messe *f*. **hoch=arbeiten,** *sich (fig)* se hisser à la force du poignet. **hochauflösend** *a tele* à haute définition. **Hochbahn** *f* chemin de fer *od* métro *m* aérien. **Hochbau** *m* construction au-dessus du sol, superstructure *f*. **hochbegabt** *a* extrêmement doué. **Hochbehälter** *m* réservoir *m* surélevé. **hochberühmt** *a* illustre. **hochbetagt** *a* chargé d'ans. **Hochbetrieb** *m* grande activité; activité *f* intense. **Hochburg** *f fig pol* citadelle *f*, fief *m*. **hochdeutsch** *a* haut-allemand; *(das) H~(e)* (le) haut-allemand. **Hochdruck** *m* **1.** *tech mete* haute pression *f*; **2.** *typ* impression *od* gravure *f* en relief; ► *mit ~ (fig)* sous pression. **Hochebene** *f* haut plateau *m*. **hocherfreut** *a* enchanté, ravi. **hochexplosiv** *a* brisant. **hoch=fahren** ‹*fährt, fuhr hoch, hochgefahren*› *itr* ‹*sein*›: ► *aus dem Schlaf ~* se réveiller en sursaut, sursauter. **hochfahrend** *a* hautain, altier, arrogant, orgueilleux. **Hochfinanz,** *die* la haute finance. **hochfliegend** *a fig* élevé, ambitieux, vaste. **Hochformat** *n* format *m* en hauteur *od* à la française *od* à l'italienne.

Hochfrequenz *f* haute fréquence, hyperfréquence *f.* **Hochgebirge** *n* haute montagne *f.* **Hochgefühl** *n* exaltation *f,* enthousiasme *m.* **hoch=gehen** ‹*ging hoch, hochgegangen*› *itr* ‹*sein*› **1.** *(Vorhang)* se lever; *mil (Mine)* sauter; **2.** *fam (zornig werden)* s'échauffer, s'emporter, se monter. **Hochgenuß** *m* haute jouissance *f,* délice *m,* volupté *f.* **Hochgeschwindigkeitszug** *m* train *m* à grande vitesse (T.G.V). **hochgespannt** *a fig:* ► *~e Erwartungen f pl* grands espoirs *m pl.* **Hochglanz** *m:* ► *auf ~ polieren* faire briller *od* reluire. **hochgradig I.** *a* d'un haut degré; *fig* intense, excessif, extrême; **II.** *adv* à un haut degré. **hoch=halten** ‹*hält, hielt hoch, hochgehalten*› *tr* **1.** *(hochheben)* relever; **2.** *fig (achten)* tenir en haute estime. **Hochhaus** *n* immeuble-tour, building *m.* **hochheben** ‹*hob hoch, hochgehoben*› *tr* (é)lever, relever, soulever. **hochindustrialisiert** *a* fortement industrialisé. **hochintegriert** *a (Schaltkreis)* à très grande intégration. **hochkant** *a* de champ, debout. **Hochkonjunktur** *f* haute conjoncture *f.* **Hochland** *n* massif *m* montagneux. **Hochleistungs . . .** *(in Zssgen)* à *od* de grande capacité *od* puissance, à *od* de grand débit *od* rendement, de haute performance. **Hochleistungssportler(in *f*)** *m* sportif, ive *m f* de haute niveau. **Hochlohnland** *n* pays *m* ayant des salaires élevés. **hochmodern** *a* ultramoderne. **Hochmoor** *n* fagne; tourbière *f* émergée. **Hochmut** *m* hauteur *f,* orgueil *m,* arrogance, présomption, suffisance, morgue *f.* **hochmütig** *a* altier, hautain, orgueilleux, arrogant, présomptueux, suffisant. **Hochnebel** *m* brouillard *m* élevé. **Hochofen** *m* haut fourneau *m.* **Hochparterre** *n* rez-de--chaussée *m* surélevé. **hochprozentig** *a* d'un pourcentage élevé. **hochqualifiziert** *a* hautement qualifié. **Hochrelief** *n (Kunst)* haut-relief, plein relief, relief *m* entier. **Hochruf** *m* vivat *m.* **Hochsaison** *f* pleine saison *f;* ► *in der ~* en pleine saison. **Hochschule** *f* école supérieure, académie, université *f.* **Hochschüler** *m* étudiant *m.* **Hochschullehrer** *m* professeur *m* de faculté. **Hochschulreife** *f* baccalauréat *m.* **Hochschulstudium** *n* études *f pl* supérieures *od* universitaires. **Hochschulzulassung** *f* admission *f* à la université. **hochschwanger** *a* au neuvième mois de sa grossesse. **Hochsee** *f* haute mer *f.* **Hochseefischerei** *f* pêche hauturière *f.* **Hochsitz** *m (Jagd)* affût *m* perché. **Hochsommer** *m:* ► *im ~* en plein été; au fort de l'été. **Hochspannung** *f el* haute tension *f.* **Hochspannungsleitung** *f* ligne *f* à haute tension. **Hochspannungsmast** *m* pylône *m* métallique à haute tension. **Hochsprache** *f* langage *m* écrit *od* littéraire. **Hochsprung** *m sport* saut *m* en hauteur. **Hochtechnologie** *f* technologie *f* de pointe. **hochtourig** *a* à plein rendement.

höchst [hø:çst] *adv* tout à fait, extrêmement, au suprême degré, au dernier point.

Höchst ... ['hø:çst-] *(in Zssgen, bes. scient u. tech)* maximum *a,* maxima *a, a.* maximal *a.* **Höchstalter** *n* âge *m* limite.

Hochstapler *m* ['ho:x-] chevalier d'industrie, aigrefin, escroc, flibustier, imposteur, *fam* rasta(quouère) *m.*

Höchstbetrag *m* ['hø:çst-] montant *m* maximum; ► *bis zum ~ von* jusqu'à concurrence de. **höchste(r, s)** *a* **1.** *(Superlativ von: hoch)* le plus haut, le plus élevé *a. fig; (größte)* le plus grand; **2.** *fig (äußerste)* extrême, suprême, dernier, ultime; ► *aufs höchste, im höchsten Grad, in höchstem Maße = höchst adv; ~er Punkt m* point *m* culminant. **höchstens** *adv* tout au plus, à la rigueur, au maximum. **Höchstfall** *m:* ► *im ~* au maximum. **Höchstgebot** *n* offre maximum *od* la plus élevée, enchère *f* maximum. **Höchstgeschwindigkeit** *f* vitesse *f* maximum *od* maxima *od* plafond; *zulässige ~* limitation *f* de vitesse. **Höchstgrenze** *f* plafond *m;* ► *die ~ festsetzen für* plafonner. **Höchstleistung** *f* **1.** *tech* effet *od* rendement *od* débit *m od* puissance *od* capacité *f* maximum; **2.** *sport* record *m.* **Höchstmaß** *n:* ► *ein ~ an (Verantwortung)* un maximum de (responsabilité). **Höchstpreis** *m* prix *m* maximum *od* limite *od* plafond. **höchstwahrscheinlich** *adv* selon toutes probabilités. **höchstzulässig** *a:* ► *~e Belastung* charge *f* maximum admissible.

Hochtour *f* ['ho:x-]: ► *auf ~en laufen* battre son plein. **hochtrabend** *a fig* emphatique; prétentieux, pompeux. **Hochverrat** *m* (crime *m* de) haute trahison *f.* **Hochwald** *m* (haute) futaie *f.* **Hochwasser** *n (e-s Flusses)* crue, inondation; *(des Meeres)* marée *f* haute. **hochwertig** *a* de haute qualité, de qualité supérieure; *com* de prix. **Hochwild** *n* gros gibier *m.*

Hochzahl *f math* exposant *m.* **Hochzeit** *f* ['hɔx-] *(Trauung)* mariage *m; (Hochzeitsfest)* noce(s *pl*) *f;* ► *silberne, goldene, diamantene ~* noces *f pl* d'argent, d'or, de diamant. **Hochzeitsfeier** *f* célébration *f* du mariage. **Hochzeitsgast** *m* invité *m* de mariage. **Hochzeitsgeschenk** *n* cadeau *od* présent *m* de noce(s) *od* de mariage. **Hochzeitsnacht** *f* nuit *f* de noce(s).

Hochzeitsreise *f* voyage *m* de noces. **Hochzeitstag** *m* **1.** jour *m* des noces; **2.** *(jährlich wiederkehrender)* anniversaire *m* de mariage.

Hocke *f* ‹-, -n› ['hɔkə] *sport* accroupissement *m;* saut *m* groupé. **hocken** *itr* **1.** être accroupi; **2.** *fam (sitzen)* être assis, ne pas bouger; ▸ *immer zu Hause ~* être casanier *od fam* pantouflard. **Hokker** *m* ‹-s, -› *(Schemel)* tabouret, escabeau *m.*

Höcker *m* ‹-s, -› ['hœkər] *(Auswuchs)* excroissance, protubérance; *med* gibbosité, tubérosité; *(Buckel, a. d. Kamels)* bosse *f.* **höckerig** *a (uneben)* bosselé, raboteux.

Hockey *n* ‹-s, ø› ['hɔki] *sport* hockey *m.* **Hockeyschläger** *m* crosse de hockey, canne *f.*

Hode *f* ‹-, -n› od *m* ‹-n, -n›, **Hoden** *m* ‹-s, -› ['ho:də(n)] *anat* testicule *m.* **Hodensack** *m* scrotum *m.*

Hof *m* ‹-(e)s, ⸚e› [ho:f, 'hø:fə] **1.** cour *f; (Kloster-, Krankenhaus-, Gefängnis-, überdachter Schul~)* préau *m;* **2.** *(Bauern~)* ferme, métairie *f;* **3.** *(Gerichts-, Fürsten~)* cour *f;* **4.** *astr* auréole *f,* halo *m;* ▸ *auf dem ~* dans la cour; *jdm den ~ machen* faire la cour, conter fleurette à qn, courtiser qn.

hoffen ['hɔfən] *itr* espérer (*auf etw* qc); ▸ *auf bessere Zeiten ~* espérer des temps meilleurs; *ich hoffe es* j'espère, je l'espère; *ich hoffe nicht, ich will nicht ~* j'espère que non; *ich will es ~* j'y compte bien; *~ wir das Beste!* espérons que tout ira pour le mieux! ayons bon espoir! **hoffentlich** *adv* espérons que, il faut espérer que; ▸ *~!* espérons-le! *~ kommst du!* j'espère (nous espérons) que tu viendras.

Hoffnung *f* ‹-, -en› ['hɔfnʊŋ] *(unbestimmte)* espérance *f; (bestimmte)* espoir *m* (*auf* de); *(Erwartung)* attente *f;* ▸ *in der ~* avec *od* dans l'espoir (*zu* de, *daß* que); *die ~ aufgeben* perdre tout espoir; *keine ~ mehr haben* n'avoir plus d'espoir; *jdm ~ machen* donner l'espoir à qn; encourager qn; *sich ~en machen* se nourrir de l'espoir; *wieder ~ schöpfen* reprendre espoir, renaître à l'espoir; *s-e ~ auf etw, jdn setzen* mettre, placer ses espérances dans qc, mettre son espoir en qn; *sich in falschen ~en wiegen* se bercer de faux espoirs; *letzte ~* suprême espérance *f.* **hoffnungslos** *a* **1.** sans espoir, désespéré; **2.** *(Sache)* sans issue. **Hoffnungslosigkeit** *f* désespérance *f,* désespoir *m.* **Hoffnungsschimmer** *m,* **Hoffnungsstrahl** *m* lueur *f,* rayon *m* d'espérance *od* d'espoir. **Hoffnungsträger** *m* espoir *m.* **hoffnungsvoll** *a* **1.** plein d'espoir; **2.** *(vielversprechend)* qui donne de grandes espérances, qui promet beaucoup, prometteur.

Hofhund *m* ['ho:f-] chien de garde, mâtin *m.*

höfisch ['hø:fɪʃ] *a* de (la) cour, de courtisan. **höflich** *a* poli, civil; *(ritterlich)* galant, courtois. **Höflichkeit** *f* politesse, civilité; galanterie, courtoisie; obligeance *f.* **Höflichkeitsbesuch** *m* visite *f* de courtoisie *od* de cérémonie. **Höfling** *m* ‹-s, -e› courtisan *m.*

Hofmarschall *m* ['ho:f-] maréchal *m* du palais. **Hofmeister** *m* **1.** intendant, majordome *m;* **2.** *(Prinzenerzieher)* gouverneur, précepteur *m.* **Hofnarr** *m* bouffon (de la cour), fou *m.* **Hoftor** *n* porte *f* cochère.

Höhe *f* ‹-, -n› ['hø:ə] **1.** hauteur *f, a. math;* **2.** *(Anhöhe)* haut *m,* élévation, éminence *f; (Gipfel~)* sommet, point *m* culminant; **3.** *(Meeres~, ~ über dem Erdboden, astr)* altitude *f;* **4.** *(gleiche ~, bes. d. Wassers, fig)* niveau *m;* **5.** *mus (Ton~)* hauteur, acuité *f;* **6.** *fin (e-s Betruges)* montant; *(~ d. Steuer etc, Satz)* taux *m;* ▸ *auf der ~ von* à la hauteur de; *auf gleicher (geogr.) ~* au même niveau, de front; *(Stadt, Ort)* à la même latitude; *auf gleicher ~ mit, in gleicher ~ wie* au niveau de, de niveau avec, de plain-pied avec, au ras de, à fleur de; *auf* od *in halber ~* à mi-côte; *bis zur ~ von ... (Betrag)* jusqu'à concurrence de ...; *in der* od *die ~* en haut; *in die ~* en l'air; *in ~ von ... (Betrag)* d'un montant de ...; *in die ~ schießen (bot)* monter en graine; *(Mensch)* pousser comme un champignon; *nicht auf der ~ sein (körperlich)* ne pas être *od* se sentir bien d'aplomb *od* dans son assiette; *fam* ne pas être très en forme; *wieder auf der ~ sein (fig)* avoir repris du poil de la bête *fam; das ist (doch) die ~! (fam)* (ça,) c'est le comble!

Hoheit *f* ‹-, -en› ['ho:haɪt] **1.** *(Erhabenheit)* grandeur, noblesse, sublimité *f;* **2.** *(Majestät)* majesté, *pol* souveraineté; *(Anrede)* (votre) Altesse *f;* ▸ *Königliche ~* Altesse royale. **Hoheitsgebiet** *n* territoire *m* national. **Hoheitsgewässer** *n pl* eaux *f pl* territoriales, mer *f* territoriale *od* littorale *od* juridictionnelle. **hoheitsvoll** *a* majestueux. **Hoheitszeichen** *n* insigne *od* emblème *m* de souveraineté *od* de nationalité *od* national; *aero* cocarde *f.*

Höhenkurort *m* ['hø:ən-] station *f* d'altitude *od* de montagne. **Höhenmesser** *m (Gerät)* baromètre altimétrique, altimètre, hypsomètre *m.* **Höhensonne** *f (Gerät)* lampe *f* (électrique) à rayons ultra-violets; ▸ *mit ~ bestrahlen* exposer aux rayons ultraviolets. **Höhenunterschied** *m* différence *f* de niveau. **Höhenzug** *m geog* chaîne *f* de collines.

Höhepunkt *m* ['hø:ə-] **1.** point culminant; *(Gipfel)* sommet, faîte *m;* **2.** *fig* comble, summum, apogée, acmé, *bes. med* paroxysme *m;* ▶ *auf dem ~ der Macht* à l'apogée du pouvoir.

höher ['hø:ər] *a (Komparativ von: hoch)* plus haut; *(~liegend)* plus élevé; *fig* supérieur (*als* à); ▶ *auf ~en Befehl* par ordre supérieur; *~es Gebot n (com)* surenchère *f; ~e Gewalt f* force *f* majeure; *~e Mathematik f* hautes mathématiques, mathématiques *f pl* supérieures; *~e Schule f* école *f* secondaire.

hohl [ho:l] *a* **1.** creux, cave; *(Klang)* caverneux; **2.** *fig (leer)* creux, vide; *(nichtssagend)* vain, futile; ▶ *~ klingen* sonner creux; *~ machen* creuser; *~ werden* se creuser; *die ~e Hand* le creux de la main; *~e See f* houle *f; ~er Zahn m* dent *f* creuse *od* cariée.

Höhle *f* ‹-, -n› ['hø:lə] **1.** *(in d. Erde)* caverne *f; (Hohlraum)* creux *m,* cavité *f; (~ wilder Tiere)* tanière *f,* terrier, repaire; *poet* antre *m;* **2.** *anat* cavité *f,* ventricule *m.* **höhlen** *tr* creuser, excaver. **Höhlenforscher** *m* spéléologue *m.* **Höhlenforschung** *f,* **Höhlenkunde** *f* spéléologie *f.*

Hohlheit *f* ‹-, ø› *fig (Leere)* vide *m.* **Hohlkopf** *m* tête creuse *od* vide; *fam* tête de linotte, buse *f.* **Hohlkörper** *m* corps *m* creux. **Hohlkugel** *f* sphère *f* creuse. **Hohlmaß** *n* mesure *f* de capacité; **Hohlraum** *m* espace *m* creux *od* vide, cavité, *geol* vacuole *f.* **Hohlsaum** *m* ourlet *m* à jour. **Hohlspiegel** *m* miroir *m* concave.

Höhlung *f* ‹-, -en› ['hø:lʊŋ] cavité *f.*

Hohlweg *m* ['ho:l-] chemin *m* creux. **Hohlziegel** *m* tuile creuse *od* en S; *(Ziegelstein)* brique *f* creuse.

Hohn *m* ‹-(e)s, ø› [ho:n] dérision, raillerie, moquerie; *(feiner)* ironie *f; (bitterer)* sarcasme *m.*

höhnen ['hø:nən] *tr* railler, bafouer; se moquer de.

Hohngelächter *n* ['ho:n-] rire de dérision, ricanement *m.* **Hohngeschrei** *n* huées *f pl;* ▶ *mit ~ empfangen* huer.

höhnisch ['hø:nɪʃ] **I.** *a* railleur, moqueur, ironique, sarcastique; *(Lachen)* sardonique; **II.** *adv* d'un air moqueur; ▶ *~ lachen* ricaner.

Höker *m* ‹-s, -› ['hø:kər] *(Kleinhändler)* brocanteur, revendeur; *(Straßenhändler)* camelot, marchand *m* des quatre-saisons.

Hokuspokus *m* ‹-, ø› [ho:kʊs'po:kʊs] **1.** tour *m* de bateleur *od* passe-passe, jonglerie *f;* **2.** *pej* charlatanerie, duperie *f.*

hold [hɔlt] *a* **1.** *(geneigt, vom Glück)* favorable, propice; **2.** *(anmutig)* gracieux, charmant, doux; ▶ *das Glück ist mir ~* la fortune me sourit.

holen ['ho:lən] *tr* aller *od* venir chercher *od* prendre; ▶ *fam sich e-e Krankheit ~* attraper une maladie; *sich e-e Abfuhr ~* essuyer un camouflet *od* une rebuffade; *sich bei jdm Rat ~* prendre conseil de qn, consulter qn; *sich e-n Schnupfen ~* attraper un rhume; *~ lassen* envoyer chercher, faire venir; *da ist nichts zu ~ (fam)* il n'y a rien à y gagner; c'est sans intérêt; *hol' dich der Teufel* od *Henker! (interj fam)* que le diable t'emporte!

Holland *n* ['hɔlant] la Hollande. **Holländer** *m* ‹-s, -› Hollandais; *(Käse)* hollande *m.* **Holländerin** *f* ‹-, -nen› Hollandaise *f.* **holländisch** *a* hollandais, de Hollande; *(das) Holländisch(e)* le hollandais.

Hölle *f* ‹-, ø› ['hœlə] enfer(s *pl*) *m, a. fig; in die ~ kommen* aller en enfer, être damné; *jdm die ~ heiß machen (fig fam)* retourner qn sur le gril, échauffer les oreilles de qn. **Höllenangst** *f* peur *f* bleue. **Höllenlärm** *m* bruit d'enfer, bruit *od* tapage *od* vacarme infernal, tapage *m* de tous les diables; ▶ *e-n ~ machen (a. pop)* faire un foin du diable. **Höllenmaschine** *f* machine *f* infernale. **Höllenstein** *m pharm* pierre *f* infernale. **Höllentempo** *n* ▶ *ein ~ (drauf) haben* aller un train d'enfer; *(Autofahrt)* rouler à tombeau ouvert. **höllisch** *a* **1.** d'enfer, infernal; **2.** *fam (riesig)* énorme, colossal.

Hollywoodschaukel *f* ['hɔlɪwʊd-] balancelle *f.*

Holm *m* ‹-(e)s, -e› [hɔlm] **1.** *(an Leitern)* montant *m; (des Barrens)* barre *f.* **2.** *(kleine Insel)* îlot *m.*

Holocaust *m* ['hɔləkɔ:st hɔlo'kaʊst] ‹-(s), -(s)› holocauste *m.*

holperig ['hɔlpərɪç] *a = holprig.* **holpern** *itr* ‹sein› *(sich ungleichmäßig fortbewegen)* (s')avancer d'un pas inégal; *(stolpern)* broncher; *(Wagen)* cahoter. **holprig** *a* **1.** *(Weg)* cahoteux, raboteux, rude, inégal; **2.** *fig (Stil)* raboteux, rocailleux, heurté.

Holschuld *f* ['ho:l-] dette (re)quérable, quérabilité *f.*

holterdiepolter [hɔltərdi'pɔltər] *adv* précipitamment, à la hâte.

Holunder *m* ‹-s, -› [ho'lʊndər], **Holunderbaum** *m* sureau *m.*

Holz *n* ‹-es, ⸚er› [hɔlts, 'hœltsər] *(Material u. kleinerer Wald)* bois *m; (größerer Wald)* forêt *f;* ▶ *dürres* od *trockenes ~* bois *m* mort; *grünes ~* bois *m* vert *od* vif. **holzartig** *a* ligneux. **Holzbau(weise** *f*) *m* construction *f* en bois. **Holzbearbeitung** *f* travail *m* (industriel) du bois. **Holzbock** *m ent* capricorne *m.* **Holzbohrer** *m* **1.** *ent* xylophage *m;* **2.** *(Gerät)* foret *m* à bois. **Holzeinschlag** *m* coupe *od* récolte *f*

du bois.
hölzern ['hœltsərn] *a* **1.** de *od* en bois; **2.** *fig (steif)* raide, sec; *(schwerfällig)* lourd.
Holzfäller *m* ['hɔlts-] bûcheron *m.* **Holzfaser** *f* fibre *f od* fil *m* de bois. **Holzfaserplatte** *f* panneau *m* de fibres de bois isolant *od* d'aggloméré. **holzfrei** *a (Papier)* sans bois, exempt de pâte mécanique. **Holzgas** *n* gaz *m* de bois. **Holzhacker** *m (Holzspalter)* coupeur de bois; *(Holzfäller)* bûcheron *m.* **Holzhammer** *m* maillet *m.* **Holzhandel** *m* commerce *m* de bois. **Holzhändler** *m* marchand *m* de bois. **Holzhauer** *m = Holzfäller.* **Holzhaufen** *m* tas *m* de bois. **Holzhaus** *n* maison *f* de *od* en bois. **holzig** *a (holzartig)* ligneux; *(hart, von Gemüse)* dur. **Holzkasten** *m,* **Holzkiste** *f (zum Aufbewahren des Holzes)* caisse *f* à bois. **Holzklotz** *m* billot *m* de bois. **Holzkohle** *f* charbon *m* de bois. **Holzlager** *n* dépôt de bois, chantier *m* à bois. **Holzpantine** *f* sabot *m* (de bois), galoche *f.* **Holzschnitt** *m* gravure sur bois, estampe *f* en bois. **Holzschnitzer** *m* sculpteur *m* sur bois. **Holzschnitzerei** *f* sculpture *f* sur bois. **Holzschuh** *m* sabot *m.* **Holzschuppen** *m* hangar *m od* remise *f* à bois, bûcher *m.* **Holzschwamm** *m bot* bolet *m* destructeur. **Holzstich** *m typ* gravure *f* sur bois. **Holzstoß** *m* pile *f* de bois, bûcher *m.* **Holzteer** *m* goudron *m* végétal. **holzverarbeitend** *a:* ► *~e Industrie f* industrie *f* transformatrice du bois. **Holzwand** *f* cloison *f* de bois. **Holzweg** *m* chemin *m* forestier; ► *auf dem ~ sein (fig)* faire fausse route, se fourvoyer; *da bist du auf dem ~ (fam)* je t'en fiche. **Holzwolle** *f* fibre *od* laine *f* de bois. **Holzwurm** *m* ver du bois, perce-bois, xylophage *m.* **Holzzellstoff** *m* cellulose de bois, lignocellulose *f.*
Homecomputer *m* ['houm-] *s. Heimcomputer.*
homogen [homo'ge:n] *a (gleichartig)* homogène. **homogenisieren** [-geni'zi:rən] ‹*ohne ge-*› *tr (innig vermischen)* homogénéiser. **Homogenität** *f* ‹-, ø› [-geni'tɛ:t] homogénéité *f.*
Homöopath [homøo'pa:t] ‹-en, -en› *m* homéopathe *m.* **Homöopathie** *f* ‹-, ø› [homøopa'ti:] *(Heilverfahren)* homéopathie *f.* **homöopathisch** [-'patɪʃ] *a* homéopathique.
Homosexualität [homozɛksuali'tɛ:t] *f* homosexualité, inversion *f* sexuelle, *pej* mœurs *f pl* spéciales. **homosexuell** *a* homosexuel. **Homosexuelle(r)** *m* homosexuel, inverti *m.*
Honig *m* ‹-s, ø› ['ho:nɪç] miel *m;* ► *~ sammeln (Biene)* butiner; *mit ~ gesüßt* miellé. **honigartig** *a* mielleux. **Honigbiene** *f* mouche *f* à miel. **Honigkuchen** *m* pain *m* d'épice. **Honigscheibe** *f,* **Honigwabe** *f* rayon *od* gâteau *m* de miel. **honigsüß** *a* **1.** doux comme le miel, miellé; **2.** *fig pej* mielleux.
Honorar *n* ‹-s, -e› [hono'ra:r] *(Arbeitsvergütung)* honoraire *m (meist pl); (Autoren~)* droits *m pl* d'auteur. **Honoratioren** *pl* [-ratsi'o:rən] notabilités *f pl.* **honorieren** [-'ri:rən] ‹*ohne ge-*› *tr* **1.** *(Anwalt, Arzt)* rétribuer; **2.** *fin (Wechsel)* faire honneur à, honorer, accepter.
Hopfen *m* ‹-s, -› ['hɔpfən] houblon *m;* ► *da ist ~ und Malz verloren (fig)* c'est peine perdue; *mit ~ versehen.* **hopfen** *tr* houblonner. **Hopfenfeld** *n* houblonnière *f.* **Hopfenstange** *f* **1.** perche *f* à houblon; **2.** *fig (langer Mensch)* (grande) perche *f, fam* manche *m* à balai.
hopp [hɔp] *interj: ~, ~!* et au galop! *fam* et que ça saute! **hoppla** *interj fam* hop (là)!
hops [hɔps] *a fam (verloren)* fichu, perdu; *pop* foutu; ► *~ gehen (pop: verlorengehen)* se perdre, s'égarer. **hopsa** *interj fam* hop (là)! **hopsen** *itr* ‹*sein*› *fam* saut(ill)er, gambader.
Hör ... ['hø:r-] *(in Zssgen)* auditif. **hörbar** *a* perceptible (à l'oreille), audible. **Hörbereich** *m allg* fréquences *f pl* audibles; *radio (e-s Senders)* zone *f* d'audibilité; portée *f.* **hörbereit** *a tele* à l'écoute. **Hörbrille** *f (Brille mit Hörgerät)* lunettes *f pl* acoustiques *od* auditives.
horchen ['hɔrçən] *itr* écouter (*auf etw, jdn* qc, qn; *ob* pour voir si), prêter l'oreille, être aux écoutes, avoir l'oreille au guet; *(spionieren)* espionner; ► *an der Tür ~* écouter à la porte. **Horcher** *m* ‹-s, -› écouteur (aux portes), indiscret *m.* **Horchposten** *m mil* poste *m* d'écoute.
Horde *f* ‹-, -n› ['hɔrdə] **1.** *(Flechtwerk)* claie *f;* **2.** *(ungezügelte Schar)* horde, bande, troupe *f.*
Hörempfang *m* ['hø:r-] *radio* réception *f* auditive. **hören** *tr* **1.** entendre; **2.** *(erfahren)* apprendre, savoir; *itr* **3.** *(lauschen, a. radio)* écouter; *radio* être *od* se mettre à l'écoute; **4.** *(achtgeben)* faire attention (*auf etw* à qc); **5.** *(gehorchen)* obéir (*auf jdn* à qn); ► *gut ~* avoir l'ouïe *od* l'oreille bonne *od* fine; *auf den Namen ... ~ (bes. Hund)* répondre au nom de ...; *nur auf e-m Ohr ~* n'entendre que d'une oreille; *fig* faire la sourde oreille; *sich gern reden ~* s'écouter parler; *regelmäßig ~ (radio: Sendung)* suivre; *schwer* od *schlecht ~* être dur d'oreille; *e-e Vorlesung ~* suivre un cours; *(nichts) von sich ~ lassen* (ne pas) donner de (ses) nouvelles; *nichts ~ wollen* ne vouloir rien savoir (*von etw* de qc); *das ist das erste,*

was ich höre première nouvelle! *mir ist H~ und Sehen vergangen* j'en ai vu trente-six chandelles; *hör mal!* voyons! tiens! *(na) ~ Sie mal!* attendez (donc)! allons! dites (donc)! tenez! *Sie werden noch von mir ~* vous aurez de mes nouvelles; *das läßt sich (schon) ~!* à la bonne heure! *wer nicht ~ will, muß fühlen (prov)* la désobéissance se paie toujours. **Hörensagen** *n* ouï-dire *m;* ▶ *vom ~* par ouï-dire, de réputation. **Hörer** *m* ‹-s, -› **1.** *(Person, a. radio)* auditeur; *(ständiger) radio* usager; **2.** *(Gerät, tele)* récepteur *m;* ▶ *den ~ abnehmen, auflegen (tele)* décrocher, raccrocher le récepteur. **Hörerschaft** *f* auditoire *m; radio* auditeurs *m pl.* **Hörfehler** *m* **1.** erreur *f* d'audition; **2.** *med (Gebrechen)* défaut *m* de l'ouïe. **Hörfolge** *f radio (Sendereihe)* série *f* radiophonique. **Hörgerät** *n (für Schwerhörige)* appareil *m* auditif, aide-ouïe *f.* **hörig** *a (leibeigen)* serf; *fig:* ▶ *jdm ~ sein* être l'esclave de qn; être entièrement soumis à qn. **Hörigkeit** *f* ‹-, ø› *fig* sujétion *f;* dépendance *f* totale.

Horizont *m* ‹-(e)s, -e› [hori'tsɔnt] horizon *m, a. fig;* ▶ *am ~* à l'horizon; *e-n engen ~ haben (fig)* avoir l'esprit étroit; *das geht über meinen ~* cela me dépasse. **horizontal** [-'ta:l] *a (waagerecht)* horizontal; de niveau. **Horizontale** *f* ‹-, -n› (ligne) horizontale *f.*

Hormon *n* ‹-s, -e› [hɔr'mo:n] *physiol* hormone *f.* **hormonal** [hɔrmo'na:l] *a* hormonal. **Hormonbehandlung** *f* traitement *m* hormonal, hormonothérapie *f.* **hormonell** [hɔrmo'nɛl] *a* hormonal. **Hormontherapie** *f* hormonothérapie *f.*

Hörmuschel *f* ['hø:r-] *tele* écouteur *m.*

Horn *n* ‹-(e)s, ⸚er› [hɔrn, 'hœrnər] **1.** *(Körperteil, Substanz, Gerät)* corne *f;* **2.** *mus (Blasinstrument)* cor, clairon *m;* **3.** *geog (Bergspitze)* pic *m,* dent, aiguille *f;* ▶ *sich die Hörner abstoßen* od *(abus) ablaufen (fig)* jeter sa gourme; *ins ~ stoßen* donner du cor; *ins gleiche ~ stoßen (fig)* s'entendre comme larrons en foire. **Hornbrille** *f* lunettes *f pl* (à monture) de corne *od* d'écaille.

Hörnchen *n* ‹-s, -› ['hœrnçən] *(Gebäck)* croissant *m.*

Hörnerv *m* ['hø:r-] *anat* nerf *m* auditif.

Hornhaut *f* ['hɔrnhaʊt] **1.** callosité *f, (Schwiele)* durillon *m;* **2.** *(des Auges)* cornée *f.* **Hornhautübertragung** *f med* greffe de la cornée, kératoplastie *f.*

Hornisse *f* ‹-, -n› [hɔr'nɪsə, 'hɔr-] *ent* frelon *m.*

Hornist *m* ‹-en, -en› [hɔr'nɪst› corniste, cor *m.*

Hornochse *m* ['hɔrn-] *(Dummkopf)* benêt, idiot *m.* **Hornvieh** *n* bêtes *f pl* à cornes.

Hörorgan *n* ['hø:r-] organe *m* de l'ouïe.

Horoskop *n* ‹-s, -e› [horo'sko:p] horoscope *m;* ▶ *jds ~ stellen* tirer *od* dresser *od* faire l'horoscope de qn.

Hörrohr *n* ['hø:r-] **1.** *(für Schwerhörige)* cornet *m* acoustique; **2.** *med* stéthoscope *m.* **Hörsaal** *m* salle *f* de cours *od* de conférences. **Hörspiel** *n radio* pièce *f* radiophonique.

Horst *m* ‹-(e)s, -e› [hɔrst] **1.** *bot* touffe *f;* **2.** *(Raubvogelnest)* nid *m; (e-s Adlers)* aire *f;* **3.** *aero (Flieger~)* base *f* aérienne. **horsten** *itr (nisten, von Raubvögeln)* faire son nid, nicher.

Hort *m* ‹-(e)s, -e› [hɔrt] **1.** *(Schatz)* trésor *m;* **2.** *fig (Zufluchtsort)* rempart, asile *m,* retraite *f.* **horten** *tr (Geld, Waren)* thésauriser, stocker, accumuler. **Hortung** *f* ‹-, -en› *(von Geld, Waren)* thésaurisation *f,* stockage *m* (excessif), accumulation *f.*

Hörweite *f* ['hø:r-] portée *f* d'ouïe; ▶ *außer ~* hors de portée d'ouïe; *in ~* à portée de la voix.

Hose *f* ‹-, -n› ['ho:zə] *fam a. pl (lange)* pantalon *m; (kurze* od *Knie~)* culotte *f; (enganliegende Damen~)* collant *m;* ▶ *die ~n anhaben (fig hum)* porter la culotte; *ein Paar ~n (fam)* un pantalon, une paire de culottes. **Hosenaufschlag** *m* revers *m* de pantalon. **Hosenbein** *n* jambe *f* de pantalon. **Hosenboden** *m* fond *m* de culotte. **Hosenbund** *m* ceinture *f* de pantalon. **Hosenklammer** *f (für Radfahrer)* pince *f* à pantalon. **Hosenrock** *m* jupe-culotte *f.* **Hosenrolle** *f theat* travesti *m.* **Hosenschlitz** *m* braguette *f.* **Hosentasche** *f* poche *f* de pantalon; ▶ *mit den Händen in der ~* les mains dans ses poches. **Hosenträger** *m (pl)* bretelles *f pl.*

Hospital *n* ‹-s, -e/⸚er› [hɔspi'ta:l(ə), -'tɛ:lər] hôpital *m.* **Hospiz** *n* ‹-es, -e› [-'pi:ts› hospice *m.*

Hostie *f* ‹-, -n› ['hɔstiə] *rel* hostie *f.*

Hotel *n* ‹-s, -s› [ho'tɛl] hôtel *m.* **Hotelbesitzer** *m* hôtelier *m.* **Hotelboy** *m* chasseur, groom *m.* **Hoteldiener** *m* garçon *m* d'hôtel. **Hotelgewerbe** *n* industrie hôtelière, hôtellerie *f.* **Hotelrechnung** *f* note *f* d'hôtel. **Hotelzimmer** *n* chambre *f* d'hôtel.

hott [hɔt] *interj* hue! haïe!

hü [hy:] *interj* hue! haïe! ▶ *der eine will ~ und der andere hott (fig)* l'un tire à hue et l'autre à dia.

hübsch [hʏbʃ] **I.** *a* joli; *(schön)* beau; *(niedlich)* mignon; *(reizend)* charmant, gentil; **II.** *adv* joliment, gentiment, bien; ▶ *ganz ~ (adv) (nicht wenig)* pas mal; *es ~ bleibenlassen* s'en garder bien; *sich ~ machen (fam)* se pomponner; *eine (ganz) ~e Summe f* une coquette somme; une somme rondelette.

Hubschraube *f* ['hu:p-] hélice *f* sustentatrice, rotor *m*. **Hubschrauber** *m aero* hélicoptère *m*; *mit ~(n) befördert, ~- (in Zssgen)* héliporté *a*. **Hubschrauberlandeplatz** *m* héliport *m*, héligare *f*.

huckepack [hʊkəpak] *adv fam: (auf dem Rücken):* ► *jdn ~ tragen* porter qn sur son dos *od* à califourchon.

Huf *m* ‹-(e)s, -e› [hu:f] sabot, ongle *m*. **Hufeisen** *n* fer *m* à cheval. **hufeisenförmig** *a* en fer à cheval. **Hufeisenmagnet** *m* aimant *m* en fer à cheval. **Hufnagel** *m* clou *m* à cheval. **Hufschmied** *m* maréchal-ferrant *m*.

Hüftbein *n* ['hʏft-] *anat* os *m* iliaque. **Hüfte** *f* ‹-, -n› hanche *f*; ► *bis an die ~* à mi-corps. **Hüftgegend,** *die* les reins *m pl*. **Hüftformer** *m*, **Hüftgürtel** *m*, **Hüfthalter** *m* gaine *f*. **Hüftgelenk** *n* articulation *f* de la hanche. **hüftlahm** *a* déhanché. **Hüftweite** *f* tour *m* de hanches.

Hügel *m* ‹-s, -› ['hy:gəl] colline *f*, coteau *m*, butte; *(Anhöhe)* élévation, éminence *f*; *(kleiner)* monticule, tertre; *(rundlicher)* mamelon *m*. **hügelig** *a* montueux, vallonné, mamelonné; *(uneben)* accidenté.

Huhn *n* ‹-(e)s, ¨er› [hu:n, 'hy:nər] **1.** *(Henne)* poule *f*; **2.** *(als Art)* coq *m*; *pl a.* volaille *f*; ► *da lachen ja die Hühner! (fig fam)* c'est parfaitement ridicule! *gebratenes ~* poulet *m* rôti; *gemästetes ~* poularde *f*; *junges ~* poulette *f*.

Hühnchen *n* ‹-s, -› ['hy:nçən] poulet *m*; ► *mit jdm noch ein ~ zu rupfen haben (fig fam)* avoir maille à partir avec qn.

Hühnerauge *n* ['hy:nər-] *med* cor, œil-de-perdrix *m*. **Hühneraugenmittel** *n pharm* coricide *m*. **Hühnerbrühe** *f* consommé *m* de poulet. **Hühnerei** *n* œuf *m* de poule. **Hühnerfarm** *f* ferme *f* à poulets. **Hühnerhof** *m* basse-cour *f*. **Hühnerleiter** *f* échelle *f* de poulailler. **Hühnerstall** *m* poulailler *m*. **Hühnerstange** *f* perchoir, juchoir *m*. **Hühnersuppe** *f* bouillon *m* de poule. **Hühnerzucht** *f* élevage *m* de (la) volaille, aviculture *f*.

Huld *f* ‹-, ø› [hʊlt] *(Geneigtheit)* grâce; *(Gunst)* faveur; *(Wohlwollen)* bienveillance *f*. **huldigen** ['-dɪgən] *itr, a. fig* rendre hommage (*jdm* à qn). **Huldigung** *f* ‹-, -en› hommage(s *pl*) *m*. **huldreich** *a*, **huldvoll** *a* plein de grâce, gracieux; *(wohlwollend)* bienveillant.

Hülle *f* ‹-, -n› ['hʏlə] enveloppe; *(Decke, Umschlag)* couverture *f*; *(Gehäuse)* étui *m*, gaine *f*; *(Buch)* emboitage *m*; *(Fallschirm)* voilure *f*; ► *in ~ und Fülle* en abondance, en masse, à profusion, à foison; *die sterbliche ~* la dépouille mortelle. **hüllen** *tr (einwickeln)* envelopper, draper (*in* de); *(bedecken)* couvrir (*in* de); ► *in Dunkel ~* obscurcir, assombrir; *fig (verschleiern)* voiler. **hüllenlos** *a (unverhüllt, nackt, a. fig)* (à) nu.

Hülse *f* ‹-, -n› ['hʏlzə] **1.** *bot* peau; *(Schote)* cosse, gousse *f*; **2.** *(Geschoß~, tech)* douille *f*. **Hülsenfrüchte** *f pl bot* légumineuses *f pl*; *(trockene)* légumes *m pl* secs.

human [hu'ma:n] *a* humain. **Humanismus** *m* ‹-, ø› [-'nɪsmʊs] humanisme *m*. **humanitär** [-ni'tɛ:r] *a* humanitaire. **Humanität** *f* ‹-, ø› [-'tɛ:t] humanité *f*.

Hummel *f* ‹-, -n› ['hʊməl] *ent* bourdon *m*.

Hummer *m* ‹-s, -› ['hʊmər] *zoo* homard *m*.

Humor *m* ‹-s, ø› [hu'mo:r] **1.** humour *m*; **2.** *(fröhliche Stimmung)* bonne humeur *f*; ► *~ haben* avoir de l'humour. **Humoreske** *f* ‹-, -n› [-'rɛskə] *(Erzählung)* histoire humoristique; *theat* pièce *f* humoristique. **humoristisch** [-'rɪstɪʃ] *a* humoristique. **humorlos** *a* sans humour, dépourvu d'humour. **humorvoll** *a* humoristique.

humpeln ['hʊmpəln] *itr* ‹*h* od *sein*› boiter, aller clopin-clopant.

Humpen *m* ‹-s, -› ['hʊmpən] hanap *m*.

Humus *m* ‹-, ø› ['hu:mʊs] *agr* humus, terreau *m*, terre *f* végétale. **Humusboden** *m*, **Humuserde** *f* terre *f* végétale.

Hund *m* ‹-(e)s, -e› [hʊnt, '-də] **1.** chien; *pl zoo (als Gattung)* canins *m pl*; **2.** *mine (Förderwagen)* chien *m*, berline *f*, wagonnet *m*; ► *auf den ~ kommen* tomber dans la misère; *bekannt sein wie ein bunter ~* être connu comme le loup blanc; *das ist ein dicker ~!* quelle bévue! *a.* c'est un sacré problème! *er ist mit allen ~en gehetzt* il a plus d'un tour dans son sac; *den letzten beißen die ~e* c'est le dernier qui trinque *fam*; *da liegt der ~ begraben* c'est là que gît le lièvre, voilà le hic; voilà le fond de l'affaire; *~e, die bellen, beißen nicht (prov)* (tous les) chien(s) qui aboie(nt) ne mord(ent) pas; *bei diesem Wetter jagt man keinen ~ vor die Tür* c'est un temps à ne pas mettre un chien dehors. **hundeelend** *a: mir ist ~* je suis malade comme un chien. **Hundehütte** *f* niche *f* (à chien), chenil *m*. **Hundekälte** *f* froid *m* noir *od* de loup *od* de canard. **Hundeleben** *n fig* vie *f* de chien. **Hundeleine** *f* laisse *f*. **hundemüde** *a pred* exténué, harassé, éreinté; ► *ich bin ~ (a.)* je tombe de fatigue. **Hunderasse** *f* race *f* canine *od* de chiens.

hundert ['hʊndərt] cent; ► *gegen* od *etwa* od *ungefähr* od *circa* od *an die ~* une centaine. **Hundert** *n* ‹-s, -e› cent *m*, centaine *f*; ► *zu ~en* par centaines; *vom ~* pour cent. **Hunderter** *m* ‹-s, -› **1.** *math* centaine *f*; **2.** *(Geldschein)* billet *m* de cent. **hunderterlei** [-'laɪ] *a* de cent espèces; *allg (mancherlei)* trente-six choses. **hundertfach, hundertfältig I.** *a* centuple; **II.** *adv* au centuple. **Hundertjahrfeier** *f* [-'ja:r-faıər] centenaire *m*. **hundertjährig** *a* centenaire, séculaire. **Hundertjährige** *m f* centenaire *m*. **hundertmal** *adv* cent fois. **hundertprozentig** *a u. adv* pour cent. **Hundertsatz** *m* pourcentage *m*. **Hundertstel** *n* ‹-s, -› centième *m*. **Hundertste(r, s)** *a* centième; ► *vom Hundertsten ins Tausendste kommen* parler à bâtons rompus, faire des coq-à-l'âne. **hunderttausend** cent mille. **Hunderttausende** *pl* des centaines *pl* de mille (*von* de).

Hundesteuer *f* ['hʊndə-] taxe *f od* impôt *m* sur les chiens. **Hundezwinger** *m* chenil *m*.

Hündin *f* ['hʏndın] chienne *f*. **hündisch** *a fig* ‹-, -nen› *(kriecherisch)* rampant, servile.

Hundsstern, *der* ['hʊnts-] *(astr)* la canicule, Sirius *m*. **Hundstage,** *die* les jours *m pl* caniculaires, la canicule.

Hüne *m* ‹-n, -n› ['hy:nə] géant, colosse *m*. **Hünengrab** *n* dolmen *m*, table *f* du diable.

Hunger *m* ‹-s, ø› ['hʊŋər] faim (*nach* de); *fig (Verlangen)* faim, soif *f*, appétit *m* (*nach* de); ► *~ bekommen* commencer à avoir faim; *(keinen) ~ haben* (n')avoir (pas) faim; *großen ~ haben* avoir très faim; *~ leiden* souffrir de la faim; *s-n ~ stillen* apaiser *od* assouvir *od* calmer *od* rassasier sa faim; *~ ist der beste Koch (prov)* il n'est sauce que d'appétit. **Hungerkünstler** *m* jeûneur *m*. **Hungerkur** *f med* diète *f* absolue, régime *m* de jeûne. **Hungerleider** *m* famélique, claquefaim, meurt-de-faim *m*. **Hungerlohn** *m* salaire *m* de famine *od* dérisoire. **hungern** *itr* ne pas manger à sa faim; *(fasten)* jeûner; *(aus gesundheitlichen Gründen)* faire diète. **Hungerödem** *n med* œdème *m* d'alimentation *od* de carence *od* de dénutrition *od* épidémique *od* de guerre. **Hungersnot** *f* famine; *(Teuerung)* disette *f*. **Hungerstreik** *m* grève *f* de la faim. **Hungertod** *m:* ► *den ~ sterben* mourir de faim *od* d'inanition. **Hungertuch** *n:* ► *am ~ nagen* manger de la vache enragée, tirer le diable par la queue. **hungrig** *a* ayant faim, affamé; ► *(sehr) ~ sein = (großen) Hunger haben.*

Hunne ['hʊnə] ‹-n, -n› *m hist* Hun *m*.

Hupe *f* ‹-, -n› ['hu:pə] *mot* (cornet) avertisseur *m*, corne, trompe *f;* klaxon *m*. **hupen** *itr* donner un coup de corne, corner; klaxonner. ► *H~ verboten!* avertisseurs sonores interdits.

hüpfen ['hʏpfən] *itr ‹sein›* sautiller; bondir; *(springen)* sauter; ► *auf einem Bein ~* sauter à cloche-pied.

Hürde *f* ‹-, -n› ['hʏrdə] **1.** claie *f*, clayon *m;* **2.** *sport* haie *f*. **Hürdenlauf** *m*, **Hürdenläufer** *m sport* course *f*, coureur *m* de haies. **Hürdensprung** *m* saut *m* de haie.

Hure *f* ‹-, -n› ['hu:rə] prostituée, putain, fille *od* femme *f* de mauvaises mœurs.

hurra [hʊ'ra:, 'hʊra] *interj* hourra!; ► *~ rufen, ~ schreien* pousser des hourras, chanter victoire. **Hurrapatriot** *m* chauvin, patriotard *m*. **Hurrapatriotismus** *m* chauvinisme, patriotisme *m* cocardier.

husch [hʊʃ] *interj: ~, ~!* hop(, hop)! vite(, vite)! **huschen** *itr ‹sein›* (se) glisser *od* passer rapidement *od* furtivement.

hüsteln ['hy:stəln] *itr* toussoter.

Husten *m* ‹-s, ø› ['hu:stən] toux *f*, rhume *m*. **husten** *itr* tousser; ► *auf etw ~ (fig)* cracher sur qc, faire fi de qc. **Hustenanfall** *m* quinte *f* de toux. **Hustenbonbon** *m od n* pastille *f* contre la toux. **Hustenmittel** *n* antitussique, béchique *m*. **Hustenreiz** *m* irritation des bronches, envie *f* de tousser. **Hustensaft** *m* sirop *m* contre la toux.

Hut (1) *m* ‹-(e)s, ⸚e› [hu:t, 'hy:tə] chapeau *m a. bot (Pilz);* ► *vor jdm den ~ abnehmen* od *ziehen* ôter son chapeau, donner un coup de chapeau à qn, se découvrir devant qn; *den ~ aufsetzen* mettre son chapeau; *unter einen ~ bringen (fig)* mettre d'accord; harmoniser; *da geht einem (ja) der ~ hoch* c'est à n'y plus tenir; *~ ab!* chapeau bas! *alter ~ (fig fam)* vieille histoire; de l'histoire ancienne; **(2)** *f* ‹-, ø› [hu:t]*:* ► *auf der ~ sein* être *od* se tenir sur ses gardes, se tenir sur la réserve, prendre garde.

hüten ['hy:tən] *tr (bewachen)* garder, surveiller; veiller sur *od* à; ► *~ vor (schützen)* préserver de, garantir de *od* contre; *sich ~ vor* se garder de, prendre garde à; *sich ~, etw zu tun* se garder de faire qc; *das Bett ~ (wegen Krankheit)* garder le lit; *ich werde mich ~!* je m'en garderai bien! *hüte dich, daß du nicht ...* prends garde à ne pas ...; *~ Sie sich!* soyez sur vos gardes! **Hüter** *m* ‹-s, -› gardien; *(Viehhüter)* gardeur *m*.

Hutgeschäft *n* ['hʊ:t-] chapellerie *f*. **Hutkrempe** *f* bord *m* d'un *od* du chapeau. **Hutmacher** *m* chapelier *m*. **Hutschnur** *f:* ► *das geht mir über die ~ (fig fam)* j'en ai par-dessus la tête. **Hutständer** *m* porte-chapeau(x) *m*.

Hütte *f* ‹-, -n› ['hʏtə] **1.** *(kleines, ärmliches Haus)* cabane; *(mit Strohdach)* chaumière; *(aus Holz)* baraque; *(kleine ~, bes. primitiver Völker)* hutte, case, cahute; *(kleine, bes. Wald~)* loge *f; (Berg-, bes. Senn~)* chalet *m; (elende)* masure *f;* **2.** *tech (Eisen~)* usine métallurgique, aciérie; *(meist pl)* forge; *(Schmelz~)* fonderie *f*. **Hüttenarbei-**

ter *m* ouvrier *m* métallurgiste. **Hüttenbesitzer** *m* maître *m* de forges. **Hüttenkunde** *f* métallurgie *f*.
Hyäne *f* ‹-, -n› [hy'ɛ:nə] *zoo* hyène *f*.
Hyazinthe *f* ‹-, -n› [hya'tsɪntə] *bot* jacinthe *f*. **Hyazinthenzwiebel** *f* bulbe *m* de jacinthe.
Hydrant *m* ‹-en, -en› [hy'drant] *tech* bouche à eau *od* d'incendie, borne d'incendie, prise *f* d'eau.
Hydraulik *f* ‹-, ø› [hy'draulɪk] *phys tech* hydraulique *f*. **hydraulisch** [-'draulɪʃ] *a* hydraulique.
hydrieren [hy'dri:rən] ‹*ohne ge-*› *tr* hydrogéner.
Hydrodynamik *f* [hydrody'na:mɪk] *phys (Strömungslehre)* hydrodynamique *f*. **Hydrokultur** ['hydro-] *f (für Zimmerpflanzen)* hydroculture *f*. **Hydrotherapie** *f (Wasserheilkunde)* hydrothérapie *f*.
Hygiene *f* ‹-, ø› [hygi'e:nə] hygiène *f*. **hygienisch** [-gi'e:nɪʃ] *a* hygiénique.
Hymne *f* ‹-, -n› ['hʏmnə] hymne *m*, *rel f*.
Hyperbel *f* ‹-, -n› [hy'pɛrbəl] *(math; Redekunst: Übertreibung)* hyperbole *f*.
Hypnose *f* ‹-, -n› [hʏp'no:zə] hypnose *f*. **hypnotisieren** [-ti'zi:rən] ‹*ohne ge-*› *tr* hypnotiser.
Hypotenuse *f* ‹-, -n› [hypote'nu:zə] *math* hypoténuse *f*.
Hypothek *f* ‹-, -en› [hypo'te:k] hypothèque *f* (*auf* sur); ► *e-e ~ abtragen* amortir une hypothèque; *e-e ~ aufnehmen* asseoir *od* lever *od* prendre une hypothèque; *mit e-r ~ belasten* grever d'une hypothèque, hypothéquer; *erste, zweite ~* hypothèque *f* de premier, second rang. **Hypothekenbank** *f* banque *f* hypothécaire *od* foncière *od* immobilière; **Hypothekenbrief** *m* lettre *od* cédule *f od* titre *m* hypothécaire *od* d'hypothèque. **hypothekenfrei** *a* libre d'hypothèques. **Hypothekenpfandbrief** *m* obligation *f* hypothécaire *od* foncière. **Hypothekenschuld** *f* dette *f* hypothécaire.
Hypothese *f* ‹-, -n› [hypo'te:zə] hypothèse; *(Annahme)* supposition, présomption *f*. **hypothetisch** [-'te:tɪʃ] *a* hypothétique.
Hysterie *f* ‹-, -n› [hʏste'ri:] *med* hystérie *f*. **Hysteriker (in *f*)** *m* [-'te:rikər] ‹-s, -› hystérique *m f*. **hysterisch** [-'te:rɪʃ] *a* hystérique.

I

I, i *n* ‹-, -› [i:] *(Buchstabe)* I, i *m*.
i [i:] *interj* fi! pouah! ▶ ~ *bewahre!* ~ *wo!* mais non! allons donc!
iberisch [i'b:rɪʃ] *a geog* ibérique; ▶ *die I~e Halbinsel* la péninsule ibérique.
IC *m* [itse:] *loc* Intercité *m* (I.C.).
ich [ɪç] *pron (mit v verbunden)* je; *(unverbunden)* moi; ▶ ~ *auch nicht* (ni) moi non plus; ~ *für meine Person (fam)* quant à moi; ~ *selbst* moi-même; ~ *bin's* c'est moi; *hier bin* ~ me voici; ~ *Ärmster!* malheureux que je suis! *und* ~ *erst!* et moi donc! **Ich,** *das* ‹-(s), -(s)› le moi; ▶ *ein zweites* ~ un autre moi-même. **Ichbewußtsein** *n* conscience *f* du moi. **ichbezogen** *a* égocentrique. **Ichbezogenheit** *f* égocentrisme *m*.
Ideal *n* ‹-s, -e› [ide'a:l] idéal; *(Muster)* prototype *m;* ▶ *das* ~ *e-s, e-r ...* un, e ... par excellence. **ideal** *a* idéal, parfait. **Idealfall** *m* cas *m* idéal. **idealisieren** [-ali'zi:rən] ‹*ohne ge-*› *tr* idéaliser. **Idealismus** *m* ‹-, ø› [-'lɪsmʊs] idéalisme *m*. **Idealist** *m* ‹-en, -en› [-'lɪst] idéaliste *m*. **idealistisch** [-'lɪstɪʃ] *a* idéaliste. **Idealwelt** *f* monde *m* idéal.
Idee *f* ‹-, -n› [i'de:, i'de:ən] idée; *(Vorstellung)* conception; *(Begriff)* notion *f*, concept *m; (Gedanke)* pensée; *(Einfall)* inspiration; *(Vorschlag)* suggestion *f;* ▶ *e-e* ~ *(fam: ein ganz klein wenig)* une idée, un tout petit peu; *e-e* ~ *Salz* un soupçon *m* de sel; *voller* ~*n stecken* être plein d'idées; *das ist e-e* ~*!* tiens! c'est une idée; *fixe* ~ idée fixe, obsession *f; geniale* ~ *(a.)* idée *f* de génie. **Ideenassoziation** *f* association *f* d'idées *od* des idées. **ideenreich** *a* riche en idées.
identifizieren [idɛntifi'tsi:rən] ‹*ohne ge-*› *tr* identifier. **Identifizierung** *f* identification *f*. **identisch** [i'dɛntɪʃ] *a* identique (*mit* à). **Identität** *f* ‹-, ø› [-ti'tɛ:t] identité *f*. **Identitätskontrolle** *f* contrôle *m* d'identité. **Identitätskrise** *f* crise *f* d'identité.
Ideologie *f* ‹-, -n› [ideolo'gi:] idéologie *f*. **ideologisch** [-'lo:gɪʃ] *a* idéologique.
idiomatisch [idio'ma:tɪʃ] *a* idiomatique.
Idiot *m* ‹-en, -en› [idi'o:t] idiot, *fam* fou *m*. **idiotensicher** *fam hum a* pour débutants; *adv* sans danger pour l'utilisateur, pour l'usager. **Idiotie** *f* ‹-, -n› [-'ti:] idiotie, *fam* folie *f*. **idiotisch** [idi'o:tɪʃ] *a* idiot, *fam* fou.
Idol *n* ‹-s, -e› [i'do:l] idole *f*.
Idylle [i'dyl] ‹-, -n› *f (Literatur, Kunst)* idylle *f*. **idyllisch** [i'dʊlɪʃ] *a* idyllique.
Igel *m* ‹-s, -› ['i:gəl] *zoo* hérisson *m*.
Ignorant *m* ‹-en, -en› [ɪgno'rant] ignorant. **Ignoranz** *f* ‹-, ø› [-'rants] ignorance *f*. **ignorieren** [-'ri:rən] ‹*ohne ge-*› *tr (nicht wissen wollen)* ignorer; *(nicht beachten)* faire semblant *od* affecter *od* feindre de ne pas connaître (*jdn* qn); ne pas tenir compte (*etw* de qc).
ihm [i:m] *pron (mit v verbunden* u. *mit prp)* lui; *(unverbunden)* à lui.
ihn [i:n] *pron (mit v verbunden)* le; *(unverbunden)* (c'est) lui (que); *(mit prp)* lui.
ihnen [i:nən] *pron (mit v verbunden)* leur; *(unverbunden)* à eux *m*, à elles *f; (mit prp)* eux *m*, elles *f*. **Ihnen** *(Höflichkeitsanrede, sing u. pl) (mit v verbunden* u. *mit prp)* vous; *(unverbunden)* à vous.
ihr [i:r] *pron* ‹*dat von: sie (sing)*› *; mit v verbunden)* lui; *(unverbunden)* à elle; *(mit prp)* elle; *pl* vous; *(possessiv) (ein weibl. Besitzer)* son *m*, sa *f*, ses *pl; (mehrere Besitzer)* leur *sing*, leurs *pl;* ▶ *der, die, das* ~*(ig)e (ein weibl. Besitzer)* le sien, la sienne; *(a. die I~(ig)en)* les siens *m pl; (mehrere Besitzer)* le, la leur; *(a. die I~(ig)en)* les leurs. **Ihr** *pron (possessiv, Höflichkeitsform)* votre; *pl (~e)* vos; ▶ *der, die, das* ~*(ig)e*, le, la vôtre; *auf das* ~*e! (Wohl; entgegnend)* à la vôtre! *ganz der* ~*e* tout à vous. **ihrer** ‹*gen von: sie (pl)*› d'eux, d'elles; ▶ *es waren* ~ *drei* ils, elles étaient trois. **ihrerseits** *adv (auf eine weibl. Person bezogen)* de sa part, de son côté; *(auf mehrere Personen bezogen)* de leur part *od* côté. **Ihrerseits** *adv (Höflichkeitsform)* de votre part *od* côté. **ihresgleichen** *pron (auf eine Person bezogen)* son, *(auf mehrere)* leur pareil. **Ihresgleichen** *pron (Höflichkeitsform)* votre pareil. **ihrethalben** *adv*, **ihretwegen** *adv*, **ihretwillen,** ▶ *um (adv)* à cause d'elle, d'eux, d'elles; pour elle, eux, elles; *(mit großen Anfangsbuchstaben, Höflichkeitsform)* à cause de *od* pour vous.
illegal ['ɪlega:l, --'-] *a* illégal. **Illegalität** *f* ‹-, ø› [-'tɛ:t] illégalité *f*.
illegitim ['ɪlegiti:m, ---'-] *a (ungesetzlich; unehelich)* illégitime. **Illegitimität** *f* ‹-, ø› [-'tɛ:t] illégitimité *f*.
Ilias ['i:lias] ‹-, ø› *f:* ▶ *die* ~ l'Iliade *f*.
Illumination *f* ‹-, -en› [ɪluminatsi'o:n] *(Festbeleuchtung)* illumination *f*. **illu-**

minieren [-ˈniːrən] ‹*ohne ge-*› *tr* **1.** *(festlich beleuchten)* illuminer; **2.** *(Buch ausmalen)* enluminer.

Illusion *f* ‹-, -en› [ɪluziˈoːn] illusion *f;* ► *sich ~en hingeben, sich ~en machen* se faire des illusions, se flatter d'illusions, s'illusionner (*über* sur); *sich keine ~en machen* ne pas se dissimuler. **Illusionist** *m* ‹-en, -en› rêveur *m; (Zauberkünstler)* illusionniste *m.* **illusionslos** *a* sans illusions. **illusorisch** [-ˈzoːrɪʃ] *a* illusoire.

Illustration *f* ‹-, -en› [ɪlʊstratsiˈoːn] illustration *f.* **illustrieren** [-ˈtriːrən] ‹*ohne ge-*› *tr* illustrer *a. fig (anschaulich machen).* **illustriert** *a* illustré; ► *~e Zeitung f.* **Illustrierte** *f* ‹-n, -n› (journal) illustré *m.*

Iltis *m* ‹-ses, -se› [ˈɪltɪs] *zoo* putois *m.*

im [ɪm] = *in dem.*

Image [ˈɪmɪtʃ] ‹-(s), -s› *n* image *f* de marque. **Imagepflege** *f* soin *m* qu'apporte une personne publique à soigner son image de marque. **Imageverlust** *m* perte *f* de prestige.

imaginär [imagiˈnɛːr] *a, a. math* imaginaire.

Imbiß *m* ‹-sses, -sse› [ˈɪmbɪs] collation *f, fam* casse-croûte *m;* ► *e-n ~ nehmen* prendre une collation, manger un morceau, *fam* casser une *od* la croûte. **Imbißhalle** *f,* **Imbißstube** *f* buvette *f,* bar *m.*

Imitation *f* ‹-, -en› [imitatsiˈoːn] imitation *f; (unechter Schmuck)* simili *m.* **imitieren** [-ˈtiːrən] ‹*ohne ge-*› *tr* imiter.

Imker *m* ‹-s, -› [ˈɪmkər] apiculteur *m.*

immanent [ɪmaˈnɛnt] *a philos (innewohnend)* immanent.

Immatrikulation *f* ‹-, -en› [ɪmatrikulatsiˈoːn] *(Univ.)* immatriculation, inscription *f.* **Immatrikulationsurkunde** *f* certificat *m* d'immatriculation. **immatrikulieren** [-ˈliːrən] ‹*ohne ge-*› *tr* immatriculer, inscrire; *sich ~ (lassen)* se faire inscrire, s'inscrire (*in* à).

immens [ɪmɛns] *a* immense; *adv* immensément.

immer [ˈɪmər] *adv* toujours; *(unaufhörlich)* sans cesse, continuellement, constamment; ► *wann auch ~ ...* à quelque moment que *subj; was auch ~* quoi que *subj; wer auch ~ ...* qui que ce soit qui *subj; wie auch ~ ...* de quelque façon que *subj; wo auch ~ ...* où que *subj; auf* od *für ~* pour toujours, à (tout) jamais, à perpétuité; *noch ~, ~ noch* toujours, encore; *schon ~* (depuis) toujours; de tout temps; *~ besser* de mieux en mieux; *~ größer* de plus en plus grand; *~ mehr* de plus en plus; *~, wenn ...* toutes les fois que; *~ wieder* toujours; *~ größer werden (a.)* grandir de jour en jour; *er kommt ~ noch nicht* il ne vient toujours pas. **immergrün** *a bot* à feuilles persistantes. **Immergrün** *n* ‹-s, -e› *bot* pervenche *f.* **immerhin** *adv* toujours (est-il que), toutefois; en tout cas; *(wenigstens)* du moins; ► *das ist ~ (et)was* c'est toujours ça; *er hat sich ~ entschuldigt* en tout cas, il s'est excusé; *~! (meinetwegen!)* à la bonne heure! soit! *(im Ton des Vorwurfs)* tout de même! **immerzu** *adv* toujours, sans cesse *od* arrêt.

Immigrant [ɪmiˈgrant] ‹-en, -en› *m* immigrant; immigré *m.* **Immigration** [ɪmigraˈtsioːn] *f* immigration *f.* **immigrieren** ‹*aux: sein*› *itr* immigrer.

Immisionen [ɪmɪˈsioːnən] *f pl ecol* immissions *f pl.*

Immobilien *pl* [ɪmoˈbiːliən] immeubles, biens *m pl* immeubles *od* immobiliers *od* fonciers. **Immobiliengesellschaft** *f* société *f* immobilière. **Immobilienmakler** *m* agent *m* immobilier. **Immobilienmarkt** *m* marché *m* immobilier *od* d'immeubles.

immun [ɪˈmuːn] *a med* immunisé (*gegen* contre); ► *~ machen = immunisieren.* **Immunabwehr** *f* immunité *f.* **Immundefizienz** *f* ‹-, ø› immuno-déficience, déficience *f* immunitaire. **immunisieren** [-niˈziːrən] ‹*ohne ge-*› *tr med* immuniser. **Immunisierung** *f* ‹-, ø› *med* immunisation *f.* **Immunität** *f* ‹-, ø› [-niˈtɛːt] *med jur parl* immunité *f.* **Immunologe** *m* [ɪmunoˈloːgə] ‹-n, -n› immunologiste *m f.* **Immunologie** *f* [-loˈgiː] ‹-, ø› immunologie *f.* **Immunschwäche** *f* déficience *f* immunitaire. **Immunsystem** *n* système *m* immunitaire.

Imperativ *m* ‹-s, -e› [ˈɪmperatiːf, ---ˈ-] *gram* impératif *m.*

Imperfekt *n* ‹-s, -e› [ˈɪmpɛrfɛkt, --ˈ-] *gram* imparfait *m.*

Imperialismus *m* ‹-, ø› [ɪmperiaˈlɪsmʊs] *pol* impérialisme *m.* **imperialistisch** [-ˈlɪstɪʃ] *a* impérialiste.

impertinent [ɪmpɛrtiˈnɛnt] *a* impertinent, insolent; *(zudringlich)* importun. **Impertinenz** [-ˈnɛnts] ‹-, -en› *f* impertinence, incolence; importunité *f.*

Impf... [ˈɪmpf-] *(in Zssgen)* vaccinal. **impfen** *tr (Menschen)* vacciner (*gegen* contre); *(mit Impfstoff)* inoculer. **Impfen** *n,* **Impfung** *f* ‹-, -en› vaccination, inoculation *f.* **Impfling** *m* ‹-s, -e› vacciné, e *m f.* **Impfpflicht** *f,* **Impfzwang** *m* vaccination *f* obligatoire. **Impfpistole** *f* pistolet *m* à vaccin. **Impfschein** *m* certificat *m* de vaccination. **Impfstoff** *m* vaccin *m.* **Impfung** *f* vaccination, inoculation *f.*

Implantat *n* [ɪmplanˈtaːt] ‹-(e)s, -e› *med* implant *m.* **Implantation** *f* [ɪmplantaˈtsioːn] ‹-, -en› *med* implantation *f.*

Implosion [ɪmploˈzioːn] ‹-, -en› *f* implosion *f.*

imponieren [ɪmpo'ni:rən] ‹*ohne ge-*› *itr:* ▶ *jdm* ~ en imposer à qn, impressionner qn. **imponierend** *a* imposant.
Import *m* ‹-(e)s, -e› [ɪm'pɔrt] *com* importation *f.* **Importartikel** *m* article *m* d'importation. **Importeur** *m* ‹-s, -e› [-'tø:r] importateur *m.* **importieren** [-'ti:rən] ‹*ohne ge-*› *tr* importer.
imposant [ɪmpo'zant] *a* imposant.
impotent ['ɪmpotɛnt, --'-] *a med* impuissant. **Impotenz** *f* ‹-, ø› ['ɪmpotɛnts, --'-] impuissance *f.*
imprägnieren [ɪmprɛ'gni:rən] ‹*ohne ge-*› *tr chem* imprégner, imbiber (*mit* de), *(wasserdicht machen)* imperméabiliser.
Impresario [ɪmpre'zario, -ri] ‹-s, -s/-ri› *m* imprésario *m.*
Impressionismus *m* ‹-, ø› [ɪmprɛsio'nɪsmʊs] impressionnisme *m.* **impressionistisch** [-'nɪstɪʃ] *a* impressionniste.
improvisieren [ɪmprovi'zi:rən] ‹*ohne ge-*› *tr u. itr* improviser. **Improvisation** [ɪmprovizatsi'o:n] ‹-, -en› *f* improvisation *f.*
Impuls *m* ‹-es, -e› [ɪm'pʊls, -lzə] impulsion; *phys* quantité de mouvement; *radio* impulsion *f.* **impulsiv** [-'zi:f] *a* impulsif.
imstande [ɪm'ʃtandə] *a:* ▶ ~ *sein zu* être de force *od* homme, femme à *od* en état *od* à même *od* capable de *od* en mesure de.
in [ɪn] *prp (Grundbedeutung)* dans, en; à; **1.** *(räuml.):* ▶ ~ *der Hand, Tasse, Kiste* dans la main, tasse, caisse; ~ *e-m Wagen* dans une *od* à bord d'une voiture; ~ *dem* od *im Zimmer, Haus(e), Gebiet, Land(e)* dans la chambre, la maison, le district, le pays; ~ *Deutschland* en Allemagne; *im katholischen Spanien* dans l'Espagne catholique; ~ *Brasilien* au Brésil; *es ~ sich haben (fig) (Mensch)* tromper son monde, être plus fort qu'on n'en a l'air; *(Sache)* être plus difficile qu'on ne croyait; *im Garten* au jardin; ~ *diesem Garten* dans ce jardin; ~ *der Stadt (allg)* dans la ville; *(nicht zu Hause)* en ville; ~ *Paris* à Paris; *(innerhalb, im Gebiet von)* dans Paris; ~ *der Schule, im Theater (im Gebäude)* dans l'école, dans le théâtre; *(beim Unterricht, bei der Vorstellung)* à l'école, au théâtre; *im Regen* sous la pluie; *im Buch, Roman, Film* dans le livre, roman, film; **2.** *(zeitl.):* ▶ *im Anfang* au commencement, au début; ~ *der Nacht* dans *od* pendant la nuit; ~ *e-r kalten Nacht* par une nuit froide; ~ *der nächsten Woche* la semaine prochaine; *im Mai* en mai; *im Monat Mai* au mois de mai; *im Frühling* au printemps; *im Sommer, Herbst, Winter* en été, automne, hiver; ~ *diesem Jahr* cette année; *im Jahre 1970* en 1970; ~ *zehn Jahren (zukünftiger Zeitpunkt)* dans dix ans; *(Zeitraum)* en dix ans; ~ *kurzer Zeit* en peu de temps; ~ *kurzem* sous peu; *im Alter* pendant la vieillesse; *im Alter von* ... à l'âge de ...; **3.** *(Art u. Weise):* ▶ *im Chor* en chœur; ~ *Eile* à la hâte; ~ *eigener Person* lui-même *od* elle-même; en personne; ~ *strengem Ton* d'un ton sévère; *(Stoff)* ~ *Gold, Marmor, Leder* en or, marbre, cuir; *er spricht ~ Rätseln* il parle par énigmes; — *etw ~ der Hand haben* od *halten* avoir *od* tenir qc à la main; ~ *drei Teile teilen* diviser en trois parties; *ins Wasser werfen* jeter à l'eau; ~ *der ...straße wohnen* habiter rue ...
inaktiv ['ɪnˀakti:f, --'-] *a (untätig)* inactif.
Inanspruchnahme *f* ‹-, -n› *(e-s Gegenstandes)* utilisation; *(Gelder)* mobilisation; *(e-s Menschen)* occupation; *(von Hilfsquellen)* mise *f* à contribution.
Inbegriff *m* incarnation, personnification *f;* parangon *m (lit);* ▶ *der ~ der Dummheit* la sottise personnifiée *od* en personne. **inbegriffen** *a* (y) compris, inclusivement.
Inbetriebnahme *f* ‹-, -n› mise *f* en exploitation.
Inbrunst *f* ‹-, ø› ['ɪnbrʊnst] ferveur, ardeur *f.* **inbrünstig I.** *a* fervent, ardent; **II.** *adv a.* avec ferveur.
indem [ɪn'de:m] *conj* **1.** *(während)* pendant que; **2.** *(dadurch, daß)* en ..., ▶ *er bleibt in Form, ~ er ständig trainiert* il reste en forme grâce à un entraînement suivi; ~ *er das sagte (a.)* en disant cela.
Inder(in *f*) *m* ‹-s, -› ['ɪndər] Indien, ne *m f,* Hindou, oue *m f.*
indes(sen) [ɪn'dɛs(ən)] **I.** *adv* **1.** *(zeitl.)* pendant ce temps, cependant, en attendant, sur ces entrefaites; **2.** *(einräumend)* cependant, pourtant, néanmoins, toutefois; **II.** *conj (einräumend)* tandis que.
Index *m* ‹-(es), -e/Indizes› ['ɪndɛks, '-ditsɛs] **1.** *math com* indice *m;* **2.** *(Register)* index *m a. rel,* table *f* alphabétique.
Indianer *m* ‹-s, -› [ɪndi'a:nər] Indien *m.* **Indianerhäuptling** *m* chef *m* indien. **Indianerreservat** *n* réserve *f* d'indiens. **Indianerstamm** *m* tribu *f* indienne. **indianisch** *a* indien.
Indien *n* ['ɪndiən] les Indes *f pl,* l'Inde *f.*
indifferent ['ɪndɪfɛrɛnt, ---'-] *a* **1.** *phys* indifférent; *chem* neutre, inerte; **2.** *fig (teilnahmslos, gleichgültig)* indifférent, inerte.
Indikation [ɪndika'tsio:n] *f* ‹-, -en› : ▶ *soziale ~* indice *m* de détresse sociale (pour lequel une interruption de grossesse est autorisée). **Indikativ** *m* ‹-s, -e› ['ɪndikati:f, ---'-] *gram* indicatif *m.*
indirekt ['ɪndirɛkt, --'-] **I.** *a* indirect *(a. Beleuchtung);* **II.** *adv a.* par contrecoup

od ricochet; ▶ *~es Licht n* faux jour *m*.
indisch ['ɪndɪʃ] *a* indien, hindou, des Indes; ▶ *der I~e Ozean* l'océan *m* Indien.
indiskret ['ɪndɪskre:t, --'-] *a* **1.** indiscret; *(neugierig)* curieux; **2.** *(taktlos)* indélicat. **Indiskretion** *f* ⟨-, -en⟩ [-tsi'o:n] **1.** indiscrétion; curiosité *f*; **2.** indélicatesse *f*.
indiskutabel [ɪndiskutta:bl] *a* inadmissible.
Individualismus *m* ⟨-, ø⟩ [ɪndividua'lɪsmʊs] individualisme *m*. **Individualist** *m* ⟨-en, -en⟩ [-'lɪst] individualiste *m*. **Individualität** *f* ⟨-, (-en)⟩ [-'tɛ:t] individualité *f*. **individuell** [-du'ɛl] *a* individuel. **Individuum** *n* ⟨-s, -duen⟩ [ɪndi'vi:duʊm, -duən] individu.
Indizien *n pl* [ɪn'di:tsiən] indices *m pl*. **Indizienbeweis** *m jur* preuve *f* par indices.
Indochina *n* [ɪndo'çi:na] l'Indochine *f*. **Indogermanen,** *die m pl* les Indo-européens *m pl*. **indogermanisch** *a* indo-européen. **Indonesien** *n* [-'ne:ziən] l'Indonésie *f*. **Indonesier(in** *f*) *m* ⟨-s, -⟩ [-'ne:ziər] Indonésien(ne *f*) *m*. **indonesisch** *a* indonésien.
indossieren [ɪndɔ'si:rən] ⟨*ohne ge-*⟩ *tr (Wechsel)* endosser.
Induktion *f* ⟨-, (-en)⟩ [ɪndʊktsi'o:n] *philos, el* induction *f*.
industrialisieren [ɪndʊstriali'zi:rən] ⟨*ohne ge-*⟩ *tr* industrialiser. **Industrialisierung** *f* ⟨-, -en⟩ industrialisation *f*.
Industrie *f* ⟨-, -n⟩ [ɪndʊs'tri:] industrie *f*; ▶ *chemische ~* industrie *f* chimique; *holz-, eisenverarbeitende ~* industrie *f* travaillant le bois, le fer; *verarbeitende ~* industrie *f* de transformation *od* transformatrice *od* utilisatrice. **Industrieabfälle** *m pl* déchets *m pl* industriels. **Industrieabgase** *n pl* fümées *f pl* industrielles. **Industrieabwässer** *n pl* effluents *m pl* industriels. **Industrieanlage** *f* installation *f* industrielle. **Industriearbeiter** *m* ouvrier *m* d'usine. **Industriebetrieb** *m* entreprise *f* industrielle. **Industrieerzeugnis** *n* produit *m* industriel *od* fabriqué *od* manufacturé. **Industriegebiet** *n (e-s Landes)* région industrielle; *(e-r Stadt)* zone *f* industrielle. **Industriegewerkschaft** *f* syndicat *m* des ouvriers industriels *od* d'usine. **Industriegigant** *m* géant *m* de l'industrie. **Industrieland** *n* pays *m* industriel. **Industrielandschaft** *f* paysage *m* industriel. **industriell** [-tri'ɛl] *a* industriel. ▶ *~e Revolution f* révolution *f* industrielle. **Industrielle** *m* ⟨-n, -n⟩ industriel *m*. **Industriemesse** *f* foire *f* industrielle. **Industriemüll** *m* rejets *m pl* industriels. **Industriepark** *m* parc *m* industriel. **Industrieprodukt** *n* produit *m* industriel. **Industrieroboter** *m* robot *m* industriel. **Industriestaat** *m* État *m* industriel. **Industriestadt** *f* ville-usine *f*. **Industrie- und Handelskammer** *f* Chambre *f* du Commerce et de l'Industrie. **Industriezentrum** *n* centre *m* industriel. **Industriezweig** *m* branche *f* d'industrie *od* de l'industrie.
ineinander [ɪn⁷aɪ'nandər] *adv* l'un(e) dans l'autre, les un(e)s dans les autres. **ineinander=greifen** ⟨*griff ineinander, ineinandergegriffen*⟩ *itr* **1.** s'engrener; *fig* s'enchaîner; **2.** *(zs.arbeiten)* collaborer, coopérer. **ineinanderschiebbar** *a* télescopique. **ineinander=schieben,** *sich* ⟨*schob ineinander, ineinandergeschoben*⟩ se télescoper.
infam [ɪn'fa:m] *a* infâme, éhonté.
Infanterie *f* ⟨-, -n⟩ [infantə'ri:] *mil* infanterie *f*. **Infanterist** *m* ⟨-en, -en⟩ [-'rɪst] fantassin *m*.
infantil [ɪnfan'ti:l] *a (kindlich, unreif)* infantile.
Infarkt *m* ⟨-(e)s, -e⟩ [ɪn'farkt] *med* infarctus *m*.
Infektion *f* ⟨-, -en⟩ [ɪnfɛktsi'o:n] *med* infection *f*. **Infektionsherd** *m* foyer *m* d'infection. **Infektionskrankheit** *f* maladie *f* infectieuse.
infiltrieren [ɪnfɪl'tri:rən] ⟨*ohne ge-*⟩ *tr* (*itr* s')infiltrer.
Infinitiv *m* ⟨-s, -e⟩ ['ɪnfiniti:f, ---'-] *gram* infinitif *m*.
infizieren [ɪnfi'tsi:rən] ⟨*ohne ge-*⟩ *tr med* infecter (*mit* de). **Infizierung** *f* infection *f*.
Inflation *f* ⟨-, -en⟩ [inflatsi'o:n] inflation *f*; ▶ *angebotsbedingte ~* inflation par l'offre; *galoppierende ~* inflation galopante, hyperinflation *f*; *schleichende ~* inflation *f* rampante. **inflationär** [ɪnflatsio'nɛr] *a*, **inflationistisch** [-'nɪstɪʃ] *a* inflationniste. **Inflationsrate** *f* taux *m* d'inflation.
infolge [ɪn'fɔlgə] *prp gen* par suite de, en conséquence de. **infolgedessen** *adv* par suite, par conséquent, en conséquence (de quoi), dès lors.
Informatik [ɪnfɔr'ma:tɪk] ⟨-, ø⟩ *f* informatique *f*. **Informatiker(in** *f*) *m* ⟨-s, -⟩ informaticien, ne *m f*.
Information *f* ⟨-, -en⟩ [ɪnfɔrmatsi'o:n] information; *(Nachricht)* nouvelle *f*; *(Auskunft)* renseignement *m*; ▶ *~en einholen* prendre des renseignements. **Informationsaustausch** *m* échange *m* d'informations. **Informationsquelle** *f* source *f* d'information. **informieren** [-'mi:rən] ⟨*ohne ge-*⟩ *tr* informer, mettre au courant (*über* de); renseigner (*über* sur); ▶ *über etw informiert sein* avoir connaissance de qc. **informiert** *a*: ▶ *gut* od *genau, schlecht* od *ungenau ~* bien, mal informé.
infrarot ['ɪnfraro:t] *a* infrarouge. **Infrarotstrahler** *m (Heizung)* chauffage *m* à infrarouges; *med* lampe *f* à infrarouges.

Infrarotstrahlung *f* radiation *f* infrarouge. **Infrastruktur** *f* infrastructure *f*.
Ingenieur *m* ⟨-s, -e⟩ [ınʒeni'ø:r] ► *leitender* ~ ingénieur *m* en chef. **Ingenieurbüro** *n* bureau *m* des constructions.
Ingrediens *n* ⟨-, -dienzien⟩ [ın'gre:diɛns], **Ingredienz** *f* ⟨-, -en⟩ [ıngredi'ɛnts(iən)] *(beide meist pl)* ingrédient *m*.
Ingrimm *m* ⟨-s, ø⟩ ['ıngrım] **1.** rage contenue, fureur *f* rentrée; **2.** *(Groll)* rancune *f*, ressentiment *m*.
Ingwer *m* ⟨-s, ø)⟩ ['ıŋvər] *(bot u. Gewürz)* gingembre *m*.
Inhaber *m* ⟨-s, -⟩ ['ınha:bər] **1.** *(e-s Geschäftes)* détenteur, propriétaire, patron; *(e-r Gaststätte)* tenancier; *(Besitzer)* possesseur; *(Eigentümer)* propriétaire *m*; **2.** *(e-s Amtes, Titels a. sport, e-r Urkunde, e-s Ausweises)* titulaire; *(e-r Berechtigung, e-s Patentes, e-r Aktie, sport: e-s Titels)* détenteur; *(e-s Ausweises, e-r Aktie; fin: Überbringer)* porteur; *(e-r Schuldverschreibung)* obligataire *m*; ► *auf den* ~ *lauten (fin)* être (libellé) au porteur.
inhaftieren [ınhaf'ti:rən] ⟨*ohne ge-*⟩ *tr* arrêter, emprisonner. **Inhaftierung** *f* arrestation *f*, emprisonnement *m*, détention *f*.
Inhalation *f* ⟨-, -en⟩ [ınhalatsi'o:n] *med* inhalation *f*. **inhalieren** [-'li:rən] ⟨*ohne ge-*⟩ *tr* inhaler; *itr* prendre *od* faire des inhalations.
Inhalt *m* ⟨-(e)s, -e⟩ ['ınhalt] **1.** *(e-s Behälters* od *Gefäßes, von etw Gesprochenem, Geschriebenem* od *Gedrucktem)* contenu; *math (Rauminhalt)* volume *m*, *(Flächeninhalt)* contenance *f*; **2.** *(~sverzeichnis)* table *f* (des matières); ► *dem* ~ *nach* en substance; *ohne* ~ *(fig)* vidé de sa substance; *(Leben)* privé de sens, vide; *zum* ~ *haben* avoir pour sujet. **inhaltlich I.** *a* concernant le contenu; **II.** *adv* quant au *od* dans le contenu. **Inhaltsangabe** *f* **1.** résumé, sommaire, précis, abrégé *m*, analyse *f*; **2.** *(bei Postsendungen)* déclaration *f* (du contenu). **inhalt(s)los** *a* **1.** vide, creux; **2.** *fig* sans fond, superficiel. **inhaltsvoll** *a* substantiel; *(bedeutsam)* significatif. **Inhaltsübersicht** *f*, **Inhaltsverzeichnis** *n* table *f* analytique *od* des matières.
Initiale *f* ⟨-, -n⟩ [initsi'a:lə] *typ* (lettre) initiale, lettrine *f*. **Initialzündung** *f* amorçage *m* initial.
Initiative *f* ⟨-, -n⟩ [initsia'ti:və] **1.** initiative *f*; **2.** *(Unternehmungsgeist)* esprit *m* d'entreprise. ► *aus eigener* ~ de sa propre initiative, de son propre chef *od* mouvement; *die* ~ *ergreifen* prendre l'initiative. **Initiator** *m* ⟨-s, -en⟩ [-'a:tɔr, -'to:rən] animateur, promoteur *m*.
Injektion *f* ⟨-, -en⟩ [ınjɛktsi'o:n] *med* injection, piqûre *f*. **injizieren** [-ji'tsi:rən] ⟨*ohne ge-*⟩ *tr* injecter.
Inkasso *n* ⟨-s, -s/(-kassi)⟩ [ın'kaso] *com* encaissement, recouvrement *m*.
inklusive [ınklu'zi:və] inclusivement, (y) compris.
inkognito [ın'kɔgnito] *adv* incognito. **Inkognito** *n* ⟨-s, -s⟩ incognito *m*.
inkompetent ['ın-, -kɔmpe'tɛnt] *a* incompetent.
inkonsequent ['ınkɔnzekvɛnt, ---'-] *a* inconséquent. **Inkonsequenz** *f* ⟨-, -en⟩ ['ınkɔnzekvɛnts, ---'-] inconséquence *f*.
inkorrekt ['n-, -kɔ'rɛkt] *a* incorrect.
Inkrafttreten *n* [ın'kraft-] entrée *f* en vigueur; ► *Zeitpunkt m des* ~*s* date *f* d'entrée en vigueur.
Inkubationsstadium [ınkubatsi'o:ns-] *n med* stade *m* d'incubation. **Inkubationszeit** *f* période *f* d'incubation.
Inland *n* ['ınlant] intérieur *m*.
inländisch ['ın-] *a* intérieur; *(Erzeugnis)* national, du pays.
Inlandsmarkt *m* [ınlants-] marché *m* intérieur *od* national. **Inlandsporto** *n* affranchissement *m* en régime intérieur.
Inlaut *m* ['ınlaʊt] *gram* son *m* médial.
Inlett *n* ⟨-(e)s, -e⟩ ['ınlɛt] enveloppe *f* d'édredon.
inliegend *a* ci-inclus, ci-joint.
inmitten [ın'mıtən] *prp gen* au milieu de.
inne=haben ['ınə-] ⟨*hat, hatte inne, innegehabt*⟩ *tr* **1.** avoir (en sa possession); **2.** *(Amt, Stellung)* occuper, exercer; *sport (Titel)* détenir. **inne~=halten** ⟨*hält, hielt inne, innegehalten*⟩ *itr (aufhören)* s'arrêter; ► ~ *mit* cesser de.
innen ['ınən] *adv* à l'intérieur, (au *od* en) dedans; ► *nach* ~ en dedans, vers le dedans, vers l'intérieur; *von* ~ *(heraus)* du *od* en dedans, de l'intérieur. **Innenansicht** *f* intérieur *m*. **Innenantenne** *f radio* antenne *f* intérieure. **Innenarchitekt** *m* architecte-décorateur, ensemblier *m* (décorateur). **Innenaufnahme** *f photo, film* intérieur *m*. **Innendienst** *m* service de bureau; *mil* service *m* intérieur. **Inneneinrichtung** *f* aménagement *od* équipement *od* appareillage *m* intérieur. **Innenleben** *n* vie *f* intérieure. **Innenminister(ium** *n***)** *m* minist(è)re *m* de l'intérieur. **Innenpolitik** *f* politique *f* intérieure. **innenpolitisch** *a* dans le domaine intérieur. **Innenraum** *m* intérieur *m*. **Innenseite** *f* côté *m* intérieur. **Innenstadt** *f* centre *m* de la ville, cité *f*. **Innenwand** *f* mur *m* de refend, cloison, paroi *f*. **Innenwelt** *f* monde *m* intérieur.
Innerasien *n* ['ınər-] l'Asie *f* centrale. **innerbetrieblich** *a* interne, de l'entreprise. **innerdeutsch** *a* interne, domestique. **innere(r, s)** *a* **1.** *(räuml.)* intérieur; *adm, med* interne; *(körpereigen)* intestin; **2.** *(Gefühl)* intime; *(wesentlich, eigentlich)* intrinsèque; ► ~*e*

Angelegenheit f affaire *f* intérieure *od* interne; *~e Medizin f* pathologie *f* interne; *~ste Überzeugung f* conviction *f* intime; *~er Wert m* valeur *f* intrinsèque. *das* **Innere 1.** *(räumlich)* l'intérieur, le dedans, le centre; **2.** *fig (der Kern)* les entrailles *f pl*, le cœur, l'âme *f*; ► *im ~n* au dedans; *im ~n von (geog)* à l'intérieur de, au fond de; *in meinem ~n, im ~n* dans *od* en mon for intérieur; *Minister(ium n) m des ~n = Innenminister(ium).* **Innereien** [-'raiən] *f pl (Fleisch)* cinquième quartier *m;* abats *m pl.* **innerhalb I.** *prp gen* **1.** *(örtl.)* à l'intérieur de, au *od* en dedans de, dans, en, au sein de; **2.** *(zeitl.)* dans *od* en l'espace de, dans le délai de, en; **II.** *adv* à l'intérieur, au dedans. **innerlich I.** *a* intérieur; interne; *(seelisch)* intime; **II.** *adv* intérieurement, dans le fond du cœur; ► *~ (med: anzuwenden)* ingestible. **Innerlichkeit** *f* ‹-, ø› profondeur *f* des sentiments. **innerste(r, s) 1.** *a (räuml.); = innere(r, s);* **2.** *fig* intime; (le) plus profond *od* secret; ► *im innersten Herzen* au fond du cœur. *das* **Innerste** le centre; le noyau; ► *bis ins ~* jusqu'au fond des entrailles, jusqu'à la moelle.

inne=werden ['ɪnə-] ‹*wird, wurde inne, innegeworden*› *itr* ‹*sein*› : ► *e-r S ~* s'apercevoir de qc, se rendre compte de qc. **inne=wohnen** *itr* être inhérent (*dat* à).

innig ['ɪnɪç] *a (tiefempfunden, herzlich)* cordial; *(stark, heiß)* fervent, ardent; *(lebhaft)* vif; *(aufrichtig)* sincère; *(zärtlich)* tendre; *(vertraut)* intime. **Innigkeit** *f* ‹-, ø› cordialité; ferveur, ardeur; vivacité; sincérité; tendresse; intimité *f.*

Innung *f* ‹-, -en› ['ɪnʊŋ] corporation *f,* corps *m* de métier.

inoffiziell ['ɪnʔɔfitsiɛl, ----'-] *a* non officiel.

ins [ɪns] = *in das.*

Insasse *m* ‹-n, -n› ['ɪnzasə] *(e-r Anstalt)* pensionnaire; *(e-s Fahrzeugs)* occupant *m.*

insbesondere [ɪnsbə'zɔndərə] *adv* surtout, spécialement, particulièrement, notamment.

Input *m* ['ɪnpʊt] ‹-s, -s› input *m,* intrant *m.*

Inschrift *f* ['ɪn-] inscription *f.*

Insekt *n* ‹-(e)s, -en› [ɪn'zɛkt] insecte *m.* **Insektenfresser** *m zoo* insectivore *m.* **Insektenkunde** *f* entomologie *f.* **Insektenmittel** *n* insecticide *m.* **Insektenpulver** *n* poudre *f* insecticide. **Insektenstich** *m* piqûre *f* d'insecte *f.*

Insel *f* ‹-, -n› ['ɪnzəl] île *f;* ► *auf e-r ~* dans une île; *kleine ~* îlot *m.* **Inselgruppe** *f* groupe *m* d'îles.

Inserat *n* ‹-(e)s, -e› [ɪnze'ra:t] annonce *f;* ► *ein ~ aufgeben = inserieren.* **Inseratenannahme** *f.* **Inseratenbüro** *n* bureau *m* d'annonces. **Inserent** *m* ‹-en, -en› [-'rɛnt] annonceur *m.* **inserieren** [-'ri:rən] ‹*ohne ge-*› *tr* mettre une annonce.

insgeheim [ɪnsgə'haɪm] *adv* secrètement, en secret, en cachette, sous le manteau. **insgesamt** *adv* tous (ensemble), dans l'ensemble, en totalité, au total, en tout, en corps.

Insider *m* ['ɪnsaɪdər] ‹-s, -› initié, e *m f.*

insofern ['ɪnzo'fɛrn, ɪn'zo:fɛrn] *adv,* **insoweit I.** *adv* jusqu'à ce point, dans cette mesure; **II.** *conj* en tant que, dans la mesure où.

in spe [ɪn'spe:] *a fam* en herbe.

Inspekteur *m* ‹-s, -e› [ɪnspɛk'tø:r] inspecteur, surveillant, visiteur *m.* **Inspektion** *f* ‹-, -en› [-tsi'o:n] inspection; *(Aufsicht)* surveillance *f; (Prüfung)* contrôle *m.* **Inspektionsfahrt** *f,* **Inspektionsreise** *f* tournée *f* d'inspection. **Inspektor** *m* ‹-s, -en› [-'spɛktɔr, -'to:rən] = *Inspekteur; agr* gérant *od* administrateur *m.*

Inspiration *f* [ɪnspira'tsio:n] ‹-, -en› inspiration *f.*

inspirieren [ɪnspi'ri:rən] *tr* inspirer.

Installateur *m* ‹-s, -e› [ɪnstala'tø:r] installateur, appareilleur *m.* **Installation** *f* ‹-, -en› [-tsi'o:n] installation *f.* **Installationsarbeiten** *f pl* travaux *m pl* d'installation. **Installationsgeschäft** *n* plomberie *f,* installations *f pl* sanitaires. **installieren** [-'li:rən] ‹*ohne ge-*› **1.** *tr* installer; *tech* équiper; **2.** *refl: sich ~ (fig: sich niederlassen)* s'établir.

instand [ɪn'ʃtant]: ► *~ halten (tr)* entretenir, (main)tenir en (bon) état; *~ setzen (tr) (befähigen)* mettre en état (*zu* de); *(reparieren)* (re)mettre en (bon) état, remettre à neuf, réparer; *mot a.* dépanner; *(ausbessern, flicken)* rapiécer, raccommoder. **Instandhaltung** ‹-, (-en)› *f* entretien *m,* maintenance *f.*

inständig ['ɪnʃtɛndɪç] **I.** *a* pressant, instant; **II.** *adv:* ► *~ bitten* prier instamment, implorer (*jdn um etw* qc à qn); *~e Bitten f pl (a.)* instances *f pl.*

Instandsetzung *f* ‹-, -en› [ɪn'ʃtant-] (re-)mise en état, réparation *f; mot a.* dépannage; rapiéçage, raccommodage *m.*

Instanz *f* ‹-, -en› [ɪn'stants] *jur* instance *f;* ► *in erster, letzter ~* en première, dernière instance, en premier, dernier ressort; *sich an e-e ~ wenden* s'adresser à une instance *f; höhere ~ (jur)* instance *od adm* autorité *f* supérieure. **Instanzenweg** *m:* ► *auf dem ~* par la voie hiérarchique; *den ~ einhalten* suivre la voie hiérarchique.

Instinkt *m* ‹-(e)s, -e› [ɪn'stɪŋkt] instinct *m;* ► *aus ~* d'instinct, par instinct, instinctivement; *~ haben* avoir de l'instinct; *e-n untrüglichen ~ haben* avoir un instinct infaillible; *aus ~ handeln* agir d'instinct. **instinktiv** [-'ti:f] *a*, **instinktmäßig** *a* instinctif.

Institut *n* ⟨-(e)s, -e⟩ [ınsti'tu:t] institution *f*; *(Anstalt)* établissement; *(Lehranstalt)* institut; *(für Mädchen)* pensionnat *m*. **Institution** *f* ⟨-, -en⟩ [-tsi'o:n] *(Einrichtung)* institution *f*.

instruieren [ınstru'i:rən] ⟨*ohne ge-*⟩ *tr* instruire, donner des instructions à. **Instruktion** *f* ⟨-, -en⟩ [-strυktsi'o:n] instruction; *(Anweisung)* direction, directive *f*.

Instrument *n* ⟨-(e)s, -e⟩ [ınstru'mɛnt] **1.** instrument *a. mus; phys a.* appareil; *(Werkzeug)* outil; *(Gerät)* ustensile; **2.** *jur (Urkunde)* instrument, acte (juridique), document *m* officiel. **instrumental** [-'ta:l] *a* instrumental. **Instrumentenlandung** *f aero* atterrissage *m* aux instruments *od* sans visibilité. **Instrumentenmacher** *m mus* fabricant *m* d'instruments de musique.

Insulaner *m* ⟨-s, -⟩ [ınzu'la:nər] insulaire, îlien *m*.

inszenieren [ınstse'ni:rən] ⟨*ohne ge-*⟩ *tr* **1.** *theat film* mettre en scène; **2.** *fig* arranger, monter. **Inszinierung** *f* ⟨-, -en⟩ *theat film* mise *f* en scène.

intakt [ın'takt] *a* intact.

Intarsia *f* ⟨-, -sien⟩ [ın'tarzia, -ziən] marqueterie *f*.

Integral *n* ⟨-s, -e⟩ [ınte'gra:l] *math* intégrale *f*. **Integralrechnung** *f* calcul *m* intégral. **Integration** *f* ⟨-, -en⟩ [-gratsi'o:n] *(Vervollständigung, Zs.schluß)* intégration *f*. **integrieren** [-'gri:rən] ⟨*ohne ge-*⟩ *tr (ergänzen, zs.schließen) a. math* intégrer; ▶ *~der Bestandteil m* partie *f* intégrante.

Intellekt *m* ⟨-(e)s, ø⟩ [ıntɛ'lɛkt] intellect *m*. **intellektuell** [-tu'ɛl] *a* intellectuel. **Intellektuelle** *m f* ⟨-n, -n⟩ intellectuel(le *f*) *m*; *die Intellektuellen pl (a.)* l'intelligentsia *f*.

intelligent [ıntɛli'gɛnt] *a* intelligent. **Intelligenz** *f* ⟨-, -en⟩ [-'gɛnts] **1.** intelligence *f* (supérieure); ▶ *die ~ (Schicht der wissenschaftl. Gebildeten)* les intellectuels *m pl*, l'intelligentsia *f*. **Intelligenzquotient** *m* quotient *m* intellectuel. **Intelligenztest** *m* test *m* de niveau intellectuel.

Intendant *m* ⟨-en, -en⟩ [ıntɛn'dant] intendant *m a. mil theat*. **Intendantur** *f* ⟨-, -en⟩ [-'tu:r] intendance *f a. mil*.

Intensität *f* ⟨-, ø⟩ [ıntɛnzi'tɛ:t] intensité *f*. **intensiv** [-tɛn'zi:f] *a* intense; *bes. agr u. tech* intensif. **intensivieren** [-'vi:rən] ⟨*ohne ge-*⟩ *tr* intensifier.

Intercity [ıntər'sıti] ⟨-s, -s⟩ *m*, **Intercity-Zug** *m*, **IC** *m loc* Intercité *m* (I.C.).

interdisziplinär [ıntərdıstsipli'nɛ:ər] *a* interdisciplinaire.

interessant [interɛ'sant] *a* intéressant; *(anziehend, reizvoll)* attirant, attrayant. **interessanterweise** *adv* de manière intéressante; bizarrement, curieusement. **Interesse** *n* ⟨-s, -n⟩ intérêt *m (an* à, *für* pour); ▶ *im ~ der Allgemeinheit* dans l'intérêt public; *von allgemeinem ~* d'intérêt général; *an etw ~ finden, an od für etw ~ haben* s'intéresser à qc; *an etw ~ haben* être intéressé par, avoir envie d'acheter qc; *in jds ~ liegen* être dans l'intérêt de qn; *das ~ an etw verlieren* se désintéresser de qc; *jds ~n vertreten* défendre les intérêts de qn. **interesselos** *a* désintéressé. **Interesselosigkeit** *f* ⟨-, ø⟩ désintéressement *m*. **Interessengemeinschaft** *f* communauté *f* d'intérêts. **Interessenkonflikt** *m* conflit *m od* discussion *f* d'intérêts. **Interessent** *m* ⟨-en, -en⟩ [-'sɛnt] intéressé *m*. **nteressieren** [-'si:rən] ⟨*ohne ge-*⟩ *tr* intéresser; ▶ *sich für jdn, etw ~* s'intéresser à qn, qc.

Interface [ıntərfeıs] ⟨-, -s⟩ *n inform* interface *f*.

Interim *n* ⟨-s, -s⟩ ['interım] *(vorläufige Regelung)* intérim *m*. **interimistisch** [-'mıstıʃ] **I.** *a* intérimaire, provisoire, temporaire; **II.** *adv a.* par intérim.

Interjektion *f* ⟨-, -en⟩ [ıntɛrjɛktsi'o:n] *gram* interjection *f*.

interkontinental [ıntɛrkɔntinɛn'ta:l] *a* intercontinental. **Interkontinentalrakete** *f mil* fusée *f* intercontinentale, missle *m* intercontinental.

Intermezzo *n* ⟨-s, -s/zzi⟩ [ıntɛr'mɛtso] *theat mus* intermède *a. fig*, divertissement *m*.

intern [ın'tɛrn] *a* interne. **Internat** *n* ⟨-(e)s, -e⟩ [-'na:t] internat *m*, maison *f* d'éducation.

international [ınternatsio'na:l] *a* international.

internieren [ıntɛr'ni:rən] ⟨*ohne ge-*⟩ *tr* interner. **Internierte** *m f* ⟨-, -n⟩ interné(e *f*) *m*. **Internierung** *f* ⟨-, -en⟩ internement *m*. **Internierungslager** *n* camp *m* d'internement. **Internist** [-'nıst] ⟨-en, -en⟩ *m (Arzt)* spécialiste *m* des maladies internes.

interpellieren [ıntɛrpɛ'li:rən] ⟨*ohne ge-*⟩ *itr parl* interpeller.

interpolieren [ıntɛrpo'li:rən] ⟨*ohne ge-*⟩ *tr (einschalten, a. math)* interpoler.

Interpret *m* ⟨-en, -en⟩ [ıntɛr'pre:t] interprète *m*. **Interpretation** *f* ⟨-, -en⟩ [-tsi'o:n] *(Auslegung)* interprétation *f*. **interpretieren** [-'ti:rən] ⟨*ohne ge-*⟩ *tr (deuten)* interpréter; *(erklären)* expliquer.

Interpunktion(szeichen *n***)** *f* ⟨-, (-en)⟩ [ıntɛrpυŋktsi'o:n] (signe *m* de) ponctuation *f*.

Interrailkarte *f*, **Interrailpaß** ['ıntərreıl-] *m* carte *f* Inter-Rail.

interstellar *a* [ıntərstɛ'la:r] interstellaire.

Intervall *n* ‹-s, -e› [ɪntɛrˈval] *mus* intervalle *m.*
intervenieren [ɪntɛrveˈniːrən] ‹*ohne ge-*› *itr pol* intervenir. **Intervention** *f* ‹-, -en› [-vɛntsiˈoːn] intervention *f.*
Interview *n* ‹-s, -s› [ɪntɛrˈvjuː, ˈɪntɛrvju] interview *f.* **interviewen** [-ˈvjuːən] ‹*ohne ge-*› *tr* interviewer. **Interviewer** *m* ‹-s, -› interviewer *m.*
intim [ɪnˈtiːm] *a* intime; *(vertraut)* familier; ▶ *~er Verkehr m* rapports *m pl* sexuels. **Intimität** *f* ‹-, -en› [-miˈtɛːt] intimité *f.*
intolerant [ˈɪntolerant, ---ˈ-] *a* intolérant. **Intoleranz** *f* ‹-, (-en)› [-ˈrants] intolérance *f.*
intransitiv [ˈɪntranzitiːf, ---ˈ-] *a gram* intransitif, neutre.
intrauterin [ɪntraʔuteˈriːn] *a anat* intra-utérin.
intrigant [ɪntriˈgant] *a* intrigant. **Intrigant(in)** *m* ‹-en, -en› (f ‹-, -nen›) intrigant(e *f*) *m;* finassier, -ière *m, f.* **Intrige** *f* ‹-, -n› [-ˈtriːgə] intrigue, cabale *f.* **intrigieren** [-ˈgiːrən] ‹*ohne ge-*› *itr* intriguer (*gegen* contre).
in- und auswendig *adv:* ▶ *~ kennen* connaître sur le bout du doigt.
Invalide *m* ‹-n, -n› [ɪnvaˈliːdə] invalide; *mil* mutilé *m.* **Invalidität** *f* ‹-, ø› [-diˈtɛːt] invalidité *f.*
Invasion *f* ‹-, -en› [ɪnvaziˈoːn] invasion *f; hist* débarquement *m.*
Inventar *n* ‹-s, -e› [ɪnvɛnˈtaːr] inventaire *m;* ▶ *das ~ aufnehmen* faire *od* dresser *od* établir l'inventaire. **Inventaraufnahme** *f.* **Inventarisation** *f* ‹-, -en› [-rizatsiˈoːn] établissement *m* de l'inventaire. **Inventur** *f* ‹-, -en› [-ˈtuːr] *com* inventaire *m;* ▶ *~ machen* dresser *od* établir *od* faire l'inventaire.
Inversion *f* [ɪnvɛrˈzioːn] ‹-, -en› *mete, gram* inversion *f.* **Inversionswetterlage** *f mete* inversion *f* de température, thermique.
investieren [ɪnvɛsˈtiːrən] ‹*ohne ge-*› *tr fin (anlegen)* placer, investir, engager. **Investition** *f* ‹-, -en› [-titsiˈoːn] *com* placement, investissement *m.* **Investitionsgüter** *n pl* biens *m pl* d'investissement.
in vitro [ɪnˈviːtro] *a* in vitro. **In-vitro-Befruchtung** *f* fécondation *f* in vitro.
inwendig [ˈɪn-] **I.** *a* intérieur; **II.** *adv* à l'intérieur, au-dedans.
inwiefern, inwieweit [--ˈ-] *adv* combien, dans quelle mesure, (jusqu')à quel point.
Inzucht *f* ‹-, ø› [ˈɪn-] **1.** *(unter Vieh)* croisement *m* d'animaux apparentés; **2.** *(unter Menschen)* union *f* consanguine.
inzwischen [ɪnˈtsvɪʃən] *adv* entre-temps, en attendant; provisoirement.
Ion *n* ‹-s, -en› [iˈoːn] *phys* ion *m.* **ionisieren** [-niˈziːrən] ‹*ohne ge-*› *tr phys* ioniser.
I-Punkt *m* ‹-(e)s, -e› point *m* sur l'i.
Iran *m* [iˈraːn] l'Iran *m.* **Iran(i)er(in)** *m* ‹-s, -› (*f* ‹-, -nen›) [iˈraːn(i)ər] Iranien(ne *f*) *m.* **iranisch** [iˈraːnɪʃ] *a* iranien.
irden [ˈɪrdən] *a* de *od* en terre; *~es Geschirr n* poterie *f.* **irdisch** *a astr* terrestre; *(nicht himmlisch)* de ce monde, d'ici-bas.
Ire *m* ‹-n, -n› [ˈiːrə], **Irin** *f* Irlandais(e *f*) *m.*
irgend [ˈɪrgənt] *adv:* ▶ *wenn ich ~ kann, wenn es ~ geht* od *möglich ist* pour peu que ce soit possible, s'il y a la moindre possibilité; *so gut es ~ geht* du mieux possible; *~ etwas* n'importe quoi; quelque chose; *~ jemand* n'importe qui; quelqu'un. **irgendein(e)** [-ʔaɪn] *pron a* quelconque, n'importe quel, quelque. **irgendeine(r)** *pron s* n'importe lequel, laquelle; quelqu'un(e). **irgendwann** *adv* n'importe quand, en quelque temps *od* à quelque moment que ce soit. **irgendwie** *adv* n'importe comment, d'une manière quelconque. **irgendwo** *adv,* **irgendwohin** *adv* quelque part, n'importe où. **irgendwoher** *adv* de n'importe où.
irisch [ˈiːrɪʃ] *a* irlandais. **Irland** *n* l'Irlande *f.*
Ironie *f* ‹-, -n› [iroˈniː] ironie *f.* **ironisch** [iˈroːnɪʃ] *a* ironique.
irrational [ˈɪratsionaːl, ----ˈ-] *a, a. math* irrationnel.
irr(e) [ˈɪr(ə)] *a (verrückt)* fou, dément, aliéné; ▶ *an jdm ~ werden* ne plus savoir que penser de qn; perdre la confiance en qn. **Irre** *f* ‹-, ø›: ▶ *in die ~ führen* égarer; *fig (täuschen)* mystifier, duper; *in die ~ gehen* s'égarer. **Irre** *m f* ‹-, -n› fou *m,* folle *f,* dément *m,* aliéné(e *f*) *m.*
irreal [ˈɪreaːl, --ˈ-] *a* irréel. **Irrealität** *f* ‹-, -en› [-ˈtɛːt] irréalité *f.*
irreführen [ˈɪrə-] *tr fig* induire en erreur, donner le change à, tromper. **irreführend** *a (täuschend)* trompeur, faux; ▶ *~e Werbung f* publicité *f* mensongère. **irre=gehen** ‹*ging irre, irregegangen*› *itr* ‹*sein*› **1.** s'égarer, faire fausse route, se fourvoyer; *(Brief)* s'égarer; **2.** *fig* se tromper.
irrelevant [ˈɪrelevant, ---ˈ-] *a* insignifiant, non pertinent, sans importance.
irre=machen [ˈɪrə-] ‹*macht, machte irre, irregemacht*› *tr* déconcerter, désorienter; ▶ *sich nicht ~ (von s-r Meinung abbringen) lassen* ne pas démordre de son opinion.
irren [ˈɪrən] *itr* **1.** ‹*sein*› *(umherschweifen)* errer; *fig (Gedanken)* vaguer; **2.** ‹*h*› *(falscher Meinung sein)* être dans l'erreur; **3.** *refl sich ~* se tromper (*in* dans, *in jdm* sur le compte de qn), se méprendre, s'abuser, être dans l'erreur, faire fausse route; ▶ *sich gewaltig* od *schwer ~ (fam)* se ficher *od* se fourrer

dedans, se mettre *od* se ficher *od* se fourrer le doigt dans l'œil; *wenn ich (mich) nicht irre* si je ne me trompe, si je ne m'abuse, si j'ai bonne mémoire, sauf erreur de ma part; *ich habe mich gründlich in ihm geirrt* je me suis complètement trompé sur son compte. **Irrenanstalt** *f*, **Irrenhaus** *n* asile *od* hospice *m od* maison d'aliénés, maison *f* de santé. **Irrenarzt** *m* psychiatre *m*.

Irrfahrt *f* ['ɪr-] course vagabonde, odyssée *f*. **Irrgarten** *m* labyrinthe, dédale *m*. **irrig** *a (falsch)* erroné, faux. **irrigerweise** *adv* par erreur.

irritieren [ɪri'ti'rən] ‹*ohne ge-*› *tr (reizen)* irriter, agacer; *(verwirren)* déconcerter.

Irrläufer *m* ['ɪr-] *(Post)* envoi *m* en souffrance. **Irrlicht** *n* ‹-(e)s, -er› feu *m* follet. **Irrsinn** *m* ‹-(e)s, ø› *a. fam (übertreibend)* folie; démence *f*. **irrsinnig** *a* fou, dément, aliéné; **Irrtum** *m* ‹-s, ⸚er› *(falsche Meinung)* erreur *f*; *(Mißverständnis)* malentendu *m*; *(Versehen)* méprise, bévue *f*; ▶ *jdn über e-n ~ aufklären* tirer qn d'erreur; *sich im ~ befinden, im ~ sein* être dans l'erreur; *Sie sind* od *da sind Sie im ~* vous vous trompez; *das ist ein ~* il y a malentendu *od fam* maldonne; *das war ein ~ von mir* j'ai fait erreur, je me suis trompé. **irrtümlich I.** *a* erroné; **II.** *adv* par erreur *od* méprise.

Ischias *m (n, f)* ‹-, ø› ['ɪʃias] goutte *f* sciatique.

Islam *m* ‹-s, ø› ['ɪslam, -'-] *rel* Islam, islamisme *m*. **islamisch** [-'la:mɪʃ] *a allg* islamique.

Island *n* ['i:slant] l'Islande *f*. **Isländer(in)** (*f* ‹-, -nen›) *m f* ‹-, -nen› Islandais(e *f*) *m*. **isländisch** *a* islandais.

Isobare *f* ‹-, -n› [izo'ba:rə] *mete* isobare *f*.

Isolation *f* ‹-, -en› [izolatsi'o:n] **1.** *(Absonderung)* isolement *m*; **2.** *el* isolation *f*. **Isolator** *m* ‹-s, -en› [-'la:tɔr, -'to:rən] *el* isolateur *m*, isoloir, isolant *m*.

Isolierband *n* [izo'li:r-] ruban *m od* bande isolant(e), bande *f* isolatrice, chatterton *m*. **isolieren** ‹*ohne ge-*› *tr* isoler *a. el*. **Isolierhaft** *f* isolement *m* cellulaire. **Isoliermaterial** *n*, **Isoliermittel** *n* matière *f* isolante, isolant *m*, matériaux *m pl* isolants. **Isolierraum** *m med* chambre *f* d'isolement, *(kleiner)* box *m*. **Isolierung** *f* ‹-, -en› **1.** *(Absonderung)* isolement *m*; **2.** *el (Vorgang)* isolation *f*; **3.** *(Material)* enveloppe *f* isolante. **Isolierzelle** *f jur* prison *f* cellulaire.

Isotherme *f* ‹-, -n› [izo'tɛrmə] *mete geog* isotherme *f*.

Israel *n* ['ɪsraɛl] *(Staat, hist u. rel: Volk)* Israel *m*. **Israeli** *m* ‹-(s), -(s)› [-ra'e:li] *f pol* Israélien(ne *f*) *m*. **israelisch** [-'e:lɪʃ] *a* israélien. **Israelit(in)** *m* ‹-en, -en› (*f* ‹-, -nen›) [-e'li:t] *rel u. hist* Israélite *m f*. **israelitisch** [-'li:tɪʃ] *a* israélite.

Ist ... ['ɪst-] ... effectif, réel; **Ist-Bestand** *m* (inventaire) effectif *m*.

Isthmus *m* ‹-, -men› ['ɪstmus, -mən] *geog (Landenge)* isthme *m*.

Ist-Zustand *m* ‹-s, ⸚e› ['ɪsttsu:ʃtant] état *m* des lieux.

Italien *n* [i'ta:liən] l'Italie *f*. **Italiener(in)** *m* ‹-s, -› (*f* ‹-, -nen›) [-li'e:nər] Italien(ne *f*) *m*. **italienisch** [-li'e:nɪʃ] *a* italien, d'Italie; *(das) Italienisch(e) n* l'italien *m*.

I-Tüpfelchen *n* ‹-s, -› *fig fam* iota; point *m* sur l'i.

J

J, j *n* ‹-, -› [jɔt] *(Buchstabe)* J, j *m.*
ja [ja:] **1.** *(bejahend)* oui; **2.** *(nachdrücklich)* bien, mais; **3.** *(sogar)* et même; ► *~?* tu dis? vous dites? *fam* hein? *aber ~!* mais si! *na ~! (fam)* après tout; enfin! *nun ~!* hé, hé! *o ~!* mais oui! oh oui! certes! *~ dann* alors; *~ doch!* mais oui! mais si! si, si! si fait! *~ freilich (adv)* bien sûr; sans doute, vraiment; *interj* mais oui! *~ nicht* surtout pas; *~ sogar* et même, voire même; *mit Ja antworten* répondre affirmativement; *~ sagen* dire que oui; *zu etw ~ sagen* consentir à qc; *zu allem ~ (und amen) sagen* consentir à tout; être un beni-oui-oui *fam; mit Ja stimmen (parl)* voter pour; *ich habe es ~ gesagt* je l'avais bien dit; *Sie wissen ~ ...* vous savez bien ...; *glaube ~ nicht ...!* ne va pas croire ..., ne crois surtout pas ...; *sage ~ nicht ...!* ne va pas dire ..., garde-toi bien de dire ..., surtout ne dis pas ...; *da bist du ~!* mais te voilà! tiens, te voilà! te voilà enfin! *das ist ~ furchtbar* mais c'est terrible! *das ist ~ e-e schöne Geschichte! (iron)* en voilà une belle affaire!
Jacht *f* ‹-, -en› [jaxt] *mar* yacht *m.* **Jachtklub** *m* yacht-club *m.*
Jacke *f* ‹-, -n› ['jakə] *(Herrenjacke)* veston *m*, veste; *(Damenjacke, Kostümjakke)* veste, jaquette *f; (Unterjacke)* gilet *m* de laine. **Jackett** *n* ‹-(e)s, -e/-s› [ʒa'kɛt] = *Jacke.*
Jagd *f* ‹-, -en› [ja:kt, '-dən] **1.** chasse *f;* **2.** *(Verfolgung)* poursuite *f (auf* de); **3.** *(~wesen)* vénerie *f;* ► *auf die ~ gehen* aller *od* partir à la chasse; *auf etw ~ machen* faire la chasse à qc. **Jagdaufseher** *m* garde-chasse *m.* **Jagdbeute** *f* tableau *m* de chasse. **Jagdbomber** *m* chasseur *m* bombardier. **Jagdflugzeug** *n* avion de chasse, chasseur *m.* **Jagdgewehr** *n* fusil *m* de chasse. **Jagdhaus** *n* rendez-vous *m* de chasse. **Jagdhund** *m* chien de chasse; *(Vorstehhund)* chien *m* d'arrêt. **Jagdhütte** *f* pavillon *m* de chasse. **Jagdrevier** *n* réserve *f* de chasse. **Jagdschein** *m* permis *m* de chasse. **Jagdtasche** *f* gibecière, carnassière *f.* **Jagdzeit** *f* saison *f* de la chasse.
jagen ['ja:gən] *tr* ‹h› **1.** chasser, faire la chasse à; **2.** *(verfolgen)* poursuivre, pourchasser; *itr* **3.** ‹h› chasser; **4.** ‹sein› *(dahinjagen)* courir, galoper, aller à toute vitesse *od* à fond de train; *fig* aller *od* prendre le grand galop; ► *nach etw ~* courir après qc; *damit kannst du mich ~* ça me dégoûte; *ein Ereignis jagt das andere* les événements se succèdent rapidement.
Jäger *m* ‹-s, -› ['jɛ:gər] **1.** chasseur *a. mil;* **2.** *aero* avion de chasse, chasseur *m.* **Jägerei** *f* ‹-, ø› [-'raɪ] chasse, vénerie *f.*
Jaguar *m* ‹-s, -e› ['ja:gua:r] *zoo* jaguar *m.*
jäh [jɛ:] **I.** *a* **1.** *(steil)* escarpé, raide, abrupt; **2.** *(plötzlich)* soudain, brusque; *(überstürzt)* précipité; **3.** *(ungestüm)* impétueux; *(aufbrausend)* fougueux; **II.** *adv a. (mit plötzlicher Heftigkeit)* brusquement.
Jahr *n* ‹-(e)s, -e› [ja:r] *(als bloße Zeiteinheit)* an *m; (in s-m Verlauf, mit Bezug auf s-n Inhalt)* année; *arg* berge *f;* ► *alle zwei ~e* tous les deux ans; *ein paar* od *einige ~e (lang)* quelques années; *einmal im ~* une fois par an; *~ für ~* chaque année; une année après l'autre; *die dreißiger ~e* les années trente; *das ganze ~ (hindurch* od *über)* (pendant) toute l'année; *im ~, aufs ~ gerechnet* par an; *im ~e 1960* en (l'an) 1960; *in den besten ~en (im besten Alter)* à la fleur de l'âge; *in einem ~, übers ~* dans un an, d'ici un an; au bout d'un an; *jedes ~* tous les ans; *letztes* od *vergangenes* od *voriges ~* l'an dernier *od* passé, l'année dernière *od* passée; *mit den ~en* avec les années *od* le temps *od* l'âge; l'âge venant; *nächstes ~* l'année prochaine; *seit ~ und Tag* depuis (bien) longtemps; *viele ~e lang* pendant bien des années; *von ~ zu ~* d'année en année; *vor einem ~* il y a un an; *in die ~e kommen (alt werden)* prendre de l'âge; *jdm ein glückliches neues ~ wünschen* souhaiter la bonne année à qn; *die besten ~e (des Lebens)* les belles années; *ein dreiviertel, ein halbes ~* neuf, six mois *m pl; das laufende ~* l'année *f* courante; *das neue ~* la nouvelle année.
jahraus [ja:r'ʔaʊs] *adv:* ► *~, jahrein* bon an, mal an; d'une année à l'autre. **Jahrbuch** *n* ['ja:r-] annuaire, almanach *m.* **jahrelang I.** *a* qui a *od* avait duré des années; **II.** *adv* pendant de longues années.
jähren, sich ['jɛ:rən]: *sich:* ► *sein Tod jährt sich heute zum erstenmal* il y a aujourd'hui un an qu'il est mort; *der Tag jährt sich bald, an dem ...* c'est bientôt l'anniversaire du jour où ...

Jahresabschlußprämie *f* ['ja:rəs-] prime *f* de fin d'année. **Jahresanfang** *m* commencement *m* de l'année. **Jahresbeitrag** *m* cotisation *f* annuelle. **Jahresbericht** *m com* compte rendu *od* rapport *m* annuel. **Jahresdurchschnitt** *m* moyenne *f* annuelle. **Jahreseinkommen** *n* revenu *m* annuel. **Jahresende** *n* fin *f* d'année *od* de l'année. **Jahresgehalt** *n* traitement *m* annuel. **Jahresschluß** *m* fin *f* d'année. **Jahrestag** *m* anniversaire *m*. **Jahrestagung** *f* congrès *m* annuel. **Jahresurlaub** *m* congé *m od* vacances *f pl* annuel(les), *mil* permission *f* annuelle. **Jahreswechsel** *m*, **Jahreswende** *f* nouvel an *m*. **Jahreszahl** *f* (chiffre *m* de l')année *f*; *(auf Münzen)* millésime *m*. **Jahreszeit** *f* saison *f*. **jahreszeitlich** *a* saisonnier.

Jahrgang *m* ['ja:r-] **1.** *(Geburtsjahrgang)* génération; *(Rekrutenjahrgang)* classe; *(Schule)* promotion *f*; **2.** *(Wein, Zeitschrift)* année *f*. **Jahrhundert** *n* ‹-s, -e› [ja:r'hʊndərt] siècle *m*. **jahrhundertelang** *adv* pendant des siècles. **jahrhundertwende** *f* tournant *od* changement *m* de siècle.

-jährig [jɛ:rɪç] *a (an eine Zahl angehängt)* de ... ans.

jährlich ['jɛ:rlɪç] **I.** *a* annuel; **II.** *adv* par an; ▶ *einmal* ~ une fois par an.

Jahrmarkt *m* ['ja:r-] foire *f*. **Jahrmarktsbude** *f* baraque *f* foraine. **Jahrtausend** *n* millénaire *m*. **Jahrzehnt** *n* ‹-(e)s, -e› [ja:r'tse:nt] période de dix ans, décennie *f*. **jahrzehntelang** *adv* pendant des dizaines d'années.

Jähzorn *m* ['jɛ:tsɔrn] **1.** *(Eigenschaft)* caractère emporté, tempérament *m* colérique, irascibilité *f*; **2.** *(Zornausbruch)* colère *f* subite, accès de colère, emportement *m*. **jähzornig** *a* irascible; colère, coléreux, colérique; emporté, fougueux.

Jakob *m* ['ja:kɔp] Jacques; *(Bibel)* Jacob.

Jalousie *f* ‹-, -n› [ʒalu'zi:] *(zum Ziehen)* jalousie; *(zum Klappen)* persienne *f*.

Jammer *m* ‹-s, ø› ['jamər] **1.** *(Elend)* misère, calamité, détresse *f*; **2.** *(Kummer)* chagrin *m*, affliction; *(Verzweiflung)* désolation *f*, désespoir *m*; **3.** *(Wehklagen)* plaintes, lamentations, jérémiades *f pl*; ▶ *es ist ein ~ (, daß ...)* c'est malheureux, quel malheur (que *subj*); *es wäre ein ~, wenn* il serait vraiment dommage que *subj*. **Jammerbild** *n* aspect pitoyable, tableau de désolation, spectacle *m* lamentable. **Jammerlappen** *m fam* geignard, mollasson, pleure-misère, lavette *m*.

jämmerlich *a* ['jɛmərlɪç] *(elend)* misérable; *(erbärmlich)* pitoyable, piteux, minable, *(mitleiderregend)* à faire pitié.

jammern *itr* se lamenter; *(klagen)* se plaindre; ▶ *nach jdm* od *etw* ~ réclamer qn *od* qc d'un ton plaintif; *das mich* cela me fait pitié. **jammerschade** *a*: ▶ *das ist ~!* c'est grand dommage, c'est déplorable. **Jammertal** *n* vallée *f* de larmes.

Januar *m* ‹-(s), -e› ['janua:r] janvier *m*.

Japan *n* ['ja:pan] le Japon. **Japaner(in)** *m* ‹-s, -› (*f* ‹-, -nen›) [ja'pa:nər] Japonais(e *f*) *m*; Nippon(ne *f*) *m*. **japanisch** [-'pa:nɪʃ] *a* japonais, du Japon, nippon; ▶ *(das) J~(e)* (le) japonais.

Jargon [ʒar'gõ:] *m* ‹-s, -s› *(Berufssprache)* jargon *m*.

Jasager *m* ‹-s, -› béni-oui-oui *m*.

Jasmin *m* ‹-s, -e› [jas'mi:n] *bot* jasmin *m*.

Jaspis *m* ‹-ses, -se› ['jaspɪs, -sə] *min* jaspe *m*.

jäten ['jɛ:tən] *tr agr* sarcler; *(entkrauten)* désherber.

Jauche *f* ‹-, -n› ['jaʊxə] *agr* purin *m*, eaux-vannes *f pl*. **Jauche(n)grube** *f* fosse *f* à purin, purot *m*.

jauchzen ['jaʊxtsən] *itr* pousser des cris d'allégresse, exulter, *fam* jubiler. **Jauchzer** *m* ‹-s, -› cri *m* d'allégresse.

jaulen ['jaʊlən] *itr (Hund)* pleurer.

jawohl [ja'vo:l] (mais) oui! parfaitement!

Jazz *m* ‹-, ø› [dʒɛs, jats] jazz *m*. **Jazzkapelle** *f* orchestre de jazz, jazz-band *m*. **Jazzmusik** *f* (musique *f* de) jazz *m*.

je [je:] **I.** *adv* **1.** *(jemals)* jamais; **2.** *(vor e-r Zahl)* chaque, chacun *(nachgestellt)*; à la fois; **II.** *conj* ▶ ~ ..., *desto* ... *(mit Komparativen)* plus ..., plus ... *(mit Positiven)*; ~ *mehr, weniger* ..., *desto mehr, weniger* ... plus, moins ... plus, moins ...; ~ *nachdem* c'est selon; ~ *nachdem, ob* selon que, suivant que; ~ *nach Größe* par rang de taille; ~ *nach dem Fall, den Umständen* selon le cas, les circonstances; ~ *eher,* ~ *lieber* le plus tôt sera le mieux; ~ *mehr, desto besser* plus il y en a, mieux cela vaut; *ich gebe euch ~ zwei Mark* je vous donne deux marks chacun; *wer hätte das ~ gedacht!* comment imaginer une chose semblable!

Jeans *pl* [dʒi:nz] pantalon *m* en velours, jeans *m*.

jedenfalls *adv* ['je:dən-] en tout cas, de toute façon, quoi qu'il en soit, toujours est-il que. **jede(r, s) I.** *pron a* tout; chaque; ▶ *~(r, s) dritte etc* ... un(e) ... sur trois *etc*; *~r von uns* chacun d'entre nous; **II.** *s (alleinstehend)* chacun, tout le monde; ▶ *~r, der* quiconque; *~m das Seine* à chacun sa part; *~r beliebige* le premier venu; *~r einzelne* chacun en particulier. **jedermann** *pron* chacun, tout le monde. **jederzeit** *adv* en tout temps, à tout moment, à tous moments; à toute(s les) heure(s), toujours. **jedesmal I.** *adv* chaque fois, toutes les fois; **II.** *conj*: ▶ ~, *wenn* chaque fois que,

toutes les fois que.
jedoch [je'dɔx] *adv* cependant, pourtant, toutefois.
jeher ['je:he:r, '-'-] *adv:* ▶ *von* ~ de tout temps, depuis toujours.
Jehova *m* [je'ho:va] Jéhovah *m;* ▶ *Zeuge* ~*s* témoin *m* de Jéhovah.
jemals ['je:ma:ls] *adv* jamais; ▶ *hat man* ~ *so etwas gesehen?* a-t-on jamais vu chose semblable?
jemand ['je:mant] *pron* quelqu'un; *(verneint)* personne, aucun; ▶ *es ist* ~ *da* il y a quelqu'un *od* du monde; ~ *anders, sonst* ~ quelqu'un d'autre.
Jemen ['je:mən] *geog* Yémen, le.
jene(r, s) ['je:nə] *pron* **I.** *a* ce(t) *m*, cette *f*, ces *pl* (*mit angehängtem* -là); ▶ *an* ~*m Tage* ce jour-là; **II.** *s* celui-là *m*, celle-là *f*, ceux-là *m pl*, celles-là *f pl*.
jenseitig *a* de l'autre côté, au-delà, ultérieur; ▶ *am* ~*en Ufer* sur l'autre rive. **jenseits I.** *adv* de l'autre côté, au-delà; **II.** *prp gen* de l'autre côté de, au-delà de, par-delà. **Jenseits,** *das* l'au-delà, l'autre monde *m*.
Jesuit *m* ‹-en, -en› [jezu'i:t] jésuite *m*. **Jesuitenorden,** *der* la Société *od* Compagnie de Jésus.
Jesus *m* ['je:zʊs] Jésus *m;* ▶ ~ *Christus m* Jésus-Christ *m*. **Jesuskind** *n (Kunst)* jésus *m*.
Jet [dʒɛt] ‹-(s), -s› *m* avion à réaction, jet *m*. **Jet-set** ['dʒɛtsɛt] ‹-s, ø› *m* jet-set *m* od *f*, jet society *f*. **jetten** *itr* ‹*aux: sein*› aller en avion.
jetzig ['jɛtsɪç] *a* présent, actuel; d'aujourd'hui, d'à présent, de nos jours. **jetzt** [jɛtst] *adv* maintenant, à présent, présentement, actuellement; *(dann)* alors; ▶ *bis* ~ jusqu'à présent, jusqu'ici; *erst* ~ ... ce n'est que maintenant que ...; *gerade* ~ juste en ce moment; *von* ~ *an* à partir de maintenant, désormais, dorénavant, à l'avenir.
jeweilig ['je:vaɪlɪç] *a* **1.** *(derzeitig)* actuel; **2.** *(betreffend)* respectif. **jeweils** *adv (jedesmal)* chaque fois.
jiddisch ['jɪdɪʃ] *a* yiddish; ▶ *das J*~*(e) (Sprache)* le yiddish.
Jiu-Jitsu ['dʒi:u 'dʒɪtsu] ‹-(s), -ø› *n sport* jiu-jitsu *m*.
Job *m* ‹-s, -s› [dʒɔb] *fam* travail; boulot *m*. **jobben** *itr fam* travailler (occasionnellement); avoir un job. **Job-sharing** ['dʒɔbʃɛrɪŋ] ‹-s, ø› *n* travail à temps partagé, partage *m* du travail.
Joch *n* ‹-(e)s, -e› [jɔx] **1.** joug *m;* **2.** *arch* travée *f;* **3.** *geog (Paß)* col *m;* ▶ *sein* ~ *abschütteln (fig)* secouer son joug;
Jockei *m* ‹-s, -s› ['jɔkaɪ, 'dʒɔki] jockey *m*.
Jod *n* ‹-(e)s, ø› [jo:t, '-dəs] *chem* iode *m*.
jodeln ['jo:dəln] *tr* u. *itr* iouler, jodler. **Jodler** *m* ‹-s, -› ['-dlər] *(das Jodeln)* tyrolienne *f*.
Jodtinktur *f* ['jo:t-] *pharm* teinture *f* d'iode.
joggen ['dʒɔgən] *itr* faire du jogging. **Joggen** ‹-s, ø› *n* jogging *m*. **Jogger(in** *f*) ‹-s, ø› adepte *m f* du jogging. **Jogginganzug** *m* ['dʒɔgɪŋ-] survêtement *m* de jogging.
Joghurt *m* od *n* ‹-s, -s› ['jo:gʊrt] yaourt, yogourt *m*.
Johann(es) *m* ['jo:han, jo'han(əs)] Jean *m;* ▶ ~*es der Täufer* (Saint) Jean-Baptiste. **Johanni(s)** *n*, **Johannistag** *m* [-'hani, -nɪs-] *(24. Juni)* la Saint-Jean. **Johannisbeere** *f* groseille *f; schwarze* ~ cassis *m*. **Johannisbrot** *n bot* caroube *f*. **Johannisbrotbaum** *m* caroubier *m*.
johlen ['jo:lən] *itr* criailler, hurler.
Joint [dʒɔnt] ‹-, -s› *m ang* joint *m*.
Jongleur *m* ‹-s, -e› [ʒɔ̃'glø:r] jongleur *m*. **jonglieren** [-'gli:rən] ‹*ohne ge-*› *itr* jongler.
Joppe *f* ‹-, -n› ['jɔpə] veston *m*, vareuse *f*.
Jordan, *der* ['jɔrdan] le Jourdain. **Jordanien** *n* [-'da:niən] la Jordanie.
Jour fixe *m* ‹--, --› [ˌʒu:rˈfiks] séance *f* de rapport hebdomadaire, mensuelle.
Journal *n* ‹-s, -e› [ʒʊr'na:l] *(Tagebuch)* journal (intime); *com* livre-journal *m;* ▶ *ins* ~ *eintragen* noter sur son journal. **Journalismus** *m* ‹-, ø› [-'lɪsmʊs] journalisme *m*. **Journalist** *m* ‹-en, -en› [-'lɪst] journaliste *m*.
jovial [jovi'a:l] *a* jovial, gaillard.
Joystick ['dʒɔʏstɪk] *m* ‹-s, -s› *inform* manette *f* de jeu vidéo.
Jubel *m* ‹-s, ø› ['ju:bəl] jubilation, exultation *f;* cris d'allégresse, transports *m pl* de joie. **Jubeljahr** *n:* ▶ *alle* ~*e (einmal)* bien rarement. **jubeln** *itr* exulter, triompher, pousser des cris d'allégresse, *fam* jubiler.
Jubilar(in *f*) *m* ‹-s, -e› [jubi'la:r] personne *f od* celui *m* (celle *f*) qui fête son anniversaire *od* jubilé. **Jubiläum** *n* ‹-s, -läen› [-'lɛ:ʊm, -ən] fête *f* anniversaire; ▶ *fünfzigjähriges* ~ jubilé *m*.
jucken ['jʊkən] **1.** *itr u. tr (Körperstelle)* démanger (*jdn* à qn); *impers: es juckt mich* cela me démange, j'ai des démangeaisons; **2.** *refl:* ▶ *sich* ~ se gratter. **Jucken** *n*, **Juckreiz** *m* démangeaison(s *pl*) *f; med* prurit *m*.
Judäa [ju'dɛa] *n* la Judée.
Jude *m* ‹-n, -n› ['ju:də] juif *m;* ▶ *der Ewige* ~ le Juif errant. **Judentum** *n* ‹-s, ø› judaïsme *m*. **Judenviertel** *n* quartier *m* juif.
Jüdin *f* ‹-, -nen› ['jy:dɪn] juive *f*. **jüdisch** *a* juif; *rel* judaïque.
Jugend *f* ‹-, ø› ['ju:gənt] jeunesse; *(Kindheit)* enfance; *(Jünglingsalter)* adolescence *f;* ▶ *die* ~ *(die jungen Leute)* la jeunesse *f*, les jeunes gens *pl; von (frü-*

her) ~ *an* dès sa jeunesse, dès l'âge tendre; *frühe* ~ première jeunesse *f.* **Jugendamt** *n* office *m* de la jeunesse *od* de l'enfance *od* des mineurs. **Jugendbuch** *n* livre *m* pour la jeunesse. **Jugenderinnerung** *f* souvenir *m* de jeunesse. **Jugendfreund** *m (alter Freund)* ami *od* camarade *m* d'enfance. **Jugendhaus** *n* maison *f* de jeunes. **Jugendherberge** *f* auberge *f* de jeunesse. **Jugendkriminalität** *f* délinquance *f* juvénile. **Jugendlager** *n* camp *m* de jeunes. **jugendlich** *a* **1.** juvénile; **2.** *(jung)* jeune, adolescent; *(von ~er Frische)* frais, vigoureux; ▶ ~ *aussehen* avoir l'air jeune, faire jeune; *~es Aussehen n* air *m* de jeunesse. **Jugendliche** *m, f* mineur *m;* ~ *unter 16 Jahren haben keinen Zutritt* interdit aux (mineurs de) moins de seize ans. **Jugendlichkeit** *f* ⟨-, ø⟩ juvénilité, jeunesse *f; (Aussehen)* air *m* jeune. **Jugendschutz** *m* protection *f* de l'enfance *od* de la jeunesse. **Jugendzeit** *f* jeunesse, adolescence *f.*

Jugoslawe *m* ⟨-n, -n⟩ [jugo'sla:və] , **Jugoslawin** *f* ⟨-, -nen⟩ Yougoslave *m f.* **Jugoslawien** [-'sla:viən] *n* la Yougoslavie. **jugoslawisch** [-'sla:vɪʃ] *a* yougoslave.

Juli *m* ⟨-(s), -s⟩ ['ju:li] (mois de) juillet *m.*

jung [jʊŋ] ⟨*jünger, jüngst*⟩ *a* **1.** jeune; **2.** *fig* nouveau; ▶ *in ~en Jahren* dans la jeunesse; *von ~ auf* de jeunesse; dès son (mon, ton *etc*) jeune âge; ~ *aussehen* avoir l'air jeune, faire jeune; *nicht mehr ~ (Mensch)* d'un certain âge, entre deux âges; ~ *und alt* jeunes et vieux; *~e Erbsen f pl* petits pois *m pl; ~es Gemüse n* légumes *m pl* frais; *~er Wein m* vin *m* nouveau *od* vert. **Jungbrunnen** *m* fontaine *f* de Jouvence. **Junge** *m* ⟨-n, -n/Jungs/-ns⟩ garçon, gars, gamin, *fam* gosse *m;* ▶ *kleiner* ~ garçonnet, *fam* bambin, mioche *m.* **Junge** *n* ⟨-n, -n⟩ *(Tier)* petit *m;* ~ *werfen,* **jungen** *itr* mettre bas. **Jungenstreich** *m* tour *m* de gamin.

jünger ['jʏŋər] *a (Komparativ von: jung)* plus jeune; *(Bruder, Schwester)* cadet, puîné; ▶ *er ist 5 Jahre ~ als ich* il est mon cadet de 5 ans; *er sieht ~ aus, als er ist* il ne paraît pas son âge; *der J~e (von zwei Künstlern gleichen Namens)* le jeune; *(als Sohn)* fils. **Jünger** *m* ⟨-s, -⟩ disciple *m.*

Jungfer *f* ⟨-, -n⟩ ['jʊŋfər]*: alte* ~ vieille fille *f.* **Jungfernfahrt** *f mar* croisière *f* inaugurale. **Jungfernhäutchen** *n anat* hymen *m.* **Jungfernrede** *f* début *m* oratoire. **Jungfrau** *f* vierge, pucelle *f;* ▶ *die* ~ *von Orléans* la Pucelle d'Orléans. **jungfräulich** *a* virginal, (de) vierge; *(keusch)* chaste. **Junggeselle** *m* célibataire, (vieux) garçon *m;* ▶ *eingefleischter* ~ célibataire *m* endurci.

Jüngling *m* ⟨-s, -e⟩ ['jʏŋlɪŋ] *vx u. poet* jeune homme, adolescent, *lit* éphèbe; *hum, sonst vx* jouvenceau *m.* **jüngst** *adv* dernièrement, (tout) récemment. **jüngste(r, s)** *a (Superlativ von: jung)* (le, la) plus jeune; *(letzter)* dernier; ▶ *der, die J~ (Bruder, Schwester)* le, la cadet(te); *das J~ Gericht, der J~ Tag (rel)* le Jugement dernier.

Jungsteinzeit *f* ['jʊŋ-] néolithique *m.* **Jungvermählte** *pl* jeunes mariés *m pl.* **Jungvieh** *n* jeunes bêtes *f pl.*

Juni *m* ⟨-(s), -s⟩ ['ju:ni] (mois de) juin *m.*

junior ['ju:niɔr] *a (nachgestellt)* junior, fils. **Juniorchef** *m* chef *m* junior. **Juniorenausweis** *m,* **Junior-Paß** *m (der Eisenbahn)* carte *f* jeune.

Jura ['ju:ra] **(1)** *n pl (die Rechte):* ▶ ~ *studieren* étudier le *od* faire son droit; **(2),** *der (geog)* le Jura; ▶ *der Schwäbische, Fränkische* ~ le Jura souabe, franconien. **(3)** *m,* **Juraformation** *f geol* jurassique *m.*

Jurisprudenz *f* ⟨-, ø⟩ [jurɪspru'dɛnts] jurisprudence, science *f* juridique. **Jurist** *m* ⟨-en, -en⟩ [-'rɪst] **1.** juriste, homme de loi, légiste; *(Rechtsgelehrter)* jurisconsulte *m;* **2.** *(Student)* étudiant *m* en droit. **juristisch** [-'rɪstɪʃ] *a* juridique; ▶ *~er Beistand m* conseiller *m* juridique; *~e Fakultät f* faculté *f* de droit; *~e Person f* personne *f* juridique *od* civile *od* morale. **Jury** *f* ⟨-, -s⟩ [ʒy'ri:, 'ʒy:ri] *(Schwur-, Preisgericht)* jury *m.*

just [jʊst] *adv* juste(ment), précisément.

justieren [jʊs'ti:rən] ⟨*ohne ge-*⟩ *tr tech* ajuster, régler; *typ* justifier.

Justiz *f* ⟨-, ø⟩ [jʊs'ti:ts] justice *f.* **Justizbeamte** *m* magistrat *m* (judiciaire). **Justizgebäude** *n* palais *m* de justice. **Justizminister** *m* ministre de la justice; *(in Frankreich a.)* garde *m* des sceaux. **Justizministerium** *n* ministère *m* de la justice. **Justizpalast** *m* = *Justizgebäude.* **Justizvollzugsanstalt** *f* maison *f* d'arrêt.

Jute ['ju:tə] ⟨-, ø⟩ *f (bot u. Textil)* jute *m.*

Juwel *n* ⟨-s, -en, *fig* -e⟩ [ju've:l] joyau, bijou *m; pl a.* joaillerie *f.* **Juwelenhandel** *m* joaillerie, bijouterie *f.* **Juwelenhändler** *m,* **Juwelier** *m* ⟨-s, -e⟩ [-ve'li:r] joaillier, (orfèvre) bijoutier *m.* **Juweliergeschäft** *n,* **Juwelierladen** *m* bijouterie *f.*

Jux *m* ⟨-es, -e⟩ [jʊks] *fam* blague, *pop* rigolade *f;* ▶ *aus* ~ pour blaguer, rigoler.

K

K, k *n* ‹-, -› [ka:] *(Buchstabe)* K, k *m; (Abkürzung von Kilobyte)* K *m.*

Kabale [ka'ba:lə] ‹-, -n› *f* cabale, intrigue, brigue, trame *f.*

Kabarett *n* ‹-s, -s/-e› [kaba'rɛt, -'re:] cabaret *m* (artistique), *fam* boîte *f* de nuit. **Kabarettist(in** *f***)** *m* [-'tɪst] ‹-en, -en› cabarettiste *m f.* **Kabarettsänger(in** *f***)** *m* chansonnier *m.*

Kabel *n* ‹-s, -› ['ka:bəl] *tech* câble *m.* **Kabelfernsehen** *n,* câblodistribution, télévision *f* par câble, télédistribution *f* (par câble). **Kabelgramm** *n* câblogramme *m.*

Kabeljau *m* ‹-s, -e/-s› ['ka:bəljau] *zoo* cabillaud *m,* morue *f.*

Kabelleger *m* ['ka:bəl-] *mar* mouilleur *m* de câbles. **kabeln** *tr u. itr* câbler. **Kabelnetz** *n* réseau *m* câble. **Kabelrolle** *f* tambour *m* à câble. **Kabelschacht** *m* puits *m* à câbles. **Kabelverbindung** *f* liaison par câble; *(Stelle)* jonction *f* de câble.

Kabine *f* ‹-, -n› [ka'bi:nə] cabine; *aero* carlingue *f,* habitacle *m.* **Kabinenbahn** *f* télébenne, télécabine *f.* **Kabinenkoffer** *m* malle-cabine *f.* **Kabinenroller** *m mot* scooter *m* à cabine.

Kabinett *n* ‹-s, -e› [kabi'nɛt] **1.** *(kleines Zimmer, Museum, pol)* cabinet; **2.** *pol a.* ministère *m.* **Kabinettsbeschluß** *m* décision *f* du cabinet. **Kabinettschef** *m* chef *m* de cabinet. **Kabinettskrise** *f* crise *f* ministérielle. **Kabinettssitzung** *f* séance *f* du conseil des ministres. **Kabinettstück** *n* pièce *f* de musée. **Kabinettsumbildung** *f* remaniement *m* du cabinet.

Kabriolett *n* ‹-s, -s› [kabrio'lɛt] cabriolet *m a. mot; mot* décapotable *f.*

Kabuff [ka'bʊf] ‹-s, -e/-s› *n pop pej (kleiner Raum)* réduit *m,* cage *f* à poules *fam.*

Kachel *f* ‹-, -n› ['kaxəl] carreau *m.* **kacheln** *tr* carreler. **Kachelofen** *m* poêle *m* de *od* en faïence.

Kacke ['kakə] ‹-, ø› *f vulg* caca bran *m;* ► *die ~ ist am Dampfen (vulg)* tout va à la débandade. **kacken** *itr vulg* faire caca.

Kadaver *m* ‹-s, -› [ka'da:vər] cadavre *m.* **Kadavergehorsam** *m* obéissance *f* aveugle.

Kadenz [ka'dɛnts] ‹-, -en› *f* cadence f.

Kader *m* ‹-s, -› ['ka:dər] *mil (Stamm)* cadre *m.*

Kadmium *n* ‹-s, ø› ['katmiʊm] *chem* cadmium *m.*

Käfer *m* ‹-s, -› ['kɛ:fər] coléoptère *m.*

Kaff *n* ‹-s, -s/-e› [kaf] *pop pej (Ort)* patelin, bled *m.*

Kaffee *m* ‹-s, ø› ['kafe, ka'fe:] *(bot u. Getränk)* café *m;* ► *~ kochen, trinken* faire, prendre *od* boire du café; *schwarzer ~* café noir *od* nature, *fam* noir *m; Tasse f ~* tasse *f* de café; *~ mit Milch* café crème *od* au lait, crème *m.* **Kaffeebohne** *f* grain *m* de café. **Kaffee-Ersatz** *m* succédané *m* de café. **Kaffee-Extrakt** *m* essence *f* de café. **Kaffeefilter** *m* filtre *m* à café. **Kaffeehaus** *n* café *m.* **Kaffeekanne** *f* cafetière *f.* **Kaffeeklatsch** *m,* **-kränzchen** *n* commérage *m.* **Kaffeelöffel** *m* cuiller à café, petite cuiller *f.* **Kaffeemaschine** *f* cafetière *f* automatique, percolateur *m.* **Kaffeemischung** *f* mélange *m.* **Kaffeemühle** *f* moulin *m* à café. **Kaffeepause** *f* pause *f* café. **Kaffeepflanzer** *m* caféier *m.* **Kaffeepflanzung** *f,* **Kaffeeplantage** *f* plantation de café, caféière *f.* **Kaffeesatz** *m* marc *m* de café. **Kaffeeservice** *n* service *m* à café. **Kaffeestrauch** *m* caféier *m.* **Kaffeetasse** *f* tasse *f* à café. **Kaffeewärmer** *m* couvre-cafetière, cosy *m.*

Käfig *m* ‹-s, -e› ['kɛ:fɪç] cage *f.* **Käfighaltung** *f* élevage *m* industriel.

kafkaesk [kafka'ɛsk] *a* kafkaïen, enne.

kahl [ka:l] *a* **1.** *(Kopf, Mensch)* chauve; pelé *(a. Gegend),* dégarni *(a. Baum, Zimmer); (Baum, Gegend, Zimmer, Wand)* nu; dépouillé; **2.** *fig (ärmlich)* pauvre, triste, misérable; ► *~ scheren* tondre; *arg* mettre la boule à zéro; *~ werden (Mensch, Kopf) a. fam* se dégarnir, se déplumer; *allg* se dénuder, se dépouiller. **kahl=fressen** ‹*frißt, fraß kahl, kahlgefressen*› *tr* tondre. **kahlgeschoren** *a* tondu. **Kahlheit** *f* ‹-, ø› **1.** *allg* nudité *f;* **2.** *fig (Ärmlichkeit)* pauvreté *f.* **Kahlkopf** *m* (tête *f*) chauve, *fam* pelé *m.* **kahlköpfig** *a* chauve, pelé. **kahl=scheren** *tr* tondre; ► *arg: jdn ~* mettre à qn la boule à zéro. **Kahlschlag** *m (Wald)* coupe *f* blanche *od* nette.

Kahn *m* ‹-(e)s, ¨-e› [ka:n, 'kɛ:nə] canot *m,* barque; *(kleiner)* petite barque, nacelle *f; (großer)* bateau; *(Lastkahn)* chaland *m; (Schleppkahn)* péniche *f;* ► *~ fahren* faire du canotage, canoter. **Kahnfahrt** *f,* **Kahnpartie** *f* promenade *f* en

canot *od* sur l'eau.
Kai *m* ‹-s, -e/-s› [kaɪ] *mar* quai; débarcadère *m.* **Kaianlagen** *f pl* quais *m pl.*
Kaiman *m* ['kaiman] ‹-s, -e› *zoo* caiman *m.*
Kaimauer *f* mur *m* d'un *od* du quai.
Kaiser *m* ‹-s, -› ['kaɪzər] empereur *m;* ▶ *sich um des ~s Bart streiten* disputer de la chape de l'évêque. **Kaiseradler** *m orn* aigle *m* royal. **Kaiserhaus** *n (Dynastie)* maison *f* impériale. **Kaiserin** *f* impératrice *f.* **Kaiserkrone** *f a. bot* couronne *f* impériale. **kaiserlich** *a* impérial, d'empereur; ▶ *Seine K~e Majestät* Sa Majesté impériale. **Kaiserreich** *n* empire *m.* **Kaiserschnitt** *m med* (opération) césarienne *f.* **Kaisertum** *n* ‹-s, ø› **1.** *(Reich)* empire *m;* **2.** *(Würde)* dignité *f* impériale. **Kaiserwahl** *f* élection *f* de l'empereur. **Kaiserwürde** *f* dignité *f* impériale.
Kajak ['ka:jak] ‹-s, -s› *m, a. n (Paddelboot)* kayac *m.*
Kajüte *f* ‹-, -n› [ka'jy:tə] *mar* cabine *f,* salon *m.*
Kakadu *m* ‹-s, -s› ['kakadu] *orn* cacatoès, cacatois *m.*
Kakao *m* ‹-s, ø› [ka'ka:o, -'kaʊ] cacao *m;* ▶ *jdn durch den ~ ziehen (fig fam)* tourner qn en ridicule, blaguer qn, se payer la tête de qn. **Kakaobaum** *m* cacaotier, cacaoyer *m.* **Kakaobohne** *f* (amande *f* de) cacao *m.* **Kakaopulver** *n* cacao *m* en poudre.
Kakerlak *m* ‹-s/-en, -en› ['ka:kərlak] **1.** *ent* blatte *f,* cafard, cancrelat *m;* **2.** *(Albino)* albinos *m.*
Kakifeige *f* kaki *m.*
Kakteen *f pl* [kak'te:ən] *bot (Familie)* cactées. **Kaktus** *m* ‹-/(-ses), -teen/(-se)› ['kaktʊs, -sə] cactus, cactier *m.*
Kalamität *f* ‹-, -en› [kalami'tɛ:t] calamité *f.*
Kalauer *m* ‹-s, -› ['ka:laʊər] calembour *m;* ▶ *~ erzählen* faire des calembours.
Kalb *n* ‹-(e)s, ¨er› [kalp, 'kɛlbər] veau *m.* **kalben** *itr* vêler. **Kalbfleisch** *n* veau *m,* viande *f* blanche. **Kalbsbraten** *m* veau rôti, rôti *m* de veau. **Kalbsleber** *f* foie *m* de veau. **Kalb(s)leder** *n* veau; *(Schuhe, Taschen)* box *m.* **Kalbsschnitzel** *n* escalope *f* de veau.
Kaldaunen *f pl* [kal'daʊnən] *(Gekröse der Schlachttiere)* tripes *f pl.*
Kaleidoskop *n* ‹-s, -e› [kalaɪdo'sko:p] kaléidoscope *m.*
Kalendarium *n* ‹-s, -rien› [kalɛn'da:-rium, -iən] calendrier *m.* **Kalender** *m* ‹-s, -› [-'lɛndər] calendrier; *(Buch)* almanach *m.* **Kalenderblock** *m* bloc-calendrier *m.* **Kalenderjahr** *n* année *f* civile. **Kalendertag** *m* jour *m.*
Kali *n* ‹-s, -s› ['ka:li] *min* potasse *f,* kali *m.*
Kaliber *n* ‹-s, -› [ka'li:bər] *mil tech* calibre; *fig fam (Mensch)* acabit *m.* ▶ *schweren ~s* de gros calibre.
Kalif [ka'li:f] ‹-en, -en› *m* calife *m.* **Kalifat** [-'fa:t] ‹- (e)s, -e› *n* califat *m.*
Kalifornien *n* [kali'fɔrniən] la Californie. **kalifornisch** [-'fɔrnɪʃ] *a* californien.
Kalium *n* ‹-s, ø› ['ka:liʊm] potassium *m.* **Kaliumpermanganat** *n* permarganate *m* de potassium.
Kalk *m* ‹-(e)s, -e› [kalk] chaux *f;* calcaire *m;* ▶ *~ brennen* cuire de la chaux; *(un)gelöschter ~* chaux *f* éteinte (vive). **Kalkablagerung** *f* dépôt *m* calcaire. **kalkarm** *a* pauvre en calcaire. **kalkartig** *a* calcaire. **Kalkbildung** *f* formation *f* calcaire. **Kalkbrennerei** *f* chaufournerie *f.* **kalken** *tr (tünchen)* enduire de chaux, blanchir à la chaux. **Kalkfelsen** *m pl* roches *f pl* calcaires. **kalk(halt)ig** *a* calcaire, calcarifère. **Kalkmangel** *m* manque *m* de chaux. **Kalkofen** *m* four à chaux, chaufour *m.* **Kalkstein** *m* pierre *f* à chaux, calcaire *m.*
Kalkulation *f* ‹-, -en› [kalkulatsi'o:n] *com* calcul *m.* **kalkulierbar** [kalku'li:r-bar] *a* prévisible. **kalkulieren** [-'li:rən] ‹*ohne ge-*› *tr u. itr* calculer; *a. fig* faire le décompte (*etw* de qn); ▶ *scharf ~* calculer au (plus) juste.
Kalorie *f* ‹-, -n› [kalo'ri:] calorie *f;* ▶ *große ~ (1000 ~n)* frigorie *f.* **kalorienarm** *a* basses calories. **Kalorienbedarf** *m* besoins *m pl* énergétiques. **Kalorienmenge** *f: ausreichende ~* suffisance *f* énergétique. **kalorienreduziert** *a* basses calories. **kalorienreich** *a* riche en calories.
Kalorik *f* ‹-, ø› [-'lo:rɪk] thermologie *f.*
kalt [kalt] ‹*kälter, kältest*› **I.** *a* **1.** froid; *pop* frisquet; *(kühl)* frais; *(eis~)* glacé, glacial; *geog (arktisch)* arctique; **2.** *fig* froid, glacial; *(unempfindlich, gefühllos)* frigide; *(leidenschaftslos)* impassible; *(gleichgültig)* indifférent; *(hart, schroff, scharf)* sec; **II.** *adv* u. ▶ *auf ~em Wege (tech)* à froid; *~es Blut bewahren* garder son sang-froid; *~ essen* manger froid; *~ werden* (se) refroidir; *das läßt mich ~ (fig)* cela me laisse froid, cela ne me fait ni chaud ni froid; *es lief mir ~ über den Rücken, es überlief mich ~* cela m'a fait froid dans le dos, j'ai eu des frissons, je frissonnais; *mir ist ~* j'ai froid; *es ist ~* il fait froid; *~er Krieger m* partisan *m* de la guerre froide. **kalt=bleiben** itr ‹*aux: sein*› = *kaltes Blut bewahren.* **Kaltblüter** ‹-s, -› *m zoo* animal *m* à sang froid. **kaltblütig** **I.** *a* **1.** *zoo* à sang froid; **2.** *fig* de sang-froid; **II.** *adv* avec sang-froid, sans sourciller; *(mit Überlegung)* de propos délibéré. **Kaltblütigkeit** *f* ‹-, ø› *fig* sang-froid *m; (Geistesgegenwart)* présence *f* d'esprit.
Kälte *f* ‹-, ø› ['kɛltə] **1.** *(tiefe Tempera-*

tur) froid *m; (Winterkälte)* froidure *f; (Frost)* gel *m;* gelée *f;* **2.** *fig (Gefühlskälte)* froideur, frigidité, apathie; *(Gleichgültigkeit)* indifférence *f;* ▶ *vor ~ zittern* grelotter; *wir haben 5° ~* il fait cinq degrés au-dessous de zéro; *fam* il fait moins cinq; *große* od *strenge ~* grand froid *m;* **Kälteanlage** *f* installation *f* frigorifique. **kältebeständig** *a* résistant au froid. **Kälteeinbruch** *m* coup *m de froid.* **kälteempfindlich** *a* sensible au froid. **Kältegefühl** *n* sensation *f* de froid. **Kältegrad** *m* degré *m* de froid. **Kältemischung** *f* mélange *m* frigorifique *od* réfrigérant. **Kälteperiode** *f* période *f* de froid. **Kälteschock** *m med* hydrocution *f.* **Kälteschutzmittel** *n mot* antigel *m.* **Kältewelle** *f* vague *f* de froid.

Kaltfront *f mete* front *m* froid. **Kaltluft** *f* ['kalt-] *mete* air *m* froid. **kalt=machen** *tr pop (töten)* descendre *arg.* **Kaltmiete** *f* loyer *m* sans les charges. **Kaltschale** *f (Küche)* potage *m* froid aux fruits. **kaltschnäuzig** *a* insolent, effronté. **Kaltstart** *m mot inform* démarrage *m* à froid. **kalt=stellen** *tr fig pol* mettre à pied *od* sur une voie de garage, éliminer, limoger. **Kaltwelle** *f (Frisur)* permanente, indéfrisable *f* à froid.

Kalvarienberg *m* [kal'va:riən-] *rel* calvaire *m.*

Kalvinismus *m* ‹-, ø› [kalvi'nɪsmʊs] *rel* calvinisme *m.* **kalvin(ist)isch** [-'vi:nɪʃ, -vi'nɪstɪʃ] *a* calvinien (calviniste).

Kalzium *n* ‹-s, ø› ['kaltsiʊm] *chem* calcium *m.*

Kambodscha *n* [kam'bɔdʒa] le Cambodge.

Kamel *n* ‹-(e)s, -e› [ka'me:l] chameau; *fig fam pej* imbécile *m,* bête *f;* ▶ *~!* espèce d'idiot! **Kamelhaar** *n* poil *m* de chameau. **Kamelhaardecke** *f* couverture *f* en poils de chameau.

Kamelie *f* ‹-, -n› [ka'me:liə] *bot* camélia *m.*

Kamelstute *f* [ka'me:l-] chamelle *f.* **Kameltreiber** *m* chamelier *m.*

Kamera *f* ‹-, -s› ['kamera] *phot* appareil *m* photo; *film* caméra *f.*

Kamerad *m* ‹-en, -en› [kamə'ra:t, -dən] camarade, compagnon, *fam* copain *m.* **Kameradschaft** *f* ‹-, ø› camaraderie *f.* **kameradschaftlich I.** *a* de bon camarade; **II.** *adv* en bon camarade. **Kameradschaftsgeist** *m* esprit *m* de camaraderie *od* d'équipe *od* de corps.

Kameramann *m* ['kamera-] ‹-(e)s, -männer/-leute› *film* caméraman, cadreur *m.* **Kamerarecorder** *m* Caméscope *m.* **kamerascheu** *a* qui n'aime pas se laisser photographier.

Kamerun *n* ['kaməru:n] le Cameroun.

Kamikaze [kami'ka:tsə] ‹-, -› *m* kamikaze *m.* **Kamikazeeinsatz** *m* mission *f* suicide. **Kamikazeflieger** *m* kamikaze *m.*

Kamille *f* ‹-, -n› [ka'mɪlə] *bot* camomille *f.* **Kamillentee** *m* infusion *f* de camomille.

Kamin *m* ‹-s, -e› [ka'mi:n] *(a. im Gebirge)* cheminée *f;* ▶ *am ~* au coin *m* du feu. **Kaminaufsatz** *m* manteau *m* de cheminée. **Kaminfeger** *m* ramoneur *m.*

Kamm *m* ‹-(e)s, ¨-e› [kam, 'kɛmə] **1.** peigne; *(weiter)* démêloir *m;* **2.** *(Hahnen~, Wellen~)* crête; *(Gebirgs~)* crête, arête *f;* **3.** *(Fleischerei: Nackenstück)* collet *m;* ▶ *alles über einen ~ scheren (fig)* mettre tout dans le même sac; *ihm schwillt der ~ (fig)* il a la tête enflée; *a.* il monte sur ses grands chevaux.

kämmen ['kɛmən] *tr* peigner *(a. Textil);* donner un coup de peigne à; ▶ *sich ~* se peigner.

Kammer *f* ‹-, -n› ['kamər] **1.** *(kleines Zimmer)* chambre *a. pol jur com tech; (Schlafzimmer)* chambre *f* à coucher; **2.** *tech* alvéole *m.*

Kämmerchen *n* ‹-s, -› ['kɛmərçən] chambrette *f.*

Kammerdiener *m* ['kamər-] valet *m* de chambre. **Kammerjäger** *m* chasseur *m* de parasites. **Kammermusik** *f* musique *f* de chambre. **Kammerton** *m mus* la *m* du diapason.

Kammwolle *f* laine *f* peignée.

Kampf *m* ‹-(e)s, ¨-e› [kampf, 'kɛmpfə] **1.** *allg, a. fig* lutte *f;* **2.** *(Gefecht, ~handlung)* combat *m,* action *f; (Schlacht)* bataille; *(Krieg)* guerre *f a. fig;* **3.** *(Ausea.setzung)* conflit *m; (Streit)* querelle, dispute, controverse, altercation; *(Schlägerei)* bagarre, rixe *f, fam* grabuge *m;* **4.** *(Wettkampf)* compétition *f,* concours, match, championnat *m;* ▶ *den ~ aufgeben* abandonner le combat; *~ ums Dasein* lutte *f* pour la vie *od* l'existence; *~ auf Leben und Tod* lutte *f* mortelle; *~ bis aufs Messer* lutte *f* à couteaux tirés. **Kampfansage** *f* défi *m.* **Kampfbahn** *f sport* stade *m,* arène *f.* **kampfbereit** *a* prêt au combat *od* à se battre, en état de se battre. **Kampfbereitschaft** *f* fait *m* d'être prêt à se battre; *(fig)* agressivité *f.* **Kampfeinheit** *f* unité *f* tactique.

kämpfen ['kɛmpfən] *itr* **1.** *allg, a. fig* lutter (*für, um* pour); **2.** *bes. mil* combattre (*gegen jdn* qn); battre, être aux prises (*mit jdm* avec qn); **3.** *(im Wettkampf)* jouter (*mit jdm* avec qn); ▶ *mit Schwierigkeiten zu ~ haben* avoir à combattre *od* à essuyer des difficultés; *mit sich selbst ~ (fig)* faire un effort sur soi-même; prendre sur soi (*zu* de); *mit den Tränen ~* refouler *od* retenir ses larmes; se retenir de pleurer. **kämpfend** *a:* ▶ *die ~e Truppe* la troupe combattante. **Kämpfer** *m* ‹-s, -› lutteur; *mil* combattant; *fig (Vor~)* champion, protagoniste, militant *m*.

Kampfer *m* ‹-s, ø› ['kampfər] *pharm* camphre *m*. **Kampferöl** *n* huile *f* camphrée.

kampferfahren ['kampf-] *a*: ▶ *~ sein* avoir l'expérience du combat.

kämpferisch ['kɛmpfərɪʃ] *a* combatif.

kampferprobt ['kampf-] *a* aguerri. **kampfesmüde** *a* de guerre lasse. **kampffähig** *a* en état de combattre; apte au combat. **Kampfflugzeug** *n* avion *m* de combat. **Kampfführung** *f* tactique *od* conduite *f* du combat. **Kampfgas** *n* gaz *m* de combat. **Kampfgebiet** *n* zone *f* de combat, champ *m* de bataille. **Kampfgefährte** *m* compagnon *m* d'armes. **Kampfgeist** *m* esprit *m* combatif *od* d'attaque. **Kampfgeschwader** *n aero* escadre *f* de combat. **kampfgewohnt** *a* aguerri. **Kampfgewühl** *n* mêlée *f*. **Kampfgruppe** *f mil* groupe de combat, groupement *m* tactique. **Kampfhahn** *m* coq *m* de combat. **Kampfhandlung** *f* opération, action *f*; ▶ *die ~en beginnen* od *eröffnen, beenden* od *einstellen* ouvrir, cesser *od* suspendre les hostilités. **Kampfhubschrauber** *m* hélicoptère *m* de combat. **Kampfkraft** *f* combativité, force *od* valeur *f* combative. **kampflos** *adv* sans combattre; sans coup férir. **kampflustig** *a* batailleur *a*. **Kampfmittel** *n pl* moyens *od* engins *m pl* de combat. **Kampfpanzer** *m* char *m* d'assaut. **Kampfpause** *f* arrêt *m* momentané des hostilités. **Kampfplatz** *m* champ *m* de bataille *a. fig; fig* lice, arène *f*; ▶ *den ~ betreten* entrer en lice. **Kampfrichter** *m sport* arbitre *m*. **Kampfsportarten** *f pl* arts *m pl* martiaux. **Kampfstellung** *f* position *f* de combat. **Kampfstoff** *m* gaz de combat, agent *m* de guerre chimique. **Kampftruppe** *f* troupe *f* de combat. **kampfunfähig** *a* hors de combat; ▶ *~ machen* mettre hors de combat. **Kampfverband** *m* formation *f* de combat *od aero* de bombardiers *od* d'avions de chasse. **Kampfwille** *m* volonté *f* de combattre.

kampieren [kam'pi:rən] ‹*ohne ge-*› camper.

Kanada *n* ['kanada] le Canada. **Kanadier(in** *f***)** *m* ‹-s, -› [-'na:diər] Canadien(ne *f*) *m*. **kanadisch** [-'na:dɪʃ] *a* canadien, du Canada.

Kanake *m* [ka'na:kə] ‹-n, -n› canaque, kanak *m*.

Kanal *m* ‹-s, ⸚e› [ka'na:l, -'nɛ:lə] **1.** canal *m*; **2.** *(Abwasser~)* égout *m*; **3.** *tech, anat* conduit; *anat med* trajet; *anat bot* tube *m*; **4.** ▶ *der ~ (Ärmel~)* la Manche. **Kanaldeckel** *m* bouche *f* d'égout, tampon *m* de fosse. **Kanalinseln,** *die f pl* les îles *f pl* anglo-normandes. **Kanalisation** *f* ‹-, -en› [-lizatsi'o:n], **Kanalisierung** *f* canalisation *f* d'écoulement. **kanalisieren** [-'zi:rən] ‹*ohne ge-*› *tr* canaliser. **Kanalnetz** *n* réseau *m* de canaux *od (für Abwässer)* de canalisations. **Kanalreiniger** *m* égoutier *m*.

Kanarienvogel *m* [ka'na:riən-] canari *m*.

kanarisch [-'na:rɪʃ] *a*: ▶ *die K~en Inseln f pl* les îles *f pl* Canaries.

Kandare [kan'da:rə] ‹-, -n› *f (Gebiß des Zaumes)* mors *m*; ▶ *jdn an die ~ nehmen* tenir la bride haute à qn, faire marcher *od* mener qn à la baguette.

Kandidat *m* ‹-en, -en› [kandi'da:t] candidat (*für* à); *(Bewerber)* aspirant *m*; ▶ *e-n ~en aufstellen* présenter un candidat. **Kandidatur** *f* ‹-, -en› [-da'tu:r] candidature *f*; ▶ *von s-r ~ zurücktreten* retirer sa candidature. **kandidieren** [-'di:rən] ‹*ohne ge-*› *itr* se porter candidat, poser sa candidature (*für* à).

kandieren [kan'di:rən] ‹*ohne ge-*› *tr (Küche)*: ▶ *kandierte Früchte f pl* fruits *m pl* confits. **Kandis(zucker)** *m* ‹-, ø› ['kandɪs] (sucre) candi *m*.

Känguruh *n* ‹-s, -s› ['kɛŋguru] *zoo* kangourou *m*.

Kaninchen *n* ‹-s, -› [ka'ni:nçən] lapin *m*; ▶ *junges ~* lapereau *m*; *wildes, zahmes ~* lapin *m* de garenne, de clapier. **Kaninchenbau** *m* terrier *m* de lapin. **Kaninchenfell** *n* peau *f* de lapin. **Kaninchengehege** *n* garenne *f*. **Kaninchenstall** *m* clapier *m*.

Kanister *m* ‹-s, -› [ka'nɪstər] bidon *m*.

Kännchen *n* ‹-s, -› ['kɛnçən] petit pot *m*; burette *f*.

Kanne *f* ‹-, -n› ['kanə] pot; *(kleine)* pichet; *(große)* broc, bidon *m*; ▶ *volle ~! (fam)* plein tube! *es gießt (wie) aus ~n (fam)* il pleut des hallebardes. **kannenweise** *adv* par bidons.

Kannibale *m* ‹-n, -n› [kani'ba:lə] cannibale, anthropophage; *fig a.* ogre *m*. **kannibalisch** [-'ba:lɪʃ] *a* de cannibale; *fig* sauvage, rude. **Kannibalismus** *m* ‹-, ø› [-'lɪsmus] cannibalisme *m*, anthropophagie *f*.

Kann-Vorschrift *f* disposition *f* facultative.

Kanonade *f* ‹-, -n› [kano'na:də] *mil* canonnade *f*. **Kanone** *f* ‹-, -n› [-'no:nə] **1.** canon *m*, pièce (d'artillerie) *od* bouche *f* à feu; **2.** *fig fam, bes. sport* as *m*; ▶ *mit ~n auf* od *nach Spatzen schießen (fig)* tirer sa poudre aux moineaux; *das ist unter aller ~ (fam)* cela ne vaut rien. **Kanonenboot** *n* canonnière *f*. **Kanonenfutter** *n fig fam* chair *f* à canon. **Kanonenkugel** *f* boulet *m*. **Kanonenrohr** *n* canon *m*, bouche *f* à feu. **Kanonenschuß** *m* coup *m* de canon. **Kanonier** *m* ‹-s, -e› [-'ni:r] canonnier, ar-

tilleur *m.*
Kante *f* ‹-, -n› ['kantə] **1.** arête *f* (vive); **2.** *(Rand)* bord *m,* bordure *f;* **3.** *(Ski~)* carre *f;* ▶ *sich etw auf die hohe ~ legen (fig fam)* mettre qc de côté, en mettre à gauche. **kanten** *tr* **1.** *(auf die Kante stellen)* mettre sur la carne, pencher, *(Faß)* hausser; **2.** *(beim Skilaufen)* mettre de la carre; **3.** *(Stein)* tailler; *(Holz)* équarrir; ▶ *nicht ~!* ne pas culbuter. **Kanten** *m* ‹-s, -› *(Brotrest)* croûton, quignon *m.* **Kantholz** *n* bois *m* équarri *od* carré *od* à arêtes vives. **kantig** *a* carré, équarri, à arête(s) vive(s); *(Form, bes. Gesicht)* anguleux.
Kantine *f* ‹-, -n› [kan'ti:nə] *(mil u. Werks~)* cantine *f.* **Kantinenwirt** *m* cantinier *m.*
Kanton *m* ‹-s, -e› [kan'to:n] *(Verwaltungsbezirk)* canton *m.*
Kantonist [-'nɪst] ‹-en, -en› *m:* ▶ *unsichere(r) ~ fam* fumiste *m.*
Kanu *n* ‹-s, -s› ['ka:nu, ka'nu:] *sport* canoë, canot *m,* pirogue *f;* ▶ *~ fahren* faire du canoë. **Kanufahren** *n,* **Kanusport** *m* canoéisme, canotage *m.* **Kanufahrer** *m* canoéiste *m.*
Kanüle [ka'ny:lə] ‹-, -n› *f med* canule *f.*
Kanzel *f* ‹-, -n› ['kantsəl] **1.** *rel* chaire *f;* **2.** *aero* coupole (avant) *f,* nez du fuselage, balcon *m;* ▶ *von der ~ herab verkünden* annoncer en chaire. **Kanzelredner** *m* prédicateur *m.*
Kanzlei *f* ‹-, -en› [kants'laɪ] chancellerie, secrétairerie *f,* secrétariat; *jur* bureau *m.* **Kanzleibeamte** *m* employé *m* de chancellerie. **Kanzler** *m* ‹-s, -› ['kantslər] chancelier *m.* **Kanzleramt** *n* chancellerie *f.* **Kanzlerkandidat** *m* candidat *m* à la chancellerie. **Kanzlerschaft** *f* chancellerie *f.*
Kaolin *n* od *m* ‹-s, -e› [kao'li:n] *(Porzellanerde)* kaolin *m.*
Kap *n* ‹-s, -s› [kap] *geog* cap, promontoire *m.* ▶ *das ~ der guten Hoffnung* le cap de Bonne-Espérence.
Kapaun *m* ‹-s, -e› [ka'paʊn] chapon *m.*
Kapazität *f* ‹-, -en› [kapatsi'tɛ:t] **1.** capacité *f a. fig (Mensch);* **2.** *fig (Mensch)* expert *m,* autorité *f;* **3.** *(e-r Maschine) a.* puissance *f.*
Kapelle *f* ‹-, -n› [ka'pɛlə] **1.** *rel arch* chapelle *f;* **2.** *mus* orchestre *m; mil* musique *f.* **Kapellmeister** *m* chef *m* d'orchestre, *mil* de musique.
Kaper *f* ‹-, -n› ['ka:pər] *(Gewürz)* câpre *f.*
kapern ['kaspərn] *tr* capturer, prendre, enlever.
kapieren [ka'pi:rən] ‹*ohne ge-*› *tr pop* comprendre, saisir, *arg* piger.
Kapillargefäße [kapɪ'la:r-] *n pl anat* vaisseaux *m pl* capillaires. **Kapillarröhre** *f* tube *m* capillaire.
Kapital *n* ‹-s, -e/-ien› [kapi'ta:l, -liən] capital, principal *m;* fonds *m pl;* ▶ *das ~ angreifen* entamer le capital; *das ~ aufbringen* réunir les fonds (*für* de); *~ aufnehmen* se procurer *od* trouver des capitaux; *das ~ erhöhen* faire une augmentation de capital; *~ aus etw schlagen (fig)* exploiter qc, tirer profit de qc; *sein ~ in etw stecken* investir son capital dans qc. **Kapitalabwanderung** *f* fuite *f* des capitaux. **Kapitalanlage** *f* placement de capital *od* de capitaux, investissement *m* de fonds. **Kapitalanteil** *m* part *f* du capital. **Kapitalausfuhr** *f* exportation *f* de capitaux. **Kapitalbedarf** *m* besoin *m* en capital. **Kapitalbeschaffung** *f* financement *m* du capital (de l'entreprise). **Kapitalbeteiligung** *f* part *f* du capital. **Kapitalbildung** *f* formation *od* constitution de *od* du capital *od* des capitaux, capitalisation *f.* **Kapitaleinlage** *f* mise *f* de fonds. **Kapitalerhöhung** *f* augmentation *f* de *od* du capital. **Kapitalertrag** *m* rendement *od* produit d'un *od* du capital, taux *m* de capitalisation. **Kapitalflucht** *f* émigration *od* fuite *f od* exode *m* de(s) capitaux. **Kapitalgesellschaft** *f* société *f* de capitaux. **kapitalisieren** [-lizi:rən] *tr (in Kapital umwandeln)* capitaliser. **Kapitalisierung** *f* capitalisation *f.* **Kapitalismus** *m* ‹-, ø› [-'lɪsmʊs] capitalisme *m.* **Kapitalist** *m* ‹-en, -en› [-'lɪst] capitaliste *m.* **kapitalistisch** [-lɪstɪʃ] *a* capitaliste. **kapitalkräftig** *a* bien pourvu de fonds. **Kapitalmangel** *m* manque *m od* pénurie *f* de capitaux. **Kapitalmarkt** *m* marché *m* financier *od* des valeurs. **Kapitalumsatz** *m* mouvement *m* des capitaux. **Kapitalverbrechen** *n* crime capital. **Kapitalverlust** *m* perte *f* en capital *od* en capitaux. **Kapitalvermögen** *n* fortune *f* en capital. **Kapitalzusammenlegung** *f* fusion *f* de capitaux.
Kapitän *m* ‹-s, -e› [kapi'tɛ:n] *mar* capitaine; *aero* commandant *m;* ▶ *~ zur See (Dienstgrad)* capitaine *m* de vaisseau. **Kapitänleutnant** *m* lieutenant *m* de vaisseau.
Kapitel *n* ‹-s, -› [ka'pɪtəl] chapitre *m a. rel;* ▶ *das ist ein ~ für sich* c'est une affaire à part.
Kapitell *n* ‹-s, -e› [kapi'tɛl] *arch* chapiteau *m.*
Kapitelüberschrift *f* [ka'pɪtəl-] titre *m* du *od* tête *f* de chapitre.
Kapitol [kapi'to:l] , *das (in Rom u. Washington)* le Capitole.
Kapitulation *f* ‹-, -en› [kapitulatsi'o:n] *mil* capitulation *f.* **kapitulieren** [-'li:rən] ‹*ohne ge-*› *itr* capituler, se rendre.
Kaplan *m* ‹-s, ¨-e› [ka'pla:n, -'plɛ:nə] *rel* vicaire, chapelain *m.*
Kappe *f* ‹-, -n› ['kapə] **1.** bonnet *m,* toque, calotte *f; (enganliegende)* serre-

tête *m;* **2.** *(am Schuh)* bout *m;* **3.** *tech* chape, coiffe *f;* ► *etw auf s-e ~ nehmen (fig)* prendre qc sous son bonnet.
kappen ['kapən] *tr* **1.** *(Baum: entwipfeln)* étêter; **2.** *(Hahn: verschneiden)* chaponner; **3.** *mar (Mast: abschlagen; Tau, Anker: abschneiden)* couper.
Käppi *n* ‹-s, -s› ['kɛpi] *(Soldatenmütze)* képi *m.*
Kapriole *f* ‹-, -n› [kapri'o:lə] **1.** *(Luftsprung)* cabriole *f;* **2.** *(närrischer Einfall)* caprice *m.* **kapriziös** [-pritsi'ø:s] *a (launenhaft)* capricieux.
Kapsel *f* ‹-, -n› ['kapsəl] **1.** capsule *f a. bot;* **2.** *(Behälter)* boîte *f,* étui *m; pharm* gélule. **kapselförmig** *a* capsulaire.
Kapstadt *n* ['kapʃtat] la ville du Cap, Le Cap.
kaputt [ka'pʊt] *a* **1.** *fam (zerbrochen)* cassé; *fam* fichu; *pop* foutu; **2.** *(erschöpft)* fourbu, épuisé. **kaputt=arbeiten,** *sich* s'abrutir de *od* se tuer au travail. **kaputt=gehen** ‹*ging kaputt, kaputtgegangen*› *itr* ‹*sein*› se casser. **kaputt=machen** *tr (Sache)* esquinter, abîmer; *pop* amocher, bigorner; ► *alles ~machen* être brise-tout; *die Arbeit macht mich ganz ~* le travail me tue *fam.*
Kapuze *f* ‹-, -n› [ka'pu:tsə] capuchon *m,* capuche; *(am Hals geschlossene)* cagoule *f.*
Kapuziner *m* ‹-s, -› [kapu'tsi:nər] capucin *m.* **Kapuzinerkresse** *f bot* capucine *f.*
Karabiner *m* ‹-s, -› [kara'bi:nər] *mil* carabine *f.* **Karabinerhaken** *m* porte--mousqueton *m.*
Karaffe *f* ‹-, -n› [ka'rafə] carafe *f; (kleine)* carafon *m.*
Karambolage *f* ‹-, -n› [karambo'la:ʒə] *(Billard, fam: mot)* carambolage *m.* **karambolieren** [-'li:rən] ‹*ohne ge-*› *itr (Billard u. mot)* caramboler.
Karamel *m* ‹-s, ø› [kara'mɛl] caramel *m.* **Karamelzucker** *m* caramel *m.*
Karat *n* ‹-(e)s, -e› [ka'ra:t] carat *m.*
Karate [ka'ra:tə] ‹-(s), ø› *n sport* karaté *m.* **Karateka** [kara'te:ka] ‹-, -s› *m* karatéka *m.* **Karatekämpfer** *m* karatéka. ... **karätig** *a (an e-e Zahl angehängt)* de ... carats.
Karawane *f* ‹-, -n› [kara'va:nə] caravane *f.* **Karawanserei** *f* ‹-, -en› [-vanzə'raɪ] caravansérail *m.*
Karbid *n* ‹-(e)s, -e› [kar'bi:t, -də] carbure *m.* **Karbidlampe** *f* lampe *f* à acétylène.
Karbon [kar'bo:n] ‹-s, ø› *n geol* carbonifère *m.*
Kardinal *m* ‹-s, ⸚e› [kardi'na:l, -'nɛ:lə] *rel* cardinal *m.* **Kardinalfrage** *f* question *f* principale. **Kardinaltugend** *f* vertu *f* théologale. **Kardinalzahl** *f* nombre *m* cardinal.
Kardiogramm *n* ‹-s, -e› [kardio'gram] *med* cardiogramme *m.* **Kardiologe** *m,* **-gin** *f* [kardio'lo:gə, -gɪn] ‹-n, -n; -, -innen› cardiologue *m f.*
Karenz(frist, -zeit) *f* ‹-, -en› [ka'rɛnts] *(Warte-, Sperrzeit)* délai *m* (de carence).
Karfreitag *m* [ka:r'fraɪta:k] Vendredi *m* saint.
karg [kark] ‹*karger od kärger, kargste od kärgste*› *a* **1.** *(sparsam)* économe, ménager; *(geizig)* avare (*mit* de); *(knauserig)* parcimonieux, chiche, ladre; **2.** *(ärmlich, dürftig, von e-r Sache)* maigre, mesquin; *(Mahl)* frugal; *(Boden)* pauvre (*an* en). **kargen** *itr* être avare (*mit etw* de qc). **Kargheit** ‹-, (-en)› *f* parcimonie, mesquinerie; *(Dürftigkeit, Armut)* indigence *f.*
kärglich ['kɛrklɪç] *a* pauvre, maigre, chiche, mesquin; *(Mahlzeit)* frugal, maigre; ► *in ~en Verhältnissen leben* vivre petitement *od* chichement.
Karibik *f* ‹-, ø› [ka'ri:bɪk] Caraïbe *f.*
kariert [ka'ri:rt] *a (Papier)* quadrillé; *(Stoff)* à carreaux.
Karies *f* ‹-, ø› ['ka:riɛs] *med* carie *f.*
Karikatur *f* ‹-, -en› [karika'tu:r] caricature *f,* (portrait-)charge *f (m).* **Karikaturist** *m* ‹-en, -en› [-tu'rɪst] caricaturiste *m.* **karikieren** [-'ki:rən] ‹*ohne ge-*› *tr* caricaturer, charger.
kariös [kari'ø:s] *a* carié.
karitativ [karita'ti:f] *a* charitable, de charité, de bienfaisance.
Karl *m* [karl] Charles *m;* ► *~ der Große* Charlemagne *m; ~ V. (deutscher Kaiser)* Charles-Quint *m.*
Karmeliter(in *f***)** *m* ‹-s, -› [karme'li:tər] carm(élit)e *m (f).*
Karm(es)in *n* ‹-s, ø› [kar'm(e'z)i:n] *(roter Farbstoff),* carmin, cramoisi *m.* **karm(es)inrot** *a* carmin, cramoisi.
Karneval *m* ‹-s, -e/-s› ['karnəval] carnaval *m.*
Kärnten *n* ['kɛrntən] la Carinthie.
Karo *n* ‹-s, -s› ['ka:ro] carreau *m (a. Spielkarte).*
Karolinger *m* ‹-s, -› ['ka:rolɪŋər] *hist* Carolingien *m.*
Karosse *f* ‹-, -n› [ka'rɔsə] carrosse *m.*
Karotin *n* ‹-s, ø› [karo'ti:n] *chem biol* carotène *m.*
Karosserie *f* ‹-, -n› [-sə'ri:] *loc mot* carrosserie *f; mot* châssis *m* d'automobile.
Karotte *f* ‹-, -n› [ka'rɔtə] carotte *f.*
Karpaten *die pl* [kar'pa:tən] , les Karpates *f pl.*
Karpfen *m* ‹-s, -› ['karpfən] carpe *f;* ► *~ blau (Küche)* carpe *f* au bleu. **Karpfenteich** *m* carpier *m.*
Karre *f* ‹-, -n›, **Karren** *m* ‹-s, -› ['karə(n)] **1.** *(vierrädrig)* chariot *m; (zweirädrig)* carriole, charrette *f;* **2.** *(nur: ~) pop (Fahrrad)* bécane *f;* ► *alte Karre (Auto) pop* chignole *f,* vieux clou *m; den ~n in den Dreck fahren (fig fam)* jeter la

carriole dans l'ornière; *den ~n aus dem Dreck ziehen (fig fam)* tirer le char de l'ornière.

Karriere *f* ‹-, -n› [kari'ɛ:rə] *fig (Laufbahn)* carrière *f;* ▶ *~ machen* faire carrière *od* son chemin. **karrierebewußt** *a* carriériste. **Karrierefrau** *f* carriériste *f.* **Karrieremacher** *m* arriviste, carriériste *m.*

Karte *f* ‹-, -n› ['kartə] **1.** *allg (Land-, Spiel-, Speise-, Post-, Visitenkarte)* carte *f; (Karteikarte)* fiche *f;* **2.** *(Eintritts-, Fahrkarte)* billet, ticket *m;* ▶ *die gelbe, rote ~ (beim Fußball)* le carton jaune, rouge; nach der ~ (essen) à la carte; *s-e ~n aufdecken (a. fig)* montrer *od* étaler *od* découvrir son jeu; *gute, schlechte ~n haben (Spiel)* avoir du, ne pas avoir de jeu; *sich nicht in die ~n sehen lassen (a. fig), fig: mit verdeckten ~n spielen* cacher *od* couvrir son jeu; *die ~n legen* tirer les cartes; *alles auf eine ~ setzen (fig)* jouer son va-tout, risquer le tout pour le tout; *~n spielen* jouer aux cartes; *ein Spiel ~n* un jeu de cartes.

Kartei *f* ‹-, -en› [kar'taɪ] fichier *m.* **Karteikarte** *f* fiche *f.* **Karteikasten** *m* fichier, casier, classeur *m.* **Karteileiche** *f (Karte)* fiche *f* périmée, *(Person)* personne *f* fichée dont les coordonnées sont périmées.

Kartell *n* ‹-s, -e› [kar'tɛl] *com* cartel *m.* **Kartellgesetz** *n* loi *f* sur les cartels.

Kartenautomat ['kartən-] *m* distributeur *m* de tickets. **Kartenhaus** *n mar* **1.** *mar* chambre *f* des cartes; **2.** *fig* château *m* de cartes; ▶ *wie ein ~ zs.fallen* s'effondrer comme un château de cartes. **Kartenkunststück** *n* tour *m* de cartes. **Kartenlegen** *n* cartomancie *f.* **Kartenlegerin** *f* tireuse de cartes, cartomancienne *f.* **Kartenlesen** *n* lecture *f* de la carte. **Kartenleser** *m inform* lecteur *m* de carte. **Kartenspiel** *n* jeu *m od* partie *f* de cartes. **Kartenspieler** *m* joueur *m* de cartes. **Kartenständer** *m* support *m* pour cartes. **Kartentasche** *f* étui à cartes, porte-cartes *m.* **Kartentelefon** *n* publiphone *m,* téléphone *m* à carte. **Kartenvorverkauf** *m theat* location *f.*

Kartoffel *f* ‹-, -n› [kar'tɔfəl] pomme de terre; *fam* patate *f;* ▶ *~n schälen* éplucher *od* peler des *od* les pommes de terre; *die ~n von unten besehen (pop fig)* manger les pissenlits par la racine; *die dümmsten Bauern haben die größten ~n (prov)* aux innocents les mains pleines; *jdn/etw wie eine heiße ~ fallenlassen* laisser tomber qn comme une vieille chaussette/laisser tomber qch tout sec. **Kartoffelanbau** *m* culture *f* des pommes de terre. **Kartoffelbrei** *m* purée *f* de pommes de terre. **Kartoffelchip** *m* chip *m.* **Kartoffelernte** *f* récolte *f* des pommes de terre. **Kartoffelkäfer** *m ent* doryphore *m.* **Kartoffelkloß** *m* **Kartoffelknödel** *m* boulette *f* de pommes de terre. **Kartoffelmehl** *n* fécule *od* farine de pommes de terre. **Kartoffelnase** *f pop* pif *m.* **Kartoffelpuffer** *m* crêpe *f* aux pommes de terre. **Kartoffelpüree** *n* = *Kartoffelbrei.* **Kartoffelquetsche** *f (Küche)* presse-purée, passe-purée *m.* **Kartoffelsalat** *m* salade *f* de pommes de terre. **Kartoffelschalen** *f pl* épluchures, pelures *f pl* de pommes de terre. **Kartoffelsuppe** *f* potage *m* aux pommes de terre.

Kartograph *m* ‹-en, -en› [karto'gra:f] cartographe, ingénieur *m* géographe. **Karthographie** *f* ‹-, ø› [kartogra'fi:] cartographie *f.*

Karton *m* ‹-s, -s/(-e)› [kar'tɔ̃:, -'to:n] **1.** *(Pappe)* carton *m* (d'emballage); **2.** *(Pappschachtel; Kunst)* carton *m.* **Kartonage** [-to'na:ʒə] ‹-, -n› *f* cartonnage *m.* **kartonieren** [-to'ni:rən] ‹*ohne ge-*› *tr (Buch)* cartonner.

Kartusche *f* ‹-, -n› [kar'tʊʃə] *mil* cartouche, gargousse *f; (Kunst)* cartouche *m; (für Fotokopierer)* cartouche *f.*

Karussell *n* ‹-s, -s/-e› [karʊ'sɛl] manège de chevaux de bois, carrousel *m.*

Karwoche *f* ['ka:rvɔxə] semaine *f* sainte.

Karzinogen [kartsino'ge:n] *a* carcinogène, carcino-génétique. **Karzinogenese** *f* cancérogenèse, carcinogenèse *f.* **Karzinologie** *f* ‹-, ø› cancérologie, carcinologie *f.* **karzinologisch** *a* cancérologique.

Käse *m* ‹-s, -› ['kɛ:zə] **1.** fromage *m;* **2.** *fig fam* baratin *m,* imbécillités *f pl.* **käseartig** *a* caséeux. **Käseblatt** *n fam pej (Provinzzeitung)* feuille *f* de chou. **Käsebrot** *n* tartine *f* de fromage. **Käsegeschäft** *n,* fromagerie *f.* **Käseglocke** *f* cloche *f* à fromage. **Käsekuchen** *m* gâteau *m* au fromage. **Käserei** *f* [-'raɪ] fromagerie *f.*

Kaserne *f* ‹-, -n› [ka'zɛrnə] *mil* caserne *f,* quartier *m.* **Kasernenhof** *m* cour *f* de (la) caserne. **kasernieren** ‹*ohne ge-*› *tr* (en)caserner.

Käseplatte *f* plateau *m* de fromage. **käsig** ['kɛ:zɪç] *a* **1.** caséeux; **2.** *fig fam (Gesichtsfarbe)* blême.

Kasino *n* ‹-s, -s› [ka'zi:no] casino, club, cercle; *mil* cercle militaire, mess *m.*

Kaskoversicherung *f* ['kasko-] assurance tous risques, assurance-corps *f.*

Kasperle *n* od *m* ‹-s, -› ['kaspərlə] polichinelle, guignol, pantin *m.* **Kasperletheater** *n* guignol *m.*

Kassation [kasa'tsio:n] ‹-, (en)› *f (Aufhebung eines Gerichtsurteils)* cassation. **Kassationsgericht** *n* tribunal *m od* cour *f* de cassation.

Kasse *f* ‹-, -n› ['kasə] **1.** *(Behälter)*

caisse *f;* **2.** *(Zahltisch)* comptoir *m;* **3.** *(Raum)* caisse *f,* comptoir *m;* **4.** *(Zahlstelle, Institut)* caisse *f;* **5.** *(Bargeld)* encaisse *f,* fonds *m pl,* espèces *f pl,* comptant *m;* ▶ *mit der ~ durchgehen, (fam) durchbrennen* partir avec la caisse, *fam* manger la grenouille; *die ~ führen* tenir la caisse *od* les cordons de la bourse; *~ machen* faire sa *od* la caisse; *(gut) bei ~ sein* avoir la bourse bien garnie, être à flot *od* en fonds *od pop* argenté; *schlecht* od *knapp* od *nicht bei ~ sein* avoir la bourse plate, être à court d'argent; être raide *fam.* **Kassenabschluß** *m* balance *f od* arrêté *m* de caisse. **Kassenarzt** *m* médecin *m* de caisse *od* conventionné. **Kassenbeleg** *m* ticket *m,* bon *m* de caisse. **Kassenbestand** *m* fonds de *od* argent *m* en caisse, encaisse *f,* fonds *m* de roulement. **Kassenbuch** *n* livre *m* de caisse. **Kassenerfolg** *m theat* pièce *f* à succès. **Kassenstunden** *f pl* heures *f pl* d'ouverture des guichets. **Kassensturz** *m:* ▶ *~ machen* vérifier la caisse. **Kassenzettel** *m* bon *m* de caisse.

Kassette *f* ‹-, -n› [ka'sɛtə] cassette *f.* **Kassettendeck** *n* platine *f* à cassettes. **Kassettenrecorder** [-'--rekɔdər] ‹-s, -› *m* magnétophone *m* (à cassettes); *(tragbarer)* mini-cassette *m.* **Kassettensammlung** *f* magnétothèque *f.*

kassieren [-'si:rən] ‹*ohne ge-*› *tr* **1.** *(ein~)* encaisser, faire la recette (*etw* de qc); **2.** *fig fam (entwenden)* se mettre dans la poche, ramasser; **3.** *(für ungültig erklären)* annuler, rescinder, invalider, vicier, rendre nul; *(Gerichtsurteil)* casser, infirmer. **Kassier(er)** *m* ‹-s, -› [-'si:r(ər)] caissier, buraliste *m.* **Kassiererin** *f* ‹-, -nen› *(in e-m Geschäft)* caissière *f.*

Kastagnette *f* ‹-, -n› [kastan'jɛtə] *mus* castagnette *f.*

Kastanie *f* ‹-, -n› [kas'ta:niə] *(Roß- u. Eßkastanie)* châtaigne *f;* *(Eßkastanie)* marron *m;* ▶ *die ~n aus dem Feuer holen (fig)* tirer les marrons du feu. **Kastanienbaum** *m (Eß~)* châtaignier, marronnier; *(Roß~)* marronnier *m* (d'Inde). **kastanienbraun** *a* marron *inv.* **Kastanienröster** *m* grille-marron(s) *m.*

Kästchen *n* ‹-s, -› ['kɛstçən] boîte *f,* *(bes. Schmuck~)* coffret *m.*

Kaste *f* ‹-, -n› ['kastə] caste *f.*

kasteien [kas'taɪən] ‹*ohne ge-*› *tr rel* mortifier, châtier. **Kasteiung** *f* mortification, macération *f.*

Kastell *n* ‹-s, -e› [kas'tɛl] *allg* fortification *f;* *(Burg)* château *m* fort.

Kasten *m* ‹-s, ¨/(-)› ['kastən, 'kɛstən] *allg* caisse, boîte *f;* *(mit Fächern)* boîtier; *(Truhe)* coffre, bahut *m;* *(Schrank)* armoire *f;* ▶ *alter ~ (fam: Auto)* bagnole, chignole *f;* vieux tacot *m;* *er hat etwas auf dem ~ (fam)* c'est une tête!

Kastrat *m* ‹-en, -en› [kas'tra:t] castrat, eunuque *m.* **Kastration** *f* ‹-, (-en)› [-tratsi'o:n] castration, émasculation *f.* **kastrieren** [kas'tri:rən] ‹*ohne ge-*› *tr* châtrer, émasculer.

Kasus *m* ‹-, -› [ka:zus] *gram* cas *m.*

Kat *m* [kat] *s. Katalysator.*

Katakombe *f* ‹-, -n› [kata'kɔmbə] catacombe *f.*

Katalog *m* ‹-(e)s, -e› [kata'lo:k, -gə] catalogue *m,* liste, nomenclature; *com* documentation *f.* **katalogisieren** [-gi'zi:-rən] ‹*ohne ge-*› *tr* cataloguer. **Katalogisierung** *f* catalogage *m.* **Katalognummer** *f* cote *f.*

Katalonien *n* [kata'lo:njən] la Catalogne. **katalanisch** *a* catalan.

Katalysator *m* ‹-s, -en› [kataly'za:tɔr, -'to:rən] *chem* catalyseur *m.* **Katalysatorauto** *n* voiture *f* munie d'un pot catalytique, voiture *f* à catalyseur. **Katalyse** *f* ‹-, -n› [kata'ly:zə] *chem* catalyse *f.* **katalysieren** [kataly'zi:rən] *tr chem* catalyser. **katalytisch** [kata'ly:-tɪʃ] *a chem* catalytique.

Katamaran *m* ‹-s, -e› [katama'ra:n] *(Segelboot)* catamaran *m.*

Katapult *m* od *n* ‹-(e)s, -e› [kata'pʊlt] catapulte *f.* **katapultieren** [-'ti:rən] ‹*ohne ge-*› *tr aero* tapulter.

Katarrh *m* ‹-s, -e› [ka'tar] *med* catarrhe, rhume *m.*

Kataster *m* od *n* ‹-s, -› [ka'tastər] cadastre *m.* **Katasteramt** *n* bureau *od* office *m* du cadastre. **Katasterauszug** *m* extrait *m* du cadastre.

katastrophal [katastro'fa:l] *a* catastrophique. **Katastrophe** *f* ‹-, -n› [-'tro:fə] catastrophe *f;* cataclysme *m.* **Katastrophenalarm** *m* alerte *f* en cas de catastrophe. **Katastropheneinsatz** *m* opération *f* de sauvetage. **Katastrophenfall** *m* cas *m* de catastrophe; ▶ *nukleare(r), atomare(r) ~* catastrophe *f* nucléaire. **Katastrophengebiet** *n* zone *f* sinistrée. **Katastrophenschutz** *m* secours *m pl;* mesures *f pl* d'urgence. **Katastrophenstimmung** *f* panique *f.*

Kat-Auto *n* [kat-] *mot* voiture *f* munie d'un pot catalytique.

Katechese *f* ‹-, -n› [katɛ'çe:zə] catéchèse, catéchisation *f.* **Katechet** *m* ‹-en, -en› [katɛ'çe:t] *rel* catéchiste *m.*

Katechismus *m* ‹-, -men› [katɛ'çɪsmʊs, -mən] catéchisme *m.*

Kategorie *f* ‹-, -n› [katego'ri:] catégorie *f.* **kategorisch** [-'go:rɪʃ] *a* catégorique; *(im weiteren Sinne a.)* péremptoire.

Kater *m* ‹-s, -› ['ka:tər] **1.** chat (mâle), matou *m;* **2.** *fig fam (Katzenjammer)* mal *m* aux cheveux. **Katerfrühstück** *n* petit déjeuner *m* atténuant les effets de

l'alcool.
Katheder *n, a. m* ‹-s, -› [ka'te:dər] chaire *f.*
Kathedrale *f* ‹-, -n› [kate'dra:lə] cathédrale *f.*
Katheter *m* ‹-s, -› [kə'te:tər] *med* cathéter *m.*
Kathode *f* ‹-, -n› [ka'to:də] *el* cathode *f.* **Kat(h)odenstrahlen** *m pl* rayons *m pl* cathodiques.
Katholik(in) *m* ‹-en, -en› (f ‹-, -nen›) [kato'li:k] catholique *m f.* **katholisch** [-'to:lɪʃ] *a* catholique. **Katholizismus** *m* ‹-, ø› [-li'tsɪsmʊs] catholicisme *m.*
Kattun *m* ‹-s, -e› [ka'tu:n] *(Baumwollstoff)* toile de coton, cotonnade *f,* calicot *m.*
Katy *m* [kati] *s. Katalysator.*
katzbalgen, *sich* ['kats-] se prendre aux cheveux. **katzbuckeln** *itr* faire patte de velours *od* la chattemite; ▶ *vor jdm ~* faire des courbettes devant qn *od pop* lécher les bottes de qn.
Katze *f* ‹-, -n› ['katsə] *(als Art u. allg)* chat *m; (nur weibl.)* chatte *f;* ▶ *für die Katz (vergeblich)* en pure perte; *pop* pour la peau; *wie die ~ um den heißen Brei herumgehen* tourner autour du pot; *die ~ im Sack kaufen (fig)* acheter chat en poche *od* les yeux fermés; *die ~ aus dem Sack lassen (fig)* livrer un secret; *fam* vendre la mèche; *die ~ läßt das Mausen nicht (prov)* qui naît poule aime à gratter; *falsche ~ (fig)* chattemite *f.* **katzenartig** *a* félin. **Katzenauge** *n (Rückstrahler)* réflecteur rouge, cataphote *m.* **katzenfreundlich** *a:* ▶ *~ sein* faire patte de velours. **Katzenmusik** *f fig* charivari *m,* musique *f* de chiens et de chats *od* enragée. **Katzensprung** *m fam* enjambée; ▶ *das ist nur ein ~ (von hier)* c'est à deux pas (d'ici). **Katzenwäsche** *f:* ▶ *~ machen (fam)* se laver le bout de nez.
Kauderwelsch *n* ‹-(s), ø› ['kaʊdərvɛlʃ] baragouin, charabia *m.* **kauderwelschen** *itr* baragouiner.
kauen ['kaʊən] *tr* mâcher; *scient* mastiquer; ▶ *langsam* od *mühsam ~* mâchonner.
kauern ['kaʊərn] *itr* se tenir accroupi *od* à croupetons; *sich ~* s'accroupir, se tapir, se blottir.
Kauf *m* ‹-(e)s, ⸚e› [kaʊf, 'kɔʏfə] achat *m; (kleiner)* emplette; *(Erwerbung)* acquisition *f;* ▶ *e-n ~ rückgängig machen* révoquer un marché; *etw (mit) in ~ nehmen* s'accommoder de qc. **Kaufabschluß** *m* (conclusion *f* d'un *od* du) marché *m.* **kaufen** *tr* **1.** acheter (*etw von jdm* qc à qn); faire emplette de; acquérir; **2.** *(bestechen)* acheter; ▶ *sich jdn ~ (fig)* demander des comptes à qn.
Käufer *m* ‹-s, -› ['kɔʏfər] acheteur, acquéreur; *(Abnehmer)* preneur *m;* ▶ *e-n ~ finden (Ware)* trouver acheteur *od* preneur.
Kaufhaus *n* ['kaʊf-] grand magasin *m.* **Kaufkraft** *f* pouvoir *m* d'achat. **Kaufkraftschwund** *m* érosion *f* monétaire. **Kaufkraftüberhang** *m* excédent de pouvoir d'achat, pouvoir *m* d'achat excédentaire. **Kaufladen** *m* boutique *f,* magasin *m.*
käuflich ['kɔʏflɪç] **I.** *a fig (bestechlich)* vénal, corruptible, mercenaire; **II.** *adv:* ▶ *~ erwerben* acquérir par (voie d') achat *od* à titre onéreux. **Käuflichkeit** ‹-, (-en)› *f (Bestechlichkeit)* vénalité *f.*
Kauflust *f* demande *f,* intérêt *m;* demande, propension *f* à l'achat. **Kauflustige(r)** *m* acheteur *m.* **Kaufmann** *m* ‹-(e)s, -leute› ['kaʊf-] **1.** *(Krämer)* épicier; *(mit Ladengeschäft)* marchand *m;* **2.** *(Großkaufmann)* commerçant, négociant; *(Geschäftsmann)* homme *m* d'affaires. **kaufmännisch** *a:* ▶ *~er Angestellter m* employé *m* de commerce; *~er Betrieb m* exploitation *f* commerciale. **Kaufpreis** *m,* **Kaufsumme** *f* prix *m* d'achat. **Kaufvertrag** *m* contrat *m* d'achat *od* de vente. **Kaufwert** *m* valeur *f* à l'achat. **Kaufzwang** *m* obligation *f* d'achat; ▶ *kein ~* entrée libre.
Kaugummi *m* ['kaʊ-] chewing-gum *m.*
Kaulquappe *f* ‹-, -n› ['kaʊlkvapə] *zoo* têtard *m.*
kaum [kaʊm] *adv* **1.** *(nur mit Mühe)* à grand-peine; **2.** *(nicht viel, schwerlich)* ne ... guère; sans doute pas; **3.** *(gerade, eben)* à peine; ▶ *etw ~ erwarten können* attendre qc avec impatience; *ich kann es ~ glauben* j'ai de la peine à le croire; *~ war er zu Hause, da rief er mich an* à peine arrivé chez lui, il m'appela au téléphone.
Kaumuskel *m* ['kaʊ-] muscle masticateur, masséter *m.* **Kautabak** *m* tabac *m* à chiquer.
Kausalität *f* ‹-, (-en)› [-zali'tɛ:t] causalité *f.* **Kausalzusammenhang** *m* rapport *m* de causalité, rapport *m* de cause à effet.
Kaution *f* ‹-, -en› [kaʊtsi'o:n] *jur* caution, garantie *f; (~ssumme)* cautionnement *m;* ▶ *gegen ~* sous caution; *e-e ~ stellen* verser une *od* fournir (une) caution. **kautionsfähig** *a* capable de fournir caution. **kautionspflichtig** *a* sujet à cautionnement. **Kautionssumme** *f* caution *f.*
Kautschuk *m* ‹-s, -e› ['kaʊtʃʊk] caoutchouc *m.*
Kauz *m* ‹-es, ⸚e› [kaʊts, 'kɔʏtsə] *orn* chevêche *f;* ▶ *komischer ~ (fig)* drôle *m* de citoyen *od* de paroissien *od* de type.
Kavalier *m* ‹-s, -e› [kava'li:r] cavalier, homme *m* du monde. **Kavaliersdelikt**

n délit *m* mineur.
Kavallerie *f* ⟨-, -ien⟩ [kavalə'ri:] *mil* cavalerie *f.* **Kavallerist** *m* ⟨-en, -en⟩ [-'rɪst] cavalier *m.*
Kaviar *m* ⟨-s, -e⟩ ['ka:viar] caviar *m.*
keck [kɛk] *a* **1.** hardi, audacieux, osé; *(tapfer)* brave; *(mutig)* courageux; *(verwegen)* téméraire; *(forsch)* fringant; **2.** *(frech)* effronté, impertinent, impudent. **Keckheit** *f* ⟨-, ø⟩ **1.** hardiesse, audace; bravoure *f;* courage *m;* témérité *f;* **2.** effronterie, impertinence, impudence *f.*
Kegel *m* ⟨-s, -⟩ ['ke:gəl] **1.** *math* cône *m;* **2.** *(Berg~)* montagne *f* conique; **3.** *(des Spiels)* quille *f;* ► *die ~ aufstellen* planter les quilles; *~ schieben* jouer aux quilles. **Kegelbahn** *f* jeu *m* de quilles. **kegelförmig** *a* conique. **kegeln** *itr* jouer aux quilles. **Kegelschnitt** *m* *math* section *f* conique. **Kegelspiel** *n* jeu *m* de quilles. **Kegler** *m* ⟨-,s -⟩ joueur *m* de quilles.
Kehldeckel *m* ['ke:l-] *anat* épiglotte *f.* **Kehle** *f* ⟨-, -n⟩ **1.** gorge *f,* gosier, *fam* sifflet, *pop* goulot *m;* **2.** *arch (Hohlkehle)* cannelure, gorge *f;* ► *aus voller ~* à pleine gorge, à gorge déployée; *etw in die falsche ~ kriegen (fam)* avaler qc de travers; *jdm das Messer an die ~ setzen (fig)* mettre à qn le couteau sous la gorge *od* l'épée dans les reins; *jdm an die ~ springen* sauter à la gorge de qn; *mir war die ~ wie zugeschnürt* j'avais la gorge serrée. **Kehlkopf** *m* *anat* larynx *m.* **Kehllaut** *m* gutturale *f.*
Kehrbesen *m* ['ke:r-] balai *m.*
Kehre ['ke:rə] *f* ⟨-, -n⟩ **1.** tournant; *(Kurve)* virage *m;* **2.** *sport* volte-face *f.*
kehren ['ke:rən] *tr* **1.** *(wenden)* tourner; ► *sich ~ an* se soucier de, faire attention à *od* cas de, tenir compte de; *das Oberste zuunterst ~* mettre tout sens dessus dessous; *in sich gekehrt* replié sur soi-même; **2.** *(fegen)* balayer; *(den Schornstein)* ramoner; ► *kehre vor deiner eigenen Tür!* mêle-toi de tes affaires!
Kehricht *m, a.* od *n* ⟨-s, ø⟩ ['ke:rɪçt] balayures, ordures *f pl.* **Kehrichteimer** *m* boîte à ordures, poubelle *f.* **Kehrmaschine** *f* balayeuse *f.*
Kehrreim *m* ['ke:r-] refrain *m.* **Kehrseite** *f* envers, *fig (der Medaille)* revers (de la médaille); *(Schattenseite)* mauvais côté *m.* **kehrt=machen** *itr* *(umkehren)* revenir sur ses pas, rebrousser chemin. **Kehrtwendung** *f* volte-face *f a. fig; fig* retournement *m.*
Kehrwalze *f* rouleau *m* balayeur. **Kehrwoche** *f* semaine *f* de balayage.
keifen ['kaɪfən] *itr (schimpfen)* gronder, *(schreien)* cri(aill)er.
Keil *m* ⟨-(e)s, -e⟩ [kaɪl] **1.** coin *m;* *(Bremsklotz)* cale *f;* **2.** *(Stoffkeil, Zwikkel)* élargissure *f;* **3.** *tech* coin *m,* clavette *f.* **Keile** *f* ⟨-, -ø⟩ *fam (Schläge)* raclée, rossée *f.* **keilen 1.** *tr tech (ver~, fest~)* coincer, claveter, caler; **2.** *refl:* ► *sich ~ (pop)* se rosser. **Keiler** *m* ⟨-s, -⟩ *zoo* sanglier *m* mâle. **Keilerei** *f* [-'raɪ] *fam* bagarre, rixe, chamaillerie *f,* grabuge *m.* **keilförmig** *a* en forme de coin; *scient* cunéiforme. **Keilhose** *f* (pantalon) fuseau *m.* **Keilschrift** *f* écriture *f* cunéiforme.
Keim *m* ⟨-(e)s, -e⟩ [kaɪm] **1.** *allg* u. *fig* germe *m;* **2.** *scient* u. *fig* embryon *m;* **3.** *fig* semence *f;* ► *im ~ ersticken* étouffer dans l'œuf; *den ~ e-r Krankheit in sich tragen* couver une maladie; *~e treiben* germer. **Keimdrüse** *f* *anat* glande *f* génitale. **keimen** *itr* **1.** germer *a. fig;* **2.** *fig (entstehen)* naître, se préparer. **keimend** *a* en germe; *fig* naissant. **keimfrei** *a* stérilisé, aseptique; *(Milch)* pasteurisé; ► *~ machen* stériliser; *(Milch)* pasteuriser; *(desinfizieren)* désinfecter. **Keimling** *m* ⟨-s, -e⟩ *bot* germe, embryon *m.* **keimtötend** *a* antiseptique, germicide, bactéricide. **Keimung** *f* germination *f.* **Keimzelle** *f* **1.** *biol* cellule *f* germinale; **2.** *fig* semence, origine *f.*
kein [kaɪn] *pron a* (ne ...) pas *od* point (de), ne ... aucun; ► *~ ... mehr* (ne ...) plus (de); *~ anderer (als er)* personne d'autre (que lui); *~ Mensch fam* personne; pas un chat. **keine(r, s)** *s* pas un(e) *od* aucun(e) *od* nul(le) *od* personne (... ne); ► *keine(r, s) von beiden* ni l'un ni l'autre, aucun des deux (... ne). **keinerlei** [-'laɪ] *a* (ne ...) aucun, nul. **keinesfalls** *adv,* **keineswegs** *adv* (ne ...) en aucun cas, en aucune façon, en rien (du tout), rien moins que, pas *od* point du tout, aucunement, nullement. **keinmal** *adv* (ne ...) pas une (seule) fois; ► *einmal ist ~ (prov)* une fois n'est pas coutume.
Keks *m* od *n* ⟨-(es), -(e)⟩ [ke:ks] biscuit(s *pl*), gâteau(x *pl*) *m* sec(s). **Keksfabrik** *f* biscuiterie *f.*
Kelch *m* ⟨-(e)s, -e⟩ [kɛlç] coupe *f; bot rel* calice *m;* ► *den ~ bis zur Neige leeren (fig)* boire la coupe *od* le calice jusqu'à la lie.
Kelle *f* ⟨-, -n⟩ ['kɛlə] cuiller à pot, louche *f,* puisoir *m; (der Maurer)* truelle *f.*
Keller *m* ⟨-s, -⟩ ['kɛlər] cave *f; (Weinkeller, nicht gewölbt)* cellier *m.* **Kellerassel** *f* *zoo* cloporte *m.* **Kellerei** [-'rai] *f* caves *f pl.* **Kellerfenster** *n,* **Kellerloch** *n* soupirail *m.* **Kellergeschoß** *n* sous-sol *m.* **Kellermeister** *m* caviste, sommelier *m.* **Kellerwohnung** *f* sous-sol *m.*
Kellner *m* ⟨-s, -⟩ ['kɛlnər] garçon *m* (de café, d'hôtel). **Kellnerin** *f* serveuse *f.*
Kelte *m* ⟨-n, -n⟩ ['kɛltə] Celte *m.*

Kelter *f* ⟨-, -n⟩ ['kɛltər] pressoir *m*. **keltern** *tr* press(ur)er.
keltisch ['kɛltɪʃ] *a* celtique.
Kenia *n* [kɛnja] le Kénya.
Kennbuchstabe *m* ['kɛn-] lettre *f* distinctive. **kennen** ⟨*kannte, gekannt*⟩ *tr* connaître; savoir; ▶ *etw in- und auswendig* ~ connaître qc comme sa poche; *jdn dem Namen nach* ~ connaître qn de nom; *nicht* ~ *(a.)* ignorer; *keine Rücksicht* ~ être impitoyable *od* sans scrupules; *sich vor Wut nicht mehr* ~ ne plus se connaître *od* posséder de colère. **kennen=lernen** *tr* faire la connaissance (*jdn* de qn), faire *od* lier connaissance (*jdn* avec qn); apprendre à connaître (*etw* qc); ▶ *jdn näher* ~ faire plus ample connaissance de *od* avec qn; *bei näherem K~ gewinnen* gagner à être connu. **Kenner** *m* ⟨-s, -⟩ connaisseur, bon juge; *(Sachverständiger)* expert *m*. **Kennerblick** *m*: ▶ *mit* ~ en connaisseur. **Kennkarte** *f* carte *f* d'identité. **Kenn(n)ummer** *f* numéro *m* indicatif. **kenntlich** *a* (re)connaissable (*an* à); ▶ ~ *machen* marquer, désigner. **Kenntnis** *f* ⟨-, -se⟩ **1.** connaissance, notion *f*; **2.** *pl a. (Wissen)* savoir *m*, intelligence, instruction *f*; ▶ *von etw* ~ *erhalten* prendre connaissance de qc; *von etw* ~ od *etw zur* ~ *nehmen* prendre connaissance *od* acte de qc. **Kenntnisnahme** *f*: ▶ *zur* ~ à titre d'information; pour votre information. **Kennung** *f inform* indicatif *m*. **Kennwort** *n mil* mot *m* d'ordre *od* de passe *od* de ralliement. **Kennzeichen** *n* marque *f*, signe, indice *m*, caractéristique; marque *f* distinctive, critère *m*; ▶ *amtliches* ~ *(mot)* numéro *m* d'immatriculation; *besondere* ~ *(Paßvermerk)* signes *m pl* particuliers. **kennzeichnen** *tr* **1.** marquer; **2.** *fig* caractériser. **kennzeichnend** *a* caractéristique. **Kennzeichnung** *f* marquage *m*. **Kennziffer** *f math* index *m*; *(Logarithmus)* caractéristique *f*; *com* chiffre-indice, code *m*.
kentern ['kɛntərn] *itr* ⟨*sein*⟩ *mar* chavirer.
Keramik *f* ⟨-, -en⟩ [ke'ra:mɪk] céramique; *(Gegenstände)* poterie *f*. **keramisch** *a* céramique.
Kerbe *f* ⟨-, -n⟩ ['kɛrbə] (en)coche, entaille *f*, cran *m*; ▶ *in die gleiche* ~ *hauen (fig)* enfoncer le même clou.
Kerbel *m* ['kɛrbəl] *bot* cerfeuil *m*.
kerben *tr* (en)cocher, marquer d'une coche, entailler. **Kerbholz** ['kɛrp-] *n*: ▶ *etw auf dem* ~ *haben (fig)* avoir qc sur la conscience.
Kerker *m* ⟨-s, -⟩ ['kɛrkər] geôle *f*, cachot *m*. **Kerkermeister** *m* geôlier *m*.
Kerl *m* ⟨-(e)s, -e/(-s)⟩ [kɛrl] homme, individu, garçon, *fam* gaillard, drôle, lascar, *pop* type, bougre *m*; *pej (mit a)* espèce *f* de *(mit s)*; ▶ *anständiger* ~ honnête homme *m*; *armer* ~ pauvre diable *od* hère *m*; *blöder* od *dämlicher* od *dummer* ~ espèce *f* d'imbécile, nigaud *m*; *ganzer* ~ ce qu'on appelle un homme. **Kerlchen** *n* petit bonhomme *m*.
Kern *m* ⟨-(e)s, -e⟩ [kɛrn] **1.** *(e-r Kernfrucht)* pépin; *(e-r Steinfrucht)* noyau *m*; *(e-r Nuß)* amande; *(e-r Melone, e-s Kürbisses, e-r Gurke)* graine *f*; *biol (Zellkern), phys (a. Atomkern), tech (Formkern), fig (~punkt)* noyau *m*; **2.** *fig (die Hauptsache, das Wesentliche)* substance, quintessence *f*, cœur, essentiel, vif *m*; ▶ *e-n guten* ~ *haben (Mensch)* avoir un bon fond; *zum* ~ *der Sache vordringen* od *vorstoßen* entrer dans le vif du sujet; *das also ist des Pudels* ~ c'était donc cela! voilà le fin mot de l'histoire! **Kernbrennstoff** *m* combustible *m* nucléaire. **Kernenergie** *f* énergie *f* nucléaire. **Kernexplosion** *f* explosion *f* nucléaire. **Kernfamilie** *f* famille *f* nucléaire. **Kernforschung** *f* recherche *od* science *f* nucléaire. **Kernfrage** *f* question *f* capitale. **Kernfrucht** *f* fruit *m* à pépins. **Kernfusion** *f* fusion *f* nucléaire. **Kerngehäuse** *n* trognon *m*. **kerngesund** *a* foncièrement sain, plein de santé. **kernig** *a* **1.** *(Frucht)* plein de pépins; **2.** *fig (kräftig)* vigoureux, solide; *(markig)* nerveux, énergique. **Kernkraft** *f* énergie *f* nucléaire *od* atomique. **Kernkraftgegner** *m* (militant) antinucléaire *m*. **Kernkraftwerk** *n* centrale *f* nucléaire. **Kernladung** *f* **1.** *phys* charge *f* du noyau; **2.** *(Rakete)* tête *f* atomique. **kernlos** *a* sans pépins. **Kernobst** *n* fruits *m pl* à pépins. **Kernphysik** *f* physique *od* science *f* nucléaire. **Kernproblem** *n* problème *m* principale. **Kernpunkt** *m* vif *m*. **Kernreaktion** *f phys* réaction *f* nucléaire. **Kernreaktor** *m* réacteur *m* nucléaire, pile *f* atomique. **Kernschatten** *m* noyau *m* d'ombre, ombre *f* pure. **Kernseife** *f* savon *m* de Marseille. **Kernspaltung** *f* fission *f* nucléaire. **Kernspintomograph** *m med* résonance *f* magnétique nucléaire, RMN *f*. **Kernstück** *n* pièce *od* partie essentielle, pièce *f* maîtresse, noyau, cœur *m*. **Kernteilchen** *n phys* nucléon *m*. **Kerntruppen** *f pl* troupes *f pl* d'élite. **Kernteilung** *f biol* mitose (du noyau), caryocinèse, karyokinèse *f*. **Kernumwandlung** *f phys* transformation *f* nucléaire. **Kernverschmelzung** *f phys* fusion *f* nucléaire. **Kernwaffen** *f pl* armes *f pl* nucléaires. **kernwaffenfrei** *a* dénucléarisé. **Kernwaffenversuch** *m* essai *m* nucléaire. **Kernwissenschaft** *f* nucléonique *f*. **Kernwolle** *f* laine *f* mère. **Kernzeit** *f* tronc *m* com-

mun. **Kernzerfall** *m phys* désintégration *f* du noyau.
Kerosin *n* ‹-s, ø› [kero'zi:n] *(Petroleum)* kérosène *m.*
Kerze *f* ‹-, -n› ['kɛrtsə] **1.** *(Talgkerze)* chandelle; *(Wachs-, Stearinkerze)* bougie *f; rel (große Wachskerze)* cierge *m;* **2.** *mot (Zündkerze)* bougie *f* (d'allumage). **kerzengerade** *a* droit comme un cierge. **Kerzenhalter** *m* chandelier; *(kleiner)* bougeoir *m.* **Kerzenlicht** *n:* ▶ *bei* ~ aux chandelles.
keß [kɛs] *a ‹kesser, kessest› fam* déluré, aguichant.
Kessel *m* ‹-s, -› ['kɛsəl] **1.** chaudron *m; (großer, bes. tech)* chaudière; *(Kochtopf)* marmite; *(Teekessel)* bouilloire *f;* **2.** *(Talkessel)* vallée *f* encaissée, cirque *m;* **3.** *mil* zone *f* d'encerclement. **Kesselschmied** *m* chaudronnier *m.* **Kesselstein** *m* (dépôt de) tartre *m,* incrustations *f pl; pop* calcaire *m;* ▶ *den ~ entfernen* détartrer (*aus etw* qc). **Kesseltreiben** *n (Jagd)* battue *f; fig* encerclement *m.*
Kette *f* ‹-, -n› ['kɛtə] **1.** chaîne *f; (Halskette)* collier *m; tech (Raupenkette)* chenille *f;* **2.** *(Weberei)* chaîne *f;* **3.** *(Bergkette)* chaîne *f* (de montagnes); **4.** *(Postenkette)* cordon *m;* ▶ *e-e ~ bilden* faire la chaîne; *an die ~ legen (Hund)* mettre à la chaîne; *in ~n legen (Menschen)* mettre aux fers. **ketten** *tr (verbinden)* lier, joindre; *an jdn gekettet sein (fig)* être attaché à qn. **Kettenantrieb** *m* commande *od* transmission *f* par chaîne(s). **Kettenbrücke** *f* pont *m* suspendu. **Kettenfahrzeug** *n* véhicule *m* à chenilles. **Kettengelenk** *n,* **Kettenglied** *n* chaînon, anneau *m.* **Kettenhund** *m* chien *m* d'attache. **Kettenrad** *n (Uhr)* roue *f* à chaîne. **kettenrauchen** *itr* fumer sans interruption. **Kettenraucher** *m* fumeur *m* acharné *od* enragé. **Kettenreaktion** *f phys chem fig* réaction *f* en chaîne *od* caténaire.
Ketzer *m* ‹-s, -› ['kɛtsər] hérétique *m.* **Ketzerei** *f* ‹-, -en› [-'raɪ] hérésie *f.* **ketzerisch** *a* hérétique. **Ketzerverbrennung** *f* autodafé *m.*
keuchen ['kɔʏçən] *itr* haleter, souffler. **Keuchhusten** *m* coqueluche *f.*
Keule *f* ‹-, -n› ['kɔʏlə] **1.** *(Waffe)* massue *f; sport* mil *m;* **2.** *(Kalb)* cuisse; *(Rind)* culotte *f; (Hammel)* gigot; *(Wild)* cuissot *m.*
keusch [kɔʏʃ] *a* chaste, continent. **Keuschheit** *f* ‹-, ø› chasteté, continence *f.*
Khaki *n* ‹-, ø› *(Farbe), m* ‹-, ø› *(Stoff)* ['ka:ki] kaki *m.* **khakifarben** *a* kaki *inv.*
Kibbuz *m* [kɪ'bu:ts] ‹-, -bu'zim u. -e› Kibboutz *m.*
Kichererbse *f bot* pois *m* chiche. **kichern** *itr* ['kɪçərn] rire sous cape, ricaner.
Kidnapper *m* ‹-s, -› ['kɪtnɛpər] ravisseur *m.*
Kiebitz *m* ‹-es, -e› ['ki:bɪts] *orn* vanneau *m.* **kiebitzen** ['ki:bɪtsən] *itr fam (beim Spiel ungebeten zuschauen)* faire galerie; assister en badaud (*bei etw* à qc).
Kiefer ['ki:fər] **(1)** *m* ‹-s, -› *anat* mâchoire *f, scient* maxillaire *m;* **(2)** *f* ‹-, -n› *bot* pin *m.* **Kiefernwald** *m* ['ki:fərn-] pinède *f.*
Kieker *m* ‹-s, -› ['ki:kər]: ▶ *auf dem ~ sein (fam: aufpassen)* être sur le qui-vive; *er hat mich auf dem ~ (fam)* je suis sa bête noire.
Kiel [ki:l] *m* ‹-(e)s, -e› **1.** *(Feder~)* tuyau *m,* **2.** *(Schiff)* quille, carène *f.* **kielholen** *tr* caréner. **Kiellegung** *f* mise *f* sur cale *od* en chantier. **Kielraum** *m* (fond *m* de) cale *f;* ▶ *im ~* à fond de cale. **Kielwasser** *n* sillage *a. fig,* remous *m.*
Kiemen *f pl* ['ki:mən] *zoo* branchies, ouïes *f pl.*
Kiepe *f* ‹-, -n› ['ki:pə] *(Rückentragkorb)* hotte *f.*
Kies *m* ‹-es, -e› [ki:s, '-zə(s)] gravier *m; (grober)* pierraille *f.*
Kiesel *m* ‹-s, -› ['ki:zəl] *(rauher)* caillou, *(glatter)* galet *m.* **kieselartig** *a* siliceux. **Kieselerde** *f min* terre siliceuse; *chem* silice *f.*
Kiesgrube *f* [ki:s-] gravière *f.* **kiesig** ['-zɪç] *a* graveleux.
kikeriki [kikəri'ki:] *interj* cocorico, coquerico.
killen ['kɪlən] *tr arg* estourbir. **Killer** *m* ‹-s, -› *allg* tueur; *(Messerstecher) arg* chourineur *m.*
Kilobyte *n* ‹-s, -s› [kilobaɪt] *inform* kilooctet *m.* **Kilo(gramm)** *n* ‹-s, -(s)› ['ki:lo] kilo(gramme) *m.* **Kilohertz** *n radio* kilocycle *m.* **Kilometer** *m* kilomètre *m;* ▶ *... ~ fahren* faire ... kilomètres; *~ fressen (fam)* avaler *od pop* bouffer des kilomètres, faire de la route. **Kilometerfresser** *m fam* mangeur *m* de kilomètres. **Kilometergeld** *n* indemnité *f* kilométrique. **Kilometerstein** *m* borne *f* kilométrique. **Kilometerzähler** *m mot* compteur kilométrique, kilométreur *m.* **Kilovolt** *n el* kilovolt *m.* **Kilowatt** *n* kilowatt *m.* **Kilowattstunde** *f* kilowatt-heure *m,* calorie-heure *f.*
Kind *n* ‹-(e)s, -er› [kɪnt, '-dər] enfant *m f, fam* gamin(e, *f*) *m,* gosse *m f;* ▶ *von ~ auf* dès mon *etc od* l'enfance; *mit ~ und Kegel (fam)* avec armes et bagages, avec toute la smala(h); *an ~es Statt annehmen* adopter; *das ~ mit dem Bade ausschütten (fig)* jeter l'or avec les crasses *od (Neologismus)* jeter l'enfant avec l'eau du bain; *ein ~ erwarten (schwanger sein)* attendre un enfant;

sich bei jdm lieb ~ machen s'attirer les bonnes grâces de qn; *das ~ beim (rechten) Namen nennen* appeler un chat un chat; *kein ~ mehr sein* être sorti de l'enfance; *das weiß jedes ~* c'est enfantin; *das ist ein totgeborenes ~! (fig)* l'affaire est condamnée *od fam* ratée d'avance; *aus ~ern werden Leute (prov)* on ne voit pas grandir ses enfants; *~er und ~eskinder* enfants et petits-enfants; *ein ~ s-r Zeit* un enfant de son époque. **Kindbett** *n* couches *f pl; im ~* en couches.

Kinderarbeit ['kındər-] *f* travail *m* des mineurs. **Kinderarzt** *m* pédiatre *m*. **Kinderbeihilfe** *f* allocations *f pl* familiales. **Kinderbett** *n* lit *m* d'enfant. **Kinderbuch** *n* livre *m* d'enfant *od* pour enfants. **Kinderei** *f* [-'raı] enfantillage *m*, puérilité; *(Streich)* gaminerie *f*. **Kinderfahrkarte** *f* billet *m* demi-tarif. **Kindergarten** *m* jardin *m* d'enfants. **Kindergärtnerin** *f* jardinière *od* gardienne *f* d'enfants. **Kindergeld** *n* allocation *f* familiale. **Kinderheilkunde** *f* médecine infantile, pédiatrie *f*. **Kinderheilstätte** *f* sanatorium *m* d'enfants. **Kinderheim** *n* maison *f od* home *m* d'enfants. **Kinderhort** *m* crèche, garderie *f*. **Kinderklinik** *f* clinique *f* pédiatrique *od* pour enfants. **Kinderkrankheit** *f* maladie *f* des enfants *od* d'enfants *od* infantile. **Kinderkrippe** *f* crèche *f*. **Kinderlähmung** *f*: ► *spinale ~* paralysie infantile, poliomyélite *f*. **kinderleicht** *a* simple comme bonjour, enfantin. **kinderlieb** *a*: ► *~ sein* aimer les enfants. **kinderlos** *a (Ehepaar)* sans enfant(s); *(Ehe)* stérile. **Kindermädchen** *n* bonne *f* d'enfants. **Kindermärchen** *n* conte *m* pour enfants. **Kindernahrung** *f* alimentation *f* infantile. **Kindernarr** *m* passionné *m* des enfants. **Kinderpsychologie** *f* psychologie *f* de l'enfant. **kinderreich** *a*: ► *~e Familie f* famille *f* nombreuse. **Kinderreim** *m* comptine *f*. **Kinderschuhe** *m pl*: ► *noch in den ~n stecken* être encore dans les langes *od* au maillot; *den ~n entwachsen (a)* sorti de l'enfance. **kindersicher** *a* spécialement conçu pour la sécurité des enfants. **Kindersicherung** *f (an der Autotür)* sécurité *f* enfants. **Kindersitz** *m (im Auto)* siège *m* pour enfant(s). **Kinderspiel** *n* jeu *m* d'enfant *a. fig.* **Kinderspielplatz** *m* terrain *m* de jeux (pour enfants). **Kindersprache** *f* langage *m* enfantin. **Kindersterblichkeit** *f* mortalité *f* infantile. **Kinderstube** *f fig*: ► *e-e gute, schlechte ~ haben* être bien, mal élevé. **Kindertagesstätte** *f* crèche *f*. **Kinderwaage** *f* pèse-bébé *m*. **Kinderwagen** *m* voiture *f* d'enfant. **Kinderzimmer** *n* chambre *f* d'enfant(s). **Kinderzulage** *f* allocation *f* familiale. **Kinderzuschlag** *m* supplément *m* pour enfants à charge.

Kindesalter *n* ['kındəs-] enfance *f*, bas âge *m*. **Kindesbeine** *n pl*: ► *von ~n an* dès la *od* sa *etc* plus tendre enfance. **Kindesentführer** *m* ravisseur *m* d'enfant. **Kindesentführung** *f* enlèvement *m* d'enfant. **Kindesmißhandlung** *f* violences *f pl* contre les enfants. **Kindesmord** *m* meurtre d'un enfant, infanticide *m*. **Kindermörder(in** *f*) *m* infanticide *m f*. **Kindesraub** *m* rapt *m* d'enfant.

kindgerecht *a* (conçu) pour les enfants, adapté aux enfants. **Kindheit** *f* ‹-, ø› ['kınthaıt] enfance *f*, bas âge *m*. **kindisch** ['-dıʃ] *a* **1.** *(Mensch)* enfantin, niais; **2.** *(Handlung)* puéril; ► *sich ~ benehmen* faire l'enfant; *~ werden* tomber en enfance *od* dans le radotage. **kindlich** *a* **1.** enfantin, d'enfant; **2.** *(unschuldig)* innocent, candide; *(naiv)* naïf, ingénu. **Kindtaufe** *f* baptême *m*.

kinetisch [ki'ne:tıʃ] *a phys* cinétique.

Kinn *n* ‹-(e)s, -e› [kın] menton; ► *vorspringendes, zurücktretendes ~* menton *m* saillant, fuyant. **Kinnbakke(n** *m*) *f*, **Kinnlade** *f* mâchoire, mandibule *f*. **Kinnbart** *m*, **Kinnbärtchen** *n* barbiche, impériale *f*. **Kinnhaken** *m sport* crochet à la mâchoire, uppercut *m*.

Kino *n* ‹-s, -s› ['ki:no] cinéma, *pop* ciné *m*; ► *ins ~ gehen* aller au cinéma. **Kinobesucher** *m* spectateur *m* de cinéma. **Kinovorstellung** *f* séance *f* cinématographique *od* de cinéma.

Kiosk *m* ‹-(e)s, -e› [ki'ɔsk] kiosque *m*.

kippbar *a* ['kıp-] à bascule. **Kippe** *f* ‹-, -n› **1.** *(Kante)* arête *f*; **2.** *fam (Zigarettenstummel) pop* mégot *m*; ► *auf der ~ stehen fig* ne tenir qu'à un fil. **kippen 1.** *tr* ‹*h*› **1.** pencher, faire basculer; *(umkippen)* renverser, culbuter; **2.** *itr* ‹*sein*› *(umkippen)* faire la bascule, chavirer; ► *aus den Latschen ~ pop fig* tomber sur le derrière; en rester comme deux ronds de flan. **Kippkübel** *m* benne *f* basculante. **Kippschalter** *m* interrupteur *m* culbuteur *od* à bascule. **Kippwagen** *m* wagon *m* basculant *od* à bascule, benne *f* basculante.

Kirche *f* ‹-, -n› ['kırçə] **1.** *(Gebäude)* église *f*, *(evang.)* temple *m*; **2.** *(Einrichtung)* Église *f*; **3.** *(Gottesdienst)* service (divin *od* religieux), office *m*; ► *in die* od *zur ~ gehen, die ~ besuchen* aller à l'église; *die ~ im Dorf lassen (fig)* garder la tête froide.

Kirchenälteste *m* ['kırçən-] ancien *m*. **Kirchenbann** *m* excommunication *f*, interdit *m*; ► *in dem ~ tun* excommunier. **Kirchenbesuch** *m* fréquentation *f* des offices. **Kirchenbuch** *n* registre *m* paroissial. **Kirchenchor** *m* lutrin *m*, maîtrise *f*. **Kirchendiener** *m (Küster)* *(kath.)* sacristain, bedeau; *(evang.)* marguillier *m.* **kirchenfeindlich** *a* anticlérical. **Kirchenfenster** *n* vitrail *m* (*pl* vitraux). **Kirchenfest** *n* fête *f* religieuse. **Kirchenfürst** *m* prince *m* de l'Église. **Kirchengemeinde** *f* paroisse *f.* **Kirchengeschichte** *f* histoire *f* ecclésiastique. **Kirchenjahr** *n* année *f* ecclésiastique *od* religieuse. **Kirchenkonzert** *n* concert *m* spirituel. **Kirchenlicht** *n fig:* ▶ *er ist kein (großes)* ~ ce n'est pas une lumière. **Kirchenmaus** *f:* ▶ *arm wie e-e* ~ pauvre comme un rat d'église *od* comme Job. **Kirchenrecht** *n* droit *m* canon. **Kirchenschändung** *f* profanation *f,* sacrilège *m.* **Kirchenstaat,** *der* les États *m pl* de l'Église. **Kirchensteuer** *f* impôt *m* ecclésiastique. **Kirchentag** *m:* ▶ *Deutsche(r) Evangelische(r)* ~ Congrès *m* synodal de l'Église évangélique allemande. **Kirchenvater** *m hist* Père *m* de l'Église.

Kirchhof *m* ['kɪrç-] *(Friedhof)* cimetière *m.* **kirchlich** *a* ecclésiastique, religieux, spirituel; de l'Église; ▶ *sich ~ trauen lassen* se marier à l'église; *~e Trauung f* mariage *m* religieux. **Kirchturm** *m* clocher *m,* tour *f* d'église. **Kirchturmpolitik** *f* politique *f* de clocher. **Kirchweih** *f* fête patronale, kermesse *f.*

kirre ['kɪrə] *a:* ▶ *jdn ~ machen* apprivoiser qn.

Kirsch *m* ‹-(e)s, -› [kɪrʃ] = *Kirschwasser.* **Kirschbaum** *m* cerisier *m.* **Kirschblüte** *f* fleur *f* de cerisier. **Kirsche** *f* ‹-, -n› cerise *f;* ▶ *mit ihm ist nicht gut ~n essen* il ne fait pas bon se frotter à lui, il est mauvais coucheur, c'est un rude joueur. **Kirschkern** *m* noyau *m* de cerise. **Kirschkuchen** *m* tarte *f* aux cerises. **kirschrot** *a* rouge cerise. **Kirschwasser** *n (Schnaps)* kirsch *m.*

Kissen *n* ‹-s, -› ['kɪsən] coussin; *(Kopfkissen)* oreiller *m.* **Kissenbezug** *m* taie *f* d'oreiller.

Kiste *f* ‹-, -n› ['kɪstə] caisse; *(kleinere, bes. Zigarrenkiste)* boîte *f.*

Kitsch *m* ‹-(e)s, ø› [kɪtʃ] œuvre *f* de basse qualité, tape-à-l'œil; *(Neologismus)* kitsch *m.* **Kitschfilm** *m* navet *m.* **kitschig** *a* de mauvais goût; *(Neologismus)* kitsch; ▶ *~(e)s Bild n* croûte *f.*

Kitt *m* ‹-(e)s, -e› [kɪt] *(Glaserkitt)* mastic; *chem tech* lut *m.*

Kittchen *n* ‹-s, -› ['kɪtçən] *pop (Gefängnis)* bloc, violon *m,* taule *f,* cabanon *m.*

Kittel *m* ‹-s, -› ['kɪtəl] *(Arbeits~)* blouse *f.* **Kittelschürze** *f* blouse-tablier *f,* tablier-blouse *m.*

kitten ['kɪtən] *tr* mastiquer; luter.

Kitz *n* ‹-es, -e› , **Kitze** *f* ‹-, -n› ['kɪts(ə)] **1.** *(Zicklein)* chevreau *m;* **2.** *(Reh)* faon *m.*

Kitzel *m* ‹-s, -› ['kɪtsəl] chatouillement *m; fig (Gelüst)* envie *f.* **kitz(e)lig** *a* **1.** chatouilleux; **2.** *fig (heikel)* délicat, graveleux, scabreux. **kitzeln** *tr u. itr* chatouiller, titiller. **Kitzler** *m* ‹-s, -› *anat* clitoris *m.*

Kiwi *f* ‹-, -s› ['ki:vi] *bot* kiwi *m.*

Kiwi *m* ‹-s, -s› ['ki:vi] *orn* kiwi *m.*

KKW *n* ‹-s, -s› [kakawe:] *(Abkürzung von Kernkraftwerk)* centrale *f* nucléaire.

klaffen ['klafən] *itr* béer, bâiller, être entrouvert.

kläffen ['klɛfən] *itr (Hund)* japper, glapir.

klaffend ['klafənt] *a (Wunde)* béant.

Kläffer *m* ‹-s, -› ['klɛfər] *(Hund)* jappeur, roquet *m.*

Klage *f* ‹-, -n› ['klagə] **1.** *allg u. jur* plainte; *jur* demande, action *f;* **2.** *(Beschwerde)* (com)plainte *f,* doléances *f pl,* grief *m;* ▶ *e-e ~ abweisen* rejeter une demande; *gegen jdn ~ erheben* porter une accusation contre qn; *~ führen über* se plaindre de. **Klagegeschrei** *n* lamentations *f pl.* **Klagelaut** *m:* ▶ *keinen ~ von sich geben* ne pas laisser échapper une plainte. **Klagelied** *n* complainte *f, pej* jérémiades *f pl;* ▶ *~er singen (fig)* chanter le miséréré, se répandre en jérémiades. **Klagemauer** *f rel (in Jerusalem)* Mur *m* des Lamentations. **klagen** *itr* **1.** se plaindre (*über etw* de qc); *(jammern)* se lamenter; *(wehklagen)* gémir; **2.** *jur* porter plainte (en justice) (*gegen jdn* contre qn, *wegen etw* pour qc).

Kläger(in) *m* ‹-s, -› (*f* ‹-, -nen›) ['klɛ:gər] *jur* plaignant(e *f*) *m;* demandeur *m,* demanderesse *f.*

Klageschrift *f* ['klagə-] *jur* plainte (écrite), demande *f.* **Klageweg** *m:* ▶ *auf dem ~* par voie de justice. **Klageweib** *n* pleureuse *f.*

kläglich ['klɛ:klɪç] *a* **1.** *(jammernd)* plaintif, dolent; **2.** *(beklagenswert)* lamentable, déplorable; *(jämmerlich)* pitoyable, piteux, misérable; ▶ *der Versuch ist ~ mißlungen* la tentative a lamentablement échoué.

Klamauk *m* ‹-s, ø› [kla'maʊk] *fam* chambard, chahut *m.*

klamm [klam] *a* **1.** *(feucht)* moite; **2.** *(starr vor Kälte)* (en)gourd(i).

Klamm *f* ‹-, -en› [klam] *(Felsschlucht mit Wasserlauf)* gorge *f,* ravin *m.*

Klammer *f* ‹-, -n› ['klamər] **1.** pince *f,* crochet *m; med* agrafe *f; (Krampe)* crampon *m,* crampe *f;* **2.** *mus typ* accolade *f;* ▶ *in ~n setzen* mettre entre parenthèses; *runde, eckige ~* parenthèse *f,* crochet *m.* **klammern** *tr (befestigen)* fixer avec des pinces; *med* agrafer; *(mit Krampen)* cramponner; ▶ *sich ~ an* se raccrocher, se cramponner à *a. fig.*

klammheimlich *a* secret; *adv* secrètement.
Klamotten *f pl* [kla'mɔtən] *fam pej* nippes, hardes *f pl; pop* fringues, frusques *f pl.*
Klang *m* ‹-(e)s, ¨e› [klaŋ, 'klɛŋə] son, ton; *(der Stimme)* timbre *m; (e-s bewegten Gegenstandes)* résonance *f;* ► *e-n guten ~ haben* sonner bien; *dumpfer, heller, tiefer ~* son *m* sourd, clair, grave *od* bas. **Klangbild** *n* image *f* sonore. **Klangfarbe** *f* timbre *m; radio* tonalité *f.* **Klang(farben)regler** *m radio* régulateur *od* contrôleur *m* de la tonalité. **Klangfülle** *f* puissance du son, sonorité *f.* **klanggetreu** *a:* ► *~e Wiedergabe f* haute fidélité *f.* **klangrein** *a* net, pur. **Klangstärke** *f radio* puissance *f* du son. **Klangwelle** *f phys* onde *f* sonore. **klangvoll** *a* sonore; *(Stimme)* étoffé, vibrant.
Klappbett *n* ['klap-] lit pliant, lit-cage *m.* **Klappdeckel** *m* couvercle *m* à charnière. **Klappe** *f* ‹-, -n› **1.** trappe *f,* abattant *m,* patte *f; (~deckel)* couvercle; *(e-s Briefumschlags)* rabattant *m;* **2.** *(Schneiderei)* patte *f; (e-r Tasche)* rabat *m* (de poche); **3.** *mus (Blasinstrument)* clé *f;* **4.** *anat, bot* valvule *f;* **5.** *(~ventil)* valve *f,* clapet *m;* ► *halt die ~! (pop)* ta gueule! boucle-la! **klappen** *itr* **1.** *(schlagen)* claquer, battre; **2.** *fam fig (in Ordnung gehen)* marcher à souhait; ► *es hat geklappt (fam)* ça a marché; *es klappt alles tadellos* od *wie am Schnürchen (fam)* tout va très bien *od* comme sur des roulettes; c'est réglé comme du papier à musique.
Klapper *f* ‹-, -n› ['klapər] claquet *m,* claquette, cliquette; *(Knarre)* crécelle *f; (Spielzeug)* hochet *m.* **klapperdürr** *a* maigre comme un clou. **Klappergestell** *n* **1.** *fam (dürrer Mensch)* squelette *m;* **2.** *fam (altes Auto)* os; tas *m* de ferraille. **klapperig** *a* **1.** branlant, fragile; **2.** *fig fam (Mensch)* rabougri. **Klapperkasten** *m* **1.** *fam (Klavier)* chaudron *m,* casserole *f; tech* clou; *mot* tacot, tapecul *m.* **klappern** *itr* **1.** claquer, cliqueter; **2.** *(Storch)* craqueter, claqueter. **Klapperschlange** *f zoo* serpent à sonnettes, crotale *m.*
Klapp(fahr)rad *n* bicyclette *f* pliable.
Klappsitz *m* ['klap-] strapontin *a. theat mot;* siège *m* abattant *od* rabattable *od* basculant *od* escamotable. **Klappstuhl** *m* chaise *f* pliante, (siège) pliant *m.* **Klapptisch** *m* table *f* pliante. **Klappverdeck** *n mot* capote *f* (amovible). **Klappzylinder** *m* (chapeau) claque *od* gibus *m.*
Klaps [klaps] ‹-es, -e› *m fam* tape, claque, taloche *f:* ► *e-n ~ haben* avoir un grain (de folie) *od* une araignée au plafond; *kleine(r) ~* tapette *f.*
klar [kla:r] *a* **1.** *(hell)* clair; *(rein)* pur; *(deutlich)* net, distinct; *(durchsichtig)* transparent; *(Himmel, Flüssigkeit)* limpide; *(Wetter) a.* serein; *(Verstand) a.* lucide; **2.** *fig (deutlich)* clair; *(verständlich)* intelligible; *(offenbar)* évident; **3.** *mar (bereit)* dégagé, paré; ► *~ und deutlich (adv)* avec précision; *sich über etw im ~en sein* voir clair dans qc; *sich über etw ~ werden* (commencer à) comprendre qc; *das ist doch ~* cela s'entend, c'est évident.
Kläranlage *f* ['klɛ:r-] station *f* d'épuration. **Klärbecken** *n* bassin *m* de décantation *od* de décantage. **klären** *tr* **1.** clarifier; *(Flüssigkeit)* décanter; **2.** *fig* éclaircir, tirer au clair, élucider; **3.** *refl sich ~* s'éclaircir.
Klarheit *f* ‹-, ø› ['kla:rhaɪt] **1.** clarté; pureté; netteté; transparence, limpidité; sérénité; lucidité *f;* **2.** évidence *f.*
Klarinette *f* ‹-, -n› [klari'nɛtə] *mus* clarinette *f.* **Klarinettist** *m* ‹-en, -en› [-'tɪst] clarinettiste *m.*
klar=legen ['kla:r-] *tr,* **klar=machen** *tr fig* expliquer, exposer, éclaircir; ► *jdm etw ~* faire comprendre qc à qn. **Klarschrift** *f:* ► *in ~ (nicht chiffriert)* en clair. **klar=sehen** ‹*sieht, sah klar, klargesehen*› *itr* voir clair. **Klarsichthülle** *f* protège-documents *m.* **Klarsichtpackung** *f* emballage *m* sous cellophane. **klar=stellen** *tr* (re)mettre au point, mettre en évidence. **Klarstellung** *f* mise *f* au point. **Klartext** *m (nicht chiffriert)* texte *m* en clair; ► *im ~ heißt das ... (fig)* en un mot, ça veut dire ...
Klärung *f* ‹-, (-en)› clarification; décantation *f; fig* éclaircissement *m,* élucidation *f.*
Klasse ['klasə] **I.** *f* ‹-, -n› classe *(a. bot, zoo, Soziologie, Schule, sport, loc, mar); allg a.* catégorie, division *f;* **II.** *a pop (prima)* bath, chouette; ► *in ~n einteilen* class(ifi)er, répartir par classes; *erster ~ fahren* voyager en première classe; *e-e ~ überspringen, wiederholen* sauter, redoubler une classe; *die besitzende ~* les possédants *m pl.* **Klassenarbeit** *f* contrôle *m.* **klassenbewußt** *a* conscient de sa classe. **Klassenbewußtsein** *n* conscience *f* de classe. **Klassenbuch** *n (Schule)* journal *m* (de la classe). **Klassenhaß** *m* haine *f* de(s) classes. **Klassenjustiz** *f* justice *f* de classe(s). **Klassenkamerad** *m* camarade *m* de classe. **Klassenkampf** *m* lutte *f* des classes. **Klassenlehrer** *m* professeur *m* principal. **Klassenlotterie** *f* loterie *f* en plusieurs tirages. **Klassensprecher** *m* chef *m* de classe. **Klassenunterschiede** *m pl* distinction *f* des classes. **Klassenzimmer** *n* (salle de) classe *f.*

klassifizieren [klasifi'tsi:rən] ‹*ohne ge-*› *tr* class(ifi)er. **Klassifizierung** *f* classification *f*, classement *m*.
Klassik *f* ‹-, ø› ['klasɪk] classicisme *m*. **Klassiker** *m* ‹-s, -› ['klasikər] classique *m*. **klassisch** ['klasɪʃ] *a* classique.
Klatsch *m* [klatʃ] **1.** ‹-(e)s, -e› *(Klaps)* claque *f*; **2.** ‹-(e)s, ø› *fam (Geschwätz)* cancan; caquet, potin *m*, racontar; bavardage, commérage *m*. **Klatschbase** *f* cancanière, commère *f*. **klatschen** *itr* **1.** *(klapsen)* claquer; **2.** *(schwatzen)* bavarder, jaser; ► *Beifall* ~ applaudir (*jdm* qn); *in die Hände* ~ battre *od* claquer des mains. **Klatschmaul** *n* potinier, -ière; cancanier, -ière *m, f*. **Klatschmohn** *m* pavot, coquelicot *m*. **klatschnaß** *a* trempé jusqu'aux os. **Klatschspalte** *f* chronique *f*, rubrique *f* des chats écrasés.
klauben ['klaʊən] *tr (sortieren)* trier; *fig:* ► *Worte* ~ ergoter sur les mots, couper les cheveux en quatre. **Klauberei** [-'rai] *f fig* ergotage *m*, subtilités *f pl*.
Klaue *f* ‹-, -n› ['klaʊə] **1.** *zoo (Kralle)* griffe *f*, ongle *m*; *(Fuß)* patte *f*, pied *m*; **2.** *tech* griffe, patte *f*; **3.** *pl tech, a. fig* tenailles *f pl*; ► *in jds* ~*n geraten, sein* tomber sous les griffes, être entre les pattes de qn. **klauen** *tr fam (stehlen)* chiper, faucher, chaparder.
Klause *f* ‹-, -n› ['klaʊzə] **1.** *(Mönchszelle)* cellule *f*; *(Einsiedelei)* ermitage *m*; **2.** *(Schlucht)* cluse *f*, défilé *m*.
Klausel *f* ‹-, -n› ['klaʊzəl] clause, réserve, stipulation *f*.
Klausner *m* ‹-s, -› ['klaʊznər] *rel* reclus, ermite, solitaire *m*.
Klaustrophobie *f* ‹-, ø› [klaʊstrofo'bi:] *med* claustrophobie *f*.
Klausur *f* ‹-, -en› [-'zu:r] *rel* clôture *f*; ► *unter* ~ sous surveillance. **Klausurarbeit** *f* composition *f* faite sous surveillance; devoir *m* sur table; interrogation *f* écrite.
Klavier *n* ‹-s, -e› [kla'vi:r] piano *m*; ► *am* ~ au piano; ~ *spielen* jouer du piano. **Klavierbegleitung** *f* accompagnement *m* au piano. **Klavierhocker** *m* tabouret *m* de piano. **Klavierlehrer(in *f*)** *m* professeur *m* de piano. **Klavierspiel** *n* jeu *m* du piano. **Klavierspieler(in *f*)** *m* pianiste *m f*. **Klavierstimmer** *m* accordeur *m* de pianos. **Klavierstück** *n* morceau *m* de piano. **Klavierstunde** *f* leçon *f* de piano.
kleben ['kle:bən] **1.** *tr* coller; *(Anschlagzettel)* afficher; *bes. med* agglutiner; **2.** *itr (haften)* (se) coller, être collant, (s')attacher, adhérer, tenir (*an* à) *a. fig*; *med* s'agglutiner; ► *jdm eine* ~ *(pop)* flanquer une tarte *od* un marron à qn. **Kleb(e)streifen** *m* ruban *m* adhésif *od* de fixage. **klebrig** *a* collant, gluant, adhésif. **Klebstoff** *m* substance adhésive, colle *f* (blanche).
kleckern ['klɛkərn] *itr fam* faire des taches.
Klecks *m* ‹-es, -e› [klɛks] *(bes. Tintenfleck)* tache *f* (d'encre), pâté *m*. **klecksen** *itr* faire des taches *od* pâtés; *(Feder)* cracher.
Klee *m* ‹-s, ø› [kle:] *bot* trèfle *m*; ► *vierblättriger* ~ trèfle *m* à quatre feuilles. **Kleeblatt** *n* feuille *f* de trèfle.
Kleid *n* ‹-(e)s, -er› [klaɪt, '-dər] **1.** *allg* habit, vêtement *m*; **2.** *(Frauenkleid)* robe, *(elegantes)* toilette *f*; ► ~*er machen Leute (prov)* l'habit fait le moine. **kleiden** *tr* **1.** habiller; **2.** *(gut stehen)* aller bien, seoir (*jdn* à qn); *sich* ~ s'habiller; ► *in Worte* ~ *(fig)* mettre en forme, donner forme à, exprimer. **Kleiderablage** *f* vestiaire *m*. **Kleiderbügel** *m* cintre *m*. **Kleiderbürste** *f* brosse *f* à habits. **Kleiderhaken** *m* portemanteau *m*, patère *f*. **Kleidermotte** *f* mite *f*. **Kleiderschrank** *m* garde-robe (*pl* garde-robes), armoire *f* à habits. **kleidsam** *a* seyant; ► ~ *sein* aller bien. **Kleidung** *f* habillement *(a. Vorgang)*, vêtements, habits *m pl*, costume *m*; ► *getragene* ~ habits *m pl* usagés. **Kleidungsstück** *n* vêtement *m*.
Kleie *f* ‹-, -n› ['klaɪə] son; *(grobe)* bran *m*.
klein [klaɪn] *a* **1.** petit *a. fig*, menu; *(winzig)* exigu, infime; **2.** *(unbedeutend)* faible, médiocre, insignifiant; minime, peu important; ► *ein* ~ *wenig* un (tout) petit peu, un tantinet; *von* ~ *auf* dès mon *etc* enfance; ~ *anfangen (fam)* partir de rien; ~ *beigeben (fam)* céder le terrain, filer doux; *jdn von* ~ *auf kennen* avoir vu naître qn; ~*er machen* diminuer; *(auf)* ~ *stellen (Gasflamme)* mettre en veilleuse; ~*er werden* rapetisser, diminuer; ~*er Fehler m* faute *f* légère; *der* ~*e Mann (fig)* l'homme *m* du peuple.
Klein *n* ‹-s, ø› [klaɪn] *(~fleisch)* abattis *m pl*. **Kleinanzeige** *f* petite annonce *f*. **Kleinasien** *n* l'Asie *f* Mineure. **Kleinbauer** *m* petit cultivateur *od* propriétaire *m*. **Kleinbetrieb** *m* petite exploitation *od* entreprise *f*. **Kleinbildkamera** *f* appareil *m* pour photos de format réduit. **Kleinbuchstabe** *m* (lettre) minuscule, petite lettre *f*. **Kleinbürger** *m* petit bourgeois *m*. **kleinbürgerlich** *a* de (la) petit(e) bourgeois(ie); petit bourgeois. **Kleinbürgertum** *n* petite bourgeoisie *f*. **Kleinfamilie** *f* famille *f* nucléaire. **Kleinflugzeug** *n* avionnette *f*. **Kleingedruckte(s)** *n* ce qui est imprimé en petits caractères. **Kleingeld** *n* (petite *od* menue) monnaie *f*. **kleingläubig** *a* pusillanime. **klein=hacken** *tr* hacher menu. **Kleinhandel** *m* petit commerce, commerce *m* de détail. **Kleinhändler** *m* détaillant, petit mar-

chand, marchand *m* au détail. **Kleinheit** *f* ⟨-, ø⟩ petitesse; *(Geringfügigkeit)* exiguïté *f*. **Kleinhirn** *n anat* cervelet *m*. **Kleinholz** *n* **1.** petit *od* menu bois *m*; **2.** *arg aero* casse *f*. **Kleinigkeit** *f* bagatelle *f*, rien *m*, *fam* vétille, babiole *f*; ▶ *sich über -e- ~ aufregen* se fâcher pour un rien; *(das ist e-e) ~!* c'est un jeu d'enfant; la belle affaire! *das ist keine ~!* ce n'est pas une petite affaire, *fam* ce n'est pas de la tarte! **Kleinigkeitskrämer** *m* pédant, vétillard, tatillon *m*. **Kleinkalibergewehr** *n* carabine *f* de petit calibre *od* miniature. **Kleinkind** *n* petit enfant *m*. **Kleinkram** *m* riens *m pl*, vétilles, *fam* babioles, broutilles *f pl*, menu fretin *m*. **Kleinkrieg** *m* guerre de partisans, guérilla *f*. **klein≈kriegen** *tr fig fam (e-n Gegner)* aplatir; *nicht kleinzukriegen(d) a* de fer. **Kleinkriminalität** *f* petite délinquance *f*. **kleinlaut** *a* décontenancé, interdit, découragé. **kleinlich** *a* **1.** petit, pédant, vétilleux, tatillon; *(genau)* minutieux; *(mit Geld)* chiche; **2.** *(engstirnig)* étroit, borné, mesquin. **Kleinlichkeit** *f* pédanterie; mesquinerie *f*. **Kleinmöbel** *n pl* petits meubles *m pl*. **kleinmütig** *a* pusillanime, timoré, découragé. **Kleinod** *n* ⟨-(e)s, -e/-dien⟩ ['klaɪno:t, -də, -'no:diən] *a. fig* bijou; joyau; *fig* trésor *m*. **Kleinrechner** *m inform* calculatrice *f*, mini-ordinateur *m*. **Kleinrentner** *m* petit retraité *m*. **kleinschneiden** ⟨*schneidet, schnitt klein, kleingeschnitten*⟩ *tr (Küche)* émincer. **Kleinsparer** *m* petit épargnant *m*. **Kleinstaat** *m* petit État. **Kleinstaaterei** *f* particularisme *m*. **Kleinstadt** *f* petite ville *f*. **Kleinverdiener** *m* gagne-petit *m*. **Kleinvieh** *n* petit *od* menu bétail *m*. **Kleinwagen** *m mot* voiture *f* de petite cylindrée.

Kleister *m* ⟨-s, -⟩ ['klaɪstər] colle *f* (d'amidon *od* de pâte). **kleistern** *tr* coller.

Klemme *f* ⟨-, -n⟩ ['klɛmə] **1.** *(Klammer)* pince *f*; *el* serre-fils *m*, borne *f*; **2.** *fig fam* pétrin *m*, *(geldlich)* gêne *f*; ▶ *in die ~ geraten* avoir des ennuis; *in der ~ sein* od *sitzen (fam)* être coincé *od* dans le pétrin *od* pris entre deux feux *od* pris en sandwich; *(geldlich)* tirer le diable par la queue. **klemmen** **1.** *tr* serrer, presser, pincer; **2.** *itr (verklemmt sein)* coincer.

Klempner *m* ⟨-s, -⟩ ['klɛmpnər] ferblantier; *(~ u. Rohrleger)* plombier(-zingueur) *m*. **Klempnerei** *f* [-'raɪ] ferblanterie; plomberie *f*.

Klepper *m* ⟨-s, -⟩ ['klɛpər] *fam (schlechtes Pferd)* canasson *m*, rosse, haridelle *f*.

klerikal [kleri'ka:l] *a pol* clérical. **Kleriker** *m* ⟨-s, -⟩ ['kle:rikər] *rel* ecclésiastique *m*. **Klerus** *m* ⟨-, ø⟩ ['kle:rus] *(Geistlichkeit)* clergé *m*.

Klette *f* ⟨-, -n⟩ ['klɛtə] **1.** *bot* bardane *f*, glouteron *m*; **2.** *fig fam (Mensch)* crampon *m*; ▶ *sich wie e-e ~ an jdn hängen* se cramponner à qn. **Klett(en-)verschluß** *m* ['klɛt(ən)-] bande *f* agrippante.

Klettereisen *n* ['klɛtər-] crampon, grappin *m*. **Klettermast** *m*, **Kletterstange** *f (Turngerät)* mât; *(mit aufgehängten Preisen)* mât *m* de cocagne. **klettern** *itr* ⟨*sein*⟩ grimper (*auf* sur, *an* à); ▶ *~ auf* escalader. **Kletterpflanze** *f* plante *f* rampante. **Kletterrose** *f (als Pflanze)* rosier *m* sarmenteux. **Kletterwand** *f sport (im Gebirge)* école de rocher, varappe *f*.

Klettverschluß *s. Klettenverschluß.*

Klima *n* ⟨-s, (-s/-te)⟩ ['kli:ma, -'ma:tə] climat *m*. **Klimaanlage** *f* conditionnement de l'air, climatiseur *m*; ▶ *mit (e-r) ~ (ausgestattet)* climatisé, à air conditionné. **Klimakterium** *n* ⟨-s, ø⟩ [-mak'te:rium] *physiol* ménopause *f*. **klimatisch** [-'ma:tɪʃ] *a* climatique. **klimatisieren** [-ti'zi:rən] ⟨*ohne ge-*⟩ *tr (mit e-r Klimaanlage versehen)* climatiser, conditionner. **Klimatologie** *f* [klimatolo'gi:] ⟨-, ø⟩ climatologie *f*. **Klimawende** *f mete* changements *m pl* climatiques.

klimmen ['klɪmən] ⟨*klomm* od *klimmte; geklommen* od *geklimmt*⟩ *itr* ⟨*sein*⟩ grimper. **Klimmzug** *m sport* suspension *f* fléchie.

klimpern ['klɪmpərn] *itr* **1.** tinter; **2.** *mus (auf dem Klavier)* tapoter (du piano), *fam* pianoter.

Klinge *f* ⟨-, -n⟩ ['klɪŋə] lame; *(Degen)* épée *f*, fer *m*.

Klingel *f* ⟨-, -n⟩ ['klɪŋəl] sonnette; *(Schelle)* clochette *f*; *(am Fahrrad)* timbre *m*; ▶ *elektrische ~* sonnerie *f* électrique. **Klingelknopf** *m* bouton *m* de sonnette. **klingeln** *itr* sonner; ▶ *es klingelt* on sonne; *das Telefon klingelt* le téléphone sonne. **Klingelzeichen** *n* coup *m* de sonnette.

klingen ['klɪŋən] ⟨*klang, geklungen*⟩ *itr* **1.** sonner, résonner, retentir; *(Glocke)* tinter; **2.** *fig (Worte)* sonner, *(auf den Sinn bezogen)* paraître; ▶ *es klingt ja, als ob du ...* à t'entendre on a l'impression que tu ...; *das klingt wie ein Vorwurf* on dirait un reproche; *die Ohren ~ mir, es klingt mir in den Ohren* les oreilles me tintent.

Klinik *f* ⟨-, -en⟩ ['kli:nɪk] clinique *f*. **klinisch** ['kli:nɪʃ] *a* clinique.

Klinke *f* ⟨-, -n⟩ ['klɪŋkə] *(Türklinke)* poignée, clenche *f*, loquet *m*.

Klinker *m* ⟨-s, -⟩ ['klɪŋkər] *(Baustein)* brique *f* hollandaise *od* recuite *od* vernissée.

klipp [klɪp] *adv*: ▶ *~ und klar* clair et net.

Klippe *f* ⟨-, -n⟩ ['klɪpə] écueil, brisant *m*.

klirren ['klɪrən] *itr* cliqueter; *(Gläser)* tinter.
Klischee *n* ‹-s, -s› [klɪ'ʃe:] *typ* cliché, galvano *m*. **klischieren** [-'ʃi:rən] ‹*ohne ge-*› *tr* clicher.
Klistier *n* ‹-s, -e› [klɪs'ti:r] *med* lavement, clystère *m*.
klitschnaß ['klɪtʃ'nas] *a* trempé jusqu'aux os *od* comme une soupe.
Klo *n* ‹-s, -s› [klo:] *fam* toilettes *f pl*; ▶ *aufs ~ gehen* aller aux toilettes.
Kloake *f* ‹-, -n› [klo'a:kə] égout; *a. zoo u. fig* cloaque *m*. **Kloakenjournalismus** *m* journalisme *m* de bas-fonds.
klobig ['klo:bɪç] *a* **1.** *(Möbelstück)* massif, trapu; aux lignes lourdes; **2.** *(Mensch: plump)* grossier, rude, pataud.
Klon [klo:n] ‹-s, -e› *n (bot, Genetik)* clone *m*. **klonen** *tr* cloner. **Klonen** *n* clonage *m*.
klönen ['klø:nən] *itr fam (plaudern)* bavarder.
klopfen ['klɔpfən] *itr* **1.** *(an die Tür)* frapper; **2.** *(Herz)* battre, palpiter; *(Herz, Motor)* cogner; *tr* **3.** *(Teppich)* battre; *(Fleisch)* taper; *(sanft)* tapoter (*auf etw* qc); **4.** *(Steine)* casser; ▶ *jdm auf die Finger ~* donner sur les doigts à qn; *es klopft* on frappe. **klopffest** *a mot* antidétonant. **Klopfholz** *n* maillet *m*. **Klopfsauger** *m* aspiro-batteur *m*.
Klöppel *m* ‹-s, -› ['klœpəl] **1.** *(Glockenklöppel)* battant *m*; **2.** *(Spitzenklöppel)* fuseau *m* (à dentelle). **klöppeln** *tr u. itr* faire de la dentelle aux fuseaux. **Klöppelspitze** *f* dentelle *f* au(x) fuseau(x).
Klops *m* ‹-es, -e› [klɔps] *dial (Kloß)* quenelle *f*.
Klosett *n* ‹-s, -e/-s› [klo'zɛt] cabinets, lieux *m pl* d'aisance, water-closet, W.-C. *m*, *fam* waters *m pl*. **Klosettbecken** *n* cuvette *f* de W.-C. **Klosettbürste** *f* balai *m* de W.-C. **Klosettpapier** *n* papier *m* hygiénique.
Kloß *m* ‹-es, ¨-e› [klo:s, 'klø:sə] *(geformte Kugel)* boule; *(Küche)* boulette *f*.
Kloster *n* ‹-s, ¨-› ['klo:stər, 'klø:stər] monastère, couvent *m*. **Klosterkirche** *f* église *f* conventuelle. **Klosterleben** *n* vie *f* monastique *od* monacale.
klösterlich ['klø:stərlɪç] *a* conventuel, claustral.
Klosterschule *f* école *f* conventuelle *od* monastique.
Klotz *m* ‹-es, ¨-e/(¨-er)› [klɔts, 'klœtsə] **1.** bloc *m* de bois, bûche *f*; *(Hackklotz)* billot *m*; **2.** *fig fam (Tölpel)* masse *f* de chair, lourdaud, rustre *m*; ▶ *grober ~ (fig)* ours *m* mal léché. **klotzen** *itr pop* **1.** *(hart arbeiten)* travailler dur, bosser; **2.** *(viel ausgeben)* dépenser beaucoup. **klotzig** *a* **1.** *(massig)* massif; *(schwer)* lourd; *(grob)* grossier; **2.** *fig fam (riesig)* énorme.
Klub *m* ‹-s, -s› [klʊp] club, cercle *m*. **Klubmitglied** *n* adhérent *m*. **Klubsessel** *m* fauteuil-club *m*.
Kluft *f* ‹-, ¨-e› [klʊft] **1.** *(Spalte)* fente, crevasse; *(Schlucht)* ravine, gorge *f*; **2.** *fig* fossé *m*.
klug [klu:k] ‹*klüger, klügst*› *a* intelligent; *(scharfsinnig)* sagace, perspicace; *(aufgeweckt)* éveillé; *(vernünftig)* sensé, judicieux; *(weise)* sage; *(schlau, vorsichtig)* prudent, avisé; *(listig)* astucieux, rusé, fin; *(erfinderisch)* ingénieux; ▶ *~ genug sein, um zu (a.)* avoir le bon esprit de; *nicht ~ werden aus* ne rien comprendre à; *das war sehr ~ von dir* tu t'y es pris très astucieusement; *der Klügere gibt nach (prov)* reculer n'est pas céder; *durch Schaden wird man ~ (prov)* dommage rend sage.
Klügelei *f* ‹-, -en› [kly:gə'lai] subtilité, argutie *f*. **klügeln** ['kly:gəln] *itr* subtiliser, ergoter.
Klugheit *f* ‹-, ø› intelligence; sagacité, perspicacité; sagesse; prudence; astuce, finesse; ingéniosité *f*.
Klumpen *m* ‹-s, -› ['klʊmpən] boule, pelote; *(Masse)* masse *f*; *(Haufen)* tas *m*; *(Erd-, Butter~)* motte *f*; *(Metall~)* bloc *m*. **Klumpfuß** *m* pied *m* bot.
Klüngel *m* ‹-s, -› ['klʏŋəl] *pej (Sippschaft)* clique, coterie *f*, clan *m*.
knabbern ['knabərn] *tr (a. itr: ~ an)* croquer, grignoter; ▶ *daran wird er noch lange zu ~ haben (fig)* il n'est pas encore au bout de ses peines.
Knabe *m* ‹-n, -n› ['kna:bə] garçon(net), enfant *m*.
Knack *m* ‹-(e)s, -e› [knak] *(leichter Knall)* craquement *m*. **knack** *interj* crac! **knacken** **1.** *itr* craquer; **2.** *tr (Nüsse)* casser; *(Geldschrank)* forcer, ouvrir par effraction. **Knacker** *m* ‹-s, -›: ▶ *alter ~ (fam)* vieux gâteux *m*. **Knackgeräusch** *n radio tele* crépitement *m*. **knackig** ['knakɪç] *a (Salat)* croquant; *(Mädchen)* sexy; *(Bräune)* beau; *(Hitze)* vif; *(Spruch)* marquant, saisissant. **Knackpunkt** *m* pierre *f* angulaire, point *m* crucial. **Knacks** *m* ‹-es, -e› *(Sprung, Riß)* fêlure *f*; ▶ *e-n ~ haben (fig)* avoir le timbre fêlé.
Knäckebrot ['knɛkə-] *n* galette *f* suédoise *od* croustillante.
Knall *m* ‹ -(e)s, (-e)› [knal] éclat; *(Tür, Peitsche)* claquement *m*; *(Feuerwaffe)* détonation *f*, coup *m* de feu; *(Explosion, a. mot)* explosion, fulmination *f*; *~ und Fall (adv)* au coup de marteau. **Knallbonbon** *m* od *n* bonbon *m* fulminant. **Knalleffekt** *m theat* coup *m* de théatre. **knallen** *itr* **1.** éclater; *(Tür, Peitsche)* claquer; *(explodieren)* faire explosion, exploser, détoner, fulminer; **2.** *fam (schießen)* tirer; ▶ *jdm eine ~ (pop) (runterhauen)* flanquer une gifle

à qn; *mit der Peitsche* ~ faire claquer son fouet. **Knallerbse** *f* pois *m* fulminant. **Knallfrosch** *m* pétard *m*. **Knallgas** *n* gaz détonant *od* oxhydrique, mélange *m* tonnant. **knallhart** *a* de fer. **knallig** *a (Farbe)* voyant; *(Schlagzeile)* qui fait du bruit. **Knallkopf** *m* tête *f* brûlée. **knallrot** *a fam* rouge vif.

knapp [knap] **I.** *a* **1.** *(eng)* étroit, serré, juste; **2.** *(spärlich)* rare, maigre; *(geringfügig)* modique, exigu; *(beschränkt)* borné, limité; *(Zeit)* bref; **3.** *(Stil)* concis, succinct; **II.** *adv (kaum)* de justesse, (tout) juste, à peine, ne ... guère; ► ~ *dran sein, sein ~es Auskommen haben* avoir tout juste de quoi vivre; ~ *werden (Ware)* s'épuiser; *und nicht zu ~! (fam)* et comment! *~e Mehrheit f (parl)* faible majorité *f; e-e ~e Stunde* une petite heure; à peine une heure.

Knappe *m* ‹-n, -n› ['knapə] **1.** *hist* écuyer, valet *m;* **2.** *mines* mineur *m.*

knapp=halten *tr* traiter chichement.

Knappheit *f* ‹-, ø)› ['knaphaıt] **1.** *(Enge)* étroitesse, justesse *f;* **2.** *(Mangel)* rareté, pénurie, disette *f;* **3.** *(des Stils)* concision *f.*

Knappschaft ['knapʃaft] *f mines* corporation *f od* corps *m* des mineurs.

Knarre *f* ‹-, -n› ['knarə] **1.** *(Spielzeug)* crécelle *f;* **2.** *pop (Gewehr)* flingot, flingue *m.* **knarren** *itr* craquer; *(Tür)* grincer, gémir.

Knast *m* ‹-(e)s, -e› [knast] *arg (Gefängnis)* taule *f.*

knattern ['knatərn] *itr* pétiller, *fam* péter; pétarader *a. mot.*

Knäuel *m* od *n* ‹-s, -› ['knɔʏəl] peloton *m; (Garn)* pelote *f; fig (Menschen)* tas *m.*

Knauf *m* ‹-(e)s, ¨-e› [knauf, 'knɔʏfə] *(Degen)* pommeau; *(Tür)* bouton *m.*

Knauser *m* ‹-s, -› ['knauzər] lésineur, ladre *m.* **Knauserei** *f* [-'raı] lésin(eri)e, ladrerie, *fam* pingrerie, économie *f* de bouts de chandelle. **knauserig** *a* lésineur, ladre, chiche. **knausern** *itr* lésiner.

knautschen ['knautʃən] *tr fam* froisser, chiffonner. **knautschig** *a* froissé. **Knautschlackleder** *n* cuir *m* verni frippé. **Knautschzone** *f* zone *f* de poussée.

Knebel *m* ‹-s, -› ['kne:bəl] **1.** bâillon *m;* **2.** *(Spannkeil)* garrot *m a. med;* bâillon *m.* **Knebelbart** *m* barbiche, impériale *f.* **knebeln** *tr a. fig* bâillonner *a. fig (unterdrücken)* supprimer.

Knecht *m* ‹-(e)s, -e› [knɛçt] *(Bauern~)* garçon *od* valet de ferme; *(Haus~)* domestique, valet; *allg (Diener)* valet, serviteur *m.* **knechten** *tr* asservir, réduire en servitude. **knechtisch** *a* servile. **Knechtschaft** *f* ‹-, ø› servitude *f,* servage, esclavage *m.* **Knechtung** *f* ‹-, (-en)› avertissement *m.*

kneifen ['knaıfən] ‹*kniff, gekniffen*› *tr* **1.** pincer *(jdn in die Backe* la joue à qn); *itr* **2.** *(Gegenstand am Körper)* pincer; **3.** *fig fam (sich drücken)* s'éclipser, se dérober, s'esquiver. **Kneifzange** tenailles *f pl,* pince *f.*

Kneipe *f* ‹-, -n› ['knaıpə] *fam* bistrot, assommoir *m; pej* boîte *f.* **kneipen** *itr fam (zechen)* chopiner, *pop* riboter.

Kneippkur *f* ['knaip-] cure *f* homéopathique.

kneten ['kne:tən] *tr (Teig)* pétrir; *(Wachs)* modeler; *(massieren)* masser. **Knetmaschine** *f* pétrin mécanique, malaxeur *m.* **Knetmasse** *f* plastiline *f.*

Knick *m* ‹-(e)s, -e› [knık] *(unvollständiger Bruch)* brisure *f; (Falte)* pli *m,* pliure, froissure *f; (Biegung)* coude *m,* courbure *f.* **knicken** *tr* ‹*h*› **1.** *(unvollständig brechen)* briser; *(falten)* plier, plisser; *(biegen, krümmen)* couder, courber; **2.** *fig (seelisch)* affliger, accabler; *itr* ‹*sein*› **3.** *(umknicken)* briser; ► *nicht ~!* ne pas plier! **Knicks** *m* ‹-es, -e› révérence *f.* **knicksen** *itr* faire une révérence.

Knie *n* ‹-s, -› [kni:, 'kni:ə] genou *a. tech; tech* coude; *allg (Biegung, bes. e-r Straße, e-s Flusses)* coude *m;* ► *auf den ~n* à genoux; *die ~ beugen* fléchir les genoux (*vor* devant); *übers ~ brechen (fig)* brusquer, décider à la légère; *in die ~ gehen (fig)* céder, s'incliner, plier le genou; *in die ~ zwingen* (faire) mettre à genoux; faire toucher les épaules; *fig* subjuguer, triompher de. **Kniebeuge** *f sport* flexion *f* des genoux. **Kniefall** *m* génuflexion *f.* **kniefrei** *a:* ► *~er Rock m* jupe *f* arrêtée au-dessus du genou. **Kniegelenk** *n* articulation *od* jointure *f* du genou. **Kniekehle** *f* jarret, creux *m* poplité. **knien** ['kni:ən] ‹*kniete, gekniet*› *itr* s'agenouiller, se mettre à genoux; *(Zustand)* être à genoux (*vor jdm* devant qn). **Kniescheibe** *f anat* rotule *f.* **Kniescheibenreflex** *m* reflexe *m* rotulien. **Knieschützer** *m* protège-genou *m.* **Kniestrumpf** *m* (de)mi-bas *m,* chaussette *f* (montante). **Kniestück** *n tech* genou, raccord *od* tuyau *m* coudé. **Kniewärmer** *m* genouillère *f.*

Kniff *m* ‹-(e)s, -e› [knıf] **1.** *(Falte)* pli *m;* **2.** *fig (Kunstgriff)* artifice *m,* ruse, ficelle, finasserie *f; pl* tripotage *m.* **kniffen** *tr* plier, plisser. **kniff(e)lig** *a (Sache)* délicat, subtil, épineux.

knipsen ['knıpsən] *itr* **1.** claquer (*mit den Fingern* des doigts); **2.** *fam phot* photographier; **3.** *el* tourner le bouton; *tr* **4.** *(wegschnellen)* lancer du bout des doigts *od* d'une chiquenaude; **5.** *(lochen)* poinçonner, perforer; **6.** *phot* prendre en instantané, photographier.

Knirps *m* ‹-es, -e› [knırps] *(Mensch)*

bout d'homme, nabot, *fam* mioche, marmo(use)t *m.*

knirschen ['knɪrʃən] *itr* craquer, crier, crisser; ▶ *mit den Zähnen* ~ grincer des dents.

knistern ['knɪstərn] *itr* craqueter; *(Feuer)* pétiller; *(Stoff)* crépiter.

knitterfrei ['knɪtər-] *a* infroissable. **knittern** *itr* se froisser, se chiffonner.

knobeln ['kno:bəln] *itr* **1.** *(würfeln)* jouer aux dés; *(losen)* tirer au sort; **2.** *fig (herumraten)* se creuser la cervelle.

Knoblauch *m* ‹-(e)s, ø› ['kno:plaux] *bot* ail *m.* **Knoblauchpresse** *f* presse *f* à ail.

Knöchel *m* ‹-s, -› ['knœçəl] *anat (Finger)* nœud *m; (Fuß)* cheville, malléole *f.* **knöchellang** *a* jusqu'aux chevilles, jusqu'à la cheville.

Knochen *m* ‹-s, -› ['knɔxən] os *m;* ▶ *das ist mir so in die* ~ *gefahren (fig fam)* cela m'a cassé bras et jambes; *mir tun alle* ~ *weh (fam)* je suis brisé de fatigue. **Knochenbruch** *m* fracture *f.* **Knochengerüst** *n* ossature, charpente *f* osseuse, squelette *m.* **Knochenmark** *n* moelle *f* (osseuse). **Knochensplitter** *m* éclat *m* d'os, esquille *f.* **knochentrocken** *a* très sec.

knöchern ['knœçərn] *a* **1.** osseux, d'os, en os; **2.** *fig* sec, raide, racorni.

knochig ['knɔxɪç] *a* osseux, décharné; *(grob~)* ossu.

Knockout *m* ‹-(s), -s› [nɔk'ʔaʊt] *sport* knock-out *m,* mise *f* hors de combat.

Knödel *m* ‹-s, -› ['knø:dəl] *(Küche)* boulette *f.*

Knolle *f* ‹-, -n› ['knɔlə] *bot* tubercule; *(Zwiebel)* bulbe *m.* **Knollen** *m* ‹-s, -› *(Klumpen)* grumeau *m.* **Knollenblätterpilz** *m* oronge *f* vineuse. **Knollengewächs** *n bot* plante *f* bulbeuse. **Knollennase** *f* nez *m* en forme de patate. **Knollensellerie** *m* céleri-rave *m.*

Knopf *m* ‹-(e)s, ¨-e› [knɔpf, 'knœpfə] **1.** bouton *m;* **2.** *(Knauf)* pomme *f,* pommeau *m;* **3.** *(Drücker)* poussoir; *(Klingelknopf)* bouton *m;* ▶ *e-n* ~ *annähen* coudre un bouton; *auf den* ~ *drücken* presser le bouton, pousser le *od* appuyer sur le déclic.

knöpfen ['knœpfən] *tr* boutonner.

Knopfloch *n* ['knɔpf-] boutonnière *f.*

Knorpel *m* ‹-s, -› ['knɔrpəl] *anat* cartilage; *(im Fleisch)* croquant *m.* **knorp(e)lig** *a* cartilagineux.

Knorren *m* ‹-s, -› ['knɔrən] *(im Holz)* nœud *m; (am Stamm* od *Ast)* loupe *f,* broussin *m.* **knorrig** *a* noueux, raboteux.

Knospe *f* ‹-, -n› ['knɔspə] *(Blatt~)* bourgeon; *(Blüten~)* bouton *m; (der Fortpflanzung dienende)* gemme *f;* ▶ *~n treiben,* **knospen** *itr* bourgeonner; boutonner.

Knoten *m* ‹-s, -› ['kno:tən] **1.** nœud m *a. mar, bot;* **2.** *fig* nœud, obstacle *m;* complication *f, fam* hic; **3.** *(Haar~)* chignon *m;* ▶ *e-n* ~ *machen aufmachen* od *lösen* faire, défaire un nœud. **knoten** *tr* nouer; *itr* faire un nœud; *(Netz)* faire du filet. **Knotenpunkt** *m* point *m* de raccordement, (point *m* de) jonction, patte-d'oie *f; loc* nœud *m* ferroviaire, gare *f* de jonction *od* d'embranchement *od* de bifurcation. **Knotenstock** *m* bâton *m* noueux. **knotig** *a* noueux.

Know-how ['noʊhaʊ] ‹-s, ø› *n* savoir-faire *m.*

knüllen ['knʏlən] *tr* froisser, chiffonner.

Knüller *m* ‹-s, -› ['knʏlər] *fam (Schlager, Reißer)* sensation *f; (Lied)* tube *m.*

knüpfen ['knʏpfən] *tr* **1.** *a. fig* nouer, lier; **2.** *(Knoten, Netz)* faire; ▶ *etw an e-e Bedingung* ~ soumettre qc à une condition.

Knüppel *m* ‹-s, -› ['knʏpəl] *(Stock)* bâton, gourdin *m,* matraque *f; (Rundholz)* rondin *m;* ▶ *jdm (e-n)* ~ *zwischen die Beine werfen (fig)* mettre des bâtons dans les roues à qn. **Knüppeldamm** *m* chemin *m* de rondins. **knüppeldick** *a fam:* ▶ *er hat es* ~ *hinter den Ohren* c'est un madré.

knurren ['knʊrən] *itr (Hund)* gronder; *(Magen)* grouiller, gargouiller; *fig (Mensch)* grogner; ▶ *mein Magen knurrt* j'ai des gargouillements. **knurrig** *a (Mensch)* grondeur, grognon.

knusp(e)rig ['knʊsp(ə)rɪç] *a (Küche)* croustillant, croquant. **knuspern** *tr* croquer, croustiller, grignoter.

knutschen ['knu:tʃən] *tr pop (herzen)* caresser, *fam* bécoter, tripoter, *pop* peloter. **Knutschfleck** *m* suçon *m.*

K. o. *m* [kao] k.-o. *m.*

koagulieren [koagu'li:rən] *tr* ‹*aux: haben*› *chem* coaguler; *itr* ‹*aux: sein*› se coaguler.

Koalition *f* ‹-, -en› [koalitsi'o:n] *pol* coalition *f.* **Koalitionspartner** *m* partenaire *m* de coalition. **Koalitionsregierung** *f* gouvernement *m* de coalition. **Koalitionswechsel** *m* changement *m* de coalition.

koaxial [koʔa'ksia:l] *a* coaxial. **Koaxialkabel** *n* câble *m* coaxial.

Kobalt *n* ‹-s, ø› ['ko:balt] *chem* cobalt *m.*

Koblenz *n* ['ko:blɛnts] Coblence.

Kobold *m* ‹-(e)s, -e› ['ko:bɔlt, -də] lutin, farfadet *m.*

Kobra *f* ‹-, -s› ['ko:bra] *zoo* cobra, serpent *m* à lunettes.

Koch *m* ‹-(e)s, ¨-e› [kɔx, 'kœçə] cuisinier *m;* ▶ *viele Köche verderben den Brei (prov)* trop de cuisiniers gâtent la sauce. **Kochbuch** *n* livre *m* de cuisine. **kochen** *itr* **1.** *(Flüssigkeit)* bouillir; *(Speise)* cuire; **2.** *(die Küche führen)* faire la cuisine; *tr* **3.** cuisiner, préparer, faire; ▶ *gut ~ (können)* être bon cuisinier, bonne cuisinière; *vor Wut ~* bouillir de colère, bouillonner de fureur. **Kochen** *n* **1.** *(Sieden)* cuisson; *(Aufwallen)* ébullition *f*; **2.** *(Tätigkeit)* cuisine *f*. **kochend** *a* bouillant, en ébullition. **Kocher** *m* ‹-s, -› *(Gerät)* réchaud *m*.

Köcher *m* ‹-s, -› ['kœçər] carquois *m*.

kochfest *a* lavable à l'eau bouillante, garanti à l'ébullition; ▶ *~e Wäsche f* linge *m* à bouillir.

Kochgeschirr *n* ['kɔx-] batterie de cuisine; *mil* gamelle *f*.

Köchin *f* ‹-, -nen› ['kœçın] cuisinière *f*.

Kochkiste *f* ['kɔx-] marmite *f* norvégienne. **Kochkunst** *f* art *m* culinaire, gastronomie *f*. **Kochlöffel** *m* cuiller *f* de bois *od* à pot. **Kochnische** *f* coin-cuisine *m*, kitchenette, cuisinette *f*. **Kochrezept** *n* recette *f*. **Kochsalz** *n* sel *m* de cuisine. **Kochtopf** *m* pot *m*, marmite *f*; *(großer)* fait-tout *m*.

Köder *m* ‹-s, -› ['kø:dər] appât *m*, amorce *f*; leurre *m a. fig*. **ködern** *tr* appâter, amorcer, leurrer; *fig* allécher.

kodieren [ko'di:rən] *tr* coder. **Kodiergerät** *n* codeur *m*. **Kodierung** *f* codage *m*.

Koedition *f* ‹-, -en› coédition *f*.

Koedukation *f* ‹-, ø› [koedukatsi'o:n] éducation *f od* enseignement *m* mixte.

Koexistenz *f* ‹-, ø› [koɛksıs'tɛnts] *pol* coexistence *f*; ▶ *friedliche ~* coexistence *f* pacifique.

Koffein *n* ‹-s, ø› [kɔfe'i:n] caféine *f*. **koffeinfrei** *a* décaféiné. **koffeinhaltig** *a* contenant de la caféine, non décaféiné.

Koffer *m* ‹-s, -› ['kɔfər] *(großer)* coffre *m*, malle; *(Handkoffer)* valise, mallette *f*; ▶ *s-e ~ packen (abreisen)* faire *od* boucler ses valises. **Kofferfernseher** *m* téléviseur *m* portatif. **Kofferradio** *n* poste (de radio) portatif, récepteur *m* portatif. **Kofferraum** *m mot* coffre *m*; *a. mar aero* soute *f*.

kohärent [kohɛ'rɛnt] *a (zs.hängend)* cohérent.

Kohl *m* [ko:l] **(1)** ‹-(e)s, -e› chou *m*; ▶ *das macht den ~ nicht fett (fig fam)* ça ne met pas de beurre dans les épinards; **(2)** ‹-(e)s, ø› *fam (Geschwätz, Unsinn)* bavardage, radotage, galimatias *m*.

Kohldampf *m* ['ko:l-] *fam* faim-valle *f*; ▶ *~ schieben (fam)* se mettre la ceinture, *pop* bouffer des briques.

Kohle *f* ‹-, -n› ['ko:lə] **1.** charbon *m*; *(Steinkohle)* houille *f*; **2.** *(Zeichenkohle)* fusain *m*; ▶ *mit ~n heizen* chauffer au charbon; *(wie) auf glühenden ~n sitzen* être sur des charbons ardents, être sur la braise *od* sur le gril *od* au supplice; *weiße ~* houille *f* blanche.

Kohlehydrate *n pl* **1.** *chem* hydrates *m pl* de carbone; **2.** *biol* glucides *m pl*. **kohlen** *itr (verkohlen)* carboniser, charbonner. **Kohlekraftwerk** *n* centrale *f* thermique au charbon.

Kohlenabbau *m* ['ko:lən-] exploitation *od* extraction *f* de la houille. **Kohlenbecken** *n* **1.** *geol* bassin *m* houiller; **2.** *(Gerät)* brasier, brasero *m*. **Kohlenbergbau** *m* charbonnage *m*. **Kohlenbergwerk** *n* houillère, mine *f* de houille *od* de charbon. **Kohlendioxyd** *n* anhydride *m* carbonique. **Kohlenflöz** *n* couche *od* veine *f* de houille, gîte *m* houiller. **Kohlenförderung** *f* production *f* charbonnière *od* houillère. **Kohlengebiet** *n* bassin *m* houiller. **Kohlengrus** *m* menu (charbon), charbon menu, grésillon *m*. **Kohlenhalde** *f* stock *m* de charbon, charbonnerie *f*. **Kohlenhändler** *m* charbonnier *m*. **Kohlenhandlung** *f* commerce *m* de charbon. **Kohlenherd** *m* fourneau *m* à charbon. **Kohlenkasten** *m* caisse *f* à charbon. **Kohlenkeller** *m* cave *f* à charbon, charbonnier *m*. **Kohlenofen** *m* four *od* poêle *m* à charbon. **Kohlenoxid, Kohlenoxyd** *n chem* oxyde *m* de carbone. **Kohlensäure** *f* acide *m* carbonique. **Kohlenschaufel** *f* pelle *f* à charbon, *tech* à feu *od* de four. **Kohlenstaub** *m* poussier *m*. **Kohlenstoff** *m chem* carbone *m*. **Kohlenteer** *m* goudron de houille, coaltar *m*. **Kohlenvorkommen** *n* gisement *m* houiller. **Kohlenvorrat** *m* approvisionnement *od* stock *m* de charbon. **Kohlenwagen** *m* **1.** *mines* banne, benne, berline *f*; **2.** *loc* tender *m*. **Kohlenwasserstoff** *m chem* carbure *m* d'hydrogène. **Kohlenzange** *f* pince *f* à charbon.

Kohlepapier *n* ['ko:lə-] papier *m* carbone.

Köhler *m* ‹-s, -› ['kø:lər] charbonnier *m*.

Kohlezeichnung *f* ['ko:lə-] (dessin au) fusain *m*.

Kohlkopf *m* ['ko:l-] (tête *f* de) chou *m*.

Kohlmeise *f* ‹-, -n› ['ko:lmaizə] *orn* mésange *f* charbonnière.

kohl(raben)schwarz ['ko:l-] *a* de jais, noir comme (du) jais *od* de la suie.

Kohlrabi *m* ‹-(s), -(s)› [ko:l'ra:bi] chou-rave *m*. **Kohlroulade** *f* paupiette *f* de choux. **Kohlrübe** *f* chou-navet, rutabaga *m*. **Kohlweißling** *m ent* piéride *f* du chou.

Koitus *m* ‹-, -› ['ko:itʊs] *physiol* coït *m*.

Koje *f* ‹-, -n› ['ko:jə] *mar* cabine, couchette *f*.

Kokain *n* ‹-s, ø› [koka'i:n] *pharm* cocaïne, drogue blanche, *arg* neige *f*. **Kokainist(in *f*)** *m* [-'nıst] ‹-en, -en› *m* cocaïnomane *m f*. **Kokainsucht** *f* cocaïnisme *m*.

Kokarde *f* ‹-, -n› [ko'kardə] cocarde *f*.

Kokerei *f* ‹-, -en› [ko:kə'raı] cokerie *f*. **kokett** [ko'kɛt] *a* coquet. **Koketterie** *f* ‹-, -n› [-tə'ri:] coquetterie *f*. **kokettieren** [-'ti:rən] ‹*ohne ge-*› *itr* coqueter, flirter.

Kokolores *m* [koko'lo:rɛs] ‹-, ø› *fam* baliverne *f*.

Kokon *m* ‹-s, -s› [ko'kõ:] *ent* cocon *m*.

Kokosfaser *f* ['ko:kɔs-] fibre *f* de coco. **Kokosfett** *n* beurre *m* de coco. **Kokosmakrone** *f* congolais *m*. **Kokosmatte** *f* natte *f* (en fibres) de coco. **Kokosmilch** *f* lait *m* de coco. **Kokosnuß** *f* noix *f* de coco. **Kokosöl** *n* huile *f* de coco, *pop* de copra(h). **Kokospalme** *f* cocotier *m*.

Kokotte *f* ‹-, -n› [ko'kɔtə] femme galante, cocotte *f*.

Koks *m* ‹-es, -e› [ko:ks] coke *m*.

Kolben *m* ‹-s, -› ['kɔlbən] **1.** *(Keule)* massue; *(Gewehr~)* crosse *f*; **2.** *(Glasgefäß)* ballon, matras *m*; *(Retorte)* cornue *f*, alambic; **3.** *tech* piston *m*; **4.** *bot (Blüten~)* régime *m*; *(Schilfrohr)* panicule *f*; *(Mais)* épi *m*. **Kolbenhub** *m tech* course *f* de piston. **Kolbenmotor** *m* moteur *m* à piston(s). **Kolbenring** *m* segment *m* de piston.

Kolchose *f* ‹-, -n› [kɔl'ço:zə] kolkhoze *m*.

Kolibakterien *pl* ['ko:li-] colibacilles *m pl*.

Kolibri *m* ‹-s, -s› ['ko:libri] *orn* colibri, oiseau-mouche *m*.

Kolik *f* ‹-, -en› ['ko:lık, ko:'li:k] *med* colique *f*, tranchées *f pl*.

Kollaborateur *m* ‹-s, -e› [kɔlabora'tø:r] collaborateur *m*.

Kolleg *n* ‹-s, -s/-ien› [kɔ'le:k, -giən] *(akadem. Vorlesung)* cours *m*. **Kollege** *m* ‹-n, -n› [-gə], **Kollegin** *f (Amtsgenosse)* collègue *m f*, confrère *m*; *pol* homologue *m*. **kollegial** [-gi'a:l] **I.** *a* de collègue, de confrère, confraternel; **II.** *adv* en collègue, en confrère. **Kollegium** *n* ‹-s, -ien› [-'le:giʊm, -giən] corps *m*, assemblée *f*, conseil *m*. **Kollegmappe** *f* porte-documents *m*.

Kollekte *f* ‹-, -n› [kɔ'lɛktə] *(Geldsammlung)* collecte, quête *f*. **Kollektion** *f* ‹-, -en› [-tsi'o:n] *com* collection *f*. **Kollektiv** *n* ‹-s, -e/(-s)› collectif *m*. **kollektiv** [-'ti:f] *a* collectif. **Kollektivismus** *m* ‹-, ø› [-'vısmʊs] *pol* collectivisme *m*. **Kollektivwirtschaft** *f* économie *f* collectiviste, collectivisme *m*. **Kollektor** *m* ‹-s, -en› [-'lɛktɔr, -'to:rən] *el* collecteur *m*. *(Sonnenkollektor)* capteur *m*.

Koller *m* ‹-s, -› ['kɔlər] *fam* (accès *m* de) colère *od* fureur *f*.

kollidieren [kɔli'di:rən] *itr* ‹*sein* od *h*› **1.** entrer en collision; **2.** *(zeitlich)* coïncider.

Kollier *n* ‹-s, -s› [kɔli'e:] collier, tour *m* de cou.

Kollision *f* ‹-, -en› [kɔlizi'o:n] collision *f*.

Kolloquium *n* ‹-s, -quien› [kɔ'lo:kviʊm, -kviən] *(wissenschaftl. Unterhaltung)* colloque *m*.

Köln *n* [kœln] Cologne *f*. **Kölnischwasser** *n* eau *f* de Cologne.

kolonial [koloni'a:l] *a* colonial. **Kolonialist(in** *f***)** *m* [kolonia'lıst(ın)] ‹-en, -en (-, -innen)› colonialiste *m f*. **kolonialistisch** a colonialiste. **Kolonialmacht** *f* puissance *f* coloniale. **Kolonialwaren** *f pl* denrées *f pl* coloniales, produits *m pl* coloniaux. **Kolonialzeit** *f* époque *f* coloniale. **Kolonie** *f* ‹-, -n› [-'ni:] colonie *f*; ▶ *ehemalige* ~ ex-colonie *f*. **Kolonisation** *f* ‹-, -en› colonisation *f*. **kolonisieren** [-'zi:rən] ‹*ohne ge-*› *tr* coloniser. **Kolonist** *m* ‹-en, -en› [-'nıst] colon, planteur *m*.

Kolonnade *f* ‹-, -n› [kolɔ'na:də] *arch* colonnade *f*.

Kolonne *f* ‹-, -n› [ko'lɔnə] **1.** *mil typ* colonne *f*; **2.** *(Arbeiter)* équipe *f*; ▶ *die fünfte* ~ la cinquième colonne; *geschlossene* ~ *(mil)* colonne *f* serrée. **Kolonnenführer** *m (Vorarbeiter)* chef *m* d'équipe.

kolorieren [kolo'ri:rən] ‹*ohne ge-*› *tr* colorier. **Kolorit** *n* ‹-(e)s, -e› [kolo'ri:t, -'rıt] coloris *m*.

Koloß *m* ‹-sses, -sse› [ko'lɔs, -sə] colosse *m*. **kolossal** *a* **1.** colossal, énorme; **2.** *fam (übertreibend)* formidable, faramineux.

Kolumbianer(in *f***)** *m* ‹-s, - (-, innen)› [kolʊm'bia:nər(ın)] Columbien *m*, -ne *f*. **Kolumbien** *n* [ko'lʊmbjən] la Colombie.

Kolumne *f* ‹-, -n› [ko'lʊmnə] *typ* colonne *f*. **Kolumnentitel** *m typ* ligne *f* de tête.

Koma *n* ‹-s, -s/-ta› ['ko:ma, -ta] *med* coma *m*.

Kombi *m* ‹-(s), -s› ['kɔmbi] *mot* familiale *f*.

Kombinat *n* ‹-(e)s, -e› [kɔmbi'na:t] combinat *m*. **Kombination** *f* ‹-, -en› [kɔmbinatsi'o:n] **1.** *(Verbindung, Zs.stellung, Gedankenfügung; sport)* combinaison *f*; **2.** *(Vermutung)* conjecture *f*; **3.** *(Hemdhose, einteiliger Schutzanzug)* combinaison *f*; **4.** *(Herrenanzug aus Hose und andersfarbigem Sakko)* ensemble *m*. **Kombinationsgabe** *f*, **Kombinationsvermögen** *n* esprit *m* de combinaison. **Kombinationszange** *f* pince *f* universelle. **kombinieren** [-'ni:rən] ‹*ohne ge-*› *tr* **1.** combiner; **2.** *(vermuten)* conjecturer.

Kombiwagen *m* ['kɔmbi-] *mot* fourgonnette *f*.

Kombüse *f* ‹-, -n› [kɔm'by:zə] *mar (Küche)* cambuse *f*.

Komet *m* ‹-en, -en› [ko'me:t] *astr* comète *f*.

Komfort *m* ‹-s, ø› [kɔm'fo:r] confort,

standing *m;* ▶ *mit allem* ~ grand confort. **komfortabel** [-fɔr'ta:bəl] *a* confortable. **Komfortwohnung** *f* appartement *m* de grand standing.

Komik *f* ⟨-, ø⟩ ['ko:mɪk] comique *m.* **Komiker** *m* ⟨-s, -⟩ ['-mikər] comique *m.* **komisch** ['ko:mɪʃ] *a* comique, bouffon; un, une drôle de ... **komischerweise** *adv* bizarrement.

Komitee *n* ⟨-s, -s⟩ [komi'te:] comité *m.*

Komma *n* ⟨-s, -s/-ta⟩ ['kɔma, -ta] *gram math* virgule *f.*

Kommandant *m* ⟨-en, -en⟩ [kɔman'dant] *mil mar* commandant *m.* **Kommandantur** *f* ⟨-, -en⟩ [-'tu:r] *mil* état-major *m* de la place. **Kommandeur** *m* ⟨-s, -e⟩ [-'dø:r] *mil* commandant, chef (d'unité); *(e-s Ordens)* commandeur *m.* **kommandieren** [-'di:rən] ⟨*ohne ge-*⟩ *tr* **1.** commander; **2.** *(ab~)* détacher (*zu* à); ▶ *jdn ~ (fam)* faire marcher qn (à la baguette). **Kommanditgesellschaft** *f* [-'di:t-] *com* (société en) commandite *f.* **Kommanditist** *m* ⟨-en, -en⟩ [-di'tɪst] *com* commanditaire *m.*

Kommando *n* ⟨-s, -s⟩ [kɔ'mando] **1.** *(formelhafter Befehl; Befehlsgewalt)* commandement *m;* **2.** *(Abteilung)* détachement *m; (Arbeits~)* équipe, corvée *f; (Sondertruppe)* commando *m;* ▶ *auf ~* au commandement; *das ~ übernehmen, führen, niederlegen* prendre, avoir, déposer le commandement. **Kommandobrücke** *f mar* passerelle *f* (de commandement).

kommen ['kɔmən] ⟨*kam, gekommen*⟩ *itr* ⟨*sein*⟩ **1.** venir, *(zu e-m anderen)* aller; *(ankommen)* arriver; *(sich nähern)* (s')approcher; **2.** *(gelangen)* parvenir (*zu* à); *(eintreffen, -treten)* arriver, se faire, se produire; **3.** *(herkommen, -rühren)* résulter, être le résultat *od* la conséquence, (pro)venir (*von* de); **4.** *(wohin gehören)* se ranger; ▶ *wenn Sie mir so ~* si vous le prenez sur ce ton-là; *wenn es hoch kommt* tout au plus; *was auch ~ mag* quoi qu'il arrive; *auf etw ~* trouver qc, se rappeler qc; *auf etw zu sprechen ~* en venir à parler de qc; *dazu ~ zu* arriver à, parvenir à; *gegangen, geritten, gefahren, geflogen ~* venir *od* aller *od* arriver à pied, à cheval, en voiture, en avion; *gelaufen* od *gerannt ~* accourir; *sehr gelegen ~* arriver *od* venir fort à propos *od* à point; *hinter etw ~ (fig fam)* trouver, découvrir, éventer qc; *ans Licht, an den Tag ~* venir au jour, percer; *zu etw (einfach) nicht ~ (fig)* ne pas trouver le temps de qc; *zu nichts ~* n'arriver à rien; *um etw ~* perdre qc, être frustré de qc; *vor jdm ~ (rangieren)* précéder qn; *nicht sehr weit mit etw ~ (fig)* ne pas aller bien loin dans qc; *wieder zu sich ~* reprendre connaissance *od* ses esprits, revenir à soi *od* d'un évanouissement; *jdn ~ lassen* faire venir, appeler qn; *es dahin ~ lassen* laisser les choses en venir là; *ich komme zu Ihnen* j'irai vous voir; *ich komme nicht darauf (fig)* cela ne me revient pas; *mir kam der Gedanke* il me vint l'idée; *das kam mir* od *mich teuer zu stehen* cela m'a coûté cher; *die Tränen kamen ihr* les larmes lui montèrent aux yeux; *das Beste kommt noch* vous n'avez pas tout vu; vous verrez encore mieux; *das kommt daher, daß* ... cela vient de ce que, la cause en est que ...; *das ist von (ganz) allein gekommen* cela s'est fait tout seul; *ich habe es ~ sehen (fig)* je l'avais bien dit; *das kommt auf 10 Mark* cela va coûter 10 marks; *dazu kommt noch, daß* ... ajoutez à cela que ...; *es hat so ~ müssen* c'était écrit; *es ist so weit gekommen, daß* ... les choses en sont à un point tel que ...; *da kommt nicht viel bei raus (pop)* ça ne sert pas à grand-chose; *wie ~ Sie dazu?* qu'est-ce qui vous prend? *wie ~ Sie (denn) darauf?* qu'allez-vous chercher là? *(pop); wie kommt es, daß ...?* comment se fait-il que ...? *woher kommt es, daß ...?* d'où vient que ...? *(ich) komme (gleich* od *schon)!* j'arrive! *komm her!* viens (ici); *komm! komm! (beschwichtigend)* allons! allons! *wo ~ Sie denn her?* d'où sortez-vous (donc)? *~ Sie mir nicht damit! so können Sie mir nicht ~!* laissez-moi tranquille avec cela; pas de ces manières-là! *da kommt er!* le voilà! *das kommt davon!* vous y voilà! *das kommt davon, wenn ... (Schadenfreude)* voilà ce qui arrive quand ...; *komme, was da wolle!* advienne que pourra! vogue la galère! *kommt Zeit, kommt Rat (prov)* la nuit porte conseil; *wer zuerst kommt, mahlt zuerst (prov)* les premiers chaussent les bottes. **Kommen** *n* venue, arrivée *f;* ▶ *das ~ und Gehen* le va-et-vient, les allées et venues *f pl.* **kommend** *a* à venir, qui vient; ▶ *die ~e Woche* la semaine prochaine.

Kommentar *m* ⟨-s, -e⟩ [kɔmɛn'ta:r] commentaire *m.* **Kommentator** *m* ⟨-s, -en⟩ [-'ta:tɔr, -'to:rən] commentateur *m.* **kommentieren** *tr* [-'ti:rən] ⟨*ohne ge-*⟩ commenter.

kommerzialisieren [kɔmɛrtsiali'zi:rən] *tr fin* commercialiser. **Kommerzialisierung** *f* commercialisation *f.* **kommerziell** [kɔmɛrtsi'ɛl] *a* commercial.

Kommilitone *m* ⟨-n, -n⟩ [kɔmili'to:nə] camarade *m* d'études.

Kommiß *m* ⟨-sses, ø⟩ [kɔ'mɪs] *fam* (service) militaire *m;* ▶ *beim ~* dans le militaire.

Kommissar *m* ⟨-s, -e⟩ [kɔmɪ'sa:r] commissaire *m.* **Kommissariat** *n* ⟨-(e)s, -e⟩

[-sari'a:t] commissariat *m.* **kommissarisch** [-'sa:rɪʃ] **I.** *a* (à titre) provisoire; **II.** *adv* provisoirement.

Kommißbrot *n* [kɔ'mɪs-] pain *m* de munition.

Kommission *f* ⟨-, -en⟩ [kɔmɪsi'o:n] **1.** *pol com (Auftrag)* commission *f,* ordre *m;* **2.** *(Ausschuß) a.* comité *m.* **Kommissionär** *m* ⟨-s, -e⟩ [-sio'nɛ:r] *com* commissionnaire *m.* **Kommissionsgebühr** *f* provision *f,* (droit *m* de) commission *f.*

Kommode *f* ⟨-, -n⟩ [kɔ'mo:də] commode *f.*

Kommodore *m* ⟨-s, -s/-n⟩ [kɔmo'do:rə] *mar* chef *m* d'escadre.

kommunal [kɔmu'na:l] *a* communal, municipal; ► *~es Ausländerwahlrecht* droit *m* de vote des étrangers aux élections municipales. **Kommunalpolitik** *f* politique *f* communale.

Kommunikation *f* [kɔmunika'tsio:n] communication *f.* **Kommunikationsnetz** *n inform* réseau *m* de transmission. **Kommunikationstechnologie** *f* technologie *f* de la communication. **Kommunikationswissenschaften** *f pl* sciences *f pl* de la communication.

Kommunion *f* ⟨-, -en⟩ [kɔmuni'o:n] *rel* communion *f; (der Sterbenden)* viatique *m.*

Kommuniqué *n* ⟨-s, -s⟩ [kɔmyni'ke:] *pol* communiqué *m.*

Kommunismus *m* ⟨-, ø⟩ [kɔmu'nɪsmʊs] communisme *m.* **Kommunist** *m* ⟨-en, -en⟩ [-'nɪst] communiste *m.* **kommunistisch** [-'nɪstɪʃ] *a* communiste.

kommunizieren [kɔmuni'tsi:rən] *itr phys* communiquer; *rel* communier.

Komödiant *m* ⟨-en, -en⟩ [komødi'ant] comédien *m.* **Kommödie** *f* ⟨-, -n⟩ [-'mø:diə] comédie *f;* ► *~ spielen (fig)* jouer la comédie.

Kompagnon *m* ⟨-s, -s⟩ [kɔmpan'jõ:] *com* associé *m.*

kompakt [kɔm'pakt] *a* compact; *fig* monolithique; ► *~e Mehrheit f (parl)* majorité *f* massive. **Kompaktkamera** *f phot* compact *m.* **Kompaktschallplatte** *f s. Compact-Disk.*

Kompanie *f* ⟨-, -n⟩ [kɔmpa'ni:] *mil com* compagnie *f.* **Kompaniechef** *m,* **Kompanieführer** *m* commandant *m* de compagnie.

Komparativ *m* ⟨-s, -e⟩ ['kɔm-, kɔmpara'ti:f] *gram* comparatif *m.*

Komparse *m* ⟨-n, -n⟩ [kɔm'parzə] *theat film* figurant *m.*

Kompaß *m* ⟨-sses, -sse⟩ ['kɔmpas] boussole *f; mar aero* compas *m;* ► *nach dem ~* à la boussole, *mar aero* au compas. **Kompaßhäuschen** *n mar* habitacle *m.* **Kompaßnadel** *f* aiguille *f* de (la) boussole.

kompatibel [kɔmpa'ti:b(ə)l] *a* compatible. **Kompatibilität** *f* [kɔmpatibili'tɛt] ⟨-, -en⟩ compatibilité *f.*

Kompensation *f* ⟨-,-en⟩ [kɔmpɛnzatsi'o:n] compensation *f.* **kompensieren** [-'zi:rən] ⟨*ohne ge-*⟩ *tr* compenser. **Kompensierung** *f* compensation *f.*

kompetent [kɔmpe'tɛnt] *a* compétent. **Kompetenz** *f* ⟨-, -en⟩ [-'tɛnts] compétence, attribution *f.* **Kompetenzstreit** *m* conflit *m* de compétence *od* d'attribution. **Kompetenzüberschreitung** *f* excès *m* de pouvoir.

Komplementär *m* ⟨-s, -e⟩ [kɔmplemɛn'tɛ:r] *jur* associé *m* indéfiniment responsable. **Komplementärfarbe** *f* couleur *f* complémentaire.

komplett [kɔm'plɛt] *a* complet, entier. **komplettieren** [-'ti:rən] *tr* compléter.

Komplex *m* ⟨-es, -e⟩ [kɔm'plɛks] **1.** complexe *m a. psychol;* **2.** *arch* ensemble *m.* **komplex** *a* complexe. **Komplexität** *f* ⟨-, -ø⟩ [kɔmplɛksi'tɛ:t] complexité *f.*

Komplikation *f* ⟨-, -en⟩ [kɔmplikatsi'o:n] complication *f; med* accident *m.*

Kompliment *n* ⟨-(e)s, -e⟩ [kɔmpli'mɛnt] compliment *m;* ► *mein ~!* mes compliments!

Komplize *m* ⟨-n, -n⟩ [kɔm'pli:tsə] complice *m.*

komplizieren [kɔmpli'tsi:rən] ⟨*ohne ge-*⟩ *tr* compliquer. **kompliziert** *a* compliqué; *med (Knochenbruch)* multiple. **Kompliziertheit** *f* ⟨-, ø⟩ complication, complexité *f.*

Komplott *n* ⟨-(e)s, -e⟩ [kɔm'plɔt] complot *m,* conspiration *f;* ► *ein ~ schmieden* former *od* tramer *od* ourdir un complot.

Komponente *f* ⟨-, -n⟩ [kɔmpo'nɛntə] composante *f.* **komponieren** [-'ni:rən] ⟨*ohne ge-*⟩ *tr mus* composer. **Komponist** *m* ⟨-en, -en⟩ [-'nɪst] compositeur *m.* **Komposition** *f* ⟨-, -en⟩ [-zitsi'o:n] *allg (Aufbau), mus* composition *f.*

Kompost *m* ⟨-(e)s, -e⟩ [kɔm'pɔst] *agr* compost *m.* **Kompostieranlage** *f* station *f* de compostage.

Kompott *n* ⟨-(e)s, -e⟩ [kɔm'pɔt] compote *f.*

Kompresse *f* ⟨-, -n⟩ [kɔm'prɛsə] *med* compresse *f.* **Kompressor** *m* ⟨-s, -en⟩ [-'prɛsɔr, -'so:rən] *mot* compresseur *m.*

komprimieren [kɔmpri'mi:rən] ⟨*ohne ge-*⟩ *tr* comprimer. **komprimiert** *a* comprimé.

Kompromiß *m (n)* ⟨-sses, -sse⟩ [kɔmpro'mɪs] compromis *m;* ► *ein(en) ~ eingehen, schließen* accepter, faire *od* passer un compromis. **kompromißbereit** *a* prêt à faire un compromis. **Kompromißbereitschaft** *f* attitude *f* conciliante. **kompromittieren** [-mɪ'ti:rən] ⟨*ohne ge-*⟩ *(sich* se) compromettre.

Kondensator *m* ⟨-s, -en⟩ [kɔndɛn'za:tɔr, -'to:rən] **1.** *tech* condenseur *m;* **2.** *el* condensateur *m*. **kondensieren** [-ˈziːrən] ‹*ohne ge-*› *tr* condenser; ▶ *kondensierte Milch f*. **Kondensmilch** *f* lait *m* condensé *od* concentré. **Kondensstreifen** *m aero* traînée *f* de condensation. **Kondenswasser** *n* eau *f* de condensation *od* condensée.

Konditionierung *f*: ▶ *atomare* ~ conditionnement *m* de déchets atomiques.

Konditionsschwäche *f* mauvaise forme *f* physique. **Konditionstraining** *n* exercices *m pl* physiques de maintien en forme.

Konditor *m* ‹-s, -en› [kɔnˈdiːtɔr, -ˈtoːrən] pâtissier (et confiseur) *m*. **Konditorei** *f* ‹-, -en› [-ˈraɪ], **Konditorwaren** *f pl* pâtisserie (et confiserie) *f*.

Kondolenz *f* ‹-, -en› [kɔndoˈlɛnts] condoléance *f*. **Kondolenzbesuch** *m* visite *f* de condoléance. **kondolieren** [-ˈliːrən] *itr* faire *od* présenter *od* offrir ses condoléances (*jdm* à qn).

Kondom *m* od *n* ‹-s, -e/(-s)› [kɔnˈdoːm] *med* préservatif *m*.

Konfekt *n* ‹-(e)s, -e› [kɔnˈfɛkt] (articles *m pl* de) confiserie *f*, sucreries, dragées *f pl*, bonbons *m pl*.

Konfektion *f* ‹-, ø› [kɔnfɛktsiˈoːn] *(Fertigkleidung)* confection *f*, (vêtements *m pl* tout faits *od*) prêt(s) *m* à porter.

Konferenz *f* ‹-, -en› [kɔnfeˈrɛnts] **1.** conférence *f*; **2.** *(Lehrerkonferenz)* conseil *m* des professeurs; ▶ *e-e* ~ *abhalten* tenir conférence. **Konferenzdolmetscher** *m* interprète *m* de conférence. **Konferenzraum** *m* salle *f* de conférence. **Konferenzschaltung** *f* téléconférence *f*. **Konferenzteilnehmer** *m* participant *m* à une *od* la conférence. **Konferenztisch** *m* table *f* de conférence. **Konferenzzimmer** *n* = *Konferenzraum*.

konferieren [kɔnfeˈriːrən] ‹*ohne ge-*› *itr* tenir conférence.

Konfession *f* ‹-, -en› [kɔnfɛsiˈoːn] *rel (Bekenntnis)* confession *f*. **konfessionell** [-sioˈnɛl] *a* confessionnel. **konfessionslos** *a* sans confession.

Konfetti *pl* [kɔnˈfɛti] confetti *m pl*.

Konfirmand *m* ‹-en, -en› [kɔnfɪrˈmant, -dən] confirmand *m*. **Konfirmation** *f* ‹-, -en› [-matsiˈoːn] confirmation *f*. **konfirmieren** [-ˈmiːrən] ‹*ohne ge-*› *tr* confirmer.

konfiszieren [kɔnfɪsˈtsiːrən] ‹*ohne ge-*› *tr* confisquer.

Konfitüre *f* ‹-, -n› [kɔnfityːrə] *(Marmelade)* confiture *f*.

Konflikt *m* ‹-(e)s, -e› [kɔnˈflɪkt] conflit *m*; ▶ *in* ~ *geraten* entrer en conflit. **Konfliktstoff** *m* matière *f* à dispute, à conflits.

Konföderation *f* [kɔnfødəratsiˈoːn] ‹-, -en› *f (Staatenbund)* confédération *f*.

konform [kɔnˈfɔrm] **I.** *a* conforme (*mit* à); **II.** *adv*: ▶ ~ *gehen mit (fam)* être d'accord avec.

Konfrontation *f* ‹-, -en› [kɔnfrɔntaˈtsioːn] affrontement *m*. **konfrontieren** [kɔnfrɔnˈtiːrən] ‹*ohne ge-*› *tr* confronter (*mit* avec).

konfus [kɔnˈfuːs] *a* confus; troublé, déconcerté; ▶ ~ *machen* troubler, déconcerter, embrouiller.

Kongo *n* [ˈkɔngo] le Congo.

Kongreß *m* ‹-sses, -sse› [kɔnˈgrɛs(əs)] congrès *m*.

kongruent [kɔngruˈɛnt] *a math* congruent, coïncident. **Konkruenz** *f* ‹-, -en› [-ˈɛnts] *math* congruence, coïncidence *f*.

K. o.-Niederlage *f* défaite *f* par k.-o.

König *m* ‹-(e)s, -e› [ˈkøːnɪç, -gə] roi *m*; ▶ *die Heiligen Drei ~e* les Rois *m pl* mages. **Königin** *f* ‹-, -nen› reine *f*. **königlich** [-nɪklɪç] *a* royal, de *od* du roi. **königreich** [-nɪk-] *n* royaume *m*. **Königsmord** *m*, **Königsmörder** *m* régicide *m*. **Königstreue** *f* royalisme *m*. **Königtum** *n* ‹-s, ø› royauté *f*.

konisch [ˈkoːnɪʃ] *a (kegelförmig)* conique.

Konjugation *f* ‹-, -en› [kɔnjugatsiˈoːn] *gram* conjugaison *f*. **konjugieren** [-ˈgiːrən] ‹*ohne ge-*› *tr* conjuguer.

Konjunktion *f* ‹-, -en› [kɔnjʊŋktsiˈoːn] *gram astr* conjonction *f*. **Konjunktiv** *m* ‹-s, -e› [ˈkɔnjʊnktiːf, -ˈtiːf] *gram* subjonctif *m*. **Konjunktur** *f* ‹-, -en› [-ˈtuːr] *com* conjoncture, situation *f* économique *od* du marché. **Konjunkturaufschwung** *m* essor *m* conjoncturel. **konjunkturell** [kɔnjʊŋktuˈrɛl] *a* conjoncturel, le.

Konkordat [-ˈdaːt] ‹-(e)s, -e› *n* concordat *m*.

konkret [kɔnˈkreːt] *a* concret, réel, tangible; ▶ *im ~en Fall* dans la réalité; *~e Formen annehmen* se concrétiser.

Konkurrent *m* ‹-en, -en› [kɔnkuˈrɛnt] concurrent, rival, compétiteur *m*. **Konkurrenz** *f* ‹-, -en› [-ˈrɛnts] **1.** concurrence, rivalité, compétition *f*; **2.** *(die Konkurrenten)* les concurrents *m pl*; ▶ *außer* ~ hors concours; *jdm* ~ *machen* faire concurrence à qn, concurrencer qn. **konkurrenzfähig** *a* capable de concurrencer; concurrentiel, *(Preis)* compétitif. **Konkurrenzfähigkeit** *f* compétitivité *f*. **Konkurrenzfirma** *f* maison *f* concurrente. **Konkurrenzkampf** *m* concurrence *f*. **konkurrenzlos** *a* sans concurrence; *(Ware, Preis)* hors (de) pair. **konkurrieren** [-kʊˈriːrən] ‹*ohne ge-*› *itr* concourir; *mit jdm* ~ concurrencer qn.

Konkurs *m* ‹-es, -e› [kɔnˈkʊrs, -zə] *com jur* faillite, banqueroute *f*; ▶ ~ *anmelden* se déclarer en faillite, déposer son bilan. **Konkursanmeldung** *f* dépôt *m* de bilan. **Konkursmasse** *f* masse *f od* actif *m* de la faillite. **Konkursverfahren** *n* procédure *f* de faillite. **Konkursverwalter** *m* administrateur *m* de la faillite.

Konnotation *f* ⟨-, -en⟩ [kɔnota'tsio:n] connotation *f*.

können ['kœnən] ⟨[*kann, konnte, gekonnt*⟩ *aux tr u. itr* **1.** *(unter gewissen Umständen in der Lage* od *imstande sein, die Möglichkeit haben)* pouvoir; **2.** *(kunstgerecht ausüben* od *ausführen können, wissensmäßig beherrschen, gelernt haben)* savoir; **3.** *(imstande, fähig sein zu)* être capable *od* en mesure *od* à même *od* en état de; *(die Möglichkeit haben zu)* avoir la faculté de; **4.** *(dürfen)* pouvoir; ▶ *so gut ich (es) kann* de mon mieux; *etwas* ~ avoir de l'étoffe; *für etw nichts* ~ n'être pour rien dans qc; *nicht mehr (laufen)* ~ ne plus pouvoir marcher; *ich kann nicht anders* je ne puis faire autrement; *ich kann nichts dafür* je n'y peux rien; *ich kann nicht mehr (fam)* je n'en peux plus; ~ *vor Lachen!* comment voulez-vous que je fasse? *wer kann das getan haben?* qui peut bien (en) être responsable? *ich kann es Ihnen (leider) nicht sagen* je ne saurais vous le dire; *ich lief, so schnell ich konnte* je courais à toutes jambes; *er kann sich noch so anstrengen* il aura beau faire, quoi qu'il fasse; *Sie* ~ *es mir glauben* croyez-moi; *das* ~ *Sie sagen, tun* dites-le! faites-le! *man könnte meinen, daß...* on dirait que...; *das kann sein* cela se peut, c'est possible; *es könnte sein, daß* il se pourrait *od* il est possible que *subj*. **Können** *n* **1.** pouvoir *m;* **2.** *(Wissen)* savoir *m;* **3.** *(Fähigkeit)* faculté, capacité *f*.

konsequent [kɔnze'kvɛnt] *a* conséquent; ▶ ~ *sein* avoir l'esprit de suite. **Konsequenz** *f* ⟨-, -en⟩ [-'kvɛnts] **1.** *(Folgerichtigkeit, Zielstrebigkeit)* conséquence *f*, esprit *m* de suite; **2.** *(Folgerung)* conséquence; *(Folge)* conséquence *f*, résultat *m;* ▶ *die* ~*en ziehen* tirer les conséquences.

konservativ [kɔnzɛrva'ti:f] *a* conservateur.

Konserve *f* ⟨-, -n⟩ [-'zɛrvə] conserve *f*. **Konservenbüchse** *f*, **Konservendose** *f* boîte *f* de conserve. **Konservenfabrik** *f* conserverie *f*. **Konservenglas** *n* bocal *m*. **konservieren** [-'vi:rən] ⟨*ohne ge-*⟩ *tr* conserver. **Konservierung(smittel** *n***)** *f* (substance de) conservation *f*.

Konsole *f* ⟨-, -n⟩ [kɔn'zo:lə] *arch* console *f*, corbeau *m; (Brettstütze)* console *f*, support *m*.

konsolidieren [kɔnzoli'di:rən] *tr* consolider.

Konsonant *m* ⟨-en, -en⟩ [kɔnzo'nant] *gram* consonne *f*.

Konsorten [kɔn'zɔrtən] *m pl jur bes. pej* consorts *m pl;* ▶ ... *und* ~.. *et consorts*.

konspirieren [kɔnspi'ri:rən] *itr* conspirer.

konstant [kɔn'stant] *a math phys* constant; *allg* stable. **Konstante** *f* ⟨-, -n⟩ *math phys* (quantité) constante *f*.

Konstanz *n* [k'ɔnstants] Constance *m*.

Konstellation *f* ⟨-, -en⟩ [kɔnstɛlatsi'o:n] *astr* constellation *f*.

konsterniert [kɔnstɛr'ni:rt] *a* consterné, déconcerté, désemparé.

konstatieren [kɔnsta'ti:rən] ⟨*ohne ge-*⟩ *tr* constater.

Konstitution *f* ⟨-, -en⟩ [kɔnstitutsi'o:n] *pol med* constitution *f*. **konstitutionell** [-tsio'nɛl] *a* constitutionnel.

konstruieren [kɔnstru'i:rən] ⟨*ohne ge-*⟩ *tr* **1.** *tech math gram* construire; **2.** *(entwerfen)* concevoir, projeter. **Konstrukteur** *m* ⟨-s, -e⟩ [-truk'tø:r] (ingénieur) constructeur *m*. **Konstruktion** *f* ⟨-, -en⟩ [-tsi'o:n] **1.** *tech math gram* construction *f;* **2.** *(Entwurf)* conception *f*, projet *m*. **Konstruktionsfehler** *m* défaut *od* vice *m* de construction.

Konsul *m* ⟨-s, -n⟩ ['kɔnzul] consul *m*. **Konsulat** *n* ⟨-(e)s, -e⟩ [-'la:t] consulat *m*.

konsultieren [-'ti:rən] ⟨*ohne ge-*⟩ *tr* consulter.

Konsum *m* ⟨-s, ø⟩ [kɔn'zu:m] consommation *f*. **Konsument** *m* ⟨-en, -en⟩ [-'mɛnt] consommateur *m*. **Konsumgüter** *n pl* articles *m pl* de consommation. **konsumieren** [-'mi:rən] ⟨*ohne ge-*⟩ *tr* consommer. **Konsumverzicht** *m* réduction *f* de la consommation.

Kontakt *m* ⟨-(e)s, -e⟩ [kɔn'takt] contact *m a. el*, relation *f;* ▶ *mit jdm* ~ *aufnehmen, in* ~ *treten* entrer en contact avec qn; *mit jdm* ~ *haben, in* ~ *stehen* être en contact avec qn; *fam* avoir le contact avec qn. **Kontaktabzug** *m phot* épreuve *f* de contact. **Kontaktanzeige** *f* annonce *f* relation. **kontaktarm** *a (Mensch)* renfermé. **Kontaktarmut** *f* carence *f* de contacts. **Kontaktaufnahme** *f* prise *f* de contact. **kontaktfreudig** *a (Mensch)* sociable, liant, ouvest. **Kontaktgläser** *n pl opt* verres *m pl* de contact. **Kontaktlinse** *f opt* lentille *f* de contact, verre *m* de contact, lentille *f* cornéenne. **Kontaktmann** *m* agent *m* de liaison. **Kontaktmine** *f mil* mine *f* automatique. **Kontaktschale** *f s. Kontaktlinse*.

kontaminieren [kɔntami'ni:rən] *tr* ⟨*ohne ge-*⟩ *med phys ecol* contaminer. **kontaminiert** [kɔntami'ni:rt] *a* contaminé.

Kontensperre *f*, **Kontensperrung** *f*

blocage *m* des comptes.
Konteradmiral *m* ['kɔntər-] *mar* contre-amiral *m*. **Konterbande** *f (Schmuggelware)* contrebande *f*. **Konterrevolution** *f* contre-révolution *f*.
Kontinent *m* ⟨-(e)s, -e⟩ ['kɔn-, kɔnti'nɛnt] continent *m*. **kontinental** [-'ta:l] *a* continental.
Kontingent *n* ⟨-(e)s, -e⟩ [kɔntɪŋ'gɛnt] *(Anteil)* contingent, quota *m*. **kontingieren** [-'ti:rən] ⟨*ohne ge-*⟩ *tr* contingenter, fixer le contingent de.
kontinuierlich [kɔntinu'i:rlɪç] *a* continu(el), suivi. **Kontinuität** *f* ⟨-, ø⟩ [-i'tɛ:t] continuité *f*.
Konto *n* ⟨-s, -ten/(-s/-ti⟩ ['kɔnto, -tən/-ti] *fin* compte *m*; ► *ein* ~ *eröffnen* ouvrir un compte (*bei* à). **Kontoauszug** *m* extrait *od* relevé *od* bordereau *m* de compte. **Kontobewegung** *f* mouvement *m* de compte. **Kontoinhaber** *m* titulaire *m* d'un compte, ayant compte *m*. **Kontokorrent** *n* ⟨-s, ø⟩ [-kɔ'rɛnt] compte *m* courant. **Kontonummer** *f* numéro *m* de compte.
Kontor *n* ⟨-s, -e⟩ [kɔn'to:r] comptoir, bureau *m*. **Kontorist(in** *f***)** *m* ⟨-en, -en⟩ [-'rɪst] employé(e *f*) *m* de bureau.
Kontostand *m* solde *m* (du compte).
Kontra ⟨-s, -s⟩ *n*: ► *jdm* ~ *geben (Spiel)* contrer qn.
Kontrahent *m* ⟨-en, -en⟩ [kɔntra'hɛnt] *jur* contractant *m*, partie *f* contractante.
Kontraindikation *f* [kɔntraʔɪndika-'tsio:n] ⟨-, -en⟩ *med* contre-indication *f*. **kontraindiziert** [kɔntraʔindi'tsi:rt] *a* *med* contre-indiqué.
Kontrakt *m* ⟨-(e)s, -e⟩ [kɔn'trakt] contrat *m*, convention *f*, accord, pacte, traité *m*.
Kontrast *m* ⟨-(e)s, -e⟩ [kɔn'trast] contraste *m*. **kontrastieren** [-'ti:rən] ⟨*ohne ge-*⟩ *itr* contraster, être en *od* faire contraste (*mit* avec); *(stark)* trancher (*mit* sur). **Kontrastreich** *a* contrasté.
Kontrollabschnitt *m* [kɔn'trɔl-] coupon *m od* fiche *f od* talon de contrôle, talon *m*. **Kontrolle** *f* ⟨-, -n⟩ contrôle *m*; *(Prüfung)* vérification; *(Überwachung)* surveillance *f*. **Kontrolleur** *m* ⟨-s, -e⟩ [-'lø:r] contrôleur *m*. **Kontrollgang** *m* ronde *f*. **kontrollierbar** *a* contrôlable. **kontrollieren** [-'li:rən] ⟨*ohne ge-*⟩ *tr* contrôler, examiner, inspecter, passer en revue; vérifier; *(Rechnung a.)* apurer; *(überwachen)* surveiller. **Kontrollmaßnahme** *f* mesure *f* de contrôle. **Kontrollorgan** *n* organe *m* de contrôle. **Kontrollschein** *m*, **Kontrollzettel** *m* fiche *f* de contrôle. **Kontrollturm** *m aero* tour *f* de contrôle. **Kontrolluhr** *f* montre *od* horloge de contrôle, contrôleuse *f*, contrôle *m* de présence.
Kontroverse *f* ⟨-, -n⟩ [kɔntro'vɛrzə] controverse *f*.
Kontur *f* ⟨-, -en⟩ [kɔn'tu:r] contour *m*.
Konvention *f* ⟨-, -en⟩ [kɔnvɛntsi'o:n] convention *f*, accord, traité *m*. **Konventionalstrafe** *f* peine *f* conventionnelle *od* contractuelle. **konventionell** [-tsio'nɛl] *a* conventionnel; ► ~*e Waffen f pl* armes *f pl* classiques.
konvergent [kɔnvɛr'gɛnt] *a math phys* convergent. **Konvergenz** [-'gɛnts] ⟨-, -en⟩ *f* convergence *f*. **konvergieren** [-'gi:rən] *itr* converger.
Konversation *f* ⟨-, -en⟩ [kɔnvɛrzatsi'o:n] conversation *f*, entretien, colloque *m*. **Konversationslexikon** *n* encyclopédie *f*.
konvertierbar [kɔnvɛr'ti:r-] *a fin* convertible. **Konvertierbarkeit** *f* convertibilité *f*. **konvertieren** ⟨*ohne ge-*⟩ 1. *tr fin* convertir; **2.** *itr rel* se convertir. **Konvertit** *m* ⟨-en, -en⟩ [-'ti:t] *rel* converti *m*.
konvex [kɔn'vɛks] *a opt* convexe, bombé.
Konzentrat *n* ⟨-(e)s, -e⟩ [kɔntsɛn'tra:t] *chem geol* concentré *m*. **Konzentration** *f* ⟨-, -en⟩ [kɔntsɛntratsi'o:n] concentration *f*. **Konzentrationsfähigkeit** *f* faculté *f* de concentration. **Konzentrationslager** *n* camp *m* de concentration. **konzentrieren** [-'tri:rən] ⟨*ohne ge-*⟩ *tr* concentrer. **konzentrisch** [-'tsɛntrɪʃ] *a math* concentrique.
Konzept *n* ⟨-(e)s, -e⟩ [kɔn'tsɛpt] brouillon *m*, minute *f*; ► *jdn aus dem* ~ *bringen* faire perdre le fil à qn. **Konzeption** *f* [kɔntsɛptsio:n] ⟨-, -en⟩ programme, planning *m*. **konzeptionslos** *a* qui n'a pas de programme, de planning précis. **Konzeptpapier** *n* papier *m* brouillon.
Konzern *m* ⟨-s, -e⟩ [kɔn'tsɛrn] *fin* groupe, groupement (industriel *od* d'entreprises), trust, cartel, consortium *m*.
Konzert *n* ⟨-(e)s, -e⟩ [kɔn'tsɛrt] **1.** *(Musikaufführung)* concert *m*; **2.** *(Musikstück)* concerto *m*. **Konzertflügel** *m* piano *m* de concert. **Konzerthaus** *n* salle *f* de concert. **konzertieren** [-'ti:rən] *itr* donner un concert *od* récital. **konzertiert** [kɔntsɛr'ti:rt] *a* concerté; ► ~*e Aktion f* action *f* concertée. **Konzertmeister** *m* chef *m* d'orchestre *od* de musique. **Konzertsaal** *m* salle *f* de concert.
Konzession *f* ⟨-, -en⟩ [kɔntsɛsi'o:n] **1.** *(Zugeständnis)* concession *f*; **2.** *com* concession, licence, patente *f*; **3.** *pol (Gebiet)* concession *f*. **Konzessionsinhaber** *m* concessionnaire *m*.
Konzil *n* ⟨-s, -e/-ien⟩ [kɔn'tsi:l(ə/iən)] *rel* concile *m*. **konziliant** [kɔntsi'liant] *a* conciliant.
Kooperation *f* ⟨-, -en⟩ [koʔopera'tsio:n]

coopération *f.* **kooperativ** [koʔopera'ti:f] *a* coopératif.
koordinieren [koɔrdi'ni:rən] ⟨*ohne ge-*⟩ *tr* coordonner. **Koordinationsstärkung** [-natsi'o:ns-] *f med* incoordination *f.*
Kopenhagen [kopən'ha:gən] *n* Copenhague *f.*
Kopf *m* ⟨-(e)s, ¨-e⟩ [kɔpf, 'kœpfə] **1.** tête *f a. fig u. tech;* **2.** *(Briefkopf)* en-tête *m; (Titel)* tête, manchette *f,* chapeau *m; (Vorderseite e-r Münze)* face *f;* **3.** *(Verstand)* tête *f,* esprit, cerveau *m,* cervelle *f;* **4.** *(kluger Mensch)* tête, capacité *f;* **5.** *(Person, in Zahlenangaben)* tête, personne *f;* ► *am ~ (gen) (fig)* à la tête (de); *~ an ~* serrés les uns contre les autres; *pro ~* par tête *od* personne; *aus dem ~* par cœur, de mémoire; *im ~* en tête; *(Rechnen)* de tête; *von ~ bis Fuß* des pieds à la tête, de la tête aux pieds, de pied en cap; *klaren ~ behalten* garder la tête froide; *im ~ behalten* retenir; *mit dem ~ durch die Wand gehen (fig fam)* suivre son idée fixe; *im ~ haben (fam)* avoir en tête; *e-n schweren ~ haben* avoir la tête lourde *od* pesante; *ein Brett vor dem ~ haben (fam)* être bouché; *nur nach s-m ~ handeln* n'en faire qu'à sa tête *od* volonté, faire ses quatre volontés; *e-n roten ~ kriegen* piquer un fard; *den ~ hängenlassen (fig)* avoir la tête basse; *sich etw durch den ~ gehen lassen* réfléchir à qc; *jdn (um) e-n ~ kürzer machen (pop)* raccourcir qn d'une tête; *sich etw aus dem ~ schlagen* s'ôter qc de la tête *od* de l'esprit; *den ~ schütteln* hocher *od* secouer la tête (*über etw* devant qc); *ein kluger ~ sein* avoir de la tête, être un(e) homme (femme) de tête; *nicht auf den ~ gefallen sein (fam)* ne pas être tombé sur la tête; *wie vor den ~ geschlagen sein (fam)* être hébété; être *od* rester *od* demeurer interdit *od* abasourdi *od* stupéfait; *(um) e-n ~ größer sein als jem* avoir une tête de plus que qn; *sich etw in den ~ setzen* se mettre qc en tête *od* dans la tête *od* dans l'idée; se fourrer qc dans la tête; *den ~ in den Sand stecken (fig)* adopter la politique de l'autruche; *auf dem ~ stehen* être la tête en bas; *fig* être sens dessus dessous; *zu ~ steigen (Wein)* monter à la tête *a. fig od* au cerveau, porter à la tête, être capiteux; *auf den ~ stellen (fig)* mettre sens dessus dessous, invertir, dénaturer; *jdn vor den ~ stoßen (fig)* heurter, choquer, brusquer, désobliger qn, heurter qn de front; *jdm den ~ verdrehen (fig)* (faire) tourner la tête *od* la cervelle à qn; *den ~ verlieren* perdre la tête *od* l'esprit; *jdm den ~ waschen (fig fam)* laver la tête *od* frotter les oreilles à qn; *jdm etw an den ~ werfen (fig fam)* jeter qc à la face *od* à la figure de qn; *nicht wissen, wo einem der ~ steht* ne (pas) savoir où donner de la tête; *mit dem ~ durch die Wand wollen (fig)* donner de la tête contre les murs; *sich den ~ zerbrechen (fig)* se casser *od* se creuser la tête, se creuser la cervelle *od* l'esprit; *die Köpfe zs.stecken* chuchoter; *er ist mir über den ~ gewachsen (fig)* je ne viens plus à bout de lui; *das geht mir im ~ herum* cela me trotte dans la tête *od* la cervelle, cela me hante; *das will mir nicht in den ~ hinein* cela ne veut pas m'entrer (dans) la tête, cela me dépasse; *das hat ihn den ~ gekostet* il l'a payé de sa vie; *~ oder Schrift? (Münze)* pile ou face? *~ hoch!* du courage! *~ weg!* gare (à) la tête! *was man nicht im ~ hat, muß man in den Beinen haben (prov)* quand on n'a pas de tête, il faut avoir des jambes; *ein heller ~* un esprit ouvert *od* éveillé. **Kopfarbeit(er** *m*) *f* travail(leur) *m* intellectuel. **Kopfbahnhof** *m* tête de ligne, gare *f* en cul-de-sac. **Kopfball** *m sport* tête *f.* **Kopfband** *n* serre-tête, bandeau *m.* **Kopfbedekkung** *f* coiffure *f,* couvre-chef *m.*

köpfen ['kœpfən] *tr* décapiter, guillotiner; *(Baum)* étêter, écimer; *sport* faire une tête.
Kopfende *n* ['kɔpf-] *(e-s Bettes)* chevet *m.* **Kopfgeld** *n* prime *f.* **Kopfgeldjäger** *m hist* chasseur *m* de prime(s). **Kopfhaar** *n* cheveux *m pl,* chevelure *f.* **Kopfhaut** *f* cuir *m* chevelu. **Kopfhörer** *m tele radio* écouteur, casque *m* d'écoute *od* téléphonique *od* radio. **Kopfkissen** *n* oreiller *m.* **kopflastig** *a mar aero* lourd de l'avant, versable. **Kopflaus** *f* pou *m* de tête. **Kopflehne** *f* appui(e)-tête *m.* **kopflos** *a fig* écervelé, sans cervelle, étourdi. **Kopflosigkeit** *f fig* étourderie *f.* **Kopfrechnen** *n* calcul *m* mental. **Kopfsalat** *m bot* laitue (pommée); *(Küche)* salade *f* de laitue. **kopfscheu** *a (Mensch)* effarouché; ► *jdn ~ machen* effaroucher qn. **Kopfschmerzen** *m pl* maux *m pl* de tête, migraine *f;* ► *~ haben* avoir mal à la tête *od* la migraine; *sich um etw ~ machen* se faire du souci *od fam* de la bile pour qc. **Kopfschuß** *m (Verletzung)* blessure *f* par balle (à la tête). **Kopfschütteln** *n* hochement *m* de tête. **Kopfschützer** *m* passe-montagne *m.* **Kopfsprung** *m sport* plongeon *m;* ► *e-n ~ machen (a.)* piquer une tête. **kopf=stehen** *itr fig* être bouleversé *od* affolé *od fam* tourneboulé. **Kopfstimme** *f* voix *f* de tête, fausset *m.* **Kopfstütze** *f mot* appui(e)-tête *m.* **Kopftuch** *n* foulard, fichu *m,* fanchon *f.* **kopfüber** *adv* **1.** la tête la première; **2.**

fig à corps perdu. **Kopfweh** *n* = *Kopfschmerzen.*

Kopie *f* ‹-, -n› [ko'pi:] **1.** *(Abschrift; Kunst; film)* copie *f;* **2.** *(Nachahmung)* imitation, contrefaçon *f;* **3.** *phot* épreuve *f.*

kopieren [ko'pi:rən] ‹*ohne ge-*› *tr* **1.** copier, prendre copie de; **2.** *fig* imiter, contrefaire; **3.** *phot* tirer. **Kopiergerät** *n,* **Kopiermaschine** *f* machine *f* à photocopier.

Kopilot *m* ['ko:-] *aero* copilote *m.*

Koppel ['kɔpəl] **(1)** *n* ‹-s, -› *(~riemen)* couple, laisse *f; mil* ceinturon *m;* **(2)** *f* ‹-, -n› **1.** *(durch Riemen verbundene Tiere)* couple *f;* **2.** *(Weide)* pâturage, enclos *m.* **koppeln** *tr* **1.** *(Tiere)* coupler; **2.** *allg (verbinden)* jumeler *(mit* à*); el* (ac-)coupler, connecter; *radio* accoupler, réagir. **Kopp(e)lung** *f radio* couplage, accouplement *m.* **Kopp(e)lungsmanöver** *n cosm* arrimage, amarrage *m,* jonction *f;* ▸ *ein ~ durchführen* opérer l'arrimage *od* l'amarrage.

Koralle *f* ‹-, -n› [ko'ralə] corail *m.* **Koralleninsel** *f* île *f* corallienne, atoll *m.* **Korallenkette** *f* collier *m* de corail. **Korallenriff** *n* récif *m* corallien.

Koran [ko'ra:n, 'ko:ran] *der, rel* le Coran.

Korb *m* ‹-(e)s, ⸚e› [kɔrp, 'kœrbə] **1.** panier *m; (ohne Henkel)* corbeille, *(länglicher)* bourriche *f,* mannequin *m; (großer, bes. Waschkorb)* manne *f; (Binsen-, Einkaufskorb)* cabas *m; (kleiner Henkelkorb)* manette *f;* **2.** *fig (Absage)* refus *m;* ▸ *e-n ~ bekommen* essuyer *od* s'attirer un refus; *jdm e-n ~ geben* éconduire qn. **Korbball** *m sport* (ballon de) basket-ball *m.* **Korbflasche** *f* bouteille clissée; *(große)* dame-jeanne, bonbonne *f.* **Korbflechter** *m,* **Korbmacher** *m* vannier *m.* **Korbflechterei** *f,* **Korbmacherei** *f,* **Korbwaren** *f pl* vannerie *f.* **Korbmöbel** *n pl* meubles *m pl* en rotin.

Kordel *f* ‹-, -n› ['kɔrdəl] cordon *m.*

Kordhose *f* pantalon *m* en velours côtelé.

Korea *n* [ko'rea] la Corée.

Korinthe *f* ‹-, -n› [ko'rɪntə] raisin *m* de Corinthe.

Kork *m* ‹-(e)s, -e› [kɔrk] **1.** *(Material)* liège *m;* **2.** *(Pfropfen)* bouchon *m* (de liège). **Korkeiche** *f* chêne-liège *m.* **Korken** *m* ‹-s, -› = *Kork (Pfropfen).* **Korkenzieher** *m* tire-bouchon *m.* **Korksohle** *f* semelle *f* de liège.

Korn [kɔrn, 'kœrnər] **(1)** *n* ‹-(e)s, ⸚er› grain; *(Getreide)* blé *m,* grains *m pl;* **(2)** *m* ‹-(e)s, -› *(Schnaps)* eau-de-vie *f* de grain; ▸ *etw aufs ~ nehmen* coucher *od* mettre qc en joue, viser qc; *jdn aufs ~ nehmen (fig fam)* repérer qn, avoir qn à l'œil. **Kornblume** *f* bl(e)uet *m.*

körnen ['kœrnən] *tr (körnig formen)* grener; *(zerkleinern)* granuler.

Kornfeld *n* ['kɔrn-] champ *m od* pièce *f* de blé.

körnig ['kœrnɪç] *a* grenu, granulaire, granuleux.

Kornkammer *f* ['kɔrn-] *fig* grenier *m.* **Kornsilo** *m* silo *m* à blé. **Kornspeicher** *m* grenier *m* à blé.

Körnung *f* grain *m.*

koronar [koro'na:r] *a med* coronarien, ienne; ▸ *K~arterie f anat* artère *f* coronaire. **Koronargruppe** *f med* association *f* de cardiaques, groupe *m* de gymnastique pour opérés du cœur.

Körper *m* ‹-s, -› ['kœrpər] *anat phys* corps *m; fester ~* (corps) solide *m.* **Körperbau** *m* conformation (du corps), *fam* anatomie *f.* **körperbehindert** *a* handicapé physiquement, infirme. **Körperbehinderte** *m f* diminué(e *f*) *od* handicapé(e *f*) physique, mutilé(e *f*) *m.* **Körperhaltung** *f* tenue *f,* port, maintien *m.* **Körperkraft** *f* force *f* physique. **körperlich** *a* **1.** corporel, physique; **2.** *(stofflich)* matériel; **3.** *(Arbeit)* manuel; ▸ *~e Ertüchtigung f* entraînement *m* (physique). **Körperpflege** *f* hygiène *f* du corps *od* corporelle, soins *m pl* corporels. **Körperpuder** *m* talc *m.* **Körperschaft** *f adm* corps *m,* corporation, société *f; gesetzgebende ~* législature *f; ~ des öffentlichen Rechts* collectivité de *od* entité *f* du droit public. **Körperschaftssteuer** *f* impôt *m* sur les sociétés *od* sur le revenu des personnes morales. **Körperteil** *m* partie *f* du corps. **Körperverletzung** *f jur* lésion *f* corporelle; ▸ *fahrlässige, schwere ~* lésion *f* corporelle par imprudence, grave.

Korps *n* ‹-, -› [ko:r, *gen* ko:r(s), *pl* ko:rs] *mil* corps *m;* ▸ *diplomatisches ~* corps *m* diplomatique.

korpulent [kɔrpu'lɛnt] *a* corpulent, replet, obèse. **Korpulenz** *f* ‹-, ø› [-'lɛnts] corpulence, réplétion, obésité *f,* embonpoint *m.*

korrekt [kɔ'rɛkt] *a* correct. **Korrektheit** *f* ‹-, ø› correction *f.* **Korrektor** *m* ‹-s, -en› [-'rɛktɔr, -'to:rən] *typ* correcteur (d'imprimerie), réviseur *m.* **Korrektur** *f* ‹-, -en› [-'tu:r] correction; *typ* épreuve *f;* ▸ *~ lesen* lire *od* corriger *od* revoir une (*od* des *od* les) épreuve(s). **Korrekturfahne** *f* (épreuve *f* en) placard *m.* **Korrekturlesen** *n* correction *f* des épreuves. **Korrekturzeichen** *n typ* signe *m od* marque *f* de correction.

Korrespondent *m* ‹-en, -en› [kɔrɛspɔn'dɛnt] **1.** correspondant *m;* **2.** *com (Angestellter)* correspondancier *m.* **Korrespondenz** *f* ‹-, -en› [-'dɛnts] correspondance *f,* courrier *m.* **korrespondieren** [-'di:rən] ‹*ohne ge-*› *itr* être en correspondance, correspondre (*mit jdm*

avec qn).
Korridor *m* ⟨-s, -e⟩ ['kɔrido:r] *(Gang)* corridor; *(kleiner)* couloir; *(Hausflur)* vestibule *m*.
korrigieren [kɔri'gi:rən] ⟨*ohne ge-*⟩ *tr (e-n Text)* corriger *a. typ; allg* rectifier, amender.
Korrosion *f* ⟨-, -en⟩ [kɔrozi'o:n] *geol chem tech* corrosion *f*. **korrosionsfest** *a* résistant à la corrosion.
korrumpieren [kɔrum'pi:rən] *tr* corrompre.
Korruption *f* ⟨-, -en⟩ [kɔruptsi'o:n] corruption *f*.
Korsar *m* ⟨-en, -en⟩ [kɔr'za:r] *mar* corsaire, pirate *m*.
Korse *m* ⟨-n, -n⟩ ['kɔrzə] , **Korsin** *f* ⟨-, -nen⟩ Corse *m f*.
Korsett *n* ⟨-(e)s, -e/-s⟩ [kɔr'zɛt] corset *m*, gaine *f*.
Korsika *n* ['kɔrzika] la Corse. **korsisch** ['kɔrzɪʃ] *a* corse.
Kortex *m* ⟨-(es), -tizes *u.* -e⟩ ['kɔrtɛks] *anat* cortex *m*.
Kortison *n* ⟨-s, ø⟩ [kɔrti'zo:n] *pharm* cortisone *f*.
Korvette *f* ⟨-, -n⟩ [kɔr'vɛtə] *mar* corvette *f*. **Korvettenkapitän** *m* capitaine *m* de corvette.
Koryphäe *f* ⟨-, -n⟩ [kory'fɛ:ə] coryphée, *fam* as *m*.
koscher ['ko:ʃər] *a rel u. allg* ca(w)cher.
kosen ['ko:zən] **1.** *tr* caresser, câliner; **2.** *itr* échanger des caresses. **Kosename** *m* diminutif *m* affectueux. **Kosewort** *n* mot *m* tendre.
Kosinus *m* ⟨-, -/(-se)⟩ ['ko:zinus] *math* cosinus *m*.
Kosmetik *f* ⟨-, ø⟩ [kɔs'me:tɪk] cosmétique, esthétique *f*. **Kosmetiker(in** *f***)** *m* ⟨-s, -⟩ [-'me:tikər] esthéticien(ne *f*). **kosmetisch** [-'me:tɪʃ] *a* cosmétique.
kosmisch ['kɔsmɪʃ] *a* cosmique; ► *~e Strahlung f* rayons *m pl* cosmiques. **Kosmonaut(in** *f***)** *m* ⟨-en, -en⟩ [-mo'naut] cosmonaute *m f*. **Kosmopolit** *m* ⟨-en, -en⟩ [-po'li:t] cosmopolite *m*. **Kosmos** *m* ⟨-, ø⟩ ['kɔsmɔs] univers *m*.
Kost *f* ⟨-, ø⟩ [kɔst] *(Essen)* nourriture, (bonne) chère; *(Verpflegung)* table *f*, manger *m*; ► *freie ~ haben* être nourri; *gesunde ~* régime *m* sain *od* équilibré; *schmale ~* maigre pitance *f*; *schwere ~* régime *m* trop riche; *fig* plat *m* indigeste.
kostbar ['kɔst-] *a (wertvoll)* précieux, de (grand) prix; *(prächtig)* magnifique, somptueux. **Kostbarkeit** *f* grande valeur *f*, grand prix; *(Gegenstand)* objet *m* précieux.
Kosten *pl* ['kɔstən] *(vgl. Unkosten)* coût *m*, frais, dépens *m pl*; *(Ausgaben)* dépenses *f pl*; ► *auf ~ (gen)* aux frais (de); *fig* au détriment (de); *auf eigene ~* à ses (propres) frais; *für die ~ aufkommen* faire face aux frais; *~ mit sich bringen* entraîner des frais; *jdm die ~ ersetzen od erstatten* rembourser les frais à qn; *auf s-e ~ kommen* rentrer dans *od* faire ses frais *a. fig*, *fig* trouver son compte *(bei etw* à qc*)*; être content; *(bei e-r Abendunterhaltung)* s'amuser, se distraire; *keine ~ scheuen* ne pas regarder à la dépense; *e-n Teil der ~ übernehmen* participer aux frais; *mit ~ verbunden sein*, *~ verursachen* entraîner *od* occasionner des dépenses *od* des frais.
kosten ['kɔstən] *tr* **1.** *(probieren)* goûter (*etw* qc); *(Getränk)* déguster; **2.** coûter, revenir à, valoir; *fig* prendre, demander, exiger; ► *es sich etw ~ lassen* ne pas regarder à la dépense, y mettre le prix; *es hat mich einige Überwindung gekostet* il a fallu que je fasse un certain effort; *was kostet das?* combien cela coûte-t-il? *pop* ça fait combien? *koste es, was es wolle!* coûte que coûte!
Kostenbeteiligung *f* ['kɔstən-] participation *f* aux frais. **Kostendämpfung** *f* diminution *od* réduction *f* des coûts *od* des frais. **Kostenexplosion** *f* explosion *f* des prix. **kostenlos I.** *a* sans frais, exempt de frais, gratuit; **II.** *adv* gratuitement, à titre gracieux. **Kostenvoranschlag** *m* devis *m* estimatif ► *e-n ~ machen* établir un devis estimatif.
köstlich ['kœstlɪç] *a* **1.** *(Speise)* délicat, délicieux, savoureux; **2.** *(ausgezeichnet)* exquis; *(reizend, reizvoll)* charmant.
Kostprobe *f* ['kɔst-] **1.** *(Tätigkeit)* dégustation *f*; **2.** *(Warenprobe)* échantillon *m*.
kostspielig *a* cher, coûteux, dispendieux, onéreux.
Kostüm *n* ⟨-s, -e⟩ [kɔs'ty:m] **1.** *allg* costume *m*; **2.** *(Jackenkleid)* (costume) tailleur *m*; **3.** *(Maskenkostüm)* travesti *m*, robe *f* de bal masqué. **Kostümball** *m*, **Kostümfest** *n* bal *m* costumé *od* travesti. **kostümieren** [-ty'mi:rən] ⟨*ohne ge-*⟩ *tr* costumer.
Kostverächter *m* ['kɔst-] : ► *kein ~ sein* ne pas bouder la bonne chère.
Kot *m* ⟨-(e)s, ø⟩ [ko:t] **1.** *(Straßenschmutz)* boue, crotte, fange, gadoue; *(Matsch)* bourbe *f*; **2.** *(Exkremente)* excréments *m pl*; *(Mist)* fiente *f*; ► *mit ~ bespritzen* crotter, éclabousser; *in den ~ ziehen (a. fig)* traîner dans la boue.
Kotelett *n* ⟨-(-e)s, -s/(e)⟩ [kotə'lɛt, ko'tlɛt] *(Küche)* côtelette *f*.
Koteletten *pl (Backenbart)* favoris *m pl*.
Köter *m* ⟨-s, -⟩ ['kø:tər] *pej* mâtin; *(kleiner)* roquet *m*.
Kotflügel *m* ['ko:t-] *mot* aile *f*, garde-

-boue *m.*
kotig ['ko:tɪç] *a* boueux, croté, bourbeux.
kotzen ‹*du kotzt; hat gekotzt*› ['kɔtsən] *itr pop* dégueuler, dégobiller.
Krabbe *f* ‹-, -n› ['krabə] **1.** *zoo (Taschenkrebs)* crabe, cancre *m; (Garnele)* crevette *f;* **2.** *arch* crochet *m; m.* **krabbeln 1.** *itr* ‹*sein*› *(Käfer)* marcher, grimper; *fam (Kind)* marcher à quatre pattes; *(wimmeln)* grouiller; **2.** *tr* ‹*h*› *fam* démanger, gratter.
Krach *m* ‹-(e)s, -e/-s/(¨e)› [krax, ('krɛçə)] **1.** craquement; claquement; *fam (Lärm)* bruit, tapage, fracas, vacarme, *(Radau)* chahut *m;* **2.** *fam (Streit)* brouillerie *f,* grabuge *m;* **3.** *fin* krach *m,* débâcle *f;* ▶ ~ *machen (fam) (lärmen)* faire du chahut; ~ *schlagen (fam)* faire un esclandre. **krachen** *itr* **1.** ‹*h*› *(Donner)* gronder, rouler; *(Bett, Fußboden)* craquer; *(Tür, Schuß)* claquer; **2.** ‹*sein*› *(bersten)* éclater.
krächzen ['krɛçtsən] *itr (Rabe)* croasser. **krächzend** *a (Stimme)* criard.
Kraft *f* ‹-, ¨e› [kraft, 'krɛftə] **1.** *allg u. phys* force, énergie; *tech* puissance *f;* **2.** *fig (Macht)* pouvoir *m;* intensité *f,* nerf; *(Schwung)* élan *m; (Tatkraft)* énergie; *(Lebenskraft)* vigueur, sève; *(innewohnende, sittliche* ~*)* vertu; *(Wirksamkeit)* vertu, efficacité *f;* **3.** *(Hilfs-, Arbeitskraft)* aide *m f;* ▶ *aus eigener* ~ par ses propres moyens; *mit aller* ~ de toutes mes *etc* forces; *mit voller* ~ à plein rendement, à pleins bras; *nach Kräften, nach (besten) Kräften* de mon *etc* mieux; *wieder zu Kräften kommen* reprendre des *od* réparer *od* recouvrer ses forces (*durch* par); *s-e Kräfte mit jdm messen* mesurer ses forces avec qn; *Kräfte sammeln* rassembler ses forces; *neue* ~ *schöpfen* puiser de nouvelles forces (*in* dans); *am Ende s-r* ~ *sein* être à bout (de son rouleau); *in* ~ *sein (adm jur)* être en vigueur; *außer* ~ *setzen* abolir; *(wieder) in* ~ *setzen* (re)mettre en vigueur; *in* ~ *treten* entrer en vigueur, prendre effet; *das geht über meine* ~ od *Kräfte* cela (sur)passe mes forces; c'est au-dessus de mes forces *od* de mes facultés; *meine Kräfte haben nachgelassen* mes forces ont baissé *od* diminué; *treibende* ~ force motrice, puissance *f* pilote. **kraft** *prp gen* en vertu de. **Kraftanstrengung** *f* effort *m.* **Kraftaufwand** *m* dépense *f* d'énergie *od* de(s) forces. **Kraftausdruck** *m* mot fort, gros mot *m.* **Kraftbrühe** *f* consommé, bouillon *m.*
Kräftegleichgewicht *n* ['krɛftə-] équilibre *m* des forces. **Kräfteverfall** *m med* dépérissement, marasme *m.* **Kräfteverlagerung** *f* glissement *m* des forces.
Kraftfahrer *m* ['kraft-] automobiliste, chauffeur *m.* **Kraftfahrzeug** *n* (véhicule *m*) automobile *f.* **Kraftfahrzeugbrief** *m* carte *f* grise. **Kraftfahrzeughändler** *m* concessionnaire *m* en automobiles. **Kraftfahrzeugschein** *m* carte *f* grise. **Kraftfahrzeugsteuer** *f* taxe *f od* impôt *m* sur les véhicules *od* voitures *od* automobiles. **Kraftfahrzeugversicherung** *f* assurance *f* (sur les) automobiles. **Kraftfeld** *n phys* champ *m* de force. **Kraftfutter** *n* fourrage *m* concentré.
kräftig ['krɛftɪç] **I.** *a* **1.** fort, robuste, solide, puissant, vigoureux; **2.** *(Nahrung)* substantiel; **II.** *adv* vigoureusement. **kräftigen** *tr* fortifier, affermir, restaurer, donner des forces à. **Kräftigung** *f* renforcement, (r)affermissement *m.* **Kräftigungsmittel** *n med pharm* fortifiant, cordial, tonique *m.*
kraftlos ['kraft-] *a* sans force *od* énergie *od* vigueur *od* vie; *(schwach)* faible, débile; *(Stil)* cotonneux. **Kraftpost** *f* poste *f* automobile. **Kraftprobe** *f* épreuve *f od* tour *m* de force. **Kraftrad** *n* moto(cyclette) *f.* **Kraftreserve** *f* réserve *f od* appoint *m* de puissance. **kraftspendend** *a (Nahrung)* énergétique. **Kraftstoff** *m* carburant *m; (Benzin)* essence *f.* **Kraftstoffgemisch** *n* mélange *m* d'essence. **Kraftstoffverbrauch** *m* consommation *f* de carburant. **Kraftstrom** *m* force *f* (motrice). **kraftstrotzend** *a* plein de vigueur. **Kraftübertragung** *f* transmission *f* de puissance. **kraftvoll** *a* plein de force *od* de vigueur, vigoureux; *(tatkräftig)* énergique; *(Stimme)* vibrant. **Kraftwagen** *m* auto(mobile), voiture *f.* **Kraftwerk** *n* centrale *f* (électrique).
Kragen *m* ‹-s, -› ['kra:gən] *(allg)* col; *(Kleid, Rock, Mantel a.)* collet; *(loser Hemd*~*)* faux col *m;* ▶ *jdn beim* ~ *packen* saisir *od* prendre qn au collet; *da platzt einem ja der* ~*! (fam)* je finirai par éclater! **Kragenknopf** *m* bouton *m* de col. **Kragenweite** *f* encolure *f.*
Krähe *f* ‹-, -n› ['krɛ:ə] *orn* corneille *f;* ▶ *eine* ~ *hackt der anderen nicht die Augen aus (prov)* les loups ne se mangent pas entre eux. **krähen** *itr (Hahn)* chanter; *fig (Mensch)* crier, piailler. **Krähenfüße** *m pl (Runzeln)* pattes-d'oie *f pl.*
Krakeel *m* ‹-s, ø› [kra'ke:l] *fam (Lärm)* tapage, grabuge, chahut *m.* **krakeelen** ‹*ohne ge-*› *itr* faire du tapage *od* grabuge *od* chahut.
Kralle *f* ‹-, -n› ['kralə] ongle *m; (Raubtier, Raubvogel)* griffe; *(Raubvogel)* serre *f;* ▶ *die* ~*n zeigen (bes. fig)* montrer les griffes. **krallen** *tr* **1.** *(mit den Krallen packen)* griffer; **2.** *(kratzen)* égratigner.

Kram *m* ‹-s, ø› [kra:m] *pej fam (Plunder)* fatras, fourbi *m;* ▶ *das paßt mir nicht in den* ~ cela ne fait pas mon affaire; *alter* ~ vieillerie *f; der ganze* ~ *(pop)* tout le bazar, toute la boutique. **kramen** *itr* fouiller, farfouiller (*in* dans).
Krämergeist *m* ['krɛmər-] *pej* esprit *m* mercantile *od* marchand. **Kämerseele** *f pej* âme *f* mercantile, épicier *m.*
Kramladen *m pej* bric-à-brac *m.*
Krampf *m* ‹-(e)s, ¨-e› [krampf, 'krɛmpfə] **1.** *med* crampe, convulsion *f,* spasme *m;* **2.** *(fig fam)* embarras *m pl;* simagrées *f pl;* ▶ *Krämpfe bekommen* être saisi de convulsions. **Krampfader** *f* varice *f.* **krampfen,** *sich* se crisper, se contracter convulsivement. **krampfhaft** *a* convulsif, spasmodique; ▶ *sich* ~ *anstrengen* faire des efforts désespérés. **krampfstillend** *a* antispasmodique.
Kran *m* ‹-(e)s, ¨-e/(-e)› [kra:n, 'krɛ:nə] *tech* grue *f,* appareil *m* de levage. **Kranführer** *m* grutier, conducteur *m* de grue.
Kranich *m* ‹-s, -e› ['kra:nıç] *orn* grue *f.*
krank [kraŋk] malade; *(leidend)* souffrant; ▶ ~ *machen* rendre malade; *sich* ~ *melden* se faire porter malade; ~ *schreiben* déclarer malade; *sich* ~ *stellen* faire le malade, *fam* tirer au flanc; ~ *werden* tomber malade; attraper *od* contracter une *od* être pris d'une maladie. **Kranke** *m f* malade *m f; (Patient)* client(e *f*) *m.*
kränkeln ['krɛŋkəln] *itr* être maladif *od* souffreteux.
kranken ['kraŋkən] *itr* **1.** être malade, souffrir, être atteint (*an* de); **2.** *fig* pécher (*an* par); ▶ *am Mangel an Vorbereitung* ~ pécher par manque de préparation.
kränken ['krɛŋkən] *tr* **1.** *(verletzen)* blesser, froisser, mortifier; *(beleidigen)* offenser; **2.** *(weh tun)* chagriner, peser sur le cœur (*jdn* à qn).
Krankenbesuch *m* ['kraŋkən-] visite *f* à un malade. **Krankenbett** *n* lit *m* de malade. **Krankengeld** *n* allocation *od* prestation de maladie, indemnité *f* de maladie. **Krankenhaus** *n* hôpital; *(städtisches)* hôtel-Dieu *m; (privates)* maison *f* de santé; ▶ *in ein* ~ *aufnehmen, einliefern, einweisen (a.)* hospitaliser. **Krankenkasse** *f* caisse *f* de maladie *od* d'assurance-maladie. **Krankenkost** *f* diète *f,* régime *m.* **Krankenpflege** *f* soins *m pl* (donnés aux malades). **Krankenpfleger(in *f*)** *m* infirmier *m,* infirmière *f,* garde-malade *m f; f* aide-soignante *f.* **Krankenschein** *m* certificat *m od* feuille *f* de maladie. **Krankenschwester** *f* = *Krankenpflegerin.* **Krankenversicherung** *f* assurance-maladie *f.* **Krankenwagen** *m* (fourgon *od* véhicule *m* d')ambulance, voiture-infirmerie, voiture *f* sanitaire. **Krankenzimmer** *n* **1.** *(im Privathaus)* chambre *f* de malade; **2.** *(im Krankenhaus)* salle *f* des malades.
krank=feiern ['kraŋk-] *itr fam* prétexter une maladie (pour ne pas travailler); avoir une maladie diplomatique.
krankhaft ['kraŋkhaft] *a* maladif, morbide.
Krankheit *f* ‹-, -en› ['kraŋkhaıt] maladie *f,* mal *m,* affection; *(Leiden)* souffrance *f;* ▶ *e-e* ~ *bekommen, sich e-e* ~ *zuziehen* attraper *od* contracter *od* prendre une maladie, être pris d'une maladie; *sich e-e* ~ *holen (fam)* prendre mal. **Krankheitserreger** *m* agent *od* principe *m* pathogène. **Krankheitserscheinung** *f* symptôme *m* de maladie. **kranheitshalber** *acv* pour cause de maladie, pour raison de santé. **Krankheitsherd** *m* foyer *m* de la maladie. **Krankheitskeim** *m* germe *m* pathogène. **Krankheitsverlauf** *m* évolution *f od* cours *m* d'une *od* de la maladie.
krank=lachen, *sich fam* se pâmer *od* se tordre de rire; ▶ *sich kranggelacht haben (fam)* être malade de rire.
kränklich ['krɛŋklıç] *a* maladif, souffreteux, infirme. **Kränkung** *f* ‹-, -en› blessure *f,* froissement *m,* mortification *f.*
Kranz *m* ‹-es, ¨-e› [krants, 'krɛntsə] couronne; *(Toten~)* couronne *f* mortuaire.
kränzen ['krɛntsən] *tr* couronner.
kraß [kras] *a* crasse *(nur f),* grossier, cru.
Krater *m* ‹-s, -› ['kra:tər] *geol* cratère *m.*
Krätze *f* ‹-, ø› ['krɛtsə] *med* gale, psore, psora *f.*
Kratzbürste ['krats-] *f fig fam* personne *f* revêche. **kratzbürstig** *a fig fam* revêche, rébarbatif, récalcitrant, aimable comme une porte de prison. **kratzen** ['kratsən] **1.** gratter, racler; *(ritzen)* égratigner; *(Katze)* griffer; **2.** *tech (Wolle)* carder; *itr* **3.** gratter; *(Schreibfeder)* crier, grincer; ▶ *im Hals* ~ gratter la gorge; *sich (am Kopf, hinter dem Ohr)* ~ se gratter (la tête, l'oreille); *im Sand* ~ *(Hund)* gratter le sable. **Kratzer** *m* ‹-s, -› *(~spur)* rayure; *(~wunde)* égratignure *f.* **Kratzfuß** *m fam iron (Verbeugung)* courbette, révérence *f.* **Kratzgeräusch** *n radio* (bruit *m* de) friture *f.* **krätzig** *a med* galeux, psorique.
krauen ['krauən] *tr,* **kraulen** ['kraulən] **1.** *tr* gratter doucement; *(streicheln)* caresser; **2.** *itr sport* nager le crawl.
kraus [kraus] *a* **1.** *(Haar)* crépu, frisé; *(Stirn)* ridé; *(Stoff)* froissé; **2.** *fig (Gedanken)* embrouillé, confus. **Krause** *f* ‹-, -n› ['krausə] *hist (Halskrause)* fraise, collerette *f; med* minerve *f.*
kräuseln ['krɔyzəln] *tr (Haare)* fris(ott-)er, onduler, boucler; *(Wasser)* rider;

(Stoff) crêper, froncer; ► *sich ~ (Wasser)* se rider; *(Rauch)* tourbillonner.
Kraushaar *n* cheveux *m pl* crépus *od* frisés. **kraushaarig** *a* aux cheveux crépus *od* frisés. **Krauskopf** *m* ['kraus-] tête *f* crépue *od* frisée.
Kraut *n* ‹-(e)s, ⁻er› [kraut, 'krɔytər] **1.** herbe *f*; **2.** *(Kohl)* chou *m*; **3.** *(Pflanzenabfall)* tiges *f pl* (feuillues); ► *mit fein(gehackt)en Kräutern (Küche)* aux fines herbes; *wie ~ und Rüben (durchea.)* sens dessus dessous; *ins ~ schießen* monter en graine. **krautartig** *a* herbacé. **krauten** *itr (jäten)* sarcler.
Kräuteressenz *f* ['krɔytər-], **Kräuterextrakt** *m* jus *m* d'herbes. **Kräuterkäse** *m* fromage *m* aux herbes. **Kräutertee** *m* tisane, infusion *f*.
Krautkopf *m* ['kraut-] tête *f* de chou.
Krawall *m* ‹-s, -e› [kra'val] tumulte *m*, bagarre *f*, tapage, *fam* chahut *m*.
Krawatte *f* ‹-, -n› [kra'vatə] cravate *f*; *med* minerve *f*. **Krawattennadel** *f* épingle *f* de cravate.
kraxeln ['kraksəln] *itr* ‹*sein*› *dial u. fam* grimper.
kreativ [krea'ti:f] *a* créatif. **Kreativität** ‹-, ø› *f* imagination créative, créativité *f*, esprit *m* créateur.
Kreatur *f* ‹-, -en› [krea'tu:r] créature *f*.
Krebs *m* ‹-es, -e› [kre:ps] **1.** *zoo* écrevisse *f*; *(Taschenkrebs)* crabe, cancre *m*; **2.** *med* cancer, carcinome *m*. **krebsartig** *a* **1.** *zoo* crustacé; **2.** *med* cancéreux. **Krebsbildung** *f* cancérisation *f*. **krebsen** *itr* pêcher l'écrevisse; *(sich bewegen)* végéter. **krebserregend** *a* cancérigène. **Krebserreger** *m* facteur *m* cancérogène. **krebserzeugend** *a* cancérigène, cancérogène. **Krebsforscher** *m* cancérologue *m*. **Krebsforschung** *f* cancérologie *f*. **Krebsforschungsinstitut** *n* centre *m* anticancéreux. **Krebskrankenhaus** *n* centre *m* anticancéreux. **Krebsgang** *m* marche *f* en écrevisse *od* à reculons. **Krebsgeschwulst** *f*, **Krebsgeschwür** *n* tumeur *f* cancéreuse, carcinome *m*. **krebskrank** *a* cancéreux. **krebsleidend** *a* cancéreux. **Krebsnachsorge** *f* visites *f pl* de contrôle. **krebsrot** *a* rouge comme une écrevisse. **Krebsschaden** *m fig* chancre *m*, gangrène *f*. **Krebssuppe** *f* bisque *f*.
Kredit (1) *m* ‹-(e)s, -e› [kre'di:t] **1.** *fin* crédit *m*; **2.** *fig (Ansehen)* crédit *m*, réputation *f*; **(2)** *n* ‹-s, -s› ['kre:dɪt] *(Haben)* avoir *m*; ► *auf ~* à crédit, à terme; *e-n ~ aufnehmen* avoir recours à un crédit; *jdm e-n ~ einräumen* od *gewähren* od *geben* accorder *od* allouer *od* consentir un crédit à qn; *~ haben* avoir du crédit; *fig* jouir d'un (grand) crédit. **Kreditanstalt** *f*, **Kreditbank** *f* établissement *m od* institution *od* banque *f* de crédit. **Kreditbrief** *m* lettre *f* de crédit, accréditif *m*. **kreditfähig** *a* solvable. **Kreditfähigkeit** *f* solvabilité *f*. **Kreditgeber** *m* créditeur *m*. **kreditieren** [-'ti:rən] ‹*ohne ge-*› *tr* créditer *(jdm etw* qn de qc*)*. **Kreditkarte** *f* carte *f* de crédit. **Kreditnehmer** *m* emprunteur *m*. **Kreditspeicherkarte** *f* carte *f* à mémoire.**kreditwürdig** *a* digne de crédit, solide. **Kreditwürdigkeit** *f* solidité *f*.
Kreide *f* ‹-, -n› ['kraɪdə] craie *f*; ► *bei jdm in der ~ stehen (fam)* avoir une ardoise chez qn; *bunte ~* craie *f* de couleur; *Stück n ~* bâton *m* de craie. **kreidebleich** *a*, **kreideweiß** *a fig* blanc comme un linge. **Kreidefels(en)** *m* roche *f* crétacée. **Kreidezeichnung** *f* (dessin au) crayon *m*. **Kreidezeit** *f geol* crétacé *m*. **kreidig** *a* crayeux.
Kreis *m* ‹-es, -e› [kraɪs, '-zə(s)] **1.** *math u. fig* cercle; *allg* rond *m*; **2.** *fig (bes. Sagen~)* cycle *m*; **3.** *(Lebens~, Bereich)* sphère *f*, milieu, domaine *m*; **4.** *(~ Gleichgesinnter)* cercle, *(kleiner)* cénacle *m*; **5.** *(Verwaltungsbezirk)* district, arrondissement, canton *m*; ► *im ~* en rond, circulairement; *fig (mit gen)* au *od* dans le sein (de); *in (gut)unterrichteten ~en* dans les milieux (bien) informés; *im ~e der Seinen* od *s-r Lieben* au sein de sa famille, parmi les siens; *e-n ~ beschreiben* décrire *od* tracer un cercle; *immer weitere ~e ziehen (fig) (Vorfall)* avoir des répercussions de plus en plus larges. **Kreisbahn** *f astr* orbite *f*; *in e-e ~ (um die Erde) bringen* mettre en *od* sur orbite, satelliser. **Kreisbewegung** *f* mouvement *m* circulaire *od* giratoire *od* de rotation. **Kreisbogen** *m math* arc *m* (de cercle).
kreischen ['kraɪʃən] *itr* **1.** criailler; *(Vögel)* piailler; **2.** *(Säge, Tür)* crier, grincer. **kreischend** *a (Stimme)* aigu, perçant, criard.
Kreisel *m* ‹-s, -› ['kraɪzəl] toupie *f*; *(kleiner)* sabot *m*. **Kreiselbewegung** *f* mouvement *m* gyroscopique. **kreiseln** *itr* ‹*aux: sein od haben*› tournoyer, pirouetter, tourbilloner.
kreisen *itr* ‹*sein*› **1.** effectuer un mouvement circulaire, tourner (*um* autour de); *(Raubvogel, aero)* tournoyer; **2.** *(Blut, Geld)* circuler; ► *in der Runde ~ (Becher)* circuler à la ronde. **Kreisfläche** *f* (aire *f* du) cercle *m*. **kreisförmig** *a* circulaire, rond, orbiculaire, en cercle. **Kreislauf** *m* **1.** mouvement *m* circulaire, rotation *f*; **2.** *(Blut)* circulation *f*; **3.** *astr* révolution *f*; **4.** *(der Natur)* cycle *m*. **Kreislaufstörungen** *f pl* troubles *m pl* circulatoires *od* de la circulation. **kreisrund** *a* circulaire, rond. **Kreissäge** *f* scie *f* circulaire. **Kreisstadt** *f* chef-lieu *m* (d'arrondissement *etc*). **Kreis-**

umfang *m math* circonférence *f* (du cercle). **Kreisverkehr** *m mot* trafic circulaire, sens *m* giratoire.
Kreißsaal *m* salle *f* de travail.
Krematorium *n* ⟨-s, -rien⟩ [krema'to:rium, -riən] crématorium, (four) crématoire *m*.
Kreml ['kre:ml, 'krɛml] *m, der* le Kremlin. **Kremlforscher** *m* kremlinologue *m*.
Krempe *f* ⟨-, -n⟩ ['krɛmpə] *(Hut)* (re)bord *m*.
Krempel *m* ⟨-s, ø⟩ ['krɛmpəl] *fam (Kram)* fatras fourbi, bric-à-brac *m;* ▶ *der ganze ~ (pop)* tout le bazar *od* tremblement.
krepieren ⟨*ohne ge-*⟩ [kre'pi:rən] *itr* ⟨*sein*⟩ **1.** *(Lebewesen)* crever; **2.** *mil* éclater.
Krepp *m* ⟨-s, -s/-e⟩ [krɛp] *(Flor, Gummi)* crêpe *m*.
Kresse *f* ⟨-, -n⟩ ['krɛsə] *bot* cresson *m*.
Kreta ['kre:ta] *n geog* la Crète. **Kreter(in** *f***)** *m* ⟨-s, -⟩ Crétois, e *m f*.
Kreuz *n* ⟨-es, -e⟩ [krɔyts] **1.** *allg u. rel* croix *f;* **2.** *mus* dièse *m;* **3.** *(Kartenspiel)* trèfle *m;* **4.** *fig (Leid)* croix, souffrance, affliction *f*, chagrin *m;* **5.** *anat* reins *m pl;* ▶ *kreuz und quer* en tous sens, à hue et à dia; *über ~* en croix; *aufs ~ fallen (fig fam)* tomber des nues; *vor jdm zu ~e kriechen* fléchir *od* plier le genou, courber l'échine devant qn; *ein ~ schlagen* faire le signe de la croix, se signer; *mir tut das ~ weh* j'ai mal aux reins; *es ist ein ~* c'est un malheur *od* un calvaire. **Kreuzbandsendung** *f* envoi *m* sous bande. **Kreuzbein** *n anat* sacrum *m*. **kreuzbrav** *a* sage comme une image. **kreuzen** *tr* ⟨*h*⟩ **1.** croiser; *(Straße)* couper; *(überschreiten)* traverser; **2.** *(Rassen)* croiser, hybrider, métisser; *itr* ⟨*sein*⟩ **3.** *mar* croiser; *(beim Segeln)* louvoyer; **4.** *refl sich ~ (Straßen)* se couper; *(Briefe, Rassen)* se croiser. **Kreuzer** *m* ⟨-s, -⟩ *mar* croiseur *m*. **Kreuzfahrer** *m hist* croisé *m*. **Kreuzfahrt** *f* **1.** *hist* croisade *f;* **2.** *mar* croisière *f*. **Kreuzfeuer** *n* feu *m* croisé. **kreuzfidel** *a* gai comme un pinson. **Kreuzgang** *m arch rel* cloître *m*. **kreuzigen** *tr* crucifier. **Kreuzigung** *f* mise en croix, crucifixion *f*, crucifiement *m*. **Kreuzkopf** *m tech mot* tête *f* de *od* du piston. **kreuzlahm** *a* éreinté, fourbu. **Kreuzotter** *f* vipère *f* commune. **Kreuzschmerzen** *m pl* mal *m* aux *od* de reins; ▶ *~ haben* avoir mal aux reins. **Kreuzung** *f* **1.** croisement *m a. loc biol;* **2.** *(Weg~)* croisée *f; (Straßen~)* carrefour *m*, intersection *f*. **Kreuzverhör** *n jur* audition *f od* interrogatoire *m* contradictoire; ▶ *ins ~ nehmen* interroger contradictoirement. **Kreuzweg** *m* **1.** carrefour *m;* **2.** *rel* chemin *m* de croix. **kreuzweise** *adv* en (forme de) croix. **Kreuzworträtsel** *n* mots *m pl* croisés. **Kreuzzug** *m hist* croisade *f*.
kribb(e)lig ['krɪb(ə)lɪç] *a fam* irritable, nerveux. **kribbeln** *itr fam (jucken)* démanger.
kriechen [kri:çən] ⟨*kroch, gekrochen*⟩ *itr* ⟨*sein*⟩ ramper, se traîner; *bot* ramper, tracer; ▶ *vor jdm (fig) ~* ramper devant qn, flagorner qn; *zu Kreuze ~* baisser pavillon, faire amende honorable. **kriechend** *a* rampant. **Kriecher** *m* ⟨-s, -⟩ *fig pej* flagorneur *m*. **kriecherisch** *a* rampant, servile. **Kriechspur** *f* voie *f* de décélération. **Kriechtier** *n* reptile *m*.
Krieg *m* ⟨-(e)s, -e⟩ [kri:k, '-gə(s)] guerre; ▶ *jdm den ~ erklären* déclarer la guerre à qn; *gegen jdn ~ führen* faire la guerre à qn; *~ spielen (Kinder)* jouer à la petite guerre; *heißer, kalter ~* guerre *f* chaude, froide.
kriegen ['kri:gən] *tr* **1.** *fam (bekommen, erhalten)* avoir, recevoir, *(Erstrebtes)* obtenir; **2.** *(e-e Krankheit)* attraper, prendre; ▶ *ein Kind ~ (erwarten)* attendre un enfant, *(zur Welt bringen)* accoucher (de); *nicht genug ~ (können)* ne jamais avoir assez (*von* de); *Hunger, Durst ~* prendre faim, soif; *geschenkt ~* recevoir en cadeau; *da kriegst du es mit mir zu tun* tu auras affaire à moi.
Kriegerdenkmal *n* ⟨-s, ⁻er⟩ ['kri:gər-] monument *m* aux morts (de la guerre). **kriegerisch** *a* guerrier, belliqueux, belliciste, martial. **Kriegerwitwe** *f* veuve *f* de guerre. **kriegführend** *a* belligérant; ▶ *die ~en Mächte f pl* les belligérants *m pl*. **Kriegführung** *f* conduite *od* direction *f* de la guerre.
Kriegsausbruch *m* ['kri:ks-] *:* ▶ *bei ~* à la déclaration de guerre, au début des hostilités. **Kriegsauszeichnung** *f* médaille *f* militaire. **Kriegsbeil** *n:* ▶ *das ~ begraben, wieder ausgraben* enterrer la hache de guerre, reprendre le sentier de la guerre. **Kriegsbemalung** *f* maquillage *m* de guerre. **kriegsbereit** *a, in* **Kriegsbereitschaft** *f* sur le pied de guerre. **Kriegsbericht(erstatt)er** *m* correspondant *m* aux armées. **Kriegsbeschädigte** *m* mutilé *m* de (la) guerre. **Kriegsdienstverweigerer** *m* objecteur *m* de conscience. **Kriegsdrohung** *f* menace *f* du guerre. **Kriegserklärung** *f* déclaration *f* de guerre. **Kriegsfall** *m:* ▶ *im ~* en cas de guerre. **Kriegsfuß** *m: mit jdm auf dem ~ stehen* être *od* vivre sur le pied de guerre avec qn. **Kriegsgefangene** *m* prisonnier *m* de guerre. **Kriegsgefangenschaft** *f* captivité *f;* ▶ *in ~ geraten* od *kommen* être fait prisonnier (de guerre). **Kriegsgericht** *n* conseil *m* de guerre, cour *f* martiale; ▶ *vor ein ~ stellen* traduire en conseil de guerre. **Kriegshafen** *m* port *m* de guerre *od*

militaire. **Kriegshandlung** *f* acte *od* fait *m* de guerre. **Kriegskamerad** *m* compagnon *m* d'armes. **Kriegskind** *n* enfant *m* né pendant la guerre. **Kriegslist** *f* ruse *f* de guerre, stratagème *m.* **Kriegsmarine** *f* marine *f* de guerre. **kriegsmüde** *a* las de la guerre; *adv* de guerre lasse. **Kriegsopfer** *n* victime *f* de guerre. **Kriegsrecht** *n* droit *m* de (la) guerre; ▶ *nach* ~ de bonne guerre. **Kriegsschauplatz** *m* théâtre *m* de la guerre *od* des opérations. **Kriegsschiff** *n* navire *od* bâtiment *od* vaisseau *m* de guerre. **Kriegsteilnehmer** *m (ehemaliger)* ancien combattant *m.* **Kriegsspiel** *n* jeu *m* de guerre. **Kriegsspielzeug** *n* jouets *m pl* guerriers. **Kriegsverbrechen** *n* crime *m* de guerre. **Kriegsverbrecher** *m* criminel *m* de guerre. **Kriegsversehrte** *m* = *Kriegsbeschädigte.* **Kriegswirren** *pl* troubles *m pl* de la guerre. **Kriegszeit** *f* temps *m* de guerre. **Kriegszustand** *m* état *m* de guerre; ▶ *sich im* ~ *befinden* être en guerre.

Krim *die* [krɪm], la Crimée.

Krimi ['kri:mi, 'krɪmi] ‹-s, (-), -ss (-)› *m fam (Roman)* policier, polar; *(Film)* film *m* policier.

kriminal [krimi'na:l] *a* criminel. **Kriminalbeamte** *m* officier *m* de police judiciaire. **Kriminalfall** *m* affaire *f* criminelle. **Kriminalfilm** *m* film *m* policier. **Kriminalistik** *f* ‹-, ø› [-'lɪstɪk] criminologie *f.* **Kriminalität** *f* ‹-, ø› [-li'tɛ:t] criminalité *f.* **Kriminalpolizei** *f* police *f* judiciaire. **Kriminalroman** *m* roman *m* policier. **kriminell** [-'nɛl] *a* criminel. **Kriminelle(r)** *m f* malfaiteur *m,* criminel, le *m f.* **Kriminologie** *f* ‹-, ø› [-nolo'gi:] criminologie *f.*

Krimskrams *m* ‹-(es), ø› ['krɪmskrams] *fam (Plunder)* bric-à-brac, fatras, fourbi *m.*

Kringel *m* ‹-s, -› ['krɪŋl] *(Gebäck)* craquelin, bretzel *m.*

Kripo *f* ‹-, -s; *pl selten*› ['kri:po, 'krɪpo] police *f* judiciaire (P.J.).

Krippe *f* ‹-, -n› ['krɪpə] **1.** *(Futter~)* mangeoire, crèche *f;* **2.** *(Weihnachts~; Anstalt)* crèche *f.*

Krise *f* ‹-, -n› ['kri:zə] crise *f.* **kriseln** *itr impers: es kriselt* une crise se prépare. **krisenfest** *a* à l'abri des crises. **Krisengebiet** *n* point chaud. **krisengeschüttelt** *a* ébranlé par une série de crises. **Krisenherd** *m* foyer *m* de crise. **Krisenmanagement** *n* gestion *f* de crise. **Krisenstab** *m* cabinet *m* de crise. **Krisenzeit** *f* temps *m* de crise.

Kristall [krɪs'tal] **(1)** *m* ‹-s, -e› *min* cristal *m;* **(2)** *n* ‹-s, ø› *(geschliffenes Glas)* cristal *m.* **kristallen** *a* de cristal, cristallin. **Kristallglas** *n* cristal *m.* **kristallin(isch)** [-'li:n(ɪʃ)] *a* cristallin. **kristallisieren** [-li'zi:rən] ‹*ohne ge-*› *tr* cristalliser; *itr* (se) cristalliser. **kristallklar** *a* cristallin. **Kristallnacht** *f hist* Nuit *f* de cristal. **Kristallsachen** *f pl,* **Kristallwaren** *f pl* cristaux *m pl.* **Kristallzukker** *m* sucre *m* cristallisé.

Kriterium *n* ‹-s, -rien› [kri'te:riʊm, -riən] critérium, critère *m.*

Kritik *f* ‹-, -en› [-'ti:k] critique *f,* examen *m; (negative a.)* censure *f;* ▶ *unter aller* ~ au-dessous de tout. **Kritiker** *m* ‹-s, -› ['kri:tikər] critique, censeur *m.* **kritiklos I.** *a (Mensch)* sans esprit critique; **II.** *adv* sans critiquer. **Kritiklosigkeit** *f* absence *f od* manque *m* de sens critique. **kritisch** ['kri:tɪʃ] *a* critique; ▶ *~er Moment m* moment *m* psychologique. **kritisieren** [-ti'zi:rən] ‹*ohne ge-*› *tr* critiquer; *(negativ)* censurer.

kritteln ['krɪtəln] *itr* ergoter (*an, über etw* sur qc).

Kritzelei *f* ‹-, -en› [krɪtsə'laɪ] griffonnage *m;* pattes *f pl* de mouche. **kritzeln** *tr u. itr* griffonner.

Kroatien *n* [krɔ'atsjən] la Croatie.

Krokant *m* ‹-s, ø› [kro'kant] amandes *f pl* pilées; praline *f.* **Krokette** *f* ‹-, -n› [kro'kɛtə] croquette *f.*

Krokodil *n* ‹-s, -e› [kroko'di:l] crocodile *m.* **Krokodilstränen** *f pl* larmes *f pl* de crocodile.

Krokus *m* ‹-, -(se)› [kro:kʊs] *bot* crocus *m.*

Krone *f* ‹-, -n› ['kro:nə] **1.** couronne *(a. als Währungseinheit, Zahnersatz u. tech);* **2.** *(Baumkrone)* cime, houppe *f;* **3.** *arch* couronnement *m;* ▶ *einen in der* ~ *(e-n Schwips) haben (fam)* être éméché; *das setzt allem die* ~ *auf* c'est le comble.

krönen ['krø:nən] *tr a. fig* couronner; *fig* mettre le sceau à; ▶ *von Erfolg gekrönt sein (a.)* se solder par un succès.

Kronleuchter *m* ['kro:n-] lustre *m.* **Kronprinz** *m* prince impérial, royal; *(französischer)* dauphin *m.* **Kronprinzessin** *f* princesse *f* impériale, royale.

Krönung *f* ‹-, -en› ['krønʊŋ] couronnement *m.*

Kronzeuge *m* ['kro:n-] témoin principal *od* numéro un, témoin-clé *m.*

Kropf *m* ‹-(e)s, ⸚e› [krɔpf, 'krœpfə] **1.** *orn* jabot, gésier *m;* **2.** *med* goitre *m.* **kropfig** *a med* goitreux.

Krösus *m* ‹-/(-ses), -se› ['krø:zʊs, -sə] *(Reicher)* crésus, nabab *m.*

Kröte *f* ‹-, -n› ['krø:tə] *zoo* crapaud *m;* ▶ *eine* ~ *Schlucken* avaler des couleuvres.

Krücke *f* ‹-, -n› ['krʏkə] béquille *f;* ▶ *an ~n gehen* marcher avec des béquilles.

Krug *m* ‹-(e)s, ⸚e› [kru:k, 'kry:gə] cruche, jarre *f,* broc; *(kleiner)* cruchon, pichet *m;* ▶ *der* ~ *geht so lange zum Brunnen, bis er bricht (prov)* tant va la cruche à l'eau qu'à la fin elle se casse.

Krume *f* ‹-, -n› ['kru:mə] *(Brot~)* mie *f.*

Krümel *m* ‹-s, -› ['kry:məl] *(kleine Krume)* miette *f; allg* brin *m.* **krüm(e)lig** *a* friable. **krümeln** *tr* émietter; *itr* s'émietter.

krumm [krʊm] *a* courbe, courbé, crochu; *(verkrümmt, verwachsen, schief)* tordu, *(Beine)* tors; ▶ *~ biegen* courber, tordre; *~ werden* se courber; se voûter; *~e Beine n pl* jambes *f pl* torses. **krummbeinig** *a* aux jambes torses.

krümmen ['krʏmən] *tr* (re)courber, (re) plier, cambrer; *(verbiegen)* contourner, déformer; ▶ *sich ~* se courber, se (re) plier; *(sich winden)* se tordre, se tortiller; *ihm wurde kein Haar gekrümmt* on n'a pas touché (à) un cheveu de sa tête.

krumm=nehmen ['krʊm-] ‹*nimmt, nahm krumm, krummgenommen*› *tr fam (übelnehmen)* prendre de travers.

Krummsäbel *m* cimeterre *m.* **Krummstab** *m rel* crosse, houlette *f.*

Krümmung *f* ‹-, -en› ['krʏmʊŋ] courbe, courbure *f.*

Kruppe *f* ‹-, -n› ['krʊpə] *(des Pferdes)* croupe *f.*

Krüppel *m* ‹-s, -› ['krʏpəl] estropié, infirme, invalide *m;* ▶ *zum ~ machen* estropier. **krüppelhaft** *a,* **krüpp(e)lig** *a* estropié, infirme.

Kruste *f* ‹-, -n› ['krʊstə] croûte *f a. med.* **Krustenbildung** *f* **1.** encroûtement *m;* **2.** *geol* incrustation *f;* **3.** *med* escarrification *f.* **Krustentier** *n* crustacé *m.* **krustig** *a* en croûte; recouvert d'une croûte.

Kruzifix *n* ‹-es, -e› ['kru:-, krutsi'fɪks] crucifix *m.*

Krypta *f* ‹-, -ten› ['krʏpta] *arch rel* crypte *f.*

Kuba *n* ['kuba] Cuba *f.*

Kübel *m* ‹-s, -› ['ky:bəl] baquet, cuveau *m,* benne, tinette *f; (Eimer)* seau *m.* ▶ *es gießt wie mit ~n* il pleut à (pleins) seaux.

kubieren [ku'bi:rən] *tr (zur 3. Potenz erheben)* cuber; *geläufiger:* élever au cube *od* à la puissance trois.

Kubikmeter *n, a. m* [ku'bi:k-] mètre cube; *(Holzmaß)* stère *m.* **Kubikwurzel** *f math* racine *f* cubique. **Kubikzahl** *f* (nombre) cube *m.* **Kubikzentimeter** *n, a. m* centimètre *m* cube.

kubisch ['ku:bɪʃ] *a* cubique. **Kubismus** [-'bɪsmʊs] ‹-, ø› *m (Kunst)* cubisme *m.*

Küche *f* ‹-, -n› ['kʏçə] cuisine; *fam* popote *f;* ▶ *die ~ besorgen* faire la cuisine; *kalte ~* repas *m (pl)* froid(s); *moderne ~* cuisine *f* fonctionnelle.

Kuchen *m* ‹-s, -› ['ku:xən] gâteau *m; (Feingebäck)* pâtisserie *f;* ▶ *Stück n ~* morceau *m od* tranche *f* de gâteau. **Kuchenblech** *n* plaque *f* (à gâteaux).

Küchenabfälle *m pl* déchets *m pl* de cuisine, épluchures *f pl.* **Küchenchef** *m* ['kʏçən-] chef (de cuisine *od* cuisinier), cuisinier *m* chef.

Kuchenform *f* ['ku:xən-] forme *f od* moule *m* à gâteau(x) *od* à pâtisserie. **Kuchengabel** *f* fourchette *f* à gâteaux.

Küchengerät *n* ustensile *m* de cuisine. **Küchengeschirr** *n* batterie *f* de cuisine. **Küchenherd** *m* ['kʏçən-] fourneau *m* de cuisine, cuisinière *f.* **Küchenlatein** *n* latin *m* de cuisine. **Küchenmesser** *n* couteau de cuisine; *(großes)* coutelas *m.* **Küchenpersonal** *n* cuisine *f;* personnel *m* de la cuisine. **Küchenschabe** *f ent* cafard, cancrelat *m.* **Küchenschrank** *m* buffet *m* de cuisine.

Kuchenteig *m* ['ku:çən-] pâte *f* à gâteau. **Kuchenteller** *m* assiette *f* à gâteaux.

Küchenzettel *m* ['kʏçən-] menu *m.*

Kuckuck *m* ‹-s, -e› ['kʊkʊk] *orn* coucou *m;* ▶ *das weiß der ~!* qui diable peut le savoir! *zum ~ (noch mal)!* au diable! que diable! morbleu! **Kuckucksei** *n* œuf *m* de coucou; *fig (Kind)* enfant *m* substitué. **Kuckucksruf** *m* chant *m* du coucou. **Kuckucksuhr** *f* coucou *m.*

Kufe *f* ‹-, -n› ['ku:fə] *(Schlitten~)* patin *m a. aero.*

Küfer *m* ‹-s, -› ['ky:fər] *(Böttcher)* tonnelier *m.*

Kugel *f* ‹-, -n› ['ku:gəl] **1.** *allg* boule *f,* globe *m; (kleine)* bille *f;* **2.** *math* sphère *f;* **3.** *(Erd~)* globe *m;* **4.** *(Geschoß)* balle *f; (Kanonen~)* boulet *m;* **5.** *(Billard~, tech)* bille *f;* **6.** *sport (zum Stoßen)* poids *m;* ▶ *jdm, sich e-e ~ durch den Kopf jagen* loger à qn une balle dans la tête; se faire sauter *od* se brûler la cervelle. **Kugelblitz** *m* éclair *m* en boule. **Kugelfang** *m* pare-balles *m,* butte *f.* **kugelfest** *a* à l'épreuve des balles, pare-balles. **kugelförmig** *a* sphérique, globulaire, globuleux, en boule. **kugelig** *a* globuleux, sphérique. **Kugelkopf** *m tech* rotule *f; (von Schreibmaschine)* marguerite *f.* **Kugelkopfschreibmaschine** *f* machine *f* à écrire à marguerite. **Kugellager** *n tech* roulement *m* à billes. **kugeln** *tr* rouler; *itr* ‹*sein*› u. *sich ~* rouler (comme une boule); ▶ *sich ~ vor Lachen (fam)* se tordre de rire. **kugelrund** *a* rond comme une boule. **Kugelschreiber** *m* stylo *m* à bille. **kugelsicher** *a* = *kugelfest.* **Kugelstoßen** *n sport* lancement *m* du poids.

Kuh *f* ‹-, ¨-e› [ku:, 'ky:ə] vache *f.* **Kuhhandel** *m fig* marchandage, maquignonnage *m.* **Kuhhaut** *f:* ▶ *das geht auf keine ~ (fig fam)* c'est incroyable *od* inouï. **Kuhhirt** *m* vacher *m.*

kühl [ky:l] **1.** frais, *fam* frisquet; **2.** *fig*

froid, glacial, de glace; *(Empfang)* glacé; ► *~ werden* se rafraîchir; *~ aufbewahren* od *lagern!* garder au frais! **Kühlanlage** *f tech* refroidisseur, frigorifique *m*. **Kühlapparat** *m tech* refroidisseur, réfrigérant. **Kühle** *f* ‹-, ø› frais *m*, fraîcheur *f*. **kühlen** *tr (abkühlen lassen)* refroidir; *(erfrischen)* rafraîchir; *(Lebensmittel, Getränke)* frigorifier; *(Getränk)* frapper (*mit Eis* de glace); *phys tech* réfrigérer. **kühlend** *a* rafraîchissant; réfrigérant. **Kühler** *m* ‹-s, -› *tech mot* refroidisseur; *mot aero* radiateur *m* (d'automobile, d'avion). **Kühlerhaube** *f* couvre-radiateur, revêtement *m* du radiateur, calandre *f*, capot *m*. **Kühlhaus** *n* dépôt *od* entrepôt *od* magasin *m* frigorifique. **Kühlmittel** *n* réfrigérant *m*. **Kühlraum** *m* chambre *f* froide *od* frigorifique. **Kühlschiff** *n mar* bateau *od* navire *m* frigorifique. **Kühlschrank** *m* réfrigérateur *m*. **Kühltruhe** *f* congélateur *m*. **Kühlturm** *m (Kernkraftwerk)* tour *f* de refroidissement. **Kühlung** *f* **1.** *(Erfrischung)* rafraîchissement *m*; **2.** *tech* réfrigération *f*; *mot* refroidissement *m*. **Kühlwagen** *m loc* wagon *m* réfrigérant *od* frigorifique *od* isothermique. **Kühlwasser** *n mot* eau *f* de refroidissement.

Kuhmilch *f* ['ku:-] lait *m* de vache.

kühn [ky:n] *a* **1.** hardi, courageux, audacieux; *(tollkühn)* téméraire; **2.** *(Behauptung)* osé. **Kühnheit** *f* ‹-, (-en)› hardiesse *f*, courage *m*, audace; témérité *f*.

Kuhstall *m* ['ku:-] étable à vaches, vacherie *f*.

Küken *n* ‹-s, -› ['ky:kən] *orn* poussin *m*.

Kuli *m* ‹-s, -s› ['ku:li] **1.** coolie *m*; **2.** *mot (Gepäckständer)* galerie *f*, porte-bagages *m*.

kulinarisch [kuli'na:rɪʃ] *a* culinaire.

Kulisse *f* ‹-, -n› [ku'lɪsə] *theat* coulisse *f*; *pl* cantonade *f*; ► *hinter den ~n (a. fig)* dans la coulisse; *e-n Blick hinter die ~ tun (fam)* voir le dessous des cartes.

Kult *m* ‹-(e)s, -e› [kʊlt] *rel* culte *m*; ► *e-n ~ mit etw treiben (fig)* idolâtrer qc. **Kultfigur** *f* idole *f*. **kultisch** *a* cultuel. **kultivieren** [-ti'vi:rən] ‹*ohne ge-*› *tr* **1.** *agr u. fig* cultiver; **2.** *fig* civiliser. **kultiviert** *a fig* cultivé, civilisé. **Kultstätte** *f* lieu *m* sacré. **Kultur** *f* ‹-, -en› [-'tu:r] **1.** *agr u. fig (e-s einzelnen)* culture *f*; **2.** *fig (e-r größeren Gemeinschaft)* civilisation *f*. **Kulturabkommen** *n pol* accord *m* culturel; convention *f* culturelle. **Kulturaustausch** *m* échange *m* culturel. **Kulturbeutel** *m (Waschbeutel)* trousse *f* de toilette. **kulturell** [-tu'rɛl] *a* culturel. **Kulturfilm** *m* (film) documentaire *m*. **Kulturgeschichte** *f* histoire *f* de la civilisation. **Kulturgüter** *n pl* biens *m pl* culturels. **Kulturland** *n agr* terre *f* arable. **Kulturschock** *m* choc *m* culturel. **Kulturstufe** *f* degré *m* de civilisation. **Kulturträger(in** *f***)** *m* porteur, -euse *od* représentant, e d'une culture. **Kulturvolk** *n* peuple *m* civilisé. **Kulturzentrum** *n* centre *m* culturel. **Kultusminister(ium** *n***)** *m* minist(è)re *m* de l'éducation nationale et de la culture.

Kümmel *m* ‹-s, -› ['kʏməl] **1.** *(bot, Gewürz)* cumin *m*; **2.** *(Schnaps)* kummel *m*.

Kummer *m* ‹-s, ø› ['kʊmər] chagrin *m*, peine, affliction *f*; ► *jdm ~ bereiten* od *machen* causer *od* faire du chagrin, faire de la peine à qn.

kümmerlich ['kʏmərlɪç] *a* **1.** *(elend)* misérable; *(erbärmlich)* piteux; **2.** *(ärmlich, dürftig)* pauvre, maigre, mesquin, chiche. **kümmern,** *sich* se soucier, s'occuper, prendre soin (*um* de); ► *sich um etw nicht ~* ne pas se soucier, ne pas avoir cure de qc; *was kümmert Sie das?* que vous importe? *~ Sie sich (doch) um Ihre Angelegenheiten!* mêlez-vous de vos affaires.

kummervoll ['kʊmərfɔl] *a* chagrin, soucieux.

Kumpan *m* ‹-s, -e› [kʊm'pa:n] compagnon, camarade *m*. **Kumpanei** [kʊm'pa'nai] ‹-, -en› *f* camaraderie *f*.

Kumpel *m* ‹-s, -(s)› **1.** *mines* (ouvrier) mineur *m*; **2.** *allg fam* copain *m*.

kündbar ['kʏnt-] *a* **1.** *(Vertrag)* résiliable, résoluble; **2.** *(Geld)* remboursable.

Kunde ['kʊndə] **(1)** *f* ‹-, -n› *(Nachricht)* nouvelle; *(Kenntnis)* connaissance; *(Lehre)* science *f*; **(2)** *m* ‹-n, -n›, **Kundin** *f* ‹-, -nen› *(Käufer)* client(e *f*) *m*; acheteur *m*, -euse f; (Stammkunde) habitué(e *f*) *m*; pratique *f*. **Kundendienst** *m* service *m* après-vente(s). **kundenfreundlich** affable, avenant, commerçant. **kund=geben** ‹*gibt, gab kund, kundgegeben*› *tr* publier, manifester; *(mitteilen)* annoncer, *(äußern, enthüllen)* faire connaître *od* savoir, manifester, révéler; *(bekanntmachen)* annoncer, notifier, publier. **Kundgebung** *f* ‹-, -en› *allg* démonstration; *pol* manifestation *f*. **kundig** *a (unterrichtet, wissend)* instruit, informé (*gen* de); *(erfahren)* entendu (*gen* à), expérimenté, versé (*gen* dans).

kündigen ['kʏndɪgən] **1.** *tr allg (z. B. e-e Freundschaft)* retirer *(jdm etw* qc à qn); *(Vertrag)* dénoncer, résilier; *(Darlehen, Hypothek)* donner avis de retrait de; **2.** *itr (dem Arbeitnehmer, Arbeitgeber, Mieter, Vermieter)* donner congé (*jdm* à qn); ► *fristlos ~* dénoncer sans préavis; *ihm ist gekündigt worden* il a reçu son congé *od* avis de licenciement. **Kündigung** *f* ‹-, -en› **1.** *allg (e-s Ver-*

trages) dénonciation, résiliation *f; (fristgerechte)* préavis; *(e-s Darlehens, e-r Hypothek)* (avis de) retrait *m;* **2.** *(e-s Arbeits- od Mietverhältnisses)* congé; *(vorherige Benachrichtigung)* préavis *m;* ▶ *mit monatlicher ~* avec préavis d'un mois. **Kündigungsfrist** *f* délai *m od* période *f* de préavis *od* d'avertissement, délai-congé *m.* **Kündigungsgrund** *m* motif *m* de congédiement *od* renvoi. **Kündigungsschutz** *m* préavis *m.*

Kundschaft *f* ‹-, ø› ['kʊndʃaft] *com* clientèle, pratique *f,* achalandage *m.* **kundschaften** *itr* aller aux nouvelles *od* aux informations *od* à la découverte.

künftig ['kʏnftɪç] **I.** *a* futur, à venir; **II.** *adv* à l'avenir; *(von jetzt ab)* désormais, dorénavant.

Kunst *f* ‹-, ¨e› [kʊnst, 'kʏnstə] **1.** art *m;* **2.** *(Geschicklichkeit)* adresse, habileté *f;* **3.** *(~griff)* artifice *m,* ruse *f;* ▶ *am Ende s-r ~ sein* être au bout de son latin; *das ist keine ~ (fam)* ce n'est pas sorcier, *pop* ce n'est pas malin; *die bildenden Künste* les arts *m pl* plastiques; *die Schwarze ~* la magie noire. **Kunstakademie** *f* école *f* des beaux--arts. **Kunstausstellung** *f* exposition *f* artistique. **Kunstdünger** *m* engrais *m* artificiel *od* chimique. **Kunsteis** *n* glace *f* artificielle. **Kunstfaser(stoff** *m)* *f* (étoffe de) fibre(s) *f* artificielle(s) *od* synthétique(s). **Kunstfehler** *m med* faute *f* (*od* erreur) médicale *od* chirurgicale. **kunstfertig** *a* adroit, habile, ingénieux. **Kunstfertigkeit** *f* adresse, habileté, ingéniosité *f,* savoir-faire *m.* **Kunstflug** *m* vol *m* acrobatique. **Kunstgegenstand** *m* objet *m* d'art. **kunstgerecht I.** *a* conforme aux règles de l'art; méthodique; **II.** *adv a.* avec méthode. **Kunstgeschichte** *f* histoire *f* de l'art. **Kunstgewerbe** *n* art(s *pl)* *m* décoratif(s) *od* appliqué(s) *od* industriel(s). **Kunstgriff** *m (Kniff)* tour *m* de main. **Kunsthändler** *m* marchand *m* d'objets d'art. **Kunsthandlung** *f* galerie *f* d'art. **Kunsthandwerk** *n* métier *od* artisanat *m* d'art. **Kunsthandwerker** *m* artisan *m* d'art. **Kunstherz** *n* cœur *m* artifiel. **Kunsthistoriker** *m* historien *m* de l'art. **Kunstkenner** *m* connaisseur *m* d'art. **Kunstkritiker** *m* critique *m* d'art. **Kunstleder** *n* cuir *m* artificiel.

Künstler(in) *m* ‹-s, -› (*f* ‹-, -nen›) ['kʏnstlər(ɪn)] artiste *m f.* **künstlerisch** *a* **1.** *(Person)* artiste; **2.** *(Sache)* artistique. **Künstlername** *m* nom *m* de guerre *od* d'artiste. **Künstlerschaft** ‹-, (-en)› *f* artistes *m pl.* **künstlich** *a* artificiel; *chem* synthétique; *(nachgemacht)* factice. ▶ *~e Intelligenz f* intelligence *f* artificielle; *~e Fortpflanzung f* procréation *f* artificielle.

Kunstliebhaber *m* ['kʊnst-] amateur *m* d'art. **kunstlos** *a* sans art; *fig* simple. **Kunstmaler** *m* artiste *m* peintre. **Kunstpause** *f fam* pause *f* intentionnelle. **Kunstreiter** *m* écuyer *m.* **Kunstsammlung** *f* collection *f* (d'objets) d'art. **Kunstschnee** *m* neige *f* artificielle. **Kunstseide** *f* soie artificielle, rayonne *f.* **Kunststoff** *m* matière *f* plastique *od* synthétique, plastique, produit *m* artificiel *od* synthétique. **kunst=stopfen** *tr* stopper. **kunststopfen** *n* stoppage *m.* **Kunststück** *n* tour *m* d'adresse; ▶ *~e vorführen* bateler, faire des tours d'adresse; *das ist kein (großes) ~ (fig fam)* ce n'est pas sorcier. **Kunstverständnis** *n* intelligence *f* de l'art. **Kunstwerk** *n* œuvre *f* d'art. **Kunstwert** *m* valeur *f* artistique. **Kunstwolle** *f* laine artificielle, fibranne *f.*

kunterbunt ['kʊntər-] *a (buntscheckig)* bariolé.

Kupfer *n* ‹-s, ø› ['kʊpfər] cuivre *m.* **Kupferdraht** *m* fil *m* de cuivre. **Kupfergeschirr** *n* cuivres *m pl.* **kupfern** *a* de *od* en cuivre. **Kupferschmied** *m* chaudronnier *m.* **Kupferstich** *m* gravure sur cuivre *od* au burin, taille-douce *f.* **Kupfervitriol** *n chem* vitriol *m* de cuivre *od* bleu.

Kuppe *f* ‹-, -n› ['kʊpə] **1.** *(e-s Berges)* sommet *m* (arrondi); **2.** *(e-s Fingers)* bout *m.*

Kuppel *f* ‹-, -n› ['kʊpəl] *arch* coupole *f,* dôme *m.* **Kuppeldach** *n* dôme *m.*

Kuppelei *f* ‹-, -en› [kʊpə'laɪ] proxénétisme *m.* **kuppeln** ['kʊpəln] *tr* **1.** accoupler; *tech* (ac)coupler, accrocher; *loc* atteler, réunir; **2.** *mot* embrayer. **Kupp(e)lung** *f* **1.** *tech* couplage, accouplement; *loc* attelage *m;* **2.** *mot* embrayage *m.* **Kuppler(in** *f)* *m* ‹-s, -› entremetteur *m,* -euse *f;* proxénète *m f,* maquereau *m,* maquerelle *f.*

Kur *f* ‹-, -en› [ku:r] *med* cure *f,* traitement *m.*

Kür *f* ‹-, ø› ['ky:r] *(Wettkampf)* figures *f pl* libres.

Kuratorium *n* ‹-s, -rien› [kura'to:rium, -riən] conseil *m* administratif *od* d'administration.

Kuraufenthalt *m* séjour *m* (dans une station) thermal(e).

Kurbel *f* ‹-, -n› [kʊrbəl] manivelle *f.* **Kurbelantrieb** *m* commande *f* par bielle. **kurbeln** *itr* tourner la manivelle. **Kurbelstange** *f tech* bielle *f.* **Kurbelwelle** *f* arbre *od* essieu coudé, arbre de manivelle, vilebrequin *m.*

Kürbis *m* ‹-ses, -se› ['kʏrbɪs, -sə] citrouille, courge *f,* potiron *m.* **Kürbisflasche** *f* calebasse *f.*

Kurde *m* ‹-n, -n› ['kʊrdə] , **Kurdin** *f*

Kurde *m f.* **Kurdistan** ['kʊrdɪstan] *n* le Kurdistan.
Kurfürst(in *f*) ['ku:r-] *m hist* Électeur, -trice *m, f.* **Kurfürstentum** *n* électorat *m.* **kurfürstlich** *a* électoral.
Kurgast *m* ['ku:r-] curiste *m.* **Kurhaus** *n* maison *f* de cure, établissement thermal, casino *m.*
Kurie *f* ⟨-, -n⟩ ['ku:riə] *hist u. rel* curie *f.*
Kurier *m* ⟨-s, -e⟩ [ku'ri:r] courrier, messager *m.* **Kurierdienst** *m* service *m* du courrier.
kurieren [-'ri:rən] ⟨*ohne ge-*⟩ *tr (ärztl. behandeln)* traiter, soigner; *(heilen)* guérir.
kurios [kuri'o:s] *a* curieux, drôle, bizarre. **Kuriosität** *f* ⟨-, -en⟩ [-riozi'tɛ:t] curiosité, bizarrerie; *(einzelne)* chose *f* curieuse.
Kurlaub *m* vacances-cure *f pl.* **Kurort** *m* ['ku:r-] ville d'eau, station thermale station *f* climatique. ▶ *klimatische(r) ~* station *f* climatique. **Kurpfuscher** *m* charlatan, médicastre, médecin *m* marron. **Kurpfuscherei** *f* charlatanerie *f.*
Kurs *m* ⟨-es, -e⟩ [kʊrs, '-zə(s)] **1.** *mar* route *f; mar aero* cap *m; (Ortung, fig: Orientierung, a. pol)* orientation *f;* **2.** *fin (Umlauf)* cours *m,* circulation *f;* **3.** *(Kursus)* cours *m;* ▶ *zum ~ von (fin)* au cours de; *den ~ ändern, wechseln, e-n neuen ~ einschlagen (a. fig)* changer de cap; *~ nehmen auf (mar)* faire route vers; *mar aero* mettre le cap sur; *amtlicher, gesetzlicher ~* cours *m* officiel, légal; *harter ~ (pol)* ligne *f* dure.
Kursaal *m* casino *m.*
Kursbericht *m com* bulletin *m* de la bourse. **Kursbuch** *n loc* indicateur *m.*
Kürschner *m* ⟨-s, -⟩ ['kʏrʃnər] pelletier, fourreur *m.*
kursieren [kʊr'zi:rən] ⟨*ohne ge-*⟩ *itr* **1.** *(Geld)* circuler, avoir cours; **2.** *(Gerücht)* courir.
Kursive *f* ⟨-, -n⟩ [kʊr'zi:və] *typ* italique *f.* **Kursivschrift** *f* italique *f.*
Kursnotierung *f* ['kʊrs-] *fin* cote *f* (des cours). **Kursschwankungen** *f pl com* fluctuations *f pl* des cours. **Kursteilnehmer** *m* stagiaire *m.* **Kursus** *m* ⟨-, Kurse⟩ ['kʊrzʊs, '-zə] *(Lehrgang)* cours, stage *m.* **Kursschwankungen** *f pl com* fluctuations *f pl* des cours. **Kurssturz** *m fin* effondrement *m od* chute *f* des cours. **Kursteilnehmer** *m* participant *m.* **Kursverlust** *m fin* perte *f* au *od* sur le change. **Kurswagen** *m loc* voiture *f* directe. **Kurszettel** *m fin* bulletin *m* des cours *od* changes *od* de la cote.
Kurtaxe *f* ['ku:r-] taxe *f* de séjour.
Kürübung *f sport* exercice *m* libre.
Kurve *f* ⟨-, -n⟩ ['kʊrvə, '-fə] **1.** *math* (ligne) courbe *f;* **2.** *allg* courbe *f,* tournant *m;* **3.** *(Straße, aero)* virage *m;* ▶ *in die ~ gehen (loc mot)* s'inscrire dans la courbe; *mot* s'engager dans le virage; *die ~ nehmen* virer, prendre le virage; *aus der ~ geschleudert werden (mot)* déraper dans le virage. **kurven** *itr* virer. **Kurvenlineal** *n* règle *f* courbe, pistolet *m.* **kurvenreich** *a* sinueux.
kurz [kʊrts] **I.** *a* **1.** *(räumlich)* court; *(Schritt)* petit; **2.** *(zeitlich)* bref, de peu de durée; **3.** *(summarisch)* sommaire; **4.** *(schroff)* prompt, brusque; **II.** *adv* bref, brièvement, en somme; ▶ *binnen* od *in ~em* dans peu (de temps), avant (qu'il soit) peu, d'ici peu, sous peu, prochainement; *bis vor ~em* jusqu'à une date récente; *seit ~em* depuis peu; *über ~ oder lang* tôt ou tard, un jour ou l'autre; *(noch) vor ~em* il y a peu de temps, il n'y a pas longtemps, l'autre jour; *~ und bündig (adv)* clairement, sans détour; *~ danach* od *darauf* peu de temps après; *~ gesagt, ~ und gut* pour tout dire, en somme, somme toute; enfin, en un mot; *~ vorher* od *zuvor* peu (de temps) avant; *um es ~ zu machen* pour abréger, pour en finir, pour être bref; *ein ~es Gedächtnis haben* avoir la mémoire courte; *bei etw zu ~ kommen* ne pas trouver son compte à qc; *es ~ machen (fig)* ne pas faire de façons; *kürzer machen* raccourcir; *(ganz) ~ schneiden (Haare)* couper (très) court; *kürzer werden* (se) raccourcir; *den kürzeren ziehen* avoir le dessous; *fasse dich ~!* sois bref; *~ angebunden (fig)* avare de paroles, peu aimable. **Kurzarbeit** *f* travail à temps réduit; chômage *m* partiel. **kurzatmig** *a* asthmatique, poussif. **Kurzausbildung** *f* formation *f* accéléré(e). **kurzbeinig** *a* aux jambes courtes.
Kürze *f* ⟨-, ø⟩ ['kʏrtsə] **1.** *(räumlich)* peu *m* de longueur; **2.** *(zeitlich)* courte durée, brièveté *f;* **3.** *(des Ausdrucks)* brièveté, concision *f;* ▶ *in ~ (bald)* sous peu, dans peu (de temps), avant peu; *(kurz zs.gefaßt)* en peu de mots. **Kürzel** ⟨-s, -⟩ *n (Stenographie)* sigle *m.* **kürzen** *tr* **1.** raccourcir; *(ab-, ver~)* écourter, abréger; **2.** *(verringern)* diminuer, réduire; *(Beträge)* rogner; *(Kredit)* amputer; **3.** *math* réduire, simplifier.
kurzerhand ['kʊrtsər'hant/'---] *adv* sans hésiter, sans autre forme de procès. **Kurzfilm** *m* (film de) court métrage *m.* **kurzfristig** *a* à court terme, à bref délai, à courte date *od* échéance. **kurzgefaßt** *a* bref, concis, succinct, sommaire. **Kurzgeschichte** *f* historiette *f,* récit *m.* **kurz=halten** ⟨*hält, hielt kurz, kurzgehalten*⟩ *tr:* ▶ *jdn ~* tenir la bride (serrée) à qn. **kurzhaarig** *a zoo* à poils courts; *(Textil)* à poil ras. **kurzlebig** *a* **1.** de courte durée, éphémère; **2.** *(Güter)* périssable.

kürzlich ['kʏrtslɪç] *adv* récemment, dernièrement, l'autre jour, ces derniers jours.

Kurznachrichten *f pl* ['kʊrts-] *radio* flash *m.* **Kurzschi** *m* miniski *m.* **kurz=schließen** *tr el* court-circuiter; ▶ *sich ~ (fig)* se mettre en rapport. **Kurzschluß** *m el* court-circuit *m.* **Kurzschlußhandlung** *m* mouvement *m* de panique. **Kurzschrift** *f* sténographie *f.* **kurzsichtig** *a, a. fig* myope; ▶ *~ sein (a.)* avoir la vue courte *od* basse. *~e Politik f* politique *f* à courte vue. **Kurzsichtigkeit** *f* ‹-, ø› myopie; *a. fig* vue *f* courte *od* basse. **Kurzsocke** *f* mi--chaussette *f.* **Kurzstreckenrakete** *f mil* missile *m* à courte portée. **kurzum** *adv* bref, en un mot, enfin.

Kürzung *f* ‹-, -en› ['kʏrtsʊŋ] **1.** raccourcissement *m;* **2.** *(Verringerung)* diminution, réduction *f;* **3.** *math* simplification *f;* **4.** *theat* coupure *f.*

Kurzwaren *f pl* ['kʊrts-] (articles *m pl* de) mercerie *f.* **Kurzweil** *f* ‹-, ø› passe--temps, amusement, divertissement *m.* **kurzweilig** *a* amusant, divertissant. **Kurzwelle(n** *pl)* *f radio* onde(s *pl*) *f* courte(s). **Kurzzeitspeicher** *m inform* registre *m.*

kuscheln, *sich* ['kʊʃəln] se lover, se pelotonner.

Kusine *f* ‹-, -n› [ku'zi:nə] cousine *f.*

Kuß *m* ‹-sses, sse› [kʊs, 'kʏsə] baiser *m.* **kußecht** *a,* **kußfest** *a (Lippenstift)* indélébile. **Kußhand** *f:* ▶ *jdm e-e ~ zuwerfen* envoyer un baiser (de la main) à qn.

küssen ['kʏsən] *tr* embrasser; *(die Hand, die Stirn)* baiser.

Küste *f* ‹-, -n› ['kʏstə] côte *f,* rivage, bord *m* de la mer; ▶ *an der ~* sur la côte; *an der ~ entlangfahren* longer la côte; côtoyer (*gen* qc).

Küstenbewohner *m* habitant du littoral, riverain *m.* **Küstenfischerei** *f* pêche *f* côtière. **Küstengebiet** *n* ['kʏstən-] *pol* territoire *m* maritime; zone *f* côtière. **Küstengewässer** *n pl* mer *f* territoriale; eaux *f pl* territoriales. **Küstenschiffahrt** *f* navigation *f* côtière, cabotage *m.* **Küstenschutz** *m* défense *f* côtière. **Küstenstreifen** *m* littoral *m.* **Küstenwacht** *f* service *m* de surveillance côtière.

Küster *m* ‹-s, -› ['kʏstər] sacristain, bedeau; *(evang.)* marguillier *m.*

Kustos *m* ‹-, -toden› ['kʊstɔs, -'to:dən] conservateur *m* de musée.

Kutsche *f* ‹-, -n› ['kʊtʃə] calèche *f; (stattliche)* carrosse, équipage *m.* **Kutscher** *m* ‹-s, -› cocher *m.*

Kutte *f* ‹-, -n› ['kʊtə] *rel* froc *m.*

Kutter *m* ‹-s, -› ['kʊtər] *mar* cotre *m.*

Kuvert *n* ‹-(e)s, -e/-s› [ku'vɛrt, -'vɛ:r] **1.** *(Briefumschlag)* enveloppe *f.* **2.** *(Gedeck)* couvert *m.*

Kuwait *n* [kuvait] le Koweït.

Kybernetik *f* ‹-, ø› [kybɛr'ne:tɪk] cybernétique *f.*

kyrillisch [ky'rɪlɪʃ] *a (Schrift)* cyrillique.

L

L, l *n* ‹-, -› [ɛl] *(Buchstabe)* L, l *m* od *f.*
laben ['la:bən] *tr* rafraîchir; *a. fig* réconforter; ► *sich* ~ *(fig)* se délecter; *sich an etw* ~ se repaître de qc.
labil [labi:l] *a* fragilisé, e; *phys* instable; *chem biol, a. fig* labile. **Labilität** *f* ‹-, ø› [-li'tɛ:t] instabilité *f; (seelische)* déséquilibre *m* (psychique).
Labor *n* ‹-s, -s/(-e)› [la'bo:r] *fam* labo *m.* **Laborant** *m* ‹-en, -en› [-bo'rant] préparateur *m.* **Laborantin** *f* préparatrice, laborantine *f.* **Laboratorium** *n* ‹-s, -rien› [-ra'to:rium, -riən] laboratoire *m.* **Laborbaby** *n* bébé-éprouvette *m.*
Labsal *n* ‹-(e)s, -e› ['la:pza:l] soulagement; *fig* réconfort *m.*
Labyrinth *n* ‹-(e)s, -e› [laby'rɪnt] *(Irrgang)* labyrinthe *a. anat;* dédale *m a. fig.*
Lachanfall ['lax-] *m* fou rire *m;* ► *e-n* ~ *bekommen* être pris de fou rire.
Lache *f* ‹-, -n› ['laxə] *(Pfütze)* flaque; *(a. Blutlache)* mare *f.*
lächeln ['lɛçəln] sourire *(über* de); avoir un sourire. **Lächeln** *n* sourire *m.*
lachen ['laxən] *itr* rire *(über* de); ► *jdm ins Gesicht* ~ rire au nez à qn; *hämisch* od *höhnisch* ~ ricaner; *herzlich* od *von Herzen* ~ rire de bon cœur; *da gibt's nichts zu* ~ il n'y a pas (là) de quoi rire; *daß ich nicht lache!* vous me faites (tu me fais) rire; *Sie haben gut* ~*!* vous en riez à votre aise; *wer zuletzt lacht, lacht am besten (prov)* rira bien qui rira le dernier; **Lachen** *n* rire *m;* ► *sich biegen* od *kugeln vor* ~ *(fam)* se tordre de rire; *jdn zum* ~ *bringen* faire rire qn; *sich nicht halten können vor* ~ ne plus pouvoir se tenir de rire; *sich das* ~ *nicht verbeißen* od *verkneifen können* ne pouvoir s'empêcher de rire; *mir ist (gar) nicht zum* ~ *(zumute)* je ne suis pas d'humeur *od* je n'ai pas le cœur à rire; *das ist nicht zum* ~ il n'y a pas de quoi rire. **lachend** *a* riant. **Lacher** ‹-s, -› *m* rieur *m;* ► *die Lachenden auf seiner Seite haben* avoir les rieurs de son côté. **Lacherfolg** *m* éclat *m* de rire général.
lächerlich ['lɛçərlɪç] *a* **1.** ridicule; **2.** *(zum Lachen)* risible; ► *sich* ~ *machen* se rendre ridicule; se ridiculiser, prêter à rire; *jdn* ~ *machen* tourner qn en ridicule, ridiculiser qn; *etw* ~ *machen* tourner qc en plaisanterie *od* en ridicule, ridiculiser qc; *machen Sie sich nicht* ~*!* ne soyez pas *od* ne vous rendez pas ridicule! *das ist doch* ~*!* mais c'est ridicule!
Lachgas *n* ['lax-] gaz *m* hilarant.
Lachs *m* ‹-es, -e› [laks] *zoo* saumon *m.*
Lachsalve *f* explosion *f* de rire.
lachsfarben *a* saumon. **Lachsforelle** *f* truite *f* saumonée. **Lachsschinken** *m* jambon *m* saumoné.
Lack *m* ‹-(e)s, -e› [lak] (gomme) laque *f,* vernis *m.* **lackieren** [-'ki:rən] ‹*ohne ge-*› *tr* laquer, vernir, vernisser. **Lackleder** *n* (cuir) verni *m.*
Lackschuhe *m pl* ['lak-] (chaussures *f pl*) verni(e)s *m pl.*
Lade *f* ‹-, -n› ['la:də] *(Truhe)* coffre, bahut *m; allg (Kasten)* caisse *f.*
Ladefläche *f* surface *f* de chargement. **Ladegewicht** *n* ['la:də-] poids *m* de chargement; ► *zulässiges* ~ charge *f* admise. **Ladekran** *m* grue *f* de chargement. **laden** [la:dən] ‹*lädt, lud, geladen*› *tr* **1.** *(Fracht, mil, el)* charger; **2.** *(einladen)* inviter, convier, prier; *jur* citer, appeler; ► *vor Gericht* ~ citer en justice; *Holz auf einen Wagen* ~ charger du bois sur une voiture; *geladen sein (fig fam)* être furieux.
Laden *m* ‹-s, ¨-› ['la:-, 'lɛ:dən] **1.** *(Kauf~)* boutique *f; (größerer)* magasin; *(Geschäft)* fonds *m* (de commerce); **2.** *(Fenster~)* volet *m.* **Ladendieb** *m* voleur *m* à l'étalage. **Ladendiebstahl** *m* vol *m* à l'étalage. **Ladenhüter** *m* *(unverkäufliche Ware)* rossignol *m.* **Ladenpreis** *m* prix de vente *od* de détail; *(Buch)* prix *m* fort *od* de librairie. **Ladenschluß** *m* fermeture *od* clôture *f* des magasins. **Ladenschlußgesetze** *n pl* lois *f pl* sur les heures de fermeture des magasins. **Ladentisch** *m* comptoir *m.*
Laderampe *f* ['la:də-] rampe *f* de chargement. **Laderaum** *m* **1.** espace *m* chargeable; **2.** *mar* cale; *aero* soute *f.*
Ladung *f* ‹-, -en› ['la:dʊŋ] **1.** *(Nutzlast)* charge *a. el; (Tätigkeit)* chargement *m; mar* cargaison *f;* **2.** *jur* citation, assignation *f.*
Lage *f* ‹-, -n› ['la:gə] **1.** situation, posture *f;* **2.** *(Verhältnisse)* conditions, circonstances *f pl;* **3.** *(Wohnlage, Standort)* site, emplacement *m; (e-s Gebäudes)* exposition *f* (*nach Süden* au midi); **4.** *(Stellung)* position, posture *f;* **5.** *(Schicht)* couche *f; geol* strate *f;* **6.** *(Runde)* tournée *f* (*Bier* de bière); ► *bei dieser* ~ *der Dinge* dans cet état

de choses; *in allen ~n* en toute(s) circonstance(s); *die ~ erkunden* reconnaître *od* tâter le terrain; *in e-r heiklen ~ sein* être dans une situation critique; *in der ~ sein, etw zu tun* être en état *od* en mesure de faire qc; *nicht in der ~ sein, etw zu tun* être *od* se trouver dans l'impossibilité de faire qc; ne pas être en mesure de faire qc; *jdn in die ~ versetzen zu ...* mettre qn en état de ...; *sich in jds ~ versetzen* se mettre à la place de qn; *die ~ beruhigt sich* les choses s'arrangent. **Lagebericht** *m* rapport sur la situation, exposé *m* de la situation. **Lagebesprechung** *f* analyse *f* de la situation.

Lager *n* ‹-s, -› ['lagər] **1.** *(Bett)* couche *f,* lit; *(Unterkunft; ~ wilder Tiere)* gîte *m;* **2.** *(Truppen-, Zelt~)* camp, campement *m;* **3.** *fig (Partei, Seite)* camp, côté *m;* **4.** *n* ‹-s, -/(¨)› *(Depot)* dépôt, magasin, *(Vorrat)* stock, fonds *m* (de commerce); **5.** *geol (Vorkommen)* gisement, gîte *m,* couche *f;* **6.** *tech* boîte *f,* boîtier, coussinet, palier, roulement; *(Stütze)* appui *m;* ► *ab ~* pris à l'entrepôt, ex magasin; *auf ~* en magasin, en stock; *das ~ abbrechen* lever le camp; *auf ~ haben* od *halten* avoir *od* tenir en magasin, stocker. **Lagerbestand** *m* stock, stock(s *pl*) *m* disponible(s) *od* en magasin. **Lagerbier** *n* bière *f* de fermentation basse. **Lagerfeuer** *n* feu *m* de camp. **Lagergebühr** *f* (droit de) magasinage *m,* taxe *f* d'entrepôt. **Lagerhalle** *f* halle *f* de dépôt. **Lagerhaltung** *f* stockage, magasinage *m.* **Lagerhaus** *n* entrepôt; *mar* dock *m.* **Lagerist** *m* ‹-en, -en› [-'rɪst] magasinier *m.* **Lagerleiter** *m* chef *m* de camp. **Lagerleitung** *f* commandement *m od* autorités *f pl* du camp. **Lagermetall** *n chem mot* métal *od* alliage antifriction; régule *m.* **lagern** *itr* **1.** *(auf dem Boden liegen)* être étendu *od* installé par terre; être couché; *fam* gîter; **2.** *(kampieren, a. mil)* camper; **3.** *(Vorrat, Ware)* être en magasin *od* en stock *od* emmagasiné *od* stocké; *(Wein)* être sur le chantier, reposer; *tr* **4.** *(Ware)* mettre en magasin *od* en dépôt *od* en stock, emmagasiner, stocker; *(Wein)* mettre sur le chantier. **Lagerplatz** *m* **1.** *(e-s Zeltlagers)* emplacement *m* du camp; **2.** *(Warenlager)* chantier, dépôt, lieu *od* emplacement *m* de stockage. **Lagerraum** *m* halle *f* de dépôt. **Lagerschein** *m* bulletin *m* de dépôt, récépissé *m.* **Lagerschuppen** *m* hangar *m.* **Lagerung** *f com* stockage, (em)magasinage, entreposage *m.* **Lagerverwalter** *m* magasinier, chef *m* de magasin. **Lagerzeit** *f* (temps de) magasinage *m.*

lahm [la:m] **1.** *(gelähmt)* paralysé *a. fig;* perclus; *(hinkend)* boiteux; **2.** *(schlaff, schwach)* mou, sans force; *fam (ermüdet)* courbatu, éreinté; **3.** *fig* faible, insuffisant. **Lahmarsch** *m vulg* mollasson *m fam.* **Lahme** *m f* ‹-n, -n› paralysé(e *f*); *(Hinkender)* boiteux *m,* -euse *f.* **lahmen** *itr* traîner la jambe; *(hinken)* boiter, être boiteux, clopiner.

lähmen ['lɛ:mən] *tr med u. fig* paralyser.

lahm=legen ['la:m-] *tr* paralyser. **Lahmlegung** *f* arrêt *m* total.

Lähmung *f* ['lɛ:mʊŋ] *a. fig* paralysie *f.*

Laib *m* ‹-(e)s, -e› [laɪp, '-bə] *(Brot)* miche; *(Käse)* meule *f.*

Laich *m* ‹-(e)s, -e› [laɪç] *zoo* frai *m.* **laichen** *itr* frayer. **Laichplatz** *m* frayère *f.* **Laichzeit** *f* saison *f* du frai.

Laie *m* ‹-n, -n› ['laɪə] **1.** *rel* laïque, séculier *m;* **2.** *(Nichtfachmann)* profane *m.* **Laienbruder** *m rel* (frère) lai, frère *m* convers. **Laienbühne** *f* théâtre *m* d'amateurs. **laienhaft I.** *a* de profane; **II.** *adv* en profane.

Lakai *m* ‹-en, -en› [la'kaɪ] *a. fig (Kriecher)* laquais *m.*

Lake *f* ‹-, -n› ['la:kə] *(Salzlösung)* saumure *f.*

Laken *n* ‹-s, -› ['la:kən] *(Bettuch)* drap *m* (de lit).

Lakritze *f* ‹-, -n› [la'krɪtsə] réglisse *f.*

lallen ['lalən] *itr* bredouiller, bégayer.

Lama ['la:ma] **(1)** *n* ‹-s, -s› *zoo* lama *m;* **(2)** *m* ‹-(s), -s› *(buddhistischer Priester)* lama *m.* **Lamaismus** *m* ‹-, ø› [-'ɪsmʊs] *rel* lamaïsme *m.*

Lamelle *f* ‹-, -n› [la'mɛlə] lam(ell)e; *tech* ailette, touche *f,* disque, segment *m.*

Lametta *n* ‹-s, ø› [la'mɛta] *(Metallfäden als Christbaumschmuck)* lamelles *f pl* (de métal).

Lamm *n* ‹-(e)s, ¨er› [lam, 'lɛmər] agneau *m.* **Lammfell** *n* peau d'agneau, toison *f.* **lammfromm** *a* doux comme un agneau. **Lammsgeduld** *f* patience d'ange.

Lampe *f* ‹-, -n› ['lampə] lampe *f.* **Lampenfieber** *n fam* trac *m.* **Lampenschirm** *m* abat-jour *m.* **Lampion** *m* ‹-s, -s› [lãpi'ɔ̃:, lampi'o:n] lampion *m;* lanterne *f* vénitienne.

lancieren [lã'si:rən] ‹*ohne ge-*› *tr* lancer.

Land *n* ‹-(e)s, ¨er› [lant, 'lɛndər] **1.** *(im Gegensatz zum Wasser)* terre *f;* **2.** *(Staat)* pays *m;* **3.** *(im Gegensatz zur Stadt)* campagne *f;* **4.** *(Bundesland)* Land *m;* **5.** *(Ackerland)* terre *f,* champs *m pl,* bien *m;* ► *auf dem ~e* à la campagne; *aus aller Herren Länder* de tous les pays du monde; *an ~ gehen, ans ~ kommen* aller *od* descendre à terre, débarquer; *des ~es verweisen* exiler, expulser; *das feste ~* la terre ferme; *das Gelobte, Heilige ~ (Palästina)* la Terre promise *od* sainte; *~ und Leute* le pays et ses habitants. **Landadel** *m* noblesse *f* de campagne. **Landarbeiter** *m* ouvrier

m agricole. **Landbesitz** *m* propriété *f* rurale. **Landbevölkerung** *f* population *f* rurale *od* de la campagne. **Landbrot** *n* pain *m* de campagne.
Landebahn *f* ['landə-] *aero* piste *f* d'atterrissage. **Landeerlaubnis** *f aero* autorisation *f* d'atterrir.
landeinwärts [lant'-] *adv* vers l'intérieur du pays.
Landemanöver *m* manœuvre *f* d'atterrissage. **landen** ['landən] *itr* ‹*sein*› **1.** *mar* toucher terre, aborder, accoster; **2.** *a. aero* atterrir; *aero a.* se poser, arriver; *(auf e-m Flugzeugträger)* apponter; *(auf dem Mond)* alunir; **3.** *fig fam* arriver, donner *od* tomber (*in* dans); finir; *tr* ‹*h*› **4.** *(an Land setzen, bes. Truppen)* débarquer, mettre à terre.
Landenge *f* ['lant-] isthme *m*.
Landeplatz *m* ['landə-] **1.** *mar* poste *m* d'accostage; **2.** *aero* champ *od* terrain *m* d'atterrissage; ► ~ *für Hubschrauber* héliport *m*, héligare *f*.
Ländereien *f pl* [lɛndə'raɪən] terres *f pl*, biens *m pl* ruraux.
Länderspiel *n* ['lɛndər-] *sport* match *m od* rencontre *f* international(e).
Landesbischof *m* ['landəs-] *(evang. dtsch.)* évêque *m* d'une Église provinciale. **Landesebene** *f*: ► *auf* ~ à l'échelle nationale *od (in Deutschland)* du land. **Landesfarben** *f pl* couleurs *f pl* nationales. **Landesgrenze** *f* frontière *f*. **Landeshauptstadt** *f* capitale *f* de *od* du land.
Landesignal *n* ['landə-] *aero* signal *m* d'atterrissage.
Landesinnere, *das* ['landəs-] l'intérieur *m* du pays. **Landeskunde** *f* civilisation *f*. **Landesregierung** *f* gouvernement *m* du land. **Landessprache** *f* langue *f* nationale *od* du pays.
Landesteg *m* ['landə-] *mar* embarcadère *m*. **Landestelle** *f* **1.** *mar* lieu *m* de débarquement; **2.** *aero* lieu *m* d'atterrissage.
Landestrauer *f* ['landəs-] deuil *m* national. **landesüblich** *a* en usage dans le pays, usuel. **Landesvater** *m* gouverneur *m* du Land; *hist* souverain *m*. **Landesverrat** *m* (haute) trahison *f*. **Landesverteidigung** *f* défense *f* nationale *od* du territoire. **Landesverweisung** *f* expulsion, expatriation, proscription *f*, bannissement *m*. **Landeswährung** *f* monnaie *f* nationale.
Landflucht *f* ['lant-] exode *m* rural, désertion *f* des campagnes. **Landfriedensbruch** *m* violation *f* de la paix publique. **Landgemeinde** *f* commune *f* rurale. **Landgut** *n* propriété *f* rurale, domaine *m*. **Landhaus** *n* maison *f* de campagne; ► *kleines* ~ *(a.)* cottage *m*. **Landkarte** *f* carte *f* géographique. **Landkreis** *m* arrondissement *m* (rural).
landläufig *a* courant, généralement usité, commun(ément admis). **Landleben** *n* vie *f* rurale *od* champêtre *od* à la campagne.
ländlich ['lɛntlɪç] *a* rural, rustique, villageois; champêtre, agreste.
Landluft *f* ['lant-] air *m* de la campagne. **Landmann** *m* ‹-(e)s, -leute› campagnard; *(Bauer)* paysan *m*. **Landmesser** *m* arpenteur, géomètre *m*. **Landplage** *f* calamité *f* (publique), fléau *m*. **Landrat** *m (etwa:)* sous-préfet *m*. **Landratsamt** *n (etwa:)* sous-préfecture *f*. **Landratte** *f fig fam* terrien *m*. **Landregen** *m* pluie *f* générale *od* continue.
Landschaft *f* ‹-, -en› ['lantʃaft] paysage *(a. Kunst)*, site *m*. **landschaftlich** *a* de *od* du paysage; régional. **Landschaftsgärtner** *m* (jardinier) paysagiste *m*. **Landschaftsgestaltung** *f* architecture *f* de paysage. **Landschaftsschutz** *m* protection *f* des paysages *od* sites. **Landschaftsschutzgebiet** *n* zone *f* protégée.
Landsknecht *m* ['lants-] *hist* lansquenet *m*. **Landsleute** *pl* compatriotes *m pl*. **Landsmann** *m* ‹-(e)s, -leute/(-männer)› compatriote *m*; ► *was für ein* ~ *sind Sie?* d'où *od* de quel pays êtes-vous? **Landsmännin** *f* compatriote *f*.
Landstraße *f* ['lant-] grand-route, route *f* départementale. **Landstreicher** *m* vagabond *m*. **Landstreicherei** *f* vagabondage *m*. **Landtag** *m* diète *f*. **Land- und Seestreitkräfte** *f pl* forces *f pl* de terre et de mer.
Landung *f* ‹-, -en› ['landʊŋ] *aero (Flugzeug)* atterrissage; *(auf e-m Flugzeugträger)* appontage *m*; *(Passagiere)* descente *f* d'avion; ► *zur* ~ *ansetzen (aero)* amorcer l'atterrissage; ~ *auf dem Mond* alunissage *m*. **Landungsboot** *n* bateau *m* de débarquement. **Landungsbrücke** *f (Flugzeugträger)* pont d'atterrissage, appontement *m*.
Landvermessung *f* ['lant-] arpentage *m*. **Landweg** *m* voie *f* de terre *od* terrestre; ► *auf dem* ~ par voie de terre. **Landwein** *m* vin *m* du pays. **Landwirt** *m* agriculteur, cultivateur *m*. **Landwirtschaft** *f* agriculture, économie *f* rurale. **landwirtschaftlich** *a* agricole, rural, agronomique; ► *~er Betrieb m* exploitation *f* agricole *od* rurale; *~e Genossenschaft f* coopérative *f* agricole; *~e Geräte n pl* outillage *m* agricole. **Landwirtschaftsausstellung** *f* exposition *f* agricole. **Landwirtschaftsminister(ium** *n***)** *m* minist(è)re *m* de l'Agriculture. **Landwirtschaftsschule** *f* école *f* d'agriculture. **Landzunge** *f geog* langue *f* de terre.
lang [laŋ] *a* long; *(mit Zahlenangabe)* d'une longueur de ..., ... de *od* en long; ► *gleich, verschieden* ~ *(räuml.)* de (la)

même longueur, de *od* d'une longueur différente; *(zeitl.)* de (la) même durée, de *od* d'une durée différente; *adv: 10 Jahre ~* dix ans durant, pendant dix ans; *~ und breit (fig)* longuement, en long et en large; *sich ~ und breit über etw auslassen* s'étendre sur qc; *den ganzen Tag ~* tout au long de la journée; *~ hinfallen* tomber de tout son long *od* de sa hauteur. **langanhaltend** ['laŋ-] *a* long, de longue durée. **langbeinig** *a* à longues jambes.

lange ['laŋə] *adv* **1.** *(lange Zeit)* longtemps; **2.** (de) beaucoup; ▶ *nicht ~ darauf* peu (de temps) après; *noch ~ nicht* pas de si tôt; *schon ~* depuis longtemps, de loin; *seit ~m* depuis longtemps, de longue date; *so ~ wie* aussi longtemps que, tant que; *wie ~?* combien de temps? *~ vor (zeitl.)* bien avant; *~ aufbleiben* veiller tard; *~ brauchen (viel Zeit benötigen)* mettre longtemps (*zu etw* à faire qc); *~ dauern* être long; *nicht ~ fragen* ne pas s'arrêter à poser des questions; *~ reichen (Vorrat)* mener loin; *~ auf sich warten lassen* se faire attendre; *es ist schon ~ her* il y a bien longtemps *od* beau temps; *warten Sie schon ~?* y a-t-il longtemps que vous attendez? *da kannst du ~ warten! (fam)* tu peux toujours attendre!

Länge *f* ⟨-, -n⟩ ['lɛŋə] **1.** *(ohne pl)* longueur *f a. sport;* **2.** *(ohne pl) geog astr math* longitude *f;* **3.** *(ohne pl) (Filmstreifen)* métrage *m;* **4.** *(ohne pl) (Dauer)* dureé *f;* **5.** *(lange Silbe)* longue *f;* ▶ *der ~ nach* d'après la *od* en longueur; *in die ~* en long; *von 10 m ~* de dix mètres de long; *der ~ nach hinfallen* tomber de tout son long; *(sich) in die ~ ziehen (fig)* tirer *od* traîner en longueur; faire long feu.

langen ['laŋən] *itr* **1.** *fam (genügen)* suffire, être suffisant *od* assez; **2.** *(greifen)* saisir, prendre, atteindre (*nach etw* qc); ▶ *tr: jdm eine ~ (Ohrfeige)* flanquer une gifle à qn; *das langt* ça suffit.

Längengrad *m* ['lɛŋən-] degré de longitude, méridien *m.* **Längenmaß** *n* mesure *f* de longueur *od* linéaire.

länger ['lɛŋər] **I.** *a (Komparativ von lang)* **1.** plus long; **2.** *(ziemlich lang)* long, prolongé; **II.** *adv (Komparativ von lange)* plus longtemps, davantage; ▶ *einen Tag ~* un jour de plus; *je ~, desto besser (zeitl.)* le plus longtemps sera le mieux; *~ machen (tr)* (r)allonger; *~ werden* s'allonger, se rallonger; *(die Tage im Frühling)* allonger, augmenter, croître.

Langeweile *f* ⟨-, ø⟩ ['laŋəvaɪlə] ennui *m; aus, vor Langerweile* par ennui, d'ennui. **Langfinger** *m fam (Dieb)* chapardeur, larron *m.* **langfristig** *a* à long terme, à longue date *od* durée. **langgestreckt** *a* allongé, oblong. **langhaarig** *a (Tier)* à poil(s) long(s); *(Mensch)* aux cheveux longs. **Langholz** *n* bois *m* en long *od* de fil. **langjährig** *a* **1.** qui dure *od* a duré de longues années, long; **2.** *(Freund)* vieux. **Langlauf** *m (Schi)* course *f* de fond. **langlebig** *a* qui vit longtemps. **Langlebigkeit** *f* longévité *f.*

länglich ['lɛŋlɪç] *a* allongé, oblong.

Langmut *f* ⟨-, ø⟩ longanimité, indulgence, patience *f.* **langmütig** *a* indulgent, patient.

längs [lɛŋs] *adv* = *der Länge nach prp gen* od *dat* le long de. **Längsachse** *f* axe *m* longitudinal *od* de roulis.

langsam ['laŋza:m] *a* lent; *(schleppend)* traînant; ▶ *~er fahren* ralentir; *~er gehen* ralentir le pas; *nur ~!* doucement! **Langsamkeit** *f* ⟨-, ø⟩ lenteur *f.* **Langschläfer** *m* grand dormeur *m.* **Langspielplatte** *f* trente-trois tours *m.*

Längsschnitt *m* ['lɛŋs-] section *od* coupe *f* longitudinal(e) *od* vertical(e). **Längsstreifen** *m* rayure *f* longitudinale.

längst [lɛŋst] *adv:* ▶ *schon ~* depuis longtemps; *~ nicht so ...* bien loin de ..., beaucoup moins ...

Langstreckenrakete *f mil* missile *m* à longue portée. **Langstreckenflug** *m* vol *m* de distance. **Langstreckenlauf** *m (über 5000 m) sport* course *f* de (grand) fond.

Languste *f* ⟨-, -n⟩ [laŋ'gustə] *zoo* langouste *f.*

Langweile *f* ['laŋ-] = *Langeweile.* **langweilen** *tr* ennuyer; *fam* embêter. ▶ *sich entsetzlich* od *zu Tode ~* s'ennuyer comme un rat mort *(fam).* **langweilig** *a* ennuyeux; assommant; ▶ *~es Zeug n (pop)* rasoir *m.* **Langwelle(n** *pl***)** *f* grandes ondes, ondes *f pl* longues. **langwierig** *a* de longue haleine *od* durée. **Langzeitarbeitslose** *m f* chômeur *m,* -euse *f* de longue durée. **Langzeitschaden** *m* nocivité *f* à long terme. **Langzeitwirkung** *f* effet *m* à long terme.

Lanze *f* ⟨-, -n⟩ ['lantsə] lance *f.*

Laos ['la:ɔs] *n* le Laos.

lapidar [lapi'da:r] *(kurz und markant)* lapidaire.

Lapis(lazuli) *m* ⟨-, -ides (-, ø)⟩ ['la:pɪs('la:tsuli)] *min* lapis(-lazuli) *m,* lazulite *f.*

Lappalie *f* ⟨-, -n⟩ [la'pa:liə] bagatelle, vétille; futilité *f.*

Lappe ['lapə] ⟨-n, -n⟩ *m* Lapon *m.*

Lappen *m* ⟨-s, -⟩ ['lapən] **1.** *(Lumpen)* chiffon, lambeau; *(Wisch~)* torchon *m;* **2.** *anat bot* lobe, *a.* appendice *m;* ▶ *jdm durch die ~ gehen (fam: entwischen)* filer entre les doigts à qn.

Lappland *n* la Laponie.

läppisch ['lɛpɪʃ] *a* niais, inepte.
Lärche *f* ⟨-, -n⟩ ['lɛrçə] *bot* mélèze *m.*
larifari [lari'fa:ri] *interj* fadaises!
Lärm *m* ⟨-(e)s, ø⟩ [lɛrm] (grand) bruit; *(Krach)* vacarme, fracas, tapage *m;* ▶ *~ machen = lärmen; ~ schlagen (a.)* donner l'alerte; *viel ~ um nichts* beaucoup de bruit pour rien. **Lärmbekämpfung** *f* lutte *f* contre le bruit. **Lärmbelastung** *f* bruit *m,* nuisances *f pl* sonorets. **lärmen** *itr* faire du bruit *od* du tapage. **lärmend** *a* bruyant, tapageur, tumultueux. **Lärmpegel** *m* intensité *f* du bruit. **Lärmschutz** *m* protection contre le bruit, protection *f* contre les nuisances sonores. **Lärmschutzhelm** *m* casque *m* antibruit. **Lärmschutzwall** *m* écran *m* antibruit. **Lärmschutzwand** *f* écran *m* sonore, mur *m* antibruit.
Larve *f* ⟨-, -n⟩ [larfə] **1.** *(Maske)* masque *m;* **2.** *ent* larve *f.*
lasch [laʃ] *a dial fam (schlaff)* mou, flasque.
Lasche *f* ⟨-, -n⟩ ['laʃə] **1.** *tech* couvre-joint *m,* menotte *f;* **2.** *(Schuh)* languette *f.*
Laser *m* ⟨-s, -⟩ ['le:zər] laser *m.* **Laserdruck** *m* impression *f* au laser. **Laserdrucker** *m* imprimante *f* à laser. **Laserplatte** *f s. Compact-Disc.* **Laserstrahl** *m* rayon *m* laser. **Lasertherapie** *f* laserthérapie *f.*
lassen ['lasən] ⟨*läßt, ließ, gelassen*⟩ *tr* **1.** *(zulassen)* laisser; *(gestatten)* permettre (*tun* de faire); **2.** *(veranlassen)* faire; **3.** *(nicht tun)* ne pas faire; *(absehen von)* renoncer (*etw* à qc); **4.** *(Gegenstand liegen~* od *stehen~)* laisser; **5.** *(Menschen ver~, zurück~)* laisser, quitter ▶ *jdn* od *von jdm etw machen ~* faire faire qc à *od* par qn; *sich etw nicht nehmen ~ (fig)* ne pas renoncer à qc; *ich lasse bitten* faites entrer; *ich kann es nicht ~* c'est plus fort que moi; *das muß man ihm ~ (fig)* il faut lui rendre cette justice; *~ wir das!* n'insistons pas, n'en parlons plus, passons; *laß(t) uns gehen!* partons; *laß das (sein)!* laisse cela! *~ Sie mich!* laissez-moi! *~ Sie nur!* allez! *~ Sie (doch) (das)!* laissez donc! *~ Sie sich nicht stören!* ne vous dérangez pas! *tun Sie, was Sie nicht ~ können!* faites ce que bon vous semble!
lässig ['lɛsɪç] *a* nonchalant; *(Haltung)* décontracté; *(gleichgültig)* indolent. **Lässigkeit** *f* ⟨-, ø⟩ nonchalance; décontraction; indolence *f.*
Lasso *m* od *n* ⟨-s, -s⟩ ['laso] lasso *m.*
Last *f* ⟨-, -en⟩ [last] **1.** *(Traglast a. fig)* fardeau; *(Bürde)* faix *m; (Belastung, a. el)* charge *f;* **2.** *(Ladung)* cargaison *f,* chargement; *(Gewicht)* poids *m;* **3.** *pl (Abgaben)* charges *f pl; (Steuern)* impôts *m pl;* ▶ *zu ~en (gen)* à la charge (de); *zu Ihren ~en* à votre débit; *jdm zur ~ fallen* tomber sur le dos *od* sur les bras de qn; *(lästig sein)* importuner qn; *jdm etw zur ~ legen* mettre qc à la charge de qn. **Lastauto** *n* camion; poids lourd *m.* **lasten** *itr a. fig* peser (*auf* sur); *fig a.* s'appesantir (*auf* sur). **Lastenaufzug** *m* monte-charge *m.* **lastenfrei** *a* exempt de charges.
Laster ['lastər] **(1)** *m* ⟨-s, -⟩ *fam = Lastauto;* **(2)** *n* ⟨-s, -⟩ vice *m;* ▶ *e-m ~ verfallen sein* être adonné à un vice.
Lästerer *m* ⟨-s, -⟩ ['lɛstərər] médisant *m.*
lasterhaft ['lastər-] *a* vicieux, immoral; dépravé. **Lasterhaftigkeit** *f* ⟨-,ø⟩ immoralité, dépravation *f.* **Lasterhöhle** *f* sentine *f,* antre *m* du vice.
Lästermaul *n* ['lɛstər-] mauvaise *od* méchante langue; langue *f* de serpent *od* de vipère. **lästern** *tr* médire (*(über) jdn* de qn); *(Gott ~)* blasphémer.
lästig ['lɛstɪç] *a* **1.** importun, embarrassant; *(unbequem)* incommode, gênant; **2.** *(Mensch) (aufdringlich)* fâcheux, *fam* collant; ▶ *jdm ~ werden* commencer à importuner *od* à incommoder qn.
Lastkahn *m* ['last-] péniche *f,* chaland *m.* **Lastkraftwagen** *m = Lastauto.* **Lastschrift** *f com* note *f* de débit. **Lasttier** *n* bête *f* de somme. **Lastträger** *m* portefaix *m.* **Lastwagen** *m* camion *m; mot = Lastauto.* **Lastwagenfahrer** *m* camionneur *m.* **Lastzug** *m* camion à remorque, train *m* routier.
Lasur *f* ⟨-, -en⟩ [la'zu:r], **Lasurfarbe** *f* glacis *m.* **Lasurstein** *m* = Lapis(lazuli) *m.*
Latein *n* ⟨-s, ø⟩ [la'taɪn] latin *m,* langue *f* latine. **Lateinamerika** *n* l'Amérique *f* latine. **lateinamerikanisch** *a* latino-américain. **lateinisch** *a* latin.
Laterne *f* ⟨-, -n⟩ [la'tɛrnə] lanterne *f; (Hand~)* falot; *(Straßen~)* réverbère *m.*
Laternenpfahl *m* réverbère *m.*
Latsche *f* ⟨-, -n⟩ ['latʃə] *bot* pin *m* nain *od* de montagne.
Latschen *m* ⟨-s, -⟩ (*od* **Latsche** *f* ⟨-, -n⟩) ['la:tʃə(n)] *fam (Hausschuh)* pantoufle; *(abgetragener Schuh)* savate; *pop* godasse *f.* **latschen** *itr* ⟨*sein*⟩ traîner les pieds *od fam* la patte.
Latte *f* ⟨-, -n⟩ ['latə] latte, tringle *f,* liteau *m; sport* barre *f;* ▶ *lange ~ (fam: großer Mensch)* grande perche *f,* manche *m* à balai; *jdn auf der ~ haben* détester, ne pas pouvoir supporter qn. **Lattenverschlag** *m,* **Lattenzaun** *m* lattis *m.*
Latz *m* ⟨-es, ⸚e⟩ [lats, 'lɛtsə] **1.** *(Brust~)* bavette *f;* **2.** *(Hosen~)* pont *m.*
Lätzchen *n* ⟨-s, -⟩ ['lɛtsçən] bavette *f.*
Latzhose *f* ['lats-] pantalon *m* à bavette, cotte-tablier, cotte *f* américaine.
lau [laʊ] *a* **1.** tiède, attiédi; **2.** *fig* indifférent; ▶ *~ werden* tiédir, *a. fig* s'attiédir.

Laub *n* ‹-(e)s, ø› [laʊp, '-bəs] feuillage *m*, feuilles *f pl*, verdure; *(~werk)* frondaison *f*; *(welkes ~)* fanes *f pl*. **Laubbaum** *m* arbre *m* à feuilles (caduques).
Laube *f* ‹-, -n› ['laʊbə] **1.** tonnelle *f*; **2.** *arch (Bogengang)* arcade *f*.
Laubfrosch *m* ['laʊp-] rainette *f*. **Laubsäge** *f* scie *f* à découper. **Laubwald** *m* forêt *f* à essences feuillues.
Lauch *m* ‹-(e)s, -e› [laʊx] *bot* poireau *m*.
Lauer *f* ‹-, ø› ['laʊər]: ▶ *auf der ~* au guet; *sich auf die ~ legen* se mettre aux aguets. **lauern** *itr* guetter; *fig a.* attendre (*auf etw* qc).
Lauf *m* ‹-(e)s, ¨e› [laʊf, 'lɔʏfə] **1.** *(a. Wettlauf)* course *f*; **2.** *(Verlauf)* cours, courant *m*; **3.** *astr* cours *m*; **4.** *tech* marche, allure *f*, fonctionnement; *(Fahrzeug)* roulement *m*; **5.** *(Schußwaffe)* canon *m*; ▶ *im ~ (beim ~en)* en courant; *im ~e des Gesprächs* au cours de l'entretien; *im ~e der Woche, des Jahres* au cours de la semaine, de l'année; *im ~e der Zeit* avec le temps; *e-r S freien ~ lassen* donner *od* laisser libre cours à qc; *den Dingen ihren ~ lassen* laisser les choses aller leur train. **Laufbahn** *f (im Beruf)* carrière *f*; ▶ *e-e ~ einschlagen* entrer dans *od* embrasser une carrière. **Laufbursche** *m* garçon *m* de courses *od* de magasin. **laufen** ['laʊfən] ‹*läuft, lief, gelaufen*› *itr* ‹*sein*› **1.** courir; **2.** *fam (gehen)* aller à pied, marcher; **3.** *(Maschine)* fonctionner, marcher; *(Motor)* tourner; *(Fahrzeug)* rouler; **4.** *(Tränen)* rouler; *(Flüssigkeit)* couler; **5.** *(Gefäß)* fuir; **6.** *jur fin* courir, prendre cours (*von* à partir de); **7.** *film* passer; *tr* ‹*h*› **8.** parcourir; ▶ *100 Meter ~ sport* faire un cent mètres; *Schi, Schlittschuh ~* faire du ski, du patin; *durch etw ~* traverser qc; *um etw ~* tourner autour de qc; *jdm in den Weg ~* croiser qn sur son chemin, rencontrer qn inopinément; *ge~ kommen* arriver en courant; *nicht mehr ~ können* ne plus pouvoir mettre un pied devant l'autre; *~lassen (freilassen)* laisser partir; *ihm läuft die Nase* il a le nez qui coule. **laufend I.** *a fig (gegenwärtig, im Ablauf befindlich)* courant, en cours; **II.** *adv (durchgehend)* en permanence, sans interruption; ▶ *am ~en Band* à la chaîne; *fig* sans arrêt; *auf dem ~en bleiben* se tenir au courant; *auf dem ~en sein (Person)* être au courant *od* à jour; *(Person od Sache)* être à jour (*mit* de).
Läufer *m* ‹-s, -› ['lɔʏfər] **1.** *(Person)* coureur; *(Fußball)* demi; *(Schach)* fou *m*; **2.** *(Teppich)* chemin, tapis *m* d'escalier; **3.** *(Schieber)* curseur; *el* rotor, induit *m*.
Lauffeuer *n* ['laʊf-]: ▶ *sich wie ein ~ verbreiten (fig)* se répandre comme une traînée de poudre. **Laufjunge** *m* = *Laufbursche*. **Laufmasche** *f* maille *f* tombée *od* filée; ▶ *~n bekommen* se démailler. **Laufpaß** *m*: ▶ *jdm den ~ geben* envoyer qn promener *od* au diable. **Laufschiene** *f* glissière *f*. **Laufschritt** *m* pas *m* (de) gymnastique. **Laufstall** *m* parc *m* pour bébé. **Laufsteg** *m* passerelle *f*. **Laufwerk** *n inform* lecteur *m* de disquettes. **Laufzeit** *f* **1.** *sport* temps *m* de *od* du parcours; **2.** *(Uhr)* durée *f* de marche; **3.** *film* durée *f* de projection; **4.** *radio* temps *m* de propagation; **5.** *(Radar)* période *f*; **6.** *allg* durée *f* d'acheminement, délai de circulation; **7.** *(Brunstzeit bei Hündinnen)* (époque *f* des) chaleurs *f pl*, rut *m*. **Laufzettel** *m* feuille *f* de recherches *od* d'enquête.
Lauge *f* ‹-, -n› ['laʊgə] lessive *f a. chem*. **laugen** *tr (Wäsche)* lessiver.
Lauheit *f* ‹-, ø› ['laʊ-] *fig* indifférence *f*.
Laune *f* ‹-, -n› ['laʊnə] *(Stimmung)* humeur *f*; *(Grille, Marotte)* caprice *m*, lubie *f*; ▶ *s-e schlechte ~ an jdm auslassen* passer sa mauvaise humeur sur qn; *jdn bei guter ~ halten* entretenir qn dans de bonnes dispositions; *gute, schlechte ~ haben* être de bonne, mauvaise humeur; *fam* être bien, mal luné; *gute ~ haben (a.)* être dans son bon jour; *schlechte ~ haben (a.)* avoir de l'humeur. **launenhaft** *a (launisch)* instable, lunatique, d'humeur changeante; *(eigenwillig)* capricieux. **Launenhaftigkeit** *f* ‹-, ø› caractère *m* changeant *od* capricieux. **launisch** *a* = *launenhaft*.
Laus *f* ‹-, ¨e› [laʊs, 'lɔʏzə] pou *m*; ▶ *dir ist wohl e-e ~ über die Leber gekrochen!* quelle mouche t'a piqué? **Lausbub** *m* gamin, mauvais garnement *m*.
lauschen ['laʊʃən] *itr* **1.** écouter (attentivement), prêter l'oreille; **2.** *(heimlich)* être aux écoutes. **Lauscher** *m* ‹-s, -› écouteur *m*.
lausen ['laʊzən] *tr* épouiller. **lausig** *a* **1.** pouilleux; **2.** *fig fam (armselig)* misérable; ▶ *es ist ~ kalt* il fait un froid de canard.
Lausitz ['laʊzɪts] , die, *geog* la Lusace.
laut [laʊt] **I.** *a* haut; *(~stark, kräftig)* intense, fort; *(hörbar)* perceptible; *(lärmend)* bruyant; ▶ *~ werden fig (Stimmen, Rufe)* s'élever; **II.** *adv (vernehmlich)* haut; *(kräftig)* fort; *(mit ~er Stimme)* à haute voix; ▶ *ganz ~* tout haut; *so ~ ich (etc) konnte* à tue-tête; *~ denken* penser tout haut; *~ lachen* rire aux éclats; *~ singen* chanter fort; *~ (und deutlich) sprechen* parler haut (et distinctement); *~er!* plus haut! plus fort! **III.** *prp gen (nach, gemäß)* d'après, suivant, selon; ▶ *~ Befehl* conformément à l'ordre *od* aux ordres; *~ Gesetz* aux

termes de *od* conformément à la loi; ~ *Weisung* selon les instructions.
Laut *m* ‹-(e)s, -e› [laʊt] son *m;* ► *keinen ~ von sich geben* ne souffler mot. **lauten** ['laʊtən] *itr* **1.** *(klingen)* sonner; **2.** *(folgenden Wortlaut haben)* être, dire, porter; ► *der Titel lautet* le titre est; *das Urteil lautet auf* ... c'est une sentence de ...
läuten ['lɔʏtən] *tr u. itr* sonner; *es hat geläutet* on a sonné.
lauter ['laʊtər] **I.** *a* **1.** *(rein)* pur, net, clair, limpide; **2.** *fig (ehrlich)* honnête, sincère; intègre; **II.** *adv (nichts als)* rien que, ne ... que.
läutern ['lɔʏtərn] *tr* **1.** *chem* épurer, purifier, clarifier; *tech* affiner; **2.** *fig (charakterlich)* corriger, réformer. **Läuterung** *f* ‹-, ø› *fig* correction, réforme *f.*
Lautlehre *f* ['laʊt-] phonétique *f.*
Lautsprecher *m* ['laʊt-] diffuseur; *radio* haut-parleur *m.* **Lautsprecherbox** *f* baffle *m.* **Lautsprecherwagen** *m* voiture *f* haut-parleur. **lautstark** ['laʊt-] *a* intense, fort, puissant. **Lautstärke** *f* intensité sonore; *radio* puissance *f* du son, niveau *m* (de réception). **Lautstärkeregler** *m radio* régleur *m* de puissance.
lauwarm ['laʊvarm] *a* tiède.
Lava *f* ‹-, (-ven)› ['la:va] *geol* lave *f.*
Lavendel *m* ‹-s, -› [la'vɛndəl] *bot* lavande *f.*
lavieren [la'vi:rən] ‹*ohne ge-*› *itr mar fig* louvoyer; ► *sich aus einer schwierigen Lage ~* se tirer d'une situation difficile.
Lawine *f* ‹-, -n› [la'vi:nə] *a. fig* avalanche *f.* **Lawinengefahr** *f* danger *m* d'avalanche.
lax [laks] *a (schlaff)* lâche; *(Mensch)* veule.
Lazarett *n* ‹-(e)s, -e› [latsa'rɛt] hôpital *m* (militaire). **Lazarettschiff** *n* navire--hôpital, vaisseau-hôpital *m.* **Lazarettzug** *m* train sanitaire.
Lebemann *m* ‹-(e), ¨er› ['le:bə-] viveur *m.*
leben ['le:bən] *itr* **1.** *allg* vivre, être en vie *od* vivant; exister; **2.** *(sich erhalten)* vivre (*von* de); ► *nicht mehr ~* n'être plus de ce monde; *für jdn, etw ~ (fig)* s'être voué à qn, à qc; ~ *in (e-m Land, e-r Stadt) a.* habiter *acc; gut, schlecht ~* faire bonne, mauvaise chère; *zu ~ haben* avoir de quoi vivre *od* son pain assuré; ~ *Sie wohl!* adieu! *es lebe die Freiheit!* vive la liberté!
Leben *n* ‹-s, -› ['le:bən] **1.** vie; existence *f;* **2.** *(Beseeltheit)* âme *f;* **3.** *(reges ~)* animation *f;* mouvement *m; (Lebhaftigkeit)* vivacité *f,* entrain *m;* **4.** *(~sweise)* façon *f* de vivre; train *m* de vie; **5.** *(~sgeschichte)* vie, biographie *f;* ► *am ~* en vie; *auf der Höhe des ~s (Mann)* dans la force *od (Frau)* à la fleur de l'âge; *auf ~ und Tod* à la vie et à la mort; *für mein ~ gern würde ich* ... je donnerais ma vie pour *(inf); nie im ~* jamais de la vie; *zeit meines ~s, mein ~ lang* (pendant) toute ma vie; *ein ~ lang* toute une vie; *mit dem ~ bezahlen* payer de sa vie; *am ~ bleiben* rester en vie; ~ *in etw bringen* animer qc; *ums ~ bringen* mettre à mort; *mit dem ~ davonkommen* s'en tirer vivant; *sein ~ einsetzen* od *aufs Spiel setzen* exposer, risquer sa vie; *am ~ erhalten* maintenir en vie; *zu neuem ~ erwecken (fig)* faire revivre, ressusciter, renouveler; *sein ~ (kümmerlich) fristen* traîner sa misère; vivoter, végéter; *das ~ genießen* jouir de la vie; *genug zum ~ haben* avoir de quoi vivre; *am ~ hängen* tenir à la vie; *ums ~ kommen* perdre la vie, périr; *s-m ~ ein Ende machen, sich das ~ nehmen* mettre fin à ses jours, se donner la mort; *jdm das ~ schwermachen* rendre la vie dure à qn; *jdm das ~ retten* sauver la vie à qn; *etw ins ~ rufen* donner la vie *od* le jour *od* naissance à qc, faire naître *od* surgir qc; *das ~ schenken (e-m Kind)* donner la vie *od* le jour à; *(e-m Besiegten)* donner *od* faire quartier à, faire grâce de la vie à; *(nicht mehr) am ~ sein* (n')être (plus) en vie; *jdm nach dem ~ trachten* attenter aux jours de qn; *(mitten) aus dem ~ gerissen werden* être arraché à la vie; *ein erfülltes ~* une existence bien remplie; *ein lustiges ~* une joyeuse vie; *das öffentliche ~* la vie publique; *das ~ nach dem Tode (rel)* la vie après la mort.
lebend ['le:bənt] *a, a. fig* vivant; ► *es war kein ~es Wesen zu sehen* il n'y avait âme qui vive; *~e Sprachen f pl* langues *f pl* vivantes; *~es Wesen n* être *m* vivant. **Lebende** *m* vivant; *jur* vif *m.* **Lebendgewicht** *n* poids *m* vif. **lebendig** [le'bɛndɪç] *a* vivant, vif, animé; ► *bei ~em Leib verbrennen* être brûlé vif. **Lebendigkeit** *f* ‹-, ø› vivacité, animation *f.*
Lebensabend, *der* ['le:bəns-] les vieux jours *m pl.* **Lebensalter** *n* âge *m.* **Lebensart** habitudes, manières *f pl;* ► *~ haben* avoir du savoir-vivre *od* des manières. **Lebensaufgabe** *f* but *m* suprême, tâche *f* de toute une vie. **Lebensbaum** *m bot* thuya *m.* **Lebensbedingungen** *f pl* conditions *f pl* de vie. **Lebensdauer** *f* durée (de la vie) longévité *f; tech* durée (d'existence). **Lebensende** *n* terme *m* de la vie; ► *bis an sein ~* jusqu'à la fin de ses jours. **Lebenserfahrung** *f* expérience *f* de la vie. **Lebenserwartung** *f* espérance de vie (à la naissance), vie *f* moyenne. **lebensfähig** *a biol u. fig* viable. **Lebensfreude** *f* joie *f* de vivre. **Lebensgefahr** *f* danger *m* de mort; ► *unter ~* au péril de ma *etc* vie; *in ~ schweben*

être entre la vie et la mort; *~! (Warnschild)* danger de mort! **lebensgefährlich** *a* très dangereux, périlleux. **Lebensgefährte** *m* compagnon, époux *m.* **Lebensgefährtin** *f* compagne, épouse *f.* **Lebensgewohnheiten** *f pl* mœurs, habitudes *f pl.* **lebensgroß** *a* grandeur nature. **Lebenshaltungskosten** *pl* coût *m* de la vie. **Lebensjahr** *n* année *f* (de la vie); ▶ *im 40. ~ stehen* être dans sa quarantième année; *f.* **Lebenskünstler** *m:* ▶ *ein ~ sein* savoir vivre. **lebenslänglich** **1.** *a u. adv, jur* à vie, à perpétuité; **2.** *a (Rente)* viager; ▶ *~e Haft f* emprisonnement *m* à vie. **Lebenslauf** *m (geschriebener)* curriculum vitae *m.* **lebenslustig** *a* heureux de vivre. **Lebensmittel** *n pl* vivres *m pl,* denrées *f pl; (Eßwaren)* comestibles, produits *m pl* alimentaires. **Lebensmittelgeschäft** *n* (magasin *m* d')alimentation, épicerie *f.* **Lebensmittelhändler** *m* épicier *m.* **Lebensmittelversorgung** *f* ravitaillement, approvisionnement *m* en vivres. **Lebensmittelvorrat** *m* provisions *f pl* (de vivres). **lebensmüde** *a* las de vivre *od* de la vie. **Lebensmut** *m* courage, espoir, optimisme *m.* **lebensnah** *a* actuel, pratique. **Lebensnerv** *m fig* centre *m* vital. **lebensnotwendig** *a* vital, (absolument) indispensable. **Lebensretter** *m* sauv(et)eur *m.* **Lebensstandard** *m* niveau *m* de vie. **Lebensstellung** *f* situation *od* position *f* permanente *od* sociale. **Lebensunterhalt** *m* subsistance *f,* entretien *m,* moyens *m pl* d'existence; ▶ *s-n ~ verdienen* gagner sa vie. **Lebensversicherung** *f* assurance sur la vie, assurance-vie *f.* **Lebenswandel** *m* conduite, vie, manière *f* de vivre. **Lebensweg** *m* (chemin *od* cours *m* de la) vie, carrière *f.* **Lebensweise** *f* **1.** genre *od* train *od* style *m* de vie, manière *f* de vivre; **2.** *med* régime *m;* **3.** *zoo* mœurs *f pl.* **Lebensweisheit** *f* sagesse *f* pratique. **Lebenswerk** *a (Gesamtwerk)* œuvre *m.* **lebenswert** *a (Leben)* digne d'être vécu. **lebenswichtig** *a* (d'intérêt) vital; essentiel; *physiol* vital; ▶ *~e Güter n pl* produits *m pl* de première nécessité. **Lebenszeichen** *n* signe *od scient* indice *m* de vie; ▶ *kein ~ von sich geben* ne pas donner signe de vie. **Lebenszeit** *f:* ▶ *auf ~* = lebenslänglich.

Leber *f* ‹-, -n› ['le:bər] foie *m;* ▶ *frisch von der ~ weg* ouvertement, franchement. **Leberfleck** *m* tache *f* hépatique, nævus *m.* **Leberkrankheit** *f,* **Leberleiden** *n* maladie *f* de *od* du foie. **Leberpastete** *f* pâté *m* de foie (gras). **Lebertran** *m* huile *f* de foie de morue. **Leberwurst** *f* pâté *m* de foie.

Lebewesen *n* ['le:bə-] être vivant; organisme *m.* **Lebewohl** *n* ‹-(e)s, -s/-e› [-'vo:l] adieu *m;* ▶ *jdm ~ sagen* dire adieu *od* faire ses adieux à qn.

lebhaft ['le:p-] *a* **1.** *(a. Phantasie, Farbe)* vif, plein de vie *od* de vivacité; actif; *(munter)* alerte; éveillé; **2.** *(Handel, Verkehr)* animé, intense; **3.** *(Schilderung)* vivant; *(Stil)* alerte, haut en couleur. **Lebhaftigkeit** *f* ‹-, ø› vivacité, activité; *(Munterkeit)* alacrité *f.*

Lebkuchen *m* ['le:p-] pain *m* d'épice(s).

leblos ['le:p-] *a (wie tot)* sans vie, inanimé. **Lebzeiten** *f pl:* ▶ *zu ~ (gen)* du vivant (de); *zu s-n ~* de son vivant.

lechzen ['lɛçtsən] *itr (dürsten)* avoir soif, être altéré (*nach* de) *a. fig.*

Leck *n* ‹-(e)s, -s› [lɛk] *(undichte Stelle)* fuite; *mar* voie *f* d'eau. **leck** *a:* ▶ *~ (undicht) sein* fuir, avoir une fuite *od* une voie d'eau, faire eau. **lecken** ['lɛkən] **(1)** *itr = leck sein.* **(2)** *tr* lécher; ▶ *wie geleckt (fam)* tiré à quatre épingles.

lecker ['lɛkər] *a (schmackhaft)* délicieux, délicat; *(appetitlich)* appétissant. **Leckerbissen** *m,* **Leckerei** *f* [-'raɪ] friandise *f.* **Leckermaul** *n fam* fine bouche *f,* gourmet *m, pop* fine gueule *f.*

Leder *n* ‹-s, -› ['le:dər] cuir *m,* peau *f.* **Ledereinband** *m* reliure *f* en cuir. **Lederhandschuh** *m* gant *m* de peau. **Lederhose** *f* culotte *f* de cuir *od* de peau. **Lederjacke** *f* veste *f* en cuir. **Lederkoffer** *m* malle *od* valise *f* en cuir. **ledern** *a* de *od* en cuir; de *od* en peau. **Ledersohle** *f* semelle *f* de cuir. **Lederwaren** *f pl* articles *m pl* de maroquinerie. **Lederwarenhandel** *m,* **Lederwarenhandlung** *f* maroquinerie *f.*

ledig ['le:dɪç] *(unverheiratet)* non marié, célibataire; ▶ *~e Mutter f* mère *f* célibataire, *(vx)* fille-mère *f.* **lediglich** [-klɪç] *adv* uniquement, purement, simplement; seulement; ne ... que.

Lee *f* ‹-, ø› [le:] côté *m* sous le vent.

leer [le:r] **I.** *a* **1.** vide; *(unbeschrieben)* blanc; *el (Batterie)* à plat; *(nicht möbliert)* non meublé; *(unbesetzt)* inoccupé, libre, vacant; **2.** *fig (nichtssagend, wertlos)* vain, sans valeur; **II.** *adv bes. tech* à vide; ▶ *mit ~en Händen* les mains vides; *~ ausgehen (fig)* revenir les mains vides; *~ laufen (mot)* tourner à vide; *~laufen (Gefäß)* se vider; *vor ~em Haus spielen (theat)* jouer pour les banquettes; *~ stehen* être vide *od* inoccupé. **Leere** *f* ‹-, ø› **1.** vide *m;* **2.** *fig* inanité, vanité *f.* **leeren** *tr* vider, désemplir; *(Abort)* vidanger. **Leergewicht** *n* poids *m* à vide. **Leerlauf** *m* **1.** marche *f* à vide *a. fig od* au point mort, roulement à vide; *mot aero* ralenti *m;* **2.** *fig* piétinement *m.* **leer=laufen** *itr* ‹*aux: sein*› ‹*läuft leer, lief leer, ist leergelaufen*› *(Gefäß)* se vider. **leerstehend** *a*

(Wohnung) vide, inoccupé, libre. **Leertaste** *f (Schreibmaschine)* barre *f* d'espacement. **Leerung** *f (Briefkasten)* levée *f* (du courrier).

legal [le'ga:l] *a* légal. **legalisieren** [-gali'zi:rən] ‹*ohne ge-*› *tr* légaliser. **Legalität** *f* ‹-, ø› [-li'tɛ:t] légalité *f*.

Legasthenie [legaste'ni:] ‹-, ø› *f (Lese- und Schreibschwäche)* dyslexie *f*. **Legastheniker** [legas'te:nikər] ‹-s, -› *m* dyslexique *m*.

Legat *m* [le'ga:t] **1.** ‹-en, -en› *(päpstlicher Gesandter)* légat *m*; **2.** *n* ‹-(e)s, -e› *jur (Vermächtnis)* legs *m*.

legen ['le:gən] *tr* **1.** mettre, poser, placer; *(lang hinlegen)* coucher; *(ausbreiten)* étendre *(über* sur); **2.** *(Karten zum Wahrsagen)* tirer; **3.** *(Wäsche)* plier; **4.** *(Vögel: Eier)* pondre; *refl: sich* ~ **5.** *(sich hinlegen)* se coucher; *(sich ausstrecken)* s'étendre, s'allonger; *(Getreide)* verser; **6.** *(nachlassen)* se calmer; *(Wind, Fieber)* s'abattre, s'apaiser, tomber; ▶ *jdm etw in den Mund* ~ *(fig: eingeben)* insinuer, suggérer qc à qn.

legendär, legendenhaft [legɛn'dɛ:r] *a* légendaire. **Legende** *f* ‹-, -n› [le'gɛndə] *(Sage; Umschrift)* légende *f*.

legieren [le'gi:rən] ‹*ohne ge-*› *tr metal* allier; *(Küche)* lier. **Legierung** *f metal* alliage *m*.

Legion *f* ‹-, -en› [legi'o:n] *a. fig* légion *f*. **Legionär** *m* ‹-s, -e› [-'nɛ:r] légionnaire *m*.

Legislative *f* ‹-, -n› [legısla'ti:və] *pol* pouvoir *m* législatif. **Legislaturperiode** *f* [-'tu:r-] *parl* législature *f*.

legitim [legi'ti:m] *a* légitime. **legitimieren** [-'mi:rən] ‹*ohne ge-*› *tr* légitimer; ▶ *sich* ~ *(sich ausweisen)* établir *od* prouver son *od* justifier de son identité. **Legitimität** *f* ‹-, ø› [-'tɛ:t] légitimité *f*.

Lehen *n* ‹-s, -› ['le:ən] *hist* fief *m*.

Lehm *m* ‹-(e)s, -e› [le:m] (terre) glaise, (terre) argil(eus)e *f*. **Lehmgrube** *f* glaisière *f*. **lehmig** *a* glaiseux, argileux.

Lehne *f* ‹-, -n› ['le:nə] **1.** *(Rücken~)* dos, dossier; *(Arm~)* accoudoir, bras *m*; **2.** *allg (Stütze)* appui, support *m*; **3.** *(Abhang)* pente *f*; versant, talus *m*. **lehnen** **1.** *tr* appuyer *(an* contre), adosser *(an* à); **2.** *itr* u. *refl: sich* ~ s'appuyer *(an* contre), s'adosser *(an* à); ▶ *sich aus dem Fenster* ~ se pencher par la fenêtre. **Lehnsessel** *m*, **Lehnstuhl** *m* fauteuil *m*, bergère *f*.

Lehnsherr *m* ['le:ns-] suzerain *m*. **Lehnsmann** *m* vassal *m*.

Lehnwort *n* ['le:n-] *gram* mot *m* d'emprunt.

Lehramt *n* ['le:r-] fonctions *f pl* d'instituteur *od* de professeur; *(Univ.)* professorat *m*. **Lehranstalt** *f* établissement *m* d'enseignement, institution *f* (d'enseignement). **Lehrbeauftragte** *m* chargé *m* de cours. **Lehrbefugnis** *f (Univ.)* droit *m* d'enseigner. **Lehrberuf** *m* **1.** profession *f* d'enseignant; **2.** métier *m* qualifié. **Lehrbrief** *m* certificat *m* d'aptitude *f* professionnelle; *(bei Fernlehrgang:)* cahier *m* d'enseignement. **Lehrbuch** *n allg* livre d'enseignement; *(größeres)* manuel, cours; *(mittleres)* traité; *(kleineres)* précis *m*.

Lehre *f* ‹-, -n› ['le:rə] **1.** *(Vorschrift)* leçon *f*, précepte; *(Warnung)* avertissement *m*; *(Unterweisung)* instruction *f*, enseignement *m*; **2.** *(Handwerks~)* apprentissage *m*; **3.** *rel* dogme *m*, doctrine; *scient* théorie *f*; **4.** *(Meßinstrument)* jauge *f*, calibre, gabarit *m*; ▶ *jdm e-e* ~ *sein (fig)* servir de leçon à qn. **lehren** ['le:rən] *tr* enseigner; ▶ *jdn etw* ~ apprendre qc à qn, instruire qn dans qc.

Lehrer(in) *m* ‹-s, -› (*f* ‹-, -nen›) ['le:rər(-)] instituteur *m*, -trice *f*; maître *m*, maîtresse *f*; *(höhere Schule)* professeur *m*. **Lehrerkollegium** *n* corps *m* enseignant *od* des professeurs *od* des instituteurs. **Lehrerschaft** *f* corps *m* enseignant, enseignants; professeurs, instituteurs *m pl*.

Lehrfilm *m* ['le:r-] film *m* éducatif *od* documentaire *od* d'enseignement. **Lehrgang** *m* cours (d'instruction *od* d'études); *(Praktikum)* stage *m*. **Lehrgeld** *n hist* frais *m pl* d'apprentissage; ▶ ~ *(be)zahlen* od *geben (fig)* apprendre à ses dépens. **Lehrjahr** *n* année *f* d'apprentissage. **Lehrkörper** *m* corps *m* enseignant. **Lehrkräfte** *f pl* enseignants *m pl*. **Lehrling** *m* ‹-s, -e› apprenti *m*. **Lehrmittel** *n pl* matériel *m* d'enseignement. **Lehrmittelfreiheit** *f* gratuité *f* des livres scolaires. **Lehrplan** *m* programme scolaire, programme *od* plan *m* d'études. **lehrreich** *a* instructif. **Lehrsatz** *m allg* thèse *f*; *math* théorème; *rel* dogme *m*. **Lehrstuhl** *m* chaire *f* (*für* de). **Lehrzeit** *f* (temps d')apprentissage *m*.

Leib *m* ‹-(e)s, -er› [laıp, '-bər] **1.** *(Körper)* corps *m a. fig*; **2.** *(Bauch)* ventre; *(Unterleib)* abdomen *m*; **3.** *fig (Inneres)* entrailles *f pl*, sein *m*; ▶ *bei lebendigem ~e* vif; *mit ~ und Seele* corps et âme; *am eigenen ~e erfahren* apprendre à ses dépens; *sich jdn vom ~e halten* tenir qn à distance; *jdm auf den ~ rücken* serrer qn de près; *bleiben Sie mir damit vom ~e!* ne m'importunez pas avec cela! ne m'ennuyez pas avec cela! **Leibarzt** *m* médecin *m* personnel. **Leibbinde** *f* ceinture *f* hypogastrique *od* orthopédique *od* de soutien. **leiben** *itr (nur noch in der Wendung:)* ▶ *wie er leibt und lebt* (juste) comme il est. **Leibeserziehung** *f* éducation *f* physique. **Leibeskräfte** *f pl:* ▶ *aus ~n schreien* crier de toutes ses forces. **Leibesübungen** *f pl* exercices *m pl od* culture physique(s). **Leibgarde** *f*, **Leibgardist** *m* garde *m* du corps. **Leibgericht** *n* mets *od* plat *m* favori *od* préféré *od* de prédilection. **leibhaftig** *a* en chair et en os, en personne; personnifié, incarné. **leiblich** *a* corporel, physique; ▶ *sein ~er Sohn* son propre fils. **Leibwache** *f* = *Leibgarde*. **Leibwächter** = *Leibgardist*.

Leiche *f* ‹-, -n› ['laɪçə] corps, cadavre; *(Toter)* mort; *(Anatomie)* sujet *m*.

Leichenbegängnis *n* ['laɪçən-] funérailles, obsèques *f pl*, enterrement *m*. **leichenblaß** *a* pâle comme un mort, plus pâle que la mort. **Leichenhalle** *f*, **Leichenhaus** *n* dépôt *m od* maison *f* mortuaire; morgue *f*. **Leichenöffnung** *f* autopsie *f*. **Leichenrede** *f* oraison *f* funèbre. **Leichenschändung** *f* violation *f* de sépulture. **Leichenschauhaus** *n* morgue *f*. **Leichentuch** *n* linceul, suaire, drap *m* mortuaire. **Leichenverbrennung** *f* crémation *f*. **Leichenwagen** *m* corbillard, fourgon *m* funéraire. **Leichenzug** *m* cortège *od* convoi *m* funèbre.

Leichnam *m* ‹-[e]s, -e› ['laɪçna:m] = *Leiche*.

leicht [laɪçt] *a* **1.** *(von geringem Gewicht)* léger *(a. Kleidung, Speise, Getränk, Erkältung, Musik etc)*; **2.** *(schwach, unbedeutend)* léger, petit, insignifiant; *(Schlaf)* léger, délicat; *(Fehler)* véniel; **3.** *(Arbeit, Aufgabe)* facile; *(bequem)* aisé; *(mühelos)* sans peine; *(einfach)* simple; **4.** *(oberflächlich)* superficiel; *(leichtsinnig)* léger, étourdi; ▶ *es nicht ~ haben* avoir la vie dure; *das ist mir ein ~es* ce n'est qu'un jeu pour moi; *das ist ~ gesagt* cela est vite dit; *das ist ~ zu machen* c'est facile à faire; *~ zugänglich* d'accès facile. **Leichtathlet** *m* sportif *m* pratiquant l'athlétisme. **Leichtathletik** *f* athlétisme *m*.

Leichter *m* ‹-s, -› ['laɪçtər] *mar* allège *f*.

leicht=fallen ['laɪçt-] ‹*fällt, fiel leicht, leichtgefallen*› *itr* ‹*sein*›, *impers:* ▶ *jdm ~* être facile à *od* pour qn; *es fällt mir nicht ~, das zu tun* j'ai de la peine à faire cela. **leichtfertig I.** *a* léger, volage; peu scrupuleux; = *leichtsinnig;* **II.** *adv* à la légère; sans scrupules. **Leichtgewicht** *n (Boxen)* poids *m* léger. **leichtgläubig** *a* crédule. **Leichtgläubigkeit** *f* ‹-, ø› crédulité *f*. **leichthin** *adv* à la légère. **Leichtigkeit** *f* ‹-, ø› légèreté; facilité; *(Ungezwungenheit)* aisance; *(Behendigkeit)* agilité *f;* ▶ *mit ~ (a.)* en se jouant. **Leichtlohngruppe** *f* catégorie *f* de bas salaires. **leicht=machen** *tr:* ▶ *jdm etw ~* rendre qc facile *od* faciliter qc à qn; *es sich ~ fam* en prendre à son aise. **Leichtmetall** *n* métal léger; *(Legierung)* alliage *m* léger. **leicht=nehmen** ‹*nimmt, nahm leicht, leichtgenommen*› *tr* prendre à la légère; ▶ *etw ~ (auf die leichte Schulter nehmen)* prendre qc à la légère. **Leichtsinn** *m* ‹-(e)s, ø› légèreté; *(Leichtfertigkeit)* frivolité; *(Sorglosigkeit)* insouciance; *(Unbesonnenheit)* étourderie, irréflexion; *(Unbedachtsamkeit)* imprudence *f*. **leichtsinnig I.** *a* léger; *(flatterhaft)* volage, évaporé; *(sorglos)* insouciant; imprudent; *(unbesonnen)* étourdi; *(kopflos)* écervelé; **II.** *adv* à l'étourdie. **leichtsinnigerweise** *adv* à la légère, par légèreté; étourdiment. **leichtverdaulich** *a* facile à digérer, léger. **leichtverderblich** *a* périssable. **leichtverletzt** *a* légèrement blessé.

leid [laɪt]: ▶ *~ tun* faire de la peine; *er tut mir ~, es tut mir ~ um ihn* il me fait pitié *od* de la peine, je le prends en pitié; *das* od *es tut mir (sehr, fam: schrecklich) ~* je regrette, j'ai le regret (*daß* que), j'en suis navré *od* désolé; *das bin ich ~, ich bin es ~* j'en suis las.

Leid *n* ‹-(e)s, ø› [laɪt(s), '-dəs] **1.** peine, affliction *f*, souffrance; *(Schmerz)* douleur *f; (Kummer)* chagrin *m;* **2.** *(Elend)* misère *f; (Übel)* mal *m;* ▶ *jdm ein ~ (an)tun* od *zufügen* faire du mal à qn; *jdm sein ~ klagen* conter ses peines à qn. **leiden** ['laɪdən] ‹*leidet, litt, gelitten*› *itr* **1.** *allg* souffrir (*an, unter etw* de qc); avoir mal, être souffrant; **2.** *(dulden, ertragen)* endurer, éprouver, essuyer, subir; **3.** *(dulden, zulassen)* supporter, tolérer, permettre; ▶ *an Krebs ~* être atteint du cancer; *an Schwindel ~* être sujet au vertige; *unter der Einsamkeit ~* souffrir de la solitude; *jdn nicht ~ können* avoir de l'aversion pour *od* contre qn, avoir qn en aversion, ne pas pouvoir souffrir qn; *(gut) ~ mögen* aimer bien. **Leiden** *n* **1.** souffrance, peine; *(Schmerz)* douleur *f;* **2.** *(Krankheit)* affection, maladie *f*. **leidend** *a* souffrant; *(kränklich)* souffreteux. **Leidenschaft** *f* passion *f; allg* emportement *m;* ▶ *von e-r heftigen ~ (für jdn) ergriffen werden* se prendre d'une grande passion (pour qn); *meine ~ ist ...* j'ai la passion de .... **leidenschaftlich I.** *a* passionné, emporté; *(glühend, feurig)* brûlant, fervent, ardent; **II.** *adv* passionnément; ardemment; violemment; ▶ *~ werden* se passionner. **Leidenschaftlichkeit** *f* ‹-, ø› **1.** passion; *(Inbrunst)* ferveur *f;* **2.** *(Heftigkeit)* véhémence, violence *f*, emportement *m*. **leidenschaftslos** *a* **1.** sans passion; **2.** *fig a.* impassible, indolent; *(Stil, Redner)* glacial. **Leidenschaftslosigkeit** *f* ‹-, ø› impassibilité, apathie, indolence *f*.

Leidensfähigkeit *f* capacité *f* de souffrance. **Leidensgenosse** *m* compagnon *od* frère *m* d'infortune.
leider ['laɪdər] *adv* malheureusement; *interj* hélas! ▶ *~ muß ich sagen, daß ...* je regrette d'avoir à dire que ... **leidig** *a (ärgerlich)* fâcheux; *(unangenehm)* désagréable, déplaisant. **leidlich** ['-tlɪç] **I.** *a* passable; *pred* pas trop mal; convenable; **II.** *adv* passablement, pas trop mal.
Leidtragende *m f* ‹-n, -n› ['laɪt-] **1.** personne *f* qui est en deuil; **2.** *fig* victime *f;* ▶ *bei etw der ~ sein* avoir à souffrir de qc. **leidvoll** *a* douloureux. **Leidwesen** *n:* ▶ *zu meinem ~* à mon (grand) regret *od* déplaisir *od* chagrin.
Leier *f* ‹-, -n› ['laɪər] *mus* lyre *f;* ▶ *das ist (immer) die alte ~ (fam)* c'est toujours la même chanson *od* litanie *od* rengaine. **Leierkasten** *m* orgue *m* de Barbarie. **Leierkastenmann** *m* ‹-(e)s, ¨er› joueur *m* d'orgue (de Barbarie). **leiern** *itr fig (monoton sprechen)* parler d'une voix monotone.
Leihamt *n* ['laɪ-] mont-de-piété; *(in Frankr.)* Crédit *m* municipal. **Leihbibliothek** *f,* **Leihbücherei** *f* bibliothèque *f* de prêt. **leihen** ‹*lieh, geliehen*› *tr* **1.** prêter (*jdm etw* qc à qn); **2.** emprunter (*etw von jdm* qc à qn). **Leihfrist** *f* délai *m* de prêt. **Leihgabe** *f* prêt, commodat *m.* **Leihgebühr** *f* taux *m* de prêt. **Leihhaus** *n* = *Leihamt.* **Leihmutter** *f* mère *f* porteuse. **Leihmutterschaft** *f* prêt *m* d'utérus. **leihweise** *adv* à titre de prêt; en location.
Leim *m* ‹-(e)s, -e› [laɪm] colle *f* forte; ▶ *jdm auf den ~ gehen* s'en laisser conter par qn; *aus dem ~ gehen* se décoller, se disjoindre, se défaire; *(fam)* se déglinguer. **leimen** *tr* coller; *(Papier, Stoff)* encoller. **Leimfarbe** *f* détrempe *f.* **Leimring** *m agr* ceinture-piège *f.*
Lein *m* ‹-(e)s, -e› [laɪn] *bot* lin *m.*
Leine *f* ‹-, -n› ['laɪnə] corde *f,* cordeau *m; (Hunde~)* laisse; *(Lauf~)* longe *f;* ▶ *an der ~ führen* mener *od* tenir en laisse.
Leinen *n* ‹-s, -› ['laɪnən] toile *f* (de lin); ▶ *grobes ~* grosse toile *f; in ~ (gebunden)* (relié) en toile. **leinen** *a* de lin, de toile, de fil. **Leinenzeug** *n* linge *m.* **Leinöl** *n* huile *f* de lin. **Leinsaat** *f,* **Leinsamen** *m* graine de lin, linette *f.* **Leintuch** *n* drap *m* de toile. **Leinwand** *f* toile *f; film* écran *m.* **Leinweber** *m* toilier *m.* **Leinweberei** *f* toilerie *f.*
leise ['laɪzə] **I.** *a (tonschwach)* bas, faible; *(leicht)* léger; *(sanft)* doux; **II.** *adv* sans bruit; ▶ *(mit ~r Stimme)* bas, à voix basse; *~r stellen (radio)* baisser; *nicht die ~ste Ahnung, Spur* pas l'ombre d'un doute *od* d'une trace.
Leiste *f* ‹-, -n› ['laɪstə] **1.** bande, latte, tringle *f;* li(s)teau *m; (Zierleiste)* baguette; *arch* moulure *f;* **2.** *typ* bordure *f;* **3.** *anat* aine *f.*
Leisten *m* ‹-s, -› ['laɪstən] *(Schuhform)* forme *f;* ▶ *alles über e-n ~ schlagen (fig)* mettre tout dans le même sac.
leisten ['laɪstən] *tr* **1.** *(tun)* faire, accomplir; *(ausführen)* exécuter, réaliser; *(hervorbringen)* produire; **2.** *tech* rendre, avoir un rendement de; ▶ *etwas, viel ~* travailler bien, beaucoup; *sich etw ~ (gönnen)* se permettre, s'offrir, se payer qc; *nichts (Rechtes) ~* ne faire rien qui vaille; *das kann ich mir (finanziell) ~* c'est à ma portée; *die geleistete Arbeit* les travaux *m pl* accomplis.
Leistenbruch *m* ['laɪstən-] *med* hernie *f* inguinale. **Leistendrüse** *f* ganglion *m* de l'aine.
Leistung *f* ‹-, -en› ['laɪstʊŋ] **1.** *(Ausführung)* accomplissement *m,* exécution, réalisation *f;* **2.** *(Produktion)* production *f;* **3.** *(Zahlung)* paiement *m; (Beitrag)* contribution; *(Lieferung)* fourniture *f;* **4.** *tech* travail *m* effectué *od* fourni; **5.** *(Ausstoß)* rendement, débit *m;* efficience *f;* **6.** *(~sfähigkeit)* puissance, capacité *f;* **7.** *sport* performance *f;* **8.** *fin adm (Dienst), jur (Eid)* prestation *f;* ▶ *e-e ~ vollbringen* accomplir un effort *od* un exploit; *soziale ~en* prestations *f pl* sociales. **Leistungsdruck** *m* pression *f.* **leistungsfähig** ['laɪstʊŋs-] *a* efficace; efficient; *tech* puissant; à grande puissance; de haute performance; *com* capable (de produire). **Leistungsfähigkeit** *f* **1.** énergie *f* productrice; **2.** *tech* (capacité *f* de) rendement *m,* puissance *f;* ▶ *körperliche ~* endurance *f,* moyens *m pl* physiques; *wirtschaftliche ~* capacité *f* de production. **Leistungsgesellschaft** *f* méritocratie *f.* **Leistungskurs** *m (in der Oberstufe)* cours *m* renforcé. **Leistungssport** *m* sport *m* de compétition. **Leistungstest** *m* test *m* de niveau. **Leistungszulage** *f* prime *f* de productivité *od* de rendement.
Leitartikel *m* ['laɪt-] éditorial, article *m* de fond *od* de tête. **Leitartikler** *m* éditorialiste *m.* **Leitbild** *n* idéal, guide *m.*
leiten ['laɪtən] *tr* **1.** mener; *a. phys* conduire; *a. fig* guider, diriger; **2.** *(den Vorsitz haben)* présider (*über etw* qc); *(verwalten)* administrer, gérer, diriger; *(regieren)* gouverner, régir; **3.** *(Verkehr: umleiten)* détourner; ▶ *sich von etw ~ lassen* être guidé par qc, s'inspirer de qc. **leitend** *a* **1.** *(führend)* dirigeant, principal; en chef; **2.** *el* conducteur; ▶ *gut, schlecht ~ (el)* bon, mauvais conducteur; *~ er Angestellter m* cadre *m* (supérieur).
Leiter ['laitər] **(1)** *m* ‹-s, -› **1.** *(Führer)*

guide, dirigeant, conducteur; *(Dienststellen~)* chef de service; *(Direktor)* directeur; *(Geschäftsführer)* gérant *m;* **2.** *el* conducteur *m;* **(2)** *f* ‹-, -n› échelle *a. fig; (Stufen-, Ton~)* gamme *f; von der ~ fallen* tomber en bas de l'échelle. **Leiterwagen** *m* chariot *m* à ridelles.

Leitfaden *m* ['laɪt-] *(Lehrbuch)* manuel, guide; précis *m.* **leitfähig** *a el* conductible. **Leitfähigkeit** *f* conductibilité *f,* pouvoir *m* conducteur. **Leitgedanke** *m* idée *f* générale *od* directrice. **Leithammel** *m* bélier *m; der ~ sein (fig) a.* mener le branle *od* la danse. **Leitplanke** *f mot* glissière *f* de sécurité, rail *m* de sécurité. **Leitsatz** *m* principe *m* directeur directive *f.* **Leitsignal** *n* (signal) pilote *m.* **Leitstelle** *f mil* poste régulateur (des mouvements); *allg* poste directeur; *tele* poste du chef de réseau; *aero* poste de commande; *radio* poste *m* directeur. **Leitstern** *m fig* guide *m.*

Leitung *f* ['laɪtʊŋ] **1.** *(Führung)* conduite, direction; *(Verwaltung)* gestion, administration *f;* **2.** *tech (Rohr~)* tuyauterie, canalisation; *(Gas-, Wasser~)* conduite *f;* **3.** *el* ligne *f; tele* ligne, jonction *f;* ▶ *unter der ~ (gen)* sous la direction (de); *e-e lange ~ haben (fig fam)* ne pas avoir la comprenette facile; *e-e ~ legen (tele)* établir une ligne; *die ~ ist besetzt* la ligne est occupée.

Leitungsnetz *n* ['laɪtʊŋs-] **1.** *(Wasser)* canalisation *f;* **2.** *el* réseau électrique *od* de distribution; *tele* réseau *m* (de lignes). **Leitungsrohr** *n* tube *od* tuyau *m* de conduite *od* de canalisation. **Leitungswasser** *n* eau *f* de la ville *od* du robinet. **Leitungswiderstand** *m el* résistance *f* de la ligne.

Lektion *f* ‹-, -en› [lɛktsi'o:n] *a. fig* leçon *f;* ▶ *jdm e-e ~ erteilen (fig)* donner une leçon à qn.

Lektor *m* ‹-s, -en› ['lɛktɔr, -'to:rən] *(Univ., Verlag, theat)* lecteur *m.* **Lektüre** *f* ‹-, -n› [-'ty:rə] lecture *f.*

Lende *f* ‹-, -n› ['lɛndə] *(meist pl) anat* lombes; *(Kreuz)* reins *m pl.* **Lendenbraten** *m (vom Rind)* (rôti *m* d')aloyau *m.* **Lendengegend** *f* région lombaire, (région *f* des) reins *m pl.* **Lendenschurz** *m* pagne *m.* **Lendenstück** *n (Rind)* aloyau, filet *m.* **Lendenwirbel** *m* vertèbre *f* lombaire.

lenkbar ['lɛŋk-] *a* **1.** *tech* dirigeable, gouvernable; **2.** *fig (Mensch)* traitable, docile. **lenken** *tr* **1.** diriger, guider; *(Fahrzeug)* conduire; *aero* piloter; *(führen)* mener; **2.** *fig (Menschen)* gouverner, régir; **3.** *adm (Wirtschaft)* planifier; **4.** *(Gedanken, Blick)* aiguiller; ▶ *auf sich ~* attirer sur *od* à soi; *jds Aufmerksamkeit auf etw ~* appeler l'attention de qn sur qc; *gelenkte Wirtschaft f* économie *f* dirigée *od* planifiée. **Lenker** *m* ‹-s, -› *(Fahrer)* conducteur *m.* **Lenkrad** *n* volant *m.* **lenksam** *a (Mensch)* traitable, docile. **Lenksamkeit** *f* ‹-, ø› docilité *f.* **Lenkstange** *f* **1.** *(Fahrrad)* guidon *m;* **2.** *mot* barre de *f* direction *od* directrice; **3.** *tech* bielle *f.* **Lenkung** *f (Leitung, Führung)* direction *f.*

Lenz *m* ‹-es, -e› [lɛnts] *poet* printemps *m.*

Leopard *m* ‹-en, -en› [leo'part, -dən] *zoo* léopard *m.*

Lepra *f* ‹-, ø› ['le:pra] *med* lèpre *f.* **Leprakranke** *m f* lépreux *m,* -euse *f.* **Leprastation** *f* léproserie *f.*

Lerche *f* ‹-, -n› ['lɛrçə] *orn* alouette *f.*

lernbegierig ['lɛrn-] *a,* **lerneifrig** *a* avide *od* désireux d'apprendre, studieux, appliqué. **lernen** ['lɛrnən] **1.** *tr* apprendre (*etw zu tun* à faire qc); *(studieren)* étudier; *fam* bûcher, potasser; **2.** *itr (in der Lehre sein)* être en apprentissage; ▶ *auswendig ~* apprendre par cœur; *man lernt nie aus* on apprend à tout âge. **Lernprozeß** *m* processus *m* d'apprentissage. **Lernsoftware** *f* logiciel *m* pédagogique.

Lesart *f* ['le:s-] version; *(andere ~)* variante *f.* **lesbar** *a (leserlich)* lisible, déchiffrable. **Lesbarkeit** *f* ‹-, ø› lisibilité *f.*

Lesebuch *n* ['le:zə-] livre *m* de lecture; anthologie, *scient* chrestomathie *f.* **Lesegerät** *n inform* lecteur *m; (Kassen)* scanner *m.* **Leselampe** *f* veilleuse, lampe *f* de lecture.

lesen ['le:zən] ‹*liest, las, gelesen*› *tr* **1.** *(Text)* lire; **2.** *(sammeln, bes. Reisig)* ramasser; *(Ähren)* glaner; *(Trauben)* vendanger; *(pflücken)* cueillir; **3.** *(aus-, ver~)* trier; ▶ *laut ~* lire à haute voix. **Lesen** *n* lecture *f.* **lesenswert** *a* digne d'être lu; ▶ *~ sein* mériter d'être lu.

Leseprobe *f* ['le:zə-] échantillon *m* de lecture; *theat* lecture *f.*

Leser *m* ‹-s, -› ['le:zər] lecteur, liseur *m.*

Leseratte *f* ['le:zə-] rat *m* de bibliothèque; liseur *m,* liseuse *f.*

Leserbrief *m* ['le:zər-] *(in e-r Zeitung)* lettre *f* à la rédaction. **Leserkreis** *m,* **Leserschaft** *f* ‹-, ø› cercle de lecteurs, public *m.* **leserlich** ['le:zərlɪç] *a = lesbar.* **Leserlichkeit** *f* ‹-, ø› = *Lesbarkeit.*

Lesesaal *m* ['le:zə-] salle *f* de lecture. **Lesestoff** *m* lecture *f.* **Lesestück** *n* (morceau *m* de) lecture *f.* **Lesezeichen** *n* liseuse *f; (festes Band)* signet *m.*

Lesung *f* ‹-, -en› ['le:zʊŋ] lecture *f;* ▶ *in erster, zweiter ~ (parl)* en première, seconde lecture.

Lette *m* ‹-n, -n› ['lɛtə], **Lettin** *f* ‹-, -nen› Letton(ne *f*) *m.*

Letter *f* ‹-, -n› ['lɛtər] *typ* lettre *f,* caractère *m* typographique.

lettisch ['lɛtɪʃ] *a* letton; *(das) L~(e)* (le) letton, (le) lette. **Lettland** *n* la Lettonie.

Letzt *f* [lɛtst]: ► *zu guter* ~ en fin de compte. **letzte(r, s)** *a* **1.** dernier, ultime; *(abschließende)* final; **2.** *(neueste)* (le) plus récent, (le) dernier; **3.** *(äußerste)* extrême, suprême; ► *~n Endes* en fin de compte; au bout du compte; *in den ~n Jahren, Tagen* ces dernières années, ces derniers jours; ~ *Woche* la semaine dernière; *zum ~n Mittel greifen* recourir aux moyens extrêmes; *das L~* od *sein L~s (her)geben (verschenken)* donner jusqu'à sa dernière chemise (*für* pour); *ich wäre der ~, der...* je suis le dernier homme qui ...; *den ~n beißen die Hunde (prov)* au dernier les os; *das wäre das L~!* ce serait la fin de tout *od* un pis aller. **letztenmal**: ► *zum* ~ pour la dernière fois. **letztens** *adv* dernièrement, l'autre jour, récemment. **letztere(r)** ce dernier, celui-ci. **letztjährig** *a* de l'an dernier, de l'année dernière. **letztlich** = *letztens;* = *letzten Endes.* **letztwillig I.** *a jur* testamentaire; **II.** *adv* par testament.

Leuchtbake *f* ['lɔyçt-], **Leuchtboje** *f* balise *od* bouée *f* lumineuse. **Leuchtbombe** *f* bombe *f* éclairante. **Leuchte** *f* ‹-, -n› *(Licht)* lumière; *(Lampe)* lampe *f,* appareil *m* d'éclairage. **leuchten** *itr* **1.** luire, donner de la lumière, être lumineux; **2.** *(glänzen)* briller, resplendir; *fig (Augen)* rayonner; ► *jdm* ~ éclairer qn. **leuchtend** *a* **1.** lumineux; *(Farbe)* vif; *(strahlend)* rayonnant; **2.** *fig* éclatant, frappant; ► *~es Vorbild n* exemple *m* éclatant. **Leuchter** *m* ‹-s, -› *(Kerzen~)* chandelier; *(Hand~)* bougeoir; *(Arm~; Kandelaber)* candélabre *m; (Wand~)* applique *f; (Kron~)* lustre *m.* **Leuchtfarbe** *f* peinture *f* lumineuse. **Leuchtfeuer** *n mar* fanal, phare *m.* **Leuchtgas** *n* gaz *m* éclairant *od* d'éclairage. **Leuchtkäfer** *m* ver *m* luisant, luciole *f.* **Leuchtkraft** *f* pouvoir *m* éclairant; intensité *f* lumineuse. **Leuchtrakete** *f* fusée *f* éclairante. **Leuchtsignal** *n* signal *m* lumineux. **Leuchtstofflampe** *f* lampe *f* fluorescente. **Leuchtturm** *m* phare *m.* **Leuchtzeichen** *n* appel *od* signal lumineux, voyant *m.* **Leuchtzifferblatt** *n* cadran *m* lumineux.

leugnen ['lɔygnən] *tr* nier, désavouer, démentir; *(abstreiten)* contester; *jur* dénier; ► *ich leugne es nicht (a.)* je ne dis pas le contraire; *es kann nicht geleugnet werden, daß...* on ne saurait nier que ...

Leumund *m* ‹-(e)s, ø› ['lɔymʊnt, -dəs] réputation *f,* renom *m;* renommée *f.*

Leute *pl* ['lɔytə] **1.** gens *m pl (wenn ein a mit weibl. Endung unmittelbar vorausgeht: f pl);* monde *m;* **2.** *(Personal)* gens *pl* de maison, domestiques; *(Arbeitskräfte, Soldaten)* hommes *m pl;* ► *unter die* ~ *bringen* faire circuler, divulguer; *was werden die* ~ *dazu sagen?* qu'en dira -t-on? *alle* ~ tout le monde, tous les gens; *junge, alte* ~ jeunes *m,* vieilles *f* gens; *es sind* ~ *bei uns (Besuch)* nous avons du monde; *meine* ~ *(fam: Familie)* les miens, ma famille; *(Arbeiter, Soldaten)* mes hommes.

Leutnant *m* ‹-e, -s/(-e)› ['lɔytnant] sous-lieutenant *m.*

leutselig ['lɔyt-] *a* **1.** affable; **2.** *(wohlwollend)* bienveillant. **Leutseligkeit** *f* affabilité *f.*

Levante, *die* [le'vantə] le Levant.

Leviten *pl* [le'vi:tən]: ► *jdm die* ~ *lesen* faire la morale à qn; chapitrer qn.

Levkoje *f* ‹-, -n› [lɛf'ko:jə] *bot* giroflée *f.*

lexikalisch [lɛksi'ka:lɪʃ] *a* lexical. **Lexikon** *n* ‹-s, -ka/(-ken)› ['lɛksikɔn] dictionnaire; *(Handwörterbuch)* lexique *m; (Konversations~)* encyclopédie *f.*

Libanese *m* ‹-n, -n› [liba'ne:zə] Libanais *m.* **libanesisch** [-'ne:zɪʃ] *a* libanais. **Libanon** ['li:banɔn], der (Gebirge u. Staat) le Liban.

Libelle *f* ‹-, -n› [li'bɛlə] **1.** *ent* libellule, demoiselle *f;* **2.** *(Wasserwaage)* niveau *m* d'eau.

liberal [libe'ra:l] *a pol allg* libéral. **liberalisieren** [-li'zi:rən] ‹*ohne ge-*› *tr* libéraliser. **Liberalisierung** *f* libéralisation *f.* **Liberalismus** *m* ‹-, ø› [-'lɪsmʊs] libéralisme *m.*

Liberia *n* [li'be:ria] *geog* le Libéria. **liberianisch** [-ri'a:nɪʃ] *a* libérien. **Liberier(in** *f***)** *m* ‹-s, -› (*f* ‹-, -nen›) [-'be:riər] Libérien(ne *f*) *m.*

Libyen *n* ‹-s, ø› ['li:byən] la Libye. **libysch** ['li:bʏʃ] *a* libyen.

Licht *n* ‹-(e)s, -er› [lɪçt] **1.** lumière *a. fig; (Helligkeit)* clarté *f; (Beleuchtung)* éclairage *m; (~schein)* lueur *f; (Tages~)* jour *m;* **2.** *(pl a. ~e) (Talg~)* chandelle; *(Wachs~)* bougie *f; (Verkehrssignal, mar)* feu *m;* ► *bei* ~ à la lumière; *bei* ~ *betrachtet (fig)* regardé de près; ~ *(an)machen* od *anzünden* od *einschalten* allumer la lumière *od* l'électricité; *das* ~ *ausmachen* od *ausschalten* éteindre la lumière; ~ *in etw bringen (fig)* jeter le *od* du jour sur qc, faire la lumière sur *od* dans qc, éclaircir qc; *das* ~ *der Welt erblicken* voir le jour *od* la lumière; *jdn hinters* ~ *führen* duper, tromper qn; *ans* ~ *kommen (fig)* se découvrir, se dévoiler; *etw ins rechte* ~ *rücken* mettre qc dans son vrai jour *od* en (bonne) lumière *od* en valeur; *das* ~ *scheuen (fig)* fuir le jour, redouter la lumière; *jdm im* ~ *stehen* cacher le jour à qn; *mir geht ein* ~ *auf* il me vient une lueur, je commence à comprendre *od* à y voir clair; *er ist kein großes* ~ il n'est pas une lumière; *das* ~ *ist an, aus* la lumière est allumée, éteinte; *gelbes, grünes, rotes* ~ feu *m* orange, vert, rouge;

schlechtes ~ mauvaise lumière *f; a. fig* faux jour *m.*

licht [lɪçt] *a* **1.** *(hell)* clair; **2.** *(dünn, spärlich)* clairsemé, rare; ▶ *am ~en Tage* au grand *od* en plein jour.

Lichtanlage *f* ['lɪçt-] installation *f* d'éclairage; ▶ *automatische* ~ minuterie *f.* **Lichtbild** *n* photo(graphie) *f.* **Lichtbildervortrag** *m* conférence *f* avec projections. **Lichtblick** *m fig* perspective *f* réjouissante, rayon *m* d'espérance. **Lichtbogen** *m* arc *m* électrique. **Lichtbrechung** *f* réfraction *f.* **Lichtdruck** *m* phototypie, héliogravure *f.* **lichtdurchlässig** *a* translucide, diaphane. **lichtecht** *a* résistant à la lumière; bon *od* grand teint. **Lichteinwirkung** *f* action *f* de la lumière. **lichtempfindlich** *a* sensible à la lumière.

lichten ['lɪçtən] **(1)** *tr (Wald)* éclaircir; *(Baum)* élaguer; *fig (die Reihen)* décimer **(2)** *tr:* ▶ *den Anker* ~ lever l'ancre.

lichterloh ['lɪçtər'lo:] *adv:* ▶ ~ *brennen* être tout en flammes, flamber. **Lichtermeer** *n poet* océan *m* de lumière.

Lichtfleck *m* ['lɪçt-] *(auf d. Radarschirm)* spot *m* (lumineux). **Lichtgeschwindigkeit** *f* vitesse *f* de la lumière. **Lichthof** *m* **1.** *arch* cour *f* vitrée; **2.** *phot* halo *m.* **Lichthupe** *f* avertisseur *m* lumineux. **Lichtjahr** *n astr* année-lumière *f.* **Lichtleitung** *f* câble *od* circuit *m* d'éclairage. **Lichtmaschine** *f* dynamo, génératrice *f.* **Lichtmast** *m* pylône *m.* **Lichtmeß** *f rel* Chandeleur *f.* **Lichtmesser** *m (Gerät)* photomètre *m.* **Lichtpause** *f* copie *f* héliographique; photocalque *m.* **Lichtquelle** *f* source *od* fontaine *f* lumineuse. **Lichtreklame** *f* publicité *od* réclame *f* lumineuse. **Lichtschacht** *m* cour *f* intérieure. **Lichtschalter** *m* commutateur *od* interrupteur *m* (électrique). **Lichtschein** *m* lueur *f,* reflet *m* de lumière. **lichtscheu** *a* qui fuit la lumière *od* le jour; *fig* ténébreux. **Lichtsignal** *n* signal lumineux *od* optique. **Lichtspielhaus** *n,* **Lichtspieltheater** *n* (théâtre) cinéma(tographe) *m.* **lichtstark** *a* **1.** de grande intensité lumineuse; **2.** *phot* à grande ouverture. **Lichtstärke** *f* intensité *od* puissance lumineuse; *opt* luminosité *f.* **Lichtstrahl** *m* rayon *od* trait *m* de lumière. **Licht- und Schattenseiten** *f pl (fig)* avantages et inconvénients *m pl.* **Lichtung** *f (im Walde)* clairière *f.* **Lichtwellen** *f pl* ondes *f pl* lumineuses.

Lid *n* ‹-(e)s, -er› [li:t, '-dər] *anat* paupière *f.*

lieb [li:p] *a* **1.** *(wert, teuer)* cher; *(geliebt)* (bien-)aimé, chéri; **2.** *(angenehm)* agréable; *(nett)* gentil; *(liebenswürdig)* aimable, charmant; ▶ *den ~en langen Tag* toute la sainte journée; *wenn dir dein Leben ~ ist* si tu tiens à la vie; *seien Sie so ~ und* ... ayez la bonté de ...; *mein L~er!* mon cher! *fam* mon vieux! mon brave! mon chéri! **liebäugeln:** *mit etw ~ (fig)* lorgner qc. **Liebchen** *n* bien-aimée, chérie; *pop* petite *od* bonne amie *f.* **Liebe** *f* ‹-, ø› ['li:bə] amour *m* (*zu* de, pour, envers), affection, inclination; *(Nächsten~)* charité *f;* ▶ *aus ~ zu* par amour pour, pour l'amour de; ~ *macht blind (prov)* l'amour est aveugle; ~ *auf den ersten Blick* coup *m* de foudre. **Liebelei** *f* [-'laɪ] amourette *f,* flirt *m;* intrigue *f* amoureuse. **lieben** *tr* aimer, chérir; ▶ *über alles* ~ aimer par-dessus *od* plus que tout; *was sich liebt, das neckt sich (prov)* qui s'aime, se chamaille. **Liebende** *m f* amant(e *f*) *m,* amoureux *m,* -euse *f.* **liebenswert** *a* digne d'amour. **liebenswürdig** *a* aimable, gentil; ▶ *das ist sehr ~ von Ihnen* c'est très aimable à vous; vous êtes trop aimable; *wären Sie so ~ und ...?* voudriez-vous avoir la gentillesse de ...? **Liebenswürdigkeit** *f* amabilité, gentillesse *f.* **lieber** *adv (Komparativ von: gern)* plutôt, mieux; ▶ ~ *haben* aimer mieux, préférer; *etw ~ tun* aimer mieux *od* préférer faire qc; *ich hätte ~ gehen sollen* j'aurais mieux fait de partir; *ich wüßte nicht, was ich ~ täte* je ne demande pas mieux (*als zu* que de); *tue es ~ nicht!* il vaut mieux que tu ne le fasses pas; ~ *nicht! (fam)* j'aime mieux pas. **Liebesbrief** *m* lettre *f* d'amour, billet doux *m.* **Liebesdienst** *m* complaisance, obligeance *f;* ▶ *jdm e-n ~ erweisen* obliger qn. **Liebeserklärung** *f* déclaration *f* d'amour; *e-e ~ machen* se déclarer. **Liebesgaben** *f pl* dons *m pl* charitables. **Liebeskummer** *m* chagrin *m* d'amour. **Liebesleben** *n* vie *f* amoureuse. **Liebeslied** *n* chanson *f* d'amour. **Liebesmüh(e)** *f:* ▶ *verlorene* ~ peines *f pl* (d'amour) perdues. **Liebespaar** *n* couple *m* d'amoureux. **liebevoll** *a* affectueux, tendre. **lieb=gewinnen** ‹*gewann lieb, liebgewonnen*› *tr:* ▶ *jdn* ~ prendre qn en affection; se prendre d'amitié pour qn, concevoir de l'amitié pour qn. **lieb=haben** ‹*hat, hatte lieb, liebgehabt*› *tr* aimer. **Liebhaber** *m* **1.** amant, amoureux *m;* **2.** *fig (Sammler)* amateur *m.* **Liebhaberei** *f* passion, prédilection *f;* ▶ *aus* ~ en amateur. **liebkosen** *tr* caresser, cajoler, câliner. **Liebkosung** *f* caresse, cajolerie *f.* **lieblich** *a* amène, *(Duft)* suave; *(anmutig)* gracieux *(Landschaft)* riant; *(angenehm)* agréable, plaisant; *(reizvoll)* charmant. **Liebling** *m* ‹-s, -e› **1.** chéri(e *f*); mignon(ne *f*); bien-aimé(e *f*) *m;* **2.** *(Kind)* préféré *m.* **Lieblings...** *(in Zssgen)* favori, préféré, de prédilection. **lieblos** *a*

1. sans amour; **2.** *(kalt, hartherzig)* froid, sec, dur. **Lieblosigkeit** *f* sécheresse de cœur, dureté *f.* **Liebschaft** *f* liaison; amourette *f,* flirt *m.* **Liebste(r, s)** *a (Superlativ von: lieb)* = *Lieblings...;* ► *am ~n (adv, Superlativ von: gern)* de préférence; *am ~n haben* préférer, aimer par-dessus tout. **Liebste** *m f* bien-aimé(e *f*) *m.*

Lied *n* ‹-(e)s, -er› [li:t, '-dər] chanson *f; (ernstes)* chant *m;* ► *davon kann ich ein ~ singen (fig)* j'en sais quelque chose; *es ist immer das alte ~* c'est toujours la même chanson. **Liederbuch** *n* recueil *m* de chansons.

liederlich ['li:dərlıç] *a* **1.** *(Lebenswandel, Mensch)* débauché, déréglé, dissolu; *(unordentlich)* désordonné; *(schlampig)* négligent; **2.** *(Arbeit)* négligé, bâclé, *fam* bousillé. **Liederlichkeit** *f* ‹-, ø› **1.** débauche *f,* dérèglement *m,* inconduite *f,* libertinage *m;* **2.** *(Unordentlichkeit)* désordre *m.*

Lieferant *m* ‹-en, -en› [lifə'rant] fournisseur, pourvoyeur *m.* **lieferbar** *a* livrable, disponible; ► *jederzeit* od *sofort ~* livrable à tout moment. **Lieferbedingungen** *f pl* conditions *f pl* de livraison. **Lieferfrist** *f* délai *od* terme *m* de livraison. **liefern** *tr* **1.** livrer; fournir; **2.** *(Wasser, Strom)* débiter; **3.** *fig (Beweis)* fournir, donner, administrer; ► *ins Haus ~* livrer *od* porter à domicile. **Lieferschein** *m* bon *od* bulletin *od* certificat *od* récépissé *m* de livraison. **Lieferung** *f* **1.** livraison, fourniture, remise *f;* **2.** *(Buch)* fascicule *m;* ► *bei, nach ~* à, après livraison; *~ frei Haus* livraison *f* à domicile *od* gratuite. **Lieferwagen** *m* voiture de livraison; camionnette, fourgonnette *f.*

Liege *f* ‹-, -n› ['li:gə] couchette, chaise *f* longue.

liegen ['li:gən] ‹*lag, gelegen*› *itr* **1.** être placé *od* couché *od* étendu; *(sich befinden)* se trouver, être; **2.** *(Zimmer)* donner (*nach* sur), être exposé (*nach* à), *(geog: gelegen sein)* être situé; **3.** *mil (Truppenteil)* être stationné; *mar* mouiller, être amarré; **4.** *fig (ruhen)* reposer; **5.** *(zusagen, gefallen)* convenir (*jdm* à qn), être dans le genre (*jdm* de qn); ► *im Bett ~* être au lit; *über, unter dem Durchschnitt ~* être supérieur, inférieur à la moyenne; *es liegt mir (viel) daran, Ihnen zu sagen* je tiens à vous dire; *es liegt mir (viel) daran, daß Sie kommen* il m'importe que vous veniez; *das liegt mir nicht* ce n'est pas mon genre; *das liegt an Ihnen* cela dépend de vous; *das liegt daran, daß ...* c'est que ...; *daran soll es nicht ~* qu'à cela ne tienne; *zehn Jahre ~ zwischen ... und ...* dix ans séparent ... et ...; *an wem liegt das?* à qui la faute? *woran liegt das?* d'où cela vient-il? à quoi cela tient-il? **liegen=bleiben** ‹*blieb liegen, liegengeblieben*› *itr* ‹*sein*› **1.** *(auf dem Boden)* rester par terre; **2.** *(im Bett)* rester couché (au lit); **3.** *(vergessen werden, unerledigt bleiben)* être oublié; rester en souffrance; **4.** *(Schnee)* tenir. **liegend** *a* couché. **liegen=lassen** ‹*läßt, ließ liegen, liegengelassen*› *tr* laisser (là *od* traîner), abandonner; ► *jdn links ~ (fig)* tourner le dos à qn.

Liegeplatz *m* ['li:gə-] *loc* couchette *f.* **Liegestuhl** *m* chaise *f* longue; *mar* transatlantique *m.* **Liegewagen** *m loc* voiture-couchettes *f.* **Liegewiese** *f* pelouse *f* pour la cure d'air.

Lift *m* ‹-(e)s, -e/-s› [lıft] *(Fahrstuhl)* ascenseur; *(Aufzug)* monte-charge *m.* **Liftboy** *m* liftier, garçon *m* d'ascenseur.

liften ['lıftən] *tr med* faire un lifting. **Liften** *n* lifting *m.*

Liga *f* ‹-, -gen› ['li:ga, -gən] **1.** *hist pol sport* ligue *f;* **2.** *sport a.* division *f.*

Likör *m* ‹-s, -e› [li'kø:r] liqueur *f.* **Likörglas** *n* verre *m* à liqueur.

lila ['li:la] *a* lilas.

Lilie *f* ‹-, -n› ['li:liə] *bot* lis *m.*

Liliputaner(in) *m* ‹-s, -› (*f* ‹-, -nen›) [lilipu'ta:nər] lilliputien(ne *f*) *m.*

Limonade *f* ‹-, -n› [limo'na:də] limonade *f.*

Limousine *f* ‹-, -n› [limu'zi:nə] *mot* limousine, conduite *f* intérieure.

lind [lınt] *a (lau)* doux, mou, suave.

Linde *f* ‹-, -n› ['lındə], **Lindenbaum** *m* tilleul *m.*

lindern ['lındərn] *tr* adoucir, alléger, calmer; *med* soulager; *(Schmerz)* apaiser. **Linderung** *f* ‹-, ø› adoucissement, soulagement; apaisement *m.*

Lineal *n* ‹-s, -e› [line'a:l] règle *f.*

Linguist *m* ‹-en, -en› [lıŋgu'ıst] linguiste *m.* **Linguistik** *f* ‹-, ø› [-'ıstık] linguistique *f.* **linguistisch** [-'ıstıʃ] *a* linguistique.

Linie *f* ‹-, -n› ['li:niə] **1.** ligne *f a. math mil;* **2.** *(Genealogie)* branche *f;* **3.** *(mar: Äquator)* ligne *f* (équinoxiale); **4.** *typ* filet *m;* ► *auf der ganzen ~ (fig)* sur toute la ligne; *in erster ~* en première ligne, en premier lieu; *in zweiter ~* en second lieu; *die ~ passieren (mar)* couper l'équateur; *die schlanke ~* la ligne (svelte). **Linienblatt** *n* transparent *m.* **Linienführung** *f* tracé *m.* **linientreu** *a pol* dans la ligne.

lin(i)ieren [lini'i:rən, -'ni:rən] ‹*ohne ge-*› *tr* régler. **liniert** *a* réglé.

linke(r, s) [lıŋkə] *a* gauche; ► *~r Hand* à (main) gauche, sur la gauche; *~ Seite f* (côté *m*) gauche *f; (untere Seite)* revers; *(Stoff)* envers *m.* **Linke** *f* ‹-n, -n› *(linke Hand; parl)* gauche *f;* ► *zur ~n* à gauche; *äußerste ~ (pol)* extrême gauche *f; gemäßigte ~ (pol)* centre *m* gauche. **linkisch** *a* gauche, maladroit; ▶ *~es Wesen n* gaucherie, maladresse *f.*

links [lɪŋks] *adv* **1.** à gauche, du côté gauche; **2.** *(auf der unteren Seite)* à l'envers; ▶ *nach ~ (hin)* à gauche; *von ~ (her)* de (la) gauche; *von ~ nach rechts* de gauche à droite; *~ von mir* à ma gauche. **Linksaußen(stürmer)** *m sport* ailier *m* gauche. **Linkshänder** *m* ‹-s, -› ['-hɛndər] gaucher *m.* **linkshändig** ['-hɛndɪç] *a* gaucher. **Linksinnen (-stürmer)** *m sport* inter *m* gauche. **Linkspartei** *f* parti *m* de gauche. **linksradikal** *a* de l'extrême gauche. **linksrheinisch** *a* de la *od* situé sur la rive gauche du Rhin. **Linksverkehr** *m* circulation *f* à gauche.

Linoleum *n* ‹-s, ø› [li'no:leʊm] linoléum *m.* **Linoleumschnitt** *m* gravure *f* sur linoléum.

Linse *f* ‹-, -n› ['lɪnzə] *bot opt* lentille *f.* **linsenförmig** *a* lentiforme, lenticulaire.

Lippe *f* ‹-, -n› ['lɪpə] **1.** lèvre *f a. anat;* **2.** *zoo* babine *f;* ▶ *sich auf die ~n beißen* se mordre les lèvres; *aufgesprungene ~n haben* avoir les lèvres gercées *od* crevassées; *kein Wort kam über s-e ~n* il n'a pas desserré les dents *od* soufflé mot. **Lippenbekenntnis** *n* aveu *m* prononcé(e) du bout des lèvres. **Lippenstift** *m* rouge *m* à lèvres.

liquidieren [likvi'di:rən] ‹*ohne ge-*› *tr* **1.** *fin (auflösen)* liquider; **2.** *(in Rechnung stellen)* compter; **3.** *pol* limoger *fam.*

lispeln ['lɪspəln] *itr u. tr* zézayer; bléser. **Lispeln** *n* zézaiement; susurrement *m.*

List *f* ‹-, -en› [lɪst] ruse *f; (Trick)* artifice, tour (d'adresse), *fam* truc; *(Kriegslist)* stratagème *m;* ▶ *zu e-r ~ greifen* recourir à la ruse.

Liste *f* ‹-, -n› ['lɪstə] liste *f,* relevé, état, tableau; *(Steuerliste)* rôle; ▶ *e-e ~ aufstellen* établir *od* dresser une liste; *auf der schwarzen ~ stehen* être à l'index *od* sur la liste noire. **Listenpreis** *m com* prix *m* de catalogue.

listig ['lɪstɪg] *a* rusé, astucieux, fin(aud). **Listigkeit** *f* ‹-, ø› astuce, finesse *f.*

Litanei *f* ‹-, -en› [lita'naɪ] **1.** *rel* litanies *f pl;* **2.** *fig fam* litanie, antienne, kyrielle *f.*

Litauen *n* ‹-s, ø› ['lɪtaʊən, 'li:-] la Lituanie. **Litauer(in)** *m* ‹-s, -› (*f* ‹-, -nen›) Lituanien(ne *f*) *m.* **litauisch** *a* lituanien.

Liter *n, fam m* ‹-s, -› ['li:tər] litre *m.*

literarisch [lɪte'ra:rɪʃ] *a* littéraire. **Literat** *m* ‹-en, -en› [-'ra:t] homme de lettres, littérateur *m; pl* gens *pl* de lettres. **Literatur** *f* ‹-, -en› [-ra'tu:r] littérature *f;* ▶ *schöne ~* (belles-)lettres *f pl.* **Literaturangaben** *f pl* bibliographie *f.* **Literaturgeschichte** *f* histoire *f* littéraire *od* de la littérature.

Litfaßsäule *f* ['lɪtfas-] colonne d'affiches; colonne *f* Morris.

Lithographie *f* ‹-, -n› [litogra'fi:] lithographie *f.* **Lithotriptor** [lito'trɪptɔr, -trɪp'to:rən] *m* ‹-s, -en› *med* lithotri(p)-teur *m.*

Liturgie *f* ‹-, -n› [litʊr'gi:] *rel* liturgie *f.* **liturgisch** [-'tʊrgɪʃ] *a* liturgique.

Litze *f* ‹-, -n› ['lɪtsə] cordon, passepoil *m,* soutache *f.*

Livland *n* ‹-s, ø› ['li:flant] la Livonie.

Livree *f* ‹-, -n› [li'vre:, -'vre:ən] livrée *f.*

Lizenz *f* ‹-, -en› [li'tsɛnts] *(Genehmigung)* licence *f;* ▶ *in ~* sous licence. **Lizenzgebühr** *f* droit *m* de licence, redevance *f.* **Lizenznehmer** *m* licencié *m.* **Lizenzvertrag** *m* contrat *m* de licence.

Lob *n* ‹-(e)s, ø› [lo:p, '-bəs] **1.** louange *f,* éloge; compliment *m;* **2.** *(ehrenvolle Erwähnung, bes. a. Schule)* accessit *m;* ▶ *zu jds ~* à la louange de qn; *(das höchste) ~ ernten* recevoir des éloges (le plus bel éloge).

Lobby ['lɔbi] ‹-, -s/Lobbies› *f* groupe de pression, lobby *m.* **Lobbyist** [-'ɪst] ‹-en, -en› *m* membre *m* d'un groupe de pression, lobbyiste *m.*

loben ['lo:bən] *tr* louer, faire l'éloge de; *(überschwenglich)* vanter; *(preisen)* prôner, exalter; *(Gott)* glorifier. **lobend** *a* élogieux. **lobenswert** *a,* **lobenswürdig** *a* louable, digne d'éloges.

Loblied *n* ['lo:p-]: ▶ *ein ~ auf jdn singen* chanter les louanges de qn. **Lobrede** *f* éloge, panégyrique *m.* **Lobredner** *m* apologiste; panégyriste *m.*

Loch *n* ‹-(e)s, ⸚er› [lɔx, 'lœçər] **1.** trou *m; (Lücke)* trouée; *(Öffnung)* ouverture; *(Bresche)* brèche *f; (Höhlung)* creux *m,* cavité *f; (im Käse)* œil *m;* **2.** *(Billard)* blouse *f; (Schlag~)* nid-de-poule *m;* **3.** *fam (schlechte Wohnung)* trou, taudis, galetas *m;* **4.** *(ohne pl) pop (Gefängnis)* tôle *f;* trou, bloc *m;* ▶ *auf od aus dem letzten ~ pfeifen (fig)* être à bout (de ressources) *od* aux abois. **Locheisen** *n* emporte-pièce, mandrin *m.* **lochen** *tr* perforer; poinçonner. **Locher** *m* ‹-s, -› perforateur *m.* **Lochkarte** *f* carte *f* perforée. **Lochstickerei** *f* broderie *f* à jour. **Lochstreifen** *m* bande *f* perforée. **Lochung** *f* perforation *f,* perçage, poinçonnage *m.* **Lochzange** *f* perforateur *m; (für Fahrkarten)* poinçonneuse *f.* **Lochziegel** *m* brique *f* perforée.

Locke *f* ‹-, -n› ['lɔkə] boucle *f;* ▶ *in ~n legen* mettre en boucles, boucler.

locken ['lɔkən] **(1)** *tr (reizen)* charmer; *(anziehen)* attirer, allécher; *(ködern)* leurrer, appâter; *fig* amorcer; ▶ *damit lockt man keinen Hund vom Ofen* ça ne prend pas; **(2)** *tr* boucler, friser; *sich ~* boucler. **lockend** *a* attrayant, séduisant.

Lockenkopf *m* ['lɔkən-] tête *f* bouclée. **Lockenwickel** *m* papillote *f; (aus Me-*

tall) bigoudi, rouleau *m.*
locker ['lɔkər] *a* **1.** *(Masse)* poreux, spongieux; *(Teig, Backware)* léger; *(Erdboden)* meuble; **2.** *(schlaff, weich)* lâche; **3.** *(lose, wackelnd)* branlant; *(Knoten)* mal *od* peu serré; **4.** *fig (Lebenswandel)* léger, relâché, déréglé, dissolu, libertin; ► *(zu)* ~ *sein (Seil, Kette)* avoir du mou; ~ *sitzen* avoir du jeu; ~ *werden (schlaff werden)* se relâcher; *(sich lockern)* se desserrer; *(Zahn)* se déchausser. **locker≈lassen** ‹*läßt, ließ locker, lockergelassen*›: *nicht* ~ *(fam)* ne pas démordre; s'obstiner, s'entêter. **lockern** *tr* **1.** desserrer; **2.** *(den Körper)* assouplir; **3.** *fig (die Disziplin)* relâcher.
lockig ['lɔkɪç] *a* bouclé.
Lockmittel *n* ['lɔk-] appât *m,* amorce *f.* **Lockspitzel** *m* (agent) provocateur; mouchard *m.* **Lockung** *f* **1.** *(Reiz)* charme, attrait, appât *m;* **2.** *(Versuchung)* tentation *f.*
lodern ['lo:dərn] *itr* flamber, flamboyer.
Löffel *m* ‹-s, -› ['lœfəl] cuiller, cuillère *f;* ► *jdm einen* od *eins hinter die* ~ *geben (fam)* frotter les oreilles à qn. **Löffelbagger** *m* pelle *f* (mécanique *od* à godets). **löffeln** *tr* u. *itr* manger *od* puiser à la cuiller. **Löffelvoll** *m* cuillerée *f.*
Logarithmentafel *f* [loga'rɪtmən-] table *f* de(s) logarithmes.
Loge *f* ‹-, -n› ['lo:ʒə] *theat* loge, baignoire; *(Freimaurerei)* loge *f.*
Logik *f* ‹-, ø› ['lo:gɪk] logique *f.*
Logis *n* ‹-, -› [lo'ʒi:, *gen* -'ʒi:(s), *pl* -'ʒi:s] *(Wohnung)* logement, logis *m.*
logisch ['lo:gɪʃ] *a* logique.
Logopädie *f* ‹-, ø› [-pɛ'di:] orthophonie *f.*
Lohgerber *m* ['lo:-] tanneur *m.* **Lohgerberei** *f* [-'raɪ] tannerie *f.*
Lohn *m* ‹-(e)s, ¨-e› [lo:n, 'lø:nə] **1.** *allg* salaire *m; (Arbeiter)* paie, paye *f; (Hausangestellte)* gages *f pl;* **2.** *fig (Belohnung)* récompense *f;* ► *zum* ~ *(zur Belohnung)* pour *od* en récompense. **Lohnabbau** *m* réduction *od* diminution *f* des salaires. **Lohnabkommen** *n* convention *f* salariale. **Lohnausfall** *m* perte *f* de gain. **Lohnbüro** *n* bureau *m* de paie. **Lohnempfänger** *m* **1.** salarié *m.* **2.** *pl adm* personnel *m* ouvrier. **lohnen 1.** *tr:* ► *jdm etw* ~ récompenser qn de qc; **2.** *refl: sich* ~ être profitable, rapporter; *fig* valoir la peine; *es lohnt sich (nicht)* cela (ne *od* n'en) vaut (pas) la peine.
löhnen ['lø:nən] *tr* payer (*jdn* qn), faire la paie (*jdn* de qn).
lohnend ['lo:nənt] *a* rémunérateur; *(einträglich)* lucratif; *(vorteilhaft)* avantageux. **Lohnerhöhung** *f* augmentation *f* de du salaire. **Lohnforderung** *f* revendication(s *pl*) salariale(s). **Lohnkampf** *m* lutte *f* pour l'augmentation des salaires. **Lohnkürzung** *f* = *Lohnabbau.* **Lohn-Preis-Spirale** *f* escalade *od* spirale *f* des salaires et des prix. **Lohnskala** *f* échelle *f* des salaires; ► *gleitende* ~ échelle *f* mobile des salaires. **Lohnsteuer** *f* impôt *m* sur les salaires (et les traitements). **Lohnsteuerkarte** *f* carte *f* d'impôts *(en Allemagne).* **Lohnstreifen** *m* bulletin *m* de paie. **Lohntarif** *m* tarif *m* de salaires. **Lohn-und-Preisstopp** *m* blocage *m* des salaires et des prix.
Löhnung ‹-, -en› *f* ['lø:nʊŋ] salaire *m,* paie; *mil* solde *f.*
Lohnvereinbarung *f* ['lo:n-] accord *m* salarial. **Lohnverhandlungen** *f pl* négociations *f pl* collectives sur les salaires. **Lohnzahlung** *f* paiement *m* des salaires.
Loipe ['lɔʏpə] ‹-, -n› *f (Langlauf)* piste *f* de ski de fond.
Lok *f* ‹-, -s› [lɔk] = *Lokomotive.*
Lokal *n* ‹-(e)s, -e› [lo'ka:l] **1.** *(Raum)* local *m,* salle *f;* **2.** *(Gastwirtschaft)* bar, café *m.* **lokal** *a* (d'ordre) local. **Lokalblatt** *n* journal *m* local. **Lokale(s)** *n (in der Zeitung)* chronique *f od* nouvelles *f pl* locale(s). **lokalisieren** [-'zirən] ‹*ohne ge-*› *tr* localiser. **Lokalität** *f* ‹-, -en› [-li'tɛ:t] localité *f.* **Lokalnachrichten** *f pl* nouvelles *f pl* locales. **Lokalpatriotismus** *m* patriotisme *m* de clocher. **Lokalpresse** *f* presse *f* locale. **Lokalsender** *m* émetteur *m* local. **Lokalteil** *m (e-r Zeitung)* chronique *f* locale. **Lokaltermin** *m jur* descente *f* de justice *od* sur les lieux. **Lokalverbot** *n:* ► *in e-m Lokal* ~ *haben* être interdit d'accès dans un café.
Lokomotive *f* ‹-, -n› [lokomo'ti:və] locomotive *f;* ► *mit zwei* ~*n* à double traction; *elektrische* ~ *(E-Lok)* locomotive *f* électrique. **Lokomotivführer** *m* conducteur de machine; mécanicien *m.* **Lokomotivschuppen** *m* dépôt *m* des locomotives.
London *n* ['lɔndɔn] Londres *f.*
Looping *m* od *s* ‹-s, -s› ['lu:pɪŋ] *aero* looping *m,* boucle *f.*
Lorbeer *m* ‹-s, -en› ['lɔrbe:r] *(Pflanze u. Zweig)* laurier *m;* ► *auf s-n* ~*en ausruhen (fig)* s'endormir sur ses lauriers; ~*en ernten (fig)* moissonner des lauriers. **Lorbeerbaum** *m* laurier *m.*
Lorgnette *f* ‹-, -n› [lɔrn'jɛtə] *opt* face-à-main *m.*
Los *n* ‹-es, -e› [lo:s, '-zə(s)] **1.** *(Schicksal)* sort, destin *m;* **2.** *(Anteil)* lot; *(Lotterie*~*)* billet de loterie, lot *m;* ► *durch das* ~ *bestimmen* désigner par tirage au sort; *das Große* ~ *gewinnen* od *ziehen* gagner le gros lot; *das* ~ *entscheiden lassen* tirer au sort.
los [lo:s] *a* **1.** *(abgegangen, -gerissen,*

-*gebrochen)* dégagé, détaché, défait, dénoué, délié; **2.** *vgl. lose;* **3.** *interj* marche! allons! allez! partez! vas-y! allez-y! en vitesse! ▶ *(et)was ~ haben (fam)* être calé *od* fort; *etw ~ sein* être quitte de qc; *(von etw befreit sein)* être débarrassé *od* délivré de qc; *ich weiß (nicht), was mit ihm los ist* je sais bien (je ne sais pas) ce qu'il a; *was ist denn mit Ihnen ~? (fam)* qu'est-ce qui vous prend? *was ist (denn) ~?* qu'est-ce qu'il y a? qu'y a-t-il donc? que se passe-t-il? *war etwas ~?* est-ce qu'il s'est passé quelque chose? *auf die Plätze! fertig! ~! (sport)* à vos marques! prêts! partez!

lösbar ['lø:sba:r] *a fig (Probleme)* soluble.

los=binden ['lo:s-] ‹*bindet, band los, losgebunden*› *tr* délier, dénouer, détacher, défaire; *mar* démarrer. **los=brechen** ‹*bricht, brach los, losgebrochen*› *itr* ‹*sein*› *fig (Sturm etc)* se déchaîner, éclater.

Löschblatt *n* ['lœʃ-] (papier) buvard *m*.

löschen ['lœʃən] **(1)** *tr* **1.** *(Feuer, Licht, Kalk)* éteindre; *(den Durst)* étancher, apaiser; **2.** *(Schrift)* effacer, rayer; *(Hypothek)* radier; *tele* annuler; **(2)** *tr (Schiffsladung)* débarquer, décharger.

Löschmannschaft *f* équipe *f* d'incendie *od* de pompiers. **Löschpapier** *n* (papier) buvard, papier *m* brouillard. **Löschstelle** *f* poste *m* d'incendie *od* d'eau.

lose ['lo:zə] *a* **1.** *(locker, wackelnd)* branlant; *tech* volant; *(Blätter Papier) a.* détaché; *(Haare)* flottant; **2.** *(Ware)* sans emballage, en vrac; ▶ *~ Reden führen* en dire de vertes *fam; ~s Blatt n* papier *m od* feuille *f* volant(e).

Lösegeld *n* ['lø:zə-] rançon *f*.

losen ['lo:zən] *itr* tirer (au sort).

lösen ['lø:zən] *tr* **1.** *(losmachen)* desserrer, détacher, séparer; *(aufbinden)* délier; **2.** *chem* dissoudre; **3.** *math (Aufgabe)* résoudre, solutionner; *(Rätsel)* deviner, déchiffrer; **4.** *(Fahrkarte)* prendre; *refl: sich ~* **5.** *(Knoten, Haare)* se défaire; **6.** *chem* se dissoudre.

los=fahren ['lo:s-] ‹*fährt, fuhr los, losgefahren*› *itr* ‹*sein*› démarrer, partir; ▶ *auf jdn ~* foncer sur qn. **los=gehen** ‹*ging los, losgegangen*› *itr* ‹*sein*› **1.** *fam (weggehen)* s'en aller, partir; **2.** *fam (sich lösen)* se défaire, se détacher; **3.** *(anfangen)* se déclencher, commencer; **4.** *(Gewehr)* se décharger; *(Schuß)* partir; ▶ *auf jdn ~* marcher droit *od* se jeter sur qn. **los=kaufen** *tr* racheter. **los=kommen** ‹*kam los, losgekommen*› *itr* ‹*sein*› parvenir à se dégager *od* se débarrasser *od* se libérer (*von* de). **los=lachen** *itr: laut ~* partir d'un éclat de rire. **los=lassen** ‹*läßt, ließ los, losgelassen*› *tr* lâcher; ▶ *jdn nicht mehr ~ (fig)* tenir qn sous le charme, fasciner qn.

löslich ['lø:slıç] *a chem* soluble.

los=machen ['lo:s-] *tr* détacher, dégager, défaire; *mar* démarrer. **los=reißen,** *sich* s'arracher, se détacher; ▶ *sich von etw ~* s'arracher à qc.

los=sagen, *sich* ['lo:s-] se dédire, se désolidariser (*von* de).

Losung *f* ‹-, -en› ['lo:zʊŋ] *mil (Erkennungswort)* mot *m* d'ordre *od* de passe.

Lösung *f* ‹-, -en› ['lø:zʊŋ] **1.** *(Loslösung)* séparation *f;* **2.** *chem* (dis)solution *f;* **3.** *math* (ré)solution; *(Rätsel, Problem)* solution *f*. **Lösungsmittel** *n chem* (dis)solvant *m*.

los=werden ['lo:s-] ‹*wird, wurde los, losgeworden*› *tr* se débarrasser, se défaire de; ▶ *ich werde den Gedanken nicht ~* je ne puis m'ôter cette idée de la tête.

los=ziehen ‹*zog los, losgezogen*› *itr* ‹*sein*› partir, s'en aller; *fam* se mettre en campagne; ▶ *gegen jdn ~ (fig fam: auf jdn schimpfen)* déblatérer contre qn.

Lot *n* ‹-(e)s, -e› [lo:t] **1.** *(Senkblei)* fil *m* à plomb, *mar* sonde *f;* **2.** *math (Senkrechte)* perpendiculaire, verticale *f;* ▶ *im ~* d'aplomb *(a. fig); ein ~ fällen* tirer *od* abaisser *od* élever une perpendiculaire (*auf* sur). **loten** *tr* **1.** passer au fil à plomb; *mar* sonder; **2.** *(Bauwesen)* prendre l'aplomb.

löten ['lø:tən] *tr* souder; *(hart~)* braser.

Lothringen *n* ‹-s, ø› ['lo:trıŋən] la Lorraine. **Lothringer(in)** *m* ‹-s, -› (*f* ‹-, -nen›) Lorrain(e *f*) *m*. **lothringisch** *a* lorrain.

Lötkolben *m* ['lø:t-] fer *m* à souder. **Lötlampe** *f* lampe *f* à souder.

Lotos(blume *f***)** *m* ‹-, -› ['lo:tɔs] lotus *m*.

Lötrohr *n* ['lø:t-] chalumeau *m*.

Lotse *m* ‹-n, -n› ['lo:tsə] pilote, lamaneur *m*. **lotsen** *tr* piloter. **Lotsenboot** *n* bateau-pilote *m*. **Lotsendienst** *m* pilotage, lamanage *m*.

Lötstelle *f* ['lø:t-] (point *m* de) soudure *f*, endroit *m* soudé; brasure *f*.

Lotterie *f* ‹-, -n› [lɔtə'ri:] loterie *f*. **Lotterielos** *n* billet de loterie, lot *m*.

lott(e)rig ['lɔt(ə)rıç] *a (schlampig)* négligent; *(liederlich)* dissolu, bohème. **Lotterleben** *n* vie dissolue *od* de bohème. **Lotterwirtschaft** *f* incurie *f*.

Lotto(spiel) *n* ‹-s, -s› ['lɔto] (jeu de) loto *m*.

Löwe *m* ‹-n, -n› ['lø:və] lion; *m*. **Löwenanteil** *m* part *f* du lion. **Löwenmaul** *n bot* muflier *m*, gueule-de-loup *f*. **Löwenzahn** *m bot* pissenlit *m*, dent-de-lion *f*. **Löwin** *f* ‹-, -nen› ['lø:vın] lionne *f*.

loyal [loa'ja:l] *a* loyal. **Loyalität** *f* ‹-, ø› [-li'tɛ:t] loyauté *f*.

Luchs *m* ‹-es, -e› [lʊks] *zoo* lynx, loup-cervier *m*.

Lücke *f* ‹-, -n› ['lʏkə] **1.** lacune, brèche *f*,

vide *m*, **2.** *fig (Unterbrechung)* solution *f* de continuité; hiatus, trou *m*; *(frei gelassene Stelle in e-m Schriftstück)* fenêtre *f*. ► *e-e ~ schließen* combler une lacune; *mil* colmater une brèche. **Lückenbüßer** *m* bouche-trou *m*. **lückenhaft** *a* lacuneux; *fig (unvollständig)* défectueux, incomplet. **lückenlos** *a* sans lacune(s); *(vollständig)* complet.

Ludwig *m* ['lu:tvɪç] Louis *m*.

Luft *f* ⟨-, ¨-e⟩ [lʊft, 'lʏftə] air; *(Atem, ~zug)* souffle *m*; ► *die ~ herauslassen aus* dégonfler; *an die ~ gehen* prendre l'air; *in die ~ gucken* regarder en l'air; *fam* gober les mouches; *~ holen* (re)prendre haleine; *in die ~ jagen (sprengen)* faire sauter; *keine ~ kriegen* étouffer; *in der ~ liegen (fig)* être dans l'air; *seinem Ärger ~ machen* exhaler son dépit, épancher sa bile; *frische ~ schnappen (fam)* prendre un bol d'air, s'aérer; *nach ~ schnappen* chercher à respirer; *für jdn ~ sein* ne pas exister pour qn; *jdn an die ~ setzen (fam)* mettre *od fam* flanquer qn à la porte; *es hängt noch in der ~ (fig)* c'est encore à l'état de projet; *es liegt etw in der ~* il y a de l'orage dans l'air; *das ist völlig aus der ~ gegriffen* c'est pure invention; *die ~ ist (wieder) rein (fig)* il n'y a (plus) rien à craindre, il n'y a pas (plus) de danger; *heiße, stickige ~* touffeur *f*. **Luftabschluß** *m*: ► *unter ~* à l'abri de l'air. **Luftabwehr** *f* défense *f* antiaérienne *od* contre avions. **Luftangriff** *m* raid *m* (aérien), attaque *f* aérienne; *(schwerer ~)* bombardement *m* aérien. **Luftballon** *m* aérostat, ballon *m*. **Luftbild** *n* photo(graphie) *od* vue *f* aérienne. **Luftblase** *f* bulle d'air; *metal* soufflure *f*. **Luftbrücke** *f* pont *m* aérien. **luftdicht** *a* étanche à l'air, hermétique; ► *~ abgeschlossen* isolé hermétiquement. **Luftdruck** *m* pression *f* atmosphérique. **Luftdruckwelle** *f* onde *f* explosive. **luftdurchlässig** *a* perméable à l'air.

lüften ['lʏftən] *tr* **1.** *(Zimmer)* aérer, éventer; *(Kleidung)* mettre à l'air; **2.** *itr (die Luft erneuern)* renouveler l'air.

Luftfahrt *f* ['lʊft-] aviation, aéronautique, navigation *f* aérienne. **Luftfahrtgesellschaft** *f* compagnie *f* (de navigation) aérienne. **Luftfeuchtigkeit** *f* humidité *f* atmosphérique. **Luftflotte** *f* flotte *f* aérienne. **Luftfracht** *f* fret *m* aérien. **Luftgewehr** *n* fusil *m od* carabine *f* à air comprimé. **Lufthauch** *m* souffle *m* d'air; ► *warmer ~* bouffée *f* de chaleur. **Lufthülle** *f* atmosphère *f*. **luftig** *a* **1.** *(frisch)* aéré; **2.** *(leicht)* aérien, vaporeux, léger. **Luftkampf** *m* combat *od (zwischen zwei Flugzeugen)* duel *m* aérien. **Luftkissen** *n* coussin à air *od* pneumatique; coussin *m* d'air. **Luftkrieg** *m* guerre *f* aérienne. **Luftkühlung** *f* refroidissement *m* par air. **Luftkurort** *m* station *f* climatique. **Luftlandetruppen** *f pl* troupes *f pl* aéroportées *od* parachutées. **Luftlandung** *f* débarquement aéroporté, parachutage *m*. **luftleer** *a* vide (d'air); ► *~er Raum m* vide *m*. **Luftlinie** *f* ligne droite; *aero* ligne *f* aérienne; ► *in der ~* en ligne droite. **Luftloch** *n* **1.** *tech* évent *m*, ventouse *f*. **2.** *aero* trou *m* d'air *f*. **Luftmatratze** *f* matelas *m* pneumatique. **Luftpost** *f* courrier *m* aérien, poste *f* aérienne, service *m* postal aérien; ► *(mit) ~* par avion. **Luftpostbrief** *m* lettre-avion *f*. **Luftpostpapier** *n* papier *m* pelure *od* par avion. **Luftpumpe** *f* pompe *f* à air *od* (à) pneumatiques; *mot* gonfleur *m*. **Luftraum** *m aero* espace *m* aérien. **Luftreiniger** *m* épurateur *m* d'air. **Luftreklame** *f* publicité *od* réclame *f* aérienne. **Luftrettungsdienst** *m* service *m* aérien d'un SAMU. **Luftröhre** *f anat* trachée(-artère) *f*, conduit *m* respiratoire. **Luftschacht** *m* puits *m* d'air *od* d'aérage *od mines* d'aération. **Luftschicht** *f* couche *f* atmosphérique *od* d'air. **Luftschiff** *n* aéronef *m*; ► *lenkbares ~* dirigeable *m*. **Luftschiffahrt** *f* aérostation *f*. **Luftschleuse** *f* écluse *f* à air. **Luftschloß** *n* château *m* en Espagne; **Luftschraube** *f* hélice *f*. **Luftschutz** *m* protection *f* (anti)aérienne; ► *ziviler ~* défense *f* civile *od* passive. **Luftschutzbunker** *m* abri *m* (bétonné). **Luftschutzkeller** *m* cave-abri *f*. **Luftschutzraum** *m* abri *m*. **Luftsperrgebiet** *n* zone *f* aérienne interdite. **Luftspieg(e)lung** *f* mirage *m*. **Luftsprung** *m (a. e-r Forelle)* saut en l'air; bond *m*, cabriole, gambade *f*. **Luftstreitkräfte** *f pl* forces *f pl* aériennes. **Luftströmung** *f* courant *m* atmosphérique *od* aérien. **Luftstützpunkt** *m* base *f* aérienne. **Lufttaxi** *n* avion-taxi *m*. **Lufttransport** *m* transport *m* aérien *od* par voie aérienne. **Luftüberwachung** *f* surveillance *f* aérienne. **Luftverschmutzung** *f* pollution *f* atmosphérique.

Lüftung *f* ['lʏftʊŋ] aération *f*; aérage *m*; ventilation *f*. **Lüftungsschacht** *m* puits *m* d'aérage.

Luftveränderung *f* ['lʊft-] changement *m* d'air. **Luftverkehr** *m* trafic *m* aérien. **Luftverkehrslinie** *f* ligne *f* aérienne. **Luftverschmutzung** *f* pollution *f* atmosphérique *od* de l'air. **Luftverteidigung** *f* défense *f* aérienne. **Luftverunreinigung** *f* pollution *f* atmosphérique *od* de l'air. **Luftwaffe** *f mil* armée de l'air; force *f* aérienne. **Luftweg** *m*: ► *auf dem ~e* par avion. **Luftwiderstand** *m* résistance *f* aérodynamique *od* de l'air. **Luftzufuhr** *f*, *f* adduction *od* amenée *f* d'air. **Luftzug** *m* courant *m* d'air. **Luftzwischenfall** *m* incident *m* aérien.

Lüge *f* ‹-, -n› ['ly:gə] mensonge *m;* ▶ *jdn ~n strafen* infliger un démenti à qn; *~n haben kurze Beine (prov)* le mensonge ne mène pas loin. **lügen** ‹*log, gelogen*› *itr* mentir, dire un mensonge; ▶ *wie gedruckt ~; ~, daß sich die Balken biegen; das Blaue vom Himmel herunter ~ (fam)* mentir comme un arracheur de dents *od* comme on parle *od* respire; *wer einmal lügt, dem glaubt man nicht, und wenn er auch die Wahrheit spricht (prov)* a beau dire vrai qui a menti. **Lügendetektor** *m (Gerät)* détecteur *m* de mensonges. **lügenhaft** *a* **1.** *(Mensch)* menteur, faux; **2.** *(Sache)* mensonger, faux, controuvé. **Lügner(in)** *m* ‹-s, -› (*f* ‹-, -nen›) [-gnər] menteur *m*, -euse *f*. **lügnerisch** *a* menteur, faux.

Luke *f* ‹-, -n› ['lu:kə] *arch* lucarne; *mar* écoutille *f*.

Lumberjack *m* ‹-s, -s› ['lambərdʒɛk] veste-blouson *f*.

Lümmel *m* ‹-s, -› ['lyməl] mufle, goujat, malotru, malappris; *(Bauern~)* rustre *m*.

Lump *m* ‹-en, -en› [lʊmp] mauvais sujet *m*. **lumpen:** ▶ *sich nicht ~ lassen* ne pas être chiche. **Lumpen** *m* ‹-s, -› *(Fetzen)* lambeau, haillon *m*, guenille, loque *f*; *(Lappen)* chiffon *m;* ▶ *in ~ (gehüllt)* en guenilles, vêtu de haillons. **Lumpengesindel** *n* canaille, racaille; *fam* gueusaille *f*. **Lumpenpack** *n* = *Lumpengesindel*. **Lumpensammler** *m* **1.** chiffonnier *m;* **2.** *hum (letzte Bahn)* balai *m*. **Lumperei** *f* [-'raɪ] *(Gaunerei)* vilenie *f*. **lumpig** *a* **1.** *(niederträchtig)* vil; **2.** *(armselig)* mesquin, misérable.

Lunge *f* ‹-, -n› ['lʊŋə] **1.** poumon(s *m pl*); **2.** *(Fleischerei)* mou *m;* ▶ *sich die ~ aus dem Leib schreien* s'époumoner; *eiserne ~ (med)* poumon *m* d'acier. **Lungenentzündung** *f* pneumonie *f*. **Lungenfell** *n* plèvre *f*. **Lungenfellentzündung** *f* pleurésie *f*. **Lungenflügel** *m* poumon *m*. **Lungenheilstätte** *f* sana(torium), aérium *m*. **lungenkrank** *a* phtisique, tuberculeux. **Lungenkrankheit** *f* affection pulmonaire, maladie *f* de poitrine. **Lungenkrebs** *m* cancer *m* du poumon. **Lungenschwindsucht** *f*, **Lungentuberkulose** *f* phtisie *od* tuberculose *f* pulmonaire.

Lunte *f* ‹-, -n› ['lʊntə] mèche *f;* ~ *riechen (fig)* éventer *od* découvrir la mèche.

Lupe *f* ‹-, -n› ['lu:pə] *opt* loupe *f;* ▶ *unter die ~ nehmen (fig)* passer au tamis, scruter, examiner de près.

Lupine *f* ‹-, -n› [lu'pi:nə] *bot* lupin *m*.

Lurch *m* ‹-(e)s, -e› [lʊrç] *zoo* amphibie, batracien *m*.

Lust *f* ‹-, ⸚e› [lʊst, 'lʏstə] **1.** *(Freude)* joie *f*; *(Vergnügen)* plaisir *m;* **2.** *(Verlangen)* désir *m*, envie *(auf, nach* de*)*; *(Begierde)* appétence *f*, appétit *m*, convoitise *f;* **3.** *(Sinnenlust)* volupté *f;* ▶ *nach ~ und Laune* à mon *etc* gré; *(große) ~ haben zu* avoir (grande) envie de, être en humeur de; *ich habe ~ auf ein Stück Kuchen fam* j'ai envie d'un morceau de gâteau; *wenn Sie ~ dazu haben* si le cœur vous en dit. **Lustbarkeit** *f* divertissement *m;* fête *f*.

lüstern ['lʏstərn] *a (begehrlich)* concupiscent; *(sinnlich)* voluptueux, libidineux; *(geil)* lubrique. **Lüsternheit** *f* concupiscence *f*, lubricité *f*.

lustig ['lʊstɪg] *a* **1.** *(Mensch: vergnügt)* joyeux, gai; enjoué; *(unterhaltsam)* plaisant, amusant, drôle, *pop* rigolo; **2.** *(Sache)* amusant, réjouissant, divertissant; ▶ *sich über jdn ~ machen* rire *od* s'égayer aux dépens de qn, se moquer de qn; *sich über etw ~machen* se moquer de qc; ~ *sein (a.)* s'amuser; *(scherzen) pop* rigoler.

Lüstling *m* ‹-s, -e› ['lʏstlɪŋ] satyre, débauché *m*.

lustlos ['lʊst-] *a* sans entrain; languissant. **Lustmord** *m* meurtre *m* avec viol. **Lustschloß** *n* château *m* de plaisance. **Lustspiel** *n* comédie *f*.

lutherisch ['lʊtərɪʃ, lʊ'te:rɪʃ] *a* luthérien.

lutschen ['lʊtʃən] *tr* u. *itr sucer*. **Lutscher** *m* ‹-s, -› sucette *f*.

Lüttich *n* ['lʏtɪç] Liège *f*.

Luxemburg *n* ['lʊksəmbʊrk] (*Land:* le, *Stadt:* la) Luxembourg. **Luxemburger(in)** *m* ‹-s, -› (*f* ‹-, -nen›) Luxembourgeois(e *f*) *m*. **luxemburgisch** *a* luxembourgeois.

luxuriös [lʊksuri'ø:s] *a* luxueux; somptueux.

Luxus *m* ‹-, ø› ['lʊksʊs] luxe *m*, somptuosité *f*. **Luxusartikel** *m* article *od* produit *m* de luxe. **Luxusausführung** *f* présentation *f* de luxe. **Luxuswagen** *m* voiture *f* de luxe; *loc* pullman *m*.

Luzerne *f* ‹-, -n› [lu'tsɛrnə] *bot* luzerne *f*.

Lymphe *f* ‹-, -n› ['lʏmfə] *physiol* lymphe *f;* **Lymphknoten** *m* ganglion *m* (lymphatique).

lynchen ['lʏnçən] *tr* lyncher.

Lyrik *f* ‹-, ø› ['ly:rɪk] poésie *f* lyrique, lyrisme *m*. **lyrisch** ['ly:rɪʃ] *a* lyrique.

M

M, m *n* ‹-, -› [ɛm] *(Buchstabe)* M, m *m* u. *f.*
Maas [ma:s], *die (Fluß)* la Meuse.
Machart *f* ['max-] mode *m* de fabrication; *(Kleidung)* façon *f.* **machbar** *a* faisable. **Mache** *f* ‹-, ø› *fam (Vortäuschung)* bluff *m;* feinte; *(Getue)* affectation *f;* ▶ *das ist doch nur* ~ ce n'est que pour la frime; *in der* ~ *sein* être en préparation.
machen ['maxən] *tr* **1.** *allg* faire; *(herstellen)* produire, *pop* fabriquer; *(bilden)* former, composer; *(errichten)* construire; *(zustande bringen)* opérer; *(erschaffen)* créer; *(bewirken)* causer; **2.** *(in e-n Zustand versetzen)* rendre; **3.** *(in Ordnung bringen)* arranger, disposer; **4.** *(ernennen)* nommer, faire (*zu etw* qc); **5.** *(kosten)* faire, coûter, revenir à; *refl:* **6.** *sich* ~ *(fam: gedeihen, vorankommen)* faire des progrès, s'arranger; ▶ *sich an etw* ~ *(etw in Angriff nehmen)* se mettre, s'atteler à qc, commencer qc; *den Anfang mit etw* ~ être le premier à faire qc; *sich aus etw nichts* ~ ne pas s'intéresser à qc, ne faire aucun cas *od* se moquer; *e-n Besuch* ~ rendre visite; *sich davon*~ s'en aller, décamper; *ein Ende* ~ *mit* mettre fin à; *sich über etw Gedanken machen* s'inquiéter, se faire du souci au sujet de qc; *kein Geheimnis aus etw* ~ ne pas faire mystère de qc; *sich gut* ~ faire bien *od* joli; *sich das Haar* ~ s'arranger les cheveux; *jdm den Hof* ~ faire la cour à qn; *Licht* ~ donner de la lumière, allumer la lumière; *Mühe* ~ donner du mal; *jdm Mut* ~ donner du courage à qn; *es jdm recht* ~ contenter, satisfaire qn; *schnell* ~ se hâter, se presser; *etw* ~ *lassen* faire faire qc; *nicht wissen, was man* ~ *soll (a.)* ne savoir sur quel pied danser; *mit jdm (alles)* ~ *(können), was man will* faire passer qn par où l'on veut, manipuler qn; *so macht er's immer* il n'en fait jamais d'autres; *das wird so gemacht* ça se fait comme ça; *das* od *so was macht man nicht* ça ne se fait pas; *das macht nichts* cela *od* ça ne fait rien, il n'y a pas de mal; *dagegen ist nichts zu* ~ on n'y peut rien; *mach dir nichts d(a)raus!* ne t'en fais pas! *was soll man da* ~*?* que voulez-vous qu'on y fasse? que pourrait-on bien faire? *was macht das (schon)!* qu'importe! *nichts zu* ~*!* rien à faire! *mach!* allons! vite, vite! hâte-toi! dépêche-toi! **Machenschaften** *f pl* menées, machinations, intrigues *f pl.*
Macher *m* ‹-s, -› ['maxər] fonceur *m.*
macho ['matʃo] *a* macho. **Macho** *m* ‹-s, -s› ['matʃo] macho *m.*
Macht *f* ‹-, ¨-e› [maxt, 'mɛçtə] **1.** *(ohne pl)* pouvoir *m; allg u. mil* force; *(~bereich)* empire *m; (Autorität)* autorité *f;* **2.** *bes. pol (Staat als* ~*)* puissance *f;* ▶ *an der* ~ *(pol)* au pouvoir; *die* ~ *ergreifen* prendre le *od* s'emparer du pouvoir; *in jds* ~ *liegen* dépendre de qn; *an der* ~ *sein* être au pouvoir; *dunkle* od *geheime Mächte pl* puissances *f pl* occultes; *kriegführende Mächte pl* puissances *od* parties *f pl* belligérentes.
Machtbefugnis *f* pouvoir *m,* autorité *f.* **Machtbereich** *m pol* sphère *f* (d'influence). **Machtergreifung** *f* prise de pouvoir, arrivée *od* accession *f* au pouvoir. **Machthaber** *m* homme au pouvoir, potentat *m.*
mächtig ['mɛçtɪç] **I.** *a* **1.** puissant, fort; **2.** *(fähig)* capable; *pred* maître (*e-r S* de qc); **3.** *fig, a. fam (sehr groß)* gigantesque, énorme, immense; **II.** *adv fam (gewaltig)* énormément; *fam* rudement, bigrement, fichtrement. **Mächtige** *m f:* ▶ *die* ~*n pl* les puissants *m pl.*
Machtkampf *m* ['maxt-] lutte *f* pour le pouvoir. **machtlos** *a* impuissant; *(schwach)* faible; ▶ *dagegen ist man* ~ on n'y peut rien, on ne peut rien contre.
Machtlosigkeit *f* ‹-, ø› impuissance *f.*
Machtpolitik *f* politique *f* de force.
Machtprobe *f* épreuve *f* de force.
Machtstellung *f* position *f* de force.
machtvoll *a* puissant. **Machtvollkommenheit** *f* pouvoir *m* absolu, omnipotence *f.* **Machtwechsel** *m* changement *m* de gouvernement. **Machtwort** *n* coup *m* de semonce; ▶ *ein* ~ *sprechen* donner un coup de semonce.
Machwerk *n* ['max-] ouvrage *m* gâché; œuvre *f* de basse qualité.
Madagaskar *n* [mada'gaskar] Madagascar *f.* **Madagasse** *m* ‹-n, -n› [-'gasə], **Madagassin** *f* ‹-, -nen› Malgache *m f.* **madagassisch** [-'gasɪʃ] *a* malgache.
Mädchen *n* ‹-s, -› ['mɛ:tçən] **1.** *(kleines* ~*)* petite fille, fillette, *fam* gosse, gamine; *(junges* ~*)* jeune fille *od* personne; *lit* demoiselle *f;* **2.** *(Dienst*~*)* bonne, servante *f;* ▶ *leichtes* ~ gigolette *f;* ~ *für alles* bonne *f* à tout faire.
mädchenhaft **I.** *a* de jeune fille; **II.** *adv* comme une jeune fille. **Mädchen-**

handel *m* traite *f* des blanches. **Mädchenname** *m* nom *m* de jeune fille. **Mädchenschule** *f* école *f* de jeunes filles.

Made *f* ‹-, -n› ['ma:də] *ent* asticot; *pop* ver *m;* ► *wie die ~ im Speck leben* être (heureux) comme un coq en pâte. **madig** *a* véreux; ► *~ machen (fig fam)* éreinter.

Madonna, *die* [ma'dɔna] la Vierge, la Madone; *(Madonnenbild)* madone *f.*

Mafia *f* ‹-, ø› ['mafja] maffia *od* mafia *f.* **Mafioso** *m* ‹-(s), -si› [ma'fjo:zo] maffioso *od* mafioso *m.*

Magazin *n* ‹-s, -e› [maga'tsi:n] **1.** *(Lager)* magasin, dépôt, entrepôt *m; (e-s Museums)* réserves *f pl;* **2.** *(Zeitschrift)* magazine *m.*

Magd *f* ‹-, ¨-e› [ma:kt, 'mɛ:kdə] servante; *(Bauern~)* fille *f* de ferme.

Magdeburg *geog* le Magdebourg.

Magen *m* ‹-s, ¨-/-› ['ma:gən] estomac *m;* ► *e-n leeren ~ haben* avoir l'estomac *od* le ventre creux *od* vide; *sich den ~ verderben* attraper une indigestion. **Magenbeschwerden** *f pl* troubles *m pl* gastriques *od* de l'estomac. **Magenbitter** *m* ‹-s, -› digestif, amer, bitter *m.* **Magen-Darm-Kanal** *m* tube *m* gastro-intestinal. **Magengeschwür** *n* ulcère *m* à l'estomac. **Magengrube** *f* creux *m* de l'estomac. **Magenknurren** *n* gargouillement *m.* **Magenkrebs** *m* cancer *m* de l'estomac. **Magenleiden** *n* affection *f* gastrique *od* de l'estomac. **Magensäure** *f* acidité *f* gastrique. **Magenschmerzen** *m pl* douleurs *f pl od* maux *m pl* d'estomac. **Magenverstimmung** *f* embarras *m* gastrique.

mager ['ma:gər] *a* **1.** *(a. Küche, Boden)* maigre; **2.** *fig (dürftig)* maigre, pauvre; ► *~ werden* (a)maigrir; *mageres Fleisch n* maigre *m.* **Magerkeit** *f* ‹-, ø› maigreur *f.* **Magermilch** *f* lait *m* écrémé. **Magersucht** *f* maigreur *f* (endocrinienne) *(psychisch bedingt)* anorexie *f* (mentale).

Magie *f* ‹-, ø› [ma'gi:] magie *f.* **Magier** *m* ‹-s, -› ['ma:giər] magicien *m.* **magisch** ['ma:gɪʃ] *a* magique; ► *~es Auge n (in d. Haustür)* microviseur; *radio* œil *m* magique, mire *f.*

Magistrat *m* ‹-(e)s, -e› [magɪs'tra:t] municipalité *f,* conseil *m* municipal. **Magistratur** *f* ‹-, -en› [-tʀa'tu:r] magistrature *f.*

Magnat *m* ‹-en, -en› [ma'gna:t] magnat *m.*

Magnesium *n* ‹-s, ø› [ma'gne:zium] magnésium *m.*

Magnet *m* ‹-(e)s/-en, -e(n)› [ma'gne:t] aimant *m.* **Magnetband(gerät)** *n* (enregistreur à *od* sur) ruban *m* magnétique. **Magnetbild** *n phot* image *f* magnétique. **Magnetfeld** *n* champ *m* magnétique. **magnetisch** [-'gne:tɪʃ] *a* magnétique; *(~ gemacht)* aimanté; ► *~ machen* aimanter; *~ werden* s'aimanter; *~e Kernresonanz (MKR) f (phys)* résonance *f* magnétique nucléaire (RMN). **magnetisieren** [-ti'zi:rən] ‹*ohne ge-*› *tr* **1.** *(Eisen)* aimanter; **2.** *(Menschen)* magnétiser. **Magnetkarte** *f* carte *f* magnétique *od* à mémoire, à puce. **Magnetnadel** *f* aiguille *f* aimantée; **Magnetophon** *n* ‹-s, -e› [-to'fo:n] magnétophone *m.* **Magnetplatte** *f* disque *m* magnétique. **Magnettonband** *n* bande *f od* ruban *m* magnétique.

Magnolie *f* ‹-, -n› [ma'gno:liə] *bot* magnolia, magnolier *m.*

Mahagoni(holz) *n* ‹-s, ø› [maha'go:ni] (bois d')acajou *m.*

Mähbinder *m* ['mɛ:-] *agr* moissonneuse-lieuse *f.* **Mähdrescher** *m* moissonneuse-batteuse *f.* **mähen** *tr agr* faucher; *(Rasen)* tondre. **Mäher** *m* ‹-s, -› faucheur *m.*

Mahl *n* ‹-(e)s, -e/(¨-er)› [ma:l] repas; *(Festmahl)* banquet, festin *m.* **Mahlzeit** *f* repas; ► *e-e ~ einnehmen (mittags)* déjeuner; *(abends)* dîner; *(gesegnete) ~!* bon appétit!

mahlen ['ma:lən] ‹*mahlte, gemahlen*› *tr (Körner)* moudre; *allg* broyer, concasser, écraser; *(fein)* triturer, pulvériser; *grob, fein ~* moudre gros, fin.

Mähmaschine *f* ['mɛ:-] faucheuse, moissonneuse *f.*

Mahnbrief *m* ['ma:n-] lettre *f* monitoire *od* d'avertissement *od* de rappel. **mahnen** *tr* **1.** exhorter (*zu* à); **2.** avertir; *(erinnern)* rappeler (*jdn an etw* qc à qn); *(auffordern)* sommer; **3.** *(Schuldner)* mettre en demeure. **Mahngebühr** *f* frais *m pl* de sommation. **Mahnmal** *n* ‹-(e)s, -e/ (¨-er)› mémorial, monument *m* commémoratif. **Mahnung** *f* **1.** *(Warnung)* avertissement *m; (Aufforderung)* sommation *f;* **2.** *com* rappel *m* de paiement, mise *f* en demeure. **Mahnzettel** *m* avertissement *m.*

Mai *m* ‹-(e)s/-, -e› [maɪ] mai *m.* **Maifeier** *f* fête *f* du 1er mai. **Maiglöckchen** *n bot* muguet *m.* **Maikäfer** *m* hanneton *m.*

Mailand *n* ['maɪlant] Milan *m.*

Main, *der* [maɪn] *geog* le Main.

Mainz *n* [maɪnts] Mayence *f.*

Mais *m* ‹-es, (-e)› [maɪs] maïs *m.* **Maiskolben** *m* épi *m* de maïs. **Maiskorn** *n* grain *m* de maïs. **Maismehl** *n* farine *f* de maïs.

Maison(n)ettewohnung *f* [mezo'nɛt-] duplex *m.*

Majestät *f* ‹-, -en› [majɛs'tɛ:t] majesté *f.* **majestätisch** *a* majestueux. **Majestätsbeleidigung** *f* crime *m* de lèse-majesté.

Majonäse *f* ‹-, -n› [majo'nɛ:zə] mayonnaise *f.*

Major *m* ‹-s, -e› [ma'jo:r] commandant *m.*

Majoran *m* ‹-s, -e› ['ma:-, majo'ra:n] *(Pflanze)* marjolaine *f; (Gewürz)* origan *m.*

Majorität *f* ‹-, ø› [majori'tɛ:t] majorité *f.*

Makel *m* ‹-s, -› ['ma:kəl] défaut *m;* tache, tare *f.*

Mäkelei *f* ‹-, -en› [mɛ:kə'laɪ] critique *f* mesquine, dénigrement *m.* **mäk(e)lig** ['mɛ:k(ə)lɪç] *a* **1.** *fam* grincheux; **2.** *(wählerisch)* difficile; *(beim Essen)* délicat.

makellos ['ma:kəllo:s] *a* immaculé, impeccable, irréprochable.

mäkeln ['mɛ:kəln] *itr* trouver à redire (*an etw* sur *od* à qc); critiquer, dénigrer (*an jdm, etw* qn, qc).

Makkaroni *pl* [maka'ro:ni] macaroni *m inv.*

Makler *m* ‹-s, -› ['ma:klər] courtier, agent d'affaires; *(Börsen~)* agent de change; *(für Grundstücke)* agent *m* immobilier. **Maklergebühr** *f* courtage *m.*

Makrele *f* ‹-, -n› [ma'kre:lə] *(Fisch)* maquereau *m.*

Makrobiotik *f* ‹-, ø› [makro'bio:tɪk] macrobiotique *f.* **makrobiotisch** [makro'-bio:tɪʃ] *a* macrobiotique. **Makrokosmos** ['makro-] macrocosme *m.*

Makrone *f* ‹-, -n› [ma'kro:nə] *(Gebäck)* macaron *m.*

Makrostruktur *f* macrostructure *f.*

Makulatur *f* ‹-, -en› [makula'tu:r] maculature *f,* papier *m* de rebut; *allg* rebut *m.*

mal [ma:l] *adv (a. math)* fois; ▶ *2 ~ 2 ist 4* 2 fois 2 font 4; *nicht ~ (fam)* ne ... même pas; *wir wollen ~ sehen (fam)* allons voir; *ich muß ~ (wohin) (aufs WC, fam)* il faut que j'aille quelque part; *besuchen Sie mich doch ~!* venez donc me voir; *denk (dir) ~!* imagine-toi! *denken Sie ~!* pensez donc! *hör ~ (her* od *zu)!* écoute! *sieh ~! schau ~!* voyons! probieren Sie ~! goûtez cela! *versuchen Sie es ~!* essayez donc! (*zu tun* de faire).

Mal [ma:l, 'mɛlər] **(1)** *n* ‹-(e)s, -e› *(nur in adverbialen Bestimmungen)* fois *f;* ▶ *das erste, zweite* etc, *andere, nächste, vorige* od *letzte ~* la première, deuxième *od* seconde *etc,* l'autre, la prochaine, la dernière fois; *dieses ~* cette fois; *ein ums andere ~* une fois sur deux, alternativement; *mit einem ~* tout à coup, subitement; *(so) manches ~* mainte(s) fois; *zum ersten* etc, *letzten ~* pour la première *etc,* dernière fois; *zu wiederholten ~en* à plusieurs reprises; **(2)** *n* ‹-(e)s, -e/¨er›› *(Zeichen, Fleck)* signe *m,* marque, tache; *(Mutter~)* envie *f,* stigmate, nævus *m.*

Malaie *m* ‹-n, -n› [ma'laɪə] , **Malaiin** *f* ‹-, -nen› Malais(e *f*) *m.* **malaiisch** [-'laɪɪʃ] *a* malais.

Malaria *f* ‹-, ø› [ma'la:ria] malaria *f,* paludisme *m,* fièvre *f* paludéenne.

Malaysia *n* [ma'laɪzia] la Malaisie.

Malbuch *n* ['ma:l-] livre *m* à colorier.

malen *tr* **1.** peindre; *(porträtieren)* faire le portrait de; **2.** *fig (schildern)* (dé)peindre, représenter; *refl* **3.** *sich ~ (sich spiegeln)* se peindre, se refléter, se réfléchir; ▶ *sich ~ lassen* faire faire son portrait. **Maler** *m* ‹-s, -› **1.** *(Kunstmaler)* (artiste) peintre *m;* **2.** *(Anstreicher)* peintre *m* (en bâtiment). **Malerei** *f* ‹-, -en› [-'raɪ] peinture *f;* **Malerin** *f* ‹-, -nen› femme *f* peintre. **malerisch** *a* pittoresque. **Malkasten** *m* boîte à *od* de couleurs *od* de peinture.

Mallorca *n* [ma'lɔrka, ma'jɔrka] *geog* Majorque.

mal=nehmen ['ma:l-] ‹*nimmt, nahm mal, malgenommen*› *tr* multiplier (*5 mit 2* 5 par 2).

Malta *n* ['malta] Malte *f.* **Malteser(in)** *m* ‹-s, -› (*f* ‹-, -nen›) [-'te:zər] Maltais(e *f*) *m.* **Malteserkreuz** *n* croix *f* de Malte.

Malve *f* ‹-, -n› ['malvə] *bot* mauve *f.*

Malz *n* ‹-es, ø› [malts] malt *m.* **Malzbier** *n* bière *f* de malt. **Malzbonbon** *m* od *n* cachet *m* de malt. **Malzkaffee** *m* café *m* de malt.

Mama *f* ‹-, -s› ['mama, ma'ma:] *fam* maman *f;* **Mami** *f* ‹-, -s› *(Kindersprache)* maman *f.*

Mammut *n* ‹-s, -e/-s› ['mamʊt, '-mu:t] *zoo* mammouth *m.*

man [man] **I.** *pron* on, l'on; *(Anrede an Leser)* vous; **II.** *adv dial = mal, einmal, nur.*

Management *n* ‹-s, -s› ['mænɪdʒmənt] management *m.* **managen** ['mɛnɪdʒən] *tr fam* diriger; organiser. **Manager** *m* ‹-s, -› manager, organisateur, dirigeant d'entreprise, cadre *m* supérieur (commercial). **Managerkrankheit** *f* surmenage *m* intellectuel *od* nerveux.

manch(er, e, es) [manç(-)] *pron* maint, certain, tel, plus d'un; *pl a.* plusieurs, nombre de, (d')aucuns. **mancherlei** [-'laɪ] divers, différent; toutes sortes (de). **manches** (bon) nombre (de); maintes choses; ▶ *~ Mal* maintes fois. **manchmal** *adv* quelquefois, parfois; mainte(s) fois; *pop* des fois.

Mandant *m* ‹-en, -en› [man'dant] mandant, commettant; *(e-s Rechtsanwalts)* client *m.*

Mandarine *f* ‹-, -n› [manda'ri:nə] mandarine *f.*

Mandat *n* ‹-(e)s, -e› [-man'da:t] *(Auftrag)* mandat (et pouvoir), pouvoir *m;* ▶ *sein ~ niederlegen (parl)* renoncer à *od* abandonner son mandat. **Mandatsgebiet** *n* territoire *m* sous mandat.

Mandel *f* ‹-, -n› ['mandəl] **1.** *(Frucht)*

amande *f;* **2.** *anat* amygdale *f;* ► *gebrannte* ~ amande pralinée, praline *f.* **Mandelbaum** *m* amandier *m.* **Mandelentzündung** *f* amygdalite *f.* **mandelförmig** *a* en amande. **Mandelöl** *n* essence *od* huile *f* d'amandes. **Mandeloperation** *f med* opération des amygdales, amygdalectomie *f.*

Mandoline *f* ‹-, -n› [mando'li:nə] mandoline *f.*

Mandschurei, *die* [mandʒu'raı] la Mandchourie. **mandschurisch** [-'dʒu:-/-'tʃu:rıʃ] *a* mandchou.

Manege *f* ‹-, -n› [ma'ne:ʒə] *(Reitbahn)* manège *m.*

Mangan *n* ‹-s, ø› [maŋ'ga:n] *chem* manganèse *m.*

Mangel (1) *m* ‹-s, ¨-› ['maŋəl, 'mɛŋəl] **1.** *(Fehlen)* manque *m,* absence *f,* défaut *m* (*an* de); *(Knappheit)* disette, pénurie *f,* dénuement *m;* indigence, rareté; *scient* carence *f;* **2.** *(Fehler)* défaut *m,* défectuosité; *(Unzulänglichkeit)* insuffisance, imperfection *f, jur* vice *m;* ► *aus ~ an Beweisen (jur)* faute de preuves; ~ *haben an* manquer de; *daran ist kein* ~ ce n'est pas ce qui fait défaut, il n'en manque pas; ~ *an Vitaminen* carence *f* en vitamines; **(2)** *f* ‹-, -n› ['maŋəl] *(Wäscherolle)* calandre *f.*

Mangelerscheinung *f* ['maŋəl-] *med* trouble *m* carentiel. **mangelhaft I.** *a* **1.** *(unzureichend)* insuffisant, déficient, imparfait; **2.** *(fehlerhaft)* défectueux, vicieux; *(unbefriedigend)* peu satisfaisant, médiocre; **II.** *adv* insuffisamment, peu, mal; ► *~e Ernährung f* carence *f* nutritive *od* alimentaire. **Mangelkrankheit** *f* maladie *f* par carence *od* carentielle. **mangeln (1)** *itr impers* manquer, faire défaut; **(2)** *tr* calandrer. **mangelnd** *a:* ► *wegen ~er Erfahrung* faute d'expérience; *~e Erziehung f* manque *m* d'éducation.

Mängelrüge *f* ['mɛŋəl-] avis *m* des défauts, réclamation *f.*

mangels ['maŋəls] *prp gen* à défaut de, faute de. **Mangelware** *f* marchandise *f* rare.

Manie *f* ‹-, -n› [ma'ni:] manie *f.*

Manier *f* ‹-, -en› [ma'ni:r] **1.** *(ohne pl)* manière, façon *f; (Stil)* style *m;* **2.** *pl* formes *f pl;* ► *jdm ~en beibringen* apprendre les bonnes manières à qn, *fam* décrotter qn; *keine ~en haben* manquer de manières. **manierlich** [-'ni:rlıç] *a* poli, civil.

Manifest *n* ‹-es, -e› [mani'fɛst] *pol* manifeste *m.*

Maniküre *f* ‹-, -n› [mani'ky:ʀə] **1.** *(ohne pl)* soins *m pl* des mains et des ongles; **2.** *(Handpflegerin)* manucure *f.* **maniküren** ‹*ohne ge-*› *tr* manucurer, faire les mains (de).

manisch ['ma:nıʃ] *a* maniaque.

Manko *n* ‹-s, -s› ['maŋko] **1.** *(Fehlbetrag)* déficit *m;* **2.** *allg fam (Fehler)* manque, défaut *m.*

Mann *m* ‹-(e)s, ¨-er› [man, 'mɛnər] **1.** homme *m;* **2.** *(Ehemann)* mari, *fam* légitime *m;* **3.** *(inv mit Zahlwort)* personne *f;* ► *bis auf den letzten* ~ jusqu'au dernier (homme); ~ *für* ~ un par un, l'un après l'autre; ~ *gegen* ~ corps à corps; *pro* ~ par homme, par tête; *s-e Ware an den* ~ *bringen* trouver preneur pour *od* débiter sa marchandise; *~s genug sein, um zu* être homme de taille à; *s-n* ~ *stehen* se montrer à la hauteur de sa tâche; *mit* ~ *und Maus untergehen (Schiff)* périr corps et biens; *Sie sind mein* ~ od *der* ~, *den ich brauche!* vous êtes mon homme, vous faites mon affaire! *mein lieber* ~*! (fam)* mon cher! ~ *über Bord!* un homme à la mer! *alle* ~ *an Deck!* tout le monde sur le pont! *selbst ist der* ~*!* ne compte que sur toi; *ein* ~, *ein Wort! (prov)* homme d'honneur n'a qu'une parole; *ein gemachter* ~ un homme arrivé; *der* ~ *auf der Straße* l'homme *m* de la rue. **mannbar** *a* pubère; *(Mädchen)* nubile.

Männchen *n* ‹-s, -› ['mɛnçən] **1.** petit (bon)homme, bout *m* d'homme; **2.** *(männl. Tier)* mâle *m;* ► ~ *machen (Tier)* faire le beau.

Mannequin *n a. m* ‹-s, -s› [manə'kɛ̃:, 'manəkɛ̃] mannequin *m.*

Männerchor *m* ['mɛnər-] chœur *m* d'hommes. **Männerstimme** *f* voix *f* d'homme *od* mâle.

Mannesalter *n* ['manəs-] âge *m* adulte *od* mûr *od* viril; ► *im besten* ~ dans la force de l'âge. **mannhaft** *a* vaillant, énergique, courageux, résolu.

mannigfach ['manıç-], **mannigfaltig I.** *a* varié, divers, différent, multiple; **II.** *adv* diversement, de différentes manières. **Mannigfaltigkeit** *f* ‹-, ø)› variété, diversité *f.*

Mannjahr *n* année *f* de main-d'œuvre. **Männlein** *n* petit (bon)homme *m.* **männlich** ['mɛnlıç] *a* **1.** viril; **2.** *gram* masculin; **3.** *biol* mâle. **Männlichkeit** *f* ‹-, ø› virilité *f.*

Mannloch *n* ['man-] *tech* trou *m* d'homme, ouverture *f* de visite. **Mannsbild** *n pop* (bon)homme *m* **Mannschaft** *f* **1.** *mil* troupe; *mil sport* équipe *f;* **2.** *mar* équipage *m;* **3.** *pl mil* hommes *m pl* de troupe. **Mannschaftsführer** *m sport* capitaine, chef *m* d'équipe. **mannshoch** *a* de la hauteur *od* taille d'un homme. **Mannsleute** *pl pop* hommes *m pl.* **mannstoll** *a* folle des hommes; *scient* nymphomane. **Mannweib** *n* femme hommasse, virago, amazone *f.*

Manometer *n* ‹-s, -› [mano'me:tər] ma-

nomètre *m.*
Manöver *n* ‹-s, -› [ma'nø:vər] **1.** *mil u. fig* manœuvre(s *pl*) *f;* **2.** *fig* ruse *f.* **manövrieren** ‹*ohne ge-*› *tr u. itr* manœuvrer. **manövrierfähig** *a* manœuvrable; en état de manœuvrer; *aero* maniable. **Manövrierfähigkeit** *f* ‹-, ø› manœuvrabilité; *aero* maniabilité *f.* **manövrierunfähig** *a* désemparé; *mar* n'obéissant pas à la barre.
Mansarde *f* ‹-, -n› [man'zaʀdə] mansarde *f.*
Manschette *f* ‹-, -n› [man'ʃɛtə] **1.** manchette *f,* poignet *m;* **2.** *tech* rondelle, rosette, virole *f;* **3.** *(Blumentopf)* cache--pot *m.* **Manschettenknopf** *m* bouton *m* de manchette.
Mantel *m* ‹-s, ⸚› ['mantəl, 'mɛntəl] **1.** manteau; *(Herren~)* pardessus *m; mil* capote *f;* **2.** *tech* manteau *m;* chemise, enveloppe *f (a. mot, Fahrrad);* ▶ *den ~ nach dem Winde hängen (fig)* retourner sa veste. **Mantelaufschlag** *m* revers *m* de *od* du manteau. **Mantelkragen** *m* collet *m* de manteau. **Manteltarif** *m* tarif *m* collectif. **Manteltasche** *f* poche *f* de pardessus. **Mantelvertrag** *m* contrat-cadre, contrat-type *m.*
manuell [manu'ɛl] **I.** *a* manuel; **II.** *adv a.* à *od* avec la main.
Manuskript *n* ‹-(e)s, -e› [manu'skrɪpt] manuscrit *m; typ* copie *f; film* scénario *m.*
Maoismus *m* ‹-, ø› [mao'ɪsmʊs] *pol* maoïsme *m.* **Maoist** *m* ‹-en, -en› [-'ɪst] *pol* maoïste *m.*
Mappe *f* ‹-, -n› ['mapə] **1.** (grand) portefeuille *m; (Sammel~, Ordner)* chemise *f,* classeur; *(Zeichen~)* carton *m; (Umlauf~)* chemise-bordereau *f;* **2.** *(Aktentasche)* serviette *f; (Schul~)* cartable; *(Kolleg~)* porte-documents *m.*
Marabu *m* ‹-s, -s› ['ma:rabu] *orn* marabout *m.*
Marathonlauf *m* ['ma:ratɔn-] (course *f*) marathon *m.* **Marathonläufer** *m* coureur *m* de marathon.
Märchen *n* ‹-s, -› ['mɛ:rçən] **1.** conte *m* (de fées), fable *f;* **2.** *(dummes Zeug)* conte (bleu); *(Lügengeschichte)* conte *m* (en l'air *od* fait à plaisir), histoire *f.* **Märchenbuch** *n* livre *m* de contes. **Märchenerzähler** *m* conteur *m.* **märchenhaft** *a* fabuleux, féerique. **Märchenland** *n* pays *m* féerique *od* des merveilles. **Märchenprinz** *m* prince *m* charmant.
Marder *m* ‹-s, -› ['mardər]. **Marderfell** *n* mart(r)e *f.*
Margarine *f* ‹-, ø› [marga'ri:nə] margarine *f.*
Margerite *f* ‹-, -n› [margə'ri:tə] *bot* grande marguerite, marguerite *f* des prés.
Maria *f* [ma'ri:a]. **Marie** *f* [-'ri:] Marie *f.*
Marienkäfer *m* coccinelle; *pop* bête *f* à bon Dieu. **Marienkirche** *f* (église *od* cathédrale) Notre-Dame *f.*
Marihuana *n* ‹-s, ø› [mariħu'a:na] marihuana, marijuana *f.*
Marine *f* ‹-, -n› [ma'ri:nə] marine; *mil* force(s *pl*) navale(s), armée *f* de mer. **marineblau** *a* bleu marine. **Marineoffizier** *m* officier *m* de marine. **Marineschule** *f* école *f* navale. **Marinestützpunkt** *m* base *f* navale.
Marionette *f* ‹-, -n› [mario'nɛtə] marionnette *f a. fig; fig* pantin *m a. fig.* **Marionettentheater** *n* théâtre *m* de marionnettes.
Mark [mark] **(1)** *n* ‹-(e)s, ø› **1.** *anat* moelle; *bes. bot* pulpe *f;* **2.** *(Küche, bes. in Zssgen)* concentré *m;* **3.** *fig (Kern)* (quint)essence, substance *f;* ▶ *durch ~ und Bein gehen* pénétrer jusque dans la moelle des os; **(2)** *f* ‹-, -en› *(Grenzgebiet)* marche *f;* **(3)** *f* ‹-, -› *(Währungseinheit)* mark *m.*
markant [mar'kant] *a (auffallend)* marquant; *(ausgeprägt)* marqué, prononcé, accusé.
Marke *f* ‹-, -n› ['markə] **1.** *(Zeichen)* marque *f,* repère *m;* **2.** *(Brief~, Gebühren~)* timbre; *(Lebensmittel~)* ticket; *(Spiel~, Automaten~)* jeton *m; (Erkennungs~)* plaque *f;* **3.** *com (Firma)* marque *f;* ▶ *eingetragene ~* marque déposée; **4.** *fam pej (Typ, Kerl)* numéro, type *m.* **Markenartikel** *m* article *od* produit *m* de marque. **Markenhersteller** *m* fabricant *m* de produits de marque. **Markenschutz** *m* protection *f* de la propriété industrielle. **Markenware** *f* marchandise *f* de marque.
markerschütternd ['mark-] *a* déchirant.
markieren [mar'ki:rən] ‹*ohne ge-*› *tr* **1.** marquer; *(auf e-r Karte)* repérer; *(Marschweg)* signaler, jalonner; **2.** *(betonen, hervorheben)* accentuer, souligner; **3.** *fam (simulieren, spielen)* simuler, faire. **Markierung** *f* marquage; repérage; jalonnement *m.* **Markierungspunkt** *m* repère *m.* **Markierungszeichen** *n* repère *m,* balise *f.*
markig ['markɪg] *a* **1.** moelleux; **2.** *fig* énergique, vigoureux.
Markise *f* ‹-, -n› [mar'ki:zə] *(Sonnendach)* marquise *f,* store *m.*
Markknochen *m* ['mark-] os *m* à moelle.
Markstein *m* ['mark-] borne *f;* ▶ *ein ~ sein (fig)* marquer une étape.
Markstück *n* ['mark-] pièce *f* d'un mark.
Markt *m* ‹-(e)s, ⸚e› [markt, 'mɛrktə] **1.** *(Ort)* marché *m;* **2.** *(Jahr~)* foire *f;* **3.** *(Absatz~)* débouché, marché *m;* ▶ *auf dem ~* au marché; *auf den ~ bringen, kommen* mettre *od* lancer *od* introduire, être mis sur le marché; *freier ~*

marché *m* libre; *grauer, schwarzer* ~ marché gris, noir. **Marktanalyse** *f* analyse *f* du marché. **Marktanteil** *m* part *f* du marché. **Marktbericht** *m* rapport *m od* revue *f od* bulletin *m* du marché, mercuriale *f*. **Marktbude** *f* échoppe *f*. **Marktflecken** *m* bourg(ade *f*) *m*. **Marktforschung** *f* recherche(s *pl*) *f od* sondages *m pl* et études *f pl* de marché, étude *od* analyse *f* du *od* des marché(s). **Marktfrau** *f* marchande *od* dame de la halle; *pej* poissarde *f*. **Marktführer** *m* numéro *m* un. **marktgerecht** *a adj* s'accordant avec les *od* conforme aux conditions du marché (libre). **Markthalle** *f* halle *f*, marché *m* couvert. **Marktlage** *f* situation *f* du marché. **Marktlücke** *f* créneau *m* de vente. **Marktplatz** *m* (place *f* du) marché *m* **Marktschreier** *m* charlatan, bonimenteur, histrion *m*. **marktschreierisch** *a* charlatanesque; *fig a*. tapageur. **Marktschwankungen** *f pl* fluctuations *f pl* du marché. **Markttag** *m* jour *m* de marché *od* de foire. **Marktwert** *m (Ware)* valeur *f* marchande, prix courant; *(Mensch)* valeur *f* sur le marché. **Marktwirtschaft** *f* économie *f* de marché; ▶ *freie* ~ économie *f* libre, de marché.

Marmelade *f* ⟨-, -n⟩ [marməˈla:də] confiture *f*. **Marmelade(n)brot** *n* tartine *f* de confiture.

Marmor *m* ⟨-s, -e⟩ [ˈmarmɔr] marbre *m*. **marmorieren** [-moˈri:rən] ⟨*ohne ge-*⟩ *tr* marbrer. **marmoriert** *a* veiné. **Marmorierung** *f* marbrure *f*; marbre *m* feint. **marmorn** [ˈmarmɔrn] *a* marmoréen, de marbre. **Marmorplatte** *f* plaque *f* de marbre. **Marmorsäule** *f* colonne *f* de marbre. **Marmortafel** *f* plaque *f* de marbre.

marode [maˈro:də] *a* épuisé; décadent; malade.

Marokkaner(in) *m* ⟨-s, -⟩ (*f* ⟨-, -nen⟩) [marɔˈka:nər] Marocain(e *f*) *m*. **marokkanisch** [-ˈka:nɪʃ] *a* marocain. **Marokko** [-ˈrɔko] *n* le Maroc.

Marone *f* ⟨-, -n⟩ [maˈro:nə] marron *m*, châtaigne *f*.

Marotte *f* ⟨-, -n⟩ [maˈrɔtə] marotte *f*, caprice *m*.

Mars *m* ⟨-, ø⟩ [mars] *rel astr* Mars *m*. **Marsbewohner** *m* Martien *m*.

Marsch (1) *m* ⟨-(e)s, ⸚e⟩ [marʃ, ˈmɛrʃə] *a. mil mus* marche *f*; ▶ *auf dem* ~ en marche, en route; *in* ~ *setzen* mettre en marche *od* en route, acheminer (*nach* sur, vers).

Marsch (2) *f* ⟨-, -en⟩ [marʃ] noue *f*.

marsch [marʃ] *interj* marche! en avant! *mil* en avant, marche!

Marschall *m* ⟨-s, ⸚e⟩ [ˈmarʃal, ˈ-ʃɛlə] maréchal *m*.

marschbereit [ˈmarʃ-] *a* prêt à marcher *od* à faire mouvement.

Marschboden *m* noue *f*.

Marschflugkörper *m mil* missile *m* de croisière. **Marschgepäck** *n* bagages *m pl od* paquetage *m* de route. **marschieren** ⟨*ohne ge-*⟩ *itr* ⟨*sein*⟩ marcher; faire mouvement (*auf ... zu* sur, vers). **Marschkolonne** *f* colonne *f* de marche *od* de route; *(Fahrzeuge)* convoi *m*. **Marschkompaß** *m* boussole *f* de marche.

Marschland *n* = *Marsch (2)*.

Marschlied *n* chanson *f* de marche. **Marschmusik** *f* musique *f* militaire. **Marschordnung** *f*: ▶ *(in)* ~ (en) formation *f od* ordre *m* de marche; *sich in* ~ *aufstellen* se former en colonnes. **Marschpause** *f* halte *f* (horaire). **Marschroute** *f* itinéraire *m*. **Marschstiefel** *m* botte de marche, demi-botte *f*.

Marstall *m* ⟨-(e)s, ⸚e⟩ [ˈmarʃtal, ˈ-ʃtɛlə] écurie *f* (royale *etc*).

Marter *f* ⟨-, -n⟩ [ˈmartər] martyre; *fig* supplice *m*, torture *f*. **martern** *tr* martyriser; *fig* torturer, mettre au supplice.

Martinshorn *n (von Polizei, Krankenwagen)* sirène *f*.

Märtyrer(in) *m* ⟨-s, -⟩ (*f* ⟨-, -nen⟩) [ˈmɛrtyrər] martyr(e *f*) *m*; ▶ *jdn zum* ~ *machen* faire un martyr de qn; **Märtyrertod** *m* martyre *m*. **Märtyrertum** *n* ⟨-s, ø⟩ , **Martyrium** *n* ⟨-s, -rien⟩ [marˈty:rium, -riən] martyre *m*.

Marxismus *m* ⟨-, ø⟩ [marˈksɪsmʊs] marxisme *m*. **Marxist** *m* ⟨-en, -en⟩ [-ˈksɪst] marxiste *m*. **marxistisch** [-ˈksɪstɪʃ] *a* marxiste.

März *m* ⟨-es/*poet* -en, -e⟩ [mɛrts] mars *m*.

Marzipan *n, a. m* ⟨-s, -e⟩ [martsiˈpa:n, ˈmartsipa:n] massepain *m*.

Masche *f* ⟨-, -n⟩ [ˈmaʃə] **1.** *(Schlinge)* maille *f*; point *m*; ▶ *e-e* ~ *fallen lassen* laisser tomber *od* filer une maille; **2.** *fam (Trick)* combine *f*. **Maschendraht** *m* treillis *od* grillage *m* de fil de fer *od* métallique.

Maschine *f* ⟨-, -n⟩ [maˈʃi:nə] **1.** machine *f a. loc; (Gerät)* engin *m*; **2.** *aero* appareil *m*; ▶ *auf* od *mit der* ~ *schreiben* taper (à la machine), dactylographier. **maschinell** [-ʃiˈnɛl] *a* mécanique, à la machine; ▶ ~ *bearbeiten* usiner; ~ *hergestellt* fait à la machine.

Maschinenanlage *f* [maˈʃi:nən-] machinerie, installation *f* mécanique. **Maschinenarbeit** *f* travail *od* ouvrage *m* à la machine. **Maschinenbau** *m* construction *f* mécanique *od* de machines. **Maschinenfabrik** *f* ateliers *m pl* de construction de machines *od* de constructions mécaniques. **maschinengeschrieben** *a* écrit à la machine. **Maschinengewehr** *n*: ▶ *schweres* ~ mitrailleuse *f; leichtes* ~ fusil *m* mitrailleur. **Maschinengewehrfeuer** *n* tir *m* de mitrailleuse. **Maschinengewehrschütze** *m* mitrailleur *m.* **Maschinenhalle** *f* halle *od* salle *f* des machines. **maschinenlesbar** *a* lisible par (un) ordinateur. **Maschinenlesbarkeit** *f (von einem Dokument)* aptitude *f* à être lu par (un) ordinateur. **Maschinenmeister** *m* (contremaître) mécanicien; *bes. theat* machiniste *m.* **Maschinenöl** *n* huile *f* à machines. **Maschinenpistole** *f* mitraillette *f,* pistolet *m* mitrailleur. **Maschinenraum** *m* salle *od* chambre *f* des machines. **Maschinensatz** *m* **1.** groupe *m* de machines; **2.** *typ* composition *f* mécanique. **Maschinenschaden** *m* avarie *f* de machine. **Maschinenschlosser** *m* serrurier-mécanicien *m.* **Maschinenschrift** *f* écriture *f* à la machine; ► *in* ~ *s. maschinenschriftlich.* **maschinenschriftlich** dactylographié, écrit *od* tapé à la machine. **Maschinenschuppen** *m loc* rotonde *f.*

Maschinerie *f* ‹-, -n› [maʃinəˈriː] machinerie, mécanique *f.* **Maschinist** *m* ‹-en, -en› [-ˈnɪst] machiniste, mécanicien *m.*

Maser *f* ‹-, -n› [ˈmaːzər] *(im Holz)* madrure *f,* veines *f pl,* ronce *f.* **masern** *tr* madrer, veiner.

Masern *pl* [ˈmaːzərn] *med* rougeole *f.*

Maserung *f* ‹-, ø› [ˈmaːzərʊŋ] madrure *f.*

Maske *f* ‹-, -n› [ˈmaskə] masque *m; fig* façade *f,* camouflage *m;* ► *die* ~ *abnehmen* od *fallenlassen (fig)* lever le masque; se démasquer. **Maskenball** *m* bal *m* masqué. **Maskenkostüm** *n* travesti, déguisement *m.* **Maskenzug** *m,* **Maskerade** *f* ‹-, -n› [-ˈraːdə] mascarade *f.* **maskieren** [-ˈkiːrən] ‹*ohne ge-*› *tr a. fig* masquer. **Maskierung** *f* ‹-, -en› **1.** déguisement *m;* **2.** *fig (Tarnung)* camouflage *m.*

Maskottchen *n* ‹-s, -› , **Maskotte** *f* ‹-, -n› [masˈkɔtçən, -ˈkɔtə] mascotte *f.*

Masochismus *m* ‹-, ø› [mazɔˈxɪsmʊs] masochisme *m.* **masochistisch** [ˈ-xɪstɪʃ] *a* masochiste.

Maß [maːs] **(1)** *n* ‹-es, -e› **1.** mesure *f; (Eich~)* étalon *m,* jauge *f;* **2.** *(Ausdehnung)* étendue, dimension *f;* **3.** *(Verhältnis)* proportion *f; fig (Grad)* degré *m;* **4.** *(Schranken)* borne(s *pl*), limite(s *pl*) *f;* **(2)** *f* ‹-, -(e)› *(Bierkrug)* chope *f;* ► *in dem* ~*e, daß ...* à ce point que, au point de *inf; in dem* ~*e wie* à mesure que, au fur et à mesure que, dans la mesure où *od* de; *in hohem* ~*e* dans une large mesure; à un haut degré; *kein* ~ *kennen* n'avoir pas *od* manquer de mesure; *nach* ~ *machen lassen* faire faire sur mesure; *mit zweierlei* ~ *messen (fig)* avoir deux poids et deux mesures; ~ *nehmen* prendre mesure; *das* ~ *vollmachen* combler la mesure, faire déborder le vase; *das* ~ *ist voll* la mesure est pleine *od* (à son) comble; ~*e und Gewichte n pl* poids *m pl* et mesures *f pl.*

Massage *f* ‹-, -n› [maˈsaːʒə] *med* massage *m.* **Massagesalon** *m* salon *m* de massage.

Massaker *n* ‹-s, -› [maˈsaːkər] *(Gemetzel)* massacre *m.* **massakrieren** [-ˈkriːrən] ‹*ohne ge-*› *tr* massacrer.

Maßanzug *m* [ˈmaːs-] complet *m* sur mesure. **Maßarbeit** *f* travail *m* sur mesure.

Masse *f* ‹-, -n› [ˈmasə] **1.** *(Menge)* masse *a. phys, fin; (bes. Menschen)* foule *f; pop (Haufen)* tas *m,* flopée *f; mil* gros *m;* **2.** *(Teig)* pâte; *(unförmiger Gegenstand)* masse *f;* ► *eine* ~ ... *(pop)* un tas de; beaucoup de; *in der* ~ *untertauchen* se mêler à la foule; *die breite* od *große* ~ la grande masse, les masses *f pl,* le plus grand nombre.

Maßeinheit *f* [ˈmaːs-] unité *f* de mesure.

Massenabsatz *m* [ˈmasən-] vente *f* en grandes quantités. **Massenansturm** *m* rush *m* (*auf* sur). **Massenarbeitslosigkeit** *f* chômage *m* de masse. **Massenartikel** *m com* article *m* de masse *od* de série, pièce *f* de fabrication en masse. **Massenauflage** *f typ* gros tirage *m.* **Massenbewegung** *f pol* mouvement *m* de masses. **Massendemonstration** *f* manifestation *f* massive *od* en masse. **Massenelend** *n* paupérisme *m.* **Massenentlassung** *f* débauchage *m* collectif. **Massenerzeugung** *f,* **Massenfertigung** *f* production *od* fabrication *f* en masse *od* en grande série. **Massenflucht** *f* fuite *f* en masse, exode *m.* **Massengrab** *n* fosse *f* commune. **massenhaft** *a* en masse, massif. **Massenhysterie** *f* hystérie *f* collective. **Massenmedien** *pl* [-meːdiən] masse-médias, masse media, médias *m pl.* **Massenmensch** *m* homme *m* de la masse *od* des foules. **Massenmord** *m* meurtre *m* en masse. **Massenpsychologie** *f* psychologie *f* des foules. **Massentierhaltung** *f* élevage *m* industriel. **Massentourismus** *m* tourisme *m* de masse. **Massenverbrauch** *m* consommation *f* de masse *od* en masse(s). **Massenverhaftungen** *f pl* arrestations *f pl* massives *od* en masse. **Massenversammlung** *f* réunion *f od* meeting *m* de masse. **massenweise** *adv* en masse(s).

Masseur *m* ‹-s, -e› [maˈsøːr] masseur *m.* **Masseurin** *f* masseuse *f.* **Masseuse** *f* ‹-, -n› [-ˈsøːzə] spécialiste *f* de massages thaïlandais.

maßgebend [ˈmaːs-] *a,* **maßgeblich** *a* décisif; déterminant; prépondérant; compétent, autorisé. **maßgeschnei-**

dert *a (Anzug)* (fait) sur mesure. **maß=halten** *itr* ‹*hält, hielt maß, maßgehalten*› garder la mesure, se modérer.
massieren [ma'si:rən] ‹*ohne ge-*› *tr* **1.** *med* masser; **2.** *mil* concentrer, quadriller. **massiert** *a (Angriff)* massif, en masse, en force.
massig ['masıç] *a* massif, en amas.
mäßig ['mɛ:sıç] *a* **1.** *(gemäßigt)* modéré; *(genügsam)* frugal, sobre; **2.** *(mittel~)* moyen, médiocre, passable, tel quel; **3.** *(niedrig, bes. Preis)* modéré, modique. **mäßigen** *tr* **1.** modérer; *(mildern)* tempérer; *(Worte)* adoucir; **2.** *(einschränken)* contenir; *(herabsetzen)* diminuer. **Mäßigkeit** *f* ‹-, ø› *(Genügsamkeit)* frugalité, sobriété, tempérance *f.* **Mäßigung** *f* ‹-, ø› **1.** modération *f;* **2.** *(Herabsetzung)* diminution *f.*
massiv [ma'si:f] *a* massif; *arch (~ gebaut)* construit en dur.
Maßkleidung *f* ['ma:s-] habillement *m od* vêtements *m pl* sur mesure. **Maßkonfektion** *f* mesure industrielle *od* américaine, prémesure *f.* **Maßkrug** *m* chope *f.* **maßlos** *a* démesuré, sans *od* outre mesure; *(unmäßig)* immodéré; au-delà de toute mesure; *(übermäßig)* excessif; outrancier, à outrance. **Maßlosigkeit** *f* démesure *f;* excès *m.* **Maßnahme** *f* ‹-, -n› **1.** *(Maßregel)* mesure *f;* **2.** *(Handlung)* opération, action *f;* ► *~n ergreifen* prendre des mesures. **Maßregel** *f* = *Maßnahme.* **maßregeln** *tr* prendre des mesures disciplinaires contre. **Maßreg(e)lung** *f* mesure *f* disciplinaire. **Maßstab** *m* **1.** *(Kartenmaßstab)* échelle *f;* **2.** *(Lineal)* règle *f* (graduée); **3.** *fig* norme *f; (Vergleich)* critère *m;* ► *in großem, kleinem ~* sur une grande *od* large, petite échelle; *im ~ 1 : 100 000* au cent millième; *e-n strengen ~ anlegen* appliquer *od* utiliser des critères sévères. **maßvoll** *a* mesuré, avec mesure; *(mäßig)* modéré.
Mast [mast] **(1)** *m* ‹-es, -en/(-e)› *(~baum)* mât; *el tele* poteau; *(Gittermast)* pylône *m;* **(2)** *f* ‹-, -en› *agr* engraissement *m.*
Mastbaum *m* ['mast-] mât *m.*
Mastdarm *m* ['mast-] rectum *m.*
mästen ['mɛstən] *tr* engraisser, mettre à l'engrais.
Mastfutter *n* ['mast-] engrais *m.* **Mastgans** *f* oie *f* grasse.
Mastkorb *m* ['mast-] *mar* hune *f.*
Match *n* ‹-s, -s/-e› [mɛtʃ] *sport* match *m.*
Material *n* ‹-s, -lien› [materi'a:l, -liən] **1.** matériel *m,* matière *f; (Baustoff)* matériau(x *pl*) *m;* **2.** *(fig: Unterlagen)* documents *m pl,* documentation *f.* **Materialfehler** *m* défaut *od* vice *m* de matériel *od* de matière.
Materialismus *m* ‹-, ø› [-'lısmʊs] matérialisme *m.* **Materialist** *m* ‹-en, -en› [-'lıst] matérialiste *m.* **materialistisch** [-'lıstıʃ] *a* matérialiste.
Materie *f* ‹-, -n› [ma'te:riə] **1.** matière *a. fig;* substance *f;* **2.** *(Gegenstand e-r Untersuchung)* sujet, thème *m;* ► *mit der ~ vertraut (a.)* initié. **materiell** [-teri'ɛl] *a* matériel; ► *in ~er Hinsicht* matériellement.
Mathematik *f* ‹-, ø› [matema'ti:k] mathématiques *f pl;* ► *höhere ~* mathématiques *f pl* supérieures; *angewandte ~* mathématiques *f pl* pures *od* appliquées. **mathematisch** [-'ma:tıʃ] *a* mathématique.
Matjeshering *m* ['matjəs-] hareng *m* vierge.
Matratze *f* ‹-, -n› [ma'tratsə] matelas, *(Feder~)* sommier *m.*
Mätresse *f* ‹-, -n› [mɛ'trɛsə] maîtresse *f.*
Matriarchat *n* ‹-(e)s, -e› [matriar'ça:t] *(Mutterrecht)* matriarcat *m.*
Matrikel *f* ‹-, -n› [ma'tri:kəl] *(Verzeichnis)* matricule *f.* **Matrikelnummer** *f* numéro *m* (de) matricule.
Matrize *f* ‹-, -n› [ma'tri:tsə] *tech* matrice *f.*
Matrone *f* ‹-, -n› [ma'tro:nə] matrone *f.*
Matrose *m* ‹-n, -n› [ma'tro:zə] *(a. als Dienstgrad)* matelot; *(Seemann)* marin *m.*
Matsch *m* ‹-(e)s, ø› [matʃ] **1.** *fam (weiche Masse)* gâchis *m;* **2.** *(nasser Schmutz)* boue *f.* **matschig** *a (schlammig)* boueux; *(Obst)* blet.
matt [mat] *a* **1.** *(glanzlos)* mat, terne, sans lustre; *(Metall)* éteint; *(Glas)* dépoli; *(Schimmer)* pâle, faible; *(Blick)* sans éclat; **2.** *(schlaff, abgespannt)* las, sans énergie; fatigué, épuisé; *(Stimme)* mourant; **3.** *(Schach)* échec et mat; ► *~ schleifen* dépolir; *jdn ~ setzen (Schach u. fig)* faire qn échec et mat, donner échec et mat à qn.
Matte *f* ‹-, -n› ['matə] **1.** *(Geflecht)* natte *f; (Fuß~)* paillasson; *sport* tapis *m;* **2.** *(Alpenweide)* pâturage (alpestre), alpage *m.*
Mattglas *n* ['mat-] verre *m* dépoli.
Matthäus *m* [ma'tɛ:ʊs] Matthieu.
mattieren [-'ti:rən] ‹*ohne ge-*› *tr* matir, rendre mat; *(Glas)* dépolir. **Mattigkeit** *f* ‹-, ø› lassitude, langueur *f,* manque *m* d'énergie; fatigue *f,* épuisement *m.* **Mattscheibe** *f fam (Bildschirm);* ► *fig fam ~ haben* avoir la comprenette dure.
Matze *f* ‹-, -n› , **Matzen** *m* ‹-s, -› ['matsə(n)] pain *m* azyme.
Mauer *f* ‹-, -n› ['maʊər] mur *m;* muraille *f;* ► *die Berliner ~ (hist)* le mur de Berlin; *die Große ~ (der Chinesen)* la Grande Muraille de Chine. **Mauerabsatz** *m* redan, redent *m.* **Mauerblümchen** *n:* ► *~ sein* faire tapisserie. **mauern** *tr* maçonner. **Mauersegler** *m orn*

martinet *m.* **Mauerwerk** *n* (ouvrage *m* de) maçonnerie *f.*

Maul *n* ‹-(e)s, ⸚er› [maʊl, 'mɔʏlər] *a. pop u. pej* gueule *f;* mufle *m;* ▶ *das ~ aufreißen (pop)* gueuler, japper; *ein großes ~ haben (pop fig)* être *od* avoir une grande gueule; *jdm das ~ stopfen (pop)* clore *od* clouer le bec, rabattre le caquet à qn; *halt's ~! (pop)* ta gueule!

Maulbeerbaum *m* ['maʊlbe:r-] mûrier *m.*

maulen ['maʊlən] *itr* faire la gueule *od* la moue, faire la *od* sa lippe; bouder; *fam* rouspéter, râler.

Maulesel *m* ['maʊl-] (petit) mulet *m.* **maulfaul** *a:* ▶ *~ sein* ne pas desserrer les dents, ne pas dire mot. **Maulheld** *m* fanfaron, bravache *m.* **Maulkorb** *m* muselière *f.* **Maultaschen** *f pl* sorte de grand ravioli fourré d'un hachis de viande et d'épinards. **Maultier** *n* (grand) mulet *m.* **Maultiertreiber** *m* muletier *m.* **Maul- und Klauenseuche** *f vet* fièvre *f* aphteuse.

Maulwurf *m* ['maʊl-] taupe *f.* **Maulwurfshaufen** *m,* **Maulwurfshügel** *m* taupinière *f.*

Maure *m* ‹-n, -n› ['maʊrə] Maure, More *m.*

Maurer *m* ‹-s, -› ['maʊrər] maçon *m.* **Maurerarbeit** *f,* **Maurerei** *f* [-'raɪ] maçonnage *m,* maçonnerie *f.* **Maurerkelle** *f* truelle *f.* **Maurerpolier** *m* contremaître *m* maçon.

maurisch ['maʊrɪʃ] *a* maur(esqu)e, mor(esqu)e.

Maus *f* ‹-, ⸚e› [maʊs, 'mɔʏzə] souris *f;* ▶ *mit Mann und ~ (fig)* corps et biens.

Mäusebussard *m* ['mɔʏzə-] *orn* buse *f.*

Mausefalle *f* ['maʊzə-] souricière *f.* **Mauseloch** *n* trou *m* de souris. **mausen 1.** *itr (Mäuse fangen)* prendre des souris; **2.** *tr fam hum (stibitzen)* chiper.

Mauser *f* ‹-, ø› ['maʊzər] mue *f;* ▶ *in der ~* en mue. **mausern, sich 1.** muer; **2.** *fig* faire peau neuve.

mausetot ['maʊzə-] *a hum* bien *od* raide mort.

mausig ['maʊzɪç] *a:* ▶ *sich ~ machen (fam)* se dresser *od* se monter sur ses ergots, faire l'important.

Mausoleum *n* ‹-s, -leen› [maʊzo'le:ʊm, -'le:ən] mausolée *m.*

Maut *f* ‹-, -en› [maʊt] péage *m.* **Mautgebühr** *f* péage. **Mautschranke** *f* barrière *f* de péage. **Mautstation** *f* station *f* de péage.

maximal [maksi'ma:l] **I.** *a* maximal; *attr* maximum, maxima *inv;* **II.** *adv* au maximum. **Maxime** *f* ‹-, -n› [-'ksi:mə] maxime *f.* **Maximum** *n* ‹-s, -ma› ['maksimʊm, -ma] maximum *m.*

Mayonnaise *f* ‹-, -n› [majɔ'nɛ:zə] mayonnaise *f.*

Mazedonien *n* [matse'do:niən] la Macédoine.

Mäzen *m* ‹-s, -e› [mɛ'tse:n] *(Gönner)* mécène *m.*

Mechanik *f* ‹-, -en› [me'ça:nɪk] mécanique *f.* **Mechaniker** *m* ‹-s, -› [-'ça:nikər] mécanicien; *fam* mécano *m.* **mechanisch** [-'ça:nɪʃ] *a, a. fig* mécanique. **mechanisieren** [-çani'zi:rən] ‹*ohne ge-*› *tr* mécaniser. **Mechanisierung** *f* mécanisation *f.* **Mechanismus** *m* ‹-, -men› [-'nɪsmʊs, -mən] mécanisme *m.*

Meckerer *m* ‹-s, -› ['mɛkərər] *fam* rouspéteur *m.* **meckern** *itr* **1.** *(Ziege)* chevroter, bêler; **2.** *fam (Mensch)* rouspéter.

Medaille *f* ‹-, -n› [me'daljə] médaille *f.* **Medaillon** *n* ‹-s, -s› [medal'jɔ̃:] *a. arch* médaillon *m.*

Medien *pl* ['me:diən] = *Massenmedien.*

Medikament *n* ‹-(e)s, -e› [medika'mɛnt] médicament, remède *m.*

Mediothek *f* [medio'te:k] médiathèque *f.*

Medizin *f* ‹-, -en› [medi'tsi:n] **1.** *(Heilkunde)* médecine *f;* **2.** *(Heilmittel)* médicament, remède *m;* ▶ *innere ~* médecine *f* interne. **Medizinball** *m* médecine-ball *m.* **Mediziner** *m* ‹-s, -› **1.** *(Arzt)* médecin *m;* **2.** *(Student)* étudiant *m* en médecine. **medizinisch** *a* **1.** *(Medizin-)* de médecine; *(ärztlich)* médical; **2.** *(arzneilich)* médicinal. **Medizinmann** *m* ‹-(e)s, ⸚er› sorcier (guérisseur), guérisseur *m.*

Meer *n* ‹-(e)s, -e› [me:r] mer *f; (Welt~)* océan *m.* **Meerbusen** *m* golfe *m.* **Meerenge** *f* détroit *m.*

Meeresarm *m* ['me:rəs-] bras *m* de mer. **Meeresboden** *m,* **Meeresgrund** *m* fond *m* de la mer. **Meereshöhe** *f* niveau *m* de la mer. **Meereskunde** *f* océanographie *f.* **Meeresküste** *f* côte *f* de la mer. **Meeresspiegel** *m* niveau *m od* surface *f* de la mer.

Meerrettich *m* ['me:r-] raifort *m.* **Meersaline** *f* marais *m* salant, salanque *f.* **Meerschaum** *m* écume *f* de mer. **Meerschweinchen** *n* cochon d'Inde, cobaye *m.* **Meerwasser** *n* eau *f* de mer.

Megabyte *n* ['mega-] *inform* mégaoctet *m.* **Megahertz** *n* ['mega-] *radio* mégacycle *m.* **Megaphon** *n* ‹-s, -e› [-'fo:n] mégaphone, porte-voix *m.* **Megawatt** *n* mégawatt *m.*

Mehl *n* ‹-(e)s, ø/-e› [me:l] farine; *allg* poudre *f;* ▶ *mit ~ bestreuen* (en)fariner. **Mehlhandel** *m* minoterie *f.* **Mehlhändler** *m* minotier *m.* **mehlig** *a* farineux. **Mehlkäfer** *m* ténébrion *m.* **Mehlsack** *m* sac *m* à farine. **Mehlschwitze** *f (Küche)* roux *m.* **Mehlspeise** *f* farineux *m.* **Mehltau** *m*

(Pflanzenkrankheit) blanc; *(beim Wein)* mildiou *m.* **Mehlwurm** *m (Larve des Mehlkäfers)* ver *m* de farine.

mehr [me:r] *adv (Komparativ von viel) (vor Substantiv)* plus (de); *(alleinstehend)* plus, davantage; ▶ ~ *als* plus que; *(vor e-r Zahl)* plus de; ~ *und* ~, *immer* ~ de plus en plus; *je* ~ ..., *desto* ... plus ..., plus ...; *nicht* ~ ne ... plus; *nicht* ~ *und nicht weniger* ni plus ni moins; *nie* ~ (ne ...) jamais plus; *noch* ~ encore plus, davantage; *um so* ~ d'autant plus (*als* que); *(alleinstehend)* à plus forte raison; ~ *denn je* plus que jamais; ~ *noch* bien plus; ~ *tot als lebendig (fam)* plus mort que vif; *nach* ~ *schmecken* avoir un goût de revenez-y; *was wollen Sie* ~*?* que voulez-vous de plus? ~ *als das!* il y a mieux que cela; *kein Wort* ~*!* plus un mot! tais-toi! taisez-vous! *ein Grund* ~ raison de plus.

Mehr *n* ‹-(s), ø› [me:r] plus; *(Überschuß)* surplus, excédent *m.* **Mehrarbeit** *f* surcroît *m* de travail. **mehrbändig** *a (Buch)* en plusieurs volumes. **Mehrbelastung** *f* surcharge *f.* **Mehrbetrag** *m* (somme *f* en) excédent *m.* **mehrdeutig** *a* ambigu. **Mehrdeutigkeit** *f* ‹-, ø› ambiguïté *f.* **Mehreinnahme** *f* excédent *m* de recettes. **mehren** *tr* augmenter; *sich* ~ augmenter, se multiplier, s'accroître. **mehrere** ['me:rərə] plusieurs *pl.* **Mehrerlös** *m,* **Mehrertrag** *m* surplus, excédent *m.* **mehrfach I.** *a* **1.** multiple, plural; **2.** *(wiederholt)* répété, réitéré; **II.** *adv* plusieurs fois, à plusieurs *od* diverses reprises. **Mehrfachstekker** *m el* prise *f* multiple. **Mehrfamilienhaus** *n* immeuble *m* collectif. **mehrfarbig** *a* polychrome. **Mehrgewicht** *n* excédent *od* supplément de poids, surpoids *m.* **mehrgleisig** *a loc* à plusieurs voies. **Mehrheit** *f* ‹-, -en› majorité; *(Vielzahl)* pluralité *f;* ▶ *die* ~ le grand nombre; *in der* ~ *(befindlich)* majoritaire; *die* ~ *der abgegebenen Stimmen erhalten* od *auf sich vereinigen* recueillir la majorité des suffrages exprimés; *absolute, einfache, kompakte, relative* ~ majorité *f* absolue, simple, massive, relative. **Mehrheitsbeschluß** *m parl* décision *f* à la *od* de majorité. **Mehrheitswahl** *f* suffrage *od* scrutin *m* majoritaire. **mehrjährig** *a* **1.** de plusieurs années; **2.** *bot* pluriannuel. **Mehrkanalbetrieb** *m TV* multiplex *m.* **Mehrkanalempfänger** *m TV* appareil *m* à plusieurs canaux. **Mehrkosten** *pl* excédent *m* de frais, frais *m pl od* dépenses *f pl* supplémentaires. **mehrmalig** *a* répété, réitéré. **mehrmals** *adv* plusieurs fois; à plusieurs reprises. **mehrmotorig** *a* multimoteur. **Mehrparteiensystem** *n* système *m* pluripartite. **mehrphasig** *a el* polyphasé. **mehrpolig** *a el* multipolaire. **mehrsilbig** *a* polysyllabe; ▶ ~*es Wort n* polysyllabe *m.* **mehrsprachig** *a* polyglotte. **mehrstellig** *a* à plusieurs chiffres. **mehrstimmig** *a* à plusieurs voix. **mehrstöckig** *a arch* à plusieurs étages. **mehrstufig** *a (Rakete)* à plusieurs étages. **mehrstündig** *a,* **mehrtägig** *a* de plusieurs heures, jours. **Mehrung** *f* augmentation *f,* accroissement *m.* **Mehrverbrauch** *m* consommation *f* additionnelle, excédent *m* de consommation. **Mehrwegflasche** *f* bouteille *f* consignée. **Mehrwert** *m* plus-value *f; (Steuerwesen)* valeur *f* ajoutée. **mehrwertig** *a chem* polyvalent. **Mehrwertsteuer** *f* taxe *f* sur la valeur ajoutée (T.V.A.). **Mehrzahl,** *die* **1.** la plus grande partie, la majorité, la plupart; **2.** *gram* le pluriel. **Mehrzweckfahrzeug** *n* véhicule *m* à usages multiples.

meiden ['maɪdən] ‹*meidet, mied, gemieden*› *tr* éviter; *(e-r Sache ausweichen)* fuir.

Meile *f* ‹-, -n› ['maɪlə] mille *m;* lieue *f.* **Meilenstein** *m* pierre *od* colonne *f* miliaire.

Meiler *m* ‹-s, -› ['maɪlər] meule (à charbon *od* de charbonnier), charbonnière *f.*

mein(e) [maɪn] *pron attr* mon, ma; *pl* mes; *pred* **meine(r, s)** u. *der, die, das meine* le mien, la mienne; ▶ ~ *und dein* le tien et le mien; *für* ~ *Teil* pour ma part.

Meineid *m* ‹-(e)s, -e› ['maɪnʔaɪt, -də] parjure, faux serment *m;* ▶ *e-n* ~ *schwören* se parjurer, faire un parjure *od* faux serment. **meineidig** *a* parjure; ▶ ~ *werden* se parjurer.

meinen ['maɪnən] *tr* **1.** être d'avis; estimer; *(denken)* penser; *(glauben)* croire; **2.** *(aussagen)* déclarer, dire; **3.** *(sagen wollen)* entendre, (vouloir) parler (de);▶ *es ernst* ~ être sérieux, parler sérieusement; *es gut mit jdm* ~ vouloir du bien à qn, avoir de bonnes intentions envers qn; *damit sind Sie gemeint* cela s'adresse à vous; *man könnte* od *sollte* ~ on dirait, on aurait dit, il est à croire; *es war nicht böse gemeint* il n'y avait pas de mauvaise intention; *das war nicht so gemeint* c'est une façon de parler; *was* ~ *Sie damit?* qu'entendez-vous *od* que voulez-vous dire par là? *was* ~ *Sie dazu?* qu'en pensez-vous? *wen* ~ *Sie?* de qui parlez-vous? *wie* ~ *Sie?* vous disiez? plaît-il? *wie* ~ *Sie das?* comment entendez-vous cela? *das will ich* ~*!* je pense bien! je le crois bien! *wie Sie* ~*!* comme vous voudrez.

meiner ['maɪnər] *(gen von: ich)* de moi; ▶ *er gedenkt* ~ il se souvient de moi; il pense à moi. **meinerseits** *adv* de mon côté, de *od* pour ma part; quant à moi.

meinesgleichen *pron sing* mon égal; *pl* mes égaux, mes semblables, mes pareils. **meinethalben** *adv,* **meinetwegen** *adv* à cause de *od* pour moi; ► *~!* *(ich habe nichts dagegen)* je le veux bien, je ne m'y oppose pas; d'accord! soit! passe! va! **meinetwillen** *adv:* ► *um ~* pour moi. **meinige,** *der, die, das (pron)* le mien, la mienne; ► *die M~n pl (meine Familie)* les miens, ma famille.

Meinung *f* ⟨-, -en⟩ ['maɪnʊŋ] *(Ansicht)* opinion *f,* avis *m,* manière de voir; *(Idee)* idée, pensée; *pol* optique *f;* ► *meiner ~ nach* à mon avis; *s-e ~ ändern* changer d'avis *od* d'idée; *s-e ~ äußern* exprimer *od* faire connaître *od* donner son opinion *od* avis; *sich e-e ~ bilden* se faire une opinion; *e-e gute, schlechte, hohe ~ von ... haben* avoir une bonne, mauvaise, haute opinion de ...; *jdm gehörig die ~ sagen* sonner les cloches à qn *fam; der ~ sein, daß* être d'avis que; *anderer ~ sein* être d'un autre avis; *der gleichen ~ sein wie, einer ~ sein mit* être du même avis que; partager l'opinion de; *die ~en gehen ausea.* od *sind geteilt* les avis sont partagés; *ganz meine ~!* je vous *od* te crois; tout à fait mon avis; *öffentliche ~* opinion *f* (publique); *vorgefaßte ~* idée *f* préconçue, parti *m* pris. **Meinungsäußerung** *f* manifestation *f* d'opinion. **Meinungsaustausch** *m* échange *m* de vues. **Meinungsforschung** *f* sondage *m* d'opinion, enquête *f* par sondage. **Meinungsumfrage** *f* sondage *m* d'opinion. **Meinungsverschiedenheit** *f* **1.** divergence *od* différence d'opinions *od* de vues, dissension *f;* **2.** *(Streit)* différend *m.*

Meise *f* ⟨-, -n⟩ ['maɪzə] *orn* mésange *f.*

Meißel *m* ⟨-s, -⟩ ['maɪsəl] ciseau, burin *m.* **meißeln** *tr* ciseler, buriner.

meist [maɪst] *adv* **1.** *(zeitl.)* le plus souvent, la plupart du temps; **2.** *allg* dans la plupart *od* la généralité des cas, généralement. **meistbietend** *adv* au plus offrant et dernier enchérisseur; *der M~e* le plus offrant. **meiste** *a:* ► *der, die, das ~ ...* le plus de, la plupart de ...; *das ~* le plus, la plus grande partie; *die ~n (...) pl* la plupart (de); le plus grand nombre, la majeure partie, la majorité; *am ~n* le plus; *in den ~n Fällen* dans la majorité des cas; *die ~n Leute pl* la plupart *od* les trois-quarts des gens; *die ~ Zeit* la plupart du temps. **meistens** *adv = meist.*

Meister *m* ⟨-s, -⟩ ['maɪstər] **1.** maître; *(Chef)* patron *m;* **2.** *sport* champion *m;* ► *s-n ~ finden (fig)* trouver son maître *od* plus fort que soi; *es ist noch kein ~ vom Himmel gefallen* apprenti n'est pas maître; il y a commencement à tout. **Meisterbrief** *m* brevet *od* diplôme *m* de maîtrise. **meisterhaft I.** *a* magistral, parfait; **II.** *adv* en maître, magistralement, à la perfection. **Meisterhand** *f:* ► *von ~* de main de maître. **Meisterin** *f* ⟨-, -nen⟩ **1.** maîtresse; patronne *f;* **2.** *sport* championne *f.* **meistern** *tr (Aufgabe)* s'acquitter de, venir à bout de; *(Schwierigkeit)* vaincre, faire face à. **Meisterprüfung** *f* examen *m* de maîtr(is)e; épreuve *f* de maître. **Meisterschaft** *f* **1.** maîtrise *f;* **2.** *sport* championnat *m.* **Meisterstück** *n,* **Meisterwerk** *n* chef-d'œuvre *m.*

Mekka *n* ['mɛka] la Mecque.

Melancholie *f* ⟨-, -n⟩ [melaŋko'li:] mélancolie *f.* **melancholisch** [-'ko:lɪʃ] *a* mélancolique.

Meldeamt *n* ['mɛldə-] *(Einwohner~)* bureau *m* des déclarations. **Meldefrist** *f* délai *m* de déclaration. **Meldegänger** *m mil* estafette *f.* **Meldehund** *m* chien-estafette *m.*

melden ['mɛldən] *tr* **1.** *(ankündigen)* annoncer *(jdn* qn); apprendre *(jdm etw* qc à qn); *(mitteilen)* signaler; avertir, informer *(jdm etw* qn de qc); faire part *(jdm etw* à qn de qc); **2.** *(berichten)* rendre compte *(jdm etw* à qn de qc); rapporter; *tele* transmettre (par message); **3.** *(anmelden)* faire inscrire; *refl: sich ~* **4.** se présenter (*bei jdm* à *od* chez qn; *zu etw* pour qc); **5.** se proposer (*für etw* pour qc); *(Schule)* lever la main; **6.** *(sich anmelden)* se faire inscrire; **7.** *tele* répondre (à l'appel); ► *es meldet sich niemand (tele)* ça ne répond pas; *wen darf ich ~?* qui dois-je annoncer?

Meldepflicht *f* ['mɛldə-] *(für e-e Person)* inscription *f* obligatoire; *(für e-e Sache)* déclaration *f* obligatoire. **meldepflichtig** *a* *(Person)* soumis à l'inscription; *(Sache)* à déclarer.

Melder *m* ⟨-s, -⟩ ['mɛldər] *mil* estafette *f;* agent *m* de transmission. **Meldung** *f* ⟨-, -en⟩ **1.** annonce *f;* avertissement, faire-part *m,* notification, information, communication *f;* compte rendu, rapport; *tele* avertissement; *radio* message *m;* **2.** *(An~, bes. sport)* (demande d')inscription *f;* ► *jdm ~ machen (mil)* rendre compte à qn; *letzte ~en (Zeitung)* dernière heure *f.*

meliert [me'li:rt] *a* **1.** mélangé; **2.** *(Haar)* grisonnant.

melken ['mɛlkən] ⟨*melkte* od *molk, gemolken* od *gemelkt*⟩ *tr* traire. **Melker** *m* ⟨-s, -⟩ trayeur *m.* **Melkmaschine** *f* trayeuse *f.*

Melodie *f* ⟨-, -n⟩ [melo'di:] mélodie *f,* air *m.* **melodienreich** *a,* **melodiös** [-di'ø:s] *a* mélodieux. **melodisch** [-'lo:dɪʃ] *a* mélodique.

Melone *f* ⟨-, -n⟩ [me'lo:nə] **1.** *bot* melon

m; **2.** *(Hut)* (chapeau) melon *m,* cape *f.*
Membran(e) *f* ‹-, -en› [mɛm'bra:n(ə)] membrane *f; bes. tele* diaphragme *m.*
Memme *f* ‹-, -n› ['mɛmə] poltron, couard *m.*
Memoiren *pl* [memo'a:rən] mémoires *f pl.*
Memorandum *n* ‹-s, -den/-da› [memo'randum, -dən/-da] *pol* mémorandum, aide-mémoire *m.*
Menagerie *f* ‹-, -n› [menaʒə'ri:] *(Tierschau)* ménagerie *f.*
Menge *f* ‹-, -n› ['mɛŋə] **1.** quantité *f;* **2.** *(große)* multitude *f,* grand nombre *m,* masse *f; (Haufen)* tas, amas *m;* **3.** *(Menschen~)* foule, cohue *f;* ▶ *e-e (ganze) ~ (gen) (fam)* quantité (de), un tas (de), pas mal (de), force *(ohne Artikel); pop* des masses (de); *in großen* od *(fam) rauhen ~n* à profusion, en masses, par millions, comme s'il en pleuvait; *in kleinen ~n* par petites quantités; *sich unter die ~ mischen, in der ~ untertauchen* se mêler à *od* avec la foule.
mengen ['mɛŋən] *tr* mêler; mélanger.
Mengenlehre *f* ['mɛŋən-] *math* **1.** théorie *f* des ensembles; **2.** mathématiques *f pl* modernes. **mengenmäßig** *a* quantitatif.
Mensa *f* ‹-, -s/-sen› ['mɛnza, '-zən] restaurant *m* universitaire.
Mensch [mɛnʃ] **1.** *m* ‹-en, -en› homme, être *m* (humain); **2.** *n* ‹-(e)s, -er› *fam pej* créature *f;* ▶ *kein ~ (niemand)* personne; *unter (die) ~en kommen* voir du monde; *ein (ganz) anderer ~ werden (fig)* faire peau neuve; *er ist auch nur ein ~* c'est un homme comme nous; *der ~ denkt, Gott lenkt (prov)* l'homme propose et Dieu dispose; *~! (interj); ~ Meier!* bigre! diantre! nom d'une pipe *od* de nom!
menscheln ['mɛnʃəln] *impers:* ▶ *es menschelt* les faiblesses humaines apparaissent.
Menschenaffe *m* ['mɛnʃən-] anthropoïde *m.* **Menschenalter** *n* génération *f.* **Menschenbild** *n philos* conception *f* de l'homme. **Menschenfeind** *m* misanthrope *m.* **menschenfeindlich** *a* misanthrope, hostile. **Menschenfresser** *m* anthropophage *m.* **Menschenfreund** *m* philanthrope *m.* **menschenfreundlich** *a* philanthropique; *(leutselig)* affable; *(wohlwollend)* bienveillant. **Menschengedenken** *n:* ▶ *seit ~* de mémoire d'homme. **Menschengeschlecht,** *das* le genre humain, l'espèce *f od* la race humaine. **Menschenkenner** *m:* ▶ *~ sein* être psychologue. **Menschenkenntnis** *f* connaissance *f* des hommes. **Menschenkette** *f* chaîne *f* humaine. **Menschenleben** *n* vie *f* humaine; ▶ *~ fordern* od *kosten* faire des victimes. **menschenleer** *a* dépeuplé, désert. **Menschenmassen** *f pl* masses *f pl.* **Menschenmenge** *f* foule, multitude *f.* **menschenmöglich** *a* humainement possible; ▶ *das ~e tun* faire tout son possible. **Menschenpotential** *n* ressources *f pl* en hommes. **Menschenrechte** *n pl* droits *m pl* de l'homme. **menschenscheu** *a* sauvage; *(schüchtern)* timide. **Menschenschlag** *m* race *f* d'hommes. **Menschenseele** *f:* ▶ *es war keine ~ zu sehen* il n'y avait âme qui vive. **Menschenskind** *n:* ▶ *~!* mon vieux! **Menschenverstand** *m:* ▶ *gesunder ~* bon sens, sens *m* commun. **Menschenwürde** *f* dignité *f* humaine *od* d'homme.
Menschheit *f* ‹-, ø› ['mɛnʃhaɪt] humanité *f;* genre *m* humain. **menschlich** *a* humain. **Menschlichkeit** *f* ‹-, ø› humanité *f.* **Menschwerdung** *f* **1.** *rel* incarnation *f;* **2.** *biol* hominisation *f.*
Menstruation *f* ‹-, -en› [mɛnstruatsi'o:n] *physiol* menstruation *f,* menstrues, règles *f pl.*
Mentalität *f* ‹-, -en› [mɛntali'tɛ:t] mentalité *f.*
Mentor *m* ‹-s, -en› ['mɛntɔr, -'to:rən] mentor; guide, conseiller *m.*
Menü 1. *n* ‹-s, -s› [me'ny:] menu *m;* ▶ *das ~ zs.stellen* faire *od* établir *od* dresser le menu: **2.** *inform* menu *m.*
Menuett *n* ‹-(e)s, -e/(-s)› [menu'ɛt] *(Tanz)* menuet *m.*
Mergel *m* ‹-s, -› ['mɛrgəl] *geol* marne *f.*
Meridian *m* ‹-s, -e› [meridi'a:n] *geog* méridien *m.*
merkbar ['mɛrk-] *a* perceptible, sensible. **Merkblatt** *n* feuille *f* de renseignements, (note *f*) aide-mémoire *m.* **merken 1.** *tr* remarquer; *(wahrnehmen)* s'apercevoir de; *(spüren)* sentir; **2.** *refl: sich etw ~* retenir, ne pas oublier qc; ▶ *nichts ~* n'y voir que du feu; *jdn etw nicht ~ lassen* ne pas laisser entendre *od* paraître *od* voir qc à qn; *das werde ich mir ~* je m'en souviendrai; cela me servira de leçon; *das muß man sich ~* c'est bon à savoir; *~ Sie sich das!* retenez bien cela! tenez-vous-le pour dit! **merklich** *a* sensible; visible; évident; ▶ *~e Besserung* mieux *m* sensible. **Merkmal** *n* ‹-s, -e› marque *f* (distinctive), signe (caractéristique); indice *m,* caractéristique *f; (Unterscheidungs~)* critère *m.* **merkwürdig** *a (seltsam)* curieux, singulier. **merkwürdigerweise** *adv* curieusement, chose curieuse. **Merkwürdigkeit** *f* curiosité, singularité; chose *f* curieuse *od* étrange.
Merowinger *m pl* ['me:rovɪŋər] *hist* Mérovingiens *m pl.*
meschugge [me'ʃugə] *a pop* maboul, louf(oque), cinglé; *arg* dingue.
Mesner *m* ‹-s, -› ['mɛsnər] *rel* sacristain

m.
Meßapparat *m* ['mɛs-] appareil de mesure, indicateur *m.* **meßbar** *a* mesurable, mensurable. **Meßbecher** *m* gobelet *m* gradué.
Meßbuch *n* ['mɛs-] *rel* livre de messe, missel; paroissien *m.*
Meßdaten *n pl* ['mɛs-] résultats *m pl* des mesures.
Meßdiener *m* ['mɛs-] *rel* servant *od* enfant *m* de chœur.
Messe *f* ⟨-, -n⟩ ['mɛsə] **(1)** *rel* messe *f;* ► *die ~ lesen* dire *od* célébrer la messe; *feierliche* od *öffentliche ~* grand-messe *f; stille ~* messe *f* basse; **(2)** *com* foire *f;* **(3)** *mil* mess *m.* **Messegelände** *n* terrain de (la) *od* champ *m* de foire.
messen ['mɛsən] ⟨*mißt, maß, gemessen*⟩ *tr* **1.** *(Tätigkeit)* mesurer, prendre la mesure de; *(mit dem Metermaß)* métrer; *(eichen)* jauger; *(loten)* sonder; **2.** *fig (mit dem Blick)* toiser; *itr* **3.** *(groß, lang sein; mit Zahlenangabe)* mesurer *(zwei Meter* deux mètres); ► *sich mit jdm ~* se mesurer, jouter avec qn.
Messer *n* ⟨-s, -⟩ ['mɛsər] couteau; *(Operationsmesser)* bistouri *m;* ► *jdn ans ~ liefern* livrer qn à la mort; *jdm das ~ auf die Brust* od *an die Kehle setzen* mettre à qn le couteau *od* le poignard sur *od* sous la gorge. **Messerheld** *m* bandit, apache *m.* **messerscharf** *a* acerbe, incisif. **Messerspitze** *f:* ► *e-e ~ ...* une pointe de .... **Messerstecher** *m* = *Messerheld.*
Messestand *m* ['mɛsə] stand *m* de foire *od* d'exposition.
Meßfehler *m* ['mɛs-] erreur *f* de mesure. **Meßfühler** *m tech* capteur *m.* **Meßgerät** *n* appareil de mesure, mesureur *m.*
Meßgewand *n* chasuble *f.*
Messias, *der* [mɛ'si:as] le Messie.
Messing *n* ⟨-s, ø⟩ ['mɛsɪŋ] laiton, cuivre *m* jaune.
Meßinstrument *n* ['mɛs-] instrument *m* de mesure. **Meßlatte** *f* mire *f,* jalon *m.*
Meßopfer *n* ['mɛs-] sacrifice *m* de la messe; oblation *f.*
Meßstange *f* ['mɛs-] = *Meßlatte.* **Meßstation** *f* station *f* de mesures. **Meßsucher** *m phot* viseur *m* à télémètre. **Meßtisch** *m* planchette *f* (topographique). **Meßtischblatt** *n* feuille *f* de *od* levé à la planchette, plan *m* directeur.
Messung *f* ['mɛsʊŋ] **1.** *(Tätigkeit)* mesurage, métrage *m;* **2.** *(Körpermessung)* mensuration *f.*
Meßwert *m* ['mɛs-] valeur *f* mesurée. **Meßzylinder** *m* éprouvette *f* graduée.
Mestize *m* ⟨-n, -n⟩ [mɛs'ti:tsə] , **Mestizin** *f* ⟨-, -nen⟩ métis(se *f*) *m.*
Metall *n* ⟨-s, -e⟩ [me'tal] métal *m;* ► *aus ~* métallique. **Metallarbeiter** *m* (ouvrier) métallurgiste; *fam* métallo *m.* **Metallbaukasten** *m* boîte *f* de construction métallique. **Metaller** *m* ⟨-s, -⟩ [me'talər] ouvrier *m* métallurgiste. **Metallindustrie** *f* industrie *f* métallurgique. **metallisch** *a* métallique; ► *~ glänzend* métallin. **Metallsäge** *f* scie *f* à métaux. **Metallurgie** *f* ⟨-, ø⟩ [-lʊr'gi:] métallurgie *f.* **Metallverarbeitung** *f* usinage *m* des métaux.
Metamorphose *f* ⟨-, -n⟩ [metamɔr'fo:zə] *(Verwandlung)* métamorphose *f.* **Metapher** *f* ⟨-, -n⟩ [-'tafər] *(bildl. Ausdruck)* métaphore *f.* **Metaphysik** *f philos* métaphysique *f.* **metaphysisch** *a* métaphysique.
Meteor *m* od *n* ⟨-s, -e⟩ [mete'o:r] météore, bolide *m.*
Meteorologe *m* ⟨-n, -n⟩ [-oro'lo:gə] météorologiste, météorologue *m.* **Meteorologie** *f* ⟨-, ø⟩ [-lo'gi:] météorologie *f.* **meteorologisch** [-'lo:gɪʃ] *a* météorologique.
Meter *m* od *n* ⟨-s, -⟩ ['me:tər] mètre *m.* **Metermaß** *n* **1.** mesure *f* métrique, mètre *m;* **2.** *(Zollstock)* mètre *m* pliant.
Methode *f* ⟨-, -n⟩ [me'to:də] méthode *f.* **methodisch** [-'to:dɪʃ] *a* méthodique.
Methyl *n* ⟨-s, ø⟩ [me'ty:l] *chem* méthyle *m.* **Methylalkohol** *m (Holzgeist)* alcool *m* méthylique.
Metrik *f* ⟨-, ø⟩ ['me:trɪk] métrique *f.* **metrisch** ['me:trɪʃ] *a* métrique; ► *~es System n* système *m* métrique.
Metropole *f* ⟨-, -n⟩ [-'po:lə] métropole *f.*
Metropolit *m* ⟨-en, -en⟩ [-po'li:t] *rel* métropolite *m.*
Mett *n* ⟨-(e)s, ø⟩ [mɛt] *dial (Hackfleisch)* viande *f* hachée.
Mette *f* ⟨-, -n⟩ ['mɛtə] *rel* matines *f pl.*
Metteur *m* ⟨-s, -e⟩ [mɛ'tø:r] *typ* metteur *m* en pages.
Mettwurst *f* ['mɛt-] andouille *f.*
Metzelei *f* ⟨-, -en⟩ [mɛtsə'laɪ] massacre *m,* tuerie *f,* carnage *m.* **metzeln** ['mɛtsəln] *tr (niedersäbeln)* sabrer, massacrer.
Metzger *m* ⟨-s, -⟩ ['-gər] boucher; *(Wurstmacher)* charcutier *m.* **Metzgerei** *f* [-'raɪ] boucherie; charcuterie *f.*
Meuchelmord *m* ['mɔʏçəl-] (meurtre avec *od* par) guet-apens *m.* **Meuchelmörder** *m* assassin, meurtrier *m.* **meucheln** *tr* assassiner.
Meute *f* ⟨-, -n⟩ ['mɔʏtə] *(Jagd)* meute; *fig* tourbe *f.*
Meuterei *f* ⟨-, -en⟩ [mɔʏtə'raɪ] mutinerie, émeute *f.* **Meuterer** *m* ⟨-s, -⟩ ['mɔʏtərər] mutin, émeutier *m.* **meutern** *itr* se mutiner.
Mexikaner(in) *m* ⟨-s, -⟩ (*f* ⟨-, -nen⟩) [mɛksi'ka:nər] Mexicain(e *f*) *m.* **mexikanisch** [-'ka:nɪʃ] *a* mexicain. **Mexiko** *n* ['mɛksiko] **1.** *(Land)* le Mexique; **2.**

(Stadt) Mexico *m.*
miauen [mi'aʊən] *itr* miauler.
mich [mɪç] *pron acc* me; *(an den Imperativ angehängt u. alleinstehend)* moi.
mick(e)rig ['mɪk(ə)rɪç] *a fam (schwach)* faible, faiblard.
Mieder *n* ‹-s, -› ['mi:dər] corselet *m.* **Miederwaren** *f pl* corsets *m pl.*
Mief *m* ‹-(e)s, ø› [mi:f] *fam (schlechte Luft)* air *m* vicié *od* confiné.
Miene *f* ‹-, -n› ['mi:nə] *(Gesichtsausdruck)* mine *f; (Aussehen)* air *m;* ▶ *~ machen zu* faire mine de; *eine finstere ~ machen* faire grise mine; *gute ~ zum bösen Spiel machen* faire contre mauvaise fortune bon cœur; *keine ~ verziehen* ne pas sourciller. **Mienenspiel** *n* **1.** mines *f pl,* mimique *f;* **2.** *theat* mime *m.*
mies [mi:s] *a fam* mauvais, moche; ▶ *~e Sache f* sale histoire *f; mir ist (so) ~* je suis mal fichu. **Miesmacher** *m fam* défaitiste *m.* **Miesmacherei** *f fam* défaitisme *m.*
Miesmuschel *f* ['mi:s-] *zoo* moule *f.*
Mietbeihilfe *f* ['mi:t-] allocation de logement, allocation-logement *f.* **Miete** *f* ‹-, -n› **(1)** loyer *m,* location *f; (Vierteljahres~)* terme; *theat* abonnement *m;* ▶ *zur ~ wohnen* être locataire; **(2)** *agr* meule *f,* silo *m.* **Mieteinnahmen** *f pl* revenu *m* locatif. **mieten** *tr* louer (*von jdm* à qn), prendre en location *od* à bail. **Mieter** *m* ‹-s, -› locataire, preneur *m.* **Mieterhöhung** *f* hausse *f* des loyers. **Mieterschutz** *m* protection *f* des locataires. **Mietertrag** *m* rapport *m* locatif. **mietfrei I.** *a* exempt de loyer; **II.** *adv* sans payer de loyer. **Mietkauf** *m* location-vente *f.* **Mietpreis** *m* prix *m* locatif *od* de location. **Mietrückstand** *m* loyer *m* arriéré. **Mietshaus** *n* maison *f* de rapport. **Mietvertrag** *m* contrat de location, rapport *m* locatif. **Mietwagen** *m* voiture *f* de location. **Mietwohnung** *f* appartement loué *od* locatif; logement *m* locatif.
Migräne *f* ‹-, -n› [mi'grɛ:nə] *(Kopfweh)* migraine *f.*
Mikrobe *f* ‹-, -n› [mi'kro:bə] microbe *m.* **Mikrobiologie** *f* microbiologie *f.* **Mikrochirurgie** *f* microchirurgie *f.* **Mikrocomputer** *m* micro-ordinateur *m.* **Mikroelektronik** *f* micro-électronique *f.* **Mikrofiche** *m* od *n* ‹-s, -s› [-fi:ʃ] microfiche *f.* **Mikrofilm** *m* microfilm *m.* **Mikrofilm-Lesegerät** *n* appareil *m* de lecture pour microfilm(s). **Mikroklima** *n* ‹-s, -s *u.* -mate; *pl selten*› ['mi:krokli:ma] microclimat *m.* **Mikrokosmos** *m* microcosme *m.* **Mikrometer** *n* micromètre *m.* **Mikron** *n* ‹-s, -› ['mi:krɔn] *(1/1000 mm)* micron *m.* **Mikroorganismus** *m biol* micro-organisme *m.* **Mikrophon** *n* ‹-s, -e› [-'fo:n] microphone, transmetteur *m.* **Mikrophotographie** *f phot* microphotographie *f.* **Mikroprozessor** *m* microprocesseur *m.* **Mikroskop** *n* ‹-s, -e› [-'sko:p] microscope *m.* **mikroskopisch** *a* microscopique. **Mikrosonde** *f med* microsonde *f.* **Mikrostruktur** *f* microstructure *f.* **Mikrowelle** *f* micro-onde *f.* **Mikrowellenherd** *m* four *m* à micro-ondes.
Milbe *f* ‹-, -n› ['mɪlbə] *ent* mite *f.*
Milch *f* ‹-, ø› [mɪlç] **1.** lait *m;* **2.** *(d. Fische)* lait(anc)e *f;* ▶ *dicke* od *gestandene ~* lait *m* caillé. **Milchbar** *f* milk-bar *m.* **Milchbart** *m fam* jeune barbe *f,* poil *m* follet. **Milcherzeugnisse** *n pl* produits *m pl* laitiers. **Milcherzeugung** *f* production *f* laitière. **Milchflasche** *f* bouteille *f* à lait. **Milchgebiß** *n* première dentition, dentition *f* de lait. **Milchgeschäft** *n* crémerie *f.* **Milchglas** *n* verre *m* laiteux *od* dépoli. **Milchhändler(in** *f***)** *m* laitier *m,* -ière *f.* **milchig** *a* laiteux, lacté, lactescent. **Milchkaffee** *m* café *m* au lait. **Milchkännchen** *n* crémier *m.* **Milchkanne** *f (kleine)* pot *m* à lait; *(große)* bidon *m* à lait. **Milchkuh** *f* vache *f* laitière *od fig* à lait. **Milchmädchenrechnung** *f* compte *m* d'apothicaire. **Milchpulver** *n* lait *m* en poudre. **Milchreis** *m* riz *m* au lait. **Milchschokolade** *f* chocolat *m* au lait. **Milchspeise** *f* laitage *m.* **Milchstraße** *f astr* voie *f* lactée. **Milchstraßensystem** *n astr* galaxie *f.* **Milchsuppe** *f* soupe *f* au lait. **Milchtopf** *m* pot *m* à lait. **Milchwaage** *f* pèse-lait *m.* **Milchwagen** *m* voiture *f* de laitier.
mild [mɪlt] *a* **1.** doux; *(Wetter) a.* clément; *(Klima)* tempéré; *(lau)* tiède; **2.** *(gütig)* bénin; *(barmherzig)* charitable; *(großmütig)* clément; *(Strafe)* léger; ▶ *~e Gabe f* aumône *f.* **Milde** *f* ‹-, ø› ['-də] **1.** douceur *f;* **2.** *(Güte)* bonté; *(Großmut)* clémence *f.* **mildern** *tr* adoucir; *(abschwächen)* atténuer, mitiger; *(mäßigen)* modérer; *(Strafe)* commuer. **Milderung** *f* ‹-, -en› *(Wetter)* adoucissement *m; (Strafe)* atténuation *f.* **mildtätig** *a* charitable. **Mildtätigkeit** *f* ‹-, ø› charité *f.*
Milieu *n* ‹-s, -s› [mili'ø:] milieu *m,* ambiance *f.*
militant [mili'tant] *a (kämpferisch)* militant.
Militär [mili'tɛ:r] **(1)** *m* ‹-s, -s› *(höherer Offizier)* militaire; soldat, homme *m* de guerre; **(2)** *n* ‹-s, ø› état *m* militaire; militaires *m pl,* troupes *f pl,* armée *f.* **Militärarzt** *m* médecin *m* militaire. **Militärattaché** *m* attaché *m* militaire. **Militärbündnis** *n* alliance *f* militaire. **Militärdienst** *m* service *m* militaire; ▶ *s-n ableisten* faire son service. **Militärdiktatur** *f* dictature *f* militaire.

Militärgeistliche *m* aumônier *m* militaire. **Militärgericht** *n* tribunal *m* militaire. **militärisch** [-ˈtɛːrɪʃ] *a* militaire; ▶ *~e Ausbildung f* instruction *f* militaire; *~e Ehren f pl* honneurs *f pl* militaires.
Militarismus *m* ‹-, ø› [militaˈrɪsmʊs] militarisme *m*. **militaristisch** [-ˈrɪstɪʃ] *a* militariste.
Militärkapelle *f* [miliˈtɛːr-] musique *f* militaire. **Militärregierung** *f* gouvernement *m* militaire.
Miliz *f* ‹-, -en› [miˈliːts] *(Bürgerwehr)* milice *f*.
Mille *n* ‹-, -› [ˈmɪlə] *com (1000 Stück)* mille *m*. **Milliampere** *n* [ˈ-li-] *el* milliampère *m*. **Milliardär** *m* ‹-s, -e› [-liarˈdɛːr] milliardaire *m*. **Milliarde** *f* ‹-, -n› [-liˈardə] milliard *m*. **Millibar** *n mete* millibar *m*. **Milligramm** *n* milligramme *m*. **Millimeter** *m od n* millimètre *m*. **Millimeterpapier** *n* papier *m* millimétré. **Million** *f* ‹-, -en› [-liˈoːn] million *m*. **Millionär** *m* ‹-s, -e› [-lioˈnɛːr] millionnaire *m*.
Milz *f* ‹-, -en› [mɪlts] *anat* rate *f*.
mimen [ˈmiːmən] *tr fam* **1.** *(nachahmen)* mimer, imiter; **2.** *(so tun, als ob)* feindre, simuler, faire. **Mimik** *f* ‹-, ø› [ˈmiːmɪk] *theat* jeux *m pl* de physionomie. **mimisch** *a* mimique.
Mimose *f* ‹-, -n› [miˈmoːzə] *bot* mimosa *m; a. fig* sensitive *f*. **mimosenhaft** *a* sensitif.
Minarett *n* ‹-s, -e/-s› [minaˈrɛt] *arch rel* minaret *m*.
minder [ˈmɪndər] *adv (weniger)* moins; ▶ *mehr oder ~* plus ou moins; *nicht ~* pas moins. **minderbemittelt** *a* économiquement faible; ▶ *geistig ~ (hum)* peu doué. **Mindereinnahme** *f* moins-perçu *m*. **Minderheit** *f* ‹-, -en› minorité *f*; ▶ *in der ~* en minorité. **minderjährig** *a* mineur. **Minderjährige(r** *m***)** *f* mineur(e *f*) *m*. **Minderjährigkeit** *f* ‹-, ø› minorité *f*. **mindern** *tr* **1.** amoindrir, diminuer, réduire; **2.** *(herabsetzen)* rabaisser, rabattre; déprécier; **3.** *(abschwächen)* atténuer. **Minderung** *f* ‹-, -en› **1.** amoindrissement *m*, diminution, réduction *f*; **2.** rabaissement *m*, dépréciation *f*; **3.** atténuation *f*. **minderwertig** *a* de valeur *od* qualité inférieure. **Minderwertigkeit** *f* infériorité *f*. **Minderwertigkeitsgefühle** *n*, **Minderwertigkeitskomplex** *m* sentiment, complexe *m* d'infériorité.
Mindestalter *n* [ˈmɪndəst-] âge *m* minimum *od* requis. **Mindestbetrag** *m* (somme *f*) minimum *m*. **mindeste,** *das* le moins, la moindre chose, le minimum; ▶ *nicht im ~n* absolument pas, pas le moins du monde, nullement; *zum ~n = mindestens; das ist doch das ~* c'est la moindre des choses. **Mindesteinkommen** *n* revenu *m* minimum. **mindestens** *adv* au moins, pour le moins; au minimum. **Mindestgewicht** *n* poids *m* minimum. **Mindesthaltbarkeitsdatum** *n (Lebensmittel)* date *f* limite (de vente). **Mindestlohn** *m* salaire *m* minimum. **Mindestmaß** *n* mesure *f* minimale *od* minimum. **Mindestpreis** *m* prix minimum, prix-plancher *m*. **Mindeststrafe** *f* minimum *m* de la peine.
Mine *f* ‹-, -n› [ˈmiːnə] **1.** *(Bergwerk; Sprengkörper)* mine *f*; **2.** *(Drehbleistift)* mine (de plomb); *(Kugelschreiber)* cartouche *f*; ▶ *auf e-e ~ laufen* toucher une *od mar* couler sur une mine; *~n legen* poser *od mar* mouiller des mines; *~n räumen* enlever *od mar* draguer des mines.
Minenfeld *n* [ˈmiːnən-] champ *m* de mines. **Minenleger** *m (Schiff)* mouilleur *m* de mines. **Minenräumboot** *n* dragueur (de mines), bateau *m* dragueur. **Minensperre** *f* barrage *m* de mines. **Minensuchgerät** *n* détecteur *m* de mines. **Minenwerfer** *m* lance-mines *m*.
Mineral *n* ‹-s, -e/-lien› [mineˈraːl, -liən] minéral *m*. **Mineralbad** *n* station *f* hydrominérale. **mineralisch** [-ˈraːlɪʃ] *a* minéral. **Mineralogie** *f* ‹-, ø› [-loˈgiː] minéralogie *f*. **Mineralöl** *n* huile minérale, essence *f* (minérale). **Mineralölsteuer** *f* taxe *f* sur le pétrole. **Mineralquelle** *f* source *f* d'eau minérale. **Mineralsalz** *n* sel *m* minéral.
Miniatur *f* ‹-, -en› [miniaˈtuːr] miniature *f*; ▶ *in ~* en miniature. **Miniaturmalerei** *f* miniature *f*.
Minibus *m* [ˈmiːni-, ˈmɪnibʊs] minibus *m*. **Minicomputer** *m* mini-ordinateur *m*. **Minigolf** *n* [ˈmiːnigɔlf] golf *m* miniature. **Minikassette** *f* minicassette *f*.
minimal [miniˈmaːl] *a (Mindest-)* minimal. **Minimal...** *(in Zssgen)* minimum *a*, minimal. **Minimum** *n* ‹-s, -ma› [ˈmiːnimʊm, -ma] minimum *m*.
Minirock *m* mini-jupe *f*.
Minister *m* ‹-s, -› [miˈnɪstər] ministre *m*; ▶ *~ ohne Geschäftsbereich* ministre *m* sans portefeuille. **Ministeramt** *n* ministère *m*. **ministeriell** [-teriˈɛl] *a* ministériel. **Ministerium** *n* ‹-s, -rien› [-ˈteːriʊm, -riən] ministère *m*; ▶ *~ für Auswärtige Angelegenheiten* ministère *m* des affaires étrangères. **Ministerkonferenz** *f* conférence *f* ministérielle. **Ministerpräsident** *m* premier ministre *m*; *(der BRD)* ministre-président *m*. **Ministerrat** *m* conseil *m* des ministres *od* de cabinet.
Ministrant *m* ‹-en, -en› [minɪsˈtrant] *rel* enfant *m f* de chœur. **ministrieren** [-ˈtriːrən] *itr* servir la messe.
Minna *f* [ˈmɪna]:▶ *grüne ~ (pop: Polizei-Zellenwagen)* panier *m* à salade.
Minorität *f* ‹-, (-en)› [minoriˈtɛːt] mino-

rité *f.*
Minorka *n* [mi'nɔrka] *geog* Minorque *f.*
minus ['mi:nʊs] *adv* moins. **Minus** *n* ‹-, -› différence *f* en moins, déficit *m;* ► *ein ~ machen* faire du déficit. **Minuspol** *m phys* pôle *m* négatif. **Minuszeichen** *n* (signe) moins *m.*
Minute *f* ‹-, -n› [mi'nu:tə] minute *f;* ► *auf die ~ (genau)* à la minute; *auf die letzte ~, in letzter ~* à la dernière minute, au tout dernier moment; *keine ruhige ~ haben* n'avoir pas une minute de repos. **minutenlang I.** *a* de plusieurs minutes; **II.** *adv* pendant des minutes. **Minutenschnelle** *f:* ► *in ~* en quelques minutes. **Minutenzeiger** *m* aiguille des minutes, grande aiguille *f.*
Minze *f* ‹-, -n› ['mɪntsə] *bot* menthe *f.*
mir [mi:r] *pron dat* me; *(an den Imperativ angehängt)* moi; *(alleinstehend)* à moi; ► *von ~ aus* **1.** quant à moi; **2.** *(als Antwort)* si tu *etc* veux.
Mirabelle *f* ‹-, -n› [mira'bɛlə] *bot* mirabelle *f.*
Mirakel *n* ‹-s, -› [mi'ra:kəl] miracle *m.*
Mischbauweise *f* ['mɪʃ-] construction *f* mixte. **Mischbecher** *m* mélangeur *m.* **Mischbrot** *n* pain *m* bis. **Mischehe** *f* mariage mixte; *(rassische)* mariage *m* interracial. **mischen** *tr* mêler (*mit* avec, à), mélanger; *(Wein)* couper; *(Gift)* préparer; *(die Karten)* battre; ► *sich in etw ~* se mêler de qc; s'ingérer, s'immiscer dans qc. **Mischer** *m* ‹-s, -› *(Gerät)* mélangeur *m,* mélangeuse *f.* **Mischfutter** *n* mélange *m* de grains; *(für Geflügel)* bisaille *f.* **Mischgemüse** *n* macédoine *f* (de légumes). **Mischling** *m* ‹-s, -e› métis, hybride, sang *m* mêlé. **Mischmasch** *m* ‹-(e)s, -e› ['mɪʃmaʃ] pêle-mêle, micmac; *fam* tripotage *m.* **Mischmaschine** *f* machine *f* à mélanger, mélangeur *m,* mélangeuse *f,* malaxeur; mixer, mixeur; batteur *m* électrique. **Mischtrommel** *f* tambour *m* mélangeur. **Mischung** *f* ‹-, -en› **1.** mélange *m,* mixtion *f;* **2.** *(Gemischtes)* composé *m;* **3.** *biol (Kreuzung)* métissage *m.* **Mischwald** *m* forêt *f* à essences mixtes.
miserabel [mize'ra:bəl] *a fam* misérable, pitoyable.
Mispel *f* ‹-, -n› ['mɪspəl] *(Frucht)* nèfle *f; (Strauch)* néflier *m.*
mißachten [mɪs'-] ‹*ohne ge-*› *tr* mépriser, mésestimer, dédaigner. **Mißachtung** *f* **1.** mépris *m,* mésestime *f,* dédain *m;* **2.** *(e-s Gesetzes)* non-respect *m,* non-observation *f;* ► *unter ~ (gen)* au mépris (de).
Mißbehagen *n* ['mɪs-] malaise *m,* gêne *f.*
Mißbildung *f* ['mɪs-] déformation *f;* malformation; difformité *f.*
mißbilligen [mɪs'bɪlɪgən] ‹*ohne ge-*› *tr* désapprouver, condamner. **mißbilligend** *a* désapprobateur, réprobateur. **Mißbilligung** *f* désapprobation, réprobation *f.*
Mißbrauch *m* ['mɪsbraʊx] abus; emploi *m* abusif; ► *~ treiben mit* faire abus de; *~ der Amtsgewalt* abus *m* de pouvoir *od* d'autorité. **mißbrauchen** ‹*ohne ge-*› *tr* abuser de, mal user de, faire mauvais usage de; *(Güte)* exploiter; *(Vertrauen)* trahir. **mißbräuchlich** *a* abusif.
mißdeuten [mɪs'dɔʏtən] ‹*ohne ge-*› *tr* mal interpréter; interpréter de travers. **Mißdeutung** *f* interprétation *f* fausse *od* erronée.
missen ['mɪsən] *tr* se passer de.
Mißerfolg *m* ['mɪs-] insuccès, échec *m,* non-réussite, déconvenue *f.*
Mißernte *f* ['mɪs-] récolte déficitaire *od* en déficit, mauvaise récolte *f.*
Missetat *f* ['mɪsə-] méfait, forfait, crime *m.* **Missetäter** *m* malfaiteur, criminel *m.*
mißfallen [mɪs'falən] ‹*mißfällt, mißfiel, mißfallen*› *itr* déplaire (*jdm* à qn). **Mißfallen** *n* ‹-s, ø› ['--] déplaisir *m;* ► *jds ~ erregen = jdm mißfallen.* **mißfällig I.** *a* déplaisant, défavorable; **II.** *adv* avec déplaisir, défavorablement.
mißgebildet ['mɪs-] *a* malformé, e.
Mißgeburt *f* ['mɪs-] bébé *m* malformé.
mißgelaunt ['mɪs-] *a* mal luné *od* disposé, maussade, de mauvaise humeur.
Mißgeschick *n* ['mɪs-] disgrâce, mauvaise fortune, adversité, déconvenue *f.*
mißgestimmt ['mɪs-] *a = mißgelaunt.*
mißglücken [mɪs'glʏkən] ‹*ohne ge-*› *itr* ‹*sein*› ne pas réussir; mal tourner, échouer; ► *es ist mir mißglückt* je n'ai pas réussi.
mißgönnen [mɪs'gœnən] ‹*ohne ge-*› *tr* envier (*jdm etw* qc à qn).
Mißgriff *m* ['mɪs-] faute, erreur *f.*
Mißgunst *f* ['mɪs-] envie, jalousie *f.* **mißgünstig** *a* envieux, jaloux.
mißhandeln [mɪs'handəln] ‹*ohne ge-*› *tr* maltraiter, brutaliser. **Mißhandlung** *f* mauvais traitement *m.*
Mißheirat *f* ['mɪs-] mésalliance *f.*
Mißhelligkeit *f* ['mɪs-] discordance; mésentente.
Mission *f* ‹-, -en› [mɪsi'o:n] *allg* mission *f.* **Missionar** *m* ‹-s, -e› [-sio'na:r] missionnaire *m* **missionieren** [-'ni:rən] ‹*ohne ge-*› *itr* faire *od* prêcher la mission.
Mißklang *m* ['mɪs-] *mus* dissonance, note discordante *od* fausse; *(a. sprachlich)* cacophonie *f; fig* désaccord *m.*
Mißkredit *m* ['mɪs-] discrédit *m;* ► *jdn in ~ bringen* jeter le discrédit sur qn, discréditer qn; *in ~ geraten* od *kommen* tomber en discrédit.
mißlich ['mɪslɪç] *a (unerfreulich)* fâcheux, désagréable. **Mißlichkeit** *f* ‹-,-en› caractère *m* fâcheux.

mißliebig ['mɪs-] *a* mal vu; impopulaire; ▶ *sich bei jdm ~ machen* perdre les bonnes grâces de qn.
mißlingen [mɪs'lɪŋən] ⟨*mißlingt, mißlang, mißlungen*⟩ *itr* ⟨*sein*⟩ ne pas réussir, échouer; ▶ *es mißlingt mir* je ne réussis pas. **Mißlingen** *n* non-réussite *f*, insuccès, échec *m*. **mißlungen** *a* mal venu.
Mißmanagement *n* mauvaise gestion *f*.
Mißmut *m* ['mɪs-] morosité, mauvaise humeur, humeur *f* chagrine. **mißmutig** *a* morose.
mißraten [mɪs'ra:tən] **I.** ⟨*mißrät, mißriet, mißraten*⟩ *itr* ⟨*sein*⟩ ne pas réussir, mal tourner; **II.** *a (Mensch)* mal tourné, dénaturé.
Mißstand *m* ['mɪs-] inconvénient *m*.
Mißstimmung *f* ['mɪs-] **1.** dépit *m;* **2.** *(Unbehagen)* malaise *m*.
Mißton *m* ['mɪs-] son *m* discordant, note discordante; *fig* discordance *f*.
mißtrauen [mɪs'traʊən] ⟨*ohne ge-*⟩ *itr* se méfier, se défier (*jdm* de qn). **Mißtrauen** *n* ⟨-s, ø⟩ ['mɪs-] méfiance, défiance *f* (*gegen* de); ▶ *jds ~ erregen* inspirer de la méfiance à qn. **Mißtrauensantrag** *m*, **Mißtrauensvotum** *n parl* motion *f* de censure. **mißtrauisch** *a* défiant, méfiant; *(argwöhnisch)* soupçonneux.
Mißverhältnis *n* ['mɪs-] **1.** disproportion *f*, déséquilibre *m*, disparité *f;* **2.** *fig* discordance, mauvaise harmonie *f*.
mißverständlich ['mɪs-] *a* ambigu; ▶ *~ sein (a.)* prêter à malentendu. **Mißverständnis** *n* malentendu *m*, méprise *f*. **mißverstehen** ⟨*mißverstand, mißverstanden*⟩ *tr* mal comprendre, se méprendre sur, prendre en mauvaise part.
Mißwirtschaft *f* ['mɪs-] mauvaise gérance *od* gestion *od* régie *f*.
Mist *m* ⟨-(e)s, ø⟩ [mɪst] **1.** fumier *m; (Kuh~)* bouse; *(Kot)* fiente *f;* **2.** *fig (Dreck, Schund)* camelote *f;* ramassis, fatras; *(Pfusch)* bousillage *m; (Blödsinn)* idiotie, bêtise *f;* ▶ *~ verzapfen (fam)* dégoiser, dire des âneries, des inepties. **Mistbeet** *n* couche *f* de fumier.
Mistel *f* ⟨-, -n⟩ ['mɪstəl] *bot* gui *m*.
misten ['mɪstən] *tr (Stall)* nettoyer de son fumier; *itr* enlever le fumier. **Mistfink** *m fam* sale type; cochon; *pop* sal(ig)aud *m*. **Mistgabel** *f* fourche *f* à fumier. **Misthaufen** *m* tas *m* de fumier. **mistig** *a fam* sale, boueux. **Mistkäfer** *m* bousier *m*. **Miststück** *n*, **Mistvieh** *n pop pej* fumier *m*.
mit [mɪt] *prp* **1.** *(Begleitung)* avec; accompagné de; **2.** *(instrumental)* de, à, par; **3.** *(versehen ~, im Besitz von)* à; **4.** *(bei e-m v)* aussi, également, *fam* avec; ▶ *~ blauen Augen* aux yeux bleus; *~ jedem Jahr* d'année en année; *~ zwanzig Jahren* à (l'âge de) 20 ans; *~ offenem Munde* bouche bée; *~ Recht* à bon droit; *etw nicht ~ ansehen können* ne pas pouvoir supporter (le spectacle de) qc; *es ~ berücksichtigen* en tenir compte également; *~ dabeisein* y participer, y être présent, y assister, en être.
Mitangeklagte(r *m***)** *f* ['mɪt-] coaccusé(e *f*), coinculpé(e *f*) *m*.
Mitarbeit *f* ['mɪt-] collaboration, coopération *f;* ▶ *unter ~ (gen)* avec la collaboration (de), en collaboration (avec). **mit=arbeiten** *itr* collaborer, coopérer (*an etw* à qc). **Mitarbeiter** *m* collaborateur; coopérateur *m*. **Mitarbeiterstab** *m* équipe *f* de collaborateurs.
mit=bekommen ['mɪt-] ⟨*bekam mit, mitbekommen*⟩ *tr* **1.** *(als Mitgift)* avoir en dot; **2.** *fam (verstehen)* comprendre.
mit=benutzen ['mɪt-] ⟨*ohne ge-*⟩ *tr* user *od* employer *od* jouir (*etw* de qc) en commun. **Mitbenutzung** *f* usage *od* emploi *m* en commun.
Mitbestimmung(srecht *n***)** *f* ['mɪt-] (droit *m* de) cogestion *f*.
Mitbewerber *m* ['mɪt-] autre concurrent *m*.
Mitbewohner *m* ['mɪt-] autre habitant de la maison, voisin *m*.
mit=bringen ['mɪt-] ⟨*brachte mit, mitgebracht*⟩ *tr* **1.** *(Person)* (r)amener; **2.** *(Sache)* (r)apporter. **Mitbringsel** *n* ⟨-s, -⟩ chose *f* apportée; *(Geschenk)* petit cadeau *m*.
Mitbürger *m* ['mɪt-] concitoyen *m*.
Miteigentum *n* ['mɪt-] copropriété; copossession *f*. **Miteigentümer** *m* copropriétaire; copossesseur *m*.
miteinander [mɪtʔaɪ'nandər] *adv* ensemble; en commun; l'un avec l'autre, les uns avec les autres; ▶ *alle ~* tous ensemble.
Miterbe *m* ['mɪt-] cohéritier *m*.
mit=erleben ['mɪt-] ⟨*ohne ge-*⟩ *tr* vivre, voir; *(aktiv)* assister, participer (*etw* à qc).
Mitesser *m* ['mɪt-] *med* comédon; *fam* point *m* noir.
mit=fahren ['mɪt-] ⟨*fährt, fuhr mit, mitgefahren*⟩ *itr* ⟨*sein*⟩ aller avec moi *etc;* m'accompagner *etc;* ▶ *~ lassen (im Auto)* prendre à bord *fam*. **Mitfahrer** *m* autre passager *m*. **Mitfahr(er)zentrale** *f* agence *f* arrangeant des déplacements en voiture, allostop *m*. **Mitfahrgelegenheit** *f:* ▶ *e-e ~ nach Paris suchen* chercher une voiture pour Paris; *jdm e-e ~ nach Paris anbieten* proposer à qn de l'emmener à Paris.
mit=fühlen ['mɪt-] *itr:* ▶ *mit jdm ~* partager les sentiments de qn, sympathiser avec qn. **mitfühlend** *a* compatissant.
mit=geben ['mɪt-] ⟨*gibt, gab mit, mitgegeben*⟩ *tr* donner (à emporter); *(als Mitgift)* donner (en dot).

Mitgefangene(r *m*) *f* ['mɪt-] codétenu(e *f*) *m*.
Mitgefühl *n* ['mɪt-] **1.** compassion *f;* **2.** *(Beileid)* condoléances *f pl.*
mit=gehen ['mɪt-] ⟨*ging mit, mitgegangen*⟩ *itr* ⟨*sein*⟩ aller avec *fam;* ▶ *mit jdm* ~ aller avec qn; accompagner, suivre qn; ~ *lassen (fam: stehlen)* subtiliser, chaparder, chiper.
mitgenommen ['mɪt-] *a fam* **1.** *(Mensch)* épuisé, fatigué; **2.** *(Sache)* défait.
Mitgift *f* ⟨-, -en⟩ ['mɪt-] dot *f;* biens *m pl* dotaux.
Mitglied *n* ['mɪt-] membre, adhérent, affilié *m;* ▶ ~ *werden* s'affilier (*in* à). **Mitgliedsbeitrag** *m* cotisation, contribution *f.* **Mitgliedschaft** *f* qualité de membre, appartenance, adhésion, affiliation *f.* **Mitgliedskarte** *f* carte *f* de membre *od* d'adhérent. **Mitglied(s)staat** *m* État *od* pays *m* membre.
Mithäftling *m* ['mɪt-] codétenu *m.*
Mithaftung *f* ['mɪt-] responsabilité *f* commune *od* partagée; coresponsabilité *f.*
mit=halten ['mɪt-] ⟨*hält, hielt mit, mitgehalten*⟩ *itr* être de la partie, en être.
mit=helfen ['mɪt-] ⟨*hilft, half mit, mitgeholfen*⟩ *itr* assister, coopérer, concourir (*bei* à).
Mitherausgeber *m* ['mɪt-] coéditeur *m.*
Mithilfe *f* ['mɪt-] assistance, coopération *f,* concours *m.*
mit=hören ['mɪt-] **1.** *tr tele* intercepter, capter; **2.** *itr allg* écouter.
Mitinhaber *m* ['mɪt-] copropriétaire, codétenteur, associé *m.*
Mitkläger *m* ['mɪt-] *jur* codemandeur *m.*
mit=kommen ['mɪt-] ⟨*kam mit, mitgekommen*⟩ *itr* ⟨*sein*⟩ **1.** *(begleiten)* venir avec *fam;* accompagner (*mit jdm* qn); **2.** *(geistig folgen können)* suivre; ▶ *da komme ich nicht (mehr) mit (fig)* cela me dépasse.
mit=kriegen ['mɪt-] *tr fam* = *mitbekommen.*
Mitläufer *m* ['mɪt-] *pol* suiveur, sympathisant *m.*
Mitlaut *m* ['mɪt-] *gram* consonne *f.*
Mitleid *n* ⟨-(e)s, ø⟩ ['mɪt-] pitié; *(Mitgefühl)* commisération, compassion *f;* ▶ *jds* ~ *erregen* od *erwecken* faire pitié à qn; *mit jdm* ~ *haben* avoir pitié de qn. **Mitleidenschaft** *f:* ▶ *in* ~ *ziehen* affecter. **mitleiderregend** *a* piteux, pitoyable. **mitleidig** *a* compatissant. **mitleid(s)los** *a* impitoyable, sans pitié.
mit=machen ['mɪt-] **1.** *tr (Veranstaltung)* participer, assister, prendre part (*acc* à); *(Kurs, Mode)* suivre; **2.** *itr (dabei sein)* se mettre *od* être de la partie; *allg* être en jeu, en être; ▶ *ich mache mit* je suis des vôtres.
Mitmensch *m* ['mɪt-] prochain; semblable *m.*
mit=nehmen ['mɪt-] ⟨*nimmt, nahm mit, mitgenommen*⟩ **1.** *(Sache)* emporter; *(Mensch od größeres Tier)* emmener; **2.** *fam (körperlich od seelisch ermüden)* épuiser, secouer; ▶ *arg* od *hart* ~ malmener.
mit=reden ['mɪt-] *itr:* ▶ *ein Wort mitzureden haben* avoir voix au chapitre.
Mitreisende *m f* ['mɪt-] compagnon *m,* compagne *f* de voyage; *pl* (les) autres voyageurs.
mit=reißen ['mɪt-] ⟨*riß mit, mitgerissen*⟩ *tr* exciter, entraîner, enthousiasmer, passionner.
mit=schicken ['mɪt-] *tr* envoyer en même temps; *(beifügen)* joindre, ajouter (*mit etw* à qc).
mit=schleppen ['mɪt-] *tr* traîner avec soi; *fam* trimbaler.
mit=schreiben ['mɪt-] ⟨*schrieb mit, mitgeschrieben*⟩ *itr* prendre des notes; *tr* prendre note (*etw* de qc).
Mitschuld *f* ['mɪt-] complicité *f.* **mitschuldig** *a* complice (*an* de).
Mitschüler(in *f***)** *m* ['mɪt-] condisciple *m f,* camarade *m f* de classe.
mit=spielen ['mɪt-] *itr* **1.** prendre part *od* participer au jeu; **2.** *fig (mitwirken, a. von Sachen)* entrer en jeu; ▶ *nicht mehr* ~ *(fig)* en avoir assez; *jdm übel* ~ jouer un mauvais tour, faire un mauvais parti à qn.
Mitsprache(recht *n***)** *f* ['mɪt-] *pol* (droit *m* d')intervention *f;* (droit *m* de) codécision *f.* **mit=sprechen** ⟨*spricht, sprach mit, mitgesprochen*⟩ *itr* **1.** *(Mensch)* dire son mot, intervenir; **2.** *fig (Sache)* entrer en considération.
Mittag *m* ['mɪta:k] midi *m;* ▶ *gegen* ~ vers midi; *heute m*~ à midi; *zu* ~ *essen* déjeuner. **Mittagessen** *n* déjeuner, lunch *m.* **mittags** *adv* à midi; ▶ *(um) 12 Uhr* ~ (à) midi. **Mittagspause** *f* pause *f* repas *od* de midi **Mittagsruhe** *f,* **Mittag(s)schlaf** *m* sieste *f;* ▶ *Mittagsruhe halten, e-n Mittag(s)schlaf machen* faire la sieste. **Mittagstisch** *m:* ▶ ~ *von 12 bis 14 Uhr* service *m* de midi à 14 heures.
Mittäter *m* ['mɪt-] complice; *jur* coauteur *m.*
Mitte *f* ⟨-, -n⟩ ['mɪtə] milieu, centre *m;* ▶ *aus unserer* ~ d'entre nous; *in der* ~ au milieu, au centre; *in unserer* ~ parmi nous; ~ *Januar* (à la) mi-janvier; ~ *Vierzig* entre quarante et cinquante ans; *die goldene* ~ le juste milieu.
mitteilbar ['mɪt-] *a* communicable. **mit=teilen** *tr* communiquer; faire part (*jdm etw* de qc à qn); faire connaître *od* savoir, signaler (*jdm etw* qc à qn); informer, aviser; signaler (*jdm etw* qn de qc); ▶ *amtlich* ~ notifier. **mitteilsam** *a*

communicatif, expansif. **Mitteilung** *f* ‹-, -en› communication; information *f;* avis; *(amtliche ~)* communiqué *m,* notification; *(vertrauliche ~)* confidence *f.*

Mittel *n* ‹-s, -› ['mɪtəl] **1.** moyen; *(Hilfs~)* expédient *m;* **2.** *(Träger)* véhicule; *(wirkende Kraft)* agent *m;* **3.** *(Heilmittel)* remède *m,* médecine *f;* **4.** *(Durchschnitt)* moyenne *f;* **5.** *pl (Hilfs-, Geldmittel)* moyens *m pl,* ressources *f pl; (Gelder, Vermögen)* capitaux, fonds *m pl;* fortune *f;* ► *mit allen ~n* par tous les moyens, de toutes les façons; *~ und Wege finden* trouver moyen; *sich ins ~ legen* s'entremettre, s'interposer, intervenir; *arithmetisches, geometrisches ~* moyenne *f* arithmétique, géométrique *od* proportionnelle; *öffentliche ~ pl (fin)* deniers *m pl* publics; *~ zum Zweck* moyen *m* d'arriver au but. **Mittelalter** *n* Moyen Âge *m.* **mittelalterlich** *a* du Moyen Âge; *lit* médiéval; *fam* moyenâgeux. **Mittelamerika** *n* l'Amérique *f* centrale. **mittelbar** *a* indirect. **Mittelding** *n fam* chose *f* intermédiaire. **Mitteleuropa** *n* l'Europe *f* centrale. **mitteleuropäisch** *a:* ► *~e Zeit f* heure *f* de l'Europe centrale. **Mittelfeld** *n (Fußball)* milieu *m* de terrain. **Mittelfinger** *m* majeur; *scient* médius *m.* **mittelfristig** *a* à moyen terme. **Mittelgebirge** *n* montagne *f* moyenne. **Mittelgewicht** *n (Boxen)* poids *m* moyen. **mittelhochdeutsch** *a* moyen haut allemand. **mittelländisch** *a:* ► *das M~e Meer* la Méditerranée. **Mittelläufer** *m sport* demi-centre *m.* **Mittellinie** *f math* (ligne) médiane; *sport* ligne *f* du milieu. **mittellos** *a* dépourvu de *od* sans ressources; démuni; ► *völlig ~ dastehen* être réduit à rien. **Mittellosigkeit** *f* absence *f* de ressources; dénuement *m,* indigence *f.* **mittelmäßig** *a (a. pej)* médiocre; *(durchschnittlich)* moyen. **Mittelmäßigkeit** *f* médiocrité *f.* **Mittelmeer,** *das* la Méditerranée. **Mittelpunkt** *m* **1.** point central; *allg* centre, milieu *m;* **2.** *fig* cœur; *(Brennpunkt)* foyer *m.* **mittels** *prp gen* moyennant, par le *od* au moyen de. **Mittelschiff** *n arch rel* nef *f* centrale *od* principale. **Mittelsmann** *m* ‹-(e)s, -leute/-männer›, **Mittelsperson** *f* intermédiaire, tiers *m;* médiateur *m,* -trice *f;* personne *f* interposée. **Mittelstand** *m* classe *f* moyenne. **Mittelstreckenlauf** *m* course *f* de demi-fond. **Mittelstreckenläufer** *m* coureur *m* de demi-fond. **Mittelstreckenrakete** *f* fusée *f* à moyenne portée, missile *m* de portée intermédiaire. **Mittelstreifen** *m (der Autobahn)* bande *f* médiane. **Mittelstürmer** *m sport* (avant-)centre *m.* **Mittelweg** *m fig* moyen terme, compromis *m;* ► *e-n ~ gehen* prendre un moyen terme. **Mittelwelle(n** *pl***)** *f radio* onde(s *pl*) *f* moyenne(s). **Mittelwellenbereich** *m* gamme *f* des ondes moyennes. **Mittelwellensender** *m* émetteur *od* poste *m* à onde(s) moyenne(s). **Mittelwert** *m* (valeur) moyenne *f.* **Mittelwort** *n gram* participe *m.*

mitten ['mɪtən] *adv:* ► *~ in* au beau *od* en plein milieu de, en plein centre de; *~ aus* du milieu de; *~ durch* à travers, au travers de; *~ unter* en plein milieu de, parmi; *~ ins Herz* en plein cœur; *~ in der Nacht* en pleine nuit.

Mitternacht *f* ['mɪtər-] minuit *m;* ► *um ~* à minuit. **Mitternachtsmesse** *f rel* messe *f* de minuit. **Mitternachtssonne** *f* soleil *m* de minuit.

mittlere(r, s) ['mɪtlərə-] *a* **1.** *allg* moyen; **2.** *(im Mittelpunkt befindlich)* central, du milieu; *(dazwischen befindlich)* intermédiaire; ► *~n Alters* entre deux âges; *von ~r Größe* de taille moyenne; *der ~ Osten* le Moyen-Orient. **mittlerweile** *adv* entre(-)temps, en attendant, sur ces entrefaites.

Mittwoch *m* ‹-(e)s, -e› ['mɪtvɔx] mercredi *m.*

mitunter [mɪt'ʔʊntəʀ] *adv* parfois, quelquefois, de temps en temps, de temps à autre.

mitverantwortlich ['mɪt-] *a:* ► *~ sein* partager la responsabilité.

Mitverfasser(in *f***)** *m* ['mɪt-] coauteur *m.*

Mitwelt *f* ['mɪt-] contemporains *m pl.*

mit=wirken ['mɪt-] *itr* apporter son concours (*an, bei etw* à qc). **Mitwirkung** *f* concours *m;* collaboration; participation *f;* ► *unter ~ (gen)* avec le concours de.

Mitwissen *n* ['mɪt-] *:* ► *ohne mein ~* à mon insu. **Mitwisser** *m* ‹-s, -› confident; complice *m.*

mit=zählen ['mɪt-] **1.** *tr* comprendre, inclure (dans le compte); **2.** *itr (von Bedeutung sein)* compter, faire nombre; avoir son importance.

Mixbecher *m* ['mɪks-] mixe(u)r *m.* **mixen** *tr* mélanger. **Mixer** *m* ‹-s, -› *(Bar~)* barman *m.* **Mixtur** *f* ‹-, -en› [-'tu:r] mixture, mixtion *f.*

Mob *m* ‹-s, ø› [mɔp] populace, canaille *f; pop* populo *m.*

Möbel *n* ‹-s, -› ['mø:bəl] meuble *m; pl a.* ameublement, mobilier *m.* **Möbelgeschäft** *n* maison *f* d'ameublement. **Möbelhändler** *m* marchand *m* de meubles. **Möbelpolitur** *f* encaustique *f.* **Möbelschreiner** *m* ébéniste *m.* **Möbelstück** *n* meuble *m.* **Möbeltischler** *m* ébéniste *m.* **Möbelwagen** *m* fourgon *m od* voiture *f* de déménagement.

mobil [mo'bi:l] *a* **1.** *(beweglich)* mobile; **2.** *fam (flink)* actif, vif; ► *~ machen (tr u. itr)* mobiliser. **Mobiliar** *n* ‹-s, -e› [-bili'a:r] mobilier, ameublement *m.*

mobilisieren [-li'zi:rən] ⟨*ohne ge-*⟩ *tr mil* u. *fig* mobiliser. **Mobilisierung** *f* ⟨-, ø⟩ *fig* mobilisation *f*. **Mobilmachung** *f* ⟨-, ø⟩ *mil* mobilisation, mise *f* sur pied de guerre.

möblieren [mø'bli:rən] ⟨*ohne ge-*⟩ *tr* meubler. **möbliert** *a (Zimmer, Haus)* meublé, garni; ▶ ~ *vermieten, wohnen* louer, habiter *od* vivre en meublé *od* garni; *~es Zimmer n* (chambre *f*) meublé(e) *od* garni(e) *m*.

Mode *f* ⟨-, -n⟩ ['mo:də] **1.** mode *f*; **2.** *fam (Brauch)* usage *m*, coutume *f*; ▶ *aus der ~ kommen* passer de mode; ~ *sein* être en vogue; *(Kleidung)* se faire; *die neueste ~* la dernière mode, le dernier cri. **Modegeschäft** *n* magasin *m* de modes *od* de nouveautés.

Model *m* ⟨-s, -⟩ ['mo:dəl] *(Form)* moule *m*.

Modell *n* ⟨-s, -e⟩ [mo'dɛl] modèle, type *m*, maquette *f*; *tech* patron *m*; ▶ *ein ~ von etw anfertigen* modeler qc; *~ stehen (Kunst)* poser. **Modellagentur** *f* agence *f* de mannequins. **Modelleur** *m* ⟨-s,-e⟩ [-'lø:r] modeleur *m*. **modellieren** [-'li:rən] ⟨*ohne ge-*⟩ *tr* modeler, former, façonner. **Modellierer** *m* ⟨-s, -⟩ [-'li:rər] modeleur *m*. **Modelliermasse** *f* pâte *f* à modeler. **Modellkleid** *n* (robe *f*) modèle *m*.

modeln ['mo:dəln] *tr* modeler, mouler, façonner.

Modem *m* od *n* ⟨-s, -s⟩ ['mo:dɛm] *inform* modem *m*.

Mode(n)schau *f* présentation *f* de collection, défilé *m* de mannequins. **Modepuppe** *f* minette *f*.

Moder *m* ⟨-s, ø⟩ ['mo:dər] pourri(ture *f*) *m*, moisissure *f*.

Moderator *m* ⟨s, -en⟩ [mo:də'ra:tɔr] *(Radio, Fernsehen)* animateur, meneur *m* de jeu.

Modergeruch *m* ['mo:dər-] odeur *f* de moisi. **moderig** *a*, **modrig** *a* pourri, moisi. **modern** *itr* pourrir, moisir.

modern [mo'dɛrn] *a* moderne, à la mode, de mise; ▶ ~ *werden (aufkommen)* devenir la mode. **modernisieren** [-ni'zi:rən] ⟨*ohne ge-*⟩ *tr* moderniser. **Modernisierung** *f* ⟨-, ø⟩ modernisation *f*.

Modesalon *m* maison *f* de couture. **Modeschöpfer** *m* couturier *m*. **Modezeitschrift** *f*, **Modezeitung** *f* journal *m* de modes.

modisch ['mo:dɪʃ] *a* au goût du jour, à la mode, moderne; fantaisie.

Modistin *f* ⟨-, -nen⟩ [mo'dɪstɪn] modiste; marchande *f* de modes *od* de nouveautés.

Mofa *n* ⟨-s, -s⟩ ['mo:fa] cyclomoteur *m*, mobylette *f*. **Mofafahrer** *m* cyclomotoriste *m*.

mogeln ['mo:gəln] *itr* tricher, frauder.

mögen ['mø:gən] ⟨*mag, mochte; möchte; gemocht*⟩ *tr* **1.** *(gern haben)* aimer; goûter; apprécier; **2.** *(haben wollen, wünschen)* vouloir (bien), avoir envie de; désirer; **3.** *(können, dürfen)* pouvoir (bien); ▶ *er mag wollen oder nicht* qu'il le veuille ou non; *(Befehl) er mag ruhig warten!* qu'il attende! *gern ~* aimer bien; avoir de l'affection (*jdn* pour qn); *(Speise)* être friand de; *lieber ~* aimer mieux, préférer; *jdn nicht (mehr) ~* avoir pris qn en grippe; *ich möchte gern* je voudrais *od* j'aimerais bien; *er mag 10 Jahre alt sein* il peut avoir dix ans; *man möchte meinen* on dirait; *das mag sein* cela se peut; *es mag sein, daß* il se peut que *subj; es mochte 12 Uhr sein* il pouvait être midi; *wo mag er bloß sein* od *(fam) stecken?* où peut-il bien être? *das hätte ich sehen ~!* j'aurais (bien) voulu voir cela; *was mag dies bedeuten?* qu'est ce que cela peut signifier? *du magst sagen, was du willst* tu as beau dire.

möglich ['mø:klɪç] *a* **1.** possible; **2.** *(ausdurchführbar)* faisable, praticable; ▶ *so bald wie ~* le plus tôt possible, aussitôt que possible, au plus tôt; *so gut, so schnell wie ~* aussi bien, aussi vite que possible; le mieux, le plus vite possible; *so oft wie ~* le plus souvent possible; *so viel wie ~* autant que possible, le plus possible; *so wenig wie ~* le moins possible; *im Bereich des M~en liegen* être du domaine du *od* des choses possible(s); *das ist (durchaus* od *wohl) ~* c'est (bien) possible, cela se peut (bien); *es ist ~, daß* ... il est possible, il se peut que *subj; (das ist ja) nicht ~!* (mais ce n'est) pas possible! (ça) par exemple! *alles ~e* toutes sortes de choses. **möglicherweise** *adv* peut-être, éventuellement. **Möglichkeit** *f* ⟨-, -en⟩ **1.** possibilité, éventualité *f*; **2.** *(Durchführbarkeit)* praticabilité *f*; ▶ *nach ~* dans la mesure du possible, autant que possible. **möglichst** *adv (vor e-m a od adv)* = *so ... wie möglich;* ▶ *sein ~es tun* faire (tout) son possible, faire de son mieux.

Mohammed *m* ['mo:hamɛt] Mahomet *m*. **Mohammedaner(in)** *m* ⟨-s, -⟩ (*f* ⟨-, -nen⟩) [-me'da:nər] Musulman(e *f*); Mahométan(e *f*) *m*. **mohammedanisch** [-'da:nɪʃ] *a* musulman, mahométan.

Mohn *m* ⟨-(e)s, -e⟩ [mo:n] pavot *m*. **Mohn(blume** *f*) *m (Klatschmohn)* coquelicot *m*.

Möhre *f* ⟨-, -n⟩ ['mø:rə], **Mohrrübe** ['mo:r-] *f* carotte *f*.

Mohrenkopf *m* ['mo:rən-] *(Gebäck)* chou *m*, profiterole *f*.

mokant [mo'kant] *a* moqueur, railleur.

mokieren [-'ki:rən] , *sich* ⟨*ohne ge-*⟩ se moquer (*über jdn* de qn).

Mokka *m* ‹-s, -s› ['mɔka] moka *m*. **Mokkatasse** *f* tasse *f* à moka.
Molch *m* ‹-(e)s, -e› [mɔlç] *zoo* triton *m*.
Mole *f* ‹-, -n› ['mo:lə] *mar* môle *m*, jetée *f*.
Molekül *n* ‹-s, -e› [mole'ky:l] *phys chem* molécule *f*. **Molekulargewicht** *n* poids *m od* masse *f* moléculaire.
Molkerei *f* [mɔlkə'raɪ] laiterie *f*. **Molkereiprodukte** *n pl* produits *m pl* laitiers.
Moll *n* ‹-, -› [mɔl] , **Molltonart** *f mus* mode *m* mineur.
mollig ['mɔlɪç] *a fam* **1.** *(angenehm warm)* bien *od* agréablement chaud; **2.** *(rundlich)* potelé, grassouillet.
Molluske *f* ‹-, -n› [mɔ'lʊskə] *zoo* mollusque *m*.
Molotowcocktail *m* ‹-s, -s› ['mo:lotɔfkɔkte:l] *(Waffe)* cocktail *m* Molotov.
Moment [mo'mɛnt] **(1)** *m* ‹-(e)s, -e› *(Augenblick; vgl. d.)* moment, instant *m*; ► *im* ~ *(jetzt)* à cette heure, à l'heure qu'il est; *(gerade)* justement, à l'instant même; *im letzten* ~ au dernier moment; ~ *(mal)!* un instant! minute! *der rechte od gegebene* ~ le bon moment, la bonne heure; **(2)** *n* ‹-(e)s, -e› **1.** *(Gesichtspunkt)* point *m* de vue; **2.** *phys tech* moment, facteur *m*. **momentan** [-mɛn'ta:n] **I.** *a* momentané; **II.** *adv* momentanément; pour le moment, pour l'instant. **Momentaufnahme** *f* (photo *od* prise *f*) instantané(e) *m*.
Monarch *m* ‹-en, -en› [mo'narç] monarque *m*. **Monarchie** *f* ‹-, -n› [-'çi:] monarchie *f*. **monarchisch** [-'narçɪʃ] *a* monarchique. **Monarchist** *m* ‹-en, -en› [-'çɪst] monarchiste *m*. **monarchistisch** [-'çɪstɪʃ] *a* monarchiste.
Monat *m* ‹-(e)s, -e› ['mo:nat] mois *m*; ► *am 10. dieses ~s* le 10 courant; *im Laufe des ~s* dans le courant du mois; *im 6. ~ (Schwangere)* enceinte de 6 mois; *im ~ Mai* au mois de mai. **monatelang** *adv* durant des mois, des mois durant. **monatlich I.** *a* mensuel; **II.** *adv* par mois, au mois. **Monatsbinde** *f* serviette *f* hygiénique *od* périodique. **Monatsgehalt** *n* traitement *m od* appointements *m pl* mensuel(s) **Monatskarte** *f* abonnement *m* mensuel. **Monatsrate** *f* acompte *m* mensuel, mensualité *f*.
Mönch *m* ‹-(e)s, -e› [mœnç] moine; religieux *m*. **Mönchskloster** *n* monastère *m*. **Mönchsorden** *m* ordre *m* religieux *od* monastique.
Mond *m* ‹-(e)s, -e› [mo:nt, '-də] **1.** *(der Erde)* lune *f*; **2.** *astr allg* satellite *m*; ► *in den ~ gucken (fig fam: nichts kriegen)* revenir les mains vides, en être pour ses frais, faire chou blanc (*bei etw* de qc); *auf dem ~ landen* alunir; *der ~ scheint* il fait clair de lune; *abnehmender, zunehmender ~* lune *f* décroissante, croissante.
mondän [mɔn'dɛ:n] *a* mondain.
Mondbahn *f* orbite *f* de la lune. **Mondfinsternis** *f* éclipse *f* de lune. **Mondlandefähre** *f cosm* module *m* lunaire. **Mondlandschaft** *f* paysage *m* lunaire. **Mondlandung** *f* alunissage *m*. **Mondlicht** *n* clair *m* de lune. **Mondoberfläche** *f* sol *m* lunaire. **Mondphase** *f* phase *f* de la lune. **Mondrakete** *f* fusée *f od* engin *m* lunaire. **Mondschein** *m* clair *m* de lune; ► *bei ~* au clair de la lune. **Mondsichel** *f* croissant *m* de lune. **Mondviertel** *n* quartier *m* de lune. **Mondwechsel** *m* changement *m* de lune.
Monegasse *m* ‹-n, -n› [mone'gasə] *(Einwohner von Monaco)* Monégasque *m*. **monegassisch** [-'gasɪʃ] *a* monégasque.
Moneten *pl* [mo'ne:tən] *fam (Geld)* picaillons *m pl*, fric; *pop* pognon *m*.
Mongole *m* ‹-n, -n› [mɔŋ'go:lə] Mongol *m*. **Mongolei, *die*** [-go'laɪ] la Mongolie. **Mongolin** *f* ‹-, -nen› Mongole *f*. **mongolisch** [-'go:lɪʃ] *a* mongol(ique).
Mongolismus *m* ‹-, ø› mongolisme *m*. **mongoloid** *a* mongolien.
Monogamie *f* ‹-, ø› [monoga'mi:] *(Einehe)* monogamie *f*. **Monographie** *f* ‹-, -n› [-gra'fi:] monographie *f*. **Monogramm** *n* ‹-s, -e› [-'gram] monogramme *m*. **Monokel** *n* ‹-s, -› [-'nɔkəl] monocle *m*. **Monokultur** *f agr* monoculture *f*. **Monolog** *m* ‹-s, -e› [-'lo:k, -gə] monologue *m*; ► *e-n ~ halten* monologuer. **Monopol** *n* ‹-s, -e› [-'po:l] monopole *m*. **monopolisieren** *tr com* monopoliser. **Monopolstellung** *f* situation *f* de monopole. **Monoski** *m* monoski *m*. **Monotheismus** *m* monothéisme *m*. **monoton** [-'to:n] *a* monotone.
Monstranz *f* ‹-, -en› [mɔn'strants] *rel* ostensoir *m*.
monströs *a* monstrueux, -se.
Monstrum *n* ‹-s, -tren/-tra› ['mɔnstrʊm] monstre *m*.
Monsun *m* ‹-s, -e› [mɔn'zu:n] *mete* mousson *f*.
Montag *m* ‹-(e)s, -e› ['mo:nta:k] lundi *m*; ► *blauen ~ machen* fêter (la) Saint-Lundi.
Montage *f* ‹-, -n› [mɔn'ta:ʒə] montage *a. phot film*; assemblage *m*. **Montageband** *n* chaîne *od* ligne de montage. **Montagehalle** *f* hall *od* atelier *m* de montage.
Montanindustrie *f* [mɔn'ta:n-] industrie *f* minière et métallurgique, mines *f pl* et métallurgie *f*.
Monteur *m* ‹-s, -e› [mɔn'tø:r] (ajusteur-) monteur, assembleur *m*. **montieren** ‹*ohne ge-*› *tr* monter, assembler. **Mon-**

tur *f* ‹-, -en› [-'tu:r] *mil* tenue *f*, uniforme; *(Ausrüstung)* équipement *m*.
Monument *n* ‹-(e)s, -e› [monu'mɛnt] monument *m*. **monumental** [-'ta:l] *a* monumental. **Monumentalfilm** *m* superproduction *f*.
Moor *n* ‹-(e)s, -e› [mo:r] marécage, marais *m*.
Moos (1) *n* ‹-es, -e› [mo:s, '-zə] *bot* mousse *f*; **(2)** *n* ‹-es, ø› [mo:s, '-zəs] *arg* u. *fam (Geld)* trèfle *m*, oseille *f*, pognon *m*. **moosig** ['-zɪç] *a* moussu, couvert de mousse.
Mop *m* ‹-s, -s› [mɔp] balai *m* à franges.
Moped *n* ‹-s, -s› ['mo:pɛt/('mope:t)] cyclomoteur *m*.
Mops *m* ‹-es, ¨-e› [mɔps, 'mœpsə] carlin *m*. **mopsen** *tr fam (stehlen)* chiper, gripper.
Moral *f* ‹-, ø› [mo'ra:l] morale; *(Nutzanwendung)* morale, moralité *f*. **moralisch** *a* moral. **Moralprediger** *m pej* moralisateur; prêcheur, sermonneur *m*. **Moralpredigt** *f*: ▶ *jdm e-e ~ halten* faire la morale à qn.
Moräne *f* ‹-, -n› [mo'rɛ:nə] *geol* moraine *f*.
Morast *m* ‹-(e)s, -e/¨-e› [mo'rast(ə), -'rɛstə] bourbe *f*, marais *m*; ▶ *im ~ steckenbleiben* s'embourber.
Morchel *f* ‹-, -n› ['mɔrçəl] *bot* morille *f*.
Mord *m* ‹-(e)s, -e› [mɔrt, '-də] meurtre, assassinat *m*; ▶ *e-n ~ begehen* commettre un meutre; *es wird ~ und Totschlag geben* il y aura des morts. **Mordanschlag** *m* attentat *m* à la vie (*auf jdn* de qn). **morden** *tr* assassiner; *itr* commettre un *od* des meurtre(s).
Mörder *m* ‹-s, -› ['mœrdər] meurtrier, assassin; homicide *m*; ▶ *(Hilfe) ~!* au meurtre! **Mörderin** *f* ‹-, -nen› meurtrière *f*. **mörderisch** *a* meurtrier, homicide; *fig* sanglant.
Mords . . . ['mɔrts' . . .] *(in Zssgen) pop* rude. **Mordshunger** *m* faim de loup, fringale *f*. **Mordskerl** *m* rude gaillard, type *m* épatant *od* formidable. **mordsmäßig** *a fam* rude, formidable, terrible, fou, énorme. **Mordsspaß** *m*: ▶ *es gab e-n ~* on s'est tordus de rire.
Mordverdacht *m*: ▶ *unter ~ stehen* être soupçonné de meurtre. **Mordversuch** *m* ['mɔrt-] tentative *f* d'assassinat. **Mordwaffe** *f* arme *f* meurtrière.
Morgen *m* ‹-s, -› ['mɔrgən] **1.** matin *m*; *(Vormittag)* matinée *f*; **2.** *(Feldmaß)* arpent *m*; ▶ *am ~* le matin; *am anderen* od *nächsten ~* le lendemain matin; *eines (schönen) ~s* un (beau) matin, un de ces matins; *früh am ~* le matin de bonne heure; de bon *od* grand matin; *jdm e-n guten ~ wünschen* souhaiter *od* donner le bonjour à qn; *guten ~!* bonjour!
morgen ['mɔrgən] *adv* demain; ▶ *ab ~, von ~ an* à partir de demain, dès demain; *(noch) bis ~ (früh)* (jusqu')à demain, d'ici (à) demain; *~ früh, mittag, abend* demain matin, midi, soir; *~ ist Sonntag* c'est demain dimanche.
Morgenausgabe *f* ['mɔrgən-] *(Zeitung)* édition *f* du matin. **Morgendämmerung** *f* aube; pointe *f* du jour. **morgendlich** [-tlɪç] *a* matinal, du matin. **Morgengrauen** *n*: ▶ *im ~* à l'aube, à la pointe du jour, au petit jour. **Morgenland,** *das (vx poet)* l'Orient *m*; le Levant. **Morgenluft** *f* air *m* du matin; ▶ *~ wittern (fig fam)* flairer une bonne occasion. **Morgenmuffel** *m fam* lève-tard *m*. **Morgenrock** *m* robe *f* de chambre, saut-de-lit, peignoir *m* (d'appartement). **Morgenrot** *n*, **Morgenröte** *f* aurore *f*. **morgens** *adv (am Morgen)* le matin; *(nach e-r Zeitangabe)* du matin. **Morgensonne** *f* soleil *m* levant. **Morgenstern** *m* étoile *f* matinale *od* du matin.
morgig ['mɔrgɪç] *a*: ▶ *der ~e Tag* la journée de demain.
Morphinismus *m* ‹-, ø› [mɔrfi'nɪsmʊs] morphinomanie *f*. **Morphium** *n* ‹-s, ø› ['mɔrfiʊm] morphine *f*. **morphiumsüchtig** *a* morphinomane.
Morphologie *f* ‹-, ø› [mɔrfolo'gi:] *(Gestaltlehre, Formenlehre)* morphologie *f*. **morphologisch** [-'lo:gɪʃ] *a* morphologique.
morsch [mɔrʃ] *a* pourri.
Morsealphabet *n* ['mɔrze-] alphabet *m* morse. **Morseapparat** *m* télégraphe *m* morse. **morsen** *itr* télégraphier.
Mörser *m* ‹-s, -› ['mœrzər] mortier *m*.
Mörtel *m* ‹-s, -› ['mœrtəl] mortier *m*. **Mörtelkelle** *f* truelle *f*.
Mosaik *n* ‹-s, -en/(-e)› [moza'i:k] *a. fig* mosaïque *f*. **Mosaikfußboden** *m* sol *m* en mosaïque.
Moschee *f* ‹-, -n› [mɔ'ʃe:, -ən] *rel* mosquée *f*.
Mosel, *die* ['mo:zəl] la Moselle. **Mosel(wein)** *m* moselle *m*.
Moskau *n* ['mɔskaʊ] Moscou *f*. **Moskauer** *a* moscovite. **Moskauer(in *f*)** *m* ‹-s, -› Moscovite *m f*.
Moskito *m* ‹-s, -s› [mɔs'ki:to] *ent* moustique *m*. **Moskitonetz** *n* moustiquaire *f*.
Moslem *m* ‹-s, -s› ['mɔslɛm] Musulman *m*.
Most *m* ‹-(e)s, -e› [mɔst] *(Trauben~)* moût; *(Apfel~)* cidre *m*.
Motel *n* ‹-s, -s› [mo'tɛl] motel *m*.
Motiv *n* ‹-s, -e› [mo'ti:f, -və] **1.** *(Beweggrund)* motif, mobile; *jur* considérant *m*; **2.** *mus* motif; *lit poet* thème *m*. **Motivation** *f* ‹-, -en› motivation *f*. **motivieren** [-'vi:rən] ‹*ohne ge-*› *tr* motiver. **Motivierung** *f* ‹-, -en› motivation *f*.
Moto-Cross *n* ‹-, -e› [moto'krɔs] moto-

-cross *m.*
Motor *m* ‹-s, -en› ['mo:tɔr/ mo'to:r(ən)] moteur *m;* ▶ *den ~ abstellen* arrêter le moteur; *den ~ anlassen* mettre le moteur en marche; *den ~ warm werden lassen* faire chauffer le moteur; *der ~ springt an* le moteur part. **Motorantrieb** *m* commande *f* moteur; ▶ *mit ~* commandé par moteur. **Motorboot** *n* canot *m* automobile *od* à moteur. **Motorenbau** *m* construction *f* de moteurs. **Motorengeräusch** *n,* **Motorenlärm** *m* bruit *m* du *od* des moteur(s). **Motorfahrzeug** *n* véhicule *m* à moteur. **Motorhaube** *f* capot *m* de *od* du moteur. **motorisch** [-'to:rɪʃ] *a physiol* moteur. **motorisieren** [-tori'zi:rən] ‹*ohne ge-*› *tr* motoriser. **Motorisierung** *f* motorisation *f.* **Motorjacht** *f* yacht *m* à moteur. **Motorpflug** *m* charrue *f* automobile *od* à moteur, motoculteur *m.* **Motorpumpe** *f* pompe à moteur, motopompe *f.* **Motorrad** *n* motocyclette; *fam* moto *f;* ▶ *~ fahren* faire de la moto. **Motorradfahrer** *m* motocycliste *m.* **Motorradrennen** *n* course *f* motocycliste. **Motorradsport** *m* motocyclisme *m.* **Motorroller** *m* scooter *m.* **Motorsäge** *f* scie *f* à moteur. **Motorschaden** *m* panne *f* de moteur. **Motorschlitten** *m* motoneige *f.* **Motorsegler** *m* planeur *m* à moteur auxiliaire. **Motorstörung** *f* panne *f* de moteur. **Motortriebwagen** *m* autorail *m,* micheline *f.*
Motte *f* ‹-, -n› ['mɔtə] mite, teigne, gerce *f.* **mottenfest** *a* antimite. **Mottenfraß** *m* mangeure *f* de mites. **Mottenloch** *n* trou *m* de mite. **Mottenschutzmittel** *n* antimite *m.* **mottenzerfressen** *a* mité.
Motto *n* ‹-s, -s› ['mɔto] devise, épigraphe *f.*
Möwe *f* ‹-, -n› ['mø:və] mouette *f; (große)* goéland *m.*
Mücke *f* ‹-, -n› ['mʏkə] *allg* moucheron; *(Stechmücke)* cousin, moustique *m;* ▶ *aus e-r ~ e-n Elefanten machen (fig)* faire une montagne d'un rien. **Mückenstich** *m* piqûre *f* de moustique.
Mucker *m* ‹-s, -› ['mʊkəʀ] sournois; grognon; *(Frömmler, Heuchler)* bigot, cagot *m.*
müde ['my:də] *a* **1.** *(ermüdet)* fatigué; *(abgespannt)* las; *(erschöpft)* éreinté, fourbu, harassé; **2.** *(schläfrig)* pris de sommeil; ▶ *~ machen* fatiguer, lasser; *~ (schläfrig) sein* avoir sommeil; *e-r S ~ sein* être las de qc; *~ werden* se fatiguer, se lasser; *nicht ~ werden, etw zu tun* ne pas se lasser de faire qc; *ich bin es ~, zu inf* j'en ai assez de *inf.* **Müdigkeit** *f* ‹-, ø› fatigue; lassitude *f;* ▶ *vor ~* de fatigue; *(Schläfrigkeit)* de sommeil; *vor ~ umfallen (a.)* n'avoir plus de jambes; dormir debout.
Muff *m* ‹-(e)s, -e› [mʊf] *(Handwärmer)* manchon *m.*
Muffe *f* ‹-, -n› ['mʊfə] *tech* manchon, raccord *m.*
Muffel *m* ‹-s, -› ['mʊfəl] *fam (brummiger Mensch)* grognon, ronchonneur *m.* **muff(e)lig** *a* grognon, grincheux.
muffig ['mʊfɪç] *a:* ▶ *~ riechen* sentir le renfermé *od* le moisi *od* le remugle.
Mühe *f* ‹-, -n› ['my:ə] peine *f; (Anstrengung)* effort *m;* ▶ *mit ~ und Not* à grand-peine; *sich ~ geben* se donner de la peine (*zu* de) *od* du mal (*zu* pour), s'efforcer (*zu* de *od* à); s'évertuer (*zu* à); *sich alle (erdenkliche) ~ geben* se donner toutes les peines du monde, faire tout au monde (*um zu* pour); *sich die ~ machen zu* se donner le mal *od* la peine, prendre la peine de; *keine ~ scheuen* ne pas ménager sa peine *od* la fatigue, ne ménager aucun effort; *der ~ wert sein* valoir la peine *od fam* le coup; *das ist verlorene* od *vergebliche ~* c'est peine perdue; *geben Sie sich keine (weitere) ~!* ne vous donnez pas la peine; inutile d'insister; n'insistez pas! **mühelos** *adv* sans peine *od* effort *od* difficulté; facilement. **mühen,** *sich* se donner du mal. **mühevoll** *a* pénible, difficile.
Mühle *f* ‹-, -n› ['my:lə] **1.** moulin *m;* **2.** *fam (Maschine, Fahrrad)* bécane; *(altes Auto)* bagnole *f,* tacot *m.* **Mühlrad** *n* roue *f* de moulin. **Mühlstein** *m* meule *f.* **Mühlwerk** *n* moulage *m.*
Mühsal *f* ‹-, -e› ['my:za:l] peines *f pl; (schwere Arbeit)* labeur, travail *m* pénible. **mühsam, mühselig I.** *a* pénible; **II.** *adv a.* avec peine.
Mulatte *m* ‹-n, -n› [mu'latə], **Mulattin** *f* ‹-, -nen› mulâtre(sse *f*) *m.*
Mulde *f* ‹-, -n› ['mʊldə] **1.** *(Trog)* auge *f;* **2.** *geog* auge *f,* bassin *m.*
Mull *m* ‹-(e)s, -e› [mʊl] *(Textil)* voile *m* de mousseline.
Müll *m* ‹-(e)s, ø› [mʏl] ordures; *(Kehricht)* balayures *f pl;* ▶ *atomarer ~ m* déchets *m pl* radioactifs. **Müllabfuhr** *f* **1.** *(Tätigkeit)* enlèvement *od* ramassage *m od* collecte *f* des ordures (ménagères); **2.** *(Organisation)* ordures *f pl* ménagères, voirie *f.* **Müllabladeplatz** *m s. Mülldeponie.*
Mullbinde *f* ['mʊl-] (bande de) gaze *f.*
Mülldeponie *f* ['mʏl-] décharge *f.* **Mülleimer** *m* boîte à *od* aux ordures, poubelle *f.*
Müller *m* ‹-s, -› ['mʏlər] meunier *m.*
Müllmann *m* ‹-(e)s, ¨er› (é)boueur, boueux *m.* **Müllsack** *m* sac-poubelle *m.* **Müllschlucker** *m* vide-ordures *m.* **Müllsortieranlage** *f* dispositif *m* de triage des déchets. **Mülltonne** *f* poubelle *f.* **Müllverbrennung** *f* incinération *f* des ordures. **Müllverbrennungsanlage** *f* incinérateur *m; (grö-*

ßer) usine *f* d'incinération d'ordures. **Müllverwertung** *f* utilisation *f* des déchets. **Müllverwertungsanlage** *f* dépotoir *m*. **Müllwagen** *m* tombereau de nettoyage, camion-benne *m*. **Müllzerkleinerer** *m* ⟨-s, -⟩ broyeur *m* d'ordures.

multifunktional ['mʊlti-] *a* multifonctionnel. **multilateral** *a (mehrseitig)* multilatéral. **multimedial** *a* multimédia. **Multimillionär** *m* multimillionnaire *m*. **multinational** *a* multinational; ► *~e(r) Konzern* société *f* multinationale. **Multiplexeinrichtung** *f* ['mʊltiplɛks-] *inform* équipement *m* de multiplexage. **Multiplexverfahren** *n* multiplexage *m*. **Multiplikation** *f* ⟨-, -en⟩ [-plikatsi'o:n] multiplication *f*. **multiplizieren** [-pli'tsi:rən] ⟨*ohne ge-*⟩ *tr* multiplier.

Mumie *f* ⟨-, -n⟩ ['mu:miə] momie *f*. **mumifizieren** [mumifi'tsi:rən] ⟨*ohne ge-*⟩ *tr* momifier.

Mumm *m* ⟨-s, ø⟩ [mʊm] *fam (Schneid)* poigne *f*; ► *~ haben (a.)* avoir du cran.

Mummelgreis *m* ['mʊməl-] vieillard *m* édenté.

Mumps *m (f)* ⟨-, ø⟩ [mʊmps] *med* oreillons *m pl*.

München *n* ['mʏnçən] Munich *m*. **Münch(e)ner** *a* munichois.

Mund *m* ⟨-(e)s, ¨er⟩ [munt, 'mʏndər] bouche *f*; ► *sich das Brot vom ~(e) absparen* s'ôter le pain de la bouche, prendre sur sa nourriture; *~ und Nase aufsperren (fam), mit offenem ~ dastehen* être *od* rester bouche bée *od* éberlué; *den ~ nicht auftun* ne pas ouvrir la bouche *od* desserrer les dents; *nicht auf den ~ gefallen sein (fig fam)* être prompt à la riposte *od* à la réplique, ne pas avoir la langue dans sa poche; *von ~ zu ~ gehen* passer de bouche en bouche; *den ~ halten* tenir *od* avaler sa langue; *den ~ nicht halten können* avoir la langue trop longue; *jdm den ~ wässerig machen* faire venir l'eau à la bouche de qn; *jdm nach dem ~ reden* flatter qn; *aus dem ~ riechen* sentir de la bouche; *in aller ~e sein* être dans toutes les bouches; *jdm den ~ stopfen* fermer la bouche, clouer le bec à qn; *jdm das Wort im ~ umdrehen* déformer les paroles de qn; *jdm den ~ verbieten* interdire à qn de parler; *sich den ~ verbrennen (fig)* avoir un mot malheureux; *das ist in aller ~e* tout le monde en parle; *halt den ~!* (ferme) ta bouche! **Mundart** *f* dialecte, patois *m*; ► *~ sprechen* patoiser. **mundartlich** *a* patois, dialectal. **Munddusche** *f* bain *m* de bouche.

Mündel *n* ⟨-s, -⟩ ['mʏndəl] pupille *m f*. **Mündelgeld** *n* capital *m* de mineur. **mündelsicher** *a jur* de tout repos.

munden ['mʊndən] *itr:* ► *jdm ~* être au goût de qn.

münden ['mʏndən] *itr* **1.** *(Fluß)* se jeter (*in* dans), être tributaire (*in* de); **2.** *(Straße)* déboucher (*in* dans), aboutir (*in* od *auf* à).

mundfaul ['mʊnt-] *a* avare de paroles, peu loquace. **mundgerecht** *a fig* tout mâché. **Mundgeruch** *m* mauvaise haleine *f*; ► *~ haben* sentir de la bouche. **Mundharmonika** *f* harmonica *m*. **Mundhöhle** *f* cavité *f* buccale *od* orale.

mündig ['mʏndɪç] *a* majeur; ► *~ werden* arriver à sa majorité. **Mündigkeit** *f* ⟨-, ø⟩ majorité *f*.

mündlich ['mʏntlɪç] **I.** *a* oral, verbal; **II.** *adv a.* de vive voix; ► *~e Prüfung f, M~es n* (examen) oral *m*.

Mundpflege *f* ['mʊnt-] hygiène *f* de la bouche. **Mundraub** *m* vol *m* de nourriture. **Mundstück** *n (Blasinstrument)* embouchure *f*, embouchoir, bec; *(Zigarette)* bout *m*. **mundtot** *a:* ► *~ machen* museler, bâillonner.

Mündung *f* ⟨-, -en⟩ ['mʏndʊŋ] *allg* bouche; *(Fluß a.)* embouchure *f*. **Mündungsarm** *m (Fluß)* bras *m* de l'embouchure. **Mündungsgebiet** *n geog* delta *m*.

Mundvoll *m* ⟨-, -⟩ ['mʊnt-] bouchée *f*. **Mundvorrat** *m* provisions *f pl* de bouche. **Mundwasser** *n* eau *f* dentifrice; *pharm* collutoire *m*. **Mundwerk** *n fam:* ► *ein gutes ~ haben* avoir la langue bien pendue *od* bien déliée. **Mundwinkel** *m* coin *m* de la bouche, commissure *f* des lèvres. **Mund-zu-Mund-Beatmung** *f (Erste Hilfe)* bouche-à-bouche *m*.

Munition *f* ⟨-, -en⟩ [munitsi'o:n] munition(s *pl*) *f*; ► *s-e ~ verschießen* épuiser ses munitions. **Munitionsdepot** *n* dépôt *m* de munitions, cartoucherie *f*. **Munitionsfabrik** *f* cartoucherie *f*. **Munitionsnachschub** *m* ravitaillement *od* réapprovisionnement *m* en munitions.

munkeln ['mʊŋkəln] *itr fam (heimlich reden)* chuchoter; parler à mots couverts *(von* de*)*.

Münster *n* ⟨-s, -⟩ ['mʏnstər] cathédrale *f*.

munter ['mʊntər] *a* **1.** *(wach)* éveillé; **2.** *(lebhaft)* vif; *(flink)* alerte; *(fröhlich)* gai, allègre, enjoué; *(forsch)* fringant; ► *~ machen* (r)éveiller; *~ werden* s'éveiller, se réveiller. **Munterkeit** *f* ⟨-, ø⟩ *(Lebhaftigkeit)* vivacité *f*, entrain *m*. **Muntermacher** *m* stimulant *m*.

Münze *f* ⟨-, -n⟩ ['mʏntsə] **1.** monnaie *f*; **2.** *(~amt)* Hôtel *m* des monnaies, Monnaie *f*; ► *jdm mit gleicher ~ heimzahlen* payer qn de retour; rendre la pareille, rendre *od* donner à qn la monnaie de sa pièce; *etw für bare ~ nehmen* prendre qc pour argent comptant. **Münzautomat** *m* distributeur *m* (automatique) de monnaie. **Münzeinwurf** *m* *(an Automaten)* fente *f* pour la monnaie. **münzen** *tr* battre monnaie; monnayer; ► *das ist auf mich gemünzt* c'est une pierre dans mon jardin. **Münzfernsprecher** *m* taxiphone *m.* **Münzprägung** *f* frappe des monnaies, monétisation *f.* **Münzsammler** *m* collectionneur de médailles, médailliste *m.* **Münzsammlung** *f* collection *f* de médailles, médaillier *m.* **Münzstätte** *f* atelier *m* monétaire.

mürbe ['mʏrbə] *a* **1.** *(Küche)* tendre; *(gut gebacken* od *gekocht)* bien cuit; **2.** *(bröckelig)* friable; *(brüchig)* cassant, fragile; *(abgenutzt)* usé; ► *~ machen (Fleisch)* attendrir; *(Menschen)* mater, dompter; *fam* fatiguer, user. **Mürbeteig** *m* pâte *f* brisée.

murmeln ['mʊrməln] *tr u. itr* murmurer, grommeler, marmotter, marmonner; ► *in den Bart ~* marmotter entre ses dents.

Murmeltier *n* ['mʊrməl-] marmotte *f;* ► *wie ein ~ schlafen* dormir comme une marmotte *od* un loir *od* une souche *od* un plomb.

murren ['mʊrən] *itr* gronder (*über* de); grogner.

mürrisch ['mʏrɪʃ] *a (griesgrämig)* grincheux, morose; *(brummig)* grognon.

Mus *n* ⟨-es, -e⟩ [mu:s, '-zə] marmelade, purée *f.*

Muschel *f* ⟨-, -n⟩ ['mʊʃəl] **1.** *zoo* coquillage *m; (Mies~)* moule; *(Schale)* coquille *f;* **2.** *(Ohr~)* pavillon; *tele (Hör~)* écouteur *m.* **Muschelfleisch** *n* coquillage *m.* **muschelförmig** *a* en forme de coquille. **Muschelzucht** *f* élevage *m* des moules, industrie *f* moulière. **Muschelzüchterei** *f* moulière *f.*

Muse *f* ⟨-, -n⟩ ['mu:zə] muse *f.*

Museum *n* ⟨-s, -seen⟩ [mu'ze:ʊm, -ən] musée; *(für Naturkunde)* muséum *m.* **Museumswärter** *m* gardien *m* de musée.

Musical *n* ⟨-s, -s⟩ ['mju:zɪkəl] comédie *f* musicale.

Musik *f* ⟨-, -en⟩ [mu'zi:k] musique *f;* ► *~ machen* faire de la musique; *in ~ setzen* mettre en musique, musiquer, composer. **Musikakademie** *f* conservatoire *m* (de musique). **Musikalienhandlung** *f* magasin *m* de musique. **musikalisch** [-'ka:lɪʃ] *a* **1.** *(Musik-)* musical; **2.** *(~ begabt)* musicien; ► *~ sein (a.)* être doué pour la musique. **Musikalität** *f* ⟨-, ø⟩ [-kali'tɛt] *(musikalisches Empfinden)* sens *m* de la musique; *(musikalische Wirkung)* effet *m od* qualité *f* musical(e). **Musikant** *m* ⟨-en, -en⟩ [-'kant] musicien; *(Dorf~)* ménétrier *m.* **Musikantenknochen** *m anat fam* petit juif *m.* **Musikbegleitung** *f* accompagnement *m.* **Musikbox** *f* juke-box *m.* **Musikdirektor** *m* chef *m* de musique. **Musiker** *m* ⟨-s, -⟩ ['mu:zikər] musicien *m.* **Musikfreund** *m* mélomane, amateur *m* de musique **Musikhochschule** *f* = *Musikakademie.* **Musikinstrument** *n* instrument *m* de musique. **Musikkapelle** *f* orchestre *m; mil* musique *f.* **Musiklehrer(in** *f***)** *m* professeur *m* de musique. **Musikpavillon** *m* kiosque *m* à musique. **Musikstück** *n* morceau *m* de musique. **Musiktherapie** *f* musicothérapie *f.*

musisch ['mu:zɪʃ] *a* artistique; littéraire; musicien.

musizieren [muzi'tsi:rən] ⟨*ohne ge-*⟩ *itr* faire de la musique.

Muskat *m* ⟨-(e)s, -e⟩ [mʊs'ka:t] muscade *f.* **Muskatnuß** *f* (noix) muscade *f.*

Muskel *m* ⟨-s, -n⟩ ['mʊskəl] muscle *m;* ► *~n haben (fam)* avoir du muscle *od* du biceps. **Muskelkater** *m* courbature *f.* **Muskelkraft** *f* force *f* musculaire; ► *mit ~* à bras. **Muskelprotz** *m fam* costaud *m pop.* **muskulös** *a* musculeux, musclé; vigoureux.

Muß *n* ⟨-, ø⟩ [mʊs] nécessité *f.*

Muße *f* ⟨-, ø⟩ ['mu:sə] loisir *m.*

müssen ['mʏsən] ⟨*muß, mußte, gemußt*⟩ *itr:* ► *ich muß tun (Notwendigkeit)* il faut que je fasse, il me faut faire; *(Zwang)* je suis contraint *od* forcé de faire; *(Verpflichtung)* je dois faire, j'ai à faire, je suis obligé de faire; *(nicht umhinkönnen)* ne pas s'empêcher de faire, ne pas pouvoir ne pas faire; *(oder) ich müßte mich sehr irren* ou je ne m'y connais plus; *(starke Wahrscheinlichkeit) er muß gleich kommen* il va venir tout de suite; *das muß wahr sein* ce doit être vrai; *er müßte denn krank geworden sein* à moins qu'il ne soit tombé malade; *ich muß in die Stadt* il faut que j'aille en ville; *drei Jahre mußten vergehen, bis ...* il a fallu attendre trois ans pour que *subj; muß ich Ihnen sagen, daß ...?* est-il besoin de vous dire que ...?

Mußestunden *f pl* ['mu:sə-] heures *f pl* de loisir.

müßig ['mʏ:sɪç] *a* **1.** *(Mensch: untätig)* oisif, désœuvré; inoccupé; fainéant; **2.** *(Sache: nutzlos)* oiseux, inutile. **Müßiggang** *m* ⟨-(e)s, ø⟩ oisiveté *f,* désœuvrement *m.*

Muß-Vorschrift *f* disposition *f* impérative.

Muster *n* ⟨-s, -⟩ ['mʊstər] **1.** modèle, type; exemple; *(Prototyp)* prototype; *(Vorbild)* idéal; *(Schnittmuster)* patron *m;* **2.** *(Probe)* spécimen, échantillon *m;* ► *nach dem ~ (gen)* à l'instar (de); *zum ~ nehmen* prendre pour modèle. **Musterbeispiel** *n* exemple typique;

modèle *m.* **Musterbetrieb** *m* exploitation *od* entreprise *f* modèle. **Musterbrief** *m* lettre *f* type. **Musterexemplar** *n* exemplaire *m* modèle *od* type. **mustergültig** *a,* **musterhaft** *a* exemplaire. **Musterkollektion** *f* collection *f* de modèles *od* d'échantillons, échantillonnage *m.* **Mustermesse** *f* *com* foire *f* d'échantillons. **mustern** *tr* **1.** *(prüfen)* examiner; *(inspizieren)* inspecter; *(Truppen)* passer en revue; **2.** *(Wehrpflichtigen)* faire passer devant le conseil de révision. **Musterschüler** *m* écolier *od* élève *m* modèle. **Musterschutz** *m* protection *f* des modèles (déposés); **Musterung** *f* ⟨-, -en⟩ **1.** *(Prüfung)* examen *m; (Besichtigung)* inspection; *mil* revue *f;* **2.** *(Wehrpflichtiger)* révision *f.*

Mut *m* ⟨-(e)s, ø⟩ [mu:t] courage *m; (Tapferkeit)* bravoure, vaillance; *(Kühnheit)* audace, hardiesse; *(Unerschrockenheit)* intrépidité *f; (Schneid)* cran *m;* ▶ *jdm ~ machen* donner *od* inspirer du courage à qn, encourager qn; *jdm den ~ nehmen* décourager qn; *den ~ sinken lassen* od *verlieren* perdre courage, se décourager; *es gehört ~ dazu* il y faut du courage.

Mutation *f* ⟨-, -en⟩ [mutatsi'o:n] *biol* mutation *f.*

mutig ['mu:tıç] *a* courageux. **mutlos** *a* découragé; sans courage; ▶ *~ machen* décourager, démoraliser. **Mutlosigkeit** *f* ⟨-, ø⟩ manque de courage, découragement *m;* démoralisation *f.* **mutmaßen** ['mu:tma:sən] *tr* supposer, présumer, conjecturer. **mutmaßlich** *a* supposé, présomptif, conjectural. **Mutmaßung** *f* ⟨-, -en⟩ supposition, présomption, conjecture *f.*

Mutter (1) *f* ⟨-, ¨-⟩ ['mutər, 'mʏtər] mère *f;* **(2)** *f* ⟨-, -n⟩ *tech* écrou *m;* ▶ *keine ~ mehr haben* être orphelin de mère; *werdende und stillende Mütter pl* femmes *f pl* enceintes et allaitantes.

Mütterchen *n* ['mʏtərçən] *:* ▶ *altes ~* (bonne) vieille *f.*

Muttergesellschaft *f* ['mutər-] société *f* mère. **Muttergottes** *f* Mère *f* de Dieu.

Mütterheim *n* ['mʏtər-] foyer *m* maternel. **Mütterhilfswerk** *n* œuvre *f* d'aide aux mères.

Mutterkuchen *m* ['mutər-] *physiol* placenta. **Mutterland** *n allg* mère patrie; *pol* métropole *f,* territoire *m* métropolitain.

mütterlich ['mʏtərlıç] *a* maternel. **mütterlicherseits** *adv* du côté de la mère, maternel.

Mutterliebe *f* ['mutər-] amour *m* maternel. **mutterlos** *a* sans mère(s). **Muttermal** *n* ⟨-s, -e⟩ marque de naissance, tache de naissance *od* de vin; envie *f; scient* nævus *m.* **Muttermilch** *f* lait *m* maternel; ▶ *mit der ~ einsaugen (fig)* sucer avec le lait maternel. **Muttermord** *m,* **Muttermörder** *m* matricide *m.* **Mutterrecht** *n* matriarcat *m.* **Mutterschaft** *f* ⟨-, ø⟩ maternité *f.* **Mutterschaftsgeld** *n* allocation *f* de maternité. **Mutterschaftsurlaub** *m* congé *m* (de) maternité. **Mutterschiff** *n* (navire *od* bâtiment) ravitailleur *m.* **Mutterschutz** *m* protection *od* assistance *f* maternelle *od* de la maternité. **mutterseelenallein** *a* tout *od* absolument seul. **Muttersöhnchen** *n* enfant *m* gâté. **Muttersprache** *f* langue *f* maternelle. **Muttersprachler** *m* ⟨-s, -⟩ locuteur *m* natif. **Mutterstelle** *f:* ▶ *bei jdm ~ vertreten* tenir lieu de mère à qn. **Muttertag** *m* fête *f* des mères.

Mutti *f* ⟨-, -s⟩ ['muti] *(Kindersprache)* maman *f.*

Mutwille *m* ['mu:tvılə] pétulance, folâtrerie, espièglerie; *(Schalkhaftigkeit)* malice *f.* **mutwillig I.** *a* pétulant, folâtre, espiègle; malicieux; **II.** *adv* de propos délibéré, à dessein; ▶ *~e Zerstörung f* destruction *f* sans motif.

Mütze *f* ⟨-, -n⟩ ['mʏtsə] *(mit Schirm)* casquette *f; (ohne Schirm)* bonnet; *(Basken~)* béret *m* (basque).

My *n* ⟨-(s), -s⟩ [my:] *(1/1000 mm)* micron *m.*

Myriade *f* ⟨-, -n⟩ [myri'a:də] *(10 000; Unzahl)* myriade *f.*

Myrte *f* ⟨-, -n⟩ ['mʏrtə] *bot* myrte *m.*

mysteriös [mʏsteri'ø:s] *a* mystérieux. **Mysterium** *n* ⟨-s, -rien⟩ [-'te:rium, -riən] mystère *m.* **Mystik** *f* ⟨-, ø⟩ ['mʏstık] mystique *f,* mysticisme *m.*

mythisch ['my:tıʃ] *a* mythique. **Mythologie** *f* ⟨-, -n⟩ [-tolo'gi:] mythologie *f.* **mythologisch** [-'lo:gıʃ] *a* mythologique. **Mythos** *m* ⟨-, -then⟩ ['my:tɔs], **Mythus** *m* ⟨-, -then⟩ ['my:tus, -tən] mythe *m.*

N

N, n *n* ⟨-, -⟩ [ɛn] *(Buchstabe)* N, n *m* u. *f.*
na [na] *interj* allons! eh bien! ▶ ~? hein? ~, ~! allons! *fam* par exemple! ~ *also!* eh bien! tu vois! vous voyez! ~ *hör mal!* ~ *so was!* ça, par exemple! ça alors! ~ *und?* et alors? et puis après?
Nabe *f* ⟨-, -n⟩ ['na:bə] *(am Rad)* moyeu *m.*
Nabel *m* ⟨-s, -⟩ ['na:bəl] nombril; *a. bot u. fig* ombilic *m.* **Nabelschnur** *f physiol* cordon *m* ombilical.
nach [na:x] *prp* **1.** *(räuml.)* à (destination de), vers; *(~ e-m Lande)* en; **2.** *(zeitl.)* après, à la suite de, au bout de; **3.** *(Reihenfolge)* après; **4.** *(zufolge, gemäß)* d'après, suivant, selon, conformément à; ▶ *einer ~ dem ander(e)n* l'un après l'autre, un à un; ~ *und* ~ *(adv)* peu à peu, petit à petit; ~ *wie vor* (tout) comme avant; *Viertel ~ fünf* cinq heures et quart; ~ *(französischer etc) Art* à la (française); *der Reihe* ~ à tour de rôle, successivement; *(je) ~ den Umständen* suivant les circonstances; ~ ... *(ab)reisen, fahren* partir pour ...; ~ *jdm arten, kommen, schlagen* tirer sur qn; ~ *jdm fragen* demander qn; *mir ~! (adv)* suivez-moi! ~ *Ihnen!* après vous; *der Zug ~ Paris* le train (à destination) de Paris; ~ *wie vor (adv)* après comme avant.
nach=äffen ['na:x-] *tr* mimer.
nach=ahmen ['na:x-] *tr (Menschen)* imiter, copier; *(Sache)* imiter, contrefaire; *(Kunst)* pasticher. **nachahmenswert** *a* exemplaire **Nachahmung** *f* ⟨-, -en⟩ imitation *f; (Gegenstand)* simili *fam; (Kunst)* pastiche *m; (Fälschung)* contrefaçon *f.*
Nachbar(in) *m* ⟨-n/-s, -n⟩ (*f* ⟨-, -nen⟩) ['naxba:r] voisin(e *f*) *m.* **Nachbarhaus** *n* maison *f* voisine. **Nachbarland** *n* pays *m* limitrophe. **nachbarlich I.** *a* voisin; de voisin; **II.** *adv* en (bon) voisin. **Nachbarschaft** *f* ⟨-, ø⟩ voisinage *m; (Nähe)* proximité *f;* ▶ *die ~ (d. Nachbarn)* les voisins *m pl.* **Nachbarschaftshilfe** *f* aide *f* de bon voisinage.
Nachbehandlung *f* ['na:x-] *med* postcure *f; tech* traitement *m* ultérieur.
nach=bereiten ['na:x-] *tr* retravailler.
nach=bessern ['na:x-] *tr* retoucher.
nach=bestellen ['na:x-] ⟨*ohne ge-*⟩ *tr* commander en supplément, faire une seconde commande de. **Nachbestellung** *f* ordre *m* supplémentaire.
nach=bezahlen ['na:x-] ⟨*ohne ge-*⟩ **1.** *tr* payer en supplément; **2.** *itr* payer un supplément.
Nachbildung ['na:x-] *f* reproduction; imitation, copie *f; (Kunst)* pastiche *m.*
nachdem [na:x'de:m] **I.** *conj* **1.** *(zeitl.)* après que, après *inf;* **2.** *(Maß u. Grad: je ~)* selon que, suivant que; **II.** *adv:* ▶ *je ~* selon les circonstances, selon le cas; c'est selon; cela *od fam* ça dépend.
nach=denken ['na:x-] ⟨*dachte nach, nachgedacht*⟩ *itr* réfléchir (*über* à), méditer (*über* sur). **nachdenklich** *a* méditatif, pensif.
Nachdruck *m* ['na:x-] **1.** ⟨-(e)s, ø⟩ *(Betonung)* insistance, emphase; *(Festigkeit)* fermeté *f;* **2.** ⟨-(e)s, -e⟩ *typ* reproduction; *(unerlaubter)* contrefaçon *f; (Buch)* édition *f* pirate *(fam);* ▶ *mit ~ = nachdrücklich (adv); auf etw ~ legen* insister sur qc, souligner qc. **nach=drucken** *tr typ* reproduire, réimprimer; *(unerlaubt)* contrefaire. **nachdrücklich I.** *a* emphatique, ferme; **II.** *adv* énergiquement; avec insistance; avec fermeté.
nach=eifern ['na:x-] *itr:* ▶ *jdm ~* être l'émule de qn; se modeler sur qn.
nach=eilen ['na:x-] *itr* ⟨*sein*⟩ *:* ▶ *jdm ~* courir après qn.
nacheinander [--'--] *adv* l'un après l'autre, à tour de rôle, successivement.
nach=empfinden ['na:x-] ⟨*empfindet, empfand nach, nachempfunden*⟩ *tr:* ▶ *jmd etw ~ s. nachfühlen.*
nach=erzählen ['na:x-] ⟨*ohne ge-*⟩ *tr* répéter. **Nacherzählung** *f* répétition *f; (Schule)* compte *m* rendu de lecture.
Nachfolge *f* ['na:x-] succession *f.* **nach=folgen** *itr* ⟨*sein*⟩ suivre (*jdm* qn); *fig* suivre les traces (*jdm* de qn). **Nachfolger** *m* successeur *m.*
nach=fordern ['na:x-] *tr* demander en plus *od* en sus.
nach=forschen ['na:x-] *itr* faire des recherches. **Nachforschung** *f* recherche, enquête, investigation *f;* ▶ *~en anstellen* faire des recherches (*nach* sur).
Nachfrage *f* ['na:x-] *a. com* demande *f;* ▶ *die ~ befriedigen* satisfaire *od* faire face à la demande. **nach=fragen** ['na:x-] *itr* demander des nouvelles, s'informer, se renseigner.
nach=fühlen ['na:x-] *tr:* ▶ *jdm (etw) ~* comprendre qn, se mettre à la place de qn.
nach=füllen ['na:x-] *tr* **1.** *(Flüssigkeit)* ajouter; **2.** *(Gefäß, Behälter)* recharger.

nach≈geben ['na:x-] ⟨*gibt, gab nach, nachgegeben*⟩ *itr* **1.** céder, fléchir, capituler; *fam* baisser pavillon; **2.** *tech (sich biegen)* fléchir, ployer; s'affaisser; *(Boden)* se dérober (sous les pieds).
Nachgebühr *f* ['na:x-] surtaxe *f.*
Nachgeburt *f* ['na:x-] rejet *m* du placenta.
nach≈gehen ['na:x-] ⟨*ging nach, nachgegangen*⟩ *itr* ⟨*sein*⟩ **1.** suivre (*jdm* qn); **2.** *(nachforschen)* faire des investigations *od* des recherches (*e-r S* sur qc); **3.** *(Uhr)* retarder.
Nachgeschmack *m* ['na:x-] arrière-goût *m.*
nachgiebig ['na:x-] *a* **1.** pliant, flexible, souple; **2.** *fig* conciliant, accommodant. **Nachgiebigkeit** *f* ⟨-, ø⟩ **1.** flexibilité; souplesse *f a. fig;* **2.** *fig* facilité *f,* esprit conciliant, caractère *m* accommodant.
nach≈grübeln ['na:x-] *itr:* ▶ *über etw* ~ se creuser la tête au sujet de qc.
Nachhall *m* ['na:x-] écho; retentissement *m; phys* résonance *f.* **nach≈hallen** *itr* retentir; résonner.
nachhaltig ['na:x-] *a* durable, persistant, constant, permanent; *(wirksam)* efficace. **Nachhaltigkeit** *f* ⟨-, ø⟩ persistance, constance; efficacité *f.*
nach≈hängen ['na:x-] ⟨*hing nach, nachgehangen*⟩ *itr (e-m Gedanken, e-m Traum)* caresser (une idée, un rêve).
nach≈helfen ['na:x-] ⟨*hilft, half nach, nachgeholfen*⟩ *itr:* ▶ *jdm* ~ donner un coup de main à qn, épauler qn.
nachher ['-- / -'-] *adv* après, plus tard; ensuite, puis; *(hinterher)* après coup; ▶ *bis ~!* à tout à l'heure! à tantôt!
Nachhilfe *f* ['na:x-] aide, assistance *f.* **Nachhilfestunden** *f pl,* **Nachhilfeunterricht** *m* leçons particulières *od* de rattrapage, répétitions *f pl.*
Nachholbedarf *m* ['na:x-] besoins *m pl* de compensation *od* de rattrapage. **nach≈holen** *tr* rattraper, récupérer.
nach≈jagen ['na:x-] **1.** *itr* ⟨*sein*⟩ : ▶ *e-r S* ~ courir après qc; **2.** *tr* ⟨*h*⟩ : ▶ *jdm e-e Kugel* ~ tirer sur qn (qui s'enfuit).
Nachkomme *m* ⟨-n, -n⟩ ['na:x-] descendant *m;* ▶ *~n haben (a.)* faire souche. **nach≈kommen** ⟨*kam nach, nachgekommen*⟩ *itr* ⟨*sein*⟩ **1.** venir plus tard; **2.** *(e-r Aufforderung)* donner suite (à); *(e-r Vorschrift)* se conformer (à); *(e-m Befehl)* exécuter; ▶ *s-n Verpflichtungen (nicht)* ~ faire honneur à (être en défaut de) ses obligations; *ich komme nach* je vous rejoindrai. **Nachkommenschaft** *f* descendance, progéniture, postérité *f.* **Nachkömmling** *m* ⟨-s, -e⟩ ['na:xkœmlɪŋ] tardillon *m fam,* retardataire.
Nachkriegs... ['na:x-] *(in Zssgen)* d'après-guerre. **Nachkriegszeit** *f* après-guerre *m.*
Nachkur *f* ['na:x-] *med* postcure *f.*
Nachlaß *m* ⟨-sses, -sse oder ⸚sse⟩ ['na:xlas] **1.** *com* réduction, remise *f; (Rabatt)* rabais *m;* **2.** *(Hinterlassenschaft)* succession *f.* **nach≈lassen** ['na:x-] ⟨*läßt, ließ nach, nachgelassen*⟩ *tr* **1.** *(lockern)* (re)lâcher, desserrer, détendre; **2.** *(vom Preis)* rabattre; *itr* **3.** *(schwächer werden)* diminuer, s'amoindrir, se relâcher, faiblir; *(Sturm, Lärm)* s'apaiser; *(Schmerz)* se calmer; *(Fähigkeit)* s'appauvrir; *(Eifer)* se refroidir. **Nachlassen** *n* diminution *f;* relâchement; apaisement.
nachlässig ['na:x-] *a (Mensch im Tun)* négligent; nonchalant, inexact. **Nachlässigkeit** *f* ⟨-, -en⟩ négligence *f,* manque *m* de soin, incurie *f,* laisser-aller *m.*
nach≈laufen ['na:x-] ⟨*läuft, lief nach, nachgelaufen*⟩ *itr* ⟨*sein*⟩ courir (*jdm* après qn), (pour)suivre (*jdm* qn).
nach≈lösen ['na:x-] *itr loc* prendre un supplément.
nach≈machen ['na:x-] *tr (Mensch u. Sache)* imiter; *(Menschen)* copier; *(fälschen)* contrefaire; ▶ *es jdm* ~ en faire autant que qn.
Nachmieter *m* ['na:x-] nouveaux locataire *m.*
Nachmittag *m* ['na:x-] après-midi. **nachmittags** *adv* (dans) l'après-midi. **Nachmittagsvorstellung** *f theat* matinée *f.*
Nachnahme *f* ['na:x-] remboursement *m;* ▶ *gegen* ~ contre remboursement. **Nachnahmegebühren** *f pl* frais *m pl* de remboursement. **Nachnahmesendung** *f* envoi *m* contre remboursement.
Nachname *m* ['na:x-] nom *m* de famille.
Nachporto *n* ['na:x-] surtaxe *f.*
nachprüfbar ['na:x-] *a* contrôlable, vérifiable. **nach≈prüfen** *tr* contrôler, vérifier, récoler. **Nachprüfung** *f* contrôle *m,* vérification, révision *f.*
nach≈rechnen ['na:x-] *tr* vérifier.
Nachrede *f* ['na:x-]: ▶ *üble* ~ médisance, diffamation *f.* **nach≈reden** *tr:* ▶ *jdm etw Schlechtes* ~ médire, dire du mal de qn.
nach≈reichen ['na:x-] *tr* **1.** *(Speise)* repasser; **2.** *(Beleg)* fournir plus tard.
nach≈reifen ['na:x-] *itr* ⟨*aux: sein*⟩ *(Obst)* mûrir après la cueillette.
Nachricht *f* ⟨-, -en⟩ ['na:xrɪçt] **1.** nouvelle; *(Mitteilung)* information, communication *f; (Anzeige)* avis; *(Auskunft, a. mil)* renseignement; *(amtliche ~, a.)* communiqué *m;* **2.** *pl radio* journal *m* parlé, actualités *od* informations *f pl* radiodiffusées; ▶ *ich habe keine ~ von ihm* je n'ai pas de nouvelles de lui; *vermischte ~en* faits *m pl* divers.
Nachrichtenagentur *f* ['na:x-] agence *f* d'information(s) *od* de presse. **Nachrichtendienst** *m* service *m* d'informa-

tion *od mil* des transmissions *od (Polizei)* de renseignements. **Nachrichtenmagazin** *n* magazine *m* d'informations. **Nachrichtennetz** *n* réseau *m* de transmissions *od* de télécommunications. **Nachrichtenquelle** *f* source *f* d'information; *(Person)* informateur *m*. **Nachrichtensatellit** *m* satellite *m* de (télé)communication(s). **Nachrichtensendung** *f* = *Nachrichten pl.* **Nachrichtensperre** *f* rétention *f* de l'information. **Nachrichtensprecher** *m radio* speaker *m*. **Nachrichtentechnik** *f* télécommunication *f*. **Nachrichtenübermittlung** *f* transmission *f* des informations *od* des renseignements. **Nachrichtenwesen** *n* renseignements *m pl; mil* transmissions *f pl.* **Nachrichtenzentrale** *f* centre *m* de(s) renseignements.

nach=rücken ['na:x-] *itr* ⟨*aux: sein*⟩ *(aufrücken)* se pousser; *(in e-e Stelle, a. pol)* succéder (*für jdn* à qn). **Nachrükker(in *f*)** *m* ⟨-s, -⟩ successeur *m*, remplaçant, e *m f*.

Nachruf *m* ['na:x-] *(in e-r Zeitung)* article *m* nécrologique, nécrologie *f*. **nach=rufen** ⟨*rief nach, nachgerufen*⟩ *tr:* ► *jdm etw* ~ crier qc après qn.

nach=rüsten ['na:x-] *itr mil* compléter son armement; *tech* compléter son équipement; *tr tech* compléter l'équipement de. **Nachrüstung** *f mil* armement *m* additionnel, *tech* équipement *m* supplémentaire.

nach=sagen ['na:x-] *tr (wiederholen)* répéter; ► *jdm etw Gutes, Schlechtes* ~ dire du bien, du mal de qn.

Nachsaison *f* ['na:x-] arrière-saison *f*.

nach=schauen ['na:x-] *itr:* ► *jdm* ~ suivre qn du regard *od* des yeux; ~, *ob* ... (aller) voir si ...

nach=schicken ['na:x-] *tr* faire suivre (*jdm* qn).

nach=schießen ['na:x-] *tr* ⟨*schießt nach, schoß nach, nachgeschossen*⟩ accorder une rallonge de ... (*jdm* à qn).

nach=schlagen ['na:x-] ⟨*schlägt, schlug nach, nachgeschlagen*⟩ *tr* ⟨*h*⟩ **1.** *(Stelle in e-m Buch)* chercher; *itr* **2.** ⟨*h*⟩ compulser, consulter (*in e-m Buch* un livre); **3.** ⟨*sein*⟩ : ► *jdm* ~ tenir de qn. **Nachschlagewerk** *n* ouvrage *m* de référence.

Nachschlüssel *m* ['na:x-] fausse(-)clé *f*, passe-partout; *fam* rossignol *m*.

Nachschrift *f* ['na:x-] **1.** notes *f pl;* **2.** *(Nachtrag)* post-scriptum *m*.

Nachschub *m* ['na:x-] renfort(s *pl*); *mil* approvisionnement, ravitaillement *m*.

nach=sehen ['na:x-] ⟨*sieht, sah nach, nachgesehen*⟩ *itr* **1.** suivre du regard *od* des yeux (*jdm, etw* qn, qc); **2.** *(in e-m Buch)* consulter (*in etw* qc); *tr* **3.** *(prüfen)* vérifier, examiner; **4.** *(entschuldigen)* passer (*jdm etw* qc à qn). **Nachsehen** *n:* ► *das ~ haben* en être pour ses frais.

Nachsendeantrag *m* demande *f* de réexpédition du courrier. **nach=senden** ['na:x-] ⟨*sandte* od *sendete nach, nachgesandt* od *nachgesendet*⟩ *tr* faire suivre; ► *bitte ~!* prière de faire suivre.

Nachsicht *f* ['na:x-] indulgence, tolérance, complaisance *f;* ► *gegen jdn ~ üben* user d'indulgence envers qn. **nachsichtig I.** *a* indulgent; **II.** *adv* avec indulgence.

Nachsilbe *f* ['na:x-] *gram* suffixe *m*.

nach=sinnen ['na:x-] ⟨*sann nach, nachgesonnen*⟩ *itr* réfléchir, méditer (*über etw* sur qc); songer (*über etw* à qc).

nach=sitzen ['na:x-] ⟨*saß nach, nachgesessen*⟩ *itr (Schule)* être en retenue; ► ~ *lassen* mettre en retenue. **Nachsitzen** *n* retenue *f*.

Nachsorge *f* postcure *f*.

Nachspann *m* ⟨-(e)s, -e⟩ ['na:xʃpan] *film* générique; *(Buch)* appendice *m*.

Nachspeise *f* ['na:x-] dessert *m*.

Nachspiel *n* ['na:x-] **1.** *theat* épilogue *m;* **2.** *fig* suite(s *pl*) *f*.

nach=sprechen ['na:x-] ⟨*spricht, sprach nach, nachgesprochen*⟩ *tr* répéter.

nächst [nɛ:çst] *prp dat* **1.** *(räuml.)* tout près de; **2.** *(Reihenfolge)* après. **nächste(r, s)** *a* **1.** *(räuml.)* (le) plus proche; *(Weg)* (le) plus court; **2.** *(Reihenfolge)* prochain, suivant; premier; ► *~s Mal* la prochaine fois; *~n Sonntag* dimanche prochain; *als N~s* ensuite; *am ~n* le plus proche *od* près; *im ~n Augenblick* od *Moment* l'instant d'après; *im ~n Jahr* l'année suivante; *der ~ (in der Reihenfolge)* le suivant; *der ~, bitte!* au suivant, s'il vous plaît. **Nächste,** *der (Mitmensch)* le prochain. **Nächste,** *das* la première chose (à faire), le plus urgent.

nach=stehen ['na:x-] ⟨*stand nach, nachgestanden*⟩ *itr:* ► *jdm in nichts* ~ ne le céder en rien à qn.

nachstehend *a* suivant; *adv* ci-après, ci-dessous.

nach=stellen ['na:x-] *tr* **1.** placer après; **2.** *(Uhr)* retarder; *itr* **3.** ► *jdm* ~ poursuivre, chasser qn. **Nachstellung** *f*, *meist pl* embûches, poursuites *f pl*.

Nächstenliebe *f* ['nɛ:çstən-] amour *m* du prochain, charité *f*, altruisme *m*. **Nächstliegende,** *das (fig)* le plus urgent.

nach=suchen ['na:x-] *itr:* ► *um etw* ~ solliciter, quémander, demander qc.

Nacht *f* ⟨-, ⸚e⟩ [naxt, 'nɛçtə] *a. fig* nuit; *(Dunkelheit, a. fig)* obscurité *f; fig* ténèbres *f pl;* ► *die ganze ~ (über)* toute la nuit, jusqu'au matin; *bei ~, des ~s, in der ~* de *od* la nuit, nuitamment; *bei Einbruch der ~* à la nuit tombante, à la tombée de la nuit; *bei ~ und Nebel,* *im Schutze der ~* à la faveur de la nuit, clandestinement; *heute n~* cette nuit; *über ~ (die ~ über)* pendant *od* durant la nuit; *(sehr schnell)* du jour au lendemain; *über ~ bleiben* rester pour la nuit; *es wird ~, die ~ bricht herein* il se fait nuit, la nuit descend *od* tombe *od* vient; *gute ~!* bonne nuit! **Nachtarbeit** *f* travail *m* de nuit, veilles *f pl.* **Nachtasyl** *n* asile *m* de nuit.

Nachtblindheit *f med* héméralopie *f.* **Nachtdienst** *m* service *m* de nuit.

Nachteil *m* ['na:x-] désavantage, inconvénient; *(Schaden)* préjudice, détriment; *(Behinderung)* handicap *m;* ▶ *zum ~ (gen)* au préjudice *od* détriment (de); *jdm ~e bringen, von ~ sein* porter *od* causer préjudice à qn; *im ~ sein* être désavantagé. **nachteilig** *a* désavantageux; préjudiciable; *(abträglich)* défavorable.

nächtelang ['nɛçtəlaŋ] *adv* (pendant *od* durant) des nuits entières.

Nachtfalter *m* ['naxt-] papillon *m* de nuit, phalène *f.* **Nachtfrost** *m* gelée *f* matinale *od* nocturne. **Nachthemd** *n* chemise *f* de nuit.

Nachtigall *f* ⟨-, -en⟩ ['naxtɪgal] rossignol *m.*

nächtigen ['nɛçtɪgən] *itr* passer la nuit.

Nachtisch *m* ['na:x-] dessert *m.*

Nachtklub *m* ['naxt-] club *m* de nuit. **Nachtlager** *n* gîte *m.* **Nachtleben** *n* vie *f* nocturne.

nächtlich ['nɛçtlɪç] *a* nocturne.

Nachtlokal *n* ['naxt-] boîte *f* de nuit. **Nachtmensch** *m* couche-tard *m.* **Nachtquartier** *n* logis; abri *m* pour la nuit.

Nachtrag *m* ⟨-(e)s, ⸚e⟩ ['na:x-] supplément, additif. **nach=tragen** ⟨*trägt, trug nach, nachgetragen*⟩ *tr* **1.** *(hinzufügen)* (r)ajouter; **2.** ▶ *jdm etw ~* porter qc derrière qn; **3.** ▶ *jdm etw ~ (fig)* porter *od* garder rancune à qn de qc; avoir de la rancune contre qn pour qc. **nachtragend** *a* rancunier.

nachträglich ['na:xtrɛ:klɪç] **I.** *a (später)* ultérieur, postérieur; *(ergänzend)* supplémentaire; **II.** *adv* après coup.

nach=trauern ['na:x-] *itr:* ▶ *jdm, e-r S ~* regretter qn, qc.

Nachtruhe *f* ['naxt-] repos *m* nocturne. **nachts** *adv* (pendant) la nuit, de nuit, nuitamment; ▶ *um 3 Uhr ~* à 3 heures de la nuit. **Nachtschicht** *f (Mannschaft)* équipe *f* de nuit; ▶ *~ haben (allg)* être de nuit. **Nachtspeicherofen** *m* chauffage *m* par accumulation, accumulateur *m.* **Nachttarif** *m* tarif *m* de nuit. **Nachttisch** *m* table *f* de nuit *od* de chevet. **Nachttopf** *m* vase de nuit, pot *m* de chambre. **Nacht-und Nebelaktion** *f* opération-surprise *f* douteuse. **Nachtvogel** *m* oiseau *m* nocture; *fig* oiseau *m* de nuit. **Nachtvorstellung** *f theat film* séance *f* nocturne. **Nachtwache** *f* garde de nuit; *(mehrerer Personen)* veillée *f.* **Nachtwächter** *m* gardien *od* veilleur *m* de nuit. **nachtwandeln** *itr* ⟨*aux: sein*⟩ être somnambule. **Nachtwandler** *m* ⟨-s, -⟩ somnambule *m.* **Nachtzeit** *f:* ▶ *zur ~* en nocturne, de nuit. **Nachtzug** *m* train *m* de nuit.

Nachuntersuchung *f* ['na:x-] *med* contre-visite *f* (médicale).

nach=vollziehen *tr (Gedankengang)* suivre; *(verstehen)* comprendre.

nach=wachsen ['na:x-] ⟨*wächst, wuchs nach, nachgewachsen*⟩ *itr* ⟨*sein*⟩ repousser; se reproduire, se régénérer.

Nachwehen *pl* ['na:x-] **1.** *physiol* tranchées *f pl* utérines; **2.** *fig* suites *f pl* fâcheuses.

Nachweis *m* ⟨-es, -e⟩ ['na:x-] **1.** preuve, justification *f;* **2.** *chem* détection *f;* ▶ *zum ~ (gen)* à l'appui (de); *den ~ erbringen, daß ...* administrer *od* apporter *od* fournir la preuve que .... **nachweisbar** *a* **1.** démontrable, vérifiable; **2.** *chem* détectable, décelable. **nach=weisen** ⟨*wies nach, nachgewiesen*⟩ *tr* **1.** *(beweisen)* prouver, démontrer, justifier; mettre en évidence; *jur* établir; **2.** *chem* détecter, déceler. **nachweislich** *adv* comme on peut en apporter la preuve.

Nachwelt *f* ['na:x-] postérité *f.*

nach=werfen ['na:x-] ⟨*wirft, warf nach, nachgeworfen*⟩ *tr:* ▶ *jdm etw ~* jeter, lancer qc à qn *od fig* à la tête à qn.

nach=wirken ['na:x-] *itr* retentir, avoir des répercussions. **Nachwirkung** *f* action *f* ultérieure; retentissement *m,* répercussions *f pl,* effet *m* ultérieur.

Nachwort *n* ['na:x-] *(Buch)* postface *f,* épilogue *m.*

Nachwuchs *m* ['na:x-] **1.** *bot* rejet; *(Wald)* recrû *m;* **2.** ▶ *der ~ (Menschen)* les jeunes *m pl;* la relève.

nach=zahlen ['na:x-] **1.** *tr* payer plus tard; **2.** *itr* payer *od* verser un supplément.

nach=zählen ['na:x-] *tr* recompter, vérifier.

Nachzahlung *f* ['na:x-] paiement *od* versement supplémentaire, supplément *m.*

nach=ziehen ['na:x-] ⟨*zog nach, nachgezogen*⟩ *tr* ⟨*h*⟩ **1.** tirer *od* traîner après soi; **2.** *(Schraube)* resserrer; **3.** *(Strich)* retracer; *(Augenbrauen)* refaire; *itr* ⟨*sein*⟩ **4.** ▶ *jdm ~* suivre qn (qui a changé de résidence); ▶ *das Bein ~* traîner la jambe.

Nachzug *m (Familien~)* réunification *f.*

Nachzügler *m* ['na:x-] traînard, retardataire, attardé *m.*

Nacken *m* ⟨-s, -⟩ ['nakən] nuque; *(Kü-*

che) échinée *f*; ▶ *jdm den ~ steifen* encourager qn. **Nackenrolle** *f* petit traversin *m* servant à reposer sa tête. **Nackenstütze** *f* appuie-tête *m*.

nackt [nakt] *a* nu; *pop* à poil; *fig* dénudé, dépouillé; *(Fels)* vif; ▶ *sich ~ ausziehen* se mettre (tout) nu. **Nacktheit** *f* ‹-, ø› nudité *f*. **Nacktkultur** *f* nudisme; naturisme *m*.

Nadel *f* ‹-, -n› ['na:dəl] *(ohne Öhr)* épingle; *(mit Öhr)* aiguille *f*. **Nadelbaum** *m* conifère, (arbre) résineux *m*. **Nadelhölzer** *n pl* conifères *m pl*. **Nadelkissen** *n* pelote *f* (à épingles). **Nadelöhr** *n* trou d'aiguille, chas *m*. **Nadelwald** *m* forêt *f* de conifères *od* de résineux.

Nagel *m* ‹-s, ⁻› ['na:gəl, 'nɛ:gəl] **1.** *tech* clou *m*; *(Holznagel)* cheville *f*; **2.** *anat* ongle *m*; ▶ *sich die Nägel schneiden, feilen und putzen* se faire les ongles; *an den Nägeln kauen* se ronger les ongles; *sich etw unter den ~ reißen (fam)* gratter *od* chaparder qc; *den ~ auf den Kopf treffen (fig)* mettre le doigt dessus, toucher juste; *auf den Nägeln brennen (fig)* être très urgent. **Nagelbürste** *f* brosse *f* à ongles. **Nagelfeile** *f* lime *f* à ongles. **Nagellack** *m* vernis *m* à ongles. **Nagellackentferner** *m* dissolvant *m*. **nageln** *tr* clouer (*an, auf* à). **nagelneu** *a* tout *od* flambant neuf. **Nagelpflege** *f* manucure *f*. **Nagelschere** *f* ciseaux *m pl* à ongles, coupe-ongles *m*, ongliers *m pl*.

nagen ['na:gən] *tr a. fig* ronger (*an etw* qc, *an jdm* qn). **nagend** *a* **1.** rongeur; **2.** *(Kummer)* déchirant. **Nager** *m* ‹-s, -›, **Nagetier** *n* rongeur *m*.

nah(e) [na:(ə)] **I.** *a* ‹*näher, nächst*› *(räuml.)* proche; *(benachbart)* voisin, attenant; *(zeitl.)* proche, imminent; *fig (nahestehend)* intime; **II.** *adv* près; ▶ *~e bei* près de, à proximité de; *~(e) beiea.* l'un près de l'autre; *von ~ und fern* de près et de loin; *~e kommen* s'approcher (*jdm, e-r S* de qn, de qc); *~(e) sein (zeitl.)* approcher; *jdm zu ~e treten (fig)* froisser qn; *ich war ~e daran zu ...* j'ai failli *inf*, il s'en est fallu de peu que je *subj*, j'étais sur le point de *inf*.

Nahaufklärung *f mil* reconnaissance *f* rapprochée. **Nahaufnahme** *f phot film* gros plan *m*.

Nähe *f* ‹-, ø› ['nɛ:ə] proximité *f*, voisinage *m*; ▶ *aus nächster ~, ganz aus der ~* de très *od* tout près; *in der ~* à deux pas d'ici; *gen* près de, à proximité de; *ganz in der ~, in nächster* od *unmittelbarer ~* tout *od* très près, à proximité immédiate.

nahebei ['na:ə'baɪ] *adv* tout près. **nahe=bringen** ‹*brachte nahe, nahegebracht*› *tr*: ▶ *jdm etw ~ (Wissen)* rendre qc accessible à qn, mettre qc à la portée de qn; *(verständlich machen)* faire comprendre qc à qn. **nahe=gehen** ‹*ging nahe, nahegegangen*› *itr* ‹*sein*› *(seelisch ergreifen)* toucher de près (*jdm* qn). **nahe=kommen** ‹*kam nahe, nahegekommen*› *itr* ‹*sein*› *(beinahe gleichkommen)* approcher (*der Wahrheit* de la vérité). **nahe=legen** *tr (empfehlen)* donner à entendre, recommander, suggérer (*jdm etw* qc à qn). **nahe=liegen** ‹*lag nahe, nahegelegen*› *itr (leicht zu finden sein)* se concevoir aisément *od* facilement; ▶ *die Vermutung liegt nahe, daß ...* on est tenté de croire que ... **naheliegend** *a* facile à comprendre *od* à imaginer.

nähen ['nɛ:ən] *tr* **1.** coudre; **2.** *med* suturer; *itr* **3.** *med* faire une suture.

näher ['nɛ:ər] **I.** *a (Komparativ von: nah)* **1.** plus proche; *(Weg)* plus court; **2.** *(genauer)* plus détaillé *od* précis; **II.** *adv* plus près (*an, bei* de); ▶ *~ bestimmen (gram)* déterminer; *jdn ~ kennen* connaître qn bien *od* assez; *jdn ~ kennenlernen* faire plus ample connaissance avec qn; *treten Sie ~!* approchez(-vous). **näher=bringen** ‹*brachte näher, nähergebracht*› *tr (vertrauter machen)*: ▶ *jdm etw ~* éveiller l'intérêt de qn pour qc; *der Lösung ~* approcher de la solution. **Näheres** *n*: ▶ *~ bei, siehe* pour plus amples renseignements *od* informations s'adresser à, voir.

Näherin *f* ‹-, -nen› ['nɛ:ərɪn] couturière; *(in e-m Modehaus)* petite main; *(Maschinen~)* mécanicienne *f*.

näher=kommen ['nɛ:ər-] ‹*kam näher, nähergekommen*› *itr fig* s'approcher de; ▶ *sich ~ (fig)* se rapprocher l'un de l'autre. **nähern,** *sich* (s')approcher (*jdm* de qn).

nahe=stehen ['na:ə-] ‹*stand nahe, nahegestanden*› *itr (vertraut, verbunden sein)* être intime *od* lié (*jdm* avec qn).

nahezu ['na:ə'tsu] *adv* à peu (de chose) près, presque.

Nähgarn *n* ['nɛ:-] fil *m* à coudre.

Nahkampf *m* ['na:-] combat rapproché, (combat) corps à corps *m*.

Nähkasten *m* ['nɛ:-] boîte à ouvrage, travailleuse *f*. **Nähmaschine** *f* machine *f* à coudre. **Nähnadel** *f* aiguille *f* (à coudre).

Nahost *m* Proche-Orient *m*.

Nährboden *m* ['nɛ:r-] *fig* terrain *m* favorable, bouillon *m* de culture. **nähren** **1.** *tr* nourrir *a. fig (Gefühl)*; **2.** *itr (nahrhaft sein)* être nourrissant *od* nutritif; **3.** *refl*: *sich ~* se nourrir (*von* de).

nahrhaft ['na:rhaft] *a* nourrissant, nutritif.

Nährmittel *n pl* ['nɛ:r-] produits *m pl* alimentaires. **Nährstoff** *m* substance *f* nutritive, nutriment *m*.

Nahrung *f* ‹-, ø› ['na:rʊŋ] nourriture *f*;

► ~ *zu sich nehmen* prendre de la nourriture. **Nahrungsmittel** *n* aliment *m*, denrée *f od* produit *m* alimentaire.

Nährwert *m* ['nɛ:r-] valeur nutritive *od* alimentaire *od* énergétique, nutritivité *f*.

Naht *f* ‹-, ¨e› [na:t, 'nɛ:tə] **1.** couture *f*; **2.** *tech* joint *m*, soudure *f*; **3.** *anat bot* suture *f*. **nahtlos I.** *a* **1.** *(Textil)* sans couture; **2.** *tech* sans joint *od* soudure. **3.** *fig (Übergang)* sans transition. **II.** *adv* sans transition.

Nahverkehr *m* ['na:-] trafic *od* service routier à petite distance; trafic suburbain; *tele* trafic *od* service *m* (téléphonique) à courte distance. **Nahverkehrsnetz** *n loc* réseau *m* express régional. **Nahverkehrszug** *m* train *m* de banlieue.

Nähzeug *n* ['nɛ:-] nécessaire *m od* trousse *f* de couture.

naiv [na'i:f] *a* naïf, ingénu. **Naivität** *f* ‹-, ø› [naivi'tɛ:t] naïveté, ingénuité *f*.

Nahziel *n* ‹-s, -e› objectif *m* immédiat.

Name *m* ‹-ns, -n› ['na:mə] **1.** nom *m*; *(Benennung)* dénomination; appellation *f*; **2.** *(Ruf)* renom *m*, renommée, réputation *f*; ► *in jds ~n* au nom *od* de la part de qn; *in meinem ~n* en mon nom; *(nur) dem ~n nach* de nom, nominalement; *unter falschem ~n* sous un faux nom, sous une fausse identité; *s-n ~n für etw hergeben* prêter son nom pour qc; *beim ~n nennen* nommer par son nom; *s-n ~n unter etw setzen* apposer son nom sous qc, signer qc; *mit vollem ~n unterschreiben* signer en toutes lettres; *wie ist Ihr ~?* quel est votre nom? **Namenliste** *f* liste *f* nominative. **namenlos** *a* **1.** sans nom, anonyme; **2.** *fig (unsagbar)* indicible, inexprimable. **namens I.** *adv (mit Namen)* du nom de, nommé, appelé; **II.** *prp gen (im Namen)* au nom de, de la part de. **Namensänderung** *f* changement *m* de nom. **Namensschild** *n* plaque *f*. **Namenstag** *m* fête *f*; ► *jdm zum ~ gratulieren* souhaiter sa fête à qn. **Namensvetter** *m* homonyme *m*. **Namenszug** *m* signature, griffe *f*; *(verkürzt)* parafe *m*. **namentlich I.** *a* nominal; nominatif; **II.** *adv* **1.** nominalement, nommément; **2.** *(insbesondere)* notamment.

namhaft ['na:mhaft] *a* **1.** *(bekannt)* renommé, réputé, connu; **2.** *(beträchtlich)* considérable, notable, important.

Namibia *n* [na'mi:bia] Namibie *f*.

nämlich ['nɛ:mlɪç] **I.** *a attr:* ► *der ~e* le même; *das ~e* la même chose; **II.** *adv* (à) savoir, c'est-à-dire; c'est que.

nanu [na'nu:] *interj fam* ça alors! par exemple! pas possible! hé! quoi donc!

Napalm *n* ‹-s, ø› ['na:palm] napalm *m*. **Napalmbombe** *f* bombe *f* au napalm.

Napf *m* ‹-(e)s, ¨e› [napf, 'nɛpfə] écuelle, terrine; *(Eß~)* gamelle; *(flache Schale)* jatte *f*; *(tiefe Schale)* bol *m*.

Napoleon *m* [na'po:leɔn] Napoléon *m*. **napoleonisch** [-pole'o:nɪʃ] *a* napoléonien.

Narbe *f* ‹-, -n› ['narbə] **1.** *med* cicatrice *f*; **2.** *bot* stigmate *m*; **3.** *(im Leder)* grain *m*; **4.** *(Pflanzendecke)* couche *f* végétale. **narbig** *a* cicatrisé; grêlé; *(Leder)* grenu.

Narkose *f* ‹-, -n› [nar'ko:zə] *(Betäubung)* narcose, anesthésie *f*. **Narkotikum** *n* ‹-s, -ka› [-'ko:tikʊm] narcotique *m*. **narkotisch** [-'ko:tɪʃ] *a* narcotique. **narkotisieren** [-koti'zi:rən] ‹*ohne ge-*› *tr* narcotiser.

Narr *m* ‹-en, -en› [nar] fou *a. hist (Hof~)*; ► *an jdm e-n ~en gefressen haben* avoir le béguin, raffoler, être entiché de qn; *jdn zum ~en haben* mystifier qn, tourner qn en dérision *od* en ridicule. **narren** *tr* mystifier, duper; se jouer (*jdn* de qn). **Narrenfreiheit** *f* liberté *f* du fou. **Narrenhaus** *n* maison *f* de fous. **Narrenkappe** *f* marotte *f*. **Narretei** *f* [-'taɪ]. **Narrheit** *f* folie, facétie *f*. **närrisch** ['nɛrɪʃ] *a* fou; *pop* loufoque.

Narzisse *f* ‹-, -n› [nar'tsɪsə] *bot* narcisse *m*.

Narzißmus *m* ‹-, ø› [-'tsɪsmʊs] *psych* narcissisme *m*. **narzißtisch** *a* narcissique.

nasal [na'za:l] *a scient (Nasen-)* nasal. **nasalieren** [-za'li:rən] ‹*ohne ge-*› *tr* nasaliser. **Nasallaut** *m gram* nasale *f*.

naschen ['naʃən] *tr* manger par gourmandise; *itr* manger des friandises. **Nascherei** *f* ‹-, -en› [-'raɪ] **1.** *(Naschwerk)* friandise *f*, **2.** *(ohne pl) (Eigenschaft)* gourmandise *f*. **naschhaft** *a* friand, gourmand. **Naschhaftigkeit** *f* ‹-, ø› gourmandise *f*. **Naschkatze** *f* gourmande *f*.

Nase *f* ‹-, -n› ['na:zə] **1.** nez *m*; **2.** *(Geruchs-, fig: Spürsinn)* flair *m*; **3.** *fig (Vorsprung, a. tech)* nez; *(an e-m Gefäß)* bec *m*; ► *jdm etw auf die ~ binden* raconter *od* en faire accroire qc à qn; *e-e feine* od *gute ~ haben* avoir le nez fin *od* creux, avoir du nez *od* du flair; *die ~ von etw voll haben (fam)* avoir plein le dos *od* par-dessus la tête de qc; *jdn an der ~ herumführen* mener qn par le bout du nez, duper qn; *auf der ~ liegen (fig)* être malade; *sich die ~ putzen* se moucher; *jdm etwas unter die ~ reiben (fig)* jeter qc au nez *od* à la face *od* à la figure de qn; *durch die ~ sprechen* parler du nez; *s-e ~ in etw stecken (fig)* mettre *od* fourrer son nez dans qc, se mêler de qc; *die ~ in die Bücher stecken* se coller sur ses livres; *jdn mit der ~ auf etw stoßen (fig)* mettre à qn le nez sur qc; *jdm etw vor der ~ wegschnappen* enlever qc sous le

nez de qn; *fasse dich an deiner (eigenen) ~!* mêle-toi de tes affaires!
näseln ['nɛ:zəln] *itr* nasiller, parler du nez.
Nasenbein *n* ['na:zən-] *anat* os *m* nasal. **Nasenbluten** *n* saignement *m* de nez; *scient* hémorragie *f* nasale; ▶ *~ haben* saigner du nez. **Nasenflügel** *m anat* aile *f* du nez. **Nasenloch** *n* narine *f*. **Nasenrücken** *m* dos *m* du nez. **Nasenspitze** *f* bout *m* du nez. **Nasenwurzel** *f anat* racine *f od* sommet *m* du nez.
naseweis ['na:zə-] *a* curieux. **Naseweis** *m* ‹-es, -e› (petit) curieux *m*.
Nashorn *n* ['na:s-] *zoo* rhinocéros *m*.
naß [nas] *a* ‹*nasser* od *nässer, nassest* od *nässest*› *(durchnäßt)* mouillé, trempé; *(feucht)* humide; ▶ *~ machen* mouiller, tremper; *sich ~ machen, ~ werden* se mouiller; *~ bis auf die Haut* trempé jusqu'aux os.
Nässe *f* ‹-, ø› ['nɛsə] humidité *f*; ▶ *vor ~ (zu) schützen! (com)* craint l'humidité.
naßkalt ['nas-] *a* froid et humide; ▶ *es ist ~* il fait un froid humide.
Nation *f* ‹-, -en› [natsi'o:n] nation *f*; ▶ *die Vereinten ~en pl* les Nations *f pl* unies.
national [natsio'na:l] *a* national. **Nationalfeiertag** *m* fête *f* nationale. **Nationalheld** *m* héros *m* national. **Nationalhymne** *f* hymne *od* chant *m* national. **Nationalismus** *m* ‹-, -men› [-'lɪsmʊs, -mən] nationalisme *m*. **nationalistisch** [-'lɪstɪʃ] *a* nationaliste. **Nationalität** *f* ‹-, -en› [-li'tɛ:t] nationalité *f*. **Nationalitätskennzeichen** *n mot* plaque *f* de nationalité. **Nationalmannschaft** *f sport* équipe *f* nationale. **Nationalsozialismus** *m hist* national-socialisme, nazisme *m*. **Nationalsozialist** *m hist* national-socialiste, nazi *m*. **nationalsozialistisch** *a hist* national-socialiste, nazi. **Nationalstolz** *m* fierté *f* nationale. **Nationalversammlung** *f pol* assemblée *f* nationale.
Nato *f*, **NATO** *f* ‹-, ø› ['na:to] OTAN *m*. **Natoanhänger** *m* atlantiste *m*.
Natrium *n* ‹-s, ø› ['na:triʊm] *chem* sodium *m*. **Natriumchlorid** *n (Kochsalz)* chlorure *m* de sodium.
Natter *f* ‹-, -n› ['natər] *zoo* couleuvre; *fig* vipère *f*.
Natur *f* ‹-, -en› [na'tu:r] **1.** nature *f*; **2.** *(Körperverfassung)* constitution; *(Veranlagung)* caractère, tempérament *m*; ▶ *von ~ ...* d'un naturel ...; *in der ~ der Sache liegen* être dans la nature des choses; *s-e wahre ~ zeigen (a.)* montrer, laisser passer le bout de l'oreille. **naturalisieren** [-rali'zi:rən] ‹*ohne ge-*› *tr (einbürgern)* naturaliser. **Naturalisierung** *f* ‹-, ø› naturalisation *f*. **Naturalismus** *m* ‹-, -men› [-'lɪsmʊs, -mən] naturalisme *m*. **naturalistisch** [-'lɪstɪʃ] *a* naturaliste. **Naturell** *n* ‹-s, -e› naturel *m*, caractère *m*. **Naturereignis** *n*, **Naturerscheinung** *f* phénomène *m* naturel. **naturfarben** *a* de couleur *f* naturelle. **Naturforscher** *m*, **Naturfreund** *m* naturaliste *m*. **naturgemäß** *a* conforme à la nature, naturel. **Naturgesetz** *n* loi *f* naturelle *od* de la nature. **naturgetreu I.** *a* naturel; **II.** *adv* au naturel. **Naturheilkunde** *f* médecine naturiste, physiothérapie *f*. **Naturkatastrophe** *f* catastrophe *f* naturelle. **Naturkunde** *f* histoire *f* naturelle. **Naturlehrpfad** *m* sentier *m* pédagogique.
natürlich [na'ty:rlɪç] **I.** *a* **1.** naturel; *(einfach)* simple, sans recherche *od* apprêt; *(naiv)* naïf; **2.** *jur (Person)* physique; **II.** *adv (selbstverständlich)* naturellement, évidemment; bien entendu *od* sûr. **Natürlichkeit** *f* ‹-, ø› naturel *m*; *(Einfachheit)* simplicité; *(Naivität)* ingénuité, naïveté *f*.
Naturmensch *m* [na'tu:r-] homme *m* de la nature. **Naturpark** *m* parc *m* naturel. **Naturprodukt** *n* produit *m* naturel. **Naturreich** *n* règne *m* de la nature. **naturrein** *a* naturel. **Naturschutz** *m* protection *od* défense *f* de la nature; ▶ *unter ~ stehen* être classé site naturel protégé. **Naturschützer(in** *f*) *m* écologiste *m f*. **Naturschutzgebiet** *n* site *m* protégé; réserve *f*, parc *m* national(e). **Naturvolk** *n* peuple *m* primitif. **Naturwissenschaften,** *die f pl* les sciences *f pl* (naturelles *od* physiques). **Naturwissenschaftler** *m* naturaliste *m*.
Navigation *f* ‹-, ø› [navigatsi'o:n] *(Schiffahrt)* navigation *f*.
Nazi *m* ‹-s, -s› ['na:tsi] nazi *m*. **Nazismus** *m* ‹-, ø› [-'tsɪsmʊs] nazisme *m*. **nazistisch** [na'tsɪstɪʃ] *a* nazi.
ne [ne:] *fam = nein*.
Neapel *n* [ne'a:pəl] Naples *f*.
Nebel ‹-s, -› ['ne:bəl] brouillard *m*, brume; *astr* nébuleuse; *fig (vom Alkohol)* fumée *f*; ▶ *in ~ gehüllt* embrumé, pris dans le brouillard. **nebelhaft** *a (Sache)* nébuleux; *fig a.* vague. **neb(e)lig** ['ne:b(ə)lɪç] *a* brumeux; ▶ *es ist ~ = es nebelt.* **nebeln** *itr impers:* ▶ *es nebelt* il fait de la brume *od* du brouillard, il bruine. **Nebelscheinwerfer** *m* phare *m* antibrouillard. **Nebelschwaden** *m* brouillard *m* flottant.
neben ['ne:bən] *prp* **1.** *(örtl.)* à côté de, près de; **2.** *fig (außer)* en plus de, outre; **3.** comparé à, en comparaison de.
nebenan [ne:bən'ʔan] *adv* à côté. **Nebenanschluß** *m el* dérivation *f*, shunt; *tele (Verbindung)* raccordement *m od* communication secondaire; *(Nebenstelle)* poste *m* supplémentaire. **Nebenausgaben** *f pl* dépenses *f pl* accessoi-

res. **Nebenbedeutung** *f* signification *f* secondaire, second sens. **nebenbei** [-'baɪ] *adv* **1.** *(beiläufig)* en passant, entre parenthèses, accessoirement; **2.** *(außerdem)* en outre, de plus; ▶ ~ *bemerkt* od *gesagt* soit dit en passant. **nebenberuflich** *a* u. *adv* à titre accessoire, à temps partiel. **Nebenbeschäftigung** *f* occupation *f od* emploi *m* accessoire. **Nebenbuhler** *m* rival *m.* **nebeneinander** [-'nandər] *adv* l'un à côté de l'autre, de front, côte à côte. **Nebeneinander** *n* ‹-s, ø› coexistence; simultanéité *f.* **nebeneinander=legen** *tr,* **nebeneinander=setzen** *tr,* **nebeneinander=stellen** *tr* mettre *od* placer l'un à côté de l'autre, juxtaposer. **Nebeneinnahmen** *f pl* revenus *m pl* accessoires *od* casuels. **Nebenfach** *n* *(Schule)* matière *od* discipline *f* secondaire. **Nebenfluß** *m* affluent *m.* **Nebengebäude** *n* annexe, dépendance *f.* **Nebengeräusch** *n* bruit *m* étranger; *tech* friture *f; radio* (bruit) parasite *m.* **nebenher** [-'he:r] *adv* **1.** *(nebenhin)* à côté, en passant; **2.** *(gleichzeitig)* en même temps; **3.** *(außerdem)* de plus, en outre. **Nebenkosten** *pl* frais accessoires; faux frais *m.* **Nebenmann** *m* ‹-(e)s, -männer/-leute› voisin *m.* **Nebenprodukt** *n* sous-produit, produit *m* accessoire. **Nebenraum** *m* pièce *f* attenante *od* contiguë. **Nebensache** *f* chose accessoire *od* secondaire, bagatelle *f;* ▶ *das ist* ~ c'est sans importance, cela ne compte pas. **nebensächlich** *a* accessoire, secondaire, insignifiant, sans importance. **Nebensatz** *m gram* proposition *f* subordonnée. **nebenstehend** *a* u. *adv (Abbildung)* ci-contre. **Nebenstelle** *f* bureau auxiliaire; *tele* poste *m* supplémentaire. **Nebenstraße** *f* petite rue; *(Seitenstraße)* rue latérale *od* adjacente; *(Querstraße)* (rue de) traverse *f.* **Nebenstrecke** *f loc* voie *f* secondaire. **Nebenumstände** *m pl* circonstances *f pl* accessoires; faits *m pl* concomitants. **Nebenverdienst** *m* gain accessoire *od* supplémentaire; casuel *m.* **Nebenwirkung** *f allg* effet *m* accessoire; *med* réaction *f* secondaire. **Nebenzimmer** *n* pièce *od* chambre voisine; *(kleines)* cabinet *m* particulier; *(e-r Gaststätte)* arrière-salle *f.* **Nebenzweck** *m* but *m* secondaire.

nebst [ne:pst] *prp dat* avec; outre.

Necessaire *n* ‹-s, -s› [nesɛ'sɛ:r] nécessaire *m od* trousse *f* (de toilette).

necken ['nɛkən] *tr* taquiner, lutiner. **neckisch** ['nɛkɪʃ] *a* taquin, lutin; *(schelmisch)* narquois.

Neffe *m* ‹-n, -n› ['nɛfə] neveu *m.*

negativ ['ne(:)gati:f, nega'ti:f] *a* **1.** négatif; **2.** *(ungünstig)* défavorable. **Negativ** *n* ‹-s, -e› *phot* négatif *m;* épreuve *f* négative, cliché *m.*

Neger *m* ‹-s, -› ['ne:gər] nègre, noir *m;* ▶ *die* ~ *pl (Gesamtheit)* la négritude. **Negerin** *f* ‹-, -nen› négresse, noire *f.* **Negerstamm** *m* tribu *f* nègre.

negieren [ne'gi:rən] ‹*ohne ge-*› *tr* nier.

negroid [negro'i:t] *a scient* négroïde.

nehmen ['ne:mən] ‹*nimmt, nahm, genommen*› *tr* **1.** prendre; *(ergreifen)* saisir; **2.** *(an~)* accepter, recevoir; **3.** *(weg~)* ôter, enlever, emporter; **4.** *(sich aneignen)* s'approprier; ▶ *etw an sich* ~ prendre qc; *etw auf sich* ~ *(fig)* se charger de qc; *(Entbehrungen)* s'infliger qc; *jdn zu sich* ~ recueillir qn chez soi; *etw zu sich* ~ *(essen)* manger *od* prendre qc; *s-n Anfang* ~ commencer; *ein Ende* ~ prendre fin, finir; *es genau* ~ être très consciencieux *od* scrupuleux; *den Mund voll* ~ avoir le verbe haut; *jdn zu* ~ *wissen* savoir prendre qn; ~ *Sie es nicht tragisch!* ne vous en faites pas! ne le prenez pas au tragique! *wie man es nimmt!* c'est selon, cela dépend.

Neid *m* ‹-(e)s, ø› [naɪt, '-dəs] envie, jalousie *f;* ▶ *aus* ~ par envie; ~ *erregen* exciter la jalousie, faire envie *od* des jaloux; *vor* ~ *platzen* crever d'envie. **neiden** *tr: jdm etw* ~ envier qc à qn. **Neider** *m* ‹-s, -› envieux, jaloux *m.* **neidisch** ['-dɪʃ] *a* envieux, jaloux (*auf* de).

Neige *f* ‹-, -n› ['naɪgə] *lit* **1.** *(Ende)* déclin *m,* fin *f;* **2.** *(Rest)* reste *m;* ▶ *zur* ~ *gehen* être à *od* sur son déclin, tirer à sa fin. **neigen** *tr* **1.** pencher, incliner, baisser; *itr* **2.** *fig* tendre, avoir tendance *od* un penchant, être enclin (*zu* à); *refl: sich* ~ **3.** se pencher, s'incliner (*zu* vers); **4.** *(Tag)* baisser; *(zu Ende gehen)* décliner, être sur son déclin. **Neigung** *f* ‹-, -en› **1.** *(Schräge)* inclinaison; *(stärkere)* pente, déclivité *f;* **2.** *fig (Vorliebe)* penchant *m* (*zu* pour), tendance, propension *f* (zu à); goût *m* (*zu* pour).

nein [naɪn] non; ▶ *nicht* ~ *sagen können (a.)* ne pas savoir refuser; *ich glaube, fürchte* ~ je crois, j'ai peur que non; ~, *so was!* (ça) par exemple! **Nein** *n* ‹-s, ø› non *m,* réponse *f* négative.

Nektar *m* ‹-s, ø› ['nɛktar] *a. bot* nectar *m.* **Nektarine** *f* nectarine *f,* brugnon *m.*

Nelke *f* ‹-, -n› ['nɛlkə] **1.** *(Blume)* œillet *m;* **2.** *(Gewürz)* clou *m* de girofle.

nennen ['nɛnən] ‹*nannte, genannt*› *tr* **1.** nommer, appeler; *(Namen)* dire; **2.** *(erwähnen)* citer; **3.** *(bezeichnen als)* qualifier, traiter de; *refl: sich* ~ **4.** s'appeler; **5.** *(sich ausgeben für)* se dire, s'intituler; ▶ *ein Kind nach jdm* ~ donner à un enfant le nom de qn; *das nenne ich ...!* voilà qui s'appelle ... *od* qui est ...! **nennenswert** *a* notable, remarquable, appréciable. **Nenner** *m* ‹-s, -› *math* dénominateur *m;* ▶ *auf einen* ~

bringen (math) réduire au même dénominateur. **Nennform** *f gram* infinitif *m.*
Neologismus ‹-, -men› [neolo'gɪsmʊs] *m (neues Wort)* néologisme *m.*
Neon *n* ‹-s, ø› ['ne:ɔn] *chem* néon *m.*
Neonazi *m* ‹-s, -s› néo-nazi *m.* **neonazistisch** *m* néo-nazi.
Neonröhre *f* tube *m* au néon.
neppen ['nɛpən] *tr fam (prellen)* estamper, étriller, tondre.
Nerv *m* ‹-s, -en› [nɛrf, '-fən] nerf *m;* ► *jdm auf die ~en fallen* od *gehen* taper sur les nerfs à qn; *mit den ~en fertig sein (fam)* avoir les nerfs en pelote *od* en boule; *die ~en verlieren* s'affoler; *Sie haben ~en! (pop)* vous en avez une santé! **Nervenarzt** *m* neurologue, neurologiste *m.* **Nervenknoten** *m* ganglion *m.* **Nervenkrankheit** *f s. Nervenleiden.* **Nervenkrieg** *m* guerre *f* des nerfs. **Nervenleiden** *n* affection *od* maladie *f* nerveuse. **Nervensäge** *f fig fam* scie *f,* gêneur, casse-pieds *m.* **nervenstärkend** *a pharm* nervin, tonique. **Nervensystem** *n* système *m* nerveux. **Nervenzelle** *f* cellule *f* nerveuse, neurone *m.* **Nervenzentrum** *n* centre *m* nerveux. **Nervenzusammenbruch** *m* dépression nerveuse, prostration *f.* **nervig** ['-vɪç/'-fɪç] *a* nerveux; *fig* vigoureux. **nervös** [-'vø:s] *a* nerveux; ► *jdn ~ machen* énerver qn, prendre *od* taper sur les nerfs à qn; *~ werden* s'énerver. **Nervosität** *f* ‹-, ø› [-vozi'tɛ:t] nervosité *f,* énervement *m.*
Nerz *m* ‹-es, -e› [nɛrts] *zoo* vison *m.*
Nessel *f* ‹-, -n› ['nɛsəl] *bot* ortie *f;* ► *sich in die ~n setzen (fig)* se mettre dans de beaux draps.
Nest *n* ‹-(e)s, -er› [nɛst] **1.** nid *m a. fig pej;* **2.** *fig pej (kleiner Ort)* trou, patelin, bled *m;* ► *ein ~* od *~er ausnehmen* dénicher des oiseaux; *das eigene ~ beschmutzen* cracher dans la soupe; *das ~ leer finden (fig) a.* trouver le *od* faire buisson creux; *sich ins warme ~ setzen (fig)* se mettre dans du coton. **Nestbeschmutzer** *m* rénégat *m.* **Nesthäkchen** *n* dernier-né *m.*
nett [nɛt] *a* **1.** *(freundlich)* aimable, gentil, sympathique; **2.** *(hübsch)* joli, coquet, propret; ► *~ zu jdm sein (a.)* faire bonne mine à qn.
netto ['nɛto] *adv* net. **Nettoeinkommen** *n* revenu *m* net. **Nettogewicht** *n* poids *m* net. **Nettolohn** *m* salaire *m* net. **Nettopreis** *m* prix *m* net.
Netz *n* ‹-es, -e› [nɛts] **1.** *allg* filet, lacis *m;* **2.** *(Spinne)* toile *f;* **3.** *(Haar~)* filet *m,* résille *f;* **4.** *geog (Gitter~)* canevas *m;* **5.** *(Verkehr, tele)* réseau; *el* secteur *m;* ► *ans ~ gehen (el, tele)* être mis en service; *soziales ~* prestations *m pl* sociales. **Netzanschluß** *m el* branchement *m od* alimentation *f* sur le secteur; *radio* réseau *m;* ► *mit ~* sur secteur. **netzartig** *a* réticulé. **Netzgerät** *n* ['nɛts-] boîte *f* pour branchement sur secteur. **Netzhaut** *f anat* rétine *f.* **Netzwerk** *n (von Leitungen, Linien)* réseau; *(Elektrotechnik)* circuit *m.*
neu [nɔʏ] **I.** *a* **1.** *(noch nicht dagewesen)* nouveau; **2.** *(ungebraucht)* neuf, *fam* inédit; *(frisch)* frais; **3.** *(jung)* récent; **II.** *adv* nouvellement, fraîchement; ► *aufs ~e* à nouveau; *von ~em* de nouveau; de plus belle; *~ anfangen* recommencer; *das ist mir ~* je ne le savais pas; *das ist nichts N~es* cela se voit tous les jours; *was (gibt's) N~es?* quoi de neuf *od* nouveau? *glückliches ~es Jahr!* bonne année! *~ere Sprachen f pl* langues *f pl* vivantes.
Neuankömmling *m* ['nɔʏ-] nouveau venu *m.* **Neuanschaffung** *f* nouvelle acquisition *f.* **neuartig** *a* inédit. **Neuauflage** *f (e-s Buches)* nouvelle édition *f.* **Neubau** *m* construction *f* nouvelle. **Neubearbeitung** *f (Buch)* remaniement *m,* refonte *f.* **Neubildung** *f biol* néoformation *f.* **Neue** *m f* ‹-n, -n› *(Neuling)* nouveau (venu) *m.* **neuerdings** *adv (kürzlich)* récemment, depuis peu, nouvellement. **Neuerscheinung** *f (Buch)* nouveauté *f.* **Neuerung** *f* innovation *f.* **Neuerwerbung** *f* nouvelle acquisition; nouveauté *f; pl (Museum)* derniers enrichissements *m pl.* **neueste(r, s)** *(Superlativ von: neu) a.* dernier; ► *das N~ (Mode)* les dernières nouveautés *f pl; ~ Mode f* dernière mode *f; das N~ vom Tage* l'actualité *f,* les dernières nouvelles, les nouvelles *f pl* du jour. **Neufundland** *n* Terre-Neuve *f.* **neugeboren** *a* nouveau-né. **Neugeborenes** *n* nouveau-né *m.* **Neugestaltung** *f* remaniement *m,* réorganisation *f.* **Neugier(de)** *f* ‹-, ø› curiosité, indiscrétion *f;* ► *aus ~* par curiosité. **neugierig** curieux (*auf* de); indiscret; ► *ich bin ~, ob ...* je suis curieux de savoir si ...; *das macht mich ~* cela m'intrigue, cela pique ma curiosité. **Neugriechisch(e,** *das***)** *n* (le) grec moderne. **Neuguinea** *n* la Nouvelle-Guinée. **Neuheit** *f* nouveauté *f.* **Neuhochdeutsch(e,** *das***)** *n* (le) haut allemand moderne. **Neuigkeit** *f* ‹-, -en› nouvelle *f.* **Neuinszenierung** *f theat* présentation *f* nouvelle. **Neujahr** *n (1. Januar)* jour *m* de l'an; ► *glückliches ~! (fam) prost ~!* bonne année! **Neujahrstag** *m* jour *m* de l'an. **Neuland** *n* terre *f* nouvelle *od* inconnue; ► *~ erschließen* défricher du terrain vierge. **neulich** *adv* dernièrement, ces derniers jours, l'autre jour; ► *~ abends* l'autre soir. **Neuling** *m* ‹-s, -e› novice, débutant, néophyte *m.* **Neumond** *m* nouvelle lune *f.*

neun [nɔʏn] neuf. **neunhundert** neuf cent(s). **neunmal** *adv* neuf fois; **neuntausend** neuf mille. **Neuntel** *n* ‹-s, -› neuvième *m*. **neuntens** *adv* neuvièmement. **neunte(r, s)** *a* neuvième. **neunzehn** dix-neuf. **neunzehnte(r, s)** *a* dix-neuvième. **neunzig** quatre-vingt-dix. **neunzigjährig** *a* nonagénaire. **neunzigste(r, s)** *a* quatre-vingt-dixième; **Neunzigstel** *n* ‹-s, -› quatre-vingt-dixième *m*.

Neuorientierung *f* ['nɔʏ-] orientation *f* nouvelle. **Neuphilologe** *m* professeur *m* de langues modernes.

Neuralgie *f* ‹-, -n› [nɔʏral'gi:] *med* névralgie *f*. **neuralgisch** [-'ralgɪʃ] *a a. fig* névralgique. **Neurasthenie** *f* neurasthénie *f*.

Neuregelung *f* ['nɔʏ-] nouveau règlement *m*. **neureich** *a* nouveau riche. **Neureiche** *m f* nouveau riche *m;* nouvelle riche *f*.

Neurochirurg *m* neurochirurgien *m*. **Neurochirurgie** *f* neurochirurgie *f*. **Neurologe** *m* ‹-n, -n› [-ro'lo:gə] = *Nervenarzt*. **Neurologie** *f* ‹-, ø› [nɔʏrolo'gi:] neurologie *f*. **Neuropsychiatrie** *f* neuropsychiatrie *f*. **Neurose** *f* ‹-, -n› [-'ro:zə] névrose *f*. **Neurotiker** *m* ‹-s, -› [-'ro:tikər] névrosé *m*. **neurotisch** [-'ro:tɪʃ] *a* névrotique; névrosé. **Neurowissenschaften** *f pl* neurosciences *f pl*.

Neuschnee *m* ['nɔʏ-] neige *f* nouvelle. **Neuseeland** *n* la Nouvelle-Zélande. **neusprachlich** *a* des langues vivantes.

neutral [nɔʏ'tra:l] *a* **1.** neutre; **2.** *pol* non aligné; ▶ *für* ~ *erklären* neutraliser. **Neutralisierung** *f* neutralisation *f*. **Neutralität** *f* ‹-, ø› [-li'tɛ:t] neutralité *f;* ▶ *bewaffnete, wohlwollende* ~ neutralité *f* armée, bienveillante.

Neutron *n* ‹-s, -en› ['nɔʏtrɔn] *phys* neutron *m*. **Neutronenwaffe** *f* bombe *f* à neutrons.

Neutrum *n* ‹-s, -tra› ['-trʊm, '-tra] *gram* (nom) neutre *m*.

Neuwahl *f* ['nɔʏ-] *parl* nouvelle élection *f*. **neuwertig** *a* à l'état neuf. **Neuzeit** *f* temps *m pl* modernes.

nicht [nɪçt] *adv (bei a)* non; *(bei a u. adv)* pas; *(bei v)* ne ... pas; ▶ *bestimmt* od *durchaus* od *(ganz und) gar* ~ pas le moins du monde, aucunement; ne ... point; *auch* ~ (ni *od* ne ... pas) non plus; *das gerade* ~ pas précisément; ~ *(etwa) daß* ce n'est pas que; ~ *(ein)mal* ne ... même pas; ~ *mehr* ne ... plus; ~ *mehr und* ~ *weniger* ni plus, ni moins; ~ *nur ..., sondern auch* non seulement ... mais encore; ~ *viel* (ne ...) pas beaucoup; ~ *weniger als* rien moins que; ~ *wahr?* n'est-ce pas? *dann eben* ~*!* tant pis! ~ *daß ich wüßte!* pas que je sache; ~ *doch* mais non! ~ *schlecht!* pas mauvais! pas mal!

Nichtachtung *f* ['nɪçt] non-respect *m*. **Nichtanerkennung** *f fin pol* non-reconnaissance *f*. **Nichtangriffspakt** *m* pacte *m* de non-agression. **Nichtbeachtung** *f* inobservation; *(e-r Verkehrsvorschrift)* non-observation *f*, non-respect *m*.

Nichte *f* ‹-, -n› ['nɪçtə] nièce *f*.

Nichteinhaltung *f* ['nɪçt-] *(e-r Vorschrift)* inobservance; *(e-s Vertrages)* inobservation *f*. **Nichteinmischung** *f pol* non-intervention, non-ingérence *f*. **Nichtgefallen** *n com:* ▶ *bei* ~ *Geld zurück* remboursement si pas satisfait.

nichtig ['nɪçtɪç] *a* **1.** *allg* vain, futile; **2.** *jur* nul, caduc; ▶ *für* ~ *erklären* rendre nul, annuler, invalider, *null und* ~ nul et non avenu. **Nichtigkeit** *f* ‹-, (-en)› **1.** *(Wertlosigkeit)* futilité, inanité, vanité *f;* **2.** *(Ungültigkeit)* nullité *f*. **Nichtigkeitserklärung** *f* annulation *f*.

nichtkriegführend ['nɪçt-] *a* non-belligérant. **Nichtraucher** *m* non-fumeur *m*. **Nichtraucherzone** *f* zone *f* non-fumeurs. **nichtrostend** *a* inoxydable.

nichts [nɪçts] rien; *(bei v)* ne ... rien; ▶ *für* ~ *und wieder* ~ pour rien (du tout); *gar* ~, *überhaupt* ~ *(bei v* ne ...) rien du tout; *ganz und gar* ~, rien de rien; *so gut wie* ~ si peu que rien, autant dire rien; *mir* ~, *dir* ~ sans (plus de) façon(s), sans se gêner; *sonst* ~, *weiter* ~ *(bei v* ne ...) rien de plus *od* d'autre; ~ *als* rien que; ~ *dergleichen* (ne ...) rien de pareil; ~ *mehr* (ne ...) plus rien; ~ *Neues* rien de nouveau; ~ *weniger als* (ne ...) rien moins que; ~ *dagegen tun* od *machen können (fam)* n'y pouvoir rien (faire); *als ob* ~ *geschehen wäre* comme si de rien n'était; *ich kann* ~ *dafür* ce n'est pas ma faute; *da ist* ~ *zu machen* il n'y a rien à faire; *daraus wird* ~ il n'en sortira rien, cela ne se fera pas; *das hat* ~ *zu sagen* cela ne veut rien dire; *das ist* ~ *für mich* ce n'est pas mon affaire; *das ist (immerhin) besser als* ~ c'est déjà ça; *das macht* ~ cela ne fait rien; *es ist* ~ *damit* il n'en est rien; *wenn es weiter* ~ *ist!* si ce n'est que cela! ~ *lieber als das!* je ne demande pas mieux; ~ *(mehr) zu machen!* (plus) rien à faire! **Nichts** *n* ‹-, ø› : ▶ *das* ~ le néant; *ein* ~ un rien; *vor dem* ~ *stehen* se trouver acculé à la ruine. **nichtsahnend** *adv* sans se douter de qc.

Nichtschwimmer *m* ['nɪçt-] non-nageur *m*.

nichtsdestoweniger [nɪçtsdɛsto've:nɪgər] *adv* néanmoins, nonobstant.

Nichtseßhafte(r) *m f* personne *f* sans domicile fixe.

Nichtsnutz *m* ['nɪçts-] propre *od* bon à

rien, vaurien *m.* **nichtsnutzig** *a* **1.** inutile; qui ne vaut rien; **2.** *(ungezogen)* méchant. **nichtssagend** *a* insignifiant; futile, falot. **Nichtstuer** *m* fainéant; *fam* rossard *m.* **Nichtstun** *n* désœuvrement *m,* oisiveté *f,* farniente *m; (Untätigkeit)* inaction; *(Faulheit)* fainéantise *f.* **nichtswürdig** *a* bas, vil, abject, misérable.

Nichtverbreitung *f* ['nɪçt-] *pol:* ▶ ~ *von Kernwaffen* non-dissémination *f* des armes nucléaires. **Nichtwähler** *m pol* abstentionniste *m.* **Nichtzahlung** *f* non-paiement *m.* **Nichtzutreffende(s)** *n* mention *f* inutile; ▶ ~ *streichen* rayez les mentions inutiles.

Nickel *n* ‹-s, ø› ['nɪkəl] nickel *m.*

nicken ['nɪkən] *itr* incliner la tête; *(zustimmend)* faire un signe de tête. **Nikkerchen** *n fam* petit somme *m.*

nie [ni:] *adv* (ne ...) jamais; ▶ ~ *und nimmer* (jamais,) au grand jamais; jamais de la vie; ~ *mehr!* jamais plus! *noch* ~ *dagewesen* sans précédent.

nieder ['ni:dər] **I.** *a* **1.** *(niedrig)* bas; **2.** *fig (Rang)* inférieur; **3.** *(Gesinnung)* bas, vil; **II.** *adv* en bas; ▶ *auf und* ~ *gehen* monter et descendre; ~ *mit ...!* à bas ...!

nieder=beugen ['ni:-] **1.** *tr* courber (vers la terre); **2.** *refl: sich* ~ s'incliner, se pencher.

nieder=brennen ['ni:-] ‹*brannte nieder, niedergebrannt*› **1.** *tr* ‹*h*› réduire en cendres; **2.** *itr* ‹*sein*› être réduit en cendres.

niederdeutsch ['ni:-] *a* bas allemand.

nieder=drücken ['ni:-] *tr* **1.** baisser, affaisser; **2.** *fig* déprimer.

nieder=fallen ['ni:-] ‹*fällt, fiel nieder, niedergefallen*› *itr:* ‹*sein*› *:* ▶ *vor jdm* ~ se prosterner devant qn, se jeter aux pieds de qn.

Niedergang *m* ['ni:-] *(Rückgang, Verfall)* récession *f;* décadence *f;* déclin *m.*

nieder=gehen ['ni:-] ‹*ging nieder, niedergegangen*› *itr* ‹*sein*› **1.** *(Regen)* s'abattre; **2.** *aero* descendre, se poser.

niedergeschlagen ['ni:-] **I.** *a fig* abattu, déprimé, accablé, découragé; **II.** *adv* avec résignation. **Niedergeschlagenheit** *f* ‹-, ø› abattement *m,* dépression *f,* accablement, découragement *m.*

nieder=knien ['ni:-] *itr* ‹*sein*› s'agenouiller; se mettre à genoux.

nieder=kommen ['ni:-] ‹*kam nieder, niedergekommen*› *itr* ‹*sein*› accoucher (*mit* de). **Niederkunft** *f* ‹-, ¨e› accouchement *m.*

Niederlage *f* ['ni:-] *mil* défaite *f; fig* échec *m;* ▶ *jdm e-e* ~ *beibringen* infliger une défaite à qn; *e-e* ~ *erleiden* essuyer *od* subir une défaite.

Niederlande, *die pl* ['ni:-] les Pays-Bas *m pl.* **Niederländer(in)** *m* ‹-s, -› (*f* ‹-, -nen›) Néerlandais(e *f*) *m.* **niederländisch** *a* néerlandais.

nieder=lassen ['ni:-] ‹*läßt, ließ nieder, niedergelassen*› *tr* **1.** *(herunterlassen)* (a)baisser, descendre; **2.** *refl: sich* ~ *(sich setzen)* s'asseoir, prendre place; *(Vogel)* se poser; **3.** *(s-n Wohnsitz nehmen)* s'établir, s'installer, se fixer. **Niederlassung** *f* ‹-, -en› établissement *m; (Zweigstelle)* succursale, agence.

nieder=legen ['ni:-] *tr* **1.** (dé)poser; **2.** *(Arbeit)* arrêter, cesser; *(Amt)* déposer, se démettre, démissionner de; *(Waffen)* mettre bas; **3.** *(bestimmen, festlegen)* fixer; *refl* **4.** *sich* ~ se coucher; *(ins Bett)* se mettre au lit; ▶ *schriftlich* ~ mettre *od* passer par écrit, consigner. **Niederlegung** *f* ‹-, -en› *(d. Arbeit)* arrêt *m,* cessation; *(d. Amtes)* déposition *f.*

nieder=machen ['ni:-] *tr,* **nieder=metzeln** *tr* abattre, massacrer, exterminer.

nieder=reißen ['ni:-] ‹*riß nieder, niedergerissen*› *tr (Bau)* abattre, démolir.

Niederrhein, *der* ['ni:-] le Rhin inférieur.

Niedersachsen *n* ['ni:-] la Basse-Saxe.

nieder=schießen ['ni:-] ‹*schoß nieder, niedergeschossen*› **1.** *tr* ‹*h*› abattre d'un coup *od* à coups de fusil; **2.** *itr* ‹*sein*› *(Vogel)* fondre, s'abattre *(auf* sur*).*

Niederschlag *m* ['ni:-] **1.** *mete* précipitation(s *pl*) *f; chem* précipité *m;* **2.** *(Boxen)* knock-out *m;* **3.** *fig* répercussion, retombée *f;* ▶ *s-n* ~ *finden (fig)* se traduire (*in* en); *radioaktive Niederschläge m pl* retombée(s *pl*) *f* radioactive(s). **nieder=schlagen** ‹*schlägt, schlug nieder, niedergeschlagen*› *tr* **1.** abattre, terrasser, assommer; **2.** *(Aufstand)* réprimer; *(Widerstand)* détruire; **3.** *(Augen)* baisser; *refl: sich* ~ **4.** *(Dampf)* se liquéfier; *chem* se précipiter; **5.** *fig* se traduire (*in* en). **Niederschlagsmenge** *f mete* quantité *f* de précipitation.

nieder=schmettern ['ni:-] *tr* atterrer, terrasser. **niederschmetternd** *a fig* accablant, foudroyant, catastrophique.

nieder=schreiben ['ni:-] ‹*schrieb nieder, niedergeschrieben*› *tr* mettre *od* coucher par écrit, écrire, noter. **Niederschrift** *f* **1.** *(Tätigkeit)* mise *f* par écrit; **2.** *(Ergebnis)* écrit; procès-verbal *m.*

nieder=setzen ['ni:-] *tr* déposer.

nieder=stoßen ['ni:-] ‹*stößt, stieß nieder, niedergestoßen*› *tr* (*itr* s')abattre.

nieder=strecken ['ni:-] *tr* étendre par terre; terrasser, abattre.

Niedertracht *f* ‹-, ø› ['ni:-] bassesse, infamie, vilenie, abjection *f.* **niederträchtig** *a* bas, infâme, vil, abject. **Niederträchtigkeit** *f* = *Niedertracht.*

nieder=trampeln ['ni:-] *tr,* **niedertreten** ['ni:-] ‹*tritt, trat nieder, niedergetreten*› *tr* piétiner, fouler (aux pieds).

Niederung *f* ‹-, -en› ['ni:dərʊŋ] terrain bas, bas-fond *m;* dépression *f.*

nieder=walzen ['ni:-] *tr, a. fig* écraser. **nieder=werfen** ['ni:-] ‹*wirft, warf nieder, niedergeworfen*› *tr* **1.** jeter (à) bas; **2.** *(Aufstand)* réprimer; *fig* vaincre; **3.** *refl: sich* ~ se jeter à terre. **Niederwerfung** *f* ‹-, ø› *(des Feindes)* défaite; *(e-s Aufstandes)* répression *f.*
niedlich ['ni:tlıç] *a allg* joli; *(Mensch)* mignon, gentil; *(Sache)* coquet.
niedrig ['ni:drıç] **I.** *a* **1.** bas *a. fig,* peu élevé; **2.** *(Preis a.)* modéré, modique; **3.** *fig (Gesinnung)* bas, vil; *scient* faible; **II.** *adv* bas; ▶ *~er hängen* od *machen* od *stellen* (a)baisser; *zu ~ schätzen* sous-estimer, sous-évaluer. **Niedrigkeit** *f* ‹-, ø› *fig* bassesse *f.*
niemals ['ni:mals] *adv* (*bei v:* ne ...) jamais; ▶ *~ mehr* (ne ...) jamais plus.
niemand ['ni:mant] *pron (als Objekt)* ne ... personne; *(als Subjekt)* personne *od* aucun *od* nul ... ne; *(alleinstehend)* personne; ▶ *~ außer* personne autre que; *sonst ~, ~ anders* aucun *od* nul autre, personne (d')autre (*als* que); *es ist ~ da* il n'y a personne. **Niemandsland** *n* no man's land *m,* zone *f* neutre.
Niere *f* ‹-, -n› ['ni:rə] rein; *(Küche)* rognon *m.* **nierenförmig** *a:* ▶ *~er Tisch m* table *f* haricot. **nierenkrank** *a* néphrétique. **Nierenleiden** *n* maladie *f* des reins. **Nierenstein** *m med* calcul rénal, néphrolithe *m.* **Nierentransplantation** *f* transplantation *f* rénale.
nieseln ['ni:zəln] *itr impers* bruiner, brouillasser. **Nieselregen** *m* bruine, pluie *f* fine.
niesen ['ni:zən] *itr* éternuer. **Niesen** *n* éternuement *m; scient* sternutation *f.* **Niespulver** *n* poudre *f* à éternuer.
Niet *m* od *n* ‹-(e)s, -e› *s. Niete 1.* **Niete** *f* ‹-, -n› [ni:t(ə)] **1.** *tech* rivet *m.* **2.** *(Los)* billet *m* non gagnant; *fig pej (Mensch)* zéro *m.* **nieten** *tr* riveter. **niet-und--nagelfest** *a:* ▶ *alles, was nicht ~ war* tout ce qui n'était pas fixé solidement.
Nigger *m* ‹-s, -› ['nıgər] *pej (Neger)* négro *m.*
Nikotin *n* ‹-s, ø› [niko'ti:n] nicotine *f.* **nikotinfrei** *a* dénicotinisé. **Nikotinvergiftung** *f* intoxication *f* par la nicotine, nicotinisme *m.*
Nilpferd *n* ['ni:l-] hippopotame *m.*
nimmer ['nımər] *adv dial poet = nie(mals).* **Nimmerleinstag,** *der:* ▶ *auf den ~ verschieben* renvoyer aux calendes grecques. **Nimmersatt** *m* ‹-(e)s, -e› glouton *m.* **Nimmerwiedersehen** *n:* ▶ *auf ~* pour toujours.
nippen ['nıpən] *itr* siroter; goûter (*an etw* qc).
Nippes *pl* [nıpəs], **Nippsachen** *f pl* bibelots, colifichets, objets *m pl* d'étagère.
nirgends ['nırgənts] *adv,* **nirgend(s)wo** *adv* nulle part; ▶ *sonst nirgends* nulle part ailleurs.
Nische *f* ‹-, -n› ['ni:ʃə] niche *f.*
Niß *f* ‹-, -sse›, **Nisse** *f* ‹-, -n› [nıs(ə)] *ent* lente *f.*
nisten ['nısten] *itr* nicher, faire son nid. **Nistkasten** *m* nichoir *m.*
Nitrat *n* ‹-(e)s, -e› [ni'tra:t] nitrate *m.*
Niveau *n* ‹-s, -s› [ni'vo:] *a. fig* niveau *m.* **nivellieren** [-vɛ'li:rən] ‹*ohne ge-*› *tr* niveler. **Nivellierung** *f* nivellement *m.*
Nix *m* ‹-es, -e›, **Nixe** *f* ‹-, -n› [nıks(ə)] ondin(e *f*) *m.*
Nizza *n* ['nıtsa] Nice *f.*
nobel ['no:bəl] *a* **1.** noble; distingué; **2.** *fam (freigebig)* chic; sélect *inv.*
Nobelpreis *m* [no'bɛl-] prix *m* Nobel. **Nobelpreisträger** *m* (titulaire du) prix *m* Nobel.
noch [nɔx] *adv* encore; ▶ *weder ..., ~ ...* ni ..., ni ...; *~ bevor* od *ehe* avant même que *subj od* que de *inf; ~ dazu (außerdem)* de plus, en outre; *~ (ein)mal* encore une fois; *~ einmal so groß* deux fois plus grand; *~ einmal so viel* deux fois autant; le double; *~ heute* aujourd'hui même; *~ immer* toujours, encore; *~ mehr* plus encore; *~ nicht* pas encore; *~ lange nicht* pas avant longtemps; *~ nie* jamais encore; *~ und ~ (fam)* en masse; *er wird schon ~ kommen* il finira par venir; *wäre er auch ~ so reich,* ... si riche qu'il soit ... *od* soit-il; *(darf es) sonst ~ etwas (sein)?* et avec cela? *auch das ~!* il ne manquait plus que cela. **nochmalig** *a* répété, nouveau. **nochmals** *adv* encore (une fois).
Nomade *m* ‹-n, -n› [no'ma:də] nomade *m.* **Nomadenleben** *n* vie *f* nomade. **Nomadentum** *n* ‹-s, ø› nomadisme *m.*
Nomen *n* ‹-s, Nomina› ['no:mɛn, 'no:mina] *gram* nom *m.* **Nomenklatur** *f* ‹-, -en› [-kla'tu:r] *scient* nomenclature *f.*
Nominativ *m* ‹-s, -e› ['no:, nomina'ti:f] *gram* nominatif *m.* **nominieren** [-'ni:rən] ‹*ohne ge-*› *tr* nommer. **Nominierung** *f* ‹-, -en› nomination *f.*
Nonne *f* ‹-, -n› ['nɔnə] religieuse *f.* **Nonnenkloster** *n* couvent *m* de femmes.
Nonstopflug *m* [nɔn'ʃtɔp-] vol *m* sans escale. **Nonstopkino** *n* cinéma *m* permanent.
Nord ... [nɔrt] *(in Zssgen)* du Nord, nord *a,* septentrional. **Nordafrika** *n* l'Afrique *f* du Nord. **nordafrikanisch** *a* nord-africain. **Nordamerika** *n* l'Amérique *f* du Nord. **nordatlantisch** *a* de l'Atlantique Nord; ▶ *~e Verteidigungsgemeinschaft (NATO)* Organisation *f* du Traité de l'Atlantique Nord (OTAN). **norddeutsch** *a* de l'Allemagne du Nord. **Norddeutsche** *m f* Allemand(e *f*) *m* du Nord. **Norddeutschland** *n* l'Allemagne *f* du Nord. **Norden** *m* ‹-s, ø› ['-dən] nord *m;* ▶ *im ~ (gen)* au nord

(de); *nach* ~ vers le nord. **Nordeuropa** *n* l'Europe *f* du Nord. **Nordhang** *m* versant *m* septentrional. **nordisch** *a* nordique; du Nord.

nördlich ['nœrtlıç] *a* septentrional, (du) nord; ▶ ~ *(gen)* od *von* au nord (de).

Nordlicht *n* ['nɔrt-] aurore *f* boréale. **Nordost(en)** *m* nord-est *m*. **nordöstlich** *a* (du) nord-est. **Nord-Ostsee-Kanal** *m* canal *m* de Kiel. **Nordpol** *m* pôle *m* nord *od* boréal *od* arctique. **Nordsee,** *die* la mer du Nord. **Nordseite** *f* côté *m od* face *f* nord. **Nord-Süd-Gefälle** *n* contraste *m* nord-sud. **Nord-Süd-Konflikt** *m* conflit *m* nord--sud. **Nordwest(en)** *m* nord-ouest *m*. **nordwestlich** *a* (du) nord-ouest. **Nordwind** *m* vent *m* du nord.

nörgeln ['nœrgəln] *itr* grogner, ergoter; *fam* rouspéter. **Nörgler** *m* ‹-s, -› [-glər] râleur, ronchonneur; rouspéteur *m*.

Norm *f* ‹-, -en› [nɔrm] norme; règle *f*; standard *m*; ▶ *als* ~ *gelten* servir de norme, faire autorité. **normal** [-'ma:l] *a* normal. **Normalgröße** *f* taille *f* normale. **normalisieren** [-mali'zi:rən] ‹*ohne ge-*› *tr* normaliser. **Normalisierung** *f* normalisation *f*. **Normalmaß** *n* étalon *m*. **Normalnull** *n (NN)* zéro normal, niveau *m* moyen de la mer. **Normalverbraucher** *m* consommateur *m* normal *od* ordinaire.

Normanne *m* ‹-n, -n› [nɔr'manə] Normand *m*. **normannisch** [-'manıʃ] *a* normand.

normen *tr* normaliser, standardiser. **Normierung** *f*, **Normung** *f* ‹-, -en› normalisation, standardisation *f*.

Norwegen *n* ['nɔrve:gən] la Norvège. **Norweger(in)** *m* ‹-s, -› (*f* ‹-, -nen›) Norvégien(ne *f*) *m*. **norwegisch** *a* norvégien.

Not *f* ‹-, ¨-e› [no:t, 'nø:tə] *(Notlage)* nécessité *f*, besoin *m*; *(große ~)* détresse *f*; *(Mangel)* manque *m*, pénurie *f*, dénuement *m*; *(Bedürftigkeit)* indigence; *(Armut)* pauvreté; *(Elend)* misère *f*; ▶ *in Nöten (a.)* dans la gêne; *zur* ~ au besoin, à la rigueur; *mit knapper* ~ de justesse; tout juste, à grand-peine; *mit knapper* ~ *davon-* od *entkommen* l'échapper belle; *in* ~ *geraten* tomber dans la misère; *s-e (liebe)* ~ *haben mit* ... avoir bien du mal avec ...; *jdm aus der* ~ *helfen* tirer qn d'affaire; ~ *leiden* être dans le besoin *od* dans la misère; *aus der* ~ *eine Tugend machen* faire de nécessité vertu; *wenn* ~ *am Mann ist* en cas de besoin *od* de nécessité; ~ *macht erfinderisch (prov)* nécessité est mère d'inventions *od* d'industrie.

Notar *m* ‹-s, -e› [no'ta:r] notaire *m*. **Notariat** *n* ‹-(e)s, -e› [-tari'a:t] **1.** *(Amt)* notariat *m*; **2.** *(Büro)* étude *f* de notaire. **notariell** [-ri'ɛl] **I.** *a* notarial; **II.** *adv* par-devant notaire; ▶ ~ *beglaubigt* (certifié par acte) notarié.

Notarzt *m* ['no:t-] médecin *m* de service. **Notaufnahme** *f* admission *f* d'urgence. **Notausgang** *m* porte *od* sortie *f* de secours. **Notbehelf** *m* expédient, pis--aller, provisoire *m*. **Notbeleuchtung** *f* éclairage *m* de secours *od* de sûreté. **Notbremse** *f* frein de secours, signal *m* d'alarme. **Notdurft** *f* besoin(s *pl*) *m*, nécessité *f*; ▶ *s-e* ~ *verrichten* faire ses besoins; *fam* se soulager. **notdürftig I.** *a* **1.** à peine suffisant; **2.** *(behelfsmäßig)* provisoire, de fortune; **II.** *adv* tant bien que mal.

Note *f* ‹-, -n› ['no:tə] **1.** *(Mitteilung; Zensur; mus)* note *f*; **2.** *(Bank~)* billet *m* (de banque); **3.** *fig (Wesenszug)* trait, cachet *m*; ▶ *~n lesen (mus)* lire la musique; *ganze* ~ *(mus)* ronde *f*; *halbe* ~ *(mus)* blanche *f*. **Notenbank** *f* banque *f* d'émission. **Notenblatt** *n* feuillet *m* de musique. **Notenpapier** *n* papier *m* (à) musique. **Notenständer** *m* pupitre *m* de musicien. **Notenwechsel** *m* *pol* échange *m* de notes.

Notfall *m* ['no:t-] cas *m* de besoin *od* d'urgence; ▶ *im* ~ *s. notfalls.* **notfalls** *adv* au besoin, en cas de besoin *od* de nécessité, si besoin est, s'il en est besoin, à la rigueur. **notgedrungen** *adv* forcément, par nécessité, bon gré mal gré. **Notgroschen** *m* encas, en-cas *m*; caisse *f* de prévoyance; ▶ *(sich) e-n* ~ *zurücklegen* garder une poire pour la soif.

notieren [no'ti:rən] ‹*ohne ge-*› *tr* **1.** noter, prendre note de; **2.** *fin (an der Börse)* coter. **Notierung** *f* ‹-, -en› *fin* cotation, cote *f*.

nötig ['nø:tıç] *a* nécessaire; ▶ *wenn* od *falls* ~ s'il le faut; *es* ~ *haben (zu)* avoir besoin (de); *für* ~ *halten* croire nécessaire; ~ *machen* rendre nécessaire, nécessiter; *das N~e veranlassen* donner les ordres nécessaires; *es ist* ~, *daß* ... il est nécessaire que, il faut que *subj*. **nötigen** [-gən] *tr* obliger, contraindre, forcer; ▶ *sich nicht lange* ~ *lassen* ne pas se faire prier; *sich genötigt sehen zu* ... se voir obligé de ... **nötigenfalls** *adv* = *notfalls.* **Nötigung** *f* ‹-, ø› obligation, contrainte *f*, instances *f pl*.

Notiz *f* ‹-, -en› [no'ti:ts] not(ic)e *f*; ▶ *sich ~en machen* prendre des notes; *von etw* ~ *nehmen* prendre connaissance de qc, faire attention à qc. **Notizblock** *m* ‹-(e)s, -s› bloc-notes *m*. **Notizbuch** *n* carnet, calepin, agenda *m*.

Notlage *f* ['no:t-] détresse, situation critique, calamité *f*. **notlanden** *itr* ‹*sein*› *aero* faire un atterrissage forcé. **Notlandung** *f* atterrissage *m* forcé. **notleidend** *a* nécessiteux, indigent. **Notlösung** *f* expédient *m*; solution *f* provi-

soire. **Notlüge** *f* pieux mensonge.
notorisch [no'to:rɪʃ] *a* notoire, public, manifeste.
Notruf(säule *f*) *m* ['no:t-] (poste *m* d')appel *m* de secours. **Notschrei** *m* cri *m* de détresse. **Notsignal** *n* signal *m* de détresse *od* d'alarme. **Notsitz** *m* strapontin *m*. **Notstand** *m* état d'urgence. **Notstandsgebiet** *n* zone *f* sinistrée. **Notstandsgesetz** *n* loi *f* (sur l'état) d'urgence. **Nottaufe** *f (kath.)* ondoiement; *(evang.)* baptême *m* d'urgence. **Notunterkunft** *f* logement *m* de fortune. **Notverband** *m med* pansement provisoire *od* d'urgence, premier pansement *m*. **Notwehr** *f* légitime défense *f;* ► *in* ~ à son corps défendant. **notwendig** ['--- / -'--] *a* nécessaire; *(unerläßlich)* indispensable; ► ~ *machen* rendre nécessaire, nécessiter. **notwendigerweise** *adv* nécessairement, forcément. **Notwendigkeit** *f* nécessité *f*.
Nougat *m, a. n* ‹-s, -s› ['nu:gat] nougat *m*.
Novelle *f* ‹-, -n› [no'vɛlə] nouvelle *f*.
November *m* ‹-(s), -› [no'vɛmbər] novembre *m*.
Nu *m* [nu:] : ► *im* ~ en moins de rien.
nüchtern ['nʏçtərn] **I.** *a* **1.** *(ohne Frühstück)* à jeun; **2.** *(ohne Alkohol)* qui n'a pas bu d'alcool; **3.** *fig (mäßig)* sobre; **4.** *(sachlich)* objectif, réaliste; *(vernünftig)* raisonnable; **5.** *(schmucklos)* sans ornement, simple; *(Stil)* dépouillé, prosaïque; **II.** *adv a.* de sang-froid; objectivement, sans passion; ► *nicht ganz* ~ *(a.)* entre deux vins; *auf ~en* od *mit ~em Magen* à jeun; ~ *werden* se dégriser. **Nüchternheit** *f* ‹-, ø› **1.** *(Mäßigkeit)* sobriété; tempérance *f;* **2.** *(Schmucklosigkeit)* simplicité *f; (Poesielosigkeit)* prosaïsme *m*.
nuckeln ['nʊkəln] *itr fam* sucer, têter.
Nudel *f* ‹-, -n› ['nu:dəl] nouille *f meist pl.*
Nugat = *Nougat.*
nuklear [nukle'a:r] *a phys (Kern-)* nucléaire; atomique. **nuklearfrei** *a* dénucléarisé. **Nuklearindustrie** *f* industrie *f* nucléaire. **Nuklearmacht** *f* puissance *f* atomique. **Nuklearmedizin** *f* médicine *f* nucléaire. **Nuklearpark** *m* matériel *m* nucléaire. **Nuklearwaffe** *f* arme *f* nucléaire.
Null *f* ‹-, -en› [nʊl] **1.** zéro *m;* **2.** *fig fam (Mensch)* nullité *f;* ► ~ *Komma nichts (fam)* en cinq sec; ~ *Fehler m pl* zéro faute; *für* ~ *und nichtig erklären* annuler. **Null-Bock-Generation** *f* génération *f* de blasés. **Null(l)ösung** *f pol mil* option *f* zéro; ► *doppelte* ~ option *f* double zéro. **Nullpunkt** *m* (point) zéro *m*. **Nulltarif** *m* gratuité *f* (des transports en commun urbains). **Nullwachstum** *n* croissance *f* zéro.
numerieren [nume'ri:rən] ‹*ohne ge-*› *tr* numéroter; ► *fortlaufend* ~ numéroter en continu. **Numerierung** *f* ‹-, -en› **1.** *(Tätigkeit)* numérotage *m;* **2.** *(Zustand)* numération *f*. **numerisch** [-'merɪʃ] *a* numérique.
Nummer *f* ‹-, -n› ['nʊmər] **1.** numéro *m;* **2.** *(Bekleidung: Größe)* taille, pointure *f;* ► *mit einer* ~ *versehen* numéroter; *die* ~ *wählen* composer le numéro. **Nummernkonto** *n* compte *m* anonyme, compte *m* à numéro. **Nummernscheibe** *f tele* cadran *od* disque *m* d'appel. **Nummernschild** *n mot* plaque *f* d'immatriculation *od* minéralogique.
nun [nu:n] *adv (jetzt)* maintenant, à présent; ► ~*?* alors? *von* ~ *an* dorénavant, désormais, dès à présent, à l'avenir; ~ *aber* or; ~ *ja* à dire vrai, à la vérité, en effet; *das ist* ~ *einmal so!* il en est ainsi; *fam* c'est comme ça; ~*gut!* eh bien, soit! **nunmehr** *adv* à présent, maintenant; *(von nun an)* désormais.
nur [nu:r] *adv* seulement; *(bei v a.)* ne ... que; *(allerdings)* mais; *(vor e-m s od pron)* seul *a (nachgestellt); nicht* ~ ..., *sondern auch* ... non seulement ..., mais aussi *od* encore ...; ~ ... *nicht* excepté ..., à l'exception de ..., sauf ...; ~ *noch (Mengenangabe)* ne ... plus que; ~ *so tun (fam)* faire semblant; *lassen Sie mich* ~ *machen!* vous n'avez qu'à me laisser faire; ~ *zu!* allez-y! *wenn ich* ~ *wüßte!* si seulement je savais! *ich weiß es* ~ *zu gut* je ne le sais que trop.
Nürnberg *n* ['nʏrnbɛrk] Nuremberg *f*.
nuscheln ['nʊʃəln] *itr* bredouiller.
Nuß *f* ‹-, ¨sse› [nʊs, 'nʏsə] *(Walnuß)* noix; *(Haselnuß)* noisette *f;* ► *das ist eine harte* ~ c'est un os *od* un dur morceau; cela donne du fil à retordre. **Nußbaum** *m (a. Holz)* noyer *m*. **Nußknacker** *m* casse-noix, casse-noisettes *m*. **Nußschale** *f* coquille *f* de noix.
Nüster *f* ‹-, -n› ['nʏ:stər] *meist pl* narine *f*, naseau *m*.
Nut(e) *f* ‹-, -en› [nu:t(ə)] *(Fuge)* rainure, entaille *f*. **nuten** *tr* rainer.
Nutte *f* ‹-, -n› ['nʊtə] *pop* putain *f*.
nutz [nʊts] *a:* ► *zu nichts* ~ *sein* n'être bon à rien. **nutzbar** *a* utilisable; ► ~ *machen* utiliser; faire servir, mettre à profit *od* en valeur. **Nutzbarmachung** *f* ‹-, ø› utilisation, mise en valeur, exploitation *f*. **nutzbringend** *a* profitable, fructueux, lucratif; ► ~ *anlegen (Geld)* faire profiter. **Nutzeffekt** *m* rendement, travail *m* utile, efficience *f*. **nutzen** *tr* utiliser, mettre à profit, faire valoir; *itr* = *nützen.* **Nutzen** *m* ‹-s, ø› *(Nützlichkeit)* utilité *f; (Gewinn)* profit, bénéfice; *(Vorteil)* avantage; *(Ertrag)* rapport, fruit *m;* ► *mit* ~ avec fruit; ~ *bringen, von* ~ *sein* être utile *od* profitable, faire du profit; ~ *ziehen aus* profi-

ter, tirer profit *od* parti de.

nützen ['nʏtsən] *itr* être utile *od* bon, rendre service, profiter (*jdm* à qn); ► *das nützt nichts* cela ne sert à rien; *was nützt das? (a.)* à quoi bon?

Nutzfahrzeug *n* ['nʊts-] véhicule *m* utilitaire. **Nutzfläche** *f* surface *f* utile. **Nutzlast** *f* charge *f* utile, poids *m* utile.

nützlich ['nʏtslɪç] *a* utile; *(vorteilhaft)* avantageux; *(gewinnbringend)* profitable, fructueux; ► *sich ~ machen* se rendre utile. **Nützlichkeit** *f* ⟨-, ø⟩ utilité *f*.

nutzlos ['nʊts-] *a* inutile; infructueux, vain. **Nutzlosigkeit** *f* ⟨-, ø⟩ inutilité; vanité *f*. **Nutznießer** *m* ⟨-s, -⟩ ['-ni:sər] *jur* usufruitier; *allg* profiteur *m*. **Nutzpflanze** *f* plante *f* économique. **Nutzung** *f* ⟨-, ø⟩ utilisation, exploitation; *(Boden)* mise *f* en culture.

Nylon *n* ⟨-s, ø⟩ ['nailɔn] nylon *m*.

O

O, o *n* ‹-, -› [o:] *(Buchstabe)* O, o *m.*
o [o:] *interj (mit dem darauffolgenden Wort verbunden; alleinstehend s. oh)* ô! ► *o doch!* mais si! *o ja!* mais oui! *o nein!* eh non! que non! *o weh!* aïe! misère! *o wie schön!* que c'est beau!
Oase *f* ‹-, -n› [o'a:zə] *a. fig* oasis *f.*
ob [ɔp] *conj* si; ► *~ ... oder ~* que ... ou que *subj; ~ er kommt oder nicht* qu'il vienne ou non; *als ~* comme si; *es ist, als ~* on dirait que; *nicht als ~* non (pas) que *subj; so tun als ~ ...* faire semblant de *inf; und ~!* et comment! tu penses! ma foi! oui; *und ~ er wütend war!* pensez s'il était furieux.
Obdach *n* ‹-(e)s, ø› ['ɔp-] abri, asile, refuge *m.* **obdachlos** *a* sans abri, sans logis. **Obdachlose** *m f* ‹-n, -n› sans-abri, sans-logis *m f.* **Obdachlosenasyl** *n* asile de nuit; foyer *m* d'hébergement.
Obduktion *f* ‹-, -en› [ɔpdʊktsi'o:n] autopsie *f.* **obduzieren** ['du'tsi:rən] *tr* autopsier, faire l'autopsie de.
O-Beine *n pl* ['o:-] jambes *f pl* arquées.
oben ['o:bən] *adv* en haut; *(auf der Oberfläche)* à la surface; *(auf Kisten)* haut; *(in e-m Schriftstück, Buch)* ci-dessus; ► *da* od *dort ~* là-haut; *nach ~* en haut, vers le haut; *von ~* d'en *od* de haut; *von ~ herab (fig)* de haut; *von ~ bis unten* de *od* du haut en bas, d'un bout à l'autre, de bout en bout; *weiter ~* plus haut; *von ~ herab behandeln* regarder par-dessus l'épaule; *mir steht's bis hier ~ (fam)* j'en ai plein le dos *od* une indigestion. **obenan** *adv* tout en haut; *(bei Tisch)* au haut bout; *(in der Reihenfolge)* au premier rang; *(in e-r Liste)* en tête. **obenauf** *adv* sur le dessus, à la surface; ► *~ sein (fig)* avoir le dessus. **obendrein** *adv* en outre, par-dessus le marché, de *od* par surcroît, bien plus, qui plus est. **obenerwähnt** *a* susmentionné, mentionné plus haut. **obengenannt** *a* susdit. **obenhin** *adv* légèrement, en passant.
Ober *m* ‹-s, -› ['o:bər] *(Kellner)* garçon *m* (de café).
Oberarm *m* ['o:-] (partie *f* supérieure du) bras *m.*
Oberarzt *m* ['o:-] médecin (en) chef, médecin-chef; *mil* médecin *m* lieutenant.
Oberbefehl *m* ['o:-] commandement *m* supérieur *od* en chef. **Oberbefehlshaber** *m* commandant *m* en chef.
Oberbekleidung *f* ['o:-] vêtements *m pl* de dessus.
Oberbett *n* ['o:-] dessus de lit, édredon *m.*
Oberbürgermeister *m* ['o:bər'bʏrger-] (premier) maire, président *m* du conseil municipal.
obere(r, s) ['o:bərə-] *a* **1.** *(höher im Rang, höher gelegen)* supérieur, plus élevé, haut; **2.** *(räuml. darüber liegend)* de dessus, d'en haut.
Oberfeldwebel *m* ['o:-] adjudant-chef *m.*
Oberfläche *f* ['o:-] **1.** surface *f;* **2.** *(Außenfläche, bes. math)* superficie *f;* ► *an* od *auf der ~* à la surface; *an die ~ kommen* faire surface, émerger. **oberflächlich** *a, a. fig* superficiel.
Obergeschoß *n* ['o:-] *arch* étage *m* supérieur.
oberhalb ['obərhalp] *prp gen* **1.** au-dessus de; **2.** *(flußaufwärts)* en amont de.
Oberhand *f* ['o:-] : ► *die ~ behalten* prévaloir, l'emporter (*über* sur); *(wieder) die ~ gewinnen* (re)prendre le dessus; *die ~ haben* avoir la suprématie *od* le dessus (*bei* dans).
Oberhaupt *n* ['o:-] chef *m.*
Oberhaus *n* ['o:-] *pol (Großbritannien)* Chambre *f* haute *od* des lords.
Oberhaut *f* ['o:-] *anat* épiderme *m.*
Oberhemd *n* ['o:-] chemise *f.*
Oberhoheit *f* ['o:-] *pol* suzeraineté *f.*
Oberin *f* ‹-, -nen› ['o:bərɪn] *rel* supérieure, prieure *f.*
oberirdisch ['o:-] *a* au-dessus du sol; *el* aérien.
Oberkellner *m* ['o:-] maître *m* d'hôtel.
Oberkiefer *m* ['o:-] mâchoire *f* supérieure.
Oberkommando *n* ['o:-] *mil* haut commandement *m.*
Oberkörper *m* ['o:-] *anat* haut du corps, buste *m.*
Oberleder *n* ['o:-] *(Schuh)* empeigne *f.*
Oberleitung *f* ['o:-] *el* caténaire *f,* fil *m* aérien, ligne *f* aérienne *od* de contact. **Oberleitungsomnibus** *m* trolleybus *m.*
Oberleutnant *m* ['o:-] lieutenant *m.*
Oberlicht *n* ['o:-] jour d'en haut, éclairage *m* zénithal.
Oberlippe *f* ['o:-] lèvre *f* supérieure.
Oberprima *f* ['o:-] classe *f* terminale (d'un collège).
Oberrhein, *der* ['o:-] le Haut-Rhin.
Oberschenkel *m* ['o:-] cuisse *f.*
Oberschicht *f* ['o:-] classes *f pl* su-

périeures.
Oberschwester *f* ['o:-] infirmière-major, infirmière *f* en chef.
Oberseite *f* ['o:-] surface *f*, dessus *m*.
Oberst *m* ‹-en/-s, -en/(-e)› ['o:bərst] colonel *m*.
Oberstaatsanwalt *m* ['o:bər'-] procureur *m* général *od (in Frankr.)* de la République.
oberste(r, s) ['o:bərstə] *a (Superlativ von: obere)* **1.** (le) plus haut, (le) plus élevé; *(erste)* premier; **2.** *(fig, bes. adm: höchste)* suprême, supérieur; ► *das ~ Gericht* la cour suprême.
Oberstufe ['o:-] *die (Schule)* le second cycle.
Oberteil ['o:-] *n* od *m* partie *f* supérieure.
Oberwasser *n* ['o:-] *(Schleuse)* bief *m* supérieur; ► *~ haben (fig)* avoir le dessus.
obgleich [ɔp'glaɪç] *conj* quoique, bien que, encore que, malgré que *subj*.
Obhut *f* ‹-, ø› ['ɔp-]: ► *in s-e ~ nehmen* prendre sous sa garde *od* protection.
obige(r, s) ['o:bɪgə] *a* susdit, susmentionné; ci-dessus.
Objekt *n* ‹-(e)s, -e› [ɔp'jɛkt] **1.** objet *m; (Wertgegenstand)* objet *m* de valeur; **2.** *gram* complément *m* (d'objet). **objektiv** [-'ti:f] *a (sachlich)* objectif; *(unparteiisch)* impartial.
Objektiv *n* ‹-s, -e› *opt* objectif *m*.
Objektivität *f* ‹-, ø› [-vi'tɛ:t] objectivité; impartialité *f*.
Oblate *f* [o'bla:tə] *rel* hostie *f* non consacrée.
ob≈liegen ['ɔp-, ɔp'li:gən] *itr ‹es obliegt* od *liegt ob, oblag* od *lag ob, es hat oblegen› itr:* ► *jdm ~* incomber à qn, être à la charge de qn. **Obliegenheit** *f* ‹-, -en› devoir *m*, charge, obligation *f*.
obligat [obli'ga:t] *a (unerläßlich)* de rigueur, indispensable; inévitable. **Obligation** *f* ‹-, -en› [-gatsi'o:n] *fin (persönl. Haftung)* obligation *f*. **obligatorisch** [-'to:rɪʃ] *a* obligatoire.
Obmann *m* ‹-(e)s, -männer/-leute› ['ɔp-] homme *m* de confiance.
Oboe *f* ‹-, -n› [o'bo:ə] *mus* hautbois *m*.
Obolus *m* ‹-, -/-se› ['o:bolʊs] *(kleiner Beitrag)* obole *f*.
Obrigkeit *f* ‹-, -en› ['o:brɪçkaɪt] autorité *f;* pouvoir *m* public. **obrigkeitlich** *a* de l'autorité. **Obrigkeitsstaat** *m* État *od* régime *m* autoritaire.
obschon [ɔp'ʃo:n] = *obgleich*.
Observatorium *n* ‹-s, -rien› [ɔpzɛrva'to:riʊm, -riən] observatoire *m*.
obskur [ɔps'ku:r] *a* obscur; caché, peu clair.
Obst *n* ‹-(e)s, ø› [o:pst] fruits *m pl*. **Obstbau** *m* arboriculture *f* (fruitière). **Obstbaum** *m* arbre *m* fruitier. **Obsternte** *f* **1.** *(Tätigkeit)* récolte des fruits, cueillette *f;* **2.** *(Zeit f der ~)* cueillaison, cueille *f*. **Obstgarten** *m* jardin fruitier, verger *m*. **Obstkuchen** *m* tarte *f* aux fruits. **Obstmesser** *n* pèle-fruits *m*. **Obstplantage** *f* plantation *f* fruitière. **Obstsalat** *m* salade *f* de fruits. **Obst- und Gemüsehändler(in** *f***)** *m* marchand(e *f*) *m* de primeurs *od* des quatre-saisons.
obszön [ɔps'tsø:n] *a* obscène. **Obszönität** *f* ‹-, -en› [-tsøni'tɛ:t] obscénité *f*.
Obus *m* ‹-ses, -se› ['o:bʊs, -ə] = *Oberleitungsomnibus*.
obwohl [ɔp'vo:l] = *obgleich*.
Ochse *m* ‹-n, -n› ['ɔksə] **1.** bœuf *m;* **2.** *fig fam (Dummkopf)* idiot, imbécile *m;* ► *wie der ~ vorm Berg dastehen* ne savoir que faire. **ochsen** *itr fam (pauken)* piocher, potasser; *pop* bûcher. **Ochsenkarren** *m* char *m* à bœufs. **Ochsenmaulsalat** *m* salade *f* de museau de bœuf. **Ochsenschwanzsuppe** *f* potage *m* à la queue de bœuf. **Ochsentour** *f fam hum* travail *m* de Romain. **Ochsenzunge** *f* langue *f* de bœuf.
Ocker *m* od *n* ‹-s, -› ['ɔkər] ocre *f*.
Ode *f* ‹-, -n› ['o:də] ode *f*.
öde ['ø:də] *a* **1.** *(wüst)* désert, pelé; *(unbebaut)* inculte, vague; *(unbewohnt)* inhabité; **2.** *fig (langweilig)* monotone, ennuyeux, triste. **Öde** *f* ‹-, -n› **1.** *(Wüste)* désert *m; (Einöde)* solitude *f;* **2.** *fig (Stumpfheit)* monotonie *f*, ennui *m*.
oder ['o:dər] *conj* ou; *(sonst)* autrement, sinon; ► *entweder ... ~ ...* ou ... ou ...; *~ aber* ou bien; *~ auch* ou bien encore.
Ödipuskomplex *m* ['ø:dipʊs-] *psych med* complexe *m* d'Œdipe.
Ödland *n* ['ø:t-] terre *f* inculte.
Odyssee *f* ‹-, -n› [odʏ'se:, -ən] *(Epos)* Odyssée; *fig (Irrfahrt)* odyssée *f*.
Ofen *m* ‹-s, ⸚› ['o:-, 'ø:fən] poêle, fourneau; *(Back~)* four *m*. **Ofenbank** *f* banquette *f* du poêle. **Ofenrohr** *n* tuyau *m* de poêle. **Ofenschirm** *m* écran *m* (de poêle). **Ofensetzer** *m* fumiste, poêlier *m*.
offen ['ɔfən] **I.** *a* **1.** ouvert *a. fig;* **2.** *(Gelände, Wagen; mil: ungeschützt)* découvert; **3.** *(Stelle: frei)* vacant, libre; **4.** *(Frage) (unentschieden)* indécis, pendant, en suspens; **5.** *(freimütig)* franc, sans réserve; sincère; **6.** *(unverhüllt, unmißverständlich)* manifeste; **II.** *adv* ouvertement, franchement, à cœur ouvert, à visage découvert, sans réserve; ► *weit ~* tout(e) *od* grand(e) ouvert(e); *~ und ehrlich (adv)* purement et simplement, ouvertement, rondement; *~ gesagt, ~ gestanden (adv)* à vrai dire, à dire vrai, sans mentir; *die Augen, Ohren ~ haben* avoir l'œil ouvert, l'oreille ouverte; *es ganz ~ sagen* le dire sans ambages; *O~e Handelsgesellschaft f* société *f* en nom collectif; *~e Stelle f*

vacance *f;* *~e Wunde f* plaie *f* vive. **offenbar** ['--'-/--'-] **I.** *a* apparent, manifeste, évident; **II.** *adv* apparemment, évidemment, manifestement. **offenbaren** [ɔfən'ba:rən] *tr* ‹*(ge)offenbart*› *bes. rel* révéler; manifester. **Offenbarung** *f* ‹-, -en› [-'ba:-] révélation; manifestation *f.* **Offenbarungseid** *m* serment *m* déclaratoire. **offen=bleiben** ‹*blieb offen, offengeblieben*› *itr* ‹*sein*› **1.** rester ouvert; **2.** *fig (unentschieden bleiben)* rester indécis *od* en suspens. **offen=halten** ‹*hält, hielt offen, offengehalten*› *tr* **1.** maintenir ouvert; **2.** *fig* réserver; ► *sich einen Ausweg ~* se ménager une issue. **Offenheit** *f* ‹-, ø› franchise; sincérité *f;* ► *in aller ~* en toute franchise. **offenherzig** *a* franc, sincère. **Offenherzigkeit** *f* ‹-, ø› franchise; sincérité *f;* abandon *m.* **offenkundig** *a* notoire, patent, manifeste; de notoriété (publique). **offen=lassen** ‹*läßt, ließ offen, offengelassen*› *tr* **1.** laisser ouvert *od* à découvert; **2.** *(unbeschrieben lassen)* laisser en blanc; **3.** *fig* laisser en suspens. **offen=legen** *tr fig* dévoiler. **offensichtlich** **I.** *a* évident, manifeste, apparent; qui saute aux yeux; **II.** *adv* évidemment, apparemment.

offensiv [ɔfɛn'zi:f] *a* offensif. **Offensive** *f* ‹-, -n› [-və] offensive *f.* **Offensivwaffe** *f* arme *f* offensive.

offen=stehen ['ɔfən-] ‹*stand offen, offengestanden*› *itr (geöffnet sein)* être ouvert.

öffentlich ['œfəntlɪç] **I.** *a* public; **II.** *adv* publiquement, en public; ► *im ~en Interesse* dans l'intérêt public; *~ auftreten* se présenter en public. **Öffentlichkeit** *f* ‹-, ø› public *m;* ► *in der ~* en public; *in aller ~* au vu et au su de tout le monde; *unter Ausschluß der ~ (jur)* à huis clos. **Öffentlichkeitsarbeit** *f* relations *f pl* publiques. **öffentlichrechtlich** *a* de droit public.

offiziell [ɔfitsi'ɛl] *a* officiel.

Offizier *m* ‹-s, -e› [ɔfi'tsi:r] officier *m;* ► *~ vom Dienst* officier *m* de jour *od* de semaine *od* de permanence. **Offiziersanwärter** *m* aspirant *m.* **Offizierslaufbahn** *f* carrière *f* d'officier.

off line ['ɔf lain] *a inform* indirect; *adv* indirectement.

öffnen ['œfnən] *tr* ouvrir; *(Flasche)* déboucher; *(Brief a.)* décacheter; *sich ~ (Fallschirm)* se déployer; ► *mit Gewalt ~* forcer; *hier ~!* côté à ouvrir. **Öffnung** *f allg* ouverture *f; (Loch)* trou *m,* trouée *f.* **Öffnungspolitik** *f* politique *f* d'ouverture. **Öffnungszeit** *f* temps *m od* heures *f pl* d'ouverture.

Offsetdruck *m* ‹-(e)s, -e› ['ɔfsɛt-] offset *m,* impression *f* offset.

oft [ɔft] *adv* souvent, fréquemment; bien des *od* nombre de fois; ► *wie ~?* combien de fois? *wie ~ ...!* que de fois ...! **öfters** ['œftərs] *adv* assez souvent. **oftmals** *adv* = *oft.*

oh [o:] *interj (alleinstehend)* oh! ho! heu!

Ohm *n* ‹-s, -› [o:m] *el* ohm *m.*

ohne ['o:nə] *prp* sans; *(frei von)* dépourvu de, dénué de, dépouillé de; ► *daß* sans que *subj;* *~ (etwas) zu (sagen)* sans (rien dire); *~ mein Wissen* à mon insu; *ich werde auch ~ ihn fertig* je me passerai bien de lui. **ohnedies** [-'di:s] *adv s. ohnehin.* **ohnegleichen** [-'glaiçən] *a inv (nachgestellt)* sans pareil *od* égal *od* précédent; unique. **ohnehin** [-'hɪn] *adv* sans cela, de toute façon, aussi bien.

Ohnmacht *f* ‹-, -en› ['o:n-] **1.** *med* évanouissement *m,* syncope *f;* **2.** *(ohne pl) fig (Machtlosigkeit)* impuissance; faiblesse *f;* ► *in ~ fallen* s'évanouir, perdre connaissance *od* ses esprits. **ohnmächtig** *a* **1.** évanoui, sans connaissance; **2.** *fig* impuissant; ► *~ werden* = *in Ohnmacht fallen.*

oho [o'ho:] *interj* oh, oh! *od* oh là là!

Öhr *n* ‹-(e)s, -e› [ø:r] *(Nadelöhr)* chas, trou (de l'aiguille); *tech* œillet *m.*

Ohr *n* ‹-(e)s, -en› [o:r] oreille *f;* ► *bis über die ~en* jusqu'aux oreilles; *jdm etw ins ~ flüstern, sagen* souffler, dire qc à l'oreille de qn; *jdn übers ~ hauen (fig fam)* duper qn, *pop* rouler, estamper qn; *sich übers ~ hauen lassen (fam)* se laisser tondre, se faire arranger; *zu e-m ~ hinein- und zum anderen wieder hinausgehen* entrer par une oreille et sortir par l'autre; *nur mit halbem ~ hin-od zuhören* n'écouter que d'une oreille; *jdm zu ~en kommen* venir *od* arriver aux oreilles, venir à la connaissance de qn; *sich aufs ~ legen* se coucher, (aller) faire un petit somme *od* la sieste; *jdm in den ~en liegen* rebattre *od* rompre les oreilles à qn (*mit etw* avec qc); *sich etw hinter die ~en schreiben (fig)* se tenir qc pour dit; *ganz ~ sein* être tout oreilles *od* ouïe; *auf einem ~ taub sein* ne pas entendre d'une oreille; *die ~en spitzen* dresser *od* tendre l'oreille *od* les oreilles; *die ~en steifhalten* prendre son courage à deux mains; *mir klingen die ~en* les oreilles me tintent.

ohrenbetäubend ['o:rən-] *a* assourdissant, à percer les oreilles, à crever le tympan. **Ohrensausen** *n* bourdonnement d'oreilles; cornement *m.* **Ohrenschmalz** *n* cérumen *m.* **Ohrenschützer** *m* protège-oreilles *m.* **Ohrensessel** *m* fauteuil *m* à oreilles. **Ohrenzeuge** *m* témoin *m* auriculaire.

Ohrfeige *f* ['o:r-] gifle *f,* soufflet *m,* claque; *fam* taloche *f.* **ohrfeigen** *tr* gifler, souffleter; *fam* talocher. **Ohrgehänge** *n* pendant *m* (d'oreille). **Ohrläppchen** *n* lob(ul)e *od* bout *m* d'oreille. **Ohrmu-**

schel *f* conque *f od* pavillon *m* de l'oreille. **Ohrring** *m* boucle *f* d'oreille. **Ohrwurm** *m* perce-oreille *m.*

okay [o'ke:] *fam (in Ordnung)* d'accord.

okkult [ɔ'kʊlt] *a (verborgen)* occulte. **Okkultismus** *m* ‹-, ø› [-'tɪsmʊs] occultisme *m.*

Ökoladen *m* ['øko-] magasin *m* de produits biologiques. **Ökologie** [økolo'gi:] ‹-, ø› *f* écologie *f.* **Ökologiebewegung** *f* mouvement *m* écologique. **ökologisch** *a* écologique.

Ökonom *m* ‹-en, -en› [øko'no:m] **1.** économe *m;* **2.** *(Landwirt)* agronome *m.* **Ökonomie** *f* ‹-, -n› [-no'mi:] économie *f.* **ökonomisch** [-'no:mɪʃ] *a* économique.

Ökopartei *f* parti *m* écologique. **Ökopaxbewegung** *f* mouvement *m* écologique et pacifiste. **Ökosystem** *n* ['ø:kozʏstem] écosystème *m.*

Oktaeder *n* ‹-s, -› [ɔkta'e:dər] *math* octaèdre *m.* **Oktave** *f* ‹-, -n› [ɔk'ta:və] *mus* octave *f.*

Oktober *m* ‹-(s), -› [ɔk'to:bər] octobre *m.* **Oktoberfest** *n* fête *f* de la bière.

Okular *n* ‹-s, -e› [oku'la:r] *opt* oculaire *m.* **okulieren** [-'li:rən] ‹*ohne ge-*› *tr agr* écussonner.

ökumenisch [øku'me:nɪʃ] *a* œcuménique; ► *~e Bewegung f (rel)* œcuménisme *m.*

Okzident *m* ‹-s, ø› ['ɔk-, ɔktsi'dɛnt] *(Abendland)* occident *m.*

Öl *n* ‹-(e)s, -e› [ø:l] **1.** huile *f;* **2.** essence *f; (Erd~)* pétrole; *(Heiz~)* fuel *m;* ► *~ ins Feuer gießen (fig)* jeter *od* verser de l'huile sur le feu; *in ~ malen* peindre à l'huile; *~ wechseln (mot)* faire la vidange. **Ölbaum** *m* olivier *m.* **Ölberg,** *der (Bibel)* le mont *m* des Oliviers.

Oleander *m* ‹-s, -› [ole'andər] *bot* oléandre, laurier-rose *m.*

ölen ['ø:lən] *tr* huiler, lubrifier; *(schmieren)* graisser; *(salben)* oindre. **Ölen** *n* huilage *m,* lubrification *f;* graissage *m.*

Ölexportland *n* pays *m* exportateur de pétrole. **Ölfarbe** *f* ['ø:l-] couleur *f* à l'huile. **Ölfleck** *m* tache *f* d'huile. **Ölförderland** *n* pays *m* producteur de pétrole. **Ölförderung** *f* production *f* de pétrole *od* pétrolifère. **Ölfrucht** *f* fruit *m* oléagineux. **Ölgemälde** *n* peinture *f* à l'huile. **Ölgemisch** *n* mélange *m* d'huile et d'essence. **Ölgesellschaft** *f* compagnie *f* pétrolière **Ölgewinnung** *f* extraction *f* d'huile. **ölhaltig** *a bot* oléagineux; *geol* pétrolifère. **Ölheizung** *f* chauffage *m* au mazout. **ölig** *a* **1.** huileux; **2.** *(ölhaltig)* oléagineux; **3.** *(fettig)* onctueux; **4.** *(Wein)* velouté.

Olive *f* ‹-, -n› [o'li:və] olive *f.* **Olivenbaum** *m* olivier *m.* **Olivenöl** *n* huile *f* d'olive. **olivgrün** *a* vert olive, olivacé, (couleur d')olive.

Ölkanister *m* ['ø:l-] bidon *m* à huile. **Ölkännchen** *n* burette *f* à huile. **Ölkonzern** *m* société *f* pétrolière. **Ölkrise** *f* crise *f* du pétrole. **Ölkuchen** *m* tourteau *m.* **Öllager** *n* entrepôt *m* d'huile. **Ölleitung** *f* pipe-line *m.* **Ölmarkt** *m* marché *m* du pétrole. **Ölmulti** *m fam (multinationaler Ölkonzern)* multinationale *f* du pétrole. **Ölofen** *m* poêle *m* à mazout. **Ölpapier** *n* papier *m* huilé. **Ölpest** *f* marée *f* noire. **Ölpresse** *f* presse *f* à huile. **Ölpumpe** *f* pompe *f* à huile. **Ölquelle** *f* source *f* d'huile. **Ölraffinerie** *f* raffinerie *f* d'huile. **Ölrückstand** *m* résidu *m* d'huile. **Ölsardine** *f* sardine *f* à l'huile. **Ölstand** *m* niveau *m* d'huile. **Ölstandsmesser** *m* indicateur *m od* jauge *f* (de niveau) d'huile. **Öltank** *m* réservoir *m* d'huile *od* à huile; caisse *f* à huile. **Öltanker** *m* pétrolier *m.* **Ölung** *f* ‹-, -en› **1.** huilage *m,* lubrification *f;* graissage *m;* **2.** *rel* onction *f;* ► *die Letzte ~ (rel)* l'extrême-onction *f.* **Ölverbrauch** *m* consommation *f* d'huile. **Ölvorkommen** *n* gisement *m* pétrolifère. **Ölwechsel** *m* vidange *f.* d'huile.

Olympiade *f* ‹-, -n› [olʏmpi'a:də] *hist* olympiade *f; sport* jeux *m pl* Olympiques. **Olympiasieger** *m* (champion) olympique *m.* **olympisch** [o'lʏmpɪʃ] *a:* ► *die O~en (Winter-)Spiele n pl* les jeux *m pl* Olympiques (d'hiver).

Oma *f* ‹-, -s› ['o:ma] *fam* mémé *f; (Kindersprache)* mamie, mam(m)y *f.*

Omelett *n* ‹-(e)s, -s/-e› , **Omelette** *f* ‹-, -n› [ɔm(ə)'lɛt] *(Küche)* omelette *f.*

Omen *n* ‹-s, -/Omina› ['o:mən, -mina] augure, présage *m;* ► *ein gutes, böses ~* un bon, mauvais augure. **ominös** [omi'nø:s] *a* de mauvais augure.

Omnibus *m* ‹-ses, -se› ['ɔmnibʊs, -ə] omnibus, autobus; *(Reise~, Gesellschafts~)* (auto)car *m.* **Omnibushaltestelle** *f* arrêt *m* d'autobus. **Omnibuslinie** *f* ligne *f* d'autobus.

Onanie *f* ‹-, ø› [ona'ni:] onanisme *m,* masturbation *f.* **onanieren** [-'ni:rən] ‹*ohne ge-*› *itr* se masturber.

Onkel *m* ‹-s, -› ['ɔŋkəl] oncle; *(Kindersprache)* tonton *m.*

on line ['ɔn 'lain] *a inform* direct; adv branché directement. **On-line-Anschluß** *m* ligne *f* directe.

Opa *m* ‹-s, -s› ['o:pa] *fam* pépé *m; (Kindersprache)* papi, papy *m.*

Opal *m* ‹-s, -e› [o'pa:l] *min* opale *f.*

Opec, OPEC *f* ‹-, ø› ['o:pɛk] OPEP *f.*

Open-air-Veranstaltung *f* [ˌoʊpn 'ɛ:r-] concert *m* en plein air.

Oper *f* ‹-, -n› ['o:pər] *mus* **1.** opéra *m;* **2.** *(Gebäude)* Opéra *m.*

Operateur *m* ‹-s, -e› [opera'tø:r] *film* opérateur *m.* **Operation** *f* ‹-, -en› [-tsi'o:n] opération; *med a.* intervention *f* (chirurgicale); ▶ *sich e-r ~ unterziehen* se faire opérer. **Operationssaal** *m* salle *f* d'opérations. **Operationstisch** *m* table *f* d'opérations. **operativ** [-'ti:f] **I.** *a med* opératoire; **II.** *adv med (auf ~em Wege)* par voie opératoire; ▶ *~ entfernen* réséquer; *~er Eingriff m* intervention *f* chirurgicale.

Operator(in *f***)** *m* ‹-s, -en› [opəˈra:tɔr, -'to:rın, -'to:rən] *inform* opérateur *m*, -trice *f* en électronique.

Operette *f* ‹-, -n› [opeˈrɛtə] opérette *f*.

operieren [opeˈri:rən] ‹*ohne ge-*› *tr* **1.** *med* opérer; *itr* **2.** *med* faire une opération; **3.** *mil* opérer, manœuvrer, faire une opération; ▶ *sich ~ lassen* se faire opérer.

Opernball *m* ['o:pərn-] bal *m* de l'opéra. **Opernglas** *n* jumelle(s *pl*) de théâtre, lorgnette *f*. **Opernhaus** *n* Opéra, théâtre *m* lyrique. **Opernsänger(in** *f***)** *m* chanteur *m*, cantatrice *f* d'opéra.

Opfer *n* ‹-s, -› ['ɔpfər] **1.** *(Handlung)* sacrifice *m*, *a. fig;* offrande; *fig* immolation *f;* **2.** *(~tier, a. fig)* victime *f;* holocauste *m;* ▶ *ein ~ bringen* faire un sacrifice (*jdm* à qn); *fam* faire un effort (pour qn); *jdm, e-r S zum ~ fallen* être la victime de qn, de qc; *kein ~ scheuen* ne reculer devant aucun sacrifice. **Opferbereitschaft** *f* disposition au sacrifice; abnégation *f*. **opfern** *tr, a. fig* sacrifier, immoler; *sich ~* se sacrifier (*für* pour); faire abnégation de soi. **Opferung** *f* ‹-, ø› sacrifice *m* (*gen* de). **opferwillig** *a* prêt au sacrifice, dévoué.

Opiat *n* ‹-(e)s, -e› [opiˈa:t] *pharm* opiacé *m*.

Opium *n* ‹-s, ø› ['o:pium] opium *m*, drogue *f* brune. **Opiumhandel** *m* trafic *m* d'opium. **Opiumraucher** *m* fumeur *m* d'opium. **Opiumsucht** *f* opiomanie *f*. **opiumsüchtig** *a* opiomane.

Opossum *n, (Pelz) m* ‹-s, -s› [oˈpɔsum] *zoo* opossum *m*.

Opponent *m* ‹-en, -en› [ɔpoˈnɛnt] *(Gegner)* opposant; adversaire *m*. **opponieren** [-'ni:rən] ‹*ohne ge-*› *itr* faire de l'opposition; s'opposer (*gegen* à).

opportun [ɔpɔrˈtu:n] *a* opportun. **Opportunismus** *m* ‹-, ø› [-tuˈnısmus] opportunisme *m*. **Opportunist** *m* ‹-en, -en› [-'nıst] opportuniste *m*. **opportunistisch** [-'nıstıʃ] *a* opportuniste.

Opposition *f* ‹-, -en› [ɔpozitsiˈo:n] opposition *f*. **Oppositionsführer** *m pol* chef *m* de l'opposition. **Oppositionspartei** *f* parti *m* d'opposition.

Optik *f* ‹-, ø› ['ɔptık] **1.** optique *f;* **2.** *fig (Eindruck)* aspect *m*, apparence *f*. **Optiker** *m* ‹-s, -› ['ɔptikər] opticien; *(Augen~)* lunetier *m*.

optimal [ɔptiˈma:l] *a* optimum *inv*. **Optimismus** *m* ‹-, ø› [-'mısmus] optimisme *m*. **Optimist** *m* ‹-en, -en› [-'mıst] optimiste *m*. **optimistisch** [-'mıstıʃ] *a* optimiste. **Optimum** *n* ‹-s, -ima› ['ɔptimum, -ma] optimum *m*.

optisch ['ɔptıʃ] *a* optique; ▶ *~e Täuschung f* illusion *f* d'optique.

Optoelektronik *f* ['ɔpto-] optoélectronique *f*.

opulent [opuˈlɛnt] *a (üppig)* opulent.

Orakel *n* ‹-s, -› [oˈra:kəl] oracle *m*. **orakeln** ‹*ohne ge-*› *itr* rendre un *od* des oracles; *allg fam* jouer les augures.

Orange *f* ‹-, -n› [oˈrɑ̃:ʒə] *(Apfelsine)* orange *f*. **orange** *a (gelbrot)* orange. **Orangeade** *f* ‹-, -n› [-'ʒa:də] *(Getränk)* orangeade *f*. **Orangeat** *n* ‹-s, -e› [-'ʒa:t] *(eingezuckerte Orangenschalen)* orangeat *m;* **orangefarben** *a* orange. **Orangenbaum** *m* oranger *m*. **Orangenschale** *f* écorce *f* d'orange, zeste *m* (d'orange). **Orangerie** *f* ‹-, -n› [-ʒəˈri:] orangerie *f*.

Orang-Utan *m* ‹-s, -s› ['o:raŋˀu:tan] *zoo* orang-outan(g).

Oratorium *n* ‹-s, -rien› [oraˈto:rium, -riən] *mus* oratorio *m*.

Orbitalstation *f cosm* station *f* orbitale.

Orchester *n* ‹-s, -› [ɔrˈkɛstər] orchestre *m*. **Orchesterbegleitung** *f* accompagnement *m* d'orchestre, orchestration *f*. **Orchesterloge** *f theat* avant-scène *f*. **Orchestersessel** *m theat* fauteuil *m od* stalle *f* d'orchestre.

orchestrieren [ɔrkɛsˈtri:rən] ‹*ohne ge-*› *tr* orchestrer.

Orchidee *f* ‹-, -n› [ɔrçiˈde:ə] *bot* orchidée *f*.

Orden *m* ‹-s, -› ['ɔrdən] **1.** *(Vereinigung)* ordre; *rel* ordre *m* religieux; **2.** *(Auszeichnung)* ordre *m*, *mil a.* décoration, médaille *f;* ▶ *jdm e-n ~ verleihen* conférer une décoration à qn; décorer, médailler qn. **Ordensband** *n* ruban *m* (d'un ordre). **Ordensgeistliche** *m* membre *m* du clergé régulier; *pl* clergé *m* régulier. **Ordensregel** *f* règle *f* (d'un *od* de l'ordre). **Ordensstern** *m* étoile, plaque *f*. **Ordensträger** *m* décoré, médaillé *m*.

ordentlich ['ɔrdɛntlıç] **I.** *a* **1.** *(geordnet)* ordonné, en ordre; rangé, réglé; convenable; **2.** *(Mensch)* ordonné, rangé, comme il faut; **3.** *(achtbar)* honnête; **4.** *(regulär)* régulier, ordinaire; **5.** *fam (reichlich)* abondant; copieux; **II.** *adv fam (einigermaßen gut)* comme il faut, convenablement; ▶ *ein ~es Frühstück (fam)* un solide petit déjeûner; *~es Gericht n jur* tribunal *m* ordinaire; *~es Mitglied n* membre *m* titulaire; *~er Professor m (Univ.)* professeur *m* titulaire (de chaire).

Order *f* ‹-, -s/-n› ['ɔrdər] **1.** *(Befehl)* ordre *m;* **2.** *com* commande *f;* ▶ *an die ~ (gen)* à l'ordre de.

Ordinalzahl *f* [ɔrdiˈna:l-] nombre *m* or-

dinal.
ordinär [ɔrdiˈnɛ:r] *a pej (gewöhnlich, gemein)* commun, vulgaire, trivial.
Ordinarius *m* ‹-, -rien› [ɔrdiˈna:rius, -riən] *(Univ.)* professeur *m* titulaire (de chaire).
ordnen [ˈɔrdnən] *tr* ordonner, mettre en ordre *od* en règle, mettre de l'ordre dans, ranger, régler, classer; *(das Haar)* arranger; ▶ *alphabetisch* ~ classer par ordre alphabétique, *nach der Größe* ~ mettre par rang de taille. **Ordner** *m* ‹-s, -› *(Aktenhefter)* (dossier-)classeur *m*.
Ordnung *f* ‹-, -en› [ˈɔrdnʊŋ] **1.** *(Zustand)* ordre, (bon) état *m;* **2.** *(Handlung)* (ar)rangement, classement, règlement *m*, disposition *f;* **3.** *(Verfassung)* règlement, statut *m;* **4.** *zoo* ordre *m;* ▶ *der ~ halber* pour le bon ordre, pour la bonne forme; *in ~* en (bonne) règle, dans la règle; *tech* en bon état; *fam (Mensch)* de bon acabit; *etw (wieder) in ~ bringen* (re)mettre qc en ordre; *in ~ halten* tenir en ordre *od* en (bon) état; *zur ~ rufen* rappeler à l'ordre; *~ schaffen* faire *od* mettre de l'ordre; *für ~ sorgen* maintenir l'ordre; faire la police; *das werde ich schon in ~ bringen* j'y mettrai bon ordre; *es ist alles in ~* tout est pour le mieux; *geht in ~!* (c'est) entendu! **ordnungsgemäß I.** *a* conforme aux règles, réglementaire, régulier; **II.** *adv* dûment, en bonne (et due) forme. **Ordnungsliebe** *f* goût *m* de l'ordre. **Ordnungsruf** *m parl* rappel *m* à l'ordre. **Ordnungsstrafe** *f* peine *od* amende *f* disciplinaire. **Ordnungszahl** *f math* nombre ordinal; *chem* nombre *od* numéro *m* atomique.
Organ *n* ‹-s, -e› [ɔrˈga:n] **1.** *anat* u. *fig* organe *m;* **2.** *adm* institution *f;* **3.** *pl, anat a.* appareil *m*.
Organisation *f* ‹-, -en› [ɔrganizatsiˈo:n] organisation *f*. **Organisator** *m* ‹-s, -en› [-niˈza:tɔr, -ˈto:rən] organisateur *m*. **organisatorisch** [-ˈto:rɪʃ] *a* organisateur, relatif à l'organisation; ▶ *~e Fähigkeiten f pl* talent *m* d'organisateur.
organisch [ɔrˈga:nɪʃ] *a, a. chem* organique.
organisieren [ɔrganiˈzi:rən] ‹*ohne ge-*› *tr* organiser. **organisiert** *a pol (gewerksch.)* syndiqué.
Organismus *m* ‹-s, -men› [ɔrgaˈnɪsmʊs, -mən] organisme *m*.
Organist *m* ‹-en, -en› [ɔrgaˈnɪst] *mus* organiste *m*.
Organspende *f* don *m* d'organe. **Organspender** *m* donneur *m* d'organe.
Orgasmus *m* ‹-, -men› [ɔrˈgasmʊs] *physiol* orgasme *m*.
Orgel *f* ‹-, -n› [ˈɔrgəl] orgue *m;* ▶ *die ~ spielen* jouer de l'orgue. **Orgelkonzert** *n* récital *m* d'orgue. **Orgelmusik** *f* musique *f* pour orgue. **orgeln** *itr* jouer de l'orgue. **Orgelpfeife** *f* tuyau *m* d'orgue; ▶ *wie die ~n* en rang d'oignons. **Orgelspieler** *m* joueur *m* d'orgue.
Orgie *f* ‹-, -n› [ˈɔrgiə] orgie *f;* ▶ *~n feiern* faire des orgies.
Orient, *der* [ˈo:riɛnt, oriˈɛnt] l'Orient *m*, le Levant. **Orientale** *m* ‹-n, -n› [-ˈta:lə] Oriental, Levantin *m*. **Orientalin** *f* ‹-, -nen› Orientale, Levantine *f*. **orientalisch** [-ˈta:lɪʃ] *a* oriental, levantin.
orientieren, *sich* [-ˈti:rən] ‹*ohne ge-*› *(a. fig)* s'orienter; *fig* prendre le vent, se mettre au courant. **Orientierung** *f* ‹-, ø› **1.** orientation *f (a. e-s Gebäudes);* **2.** *(Überblick)* tour *m* d'horizon; **3.** *fig* mise *f* au point; ▶ *die ~ verlieren* perdre l'orientation.
Original *n* ‹-s, -e› [origiˈna:l] **1.** original; *(Urschrift)* autographe, manuscrit, texte *m;* **2.** *(Mensch)* (homme) original *m;* ▶ *im ~ (Schrift)* dans le texte. **original** *a* original; *(echt)* authentique. **Originalität** *f* ‹-, -en› [-naliˈtɛ:t] originalité *f*. **Originalkopie** *f (Kunst)* répétition *f*. **Originalpackung** *f* emballage *m* d'origine. **Originalsendung** *f radio* émission *f* en direct.
originell [ɔrigiˈnɛl] *a* **1.** original; **2.** *(eigenartig)* singulier, curieux, drôle.
Orkan *m* ‹-(e)s, -e› [ɔrˈka:n] ouragan *m*. **orkanartig** *a* comme un ouragan, violent.
Ornament *n* ‹-(e)s, -e› [ɔrnaˈmɛnt] ornement *m*. **Ornat** *m* ‹-(e)s, -e› [-ˈna:t] robe *f* de cérémonie; *rel* habits *m pl* sacerdotaux.
Oropax *n* ‹-,ø› [oroˈpaks] *(Warenzeichen)* boule *f* Quiès *(Warenzeichen)*.
Ort *m* ‹-(e)s, -e/*math* ¨er› [ɔrt] **1.** *(Stelle)* lieu *a. math;* endroit *m*, place *f;* **2.** *(Ortschaft)* endroit *m*, localité *f;* ▶ *geometrischer ~ (math)* lieu *m* géométrique; *an ~ und Stelle* sur les lieux *od* le terrain; *(am rechten ~)* sur place, à sa place; *~ der Handlung (theat)* scène *f*. **orten** *tr aero* faire le point de, repérer.
orthodox [ɔrtoˈdɔks] *a* orthodoxe.
Orthographie *f* ‹-, -n› [ɔrtograˈfi:] orthographe *f*. **orthographisch** [-ˈgra:fɪʃ] *a* orthographique; ▶ *~er Fehler m* faute *f* d'orthographe.
Orthopäde *m* ‹-n, -n› [ɔrtoˈpɛ:də] orthopédiste *m*. **orthopädisch** [-ˈpɛ:dɪʃ] *a* orthopédique; ▶ *~e Schuhe m pl* chaussures *f pl* orthopédiques.
örtlich [ˈœrtlɪç] *a* **1.** local; **2.** *med* topique; ▶ *~e Störungen f pl (radio)* parasites *m pl* locaux.
Ortsangabe *f* [ˈɔrts-] indication *f* du lieu. **ortsansässig** *a* résident, établi dans la localité. **Ortsbestimmung** *f* localisation; *mar* détermination *f* du point, relèvement *m*.
Ortschaft *f* ‹-, -en› [ˈɔrtʃaft] localité *f*.

endroit *m;* ▶ *geschlossene* ~ agglomération *f.*
Ortsgespräch *n* ['ɔrts-] *tele* communication *f* locale *od* urbaine. **Ortskrankenkasse** *f* caisse *f* locale de maladie. **ortskundig** *a* connaissant les lieux. **Ortsname** *m* nom de lieu, toponyme *m.* **Ortsnetz** *n tele* réseau *m* local *od* urbain. **Ortsschild** *n* plaque *f* indicatrice. **Ortsteil** *m* quartier; faubourg *m.* **ortsüblich** *a* conforme à l'usage local. **Ortszeit** *f* heure *f* locale. **Ortszuschlag** *m* indemnité *f* de résidence.
Ortung *f* ⟨-, -en⟩ ['ɔrtʊŋ] orientation *f; (Radar)* repérage *m.* **Ortungspunkt** *m* point *m* de repère.
Öse *f* ⟨-, -n⟩ ['ø:zə] œillet; *(Ring)* anneau *m.*
Osmose *f* ⟨-, -n⟩ [ɔs'mo:zə] *biol* osmose *f.*
Ostafrika *n* ['ɔst-] l'Afrique *f* orientale. **Ostasien** *n* l'Extrême-Orient *m.* **Ost-Berlin** *n hist* Berlin-Est *m.* **Ostblock,** *der;* **Ostblockstaaten,** *die m pl hist* les pays *m pl* de l'Est, les pays *m* socialistes. **Osten** *m* ⟨-s, ø⟩ *(Himmelsrichtung)* est *m;* ▶ *der* ~ *(Orient)* l'Orient *m,* le Levant; *pol* l'Est *m;* ▶ *der Nahe, Mittlere, Ferne* ~ le Proche-Orient, le Moyen-Orient, l'Extrême-Orient *m.*
Osteopath(in *f) m* ⟨-en, -en⟩ [ɔsteo'pa:t] *med* ostéopathe *m f.*
Osterei *n* ['o:stər-] œuf *m* de Pâques. **Osterhase** *m* lièvre *m* de Pâques.
österlich ['ø:stərlıç] *a* pascal.
Ostern *n* ⟨-, ø⟩ *od f pl* ['o:stərn] Pâques *m;* ▶ *fröhliche* ~*!* joyeuses Pâques!
Österreich *n* ['ø:stəraıç] l'Autriche *f.* **Österreicher(in** *f) m* ⟨-s, -⟩ (*f* ⟨-, -nen⟩) Autrichien(ne *f) m.* **österreichisch** *a* autrichien.
Ostersonntag *m* ['o:stər'-] dimanche *m* de Pâques. **Osterwoche** *f* semaine *f* sainte *od* de Pâques.
Osteuropa *n* ['ɔst-] l'Europe *f* orientale. **osteuropäisch** *a* est-européen.
Ostgoten *m pl* ['ɔstgo:tən] *hist* Ostrogoths *m pl.* **Ostindien** *n* les Indes *f pl* orientales.
östlich ['œstlıç] **I.** *a* oriental, de l'est, d'est; **II.** *adv* à l'est (*von* de).
Ostmark *f* ['ɔst-] *hist (ehemalige Deutsche Mark Ost)* mark *m* oriental. **Ostpolitik** *f hist* ostpolitik *f.* **Ostpreußen** *n* la Prusse orientale. **oströmisch** *a:* ▶ *das O~e Reich (hist)* l'Empire *m* romain d'Orient *od* byzantin. **Ostsee,** *die* la (mer) Baltique. **Ostverträge** *m pl hist* traités *m pl* avec les pays de l'Est. **ostwärts** *adv* vers l'est. **Ost-West-Beziehungen** *f pl pol* relations *f pl* est-ouest.
Otter *f* ['ɔtər] **(1)** *f* ⟨-, -n⟩ *(Schlange)* vipère *f;* **(2)** *m* ⟨-s, -⟩ *(Fisch~)* loutre *f.*
Ottomotor *m* ['ɔto-] *m* moteur *m* à carburation.
out [aʊt] *a pred fam* passé de mode, plus dans la course. **Outsider** *m* [ˌaʊt'saidər] ⟨-s, -⟩ *sport* outsider *m.*
Ouvertüre *f* ⟨-, -n⟩ [uvɛr'ty:rə] *mus* ouverture *f.*
oval [o'va:l] *a* ovale. **Oval** *n* ⟨-s, -e⟩ ovale *m.*
Ovation *f* ⟨-, -en⟩ [ovatsi'o:n] ovation *f;* ▶ *jdm e-e* ~ *bringen* ovationner qn.
Overall *m* ⟨-s, -s⟩ ['oʊvərɔ:l] *(Kleidungsstück)* survêtement *m,* salopette *f.*
Overheadprojektor *m* ['oʊvərhed-] rétroprojecteur *m.*
Oxyd *(fachsprachlich:* **Oxid***) n* ⟨-(e)s, -e⟩ [ɔ'ksy:t (ɔ'ksi:t), -də] *chem* oxyde *m.* **Oxydation** *f* ⟨-, -en⟩ [ɔksydatsi'o:n] oxydation *f.* **oxydieren** ⟨*ohne ge-*⟩ *itr* oxyder. **Oxydierung** *f* ⟨-, -en⟩ oxydation *f.*
Ozean *m* ⟨-s, -e⟩ ['o:-/otse'a:n] océan *m.* **Ozeandampfer** *m* (navire) long-courrier; *(auf d. Atlantik)* paquebot *m* transatlantique. **Ozeanien** *n* [-'a:niən] l'Océanie *f.* **ozeanisch** [-'a:nıʃ] *a* **1.** *allg* océanique; **2.** *(aus Ozeanien)* océanien. **Ozeanographie** *f* ⟨-, ø⟩ [-nogra'fi:] *(Meereskunde)* océano graphie *f.*
Ozelot *m* ⟨-s, -e⟩ ['o:-/'ɔtselɔt] *zoo* ocelot *m.*
Ozon *n* ⟨-s, ø⟩ [o'tso:n] *chem* ozone *m.* **ozonhaltig** *a* ozon(is)é. **Ozonloch** *n* trou *m* d'ozone. **Ozonschicht** *f* couche *f* d'ozone.

P

P, p *n* ‹-, -› [pe:] *(Buchstabe)* P, p *m*.
paar [pa:r] *a* *(gleich)* pair; ▶ ~ *oder unpaar* pair ou impair; *ein* ~ ... quelques...; peu de ...; *(alleinstehend)* quelques-un(e)s. **Paar** *n* ‹-(e)s, -e› paire *f*; *(Mann u. Frau, Männchen u. Weibchen)* couple *m*; ▶ *ein* ~ *sein (zs.gehören)* faire la paire; *junges* ~ (nouveaux *od* jeunes) mariés *m pl*; *ein* ~ *Schuhe* une paire de chaussures. **paaren** *tr* **1.** *(Zuchttiere)* accoupler, apparier, appareiller; **2.** *fig (verbinden)* joindre, allier; ▶ *sich* ~ *(Tiere)* s'accoupler. **paarig** *a* géminé *a. biol.* **paarmal** *adv*: ▶ *ein* ~ quelques fois. **Paarung** *f* ‹-, -en› accouplement, appariement *m*. **paarweise** *adv* par couples, par paires, deux à deux.
Pacht *f* ‹-, -en› [paxt] bail; *agr* affermage *m*, ferme *f*; ▶ *in* ~ *haben* tenir à bail. **pachten** *tr* **1.** prendre à bail *od* à ferme; **2.** *fam (für sich beanspruchen)* monopoliser.
Pächter *m* ‹-s, -› ['pɛçtər] preneur; tenancier; *agr* fermier *m*.
Pachtland *n* ['paxt-] terre *f* à bail. **Pachtung** *f* ‹-, -en› prise *f* à bail. **Pachtvertrag** *m* contrat de fermage, bail *m* à ferme.
Pack (1) *n* ‹-(e)s, ø› [pak] *(Gesindel)* canaille *f*; **(2)** *m* ‹-(e)s, (-e/¨-e)› [pak, 'pɛkə] *(Bündel)* paquet *m*, liasse *f*; *(Ballen)* ballot *m*; ▶ *mit Sack und* ~ avec armes et bagages.
Päckchen *n* ‹-s, -› ['pɛkçən] (petit) paquet *m*; *(Zigaretten)* paquet *m*.
Packeis *n* ['pak-] pack *m*, banquise *f*. **packen** *tr* **1.** *(ergreifen)* empoigner; *fam* agripper; *a. fig* saisir; **2.** *fig* émouvoir, toucher; **3.** *(einpacken)* empaqueter, emballer; *(zs.packen)* paqueter; *itr* **4.** *(s-e Koffer* ~*)* faire ses bagages; *refl* **5.** *sich* ~ *(fam: weggehen)* plier bagage, décamper, filer, prendre le large; ▶ *in Kisten* ~ mettre en caisses. **Packen** *m* ‹-s, -› gros paquet; *(Bücher)* ballot *m*. **packend** *a (fesselnd)* saisissant, captivant; passionnant. **Packer** *m* ‹-s, -› paqueteur, emballeur *m*. **Packesel** *m fig pej* bête *f* de somme, cheval *m* de bât; ▶ *beladen wie ein* ~ chargé comme un mulet. **Packmaschine** *f* machine *f* à emballer. **Packpapier** *n* papier *m* d'emballage. **Packsattel** *m* bât *m*. **Packung** *f* ‹-, -en› **1.** empaquetage, emballage *m*; **2.** *(Päckchen)* paquet *m*; **3.** *med* enveloppement *m*. **Packwagen** *m* fourgon *m*.
Pädagoge *m* ‹-n, -n› [pɛda'go:gə] pédagogue *m*. **Pädagogik** *f* ‹-, ø› [-'go:gɪk] pédagogie *f*. **pädagogisch** [-'go:gɪʃ] *a* pédagogique.
Paddel *n* ‹-s, -› ['padəl] pagaie *f*. **Paddelboot** *n* canoë, kayak *m*. **paddeln** *itr* pagayer, faire du canoë. **Paddler** *m* ‹-s, -› ['-dlər] canoéiste *m*.
paffen ['pafən] *itr fam* fumer à grosses bouffées.
Page *m* ‹-n, -n› ['pa:ʒə] page; *(Hotel*~*)* chasseur (d'hôtel), groom *m*. **Pagenkopf** *m (Frisur)* cheveux *m pl* à la Jeanne d'Arc.
paginieren [pagi'ni:rən] ‹*ohne ge*-› *tr* paginer; marquer les pages de. **Paginierung** *f* ‹-, (-en)› pagination *f*.
Pagode *f* ‹-, -n› [pa'go:də] *arch rel* pagode *f*.
Paket *n* ‹-(e)s, -e› [pa'ke:t] *allg* paquet; *(Post*~*)* colis *m* (postal). **Paketannahme** *f*, **Paketausgabe** *f* réception, livraison *f* des colis. **Paketbeförderung** *f* manutention *f*. **Paketkarte** *f* feuille *f* de colis, bulletin *m* d'expédition. **Paketschalter** *m* guichet *m* des colis postaux. **Paketzustellung** *f* distribution *f* des colis.
Pakistan *n* ['pa:kɪsta(:)n] le Pakistan. **Pakistaner(in)** *m* ‹-s, -› (*f* ‹-, -nen›) [-'ta:nər] Pakistanais(e *f*) *m*. **pakistanisch** [-'ta:nɪʃ] *a* pakistanais.
Pakt *m* ‹-(e)s, -e› [pakt] pacte *m*. **paktieren** [-'ti:rən] ‹*ohne ge*-› *itr* pactiser.
Palast *m* ‹-es, ¨-e› [pa'last, -'lɛstə] palais; château *m*.
Paläolithikum *n* ‹-s, ø› [-'li:tikum] paléolithique *m*. **paläolithisch** [-'li:tɪʃ] *a* paléolithique. **Paläontologe** *m* ‹-n, -n› [-ɔnto'lo:gə] paléontologiste, paléontologue *m*. **Paläontologie** *f* ‹-, ø› [-lo'gi:] paléontologie *f*.
Palästina *n* [palɛ'sti:na] la Palestine. **Palästinenser** *m* ‹-s, -› [-ti'nɛnzər] Palestinien *m*. **palästinensisch** [-ti'nɛnziʃ] *a* palestinien.
Palastrevolution *f* révolution *f* de palais.
Palaver *n* ‹-s, -› [pa'la:vər] palabre *f* u. *m*. **palavern** ‹*ohne ge*-› *itr fam* palabrer.
Palette *f* ‹-, -n› [pa'lɛtə] *a. fig* palette *f*.
paletti [pa'lɛti] *a fam* au poil; ▶ *es war alles* ~ tout était au poil.
Palisade *f* ‹-, -n› [pali'za:də] palissade *f*.
Palliativ(mittel) *n* ‹-s, -e› [palia'ti:f]

pharm palliatif *m*.
Palme ‹-, -n› ['palmə] **1.** *(Baum)* palmier *m;* **2.** *(Siegespalme)* palme *f;* ▶ *jdn auf die ~ bringen (pop)* exaspérer *od* faire bisquer qn; *pop* foutre qn en colère. **Palmenhaus** *n* palmarium *m*. **Palmlilie** *f* yucca *m*. **Palmöl** *n* huile *f* de palme. **Palmsonntag** *m* dimanche *m* des Rameaux, Pâques *f pl* fleuries. **Palmwedel** *m* = *Palmzweig*. **Palmwein** *m* vin *m* de palme. **Palmzweig** *m* palme, branche *f* de palmier.
Pampelmuse *f* ‹-, -n› ['pam-/pampəl'mu:zə] pamplemousse *m*.
Pamphlet *n* ‹-(e)s, -e› [pam'fle:t] pamphlet *m*.
pampig ['pampɪç] *a fam (frech)* culotté; effronté.
Panamahut *m* ‹-s, -s› ['pa(:)nama-] panama *m*. **Panamakanal** *m* canal *m* de Panama.
panamerikanisch [pan'ʔameri'ka:nɪʃ] *a* panaméricain.
panaschieren [pana'ʃi:rən] ‹*ohne ge-*› *itr (beim Wählen)* panacher. **Panaschiersystem** *n* panachage *m*.
Panda *m* ‹-s, -s› ['panda] *zoo* panda *m*.
panieren [pa'ni:rən] ‹*ohne ge-*› *tr (Küche)* paner. **Paniermehl** *n* panure, chapelure *f*.
Panik *f* ‹-, -en› ['pa:nɪk] panique *f*. **panikartig** *adv* dans un mouvement de panique. **Panikmacher** *m* alarmiste *m*. **Panikstimmung** *f* affolement *m*, panique *f*. **panisch** ['pa:nɪʃ] *a:* ▶ *~er Schrecken m* terreur *f* panique.
Panne *f* ‹-, -n› ['panə] *fam* **1.** *(Unfall, Störung)* panne *f;* **2.** ennui, incident *m;* **3.** *(Reifen~)* crevaison *f;* ▶ *e-e ~ haben* avoir une panne, tomber en panne. **Pannenhilfe** *f* dépannage *m*.
Panorama *n* ‹-s, -men› [pano'ra:ma] panorama *m*. **Panoramakamera** *f phot* appareil *m* panoramique. **Panoramaspiegel** *m phot* rétroviseur *m* panoramique.
panschen *tr* frelater, trafiquer.
Pansen *m* ‹-s, -› ['panzən] *(Wiederkäuermagen)* panse *f*.
Pantheist *m* ‹-en, -en› [pante'ɪst] panthéiste *m*. **pantheistisch** [-'ɪstɪʃ] *a* panthéiste.
Panther *m* ‹-s, -› ['pantər] *zoo* panthère *f*.
Pantine *f* ‹-, -n› [pan'ti:nə] *(Holzschuh)* sabot *m*.
Pantoffel *m* ‹-s, -n› [pan'tɔfəl] babouche, mule *f;* ▶ *er steht unter dem ~* sa femme porte la culotte. **Pantoffelheld** *m* mari *m* qui se laisse mener par sa femme; jocrisse *m*.
Pantomime [panto'mi:mə] **(1)** *f* ‹-, -n› pantomime *f; theat* mimodrame *m;* **(2)** *m* ‹-n, -n› mime *m*.
pan(t)schen ['pan(t)ʃən] **1.** *tr (Getränke verfälschen)* mouiller; frelater, sophistiquer; **2.** *itr (planschen)* patauger, barboter.
Panzer *m* ‹-s, -› ['pantsər] **1.** *hist* cuirasse *f;* **2.** *zoo* carapace *f;* **3.** *mil (~wagen)* (engin) blindé, char *m* (de combat); **4.** *(~ung)* blindage *m*. **Panzerangriff** *m* attaque *f* blindé *od* par des *od* les chars. **Panzerdivision** *f* division *f* blindé *od* de chars. **Panzerfaust** *f* lance-fusées (léger) antichar(s), bazooka *m*. **Panzerglas** *n (schußfestes Verbundglas)* verre *m* blindé. **Panzergraben** *m* fossé *m od* tranchée *f* antichar(s). **Panzergranate** *f* obus *m od* grenade *f* antichar *od* perforant(e) *od* de rupture. **Panzerhemd** *n hist* cotte *f* de mailles, haubert *m*. **Panzerkreuzer** *m mar* croiseur *m* cuirassé. **Panzermine** *f* mine *f* antichar(s). **panzern** *tr* cuirasser *a. fig;* blinder. **Panzerschrank** *m (Geldschrank)* coffre-fort *m*. **Panzerwagen** *m* char *od* engin *m* blindé.
Papa *m* ‹-s, -s› ['papa/pa'pa:] papa *m*.
Papagei *m* ‹-en/-s, -en/(-e)› [papa'gaɪ] perroquet *m*. **Papageienkrankheit** *f* psittacose *f*.
Papaya *f* ‹-s, -s› [pa'pa:ja] *(melonenähnliche Frucht)* papaye *f*.
Paperback *n* ‹-s, -s› ['pɛɪpəbæk] *(Studienausgabe)* volume *m* cartonné.
Papier *n* ‹-s, -e› [pa'pi:r] **1.** papier *m;* **2.** *(Wert~)* effet, titre *m;* **3.** *pl (Ausweise)* papiers *m pl* (d'identité); ▶ *zu ~ bringen* coucher *od* fixer *od* jeter *od* mettre sur le papier; *ein Blatt* od *Bogen ~* une feuille de papier. **Papierblume** *f* fleur *f* en papier. **Papierfabrik(ation)** *f* papeterie *f*. **Papiergeld** *n* papier-monnaie *m*, monnaie *f* de papier *od* fiduciaire. **Papiergeschäft** *n* papeterie *f*. **Papierhändler** *m* papetier *m*. **Papierkorb** *m* panier *m od* corbeille *f* à papier(s); ▶ *in den ~ werfen* jeter au panier. **Papierkrieg** *m* paperasserie *f*. **papierlos** *a* n'utilisant que les moyens audiovisuels. **Papiersack** *m* sac *m* en papier. **Papiertaschentuch** *n* mouchoir *m* en papier *od* à jeter. **Papiertüte** *f* sachet *m* de papier. **Papierwaren** *f pl* papeterie *f*. **Papierwolf** *m* déchiqueteuse *f*.
Papist *m* ‹-en, -en› [pa'pɪst] papiste *m*. **papistisch** *a* papiste.
Pappband *m* ['pap-] *(Buch)* volume *m* cartonné. **Pappe** *f* ‹-, -n› carton *m;* ▶ *das ist nicht von ~ (fig fam)* ce n'est pas de la petite bière. **Pappeinband** *m* reliure *f* papier.
Pappel(holz *n) f* ‹-, -n› ['papəl] (bois de) peuplier *m*.
päppeln ['pɛpəln] *tr fam (Kind füttern)* donner la becquée *od* la bouillie à.
pappen *tr fam* coller.

Pappenheimer *m pl* ['papənhaimər] ► *s-e ~ kennen* connaître son monde. **Pappenstiel** *m* ['papən-] : ► *das ist kein ~ (fig)* ce n'est pas une bagatelle. **papperlapapp** [papərla'pap] *interj* patati-patata! **pappig** *a* **1.** *(breiig)* pâteux; **2.** *(Schnee)* tenace. **Pappmaché** *n* ‹-s, -s› [-ma'ʃe:] papier mâché, carton-pâte *m*. **Pappnase** *f* nez *m* en carton. **Pappschachtel** *f* ['pap-] (boîte *f* en *od* de) carton *m*. **Pappschnee** *m* neige *f* mouillée. **Pappteller** *m* assiette *f* en carton. **Paprika** *m* ‹-s, -(s)› ['paprika] *bot (Gewürz)* paprika *m; (Schote)* piment doux, poivron *m*. **Papst** *m* ‹-es, ⸚e› [pa:pst, 'pɛ:pstə] pape, souverain *m* pontife. **päpstlich** ['pɛ:pstlıç] *a* papal, du pape; pontifical; ► *~er sein als der Papst (fig)* être plus royaliste que le roi. **Papsttum** *n* ‹-, ø› ['pa:pst-] papauté *f*. **Papua** *m* ‹-(s), -(s)› ['pa:pua/pa'pu:a] *geog* Papou *m*. **Papyrus(rolle, -staude** *f***)** *m* ‹-, -ri› [pa'py:rus, -ri] papyrus *m*. **Parabel** *f* ‹-, -n› [pa'ra:bəl] *(math; Gleichnis)* parabole *f*. **Parabolspiegel** *m* [-'bo:l-] miroir *m* parabolique. **Parade** *f* ‹-, -n› [pa'ra:də] **1.** *mil* revue *f*, défilé *m;* **2.** *(Fechten, Reiten)* parade *f*. **Paradebeispiel** *n* exemple *m* typique. **Paradentose** *f* ‹-, -n› [paradɛn'to:zə] *med* déchaussement *m* des dents. **Paradeschritt** *m* pas *m* de parade. **Paradestück** *n* morceau *m* de bravoure. **Paradeuniform** *f* grande tenue *f*. **paradieren** [para'di:rən] ‹*ohne ge-*› *itr* parader. **Paradies** *n* ‹-es, -e› [para'di:s] paradis *m*. **Paradiesapfel** *m* tomate *f*. **paradiesisch** [-'di:zıʃ] *a* paradisiaque. **Paradiesvogel** *m* oiseau de paradis, paradisier *m*. **paradigmatisch** [paradı'gma:tıʃ] *a* paradigmatique. **paradox** [para'dɔks] *a* paradoxal. **Paraffin** *n* ‹-s, -e› [para'fi:n] paraffine *f*. **Paragraph** *m* ‹-en, -en› [para'gra:f] paragraphe; *jur* article *m*. **Paragraphendschungel** *f* forêt *m* de paragraphes. **parallel** [para'le:l] *a* parallèle (*zu* à); ► *~ dazu* sur un plan parallèle; *~ schalten (el)* monter en parallèle. **Parallele** *f* ‹-, -n› parallèle *math: f, fig: m;* ► *e-e ~ ziehen (math)* tirer une parallèle; *fig (Vergleich)* tracer *od* établir *od* faire un parallèle (*zwischen* entre); mettre en parallèle. **Parallelogramm** *n* ‹-s, -e› [-lo'gram] *math* parallélogramme *m*. **Parallelstraße** *f* rue *f* parallèle. **paramilitärisch** ['pa:ra-] *a* paramilitaire. **Paranuß** *f* ['pa:ra-] châtaigne *f* du Brésil. **Parameter** *m* ‹-s, -› *a. math* paramètre *m*. **paraphieren** [para'fi:rən] ‹*ohne ge-*› *tr* parapher, parafer. **Parasit** *m* ‹-en, -en› [para'zi:t] *biol* u. *allg* parasite *m*. **Parasitismus** *m* ‹-, ø› [para'zi:tısmus] *biol* parasitisme *m*. **parat** [pa'ra:t] *a (bereit)* prêt. **Paratyphus** *m* ['pa:ra-] paratyphoïde *f*. **Pärchen** *n* ‹-s, -› ['pɛ:rçən] *dim von Paar* couple *m*. **Parfüm** *n* ‹-s, -e/-s› [par'fy:m] parfum *m*. **Parfümerie** *f* ‹-, -n› [-fymə'ri:] *(Fabrikation u. Geschäft)* parfumerie *f*. **Parfümfläschchen** *n* flacon *m* à parfum. **parfümieren** [-mi:rən] ‹*ohne ge-*› *tr* parfumer. **Parfümzerstäuber** *m* vaporisateur *m*. **pari** *adv* pair. **Paria** *m* ‹-s, -s› ['pa:ria] *rel* u. *fig* paria; *fig* ilote *m*. **parieren** [pa'ri:rən] ‹*ohne ge-*› **1.** *tr (abwehren)* parer; **2.** *itr (gehorchen)* obéir. **Pariser(in)** *m* ‹-s, -› (*f* ‹-, -nen›) [pa'ri:zər] Parisien(ne *f*) *m*. **Pariser** *m* préservatif; *fam (Kondom)* capote *f* anglaise. **Pariser, paris(er)isch** *a* parisien. **Parität** *f* ‹-, -en› [pari'tɛ:t] *(Gleichstellung, a. fin)* parité *f*. **Park** *m* ‹-s, -s/(-e)› [park] *(Garten; in Zssgen a.: Depot)* parc *m*. **Parka** *m* ‹-(s), -s› ['parka] parka *m*. **Parkanlage** *f* parc *m*. **Parkbank** *f* banc *m* public. **Parkdeck** *n* niveau *m*. **Parkebene** *f* niveau *m*. **parken** *tr* parquer, garer; *itr* stationner; *itr mot* se garer. **Parken** *n* parcage, stationnement *m;* ► *~ erlaubt* od *gestattet* parcage *od* stationnement autorisé; *~ verboten!* défense de parquer *od* de stationner! stationnement interdit! **parkend** *a* en stationnement. **Parkett** *n* ‹-(e)s, -e› [par'kɛt] **1.** *arch jur fin* parquet *m;* **2.** *theat* orchestre *m*. **Parkett(fuß)boden** *m* parquet(age) *m*. **Parkgebühr** *f* ['park-] taxe *f* de stationnement. **Parkhaus** *n* parking *m* couvert. **Parkhochhaus** *n* parking *m* à plusieurs étages. **Parkinsonsche Krankheit** *f* ['pa:kınsənʃə] maladie *f* de Parkinson. **Parkkralle** *f* sabot *m* de Denver. **Parklicht** *n mot* feu *m* de stationnement. **Parklücke** *f* place *f* pour se garer. **Parkplatz** *m* parc *m od* place *f* de stationnement, parc (à voitures), parking *m; (großer)* aire *f* de stationnement; ► *bewachter ~* parking *m* surveillé *od* payant. **Parkscheibe** *f* disque *m* de stationnement. **Parkstreifen** *m (für Wagen)* accotement *m* de stationnement, allée *f* de garage. **Parkstudium** *n* études *f pl* d'attente. **Parksünder** *m* automobiliste *m* garé en infrac-

tion. **Parkuhr** *f* parc(o)mètre *m*. **Parkverbot** *n* interdiction *f* de stationner.
Parlament *n* ‹-(e)s, -e› [parla'mɛnt] parlement *m*. **Parlamentarier** *m* ‹-s, -› [-'ta:riər] parlementaire *m*. **parlamentarisch** [-'ta:rɪʃ] *a* parlementaire. **Parlamentsbeschluß** *m* vote *m od* décision *f* du parlement. **Parlamentsdebatte** *f* débat *m* parlementaire. **Parlamentsferien** *pl* vacances *f pl* parlementaires. **Parlamentssitzung** *f* séance *f* du parlement. **Parlamentswahl** *f pol* élections *f pl* législatives.
Parodie *f* ‹-, -n› [paro'di:] parodie *f*. **parodieren** [-'di:rən] ‹*ohne ge-*› *tr* parodier. **parodistisch** [-'dɪstɪʃ] *a* parodique.
Parodontose *f* ‹-, -n› [parodɔn'to:zə] *med* déchaussement *m* des dents.
Parole *f* ‹-, -n› [pa'ro:lə] *pol* mot *m* d'ordre; *(Wahlspruch)* slogan *m*.
Paroli *n* ‹-s, -s› [pa'ro:li]: ▶ *jdm ~ bieten* ne pas s'en laisser remontrer par qn.
Partei *f* ‹-, -en› [par'taɪ] **1.** *pol* parti *m*; **2.** *jur* partie *f*; ▶ *e-r ~ angehören* être d'un parti; *e-r ~ beitreten, in e-e ~ eintreten* entrer dans *od* adhérer à un parti; *für jdn ~ ergreifen* prendre le parti de qn; embrasser la cause de qn, prendre fait et cause pour qn. **Parteidisziplin** *f* discipline *f* d'un *od* du parti. **Parteiflügel** *m* aile *f* du parti. **Parteifreund** *m* membre *m* du même parti. **Parteiführung** *f* direction *f* du parti. **Parteigenosse** *m* membre *m* du parti. **parteiisch** *a* partial. **Parteilichkeit** *f* ‹-, ø› partialité *f*; esprit *m* partisan. **parteilos** *a* sans appartenance politique; sans parti; indépendant, neutre. **Parteimitglied** *n* membre *m* du parti. **Parteinahme** *f* prise *f* de position. **Parteipolitik** *f* politique *f* de *od* du parti. **Parteiprogramm** *n* programme *m* de *od* du parti. **Parteispende** *f* don *m* à un parti politique. **Parteitag** *m* congrès *m* de *od* du parti. **Parteizugehörigkeit** *f* appartenance *f* (au parti).
parterre [par'tɛr] *adv* au rez-de-chaussée. **Parterre** *n* ‹-s, -s› rez-de-chaussée *m*.
Partie *f* ‹-, -n› [par'ti:] **1.** *(Teil, Ab-, Ausschnitt; com; tech; mus; Ausflug)* partie *f*; **2.** *(Heirat)* parti *m*; ▶ *e-e gute ~ machen* faire un bon mariage.
partiell [partsi'ɛl] *a (Teil-)* partiel.
Partikel *f* ‹-, -n› [par'ti:kəl] *gram* particule *f*.
Partisan *m* ‹-s/-en, -en› [parti'za:n] partisan *m*. **Partisanenkrieg** *m* guerre de partisans; guérilla *f*.
Partitur *f* ‹-, -en› [parti'tu:r] *mus* partition *f*.
Partizip *n* ‹-s, -pien› , **Partizipium** *n* ‹-s, -pia› [parti'tsi:p(iʊm), -piən/-pia] *gram* participe *m*.
Partner(in) *m* ‹-s, -› (*f* ‹-, -nen›) ['partnər] partenaire *m f*; *com* associé *m*. **Partnerschaft** *f* ‹-, -en› participation; *com pol* association *f*; *(von Städten)* jumelage *m*. **partnerschaftlich** *a* en respectant son partenaire. **Partnerstadt** *f* ville *f* jumelée.
partout [-'tu:] *adv fam* absolument.
Party *f* ‹-, -s/-ties› ['pa:rti(:s)] partie *f* (de plaisir). **Partyservice** *m* service *m* de réception.
Parzelle *f* ‹-, -n› [par'tsɛlə] parcelle *f*, lot *m*. **parzellieren** [-'li:rən] ‹*ohne ge-*› *tr* parceller, lotir. **Parzellierung** *f* ‹-, -en› parcellement, lotissement *m*.
Pascha *m* ‹-s, -s› ['paʃa] pacha *m*.
Paß *m* ‹-sses, ¨-sse› [pas, 'pɛsə] **1.** *(Eng~)* passage, défilé; *(Gebirgs~)* col *m*; **2.** *(Reise~)* passeport *m*; ▶ *e-n ~ ausstellen, erneuern, verlängern* délivrer, renouveler, prolonger *od* proroger un passeport; **3.** *sport* passe *f*.
Passage *f* ‹-, -n› [pa'sa:ʒə] **1.** passage *m*, galerie *f*; *(Überfahrt)* traversée *f*; **2.** *(Abschnitt e-s Buches etc)* passage *m*.
Passagier *m* ‹-s, -e› [pasa'ʒi:r] passager *m*; ▶ *blinder ~* passager *m* clandestin. **Passagierdampfer** *m* paquebot *m*. **Passagierflugzeug** *n* avion *m* (de transport) de passagers. **Passagierliste** *f* liste *f* des passagers.
Passah(fest) *n* ‹-s, ø› ['pasa] pâque *f* (juive).
Passant *m* ‹-en, -en› [pa'sant] passant *m*.
Passat(wind) *m* ‹-(e)s, -e› [pa'sa:t] (vent) alizé *m*.
Paßbild *n* ['pas-] photo *f* d'identité.
passen ['pasən] *itr* **1.** *(Kleider, Schuhe etc)* aller (bien), être à la mesure *od* à la taille; **2.** *allg* être juste, convenir; **3.** *(auf ein Spiel verzichten)* passer; *refl* **4.** *sich ~ (sich schicken)* convenir, être convenable *od* séant *od* de mise, se faire; ▶ *zu jdm, etw ~* aller bien avec qn, qc; être assorti, faire pendant à qc; *auf jdn, etw ~ (Beschreibung)* cadrer avec qn, qc; *jdm ~ (gefallen)* convenir à qn; *genau ~* aller juste; *gut ~* aller bien (*zu* avec); *gut zuea. ~ (Mann u. Frau)* faire un (bon) ménage; *nicht zu etw ~* être incompatible avec qc; *das paßt mir nicht* cela ne m'arrange pas, cela ne me va pas; *das würde mir ~* cela m'arrangerait, cela ferait mon affaire; *das paßt sich gut, schlecht* cela tombe bien, mal; *das paßt (zeitlich) schlecht* cela tombe mal; *das könnte Ihnen so ~!* (y) pensez-vous! **passend** *a* **1.** *(geeignet)* approprié; **2.** *(angemessen)* adéquat; convenable, propre; juste; **3.** *(zutreffend)* pertinent; **4.** *(zs.passend)* assorti; ▶ *bei jeder ~en und unpassenden Gelegenheit* à tous propos et hors de propos; *es für ~ halten zu ...* juger à

propos de ...
Passepartout *n* ‹-s, -s› [paspar'tu:] *(Hauptschlüssel; Rahmen)* passe-partout *m*.
passierbar [pa'si:r-] *a (überschreitbar)* franchissable. **passieren** ‹*ohne ge-*› *itr* ‹*sein*› **1.** *(vor-, hinübergehen)* passer; **2.** *(sich ereignen)* se passer, se produire, arriver, avoir lieu; **3.** *(Soße, Apfelmus)* filtrer; ▶ *das soll mir nicht noch einmal ~!* on ne m'y (re)prendra *od* rattrapera plus! *das kann jedem ~* cela peut arriver à tout le monde; *was ist passiert?* qu'est-ce qui est arrivé *od* s'est passé? **Passierschein** *m allg* laissez-passer *m*.
Paßinhaber *m* ['pas-] titulaire *m* du passeport.
Passion *f* ‹-, -en› [pasi'o:n] **1.** *(Leidenschaft)* passion *f*; **2.** *rel* Passion *f*. **passioniert** [-sio'ni:rt] *a* passionné; *(Raucher)* invétéré. **Passionsblume** *f* passiflore, grenadille, fleur *f* de la passion. **Passionsfrucht** *f* fruit *m* de la passion. **Passionszeit** *f* carême *m*.
passiv ['pa-/pa'si:f] *a (untätig)* passif; ▶ *~es Wahlrecht n* éligibilité *f*. **Passiv** *n* ‹-s, (-e)› *gram* passif *m*, voix *f* passive. **Passiva** *pl* [-'si:va] *fin* passif *m*, masse *f* passive. **Passivität** *f* ‹-, ø› [-sivi'tɛ:t] passivité *f*. **Passivraucher** *m* fumeur *m* passif.
Paßkontrolle *f* ['pas-] contrôle *m* des passeports. **Paßstelle** *f* bureau *od* office *m* des passeports. **Paßstraße** *f* route *f* de col.
Pasta, Paste *f* ‹-, -ten› ['pasta, -tə] pâte *f*.
Pastell(bild) *n* ‹-(e)s, -e› [pas'tɛl] (dessin au) pastel *m*. **Pastellfarbe** *f* (couleur *f* à) pastel *m*. **Pastellstift** *m* (crayon) pastel *m*.
Pastete *f* ‹-, -n› [pas'te:tə] **1.** *(Paste)* pâté *m*; **2.** *(Gebäck)* vol-au-vent *m*.
pasteurisieren [pastri'zi:rən] ‹*ohne ge-*› *tr* pasteuriser.
Pastille *f* ‹-, -n› [pas'tɪlə] pastille *f*.
Pastor *m* ‹-s, -en› ['pastɔr, -'to:rən] *(kath.)* prêtre *m*; *(evang.)* pasteur *m*.
Pate *m* ‹-n, -n› ['pa:tə] parrain *m*. **Patenkind** *n* filleul(e *f*) *m*. **Patenonkel** *m* parrain *m*. **Patenschaft** *f* ‹-, -en› parrainage *m*.
patent [pa'tɛnt] *a fam (geschickt)* adroit, habile; *(famos)* chic, chouette.
Patent *n* ‹-(e)s, -e› [pa'tɛnt] brevet *m* (d'invention); ▶ *ein ~ anmelden* demander *od* déposer un brevet. **Patentamt** *n* office *od* bureau *m* des brevets (d'invention).
Patentante *f* marraine *f*.
Patentanwalt *m* agent *m* de brevets. **patentieren** [-'ti:rən] ‹*ohne ge-*› *tr* breveter. **Patentinhaber** *m* détenteur *od* titulaire *m* de *od* d'un brevet. **Patentlösung** *f* solution *f* miracle. **Patentrecht** *n* législation *f* sur les brevets. **Patentrezept** *n* remède *m* miracle. **Patentschutz** *m* protection *f* des brevets.
Pater *m* ‹-s, -/-tres› ['pa:tər, 'patrɛs] *rel* (révérend) père *m*. **Paternoster** *m* **1.** *rel (Vaterunser)* Notre Père *m*; **2.** élévateur *m*.
pathetisch [pa'te:tɪʃ] *a* déclamatoire.
Pathologie *f* ‹-, ø› [patolo'gi:] pathologie *f*. **pathlogisch** [-'lo:gɪʃ] *a* pathologique.
Pathos *n* ‹-, ø› ['pa:tɔs] pathétique *m*; emphase *f*; *(Schwulst)* pathos *m*.
Patience *f* ‹-, -n› [pasi'ɑ̃:s] *(Kartenspiel)* patience, réussite *f*; ▶ *e-e ~ legen* faire une patience *od* une réussite.
Patient(in) *m* ‹-en, -en› (*f* ‹-, -nen›) [patsi'ɛnt] malade *m f*; *(e-s Arztes)* client(e *f*); *(bei e-r Operation)* patient(e *f*) *m*; *pl a.* clientèle *f*.
Patin *f* ‹-, nen› ['pa:tɪn] marraine *f*.
Patina *f* ‹-, ø› ['pa:tina] patine *f*. **patinieren** [pati'ni:rən] ‹*ohne ge-*› *tr* patiner.
Patriarch *m* ‹-en, -en› [patri'arç] *rel* u. *allg* patriarche *m*. **patriarchalisch** [-'ça:lɪʃ] *a* patriarcal. **Patriarchat** *m* ‹-(e)s, -e› [-ça:t] patriarcat *m*.
Patriot *m* ‹-en, -en› [patri'o:t] patriote *m*. **patriotisch** [-'o:tɪʃ] *a* patriotique; *(Mensch)* patriote. **Patriotismus** *m* ‹-, ø› [-o'tɪsmʊs] patriotisme *m*.
Patrizier(in) *m* ‹-s, -› (*f* ‹-, -nen›) [-'tri:tsiər] patricien(ne *f*) *m*.
Patron(in) *m* ‹-s, -e› (*f* ‹-, -nen›) [-'tro:n] **1.** *(Schutzheiliger)* patron(ne *f*) *m*; **2.** *hum pej (Kerl)* type *m*. **Patronat** *n* ‹-(e)s, -e› [-tro'na:t] *rel* patronage *m*.
Patrone *f* ‹-, -n› [pa'tro:nə] cartouche *f*. **Patronenfüller** *m* stylo *m* à cartouches. **Patronenhülse** *f* douille *f* de cartouche. **Patronentasche** *f* cartouchière, giberne f.
Patrouille *f* ‹-, -n› [pa'trʊljə] patrouille *f*. **patrouillieren** [-l'ji:rən] ‹*ohne ge-*› *itr* patrouiller.
Patsche *f* ‹-, -n› ['patʃə› **1.** *fam (Händchen)* menotte *f*; **2.** *(ohne pl) fam (Notlage:)* ▶ *jdm aus der ~ helfen* tirer qn d'embarras, sortir qn du pétrin; *in der ~ sitzen* od *stecken* être dans le pétrin. **patschen** *itr (schlagen)* donner une claque *od* tape, claquer, taper (*auf* sur). **Patschhändchen** *n* menotte *f*. **patsch(e)naß** *a* trempé comme une soupe, mouillé jusqu'aux os.
patzig ['patsɪç] *a* impertinent, insolent.
Pauke *f* ‹-, -n› ['paʊkə] *mus mil* grosse caisse; *(Kessel~)* timbale *f*; ▶ *die ~ schlagen, (fig) auf die ~ hauen* battre la grosse caisse; *mit ~n und Trompeten durchfallen* échouer lamentablement, *fam* ramasser une fameuse veste. **pauken** *itr fam (angestrengt lernen)* bachoter, piocher, potasser, bûcher. **Pau-**

kenschlag *m* coup *m* de timbale. **Paukenwirbel** *m* roulement *m* de timbale.
Pauker *m* ‹-s, -› **1.** *(Paukenschläger)* timbalier *m;* **2.** *fam (Lehrer)* prof *m.*
pausbäckig ['paʊsbɛkɪç] *a* aux joues rondes, poupard; *fam* mafflu, joufflu.
pauschal [paʊ'ʃa:l] **I.** *a* global, forfaitaire; **II.** *adv* à forfait, en bloc. **Pauschalbetrag** *m,* **Pauschale** *f* ‹-, -n› *od n* ‹-s, -lien› montant *m* global, somme *f* forfaitaire. **Pauschalpreis** *m* prix *m* global *od* forfaitaire. **Pauschalreise** *f* voyage *m* à tarif forfaitaire. **Pauschalsumme** *f* somme *f* forfaitaire. **Pauschalurteil** *n* généralisation *f* hâtive.
Pause *f* ‹-, -n› ['paʊzə] **(1)** *(Unterbrechung)* pause *a. mus;* halte *f a. mil;* temps *m* d'arrêt; *(Schule)* récréation *f;* silence *m; theat (Bühnenanweisung)* un temps; *(zwischen den Akten)* entracte *m; (e-e)* ▶ ~ *machen* faire la *od* une pause.
Pause (2) *(Durchzeichnung)* calque *m.*
pausen *tr* calquer.
pausenlos *a* u. *adv* sans pause *od* repos *od* arrêt. **Pausenzeichen** *n radio* indication *f* de la station, indicatif *m.* **pausieren** [-'zi:rən] ‹*ohne ge-*› *itr* pauser *a. mus,* faire une pause.
Pauspapier *n* papier à calquer, papier-calque *m.*
Pavian *m* ‹-s, -e› ['pa:via:n] *zoo* babouin; *scient* cynocéphale *m.*
Pavillon *m* ‹-s, -s› ['pavɪljõ, -l'jo:n, -l'jõ:] *allg* pavillon *m; (Garten~)* gloriette *f.*
Pazifik *m* ‹-s, ø› [pa'tsi:fɪk, 'patsifɪk] (océan) Pacifique *m.* **pazifisch** [-'tsi:fɪʃ] *a geog* pacifique.
Pazifismus *m* ‹-s, ø› [-tsi'fɪsmʊs] pacifisme *m.* **Pazifist** *m* ‹-en, -en› [-'fɪst] pacifiste *m.* **pazifistisch** [-'fɪstɪʃ] *a* pacifiste.
PC *m* ‹-s, -s› ['pe:tse:] ordinateur *m* individuel, personnel.
Pech *n* ‹-(e)s, (-e)› [pɛç] **1.** poix *f;* **2.** *(ohne pl) fig fam (Unglück)* malchance, déveine; *pop* guigne *f;* ▶ ~ *haben (fam)* avoir la *od* être dans la déveine; *wie ~ und Schwefel zs.halten* faire bloc, être inséparables; *vom ~ verfolgt (Person) (fam)* malchanceux; *fam* guignard. **Pechblende** *f* ‹-, ø› ['-blɛndə] *geol* pechblende *f.* **pechfinster** *a* noir comme dans un four. **Pechharz** *n* poix-résine *f.* **pechschwarz** *a fig* noir comme poix *od* du cirage *do* (du) jais. **Pechsträhne** *f fam* série *f* noire; ▶ *e-e ~ haben (im Spiel)* jouer de malheur; *allg* être poursuivi par la malchance *od* la guigne. **Pechvogel** *m* malchanceux, -euse *m, f.*
Pedal *n* ‹-s, -e› [pe'da:l] pédale *f.*
Pedant *m* ‹-en, -en› [pe'dant] maniaque, *pop* pinailleur, homme tatillon *m.* **Pedanterie** *f* ‹-, -n› [-tə'ri:] minutie, méticulosité *f* exagérée. **pedantisch** [-'dantɪʃ] *a* pointilleux, maniaque, *pop* pinailleur, vétilleux.
Pedell *m* ‹-s, -e› [pe'dɛl] *(Univ.)* appariteur *m.*
Peep-Show *f* ['pi:pʃoʊ] peep-show *m.*
Pegel *m* ‹-s, -› ['pe:gəl] échelle *f* fluviale *od* d'eau; étiage *m.* **Pegelstand** *m* niveau *m.*
Peilanlage *f* ['paɪl-] *aero* goniomètre *m.* **peilen** *tr* prendre le relèvement de, relever, goniomètrer; *fig* sonder; ▶ *über den Daumen ~ (pop)* juger au pifomètre. **Peilfunk** *m* radiogoniomètrie *f.* **Peilgerät** *n* appareil *od* récepteur radiogoniométrique, gonio(mètre) *m.* **Peilstation** *f* poste *m* radiogoniométrique.
Pein *f* ‹-, ø› [paɪn] *(Schmerz)* douleur, peine, souffrance *f; (Qual)* tourment *m,* torture *f;* supplice *m.* **peinigen** *tr* faire souffrir; tourmenter, torturer, tenailler, martyriser. **Peiniger** *m* ‹-s, -› tortionnaire, bourreau *m.* **Peinigung** *f* ‹-, -en› torture *f,* martyr *m.* **peinlich** *a* pénible, gênant, embarrassant, ennuyeux; ▶ ~ *(genau)* minutieux, méticuleux; ~ *berühren (fig)* gêner, mettre dans l'embarras; ~ *einhalten* respecter strictement; *es herrscht ~e Ordnung* tout est soigneusement rangé. **Peinlichkeit** *f* caractère *m* pénible, gêne *f.*
Peitsche *f* ‹-, -n› ['paɪtʃə] fouet *m;* ▶ *mit der ~ knallen* faire claquer son fouet. **peitschen 1.** fouetter; *(aus~)* fustiger; **2.** *fig (heftig schlagen)* battre violemment, cingler. **Peitschenhieb** *m* coup *m* de fouet. **Peitschenknall** *m* claquement *m* de fouet. **Peitschenstiel** *m* manche *m* de fouet.
Pekinese *m* ‹-n, -n› [peki'ne:zə] *(Hund)* pékinois *m.*
pekuniär [pekuni'ɛ:r] *a* pécuniaire; ▶ *~e Schwierigkeiten f pl* difficultés *f pl* pécuniaires *od* d'argent.
Pelerine *f* ‹-, -n› [pele'ri:nə] pèlerine *f.*
Pelikan *m* ‹-s, -e› ['pe:-, peli'ka:n] *orn* pélican *m.*
Pelle *f* ‹-, -n› ['pɛlə] pelure *f;* ▶ *jdm nicht von der ~ gehen (fam)* être toujours sur les talons de qn. **pellen** *tr* peler, éplucher. **Pellkartoffeln** *f pl* pommes *f pl* de terre en robe des champs *od fam* de chambre.
Pelz *m* ‹-es, -e› [pɛlts] **1.** *(Fell)* peau *f;* **2.** *(bearbeitet)* fourrure *f.* **pelzbesetzt** *a* garni de fourrure. **pelzgefüttert** *a* doublé de fourrure, fourré. **Pelzgeschäft** *n* magasin *m* de fourrures. **Pelzhandel** *m* pelleterie *f.* **Pelzhändler** *m* fourreur, pelletier *m.* **pelzig** *a (dicht behaart)* velu. **Pelzkragen** *m* col *m* de fourrure. **Pelzmantel** *m* manteau *m* de fourrure. **Pelzmütze** *f* bonnet *m* de fourrure; *(mit Schirm)* casquette *f* en

fourrure. **Pelztier** *n* animal *m* à fourrure. **Pelzwerk** *n* fourrures *f pl*, pelleterie *f*.

Pendel *n* ‹-s, -› ['pɛndəl] pendule; *(Uhr)* balancier *m*. **Pendelbewegung** *f* mouvement *od* va-et-vient *m* pendulaire; oscillation *f*; balancement *m*. **pendeln** *itr* **1.** ‹*h*› osciller, balancer; **2.** ‹*sein*› *(Verkehr)* faire la navette. **Pendeltür** *f* porte *f* battante. **Pendeluhr** *f* pendule *f*. **Pendelverkehr** *m* service de navette, trafic *m* de va-et-vient. **Pendelzug** *m* (train *m*) navette *f*.

Pendler *m* ‹-s, -› ['pɛndlər] banlieusard *m*. **Pendlerverkehr** *m* navette *f*.

penetrant [pene'trant] *a (Geruch)* persistant, e, tenace; *(Mensch)* agaçant, e, crampon *inv*; *fam* collant, e; *(Verhalten)* importun, e.

penibel [pe'ni:bəl] *a fam (peinlich genau)* méticuleux, minutieux.

Penis *m* ‹-, -se/Penes› ['pe:nɪs, 'pe:nɛs] *anat* pénis *m*.

Pennäler *m* ‹-s, -› [pɛ'nɛ:lər] *fam (Schüler)* potache *m*.

Pennbruder *m* ['pən-] *fam* clochard, vagabond *m*.

Penne *f* ‹-, -n› ['pɛnə] *fam (Schule)* bahut *m*, boîte *f*. **pennen** *itr pop (schlafen)* roupiller, pioncer. **Penner** *m* ‹-s, -› clochard *m*.

Pension *f* ‹-, -en› [pãsi'õ:, pɛnzi'o:n] **1.** *(Ruhegehalt)* pension, retraite *f*; **2.** *(Ruhestand)* retraite *f*; **3.** *(Fremdenheim)* maison *f* de repos; ► *in (voller)* ~ *(Verpflegung u. Unterkunft)* en pension (complète); *in* ~ *geben, sein* mettre, être en pension. **Pensionär** *m* ‹-s, -e› [-sio'nɛ:r] **1.** *(Ruheständler)* retraité *m*; **2.** *(Pensionsgast)* pensionnaire; *(Schüler)* interne *m*. **Pensionat** *n* ‹-(e)s, -e› [-'na:t] pensionnat; *(Schule)* internat *m*. **pensionieren** [-'ni:rən] ‹*ohne ge-*› *tr* mettre à la retraite, retraiter; ► *sich* ~ *lassen* prendre sa retraite. **pensioniert** *a* retraité, en retraite. **Pensionierung** *f* ‹-, -en› mise *f* à la retraite. **Pensionsalter** *n* âge *m* de la retraite. **pensionsberechtigt** *a* ayant *od* qui a droit à une pension. **Pensionsgast** *m* pensionnaire *m*. **Pensionskasse** *f* caisse *f* de(s) pension(s) *od* de retraite.

Pensum *n* ‹-s, -sen/-sa› ['pɛnzum] *(Aufgabe)* tâche; *(Lehrstoff)* leçon *f*, thème *m*.

Pentagon *n* ‹-s, -e› [pɛnta'go:n] *math* pentagone *m*; *pol* le Pentagone.

Penthouse-Wohnung *f* ['pɛnthaus] appartement *m* en terrasse.

peppig ['pɛpɪç] *a fam (Person)* qui a de l'élan, enthousiaste; *(Sache)* entraînant.

per [pɛr] *prp (durch, mit)* par; ► ~ *Adresse ... (bei)* aux soins de ...; ~ *Bahn* par (le chemin de) fer; ~ *Stück* la pièce.

perfekt [pɛr'fɛkt] *a* **1.** *(vollkommen)* parfait, accompli, achevé, consommé; **2.** *(abgemacht, gültig)* conclu, définitif.

Perfekt *n* ‹-(e)s, -e› ['-- / -'-] *gram* passé *m* composé.

Perfektion *f* perfection *f*. **Perfektionist** *m* ‹-en, -en› [-tsio'nɪst] perfectionniste *m*.

perforieren [pɛrfo'ri:rən] ‹*ohne ge-*› *tr* perforer. **Perforiermaschine** *f* machine à perforer, perforeuse *f*. **Perforierung** *f* perforation *f*.

Pergament *n* ‹-(e)s, -e› [pɛrga'mɛnt] parchemin *m*. **Pergamentpapier** *n* papier *m* parchemin.

Periode *f* ‹-, -n› [peri'o:də] **1.** *(Zeitraum; gram)* période *f*; **2.** *el* cycle *m*; **3.** *physiol* règles *f pl*; **4.** *(Sitzungs~)* session *f*. **Periodika** *n pl* périodiques *m pl*. **periodisch** [-ri'o:dɪʃ] *a* périodique.

Peripherie *f* ‹-, -n› [perife'ri:, -'i:ən] *(Rand, a. fig)* périphérie *f*. **Peripheriegerät** *n* périphérique *m*.

Periskop *n* ‹-s, -e› [peri'sko:p] *(Sehrohr)* périscope *m*.

Perle *f* ‹-, -n› ['pɛrlə] perle *f*; ► *~n vor die Säue werfen* jeter des perles aux pourceaux; *echte* ~ perle *f* fine. **perlen** *itr* **1.** *(Schweiß)* perler (*von der Stirn* au front); **2.** *(Sekt)* pétiller. **Perlenkette** *f* collier *m* de perles. **perlfarben** *a* perlé. **Perlhuhn** *n* pintade *f*. **Perlmuschel** *f* huître *f* perlière. **Perlmutt(er** *f* ‹-, ø›**)** *n* ‹-s, ø› nacre *f* (de perle). **perlmuttern** *a* en *od* de nacre.

permanent [pɛrma'nɛnt] *a (ständig)* permanent. **Permanenz** *f* ‹-, ø› permanence *f*.

permissiv *a* permissif, ive. **Permissivität** *f* ‹-, ø› [pɛrmɪsivi'tɛ:t] permissivité *f*.

perplex [pɛr'plɛks] *a* perplexe, stupéfait.

Perser(in) *m* ‹-s, -› (*f* ‹-, -nen›) ['pɛrzər] Persan(e *f*) *m*; ► *die (alten) Perser m pl* les Perses *m pl*.

Persianer *m* ‹-s, -› [-zi'a:nər] *(Pelz)* astrakan, astracan *m*

Persien *n* ['pɛrziən] la Perse.

Persilschein *m* [pɛr'zi:l-] certificat *m* de dénazification; *fig* réhabilitation *f*.

persisch ['pɛrzɪʃ] *a* persan; ► *der P~e Golf* le golfe Persique.

Person *f* ‹-, -en› [pɛr'zo:n] **1.** *a. gram* personne *f*; **2.** *(Kunst, Literatur, theat)* personnage *m*; **3.** *(Einzel~)* individu *m*; ► *in (eigener)* ~ en personne, personnellement, en propre; *pro* ~ par homme, par tête; *juristische, natürliche* ~ personne *f* morale, physique.

Personal *n* ‹-s, ø› [pɛrzo'na:l] personnel; *(Haus~)* personnel *m od* gens *m pl* de maison. **Personalabbau** *m* réduction *od* compression *f* du personnel. **Personalabteilung** *f* service *m* du personnel. **Personalakte** *f* dossier *m* personnel *od* individuel. **Personalausweis** *m* carte *od* pièce *f* d'identité. **Personal-**

büro *n* = *Personalabteilung.* **Personalchef** *m* chef *od* directeur *m* du personnel. **Personalcomputer** *m* ordinateur *m* individuel, personnel. **Personalien** *pl* [-'na:liən] identité *f*, signalement *m;* ► *s-e ~ angeben* décliner son identité; *die ~ feststellen* relever l'identité, prendre le signalement. **Personalkosten** *pl* frais *m pl* de personnel. **Personalmangel** *m* manque *m* de personnel. **Personalpolitik** *f* politique *f* du personnel. **Personalpronomen** *n gram* pronom *m* personnel.

personell [pɛrzo'nɛl] *a* **1.** *(persönlich)* personnel; **2.** *(das Personal betreffend)* concernant le personnel.

Personenaufzug *m* [pɛr'zo:nən-] *(Fahrstuhl)* ascenseur *m.* **Personenbeschreibung** *f* signalement *m.* **personenbezogen** *a* concernant des personnes privées. **Personenkraftwagen** *m* voiture *f* de tourisme. **Personenkreis** *m allg* cercle *m; adm* catégorie *f* de personnes. **Personenkult** *m* culte *m* de la personnalité. **Personenrufanlage** *f* télérecherche *f;* téléappel *m.* **Personenschaden** *m* dommage *m* corporel. **Personenverkehr** *m* transport *od* trafic *m* des voyageurs. **Personenwaage** *f* pèse-personne *m.* **Personenwagen** *m s. Personenkraftwagen.* **Personenzug** *m loc* train *m* de voyageurs.

personifizieren [pɛrzonifi'tsi:rən] ⟨*ohne ge-*⟩ *tr* personnifier.

persönlich [pɛr'zø:nlıç] **I.** *a* personnel; **II.** *adv* personnellement, en personne; ► *ich ~* personnellement *od* quant à moi *od* pour ma part, je ...; *~ übergeben* remettre en main(s) propre(s). **Persönlichkeit** *f* **1.** personnalité *f;* **2.** *(bedeutender Mensch)* personnage *m;* ► *bekannte ~* vedette *f.* **Persönlichkeitswahl** *f parl* scrutin *m* uninominal.

Perspektive *f* ⟨-, -n⟩ [pɛrspɛk'ti:və] perspective; *fig* optique *f; pl fig* horizon *m.*

Peru *n* [pe'ru:] le Pérou. **Peruaner(in)** *m* ⟨-s, -⟩ (*f* ⟨-, -nen⟩) [-ru'a:nər] Péruvien(ne *f*) *m.* **peruanisch** [-'a:nıʃ] *a* péruvien.

Perücke *f* ⟨-, -n⟩ [pe'rʏkə] perruque *f.*

pervers [pɛr'vɛrs] *a* pervers; perverti. **Perversion** *f* ⟨-, -en⟩ [-zi'o:n] perversion *f.* **Perversität** *f* ⟨-, (-en)⟩ [-zi'tɛ:t] perversité *f.*

Pessar *n* ⟨-s, -e⟩ [pɛ'sa:r] *med* diaphragme *m.*

Pessimismus *m* ⟨-, ø⟩ [pɛsi'mısmus] pessimisme *m.* **Pessimist** *m* ⟨-en, -en⟩ [-'mıst] pessimiste *m.* **pessimistisch** [-'mıstıʃ] *a* pessimiste.

Pest *f* ⟨-, ø⟩ [pɛst] peste; *fig a.* lèpre *f;* ► *wie die ~ hassen* haïr comme la peste *od* la mort. **Pestilenz** *f* ⟨-, -en⟩ [-ti'lɛnts] pestilence *f.*

Pestizid *n* ⟨-s, -e⟩ [pɛsti'tsi:t] pesticide *m.*

Peter *m* ['pe:tər] Pierre *m.*

Petersilie *f* ⟨-, ø⟩ [petər'zi:liə] *bot* persil *m.*

Petrochemie *f* [petroçe'mi:] pétrochimie *f.* **Petrodollar** *m* ['petro-] pétrodollar *m.*

Petroleum *n* ⟨-s, ø⟩ [pe'tro:leum] pétrole *m.* **Petroleumlampe** *f* lampe *f* à pétrole.

Petunie *f* ⟨-, -n⟩ [pe'tu:niə] *bot* pétunia *m.*

petzen ['pɛtsən] *itr fam* moucharder, rapporter. **Petzer** *m* ⟨-, -⟩ mouchard, rapporteur *m.*

Pfad *m* ⟨-(e)s, -e⟩ [pfa:t, '-də] sentier *m.* **Pfadfinder** *m* (boy-)scout *m.*

Pfaffe *m* ⟨-n, -n⟩ ['pfafə] *pej pop* corbeau *m.*

Pfahl *m* ⟨-(e)s, ¨-e⟩ [pfa:l, 'pfɛ:lə] pal, pieu; *(Pfosten)* poteau; *(Zaun-, Schanz~)* palis; *(Grund~, Dalben~)* pilot; *(Reb~)* échalas, paisseau *m.* **Pfahlbau** *m* (construction *f* sur) pilotis *m.* **Pfahlbauten** *m pl* habitations *f pl* lacustres. **pfählen** ['pfɛ:lən] *tr (Baum)* palisser; *(Reben)* échalasser; *(Verbrecher)* empaler. **Pfahlmuschel** *f* moule *f.*

Pfalz, *die* [pfalts] *(geog)* le Palatinat. **pfälzisch** [pfɛltsıʃ] *a* palatin, du Palatinat.

Pfand *n* ⟨-(e)s, ¨-er⟩ [pfant, 'pfɛndər] **1.** gage, nantissement *m;* **2.** *(Bürgschaft, Sicherheit)* garantie, sûreté *f;* **3.** *(Flaschen~)* consigne *f;* ► *gegen ~* sur gage *od* nantissement; *ein ~ einlösen* retirer un gage.

pfändbar ['pfɛntbar] *a* saisissable, exploitable.

Pfandbrief *m* ['pfant-] obligation *od* cédule *f* hypothécaire *od* foncière.

pfänden ['pfɛndən] *tr* saisir. **Pfänderspiel** *n* jeu *m* des gages.

Pfandflasche *f* bouteille *f* consignée. **Pfandgläubiger** *m* ['pfant-] créancier *m* sur gage *od* gagiste. **Pfandleihe** *f* **1.** prêt *m* sur gage; **2.** *(Leihhaus)* maison *f* de prêt, mont-de-piété *m.* **Pfandschein** *m* reconnaissance *od* quittance *f od* reçu *m* de nantissement. **Pfandschuldner** *m* gageur *m.* **Pfandzettel** *m* reconnaissance *od* quittance *f od* reçu *m* de nantissement.

Pfändung *f* ['pfɛndʊŋ] (exploit *m* de) saisie *f.*

Pfanne *f* ⟨-, -n⟩ ['pfanə] **1.** *(Brat~)* poêle, rôtissoire *f;* *(kleine)* poêlon *m;* **2.** *(Brau~)* brassin *m.* **Pfannkuchen** *m* **1.** crêpe *f;* **2.** *(Berliner)* beignet *m.*

Pfarramt *n* ['pfarʔamt] cure *f.* **Pfarrbezirk** *m* paroisse *f.* **Pfarre** *f* ⟨-, -n⟩ ['pfarə] cure *f.* **Pfarrei** *f* ⟨-, -en⟩ [-'raı] paroisse *f.* **Pfarrer** *m* ⟨-s, -⟩ *(kath.)* curé *m; (evang.)* pasteur *m.* **Pfarrerin** *f* femme *f* pasteur. **Pfarrgemeinde** *f* paroisse *f.* **Pfarrhaus** *n* maison curiale, cure *f;* presbytère *m.* **Pfarrkirche** *f* église *f* paroissiale. **Pfarrstelle** *f* cure *f.*

Pfau *m* ‹-(e)s/-en, -en› [pfaʊ] paon *m.* **Pfauenauge** *n* **1.** *ent* paon *m;* **2.** *(Augenfleck)* ocelle *f.* **Pfauenfeder** *f* plume *f* de paon.

Pfeffer *m* ‹-s, ø› ['pfɛfər] poivre *m;* ► *geh hin, wo der ~ wächst!* va-t'en à tous les diables. **Pfefferdose** *f* poivrier *m,* poivrière *f.* **Pfeffergurke** *f* cornichon *m.* **Pfefferkorn** *n* grain *m* de poivre. **Pfefferkuchen** *m* pain *m* d'épice. **Pfefferminze** *f bot* menthe *f* (poivrée *od* anglaise). **Pfefferminz(plätzchen)** *n* (pastille de) menthe *f.* **Pfefferminztee** *m* **1.** *pharm* feuilles *f pl* de menthe; **2.** *(aufgebrüht)* infusion *od* tisane *f* de menthe. **Pfeffermühle** *f* moulin *m* à poivre. **pfeffern** *tr* poivrer; *(pop) (schmeißen)* foutre; ► *gepfefferte Preise (fam)* prix *m pl* salés. **Pfeffersteak** *n* [-ste:k, -ʃte:k] steak *m* au poivre. **Pfefferstreuer** *m* poivrière *f.*

Pfeife *f* ‹-, -n› ['pfaɪfə] **1.** *mus (Quer~)* fifre; *(Orgel~)* tuyau; *(Signal~)* sifflet *m;* **2.** *(Tabaks~)* pipe *f;* ► *nach jds ~ tanzen (fig)* se laisser mener par qn; être à la botte de qn. **peifen** ‹*pfiff, gepfiffen*› *tr u. itr* siffler (*e-m Hund* un chien); ► *auf etw ~ (fam)* se balancer, se moquer, faire fi, se ficher, se foutre de qc. **Pfeifenkopf** *m* tête *f od* fourneau de pipe, godet *m.* **Pfeifenraucher** *m* fumeur *m* de pipe. **Pfeifenreiniger** *m* cure-pipe *m.* **Pfeifenstopfer** *m* bourre-pipe *m.* **Pfeifer** *m* ‹-s, -› *mus* fifre *m.* **Pfeifkonzert** *n* sifflets *m pl.* **Pfeifton** *m* sifflement *m.*

Pfeil *m* ‹-(e)s, -e› [pfaɪl] flèche *f,* trait *m;* ► *e-n ~ abschießen* décocher une flèche *od* un trait.

Pfeiler *m* ‹-s, -› ['pfaɪlər] pilier *m; (Brükken~)* pile *f* de pont; *(Stand~)* pylône; *(Wand~)* pilastre *m.*

Pfeilgift *n* ['pfaɪl-] curare *m.* **pfeilschnell I.** *a* rapide comme une flèche *od* comme un trait; **II.** *adv* en flèche, à tire-d'aile. **Pfeilspitze** *f* pointe *f* de flèche.

Pfennig *m* ‹-(e)s, -e› ['pfɛnɪç, -gə] pfennig *m;* ► *keinen ~ (Geld) haben, ohne einen ~ sein* n'avoir pas un centime *od* le sou, être sans le sou. **Pfennigabsatz** *m* talon *m* aiguille. **Pfennigfuchser** *m fam* grippe-sou *m.*

Pferch *m* ‹-(e)s, -e› [pfɛrç] parc, enclos *m.*

Pferd *n* ‹-(e)s, -e› ['pfe:rt, -də] **1.** cheval *m;* **2.** *(Turngerät)* cheval *m* d'arçons; ► *zu ~e* à cheval; *das ~ am Schwanz aufzäumen (fig)* mettre la charrue devant les bœufs; *ein ~ reiten* monter un cheval; *aufs ~ steigen* monter à cheval; *mit dem kann man ~e stehlen* il est homme à vous suivre partout; *sein bestes ~ im Stall (fig)* la plus belle plume de son aile *od* chapeau.

Pferdeapfel *m* ['pfe:rdə-] crottin *m* (de cheval). **Pferde(bestand** *m***)** *pl* écurie *f.* **Pferdedroschke** *f* fiacre *m.* **Pferdefleisch** *n* cheval *m.* **Pferdefleischerei** *f* boucherie *f* chevaline. **Pferdefuß** *m* pied *m* de cheval. **Pferdegespann** *n* attelage *m* (de chevaux). **Pferderennbahn** *f* hippodrome *m.* **Pferderennen** *n* course *f* de chevaux. **Pferdeschwanz** *m* queue *f* de cheval. **Pferdestall** *m* écurie *f.* **Pferdestärke** *f* *(PS)* cheval-vapeur *m* (C.V.). **Pferdewagen** *m* voiture *f* à chevaux. **Pferdezucht** *f* élevage *m* des chevaux.

Pfiff *m* ‹-(e)s, -e› [pfɪf] **1.** sifflement; *(mit e-r Pfeife)* coup *m* de sifflet; **2.** *fig fam* truc *m.*

Pfifferling *m* ‹-s, -e› ['pfɪfərlɪŋ] chanterelle, girolle *f;* ► *keinen ~ wert sein (fig fam)* ne pas valoir un sou *od* tripette.

pfiffig *a* finaud, malin, madré, rusé. **Pfiffigkeit** *f* ‹-, ø› finesse, finauderie, ruse *f.* **Pfiffikus** *m* ‹-/-ses, -/-se› ['pfɪfikʊs] *hum* finaud, débrouillard; *vulg* démerdard *m.*

Pfingsten *n* od *f (pl)* ['pfɪŋstən] la Pentecôte. **Pfingstmontag** *m* lundi de la Pentecôte. **Pfingstrose** *f* pivoine, rose *f* de Notre-Dame. **Pfingstsonntag** *m* dimanche *m* de la Pentecôte.

Pfirsich *m* ‹-s, -e› ['pfɪrzɪç] pêche *f.* **Pfirsichbaum** *m* pêcher *m.*

Pflanze *f* ‹-, -n› ['pflantsə] plante *f,* végétal; *(Setz~)* plant *m.* **pflanzen** *tr* planter; *(anpflanzen)* cultiver. **Pflanzenfaser** *f* fibre *f* végétale. **Pflanzenfett** *n* graisse *f* végétale. **Pflanzenfresser** *m* herbivore, phytophage *m.* **Pflanzenkunde** *f* botanique, phytologie *f.* **Pflanzenöl** *n* huile *f* végétale. **Pflanzenreich** *n* règne *m* végétal. **Pflanzenschutz** *m* protection *f* des plantes *od* des végétaux. **Pflanzenschutzmittel** *n* produit *m* phytosanitaire. **Pflanzenwuchs** *m* végétation *f.* **Pflanzer** *m* ‹-s, -› planteur *m.* **Pflanzgut** *n* plants *m pl.* **pflanzlich** *a* végétal. **Pflanzschule** *f* pépinière *f.* **Pflanztrog** *m* bac *m* à plantes. **Pflanzung** *f* ‹-, -en› plantation *f.*

Pflaster *n* ‹-s, -› ['pflastər] **1.** *med (Zug~)* emplâtre; *(Heft~)* sparadrap, taffetas *m* gommé *od* d'Angleterre; **2.** *(Straßen~)* pavé *m.* **pflastern** *tr* paver. **Pflasterstein** *m* pierre *f* à paver.

Pflaume *f* ‹-, -n› ['pflaʊmə] prune *f;* *(Back~)* pruneau *m.* **Pflaumenbaum** *m* prunier *m.* **Pflaumenkuchen** *m* tarte *f* aux prunes. **Pflaumenmus** *n* confiture *f* de prune, prunelée *f.* **pflaumenweich** *a fam:* ▶ ~ *sein (Mensch)* être une pâte molle; ~*(es) Ei* œuf *m* à la coque.

Pflege *f* ‹-, -n› ['pfle:gə] **1.** soins *m pl;* **2.** *(Instandhaltung)* entretien *m; tech* maintenance *f;* **3.** *(Verwaltung)* surveillance, administration *f;* **4.** *fig* culture *f;* ▶ *ein Kind in* ~ *geben, nehmen* mettre, prendre un enfant en nourrice. **pflegebedürftig** *a:* ▶ ~ *sein* avoir besoin de *od* demander des soins. **Pflegebedürftige** *m f* invalide *m f,* personne *f* nécessitant des soins à domicile. **Pflegebedürftigkeit** *f* invalidité *f.* **Pflegeeltern** *pl* parents *m pl* nourriciers. **Pflegefall** *m* personne *f* nécessitant des soins. **Pflegekind** *n* enfant *m* en nourrice. **pflegeleicht** *a* d'entretien facile, facile à laver. **Pflegemutter** *f* mère *f* nourrice. **pflegen** *tr* **1.** soigner; avoir *od* prendre soin de; **2.** *(Gegenstand)* entretenir; *(Maschine)* surveiller; **3.** *(Garten, Interessengebiet)* cultiver; **4.** *(gewohnt sein)* avoir coutume *od* l'habitude (*zu tun* de faire). **Pflegepersonal** *n* gardes-malades *m pl.* **Pfleger** *m* ‹-s, -› **1.** *(Kranken~)* garde-malade, infirmier *m;* **2.** *jur* curateur, tuteur; *adm* administrateur *m.* **Pflegerin** *f* aide-soignante; *(Kranken~)* garde-malade, infirmière *f.* **Pflegevater** *m* père *m* nourricier.

Pflegschaft *f* ‹-, -en› ['pfle:kʃaft] curatelle *f.*

Pflicht *f* ‹-, -en› [pflɪçt] devoir *m; (Verpflichtung)* obligation *f;* ▶ *es für s-e* ~ *halten, etw zu tun* se croire obligé *od* se faire un devoir *od* considérer de son devoir de faire qc; *s-e* ~ *erfüllen* accomplir *od* remplir son devoir; *s-e* ~ *(und Schuldigkeit) tun* faire son devoir *od* son office; *es ist meine* ~ *zu ...* il est de mon devoir de ... **pflichtbewußt I.** *a* consciencieux, se; **II.** *adv* par devoir. **Pflichtbewußtsein** *n* conscience *f* du *od* de son devoir. **Pflichterfüllung** *f* accomplissement *m* du devoir; ▶ *treue* ~ fidélité *f.* **Pflichtfach** *n (Schule)* matière *f* obligatoire. **Pflichtgefühl** *n* sentiment *m* du devoir *od* de ses devoirs. **Pflichtlektüre** *f* lecture *f* obligatoire. **Pflichtteil** *m* od *n jur* réserve *f* (légale *od* légitime *od* héréditaire). **Pflichtübung** *f sport* exercice *m* imposé. **Pflichtuntersuchung** *f* ▶ *(ärztliche)* ~ examen *m* médical obligatoire. **pflichtvergessen** *a* oublieux de son *od* de ses devoir(s), déloyal. **Pflichtverletzung** *f (im Amt)* manquement *m* au devoir. **Pflichtversicherung** *f* assurance *f* obligatoire. **Pflichtverteidiger** *m* avocat *m* commis d'office.

Pflock *m* ‹-(e)s, ¨-e› [pflɔk, 'pflœkə] cheville *f,* piquet; taquet; *(kleinerer)* goujon *m,* goupille, fiche *f;* ▶ *e-n* ~ *zurückstekken (fig)* mettre de l'eau dans son vin, rabattre de ses prétentions.

pflücken ['pflʏkən] *tr* cueillir. **Pflücker** *m* ‹-s, -› **1.** *(Mensch)* cueilleur *m;* **2.** *(Gerät)* cueilloir *m.* **Pflückerin** *f* cueilleuse *f.* **Pflückmaschine** *f* cueilleuse *f* mécanique.

Pflug *m* ‹-(e)s, ¨-e› [pflu:k, 'pfly:gə] charrue *f.*

pflügen ['pfly:gən] *tr* passer la charrue sur; *(bestellen)* labourer.

Pforte *f* ‹-, -n› ['pfɔrtə] porte *f.*

Pförtner *m* ‹-s, -› ['pfœrtnər] **1.** portier, concierge; *(im Gefängnis)* guichetier *m;* **2.** *anat* pylore *m.* **Pförtnerloge** *f* loge *f* de concierge.

Pfosten *m* ‹-s, -› ['pfɔstən] **1.** poteau *m;* **2.** *(Tür-, Fenster~)* montant, jambage *m.*

Pfote *f* ‹-, -n› ['pfo:tə] patte *f.*

Pfriem *m* ‹-(e)s, -e› [pfri:m] *(Werkzeug)* poinçon *m.*

Pfropf *m* ‹-(e)s, -e›, **Pfropfen** *m* ‹-s, -› ['pfrɔpf(ən)] *allg* tampon; *(Kork)* bouchon *m.*

pfropfen ['pfrɔpfən] *tr agr* greffer, enter.

Pfründe *f* ‹-, -n› ['pfrʏndə] prébende *f;* bénéfice *m.*

Pfuhl *m* ‹-(e)s, -e› [pfu:l] mare *f; a. fig* bourbier *m.*

pfui [pfʊɪ] *interj* fi! pouah! hou!

Pfund *n* ‹-(e)s, -e› [pfʊnt, '-də] livre *f.* **pfundig** *a fam (großartig)* épatant, chouette. **Pfundskerl** *m* type épatant, chic *od* bon type *m.*

Pfusch *m* ‹-(e)s, ø› [pfʊʃ] *fam* = *Pfuscherei.* **pfuschen** *tr* bâcler, gâcher; *itr* bousiller. **Pfuscher** *m* ‹-s, -› bâcleur, gâcheur, bousilleur *m.* **Pfuscherei** *f* ‹-, -en› [-'raɪ] *fam* bousillage; travail *m* bâclé.

Pfütze *f* ‹-, -n› ['pfʏtsə] flaque (d'eau); mare *f.*

Phallokrat *m* ‹-en, -en› [falo'kra:t] *pej* phallocrate *m.* **Phallus** *m* ‹-, -lli/-llen/-se› ['falʊs, 'fali, -lən, -ʊsə] phallus *m.*

Phänomen *n* ‹-s, -e› [fɛno'me:n] phénomène *m.* **phänomenal** [-me'na:l] *a* phénoménal, prodigieux; *fam* faramineux, formidable.

Phantasie *f* ‹-, -n› [fanta'zi:] imagination, fantaisie *f.* **Phantasiegebilde** *n* chimère *f.* **phantasielos** *a* sans imagination. **Phantasielosigkeit** *f* manque *m* d'imagination. **phantasieren** [-'zi:rən] ‹*ohne ge-*› *itr* **1.** s'abandonner à son imagination, rêvasser; **2.** *(faseln)* radoter, battre la campagne; *fam* dérailler; *med* délirer; *mus* improviser. **phantasievoll** *a* plein d'imagination, imaginatif. **Phantast** *m* ‹-en, -en› [-'tast] fantasque, rêveur, esprit chimérique *od* romanesque; *pej* songe creux *m*. **Phantasterei** *f* ‹-, -en› [-tastə'raɪ] idées *f pl* fantastiques. **phantastisch** [-'tastɪʃ] *a* **1.** fantastique; *(bizarr)* fantasque, fantasmagorique; **2.** *fam (großartig)* faramineux, mirobolant.

Phantom *n* ‹-s, -e› [-'to:m] fantôme *m*. **Phantombild** *n (Suchbild der Polizei)* portrait-robot *m*.

Pharao *m* ‹-s, -raonen› ['fa:rao, 'fara'o:-nen] pharaon *m*. **pharaonisch** [-'o:nɪʃ] *a* pharaonique.

Pharisäer *m* ‹-s, -› [fari'zɛ:ər] *rel, a. fig* pharisien *m*. **pharisäisch** [-'zɛ:ɪʃ] *a, a. fig* pharisaïque.

Pharmaindustrie *f* ['farma-] industrie *f* pharmaceutique. **Pharmakologie** *f* ‹-, ø› [farmakolo'gi:] pharmacologie *f*. **Pharmazeutik** *f* ‹-, ø› [-'tsɔʏtɪk] pharmaceutique *f*. **pharmazeutisch** [-'tsɔʏtɪʃ] *a* pharmaceutique.

Phase *f* ‹-, -n› ['fa:zə] **1.** *a. el* phase *f*; **2.** *fig (Stadium)* stade *m*. **Phasenmesser** *m* ‹-s, -› phasemètre *m*.

Philippinen, *die* [fili'pi:nən] *geog* les Philippines *f pl*. **philippinisch** [-'pi:nɪʃ] *a* philippin.

Philister *m* ‹-s, -› [fi'lɪstər] **1.** *hist* Philistin *m*; **2.** *fig (Spießer)* philistin, bourgeois, épicier *m*.

Philologie *f* ‹-, ø› [filolo'gi:] philologie *f*; lettres *f pl*.

Philosoph *m* ‹-en, -en› [filo'zo:f] philosophe *m*. **Philosophie** *f* ‹-, -n› [-zo'fi:] philosophie *f*. **philosophieren** [-'fi:rən] ‹*ohne ge-*› *itr* philosopher. **philosophisch** [-'zo:fɪʃ] *a* philosophique.

Phlegmatiker *m* ‹-s, -› [flɛ'gma:tikər] flegmatique *m*. **phlegmatisch** [-'gma:tɪʃ] *a* flegmatique.

Phon *n* ‹-s, -s› [fo:n] *(Lautstärkeeinheit)* phone, décibel *m*. **Phonetik** *f* ‹-, ø› [fo'ne:tɪk] phonétique *f*. **phonetisch** [-'ne:tɪʃ] *a* phonétique. **Phonologie** *f* ‹-, ø› [-lo'gi:] phonologie *f*. **phonologisch** *a* phonologique.

Phosphat *n* ‹-(e)s, -e› [fɔs'fa:t] *chem* phosphate *m*. **Phosphatdünger** *m* engrais *m* phosphaté. **phosphathaltig** *a* phosphaté.

Phosphor *m* ‹-s, ø› ['fɔsfɔr] *chem* phosphore *m*. **Phosphoreszenz** *f* ‹-, ø› [-forɛs'tsɛnts] phosphorescence *f*. **phosphoreszierend** [-forɛs'tsi:rənt] *a* phosphorescent.

Photo *n* ‹-s, -s› ['fo:to] *fam* photo *f*; *vgl. Foto etc;* ~ *m* ‹-s, -s› *s. Photoapparat.* **Photoapparat** *m* appareil *m* photographique. **photogen** [-'ge:n] *a (bildwirksam)* photogénique. **Photograph** *m* ‹-en, -en› [-'gra:f] photographe *m*. **Photographie** *f* ‹-, -n› [-gra'fi:] photographie; *fam* photo *f*. **photographieren** [-gra'fi:rən] ‹*ohne ge-*› *tr* photographier; ▶ *sich* ~ *lassen* se faire photographier. **photographisch** ['gra:fɪʃ] *a* photographique. **Photokopie** *f* photocopie *f*. **photokopieren** ‹*ohne ge-*› *tr* photocopier. **Photokopierer** *m* ‹-s, ø›, **Photokopiergerät** *n* photocopieur *m*, photocopieuse *f*. **Photomodell** *n* mannequin *m*. **Photomontage** *f* montage photographique, photomontage, découpage, truquage *m*. **Photoreportage** *f* reportage *m* photographique. **Photosafari** *f* safari-photo *m*. **Photosynthese** *f biol* photosynthèse *f*. **Photothek** *f* ‹-, -en› [-'te:k] photothèque *f*.

Phrase *f* ‹-, -n› ['fra:zə] phrase *f*; *pl* boniments *m pl fam;* ▶ *leere* ~*n* de belles paroles; ~*n machen od (fam) dreschen* faire des phrases od du verbiage, phraser. **Phrasendrescher** *m* faiseur de phrases, phraseur, déclamateur, rhéteur *m*.

Physik *f* ‹-, ø› [fy'zi:k] physique *f*. **physikalisch** [-zi'ka:lɪʃ] *a* physique. **Physiker** *m* ‹-s, -› ['fy:zikər] physicien *m*.

Physiognomie *f* ‹-, -n› [fyziogno'mi:] physionomie *f*.

Physiologie *f* ‹-, ø› [-lo'gi:] physiologie *f*. **physiologisch** [-'lo:gɪʃ] *a* physiologique.

physisch ['fy:zɪʃ] *a* physique.

Pianist(in) *m* ‹-en, -en› (*f* ‹-, -nen›) [pia'nɪst] pianiste *m f*.

picheln ['pɪçəln] *itr fam* chopiner, lamper.

Picke *f* ‹-, -n›, **Pickel** *m* ‹-s, -› ['pɪkə(l)] **(1)** pioche *f*, pic *m*.

Pickel (2) *med* (petit) bouton *m*, pustule *f*. **pick(e)lig** *a* couvert de boutons *od* de pustules; fleuri.

picken ['pɪkən] *itr* becqueter, béqueter; picorer.

Picknick *n* ‹-s, -e/-s› ['pɪknɪk] pique-nique *m*. **picknicken** *itr* pique-niquer.

piek(s)en *tr fam (stechen)* piquer.

piekfein ['pi:k'faɪn] *a dial fam* tiré à quatre épingles; *pop* rupin.

piep [pi:p] *interj* piu! **piepen** *itr (Vogel)* pépier; piailler; *(Küken)* piauler; ▶ *bei dir piept's wohl?* tu es cinglé? *das ist zum* ~ *(fam)* c'est rigolo *od* marrant.

Pier *m* ‹-s, -e› *od f* ‹-, -s› [pi:r] *mar* jetée *f*, môle *m*.

piesacken ['pi:zakən] *tr fam (quälen)* tourmenter, tracasser, tarabuster, asticoter.

Pietät *f* ‹-, ø› [pie'tɛ:t] piété *f*. **pietätlos** *a* impie, sans respect. **Pietätlosigkeit** *f* impiété *f*, manque *m* de piété. **pietätvoll** *a* plein de piété, pieux.

Pietismus *m* ‹-, ø› [-'tɪsmus] *rel* piétisme *m*.

Pigment *n* ‹-(e)s, -e› [pɪ'gmɛnt] *(Farbstoff)* pigment *m*. **Pigmentierung** *f* [-'ti:rʊŋ] pigmentation *f*.

Pik [pi:k] **(1)** *m* ‹-s, -e/-s› *(Bergspitze)* pic *m*; **(2)** *m* ‹-s, -e› *fam (Groll)* animo-

sité *f;* ► *e-n ~ auf jdn haben* avoir *od* garder *od* conserver une dent contre qn; **(3)** *n* ‹-s, -s› *(Spielkartenfarbe)* pique *m.*
pikant [pi'kant] *a* **1.** *(Speise)* épicé, relevé; **2.** *fig (Geschichte)* piquant. **Pikanterie** *f* ‹-, -en› [-tə'ri:, -t'ri:ən] piquant *m.*
Pike *f* ‹-, -n› ['pi:kə] *(Spieß)* pique *f;* ► *von der ~ auf dienen* sortir du rang, passer par tous les grades. **pikiert** *a (beleidigt)* piqué, vexé.
Pikkolo *m* ‹-s, -s› ['pɪkolo] *(Kellnerlehrling)* piccolo *m.* **Pikkoloflöte** *f* piccolo *m,* petite flûte *f.*
Pilger(in) *m* ‹-s, -› (*f* ‹-, -nen›) ['pɪlgər] pèlerin(e *f*) *m.* **Pilgerfahrt** *f* pèlerinage *m.* **pilgern** *itr* ‹*sein*› faire un *od* aller en pèlerinage.
Pille *f* ‹-, -n› ['pɪlə] *(a. Empfängnisverhütung)* pilule *f;* ► *die ~ danach* la pilule du lendemain; *die ~ nehmen* prendre la pilule (anticonceptionnelle); *die (bittere) ~ schlucken (fig)* avaler la pilule *od* la dragée; *die (bittere) ~ versüßen* dorer la pilule. **Pillenknick** *m* effet *m* pilule.
Pilot *m* ‹-en, -en› [pi'lo:t] pilote *m.* **Pilotprojekt** *n* projet *m* pilote.
Pilz *m* ‹-es, -e› [pɪlts] champignon *m;* ► *wie ~e aus der Erde schießen* champignonner. **Pilzkrankheit** *f* maladie cryptogamique, mycose *f.* **Pilzvergiftung** *f* empoisonnement *m od* intoxication *f* par les champignons. **Pilzzüchter** *m* champignonniste *m.*
Pinakothek *f* ‹-, -en› [pinako'te:k] *(Gemäldesammlung)* pinacothèque *f.*
pingelig ['pɪŋəlɪç] *a fam* tatillon.
Pinguin *m* ‹-s, -e› [pɪŋgu'i:n] *orn* pingouin, manchot *m.*
Pinie *f* ‹-, -n› ['pi:niə] *bot* pin *m* pignon *od* parasol.
pinkeln *itr fam* pisser, faire pipi. **Pinkelpause** *f fam* pause-pipi *f.*
Pinnbord *n s. Pinnwand.* **Pinnwand** *f* ['pɪn] tableau *m* en liège.
Pinscher *m* ‹-s, -› ['pɪnʃər] *(Hunderasse)* griffon *m.*
Pinsel *m* ‹-s, -› ['pɪnzəl] pinceau *m; (breiter)* brosse *f.* **pinseln** *itr fam* u. *pej* peinturlurer, barbouiller.
Pinzette *f* ‹-, -n› [pɪn'tsɛtə] pinc(ett)e *f.*
Pionier *m* ‹-s, -e› [pio'ni:r] sapeur *a. fig* pionnier *m.*
Pipeline *f* ‹-, -s› ['paiplain] pipe(-)line *m.*
Pipi *n* ['pipi, pi'pi:]*:* ► *~ machen (Kindersprache)* faire pipi.
Pirat *m* ‹-en, -en› [pi'ra:t] pirate. **Piratensender** *m* émetteur *m od* radio *f* pirate, radio libre. **Piratensendung** *f radio* émission *f* pirate. **Piraterie** *f* ‹-, -n› [-ratə'ri:] piraterie *f.*
Pirol *m* ‹-s, -e› [pi'ro:l] *orn* loriot *m.*
Pirsch *f* ‹-, ø› [pɪrʃ] *(Jagd)* chasse *f* à tir.
Pisse *f* ‹-, ø› ['pɪsə] *vulg* pisse *f.* **pissen** *itr vulg* pisser.
Pistazie *f* ‹-, -n› [pɪs'ta:tsiə] **1.** *(Nuß)* pistache *f;* **2.** *(Baum)* pistachier *m.*
Piste *f* ‹-, -n› ['pɪstə] *(Spur, Bahn)* piste *f.* **Pistensau** *f fam,* **Pistenschreck** *m fam* terreur *f* des pistes.
Pistole *f* ‹-, -n› [pɪs'to:lə] **1.** *(Waffe)* pistolet *m;* **2.** *(Münze)* pistole *f;* ► *wie aus der ~ geschossen* du tac au tac; *jdm die ~ auf die Brust setzen (fig)* mettre à qn le couteau sur la gorge. **Pistolentasche** *f* étui *m od* gaine *f* pour pistolet.
Placebo *n* ‹-s, -s› [pla'tse:bo] *pharm* placebo *m.*
placken, *sich* ['plakən] se tracasser, s'esquinter. **Plackerei** *f* ‹-, -en› [-'raɪ] corvée *f;* tracas(serie *f*) *m.*
plädieren [plɛ'di:rən] ‹*ohne ge-*› *itr* plaider (*für* pour). **Plädoyer** *n* ‹-s, -s› [plɛdoa'je:] *allg* plaidoyer *m; (Staatsanwalt)* réquisitoire, *(Verteidiger)* plaidoirie *f.*
Plage *f* ‹-, -n› ['pla:gə] tourment *m,* peine; *(große)* calamité *f;* fléau *m; (Land~)* plaie *f; (Übel)* mal *m.* **Plagegeist** *m* taquin, (esprit) tracassier; *fam* casse-pieds, crampon; *pop* raseur *m.* **plagen** *tr* **1.** tourmenter, tracasser; **2.** *fig (bedrücken)* préoccuper, travailler; *refl* **3.** *sich ~* se tourmenter.
Plagiat *n* ‹-(e)s, -e› [plagi'a:t] plagiat, démarquage *m,* piraterie *f.* **Plagiator** *m* ‹-s, -en› [-gi'a:tɔr, -'to:rən] plagiaire, démarqueur *m.* **plagiieren** [-gi'i:rən] ‹*ohne ge-*› *tr* plagier, démarquer, pirater.
Plakat *n* ‹-(e)s, -e› [pla'ka:t] affiche *f;* placard *m,* pancarte *f;* ► *ein ~ ankleben* od *anschlagen* (ap)poser, coller, placarder une affiche. **plakatieren** [-ka'ti:rən] ‹*ohne ge-*› *tr* afficher. **Plakatsäule** *f* colonne *f* Morris. **Plakatträger** *m* homme-sandwich *m.* **Plakatwerbung** *f* publicité *f* par affiches.
Plakette *f* ‹-, -n› [pla'kɛtə] plaquette *f.*
plan [pla:n] *a (eben)* plan, uni.
Plan *m* ‹-(e)s, ⸚e› [pla:n, 'plɛ:nə] **1.** *(Karte)* plan *m;* **2.** *(Entwurf)* épure *f,* tracé *m;* **3.** *(Projekt)* projet; *(Absicht)* dessein *m,* visée *f;* **4.** *(Stunden~, Fahr~)* horaire *m;* ► *e-n ~ entwerfen* dresser *od* établir *od* faire un plan; *Pläne schmieden* faire des projets.
Plane *f* ‹-, -n› ['pla:nə] bâche, banne *f;* prélart *m.*
planen ['pla:nən] **1.** *tr* projeter; *(ins Auge fassen)* envisager, se proposer; *(organisieren)* planifier; **2.** *itr* faire des projets. **Planer** *m* ‹-s, -› planificateur, planiste, projeteur.
Planet *m* ‹-en, -en› [pla'ne:t] *astr* planète *f.* **planetarisch** [-ne'ta:rɪʃ] *a* planétaire. **Planetarium** *n* ‹-s, -rien› [-'ta:riʊm, -riən] planétarium *m.*
planieren [pla'ni:rən] ‹*ohne ge-*› *tr* apla-

nir, niveler, planer. **Planierraupe** *f* bulldozer, tracteur *m* niveleur.

Planke *f* ⟨-, -n⟩ ['plaŋkə] planche *f*, madrier *m*.

Plänkelei *f* ⟨-, -en⟩ [plɛŋkə'laɪ] *mil* escarmouche *f*. **plänkeln** ['plɛŋkəln] *itr* tirailler, escarmoucher.

Plankton *n* ⟨-s, ø⟩ ['plaŋktɔn] *biol* plancton *m*.

planlos ['pla:n-] *a* u. *adv* sans plan *od* méthode *od* système. **Planlosigkeit** *f* manque *m* de méthode *od* de système.

planmäßig I. *a* méthodique, systématique; régulier; **II.** *adv* **1.** méthodiquement, avec méthode, systématiquement; **2.** *(wie vorgesehen)* comme prévu.

Planschbecken *n* ['planʃ-] bassin à barboter, pataugeoir *m*, grenouillère *f*. **planschen** *itr* patauger, barboter.

Planskizze *f* ['pla:n-] esquisse *f*, croquis *m*. **Planstelle** *f adm* poste *m* prévu dans le tableau des effectifs.

Plantage *f* ⟨-, -n⟩ [plan'ta:ʒə] plantation *f*.

Planung *f* ['pla:nʊŋ] planification *f*; ▶ *im Stadium der* ~ en cours *od* voie d'étude. **planvoll** *a* méthodique, systématique.

Planwagen *m* ['pla:n-] voiture *f* à bâche.

Planwirtschaft *f* ['pla:n-] économie *f* planifiée *od* dirigée, planisme *m*. **Planziel** *n* objectif *m* prévu *od* désigné.

Plappermaul *n* ['plapər-] *fam* moulin *m* à paroles, jacasse *f*. **plappern** ['plapərn] *itr* babiller, bavarder, *fam* jacasser, jaboter.

plärren ['plɛrən] *itr* criailler, piailler, piauler.

Plasma *n* ⟨-s, -men⟩ ['plasma] plasma *m*.

Plastik *f* ⟨-, -en⟩ ['plastɪk] **1.** *(Bildnerei)* sculpture *f*; **2.** *med* greffe *f*; **3.** *(Kunststoff)* matière *f* plastique; plastique *m*.

Plastikbombe *f* bombe *f* au plastic. **Plastikflasche** *f* bouteille *f* en plastique. **Plastikfolie** *f* pellicule *f* plastifiée. **Plastikgeld** *n fam* cartes *f pl* bancaires. **Plastiksprengstoff** *m* plastic *m*; ▶ *mit* ~ *sprengen* plastiquer. **Plastiktüte** *f* sac *m* en plastique.

plastisch ['plastɪʃ] *a* plastique; *(reliefartig)* anaglyphe. **Plastizität** *f* ⟨-, ø⟩ [-titsi'tɛ:t] plasticité *f*.

Platane *f* ⟨-, -n⟩ [pla'ta:nə] *bot* platane *m*.

Platin *n* ⟨-s, ø⟩ [pla'ti:n, 'pla:ti:n] platine *m*. **platinblond** *a* blond platine.

platonisch [pla'to:nɪʃ] *a* platonique.

plätschern ['plɛtʃərn] *itr* **1.** *(Mensch)* barboter; **2.** *(Wasser)* clapoter, murmurer.

platt [plat] *a* **1.** plat; *(abgeplattet)* aplati; *(Nase)* *a.* épaté, camus; **2.** *(Reifen)* (tout) à plat; **3.** *fig (gewöhnlich, gemein)* plat, commun, banal, trivial; **4.** *fam (erstaunt)* ébahi, épaté; ▶ ~ *drükken* aplatir, écraser; *da war ich* ~! *(fam)* j'étais renversé *od* baba, cela m'a assis; *da bist du* ~! *(pop)* tu en restes baba, Ça te la coupe. **Platt** *n* ⟨-(s), ø⟩, **Plattdeutsch** *n* bas-allemand *m*. **plattdeutsch** *a* bas-allemand.

Platte *f* ⟨-, -n⟩ ['platə] **1.** plaque *a. phot*; tablette *f*; **2.** *(Fliese)* dalle *f*; *(Kachel)* carreau *m*; **3.** *tech* planche *f*, plateau *m*; taque; lame *f*; **4.** *(Schallplatte)* disque *m*; **5.** *(flache Schüssel)* plat *m*; **6.** *fam (Glatze)* crâne *m* dénudé; ▶ *e-e andere* ~ *auflegen (a. fig)* changer de disque; *kalte* ~ *(Küche)* assiette *f* anglaise.

Plätteisen *n* ['plɛt-] fer *m* à repasser. **plätten** *tr* repasser.

Plattencover *n* ⟨-s, -s⟩ [-ˌkavə] pochette *f* de disque. **Plattenfirma** *f* maison *f* de disques. **Plattenleger** *m* carreleur *m*. **Plattenspieler** *m* tourne-disque; *(Koffergerät)* électrophone *m*. **Plattenteller** *m* platine *f*. **Plattenwechsler** *m* changeur *m* de disques.

Plätterin *f* ⟨-, -nen⟩ ['plɛtərɪn] repasseuse *f*.

Plattform *f* ⟨-, -en⟩ ['plat-] plate-forme *f*. **Plattfuß** *m* **1.** pied *m* plat; **2.** *fam (Fahrrad, mot)* pneu *m* à plat; ▶ ~ *haben (fam mot)* rouler dégonflé *od* à plat.

plattieren [pla'ti:rən] ⟨*ohne ge-*⟩ *tr tech* plaquer.

Plattnase *f* nez *m* plat *od* épaté *od* camus.

Platz *m* ⟨-es, ⸚e⟩ [plats, 'plɛtsə] **1.** place *f (a. Sitz~)*; emplacement *m*; **2.** *(Stelle)* endroit; *(Ort)* lieu *m*; **3.** *(Raum)* espace *m*; **4.** *(Sitz~)* siège *m*; **5.** *com (Stadt)* place; *mil (Standort)* garnison *f*; **6.** *(Übungs-, Sport-, Flug~)* terrain *m*; **7.** *(~ in e-r Stadt)* place *f*, *(runder)* rond-point *m*; ▶ ~ *behalten* rester assis; *jds* ~ *einnehmen* prendre la place de qn; *in e-r S* ~ *haben* entrer, tenir dans qc; *e-n guten, schlechten* ~ *haben* être bien, mal placé; ~ *lassen für* laisser place à; *jdm* ~ *machen* faire place *od* céder la place à qn; *an s-m* ~*e sein* être à sa place; *fehl am* ~*e sein* être inopportun *od* déplacé, n'avoir que faire là; ~ *(da)!* ~ *gemacht!* place! gare! *auf die Plätze!* *(sport)* à vos marques! en piste! *der* ~ *an der Sonne (fig)* la place au soleil. **Platzangst** *f med* agoraphobie *f*; *fam* claustrophobie *f*. **Platzanweiser(in** *f***)** *m* placeur *m*; ouvreuse *f*.

Plätzchen *n* ⟨-s, -⟩ ['plɛtsçən] **1.** *(kleiner Platz)* petite place *f*; **2.** *(Gebäck)* petit gâteau *m* sec.

platzen ['platsən] *itr* ⟨*sein*⟩ **1.** *(bersten)* éclater; crever *(a. Reifen)*; *(sich spalten)* se fendre, se fêler; *fam (explodieren)* exploser; **2.** *fig fam* échouer, rater; ▶ *vor Ärger* od *Wut* ~ crever *od* étouffer de rage.

Platzkarte *f* ['plats-] ticket de réservation; *loc* ticket *m* de location. **Platzkonzert** *n* concert *m* public *od* en plein air. **Platzmangel** *m* manque *m* de place; ▶ *wegen ~s* faute de place.
Platzpatrone *f* ['plats-] cartouche *f* à blanc.
platzraubend *a* encombrant.
Platzregen *m* pluie battante, averse, ondée *f*.
Plauderei *f* ‹-, -en› [plaudə'raɪ] causerie *f*. **Plauderer** *m* ‹-s, -› ['plaudərər] causeur *m*; ▶ *gewandter ~* fin diseur *m*. **plaudern** *itr* causer; deviser; ▶ *aus der Schule ~ (fig)* être indiscret. **Plauderstündchen** *n* causette *f*.
Plausch *m* ‹-(e)s, -e› [plauʃ] bavardage, papotage *m*. **plauschen** *itr* bavarder, papoter.
plausibel [plau'zi:bəl] *a* plausible; ▶ *jdm etw ~ machen* faire comprendre qc à qn. **Plausibilität** *f* plausibilité.
Playback *n* ‹-s, -s› ['pleɪbæk] play-back *m*. **Playboy** *m* ‹-s, -s› ['pleɪbɔy] play--boy *m*.
Plazenta *f* ‹-, -s/-ten› [pla'tsɛnta] *physiol* placenta *m*.
Pleite *f* ‹-, -n› ['plaɪtə] *fam* faillite, banqueroute *f*; ▶ *~ machen* faire faillite *od* la culbute. **pleite** *a* en faillite; ▶ *~ sein* être fauché comme les blés.
Plenarsitzung *f* [ple'na:r-] *parl* séance *f* plénière. **Plenum** *n* ‹-s, ø› ['ple:nʊm] assemblée *f* plénière.
Pleuel(stange *f*) *m* ‹-s, -› ['plɔyəl] *tech* bielle *f*.
Plexiglas *n* ‹-es, ø› ['plɛksi-] *(Warenzeichen)* plexiglas *m (Warenzeichen)*.
Plissee *n* ‹-s, -s› [plɪ'se:] plissé *m*. **plissieren** [-'si:rən] ‹*ohne ge-*› *tr (in Falten legen)* plisser.
PLO *f* [pe:ɛl'o:] *pol* OLP *f*.
Plombe *f* ‹-, -n› ['plɔmbə] **1.** *(Bleisiegel)* (sceau de) plomb; plomb *m* de garantie *od* de sûreté; **2.** *(Zahnfüllung)* plombage *m*. **plombieren** [-'bi:rən] ‹*ohne ge-*› *tr* plomber.
plotten ['plɔtən] *tr inform* tracer.
plötzlich ['plœtslɪç] **I.** *a* soudain, subit; brusque; **II.** *adv* soudain, soudainement, subitement, brusquement; tout à coup.
plump [plʊmp] *a* **1.** *(dick u. unförmig)* épais, lourd, pesant, disgracieux; **2.** *(schwerfällig, ungeschickt)* lourdaud, balourd; **3.** *(grob)* grossier, rustaud, rustique. **Plumpheit** *f* ‹-, -en› **1.** lourdeur, balourdise *f*; **2.** grossièreté *f*.
plumps *interj* p(l)ouf! floc! **plumpsen** *itr* ‹*sein*› faire pouf, tomber lourdement.
Plunder *m* ‹-s, ø› ['plʊndər] **1.** *(Lumpen)* guenilles *f pl*; **2.** *(Wust, Trödel)* fatras, bric-à-brac *m*.
Plünderer *m* ‹-s, -› ['plʏndərər] pilleur, pillard, maraudeur *m*. **plündern** *tr* piller; *(Ort)* saccager, mettre à sac; *fig* dépouiller. **Plünderung** *f* ‹-, -en› pillage, maraudage *m*; sac; *fig* dépouillement *m*.
Plural *m* ‹-s, -e› ['plu:-, plu'ra:l] *gram* pluriel *m*. **Pluralismus** *m* pluralisme *m*. **pluralistisch** [-'lɪstɪʃ] *a (Gesellschaft)* pluraliste.
plus [plʊs] *conj (und)* plus. **Plus** *n* ‹-, -› *(Überschuß)* plus, excédent, surplus *m*; ▶ *das ist ein ~ für mich* c'est un bon point pour moi.
Plüsch *m* ‹-(e)s, -e› [ply:ʃ] peluche *f*.
Pluspol *m phys* pôle *m* positif. **Pluspunkt** *m* ['plʊs-] bon point *m*. **Plusquamperfekt** *n* ‹-s, -e› [-kvam-] *gram* plus-que-parfait *m*. **Pluszeichen** *n math* signe *m* plus.
pneumatisch [pnɔʏ'ma:tɪʃ] *a* pneumatique.
Po *m* ‹-s, -s› [po:] *fam (Gesäß)* derrière; postérieur *m*.
Pöbel *m* ‹-s, ø› ['pø:bəl] populace, plèbe, canaille *f*. **pöbelhaft** *a* populacier, vulgaire; poissard, canaille.
pochen ['pɔxən] *itr* **1.** frapper, cogner, heurter (*an* à); **2.** *(Schläfen, Herz)* battre; ▶ *auf etw ~ (fig)* faire valoir qc avec insistance, se prévaloir, se targuer de qc.
Pocke *f* ‹-, -n› ['pɔkə] **1.** *(Impfpustel)* pustule *f* (variolique); **2.** *pl (Krankheit)* variole, petite vérole *f*. **Pockenimpfung** *f* vaccination *f* anti-variolique *od* contre la variole. **pockennarbig** *a* variolé, grêlé.
Pocketkamera *f* [ˌpɔkət-] *phot* appareil *m* de poche.
Podest *n* od *m* ‹-(e)s, -e› [po'dɛst] palier *m*.
Podium *n* ‹-s, -dien› ['po:diʊm, -diən] estrade *f*; podium *m*. **Podiumsdiskussion** *f* débat *m* public.
Poesie *f* ‹-, -n› [poe'zi:] poésie *f*. **Poet** *m* ‹-en, -en› [po'e:t] poète *m*. **poetisch** [-'e:tɪʃ] *a* poétique.
Pointe *f* ‹-, -n› [po'ɛ̃:tə] pointe, chute *f*; mot de la fin, fin mot *m*. **pointieren** [-'ti:rən] ‹*ohne ge-*› *tr (hervorheben)* souligner.
Pokal *m* ‹-s, -e› [po'ka:l] *a. sport* coupe *f*. **Pokalspiel** *n sport* match *m* de coupe.
Pökel *m* ‹-s, -› ['pø'kəl] *(Salzlake)* saumure *f*. **Pökelfleisch** *n* viande *f* salée, petit-salé *m*, salaison *f*. **pökeln** *tr* saler; saumurer.
Pol *m* ‹-s, -e› [po:l] *geog phys* pôle *m*; ▶ *ruhender ~ (fig)* point *m* fixe.
polar [po'la:r] *a geog* polaire. **Polareis** *n* glaces *f pl* polaires. **Polarexpedition** *f* expédition *f* polaire. **Polarforscher** *m* explorateur *m* des régions polaires. **Polarfront** *f mete* front *m* polaire.
polarisieren [-ri'zi:rən] ‹*ohne ge-*› *tr* polariser. **Polarität** *f* ‹-, ø› [-ri'tɛ:t] polarité *f*.

Polarkreis *m (der Nördliche, Südliche)* (le) cercle *m* polaire (arctique, antarctique). **Polarlicht** *n* aurore *f* boréale *od (am Südpol)* australe.

Polaroidkamera *f* [polaro'i:t-] *(Warenzeichen)* polaroïd *m.*

Polarstern *m* Étoile polaire, Polaire *f.*

Pole *m* ‹-n, -n› ['po:lə] Polonais *m.*

Polemik *f* ‹-, -en› [po'le:mɪk] polémique *f.* **polemisch** [-'le:mɪʃ] *a* polémique. **polemisieren** [-mi'zi:rən] ‹*ohne ge-*› *itr* polémiquer.

Polen *n* ‹-s, ø› ['po:lən] la Pologne.

Polente *f* ‹-, ø› [po'lɛntə] *arg (Polizei); pop* rousse *f,* poulets *m pl.*

Police *f* ‹-, -n› [po'li:s(ə)] police *f* (d'assurance).

Polier *m* ‹-s, -e› [po'li:r] *(Vorarbeiter der Bauhandwerker)* contremaître *m.*

polieren [po'li:rən] ‹*ohne ge-*› *tr* polir, lustrer; fourbir, brunir; vernir; encaustiquer. **poliert** *a (Reis)* glacé.

Poliklinik *f* ['po:li-, 'pɔli-] polyclinique *f.*

Polin *f* ‹-, -nen› Polonaise *f.*

Politbühne *f* scène *f* politique. **Politbüro** *n* [po'lit-] bureau *m* politique.

Politesse *f* ‹-, -n› [-'tɛsə] contractuelle *f.*

Politik *f* ‹-, (-en)› [poli'ti:k] politique *f;* ▶ *über ~ sprechen* parler *od* discuter politique. **Politiker** *m* ‹-s, -› [-'li:tikər] (homme) politique, politicien *m.* **politisch** [-'li:tɪʃ] *a* politique. **politisieren** [-liti'zi:rən] ‹*ohne ge-*› **1.** *itr* parler politique; **2.** *tr (e-n politischen Charakter geben)* politiser(*e-e S* qc). **Politologe** *m* ‹-n, -n› [-o'lo:gə] politologue *m.* **Politologie** *f* ‹-, ø› [-olo'gi:] politologie *f.*

Politur *f* ‹-, -en› [poli'tu:r] poli; vernis *m.*

Polizei *f* ‹-, (-en)› [poli'tsaɪ] police *f.* **Polizeiaufgebot** *n* déploiement *m* de police. **Polizeiaufsicht** *f* surveillance *f* policière; ▶ *unter ~* sous surveillance. **Polizeibeamte** *m* agent *od* fonctionnaire de police, policier, officier *m* de paix. **polizeilich I.** *a* policier, de la police; **II.** *adv* par mesure de police. **Polizeipräsident** *m* préfet *m* de police. **Polizeipräsidium** *n* préfecture *f* de police. **Polizeirevier** *n* commissariat *od* poste *m* (de police). **Polizeispitzel** *m* indicateur; *arg* indic *m.* **Polizeistaat** *m* État *od* régime *m* policier. **Polizeistreife** *f* patrouille *f* de police. **Polizeiwache** *f* poste *m* de police.

Polizist *m* ‹-en, -en› [poli'tsɪst] agent de police, policier, sergent *m* de ville.

Polka *f* ‹-, -s› ['pɔlka] *(Tanz)* polka *f.*

Pollen *m* ‹-s, -› ['pɔlən] *bot* pollen *m.*

polnisch ['pɔlnɪʃ] *a* polonais; ▶ *(das) P~(e) n* (le) polonais.

Polohemd *n* (chemisette *f*) polo *m.*

Polo(spiel) *n* ‹-s, -s› ['po:lo(-)] polo *m.*

Polster *n* ‹-s, -› ['pɔlstər] **1.** *(Kissen)* coussin; *(Wagen~)* matelas *m;* **2.** *fig* réserves *f pl.* **Polstermöbel** *n pl* meubles *m pl* rembourrés *od* capitonnés. **polstern** *tr* rembourrer, capitonner, matelasser. **Polstersessel** *m,* **Polsterstuhl** *m* fauteuil *m,* chaise *f* rembourré(e). **Polsterung** *f* ‹-, -en› rembourrage, capitonnage *m.*

Polterabend *m* ['pɔltər-] veille *f* des noces. **Poltergeist** *m* esprit *m* frappeur. **poltern** *itr* tapager, faire du tapage.

Polyester *m* ‹-s, -› [poly'ɛstər] *chem* polyester *m.* **polygam** [-'ga:m] *a* polygame. **Polygamie** *f* ‹-, ø› [polyga'mi:] polygamie *f.*

Polynesien *n* [-'ne:ziən] la Polynésie.

Polyp *m* ‹-en, -en› [po'ly:p] **1.** *zoo* polype, poulpe *m,* pieuvre *f;* **2.** *med* polype *m;* **3.** *hum (Polizist) arg* vache *f.*

Polytechnikum *n* [poly'tɛçnikum] école *f* d'enseignement technique général.

Polytheismus *m* [polyte'ɪsmus] polythéisme *m.*

Pomade *f* ‹-, -n› [po'ma:də] pommade *f.*

Pomeranze *f* ‹-, -n› [pomə'rantsə] orange amère, bigarade *f.*

Pommern *n* ['pɔmərn] la Poméranie.

Pomp *m* ‹-(e)s, ø› [pɔmp] pompe *f,* faste *m.* **pompös** *a* pompeux; fastueux.

Pontifikat *n* ‹-(e)s, -e› [pɔntifi'ka:t] pontificat *m.*

Ponton *m* ‹-s, -s› [pɔ̃-, pɔn'tɔ̃:] *(Brükkenschiff)* ponton *m.* **Pontonbrücke** *f* pont *m* de pontons.

Pony *n* ‹-s, -s› ['pɔni, 'po:ni] *zoo* poney *m.* **Ponyfrisur** *f* coiffure *f* à la chien *od* à frange.

Pop *m* ‹-(s), ø› [pɔp] *mus* pop *m.*

Popanz *m* ‹-es, -e› ['po:pants] croque-mitaine *m.*

Popel *m* ‹-s, -› ['po:pəl] *fam (verhärteter Nasenschleim)* morve *f* endurcie.

pop(e)lig ['po:p(ə)lɪç] *a fam* misérable, pitoyable.

popeln ['po:pəln] *itr fam (in der Nase bohren)* se fourrer le doigt dans le nez.

Popmusik *f* musique *f* pop.

Popo *m* ‹-s, -s› [po'po:] *fam* postérieur, derrière *m.*

Popsänger(in *f***)** *m* chanteur, euse *m f* pop. **Popstar** *m* idole *f* pop.

populär [popu'lɛ:r] *a* populaire. **popularisieren** [-lari'zi:rən] ‹*ohne ge-*› *tr* populariser, vulgariser. **Popularität** *f* ‹-, ø› [-ri'tɛ:t] popularité *f.* **populärwissenschaftlich** *a:* ▶ *~e(r) Schriftsteller m* vulgarisateur *m; ~e(s) Werk n* ouvrage *m* de vulgarisation.

Pore *f* ‹-, -n› ['po:rə] pore *m.* **porös** [po'rø:s] *a* poreux.

Porno *m* ‹-s, -s› ['pɔrno] *fam* porno *m.* **Pornofilm** *m* film *m* porno. **Pornographie** *f* ‹-, ø› [-gra'fi:] pornographie *f.* **pornographisch** [-'gra:fɪʃ] *a* pornographique. **Pornoshop** *m* magasin *m* porno.

Porree *m* ‹-s, -s› ['pɔre] *bot* poireau *m*.
Portal *n* ‹-s, -e› [pɔr'ta:l] *arch* portail *m*.
Portefeuille *n* ‹-s, -s› [pɔrt'fø:j] portefeuille *m; pol (Geschäftsbereich):* ▶ *Minister ohne* ~ ministre *m* sans portefeuille. **Portemonnaie** *n* ‹-s, -s› [pɔrtmɔ'nɛ:/-'ne:] bourse *f*, porte-monnaie *m*.
Portier *m* ‹-s, -s› [pɔrti'e:] portier, concierge *m*. **Portiere** *f* ‹-, -n› [-'tiɛ:rə] portière *f*. **Portiersloge** *f*, **Portierswohnung** *f* loge de concierge, conciergerie *f*.
Portion *f* ‹-, -en› [pɔrtsi'o:n] portion *f*.
Porto *n* ‹-s, -s/-ti› ['pɔrto, -ti] port *m*. **portofrei I.** *a* franc *od* exempt de port; **II.** *adv* franco de port, port payé. **Portokosten** *pl* frais *m pl* de port. **portopflichtig** *a* soumis à la taxe; ▶ ~*!* port dû; ~*e Dienstsache f* lettre *f* officielle en port dû.
Porträt *n* ‹-s/-(e)s, -s/-e› [pɔr'trɛ:(t),-'trɛ:s] portrait *m*. **portätieren** [-trɛ'ti:-rən] ‹*ohne ge-*› *tr* faire le portrait de, portraiturer. **Porträtmaler** *m* portraitiste *m*. **Porträtmalerei** *f* peinture *f* de portraits.
Portugal *n* ['pɔrtugal] le Portugal. **Portugiese** *m* ‹-n, -n› [-'gi:zə], **Portugiesin** *f* ‹-, -nen› Portugais(e *f*) *m*. **portugiesisch** [-'gi:zɪʃ] *a* portugais; ▶ *(das) P~(e) n* (le) portugais.
Portwein *m* ['pɔrt-] porto *m*.
Porzellan *n* ‹-s, -e› [pɔrtsɛ'la:n] porcelaine *f*. **Porzellangeschirr** *n* porcelaine *f*. **Porzellanmanufaktur** *f* manufacture *f* de porcelaine.
Posaune *f* ‹-, -n› [po'zaunə] trombone *m*.
Pose *f* ‹-, -n› ['po:zə] *(gesuchte Stellung u. Haltung)* pose *f*. **posieren** [po'zi:rən] ‹*ohne ge-*› *itr* poser. **Position** *f* ‹-, -en› [-zitsi'o:n] **1.** position; *(beim Fechten)* figure *f*; **2.** *(im Staatshaushalt)* chapitre *m*; ▶ *in gesicherter, guter* ~ *sein* avoir une position stable. **Positionslicht** *n aero* feu *m* de position *od* de stationnement.
positiv *a* positif, ve.
Positron *n* ‹-s, -en› ['po:zitro:n, -'tro:nən] *phys* positron. *m*.
Positur *f* ‹-, -en› [-'tu:r] posture *f*; ▶ *sich in* ~ *setzen* od *werfen* se rengorger, bomber le torse.
Posse *f* ‹-, -n› ['pɔsə] **1.** *theat* farce, facétie, pièce *f* burlesque; **2.** *pl (Späße)* bouffonneries, balivernes *f pl*. **Possen** *m* ‹-s, -› *(Streich)* mauvais tour *m*; ▶ *jdm e-n* ~ *spielen* jouer un tour à qn. **possenhaft** *a* facétieux, burlesque, bouffon. **possierlich** [-'si:r-] *a* drôle, plaisant.
Post *f* ‹-, ø› [pɔst] **1.** *(Einrichtung)* poste *f*; **2.** *(Amt, Gebäude)* (bureau *m* de) poste *f*; **3.** *(Briefe)* courrier *m*, lettres *f pl*; ▶ *durch die* od *mit der* ~ par poste; *mit gleicher, mit der nächsten* ~ par le même courrier, par le prochain courrier; *die* ~ *abholen* retirer le courrier; *die* ~ *aufgeben* expédier son courrier; *auf die* od *zur* ~ *bringen* mettre à la poste; *eingehende, ausgehende* ~ courrier *m* à l'arrivée, au départ. **postalisch** [-'ta:lɪʃ] *a* postal. **Postamt** *n* bureau *m* de poste. **Postanweisung** *f* mandat-poste, mandat *m* postal; ▶ *telegraphische* ~ mandat-poste télégraphique, télégramme *m* mandat. **Postauto** *n* fourgon *m od* voiture *f* postal(e), *(Omnibus)* car *m* postal. **Postbeamter** *m*, **Postbeamtin** *f* employé(e *f*) *m* des postes; postier *m*, -ière *f*. **Postbezug** *m (Zeitung)* abonnement *m* postal. **Postbote** *m* facteur *m*. **Posteinlieferungsschein** *m* récépissé *m* postal.

Posten *m* ‹-s, -› ['pɔstən] **1.** *(Ware)* lot *m*; **2.** *(Buchungsbetrag)* article, poste *m*, entrée *f*; **3.** *(Stellung, Amt)* emploi *m*, position *f*, poste *m*, place, charge *f*; **4.** *mil (Wach~)* poste *m*, sentinelle *f*; ▶ *auf dem* ~ *(an s-m Platz)* à son poste; *fig fam (wohlauf)* gaillard; ~ *stehen* être de *od* en faction; *auf verlorenem* ~ *stehen (fig)* défendre une cause perdue, être perdu.
Poster *m* ['postər] ‹-s, -› poster *m*.
Postfach *n* ['pɔst-] boîte *f* postale. **Postgebühr(en** *pl*) *f* taxe *f* postale. **Postgeheimnis** *n* secret *m* postal. **Postgirokonto** *n* compte *m* (de) chèques postaux. **Postgiroverkehr** *m* service *m* des chèques postaux.
postieren [pɔs'ti:rən] ‹*ohne ge-*› **1.** *tr (aufstellen)* poster, placer; **2.** *refl: sich* ~ se planter.
Postkarte *f* ['pɔst-] carte *f* postale. **Postkasten** *m* boîte *f* à *od* aux lettres. **Postkutsche** *f hist* diligence *f*. **postlagernd** *adv* poste restante. **Postleitzahl** *f* (numéro *m* de) code *m* postal. **Postminister(ium** *n*) *m* minist(è)re *m* des Postes.
postmodern *a* postmoderne. **postnuklear** [ˌpɔst-] *a* postatomique. **postoperativ** [pɔstˀopera'ti:f] *a med* postopératoire.
Postpaket *n* colis *m* postal. **Postscheck** *m* chèque *m* postal. **Postscheckamt** *n* office *od* bureau *od* centre *m* de(s) chèques postaux. **Postscheckkonto** *n* compte *m* (de) chèques postaux. **Postsparbuch** *n* livret *m* d'épargne postal. **Postsparkasse** *f* caisse *f* d'épargne postale. **Poststelle** *f* bureau *m* de poste auxiliaire. **Poststempel** *m* cachet *m*; ▶ *Datum n des ~s* date *f* de la poste. **Postüberweisung** *f* virement *m* postal.

postum [pɔsˈtuːm] **I.** *a (nachgeboren,- gelassen)* posthume; **II.** *adv* à titre posthume.
Postverkehr *m* [ˈpɔst-] trafic *m* postal. **postwendend** *adv* par retour du cour rier. **Postwertzeichen** *n* timbre-poste*m*. **Postwurfsendung** *f* envoi postal collectif, courrier *m* hors sac, correspondance *f* sans adresse. **Postzug** *m* train *m* postal.
potent [poˈtɛnt] *a physiol* puissant. **Potential** *n* ‹-s, -e› [-tsiˈaːl] *phys allg* potentiel *m*. **potentiell** [-tsiˈɛl] *a (möglich)* potentiel. **Potenz** *f* ‹-, -en› [-ˈtɛnts] *math phys physiol* puissance *f*; ▶ *in der 4. ~ (math)* à la puissance 4.
Potpourri *n* ‹-s, -s› [ˈpɔtpʊri] *mus* pot-pourri *m*.
potthäßlich [pɔt-] *a fam* laid comme un pou.
Power *f* ‹-, ø› [ˈpaʊə] énergie *f*.
Präambel *f* ‹-, -n› [prɛˈambəl] *(Einleitung)* préambule *m*.
Pracht *f* ‹-, ø› [praxt] *(Prunk)* magnificence, somptuosité *f*, luxe *m*; pompe *f*; faste *m*; *(Glanz)* splendeur *f*; ▶ *es ist e-e wahre ~!* c'est magnifique! **Prachtausgabe** *f (Buch)* édition *f* de luxe. **Prachtexemplar** *n* exemplaire *m* de luxe.
prächtig [ˈprɛçtɪç] *a* somptueux, luxueux, magnifique, superbe; splendide; *fam (herrlich)* épatant.
Prachtkerl *m*, **Prachtmensch** *m* [ˈpraxt-] *fam* maître homme *m*, maîtresse femme *f*, cœur d'or; gaillard *m* superbe. **Prachtstück** *n* pièce *f* magnifique *od* superbe; **prachtvoll** *a* = *prächtig*.
Prädikat *n* ‹-(e)s, -e› [prɛdiˈkaːt] **1.** *gram* prédicat, verbe *m*; **2.** *(Rangbezeichnung)* titre *m*; **3.** *(Schulzensur)* note, mention *f*. **Prädikatsnomen** *n gram* attribut *m*.
Präfekt *m* ‹-en, -en› [prɛˈfɛkt] préfet *m*. **Präfektur** *f* ‹-, -en› [-ˈtuːr] préfecture *f*.
Präferenz *f* ‹-, -en› [prɛfeˈrɛnts] préférence *f*.
Präfix *n* ‹-es, -e› [prɛˈfɪks] *gram* préfixe *m*.
Prag *n* [praːk] Prague *f*.
prägen [ˈprɛːgən] *tr* **1.** *(Münzen)* frapper, battre; **2.** *(Wort)* forger, former; **3.** *fig (gestalten)* former.
pragmatisch *a* pragmatique.
prägnant [prɛˈgnant] *a (Stil: kurz u. bündig)* serré, succinct, concis; dense. **Prägnanz** *f* ‹-, ø› [-ˈgnants] concision; densité *f*.
Prägung *f* [ˈprɛːgʊŋ] **1.** *(von Münzen)* frappe *f*, monnayage *m*; **2.** *fig (Gestalt)* marque *f*; caractère *m*.
prähistorisch [ˈprɛ-] *a* préhistorique.
prahlen [ˈpraːlən] *itr* se vanter, hâbler, fanfaronner; ▶ *mit etw ~* afficher qc, faire étalage *od* ostentation de qc, se targuer de qc. **Prahler** *m* ‹-s, -› vantard, hâbleur, fanfaron, bravache *m*. **Prahlerei** *f* ‹-, -en› [-ˈraɪ] vantardise, vanterie, hâblerie, fanfaronnade *f*. **prahlerisch** *a* vantard, crâne, hâbleur, fanfaron.
Praktik *f* ‹-, -en› [ˈpraktɪk] *meist pl (Kniffe)* trucs, artifices; stratagèmes *m pl*. **praktikabel** [-tiˈkaːbəl] *a* praticable. **Praktikant** *m* ‹-en, -en› [-ˈkant] stagiaire *m*. **Praktiker** *m* ‹-s, -› [ˈpraktikər] praticien *m*. **Praktikum** *n* ‹-s, -ka/-ken› [ˈpraktikʊm] stage *m*. **praktisch** [ˈpraktɪʃ] **I.** *a* pratique; **II.** *adv* en fait; en vérité. **praktizieren** [-tiˈtsiːrən] ‹*ohne ge-*› *tr (ausüben)* pratiquer.
Prälat *m* ‹-en, -en› [prɛˈlaːt] *rel* prélat *m*.
Praline *f* ‹-, -n› [praˈliːnə] chocolat *m*, crotte *f* de chocolat.
prall [pral] *a (Segel: voll)* bien tendu; *(Wade: stramm)* rebondi; *(Reifen)* gonflé à bloc; *(derb, kräftig)* dru, ferme; ▶ *in der ~en Sonne* en plein soleil.
Prall *m* ‹-(e)s, -e› *(Stoß)* heurt, choc *m*.
prallen *itr* ‹*sein*›: ▶ *auf etw ~* heurter qc; s'emboutir contre *od* sur qc.
Prämie *f* ‹-, -n› [ˈprɛːmiə] prime; *(Belohnung)* récompense; *(Zulage)* prime *f* d'encouragement. **prämieren** [-ˈmiːrən] ‹*ohne ge-*› *tr* primer; récompenser; accorder un prix à.
pränatal [prɛnaˈtaːl] *a* prénatal.
prangen [ˈpraŋən] *itr* briller, resplendir.
Pranger *m* ‹-s, -› [ˈpraŋər] *hist* pilori *m*; ▶ *an den ~ stellen (a. fig)* mettre au pilori.
Pranke *f* ‹-, -n› [ˈpraŋkə] griffe; patte *f*.
Präparat *n* ‹-(e)s, -e› [prɛpaˈraːt] *chem pharm* préparation *f*. **präparieren** [-ˈriːrən] ‹*ohne ge-*› *tr* **1.** préparer; **2.** *(Tier, Pflanze)* naturaliser.
Präposition *f* ‹-, -en› [prɛpozitsiˈoːn] *gram* préposition *f*. **präpositional** [-tsioˈnaːl] *a* prépositionnel.
Prärie *f* ‹-, -n› [prɛˈriː] *geog* prairie *f*.
Präsens *n* ‹-, -tia/-zien› [ˈprɛːzɛns, -ˈzɛntsia, -tsiən] *gram* présent *m*. **präsentieren** [-ˈtiːrən] ‹*ohne ge-*› *tr* présenter. **Präsenzbibliothek** *f* bibliothèque *f* de consultation sur place.
Präservativ *n* ‹-s, -e› [prɛzɛrvaˈtiːf] *med (Schutzmittel)* préservatif *m*.
Präsident *m* ‹-en, -en› [prɛziˈdɛnt] président *m*. **Präsidentschaft** *f* présidence *f*. **präsidieren** [-ˈdiːrən] *itr* présider. **Präsidium** *n* ‹-s, -dien› [-ˈziːdium, -diən] présidence *f*; *(e-r Partei)* comité *m* directeur.
prasseln [ˈprasəln] *itr* **1.** ‹*h*› *(Feuer)* crépiter; **2.** ‹*sein*› *(herunter~)* tomber avec fracas; *(Regen)* tomber dru.
prassen [ˈprasən] *itr (schlemmen)* faire bombance; *fam* faire la noce *od* la bombe.
präventiv [prɛvɛnˈtiːf] *a* préventif, ive.

Präteritum *n* ‹-s, -ta› [prɛ'te:ritum] *gram* prétérit *m*.

Praxis *f* ‹-, -xen› ['praksɪs] **1.** *(ohne pl)* pratique *f*; **2.** *(Arzt~)* cabinet (de consultation); *(Anwalts~)* cabinet *m* (d'affaires), étude *f*; **3.** *(ohne pl) (Kundschaft)* clientèle *f*; ▶ *in die ~ umsetzen* mettre en pratique. **praxisbezogen** *a* pratique. **praxisfremd** *a* théorique. **praxisnah** *a* pratique.

Präzedenzfall *m* [prɛtse'dɛnts-] **1.** précédent *m*; **2.** *jur* préjugé *m*; ▶ *e-n ~ schaffen* créer *od* établir un précédent.

präzis(e) [prɛ'tsi:s, -zə] *a* précis, exact. **präzisieren** [-'zi:rən] ‹*ohne ge-*› *tr* préciser. **Präzision** *f* ‹-, › [-zi'o:n] précision *f*. **Präzisionsarbeit** *f* travail *m* de précision. **Präzisionsinstrument** *n* instrument *m* de précision. **Präzisionswaage** *f* balance *f* de précision.

predigen ['pre:dɪgən] *tr u. itr* prêcher; *itr pej* sermonner. **Prediger** *m* ‹-s, -› prédicateur *m*. **Predigt** *f* ‹-, -en› [-dɪçt] *allg* prédication *f*; *(kath.)* sermon; *(evang.)* prêche *m*; ▶ *e-e ~ halten* faire un sermon.

Preis *m* ‹-es, -e› [praɪs, '-zə] **1.** prix *m*; **2.** *(Belohnung)* récompense, prime *f*; **3.** *(Lob)* louange *f*, éloge *m*; ▶ *um jeden ~* à tout prix, coûte que coûte; *um keinen ~* à aucun prix; *zu e-m angemessenen ~* à juste prix; *zu ermäßigten ~en* à tarif réduit; *zum halben ~* à moitié prix; à demi-tarif; *e-n ~ vereinbaren* convenir d'un prix; *die ~e drücken* gâter le marché *od* le métier, gâcher le métier; *die ~e erhöhen* od *heraufsetzen, senken* od *herabsetzen* augmenter, baisser *od* diminuer les prix; *äußerster ~* prix serré à l'extrême, (tout) dernier prix *m*; *fester ~* prix *m* fixe. **Preisabbau** *m* diminution *od* réduction *f* des prix. **Preisabsprache** *f* entente *f* sur les prix. **Preisangabe** *f* indication *f* de *od* du prix. **Preisanstieg** *m* hausse *f* des prix. **Preisaufschlag** *m* majoration *f* (de prix). **Preisausschreiben** *n* (mise *f* au) concours *m*. **preisbewußt** *a*: ▶ *~sein* faire attention aux prix. **Preisbindung** *f* prix *m pl* imposés, accord *m* sur les prix; contrôle *m od* surveillance *f* des prix.

Preiselbeere *f* ['praɪzəl-] airelle *f* rouge.

Preisempfehlung *f* prix *m* recommandé.

preisen ['praɪzən] ‹*pries, gepriesen*› *tr (loben)* louer, vanter, faire l'éloge de, prôner, célébrer, magnifier; ▶ *sich glücklich ~* s'estimer heureux.

Preiserhöhung *f* ['praɪs-] hausse, augmentation *od* élévation *od* majoration *f od* relèvement *m* de(s) prix (*um* de). **Preisermäßigung** *f* diminution *od* réduction *f* de(s) prix.

Preisgabe *f* ['praɪs-] abandon *m*; ▶ *unter ~* en abandonnant (*e-r S* qc). **preis=geben** ‹*gibt, gab preis, preisgegeben*› *tr* abandonner, *(opfern)* sacrifier. **preisgegeben** *a dat* en proie à, à la merci de, au gré de.

preisgekrönt ['praɪs-] *a* primé, couronné. **Preisgericht** *n* jury *m*. **preisgünstig** *a* (d'un prix) avantageux. **Preisindex** *m* indice *m* des prix. **Preiskontrolle** *f* contrôle *m* des prix. **Preislage** *f*: ▶ *in jeder ~* à tous les prix; *in welcher ~?* dans quels prix? **Preisliste** *f* liste *f* des prix, barème, prix-courant, éventail *m*. **Preisnachlaß** *m* rabais *m*; remise, réduction *f*. **Preisniveau** *n* niveau *m* des prix. **Preisrückgang** *m* baisse *f* des prix. **Preisschild** *n* étiquette *f* de prix. **Preisschwankungen** *f pl* fluctuations *f pl* des prix. **Preissenkung** *f* rabaissement *od* abattement *m* des prix. **Preissteigerung** *f* renchérissement *m*; *vgl. Preiserhöhung*. **Preisstopp** *m* blocage *m* des prix. **Preisträger(in** *f*) *m* lauréat(e *f*) (récipiendaire); *sport a.* champion(ne *f*) *m*. **Preistreiberei** *f* hausse *f* abusive *od* illicite. **Preisüberwachung** *f* surveillance *f od* contrôle *m* des prix. **preiswert I.** *a* bon marché; **II.** *adv* à bon marché. **Preiszettel** *m* affiche *od* étiquette *f* de prix.

prekär [pre'kɛ:r] *a* précaire.

Prellbock *m* ['prɛl-] *loc* butoir, heurtoir *m*. **prellen** *tr* berner *a. fig*; *fig (betrügen)* frustrer, duper; filouter, escroquer. **Prellung** *f* ‹-, -en› *med* contusion *f*.

Premier *m* ‹-s, -s› [premi'e:] *s. Premierminister*. **Premiere** *f theat* première *f*. **Premierminister** *m* président du conseil; *(d. brit.)* premier (ministre) *m*.

Presse *f* ‹-, -n› ['prɛsə] **1.** *(Gerät, Maschine)* presse *f*; **2.** *(ohne pl) (d. Zeitungen)* presse *f*; journaux *m pl*; ▶ *e-e gute, schlechte ~ haben* avoir une bonne, mauvaise presse. **Presseagentur** *f* agence *f* de presse. **Presseausweis** *m* carte *f* de presse, coupe-file *m*. **Pressebüro** *n* bureau *m* de (la) presse. **Pressechef** *m* chef *m* des services de presse. **Pressedienst** *m* service *m* de presse. **Presseerklärung** *f* commmuniqué *m* devant la presse. **Pressefreiheit** *f* liberté *f* de la presse. **Pressejargon** *m* jargon *m* journalistique. **Pressekampagne** *f* campagne *f* de presse. **Pressekonferenz** *f* conférence *f* de presse. **Pressemeldung** *f* information *f* de presse.

pressen ['prɛsən] *tr* **1.** presser; **2.** *(zs.drücken)* comprimer; **3.** *(aus~)* pressurer; ▶ *den Saft aus der Zitrone ~* presser un citron; *(an sich ~)* serrer (*an seine Brust* sur sa poitrine).

Pressenotitz *f s. Pressemeldung*. **Pressephotograph** *m* reporter(-)photographe *m.* **Pressereferent** *m* attaché *m* de presse. **Pressesprecher** *m* porte-parole *m.* **Pressestimmen** *f pl* écho *m* de la presse. **Pressezensur** *f* censure *f* de la presse.

pressieren [prɛ'si:rən] ‹*ohne ge-*› *itr fam* presser, être urgent; ▶ *das pressiert nicht* ça ne presse pas, rien ne presse.

Preßkohle *f* ['prɛs-] (charbon *m* en) briquette(s) *f.* **Preßluft** *f* air *m* comprimé. **Preßluftbohrer** *m* perforateur *m* pneumatique. **Preßlufthammer** *m* marteau *m* pneumatique *od* à air comprimé.

Pressure-group *f* ‹-, -s› ['prɛʃə,:gru:p] groupe *m* de pression.

Prestige *n* ‹-, ø› [prɛs'ti:ʒə] *(Ansehen)* prestige *m.* **Prestigedenken** *n* priorité *f* donnée à la façade, aux apparences brillantes.

Preußen *n* ['prɔʏsən] la Prusse. **preußisch** *a* prussien.

prickeln ['prɪkəln] **1.** *tr* picoter; **2.** *itr* titiller. **prickelnd** *a* titillant; *fig* piquant.

Priem *m* ‹-(e)s, -e› [pri:m] chique *f.* **priemen** *itr* chiquer.

Priester *m* ‹-s, -› ['pri:stər] prêtre *m.* **Priesteramt** *n* sacerdoce; (saint) ministère . **Priesterin** *f* prêtresse *f.* **Priesterseminar** *n* séminaire *m.* **Priestertum** *n* ‹-s, ø› sacerdoce *m.* **Priesterweihe** *f* ordination *f.*

prima ['pri:ma] **I.** *a fam* **1.** *com* de première qualité; **2.** *allg* fameux, sensationnel, épatant; *pop* bath; **II.** *adv* à merveille; ▶ *das geht ~ (fam)* ça va on ne peut mieux; *das ist (ja) ~! (fam)* c'est chouette! *pop* c'est au poil! **Primaballerina** *f theat* danseuse *f* étoile. **Primadonna** *f* ‹-, -donnen› [-'dɔna] *theat* première cantatrice *f.*

primär [pri'mɛ:r] **I.** *a* primaire; **II.** *adv* en premier lieu. **Primärenergie** *f* énergie *f* primaire.

Primas *m* ‹-, -se/-maten› ['pri:mas, -'ma:tən] *rel* primat *m.*

Primat *m* od *n* ‹-(e)s, -e› [pri'ma:t] *(Vorrang)* primauté; *rel* primatie *f.*

Primaten *m pl* [pri'ma:tən] *zoo* primates *m pl.*

Primel *f* ‹-, -n› ['prri:məl] *bot* primevère *f.*

primitiv [primi'ti:f] *a* primitif. **Primitivität** *f* ‹-, ø› [-tivi'tɛ:t] primitivité *f.*

Primzahl *f* ['pri:m-] nombre *m* premier.

Printout *m* od n ‹-s, -s› ['prɪntaʊt] *inform* listage *m.*

Prinz *m* ‹-en, -en› [prɪnts] prince *m.* **Prinzessin** *f* ‹-, -nen› [-'tsɛsɪn] princesse *f.* **Prinzgemahl** *m* prince *m* consort.

Prinzip *n* ‹-s, -ien/(-e)› [prɪn'tsi:p, -piən] principe *m;* ▶ *aus ~* par principe; *im ~* en principe. **prinzipiell** [-pi'ɛl] *a* u. *adv* par principe. **Prinzipienreiter** *m pej* doctrinaire *m.*

Prinzregent *m* ['prɪnts-] prince-régent *m.*

Prior(in *f***)** *m* ‹-s, -en› ['pri:ɔr, -'o:rən] *rel* prieur(e *f*) *m.* **Priorität** *f* ‹-, -en› [-ri'tɛ:t] *(Vorrang)* priorité, préférence *f.*

Prise *f* ‹-, -n› ['pri:zə] **1.** *(kleine Menge)* pincée; *(Tabak)* prise *f;* **2.** *mar* prise *f.*

Prisma *n* ‹-s, -men› ['prɪsma] *math opt* prisme *m.*

Pritsche *f* ‹-, -n› ['prɪtʃə] *(Liege)* couchette *f.*

privat [pri'va:t] **I.** *a* privé, particulier; **II.** *adv* en particulier; par voie privée.

Privatadresse *f* [pri'va:t-] adresse *f* privée. **Privatangelegenheit** *f* affaire *f* privée. **Privatanschluß** *m tele* connexion *f* privée. **Privatanschrift** *s. Privatadresse.* **Privataudienz** *f* audience *f* particulière. **Privatbesitz** *m* propriété *f* privée. **Privatdetektiv** *m* détective *m.* **Privatfernsehen** *n* télévision *f* privée. **privatisieren** [-vati'zi:rən] *itr* vivre en particulier *od* en rentier; *tr* transférer au secteur privé. **Privatisierung** *f* dénationalisation, privatisation *f.* **Privatkanal** *m TV* chaîne *f* privée. **Privatklinik** *f* clinique privée, maison *f* de santé. **Privatleben** *n* vie *f* privée, privé *m;* ▶ *in jds ~ herumschnüffeln* éplucher la vie de qn. **Privatlehrer** *m* précepteur *m.* **Privatmann** *m* ‹-(e)s, -männer/-leute› homme privé, particulier *m.* **Privatpatient** *m* client *m* privé. **Privatperson** *f* personne *f* privée. **Privatrecht** *n* droit *m* privé. **Privatsache** *f* affaire *f* privée *od* particulière; ▶ *das ist ~* c'est l'affaire de chacun. **Privatschule** *f* école *f* privée *od* libre. **Privatsekretär** *m* secrétaire *m* particulier. **Privatunterricht** *m* **1.** leçons *f pl* particulières; **2.** enseignement *m* libre. **Privatvermögen** *n* fortune *f* personnelle. **Privatweg** *m* chemin *m od* voie *f* privé(e). **Privatwirtschaft** *f* économie *od* industrie *f* privée.

Privileg *n* ‹-(e)s, -ien› [privi'le:k, -iən] privilège *m.* **privilegieren** [-le'gi:rən] ‹*ohne ge-*› *tr* privilégier.

pro [pro:] *prp (je)* par; ▶ *~ Kopf, Mann* par tête, homme. **Pro** *n:* ▶ *das ~ und Kontra* le pour et le contre.

probat [pro'ba:t] *a* éprouvé; *(Mittel)* souverain.

Probe *f* ‹-, -n› ['pro:bə] **1.** épreuve *f; (Versuch)* essai *m;* expérience *f; (Prüfung)* test; examen *m;* **2.** *theat* répétition *f;* **3.** *(Warenprobe, Muster)* spécimen, échantillon *m;* ▶ *auf* od *zur ~* à l'essai; *die ~ bestehen* soutenir *od* supporter l'épreuve; *die ~ machen* faire la preuve (*auf* de); *auf die ~ stellen* mettre à l'épreuve *od* à l'essai; *(die Geduld)* exercer, éprouver. **Probeab-**

zug *m* épreuve *f*. **Probealarm** *m* exercice *m* d'alerte. **Probeaufnahme** *f*: ▶ *~n drehen (film)* réaliser des bouts d'essai. **Probebetrieb** *m* marche *f* d'essai. **Probedruck** *m* ‹-(e)s, -e› *typ* épreuve; impression *f* d'essai. **Probeentnahme** *f* prélèvement *m od* prise *f* d'échantillon. **Probefahrt** *f mot* essai *m* sur route. **Probeheft** *n (Zeitschrift)* spécimen *m*. **Probejahr** *n* année *f* probatoire. **proben** *tr* u. *itr theat* répéter. **Probenummer** *f (Zeitung)* (numéro) spécimen *m*. **Probeseite** *f* page *f* d'essai *od* spécimen. **probeweise** *adv* à titre d'essai. **Probezeit** *f* temps *m od* période *f* d'essai *od* d'épreuve; stage *m*.

probieren [pro'bi:rən] ‹*ohne ge-*› *tr* **1.** *(versuchen)* essayer; *(erproben)* éprouver; **2.** *(Speise)* goûter; *(Getränk)* déguster.

Problem *n* ‹-s, -e› [pro'ble:m] problème *m*; ▶ *das ist kein ~ (fam)* il n'y a pas de *od* cela ne pose pas de problème, ce n'est pas gênant. **Problematik** *f* ‹-, ø› [-ble'ma:tɪk] caractère problématique, ensemble *m* des problèmes. **problematisch** [-'ma:tɪʃ] *a* problématique. **Problemgruppe** *f* catégorie *f* à problèmes. **Problemstellung** *f* données *f pl* d'un *od* du problème.

Procedere *n* ‹-, -› [pro'tse:dərə] méthode *f*.

Produkt *n* ‹-(e)s, -e› [pro'dʊkt] produit *m*. **Produktenhandel** *m* commerce *m* des produits naturels.

Produktion *f* ‹-, -en› [prodʊktsi'o:n] production *f*. **Produktionsaufnahme** *f* mise *f* en fabrication. **Produktionsausfall** *m* perte *f* de production. **Produktionskosten** *pl* coût *m od* frais *m pl* de production. **Produktionsmittel** *n pl* moyens *m pl* de production. **Produktionsrückgang** *m* baisse *f* de (la) production. **Produktionssteigerung** *f* augmentation *f* de la production.

produktiv [prodʊk'ti:f] *a* productif. **Produktivität** *f* ‹-, ø› [-tivi'tɛ:t] productivité *f*.

Produktpalette *f* gamme *f* de produits.

Produzent *m* ‹-en, -en› [produ'tsɛnt], *a. film* producteur *m*. **produzieren** [-'tsi:rən] ‹*ohne ge-*› **1.** *tr* produire, fabriquer; **2.** *refl: sich ~ (auftreten)* se produire.

profan [pro'fa:n] *a* profane.

Professional *m* ‹-s, -s› [prə'fɛʃənəl] *(Berufssportler)* professionnel *m*. **professionell** [profɛsio'nɛl] *a* professionnel.

Professor *m* ‹-s, -en› [-'fɛsɔr, -'so:rən] professeur *m* (d'université). **Professur** *f* ‹-, -en› [-'su:r] chaire *f* (de professeur), professorat *m*.

Profi *m* ‹-s, -s› ['pro:fi] *sport fam* pro *m f*.

Profil *n* ‹-s, -e› [pro'fi:l] profil *m*; coupe *f*; *(Reifen)* sculpture *f*; ▶ *im ~* de profil; *im ~ darstellen* profiler. **profilieren** [-fi'li:rən] ‹*ohne ge-*› *tr* profiler. **profiliert** *a* **1.** *tech* profilé; **2.** *fig (Mensch)* marquant; prononcé. **Profilneurose** *f* besoin *m* constant de se mettre en avant. **Profilreifen** *m* pneu *m* sculpté.

Profit *m* ‹-(e)s, -e› [pro'fi:t] profit *m*. **Profitgier** *f* avidité *od* âpreté *f* au gain. **profitieren** [-fi'ti:rən] ‹*ohne ge-*› *itr* profiter (*von* de; *an* de, sur); gagner (*an* à); bénéficier (*von* de).

Prognose *f* ‹-, -n› [pro'gno:zə] **1.** *med* pronostic *m*; **2.** *allg* prévision *f*.

Programm *n* ‹-s, -e› [pro'gram] *a. inform* programme *m*; ▶ *das ~ gestalten (radio)* programmer; *Zweites ~ (radio, TV)* deuxième chaîne *f*. **Programmänderung** *f* changement *m* de programme. **programmatisch** [-'ma:tɪʃ] *a* ▶ *~e Rede f* discours-programme *m*. **Programmbibliothek** *f inform* bibliothèque *f* de programmes. **Programmgestaltung** *f radio* programmation *f*. **programmierbar** [progra-'mi:rbar] *a* programmable. **programmieren** [-'mi:rən] ‹*ohne ge-*› *tr tech* programmer; ▶ *programmierter Unterricht m* enseignement *m* programmé. **Programmierer** *m* ‹-s, -› *tech* programmeur *m*. **Programmiersprache** *f* langage *m* formel *od* de programmation. **Programmierung** *f* ‹-, -en› *tech* programmation *f*. **Programmsteuerung** *f* programmation *f*. **Programmvorschau** *f* aperçu *m* des prochains programmes; *radio TV* prochaines émissions *f pl*. **Programmzeitschrift** *f* programme *m* (de télévision et de radio).

progressiv [progrɛ'si:f] *a* progressif.

Projekt *n* ‹-(e)s, -e› [pro'jɛkt] projet *m*. **projektieren** [-'ti:rən] ‹*ohne ge-*› *tr* projeter.

Projektil *n* ‹-s, -e› [-'ti:l] *(Geschoß)* projectile *m*.

Projektion *f* ‹-, -en› [-tsi'o:n] projection *f*. **Projektionsapparat** *m*, **Projektionsgerät** *n* appareil de projection, projecteur *m*.

Projektor *m* ‹-s, -en› [pro'jɛktɔr, -'to:rən] *(Bildwerfer)* projecteur *m*. **projizieren** [-ji'tsi:rən] ‹*ohne ge-*› *tr* projeter.

Proklamation *f* ‹-, -en› [prokla- matsi'o:n] proclamation *f*. **proklamieren** [-'mi:rən] ‹*ohne ge-*› *tr* proclamer. **Proklamierung** *f* ‹-, -en› proclamation *f*.

Prokura *f* ‹-, -ren› [pro'ku:ra] *com* procuration *f*. **Prokurist** *m* ‹-en, -en› [-ku'rɪst] fondé *m* de procuration *od* de pouvoir.

Prolet *m* ‹-en, -en› [pro'le:t] *pop* prolo *m*. **Proletariat** *n* ‹-s, ø› [proletari'a:t]

prolétariat *m*. **Proletarier** *m* ⟨-s, -⟩ [-'ta:riər] prolétaire *m*. **proletarisch** [-'ta:rɪʃ] *a* prolétaire, prolétarien.
Prolog *m* ⟨-s, -e⟩ [pro'lo:k, -gə] prologue *m*.
Promenade *f* ⟨-, -n⟩ [promə'na:də] **1.** *(Spaziergang)* promenade *f*; **2.** *(Weg) a.* cours *m*. **promenieren** [-'ni:rən] ⟨*ohne ge-*⟩ *itr* ⟨*sein*⟩ se promener.
Promille *n* ⟨-(s), -⟩ [pro'mɪlə] pour-mille *m*. **Promillegrenze** *f* limite *f* maximum admissible d'alcool, taux *m* d'alcoolémie (maximum).
prominent [promi'nɛnt] *a* éminent, marquant; en vedette. **Prominente** *m f* ⟨-n, -n⟩ personnalité (de premier plan), célébrité; *theat film* vedette, étoile *f*; *sport* as *m*. **Prominenz** *f* ⟨-, ø⟩ [-'nɛnts] *(Personen)* personnalités *f pl*.
Promotion *f* ⟨-, -en⟩ [promotsi'o:n] promotion *f*, doctorat *m*. **promovieren** [-'vi:rən] ⟨*ohne ge-*⟩ **1.** *tr* recevoir docteur; **2.** *itr* passer son doctorat.
prompt [prɔmpt] *a* prompt. **Promptheit** *f* ⟨-, ⟩ promptitude *f*.
Pronomen *n* ⟨-s, -mina⟩ [pro'no:mən, -mina] *gram* pronom *m*.
Propaganda *f* ⟨-, ø⟩ [propa'ganda] propagande, publicité *f*; ► ~ *machen* faire de la propagande. **Propagandafeldzug** *m* campagne publicitaire, opération *f* de propagande. **Propagandist** *m* ⟨-en, -en⟩ [-'dɪst] propagandiste *m*. **propagandistisch** [-'dɪstɪʃ] *a* propagateur. **propagieren** [-'gi:rən] ⟨*ohne ge-*⟩ *tr* propager, préconiser. **Propagierung** *f* ⟨-, ø⟩ propagation, préconisation *f*.
Propan(gas) *n* ⟨-s, ø⟩ [pro'pa:n] propane *m*.
Propeller *m* ⟨-s, -⟩ [pro'pɛlər] propulseur *m*, hélice *f*.
Prophet *m* ⟨-en, -en⟩ [pro'fe:t] prophète, vaticinateur *m*. **Prophetie** *f* ⟨-, -n⟩ [-fe'ti:] prophétie *f*. **prophetisch** [-'fe:tɪʃ] *a* prophétique. **prophezeien** [-'tsaɪən] ⟨*ohne ge-*⟩ *tr* prophétiser, augurer; *(voraussagen)* prédire, pronostiquer; *itr* vaticiner; prédire l'avenir. **Prophezeiung** *f* prophétie, vaticination, prédiction *f* (de l'avenir).
prophylaktisch [profy'laktɪʃ] *a* prophylactique.
Proportion *f* ⟨-, -en⟩ [propɔrtsi'o:n] proportion *f*. **proportional** [-tsio'na:l] *a* proportionnel. **proportioniert** [-'ni:rt] *a*: ► *gut* ~ (bien) proportionné.
Propst *m* ⟨-es, ⸚e⟩ [pro:pst, 'prø:pstə] *rel (kath.)* prieur; *(evang.)* surintendant *m*.
Prosa *f* ⟨-, ø⟩ ['pro:za] prose *f*. **prosaisch** [-'za:ɪʃ] *a*, *a. fig* prosaïque. **Prosawerk** *n* œuvre *f* en prose.
prosit ['pro:zɪt] *interj* à votre *od* ta santé!
Prospekt *m* ⟨-(e)s, -e⟩ [pro'spɛkt] *(Werbeschrift)* prospectus *m*.
prost [pro:st] = *prosit*.
Prostituierte *f* ⟨-n, -n⟩ [prostitu'i:rtə] prostituée *f*. **Prostitution** *f* ⟨-, ø⟩ [-tutsi'o:n] prostitution *f*.
Protagonist(in *f***)** *m* ⟨-en, -en (-, -innen)⟩ [protago'nɪst(ɪn)] protagoniste *m f*.
protegieren [prote'ʒi:rən] ⟨*ohne ge-*⟩ *tr* protéger, patronner; *fam* pistonner.
Protein *n* ⟨-s, -e⟩ [prote'i:n] *chem* protéine *f*.
Protektion *f* ⟨-, -en⟩ [protɛktsi'o:n] protection *f*; *fam* piston *m*. **Protektionismus** *m* ⟨-, ø⟩ [-tsio'nɪsmus] *(Schutzzollpolitik)* protectionnisme *m*. **Protektorat** *n* ⟨-(e)s, -e⟩ [-to'ra:t] *pol* protectorat; *allg* patronage *m*.
Protest *m* ⟨-(e)s, -e⟩ [pro'tɛst] **1.** protestation *f*; **2.** *(Wechsel)* protêt *m*; ► ~ *erheben* od *einlegen* élever *od* formuler une protestation, protester. **Protestant(in)** *m* ⟨-en, -en⟩ (*f* ⟨-, -nen⟩) [-'tant(-)] *rel* protestant(e *f*) *m*. **protestantisch** [-'tantɪʃ] *a* protestant. **Protestantismus** *m* ⟨-, ø⟩ [-'tɪsmus] protestantisme *m*. **protestieren** [-'ti:rən] ⟨*ohne ge-*⟩ *itr* u. *tr (Wechsel)* protester. **Protestkundgebung** *f* manifestation *f* d'opposition, meeting *m* de protestation. **Protestnote** *f pol* note *f* de protestation. **Protestrufe** *m pl* clameurs de protestation, protestations *f pl*.
Prothese *f* ⟨-, -n⟩ [pro'te:zə] prothèse *f*; membre artificiel; *(Zahn~)* appareil *m*.
Protokoll *n* ⟨-s, -e⟩ [proto'kɔl] **1.** *(Niederschrift)* procès-verbal *m*; **2.** *(Etikette) pol* protocole *m*; ► *das* ~ *führen* rédiger *od* tenir le procès-verbal; *zu* ~ *geben* consigner *od* faire inscrire au procès-verbal. **Protokollant(in** *f***)** *m* ⟨-en, -en (-, -innen)⟩ [protokɔ'lant] personne *f* chargée du procès-verbal. **protokollarisch** [-'la:rɪʃ] *a* protocolaire. **Protokollführer** *m* rédacteur *m* du procès-verbal. **protokollieren** [-'li:rən] ⟨*ohne ge-*⟩ *tr* prendre en procès-verbal.
Proton *n* ⟨-s, -en⟩ ['pro:tɔn, -'to:nən] *phys* proton *m*. **Protoplasma** *n biol* protoplasma, protoplasme *m*. **Prototyp** *m* ⟨-(e)s, -en⟩ [proto'ty:p] prototype *m*.
Protz *m* ⟨-en/-es, -e(n)⟩ [prɔts] nouveau riche, richard *m*. **protzen** *itr* se donner des airs; ► *mit etw* ~ faire étalage *od* parade de qc. **protzig** *a* **1.** *(Sache)* voyant, plein d'ostentation, ostentatoire; **2.** *(Person)* bouffi d'orgueil.
Provenzale *m* ⟨-n, -n⟩ [provɛn'tsa:lə], **Provenzalin** *f* ⟨-, -nen⟩ Provençal(e *f*) *m*. **provenzalisch** [-'tsa:lɪʃ] *a* provençal.
Proviant *m* ⟨-(e)s, (-e)⟩ [provi'ant] approvisionnement *m*, vivres *m pl*, subsistances; *(Mundvorrat)* provisions *f pl* (de

bouche); ► *mit ~ versehen* approvisionner.

Provinz *f* ‹-, -en› [pro'vɪnts] province *f*. **provinziell** [-tsi'ɛl] *a* provincial. **Provinzler(in)** *m* ‹-s, -› (*f* ‹-, -nen›) provincial(e *f*) *m*. **Provinzstadt** *f* ville *f* de province. **Provinzzeitung** *f* journal *m* régional.

Provision *f* ‹-, -en› [provizi'o:n] *com* provision, commission; *(Verkaufs~)* guelte *f*.

provisorisch [-'zo:rɪʃ] *a* provisoire, intérimaire, par intérim. **Provisorium** *n* ‹-s, -rien› [-'zo:rium, -riən] (solution *f*) provisoire *m*.

provokant [provo'kant] *a* provocateur. **Provokation** *f* ‹-, -en› [provokatsi'o:n] provocation *f*. **provokatorisch** [-'to:rɪʃ] *a* provocateur. **provozieren** ‹*ohne ge-*› *tr* provoquer (*zu* à). **provozierend** [-'tsi:rənt] *a* provocateur.

Prozedur *f* ‹-, -en› [protse'du:r] procédure *f*.

Prozent *n* ‹-(e)s, -e› [pro'tsɛnt] pour-cent *m*; ► *in ~en* en pour-cent. **Prozentsatz** *m* pourcentage, taux *m*. **prozentual** [-tu'a:l] *a* pour cent.

Prozeß *m* ‹-sses, -sse› [pro'tsɛs] **1.** *jur* procès *m*; cause *f*; **2.** *tech (Verfahren)* procédé *m*, opération *f*; **3.** *chem* processus *m*, réaction *f*; ► *e-n ~ führen* conduire *od* poursuivre un procès, plaider une cause; *kurzen ~ machen* trancher court *od* net, ne pas y aller par quatre chemins. **Prozeßakten** *f pl* (pièces *f pl*, dossier du) procès *m*. **Prozeßgegner** *m* partie *f* adverse.

prozessieren [protsɛ'si:rən] ‹*ohne ge-*› *itr* plaider; ► *mit jdm ~* faire un procès à qn.

Prozession *f* ‹-, -en› [protsɛsi'o:n] procession *f*.

Prozeßkosten [pro'tsɛs-] *pl* frais *m pl* de (la) procédure.

Prozessor *m* ‹-s, -en› [pro'tsɛsɔr, -'so:rən] *inform* processeur *m*.

Prozeßordnung *f* (code *m* de) procédure *f*. **Prozeßweg** *m*: ► *auf dem ~* contentieusement.

prüde ['pry:də] *a* prude. **Prüderie** *f* ‹-, -n› [-'ri:] pruderie *f*.

Prüfabzug *m* ['pry:f-] *typ* épreuve *f*.

prüfen ['pry:fən] *tr* **1.** examiner *(a. Menschen)*; faire l'examen de; *(genau ~)* scruter, passer en revue; *(untersuchen)* étudier, mettre à l'étude, sonder; **2.** *(besichtigen)* inspecter, contrôler; **3.** *(versuchen)* essayer; **4.** *(nach~)* vérifier; **5.** *(erproben, fig: heimsuchen)* éprouver; mettre à l'épreuve; **6.** *(testen)* tester; **7.** *(als Sachverständiger)* expertiser; *(bei der Abnahme)* réceptionner; *com* apurer; **8.** *typ* reviser, réviser; **9.** *tech* étalonner; ► *einen Schüler mündlich ~* faire passer un examen oral à un élève; *jdn auf Herz und Nieren ~ (fig)* sonder les reins et le cœur de qn, examiner qn sur toutes les coutures. **prüfend** *a* examinateur; *(forschend)* scrutateur, investigateur; *(fragend)* interrogateur.

Prüfer *m* ‹-s, -› ['pry:fər] examinateur; *(Kontrolleur)* contrôleur, vérificateur; *(Buch~)* réviseur; *tech* essayeur *m*.

Prüfgerät *n* ['pry:f-] appareil *m* de contrôle. **Prüflampe** *f* lampe d'essai, lampe-témoin *f*. **Prüfling** *m* ‹-s, -e› candidat *m*. **Prüfstand** *m* banc *od* poste *m od* plate-forme *f* d'essai(s). **Prüfstein** *m tech* u. *fig* pierre *f* de touche.

Prüfung *f* ‹-, -en› ['pry:fʊŋ] **1.** examen *m (a. von Menschen)*; *(Untersuchung)* étude *f*, sondage *m*, investigation *f*; **2.** *(Besichtigung)* inspection *f*, contrôle *m*; **3.** *(Versuch, Probe)* essai *m*; **4.** *(Nach~)* vérification *f*; **5.** *(Erprobung, Heimsuchung)* épreuve *f*; **6.** *(Test)* test *m*; **7.** *com* apurement *m*; ► *bei* od *nach näherer* od *genauer ~* après examen approfondi, après plus ample examen; *e-e ~ ablegen* od *machen* subir *od* passer un examen; *e-e ~ bestehen* être reçu à un examen; *in e-r ~ durchfallen* échouer à un examen; *schriftliche, mündliche ~* examen *m* écrit, oral; épreuves *f pl* écrites, orales. **Prüfungsausschuß** *m (Schule)* commission *f* d'examen *od* scolaire; *allg* comité *od* jury *m* d'examen. **Prüfungsergebnis** *n* résultat *m* de l'examen. **Prüfungsfrage** *f* question *f* d'examen. **Prüfungsgebühren** *f pl* frais *m pl* d'examen. **Prüfungsgegenstand** *m* sujet *m* d'examen. **Prüfungskommission** *f* = *Prüfungsausschuß*.

Prüfzeichen *n* marque *f* de contrôle. **Prüfzeit** *f* temps *m* d'épreuve.

Prügel *m* ‹-s, -› ['pry:gəl] **1.** *(Stock)* bâton, gourdin *m*; **2.** *pl* coups *m pl* de bâton; ► *Tracht f ~* volée, *fam* rossée, raclée *f*. **Prügelei** *f* ‹-, -en› [-'laɪ] rixe, bagarre *f*. **Prügelknabe** *m* souffre-douleur *m*. **prügeln** *tr* donner des coups de bâton à, battre, corriger, rosser, rouer (de coups). **Prügelstrafe** *f* peine *od* punition *f* corporelle.

Prunk *m* ‹-(e)s, ø› [prʊŋk] faste *m*, pompe *f*, luxe, apparat *m*, parade, somptuosité *f*. **prunken** *itr* étaler un grand faste; ► *mit etw ~* faire parade *od* étalage *od* ostentation de qc. **Prunksucht** *f* amour *m* du faste.

prusten ['pru:stən] *itr* s'ébrouer; *(heftig niesen)* éternuer très fort.

Psalm *m* ‹-s, -en› [psalm] psaume *m*.

pseudonym [psɔʏdo'ny:m] *a* pseudonyme. **Pseudonym** *n* ‹-s, -e› pseudonyme; nom *m* de guerre *od* de plume.

pst [pst] *interj* pst! psitt! chut!

Psyche *f* ‹-, -n› ['psy:çə] *scient* âme *f*; psychisme *m*. **Psychiater** *m* ‹-s, -›

[-çi'a:tər] psychiatre *m.* **Psychiatrie** *f* ‹-, ø› [-'tri:] psychiatrie *f.* **psychisch** ['psy:çıʃ] *a* psychique. **Psychoanalyse** *f* [-ço-] psychanalyse *f.* **Psychoanalytiker** *m* [-ço-] psychanalyste *m.* **psychogen** [-ço'ge:n] *a med* psychogène. **Psycholinguistik** *f* psycholinguistique *f.* **Psychologe** *m* ‹-n, -n› [-ço'lo:gə] psychologue *m.* **Psychologie** *f* ‹-, ø› [-lo'gi:] psychologie *f;* ▶ *angewandte, vergleichende* ~ psychologie *f* appliquée, comparée. **psychologisch** [-'lo:gıʃ] *a* psychologique. **Psychopath(in)** *m* ‹-en, -en› (*f* ‹-, -nen›) [-'pa:t] psychopathe *m f.* **psychopathisch** [-'pa:tıʃ] *a* psychopathique. **Psychopharmaka** *n pl* psychotropes *m pl.* **Psychose** *f* ‹-, -n› [-'ço:zə] psychose *f.* **psychosomatisch** [-'ma:tıʃ] *a* psychosomatique. **psychosozial** *a* psychosocial. **Psychoterror** *m* terreur *f.* **Psychotherapeut** *m* ‹-en, -en› psychothérapeute *m.* **psychotherapeutisch** *a* psychothérapeutique. **Psychotherapie** *f* ‹-, ø› [-tera'pi:] psychothérapie *f.*

Pubertät *f* ‹-, ø› [pubɛr'tɛ:t] puberté, maturité *f* sexuelle.

publik [pu'bli:k] *a* public; ▶ ~ *machen* rendre public, livrer à la publicité; ~ *werden (a.)* s'ébruiter. **Publikation** *f* ‹-, -en› [-blikatsi'o:n] publication *f.*

Publikum *n* ‹-s, ø› ['pu:blikʊm] public *m,* assistance *f;* ▶ *vor das ~ treten* se montrer au public.

Publikumsgeschmack *m* goût *m* du public. **Publikumsliebling** *m* enfant *m* chéri du public. **publikumswirksam** *a* qui a un impact sur le public.

publizieren [-li'tsi:rən] ‹*ohne ge-*› *tr* publier. **Publizist** *m* ‹-en, -en› [-'tsıst] publiciste *m.*

Pudding *m* ‹-s, -e/-s› ['pʊdıŋ] crème *f,* entremets *m.* **Puddingform** *f* moule *m* (à crème).

Pudel *m* ‹-s, -› ['pu:dəl] caniche, barbet *m;* ▶ *wie ein begossener ~ dastehen, abziehen* avoir l'air d'un chien battu, s'en aller tout penaud *od* la queue basse. **pudelnaß** *a* mouillé jusqu'aux os, trempé comme une soupe.

Puder *m* ‹-s, -› ['pu:dər] poudre *f;* ▶ ~ *auflegen* mettre de la poudre. **Puderdose** *f* poudrier *m,* boîte *f* à poudre. **pudern** *tr* poudrer. **Puderquaste** *f* houppe à poudre, houpette *f.* **Puderzucker** *m* sucre *m* glace.

Puff [pʊf] **(1)** *m* ‹-(e)s, ¨e/-e› *(Stoß)* coup, choc *m,* bourrade *f;* **(2)** *m* ‹-s, -s› *fam (Bordell)* claque, bordel *m.* **puffen** *tr (stoßen)* donner des bourrades à, pousser. **Puffer** *m* **1.** *loc* tampon, amortisseur *m;* **2.** *(Küche)* omelette *f* de pommes de terre. **Pufferstaat** *m* État *m* tampon. **Pufferzone** *f* zone *f* tampon.

Pulli *m* ‹-s, -s› ['pʊli] *(Kurzform von: Pullover)* pull *m.* **Pullover** *m* ‹-s, -› [pʊ'lo:vər, pʊl'ʔo-] pull-over, chandail *m.* **Pullunder** *m* ‹-s, -› [pʊ'lʊndər] débardeur *m.*

Puls *m* ‹-es, -e› [pʊls, '-zə] pouls *m;* *(~schlag)* pulsation *f;* ▶ *jdm den ~ fühlen* tâter *od* prendre le pouls à qn. **Pulsader** *f* artère *f.* **pulsen** ['-zən] *itr,* **pulsieren** [-'zi:rən] ‹*ohne ge-*› *itr* battre; avoir des pulsations. **Pulsschlag** *m* battement *m* du pouls, pulsation *f.* **Pulswärmer** *m* mitaine *f.*

Pult *n* ‹-(e)s, -e› [pʊlt] pupitre *m.*

Pulver *n* ‹-s, -› ['pʊlfər, -vər] **1.** poudre *f;* **2.** *fam (Geld)* galette *f, pop* pognon *m;* ▶ *das ~ nicht erfunden haben (fig)* n'avoir pas inventé la poudre (à canon) *od* le fil à couper le beurre. **Pulverfaß** *n* baril *m* à *od* de poudre; *fig* poudrière *f.* **pulverig** [-fərıç] *a* pulvérulent. **pulverisieren** [-veri'zi:rən] ‹*ohne ge-*› *tr* pulvériser; réduire en poudre. **Pulverkaffee** *m* café *m* soluble. **Pulverschnee** *m* (neige) poudreuse *f.*

Puma *m* ‹-s, -s› ['pu:ma] *zoo* puma *m.*

pumm(e)lig ['pʊm(ə)lıç] *a fam* rondelet, potelé.

Pump *m* ‹-(e)s, ø› [pʊmp] *fam (Borg)* tapage *m;* ▶ *auf ~* à crédit, *fam* à l'œil.

Pumpe *f* ‹-, -n› ['pʊmpə] pompe *f.*

pumpen ['pʊmpən] *tr* **(1)** pomper; **(2)** *fam:* ▶ *20 Mark von jdm ~* taper qn de 20 marks; *jdm etw ~* prêter qc à qn.

Pumpstation *f,* **Pumpwerk** *n* ['pʊmp-] station de pompage, usine *f* hydraulique.

Punk *m* ‹-s, ø› musique *f* punk. **Punker** *m* ‹-s, -› punk *m.*

Punkt *m* ‹-(e)s, -e› [pʊŋkt] **1.** *math gram typ allg* point *m;* **2.** *(Ort)* endroit *m;* **3.** *(Paragraph, Artikel)* article *m;* **4.** *(Gesprächsgegenstand)* matière *f;* ▶ *~ für ~* point par point; *12 Uhr* à midi précis, (à) midi juste; *in diesem ~* à cet égard; *nach ~en siegen* vaincre aux points; *nun mach aber 'n ~! (fam)* en voilà assez! as-tu fini? *dunkler ~ (fig)* ombre *f;* *der höchste ~ (geog)* le point culminant; *der springende ~* le point délicat, décisif, le plus important; *strittiger ~* point d'accrochage *od* litigieux; *toter ~ (phys tech fig)* point *m* mort. **punktieren** [-'ti:rən] ‹*ohne ge-*› *tr* **1.** pointiller, ponctuer, marquer de points; **2.** *med* ponctionner. **Punktiernadel** *f med* aiguille pour ponction; *(Kunst)* échoppe *f.* **punktiert** *a (Linie)* pointillé. **Punktion** *f* ‹-, -en› [-tsi'o:n] *med* ponction, paracentèse *f.*

pünktlich ['pʏŋktlıç] **I.** *a (Mensch)* ponctuel; régulier; **II.** *adv* à l'heure (exacte). **Pünktlichkeit** *f* ‹-, ø› ponctualité, exactitude; régularité *f.*

Punktrichter *m* ['pʊŋkt-] *sport* pointeur *m.* **Punktsieg** *m* victoire *f* aux points.

Punktsieger *m sport* vainqueur *m* aux points.
punktuell [pʊŋktu'ɛl] *a* restreint, limité.
Punsch *m* ‹-(e)s, -e› [pʊnʃ] punch *m*.
Pupille *f* ‹-, -n› [pu'pɪlə] *anat* pupille *f*.
Puppe *f* ‹-, -n› ['pʊpə] **1.** poupée; *(Draht~)* marionnette *f*; *(mechanisch bewegte ~)* automate *m*; **2.** *zoo* chrysalide *f*; ▶ *mit ~n spielen* jouer à la poupée. **Puppenhaus** *n*, **Puppenküche** *f* maison, cuisine *f* de poupée. **Puppenspiel** *n*, **Puppenspieler** *m* jeu, joueur *m* de marionnettes. **Puppenstube** *f* chambre *f* de poupée. **Puppentheater** *n* théâtre *m* de marionnettes. **Puppenwagen** *m* voiture *f* de poupée.
pur [pu:r] *a* pur.
Püree *n* ‹-s, -s› [py're:] purée *f*.
Puritaner *m* ‹-s, -› [puri'ta:nər] puritain *m*. **puritanisch** [-'ta:nɪʃ] *a* puritain.
Purpur *m* ‹-s, ø› ['pʊrpʊr] **1.** *(Farbstoff, Stoff)* pourpre *f*; **2.** *(Farbton)* pourpre *m*. **purpurfarben** *a*, **purpurn** *a*, **purpurrot** *a* pourpré, purpurin.
Purzelbaum *m* ['pʊrtsəl-] culbute *f*; ▶ *e-n ~ schlagen* faire la *od* une culbute. **purzeln** *itr* ‹*sein*› culbuter; *(herunter~)* dégringoler; *pop* débouler.
Puste *f* ‹-, ø› ['pu:stə] *fam (Atem)* souffle *m*, haleine *f*.
Pustel *f* ‹-, -n› ['pʊstəl] *med* pustule *f*.
pusten ['pu:stən] *itr* **1.** souffler; **2.** *(keuchen)* haleter.
Pute *f* ‹-, -n› ['pu:tə] **1.** dinde *f*; **2.** *fig fam* bécasse *f*. **Putenbraten** *m* dinde *f* rôtie. **Puter** *m* ‹-s, -› dindon *m*. **puterrot** *a* rouge comme un coq *od* une tomate *od* comme une écrevisse.
Putsch *m* ‹-(e)s, -e› [pʊtʃ] putch, coup *m* de force. **putschen** *itr* tenter un coup de force. **Putschist** *m* ‹-en, -en› [-'tʃɪst] putchiste *m*.
Putte *f* ‹-, -n›, ['pʊtə] *(Kunst)* angelot; amour *m*.
Putz *m* ‹-es, ø› [pʊts] **1.** *(Putzen)* nettoyage *m*; **2.** *(modischer Zierat)* parure *f*, atours *m pl*; *(Aufmachung)* toilette *f*; **3.** *arch (Verputz)* crépi, enduit *m*. **putzen** *tr* **1.** *(reinigen)* nettoyer; *(blank machen, polieren)* astiquer, polir, lustrer; *(Metall)* fourbir, décaper; *(Schuhe)* cirer; *(Pferd)* panser, étriller; *(Gemüse)* éplucher; *(Kerze)* moucher; *(Brille)* essuyer; **2.** *(schmücken)* parer, orner; *refl* **3.** *sich ~* faire sa toilette; se parer; ▶ *sich die Nase ~* se moucher; *sich die Zähne ~* se laver les dents. **Putzfimmel** *m* manie *f* de la propreté. **Putzfrau** *f* femme *f* de ménage *od* de journée.
putzig ['pʊtsɪç] *a* drôle, cocasse.
Putzkolonne *f* ['pʊts-] équipe *f* de nettoyage. **Putzlappen** *m* chiffon à nettoyer, torchon *m*. **Putzmann** *m* homme *m* de ménage. **Putzmittel** *n* produit *m* à nettoyer *od* à polir. **Putzsucht** *f* coquetterie *f*. **putzsüchtig** *a* coquet. **Putztuch** *n* chiffon *m*; = *Putzlappen*.
Puzzle *n* ‹-s, -s› ['pazl] jeu *m* de patience.
Pygmäe *m* ‹-n, -n› [pʏ'gmɛ:ə] pygmée *m*.
Pyjama *m* ‹-s, -s› [pi'(d)ʒa:ma, py'ja:ma] pyjama *m*.
Pyramide *f* ‹-, -n› [pyra'mi:də] *arch math allg* pyramide *f*. **pyramidenförmig** *a*, **pyramidal** [-mi'da:l] *a* pyramidal.
Pyrenäen, die *pl* [pyre'nɛ:ən] les Pyrénées *f pl*.
Pyrotechnik *f (Feuerwerkerei)* pyrotechnie *f*.
Pyrrhussieg *m* ['pʏrʊs-] victoire *f* à la Pyrrhus.
Pythonschlange *f* ['py:tɔn-] python *m*.

Q

Q, q *n* ‹-, -› [ku:] *(Buchstabe)* Q, q *m.*
Quacksalber *m* ‹-s, -› ['kvakzalbər] *pej* charlatan, médicastre; marchand *m* d'orviétan. **Quacksalberei** *f* ‹-, -en› [-'raı] charlatanerie *f;* charlatanisme *m.*
Quader *m* ‹-s, -›, *a. f* ‹-, -n› ['kva:dər] **1.** *math* parallélépipède *m* rectangle *od* droit; **2.** *s. Quaderstein.* **Quaderstein** *m* pierre *f* de taille.
Quadrant *m* ‹-en, -en› [kva'drant] *math* quadrant, quart *m* de cercle.
Quadrat *n* ‹-(e)s, -e› [kva'dra:t] *math* carré *m;* ▶ *im ~ (math)* au carré; *ins ~ erheben* élever au carré. **quadratisch** [-'dra:tıʃ] *a* quadratique, carré; ▶ *~e Gleichung f* équation *f* du second degré. **Quadratkilometer** *n od m* kilomètre *m* carré. **Quadratmeter** *n od m* mètre carré, centiare *m.*
Quadratur *f* ‹-, -en› [-dra'tu:r] *math* quadrature *f* (*des Kreises* du cercle).
Quadratwurzel *f* racine *f* carrée. **Quadratzahl** *f* nombre *m* carré. **Quadratzentimeter** *n od m* centimètre *m* carré. **quadrieren** [kva'dri:rən] ‹*ohne ge-*› *tr* élever au carré *od* à la seconde puissance.
quaken ['kva:kən] *itr (Frosch)* coasser.
Qual *f* ‹-, -en› ['kva:l] tourment *m,* torture *f,* supplice *m.*
quälen ['kvε:lən] *tr* **1.** tourmenter, torturer, martyriser; **2.** *(plagen)* tracasser; *(keine Ruhe lassen)* hanter; *(belästigen)* molester, harceler, importuner; *refl* **3.** *sich ~* se tourmenter; *(sich abmühen)* se donner (bien) du mal; ▶ *von Schmerzen gequält* accablé de douleur. **quälend** *a* torturant; *(nervenaufreibend)* tracassier. **Quälerei** *f* ‹-, -en› [-'raı] tourments *m pl,* tortures, vexations; tracasseries *f pl.* **Quälgeist** *m* taquin(e *f*) *m;* persécuteur, tracassier, *fam* casse-pieds *m.*
Qualifikation *f* ‹-, -en› [kvalifikatsi'o:n] qualification; *(Befähigung)* capacité, aptitude *f.* **qualifizieren** ‹*ohne ge-*› *tr* qualifier; ▶ *qualifizierter Arbeiter* ouvrier qualifié *od* ouvrier professionnel. **Qualität** *f* ‹-, -en› [-'tε:t] qualité *f;* ▶ *hervorragende ~* qualité *f* supérieure. **qualitativ** [-ta'ti:f] *a* qualitatif. **Qualitätserzeugnis** *n* produit *m* de (haute) qualité. **Qualitätsware** *f* marchandise *f* de qualité *od* de (premier) choix.
Qualle *f* ‹-, -n› ['kvalə] *zoo* méduse *f.*
Qualm *m* ‹-(e)s, ø› [kvalm] (épaisse) fumée *f.* **qualmen** *itr* fumer, faire beaucoup de fumée; *(Raucher)* fumer comme une cheminée. **qualmig** *a* fumeux, rempli de fumée.
qualvoll ['kva:lfɔl] *a* plein de tourments; *(Schmerzen)* atroce; *(grausam)* cruel.
Quant *n* ‹-s, -en› [kvant] *phys* quantum *m* (*pl* quanta). **Quantenmechanik** *f* mécanique *f* quantique. **Quantentheorie** *f* théorie *f* des quanta. **Quantität** *f* ‹-, -en› [-ti'tε:t] quantité *f.* **quantitativ** [-ta'ti:f] *a* quantitatif. **Quantum** *n* ‹-s, -ten› ['kvantum] *(Menge)* quantité; *(Anteil)* portion *f.*
Quappe *f* ‹-, -n› ['kvapə] *(Fisch)* lotte *f; (Kaul~)* têtard *m.*
Quarantäne *f* ‹-, -n› [kvaran'tε:nə] *mar* quarantaine *f;* ▶ *unter ~ stellen* mettre en quarantaine.
Quark *m* ‹-s, ø› [kvark] **1.** fromage *m* blanc; **2.** *fig fam (dummes Zeug)* foutaises, bêtises *f pl.*
Quart [kvart] **(1)** *f* ‹-, -en› = *Quarte;* **(2)** *n* ‹-s, ø› *(Buchformat)* in-quarto *m.* **Quartal** *n* ‹-s, -e› [-'ta:l] *(Vierteljahr)* trimestre *m.* **Quartals-** *(in Zssgen)* trimestriel. **Quartal(s)säufer** *m* buveur *m* intermittent. **Quarte** *f* ‹-, -n› *(mus, Fechtkunst)* quarte *f.* **Quartett** *n* ‹-(e)s, -e› [-'tεt] *mus* quatuor *m.*
Quartier *n* ‹-s, -e› [kvar'ti:r] *(Unterkunft)* logement; *mil* cantonnement *m.*
Quarz *m* ‹-es, -e› [kvarts] *min* quartz *m.* **Quarzkristall** *m* cristal *m* de quartz. **Quarzuhr** *f* montre *f* à quartz.
quasi ['kva:zi] *adv* quasi(ment), pour ainsi dire.
quasseln ['kvasəln] *itr fam* radoter, jacasser; jacter.
Quaste *f* ‹-, -n› ['kvastə] *(Troddel)* houppe.
Quatsch *m* ‹-es, ø› [kvatʃ] *fam* radotage, bafouillage; non-sens *m;* ▶ *~!* zut! **quatschen** *tr fam* radoter, bafouiller; *itr:* ▶ *dämlich od dumm ~* débloquer, baratiner. **Quatschkopf** *m* radoteur *m,* -euse *f.*
Quecke *f* ‹-, -n› ['kvεkə] *bot* chiendent *m.*
Quecksilber *n* ['kvεk-] mercure, vif-argent *m.* **Quecksilbervergiftung** *f* intoxication *f* mercurielle, hydrargyrisme *m.*
Quelle *f* ‹-, -n› ['kvεl(ə)] source *a. fig;* fontaine *f;* ▶ *aus guter, sicherer ~* de bonne source *od* part, de source sûre; *aus halbamtlicher ~* de source offi-

cieuse; *an der ~ sitzen* être à la source (*gen* de); *fam (an d. Futterkrippe)* tenir l'assiette au beurre. **quellen (1)** ‹*quillt, quoll, gequollen*› *itr* ‹*sein*› sourdre, jaillir; *(fließen)* (s'é)couler; *fig* émaner, sortir (*aus* de); **(2)** ‹*quellt, quellte, gequellt*› *tr* ‹*h*› *(weich werden lassen)* faire gonfler; *(Trockengemüse)* réhydrater. **Quellenangabe** *f* indication des sources, référence *f* (publicitaire). **Quellenforschung** *f* étude *f* des sources. **Quellenmaterial** *n* documentation *f*. **Quellensteuer** *f fin* retenue *f* à la source. **Quellwasser** *n* eau *f* de source.

quengeln ['kvɛŋəln] *itr fam* geindre; pleurnicher; grincher.

quer [kve:r] *adv* de *od* en travers, en écharpe; ▶ *~ durch* od *über* à *od* au travers de; *sich ~ legen, stellen* se mettre en travers. **Querachse** *f* axe *m* transversal *od* de tangage. **Querbalken** *m* poutre transversale, traverse *f; (kleinerer)* traversine *f*. **Querdenker** *m* importun, gêneur, esprit *m* contrariant. **Quere** *f* ‹-, ø› : ▶ *jdm in die ~ kommen* od *laufen* venir *od* se jeter à la traverse de qn; *fig* contrecarrer qn. **querfeldein** *adv* à travers champs. **Querformat** *n (Buch)* format *m* oblong. **quergestreift** *a* rayé en travers; *(Muskel)* strié. **Querkopf** *m* tête *f* carrée. **querköpfig** *a* qui a l'esprit de travers. **Querleiste** *f* contre-latte *f*. **Querschiff** *n arch rel* transept *m*, croisée *f*. **Querschläger** *m mil* ricochet *m*. **Querschnitt** *m* coupe *f* transversale *od* en travers, plan *m* transversal. **querschnittsgelähmt** *a med* paraplégique. **Querschnittslähmung** *f med* paraplégie *f*. **Querstraße** *f* (rue de) traverse *f*. **Querstreifen** *m* bande *f* transversale; *pl a.* rayure *f* transversale. **Querstrich** *m* barre *f* (transversale). **Quersumme** *f* somme *f* des chiffres (d'un nombre). **Quertreiber** *m* fauteur *m* de troubles, trublion *m*. **Quertreibereien** *f pl* menées, intrigues *f pl*.

Querulant *m* ‹-en, -en› [kveru'lant] homme chicanier *od* processif, rouspéteur; procédurier *m*.

Querverbindung *f* ['kʊe:-] jonction *od* liaison transversale; *tele* interconnexion *f*. **Querverweis** *m* renvoi *m* (transversal). **Querweg** *m* chemin *m* de traverse.

Quetsche *f* ‹-, -n› ['kvɛtʃə] *(Presse)* presse *f*. **quetschen** *tr* **1.** presser, serrer; **2.** *(zer~)* écraser, broyer; **3.** *med* meurtrir, contusionner; ▶ *sich e-n Finger ~* s'écraser un doigt. **Quetschfalte** *f* pli *m* plat. **Quetschung** *f med* meurtrissure, contusion, ecchymose *f*. **Quetschwunde** *f* plaie *f* contuse.

quicklebendig ['kvɪkle'bɛndɪç] *a fam* vif comme le salpêtre.

quieken ['kvi:kən] *itr* criailler.

quietschen ['kvi:tʃən] *itr* **1.** *(kreischen)* pousser des cris aigus; **2.** *(Reifen)* crier; *(Tür)* grincer. **quietschvergnügt** *a* gai comme un pinson.

Quint(e) *f* ‹-, -en› ['kvɪnt(ə)] *(mus, Fechtsport)* quinte *f*. **Quintessenz** *f* ‹-, -en› ['kvɪntˀ-] quintessence *f*. **Quintett** *n* ‹-(e)s, -e› [-'tɛt] *mus* quintette *m*.

Quirl *m* ‹-(e)s, -e› [kvɪrl] **1.** *(Küche)* fouet; moulinet *m;* **2.** *bot* verticille *m*. **quirlen** *tr (Küche)* battre.

quitt [kvɪt] *a* quitte; ▶ *~ sein* être quitte; *nun sind wir ~* nous voilà quitte.

Quitte *f* ‹-, -n› ['kvɪtə] coing *m;* ▶ *wilde ~* cognasse *f*. **Quittenbaum** *m* cognassier *m*.

quittieren [kvɪ'ti:rən] ‹*ohne ge-*› *tr (Rechnung)* acquitter; *(Zahlung)* donner acquit *od* quittance de, quittancer.

Quittung *f* ‹-, -en› ['kvɪtʊŋ] **1.** quittance *f*, acquit, reçu, récépissé *m* (de paiement); **2.** *fig (Lohn)* récompense *f;* ▶ *gegen ~* contre quittance; *e-e ~ ausstellen* donner quittance *od* décharge. **Quittungsbuch** *n* livre(t) *od* carnet *m* de quittance.

Quiz *n* ‹-, -› [kvɪs] jeu(-concours) *m*. **Quizmaster** *m* ‹-s, -› ['kvɪsma:stər] animateur, meneur *m* de jeux radiophoniques *od* télévisés.

Quote *f* ‹-, -n› ['kvo:tə] *(Anteil)* quote-part *f*, contingent, taux, pourcentage *m*. **Quotenregelung** *f (für Frauen)* règle *f* du pourcentage obligatoire de femmes.

Quotient *m* ‹-en, -en› [-tsi'ɛnt] *math* quotient *m*.

R

R, r *n* ‹-, -› [ɛr] *(Buchstabe)* R, r *m.*
Rabatt *m* ‹-(e)s, -e› [ra'bat] rabais *m,* remise, ristourne *f; (Nachlaß)* réduction *f; (Skonto)* escompte *m;* ▶ *(e-n)* ~ *geben* od *gewähren* faire *od* accorder un escompte; *(e-n)* ~ *erhalten* jouir d'une réduction. **rabattieren** [-'ti:rən] ‹*ohne ge-*› *tr (e-n Betrag)* rabattre, faire un rabais de. **Rabattmarke** *f* timbre *m* d'escompte.
Rabbi *m* ‹-(s), Rabbinen/(-s)› ['rabi, -'bi:nən] *rel hist* rabbi *m.* **Rabbiner** *m* ‹-s, -› [-'bi:nər] *rel* rabbin *m.*
Rabe *m* ‹-n, -n› ['ra:bə] corbeau *m;* ▶ *weißer* ~ *(fig)* merle *m* blanc. **Rabenmutter** *f* marâtre, mère *f* dénaturée. **rabenschwarz** *a* noir comme (du) jais *od* comme un four. **Rabenvater** *m* père dénaturé, bourreau *m* d'enfant.
rabiat [rabi'a:t] *a (wütend)* furieux, furibond; *(grob)* brutal.
Rache *f* ‹-, ø› ['raxə] vengeance *f;* ▶ *aus* ~ par vengeance; ~ *nehmen* tirer vengeance (*an jdm* de qn). **Racheakt** *m* acte *m* de vengeance. **Rachedurst** *m* soif *f od* appétit *m* de vengeance.
Rachen *m* ‹-s, -› ['raxən] **1.** gosier *m,* gorge; *(a. von Raubtieren)* gueule *f;* **2.** *scient* pharynx *m; anat* arrière-bouche *f.*
rächen ['rɛçən] *tr* venger (*jdn* qn, *etw* qc); ▶ *sich an jdm für etw* ~ se venger sur qn de qc; *das wird sich* ~ cela aura des conséquences fâcheuses.
Rachenhöhle *f* ['raxən-] *anat* cavité *f* pharyngée.
Rächer *m* ‹-s, -› ['rɛçər] vengeur *m.* **Rächerin** *f* vengeresse *f.*
Rachgier *f* ['rax-] esprit *m* vindicatif *od* de vengeance. **rachgierig** *a* vindicatif.
Rachitis *f* ‹-, ø› [ra'xi:tɪs] *med* rachitisme *m.*
Racker *m* ‹-s, -› ['rakər] *pej* od *fam* polisson(ne *f*); (petit, e) coquin(e *f*); fripon(ne *f*) *m.*
Rad *n* ‹-(e)s, ⸚er› [ra:t, 'rɛ:dər] **1.** *allg* roue *f;* **2.** *(Fahrrad)* bicyclette *f; fam* vélo *m;* ▶ *unter die Räder kommen* se faire écraser; *(fig)* être ruiné, succomber; *ein* ~ *schlagen (Pfau u. sport)* faire la roue; *das fünfte* ~ *am Wagen (fig)* la cinquième roue du carrosse *od* de la charrette.
Radar *m* od *n* ‹-s, ø› ['ra:da:r, ra'da:r] *(Funkmessen u. -orten)* radar *m.* **Radaraufklärung** *f* reconnaissance *f* par radar. **Radarbeobachter** *m* radariste *m.* **Radarbild** *n* image *f* radar. **Radarfalle** *f mot* contrôle-radar *m.* **Radargerät** *n* appareil radar, engin *m* de détection. **Radarmeßgerät** *n* radar *m.* **Radarschirm** *m* écran *m* radar. **Radarstation** *f* station *f* radar, relais-radar *m.* **Radarsteuerung** *f* commande *f* par radar. **Radarverbindung** *f* liaison *f* par radar.
Radau *m* ‹-s, ø› [ra'daʊ] *fam (Lärm, Krach)* chahut, tapage; *pop* boucan *m;* ▶ ~ *machen* chahuter; faire du tapage.
Rädchen *n* ‹-s, -› ['rɛ:tçən] petite roue, roulette; *(Sporn-, Lauf~)* molette *f.*
Raddampfer *m* ['ra:t-] bateau *m* à aubes.
radebrechen ['ra:dəbrɛçən] ‹*radebrecht, radebrechte, geradebrecht*› *tr (e-e Sprache)* écorcher, baragouiner.
radeln ['ra:dəln] *itr* ‹*sein*› = *radfahren.*
Rädelsführer *m* ['rɛ:dəls-] meneur, instigateur, boutefeu *m.*
rädern ['rɛ:dərn] *tr hist* rouer; ▶ *wie gerädert sein* être tout moulu. **Räderwerk** *n* rouage *m.*
rad=fahren ['ra:t-] ‹*fährt, fuhr Rad, radgefahren*› *itr* ‹*sein*› aller à bicyclette; *fam* pédaler. **Radfahrer** *m* cycliste *m.* **Radfahrt** *f* randonnée *f* à bicyclette. **Rad(fahr)weg** *m* route *od* piste *f* cyclable.
radieren [ra'di:rən] ‹*ohne ge-*› *tr* **1.** *(aus~)* effacer; gommer; gratter; **2.** *(Kunst)* gratter *od* graver à l'eau forte. **Radiergummi** *m* gomme *f* (à effacer). **Radierung** *f* ‹-, -en› (gravure *od* estampe à l')eau-forte *f.*
Radieschen *n* ‹-s, -› [ra'di:sçən] radis *m.*
radikal [radi'ka:l] *a* radical; *pol a.* extrémiste. **Radikale** *m f* ‹-, -en› *pol* radical, extrémiste *m.* **Radikalenerlaß** *m hist* décret *m* contre les extrémistes. **radikalisieren** [-kali'zi:rən] ‹*ohne ge-*› *tr* radicaliser. **Radikalismus** *m* ‹-, -men› [-'lɪsmʊs] radicalisme *m.*
Radio *n* ‹-s, -s› ['ra:dio] *(vgl. Rundfunk, Funk)* radio, télégraphie sans fil, T.S.F.; *(Rundfunk)* radiodiffusion *f;* ▶ *im* ~ à la radio; *das* ~ *an-, abstellen* brancher, arrêter *od* couper la radio; ~ *hören* écouter la radio. **radioaktiv** *a* radioactif; ▶ ~*e Abfälle m pl* déchets *m pl* radioactifs; ~*e Niederschläge m pl* retombée(s *pl*) *f* radioactive(s); ~*e Strahlung f* radiation *f* atomique; ~*e Verseuchung f* contamination *f* radioactive.

Radioaktivität *f* radioactivité, radiation *f* atomique. **Radioapparat** *m* poste *m* de radio; ▶ ~ *mit Plattenspieler* radio-pick-up, radiocombiné *m.* **Radiodurchsage** *f* message *m* radio. **Radiogramm** *n* ‹-s, -e› [-'gram] radiogramme *m.* **Radiologe** *m* radiologue *m.* **Radiosonde** *f* radiosonde *f.* **Radiostation** *f* station *f* émettrice, poste *m* émetteur. **Radiotelegraphie** *f* radiotélégraphie *f.* **Radiotelephonie** *f* radiotéléphonie *f.* **Radiotherapie** *f* radiothérapie, curiethérapie *f.* **Radiowecker** *m* radioréveil *m.*

Radium *n* ‹-s, ø› ['ra:dium] *chem* radium *m.*

Radius *m* ‹-, -dien› ['ra:dius, -diən] *math* u. *fig* rayon *m.*

Radler *m* ‹-s, -› ['ra:dlər] = *Radfahrer.* **Radrennbahn** *f* vélodrome *m,* piste *f* cycliste. **Radrennen** *n* course *f* cycliste. **Radrennfahrer** *m* coureur *m* cycliste. **rad=schlagen** ‹*schlägt, schlug Rad, radgeschlagen*› *itr* faire la roue. **Radsport** *m* cyclisme *m.* **Radtour** *f* excursion *f* cycliste *od* à bicyclette. **Radwanderer(in** *f*) *m* cyclotouriste *m f.* **Radwandern** *n* cyclotourisme *m.* **Radwechsel** *m* changement *m* de *od* d'une roue. **Radweg** *m* piste *f* cyclable.

raffen ['rafən] *tr* **1.** *(Stoff)* relever, retrousser; **2.** *(zs.~)* ramasser; **3.** *film (Zeit)* accélérer. **Raffgier** *f* cupidité *f.* **raffgierig** *a* avide; cupide.

Raffinade *f* ‹-, ø› [rafi'na:də] *(Zucker)* sucre *m* raffiné. **Raffinerie** *f* ‹-, -n› [-nə'ri:] raffinerie *f.* **Raffinesse** *f* ‹-, -n› [-'nɛsə] raffinement *m;* subtilité *f.* **raffinieren** [-'ni:rən] ‹*ohne ge-*› *tr* raffiner. **raffiniert** *a, a. fig* raffiné; *fig* subtile, retors, astucieux.

ragen ['ra:gən] *itr* s'élever, se dresser; ▶ *über etw* ~ dominer qc.

Ragout *n* ‹-s, -s› [ra'gu:] *(Küche)* ragoût; *(von Fleischresten)* salmigondis; *fam* fricot *m.*

Rahe *f* ‹-, -n› ['ra:ə] *mar* vergue *f.*

Rahm *m* ‹-(e)s, ø› [ra:m] *dial* crème *f.*

Rahmen *m* ‹-s, -› ['ra:mən] **1.** cadre; *(Tür, Fenster)* châssis; *(Zimmerei)* bâti *m; tech* forme *f;* **2.** *fig* limites *f pl;* **3.** décor *m;* ▶ *im ~ des Möglichen* dans la mesure du possible; *aus dem ~ fallen (fig)* sortir de l'ordinaire. **rahmen** *tr* encadrer, monter. **Rahmenabkommen** *n pol* convention-type *f.* **Rahmengesetz** *n* loi-cadre *f.*

Rain *m* ‹-(e)s, -e› [raın] *(Ackergrenze)* lisière *f.*

räkeln ['rɛ:kəln] = *rekeln.*

Rakete *f* ‹-, -n› [ra'ke:tə] *tech* fusée; *mil* roquette *f;* ▶ *ferngelenkte* od *-gesteuerte* ~ engin *m od* fusée *f* téléguidé(e); *zweistufige* ~ fusée *f* à deux étages; *e-e ~ abschießen* lancer une fusée. **Raketenabschußbasis** *f* rampe *f* de lancement de fusée. **Raketenantrieb** *m* propulsion *f* par fusée(s), moteur *m* fusée; ▶ *mit* ~ propulsé par fusée(s). **Raketenmotor** *m s. Raketentriebwerk.* **Raketentriebwerk** *n* propulseur *m* à réaction.

Ramme *f* ‹-, -n› ['ramə] *(Hand~)* mouton *m,* hie, dame, demoiselle *f.* **rammen** *tr* **1.** damer; **2.** *mar aero* éperonner; *mot* accrocher, heurter, tamponner.

Rampe *f* ‹-, -n› ['rampə] *a. theat* rampe *f.* **Rampenlicht** *n theat* (feux *m pl* de la) rampe *f.*

ramponieren [rampo'ni:rən] ‹*ohne ge-*› *tr fam* amocher; endommager, abîmer.

Ramsch *m* ‹-(e)s, ø› [ramʃ] camelote, (marchandise *f* de) rebut *m.* **Ramschladen** *m* magasin *m* à quatre sous.

ran [ran] *adv fam* = *heran;* ▶ *~!* vas-y! *pop* amène-toi! *rechts ~!* appuyez à droite!

Rand *m* ‹-(e)s, ⸚er› [rant, 'rɛndər] **1.** bord *m;* bordure; lèvre *f; (erhöhter)* rebord *m; (Kante)* arête *f;* **2.** *(Saum, Wald~)* lisière *f;* **3.** *typ* marge *f;* ▶ *am ~e bemerkt* soit dit en passant; *außer ~ und Band* sorti *od* hors de ses gonds, déchaîné; *mit etw nicht zu ~e kommen (fam)* ne pas venir à bout de qc; *am ~e des Verderbens stehen* être proche de la ruine.

randalieren [randa'li:rən] ‹*ohne ge-*› *itr* faire du chahut *od* du vacarme; chahuter.

Randbemerkung *f* ['rant-] note marginale *od* en marge, glose *f* (marginale). **Randerscheinung** *f* phénomène *m.* marginal. **Randgebiet** *n* région *f* limitrophe. **randlos** *a (Brille)* à verres nus. **Randsteller** *m (Schreibmaschine)* margeur *m.*

Rang *m* ‹-(e)s, ⸚e› [raŋ, 'rɛŋə] **1.** rang *m; (Klasse)* classe *f; (Stufe)* échelon *m; (Stand)* condition *f; mil* grade; *fig* standing *m;* **2.** *theat* galerie *f;* ▶ *ersten ~es* de premier ordre, de première classe; *jdm den ~ ablaufen* prendre le pas sur qn; damer le pion à qn; *jdm den ~ streitig machen* disputer la préséance à qn. **Rangabzeichen** *n* insigne *m od* marque *f* de grade.

Range *m* ‹-n, -n› od *f* ‹-, -n› ['raŋə] *(unartiges Kind)* gosse *m f;* polisson(ne *f*) *m; pop* môme *m.*

Rangfolge *f* ['raŋ-] hiérarchie *f.*

Rangierbahnhof *m* [rã'ʒi:r-] gare *f* de triage *od* de manœuvre *od* d'évitement. **rangieren** ‹*ohne ge-*› **1.** *tr loc* garer, trier, manœuvrer; **2.** *itr allg* avoir tel ou tel rang, prendre rang. **Rangiergleis** *n* voie *f* de triage *od* de manœuvre *od* d'évitement.

Rangliste *f* ['raŋ-] **1.** *mil* annuaire *m* militaire; **2.** *sport* classement *m.* **Rang-**

ordnung *f* ordre de préséance, ordre *m* hiérarchique, hiérarchie *f*.
Ranke *f* ‹-, -n› ['raŋkə] *bot* vrille *f*; *(der Rebe)* sarment *m*.
Ränke *m pl* ['rɛŋkə] intrigues, manigances, machinations *f pl*.
ranken ['raŋkən] *itr* grimper; ► *am Boden* ~ *(bot)* tracer.
Ränkeschmied *m* ['rɛŋkə-] intrigant, machinateur *m* d'intrigue(s).
Ränzel *n a. m* ‹-s, -› ['rɛntsəl]: ► *sein* ~ *schnüren* plier bagage.
Ranzen *m* ‹-s, -› ['rantsən] *(Schulranzen)* cartable *m* (d'écolier), sacoche, gibecière *f*.
ranzig ['rantsıç] *a* rance; ► ~ *werden* rancir.
Rappe *m* ‹-n, -n› ['rapə] cheval *m* noir *od* moreau.
Rappel *m* ‹-s, -› ['rapəl] *fam (Wutanfall)* accès *m* (de colère); *(Verrücktheit)* toquade, lubie *f*; ► *du hast wohl einen* ~? *(fam)* qu'est-ce qui te prend? quelle mouche t'a piqué? **rappeln** *itr tech* claquer, cliqueter, faire du bruit; ► *bei dir rappelt's wohl?* tu n'es pas bien?
Rappen *m* ‹-s, -› ['rapən] *(schweiz. Münze)* centime *m*.
Raps *m* ‹-es, (-e)› [raps] *bot* colza *m*.
rar [ra:r] *a* rare; ► *sich* ~ *machen* se faire rare; ~ *werden* se raréfier. **Rarität** *f* ‹-, -en› [rari'tɛ:t] rareté *f*; (objet *m* de) curiosité *f*.
rasant [ra'zant] *a* **1.** *mil (flach, gestreckt)* rasant, tendu; **2.** *(sehr schnell) fam* à grande vitesse.
rasch [raʃ] **I.** *a* prompt; rapide; **II.** *adv a.* vite.
rascheln ['raʃəln] *itr* froufrouter; faire un léger bruit. **Rascheln** *n* ‹-s, ø› frou-frou, friselis *m*.
rasen ['ra:zən] *itr* **1.** ‹*h*› *(vor Wut)* rager, faire rage, être hors de soi; **2.** ‹*sein*› *(schnell fahren) od* prendre le grand galop; aller à toute vitesse, rouler à toute allure.
Rasen *m* ‹-s, -› ['ra:zən] (tapis de) gazon *m*; *(~fläche)* pelouse *f*.
rasend ['ra:zənt] *a* **1.** enragé, furieux, furibond; **2.** *(Beifall)* frénétique; **3.** *fig fam (~ viel)* fou; ► *mit ~er Geschwindigkeit* à une allure folle; *jdn ~ machen* faire enrager *od* mousser qn.
Rasenfläche *f* ['ra:zən-] pelouse *f*. **Rasenmäher** *m* tondeuse *f* (à gazon). **Rasensprenger** *m (Gerät)* arroseuse *f*.
Raserei *f* ‹-, ø› [razə'raı] **1.** *(Wut)* fureur, furie *f*; **2.** *mot* excès *m* de vitesse, allure *f* excessive.
Rasierapparat *m* [ra'zi:r-] rasoir *m* mécanique; ► *elektrischer* ~ rasoir *m* électrique. **Rasiercreme** *f* crème *f* à raser. **rasieren** ‹*ohne ge-*› **1.** *tr* raser, faire la barbe (*jdn* à qn); **2.** *refl: sich* ~ se faire la barbe, se raser; ► *sich* ~ *lassen* se faire faire la barbe. **Rasierklinge** *f* lame *f* de rasoir. **Rasiermesser** *n* rasoir *m*. **Rasierpinsel** *m* blaireau, pinceau *m* à barbe. **Rasierseife** *f* savon *m* à raser *od* à barbe; ► *Stück n* ~ bâton *m* à barbe. **Rasierwasser** *n* après-rasage *m*. **Rasierzeug** *n* trousse *f* à barbe.
Raspel ['raspəl] **1.** *f* ‹-, -n› râpe *f*; **2.** *m* ‹-s, ø› râpure *f*. **raspeln** *tr* râper.
Rasse *f* ‹-, -n› ['rasə] race *f*. **Rassehund** *m* chien *m* de race.
Rassel *f* ‹-, -n› ['rasəl] *(Klapper)* crécelle *f*. **Rasselbande** *f* bande *f* bruyante d'enfants. **rasseln** *itr* cliqueter, résonner; ► *mit dem Säbel* ~ *(fig)* prendre une attitude menaçante. **Rasseln** *n* ‹-s, ø› cliquetis *m*.
Rassendiskriminierung *f* ['rasən-] discrimination *f* raciale. **Rassenhaß** *m* haine *f* raciale. **Rassenintegration** *f* intégration *f* raciale. **Rassenkreuzung** *f* croisement de(s) races, métissage *m*. **Rassentrennung** *f* ségrégation *f* raciale *od* des races. **Rassenunruhen** *f pl* troubles *m pl* raciaux.
rasserein ['rasə-] *a* de race pure.
rassig ['rasıç] *a fam* racé; *pop* girond.
rassisch *a* racial.
Rast *f* ‹-, -en› [rast] repos *m*, pause, halte *f*; *(Ruhepause)* relâche *m*, récréation; *mil* grand-halte *f*; ► *ohne* ~ *und Ruh* sans repos ni trêve. **rasten** *itr* faire (une) halte; se reposer. **rastlos** *a* sans repos, sans relâche, sans trêve, sans cesse; *(unablässig)* incessant, infatigable. **Rastlosigkeit** *f* ‹-, ø› agitation *f* continuelle *od* incessante. **Rastplatz** *m* aire *f* de repos. **Raststätte** *f (an der Autobahn)* restaurant d'autoroute, restoroute; relais *m*.
Rasur *f* ‹-, -en› [ra'zu:r] **1.** *(Rasieren)* rasage *m*; **2.** *(ausradierte Stelle)* rature *f*.
Rat *m* ‹-(e)s, Ratschläge/¨e› [ra:t, 'rɛ:tə] **1.** *(pl: Ratschläge)* conseil, avis *m*; *(Vorschlag)* suggestion *f*; **2.** *(pl: Räte) (Kollegium)* conseil; *(Person)* conseiller *m*; ► *auf m-n* ~ *(hin)* sur mon conseil; *jds* ~ *befolgen* suivre le conseil de qn; *jdn um* ~ *bitten* od *fragen* consulter qn, demander conseil à qn; *jdn zu ~e ziehen* prendre conseil auprès de qn, prendre l'avis de qn; *etw (ein Buch) zu ~e ziehen* consulter qc; *da ist guter* ~ *teuer* c'est difficile; que faire?
Rate *f* ‹-, -n› ['ra:tə] *com* acompte *m*; *(Monatsrate)* mensualité *f*; ► *in ~n (be)zahlen* payer par *od* en acomptes *od* termes; *auf ~n kaufen* acheter à tempérament.
raten ['ra:tən] ‹*rät, riet, geraten*› *tr* **1.** *(e-n Rat geben)* conseiller; *(empfehlen)* recommander; **2.** *(Rätsel)* deviner.
Ratenzahlung *f* ['ra:tən-] paiement *m*

par acomptes *od* termes *od* à tempérament.
Ratgeber *m* ['ra:t-] conseiller *m.* **Rathaus** *n (e-r Stadt)* hôtel *m* de ville; *(e-s kleineren Ortes)* mairie *f.*
Ratifikation *f* ‹-, -en› [ratifikatsi'o:n] ratification *f.* **ratifizieren** [-'tsi:rən] ‹*ohne ge-*› *tr* ratifier. **Ratifizierung** *f* ‹-, -en› [-'tsi:ruŋ] *s. Ratifikation.*
Ration *f* ‹-, -en› [ratsi'o:n] ration *f;* ► *eiserne* ~ ration *f od* vivres *m pl* de réserve. **rational** [-tsio'na:l] *a* rationnel. **rationalisieren** [-nali'zi:rən] ‹*ohne ge-*› *tr* rationaliser. **Rationalisierung** *f* ‹-, -en› rationalisation *f.* **rationell** [-'nɛl] *a (vernünftig)* rationnel; *(zweckmäßig)* approprié, fonctionnel. **rationieren** [-'ni:rən] ‹*ohne ge-*› *tr adm* rationner. **rationiert** *a* soumis au rationnement. **Rationierung** *f* ‹-, -en› rationnement *m.*
ratlos ['ra:tlo:s] *a* embarrassé, perplexe, désemparé, déconcerté. **Ratlosigkeit** *f* ‹-, ø› embarras *m,* perplexité *f.*
rätoromanisch [rɛtoro'ma:nɪʃ] *a* rhéto-roman.
ratsam ['ra:t-] *a* conseillé, opportun, convenable; ► *für* ~ *halten zu* juger *od* croire utile de. **Ratschlag** *m* conseil *m.* **ratschlagen** ‹*ratschlagt, ratschlagte, geratschlagt*› *itr* tenir conseil, délibérer.
Rätsel *n* ‹-s, -› ['rɛ:tsəl] **1.** énigme *f,* mystère *m;* **2.** *(Aufgabe)* devinette *f;* ► *ein* ~ *aufgeben, lösen* poser, résoudre une devinette; *des* ~*s Lösung* le mot de l'énigme, le fin mot de l'histoire. **Rätselecke** *f* coin *m* des chercheurs. **rätselhaft** *a* énigmatique. **rätseln** *itr* deviner. **Rätselraten** *n fig* spéculations *f pl.*
Ratskeller *m* ['ra:ts-] restaurant *m od* brasserie *f* de l'hôtel de ville. **Ratssitzung** *f,* **Ratsversammlung** *f* (séance *f* du) conseil *m.*
Ratte *f* ‹-, -n› ['ratə] rat *m; (weibl.* ~*)* rate *f.* **Rattenbekämpfung** *f* dératisation *f.* **Rattenfalle** *f* ratière *f.* **Rattengift** *n a. fig* mort-aux-rats *f.* **Rattenschwanz** *m fig (endlose Folge)* cascade *f.*
rattern ['ratərn] *itr* pétarader.
Raub *m* ‹-(e)s, ø› [raʊp, '-bəs] **1.** rapine *f,* brigandage, vol à main armée; *(Menschenraub)* rapt *m;* **2.** *fig (Beute)* proie *f;* ► *auf* ~ *ausgehen* chercher sa proie; *ein* ~ *der Flammen werden* devenir la proie des flammes. **Raubbau** *m allg* exploitation *f* abusive *od* dévastatrice; pillage *m;* ► ~ *treiben* exploiter d'une façon abusive (*an etw* qc). **Raubdruck** *m* édition *f* pirate. **rauben** ['-bən] *tr* ravir *(a. Menschen* u. *fig);* voler, dérober; prendre; ► *ich raube Ihre Zeit* j'abuse de votre temps.
Räuber *m* ‹-s, -› ['rɔʏbər] brigand, bandit, voleur *m.* **Räuberbande** *f* bande *f* de brigands. **Räubergeschichte** *f* histoire *f od* conte de brigands; *fig* conte *m* bleu, histoire *f* rocambolesque. **Räuberhöhle** *f* nid de brigands, repaire; *fig* coupe-gorge *m.* **räuberisch** *a* rapace; de brigand.
Raubkopie *f* ['raʊp-] copie pirate *f.* **raub=kopieren** ‹*kopiert raub, raubkopiert*› *tr (Diskette)* faire une copie pirate. **Raubkopierer** *m* pirate *m.* **Raubmord** *m* vol et assassinat, meurtre *m* aux fins de voler. **Raubmörder** *m* voleur et assassin *m.* **Raubplatte** *f* copie *f* pirate (d'un disque). **Raubpressung** *f* copie *f* pirate. **Raubritter** *m* chevalier *m* brigand. **Raubtier** *n* carnassier, carnivore *m.* **Raubüberfall** *m* attaque *od* agression *f* à main armée; hold-up *m.* **Raubvogel** *m* oiseau *m* de proie.
Rauch *m* ‹-(e)s, ø› [raʊx] fumée *f;* ► *in* ~ *aufgehen (fig)* s'en aller *od* s'évanouir en fumée. **Rauchabzug** *m* conduit(e *f*) *m* de fumée. **raucharm** *a (Motor)* qui produit peu de fumée, écologique. **Rauchbildung** *f* production *f od* dégagement *m* de fumée. **Rauchbombe** *f* bombe *f* fumigène. **rauchen** *itr* u. *tr* fumer; ► *mir raucht der Kopf* la tête me tourne; *(bitte) nicht* ~*!* (prière de) ne pas fumer. **Rauchen** *n:* ► ~ *verboten!* défense de fumer. **Rauchentwicklung** *f* dégagement *m od* émission *f* de fumée. **Raucher** *m* ‹-s, -› fumeur *m;* ► *starker* ~ grand *od* gros fumeur *m.*
Räucheraal *m* ['rɔʏçər-] anguille *f* fumée.
Raucherabteil *n* ['raʊxər-] *loc* compartiment *m* de fumeurs.
Räucherkerze *f* ['rɔʏçər-] parfum *m od* pastille *f* à brûler. **Räucherstäbchen** *n* bâtonnet *m* odoriférant *od* d'encens. **räuchern** *tr (Fleisch, Wurst)* fumer; *(Heringe)* saurer.
Rauchfahne *f* ['raʊx-] panache *od* ruban *m od* traînée *f* de fumée. **Rauchfleisch** *n* viande *f* fumée. **Rauchgas** *n mot* fumées *f pl* d'échappement. **rauchig** *a* fumeux. **rauchlos** *a* sans fumée. **Rauchsäule** *f* colonne *f* de fumée. **Rauchschwaden** *m (pl)* nuages *m pl* d'incendie. **Rauchverbot** *n* défense *f* de fumer. **Rauchvergiftung** *f* intoxication *f* par la fumée. **Rauchverzehrer** *m* fumivore *m.* **Rauchwaren** *f pl* **(1)** tabacs *m pl;* **(2)** *(Pelze)* pelleterie *f.* **Rauchwolke** *f* nuage *m* de fumée; *(kleine)* bouffée *f.*
Räude *f* ‹-, -n› ['rɔʏdə] *med vet* gale, teigne *f.* **räudig** *a* galeux, teigneux.
Raufbold *m* ‹-(e)s, -e› ['raʊfbɔlt, -də] batailleur, spadassin *m.*
Raufe *f* ‹-, -n› ['raʊfə] *agr* râtelier *m.*
raufen, ► *sich* ['raʊfən] se chamailler, se battre. **Rauferei** *f* ‹-, -en› [-raɪ] rixe

f. **Rauflust** *f* humeur *f* batailleuse *od* querelleuse. **rauflustig** *a* batailleur, querelleur.
rauh [raʊ] *a* **1.** *allg* âpre *a. fig; (Fläche)* raboteux, rugueux; **2.** *bot (borstig)* hispide; **3.** *(Stimme)* rauque; **4.** *(Klima)* rigoureux, rude, inclément; **5.** *(Gegend)* sauvage; **6.** *(Mensch)* rêche, revêche, rébarbatif; *(Ton, Sprache)* dur; *(Sitten)* sauvage, grossier; ► *e-e ~e Schale haben (fig)* être rêche *od* revêche. **Rauhbein** *n* rustre, meneur *m* d'ours. **Rauheit** *f* âpreté; rigueur; rudesse; dureté; grossièreté *f.* **rauhen** *tr* **1.** *(~ machen)* rendre raboteux *od* rugueux; **2.** *(Tuch)* lainer. **Rauhreif** *m* givre *m,* gelée *f* blanche.
Raum *m* ‹-(e)s, ¨-e› [raʊm, 'rɔʏmə] *a.* **1.** *philos astr* espace *m; (Ausdehnung, Weite)* étendue; *(bestimmter ~, Platz)* place *f; (Spielraum)* jeu *m;* **2.** *(Zimmer)* pièce *f,* local *m;* **3.** *(Gebiet)* région, zone *f;* ► *~ bieten für* pouvoir accueillir *od* contenir, offrir de la place pour; *e-n breiten ~ einnehmen* tenir une grande place; *~ und Zeit* l'espace et le temps. **Raumanzug** *m (Weltraumanzug)* combinaison *f* spatiale. **Raumaufteilung** *f* aménagement *m.*
Räumboot *n* ['rɔʏm-] dragueur *m* de mines. **räumen** *tr* **1.** *(weg~)* ôter, (en-)lever; *(Schutt)* déblayer; *(Minen)* déterrer, *mar* draguer; **2.** *(verlassen)* quitter *(Wohnung)* déménager; **3.** *(Ort)* évacuer; *itr* **4.** *com* réaliser son stock, liquider; ► *beiseite ~* mettre de côté; *den Saal ~* (faire) évacuer la salle.
Raumersparnis *f* ['raʊm-] économie *f* de place; ► *zwecks ~* pour gagner de la place. **Raumfähre** *f* navette *f* spatiale. **Raumfahrer** *m* cosmonaute, astronaute *m.* **Raumfahrt** *f* navigation *f* spatiale. **Raumfahrtzentrum** *n* centre *m* aérospatial. **Raumfahrzeug** *n* véhicule spatial *od* de l'espace, astronef *m.* **Raumflug** *m* vol *m* spatial *od* cosmique; ► *bemannter ~* vol *m* (spatial) habité. **Raumflugkörper** *m* engin *m* spatial. **Raumforschung** *f* recherche(s *pl*) *f* spatiale(s). **Raumforschungszentrum** *n* centre *m* de recherche spatiale.
Räumgerät *n* ['rɔʏm-] machine à déblayer; *mar* drague *f.*
Raumgestaltung *f* ['raʊm-] décoration *f.* **Rauminhalt** *m* volume *m;* capacité *f,* cubage *m.* **Raumkapsel** *f* cabine spatiale; capsule *f* spatiale. **Raumkrankheit** *f* mal *m* de l'espace. **Raumlehre** *f* stéréométrie *f.*
räumlich ['rɔʏmlɪç] *a* spatial, dans l'espace; ► *~es Sehen n* vue *f* stéréoscopique; *~e Tiefe f (film)* relief *m.* **Räumlichkeiten** *f pl (Räume)* locaux *m pl.*
Raummangel *m* ['raʊm-] manque *m* de place. **Raummaß** *n* mesure *f* de volume. **Raummeter** *n, a. m* mètre cube; *(Holz)* stère *m.* **Raumpflegerin** *f* femme *f* de ménage *od* de journée.
Räumpflug *m* ['rɔʏm-] bulldozer *m.*
Raumplanung *f* ['raʊm-] aménagement *m* du terrritoire. **Raumschiff** *n* vaisseau spatial, astronef, aéronef *m* interplanétaire. **Raumsonde** *f* sonde *f* spatiale. **raumsparend** *a* peu encombrant. **Raumstation** *f* station *f* spatiale. **Raumteiler** *m* claustra *m.* **Raumtransporter** *m* navette *f* spatiale.
Räumung *f* ‹-, -en› ['rɔʏmʊŋ] **1.** évacuation *f;* **2.** déblaiement *m;* **3.** *com* liquidation *f.* **Räumungsarbeiten** *f pl* travaux *m pl* de dégagement. **Räumungs(aus)verkauf** *m* liquidation *f* (générale *od* totale). **Räumungsbefehl** *m* arrêté *m* d'expulsion. **Räumungsklage** *f* demande *f* d'expulsion.
raunen ['raʊnən] *itr* murmurer; chuchoter.
Raupe *f* ‹-, -n› ['raʊpə] *ent* chenille *f a. tech.* **Raupenfahrzeug** *n* véhicule *od* engin *m* chenillé *od* à chenille(s). **Raupenfraß** *m* dégâts *m pl* causés par les chenilles. **Raupenschlepper** *m* tracteur *m* à chenilles, auto-chenille *f.*
raus [raʊs] *fam = heraus;* ► *~!* hors d'ici! va-t'en!
Rausch *m* ‹-(e)s, ¨-e› [raʊʃ, 'rɔʏʃə] *a. fig* ivresse *f,* enivrement *m; fig* griserie *f;* ► *im ~* en état d'ivresse; *s-n ~ ausschlafen* cuver son vin; *e-n ~ haben* être ivre *od* gris.
rauschen ['raʊʃən] *itr* bruire; *(Wind)* mugir; *(Blätter)* susurrer; *(Stoff)* frou--frouter.
Rauschgift *n* ['raʊʃgɪft] stupéfiant *m,* drogue *f.* **Rauschgiftdezernat** *n* brigade *f* des stupéfiants. **Rauschgifthandel** *m* trafic *m* des stupéfiants. **Rauschgifthändler** *m* trafiquant *m* de drogues. **Rauschgiftsüchtige** *m f* drogué, e *m f.*
raus=fliegen ['raʊs-] ‹*flog raus, rausgeflogen*› *itr* ‹*sein*› *fam* sauter.
räuspern, *sich* ['rɔʏspərn] se racler la gorge.
raus=rücken ['raʊs-] *tr fam (Geld)* lâcher; *pop* abouler. **raus=schmeißen** ‹*schmiß raus, rausgeschmissen*› *tr pop* sortir, vider, sacquer. **Rausschmeißer** *m* ‹-s, -› *fam (e-s Lokals)* videur *m.*
Raute *f* ‹-, -n› ['raʊtə] losange, rhombe *m.*
Razzia *f* ‹-, -ien/(-s)› ['ratsia, -siən] rafle, razzia *f.*
Reagens *n* ‹-, -genzien› [re'a:gɛns/ rea'gɛns, -'gɛntsiən], **Reagenz** *n* ‹-es, -zien› [-'gɛnts] *chem* réactif *m.* **Reagenzglas** *n* éprouvette *f,* tube *m* (à essai). **reagieren** [-'gi:rən] ‹*ohne ge-*› *itr*

1. *chem* agir; **2.** *allg* réagir, être sensible (*auf* à).
Reaktion *f* ‹-, -en› [reaktsi'o:n] réaction *f*. **reaktionär** [-tsio'nɛ:r] *a pol* réactionnaire. **Reaktionsfähigkeit** *f psych* pouvoir *m* de réaction; *physiol* réactivité *f*.
Reaktor *m* ‹-s, -en› [re'aktɔr, -'to:rən] *phys* réacteur *m*, pile *f* (atomique).
real [re'a:l] *a (wirklich)* réel, effectif, concret. **Realeinkommen** *n* revenu *od* produit *m* réel. **realisierbar** [-'zi:r-] *a* réalisable. **realisieren** ‹*ohne ge-*› *tr* réaliser. **Realisierung** *f* ‹-, ø› réalisation *f*. **realistisch** [-'lɪstɪʃ] *a* réaliste. **Realität** *f* ‹-, -en› [-li'tɛ:t] réalité *f*. **Reallohn** *m* salaire *m* réel.
Rebe *f* ‹-, -n› ['re:bə] *(Weinstock)* (cep *m* de) vigne *f*.
Rebell *m* ‹-en, -en› [re'bɛl] rebelle, révolté *m*. **rebellieren** [-'li:rən] ‹*ohne ge-*› *itr* se rebeller, se révolter. **Rebellion** *f* ‹-, -en› [-li'o:n] rébellion, révolte *f*. **rebellisch** [-'bɛlɪʃ] *a* rebelle.
Rebhuhn *n* ['rɛp-] perdrix *f*.
Reblaus ['re:p-] *f* phylloxéra *m*; ▶ *von der ~ befallen* phylloxéré. **Rebmesser** *n* serpette *f*. **Rebstock** *m* (pied *m* de) vigne *f*, cep *m* (de vigne).
rechen ['rɛçən] *tr (harken)* ratisser. **Rechen** *m (Harke)* râteau *m*.
Rechenaufgabe *f* ['rɛçən-] problème (d'arithmétique), devoir *m* de calcul. **Rechenbuch** *n* livre *m* d'arithmétique. **Rechenfehler** *m* erreur *od* faute *f* de calcul; mécompte *m*. **Rechenmaschine** *f* machine à calcul(er); calculatrice *f*; ▶ *elektronische ~* calculatrice *f* électronique.
Rechenschaft *f* ‹-, ø› raison *f*; *(Bericht)* compte *m* rendu; ▶ *über etw ~ ablegen* rendre compte de qc; *jdn zur ~ ziehen* demander compte *od* des explications à qn. **Rechenschaftsbericht** *m* compte rendu, rapport *m* de gestion.
Rechenschieber *m* règle à calcul *od* logarithmique, échelle *f* logarithmique.
Recherchen *f pl* [re'ʃɛrʃən, rə-] *(Nachforschungen)* recherches *f pl*.
rechnen ['rɛçnən] *tr* **1.** calculer, compter, faire le compte de; **2.** *(ansehen als)* ranger (*zu, unter* parmi), compter au nombre, mettre au nombre *od* rang (*zu, unter* de); *itr* **3.** compter, tabler (*mit, auf* sur); *(gefaßt sein auf)* s'attendre (*mit etw* à qc); ▶ *mit e-m Erfolg ~* escompter un succès; *mit jdm od etw ~* compter *od* parier sur qn *od* qc; *mit dem Schlimmsten ~* envisager le pire; *es muß damit gerechnet werden, daß* ... il faut s'attendre à ce que ... **Rechnen** *n* calcul *m*. **rechnergesteuert** *a inform* commandé par ordinateur. **rechnerisch** **I.** *a* arithmétique; **II.** *adv* par des calculs, par voie de calcul.
Rechnung *f* ‹-, -en› ['rɛçnʊŋ] **1.** *(Rechnen)* calcul; *(Berechnung)* compte *m*; **2.** *(Kostenforderung)* compte *m*, note, facture *f*, mémoire *m*; *(in e-r Gaststätte)* addition *f*; ▶ *auf eigene ~* pour son propre compte; *auf eigene ~ und Gefahr* à ses risques et périls; *e-e ~ ausstellen* dresser *od* établir *od* faire un compte *od* une facture; *e-e ~ begleichen* apurer un compte, régler un mémoire; *(dabei) auf s-e ~ kommen* (y) trouver son compte; *jdm e-n Strich durch die ~ machen (fig)* traverser les desseins de qn; *die ~ ohne den Wirt machen (fig)* compter sans l'hôte *od* sans son hôte; se tromper dans ses prévisions; *jdm etw in ~ stellen* porter qc au *od* sur le compte de qn; *e-r Sache ~ tragen* tenir compte de qc; *die ~ geht auf* le compte est bon; *s-e ~ ging nicht auf (fig)* il s'est trompé dans ses calculs. **Rechnungsführer** *m* (agent) comptable; *mil* sous-officier *m* comptable. **Rechnungsführung** *f* comptabilité, gestion *f* comptable. **Rechnungsjahr** *n* exercice *m* (financier), année *f* fiscale.
recht [rɛçt] **I.** *a* **1.** *(Seite, Winkel)* droit; **2.** *(richtig)* juste; *(wahr, echt)* vrai, véritable; *(~mäßig)* légitime; **3.** *(geeignet)* convenable, opportun; **II.** *adv (sehr)* bien, très; fort; *(ziemlich)* assez, passablement; *(gehörig)* comme il faut; *(richtig)* juste; ▶ *am ~en Ort* au bon endroit; *ganz ~ (adv)* tout juste; très bien! *gerade ~ (adv)* à point (nommé); *zur ~en Zeit* à temps; en temps utile; à point (nommé); à propos; *~ und schlecht* tant bien que mal; *~ behalten* avoir finalement raison, finir par avoir raison, l'emporter; *jdm (nicht) ~ geben* donner raison (tort) à qn; *~ haben* avoir raison; *an den R~en kommen* trouver son homme *od* à qui parler; *es jdm ~ machen* satisfaire qn; *es jedem ~ machen wollen (a.)* ménager la chèvre et le chou; *nach dem R~en sehen* avoir l'œil, veiller au bon ordre, faire un *od* des contrôle(s); *nicht ~ wissen* ne pas savoir au juste; *das ist mir (ganz* od *durchaus) ~* je (le) veux bien, cela me va *od* me convient; cela m'arrange tout à fait; *das ist mir gerade ~* je ne demande pas mieux; *mir ist alles ~* je m'accommode de tout; *das geschieht dir (ganz) ~* tu ne l'as pas volé *(fam)*; *dir ist nichts ~ zu machen* tu fais le difficile; *wenn es Ihnen ~ ist* si cela vous arrange *od* vous convient; *das ist nur ~ und billig* cela va de droit, ce n'est que justice; *nun erst ~!* maintenant plus que jamais; *nun erst ~ nicht!* maintenant encore moins! *so ist's ~! ~ so!* c'est bien! à la bonne heure! *was dem einen ~ ist, ist dem andern billig (prov)* il ne doit pas y avoir deux poids et deux mesures;

der ~e Mann l'homme *m* qu'il faut *od* de la situation; *die ~e Seite (Stoff)* l'endroit *m; typ* le recto.

Recht *n* ‹-(e)s, -e› [rɛçt] **1.** *allg* u. *jur* droit *m;* **2.** *(Berechtigung)* raison *f;* **3.** *(Gerechtigkeit)* justice *f;* **4.** *(Gesamtheit der Gesetze)* législation; *pl (Wissenschaft)* jurisprudence *f;* **5.** *(Befugnis)* autorisation *f;* ► *mit ~* avec raison; de droit, à bon droit, à juste titre; *mit um so größerem ~* à plus forte raison; *mit vollem ~* de plein droit, par droit et raison, à juste titre; *von ~s wegen* de droit, à bon droit; *ein ~ auf etw haben* avoir droit à qc; *sein ~ geltend machen* poursuivre son droit; *im ~ sein* être dans son droit; *~ sprechen* rendre la justice; *die ~e studieren* étudier le droit; *alle ~e vorbehalten* tous droits réservés; *und das* od *zwar mit ~!* et pour cause! *gleiches ~ für alle!* même droit pour tous! *bürgerliches, gemeines, kanonisches, öffentliches ~* droit *m* civil, commun, canon(ique), public; *das deutsche ~* la législation allemande; *die politischen, verfassungsmäßigen ~e* les libertés *f pl* publiques, constitutionnelles; *~ auf Arbeit* droit *m* au travail; *~ der freien Meinungsäußerung* libre discussion *f; das ~ des Stärkeren* la raison *od* le droit *od* la loi du plus fort.

Rechte *f* ‹-n, -n› ['rɛçtə] *(rechte Hand* u. *pol)* la droite; ► *zur ~n* à droite; *äußerste ~ (pol)* extrême droite *f.*

Rechteck *n* ['rɛçt-] rectangle *m.* **rechteckig** *a* rectangulaire.

rechten *itr (streiten)* contester, disputer.

rechtfertigen **1.** *tr* justifier; **2.** *refl: sich ~* se disculper (*wegen* de). **Rechtfertigung** *f* ‹-, -en› justification; disculpation, apologie *f.* **rechtgläubig** *a rel* orthodoxe. **Rechtgläubigkeit** *f* orthodoxie *f.* **Rechthaberei** *f* ‹-, ø› ergotage, ergotement *m,* ergoterie *f.* **rechthaberisch** *a* ergoteur. **rechtlich** *a* **1.** juridique; légal; **2.** *(redlich)* loyal, équitable, probe. **rechtlos** *a* mis hors la loi, sans droits. **Rechtlosigkeit** *f* ‹-, ø› mise hors la loi; proscription *f.* **rechtmäßig** *a* légitime; légal; ► *für ~ erklären* légitimer; légaliser. **Rechtmäßigkeit** *f* ‹-, ø› légitimité; légalité *f.*

rechts [rɛçts] *adv* à droite; sur la droite; ► *nach, von ~* à, de droite; *~ neben dem* od *vom Hause* à droite de la maison; *~ gehen* od *fahren* prendre *od* tenir la *od* sa droite. **Rechtsabbieger** *m (Verkehr)* véhicule *m od* celui qui tourne à droite.

Rechtsabteilung *f* ['rɛçts-] section *f od* service *m* juridique. **Rechtsanwalt** *m (plädierender)* avocat; *(nicht plädierender)* avoué *m.* **Rechtsauskunft** *f* renseignements *m pl* juridiques.

Rechtsaußen *m* ‹-, -› [rɛçts'ʔausən] *sport* ailier *m* droit.

Rechtsbeistand *m* ['rɛçts-] **1.** *(Tätigkeit)* conseil *m* juridique; **2.** *(Person)* avocat *m* conseil. **Rechtsbelehrung** *f* instruction *f* judiciaire. **Rechtsberater** *m* conseiller juridique; *(Syndikus)* syndic *m.* **Rechtsbrecher** *m* violateur *m* des lois. **Rechtsbruch** *m* violation *f* du droit.

rechtschaffen ['rɛçt-] *a* droit, honnête, probe, intègre. **Rechtschaffenheit** *f* ‹-, ø› droiture, honnêteté, probité, intégrité *f.*

Rechtschreibfehler *m* faute *f* d'orthographe. **Rechtschreibung** *f* orthographe *f.*

rechtsfähig ['rɛçts-] *a* ayant la capacité juridique; ► *~ sein* jouir des droits civils. **Rechtsfähigkeit** *f* ‹-, ø› capacité juridique; jouissance *f* des droits civils. **Rechtsfall** *m* cas *m* litigieux, cause *f.* **Rechtsfrage** *f* problème *m* juridique.

rechtsgültig *a* valide, valable, authentique, légal; ► *in ~er Form* sous forme légale. **Rechtsgültigkeit** *f* ‹-, ø› validité; authenticité, légalité *f.* **Rechtsgutachten** *n* expertise *f* juridique, avis *m* de droit.

Rechtshänder *m* ‹-s, -› ['rɛçts-] droitier *m.* **rechtshändig** *a* droitier.

Rechtshilfe *f* ['rɛçts-] assistance *od* entraide *f* judiciaire.

Rechtsinnen *m* ‹-, -› [rɛçts'ɪnən] *sport* inter *m* droit.

Rechtskraft *f* ‹-, ø› ['rɛçts-]: ► *~ erlangen* acquérir l'autorité de la chose jugée; *~ haben* avoir force de loi. **rechtskräftig** *a* passé en loi; *(Urteil)* définitif, exécutoire. **rechtskundig** *a* qui connaît le droit. **Rechtslage** *f* situation *f* juridique *od* légale. **Rechtsmittel(belehrung** *f***)** *n pl* (indication *f* des) voies *f pl* de recours. **Rechtsnachfolger** *m* ayant cause, successeur *m* au droit.

Rechtspartei *f* ['rɛçts-] parti *m* de droite; ► *die ~en pl (a.)* la droite.

Rechtspflege *f* ['rɛçts-] administration de la justice, juridiction *f.*

Rechtsprechung *f* ['rɛçt-] jurisprudence *f.*

rechtsradikal ['rɛçts-] *a pol* d'extrême droite. **rechtsrheinisch** *a* de la rive droite du Rhin. **Rechtsruck** *m pol* coup *m* de barre à droite. **Rechtsrutsch** *m pol* glissement *m* vers la droite.

Rechtsschutz *m* ['rɛçts-] protection *f* légale *od* juridique. **Rechtsstaat** *m* État *m* constitutionnel *od* légal. **Rechtsstellung** *f* statut *m od* situation *od* condition *f* juridique. **Rechtsstreit** *m* litige *m.* **Rechtsverdreher** *m* avocassier, robin, chicaneur *m.*

Rechtsverkehr *m* ['rɛçts-] circulation *f*

à droite.
Rechtsverletzung *f* ['rɛçts-] violation *od* lésion de droit, infraction *f* à la loi. **Rechtsweg** *m* voie *f* judiciaire *od* légale *od* de droit; ▶ *auf dem ~e* par voie de droit *od* de justice, par la voie judiciaire; *unter Ausschluß des ~s* sans la possibilité d'un recours aux tribunaux. **rechtswidrig** *a* illégal, e. **Rechtswissenschaft** *f* (science *f* du) droit *m*, jurisprudence *f*.
rechtwink(e)lig ['rɛçt-] *a* rectangulaire, rectangle. **rechtzeitig I.** *a* opportun; **II.** *adv* à temps, en temps utile.
Reck *n* ‹-(e)s, -e› [rɛk] *sport* barre *f* fixe. **recken** *tr (die Glieder)* étendre, étirer; *(den Hals)* allonger.
Recycling [ri'saiklıŋ] ‹-s, ø› *n (Wiederaufbereitung von Rohstoffen)* recyclage *m*; ▶ *~ des Mülls* récupération *f* des déchets. **Recyclingpapier** *n* papier *m* recyclable.
Redakteur *m* ‹-s, -e› [redak'tø:r] rédacteur *m*. **Redaktion** *f* ‹-, -en› [-ktsi'o:n] rédaction *f*. **redaktionell** [-tsio'nɛl] *a* rédactionnel.
Rede *f* ‹-, -n› ['re:də] **1.** *(Äußerung)* paroles *f pl*, propos *m pl*; *(Unterhaltung)* entretien *m*, conversation *f*; **2.** *(Ansprache)* allocution, harangue *f*; *(längere)* discours *a. gram*; *(kurze a.)* speech *m*; ▶ *e-e ~ halten* faire *od* prononcer un discours; *jdm ~ (und Antwort) stehen* rendre raison à qn; se justifier devant qn; *jdn wegen etw zur ~ stellen* demander des explications à qn sur qc; *es ist die ~ von* ... il est question de ...; *die ~ kam auf* ... la conversation tomba sur ...; *davon kann nicht die ~ sein* cela est hors de question; *das ist nicht der ~ wert* cela ne vaut pas la peine *od* c'est inutile d'en parler; *der langen ~ kurzer Sinn*, ... tranchons le mot, ...; *direkte, indirekte ~ (gram)* discours *m* direct, indirect. **Redefluß** *m* flot *od* flux *m* de paroles. **Redefreiheit** *f* ‹-, ø› liberté *f* de parole. **redegewandt** *a* habile à parler, disert, éloquent; ▶ *~ sein* avoir la parole facile. **Redegewandtheit** *f* ‹-, ø› facilité *f* de parole *od* d'élocution.
reden ['re:dən] *itr* **1.** parler (*über, von* de); *(ausführlich)* discourir; **2.** *(e-e Rede halten)* prononcer un discours; ▶ *mit sich ~ lassen (fig)* n'être pas intransigeant; entendre raison; *Sie haben gut ~* vous en parlez bien à votre aise; *darüber läßt sich ~* on peut s'entendre là-dessus; *~ wir nicht (weiter) darüber!* restons-en là! **Reden** *n* ‹-s, ø› dire *m*, parole *f*; ▶ *s-m ~ nach* à l'entendre; *~ ist Silber, Schweigen ist Gold (prov)* la parole est d'argent, le silence est d'or. **Redensart** *f* locution, tournure; façon *od* manière *f* de parler. **Redeverbot** *n* ▶ *~ haben* être interdit de parole. **Redeschwall** *m* déluge de paroles, verbiage *m*, verbosité *f*. **Redewendung** *f* tournure, locution, phrase *f* toute faite.
redigieren [redi'gi:rən] ‹*ohne ge-*› *tr* rédiger.
redlich ['re:tlıç] *a* honnête, probe, loyal, sincère, de bonne foi, intègre; ▶ *sich ~ bemühen* faire des efforts sincères. **Redlichkeit** *f* ‹-, ø› honnêteté, probité, droiture, loyauté, sincérité, bonne foi *f*.
Redner *m* ‹-s, -› ['re:dnər] orateur; *(Vortragender)* conférencier *m*. **rednerisch** *a* oratoire. **Rednerpult** *n* chaire *f*.
redselig ['re:t-] *a* loquace, causeur, verbeux. **Redseligkeit** *f* ‹-, ø› loquacité; verbosité *f*.
reduzierbar [redu'tsi:r-] *a* réductible. **reduzieren** ‹*ohne ge-*› *tr* réduire; diminuer.
Reede *f* ‹-, -n› ['re:də] *mar* rade *f*; ▶ *auf der ~ liegen* être en rade. **Reeder** *m* ‹-s, -› armateur; *(Verfrachter)* fréteur *m*. **Reederei** *f* ‹-, -en› [-'raı] armement *m*.
reell [re'ɛl] *a* **1.** *(ehrlich, redlich)* sincère, honnête, loyal; **2.** *(Firma)* respectable, solide; **3.** *(Angebot)* raisonnable.
Referat *n* ‹-(e)s, -e› [refe'ra:t] **1.** *(Bericht)* rapport, compte rendu, exposé *m*; **2.** *(Dienststelle)* bureau, service *m*. **Referendar** *m* ‹-s, -e› [-rɛn'da:r] stagiaire *m*. **Referent** *m* ‹-en, -en› [-'rɛnt] rapporteur; conseiller *m* (rapporteur). **Referenzen** *f pl* [-'rɛntsən] *(Empfehlungen)* références, recommandations *f pl*. **referieren** [-'ri:rən] ‹*ohne ge-*› *itr* faire un rapport *od* un exposé (*über etw* de qc); exposer, rendre compte (*über etw* de qc).
reflektieren [reflɛk'ti:rən] ‹*ohne ge-*› **1.** *tr (zurückstrahlen)* refléter, réfléchir, réverbérer; **2.** ▶ *itr: auf etw ~* s'intéresser à qc, avoir des visées sur qc.
Reflex *m* ‹-es, -e› [re'flɛks] *phys* reflet; *physiol* réflexe *m*. **Reflexion** *f* ‹-, -en› [-si'o:n] *phys* u. *fig (Nachdenken)* réflexion *f*. **reflexiv** [-'ksi:f] *a gram* réfléchi; ▶ *~es Verb n* verbe *m* pronominal.
Reform *f* ‹-, -en› [re'fɔrm] réforme, réorganisation *f*. **Reformation,** *die* [-matsi'o:n] *rel hist* la Réforme. **Reformator** *m* ‹-s, -en› [-'ma:tɔr, -'to:rən] réformateur *m*. **Reformhaus** *n* magasin *m* d'alimentation diététique. **reformieren** [-'mi:rən] ‹*ohne ge-*› *tr* réformer. **reformiert** *a rel* réformé. **Reformmaßnahmen** *f pl* réformes *f pl*.
Regal *n* ‹-s, -e› [re'ga:l] *(Wand- od Schrankbrett)* étagère *f*; *(bes. für Bücher)* rayon; *(Fächergestell)* rayonnage *m*, étagère *f*; *(Büchergestell)* rayons *m pl* (de bibliothèque).
Regatta *f* ‹-, -tten› [re'gata, -tən] régate

f.

rege ['re:gə] *a* **1.** *(geschäftig)* actif; *(lebhaft)* vif, éveillé, alerte; *(flink)* agile; **2.** *(Verkehr)* animé, intense.

Regel *f* ‹-, -n› ['re:gəl] **1.** règle *f; (Vorschrift)* règlement; *(Grundsatz)* principe *m; (Norm)* norme *f;* **2.** *physiol* règles, menstrues *f pl;* ► *in der ~* en règle générale; *(gewöhnlich)* ordinairement, normalement, d'habitude; *nach allen ~n der Kunst (a. iron)* dans toutes les règles de l'art; *die ~ haben (med)* avoir ses règles; *Ausnahmen bestätigen die ~ (prov)* l'exception confirme la règle. **regellos** *a* sans règle(s); irrégulier. **regelmäßig** *a* régulier; *(geregelt)* réglé; ► *in ~en Abständen (zeitl.)* périodiquement. **Regelmäßigkeit** *f* ‹-, ø› régularité *f.* **regeln** *tr* **1.** régler, mettre en règle *od* en ordre; *(in Ordnung bringen)* régulariser; *(Angelegenheit)* accommoder, mettre au point; **2.** *(durch Verordnung)* réglementer, régir; *(festlegen)* fixer. **regelrecht I.** *a* **1.** conforme aux règles; **2.** *(wirklich)* vrai, véritable; **II.** *adv* **1.** en règle, dans *od* selon *od* suivant les règles; **2.** *fam* complètement; ► *ein ~er Reinfall* un véritable attrape-nigaud. **Regelung** *f* ‹-, -en› règlement *m; adm* réglementation *f.*

regen ['re:gən] **1.** *tr* remuer; **2.** *refl: sich ~* se remuer, bouger, s'agiter.

Regen *m* ‹-s, -› ['re:gən] pluie *f;* ► *bei ~* par temps de pluie; *im ~* sous la pluie; *vom ~ in die Traufe kommen (fig)* tomber de mal en pis; *auf ~ folgt Sonnenschein (prov)* après la pluie le beau temps. **regenarm** *a* sec. **Regenbö** *f* grain *m* (de pluie). **Regenbogen** *m* arc-en-ciel *m.* **Regenbogenfarben** *f pl* couleurs de l'arc-en-ciel; irisations *f pl.* **Regenbogenhaut** *f anat* iris *m.* **Regenbogenpresse** *f* presse *f* du cœur.

Regenfälle *m pl* chutes *f pl* de pluie. **Regenmantel** *m* imperméable, manteau *m* de pluie. **Regenmenge** *f* pluie *f* tombée; pluviosité *f.* **Regenmesser** *m* pluviomètre *m.* **regenreich** *a* pluvieux.

regenerieren *tr* régénérer.

Regensburg *n* ['re:gənsburk] Ratisbonne *f.*

Regenschauer *m* ['re:gən-] averse (de pluie), ondée, giboulée *f.* **Regenschirm** *m* parapluie *m.*

Regent(in *f)* *m* ‹-en, -en› [re'gɛnt(-)] *(Verweser)* régent(e *f*) *m.*

Regentag *m* ['re:gən-] jour *m* de pluie. **Regentropfen** *m* goutte *f* de pluie.

Regentschaft *f* ‹-, -en› [re'gɛntʃaft] régence *f.*

Regenwald *m* ['re:gən-] forêt *f* tropicale. **Regenwasser** *n* eau *f* pluviale, eaux *f pl* de pluie. **Regenwetter** *n* temps *m* pluvieux *od* de pluie. **Regenwolke** *f* nuage *m* de pluie. **Regenwurm** *m* ver de terre; *scient* lombric *m.* **Regenzeit** *f* saison *f* pluviale *od* des pluies; *(in den Tropen)* hivernage *m.*

Regie *f* ‹-, -n› [re'ʒi:] **1.** *adm* régie *f;* **2.** *theat film* mise *f* en scène.

regieren [re'gi:rən] ‹*ohne ge-*› *tr* **1.** *(verwalten)* gouverner, diriger; *(herrschen über)* régner (*etw* sur qc); **2.** *gram* régir, gouverner.

Regierung *f* ‹-, -en› [re'gi:ruŋ] *(Tätigkeit u. Einrichtung)* gouvernement; *(~, ~szeit e-s Fürsten)* règne *m;* ► *an der, die ~* au gouvernement; *unter der ~ (gen)* sous le règne (de); *e-e ~ bilden, stürzen* former, renverser un gouvernement. **Regierungsabkommen** *n* accord *m* intergouvernemental. **Regierungsantritt** *m* avènement *m* au pouvoir *od* au trône. **Regierungsbezirk** *m allg* circonscription *f* administrative; *(in Frankr.)* département *m.* **Regierungsbildung** *f* formation *f* du cabinet. **Regierungschef** *m* chef *m* de *od* du gouvernement. **Regierungserklärung** *f* déclaration *f* gouvernementale *od* ministérielle. **Regierungsform** *f* forme *f od* mode de gouvernement, régime, système *m;* ► *monarchische, republikanische, parlamentarische ~* gouvernement *od* régime *m* monarchique, républicain, représentatif. **Regierungskrise** *f* crise *f* gouvernementale *od* ministérielle. **Regierungspartei** *f* parti *m* gouvernant *od* gouvernemental. **Regierungspräsident** *m (in Frankr.)* préfet *m.* **Regierungsrat** *m (etwa)* conseiller *m* d'État. **Regierungssitz** *m* siège *m* du gouvernement. **Regierungssprecher** *m* porte-parole *m* du gouvernement. **Regierungsumbildung** *f* remaniement *m* ministériel. **Regierungsvorlage** *f* projet *m* de loi gouvernemental. **Regierungswechsel** *m* changement *m* de gouvernement. **Regierungszeit** *f* durée *f* de gouvernement; *(von König)* règne *m.*

Regime *n* ‹-(s), - [-mə]/(-s)› [re'ʒi:m] *pol* régime *m.* **Regimekritiker** *m* dissident *m.*

Regiment *n* [regi'mɛnt] **1.** *allg* ‹-(e)s,-e› *(Führung)* direction *f,* gouvernement *m;* **2.** *mil* ‹-(e)s, -er› régiment *m.*

Region *f* ‹-, -en› [regi'o:n] région *f;* ► *in höheren ~en schweben (fig)* être dans les nuages. **regional** [-gio'na:l] *a* régional.

Regisseur *m* ‹-s, -e› [reʒi'sø:r] *theat* metteur en scène; *film* réalisateur *m.*

Register *n* ‹-s, -› [re'gɪstər] registre *m (a. mus: Orgel); (Liste)* liste *f,* rôle; *(Buch)* index *m,* table *f* alphabétique. **Registratur** *f* ‹-, -en› [-'tu:r] **1.** *(Tätigkeit)* enregistrement *m;* **2.** *(Einrichtung)* fichier *m,* greffe *f;* bureau *m* du courrier. **registrieren** ‹*ohne ge-*› *tr* enregistrer. **Registrierkasse** *f* caisse *f* enregistreuse. **Registrierung** *f* ‹-, -en› enregistrement *m*.

Regler *m* ‹-s, -› ['re:glər] *tech* régulateur, appareil *m* de réglage.

reglos ['re:klo:s] *a* immobile, inerte. **Reglosigkeit** *f* ‹-, ø› immobilité *f*.

regnen ['re:gnən] *itr* pleuvoir; ► *es regnet (a.)* il tombe de la pluie *od* de l'eau; *es regnet in Strömen* il pleut à verse, la pluie tombe à torrents. **regnerisch** *a* pluvieux.

Regreß *m* ‹-sses, -sse› [re'grɛs] *(Rückgriff)* recours *m*.

Regression *f* ‹-, -en› [regrɛsi'o:n] régression *f*. **regressiv** [-'si:f] *a (rückläufig)* régressif.

Regreßpflicht *f* [re'grɛs-] responsabilité *f* civile. **regreßpflichtig** *a* civilement responsable.

regsam ['re:kza:m] *a* mobile, actif; *(lebhaft)* vif. **Regsamkeit** *f* ‹-, ø› mobilité, activité; vivacité *f*.

regulär [regu'lɛ:r] *a* régulier. **regulieren** [-'li:rən] ‹*ohne ge-*› *tr* régler; *fin* régulariser; *tech* ajuster. **Regulierung** *f* ‹-, -en› réglage *m*, régulation *f*, ajustage *m*, mise *f* au point.

Regung *f* ‹-, -en› ['re:gʊŋ] **1.** mouvement *m*; **2.** *(Gefühlsregung)* sentiment *m* naissant, émotion *f*. **regungslos** *a* = *reglos*.

Reh *n* ‹-(e)s, -e› [re:] *(als Art)* chevreuil *m*; *(Ricke)* chevrette *f*.

Rehabilitation *f* ‹-, (-en)› [rehabili- tatsi'o:n] *allg* réhabilitation; *med* rééducation *f*. **Rehabilitationszentrum** *n* centre *m* de rééducation. **rehabilitieren** [-'ti:rən] ‹*ohne ge-*› *tr* réhabiliter. **Rehabilitierung** *f* ‹-, (-en)› *s. Rehabilitation*.

Rehbock *m* ['re:-] chevreuil *m*. **Rehbraten** *m* rôti de chevreuil, chevreuil *m* rôti. **Rehkeule** *f* cuissot *m* de chevreuil. **Rehkitz** *n* chevrillard, faon *m*. **Rehrücken** *m* selle *f* de chevreuil.

Reibe *f* ‹-, -n› ['raɪbə] râpe *f*. **reiben** ‹*rieb, gerieben*› *tr* **1.** frotter; *(ab~)* frictionner; **2.** *(zer~)* broyer; *(raspeln)* râper. **Reibereien** *f pl* [-'raɪən] *fig* frottements *m pl*, frictions *f pl*.

Reibung *f* ‹-, -en› ['raɪbʊŋ] *a. fig* frottement *m*, friction *f*. **Reibungselektrizität** *f* électricité par frottement, tribo-électricité *f*. **Reibungsfläche** *f* **1.** surface *f* frottante *od* de friction; **2.** *fig* point *m* de friction. **reibungslos** *a* u. *adv* **1.** sans frottement; **2.** *fig* sans accroc(s), sans à-coup(s), sans heurt(s), sans anicroches, sans histoires; comme sur des roulettes *fam*.

Reich *n* ‹-(e)s, -e› [raɪç] **1.** *(großes, bes. Kaiserreich u. fig)* empire; *(Königreich u. fig)* royaume *m*; **2.** *fig* règne, domaine *m*; ► *das Deutsche ~ (1871–1945)* l'Empire allemand, le Reich; *das ~ Gottes* le royaume de Dieu.

reich [raɪç] *a* riche (*an* de, en) *a. fig*; *fig* abondant, fécond, fertile; ► *in ~em Maße* abondamment, à profusion; *~ werden* faire fortune; *e-e ~e Auswahl* un vaste choix, un grand assortiment (*an* de).

reichen ['raɪçən] *tr* **1.** *(hinhalten, geben)* tendre, passer, donner, offrir (*jdm etw* qc à qn); *itr* **2.** *(gehen, sich erstrecken)* aller (*bis zu* jusqu'à); aboutir (*bis zu* à); *(sich ausdehnen)* s'étendre; *(nach oben)* monter, s'élever; *(nach unten)* descendre (*bis zu* jusqu'à); *(Kleid)* s'arrêter (*bis an* à); *(Schußwaffe)* porter (*bis zu* jusqu'à); **3.** *(genügen)* suffire; ► *lange ~ (Vorrat)* mener loin; *weit ~* porter loin; *so weit der Blick reicht* à perte de vue; *das reicht* cela suffit, c'est assez; *mir reicht's (fam)* j'en ai assez, j'en ai jusque là.

reichhaltig ['raɪç-] *a* riche; abondant; *(abwechslungsreich)* varié. **Reichhaltigkeit** *f* ‹-, ø› richesse, abondance; variété *f*. **reichlich** **I.** *a* copieux, abondant, plantureux; **II.** *adv* largement, à profusion; *fam* un peu beaucoup; *(geben)* à pleine(s) main(s); ► *~ vorhanden sein* abonder.

Reichsadler ['raɪçs-] aigle *m* impérial. **Reichsstadt** *f* ► *freie ~ (hist)* ville *f* impériale.

Reichtum *m* ‹-s, ¨er› ['raɪçtu:m] richesse; *(großer)* opulence; *(Überfluß)* abondance *f*.

Reichweite *f* ['raɪç-] portée *f*; *(Aktionsradius)* rayon *m* d'action; ► *außer ~* hors d'atteinte; *in ~* à portée (*gen* de).

Reif *m* [raɪf] **(1)** ‹-(e)s, ø› *mete* gelée *f* blanche, givre, frimas *m*; **(2)** ‹-(e)s, -e› *(Ring)* anneau; *(Arm~)* bracelet; *(Stirn~)* diadème *m*.

reif [raɪf] *a* mûr; ► *in ~erem Alter, in ~eren Jahren* entre deux âges; *~ werden* mûrir. **Reife** *f* ‹-, ø› maturité *f*.

reifen ['raɪfən] *itr* ‹*sein*› mûrir, venir à maturité.

Reifen *m* ‹-s, -› ['raɪfən] **1.** *(Faß)* cercle *m*; **2.** *(Spielzeug)* cerceau *m*; **3.** *(Gummireifen)* pneu(matique) *m*. **Reifendecke** *f mot (Fahrrad)* enveloppe *f*. **Reifenheber** *m* démonte-pneu *m*. **Reifenpanne** *f fam* crevaison *f*, pneu *m* crevé. **Reifenprofil** *n* profil *m* de pneu. **Reifenwechsel** *m mot* changement *m* de pneu(s).

Reifeprüfung *f* ['raɪfə-] baccalauréat *m*. **Reifezeugnis** *n* diplôme *m* de bachelier.

reiflich ['raɪflɪç] **I.** *a* mûr; ► *nach ~er Überlegung* après mûre réflexion, réflexion faite, après avoir mûrement

réfléchi; **II.** *adv:* ► *es sich ~ überlegen* y réfléchir mûrement.
Reigen *m* ‹-s, -› ['raɪgən] ronde; danse *f;* ► *den ~ eröffnen (fig)* ouvrir *od* mener la danse.
Reihe *f* ‹-, -n› ['raɪə] **1.** rangée; *mil* file, colonne; *(Zimmer)* suite, enfilade *f;* **2.** *(Folge)* suite, série; succession; *(Buchhandel)* collection; *math* progression; *mus* série *f;* **3.** *(zeitliche Folge)* tour *m;* ► *e-e (ganze) ~ (fam)* une ribambelle; tout une série (*von* de); *e-e (lange) ~* une procession; *e-e ~ (von)* plusieurs; *außer der ~* avant mon, ton *etc* tour; par faveur; *in einer ~* à la ligne, à la *od* en file, en rang d'oignons; *der ~ nach* l'un après l'autre; chacun son tour, à tour de rôle, tour à tour; *aus der ~ tanzen (fig)* ne pas faire comme les autres; *ich bin an der ~* c'est mon tour, c'est à moi; *wer ist an der ~?* à qui le tour? *arithmetische, geometrische ~* progression *f* arithmétique, géométrique. **reihen** *tr* ranger; mettre en rang(s). **Reihenfolge** *f* ordre *m* (de priorité); suite, succession *f;* ► *in alphabetischer, chronologischer od zeitlicher ~* par ordre alphabétique, chronologique od de date. **Reihenhaus** *n* habitation *f* individuelle en bande continue. **Reihenschaltung** *f el* accouplement *od* couplage *od* montage *m od* mise *f* en série. **reihenweise** *adv* par rangs, par files, par séries.
Reiher *m* ‹-s, -› ['raɪər] *orn* héron *m.*
reihum [raɪ'ʔʊm] *adv* = *der Reihe nach.*
Reim *m* ‹-(e)s, -e› [raɪm] rime *f;* ► *ich kann mir keinen ~ darauf machen (fig)* je n'y comprends rien. **reimen** *tr u. itr* rimer; *sich ~* rimer (*auf* avec).
rein [raɪn] **I.** *a* **1.** *allg* u. *fig* pur; *chem* à l'état pur; *(Alkohol)* absolu; **2.** *(makellos)* parfait, sans défaut; *(unschuldig)* pur, innocent, sans faute; **3.** *(sauber)* net, propre; **4.** *mus (Ton)* net; **5.** *com (Gewinn)* net; **II.** *adv fam (gänzlich)* nettement, parfaitement, complètement, tout; ► *~ zufällig* par pur accident; *ins ~e bringen* mettre au net *od* à jour; *mit sich (selbst) ins ~e kommen (über)* se réconcilier avec soi; *ins ~e schreiben* écrire au propre, recopier; *chemisch ~* chimiquement pur.
'rein ['raɪn] *fam* = *herein.*
Rein(e)machefrau *f* ['raɪn(ə)-] femme *f* de ménage *od* de journée. **Rein(e)machen** *n* nettoyage, nettoiement *m.* **Reinerlös** *m,* **Reinertrag** *m* produit *m* net.
Reinfall *m* ['raɪn-] *fam* déception *f; theat* four *m.* **rein=fallen** ‹*fällt, fiel rein, reingefallen*› *itr* ‹*sein*› *(fig)* se mettre dedans, être mis dedans, tomber dans le panneau.
Reingewinn *m* ['raɪn-] bénéfice *m* net.
Reinheit *f* ‹-, ø› **1.** pureté; netteté; propreté *f;* **2.** *(Unschuld)* innocence, virginité *f.* **Reinheitsgebot** *n* accord *m* entre les brasseries allemandes sur les standards de fabrication de la bière.
reinigen *tr* nettoyer; *(von Schmutz)* décrasser; décrotter; *(von Flecken)* détacher; *(ausfegen, ausschlämmen)* curer; *tech* purger; *tech rel fig* purifier; *med* nettoyer, déterger; *(Blut, Säfte)* dépurer; ► *chemisch ~* nettoyer à sec.
Reinigung *f* ‹-, -en› nettoyage, nettoiement; décrassage; détachage; curage *m; a. fig* purification, épuration; *rel* lustration *f;* ► *chemische ~* nettoyage à sec; dégraissage *m.* **Reinigungsanstalt** *f (chemische ~)* teinturerie *f.* **Reinigungsmittel** *n* produit *m* pour nettoyer.
rein=legen ['raɪn-] *tr fam:* ► *jdn ~* mettre qn dedans; attraper qn.
reinlich ['raɪnlɪç] **I.** *a, a. fig* propre, net; **II.** *adv fig* nettement. **Reinlichkeit** *f* ‹-, ø› propreté, netteté *f.* **reinrassig** *a* (de) pure race, (de) pur sang; ► *nicht ~ (Hund)* mâtiné. **Reinschrift** *f* **1.** *(Tätigkeit)* mise *f* au propre; **2.** *(Ergebnis)* copie *f* définitive. **reinwaschen**, *sich* ‹*wäscht, wasch rein, reingewaschen*› *(fig)* se blanchir, se disculper.
Reis (1) *m* ‹-es, (-e)› [raɪs, '-zəs] *bot (Küche)* riz *m;* ► *Huhn n auf* od *in ~* poule *f* au riz; *polierter ~* riz *m* glacé; **(2)** *n* ‹-es, -er› ['raɪs, -zər] **1.** *(Zweiglein)* brindille *f,* rameau *m;* **2.** *(Pfropf~)* greffe *f; (Schößling)* rejet(on) *m.*
Reisbau *m* ‹-(e)s, ø› ['raɪz-] riziculture *f.* **Reisbrei** *m* riz *m* au lait.
Reise *f* ‹-, -n› ['raɪzə] voyage; tour *m;* ► *auf ~n* en voyage; *auf die ~* od *auf ~n gehen* aller *od* partir en voyage; *e-e ~ wert sein* valoir le voyage; *gute ~!* bon voyage! *~ um die Welt* tour *m* du monde. **Reiseandenken** *n* souvenir *m.* **Reiseapotheke** *f* nécessaire *m* de pharmacie. **Reise(auto)bus** *m* (auto)car (d'excursion), touring-car *m.* **Reisebedarf** *m* provisions *f pl* de route. **Reisebekanntschaft** *f* connaissance *f* de voyage. **Reisebericht** *m* récit *m* de voyage. **Reisebeschreibung** *f* récit *m od* narration *f* de voyage. **Reisebüro** *n* agence *f od* bureau *m* de tourisme *od* de voyage. **reisefertig** *a* prêt à partir. **Reisefieber** *n* fièvre *f* du départ. **Reiseführer** *m* guide *m.* **Reisegefährte** *m* compagnon *m* de voyage. **Reisegepäck** *n* bagages *m pl* accompagnés. **Reisegesellschaft** *f* caravane *f.* **Reisekosten** *pl* frais *m pl* de voyage *od* de déplacement. **Reisekrankheit** *f* mal *m* du voyage. **Reiseleiter** *m* responsable *m* de *od* du groupe.
reisen ['raɪzən] *itr* ‹*sein*› voyager, faire un *od* des voyages; ► *nach ... ~* aller,

se rendre à . . .; faire route, partir pour . . .; *gern* ~ aimer (à) voyager, aimer les voyages. **Reisende** ‹-n, -n› **1.** *m f* voyageur *m*, -euse *f;* touriste *m f;* **2.** *(nur m) com* commis *m* voyageur.

Reisenecessaire *n* ['raɪzə-] nécessaire *m od* trousse *f* (de voyage *od* de toilette). **Reisepaß** *m* passeport *m.* **Reisepläne** *m pl* projets *m pl* de voyage. **Reiseroute** *f* itinéraire *m.* **Reisescheck** *m* chèque *m* touriste *od* de voyage. **Reiseschreibmaschine** *f* machine *f* à écrire portative. **Reisetasche** *f* sac *m* de voyage; *(große)* fourre-tout *m.* **Reiseverkehr** *m* circulation *f* des voyageurs. **Reisewecker** *m* réveil *m* de voyage. **Reisewelle** *f* vague *f* de vacanciers. **Reisewetter** *n* temps *m* (qu'il fait pendant le voyage). **Reisewetterbericht** *m* bulletin *m* météo pour vacanciers. **Reisezeit** *f* temps *m* de vacances; ▶ *die beste* ~ la meilleure période pour voyager. **Reiseziel** *n* destination *f.*

Reisfeld *n* ['raɪz-] rizière *f.*

Reisig *n* ‹-s, ø› [-raɪzɪç] ramée *f*, branchages *m pl*, broutilles *f pl*, petit *od* menu bois *m.* **Reisigbesen** *m* balai *m* de bouleau. **Reisigbündel** *n* fagot *m*, javelle, bourrée *f.*

Reißaus [raɪs'ʔaʊs] *:* ▶ ~ *nehmen* prendre la fuite *od* le large, détaler, déguerpir. **Reißbrett** *n* planche *f* à dessin *od* à dessiner. **Reißbrettstift** *m* punaise *f.*

reißen ‹*riß, gerissen*› ['raɪsən] **1.** *tr* ‹*h*› tirer avec force; *(zerren)* tirailler; *(ab~)* arracher; *(zer~)* déchirer; **2** *itr* ‹*sein*› se rompre, se déchirer; se casser; *(bersten)* se fendre, se crevasser; ▶ *an sich* ~ tirer à soi, agripper; accaparer; *fig* s'emparer de, se saisir de, usurper; *mit sich* ~ entraîner; *sich um etw* ~ s'arracher, *od* se disputer qc; *ich reiße mich nicht darum* cela ne m'enthousiasme guère, je ne me battrais pas pour cela. **reißend** *a* **1.** *(Tier)* féroce; **2.** *(Wasser)* torrentiel, impétueux; ▶ *(Ware)* ~ *(ab)gehen* s'enlever. **Reißer** *m* ‹-s, -› *(Verkaufsschlager)* marchandise *f* qu'on s'arrache; *(Buch, theat)* livre *m*, pièce *f* à succès. **reißerisch** *a (Reklame, Titel)* tape-à--l'œil.

Reißfeder *f* ['raɪs-] tire-ligne *m.* **reißfest** *a* résistant à la déchirure; indéchirable. **Reißnagel** *m* punaise *f.* **Reißschiene** *f* (équerre *f* en) T, té *m.* **Reißverschluß** *m* fermeture *f* éclair *od* à glissière. **Reißwolf** *m* broyeur *m.* **Reißzahn** *m* (dent) canine *f.* **Reißzeug(etui)** *n* (boîte à *od* de *od* pochette *f* de) compas *m pl.* **Reißzwecke** *f* punaise *f.*

Reitbahn *f* ['raɪt-] manège *m.*

reiten ‹*reitet, ritt, geritten*› ['raɪtən] **1.** *itr* ‹*sein*› aller *od* être *od* monter à cheval, être en selle, chevaucher; **2.** *tr* ‹*h*› monter (*ein Pferd* un cheval).

Reiter *m* ‹-s, -› ['raɪtər] **1.** cavalier *m a. mil;* **2.** *(Kartei)* onglet *m.* **Reiterei** *f* ‹-, (-en)› [-'raɪ] *mil* cavalerie *f.* **Reiterin** *f* ‹-, -nen› cavalière; amazone *f.* **Reiterstandbild** *n* statue *f* équestre.

Reithalle *f* ['raɪt-] manège *m* couvert. **Reithose** *f* culotte *f* de cheval. **Reitkostüm** *n* costume *m* de cheval; *(für Damen)* amazone *f.* **Reitkunst** *f* équitation *f;* manège *m.* **Reitpeitsche** *f* cravache *f.* **Reitpferd** *n* cheval *m* de selle; monture *f;* manège *m.* **Reitsport** *m* équitation *f*, hippisme *m.* **Reitstiefel** *m pl* bottes *f pl* à l'écuyère. **Reittier** *n* monture *f.* **Reitunterricht** *m* leçons *f pl* d'équitation. **Reitweg** *m* (piste) cavalière *f.*

Reiz *m* ‹-es, -e› [raɪts] **1.** *physiol* excitation *f;* **2.** *med* irritation *f;* **3.** *(Anreiz)* stimulant; *allg* attrait, charme, appât *m;* ▶ *der* ~ *des Neuen* le charme de la nouveauté. **reizbar** *a* **1.** *physiol* excitable, irritable; **2.** *allg* susceptible; *(jähzornig)* irascible. **Reizbarkeit** *f* ‹-, ø› excitabilité, irritabilité; susceptibilité; irascibilité *f.* **reizen** *tr* **1.** *(erregen)* exciter, irriter, agacer, piquer; **2.** *(herausfordern)* provoquer; *(ärgern)* offusquer, mettre en colère, monter la tête à; **3.** *(anregen)* stimuler; **4.** *(locken)* attirer, charmer, tenter; *itr* **5.** *(Kartenspiel)* faire une enchère; ▶ *jds Neugier, Phantasie* ~ piquer la curiosité *od* l'imagination de qn; *das reizt mich* la main *od* les doigts me démange(nt); *das reizt mich nicht* cela ne me dit rien (qui vaille); je ne suis pas très chaud *(fam).* **reizend** *a (entzückend)* charmant, ravissant; *(niedlich)* mignon, joli; ▶ *das ist ja* ~! *(fam iron)* c'est magnifique *od* gentil *od* du joli! **reizlos** *a* sans attrait, sans charme; disgracieux. **Reizschwelle** *f physiol* seuil *m* d'excitation. **Reizthema** *n* sujet *m* explosiv. **Reizung** *f* ‹-, -en› med irritation *f.* **reizvoll** *a* plein de charme *od* d'attrait; ravissant, attrayant. **Reizwäsche** *f* dessous *m pl* (*od* lingerie *f*) sexy. **Reizwort** *n* mot *m* explosif.

rekapitulieren [rekapitu'li:rən] ‹*ohne ge-*› *tr* récapituler.

rekeln, *sich* ['re:kəln] s'étirer; se vautrer.

Reklamation *f* ‹-, -en› [reklamatsi'o:n] réclamation *f.*

Reklame *f* ‹-, -n› [re'kla:mə] réclame, publicité *f;* ▶ ~ *machen* faire de la réclame *od* de la publicité. **Reklamerummel** *m* battage *m.* **Reklameschild** *n* enseigne *f* publicitaire; *(an der Landstraße)* panneau *m* routier. **Reklametrick** *m* ruse *f* publicitaire.

reklamieren [rekla'mi:rən] ‹*ohne ge-*› *tr*

réclamer.

rekonstruieren [rekɔnstruˈi:rən] ‹*ohne ge-*› *tr* reconstruire, reconstituer. **Rekonstruktion** *f* ‹-, -en› reconstruction; *fig* reconstitution *f*.

Rekonvaleszent *m* ‹-en, -en› [rekɔnvalɛsˈtsɛnt] convalescent *m*. **Rekonvaleszenz** *f* ‹-, ø› [-ˈtsɛnts] convalescence *f*.

Rekord *m* ‹-(e)s, -e› [reˈkɔrt, -də] record *m*; ▶ *e-n ~ aufstellen, brechen, halten* établir, battre, détenir un record. **Rekordbesuch** *m* chiffre *m* record de visiteurs. **Rekordernte** *f* récolte *f* record. **Rekordinhaber(in** *f***)** *m* détenteur, -trice *m, f* d'un *od* du record; recordman *m*, recordwoman *f*. **Rekordmarke** *f* niveau *m* record. **Rekordzeit** *f* temps *m* record. **Rekordziffer** *f* chiffre *m* record.

Rekrut *m* ‹-en, -en› [reˈkru:t] *mil* recrue *f*, conscrit *m*. **Rekrutenausbildung** *f* instruction *f* des recrues. **Rekrutenjahrgang** *m* classe *f*. **rekrutieren**, *sich* [-kruˈti:rən] ‹*ohne ge-*› se recruter *a. fig (aus* dans). **Rekrutierung** *f* ‹-, -en› recrutement *m*.

Rektor *m* ‹-s, -en› [ˈrɛktɔr, -ˈto:rən] **1.** *(Schulleiter)* directeur *m*; **2.** *(Univ.)* recteur *m*. **Rektorat** *n* ‹-(e)s, -e› [-toˈra:t] *(Univ.)* rectorat *m*.

Relais *n* ‹-, -› [rəˈlɛ:], *gen* [-ˈlɛ:(s)], *pl* [-ˈlɛ:s] *el radio* relais *m*. **Relaissender** *m radio* émetteur-relais *m*. **Relaisstation** *f* station *f* relais, relais *m* (hertzien).

relativ [relaˈti:f] *a* relatif. **Relativität** *f* ‹-, ø› [-tiviˈtɛ:t] relativité *f*. **Relativitätstheorie** *f* théorie *f* de la relativité. **Relativpronomen** *n* pronom *m* relatif. **Relativsatz** *m* proposition *f* relative.

Relegationsspiel *n sport* match *m* de barrage.

relevant [releˈvant] *a* **1.** *(bedeutend)* important, significatif; **2.** *(belangvoll)* pertinent. **Relevanz** *f* ‹-, -en› [-ˈvants] **1.** importance *f*; **2.** pertinence *f*.

Relief *n* ‹-s, -s/-e› [reliˈɛf] relief *m*.

Religion *f* ‹-, -en› [religiˈo:n] religion; *(als Schulfach)* instruction *f* religieuse. **Religionsbekenntnis** *n* confession *f*. **Religionsfreiheit** *f* liberté *f* religieuse *od* de culte. **Religionsgemeinschaft** *f* communauté *f* religieuse. **Religionsgeschichte** *f* histoire *f* des religions. **Religionskrieg** *m* guerre *f* de religion. **religionslos** *a (innerlich)* irréligieux; *(äußerlich)* sans confession. **Religionsstifter** *m* fondateur *m* d'une religion.

religiös [religiˈø:s] *a* religieux; *(fromm)* pieux; ▶ *~e Kunst f* art *m* sacré. **Religiosität** *f* ‹-, ø› [-gioziˈtɛ:t] religiosité; *(Frömmigkeit)* piété *f*.

Reling *f* ‹-, -s/(-e)› [ˈre:lɪŋ] *mar* bastingage *m*.

Reliquie *f* ‹-, -n› [rɛˈli:kviə] relique *f*. **Reliquienkult** *m* culte *m* des reliques. **Reliquienschrein** *m* reliquaire *m*, châsse *f*.

remis [rəˈmi:] *a (unentschieden)* nul. **Remis** *n* ‹-, -/-en› [rəˈmi:, -ˈmi:zən] nullité, partie *f* nulle.

Remittende *f* ‹-, -n› [remɪˈtɛndə] *(Buchhandel)* retour (en librairie), (exemplaire) invendu *m*; *pl (Zeitungen)* bouillons *m pl*.

Remmidemmi [rɛmiˈdɛmi] ‹-s, ø› *n arg* ribouldingue *f*.

Remoulade(nsoße) *f* ‹-, -n› [re- muˈla:də] rémoulade *f*.

Ren *n* ‹-s, -s/-e› [rɛn] *zoo* renne *m*.

Renaissance *f* ‹-, -n› [rənɛˈsã:s] *hist (Kunst) u. fig* renaissance *f*.

Rendezvous *n* ‹-, -› [rãdeˈvu:], *gen* [-ˈvu:s], *pl* [-ˈvu:s] rendez-vous *m*.

Rendite *f* ‹-, -n› [rɛnˈdi:tə] *fin* taux *m* de capitalisation.

Reneklode *f* ‹-, -n› [rɛ:nəˈklo:də] *bot* reine-claude *f*.

renitent [reniˈtɛnt] *a (widerspenstig)* récalcitrant, réfractaire; insoumis.

Rennbahn *f* [ˈrɛn-] piste *f*; champ *m* de course; *(Aschenbahn)* (piste) cendrée *f*; *(Pferde~)* hippodrome; turf; *(Rad~)* vélodrome; *(Auto~)* autodrome *m*. **rennen** ‹*rannte, gerannt*› *itr* ‹*sein*› courir; ▶ *gegen etw ~* se cogner *od* se heurter contre qc; *jdn über den Haufen ~* renverser qn en courant. **Rennen** *n* course *f*; ▶ *das ~ aufgeben (fig)* abandonner la partie; *gut im ~ liegen (fig)* être en bonne position; *das ~ machen* gagner la course; *a. fig* l'emporter. **Renner** *m* ‹-s, -› **1.** *(Pferd)* cheval *m* de course; **2.** article *m* qui se vend bien. **Rennfahrer** *m* coureur *m* (cycliste, automobile). **Rennpferd** *n* cheval *m* de course. **Rennplatz** *m* champ de course; *(Pferde~)* turf *m*. **Rennrad** *n* bicyclette *f* de course. **Rennreiter** *m (berufsmäßiger)* jockey *m*. **Rennschuhe** *m pl sport* souliers *m pl od* chaussures *f pl* à pointes. **Rennsport** *m* course *f*; *(Pferde~)* turf *m*. **Rennstall** *m a. mot* écurie *f* de course. **Rennstrecke** *f* parcours *m od* piste *f* (de course); circuit *m*; *(Straße)* piste *f* (routière). **Rennwagen** *m* voiture *f* de course.

Renommee *n* ‹-s, -s› [renɔˈme:] renommée *f*; renom *m*, réputation *f*; ▶ *ein gutes ~ haben* jouir d'une bonne *od* d'une grande renommée. **renommieren** [-ˈmi:rən] ‹*ohne ge-*› *itr* crâner, fanfaronner, se vanter. **renommiert** *a* renommé.

renovieren [renoˈvi:rən] ‹*ohne ge-*› *tr* remettre à neuf. **Renovierung** *f* ‹-, -en› remise *f* à neuf.

rentabel [rɛnˈta:bəl] *a* rentable, profitable, lucratif, d'un *od* de bon rapport.

Rentabilität *f* ‹-, ø› [-tabili'tɛ:t] rentabilité, productivité *f* financière.
Rente *f* ‹-, -n› ['rɛntə] **1.** rente, annuité *f;* **2.** *(Altersrente)* retraite *f.* **Rentenanpassung** *f* revalorisation *f* périodique de la retraite. **Rentenanstalt** *f* caisse *f* de retraites. **Rentenempfänger** *m* retraité *m.* **Rentenerhöhung** *f* augmentation *f* de la retraite. **Rentenreform** *f* réforme *f* de la retraite. **Rentenversicherung** *f* assurance de rente(s); assurance-rentes *f.*
rentieren, *sich* [rɛn'ti:rən] ‹*ohne ge-*› être rentable, donner un rendement, rapporter; *fam* payer; ► *das rentiert sich nicht (fig fam)* ça ne vaut pas la peine; ça ne paie pas.
Rentner *m* ‹-s, -› ['rɛntnər] **1.** rentier *m;* **2.** *(Alters~)* retraité *m.*
reparabel [repa'ra:bəl] *a* réparable. **Reparation** *f* ‹-, -en› [-ratsi'o:n] *(Wiederherstellung)* réparation *f; pl pol* réparations *f pl.* **Reparatur** *f* ‹-, -en› [-'tu:r] réparation, remise *f* en état; *mot a.* dépannage *m;* ► *in* ~ en réparation. **reparaturbedürftig** *a:* ► ~ *sein* avoir besoin d'être réparé. **Reparaturkosten** *pl* frais *m pl* de réparation. **Reparaturwerkstatt** *f* atelier de réparation(s) *od* d'entretien; *mot* service de dépannage, garage *m.* **reparieren** [-'ri:rən] ‹*ohne ge-*› *tr* réparer, remettre en état; *mot* dépanner.
repatriieren [repatri'i:rən] ‹*ohne ge-*› *tr* rapatrier. **Repatriierung** *f* ‹-, -en› rapatriement *m.*
Repertoire *n* ‹-s, -s› [repɛrto'a:r] *theat* répertoire *m.*
repetieren [repe'ti:rən] ‹*ohne ge-*› *tr (wiederholen)* répéter.
Report *m* ‹-(e)s, -e› [re'pɔrt] *fin* report *m.*
Reportage *f* ‹-, -n› [repɔr'ta:ʒə] reportage *m.* **Reporter** *m* ‹-s, -› [-'pɔrtər] reporter *m.*
Repräsentant *m* ‹-en, -en› [reprɛzɛn'tant] représentant *m.* **Repräsentation** *f* ‹-, (-en)› [-tatsi'o:n] représentation *f.* **repräsentativ** [-'ti:f] *a* représentatif. **repräsentieren** [-'ti:rən] ‹*ohne ge-*› *tr* u. *itr* représenter.
Repressalie *f* ‹-, -n› [reprɛ'sa:liə] représailles *f pl,* (mesure de) rétorsion *f.*
Reproduktion *f* ‹-, -en› [reprodukt-si'o:n] *(bes. typ)* reproduction *f.* **Reproduktionsmedizin** *f* médecine *f* de la reproduction. **Reproduktionsverfahren** *n typ* procédé *m* de reproduction. **reproduzieren** [-'tsi:rən] ‹*ohne ge-*› *tr* reproduire.
Reptil *n* ‹-s, -ien/-e› [rɛp'ti:l, -liən] *zoo* reptile *m.*
Republik *f* ‹-, -en› [repu'bli:k] république *f;* ► *die Deutsche Demokratische* ~ la République démocratique allemande. **Republikaner** *m* ‹-s, -› [-bli'ka:nər] républicain *m.* **republikanisch** [-'ka:nɪʃ] *a* républicain.
Requiem *n* ‹-s, -s› ['re:kviɛm] (messe *f* de) requiem *m.*
requirieren [rekvi'ri:rən] ‹*ohne ge-*› *tr* réquisitionner. **Requisiten** *n pl* [rekvi'zi:tən] *theat* accessoires *m pl.* **Requisiteur** *m* ‹-s, -e› [-zi'tø:r] *theat* accessoiriste *m.*
Reservat *n* ‹-(e)s, -e› [rezɛr'va:t] réserve *f.*
Reserve *f* ‹-, -n› [-'zɛrvə] réserve *f; (Rücklage)* en-cas *m; (in Zssgen: Ersatz-)* de rechange; ► *in* ~ *haben* od *halten* avoir *od* garder en réserve. **Reservekanister** *m mot* nourrice *f,* bidon *m* de réserve. **Reserveoffizier** *m* officier *m* de réserve. **Reserverad** *n mot* roue *f* de rechange. **reservieren** [-'vi:rən] ‹*ohne ge-*› *tr* réserver; *(Platz)* retenir. **reserviert** *a, a. fig (zurückhaltend)* réservé. **Reserviertheit** *f* ‹-, ø› attitude *f* réservée; *fam* quant-à-soi *m.* **Reservist** *m* ‹-en, -en› [-'vɪst] *mil* réserviste *m.* **Reservoir** *n* ‹-s, -e› réservoir *m.*
Resident *m* ‹-en, -en› [rezi'dɛnt] *pol* résident *m.* **Residenz(stadt)** *f* ‹-, -en› [-'dɛnts] résidence *f.* **residieren** [-'di:rən] ‹*ohne ge-*› *itr* résider.
Resignation *f* ‹-, ø› [rezɪgnatsi'o:n] résignation *f.* **resignieren** ‹*ohne ge-*› [-'ni:rən] *itr* se résigner, se faire une raison. **resigniert I.** *a* résigné; **II.** *adv* avec résignation.
resolut [rezo'lu:t] *a (entschlossen, willensstark)* décidé, déterminé, résolu. **Resolution** *f* ‹-, -en› [-lutsi'o:n] *(Entschließung)* résolution *f.*
Resonanz *f* ‹-, -en› [rezo'nants] *phys, a. fig* résonance *f.*
Resopal [rezo'pa:l] ‹-s, ø› *n (Warenzeichen)* formica *m (Warenzeichen).*
Respekt *m* ‹-(e)s, ø› [re'spɛkt, rɛs'pɛkt] respect *m* (*vor* pour), crainte *f* (*vor* de); ► *sich* ~ *verschaffen* se faire respecter *od* craindre. **respektabel** [-'ta:bəl] *a* respectable. **respektieren** [-'ti:rən] ‹*ohne ge-*› *tr* respecter; craindre. **respektive** [-'ti:və] *adv (beziehungsweise)* respectivement. **respektlos** *a* irrespectueux, irrévérencieux, irrévérent, sans respect. **Respektlosigkeit** *f* ‹-, -en› irrespect *m,* irrévérence *f,* manque *m* de respect. **Respektsperson** *f* personnage *m od* personne *f* respectable. **respektvoll** *a* respectueux, plein de respect.
Respirator *m* ‹-s, -en› [rɛspi'ra:tɔr] *med* appareil *m* de réanimation.
Ressort *n* ‹-s, -s› [rɛ'so:r] *(Geschäftsbereich)* ressort, département *m,* compétence *f; (e-s Ministers)* portefeuille *m.*
Rest *m* ‹-(e)s, -e› [rɛst] **1.** reste *a. math;*

(Überschuß) surplus; *(Überbleibsel)* vestige; *(Flüssigkeit in e-m Gefäß)* fond; *(Rückstand)* résidu *m;* **2.** *(pl a. ~er) (Stoffrest)* coupon *m;* **3.** *(Restbetrag)* restant, reliquat; *fin (Saldo)* solde *m;* **4.** *pl (e-r Mahlzeit)* reliefs *m pl;* reste(s) *m (pl).* **Restauflage** *f* reste *m* (d'un tirage); *pl* surplus *m* d'éditeurs.

Restaurant *n* ‹-s, -s› [rɛsto'rã:] restaurant *m;* brasserie *f.* **Restaurateur** *m* ‹-s, -e› [-ra'tø:r] *(Speisewirt)* restaurateur *m.*

Restaurator *m* ‹-s, -en› [-'ra:tɔr, -'to:rən] *(Wiederhersteller von Kunstwerken)* restaurateur *m.* **restaurieren** [-'ri:rən] ‹*ohne ge-*› *tr (wiederherstellen)* restaurer.

Restbestand *m* ['rɛst-] reste, reliquat *m.* **Restbetrag** *m* restant, reliquat *m.* **restlich** *a* restant, de reste; *(zurückbleibend)* résiduel. **restlos I.** *a* entier, complet, total, intégral; **II.** *adv fam a.* parfaitement. **Restmenge** *f* restes *m pl.* **Restposten** *m com* reste *m.* **Restrisiko** *n* risque *m* non évaluable.

Resultat *n* ‹-(e)s, -e› [rezʊl'ta:t] résultat *m.* **resultieren** [-'ti:rən] ‹*ohne ge-*› *itr* résulter.

Retorte *f* ‹-, -n› [re'tɔrtə] *chem* cornue *f,* alambic *m.* **Retortenbaby** *n* bébé *m* éprouvette.

Retrovirus [retro'-] *m* od *n med* rétrovirus.

retten ['rɛtən] *tr* sauver; *(befreien)* délivrer; ► *rette sich, wer kann!* sauve qui peut! **rettend** *a* sauveur; salvatrice *(nur im weiblichen üblich).* **Retter** *m* ‹-s, -› *allg* sauveur; *(Lebensretter)* sauveteur *m.*

Rettich *m* ‹-s, -e› ['rɛtɪç] radis noir; *pop* raifort *m.*

Rettung *f* ‹-, -en› ['rɛtʊŋ] sauvetage *m; (Befreiung)* délivrance *f;* ► *letzte ~* planche *f* de salut. **Rettungsaktion** *f* opération *f* de sauvetage. **Rettungsboot** *n* bateau *od* canot *m* de sauvetage. **Rettungsdienst** *m* service *m* de secours *od* de sauvetage. **Rettungshubschrauber** *m* hélicoptère *m* de sauvetage. **rettungslos** *adv* sans retour, sans remède, irrémédiablement. **Rettungsmannschaft** *f* équipe *f* de sauvetage. **Rettungsring** *m* ceinture *od* bouée *f* de sauvetage. **Rettungswagen** *m* ambulance *f.*

Retusche *f* ‹-, -n› [re'tʊʃə, -'tu:ʃə] *a. phot* retouche *f.* **retuschieren** [-tu'ʃi:rən] ‹*ohne ge-*› *tr* retoucher.

Reue *f* ‹-, ø› ['rɔʏə] **1.** repentir (*über* de); *(Bedauern)* regret *m* (*über* de); **2.** *rel* pénitence *f.* **reuen** *tr impers:* ► *es reut mich* je le regrette. **reuig** *a* repentant; pénitent. **Reukauf** *m* dédit *m.* **reumütig** *a s. reuig.*

Reuse *f* ‹-, -n› ['rɔʏzə] *(Fisch~)* nasse *f.*

Revanche *f* ‹-, -n› [re'vã:ʃ(ə)] revanche *f.* **Revanchepartie** *f,* **Revanchespiel** *n* (partie *f od* match *m* de) revanche *f.* **revanchieren,** *sich* [-'ʃi:rən] ‹*ohne ge-*› **1.** prendre sa revanche (*bei jdm für etw* sur qn de qc); **2.** *(a. im positiven Sinne)* rendre la pareille (*bei jdm* à qn).

reversibel [-'zi:bəl] *a (umkehrbar)* réversible.

revidieren [revi'di:rən] ‹*ohne ge-*› *tr* réviser, revoir, vérifier.

Revier *n* ‹-s, -e› [re'vi:r] **1.** *allg (Bezirk)* district, canton, secteur *m;* **2.** *(Forst~)* district *m,* garderie *f; (Jagd~)* chasse *f;* **3.** *(Polizei~)* commissariat *m* (de police). **Revierförster** *m* garde *m* forestier.

Revision *f* ‹-, -en› [revizi'o:n] **1.** révision, vérification; visite *f;* **2.** *jur* pourvoi *m* en révision *od* cassation; **3.** *typ* révision, tierce *f;* ► *~ einlegen* se pourvoir en révision *od* en cassation.

Revisor *m* ‹-s, -en› [re'vi:zɔr, -'zo:rən] réviseur *a. typ.*

Revolte *f* ‹-, -n› [re'vɔltə] révolte, insurrection, mutinerie *f.* **revoltieren** [-'ti:rən] ‹*ohne ge-*› *itr* se révolter, s'élever (*gegen* contre).

Revolution *f* ‹-, -en› [revolutsi'o:n] révolution *f.* **revolutionär** [-tsio'nɛ:r] *a* révolutionnaire.

Revolver *m* ‹-s, -› [re'vɔlvər] revolver *m.* **Revolverblatt** *n* journal *m* à sensation *od* à cancans *od* à scandales. **Revolverdrehbank** *f* tour *m* revolver. **Revolverheld** *m fam* bravache *m.*

Revue *f* ‹-, -n› [rə-, re'vy:] **1.** *(Zeitschrift)* revue *f;* **2.** *theat* revue *f* à grand spectacle.

Rezensent *m* ‹-en, -en› [retsɛn'zɛnt] critique *m* (littéraire). **rezensieren** [-'zi:rən] ‹*ohne ge-*› *tr* faire un *od* le compte rendu de, analyser. **Rezension** *f* ‹-, -en› [-zi'o:n] compte *m* rendu, critique *f* (littéraire).

Rezept *n* ‹-(e)s, -e› [re'tsɛpt] **1.** *(Küche)* recette *f;* **2.** *med* ordonnance *f;* **3.** *fig allg* formule, recette *f.* **rezeptpflichtig** *a* délivré seulement sur ordonnance.

reziprok [retsi'pro:k] *a (gegenseitig)* réciproque.

rezitieren [retsi'ti:rən] ‹*ohne ge-*› *tr* réciter.

R-Gespräch *n* ‹-s, -e› ['ɛr-] *tele* communication *f* en P.C.V.

Rhabarber *m* ‹-s, ø› [ra'barbər] *bot* rhubarbe *f.*

Rhein, *der* [raɪn] le Rhin; ► *jenseits des ~s* outre-Rhin. **rheinisch** *a* rhénan. **Rheinland,** *das* la Rhénanie. **Rheinländer(in** *f*) *m* Rhénan(e *f*) *m.* **rheinländisch** *a* rhénan. **Rheinland-Pfalz** *n* la Rhénanie-Palatinat. **Rheinseitenkanal,** *der* le canal d'Alsace.

Rhesusfaktor *m biol* facteur *m* rhésus.

Rhetorik *f* ‹-, ø› [re'to:rɪk] rhétorique *f.* **rhetorisch** [-'to:rɪʃ] *a* rhétorique; ▶ *~e Frage f* interrogation *f* oratoire *od* rhétorique.

Rheuma *n* ‹-s, ø› ['rɔʏma]. **Rheumatismus** *m* ‹-, -men› [-'tɪsmʊs] rhumatisme *m.*

Rhinozeros *n* ‹-/-ses, -se› [ri'no:tserɔs] *zoo* rhinocéros *m.*

Rhombus *m* ‹-, -ben› ['rɔmbʊs] *math* rhombe, losange *m.*

Rhone, *die* ['ro:nə] le Rhône; *(in Zssgen a.)* rhodanien *a.*

Rhönrad *n* ['rø:n-] *sport* roue *f* vivante.

rhythmisch ['rʏtmɪʃ] *a* rythmique, cadencé. **Rhythmus** *m* ‹-, -men› ['rʏtmʊs, -mən] rythme *m,* cadence *f.*

Richtantenne *f* ['rɪçt-] antenne *f* dirigée *od* directionnelle.

richten ['rɪçtən] *tr* **1.** *(aus~, bes. Waffe)* pointer (*auf* sur, vers); *(Fernglas, die Augen)* braquer (*auf* sur); *(lenken)* diriger, porter, tourner (*auf* vers), axer (*nach* sur); **2.** *(Worte)* adresser (*an* à); *(Aufmerksamkeit)* appliquer (*auf* à); *(Blick)* porter *od* fixer (*auf* sur); **3.** *(auf~)* (re)dresser, ériger, élever; *(gerademachen)* aligner; **4.** *(regeln)* régler, ordonner; *(in Ordnung bringen)* mettre en ordre, ajuster; *(herrichten)* mettre en œuvre, préparer, arranger, disposer; **5.** *jur* juger; **6.** *(hinrichten)* exécuter, supplicier; *refl* **7.** ▶ *sich ~ nach* s'orienter vers, se régler sur; suivre; se mettre à l'unisson de, se conformer à; *gram* s'accorder avec; *sich nach jdm ~* se régler sur qn, prendre exemple sur qn.

Richter *m* ‹-s, -› ['rɪçtər] juge, magistrat *m;* ▶ *vor den ~ bringen* traduire en justice, porter devant le tribunal. **Richteramt** *n,* **Richterkollegium** *n* judicature, magistrature *f.* **richterlich** *a* judiciaire; ▶ *~e Entscheidung f* décision *f* judiciaire; *~e Gewalt f* pouvoir *m* judiciaire *od* de juridiction. **Richterstuhl** *m* tribunal, siège *m.*

Richtfunk *m* ['rɪçt-] câble *od* faisceau *m* hertzien; radio *f* relais.

richtig ['rɪçtɪç] *a* juste, correct, exact; *(Weg)* bon; *(echt)* véritable, vrai, authentique; ▶ *im ~en Augenblick* au bon moment, à point nommé; *~ gehen (Uhr)* être à l'heure; *es für ~ halten* juger bon; *auf dem ~en Wege sein* être sur le bon chemin; *nicht ganz ~ im Kopf sein* avoir la tête *od* le timbre fêlé(e); *das ist genau das R~e für mich* c'est justement ce qu'il me faut *od* mon affaire; *sehr ~!* parfaitement! exactement! *(das ist) ~!* c'est cela! *od fam* ça! c'est exact; vous y êtes! *der ~e Mann* l'homme qu'il faut. **richtiggehend** *a* **1.** *(Uhr)* exact; **2.** *fam (echt)* vrai, véritable. **Richtigkeit** *f* ‹-, ø› justesse, exactitude; *(e-r Aussage)* véracité; *(e-r Übersetzung)* fidélité *f;* ▶ *für die ~ (der Abschrift)* pour copie conforme; *jur* pour ampliation; *s-e ~ haben* être juste *od* exact *od* vrai. **richtig=stellen** *tr* mettre au point, rectifier, corriger. **Richtigstellung** *f* mise au point, rectification *f;* ▶ *e-r ~ bedürfen* exiger une mise au point.

Richtlinien *f pl* ['rɪçt-] lignes de conduite; idées *od* lignes *f pl* directrices *od* générales, principes *m pl* directeurs; ▶ *allgemeine ~ (pol)* politique *f* de base. **Richtpreis** *m* prix *m* indicatif (d'orientation, de base) *od* normal. **Richtpunkt** *m mil* point *m* de mire *od* de repère. **Richtschnur** *f* **1.** *(Meßinstrument)* cordeau *m;* **2.** *fig* ligne *od* règle de conduite, gouverne *f.* **Richtstrahl** *m radio TV* faisceau *m* (dirigé). **Richtstrahler** *m radio* poste (émetteur) à ondes dirigées; *TV* faisceau *m.*

Richtung *f* ‹-, -en› ['rɪçtʊŋ] **1.** direction *f,* sens *m;* **2.** *fig* orientation, tendance *f;* ▶ *aus ~ ... (loc)* en provenance de ...; *in allen ~en* dans toutes les directions, en tous sens, de toute(s) part(s); *in entgegengesetzter* od *umgekehrter ~* en sens contraire *od* inverse. **richtungweisend** *a fig* directeur, pilote.

Ricke *f* ‹-, -n› ['rɪkə] *zoo* chevrette *f.*

riechen ‹*roch, gerochen*› ['ri:çən] *tr* **1.** sentir; **2.** *fig (ahnen)* deviner; *itr* **3.** sentir (*nach etw* qc); avoir une odeur (*nach etw* de qc); ▶ *angebrannt ~* sentir le brûlé; *jdn nicht ~ können (fig)* ne pouvoir sentir *od* souffrir qn *od* voir qn en peinture. **Riecher** *m* ‹-s, -› *(Nase):* ▶ *e-n guten ~ haben (fam)* avoir du flair.

Riege *f* ‹-, -n› ['ri:gə] *(Turner)* section *f.*

Riegel *m* ‹-s, -› ['ri:gəl] **1.** *(Tür)* verrou *m; (Schub~, Dreh~)* targette *f; (am Türschloß)* pêne *m;* **2.** *(Seife)* barre, brique *f,* pain; *(Schokolade)* bâton *m,* bille *f;* **3.** *(Kleidung)* bride *f;* ▶ *e-n ~ vorschieben vor ... (fig)* mettre obstacle à, empêcher.

Riemen *m* ‹-s, -› ['ri:mən] **1.** courroie; *(langer, schmaler)* lanière *f;* **2.** *(Ruder)* rame *f;* ▶ *den ~ enger schnallen (fig)* se serrer la ceinture.

Ries *n* ‹-es, -e› [ri:s, '-zə] *(Papiermaß)* rame *f.*

Riese *m* ‹-n, -n› ['ri:zə] géant, colosse *m.*

Rieselfelder *n pl* ['ri:zəl-] champs *m pl* d'épandage *od* d'irrigation. **rieseln** *itr* ‹*sein*› ruisseler; (s'é)couler; *fam* dégouliner.

Riesenarbeit *f* ['ri:zən-] travail *m* de géant *od* gigantesque *od* colossal *od* d'Hercule. **Riesenerfolg** *m* succès *m* fou. **riesengroß** *a,* **riesenhaft** *a* gigantesque, colossal. **Riesenkraft** *f* force *f* herculéenne. **Riesenrad** *n* grande roue

f. **Riesenschlange** *f* boa *m.* **Riesenschritt** *m:* ► *mit ~en* à pas de géant.
riesig ['ri:zɪç] *a* **1.** gigantesque, colossal, herculéen; géant, monstre; **2.** *fam* énorme, immense, formidable.
Riff *n* ‹-(e)s, -e› [rɪf] *(Klippe)* récif *m.*
rigoros [rigo'ros] *a (streng)* rigoureux, sévère, dur. **Rigorosum** *n* ‹-s, -sa› épreuves *f pl* orales de l'examen de doctorat.
Rikscha *f* ‹-, -s› ['rɪkʃa] pousse-pousse *m.*
Rille *f* ‹-, -n› ['rɪlə] rainure; gorge; *(flache)* raie; *arch* cannelure *f; (Schallplatte)* sillon *m.* **rillen** *tr* canneler, strier.
Rind *n* ‹-(e)s, -er› [rɪnt, '-dər] *(Art)* bœuf, bovin; *(junger Ochse)* bouvillon *m; (junge Kuh)* génisse *f.*
Rinde *f* ‹-, -n› ['rɪndə] *(Baum, Gehirn)* écorce; *(Brot, Käse)* croûte *f.*
Rinderbraten *m* ['rɪndər-] rôti de bœuf; bœuf *m* rôti. **Rinderfilet** *n* filet de bœuf, tournedos *m.* **Rinderrasse** *f* race *f* bovine. **Rinderzucht** *f* élevage *m* des bœufs.
Rindfleisch *n* ['rɪnt-] (viande *f* de) bœuf *m.* **Rind(s)leder** *n* (cuir de) bœuf *m od* (de) vache *f.* **Rindvieh** *n* **1.** bovins *m pl;* **2.** *fam (Schimpfwort)* brute *f,* animal, butor, imbécile *m.*
Ring *m* ‹-(e)s, -e› [rɪŋ] **1.** *allg* anneau *m; (Schmuck~)* bague; *(Siegel~)* chevalière; *(Ehe~)* alliance *f; (Serviętten~)* rond *m;* **2.** *tech* anneau, cerceau *m,* virole, frette, bague *f,* cercle *m; (Dichtungs~)* rondelle *f;* **3.** *pl (Turngerät)* anneaux *m pl;* **4.** *(Box~)* ring *m;* **5.** *(um die Augen, e-e Wunde, e-n entfernten Fleck)* cerne *m;* **6.** *fig (Menschengruppe)* cercle *m;* **7.** *com* cartel, trust, pool; *adm* syndicat *m;* ► *~e um die Augen haben* avoir les yeux cernés *od* battus. **Ringbuch** *n* petit classeur *m.*
Ringel *m* ‹-s, -› ['rɪŋəl] rond *m,* volute *f.* **Ringelblume** *f* souci *m.* **Ringellocke** *f (Haar)* anglaise *f.* **ringeln 1.** *tr* anneler, boucler; **2.** *refl: sich ~ (Haar)* boucler; *(Schlange)* se lover. **Ringelnatter** *f zoo* couleuvre *f* à collier.
ringen ['rɪŋən] ‹*rang, gerungen*› *itr* lutter; être aux prises; se débattre; ► *die Hände ~* se tordre les mains.
Ringfinger *m* ['rɪŋ-] annulaire *m.* **ringförmig** *a* annulaire, circulaire.
Ringkampf *m* ['rɪŋ-] (match *m* de) lutte *f.* **Ringkämpfer** *m* lutteur *m.*
Ringrichter *m* ['rɪŋ-] *(Boxen)* juge *od* arbitre *m* du ring.
rings [rɪŋs] *adv:* ► *~ um ... herum* à l'entour de ... **rings(her)um** *adv* alentour, (tout) autour, de tous côtés, à la ronde.
Ringstraße *f* ['rɪŋ-] voie *f* de ceinture.
Rinne *f* ‹-, -n› ['rɪnə] **1.** *(Rinnstein)* caniveau; conduit *m; (Abzugsgraben)* rigole; *(Dach~)* gouttière *f;* **2.** *mar (Fahrt~)* passe *f,* chenal *m.* **rinnen** ‹*rann, geronnen*› *itr* **1.** ‹*sein*› *(Flüssigkeit)* couler, ruisseler; *(a. Sand etc)* s'écouler; *(Zeit)* s'écouler, filer; **2.** ‹*h*› *(Gefäß)* avoir une fuite. **Rinnsal** *n* ‹-(e)s, -e› [-za:l] petit cours d'eau, ruisselet *m.* **Rinnstein** *m* caniveau.
Rippchen *n* ‹-s, -› ['rɪp-] *(Küche)* côtelette *f.* **Rippe** *f* ‹-, -n› **1.** *anat* côte *f;* **2.** *(Schokolade)* barre; *arch* branche; *(Heizkörper)* ailette; *aero (Flügel~)* nervure *f.* **Rippenbruch** *m med* fracture *f* de côte(s). **Rippenfell** *n anat* plèvre *f.* **Rippenfellentzündung** *f* pleurésie *f.* **Rippenstoß** *m* coup *m* dans le flanc, bourrade *f.*
Rips *m* ‹-es, -e› [rɪps] *(Textil)* reps *m.*
Risiko *n* ‹-s, -s/-ken› ['ri:ziko, -kən] risque *m;* ► *ein ~ eingehen* od *auf sich nehmen* courir *od* prendre un risque.
riskant [rɪs'kant] *a* risqué, hasardé, hasardeux. **riskieren** [-'ki:rən] ‹*ohne ge-*› *tr* risquer.
Riß *m* ‹-sses, -sse› [rɪs] **1.** *(in Stoff, Papier)* déchirure *f; (durch Hängenbleiben)* accroc *m; (Schrunde)* gerçure; *(Sprung in Glas u. Porzellan)* fissure, fêlure; *(in Mauerwerk)* lézarde *f; (in Metall)* crique; *(Spalt)* fente, crevasse; *(Bruch, a. fig)* rupture; *(Spaltung)* scission *f;* **2.** *(in einer Freundschaft)* ombre, lézarde, fêlure *f;* **3.** *(Zeichnung)* tracé *m,* épure *f.*
rissig ['rɪsɪç] *a (Haut)* gercé; *(Erde)* crevassé; *(Glas, Porzellan)* fendillé, craquelé; *(Mauerwerk)* lézardé; ► *~ werden* se gercer; se crevasser, se fendiller, se fissurer, se fêler; se lézarder.
Rist *m* ‹-es, -e› [rɪst] *(Fußrücken)* cou-de-pied; *(Handgelenk)* poignet *m.*
Ritt *m* ‹-(e)s, -e› [rɪt] chevauchée; course à cheval, cavalcade *f.*
Ritter *m* ‹-s, -› ['rɪtər] chevalier *m.* **Rittergut** *n* domaine *m od* terre *od* propriété *f* seigneurial(e). **Ritterkreuz** *n (Orden)* croix *f* de Chevalier. **ritterlich** *a* chevaleresque; *fig* courtois, galant. **Ritterlichkeit** *f* ‹-, ø› caractère *od* esprit *m* chevaleresque; courtoisie *f.* **Rittertum** *n* ‹-(e)s, ø› chevalerie *f.*
rittlings ['rɪtlɪŋs] *adv* à cheval, à califourchon.
Ritual *n* ‹-s, -e/-ien› [ritu'a:l, -liən] rituel *m.* **rituell** [-'ɛl] *a* rituel. **Ritus** *m* ‹-, -ten› ['ri:tʊs] rite *m.*
Ritz *m* ‹-es, -e› , **Ritze** *f* ‹-, -n› ['rɪts(ə)] petite fente, fissure *f.* **ritzen** *tr* rayer.
Rivale *m* ‹-n, -n› [ri'va:lə] , **Rivalin** *f* ‹-, -nen› rival(e *f*) *m.* **rivalisieren** [-li'zi:rən] ‹*ohne ge-*› *itr* rivaliser. **rivalisierend** *a* rival. **Rivalität** *f* ‹-, -en› [-li'tɛ:t] rivalité *f.*
Riviera [rivi'e:ra]: ► *die (italienische) ~* la Riviera; *die (französische) ~* la Côte

d'Azur.

Rizinus *m* ‹-, -/-se› ['ri:tsinʊs-, -sə] *bot* ricin *m.*

Roastbeef *n* ‹-s, -s› ['ro:stbi:f] rosbif *m.*

Robbe *f* ‹-, -n› ['rɔbə]; *zoo* phoque *m; pl (Ordnung)* pinnipèdes *m pl.* **robben** *itr* ‹*sein*› se traîner en rampant.

Robe *f* ‹-, -n› ['ro:bə] *(Amtstracht)* robe *f.*

Roboter *m* ‹-s, -› ['rɔbɔtər] robot, automate *m.* **Robotik** *f* robotique *f.*

robust [ro'bʊst] *a* robuste. **Robustheit** *f* ‹-, ø› robustesse *f.*

röcheln ['rœçəln] *itr* râler.

Rochen *m* ‹-s, -› ['rɔxən] *zoo* raie *f.*

Rock *m* ‹-(e)s, ⁻e› [rɔk, 'rœkə] **1.** *(Damen~)* jupe *f;* **2.** *(Herrenjacke)* habit *m; mil (Waffen~)* tunique *f.*

Rodel *m* ‹-s, -› ['ro:dəl] luge *f,* toboggan *m.* **Rodelbahn** *f* piste *f* de luge. **rodeln** *itr* ‹*sein* od *h*› faire de la luge.

roden ['ro:dən] *tr* **1.** *(Wald)* défricher, essarter; **2.** *(Kartoffeln, Rüben)* arracher.

Rogen *m* ‹-s, -› ['ro:gən] œufs *m pl* de poisson.

Roggen *m* ‹-s, (-)› ['rɔgən] seigle *m.*

roh [ro:] *a* **1.** *(ungekocht, ungebraten)* cru, pas cuit; **2.** *(unbearbeitet)* (é)cru, brut, fruste, vert, non affiné, non travaillé; **3.** *(brutal)* brutal, rude; *(grob)* grossier; *(ungebildet)* inculte, fruste; ▶ *~es Ei n, ~er Schinken m* œuf, jambon *m* cru.

Rohbau *m* ['ro:-] gros œuvre *m,* grosse maçonnerie *f.* **Rohbaumwolle** *f* coton *m* brut. **Roheisen** *n* fonte *f* brute.

Roheit *f* ‹-, -en› ['ro:haɪt] brutalité, rudesse; *(Grobheit)* grossièreté; *(Grausamkeit)* cruauté *f.*

Roherz *n* ['ro:-] minerai *m* brut. **Rohgummi** *n* caoutchouc *m* brut. **Rohkost** *f* régime *m* végétarien; crudités *f pl.* **Rohling** *m* ‹-s, -e› *(Mensch)* brute *f,* pandour *m.* **Rohmaterial** *n* matière *f* brute *od* première, matériaux *m pl* bruts. **Rohmetall** *n* métal *m* brut *od* cru. **Rohöl** *n* pétrole *m od* huile *f* brut(e).

Rohr *n* ‹-(e)s, -e› [ro:r] **1.** *bot* roseau, jonc *m; (größere Arten)* canne *f;* **2.** *tech* tuyau, tube *m;* **3.** *mil (Feuerwaffe)* canon *m.* **Rohrbruch** *m* bris *m* de tuyau, rupture *f* de *od* d'une *od* de la conduite. **Rohrdommel** *f orn* butor *m.*

Röhre *f* ‹-, -n› ['rø:rə] **1.** tube, tuyau, conduit *m;* **2.** *radio* lampe *f.*

röhren ['rø:rən] *itr (Hirsch)* bramer.

Rohrleger *m* ['ro:r-] poseur *m* de tuyaux *od* de conduites. **Rohrleitung** *f:* tuyauterie, conduite *f; (Pipeline)* pipe-line *m.* **Rohrmatte** *f* natte *f* de jonc. **Rohrmöbel** *n pl* meubles *m pl* en rotin. **Rohrnetz** *n* tuyauterie; canalisation *f.* **Rohrpost** *f* poste *f* pneumatique. **Rohrspatz** *m:* ▶ *wie ein ~ schimpfen* rouspéter sans cesse. **Rohrstock** *m* canne *f; (Schule)* bâton *m.* **Rohrstuhl** *m* chaise *f* cannée. **Rohrzucker** *m* sucre *m* de canne.

Rohseide *f* ['ro:-] soie *f* écrue *od* grège. **Rohstoff** *m* matière *f* première. **Rohstoffknappheit** *f,* **Rohstoffmangel** *m* pénurie *f* de matières premières. **Rohwolle** *f* laine *f* crue. **Rohzucker** *m* sucre *m* brut *od* roux, cassonade *f.*

Rokoko *n* ‹-(s), ø› ['rɔkoko, ro'kɔko] (style) Louis XV *m.*

Rolladen *m* volet *m* roulant; rideau *m* de fer.

Rollbahn *f* ['rɔl-] **1.** *aero* piste *f* de roulement; **2.** *mil* itinéraire *m* routier. **Rollbrett** *n (Skateboard)* planche *f* à roulettes.

Rolle *f* ‹-, -n› ['rɔlə] **1.** *allg, a. tech* u. *sport* rouleau *m;* bobine; *(unter Möbeln)* roulette, rotule *f; tech (Lauf~)* galet *m; (Block~)* poulie; *(Wäsche~)* calandre; *(Draht~)* couronne *f;* **2.** *theat* u. *fig* rôle *m;* ▶ *aus der ~ fallen (fig)* sortir de son rôle; *e-e ~ spielen* jouer un rôle; *fig (wichtig sein)* faire figure, entrer en ligne de compte; *das spielt keine (große) ~* cela n'a pas d'importance; peu importe.

rollen ['rɔlən] **1.** *tr* ‹*h*› rouler; *(zs.-, einrollen)* enrouler; *(Wäsche)* calandrer; **2.** *itr* ‹*sein*› rouler; ▶ *mit den Augen ~* rouler des yeux.

Rollenbesetzung *f* ['rɔlən-] *theat* distribution *f* des rôles. **Rollenspiel** *n* jeu *m* de rôles. **Rollenverhalten** *n (Soziologie)* comportement *m* de groupe. **Rollenverteilung** *f* = *Rollenbesetzung.*

Roller *m* ‹-s, -› ['rɔlər] *(Spielzeug)* trottinette, patinette *f; (Motorroller)* scooter *m.*

Rollfeld *n* ['rɔl-] **1.** *aero* aire *f* d'atterrissage et de décollage; **2.** *mil* aire *f* de manœuvre *od* de mouvement. **Rollfilm** *m* bobine *f* de pellicules *od* de film. **Rollfuhrdienst** *m* camionnage *m.* **Rollgeld** *n* (frais *m pl* de) camionnage, factage *m.* **Rollhandtuch** *n* essuie-mains *m* à rouleau, touaille *f.* **Rollkragen(pullover)** *m* (pullover à) col *m* roulé. **Rollmops** *m* hareng *m* roulé.

Rollo *n* ‹-s, -s› ['rɔlo, rɔ'lo:] = *Rouleau.*

Rollschinken *m* ['rɔl-] jambon *m* roulé. **Rollschrank** *m* classeur *m* à rideau. **Rollschuh** *m* patin *m* à roulettes. **Rollschuhlaufen** *n* patinage *m* à roulettes. **Rollstuhl** *m* fauteuil *m* roulant *od* à roulettes. **Rolltreppe** *f* escalier *m* roulant *od* mécanique. **Rollwagen** *m* chariot, fardier *m.*

Rom *n* [ro:m] Rome *f.*

Roman *m* ‹-s, -e› [ro'ma:n] roman *m.*

Romanen [ro'ma:nən] , *die pl* les Latins *m pl.*

romanhaft [ro'ma:n-] *a* romanesque.
Romanik *f* ‹-, ø› [ro'ma:nɪk] *(bildende Kunst)* roman *m.* **romanisch** *a (Sprache, Volk)* latin; *(Kunst)* roman. **Romanistik** *f* ‹-, ø› [-'nɪstɪk] étude *f* des langues latines.
Romanschriftsteller(in *f)* *m* [ro'ma:n-] romancier *m*, -ière *f.*
Romantik *f* ‹-, ø› [ro'mantɪk] **1.** *(Kunst)* romantisme *m;* **2.** *fig* romanesque *m.* **romantisch** [-'mantɪʃ] *a* **1.** romantique; **2.** *(malerisch)* pittoresque.
Romanze *f* ‹-, -n› [ro'mantsə] romance *f.*
Römer(in) *m* ‹-s, -› (*f* ‹-, -nen›) ['rø:mər] Romain(e *f*) *m.* **römisch** *a* romain.
röntgen ['rœntgən] *tr* radiographier; *(durchleuchten)* radioscopier. **Röntgen** *n* ‹-s, ø› radiographie *f.* **Röntgenapparat** *m* appareil *m* de radiographie. **Röntgenaufnahme** *f* radiographie *f;* ▶ *e-e ~ machen* prendre une radio(graphie). **Röntgenbild** *n* radiographie *f.* **Röntgenologie** *f* ‹-, ø› [-lo'gi:] radiologie *f.* **röntgenologisch** [-'lo:gɪʃ] *a* radiologique. **Röntgenstrahlen** *m pl* rayons *m pl* X. **Röntgentherapie** *f* radiothérapie *f.* **Röntgenuntersuchung** *f* examen radiographique *od* aux rayons X; *(Durchleuchtung)* examen *m* radioscopique.
rosa ['ro:za] *a* rose.
Rose *f* ‹-, -n› ['ro:zə] **1.** *bot arch* rose *f;* **2.** *(Strauch)* rosier *m;* ▶ *keine ~ ohne Dornen (prov)* il n'y a pas de roses sans épines.
Rosengarten *m* ['ro:zən-] roseraie *f.* **Rosenknospe** *f* bouton *m* de rose. **Rosenkohl** *m* chou *m* de Bruxelles. **Rosenkranz** *m rel* chapelet, rosaire *m;* ▶ *den ~ beten* dire *od* réciter *od* égrener son chapelet. **Rosenmontag** *m* Lundi *m* gras. **rosenrot** *a* rose. **Rosenstock** *m.* **Rosenstrauch** *m* rosier *m.* **Rosenzucht** *f* culture *f* des rosiers.
Rosette *f* ‹-, -n› [ro'zɛtə] **1.** *arch* rosace *f;* **2.** *(Schleifen~)* rosette *f.*
rosig ['ro:zɪç] *a* **1.** rose; *(zartrosa)* rosé; **2.** *fig* rassurant; ▶ *alles in ~em Licht sehen (fig)* voir tout en rose.
Rosine *f* ‹-, -n› [ro'zi:nə] raisin *m* sec; ▶ *die ~n aus dem Kuchen picken (fig fam)* extraire la moelle de l'os, prendre le meilleur pour soi.
Rosmarin *m* ‹-s, ø› [rɔsma'ri:n, 'ro:smari:n] *bot* romarin *m.*
Roß *n* ‹-sses, -sse› [rɔs] **1.** cheval; *poet* coursier *m;* **2.** *fam a.* imbécile, sot *m;* ▶ *sich aufs hohe ~ setzen (fig)* monter sur ses grands chevaux; le prendre de haut. **Roßhaar** *n* crin *m.* **Roßkastanie** *f* **1.** *(Frucht)* marron *m* d'Inde; **2.** *(Baum)* marronnier *m* d'Inde. **Roßkur** *f fig* remède *m* de cheval.
Rost [rɔst] **(1)** *m* ‹-(e)s, -e› *(Gitter)* grille *f;* *(Brat~, tech)* gril *m;* ▶ *vom ~ (Küche)* grillé; *auf dem ~ braten* faire cuire sur le gril, griller; **(2)** *m* ‹-es, ø› *(Eisenoxyd)* rouille *f.*
Rostbraten *m* ['rɔst-] grillade *f.*
rostbraun ['rɔst-] *a* (brun) rouille, rubigineux.
Röstbrot *n* ['rø:st-] pain grillé, toast *m.*
rösten *tr (Fleisch, Kastanien, Brot)* griller; *(Mehl)* faire roussir; *(Kaffee)* griller, torréfier; *(Flachs)* rouir.
rosten [rɔstən] *itr* (se) rouiller; *scient* s'oxyder. **rostfrei** *a* **1.** sans rouille; **2.** *(nichtrostend)* inoxydable, non-corrosif, antirouille. **rostig** *a* rouillé.
Röstkartoffeln *f pl* ['rø:st-] pommes *f pl* (de terre) sautées.
Rostschutz *m* ['rɔst-] protection *f* contre la rouille. **Rostschutzmittel** *n* (enduit) antirouille *m.*
rot [ro:t] *a* rouge; *(Haar)* roux; *(Gesicht)* rubicond; ▶ *~ werden (a. im Gesicht)* rougir, devenir rouge; *bis über die Ohren ~ werden* rougir jusqu'au blanc des yeux; *der ~e Faden (fig)* le fil conducteur; *das R~e Kreuz* la Croix-Rouge; *das R~e Meer* la mer Rouge. **Rot** *n* ‹-s, -/(-s)› rouge *m.*
Rotation *f* ‹-, -en› [rotatsi'o:n] rotation *f.* **Rotationsdruck** *m typ* impression *f* par *od* sur (machine) rotative. **Rotationssystem** *n pol (bei den Grünen)* (pratique *f* du) tourniquet *m.*
rotblond ['ro:t-] *a* blond roux. **rotbraun** *a* rouge tirant sur le brun; *(Haar)* châtain *inv.* **Rotdorn** *m bot* épine *f* rouge.
Röte *f* ‹-, ø› ['rø:tə] rougeur; *(d. Haares)* rousseur *f.* **Rötel** *m* ‹-s, -› *min* sanguine *f.* **Röteln** *pl med* rubéole, roséole, *(Masern)* rougeole *f.* **röten** *tr* rougir; *(die Wangen a.)* colorer; *sich ~* rougir, devenir rouge.
rotglühend ['ro:t-] *a* (chauffé au) rouge.
rothaarig *a* roux, rousseau, aux cheveux roux. **Rothaut** *f (Indianer)* Peau-Rouge *m.*
rotieren [roti:rən] ‹*ohne ge-*› *itr* **1.** tourner (sur soi-même *od* sur son axe); **2.** *typ a.* rouler; **3.** *pol* se soumettre à la pratique du tourniquet. **rotierend** *a* rotatoire, rotatif.
Rotkäppchen *n* ['ro:t-] le petit Chaperon rouge. **Rotkehlchen** *n orn* rouge-gorge *m,* rubiette *f.* **Rotkohl** *m,* **Rotkraut** *n* chou *m* rouge. **Rotlauf** *m med* érysipèle, érésipèle *m.*
rötlich ['rø:tlɪç] *a* rougeâtre, tirant sur le rouge; *(Haar)* roussâtre.
Rotschwänzchen *n* ['ro:t-] rouge-queue *m.* **Rotstift** *m* crayon *m* rouge, sanguine *f.*
Rotte *f* ‹-, -n› ['rɔtə] **1.** *mil* troupe *f,* peloton *m;* file *f;* **2.** *allg* bande *f;* **3.** *(Arbeiter)* équipe *f.*

Rötung *f* ‹-, -en› ['rø:tuŋ] *(der Haut)* rougeur *f.*
rotviolett ['ro:t-] *a* rouge violacé. **Rotwein** *m* vin *m* rouge. **Rotwild** *n* cerfs *m pl* et chevreuils *m pl.*
Rotz *m* ‹-es, -e› [rɔts] *pop (Nasenschleim)* morve *f.* **rotzig** *a* morveux.
Rouge *n* ‹-s, -s› [ru:ʒ] *(rote Schminke)* rouge *m;* ▶ ~ *auflegen* (se) mettre du rouge.
Roulade *f* ‹-, -n› [ru'la:də] *(Küche)* roulade *f.*
Rouleau *n* ‹-s, -s› [ru'lo:] store *m.*
Roulett *n* ‹-(e)s, -e/-s› [ru'lɛt] *(Spiel)* roulette *f.*
Route *f* ‹-, -n› ['ru:tə] *(Reiseweg)* itinéraire, parcours *m.*
Routine *f* ‹-, ø› [ru'ti:nə] **1.** *(Gewandtheit, Fertigkeit)* savoir-faire *m;* **2.** *pej* routine *f.* **routiniert** [-'ni:rt] *a* **1.** routinier; **2.** chevronné, rompu aux affaires.
Rowdy *m* ‹-s, -s/(-dies)› ['raʊdi] voyou, apache *m.*
Royalist *m* ‹-en, -en› [roaja'lɪst] royaliste *m.*
Rübe *f* ‹-, -n› ['ry:bə] rave *f;* ▶ *rote* ~ betterave *f* (rouge); *weiße* ~ navet *m.*
Rubel *m* ‹-s, -› ['ru:bəl] *(Währungseinheit)* rouble *m.*
Rübenfeld *n* ['ry:bən-] champ *m* de betteraves, ravière *f.* **Rübenzucker** *m* sucre *m* de betterave.
Rubin *m* ‹-s, -e› [ru'bi:n] *min* rubis *m.*
Rubrik *f* ‹-, -en› [ru'bri:k] rubrique *f.*
ruchbar ['ru:xba:r] *a* public, notoire; ▶ ~ *werden* s'ébruiter. **ruchlos** *a* infâme, scélérat. **Ruchlosigkeit** *f* ‹-, ø› infamie, scélératesse *f.*
Ruck *m* ‹-(e)s, -e› [rʊk] saccade *f,* à coup *m;* ▶ *mit e-m* ~ d'un (seul) coup; *sich e-n* ~ *geben (fig)* faire un effort.
Rückantwortkarte *f* ['rʏk-] carte-réponse.
ruckartig **I.** *a* saccadé; **II.** *adv* d'un (seul) coup.
rückbezüglich ['rʏk-] *a gram* réfléchi.
Rückbildung *f* ['rʏk-] *biol* régression *f.*
Rückblende *f* ['rʏk-] *film* flash-back *m.*
Rückblick *m* ['rʏk-] coup d'œil *od* regard *m* en arrière; *fig* rétrospective *f.*
rücken ['rʏkən] **1.** *tr ‹h›* pousser, déplacer; remuer; **2.** *itr ‹sein›* se porter (*vorwärts* en avant, *rückwärts* en arrière); *(näher)* (s')approcher.
Rücken *m* ‹-s, -› ['rʏkən] **1.** *a. fig* dos *m;* **2.** *(Küche: vom Schwein)* échine; *(Hammel)* selle *f; (Hase)* râble *m;* **3.** *(Berg~)* croupe *f;* **4.** *mil* arrières *m pl;* ▶ ~ *an* ~ dos à dos; *auf dem* ~ sur *od* dans le dos; *(Hände)* derrière le dos; *hinter jds* ~ *(a. fig)* derrière le dos de qn; *jdm in den* ~ *fallen* attaquer qn dans le dos *od* par derrière; *sich den* ~ *freihalten (fig)* se ménager une retraite; *jdm den* ~ *zukehren* od *zuwenden* tourner *od* présenter le dos à qn. **Rükkendeckung** *f mil* couverture *f* de l'arrière. **Rückenlehne** *f* dossier *m;* ▶ *verstellbare* ~ dossier *m* rabattable. **Rückenmark** *n anat* moelle *f* épinière. **Rückenschmerzen** *m pl* douleurs *f pl* dans le dos *od* dorsales. **Rückenschwimmen** *n* nage *f* sur le dos. **Rükkenwind** *m* vent *m* arrière.
Rückfahrkarte *f,* **Rückfahrschein** *m* ['rʏk-] billet *m* d'aller et retour *od* de retour.
Rückfahrt *f* ['rʏk-] retour *m;* ▶ *auf der* ~ au retour, en revenant.
Rückfall *m* ['rʏk-] **1.** *jur* récidive *f;* **2.** *med u. allg* rechute *f.* **rückfällig** *a jur* récidiviste; ▶ ~ *werden* récidiver; *(Kranker)* rechuter. **Rückfällige(r)** *m f* ‹-n, -n› *jur* récidiviste *m f.*
Rückfenster *n* ['rʏk-] *mot* vitre *f* arrière.
Rückflug *m* ['rʏk-] vol *m* (de) retour.
Rückfrage *f* ['rʏk-] demande *f* de précisions *od* d'instructions complémentaires. **rück=fragen** *(nur inf u. pp üblich) itr* demander des précisions (*bei jdm* à qn).
Rückgabe *f* ['rʏk-] reddition; restitution; rétrocession *f; (von leeren Flaschen* od *Gläsern)* retour *m.*
Rückgang *m* ['rʏk-] *(Nachlassen)* diminution; régression; *com fin* baisse *f.*
rückgängig *a:* ▶ ~ *machen (Maßnahme)* annuler, résilier; *(Kauf, Geschäft)* annuler; *(Entscheidung)* revenir sur.
Rückgewinnung *f* ['rʏk-] récupération *f.*
Rückgrat *n* ['rʏk-] *anat* échine, épine dorsale, colonne *f* vertébrale; ▶ ~ *haben (fig)* ne pas plier l'échine, avoir les reins solides.
Rückgriff *m* ['rʏk-] *jur* recours *m.*
Rückhalt *m* ‹-(e)s, ø› ['rʏk-] **1.** soutien, appui *m;* **2.** *fin* réserve *f,* assises *f pl.* **rückhaltlos** **I.** *a* u. *adv* sans réserve; sans arrière-pensée; **II.** *adv* franchement.
Rückkauf *m* ['rʏk-] rachat; réméré *m.* **Rückkaufsrecht** *n* droit *m* de réemption *od* de rachat *od* de réméré.
Rückkehr *f* ‹-, ø› ['rʏk-] retour *m,* rentrée *f;* ▶ *bei meiner* ~ à mon retour, en rentrant. **Rückkehrer(in** *f*) *m* immigré, e *m f* qui retourne dans son pays d'origine. **Rückkehrhilfe** *f (für Gastarbeiter)* aide *f* au retour.
Rücklage *f* ['rʏk-] *allg* réserve *f,* en-cas *m.*
rückläufig ['rʏk-] *a* rétrograde, régressif; ▶ ~*e Bewegung f* rétrogradation; régression *f.*
Rücklicht *n* ‹-(e)s, -er› ['rʏk-] *mot* feu *m* (rouge) arrière.
rücklings ['rʏk-] *adv (liegen)* sur le dos; *(fallen)* à la renverse; *(von hinten)* par

derrière.
Rückmarsch *m* ['rʏk-] marche rétrograde; *mil* retraite *f*.
Rückporto *n* ['rʏk-] port *m* de retour.
Rückreise *f* ['rʏk-] (voyage de) retour *m;* ▶ *auf der* ~ au retour; *auf der* ~ *sein* être sur le retour.
Rucksack *m* ['ruk-] sac *m* à dos *od* tyrolien.
Rückschau *f* ['rʏk-] (revue) rétrospective *f*. **rückschauend** *adv* rétrospectivement.
Rückschlag *m* ['rʏk-] **1.** réaction *f;* **2.** *(Fehlschlag)* échec, revers *m*.
Rückschluß *m* ['rʏk-] conclusion, déduction *f;* ▶ *aus etw den* ~ *ziehen* tirer la conclusion *od* conclure de qc.
Rückschritt *m* ['rʏk-] pas *m* en arrière; *pol* réaction *f*.
Rückseite *f* ['rʏk-] *(hintere Seite)* derrière, dos; *(untere Seite)* revers *a. fig; (e-s Stoffes)* envers; *typ* verso *m;* ▶ *auf der* ~ *(gen)* au dos (de); *siehe* ~ voir au verso.
Rücksicht *f* ‹-, -en› ['rʏk-] considération *f*, égards *m pl;* ▶ *mit* ~ *auf* en tenant compte de, en considération de, eu égard à, par considération pour; *ohne* ~ *auf* sans égard pour; ~ *nehmen auf* tenir compte de, avoir égard à, prendre garde à; *(schonen)* ménager. **Rücksichtnahme** *f* ‹-, ø› ménagement *m*. **rücksichtslos I.** *a* u. *adv* sans égards (*gegen* pour); sans ménagement; **II.** *a* brutal. **Rücksichtslosigkeit** *f* ‹-, -en› manque *m* d'égards; brutalité *f*. **rücksichtsvoll I.** *a* plein d'égards (*gegen* pour); attentionné; **II.** *adv* avec ménagements.
Rücksitz *m* ['rʏk-] **1.** *(Wagen)* banquette *f* arrière, fond *m;* **2.** *(Motorrad)* tan-sad *m*.
Rückspiegel *m* ['rʏk-] (miroir) rétroviseur *m*.
Rückspiel *n* ['rʏk-] *sport* match *m* retour.
Rücksprache *f* ['rʏk-] consultation *f*, entretien *m*, pourparlers *m pl;* ▶ *nach* ~ *mit* après consultation de.
Rückstand *m* ['rʏk-] **1.** *chem* résidu; reste *m;* **2.** *com* arriéré *m;* **3.** *allg* retard *m;* ▶ *im* ~ *sein* être en retard (*mit* pour).
rückständig ['rʏk-] *a* **1.** *fin (Zahlung)* arriéré, en retard; *(Schuldner)* retardataire; **2.** *fig* arriéré, rétrograde. **Rückständigkeit** *f* ‹-, ø› mentalité *f* arriérée.
Rückstoß *m* ['rʏk-] coup en arrière, recul *m; phys* répercussion; *mot* réaction *f*. **rückstoßfrei** *a (Waffe)* sans recul.
Rückstrahler *m* ['rʏk-] cataphote, catadioptre *m*.
Rücktaste *f* ['rʏk-] touche *f* de rappel.
Rücktritt *m* ['rʏk-] **1.** *(vom Amt)* démission; retraite *f;* **2.** *(vom Vertrag)* résiliation *f;* ▶ *s-n* ~ *erklären* donner sa démission, démissionner. **Rücktrittbremse** *f* (frein à) rétropédalage *m*. **Rücktrittsgesuch** *n* demande *f* de retraite *od* de, démission.
Rückübersetzung *f* ['rʏk-] retraduction *f*.
rück≈vergüten ['rʏk-] ‹*ohne ge-*› *(nur inf. u. pp üblich) tr* rembourser. **Rückvergütung** *f* **1.** *(Storno)* ristourne *f;* **2.** *(Rückerstattung)* remboursement *m*.
rückversichern, *sich* ['rʏk-] ‹*ohne ge-*› se réassurer. **Rückversicherung** *f* réassurance, contre-assurance *f*.
Rückwand *f* ['rʏk-] paroi *f* arrière.
rückwärtig *a* ['rʏk-] arrière. **rückwärts** *adv* en arrière, à reculons; ▶ ~ *fahren (itr)* faire marche arrière. **Rückwärtsgang** *m mot* marche *f* arrière.
Rückweg *m* ['rʏk-] retour *m;* ▶ *auf dem* ~ sur le retour, en retournant; *jdm den* ~ *abschneiden* couper la retraite à qn.
ruckweise ['ruk-] *adv* par saccades, par à-coups.
rückwirkend ['rʏk-] *a* **1.** *adm* rétroactif; **2.** *phys* réactif. **Rückwirkung** *f* réaction, répercussion *f*.
rückzahlbar ['rʏk-] *a* remboursable. **Rückzahlung** *f* remboursement *m*.
Rückzieher *m* ['rʏk-] *(Fußball)* retourné *m; fam:* ▶ *e-n* ~ *machen* se rétracter, se dédire.
Rückzug *m* ['rʏk-] *mil* retraite *f; (planmäßiger)* repli *m;* ▶ *den* ~ *antreten, zum* ~ *blasen (fig)* battre en retraite.
Rüde *m* ‹-n, -n› ['ry:də] *(männl. Hund, Wolf, Fuchs)* mâle *m*.
rüde ['ry:də] *a* rude, brutal.
Rudel *n* ‹-s, -› ['ru:dəl] *(Hochwild)* harde; *(Wölfe)* bande; *(Menschen)* bande, troupe *f*.
Ruder *n* ‹-s, -› ['ru:dər] **1.** rame *f*, aviron *m;* **2.** *(Steuer~, a. aero)* gouvernail *m; aero* commandes *f pl;* ▶ *das* ~ *fest in der Hand haben (fig)* tenir la barre. **Ruderboot** *n* bateau *od* canot *m od* barque *f* à rames. **Ruderer** *m* ‹-s, -› rameur; *mar* nageur *m*. **rudern** *itr* ramer; *sport* faire de l'aviron; ▶ *kräftig* ~ faire force de rames. **Ruderregatta** *f* régate *f* de canoë. **Rudersport** *m* aviron, canotage *m*.
Rudiment *n* ‹-(e)s, -e› [rudi'mɛnt] rudiment *m*. **rudimentär** [-'tɛ:r] *a* rudimentaire.
Ruf *m* ‹-(e)s, -e› [ru:f] **1.** *allg* cri *m;* **2.** *(Anruf, bes. tele)* appel *m;* **3.** *(ohne pl) tele (Nummer)* numéro *m* (de téléphone); **4.** *(ohne pl) (guter* ~*)* réputation; renommée *f*, renom *m;* **5.** *(Berufung)* nomination; vocation *f;* ▶ *e-n* ~ *(als Professor) erhalten* recevoir une offre de nomination (*an e-e Univ.* à une

université); *e-n guten (schlechten) ~ haben* jouir d'une bonne (mauvaise) réputation; *er ist besser als sein ~* il vaut mieux que son nom. **rufen** ‹*rief, gerufen*› **1.** *tr* appeler; **2.** *itr* crier; ▶ *nach jdm ~* appeler qn; *wie gerufen kommen* venir *od* arriver à point nommé *od* à propos.

Rüffel *m* ‹-s, -› ['rʏfəl] réprimande, semonce *f*.

Rufname *m* ['ru:f-] prénom *m* usuel. **Rufnummer** *f tele* numéro *m* d'appel *od* de téléphone. **Rufweite** *f*: ▶ *in, außer ~* à, hors de portée de (la) voix.

Rüge *f* ‹-, -n› ['ry:gə] blâme *m;* réprimande *f*. **rügen** *tr* blâmer, réprimander.

Ruhe *f* ‹-, ø› ['ru:ə] **1.** *(Unbewegtheit)* repos *m a. phys; (Stille)* calme; *(Schweigen)* silence *m;* **2.** *(innere~)* calme *m;* tranquillité, sérénité *f;* **3.** *(Erholung)* repos *m,* détente *f,* délassement *m;* ▶ *in (aller) ~* tranquillement, sans se presser, en prenant son temps; *~ bewahren* garder son calme, rester calme; *nicht aus der ~ zu bringen sein* ne jamais perdre son sang-froid; *nicht* od *keinen Augenblick zur ~ kommen* n'avoir pas le loisir de respirer; *in ~ lassen* laisser tranquille *od* en paix; *jdm keine* od *jdn nicht in ~ lassen* ne pas laisser de repos *od* de répit à qn; *sich zur ~ setzen (Selbständiger)* se retirer des affaires; *(Unselbständiger)* prendre sa retraite; *~!* paix (donc)! *angenehme ~!* bonne nuit! *immer mit der ~!* doucement! tout doux! du calme! *laß mich in ~!* laisse-moi tranquille *od* en paix! **ruhebedürftig** *a:* ▶ *~ sein* avoir besoin de repos. **Ruhegehalt** *n* pension *f* de retraite *od* d'ancienneté. **ruhelos** *a* sans repos, toujours en mouvement; *(unruhig)* inquiet, agité. **Ruhelosigkeit** *f* ‹-, ø› inquiétude, agitation *f* (continuelle). **ruhen** *itr* **1.** *(unbewegt sein)* reposer, être tranquille; **2.** *(liegen, getragen werden)* reposer (*auf* sur); **3.** *(Blick)* être fixé (*auf* sur); *(Verdacht)* peser (*auf* sur); **4.** *(sich ausruhen)* se reposer, se détendre, se délasser; **5.** *(begraben sein)* reposer; **6.** *(Arbeit)* avoir cessé, avoir été arrêté *od* suspendu; *(Angelegenheit)* être en sommeil; ▶ *nicht eher ~, als bis ...* n'avoir (pas) de repos *od* cesse que ... ne *subj; ~ lassen* laisser reposer *od* dormir; *(Blick)* arrêter (*auf* sur); *hier ruht (Toter)* ci-gît. **Ruhepause** *f* temps *m* de repos, pause *f*. **Ruhestand** *m* retraite *f;* ▶ *im ~* en retraite; *in den ~ treten* prendre sa retraite. **Ruhestellung** *f* position *f* de repos *od tech* d'arrêt; ▶ *in ~* en repos. **Ruhestörung** *f* perturbation *f* (de l'ordre public); ▶ *nächtliche ~* tapage *m* nocturne. **Ruhetag** *m* jour de repos; *(Geschäft)* repos *m* hebdomadaire.

ruhig ['ru:ɪç] *a* **1.** *(still, a. Mensch)* tranquille, silencieux; **2.** *(friedlich)* calme, paisible; *(heiter)* serein; **3.** *(beruhigt)* rassuré; *(gelassen, gesetzt)* calme, pondéré; ▶ *~ bleiben* rester calme, garder son calme; *sich ~ verhalten* se tenir tranquille; *das können Sie ~ machen! (fam)* vous pouvez bien le faire! *du könntest ~ (mal) ... (fam)* tu pourrais bien ...

Ruhm *m* ‹-(e)s, ø› [ru:m] gloire *f*.

rühmen ['ry:mən] *tr (preisen)* glorifier, magnifier, vanter; rendre gloire à, chanter la gloire de; *(loben)* lou(ang)er; faire l'éloge de; ▶ *sich e-r S ~* se faire gloire *od* se glorifier de qc. **rühmlich** *a* glorieux; digne d'éloges.

ruhmlos ['ru:m-] *a* sans gloire; obscur. **ruhmreich** *a* glorieux. **ruhmvoll** *a* glorieux.

Ruhr *f* ‹-, (-en)› [ru:r] *med* dysenterie *f*.

Rührapparat *m* ['ry:r-] *tech* mélangeur, malaxeur *m*. **Rührei** *n* œufs *m pl* brouillés; ▶ *~ mit Schinken* œufs *m pl* au jambon. **rühren** *tr* **1.** *(umrühren)* agiter, brouiller; gâcher; *(Teig)* pétrir; **2.** *(bewegen)* remuer, mouvoir; **3.** *(ergreifen, erregen)* émouvoir; *(rührselig machen)* toucher, attendrir; ▶ *an etw ~ (itr)* toucher à qc; *(im Gespräch)* faire mention de qc; *daher ~, daß ...* provenir de ce que ...; *sich nicht ~* ne pas bouger; *fig* ne pas faire un geste. **rührend** *a* touchant, émouvant, attendrissant. **rührig** *a* actif, dynamique; *(immer in Bewegung)* remuant; *(fleißig)* assidu, appliqué. **Rührigkeit** *f* ‹-, ø› activité *f*, dynamisme *m;* assiduité, application *f*. **rührselig** *a* larmoyant, sentimental. **Rührseligkeit** *f* sentimentalité *f*. **Rührung** *f* ‹-, ø› attendrissement *m*, émotion *f*.

Ruin *m* ‹-s, ø› [ru'i:n] *(Untergang)* ruine, perte *f*, déclin *m*, déconfiture *f*. **Ruine** *f* ‹-, -n› ruine; *fig a.* épave *f*. **ruinieren** [-i'ni:rən] ‹*ohne ge-*› *tr* **1.** *(Sache)* démolir, esquinter; **2.** *(Person)* ruiner. **ruiniert** *a (Person a.)* achevé; *(Geschäft)* coulé.

rülpsen ['rʏlpsən] *itr pop* roter.

Rum *m* ‹-s, -s› [rʊm] rhum, tafia *m*.

rum [rʊm] *fam* = *herum*.

Rumäne *m* ‹-n, -n› [ru'mɛ:nə] Roumain *m*. **Rumänien** *n* ‹-s, ø› [-'mɛ:niən] la Roumanie. **Rumänin** *f* ‹-, -nen› Roumaine *f*. **rumänisch** [-'mɛ:nɪʃ] *a* roumain; ▶ *(das) R~(e)* le roumain.

Rummel *m* ‹-s, ø› ['rʊməl] *fam (lärmender Betrieb)* foire, kermesse; animation *f; fam fig* cirque; bruit, vacarme, tapage, brouhaha *m*. **Rummelplatz** *m fam* parc *m* d'attractions.

Rumor *m* ‹-s, ø› [ru'mo:r] *fam (Lärm)* rumeur *f*, vacarme, tapage *m*. **rumoren** ‹*ohne ge-*› *itr* faire du bruit *od* du tapage.

Rumpelkammer *f* ['rʊmpəl-] (cabinet de) débarras, fourre-tout *m*. **rumpeln** *itr* **1.** faire du tapage; **2.** *(Wagen)* cahoter.

Rumpf *m* ‹-(e)s, ¨-e› [rʊmpf, 'rʏmpfə] **1.** *anat* tronc *m; zoo* carcasse *f;* **2.** *mar* coque, carcasse *f; aero* fuselage *m*.

Rumpsteak *n* ‹-s, -s› ['rʊmpste:k] *(Küche)* rumsteck, romsteck *m*.

rund [rʊnt] *a* **1.** rond; arrondi; *(kreisförmig)* circulaire; *(Gesicht)* rond, plein; **2.** *fig (Zahl)* rond; ► *adv* u. ~ *gerechnet* en chiffres ronds; ~ *100* à peu près *od* environ cent, une centaine. **Rund** *n* ‹-(e)s, -e› rond; *(Kreis)* cercle *m*.

Rundbau *m* ['rʊnt-] *arch* rotonde *f*. **Rundblick** *m* tour d'horizon; panorama *m*. **Rundbogen** *m arch* arc *m* (en) plein cintre. **Rundbrief** *m* (lettre) circulaire *f*.

Runde *f* ‹-, -n› ['rʊndə] **1.** ronde *f a. mil; (Rennstrecke)* tour *m;* **2.** *(Lage: Bier etc)* tournée *f;* **3.** *(Gesellschaft)* cercle *m;* **4.** *sport* round *m*, reprise *f;* ► *in der ~* à la ronde; *(im Kreis)* en rond; *eine ~ spendieren* offrir *od* payer une tournée; *die ~ machen* faire la ronde; *(Sache)* circuler de bouche à oreille.

runden ['rʊndən] **1.** *tr* arrondir; **2.** *refl: sich ~* s'arrondir.

runderneuern ['rʊnt-] *tr mot (Reifen)* rechaper. **Rundfahrt** *f* circuit *m; (Stadt~)* visite *f* commentée (d'une *od* de la ville). **Rundflug** *m* circuit *m* aérien. **Rundfrage** *f* enquête *f*.

Rundfunk *m* ['rʊnt-] radio(diffusion), télégraphie sans fil, T.S.F., radiophonie *f;* ► *im ~, über den ~* à la radio; *durch den ~* par la voie des ondes; *über den ~ verbreiten* radiodiffuser. **Rundfunkamateur** *m* amateur de T.S.F.; sans-filiste *m*. **Rundfunkansager(in** *f***)** *m* speaker(ine *f***)** *m*. **Rundfunkbearbeitung** *f* adaptation *f*. **Rundfunkempfang** *m* réception *f* d'émissions radiophoniques. **Rundfunkempfänger** *m* récepteur radiophonique *od* de T.S.F., poste *m* récepteur. **Rundfunkgebühren** *f pl* redevance *od* taxe *f* radiophonique. **Rundfunkgerät** *n* récepteur radio(phonique) *od* de T.S.F., appareil *m* de T.S.F., radio *f*. **Rundfunkhörer** *m* auditeur *m* de radio *od* de T.S.F. **Rundfunknetz** *n* réseau *m* radiophonique. **Rundfunkprogramm** *n* programme *m* radiophonique *od* des émissions de T.S.F. **Rundfunksender** *m* (poste) émetteur, émetteur *m* de T.S.F. **Rundfunksendung** *f* émission *f* radiophonique *od* radiodiffusée *od* de radio. **Rundfunksprecher(in** *f***)** *m = Rundfunkansager(in).* **Rundfunkstation** *f* station *f* émettrice *od* d'émission(s) *od* de radiodiffusion *od* de T.S.F. **Rundfunkteilnehmer** *m* abonné *m* de la T.S.F. **Rundfunkübertragung** *f* transmission *od* diffusion radiophonique; radiodiffusion *f*. **Rundfunkwerbung** *f* publicité *f* radiophonique.

Rundgang *m* ['rʊnt-] tour *m; bes. mil* ronde *f*. **rundheraus** *adv (offen, freimütig)* franchement; tout net. **rundherum** *adv* tout autour; à la ronde. **rundlich** *a* arrondi, rondelet; *(Mensch)* potelé. **Rundreise** *f* circuit; périple *m;* tour(née *f*) *m*. **Rundreisefahrkarte** *f* billet *m* circulaire. **Rundschreiben** *n* lettre circulaire *od* collective, circulaire *f*. **rundumher** *adv* à la ronde. **Rundung** *f* ‹-, -en› rond, arrondi *m;* rondeur, rotondité *f*. **Rundverkehr** *m* (circulation *f* à) sens *m* giratoire. **rundweg** *adv* nettement, (tout) net, carrément, bel et bien.

Runen *f pl* ['ru:nən] runes *f pl*. **Runenschrift** *f* caractères *m pl* runiques.

Runkelrübe *f* ['rʊŋkəl-] betterave *f* fourragère.

Runzel *f* ‹-, -n› ['rʊntsəl] ride *f*. **runz(e-)lig** *a* ridé; ► ~ *werden* se rider. **runzeln** *tr:* ► *die Stirn ~* froncer les sourcils.

Rüpel *m* ‹-s, -› ['ry:pəl] grossier, malotru, mufle *m*. **Rüpelei** *f* [-'laɪ] grossièreté, muflerie *f*. **rüpelhaft** *a* grossier, malotru.

rupfen ['rʊpfən] *tr* **1.** *(herausreißen)* arracher; *(Geflügel)* plumer; **2.** *fig fam (jdn)* plumer, tondre.

ruppig ['rʊpɪç] *a* **1.** *(struppig)* ébouriffé; *(zerlumpt, schäbig)* déguenillé, loqueteux, râpé; **2.** *(rüpelhaft)* grossier, malotru.

Rüsche *f* ‹-, -n› ['ry:ʃə] *(am Kleid)* ruche *f*.

Ruß *m* ‹-es, ø› [ru:s, '-ə] suie *f*.

Russe *m* ‹-n -n› ['rʊsə] Russe *m*.

Rüssel *m* ‹-s, -› ['rʏsəl] *(Elefant u. niedere Tiere)* trompe *f; (Schweine)* groin; *(Wildschwein)* boutoir *m*.

rußen ['ru:sən] *itr* faire de la suie, fumer. **rußig** *a* couvert de suie, fuligineux.

Russin *f* ‹-, -nen› Russe *f*. **russisch** ['rʊsɪʃ] *a* russe, de Russie; ► *(das) R~(e)* le russe; *~e Eier n pl* œufs *m pl* à la russe.

Rußland *n* ['rʊs-] la Russie.

rüsten ['rʏstən] **1.** *tr (herrichten)* préparer; **2.** *itr (aufrüsten)* s'armer; ► *sich zu etw ~* se préparer à qc.

Rüster *f* ‹-, -n› ['ry:stər] *bot (Ulme)* orme *m*.

rüstig ['rʏstɪç] *a* vigoureux, robuste; *(noch ~)* vert; ► *noch ~ sein (für sein Alter)* porter bien son âge. **Rüstigkeit** *f* ‹-, ø› vigueur, robustesse; verdeur *f*.

Rüstung *f* ‹-, -en› ['rʏstʊŋ] **1.** *(Auf~)* armement *m;* **2.** *hist (Harnisch)* armure *f*. **Rüstungsausgaben** *f pl* dépenses *f* *pl* militaires. **Rüstungsindustrie** *f* industrie *f* d'armement *od* de guerre. **Rüstungskontrolle** *f* contrôle *m* des armements.

Rute *f* ‹-, -n› ['ru:tə] **1.** verge *f a. anat;* **2.** *(Schwanz von Hund, Wolf, Fuchs)* queue *f.* **Rutengänger** *m* radiesthésiste; sourcier *m.*

Rutsch *m* ‹-(e)s, -e› [rʊtʃ] glissement *m;* ▶ *guten ~ (ins neue Jahr)!* *(fam)* bonne année! **Rutschbahn** *f (zum Schlittern)* glissoire *f; (Gestell)* toboggan *m.* **Rutsche** *f* ‹-, -n› *(Holz~)* glissoir *m.* **rutschen** *itr* ‹*sein*› glisser; *mot (Reifen)* déraper; chasser; *(Berg)* s'ébouler; *fam (Essen)* passer, descendre. **Rutschen** *n:* ▶ *ins ~ kommen* commencer à glisser. **rutschfest** *a mot* antidérapant.

rütteln ['rʏtəln] **1.** *tr (schütteln)* secouer; *(erschüttern)* ébranler; *(bewegen)* agiter; **2.** *itr (Wagen)* cahoter; ▶ *an etw nicht ~ (fig)* ne rien changer, ne pas toucher à qc.

S

S, s *n* ‹-, -› [ɛs] *(Buchstabe)* S, s *m.*
Saal *m* ‹-(e)s, Säle› [za:l, ˈzɛ:lə] salle *f; (kleiner)* salon *m; (langer)* galerie *f; (Halle)* hall *m.*
Saar, *die* [za:r] *(Fluß u. Land)* la Sarre. **Saarland,** *das* la Sarre. **Saarländer(in** *f)* *m* ‹-s, -› Sarrois, e *m, f.* **saarländisch** *a* sarrois.
Saat *f* ‹-, -en› [za:t] **1.** *(Aus~)* semaille(s *pl) f;* **2.** *(Same) a. fig* semence *f;* **3.** *(junge ~)* semis *m.* **Saatgut** *n* semences *f pl.*
Sabbat *m* ‹-s, -e› [ˈzabat] *rel* sabbat *m.*
Säbel *m* ‹-s, -› [ˈzɛ:bəl] sabre *m;* ▶ *mit dem ~ rasseln (fig)* agiter le spectre de la guerre.
Sabotage *f* ‹-, -n› [zaboˈta:ʒə] sabotage *m.* **Saboteur** *m* ‹-s, -e› [-ˈtø:r] saboteur *m.* **sabotieren** [-ˈti:rən] ‹*ohne ge-*› *tr* saboter.
Sachbearbeiter *m* [ˈzax-] *adm* employé *m* de bureau. **Sachbeschädigung** *f* dommage *m* matériel, détérioration, déprédation *f.* **sachdienlich** *a* pertinent; utile, pratique.
Sache *f* ‹-, -n› [ˈzaxə] **1.** *(realer Gegenstand)* chose *f;* **2.** *fig* objet *m,* matière *f; (Angelegenheit)* affaire, *jur* cause *f;* **3.** *pl (persönlicher Besitz, bes. Kleider)* effets, vêtements; *(Gepäck)* bagages; *(Güter)* biens *m pl;* ▶ *in ~n ... (adm jur)* dans l'affaire ...; *in eigener ~* en son propre nom; *zur ~ (jur) (vernehmen)* sur les faits *od* le fond; *bei der ~ bleiben (fig)* ne pas s'écarter du sujet; *nicht zur ~ gehören* n'avoir rien à faire à l'affaire; *zur ~ kommen* en venir au fait *od* au sujet, entrer en matière; *wieder zur ~ kommen* revenir au fait *od* au sujet *od* à ses moutons; *gemeinsame ~ machen* faire cause commune (*mit jdm* avec qn); *s-e ~ gut machen* jouer bien son jeu; *s-e (Sieben)~n packen* plier bagage, prendre ses cliques et ses claques; *jds ~ sein* être l'affaire de qn; appartenir à qn (*zu* ... de ...); *nicht (ganz) bei der ~ sein* être distrait *od* dans la lune *od* dans les nuages; *s-r ~ sicher sein* être sûr de son fait; *etw von der ~ verstehen* être du métier; *das ist nicht meine ~* ce n'est pas mon affaire, cela ne me regarde pas; *es ist Ihre ~ zu* ... c'est à vous de ..., il vous appartient de ...; *das ist eine abgekartete ~* c'est un coup monté; *das ist e-e ~ für sich* c'est un fait à part; *das ist nicht jedermanns ~* ce n'est pas l'affaire de tout le monde; *das tut nichts zur ~* cela ne fait rien à l'affaire; *zur ~!* au fait! au sujet! à la question! *die gute ~ (fig)* la bonne cause.
Sachfrage *f* [ˈzax-] question *f* touchant strictement au sujet. **Sachgebiet** *n* catégorie *f,* domaine *m;* matière *f.* **sachgemäß** *a* approprié, adéquat. **Sachkenner** *m* expert *m.* **Sachkenntnis** *f* connaissance *f* des choses *od* professionnelle, compétence *f.* **sachkundig** *a* expert; compétent. **Sachlage** *f* état *m* des choses *od* de cause; faits *m pl,* circonstances *f pl,* situation *f.*
sächlich [ˈzɛçlɪç] *a gram* neutre.
sachlich [ˈzax-] **I.** *a* **1.** conforme aux faits, concret, positif; pratique, matériel; **2.** objectif; **3.** *(Stil: nüchtern)* sobre, dépouillé; **II.** *adv a.* sans passion, avec souci d'objectivité; ▶ *~ bleiben* od *sein* s'en tenir aux faits. **Sachlichkeit** *f* ‹-, ø› **1.** conformité *f* aux faits; **2.** objectivité *f;* **3.** sobriété *f.* **Sachregister** *n* index, répertoire *m.* **Sachschaden** *m* dommage *m od* dégâts *m pl* matériel(s).
Sachse *m* ‹-n, -n› [ˈzaksə] Saxon *m.* **Sachsen** *n* la Saxe. **Sächsin** *f* Saxonne *f.* **sächsisch** [ˈzɛksɪʃ] *a* saxon, de Saxe.
Sachspende *f* [ˈzax-] don *m* en nature.
sacht [zaxt] *a (leise)* bas, léger, faible. **sacht(e)** *adv (leise, behutsam)* doucement.
Sachverhalt *m* [ˈzax-] état des choses, fait *m* matériel; ▶ *der wahre ~* la vérité des faits. **Sachverständigengutachten** *n* expertise *f.* **Sachverständige** *m f* ‹-n, -n› expert *m;* ▶ *amtlich bestellter ~* commissaire-expert *m.* **Sachzwang** *m* nécessité *f* incontournable.
Sack *m* ‹-(e)s, ⸚e› [zak, ˈzɛkə] sac *m; (Tasche, Beutel, a. med)* poche *f;* ▶ *mit ~ und Pack* avec armes et bagages. **Sackbahnhof** *m* gare *f* en cul-de-sac.
Säckchen *n* ‹-s, -n› [ˈzɛkçən] petit sac, sachet *m.*
Sackgasse *f* [ˈzak-] impasse *f,* cul-de--sac *m;* ▶ *in e-e ~ geraten (fig)* s'engager dans une impasse. **Sackhüpfen** *n (Spiel)* course *f* en sac. **Sackleinen** *n* toile à sacs *od* d'emballage, grosse toile *f.* **Sackvoll** *m* sac *m.*
Sadismus *m* ‹-, ø› [zaˈdɪsmʊs] sadisme *m.* **Sadist** *m* ‹-en, -en› [-ˈdɪst] sadiste *m.* **sadistisch** [-ˈdɪstɪʃ] *a* sadique.
säen [ˈzɛ:ən] *tr a. fig* semer.
Safari *f* ‹-, -s› [zaˈfa:ri] safari *m.* **Safari-**

park *m* réserve *f*.

Safe *m, a. n* ‹-s, -s› [ze:f, seɪf] coffre-fort *m*.

Safran *m* ‹-s, -e› ['zafra(:)n] *bot (a. Farbe)* safran *m*.

Saft *m* ‹-(e)s, ¨-e› [zaft, 'zɛftə] **1.** *allg bot physiol fig* suc *m; bot* sève *f;* **2.** *(Frucht~)* jus; *pharm* sirop *m;* **3.** *pl physiol* humeurs *f pl.* **saftig** *a* **1.** succulent; juteux; *(Obst)* fondant; **2.** *fig (derb)* savoureux, vert, salé, *fam* corsé.

Sage *f* ‹-, -n› ['za:gə] légende *f; (Götter-, Helden~)* mythe *m;* ▶ *es geht die ~* le bruit court.

Säge *f* ‹-, -n› ['zɛ:gə] scie; *(Fuchsschwanz)* égoïne *f; (Baum~)* passe-partout *m.* **Sägeblatt** *n* lame *f* de scie. **Sägefisch** *m zoo* poisson-scie *m.* **Sägemehl** *n* sciure *f* (de bois), bran *m* de scie.

sagen ['za:gən] *tr (mitteilen; befehlen; bedeuten)* dire; ▶ *besser gesagt* ... pour mieux dire ..., disons mieux ...; *genauer gesagt* plus précisément; *unter uns gesagt* soit dit entre nous; *wie (soeben) gesagt* comme je l'ai dit, comme je viens de dire; *ohne ein Wort zu ~* sans mot dire; *es ~ (aussprechen)* lâcher le mot; *nichts zu ~ haben* n'avoir rien à dire *od* pas d'ordres à donner; *viel (dazu) zu ~ haben* (y) avoir à dire; *sich nichts ~ lassen* ne vouloir écouter personne; ne pas entendre raison; *es sich nicht zweimal ~ lassen* ne pas se le faire répéter deux fois, ne pas se faire prier; *sich etw gesagt sein lassen* se tenir qc pour dit; *sich ~ lassen müssen, daß* ... s'entendre dire que ...; *damit ~ wollen, daß* vouloir dire par là que, entendre par là que; *wenn ich so ~ darf* si j'ose parler *od* m'exprimer ainsi; si j'ose dire; si je puis m'exprimer ainsi; *Sie haben mir nichts zu ~* je n'ai pas à recevoir d'ordres *od* d'ordres à recevoir de vous; *das* od *so etwas sagt man nicht* on ne dit pas ces choses-là; *damit ist alles gesagt* c'est tout dire, cela dit tout; *das ist leicht gesagt* c'est vite dit; *damit ist nicht gesagt, daß* ... cela ne veut pas dire, cela n'implique pas que *subj; das hat nichts zu ~* cela ne compte pas, ce n'est rien, cela ne fait rien, cela n'a pas d'importance, il n'y a pas de mal; *dagegen ist nichts zu* od *läßt sich nichts ~* il n'y a rien à dire à cela, il n'y a pas à dire; c'est sans réplique, il n'y a pas de réplique à cela; *gesagt, getan* aussitôt dit, aussitôt fait; *was ~ Sie dazu?* qu'en dites-vous? *was wollen Sie damit ~?* que voulez-vous dire *od* qu'entendez-vous par là? *was hat das zu ~?* qu'importe? *~ Sie mal!* dites donc! *~ Sie nur nicht, daß* ... n'allez pas dire que ...; *was Sie nicht (alles) ~! (iron)* vous en dites de belles!

sägen ['zɛ:gən] *tr* scier.

sagenhaft ['za:gən-] *a* **1.** légendaire; mythique; **2.** *fam (übertreibend)* fabuleux.

Sägespäne *m pl* ['zɛ:gə-] = *Sägemehl.* **Sägewerk** *n* scierie *f*.

Sago *m, a. n* ‹-s, ø› ['za:go] sagou; *(im weiteren Sinne)* tapioca *m*.

Sahara, *die* ['za:hara, za'ha:ra] *geog* le Sahara.

Sahne *f* ‹-, ø› ['za:nə] crème *f;* ▶ *die ~ abschöpfen von (a. fig)* écrémer. **sahnig** *a* crémeux.

Saison *f* ‹-, -s› [zɛ'zɔ̃(:)] *(Hauptgeschäftszeit)* saison *f.* **Saisonarbeit** *f* travail *od* emploi *m* saisonnier. **Saisonarbeiter** *m* travailleur *od* ouvrier *m* saisonnier. **saisonbedingt** *a* saisonnier. **saisonbereinigt** *a fin com* après correction des variations saisonnières. **Saisonschwankungen** *f pl* fluctuations *od* variations *f pl* saisonnières.

Saite *f* ‹-, -n› ['zaɪtə] *mus* corde *f; (Schläger)* boyau *m;* ▶ *andere ~n aufziehen (fig)* changer de ton. **Saiteninstrument** *n* instrument *m* à cordes.

Sakko *m* ‹-s, -s› ['zako] veston *m*.

sakral [za'kra:l] *a rel, a. mus* sacré, saint. **Sakrament** *n* ‹-(e)s, -e› [-kra'mɛnt] sacrement *m.* **Sakristei** *f* ‹-, -en› [-krɪs'taɪ] sacristie *f*.

Salamander *m* ‹-s, -› [zala'mandər] *zoo* salamandre *f*.

Salami *f* ‹-, -(s)› [za'la:mi] *(Wurst)* salami *m*.

Salat *m* ‹-(e)s, -e› [za'la:t] salade; *(Kopf~)* laitue *f;* ▶ *da haben wir den ~! (fam)* c'est le bouquet! nous voilà dans de beaux draps! *gemischter ~* salades *f pl* variées. **Salatbesteck** *n* couvert *m* à salade. **Salatschleuder** *f* essoreuse *f* à salade. **Salatschüssel** *f* saladier *m.* **Salatsoße** *f* assaisonnement *m*.

Salbe *f* ‹-, -n› ['zalbə] onguent *m; med* pommade *f,* liniment *m*.

Salbei *m* ‹-s, ø› od *f* ‹-, ø› ['zalbai, -'bai] *bot* sauge *f*.

salben *tr* oindre; *rel hist* sacrer (*zum König* roi); *(Toten)* embaumer. **Salbung** *f* ‹-, -en› *a. fig* onction *f; hist rel* sacre *m.* **salbungsvoll** *a pej* onctueux, mielleux, cérémonieux.

saldieren [zal'di:rən] ‹*ohne ge-*› *tr fin* solder. **Saldo** *m* ‹-s, -den/-s/-di› ['zaldo] *fin* solde, reliquat *m*.

Saline *f* ‹-, -n› [za'li:nə] saline *f*.

Salm *m* ‹-(e)s, -e› [zalm] *zoo* saumon *m*.

Salmiak *m* ‹-s, ø› [zalmi'ak, 'zal-] *chem* sel *m* ammoniac. **Salmiakgeist** *m* ammoniaque *f*.

Salmonellen *f pl* [zalmo'nɛlən] salmonellas *f pl.*

Salon *m* ‹-s, -s› [za'lɔ̃:, -'lo:n] salon *m*.

salonfähig *a* présentable (en société). **Salonlöwe** *m* salonnard *m*.
salopp [za'lɔp] *a (Kleidung)* négligé; *(Mensch)* négligent; désinvolte; nonchalant; *(Ausdrucksweise)* relâché, vulgaire.
Salpeter *m* ‹-s, ø› [zal'pe:tər] *chem* salpêtre *m*. **Salpetersäure** *f* acide *m* nitrique *od* azotique.
Salto *m* ‹-s, -s/-ti› ['zalto, '-ti] saut *m*. **Salto mortale** *m* saut *m* périlleux.
Salut *m* ‹-(e)s, -e› [za'lu:t] *mil (Ehrengruß)* salut *m*. **salutieren** [-lu'ti:rən] ‹*ohne ge-*› *tr* u. *itr* saluer (*vor jdm* qn).
Salve *f* ‹-, -n› ['zalvə] *mil (allg a.)* salve, volée *f*.
Salz *n* ‹-es, -e› [zalts] sel *m*. **Salzbergwerk** *n* mine de sel (gemme), saline *f*. **salzen** ‹*salzte, gesalzen*› *tr* saler. **Salzfaß** *n* saloir *m*; *(kleines)* salière *f*. **Salzgehalt** *m* salinité, salure *f*. **salzhaltig** *a* salifère. **Salzhering** *m* hareng *m* pec. **salzig** *a* salé, salin. **Salzkartoffeln** *f pl* pommes *f pl* de terre à l'anglaise. **Salzlake** *f* saumure *f*. **Salzsäure** *f* acide chlorhydrique, esprit-de-sel *m*. **Salzsee** *m* lac *m* salé. **Salzstange** *f* bâtonnet *m* salé. **Salzstreuer** *m* salière *f*. **Salzwasser** *n* eau *f* salée.
Sämaschine *f* ['zɛ:-] machine *f* à semer, semoir *m*.
Samen *m* ‹-s, -› ['za:mən] **1.** *bot, a. fig* graine *f*; **2.** *physiol (männlicher ~)* sperme *m*; **3.** *(Saatgut)* semence *f*. **Samenbank** *f* banque *f* du sperme. **Samenerguß** *m physiol* éjaculation *f*. **Samenhandlung** *f* graineterie *f*. **Samenkorn** *n* graine *f*. **Samenspende** *f* don *m* de sperme. **Samenspender** *m* donneur *m* de sperme.
Sämereien *f pl* [zɛ:mə'raiən] semences, graines *f pl*.
sämig ['zɛ:mıç] *a (Suppe)* velouté.
Sämischleder *n* ['zɛ:mıʃ-] peau *f* de chamois.
Sammelanschluß *m* ['zaməl-] *tele* raccordement *m* collectif. **Sammelband** *m (Buch)* recueil *m*; *(von Gedichten)* anthologie *f*. **Sammelbecken** *n* bassin *od* réservoir collecteur; *fig* centre *m* de ralliement. **Sammelbegriff** *m* notion *f* collective; terme *m* générique. **Sammelbehälter** *m* réservoir, dépôt; container *m*. **Sammelbestellung** *f com* commande *f* groupée. **Sammelbüchse** *f* boîte *f* à collectes. **Sammelcontainer** *m écol* conteneur *m* pour déchets recyclables. **Sammelfahrkarte** *f*, **Sammelfahrschein** *m* billet *m* collectif *od* de groupe. **Sammelmappe** *f* chemise *f*.
sammeln ['zaməln] *tr* **1.** *(zs.bringen)* (r)assembler, réunir, grouper, ramasser; *(anhäufen)* (r)amasser, accumuler *(a. Kenntnisse)*; empiler; *(ein~, pflücken)* (re)cueillir, récolter; *(Übriggebliebenes)* glaner; **2.** *(Spenden)* collecter, quêter, faire la quête *od* la collecte de; **3.** *(aus Liebhaberei)* collectionner; **4.** *mil* rassembler, rallier; **5.** *(Erfahrungen)* acquérir, faire; **6.** *refl: sich ~ (Sachen)* s'accumuler, s'amasser, s'empiler; *(Personen)* s'assembler, se rassembler, se réunir; *fig* se recueillir; se concentrer; *(in sich gehen)* se replier sur soi. **Sammeln** *n* **1.** cueillette, récolte *f*; **2.** collectionnement *m*; **3.** *mil* rassemblement, ralliement *m*.
Sammelplatz *m* ['zaməl-] lieu *m* de rassemblement. **Sammelpunkt** *m* point *m* de rassemblement. **Sammelstelle** *f* *(für Sachen)* dépôt central; *(für Personen)* point *m* de rassemblement. **Sammelsurium** *n* ‹-s, -rien› [-'zu:rium, -riən] ramassis, salmigondis *m*, macédoine *f*. **Sammeltransport** *m* transport *m* groupé.
Sammler *m* ‹-s, -› ['zamlər] **1.** *(Liebhaber)* collectionneur *m*; **2.** *(Spenden~)* quêteur *m*; **3.** *tech* ramasseur; *el* collecteur; *(Akku)* accumulateur *m*. **Sammlung** *f* ‹-, -en› **1.** *(von Spenden)* collecte, quête *f*; **2.** *(Kunst~ u. ä.)* collection *f*; *(Text~)* recueil *m*; **3.** *fig (Andacht)* recueillement *m*, récollection; concentration *f*.
Samstag *m* ['zamsta:k] samedi *m*.
samt [zamt] *prp dat* avec, y compris; accompagné de; ► *adv: ~ und sonders* sans exception; tous ensemble, *(fam)* comme un seul homme.
Samt *m* ‹-(e)s, -e› [zamt] *(Stoff)* velours *m*; ► *in ~ und Seide (fig)* en grande tenue. **Samthandschuh** *m*: ► *jdn mit ~en anfassen (fig)* prendre qn avec des gants.
sämtlich ['zɛmtlıç] *adv (vollzählig)* tous (ensemble), au complet. **sämtliche** *a pl (alle)* tous les.
Sanatorium *n* ‹-s, -rien› [zana'to:rium, -riən] maison *f* de repos, préventorium; *(für Lungenkranke)* sana(torium) *m*.
Sand *m* ‹-(e)s, -e› [zant, '-də] sable; *(feiner)* sablon *m*; ► *auf ~ bauen (fig)* bâtir sur le sable; *jdm ~ in die Augen streuen (fig)* jeter de la poudre aux yeux de qn; *im ~e verlaufen (fig)* se perdre dans le sable, finir en queue de poisson.
Sandale *f* ‹-, -n› [zan'da:lə] sandale *f*. **Sandalette** *f* ‹-, -n› [-da'lɛtə] sandalette *f*, nu-pied *m*.
Sandbank *f* ['zant-] banc *m* de sable. **Sandfloh** *m* chique *f*. **Sandgrube** *f* carrière de sable, sablière; *(für feinen Sand)* sablonnière *f*. **sandig** *a* sableux, sablonneux. **Sandkasten** *m* sablière; *mil (für Lehrzwecke)* boîte *f od* bac *m* à sable. **Sandkastenspiel** *n* jeu *m* enfantin. **Sandkorn** *n* grain *m* de sable.

Sandmann *m* ‹-(e)s, ø› *(Märchengestalt)* marchand *m* de sable. **Sandpapier** *n* papier *m* de verre. **Sandsack** *m* **1.** sac *m* de sable; **2.** *sport* punching-ball *m.* **Sandstein** *m* (pierre *f* de) grès *m.* **Sandstrahlgebläse** *n* sableuse *f* (pour décapage); ► *Reinigung f mit* ~ sablage *m.* **Sandsturm** *m* tempête *f* de sable, simoun *m.* **Sanduhr** *f* sablier *m.* **Sandwüste** *f* désert *m* de sable. **Sandzucker** *m* sucre *m* cristallisé, en poudre.

sanft [zanft] **I.** *a* **1.** *(weich)* doux, mou; **2.** *(leicht, sacht)* léger; *(angenehm)* amène; **3.** *(~mütig)* doux, placide; *(zärtlich)* tendre; **4.** *(ruhig, still)* calme, paisible; **II.** *adv: (ganz)* ~ (tout) doucement.

Sänfte *f* ‹-, -n› ['zɛnftə] chaise *f* à porteurs.

Sanftmut *f* ‹-, ø› ['zanft-] douceur, placidité, mansuétude *f.* **sanftmütig** *a* doux, placide.

Sänger *m* ‹-s, -› ['zɛŋər] chanteur; *fig poet (Dichter)* chantre; *(Chor~)* choriste; *(Vereins~)* orphéoniste *m.* **Sängerin** *f* ‹-, -nen› *allg* chanteuse; *(Opern-, Konzert~)* cantatrice *f.*

sang- und klanglos ['zaŋ-] *adv:* ► ~ *abziehen, verschwinden* partir, s'en aller sans tambour ni trompette.

sanieren [za'ni:rən] ‹*ohne ge-*› *tr med* u. *fin* assainir; *med* désinfecter; *fin* redresser, remettre sur pied *od* en ordre, réorganiser, restructurer. **Sanierung** *f* ‹-, ø› assainissement; redressement *od* rétablissement *m* financier *od* des finances. **Sanierungsarbeiten** *f pl* travaux *m pl* d'assainissement.

sanitär [zani'tɛ:r] *a* sanitaire; ► *~e Einrichtungen f pl* installations *f pl* sanitaires. **Sanitäter** *m* ‹-s, -› [-'tɛ:tər] infirmier *m.*

Sanitätsdienst *m* [zani'tɛ:ts-] service *m* de santé. **Sanitätswagen** *m* ambulance *f.* **Sanitätswesen** *n* service *m* de santé.

Sankt [zaŋkt]: ► *der* ~ *Bernhard (geog)* le Saint-Bernhard; ~ *Gallen n* Saint-Gall *m; der* ~ *Gotthard (geog)* le (Saint-)Gothard.

Sanktion *f* ‹-, -en› [zaŋktsi'o:n] *pol* sanction *f.* **sanktionieren** [-tsio'ni:rən] ‹*ohne ge-*› *tr* sanctionner, confirmer; *fig a.* consacrer. **Sanktionierung** *f* ‹-, ø› sanctionnement *m.*

Sansibar *n* ['zan-, zanzi'ba:r] *geog* Zanzibar *m.*

Saphir *m* ‹-s, -e› ['za:fɪr, za'fi:r] *min* saphir *m.*

Sardelle *f* ‹-, -n› [zar'dɛlə] anchois *m.* **Sardine** *f* ‹-, -n› [-'di:nə] sardine *f.*

Sardinien *n* [zar'di:niən] la Sardaigne. **Sardinier(in)** *m* ‹-s, -› (*f* ‹-, -nen›) [-'di:niər] Sarde *m f.* **sardinisch** [-'di:nɪʃ] *a* sarde.

Sarg *m* ‹-(e)s, ¨-e› [zark, 'zɛrgə] cercueil *m,* bière *f.*

Sarkasmus *m* ‹-, (-men)› [zar'kasmus] sarcasme *m.* **sarkastisch** [-'kastɪʃ] *a* sarcastique.

Sarkophag *m* ‹-s, -e› [zarko'fa:k, -gə] sarcophage *m.*

Satan *m* ‹-s, -e› ['za:tan] Satan *m.* **satanisch** [-'ta:nɪʃ] *a* satanique.

Satellit *m* ‹-en, -en› [zatɛ'li:t] *astr tech pol* satellite *m.* **Satellitenbild** *n* photo *f* satellite. **Satellitenfernsehen** *n* mondovision *f,* télévision *f* par satellite. **Satellitenfunk** *m* liaison *f* par satellite. **Satellitenstaat** *m* État *m* satellite. **Satellitenstadt** *f* ville *f* satellite. **Satellitenträger** *m* lance-satellites *m.* **Satellitenübertragung** *f* retransmission *f* par satellite.

Satin *m* ‹-s, -s› [sa'tɛ̃:] *(Textil)* satin *m.*

Satire *f* ‹-, -n› [za'ti:rə] satire *f.* **satirisch** [-'ti:rɪʃ] *a* satirique.

satt [zat] *a* **1.** rassasié; **2.** *(gesättigt)* saturé; **3.** *(Farbe)* chargé, foncé; **4.** *fig pred (überdrüssig)* repu, saturé, las; ► *sich* ~ *essen* manger à sa faim *od* son content; *etw* ~ *haben, e-r S* ~ *sein (fig)* avoir assez de qc, être rassasié *od* saturé *od* repu de qc; *sich an etw nicht* ~ *sehen können* ne pas se rassasier de regarder qc; ~ *sein* n'avoir plus faim.

Sattel *m* ‹-s, ¨-› ['zatəl, 'zɛtəl] **1.** selle *f;* **2.** *geog* croupe *f;* ► *aus dem* ~ *heben* désarçonner, démonter; *jdn in den* ~ *heben (fig)* mettre à qn le pied à l'étrier; *fest im* ~ *sitzen (fig)* être ferme sur ses étriers *od* bien en selle. **sattelfest** *a:* ► *in etw* ~ *sein* être ferré sur qc *od* versé dans qc. **satteln** *tr* seller; *(Packtier)* bâter. **Sattelschlepper** *m* tracteur *m* de semi-remorque. **Satteltasche** *f* sacoche *f.*

Sattheit *f* ‹-, ø› ['zathaɪt] satiété *f.*

sättigen ['zɛtɪgən] *tr* **1.** rassasier; **2.** *chem fig* saturer. **sättigend** *a* rassasiant. **Sättigung** *f* ‹-, ø› **1.** rassasiement *m;* satiété *f;* **2.** *chem* saturation *f.*

Sattler *m* ‹-s, -› ['zatlər] sellier *m.*

Satz *m* ‹-es, ¨-e› [zats, 'zɛtsə] **1.** *gram* phrase, proposition *f;* **2.** *(aufgestellter ~)* thèse *f; (Lehr~, philos)* principe; *math* théorème; *(Grund~)* axiome *m;* **3.** *mus* mouvement *m;* **4.** *(Tennis)* partie *f,* set *m;* **5.** *(Quote)* taux; *(Gebühren~)* tarif *m;* **6.** *(~ zs.gehöriger Dinge)* série *f,* jeu *m,* garniture *f; com* assortiment; *mot (Reifen)* train *m;* **7.** *typ* composition *f;* **8.** *(Sprung)* bond, saut *m,* enjambée *f;* **9.** *(Boden~)* fond, résidu, dépôt, sédiment *m; (bes. Wein)* lie *f; (Kaffee~)* marc *m.* **Satzaussage** *f gram* verbe *m.* **Satzbau** *m* agencement *m;* structure *od* construction *f* de la phrase. **Satzgegenstand** *m gram* su-

jet *m*. **Satzlehre** *f gram* syntaxe *f*. **Satzspiegel** *m typ* surface *f* d'impression. **Satzteil** *m gram* partie *f* de (la) phrase.
Satzung *f* ‹-, -en› règlement; statut *m*. **satzungsgemäß I.** *a* statutaire; **II.** *adv* conformément aux statuts.
Satzzeichen *n* signe *m* de ponctuation.
Sau *f* ‹-, ¨e› [zaʊ, 'zɔʏə] **1.** *(weibl. Schwein)* truie *f*; **2.** *(pl -en) (Wild~)* laie *f*; **3.** *allg (Schwein), fig vulg (Mensch)* cochon *m*. **Sauarbeit** *f pop* corvée *f*.
sauber ['zaʊbər] *a* **1.** propre, net; *(Wäsche a.)* blanc; **2.** *(sorgfältig)* soigneux; *(genau)* exact; **3.** *(hübsch)* joli; **4.** *(tadelfrei)* droit, intègre. **sauber≈halten** *tr* entretenir. **Sauberkeit** *f* ‹-, ø› **1.** propreté, netteté; blancheur *f*; **2.** exactitude *f*; **3.** droiture, intégrité *f*.
säuberlich ['zɔʏbərlɪç] *adv (sorgfältig)* soigneusement, exactement.
sauber≈machen *tr* nettoyer.
säubern *tr* nettoyer; curer; *fig pol* épurer. **Säuberung** *f* ‹-, (-en)› nettoiement, nettoyage *m*; *pol* épuration *f*.
Saubohne *f* ['zaʊ-] fève *f*. **saudumm** *a fam* bête comme ses pieds.
Saudi *m f* ‹-s, -s› ['zaʊdi] Saoudien *m*, -ne *f*. **Saudiaraber(in** *f*) *m* Saoudien *m*, -ne *f*. **Saudi-Arabien** *n* [zaʊdiʔa'ra:biən] l'Arabie *f* Séoudite *od* Saoudite.
sauer ['zaʊər] *a* **1.** aigre, sur, acide; *(bes. Wein)* vert; *(Milch)* tourné; *agr (Boden)* salé; **2.** *fig (Arbeit)* amer, dur, pénible, désagréable; ▶ ~ *werden* devenir aigre, surir; *(Milch)* tourner; *fig* s'aigrir; *saure Gurke f* cornichon *m* au vinaigre; *saurer Regen (ecol)* pluies *f pl* acides; *in den sauren Apfel beißen (fig)* avaler la pilule. **Sauerbraten** *m* viande *f* marinée. **Sauerbrunnen** *m* eau *f* minérale.
Sauerei *f* [zaʊə'raɪ] *pop* cochonnerie, saloperie *f*.
Sauerkirsche *f* ['zaʊər-] griotte *f*. **Sauerkraut** *n* choucroute *f*; ▶ ~ *mit Speck od Würstchen* choucroute *f* garnie.
säuerlich ['zɔʏərlɪç] *a* aigrelet, acidulé.
Sauermilch *f* ['zaʊər-] *(Dickmilch)* (lait) caillé *m*.
säuern ['zɔʏərn] *tr (sauer machen)* rendre aigre, aigrir.
Sauerstoff *m* ['zaʊər-] oxygène *m*. **Sauerstoffapparat** *m* appareil *m* à oxygène. **Sauerstof(f)flasche** *f* bouteille *f* à oxygène. **Sauerstoffgehalt** *m* teneur *f* en oxygène. **Sauerstoffgerät** *n med* appareil à oxygène, inhalateur *m* d'oxygène. **sauerstoffhaltig** *a* oxygéné. **Sauerstoffmangel** *m* manque *m* d'oxygène. **Sauerstoffmaske** *f* masque *m* à oxygène. **Sauerstoffzelt** *n med* tente *f* à oxygène.

sauersüß ['zaʊər-] *a*, *a. fig* aigre-doux. **Sauerteig** *m* levain *m*.
saufen ['zaʊfən] ‹*säuft, soff, gesoffen*› *tr* u. *itr (Tier)* boire; *itr (Tier)* s'abreuver; *pop (Mensch)* picoler, pinter, chopiner.
Säufer *m* ‹-s, -› ['zɔʏfər] poivrot, ivrogne, soûlard *m*. **Sauferei** *f* [zaʊfə'raɪ] beuverie, soûlerie *f*.
Saugapparat *m* ['zaʊk-] appareil d'aspiration, aspirateur *m*. **saugen** ['zaʊgən] *tr* **1.** ‹*sog* od *saugte, gesogen* od *gesaugt*› *(Säugling, Tierjunges)* téter; *(lutschen)* sucer; *fam* suçoter; **2.** ‹*saugte, gesaugt*› *tech* aspirer.
säugen ['zɔʏgən] *tr* allaiter, nourrir; donner le sein à. **Säugetier** *n* mammifère *m*.
saugfähig ['zaʊk-] *a* absorbant. **Saugflasche** *f* biberon *m*. **Saugheber** *m* siphon *m*.
Säugling *m* ‹-s, -e› ['zɔʏklɪŋ] nourrisson *m*. **Säuglingsheim** *n* pouponnière *f*. **Säuglingspflege** *f* puériculture *f*. **Säuglingssterblichkeit** *f* mortalité *f* infantile.
Saugpumpe *f* ['zaʊk-] pompe *f* aspirante. **Saugwirkung** *f* effet *m* d'aspiration.
Saukerl *m pop* salaud, salopard *m*.
Säule *f* ‹-, -n› ['zɔʏlə] *arch* u. *fig* colonne; *phys el* pile *f*. **Säulengang** *m* colonnade *f*, portique *m*.
Saum *m* ‹-(e)s, ¨e› [zaʊm, 'zɔʏmə] **1.** *(Besatz)* ourlet *m a. fig*; **2.** *fig (Rand)* bord *m*, bordure; *(Waldes~)* lisière, orée *f*.
saumäßig ['zaʊ-] **I.** *a fam* de cochon; **II.** *adv fam* vachement.
säumen ['zɔʏmən] **(1)** *tr (einfassen)* border; *(Stoff)* ourler; **(2)** *itr (zaudern)* tarder, hésiter.
säumig ['zɔʏmɪç] *a (langsam)* lent; *(nachlässig)* négligent; *com* retardataire; *jur* défaillant; ▶ *~er Zahler m* défaillant *m*.
Saumpfad *m* ['zaʊm-] sentier *m* muletier. **Saumtier** *n* bête *f* de somme.
Sauna *f* ‹-, -s/-nen› ['zaʊna] sauna *m*.
Säure *f* ‹-, -n› ['zɔʏrə] **1.** aigreur, acidité *f*; **2.** *chem* acide *m*; *(Wein)* verdeur *f*, vert *m*. **Säuregehalt** *m* teneur *f* en acide. **Säuregrad** *m* acidité *f*.
Sauregurkenzeit *f* [zaʊrə'gʊrkən-] *com hum* morte-saison, accalmie *f*.
Saus *m* [zaʊs] : ▶ *in ~ und Braus leben* mener joyeuse vie *od* la vie à grandes guides.
säuseln ['zɔʏzəln] *itr* susurrer, murmurer.
sausen ['zaʊzən] *itr* **1.** ‹*sein*› *(Gegenstand durch die Luft)* fendre l'air; *(mit Geräusch)* siffler; *(Fahrzeug)* filer à toute allure, foncer; *(Mensch, fam)* dévaler, se précipiter; **2.** ‹*h*› *(Ohren)* siffler, bourdonner, tinter.

Saustall *m* ['zaʊ-] porcherie *a. fig; fig* étable à pourceaux, vraie écurie *f.* **Sauwetter** *n* temps *m* de cochon *od* de chien *od* pourri. **sauwohl** *a pop:* ► *sich ~ fühlen* se sentir vachement à l'aise.
Savanne *f* ‹-, -n› [za'vanə] *geog* savane *f.*
Savoyen *n* [za'vɔyən] la Savoie.
Saxophon *n* ‹-s, -e› [zakso'fo:n] saxophone; *fam* saxo *m.* **Saxophonist** *m* ‹-en, -en› [-fo'nɪst] saxophoniste *m.*
SB-Laden *m* supérette *f.*
scannen ['skænən] *tr* décoder, passer au scanner. **scanner** ['skænər] *tech* scanner, scanneur *m,* analyseur *m* à balayage. **Scannerkasse** *f* caisse *f* à scanner.
Schabe *f* ‹-, -n› ['ʃa:bə] *ent* blatte *f; (Küchen~)* cafard, cancrelat *m.*
schaben ['ʃa:bən] *tr* racler; *(ab~)* gratter; *(raspeln)* râper.
Schabernack *m* ‹-(e)s, -e› ['ʃa:bərnak] niche *f,* tour *m;* ► *jdm e-n ~ spielen* faire une niche, jouer un tour à qn.
schäbig ['ʃɛ:bɪç] *a* **1.** *(fadenscheinig)* râpé, élimé, usé; *(armselig)* misérable; **2.** *fig (Charakter)* mesquin, rapiat, sordide.
Schablone *f* ‹-, -n› [ʃa'blo:nə] **1.** patron; pochoir *m;* **2.** *fig (Abklatsch)* poncif *m; (Schema)* routine *f.*
Schach *n* ‹-s, -s› [ʃax] (jeu *m* d')échecs *m pl;* ► *in ~ halten (fig)* tenir en échec *od* en respect; *~ spielen* jouer aux échecs; *~ (dem König)!* échec (au roi)! **Schachbrett** *n* échiquier *m.* **Schachfigur** *f* pièce *f* d'échecs; *fig* pion *m.* **schachmatt** [-'mat] *a* **1.** échec et mat; **2.** *fig fam (erschöpft)* fourbu, épuisé. **Schachpartie** *f* partie *f od* match *m* d'échecs. **Schachspiel** *n* jeu *m* d'échecs. **Schachspieler** *m* joueur *m* d'échecs.
Schacht *m* ‹-(e)s, ¨-e› [ʃaxt, 'ʃɛçtə] **1.** *mines* puits *m* (de mine), fosse; *(Bergwerk)* mine *f;* **2.** *(Lüftungs~)* cheminée; *(Fahrstuhl~)* cage *f; (Einsteig~)* trou d'homme, regard *m.*
Schachtel *f* ‹-, -n› ['ʃaxtəl] boîte *f, (Papp~)* carton *m;* ► *alte ~ (fig fam)* (vieux) tableau *m.*
schächten ['ʃɛçtən] *tr* égorger. **Schächter** *m* ‹-s, -› boucher *m.*
Schachzug *m* ['ʃax-] *a. fig* coup *m.*
schade ['ʃa:də] *a* dommage; ► *zu ~ für* trop bon pour; *es ist ~* c'est dommage (*um jdn, etw* pour qn, qc; *daß* que *subj*); *wie ~!* quel dommage!
Schädel *m* ‹-s, -› ['ʃɛ:dəl] crâne *m.* **Schädelbruch** *m* fracture *f* du crâne. **Schädeldecke** *f* calotte *f* crânienne *od* du crâne.
schaden ['ʃa:dən] *itr* nuire, porter préjudice, causer du dommage (*jdm, e-r S* à qn, à qc); *(dem Ansehen)* porter atteinte à; ► *das schadet nichts* il n'y a pas de mal, cela ne fait rien; ça ne gâte rien; *das könnte nicht ~* cela ne ferait pas de mal.
Schaden *m* ‹-s, ¨-› ['ʃa:-, 'ʃɛ:dən] **1.** dommage; mal *m;* avarie *f; (großer, schwerer ~)* sinistre, ravage(s *pl*) *m; (angerichteter ~)* méfaits *m pl; (Schadhaftigkeit)* dégradation *f;* **2.** *(Nachteil)* détriment, préjudice *m; (Verlust)* perte *f;* **3.** *(angeborener Fehler)* lésion *f; (Verletzung)* atteinte, blessure *f;* ► *zu jds ~* au détriment de qn; *~ anrichten* od *verursachen* causer du dommage *od* du dégât *od* des dégâts; *für den ~ haften* être responsable du dommage; *zu ~ kommen, ~ leiden* od *nehmen* se faire du mal; éprouver *od* subir du dommage; *durch ~ klug werden* apprendre à ses dépens; *den ~ wiedergutmachen* réparer les dommages; *jdm ~ zufügen* causer *od* porter préjudice à qn; *es soll Ihr ~ nicht sein* vous n'aurez pas à le regretter; *der ~ an dem (der) ... ist behoben* le (la) ... marche de nouveau. **Schadenanmeldung** *f* déclaration *f* du sinistre. **Schadenersatz** *m* dédommagement *m,* indemnité *f,* dommages et intérêts, dommages-intérêts *m pl;* ► *~ beanspruchen* réclamer une indemnité; *jdm ~leisten* dédommager qn. **Schadenfreude** *f* malin plaisir *m,* joie *f* maligne. **schadenfroh** *a:* ► *~ sein* se réjouir du malheur d'autrui.
schadhaft ['ʃa:thaft] *a* défectueux. **Schadhaftigkeit** *f* ‹-, ø› défectuosité *f,* état *m* défectueux.
schädigen ['ʃɛ:dɪgən] *tr* porter atteinte (*jdn* à qn), trahir les intérêts (*jdn* de qn). **Schädigung** *f* ‹-, -en› **1.** atteinte *f* (*gen* à); **2.** *med* lésion *f.* **schädlich** ['-tlɪç] *a* nuisible; *(gesundheitlich)* nocif; malfaisant. **Schädlichkeit** *f* ‹-, ø› nuisibilité, nocivité *f.*
Schädling *m* ‹-s, -e› ['-tlɪŋ] *allg* parasite; *(Tier)* (animal) nuisible *m.* **Schädlingsbekämpfung** *f* destruction des parasites, lutte *f* contre la vermine. **Schädlingsbekämpfungsmittel** *n* insecticide, pesticide *m.*
schadlos ['ʃa:tlo:s] *adv:* ► *sich an etw ~ halten* se dédommager *od* se rattraper sur qc, s'indemniser de qc.
Schadstoff *m ecol* polluant *m,* substance *f* nocive. **schadstoffarm** *a* peu polluant,e, écologique. **Schadstoffausstoß** *m (Auto)* rejet *m* de gaz toxiques; *(Fabrik)* rejet *m* de fumées toxiques. **Schadstoffbelastung** *f* présence *f* de gaz nocifs. **schadstof(f)frei** *a* non-polluant,e. **schadstoffreduziert** *a* peu polluant,e. **schadstoffreich** *a* pollué,e.
Schaf *n* ‹-(e)s, -e› [ʃa:f] **1.** *(Art)* mouton *m; (Mutter~)* brebis *f;* **2.** *fig pej* âne,

cornichon, idiot, benêt, imbécile *m;* ► *schwarzes ~ (fig)* fléau *m,* honte *f.* **Schafbock** *m* bélier *m.*
Schäfchen *n* ‹-s, -› ['ʃɛ:fçən] agneau *m;* ► *sein ~ ins trockene bringen (fig)* faire sa pelote. **Schäfchenwolken** *f pl* nuages *m pl* moutonnés. **Schäfer** *m* ‹-s, -› berger *m.* **Schäferhund** *m* (chien de) berger *m.* **Schäferstündchen** *n* heure *f* du berger. **Schaffell** *n* ['ʃa:f-] peau de mouton; toison *f.*
schaffen ['ʃafən] **(1)** ‹*schafft, schuf, geschaffen*› *tr* **1.** *(er~)* créer; *(hervorbringen)* produire; engendrer, faire naître, mettre au monde, donner le jour à; *(ins Leben rufen)* appeler à la vie, constituer; **2.** *(Abhilfe, Ordnung, Rat)* (r)établir, trouver; ► *wie ge~ für* taillé pour; **(2)** ‹*schaffte, geschafft*› **1.** *itr (arbeiten)* travailler, besogner; **2.** *tr (vollbringen)* accomplir, venir à bout de; *(bewältigen, mit Zahlenangabe)* faire; ► *es ~* réussir, arriver, y parvenir, faire son chemin; *beiseite ~* mettre de côté; *sich zu ~ machen mit* s'affairer à; *jdm (sehr od viel) zu ~ machen* donner du mal à qn; *damit habe ich nichts zu ~* cela ne me regarde pas; *so, das wäre geschafft!* ça y est.
Schaffensdrang *m* ['ʃafəns-] élan *m* créateur. **Schaffenskraft** *f* force *f* créatrice.
Schaffner(in) *m* ‹-s, -› (*f* ‹-, -nen›) ['ʃafnər] *loc* contrôleur *m,* -euse *f; (Straßenbahn, Autobus)* receveur, *m,* -euse *f.*
Schafherde *f* ['ʃa:f-] troupeau *m* de moutons. **Schafkäse** *m* fromage *m* de brebis. **Schafleder** *n* basane *f.*
Schafott *n* ‹-(e)s, -e› [ʃa'fɔt] échafaud *m.*
Schafschur *f* ['ʃa:f-] tonte *f* des moutons. **Schaf(s)kopf** *m fig pej* sot en trois lettres, cornichon *m.* **Schafstall** *m* bergerie *f.*
Schaft *m* ‹-(e)s, ⸚e› [ʃaft, 'ʃɛftə] **1.** *(Stiel)* manche, bâton *m;* **2.** *(Baum, Säule, Waffe)* fût *m; (Fahne)* hampe *f;* **3.** *(Stiefel)* tige *f.* **Schaftstiefel** *m pl* bottes *f pl* à tige.
Schafzucht *f* ['ʃa:f-] élevage *m* de moutons.
Schah *m* ‹-s, -s› [ʃa:] (s)chah *m.*
Schakal *m* ‹-s, -e› [ʃa'ka:l, 'ʃa:ka:l] *zoo* chacal *m.*
Schäker *m* ‹-s, -› ['ʃɛ:kər] badin; flirteur *m.* **schäkern** *itr* badiner, batifoler, folâtrer; flirter.
schal [ʃa:l] *a (abgestanden)* éventé; *a. fig* fade, insipide; ► *~ werden* s'éventer.
Schal *m* ‹-s, -e/-s› [ʃa:l] écharpe *f; (Halstuch)* cache-nez; foulard; *(Umschlagetuch)* châle *m.*
Schälchen *n* ‹-s, -› ['ʃɛ:lçən] petit(e) bol, ravier *m od* coupe *od* jatte *f.*
Schale *f* ‹-, -n› ['ʃa:lə] **1.** *(Gefäß)* coupe *f,* bol *m,* jatte *f; (Schüssel)* plat *m;* écuelle; *allg* cuvette *f; (Waag~)* plateau *m;* **2.** *(Obst~)* peau, pelure, écorce; *(Kartoffel~)* épluchure; *(Hülsenfrüchte)* cosse, gousse *f; (Zitronen-* u. *Orangen~)* zeste *m; (Nuß-, Mandel~)* écale; *(Nuß-, Eier~)* coquille *f;* **3.** *zoo* écaille; *(Schildkröte)* carapace; *(Muschel~)* coquille *f;* **4.** *tech (Guß~)* coquille *f;* **5.** *fig (das Äußere)* surface *f,* dehors *m pl;* ► *sich in ~ schmeißen (fam)* se mettre sur son trente-et-un.
schälen ['ʃɛ:lən] *tr (Obst)* peler; *(Kartoffeln)* éplucher; *(enthülsen)* écosser; *(Reis, Baum)* décortiquer; *(Nüsse)* ébrouer; *(Baum)* écorcer; *(Eier)* éplucher; ► *sich ~ (Baum)* s'écorcer, se décortiquer; *(Haut)* peler.
Schalk *m* ‹-(e)s, -e/⸚e› [ʃalk, 'ʃɛlkə] espiègle, farceur *m;* ► *er hat den ~ im Nacken* c'est un pince-sans-rire. **schalkhaft** *a* espiègle.
Schall *m* ‹-(e)s, (-e/⸚e)› [ʃal, 'ʃɛlə] **1.** son *m;* **2.** *(Geräusch)* bruit; *(Knall)* éclat; *(Klang)* timbre *m.* **schalldämmend** *a* insonore. **Schalldämmung** *f* insonorisation *f.* **Schalldämpfer** *m* amortisseur *od* modérateur de son; *mot* (pot) silencieux *m; (Waffe)* silencieux *m.* **schalldicht** *a* insonore, isophone; ► *~ machen* insonoriser. **Schalldose** *f* boîte *f* de résonance; phonocapteur *m.* **schallen** *itr* (ré)sonner, retentir. **schallend** *a* résonnant, retentissant; ► *~es Gelächter n* rire bruyant, éclat *m* de rire. **Schallgeschwindigkeit** *f* vitesse *f* sonique *od* du son. **Schallisolierung** *f* isolation phonique, insonorisation *f.* **Schal(l)loch** *n* **1.** *mus (Saiteninstrument)* ouïe *f;* **2.** *(Glockenturm)* baie *f* de clocher. **Schallmauer** *f* mur *m* du son *od* sonique; ► *die ~ durchbrechen* franchir le mur du son. **Schallmesser** *m* phonomètre, sonomètre *m.* **Schallplatte** *f* disque *m;* ► *auf ~ aufnehmen* enregistrer sur disque. **Schallplattensammlung** *f* collection *f* de disques, discothèque *f.* **Schallplattenschrank** *m* discothèque *f.* **Schallschutz** *m* insonorisation *f.* **Schallwelle** *f* onde *f* sonore.
Schalotte *f* ‹-, -n› [ʃa'lɔtə] échalote *f.*
Schaltanlage *f* ['ʃalt-] *el* installation *f* de distribution. **Schaltbrett** *n* tableau *m* de distribution *od* de commande. **schalten** *itr* **1.** *(verfügen)* disposer (*mit etw* de qc); **2.** *fam (kapieren)* comprendre; *tr* **3.** *el* connecter, brancher; **4.** *mot* embrayer, passer; ► *e-n anderen Gang ~ (mot)* changer de vitesse; *parallel ~* brancher en parallèle (*mit* à); *nach Belieben ~ und walten* faire à sa guise *od* selon son bon plaisir.
Schalter *m* ‹-s, -› **1.** *el* commutateur, coupleur, contacteur, interrupteur *m;* **2.**

(Schiebefenster) guichet *m.* **Schalterbeamte** *m* ‹-n, -n› employé du guichet, guichetier *m.* **Schalterhalle** *f* hall *m* des guichets. **Schalteröffnung** *f* ouverture *f* des guichets. **Schalterschluß** *m* fermeture *f* des guichets. **Schalterstunden** *f pl* heures *f pl* d'ouverture (des guichets).

Schalthebel *m allg* levier de commande; *el* levier d'interrupteur; *mot* levier *m* de changement de vitesse. **Schaltjahr** *n* année *f* bissextile. **Schaltplan** *m* schéma *m* des connexions. **Schalttafel** *f* = *Schaltbrett.* **Schalttag** *m* jour *m* intercalaire. **Schaltuhr** *f (Licht)* minuterie *f; (für Geräte)* programmateur *m.* **Schaltung** *f* ‹-, -en› **1.** *el* mise *f* en circuit, branchement, couplage, assemblage, montage *m;* **2.** *mot* changement *m* de vitesse.

Schaluppe *f* ‹-, -n› [ʃa'lʊpə] *mar* chaloupe *f.*

Scham *f* ‹-, ø› [ʃa:m] **1.** honte *f;* **2.** *(~haftigkeit)* pudeur *f;* **3.** = *Schamteile;* ▶ *ich möchte vor ~ in die Erde versinken* je voudrais être à cent pieds sous terre. **Schambein** *n anat* pubis *m.*

schämen, *sich* ['ʃɛ:mən] avoir honte, être honteux (*e-r S* de qc); ▶ *(pfui) schäm dich!* tu devrais avoir honte.

Schamgefühl *n* ['ʃa:m-] pudeur *f.* **Schamgegend** *f anat* région *f* pubienne. **Schamhaare** *n pl* poils *m pl* du pubis. **schamhaft** *a* pudique, pudibond, prude. **Schamhaftigkeit** *f* ‹-, ø› pudeur, pudicité; pudibonderie *f.* **Schamlippe** *f* lèvre *f* de la vulve. **schamlos** *a* **1.** sans pudeur, sans vergogne; *(unverschämt)* éhonté, effronté; **2.** *(unzüchtig)* impudique. **schamrot** *a:* ▶ *~ werden* rougir de honte. **Schamteile** *pl* parties *f pl* (honteuses *od* sexuelles).

Schande *f* ‹-, ø› ['ʃandə] honte *f,* déshonneur *m,* infamie, ignominie *f;* opprobre *m;* ▶ *ich muß zu m-r (großen) ~ gestehen* j'avoue à ma (grande) honte; *das* od *es ist (wirklich) e-e ~!* c'est une honte, c'est abominable.

schänden ['ʃɛndən] *tr* **1.** *(entehren)* déshonorer; *(besudeln)* salir, souiller; flétrir; **2.** *(entstellen)* mutiler, défigurer; abîmer; **3.** *(entweihen)* profaner, polluer; **4.** *(vergewaltigen)* violer, violenter, outrager.

Schandfleck *m* ['ʃant-] opprobre *m,* souillure, flétrissure, tare *f.*

schändlich ['ʃɛntlıç] *a* honteux, infâme, ignominieux, ignoble; scandaleux. **Schändlichkeit** *f* ‹-, (-en)› infamie, ignominie, vilenie, turpitude *f.*

Schandtat *f* [ʃant-] infamie, vilenie, turpitude *f.*

Schändung *f* ‹-, -en› ['ʃɛndʊŋ] **1.** *(Entstellung)* mutilation, défiguration *f;* **2.** *(Entweihung)* dégradation, profanation, pollution *f;* **3.** *(Vergewaltigung)* viol *m.*

Schankbier *n* ['ʃaŋk-] bière *f* à la pression. **Schanktisch** *m* comptoir; *fam* zinc *m.* **Schankwirt** *m* débitant (de boissons), marchand de vin; cabaretier *m.* **Schankwirtschaft** *f* débit *m* de boissons.

Schanze *f* ‹-, -n› ['ʃantsə] **1.** *mil* retranchement, fortin *m,* redoute *f; sport* tremplin *m;* **2.** *(ohne pl):* ▶ *sein Leben in die ~ schlagen* risquer sa vie.

Schar *f* ‹-, -en› [ʃa:r] **1.** bande, troupe, meute *f;* **2.** *pl (Massen)* masse, foule, légion *f;* ▶ *in ~en* en masse, en foule. **scharen** *tr* grouper, rassembler (*um* autour de); ▶ *sich um jdn ~* faire *od* former (un) cercle, former bloc autour de qn. **scharenweise** *adv* en *od* par bandes *od* troupes; en masse(s).

scharf [ʃarf] ‹*schärfer, schärfst*› *a* **1.** *(Schneide, Kante)* aiguisé, affilé, acéré, tranchant, coupant, vif; *(Spitze)* aigu; **2.** *(Speise)* âcre, âpre, piquant, fort; *chem* mordant; *(Geruch)* âcre, piquant, pénétrant; **3.** *(Wind)* cinglant, vif; *(Ton, Stimme)* aigu, strident; **4.** *(Gehör)* subtil, fin; *(Blick, Auge)* perçant; **5.** *(Bild, Foto)* net, précis; *(Umrisse, Gesichtszüge)* marqué, accentué, accusé; **6.** *(Kurve)* prononcé; **7.** *sport (Ball)* dur; **8.** *fig (Verstand)* sagace, pénétrant, vif; **9.** *(Worte, Kritik)* mordant, cinglant, caustique, sévère; *(Tadel a.)* vert; *(Zucht, Disziplin)* sévère; *(Be-, Überwachung)* minutieux; *(Konkurrenz)* serré; **10.** *mil (Munition)* chargé à balle; *(Handgranate)* amorcé; *(Bombe)* armé; ▶ *~ aufpassen* faire bien attention; *~ laden* charger à balles; *~ machen (Geschoß)* amorcer; *(Zünder)* armer; *~ nachdenken* se concentrer; *auf etw ~ sein (fam)* être très amateur *od* friand de qc. **Scharfblick** *m* ‹-(e)s, ø› perspicacité, clairvoyance *f.*

Schärfe *f* ‹-, -n› ['ʃɛrfə] **1.** *(Schneide)* tranchant *m;* **2.** *(Sinnesorgan, Instrument)* acuité *f;* **3.** *(Bild, Umrisse)* netteté, précision *f;* **4.** *fig (Verstand)* acuité, subtilité, lucidité *f.*

Scharfeinstellung *f phot* mise *f* au point.

schärfen *tr* **1.** aiguiser, affûter; **2.** *(die Sinne)* aviver; *(den Verstand)* aiguiser.

Scharfmacher *m* ['ʃarf-] agitateur, provocateur, instigateur, fomentateur; démagogue *m.* **Scharfrichter** *m* bourreau *m.* **Scharfschütze** *m* tireur *m* d'élite. **scharfsichtig** *a fig* perspicace, pénétrant. **Scharfsinn** *m* sagacité, subtilité, finesse, pénétration; perspicacité, lucidité *f.* **scharfsinnig** *a* sagace, subtil, perspicace. **scharf=stellen** *tr phot* mettre au point.

Scharlach *m* ['ʃarlax] **1.** ‹-s, -e› *(~farbe)* écarlate *f;* **2.** ‹-s, ø› *med (~fieber)* scar-

latine *f*.
Scharlatan *m* ‹-s, -e› ['ʃarlatan, -'ta:n] charlatan *m*.
Scharmützel *n* ‹-s, -› [ʃar'mʏtsəl] escarmouche *f*.
Scharnier *n* ‹-s, -e› [ʃar'ni:r] charnière *f*.
Schärpe *f* ‹-, -n› ['ʃɛrpə] *(breites Band)* écharpe *f*.
scharren ['ʃarən] *itr* racler; *(bes. Huhn)* gratter; *(mit den Füßen ~)* frotter ses pieds par terre.
Scharte *f* ‹-, -n› ['ʃartə] brèche, dent *f*; ► *e-e ~ auswetzen (fig)* prendre une revanche, réparer un échec. **schartig** *a* ébréché; ► *~ werden* s'ébrécher.
scharwenzeln [ʃar'vɛntsəln] ‹*ohne ge-*› *itr* ‹*h* od *sein*› s'empresser.
Schaschlik *m* od *n* ‹-s, -s› ['ʃaʃlɪk] *(Fleischspieß)* brochette *f* (de viande).
Schatten *m* ‹-s, -› ['ʃatən] **1.** ombre *f a. fig; (schattiges Laubwerk)* ombrage; *fig (Verdacht)* soupçon *m*; **2.** *(Geist, Gespenst)* ombre *f*, fantôme, spectre *m*; ► *im ~* à l'ombre *a. fig* (*gen* de); *jdn in den ~ stellen (fig)* éclipser, effacer qn; faire ombre, faire *od* donner *od* porter ombrage à qn. **Schattendasein** *n*: ► *ein ~ führen* vivre dans l'ombre. **schattenhaft** *a fig* fantomatique, vague, imprécis. **Schattenkabinett** *n pol* cabinet *m* fantôme. **Schattenriß** *m* silhouette *f*. **Schattenseite** *f* **1.** côté *m* de l'ombre; **2.** *fig* revers de la médaille, mauvais côté *m*.
schattieren [ʃa'ti:rən] ‹*ohne ge-*› *tr (Kunst)* ombrer. **schattig** *a* ombragé; ombreux.
Schatulle *f* ‹-, -n› [ʃa'tʊlə] cassette *f*.
Schatz *m* ‹-es, ⸚e› [ʃats, 'ʃɛtsə] **1.** *a. fig* trésor *m*; **2.** *fam (Geliebter)* bijou *m*; chéri(e *f*) *m*; ► *mein ~!* mon cœur! mon, ma chéri(e)! **Schatzamt** *n* trésorerie *f*; ► *das ~* le Trésor. **Schatzanweisung** *f* bon *m* du Trésor.
schätzen ['ʃɛtsən] *tr* **1.** *(ab~)* évaluer, estimer, classer; *fin* coter, taxer; **2.** *(hoch~)* apprécier, priser; estimer; ► *sich glücklich ~* s'estimer heureux; *zu ~ wissen* apprécier, être sensible à; *wie alt ~ Sie mich?* quel âge me donnez-vous? **schätzenswert** *a* estimable, appréciable. **Schätzer** *m* ‹-s, -› taxateur, (commissaire-)priseur *m*.
Schatzgräber *m* ['ʃats-] chercheur *m* de trésors. **Schatzkammer** *f* chambre du trésor, trésorerie *f*. **Schatzkästchen** *n*, **Schatzkästlein** *n* coffret (aux trésors), écrin *m*. **Schatzmeister** *m* trésorier *m*.
Schätzung *f* ‹-, -en› ['ʃɛtsʊŋ] évaluation, estimation, mise à prix; classification; cotisation, taxation; appréciation *f*. **schätzungsweise** *adv* approximativement. **Schätzwert** *m* valeur *f* approximative.
Schau *f* ‹-, -en› [ʃaʊ] vue (d'ensemble); *(Ausstellung)* exposition *f*, étalage *m*, montre; *theat* revue; *mil* parade *f*; ► *etw zur ~ stellen* faire montre *od* étalage de qc; étaler, exhiber qc; *etw zur ~ tragen* faire étalage de qc; étaler, afficher, arborer qc. **Schaubild** *n* diagramme *m*. **Schaubude** *f* baraque *f* foraine.
Schauder *m* ‹-s, -› ['ʃaʊdər] frisson, frémissement, tressaillement *m*; *(Grausen)* horreur, horripilation *f*. **schauderhaft** *a* horrible, affreux, épouvantable, atroce. **schaudern** *itr* frissonner, frémir, tressaillir, avoir horreur (*vor* de); *impers*: ► *mich schaudert = ich schaudere; ihn schaudert bei dem Gedanken an ...* il frémit en songeant à ... **schaudernd** *a* horrifié.
schauen ['ʃaʊən] **1.** *itr* regarder; **2.** *tr* voir; ► *tief in etw ~* plonger ses regards dans qc.
Schauer *m* ‹-s, -› ['ʃaʊər] **1.** *(Regen~)* averse, ondée; *(bes. mit Hagel gemischt)* giboulée; *(Schnee~)* chute *f*; **2.** *(Schreck)* horreur *f*; frisson *m*. **Schauergeschichte** *f* histoire *f* à donner des frissons. **schauerlich** *a* horrible, macabre, lugubre.
Schaufel *f* ‹-, -n› ['ʃaʊfəl] **1.** *allg* pelle; *(Rad~)* palette, ailette, aube *f*; **2.** *(~geweih)* bois *m* palmé. **schaufeln** *itr* **1.** pelleter, travailler à la pelle; *tr* **2.** *(Schnee etc)* enlever (avec une pelle); **3.** *(Loch, Grab)* creuser. **Schaufelrad** *n* roue *f* à aubes *od* à palettes *od* à augets
Schaufenster *n* ['ʃaʊ-] vitrine, devanture *f*; étalage *m*. **Schaufensterbummel** *m*: ► *e-n ~ machen* faire du lèche-vitrines. **Schaugeschäft** *n* industrie *f* du spectacle, *(fam)* show-business *m*. **Schaukasten** *m* vitrine *f*.
Schaukel *f* ‹-, -n› ['ʃaʊkəl] *(~brett)* balançoire, bascule *f*; *(Strick~)* escarpolette *f*. **schaukeln 1.** *tr* balancer, bercer, basculer; **2.** *itr* se balancer; *(schwanken)* osciller, vaciller, chanceler. **Schaukelpferd** *n* cheval *m* à bascule. **Schaukelstuhl** *m* chaise *f od* fauteuil à bascule, rocking-chair *m*.
Schaulust *f* ['ʃaʊ-] curiosité *f*. **schaulustig** *a* curieux. **Schaulustige** *m f* badaud, e *m f*.
Schaum *m* ‹-(e)s, ⸚e› [ʃaʊm, 'ʃɔʏmə] *(grober)* écume; *(feiner)* mousse *f*. **Schaumbeton** *m* béton *m* cellulaire *m*.
schäumen ['ʃɔʏmən] *itr* écumer, bouillonner; mousser; *(Sekt)* pétiller; *(Wellen)* moutonner; ► *vor Wut ~* écumer de rage. **schäumend** *a* écumant; mousseux.
Schaumgummi *n* od *m* ['ʃaʊm-] caoutchouc mousse, crêpe *m* (de latex). **schaumig** *a* écumeux; mousseux. **Schaumkelle** *f*, **Schaumlöffel** *m*

écumoire *f.* **Schaumschläger** *m* **1.** *(Küchengerät)* fouet (à œuf), moussoir *m;* **2.** *fig (Prahler)* blagueur; charlatan *m.* **Schaumstoff** *m* mousse *f* de nylon. **Schaumwein** *m* (vin) mousseux *m.*
Schaupackung *f* ['ʃaʊ-] emballage *m* factice *od* de décoration, présentation *f* factice. **Schauplatz** *m theat* lieu *m,* scène *f a. fig;* théâtre *m.* **Schauprozeß** *m* simulacre *m* de procès.
schaurig ['ʃaʊrɪç] *a* lugubre, macabre.
Schauspiel *n* ['ʃaʊʃpi:l] **1.** *allg* u. *fig* spectacle *m;* **2.** *(als Literaturgattung)* drame *m.* **Schauspieler** *m* acteur; *a. fig* comédien *m.* **Schauspielerei** *f (Verstellung)* dissimulation, hypocrisie *f.* **Schauspielerin** *f* actrice; comédienne *f.* **schauspielern** *itr* **1.** faire du théâtre; **2.** *(sich verstellen)* jouer la comédie. **Schauspielhaus** *n* salle *f* de spectacle; théâtre *m.*
Schausteller *m* ['ʃaʊ-] forain *m.*
Scheck *m* ⟨-s, -s/(-e)⟩ [ʃɛk] chèque *m* (*über* de); ▶ *e-n ~ ausstellen, einlösen* émettre *od* tirer, toucher un chèque. **Scheckbetrug** *m* émission *f* de chèques sans provision. **Scheckbetrüger(in** *f*) *m* émetteur *m* de chèque sans provision. **Scheckbuch** *n,* **Scheckheft** *n* carnet de chèques, chéquier *m.*
scheckig ['ʃɛkɪç] *a* tacheté; bigarré, bariolé, panaché.
Scheckkarte *f* carte *f* d'identité bancaire. **Scheckkonto** *n* compte-chèques *m.* **Scheckverkehr** *m* opérations *od* transactions *f pl* par chèques.
scheel [ʃe:l] **I.** *a (Blick: schief)* oblique, torve; **II.** *adv:* ▶ *~ ansehen* regarder de travers.
Scheffel *m* ⟨-s, -⟩ ['ʃɛfəl] *hist* boisseau *m;* ▶ *sein Licht nicht unter den ~ stellen (fig)* ne pas faire le modeste; savoir se mettre en valeur. **scheffeln** *tr fig (Geld)* amasser.
scheibchenweise *adv* par petites tranches. **Scheibe** *f* ⟨-, -n⟩ ['ʃaɪbə] **1.** *(runde)* disque *m; tech (Unterleg~)* rondelle *f; (Töpfer~)* tour; *(Schieß~)* carton *m; (Ziel~)* cible *f;* **2.** *(viereckige Fenster~)* carreau *m, (beliebiger Form)* vitre; *mot* glace *f;* **3.** *(Brot)* tranche; *(Wurst, Zitrone)* rondelle *f;* ▶ *in ~n schneiden* couper en *od* par tranches. **Scheibenbremse** *f mot* frein *m* à disque(s). **Scheibenschießen** *n* tir *m* à la cible. **Scheibenwaschanlage** *f mot* lave-glaces *m.* **Scheibenwischer** *m mot* essuie-glace *m.*
Scheich *m* ⟨-s, -e/-s⟩ [ʃaɪç] cheik *m.*
Scheide *f* ⟨-, -n⟩ ['ʃaɪdə] **1.** *(Trennungslinie)* ligne *f* de partage *od* de séparation; **2.** *(e-r Hieb- u. Stichwaffe)* fourreau *m,* gaine *f;* **3.** *anat* vagin *m.*
scheiden ['ʃaɪdən] ⟨*scheidet, schied, geschieden*⟩ *tr* **1.** *tr* ⟨*h*⟩ *(trennen)* séparer, partager, diviser; *(Begriffe)* distinguer, separer; *(Ehe)* dissoudre; **2.** *itr* ⟨*sein*⟩ *(Abschied nehmen)* partir; ▶ *von jdm ~* quitter qn; *sich ~ lassen* divorcer (*von jdm* d'avec qn).
Scheidewand *f* ['ʃaɪdə-] cloison; paroi *f;* mur *m* de refend. **Scheidewasser** *n chem* eau-forte *f.* **Scheideweg** *m* carrefour *m.*
Scheidung *f* ⟨-, -en⟩ ['ʃaɪdʊŋ] *(Ehe~)* divorce *m.* **Scheidungsgrund** *m* cause *f* de divorce. **Scheidungsklage** *f* action *od* demande *od* plainte *f* en divorce. **Scheidungsprozeß** *m* procès *m od* instance *f* en divorce.
Schein *m* ⟨-(e)s, -e⟩ [ʃaɪn] **1.** *(Zettel)* fiche; *(Bescheinigung)* attestation *f,* certificat, *(Standesamt)* acte; *(Erlaubnis~)* permis; *(Empfangs~)* récépissé; *(Gepäck~)* bulletin *m;* **2.** *(Fahr-, Geld~)* billet; *(Geld~, pop)* fafiot, faffe *m;* **3.** *(ohne pl) (Licht~)* lueur, lumière; clarté *f; (Glanz)* éclat, brillant *m;* **4.** *(ohne pl) (An~)* semblant *m,* apparence, illusion *f; (Aussehen)* air *m,* dehors *m pl;* **5.** *(ohne pl) (schwacher ~, Spur)* ombre *f;* ▶ *(nur) zum ~* par manière d'acquit; pour la forme *od* la montre *od* la frime; *den ~ wahren,* sauv(egard)er les apparences; *der ~ trügt (prov)* les apparences sont trompeuses. **Scheinangriff** *m* attaque simulée, fausse attaque *f.* **Scheinargument** *n* argument *m* spécieux. **Scheinasylant** *m* faux réfugié *m.* **scheinbar I.** *a (nicht wirklich)* apparent; spécieux; *(Bild)* virtuel; **II.** *adv* en apparence. **Scheinehe** *f* mariage *m* blanc. **scheinen** ['ʃaɪnən] ⟨*schien, geschienen*⟩ *itr* **1.** luire, briller, rayonner; **2.** *(den Anschein haben)* sembler, paraître, avoir l'air (*zu* de); ▶ *der Mond scheint* il fait clair de lune; *die Sonne scheint* il fait du soleil; *impers: wie mir scheint* à ce qu'il me semble, à ce qu'il paraît; *es scheint so, so scheint es, so scheint mir* ce *od fam* ça me semble; *es scheint nur so* ce n'est qu'apparence. **scheinheilig** *a* hypocrite, papelard, cagot. **Scheintod** *m* mort *f* apparente. **scheintot** *a* mort en apparence. **Scheinwerfer** *m allg* projecteur; *mot* phare *m;* ▶ *~ mit Fernlicht, mit abgeblendetem Licht* phare *m* route, code. **Scheinwerferlicht** *n* feu *m* des projecteurs.
Scheiße ⟨-, ø⟩ *f* ['ʃaɪsə] *vulg* merde *f;* ▶ *~!* merde (alors)! **scheißen** ['ʃaɪsən] ⟨*schiß, geschissen*⟩ *itr vulg* chier.
Scheit *n* ⟨-(e)s, -e⟩ [ʃaɪt] bûche *f.*
Scheitel *m* ⟨-s, -⟩ ['ʃaɪtəl] **1.** *allg* sommet *m;* **2.** *(im Haar)* raie *f;* ▶ *e-n ~ ziehen* tracer une raie; *vom ~ bis zur Sohle* de pied en cap, *(fig)* jusqu'au bout des ongles. **scheiteln** *tr:* ▶ *die Haare ~* faire la raie. **Scheitelpunkt** *m* point

culminant *a. fig; (Gestirn)* zénith *m.* **Scheitelwinkel** *m pl* angles *m pl* opposés par le sommet.
Scheiterhaufen *m* ['ʃaɪtər-] bûcher *m.*
scheitern ['ʃaɪtərn] *itr* ‹*sein*› **1.** *mar* u. *fig* échouer, faire naufrage; **2.** *fig* avorter, aller à l'échec. **Scheitern** *n* **1.** *mar* u. *fig* naufrage *m;* **2.** *nur fig* échec *m;* ▶ *zum ~ bringen* faire échouer; *zum ~ verurteilt* voué à l'échec.
Schelde *f* ['ʃɛldə] l'Escaut *m.*
Schelle *f* ‹-, -n› ['ʃɛlə] *(Glöckchen)* clochette *f,* grelot *m.* **schellen** *itr (klingeln)* tirer la sonnette; sonner; ▶ *es schellt* on sonne.
Schellfisch *m* ['ʃɛl-] églefin, aiglefin, aigrefin *m,* morue *f* noire.
Schelm *m* ‹-(e)s, -e› [ʃɛlm] fripon, coquin; *(Schalk)* espiègle, farceur *m.* **Schelmenroman** *m* roman *m* picaresque. **Schelmenstreich** *m,* **Schelmenstück** *n* friponnerie; coquinerie, fourberie *f.* **schelmisch** *a* espiègle, lutin, mutin.
schelten ['ʃɛltən] ‹*schilt, schalt, gescholten*› *tr* gronder, réprimander.
Schema *n* ‹-s, -s/-mata/(-men)› ['ʃe:ma(s), '-mata, ('-mən)] schéma, schème *m;* ▶ *nach ~ F* uniformément; comme tout le monde. **schematisch** [-'ma:tɪʃ] *a* schématique.
Schemel *m* ‹-s, -› ['ʃe:məl] escabeau *m.*
schemenhaft *a* vague.
Schenke *f* ‹-, -n› ['ʃɛŋkə] cabaret, estaminet *m.*
Schenkel *m* ‹-s, -› ['ʃɛŋkəl] **1.** *anat* cuisse *f;* **2.** *(Zirkel)* branche *f; math (Winkel)* côté *m.* **Schenkelknochen** *m* fémur *m.*
schenken ['ʃɛŋkən] *tr* **1.** donner; offrir; faire cadeau *od* présent (*jdm etw* de qc à qn); **2.** *(erlassen)* dispenser (*jdm etw* qn de qc); faire grâce (*jdm etw* de qc à qn); **3.** *(ein~)* verser (à boire); ▶ *e-r S Aufmerksamkeit* od *Beachtung ~* faire attention, apporter de l'attention, prêter attention à qc. **Schenkung** *f* ‹-, -en› donation *f,* don *m; (gemeinnützige)* dotation *f.*
Scherbe *f* ‹-, -n› ['ʃɛrbə] tesson, morceau *m;* ▶ *in (tausend) ~n* en miettes; *in ~n gehen* se casser *od* se briser en morceaux.
Schere *f* ‹-, -n› ['ʃe:rə] **1.** (paire *f* de) ciseaux *m pl; (Blech~)* cisailles *f pl;* **2.** *zoo (Krebs)* pince *f.*
scheren ['ʃe:rən] **(1)** ‹*schor, geschoren*› *tr (a. Schafe)* tondre; *(Haare a.)* couper; **(2)** ‹*scherte, geschert*› *tr impers:* ▶ *was schert mich das!* je m'en fiche! *scher dich zum Teufel!* va-t'en au diable! *scher dich um deinen Kram!* occupe-toi de tes oignons.
Scherenschnitt ['ʃe:rən-] *m* silhouette *f.*
Schererei(en *pl***)** *f* [ʃe:rə'raɪ] ennuis *m pl,* tracas(series *f pl*) *m;* ▶ *jdm ~en machen* donner du tracas à qn.
Scherz *m* ‹-es, -e› [ʃɛrts] plaisanterie *f,* badinage *m,* boutade, blague; *pop* rigolade *f; (Witz)* mot *m* pour rire; ▶ *aus* od *im* od *zum ~* par plaisanterie, pour plaisanter, pour rire; *~ beiseite!* plaisanterie *od* raillerie à part! *pop* blague à part! *schlechter* od *übler ~* mauvaise plaisanterie *f.* **Scherzartikel** *m* attrape *f.* **scherzen** *itr* plaisanter, badiner; *pop* rigoler. **scherzhaft** *a* plaisant, railleur, badin, facétieux.
scheu [ʃɔʏ] *a* timide, craintif, effarouché; *(menschen~)* farouche, sauvage; *(Blick)* hagard; *(Pferd)* ombrageux; ▶ *~ werden* s'effaroucher. **Scheu** *f* ‹-, ø› timidité *f.*
scheuchen ['ʃɔʏçən] *tr* effaroucher; chasser.
scheuen ['ʃɔʏən] **1.** *tr (fürchten)* craindre, appréhender, redouter; **2.** *itr (zurückschrecken)* reculer (*vor* devant); *(Pferd)* s'effaroucher, s'emballer, prendre le mors aux dents; **3.** *refl: sich ~* avoir peur (*vor* de; *zu tun* de faire), hésiter (*vor* devant; *zu tun* à faire).
Scheuerbürste *f* ['ʃɔʏər-] brosse *f* en chiendent. **Scheuerlappen** *m* serpillière *f.* **scheuern** *tr* **1.** *allg (reiben)* frotter; **2.** *(reinigen)* (r)écurer, laver; *(Boden)* frotter; ▶ *sich wund ~* s'écorcher.
Scheuklappe *f* ['ʃɔʏ-] *a. fig* œillère *f.*
Scheune *f* ‹-, -n› ['ʃɔʏnə] grange *f.*
Scheusal *n* ‹-s, -e› ['ʃɔʏza:l] monstre; *(übertreibend)* vilain *m; fam* horreur *f.*
scheußlich ['ʃɔʏslɪç] *a (a. übertreibend)* hideux, atroce, abominable, monstrueux; *(schrecklich, entsetzlich)* horrible, épouvantable; *fam* vilain. **Scheußlichkeit** *f* ‹-, -en› hideur, atrocité, monstruosité *f.*
Schi *m* ‹-s, -er/(-)› [ʃi:] ski *m;* ▶ *auf ~ern* à skis; *~ fahren* od *laufen* faire du ski, skier, aller à skis. **Schianzug** *m* combinaison *f* de ski. **Schiausrüstung** *f* équipement *m* de ski.
Schicht *f* ‹-, -en› [ʃɪçt] **1.** *allg* couche; *geol* assise, strate *f; phot* surface *f;* **2.** *(Gesellschafts~)* couche sociale, classe *f;* **3.** *(Arbeits~)* journée *f* (de travail); **4.** *(Arbeiter pl e-r ~)* équipe *f.* **Schichtarbeit** *f* travail *m* par équipe(s), travail *m* posté. **Schichtarbeiter** *m* travailleur *m* posté. **schichten** *tr* disposer *od* ranger par couches; *(Holz)* empiler; *fam* travailler en équipes. **Schichtwechsel** *m* relève *f* (des équipes). **schichtweise** *adv* par couches. **Schichtwolke** *f* stratus *m.*
schick [ʃɪk] *a* chic *inv; (piekfein)* pimpant; *pop* rupin. **Schick** *m* ‹-(e)s, ø› chic *m.*

schicken ['ʃɪkən] *tr* **1.** *allg* envoyer; *(Sache)* faire parvenir; expédier, adresser; ▶ *nach jdm* ~ envoyer chercher, faire venir, faire appeler qn; *refl* **2.** *sich in etw* ~ *(fügen)* se soumettre, se résigner à qc; s'accommoder, s'adapter, se faire à qc; **3.** *sich* ~ *(impers: sich geziemen)* seoir, convenir, être convenable *od* séant, se faire.

schicklich ['ʃɪklɪç] *a* convenable, bienséant, décent. **Schicklichkeit** *f* ‹-, ø› convenance, bienséance, décence *f;* décorum *m.*

Schicksal *n* ‹-s, -e› ['ʃɪkza:l] **1.** destinée *f,* destin, sort *m,* fortune *f;* **2.** *(Fatum)* fatalité *f;* ▶ *jdn s-m* ~ *überlassen* abandonner qn à son sort. **schicksalhaft** *a* fatal, fatidique. **Schicksalsschlag** *m* coup du sort, revers de fortune, retour *m* de la fortune; *pl a.* vicissitudes *f pl.*

Schiebedach *n* ['ʃi:bə-] toit *m* coulissant *od (mot)* ouvrant. **Schiebefenster** *n* fenêtre *od* châsse à coulisse(s); *(vertikal verstellbares)* fenêtre à guillotine; *(an e-m Wagen)* glace *f* coulissante. **schieben** ‹*schob, geschoben*› **1.** *tr* pousser, faire glisser; **2.** *itr com pej* trafiquer; ▶ *jdm etw in die Schuhe* ~ *fig (fam)* faire porter à qn le chapeau pour qc; *auf die lange Bank* ~ faire traîner en longueur. **Schieber** *m* ‹-s, -› **1.** *tech* coulisse *f,* coulisseau, glisseur, curseur, tiroir *m;* **2.** *(für Bettlägerige)* bassin *m* hygiénique *od* de lit; **3.** *com pej* trafiquant, profiteur, mercanti, fricoteur *m.* **Schiebetür** *f* porte *f* coulissante *od* à coulisse *od* glissante *od* à glissière *od* roulante. **Schiebewand** *f* cloison *f* à coulisse *od* extensible. **Schiebung** *f* ‹-, -en› tripotage; passe-droit *m,* triche *f.*

Schiedsgericht *n* ['ʃi:ts-] tribunal *m* arbitral *od* d'arbitrage. **schiedsgerichtlich** *a* arbitral; ▶ *~es Urteil n* sentence *f* arbitrale. **Schiedsgerichtshof** *m:* ▶ *Haager* ~ Cour *f* d'arbitrage de la Haye. **Schiedsrichter** *m* arbitre; *sport* (juge-)arbitre *m.* **Schiedsspruch** *m* arbitrage *m,* sentence *od* décision *f od* jugement *m* arbitral(e).

schief [ʃi:f] *a* **1.** oblique; *a. adv* en biais, de travers, de guingois; *(geneigt)* incliné, penché; **2.** *fig* faux, erroné; *a. adv* de travers; ▶ ~ *ansehen (fig)* regarder de travers; *auf die ~e Bahn geraten (fig)* s'écarter du bon chemin; *~e Ebene f* plan *m* incliné.

Schiefer *m* ‹-s, -› ['ʃi:fər] *min (in Platten spaltbares Gestein)* schiste *m; (Ton~)* ardoise *f.* **Schieferbruch** *m* ardoisière *f.* **Schieferdach** *n* toit *m* en ardoise(s). **Schiefertafel** *f (zum Schreiben)* ardoise *f.*

schief=gehen ['ʃi:f-] ‹*ging schief, schiefgegangen*› *itr* ‹*sein*› *fam* aller *od* marcher *od* tourner mal, se gâter, finir en queue de poisson. **Schiefhals** *m* torticolis *m.* **schief=lachen,** *sich* se tordre de rire. **schief=treten** ‹*tritt, trat schief, schiefgetreten*› *tr (Schuhabsatz)* éculer.

schielen ['ʃi:lən] *itr* **1.** loucher, bigler; **2.** *fig* lorgner, guigner (*nach etw* qc). **Schielen** *n* louchement; *scient* strabisme *m.*

Schienbein *n* ['ʃi:n-] tibia *m.*

Schiene *f* ‹-, -n› ['ʃi:nə] **1.** *med* éclisse, attelle; gouttière *f;* **2.** *tech* bande, barre *a. el;* rampe *f;* **3.** *(loc, Straßenbahn)* rail *m.* **schienen** *tr* **1.** *med* éclisser; **2.** *tech* bander. **Schienenbus** *m (Triebwagen)* autorail *m,* micheline, automotrice *f.* **Schienenfahrzeug** *n* véhicule *m* sur rails. **Schienennetz** *n* réseau *m* ferroviaire *od* de chemin de fer. **Schienenverkehr** *m* trafic *m* ferroviaire. **Schienenweg** *m* voie *f* ferrée; ▶ *auf dem* ~ par (voie) fer(rée).

Schierling *m* ‹-s, -e› ['ʃi:rlɪŋ] ciguë *f.*

Schießbude ['ʃi:s-] *f* stand *m od* baraque *f* de tir; tir *m* forain. **Schießbudenfigur** *f* poupée; *fig* caricature *f;* ▶ *wie eine* ~ *aussehen* avoir l'air grotesque.

schießen ['ʃi:sən] ‹*schoß, geschossen*› *tr* **1.** tirer; *(Pfeil)* lancer; décocher; darder; *(Rakete)* envoyer; **2.** *(Wild)* tuer, abattre; **3.** *(Fußball)* shooter; *itr* **4.** ‹*h*› tirer des coups de feu, faire feu; **5.** ‹*sein*› *(los~)* s'élancer, se précipiter; *(Raubvogel)* fondre (*auf* sur); *(heraus~)* jaillir (*aus* de); ▶ *aus dem Boden* ~ sortir de terre; *scharf* ~ tirer à balle(s); *tot~* abattre; *schieß mal los! (fam)* allons, vas-y! démarre! **Schießen** *n* tir; lancement *m;* ▶ *das ist (ja) zum* ~*! (pop)* c'est roulant *od* tordant *od* marrant.

Schießerei *f* ‹-, -en› [ʃi:sə'raɪ] échange *m* de coups de feu, fusillade *f.*

Schießhund *m* ['ʃi:s-] *:* ▶ *wie ein* ~ *aufpassen* être aux aguets *od* sur ses gardes. **Schießplatz** *m* champ *m* de tir. **Schießpulver** *n* poudre *f* (à canon *od* de projection). **Schießscharte** *f* créneau *m,* meurtrière, embrasure, barbacane *f.* **Schießsport** *m* tir *m.* **Schießstand** *m* stand (de tir), tir *m.* **Schießübung** *f* exercice *m* de tir.

Schifahren *n* ['ʃi:-] ski *m.* **Schifahrer(in** *f***)** *m* skieur, euse *m f.*

Schiff *n* ‹-(e)s, -e› [ʃɪf] **1.** navire, bateau, bâtiment, vaisseau *m, a. arch;* **2.** *arch (Kirche)* nef *f;* ▶ *auf dem* ~ à bord; *mit dem* ~ *fahren* aller en bateau.

Schiffahrt *f* ['ʃɪf-] navigation *f.* **Schif(f)fahrtslinie** *f* ligne *f* de navigation. **Schiffahrtsweg** *m* route de navigation, voie *f* navigable *od* maritime.

schiffbar ['ʃɪf-] *a* navigable; ▶ ~ *machen* rendre navigable, canaliser. **Schiffbau** *m* construction *f* navale. **Schiffbruch** *m, a. fig* naufrage *m;* ▶ ~

erleiden (a. fig) faire naufrage; *fig* échouer, sombrer. **schiffbrüchig** *a* naufragé. **Schiffbrüchige** *m f* naufragé(e *f*) *m*. **Schiffbrücke** *f* pont *m* flottant *od* de bateaux. **Schiffchen** *n tech (Nähmaschine)* navette *f*.

Schiffer *m* ‹-s, -› ['ʃɪfər] *(Seemann)* marin, matelot; *(Seefahrer)* navigateur; *(Binnen~)* marinier, batelier *m*. **Schifferklavier** *n fam* accordéon *m*.

Schiffsagentur *f* ['ʃɪfs-] agence *f* maritime. **Schiffsanlegestelle** *f* embarcadère *m*. **Schiffshebewerk** *n* élévateur *m* pour bateaux. **Schiffsjunge** *m* mousse *m*. **Schiffskoch** *m* cuisinier de bord; coq *m*. **Schiffsküche** *f* cuisine de bord, coquerie, cambuse *f*. **Schiffsladung** *f* cargaison; batelée *f*. **Schiffspapiere** *n pl* papiers *m pl* de bord. **Schiffsrumpf** *m* coque, carcasse *f*. **Schiffsschraube** *f* hélice *f* (de navire). **Schiffsverkehr** *m* mouvement *od* trafic *m (auf See)* maritime, *(auf Flüssen)* fluvial. **Schiffszwieback** *m* biscuit *m* de mer.

Schigelände *n* ['ʃi:-] piste *f* de ski. **Schihose** *f* pantalon de ski, fuseau *m*. **Schihütte** *f* refuge (de montagne), chalet *m*.

Schiismus *m* [ʃi:'ɪsmʊs] *rel* chiisme *m*. **Schiit(in** *f*) *m* ‹-en, -en; -, -innen› [ʃi'i:t(ɪn)] *rel* chiite *m f*. **schiitisch** [ʃi'i:tɪʃ] *a* chiite.

Schikane *f* ‹-, -n› [ʃi'ka:nə] chicane, vexation, tracasserie *f*. **schikanieren** [-ka'ni:rən] ‹*ohne ge-*› *tr* chercher des noises à qn, tracasser qn.

Schikurs *m* classe *f* de neige. **Schilaufen** *n* = *Schifahren*. **Schiläufer(in** *f*) *m* ‹-s, -› = *Schifahrer(in)*.

Schild [ʃɪlt, '-də(r)] **(1)** *m* ‹-(e)s, -e› **1.** *hist mil* bouclier, pavois *m*; **2.** *(Wappen~)* écu(sson) *m*; **(2)** *n* ‹-(e)s, -er› *(Hinweis~)* écriteau, panneau *m*; *(Laden~)* enseigne; *mot (Nummern~)* plaque *f*; *(kleines ~)* panonceau *m*; *(Etikett)* étiquette *f*; ► *etw im ~e führen* projeter un mauvais coup; mijoter, manigancer qc. **Schilddrüse** *f* (corps *m od* glande) thyroïde *f*.

schildern ['ʃɪldərn] *tr* (dé)peindre, retracer; *(beschreiben)* décrire; *(darstellen)* représenter. **Schilderung** *f* ‹-, -en› description, peinture; *(Darstellung)* représentation; *(~ e-s Vorgangs)* narration *f*.

Schildkrot *n* ‹-(e)s, ø› ['ʃɪlt-] = *Schildpatt*. **Schildkröte** *f* tortue *f*. **Schildpatt** *n* ‹-(e)s, ø› écaille *f*.

Schilehrer *m* ['ʃi:-] moniteur *od* professeur *m* de ski.

Schilf *n* ‹-(e)s, -e› [ʃɪlf] roseau, jonc *m*.

Schilift *m* ['ʃi:-] téléski, (re)monte-pente *m*.

schillern ['ʃɪlərn] *itr* chatoyer, miroiter, s'iriser. **Schillern** *n* chatoiement, miroitement *m*; *(in den Regenbogenfarben)* irisation *f*. **schillernd** *a* chatoyant, miroitant, changeant; *(in den Regenbogenfarben)* irisé, iridescent. **Schillerwein** *m* (vin) rosé *m*.

Schimäre *f* ‹-, -n› [ʃi'mɛ:rə] chimère *f*.

Schimmel ['ʃɪməl] **(1)** *m* ‹-s, ø› *bot* moisi *m*, moisissure *f*; **(2)** *m* ‹-s, -› *zoo* cheval *m* blanc.

schimm(e)lig ['ʃɪm(ə)lɪg] *a* moisi, chanci. **schimmeln** *itr* moisir. **Schimmelpilz** *m* moisissure *f*.

Schimmer *m* ‹-s, ø› ['ʃɪmər] lueur *f*, reflets *m pl*; *(Glanz)* éclat *m*; ► *keinen blassen ~ haben* n'avoir pas la moindre idée (*von* de). **schimmern** *itr* jeter une (faible) lueur; (re)luire; *(glänzen)* briller. **schimmernd** *a* luisant; éclatant.

Schimpanse *m* ‹-n, -n› [ʃɪm'panzə] *zoo* chimpanzé *m*.

Schimpf *m* ‹-(e)s, -e› [ʃɪmpf] **1.** affront, outrage *m*, injure, insulte; avanie *f*; **2.** *(ohne pl) (Schande)* ignominie *f*; *(Schandfleck)* opprobre *m*; ► *mit ~ und Schande* ignominieusement, honteusement. **schimpfen 1.** *itr* gronder; *pop* rouspéter; ► *auf jdn, etw ~* invectiver, déblatérer, maugréer, pester contre qn, qc; **2.** *tr* traiter, qualifier (*jdn etw* qn de qc). **schimpflich** *a* ignominieux, injurieux, honteux. **Schimpfname** *m* nom *m* injurieux. **Schimpfwort** *n* ‹-(e)s, -e/¨-er› gros mot *m*, injure *f*.

Schimütze *f* bonnet *m* de ski.

Schindel *f* ‹-, -n› ['ʃɪndəl] bardeau *m*.

schinden ['ʃɪndən] ‹*schindet, schund, geschunden*› *tr* **1.** *(häuten)* équarrir; écorcher; **2.** *fig (abhetzen, quälen)* harasser, tracasser; maltraiter; *refl* **3.** *sich ~* s'éreinter, s'esquinter, s'échiner; se donner beaucoup de mal. **Schinder** *m* ‹-s, -› *fig* écorcheur, exploiteur *m*. **Schinderei** *f* ‹-, -en› [-'raɪ] *fig* tracasserie *f*, éreintement *m*, exploitation; *(schwere Arbeit)* corvée *f*. **Schindluder** *n* charogne *f*; ► *mit jdm ~ treiben* traiter qn honteusement.

Schinken *m* ‹-s, -› ['ʃɪŋkən] **1.** jambon *m*; **2.** *fam pej (Gemälde)* croûte *f*, navet *m*; **3.** *(dickes Buch)* gros bouquin *m*. **Schinkenbrötchen** *n* sandwich *m* au jambon. **Schinkenwurst** *f* saucisson *m* au jambon.

Schipaß *m* skipass *m*. **Schipiste** *f* piste *f* de ski.

Schippe *f* ‹-, -n› ['ʃɪpə] pelle *f*; ► *jdn auf die ~ nehmen (fam)* mettre qn en boîte. **schippen** *itr* travailler à la pelle.

Schirm *m* ‹-(e)s, -e› [ʃɪrm] **1.** *(Regen~)* parapluie *m*; *(Sonnen~)* ombrelle *f*; *(Garten~)* parasol *m*; **2.** *(Mützen~)* visière *f*; **3.** *(Wand-, Ofen-, Kamin-, Licht~)* écran *m*; **4.** *(Schutz)* protection, égide *f*. **Schirmherr** *m* protecteur, patron *m*. **Schirmherrin** *f* protectrice, dame *f* patronnesse. **Schirmherr-**

schaft *f* patronage *m;* ► *unter jds ~* sous l'égide *od* les auspices *od* le patronage de qn. **Schirmmütze** *f* casquette *f; mil (a. Polizei, Post)* képi *m.* **Schirmständer** *m* porte-parapluies *m.*
Schisma *n* ‹-s, -men/-mata› ['ʃɪsma, '-mən, '-mata-] *rel* schisme *m.*
Schisport *m* ['ʃi:-] ski *m.* **Schispringen** *n,* **Schisprung** *m* saut *m* à skis.
Schiß *m* [ʃɪs] : ► *~ (vulg: Angst) haben* avoir la trouille *od* les jetons.
Schistiefel *m* ['ʃi:-] chaussure *f* de ski. **Schistock** *m* bâton *m* de ski. **Schiunterricht** *m* leçon(s *pl*) *f* de ski.
schizophren [ʃitso'fre:n] *a med* schizophrène. **Schizophrenie** *f* ‹-, -n› [-fre'ni:] schizophrénie *f.*
Schlacht *f* ‹-, -en› [ʃlaxt] bataille; action *f;* ► *e-e ~ liefern* od *schlagen* livrer (une) bataille (*jdm* à qn); *die ~ bei* od *an* ... la bataille de .... **schlachten** *tr* tuer, abattre; *(abstechen)* saigner. **Schlachtenbummler** *m sport* supporter *m* d'une équipe en déplacement. **Schlachter** *m* ‹-s, -› boucher; *(Wurstmacher)* charcutier *m.* **Schlachterei** *f* ‹-, -en› [-'raɪ] **Schlachtfeld** *n* champ *m* de bataille. **Schlachthof** *m* abattoir *m.* **Schlachtplan** *m, a. fig* plan *m* de bataille. **Schlachtplatte** *f* assortiment *m* de charcuterie. **Schlachtruf** *m* cri *m* de guerre. **Schlachtschiff** *n* cuirassé *m* d'escadre. **Schlachtung** *f* ‹-, ø› abattage *m.* **Schlachtvieh** *n* animaux *m pl od* bêtes *f pl* d'abattoir *od* de boucherie.
Schlacke *f* ‹-, -n› ['ʃlakə] **1.** *metal* scorie, crasse *f,* laitier; mâchefer *m,* écume *f;* **2.** *fig* impureté *f.*
Schlaf *m* ‹-(e)s, ø› [ʃla:f] sommeil; *(kurzer)* somme *m;* ► *im ~* en dormant; *fig (etw können)* sur le bout du doigt; *e-n festen (leichten) ~ haben* avoir le sommeil profond (léger); *jdn aus dem ~ reißen* arracher qn au sommeil; *den ~ des Gerechten schlafen* dormir du sommeil du juste *od* comme un bienheureux. **Schlafanzug** *m* pyjama *m.*
Schläfchen *n* ‹-s, -› ['ʃlɛ:fçən] (petit) somme *m.*
Schlafcouch *f* ['ʃla:f-] canapé-lit *m.*
Schläfe *f* ‹-, -n› ['ʃlɛ:fə] tempe *f;* ► *mit grauen ~n* aux tempes grises.
schlafen ['ʃla:fən] ‹*schläft, schlief, geschlafen*› *itr* **1.** dormir; *(schlummern)* sommeiller; **2.** *(übernachten)* coucher; ► *gut, schlecht ~* bien, mal dormir; *~ gehen* aller se coucher, aller *od* se mettre au lit; *~ Sie wohl!* dormez bien!
Schläfenbein *n* ['ʃlɛ:fən-] os *m* temporal.
Schlafengehen *n* ['ʃla:fən-]: ► *vor dem ~* avant de se coucher.
Schläfer(in) *m* ‹-s, -› (*f* ‹-, -nen›) ['ʃlɛfər(ɪn)] dormeur *m,* -euse *f.*
schlaff [ʃlaf] *a* **1.** flasque, lâche, relâché; *(weich)* mou; **2.** *fig* veule, aveuli, avachi; inerte, atone; ► *~ werden* se relâcher; *a. fig* s'amollir; *fig* s'aveulir, s'avachir. **Schlaffheit** *f* ‹-, ø› **1.** laxité; *a. fig* mollesse *f;* **2.** *fig* veulerie; inertie *f.*
Schlafgelegenheit *f* ['ʃla:f-] endroit *m* où dormir. **Schlafkrankheit** *f* maladie *f* du sommeil. **schlaflos** *a* sans sommeil; ► *~e Nacht f* nuit *f* blanche. **Schlaflosigkeit** *f* ‹-, ø› insomnie *f.* **Schlafmittel** *n* somnifère, soporifique *m.* **Schlafmütze** *f* **1.** bonnet *m* de nuit; **2.** *fig (Mensch)* bonnet *m* de coton.
schläfrig ['ʃlɛ:frɪg] *a* pris de sommeil, somnolent; ► *~ sein* avoir sommeil. **Schläfrigkeit** *f* ‹-, ø› somnolence *f.*
Schlafrock *m* ['ʃla:f-] robe *f* de chambre. **Schlafsaal** *m* dortoir *m.* **Schlafsack** *m* sac *m* de couchage. **Schlafstadt** *f* cité-dortoir *f.* **Schlafstörung** *f* sommeil *m* troublé, insommie *f.* **Schlaftablette** *f* somnifère *m.* **schlaftrunken** *a* ivre de sommeil, somnolent. **Schlafwagen** *m loc* wagon-lit *m,* voiture-lit *f.* **Schlafwandler** *m* ‹-s, -› somnambule *m.* **Schlafzimmer** *n* chambre *f* à coucher.
Schlag *m* ‹-(e)s, ¨-e› [ʃla:k, 'ʃlɛ:gə] **1.** *allg. a. fig* coup *m; (mit d. Hand)* tape *f; (heftiger)* horion *m;* **2.** *pl (Prügel) fam* rossée *f; (Holz: Ein~)* coupe; *agr* sole *f;* **3.** *(~ Essen) pop* rab(iot) *m;* **4.** *(Wagentür)* portière *f;* **5.** *fig (plötzlicher Schaden)* coup *m* d'arrêt, atteinte *f; (Schicksals~)* coup *m* (du sort); **6.** *physiol (Herz~)* battement *m; (Puls~)* pulsation *f;* **7.** *med (~anfall)* apoplexie, attaque *f, fam* coup de sang; *(Hitz~)* coup *m* de chaleur; **8.** *(elektr. ~)* secousse *od* commotion *f* (électrique); **9.** *(Blitz-, Donner~)* coup *m* (de foudre, de tonnerre); **10.** *(e-s Singvogels)* chant *m,* roulade *f;* **11.** *(Art, Wesen)* trempe, espèce, race *f, fam* acabit, calibre *m;* ► *auf einen ~* d'un seul coup *od* jet; *mit einem ~* tout d'un coup; *~ 8 Uhr* à 8 heures sonnantes *od* juste *od* pile; *jdm e-n ~ versetzen* donner *od* asséner *od* administrer un coup à qn; *mich soll der ~ treffen, wenn* ... je veux mourir si ...; *harter, schwerer ~ (fig)* coup *m* de massue; *~ ins Wasser (fig)* coup *m* d'épée dans l'eau. **Schlagabtausch** *m (Boxen)* échange *m* de coups; *fig (Wortgefecht)* joute *f* oratoire; ► *nukleare(r) ~* conflit *m* nucléaire. **Schlagader** *f* artère *f.* **Schlaganfall** *m* attaque *f* (d'apoplexie), *fam* coup *m* de sang; ► *e-n ~ bekommen* od *erleiden* être frappé d'apoplexie. **schlagartig** *a* brusque, soudain, subit, instantané; *adv a.* d'un seul coup. **Schlagball** *m* éteuf *m.* **Schlagbaum** *m* barrière *f.*
schlagen ['ʃla:gən] ‹*schlägt, schlug, geschlagen*› *tr* **1.** battre *(a. den Takt),*

frapper *(a. Münzen); (klopfen)* taper; enfoncer; **2.** *(besiegen)* battre; *(Feind)* vaincre, défaire; *(Schlacht)* livrer; **3.** *(Holz)* couper, abattre; *itr* **4.** *(Herz, Puls)* battre; **5.** *(Uhr)* sonner; **6.** *(Vogel)* chanter; *(Wachtel)* carcailler; **7.** *nach jdm, e-r S* ~ porter un coup à qn, qc; **8.** *fig (arten)* tenir de, ressembler (*nach* à); tirer (*nach* sur); ► *um sich* ~ donner des coups dans tous les sens; *sich* ~ se battre (*mit jdm* contre qn); se colleter; *in die Flucht* ~ mettre en fuite *od* déroute; *e-n Nagel in die Wand* ~ enfoncer un clou dans le mur; *ich gebe mich ge*~ je m'avoue vaincu *od* battu; *es hat 12 ge*~ midi a *od* est sonné; *meine Stunde hat ge*~ mon heure a sonné *od* est venue; *e-e ge~e Stunde* une heure d'horloge. **schlagend** *a* frappant; *(überzeugend)* convaincant; *(Beweis)* concluant; ► *~es Wetter n* mines (coup de) grisou *m.*

Schlager *m* ‹-s, -› ['ʃla:gər] **1.** *mus* air *m* en vogue; *pej* rengaine, scie *f,* tube *m;* **2.** *com* succès *m.*

Schläger *m* ‹-s, -› ['ʃlɛ:gər] **1.** *(Raufbold)* querelleur, bagarreur; bretteur, spadassin *m;* **2.** *(Fechtwaffe)* rapière *f;* **3.** *sport* club *m;* crosse; raquette *f.* **Schlägerei** *f* ‹-, -en› [-'raɪ] bagarre, rixe, mêlée *f.*

Schlagermelodie *f* mélodie *f* en vogue. **Schlagersänger(in** *f*) *m* chanteur *m,* chanteuse *f* à succès.

schlagfertig ['ʃla:k-] **I.** *a* prompt à la répartie *od* à la riposte; **II.** *adv* du tac au tac. **Schlagfertigkeit** *f* ‹-, ø› esprit d'à-propos, don *m* de repartie. **Schlaginstrumente** *n pl mus* instruments *m pl* de percussion. **Schlagkraft** *f* **1.** *mil* puissance *f* de choc; **2.** *fig* vigueur *f.* **schlagkräftig** *a* **1.** puissant; *mil* combatif; **2.** *(Argument)* concluant. **Schlaglicht** *n* ‹-(e)s, -er› *a. fig* trait *m* de lumière; *pl a.* pleines lumières *f pl.* **Schlagloch** *n (Straße)* nid-de-poule *m.* **Schlagsahne** *f* crème *f* fouettée *od* Chantilly. **Schlagseite** *f mar:* ► ~ *haben* donner de la bande. **Schlagstock** *m (der Polizei)* matraque *f.* **Schlagwerk** *n (Uhr)* sonnerie *f.* **Schlagwort** *n* ‹-(e)s, -e/(¨er)› slogan *m.* **Schlagzeile** *f* manchette *f,* gros titre *m.* **Schlagzeug** *n mus* batterie *f* (de jazz). **Schlagzeugspieler** *m* batteur *m.*

Schlamm *m* ‹-(e)s, (-e/¨e)› [ʃlam, ('ʃlɛmə)] limon *m; (Schlick)* vase; *(Morast)* bourbe; *(Schmutz)* fange, boue *f.* **Schlammbad** *n* bain *m* de boue. **schlammig** *a* limoneux; vaseux; bourbeux, fangeux, boueux.

Schlampe *f* ‹-, -n› ['ʃlampə] *fam* souillon *f; pop* salope *f.* **schlampen** *itr fam (unordentlich sein* od *arbeiten)* être débraillé; bousiller; *pop* saloper. **Schlamper** *m* ‹-s, -› gâcheur *m.* **Schlamperei** *f* ‹-, -en› [-'raɪ] désordre *m;* incurie, négligence *f.* **schlampig I.** *a (unordentlich)* négligé, malpropre, débraillé; *(Arbeit)* bâclé, bousillé; **II.** *adv* à la va-vite.

Schlange *f* ‹-, -n› ['ʃlaŋə] **1.** serpent *m; fig a.* vipère *f;* **2.** *(Menschenreihe)* queue; *(Auto~)* file *f;* ► ~ *stehen* faire la queue.

schlängeln, *sich* ['ʃlɛŋəln] serpenter, aller en serpentant.

Schlangenbiß *m* ['ʃlaŋən-] morsure *f* de serpent. **Schlangenlinie** *f* ligne *f* sinueuse *od* serpentine; *typ* filet *m* tremblé. **Schlangenmensch** *m* contorsionniste, homme *m* serpent.

schlank [ʃlaŋk] *a* élancé, svelte; mince; *(Taille)* fin; ► *~(er) werden* maigrir. **Schlankheit** *f* ‹-, ø› sveltesse *f.* **Schlankheitskur** *f* cure *f* amaigrissante *od* d'amaigrissement. **schlankweg** ['-vɛk] *adv* carrément, rondement, sans façons.

schlapp [ʃlap] *a fam (schlaff)* flasque, lâche, mou; avachi, relaché; *(müde)* flapi, éreinté. **Schlappe** *f* ‹-, -n› *fam (kleine Niederlage)* tape; *f;* ► *e-e* ~ *einstecken* boire un bouillon. **schlapp=machen** *itr fam* flancher, renoncer, abandonner. **Schlappschwanz** *m fam pej* nouille, chiffe molle, andouille *f.*

Schlaraffenland *n* [ʃla'rafən-] pays *m* de cocagne. **Schlaraffenleben** *n* vie *f* de château.

schlau [ʃlaʊ] *a (klug)* prudent, fin(aud); *(listig)* rusé, astucieux, plein d'astuce; *(verschlagen)* cauteleux; *(pfiffig)* malin, futé, retors; ► *ich werde nicht* ~ *daraus* je n'y comprends rien. **Schlauberger** *m fam s. Schlaumeier.*

Schlauch *m* ‹-(e)s, ¨e› [ʃlaux, 'ʃlɔyçə] **1.** tuyau (flexible), boyau *m;* **2.** *(mot, Fahrrad)* chambre *f* à air. **Schlauchboot** *n* canot *m* pneumatique.

Schlaufe *f* ‹-, -n› ['ʃlaʊfə] passant *m.*

Schlauheit *f* ‹-, ø› ['ʃlaʊ-] prudence, finesse, subtilité; ruse, astuce *f.* **Schlaumeier** *m fam* finaud, fin matois *od* rusé (compère) *m.*

schlecht [ʃlɛçt] **I.** *a allg* **1.** mauvais; *(mäßig)* médiocre; *(armselig)* piètre; **2.** *(verdorben)* gâté, pourri; *(Luft)* vicié; **3.** *(Zeiten)* dur, difficile; **4.** *(bösartig)* méchant, malfaisant; *(gemein)* véreux, pervers; **5.** *(Scherz)* de mauvais goût *od* aloi; **II.** *adv* mal; ► *nicht* ~ *(fam)* pas mal; *immer ~er* de mal en pis; ~ *aussehen (Person)* avoir mauvaise mine *od* les traits tirés; ~ *von jdm reden* parler de qn en mauvais termes; ~ *stehen (Sache) (fig)* aller mal; ~ *werden (sich zersetzen)* se corrompre, se gâter; *~er werden* empirer, se détériorer; *es geht mir* ~ je vais mal; *mir ist* ~ j'ai mal au cœur. **schlechterdings** *adv* tout simplement, tout bonnement, purement et simplement; absolument. **schlecht=gehen** *itr ‹sein› (fig)* battre de l'aile; *(Geschäft)* aller mal; ▶ *mir geht es schlecht* je suis mal en point. **schlechtgelaunt** *a* de mauvaise humeur, maussade, *fam* mal luné. **Schlechtheit** *f,* **Schlechtigkeit** *f* ‹-, ø› *(Bosheit)* méchanceté; *(Gemeinheit)* vilenie, bassesse *f.* **schlecht=machen** *tr:* ▶ *jdn ~* dire du mal de qn, médire de qn. **schlechtweg** ['-vɛk] *adv* tout simplement, tout bonnement. **Schlechtwettergeld** *n (auf dem Bau)* intempéries *f pl.*

schlecken ['ʃlɛkən] *tr* manger par gourmandise. **Schlecker** *m* ‹-s, -›, **Schlekkermaul** *n* gourmand(e *f*) *m.*

Schlehdorn *m* ['ʃle:-] prunellier *m.* **Schlehe** *f* ‹-, -n› *(Frucht)* prunelle *f.*

schleichen ['ʃlaiçən] ‹*schlich, geschlichen*› *itr* ‹*sein*› aller *od* marcher à pas de loup *od* furtivement; se glisser, se faufiler. **schleichend** *a* **1.** furtif; **2.** *(Gift)* lent; *(Krankheit)* lent, insidieux; ▶ *~e Inflation* inflation rampante. **Schleichhandel** *m* commerce *od* trafic clandestin, commerce *m* interlope. **Schleichweg** *m* chemin *m od* voie détourné(e); *fig a.* voie *f* tortueuse; ▶ *auf ~en* par des détours *od* menées. **Schleichwerbung** *f* publicité *f* clandestine.

Schleier *m* ‹-s, -› ['ʃlaiər] *a. fig* voile *m;* gaze; *(am Hut)* voilette *f;* ▶ *den ~ lüften (bes. fig)* lever le voile. **Schleiereule** *f* effraie *f.* **schleierhaft** *a fam (rätselhaft)* mystérieux, énigmatique; *(unbegreiflich)* incompréhensible. **Schleierkraut** *n* ‹-(e)s, ¨-er› gypsophile.

Schleife *f* ‹-, -n› ['ʃlaifə] **1.** nœud *m,* boucle *f; (Schlinge)* lacet *m;* **2.** *(Kurve)* virage, tournant, lacet; *(Fluß)* méandre *m,* boucle *f.*

schleifen ['ʃlaifən] **I.** ‹*schliff, geschliffen*› *tr* **1.** *(schärfen)* meuler, aiguiser, affiler, affûter; **2.** *(Glas)* polir; *(Diamant)* tailler; *tech* rectifier, dresser; **II.** ‹*schleifte, geschleift*› *tr* **1.** *(auf dem Boden)* traîner; **2.** *mil (Festungsanlagen)* raser, démanteler.

Schleifstein ['ʃlaif-] *m* pierre à aiguiser; meule *f;* affiloir(e *f*) *m.*

Schleim *m* ‹-(e)s, -e› [ʃlaim] *physiol* mucus *m;* mucosité; *(Nasen-, Rachen-, Magen~)* pituite *f; bot* mucilage *m; med (zäher ~)* glaire; *(Schnecke)* bave *f.* **Schleimhaut** *f* muqueuse *f.* **schleimig** *a* muqueux; pituiteux; mucilagineux; glaireux.

schlemmen ['ʃlɛmən] *itr (üppig essen)* ripailler, faire ripaille *od* bombance. **Schlemmer** *m* ‹-s, -› ripailleur, gourmand, débauché *m.* **Schlemmerei** *f* ‹-, -en› [-'rai], **Schlemmerleben** *n,* ‹-s, ø› ripaille, bombance, débauche *f.*

schlendern ['ʃlɛndərn] *itr* ‹*sein*› flâner; *fam* se balader. **Schlendrian** *m* ‹-(e)s, ø› ['-dria:n] ornière *f* (de la routine), train-train *m;* ▶ *im alten ~ weitermachen* continuer son petit train-train, suivre son petit bonhomme de chemin.

schlenkern ['ʃlɛŋkərn] *tr* od *itr* agiter, brandiller (*etw* od *mit etw* qc); ▶ *mit den Armen* od *die Arme ~* aller les bras ballants.

Schleppe *f* ‹-, -n› ['ʃlɛpə] *(am Kleid)* traîne; queue *f.* **schleppen** *tr, a. fig* **1.** traîner; **2.** *mar loc mot* remorquer; *mar* haler, touer. **schleppend** *a, a. fig* traînant; *fig* languissant. **Schlepper** *m* ‹-s, -› *mot* tracteur; *mar* remorqueur *m.* **Schleppkahn** *m* péniche *f,* chaland *m,* remorque *f.* **Schlepplift** *m* tire-fesses *m.* **Schleppnetz** *n* chalut *m.* **Schleppschiffahrt** *f* remorquage, halage, touage *m.* **Schlepptau** *n* câble *m* de remorquage; *aero (Ballon)* guiderope *m;* ▶ *in jds ~ (fig)* à la remorque de qn.

Schlesien *n* ['ʃle:ziən] la Silésie. **Schlesier(in)** *m* ‹-s, -› (*f* ‹-, -nen›) [-ziər] Silésien(ne *f*) *m.* **schlesisch** ['ʃle:zɪʃ] *a* silésien.

Schleswig-Holstein *n* ['ʃle:sviç-'hɔlʃtain] le Schleswig-Holstein.

Schleuder *f* ‹-, -n› ['ʃlɔydər] **1.** fronde; catapulte *f;* **2.** *tech* toupie *f* (mécanique); **3.** *(Trocken~)* essoreuse *f; (Milch~)* centrifugeur *m,* -euse *f.* **Schleudergefahr** *f:* ▶ *~! (Warnung)* route glissante! **Schleuderhonig** *m* miel *m* coulé *od* d'extracteur. **schleudern** *tr* **1.** lancer, catapulter; projeter; **2.** *(Wäsche)* essorer; *(Milch)* centrifuger; **3.** *fig (Bann)* fulminer; **4.** *itr* ‹*h* od *sein*› *mot* déraper, chasser, faire une embardée. **Schleuderpreis** *m* prix *m* de bradage. **Schleudersitz** *m aero* siège *m* éjectable.

schleunig ['ʃlɔyniç] *a* prompt, rapide, précipité. **schleunigst** *adv* au plus vite, dans les plus brefs délais.

Schleuse *f* ‹-, -n› ['ʃlɔyzə] écluse *f.* **schleusen** *tr* écluser, sasser; *fig* manœuvrer. **Schleusenkammer** *f* sas *m,* chambre *f* d'écluse. **Schleusentor** *n* porte *f* d'écluse. **Schleusenwärter** *m* éclusier *m.*

Schlich *m* ‹-(e)s, -e› [ʃliç] *meist pl* trucs *m pl,* manigances, menées, manœuvres *f pl,* ▶ *hinter jds ~e kommen* découvrir *od* démasquer les menées *od* éventer les ruses de qn.

schlicht [ʃliçt] *a* **1.** *(einfach)* simple; *(bescheiden)* modeste; *(nüchtern, trokken)* sobre; **2.** *(flach, glatt)* plat, lisse; **3.** *(einfarben)* uni; ▶ *~ und einfach (adv)* (tout) simplement. **schlichten** *tr fig (regeln, ordnen)* arranger; *(Streit)* aplanir, accommoder (à l'amiable); arbitrer. **Schlichter** *m* ‹-s, -› médiateur, conciliateur, arbitre *m.* **Schlichtheit** *f* ‹-, ø› simplicité; modestie; sobriété *f.* **Schlichtung** *f* ‹-, -en› arrangement, accommodement *m*, conciliation *f*, arbitrage *m.* **Schlichtungsverfahren** *n* procédure *f* de conciliation.

Schlick *m* ‹-(e)s, -e› [ʃlɪk] *dial (Schlamm)* limon *m;* vase *f* (de mer).

Schließe *f* ‹-, -n› ['ʃli:sə] fermeture, clavette *f.*

schließen ['ʃli:sən] ‹*schloß, geschlossen*› *tr* **1.** *(zumachen)* fermer; **2.** *(füllen: Lücke)* combler, colmater; **3.** *fig (beenden); (Rede, Schrift)* terminer, finir, achever; *(Debatte)* clore; *(Sitzung)* clore, lever; *(ab~) (Konto)* arrêter; **4.** *(Vertrag)* conclure, passer; **5.** *(folgern)* conclure, déduire, inférer (*aus etw* de qc); *itr* **6.** *(zugehen)* fermer; *(aufhören, enden)* finir; (se) terminer, s'achever (*mit* sur); *refl* **7.** *sich ~ (Lücke)* se fermer; ▶ *von sich auf andere ~* juger d'autrui par soi-même; *auf etw ~ lassen* indiquer, pronostiquer qc; *daraus ist zu* od *läßt sich ~, daß* ... on peut en conclure, il en résulte que ...

Schließer *m* ‹-s, -› ['ʃli:sər] *(Gefängnis)* geôlier, guichetier, porte-clefs; *(Wach- u. Schließgesellschaft)* garde-vigile *m.*

Schließfach *n* ['ʃli:s-] *(Bank)* compartiment *m* de coffre-fort, *(Post)* boîte *f* postale; *loc* compartiment *m* de consigne automatique.

schließlich ['ʃli:slɪç] *adv* enfin, à la fin, finalement, en définitive; *fam* après tout, au bout du *od* en fin de compte; *(an letzter Stelle)* en dernier (lieu); ▶ *~ etw tun* finir par faire qc; *~ doch* malgré tout.

Schließmuskel *m* ['ʃli:s-] sphincter *m.*

Schließung *f* ‹-, -en› ['ʃli:sʊŋ] **1.** *(Laden, Museum, Schalter)* fermeture *f;* **2.** *(Sitzung)* clôture *f;* **3.** *(Vertrag, Ehe)* conclusion *f.*

Schliff *m* ‹-(e)s, -e› [ʃlɪf] **1.** *tech* poli(ssage), meulage *m*, *(Edelstein)* taille *f;* **2.** *fig fam (Lebensart)* savoir-vivre *m*, politesse *f;* **3.** *mil fam* dressage *m;* ▶ *e-r S den letzten ~ geben (fam)* donner le coup de fion à qc *pop*, mettre la dernière touche à qc; perler *od* fignoler qc.

schlimm [ʃlɪm] **I.** *a* **1.** *(schlecht, übel)* mauvais; *(schwer, ernst)* grave; *(unheilvoll)* funeste, fatal; *(ärgerlich)* fâcheux; **2.** *(charakterlich schlecht, böse)* méchant, vicieux; **II.** *adv* mal; ▶ *das S~e* le mal; *das ist nicht ~* il n'y a pas de mal, ce n'est rien *od* pas une affaire; *das ist halb so ~* ce n'est qu'un demi-mal, ce n'est pas la mer à boire. **schlimmer** *(Komparativ von: schlimm)* **I.** *a* pire; **II.** *adv* pis; ▶ *~ werden* empirer, s'aggraver; *immer ~ werden* aller de mal *od* de pis en pis; *was noch ~ ist* qui pis est. **schlimmste(r, s)** *(Superlativ von: schlimm)* **I.** *a* le, la pire; **II.** *adv* le pis; ▶ *im ~n Fall = ~nfalls; das S~ annehmen* prendre *od* mettre les choses au pis; *aufs S~ gefaßt sein* s'attendre au pire. **schlimmstenfalls** *adv* au pis aller, au pire, à la rigueur.

Schlinge *f* ‹-, -n› ['ʃlɪŋə] **1.** *(Schlaufe)* nœud coulant; *med* écharpe *f;* **2.** *(Jagd)* lacs, lacet, collet *m;* ▶ *sich* od *s-n Kopf aus der ~ ziehen (fig)* tirer son épingle du jeu, se tirer d'affaire.

Schlingel *m* ‹-s, -› ['ʃlɪŋəl] polisson, galopin *m.*

schlingen ['ʃlɪŋən] ‹*schlang, geschlungen*› **(1) 1.** *tr (winden)* enlacer, enrouler; **2.** *refl: sich ~* s'enrouler, s'entortiller (*um* autour de); *(Pflanze)* grimper (*um* à); **(2)** *tr* u. *itr (schlucken)* avaler.

schlingern ['ʃlɪŋərn] *itr mar* rouler. **Schlingern** *n* roulis *m.*

Schlingpflanze *f* ['ʃlɪŋ-] plante *f* grimpante.

Schlips *m* [ʃlɪps] ‹-es, -e› cravate *f*, nœud *m* papillon; ▶ *jdm auf den ~ treten (fig)* vexer, froisser, blesser qn.

Schlitten *m* ‹-s, -› ['ʃlɪtən] **1.** *(Rodel~)* luge *f; (Sportrodel)* toboggan; *(Pferde~)* traîneau *m;* **2.** *tech* support; *(Schreibmaschine)* chariot; *(MG)* traîneau, affût *m;* ▶ *~ fahren* faire du traîneau. **Schlittenfahrt** *f* promenade *f* en traîneau. **schlittern** *itr* ‹*sein* od *h*› glisser, faire des glissades. **Schlittschuh** *m* patin *m;* ▶ *~ laufen* patiner. **Schlittschuhbahn** *f* patinoire *f.* **Schlittschuhlaufen** *n* patinage *m.* **Schlittschuhläufer** *m* patineur *m.*

Schlitz *m* ‹-es, -e› [ʃlɪts] **1.** *(Ritze, Spalt)* fente, fissure; *(Einschnitt)* taillade; *tech* entaille, lumière *f;* **2.** *(Hosen~)* braguette *f.* **Schlitzaugen** *n pl (~ haben* avoir les*)* yeux *m pl* bridés. **schlitzen** *tr* fendre, fissurer; *(aufschneiden)* taillader, entailler. **Schlitzohr** *n fig (fam)* filou, fripon, rusé compère *m.* **schlitzohrig** *a fam* rusé, malin, trompeur.

schlohweiß ['ʃlo:'vaɪs] *a (Haar)* blanc comme neige.

Schloß *n* ‹-sses, ⸚sser› [ʃlɔs, 'ʃlœsər] **1.** *(Gebäude)* château; *(Palast)* palais *m;* **2.** *(Verschluß)* serrure *f; (Vorhänge~)* cadenas *m;* **3.** *(Gewehr~)* culasse *f* mobile; **4.** *(Koppel~)* plaque du ceinturon; *(am Armband)* attache *f;* ▶ *ins ~ fallen* encliqueter; *hinter ~ und Riegel setzen, sitzen* mettre, être sous les verrous.

Schloße *f* ‹-, -n› ['ʃlo:sə] *(Hagelkorn)* grêlon *m.*

Schlosser *m* ‹-s, -› ['ʃlɔsər] serrurier. **Schloßherr(in** *f***)** *m* ['ʃlɔs-] châtelain(e *f*) *m.* **Schloßhund** *m:* ▶ *wie ein ~ heulen (fam)* pleurer comme un veau *od* comme une Madeleine *od* à chaudes larmes.

Schlot *m* ‹-(e)s, -e/(¨-e)› [ʃlo:t, 'ʃlø:tə] cheminée *f* (d'usine); ▶ *wie ein ~ rauchen* fumer comme un pompier *od* une cheminée.

schlott(e)rig ['ʃlɔt(ə)rıç] *a* dégingandé, flageolant, branlant; *(Kleidung)* flottant; *(Gang)* mal assuré. **schlottern** *itr* flageoler, branler; *(zittern)* trembler; *(Kleidung)* flotter.

Schlucht *f* ‹-, -en› [ʃlʊxt] gorge *f*, ravin, *m*.

schluchzen ['ʃlʊxtsən] *itr* sangloter. **Schluchzen** *n* sanglots *m pl*. **Schluchzer** *m* ‹-s, -› sanglot *m*.

Schluck *m* ‹-(e)s, -e/(¨-e)› [ʃlʊk, 'ʃlʏkə] gorgée *f*; *fam* coup *m*; ▶ *tüchtiger ~* grande gorgée *f*. **Schluckauf** *m* ‹-s, ø› hoquet *m*. **schlucken** *tr* avaler; déglutir; *fig fam (an sich reißen)* avaler; *(Beleidigung)* boire. **Schlucker** *m* ‹-s, -›: ▶ *armer ~* pauvre hère *od* diable *od* bougre *m*. **Schluckimpfstoff** *m* vaccin *m* buccal. **Schluckimpfung** *f* vaccination *f* par voie buccale. **schluckweise** *adv* par gorgées.

schludern ['ʃlu:dərn] *itr* bousiller, bâcler.

Schlummer *m* ‹-s, ø› ['ʃlʊmər] sommeil (léger); (petit) somme *m*. **schlummern** *itr* sommeiller; être assoupi. **schlummernd** *a fig (verborgen)* caché.

Schlund *m* ‹-(e)s, ¨-e› [ʃlʊnt, 'ʃlʏndə] **1.** gosier *m*; gorge *f*; **2.** *(Abgrund)* gouffre, abîme *m*.

schlüpfen ['ʃlʏpfən] *itr* ‹*sein*› se glisser, filer, se couler; ▶ *aus dem Ei ~* éclore. **Schlüpfer** *m* ‹-s, -› *(Damenunterhose)* culotte *f*, slip *m*.

Schlupfloch *n s. Schlupfwinkel*.

schlüpfrig ['ʃlʏpfrıç] *a* **1.** glissant; **2.** *fig (lasziv)* lascif, égrillard, grivois.

Schlupfwespe *f* ['ʃlʊpf-] pimple, ichneumon *m*. **Schlupfwinkel** *m* recoin, repaire, refuge *m*; *(Versteck)* cachette *f*.

schlurfen *itr* ‹*sein*› ['ʃlʊrfən] traîner les pieds.

schlürfen ['ʃlʏrfən] **1.** *tr* humer; *(langsam u. mit Genuß)* siroter; **2.** *itr* boire *od* manger bruyamment.

Schluß *m* ‹-sses, ¨-sse› [ʃlʊs, 'ʃlʏsə] *(Ende)* fin; *(Schließung)* fermeture; *(e-r Debatte, Sitzung)* clôture *f*; = *Schlußfolgerung;* ▶ *am ~ (gen)* à l'issue (de); *zum ~* finalement; pour terminer *od* conclure *od* finir; *zu dem ~ gelangen* od *kommen, daß* ... en venir à la conclusion que ...; *~ machen* finir; *mit jdm, etw ~ machen* en finir avec qn, qc; *~!* fini! terminé! *~ damit!* brisons-là(-dessus)! *~ jetzt!* assez! finissez! **Schlußabrechnung** *f* décompte *od* règlement *m* final *od* définitif. **Schlußbemerkung** *f* remarque finale; conclusion *f*.

Schlüssel *m* ‹-s, -› ['ʃlʏsəl] **1.** *a. mus fig* clé, clef *f*; **2.** *(e-r Geheimschrift)* chiffre, code *m*; **3.** *(Verteilungs~)* barème *m*; ▶ *den ~ steckenlassen* laisser la clé sur la porte. **Schlüsselbein** *n anat* clavicule *f*. **Schlüsselblume** *f* primevère *f*. **Schlüsselbund** *m* od *n* trousseau *m* (de clés). **Schlüsselerlebnis** *n* expérience *f* capitale, décisive. **schlüsselfertig** *a (Haus)* clés en main. **Schlüsselfigur** *f (in e-m Roman)* personnage-clé *m*. **Schlüsselkind** *n* enfant *m* livré à lui-même. **Schlüsselloch** *n* trou *m* de la serrure. **Schlüsselstellung** *f* position-clé *f*, poste-clé *m*. **Schlüsselwort** *n* mot-clé *m*.

Schlußfolgerung *f* ['ʃlʊs-] conclusion; déduction; induction *f*. **Schlußformel** *f* formule *f* finale.

schlüssig ['ʃlʏsıç] *a (Beweis)* concluant, décisif, formel; ▶ *sich ~ werden* prendre un parti, se résoudre.

Schlußlicht *n* ‹-(e)s, -er› ['ʃlʊs-] *mot loc* feu *m* (rouge) arrière; *fig* lanterne *f* rouge. **Schlußpunkt** *m* point *m* final; ▶ *e-n ~ hinter etw setzen* mettre un point final à qc. **Schlußrunde** *f sport* tour *m* final, finale *f*; *(Boxen)* round *m* final. **Schlußstrich** *m*: ▶ *e-n ~ ziehen (fig)* tirer un trait. **Schlußverkauf** *m* soldes *m pl* de fin de saison. **Schlußwort** *n* ‹-(e)s, -e› dernière parole *f*; *(Nachwort)* épilogue *m*.

Schmach *f* ‹-, ø› [ʃma:x] honte, ignominie, infamie *f*; *(Beleidigung)* affront, outrage *m*; *(Demütigung)* humiliation *f*; *(Entwürdigung)* avilissement *m*.

schmachten *f* ['ʃmaxtən] *itr (hungern)* être affamé; *(dursten)* être assoiffé; *fig* se consumer (*nach* de), languir, soupirer, haleter (*nach* après). **schmachtend** *a* langoureux.

schmächtig ['ʃmɛçtıç] *a* mince, fluet, grêle.

schmachvoll ['ʃma:x-] *a* honteux, ignominieux, infâme.

schmackhaft ['ʃmakhaft] *a* savoureux, de bon goût; *(lecker)* délicat; ▶ *jdm etw ~ machen* rendre qc attrayant à qn.

schmähen ['ʃmɛ:ən] *tr* injurier, insulter, invectiver, outrager; *(herabwürdigen)* avilir. **schmählich** *a* ignominieux, déshonorant, honteux; *adv a.* outrageusement. **Schmähung** *f* ‹-, -en› injure, insulte, invective *f*, outrage; avilissement *m*.

schmal [ʃma:l] ‹*schmaler/schmäler*› *a* **1.** *allg* étroit; *(dünn, schlank)* mince, effilé, grêle; élancé; *(Gesicht)* fin; **2.** *fig (klein, gering)* maigre, pauvre.

schmälern ['ʃmɛ:lərn] *tr (schmäler machen)* rétrécir; *(verringern)* amoindrir, diminuer; réduire; *jur (beeinträchtigen)* déroger à, porter atteinte à. **Schmälerung** *f* ‹-, ø› rétrécissement; amoindris-

sement *m*. diminution; réduction; dérogation *f*.
Schmalz *n* ‹-es, -e› [ʃmalts] graisse *f*; *(Schweine~)* saindoux *m*.
schmälzen ['ʃmɛltsən] *tr* graisser.
schmalzig ['ʃmaltsɪç] *a fig fam pej (gefühlvoll)* sentimental.
schmarotzen [ʃma'rɔtsən] ‹*ohne ge-*› *itr* vivre en parasite; faire le pique-assiette; *fig* écornifler (*bei jdm* qn). **Schmarotzer** *m* ‹-s, -› *biol allg* parasite; *fig* pique-assiette, piqueur d'assiettes, *fam* resquilleur, écornifleur *m*.
Schmarren *m* ‹-s, -› ['ʃmarən] *dial* **1.** *(Mehlspeise)* galette *f*; **2.** *fig fam pej (Buch)* navet *m*.
schmatzen ['ʃmatsən] *itr* bécoter; *(laut essen)* manger bruyamment.
Schmaus *m* ‹-es, ¨-se› [ʃmaus, 'ʃmɔyzə] régal, festin *m*. **schmausen** *itr* faire bonne chère, faire ripaille, se régaler, festoyer; banqueter.
schmecken ['ʃmɛkən] **1.** *tr* goûter; *(kosten, versuchen)* déguster *(a. Wein)*, essayer; **2.** *itr* avoir un goût (*nach etw* de qc); *a. fig* sentir (*nach etw* qc); ▶ *jdm* ~ être du *od* au goût de qn; *gut* ~ être de *od* avoir bon goût, être bon (à manger, à boire); *nach nichts* ~ n'avoir pas de goût, être insipide; *es sich* ~ *lassen* se régaler, se payer un bon dîner; *das schmeckt mir gut, ausgezeichnet* je trouve cela bon, excellent; *schmeckt's? (fam)* c'est bon? *wie schmeckt Ihnen ...?* comment trouvez-vous ...?
Schmeichelei *f* ‹-, -en› [ʃmaɪçə'laɪ] flatterie; *(niedrige ~)* adulation, flagornerie; *(galante ~)* fleurette; *(Schmuserei)* câlinerie *f*. **schmeichelhaft** ['ʃmaɪçəl-] *a* flatteur. **schmeicheln** *itr* flatter; *pej* aduler, flagorner (*jdm* qn); ▶ *mit jdm (zärtlich sein)* câliner, cajoler qn. **Schmeichler** *m* ‹-s, -› flatteur; *pej* adulateur, flagorneur; *(Schmuser)* cajoleur *m*. **schmeichlerisch** *a* flatteur; câlin.
schmeißen ['ʃmaɪsən] ‹*schmiß, geschmissen*› *tr fam* flanquer, lancer, ficher; *pop* foutre; ▶ *die Sache, (pop) den Laden* ~ en venir à bout, arranger *od* goupiller l'affaire.
Schmeißfliege *f* ['ʃmaɪs-] mouche *f* bleue *od* à viande.
Schmelz *m* ‹-es, -e› [ʃmɛlts] **1.** *tech* émail *m (a. Zahn~)*; **2.** *(Glanz, a. von Farben)* éclat *m*; **3.** *(Klang)* timbre *m*; **4.** *(Frische)* fleur *f*; *(Zauber, Reiz)* charme *m*. **schmelzbar** *a* fusible; liquéfiable. **Schmelze** *f* ‹-, -n› *(allg. bes. Schnee)* fonte; *tech* fusion *f*. **schmelzen** ‹*schmilzt, schmolz, geschmolzen*› **1.** *tr* ‹*h*› faire fondre, *a. fig* fondre; *tech* fuser; **2.** *itr* ‹*sein*› fondre, se liquéfier; *tech* fuser. **Schmelzkäse** *m* fromage *m* fondu. **Schmelzofen** *m* four *m* de fusion. **Schmelzpunkt** *m phys* point *m* de fusion. **Schmelztiegel** *m, a. fig* creuset *m*. **Schmelzwasser** *n* eaux *f pl* de fonte des neiges.
Schmerbauch *m* ['ʃme:r-] *fam* bedaine, brioche *f*.
Schmerz *m* ‹-es, -en› [ʃmɛrts] douleur, peine *f*, mal *m*; *(Kummer)* affliction *f*, chagrin *m*, peine *f*; ▶ *von ~en gequält* accablé de douleur(s). **schmerzempfindlich** *a* sensible à la douleur. **schmerzen** **1.** *itr med* causer de la douleur, faire (du) mal; **2.** *tr fig* affecter (douloureusement), peiner, chagriner, navrer. **Schmerzensgeld** *n* dommages et intérêts *m pl*. **Schmerzensschrei** *m* cri *m* de douleur. **schmerzhaft** *a* douloureux, endolori. **schmerzlich** *a fig* douloureux, affligeant, pénible. **schmerzlos** *a* indolore, sans douleur. **schmerzstillend** *a pharm* calmant, sédatif; *scient* analgésique; ▶ *~es Mittel n* calmant, sédatif; *scient* analgésique *m*. **schmerzunempfindlich** *a* insensible à la douleur; *scient* analgésique.
Schmetterling *m* ‹-s, -e› ['ʃmɛtərlɪŋ] papillon *m*. **Schmetterlingsstil** *m (Schwimmen)* brasse *f* papillon.
schmettern ['ʃmɛtərn] *tr* **1.** flanquer *od* lancer violemment *od* avec violence; *sport (Ball)* smasher; **2.** *(Lied)* lancer; ▶ *zu Boden* ~ terrasser, foudroyer.
Schmied *m* ‹-(e)s, -e› [ʃmi:t, '-də(s)] forgeron; *(Huf~)* maréchal ferrant; *(Arbeiter)* forgeur *m*. **Schmiede** *f* ‹-, -n› forge *f*. **Schmiedeeisen** *n* fer *m* forgé. **schmiedeeisern** *a* de *od* en fer forgé. **schmieden** *tr* forger *a. fig*; *(bearbeiten)* travailler; ▶ *kalt* ~ battre à froid; *e-n Plan* ~ former un projet; *Ränke* ~ ourdir des intrigues, intriguer, comploter, cabaler.
schmiegen ['ʃmi:gən] *tr (drücken)* serrer; *sich* ~ se serrer, se blottir (*an* contre). **schmiegsam** ['-kza:m] *a (biegsam* u. *fig)* flexible, souple; *fig* docile. **Schmiegsamkeit** *f* ‹-, ø› flexibilité; souplesse; docilité *f*.
Schmiere *f* ‹-, -n› ['ʃmi:rə] **1.** graisse *f*, enduit, lubrifiant; *(Wagen~)* cambouis *m*; **2.** *theat* boui-boui, théâtre *m* forain, troupe *f* de cabotins; **3.** *(Schmiergeld)* pot-de-vin *m*; **4.** *fam* rossée, raclée *f*; **5.** *arg (Wache)*: ▶ ~ *stehen (bei e-r Straftat)* faire le guet.
schmieren ['ʃmi:rən] *tr* **1.** *tech (mit Schmiere)* graisser, lubrifier; *(mit Öl)* huiler; **2.** *(Brot)* tartiner; **3.** *pej (Malerei)* barbouiller, peinturlurer; *(Schrift)* gribouiller; **4.** *fig fam (bestechen)* graisser la patte *od* la main à; **5.** *fam (streichen)* étendre (*auf* sur); ▶ *Butter auf das Brot* ~ beurrer une tartine; *itr* **6.** *(Tinte, Feder)* baver; ▶ *jdm eine* ~ *(fam: ohrfeigen)* flanquer une gifle à qn; *es geht wie geschmiert (fam)* ça va

comme sur des roulettes. **Schmiererei** *f* ‹-, -en› [-'raɪ] *(Sudelei)* gribouillage; barbouillage *m.* **Schmierfink** *m* gribouilleur, barbouilleur; souillon *m.* **Schmiergelder** *n pl* dessous-de-table, pot-de-vin *m.* **schmierig** *a* graisseux. **Schmiermittel** *n* produit de graissage, lubrifiant *m.* **Schmieröl** *n* huile *f* lubrifiante *od* de graissage. **Schmierseife** *f* savon *m* mou. **Schmierzettel** *m fam* papier *m* brouillon.

Schminke *f* ‹-, -n› ['ʃmɪŋkə] fard *m;* ► ~ *auflegen* od *auftragen* (se) mettre du fard *od* du rouge, se maquiller; *rote* ~ rouge *m.* **schminken** *tr* maquiller, farder *a. fig; sich* ~ se maquiller.

schmirgeln *tr* ['ʃmɪrgəln] frotter *od* polir à l'émeri. **Schmirgelpapier** *n* papier-émeri *m.*

Schmiß *m* ‹-sses, -sse› [ʃmɪs, '-sə] **1.** *(Mensurnarbe)* balafre, estafilade *f;* **2.** *fig vx fam (Schwung)* allant, entrain, élan *m,* verve *f.* **schmissig** *a fam (schwungvoll, mitreißend)* enlevé, plein d'entrain *od* de verve *od* d'élan.

Schmöker *m* ‹-s, -› ['ʃmø:kər] *fam (altes Buch)* bouquin; *(schlechter Roman)* roman *m* à quatre sous. **schmökern** *itr fam (in Büchern stöbern)* bouquiner.

schmollen ['ʃmɔlən] *itr* bouder (*mit jdm* qn); faire la moue *od* la lippe *od* la tête. **Schmollmund** *m* moue *f;* ► *e-n* ~ *machen* od *ziehen* faire la moue.

Schmorbraten *m* ['ʃmo:r-] bœuf *m* en daube. **schmoren 1.** *tr* dauber, étuver, braiser; *a. itr* cuire à l'étuvée; **2.** *itr fig (Mensch in der Sonne)* cuire, rôtir. **Schmortopf** *m* daubière, cocotte *f.*

schmuck [ʃmʊk] *a* coquet, pimpant; beau.

Schmuck *m* ‹-(e)s, (-e)› [ʃmʊk] **1.** parure *f;* bijoux *m pl;* **2.** *(Verzierung)* ornement; *(Zierat)* décor *m,* décoration *f.*

schmücken ['ʃmʏkən] *tr* parer, orner (*mit* de).

Schmuckkästchen *n* ['ʃmʊk-] **1.** boîte *f od* coffret à bijoux, écrin, baguier *m;* **2.** *fig (Raum)* bijou *m.* **schmucklos** *a* sans ornement, nu, simple. **Schmuckstück** *n* parure *f,* joyau *m.* **Schmuckwaren** *f pl* bijouterie; joaillerie *f.* **schmudd(e)lig** ['ʃmʊd(ə)lɪç] *a fam* sale, malpropre; ► ~ *aussehen (fam a.)* faire sale.

Schmuggel *m* ‹-s, ø› ['ʃmʊgəl] contrebande; fraude *f.* **schmuggeln** *itr* faire de la contrebande. **Schmuggelware** *f* marchandises *f pl* de contrebande. **Schmuggler** *m* ‹-s, -› contrebandier, fraudeur *m.*

schmunzeln ['ʃmʊntsəln] *itr* sourire (d'un air complaisant *od* entendu).

schmusen ['ʃmu:zən] *itr* câliner, cajoler (*mit jdm* qn).

Schmutz *m* ‹-es, ø› [ʃmʊts] boue, ordure, saleté *f,* immondices *f pl; (~fleck)* salissure, souillure; *(~schicht)* crasse; *(Straßen~)* boue, crotte; *(Kot)* fange; *(Müll)* gadoue; ► *in den ~ ziehen (fig)* traîner dans la boue. **Schmutzarbeit** *f* travail *m* salissant; *fig* basses besognes *f pl.* **schmutzen** *itr* tacher, faire des taches. **Schmutzfink** *m* souillon *m,* sagouin(e *f*) *m.* **Schmutzfleck** *m* tache de boue, souillure, salissure *f.* **schmutzig** *a* **1.** sale, boueux, immonde; *(unsauber)* malpropre; *(bespritzt)* crotté; *(schmierig)* crasseux; *(kotig, schlammig)* fangeux; **2.** *fig* sordide; ordurier, obscène; **3.** *(filzig, geizig)* pingre; ► ~ *werden* se salir. **Schmutztitel** *m typ* faux-titre, titre *m* bâtard, fausse page *f.*

Schnabel *m* ‹-s, ¨-› ['ʃna:-, 'ʃnɛ:bəl] *a. fig pop (vom Menschen)* bec *m;* ► *ich spreche, wie mir der ~ gewachsen ist* je parle comme j'en ai l'habitude; *halt den ~! (pop)* ferme-la! tais-toi! **Schnabeltier** *n* ornithorynque *m.*

Schnake *f* ‹-, -n› ['ʃna:kə] *ent (Bach~)* tipule *f; (Stechmücke)* moustique *m.*

Schnalle *f* ‹-, -n› ['ʃnalə] boucle, brochette *f.* **schnallen** *tr* boucler; *fig fam (kapieren)* piger; ► *enger ~* serrer.

schnalzen ['ʃnaltsən] *itr:* ► *mit der Zunge ~* faire claquer sa langue.

schnappen ['ʃnapən] *tr* ‹h› **1.** happer, gober; **2.** *fig fam (erwischen)* mettre la main sur, coincer, choper; pincer; *itr* ‹sein› **3.** *(Schloß)* claquer; *(Feder)* faire ressort; ► *sich ~ lassen (fam)* se faire coincer *od* pincer. **Schnappschloß** *n* serrure *f* à ressort. **Schnappschuß** *m* photo-surprise *f,* instantané *m.*

Schnaps *m* ‹-es, ¨-e› [ʃnaps, 'ʃnɛpsə] eau-de-vie *f; (einzelnes Glas)* petit verre *m, fam* goutte *f.* **Schnapsbrennerei** *f* distillerie *f.* **Schnapsidee** *f* idée *f* saugrenue.

schnarchen ['ʃnarçən] *itr* ronfler. **Schnarchen** *n* ronflement *m.*

schnarren ['ʃnarən] *itr* grincer; *(mit der Stimme)* nasiller. **schnarrend** *a (Stimme)* nasillard.

schnattern ['ʃnatərn] *itr (Gans)* criailler, siffler; *(Ente)* cancaner, nasiller, faire coin-coin; *fig fam pej (Mensch)* caqueter, babiller, bavarder.

schnauben ['ʃnaʊbən] *itr (Pferd)* s'ébrouer, renâcler; *(Mensch)* haleter, respirer *od* souffler bruyamment.

schnaufen ['ʃnaʊfən] *itr* respirer fort *od* bruyamment; souffler; haleter. **Schnaufen** *n* respiration *f* bruyante; souffle; halètement *m.*

Schnauzbart *m* ['ʃnaʊts-] *fam* moustache *f.* **Schnauze** *f* ‹-, -n› **1.** museau; *(Schwein)* groin *m; pej (Mensch)* gueule *f;* **2.** *fig (Kanne)* bec *m;* ► *frei nach ~ (pop)* au pifomètre, au petit

bonheur; *die ~ voll haben (pop)* en avoir plein le dos *od* plein les bottes; *(halt die) ~!* (ferme) ta gueule!
Schnecke *f* ‹-, -n› ['ʃnɛkə] **1.** *(Nackt~)* limace *f; (~ mit Haus)* colimaçon; *(Schnirkel~)* limaçon, *(bes. eßbare)* escargot *m;* **2.** *anat (Ohr)* limaçon *m;* **3.** *tech* vis *f* sans fin.
schneckenförmig ['ʃnɛkən-] *a* en limaçon, en spirale, en volute. **Schneckenhaus** *n* coquille *f* (d'escargot). **Schneckentempo** *n:* ► *im ~* comme un escargot *od* une tortue.
Schnee *m* ‹-s, ø› [ʃne:] *a. arg (Kokain)* neige *f;* ► *zu ~ schlagen (Küche)* battre en neige; *ewiger ~* neiges *f pl* éternelles *od* perpétuelles. **Schneeball** *m* **1.** boule *f* de neige; **2.** *bot* viorne *f.* **Schneeballschlacht** *f* bataille *f* (à coups) de boules de neige. **Schneebesen** *m (Küche)* fouet *m* (à œufs). **Schneefall** *m* chute *f* de neige. **Schneeflocke** *f* flocon *m* de neige. **Schneegestöber** *n* rafale *f od* tourbillon *m od* tourmente *f* de neige. **Schneeglätte** *f* glissance *f* due à la neige. **Schneeglöckchen** *n bot* perce-neige *f.* **Schneegrenze** *f geog* limite *f* des neiges. **Schneekette** *f* chaîne *f* antidérapante. **Schneemann** *m* ‹-(e)s, ⸚er› bonhomme *m* de neige. **Schneematsch** *m* neige *f* à demi fondue. **Schneepflug** *m* chasse-neige *m.* **Schneeschaufel** *f,* **Schneeschippe** *f* pelle *f* à neige. **Schneeschmelze** *f* fonte *f* des neiges. **Schneesturm** *m* tempête *f* de neige. **Schneetreiben** *n* = *Schneegestöber.* **Schneeverhältnisse** *n pl* enneigement *m.* **Schneeverwehung** *f* amas *m* de neige, congère *f.* **schneeweiß** *a* blanc comme (la) neige. **Schneewittchen** *n* ‹-s, ø› *(Märchenfigur)* Blanche-Neige *f.*
Schneid *m* ‹-(e)s, ø› [ʃnaɪd] cran, allant, mordant; *fam* nerf *m.*
Schneidbrenner *m* ['ʃnait-] chalumeau *m* oxhydrique *od* découpeur.
Schneide *f* ‹-, -n› ['ʃnaidə] **1.** coupant, tranchant, taillant, fil *m;* **2.** *tech* tranchée, laie *f;* **3.** *(Waage)* couteau; *(Berggrat)* arête, crête *f* de montagne; ► *auf des Messers ~ stehen (fig)* ne tenir qu'à un fil.
schneiden ['ʃnaɪdən] ‹*schneidet, schnitt, geschnitten*› *tr* **1.** couper, tailler; *(ab~)* découper, trancher; *(scheren)* tondre; *(Metall)* refendre; *(Gewinde)* fileter; **2.** *film* monter; **3.** *med* opérer; *(kastrieren)* castrer, châtrer; **4.** *mot (scharf überholen)* faire une queue de poisson à; **5.** *fig (nicht beachten)* ignorer; *itr* **6.** couper, être coupant; *refl* **7.** *sich ~* se couper *a. math (Linien).* **schneidend** *a fig (Kälte)* vif, piquant, mordant; *(Wind)* cinglant; *(Worte, Ton)* tranchant, cinglant.
Schneider *m* ‹-s, -› ['ʃnaɪdər] tailleur *m.* **Schneiderei** *f* ‹-, -en› [-'raɪ] **1.** *(ohne pl) (Handwerk)* métier *m* de tailleur; *(Damen~)* couture *f;* **2.** *(Werkstatt)* atelier *m* de tailleur *od (Damen~)* de couture. **Schneiderin** *f* ‹-, -nen› couturière *f.* **schneidern** **1.** *itr* faire de la couture; **2.** *tr* faire, coudre. **Schneiderpuppe** *f* mannequin *m.*
Schneidezahn *m* ['ʃnaɪdə-] (dent) incisive *f.*
schneien ['ʃnaɪən] *itr impers* neiger; ► *es schneit (a.)* il tombe de la neige *od* il neige.
Schneise *f* ‹-, -n› ['ʃnaɪzə] **1.** *(Wald)* laie, percée, trouée *f;* coupe-feu; *m;* **2.** *aero* couloir *m.*
schnell [ʃnɛl] *a* vite *a. adv,* rapide; *(flink)* prompt; ► *möglichst ~, so ~ wie möglich, auf dem ~sten Weg* au plus vite, le plus vite possible, aussi vite que possible; *~er gehen* allonger le pas; *~ machen (fam: sich beeilen)* se dépêcher, se hâter, se presser; *~, ~!* vite, vite! dépêche-toi! dépêchez-vous!
Schnellbahn *f* ['ʃnɛl-] ligne *f* à service rapide. **Schnellboot** *n mar* vedette *f* rapide.
schnellen ['ʃnɛlən] **1.** *itr* ‹*sein*› faire ressort *od* un bond, bondir; **2.** *tr* ‹*h*› décocher, lancer, darder; ► *in die Höhe ~* faire un bond; *fig (Preise)* augmenter de façon vertigineuse.
Schnellfeuerwaffe *f* ['ʃnɛl-] pièce *f,* fusil *m,* arme *f* à tir rapide. **Schnellgaststätte** *f* snack-bar *m.*
Schnelligkeit *f* ‹-, ø› ['ʃnɛlıçkaıt] vitesse, rapidité, célérité, vélocité; promptitude *f.*
Schnellimbiß *m* ['ʃnɛl-] snack-bar; casse-croûte *m inv.* **Schnellkochtopf** *m* cocotte *f* minute. **schnell(l)ebig** *a (Zeit)* où règne la vitesse. **Schnellreinigung** *f* pressing *m.*
schnellstens ['ʃnɛlstəns] *adv* dans les plus brefs délais, au plus tôt, en vitesse; = *möglichst schnell.*
Schnellstraße ['ʃnɛl-] route *f* rapide *od* express. **schnelltrocknend** *a* siccatif. **Schnellverfahren** *n* **1.** *tech* méthode *f* rapide; **2.** *jur* procédure *f* accélérée *od* des flagrants. **Schnellzug** *m* (train) rapide *m.*
Schnepfe *f* ‹-, -n› ['ʃnɛpfə] *orn* bécasse *f.*
schneuzen, *sich* ['ʃnɔytsən] se moucher.
Schnickschnack *m* ‹-(e)s, ø› ['ʃnıkʃnak] *fam* bricole *f.*
Schnippchen *n* ‹-s, -› ['ʃnıpçən] *:* ► *jdm ein ~ schlagen* jouer un tour à qn, se jouer de qn.
Schnippel *m* od *n* ‹-s, -› ['ʃnıpəl] petit morceau *m;* rognure *f.* **schnippeln** *itr* tailler et rogner; *(Bohnen)* couper.

schnippisch *a* pincé; mutin.
Schnitt *m* ‹-(e)s, -e› [ʃnɪt] **1.** *(Vorgang)* coupe *f;* **2.** *(Ergebnis)* coupe, taille; *(Ein~)* entaille, encoche, taillade; *(~wunde)* coupure; *(größere)* entaille; *(Chirurgie)* incision *f;* **3.** *(Schneiderei: Zu~)* coupe, façon *f;* **4.** *(~muster)* patron *m;* *(Buch)* tranche *f;* *film* découpage *m;* **5.** *agr* coupe, récolte; *(der Bäume)* taille *f;* **6.** *math* intersection *f;* ▶ *im ~* en moyenne. **Schnittblumen** *f pl* fleurs *f pl* coupées. **Schnittbohnen** *f pl* haricots *m pl* verts. **Schnitte** *f* ‹-, -n› tranche; *(belegtes Brot)* tartine *f.* **schnittfest** *a* *(Tomate)* ferme. **Schnittfläche** *f* (surface de la) coupe, section *f.* **Schnittholz** *n* bois *m* débité *od* de sciage. **schnittig** *a* *(rassig, schick, bes. von e-m Auto)* racé, chic, élégant. **Schnittlauch** *m* civ(ett)e, ciboulette *f.* **Schnittmuster** *n* patron *m* (de couture). **Schnittpunkt** *m* **1.** *math* point *m* d'intersection; **2.** *fig* (point *m* de) rencontre *f,* carrefour *m.* **Schnittstelle** *f* *inform* jonction, interface (de transmission); *fig* jonction *f.* **Schnittwunde** *f* coupure; *(größere)* entaille *f.*
Schnitzel *n* ‹-s, -› **1.** ['ʃnɪtsəl] rognure *f,* morceau; *(Papier)* bout *m* de papier; **2.** *(Küche)* escalope *f.*
schnitzen *tr* tailler *od* sculpter (sur bois). **Schnitzer** *m* ‹-s, -› **1.** *(Holz~)* sculpteur *m* (sur bois); **2.** *fig fam (Fehler)* gaffe, bévue; *(sprachlicher)* écart *m* de langage, incartade *f.* **Schnitzerei** *f* ‹-, -en› [-'raɪ] sculpture *f* sur bois.
schnöde [ʃnø:t, '-də] **I.** *a (erbärmlich)* indigne, odieux, méprisable; *(gemein)* vil; **II.** *adv* de façon indigne.
Schnorchel *m* ‹-s, -› ['ʃnɔrçəl] *mar sport* schnorchel *m.*
Schnörkel *m* ‹-s, -› ['ʃnœrkəl] *allg (Verzierung)* fioriture, enjolivure *f;* ornement baroque; *(Schrift)* entrelacs *m.*
schnorren ['ʃnɔrən] *tr* taper (qn pour avoir qc). **Schnorrer** *m* parasite *m.*
schnuck(e)lig ['ʃnʊk(e)lɪç] *a fam (anziehend)* mignon, chou *(fam); (hübsch, ansprechend)* mignon, bath.
schnüffeln ['ʃnʏfəln] *itr* **1.** *(Tier)* renâcler; *(Mensch)* renifler; **2.** *fig* fureter, fouiner.
Schnuller *m* ‹-s, -› ['ʃnʊlər] tétine *f.*
Schnulze *f* ‹-, -n› ['ʃnʊltsə] chanson *f* de charme.
schnupfen ['ʃnʊpfən] *tr (Tabak)* priser; *itr* prendre du tabac; *sich ~* se moucher. **Schnupfen** *m* ‹-s, -› rhume de cerveau; *scient* coryza *m;* ▶ *den ~ haben (a.)* être enrhumé. **Schnupftabak** *m* tabac *m* à priser.
schnuppe ['ʃnʊpə] *a fam:* ▶ *das ist mir ~* je m'en moque (pas mal), je m'en fiche; *pop* je m'en fous.
Schnupperlehre *f* ['ʃnʊpər-] apprentissage *m* à l'essai. **schnuppern** *itr* *(Hund)* flairer; *fig (Mensch)* renifler.
Schnur *f* ‹-, ¨-e› [ʃnu:r, 'ʃny:rə] corde *f,* cordon; lacet; *(Absteck~)* cordeau *m;* *(Bindfaden)* ficelle *f;* *(e-r Perlenkette)* fil *m.*
Schnürband *n* ['ʃny:r-] lacet *m.* **Schnürchen** *n:* ▶ *wie am ~ hersagen* réciter d'affilée; *wie am ~ können* savoir sur le bout du doigt; *das geht wie am ~* cela va comme sur des roulettes. **schnüren** *tr* lacer, ficeler.
schnurgerade ['ʃnu:r-] *a* tiré au cordeau, tout droit. **schnurlos** *a:* ▶ *~e(s) Telefon n* radiotéléphone, téléphone *m* sans fil.
Schnurrbart *m* ['ʃnʊr-] moustache *f.* **schnurrbärtig** *a* moustachu.
schnurren *itr* *(Katze)* ronronner; *(Spinnrad)* ronfler. **Schnurrhaare** *n pl* *zoo* vibrisses *f pl,* poils *m pl* tactiles; *(Katze)* barbe *f.* **schnurrig** *a* drôle, cocasse; burlesque.
Schnürsenkel *m* ['ʃnʏ:r-] lacet *m.* **Schnürstiefel** *m* bottine *f* (à lacets), brodequin *m.*
schnurstracks ['ʃnu:r'ʃtraks] *adv* tout droit; *(sofort)* immédiatement; sur-le--champ.
Schober *m* ‹-s, -› ['ʃo:bər] *(Heuschuppen)* grange; *(Heuhaufen)* meule *f* (de foin).
Schock [ʃɔk] **(1)** *n* ‹-(e)s, -e› **1.** soixantaine *f;* **2.** *fig fam (Menge)* quantité *f,* tas *m;* **(2)** *m* ‹-(e)s, -s/(-e)› *med* choc; *a. fig* soubresaut *m; fig* secousse *f,* ébranlement *m.* **schockieren** ‹*ohne ge-*› [-'ki:rən] *tr* choquer; scandaliser. **Schocktherapie** *f* thérapie *f* de choc. **Schockwirkung** *f* *med* effet *m* du choc.
Schöffe *m* ‹-n, -n› ['ʃœfə] échevin *m.* **Schöffengericht** *n* jury *m.*
Schokolade *f* ‹-, -n› [ʃoko'la:də] chocolat *m.* **Schokoladenseite** *f* côté *m* rose. **Schokoladentafel** *f* plaque *f* de chocolat.
Scholle *f* ‹-, -n› ['ʃɔlə] **1.** *(Erd~)* motte de terre; *a. fig* glèbe *f;* **2.** *geol* lambeau, segment *m;* **3.** *(Fisch)* poisson *m* plat, plie, sole *f.*
schon [ʃo:n] *adv* **1.** *(zeitl., a. örtl.)* déjà; ▶ *~ von weitem sah ich ihn kommen* je le voyais déjà venir de loin; **2.** *(mit nachfolgender Zeitbestimmung)* dès; ▶ *~ damals* dès lors; *~ jetzt* dès maintenant; d'ores et déjà; *~ als Kind* dès mon enfance, tout enfant; *es ist ~ lange her* il y a (déjà) longtemps; **3.** *(gewiß, doch, wohl)* bien (sûr), certainement, sans doute; ▶ *~ oft* maintes (et maintes) fois; *~ wegen ...* ne serait-ce que pour ...; *ich weiß ~* je sais bien; *er wird ~ kommen* il viendra bien; *es wird ~ gehen* ça ira; *das mag ~ sein* cela *od* ça

se peut; *mach ~! (fam: eil dich!)* dépêche-toi! *wenn ~, denn ~!* s'il le faut, allons-y! ~ *gut!* ça va (bien); c'est bon; ça suffit; ~ *recht!* je veux bien; soit! d'accord! oui, oui! ~ *wieder* encore; **4.** *(mit nachfolgendem Art. u. s)* le, la seul(e) *od* simple ..., rien que le, la ...; ► ~ *der Gedanke daß* ... rien que de penser que ...

schön [ʃø:n] **I.** *a* beau; bien fait; *(hübsch)* joli; *(angenehm)* agréable; *iron* honnête; **II.** *adv* bien; *interj* bon! bien! soit! d'accord! *iron* parfait! ► *aufhören, wenn es am ~sten ist* rester sur la bonne bouche; ~ *malen, schreiben, singen (etc)* peindre, écrire, chanter *etc* bien; ~ *werden (Wetter)* se mettre au beau; *ich lasse ~ grüßen* bien des choses de ma part; *das werde ich ~ seinlassen* je m'en garderai bien; *es ist ~(es Wetter)* il fait beau (temps) *od* bon; *das ist ~ von dir* c'est bien de ta part; *das ist alles ganz ~* od *~ und gut, aber* ... tout cela est bel et bon *od* bien, mais ...; *das wäre noch ~er! (iron)* encore mieux! ah, par exemple! point de cela! *da haben wir uns was S~es eingebrockt! (fam)* nous nous sommes embarqués dans une belle affaire! *da haben Sie was S~es angerichtet!* vous avez fait là de la belle besogne *od* du beau travail! voilà un bel exploit! *bitte ~!* s'il vous plaît; *danke ~! ~en Dank!* merci beaucoup! merci bien! *das ist (ja) e-e ~e Geschichte!* en voilà une affaire! voilà un bel exploit! *etwas S~es (a.)* du gâteau; ~ *artig* od *brav* bien sage; *e-e ~e Summe* une belle somme d'argent; *~e (leere) Worte n pl* de belles paroles.

Schonbezug *m* ['ʃo:n-] *a. mot* housse *f.*

schonen 1. *tr* ménager, épargner; *(~d umgehen mit)* prendre soin de, soigner; *(rücksichtsvoll behandeln)* ménager, avoir des égards pour; **2.** *refl: sich ~* se ménager, ménager sa santé. **schonend I.** *a* plein d'égards; **II.** *adv* avec ménagements; ► ~ *behandeln* ménager.

Schoner *m* ‹-s,-› ['ʃo:nər] **I.** *mar* goélette *f,* schooner *m;* **II.** *(Decke)* housse *f.*

schönfärben['ʃø:n-] *tr fig* peindre en rose. **Schöngeist** *m (Person),* bel esprit *m.* **schöngeistig** *a* de bel esprit.

Schönheit *f* ‹-, -en› ['ʃønhaɪt] **1.** beauté *f;* **2.** *(schöne Frau)* beauté, belle *f.* **Schönheitschirurgie** *f* chirurgie *f* esthétique. **Schönheitsfehler** *m* (petit) défaut *m* d'aspect. **Schönheitspflästerchen** *n* mouche *f.* **Schönheitspflege** *f* soins *m pl* de beauté, esthétique; cosmétique *f,* visagisme *m.* **Schönheitssalon** *m* salon *m* de beauté. **Schönheitssinn** *m* sens du beau, goût *m.* **Schönheitswettbewerb** *m* concours *m* de beauté.

Schonkost *f* ['ʃo:n-] régime *m.*

schön=machen ['ʃø:n-] **1.** *itr (Hund)* faire le beau; **2.** *refl: sich ~* se parer, s'endimancher. **schön=schreiben** ‹*schrieb schön, schöngeschrieben*› *itr* calligraphier. **Schönschrift** *f* calligraphie *f.* **schön=tun** ‹*tut, tat schön, schöngetan*› minauder, faire le précieux (la précieuse) *od* le galant (la galante).

Schonung *f* ‹-, -en› ['ʃo:nʊŋ] **1.** *(ohne pl)* ménagement *m;* égards *m pl* (*gen* pour); **2.** *(Wald)* bois *m* en défen(d)s, jeune plantation *f.* **schonungslos** *a* sans ménagements; sans merci, impitoyable. **Schonzeit** *f* temps *m od* chasse *f* prohibé(e).

Schopf *m* ‹-(e)s, ¨-e› [ʃɔpf, 'ʃœpfə] *(Haarbüschel)* touffe *f* (de cheveux), toupet *m,* houppe *f;* ► *die Gelegenheit beim ~ ergreifen* od *fassen* saisir l'occasion par les cheveux, saisir la balle au bond.

schöpfen ['ʃœpfən] *tr* puiser (*aus* à, dans); ► *leer, voll ~* vider, remplir.

Schöpfer *m* ‹-s, -› *(Erschaffer)* créateur; auteur *m.* **schöpferisch** *a* créateur, producteur.

Schöpfkelle *f,* **Schöpflöffel** *m* louche *f,* pucheux *m.* **Schöpfrad** *n* roue *f* à godets.

Schöpfung *f* ‹-, (-en)› création *f.* **Schöpfungsgeschichte** *f (Bibel)* Genèse *f.*

Schoppen *m* ‹-s, -› ['ʃɔpən] chop(in)e *f.*

Schorf *m* ‹-(e)s, -e› [ʃɔrf] escarre, croûte *f.*

Schornstein *m* ‹-(e)s, -e› ['ʃɔrnʃtaɪn] cheminée *f; (Lokomotive)* tuyau *m.* **Schornsteinfeger** *m* ramoneur *m.*

Schoß *m* ‹-es, ¨-e› [ʃo:s, 'ʃø:sə] **1.** *fig* giron, sein; *(der Kirche a.)* bercail *m; (der Erde)* entrailles *f pl,* ventre *m;* **2.** *(Rock~)* basque *f,* pan *m;* ► *auf jds ~* sur les genoux de qn; *das ist ihm in den ~ gefallen (fig)* cela lui est tombé du ciel. **Schoßhund** *m* chien de manchon, bichon *m.*

Schößling *m* ‹-s, -e› ['ʃœslɪŋ] pousse *f,* jet, rejet(on) *m.*

Schote *f* ['ʃo:tə] ‹-, -n› *bot (Hülse)* cosse, gousse; *scient* silique *f; (erfundene Geschichte) fam* bateau *m.*

Schott [ʃɔt] *m* **(1)** ‹-s, -s› *(Salzsumpf)* chott *m;* **(2)** *n* ‹-(e)s, -e› *mar* cloison *f* (étanche).

Schotte *m* ‹-n, -n› ['ʃɔtə] Écossais *m.* **Schottenmuster** *n* écossais *m.*

Schotter *m* ‹-s, -› ['ʃɔtər] cailloutis *m,* pierraille *f;* pierres *f pl* concassées. **schottern** *tr (Straße)* empierrer.

Schottin *f* ‹-, -nen› ['ʃɔtɪn] Écossaise *f.* **schottisch** *a* écossais; d'Écosse. **Schottland** *n* l'Écosse *f.*

schraffieren [ʃra'fi:rən] ‹*ohne ge-*› *tr* hach(ur)er. **Schraffierung** *f,* **Schraffur** *f*

‹-, -en› [-ˈfuːr] (dessin *m* en) hachure(s *pl*) *f*.

schräg [ʃrɛːk] **I.** *a* oblique; diagonal; en biais, de *od* en biseau; *(schief, geneigt)* incliné; **II.** *adv* obliquement; diagonalement, en diagonale; de travers, de *od* en biais, en biseau, en écharpe; *(geneigt)* en talus; ▶ ~ *gegenüber* de l'autre côté, un peu plus loin. **Schrägstrich** *m* barre *f* oblique *od* de fraction.

Schramme *f* ‹-, -n› [ˈʃramə] *allg* rayure; *(in der Haut)* éraflure, égratignure *f*. **schrammen** *tr* rayer; érafler, égratigner.

Schrank *m* ‹-(e)s, ⸚e› [ʃraŋk, ˈʃrɛŋkə] *allg* armoire; *(Kleider~)* garde-robe *f*; *(Fächer~)* cabinet; *(Wand~)* placard; *(Geschirr~)* buffet *m*; *(Bücher~)* bibliothèque; *(Büro~)* armoire-classeur *f*.

Schranke *f* ‹-, -n› [ˈʃraŋkə] **1.** barrière; *(bes. Gerichts~)* barre *f*; **2.** *fig* borne, limite *f*; **3.** *pl (Turnierplatz)* lice *f*, champ *m* clos; ▶ *in die ~n fordern (fig)* provoquer; *in ~n halten (fig)* tenir dans les bornes; *jdm ~n setzen (fig)* imposer des limites à qn; *jdn in s-e ~n weisen (fig)* remettre qn à sa place. **schrankenlos** *a* illimité, sans limites *od* bornes; *(ungezügelt)* sans frein, effréné, déréglé. **Schrankenwärter** *m* garde-barrière, garde-voie *m*.

Schrapnell *n* ‹-s, -e/-s› [ʃrapˈnɛl] *mil* shrapnel *m*.

Schraubdeckel *m* [ˈʃraup-] couvercle *m* fileté. **Schraube** *f* ‹-, -n› [-bə] **1.** vis *f*; **2.** *mar aero* hélice *f*; ▶ *e-e ~ (fest) anziehen* serrer une vis (à fond); ~ *ohne Ende* vis *f* sans fin. **schrauben** *tr* visser; ▶ *fester* ~ serrer. **Schraubengewinde** *n* filet *m* de vis. **Schraubenmutter** *f* écrou *m*. **Schraubenschlüssel** *m* clé *f* à écrous. **Schraubenzieher** *m* tournevis *m*. **Schraubstock** *m* étau *m*. **Schraubzwinge** *f* serre-joint(s) *m*.

Schrebergarten *m* [ˈʃreːbər-] jardin *m* ouvrier.

Schreck *m* ‹-(e)s, -e(n)› [ʃrɛk] effroi *m*, frayeur *f*; = *~en*; ▶ *e-n ~ bekommen* s'effrayer, s'épouvanter; *jdm e-n ~ einjagen* faire peur à qn, effrayer qn. **Schrecken** *m* ‹-s, -› effroi *m*, frayeur, terreur; *(Entsetzen)* épouvante, horreur *f*; ▶ *mit dem ~ davonkommen* en être quitte pour la peur; *in ~ versetzen* effrayer. **schrecken** *tr* effrayer, effaroucher, épouvanter. **schreckenerregend** *a* effrayant, terrifiant. **Schreckensnachricht** *f* nouvelle *f* épouvantable *od* terrible *od* alarmante. **Schreckgespenst** *n* cauchemar, épouvantail, croque-mitaine *m*. **schreckhaft** *a* impressionnable; peureux, craintif. **schrecklich I.** *a* terrible, horrible, effroyable; *(entsetzlich)* épouvantable, affreux; **II.** *adv fam* terriblement, rudement, diablement; *(maßlos)* outrageusement; ▶ *wie ~!* quelle horreur! **Schreckschuß** *m* coup *m* tiré en l'air. **Schrecksekunde** *f* temps *m* de réaction.

Schrei *m* ‹-(e)s, -e› [ʃraɪ] cri; *(Hahn)* chant *m*; ▶ *e-n ~ ausstoßen* pousser *od* jeter un cri; *der letzte ~ (Mode)* le dernier cri.

Schreibblock *m* [ˈʃraɪb-] bloc-notes *m*.

schreiben [ˈʃraɪbən] ‹*schrieb, geschrieben*› *tr* **1.** écrire; **2.** *(auf~)* noter, mettre par écrit; *adm com a.* porter; *(Rechnung)* dresser, faire; *(Rezept)* formuler; *(verfassen)* écrire, composer; ▶ *auf der (Schreib-)Maschine ~* écrire *od* taper à la machine, dactylographier; *ins reine ~* écrire au propre, mettre au net; *man schrieb das Jahr 1429* c'était l'an 1429; *wie ~ Sie sich?* comment s'écrit votre nom? **Schreiben** *n (Brief)* lettre *f*, *com* courrier *m*; *(Schriftstück)* pièce *f*, écrit, document *m*; ▶ *Ihr geehrtes ~* votre honorée.

Schreiber *m* ‹-s, -› [ˈʃraɪbər] **1.** *(Beruf)* employé aux écritures; secrétaire; *pej* scribe; *(Ab~)* copiste; *(Gerichts~)* greffier *m*; **2.** *(Verfasser)* auteur; *(Graphologie)* scripteur *m*; **3.** *tech* (appareil) enregistreur *m*. **schreibfaul** *a* trop paresseux pour écrire. **Schreibfehler** *m* erreur *od* faute *f* d'écriture *od* de plume. **Schreibheft** *n* cahier *m*. **Schreibkraft** *f (Person)* dactylo(graphe) *m f*. **Schreibmappe** *f* sous-main *m*. **Schreibmaschine** *f* machine *f* à écrire. **Schreibpapier** *n* papier *m* à écrire. **Schreibpult** *n* bureau-pupitre *m*. **Schreibschrank** *m* secrétaire *m*. **Schreibtisch** *m* bureau *m*. **Schreibtischtäter** *m (a. hum)* criminel *m* passif. **Schreibung** *f* graphie *f*, graphisme, orthographe *m*. **Schreibunterlage** *f* sous-main *m*. **Schreibwarengeschäft** *n* papeterie *f*. **Schreibzeug** *n* écritoire *m*.

schreien [ˈʃraɪən] ‹*schrie, geschrien*› **1.** *itr* crier, pousser *od* jeter des cris, vociférer; *fam* brailler; *(dauernd)* criailler; *(herum~, pop)* gueuler; **2.** *tr (hinaus~)* clamer; ▶ *nach etw ~* réclamer qc à grands cris; *sich heiser ~* s'égosiller; *zum Himmel ~ (fig)* être révoltant. **schreiend** *a* **1.** criant; **2.** *(Farbe)* criard, tapageur; ▶ *eine ~e Ungerechtigkeit* une injustice criante. **Schreihals** *m fam* criard, braillard.

Schrein *m* ‹-(e)s, -e› [ʃraɪn] *(Reliquien~)* châsse *f*; *(Sarg)* cercueil *m*.

Schreiner *m* ‹-s, -› menuisier; *(Kunst~)* ébéniste *m*. **Schreinerei** *f* ‹-, -en› [-ˈraɪ] menuiserie; ébénisterie *f*. **schreinern** *itr* menuiser, faire de la menuiserie *od* de l'ébénisterie.

schreiten [ˈʃraɪtən] ‹*schreitet, schritt, ge-*

schritten) itr ‹sein› **1.** marcher; *(gemessen)* marcher à pas comptés; **2.** *fig (übergehen)* passer *od* procéder (*zu etw* à qc); ▶ *über etw* ~ franchir qc; *vorwärts* ~ avancer.
Schrift *f* ‹-, -en› [ʃrɪft] **1.** *allg* écriture; *(Hand~ a.)* main; *(~system)* graphie *f;* **2.** *typ* caractères *m pl,* lettres *f pl;* **3.** *(Literaturwerk)* écrit *m,* œuvre *f; (kleine ~)* opuscule; *(Abhandlung)* traité *m;* ▶ *die Heilige* ~ l'Écriture sainte, les saintes Écritures. **Schriftdeutsch** *n* allemand *m* littéraire. **Schriftenreihe** *f (Buchhandel)* collection *f.* **Schriftführer** *m* secrétaire *m.* **Schriftleiter** *m (e-r Zeitung)* rédacteur *m* en chef. **Schriftleitung** *f* rédaction *f.* **schriftlich I.** *a* écrit; **II.** *adv* par écrit; ▶ ~ *festhalten* od *niederlegen* mettre par écrit, consigner. **Schriftprobe** *f* épreuve *f od* spécimen *m* d'écriture. **Schriftsachverständige** *m f* expert en écritures, graphologue *m.* **Schriftsatz** *m* **1.** *typ* composition *f;* **2.** *adm jur* écriture *f,* mémoire *m.* **Schriftsetzer** *m typ* compositeur *m.* **Schriftsprache** *f* langue *f* littéraire *od* écrite. **Schriftsteller** *m* écrivain, homme *m* de lettres *od* de plume; *pl a.* gens *m pl* de lettres. **Schriftstellerin** *f* femme de lettres, femme *f* auteur. **Schriftstellername** *m* nom *m* de plume. **Schriftstück** *n* écrit *m,* pièce *f;* acte; document; papier *m;* ▶ *amtliches* ~ pièce *f* officielle. **Schriftwechsel** *m* correspondance *f,* échange *m* de lettres.
schrill [ʃrɪl] *a* aigu, strident, perçant.
Schritt *m* ‹-(e)s, -e› [ʃrɪt] **1.** pas *m; (großer)* enjambée *f;* **2.** *(Gangart)* allure *f;* **3.** *(Hose)* entrejambes *m;* **4.** *fig* pas *m,* démarche *f; pl (Tanz)* évolutions; *fig* démarches *f pl;* ▶ ~ *für* ~ pas à pas, pied à pied; *fig a.* de point en point; *gemessenen ~es* à pas comptés; *drei ~e von* à quatre pas de; *(im)* ~ *fahren, reiten* aller *od* avancer au pas; *jdm auf* ~ *und Tritt folgen* s'attacher *od* être attaché aux pas de qn, marcher sur les pas de qn; *mitea.* ~ *halten* marcher au même pas; *mit der Zeit* ~ *halten (a.)* être à la page; *s-e ~e lenken nach* diriger *od* porter ses pas vers, s'acheminer vers; *große ~e machen* marcher à grands pas *od* à grandes enjambées; *den ersten* ~ *tun (fig)* faire le premier pas; *e-n großen* ~ *vorwärts tun (a. fig)* faire un grand pas en avant; *~e unternehmen* faire des démarches. **Schrittmacher** *m* **1.** *sport* entraîneur *m;* **2.** *med* stimulateur *m* cardiaque; **3.** *fig (Bahnbrecher)* pionnier *m.* **Schritt(t)empo** *n:* ▶ *im* ~ au pas. **schrittweise** *adv* pas à pas, graduellement, par étapes.
schroff [ʃrɔf] **I.** *a* **1.** *(steil)* escarpé; *a. fig* raide, abrupt; **2.** *fig (barsch)* brusque, rude; **II.** *adv a.* avec raideur. **Schroffheit** *f* raideur; *fig* rudesse *f.*
schröpfen [ˈʃrœpfən] *tr* **1.** *med* scarifier; appliquer des ventouses à; **2.** *fig* plumer, saigner, écorcher, gruger.
Schrot *m* od *n* ‹-(e)s, -e› [ʃroːt] **1.** *agr* gruau; *fin* poids *m* de l'alliage; **2.** *(Flinten~)* menu plomb, plomb *m* de chasse, grenaille, dragée *f;* ▶ *ein Mann von altem* ~ *und Korn* un homme comme on n'en fait plus *od* de la vieille roche *od* de l'ancienne roche. **Schrotbrot** *n* pain *m* complet. **schroten** *tr (Getreide grob zerkleinern)* égruger; *allg* broyer, concasser. **Schrotflinte** *f* carabine *f* de chasse.
Schrott *m* ‹-(e)s, -e› [ʃrɔt] ferraille, mitraille *f,* déchet *m* de métal. **Schrotthändler** *m* marchand *m* de ferraille. **Schrottplatz** *m* parc *m* à ferraille. **Schrottwert** *m* valeur *f* résiduelle *od* de récupération.
schrubben [ˈʃrʊbən] *tr* frotter (avec un balai-brosse). **Schrubber** *m* ‹-s, -› balai-brosse *m.*
Schrulle *f* ‹-, -n› [ˈʃrʊlə] caprice *m,* lubie *f,* tic *m.* **schrullig** *a* lunatique, fantasque, bizarre.
schrumpfen [ˈʃrʊmpfən] *itr ‹sein›* se rétrécir, se contracter; se réduire, se resserrer; *(verkümmern)* se rabougrir. **Schrumpfung** *f* ‹-, -en› rétrécissement *m.*
Schub *m* ‹-(e)s, ¨-e› [ʃuːp, ˈʃyːbə] **1.** poussée *f a. arch;* **2.** *(Brot, a. fig)* fournée *f;* **3.** *(Rakete)* poussée, impulsion *f.* **Schubkarre(n** *m***)** *f* brouette *f.* **Schubkraft** *f aero* (puissance de) poussée *f.* **Schublade** *f* tiroir *m.* **Schubrakete** *f* fusée *f* d'assistance.
Schubs *m* ‹-es, -e› [ʃʊps] *dial (Stoß)* poussée *f.* **schubsen** *tr* pousser; bousculer.
schüchtern [ˈʃʏçtərn] *a* timide. **Schüchternheit** *f* ‹-, ø› timidité *f.*
Schuft *m* ‹-(e)s, -e› [ʃʊft] *pej* coquin *m,* canaille, crapule *f;* gredin *m.*
schuften *itr fam (schwer arbeiten)* travailler à bloc *od* comme un damné; *(fam)* bosser; *pop* boulonner, trimer. **Schufterei** *f* [-ˈraɪ] *fam (schwere Arbeit)* travail *m* de forçat, corvée *f.*
schuftig *a* coquin; vil, bas; *pop* vache.
Schuh *m* ‹-(e)s, -e› [ʃuː] **1.** chaussure *f,* soulier *m;* **2.** *tech* sabot, patin *m;* ▶ *die ~e an-, ausziehen* mettre, ôter ses chaussures; *jdm etw in die ~e schieben (fig)* mettre qc sur le dos *od* le compte de qn; *ich weiß, wo Sie der* ~ *drückt (fig)* je sais où le bât vous blesse. **Schuhanzieher** *m* chausse-pied *m.* **Schuhband** *n* ‹-(e)s, ¨-er› lacet *m.* **Schuhbürste** *f* brosse *f* à chaussures. **Schuhcreme** *f* cirage *m.* **Schuhge-**

schäft *n* magasin *m* de chaussures. **Schuhgröße** *f* pointure *f;* ▶ ~ *40 haben* chausser du 40; *welche* ~ *haben Sie?* quelle pointure faites-vous? **Schuhmacher** *m* cordonnier *m.* **Schuhmacherei** *f* cordonnerie *f.* **Schuhputzer** *m* cireur *m* (de chaussures). **Schuhschrank** *m* armoire *f* à chaussures. **Schuhsohle** *f* semelle *f.* **Schuhspanner** *m* embauchoir *m.* **Schuhwerk** *n* chaussures *f pl.*

Schukostecker *m* ['ʃu:ko-] *el* fiche *f* de sécurité.

Schulabgänger(in *f*) *m* ['ʃu:l-] jeune *m f* ayant terminé sa scolarité. **Schulalter** *n* âge *m* scolaire. **Schulanfang** *m* rentrée *f* des classes. **Schularbeit** *f* devoir *m.* **Schularzt** *m* médecin *m* scolaire *od* (chargé de l'inspection) des écoles. **Schulaufgabe** *f* devoir *m.* **Schulausflug** *m* excursion *f* scolaire. **Schulbank** *f* banc *m* d'école; ▶ *die* ~ *drükken* aller à l'école, aller *od* être en classe. **Schulbeispiel** *n* exemple *m* typique. **Schulberatung** *f* orientation *f* scolaire. **Schulbesuch** *m* fréquentation *f* scolaire *od* de l'école. **Schulbildung** *f* éducation *od* formation *f* scolaire; ▶ *e-e gute* ~ *haben* avoir fait de bonnes études. **Schulbuch** *n* livre *m* scolaire *od* de classe.

Schuld *f* ‹-, -en› [ʃult, '-dən] **1.** *fin* dette *f a. fig; pl (nur: fin)* dettes *f pl;* **2.** *(ohne pl) (Fehler)* faute *f; (Unrecht)* tort *m; jur* culpabilité *f;* ▶ *durch meine* ~ par ma faute; *ohne meine* ~ sans qu'il y ait faute de ma part; *s-e* ~ *eingestehen* avouer sa faute, dire *od* faire son mea-culpa; *s-e* ~*en bezahlen* payer ses dettes; *jdm s*~ *geben* attribuer la faute à qn; ~*en machen* faire *od* contracter des dettes; *die* ~ *auf sich nehmen* en prendre la responsabilité, s'imputer la faute; *an etw s*~ *sein* être la cause *od* responsable de qc; *bis an den Hals in* ~*en stecken* être accablé *od* criblé *od* perdu de dettes; *in jds* ~ *stehen* avoir des dettes, *fig* une dette de reconnaissance envers qn; *jdm die* ~ *an etw zuschieben* imputer à qn la faute de qc; *das ist meine* ~ c'est (de) ma faute. **schuldbewußt** *a* qui se sent coupable; *lit* conscient de sa culpabilité. **schulden** *tr* devoir (*jdm etw* qc à qn); être redevable (*jdm etw* à qn de qc). **Schuldenerlaß** *m* remise *f* de dette. **schuldenfrei** *a* exempt *od* quitte de dettes; *(Grundstück)* franc d'hypothèques. **Schuldentilgung** *f* amortissement *m* (des dettes). **Schuldforderung** *f* créance *f.* **Schuldfrage** *f* culpabilité *f.* **Schuldgefühl** *n* sentiment *m* de culpabilité. **schuldhaft** *a* coupable; fautif. **schuldig** *a* **1.** coupable; fautif; **2.** *(gebührend)* dû; ▶ *sich* ~ *bekennen* s'avouer *od* plaider coupable, dire *od* faire son mea-culpa; *die Antwort nicht* ~ *bleiben* être prompt à la riposte; riposter du tac au tac; *sich* ~ *fühlen* se sentir coupable *od* en défaut; ~ *sein* être en faute; *jdm etw* être redevable de qc à qn; devoir qc à qn, être en reste de qc avec qn; ~ *sprechen* déclarer coupable; *ich bin es ihm* ~ *zu* ... je lui dois de ...; *was bin ich Ihnen* ~? combien vous dois-je? **Schuldige** *m f* coupable *m f.* **Schuldigkeit** *f* ‹-, ø› devoir *m;* obligation *f;* ▶ *er hat nur s-e* ~ *getan* il n'a fait que son devoir. **schuldlos** *a* non coupable; innocent; ▶ ~ *geschieden* divorcé à son avantage. **Schuldlosigkeit** *f* ‹-, ø› innocence *f.* **Schuldner** *m* ‹-s, -› ['-dnər] débiteur *m.* **Schuldschein** *m* reconnaissance *f* de dette, titre *m* de créance.

Schule *f* ‹-, -n› ['ʃu:lə] **1.** *(Gebäude u. Unterricht)* école *f;* **2.** *(Unterricht)* classe *f;* **3.** *(Richtung in Kunst u. Wissenschaft)* école *f;* **4.** *(Lehrgang, System)* méthode *f;* **5.** *(Schwarm Fische)* banc *m;* ▶ *zur* ~ *gehen* aller à l'école; *(Schüler sein)* être en classe; ~ *haben* avoir classe; *in die* od *zur* ~ *kommen* entrer à l'école; ~ *machen (fig)* faire école; *aus der* ~ *plaudern (fig)* commettre une indiscrétion; *die* ~ *schwänzen* faire l'école buissonnière; *heute ist keine* ~ il n'y a pas classe aujourd'hui; *Hohe* ~ *(Reiten)* haute école *f; höhere* ~ école *f* secondaire.

schulen ['ʃu:lən] *tr* instruire, entraîner.

Schüler(in) *m* ‹-s, -› (*f* ‹-, -nen›) ['ʃy:lər] *allg* élève *m f; (e-r Schule, bes. im schulpflichtigen Alter)* écolier, ère; *(e-s städt. Gymnasiums)* collégien, ne; *(e-s staatl. Gymnasiums)* lycéen, ne; *(e-r École normale (Lehrerseminar)* normalien, ne *m f; (Jünger)* disciple *m.* **Schülerabholdienst** *m* ramassage *m* scolaire. **Schüleraustausch** *m* échange *m* scolaire *od* d'élèves. **Schülerschaft** *f* élèves; collégiens; lycéens *m pl.* **Schülerzeitung** *f* journal *m* des élèves.

Schulfach *n* ['ʃu:l-] matière *f* (enseignée). **Schulferien** *pl* vacances *f pl* scolaires. **Schulfernsehen** *n* télévision *f* scolaire. **schulfrei** *a:* ▶ ~ *haben* avoir congé, être en congé; ~*er Tag m* jour *m* de congé. **Schulfreund** *m* ami *m* de collège. **Schulfunk** *m* radio *f* scolaire. **Schulheft** *n* cahier *m* de classe *od* d'écolier. **Schulhof** *m* cour *f* (de l'école *od* de récréation), préau *m.* **schulisch** *a* scolaire. **Schuljahr** *n* année *f* scolaire. **Schulkamerad** *m* camarade *m* d'école. **Schulkenntnisse** *f pl* connaissances *f pl* scolaires. **Schulkind** *n* écolier, ère *m f.* **Schulklasse** *f* (*Raum:* salle de) classe *f.* **Schullandheim** *n* grande maison *f* hébergeant les élèves d'une classe pendant leur voyage de classe. **Schulleiter** *m* directeur *m* d'école. **schulmeisterlich** *a (pedantisch)* pédant(esque); *(hochtrabend)* sentencieux. **schulmeistern** *tr* régenter; *itr* faire la police. **Schulpflicht** *f* enseignement *m od* instruction obligatoire; obligation *f* scolaire. **schulpflichtig** *a:* ► *im ~en Alter* d'âge scolaire. **Schulrat** *m* inspecteur *m* de l'enseignement primaire. **Schulreform** *f* réforme *f* de l'enseignement *od* des études. *m.* **Schulschwänzen** *n* absentéisme *m* scolaire. **Schulschwänzer** *m* élève *m* qui sèche *(fam)* les cours. **Schulstunde** *f* leçon, classe *f.* **Schultasche** *f* cartable *m.*

Schulter *f* ‹-, -n› ['ʃʊltər] épaule *f;* ► *~ an ~* coude à coude, côte à côte; *jdn über die ~ ansehen* regarder qn par-dessus l'épaule *od* du haut de sa grandeur; *jdm auf die ~ klopfen* donner une tape *od* des coups sur l'épaule à qn; *etw auf die leichte ~ nehmen (fig)* prendre qc à la légère *od* par-dessus la jambe; *jdm die kalte ~ zeigen* tourner le dos, être en froid avec qn. **Schulterblatt** *n* omoplate *f.* **Schulterbreite** *f* largeur des épaules *od* du dos, carrure *f.* **Schulterklappe** *f mil* patte *f* d'épaule. **schultern** *tr* mettre sur l'épaule, épauler; ► *geschultert tragen (Gewehr)* porter sur l'épaule. **Schulterpolster** *n* épaulette *f.* **Schulterriemen** *m* bretelle *f,* baudrier *m,* bandoulière *f.* **Schulterschluß** *m* solidarité *f.* **Schulterstück** *n mil (e-s Offiziers)* épaulette *f.*

Schulung *f* ‹-, -en› ['ʃu:lʊŋ] instruction *f,* entraînement *m,* formation *f.* **Schulunterricht** *m* enseignement *m* scolaire, instruction *f* publique. **Schulweisheit** *f pej* connaissances *f pl* livresques, scolaires. **Schulwörterbuch** *n* dictionnaire *m* à l'usage des écoliers. **Schulzeit** *f* années *f pl* de scolarité. **Schulzeugnis** *n* certificat *m* d'études.

schummeln *itr* ['ʃʊməln] tricher.

schumm(e)rig ['ʃʊm(ə)rıç] *a* crépusculaire.

Schund *m* ‹-(e)s, ø› [ʃʊnt, '-dəs] *pej* rebut *m,* camelote, pacotille *f.*

schunkeln ['ʃʊŋkəln] *itr (schaukeln)* se balancer.

Schupo ['ʃu:po] *pop f* ‹-, ø› *(kurz für: Schutzpolizei) s. Schutzpolizei; m* ‹-s, -s› *(kurz für: Schutzpolizist)* agent de police; *pop* flic *m.*

Schuppe *f* ‹-, -n› ['ʃʊpə] **1.** écaille, squame *f;* **2.** *(Kopf~)* pellicule *f;* ► *es fiel mir wie ~n von den Augen* les écailles me sont tombées des yeux, mes yeux se dessillèrent.

Schuppen *m* ‹-s, -› ['ʃʊpən] hangar *m,* remise *f,* appentis *m;* ► *in den ~ stellen* remiser.

schuppen ['ʃʊpən] *tr (die Schuppen entfernen von)* écailler; *sich ~* se desquamer. **Schuppentier** *n* pangolin *m.* **schuppig** ['ʃʊpıç] *a* écailleux, squameux; couvert d'écailles.

Schur *f* ‹-, -en› [ʃu:r] *(Scheren der Schafe)* tonte *f.*

Schüreisen *n* ['ʃy:r-] pique-feu, tisonnier, attisoir, ringard, crochet *m* à feu. **schüren** *tr* tisonner; *a. fig* attiser, activer; *fig* fomenter, exciter.

schürfen ['ʃʏrfən] **1.** *tr (die Haut)* écorcher; *(den Boden)* érafler; **2.** *itr mines* prospecter (*nach etw* qc); fouiller. **Schürfung** *f* ‹-, -en› prospection *f.*

Schürhaken *m* ['ʃy:r-] = *Schüreisen.*

Schurke *m* ‹-n, -n› ['ʃʊrkə] fourbe *m,* crapule *f,* coquin, fripon *m.*

Schurwolle *f* ['ʃu:r-] laine *f* vierge; ► *reine ~* pure laine vierge.

Schurz *m* ‹-es, -e› [ʃʊrts] *(Lenden~)* pagne *m.*

Schürze *f* ‹-, -n› ['ʃʏrtsə] tablier *m.* **schürzen** *tr* **1.** *(aufbinden)* (re)trousser, relever; **2.** *(schlingen)* nouer; *(Knoten)* faire. **Schürzenjäger** *m* coureur (de filles *od* de jupons), homme à femmes, dragueur *m.*

Schuß *m* ‹-sses, ¨sse› [ʃʊs, 'ʃʏsə] **1.** coup (de feu); *(Gewehr-, Kanonen~)* coup *m* (de fusil, de canon); *(Ladung)* charge *f;* **2.** *(Fußball)* tir, shoot *m;* **3.** *(Weberei)* trame *f;* **4.** *(Getränkezusatz)* coup, doigt *m;* **5.** *(plötzliches, schnelles Wachstum)* pousse *f;* ► *weit vom ~ (fig)* loin du danger *od* du but; *e-n ~ abgeben* tirer un coup; *er ist keinen ~ Pulver wert* il ne vaut pas la corde pour le pendre; *gut in ~ (fam)* en bon état. **schußbereit** *a* prêt à tirer *od* à faire feu.

Schüssel *f* ‹-, -n› ['ʃʏsəl] plat *m; (Napf)* écuelle; *(randlose)* jatte; *(tiefe)* terrine *f.*

Schußfahrt *f* ['ʃʊs-] *(Schi)* descente *f* schuss. **Schußlinie** *f* ligne *f* de tir *od* de site. **Schußrichtung** *f* axe *od* sens *m* de tir. **Schußwaffe** *f* arme *f* à feu. **Schußweite** *f* portée *f;* ► *außer ~* hors de portée *od fig* d'atteinte; *in ~* à portée. **Schußwunde** *f* blessure *f* par balle.

Schuster *m* ‹-s, -› ['ʃu:stər] cordonnier; *(Flick~)* savetier *m;* ► *~, bleib bei deinem Leisten!* (à) chacun son métier! **schustern** **1.** *itr* faire le métier de cordonnier; réparer *od* raccommoder les chaussures; **2.** *tr fig fam (verfertigen)* bâcler, saboter.

Schutt *m* ‹-(e)s, ø› [ʃʊt] **1.** *(Geröll; Trümmer)* débris *m pl;* **2.** *(Geröll, Abraum)* éboulis *m; (Bau~)* décombres, déblais; *(Bau~, bes. Gips~)* gravats, gravois *m pl;* ► *in ~ und Asche legen* réduire en cendres. **Schuttabladen** *n:* ► ~ *verboten!* défense de déposer des ordures. **Schuttabladeplatz** *m* dépôt *m* d'ordures, décharge *f* (publique).

Schüttelfrost *m* ['ʃʏtəl-] frissons *m pl* (de fièvre). **Schüttelkrampf** *m med* spasme *m*. **schütteln** *tr* secouer, agiter, remuer, branler; ► *den Kopf* ~ hocher la tête; *etw aus dem Ärmel* ~ improviser *od* faire obtenir qc sans difficulté *od* en un tournemain; *jdm die Hand* ~ serrer la main à qn; *vor Gebrauch* ~ agiter avant l'emploi *od* de s'en servir.

schütten *tr (gießen, ver~)* verser; *(ausstreuen)* répandre; *(auf~)* jeter; ► *es schüttet (regnet stark)* il pleut à verse.

schütter *a (von Haar)* clairsemé.

Schutthalde *f* ['ʃʊt-] éboulis, crassier *m*. **Schutthaufen** *m* tas *m* de décombres.

Schutz *m* ‹-es, ø› [ʃʊts] **1.** protection, (sauve)garde, tutelle; *(~herrschaft)* égide *f*, patronage *m;* **2.** *(Verteidigung)* défense; *(Erhaltung)* garantie, préservation *f;* **3.** *(Zuflucht)* abri, refuge, asile *m;* ► *im ~e der Nacht* od *Dunkelheit* à la faveur de la nuit; *jdn in ~ nehmen* défendre qn; ~ *suchen* se réfugier (*bei* chez *od* auprès de); chercher abri (*vor* contre). **Schutzanzug** *m* vêtement *m* de protection. **schutzbedürftig** *a* qui a besoin de protection. **Schutzblech** *n (am Fahrrad)* garde-boue *m*. **Schutzbrief** *m* sauf-conduit *m; mot* assurance *f* automobile complémentaire. **Schutzbrille** *f* lunettes *f pl* protectrices. **Schutzdach** *n* auvent, abri *m*.

Schütze *m* ‹-n, -n› ['ʃʏtsə] *(Schießender)* tireur; ► *der ~ (astr)* le Sagittaire.

schützen ['ʃʏtsən] *tr* protéger (*vor* de, contre); prémunir (*vor* contre); préserver, abriter, garantir (*vor* de); sauvegarder; ► *gesetzlich geschützt* protégé par la loi. **schützend** *a* protecteur.

Schützenfest *n* ['ʃʏtsən-] fête *f od* concours *m* de tir.

Schutzengel *m* ['ʃʊts-] ange *m* gardien.

Schützengraben *m* ['ʃʏtsən-] tranchée *f* (de tir). **Schützenkette** *f* ligne *f* de tirailleurs.

Schutzfarbe *f* ['ʃʊts-] *(Rostschutzfarbe)* peinture *f* anticorrosive. **Schutzfärbung** *f zoo* mimétisme *m*. **Schutzfrist** *f (für geistiges Eigentum)* délai *m* de protection. **Schutzgebiet** *n pol* protectorat *m*. **Schutzgebühr** *f* participation *f* aux frais d'envoi. **Schutzgeld** *n* redevance *f* à la mafia. **Schutzgitter** *n* grillage *od* treillis *m* de protection; grille *f* protectrice. **Schutzhaft** *f* détention *f* par mesure de sécurité. **Schutzheilige** *m f* patron(ne *f*) *m*. **Schutzherr** *m* protecteur, patron *m*. **Schutzherrschaft** *f pol* protectorat; *adm* patronage *m*. **Schutzhülle** *f* enveloppe *f* protectrice, emballage *m* de protection; housse *f; (Buch)* couvre-livre *m*. **Schutzhütte** *f* abri, refuge *m*. **Schutzimpfung** *f* vaccination *f* préventive *od* prophylactique. **Schutzkontakt** *m el* contact *m* de sûreté.

Schützling *m* ‹-s, -e› ['ʃʏtslɪŋ] protégé(e *f*) *m*.

schutzlos ['ʃʊts-] *a* sans protection, sans abri. **Schutzmacht** *f* puissance *f* protectrice *od* tutélaire. **Schutzmann** *m* ‹-(e)s, -männer/-leute› *(vx)* sergent *m* de ville. **Schutzmarke** *f com* marque *f* déposée. **Schutzmaßnahme** *f* mesure *f* de protection *od* de sauvegarde. **Schutzmittel** *n* produit protecteur; (moyen *m* de) prémunition *f*, préservateur; *med* préservatif *m*. **Schutzpolizei** *f* police (municipale), sûreté *f*. **Schutzraum** *m (Luft~)* abri *m* (antiaérien). **Schutzumschlag** *m* couverture de protection; *(e-s Buches)* jaquette *f;* ► *in* ~ sous jaquette. **Schutzvorrichtung** *f* dispositif de protection, appareil *m* protecteur. **Schutzwall** *m* rempart *m*. **Schutzzoll** *m* droit *m* protecteur. **Schutzzollpolitik** *f*, **Schutzzollsystem** *n* protectionnisme *m*.

Schwabe *m* ‹-n, -n› ['ʃva:bə] Souabe *m*. **Schwaben** *n* la Souabe. **Schwäbin** *f* Souabe *f*. **schwäbisch** *a* souabe, de Souabe; ► *die S~e Alb* le Jura souabe *m*.

schwach [ʃvax] ‹*schwächer, schwächst*› *a* **1.** *allg* faible *a. fig;* **2.** *(Körper a.)* chétif, frêle; *(kränklich)* débile; *(Gesundheit)* fragile, délicat, précaire; *(Puls)* faible; *(Gedächtnis)* infidèle; **3.** *(Getränk: dünn) a.* léger; *(Jahrgang)* creux; **4.** *(machtlos)* impuissant; ► *schwächer werden* s'affaiblir, s'amortir; *(Licht a.)* se dégrader; *die wirtschaftlich S~en m pl* les économiquement faibles *m pl; die ~e Stelle (fig)* le point faible, le défaut de la cuirasse.

Schwäche *f* ‹-, -n› ['ʃvɛçə] *(vgl. schwach)* **1.** faiblesse *f;* **2.** débilité; *a. fig* fragilité, infirmité *f;* **3.** *(Machtlosigkeit)* impuissance *f;* **4.** *(Vorliebe)* ► *eine ~ haben für (fam)* avoir un faible pour. **Schwächeanfall** *m* défaillance *f*. **schwächen** *tr* **1.** affaiblir, débiliter, exténuer; aveulir; **2.** *(ab~, vermindern)* amoindrir, diminuer, réduire.

Schwachheit *f* ‹-, -en› ['ʃvax-] faiblesse *f fig*. **Schwachkopf** *m pej* esprit faible, imbécile *m*. **schwachköpfig** *a* faible d'esprit, imbécile.

schwächlich ['ʃvɛçlɪç] *a* faible, chétif, frêle; *(kränklich)* débile, malingre; *(Kind: zurückgeblieben)* déficient; *fam* faiblard. **Schwächlichkeit** *f* ‹-, ø› faiblesse, débilité *f*. **Schwächling** *m* ‹-s, -e› *pej* faible, gringalet, homme *m* débile *od* sans énergie *od* sans caractère.

Schwachsinn *m* ['ʃvax-] débilité (mentale), imbécillité *f*. **schwachsinnig** *a* faible d'esprit, mentalement diminué, imbécile. **Schwachsinnige** *m f* ‹-n, -n› faible *m f* d'esprit, diminué(e *f*) *m* mental(e); imbécile *m f*. **Schwachstelle** *f* point *m* faible. **Schwachstrom** *m* ‹-(e)s, ø› *el* courant *m* à basse tension *od* faible *od* lumière.

Schwächung *f* ‹-, -en› ['ʃvɛçʊŋ] **1.** affaiblissement *m*, débilitation, exténuation *f*, aveulissement *m*; **2.** amoindrissement *m*, diminution; atténuation *f*.

Schwadron *f* ‹-, -en› [ʃva'dro:n] *mil hist* escadron *m*.

Schwager *m* ‹-s, ⸚› ['ʃva:-, 'ʃvɛ:gər] beau-frère *m*. **Schwägerin** *f* ‹-, -nen› ['ʃvɛ:gərɪn] belle-sœur *f*.

Schwalbe *f* ‹-, -n› ['ʃvalbə] hirondelle *f*; ▶ *e-e ~ macht noch keinen Sommer* une hirondelle ne fait pas le printemps. **Schwalbennest** *n* nid *m* d'hirondelle.

Schwall *m* ‹-(e)s, -e› [ʃval] *(Woge, Guß)* vague *f*; *a. fig (Wort~)* flot *m*.

Schwamm *m* ‹-(e)s, ⸚e› [ʃvam, 'ʃvɛmə] **1.** *(zoo* u. *Gebrauchsgegenstand)* éponge *f*; **2.** *(Feuer~)* amadou *m*; **3.** *dial (Pilz)* champignon *m*; **4.** *med (Geschwulst)* fongus *m*; ▶ *~ drüber! (fig)* passons l'éponge là-dessus! tirons le rideau! **schwammig** *a* spongieux; *(weich)* cotonneux; *fig* vague.

Schwan *m* ‹-(e)s, ⸚e› [ʃva:n, 'ʃvɛ:nə] *orn* cygne *m*.

schwanen ['ʃva:nən] *itr impers*: ▶ *mir schwant, daß* j'ai un vague pressentiment que; *mir schwant nichts Gutes* je ne présage *od* je n'augure rien de bon.

schwanger ['ʃvaŋər] *a* enceinte; ▶ *~ werden* tomber enceinte. **Schwangere** *f* ‹-n, -n› femme *f* enceinte.

schwängern ['ʃvɛŋərn] *tr* rendre enceinte, engrosser, féconder; *geschwängert pp fig* imprégné, saturé (*mit* de).

Schwangerschaft *f* ‹-, -en› ['ʃvaŋərʃaft] grossesse; maternité *f*. **Schwangerschaftsabbruch** *m* interruption *f* de grossesse, avortement *m* thérapeutique. **Schwangerschaftsbeihilfe** *f* allocation *f* prénatale. **Schwangerschaftstest** *m* test *m* de grossesse. **Schwangerschaftsunterbrechung** *f* interruption *f* de grossesse. **Schwangerschaftsverhütung** *f* contraception *f*.

Schwank *m* ‹-(e)s, ⸚e› [ʃvaŋk, 'ʃvɛŋkə] **1.** *(Spaß)* bouffonnerie, facétie *f*; **2.** *theat* facétie, farce *f*.

schwanken ['ʃvaŋkən] *itr* **1.** chanceler, branler, balancer, vaciller, osciller; **2.** *fig (Sache, a. Preise)* fluctuer, varier; **3.** *(unentschlossen sein)* chanceler, être indécis; *(zögern)* hésiter. **Schwanken** *n* **1.** chancellement, branlement, balancement, vacillement *m*, oscillation *f*; **2.** fluctuation, variation *f*; **3.** *(d. Preise, a.)* incertitude; indécision, irrésolution; hésitation *f*. **schwankend** *a* **1.** chancelant, branlant, vacillant; **2.** *fig* fluctuant; *(wechselnd)* variable; *(unsicher)* incertain; **3.** *(unentschlossen)* indécis, irrésolu; *(zögernd)* hésitant. **Schwankung** *f* ‹-, -en› *fig* fluctuation, oscillation, variation.

Schwanz *m* ‹-es, ⸚e› [ʃvants, 'ʃvɛntsə] queue *f a. fig*; ▶ *mit dem ~ wedeln* agiter *od* remuer la queue.

schwänzeln ['ʃvɛntsəln] *itr (schöntun)* se pavaner, faire le beau.

schwänzen *tr (fernbleiben von)* sécher *pop*; ▶ *die Schule ~* faire l'école buissonnière.

Schwarm *m* ‹-(e)s, ⸚e› [ʃvarm, 'ʃvɛrmə] *ent (Hautflügler), a. fig* essaim; *(Heuschrecken)* vol *m*, nuée; *orn* volée *f*; *(Fische)* banc *m*; *(Menschen)* bande, troupe, foule, nuée, ribambelle *f*; ▶ *das ist mein ~* j'en ai le béguin, j'en suis entiché.

schwärmen ['ʃvɛrmən] *itr* **1.** ‹*sein*› *ent* essaimer, jeter (un essaim); *mil* se déployer en tirailleurs; **2.** ‹*h*› *fig (begeistert sein)* être enthousiasmé *od* passionné *od* emballé (*für* pour); être engoué *od* entiché, avoir le béguin (*für* de). **Schwärmer** *m* ‹-s, -› **1.** enthousiaste, exalté *m*; **2.** *ent* sphinx *m*; **3.** *(Feuerwerk)* fusée *f* courante, serpenteau *m*. **Schwärmerei** *f* ‹-, -en› [-'raɪ] enthousiasme *m*, exaltation *f*; engouement, emballement, raffolement, entichement *m*. **schwärmerisch** *a* enthousiaste, romanesque; exalté.

Schwarte *f* ‹-, -n› ['ʃva:rtə] **1.** *(dicke Haut)* couenne *f*; **2.** *fam pej (altes Buch)* vieux bouquin *m*.

schwarz [ʃvarts] **I.** *a* **1.** noir; **2.** *fig (dunkel, trübe) a.* sombre, triste; *(böse, teuflisch)* infernal; **II.** *adv fig (heimlich, unerlaubt, unberechtigt)* clandestinement, en fraude; sans billet, sans permis; ▶ *in S~ (Trauer)* en noir, vêtu de noir; *~ auf weiß* noir sur blanc, par écrit; *~ werden* se noircir; *es wurde mir ~ vor den Augen* j'en ai vu trente-six *od* mille chandelles; *das S~e Brett* le tableau d'affichage; *die ~e Liste* la liste noire; *das S~e Meer* la mer Noire; *~er Tag m (fig)* jour *m* funeste *od* néfaste *od* de malheur. **Schwarzafrika** *n* l'Afrique *f* Noire. **schwarzafrikanisch** *a* d'Afrique noire, négro-africain. **Schwarzarbeit** *f* travail *m* noir. **Schwarzarbeiter** *m* travailleur *m* au noir. **schwarzbraun** *a* tête-de-nègre. **Schwarzbrot** *n* pain *m* noir *od* bis. **Schwarze** *m f (Neger(in))* noir(e *f*) *m*.

Schwärze *f* ‹-, (-n)› ['ʃvɛrtsə] noir *m*, noirceur; *(schwarzer Fleck)* noircissure *f*; *(Farbstoff)* noir *m*. **schwärzen** *tr* noircir; *(mit Kohle)* charbonner; *typ* encrer.

schwarzfahren ['ʃvarts-] ‹*fährt, fuhr schwarz, schwarzgefahren*› *itr* ‹*sein*› *loc* voyager sans billet; *fam* resquiller. **Schwarzfahrer** *m* voyageur sans billet, voyageur en situation irrégulière *adm*, resquilleur *fam; mot* conducteur *m* sans permis. **schwarzhaarig** *a* aux cheveux noirs. **Schwarzhandel** *m* commerce clandestin *od* illicite, marché *m* noir. **Schwarzhändler** *m* marchand interlope, trafiquant *m* du marché noir.

schwärzlich ['ʃvɛrtslɪç] *a* noirâtre; tirant sur le noir.

Schwarzmarkt *m* ['ʃvarts-] marché *m* noir. **schwarz=sehen** ‹*sieht, sah schwarz, schwarzgesehen*› *itr* **1.** *(Pessimist sein)* voir tout en noir, être pessimiste; **2.** *TV fam* resquiller; ► *ich sehe schwarz* je ne suis pas très optimiste. **Schwarzseher** *m* **1.** mauvais esprit, pessimiste *m;* **2.** *TV fam* resquilleur *m.* **Schwarzsender** *m* émetteur *m* clandestin; radio *f* pirate. **Schwarzwald,** *der* la Forêt-Noire. **schwarzweiß** *a* (en) noir et blanc; **Schwarzweißfoto(grafie** *f***)** *n* photo(graphie) *f* (en) noir et blanc. **Schwarzwild** *n* sangliers *m pl.* **Schwarzwurzel** *f bot* salsifis *m* (noir), scorsonère *f.*

Schwatz *m* ‹-es, -e› [ʃvats] *fam (Geplauder)* causette, bavette *f.* **schwatzen** *itr* bavarder, babiller, jaser, jaboter.

Schwätzer(in) *m* ‹-s, -› (*f* ‹-, -nen›) ['ʃvɛtsər(ɪn)] *pej* bavard(e *f*) *m;* jaseur *m*, -euse *f.*

schwatzhaft ['ʃvatshaft] *a (geschwätzig)* bavard, verbeux; loquace; *(indiskret)* indiscret. **Schwatzhaftigkeit** *f* ‹-, ø› loquacité, verbosité; indiscrétion *f.*

Schwebe *f* ‹-, ø› ['ʃveːbə] *(Gleichgewicht)* balance *f;* ► *in der* ~ en balance, suspendu; *fig* en suspens, dans l'incertitude, sans solution, pendant. **Schwebebahn** *f* chemin *m* de fer aérien *od* suspendu. **Schwebebalken** *m (Turngerät)* poutre *f.* **Schwebebühne** *f tech* échafaudage *m* volant. **schweben** *itr* **1.** *orn, ent, aero, fig* planer; **2.** *fig (in der Schwebe sein)* être pendant *od* en suspens; ► *in Gefahr* ~ être en danger; *es schwebt mir vor Augen* je l'ai devant les yeux. **schwebend** *a* **1.** planant; **2.** *fig* pendant, en suspens.

Schwede *m* ‹-n, -n› ['ʃveːdə] Suédois *m.* **Schweden** *n* la Suède. **Schwedin** *f* ‹-, -nen› Suédoise *f.* **schwedisch** *a* suédois, de Suède; ► *(das) S~(e) n* le suédois.

Schwefel *m* ‹-s, ø› ['ʃveːfəl] soufre *m.* **schwefelhaltig** *a* sulfureux. **schwefeln** *tr* soufrer; *(Faß)* mécher. **Schwefelquelle** *f* source *f* sulfureuse; *pl a.* eaux *f pl* sulfureuses. **Schwefelsäure** *f* acide *m* sulfurique. **Schwefelwasserstoff** *m* acide sulfhydrique, hydrogène *m* sulfuré.

Schweif *m* ‹-(e)s, -e› [ʃvaɪf] *lit poet (Schwanz)* queue *f, a. astr (e-s Kometen).*

schweifen ['ʃvaɪfən] *itr* ‹*sein*› *(wandern, irren)* vagabonder, divaguer; *(Tier)* errer, vaguer; *fig (Gedanken)* vaguer, vagabonder; ► ~ *lassen (Blick)* promener; *(Gedanken)* laisser errer.

Schweigegeld *n* ['ʃvaɪgə-] pot-de-vin *m.* **Schweigemarsch** *m* marche *od* manifestation *f* silencieuse. **Schweigeminute** *f* minute *f* de silence *od* de recueillement. **schweigen** ‹*schwieg, geschwiegen*› *itr* se taire (*von* od *über* sur); observer *od* garder le silence (*von* od *über* sur); ► *ganz zu* ~ *von* ... sans parler de ..., sans compter ...; ~ *können* être maître de sa langue; *die Waffen* ~ les armes se sont tues. **Schweigen** *n* silence, mutisme *m;* ► *das* ~ *brechen* rompre le silence; *jdn zum* ~ *bringen* réduire qn au silence, faire taire qn; *a.* museler qn; *sich in* ~ *hüllen* se renfermer dans le silence. **schweigend** **I.** *a* silencieux; **II.** *adv* silencieusement, en silence. **Schweigepflicht** *f:* ► *ärztliche* ~ secret *m* médical. **schweigsam** ['-kzaːm] *a* silencieux, taciturne; *(verschwiegen)* discret. **Schweigsamkeit** *f* ‹-, ø› taciturnité *f;* mutisme, silence *m.*

Schwein *n* ‹-(e)s, -e› [ʃvaɪn] **1.** *a. fig vulg pej* cochon; **2.** *(bes. Fleisch)* porc *m;* **3.** *fig pej* goret, saligaud *m;* **4.** *fig pop (Glück)* veine, chance *f;* ► *kein* ~ *(vulg: niemand)* personne; ~ *haben (fam)* avoir de la veine, être verni. **Schweinebestand** *m* cheptel *m* porcin. **Schweinebraten** *m* rôti *m* de porc. **Schweinefett** *n* graisse *f* de porc; *(ausgelassen)* saindoux *m.* **Schweinefleisch** *n* (viande *f* de) porc *m.* **Schweinefutter** *n* **1.** nourriture *f* pour cochons *od* porcs; **2.** *fig* mangeaille *f,* rata *m.* **Schweinehund** *m pej* (peau de) vache *f.* **Schweinerei** *f* ‹-, -en› [-'raɪ] *pop (Unsauberkeit)* cochonnerie, saleté; *(Übelstand)* crasse, rosserie, saloperie; *(Zote)* saloperie, obscénité *f.* **Schweineschmalz** *n* saindoux *m.* **Schweinestall** *m* **1.** étable *f* à porcs; **2.** *fig pej* porcherie; bauge *f;* ► *das ist (ja) ein* ~*!* c'est une vraie écurie! **Schweinsborste** *f* soie *f* de porc *od* de sanglier. **Schweinsleder** *n* peau *f od* cuir *m* de porc.

Schweiß *m* ‹-es, (-e)› [ʃvaɪs] **1.** sueur; transpiration; *(leichter)* moiteur; *(Pferd)* écume *f;* **2.** *(an Gefäßen, Wänden, Scheiben)* buée *f;* ► *im* ~*e seines Angesichts (fig)* à la sueur de son front;

der ~ trat mir auf die Stirn la sueur perla sur mon front; *wie in ~ gebadet* baigné *od* trempé de sueur, en nage, tout en sueur *od* en eau. **Schweißausbruch** *m physiol* sueurs *f pl.* **schweißbedeckt** *a* couvert de sueur. **Schweißbrenner** *m tech* chalumeau *m* oxhydrique. **Schweißdrüse** *f anat* glande *f* sudoripare. **schweißen** *tr tech* souder. **Schweißen** *n* soudage *m*, soudure *f.* **Schweißfüße** *m pl:* ▶ *~ haben* transpirer des pieds. **Schweißstelle** *f tech* soudure *f.* **schweißtreibend** *a pharm* sudorifique; ▶ *~es Mittel n* sudorifique *m.* **schweißtriefend** *a* ruisselant de sueur. **Schweißtropfen** *m* goutte *f* de sueur.

Schweiz, *die* [ʃvaɪts] la Suisse; ▶ *die deutsche, französische ~* la Suisse alémanique, romande. **Schweizer I.** *m* ⟨-s, -⟩ **1.** Suisse *m;* **2.** *(Türhüter)* suisse *m;* **3.** *(Melker)* vacher *m;* **II.** *a* suisse, de Suisse; ▶ *~ Käse m* (fromage de) gruyère* *m.* **Schweizerin** *f* ⟨-, -nen⟩ Suissesse *f.* **schweizerisch** *a* suisse, de Suisse; helvétique.

Schwelbrand *m* ['ʃve:l-] feu *m* couvant. **schwelen** ['ʃve:lən] **1.** *itr* brûler sans flamme, se consumer lentement; *a. fig* couver; **2.** *tr tech* (faire) brûler lentement.

schwelgen ['ʃvɛlgən] *itr (prassen)* faire bombance *od* ripaille; ▶ *in etw ~* nager dans qc; *fig* s'enivrer, se griser de qc. **Schwelgerei** *f* ⟨-, -en⟩ [-'raɪ] goguette, débauche, orgie *f.* **schwelgerisch** *a* voluptueux.

Schwelle *f* ⟨-, -n⟩ ['ʃvɛlə] **1.** *(Tür~)* seuil *a. fig* u. *psych;* pas *m* (de porte); **2.** *loc* traverse, bille *f;*

schwellen ['ʃvɛlən] **1.** ⟨*schwillt, schwoll, geschwollen*⟩ *itr* ⟨*sein*⟩ s'enfler, (se) gonfler; *(die Brust)* se dilater; *med* se tuméfier; *(Gewässer)* croître, être en crue; **2.** ⟨*schwellte, geschwellt*⟩ *tr* ⟨*h*⟩ (faire) enfler *od* gonfler; dilater; ▶ *ihm schwillt der Kamm (fig)* il a la tête enflée; *(fam)* il ne se sent plus.

Schwellenangst *f* appréhension *f.* **Schwellenland** *n* pays *m* du seuil. **Schwellenwert** *m scient* valeur-seuil *f.*

Schwellkörper *m anat* corps *m* érectile. **Schwellung** *f* ⟨-, -en⟩ gonflement *m;* enflure; *med* tuméfaction *f.*

Schwemme *f* ⟨-, -n⟩ ['ʃvɛmə] *(fürs Vieh)* abreuvoir, gué *m.* **schwemmen** *tr (spülen)* rincer *od* laver à grande eau. **Schwemmland** *n* terrains *m pl* alluviaux *od* d'alluvions.

Schwengel *m* ⟨-s, -⟩ ['ʃvɛŋəl] *(Pumpe)* balancier, bras *m.*

schwenkbar ['ʃvɛŋk-] *a* orientable, tournant, basculant, pivotant, à pivot, articulé. **schwenken** *tr* ⟨*h*⟩ **1.** *(hin u. her bewegen, bes. Hut, Taschentuch, Fahne)* agiter; *(schwingen)* brandir; **2.** *(Küche)* faire sauter; **3.** *tech (drehen)* tourner, pivoter, orienter; *itr* ⟨*sein*⟩ **4.** basculer, changer *od* faire un changement de direction, tourner; *mil* converser; **5.** *fig* opérer un revirement. **Schwenkung** *f* ⟨-, -en⟩ **1.** *mil* changement *m* de direction, conversion *f;* **2.** *a. fig* volte-face *f; fig* changement d'opinion; revirement *m.*

schwer [ʃve:r] **I.** *a* **1.** *(von großem Gewicht)* lourd, pesant; *(Last)* pondéreux; **2.** *(massig)* massif; *(plump, ~fällig)* massif, lourdaud, engourdi; **3.** *agr (Boden)* gras; **4.** *(~ verdaulich)* lourd, difficile à digérer, d'une digestion difficile, indigeste; **5.** *(zu Kopf steigend)* fort, corsé, profond, capiteux; *(Tabak)* fort; *(Zunge)* épais; **6.** *(Krankheit)* grave; *(Strafe)* sévère, rigoureux; **7.** *(schwierig)* difficile, ardu; *(beschwerlich)* dur, pénible, malaisé; *(ermüdend)* fatigant; **8.** *(bedeutend, groß)* gros, grand, important; **II.** *adv* **1.** *(mühselig)* durement, laborieusement, péniblement; **2.** *(streng)* sévèrement, rigoureusement; *(ernstlich)* gravement, serieusement; **3.** *fam (sehr)* très, fort; *(viel)* beaucoup (de); ▶ *~ arbeiten* travailler dur; *~ aufgehen (Tür, Behälter)* être dur à ouvrir; *S~es durchmachen* passer par de rudes épreuves; *es (sehr) ~ haben* avoir (bien) du mal; en voir de dures; *pop* en baver; *es jdm, jdm das Leben ~ machen* rendre *od* mener la vie dure à qn; *zwei Zentner ~ sein* peser 1 quintal; *das ist nicht (so) ~ (a.)* ce n'est pas malin *od* le diable; *~er Fehler m* faute *f* grave; *~e Sünde f* gros péché *m; ~es Verbrechen n* grand crime *m.* **Schwerarbeit** *f* travail *m* pénible. **Schwerarbeiter** *m* travailleur *m* de force. **Schwerathletik** *f (Gewichtheben)* haltérophilie *f,* poids et haltères *pl.* **Schwerbeschädigte** *m f* grand mutilé *m.* **schwerbewaffnet** *a* armé jusqu'aux dents; *mil* muni d'armement lourd. **Schwere** *f* ⟨-, ø⟩ **1.** *(Gewicht)* poids *m,* pesanteur; *phys* gravité *f; med (in d. Beinen)* lourdeurs *f pl;* **2.** *fig (Wichtigkeit, Ernst, a. e-r Krankheit)* gravité; *(e-r Strafe)* sévérité, rigueur; *(e-s Verbrechens)* atrocité *f.* **schwerelos** *a* sans poids *od* pesanteur. **Schwerelosigkeit** *f* ⟨-, ø⟩ apesanteur, non-pesanteur, agravité, impondérabilité *f.* **Schwerenöter** *m* ⟨-s, -⟩ [-nø:tər] *fam vx* coureur, homme à femmes; galant *m.* **schwer=fallen** ⟨*fällt, fiel schwer, schwergefallen*⟩ *itr impers* ⟨*sein*⟩*:* ▶ *jdm ~* donner beaucoup de peine, être pénible, coûter à qn; *es fällt mir ~ zu ...* j'ai du mal à ... **schwerfällig** *a* (d'esprit) lourd, lourdaud, pesant, épais, engourdi; *(Stil)* lourd. **Schwer-**

fälligkeit *f* ⟨-, ø⟩ lourdeur, pesanteur, épaisseur *f*. **Schwergewicht** *n* **1.** *sport* poids *m* lourd; **2.** *fig (Nachdruck):* ► *das ~ liegt auf...* l'accent est mis sur ... **Schwergewichtler** *m* ⟨-s, -⟩ *sport* poids *m* lourd. **schwerhörig** *a* dur d'oreille; ► *~ sein (a.)* avoir l'oreille dure, entendre dur. **Schwerhörigkeit** *f* ⟨-, ø⟩ dureté *f* d'oreille. **Schwerindustrie** *f* industrie *f* lourde *od* métallurgique. **Schwerkraft** *f* ⟨-, ø⟩ *phys* gravité, (force de) pesanteur *f*. **Schwerkriegsbeschädigte** *m* grand mutilé *m* de guerre. **schwerlich** *adv* difficilement, avec *od* à peine. **Schwermetall** *n* métal *m* lourd. **Schwermut** *f* ⟨-, ø⟩ humeur sombre, tristesse, mélancolie; *bes. med* hypocondrie *f*. **schwermütig** *a* sombre, triste, mélancolique; hypocondriaque. **schwer=nehmen** ⟨*nimmt, nahm schwer, schwergenommen*⟩ *tr* prendre au sérieux; ► *nehmen Sie es nicht so ~!* ne vous en faites pas. **Schwerpunkt** *m* **1.** *phys* centre *m* de gravité *a. fig;* **2.** *fig* point capital; élément *m* central *od* essentiel. **schwerreich** *a fam* richissime.

Schwert *n* ⟨-(e)s, -er⟩ [ʃve:rt] épée *f; lit u. fig* glaive *m*. **Schwertfisch** *m* espadon *m*. **Schwertlilie** *f* iris *m*.

Schwerverbrecher *m* ['ʃve:r-] grand criminel *m*. **schwerverdaulich** *a* indigeste, d'une digestion difficile. **schwerverletzt** *a* grièvement blessé. **schwerwiegend** *a (entscheidend)* grave.

Schwester *f* ⟨-, -n⟩ ['ʃvɛstər] **1.** *a. rel* sœur *f;* **2.** *(Kranken~)* infirmière; *rel* religieuse *f*. **Schwesterfirma** *f* firme *f* associée.

Schwiegereltern *pl* ['ʃvi:gər-] beaux-parents *m pl*. **Schwiegermutter** *f* belle-mère *f*. **Schwiegersohn** *m* gendre, beau-fils *m*. **Schwiegertochter** *f* belle-fille, bru *f*. **Schwiegervater** *m* beau-père *m*.

Schwiele *f* ⟨-, -n⟩ ['ʃvi:lə] durillon, cal *m*, callosité *f*. **schwielig** *a* calleux.

schwierig ['ʃvi:rɪç] *a* **1.** *(schwer zu tun)* difficile; *fam* difficultueux; *(mühevoll)* pénible, ardu; *(lästig)* malaisé; *(heikel)* délicat; *(strittig)* épineux; **2.** *(Mensch)* difficile; *(anspruchsvoll)* exigeant. **Schwierigkeit** *f* ⟨-, -en⟩ difficulté *f*, *pl a.* embarras, ennui(s *pl*) *m; (Hindernisse)* obstacles *m pl;* ► *~en bereiten od machen* faire *od* élever *od* soulever *od* entraîner des difficultés; *auf ~en stoßen* se cogner *od* se heurter à *od* rencontrer des difficultés *od* des obstacles, trouver des pierres sur son chemin.

Schwimmbad *n* ['ʃvɪm-] piscine *f*. **Schwimmbagger** *m* bateau *m* dragueur, drague *f*. **Schwimmbassin** *n*, **Schwimmbecken** *n* piscine *f*. **Schwimmdock** *n* dock *od* bassin *m* (de radoub) flottant. **schwimmen** ⟨*schwamm, geschwommen*⟩ *itr* ⟨*sein*⟩ **1.** nager; **2.** *(treiben)* flotter, voguer; **3.** *fig (unsicher sein)* flotter, nager; ► *über e-n Fluß ~* traverser une rivière à la nage; *auf dem Rücken, auf der Seite ~* nager sur le dos, à l'indienne; *~ gehen* aller se baigner. **Schwimmen** *n* nage, natation *f*. **schwimmend I.** *a* flottant; **II.** *adv* à la nage. **Schwimmer** *m* ⟨-s, -⟩ **1.** *(Mensch)* nageur *m;* **2.** *tech* flotteur *m*. **Schwimmhaut** *f zoo (zwischen den Zehen)* palmure *f*. **Schwimmlehrer** *m* moniteur *m* de natation. **Schwimmring** *m* bouée *f*. **Schwimmsport** *m* natation *f*. **Schwimmweste** *f* gilet *m od* jaquette *f* de sauvetage.

Schwindel *m* ⟨-s, -⟩ ['ʃvɪndəl] **1.** *med* vertige, étourdissement, éblouissement *m;* **2.** *fig (Lüge)* mensonge(s *pl*) *m*, boniments *m pl; (Bluff, Irreführung)* bluff *m*, blague *f*, bobard, truquage *m;* fumisterie, duperie *f; (propagandistischer)* bourrage *m* de crâne; *(Betrug)* imposture, supercherie *f;* ► *den ~ kennen* connaître le truc. **Schwindelanfall** *m* accès de vertige, étourdissement *m;* ► *e-n ~ haben* être pris d'un vertige. **schwindelerregend** *a* vertigineux. **schwindelfrei** *a* exempt de vertige, (qui n'est) pas sujet au vertige. **schwindelig** *a* pris de vertige; *(der Anlage nach)* sujet au vertige. **schwindeln** *itr* **1.** *impers:* ► *mir schwindelt* j'ai le vertige, la tête me tourne; **2.** *(lügen)* mentir; *(bluffen)* bluffer, *fam* blaguer. **schwindelnd** *a* vertigineux.

schwinden ['ʃvɪndən] ⟨*schwindet, schwand, geschwunden*⟩ *itr* ⟨*sein*⟩ **1.** *(kleiner od geringer werden, zs.-schrumpfen, abnehmen)* s'amoindrir, décroître, diminuer (progressivement), se réduire; *(schwächer werden, nachlassen, a.)* s'atténuer; **2.** *(dahin~, vergehen)* dépérir, passer, s'effacer, s'éclipser, disparaître, cesser d'être; *(sich verlieren, bes. Ton)* se perdre, s'évanouir, mourir. **Schwinden** *n:* ► *im ~ begriffen* en voie de déclin.

Schwindler *m* ⟨-s, -⟩ ['ʃvɪndlər] *(Lügner)* menteur; *(Bluffer)* bluffeur; bourreur de crâne; *(Betrüger)* dupeur, trompeur; escroc; *(Hochstapler)* aigrefin, chevalier d'industrie, imposteur *m*.

Schwindsucht *f* ⟨-, ø⟩ ['ʃvɪnt-] phtisie, consomption *f*. **schwindsüchtig** *a* phtisique, poitrinaire.

Schwinge *f* ⟨-, -n⟩ ['ʃvɪŋə] *poet (Vogelflügel)* u. *fig* aile *f*. **schwingen** ⟨*schwang, geschwungen*⟩ *tr* **1.** brandir, agiter; **2.** *(Getreide)* vanner; *(Hanf, Flachs)* t(e)iller; *itr* **3.** osciller, basculer; **4.** *(Saite)* vibrer. **Schwingung** *f* ⟨-, -en⟩ oscillation *f*, mouvement *m* oscillatoire *od* de va-et-vient; vibration *f;* ▶ *in ~en versetzen* faire osciller *od* vibrer; mettre en branle.

Schwips *m* ⟨-es, -e⟩ [ʃvɪps] ▶ *kleiner ~ (fam)* griserie, pointe *f* de vin; *e-n ~ haben* être pompette *od* éméché.

schwirren ['ʃvɪrən] *itr* ⟨*sein*⟩ *(surren)* bruire, frémir, siffler; *(Insekt)* bourdonner.

Schwitzbad *n* ['ʃvɪts-] bain *m* de vapeur. **schwitzen** *itr* **1.** suer, transpirer; **2.** *(glatte Fläche)* suinter, ressuer, être couvert de buée; ▶ *sehr* od *stark ~* être en sueur *od* en nage. **Schwitzen** *n* transpiration; *med* sudation *f.*

schwören ['ʃvø:rən] ⟨*schwor, geschworen*⟩ **1.** *itr* jurer (*bei* par); prêter serment; **2.** *tr* jurer, affirmer *od* promettre sous la foi du *od* par serment; ▶ *auf jdn* od *etw (fam)* ne jurer que par qn *od* qc; *jdm Treue ~* jurer fidélité à qn; *hoch und heilig ~* jurer ses grands dieux; *ich möchte darauf ~, daß ...* je jurerais que ...

schwul [ʃvu:l] *a fam* homosexuel.

schwül [ʃvy:l] *a* lourd, étouffant, suffocant, accablant; ▶ *es ist ~* il fait lourd. **Schwüle** *f* ⟨-, ø⟩ lourdeur, chaleur *f* étouffante *od* accablante.

Schwulität *f* ⟨-, -en⟩ [-li'tɛ:t] *fam (Verlegenheit)* gêne *f*, embarras *m.*

Schwulst *m* ⟨-(e)s, ⸚e⟩ [ʃvʊlst, 'ʃvʏlstə] *(Stil: Aufgeblasenheit)* enflure, boursouflure *f.*

schwülstig ['ʃvʏlstɪç] *a* enflé, boursouflé, bouffi, ampoulé, emphatique.

Schwund *m* ⟨-(e)s, ø⟩ [ʃvʊnt, '-dəs] **1.** *(Schrumpfung)* rétrécissement *m; (Abnahme)* diminution *f;* **2.** *(Verfall)* dépérissement *m; med* atrophie *f;* **3.** *tele radio* évanouissement; *radio* fading *m;* **4.** *com* déchet *m* de route.

Schwung *m* ⟨-(e)s, ⸚e⟩ [ʃvʊŋ, 'ʃvʏŋə] **1.** élan *m*, lancée *f; (Bewegung)* branle; *(Skiläufer)* virage *m*, boucle *f;* **2.** *(ohne pl) fig* élan, allant, envol(ée *f*), entrain *m*, fougue, verve *f;* **3.** *(fam) (Briefe)* masse *f*, tas *m;* ▶ *in ~* en train, en verve; *jdn in ~ bringen* mettre qn en train; *etw in ~ bringen* mettre qc en branle; *fig* donner un essor à qc; *in ~ kommen* se mettre en branle; *fig* prendre son essor, démarrer. **Schwungfeder** *f orn* penne, rémige, tectrice *f.* **schwunghaft** *a (Handel)* florissant. **Schwungrad** *n* volant *m.* **schwungvoll** *a* plein d'élan *od* d'entrain *od* de verve; *(Musik a.)* plein de brio.

Schwur *m* ⟨-(e)s, ⸚e⟩ [ʃvu:r, 'ʃvy:rə] serment; *(Gelübde)* vœu *m;* ▶ *e-n ~ tun* faire un serment. **Schwurgericht** *n* cour *f* d'assises; jury *m* criminel.

SDI *f (meist ohne Artikel)* IDS *f* (initiative *f* de défense stratégique). **SDI-Abkommen** *n* accord *m* sur IDS. **SDI-Projekt** *n* projet *m* IDS. **SDI-Weltraumprogramm** *n* programme *m* spatial IDS.

sechs [zɛks] *(Zahlwort)* six. **Sechs** *f* ⟨-, -en⟩ six *m.* **Sechseck** *n* hexagone *m.* **sechsfach** *a* sextuple. **sechshundert** *a* six cent(s). **sechsjährig** *a* (âgé) de six ans. **sechsmal** *adv* six fois. **Sechstagerennen** *n* course *f* de six jours, six-jours *m pl.* **sechste** *a* sixième. **Sechstel** *n* ⟨-s, -⟩ sixième *m.* **sechstens** *adv* sixièmement.

sechzehn ['zɛç-] *Zahlw.* seize. **sechzehnte** *a* seizième. **Sechzehntel** *n* ⟨-s, -⟩ seizième *m.* **Sechzehntelnote** *f mus* double croche *f.* **Sechzehntelpause** *f mus* quart *m* de soupir.

sechzig ['zɛçtsɪç] soixante; ▶ *etwa ~ (...)* une soixantaine (de). **Sechzig** *f* ⟨-, ø⟩ soixante *m.* **Sechziger** *m* ⟨-s, -⟩ sexagénaire *m.* **sechzigjährig** *a* sexagénaire. **sechzigste** *a* soixantième. **Sechzigstel** *n* ⟨-s, -⟩ soixantième *m.*

See [ze:] **1.** *m* ⟨-s, -n⟩ *(Land~)* lac *m;* **2.** *f* ⟨-, ø⟩ mer *f*, océan *m;* ▶ *an der ~* au bord de la mer; *auf ~* en *od* sur mer; *auf hoher, offener ~* en haute, pleine mer; *an die ~ gehen* od *reisen* aller à la mer; *in ~ gehen* od *stechen* prendre la mer, appareiller; *bewegte ~* mer *f* agitée; *glatte* od *ruhige ~* mer *f* calme; *schwere ~* mer *f* énorme; *spiegelglatte ~* mer *f* d'huile. **Seeadler** *m* orfraie, huard *m.* **Seebad** *n* bain *m* de mer; *(Ort)* station *f* balnéaire. **Seebadekur** *f* cure *f* marine. **Seebär** *m:* ▶ *(alter) ~ (fig: Seemann)* loup *m* de mer. **Seebeben** *n* raz-de-marée *m.* **See-Elefant** *m* éléphant *m* de mer. **Seefahrer** *m* marin, navigateur *m.* **Seefahrt** *f* navigation (maritime); *(einzelne)* promenade *f od* voyage *m* en mer. **Seefisch** *m* poisson *m* de mer; *pl com* marée *f.* **Seeflieger** *m* aviateur *m* maritime. **Seefrachtbrief** *m* connaissement *m.* **Seegang** *m* mouvement *m* de la mer; ▶ *hoher ~* grosse mer, mer *f* forte. **Seegefecht** *n* combat *m* naval. **Seegras** *n* zostère *f; com* crin *m* végétal. **seegrün** *a* vert de mer *od* d'eau, céladon *inv.* **Seehafen** *m* port *m* de mer. **Seehandel** *m* commerce *m* maritime. **Seeherrschaft** *f* empire *m od* maîtrise des mers, suprématie *f* maritime. **Seehund** *m* phoque, veau *m* marin. **Seeigel** *m* oursin *m.* **Seekarte** *f* carte *f* marine *od* nautique. **Seeklima** *n* climat *m* maritime. **seekrank** *a:* ▶ *~ sein* avoir le mal de mer. **Seekrankheit** *f* mal *m* de mer. **Seekrieg** *m* guerre *f* navale *od* maritime. **Seekuh** *f* vache *f* marine, lamantin *m.* **Seelachs** *m zoo* colin *m.*

Seele *f* ⟨-, -n⟩ ['ze:lə] **1.** *(a. e-r Geige, e-s Schußwaffenrohrs, fig)* âme *f;* **2.** *fig*

(Gefühl) cœur, sentiment *m;* **3.** *(e-s Unternehmens)* âme *f,* animateur *m;* ► *mit ganzer ~* de toute mon, ton *etc* âme; *jdm etw auf die ~ binden (fam)* mettre qc sur la conscience de qn; *das ist mir aus der ~ gesprochen* je ne saurais mieux dire; *es war keine lebende ~ zu sehen* il n'y avait âme qui vive *od fam* pas un chat; *er (sie) ist eine ~ von einem Menschen* c'est la crème des hommes; *e-e treue ~* une bonne âme, un cœur d'or, une bonne pâte d'homme.

Seelenangst *f* ['ze:lən-] angoisse *f.* **Seelenheilkunde** *f* psychothérapie *f.* **Seelenkunde** *f* psychologie *f.* **Seelenleben** *n* psychisme *m scient.* **Seelenmassage** *f fam* paroles *f pl* réconfortantes. **Seelenruhe** *f* tranquillité *f* d'âme; ► *in aller ~ (fam a.)* sans se démonter. **seelenvergnügt** *a fam* gai comme un pinson. **Seelenwanderung** *f* métempsycose *f.*

Seeleute ['ze:-] *(pl von: ~mann)* gens *m pl* de mer.

seelisch ['ze:lɪʃ] *a* psychique; de l'âme; moral; ► *~ bedingt* psychogène.

Seelöwe *m* ['ze:-] *zoo* lion *m* marin *od* de mer, otarie *f* (à crinière).

Seelsorge *f* ['ze:l-] charge *f* d'âmes, gouvernement *m* des âmes, direction *f* de conscience. **Seelsorger** *m* directeur de conscience, père *m* spirituel.

Seeluft *f* ['ze:-] air *m* marin *od* maritime *od* de la mer. **Seemacht** *f* puissance *f* maritime *od* navale. **Seemann** *m* ‹-(e)s, -leute› marin, matelot *m.* **Seemannsgarn** *n:* ► *~ spinnen* débiter une *od* des histoire(s). **Seemeile** *f* mille *m* marin. **Seenot** *f* détresse *f* (en mer); ► *in ~ (befindlich)* en perdition, en péril. **Seenotruf** *m (SOS)* appel *m* de détresse. **Seenplatte** *f geog* plateau *m* parsemé de petits lacs. **Seepferdchen** *n (Fisch)* hippocampe *m.* **Seeräuber** *m* pirate, corsaire, flibustier, forban; écumeur *m* de(s) mer(s). **Seeräuberei** *f* piraterie *f.* **Seeräuberschiff** *n* corsaire *m.* **Seerecht** *n* droit *m* maritime. **Seereise** *f* voyage *m* sur mer. **Seerose** *f bot* nénuphar *m; zoo* anémone de mer, actinie *f.* **Seeschaden** *m* avarie *f,* sinistre *m* en mer. **Seeschiffahrt** *f* navigation maritime, marine *f.* **Seeschlacht** *f* bataille *f* navale. **Seeschlange** *f* serpent *m* de mer; hydre *f.* **Seestern** *m zoo* étoile de mer, astérie *f.* **Seestreitkräfte** *f pl* forces *f pl* navales, marine *f.* **seetüchtig** *a (Schiff)* navigable, en état de prendre *od* tenir la mer; ► *~ sein* tenir la mer. **Seevögel** *m pl* oiseaux *m pl* de mer. **Seewarte** *f* observatoire *m* maritime. **Seeweg** *m* route *od* voie *f od* parcours *m* maritime; ► *auf dem ~e* par voie maritime, par mer. **Seewind** *m* vent *m* de mer *od* du large. **Seezunge** *f (Fisch)* sole *f.*

Segel *n* ‹-s, -ø› ['ze:gəl] voile, toile *f;* ► *mit vollen ~n (a. fig)* à pleines *od* toutes voiles; *jdm den Wind aus den ~n nehmen (fig)* couper l'herbe sous le pied de qn, paralyser qn; *die ~ setzen* mettre les voiles; *die ~ streichen* amener les voiles; *fig fam* baisser pavillon; *vor jdm (fig)* mettre bas le pavillon devant qn. **Segelboot** *n* bateau *m* à voiles. **segelfliegen** *itr (nur inf)* faire du vol à voile. **Segelfliegen** *n,* **Segelfliegerei** *f,* **Segelflug** *m* vol *m* à voile. **Segelflugzeug** *n* planeur *m.* **Segeljacht** *f* yacht *m* à voile(s). **Segelklub** *m* yachting-club *m.* **segeln** *itr* ‹*sein*› **1.** faire voile *od* route (*nach* pour *od* vers); **2.** *(zur See fahren)* naviguer; **3.** *sport* faire de la voile *od* du yachting; ► *gegen den Wind ~* aller contre le vent, avoir le vent debout; *mit dem Wind ~* aller selon le vent; *vor dem Wind ~* faire vent arrière. **Segelregatta** *f* régate *f* de voiliers. **Segelschiff** *n* voilier, bateau *od* navire *m* à voiles. **Segelsport** *m* yachting *m.* **Segeltuch** *n* toile *f* à voile(s), canevas *m.*

Segen *m* ‹-s, -› ['ze:gən] **1.** *(gesprochener)* bénédiction *f; (Gebet vor Tisch)* bénédicité *m;* **2.** *(göttl. Gnade, ~ d. Himmels)* grâce *od* faveur (divine), baraka *f;* ► *jdm, e-r S s-n ~ geben (fam)* se déclarer *od* être d'accord avec qn, qc. **segenbringend** *a* heureux. **segensreich** *a* **1.** *(gesegnet)* béni; **2.** *(wohltätig)* bienfaisant.

Segler *m* ‹-s, -› ['ze:glər] **1.** *(Segelschiff)* voilier *m;* **2.** *sport (Person)* yachtman *m.*

Segment *n* ‹-(e)s, -e› [zɛ'gmɛnt] *math* segment *m.*

segnen ['ze:gnən] *tr* bénir, donner la bénédiction à; ► *mit etw gesegnet sein* être doté *od* comblé de qc. **Segnung** *f* ‹-, -en› **1.** bénédiction *f;* **2.** *(Wohltat)* bienfait *m.*

sehbehindert *a* malvoyant, e.

sehen ['ze:ən] ‹*sieht, sah, gesehen*› *tr* **1.** *allg* voir *a. fig;* **2.** *(anschauen)* regarder; **3.** *(wahrnehmen)* (s')apercevoir (de), remarquer, observer; *(erkennen)* reconnaître; **4.** *(ein~)* voir, saisir, comprendre; **5.** *(erleben)* vivre, connaître; **6.** *(im Auge haben)* voir, avoir en vue; *itr* **7.** voir; ► *gut, schlecht ~* avoir une bonne, mauvaise vue; **8.** *(schauen)* avoir les yeux fixés (*auf* sur); **9.** *(sich kümmern um)* veiller (*nach* à), prendre soin (*nach* de); *(sich bemühen)* tâcher (*daß* ... de *inf*); ► *jdm ins Gesicht ~* regarder qn en face; *gern, ungern ~* voir d'un bon, mauvais œil; *jdn kommen ~* voir venir qn; *sich nicht satt ~ können an* ne pas se lasser de regarder; *in die Zukunft ~* prévoir l'avenir; *~ lassen* laisser *od* faire voir, *a.* laisser à découvert; montrer; *sich ~ lassen* se faire voir, se montrer, faire acte de présence; *sich ~ lassen können* pouvoir se montrer, être présentable; *gern ge~ sein (fig)* être bien vu (*bei jdm* de qn); *ich muß mal ~* je demande à voir; *da siehst du* tu vois maintenant; *Sie haben sich lange nicht ~ lassen* on ne vous a pas vu depuis longtemps; *das sieht man* cela se voit; il y paraît; *wie man sieht* à ce qu'on voit; évidemment; *das sehe ich kommen!* je vois le moment où cela arrive; *das möchte ich doch mal ~!* je voudrais bien voir cela; *wir werden ja ~!* on verra bien; *wir wollen mal ~! (fam)* allons voir! *das wollen wir (doch einmal) ~!* c'est ce qu'il faudra voir! *sieh (mal)!* tiens! *sieh mal (einer) an!* tiens, tiens! voyez-moi cela! à la bonne heure! *siehe oben* voir ci-dessus; *sieht man Sie auch mal wieder!* quelle surprise de vous voir! *wenn man ihn (so) sieht* à le voir. **Sehen** *n* vue, vision *f;* ► *(jdn) vom ~ (kennen)* (connaître qn) de vue. **sehenswert** *a* curieux, remarquable, intéressant. **Sehenswürdigkeit** *f* curiosité *f.*

Seher(in) *m* ‹-s, -› (*f* ‹-, -nen›) ['ze:ər] voyant, e; visionnaire *m f;* prophète *m,* prophétesse *f.* **Seherblick** *m* regard *m* prophétique. **Sehergabe** *f* instinct *m* divinateur, seconde *od* double vue *f.*

Sehfehler *m* ['ze:-] *(Zustand)* défaut *m* visuel *od* de vision. **Sehkraft** *f* faculté(s *pl*) *f* visuelle(s).

Sehne *f* ‹-, -n› ['ze:nə] **1.** *anat* tendon *m;* **2.** *math* corde *f.*

sehnen, *sich* ['ze:nən] aspirer (*nach* à), soupirer (*nach* après), avoir la nostalgie (*nach* de), regretter (*nach* acc); ► *ich sehne mich danach zu ..., daß ...* je languis, il me tarde de ... *od* que *subj.*

Sehnerv *m* ['ze:-] nerf *m* optique.

sehnig ['ze:nıç] *a* **1.** tendineux; **2.** *fig (nervig, kraftvoll)* nerveux.

sehnlich ['ze:nlıç] *a* ardent; impatient; *adv u.* **sehnlichst** *adv* ardemment, avec ferveur; impatiemment. **Sehnsucht** *f* ‹-, ¨e› langueur, ardeur; aspiration (*nach* à), nostalgie *f (nach* de*);* désir *m* ardent (*nach* de); ► *mit ~* avec impatience; *vor ~ nach jdm, nach etw vergehen (a.)* mourir d'envie de qn, de qc. **sehnsüchtig** *a,* **sehnsuchtsvoll** *a* langoureux, nostalgique; plein *od* consumé de désir.

sehr [ze:r] *adv (bei a u. adv)* très, fort, bien; *lit* du dernier; *(bei v)* fort, beaucoup, grandement, vivement; ► *wie ~* combien; *wie ~ auch* si fort ... que; *zu ~* trop; *~ bald* sous peu, bientôt; *~ viel* beaucoup; *(vor s)* bien de *mit best. Art.; so ~* tant, tellement; *so ~ auch* tout ... que; *so~ du auch suchst* tu as beau chercher; *sich ~ freuen* se réjouir vivement; *bitte ~!* s'il vous plaît, je vous en prie.

Sehschärfe *f* ['ze:-] acuité *f* visuelle. **Sehvermögen** *n* capacité *od* faculté(s *pl*) *od* aptitude *f* visuelle(s). **Sehweite** *f* distance *f* visuelle. **Sehwinkel** *m* angle *m* visuel.

seicht [zaıçt] *a* **1.** *(Wasser)* peu profond, bas; **2.** *fig* plat, superficiel, fade, insipide.

Seide *f* ‹-, -n› ['zaıdə] soie *f;* ► *reine ~* pure soie *f.*

Seidel *n* ‹-s, -› ['zaıdəl] *(Bierglas)* chope *f.*

Seidelbast *m* ['zaıdəl-] *bot* sainbois *m.*

seiden ['zaıdən] *a* de *od* en soie. **Seidenindustrie** *f* industrie *f* de la soie *od* soyère. **Seidenraupe** *f* ver à soie; *dial* magnan *m.* **Seidenraupenzucht** *f* sériciculture, magnanerie *f.* **Seidenwaren** *f pl* soieries *f pl.* **seidenweich** *a,* **seidig** *a* soyeux.

Seife *f* ‹-, -n› ['zaıfə] savon *m; (Toiletten~)* savonnette *f;* ► *Stück n, Riegel m ~* pain *m* de savon. **seifen** *tr* savonner. **Seifenblase** *f* bulle de savon *a. fig; fig a.* fumée *f.* **Seifenfabrik** *f* savonnerie *f.* **Seifenlauge** *f* lessive *f.* **Seifenpulver** *n* poudre *f* de savon. **Seifenschale** *f* porte-savon *m.* **Seifenspender** *m (Gerät)* distributeur *m* de savon. **Seifenwasser** *n* eau *f* savonneuse *od* de savon.

seihen ['zaıən] *tr (durch ein Siebtuch filtern)* passer (à l'étamine), filtrer; *(Flüssigkeit)* couler.

Seil *n* ‹-(e)s, -e› [zaıl] corde *f,* cordage; *(starkes)* câble *m.* **Seilbahn** *f* (chemin de fer) funiculaire *m.* **Seiler** *m* ‹-s, -› cordier *m.* **Seilerwaren** *f pl* cordages *m pl,* corderie *f.* **Seilfähre** *f* traille *f.* **Seilhüpfen** *n* saut *m* à la corde. **Seilschaft** *f. (Bergsteiger)* cordée *f.* **Seilschwebebahn** *f* téléphérique, téléférique *m.* **Seiltänzer** *m* danseur de corde, funambule *m.*

sein [zaın] **(1)** ‹*ist, war, gewesen*› *v itr* ‹*sein*› être; *(existieren)* exister; *(sich befinden)* se trouver; *(stattfinden)* avoir lieu; ► *20 Jahre alt ~* avoir 20 ans; *hinter jdm her ~* être aux trousses *od* sur le dos de qn; *ich bin es* od *bin's* c'est moi; *hier, da bin ich* me voici, me voilà; *mir ist kalt* j'ai froid; *mir ist, als ob ...* j'ai le sentiment *od* l'impression que ...; *das ist (d. i.)* c'est-à-dire; *das mag* od *kann ~* c'est possible; cela se peut; *das ist nichts für Sie* cela ne vous vaut rien; *es ist lange her* il y a longtemps; *es ist kalt, warm* il fait froid, chaud; *es waren viele Menschen da* il y avait beaucoup de monde; *es ist schön(es Wetter)* il fait beau (temps); *es ist Winter* c'est l'hiver; *so ist's* od *ist es* il en est ainsi; c'est cela; vous y êtes; vous l'avez dit; *2 und 2 ist 4*

2 et 2 font 4; *als wenn* od *wie wenn* od *als ob nichts (geschehen) wäre* comme si de rien n'était; *beinahe wäre ich ...* j'ai failli *inf; da dies* od *dem so ist* cela étant; *sei es ..., sei es ...* soit ..., soit ...; *es sei denn(, daß ...)* à moins de *od* que ... ne *subj,* si ce n'est que *subj; es könnte sehr wohl ~, daß ...* il pourrait bien se faire que ...; *wenn das* od *dem so ist* s'il en est ainsi; *wie dem auch sei* quoi qu'il en soit; de toute façon; *sind Sie es?* est-ce (bien) vous? c'est vous? *was ist (mit) Ihnen?* qu'avez-vous? qu'est-ce que vous avez? qu'est-ce qui vous prend? *was ist das?* qu'est-ce que c'est (que cela)? qu'est-ce? *wer ist das?* qui est-ce? *wie wäre es, wenn ...?* que diriez-vous si ...?; *laß es ~!* laisse-le! *laß es gut ~!* ne t'en fais pas! *das ist es ja gerade!* voilà justement pourquoi; *das wäre was! (fam)* parlez-moi de ça! *es sei!* soit! passe! *so sei es!* ainsi soit-il! *sei es auch noch so wenig* tant soit peu; *das ist noch gar nichts! (fam)* tout ça n'est encore rien. **Sein** *n* ⟨-s, ø⟩ être *m; (Da~)* existence; *(Wesen)* essence *f.*

sein [zaın] **(2)** *pron* son, sa; *pl* ses *(bes. bei Sachen a.);* ▶ *mein und ~ Vater* mon père et le sien; *der, die das S~e* le sien, la sienne; *die S~en (pl)* les siens, siennes; *das S~e tun* faire son possible; *jedem das S~e (prov)* à chacun son dû *od* son compte. **seinerseits** *adv* de son côté, de sa part. **seinerzeit** *adv* en son temps, autrefois, jadis. **seinesgleichen** *pron* son égal, ses égaux; son, ses pareil(s); son, ses semblable(s); ▶ *unter ~* entre égaux; *als* od *wie ~ behandeln* traiter d'égal à égal *od* sur un pied d'égalité; traiter de pair à compagnon; *nicht ~ haben, ~ suchen* n'avoir point d'égal, être sans égal, ne pas avoir son pareil, être hors de pair. **seinethalben** *adv,* **seinetwegen** *adv, um* **seinetwillen** *adv* à cause *od* pour l'amour de lui (par égard) pour lui. **Seinige,** *der, die, das = der, die, das Seine; die ~n = die Seinen.*

Seismograph *m* ⟨-en, -en⟩ ['zaismo-'gra:f] s(é)ismographe *m.* **Seismologe** *m* ⟨-n, -n⟩ [-'lo:gə] sismologue *m.*

seit [zaıt] **I.** *prp* depuis, dès, à partir de; ▶ *ich warte ~ einer Stunde* il y a une heure que j'attends; **II.** *conj* depuis que. **seitdem I.** *adv* dès lors; depuis (ce temps-là); **II.** *conj* depuis que.

Seite *f* ⟨-, -n⟩ ['zaıtə] **1.** *allg* côté *m a. math (Vieleck);* **2.** *math (Vielflächner)* face *f;* **3.** *(Flanke)* flanc *m; mar* bande *f;* **4.** *(Buch)* page *f;* **5.** *math (Gleichung)* membre *m;* **6.** *(Partei)* parti, camp *m,* cause *f;* **7.** *fig (Gesichtswinkel)* aspect *m;* ▶ *~ an ~* côte à côte; *auf allen ~n* de tous (les) côtés, de chaque côté; *auf der anderen ~* de l'autre côté, du côté opposé; *auf die andere ~* de l'autre côté; *auf beiden ~n* des deux côtés *od* parts, de chaque côté, de part et d'autre; *auf meine(r) ~* de mon côté; *nach allen ~n* de toute(s) part(s), dans toutes les *od* en toutes directions, en tous sens; *nach dieser ~* de ce côté; *von der ~* de côté, de travers, de profil; *mil* de flanc; *von s~n (gen)* de la part (de); *von allen ~n* de tous (les) côtés; *fig* sous toutes les faces; *von beiden ~n* des deux côtés *od* parts, de part et d'autre; *etw von allen ~n betrachten (fig)* considérer *od* envisager qc sous tous les aspects; *jdn auf s-e ~ bringen* gagner qn à sa cause, engager qn dans son parti, mettre qn de son bord; *auf die* od *zur ~ gehen* od *treten* od *fahren* faire place, se ranger, s'effacer; *auf die andere ~ gehen* passer de l'autre côté; *jdm nicht von der ~ gehen* od *weichen* ne pas quitter qn d'un pas; être toujours aux côtés de qn; *auf die ~ legen* mettre de côté *od* à part; *fig (sparen)* mettre de côté *od* en réserve; *zur ~ legen (weglegen)* mettre de côté *od* à part; *auf jds ~ stehen (fig)* être du côté *od* parti de qn; *jdm zur ~ stehen (fig)* assister, seconder qn, prêter son appui à qn; *sich von s-r besten ~ zeigen* se montrer *od* paraître à son avantage; se montrer sous son meilleur jour; *jedes Ding hat zwei ~n (prov)* toute médaille a son revers; *linke ~ (Textil)* envers; *typ* verso *m; rechte ~ (Textil)* endroit; *typ* recto *m.*

Seitenaltar *m* ['zaıtən-] autel *m* latéral. **Seitenansicht** *f* vue *f* latérale *od* de côté, (dessin de) profil *m.* **Seitenblick** *m* regard *m* de côté *od* de travers *od* oblique; œillade *f.* **Seiteneingang** *m* entrée *f* latérale. **Seitenflügel** *m arch* aile *f.* **Seitengang** *m* contre-allée, galerie *f* latérale; *loc* couloir *m* latéral. **Seitengebäude** *n arch* aile *f.* **Seitenhieb** *m fig* coup *m* de bec, boutade *f.* **seitenlang** *a* (long) de plusieurs pages; *fig* interminable. **Seitenlicht** *n* ⟨-(e)s, -er⟩ *m mot* feu *m* de position. **Seitenlinie** *f* **1.** *(Genealogie)* ligne collatérale; **2.** *loc* ligne secondaire; **3.** *sport* ligne *f* de touche. **seitens** *prp gen* de la part de. **Seitenschiff** *n arch rel* bas-côté *m,* nef *f* (col)latérale. **Seitensprung** *m* écart *m; fig* escapade, frasque, *fam* fugue *f;* ▶ *~sprünge machen* avoir des aventures. **Seitenstechen** *n* point *m* de côté. **Seitenstraße** *f* rue (col)latérale; *(Querstraße)* (rue de) traverse *f.* **Seitenstreifen** *m (Straße)* accotement, bas-côté *m.* **Seitenwind** *m* vent de côté; *mar* vent *m* largue.

seither [zaıt'he:r] *adv = seitdem (adv).*

seitlich ['zaıtlıç] **I.** *a* (col)latéral; situé sur le *od* à côté; **II.** *adv* latéralement.

seitwärts *adv* sur *od* vers le côté; latéralement.
Sekret *n* ‹-(e)s, -e› [ze'kre:t] *(Absonderung)* sécrétion *f*.
Sekretär *m* ‹-s, -e› [zekre'tɛ:r] *(Schreiber; Schreibschrank)* secrétaire *m*. **Sekretariat** *n* ‹-(e)s, -e› [-tari'a:t] secrétariat *m*.
Sekt *m* ‹-(e)s, -e› [zɛkt] (vin) *m* mousseux.
Sekte *f* ‹-, -n› ['zɛktə] secte *f*.
Sektflasche *f* bouteille *f* à champagne. **Sektglas** *n* flûte (à champagne), *(Schale)* coupe *f* à champagne. **Sektkühler** *m* seau à glace *od* à champagne, frappe-champagne *m*.
Sekundant *m* ‹-en, -en› [zekun'dant] *(Beistand im Zweikampf)* second, témoin *m*.
sekundär [ze'kun'dɛ:r] *a* secondaire. **Sekundarstufe** *f* [-'da:r-]: ▶ ~ *I* premier cycle *m*; ~ *II* deuxième (second) cycle *m*.
Sekunde *f* ‹-, -n› [ze'kundə] seconde *f*. **Sekundenzeiger** *m* aiguille des secondes; (aiguille) trotteuse *f*.
sekundieren [zekun'di:rən] ‹*ohne ge-*› *itr (als Sekundant dienen)* servir de second (*jdm* à qn); *allg (helfen)* seconder (*jdm* qn).
selbe ['zɛlbə] *a* même; ▶ *im* ~*n Augenblick* au même moment. **selber** *adv fam* = *selbst*.
selbst [zɛlpst] **I.** *pron* moi-même, toi-même *etc*; en personne; ▶ *er ist die Güte* ~ c'est la bonté même *od* en personne *od* la crème des hommes; *von* ~ de soi-même, tout seul, de son (propre) chef, spontanément, automatiquement; *wie von* ~ aisément, tout naturellement, tout seul; **II.** *adv (sogar)* même; ▶ ~ *für Geld* même pour de l'argent; ~ *wenn* même si, quand bien même, lors même que; *das versteht sich von* ~ cela va de soi *od* sans dire; ~ *ist der Mann (prov)* ne compte que sur toi (seul).
Selbstachtung *f* ['zɛlpst-] amour-propre *m*.
selbständig ['zɛlpʃtɛndıç] *a* **1.** *(unabhängig) allg* indépendant; *bes pol* autonome; **2.** *com* établi à son compte; ▶ ~ *handeln* faire acte d'indépendance; *sich* ~ *machen* se rendre indépendant; *com* s'établir à son (propre) compte. **Selbständigkeit** *f* ‹-, ø› indépendance; autonomie *f*.
Selbstantrieb *m* ['zɛlpst-] autopropulsion *f*. **Selbstanzeige** *f* autodénonciation *f*. **Selbstauslöser** *m phot* déclencheur *od* déclic *m* automatique. **Selbstbedienung** *f com* libre service; self-service *m*. **Selbstbedienungsgeschäft** *n*, **Selbstbedienungsladen** *m* magasin à libre service *od* de self-service, libre service *m*. **Selbstbedienungsrestaurant** *n* restaurant *m* à libre service. **Selbstbefriedigung** *f* masturbation *f*, onanisme *m*. **Selbstbefruchtung** *f biol* autofécondation *f*. **Selbstbeherrschung** *f* maîtrise *f* de soi(-même), empire *m* sur soi-même. **Selbstbestimmung** *f pol* autodétermination *f*. **Selbstbestimmungsrecht** *n* droit *m* de libre disposition; ▶ *das* ~ *der Völker* le droit des peuples à disposer d'eux-mêmes. **Selbstbetrug** *m* illusion *f* que l'on se fait *od* donne à soi-même. **selbstbewußt** *a* conscient de soi-même *od* de sa (propre) valeur. **Selbstbewußtsein** *n* conscience *f* de soi *od* du moi, sentiment *m* de sa propre valeur. **Selbstbildnis** *n* portrait de moi-même, toi-même *etc*; autoportrait *m*. **Selbsterhaltung** *f* conservation *f* de soi-même. **Selbsterhaltungstrieb** *m* instinct *m* de (la) conservation. **Selbsterkenntnis** *f* connaissance *f* de soi-même. **Selbstfahr...** *(in Zssgen)* automoteur, automobile. **selbstgefällig** *a* satisfait de soi-même, content de sa personne. **selbstgemacht** *a* fait à la maison, de ménage. **Selbstgespräch** *n* monologue, soliloque *m*; ▶ *ein* ~ od ~*e führen* monologuer; parler tout seul. **selbstherrlich** *a* arbitraire, autoritaire, souverain. **Selbsthilfe** *f* **1.** effort *m* personnel; **2.** *(Notwehr)* légitime défense *f*; ▶ *zur* ~ *greifen* se faire justice (à soi-même). **Selbsthilfe-Gruppe** *f* groupe *m* d'entraide. **selbstklebend** *a* autocollant, auto-adhésif, -ive. **Selbstkorrektur** *f* auto-correction *f*. **Selbstkostenpreis** *m* prix coûtant *od* de revient *od* de facture, premier coût *m*; ▶ *zum* ~ au prix coûtant. **Selbstkritik** *f* critique de soi, autocritique *f*. **selbstkritisch** *a* autocritique. **Selbstlaut** *m gram* voyelle *f*. **Selbstlerner** *m* autodidacte *m*. **selbstlos** *a* désintéressé; altruiste; plein d'abnégation. **Selbstlosigkeit** *f* ‹-, ø› désintéressement; altruisme *m*. **Selbstmord** *m* suicide *m*; ▶ ~ *begehen* se suicider, se tuer. **Selbstmörder** *m* suicidé *m*. **Selbstmordkandidat** *m* suicidaire *m*. **Selbstmordversuch** *m* tentative *f* de suicide; ▶ *e-n* ~ *machen* tenter de se suicider, attenter à ses jours. **Selbstporträt** *n* = *Selbstbildnis*. **selbstredend** *adv* naturellement, évidemment, bien entendu. **selbstregulierend** *a* autorégulateur, -trice. **Selbstreinigung** *f (der Flüsse)* auto-épuration *f* (des eaux de rivière). **Selbstreinigungskraft** *f* pouvoir *m* auto-épurateur. **Selbstschutz** *m (ziviler Luftschutz)* protection civile, auto-protection *f*. **selbstsicher** *a* sûr de soi, plein d'assurance; *(Haltung)* assuré; ▶ ~ *auftreten* avoir

l'air sûr de soi. **Selbststudium** *n* études *f pl* sans professeur *od* en autodidacte. **Selbstsucht** *f* ‹-, ø› égoïsme *m*. **selbstsüchtig** *a* égoïste. **selbsttätig** *a tech* automatique. **Selbsttäuschung** *f* illusion *f*. **Selbstüberwindung** *f* effort *m* sur soi. **Selbstverlag** *m*: ▶ *im* ~ chez l'auteur; *s-e Werke im* ~ *erscheinen lassen* s'éditer. **Selbstverleugnung** *f* abnégation *f*, renoncement *m* à soi-même. **selbstverschuldet** *a* par sa (propre) faute. **Selbstversorger** *m* réservataire *m*. **selbstverständlich I.** *a* naturel, évident; **II.** *adv* naturellement, évidemment; ▶ *das ist* ~ cela s'entend, cela va sans dire *od* de soi; ~*!* bien entendu! **Selbstverständlichkeit** *f* évidence *f*. **Selbstvertrauen** *n* confiance en soi, assurance *f*. **Selbstverwaltung** *f* autonomie *f* (administrative). **selbstverwaltet** *a* auto-administré, e. **Selbstwertgefühl** *n* amour-propre *m*. **Selbstzerstörung** *f* autodestruction *f*. **Selbstzündung** *f* auto-allumage *m*. **Selbstzweck** *m* fin *f* en soi, but *m* absolu.

Selektion *f* ‹-, -en› [zelɛktsi'o:n] *biol (Zuchtwahl)* sélection *f*. **selektiv** [-'ti:f] *a (auswählend; radio: trennscharf)* sélectif, -ive.

Selen *n* ‹-s, ø› [ze'le:n] *chem* sélénium *m*.

selig ['ze:lɪç] *a* **1.** *rel* bienheureux; **2.** *(jüngstverstorben)* feu *(a. vor dem Artikel; dann inv)*; **3.** *fam (übertreibend)* ravi, comblé, heureux; *iron* béat; ▶ ~*en Angedenkens* de bienheureuse mémoire; *Gott habe ihn* ~*!* Dieu ait son âme! **Seligkeit** *f* ‹-, ø› *rel* béatitude; *allg* félicité *f*; ▶ *die ewige* ~ le repos éternel. **selig=sprechen** ‹*spricht, sprach selig, seliggesprochen*› *tr rel* béatifier. **Seligsprechung** *f* ‹-, -en› béatification *f*.

Sellerie *m* ‹-s, (-s)› od *f* ‹-, -/(-en)› ['zɛləri, (-'ri:ən)] *bot* céleri *m*.

selten ['zɛltən] *a* **1.** rare; **2.** *(ausgefallen, einzigartig)* extraordinaire; *(sonderbar)* singulier, curieux; ▶ *sehr* od *höchst* ~ *(a)* rarissime. **Seltenheit** *f* ‹-, -en› **1.** *(ohne pl) (Begriff)* rareté; singularité *f*; **2.** *(Sache)* rareté, chose rare *od* curieuse; curiosité *f*. **Seltenheitswert** *m*: ▶ ~ *(haben* avoir une*)* valeur *f* de rareté.

seltsam *a* étrange, singulier; curieux; bizarre, fantasque. **Seltsamkeit** *f* ‹-, -en› étrangeté, singularité *f*.

Semester *n* ‹-s, -› [ze'mɛstər] *(Univ.)* semestre *m*. **Semesterferien** *pl* vacances *f pl* semestrielles.

Semikolon *n* ‹-s, -s/-kola› [zemi'ko:lɔn, -la] point-virgule *m*.

Seminar *n* ‹-s, -e› [zemi'na:r] **1.** *(Priester~)* séminaire *m*; **2.** *(Univ.-Institut)* séminaire, institut *m* (d'études); **3.** *(Übung)* cours *m* (pratique), (séance *f* de) travaux *m pl* dirigés.

Semit *m* ‹-en, -en› [ze'mi:t] Sémite *m*. **semitisch** [ze'mi:tɪʃ] *a* sémitique.

Semmel *f* ‹-, -n› ['zɛməl] petit pain *m*; ▶ *wie warme* ~*n weggehen* s'enlever *od* se vendre comme des petits pains.

Senat *m* ‹-(e)s, -e› [ze'na:t] sénat *m*. **Senator** *m* ‹-s, -en› [-'na:tɔr, -'to:rən] sénateur *m*.

Sendbote *m* ['zɛnt-] *lit* émissaire, messager *m*. **Sendbrief** *m* = *Sendschreiben*. **Sendeanlage** *f* ['-də-] *radio* poste *m* émetteur *od* d'émission. **Sendeantenne** *f* antenne *f* émettrice *od* d'émission. **Sendefolge** *f* ordre *od* programme *od* horaire *m* des émissions. **Sendegerät** *n* appareil *m* émetteur *od* de transmission. **senden** ‹*sandte, gesandt*› *tr* **1.** *(schicken)* envoyer, faire parvenir; *(ab~)* expédier; **2.** ‹*sendete, gesendet*› *tele* transmettre; *radio* (radio)diffuser, distribuer, mettre en ondes, émettre, transmettre. **Sendepause** *f* temps mort, intervalle *m*. **Sender** *m* ‹-s, -› **1.** *(Person)* envoyeur, expéditeur *m*; **2.** *tele* transmetteur; *radio* poste *m* émetteur *od* d'émission *od* de radiodiffusion *od* de T.S.F. **Senderaum** *m radio* studio *m*. **Sendereihe** *f radio* série *f* d'émissions. **Sendersuchlauf** *m* recherche *f* électronique. **Sendesaal** *m radio* auditorium *m*. **Sendestation** *f* station *f* émettrice. **Sendezeichen** *n* indicatif, signal *m*. **Sendezeit** *f* heure d'émission, tranche *f* horaire. **Sendung** *f* ‹-, -en› **1.** envoi *m (auch Gegenstand)*; expédition *f*; **2.** *(Auftrag)* mission *f*; **3.** *tele radio* transmission; *radio* émission, diffusion *f* (radiophonique *od* par T.S.F.).

Senf *m* ‹-(e)s, -e› [zɛnf] *(bot, Küche)* moutarde *f*; ▶ *s-n* ~ *dazugeben (fig fam)* y mettre son grain de sel. **Senfgas** *n (Kampfstoff)* ypérite *f*, gaz *m* moutarde. **Senfgurke** *f* cornichon *m* à la moutarde. **Senfkorn** *n* grain de moutarde; *bot* sénevé *m*.

sengen ['zɛŋən] **1.** *tr* flamber, roussir; **2.** *itr (Sonne)* brûler; ▶ ~ *und brennen* mettre tout à feu et à sang. **sengend** *a* brûlant.

senil [ze'ni:l] *a (greisenhaft)* sénile.

senior ['ze:niɔr] *a*: ▶ *Herr X* ~ M. X. père. **Senior** *m* ‹-s, -en› [-ni'o:rən] ancien; *sport* senior *m*.

Senkblei *n* ['zɛŋk-] (fil à) plomb *m*, sonde *f*. **Senke** *f* ‹-, -n› *geog* dépression *f* (de terrain). **senken** *tr* **1.** *(a. den Kopf, den Blick, die Stimme)* baisser; *(Kopf, Fahne)* incliner; *(niedriger machen)* abaisser; *(hinablassen)* descendre; **2.** *(Preis)* baisser, diminuer, réduire; *refl* **3.** *sich* ~ s'abaisser; *(Boden)* s'affaisser, se tasser, céder; *arch* s'affaisser, prendre coup; *(d. Nacht)* tomber. **Senkfuß** *m* pied à voûte affaissée; affaissement *m* plantaire. **Senklot** *n* fil *m* à plomb. **senkrecht I.** *a* vertical; perpendiculaire, à plomb, à pic, d'aplomb; **II.** *adv aero* à la verticale, en chandelle. **Senkrechte** *f math* verticale *f.* **Senkrechtstart(er)** *m* (avion à) décollage *m* vertical. **Senkung** *f* ‹-, -en› **1.** *allg* abaissement; *(Boden)* affaissement, tassement *m;* **2.** *(Senke)* dépression *f;* **3.** *(Gefälle)* inclinaison *f;* **4.** *(Preis)* diminution, réduction *f.*

Senn *m* ‹-(e)s, -e› , **Senne** *m* ‹-n, -n› ['zɛn(ə)] *dial (Alpenhirt)* vacher *m.* **Sennerin** *f* vachère *f.* **Sennhütte** *f* chalet de vacher; *(in der Auvergne)* buron *m.*

Sensation *f* ‹-, -en› [zɛnzatsi'o:n] sensation *f.* **sensationell** [-tsio'nɛl] *a* sensationnel, à sensation. **Sensationslust** *f* goût *m* de la sensation *od* du sensationnel. **Sensationsprozeß** *m* procès *m* à sensation.

Sense *f* ‹-, -n› ['zɛnzə] faux *f.*

sensibel [zɛn'zi:bəl] *a (empfindsam)* sensible; *(Daten)* confidentiel; *(Thema)* délicat, problématique, épineux. **Sensibilität** *f* ‹-, ø› [-zibili'tɛ:t] sensibilité *f.*

Sensor *m* capteur *m.* **sensorisch** [-'zo:rɪʃ] *a anat physiol (Sinnes-)* sensoriel.

sentimental [zɛntimɛn'ta:l] *a* sentimental. **Sensimentalität** *f* ‹-, -en› [-tali'tɛ:t] sentimentalité *f.*

separat [zepa'ra:t] *a* séparé, particulier, à part; ▶ *~es Zimmer n* pièce *f* isolée. **Separateingang** *m* entrée *f* particulière. **Separatismus** *m* ‹-, ø› [-ra'tɪsmʊs] *pol* séparatisme *m.*

September *m* ‹-(s), -› [zɛp'tɛmbər] septembre *m.*

sequentiell [zekvɛn'tsiɛl] *a* séquentiel *(a. inform).*

Serbe *m* ‹-n, -n› ['zɛrbə] Serbe *m.* **Serbien** *n* [-biən] la Serbie. **Serbin** *f* ‹-, -nen› Serbe *f.* **serbisch** *a* serbe. **Serbokroatisch(e,** *das***)** [zɛrbokro'a:tɪʃ(ə)] le serbo-croate.

Serenade *f* ‹-, -n› [zere'na:də] *mus* sérénade *f.*

Serie *f* ‹-, -n› ['ze:riə] *(Folge)* série, suite; *(geschlossene Folge, Satz)* série *f,* jeu *m.* **Serienausstattung** *f mot* équipement *m* de série. **seriell** [-'rjɛl] *a mus* sériel. **serienmäßig I.** *a* de *od* en série; **II.** *adv* en série. **Serienproduktion** *f* production *f* en série. **Serienschaltung** *f el* montage *od* couplage *f* de série. **Serienwagen** *m* voiture *f* de série. **serienweise** *adv* en série.

seriös [zeri'ø:s] *a* sérieux; *(gediegen)* solide.

Serpentine *f* ‹-, -n› [zɛrpɛn'ti:nə] *(Straßenwindung)* série *f* de virages.

Serum *n* ‹-s, -ren/-ra› ['ze:rʊm, '-ra] *physiol med* sérum *m.*

Service 1. *n* ‹-/-s, -› [zɛr'vi:s] *(Eß-, Kaffee-, Tee~)* service; *(Likör~)* cabaret *m;* **2.** *m* od *n* ‹-, -s› ['zø:rvɪs, 'zœrvɪs, zɛr'vi:s] *(Kundendienst)* service *m,* service *m* après-vente. **servieren** [-'vi:rən] ‹*ohne ge-*› **1.** *tr* servir; **2.** *itr* servir à table. **Serviererin** *f* ‹-, -nen› *(Kellnerin)* serveuse *f.* **Serviertisch** *m* desserte *f.* **Servierwagen** *m* table *f* roulante.

Serviette *f* ‹-, -n› [-vi'ɛtə] serviette *f* (de table). **Serviettenring** *m* rond *m* de serviette.

servil [-'vi:l] *a (unterwürfig, kriecherisch)* servile.

Servolenkung *f* ['zɛrvo-] direction *f* assistée. **Servomotor** *m* servomoteur, moteur *m* auxiliaire.

Sessel *m* ‹-s, -› ['zɛsəl] fauteuil *m.* **Sessellift** *m* télésiège *m.* **Sesselschoner** *m* housse *f* de fauteuil.

seßhaft ['zɛshaft] *a (Mensch)* **1.** sédentaire; **2.** domicilié, établi (*in* à); ▶ *~ werden* s'établir.

setzen ['zɛtsən] *tr* **1.** *(Person)* asseoir; placer *a. fig;* **2.** *(über e-n Fluß)* faire passer; **3.** *(Sache, a. fig)* poser, mettre; **4.** *(Ofen)* poser, installer; *(Mast)* monter; **5.** *(Pflanze)* planter; **6.** *typ* composer; **7.** *(im Spiel)* miser; **8.** *(Hoffnung)* placer, mettre (*auf etw* sur qc); *itr* **9.** franchir d'un bond, sauter (*über etw* qc); *(über e-n Fluß)* traverser (une rivière); **10.** *fig (bauen auf)* tabler (*auf* sur); *refl: sich ~* **11.** *(Mensch)* s'asseoir (*zu jdm* auprès de qn); se placer, se mettre *a. fig; (Vogel)* (se) percher; **12.** *(Küche)* s'affaisser, retomber; **13.** *(Erde, Mauer)* se tasser, prendre coup; **14.** *chem* se déposer, se précipiter; ▶ *Himmel und Erde in Bewegung ~* remuer ciel et terre; *jdm e-e Frist ~* fixer un délai à qn; *~ Sie sich!* asseyez-vous! *~ Sie sich bitte!* asseyez-vous, je vous prie; veuillez vous asseoir; prenez place.

Setzer *m* ‹-s, -› ['zɛtsər] *typ* compositeur *m.* **Setzerei** *f* ‹-, -en› [-'raɪ] atelier *m* de composition.

Setzfehler *m* ['zɛts-] *typ* faute *f* de composition. **Setzkasten** *m typ* casse *f.*

Setzling *m* ‹-s, -e› **1.** *agr (junge Pflanze)* plant *m,* bouture *f;* **2.** *(Fischzucht: junger Fisch)* alevin *m.*

Setzmaschine *f typ* machine *f* à composer.

Seuche *f* ‹-, -n› ['zɔʏçə] épidémie; *(Tier~)* épizootie; *fig* peste *f.* **Seuchengebiet** *n* région *f* contaminée. **Seuchenherd** *m* foyer *m* de la contagion *od* de l'épidémie.

seufzen ['zɔʏftsən] *itr* soupirer (*nach*

après); *(stöhnen)* gémir (*über* de, sur).
Seufzer *m* ⟨-s, -⟩ soupir; gémissement *m;* ► *e-n ~ ausstoßen* pousser un soupir.
Sex *m* ⟨-(es), ø⟩ [zɛks] sexe *m;* érotisme *f.* **Sexbombe** *f fam* canon *m.* **Sexfilm** *m* film *m* porno(graphique). **Sexismus** *m* ⟨-, ø⟩ [zɛ'ksɪsmʊs] sexisme *m.* **Sexist(in** *f***)** *m* ⟨-en, -en⟩ sexiste *m f.* **sexistisch** *a* sexiste. **Sexologe** *m* ⟨-n, -n⟩ [zɛkso'lo:gə] sexologue *m.* **Sexshop** *m* ['-ʃɔp] sex-shop *m.*
Sextant *m* ⟨-en, -en⟩ [zɛks'tant] *(Winkelmeßgerät)* sextant *m.* **Sexte** *f* ⟨-, -n⟩ *mus* sixte *f.*
Sextourismus *m* tourisme *m* de la prostitution.
Sexualerziehung *f* [zɛksu'a:l-] éducation *f* sexuelle. **Sexualforscher** *m* sexologue *m.* **Sexualforschung** *f* sexologie *f.* **Sexualhormon** *n* hormone *f* sexuelle. **Sexualität** *f* ⟨-, ø⟩ [-li'tɛ:t] sexualité *f.* **Sexualobjekt** *n:* ► *die Frau als ~* la femme-objet. **Sexualpädagogik** *f* éducation *f* sexuelle. **Sexualverbrechen** *n* crime *m* sexuel. **Sexualwissenschaft** *f* sexologie *f.* **sexuell** [-ksu'ɛl] *a* sexuel.
sexy *a* ['zɛksi:] sexy.
sezieren [ze'tsi:rən] ⟨*ohne ge-*⟩ *tr* disséquer, faire l'anatomie de, anatomiser.
Shampoo *n* ['ʃampu] shampo(o)ing *m.*
Sherry *m* ⟨-s, -s⟩ ['ʃɛri] *(Wein)* sherry, xérès *m.*
Shorts *pl* [ʃɔ:rts] short *m.*
Siam *n* ['zi:am] *(alter Name von Thailand)* le Siam. **siamesisch** [-'me:zɪʃ] *a* siamois; ► *~e Zwillinge m pl* frères *m pl od* sœurs *f pl* siamois(es).
Sibirien *n* [zi'bi:riən] la Sibérie. **sibirisch** [-'bi:rɪʃ] *a* sibérien, de (la) Sibérie.
sich [zɪç] *(dat u. acc des Reflexivpron) (mit v verbunden)* se; *(unverbunden, unbestimmt)* soi, *(bestimmt)* lui, elle, *pl* eux, elles; *(Höflichkeitsform, mit v verbunden u. unverbunden)* vous; ► *~ selbst* soi-même; lui-même *etc; an ~* en soi; *an und für ~* en lui-même, en elle-même; *bei ~ (am Körper)* sur soi; *(in greifbarer Nähe)* avec soi; *für ~* à part (soi); *von ~ aus* par soi-même, de son propre chef; *etwas auf ~ haben (fig)* avoir de l'importance; *wieder zu ~ kommen* revenir à soi.
Sichel *f* ⟨-, -n⟩ ['zɪçəl] faucille *f.* **sichelförmig** *a* en (forme de) croissant.
sicher ['zɪçər] **I.** *a* **1.** *(geschützt)* sûr, en sécurité; à l'abri (*vor* de); **2.** *(zuverlässig)* sûr, à toute épreuve, sans faute; *(verläßlich)* éprouvé, de confiance; *(fest)* solide, stable, ferme; **3.** *(Auftreten, Hand Blick)* assuré; **4.** *(gewiß)* sûr, certain; **II.** *adv (gewiß)* sûrement; à coup sûr, assurément, *(wahrscheinlich)* certainement, sans doute; ► *e-r S ~ sein, etw ~ wissen* être sûr de qc; *s-r S ~ sein* être sûr de son fait; *s-s Lebens nicht ~ sein* craindre pour sa vie; risquer sa vie; *~ ist, daß ...* ce qui est certain, c'est que ...; le fait est que ...; il est de fait que ...; *~ ist ~* deux précautions valent mieux qu'une. **sicher=gehen** ⟨*ging sicher, sichergegangen*⟩ *itr* ⟨*sein*⟩ s'assurer; ► *um ganz sicherzugehen* pour plus de sûreté.
Sicherheit *f* ⟨-, -en⟩ ['zɪçərhaɪt] **1.** *(Geschütztheit)* sûreté, sécurité *f; (Schutz)* abri *m;* **2.** *(Zuverlässigkeit)* sûreté; *(Festigkeit)* solidité, stabilité, fermeté *f;* **3.** *(Selbst~)* assurance *f,* aplomb *m;* **4.** *(Gewißheit)* certitude *f;* **5.** *fin* sûreté, garantie, caution *f;* ► *gegen ~* contre garantie, sur gage, sur nantissement; *mit ~* à coup sûr, sûrement, assurément; *in ~ bringen* mettre en sûreté *od* à l'abri *od* à couvert; *jdm e-e ~ geben* od *leisten* donner *od* fournir *od* verser une caution à qn, nantir qn; *sich in ~ wiegen* se croire en sécurité; *das kann ich nicht mit ~ sagen* je ne peux l'affirmer avec certitude; *es ist mit ~ anzunehmen, daß ...* on peut être certain que ...; *~ im Verkehr* sécurité *f* du trafic.
Sicherheitsabkommen *n* ['zɪçərhaɪts-] *pol* pacte *m* de sûreté. **Sicherheitsabstand** *m (im Verkehr)* distance *f* de sécurité. **Sicherheitsbindung** *f (Ski)* fixation *f* de sécurité. **Sicherheitsglas** *n* verre *m* de sécurité. **Sicherheitsgründe** *m pl:* ► *aus ~n* pour des raisons de sécurité, pour plus de sûreté. **Sicherheitsgurt** *m mot* ceinture *f* de sécurité. **sicherheitshalber** *adv* pour des raisons de sécurité, pour plus de sûreté. **Sicherheitskette** *f (an e-r Tür)* chaîne *f* de sûreté. **Sicherheitsmaßnahme** *f* mesure *f* de sécurité *od* de sûreté. **Sicherheitsnadel** *f* épingle *f* de sûreté *od* de nourrice. **Sicherheitsrat** *m (Welt~)* Conseil *m* de sécurité. **Sicherheitsschloß** *n* serrure *f* de sûreté *od* de sécurité. **Sicherheitsventil** *n* soupape *f* de sûreté.
sicherlich ['zɪçər-] *adv = sicher (adv).*
sichern *tr* **1.** *(schützen)* protéger, prémunir, *bes. mil* mettre à l'abri (*gegen* contre); préserver (*gegen* de); sauvegarder; *mil (decken)* couvrir; **2.** *allg* assurer, garantir, mettre en sûreté *od* sécurité; **3.** *(verschaffen)* assurer, procurer *(jdm etw* qc à qn); **4.** *(befestigen)* affermir, consolider; **5.** *tech* arrêter, bloquer, goupiller; *(Schußwaffe)* mettre au cran d'arrêt; *itr* **6.** *(Wild)* prendre le vent; *refl* **7.** *sich ~ (fin)* se garantir, prendre des garanties, se nantir. **sicher=stellen** *tr* **1.** mettre à l'abri *od* en sécurité; assurer, sauvegarder, mettre en sûreté; **2.** *(gestohlene Ware)* récupérer.

Sicherung *f* ‹-, -en› ['zɪçərʊŋ] **1.** *(Schutz)* protection, prémunition; préservation; sauvegarde; *mil (Dekkung)* couverture; *mar* escorte *f;* **2.** *allg* mise en sécurité, garantie *f;* **3.** *fin* garantie, caution *f;* **4.** *(Festigung)* consolidation *f;* **5.** *tech* arrêt *od* cran *m od* goupille de sûreté; **6.** *(Schußwaffe: Vorgang)* mise *f* à la sûreté; **7.** *(Gewehrteil)* cran d'arrêt *od* de repos, verrou *m* de sûreté; **8.** *el* plomb (fusible), fusible, coupe-circuit; *(automatische)* disjoncteur *m.* **Sicherungskasten** *m el* boîtier *m* à fusibles.

Sicht *f* ‹-, ø› [zɪçt] **1.** *(Sehen; fig: Sehweise) a. fin* vue *f;* **2.** *(Möglichkeit zu sehen od gesehen zu werden)* visibilité *f;* ▶ *auf kurze ~ (fin)* à court terme; *auf lange ~ (fin)* à long terme, à longue échéance; *fig* à longue vue, de longue haleine; *aus der ~ (gen)* dans la perspective (de); sous l'angle (de); *außer ~* hors de vue; *bei ~ (Wechsel)* à vue, à présentation; *in ~* en vue; *in der ~ (gen)* dans la vue (de); *30 Tage nach ~* à 30 jours de vue; *gute, schlechte ~* bonne, mauvaise vue. **sichtbar** *a* **1.** visible; *(wahrnehmbar)* perceptible, discernable, sensible; **2.** *(fig: offensichtlich)* visible, évident, apparent, ostensible, manifeste; ▶ *~ werden (a.)* apparaître. **Sichtbarkeit** *f* ‹-, ø› visibilité, perceptibilité; évidence *f.* **sichten** *tr* **1.** *(erblicken)* voir, apercevoir, discerner; *(entdecken)* découvrir, déceler; *(ausfindig machen)* repérer; **2.** *(durchsehen, prüfen)* examiner, trier, tamiser, cribler, passer au crible, bluter. **Sichtfenster** *n inform* fenêtre *f.* **Sichtgerät** *n inform* visuel *m,* console *f* de visualisation. **sichtlich** *a (offenkundig)* évident, apparent, ostensible, manifeste; *adv* manifestement, visiblement. **Sichtung** *f* ‹-, ø› **1.** *(Erblicken)* vue; *(Entdeckung)* découverte *f;* **2.** *(Durchsicht)* tri, tamisage, criblage *m.* **Sichtverhältnisse** *n pl* (conditions *f pl* de) visibilité *f.* **Sichtvermerk** *m* **1.** visa *m;* **2.** *adm (am Rand)* émargement *m;* ▶ *mit ~ versehen* viser. **Sichtweite** *f* portée *f* de vue; ▶ *außer ~* hors de vue; *in ~* à portée de vue.

sickern ['zɪkərn] *itr ‹sein›* suinter, filtrer, s'écouler goutte à goutte.

sie [zi:] *pron f sing* elle; *acc (mit v verbunden)* la; *(unverbunden)* elle; *m f pl (verbunden)* ils, elles; *(unverbunden)* eux, elles; *acc (verbunden)* les; *(unverbunden)* eux, elles. **Sie** *(Höflichkeitsform)* vous; ▶ *jdn mit ~ anreden* dire vous à qn, vouvoyer qn; *vgl. siezen.*

Sieb *n* ‹-(e)s, -e› [zi:p, '-bə] *(feines)* tamis; *(grobes)* sas, crible *m; tech a.* crépine; *(Küche)* passoire *f;* ▶ *durchlöchert wie ein ~* percé comme une écumoire. **Siebdruck** *m* sérigraphie *f.* **sieben** *tr* **1.** tamiser, passer au tamis; sasser, cribler, passer au crible; **2.** *fig (sichten)* trier; *(Nachrichten)* filtrer.

sieben ['zi:bən] *(Zahlwort)* sept. **Sieben** *f* ‹-, -› sept *m.* **Siebenbürgen** *n* [-'bʏrgən] *geog* la Transylvanie. **siebenfach** *a* septuple. **Siebengestirn,** *das astr* la Pléiade. **siebenhundert** sept cent(s). **siebenjährig** *a* **1.** *(sieben Jahre alt)* de sept ans; **2.** *(sieben Jahre dauernd)* septennal. **siebenmal** *adv* sept fois. **Siebenmeilenstiefel** *m pl* bottes *f pl* de sept lieues; ▶ *mit ~n* à pas de géant. **Siebensachen** *pl:* ▶ *s-e ~ (fam)* tout son saint(-)crépin *od* saint(-)frusquin. **Siebenschläfer** *m zoo* loir *m.* **siebentausend** sept mille.

siebte ['zi:ptə] *a* septième. **Siebtel** *n* ‹-s, -› septième *m.* **siebtens** *adv* septièmement.

siebzehn ['zi:p-] *(Zahlwort)* dix-sept. **siebzehnte** *a* dix-septième. **Siebzehntel** *n* ‹-s, -› dix-septième *m.*

siebzig ['zi:ptsɪç] *(Zahlwort)* soixante-dix. **Siebziger(in)** *m* ‹-s, -› (*f* ‹-, -nen›) septuagénaire *m f.* **siebzigjährig** *a* septuagénaire, de soixante-dix ans. **siebzigste** *a* soixante-dixième.

siedeln ['zi:dəln] *itr (einzelner)* s'établir, se fixer; *(Gruppe)* établir une colonie *od* un lotissement.

sieden ['zi:dən] ‹*sott* od *siedete, gesotten* od *gesiedet*› **1.** *tr* faire bouillir; *(Küche)* faire cuire; **2.** *itr* bouillir; *(aufwallen)* bouillonner; ▶ *zum S~ bringen* faire bouillir. **siedend** *a (a.)* en ébullition. **Siedepunkt** *m* point *m* d'ébullition. **Siedesalz** *n* sel *m* marin *od* de saline.

Siedler *m* ‹-s, -› ['zi:dlər] colon *m.* **Siedlung** *f* [-dlʊŋ] *geog (Wohn~)* habitat *m; (Kolonie)* colonie *f,* lotissement *m,* cité *f; (Stadtrand~)* village *m;* ▶ *geschlossene ~ (geog)* habitat *m* concentré.

Sieg *m* ‹-(e)s, -e› [zi:k, '-gə] victoire *f; fig a.* triomphe *m;* ▶ *den ~ davontragen od erringen* remporter la victoire *od poet* la palme; l'emporter.

Siegel *n* ‹-s, -› ['zi:gəl] *(amtlich)* sceau; *(gerichtlich)* scellé(s *pl*); *(privat)* cachet *m.* **Siegellack** *m:* ▶ *(Stange f) ~* (bâton *m* de) cire *f* à cacheter. **siegeln** *tr* sceller; cacheter; apposer un *od* le sceau *od* les scellés *od* le cachet à. **Siegelring** *m* chevalière *f.*

siegen ['zi:gən] *itr* vaincre (*über jdn* qn); l'emporter (*über jdn* sur qn); *sport* gagner; *fig* triompher (*über* de). **Sieger** *m* ‹-s, -› vainqueur (*über* de); triomphateur; *(in e-m Wettbewerb)* lauréat; *(im Spiel)* gagnant *m;* ▶ *als ~ hervorgehen* sortir vainqueur (*aus* de). **Siegerliste** *f* palmarès *m.* **siegesbewußt** *a,* **siegesgewiß** *a* sûr de la victoire, sûr de

triompher. **Siegeszug** *m a. fig* marche *f* triomphale, triomphe *m*. **siegreich** *a* victorieux (*über* de); triomphant, triomphateur.
Siesta *f* ‹-, -ten/-s› [zi'ɛsta] *(Mittagsruhe)* sieste *f*.
siezen ['zi:tsən] *tr* vouvoyer, voussoyer.
Signal *n* ‹-s, -e› [zɪ'gna:l] **1.** signal *m;* **2.** *(Wirtschaft)* indicateur *m* (économique); ▶ *das ~ zu etw geben* donner le signal de qc; *ein ~ überfahren* brûler un signal. **Signalanlage** *f* dispositif *m* de signalisation; *(an e-r Baustelle)* signalisation *f* (de chantier). **Signalflagge** *f* fanion des signalisation, pavillon *m* de signaux. **Signalgeber** *m (Mensch u. Gerät)* signalisateur *m*. **Signalhorn** *n* corne *f* d'appel, clairon, bugle *m*. **signalisieren** [-gnali'zi:rən] ‹*ohne ge-*› *tr* signaler. **Signalisierung** *f* ‹-, ø› signalisation *f*. **Signallampe** *f* lampe *f* de signalisation *od* d'alarme. **Signallicht** *n* ‹-(e)s, -er› feu *m* (de signal). **Signalrakete** *f* fusée *f* de détresse.
Signatur *f* ‹-, -en› [zɪgna'tu:r] **1.** *(Unterschrift, Namenszug, Künstlerzeichen)* signature *f;* **2.** *(Kartenzeichen)* signe *m;* **3.** *(Bibliothek: Buchnummer)* cote *f*. **signieren** [-'gni:rən] ‹*ohne ge-*› *tr (mit e-r Signatur versehen)* signer.
Sikh *m* ‹-(s), -s› [si:k] sikh *m*.
Silbe *f* ‹-, -n› ['zɪlbə] syllabe *f;* ▶ *kurze, lange ~* (syllabe) brève, longue *f; (un)betonte ~* syllabe (non) accentuée. **Silbentrennung** *f* division *f* en syllabes.
Silber *n* ‹-s, ø› ['zɪlbər] **1.** *(Metall)* argent *m;* **2.** *(Gerät)* argenterie *f;* ▶ *aus ~* d'argent, en argent. **Silberfischchen** *n ent* lépisme *m*. **Silberfuchs** *m* renard *m* argenté. **Silbergehalt** *m* titre *m* d'argent. **Silbergeschirr** *n* argenterie *f*. **silberhell** *a* argenté; *(Klang)* argentin. **Silberhochzeit** *f* noces *f pl* d'argent. **silb(e)rig** *a* argenté. **Silbermedaille** *f*, **Silbermünze** *f* médaille, monnaie *f* d'argent. **silbern** *a* **1.** *(aus Silber)* en argent, d'argent; **2.** *(silberig)* argenté. **Silberpapier** *n (Stanniol)* papier *m* d'argent *od* d'étain *od* d'aluminium. **Silberwaren** *f pl* argenterie *f*. **silberweiß** *a* argenté.
Silhouette *f* ‹-, -n› [zilu'ɛtə] silhouette *f*.
Silicium *n*, **Silizium** *n* ‹-s, ø› [zi'li:tsium] *chem* silicium *m*.
Silo *m, a. n* ‹-s, -s› ['zi:lo] *(Großspeicher)* silo *m;* ▶ *im ~ einlagern* ensiler.
Silvester *n* ‹-s, -› [zɪl'vɛstər] *(31. Dez.)* la Saint-Sylvestre; veille *f* du jour de l'An.
simpel ['zɪmpəl] *a (einfältig)* simple, niais, nigaud. **Simpel** *m* niais, nigaud; benêt *m*.
Sims *m* od *n* ‹-es, -e› [zɪms, '-zə] moulure, corniche, cimaise *f;* rebord *m;* tablette *f*.
Simulant *m* ‹-en, -en› [zimu'lant] simulateur *m*. **simulieren** [-'li:rən] ‹*ohne ge-*› *tr* simuler; feindre; *inform* simuler.
simultan [zimul'ta:n] *a (gleichzeitig, gemeinsam)* simultané. **Simultandolmetschen** *n* interprétation *f* simultanée.
Sinfonie *f* ‹-, -n› [zɪnfo'ni:(ən)] *mus* symphonie *f*. **Sinfoniekonzert** *n*, **Sinfonieorchester** *n* concert, orchestre *m* symphonique. **sinfonisch** [-'fo:nɪʃ] *a* symphonique.
singen ['zɪŋən] ‹*sang, gesungen*› *tr* chanter. **Singen** *n* chant *m*.
Single ['sɪŋgl] **1.** *(Singleplatte)* quarante-cinq tours *m;* **2.** ‹-s, -s› *m (Unverheirateter)* personne *f* seule.
Singsang *m* ‹-(e)s, ø› chant *m* monotone, mélopée *f*. **Singspiel** *n* vaudeville *m*.
Singular *m* ‹-s, -e› ['zɪŋgula:r, --'-] *gram* singulier *m*.
Singvogel *m* ['zɪŋ-] oiseau *m* chanteur.
sinken ['zɪŋkən] ‹*sank, gesunken*› *itr* ‹*sein*› **1.** *(langsam fallen)* (s'a)baisser, descendre *(a. Fallschirm)*, tomber; *(ein~)* s'enfoncer; *(in den Sand)* s'enliser; **2.** *(im Wasser untergehen)* couler à fond, sombrer; **3.** *fig (niedriger werden: Temperatur, Preise)* baisser; *(schwächer werden, nachlassen)* diminuer, décroître; ▶ *in Schutt und Asche ~* être réduit en cendres; *ich hätte vor Scham in die Erde ~ mögen* c'était à mourir de honte; *die Sonne sinkt* le soleil baisse.
Sinn *m* ‹-(e)s, -e› [zɪn] **1.** *(Geist)* sens, (état d')esprit *m;* **2.** *(Denken)* pensée *f;* **3.** *(Gemüt)* âme *f*, cœur *m;* **4.** *(Charakter)* caractère *m;* **5.** *(Anlage, Neigung)* sens, sentiment, goût, penchant, intérêt *m;* **6.** *(Richtung)* sens *m*, direction *f;* **7.** *philos (Zweck)* raison *f; physiol* sens; *(Bedeutung)* sens *m*, signification, acception *f;* ▶ *in jds ~e* dans l'esprit de qn; *im besten ~e des Wortes* au meilleur sens du terme; *im eigentlichen, bildlichen ~e* au sens propre, figuré; *im engeren, weiteren ~e* au sens étroit, large; *im entgegengesetzten ~e* en sens contraire, à contresens; *in gewissem ~e* pour ainsi dire; *im wahrsten, im vollen ~e des Wortes* dans toute l'acception *od* la force du terme; *im ~e des Gesetzes* dans l'esprit de la loi; *von ~en* hors de sens; *jdm nicht aus dem ~ gehen* od *wollen* ne pas sortir de l'esprit de qn, intriguer qn; *~ haben für ...* avoir le sens de ...; avoir le goût de ... *od* du goût pour ...; *weder ~ noch Verstand haben* n'avoir ni rime ni raison; *etw im ~e haben* avoir qc en tête, méditer qc; *jdm in den ~ kommen* venir à la pensée *od* à l'idée *od* à l'esprit de qn, passer par la tête de qn; *sich etw aus dem ~*

schlagen s'ôter qc de l'esprit; *anderen ~es werden* changer d'avis, se raviser; *das geht mir nicht aus dem ~* cela ne me sort pas de l'idée; *das hat keinen ~* cela n'a pas de sens, cela ne tient pas debout. **Sinnbild** *n* symbole *(für etw* de qc); emblème *m*. **sinnbildlich** *a* symbolique; allégorique; ► *~ darstellen* symboliser. **sinnen** ‹*sann, gesonnen*› *itr* **1.** *(nachdenken)* méditer (*über etw* sur qc); réfléchir (*über etw.* à qc); **2.** *(planen)* méditer (*auf etw* qc); ► *auf Mittel und Wege ~* aviser aux moyens. **Sinnen** *n* méditations, réflexions, pensées; rêveries *f pl;* ► *sein ganzes ~ und Trachten* toutes ses pensées; *er ist völlig von ~* il a perdu la tête. **sinnentstellend** *a* qui défigure le sens. **Sinnenwelt** *f (sinnlich wahrnehmbare Welt)* monde *m* sensible. **Sinnesänderung** *f* changement *m* d'avis *od* d'opinion, volte-face *f*. **Sinneseindrücke** *m pl* impressions *f pl* sensorielles. **Sinnesorgan** *n* organe *m* sensoriel; *pl a.* organes *m pl* des sens. **Sinnestäuschung** *f* hallucination *f*. **Sinneswahrnehmung** *f* perception (sensorielle), sensation *f*. **sinnfällig** *a* évident; ► *jdm etw ~ vor Augen führen (fig a.)* faire toucher qc du doigt à qn. **sinngemäß I.** *a* d'après *od* selon le sens *a. adv;* analogique; **II.** *adv* par analogie. **sinnieren** [-'ni:rən] ‹*ohne ge-*› *itr fam* rêv(ass)er, songer, méditer. **sinnig** *a* **1.** *(Mensch) (nachdenklich)* pensif, méditatif, rêveur; **2.** *(Sache) (vernünftig)* sensé, raisonnable; judicieux, ingénieux; **3.** *(Mensch) (bedächtig, umsichtig)* réfléchi; ► *ein ~er Einfall (hum)* une excellente idée. **sinnlich** *a* **1.** *physiol (die Sinnesorgane betreffend)* sensoriel; **2.** *(zur Sinnenlust neigend)* sensuel, charnel, voluptueux; **3.** *(körperlich, materiell)* physique, matériel; ► *~e Wahrnehmung f* perception *f* sensible. **Sinnlichkeit** *f* ‹-, ø› *(Sinnenlust)* sensualité, volupté *f*. **sinnlos** *a* **1.** *(unsinnig)* vide de sens, insensé, stupide; *(widersinnig)* absurde, fou, idiot; **2.** *(vergeblich)* vain, inutile; ► *~ betrunken* ivre mort. **Sinnlosigkeit** *f* ‹-, ø› non-sens *m;* absurdité, folie *f*. **sinnreich** *a* **1.** *(klug erdacht u. ausgeführt)* ingénieux; *(klug)* judicieux; **2.** *(geistreich)* spirituel. **sinnverwandt** *a* synonyme. **sinnvoll** *a (vernünftig)* raisonnable; *(zweckmäßig)* rationnel. **sinnwidrig** *a* absurde.

Sintflut *f* ‹-, ø› ['zɪnt-] déluge *m;* ► *nach mir die ~!* après moi le déluge!

Sippe *f* ‹-, -n› ['zɪpə] clan *m; (Verwandtschaft)* parenté *f*. **Sippschaft** *f fam pej* clique, coterie, séquelle, smala(h) *f*.

Sirene *f* ‹-, -n› [zi're:nə] sirène *f*. **Sirenengeheul** *n* hurlement *m* de la sirène.

Sirup *m* ‹-s, -e› ['zi:rʊp] *(Zucker- u. gesüßter Fruchtsaft)* sirop *m*.

Sisyphusarbeit *f* ['zi:zyfus-] rocher de Sisyphe; collier *m* de misère.

Sitte *m* ‹-, -n› ['zɪtə] **1.** coutume *f; (Brauch)* usage *m*, pratique; *(Gewohnheit)* habitude *f;* **2.** *pl a.* mœurs *f pl;* ► *nach alter ~* selon le vieil usage; *gegen die guten ~n verstoßen* manquer aux convenances; *~n und Gebräuche pl* us et coutumes *pl*. **Sittengeschichte** *f* histoire *f* des mœurs. **Sittenlehre** *f* éthique, morale *f*. **sittenlos** *a* sans *od* de mauvaises mœurs; *(unmoralisch)* immoral. **Sittenlosigkeit** *f* liberté des mœurs, immoralité *f*. **Sittenpolizei** *f* police *f* des mœurs. **Sittenroman** *m* roman *m* de mœurs. **sittenstreng** *a* (de mœurs) austère(s), puritain. **Sittenverfall** *m* dépravation (des mœurs); décadence, corruption *f*.

Sittich *m* ‹-s, -e› ['zɪtɪç] *orn* perruche *f*.

sittlich *a* ['zɪtlɪç] *vx* moral. **Sittlichkeit** *f* ‹-, ø› moralité *f;* (bonnes) mœurs *f pl*. **Sittlichkeitsverbrechen** *n* crime *m* sexuel. **sittsam** *a* vertueux, modeste; honnête, sage; pudique; *(Kleidung)* décent. **Sittsamkeit** *f* ‹-, ø› modestie, honnêteté, décence, réserve, pudeur *f*.

Situation *f* ‹-, -en› [zituatsi'o:n] situation *f*, état *m* de choses.

Sitz *m* ‹-es, -e› [zɪts] **1.** *(Gegenstand, Vorrichtung)* siège; *bes. theat* fauteuil *m;* **2.** *(fig: e-r Firma, e-s Vereins, e-r Regierung; parl: e-s Abgeordneten)* siège; *com a.* siège *m* social; ► *im ~* en position assise; *s-n ~ haben (com, adm)* siéger (*in* à). **Sitzbad** *n* bain de siège, demi-bain *m*. **Sitzblockade** *f* sit-in *m* (devant un camp militaire). **Sitzblokkierer(in** *f***)** *m* manifestant, e *m f* bloquant l'accès à un camp militaire.

sitzen ‹*saß, gesessen*› ['zɪtsən] *itr* **1.** être assis; *(s-n Platz haben)* être placé; *(e-n Sitzplatz haben)* avoir une place (assise); **2.** *(für ein Bild ~)* poser; **3.** *fam (im Gefängnis)* faire de la prison; **4.** *(Vogel)* être perché; **5.** *(fest~)* tenir; **6.** *fig (Übel)* résider; **7.** *(Kleidung: passen)* aller; **8.** *(s-n Zweck erfüllen)* avoir porté; ► *wie angegossen ~* aller comme un gant; *~ bleiben* rester assis; *e-n ~ haben (fam: betrunken sein)* avoir sa cuite; *bleiben Sie ~!* restez assis; *das sitzt! (fam)* c'est bien tourné *od* bien envoyé. **sitzen=bleiben** ‹*blieb sitzen, sitzengeblieben*› *itr* ‹*sein*› **1.** rester assis; **2.** *(beim Tanz)* faire tapisserie; **3.** *(keinen Mann kriegen)* rester vieille fille, coiffer sainte Catherine; **4.** *(Schule)* redoubler (la classe); **5.** *com* ne pas trouver preneur (*auf etw* à qc). **sitzend** *a* (en position) assis(e); ► *~e Lebensweise f* vie *f* sédentaire. **sitzen=lassen** ‹*läßt, ließ sitzen, hat sitzenlassen*› *tr*

fam laisser en plan, planter là; *fam (Mädchen nicht heiraten)* plaquer; ▶ *etw auf sich* ~ *(fig)* avaler *od* dévorer qc.
Sitzgelegenheit *f* ['zɪts-] place *f; (Gegenstand)* siège *m.* **Sitzgruppe** *f (Möbel)* ensemble *m* fauteuils et divan. **Sitzkissen** *n* rond-de-cuir; *(orientalisches)* pouf *m.* **Sitzplatz** *m* place *f* assise.
Sitzung *f* ‹-, -en› ['zɪtsʊŋ] **1.** séance; *jur* audience *f;* **2.** *(Kunst)* séance, pose *f;* ▶ *e-e* ~ *abhalten* tenir une séance, siéger; *die* ~ *ist geschlossen* la séance est levée. **Sitzungsbericht** *m* rapport *od* compte *m* rendu de séance. **Sitzungssaal** *m* salle de séances *od* de réunion; *jur* salle d'audience, (salle *f* du) tribunal *m.*
Sitzverteilung *f* ['zɪts-] *parl* (répartition *f* des) sièges *m pl.*
Sizilien [zi'tsi:liən] *n* la Sicile.
Skala *f* ‹-, -len/-s› ['ska:la] **1.** *(Maßeinteilung)* échelle *f* (graduée); **2.** *(bes. Tonleiter)* gamme *f;* **3.** *(Scheiben~)* cadran *m* (gradué); **4.** *(Stufenfolge)* barème, éventail *m.* **Skaleneinteilung** *f* graduation *f.*
Skalp *m* ‹-s, -e› [skalp] *(Kopfhaut)* scalp *m.*
Skalpell *n* ‹-s, -e› [skal'pɛl] *med* scalpel *m.*
skalpieren [skal'pi:rən] ‹*ohne ge-*› *tr* scalper.
Skandal *m* ‹-s, -e› [skan'da:l] *(Ärgernis)* scandale *m;* ▶ *e-n* ~ *heraufbeschwören* faire un éclat. **skandalös** [-da'lø:s] *a (anstößig)* scandaleux; *(unerhört)* inouï, révoltant. **Skandalpresse** *f* presse *f* à scandale. **skandalumwittert** *a* menacé de scandale.
Skandinavien *n* [skandi'na:viən] la Scandinavie. **skandinavisch** [-'na:vɪʃ] *a* scandinave.
Skat *m* ‹-(e)s, -e/-s› [ska:t] *(Kartenspiel)* skat; écarté *m.*
Skateboard *n* ['skeɪtbɔrt] planche *f* à roulettes.
Skelett *n* ‹-(e)s, -e› [ske'lɛt] squelette *m.*
Skepsis *f* ‹-, ø› ['skɛpsɪs] scepticisme *m.* **Skeptiker** *m* ‹-s, -› ['skɛptikər] sceptique *m.* **skeptisch** ['skɛptɪʃ] *a* sceptique.
Skinhead *m* ['skɪnhed] skinhead *m.*
Ski *s. Schi.*
Skizze *f* ‹-, -n› ['skɪtsə] *(Kunst)* esquisse *f; (Entwurf)* croquis *m,* maquette, ébauche *f.* **skizzenhaft** *a* esquissé, ébauché. **skizzieren** [-'tsi:rən] ‹*ohne ge-*› *tr* esquisser, ébaucher.
Sklave *m* ‹-n, -n› ['skla:ve, 'skla:fə] esclave *m.* **Sklaverei** *f* ‹-, ø› [-'raɪ] esclavage *m.* **sklavisch** **I.** *a* **1.** d'esclave; servile; **2.** *(peinlich genau, pedantisch)* méticuleux; **II.** *adv* méticuleusement.
Sklerose *f* ‹-, -n› [skle'ro:zə] *med* sclérose *f;* ▶ *multiple* ~ sclérose *f* en plaques.
skontieren [skɔn'ti:rən] ‹*ohne ge-*› *tr fin* escompter. **Skonto** *m* od *n* ‹-s, -s/-ti› ['skɔnto] escompte *m.*
Skorbut *m* ‹-(e)s, ø› [skɔr'bu:t] *med* scorbut *m.*
Skorpion *m* ‹-s, -e› [skɔrpi'o:n] *zoo* scorpion *m.*
Skrupel *m* ‹-s, -› ['skru:pəl] *(Bedenken)* scrupule *m.* **skrupellos** *a* sans scrupules, sans aucun scrupule. **Skrupellosigkeit** *f* ‹-, ø› manque *m* de scrupules *od* de conscience, déloyauté *f.*
Skulptur *f* ‹-, -en› [skʊlp'tu:r] *(Kunst u. Werk)* sculpture *f.*
Skunk *m* ‹-s, -s/-e› [skʊnk] *zoo (Stinktier)* mouffette *f; meist pl (~s) (Pelz)* sconse, skons, scons, skuns, skunks *m.*
skurril [skʊ'ri:l] *a (possenhaft)* bouffon, grotesque. **Skurrilität** *f* ‹-, -en› [skʊrili'tɛ:t] bizarrerie *f.*
Slalom *m* ‹-s, -s› ['sla:lɔm] *(Schi)* slalom *m.*
Slawe *m* ‹-n, -n› ['sla:və] Slave *m.* **Slawentum** *n* ‹-s, ø› slavisme *m.* **slawisch** *a* slave.
Slip *m* ‹-s, -s› [slɪp] slip *m.*
Slowake *m* ‹-n, -n› [slo'va:kə] Slovaque *m.* **Slowakei,** *die* [-'kaɪ] la Slovaquie. **Slowakin** *f* ‹-, -nen› Slovaque *f.* **slowakisch** [-'va:kɪʃ] *a* slovaque.
Slowene *m* ‹-n, -n› [slo've:nə] Slovène *m.* **Slowenien** *n* [-'ve:niən] la Slovénie. **Slowenin** *f* ‹-, -nen› Slovène *f.* **slowenisch** [-'ve:nɪʃ] *a* slovène.
Slum *m* ‹-s, -s› [slam] *(Elendsviertel)* quartier *m* insalubre.
Smaragd *m* ‹-(e)s, -e› [sma'rakt, -də] *min* émeraude *f.* **smaragdgrün** *a* vert émeraude.
Smog *m* ‹-(s), -s› [smɔk] *(Dunstglocke)* smog *m.* **Smogalarm** *m* alerte *m* au smog.
Smoking *m* ‹-s, -s› ['smo:kɪŋ] smoking *m.*
Snob *m* ‹-s, -s› [snɔp] snob *m.* **Snobismus** *m* ‹-, -men› [-'bɪsmʊs] snobisme *m.* **snobistisch** [-'bɪstɪʃ] *a* snob *inv.*
so [zo:] **I. 1.** *(adv d. Art u. Weise)* si, ainsi, comme cela *od* ça, de cette manière, de la sorte, autant; *(am Satzanfang)* voici comment; c'est ainsi (par exemple) que; ▶ ~ *ein(e)* un(e) tel(le) *od* pareil(le); ~ *ein Esel!* quel imbécile! ~ *etwas* une chose pareille, pareille chose; ~ *etwas wie* une espèce de; ~ *etwas sagt man nicht* cela ne se dit pas; ~ *manche(r, s)* ... tant de ...; *und zwar* ~ et voici comment; ~ *oder* ~ d'une façon ou d'une autre, de manière ou d'autre; force; gré, mal gré; de gré ou de force, vaille que vaille! *bald* ~, *bald* ~ tantôt d'une façon, tantôt d'une autre;

und ~ fort od *weiter* et ainsi de suite; *wie ..., ~ ...* tel ..., tel ...; *wie du mir, ~ ich dir* je te rends la monnaie de ta pièce; *~(,) daß* de façon (à ce) que; de manière que *od* à *inf,* de (telle) sorte que, si bien que; *du tust nur ~* ce n'est qu'un faux semblant; *~ lauteten s-e Worte* telles furent ses paroles; *das ist ~* il en est ainsi; *wenn dem ~ ist* s'il en est ainsi; *~ ist das Leben nun mal* c'est la vie; *nicht ~!* pas de ça! *recht ~!* à la bonne heure! *~ siehst du aus!* pensestu! *~ mußte es kommen!* voilà ce que j'ai dit! **2.** *(adv d. Maßes) (bei a u. adv)* si, aussi, tellement; ► *~ ... wie* aussi ... que; *~ ..., daß* si ... que; *nicht ~ ... wie* pas (aus)si ... que; *(bei adv u. v)* tant; *~ ... auch* si ... que; *um ~ besser (adv)* d'autant mieux; *um ~ besser!* tant mieux! *~ etwa* od *ungefähr* environ, à peu près; *~ gut wie* ou peu s'en faut *(nachgestellt); (gewissermaßen)* pour ainsi dire; *(beinahe)* presque; *~ gut wie (gar) nichts* presque rien; *~ (und ~) oft* maintes (et maintes) fois, à maintes reprises; *~ schon* sans cela; *~ sehr* tant, tellement; *~ sehr, daß ...* tant *od* tellement *od* à ce point *od* à tel point que ...; *~ viel* tant; *~ viel ist gewiß, daß ...* ce qu'il y a de certain, c'est que ...; *~ weit gehen zu ...* aller jusqu'à ...; *es (nicht) ~ weit kommen lassen* (ne pas) laisser les choses en venir là; *~ ziemlich* à peu près; **3.** *(adv d. Zeit):* ► *kaum war ich gegangen, ~ regnete es* à peine m'en étais-je allé qu'il commença à pleuvoir; **II.** *conj (also, folglich)* ainsi, donc; *(denn)* alors; ► *suchet, ~ werdet ihr finden* cherchez et vous trouverez; *~ Gott will* plaise *od* plût à Dieu; **III.** *interj* bon! voilà! c'est ça! ► *~, da bin ich wieder!* me revoilà! *~ höre doch!* mais écoute donc! *~?* vrai(ment)? en effet? vous croyez? *~, ~!* tiens, tiens! *ach ~!* ah bon! *~ was!* en voilà des façons!

sobald [zo'balt] *conj* (aus)sitôt *od* dès (l'instant) *od* du moment que *subj.*

Socke *f* ‹-, -n› ['zɔkə] chaussette *f;* ► *sich auf die ~n machen (fam)* filer, décamper.

Sockel *m* ‹-s, -› ['zɔkəl] **1.** socle, piédestal *m;* **2.** *(Unterbau)* soubassement *m;* ► *vom ~ hauen* couper le sifflet *(jmd* à qn).

Soda *f* ‹-, ø› od *n* ‹-s, ø› ['zo:da] **1.** *chem* soude *f;* **2.** ► *mit ~ (~wasser) (Getränk)* à l'eau. **Sodawasser** *n* eau *f* gazeuse *od* de Seltz.

Sodbrennen *n* ['zo:t-] aigreurs *f pl.*

Sodomie *f* ‹-, -n› [zodo'mi:] sodomie *f.*

soeben [zo'e:bən] *adv (vor e-m Augenblick, gerade)* à l'instant (même), justement; ► *~ etw getan haben* venir de faire qc.

Sofa *n* ‹-s, -s› ['zo:fa] sofa, canapé *m.* **Sofakissen** *n* coussin *m* (de divan).

sofern [zo'fɛrn] *conj (wenn, falls)* si, si tant est que; si du moins; au cas où *(konditional);* ► *~ nicht* à moins que, sauf lorsque.

sofort [zo'fɔrt] *adv* tout de suite, immédiatement, sur-le-champ, à l'instant, d'emblée; ► *~ zur Sache kommen* aller droit au fait; *(ich komme) ~!* j'arrive! **Sofortbild** *n* photo *f* instantanée. **Sofortbildkamera** *f* appareil *m* photo à développement instantané. **Soforthilfe** *f* aide *f* immédiate. **sofortig** *a* immédiat, prompt. **Sofortmaßnahme** *f* mesure *f* immédiate *od* d'urgence. **Sofortprogramm** *n* programme *m* immédiat.

Softie *m* ‹-s, -s› ['zɔfti] *fam* tendre *m.*

Software *f* ‹-, -s› ['sɔftwɛ:r] *inform* logiciel, software *m.* **Softwarehaus** *n* société *f* d'édition de programmes. **Softwarehersteller** *m* éditeur *m* de programmes. **Softwareherstellung** *f* édition *f* de programmes. **Softwarepaket** *n* produit-programme *m.*

Sog *m* ‹-(e)s, -e› [zo:k, '-gə(s)] *allg* aspiration *f.*

sogar [zo'ga:r] *adv* même; ► *ja ~* voire même; et qui plus est; *~ wenn* quand bien même; *~ etw tun* aller jusqu'à faire qc.

sogenannt ['zo:-] *a* soi-disant *inv; (mit weiterem Attribut)* dit; ► *der ~e gotische Stil* le style dit gothique; *(angeblich)* prétendu, *fam* entre guillemets.

sogleich [zo'glaıç] *adv = sofort.*

Sohle *f* ‹-, -n› ['zo:lə] **1.** *(Fuß~)* plante; *(Schuh~)* semelle *f;* **2.** *(Tal~, geol)* fond *m; mines* sole *f,* étage, niveau, horizon *m.*

Sohn *m* ‹-(e)s, ¨-e› [zo:n, 'zø:nə] fils *m;* ► *der verlorene ~ (Bibel u. allg)* l'enfant prodigue.

Soja *f* ‹-, -jen› ['zo:ja, '-jən] *bot* soya, soja *m.* **Sojabohne** *f.* **Sojamehl** *n* graine, farine *f* de soya.

solange [zo'laŋə] *conj* aussi longtemps que, tant que.

solar [zo'la:r] *a* solaire. **Solarbatterie** *f* [zo'la:r-] batterie *f* solaire. **Solarenergie** *f* energie *f* solaire. **Solargenerator** *m* générateur *m* solaire. **Solarheizung** *f* chauffage *m* à énergie solaire. **Solarium** *n* ‹-s, -rien› [zo'la:riʊm, -riən] solarium *m.* **Solarkraftwerk** *n* centrale *f* solaire. **Solarrechner** *m* calculette *f* à effet photovoltaïque. **Solartechnik** *f* technique *f* solaire. **Solaruhr** *f* montre *f* solaire. **Solarzelle** *f* cellule *f* solaire.

solch [zɔlç] *pron:* ► *~ (ein, e), ein ~er, e-e ~e, ein ~es* un tel, une telle; pareil, le; *ein ~er Mensch* un tel homme, pareil homme, un homme pareil; *fam* un homme comme ça; *als ~er* comme tel, en tant que tel; *ich habe ~e Angst, ~en Hunger* j'ai tellement peur, faim; *es gibt ~e und ~e (fam)* il y en a de toutes sortes.

Sold *m* ‹-(e)s, -e› [zɔlt, ˈ-də] *mil (Löhnung)* solde, paie *od* paye *f*, prêt *m*.

Soldat *m* ‹-en, -en› [zɔlˈda:t] soldat, militaire; *fam* troupier; *(als Dienstgrad)* (soldat de) 2. classe *m*; ▶ *gemeiner, einfacher ~* simple soldat, soldat *m* de deuxième classe; *~ auf Zeit* soldat *m* engagé. **Soldatenfriedhof** *m* cimetière *m* militaire *od* de guerre. **Soldateska** *f* ‹-, -ken› [-daˈtɛska] soldatesque *f*. **soldatisch** [-ˈdatɪʃ] *a* de *od* du soldat; militaire; soldatesque; martial.

Söldner *m* ‹-s, -› [ˈzœldnər] mercenaire *m*.

Sole *f* ‹-, -n› [ˈzo:lə] eau saline; *(Salzwasser)* eau salée; *(Salzlake)* saumure *f*.

solidarisch [zoliˈda:rɪʃ] *a* solidaire (*mit* de); ▶ *sich ~ erklären* se solidariser (*mit* avec). **Solidarität** *f* ‹-, ø› [-riˈtɛ:t] solidarité *f*.

solid(e) [zo:ˈli:t, -də] *a* **1.** *(fest, haltbar)* solide; **2.** *fin (zuverlässig)* sûr, sérieux; *(Mensch)* solvable; **3.** *(Mensch: ordentlich, mäßig)* rangé; ▶ *über ~e Kenntnisse verfügen* avoir du fond; *~e Firma f* maison *f* de confiance; *~e gearbeitet* fait à profit (de ménage). **Solidität** *f* ‹-, ø› [-diˈtɛ:t] solidité *f*.

Solist(in) *m* ‹-en, -en› (*f* ‹-, -nen›) [zoˈlɪst] *mus* soliste *m f*.

Soll *n* ‹-(s), -(s)› [zɔl] **1.** *com* doit *m*; **2.** *adm* norme *f*; ▶ *sein ~ erfüllen* satisfaire à ses obligations; *~ und Haben* doit et avoir.

sollen [ˈzɔlən] ‹*soll, sollte, gesollt*› *itr (die Pflicht haben zu)* devoir; ▶ *(Befehl:) du sollst kommen* tu viendras; *(Ungewißheit:) er soll gesagt haben* il aurait dit; *er soll reich sein* on le dit riche; *(Möglichkeit:) sollte er gekommen sein?* serait-il venu? est-ce possible qu'il soit venu? *(Wunsch:) man sollte weniger essen* il faudrait manger moins; *du sollst nicht töten* tu ne tueras point; *Sie ~ wissen ...* je veux que vous sachiez ..., sachez ...; *sollten Sie ihn (zufällig) treffen ...* si par hasard vous le rencontrez ...; *das ~ sie unter sich ab- od ausmachen* qu'ils se débrouillent entre eux! *man sollte meinen ...* on dirait ...; *wenn es regnen sollte* s'il venait à pleuvoir; *soll ich kommen?* veux-tu, voulez-vous que je vienne? *was soll ich tun od machen?* que (dois-je) faire? que voulez-vous que je fasse? *was soll ich Ihnen sagen?* que vous dirai-je? *was soll das?* qu'est-ce que ça signifie? à quoi bon? *was soll das heißen?* qu'est que cela veut dire?

solo [ˈzo:lo] *adv fam (allein)* seul. **Solo** *n* ‹-s, -s/-li› *(mus, Tanz)* solo *m*.

Solothurn *n* [ˈzo:loturn] *(Stadt u. Kanton in der Schweiz)* Soleure.

solvent [zɔlˈvɛnt] *a (zahlungsfähig)* solvable. **Solvenz** *f* ‹-, -en› [-ˈvɛnts] solvabilité *f*.

somit [soˈmɪt] *adv* ainsi, donc, par conséquent.

Sommer *m* ‹-s, -› [ˈzɔmər] été *m*; ▶ *im ~* en été; *mitten im ~* en plein été, au fort de l'été; *verregneter ~* été *m* pourri. **Sommerfrische** *f* villégiature *f*. **Sommerhalbjahr** *n* semestre *m* d'été. **sommerlich** *a* estival, d'été, de l'été. **Sommerloch** *n* vide *m* (politique) des vacances d'été. **Sommerschlußverkauf** *m* soldes *m pl* de fin d'été. **Sommersonnenwende** *f* solstice *m* d'été. **Sommersprossen** *f pl* taches *f pl* de rousseur *od fam* de son. **Sommerzeit** *f adm* heure *f* d'été.

Sonate *f* ‹-, -n› [zoˈna:tə] *mus* sonate *f*.

Sonde *f* ‹-, -n› [ˈzɔndə] *med mines* sonde *f*.

Sonderanfertigung *f* [ˈzɔndər-] **1.** *(Tätigkeit)* fabrication *f* par pièces *od* hors série; **2.** *(Stück)* exemplaire *m* spécial. **Sonderangebot** *n com* offre *f* spéciale. **Sonderausführung** *f* exécution *f* spéciale. **Sonderausgabe** *f* **1.** *(Buch)* édition *f* spéciale; **2.** *fin* extra *m*; *pl fin* dépenses *f pl* exceptionelles.

sonderbar [ˈzɔndər-] *a* étrange, singulier; bizarre, baroque; *(merkwürdig)* curieux; ▶ *~!* (chose) étrange! **sonderbarerweise** *adv* chose étrange.

Sonderbeilage *f (Zeitung)* supplément *m* spécial. **Sonderbericht** *m* rapport *m* spécial. **Sondereinnahmen** *f pl* revenus *m pl* accidentels. **Sonderfall** *m* cas *m* exceptionnel. **Sondergenehmigung** *f* autorisation *f* spéciale.

sondergleichen *a inv (nachgestellt)* sans pareil.

Sonderinteressen *n pl* intérêts *m pl* particuliers. **Sonderling** *m* ‹-s, -e› original, drôle *m* (d'homme *od* d'individu). **Sondermarke** *f (Briefmarke)* timbre *m* spécial. **Sondermüll** *m* déchets *m pl* non biodégradables.

sondern I. *conj* mais (au contraire); ▶ *nicht nur ..., ~ auch ...* non seulement ..., mais encore ...; **II.** *tr* séparer, disjoindre.

Sondernummer *f (Zeitung, Zeitschrift)* numéro *m* hors-série *od* spécial; édition *f* spéciale. **Sonderregelung** *f* règlement *m* spécial. **Sonderschule** *f* école *f* pour enfants retardés *od* arriérés. **Sonderstellung** *f* position *f* privilégiée; ▶ *e-e ~ einnehmen (Person)* jouir d'une position privilégiée; *(Sache)* occuper une place à part. **Sonderziehungsrechte** *n pl* droits *m* de tirage spéciaux.

sondieren [-ˈdi:rən] ‹*ohne ge-*› *tr* sonder.

Sondierung *f* ‹-, -en› sondage *m*.
Sonett *n* ‹-(e)s, -e› [zo'nɛt] *(Gedichtform)* sonnet *m*.
Sonnabend *m* ‹-s, -e› ['zɔnʔa:bənt] samedi *m*.
Sonne *f* ‹-, -n› ['zɔnə] soleil *m;* ▶ *an od in der ~ (im ~nschein)* au soleil; *die ~ scheint* il fait (du) soleil; *die auf-, untergehende ~* le soleil levant, couchant.
sonnen ['zɔnən] *tr* exposer au soleil; *sich ~* s'exposer au soleil, prendre un bain de soleil.
Sonnenaufgang *m* ['zɔnən-] lever *m* du soleil. **Sonnenbad** *n* bain *m* de soleil. **Sonnenbatterie** *f* pile *f* solaire. **sonnenbeschienen** *a* ensoleillé. **Sonnenblume** *f* tournesol, hélianthe; *fam* soleil *m*. **Sonnenbrand** *m med* coup *m* de soleil. **Sonnenbrille** *f* lunettes *f pl* de soleil. **Sonnendach** *n* marquise *f*. **Sonneneinstrahlung** *f* insolation *f*. **Sonnenenergie** *f* énergie *f* solaire. **Sonnenfinsternis** *f* éclipse *f* solaire *od* de soleil. **Sonnenfleck** *m astr* tache *f* solaire. **Sonnenheizung** *f* chauffage *m* solaire. **Sonnenkönig,** *der (Ludwig XIV.)* le roi-soleil. **Sonnenkraftwerk** *n* centrale *f* solaire. **Sonnenlicht** *n* ‹-(e)s, -ø› lumière *f* du soleil *od* solaire. **Sonnenöl** *n* huile *f* solaire. **Sonnenschein** *m* (clarté *od* lumière *f* du) soleil *m;* ▶ *im ~* au soleil. **Sonnenschirm** *m* ombrelle *f*, parasol *m*. **Sonnensegel** *n cosm* panneau *m* solaire. **Sonnenseite** *f* côté exposé au soleil; *fig* beau côté *m*. **Sonnenstich** *m med* coup *m* de soleil, insolation *f*. **Sonnenstrahl** *m* rayon *m* de *od* du soleil. **Sonnensystem** *n astr* système *m* solaire. **Sonnenuhr** *f* cadran solaire, gnomon *m*. **Sonnenuntergang** *m* coucher *m* du soleil; ▶ *bei ~* au coucher du soleil. **Sonnenwende** *f* solstice *m*.
sonnig ['zɔnɪç] *a* ensoleillé; *fig* radieux, riant.
Sonntag *m* ['zɔn-] dimanche *m;* ▶ *am ~* le dimanche; *jeden ~* tous les dimanches. **sonntäglich** *a* dominical. **sonntags** *adv* le dimanche; ▶ *sonn- und feiertags* (les) dimanches et jours de fête. **Sonntagsarbeit** *f* travail *m* du dimanche. **Sonntagsdienst** *m* ['zɔnta:ks-]: ▶ *~ haben* être de service (de dimanche); *~ (Hinweis)* médecin *m (Arzt) od* pharmacie *f (Apotheke)* de service. **Sonntagsfahrer** *m* conducteur *od* chauffeur du dimanche; *pej* chauffard *m*. **Sonntagsstaat** *m* habits *od* vêtements *m pl od* toilette *f* du dimanche *od* de fête.
Sonographie *f* ‹-, -n› [ˌzonogra'fi:] sonographie *f*.
sonst [zɔnst] *adv* **1.** *(andernfalls)* sinon, autrement, sans quoi, faute de quoi, sans cela; ou alors; **2.** *(außerdem)* en outre, à part cela; **3.** *(gewöhnlich)* d'habitude, d'ordinaire, à l'ordinaire; *fam* normalement; **4.** *(früher)* autrefois, en d'autres temps, jadis; ▶ *wenn es ~ nichts ist* si ce n'est que cela; *und was ~?* et puis? *~ noch etwas?* et avec ça? *~ niemand* (ne ....) personne d'autre; *~ nichts* (ne ...) rien d'autre *od* de plus; *~ nirgends* (ne ...) nulle part ailleurs. **sonstige(r, s)** *a* autre; accessoire; *(irgendwelche)* quelconque(s); n'importe le(s)quel(s); *bes. adm* diverse(s); de toute nature.
sooft [zo'ʔɔft] *conj* toutes les fois que.
Sopran *m* ‹-s, -e› [zo'pra:n] *mus* soprano *m*.
Sorge *f* ‹-, -n› ['zɔrgə] **1.** souci *m; (innere Unruhe)* inquiétude, préoccupation *f;* **2.** *(~falt, Eifer)* soin(s *pl*) *m*, sollicitude *f;* ▶ *sich ~n machen* se faire du *od* des souci(s) (*um etw* à propos de qc), se faire du mauvais sang *od* de la bile (*wegen etw* pour qc), s'inquiéter (*um etw* de qc); *fam* s'en faire; *um jdn* se faire du souci pour qn; *sich keine ~n machen* ne pas se faire de soucis, ne s'inquiéter de rien; *das ist meine geringste ~* c'est le moindre *od fam* le cadet de mes soucis; *lassen Sie das meine ~ sein!* j'en fais mon affaire; *seien Sie ohne ~! keine ~!* ne vous inquiétez pas; *fam* ne vous en faites pas. **sorgen** *itr* **1.** avoir *od* prendre soin (*für* de); pourvoir (*für* à); se charger (*für* de); **2.** veiller (*dafür, daß* à ce que *subj*); *refl* **3.** *sich ~* se soucier, s'inquiéter, se tourmenter, être en peine (*um* de); être inquiet (*um* pour); ▶ *für jdn zu ~ haben* avoir qn à sa charge; *ich werde dafür ~* j'y veillerai; *dafür ist gesorgt* on y a pourvu. **sorgenfrei** *a* sans souci. **Sorgenkind** *n* enfant qui cause beaucoup de soucis; *fig* (grand) souci *m*. **sorgenvoll** *a* soucieux, accablé *od (Leben)* plein de soucis. **Sorgfalt** *f* ‹-, ø› ['zɔrk-] soin *m*, sollicitude, diligence, attention; *(Gründlichkeit)* minutie, exactitude *f; (Gewissenhaftigkeit)* scrupules *m pl*. **sorgfältig** *a* soigneux, diligent, attentif; *(gründlich)* minutieux, exact; *(gewissenhaft)* scrupuleux, méticuleux; *(Arbeit)* soigné. **sorglos** *a* **1.** insouciant, sans soucis; **2.** *(nachlässig)* négligent; *(leichtsinnig)* nonchalant, léger. **Sorglosigkeit** *f* ‹-, ø› **1.** insouciance *f*, sans-souci *m;* **2.** négligence, incurie; nonchalance, légèreté *f*. **sorgsam** *a (~fältig)* soigneux; *(umsichtig)* attentif, attentionné, circonspect; *(behutsam, vorsichtig)* précautionneux.
Sorte *f* ‹-, -n› ['zɔrtə] sorte; *(Marke)* marque; *(Art)* espèce *f (a. Geld)*, genre, type *m; (Qualität)* qualité; *bot* variété *f; (Wein)* cru *m; pl (Geld)* espèces monnayées, monnaies *f pl* étrangères; ▶ *von allen ~n* de toutes sortes. **sor-**

tieren [-ˈti:rən] ‹*ohne ge-*› *tr* trier; *(nach Sorten zs.stellen)* assortir; *(ordnen)* classer, ranger. **Sortierer(in)** *m* ‹-s, -› (*f* ‹-, -nen›) trieur, *m*, -euse *f*. **Sortiermaschine** *f* trieuse *f*. **Sortiment** *n* ‹-(e)s, -e› [-tiˈmɛnt] *com* assortiment *m; (Buchhandel)* (livres *m pl* d')assortiment *m*.

sosehr [zoˈze:r] *conj* quel(le) que soit *subj*.

soso [zoˈzo:] **I.** *adv fam: (so lala)* (comme ci) comme ça, couci-couça; tel quel; tant bien que mal; **II.** *interj* ah ah!

Soße *f* ‹-, -n› [ˈzo:sə] sauce *f*.

Souffleur *m* ‹-s, -e› [zuˈflø:r] *theat* souffleur *m*. **Souffleurkasten** *m* trou m du souffleur. **Souffleuse** *f* ‹-, -n› [-ˈflø:zə] *theat* souffleuse *f*. **soufflieren** [-ˈfli:rən] ‹*ohne ge-*› *tr (einblasen)* souffler (*jdm etw* qc à qn).

soundso [ˈzo:ʔʊntˈzo:] *adv (unbestimmt wie)* n'importe comment; ▶ *Herr S~* M. Un tel, M. Chose, M. Machin; *Frau S~* Madame Une telle.

Soutane *f* ‹-, -n› [zuˈta:nə] *rel* soutane *f*.

Souterrain *n* ‹-s, -s› [zutɛˈrɛ̃:, ˈzu:tɛrɛ̃] *arch* sous-sol *m*.

souverän [zuvəˈrɛ:n] *a pol* souverain. **Souveränität** *f* ‹-, ø› [-rɛniˈtɛ:t] souveraineté *f*.

soviel [zoˈfi:l] **I.** *adv* tant; ▶ *~ wie* od *als* autant que; *noch einmal* od *doppelt, dreimal ~* deux, trois fois autant; *~ ist sicher* od *steht fest, daß* ce qui est certain, c'est que; **II.** *conj* autant que *subj;* ▶ *~ ich weiß* (autant) que je sache; à ce que je sais.

soweit [zoˈvaɪt] **I.** *adv* jusqu'à un certain point; ▶ *~ wie* od *als* autant que; *~ erforderlich* si besoin est, en cas de besoin; *bist du ~?* es-tu prêt? *es ist ~* ça y est; *~ sind wir noch nicht* nous n'en sommes pas encore là; **II.** *conj* autant que *subj;* ▶ *~ ich mich erinnere* autant qu'il m'en souvienne; *~ es mir meine Mittel erlauben* dans la mesure de mes moyens.

sowenig [zoˈve:nɪç] **I.** *adv* tout aussi peu que, pas plus que; ▶ *~ wie möglich* aussi peu que possible; *ich weiß es ~ wie du* je n'en sais pas plus que toi; **II.** *conj* pour le peu que *subj*.

sowie [zoˈvi:] *conj* comme, ainsi que. **sowieso** [-viˈzo:] *adv* de toute(s) façon(s) *od* manière(s), d'une façon comme de l'autre, en tout cas.

Sowjet *m* ‹-s, -s› [zɔˈvjɛt, ˈzɔ-] soviet *m;* ▶ *die ~s pl* les Soviétiques *m pl*. **sowjetisch** [-ˈvjɛ:tɪʃ] *a* soviétique. **Sowjetrepublik** *f* république *f* soviétique. **Sowjetunion,** *die* l'Union *f* soviétique.

sowohl [zoˈvo:l] *conj:* ▶ *~ ... als* od *wie (auch)* non seulement ..., mais encore; aussi bien ... que; et ... et.

Sozi *m* ‹-s, -s› [ˈzo:tsi] *pej* social-démocrate *m*.

sozial [zotsiˈa:l] *a* **1.** social; **2.** *(öffentlich)* public; ▶ *~e Einrichtungen f pl* avantages *m pl* sociaux. **Sozialabgaben** *f pl* charges *f pl*. **Sozialamt** *n* assistance *f* publique. **Sozialarbeiter(in** *f***)** *m* travailleur *m* (se *f*) social(e). **Sozialdemokrat** *m* social-démocrate *m*. **Sozialdemokratie** *f* social-démocratie *f*. **sozialdemokratisch** *a* social-démocrate. **Sozialfall** *m* cas *m* social. **Sozialhilfe** *f* aide *f* sociale, RMI *m*. **Sozialhilfeempfänger** *m* prestataire *m* de l'aide sociale, RMIste *m f*. **Sozialisierung** *f* ‹-, ø› socialisation *f*.

Sozialismus *m* ‹-, ø› [-ˈlɪsmʊs] socialisme *m*. **Sozialist** *m* ‹-en, -en› [-ˈlɪst] socialiste *m*. **sozialistisch** [-ˈlɪstɪʃ] *a* socialiste.

Sozialleistung *f* prestation *f* sociale. **Sozialpartner** *m pl* partenaires *m pl* sociaux. **Sozialpolitik** *f* politique *f* sociale. **Sozialprodukt** *n* produit *m* national. **Sozialversicherung** *f* assurance *f* sociale. **Sozialwohnung** *f* habitation *f* à loyer modéré, H.L.M. *f* od *m*.

Soziologie *f* ‹-, ø› [zotsioloˈgi:] sociologie *f*.

Sozius *m* ‹-, -se› [ˈzo:tsiʊs, -ə] **1.** *(Genosse)* compagnon; *com (Teilhaber)* associé *m;* **2.** *mot (Beifahrer)* occupant *m* du siège arrière. **Soziussitz** *m* siège arrière, tan-sad *m*.

sozusagen [zotsuˈza:gən] *adv* pour ainsi dire.

Spachtel *m* ‹-s, -› od *f* ‹-, -n› [ˈʃpaxtəl] spatule *f;* couteau *m* à reboucher; amassette *f; med* abaisse-langue *m*. **spachteln** *tr* spatuler; reboucher avec le couteau.

Spagat *m* od *n* ‹-(e)s, -e› [ʃpaˈga:t] *sport* grand écart *m*.

spähen [ˈʃpɛ:ən] *itr* guetter *a. mil;* être aux aguets, avoir l'œil au guet; épier, espionner (*nach etw* qc). **Späher** *m* ‹-s, -› guetteur *m*. **Spähtrupp** *m* patrouille *f* de reconnaissance.

Spalier *n* ‹-s, -e› [ʃpaˈli:r] *agr* espalier *m; (Wein~)* treille *f;* ▶ *~ bilden* od *stehen (fig)* faire *od* former la haie.

Spalt *m* ‹-(e)s, -e› [ʃpalt] **1.** fente, crevasse *f;* **2.** *(Sprung)* fêlure; *(Mauerriß)* fissure, lézarde; *geol* faille *f;* **3.** *(Fenster-, Türöffnung)* ouverture *f*. **spaltbar** *a* fissile, fissible, fissionnable; ▶ *~es Material n (phys)* matière *f* fissile. **Spaltbarkeit** *f* fissilité *f*. **Spalte** *f* ‹-, -n› **1.** fente, crevasse *f;* **2.** *typ* colonne *f*. **spalten** ‹*gespaltet* od *gespalten*› *tr* **1.** fendre, scinder, fissurer; **2.** *bes. fig* diviser, dissocier; **3.** *min* cliver; *chem* décomposer; *(Atom)* fissionner, désintégrer; *refl: sich ~* **4.** se fendre, se crevasser, se scinder;

5. *fig* se diviser, se dissocier. **Spaltung** *f* ‹-, -en› **1.** fission *f (a. d. Atomkerns);* **2.** *chem* décomposition *f;* **3.** *med psych* dédoublement *m;* **4.** *fig* division, dissociation; *bes. pol* scission; *rel (Glaubens~)* dissidence *f; (Kirchen~)* schisme *m.*

Span *m* ‹-(e)s, ¨-e› [ʃpa:n, 'ʃpɛ:nə] copeau; *(auch von Metall)* éclat *m.*

Spanferkel *n* ['ʃpa:n-] cochon *m* de lait.

Spange *f* ‹-, -n› ['ʃpaŋə] agrafe, boucle; *(Haar- u. Schmuck~)* barrette *f.*

Spanien *n* ['ʃpa:niən] l'Espagne *f.* **Spanier(in)** *m* ‹-s, -› (*f* ‹-, -nen›) ['-niər] Espagnol(e *f*) *m.* **spanisch** ['ʃpa:nɪʃ] *a* espagnol; ▶ *(das) S~(e) n* (l')espagnol *m; das kommt mir ~ vor (fig fam)* ça me paraît étrange; *~e Wand f* paravent *m.*

Spann *m* ‹-(e)s, -e› [ʃpan] *anat* cou-de--pied, dos *m* du pied.

Spannbeton *m* ['ʃpan-] béton *m* précontraint. **Spanne** *f* ‹-, -n› **1.** *(altes Maß: gespreizte Hand)* empan *m;* **2.** *(Abstand)* écart *m;* **3.** *(Handels~)* marge *f.* **spannen** *tr* **1.** (é)tendre, (é)tirer; *(Feder, Bogen)* bander; *(straffen)* raidir; **2.** *(ein~, einklemmen)* serrer; **3.** *(Schußwaffe)* armer; *itr* **4.** *(straff sitzen, von e-m Kleidungsstück)* serrer, tirer, être trop juste; gêner; ▶ *vor den Wagen ~* atteler à la voiture. **spannend** *a (Erzählung)* captivant, palpitant, passionnant. **Spanner** *m* ‹-s, -› **1.** *(~vorrichtung, a. Hosen~)* tendeur; *tech* raidisseur; *(Schuh~)* embauchoir; *(Zeitungs~)* porte-journal *m;* **2.** *ent* phalène *f;* **3.** *fam* voyeur *m.* **Spannkraft** *f* **1.** élasticité, force élastique; *phys* tension; *physiol* tonicité *f;* **2.** *psych* ressort *m.* **Spannung** *f* ‹-, -en› **1.** tension *f, a. el u. fig; el* voltage; potentiel *m;* **2.** *fig* tension, attention soutenue; impatience *f,* vif intérêt *m,* curiosité *f* extrême; *film* suspense *m;* ▶ *unter ~ (el)* sous tension, vif; *die ~ erhöhen (fig)* augmenter la curiosité *od* l'impatience. **Spannungsmesser** *m el* voltmètre *m.* **Spannweite** *f (Flügel* u. *fig)* envergure; *(Brücke)* portée, travée, ouverture *f.*

Spanplatte *f* planche *f* d'aggloméré.

Sparbuch *n* ['ʃpa:r-] livret *m* d'épargne. **Sparbüchse** *f* tirelire *f.* **Spareinlage** *f* dépôt *m* d'épargne. **sparen** *tr* **1.** *allg* épargner, économiser (*an* sur); *(aufheben, zurücklegen)* mettre de côté; **2.** *(zurückhalten, schonen)* épargner, ménager; *itr* **3.** faire *od* réaliser des économies; thésauriser; ▶ *mit etw ~* être économe de qc; *~ Sie sich die Mühe zu ...* ne prenez pas la peine de ... **Sparer** *m* ‹-s, -› épargnant *m;* ▶ *die kleinen ~* les petits épargnants. **Sparflamme** *f* petit feu *m,* feu *m* réduit; ▶ *den Kontakt auf ~ halten fig* entretenir un contact minimum.

Spargel *m* ‹-s, -› ['ʃpargəl] *bot* asperge *f; (Küche)* asperges *f pl.* **Spargelspitzen** *f pl (Küche)* pointes *f pl* d'asperge(s).

Sparguthaben *n* ['ʃpa:r-] compte *m* d'épargne. **Sparkasse** *f* caisse *f* d'épargne. **Sparkonto** *n* compte *m* d'épargne.

spärlich ['ʃpɛ:rlɪç] *a* **1.** *(dünngesät)* rare, clairsemé; **2.** *(ärmlich, dürftig)* maigre, pauvre, chiche; modeste; *(unzureichend)* insuffisant; *(Geldmittel)* réduit; *pl (wenige) a.* peu de ...

Sparmaßnahme *f* ['ʃpa:r-] mesure *f* d'économie.

Sparren *m* ‹-s, -› ['ʃparən] *(Dach~)* chevron *m.*

sparsam ['ʃpa:r-] **I.** *a* **1.** *(Mensch)* économe, ménager, regardant; **2.** *(Sache im Verbrauch)* économique; **II.** *adv* économiquement, avec économie; ▶ *mit etw ~ umgehen* être économe de qc, ménager qc. **Sparsamkeit** *f* ‹-, ø› économie *f;* ▶ *übertriebene ~* parcimonie *f.*

Sparte *f* ‹-, -n› ['ʃpartə] *(Abteilung)* section *f; (Gebiet)* secteur, domaine *m; (Fach, Wissens-, Geschäftszweig)* branche, spécialité *f; com* rayon *m.*

Sparvertrag *m* contrat *m* d'épargne. **Sparzulage** *f* supplément *m* épargne.

Spaß *m* ‹-es, ¨-e› [ʃpa:s, 'ʃpɛ:sə] **1.** *(ohne pl) (Vergnügen)* plaisir, amusement, divertissement; *(Schäkerei)* badinage *m;* **2.** *(Scherz)* plaisanterie, raillerie, *pop* rigolade *f;* ▶ *aus* od *zum ~* par plaisanterie, pour plaisanter, pour s'amuser, pour rire; *~ machen (Mensch: scherzen)* plaisanter; *pop* rigoler; *(schäkern)* badiner; *(Sache: angenehm sein)* faire plaisir (*jdm* à qn); amuser (*jdm* qn); *jdm den ~ verderben* gâter *od* gâcher le plaisir à qn *od* de qn; *~ verstehen* od *vertragen* comprendre *od* entendre *od* goûter la plaisanterie, entendre (la) raillerie; *viel ~!* amuse-toi *bzw* amusez--vous bien! *~ beiseite!* plaisanterie *od* blague à part! trêve de plaisanterie! *schlechter ~* mauvaise plaisanterie *f.* **spaßen** *itr (scherzen)* plaisanter, railler, se moquer; *fam* blaguer; *pop* rigoler; ▶ *nicht mit sich ~ lassen* ne pas entendre raillerie; *damit ist nicht zu ~* on ne plaisante *od* badine pas avec cela. **spaßeshalber** *adv* = *aus* od *zum Spaß.* **spaßhaft** *a,* **spaßig** *a* plaisant, amusant; divertissant; *pop* rigolo; *(drollig)* drôle, facétieux. **Spaßmacher** *s. Spaßvogel.* **Spaßverderber** *m* gâcheur, trouble-fête *m.* **Spaßvogel** *m* plaisant, amuseur, facétieux, farceur, blagueur, rigoleur *m.*

Spat *m* ‹-(e)s, -e/¨-e› [ʃpa:t, 'ʃpɛ:tə] *min* spath *m.*

spät [ʃpɛːt] **I.** *a attr* tardif, avancé; **II.** *adv* tard; ▶ *zu* ~ trop tard; *am* ~*en Abend* tard le soir *od* dans la soirée; *bis in die* ~*e Nacht (hinein)* jusqu'à une heure avancée de la nuit; *jdn fragen, wie* ~ *es ist* demander l'heure à qn; *zu* ~ *kommen* être en retard; *es ist schon* ~ il est déjà tard, l'heure est avancée; *es wird* ~ il se fait tard; *wie* ~ *ist es?* quelle heure est-il?

Spätaussiedler *m* personne *f* rapatriée des anciens territoires allemands après 1945.

Spatel *m* ‹-s, -› od *f* ‹-, -n› ['ʃpaːtəl] = *Spachtel.*

Spaten *m* ‹-s, -› ['ʃpaːtən] bêche *f.*

später *a* ['ʃpɛːtər] postérieur, ultérieur (*als* à); *(zukünftig)* futur, à venir; *adv* plus tard; ▶ *nicht* ~ *als* au plus tard (*um 3 Uhr* à 3 heures); *einige Zeit* ~ à quelque temps de là; *bis* ~*!* à tantôt! **spätestens** *adv* au plus tard. **Spätheimkehrer** *m* ‹-s, -› prisonnier *m* de guerre rentrant longtemps après la fin de la guerre. **Spätherbst** *m* arrière--automne *m.* **Spätobst** *n* fruits *m pl* tardifs. **spätreif** *a* tardif. **Spätschicht** *f:* ▶ ~ *haben* être de l'après-midi. **Spätsommer** *m (Altweibersommer)* été *m* de la saint-Martin.

Spatz *m* ‹-en/(-es), -en› [ʃpats] moineau *m;* ▶ *die* ~*en pfeifen es von den Dächern* on le crie sur les toits, c'est un secret de Polichinelle; *ein* ~ *in der Hand ist besser als e-e Taube auf dem Dach (prov)* un «tiens» vaut mieux que deux «tu l'auras».

Spätzündung *f* ['ʃpɛːt-] *mot* allumage *m* retardé.

spazieren=fahren [ʃpa'tsiːrən] ‹*fährt, fuhr spazieren, spazierengefahren*› *itr* ‹*sein*› se promener (*mit dem Rad* à bicyclette, *mit dem Wagen* en voiture). **spazieren=führen** *tr* promener. **spazieren=gehen** ‹*ging spazieren, spazierengegangen*› *itr* ‹*sein*› (aller) se promener, faire une promenade, prendre l'air. **Spazierfahrt** *f* promenade *f* à bicyclette, en voiture *od* en auto. **Spaziergang** *m* promenade *f.* **Spaziergänger** *m* promeneur *m.* **Spazierstock** *m* canne *f.*

Specht *m* ‹-(e)s, -e› [ʃpɛçt] *orn* pic *m.*

Speck *m* ‹-(e)s, -e› [ʃpɛk] lard *m;* ▶ *Stück n* ~ lardon *m; durchwachsener* ~ petit lard, lard *m* maigre. **spekkig** *a (fettig)* graisseux. **Speckseite** *f* bande *f* (de lard). **Speckstein** *m min* pierre *f* de lard.

spedieren [ʃpe'diːrən] ‹*ohne ge-*› *tr (verfrachten)* expédier; *(befördern)* envoyer. **Spediteur** *m* ‹-s, -e› [-di'tøːr] expéditeur, transporteur (routier), entrepreneur *m* de transports *od* de déménagements. **Spedition** *f* ‹-, -en› [-tsi'oːn] expédition *f;* transport, camionnage, factage, roulage *m.* **Speditionsfirma** *f* entreprise de transports *od* de déménagement, maison *f* de transit.

Speer *m* ‹-(e)s, -e› [ʃpeːr] lance *f; (Wurfspieß)* épieu; *bes. sport* javelot *m.* **Speerwerfen** *n* lancement *m* du javelot.

Speiche *f* ‹-, -n› ['ʃpaɪçə] **1.** rayon, rai *m;* **2.** *anat* radius *m.*

Speichel *m* ‹-s, ø› ['ʃpaɪçəl] salive *f;* ▶ ~ *absondern* saliver. **Speicheldrüse** *f* glande *f* salivaire.

Speicher *m* ‹-s, -› ['ʃpaɪçər] **1.** *(Dachboden, Getreide*~*)* grenier; *(Groß*~*)* silo; *(Lagerraum)* magasin, entrepôt *m;* **2.** *(Computer)* mémoire *f.* **Speicherkapazität** *f inform* capacité *f* de mémoire. **speichern** *tr* **1.** stocker; ensiler; emmagasiner, entreposer; **2.** *(Elektronik)* enregistrer; **3.** *inform* mémoriser. **Speicherung** *f* **1.** stockage; ensilage; emmagasinage *m;* **2.** *(Elektronik)* mise *f* en mémoire.

speien ['ʃpaɪən] ‹*spie, gespie(e)n*› *itr, tr* cracher, expectorer.

Speis *m* ‹-es, ø› [ʃpaɪs, '-zəs] *(Mörtel)* mortier *m.*

Speise *f* ‹-, -n› ['ʃpaɪzə] *(Nahrung)* nourriture *f; (Nahrungsmittel)* aliment; *(Gericht)* mets, plat; *(Süß*~*)* entremets; *(Nachtisch)* dessert *m.* **Speiseeis** *n* glaces *f pl* alimentaires. **Speisekammer** *f* garde-manger *m.* **Speisekarte** *f* carte *f,* menu *m.* **speisen 1.** *tr (ernähren)* nourrir; *(zu essen geben)* donner à manger (*jdn* à qn); *bes. tech* alimenter; **2.** *itr (essen)* manger, prendre un *od* le repas. **Speisenaufzug** *m* monte-plats *m.* **Speisenfolge** *f* menu *m.* **Speiseröhre** *f anat* tube digestif, œsophage *m.* **Speiseschrank** *m* garde-manger *m.* **Speisewagen** *m loc* wagon-restaurant *m,* voiture-restaurant *f.*

Speisung *f* ‹-, (-en)› ['ʃpaɪzʊŋ] *a. tech* alimentation *f.*

Spektakel ‹-s, -› [ʃpɛk'taːkəl] **1.** *m fam (Krach, Lärm)* chahut, chambard, tintamarre, vacarme, tapage *m;* ▶ ~ *machen* faire du vacarme *od* tapage, chahuter; **2.** *n* spectacle *m.* **spektakulär** *a* spectaculaire.

Spektralanalyse *f* [s(ʃ)pɛk'traːl-] *phys* analyse *f* spectrale. **Spektralfarben** *f pl* couleurs *f pl* du spectre. **Spektrum** *n* ‹-s, -tren/-tra› ['ʃpektrʊm] spectre *m* (lumineux).

Spekulant *m* ‹-en, -en› [ʃpeku'lant] spéculateur; *(Börsen*~*)* agioteur *m.* **Spekulation** *f* ‹-, -en› [-latsi'oːn] *allg* spéculation *f; fin* agiotage *m.* **spekulativ** [-la'tiːf] *a* spéculatif. **spekulieren** [-'liːrən] ‹*ohne ge-*› *itr* spéculer (*auf* sur); *(an der Börse) a.* agioter.

Spelunke *f* ‹-, -n› [ʃpe'lʊŋkə] *pej (fin-*

steres Loch) bouge; *(Schlupfwinkel)* repaire; *(Winkelkneipe)* caboulot; *(Spielhölle)* tripot *m*.
Spelz *m* ‹-(e)s, -e› [ʃpɛlts] *(Getreideart)* épeautre *m*. **Spelze** *f* ‹-, -n› *(Teil der Ähre)* glume *f*.
spendabel [ʃpɛnˈda:bəl] *a fam (freigebig)* large, généreux, libéral. **Spende** *f* ‹-, -n› [ˈʃpɛndə] *(Geschenk)* don *m*; *(Almosen)* aumône, obole *f*. **spenden** *tr* faire don de, donner; *(austeilen)* distribuer; *fig (Lob)* prodiguer; *(Trost)* dispenser. **Spender** *m* ‹-s, -› **1.** donneur, donateur; *(Wohltäter)* bienfaiteur *m*; **2.** *(Austeiler, a. Vorrichtung)* distributeur *m*. **spendieren** [-ˈdi:rən] ‹*ohne ge-*› *tr (ausgeben)* offrir; *(bezahlen)* payer.
Spengler *m* ‹-s, -› [ˈʃpɛŋlər] = *Klempner*.
Sperber *m* ‹-s, -› [ˈʃpɛrbər] *orn* épervier *m*.
Sperling *m* ‹-s, -e› [ˈʃpɛrlɪŋ] *orn* moineau *m*.
Sperma *n* ‹-s, -men/-mata› [ˈʃpɛrma] sperme *m*.
sperrangelweit [ˈʃpɛrˈʔaŋəlˈvaɪt] *adv*: ► ~ *offen* (tout) grand ouvert.
Sperre *f* ‹-, -n› [ˈʃpɛrə] **1.** *(Straßen~)* barrière, traverse *f*; **2.** *(bes. Tal~)* barrage *m*; **3.** *(Barrikade)* barricade *f*; **4.** *mil* obstacle *m* (artificiel); **5.** *loc* (portillon *od* tourniquet de) contrôle *m*. **sperren** *tr* **1.** *(ver~)* barrer, barricader, bloquer, obstruer; *(schließen)* fermer (l'entrée, l'accès de); *(für den Verkehr)* interdire (à la circulation); **2.** *tech* enrayer; *(elektr. Strom, Gas, Wasser)* couper, interrompre; **3.** *typ* espacer; **4.** *(Flug)* annuler; **5.** *(verbieten)* interdire, défendre, prohiber; *(aufheben, bes. Urlaub)* supprimer; **6.** *(Konto)* bloquer, immobiliser; *(Scheck, Wechsel)* faire opposition au paiement de; *(Bezüge)* interdire le paiement de; *(Gehalt)* suspendre; *(Kredit)* bloquer; *refl* **7.** *sich* ~ *(sich sträuben)* se raidir; s'opposer (*gegen* à). **Sperrfeuer** *n mil* feu de barrage, tir *m* de barrage *od* d'arrêt. **Sperrgebiet** *n* zone *f* interdite. **Sperrgürtel** *m* cordon *m* sanitaire. **Sperrgut** *n* marchandises *f pl* encombrantes; *(als Aufschrift)* encombrant. **Sperrguthaben** *n fin* compte *od* avoir *m* bloqué. **Sperrholz** *n* (bois) contre-plaqué *m*. **sperrig** *a* encombrant. **Sperrkette** *f* chaîne de barrage; *(an e-r Wohnungstür)* chaîne *f* de sûreté. **Sperrklausel** *f* clause *f* de barrage. **Sperrkonto** *n* compte *m* bloqué. **Sperrmüll** *m* vieux objets *m pl* encombrants. **Sperrmüllabfuhr** *f* ramassage *m* des objets encombrants à jeter. **Sperrsitz** *m theat* stalle *f*; *(im Parkett)* fauteuil *m* d'orchestre. **Sperrstunde** *f mil (Zapfenstreich)* couvre-feu *m*; *(Ausgehverbot)* heure d'interdiction; *(Polizeistunde)* heure *f* de clôture. **Sperrung** *f* ‹-, -en› **1.** *(Ver~)* barrage, blocage *m*, obstruction; *(Schließung)* fermeture *f*; **2.** *tech* arrêt *m*; **3.** *fin* blocage *m*; opposition; *(d. Gehaltes)* suspension *f*.
Spesen *pl* [ˈʃpe:zən] *com* frais *m pl*, dépenses *f pl*, débours *m pl*.
Speyer *n* [ˈspaɪər] *geog* Spire *f*.
Spezialgebiet *n* [ʃpetsiˈa:l-] spécialité *f*. **spezialisieren** [-tsialiˈzi:rən] ‹*ohne ge-*› *tr* spécialiser; *sich* ~ se spécialiser (*auf* dans). **Spezialisierung** *f* ‹-, -en› spécialisation *f*. **Spezialist** *m* ‹-en, -en› [-ˈlɪst] spécialiste *m*. **Spezialität** *f* ‹-, -en› [-liˈtɛ:t] spécialité *f*.
speziell [-tsiˈɛl] *a* spécial, particulier.
spezifisch [-ˈtsi:fɪʃ] *a*, *a. phys* spécifique. **spezifizieren** [-fiˈtsi:rən] ‹*ohne ge-*› *tr* spécifier.
Sphäre *f* ‹-, -n› [ˈsfɛ:rə] *(Himmelsgewölbe; fig: Kreis, Bereich)* sphère *f*. **sphärisch** [ˈsfɛ:rɪʃ] *a math* sphérique.
Sphinx *f* ‹-, -e› *a. m* ‹-, -e/Sphingen› [sfɪŋks, ˈ-ɪŋən] *(Mythologie* u. *fig)* sphinx *m*.
spicken [ˈspɪkən] **1.** *tr (Küche)* (entre) larder, barder; **2.** *itr fam (Schule: unerlaubt abschreiben)* copier, *fam* pomper. **Spickzettel** *m fam (Schule)* antisèche *f*.
Spiegel *m* ‹-s, -› [ˈʃpi:gəl] **1.** glace *f*; *(bes. Hand~ u. fig)* miroir; *(Pfeiler~)* trumeau *m*; *(großer Dreh~)* psyché *f*; *med* spéculum *m*; **2.** *mil (Kragen~)* écusson *m*; **3.** *(Oberfläche e-r Flüssigkeit)* niveau *m*; ► *das kann er sich hinter den ~ stecken!* il ne s'en vantera pas! **Spiegelbild** *n* image *f* reflétée par *od* dans un miroir; *fig* reflet *m*. **spiegelblank** *a*: ► ~ *sein* briller comme un miroir. **Spiegelei** *n* œuf *m* sur le plat *od* au miroir. **Spiegelfechterei** *f* simagrée *f*; simulacre *m*. **spiegelglatt** *a* poli comme un miroir. **spiegeln** *tr* **1.** *(zurückstrahlen)* refléter, réfléchir; *itr* **2.** *(schillern)* miroiter, jeter des reflets variés; *refl: sich* ~ **3.** se mirer; se regarder dans une glace; **4.** *(sich wider~)* se refléter (*in* dans); *fig (zutage treten)* se lire. **Spiegelreflexkamera** *f phot* caméra *f* à miroir réflecteur, reflex *m*. **Spiegelschrift** *f* écriture *f* spéculaire *od* renversée *od* en miroir. **Spiegelung** *f* ‹-, -en› *(Rückstrahlung)* réflexion *f*; *(Reflex)* reflet; *(Spiegelglanz)* miroitement *m*.
Spiel *n* ‹-(e)s, -e› [ʃpi:l] **1.** *allg* jeu *m*; *(Partie)* partie *f*; *(Wettkampf)* match; *theat* spectacle *m*; **2.** *(ohne pl) mus (Anschlag)* toucher *m*; *(Vortrag)* exécution *f*; **3.** *(Bewegung)* jeu, mouvement *m*; ► *ein ~ gewinnen, verlieren* gagner, perdre une partie; *gewonnenes ~ haben* avoir partie gagnée *od* gain de cause;

leichtes ~ haben avoir beau jeu; (*mit jdm* avec qn); *aus dem ~ lassen (fig)* ne pas faire entrer en jeu, laisser hors de cause; *aufs ~ setzen* mettre en jeu *od* en péril; exposer, risquer, hasarder, aventurer; *(s-n Ruf, s-e Zukunft)* compromettre; *ein falsches, offenes ~ spielen* jouer double, franc jeu; *auf dem ~ stehen* être en jeu; *mit etw sein ~ treiben* se faire un jeu de qc; *das ~ verderben (fig)* gâter *od fam* gâcher le métier; *das ~ ist aus (fig)* les jeux sont faits; *wie steht das ~? (sport)* où en est le match? *~ Karten (Satz)* jeu *m* de cartes. **Spielart** *f* **1.** *bot* variété *f*; **2.** *fig* nuance *f*. **Spielautomat** *m* machine *f* à sous. **Spielball** *m fig* jouet *m*. **Spielbank** *f* maison *f* de jeu, casino *m*.

spielen [ˈʃpi:lən] *itr* **1.** *allg* jouer *a. theat mus sport* (*mit jdm* avec qn); **2.** *(stattfinden, sich ereignen)* se jouer, se dérouler, se passer, avoir lieu; avoir pour scène *od* pour théâtre (*in etw* qc); **3.** *(Farbe)* tirer (*ins* sur le); **4.** *(ein Spiel)* jouer (à un jeu); **5.** *(ein Instrument)* jouer d'un instrument; **6.** *theat (Rolle, Stück)* jouer; **7.** *film (zeigen)* passer; **8.** *(mimen, vortäuschen)* jouer, feindre, simuler; se donner, se faire passer pour; ▶ *um 100 Mark ~* jouer 100 marks; *mit dem Feuer ~ (fig)* jouer avec le feu; *hoch ~* jouer gros (jeu); *niedrig ~* jouer petit jeu; *verrückt ~ (fam)* avoir son quart d'heure de folie; *das Stück spielt in Spanien (a.)* la scène est en Espagne. **spielend** *adv (mühelos)* comme en jouant; par-dessous la jambe.

Spieler *m* ⟨-s, -⟩ [ˈʃpi:lər] **1.** joueur *m*; **2.** *sport (e-r Mannschaft)* équipier; **3.** *(Schau~)* acteur *m*. **Spielerei** *f* ⟨-, -en⟩ [-ˈraɪ] **1.** jeu, amusement; *(Tändelei, Schäkerei)* badinage; *(Kinderei)* enfantillage *m*; **2.** *fig (Kleinigkeit)* bagatelle *f*. **spielerisch** *a* **1.** qui aime jouer, joueur; **2.** *fig (leicht)* léger. **Spielfeld** *n sport* terrain; *(Tennis)* court *m*. **Spielfilm** *m* grand film *m*. **Spielkamerad(in** *f***)** *m* camarade *m f* de jeu. **Spielkarte** *f* carte *f* à jouer. **Spielleiter** *m theat* régisseur; *a. film* metteur en scène; *film* réalisateur *m*. **Spielmann** *m* ⟨-(e)s, -leute⟩ *hist (Musikant)* ménétrier; *m; pl mil* tambours et clairons *m pl*. **Spielmarke** *f* jeton *m*. **Spielplan** *m* **1.** *theat* répertoire *m*; **2.** *(für e-e bestimmte Zeit)* (programme *m* des) spectacles *m pl*; ▶ *sich auf dem ~ halten* demeurer au théâtre. **Spielplatz** *m (für Kinder)* terrain *m* de jeux. **Spielraum** *m* **1.** *tech* jeu *m*, chasse, tolérance *f*; **2.** *fig (Bewegungsfreiheit)* marge, latitude *f*. **Spielregel** *f* règle *f* du jeu. **Spielsachen** *f pl* jouets, joujoux *m pl*. **Spielschuld** *f* dette *f* de jeu. **Spielsucht** *f* passion *f* du jeu. **Spieluhr** *f* pendule *f* à carillon. **Spielverbot** *n sport* suspension *f*. **Spielverderber** *m* trouble-fête, rabat-joie, *pop* gâcheur *m*. **Spielwaren** *f pl* jouets *m pl*. **Spielzeit** *f* **1.** *theat* saison *f* (théâtrale); **2.** *sport* durée *f* du match. **Spielzeug** *n* ⟨-(e)s, -e⟩ jouets *m pl*.

Spieß *m* ⟨-es, -e⟩ [ʃpi:s, ˈ-ə] **1.** *(Pike)* pique *f*; *(Wurf~)* javelot; *(Jagd~)* épieu *m*; **2.** *(Brat~)* broche *f*; ▶ *am ~ braten* faire cuire à la broche; *er schreit wie am ~* il crie comme un écorché; *den ~ umdrehen* od *umkehren (fig)* passer à l'offensive; prendre sa revanche. **Spießbürger** *m pej* petit bourgeois, épicier; philistin, béotien *m*. **spießbürgerlich** *a* bourgeois, prudhommesque; philistin, béotien; terre-à-terre. **spießen** *tr (auf~)* embrocher, enferrer. **Spießer** *m* ⟨-s, -⟩ *fig = Spießbürger*. **Spießgeselle** *m* complice *m*. **spießig** *a = spießbürgerlich*. **Spießruten** *f pl*: ▶ *~ laufen* passer par les verges *od* les baguettes; *fig* passer entre deux haies de curieux.

Spikesreifen *m* [ˈspaɪks-] pneu *m* clouté.

Spinat *m* ⟨-(e)s, -e⟩ [ʃpiˈna:t] *bot* épinard *m*; *(Küche)* épinards *m pl*.

Spind *m, a. n* ⟨-(e)s, -e⟩ [ʃpɪnt, ˈ-də] *(Schrank)* armoire *f*.

Spindel *f* ⟨-, -n⟩ [ˈʃpɪndəl] fuseau *m*; *tech* tige *f*. **spindeldürr** *a* maigre comme un clou *od* un hareng.

Spinett *n* ⟨-(e)s, -e⟩ [ʃpiˈnɛt] *mus* épinette *f*.

Spinne *f* ⟨-, -n⟩ [ˈʃpɪnə] *zoo* araignée *f*. **spinnefeind** *a*: ▶ *sich ~ sein* être à couteau(x) tiré(s). **spinnen** ⟨*spann, gesponnen*⟩ *tr* **1.** *(zoo u. Textil)* filer; **2.** *fig (anzetteln)* tramer; *(aushecken, ersinnen)* ourdir; *itr* **3.** *(Katze)* ronronner; **4.** *pop (verrückt sein)* avoir une araignée au plafond *od* le timbre fêlé. **Spinnennetz** *n* toile *f* d'araignée. **Spinner** *m* ⟨-s, -⟩ **1.** *ent* bombyx *m*; **2.** *(Arbeiter)* fileur *m*; **3.** *fig fam* farceur, songe-creux *m*. **Spinnerei** *f* ⟨-, -en⟩ [-ˈraɪ] *(Gewerbe u. Werk)* filature *f*. **Spinnerin** *f* ⟨-, -nen⟩ fileuse *f*. **Spinnmaschine** *f* métier *m* à filer, jenny *f*. **Spinnrad** *n* rouet *m*. **Spinnrocken** *m* quenouille *f*. **Spinnstoff** *m* (matière *f*) textile *m*. **Spinnwebe** *f* toile *f* d'araignée.

spintisieren [ʃpɪntiˈzi:rən] ⟨*ohne ge-*⟩ *itr fam (grübeln)* chercher le fin du fin.

Spion *m* ⟨-s, -e⟩ [ʃpiˈo:n] **1.** espion, mouchard *m*; **2.** *(Fensterspiegel)* espion *m*. **Spionage** *f* ⟨-, ø⟩ [-oˈna:ʒə] espionnage *m*. **Spionageabwehr** *f* contre-espionnage *m*. **Spionagesatellit** *m* satellite *m* espion. **spionieren** [-oˈni:rən] ⟨*ohne ge-*⟩ *itr* espionner, moucharder. **Spionin** *f* ⟨-, -nen⟩ espionne; moucharde *f*.

Spirale *f* ⟨-, -n⟩ [ʃpiˈra:lə] spirale, volute *f*.

Spiralfeder *f* ressort *m* spiral *od* à boudin. **Spiralnebel** *m astr* nébuleuse *f* spirale.
Spiritismus *m* ‹-, ø› [ʃ(s)piri'tɪsmʊs] spiritisme *m*. **Spiritist** *m* ‹-en, -en› [-'tɪst], **spiritistisch** [-'tɪstɪʃ] *a* spirite *(m)*.
Spirituosen *pl* [-tu'o:zən] spiritueux *m pl*. **Spiritus** *m* ‹-, -se› ['ʃpi:ritʊs] *(Weingeist)* esprit de vin, alcool; *(Brenn~)* alcool *m* à brûler. **Spiritusbrenner** *m*, **Spirituskocher** *m*, **Spirituslampe** *f* brûleur, réchaud *m*, lampe *f* à alcool.
spitz [ʃpɪts] *a* **1.** pointu, en pointe; *(Nadel)* à pointe fine; *(Winkel)* aigu; **2.** *(Gesicht)* effilé; **3.** *fig (Worte: scharf, beißend)* aigu, aigre, acéré, mordant, perçant; *(boshaft)* méchant; ► *eine ~e Zunge (fig)* une langue bien affilée; *~ zulaufen* s'effiler; finir en pointe.
Spitz *m* ‹-es, -e› *(Hunderasse)* loulou *m*.
Spitzbart *m* barbe *f* en pointe, bouc *m*. **Spitzbogen** *m arch* (arc *m* en) ogive *f*. **Spitzbube** *m* filou, fripon, coquin, garnement, voyou *m*. **spitzbübisch** *a (bes. verniedlichend)* fripon, coquin.
Spitze *f* ‹-, -n› ['ʃpɪtsə] **1.** *allg, a. fig* pointe *f*; *(Ende e-s längl. Gegenstandes)* bout *m*; **2.** *(Berg~)* pic *m*, aiguille *f*; *(Gipfel* u. *math)* sommet *m*; **3.** *fig (Kopf, führende Stelle)* tête *f a. mil*; **4.** *(Textil)* dentelle *f*, point *m*; ► *an der ~ (gen)* à la *od* en tête (de); *die ~ e-r S abbrechen* épointer qc; *sich an die ~ e-r S setzen* se mettre à *od* prendre la tête de qc; *an der ~ stehen* tenir le premier rang; *etw auf die ~ treiben (fig)* pousser qc à l'extrême *od* à son point extrême *od* à bout.
Spitzel *m* ‹-s, -› ['ʃpɪtsəl] *(Zuträger)* mouchard; *(Polizei~)* indicateur *m*. **spitzeln** *itr* moucharder, espionner.
spitzen *tr allg* tailler en pointe, affiler; *(Bleistift)* tailler, aiguiser, affûter; ► *die Lippen* od *den Mund ~* faire la petite bouche *od* la bouche en cœur.
Spitzenbelastung *f* ['ʃpɪtsən-] saturation *f*. **Spitzenerzeugnis** *n* produit *m* de première qualité. **Spitzengeschwindigkeit** *f* vitesse *f* de pointe. **Spitzenkandidat** *m pol* (candidat *m*) tête de liste; tête *f* de file. **Spitzenklasse** *f* première qualité *f*. **Spitzenkleid** *n* robe *f* en *od* de dentelle. **Spitzenleistung** *f* rendement *m* maximum *od* maximal, puissance *f* de pointe; performance *f*; record *m*. **Spitzenlohn** *m* salaire *m* maximum *od* maximal. **Spitzenmannschaft** *f sport* la meilleure équipe. **Spitzenpolitiker** *m* politicien *m* en vue. **Spitzenposition** *f* position *f* élevée. **Spitzenpreis** *m* prix *m* record. **Spitzenreiter** *m fig sport*: ► *~ sein* être en tête. **Spitzentechnologie** *f* technologie *f* de pointe. **Spitzenverdiener** *m* gros salaire *m*. **Spitzenverkehrszeit** *f* heures *f pl* de pointe.
Spitzer *m* ['ʃpɪtsər] taille-crayon *m*.
spitzfindig ['ʃpɪts-] *a* subtil; *(haarspalterisch)* pointilleux, vétilleux, tatillon. **Spitzfindigkeit** *f* subtilité, argutie, finasserie *f*. **Spitzhacke** *f* pioche *f*, pic *m*. **spitzig** *a* en pointe; effilé. **spitzkriegen** *tr fam (herausbekommen)* avoir le fin mot (*etw* de qc). **Spitzmaus** *f* musaraigne *f*. **Spitzname** *m* sobriquet, surnom *m*. **spitzwink(e)lig** *a math* acutangle.
Spleen *m* ‹-s, -e/-s› [ʃ-, spli:n] excentricité, bizarrerie *f*.
Splitt *m* ‹-(e)s, -e› [ʃplɪt] *(Steinschlag für d. Straßenbau)* pierres *f pl* concassées, pierraille *f*, gravillon *m*.
Splitter *m* ‹-s, -› ['ʃplɪtər] éclat *m*; *(Holz~)* écharde; *(Knochen~)* esquille; *(Diamant~)* paillette *f*. **Splitterbombe** *f* bombe *f* à fragmentation. **splitter(faser)nackt** *a* nu comme un ver *od* la main. **Splittergruppe** *f pol* fraction *f* minoritaire; groupuscule *m*. **splittern** *itr* ‹*sein*› éclater; voler en éclats. **Splitterpartei** *f* petit parti *m*. **splittersicher** *a* à l'abri des éclats.
sponsern ['ʃ(s)pɔnzərn] *tr* sponsoriser. **Sponsor(in** *f*) *m* ‹-s, -s› ['ʃ(s)pɔnzər] sponsor; *(e-s Films)* producteur *m*, -trice *f*; *sport* commanditaire *m f*.
spontan [ʃ-, spɔn'ta:n] *a* spontané. **Sponti** *m* ‹-s, -s› ['ʃpɔnti] *pol* spontanéiste *m*.
sporadisch [ʃ-, spo'ra:dɪʃ] *a (vereinzelt)* sporadique.
Spore *f* ‹-, -n› ['ʃpo:rə] *bot* spore *f*.
Sporn *m* ‹-(e)s, Sporen› ['ʃpɔrn, 'ʃpo:rən] **1.** éperon *m*; **2.** *orn* ergot *m*; **3.** *fig (An~)* aiguillon, stimulant *m*; ► *sich die Sporen verdienen (fig)* gagner ses galons. **spornen** *tr* éperonner. **spornstreichs** *adv* à toute bride, à bride abattue, immédiatement.
Sport *m* ‹-(e)s, (-e)› [ʃpɔrt] sport *m*; ► *~ treiben* faire du sport. **Sportabzeichen** *n* insigne *m* sportif. **Sportanzug** *m* tenue *f* de sport. **Sportart** *f* sport *m*. **Sportarzt** *m* médecin sportif; *(bei Veranstaltungen)* médecin *m* soigneur. **Sportbeilage** *f (Zeitung)* supplément *m* sportif. **Sportbericht** *m* reportage *m* sportif. **Sportereignis** *n* événement *m* sportif. **Sportfunk** *m* émissions *f pl* sportives. **Sportgeschäft** *n* magasin *m* d'articles de sport. **Sportklub** *m* club *m* sportif. **Sportlehrer** *m* moniteur; *(im Schuldienst)* professeur *m* de sport *od* d'éducation physique. **Sportler(in)** *m* ‹-s, -› (*f* ‹-, -nen›) sportif *m*, -ive *f*. **sportlich** *a* sportif. **Sportmedizin** *f* médecine *f* sportive. **Sportnachrichten** *f pl* nouvelles *f pl* sportives. **Sportplatz** *m* (place *f od*) terrain *m* de sport. **Sportschuhe** *m pl* chaussures *f pl* de

sport. **Sporttrikot** *n* maillot *m* de sport. **Sportveranstaltung** *f* manifestation *od* rencontre *f* sportive. **Sportverein** *m* association, société *f* sportive. **Sportwagen** *m* **1.** voiture *f* de sport; **2.** *(für Kinder)* poussette *f*. **Sportzeitung** *f* journal *m* sportif.

Spott *m* ‹-(e)s, ø› [ʃpɔt] moquerie, raillerie, dérision *f; (feiner)* persiflage; *(beißender)* sarcasme *m; fam* gouaill(eri)e *f;* ▶ *zum* ~ par dérision; *s-n* ~ *treiben mit* tourner en ridicule. **Spottbild** *n* caricature, charge *f*. **spottbillig** *a* d'un prix dérisoire, très bon marché.

Spöttelei *f* ‹-, -en› [ʃpœtəˈlaɪ] persiflage *m;* moquerie, raillerie *f*. **spötteln** [ˈʃpœtəln] *itr* persifler *(über etw* qc*);* se moquer *(über etw* de qc*);* railler *(über etw* qc*)*.

spotten [ˈʃpɔtən] *itr* se moquer, railler; *(über Heiliges)* blasphémer; ▶ *jeder Beschreibung* ~ défier toute description.

Spötter *m* ‹-s, -› [ˈʃpœtər] moqueur, railleur; persifleur; *(auf höherer Ebene)* ironiste; *rel* blasphémateur *m*. **spöttisch** [ˈʃpœtɪʃ] *a* moqueur, railleur.

Spottpreis *m* [ˈʃpɔt-] prix *m* sacrifié; ▶ *zu e-m* ~ = *spottbillig (adv)*.

sprachbegabt [ˈʃpra:x-] *a* doué pour les langues. **Sprachbegabung** *f* don *m* des langues.

Sprache *f* ‹-, -n› [ˈʃpra:xə] **1.** *(ohne pl) (Sprechfähigkeit)* faculté de parler, parole *f; (Ausdrucksweise)* langage; *(Sprechweise)* parler, accent *m;* **2.** *(Ausdrucksmittel; Bedeutungssystem)* langue *f;* idiome *m;* ▶ *zur* ~ *bringen* mettre en discussion *od* sur le tapis; *mit der* ~ *herausrücken* s'expliquer; *pop* accoucher; *nicht mit der* ~ *heraus wollen* tourner autour du pot; *zur* ~ *kommen* venir sur le tapis, être discuté; *alte, neuere* ~*n* langues *f pl* anciennes, modernes; *fremde* ~ langue *f* étrangère; *lebende, tote* ~ langue *f* vivante, morte.

Sprachebene *f* [ˈʃpra:x-] niveau *m* de langue. **Sprachenkampf** *m* conflit *m* linguistique. **Spracherwerb** *m* acquisition *f* du langage. **Sprachfehler** *m* défaut *m* d'élocution; incorrection, faute *f* de langue, solécisme *m*. **Sprachführer** *m (Buch)* manuel *m* de conversation. **Sprachgebrauch** *m* usage *m;* ▶ *allgemeiner* ~ langue *f* courante. **Sprachgefühl** *n* sens *m* de la langue. **Sprachgemeinschaft** *f* communauté *f* linguistique. **Sprachgenie** *n* personne *f* qui a le don des langues. **sprachgewaltig** *a* éloquent. **Sprachgrenze** *f* frontière *f* linguistique. **Sprachkenntnisse** *f pl* connaissance *f* des langues; ▶ *mit deutschen* ~*n* ayant des connaissances d'allemand. **sprachkundig** *a* qui connaît une *od* plusieurs langue(s); *(vielsprachig)* polyglotte. **Sprachlabor** *n* laboratoire *m* de langues. **Sprachlehre** *f* grammaire *f*. **Sprachlehrer** *m* professeur *m* de langue(s). **sprachlich** *a* linguistique; de langue; ▶ ~*e Schwierigkeiten f pl* difficultés *f pl* de langue. **sprachlos** *a pred:* ▶ ~ *sein* être interloqué *od* déconfit *od* interdit. **Sprachlosigkeit** *f* mutisme *m; fig* stupéfaction *f*. **Sprachrohr** *n* porte-voix; *fig:* ▶ *sich zum* ~ *e-r S machen* se faire l'interprète de qc. **Sprachstörung** *f med* trouble *m* de la parole *od* du langage. **Sprachstudium** *n* étude *f* des langues. **Sprachwissenschaft** *f* linguistique; philologie *f*.

Spray *m* od *n* ‹-s, -s› [ʃpre:, spre:] bombe *f* aérosol; *(Zerstäuber)* atomiseur, spray; *(zum Nachfüllen)* vaporisateur *m; (Insektenspray)* bombe *f* d'insecticide; *(Inhalt)* insecticide *m* (en bombe). **Spraydose** *f* bombe *f*.

Sprechanlage *f* [ˈʃprɛç-] interphone *m*. **Sprechblase** *f (in Cartoons)* bulle *f*.

sprechen [ˈʃprɛçən] ‹*spricht, sprach, gesprochen*› **1.** *itr* parler *(mit jdm* à qn, *über etw* de qc*);* **2.** *tr (sagen, ein Gebet od Gedicht* ~*)* dire, réciter; *(aus*~*)* prononcer; **3.** *refl: sich* od *ea.* ~ se parler, converser, s'entretenir, causer; ▶ *für jdn* ~ parler en faveur de qn; *für sich (selbst)* ~ *(Sache)* se présenter de soi-même; *deutsch (Deutsch), französisch (Französisch)* ~ parler allemand, français; *gut über jdn, über etw* ~ dire du bien, parler en bien de qn, de qc; *laut, leise* ~ parler haut, bas; *über den Rundfunk* ~ parler à la radio; *kein Wort* ~ ne dire mot; *jdn zum S*~ *bringen* délier *od* dénouer la langue à qn; *auf etw zu* ~ *kommen* en venir à parler de qc; *gut, schlecht auf jdn zu* ~ *sein* vouloir du bien, en vouloir à qn; *nicht* od *für niemanden zu* ~ *sein* n'y être pour *od* ne recevoir personne; *ich möchte Sie* ~ je désire vous parler; *das spricht für sich* cela parle de soi *od* tout seul; *alle Anzeichen* ~ *dafür, daß* ... tout porte à croire que ...; *kann ich Herrn X.* ~? *ist Herr X. zu* ~? pourrais-je parler à *od* voir M. X.? peut-on voir M. X.? *wir* ~ *uns noch!* nous nous reverrons *od* retrouverons! ~ *wir nicht mehr darüber!* n'en parlons plus! **sprechend** *a, a. fig* parlant; *fig (vielsagend)* éloquent, expressif, évocateur; *(Ähnlichkeit)* frappant.

Sprecher *m* ‹-s, -› [ˈʃprɛçər] *allg* parleur; *(Redner)* orateur; *(Wortführer)* porte-parole; *radio (Ansager)* speaker *m; (Sprachwissenschaft)* locuteur *m*. **Sprecherin** *f radio* speakerine *f*. **Sprecherziehung** *f* orthophonie; éducation *f* des organes de la phonation. **Sprechfunk** *m* (radiotélé)phonie *f*.

Sprechstunde *f (Arzt)* consultations *f pl; (sonst als Ankündigung)* reçoit *(freitags von 10 bis 11 Uhr* le vendredi de 10 à 11 heures*); allg* audience. **Sprechstundenhilfe** *f* assistante *f* (médicale). **Sprechübung** *f* exercice *m* d'élocution *od* de conversation. **Sprechweise** *f* langage *m;* (manière *f* de) parler *m,* élocution *f.* **Sprechzimmer** *n allg* parloir; *(Anwalt)* cabinet *m; (Notar)* étude *f; (Arzt)* cabinet *m* (de consultation).

spreizen ['ʃpraɪtsən] **1.** *tr* écarter; **2.** *refl: sich ~ (fig: sich aufblähen)* se pavaner, se rengorger.

Sprengbombe *f* ['ʃpreŋ-] bombe *f* explosive. **sprengen** *tr* **1.** *(aufbrechen, zerreißen)* enfoncer, faire éclater *od* sauter; *(Fesseln, Ketten)* briser; *(in die Luft ~)* faire sauter; dynamiter; **2.** *(Versammlung, Kundgebung)* disperser; **3.** *(Bank)* faire sauter; **4.** *(Wasser)* répandre; *(Straße, Rasen)* asperger, arroser; *(Wäsche)* humecter, mouiller; *itr ‹sein›* **5.** *(Reiter)* galoper, aller au galop; bondir. **Sprengkommando** *n mil* détachement *m* de destruction. **Sprengkopf** *m mil* ogive *f* explosive; ▶ *atomarer* od *nuklearer ~* ogive *od* tête *f* (thermo)nucléaire. **Sprengkörper** *m* (engin *od* corps) explosif; détonateur *m.* **Sprengkraft** *f* force *f* explosive. **Sprengladung** *f* charge *f* explosive. **Sprengstoff** *m* matière *f* explosive *od* détonante; explosif; *(knetbarer)* plastic *m.* **Sprengstoffattentat** *n* attentat à l'explosif *od* au plastic, plastiquage *m;* ▶ *ein ~ verüben auf* plastiquer. **Sprengstofflager** *n* dépôt *m* d'explosifs; dynamitière *f.* **Sprengung** *f* ‹-, -en› destruction *f* par un explosif; *(mit Dynamit, a. fig)* dynamitage *m.* **Sprengwirkung** *f* effet *m* explosif *od* brisant *od* d'éclatement.

Spreu *f* ‹-, ø› [ʃprɔʏ] balle *f;* ▶ *die ~ vom Weizen sondern (fig)* séparer le bon grain de l'ivraie.

Sprichwort *n* ['ʃprɪç-] proverbe *m.* **sprichwörtlich** *a* proverbial.

sprießen ['ʃpri:sən] *‹sproß, gesprossen› itr ‹sein›* poindre, sortir de terre.

Springbrunnen *m* ['ʃprɪŋ-] *m (Fontäne)* jet *m* d'eau. **springen** *‹sprang, gesprungen› itr ‹sein›* **1.** sauter, faire un saut; *(in die Höhe ~, auf~)* bondir, faire un bond; *(Schwimmsport)* plonger, piquer un plongeon; **2.** *(männl. Tier)* saillir; **3.** *(spritzen)* jaillir, gicler; **4.** *(platzen)* sauter, éclater, voler en éclats; *(e-n Sprung bekommen)* crever, se fendre, se fêler; ▶ *in die Augen ~ (fig)* sauter aux yeux; *über e-n Graben ~* franchir un fossé en sautant; *zur Seite ~* faire un bond de côté *od* un écart; *~ lassen* faire sauter; *(Geld)* faire valser. **springend** *a:* ▶ *der ~e Punkt* le point saillant *od* essentiel *od* délicat. **Springer** *m* ‹-s, -› sauteur; **1.** *(Schwimmer)* plongeur *m;* **2.** *(Schach)* cavalier *m.* **Springflut** *f* marée *f* de vive eau. **Springreiten** *n* saut *m* d'obstacles, jumping *m.*

Sprit *m* ‹-(e)s, -e› [ʃprit] *(Kurzform von: Spiritus)* **1.** alcool *m;* **2.** *fam (Benzin)* essence *f.*

Spritzbeton *m* ['ʃprɪts-] béton *m* projeté. **Spritze** *f* ‹-, -n› **1.** *(Garten~)* arroseur *m; (Feuer~)* pompe à incendie; *med (Gerät)* seringue, canule *f;* **2.** *(Einspritzung)* piqûre, injection *f;* ▶ *jdm e-e ~ geben* faire une piqûre à qn. **spritzen** *tr ‹h›* **1.** *(Straße, Rasen sprengen)* asperger, arroser; **2.** *(spritzlackieren)* peindre au pistolet; *itr ‹sein›* **3.** *(Flüssigkeit)* jaillir, gicler; *(Schreibfeder)* cracher; **4.** *fam (sich schnell bewegen)* filer. **Spritzenhaus** *n* dépôt *m* des pompes à incendie. **Spritzer** *m* ‹-s, -› éclaboussure *f.* **spritzig** *a (Wein* u. *fig)* pétillant. **Spritzkuchen** *m* échaudé *m.* **spritzlackieren** *tr ‹spritzlackiert› (nur inf u. pp)* peindre au pistolet. **Spritzpistole** *f* pistolet pulvérisateur; bidon--pistolet *m.* **Spritztour** *f fam* petit tour *m,* petite excursion; *fam* virée *f.*

spröde ['ʃprø:də] *a* **1.** *(brüchig)* cassant, fragile; *(hart)* dur; *(trocken)* sec; *(Haut)* qui gerce (facilement); **2.** *fig (Materie)* aride, difficile, qui ne se prête pas; **3.** *(Mensch: wenig umgänglich, rauh)* cassant, raide, rêche, revêche; *(prüde)* farouche, prude, bégueule. **Sprödigkeit** *f* ‹-, ø› **1.** fragilité *f;* **2.** *fig* aridité *f;* **3.** raideur; pruderie *f.*

Sproß *m* ‹-sses, -sse› [ʃprɔs] **1.** *bot* pousse *f;* **2.** *a. fig (Abkömmling)* rejeton *m.*

Sprosse *f* ‹-, -n› ['ʃprɔsə] *(Querholz d. Leiter, a. fig: Stufe)* échelon *m.*

sprossen *itr ‹sein›* poindre; bourgeonner; pousser.

Sprossenwand *f sport* échelle *f* à dos.

Sprößling *m* ‹-s, -e› ['ʃprœslɪŋ] *bes. fig (Sohn)* rejeton *m.*

Sprotte *f* ‹-, -n› ['ʃprɔtə] *zoo* sprat, harenguet *m.*

Spruch *m* ‹-(e)s, ⸚e› [ʃprux, 'ʃprʏçə] **1.** *(Rede)* paroles *f pl; (Aus~)* dit *m;* **2.** *(Sinn~)* adage *m,* sentence, maxime; réflexion, pensée *f;* aphorisme, apophtegme; *(Bibel~)* verset *m;* **3.** *jur (Urteil)* sentence *f,* arrêt, verdict; *(Schieds~)* arbitrage; *(Orakel~)* oracle *m;* **4.** *(Funk~)* message *m.* **Spruchband** *n* banderole *f,* calicot *m; (Kunst)* rouleau *m.* **spruchreif** **1.** *a jur* en état d'être jugé; **2.** *allg (bes. verneint)* arrivé à maturité.

Sprudel *m* ‹-s, -› ['ʃpru:dəl] **1.** bouillonnement, jaillissement *m;* **2.** *(moussierendes Getränk)* eau *f* gazeuse. **sprudeln** *itr ‹sein* od *h›* **1.** bouillonner; **2.**

(Quelle) sourdre; *(hervor~)* jaillir. **Sprühaktion** *f* [ˈʃpry:-] bombage *m*. **Sprühdose** *f* bombe *f*. **sprühen** [ˈʃpry:ən] *itr* ‹*sein*› **1.** *(Tropfen, Funken)* jaillir; *(nieseln)* bruiner; **2.** *fig (Geist)* pétiller, étinceler; *tr* **3.** *(Funken)* projeter, lancer; *(fein verteilen)* vaporiser. **Sprühflasche** *f* vaporisateur *m*. **Sprühregen** *m* pluie fine, bruine *f*.

Sprung *m* ‹-(e)s, ¨-e› [ʃprʊŋ, ˈʃprʏŋə] **1.** saut; *(Satz)* bond; *(Schwung)* élan; *(Aufspringen)* soubresaut, sursaut *m*; *(Luft~)* gambade, cabriole *f*; *(Kopf~ beim Schwimmen)* plongeon *m*; **2.** *(Riß in Glas od Porzellan)* fêlure, fissure; *(in Metall)* cassure; *(in Stahl)* crique *f*; ▶ *auf e-n ~ (im Vorbeigehen)* en passant; *e-n ~ bekommen* se fêler, se fissurer; *e-n ~ haben* être fêlé; *jdm auf die Sprünge helfen* mettre qn sur la voie; *es ist nur ein ~ bis dorthin* c'est à deux pas d'ici; *keine großen Sprünge machen können (fig)* ne pas pouvoir aller (bien) loin; *auf dem ~ sein, etw zu tun* être sur le point de à faire qc. **sprungbereit** *a* prêt à sauter; *fig* prêt à partir. **Sprungbrett** *n a. fig* tremplin *m*. **Sprungfeder** *f* ressort *m* (élastique). **Sprungfedermatratze** *f* matelas *m* à ressorts *od* à spirales. **Sprunggrube** *f sport* fosse *f* de saut. **sprunghaft** *a (unzs.hängend)* incohérent; *(unbeständig)* inconstant. **Sprunghaftigkeit** *f* incohérence; inconstance, versatilité *f*. **Sprungschanze** *f (Schi)* tremplin (de ski), sautoir *m*. **Sprungtuch** *n* toile *f* de sauvetage. **Sprungturm** *m (Schwimmsport)* plongeoir, pylône *m*, plateforme *f*.

Spucke *f* ‹-, ø› [ˈʃpʊkə] salive *f*; ▶ *da bleibt mir die ~ weg (pop)* ça me la coupe, ça me coupe la chique; *fam* ça me renverse. **spucken** *itr* u. *tr* cracher; ▶ *große Bogen* od *große Töne ~ (fig fam)* se gargariser de grands mots, *fam* la ramener. **Spucknapf** *m* crachoir *m*.

Spuk *m* ‹-(e)s,(-e)› [ʃpu:k] apparition *f* de fantômes. **spuken** *itr* revenir; hanter (*in etw* qc); *fig fam (herumgeistern, lebendig sein)* hanter (*im Kopf* l'esprit); *impers:* ▶ *es spukt* il y a des revenants; *in dem Hause ~t es* la maison est hantée.

Spülbecken *m* [ˈʃpy:l-] *n* lavoir; *(Ausguß)* évier *m*.

Spule *f* ‹-, -n› [ˈʃpu:lə] bobine *f*. **spulen** *tr* bobiner.

spülen [ˈʃpy:lən] *tr* rincer; *(Geschirr)* laver; ▶ *an Land ~* jeter sur le rivage. **Spüllappen** *m* torchon *m*. **Spülmaschine** *f (Geschirrspülmaschine)* machine *f* à laver la vaisselle, lave-vaisselle *m*. **spülmaschinenfest** *a (Geschirr)* conçu pour lave-vaisselle. **Spülmittel** *n* produit *m* vaisselle. **Spülprogramm** *n (in der Waschmaschine)* rinçage *m*. **Spülstein** *m (Ausguß)* évier *m*. **Spülung** *f med* irrigation, injection *f*. **Spülwasser** *n* rinçure; eau *f* de vaisselle; eaux *f pl* usées *od* ménagères.

Spulwurm *m* [ˈʃpu:l-] *zoo* ver *m* des enfants.

Spund *m* ‹-(e)s, ¨-e› [ʃpʊnt, ˈʃpʏndə] *(am Faß)* bonde *f*. **Spundloch** *n* (trou *m* de la) bonde *f*. **Spundzapfen** *m* bondon *m*.

Spur *f* ‹-, -en› [ʃpu:r] **1.** *(allg* u. *Fuß~)* trace, piste *f*, vestige *m*; *(Jagd a.)* connaissance; *(Wagen~, Fahrrinne)* ornière, voie; *(Abdruck)* empreinte *f*, stigmate *m*, marque *f*; **2.** *(Anzeichen)* indice; *(Überrest)* reste *m*; *fig* trace *f*, vestige, sillon, sillage *m (kleine Menge)*; **3.** *loc (Abstand zwischen den Schienen)* écartement *m*; ▶ *jdn auf e-e falsche ~ bringen (a. fig)* mettre qn sur une fausse piste; *fig* donner le change à qn; *jdn auf die richtige ~ bringen (fig)* mettre qn sur la voie; *e-e ~ verfolgen* suivre une trace; *jds ~ folgen (fig)* marcher sur les traces de qn; *an* od *auf* od *in etw ~en hinterlassen* marquer qc; *jdm auf der ~ sein (fig)* être à la piste *od* sur les traces de qn; *die ~n sichern* relever les empreintes; *vom Täter fehlt jede ~* on n'a aucune trace du malfaiteur, le malfaiteur n'a laissé aucune trace; *keine ~, nicht die leiseste ~ (fig)* pas l'ombre, pas l'idée (*von* de).

spürbar [ˈʃpy:r-] *a* sensible, perceptible. **spüren** *tr (wittern)* flairer; *(empfinden)* sentir, (se) ressentir (de), éprouver; *(wahrnehmen)* s'apercevoir de, remarquer; ▶ *zu ~ sein* se faire sentir.

Spurenelement *n* [ˈʃpu:rən-] *chem biol* oligo-élément *m*.

Spürhund *m* [ˈʃpy:r-] chien quêteur; limier; *fig* furet *m*.

spurlos [ˈʃpu:r-] *adv:* ▶ *~ verschwunden* disparu sans laisser de traces.

Spürnase *f* [ˈʃpy:r-] *:* ▶ *e-e ~ haben* avoir du nez *od* du flair. **Spürsinn** *m* flair *m*; sagacité *f*.

sputen, *sich* [ˈʃpu:tən] se dépêcher, se hâter.

Squash *n* ‹-, ø› [skwɔʃ, skvɔʃ] *sport* squash *m*. **Squashspieler(in** *f***)** *m* joueur, euse *m f* de squash.

Staat *m* ‹-(e)s, -en› [ʃta:t] **1.** État *m*; *(Gemeinwesen)* chose publique, république *f*; **2.** *fig* cité; *ent* société *f*; **3.** *fam (Prunk)* luxe *m*; parade *f*; **4.** *(ohne pl) (Festgewand)* grande toilette *f*, tralala *m*; ▶ *mit etw ~ machen* faire parade de qc. **staatenbildend** *a:* ▶ *~e Insekten n pl* insectes *m pl* sociaux. **Staatenbund** *m* confédération *f* d'États. **staatenlos** *a* apatride; sans nationalité. **Staatenlose(r)** *m* ‹-n, -n› apatride *m*. **staatlich** *a* de l'État; étatique; national; *(dem Staat gehörig)* domanial; ▶ *unter*

~er Aufsicht contrôlé par l'État; ~ *anerkannt* reconnu par l'État; ~ *geprüft* diplômé d'État.

Staatsakt *m* ['ʃta:ts-] réception *f* solemnelle. **Staatsaktion** *f*: ▶ *e-e ~ aus etw machen (fam)* faire une affaire d'État de qc. **Staatsangehöriger** *m* ressortissant; *(Untertan)* sujet *m*. **Staatsangehörigkeit** *f* nationalité *f*. **Staatsanleihe** *f* emprunt *m* d'État *od* gouvernemental *od* national *od* public. **Staatsanwalt** *m allg* partie *f* publique; procureur *m*. **Staatsanwaltschaft** *f* (magistrature *f* du) parquet, ministère *m* public. **Staatsbeamter** *m* fonctionnaire *m* (de l'État). **Staatsbegräbnis** *n* funérailles *od* obsèques *f pl* nationales. **Staatsbesuch** *m* visite *f* d'État, séjour *m* officiel. **Staatsbürger** *m* citoyen *m*. **staatsbürgerlich** *a* civique; ▶ *die ~en Rechte n pl* les droits *m pl* civiques. **Staatschef** *m* chef *m* d'État *od* de l'État. **Staatsdienst** *m* service *m* de l'État *od* public; fonction publique; magistrature *f*; ▶ *im ~ stehen* être fonctionnaire (de l'État). **Staatseigentum** *n* propriété *f* nationale *od* publique *od* de l'État. **Staatsexamen** *n* examen *m* d'État; *(bestandenes)* licence *f*. **Staatsfeind** *m* ennemi *m* public. **Staatsform** *f* forme *f* de gouvernement, régime *m*. **Staatsgebiet** *n* territoire *m* de l'État *od* national. **Staatsgeheimnis** *n* secret *m* d'État. **Staatsgewalt** *f* pouvoir d'État, pouvoir *m od* puissance de l'État, autorité *f* publique. **Staatshaushalt** *m* budget *m* de l'État. **Staatskasse** *f* trésor public, fisc *m*. **Staatskirche** *f* Église *f* nationale. **Staatskosten** *pl*: ▶ *auf ~* aux frais de l'État. **Staatsmann** *m* ⟨-(e)s, -männer⟩ homme d'État, (homme) politique *m*. **staatsmännisch** *a* d'homme d'État. **Staatsminister** *m* ministre *m* d'État. **Staatsoberhaupt** *n* chef d'État *od* de l'État; souverain *m*. **Staatspräsident** *m* président *m* de la République. **Staatsräson** *f* raison *f* d'État. **Staatsrat** *m* **1.** *(Körperschaft)* conseil *m* d'État; **2.** *(Person)* conseiller *m* d'État. **Staatsrecht** *n* droit *m* public. **staatsrechtlich** *a* de droit public. **Staatsschuld** *f* dette *f* publique *od* de l'État. **Staatssekretär** *m* secrétaire *m* d'État (*für* à). **Staatssicherheit** *f* sûreté *f* de l'Etat. **Staatssicherheitsdienst** *m* services *m pl* de contre-espionnage. **Staatsstreich** *m* coup *m* d'État. **Staatstrauer** *f* deuil *m* national. **Staatsvertrag** *m* convention *f*, traité *m*. **Staatsvolk**, *das* les citoyens *m pl*.

Stab *m* ⟨-(e)s, ⸚e⟩ [ʃta:p, 'ʃtɛ:bə] **1.** bâton *m*; *(dünner)* baguette *f*; *(kurzer)* bâtonnet; *(beim Stafettenlauf)* témoin *m*; *(langer, bes. beim Stabhhochsprung)* perche; *(Eisen~)* barre *f*, barreau; *(Flucht~)* piquet *m*; **2.** *fig mil (Führungsgruppe)* état-major; *allg (Mitarbeiter~)* groupe *m* (de travail); équipe *f* de direction; ▶ *über jdn den ~ brechen (fig)* condamner qn; jeter la pierre à qn, faire le procès de qn. **Stabhochsprung** *m* saut *m* à la perche.

stabil [ʃ(s)ta'bi:l] *a* stable *a*. *Preise;* solide, ferme. **Stabilisator** *m* ⟨-s, -en⟩ [-bili'za:tɔr, -'to:ren] *tech* stabilisateur *m*. **stabilisieren** [-'zi:rən] ⟨*ohne ge-*⟩ *tr* stabiliser; consolider. **Stabilisierung** *f* ⟨-, ø⟩ stabilisation *f*. **Stabilität** *f* ⟨-, ø⟩ [-'tɛ:t] stabilité; *(Maschine)* robustesse *f*.

Stabreim *m* ['ʃta:p-] allitération *f*.

Stabsarzt *m* médecin *m* capitaine. **Stabschef** *m* chef *m* d'état-major. **Stabsoffizier** *m* officier *m* supérieur. **Stabsquartier** *n* quartier *m* général.

Stabwechsel *m sport* transmission *f* du témoin.

Stachel *m* ⟨-s, -n⟩ ['ʃtaxəl] **1.** *bot* aiguillon; *bot zoo* piquant; *zoo (Gift~)* dard *m*; **2.** *allg* pointe *f*; *fig* aiguillon *m*, pointe *f*. **Stachelbeere** *f* groseille *f* à maquereau. **Stachelbeerstrauch** *m* groseillier *m* à maquereau. **Stacheldraht** *m* (fil de fer) barbelé *m*. **Stacheldrahtverhau** *m* (réseau *m* de) barbelés *m pl*. **Stacheldrahtzaun** *m* clôture *f* en (fil de fer) barbelé. **stach(e)lig** *a* aiguillonné; hérissé de piquants. **stacheln** *tr (stechen)* aiguillonner; piquer. **Stachelschwein** *n* porc-épic *m*.

Stadion *n* ⟨-s, -dien⟩ ['ʃta:diɔn, '-diən] *sport* stade *m*.

Stadium *n* ⟨-s, -dien⟩ ['ʃtadium, '-diən] stade; *(Zustand)* état; *(Stufe)* degré *m*; *(Abschnitt)* phase, *bes. med* période *f*.

Stadt *f* ⟨-, ⸚e⟩ [ʃtat, 'ʃtɛ:tə] ville; cité; *(~verwaltung)* municipalité *f*; ▶ *in der ~* dans la ville; *(Gegensatz: auf dem Lande)* à la ville; *(Gegensatz: zu Hause)* en ville; *in ~ und Land* à la ville comme à la campagne. **Stadtbad** *n* piscine *f* municipale. **Stadtbahn** *f* chemin de fer métropolitain; *(als Netz)* réseau *m* urbain. **stadtbekannt** *a* de notoriété publique; ▶ *das ist ~* cela court les rues. **Stadtbezirk** *m* arrondissement *m*. **Stadtbibliothek** *f* bibliothèque *f* municipale. **Stadtbild** *n* physionomie *f* d'une *od* de la ville; paysage *m* urbain. **Stadtbücherei** = *Stadtbibliothek*.

Städtchen *n* ⟨-s, -⟩ ['ʃtɛ:tçən] petite ville. **Städtebau** *m* ⟨-(e)s, ø⟩ urbanisme *m*. **städtebaulich** *a* urbanistique. **Städtepartnerschaft** *f* jumelage *m*. **Städter** *m* ⟨-s, -⟩ citadin *m*; *pl a.* gens *pl* de la ville.

Stadtgebiet *n* ['ʃtat-] territoire *m* de la ville; banlieue *f*. **Stadtgespräch** *n tele*

communication *f* urbaine; ▶ *das ist ~ (in aller Munde)* toute la ville en parle.
städtisch ['ʃtɛ:tɪʃ] *a* urbain; de la ville; *adm* municipal.
Stadtkern *m* ['ʃtat-] noyau urbain; centre *m* (de la ville). **Stadtkommandant** *m mil* commandant *m* de place. **Stadtmauer** *f* (mur *m* d')enceinte *f.* **Stadtmitte** *f* centre *m* (de la ville). **Stadtplan** *m* plan *m* de ville. **Stadtplaner** *m* urbaniste *m.* **Stadtplanung** *f* aménagement urbain, urbanisme *m.* **Stadtrand** *m* banlieue *f.* **Stadtrandsiedlung** *f* cité *f* de banlieue. **Stadtrat** *m* ‹-(e)s, ¨e› **1.** *(Körperschaft)* conseil municipal; **2.** *(Person)* conseiller municipal, édile *m.* **Stadtrundfahrt** *f* tour *m* de *od* visite *f* de la ville. **Stadtstaat** *m* ville-Etat *f.* **Stadtstreicher** *m* clochard *m.* **Stadtteil** *m* quartier *m.* **Stadttor** *n* porte *f* de la ville. **Stadtväter,** *die m pl* les édiles *m pl;* la municipalité. **Stadtverwaltung** *f* administration municipale; municipalité *f.* **Stadtviertel** *n = Stadtteil.* **Stadtzentrum** *n = Stadtmitte.*
Staffage *f* ‹-, -n› [ʃta'fa:ʒə] accessoires *f pl,* décor *m.*
Staffel *f* ‹-, -n› ['ʃtafəl] **1.** *(Stufe)* marche *f;* degré; gradin; *a. mil* u. *fig* échelon *m;* **2.** *aero mil* escadrille *f;* **3.** *sport* relais *m.* **Staffelei** *f* ‹-, -en› [-'laɪ] chevalet *m.* **Staffellauf** *m* course *f* de relais. **staffeln** *tr* échelonner, disposer par échelons; *fig* graduer. **Staffelung** *f* ‹-, -en› échelonnement *m,* graduation *f,* décalage, étalement *m.*
Stagflation *f* ‹-, -en› [ʃtakfla'tsio:n, st-] stagflation *f.*
Stagnation *f* ‹-, -en› [ʃ-, stagnatsi'o:n] stagnation *f.* **stagnieren** [-'gni:rən] ‹*ohne ge-*› *itr (Wasser)* croupir; stagner, être stagnant; *fig* languir; plafonner.
Stahl *m* ‹-(e)s, ¨e/(-e)› [ʃta:l, 'ʃtɛ:lə] acier; *(Wetz~)* fusil; *fig a.* fer *m.* **Stahlbeton** *m* béton *m* armé. **Stahlbetonbau** *m* construction *f* en béton armé. **Stahlbürste** *f* brosse *f* métallique.
stählen ['ʃtɛ:lən] *tr* aciérer; *fig* endurcir. **stählern** *a* d'acier, en acier; *fig* de fer.
Stahlfeder *f* ['ʃta:l-] *(zum Schreiben)* plume *f* d'acier. **stahlhart** *a* d'acier. **Stahlhelm** *m* casque *m* d'acier. **Stahlrohrmöbel** *n pl* meubles *m pl* tubulaires. **Stahlschrank** *m* coffre-fort *m.* **Stahlstich** *m* gravure *f* sur acier. **Stahlträger** *m* poutrelle *f* d'acier. **Stahlwaren(handlung** *f***)** *f pl* coutellerie *f.* **Stahlwerk** *n* aciérie *f.*
Stake *f* ‹-, -n› , ['ʃta:kə] *(Stange)* perche *f.* **staken** *tr (Boot)* conduire *od* manœuvrer à la perche.
Stalinismus *m* ‹-, ø› [stali'nɪsmʊs, ʃt-] stalinisme *m.*
Stall *m* ‹-(e)s, ¨e› [ʃtal, 'ʃtɛlə] **1.** *(Pferde~)* écurie; *(Kuh~)* étable; *(Schaf~)* bergerie; *(Schweine~)* porcherie *f;* **2.** *fig pej (schlechte Wohnung)* écurie *f,* taudis *m.* **Stallhase** *m* lapin *m.* **Stallknecht** *m* valet d'écurie, palefrenier *m.* **Stall(l)aterne** *f* lanterne *f* d'écurie. **Stallmagd** *f* vachère *f.* **Stallung** *f* ‹-, -en› *meist pl* écuries *f pl.*
Stamm *m* ‹-(e)s, ¨e› [ʃtam, 'ʃtɛmə] **1.** *(Baum~)* tronc, fût *m,* tige *f* (aérienne); **2.** *fig (Geschlecht, Familie)* souche, lignée, race, famille; *(Volks~)* tribu *f; biol* embranchement *m;* **3.** *(~personal)* cadre *m;* **4.** *(~kunden, ~gäste)* habitués *m pl;* **5.** *gram* racine *f,* radical *m.* **Stammaktie** *f fin* action *f* ordinaire. **Stammbaum** *m* arbre généalogique; *(e-s Zuchttieres)* pedigree *m.* **Stammbuch** *n* album; *(Familien~)* livret *m* de famille.
stammeln ['ʃtaməln] **1.** *tr* bégayer, balbutier; **2.** *itr (undeutlich sprechen)* bredouiller.
stammen ['ʃtamən] *itr* **1.** *(ab~)* descendre, provenir, sortir, être issu, tirer son origine (*von* de); **2.** *(örtl.)* être originaire (*aus* de), *(Sache)* provenir (*aus* de); **3.** *(zeitl.)* dater (*aus* de). **Stammform** *f gram* forme *f* radicale; temps *m* primitif. **Stammgast** *m* hôte attitré, habitué *m.* **Stammhalter** fils *m* aîné. **Stammhaus** *n com* maison *f* mère.
stämmig ['ʃtɛmɪç] *a* trapu, robuste; fort; *fam* costaud.
Stammkapital *n* ['ʃtam-] capital initial, fonds *m* (social). **Stammkneipe** *f = Stammlokal.* **Stammkunde** *m* client *m* attitré. **Stammlokal** *n fam* (mon, ton *etc*) bistrot *od* café; bistrot *od* café *m* qu'on fréquente en habitué. **Stammkundschaft** *f* clientèle *f* attitrée. **Stammpersonal** *n* personnel *m* stable. **Stammplatz** *m* place *f* d'habitué. **Stammrolle** *f* (registre *m*) matricule *f.* **Stammtisch** *m* table *f* des habitués. **Stammvater** *m* aïeul *m.* **stammverwandt** *a* de la même famille *od* race.
stampfen ['ʃtampfən] *tr* **1.** pilonner, damer; *(fest~)* fouler, tasser; *(zer~)* piler, broyer, concasser; bocarder; *itr* **2.** *(mit den Füßen ~)* piétiner, trépigner; *(stapfen)* marcher à pas lourds; **3.** *(Schiff)* tanguer; ▶ *aus dem Boden ~ (fig)* faire sortir du sol. **Stampfer** *m* ‹-s, -› *(Gerät)* pilon *m,* dame *f;* fouloir; broyeur *m.*
Stand *m* ‹-(e)s, ¨e› [ʃtant, 'ʃtɛndə] **1.** *(Stehen)* station; **2.** *(Stellung)* position *f;* **3.** *(Lage)* situation; *(Zustand)* condition *f,* état, *(gegenwärtiger)* état actuel; *(Ebene, Höhe; fig)* niveau, degré; *(Wasser)* niveau *m; (Barometer)* hauteur *f; sport (des Spieles)* score *m; com (der Preise)* cote *f,* cours *m pl;* **4.** *pol* état *m,* classe; *(Rang)* rang *m,* condition *f,* standing *m; (Beruf)* profession *f,* métier *m;*

5. *(Standort)* poste *m*, place *f*, emplacement *m*; *a. zoo bot* station *f*; *(Verkaufs~)* éventaire *m*; *(Messe~)* stand *m*; ▶ *auf den neuesten ~ bringen* mettre à jour; *den höchsten ~ erreichen* culminer; *e-n schweren ~ haben* être dans une situation difficile; avoir bien du mal (*bei, mit* avec); *gut im ~e sein* être en bon état *od (Mensch)* en bonne santé; *der gegenwärtige ~ der Technik, des Wissens* l'état de la technique, des connaissances actuelles; *der ~ der Arbeiten* l'état *m* (d'avancement) des travaux.

Standard *m* ‹-s, -s› ['ʃ(s)tandart] **1.** *(Richtschnur)* standard *m*; *(Norm)* norme *f*; **2.** *(Normalmaß)* étalon *m*. **Standardausführung** *f com* présentation *f* standard. **Standardwerk** *n* *(wissenschaftl.)* ouvrage *m* de référence.

Standarte *f* ‹-, -n› [ʃtan'dartə] *mil* étendard *m*.

Standbild *n* ['ʃtant-] statue *f*; ▶ *jdm ein ~ errichten* élever une statue à qn; *hum* statufier qn.

Ständchen *n* ‹-s, -› ['ʃtɛntçən] *mus* *(Abend~)* sérénade; *(Morgen~)* aubade *f*; ▶ *jdm ein ~ bringen* donner une sérénade *od* une aubade à qn.

Ständer *m* ‹-s, -› ['-dər] montant, pied; support *m*.

Standesamt *n* ['ʃtandəs-] bureau *m* de l'état civil. **standesamtlich** *a* par (l'officier de) l'état civil; ▶ *~e Trauung* *f* mariage *m* civil. **Standesbeamter** *m* officier *m* d'état civil. **standesgemäß** *a* conforme à son état *od* rang. **Standesregister** *n* registre *m* de l'état civil.

standfest ['ʃtant-] *a* stable, fixe; solide. **Standfestigkeit** *f* ‹-, ø› stabilité; solidité *f*. **Standgericht** *n* conseil *m* de guerre; cour *f* martiale. **standhaft** **I.** *a* constant; *(fest)* ferme; *(beharrlich)* persévérant; **II.** *adv* de pied ferme; ▶ *~ bleiben* tenir ferme *od* bon. **Standhaftigkeit** *f* ‹-, ø› constance; fermeté; persévérance *f*. **stand=halten** *itr* ‹*hält, hielt stand, standgehalten*› tenir (bon *od* ferme); tenir tête, résister (*e-r S* à qc).

ständig ['ʃtɛndıç] **I.** *a* **1.** permanent, perpétuel, continuel; incessant, ininterrompu; **2.** *(fest)* fixe, stable; **II.** *adv* perpétuellement, continuellement, sans cesse.

Standlicht *n* ['ʃtant-] *mot* feu(x *pl*) *m* de position *od* de stationnement; ▶ *das ~ einschalten* mettre en veilleuse. **Standort** *m* **1.** lieu de stationnement, poste *m*, place *f*, emplacement *m*; **2.** *a. zoo bot* station *f*; *bot* habitat *m*; **3.** *mil* garnison *f*; **4.** *mar aero* position *f*; **5.** *fig* position *f*; ▶ *den ~ angeben, feststellen (mar aero)* signaler, déterminer la position. **Standpauke** *f fam (Strafrede)* gronderie *f*, sermon *m*; ▶ *jdm e-e ~ halten* passer un savon à qn, sermonner qn. **Standpunkt** *m bes. fig* point *m* de vue; *fig* manière de voir, optique *f*; ▶ *auf dem ~ stehen, daß ...* être d'avis que ... **Standrecht** *n mil* loi *f* martiale; ▶ *das ~ verhängen* décréter la loi martiale. **standrechtlich** *adv*: ▶ *~ erschießen* exécuter militairement, passer par les armes. **Standspur** *f* bande *f* d'arrêt d'urgence. **Standuhr** *f* horloge *f* de parquet.

Stange *f* ‹-, -n› ['ʃtaŋə] **1.** perche, gaule, verge; *(aus Metall)* barre *f*; *(aufgerichtet)* poteau *m*; *(Bohnen~)* rame *f*; *(Bohnen~, Hopfen~)* paisseau; *(Hühner~)* perchoir, juchoir *m*; *tech* tige; *(Pleuel~)* bielle; *(Geweih)* branche *f*; **2.** *com (Ware in Stangenform, z. B. Siegellack)* bâton; *(Eis zum Kühlen)* pain *m*; *(Brot)* baguette; *(Zigaretten)* cartouche *f*; ▶ *bei der ~ bleiben (fig fam)* tenir bon *od* ferme, ne pas lâcher pied; *e-e ~ Geld kosten (fam)* coûter un argent fou *od* les yeux de la tête. **Stangenbrot** *n* baguette *f*. **Stangenspargel** *m* asperges *f pl* entières.

stänkern ['ʃtɛŋkərn] *itr fam* chercher querelle *od* noise; *pop* rouspéter.

Stanniol *n* ‹-s, -e› [ʃ(s)tani'o:l] papier *m* *od* feuille *f* d'étain, tain *m*.

Stanze *f* ‹-, -n› ['ʃtantsə] **1.** *tech* (presse à) estampe(r); matrice *f*; **2.** *(Loch~)* poinsonneuse *f*. **stanzen** *tr* **1.** estamper; *(aus~)* découper; **2.** *(lochen)* poinçonner.

Stapel *m* ‹-s, -› ['ʃta:pəl] **1.** *mar (Dock)* cale *f*; **2.** *(Warenlager)* entrepôt, dépôt *m*; **3.** *(geschichteter Haufen, Stoß)* pile *f*, tas *m*; ▶ *vom ~ laufen (mar)* être lancé *od* mis à l'eau. **Stapellauf** *m mar* lancement *m*, mise *f* à l'eau. **stapeln** *tr* **1.** *(lagern)* emmagasiner, stocker; **2.** *(aufschichten)* empiler, entasser.

stapfen ['ʃtapfən] *itr* ‹*sein*› marcher d'un pas lourd.

Star [ʃta:r] **(1)** *m* ‹-(e)s, -e› *orn* étourneau, sansonnet *m*; **(2)** *m* ‹-(e)s, -e› *med* *(grauer ~)* cataracte *f*; ▶ *grüner ~* glaucome *m*; *schwarzer ~* amaurose *f*; **(3)** *m* ‹-s, -s› *film* vedette, étoile, star *f*.

stark [ʃtark] **I.** *a* **1.** *allg* fort *a. fig*; *(kräftig)* vigoureux, robuste; *(kraftvoll)* énergique; **2.** *(heftig)* violent; **3.** *(mächtig)* puissant *(a. von e-m Motor)*; *(intensiv, z. B. Verkehr)* intense; *(groß, beträchtlich)* grand, considérable; *med* fort; *(tüchtig, beschlagen)* fort, calé; **4.** *(dick, von e-m Menschen)* fort, gros, corpulent; *(Buch, Band: umfangreich)* volumineux; *(dick, von e-r Schicht)* épais; **5.** *(fest)* solide, résistant; **6.** *(alkohol. Getränk, Kaffee, Tabak)* fort; **II.** *adv (bei v)* fort; *(beträchtlich)* fortement, grandement; *(bei a)* très, bien;

▶ *zehn Mann* ~ (au nombre) de 10 hommes; *500 Seiten* ~ *(Buch)* de 500 pages; *zehn Zentimeter* ~ épais de 10 centimètres; *sich* ~ *genug fühlen, etw zu tun* se sentir assez fort pour *od* la force de faire qc; ~ *machen* rendre fort, fortifier; *das ist (ein)* ~*(es Stück) fig* c'est (un peu) fort; c'est un peu raide; ~*er Esser, Trinker m* gros mangeur, fort *od* grand buveur *m;* ~*er Frost m* forte gelée; ~*es Gefälle n (Straße)* descente rapide; *loc* forte pente *f; der* ~*e Mann (pol)* l'homme *m* fort; ~*er Schnupfen m* gros rhume *m;* ~ *verschuldet* criblé *od* couvert de dettes.

Stärke *f* ⟨-, -n⟩ ['ʃtɛrkə] **1.** *allg* force; *(Kraft)* vigueur, robustesse; *(Energie)* énergie *f;* **2.** *(Macht)* puissance *f;* **3.** *(Intensität)* intensité *f;* **4.** *(Zahl)* force *f* numérique, nombre; *mil* effectif *m;* **5.** *(Tüchtigkeit, Beschlagenheit)* fort *m;* **6.** *(Buch: Umfang)* volume *m; (Schicht: Dicke)* épaisseur *f;* **7.** *(Festigkeit)* solidité, résistance *f;* **8.** *(Stärkemehl)* fécule *f,* amidon; *(Wäsche*~*)* empois *m* (d'amidon). **stärken** *tr* **1.** *allg* fortifier; *(kräftigen)* revigorer; *med* tonifier, soutenir; *(seelisch)* réconforter; **2.** *(Wäsche)* amidonner, empeser; *refl:* **3.** *sich* ~ se restaurer, se refaire; *(seelisch, fam)* se remonter. **stärkend** *a* fortifiant; *med* reconstituant, tonique; *fam* remontant. **Stärkeregler** *m radio* bouton *m* de puissance.

Starkstrom *m* ['ʃtark-] *el* courant à haute tension, courant *m* force. **Starkstromleitung** *f* ligne *f* à haute tension.

Stärkung *f* ['ʃtɛrkʊŋ] ⟨-, -en⟩ renforcement, raffermissement *m,* consolidation *f; (Trost)* réconfort *m.* **Stärkungsmittel** *n* fortifiant, reconstituant, tonique *m.*

starr [ʃtar] *a* **1.** raide; *scient tech* rigide; *(unbeweglich)* immobile; *(steif)* (en-) gourd(i); *(steifgefroren)* figé *od* transi (de froid), glacé; **2.** *(Blick)* fixe; *(wie versteinert)* pétrifié (*vor Schrecken* de terreur); *(vor Staunen)* stupéfait; **3.** *(unbeugsam)* inflexible; *(streng)* rigoureux, rigide. **Starre** *f* ⟨-, ø⟩ raideur, rigidité; immobilité *f.* **starren** *itr* **1.** *(ragen)* se dresser, s'élever; **2.** *(bedeckt sein)* être couvert *od* hérissé (*vor* od *von* de); **3.** *(unverwandt blicken)* regarder fixement (*auf etw* qc); ▶ *vor Schmutz* ~ être couvert de boue *od* de crasse. **Starrheit** *f* ⟨-, ø⟩ = *Starre; (Unbeugsamkeit)* inflexibilité; *(Strenge)* rigueur *f;* = *Starrsinn.* **Starrsinn** *m* entêtement *m,* obstination, opiniâtreté *f.* **starrsinnig** *a* entêté, obstiné, opiniâtre.

Start *m* ⟨-(e)s, -s/(-e)⟩ [ʃtart] *(Ablauf, Startsprung, -fahrt, -flug)* (point de) départ; *mot* démarrage; *aero* décollage, envol; *(Rakete, Raumschiff)* lancement; *fig* démarrage *m,* mise *f* en route; ▶ ~ *frei!* départ autorisé! **Startautomatik** *f mot* starter *m* automatique. **Startbahn** *f aero* piste de décollage; voie *f* de départ; *(Flugzeugträger)* pont *m* d'envol. **startbereit** *a allg* prêt à partir *od sport* au départ *od mot* à démarrer; *aero* prêt à décoller, en état de vol. **starten 1.** *itr* ⟨*sein*⟩ *allg* partir; *sport* prendre le départ; *mot* démarrer; *aero* décoller, s'envoler; **2.** *tr* ⟨*h*⟩ *(Rakete, Raumschiff)* lancer; *fig (in Gang setzen)* mettre en route. **Starterlaubnis** *f* autorisation *f* de départ. **Startschuß** *m sport* coup *m* de départ. **Startsignal** *n,* **Startzeichen** *n sport* signal *m* de *od* du départ.

Statik *f* ⟨-, ø⟩ ['ʃ-, 'sta:tɪk] *phys* statique *f.*

Station *f* ⟨-, -en⟩ [ʃtatsi'o:n] **1.** *allg* station; *loc a.* gare *f;* **2.** *(Krankenhaus)* service *m;* ▶ ~ *machen (haltmachen)* s'arrêter, séjourner. **stationär** [-tsio'nɛ:r] *a* stationnaire; *(Anlage)* fixe; ▶ ~*e Behandlung f (als Krankenhauspatient)* traitement *m* clinique. **stationieren** [-'ni:rən] ⟨*ohne ge-*⟩ *tr* stationner. **Stationsarzt** *m* médecin *m* du service. **Stationsvorsteher** *m loc* chef *m* de gare *od* de station *od* de section.

statisch ['ʃ-, 'sta:tɪʃ] *a* statique.

Statist *m* ⟨-en, -en⟩ [ʃta'tɪst] figurant; comparse *m.*

Statistik *f* ⟨-, -en⟩ [-'tɪstɪk] statistique *f.*

Statistin *f* ⟨-, -nen⟩ figurante; *f.*

statistisch [-'tɪstɪʃ] *a* (de) statistique.

Stativ *n* ⟨-s, -e⟩ [ʃta'ti:f, -və] support; *bes. phot* (tré)pied *m.*

statt [ʃtat] *prp gen* au lieu de, à la place de; en guise de; ▶ ~ *zu ... (mit inf)* au lieu de ...; ~ *daß* au lieu que; ▶ ~ *dessen* au lieu de cela. **Statt** *f* ⟨-, ø⟩ *(nur in Wendungen):* ▶ *an meiner* ~ à ma place.

Stätte *f* ⟨-, -n⟩ ['ʃtɛtə] lieu, endroit *m,* place *f.*

statt=finden ['ʃtat-] ⟨*findet, fand statt, stattgefunden*⟩ *itr* avoir lieu; *(Veranstaltung)* se tenir. **statt=geben** ⟨*gibt, gab statt, stattgegeben*⟩ *itr* donner suite (*e-r S* à qc), accorder, agréer (*e-r S* qc); *(e-m Gesuch)* faire droit (*e-r S* à qc), admettre (*e-r S* qc). **statthaft** *a (zulässig)* admissible; *(erlaubt)* permis; *jur* recevable. **Statthalter** *m* gouverneur *m.* **stattlich** *a (ansehnlich)* de belle apparence; *(prächtig)* somptueux, superbe; *(imposant)* imposant; *(Summe)* considérable; *(Mensch, Tier)* étoffé; *(Bauch)* rondelet.

Statue *f* ⟨-, -n⟩ ['ʃ-, 'sta:tuə] statue *f.* **Statuette** *f* ⟨-, -n⟩ [ʃ-, statu'ɛtə] statuette; figurine *f.*

Statur *f* ⟨-, -en⟩ [ʃta'tu:r] stature, taille *f.*

Status *m* ⟨-, -⟩ ['ʃ(s)ta:tʊs] *jur adm* état *m* (juridique). **Status quo** *m* ⟨--, ø⟩ [-'kvo:] statu quo *m.*

Statut *n* ‹-(e)s, -en› [ʃ(s)ta'tu:t] statut; règlement *m; pl a.* charte *f.*
Stau *m* ‹-(e)s, -e› [ʃtaʊ] *(~ung)* refoulement; *(Stillstand)* étale *m; (Verkehr)* bouchon *m.*
Staub *m* ‹-(e)s, ø›, *tech* ‹-(e)s, -e/¨e› [ʃtaʊp, '-bə, 'ʃtɔʏbə] poussière; *(Puder, Pulver)* poudre *f; (Blüten~)* pollen *m;* ► *(viel) ~ aufwirbeln (fig)* soulever, faire de la poussière, faire beaucoup de *od* grand bruit; *sich aus dem ~e machen (fam)* filer, détaler, décamper, ficher *od pop* foutre le camp. **Staubbeutel** *m bot* anthère *f.*
Staubecken *n* ['ʃtaʊ-] (bassin *m* de) retenue *f,* barrage *m.*
stauben ['ʃtaʊbən] *itr* faire de la poussière, poudroyer. **Staubfaden** *m bot* filet *m.* **Staubfänger** *m* nid à poussière; ramasse-poussière *m.* **Staubflocke** *f* mouton *m fam.* **Staubgefäß** *n bot* étamine *f.* **staubig** *a* poussiéreux, poudreux, couvert de poussière. **Staubkamm** *m* peigne *m* fin. **Staubkorn** *n* ‹-s, ¨er› grain *m* de poussière. **staubsaugen** *tr* passer l'aspirateur. **Staubsauger** *m* aspirateur *m.* **Staubtuch** *n* ‹-(e)s, ¨er› chiffon à épousseter; essuie-meubles *m.* **Staubwolke** *f* nuage *m* de poussière.
stauchen ['ʃtaʊxən] *tr* **1.** *(stoßen)* cogner; *(drücken)* presser; **2.** *(ausschimpfen)* réprimander, chapitrer, gourmander. **Stauchung** *f* ‹-, -en› refoulement *m.*
Staudamm *m* ['ʃtaʊ-] barrage *m.*
Staude *f* ‹-, -n› ['ʃtaʊdə] arbuste, arbrisseau *m.*
stauen ['ʃtaʊən] **1.** *tr (Wasser)* arrêter, refouler; *(eindeichen)* endiguer; *(a. Verkehrsteilnehmer)* contenir; **2.** *refl: sich ~ (allg)* s'amasser; *(Verkehr, Volksmenge)* s'entasser, s'empiler; *(Verkehr)* former un bouchon; *med (Blut)* se congestionner. **Staumauer** *f* mur *m* de barrage, digue *f.*
staunen ['ʃtaʊnən] *itr* s'étonner, être étonné (*über* de); *(sich verwundern)* s'émerveiller (*über* de); *(überrascht sein)* être surpris (*über* de); *(verblüfft sein)* être ébahi; ► *da werden Sie ~! (a. fam)* vous n'en reviendrez pas! **Staunen** *n* étonnement; émerveillement; ébahissement *m;* ► *aus dem ~ nicht herauskommen* aller de surprise en surprise.
Staupe *f* ‹-, -n› ['ʃtaʊpə] **1.** *vet* morve *f* des chiens; **2.** *hist* fustigation *f.*
Stausee *m* ['ʃtaʊ-] lac *m* de retenue *od* d'accumulation. **Staustufe** *f* bief *m.* **Stauung** *f* ‹-, -en› **1.** *(Wasser)* refoulement *m;* **2.** *(a. Postsendungen)* accumulation *f; (Menschen)* entassement; *(Verkehr)* embouteillage, encombrement, *fam* bouchon *m;* **3.** *allg (Stockung)* stagnation; *med* congestion *f.* **Stauwerk** *n* barrage *m.*
Stearin *n* ‹-s, -e› [ʃ-, stea'ri:n] *chem* stéarine *f.*
Stechapfel *m* ['ʃtɛç-] *bot* datura *m.* **Stechbecken** *n (für Kranke)* bassin *m* de lit *od* pour malades *od* hygiénique. **stechen** ‹*sticht, stach, gestochen*› *tr* **1.** piquer; **2.** *(Schlachttier)* saigner; **3.** *(Spargel, a. Spielkarte)* couper; *(Rasen)* lever; *(Torf)* extraire; *(Wein)* tirer; **4.** *typ (Graphik)* graver (*in Kupfer, Stahl* sur cuivre, acier); *itr* **5.** *med* lanciner; **6.** *(Sonne)* darder des rayons ardents, *fam* taper; ► *sich in den Finger ~* se piquer le doigt. **Stechen** *n med (Seiten~)* point *m* de côté. **stechend** *a* **1.** piquant; **2.** *(Schmerz)* lancinant, cuisant; *(Geruch)* âcre, pénétrant; *(Blick)* perçant; *(Sonne)* brûlant, ardent. **Stechginster** *m bot* ajonc; *m.* **Stechheber** *m* pipette *f;* tâte-vin *m.* **Stechmücke** *f* moustique *m.* **Stechpalme** *f* houx *m.* **Stechuhr** *f* horloge *f* de contrôle *od* de pointage. **Stechzirkel** *m* compas *m* à pointes sèches.
Steckbrief *m* ['ʃtɛk-] (lettre *f* de) signalement *m.* **Steckdose** *f* prise *f* de courant.
Stecken *m* ‹-s, -› ['ʃtɛkən] *(Stock)* bâton *m;* ► *Dreck am ~ haben fig* avoir qc sur la conscience.
stecken ['ʃtɛkən] **1.** *tr (hineintun)* mettre; *(in die Tasche a.)* fourrer *fam; (hineindrücken)* ficher, enfoncer, plonger; *(Schlüssel)* introduire; *(mit e-m Ende senkrecht in den Boden ~; Steckling: pflanzen)* planter; *(Ring auf den Finger)* passer (*auf* à); *fig (Geld in ein Unternehmen)* investir, engager (*in* dans); **2.** *itr* ‹*steckte od stak, gesteckt*› être fiché *od* enfoncé *od* logé *od* planté; *allg (sich befinden)* être, se trouver, *fam* être fourré *od* caché; ► *der Schreck steckt mir noch in allen Gliedern* j'en tremble encore de tous mes membres; *der Schlüssel steckt (in der Tür)* la clef est sur la porte; *es steckt etwas dahinter (fig)* il y a qc là-dessous, il y a anguille sous roche; *wo steckst du denn?* où es-tu donc? **stecken=bleiben** ‹*blieb stecken, steckengeblieben*› *itr* ‹*sein*› **1.** *(nicht wieder herauskönnen)* rester enfoncé; *(im Dreck)* s'enfoncer, s'enliser, s'embourber; *fig allg* rester en panne; **2.** *(in der Rede)* rester *od* demeurer (tout) court. **stekken=lassen** ‹*läßt, ließ stecken, stekken(ge)lassen*› *tr* laisser (*in der Tasche* dans la poche); *(Schlüssel)* laisser sur la porte.
Steckenpferd *n* ['ʃtɛkən-] *fam* dada *a. fig; fig* cheval de bataille.
Stecker *m* ‹-s, -› ['ʃtɛkər] *el* fiche *f* (de contact *od* de prise (de courant)).

Steckkontakt *m el* prise *f* de courant. **Stecknadel** *f* épingle *f;* ▶ *wie e-e ~ suchen* chercher par terre et mer. **Steckrübe** *f* chou-navet, rutabaga *m.*
Steg *m* ⟨-(e)s, -e⟩ [ʃte:k, '-gə] **1.** *(Pfad)* sentier *m; (Fußgängerbrücke)* passerelle; *tech* traverse *f;* **2.** *(Saiteninstrument)* chevalet *m;* **3.** *(Hose)* sous-pied *m.* **Stegreif** *m:* ▶ *aus dem ~* impromptu *a;* à l'improviste, au pied levé; à livre ouvert; *aus dem ~ sprechen* improviser.
Stehaufmännchen *n* ['ʃte:ʔaʊf,mɛnçən] dur *m* cuire **Stehbierhalle** *f* débit *m* de bière, buvette *f.*
stehen ['ʃte:ən] ⟨*stand, gestanden*⟩ *itr* **1.** être *od* se tenir debout; se dresser, s'élever; **2.** *allg (sein)* être; *(sich befinden)* se trouver; *gram* se mettre *od* placer; *(Fahrzeug: halten)* stationner; **3.** *(Uhr: nicht gehen)* être arrêté; **4.** *(nicht weichen)* tenir ferme *od* bon; **5.** *(gut passen zu* od *kleiden)* aller (bien), seoir; convenir; *(Hut, Frisur)* coiffer; *(Schuhe)* chausser; *(Handschuhe)* ganter; ▶ *~ auf (Zeiger)* marquer; *(Thermometer)* indiquer; *pop (Mensch: sehr gern mögen)* aimer; *(auf e-e Person bezogen)* être entiché de; *~ für (ersetzen)* remplacer, représenter; *(ein~ für)* répondre de; *hinter jdm ~ (fig)* être derrière qn; *über e-r S ~ (fig)* dominer qc, planer sur qc; *zu jdm ~ (halten)* prendre le parti de qn; *zu e-r S ~* prendre parti, être pour qc; *sich gut mit jdm ~* être bien *od* en bons termes avec qn; *unter jds Leitung ~* être sous la direction de qn; *unter Wasser ~* être inondé *od* submergé; *~ bleiben* rester debout; *~ lassen* laisser debout; *ich weiß nicht (mehr), wo mir der Kopf steht* je ne sais plus où donner de la tête; *die Sache steht und fällt damit* c'est la clé de voûte; *das Spiel steht 1:1* le match en est à un but partout; *darauf steht (die Todesstrafe)* c'est défendu sous (peine de mort); *Tränen standen ihm in den Augen* il avait les larmes aux yeux; *das steht Ihnen gut* cela vous va bien; *es steht mir frei, es zu tun* je suis libre de le faire; *es steht mir bis oben (fig fam)* j'en ai une indigestion; *pop* j'en ai marre *od* jusque-là *od pop* ras-le-bol; *davon steht nichts im Brief* la lettre n'en dit rien; *so steht es mit ...* il en est ainsi de ...; *alles, was in meinen Kräften steht* tout ce qui est en mon pouvoir; *wie steht's?* comment cela va-t-il? *fam* comment ça va? *wie steht's mit ihm?* comment va-t-il? comment vont ses affaires? **Stehen** *n* station *od* position *f* debout; ▶ *im ~* debout; *zum ~ bringen* (réussir à) arrêter; *zum ~ kommen* s'arrêter. **stehen=bleiben** ⟨*blieb stehen, stehengeblieben*⟩ *itr* ⟨*sein*⟩ **1.** s'arrêter, s'immobiliser, rester en place; **2.** *fig* en rester là; **3.** *(bei e-r Zerstörung)* subsister; ▶ *wo sind* od *waren wir stehengeblieben?* où en sommes-nous restés? **stehend** *a* **1.** *(aufrecht)* debout; **2.** *(nicht in Bewegung* od *Betrieb)* arrêté; *(fest, unbeweglich)* fixe, immobile; **3.** *(Gewässer)* stagnant, dormant, mort; *(Meer zwischen Ebbe u. Flut)* étale. **stehen=lassen** ⟨*läßt, ließ stehen, stehen(ge)lassen*⟩ *tr* **1.** *allg* laisser; **2.** *(vergessen)* oublier; **3.** *(Menschen)* planter là; *fam* plaquer; **4.** *(nicht anrühren)* ne pas toucher (à).
Stehkragen *m* ['ʃte:-] col *m* montant. **Stehlampe** *f* lampe *f* à pied; lampadaire *m.* **Stehleiter** *f* échelle *f* double.
stehlen ['ʃte:lən] ⟨*stiehlt, stahl, gestohlen*⟩ *tr* voler, dérober; ▶ *jdm die Zeit ~* faire perdre son temps à qn; *der kann mir gestohlen bleiben!* qu'il aille au diable! qu'il aille se faire pendre!
Stehplatz *m* ['ʃte:-] place *f* debout. **Stehsatz** *m typ* composition *f* conservée. **Stehvermögen** *n* endurance *f.*
Steiermark, *die* ['ʃtaɪər-] la Styrie.
steif [ʃtaɪf] **I.** *a* **1.** raide, rigide; *(starr)* fixe; **2.** *(dick, dickflüssig)* épais, consistant; **3.** *(~gefroren)* (en)gourd(i), transi; *med (Gelenk)* ankylosé; **4.** *(schwerfällig, unbeholfen)* tout d'une pièce, gauche; *(unnatürlich, gezwungen)* compassé, contraint; *(förmlich)* cérémonieux; *(geschraubt, affektiert)* guindé; **II.** *adv a.* avec raideur; ▶ *~ und fest behaupten* déclarer *od* affirmer catégoriquement; soutenir mordicus; *~ und fest glauben* croire dur comme fer; *~ werden* se raidir; *(erstarren)* s'engourdir; *med* s'ankyloser. **steifen** *tr (Wand)* raidir; *(Stoff)* apprêter. **Steifheit** *f* ⟨-, ø⟩ **1.** raideur, rigidité *f;* **2.** *med* ankylose *f;* **3.** *fig* gaucherie *f.*
Steig *m* ⟨-(e)s, -e⟩ [ʃtaɪk, '-gə] *(steiler Pfad)* raidillon, sentier *m* escarpé. **Steige** *f* ⟨-, -n⟩ *(steile Straße)* route *f* escarpée. **Steigeisen** *n* crampon, grappin, fer *m* à grimper. **steigen** ⟨*stieg, gestiegen*⟩ *itr* ⟨*sein*⟩ **1.** monter; *(klettern)* grimper; *auf etw* gravir, escalader qc; *über etw* franchir qc; **2.** *(in die Höhe)* s'élever; *aero* prendre de la hauteur *od* de l'altitude; **3.** *(Flut)* monter; **4.** *fig (a. Preise)* monter, hausser; *(zunehmen)* s'accroître, augmenter; *com a.* être en hausse; ▶ *in jds Achtung ~* monter dans l'estime de qn; *aufs, vom Pferd ~* monter à, descendre de cheval; *aus dem, in den Wagen ~* descendre de, monter en voiture; *~ lassen (Drachen)* faire partir, lancer. **Steigen** *n* **1.** montée, ascension *f;* **2.** *(Fluß)* crue *f;* **3.** *(Zunahme)* accroissement *m; com fin* hausse *f.* **steigend** *a* **1.** *(zunehmend)* montant; croissant; *fig* grandissant; pro-

gressif; **2.** *com fin* haussier, en hausse.
steigern *tr* **1.** *(erhöhen)* accroître, élever, hausser, faire monter; *(vermehren)* augmenter; *(verstärken)* rehausser, renforcer, intensifier; **2.** *gram* mettre au comparatif et au superlatif; *itr* **3.** *com (Auktion)* enchérir. **Steigerung** *f* ‹-, -en› **1.** accroissement *m*, élévation; augmentation *f;* développement, rehaussement, renforcement *m*, intensification *f;* **2.** *gram* comparaison *f;* **3.** *com fin* majoration; hausse *f;* ▶ *allmähliche ~* gradation *f.*
Steigung *f* ‹-, -en› *(Straße)* montée, rampe; *(Berghang)* pente, côte *f.*
steil [ʃtaɪl] *a* raide, ardu; escarpé; *(schroff, jäh)* abrupt; *(senkrecht)* à pic. **Steilhang** *m* pente *f* escarpée. **Steilheit** *f* ‹-, ø› **1.** raideur *f*, escarpement *m;* **2.** *(Häufigkeitskurve)* asymétrie *f* de la courbe. **Steilküste** *f* falaise, côte *f* escarpée. **Steilufer** *n* berge *f.*
Stein *m* ‹-(e)s, -e› [ʃtaɪn] **1.** pierre *f;* *(Fels)* roc, rocher; *(Kiesel)* caillou, *(glatter)* galet *m;* **2.** *(Edel~)* pierre *f* (précieuse); *(Uhr)* rubis *m;* **3.** *med* pierre *f*, calcul *m*, concrétion *f;* **4.** *(Brettspiel)* pièce *f;* ▶ *von ~ (fig)* de pierre *od* marbre, froid comme un marbre; *den ~ ins Rollen bringen (fig)* mettre l'affaire en branle; *bei jdm e-n ~ im Brett haben* être dans les bonnes grâces, avoir toutes les faveurs de qn; *keinen ~ auf dem ander(e)n lassen* ne pas laisser pierre sur pierre; *mir fällt ein ~ vom Herzen* cela m'ôte un (grand) poids; *es friert ~ und Bein* il gèle à pierre fendre; *echter, falscher ~* pierre *f* fine, fausse; *unechter ~* similipierre *f;* *~ des Anstoßes* pierre *f* d'achoppement. **Steinadler** *m* aigle *m* fauve *od* doré *od* royal. **steinalt** *a* extrêmement vieux. **Steinbock** *m zoo* bouquetin; *astr* Capricorne *m.* **Steinbruch** *m* carrière *f.* **Steinbutt** *m (Fisch)* turbot *m.* **steinern** *a* de *od* en pierre. **Steingut** *n* faïence *f*, grès *m* (cérame); *(Geschirr)* poterie *f* de grès. **steinhart** *a* dur comme pierre, adamantin. **Steinhauer** *m* tailleur *m* de pierres. **steinig** *a* pierreux, caillouteux; *(felsig)* rocailleux. **steinigen** *tr* lapider. **Steinigung** *f* lapidation *f.* **Steinkohle** *f* houille *f.* **Steinkohlenbergwerk** *n* mine de houille, houillère *f.* **Steinmarder** *m* fouine *f.* **Steinmetz** *m* tailleur *m* de pierres. **Steinobst** *n* fruits *m pl* à noyau. **Steinpilz** *m* bolet (comestible), cèpe *m.* **steinreich** *a fam* richissime. **Steinsalz** *n* sel *m* gemme. **Steinsarg** *m* sarcophage *m.* **Steinschlag** *m* chute *f* de pierres. **Steinzeit** *f hist* âge *m* de pierre; ▶ *ältere, mittlere, jüngere ~* paléolithique, mésolithique, néolithique *m.*
Steiß *m* ‹-es, -e› [ʃtaɪs] postérieur, derrière *m.* **Steißbein** *n anat* coccyx *m.*
Stelldichein *n* ‹-(s), -(s)› [ˈʃtɛldɪçˀaɪn] rendez-vous *m* (amoureux).
Stelle *f* ‹-, -n› [ˈʃtɛlə] **1.** *(Platz, Ort)* place *f*, endroit, lieu, emplacement; *(in e-m Buch)* passage *m;* **2.** *math* chiffre *m;* **3.** *(Dienst~)* bureau, office, service *m;* *(Behörde)* autorité *f;* **4.** *(Arbeitsplatz, Posten)* place *f*, poste, emploi *m;* charge *f;* *(vgl. Stellung);* **5.** *tele* station *f;* ▶ *an ~ (gen)* à la place (de), au lieu (de), en guise (de); *an deiner ~* à ta place; *auf der ~ (sofort)* sur-le-champ, tout de suite; *von der ~ bringen* déplacer, enlever; *nicht von der ~ kommen (a. fig)* ne pas avancer; *fig* piétiner; *zur ~ sein* être présent; *an jds ~ treten* prendre la place de qn; remplacer qn; *jds ~ vertreten* tenir lieu de qn; *zur ~!* présent! *offene ~* emploi *m* vacant, vacance *f;* *offene ~n (Zeitungsrubrik)* offres *f pl* d'emploi; *schwache ~ (fig) (a.)* défaut *m* de la cuirasse.
stellen [ˈʃtɛlən] *tr* **1.** poser, placer, *a. fig* mettre; **2.** *(Falle)* dresser, tendre; **3.** *tech (ein~)* régler, *(genau)* mettre au point; *(Uhr)* mettre à l'heure, *~ nach* régler sur; *(Signal)* commander; **4.** *(Horoskop)* tirer; **5.** *(fest~)* fixer; **6.** *(bereit~)* fournir, procurer; *(Zeugen)* produire; **7.** *(Verbrecher, Wild)* arrêter; **8.** *(Frage, Bedingung)* poser; *(Termin, Frist)* fixer; *refl: sich ~* **9.** *(zur Haft)* se constituer prisonnier; *(dem Gericht)* se livrer (à la justice); **10.** *(so tun)* faire (*krank, taub, tot* le malade, le sourd, le mort); *als ob man täte* faire semblant de faire; ▶ *sich mit jdm gut ~* se mettre bien avec qn; *kalt ~ (Getränk, Speise)* mettre au frais; *wie ~ Sie sich dazu?* qu'en pensez-vous? *auf sich (allein* od *selbst) gestellt* réduit à ses propres moyens, sans appui.
Stellenabbau *m* [ˈʃtɛlən-] suppression *f* d'emplois. **Stellenangebot** *n* offre *f* d'emploi. **Stellenausschreibung** *f* mise *f* au concours d'un poste; avis *m* de vacance d'un poste. **Stellengesuch** *n* demande *f* d'emploi. **stellenweise** *adv* par endroits. **Stellenwert** *m* importance relative, signification *f.*
Stellmacher *m* [ˈʃtɛl-] charron *m.* **Stellmacherei** *f* charronnerie *f.* **Stellplatz** *m (für Auto)* place *f.*
Stellung *f* ‹-, -en› [ˈʃtɛlʊŋ] **1.** position *a. mil;* *bes. gram* place *f;* *(Anordnung)* arrangement *m*, disposition, répartition *f;* *(Geschütz~)* emplacement; *(Raketen~ a.)* site *m;* **2.** *(Körperhaltung)* pose, posture, attitude *f;* **3.** *(Stelle, An~)* situation, position *f;* emploi *m*, charge *f;* *(gesellschaftl. ~, Rang)* rang *m;* **4.** *(Rechts~)* condition (juridique); *allg (Lage)* situation *f;* ▶ *in ~ gehen, sein (Hausangestellte)* se mettre, être en

condition; *die ~ halten (mil)* tenir la position; *(fig fam)* garder la place; *~ nehmen zu* prendre position à l'égard de; *gesellschaftliche ~* position *f* sociale; *~ von Sicherheiten (Kredit)* constitution *f* de sûretés; *(markt)beherrschende ~* position *f* dominante (sur le marché). **Stellungnahme** *f* prise *f* de position; ► *mit der Bitte um ~* pour avis. **Stellungsbefehl** *m mil* ordre *m* d'appel *od* de convocation. **Stellungskrieg** *m* guerre *f* de position(s) *od* de tranchées. **stellungslos** *a* sans place, sans emploi, sans engagement. **Stellung(s)suchende** *m* demandeur *m* d'emploi.

stellvertretend ['ʃtɛl-] *a* remplaçant, suppléant; représentant; adjoint; vice-. **Stellvertreter** *m* remplaçant, suppléant; représentant; adjoint, substitut; *rel* vicaire *m*. **Stellvertretung** *f* remplacement *m*, suppléance; représentation *f*.

Stellwerk *n loc* poste *m od* cabine *f* d'aiguillage *od* de manœuvre.

Stelze *f* ⟨-, -n⟩ ['ʃtɛltsə] échasse *f*; ► *auf ~n gehen, ~n laufen* marcher avec des échasses. **stelzen** *itr* ⟨*sein*⟩ *meist iron* marcher avec des échasses; *(fig)* avoir une démarche raide, guindée. **Stelzvögel** *m pl* échassiers *m pl*.

Stemmeisen *n* ['ʃtɛm-] bec d'âne, bédane *m*. **stemmen** *tr* appuyer; *sich ~* s'appuyer (*gegen, auf etw* contre, sur qc); ► *sich gegen etw ~ (fig)* s'opposer, résister à qc.

Stempel *m* ⟨-s, -⟩ ['ʃtɛmpəl] **1.** *(Gerät u. Ergebnis)* timbre *m*; *(Ergebnis)* estampille; *(auf Metall)* marque *f*; *(Edelmetall)* contrôle; *(Siegel)* sceau, *(kleiner ~)* cachet *m*; *(Präge~)* estampe *f*; *(Münz~)* coin; *(Punze)* poinçon *m*; **2.** *tech* piston, pilon; *mines* étançon, étai *m*; **3.** *fig* marque, empreinte *f*; ► *e-r S s-n ~ aufdrücken* marquer qc de son empreinte *od* estampille, mettre le sceau sur qc. **Stempelfarbe** *f* encre *f* à tampon(s). **Stempelkissen** *n* tampon *m* (encreur). **stempeln** *tr* **1.** timbrer, estampiller; *(Post entwerten)* oblitérer; **2.** *(prägen)* estamper; *(punzen)* poinçonner; *(Edelmetall)* contrôler; **3.** *fig* marquer, empreindre; **4.** *itr, a.* ► *~ gehen (fam: arbeitslos sein)* chômer.

Stengel *m* ⟨-s, -⟩ ['ʃtɛŋəl] tige *f*, pied *m*.

Stenogramm *n* ⟨-s, -e⟩ [ʃteno'gram] sténogramme *m*; ► *ein ~ aufnehmen* prendre un sténogramme. **Stenogrammblock** *m* bloc *m* à sténogrammes. **Stenograph(in)** *m* ⟨-en, -en⟩ (*f* ⟨-, -nen⟩) [-'gra:f] sténographe *m f*. **Stenographie** *f* ⟨-, -n⟩ [-gra'fi:] sténographie *f*. **stenographieren** [-'fi:rən] ⟨*ohne ge-*⟩ *tr u. itr* sténographier; prendre en sténo. **stenographisch** [-'gra:fɪʃ] *a* sténographique. **Stenokontoristin** *f* sténodactylo *f*. **Stenotypist(in** *f*) *m* ⟨-en, -en⟩ [-ty'pɪst] sténodactylo(graphe) *m f*.

Stephan *m* ['ʃtɛfan] Etienne *m*.

Steppdecke *f* ['ʃtɛp-] couvre-pied(s) *m*.

Steppe *f* ⟨-, -n⟩ ['ʃtɛpə] *geog* steppe *f*.

steppen ['ʃtɛpən] *tr* **1.** piquer; **2.** pratiquer la danse à claquettes.

Sterbealter *n* ['ʃtɛrbə-] âge *m* du décès. **Sterbebett** *n*: ► *auf dem ~* avant de mourir. **Sterbefall** *m* (cas de) décès *m*. **Sterbegeld** *n* indemnité *f* funéraire, capital-décès *m*. **Sterbehilfe** *f* euthanasie *f*; ► *aktive ~* euthanasie active; *passive ~* euthanasie passive. **Sterbekasse** *f* caisse *f* de décès. **Sterbeklinik** *f* clinique *f* pour les malades condamnés. **sterben** ⟨*stirbt, starb, gestorben*⟩ *itr* ⟨*sein*⟩ mourir (*an, vor* de); expirer, rendre l'âme; *(ver~)* décéder; *(verscheiden)* trépasser. **Sterben** *n* mort *f*; ► *im ~ liegen* être à l'article de la mort *od* à l'agonie *od* moribond. **Sterbende(r)** *m* mourant, moribond *m*. **Sterbenswörtchen** *n*: ► *kein ~ sagen* ne pas dire un traître mot *od* un pauvre mot, ne (pas) souffler mot, ne pas desserrer les dents. **Sterberegister** *n* registre *m* mortuaire *od* des décès. **Sterbesakramente** *n pl rel* derniers sacrements *m pl*. **Sterbeurkunde** *f* acte *m* de décès. **sterblich** [-plɪç] *a* mortel; ► *die ~en Reste m pl, die ~e Hülle f* les restes *m pl* (mortels), la dépouille mortelle. **Sterbliche** *m f* mortel *m*; ► *die Sterblichen (pl poet)* les humains *m pl*; *der gewöhnliche Sterbliche* le commun des mortels. **Sterblichkeit** *f* ⟨-, ø⟩ mortalité *f*. **Sterblichkeitsziffer** *f* (taux *m* de) mortalité *f*.

Stereoanlage *f* ['s(ʃ)tereo-] chaîne *f* (stéréo *od* hi-fi *od* haute fidélité). **Stereometrie** *f* ⟨-, ø⟩ [-me'tri:] stéréométrie *f*. **stereophon** [-'fo:n] *a radio* stéréophone. **Stereoskop** *n* ⟨-s, -e⟩ [-'sko:p] stéréoscope *m*. **stereotyp** [-'ty:p] *a fig* stéréotypé.

steril [ʃ(s)te'ri:l] *a* stérile. **Sterilisation** *f* ⟨-, -en⟩ [-rilizatsi'o:n] stérilisation *f*. **sterilisieren** [-'zi:rən] ⟨*ohne ge-*⟩ *tr* stériliser. **Sterilisierung** *f* ⟨-, -en⟩ stérilisation *f*. **Sterilität** *f* ⟨-, ø⟩ [-li'tɛ:t] stérilité *f*.

Stern *m* ⟨-(e)s, -e⟩ [ʃtɛrn] **1.** *astr* étoile *f*, *a. fig*; **2.** *(Gestirn)* astre *m*; **3.** *(Zier~, mil: Rangabzeichen, Ordens~)* étoile *f*; *typ* astérisque *m*; *(Straßenkreuzung)* étoile *f*, rond-point *m*; **4.** *(Filmgröße)* étoile, vedette, star *f*; ► *unter e-m glücklichen* od *günstigen ~ geboren sein (fig)* être né sous une bonne étoile. **Sternbild** *n* constellation *f*. **Sternenbanner** *n* bannière *f* étoilée. **Stern(en)himmel** *m* ciel *m od* voûte *f* étoilé(e); firmament *m*. **Sternenkrieg**

m mil guerre *f* des étoiles, guerre *f* de l'espace, guerre *f* spatiale. **Sternfahrt** *f sport* rallye *m.* **Sternforscher** *m* astronome *m.* **Sterngruppe** *f astr* astérisme *m.* **sternhagelvoll** *a pop* plein comme une barrique; ivre mort, soûl comme une bourrique. **Sternhaufen** *m* nuée *f* stellaire. **Sternjahr** *n* année *f* sidérale. **Sternkarte** *f* carte *f* céleste; planisphère *m* céleste, mappemonde *f* (céleste). **sternklar** *a = stern(en)hell;* ▶ *es ist (e-e) ~(e Nacht)* il fait clair d'étoile. **Sternkunde** *f* astronomie *f.* **Sternschnuppe** *f* étoile *f* filante. **Sternstunde** *f fig poet* heure *f* décisive *od* de chance. **Sternwarte** *f* observatoire *m.*

stet [ʃte:t] *a* constant, permanent. **stetig** *a* fixe, ferme; constant, permanent, continu(el); *(regelmäßig)* régulier; *math* continu. **Stetigkeit** *f* ‹-, ø› fermeté; constance, permanence; continuité; régularité *f.* **stets** *adv* constamment, continuellement, en permanence, sans cesse; toujours.

Steuer ['ʃtɔʏər] **(1)** *n* ‹-s, -› *(Boot)* barre *f; mot* volant; *mar aero* gouvernail *m; aero* gouverne *f;* ▶ *sich ans ~ setzen, das ~ übernehmen* prendre le volant; *am ~ sitzen (mot)* tenir le volant; *aero* être aux commandes; **(2)** *f* ‹-, -n› *adm fin* impôt *m, (Abgabe)* contribution *f;* ▶ *e-e ~ erheben* lever *od* percevoir un impôt; *jdn zur ~ heranziehen* mettre qn à contribution; *~n hinterziehen* soustraire des impôts; *(in)direkte ~n* impôts *m pl od* contributions *f pl* (in)direct(e)s.

Steueraufkommen *n* ['ʃtɔʏər-] produit *od* rendement des impôts, rendement *m* fiscal. **Steuerausgleich** *m* péréquation des impôts, compensation *f* fiscale. **Steuerbefreiung** *f* exemption *od* exonération *f* fiscale *od* d'impôts. **steuerbegünstigt** *a:* ▶ *~ sein* bénéficier *od* jouir d'un avantage fiscal. **Steuerberater** *m* conseiller *m* fiscal. **Steuerbescheid** *m* avis *m* d'imposition *od* d'impôt.

Steuerbord *n* ['ʃtɔʏər-] *mar* tribord *m.*

Steuereinkommen *n* ['ʃtɔʏər-] revenu *m* fiscal. **Steuereinnahmen** *f pl* recettes *f pl* fiscales. **Steuererhöhung** *f* majoration *od* aggravation *f* d'impôt. **Steuererklärung** *f* (feuille de) déclaration d'impôt(s), feuille *f* d'impôt. **Steuererlaß** *m* détaxe, remise *f* de l'impôt; ▶ *jdm e-n ~ gewähren* supprimer la taxe à qn; détaxer qn. **Steuererleichterung** *f* allégement *m* fiscal. **Steuerfahnder** *m* inspecteur *m* du fisc. **Steuerfahndung** *f* enquête *f* fiscale; détection *od* recherche *f* des fraudes fiscales. **Steuerflucht** *f* évasion *f* fiscale. **steuerfrei** *a* exonéré *od* exempt d'impôt(s). **Steuerfreibetrag** *m* montant exempt *od* exonéré d'impôts; abattement *m* à la base.

Steuerhebel *m* ['ʃtɔʏər-] *aero* levier *m* de commande *od* de manœuvre.

Steuerhinterziehung *f* ['ʃtɔʏər-] fraude *f* fiscale. **Steuerlast** *f* poids *m* des impôts *od* de la fiscalité, charges *f pl* fiscales. **steuerlich** *a* fiscal; ▶ *jdn ~ veranlagen* établir l'assiette de l'impôt de qn.

steuerlos ['ʃtɔʏər-] *a mar aero* sans gouvernail. **Steuermann** *m* ‹-(e)s, -männer/-leute› *mar* timonier *(a. e-s Luftschiffes); fig* pilote *m.*

Steuermarke *f* ['ʃtɔʏər-] vignette *f.*

steuern ['ʃtɔʏərn] *tr* **1.** *mot* conduire, guider; *mar* gouverner; *aero* piloter; *tech* manœuvrer, commander, contrôler; **2.** *scient (aufea. abstimmen)* synchroniser; **3.** *fig (lenken)* diriger, guider; *itr* **4.** ‹*sein*› faire route (*nach* vers); **5.** ‹*h*› *fig (entgegenwirken)* mettre un frein (*e-r S* à qc), réprimer (*e-r S* qc).

Steuerpaket *n* ['ʃtɔʏər-] ensemble *m* de mesures fiscales. **Steuerparadies** *n* paradis *m* fiscal. **steuerpflichtig** *a* contribuable, imposable. **Steuerpflichtige(r)** *m* contribuable *m.* **Steuerpolitik** *f* politique *f* fiscale.

Steuerrad *n* ['ʃtɔʏər-] *mot* volant *m; mar* roue *f* du gouvernail.

Steuerrecht *n* ['ʃtɔʏər-] droit *od* régime *m* fiscal. **Steuerreform** *f* réforme *f* fiscale. **Steuerrückerstattung** *f,* **Steuerrückvergütung** *f* remboursement *m od* restitution *f* d'impôt(s) *od* fiscal(e).

Steuerruder *n* ['ʃtɔʏər-] gouvernail *m.*

Steuersatz *m* ['ʃtɔʏər-] taux *m* d'imposition. **Steuerschuld** *f* dette *f* fiscale. **Steuersenkung** *f* dégrèvement *m* d'impôts.

Steuerung *f* ‹-, -en› ['ʃtɔʏər-] **1.** *mot* direction; distribution *f; loc* aiguillage *m; mar aero* gouverne *f; aero* pilotage, guidage *m; (selbsttätige)* commande *f;* **2.** *tech* manœuvre *f,* réglage, contrôle *m;* **3.** *mil scient* synchronisation *f.*

Steuerveranlagung *f* ['ʃtɔʏər-] (établissement *m* de l')assiette de l'impôt, assiette *f.* **Steuerzahler** *m* contribuable, payeur *m* d'impôt. **Steuerzeichen** *n inform* curseur *m.*

Steward *m* ‹-s, -s› ['s(ʃ)tju:ərt] *mar aero (Betreuer)* steward; garçon *m* de cabine. **Stewardeß** *f* ‹-, -ssen› [-dɛs, --'-] *aero* hôtesse *f* de l'air *od* de bord.

stibitzen [ʃti'bɪtsən] ‹*ohne ge-*› *tr fam* chaparder, chiper.

Stich *m* ‹-(e)s, -e› [ʃtɪç] **1.** *(mit e-m Dorn, e-m Stachel, e-r Nadel, a. med)* piqûre *f; (mit e-r Stichwaffe)* coup *m;* **2.** *(Näherei)* point *m;* **3.** *(Graphik)* taille, gravure, estampe *f;* **4.** *fig (ins Herz)* coup *m* (d'épingle *od* de boutoir);

5. *(Stichelei, Spitze)* pointe *f;* **6.** *med pl med (Seitenstiche)* point *m* de côté; *(stechender Schmerz)* douleur lancinante; **7.** *(Kartenspiel)* levée *f,* pli *m;* ▶ *e-n ~ haben (Fleisch)* avoir un goût; *(Mensch)* avoir un grain (de folie); *e-n ~ ins Grüne haben* tirer sur le vert; *im ~ lassen* laisser là *od* tomber, lâcher, abandonner, planter là; fausser compagnie à; *mein Gedächtnis läßt mich im ~* ma mémoire me fait défaut. **Stichel** *m* ‹-s, -› *(Grab~)* burin, ciselet, poinçon *m.* **Stichelei** *f* ‹-, -en› [-ˈlaɪ] piqûre *f,* coup *m* d'épingle, agacerie, taquinerie *f.* **sticheln 1.** *itr (nähen)* coudre; *(sticken)* broder; **2.** *tr fig* donner des coups d'épingle à, lancer des pointes à, agacer, taquiner; brocarder. **Stichflamme** *f* dard *od* jet *m* de flamme. **stichhaltig** *a (Argument)* plausible, valable, probant, solide, soutenable. **Stichhaltigkeit** *f* ‹-, ø› plausibilité, validité, solidité *f; bes. jur* bien-fondé *m.*

Stichling *m* ‹-s, -e› *(Fisch)* épinoche *f.*

Stichprobe *f* **1.** *(Handlung)* sondage, coup *m* de sonde; **2.** *(Sache)* échantillon *m* pris au hasard *od* dans le tas. **Stichtag** *m* jour *m* fixé *od* prévu *od* repère, date *f* fixée *od* de base. **Stichwaffe** *f* arme *f* d'estoc. **Stichwahl** *f* scrutin *m* de ballottage. **Stichwort** *n* ‹-(e)s, ¨er› **1.** mot *m* de repère; *(im Katalog)* mot-clé *od* mot-vedette *m;* **2.** *theat* ‹-(e)s, -e› réplique *f;* **3.** *(Kennwort)* mot *m* d'ordre *od* de passe; **4.** *pl (~worte)* aide-mémoire *m.* **Stichwortkatalog** *m* catalogue *m* analytique *od* par mots-clés. **Stichwunde** *f* blessure *f* perforante; coup *m* de pointe.

sticken [ˈʃtɪkən] *tr* broder. **Stickerei** *f* ‹-, -en› [-ˈraɪ] broderie *f.*

stickig [ˈʃtɪkɪç] *a* étouffant, suffocant.

Stickmuster *n* [ˈʃtɪk-] dessin *m* de broderie. **Sticknadel** *f* aiguille *f* à broder.

Stickoxid *n* ‹-(e)s, -e› [ˈʃtɪkʔɔˌksiːt] oxyde *m* d'azote. **Stickstoff** *m* [ˈʃtɪk-] azote, nitrogène *m.* **stickstoffhaltig** *a* azoté, nitrique.

stieben [ˈʃtiːbən] ‹*stob* od *stiebte, gestoben* od *gestiebt*› *itr* jaillir, voler.

Stiefbruder *m* [ˈʃtiːf-] = *Halbbruder.*

Stiefel *m* ‹-s, -› [ˈʃtiːfəl] **1.** *(Schaft~)* botte; *(Halb~)* bottine *f,* bottillon, brodequin *m;* **2.** *(Humpen)* hanap *m;* **3.** *(e-r Pumpe)* corps *m.* **Stiefelknecht** *m* tire-botte *m.*

Stiefkind *n* [ˈʃtiːf-] **1.** enfant *m* d'un autre lit; **2.** *fig* disgracié *m* (*der Natur, des Glücks* de la nature, de la fortune). **Stiefmutter** *f* belle-mère. **Stiefmütterchen** *n bot* pensée *f.* **Stiefschwester** *f nur* = *Halbschwester.* **Stiefsohn** *m* beau-fils *m.* **Stieftochter** *f* belle-fille *f.* **Stiefvater** *m* beau-père *m.*

Stiege *f* ‹-, -n› [ˈʃtiːgə] *(Treppe)* escalier *m.*

Stieglitz *m* ‹-es, -e› [ˈʃtiːglɪts] *orn* chardonneret *m.*

Stiel *m* ‹-(e)s, -e› [ʃtiːl] **1.** *(Blume, Blüte, Frucht)* queue *f,* pédoncule *m; (Blatt)* queue *f,* pétiole *m;* **2.** *(Gerät)* manche *m; (Pinsel)* hampe *f.* **Stielaugen** *n pl:* ▶ *~ machen (fig fam)* se rincer l'œil.

stier [ʃtiːr] *a (Blick: starr)* fixe.

Stier *m* ‹-(e)s, -e› [ʃtiːr] taureau *m.*

stieren [ˈʃtiːrən] *itr* regarder fixement (*auf* acc).

Stierkampf *m* [ˈʃtiːr-] course de taureaux, corrida, tauromachie *f.* **Stierkämpfer** *m* toréador, toréro *m.*

Stift [ʃtɪft] **(1)** *m* ‹-(e)s, -e› *(Nagel)* clou *m* (sans tête); fiche; pointe *f; (Zahnersatz)* pivot *m;* **(2)** *m* ‹-(e)s, -e› *fam (Lehrjunge)* arpète *m;* **(3)** *n* ‹-(e)s, -e/(-er)› *(fromme Stiftung)* fondation; *rel* maison *f* (religieuse), couvent; *(Domkapitel)* chapitre; *(Univ.)* séminaire *m.*

stiften [ˈʃtɪftən] *tr* **1.** *(gründen)* fonder; *(errichten)* établir; *(einsetzen)* instituer; **2.** *(schenken)* faire don de; *(beisteuern)* fournir; **3.** *(schaffen, ins Leben rufen, bewirken)* créer, produire, faire; provoquer, susciter. **Stifter(in)** *m* ‹-s, -› (*f* ‹-, -nen›) **1.** *(Gründer)* fondateur *m,* -trice *f;* **2.** *(Spender)* donateur *m,* -trice *;* **3.** *(Urheber)* auteur *m.* **Stiftung** *f* ‹-, -en› **1.** fondation *f;* établissement *m;* institution *f:* **2.** *(Schenkung)* donation *f.*

Stiftzahn *m* [ˈʃtɪft-] dent *f* à pivot.

Stil *m* ‹-(e)s, -e› [ʃ-/stiːl] style *m,* écriture *f;* ▶ *großen ~s* avec faste. **Stilblüte** *f* fleur de rhétorique; perle *f.*

Stilett *n* ‹-s, -e› [ʃ-/stiˈlɛt] *(kleiner Dolch)* stylet *m.*

stilisieren [ʃ-/stiliˈziːrən] ‹*ohne ge-*› *tr* styliser. **Stilisierung** *f* ‹-, -en› stylisation *f.* **Stilistik** *f* ‹-, -en› [-ˈlɪstɪk] stylistique *f.* **stilistisch** [-ˈlɪstɪʃ] *a* stylistique, de style. **Stilkunde** *f* stylistique *f.*

still [ʃtɪl] *a* **1.** *(ruhig, lautlos)* tranquille, calme; *(schweigend, stumm)* silencieux, muet; **2.** *(reglos, unbewegt)* immobile, sans mouvement; **3.** *(schweigsam)* taciturne; *(zurückhaltend, bescheiden)* modeste; *(friedlich)* paisible; **4.** *(heimlich)* secret; ▶ *interj* chut! tais-toi! taisez-vous! silence! *im ~en* en silence; sans rien dire; *(heimlich)* secrètement; *~ und leise (adv)* à la sauvette *fam; ~ sein, sich ~ verhalten* être *od* se tenir tranquille; se tenir coi; *der S~e Ozean* l'Océan *m* Pacifique, le Pacifique. **Stille** *f* ‹-, ø› tranquillité *f,* calme; *(Schweigen)* silence; *(Ruhe)* repos *m; (Frieden)* paix *f;* ▶ *in aller ~* dans le plus grand silence *od* secret; *(Feier)* dans l'intimité; *es trat ~ ein* il se fit un silence.

stillen *tr* **1.** *(Blut)* arrêter, étancher; **2.** *(Schmerz)* apaiser, calmer; *(Durst)* étancher, apaiser, calmer; *(Hunger)* assouvir, apaiser; *(Verlangen, Sehnsucht, Kummer)* apaiser, calmer; **3.** *(Kind)* donner le sein à, allaiter, nourrir; ▶ *den Durst* ~ désaltérer. **stillend** *a:* ▶ *~e Mutter f* mère *f* nourrice *od* qui nourrit (au sein).

still=halten ‹*hält, hielt still, stillgehalten*› **1.** *tr (Körperteil)* tenir en repos; **2.** *itr (sich nicht bewegen)* se tenir immobile. **Still(l)eben** *n (Kunst)* nature *f* morte. **still=(l)egen** *tr* **1.** *(Betrieb)* fermer; **2.** *(Anlage, Maschine)* arrêter. **Still(l)egung** *f* fermeture *f;* arrêt *m;* immobilisation *f.* **still=(l)iegen** ‹*lag still, stillgelegen*› *itr* **1.** *(Mensch)* se tenir tranquille; **2.** *(Betrieb)* être fermé; **3.** *tech* être arrêté, chômer.

stillos ['ʃ-/'sti:l-] *a* sans style.

still=schweigen ['ʃtɪl-] ‹*schwieg still, stillgeschwiegen*› *itr* se taire. **Stillschweigen** *n* silence *m;* ▶ ~ *bewahren* garder *od* observer le silence; *mit* ~ *übergehen* passer sous silence. **stillschweigend** *a* tacite, implicite, sous-entendu; ▶ ~ *gehen* s'en aller sans rien dire. **still=sitzen** ‹*saß still, stillgesessen*› *itr* rester tranquille, ne pas bouger, demeurer en place; ▶ *nicht* ~ *können* ne pas tenir *od* rester en place. **Stillstand** *m* ‹-(e)s, ø› (temps d')arrêt *m; (Unterbrechung)* interruption, suspension; *(Stockung)* stagnation *f;* ▶ *zum* ~ *bringen* arrêter; suspendre; *zum* ~ *kommen* s'arrêter, être paralysé; être interrompu *od* suspendu. **still=stehen** ‹*stand still, stillgestanden*› *itr* **1.** *(stehenbleiben) (a. Zeit)* s'arrêter; s'immobiliser, demeurer en place; **2.** *mil* se mettre au garde-à-vous; **3.** *(nicht in Betrieb sein)* être arrêté, chômer.

Stilmöbel *n pl* ['ʃ-/'sti:l-] meubles *m pl* de style. **stilvoll** *a* qui a du style; de bon goût.

Stimmabgabe *f* ['ʃtɪm-] *parl* vote, suffrage *m.* **Stimmbänder** *n pl anat* cordes *f pl* vocales. **stimmberechtigt** *a:* ▶ ~ *sein* avoir droit de vote. **Stimmberechtigte(r)** *m* votant *m.* **Stimmbruch** *m* ‹-(e)s, ø› mue *f.*

Stimme *f* ‹-, -n› ['ʃtɪmə] **1.** *(Organ)* voix *f a. fig;* **2.** *mus a.* partie *f;* **3.** *parl* voix *f,* vote, suffrage *m;* ▶ *mit 3 gegen 2 ~n* par 3 voix contre 2; *s-e* ~ *abgeben* exprimer sa voix, donner son vote; voter (*für* pour, *gegen* contre); *sich der* ~ *enthalten* s'abstenir de voter; *alle ~n auf sich vereinigen (parl)* recueillir toutes les voix; *abgegebene ~n pl (parl)* votants *m pl; gültige ~n pl* suffrages *m pl* exprimés; *ungültige* ~ vote *m* nul *od* blanc; *pl* bulletins *m pl* nuls.

stimmen ['ʃtɪmən] *tr* **1.** *mus* accorder; **2.** *fig (geneigt machen)* disposer; *itr* **3.** *(ab~)* voter; **4.** *(richtig sein)* être correct *od* exact *od* juste *od* vrai; ▶ *ernst* ~ rendre grave; *fröhlich, heiter* ~ ragaillardir, égayer; *nachdenklich* ~ donner à réfléchir; *traurig* ~ attrister; *das stimmt* c'est exact *od* juste *od* vrai *od* cela; *das stimmt nicht* ce n'est pas vrai *od* cela; *da stimmt etwas nicht* cela *od* ça ne va pas; *stimmt!* ça y est!

Stimmengewirr *n* ['ʃtɪmən-] brouhaha *m.* **Stimmengleichheit** *f* parité *f* de(s) voix; ▶ *bei* ~ en partage égal des voix. **Stimmenmehrheit** *f* majorité *f* des voix *od* votes *od* suffrages.

Stimmenthaltung *f* ['ʃtɪm-] *parl* abstention *f.* **Stimmgabel** *f* diapason *m.* **stimmhaft** *a gram* sonore, voisé. **stimmlos** *a gram* sourd, non-voisé. **Stimmrecht** *n* droit *m* de vote. **Stimmritze** *f anat* glotte *f.*

Stimmung *f* ‹-, -en› ['ʃtɪmʊŋ] **1.** *(e-s Musikinstrumentes)* accord, accordage *m;* **2.** *(Gemütsverfassung)* état *m* d'âme *od* d'esprit, disposition (de l'âme); humeur; *(e-r Gesellschaft, Atmosphäre)* ambiance, atmosphère *f;* climat; *mil* moral *m;* **3.** *(öffentl. Meinung)* opinion *f* publique; **4.** *(Dichtung, Kunstwerk)* poésie, atmosphère; impression *f,* effet *m;* **5.** *(Börse)* tendance *f;* ▶ *in gedrückter* ~ déprimé, abattu; *in gehobener* ~ en train; *in guter, schlechter* ~ bien, mal disposé; de bonne, de mauvaise humeur; ~ *machen, für* ~ *sorgen* créer *od* mettre de l'ambiance; *nicht in* ~ *sein* n'être pas dans son assiette. **Stimmungsumschwung** *m* changement *m* de l'opinion publique. **stimmungsvoll** *a* qui a de l'atmosphère *od* de la poésie; évocateur, expressif.

Stimmzettel *m* ‹-s, ø› ['ʃtɪm-] bulletin *m* (de vote).

stimulieren [ʃ(s)timu'li:rən] ‹*ohne ge-*› *tr (anreizen)* stimuler.

Stinkbombe *f* ['ʃtɪŋk-] boule *f* puante. **stinken** ['ʃtɪŋkən] ‹*stank, gestunken*› *itr* puer (*nach etw* qc); sentir mauvais; empester (*nach etw* qc); ▶ ~ *wie die Pest* puer comme la peste *od* un rat mort *od* une charogne; *es stinkt* cela pue. **stinkend** *a* puant; fétide, empesté; infect. **stinkfaul** *a fam* cossard, flemmard. **stinklangweilig** *a pop* rasoir, sciant. **Stinktier** *n* mouffette *f.* **Stinkwut** *f fam:* ▶ *e-e* ~ *haben* être en rogne.

Stipendium *n* ‹-s, -dien› [ʃti'pɛndium, -diən] bourse *f* (d'études).

Stippvisite *f* ['ʃtɪp-] *fam* visite-éclair *f.*

Stirn *f* ‹-, -en› [ʃtɪrn] front *m, a. fig;* ▶ *jdm die* ~ *bieten* faire front *od* face, tenir tête à qn, défier qn; *die* ~ *haben (fig)* avoir le front *od fam* le toupet (*zu* de); *die* ~ *runzeln* od *in Falten ziehen* froncer le(s) sourcil(s); *hohe, gewölbte, niedrige* ~ front *m* haut, bombé, bas. **Stirnband** *n* serre-tête, bandeau *m.* **Stirnbein** *n anat* (os) frontal *m.* **Stirn-**

höhle *f anat* sinus *m* frontal. **Stirnseite** *f allg* front *m*, face; *arch* façade *f*, frontispice *m*.
stöbern ['ʃtø:bərn] *itr (herumsuchen)* (far)fouiller, fureter (*in etw* dans qc).
stochern ['ʃtɔxərn] *itr:* ▶ *im Feuer* ~ tisonner; *in den Zähnen* ~ se curer les dents.
Stock *m* ‹-(e)s, ¨-e› [ʃtɔk, 'ʃtœkə] **1.** *(Stab)* bâton *m; (kleiner, dünner, bes. biegsamer)* baguette; *(Spazier~)* canne *f; (Berg~)* alpenstock *m; (Billard~)* queue *f;* **2.** *bot* pied; *(Wein~)* cep *m;* **3.** *(Opfer~)* tronc *m;* **4.** *(Bienen~)* ruche *f;* **5.** ‹*pl* ¨-e/-werke› *arch (~werk)* étage *m;* ▶ *im zweiten* ~ au second (étage); *am* ~ *gehen* marcher avec une canne.
stocken ['ʃtɔkən] *itr* **1.** *(zum Stillstand kommen)* s'arrêter, s'immobiliser; *(sich verlangsamen)* (se) ralentir; *(Geschäft)* languir; **2.** *(in der Rede)* hésiter, *(steckenbleiben)* rester court. **Stocken** *n:* ▶ *ins* ~ *geraten* od *kommen* (se) ralentir; tarir; languir; hésiter. **stockend I.** *a (Rede)* hésitant; **II.** *adv (reden)* avec hésitation.
stockfinster ['ʃtɔk'-] *a:* ▶ *es ist* ~ il fait noir comme dans un four.
Stockfisch *m* morue *f* sèche *od* séchée.
Stockrose *f bot* rose *f* trémière. **Stockschirm** *m* parapluie-canne *m*.
Stockschnupfen *m* enchifrènement *m*.
stocksteif *a* raide comme un piquet *od* un bâton.
Stockung *f* ‹-, -en› *(Stillstand)* arrêt; *(Verkehrs~)* embouteillage *m; fig* stagnation *f*.
Stockwerk *n* étage *m*.
Stoff *m* ‹-(e)s, -e› [ʃtɔf] **1.** *allg* étoffe *f;* **2.** *(Gewebe a.)* tissu, textile *m;* **3.** *(Materie)* matière, substance *f; chem* corps *m;* **4.** *fig (Gegenstand)* matière (*zu* à); substance *f*, sujet, thème *m;* ▶ ~ *geben zu etw* alimenter qc; *Stück n* ~ métrage de tissu; *(Rest)* coupon *m*, coupe *f*. **Stoffballen** *m* rouleau *m* d'étoffe. **Stoffbreite** *f* lé *m*, laize *f*.
Stoffel *m* ‹-s, -› ['ʃtɔfəl] *fam* lourdaud, balourd *m*.
Stoffmuster *n*['ʃtɔf-] dessin *m*. **Stoffreste** *m pl* recoupe *od* retaille *f* d'étoffe.
Stoffwechsel *m physiol* métabolisme *m*. **Stoffwechselkrankheit** *f*, **Stoffwechselprodukt** *n* maladie *f*, produit *m* du métabolisme.
stöhnen ['ʃtø:nən] *itr* geindre; gémir (*über* de). **Stöhnen** *n* gémissement *m*.
Stolle *f* ‹-, -n›, **Stollen** *m* ‹-s, -› ['ʃtɔlə(n)] *(Gebäck)* pain *m* aux fruits.
Stollen *m* ‹-s, -› ['ʃtɔlən] *(unterirdischer Gang, a. mines, mil)* galerie *f*.
stolpern ['ʃtɔlpərn] *itr* ‹*sein*› trébucher (*über* sur); faire un faux pas.
stolz [ʃtɔlts] *a* **1.** fier (*auf* de); *(hochmütig)* orgueilleux, altier, hautain; **2.** *fig (prächtig, imposant)* superbe, magnifique, majestueux, imposant; ▶ *auf etw* ~ *sein* être fier, se glorifier, se faire gloire, s'enorgueillir de qc; *pej* tirer vanité de qc. **Stolz** *m* ‹-es, ø› fierté *f; (Hochmut)* orgueil *m*. **stolzieren** [-'tsi:rən] ‹*ohne ge-*› *itr* ‹*sein*› faire parade, se pavaner.
Stopfei *n* ['ʃtɔpf-] œuf *m* à repriser. **stopfen** *tr* **1.** *(stecken)* bourrer (*a. die Pfeife*), fourrer; **2.** *(zu~)* boucher, aveugler; **3.** *(Kleidung, bes. Strümpfe)* repriser, faire des reprises à; *(ausbessern)* ravauder, raccommoder; *(kunst~)* stopper; **4.** *(Gans: nudeln)* gaver; *(sättigen)* rassasier; *itr* **5.** *physiol (den Stuhlgang hindern)* constiper; ▶ *jdm den Mund* ~ *(fig)* fermer la bouche à qn. **Stopfgarn** *n* fil *od* coton *m* à repriser. **Stopfnadel** *f* aiguille *f* à repriser.
Stopp *m* ‹-s, -s› [ʃtɔp] *(Anhalten)* arrêt *m*. **stopp** *interj (halt!)* halte! stop!
Stoppel *f* ‹-, -n› ['ʃtɔpəl] chaume *m*, éteule *f; (Bart)* poil *m* raide. **Stoppelbart** *m* barbe *f* de plusieurs *od* de huit jours. **stopp(e)lig** *a* couvert de chaumes; *(Bart, Gesicht)* mal rasé.
stoppen ['ʃtɔpən] *tr* **1.** *(anhalten)* stopper, arrêter; **2.** *(mit der Stoppuhr messen)* chronométrer; *itr* **3.** stopper, s'arrêter. **Stoppuhr** *f* chronomètre *m*.
Stöpsel *m* ‹-s, -› ['ʃtœpsəl] bouchon; *allg* tampon *m; el* fiche *f*.
Stör *m* ‹-(e)s, -e› [ʃtø:r] *zoo* esturgeon *m*.
Storch *m* ‹-(e)s, ¨-e› [ʃtɔrç, 'ʃtœrçə] cigogne *f*.
stören ['ʃtørən] *tr* **1.** troubler, déranger; *(belästigen)* gêner, incommoder, importuner; **2.** *mil* harceler; *radio* brouiller; ▶ *störe ich (Sie)?* est-ce que je vous dérange? *lassen Sie sich nicht* ~*!* ne vous dérangez pas! **störend** *a* gênant. **Störenfried** *m* trouble-fête *m*. **Störfall** *m (in e-m Kernkraftwerk)* alerte *f*, incident *m*. **Störgeräusch** *n tech* trouble *m*, friture *f; radio* bruit *m* parasite *od* de fond.
stornieren [s-/ʃtɔr'ni:rən] ‹*ohne ge-*› *tr com* ristourner. **Storno** *m* u. *n* ‹-s, -ni› ['s-/'ʃtɔrno, -ni] ristourne *f*.
störrisch ['ʃtœrıʃ] *a* rétif, revêche, rébarbatif; récalcitrant; obstiné, entêté, têtu, opiniâtre; intraitable, indocile.
Störsender *m* ['ʃtø:r-] émetteur de brouillage, (poste) brouilleur *m*. **Störung** *f* ‹-, -en› **1.** dérangement *m*, perturbation *f; (Zustand)* trouble, désordre *m; (Belästigung)* gêne *f;* **2.** *(Betriebs-, Verkehrs~)* incident, arrêt *m* (de la circulation); *tech* avarie *f;* **3.** *radio* bruit parasite; *(absichtliche)* brouillage *m;* ▶ *(infolge) technische(r)* ~*en pl* (en raison d')ennuis *m pl* mécaniques; *e-e* ~ *beheben* od *beseitigen* réparer un

dérangement; *atmosphärische ~en* perturbations *f pl* atmosphériques. **Störungsdienst** *m tele s. Störungsstelle.* **störungsfrei** *a radio* exempt de parasites. **Störungsstelle** *f tele* service *m* des dérangements.

Stoß *m* ⟨-es, ⸚e⟩ [ʃto:s, 'ʃtø:sə] **1.** poussée *f*, coup *m* (de pointe); *(Rippen~)* bourrade *f; (Anstoßen)* heurt *m;* **2.** *(Degen~)* estocade, botte *f;* **3.** *(Kugelstoßen)* lancement *m; (Schwimm~)* brasse *f;* **4.** *(erhaltener ~, Erschütterung)* choc *m*, secousse, saccade, percussion *f; (im Wagen)* cahot *m;* **5.** *fig* coup *m* d'arrêt; **6.** *phys psych* impulsion *f;* **7.** *(Stapel)* pile; *(Bündel)* liasse *f;* ▶ *sich* od *s-m Herzen e-n ~ geben (fig)* faire un effort sur soi. **Stoßdämpfer** *m* amortisseur *m* (de chocs).

Stößel *m* ⟨-s, -⟩ ['ʃtøsəl] pilon *m*.

stoßen ['ʃto:sən] ⟨*stößt, stieß, gestoßen*⟩ *tr* ⟨*h*⟩ **1.** pousser; *(an~)* heurter, cogner, choquer; *sport (Kugel)* lancer; *(hinein~)* enfoncer; *(hinaus~)* expulser; **2.** *(zerstoßen)* piler, broyer, concasser; *itr* **3.** heurter, cogner (*gegen etw* qc); donner un *od* des coup(s) de cornes *od* de pied (*an, gegen* contre); **4.** *(Raubvogel)* fondre (*auf* sur); **5.** *fig (begegnen, finden)* tomber (*auf etw* sur qc), rencontrer (*auf etw* qc); *(sich anschließen)* se joindre (*zu* à), se rallier (*zu* à); **6.** *(grenzen)* toucher, confiner, (*an* à), *(Grundstück)* être attenant *od* contigu (*an* à); *refl: sich ~* **7.** se heurter (*an etw* à qc), se cogner (*an etw* contre *od* à qc), buter (*an etw* contre qc); **8.** se choquer, se scandaliser, s'offusquer, se formaliser de qc; ▶ *auf den Grund* od *Kern e-r S ~ (fig)* toucher au fond de qc; *jdn in die Rippen ~* donner une bourrade à qn; *auf Schwierigkeiten, Widerstand ~* rencontrer des difficultés, une résistance.

Stoßgebet *n* ['ʃtɔs-] oraison *f* jaculatoire. **Stoßseufzer** *m* (profond) soupir *m*. **Stoßstange** *f mot* (barre *f* du) pare-chocs *m*. **Stoßtrupp** *m mil* troupe *f* de choc. **Stoßverkehr** *m* heures *f pl* de pointe. **stoßweise** *adv* par à-coups, par secousses, par saccades; *(Rauch)* par bouffées. **Stoßzahn** *m zoo* défense *f*. **Stoßzeit** *f* heures *f pl* de pointe *od* d'affluence, période *f* de pointe.

stottern ['ʃtɔtərn] *itr* bégayer, bredouiller; *(stammeln)* balbutier; *mot fam* avoir des ratés.

Stövchen *n* ⟨-s, ø⟩ réchaud *m*.

stracks [ʃtraks] *adv (geradeaus)* tout droit; *(sofort)* sur-le-champ.

Strafanstalt *f* ['ʃtra:f-] établissement *m* pénitentiaire, maison *f* centrale *od* de correction. **Strafantrag** *m* demande *f* en poursuite criminelle; *(des Staatsanwalts)* réquisitoire *m;* ▶ *e-n ~ stellen* porter plainte (pénale). **Strafanzeige** *f* plainte *f;* ▶ *~ erstatten* porter plainte (*gegen jdn* contre qn). **Strafarbeit** *f (Schule)* devoir supplémentaire, pensum *m*. **Strafaufschub** *m* sursis *m*. **strafbar** *a* punissable; *jur* passible d'une peine; ▶ *sich ~ machen* se rendre coupable; être passible d'une peine; *~e Handlung f* acte *m* delictueux. **Strafbarkeit** *f* culpabilité; pénalité; criminalité *f*. **Strafe** *f* ⟨-, -n⟩ **1.** punition; *(Züchtigung)* correction *f*, châtiment *m; jur* peine *f;* **2.** *(Geld~)* amende, pénalité *f;* ▶ *bei ~ (gen)* sous peine (de); *zur ~* pour pénitence; *zur ~ für* en punition de; *e-e ~ beantragen* requérir une peine; *jdm die ~ erlassen* remettre la punition à qn; *jur* faire grâce de la peine *od* de l'amende à qn; *s-e ~ verbüßen* purger sa peine; *e-e ~ verhängen* infliger une peine; *die gerechte ~* le prêté rendu. **strafen** *tr* punir (*für etw* de qc); mettre en pénitence; *(züchtigen)* corriger, châtier. **Straferlaß** *m* remise de peine, libération anticipée, amnistie *f*.

straff [ʃtraf] *a* **1.** raide, rigide; *(gespannt)* tendu; **2.** *fig* rigide, rigoureux; *(knapp)* étroit, strict, concentré; *(streng)* sévère, austère; ▶ *~ anziehen* od *spannen* tendre fortement, bander, raidir.

straffällig ['ʃtra:f-] *a:* ▶ *~ werden* encourir une peine.

straffen ['ʃtrafən] *tr* tendre, bander, raidir. **Straffheit** *f* ⟨-, ø⟩ **1.** raideur, rigidité; tension *f;* **2.** *fig* rigueur; étroitesse; sévérité, austérité *f*.

straffrei ['ʃtra:f-] *a* impuni; exempt de (toute) peine. **Straffreiheit** *f* exemption de (toute) peine; amnistie *f*. **Strafgefangene(r)** *m* détenu *m*. **Strafgericht** *n lit* jugement, châtiment *m;* tribunal *m* pénal. **Strafgesetz** *n* loi *f* pénale *od* criminelle *od* répressive. **Strafgesetzbuch** *n* code *m* pénal.

sträflich ['ʃtrɛ:flɪç] *a* punissable; *(unverzeihlich)* impardonnable, inexcusable; ▶ *~er Leichtsinn m* légèreté *f* coupable. **Sträfling** *m* ⟨-s, -e⟩ prisonnier, détenu *m*. **Sträflingskleidung** *f* tenue *f* de prison.

straflos ['ʃtra:f-] *a:* ▶ *~ ausgehen* rester impuni. **Strafmaß** *n* peine *f*. **strafmündig** *a* qui a (l'âge de) la responsabilité pénale. **Strafporto** *n* surtaxe *f*. **Strafpredigt** *f* sermon *m;* ▶ *jdm e-e ~ halten* sermonner qn. **Strafprozeß** *m* procès *m* pénal *od* criminel. **Strafpunkt** *m sport* (point *m* de) pénalité *f; pl a.* perte *f* de points. **Strafraum** *m sport* surface de réparation, zone *f* de penalty. **Strafrecht** *n* droit *m od* législation *f* pénal(e) *od* criminel(le). **straf-**

rechtlich *a* pénal, criminel; ▶ ~ *verfolgen* poursuivre en juridiction pénale *od* criminelle. **Strafregister** *n* casier judiciaire, sommier *m; arg* grimoire *m.* **Strafstoß** *m sport* penalty *m.* **Straftat** *f* acte délictueux, délit *m.* **Strafumwandlung** *f* commutation *f* de *od* d'une peine. **Strafverfolgung** *f* poursuite *f* judiciaire. **strafverschärfend** *a* aggravant. **Strafversetzung** *f* déplacement *m* par mesure disciplinaire. **Strafvollzug** *m* exécution *f* pénale. **Strafvollzugsanstalt** *f* maison *f* d'arrêt. **Strafzeit** *f sport* temps *m* de pénalisation. **Strafzettel** *m* contravention *f.*

Strahl *m* ‹-(e)s, -en› [ʃtra:l] **1.** rayon *a. math;* rai(s); trait *m* (de lumière); **2.** *(Wasser~)* jet, *(dünner)* filet *m;* **3.** *tech* veine *f;* **4.** *(Rakete)* jet *m;* **5.** *radio* onde *f.* **Strahlantrieb** *m* propulsion *f* par jet *od* par réaction; ▶ *mit ~ (aero)* à réaction.

strahlen ['ʃtra:lən] *itr* rayonner *a. fig; tech* émettre des rayons; *(sich strahlenförmig ausbreiten)* (s')irradier; *(glänzen)* resplendir, briller; ▶ *vor Freude, Glück ~* rayonner *od* être (tout) rayonnant de joie, de bonheur. **Strahlen** *n* rayonnement *m.* **Strahlenbelastung** *f med* dose *f* de radiations infligée *od* subie; *(durch Radioaktivität)* rayonnement *m,* irradiation *f.* **Strahlenbrechung** *f opt* réfraction *f.* **Strahlenbündel** *n* faisceau *m* (de rayons) lumineux. **strahlend** *a* rayonnant; *a fig* resplendissant; *fig* radieux (*vor* de); *f.* **Strahlenmesser** *m* ‹-s, -›, **Strahlenmeßgerät** *n* actinomètre *m.* **Strahlenmessung** *f* actinométrie *f.* **Strahlenschäden** *m pl* dégâts *m pl* dûs aux rayonnements; *(beim Menschen)* lésions *f pl* dues aux rayonnements. **Strahlenschutz** *m* protection *f* contre les radiations *od* les rayonnements. **Strahlenschutzanzug** *m* combinaison *f* antiradiations. **Strahlenschutzkleidung** *f* tenue *f* de protection anti-radioactive. **strahlensicher** *a* anti-rayonnement. **Strahlentherapie** *f* radiothérapie *f.* **Strahlentriebwerk** *n tech* réacteur *m.* **Strahlenunfall** *m* accident *m* nucléaire. **Strahlenwolke** *f* nuage *m* radioactif.

Strahler *m* ‹-s, -› ['ʃtra:lər] *allg* radiateur *m.*

Strahlung *f* ‹-, -en› ['ʃtra:lʊŋ] rayonnement *m; (einzelne)* radiation *f;* ▶ *kosmische ~* rayonnement *m* od rayons *m pl* cosmique(s). **Strahlungsenergie** *f* énergie *f* rayonnée *od* de rayonnement. **Strahlungsintensität** *f* débit *m* d'irradiation; *(radioaktiver Strahlen)* intensité *f* de la radiation. **Strahlungswärme** *f* chaleur *f* rayonnante.

Strähne *f* ‹-, -n› ['ʃtrɛ:nə] *(Haar)* mèche, touffe *f.* **strähnig** *a (Haar)* en mèches, raide.

stramm [ʃtram] *a* **1.** *(straff, prall)* raide, (bien) tendu; **2.** *(kräftig)* solide, robuste, découplé; **3.** *fig (energisch, fest)* énergique; ferme, décidé (d'allure); ▶ *~e Haltung f* attitude *f* militaire. **stramm=stehen** *itr* ‹*stand stramm, strammgestanden*› être *od* se mettre au garde-à-vous.

strampeln ['ʃtrampəln] *itr* remuer les jambes *od* les pieds; *fam* gigoter.

Strand *m* ‹-(e)s, ⸚e› [ʃtrant, 'ʃtrɛndə] plage *f,* rivage *m; (Küste)* côte *f;* ▶ *auf den ~ setzen* échouer. **Strandanzug** *m* ensemble *m od* tenue *f* de plage. **stranden** *itr* ‹*sein*› *a. fig* (s')échouer; faire naufrage, être jeté à la côte. **Strandgut** *n* épave(s *pl*) *f.* **Strandkorb** *m* guérite *f* (de plage). **Strandläufer** *m orn* bécasse *f* de mer.

Strang *m* ‹-(e)s, ⸚e› [ʃtraŋ, 'ʃtrɛŋə] **1.** *(Seil)* corde *f;* **2.** *el tele* ligne *f; (Nerven~)* cordon *m* (nerveux); ▶ *über die Stränge schlagen (fig)* faire des frasques; y aller trop fort, exagérer, dépasser les bornes; *zum Tode durch den ~ verurteilen* condamner à la (peine de mort par) pendaison; *am gleichen ~ ziehen (fig)* tirer sur la même corde; être attelé à la même tâche; *wenn alle Stränge reißen* au pis-aller.

strangulieren [ʃtraŋgu'li:rən] ‹*ohne ge-*› *tr (erdrosseln)* étrangler.

Strapaze *f* ‹-, -n› [ʃtra'pa:tsə] fatigue *f,* dur effort; *(Arbeit)* labeur, travail *m* éreintant. **strapazieren** [-pa'tsi:rən] ‹*ohne ge-*› *tr* **1.** *(sehr anstrengen)* fatiguer, harasser, éreinter; **2.** *(abnutzen)* user. **strapazierfähig** *a (Kleidung)* résistant à l'usure, solide. **strapaziös** [-tsi'ø:s] *a* fatigant, harassant, éreintant, épuisant.

Straßburg *n* ['ʃtra:sbʊrk] Strasbourg *m.*

Straße *f* ‹-, -n› ['ʃtra:sə] **1.** *(bebaute)* rue; *(Land~)* route; *f; (Fahrdamm, -bahn)* chaussée *f;* **2.** *(Meerenge)* détroit *m;* **3.** *fig (Weg, Bahn)* chemin *m,* voie *f;* ▶ *auf der ~* dans la rue; *auf offener ~* en pleine rue; *über die ~ (com: zum Mitnehmen)* à emporter; *auf die ~ gehen (a. fig)* descendre dans la rue; *pop (Dirne)* faire le trottoir; *auf der ~ liegen (fig: Mensch)* être sur le pavé; traîner dans le ruisseau; *auf die ~ setzen (entlassen)* mettre sur le pavé; *(Mieter)* mettre à *od* dans la rue; *~ gesperrt!* rue, route barrée.

Straßenarbeiter *m* ['ʃtra:sən-] cantonnier *m.* **Straßenbahn** *f* tram(way) *m.* **Straßenbahner** *m fam* traminot *m.* **Straßenbahnlinie** *f,* **Straßenbahnnetz** *n,* ligne *f,* réseau *m* de tramways. **Straßenbau** *m* construction *f* de(s) routes. **Straßenbeleuchtung** *f* éclairage *m* de la voie publique. **Straßendecke** *f* revêtement *m* de la chaussée *od* route. **Straßendirne** *f* fille *f* de joie. **Straßendorf** *n geog* village-rue *m*. **Straßenfeger** *m* balayeur *m*. **Straßenführung** *f* tracé *m* de la route. **Straßenglätte** *f* verglas *m*. **Straßengraben** *m* fossé *m* (de la route). **Straßenhändler** *m* marchand ambulant, camelot *m*. **Straßenhändlerin** *f* marchande *f* des quatre-saisons. **Straßenjunge** *m* gamin, polisson; *pop* voyou *m*. **Straßenkampf** *m* combat *m* de rues. **Straßenkarte** *f* carte *f* routière. **Straßenkehrer** *m* = *Straßenfeger*. **Straßenkehrmaschine** *f* balayeuse *f*. **Straßenkreuzer** *m mot fam* voiture *f* américaine. **Straßenkreuzung** *f* croisement *m* (de rues *od* de routes), intersection *f* de routes, carrefour *m*, patte-d'oie *f*. **Straßenlage** *f mot* tenue *f* de route; ▶ *e-e gute ~ haben (mot)* tenir bien la route. **Straßenlaterne** *f* réverbère *m*. **Straßennetz** *n* réseau *m* routier *od* de routes. **Straßenreinigung** *f* nettoyage *m* des rues. **Straßensammlung** *f* collecte *od* quête *f* sur la voie publique. **Straßensänger** *m* chanteur *m* des rues. **Straßenschild** *n* plaque *f* indicatrice *od* de rue. **Straßenschlacht** *f* bataille *f* de rue. **Straßensperre** *f* barrage *m* de rue *od* routier. **Straßentransport** *m* transport *m* routier *od* par route *od* par voiture. **Straßenüber-, Straßenunterführung** *f* passage *m* supérieur, inférieur. **Straßenverkehrsordnung** *f* code *m* de la route. **Straßenzustand(sbericht)** *m* (bulletin *m* de l')état des routes.

Stratege *m* ‹-n, -n› [ʃ-/straˈteːgə] stratège, stratégiste *m*. **Strategie** *f* ‹-, -n› [-teˈgiː] stratégie *f*. **strategisch** [-ˈteːgɪʃ] *a* stratégique.

Stratosphäre *f* ‹-, ø› [ʃ-, stratoˈsfɛːrə] stratosphère *f*.

sträuben, *sich* [ˈʃtrɔʏbən] **1.** *(Haare, Federn)* se dresser, se hérisser; **2.** *fig (sich wehren, sich auflehnen)* regimber, se débattre (*gegen etw* contre qc); résister, se refuser (*gegen etw* à qc); ▶ *da hilft kein S~* toute résistance est inutile.

Strauch *m* ‹-(e)s, ¨er› [ʃtraux, ˈʃtrɔʏçər] buisson, arbuste, arbrisseau *m*.

straucheln [ˈʃtrauxəln] *itr* ‹*sein*› *a. fig* trébucher, broncher, faire un faux pas.

Strauchwerk *n* [ˈʃtraux-] broussailles *f pl*.

Strauß 1. *m* ‹-es, ¨e› [ʃtraus, ˈʃtrɔʏsə] *(Blumen~)* bouquet *m* **2.** *m* ‹-es, -e› [ʃtraus] *orn* autruche *f*. **Straußenei** *n*, **Straußenfeder** *f* œuf *m*, plume *f* d'autruche.

Strebe *f* ‹-, -n› [ˈʃtreːbə] *(Stütze)* étai, étançon; *arch* étrésillon, contre-boutant *m*; *(Querholz)* entretoise *f*. **Strebebogen** *m arch* arc-boutant *m*. **Strebemauer** *f* contrefort *m*.

streben *itr* chercher à *od* s'efforcer d'atteindre (*nach etw* qc); (pré)tendre (*nach etw* à qc); rechercher, viser (*nach etw* qc), aspirer (*nach etw* à qc). **Streben** *n* tendance (*nach* à); aspiration (*nach* vers); poursuite, quête *f* (*nach* de); ▶ *~ nach Reichtum* poursuite *f* de la richesse.

Streber *m* ‹-s, -› *pej* arriviste *m*. **Strebertum** *n* ‹-s, ø› *pej* arrivisme *m*. **strebsam** *a* assidu. **Strebsamkeit** *f* ‹-, ø› assiduité *f*.

Strecke *f* ‹-, -n› [ˈʃtrɛkə] **1.** *math* ligne *f* droite, segment *m*; **2.** *allg* espace; *(Abschnitt)* tronçon *m*, section, portion, partie *f*; **3.** *(Entfernung)* distance *f*; *(Stück Weg)* bout *m* de chemin; *(Etappe)* étape; *(nicht unterbrochene ~)* traite *f*; **4.** *(Reiseweg)* itinéraire *m*; route *f*; *(Fahr-, Flug~)* parcours, trajet, itinéraire *m*, ligne; *aero a.* route *f*; **5.** *loc* voie *f*; **6.** *tele* ligne *f*; **7.** *mines* galerie *f*; ▶ *auf der ~ bleiben (fig)* rester en chemin, demeurer sur place; *zur ~ bringen* abattre, tuer; *fig* vaincre, venir à bout de.

strecken [ˈʃtrɛkən] *tr* **1.** étendre, étirer, allonger; **2.** *(Küche: verdünnen)* étendre, allonger; *(langsamer verbrauchen)* allonger; ▶ *alle viere von sich ~* s'étendre les quatre fers en l'air.

Streckenabschnitt *m* [ˈʃtrɛkən-] *loc* section *f od* tronçon *m* (de voie). **Streckenarbeiter** *m loc* ouvrier de la ligne, homme *m* d'équipe. **Streckenführung** *f (Straße)* tracé de la route; *loc* tracé *m* de la voie. **Streckenwärter** *m loc* garde-voie, garde-ligne *m*. **streckenweise** *adv* par-ci, par-là; par places.

Streckmuskel *m* [ˈʃtrɛk-] (muscle) extenseur *m*. **Streckung** *f* ‹-, -en› extension *f*, *a. med*; étirage; allongement *m*.

Streich *m* ‹-(e)s, -e› [ʃtraɪç] **1.** *(Schlag)* coup *m*; **2.** *(Schabernack)* tour, mauvais coup *m*; ▶ *mit einem ~* d'un seul coup; *jdm e-n üblen ~ spielen* faire une méchanceté *od* une chinoiserie *od* un vilain tour, jouer un tour de cochon à qn; *dummer ~* bêtise, sottise *f*.

streicheln *tr* caresser, cajoler. **streichen** ‹*strich, gestrichen*› *tr* **1.** *(mit der Hand über etw fahren)* passer la main (*über* sur); *(zärtlich)* caresser (*über etw* qc); **2.** *(Saiteninstrument spielen)* jouer *(die Geige* du violon*)*; *(Klinge schärfen)* repasser; **3.** *(auf etw ausbreiten)* étendre; enduire *(etw auf e-m Gegenstand* un objet de qc*)*; *(Küche)* étaler *(aufs Brot* sur le pain*)*; **4.** *(mit Farbe)* peindre; *(tünchen)* badigeonner; *(in etw* *hineintun)* passer (*Mörtel in e-e Fuge* du mortier dans un joint); **5.** *(aus-, durch~)* rayer, barrer, biffer, effacer, annuler; *typ* déléaturer; *(aus-, weglassen)* retrancher, élaguer, supprimer; *itr* ⟨sein⟩ **6.** *(berühren)* effleurer, frôler, friser, raser (*an etw* qc); **7.** *(umherstreifen)* passer, rôder, vaguer, vagabonder; *orn* tirer; ► *frisch gestrichen!* prenez garde à la peinture, peinture fraîche. **Streichholz** *n* allumette *f.* **Streichholzschachtel** *f* boîte *f* d'allumettes. **Streichinstrument** *n mus* instrument *m* à archet *od (Saiteninstrument)* cordes. **Streichkäse** *m* crème *f* de fromage. **Streichorchester** *n,* **Streichquartett** *n* orchestre, quatuor *m* à cordes. **Streichung** *f* ⟨-, -en⟩ *(Tilgung)* rayure; *(Liste)* radiation; suppression *f.* **Streichwurst** *f* pâté *m.*

Streifband *n* ['ʃtraɪf-] *(Banderole)* bandelette; *(Buch: mit Werbetext)* bande *f* (publicitaire); ► *unter ~* sous bande. **Streife** *f (Straßen~)* patrouille *f.* **streifen** *tr* ⟨*h*⟩ **1.** *(gleitend berühren)* effleurer, frôler, friser, raser; *(Schluß)* érafler; **2.** *(Ring über den Finger)* passer (*über* à); *(vom Finger ~)* enlever, ôter; *(über den Kopf ~)* rabattre (sur la tête); **3.** *fig (Thema)* effleurer, côtoyer; *itr* ⟨*sein*⟩ **4.** *(umher~)* rôder, vaguer, vagabonder, errer; ► *nur leicht ~ (Thema)* glisser (*etw* sur qc). **Streifen** *m* ⟨-s, -⟩ raie, bande, rayure; *(Papier-, Stoff~)* bande *f.* **Streifendienst** *m (Polizei)* service *m* de patrouille. **Streifenmuster** *n* dessin *m* à rayures. **Streifenpolizist** *m* gendarme *m* motorisé. **Streifenwagen** *m* voiture *f* de police. **Streiflicht** *n* échappée de lumière, lumière *f* frisante. **Streifschuß** *m* éraflure *f* (par balle). **Streifzug** *m mil* incursion *f,* raid *m; fig (Abschweifung, Exkurs)* excursion *f.*

Streik *m* ⟨-(e)s, -s⟩ [ʃtraɪk] grève *f;* ► *im ~ (befindlich)* en grève; *in den ~ treten* se mettre en grève; *wilder ~* grève *f* sauvage. **Streikankündigung** *f* préavis *m* de grève. **Streikaufruf** *m* ordre *m* de grève. **Streikbrecher** *m* briseur *m* de grève. **streiken** *itr a. fig* faire grève. **streikend** *a* gréviste. **Streikende** *m* gréviste *m.* **Streikposten** *m* piquet *m* de grève. **Streikrecht** *n* droit *m* de grève.

Streit *m* ⟨-(e)s, -e⟩ [ʃtraɪt] querelle *f,* démêlé *m; (mit Tätlichkeiten)* rixe; *(Wort~)* dispute, discussion, altercation *f; (Meinungs~)* différend *m,* controverse *f; (Rechts~)* litige *m; (~igkeit, ~fall)* contestation *f; (Konflikt)* conflit; *(Kampf)* combat *m,* lutte *f;* ► *mit jdm ~ anfangen* od *suchen* chercher querelle *od* dispute *od* noise à qn; *mit jdm in ~ geraten* entrer en conflit avec qn. **streitbar** *a (kriegerisch)* belliqueux; *(angriffslustig)* agressif. **streiten** ⟨*streitet, stritt, gestritten*⟩ *itr* **1.** *(uneinig sein)* être en dispute (*mit jdm* avec qn); disputer (*über etw* de qc); *(vor Gericht)* plaider; **2.** *(kämpfen)* combattre, lutter; *refl* **3.** *sich ~* se quereller; se disputer (*um etw* qc). **Streiter** *m* ⟨-s, -⟩ *(Kämpfer)* combattant, militant; *(Vorkämpfer)* champion *m.* **Streitfall** *m* différend *m;* contestation *f;* cas *m* litigieux *od* de litige; ► *im ~* en cas de litige *od* de désaccord. **Streitfrage** *f* question *f* litigieuse; différend *m.* **streitig** *a = strittig;* ► *jdm etw ~ machen* contester *od* disputer qc à qn. **Streitigkeit** *f* différend *m.* **Streitkräfte** *f pl mil* forces *f pl* (armées). **streitlustig** *a* querelleur, batailleur. **Streitmacht** *f* force *f.* **Streitschrift** *f* pamphlet, écrit *m* polémique. **streitsüchtig** *a = streitlustig; (boshaft)* chicaneur, chicanier.

streng [ʃtrɛŋ] *a* **1.** sévère, rigoureux; *(sitten~; Sitte)* austère; *(hart)* dur; **2.** *(genau)* strict, exact; **3.** *(rauh)* rude; *(scharf)* âpre; **4.** *(Kälte)* vif, rigoureux; *(Geruch)* fort; ► *~ befolgen* observer strictement; *~ überwachen* surveiller étroitement; *~ verboten!* strictement interdit! *~ vertraulich* strictement confidentiel. **Strenge** *f* ⟨-, ø⟩ **1.** sévérité, rigueur, rigidité *f;* **2.** austérité; dureté *f;* **3.** rudesse; âpreté *f.* **strenggenommen** *adv* à proprement parler.

Streß *m* ⟨-sses, -sse⟩ [ʃtrɛs, st-] surmenage, stress *m.* **stressen** *tr* surmener, stresser. **streßgeplagt** *a* surmené, e. **stressig** *a fam* épuisant, stressant.

Streu *f* ⟨-, -en⟩ [ʃtrɔʏ] litière *f* (de paille). **Streubüchse** *f* saupoudreuse *f.* **Streubereich** *m (Werbung)* zone *f* de diffusion. **Streudose** *f* saupoudreuse *f.* **streuen** *tr* répandre, disperser, disséminer, éparpiller; ► *Blumen auf etw ~* joncher qc de fleurs; *Futter ~* jeter à manger *(den Vögeln* aux oiseaux); *Salz, Zucker auf etw ~* saupoudrer qc de sel, de sucre. **Streufahrzeug** *n* véhicule *m* de répandage.

streunen ['ʃtrɔʏnən] *itr* ⟨*sein*⟩ *fam (sich herumtreiben)* vagabonder, rôder.

Streusalz *n* ['ʃtrɔʏ-] sel *m* de déneigement. **Streusand** *m* sable *m* à étaler. **Streuung** *f* ⟨-, -en⟩ dispersion; (densité de) diffusion; fuite *f; (Variationsbreite)* éventail *m.*

Strich *m* ⟨-(e)s, -e⟩ [ʃtrɪç] **1.** trait *m; (bes. Quer~; ~ an Buchstaben)* barre; *(Linie)* ligne; *(Streifen)* raie, rayure *f;* **2.** *(Verlauf, Richtung)* fil *m;* **3.** *(Pinsel~)* coup *m* de pinceau; **4.** *fam (dünner Mensch)* fantôme *m,* asperge *f;* ► *gegen den ~* à contrepoil, à rebrousse-poil, à contre-fil; *a. fig* à *od* au rebours; *fig* à gauche; *nach ~ und Faden (fam)* complètement, dans les règles; *auf den ~ gehen* *(pop)* faire le trottoir; *e-n ~ ziehen* tirer une barre; *das geht mir gegen den ~ (fam)* cela me répugne, cela me contrarie; *~ drunter!* n'en parlons plus. **Strichcode** *m* code *m* (à) barres.

stricheln *tr* hachurer. **Strichelung** *f* ‹-, -en› hachures *f pl.*

Strichjunge *m* jeune prostitué *m.* **Strichmädchen** *n* jeune prostituée *f.* **Strichpunkt** *m (Semikolon)* point-virgule *m.* **Strichvogel** *m* oiseau *m* de passage. **strichweise** *adv* par endroits.

Strick *m* ‹-(e)s, -e› [ʃtrɪk] corde *f;* ► *jdm e-n ~ aus etw drehen (fam)* chercher des ennuis à qn pour qc; *wenn alle ~e reißen* au pis-aller, en dernière instance.

stricken *tr* tricoter. **Strickgarn** *n* fil *m* à tricoter. **Strickjacke** *f* veste *f* en tricot, cardigan *m.* **Strickleiter** *f* échelle *f* de corde. **Strickmaschine** *f* machine *f* à tricoter, tricoteuse *f.* **Stricknadel** *f* aiguille *f* à tricoter. **Strickwaren** *f pl* tricotages, articles *m pl* tricotés. **Strickweste** *f* gilet *m* tricoté. **Strickzeug** *n* tricot(age) *m.*

Striegel *m* ‹-s, -› ['ʃtri:gəl] étrille, brosse *f* à étriller. **striegeln** *tr* étriller, panser.

Strieme *f* ‹-, -n›, **Striemen** *m* ‹-s, -› ['ʃtri:mə(n)] vergeture, meurtrissure *f.*

strikt [s-/ʃtrɪkt] *a* strict; *(genau)* exact; *(pünktlich)* précis; *(streng)* rigoureux.

Strippe *f* ‹-, -n› ['ʃtrɪpə] *fam (Schnur)* cordon *m;* ficelle *f;* ► *an der ~ hängen (fam)* être (sus)pendu au téléphone.

strittig ['ʃtrɪtɪç] *a* contentieux, litigieux, en litige, contesté; ► *~er Punkt m* point *m* litigieux *od* d'accrochage.

Stroh *n* ‹-(e)s, ø› [ʃtro:] paille *f; (Dach~)* chaume *m;* ► *Bund n ~* balle *f* de paille. **strohblond** *a* blondasse. **Strohblume** *f* immortelle *f.* **Strohdach** *n* toit *m* de chaume. **Strohfeuer** *n, a. fig* feu de paille. **Strohhalm** *m* brin de paille, fétu *m; (zum Trinken)* paille *f;* ► *nach e-m ~ greifen, sich an e-n ~ klammern (fig)* saisir sa dernière planche de salut. **Strohhut** *m* chapeau *m* de paille. **Strohmann** *m* ‹-(e)s, ¨-er› *fig* homme de paille, prête-nom *m.* **Strohsack** *m (Matratze)* paillasse *f.* **Strohwitwe(r** *m***)** *f* femme *f* dont le mari, mari *m* dont la femme est provisoirement absent(e) *od* en voyage.

Strolch *m* ‹-(e)s, -e› [ʃtrɔlç] mauvais sujet *m.*

Strom *m* ‹-(e)s, ¨-e› [ʃtro:m, 'ʃtrø:mə] **1.** *geog (großer Fluß)* fleuve *m;* **2.** *(Strömung)* courant, flux; *a. fig* flot; *fig* torrent *m;* **3.** *el* courant (électrique), *fam* jus *m;* ► *in Strömen* à (grands) flots; *mit dem ~* au fil de l'eau; *den ~ ab-, einschalten* couper, rétablir le courant; *gegen den, mit dem ~ schwimmen* nager contre le, avec le *od* dans le sens du courant; *unter ~ stehen (el)* être sous tension; *mit ~ versorgen* électrifier; *Ströme von Blut* mers *f pl* de sang. **Stromabnehmer** *m* appareil de prise de courant, chariot de prise (de courant), trolley, balai *m.* **stromab(wärts)** *adv (Lage)* en aval; *(Richtung)* avec le courant, à vau-l'eau. **stromauf(wärts)** *adv (Lage)* en amont; *(Richtung)* à contre-courant. **Stromausfall** *m* absence *f od* manque *m* de courant, panne *f* de courant *od* d'électricité.

strömen ['ʃtrø:mən] *itr ‹sein›* couler *od* se répandre à (grands) flots; *(Regen)* tomber à verse *od* à seaux; *(Menschen)* affluer (*nach* à); ► *in strömendem Regen* sous une pluie torrentielle *od* battante.

Stromer *m* ‹-s, -› ['ʃtro:mər] *fam (Landstreicher)* vagabond, clochard *m.*

Stromerzeuger *m* ['ʃtro:m-] génératrice, dynamo *f.* **Stromerzeugung** *f* génération électrique; production *f* de courant. **Stromgebiet** *n* bassin *m* d'un *od* du fleuve. **Stromkreis** *m* circuit *m* (électrique). **stromlinienförmig** *a* aérodynamique, profilé, caréné; *mot* effilé, fuselé. **Stromnetz** *n el* réseau *m* électrique. **Stromquelle** *f el* source *f* génératrice *od* d'électricité *od* de courant. **Stromrechnung** *f* note *f* d'électricité. **Stromschnelle** *f* rapide *m.* **Stromsperre** *f* suppression d'électricité, coupure *f* de *od* du courant. **Stromstärke** *f* intensité *f* du courant. **Stromstoß** *m* décharge *f* électrique.

Strömung *f* ‹-, -en› ['ʃtrø:mʊŋ] **1.** *(im Wasser)* courant; *(Luftstrom)* courant *m* (atmosphérique); **2.** *fig (Tendenz)* courant *m.*

Stromverbrauch *m* ['ʃtro:m-] consommation *od* dépense *f* de courant. **Stromversorgung** *f* en électricité. **Stromzähler** *m* compteur *m* électrique.

Strophe *f* ‹-, -n› ['ʃtro:fə] strophe *f.*

strotzen ['ʃtrɔtsən] *itr* regorger, être débordant, foisonner, abonder (*von* de); ► *vor* od *von Gesundheit, Kraft ~* regorger *od* éclater de santé, de force. **strotzend** *a* regorgeant, débordant (*von* de).

Strudel *m* ‹-s, -› ['ʃtru:dəl] **1.** remous; *a. fig* tourbillon *m;* **2.** *(Gebäck)* chausson *m.*

Struktur *f* ‹-, -en› [ʃ-/strʊk'tu:r] structure, texture *f.* **Strukturalismus** *m* ‹-, ø› structuralisme *m.* **strukturell** [-tu'rɛl] *a* structural; structurel. **strukturieren** [-'ri:rən] ‹*ohne ge-*› *tr* structurer. **Strukturierung** *f* ‹-, -en› structuration *f.* **Strukturkrise** *f* crise *f* structurelle.

Strumpf *m* ‹-(e)s, ¨-e› [ʃtrʊmpf, 'ʃtrʏmpfə] bas; ► *nahtloser ~* bas *m* sans couture. **Strumpfband** *n* ‹-(e)s, ⸚er› jarretière *f*. **Strumpfhalter** *m* jarretelle *f*. **Strumpfhose** *f* collant(s *pl*) *m*.

Stube *f* ‹-, -n› ['ʃtu:bə] *(heizbares Zimmer)* salle; *(Wohnzimmer)* salle de séjour; *mil (Mannschaftsraum)* chambrée *f*; ▶ *gute* ~ salon *m*. **Stubenälteste** *m mil* chef *m* de chambr(é)e. **Stubenarrest** *m* consigne *f* (à la chambre). **Stubenfliege** *f* mouche *f* commune. **Stubengelehrte(r)** *m* homme *m* de cabinet. **Stubenhocker** *m* pantouflard casanier *m*. **stubenrein** *a (Haustier)* propre.

Stuck *m* ‹-(e)s, ø› [ʃtʊk] *arch* stuc *m*.

Stück *n* ‹-(e)s, -e› [ʃtʏk] **1.** *(Einheit)* pièce *f*, *a. theat; mus* morceau *m*; **2.** *(Bestand-, Einzel~)* élément; *(Teil)* morceau; lopin *m*; partie *f*; *(Bruch~)* fragment; *(kleines ~)* bout; *(Buchstelle)* passage *m*; **3.** *(Vieh)* tête *f*; **4.** *(Gesichtspunkt)* point *m*; ▶ *aus einem ~* tout d'une pièce *od* d'un bloc, d'une seule pièce, d'un seul bloc; *aus freien ~en* de plein *od* de (son) bon *od* de son propre gré, de sa propre initiative; *in ~e(n)* en morceaux; ... *in (tausend) ~e gehen* se briser (en mille morceaux); *auf jdn große ~e halten* faire grand cas de qn; *das ist ein starkes ~!* c'est trop *od* un peu fort; *2 Franc das ~* deux francs la pièce *od fam* chaque; *das beste ~* le morceau de choix; *ein schönes ~ Geld* une jolie somme; *~ Land* parcelle *f* de terrain, lopin *m* de terre; *~ Schokolade, Zucker, Seife* morceau *m* de chocolat, de sucre, de savon. **Stückarbeit** *f* travail *m* aux pièces *od* à la tâche. **Stückgut** *n* colis *m* (isolé). **Stücklohn** *m*: ▶ *im ~ arbeiten* travailler à la pièce. **Stückpreis** *m com* prix *m* unitaire. **Stückwerk** *n* ouvrage *m* imparfait *od* incomplet. **Stückzahl** *f* nombre *m* des pièces.

Student *m* ‹-en, -en› [ʃtu'dɛnt] étudiant *m*; ▶ *~ der Medizin* étudiant en médecine. **Studentenausweis** *m* carte *f* d'étudiant. **Studentenfutter** *n* quatre-mendiants *m pl*. **Studentenheim** *n* maison *f od* foyer *m* d'étudiants; cité *f* universitaire. **Studentenschaft** *f* (confédération *f* des) étudiants *m pl*. **Studentenwohnheim** *n* = *Studentenheim*. **Studentin** *f* étudiante *f*. **studentisch** *a* estudiantin; d'étudiant(s), des étudiants.

Studie *f* ‹-, -n› ['ʃtu:diə] *(Kunst)* étude *f*; *pl (Untersuchungen)* études *f pl*; ▶ *~n treiben* faire des études. **Studienabbrecher** *m* ‹-s, -› personne *f* n'ayant pas fini ses études. **Studienassessor** *m* professeur *m* assistant. **Studienaufenthalt** *m* séjour *m* culturel, vacances *f pl* studieuses. **Studienausgabe** *f* *(Buch)* volume *m* cartonné sous jaquette. **Studienbeihilfe** *f* allocation *f* d'étude. **Studiendirektor** *m (e-s staatl. Gymnasiums)* proviseur; *(e-s städt. Gymnasiums)* principal *m*. **Studienfach** *n* discipline, spécialité *f*. **studienhalber** *adv* pour faire des études. **Studienplatz** *m* place *f* à l'université. **Studienrat** *m* professeur *m* (de lycée). **Studienreferendar** *m* professeur *m* stagiaire. **Studienreise** *f* voyage *m* d'études.

studieren [ʃtu'di:rən] ‹*ohne ge-*› *tr* **1.** étudier; faire ses études de; **2.** *allg* étudier, observer; *itr* **3.** étudier, faire des études; ▶ *Jura, Medizin ~* faire son droit, sa médecine. **Studierende(r** *m*) *f* étudiant(e *f*) *m*. **studiert** *a (gelehrt)* savant, lettré.

Studio *n* ‹-s, -s› ['ʃtu:dio] **1.** *(Künstleratelier)* atelier *m* d'artiste; **2.** *(Allzweckzimmer; film, TV)* studio *m*; **3.** *radio* auditorium *m*.

Studium *n* ‹-s, -dien› ['ʃtu:diʊm, -diən] études *f pl* (universitaires).

Stufe *f* ‹-, -n› ['ʃtu:fə] **1.** *(Treppen~)* marche *f*; **2.** *a. fig (Grad)* degré *m*; *fig* échelon; *(Rang~)* grade, rang; *(Ebene fig)* niveau; *geog, tech (a. Raketen~)* étage *m*; ▶ *auf gleicher ~ (sozial)* au même niveau *od* rang; sur un pied d'égalité; de pair (*mit* de). **stufen** *tr* graduer, échelonner. **stufenförmig** *a (in ~n angelegt)* étagé, en gradins; *(Kurve)* en escalier; ▶ *~ ansteigen* s'étager. **Stufenleiter** *f*: ▶ *soziale od gesellschaftliche ~ (fig)* échelle *f* sociale. **stufenweise** *adv* graduellement, par degrés, par gradation; par échelons.

Stuhl *m* ‹-(e)s, ⸚e› [ʃtu:l, 'ʃty:lə] **1.** chaise *f*; *(Sitz)* siège *m*; **2.** *(Stuhlgang)* selle *f*; ▶ *jdm e-n ~ anbieten* donner un siège à qn; *sich zwischen zwei Stühle setzen (fig)* s'asseoir *od* se mettre entre deux chaises; *elektrischer ~* chaise *f* électrique. **Stuhlbein** *n* pied *m* de chaise. **Stuhlgang** *m* selles *f pl*, défécation *f*. **Stuhllehne** *f* dos(sier) *m* de chaise.

Stukkateur *m* ‹-s, -e› [ʃtʊka'tø:r] ornemaniste *m*.

Stulle *f* ‹-, -n› ['ʃtʊlə] *dial (Schnitte)* tartine *f*.

Stulpe *f* ‹-, -n› ['ʃtʊlpə] revers, parement, retroussis *m*.

stülpen ['ʃtʏlpən] *tr* mettre, planter; *(Hut auf den Kopf)* enfoncer (*auf* sur).

stumm [ʃtʊm] *a* **1.** muet; *(still)* silencieux; **2.** *gram (nicht gesprochen)* muet.

Stummel *m* ‹-s, -› ['ʃtʊməl] *allg* tronçon, chicot; *(e-s Körpergliedes)* moignon; *(Kerze)* lumignon; *(Zigarre)* bout, fumeron; *(Zigarette)* bout, *fam* mégot *m*.

Stummfilm *m* ['ʃtʊm-] film *m* muet.

Stümper *m* ‹-s, -› ['ʃtʏmpər] bousilleur, fagoteur, gâcheur *m*. **Stümperei** *f* ‹-,

-en⟩ [-'rai] bousillage, fagotage, ouvrage *m* gâché. **stümperhaft** *a (ungeschickt)* maladroit; *(mißlungen)* bousillé, gâché. **stümpern** *tr u. itr fam* bousiller, gâcher; *(pfuschen)* bâcler, massacrer.
stumpf [ʃtumpf] *a* **1.** *(nicht (mehr) scharf)* émoussé, *(nicht (mehr) spitz)* sans pointe; *(abgenutzt)* usé; **2.** *math (Winkel)* obtus; *(Kegel)* tronqué; **3.** *(glanzlos, matt)* mat, terni, sans éclat; *(Blick)* morne; **4.** *fig (unempfindlich)* insensible; *(teilnahmslos)* léthargique, apathique; *(gleichgültig)* indifférent; ► ~ *werden* s'émousser, s'épointer; s'user; s'abrutir.
Stumpf *m* ⟨-(e)s, ¨-e⟩ ['ʃtʏmpfə] tronçon *m; (Baum~)* souche *f; (Baum-, Zahn~)* chicot; *(e-s Körpergliedes)* moignon; *(Kerze)* bout *m;* ► *mit ~ und Stiel ausrotten* couper à la racine.
Stumpfheit *f* ⟨-, ø⟩ *(Unempfindlichkeit)* insensibilité; *(Abgestumpftheit)* hébétude *f,* abrutissement *m; (Teilnahmslosigkeit)* léthargie, apathie; indifférence *f.* **Stumpfsinn** *m* hébétude *f,* abrutissement *m;* stupidité *f.* **stumpfsinnig** *a* hébété, abruti; obtus, stupide. **stumpfwink(e)lig** *a math* obtusangle.
Stunde *f* ⟨-, -n⟩ ['ʃtundə] **1.** heure *f;* **2.** *(Unterrichts~)* leçon, (heure de) classe *f,* cours *m;* **3.** *(Weg~)* heure de chemin, lieue *f;* ► *zu später ~* à une heure avancée; *zur ~* à l'heure actuelle, à l'heure qu'il est; *~n geben* donner des leçons; *~n nehmen* prendre des leçons (*bei jdm* avec qn); *meine ~ hat geschlagen* mon heure a sonné *od* est venue; *e-e geschlagene ~* une heure d'horloge; *e-e gute ~* une grande heure; *e-e halbe ~* une demi-heure; *e-e knappe, volle ~* une petite, grande heure;
stunden ['ʃtundən] *tr:* ► *jdm e-e Zahlung ~* accorder un délai de paiement à qn.
Stundengeschwindigkeit *f* ['ʃtundən-] vitesse *f* horaire. **Stundenhotel** *n* hôtel *m* de passe. **Stundenkilometer** *m* kilomètre-heure *m.* **stundenlang I.** *a* qui dure des heures; **II.** *adv* des heures durant *od* entières, durant des heures. **Stundenlohn** *m* salaire *od* gain *m* horaire. **Stundenplan** *m* emploi du temps, horaire *m.* **Stundenschlag** *m:* ► *mit dem ~* à l'heure sonnante. **stundenweise** *adv* à l'heure, par heure. **Stundenzeiger** *m* aiguille des heures, petite aiguille *f.*
Stündlein *n* ['ʃtʏnt-] : ► *sein letztes ~ hatte geschlagen* sa dernière heure était venue. **stündlich** *a* par heure; *adv* toutes les heures.
Stunk *m* ⟨-s, ø⟩ [ʃtuŋk] *fam (Krach, Zank)* grabuge *m;* ► *~ machen* faire du grabuge *od* un esclandre.
Stuntman *m* ⟨-s, -men⟩ ['stantmən] cascadeur *m.*
stupid(e) [ʃ-/stu'pi:t, -də] *a* stupide.
Stups *m* ⟨-es, -e⟩ [ʃtups] *fam (leichter Stoß)* rampon(neau) *m.* **stupsen** *tr fam* pousser, cogner, heurter. **Stupsnase** *f* nez *m* retroussé.
stur [ʃtu:r] *a fam (dickköpfig)* têtu, entêté; *(stumpfsinnig)* abruti. **Sturheit** *f* ⟨-, ø⟩ entêtement; abrutissement *m,* stupidité *f.*
Sturm *m* ⟨-(e)s, ¨-e⟩ [ʃturm, 'ʃtʏrmə] **1.** *mete u. fig* tempête, tourmente *f; (Gewitter, a. fig)* orage, ouragan *m;* **2.** *mil* assaut *m;* **3.** *fig (Toben)* tumulte, déchaînement *m,* explosion *f;* **4.** *sport* attaque *f;* ► *gegen etw ~ laufen* donner l'assaut à qc; *warten, bis der ~ vorüber ist (fig)* laisser passer l'orage; *schwerer ~* tempête *f* violente; *~ der Entrüstung* explosion *f* d'indignation. **Sturmangriff** *m* assaut *m,* charge *f.*
stürmen ['ʃtʏrmən] *itr* **1.** ⟨*h*⟩ *mete* souffler avec violence, faire rage, être déchaîné; *impers:* ► *es stürmt* il fait de la tempête; **2.** ⟨*sein*⟩ *fig (Mensch)* s'élancer *od* se précipiter *od* fondre impétueusement *od* fougueusement (*auf* sur); *tr* ⟨*h*⟩ **3.** *mil (angreifen)* assaillir, charger, donner l'assaut à; **4.** *(im Sturm nehmen)* prendre d'assaut. **Stürmer** *m* ⟨-s, -⟩ *sport* avant *m.*
Sturmflut *f* ['ʃturm-] marée *f* de tempête, raz *m* de marée. **sturmgepeitscht** *a* battu par la tempête.
stürmisch ['ʃtʏrmɪʃ] *a* **1.** *mete* u. *fig* tempétueux, orageux; *(See)* démonté, agité, houleux; **2.** *fig* tumultueux, turbulent; impétueux, fougueux; *(heftig)* violent; ► *~er Beifall m* applaudissements *m pl* frénétiques; *nicht so ~! (fam)* doucement!
Sturmschäden *m pl* ['ʃturm-] dégâts *m pl* causés par la tempête. **Sturmvogel** *m* pétrel *m.* **Sturmwarnung** *f* avis *od* avertissement *m* de tempête.
Sturz *m* ⟨-es, ¨-e⟩ [ʃturts, 'ʃtʏrtsə] **1.** chute *a. fig;* culbute; *fig* dégringolade *f;* **2.** *(Zs.bruch)* écroulement; *(bes. Regierungs~)* effondrement, renversement *m; (Untergang)* ruine *f.*
stürzen ['ʃtʏrtsən] **1.** *itr* ⟨*sein*⟩ tomber (lourdement *od* brusquement), faire une chute, s'abattre; *(umgestoßen werden)* être renversé; *(ein~, zs.~)* s'effondrer, s'écrouler; **2.** *tr* jeter (à) bas *od* par terre, mettre à bas, faire tomber; *(umstoßen, umkippen)* renverser, culbuter; *(herab~)* précipiter (*von* de); ► *sich in etw ~* se précipiter, *fig* donner tête baissée *od* tête basse dans qc; *sich auf jdn, etw ~* se jeter *od* se précipiter *od* foncer *od* fondre sur qn, qc; *zu Boden ~ (itr)* tomber par terre; *nicht ~!* ne pas renverser *od* culbuter.
Sturzflug *m* ['ʃturts-] vol *m od* descente

f en piqué, (vol) piqué *m.* **Sturzhelm** *m* casque *m* protecteur *od* de protection *od* de motocycliste. **Sturzsee** *f*, **Sturzwelle** *f* paquet *m* de mer.

Stute *f* ‹-, -n› ['ʃtu:tə] jument, *poet* cavale *f.*

Stütze *f* ‹-, -n› ['ʃtʏtsə] *a* **1.** *fig* appui, soutien, support; *(Baum)* tuteur; *tech* étai, étançon *m;* **2.** *(~ der Hausfrau)* aide *f* (ménagère); ► *jdm e-e ~ sein (fig)* être l'appui de qn, servir d'appui à qn. **stützen** *tr* appuyer, soutenir, supporter; *(Baum)* tuteurer; *tech* étayer, étançonner; ► *sich ~ auf* s'appuyer sur; *fig a.* se baser sur.

stutzen ['ʃtʊtsən] **1.** *tr (kürzen, (be)schneiden)* raccourcir, écourter, couper; *(Hecke, Alleebaum)* tailler, tondre, ébarber; *(Haare, Bart)* rafraîchir; *(Ohren, Schwanz, Flügel)* rogner; **2.** *itr (überrascht e-e Bewegung* od *Tätigkeit unterbrechen)* être surpris, s'arrêter court, reculer de surprise; *(zögern)* hésiter. **Stutzen** *m* ‹-s, -› **1.** *(kurzes Gewehr)* carabine *f,* mousqueton *m;* **2.** *(Wadenstrumpf)* chaussette *f* tyrolienne; **3.** *tech (Ansatzrohr)* raccord *m* (de tuyauterie), tubulure *f,* embout *m.* **stutzig** *a:* ► *~ machen* surprendre; donner à réfléchir à; *(argwöhnisch machen)* porter ombrage à; *~ werden* être surpris, prendre ombrage.

Stützpunkt *m* ['ʃtʏts-] *mil* point *m* d'appui, base *f.*

Styropor *n* ‹-s, ø› [ʃtyro'po:r] *(Warenzeichen)* polystyrène *m* expansé.

Subjekt *n* ‹-(e)s, -e› [zʊp'jɛkt] **1.** *gram philos* sujet *m;* **2.** *(Mensch)* individu *m;* ► *übles ~* mauvais sujet, sale individu *m.* **subjektiv** *a* subjectif. **Subjektivität** *f* ‹-, ø› [-tivi'tɛ:t] subjectivité *f.*

Subskribent *m* ‹-en, -en› [zʊpskri'bɛnt] *(Vorausbesteller e-s Buches)* souscripteur *m;* **subskribieren** [-'bi:rən] ‹*ohne ge-*› *itr* souscrire (*auf etw* à qc). **Subskription** *f* ‹-, -en› [-ptsi'o:n] souscription *f.* **Subskriptionspreis** *m* liste *f,* prix *m* de souscription.

substantiell [zʊpstantsi'ɛl] *a* substantiel.

Substantiv *n* ‹-s, -e› [-'ti:f] ['---/--'-] *gram* nom *m.*

Substanz *f* ‹-, -en› [-'stants] *philos allg* substance; *(Materie)* matière *f.*

subtil [zʊp'ti:l] *a* subtil. **Subtilität** *f* ‹-, -en› [-tili'tɛ:t] subtilité *f.*

subtrahieren [zʊptra'hi:rən] ‹*ohne ge-*› *tr (abziehen)* soustraire, faire la soustraction de. **Subtraktion** *f* ‹-, -en› [-traktsi'o:n] soustraction *f.*

subtropisch ['zʊp-, -'--] *a geog* subtropical.

Subvention *f* ‹-, -en› [zʊpvɛntsi'o:n] *adm* subvention *f.* **subventionieren** [-tsio'ni:rən] *tr* subventionner.

Suchaktion *f* ['zu:x-] recherches *f pl.* **Suchanzeige** *f* avis *m* de recherche. **Suchdienst** *m* service *m* de recherches *od* d'investigation. **Suche** *f* ‹-, (-n)› recherche, quête *f;* ► *auf der ~ nach* à la recherche de, en quête de; *auf die ~ gehen* se mettre à la recherche *od* en quête (*nach* de). **suchen** *tr* **1.** chercher; *(forschen nach, begehren)* rechercher; *(verlangen, fragen nach)* rechercher, demander (*nach jdm* qn); **2.** *(ver~)* essayer, tâter (*etw zu tun* de faire qc); **3.** *(Minen)* détecter; ► *bei jdm Rat ~* demander conseil à qn; *Streit mit jdm ~* chercher querelle à qn; *für sofort gesucht ... (Stellenanzeige)* on demande tout de suite ... **Sucher** *m* ‹-s, -› **1.** *(Mensch)* chercheur *m;* **2.** *phot* viseur *m.* **Sucherkamera** *f phot* appareil *m* à visée directe. **Suchgerät** *n* détecteur *m.* **Suchlauf** *m inform* opération *f* de recherche.

Sucht *f* ‹-, ¨-e› [zʊxt, 'zʏçtə] **1.** *(nach Geld, nach e-m bestimmten Tun)* manie *f;* **2.** *(nach Alkohol, Tabak, Drogen, Medikamenten)* accoutumance *f,* dépendance *f.* **Suchtgefahr** *f* risque *m* d'accoutumance. **süchtig** ['zʏçtɪç] *a* **1.** *(nach Geld, nach e-m bestimmten Tun)* obsédé (par); **2.** *(nach Alkohol, Tabak, Drogen, Medikamenten)* dépendant, intoxiqué; ► *~ machen* intoxiquer, créer une dépendance. **Süchtige(r)** *m* = *Suchtkranke(r).* **Süchtigkeit** *f* ‹-, ø› toxicomanie *f.* **Suchtkranke** *m f* intoxiqué; toxicomane; drogué *m.*

Süd *m* ‹-s, ø› [zy:t] sud, midi *m.* **Südafrika** *n* l'Afrique *f* du Sud. **Südamerika** *n* l'Amérique *f* du Sud. **südamerikanisch** *a* sud-américain, de l'Amérique du Sud.

Sudan, *der* [zu'da:n/'zu:dan] le Soudan.

Südasien *n* ['zy:tʔ] l'Asie *f* du Sud. **süddeutsch** *a* de l'Allemagne du Sud. **Süddeutsche(r** *m***)** *f* Allemand(e *f*) *m* du Sud. **Süddeutschland** *n* l'Allemagne *f* du Sud.

Sudelei *f* ‹-, -en› [zu:də'laɪ] *fam (Schmiererei)* barbouillage, gribouillage; *(Pfuscherei)* bousillage *m.* **sudeln** *tr* u. *itr fam (schmieren)* barbouiller, gribouiller; *(pfuschen)* bousiller, gâcher.

Süden *m* ‹-s, ø› ['zy:dən] sud, midi *m;* ► *im ~* au sud; *nach dem ~* vers le sud. **Südeuropa** *n* l'Europe *f* du Sud. **Südfrankreich** *n* la France méridionale, le midi de la France, le Midi. **Südfranzose** *m,* **Südfranzösin** *f* Méridional, e *m f; pl a.* gens *m pl* du Midi. **südfranzösisch** *a* méridional, du midi de la France. **Südfrüchte** *f pl* fruits *m pl* exotiques. **Südhalbkugel** *f* hémisphère *m* austral. **Südhang** *m* versant *m* méridional. **Südländer** *m* méridional *m.* **südländisch** *a* méridional. **südlich**

[-tlıç] **I.** *a* méridional, austral; du sud, du midi; **II.** *prp* au sud (*gen* de); ► *in ~er Richtung* vers le midi *od* le sud. **Südostasien** *n* l'Asie *f* du Sud-Est. **Südost(en)** *m* sud-est *m*. **südöstlich I.** *a* sud-est; **II.** *prp* au sud-est (*gen* de). **Südpol** *m* pôle *m* sud *od* austral *od* antarctique. **Südpolarmeer,** *das* l'océan *m* Antarctique. **Südsee,** *die* l'océan Pacifique, le Pacifique *m*. **Südstaaten,** *die m pl (der USA)* les États *m pl* du sud. **Südstaatler** *m (USA)* sudiste *m*. **Südtirol** *n* le Tyrol du Sud. **südwärts** *adv* vers le sud. **Südwest(en)** *m* sud-ouest *m*. **südwestlich I.** *a* sud-ouest; **II.** *prp* au sud-ouest (*gen* de). **Südwind** *m* vent *m* du sud *od* du midi.

Suff *m* ‹-(e)s, ø› [zʊf] *pop* boisson *f*.

süffig ['zʏfıç] *a fam (Wein: gut trinkbar)* moelleux, gouleyant.

süffisant *a* hautain, dédaigneux.

Suffragette *f* ‹-, -n› [zʊfra'gɛtə] *hist pol* suffragette *f*.

suggerieren [zʊge'ri:rən] ‹*ohne ge-*› *tr* insinuer. **Suggestion** *f* ‹-, -en› [-gɛsti'o:n] suggestion *f*. **suggestiv** [-'ti:f] *a* suggestif. **Suggestivfrage** *f* question *f* orientée.

Suhle *f* ‹-, -n› ['zu:lə] *(Schlammloch)* bauge *f*. **suhlen,** *sich* se vautrer.

Sühne *f* ‹-, -n› [zy:nə] *rel* expiation; *allg* réparation; *jur* conciliation *f*.

sukzessiv [zʊktsɛ'si:f, -və] *a (allmählich)* successif.

Sulfat *n* ‹-(e)s, -e› [zʊl'fa:t] *chem* sulfate *m*. **Sulfid** *n* ‹-(e)s, -e› [-'fi:t/-'fıt, -idə] sulfure *m*. **Sulfit** *n* ‹-s, -e› [-'fi:t/-'fıt] sulfite *m*.

Sultan *m* ‹-s, -e› ['zʊlta:n] sultan *m*. **Sultaninen** *f pl* [-ta'ni:nən] *(Rosinen)* raisins *m pl* de Smyrne.

Sülze *f* ‹-, -n› ['zʏltsə] fromage *m* de tête.

summarisch [zʊ'ma:rıʃ] *a* sommaire. **summa summarum** *adv* ['zʊma zʊ'ma:rʊm] *fam* en tout. **Summe** *f* ‹-, -n› ['zʊmə] somme *f*, total; *fig a.* ensemble *m*; ► *e-e runde ~* un compte rond.

summen ['zʊmən] **1.** *itr (Insekt)* bourdonner; **2.** *tr (ein Lied)* fredonner. **summieren** [zʊ'mi:rən] ‹*ohne ge-*› *tr* faire la somme *od* l'addition *od* le total de, additionner, totaliser; ► *sich ~* s'additionner, s'accumuler. **Summierung** *f* ‹-, ø› addition, accumulation, totalisation *f*.

Sumpf *m* ‹-(e)s, ¨-e› [zʊmpf, 'zʏmpfə] **1.** marais, marécage, bourbier *m*; **2.** *fig* bas-fonds *m pl*. **Sumpffieber** *n* fièvre *f* paludéenne *od* des marais, paludisme *m*. **sumpfig** *a* marécageux, bourbeux.

Sünde *f* ‹-, -n› ['zʏndə] péché *m*; ► *e-e ~ begehen* commettre un péché, tomber dans le péché. **Sündenbock** *m rel u. fig* bouc émissaire; *fig a.* souffre-douleur *m*; ► *jdn zum ~ machen* mettre tout sur le dos de qn. **Sündenfall** *m* chute *f*. **Sündengeld** *n* argent *m* fou. **Sünder(in** *f*) *m* ‹-s, -› pécheur *m*, eresse *f*. **sündig** *a* pécheur. **sündigen** *itr* pécher, commettre un péché *od* une faute; *fam (übertreibend)* commettre son péché mignon.

Sunnit(in *f*) *m* ‹-en, -en (-, -innen)› [zʊ'ni:t] *rel* sunnite *m f*. **sunnitisch** *a* [zʊ'ni:tıʃ] sunnite.

super *a* ['zu:pər] *fam* super *(a. in Komposita)*. **Super** *n mot* super *m*. **Super-8-Kamera** *f* camera *f* super-huit. **Superbenzin** *n* supercarburant. **Superchip** *m* superpuce *f*. **Superintendent** *m rel* surintendant; *(in Frankr.)* inspecteur *m* ecclésiastique. **Superlativ** *m* ‹-s, -e› ['zu:-/zupɛrla'ti:f] *gram* superlatif *m*. **Supermacht** *f* supergrand *m*, superpuissance *f*. **Supermann** *m* ‹-(e)s, ¨-er› superman *m*. **Supermarkt** *m* supermarché *m*. **Superrechner** *m* superordinateur, super-calculateur *m*. **Superstar** *m* superstar *m*. **Supertanker** *m* pétrolier géant *m*.

Suppe *f* ‹-, -n› ['zʊpə] *(als einfache Hauptmahlzeit, Eintopf)* soupe *f*; *(feinere als Vorgericht)* potage *m*; ► *die ~ auslöffeln (fig fam)* payer les pots cassés; *ein Haar in der ~ finden (fig)* trouver qc à redire; *du hast dir die ~ selbst eingebrockt (fig: du bist selbst schuld)* c'est ta (propre) faute; *klare ~* bouillon *m*; *legierte ~* (potage *m* à la) crème *f*. **Suppenfleisch** *n* (bœuf pour le) pot-au-feu; *(zubereitet)* pot-au-feu, bœuf *m* bouilli. **Suppengrün** *n* ‹-s, ø› herbes *f pl* potagères. **Suppenhuhn** *n* poule *f* à bouillir. **Suppenkelle** *f* louche (à potage), cuiller *od* cuillère *f* à pot *od* à puiser. **Suppenschüssel** *f* soupière *f*. **Suppenteller** *m* assiette *f* creuse *od* à soupe. **Suppenwürfel** *m* cube *m* à potage.

Surfbrett *n* [sə:fbrɛt] planche *f* à voile. **surfen** *itr* faire de la planche à voile. **Surfer** *m* (véli)planchiste *m*.

Surrealismus *m* [zʏr-, zʊrea'lısmʊs] surréalisme *m*. **surrealistisch** *a* surréaliste.

surren ['zʊrən] *itr allg* ronfler; *mot* vrombir.

Surrogat *n* ‹-(e)s, -e› [zʊro'ga:t] *(Ersatz)* produit de remplacement, succédané *m*.

suspendieren [zʊspɛn'di:rən] ‹*ohne ge-*› *tr (des Amtes entheben)* suspendre (de ses fonctions).

süß [zy:s] *a* **1.** *(von Natur)* doux; *(mit Zucker zubereitet* od *bestreut)* sucré; **2.** *fig (lieblich, angenehm)* doux, suave, agréable, flatteur; *(niedlich, reizend)* joli, mignon, charmant, *fam* jojo; *pej* doucereux; ► *träume ~!* fais de beaux rêves. **süßen** *tr* sucrer; mettre du sucre dans; *chem pharm* dulcifier; *pharm* édulcorer. **Süßholz** *n* réglisse *f*; ► ~ *raspeln (fig)* conter fleurette. **Süßigkeit** *f meist pl (Schleckereien)* douceurs, sucreries, friandises *f pl*. **Süßkirsche** *f* **1.** *(Frucht)* guigne *f*; **2.** *(Baum)* guignier *m*. **süßlich** *a* doucereux *a. fig*; *fig* douceâtre, mielleux. **Süßmost** *m* cidre *m* doux. **süß-sauer** *a* aigre-doux. **Süßspeise** *f* entremets (sucré); *(Nachtisch)* dessert *m*. **Süßstoff** *m* saccharine *f*. **Süßwaren** *f pl*, **Süßwarengeschäft** *n*, **Süßwarenhandlung** *f* confiserie *f*. **Süßwasser** *n* ⟨-s, -⟩ eau *f* douce. **Süßwein** *m* vin *m* doux *od* de liqueur.

Swimming-pool *m* ⟨-s, -s⟩ ['swɪmɪŋ-ˌpu:l] piscine *f* privée.

Symbol *n* ⟨-s, -e⟩ [zʏm'bo:l] symbole *m*. **symbolisch** [-'bo:lɪʃ] *a* symbolique. **symbolisieren** [-boli'zi:rən] ⟨*ohne ge-*⟩ *tr* symboliser.

Symmetrie *f* ⟨-, -n⟩ [zʏme'tri:(ən)] symétrie *f*. **Symmetrieachse** *f* axe *m* de symétrie. **symmetrisch** [-'me:trɪʃ] *a* symétrique.

Sympathie *f* ⟨-, -n⟩ [zʏmpa'ti:] sympathie *f*. **Sympathiekundgebung** *f pol* témoignage *m* de sympathie. **Sympathisant** *m pol* sympathisant *m*. **sympathisch** [-'pa:tɪʃ] *a, a. anat* sympathique. **sympathisieren** [-pati'zi:rən] ⟨*ohne ge-*⟩ *itr* sympathiser.

Symphonie *f* ⟨-, -n⟩ [zʏmfo'ni:] *etc* = *Sinfonie etc*.

Symptom *n* ⟨-s, -e⟩ [zʏmp'to:m] *a. med* symptôme; *allg a.* signe *m*. **symptomatisch** [-to'ma:tɪʃ] *a* symptomatique.

Synagoge *f* ⟨-, -n⟩ [zyna'go:gə] *rel* synagogue *f*.

synchron [zʏn'kro:n] *a (gleichzeitig)* synchronique; *(gleichlaufend)* synchrone. **Synchronisation** *f* ⟨-, -en⟩ [-kronizatsi'o:n] synchronisation *f*; *film a.* doublage *m*. **synchronisieren** [-ni'zi:rən] ⟨*ohne ge-*⟩ *tr* synchroniser; *film a.* doubler. **Synchronisierung** *f s. Synchronisation*.

Synchrotron *n* ⟨-s, -e/(-s)⟩ [-kro'tro:n] *phys (Beschleuniger für Elementarteilchen)* synchrotron *m*. **Synchrotronstrahlung** *f* rayonnement *m* synchrotron.

Syndikalismus *m* ⟨-, ø⟩ [zʏndi- ka'lɪsmʊs] *pol* syndicalisme *m*. **Syndikat** *n* ⟨-(e)s, -e⟩ [-'ka:t] *com* syndicat; *(Verkaufskartelle)* cartel, groupe *m*. **Syndikus** *m* ⟨-, -sse/-dizi⟩ ['zʏndikʊs, '-ditsi] syndic *m*.

Syndrom *n* ⟨-s, -e⟩ [zʏn'dro:m] *med* syndrome *m*.

Synode *f* ⟨-, -n⟩ [zy'no:də] synode *m*.

synonym [zyno'ny:m] *a (sinnverwandt)* synonym(iqu)e. **Synonym** *n* ⟨-s, -e⟩ *(sinnverwandtes Wort)* synonyme *m*.

syntaktisch [zʏn'taktɪʃ] *a gram* syntaxique. **Syntax** *f* ⟨-, -en⟩ ['zʏntaks] *gram inform (Satzlehre)* syntaxe *f*.

Synthese *f* ⟨-, -n⟩ [zʏn'te:zə] *a. chem* u. *inform* synthèse *f*. **synthetisch** [-'te:tɪʃ] *a* synthétique; ► ~ *herstellen* synthétiser.

Syphilis *f* ⟨-, ø⟩ ['zʏ:filɪs] *med* syphilis; *pop* (grosse) vérole *f*.

Syrien ['zy:riən] *n* la Syrie. **syrisch** ['zy:rɪʃ] *a* syrien.

System *n* ⟨-s, -e⟩ [zʏs'te:m] **1.** système *m*; **2.** classification *f*; **3.** régime *m*; ► *in ein ~ bringen* systématisier. **Systemanalytiker** *m* analyste-programmateur *m*. **Systematik** *f* ⟨-, -en⟩ [-te'ma:tɪk] systématique; taxonomie, taxinomie *f*. **systematisch** [-'ma:tɪʃ] *a* systématique, raisonné. **systematisieren** [-mati'zi:rən] ⟨*ohne ge-*⟩ *tr* systématiser.

Szenario *n* ⟨-s, -s⟩ [stse'na:rio] scénario *m*. **Szene** *f* ⟨-, -n⟩ ['stse:nə] *theat allg* scène; *film* séquence *f*; ► *jdm e-e ~ machen (fig)* faire une scène *od* un esclandre à qn; *in ~ setzen (theat u. fig)* mettre en scène; *fig* orchestrer. **Szenenwechsel** *m* changement *m* de décor. **Szenerie** *f* ⟨-, -n⟩ [stsenə'ri:] *theat* décors *m pl*. **szenisch** ['stse:nɪʃ] *a* scénique.

T

T, t *n* ‹-, -› [te:] *(Buchstabe)* T, t *m*.
Tabak *m* ‹-s, -e› ['ta(:)bak/ta'bak] tabac *m*; ▶ ~ *kauen, rauchen, schnupfen* chiquer, fumer, priser du tabac. **Tabakgeschäft** *n s. Tabakladen.* **Tabakhändler** *m* marchand *od* débitant *m* de tabac. **Tabakladen** *m* bureau *od* débit *m* de tabac. **Tabaksbeutel** *m* blague *f*. **Tabaksdose** *f* tabatière *f*. **Tabakspfeife** *f* pipe *f*. **Tabaksteuer** *f* impôt *m* sur le(s) tabac(s). **Tabakwaren** *f pl* tabac(s *pl*) *m*.
tabellarisch [tabɛ'la:rɪʃ] *a* sous forme de tableau. **Tabelle** *f* ‹-, -n› [-'bɛlə] tableau *m*, table *f*. **Tabellenform** *f*: ▶ *in* ~ sous forme de tableau. **Tabellenführer** *m (Fußball)* tête *f* de liste.
Tablett *n* ‹-(e)s, -s/(-e)› [ta'blɛt] plateau *m*.
Tablette *f* ‹-, -n› [ta'blɛtə] *pharm* comprimé *m*. **Tablettensucht** *f* pharmacomanie *f*.
tabu ['ta:bu/ta'bu:] *a pred* tabou. **Tabu** *n* ‹-s, -s› *rel u. fig* tabou *m*.
Tabula rasa *f* ‹--, ø› ['ta:bula 'ra:za] table *f* rase.
Tabulator *m* ‹-s, -oren› [tabu'latɔr] tabulateur *m*.
Tachometer *n, fam a. m* ‹-s, -› [taxo'me:tər] tachymètre; *mot a.* compteur *m* de vitesse.
Tadel *m* ‹-s, -› ['ta:dəl] **1.** blâme *m*, réprimande, réprobation, admonestation *f*; **2.** *(in der Schule)* mauvaise note *f*, mauvais point *m*. **tadellos** *a* irréprochable, impeccable; *(einwandfrei)* sans défaut; *(vollkommen)* parfait. **tadeln** *tr* blâmer, réprimander, réprouver, reprendre. **tadelnswert** *a* blâmable, répréhensible.
Tafel *f* ‹-, -n› ['ta:fəl] **1.** *(Platte)* plaque *f*; *(große)* tableau *m*; *(kleine, a. Schokolade)* tablette; *(dünne)* feuille *f*; **2.** *(Eßtisch)* table *f*; **3.** *(Anschlagbrett)* tableau *m* noir; **4.** *(beschriftete ~, Schild)* écriteau *m*; **5.** *(Buch: Abbildung außer dem Text)* planche *f*, hors-texte *m*; *(Übersicht, übersichtl. angeordneter Text)* table *f*.
täfeln ['tɛ:fəln] *tr arch* lambrisser; *(nur mit Holztafeln)* boiser.
Tafelobst *n* ['ta:fəl-] fruits *m pl* de table *od* de dessert. **Tafelrunde** *f* tablée; *(e-s Herrschers)* table *f* ronde. **Tafelsilber** *n* argenterie *f*. **Tafelwasser** *n* eau *f* minérale. **Tafelwein** *m* vin *m* de table.
Täfelung *f* ‹-, -en› ['tɛ:fəlʊŋ] lambrissage *m*; boiserie *f*.
Taft *m* ‹-(e)s, -e› [taft] *(Textil)* taffetas *m*.
Tag *m* ‹-(e)s, -e› [ta:k, '-gə] **1.** *(als Zeiteinheit u. ~eslicht)* jour *m*; *(in s-m Verlauf mit Bezug auf s-n Inhalt)* journée *f*; **2.** *(~ung, Treffen)* congrès *m*; **3.** *pl, bes. poet (Zeit)* jours *m pl*, temps *m*, époque *f*; ▶ *alle ~e* tous les jours; *jeden zweiten* ~ tous les deux jours; *alle acht ~e* tous les huit jours; *am folgenden* ~ le lendemain; *am hell(icht)en ~e* en plein jour; *auf s-e alten ~e* sur ses vieux jours; *bei ~e* de jour; *den ganzen ~ (lang* od *über)* (de) toute la journée, tout le long de la journée; *den lieben langen* ~ toute la sainte journée; *dieser ~e* ces jours-ci; *an e-m der nächsten ~e, in den nächsten ~en* un de ces jours; *eines (schönen) ~es* un beau jour *od* matin; *in acht ~en* dans huit jours; *heute, Sonntag in acht ~en* d'aujourd'hui en huit, de dimanche en huit; *seit dem ~e, an dem* du jour où; *über ~e (mines)* au jour, à ciel ouvert, en surface; *unter ~e (mines)* au fond; *volle acht ~e* huit jours entiers, une semaine entière; *vom ersten ~e an* dès le *od* du premier jour; *von ~ zu ~* de jour en jour, jour après jour; *von e-m ~ auf den ander(e)n* d'un jour à l'autre; *vor acht ~en* il y a huit jours; ~ *für* ~ jour à *od* par jour; ~ *und Nacht* nuit et jour; *e-n od den ~ für etw bestimmen* od *festsetzen* prendre jour *od* date pour qc; *auf bessere ~e hoffen* espérer en l'avenir; *an den ~ kommen* venir au jour, se révéler; *in den ~ hinein leben* vivre au jour le jour, être insoucieux; *etw an den ~ legen* faire preuve de qc, témoigner qc; *jdm guten ~ sagen* dire bonjour à qn; *der ~ bricht an* le jour commence à poindre; *der ~ geht zu Ende* od *neigt sich* le jour baisse; *es ist heller ~* il fait grand jour; *es wird ~* il se fait jour; *das ist wie ~ und Nacht (fam)* c'est comme le jour et la nuit; *guten ~!* bonjour! *man soll den ~ nicht vor dem Abend loben* qui rit vendredi, dimanche pleurera.
tagaus *adv*: ▶ ~ *tagein* jour après jour, tous les jours, chaque jour.
Tag(e)bau *m mines* exploitation *f* à ciel ouvert *od* à jour. **Tagebuch** *n* journal (intime); *com* livre-journal *m*.
Tag(e)dieb *m* fainéant *m*. **tagein** *adv s. tagaus.* **Tagegeld** *n* allocation *od* indemnité *f* journalière; *pl* frais *m pl* de

déplacement. **tagelang** *adv* des jours entiers, des journées entières.

tagen ['ta:gən] **(1)** *itr (e-e Tagung abhalten)* siéger, tenir ses assises; **(2)** *impers:* ► *es tagt* il se fait jour.

Tagesanbruch *m* ['ta:gəs-] : ► *bei ~* à la pointe du jour; *vor ~* avant le jour. **Tagesbefehl** *m mil* ordre *m* du jour. **Tagescreme** *f* crème *f* de jour. **Tagesdecke** *f (auf d. Bett)* couvre-lit *m.* **Tageseinnahme** *f* recette *od* rentrée *f* journalière. **Tagesereignis** *n* événement *m* du jour. **Tagesgericht** *n (e-s Speiselokals)* plat *m* du jour. **Tagesgeschehen** *n* actualités *f pl.* **Tagesgespräch** *n* nouvelle *f* du jour; ► *das ist das ~* tout le monde en parle. **Tageskarte** *f loc* aller et retour *m* valable pour la journée; *(Speisekarte)* menu *m* du jour. **Tageskurs** *m fin* cours *m od* cote *f* du jour. **Tageslicht** *n* (lumière *f* du) jour *m;* ► *ans ~ kommen (fig)* voir le jour; *das ~ scheuen (fam)* craindre la lumière du jour. **Tageslichtprojektor** *m* rétroprojecteur *m.* **Tagesmutter** *f* nourrice *f.* **Tagesnachrichten** *f pl* nouvelles *f pl* du jour. **Tagesordnung** *f* ordre *m* du jour; ► *an der ~ sein (täglich geschehen)* être à l'ordre du jour; *auf die ~ setzen, zur ~ übergehen* mettre *od* inscrire *od* porter, passer à l'ordre du jour; *Punkt 1 der ~* le premier point à l'ordre du jour. **Tagespresse** *f* presse *f* quotidienne. **Tagesproduktion** *f* production *f* journalière. **Tagesraum** *m* salle *f* commune. **Tagesschau** *f TV* journal *m* télévisé. **Tagesumsatz** *m com* chiffre *m* d'affaires journalier. **Tageszeit** *f* heure *f* du jour; ► *zu jeder ~* à toute heure du jour; *zu jeder Tages- und Nachtzeit* à toute heure. **Tageszeitung** *f* (journal) quotidien *m.*

tageweise ['ta:gə-] *adv* par jour; *(arbeiten)* à la journée. **Tagewerk** *n* journée (de travail); *(Aufgabe)* tâche *f* journalière.

Tagfalter *m* ['ta:k-] *ent* papillon *m* diurne. **taghell** *a* clair comme le jour; ► *es ist ~* il fait (grand) jour.

täglich ['tɛ:klıç] **I.** *a* journalier, quotidien; de chaque jour; *(alltäglich)* de tous les jours; **II.** *adv* journellement, par jour; *(jeden Tag)* chaque jour, tous les jours; ► *einmal ~* une fois par jour; *das ~e Brot* le pain quotidien.

tagsüber ['ta:ks-] *adv* pendant la journée, (tout) le jour, de jour.

tagtäglich ['ta:k'-] **I.** *a* quotidien; **II.** *adv* quotidiennement, tous les jours.

Tagundnachtgleiche *f* ‹-, -n› ['ta:k-'---] équinoxe *m.*

Tagung *f* ‹-, -en› ['ta:gʊŋ] *(Treffen, Kongreß)* congrès *m,* assises *f pl; (Versammlung)* assemblée, réunion; *(Sitzung)* session, séance *f.*

Taifun *m* ‹-s, -e› [taı'fu:n] *mete* typhon *m.*

Taille *f* ‹-, -n› ['taljə] taille *f;* ► *auf ~ (gearbeitet)* ajusté. **Taillenweite** *f* tour *m* de taille.

Taiwan *n* ['taivan, tai'va:n] Taiwan *m.*

Talkshow *f* ‹-, -s› ['tɔ:kʃou] entretien *m* télévisé.

Takt *m* [takt] **1.** ‹-(e)s, -e› *mus* mesure; *a. allg (Rhythmus, Tonfall)* cadence *f; mot* temps *m;* **2.** ‹-(e)s, ø› *(Feingefühl)* tact *m,* discrétion *f;* ► *im ~* en mesure, en cadence; *im ~ bleiben, den ~ halten* rester en *od* garder la mesure; *aus dem ~ kommen* sortir de la mesure; *den ~ schlagen* battre *od* marquer la mesure. **Taktgefühl** *n* tact *m,* discrétion *f.*

Taktik *f* ‹-, -en› ['taktık] *mil u. fig* tactique *f.* **Taktiker** *m* ‹-s, -› ['taktikər] *mil* tacticien *m.* **taktisch** ['taktıʃ] *a* tactique; *mil a.* opérationnel.

taktlos ['taktlo:s] *a* sans tact, indiscret; ► *~ sein, keinen Takt haben* manquer de tact. **Taktlosigkeit** *f* ‹-, -en› manque *m* de tact.

Taktstock *m* ['takt-] bâton *m* (de chef d'orchestre). **Taktstrich** *m* barre *f* de mesure.

taktvoll ['taktfɔl] *a* plein de tact, discret; ► *~ sein* avoir du *od* faire preuve de tact.

Tal *n* ‹-(e)s, ⸚er› [ta:l, 'tɛ:lər] vallée *f; (kleines)* vallon; *vx* val *m;* ► *über Berg und ~* par monts et par vaux; *zu ~ fahren* descendre (de la montagne). **talabwärts** *adv* en descendant la vallée; *(auf e-m Wasserlauf)* en aval.

Talar *m* ‹-s, -e› [ta'la:r] *(Amtstracht)* robe *f.*

talaufwärts [ta:l'ˀauf-] *adv* en remontant la vallée; *(auf e-m Wasserlauf)* en amont.

Talent *n* ‹-(e)s, -e› [ta'lɛnt] talent *m.* **talentiert** [-'ti:rt] *a* plein de talent, doué.

Taler *m* ‹-s, -› ['ta:lər] *(alte Münze)* thaler; écu *m.*

Talg *m* ‹-(e)s, (-e)› [talk] *(hartes Fett)* suif *m.* **Talgdrüse** *f anat* glande *f* sébacée. **Talglicht** *n* chandelle *f.*

Talisman *m* ‹-s, -e› ['ta:lısman] talisman, porte-bonheur *m.*

Talkessel *m* ['ta:l-] *geog* cuvette *f.*

Talk-Show *f* ‹-, -s› ['tɔ:k-] entretien *m* télévisé.

Talmi *n* ‹-s, ø› ['talmi] *(vergoldete Legierung)* simili-or; *fig (Unechtes)* simili, toc *m.*

Talmud *m* ‹-(e)s, -e› ['talmu:t, -də] *rel* (le) Talmud.

Talsenke *f* ['ta:l-] pente *f.* **Talsperre** *f* barrage *m.* **talwärts** *adv* vers la vallée; = *talabwärts.*

Tamburin *n* ‹-s, -e› [tambu'ri:n] *mus*

tambourin.

Tamile *m* ‹-n, -n› [ta'mi:lə] Tamoul *m*. **tamilisch** *a* tamoul.

Tampon *m* ‹-s, -s› ['tampɔn, tam'po:n] tampon *m*.

Tand *m* ‹-(e)s, ø› [tant, '-d(ə)s] colifichets, brimborions *m pl; fig* futilités *f pl*.

Tändelei *f* ‹-, -en› [tɛndə'laɪ] propos *m pl* frivoles *od* galants, frivolités *f pl; (Flirt)* flirt *m*. **tändeln** *itr* ['tɛndəln] *(herumspielen)* s'amuser à des riens, badiner; *(schäkern)* batifoler, folâtrer; *(flirten)* flirter.

Tang *m* ‹-(e)s, -e› [taŋ] *bot* varech, fucus *m*.

Tangente *f* ‹-, -n› [taŋ'gɛntə] *math* tangente *f*. **tangieren** [-'ti:rən] ‹*ohne ge-*› *tr math u. fig* toucher; *fig* concerner.

Tango *m* ‹-s, -s› ['taŋgo] *(Tanz)* tango *m*.

Tank *m* ‹-s, -s/(-e)› [taŋk] *(Behälter)* réservoir *m*, citerne *f*. **tanken** *itr mot* prendre de l'essence, faire son plein (d'essence), refaire le plein d'essence; *tr:* ▶ *20 Liter Benzin* ~ prendre 20 litres d'essence. **Tanker** *m* ‹-s, -› *(Tankschiff)* navire *od* bateau citerne, pétrolier *m*. **Tankerflotte** *f* flotte *f* pétrolière. **Tankstelle** *f* poste *m od* station d'essence; station-service *f*, garage *m*. **Tankwagen** *m mot* camion-citerne; *loc* wagon-citerne *m*. **Tankwart** *m* pompiste *m*.

Tanne *f* ‹-, -n› ['tanə]. **Tannenbaum** *m* sapin *m*. **Tannenholz** *n* sapin *m*. **Tannennadel** *f* aiguille *f* de sapin. **Tannenzapfen** *m* cône *m* de sapin, pomme *f* de pin.

Tante *f* ‹-, -n› ['tantə] tante *f*. **Tante-Emma-Laden** *m hum* petit magasin *m* du coin.

Tantieme *f* ‹-, -n› [tãti'ɛ:mə] *fin* tantième *m*.

Tanz *m* ‹-es, ⸚e› [tants, 'tɛntsə] **1.** danse *f*; **2.** *(~veranstaltung)* bal *m*; ▶ *zum ~ auffordern, um den nächsten ~ bitten* inviter à danser. **Tanzabend** *m* soirée *f* dansante. **Tanzbar** *f* dancing *m*.

tänzeln ['tɛntsəln] *itr* faire *od* esquisser quelques pas de danse; sautiller; *(Pferd)* caracoler.

tanzen ['tantsən] **1.** *itr* danser; *(schwanken)* se balancer; *(Mücken im Schwarm)* voltiger; **2.** *tr* danser *(e-n Walzer* une valse); ▶ *aus der Reihe ~ (fig fam)* ne pas faire comme les autres *od* comme tout le monde.

Tänzer(in) *m* ‹-s, -› (*f* ‹-, -nen›) ['tɛntsər] danseur *m*, -euse *f*.

Tanzfläche *f* ['tants-] piste *f* de danse. **Tanzlokal** *n* dancing *m*; *fam* bastringue *f*. **Tanzmusik** *f*, **Tanzorchester** *n* musique *f*, orchestre *m* de danse. **Tanzsaal** *m* salle *f* de danse *od* de bal. **Tanzschule** *f*, **Tanzstunde** *f*, école *f*, cours *m od* leçons *f pl* de danse. **Tanztee** *m* thé *m od* matinée *f* dansant(e). **Tanzveranstaltung** *f* bal *m*.

Tapet [ta'pe:t] *n*: ▶ *etw aufs ~ bringen (fam: zur Sprache)* mettre qc sur le tapis.

Tapete *f* ‹-, -n› papier peint, tapisserie *f*. **Tapetenmuster** *n* dessin *m* de papier peint. **Tapetentür** *f* porte *f* dérobée. **Tapetenwechsel** *m* changement *m* de tapisserie; *fig* changement *m* de décor.

tapezieren [tape'tsi:rən] ‹*ohne ge-*› *tr* tapisser, tendre de papier peint. **Tapezierer** *m* ‹-s, -› tapissier (décorateur) *m*.

tapfer ['tapfər] *a* brave, vaillant, valeureux; *(mutig)* courageux; *(kühn)* audacieux, intrépide; ▶ *sich ~ schlagen* se battre avec bravoure *od* en brave. **Tapferkeit** *f* ‹-, ø› bravoure, vaillance *f*; courage *m*.

Tapir *m* ‹-s, -e› ['ta:pɪr] *zoo* tapir *m*.

tappen ['tapən] *itr* ‹*sein*› marcher *od* aller à tâtons; ▶ *(noch) im dunkeln ~ (fig)* être (encore) dans l'incertitude.

täppisch ['tɛpɪʃ] *a* gauche; lourd; lourdaud.

Tara *f* ‹-, -ren› ['ta:ra] *com* tare *f*.

Tarantel *f* ‹-, -n› [ta'rantəl] *zoo* tarentule *f*; ▶ *wie von der ~ gestochen* piqué de la tarentule.

Tarif *m* ‹-s, -e› [ta'ri:f] tarif *m*. **Tarifabkommen** *n* accord *m od* convention *f* tarifaire. **Tarifabschluß** *m* accord *m* tarifaire. **Tariferhöhung** *f* majoration *f od* relèvement *m* de *od* du tarif. **Tarifgehalt** *n* salaire *m* tarifaire. **tariflich** *a* tarifaire. **Tariflohn** *m* salaire *m* conventionnel. **Tarifpartner** *m pl* partenaires *m pl* sociaux. **Tarifverhandlungen** *f pl* négociations *f pl* tarifaires. **Tarifvertrag** *m* contrat *m* collectif, convention *f* collective de travail.

tarnen ['tarnən] *tr mil u. fig* camoufler. **Tarnfarbe** *f* couleur *od* peinture *f* de camouflage. **Tarnorganisation** *f* organisation *f* camouflée. **Tarnung** *f* ‹-, -en› camouflage *m*.

Tasche *f* ‹-, -n› ['taʃə] **1.** *(in e-m Kleidungsstück)* poche *f*; *(Westen-, Uhren~) a.* gousset *m*; **2.** *(Geld~)* bourse *f*; **3.** *(Hand~)* sac *m* (à main); *(Akten~)* serviette *f*; *(Schul~)* cartable *m*; *(Umhänge-, Pack-, Werkzeug-, Sattel~)* sacoche; *(Werkzeug~, Etui)* trousse *f*; ▶ *in die ~ greifen (a. fig: bezahlen)* mettre la main à la poche; *jdm auf der ~ liegen (fig)* être sur le dos, vivre aux crochets de qn; *etw in die ~ stecken* mettre qc dans sa poche, empocher qc.

Taschenausgabe *f* ['taʃən-], **Taschenbuch** *n* édition *f*, livre *m* de poche. **Taschendieb** *m* voleur à la tire, pick-pocket *m*; ▶ *vor ~en wird gewarnt!* gare *od* prenez garde aux pickpockets! **Taschendiebstahl** *m* vol *m* à la tire. **Taschengeld** *n* argent *m* de poche.

Taschenkrebs *m* (crabe) tourteau *m*. **Taschenlampe** *f* lampe de poche, (lampe) torche *f*. **Taschenmesser** *n* canif, couteau *m* de poche. **Taschenrechner** *m* calculette, calculatrice *f* de poche. **Taschentuch** *n* ‹-(e)s, ¨er› mouchoir *m* (de poche); ▶ *sich e-n Knoten ins ~ machen* faire un nœud à son mouchoir. **Taschenuhr** *f* montre; *arg* toquante *f*. **Taschenwörterbuch** *n* dictionnaire *m* de poche.

Tasse *f* ‹-, -n› ['tasə] tasse *f*; ▶ *nicht alle ~n im Schrank haben (fig pop)* être toqué, avoir une araignée au plafond; *aus der ~ trinken* boire dans la tasse.

Tastatur *f* ‹-, -en› [tasta'tu:r] *(des Klaviers, der Schreibmaschine etc)* clavier *m*. **tastbar** ['tast-] *a* palpable, tangible. **Taste** *f* ‹-, -n› touche *f*; *tele* manipulateur *m*. **tasten 1.** *tr* tâter, palper, toucher (du doigt); **2.** *itr* tâtonner. **Tastentelefon** *n* téléphone *m* à touches. **Taster** *m* ‹-s, -› **1.** *el* bouton *m*; **2.** *tele typ (Person)* manipulateur *m*. **Tastsinn** *m* ‹-(e)s, ø› (sens du) toucher *m*.

Tat *f* ‹-, -en› [ta:t] *(Handlung)* action *f*, acte; fait; *(Heldentat)* exploit; *(Wohltat)* bienfait; *(Untat, Freveltat)* méfait *m*; ▶ *in der ~* en effet, en vérité; *jdn auf frischer ~ ertappen* prendre qn en flagrant délit *od* sur le fait; *etw in die ~ umsetzen* transformer qc en action; réaliser qc. **Tatbestand** *m* état *m* de choses *od* de cause; *jur* état *m* de(s) faits. **Tatendrang** *m* besoin *m* d'activité. **tatenlos I.** *a* inactif, passif; **II.** *adv:* ▶ *~ zusehen* regarder sans rien faire. **Tatenlosigkeit** *f* ‹-, ø› inaction, passivité *f*.

Täter *m* ‹-s, -› ['tɛ:tər] *jur* auteur; *(e-r Straftat)* coupable *m*.

tätig *a* actif; *(wirksam)* effectif; ▶ *~en Anteil an etw nehmen* prendre une part active à qc; *~ sein (arbeiten)* travailler; *(in e-m Betrieb)* être occupé. **tätigen** *tr* effectuer, réaliser; ▶ *ein Geschäft ~* réaliser *od* conclure un marché. **Tätigkeit** *f* ‹-, -en› activité *f*; *(e-r Maschine)* fonctionnement *m*; ▶ *s-e ~ einstellen* cesser ses fonctions; *in ~ treten (Mensch)* entrer en fonctions. **Tätigkeitsform** *f gram* voix *f* active. **Tätigkeitswort** *n gram* verbe *m*.

Tatkraft *f* ['ta:t-] énergie, activité, résolution *f*, dynamisme *m*. **tatkräftig** *a* énergique, actif, résolu, dynamique; ▶ *jdn ~ unterstützen* prêter main-forte à qn.

tätlich ['tɛ:tlɪç] *a:* ▶ *~ werden* se livrer à des voies de fait; *~er Angriff m*, *~e Beleidigung f s. Tätlichkeit*. **Tätlichkeit** *f* ‹-, -en› *jur* voie *f* de fait; ▶ *sich zu ~en hinreißen lassen* se laisser aller à des voies de fait.

Tatort *m* ['ta:t-] *jur* lieu *m* du délit *od* du crime.

tätowieren [tɛto'vi:rən] ‹*ohne ge-*› *tr* tatouer. **Tätowierung** *f* tatouage *m*.

Tatsache *f* ['ta:t-] fait *m*, réalité *f*, ▶ *auf Grund dieser ~* de ce fait; *~ ist, daß ...* c'est un fait que ..., le fait est que ...; *vollendete ~* fait *m* accompli. **tatsächlich I.** *a* effectif, réel, positif; **II.** *adv* vraiment, en *od* de fait.

tätscheln ['tɛ(:)tʃəln] *tr (streicheln)* cajoler.

Tattergreis *m* ['tatər-] *fam* vieux gaga *m*. **tatt(e)rig** *a fam (zittrig)* qui à la tremblote, qui tremblote.

tatverdächtig *a* suspect, e. **Tatwaffe** *f* arme *f* du crime.

Tatze *f* ‹-, -n› ['tatsə] patte, griffe *f*.

Tatzeit *f* heure *f* du crime.

Tau [taʊ] **(1)** *m* ‹-(e)s, ø› *mete* rosée *f*; **(2)** *n* ‹-(e)s, -e› *mar (starkes Seil)* cordage, câble *m*; amarre *f*.

taub [taʊp] *a* **1.** sourd; **2.** *(Blüte, Gestein)* stérile; *(Ähre)* vide; *(Nuß)* creux; ▶ *sich ~ stellen* faire le sourd *od* la sourde oreille; *auf einem Ohr, auf beiden Ohren ~* sourd d'une oreille, des deux oreilles.

Taube *f* ‹-, -n› ['taʊbə] pigeon *m*; *poet* colombe *f*. **Taubenhaus** *n*, **Taubenschlag** *m* pigeonnier *m*. **Tauber(ich)** *m*, **Täuber(ich)** *m* ‹-s, -e› ['taʊ-, 'tɔʏbər(ɪç)] pigeon *m* mâle.

Taubheit *f* ‹-, ø› **1.** surdité *f*; **2.** *(Blüte, Gestein)* stérilité *f*. **Taubnessel** *f bot* ortie *f* blanche, rouge. **taubstumm** *a* sourd-muet. **Taubstummensprache** *f* langage *m* des sourds-muets.

Tauchbad *n* ['taʊx-] *tech* barbotage *m*. **tauchen 1.** *tr* ‹*h*› plonger, immerger, tremper; **2.** *itr* ‹*sein*› plonger, faire un plongeon. **Tauchen** *n* immersion; plongée *f*, plongeon *m*. **Taucher** *m* ‹-s, -› **1.** *sport* plongeur; *(mit Ausrüstung)* scaphandrier *m*; **2.** *orn* plongeon *m*. **Taucheranzug** *m* scaphandre *m*. **Taucherbrille** *f* lunettes *f pl* de plongée. **Taucherglocke** *f* cloche *f* à *od* de plongeur, caisson *m* (pneumatique). **Taucherhelm** *m* casque *m* de scaphandrier. **Taucherkugel** *f* bathyscaphe *m*. **Tauchsieder** *m* thermoplongeur, chauffe-liquide *m*.

tauen ['taʊən] **1.** *itr* ‹*sein*› *(schmelzen)* fondre; **2.** *impers* ‹*h*› *:* ▶ *es taut (es ist Tauwetter)* il dégèle; *(es fällt Tau)* il tombe de la rosée, la rosée tombe.

Taufbecken *n* ['taʊf-] *rel* fonts *m pl* baptismaux. **Taufe** *f* ‹-, -n› baptême *m*; ▶ *über die ~ halten, aus der ~ heben* tenir sur les fonts baptismaux. **taufen** *tr* **1.** *rel* baptiser; **2.** *hum (mit Wasser verdünnen)* baptiser, mouiller.

taufeucht ['taʊ-] *a* humide de rosée. **taufrisch** *a fig* frais, fraîche comme une rose.

Taufkapelle *f* ['tauf-] baptistère *m*. **Taufregister** *n*. **Taufschein** *m* registre, extrait *m* de baptême.

taugen [taugən] *itr* **1.** valoir; **2.** *(passend sein)* être bon *od* propre *od* utile *od* apte, (pouvoir) servir (*zu etw* à qc); convenir (*zu etw* pour qc); ► *viel, wenig, etw* ~ valoir beaucoup, peu, qc; *nichts* ~ ne rien valoir. **Taugenichts** *m* ⟨-/-es, -e⟩ ['taugənıçts] vaurien, propre à rien, (mauvais) garnement *m*. **tauglich** [-klıç] *a* apte, propre, utile, convenable, bon (*zu etw* à qc); *(fähig)* capable (*zu etw* à qc); *mil* apte (au service militaire). **Tauglichkeit** *f* ⟨-, ø⟩ aptitude; capacité *f*.

Taumel *m* ⟨-s, ø⟩ ['tauməl] **1.** *(Schwindel)* vertige; *(Benommenheit)* étourdissement *m*; **2.** *(Rausch)* enivrement *m*; *fig* ivresse *f*. **taum(e)lig** *a* pris de vertige; chancelant, titubant. **taumeln** *itr* ⟨*h* od *sein*⟩ chanceler, tituber; être pris de vertige.

Tausch *m* ⟨-(e)s, -e⟩ [tauʃ] échange *m*; ► *im* ~ *gegen* en échange de. **tauschen** *tr* échanger, troquer; *itr* faire un échange; ► *ich möchte nicht mit ihm* ~ *(fig)* je ne voudrais pas être à sa place.

täuschen ['tɔʏʃən] *tr* tromper; donner le change à, duper, mystifier, abuser; *sich* ~ se tromper, faire erreur (*über etw* sur qc, au sujet de qc); s'illusionner, se faire (des) illusion(s); ► *ich kann mich auch* ~ je peux aussi faire erreur. **täuschend I.** *a* trompeur, illusoire; **II.** *adv*: ► *sie sehen sich* ~ *ähnlich* ils se ressemblent à s'y méprendre.

Tauschhandel *m* ['tauʃ-] (commerce de) troc *m*. **Tauschobjekt** *n* objet *m* d'échange.

Täuschung *f* ⟨-, -en⟩ ['tɔʏʃuŋ] **1.** tromperie; duperie, fraude, mystification *f*; **2.** *(Irrtum)* erreur, illusion *f*; ► *optische* ~ illusion *f* d'optique; *vorsätzliche* ~ escroquerie *f*. **Täuschungsmanöver** *n* feinte *f*. **Täuschungsversuch** *m* tentative *f* de fraude.

tausend ['tauzənt] *(Zahlwort)* mille; ► *einige, mehrere* ~ ... quelques, plusieurs milliers de ...; ~ *und aber* ~ des milliers; ~ *Dank!* merci mille fois. **Tausend (1)** *f* ⟨-, -en⟩ mille *m*; **(2)** *n* millier *m*; ► *~e und aber ~e* des milliers, des mille et des cents; *zu ~en* par milliers. **Tausender** *m* ⟨-s, -⟩ mille. **tausenderlei** [-'laı] *a* mille (et mille). **tausendfach** *a u. adv* mille fois autant *od* plus; *adv allg* au centuple; ► *das T~e* mille fois autant. **Tausendfüß(l)er** *m* ⟨-s, -⟩ [-'fy:s(l)ər] *zoo* mille-pattes *m*, scolopendre *f*. **tausendjährig** *a* millénaire. **tausendmal** *adv* mille fois. **Tausendstel** *n* ⟨-s, -⟩ millième *m*. **tausendste(r, s)** *a* millième.

Tautropfen *m* ['tau-] goutte *od* perle *f* de rosée.

Tauwetter *n* ['tau-] (temps de) dégel *m*; ► *es ist* ~ le temps est au dégel.

Tauziehen *n* ['tau-] *sport* lutte à la corde; *fig pol* lutte *f* (d'influence); tiraillements *m pl*.

Taxameter *m* ⟨-s, -⟩ [taksa'me:tər] *(Fahrpreisanzeiger)* taximètre, compteur *m*. **Taxe** *f* ⟨-, -n⟩ ['taksə] **1.** *(Abgabe, Gebühr)* taxe *f*, taux, tarif *m*; **2.** *(Mietauto) s. Taxi*. **Taxi** *n* ⟨-(s), -(s)⟩ ['taksi] taxi *m*, voiture *od* automobile *f* de place. **taxieren** [ta'ksi:rən] ⟨*ohne ge-*⟩ *tr (schätzen)* estimer, évaluer. **Taxifahrer** *m* chauffeur *m* de taxi. **Taxistand** *m* station *f* de taxis. **Taxpreis** *m* *(bei e-r Auktion)* mise *f* à prix.

Team *n* ⟨-s, -s⟩ [ti:m] équipe *f*. **Teamwork** *n* ⟨-s, ø⟩ ['ti:mwə:k] collaboration *f* (d'équipe).

Technik *f* ⟨-, -en⟩ ['tɛçnık] **1.** *(Ingenieurwissenschaft)* technique *f*; *(Maschinenwesen)* machinisme *m*; **2.** *(Verfahren, Arbeitsweise, Fähigkeit)* technique *f*. **Techniker** *m* ⟨-s, -⟩ ['tɛçnikər] **1.** technicien, ingénieur *m*; **2.** *(Fachmann)* spécialiste *m*. **Technikum** *n* ⟨-s, -ka/-ken⟩ ['tɛçnikum] *(techn. Fachschule)* école *f* professionnelle spécialisée. **technisch** ['tɛçnıʃ] *a* technique, mécanique; ► *aus ~en Gründen* pour des raisons matérielles; *infolge ~er Störungen* en raison d'ennuis mécaniques; *~er Ausdruck m* terme *m* technique; *T~e Hochschule* od *Universität f* école *f* supérieure technique; *~e Störung f* incident *m* technique, panne *f*. **Technisierung** *f* emploi *m* de plus en plus fréquent de la technologie. **Technokrat** *m* ⟨-en, -en⟩ [-no'kra:t] technocrate *m*. **Technokratie** *f* ⟨-, ø⟩ [-kra'ti:] technocratie *f*. **Technologie** *f* ⟨-, -n⟩ [-nolo'gi:] technologie *f*. **Technologiepark** *m* centre *od* parc *m* technologique. **Technologietransfer** *m* transfert *m* de technologie. **Technologiezentrum** *n* centre *m* technologique. **technologisch** [-'lo:gıʃ] *a* technologique.

Teddybär *m* ['tɛdi-] ours *m* en peluche.

Tee *m* ⟨-s, -s⟩ [te:] **1.** *(~blätter u. daraus bereitetes Getränk)* thé *m*; **2.** *(Aufguß von anderen Pflanzen)* infusion *f*; ► ~ *aufbrühen* od *kochen* faire du thé; ~ *trinken* prendre du thé; *den* ~ *ziehen lassen* laisser infuser le thé. **Teebeutel** *m* sachet *m* de thé. **Tee-Ei** *n* boule *f* à thé. **Teegebäck** *n* (petits) gâteaux secs. **Teekanne** *f* théière *f*. **Teelöffel** *m* cuiller *od* cuillère *f* à thé.

Teenager *m* ⟨-s, -⟩ ['ti:neıdʒər] teenager, moins de vingt ans, adolescent *m*.

Teer *m* ⟨-(e)s, -e⟩ [te:r] goudron *m*. **teeren** *tr* goudronner, bitumer. **Teergehalt** *m* teneur *f* en goudron. **teerhaltig**

a goudronneux. **Teerpappe** *f* carton *od* papier *m* goudronné. **Teer(spritz)maschine** *f* goudronneuse *f*.
Teeservice *n* ['te:-] service *m* à thé. **Teesieb** *n* passoire *f* à thé, passe-thé *m*. **Teestaude** *f*, **Teestrauch** *m* arbre à thé, théier *m*. **Teestrumpf** *m* filtre *m* à thé. **Teestube** *f* salon *m* de thé. **Teetasse** *f* tasse *f* à thé. **Teewagen** *m* table *f* roulante.
Teich *m* ‹-(e)s, -e› [taıç] étang *m*, pièce *f* d'eau; *(Fischteich)* vivier *m*; ▶ *e-n* ~ *ablassen* vider un étang.
Teig *m* ‹-(e)s, -e› [taık, '-gə] pâte *f*; ▶ *ausgerollter* ~ abaisse *f*. **teigig** *a* pâteux; *(Omelett)* baveux. **Teigwaren** *f pl* pâtes *f pl* alimentaires.
Teil *m* od *n* ‹-(e)s, -e› [taıl] **1.** partie; part *f*; **2.** *(Anteil)* part, portion *f*; **3.** *(Stück)* morceau *m*; **4.** *(als Einheit)* pièce *f*; ▶ *für mein(en)* ~ pour ma part, quant à moi; *zum* ~ en partie, partiellement; *zu gleichen* ~*en* à parts égales; *zum größten* ~ pour la plupart; *sich sein* ~ *denken* avoir son idée à soi. **Teilabschnitt** *m* secteur *m*. **Teilansicht** *f* vue *f* partielle. **teilbar** *a* divisible. **Teilbeschäftigte** *m f s. Teilzeitbeschäftigte*. **Teilbetrag** *m* montant *m* partiel. **Teilchen** *n phys (Kern~)* particule *f*.
teilen ['taılən] *tr* **1.** *(zer~, zerlegen)* diviser, fractionner, scinder, séparer; *math* diviser; **2.** *(auf-, ver~)* partager (*etw mit jdm* qc avec qn); *(Anteil nehmen an)* prendre part à; partager (*jds Los* le sort de qn); *itr* **3.** *(e-e Aufteilung vornehmen)* faire les parts; *refl:* **4.** *sich* ~ *(ausea.gehen, -fallen)* se défaire, se fendre; *(Weg)* bifurquer.
teil=haben ['taıl-] ‹*hat, hatte teil, teilgehabt*› *itr:* ▶ *an etw* ~ participer, avoir part à qc. **Teilhaber** *m com* associé *m*; ▶ *stiller* ~ commanditaire, bailleur *m* de fonds; *tätiger* ~ commandité *m*. **Teilnahme** *f* ‹-, ø› **1.** participation; *(Mitarbeit)* coopération, collaboration *f*; **2.** *(an e-m Verbrechen)* complicité *f*; **3.** *(Mitgefühl)* intérêt *m*, sympathie *f*; *(Beileid)* sentiments *m pl* de condoléance. **teilnahmslos** *a* indifférent, indolent, apathique. **Teilnahmslosigkeit** *f* ‹-, ø› indifférence, indolence, apathie *f*. **teil=nehmen** ‹*nimmt, nahm teil, teilgenommen*› *itr* participer, prendre part (*an* à); *(an e-r Arbeit)* coopérer, collaborer; *(an e-m Verbrechen)* être complice (*an* de); ▶ *an e-m Lehrgang* od *Kurs* ~ suivre un cours. **Teilnehmer** *m, a. sport* participant; *tele* abonné; *(Verkehrsteilnehmer)* usager *m*.
teils [taıls] *adv* partiellement, en partie; ▶ ~ ..., ~ ... (en) partie ..., (en) partie ...; ~ *blieben sie,* ~ *gingen sie* les uns restèrent, les autres s'en allèrent.
Teilsendung *f* ['taıl-] *com* envoi *m* partiel. **Teilstrecke** *f (d. Straßenbahn)* section *f*. **Teilstück** *n* section *f*.
Teilung *f* ‹-, -en› ['taılʊŋ] **1.** partage *m*, division *f*; *(Zerstückelung, bes. von Grund u. Boden)* morcellement; *(e-s Landes)* démembrement *m*; **2.** *(Spaltung, bes. scient)* scission *f*. **Teilungsartikel** *m gram* article *m* partitif.
teilweise ['taıl-] **I.** *adv* partiellement, en partie; **II.** *a abus* partiel. **Teilzahlung** *f* paiement *m* partiel *od* à compte. **Teilzeitbeschäftigte** *m f* employé, e *m f* à temps partiel.
T-Eisen *n* ['te:-] *tech* (fer en) T *od* té *m*.
Telearbeit *f* ['telə-] télétravail *m*.
Telebrief *m* télécopie *f*.
Telefax *n* ‹-, ø› ['telefaks] télécopieur *m*; télécopie *f*. **Telefaxgerät** *n* télécopieur *m*.
Telefon *n* ‹-s, -e› [tele'fo:n] téléphone *m*; ▶ *am* ~ au téléphone, à l'écoute; ~ *haben* avoir le téléphone; *Sie werden am* ~ *verlangt* on vous appelle au téléphone. **Telefonanruf** *m* appel; *fam* coup *m* de téléphone *od* de fil. **Telefonanschluß** *m* branchement *m* téléphonique. **Telefonbuch** *n* annuaire *m* du téléphone. **Telefongebühren** *f pl* taxe *f* téléphonique. **Telefongespräch** *n* conversation *f* téléphonique. **telefonieren** [-fo'ni:rən] ‹*ohne ge-*› *itr* téléphoner. **telefonisch** [-'fo:nıʃ] **I.** *a* téléphonique; **II.** *adv* par téléphone; ▶ *jdn* ~ *erreichen* toucher qn par téléphone. **Telefonist(in)** *m* ‹-en, -en› (*f* ‹-, -nen›) [-fo'nıst] téléphoniste, standardiste *m f*. **Telefonkarte** *f* télécarte *f*. **Telefonleitung** *f*, **Telefonnetz** *n* ligne *f*, réseau *m* téléphonique. **Telefonnummer** *f* numéro *m* de téléphone; ▶ *e-e* ~ *wählen* composer *od* former un numéro de téléphone. **Telefonverbindung** *f* communication *f* téléphonique. **Telefonzelle** *f* cabine *f* téléphonique. **Telefonzentrale** *f* central *m* (téléphonique).
telegen [tele'ge:n] *a (für Fernsehaufnahmen bes. geeignet)* télégénique.
Telegraf *m* ‹-en, -en› [tele'gra:f] télégraphe *m*. **Telegrafenamt** *n* bureau *m* télégraphique. **Telegrafenarbeiter** *m* ouvrier *m* des télégraphes. **Telegrafenleitung** *f*, **Telegrafennetz** *n* ligne *f*, réseau *m* télégraphique. **Telegrafie** *f* ‹-, ø› [-gra'fi:] télégraphie *f*; ▶ *drahtlose* ~ télégraphie sans fil (T.S.F.), radio(télégraphie) *f*. **telegrafieren** [-'fi:rən] ‹*ohne ge-*› *tr u. itr* télégraphier; *itr* envoyer un télégramme *od* une dépêche. **telegrafisch** [-'gra:fıʃ] **I.** *a* télégraphique; **II.** *adv* par télégramme *od* dépêche; ▶ ~ *überweisen (Geld)* envoyer par mandat télégraphique; ~*e Überweisung f* mandat télégraphique, télégramme-mandat *m*.

Telegramm *n* ‹-s, -e› [tele'gram] télégramme *m*, dépêche *f* (télégraphique); ▶ *ein ~ aufgeben* déposer *od* envoyer un télégramme *od* une dépêche. **Telegrammanschrift** *f* adresse *f* télégraphique. **Telegrammannahme(stelle)** *f* guichet *m* pour télégrammes. **Telegrammformular** *n* formule *f* de télégramme. **Telegrammstil** *m* style *m* télégraphique.

Telekolleg *n* ['te:ləkɔle:k] télé-enseignement *m*. **Telekommunikation** *f* télécommunication *f*. **Telekonto** *n* vidéocompte *m*. **Telematik** *f* ‹-, ø› [tele'ma:tɪk] télématique *f*. **Teleobjektiv** *n phot* téléobjectif *m*. **Teleordern** *n* ‹-s, ø› ['teleˀɔrdərn] commande *f* par télétexte. **Telepathie** *f* ‹-, ø› [telepa'ti:] télépathie *f*.

Teleskop *n* ‹-s, -e› [tele'sko:p] télescope *m*.

Telespiel *n* ['tele-] jeu *m* électronique.

Teller *m* ‹-s, -› ['tɛlər] assiette *f*; ▶ *flacher, tiefer ~* assiette *f* plate, creuse. **Tellergericht** *n (Essen)* plat *m* garni. **Tellermine** *f mil* mine *f* plate. **Tellervoll** *m* ‹-, -› assiettée *f*. **Tellerwärmer** *m* chauffe-plat(s) *m*.

Tempel *m* ‹-s, -› ['tɛmpəl] temple *m*.

Temperafarbe *f* ['tɛmpera-], **Temperamalerei** *f* couleur, peinture *f* à la détrempe.

Temperament *n* ‹-(e)s, -e› [tɛmpera'mɛnt] **1.** tempérament *m*; **2.** *(Lebhaftigkeit)* vivacité; *(Schwung)* verve *f*; *(Feuer)* feu *m*; **3.** *(Gemütsart)* complexion *f*. **temperamentvoll** *a* **1.** *(lebhaft)* vivace; **2.** *(schwungvoll)* plein de verve; *(feurig)* plein de feu.

Temperatur *f* ‹-, -en› [tɛmpera'tu:r] température *f*; ▶ *~ haben (med)* avoir *od* faire de la température; *die ~ messen (med)* prendre la température. **Temperaturschwankung** *f* variation *od* différence *f* de température. **Temperaturunterschied** *m* écart *m* de température.

Tempo *n* ‹-s, -s/-pi› ['tɛmpo, '-pi] **1.** *mus sport* temps, tempo *m*; **2.** *(Geschwindigkeit)* allure, cadence *f*, *sport* train *m*; ▶ *in hohem ~* à fond de train. **Tempolimit** *n* limitation *f* de vitesse. **Temposünder** *m* chauffard *m*.

Tempotaschentuch *n (Warenzeichen)* mouchoir *m* en papier.

Tendenz *f* ‹-, -en› [tɛn'dɛnts] tendance *f*; ▶ *steigende, fallende* od *sinkende ~* tendance *f* à la hausse, à la baisse. **tendenziös** [-tsi'ø:s] *a* tendancieux, de parti pris. **tendieren** [-'di:rən] ‹*ohne ge-*› *itr* avoir une tendance (*zu* vers).

Tenne *f* ‹-, -n› ['tɛnə] *agr* aire *f*.

Tennis *n* ‹-, ø› ['tɛnɪs] tennis *m*. **Tennisball** *m* balle *f* de tennis. **Tennisklub** *m*, **Tennisplatz** *m*, **Tennisschläger** *m*, **Tennisspiel** *n* club, court *m*, raquette *f*, match *m* de tennis. **Tennisspieler** *m* joueur *m* de tennis.

Tenor (1) *m* ‹-s, ø› ['te:nɔr] *(Wortlaut, Sinn)* teneur *f*; **(2)** *m* ‹-s, ⸚e› [te'no:r, -'nø:rə] *(Stimme u. Sänger)* ténor *m*.

Teppich *m* ‹-s, -e› ['tɛpɪç] *a. fig* tapis *m*. **Teppichboden** *m* moquette *f*. **Teppichklopfer** *m* tapette *f* à tapis. **Teppichstange** *f* barre *f* pour tapis.

Termin *m* ‹-s, -e› [tɛr'mi:n] **1.** *(festgesetzter Tag)* terme *m*, date *f*; *fin com* date *f* limite; *(Frist)* délai *m*; **2.** *jur (Verhandlung)* assignation, audience *f*; ▶ *e-n ~ anberaumen (jur)* assigner un jour pour les débats; *e-n ~ einhalten* observer un délai; *e-n ~ festsetzen* fixer une date; *e-n ~ versäumen* laisser passer un terme; *äußerster ~* date *f* limite.

Terminal *m* od *n* ‹-s, -s› ['tø:minəl] *aero* aérogare; *loc* terminus *m*; *inform* terminal *m*.

Termineinlage *f (fin)* dépôt *m* à terme. **termingemäß** *a* conforme à la date d'échéance *od* à l'échéance. **Terminkalender** *m* agenda; carnet *m* d'échéances, échéancier *m*.

Terminologie *f* ‹-, -n› [-minolo'gi:] terminologie *f*.

Termite *f* ‹-, -n› [tɛr'mi:tə] termite *m*; fourmi *f* blanche. **Termitenhügel** *m* termitière *f*.

Terpentin *n* ‹-s, -e› [tɛrpɛn'ti:n] térébenthine *f*. **Terpentinöl** *n* essence *f* de térébenthine.

Terrakotta *f* ‹-, -tten›, **Terrakotte** *f* ‹-, -n› [tɛra'kɔta, -tə] *(gebrannter Ton; Gegenstand daraus)* terre *f* cuite.

Terrarium *n* ‹-s, -rien› [tɛ'ra:riʊm, -riən] terrarium *m*.

Terrasse *f* ‹-, -n› [tɛ'rasə] **1.** terrasse *f*; **2.** *geog* replat *m*. **terrassenförmig** *a u. adv* en terrasse(s), en gradins.

Terrier *m* ‹-s, -› ['tɛriər] *(Hunderasse)* fox-terrier *m*.

Terrine *f* ‹-, -n› [tɛ'ri:nə] terrine *f*.

territorial [tɛritori'a:l] *a* territorial. **Territorium** *n* ‹-s, -rien› [-'to:riʊm, -riən] territoire *m*.

Terror *m* ‹-s, ø› ['tɛrɔr] *(Schrecken)* terreur *f*. **Terroranschlag** *m* attentat *m* terroriste. **terrorisieren** [-rori'zi:rən] ‹*ohne ge-*› *tr* terroriser. **Terrorismus** *m* ‹-, ø› [-'rɪsmʊs] terrorisme *m*. **Terrorist** *m* ‹-en, -en› [-'rɪst] terroriste *m f*. **Terroristenbekämpfung** *f* lutte *f* antiterroriste. **terroristisch** [-'rɪstɪʃ] *a* terroriste.

Terz *f* ‹-, -en› [tɛrts] *mus sport* tierce *f*.

Terzett *n* ‹-(e)s, -e› [-'tsɛt] *mus* trio *m*.

Tesafilm *m* ['te:zafɪlm] *(Warenzeichen)* scotch *m (Warenzeichen)*.

Test *m* ‹-(e)s, -s/(-e)› [tɛst] test *m*, épreuve *f* psychologique; *chem tech* têt *m*.

Testament *n* ‹-(e)s, -e› [tɛstaˈmɛnt] *jur* testament; ▶ *ein ~ machen* faire un testament; *ohne ~ sterben* mourir *od* décéder intestat; *eigenhändiges ~* testament *m* olographe; *das Alte, Neue ~ (rel)* l'Ancien, le Nouveau Testament. **testamentarisch** [-tamɛnˈtaːrɪʃ] **I.** *a* testamentaire; **II.** *adv* par testament. **Testamentsbestimmung** *f* [-ˈmɛnts-] disposition *f* testamentaire. **Testamentseröffnung** *f* ouverture *f* du testament. **Testamentsvollstrecker** *m* exécuteur *m* testamentaire *od* du testament.

Testlauf *m* [ˈtɛst-] essai *m*. **Testpilot** *m aero* pilote *m* d'essai. **Teststrecke** *f* circuit *m od* piste *f* d'essai.

Tetanus *m* ‹-, ø› [ˈteːtanʊs] *med* tétanos *m*. **Tetanusimpfung** *f* vaccin *m* antitétanique.

teuer [ˈtɔʏər] ‹*teurer, teuerst*› *a* **1.** *(hoch im Preis)* cher, coûteux; **2.** *(lieb)* cher; ▶ *~ bezahlen* payer cher; *teurer werden* renchérir; *das ist mir zu ~* c'est trop cher pour moi, ce n'est pas dans mes prix.

Teufel *m* ‹-s, -› [ˈtɔʏfəl] diable, démon *m*; ▶ *der ~* le diable, Satan *m*; *jdn zum ~ jagen* envoyer qn au diable *od* à tous les diables *od* promener; *den ~ an die Wand malen (fig)* tenter le diable; *der ~ ist los* le diable est déchaîné; c'est l'enfer; *er hat den ~ im Leib, ihn reitet der ~* il a le diable au corps; *das müßte mit dem ~ zugehen* à moins que le diable ne s'en mêle; *zum ~!* diable! diantre! *zum ~ mit ...!* malédiction sur ...! *hol' dich der ~!* que le diable t'emporte! *scher dich zum ~!* va-t'en au diable! *armer ~ (fig: bedauernswerter Mensch)* pauvre diable *od* hère *od* sire *od* bougre *m*. **Teufelskerl** *m* diable *m* d'homme. **Teufelskreis** *m* cercle vicieux, cycle (*od* cercle) *m* infernal. **teuflisch** *a* diabolique, démoniaque, infernal.

Text *m* ‹-(e)s, -e› [tɛkst] *(Wortlaut)* texte; *(Bibelstelle)* passage *m*; *mus (e-s Liedes)* paroles *f pl*; *(e-r Oper)* livret. **Textbuch** *n (e-r Oper)* livret *m*. **Textdichter** *m s. Texter*. **texten** *itr* composer les paroles (d'une chanson); écrire un texte publicitaire. **Texter** *m* ‹-s, -› *mus* parolier; *(e-r Zeitung)* rédacteur *m*; *(Werbetexter)* rédacteur *m* publicitaire.

Textilfaser *f* [tɛksˈtiːl-] fibre *f* textile. **Textilien** *pl* [-ˈtiːliən] articles *m pl* textiles. **Textilindustrie** *f* (industrie *f*) textile *m*.

Textkritik *f* [ˈtɛkst-] critique *f* de texte. **Textmarker** *m* ‹-s, -› [-markər] surligneur *m*. **Textverarbeitung** *f* traitement *m* de textes. **Textverarbeitungsanlage** *f* machine *f* à traitement de textes.

T-förmig *a* en T *od* té.

Thai 1. [taɪ] *m* ‹-(s), -(s)› Thaïlandais *m*; **2.** ‹-, ø› *gram* thaï. **Thaifrau** *f* Thaïlandaise *f*. **Thailand** *n* [ˈtaɪlant] la Thaïlande.

Theater *n* ‹-s, -› [teˈaːtər] **1.** *(Bühnenkunst)* théâtre, spectacle *m*; **2.** *(Gebäude)* théâtre *m*; ▶ *ins ~ gehen* aller au théâtre *od* au spectacle; *~ machen (fam: sich heftig widersetzen)* faire des histoires; *~ spielen (fig)* jouer la comédie; *das ist alles nur ~ (fig fam: Getue)* ce ne sont que des manières; *pop* c'est du cinéma. **Theateraufführung** *f* représentation *f*. **Theaterbesuch** *m* fréquentation *f* du théâtre. **Theaterbesucher** *m* spectateur *m*. **Theaterdirektor** *m* directeur *m* de *od* du théâtre. **Theaterferien** *pl* clôture *f* annuelle. **Theaterkarte** *f* billet *m* de théâtre. **Theaterkasse** *f* caisse *f* (du théâtre). **Theaterstück** *n* pièce *f* de théâtre. **theatralisch** [-aˈtraːlɪʃ] *a* théâtral, scénique; *fig* théâtral, affecté.

Thein *n* ‹-s, ø› [teˈiːn] *chem* théine *f*.

Theke *f* ‹-, -n› [ˈteːkə] *(Schanktisch)* comptoir, bar; *pop* zinc *m*; ▶ *an der ~* au comptoir.

Thema *n* ‹-s, -men/-mata› [ˈteːma, ˈ-mən, ˈ-mata] *allg (Aufgabe, a. mus)* thème; *(Gesprächs~, Abhandlungsgegenstand)* sujet *m*; ▶ *vom ~ abbringen* détourner du sujet; *vom ~ abkommen* sortir de la question; *das ~ wechseln* changer de conversation *od* de propos. **thematisch** [ˈteˈmaːtɪʃ] *a* thématique.

Themse, die [ˈtɛmzə] *geog* la Tamise.

Theokratie *f* ‹-, -n› [teokraˈtiː] *rel pol* théocratie *f*. **Theologe** *m* ‹-n, -n› [-ˈloːgə] théologien *m*. **Theologie** *f* ‹-, -n› [-loˈgiː] théologie *f*. **theologisch** [-ˈloːgɪʃ] *a* théologique.

Theorem *n* ‹-s, -e› [teoˈreːm] *math* théorème *m*. **Theoretiker** *m* ‹-s, -› [-ˈreːtikər] théoricien *m*. **theoretisch** [teoˈreːtɪʃ] **I.** *a* théorique; **II.** *adv a.* en théorie. **Theorie** *f* ‹-, -n› [-ˈriː] théorie *f*.

Therapeut *m* ‹-en, -en› [teraˈpɔʏt] *(Arzt)* thérapeute *m*. **therapeutisch** [-ˈpɔʏtɪʃ] *a* thérapeutique. **Therapie** *f* ‹-, -n› [-ˈpiː] *(Krankenbehandlung)* thérapie *f*.

Thermalbad *n* [tɛrˈmaːl-] bain *m* thermal. **Thermalquelle** *f* source *f* thermale; eaux *f pl* thermales. **Thermodrucker** *m typ* imprimante *f* thermique. **Thermodynamik** *f* thermodynamique *f*. **thermoelektrisch** [-moʔeˈlɛktrɪʃ] *a* thermo-électrique. **Thermometer** *n* ‹-s, -› [-moˈmeːtər] thermomètre *m*. **Thermometerstand** *m* colonne, échelle, hauteur *od* cote *f* thermométrique. **thermonuklear** *a* thermonucléaire.

Thermosflasche *f* bouteille *f* thermos.

Thermostat *m* ‹-(e)s/-en, -e(n)› [-mo'sta:t] thermostat *m*.
These *f* ‹-, -n› ['te:zə] *(Behauptung)* thèse *f*.
Thriller *m* ‹-s, -› ['θrılə] *(Buch)* roman *m* à suspense; *theat* pièce *f* à suspense; *film* film *m* à suspense.
Thrombose *f* ‹-, -n› [trɔm'bo:zə] *med* thrombose *f*.
Thron *m* ‹-(e)s, -e› [tro:n] trône *m*; ▶ *den ~ besteigen (a. fig)* monter sur le trône. **Thronbesteigung** *f* avènement *m* (au trône). **thronen** *itr fig* trôner. **Thronerbe** *m s. Thronfolger.* **Thronfolge** *f* succession *f* au trône. **Thronfolger** *m* héritier *m* du thrône. **Thronrede** *f* discours *m* du trône.
Thunfisch *m* ['tu:n-] thon *m*.
Thüringen *n* ['ty:rıŋən] la Thuringe. **Thüringer(in)** *m* ‹-s, -› (*f* ‹-, -nen›) Thuringien(ne *f*) *m*. **thüringisch** *a* thuringien.
Thymian *m* ‹-s, -e› ['ty:mia:n] *bot* thym, serpolet *m*.
Tiara *f* ‹-, Tiaren› [ti'a:ra] *rel* tiare *f*.
Tiber, *der* ['ti:bər] *geog* le Tibre.
Tibet ['ti:bɛt/ti'be:t] *geog* le Tibet. **Tibetaner(in)** *m* ‹-s, -› (*f* ‹-, -nen› [-be'ta:nər] Tibétain(e *f*) *m*. **tibetanisch** [-'ta:nıʃ] *a* tibétain.
Tick *m* ‹-(e)s, -s› [tık] *(Schrulle)* grain *m*, manie *f*.
ticken ['tıkən] *itr (Uhr)* faire tic tac. **Ticken** *n* tic-tac *m*. **ticktack** ['tık'tak] *interj* tic tac!
Tide *f* ‹-, -n› ['ti:də] *mar (Flut)* marée *f*. **Tidenhub** *m* grandeur *f* de la marée.
tief [ti:f] **I.** *a* **1.** *(Gegensatz: flach; weit nach hinten reichend; fig: Gedanken)* profond; **2.** *(Gegensatz: hoch)* bas; **3.** *mus* grave; **4.** *(Farbe: satt)* profond, foncé; **II.** *adv (~ unten)* bas; ▶ *~ in etw (a. fig)* au fond de qc; *bis ~ in die Nacht hinein* jusque tard dans la nuit; *in ~er Trauer* en grand deuil; *~ atmen* respirer à fond; *~ fliegen* voler bas; *~ gesunken sein (fig)* être tombé bien bas; *~ ausgeschnitten (Kleid)* très décolleté. **Tief** *n* ‹-s, -s› **1.** *mar* chenal *m*; **2.** *mete* zone *f* de basse pression. **Tiefbau** *m* travaux *m pl* souterrains *od* en sous-sol; construction au-dessous du sol; *mines* exploitation *f* au fond. **tiefbewegt** *a* profondément ému. **Tiefbunker** *m (Luftschutz)* abri *m* bétonné profond. **Tiefdruck** *m* **1.** ‹-s, -e› *typ* impression *od* gravure en creux, (impression) hélio *f*; **2.** ‹-s, ø› *mete* basse pression *f*. **Tiefe** *f* ‹-, -n› **1.** *a. fig* profondeur *f*; **2.** *(Hintergrund e-s Bildes)* lointains *m pl*; *film* relief *m*; **3.** *(Abgrund)* fond, abîme *m*; ▶ *in 10 Meter ~* par dix mètres de fond. **Tiefebene** *f geog* plaine *f* basse. **Tiefenpsychologie** *f* psychologie *f* des profondeurs. **Tiefenwirkung** *f* effet *m od* action *f* en profondeur. **Tiefflug** *m* vol *m* à basse altitude. **Tiefgang** *m mar* tirant *m* d'eau; ▶ *e-n ~ von 6 Meter(n) haben* tirer *od* jauger six mètres d'eau. **Tiefgarage** *f* parking *od* garage *m* souterrain. **tiefgefroren** *a*, **tiefgekühlt** *a (Lebensmittel)* surgelé. **tiefgreifend** *a*, **tiefgründig** *a* profond. **Tiefkühlfach** *n (im Eisschrank)* freezer *m*. **Tiefkühlkost** *f* produits *m pl* surgelés. **Tiefkühltruhe** *f* congélateur *m*. **Tiefland** *n* ‹-(e)s, -e/⸚er› bas pays *m*. **Tiefpunkt** *m* minimum *m*. **Tiefschlag** *m (Boxen)* coup *m* bas. **tiefschürfend** *a fig* profond. **Tiefsee** *f* grands fonds *m pl*. **Tiefseefauna** *f* faune *f* abyssale. **Tiefseegraben** *m* abysse *m*. **Tiefsinn** *m* ‹-(e)s, ø› **1.** profondeur *f* d'esprit; **2.** *(Schwermut)* mélancolie *f*. **tiefsinnig** *a* **1.** profond, pensif, songeur; **2.** *(schwermütig)* mélancolique. **Tiefstand** *m* ‹-(e)s, ø› *(d. Wassers)* étiage *m*; *fig. a. com* (le) plus bas niveau.
Tiegel *m* ‹-s, -› ['ti:gəl] **1.** *(Küche)* casserole *f*; *(irdener)* poêlon *m*; **2.** *(Schmelz~)* creuset *m*.
Tier *n* ‹-(e)s, -e› [ti:r] bête *f*; *bes. scient* animal *m*; ▶ *hohes ~ (fig pop)* grosse légume *f*; gros bonnet *od* manitou *m*; *wildes ~* bête *f* sauvage. **Tierart** *f* espèce *f* animale. **Tierarzt** *m* vétérinaire *m*. **tierärztlich** *a* vétérinaire. **Tierbändiger** *m* dompteur *m*. **Tierchen** *n* petit animal *m*, petite bête, bestiole *f*. **Tierfreund** *m* ami *m* des bêtes. **Tiergarten** *m* jardin *m* d'acclimatation. **Tierheilkunde** *f* médecine *f* vétérinaire. **tierisch** *a* **1.** animal; **2.** *pej* brutal; ▶ *~er Ernst m* air *m* d'abruti. **Tierkreis(zeichen** *n***)** *m astr* (signe du) zodiaque *m*. **Tierkunde** *f* zoologie *f*. **Tierquälerei** *f* (acte *m* de) cruauté *f* envers les animaux. **Tierreich** *n* ‹-(e)s, ø› règne *m* animal. **Tierschützer** *m -s, -*› ami *m* des animaux. **Tierschutzverein** *m* société *f* protectrice des animaux. **Tierversuch** *m* expérience *f* sur des animaux. **Tierwelt** *f* ‹-, ø› monde *m* animal. **Tierzucht** *f* élevage *m*. **Tierzüchter** *m* éleveur *m*.
Tiger *m* ‹-s, -› ['ti:gər] tigre *m*.
Tilde *f* ‹-, -n› ['tıldə] *(Zeichen)* tilde *m*.
tilgbar ['tılk-] *a fin* amortissable; remboursable, rachetable. **tilgen** ['-gən] *tr fin* amortir, liquider, rembourser, racheter; (s')acquitter (de), s'exonérer de. **Tilgung** *f* ‹-, -en› amortissement *m*, liquidation, annulation *f*, effacement; remboursement, rachat; acquittement *m*, exonération *f*.
Time-sharing *n* ‹-s, -s› ['taımʃɛərıŋ] *inform* temps *m* partagé. **Timing** *n* ‹-s, -s› ['taımıŋ] minutage *m*; *(des Datums)* choix *m* de la date.

Tinktur *f* ‹-, -en› [tɪŋk'tu:r] *pharm* teinture *f*.
Tinte *f* ‹-, -n› ['tɪntə] encre *f*; ▶ *mit ~ schreiben* écrire à l'encre; *in der ~ sitzen (fig fam)* être dans le pétrin *od* de beaux draps. **Tintenfaß** *n* encrier *m*. **Tintenfisch** *m zoo* seiche *f*. **Tintenfleck** *m*, **Tintenklecks** *m* tache *f* d'encre. **Tinten(radier)gummi** *m* gomme *f* à encre. **Tintenlöscher, Tintentod** *m* feutre *m* effaceur.
Tip *m* ‹-s, -s› [tɪp] *fam (Wink)* tuyau *m*; ▶ *jdm e-n ~ geben* donner un tuyau à qn.
Tippelbruder *m* ['tɪpəl] *fam (Landstreicher)* chemineau; clochard *m*. **tippeln** *itr* ‹sein› *fam (wandern, zu Fuß gehen)* cheminer.
tippen ['tɪpən] **1.** *tr od itr (leicht klopfen):* ▶ *jdn* od *jdm auf die Schulter ~* taper sur l'épaule de qn. **2.** *tr u. itr fam (maschineschreiben)* taper (à la machine), dactylographier; **3.** *itr (wetten)* miser (*auf jdn, etw* sur qn, qc).
Tippfehler *m* ['tɪp-] *fam* faute *f* de frappe.
tipptopp ['tɪp'tɔp] *a pred fam* chouette, épatant.
Tippzettel *m* ['tɪp-] bulletin-réponse *m*.
Tirol *n* [ti'ro:l] le Tyrol. **Tiroler(in)** *m* ‹-s, -› (*f* ‹-, -nen› [-'ro:lər] Tyrolien(ne *f*) *m*.
Tisch *m* ‹-(e)s, -e› [tɪʃ] *(Möbelstück u. Mahlzeiten)* table *f*; ▶ *bei ~* à table, pendant le repas; *den ~ decken* mettre la table *od* le couvert; *unter den ~ fallen lassen (fig fam)* laisser tomber; *zu ~ laden* inviter à déjeuner *od* à dîner; *reinen ~ machen (fig)* faire table rase (*mit* de); *sich zu ~ setzen* se mettre à table; *sich an den gedeckten ~ setzen (fig)* trouver la nappe mise; *(gnädige Frau,) der ~ ist gedeckt* madame est servie; *der grüne ~ (fig)* le tapis vert. **Tischbein** *n* pied *m* de table. **Tischdame** *f* voisine *f* de table. **Tischdecke** *f* tapis *m* de table. **Tischende** *n*: ▶ *oberes, unteres ~* haut, bas bout *m* de table. **Tischgast** *m* convive *m*. **Tischgebet** *n (vor dem Essen)* bénédicité *m*; *(nach dem Essen)* grâces *f pl*. **Tischgesellschaft** *f* tablée *f*. **Tischherr** *m* voisin *m* de table. **Tischkarte** *f* carton *m*. **Tischlampe** *f* lampe *f* de table.
Tischler *m* ‹-s, -› ['tɪʃlər] menuisier; *(Möbeltischler)* ébéniste *m*; **Tischlerhandwerk** *n* menuiserie; ébénisterie *f*. **Tischlerleim** *m* colle *f* forte. **tischlern** *itr* menuiser.
Tischplatte *f* ['tɪʃ-] dessus *m od* planche *f* de la table. **Tischrede** *f* discours de banquet, toast *m*. **Tischtennis** *n* tennis de table, ping-pong *m*. **Tischtuch** *n* nappe *f*. **Tischwäsche** *f* linge *m* de table. **Tischwein** *m* vin *m* ordinaire *od* de table. **Tischzeit** *f* heure *f* du repas.
Titel *m* ‹-s, -› ['ti:təl] titre *m*. **Titelbild** *n typ* frontispice *m*. **Titelblatt** *n typ* (feuille *f* de) titre *m*. **Titelhalter** *m*, **Titelinhaber** *m sport* tenant *od* détenteur *m* du titre. **Titelrolle** *f* rôle *m* principal. **Titelseite** *f* la une; ▶ *auf der ~* à la une. **Titelverteidiger** *m sport* détenteur *m* du titre.
titulieren [titu'li:rən] ‹*ohne ge-*› *tr (e-n Titel geben)* donner le titre de (*jdn* à qn); *(benennen, anreden)* qualifier de.
Toast *m* ‹-(e)s, -e/-s› [to:st] **1.** *(geröstete Weißbrotscheibe)* toast; pain *m* grillé; **2.** *(Trinkspruch)* toast *m*. **toasten** *itr* **1.** *(Weißbrot rösten)* faire des toasts; **2.** *(e-n Trinkspruch ausbringen)* porter un toast. **Toaster** *m* ‹-s, -› grille-pain *m*.
toben ['to:bən] *itr* **1.** *(Wütender)* être en rage *od* déchaîné, se démener, tempêter, fulminer; **2.** *(Kinder)* faire du tapage; **3.** *(Schlacht)* faire rage; *(Gewitter)* gronder. **Tobsucht** *f* ‹-, ø› ['to:p-] folie furieuse, frénésie *f*. **tobsüchtig** *a* fou furieux, frénétique.
Tochter *f* ‹-, ⸚› ['tɔxtər, 'tœçtər] fille *f*. **Tochtergesellschaft** *f* société affiliée *od* filiale, filiale *f*.
Tod *m* ‹-(e)s, (-e)› [to:t, '-dəs] mort *f*; *adm (Ableben)* décès; *poet (Hinscheiden)* trépas *m*; ▶ *bei s-m ~e* à sa mort; *mit dem ~e ringen* être à l'agonie, agoniser; *dem ~ ins Auge sehen* voir la mort de près; *e-s gewaltsamen, e-s natürlichen ~es sterben* mourir de mort violente, de mort naturelle *od* de sa belle mort; *zum ~e verurteilen* condamner à mort *od* à la peine capitale. **todbringend** *a* mortel, délétère. **todernst** *a* très sérieux.
Todesangst *f* ['to:dəs-] angoisse *f od* affres *f pl* de la mort; ▶ *~ängste ausstehen* être dans des angoisses *od* des transes mortelles. **Todesanzeige** *f* avis *m* de décès; *(briefliche)* faire-part *m* de décès. **Todeserklärung** *f* déclaration *f* de décès. **Todesfall** *m* décès *m*; ▶ *im ~e* en cas de mort *od* de décès. **Todeskampf** *m* agonie *f*. **Todeskandidat** *m fam* condamné *m*. **todesmutig** *a* ne craignant rien. **Todesopfer** *n* mort *m*; victime *f*. **Todesschuß** *m* coup *m* de feu mortel. **Todesstrafe** *f* peine *f* capitale *od* de mort. **Todesstreifen** *m* bande *f* de terrain minée. **Todestag** *m* **1.** jour *m* de la mort *od* de décès; **2.** *(Gedenktag)* anniversaire *m* de la mort. **Todesursache** *f* cause *f* de la mort. **Todesurteil** *n* arrêt *m od* sentence de mort, condamnation à mort, sentence *f* capitale. **Todesverachtung** *f* mépris *m* de la mort; ▶ *mit ~* au mépris de la mort.
Todfeind *m* ['to:t-] ennemi *m* mortel *od* juré. **todfeind** *a:* ▶ *sich ~ sein* être ennemis mortels *od* à couteaux tirés.

todkrank *a* malade à la mort *od* à mourir. **todlangweilig** *a* ennuyeux comme la pluie.

tödlich ['tø:tlıç] **I.** *a* mortel; à mort; **II.** *adv* mortellement, à mort; ▶ ~ *verunglücken* se tuer; ~ *verletzt* od *verwundet* mortellement blessé.

todmüde ['to:t-] *a fam* mort de fatigue. **todschick** *a fam* très chic. **todsicher** *a fam* garanti, absolument sûr, sûr et certain. **Todsünde** *f* péché *m* mortel. **todunglücklich** *a* malheureux comme les pierres.

Tohuwabohu *n* ‹-(s), -s› [tohuva'bo:hu] *(Durcheinander)* tohu-bohu, méli-mélo *m; fam* pagaille *f*.

toi [tɔy] *interj:* ▶ ~, ~, ~*!* je touche du bois.

Toilette *f* ‹-, -n› [toa'lɛtə] **1.** *(Körperpflege; Damenkleidung; Frisiertisch; Waschraum)* toilette *f;* **2.** *(Abort) a.* cabinet (d'aisances), W.-C.; *fam* waters *m pl;* ▶ *in großer* ~ en (grande) toilette; ~ *machen* faire sa toilette. **Toilettenartikel** *m* article *m* de toilette. **Toilettennecessaire** *n* nécessaire *m* de toilette. **Toilettenpapier** *n* papier *m* hygiénique.

tolerant [tole'rant] *a (duldsam)* tolérant; *(nachsichtig)* indulgent. **Toleranz** *f* ‹-, (-en)› [-'rants] tolérance *(a. tech);* indulgence *f*. **Toleranzschwelle** *f* seuil *m* de tolérance. **tolerieren** [-'ri:rən] ‹*ohne ge-*› *tr* tolérer.

toll [tɔl] *a* **1.** fou (furieux *od* à lier); **2.** *vet* enragé; **3.** *fig fam (wild, wüst, schlimm)* fou, insensé, frénétique, extravagant; **4.** *fam* fantastique, sensationnel; ▶ *es zu* ~ *treiben* y aller trop fort; *bist du* ~ *(geworden)?* es-tu fou? *ein* ~*er Bursche* od *Kerl (fam)* un type sensationnel *od* énorme. **tolldreist** *a* effronté.

Tolle *f* ‹-, -n› ['tɔlə] *fam (Haarschopf)* huppe *f*.

Tollhaus *n* ['tɔl-] asile *m* d'aliénés; ▶ *es geht (ja hier) wie im* ~ *zu* c'est comme dans une maison de fous. **Tollhäusler** *m* aliéné *m*. **Tollheit** *f* ‹-, -en› folie *f* (furieuse); *(toller Streich)* (coup *m* de) folie *f*. **Tollkirsche** *f bot* belladone *f*. **tollkühn** *a* téméraire. **Tollkühnheit** *f* témérité *f*. **Tollwut** *f vet* rage *f*. **tollwütig** *a* enragé, atteint de la rage.

Tolpatsch *m* ‹-(e)s, -e› ['tɔlpatʃ] brise-tout, brise-fer, balourd, empoté, maladroit *m*.

Tölpel *m* ‹-s, -› ['tœlpəl] balourd, lourdaud, malotru, rustre, vilain *m*. **Tölpelei** *f* ‹-, -en› [-'laı] balourdise *f*.

Tomate *f* ‹-, -n› [to'ma:tə] tomate *f*. **Tomatenmark** *n* concentré *m* de tomates. **Tomatensuppe** *f* potage *m* à la tomate.

Tombola *f* ‹-, -s/(-len)› ['tɔmbola] *(Verlosung)* tombola *f*.

Tomograph *m* ‹-en, -en› [tomo'gra:f] tomodensimètre, tomodensitomètre, scanner *m*. **Tomographie** *f* ‹-, -n› [tomogra'fi:, -'fi:ən] *med* tomographie *f*.

Ton (1) *m* ‹-(e)s, (-e)› [to:n] *geol* argile, glaise; *(als Werkstoff)* terre *f;* ▶ *gebrannter* ~ *(Terrakotta)* terre *f* cuite; **(2)** *m* ‹-(e)s, ¨-e› [to:n, 'tø:nə] **1.** *(Laut, a. mus)* son; *(Klang)* son *m*, sonorité *f*, ton, timbre *m;* **2.** *(Redeweise)* ton *m;* **3.** *gram* accent *m* (tonique); ▶ *ohne e-n* ~ *zu sagen* sans rien *od* mot dire; *den* ~ *angeben (mus* u. *fig)* donner le ton *od* la note; *fig* lancer la mode, faire la pluie et le beau temps; *e-n anderen* ~ *anschlagen (fig)* changer de ton *od* de style *od* de gamme; *keinen* ~ *von sich geben* ne pas souffler mot; *ich brachte keinen* ~ *heraus* ma voix s'étrangla; *ich verbitte mir diesen* ~*!* ne le prenez pas sur ce ton-là! *wenn Sie in diesem* ~ *reden* si vous le prenez sur ce ton; *der* ~ *macht die Musik (prov)* c'est le ton qui fait la musique *od* la chanson; *der gute* ~ *(im Benehmen)* le bon ton.

Tonabnehmer *m* ['to:n-] pick-up *m*. **Tonalität** *f* ‹-, ø› [-nali'tɛt] *mus* tonalité *f*. **tonangebend** *a fig* qui donne le ton. **Tonarchiv** *n* archives *f pl* sonores. **Tonarm** *m* bras *m* (de pick-up). **Tonart** *f mus* mode *m*. **Tonaufnahme** *f* prise *f* de son. **Tonband** *n* bande *f* magnétique *od* sonore. **Tonbandaufnahme** *f* enregistrement *m* (sonore). **Tonbandgerät** *n* magnétophone *m*. **Tonbandsammlung** *f* magnétothèque *f*.

tönen ['tø:nən] **1.** *itr (klingen)* sonner, résonner, retentir; **2.** *tr (in der Farbe abstimmen)* colorier, teinter, teindre.

Toner *m* ‹-s, -› ['tounə, 'tonər] *(von Fotokopierer)* encre *f*.

Tonerde *f* ['to:n-] *chem* alumine *f;* ▶ *essigsaure* ~ acétate *m* d'aluminium.

tönern ['tø:nərn] *a* de *od* en terre.

Tonfall *m* ['to:n-] intonation; *(Rhythmus)* cadence *f*. **Tonfilm** *m* film *m* sonore *od* parlant.

Tonfigur *f* ['to:n-] statuette *f* de terre cuite.

Tonfrequenz *f* ['to:n-] audiofréquence *f*.

Tongefäß *n* ['to:n-] vase *m* de *od* en terre.

Tonhöhe *f* ['to:n-] hauteur *f* du son. **Toningenieur** *m film radio* ingénieur *m* du son. **Tonkamera** *f film* caméra-son *f*. **Tonkopf** *m* tête *f* de lecture.

Tonkrug *m* ['to:n-] cruche *f* de terre.

Tonlage *f* ['to:n-] = *Tonhöhe.* **Tonleiter** *f* gamme *f* (musicale). **tonlos** *a* **1.** *(ausdruckslos; gram: unbetont)* atone; **2.** *(Stimme)* blanc, éteint.

Tonnage *f* ‹-, -n› [tɔ'na:ʒə] *mar* tonnage *m*, jauge *f*.

Tonne *f* ‹-, -n› ['tɔnə] *(großes Faß)* tonneau *a. mar.* baril, fût *m; (1000 kg)* tonne *f.* **Tonnengewölbe** *n arch* voûte *f* en berceau *od* en plein cintre, tonneau *m.*

Tonqualität *f* ['to:n-] qualité *f* du son. **Tonregler** *m radio* dispositif *m* de réglage du son. **Tonspur** *f (e-r Platte, e-s Bandes)* sillon *m.* **Tonstreifen** *m film* bande *f* sonore.

Tonsur *f* ⟨-, -en⟩ [tɔn'zu:r] *rel* tonsure *f.*

Tontechniker(in *f***)** *m* ['to:n-] preneur *m,* -euse *f* de son. **Tonträger** *m radio* support *m* de son, onde *f* porteuse.

Tönung *f* ['tø:nʊŋ] **1.** *(Vorgang)* coloration *f;* **2.** *(Ergebnis)* teinte *f.*

Tonware *f* ['to:n-] poterie *f.*

Tonwiedergabe *f* ['to:n-] reproduction *f* sonore *od* des sons.

Topas *m* ⟨-es, -e⟩ [to'pa:s, -zə] *min* topaze *f.*

Topf *m* ⟨-(e)s, ⸚e⟩ [tɔpf, 'tœpfə] pot *m; (Koch~)* marmite *f;* ▶ *in einen ~ werfen (fig)* mettre dans le même sac, jeter dans le même moule.

Töpfchen *n* ['tœpf-] petit pot; *fam (Nachttopf)* vase *m* de nuit.

Töpfer *m* ⟨-s, -⟩ potier; céramiste *m.* **Töpferei** *f* ⟨-, -en⟩ [-'raɪ] **1.** *(Handwerk)* poterie *f;* **2.** *(Werkstatt)* atelier *m* de potier. **töpfern 1.** *a (irden)* de *od* en terre. **töpfern 2.** *itr (Töpferwaren machen)* faire de la poterie. **Töpferscheibe** *f* tour *m* de potier. **Töpferware** *f* poterie, céramique *f.*

Topfkuchen *m* ['tɔpf-] kouglof *m.* **Topflappen** *m* poignée *f.* **Topfpflanze** *f* plante *f* en pot.

Topographie *f* ⟨-, -n⟩ [topogra'fi:] topographie *f.* **topografisch** [-'gra:fɪʃ] *a* topographique.

Topologie *f* ⟨-, ø⟩ [topolo'gi:] *math* topologie *f.*

Tor [to:r] **(1)** *n* ⟨-(e)s, -e⟩ **1.** *(große Tür)* porte *f* (cochère); portail *m;* **2.** *sport* but *m;* ▶ *ein ~ schießen* marquer un but; *dir stehen alle ~e offen (fig)* toutes les portes te sont ouvertes; **(2)** *m* ⟨-en, -en⟩ *(törichter Mensch)* sot, insensé, fou *m.*

Toreinfahrt *f* ['to:r-] porte *f* cochère.

Torf *m* ⟨-(e)s, ø⟩ [tɔrf] tourbe *f;* ▶ *~ stechen* extraire de la tourbe. **Torfboden** *m* terrain *m* tourbeux. **Torfgewinnung** *f* extraction *f* de la tourbe. **Torfmull** *m* poussier *m* de mottes.

Torheit *f* ['to:rhaɪt] sottise, bêtise; folie *f.*

Torhüter *m* ['to:r-] portier *m; sport* = *Torwart.*

töricht ['tø:rɪçt] *a* déraisonnable, insensé, sot.

torkeln ['tɔrkəln] *itr* ⟨*sein* od *h*⟩ *fam (taumeln)* tituber, faire des zigzags; ▶ *auf die Straße ~* ⟨*sein*⟩ sortir en titubant; *(schwanken)* chanceler.

Torlinie *f* ['to:r-] *sport* ligne *f* de but.

Tornado *m* ⟨-s, -s⟩ [tɔr'na:do] *(Wirbelsturm)* tornade *f.*

Tornister *m* ⟨-s, -⟩ [tɔr'nɪstər] *bes. mil* sac; *(e-s Schülers)* sac (d'écolier), cartable *m.*

torpedieren [tɔrpe'di:rən] ⟨*ohne ge-*⟩ *tr* torpiller. **Torpedo** *m* ⟨-s, -s⟩ [-'pe:do] *mil* torpille *f.* **Torpedoboot** *n* torpilleur *m.*

Torpfosten *m* ['to:r-] *sport* poteau *m.* **Torschluß** *m:* ▶ *noch vor ~ (fig)* juste à temps, à la dernière minute.

Torso *m* ⟨-s, -s/-si⟩ ['tɔrzo, '-zi] **1.** *(Kunst)* torse; **2.** *allg (Bruchstück)* fragment *m.*

Torte *f* ⟨-, -n⟩ ['tɔrtə] *(Butterkrem~)* gâteau *m* (à la crème); *(Obst~)* tarte *f* (aux fruits). **Tortenboden** *m* fond *m* de tarte. **Tortenheber** *m* pelle *f* à gâteau. **Tortenplatte** *f* plat *m* à gâteau.

Tortur *f* ⟨-, -en⟩ [tɔr'tu:r] *(a. fig)* torture *f.*

Torwart *m* ['to:r-] *sport* gardien de but, goal *m.* **Torweg** *m* = *Toreinfahrt.*

tosen ['to:zən] *itr (Wasser)* bruire, gronder, mugir; déferler. **tosend** *a (Beifall)* délirant.

tot [to:t] *a* **1.** mort; *(verstorben)* défunt; *adm* décédé; **2.** *fig (leblos)* inanimé, sans vie; *(regungslos, ausgestorben, öde)* désert, morne; *(unwirksam)* inerte; **3.** *(unproduktiv)* improductif; *fin* qui dort; ▶ *für ~ erklären (adm)* déclarer décédé; *er war auf der Stelle ~* il était mort sur le coup; *mehr ~ als lebendig* plus mort que vif; *wie ~* comme mort; *~er Winkel m* angle *m* mort.

total [to'ta:l] *a* total, global; *(vollständig)* complet, entier; ▶ *~ besoffen (fam)* fin soûl. **Totalausverkauf** *m* **1.** liquidation *f* (complète); **2.** *(beim Pferderennen)* pari *m* mutuel. **totalitär** [-li'tɛ:r] *a bes. pol* totalitaire. **Totalität** *f* ⟨-, ø⟩ [-li'tɛ:t] totalité *f,* ensemble *m.* **Totaloperation** *f med* totale *f.* **Totalschaden** *m mot* dommages *m pl* irréparables.

tot≈arbeiten, *sich* ['to:t-] se tuer *od* se crever au travail. **tot≈ärgern,** *sich* se fâcher (tout) rouge.

töten ['tø:tən] *tr* tuer, mettre à mort, faire mourir, donner la mort à, ôter la vie à.

Totenbett *n* ['to:tən-] lit de mort, lit *m od* couche *f* funèbre. **totenblaß** *a,* **totenbleich** *a* pâle comme *od* plus pâle que la mort, livide. **Totenehrung** *f.* **Totenfeier** *f* honneurs funèbres, derniers honneurs *m pl;* cérémonie *f* commémorative. **Totenglocke** *f* glas *m* (funèbre). **Totengräber** *m* fossoyeur; *fig pol* naufrageur *m.* **Totenhemd** *n* linceul *m.* **Totenklage** *f* chants *m pl* funèbres. **Totenkopf** *m* tête *f* de mort. **Totenschein** *n* acte *od* certificat *m* de décès. **Totensonntag** *m (evang. Feier-*

tag) Fête *f od* Jour *m* des morts. **totenstill** *a:* ▶ *es war* ~ il régnait un silence de mort. **Totenstille** *f* silence *m* de mort *od* sépulcral. **Totentanz** *m* danse *f* macabre *od* des morts. **Totenwache** *f* veillée *f* funèbre; ▶ *die* ~ *bei jdm halten* veiller qn.

Tote(r *m***)** *f* mort, e; défunt, e; *adm* décédé, e *m f; (i. d. Unfallstatistik)* tué *m.*

tot≈fahren ['to:t-] *‹fährt, fuhr tot, totgefahren› tr* écraser. **totgeboren** *a* mort -né. **Totgeglaubte** *m f,* **Totgesagte** *m,f* présumé *od* dit *m* mort. **tot≈lachen,** *sich* mourir *od* se pâmer de rire.

Toto *m, fam: n* ‹-s, -s› ['to:to] paris *m pl* de football. **Totoschein** *m* coupon *m* de paris de football.

tot≈schießen ['to:t-] *‹schoß tot, totgeschossen› tr* tuer *od* abattre d'un coup de feu. **Totschlag** *m jur* homicide *m* volontaire, mort *f* d'homme. **tot≈schlagen** *‹schlägt, schlug tot, totgeschlagen› tr* assommer; *(töten)* tuer; ▶ *die Zeit* ~ tuer le temps. **Totschläger** *m* **1.** *(Mörder)* meurtrier *m;* **2.** *(Waffe)* casse-tête *m.* **tot≈schweigen** *‹schwieg tot, totgeschwiegen› tr* passer sous silence, étouffer. **tot≈stellen,** *sich* faire le mort.

Tötung *f* ‹-, ø› ['tø:tʊŋ] mise *f* à mort; *(e-s Menschen)* homicide *m;* ▶ *fahrlässige* ~ *(jur)* homicide *m* involontaire *od* par imprudence; *vorsätzliche* ~ homicide *m* intentionnel *od* prémédité *od* avec préméditation.

Tour *f* ‹-, -en› [tu:r] **1.** *tech (Umdrehung, Runde)* tour *m;* **2.** *(Rundfahrt)* tournée *f; (Ausflug)* tour; *(Fahrt, Strecke)* parcours *m;* **3.** *(List, Streich)* tour *m;* ▶ *auf vollen* ~*en* en plein régime *od* rendement; *in einer* ~ *(ohne Unterbrechung)* sans arrêt, sans cesse; *auf* ~*en kommen* prendre de la vitesse. **Tourenzahl** *f tech mot* régime *m,* vitesse *f;* tours *m pl* par minute.

Tourismus *m* ‹-, ø› [tu'rɪsmʊs] tourisme *m.* **Tourist** *m* ‹-en, -en› [-'rɪst] touriste *m.* **Touristenklasse** *f* classe *f* tourist(iqu)e. **Touristik** *f* ‹-, ø› [-'rɪstɪk] tourisme *m.*

Tournee *f* ‹-, -s/-n› [-'ne:, -'ne:ən] *(Gastspielreise)* tournée *f.*

Toxikologie *f* ‹-, ø› [tɔksikolo'gi:] toxicologie *f.* **Toxin** *n* ‹-s, -e› [-k'si:n] *chem biol* toxine *f.* **toxisch** ['tɔksɪʃ] *a (giftig)* toxique.

Trab *m* ‹-(e)s, ø› [tra:p] trot *m;* ▶ *im* ~ au trot; *jdn auf* ~ *bringen (fig fam)* mettre qn au pas.

Trabant *m* ‹-en, -en› [tra'bant] **1.** *hist (Leibwächter)* traban *m;* **2.** *astr* satellite *m.* **Trabantenstadt** *f* cité *od* ville satellite, grand ensemble *m.*

traben ['tra:bən] *itr ‹sein›* trotter, aller au trot.

Tracht *f* ‹-, -en› [traxt] *(Kleidung)* mise, mode, tenue *f,* costume; *(Volkstracht)* costume *m od* tenue *f* régional(e) *od* de pays *od* folklorique; ▶ ~ *Prügel* od *Schläge* volée (de coups), raclée *f.*

trachten ['traxtən] *itr* viser, aspirer, tendre (*nach etw* à qc); ▶ *jdm nach dem Leben* ~ attenter aux jours de qn.

trächtig ['trɛçtɪç] *a f zoo (tragend)* pleine, gravide; ▶ ~ *sein (a.)* porter.

Tradition *f* ‹-, -en› [traditsi'o:n] tradition *f.* **traditionell** [-tsio'nɛl] *a* traditionnel.

Tragbahre *f* ['tra:k-] civière *f,* brancard *m.* **tragbar** *a* **1.** portable, portatif; **2.** *(erträglich)* supportable, tolérable.

träg(e) [trɛ:k, '-gə] *a* **1.** paresseux, fainéant, indolent; mou, lent, lourd; **2.** *phys* inerte.

tragen ['tra:gən] *‹trägt, trug, getragen› tr* **1.** *(fortschaffen)* porter; *(in e-r bestimmten Lage halten, stützen)* (sup-)porter, (sou)tenir; **2.** *(Kleidungsstück* od *Schmuck an-, Kopfbedeckung* od *Brille aufhaben)* porter; *(die Haare in e-r bestimmten Weise)* avoir; **3.** *(Frucht, Gewinn, Erfolg bringen)* (rap)porter; **4.** *(ertragen, erdulden)* supporter, subir; *itr* **5.** *(halten, nicht zs.brechen; gehen, reichen)* porter; **6.** *(Früchte bringen)* porter des fruits, fructifier; ▶ *sich* ~ *(Kleidungsstück)* se porter; *e-n Bart* ~ porter la barbe; *etw mit Fassung* ~ subir qc avec constance; *sein Haar lang, kurz* ~ avoir les cheveux longs, courts; *an etw schwer zu* ~ *haben* être accablé par qc; *man trägt ... (als modern)* on porte ...; *man kann die Jacke noch* ~ le veston est encore mettable; *die Beine wollen mich nicht mehr* ~ je ne tiens plus sur mes jambes.

Träger *m* ‹-s, -› ['trɛgər] **1.** *(Mensch)* porteur *m; fig (e-s Namens)* qui porte ...; *(der Staatsgewalt, der Wirtschaft, der Kultur)* représentant; *(e-r Idee)* protagoniste, agent, champion *m;* **2.** *tech* support *a. aero,* montant *m; (Balken)* poutre *f;* **3.** *(an e-m Kleidungsstück)* épaulette, bretelle *f;* **4.** *fig (der Gedanken, der Nachrichtenübermittlung)* véhicule *m;* **5.** *med (e-s Krankheitskeimes)* agent, vecteur *m.* **Trägerrakete** *f mil* lance-missiles *m.* **Trägerschürze** *f* tablier *m* à bretelles.

Tragetasche *f* sac *m,* poche *f.*

tragfähig ['tra:k-] *a* capable de porter. **Tragfähigkeit** *f* ‹-, ø› force portante; *(Höchstlast)* limite *m* de charge; *(Nutzlast)* charge *f* utile. **Tragfläche** *f aero* surface *f* portante *od* sustentatrice, plan *m* sustentateur, voilure *f.*

Trägheit *f* ‹-, ø› ['trɛ:khaɪt] **1.** paresse, fainéantise, indolence; mollesse, lenteur, lourdeur *f;* **2.** *phys* inertie *f.* **Trägheitsmoment** *n phys* moment *m* d'inertie.

Tragik *f* ‹-, ø› ['tra:gɪk] *(Kunst der Tragö-*

die) art *m* tragique; ▶ *die* ~ *(allg: das Tragische)* le tragique. **tragikomisch** ['tra:gi-] *a* tragi-comique. **Tragikomödie** *f* tragi-comédie *f*. **tragisch** ['tra:gɪʃ] *a* tragique; ▶ ~ *nehmen* prendre au tragique.

Tragkraft *f* ['tra:k-] force *f* portante *od* portative. **Traglast** *f* charge *f*; *(Gepäck)* bagages *m pl*.

Tragödie *f* ‹-, -n› [tra'gø:diə] *(Trauerspiel; fig: Unglück)* tragédie *f*.

Tragweite *f* ['tra:k-] *fig* portée; *(Bedeutung)* signification, importance *f*; ▶ *sich der* ~ *s-r Handlungen nicht bewußt sein* agir sans discernement.

Trainer *m* ‹-s, -s› ['trɛ:-/'tre:nər] *sport* entraîneur *m*. **trainieren** [trɛ-/tre'ni:rən] ‹*ohne ge-*› *tr (itr* s')entraîner (*auf etw* pour qc). **Training** *n* ‹-s, -s› ['-nɪŋ] entraînement *m*. **Trainingsanzug** *m* survêtement *m* de sport. **Trainingshose** *f*, **Trainingsjacke** *f* culotte, veste *f* de survêtement. **Trainingslager** *n* camp *m* d'entraînement.

Traktat *m* od *n* ‹-(e)s, -e› [trak'ta:t] *(Abhandlung)* traité *m*.

traktieren [-'ti:rən] ‹*ohne ge-*› *tr fam* maltraiter.

Traktor *m* ‹-s, -en› ['traktɔr, -'to:rən] *agr* tracteur *m*.

trällern ['trɛlərn] *itr u. tr* chantonner; fredonner.

trampeln ['trampəln] *itr fam (mit den Füßen treten)* piétiner, trépigner. **Trampelpfad** *m* piste *f* battue. **Trampeltier** *n zoo* chameau *m* (à deux bosses).

trampen ['trɛmpən] ‹*sein*› *itr (per Anhalter fahren)* faire du stop *od* de l'auto-stop. **Tramper(in *f*)** *m* ‹-s, -› *(Anhalter)* auto-stoppeur *m*, auto-stoppeuse *f*.

Tran *m* ‹-(e)s, (-e)› [tra:n] huile de baleine *od* de poisson; *(Leber~)* huile *f* de foie de morue.

tranchieren *n* [trã'ʃi:rən] ‹*ohne ge-*› *tr (Fleisch: zerschneiden)* découper. **Tranchiermesser** *n* couteau *m* à découper.

Träne *f* ‹-, -n› ['trɛ:nə] larme *f*; *pl a.* pleurs *m pl*; ▶ *mit ~n in den Augen* les larmes aux yeux; *~n lachen* rire aux larmes; *~n vergießen* verser *od* répandre des larmes *od* des pleurs; *den ~n nahe* au bord des larmes; *zu ~n gerührt* ému *od* touché (jusqu')aux larmes. **tränen** *itr* larmoyer. **Tränendrüse** *f* glande *f* lacrymale; ▶ *auf die* ~ *drücken* faire appel aux sentiments. **Tränengas** *n* gaz *m* lacrymogène. **Tränensack** *m anat* sac *m* lacrymal.

tranig ['tra:nɪç] *a* **1.** qui sent l'huile de poisson *od* lamarée; **2.** *fig fam (Mensch: langweilig)* ennuyeux, lent.

Trank *m* ‹-(e)s, ⸚e› [traŋk, 'trɛŋkə] breuvage *m*, boisson *f*.

Tränke *f* ‹-, -n› ['trɛŋkə] *(Vieh~)* abreuvoir *m*. **tränken** *tr* **1.** faire boire, donner à boire à; **2.** *tech* imbiber, imprégner.

Transaktion *f* [trans--'-] *fin* transaction *f*.

Transatlantikflug *m* [trans-'--] vol *m* transatlantique. **Transatlantikverkehr** *m* trafic *m* transatlantique. **transatlantisch** *a* transatlantique.

Transfer *m* ‹-s, -s› [trans'fe:r] *fin* transfert *m*. **transferierbar** [-'ri:r-] *a* transférable. **transferieren** ‹*ohne ge-*› *tr* transférer

Transformator *m* ‹-s, -en› [transfɔr'ma:tɔr, -'to:rən] *el* transformateur; *fam* transfo *m*. **Transformatorhäuschen** *n*, **Transformatorstation** *f* station *f od* poste *m* de transformation.

Transistor *m* ‹-s, -en› [tran'zɪstɔr, -'to:rən] *el* transistor *m*; ▶ *mit* ~ transistorisé.

Transit *m* ‹-s, -e› [tran'zɪt/ -'zi:t] *com* transit *m*. **Transithandel** *m* commerce *m* de transit *od* transitoire.

transitiv ['tran-/tranzi'ti:f] *a gram* transitif.

Transitschein *m* laisser-passer *m*. **Transitverkehr** *m* trafic *m* de transit. **Transitvisum** *n* visa *m* de transit. **Transitzoll** *m* droit *m* de transit.

transkontinental [trans-] *a* transcontinental.

Transmission *f* ‹-, -en› [trans-] *tech* transmission *f*. **Transmissionswelle** *f* arbre *m* de transmission.

transparent [transpa'rɛnt] *a* transparent. **Transparent** *n* ‹-(e)s, -e› **1.** *(durchscheinendes Bild)* transparent *m*; **2.** *(Spruchband)* banderole *f*. **Transparenz** *f* ‹-, ø› [-'rɛnts] transparence *f*.

transpirieren [transpi'ri:rən] ‹*ohne ge-*› *itr* transpirer.

Transplantation *f* ‹-, -en› [transplantatsi'o:n] *(Überpflanzung)* greffe *f*. **transplantieren** [-'ti:rən] ‹*ohne ge-*› *tr* greffer.

Transport *m* ‹-(e)s, -e› [trans'pɔrt] transport; *mil* convoi *m*. **transportabel** [-'ta:bəl] *a* transportable; portatif, mobile. **Transportarbeiter** *m* ouvrier *m* des transports. **Transportband** *n tech* bande *f* transporteuse. **transportfähig** *a (Kranker)* transportable. **Transportflugzeug** *n* avion *m* de transport. **transportieren** [-'ti:rən] ‹*ohne ge-*› *tr* transporter. **Transportkosten** *pl*, **Transportmittel** *n pl*, frais, moyens *m pl* de transport. **Transportschaden** *m* avarie *f* de transport. **Transportschiff** *n* cargo, chaland *m*. **Transportversicherung** *f* assurance-

-transports *f*.
transsexuell [transzɛksu'ɛl] *a* transsexuel. **Transsexuelle(r)** *m f* transsexuel *m*, transsexuelle *f*.
Transvestit *m* [transvɛs'ti:t] ‹-en, -en› travesti *m*.
transzendent [transtsɛn'dɛnt] *a philos* transcendant. **transzendental** [-'ta:l] *a philos* transcendental. **Transzendenz** *f* ‹-, ø› [-'dɛnts] transcendance *f*.
Trapez *n* ‹-es, -e› [tra'pe:ts] *math sport* trapèze *m*.
Trappe *m* ‹-n, -n› *a*. *f* ‹-, -n› ['trapə] *orn* outarde *f*.
trappeln ['trapəln] *itr* ‹*sein*› trottiner.
Trapper *m* ‹-s, -› ['trapər] *(nordamerik. Pelzjäger)* trappeur *m*.
Trasse *f* ‹-, -n› ['trasə] *(im Gelände abgesteckte Linie)* trace *m*. **trassieren** [-'si:rən] ‹*ohne ge-*› *tr* **1.** *(abstecken)* tracer; **2.** *jdn* ~ *(fin)* tirer sur qn, émettre (un effet) sur qn.
Tratsch *m* ‹-(e)s, ø› [tra:tʃ] *fam (Klatsch, Gerede)* bavardage, commérage; racontar, potin *m*. **tratschen** *itr fam* bavarder, commérer, potiner.
Tratte *f* ‹-, -n› ['tratə] *fin* traite *f*.
Traualtar *m* ['trau-] autel *m* des mariages.
Traube *f* ‹-, -n› ['traubə] *bot u. allg* grappe; *(Weintraube)* grappe *f* (de raisin); *pl (Weintrauben)* raisin(s *pl*) *m*. **traubenförmig** *a* à grappe. **Traubenzucker** *m chem* glucose *m*.
trauen ['trauən] **1.** *itr: jdm* ~ *(vertrauen, Glauben schenken)* avoir confiance en qn, faire confiance, se fier à qn; *e-r S* ~ avoir confiance dans qc, se fier, ajouter foi à qc; **2.** *tr (verheiraten)* marier, unir; **3.** *refl: sich* ~ *(es wagen)* oser; ▶ *s-n Augen nicht* ~ n'en pas croire ses yeux; *kirchlich* ~ bénir, donner la bénédiction nuptiale à; *jdm nicht über den Weg* ~ *(fam)* se méfier de qn; *sich* ~ *lassen* se marier, contracter mariage; *ich traue dem Frieden nicht* je me méfie de cette paix.
Trauer *f* ‹-, ø› ['trauər] **1.** *(Traurigkeit)* affliction, désolation, tristesse *f*; **2.** *(um e-n Toten)* deuil *m*; ▶ *um jdn in* ~ *sein*, ~ *tragen* être en *od* porter le deuil (*um jdn* de qn). **Trauerbinde** *f* brassard *m* de crêpe *od* de deuil. **Trauerbrief** *m* faire-part *m* de décès. **Trauerfall** *m* deuil, décès *m*. **Trauerflor** *m* crêpe *f* de deuil. **Trauergottesdienst** *m* service *m* funèbre. **Trauerhaus** *n* maison *f* mortuaire. **Trauerjahr** *n* deuil *m*. **Trauerkleidung** *f* vêtement *m* de deuil. **Trauerkloß** *m fam* pleurnicheur; pauvre type *m*. **Trauermarsch** *m*, **Trauermusik** *f* marche, musique *f* funèbre. **trauern** *itr (traurig sein)* être affligé *od* triste; ▶ *um jdn* ~ être en deuil de qn; *um etw* ~ déplorer la perte de qc. **trauernd** *a* en deuil. **Trauerrand** *m* bordure *f* de deuil, cadre *m* noir. **Trauerspiel** *n theat* u. *fig* tragédie *f*. **Trauerweide** *f bot* saule *m* pleureur.
Traufe *f* ‹-, -n› *n* ['traufə] égout *m*; *(Dachrinne)* gouttière *f*.
träufeln ['trɔyfəln] *tr* laisser tomber *od* verser goutte à goutte.
traulich ['traulıç] *a* intime, familier.
Traum *m* ‹-(e)s, ¨-e› [traum, 'trɔymə] **1.** rêve, songe *m*; **2.** *fig (sehnlicher Wunsch)* rêve *m*; ▶ *im* ~ en rêve; *e-n* ~ *haben* faire *od* avoir un rêve *od* un songe; *ich denke nicht im* ~ *daran! das fällt mir nicht im* ~ *ein!* je n'y songe même pas en rêve, je m'en garderai bien; *mein* ~ *ist in Erfüllung gegangen* mon rêve s'est réalisé; *der* ~ *ist aus* ce n'était qu'un rêve *od* qu'une illusion; *fam (es ist aus)* c'est fini.
Trauma *n* ‹-s, -men/-mata› ['trauma, -mən/-ta] *med (Wunde)* lésion *f*; *psych* traumatisme *m*. **traumatisch** [-'ma:tıʃ] *a* traumatique.
Traumdeutung *f* interprétation des songes, oniromancie *f*.
träumen ['trɔymən] *itr* **1.** rêver, songer; faire *od* avoir un rêve *od* un songe; **2.** *fig* rêver (*von etw* qc); songer; ▶ *mit offenen Augen* od *am hellen Tage* ~ être perdu dans des rêveries, rêvasser; *das hätte ich mir nicht* ~ *lassen* je n'osais même pas y songer, j'étais loin de m'y attendre; ~*e süß!* fais de beaux rêves; *du* ~*st wohl!* tu rêves! tu n'y songes pas! **Träumer** *m* ‹-s, -› **1.** rêveur *m*; **2.** *fig (Phantast)* songe-creux, visionnaire, utopiste *m*. **Träumerei** *f* ‹-, -en› [-'raı] rêverie, songerie *f*. **täumerisch** *a* rêveur, songeur.
traumhaft *a* **1.** comme en rêve; fantastique, irréel; **2.** *scient* onirique. **traumverloren** *a*, **traumversunken** *a* plongé dans la rêverie. **Traumwelt** *f* monde *m* chimérique *od* imaginaire.
traurig ['traurıç] *a* **1.** *(Mensch) (betrübt)* triste, attristé, affligé, contristé; *(tiefbekümmert, untröstlich)* désolé, navré; **2.** *(schmerzlich)* triste, affligeant, désolant; *(kläglich)* déplorable, lamentable; **3.** *(Mensch u. Sache) (jämmerlich)* misérable, piteux; ▶ ~ *machen* od *stimmen* attrister, contrister, affliger; ~ *werden* s'attrister, s'affliger. **Traurigkeit** *f* ‹-, ø› tristesse, affliction, désolation *f*.
Trauring *m* ['trau-] alliance *f*, anneau *m* (de mariage *od* nuptial). **Trauschein** *m* acte *od* extrait *m* de mariage.
traut [traut] *a (traulich)* intime; *(gemütlich)* confortable; *(vertraut)* intime; *(lieb)* cher, chéri.
Trauung *f* ‹-, -en› ['trauuŋ] mariage *m*; *(kirchliche)* bénédiction *f* nuptiale. **Trauzeuge** *m* témoin *m* de mariage.
Travellerscheck *m* ‹-s, -s› ['trɛvəl -]

chèque *m* de voyage.

treffen ['trɛfən] ‹*trifft, traf, getroffen*› *tr* **1.** toucher, atteindre; **2.** *fig (innerlich)* toucher; **3.** *(betreffen)* toucher, concerner; **4.** *(das richtige Wort, den richtigen Ton)* trouver; **5.** *(bildlich wiedergeben, darstellen)* rendre; réussir; **6.** *(begegnen)* rencontrer; *itr* **7.** porter juste; ► *auf jdn ~* tomber sur qn, avoir affaire à qn; *es traf sich, daß ...* il arriva, le hasard voulut que ... ; *e-e Auswahl* od *Wahl ~* faire *od* opérer un choix; *es gut, schlecht ~* tomber bien, mal; *gut, schlecht getroffen sein (auf e-m Bild)* être bien, mal rendu *od* réussi; *Maßnahmen ~* prendre des mesures; *ins Schwarze ~ (a. fig)* faire mouche; *mich trifft keine Schuld* ce n'est pas ma faute; *das trifft sich gut, schlecht* cela tombe bien, mal. **Treffen** *n* **1.** *(Begegnung)* rencontre *f; (Tagung)* congrès *m*, assises *f pl;* **2.** *mil* rencontre *f*, combat *m*. **treffend I.** *a* **1.** juste, exact, précis; *(Ähnlichkeit)* frappant; **2.** *jur* pertinent; **II.** *adv* à propos, pertinemment.

Treffer *m* ‹-s, -› ['trɛfər] **1.** *(beim Boxen)* coup *m* qui porte *(beim Fechten)* touche *f; (Fußball)* but *(beim Schießen)* impact *m;* **2.** *(Gewinnlos)* billet *od* numéro *m* gagnant.

trefflich ['trɛf-] *a (ausgezeichnet)* excellent; *(vollendet, vollkommen)* parfait. **Treffpunkt** *m* (lieu du) rendez-vous *m*. **treffsicher** *a* qui a l'œil juste *od* la main sûre.

Treibanker *m* ['traɪp-] ancre *f* flottante. **Treibeis** *n* glaces *f pl* flottantes *od* dérivantes *od* de dérive.

treiben ['traɪbən] ‹*trieb, getrieben*› *tr* **1.** *(vor sich her jagen)* chasser; *(Vieh)* mener; *(vom Wind)* balayer; **2.** *(in Bewegung setzen* od *halten)* faire marcher *od (Rad)* tourner; *sport (Ball)* dribbler; **3.** *(Menschen antreiben, veranlassen)* pousser *(jdn zu etw* qn à qc); **4.** *(hineinschlagen, -bohren)* enfoncer; *(Tunnel)* creuser, percer; *mines (Stollen)* percer; **5.** *metal* emboutir, repousser, bosseler; **6.** *(Pflanzen: wachsen lassen)* donner; *agr (im Treibhaus)* forcer; **7.** *(betreiben, tun)* faire, exercer, pratiquer; s'occuper de; s'adonner à, se livrer à; *itr* **8.** *(fortbewegt werden)* être chassé; *(auf dem Wasser)* flotter, aller à la dérive, dériver; **9.** *bot (wachsen)* pousser; *(Teig: aufgehen)* lever; *(gären)* fermenter; ► *zum Äußersten* od *auf die Spitze ~* pousser à l'extrême; *jdm das Blut* od *die Schamröte ins Gesicht ~* faire monter le rouge au visage à qn; *jdn zur Verzweiflung ~* pousser qn au désespoir; *sich (willenlos) ~ lassen (fig)* aller *od* être à la dérive, dériver; *was ~ Sie?* que faites-vous dans la vie? **Treiben** *n fig (der Welt)* train *m; (auf der Straße)* agitation *f*. **treibend** *a* en dérive; ► *die ~e Kraft (fig: Mensch)* le promoteur.

Treiber *m* ‹-s, -› ['traɪbər] **1.** *(Viehtreiber)* meneur; *(Jagd)* traqueur *m;* **2.** *fig* excitateur, instigateur; *(Antreiber)* oppresseur *m*.

Treibgas *n* ['traɪp-] gaz *m* carburant. **Treibhaus** *n* serre *f*. **Treibhauseffekt** *m* effet *m* de serre. **Treibhauspflanze** *f* plante *f* de serre. **Treibjagd** *f* battue *f*. **Treibmine** *f* mine *f* dérivante *od* flottante. **Treibrad** *n* roue *f* motrice. **Treibriemen** *m tech* courroie *f* de commande *od* de transmission. **Treibstoff** *m* carburant, combustible *m; (Benzin)* essence *f; (e-r Rakete)* propulsif *m*. **Treibstofflager** *n* dépôt *m* d'essence. **Treibstoffversorgung** *f* approvisionnement *m* en essence.

Trend *m* ‹-s, -s› [trɛnt] tendance *f*.

trennbar ['trɛn-] *a* séparable. **trennen** *tr* **1.** séparer, disjoindre; *(Zs.gehöriges)* dépareiller, déparier, désassortir; **2.** *(abtrennen)* détacher (*von* de); *(Menschen, a.)* désunir; *tele* couper; *refl* **3.** *sich ~* se séparer *(a. Ehegatten);* se quitter. **Trennlinie** *f* ligne séparative; *typ* vedette *f*. **trennscharf** *a radio* sélectif. **Trennschärfe** *f* sélectivité *f*. **Trennung** *f* ‹-, -en› séparation, disjonction, désunion, rupture; *(e-r Ehe)* dissolution *f; el tele* rupture *f*. **Trennungsentschädigung** *f* indemnité *f* de séparation. **Trennungsstrich** *m* tiret *m*. **Trennungszeichen** *n typ* division *f*. **Trennwand** *f* mur *m* de séparation; paroi, cloison *f*.

Trepanation *f* ‹-, -en› [trepana'tsio:n] *med* trépanation *f*.

Treppe *f* ‹-, -n› ['trɛpə] escalier *m;* ► *drei ~n hoch* au troisième (étage); *die ~ benutzen* prendre (par) l'escalier; *die ~ hinauf-, hinuntergehen* monter, descendre l'escalier. **Treppenabsatz** *m*, **Treppengeländer** *n* palier *m*, rampe *f* d'escalier. **Treppenhaus** *n* cage *f* d'escalier. **Treppenpfeiler** *m* départ *m* de rampe. **Treppenstufe** *f* marche *f* d'escalier.

Tresor *m* ‹-s, -e› [tre'zo:r] *(Panzerschrank)* coffre-fort *m; (Stahlkammer)* chambre *f* forte. **Tresorraum** *m* salle *f* des coffres-forts.

Tresse *f* ‹-, -n› ['trɛsə] *(Borte) bes. mil* galon *m*, soutache *f*.

treten ['tre:tən] ‹*tritt, trat, getreten*› *tr* ‹*h*› **1.** *(den Fuß stellen auf)* mettre le pied sur; **2.** *(mit dem Fuß stoßen)* donner un coup de pied à *(in den Hintern* dans le derrière); *(abwechselnd mit beiden Füßen ~)* piétiner, fouler; **3.** *(in Gang setzen* od *halten)* faire marcher; **4.** *(Hahn: e-e Henne)* côcher; **5.** *itr* ‹*sein*› *(mit e-r adverbialen Bestimmung)* aller, marcher; ► *auf etw* ~ marcher, monter sur qc; *unter, vor, hinter etw* ~ se mettre sous, devant, derrière qc; *in etw* ~ entrer, *(mit dem Fuß)* mettre son pied dans qc; *aus etw* ~ sortir de qc; *in e-e Pfütze* ~ marcher dans une flaque; *in den Schmutz* ~ *(fig)* couvrir de boue; *über die Ufer* ~ *(Fluß) treten* déborder; *(bitte)* ~ *Sie näher!* approchez (, s'il vous plaît).

Tretmühle *f* ['tre:t-] treuil à tambour; *fig* bagne, travail *m* monotone.

treu [trɔʏ] *a* fidèle; *(pflicht~)* loyal; *(ergeben)* dévoué; *(aufrichtig)* sincère; ► *zu ~en Händen (jur)* à titre fiduciaire; *jdm* ~ *sein* être fidèle à qn. **Treubruch** *m* manque *m* de foi; *(Verrat)* trahison; *hist* félonie *f.* **Treue** *f* ‹-, ø› fidélité; loyauté, bonne foi *f;* dévouement *m;* ► *auf T~ und Glauben* en toute bonne foi; *jdm die* ~ *halten* rester fidèle à qn; *eheliche* ~ fidélité *od* foi *f* conjugale. **Treueid** *m* serment *m* de fidélité. **Treuhand** ‹-, ø› tutelle *f;* fidéicommis *m.* **Treuhänder** *m jur* (agent *od* administrateur) fiduciaire *m.* **Treuhandgesellschaft** *f* société *f* fiduciaire. **treuherzig** *a* de bonne foi; confiant, franc, sincère. **Treuherzigkeit** *f* ‹-, ø› bonne foi; confiance, sincérité *f.* **treulos** *a* infidèle, sans foi; déloyal; *(verräterisch)* traître, perfide. **Treulosigkeit** *f* manque *m* de fidélité, mauvaise foi; déloyauté *f.*

Triangel *m* ‹-s, -› ['tri:aŋəl] *mus* triangle *m.*

Triathlon *m* ‹-s, -s› ['tri:atlɔn] *sport* triathlon *m.*

Tribüne *f* ‹-, -n› [tri'by:nə] tribune, estrade *f.*

Tribut *m* ‹-(e)s, -e› [tri'bu:t] *a. fig* tribut *m;* ► *e-r S* ~ *zollen (fig)* payer tribut à qc. **tributpflichtig** *a* tributaire.

Trichine *f* ‹-, -n› [trɪ'çi:nə] *zoo* trichine *f.*

Trichter *m* ‹-s, -› ['trɪçtər] **1.** entonnoir *m;* **2.** *(Schall~)* pavillon *m;* **3.** *(Granat-, Bomben~)* trou *m.* **trichterförmig** *a* en forme d'entonnoir.

Trick *m* ‹-s, -e/-s› [trɪk] **1.** truc, artifice *m,* ficelle *f;* **2.** *com, bes. phot* u. *film* truquage, trucage *m.* **Trickaufnahme** *f* truquage *m.* **Trickfilm** *m* film *m* truqué *od* à truquages, dessins *m pl* animés.

Trieb *m* ‹-(e)s, -e› [tri:p, '-bə] **1.** *biol psych* instinct *m; psych a.* pulsion *f;* **2.** *(Antrieb)* impulsion *f; (Neigung)* penchant *m,* tendance *f;* **3.** *bot* pousse *f,* rejeton, jet *m.* **Triebfeder** *f* **1.** *tech* ressort *m;* **2.** *fig* mobile *m.* **triebhaft** *a* instinctif; impulsif. **Triebhaftigkeit** *f* caractère *m* instinctif *od* impulsif, impulsivité *f.* **Triebkraft** *f phys* force motrice; *psych* force *f* d'impulsion. **Triebtäter** *m* maniaque *m* sexuel. **Triebwagen** *m loc* autorail *m,* automotrice *f; fam* micheline *f.* **Triebwerk** *n* appareil moteur, mécanisme *m* (de commande *od* de transmission), mécanique *f.*

triefen *n* ['tri:fən] ‹*triefte* od *troff, getrieft* od *getroffen*› *itr (Flüssigkeit)* tomber goutte à goutte, (dé)goutter; *(nasser Gegenstand)* ruisseler. **triefend** *a* ruisselant.

Trier *n* [tri:r] *geog* Trèves *f.*

Trift *f* ‹-, -en› [trɪft] **1.** *(Weide)* pacage, pâturage *m;* **2.** *(Holzflößung)* flottage *m;* **3.** *(Meeresströmung)* courant *m* marin.

triftig ['trɪftɪç] *a (treffend, beweiskräftig)* concluant, plausible, soutenable, valable; fondé, solide.

Trikolore *f* ‹-, -n› [triko'lo:rə] drapeau *m* tricolore.

Trikot [tri'ko:/'trɪko] **1.** *m/(n)* ‹-s, -s› *(Gewebe)* tricot *m;* **2.** *n* ‹-s, -s› *(Kleidungsstück)* tricot, maillot *m.* **Trikotagen** *f pl* [-ko'ta:ʒən] articles *m pl* en tricot.

trillern ['trɪlərn] *itr* faire des trilles.

Trimaran *m* ‹-s, -e› [trima'ra:n] *(Boot)* trimaran *m.*

Trimm-dich-Pfad *m* parcours *m* (de) santé.

trinken ['trɪŋkən] ‹*trank, getrunken*› **1.** *tr u. itr* boire (*aus* dans; *aus der Flasche* à (même) la bouteille); *nur tr (gehobener)* prendre; **2.** *itr fam* lever le coude; *(gern u. viel ~)* (aimer) boire, être un buveur; ► *was möchten Sie ~?* qu'est-ce que vous prenez? **Trinker** *m* ‹-s, -› buveur; ivrogne *m.* **Trinkgefäß** *n* récipient *m* à boire. **Trinkgelage** *n* beuverie *f.* **Trinkgeld** *n* pourboire *m.* **Trinkhalle** *f (in e-m Heilbad)* buvette *f.* **Trinkhalm** *m* paille *f.* **Trinkkur** *f* cure *f* hydrominérale *od* d'eau minérale. **Trinkspruch** *m* toast *m;* ► *e-n* ~ *auf jdn ausbringen* porter un toast à qn. **Trinkwasser** *n* ‹-s, ø› eau *f* potable; ► *kein* ~ eau non potable. **Trinkwasserversorgung** *f* alimentation *f* en eau potable.

Trip *m* ‹-s, -s› [trip] *(Ausflug)* excursion *f; (Drogen)* trip *m.*

trippeln ['trɪpəln] ‹*sein*› *itr* trottiner.

Tripper *m* ‹-s, -› ['trɪpər] *med* blennorragie, gonorrhée.

Tritt *m* ‹-(e)s, -e› [trɪt] **1.** *(Schritt)* pas *m a. mil;* **2.** *(Fuß~)* coup *m* de pied; **3.** *(Stufe)* marche(pied *m*) *f;* ► *jdm e-n* ~ *geben* od *versetzen* donner *od* envoyer un coup de pied à qn. **Trittbrett** *n* (planche *f* de) marchepied *m.* **Trittleiter** *f* échelle *f* double.

Triumph *m* ‹-(e)s, -e› [tri'ʊmf] triomphe *m.* **Triumphbogen** *m* arc *m* de triomphe, porte *f* triomphale. **triumphieren** [-'fi:rən] ‹*ohne ge-*› *itr* triompher. **triumphierend I.** *a* triomphant; **II.** *adv* en triomphant, triomphalement, en triomphe. **Triumphzug** *m* entrée *od* marche *f* triomphale.

trivial *a* [tri'via:l] banal, sans importance.
trocken ['trɔkən] *a* **1.** sec; *bes. geog mete* aride; *(ausgetrocknet)* desséché; **2.** *fig* sec, aride; *(nüchtern)* prosaïque, sobre; **3.** *(langweilig)* ennuyeux; *(Mensch)* fastidieux, insipide; ▶ *im T~en (vor Regen geschützt)* à l'abri; *sein Schäfchen ins ~e bringen (fig fam)* faire sa pelote; *noch nicht ~ hinter den Ohren sein (fig fam)* être encore dans les langes *od* au berceau, être à peine sorti de sa coquille; *auf dem ~en sitzen (fig)* être à sec *od* fauché; *im T~en sitzen* être à l'abri; *~ werden* sécher, se dessécher; *~ aufbewahren!* conserver au sec! à préserver de l'humidité.
Trockenboden *m* ['trɔkən-] séchoir *m* (à linge). **Trockendock** *n mar* cale *f* sèche. **Trockengemüse** *n* légumes *m pl* secs *od* déshydratés. **Trockengestell** *n* séchoir *m.* **Trockenheit** *f* sécheresse; *a. fig* aridité *f;* **trocken=legen** *tr (Sumpf)* assécher, mettre à sec. **Trockenmilch** *f* lait *m* en poudre. **Trockenobst** *n* fruits *m pl* secs *od* déshydratés. **Trockenplatz** *m* séchoir *m* (à linge). **Trockenreinigung** *f* nettoyage *m* à sec. **Trockenschleuder** *f (für Wäsche)* essoreuse *f.* **Trockenspiritus** *m* alcool solidifié, méta *m.* **Trockenwäsche** *f* linge *m* séché.
trocknen ['trɔknən] **1.** *tr* ⟨*h*⟩ (faire) sécher; dessécher; **2.** *itr* ⟨*sein*⟩ sécher, se dessécher. **Trocknen** *n:* ▶ *zum ~ aufhängen (Wäsche)* étendre, mettre à sécher.
Troddel *f* ⟨-, -n⟩ ['trɔdəl] gland *m; (Quaste)* houppe *f.*
Trödel *m* ⟨-s, ø⟩ ['trø:dəl] friperie *f,* bric-à-brac *m,* vieilles hardes *f pl.* **Trödelei** *f* ⟨-, -en⟩ [-'laı] *fam* musardise *f.* **Trödelkram** *m fam = Trödel.* **trödeln** *itr fam* musarder, lambiner, baguenauder; **Trödler** *m* ⟨-s, -⟩ ['-dlər] **1.** lambin *m;* **2.** *(Althändler)* fripier, brocanteur, marchand *m* de bric-à-brac.
Trog *m* ⟨-(e)s, ⸚e⟩ [tro:k, 'trø:gə] auge *f.*
Trommel *f* ⟨-, -n⟩ ['trɔməl] **1.** *mus, a. tech* tambour *m;* **2.** *(bes. des Revolvers)* barillet *m;* ▶ *die ~ schlagen* od *rühren* battre le tambour. **Trommelfell** *n anat* tympan *m.* **Trommelfeuer** *n mil* feu *m* roulant. **trommeln** *itr* **1.** battre du tambour; **2.** *(nervös mit den Fingern)* tambouriner (*auf* sur). **Trommelrevolver** *m* revolver *m* à barillet. **Trommelstock** *m* baguette *f* de tambour. **Trommelwirbel** *m* roulement *m* de tambour. **Trommler** *m* tambour *m.*
Trompete *f* ⟨-, -n⟩ [trɔm'pe:tə] *mus* trompette *f;* ▶ *~ blasen* jouer de la trompette. **trompeten** ⟨*ohne ge-*⟩ *itr* jouer *od* sonner de la trompette. **Trompeter** *m* ⟨-s, -⟩ trompette *m.*
Tropen *pl* ['tro:pən] *geol* régions *f pl* (inter)tropicales; pays *m pl* tropicaux. **Tropenhelm** *m* casque *m* colonial. **Tropenklima** *n* climat *m* tropical. **Tropenkrankheit** *f* maladie *f* tropicale. **Tropenpflanze** *f* plante *f* tropicale.
Tropf *m* ⟨-(e)s, ⸚e⟩ [trɔpf, 'trœpfə] *fam (Dummkopf)* sot, benêt, nigaud *m; med* goutte-à-goutte *m.*
tröpfeln ['trœpfəln] **1.** *tr* verser goutte à goutte; *med* instiller; **2.** *itr = tropfen.*
tropfen ['trɔpfən] *itr* **1.** (dé)goutter, tomber goutte à goutte; **2.** *(Wasserhahn)* couler; *impers* **3.** ▶ *es tropft* cela (dé-) goutte; *der Schweiß tropfte mir von der Stirn* ⟨sein⟩ mon front ruisselait de sueur. **Tropfen** *m* ⟨-s, -⟩ goutte *f;* ▶ *sein Glas bis auf den letzten ~ leeren* faire rubis sur l'ongle; *das ist ein ~ auf e-n heißen Stein (fig)* c'est une goutte d'eau dans la mer; *ein guter ~ (Wein)* un bon cru. **Tropfenfänger** *m* pare-goutte *m.* **tropfenweise** *adv* goutte à goutte; *fig a.* au compte-gouttes. **Tropfenzähler** *m* compte-gouttes, stilligoutte *m.* **tropfnaß** *a* ruisselant, dégouttant. **Tropfstein** *m geol (Abtropfstein)* stalactite; *(Auftropfstein)* stalagmite *m.* **Tropfsteinhöhle** *f* grotte *f.*
Trophäe *f* ⟨-, -n⟩ [tro'fɛ:ə] trophée *m.*
tropisch ['tro:pıʃ] *a* tropical.
Troß *m* ⟨-sses, -sse⟩ [trɔs] *mil* train; *fig (Gefolge)* cortège *m,* escorte; *pej* séquelle *f.*
Trost *m* ⟨-es, ø⟩ [tro:st] consolation *f,* réconfort *m;* ▶ *das ist ein schwacher ~* c'est une faible consolation; *du bist wohl nicht ganz* od *recht bei ~!* tu as perdu la raison! *fam* tu es dingue!
trösten ['trø:stən] *tr* consoler (*über etw* de qc); réconforter; essuyer les larmes de; *sich ~* se consoler (*mit etw* avec qc). **Tröster** *m* ⟨-s, -⟩ consolateur *m.* **tröstlich** *a* consolant; *(beruhigend)* rassurant.
trostlos ['tro:stlo:s] *a* **1.** *(Mensch)* désolé; inconsolable; **2.** *(Sache, Zustand)* désolant; *(hoffnungslos)* sans espoir; **3.** *(öde, langweilig)* désert, monotone, ennuyeux, triste. **Trostlosigkeit** *f* ⟨-, ø⟩ **1.** désolation *f;* **2.** *(Hoffnungslosigkeit)* désespoir *m;* **3.** *(Öde)* monotonie *f.* **Trostpflästerchen** *n,* **Trostpreis** *m* fiche *f,* prix *m* de consolation. **trostreich** *a* réconfortant, consolant; ▶ *~e Worte n pl* bonnes paroles *f pl.*
Tröstung *f* ⟨-, -en⟩ ['trø:stuŋ] consolations *f pl,* réconfort *m.*
Trott *m* ⟨-(e)s, -e⟩ [trɔt] **1.** *(Gangart des Pferdes)* trot *m;* **2.** *fig fam (Schlendrian)* traintrain *m;* ▶ *seinen ~, den alten* od *gewohnten ~ gehen* aller son petit train, suivre les chemins battus.
Trottel *m* ⟨-s, -⟩ *fam* crétin *m,* gourde *f.*

trotten ['trɔtən] *itr ‹sein›* trotter.
Trotz *m* ‹-es, ø› [trɔts] *(vorübergehender)* bravade, obstination, opposition; *(dauernde Eigenschaft)* indocilité, insubordination, obstination, mauvaise tête *f;* ▶ *aus* ~ par obstination; *jdm, e-r S zum* ~ en dépit de qn, de qc.
trotz *prp gen, a. dat* malgré; en dépit de; nonobstant; *(ohne Rücksicht auf)* au mépris de; ▶ ~ *all(e)dem* malgré tout, avec tout cela. **trotzdem** [-de:m] ['--/'-'-] *conj* malgré cela, tout de même, quand même; toujours est-il que.
trotzen *itr* braver, défier (*jdm* qn); tenir tête, faire front (*jdm* à qn). **trotzig** *a* rétif, récalcitrant. **Trotzkopf** *m* mauvais(e) tête *f od* esprit; caractère indocile; obstiné *m.*
trüb(e) [try:p/'-bə] *a* **1.** *(Flüssigkeit)* trouble, brouillé; chargé; *(Glasscheibe, Spiegel)* terne, terni, *(beschlagen)* embué; *(Himmel)* chargé (de nuages), couvert, sombre, gris; *(Wetter)* sombre, couvert; *(Augen)* terne; *(Blick)* brouillé; **2.** *fig* (~*selig)* sombre, morne.
Trubel *m* ‹-s, ø› ['tru:bəl] **1.** *(Lärm)* brouhaha, charivari *m;* **2.** *(Verwirrung)* confusion *f,* trouble *m.*
trüben ['try:bən] *tr* **1.** troubler, brouiller; ternir; **2.** *fig (Stimmung, Freude, Freundschaft)* gâter; *(den Blick, das Urteil)* troubler; *refl* **3.** *sich* ~ *(Himmel)* se charger, se couvrir, se gâter. **Trübsal** *f* ‹-, -e› ['-za:l] affliction; *(Drangsal)* tribulation *f; (Kummer)* chagrin *m; (Elend)* misère *f;* ▶ ~ *blasen* pleurer misère, faire triste mine. **trübselig** *a (Stimmung)* sombre, mélancolique. **Trübsinn** *m* ‹-(e)s, ø› morosité, tristesse; mélancolie *f.* **trübsinnig** *a (Mensch)* morose, triste; mélancolique. **Trübung** *f* ‹-, -en› *(Zustand, a. chem u. med)* (état) trouble *m.*
trudeln ['tru:dəln] *itr ‹sein› aero* faire la vrille.
Trüffel *f* ‹-, -n› ['trʏfəl] *(Pilz)* truffe *f.*
Trug *m* ‹-(e)s, ø› ['tru:k, '-g(ə)s] *(Täuschung)* tromperie, imposture, supercherie; *(Schein)* illusion *f.* **Trugbild** *n* illusion *f,* phantasme, fantôme *m.*
trügen ['try:gən] ‹*trog, getrogen*› **1.** *itr* faire illusion; **2.** *tr* induire en erreur, tromper. **trügerisch** *a* trompeur, mensonger; fallacieux, illusoire, spécieux.
Trugschluß *m* ['tru:k-] fausse conclusion *f.*
Truhe *f* ‹-, -n› ['tru:ə] bahut, coffre *m.*
Trümmer ['trʏmər] *pl (Bruchstücke)* fragments *m pl; (Ruinen)* ruines *f pl,* débris; *(Schutt)* décombres *m pl;* ▶ *in* ~ *gehen* tomber en ruines, s'effondrer. **Trümmerfeld** *n* champ *m* de ruines. **Trümmerhaufen** *m* monceau *od* amas *m* de décombres.
Trumpf *m* ‹-(e)s, ¨-e› [trumpf, 'trʏmpfə] *a. fig* atout; ▶ ~ *ausspielen* jouer atout; *alle Trümpfe in der Hand haben (fig)* avoir tous les atouts en main; ~ *sein (fig)* faire prime; *was ist* ~? quel est l'atout?
Trunk *m* ‹-(e)s, (¨-e)› [truŋk, ('trʏŋkə)] **1.** *(Schluck)* gorgée *f,* coup *m;* **2.** *(Getränk)* boisson *f;* **3.** *pej (Trinken)* habitude de boire, ivrognerie *f.* **trunken** *a vx poet (betrunken), fig (berauscht)* ivre (*vor* od *von* de). **Trunkenbold** *m* ‹-(e)s, -e› [-bɔlt, -də] *pej* ivrogne, buveur. **Trunkenheit** *f* ‹-, ø› ivresse *f;* ▶ ~ *am Steuer* conduite *f* en état d'ivresse *od* d'ébriété. **Trunksucht** *f* ‹-, ø› ivrognerie; *med* dipsomanie *f.* **trunksüchtig** *a* ivrogne; *med* dipsomane.
Trupp *m* ‹-s, -s› [trup] groupe, détachement *m; (Arbeiter)* équipe, escouade *f; mil (Gruppe)* peloton, groupe *m.*
Truppe *f* ‹-, -n› ['trupə] *mil* troupe; *(Einheit)* unité *f.*
Truppenabbau *m* ['trupən-] *mil* réduction *f* de(s) forces. **Truppenbewegung** *f* mouvement *m* de troupe. **Truppengattung** *f* arme *f.* **Truppenschau** *f* revue *f* (militaire). **Truppenstärke** *f* effectif *m.* **Truppenteil** *m* corps *m* de troupe. **Truppenübung** *f (Manöver)* manœuvre *f.* **Truppenübungsplatz** *m* camp d'entraînement *od* d'instruction, champ *m* de manœuvres. **Truppenverschiebung** *f* déplacement *m* (de troupes).
Trust *m* ‹-(e)s, -e/-s› [trast, trust] *(Konzern)* trust *m.*
Truthahn *m* ['tru:t-] *(Puter)* dindon *m.* **Truthenne** *f* dinde *f.*
Tscheche *m* ‹-n, -n› ['tʃɛçə], **Tschechin** *f* Tchèque *m f.* **tschechisch** ['tʃɛçɪʃ] *a* tchèque; ▶ *(das) T~(e)* (le) tchèque. **Tschechoslowakei,** *die* [-çoslova'kaɪ] la Tchécoslovaquie. **tschechoslowakisch** [-'va:kɪʃ] *a* tchécoslovaque.
tschüs [tʃʏs, tʃy:s] *interj* salut! tchao!
Tsetsefliege *f* ['tsɛtse-] *ent* mouche *f* tsé-tsé.

T-Shirt *n* ‹-s, -s› ['ti:ʃə:t] tee-shirt *m.*
Tube *f* ‹-, -n› ['tu:bə] tube *m.*
Tuberkulose *f* ‹-, -n› [tubɛrku'lo:zə] tuberculose *f;* ▶ *offene* ~ tuberculose *f* aggravée.
Tuch **1.** *n* ‹-(e)s, -e› [tu:x, '-xə] *(Stoff)* drap *m,* étoffe *f* (de laine); **2.** *n* ‹-(e)s, ¨-er› [-, 'ty:çər] *(Stück Stoff)* pièce *f* d'étoffe; *(Kopf-, Hals~)* fichu, foulard, châle *m; (Putzlappen)* chiffon *m;* ▶ *auf jdn wie ein rotes* ~ *wirken* faire voir rouge à qn. **Tuchballen** *m* ballot *m.* **Tuchhandel** *m* commerce *m* du drap, draperie *f.* **Tuchhändler** *m* drapier *m.*

tüchtig ['tʏçtɪç] **I.** *a* **1.** *(gut)* bon, de valeur; *(fähig)* capable, apte; *(talentvoll)* doué; *(erfahren)* versé, *fam* calé; **2.** *fam (groß, stark, gewaltig)* grand, fort, fier, rude, énorme; **3.** *(beachtlich)* respectable; **II.** *adv fam* bien, fort, fièrement, rudement, énormément; ▶ ~ *arbeiten* travailler bien; ~ *essen* manger comme quatre; ~ *zulangen (beim Essen)* avoir un bon coup de fourchette. **Tüchtigkeit** *f* ⟨-, ø⟩ valeur *f*, qualités *f pl;* capacité(s *pl*), aptitude(s *pl*) *f.*

Tücke *f* ⟨-, -n⟩ ['tʏkə] sournoiserie, malignité, malice, méchanceté, perfidie *f;* ▶ ~ *des Objekts, des Schicksals* malignité *f* des choses. **tückisch** *a* sournois, malin, malicieux, méchant, perfide; *(Tier)* vicieux.

tüfteln ['tʏftəln] *itr* subtiliser; bricoler.

Tugend *f* ⟨-, -en⟩ ['tu:gənt, -dən] vertu *f.* **tugendhaft** *a* vertueux.

Tülle *f* ⟨-, -n⟩ ['tʏlə] *(Ausguß e-r Kanne)* bec *m.*

Tulpe *f* ⟨-, -n⟩ ['tʊlpə] tulipe *f.*

tummeln, *sich* ['tʊməln] **1.** *(sich kräftig regen)* s'ébattre, prendre ses ébats, se trémousser, se donner du mouvement; **2.** *(sich beeilen)* se dépêcher, se presser. **Tummelplatz** *m fig* arène, lice *f.*

Tumor *m* ⟨-s, -en⟩ [tu'mo:r] tumeur *f.*

Tümpel *m* ⟨-s, -⟩ ['tʏmpəl] flaque *f; (größerer)* mare *f.*

Tumult *m* ⟨-(e)s, -e⟩ [tu'mʊlt] tumulte, vacarme, tapage *m;* bagarre, échauffourée, émeute *f.*

tun [tu:n] ⟨*tut, tat, getan*⟩ *tr* **1.** *(machen, ausführen, arbeiten)* faire; *(Wirkung hervorbringen)* faire, produire; *(zufügen)* faire; **2.** *(legen, setzen, stellen, stekken)* mettre; *itr* **3.** *(sich verhalten)* faire; *refl* **4.** *sich* ~ *(fam: geschehen)* se passer, avoir lieu; ▶ *sein Bestes* ~ faire de son mieux; *etwas* ~ faire qc, agir; *jdm etwas (zuleide)* ~ faire du mal à qn; *Gutes* ~ faire le bien; *jdm etw Gutes* ~ faire du bien à qn; *nichts* ~ ne rien faire; *nichts* ~ *als (inf)* ne faire rien que *inf; es mit jdm zu* ~ *bekommen* avoir des ennuis *od* des démêlés avec qn; *es mit jdm, mit e-r S zu* ~ *haben* avoir affaire à qn, à qc; *mit etw nichts zu* ~ *haben* n'avoir rien à faire avec qc, n'être pour rien dans qc; *nichts zu* ~ *haben* n'avoir rien à faire; *viel, wenig zu* ~ *haben* avoir beaucoup (de choses), peu (de choses) à faire, avoir beaucoup, peu de travail; *so* ~ *(, als ob)* se donner des apparences; *so* ~, *als ob* ... faire semblant *od* mine de ...; *Sie täten besser daran zu* ... vous feriez mieux de ...; *Sie täten gut daran zu* ... vous feriez bien de ...; *er tut nur so* il ne fait que semblant; *so etwas tut man nicht* cela ne se fait pas; *das hat nichts damit zu* ~ cela n'a rien à faire à cela *od* à y voir; *das tut nichts zur Sache* cela n'a rien à y voir; *es tut sich etwas (fam)* il se trame qc; *tu doch nicht so!* ne fais pas de manières; *tu, was du nicht lassen kannst!* fais ce que tu dois faire!

Tünche *f* ⟨-, -n⟩ ['tʏnçə] badigeon, lait *od* enduit de chaux; *fig* vernis, fard *m.* **tünchen** *tr* badigeonner, blanchir (à la chaux).

Tundra *f* ⟨-, -dren⟩ ['tʊndra] *geog* toundra *f.*

Tunesien [tu'ne:ziən] *n* la Tunisie. **Tunesier(in)** *m* ⟨-s, -⟩ (*f* ⟨-, -nen⟩) [-'ne:ziər] Tunisien(ne *f*) *m.* **tunesisch** [-'ne:zɪʃ] *a* tunisien.

Tunke *f* ⟨-, -n⟩ ['tʊŋkə] sauce *f.* **tunken** *tr (tauchen)* tremper (*in* dans).

tunlich ['tu:nlɪç] *a* **1.** faisable, praticable; **2.** *(angebracht, passend)* indiqué, à propos, opportun; ▶ *tunlichst bald* le plus tôt possible.

Tunnel *m* ⟨-s, -/-s⟩ ['tʊnəl] tunnel; *(Unterführung im Bahnhof)* passage *m* souterrain.

Tüpfel *m* od *n* ⟨-s, -⟩ ['tʏpfəl], **Tüpfelchen** *n* point *m,* moucheture *f;* pois *m.* **tüpfeln** *tr (mit Tupfen versehen)* pointiller, moucheter.

Tupfen *m* ⟨-s, -⟩ ['tʊpfən] *(kleiner runder Fleck)* pois; *(Punkt)* point *m;* ▶ *mit weißen* ~ à pois blancs. **tupfen** *tr (mit Watte)* tamponner (avec de la ouate).

Tür *f* ⟨-, -en⟩ [ty:r] porte; *(an e-m Wagen)* portière *f;* ▶ *bei verschlossenen* ~*en* en secret, à huis clos; *durch die* ~, *zur* ~ *hinaus* (od *herein*) par la porte; *zwischen* ~ *und Angel (fig)* au moment de sortir; en (toute) hâte; *offene* ~*en einrennen (fig)* enfoncer des portes ouvertes, parler à un convaincu; *mit der* ~ *ins Haus fallen (fig)* mettre les pieds dans le plat, casser les vitres; *jdm die* ~ *weisen* mettre qn à la porte; *vor der* ~ *stehen* être devant la porte; *fig* être imminent; *die* ~ *hinter jdm zumachen* fermer la porte sur qn; *die* ~ *zuschlagen* faire claquer la porte; *jdm die* ~ *vor der Nase zuschlagen* fermer la porte au nez de qn; *die* ~ *steht offen* la porte est ouverte; *ihm stehen alle* ~*en offen (fig)* toutes les portes lui sont ouvertes. **Türangel** *f* gond *m.*

Turban *m* ⟨-s, -e⟩ ['tʊrban] turban *m.*

Turbine *f* ⟨-, -n⟩ [tʊr'bi:nə] *tech* turbine *f.* **Turbinenantrieb** *m* propulsion *f* à turbine.

turbulent [tʊrbu'lɛnt] *a* turbulent. **Turbulenz** *f* ⟨-, -en⟩ [-'lɛnts] turbulence *f.*

Türflügel *m* ['ty:r-] battant *m* (de porte). **Türgriff** *m* poignée *f* (de porte).

Türke *m* ⟨-n, -n⟩ ['tʏrkə] Turc *m.* **Türkei,** *die* [-'kaɪ] la Turquie. **Türkin** *f* ⟨-, -nen⟩ Turque *f.* **türkisch** *a* turc; ▶ *(das) T~(e)* le turc.

Türkis ⟨-es, -e⟩ ['tyrkis] *m (Edelstein)*

turquoise *f; n (Farbe) inv* turquoise *m.* **türkis** *a* turquoise.

Türklinke *f* ['ty:r-] loquet, bec-de-cane *m.*

Turm *m* ‹-(e)s, ⸚e› [tʊrm, 'tʏrmə] **1.** tour *f (a. Schach); (Burg~)* donjon; *(Wacht-, Rathaus~)* beffroi; *(Kirch~)* clocher *m;* **2.** *sport (Sprung~)* plongeoir *m;* **3.** *mil (Panzer~ u. mar)* tourelle *f; mar a.* kiosque *m.*

Türmchen *n* ‹-s, -› ['tʏrmçən] tourelle *f; (Verzierung)* clocheton *m.* **türmen 1.** *tr* ‹*h*› *(hoch aufschichten)* empiler; *(anhäufen)* entasser, amonceler; *sich* ~ se dresser (jusqu'aux nues); **2.** *itr* ‹*sein*› *fam (weglaufen)* filer, ficher le camp.

turmhoch ['tʊrm-] *a* haut comme une tour; *(riesenhaft)* gigantesque; *(Überlegenheit)* écrasant. **Turmuhr** *f* horloge *f.*

Turnanzug *m* ['tʊrn-] survêtement *m* de gymnastique. **turnen** *itr* faire de la gymnastique. **Turnen** *n* gymnastique *f.* **Turner** *m* ‹-s, -› gymnaste *m.* **Turngerät** *n* appareil *m* de gymnastique. **Turnhalle** *f* salle *f* de gymnastique, gymnase *m* (couvert). **Turnhemd** *n* maillot *m* de gymnastique. **Turnhose** *f* culotte *f* de gymnastique.

Turnier *n* ‹-s, -e› [tʊr'ni:r] *(hist u. Tennis)* tournoi; *(sonst)* championnat *m,* compétition *f.*

Turnlehrer(in *f***)** *m* ['tʊrn] maître(sse *f*) *od* professeur de gymnastique, professeur *m* d'éducation physique. **Turnschuhe** *m pl* chaussures de gymnastique. **Turnschuhgeneration** *f* génération *f* en baskets. **Turnunterricht** *m* éducation *f* physique. **Turnverein** *m* société *f* de gymnastique.

Türöffner *m* ['ty:r-] serrure *f* électrique. **Türpfosten** *m* montant *m* (de porte). **Türrahmen** *m* huisserie *f.* **Türschild** *n* plaque *f* de porte.

Tusch *m* ‹-es, -e› [tʊʃ] *mus* fanfare *f.*

Tusche *f* ‹-, -n› ['tʊʃə] encre *f* de Chine.

Tuschelei *f* ‹-, ø› [tʊʃə'laɪ] chuchoterie *f.* **tuscheln** ['tʊʃəln] *itr* chuchoter.

Tuschkasten *m* ['tʊʃ-] boîte *f* de couleurs. **Tuschezeichnung** *f* (dessin au) lavis *m.*

Tüte *f* ‹-, -n› ['ty:tə] *(kleine, spitze)* cornet; *(größere)* sac *m* (en papier).

tuten ['tu:tən] *itr* corner; ▶ *von T~ und Blasen keine Ahnung haben (fig fam)* s'y entendre comme à ramer des choux.

Twist *m* ‹-es, -e› [tvɪst] fil (de coton), coton *m* filé.

Typ *m* ‹-s, -en› [ty:p] **1.** *allg, psych, tech* type; *tech a.* modèle *m;* **2.** *pop pej (Mensch)* mec; *(den man liebt)* genre, type *m.* **Type** *f* ‹-, -n› **1.** *typ* type, caractère *m* (d'imprimerie); **2.** *tech* type, modèle *m;* **3.** *fam pej* type, numéro *m.* **Typenhebel** *m (an d. Schreibmaschine)* tige *f* à caractères. **Typenrad** *n tech* marguerite *f.* **Typenraddrucker** *m* imprimante *f* à marguerite. **Typenradschreibmaschine** *f* machine à écrire *f* à marguerite.

Typhus *m* ‹-, ø› ['ty:fʊs] *med* (fièvre) typhoïde *f.*

typisch ['ty:pɪʃ] *a* typique, caractéristique. **Typograph** *m* ‹-en, -en› [-'gra:f] *(Schriftsetzer)* typographe *m; (Setzmaschine)* machine *f* à composer. **Typographie** *f* ‹-, -n› [-gra'fi:] *(Buchdruckerkunst)* typographie *f.* **typographisch** [-'gra:fɪʃ] *a* typographique. **Typus** *m* ‹-, -pen› ['ty:pʊs] *allg u. psych* type *m.*

Tyrann *m* ‹-en, -en› [ty'ran] tyran *m.* **Tyrannei** *f* ‹-, ø› [-'naɪ] tyrannie *f.* **tyrannisch** [-'ranɪʃ] *a* tyrannique. **tyrannisieren** [-ni'zi:rən] ‹*ohne ge-*› *tr* tyranniser.

U

U, u *n* ‹-, -› ['u:] *(Buchstabe)* U, u *m.* **U-Bahn** *f* ['u:ba:n] *f fam* métro *m.* **U-Bahnstation** *f* station *f* de métro.
übel ['y:bəl] **I.** *a* **1.** *(schlecht)* mauvais; **2.** *(mißlich)* fâcheux; *(unangenehm)* désagréable; **II.** *adv* mal; ▶ ~ *dran sein* être dans le troisième dessous; *mir ist* od *wird* ~ j'ai mal au cœur, *(gar) nicht (so)* ~ pas mauvais *od* (déjà) pas mal. **Übel** *n* ‹-s, -› mal *m;* ▶ *das kleinere* ~ le moindre mal. **Übelkeit** *f* ‹-, ø› nausée *f,* mal au cœur *m.* **übel≈nehmen** ‹*nimmt, nahm übel, übelgenommen*› *tr* prendre mal *od* en mauvaise part; ▶ *nehmen Sie es mir (bitte) nicht* ~*! (a.)* ne vous fâchez pas! **übelriechend** *a* malodorant, puant. **Übeltäter** *m* malfaiteur *m.* **übel≈wollen** ‹*will, wollte übel, übelgewollt*› *itr:* ▶ *jdm* ~ vouloir du mal à qn, être malintentionné.
üben ['y:bən] *tr* **1.** *(trainieren)* exercer; *(ein~)* s'entraîner (*etw* à qc); *bes. mus* travailler, *a. theat* répéter; **2.** *(anwenden)* pratiquer; *itr* **3.** s'exercer.
über ['y:bər] **I.** *prp* **1.** *(örtl.)* au-dessus de, sur; *(jenseits)* au-delà de, par-delà, de l'autre côté de; *(~ ... hinaus, a. fig)* plus loin que; *(~ ... hinweg)* par-dessus; hors de; *(durch, an ... vorbei)* en passant par, via; **2.** *(zeitl.: während)* pendant; *(nach)* dans, au bout de; **3.** *fig (mehr als)* plus de; **4.** *(höher, besser als)* au-dessus de; **5.** *(ein Thema betreffend)* de, sur, au sujet de; **6.** *(durch Vermittlung)* par l'intermédiaire de; ▶ *die ganze Zeit* ~ pendant (tout) ce temps; ~ *alles (mehr als alles andere)* par-dessus tout; ~ *dem Lesen etc* en lisant; ~ *jds Kräfte gehen* être au-dessus des *od* dépasser les forces de qn; ~ *50 (Jahre alt) sein* avoir passé la cinquantaine; ~ *den Rundfunk sprechen* parler à la radio; ~ *etw stehen (fig)* être supérieur à qc; **II.** *adv* **1.** *(übrig)* de reste; ▶ *ich hatte nur zwei Mark* ~ il ne me restait que deux marks; **2.** *(genug)* assez; ▶ *es* ~ *haben* en avoir assez; ~ *und* ~ entièrement, complètement.
überall [y:bər'ʔal] *adv* partout, en tout lieu. **überallher** [-'he:r] *adv* de partout, de tous (les) côtés. **überallhin** [-'hın] *adv* partout, en tous sens.
überaltert [--'--] *a* vieilli; suranné. **Überangebot** *n* ['y:bər-] surplus, excédent *m,* surabondance *f.* **überanstrengen** [--'---] ‹*ohne -ge-*› **1.** *tr* surmener; *(Pferd, Muskel)* forcer; **2.** *refl: sich* ~ se surmener. **Überanstrengung** *f* surmenage *m.* **überarbeiten** ‹*ohne -ge-*› **1.** *tr (Buch etc)* retoucher, revoir; **2.** *refl: sich* ~ travailler trop. **überarbeitet** *a (Mensch)* épuisé de travail, fatigué.
überaus ['---/--'-/'--'-] *adv* très, beaucoup; extrêmement.
überbacken [--'--] **I.** *tr* ‹*überbackt, überbackte, überbacken*› *(Küche)* gratiner; **II.** *pp, a* au gratin.
überbeanspruchen ['y:bər-] ‹*ohne -ge-*› *tr* surmener *a. tech,* fatiguer.
Überbevölkerung *f* surpopulation *f.* **überbewerten** ‹*ohne -ge-*› *tr* surévaluer, surestimer. **Überbewertung** *f* surévaluation, surestimation *f.*
überbieten [--'--] ‹*überbietet, überbot, überboten*› *tr* (r)enchérir (*jdn, etw* sur qn, sur qc) *a. fig; (Gebot)* couvrir; *fig* dépasser; ▶ *sich gegenseitig zu* ~ *suchen* faire assaut (*in etw* de qc).
über≈bleiben ['y:bər-] ‹*blieb über, übergeblieben*› *itr* ‹*sein*› rester. **Überbleibsel** *n* ‹-s, -› reste *m;* (*Ruine*) débris *m pl.*
Überblick *m* ['y:bər-] **1.** vue *f* d'ensemble *a. fig; fig* tour d'horizon *m;* **2.** *(Zs.fassung)* résumé *m.* **überblicken** [--'--] ‹*ohne -ge-*› *tr* embrasser d'un coup d'œil; avoir une vue d'ensemble; *fig* faire le point de.
überbringen [--'--] *tr* ‹*überbrachte, überbracht*› remettre. **Überbringer** *m* porteur *m.* **überbrücken** ‹*ohne -ge-*› *tr* **1.** jeter un pont; **2.** *fig (Schwierigkeit)* surmonter; *(Gegensatz)* concilier. **Überbrückung** *f* transition.
überdachen [--'--] ‹*ohne -ge-*› *tr* couvrir d'un toit.
überdauern [--'--] ‹*ohne -ge-*› *tr* durer plus longtemps que, survivre à.
überdenken [--'--] ‹*überdachte, überdacht*› *tr* réfléchir, méditer (*etw* sur qc).
überdies [-'di:s] *adv* de plus, en outre.
überdimensional ['y:bər-] *a* gigantesque. **Überdosis** *f* surdose *f.*
überdrehen [--'--] ‹*ohne -ge-*› *tr* fausser.
Überdruck *m* ‹-(e)s, ⁻e› ['y:bər-] *phys* surpression; *tech* surcompression *f.*
Überdruß *m* ‹-sses, ø› ['y:bərdrʊs] satiété, lassitude *f.* **überdrüssig** *a* dégoûté, las (*e-r S* de qc); ▶ *e-r S* ~ *werden* se lasser de qc.
überdurchschnittlich ['y:bər-] *a* au-dessus de la moyenne.
übereilen [--'--] *tr* ‹*ohne -ge-*› hâter, précipiter. **übereilt I.** *pp, a* précipité;

inconsidéré; **II.** *adv* hâtivement.
übereinander [---'--] *adv* l'un sur l'autre. **übereinander=legen** *tr* mettre l'un sur l'autre, superposer.
überein=kommen [y:bər'ʔaın-] ‹*kam überein, übereingekommen*› *itr* ‹*sein*› convenir (*über* de); se mettre d'accord. **Übereinkunft** *f* ‹-, ¨e› convention *f*, accord *m*; ▶ *nach* ~ de gré à gré. **überein=stimmen** *itr* concorder, (*mit* avec); être conforme, correspondre (*mit* à). **übereinstimmend** *a* concordant; conforme (*mit* à). **Übereinstimmung** *f* concordance *f*, unanimité; conformité *f*; ▶ *in* ~ *mit* conforme (*adv* conformément) à; *in* ~ *bringen* faire concorder.
überempfindlich ['y:bər-] *a* hypersensible, hypersensitif.
'**über=fahren** ‹*fährt, fuhr über, übergefahren*› *itr* ‹*sein*› passer; traverser. **über'fahren** ‹*überfährt, überfuhr, überfahren*› *tr* **1.** *(Menschen)* écraser; **2.** *(Signal)* brûler. **Überfahrt** *f* ['---] passage *m*, traversée *f*.
Überfall *m* ['y:bər-] attaque (imprévue), agression; invasion *f*. **überfallen** [--'--] ‹*überfällt, überfiel, überfallen*› *tr* attaquer par surprise; envahir. **Überfallkommando** *n* police-secours *f*.
überfällig ['----] *a* en retard.
überfliegen [--'--] ‹*überfliegt, überflog, überflogen*› *tr* **1.** survoler; **2.** *fig (Text)* parcourir des yeux.
über=fließen ['y:bər-] ‹*fließt, floß über, übergeflossen*› *itr* ‹*sein*› déborder; *a. fig.*
überflügeln [--'--] ‹*ohne -ge-*› *tr* surpasser, surmonter.
Überfluß *m* ‹-sses, ø› ['y:bər-] (sur)abondance, profusion, exubérance; *(Reichtum)* opulence *f*; ▶ *im* ~ en abondance à profusion; *zu allem* ~ pour comble. **Überflußgesellschaft** *f* société *f* d'abondance. **überflüssig** *a* superflu; inutile.
überfluten [--'--] ‹*ohne -ge-*› *tr* inonder.
überfordern [--'--] ‹*ohne -ge-*› *tr* demander trop (*jdn* à qn) *a. fig*; *fig* surmener. **überfordert** *a* débordé. **Überforderung** *f* surmenage *m*. **überfragen** ‹*ohne -ge-*› *tr* demander trop (*jdn* à qn).
überfressen, *sich* ‹*überfrißt, überfraß, überfressen*› *(fam)* s'empiffrer.
überführen [--'--] ‹*ohne -ge-*› *tr* **1.** transporter; **2.** *jur* convaincre. **Überführung** *f* [--'--] **1.** transfert *m*; **2.** *loc* passage *m* supérieur; **3.** *jur* conviction *f*.
Überfülle *f* ['y:bər-] trop-plein *m*; surabondance, profusion *f*. **überfüllt** [--'-] *a* bondé; bourré. **Überfüllung** *f* [--'--] encombrement *m*, surcharge *f*.
überfüttern [--'--] ‹*ohne -ge-*› *tr* suralimenter; gaver, gorger (*mit* de). **Überfütterung** *f* suralimentation *f*.
Übergabe *f* ['y:bər-] remise, transmission; *mil* reddition, capitulation *f*.
Übergang *m* ['y:bər-] **1.** passage; *loc* croisement *m*; **2.** *jur* transfert *m*; *fig* transition *f*; **3.** *(Abstufung)* gradation *f*. **Übergangsbestimmung** *f* disposition *f* transitoire. **Übergangsgesetz** *n* loi *f* de transition. **Übergangshilfe** *f fin* aide *f* transitoire. **Übergangslösung** *f* solution *f* transitoire. **Übergangsregelung** *f* régime *m* transitoire. **Übergangsstadium** *n* état *m* intermédiaire. **Übergangsszeit** *f* période de transition; inter-saison *f*.
übergeben [--'--] ‹*übergibt, übergab, übergeben*› **1.** *tr* remettre; transmettre; *mil* rendre; **2.** *refl: sich* ~ vomir; ▶ *dem Verkehr* ~ ouvrir à la circulation.
'**über=gehen** ‹*ging über, übergegangen*› *itr* ‹*sein*› **1.** passer (*zu, in* à); **2.** *fig (die Tätigkeit ändern)* procéder (zu *etw* à qc); **3.** *(sich wandeln)* se transformer, tourner (*in* en); ▶ *inea.* ~ se (con-) fondre. **über'gehen** ‹*überging, übergangen*› *tr (auslassen)* omettre, négliger.
übergeschnappt ['ybər-] *a fig fam* survolté. **Übergewicht** *n* **1.** excédent *m* de poids; **2.** *fig* prépondérance; *pol* influence *f* prépondérante. **überglücklich** *a* ravi, enchanté; comblé de bonheur.
über=greifen ['y:bər-] ‹*griff über, übergegriffen*› *itr* mordre (*auf* sur); *(Feuer)* se propager (*auf etw* à qc), gagner (*auf etw* qc). **Übergriff** *m* empiètement *m*.
überhand=nehmen [--'---] ‹*nimmt, nahm überhand, überhandgenommen*› *itr* s'accroître *od* s'étendre excessivement.
überhasten [--'--] ‹*ohne -ge-*› *tr* précipiter. **überhäufen** ‹*ohne -ge-*› *tr* combler, accabler (*mit* de); *(mit Aufmerksamkeiten)* excéder (*mit* de).
überhaupt [--'-] *adv* **1.** *(letzten Endes)* après tout, somme toute; **2.** *(in Fragen: denn eigentlich)* donc, au juste; **3.** *(am Satzanfang)* de manière générale; plus généralement; ▶ *wenn* ~ si tant est (que); ~ *nicht* pas du tout.
überheblich [ybər'he:plıç] *a* présomptueux, arrogant. **Überheblichkeit** *f* ‹-, ø› présomption, arrogance *f*. **überhitzen** [--'--] ‹*ohne -ge-*› *tr* surchauffer. **überhöht** [--'-] *a (Preis)* excessif.
überholen [--'--] ‹*ohne -ge-*› **1.** *(vorbeigehen, -fahren an)* dépasser, devancer; *mot* doubler; **2.** *tech (nachsehen u. ausbessern)* réviser; remettre à neuf. **überholt** *a (veraltet)* démodé, suranné.
überhören [--'--] ‹*ohne -ge-*› *tr* ne pas entendre; *(absichtlich)* ne pas vouloir entendre, faire la sourde oreille à.
überirdisch ['y:bər-] *a* supraterrestre; céleste; surnaturel.
über=kochen ['y:bər-] *itr* ‹*sein*› débor-

der; *(bes. Milch)* se sauver.
überkommen [--ˈ--] **I.** ‹*überkam, überkommen*› *tr impers:* ▶ *es überkam mich ein Gefühl* ... un sentiment ... s'empara de moi; **II.** *a* traditionnel.
überladen [--ˈ--] **I.** ‹*überlädt, überlud, überladen*› *tr* surcharger *a. fig,* encombrer (*mit* de); **II.** *pp, a* surchargé *a. fig.*
Überlandleitung *f* [ˈy:bər-] *el* ligne *f* à haute tension.
überlassen [--ˈ--] ‹*überläßt, überließ, überlassen*› *tr* **1.** donner, livrer, remettre; **2.** *(abtreten)* laisser, abandonner; *jur* céder; ▶ *das überlasse ich Ihnen* je m'en remets à vous.
überlasten [--ˈ--] ‹*ohne -ge-*› *tr* surcharger; *fig* accabler. **Überlastung** *f* ‹-, -en› surcharge *f; fig* surmenage *m.*
ˈ**über≈laufen** [ˈy:bər-] ‹*läuft, lief über, übergelaufen*› *itr* ‹*sein*› **1.** *(Flüssigkeit)* déborder; **2.** *pol* virer de bord; ▶ *zum Feind* ~ passer à l'ennemi. **überˈlaufen I.** ‹*überläuft, überlief, überlaufen*› **1.** *tr:* ▶ ~ *werden (von Kunden etc)* être assiégé; **2.** *impers:* ▶ *es überlief mich kalt* cela me donna un frisson; **II.** *pp, a* envahi; importuné. **Überläufer** [ˈ----] *m* déserteur; *a. pol* transfuge *m.*
überleben [--ˈ--] ‹*ohne -ge-*› *itr* survivre (*jdn, etw* à qn, à qc). **Überlebende** *m f* ‹-n, -n› survivant(e *f*); *(e-r Katastrophe)* rescapé(e *f*) *m.* **überlebensgroß** *a* *(Bild)* plus grand que nature. **überlebt** *a* démodé, périmé.
ˈ**über≈legen** mettre *od* poser dessus. **überˈlegen I.** ‹*ohne -ge-*› *itr* réfléchir; ▶ *sich etw gut* ~ réfléchir mûrement à *od* sur qc; **II.** *a* supérieur (*in etw* en qc). **Überlegenheit** *f* [--ˈ---] ‹-, ø› *(im Wissen od Können)* supériorité; *(größere Stärke od Macht)* prépondérance *f;* ▶ *zahlenmäßige* ~ supériorité *f* numérique. **überlegt** [--ˈ-] **I.** *a* (bien) réfléchi; **II.** *adv* délibérément. **Überlegung** *f* [--ˈ--] ‹-, -en› réflexion, délibération *f; (Gedankengang)* raisonnement *m;* ▶ *nach reiflicher* ~ après mûre délibération.
über≈leiten [ˈy:bər-] *itr* lier (*von etw zu etw* qc à qc); *(Bindeglied sein)* faire une transition (*zwischen ... und* de ... à). **Überleitung** *f* transition; liaison *f.*
überlesen ‹*ohne -ge-*› *tr* **1.** parcourir (des yeux); **2.** *(beim Lesen nicht bemerken)* ne pas remarquer à la lecture, sauter.
überliefern [--ˈ--] ‹*ohne -ge-*› *tr* transmettre, léguer. **überliefert** *a* traditionnel. **Überlieferung** *f* tradition *f.*
überlisten [--ˈ--] ‹*ohne -ge-*› *tr* duper.
Übermacht *f* ‹-, ø› supériorité (numérique); *(Übergewicht)* prépondérance *f;* ▶ *der* ~ *weichen* céder au nombre. **Übermaß** *n* ‹-es, ø› excès *m;* ▶ *im* ~ outre mesure. **übermäßig I.** *a* excessif, démesuré; immodéré; **II.** *adv* excessivement.
übermitteln [--ˈ--] ‹*ohne -ge-*› *tr (Nachricht)* transmettre, communiquer; *(Gegenstand)* envoyer, faire parvenir.
übermorgen [ˈy:bər-] *adv* après-demain.
übermüdet [--ˈ--] *a* épuisé, *fam* mort de fatigue. **Übermüdung** *f* ‹-, ø› excès de fatigue, épuisement, surmenage *m.*
Übermut *m* [ˈy:bər-] joie bruyante *od* folle, exubérance, pétulance *f.* **übermütig** *a* joyeux, exubérant, pétulant.
übernächste(r, s) [ˈy:bər-] *a* troisième; ▶ *am ~n Tage* le surlendemain.
übernachten [--ˈ--] ‹*ohne -ge-*› *itr* passer la nuit, coucher; *fam* gîter. **übernächtigt** *a* défait. **Übernachtung** *f* ‹-, -en› chambre *f; pl* nuits *f pl.*
Übernahme *f* [ˈy:bər-] **1.** prise *f* en charge; **2.** *(e-s Amtes)* entrée *f* (en charge, en fonction); **3.** *fig* adoption *f.*
übernatürlich [ˈy:bər-] *a* surnaturel.
übernehmen [--ˈ--] ‹*übernimmt, übernahm, übernommen*› *tr* **1.** prendre (en charge), assumer; **2.** *(Amt)* entrer en fonction de; **3.** *(Aufgabe, Kosten)* se charger (*etw* de qc); *refl:* **4.** *sich* ~ présumer de ses forces.
über≈ordnen [ˈy:bər-] *tr* mettre au-dessus (*jdm* de qn). **überparteilich** *a* au-dessus des partis; impartial, neutre. **Überproduktion** *f* surproduction *f.*
überprüfen [--ˈ--] ‹*ohne -ge-*› *tr* examiner, réviser, revoir, vérifier; *(kontrollieren)* contrôler. **Überprüfung** *f* examen *m,* révision, vérification *f; contrôle m.*
überqueren [--ˈ--] ‹*ohne -ge-*› *tr* traverser, franchir. **Überquerung** *f* ‹-, -en› traversée *f,* franchissement *m.*
überragen [--ˈ--] ‹*ohne -ge-*› *tr* surmonter; dominer (*um Haupteslänge* d'une tête); dépasser *a. fig.* **überragend** *a fig* (pro)éminent, excellent, supérieur.
überraschen [--ˈ--] ‹*ohne -ge-*› *tr* **1.** surprendre, étonner; **2.** prendre au dépourvu; ▶ *ich war angenehm überrascht* cela m'a été une surprise agréable. **überraschend I.** *a* surprenant; inattendu; **II.** *adv* à l'improviste. **überrascht** *a* surpris. **Überraschung** *f* ‹-, -en› surprise *f.* **Überraschungsmoment** *n* facteur *m* surprise.
überreden [--ˈ--] ‹*ohne -ge-*› *tr* persuader (*zu* de). **Überredung** *f* ‹-, ø› persuasion *f.* **Überredungskunst** *f* don *m* de persuasion.
überregional *a* qui dépasse le cadre régional.
überreichen [--ˈ--] ‹*ohne -ge-*› *tr* présenter, remettre.
überreif [ˈy:bər-] *a (Frucht)* trop mûr.
überreizen [--ˈ--] ‹*ohne -ge-*› *tr* surexciter; énerver.
überrennen ‹*hat überrannt*› *tr* renverser (en courant); *mil* culbuter, bousculer.
Überrest *m* [ˈy:bər-] reste, résidu *m; pl*

(Ruine) ruines *f pl,* débris *m pl;* ▶ *die sterblichen ~e* la dépouille mortelle.
überrumpeln [--ˈ--] ⟨*ohne -ge-*⟩ *tr* surprendre, prendre à l'improviste; *mil* prendre par surprise. **überrunden** ⟨*ohne -ge-*⟩ *tr sport* doubler.
übersät [--ˈ-] *a* parsemé (*mit* de).
übersättigt [--ˈ--] *a (Mensch)* dégoûté.
Überschallgeschwindigkeit *f* [ˈy:bər-] vitesse *f* supersonique. **Überschallknall** *m* bang *m* surpersonique.
überschatten ⟨*ohne -ge-*⟩ *tr* ombrager; *fig* assombrir. **überschätzen** ⟨*ohne -ge-*⟩ *tr* surestimer, surévaluer. **Überschätzung** *f* surestimation, surévaluation *f.*
überschaubar [--ˈ--] *a* à saisir dans toute son étendue. **überschauen** [--ˈ--] ⟨*ohne -ge-*⟩ *tr* embrasser du regard; *fig* saisir dans toute son étendue.
über=schäumen [ˈy:bər-] *itr* ⟨*sein*⟩ déborder. **überschäumend** *a fig* exubérant.
überschlafen [--ˈ--] ⟨*überschläft, überschlief, überschlafen*⟩ *tr:* ▶ *es ~ (fam)* consulter son oreiller.
Überschlag [ˈy:bər-] *m* **1.** *sport* culbute *f; aero* looping *m;* **2.** *(ungefähre Berechnung)* calcul *m* approximatif, évaluation (approximative) *f.* **überschlagen** [--ˈ--] ⟨*überschlägt, überschlug, überschlagen*⟩ *tr* **1.** *(beim Lesen überspringen)* sauter; *(auslassen)* omettre; **2.** *(ungefähr berechnen)* estimer approximativement *refl* **3.** *sich ~* se renverser; *mot* capoter *a. aero; (Ereignisse)* se précipiter. **Überschlagsrechnung** *f* calcul *m* approximatif.
über=schnappen [ˈy:bər-] *itr* ⟨*sein*⟩ *fig fam* devenir fou.
überschneiden, *sich* [--ˈ--] ⟨*überschneidet, überschnitt, überschnitten*⟩ *fig* faire double emploi, chevaucher; *(zeitlich)* coïncider. **Überschneidung** *f* intersection *f; fig* double emploi *m.* **überschreiben** ⟨*überschrieb, überschrieben*⟩ *tr* **1.** *(mit e-r Überschrift versehen)* intituler; **2.** *(übertragen)* transcrire; *(abtreten)* céder. **überschreiten** ⟨*überschreitet, überschritt, überschritten*⟩ *tr* **1.** franchir *a. fig,* traverser; **2.** *fig (hinausgehen über)* dépasser, excéder; **3.** *(Befugnis)* outrepasser; *(Gesetz)* contrevenir à; ▶ *die Zeit ~* excéder le temps; *Ü~ der Gleise verboten!* il est défendu de traverser la voie.

Überschrift *f* [ˈy:bər-] titre, en-tête *m;* rubrique; *(Schlagzeile)* manchette *f.*
überschuldet [--ˈ--] *a* criblé de dettes. **Überschuldung** *f* endettement *m.*
Überschuß *m* [ˈy:bər-] **1.** excédent, surplus *m;* **2.** *(Gewinn) bénéfice,* gain *m.* **überschüssig** *a* excédentaire.
überschütten [--ˈ--] ⟨*ohne -ge-*⟩ *tr* **1.** répandre (*etw mit etw* qc sur qc); **2.** *fig* combler, inonder (*mit* de); *(mit Unangenehmem)* accabler, excéder (*mit* de); ▶ *mit Fragen ~* assaillir de questions.
überschwemmen ⟨*ohne -ge-*⟩ *tr* inonder; noyer *a. fig (mit* de). **Überschwemmung** *f* ⟨-, -en⟩ inondation *f.*
überschwenglich [ˈy:bər-] *a* débordant d'enthousiasme, exubérant, exalté. **Überschwenglichkeit** *f* ⟨-, ø⟩ exubérance, exaltation *f.*
Übersee [ˈy:bər-] *:* ▶ *in, nach ~* outre-mer. **Überseehandel** *m* commerce *m* d'outre-mer. **überseeisch** *a* d'outre-mer, transatlantique.
übersehbar [--ˈ--] *a fig (geistig erfaßbar)* qu'on peut embrasser. **übersehen** ⟨*übersieht, übersah, übersehen*⟩ *tr* **1.** embrasser du regard; *fig (geistig erfassen)* embrasser; **2.** *(nicht sehen)* ne pas remarquer; *(nicht beachten)* négliger.
übersenden [--ˈ--] ⟨*übersendet, übersandte, übersandt*⟩ *tr* envoyer, faire parvenir, transmettre; *com a.* expédier.
über=setzbar [--ˈ--] *a* traduisible. **ˈübersetzen 1.** *tr* ⟨*h*⟩ *(über e-n Fluß)* passer (en bac); conduire sur l'autre rive; **2.** *itr* ⟨*sein*⟩ passer de l'autre côté. **überˈsetzen** ⟨*ohne -ge-*⟩ *tr (in e-e andere Sprache)* traduire. **Übersetzer(in)** *m* ⟨-s, -⟩ (*f* ⟨-, -nen⟩) [--ˈ--] traducteur *m,* traductrice *f.* **Übersetzung** *f* ⟨-, -en⟩ [--ˈ--] **1.** *(in e-e andere Sprache)* traduction; *(Schule: in die eigene Sprache)* version *f; (Schule: in e-e Fremdsprache)* thème *m;* **2.** *tech* transmission; *(Fahrrad)* multiplication *f;* ▶ *für die Richtigkeit der ~* pour traduction conforme. **Übersetzungsbüro** *n* bureau *m* de traductions. **Übersetzungscomputer** *m* ordinateur-interprète *m.*
Übersicht *f* [ˈy:bər-] **1.** vue *f* d'ensemble; **2.** *fig (Zs.stellung)* tableau récapitulatif; *(Zs.fassung)* sommaire, résumé, aperçu *m.* **übersichtlich** *a* **1.** bien disposé; net, clair; **2.** *(Gelände)* dégagé. **Übersichtlichkeit** *f* clarté, netteté *f.*
übersiedeln [--ˈ--] ⟨*übersiedelt/siedelt über, übersiedelte/siedelte über, übersiedelt/übergesiedelt*⟩ ⟨*sein*⟩ *itr* déménager. **Übersiedler** *m* personne *f* changeant de lieu de résidence. **Übersiedlung** *f* déménagement *m; (ins Ausland)* émigration *f.*
übersinnlich [ˈy:bər-] *a* suprasensible, surnaturel; transcendant.
überspannen [--ˈ--] ⟨*ohne -ge-*⟩ *tr (zu sehr spannen)* trop tendre; *fig* exagérer; ▶ *den Bogen ~ (fig)* trop tirer sur la corde. **überspannt** *a fig* exalté, excentrique. **Überspanntheit** *f* ⟨-, ø⟩ exaltation, excentricité *f.*
überspielen [--ˈ--] ⟨*ohne -ge-*⟩ *tr (Schallplatte auf Band)* copier, enregistrer; *(e-e Aufnahme mit e-r anderen)* ré-

enregistrer; *fig (Schwäche)* cacher (*mit* par, derrière).
überspitzt [--ˈ-] *a fig* exagéré.
ˈ**über=springen** ‹*springt, sprang über, übergesprungen*› *itr* ‹*sein*› **1.** *(Funke)* s'amorcer; **2.** *fig* changer *(auf ein anderes Thema* le sujet). **überˈspringen** ‹*überspringt, übersprang, übersprungen*› *tr* **1.** sauter (par-dessus); franchir; **2.** *fig (a. e-e Klasse)* sauter.
übersprudelnd *a fig* pétillant (*vor* de).
ˈ**über=stehen** ‹*stand über, übergestanden*› *itr (hervorragen)* saillir. **überˈstehen** ‹*überstand, überstanden*› *tr (durchmachen)* passer par; *(meistern)* surmonter; *(Krankheit)* en revenir; *(überleben)* survivre (*etw* à qc). **übersteigen** [--ˈ--] ‹*überstieg, überstiegen*› *tr* **1.** escalader, franchir; **2.** *fig* (dé)passer, excéder; ► *das übersteigt meine Kräfte* cela passe mes forces. **überstimmen** ‹*ohne -ge-*› *tr parl* mettre en minorité.
Überstunde *f* [ˈy:bər-] heure *f* supplémentaire.
überstürzen [--ˈ--] ‹*ohne -ge-*› **1.** *tr* précipiter, hâter, brusquer; **2.** *refl: sich ~ (auch Ereignisse)* se précipiter. **überstürzt I.** *a* précipité, hâtif; **II.** *adv* à la hâte. **Überstürzung** *f* précipitation, hâte *f.* **überteuern** ‹*ohne -ge-*› *tr* renchérir. **Überteuerung** *f* renchérissement *m.* **übertönen** ‹*ohne -ge-*› *tr* couvrir, dominer.
Übertopf *m* [ˈy:bər-] cache-pot *m.*
übertragbar [--ˈ--] *a* **1.** *med* transmissible; **2.** *jur* transférable, cessible; ► *nicht ~ (auf e-n Namen ausgestellt)* personnel. **übertragen** [--ˈ--] ‹*überträgt, übertrug, übertragen*› *tr* **1.** *med* communiquer, *fam* passer; *(Blut)* transfuser; **2.** *jur* transférer, céder; *(Befugnis)* déléguer; **3.** *com (auf e-e andere Seite)* reporter; *(abschreiben)* transcrire; **4.** *(durchpausen)* calquer; **5.** *(übersetzen)* traduire; **6.** *tech* transmettre; **7.** *radio* (radio)diffuser; relayer; **8.** *fig (Tierversuchsergebnis auf d. Menschen)* transporter (*auf* chez); *refl:* **9.** *sich ~ (med)* se transmettre (*auf* à);► *~e Bedeutung f* sens *m* figuré. **Übertragung** *f* ‹-, -en› **1.** *med* transmission; *(Blut)* transfusion *f;* **2.** *jur* transfert *m,* cession *f; (e-r Befugnis)* délégation *f;* **3.** *(Abschrift)* transcription *f;* **4.** *(Übersetzung)* traduction; *(Schule: in die eigene Sprache)* version *f;* **5.** *tech* transmission *f;* **6.** *radio* (radio-)diffusion. **Übertragungswagen** *m radio TV* camion-relais *m.*
übertreffen [--ˈ--] ‹*übertrifft, übertraf, übertroffen*› *tr* dépasser, l'emporter sur; *bes. sport* surclasser; ► *sich selbst ~* se surpasser. **übertreiben** ‹*übertrieb, übertrieben*› *tr* exagérer; dramatiser.
Übertreibung *f* ‹-, -en› exagération *f.*
ˈ**über=treten** ‹*tritt, trat über, übergetreten*› *itr* ‹*sein*› **1.** *fig allg* passer, se ranger (*zu* du côté de); **2.** *rel* se convertir. **überˈtreten** ‹*übertritt, übertrat, übertreten*› *tr* contrevenir à, transgresser, enfreindre. **Übertretung** *f* ‹-, -en› contravention, infraction, violation *f.*
übertrieben [--ˈ--] *a* exagéré; excessif, outré; *(Preis) a.* exorbitant.
Übertritt *m* [ˈ---] passage *m; rel* conversion *f.*
übertrumpfen [--ˈ--] ‹*ohne -ge-*› *tr fig* l'emporter (*jdn* sur qn). **übervölkert** *a* surpeuplé. **Übervölkerung** *f* ‹-, ø› surpeuplement *m.* **übervorteilen** [y:bərˈfɔr-] ‹*ohne ge-*› *tr* duper, rançonner.

überwachen [--ˈ--] ‹*ohne -ge-*› *tr* surveiller; contrôler; *(beobachten)* observer; *(verfolgen)* suivre; *(heimlich)* épier. **Überwachung** *f* surveillance; observation *f.*
überwältigen [--ˈ---] ‹*ohne -ge-*› *tr* **1.** vaincre, accabler; l'emporter (*jdn* sur qn); **2.** subjuguer. **überwältigend** *a* **1.** *a. fig* écrasant, foudroyant; **2.** *(eindrucksvoll)* grandiose. **Überwältigung** *f* victoire (*gen* sur); conquête *f* (*gen* de).
über=wechseln [ˈy:bər-] *itr* ‹*sein*› *(zur Gegenpartei)* changer de parti, tourner casaque; ► *~ zu* se ranger du côté de.
Überweg *m* [ˈy:bər-] *(für Fußgänger)* passage *m* clouté.
überweisen [--ˈ--] ‹*überwies, überwiesen*› *tr* transmettre *a. fin;* virer (*auf jds Konto* au compte de qn); *(an e-e Dienststelle)* renvoyer (*an* à); *med (Patienten)* envoyer. **Überweisung** *f* ‹-, -en› *fin* virement *m; med* changement *m* de médecin. **Überweisungsauftrag** *m* mandat *m* de virement. **Überweisungsschein** *m med* certificat *m* permettant d'aller voir un autre médecin.
überwerfen [--ˈ--] ‹*überwirft, überwarf, überworfen*› : ► *sich mit jdm ~* se brouiller avec qn. **überwiegen** ‹*überwog, überwogen*› *itr* (pré)dominer, avoir la prépondérance. **überwiegend I.** *a* prépondérant **II.** *adv* principalement. **überwinden** ‹*überwindet, überwand, überwunden*› **1.** *tr* vaincre, l'emporter sur; *fig* surmonter; **2.** *refl: sich ~* prendre sur soi, se dominer. **Überwindung** *f* victoire *f,* triomphe *m;* ► *das hat mich viel ~ gekostet* cela m'a coûté. **überwintern** ‹*ohne -ge-*› *itr bot* résister à l'hiver; *zoo* hiberner. **überwuchern** ‹*ohne -ge-*› *tr* couvrir, envahir.
Überzahl *f* [ˈy:bər-] : ► *sich in der ~ befinden* être supérieur en nombre.
überzählig *a (Person)* en surnombre; *(Sache)* en surplus; ► *~ sein* être de trop.
überzeugen [--ˈ--] ‹*ohne -ge-*› *tr (durch*

die Tatsachen) convaincre (*von* de); *(überreden)* persuader (*von* de); ▶ *sich von etw* ~ s'assurer de qc; *sich von jdm* ~ *lassen* se rendre aux raisons de qn; ~ *Sie sich selbst (davon)!* jugez par vous-même. **überzeugend** *a* convaincant. **überzeugt** *a* convaincu. **Überzeugung** *f* conviction; *(Überredung)* persuasion; *(Zuversicht)* assurance *f;* ▶ *aus* ~ par conviction; *der* ~ *sein, daß* ... avoir la conviction que ... **Überzeugungskraft** *f* force *f* de persuasion.

'über≈ziehen ⟨*zog über, übergezogen*⟩ *tr (Kleidungsstück)* mettre. **über'ziehen** ⟨*überzog, überzogen*⟩ *tr* **1.** *(mit Stoff* od *Leder)* (re)couvrir, garnir (*mit* de); **2.** *(Konto)* mettre à découvert. **Überzug** *m* ['y:bər-] *(Bespannung)* revêtement *m; (Möbel)* housse; *(Kissen)* taie *f.*

üblich ['y:plɪç] *a* usuel, d'usage; *(gewöhnlich)* habituel; ▶ *nicht mehr* ~ *sein* être hors d'usage; *das ist so* ~ c'est l'usage; *es ist* ~ *zu* il est de règle de.

U-Boot *n* ['u:bo:t] sous-marin *m.*

übrig ['y:brɪç] *a attr* restant, de reste; ▶ *der, die, das ~e* ... le reste de ...; *das ~e* le reste; *die ~en* les autres; *im ~en* du *od* au reste; *für jdn nichts* ~ *haben (fig)* ne pas avoir de sympathie pour qn; ~ *sein* être de reste, rester. **übrig≈bleiben** ⟨*blieb übrig, übriggeblieben*⟩ *itr* ⟨*sein*⟩ être de reste, rester; ▶ *es bleibt nichts anderes* ~ il n'y a pas d'autre solution. **übrigens** *adv* du *od* au reste; *(nebenbei)* d'ailleurs. **übrig≈lassen** ⟨*läßt, ließ übrig, übriggelassen*⟩ *tr* laisser (de reste).

Übung *f* ⟨-, -en⟩ ['y:bʊŋ] exercice *m a. mil; bes. mus* étude *f; (Training)* entraînement *m; (Praxis)* pratique; *mil (Manöver)* manœuvre *f;* ▶ ~ *macht den Meister (prov)* c'est en forgeant qu'on devient forgeron. **Übungsbuch** *n* livre *m* d'exercices. **Übungsgelände** *n* terrain *m* d'entraînement. **Übungslager** *n* camp *m* d'entraînement. **Übungsplatz** *m mil* champ *m* de manœuvres.

Uefa-Cup, Uefa-Pokal *m* [ʊ'ˀe:fa-] Coupe *f* UEFA.

Ufer *n* ⟨-s, -⟩ ['u:fər] *allg* bord *m; (Fluß, Binnensee)* rive *f; (Binnensee)* rivage *m; (steiles)* berge *f;* ▶ *an den ~n des Rheins* aux *od* sur les bords du Rhin. **Uferböschung** *f* berge *f.* **Uferdamm** *m* quai *m.* **uferlos** *a fig* sans fin. **Uferstraße** *f* route *f* riveraine.

UFO, Ufo *n* ⟨-(s), -s⟩ ['u:fo] *(Kurzwort für unbekanntes Flugobjekt)* objet volant non-identifié, ovni *m.*

Uganda *n* [u'ganda] *geog* Ouganda *m.*

U-Haft *f* détention *f* préventive.

Uhr *f* ⟨-, -en⟩ [u:r] *(öffentliche, Turm~)* horloge; *(Wand~)* pendule *f; (Taschen-, Armband~)* montre *f; tech* chronomètre *m;* ▶ *nach meiner* ~ à ma montre; *um 8* ~ à huit heures; *um 12* ~ *mittags, nachts* à midi, à minuit; *um wieviel* ~*?* à quelle heure? *die* ~ *nach-, vorstellen* retarder, avancer l'heure; *meine* ~ *geht richtig* ma montre va juste; *meine* ~ *geht vor, nach* ma montre avance, retarde (*5 Minuten* de 5 minutes); *meine* ~ *ist stehengeblieben* ma montre est arrêtée; *es ist 2* ~ il est deux heures; *wieviel* ~ *ist es?* quelle heure est-il? **Uhrengeschäft** *n* horlogerie *f.* **Uhrmacher** *m* horloger *m.* **Uhrwerk** *n* mécanisme *m* d'horlogerie. **Uhrzeiger** *m* aiguille *f* (d'horloge *od* de montre). **Uhrzeigersinn** *m:* ▶ *im (entgegengesetzten)* ~ dans le sens (en sens inverse) des aiguilles d'une montre. **Uhrzeit** *f* heure *f.*

Uhu *m* ⟨-s, -s⟩ ['u:hu] *orn* grand duc *m.*

Ukraine, *die* [u'kraɪnə/ukra'i:nə] l'Ukraine *f.* **Ukrainer(in)** *m* ⟨-s, -⟩ (*f* ⟨-, -nen⟩) Ukrainien(ne *f*) *m.* **ukrainisch** [-'kraɪ-/-'i:nɪʃ] *a* ukrainien.

Ulk *m* ⟨-(e)s, -e⟩ [ʊlk] plaisanterie, *fam* blague *f.* **ulken** *itr* plaisanter; *fam* blaguer. **ulkig** *a* amusant, drôle.

Ulme *f* ⟨-, -n⟩ ['ʊlmə] orme *m.*

Ultimatum *n* ⟨-s, -ten/-s⟩ [ʊlti'ma:tʊm] *pol* ultimatum *m;* ▶ *jdm ein* ~ *stellen* envoyer un ultimatum à qn.

Ultra *m* ⟨-s, -s⟩ ['ʊltra] *pol* extrémiste *m.* **ultrahocherhitzen** *tr* upériser. **Ultrahocherhitzung** *f* upérisation *f.* **Ultrakurzwelle** *f* ['ʊltrakʊrts-, --'---] *radio* onde ultracourte *f.* **Ultrakurzwellenbereich** *m* cadre *m* micro-capteur. **Ultrakurzwellensender** *m* émetteur *m* à modulation de fréquence. **Ultraschall** *m* ultra-son *m.* **Ultraschallaufnahme** *f* échographie *f.* **Ultraschallgerät** *n med* appareil *m* à ultra-sons. **Ultraschalluntersuchung** *f* échographie *f.* **ultraviolett** *a* ultra-violet.

um [ʊm] **I.** *prp (örtl.:* ~ *herum)* autour de; *(zeitl.):* ▶ ~ *5 Uhr* à cinq heures; ~ *diese Zeit* vers cette heure-là; *(ungefähr):* ▶ ~ *2 Mark* environ deux marks; *(den Unterschied bezeichnend):* ▶ ~ *ein Jahr älter* plus âgé d'un an; *(für):* ▶ ~ *Geld* pour de l'argent; *(wegen)* à cause de, pour; *(Ausdrücke)* ▶ *wie steht es* ~ *ihn?* où en est-il? **II.** *adv (vorbei)* fini, passé; ▶ *rechts* ~*! (mil)* demi-tour à droite! *(~ so):* ~ *so besser, schlimmer* tant mieux, pis; ~ *so mehr, weniger* d'autant plus, moins; *je ...,* ~ *so* ... plus ..., plus ...; ~ ... *willen* pour (l'amour de); ~ ... *zu* ... *(inf)* pour, afin de *inf;* afin que *subj.*

um≈ändern ['ʊm-] *tr* transformer; modifier; *(neu gestalten)* remanier. **Umänderung** *f* transformation *f,* modification *f; (Neugestaltung)* remaniement *m.*

um≈arbeiten *tr* transformer, remanier.

umarmen [-'--] ‹*ohne -ge-*› *tr* embrasser, serrer dans ses bras; *(heftig)* étreindre. **Umarmung** *f (einseitige)* étreinte; *(gegenseitige)* accolade *f.*

Umbau *m* ‹-s, -e/-ten› ['um-] *arch* transformation *od* modification d'un *od* du bâtiment; *(Schiff)* refonte *f.* **'um=bauen** *tr arch* transformer (*zu* en). **um'-bauen** ‹*ohne -ge-*› *tr* entourer de bâtiments. **um=benennen** ‹*benannte um, umbenannt*› *tr* débaptiser. **um=besetzen** ‹*ohne -ge-*› *tr theat:* ► *die Rollen ~* changer la distribution des rôles. **um=betten** *tr (Kranken)* changer de lit; *(Toten)* changer de tombeau. **um=bilden** *tr* transformer; *adm* réorganiser; *(Regierung)* remanier. **Umbildung** *f* transformation; réorganisation *f;* remaniement *m.* **'um=binden** ‹*bindet, band um, umgebunden*› *tr (Krawatte, Schürze)* mettre. **um=blättern** *tr* tourner; *itr* tourner la page. **um=blicken,** *sich (nach allen Seiten)* regarder autour de soi; *(zurück)* se retourner. **um=bringen** ‹*brachte um, umgebracht*› *tr* faire mourir, assassiner; ► *sich ~* se suicider.

Umbruch *m* ['um-] **1.** *pol* bouleversement *m;* **2.** *typ* mise *f* en pages.

um=buchen ['um-] *tr com* transférer, virer. **um=denken** ‹*dachte um, umgedacht*› *itr* changer de perspective. **um=disponieren** ‹*ohne -ge-*› *tr* disposer autrement; *itr* changer de disposition. **um=drehen** *tr* (re)tourner; *sich ~* se retourner (*nach jdm* vers qn). **Umdrehung** *f phys astr (um die eigene Achse)* rotation; *(um e-n anderen Körper)* révolution *f; tech* tour *m.*

umeinander [--'--] *adv* l'un autour de l'autre; les uns autour des autres.

um=erziehen ['um-] ‹*hat umerzogen*› *tr* rééduquer. **Umerziehung** *f* rééducation *f.* **Umerziehungslager** *n* camp *m* de rééducation.

'um=fahren ‹*fuhr, fuhr um, umgefahren*› *tr* renverser (avec sa voiture *etc*). **um'fahren** ‹*umfährt, umfuhr, umfahren*› *tr* contourner; *mar (Kap)* doubler.

um=fallen ['um-] ‹*fällt, fiel um, umgefallen*› *itr* ‹*sein*› **1.** tomber; **2.** *fig fam (s-e Meinung ändern)* tourner casaque; **3.** *(nachgeben)* céder.

Umfang ['um-] *m* **1.** *math* périmètre; *allg* tour *m;* **2.** *(Ausdehnung)* étendue *f,* volume *m;* **3.** *mus* diapason *m;* **4.** *fig* échelle, ampleur *f;* ► *in großem ~* dans une large mesure. **umfangreich** *a* volumineux, étendu, large, vaste.

umfassen [-'--] ‹*ohne -ge-*› *tr* **1.** *(umschlingen)* embrasser; *(umgeben)* entourer; **2.** *(enthalten)* contenir, comprendre; *(einbegreifen)* impliquer **umfassend** *a* **1.** global, d'ensemble; **2.** *(umfangreich)* étendu, vaste; ► *~e Maßnahmen f pl* mesures *f pl* d'ensemble.

Umfeld *n* ['um-] *fig* milieu *m.*

um=formen ['um-] *tr = umbilden;* transformer, convertir *a. el.* **Umformung** *f* transformation *f a. el.*

Umfrage *f* ['um-] enquête *f,* sondage *m.*

umfried(ig)en [-'-(-)-] ‹*ohne -ge-*› *tr* entourer d'une clôture. **um=frisieren** ['um-] ‹*ohne -ge-*› *tr:* ► *ein Fahrzeug ~* maquiller un véhicule. **um=füllen** *tr* transvaser.

Umgang *m* ['um-] **1.** *(Rundgang)* tour *m,* tournée *f;* **2.** *arch (Balkon)* galerie *f, rel (Chor~)* déambulatoire *m;* **3.** *fig (Verkehr)* fréquentation *f* (*mit* de); ► *mit jdm ~ haben* fréquenter qn; avoir des relations (avec qn). **umgänglich** *a (gesellig)* sociable; *(freundlich)* affable. **Umgänglichkeit** *f* ‹-, ø› sociabilité, affabilité *f.* **Umgangsformen** *f pl* (bonnes) manières *f pl.* **Umgangssprache** *f* langage *m* familier.

umgarnen [-'--] ‹*ohne -ge-*› *tr fig* séduire.

umgeben ‹*umgibt, umgab, umgeben*› *tr* entourer; *(Ort)* environner. **Umgebung** *f* ‹-, ø› **1.** environs, alentours *m pl;* **2.** *(Umwelt, Lebenskreis)* milieu *m; (Gesellschaft)* entourage *m.* **um'gehen** ‹*umging, umgangen*› *tr* **1.** *(Ort)* faire le tour de, contourner; *(Hindernis, Schwierigkeit)* tourner; **2.** *(Gesetz)* éluder; *(Schwierigkeit, Pflicht, Einwand)* escamoter. **'um=gehen** ‹*ging um, umgegangen*› *itr* ‹*sein*› **1.** *(Gespenst)* revenir; **2.** *(Gerücht)* courir; ► *mit etw ~* user de qc; manier; *mit jdm ~ (behandeln)* traiter qn; *mit etw sparsam ~* être économe de qc. **umgehend** ['---] **I.** *a* immédiat; **II.** *adv* immédiatement, tout de suite.

umgekehrt ['um-] **I.** *a* **1.** *(umgedreht)* renversé; **2.** *fig (entgegengesetzt)* inverse, contraire; **II.** *adv fig* inversement, vice versa; ► *in ~er Reihenfolge* en ordre inverse; *mit ~em Vorzeichen (math, a. fig)* de signe contraire.

um=gestalten ['um-] ‹*umgestaltet*› *tr* transformer; *adm* réorganiser; *(Buch)* remanier; *(Stadt modernisieren)* urbaniser, aménager. **Umgestaltung** *f* transformation *f;* remaniement *m.* **um=graben** ‹*gräbt, grub um, umgegraben*› *tr agr* retourner, bêcher. **um=gruppieren** ‹*ohne -ge-*› *tr* regrouper. **Umgruppierung** *f* regroupement *m.*

Umhang *m* ['um-] cape, pèlerine *f.* **um=hängen** *tr* **1.** *(anders(wohin) hängen)* suspendre ailleurs; **2.** *(um den Körper)* mettre sur ses épaules; *(Rucksack)* mettre au dos; *mil (Gewehr)* mettre en bandoulière. **Umhängetasche** *f* sac *m* porté en bandoulière, sacoche *f.*

umher [um'he:r] *adv (hier u. da)* par ci, par là; *(hierhin u. dorthin)* çà et là. **umher=blicken** *itr* regarder tout au-

tour (de soi). **umher=gehen** ⟨*ging umher, umhergegangen*⟩ *itr* ⟨*sein*⟩ aller çà et là, se promener. **umher=irren** *itr* ⟨*sein*⟩ errer. **umher=ziehen** ⟨*zog umher, umhergezogen*⟩ *itr* courir le pays.
umhin=können [ʊmˈhɪn-] ⟨*kann, konnte umhin, umhingekonnt*⟩ *itr:* ► *nicht ~ zu tun* ne pouvoir s'empêcher de faire.
umhören, *sich* [ˈʊm-] se renseigner.
umhüllen [-ˈ--] ⟨*ohne -ge-*⟩ *tr* envelopper.
umkämpft [-ˈ-] *a* disputé.
Umkehr *f* ⟨-, ø⟩ [ˈʊm-] **1.** retour *m;* **2.** *fig* retournement *m,* conversion *f.* **umkehrbar** *a* réversible. **um=kehren 1.** *tr* ⟨*h*⟩ *(umdrehen)* (re)tourner; **2.** *itr* ⟨*sein*⟩ (s'en) retourner; *(bes. zu Fuß)* faire marche arrière, revenir sur ses pas.
um=kippen [ˈʊm-] **1.** *tr* ⟨*h*⟩ (ren)verser; **2.** *itr* ⟨*sein*⟩ basculer, culbuter; *(Wagen)* verser; *(Boot)* chavirer; *mot* capoter.
umklammern [-ˈ--] ⟨*ohne -ge-*⟩ *tr* embrasser, étreindre; *(Gegner)* enlacer.
um=klappen [ˈʊm-] *tr* rabattre.
Umkleidekabine *f* [ˈʊm-] cabine *f.* **um=kleiden,** *sich* [ˈʊm-] se changer. **Umkleideraum** *m* vestiaire *m.*
um=kommen [ˈʊm-] ⟨*kam um, umgekommen*⟩ *itr* ⟨*sein*⟩ périr, mourir (*vor* de); succomber.
Umkreis *m* [ˈʊm-] *math* cercle *m* circonscrit; ► *im ~* à la ronde; *im ~ von 10 km* dans un rayon de 10 km. **umkreisen** [-ˈ--] ⟨*ohne -ge-*⟩ *tr* tourner autour de; *(Vogel)* voler autour de.
um=krempeln [ˈʊm-] *tr* **1.** retrousser; **2.** *fig* mettre sens dessus dessous. **um=laden** ⟨*lädt um, lud um, umgeladen*⟩ *tr* transborder.
Umlage *f* [ˈʊm-] *(Steuern, Kosten)* répartition; *(Kosten)* cotisation *f.*
umlagern [-ˈ--] ⟨*ohne -ge-*⟩ *tr* assiéger.
Umlauf *m* [ˈʊm-] **1.** circulation *f a. adm fin;* **2.** *phys astr* révolution *f;* **3.** *(Rundschreiben)* (lettre) circulaire *f;* ► *in ~ bringen (Geld)* mettre en circulation; *im ~ sein (Geld)* circuler. **Umlaufbahn** *f astr* orbite *f;* ► *in e-e ~ um die Erde bringen (Satelliten)* placer sur orbite.
Umlaut *m* [ˈʊm-] *gram* métaphonie *f.*
um=legen [ˈʊm-] *tr* **1.** *(Kleidungsstück)* mettre; **2.** *(Getreide)* verser; **3.** *fam (umwerfen)* renverser; *pop (zu Boden strecken)* coucher sur le carreau; *arg (töten)* descendre; **4.** *(anders legen)* disposer autrement; *(Termin)* remettre (*auf* à); **5.** *(Kosten)* répartir (*auf* entre).
um=leiten *tr (Verkehr)* dévier, dériver. **Umleitung** *f* déviation *f.* **um=lernen** *itr (e-n neuen Beruf lernen)* changer de métier; *allg* changer de méthode. **umliegend** *a* environnant.
ummauern [-ˈ--] ⟨*ohne -ge-*⟩ *tr* entourer de murs, emmurer.
um=modeln [ˈʊm-] *tr fam* modifier, transformer.
umnachtet [-ˈ--] *a:* ► *geistig ~* troublé, aliéné. **Umnachtung** *f* ⟨-, ø⟩ : ► *(geistige) ~* aliénation *f* (mentale).
um=packen [ˈʊm-] *tr (neu verpacken)* changer d'emballage; *(Koffer)* refaire.
um=pflanzen *tr* transplanter; *(umtopfen)* rempoter. **um=polen** *tr el* inverser les pôles de; *fig (Person)* retourner.
um=räumen *tr (Zimmer)* changer la disposition des meubles de. **um=rechnen** *tr fin (Valuta)* convertir. **Umrechnung** *f com* conversion *f.* **Umrechnungskurs** *m* cours *od* taux *m* de change.
ˈ**um=reißen** ⟨*riß um, umgerissen*⟩ *tr (umstoßen)* renverser. **umˈreißen** ⟨*umriß, umrissen*⟩ *tr* dessiner *od* tracer les contours de; *fig* esquisser, ébaucher.
um=rennen [ˈʊm-] ⟨*rannte um, umgerannt*⟩ *tr* renverser en courant.
umringen [-ˈ--] ⟨*ohne -ge-*⟩ *tr* entourer.
Umriß *m* [ˈʊm-] contour, tracé *m; fig* esquisse, ébauche *f;* ► *im ~ (fig)* en gros.
um=rühren [ˈʊm-] *tr* brasser, remuer.
um=rüsten [ˈʊm-] *itr* réorganiser les armements; *tr (Gerät, Fahrzeug)* transformer (*zu* en); ► *ein Auto auf Autogas ~* adapter une voiture au gaz. **Umrüstung** *f* réorganisation *f* des armements; transformation; adaptation *f.*
um=satteln [ˈʊm-] *itr fig fam (den Beruf wechseln)* changer de métier.
Umsatz *m* [ˈʊm-] *com adm* chiffre *m* d'affaires. **Umsatzsteuer** *f* impôt *m od* taxe *f* sur le chiffre d'affaires.
um=schalten [ˈʊm-] *tr* **1.** *el* commuter, inverser; **2.** *mot* changer de vitesse; **3.** *radio* changer de longueur d'onde. **Umschalter** *m* ⟨-s, -⟩ *el* commutateur, inverseur *m.* **Umschalttaste** *f (Schreibmaschine)* touche *f* de transposition.
Umschau *f* ⟨-, ø⟩ [ˈʊm-] *(Rundblick)* tour *m* d'horizon; *fig (Überblick)* revue *f.* **um=schauen,** *sich* **1.** *(zurückblicken)* regarder derrière soi; **2.** *(Umschau halten)* regarder autour de soi.
umschiffen [-ˈ--] ⟨*ohne -ge-*⟩ *tr (Insel)* contourner; *(Kap)* doubler.
Umschlag *m* [ˈʊm-] **1.** *(plötzlicher Wechsel)* changement, revirement *m;* **2.** *(an der Kleidung)* (re)bord, *m;* **3.** *(Buch-, Heft~)* couverture; *(Akten~)* chemise; *(Brief~)* enveloppe *f;* **4.** *med* compresse *f;* **5.** *com (Güter~)* rotation *f;* **6.** *(Umladen)* transbordement *m.* **um=schlagen** ⟨*schlägt, schlug um, umgeschlagen*⟩ *tr* ⟨*h*⟩ **1.** *(Kragen)* rabattre; *(Ärmel)* retrousser; *(Buchseite)* tourner; **2.** *com (Güter)* transborder; *itr* ⟨*sein*⟩ **3.** *(umkippen: Wagen)* verser; *mot* capoter; *(Boot)* chavirer; **4.** *(Wind)* tourner; *(Wetter u. fig)* changer subitement; ► *ins Gegenteil ~* faire volte-face. **Umschlag(e)tuch** *n* châle *m.*

Umschlagplatz *m com* place *f* de transbordement.
umschließen [-ˈ--] ‹*umschloß, umschlossen*› *tr* enclore, entourer; *fig* inclure, (r)enfermer. **umschlingen** ‹*umschlang, umschlungen*› *tr* enlacer.
um=schnallen [ˈʊm-] *tr* boucler; ceindre, mettre.
ˈ**um=schreiben** ‹*schrieb um, umgeschrieben*› *tr* **1.** *(neu schreiben)* récrire; **2.** *com, jur* transférer (*auf jdn* à qn). **umˈschreiben** ‹*umschrieb, umschrieben*› *tr* **1.** *math* circonscrire; **2.** *fig* périphraser; **3.** *(festlegen)* délimiter. ˈ**Umschreibung** *f* **1.** *(Abschrift)* transcription *f;* **2.** *(e-s Recht(e)s etc)* transfert *m* (*auf jdn* à qn). ˈ**Umˈschreibung** *f math* circonscription (*gen* à); *fig* périphrase *f.* **Umschrift** *f (Abschrift)* transcription *(a. phonetische).*
Umschuldung *f* [ˈʊm-] conversion *f* de dettes.
um=schulen [ˈʊm-] *tr* recycler. **Umschulung** *f* recyclage *m*
Umschweife *m pl* [ˈʊm-]: ▸ *ohne ~* sans détours, sans ambages.
umschwenken [ˈʊm-] ‹*ist umgeschwenkt*› *itr fig* changer d'avis.
umschwirren [-ˈ--] ‹*ohne -ge-*› *tr* voleter.
Umschwung *m* [ˈʊm-] changement brusque, revirement *m;* révolution *f.*
um=sehen, *sich* [ˈʊm-] ‹*sieht, sah um, umgesehen*› = *sich umschauen;* ▸ *sich nach etw ~* chercher qc.
umseitig [ˈʊm-] *a* u. *adv* au verso.
um=setzen [ˈʊm-] *tr* **1.** transposer *a. mus chem; agr* transplanter; **2.** *fig* mettre en pratique; **3.** *com (Waren)* vendre, écouler. **Umsetzung** *f* transposition *f; fig* mise *f* en pratique.
Umsicht *f* [ˈʊm-] circonspection; *(Vorsicht)* prudence, précaution *f.* **umsichtig** *a* circonspect; prudent.
um=siedeln [ˈʊm-] **1.** *tr* ‹*h*› *(Bevölkerung)* transférer; **2.** *itr* ‹*sein*› s'établir ailleurs; *(auswandern)* émigrer. **Umsiedler** *m* ‹-s, -› émigrant *m.* **Umsiedlung** *f* transplantation *f,* transfert *m.*
umsonst [ʊmˈzɔnst] *adv* **1.** *(gratis)* pour rien, gratuitement; *fam (für ~)* à l'œil; **2.** *(vergeblich)* inutilement, en vain; ▸ *völlig ~ (vergeblich)* en pure perte.
umsorgen [-ˈ--] ‹*ohne -ge-*› *tr* entourer de soins.
Umspannwerk *n* [ˈʊm-] *el* station *f* de transformation.
um=springen [ˈʊm-] ‹*sprang um, umgesprungen*› *itr* ‹*sein*› *(Wind)* sauter; ▸ *mit jdm (rücksichtslos) ~* traiter qn (sans égards).
Umstand *m* [ˈʊm-] circonstance *f a. jur; (Tatsache)* fait; *(Einzelheit)* détail *m; pl s. Umstände.* **Umstandskleidung** *f* vêtements *m pl* de grossesse. **Umstandswort** *n* adverbe *m.* **Umstände** *m pl* **1.** *(Lage)* circonstances *f pl;* situation *f;* **2.** *(Förmlichkeiten)* cérémonies, manières *f pl;* ▸ *ohne ~* sans façons; *unter ~n* le cas échéant; *unter allen ~n* à tout prix; *unter diesen ~n* dans ces circonstances; *unter keinen ~n* en aucun cas, à aucun prix; *in anderen ~n (schwanger) sein (fam)* être enceinte; *(machen Sie) keine ~!* pas de manières! *mildernde ~ (jur)* circonstances *f pl* atténuantes; *die näheren ~* les détails *m pl.* **umständlich** *a* **1.** *(ausführlich)* minutieux; *(weitschweifig)* long; **2.** *(verwickelt)* compliqué; *(beschwerlich)* embarrassant; **3.** *(förmlich)* formaliste; *(kleinlich)* pointilleux.
umstehen [-ˈ--] ‹*umstand, umstanden*› *tr* entourer.
um=steigen [ˈʊm-] ‹*stieg um, umgestiegen*› *itr* ‹*sein*› *loc* changer (de train); ▸ *ohne umzusteigen* sans changement.
ˈ**um=stellen** *tr* **1.** changer de place, arranger d'une façon différente; *gram typ* transposer; *bes. math* permuter; **2.** *fig (Betrieb)* réadapter, réorganiser; **3.** *fin* convertir; *refl* **4.** *sich ~ (s-e Haltung ändern)* changer d'attitude; s'adapter (à une situation nouvelle). **umˈstellen** ‹*ohne -ge-*› *tr* entourer (*mit* de); *(bes. Jagd u. mil)* cerner. **Umstellung** *f* [ˈʊm-] **1.** *gram* transposition; *math* permutation *f;* **2.** *(Betriebs~, berufliche ~)* réadaptation, réorganisation *f;* **3.** *fin* conversion *f.* **um=stimmen** ‹*hat tr fig (Menschen)* faire changer d'avis. **um=stoßen** ‹*stößt, stieß um, umgestoßen*› *tr* renverser *a. fig (Plan).*
umstritten [-ˈ--] *a* disputé, controversé, *bes. sport* contesté; en litige.
um=strukturieren [ˈʊm-] *tr* restructurer. **Umstrukturierung** *f* restructuration *f.* **um=stülpen** *tr* retourner.
Umsturz *m* [ˈʊm-] *a. fig* renversement, bouleversement *m; pol* subversion, révolution *f.* **um=stürzen** **1.** *tr* ‹*h*› mettre à bas; *a. fig* renverser, bouleverser; **2.** *itr* ‹*sein*› tomber à la renverse; *(Wagen)* verser; *mot* capoter. **umstürzlerisch** *a* subversif, révolutionnaire.
Umtausch *m* [ˈʊm-] échange *m.* **um=tauschen** *tr* échanger (*gegen* contre, pour).
Umtriebe *m pl* [ˈʊm-] *(Machenschaften)* menées, machinations *f pl.*
um=verteilen [ˈʊm-] *tr* répartir autrement. **Umverteilung** *f* nouvelle répartition *f.* **um=wälzen** *tr (Stein)* rouler. **umwälzend** *a fig* bouleversant. **Umwälzung** *f* ‹-, -en› *fig* bouleversement *m.* **um=wandeln** *tr (ändern, umbilden)* changer, transformer *a. el (in* en); métamorphoser; *jur (Strafe)* commuer (*in* en). **Umwandlung** *f* changement *m,* transformation *a. el,* métamorphose;

tech com conversion *f.* **um=wechseln** *tr* **1.** *(Geld)* changer; **2.** *(in e-e andere Währung)* convertir.

Umweg *m* ['ʊm-] détour *a. fig; fig* biais *m;* ► *auf ~en (fig)* de *od* en biais.

Umwelt *f* ['ʊm-] *(gesellschaftlich)* milieu *m; ecol* environnement, milieu *m.* **Umweltbeauftragte(r)** *m f* délégué, e *m f* à l'environnement. **umweltbedingt** *a* déterminé par l'environnement. **Umweltbedingungen** *f pl (gesellschaftlich)* conditions *f pl* sociales; *ecol* environnement *m.* **Umweltbelastung** *f* incidence *f* sur l'environnement. **Umweltbewußtsein** *n* sensibilisation *f* aux problèmes de l'environnement. **Umwelteinflüsse** *m pl* influences *f pl* ambiantes. **umweltfeindlich** *a* polluant, générateur de nuisances. **umweltfreundlich** *a* écologique, non-polluant. **umweltgeschädigt** *a (Mensch)* caractériel; *(Natur, Gegend)* pollué; *(Baum)* abîmé. **umweltgestört** *a (Kind)* caractériel (victime de son milieu social). **Umweltkatastrophe** *f* catastrophe *f* écologique. **Umweltkriminalität** *f* infractions *f pl* aux lois sur l'environnement. **Umweltschutz** *m* protection *f* de l'environnement. **umweltschützend** *a* anti-pollution. **Umweltschützer** *m* écologiste *m.* **Umweltschutzpapier** *n* papier *m* recyclé. **Umwelt(schutz)technik** *f* techniques *f pl* antinuisances. **Umweltsünder** *m* pollueur *m.* **Umweltverschmutzung** *f* pollution *f* (de l'environnement). **umweltverträglich** *a* moins polluant, e. **Umweltzerstörung** *f* destruction *f* de l'environnement.

um=wenden ['ʊm-] ‹*wendet, wandte* od *wendete um, umgewandt* od *umgewendet*› *tr* (re)tourner; *sich ~* se retourner.

umwerben [-'--] ‹*umwirbt, umwarb, umworben*› *tr* courtiser.

um=werfen ['ʊm-] ‹*wirft, warf um, umgeworfen*› *tr* renverser *a. fig (Plan).*

umwickeln [-'--] ‹*ohne -ge-*› *tr* entortiller, envelopper (*mit* de). **umzäunen** ‹*ohne -ge-*› *tr* enclore, clôturer. **Umzäunung** *f* ‹-, -en› clôture *f.*

um=ziehen ['ʊm-] ‹*zog um, umgezogen*› **1.** *itr* ‹*sein*› déménager, changer de logement; **2.** *refl: sich ~* se changer.

umzingeln [-'--] ‹*ohne -ge-*› *tr* encercler.

Umzug *m* ['ʊm-] **1.** *(Festzug)* cortège *m; rel* procession *f;* **2.** *(Wohnungswechsel)* déménagement *m.*

unabänderlich [--'---/'-----] *a* immuable; *(unwiderruflich)* irrévocable. **unabhängig** ['ʊn-] *a* indépendant; *parl (Abgeordneter)* non inscrit; *(Staat)* autonome; *gram* absolu. **Unabhängigkeit** *f* ‹-, ø› indépendance; *(staatliche)* autonomie; *(wirtschaftliche)* autarcie *f.* **unabkömmlich** ['ʊn-/--'--] *a* indisponible. **unablässig** [--'--/'----] **I.** *a* continu(el), perpétuel; **II.** *adv a.* sans cesse. **unabsehbar** *a* imprévisible. **unabsichtlich** ['ʊn-] **I.** *a* non intentionnel, non prémédité; **II.** *adv* sans intention sans le vouloir. **unabwendbar** [--'--/'----] *a* inévitable. **unachtsam** ['ʊn-] *a* inattentif; *(nachlässig)* négligent. **Unachtsamkeit** *f* ‹-, ø› inattention; négligence *f;* ► *aus ~* par inadvertance. **unangebracht** *a* déplacé, inopportun. **unangefochten** *a* incontesté. **unangemessen** *a* inconvenant. **unangenehm** *a* désagréable; *(lästig)* gênant; *(ärgerlich)* fâcheux; *(peinlich)* pénible; ► *es wäre mir ~, wenn ... (subj)* cela m'ennuyerait de ... *(inf).* **unangepaßt** *a* non-conformiste. **unangetastet** *a* intact. **unannehmbar** [--'--/'----] *a* inacceptable. **Unannehmlichkeit** *f* désagrément *m.* **unansehnlich** ['ʊn-] *a* insignifiant, d'une apparence défavorable; *(häßlich)* laid. **unanständig** *a* indécent, malséant. **Unanständigkeit** *f* indécence, malhonnêteté, polissonnerie *f.* **unantastbar** [--'--/'----] *a* inviolable. **unappetitlich** ['ʊn-] *a* peu appétissant.

Unart *f* ['ʊn-] mauvaise(s) habitude *od* manières *f (pl); (e-s Kindes)* méchanceté *f.* **unartig** *a* mal élevé, méchant.

unauffällig ['ʊn-] **I.** *a* qui passe inaperçu; *(bescheiden)* discret; **II.** *adv* sans être aperçu; discrètement. **unauffindbar** [--'--/'----] *a* introuvable. **unaufgefordert** ['ʊn-] **I.** *a* spontané; **II.** *adv a.* de son propre chef. **unaufhaltsam** [--'--/'----] *a* irrésistible. **unaufhörlich** [--'--/'----] **I.** *a* incessant, continu(el); **II.** *adv a.* sans cesse. **unauflöslich** [--'--/'----] *a* indissoluble. **unaufmerksam** ['ʊn-] *a* inattentif; *(zerstreut)* distrait. **Unaufmerksamkeit** *f* inattention *f.* **unaufrichtig** *a* insincère. **unausbleiblich** [--'--/'----] *a* immanquable, inévitable. **unausgeglichen** ['ʊn-] *a (Charakter)* déséquilibré. **Unausgeglichenheit** *f* manque *m* d'équilibre. **unausstehlich** [--'--/'----] *a* insupportable, odieux; *fam* assommant. **unausweichlich** *a* inévitable. **unbändig** ['ʊn-] *a* pétulant; effréné. **unbarmherzig** *a* impitoyable; *a. adv* sans pitié. **unbeachtet** *a* ignoré. **unbeaufsichtigt** *a* sans surveillance. **unbedenklich** *a* qui n'offre aucun inconvénient. **unbedeutend** *a* insignifiant; négligeable; futile.

unbedingt ['ʊn-/--'-] **I.** *a* absolu; *(bedingungslos)* inconditionnel; **II.** *adv (auf jeden Fall)* absolument, en tout cas; ► *nicht ~* pas forcément.

unbefangen ['ʊn-] *a (unvoreingenommen)* non prévenu, sans préjugé; *(unparteiisch)* impartial, objectif. **unbe-**

friedigend *a* non satisfaisant, insuffisant. **unbefriedigt** *a* insatisfait; mécontent. **unbefugt** *a* non autorisé. **Unbefugte** *m f:* ► *Unbefugten ist der Zutritt verboten* entrée interdite à toute personne étrangère au service. **unbegreiflich** [--'--/'----] *a* incompréhensible; ► *das ist mir ~* je n'y comprends (plus) rien. **unbegrenzt** ['ʊn-/--'-] *a* illimité. **unbegründet** ['ʊn-] *a* infondé, dénué de fondement.

Unbehagen *n* ['ʊn-] malaise *m*, gêne *f*. **unbehaglich** [-klɪç] *a (ungemütlich)* inconfortable, incommode; ► *sich ~ fühlen* être *od* se sentir mal à l'aise.

unbehelligt [--'--/'----] *a* sans être importuné *od* molesté. **unbeholfen** ['ʊn-] *a* maladroit. **Unbeholfenheit** *f* ‹-, ø› maladresse *f*. **unbeirrbar** [--'--/'----] *a* imperturbable. **unbeirrt** *adv* sans se laisser déconcerter, tout droit. **unbekannt** ['ʊn-] *a* inconnu, ignoré; ► *das ist mir ~ (a.)* je n'en sais rien, je l'ignore; *es ist Ihnen nicht ~, daß* ... vous n'ignorez pas que ... **Unbekannte** *m f* inconnu(e *f*) *m*. **unbekleidet** *a* déshabillé, nu. **unbekümmert** [--'--/'----] *a* insouciant (*um* de). **Unbekümmertheit** *f* ‹-, ø› insouciance *f*. **unbelastet** ['ʊn-] *a fig* non grevé (*mit* de). **unbelehrbar** [--'--, '----] *a* incorrigible. **unbeliebt** ['ʊn-] *a* peu aimé, impopulaire; ► *sich ~ machen* se rendre impopulaire. **Unbeliebtheit** *f* ‹-, ø› impopularité *f*. **unbemannt** *a (Rakete)* non habité. **unbemerkt I.** *a* inaperçu; **II.** *adv* subrepticement. **unbenutzbar** [--'--/'----] *a* inutilisable. **unbenutzt** *a* inutilisé, non employé, neuf. **unbequem** ['ʊn-] *a* **1.** incommode, inconfortable; *(Kleidung)* gênant; **2.** *(lästig)* importun; *(ungelegen)* inopportun. **Unbequemlichkeit** *f* incommodité *f*. **unberechenbar** [--'---/'-----] *a* incalculable. **unberührt** ['ʊn-] *a (unversehrt)* intact.

unbeschadet [--'--/'----] *prp gen* sans préjudice de, sous (toute) réserve de.

unbeschädigt ['ʊn-] *a* indemne, intact. **unbescheiden** *a* immodeste; *(anspruchsvoll)* exigeant; *(anmaßend)* arrogant. **unbescholten** *a* intègre. **unbeschrankt** *a (Bahnübergang)* non gardé. **unbeschränkt** [--'-/'---] *a* illimité, sans restriction; *(Gewalt)* absolu. **unbeschreiblich** [--'--/'----] *a* indescriptible. **unbeschrieben** ['ʊn-] *a (Papier)* blanc. **unbesehen** [--'--/'----] *adv* sans l'avoir vu(e). **unbesiegbar** [--'--, 'ʊn-] *a* invincible, imbattable. **unbesiegt** *a* invaincu. **unbesonnen** ['ʊn-] *a* irréfléchi, inconsidéré; *(gedankenlos)* écervelé; *(leichtsinnig)* léger, étourdi. **Unbesonnenheit** *f* **1.** irréflexion; légèreté *f*; **2.** *(Handlung)* étourderie *f*. **unbesorgt** *a* insouciant, sans souci; ► *seien Sie ~!* rassurez-vous! **unbeständig** *a* instable, inconstant; *(wechselhaft)* variable. **Unbeständigkeit** *f* instabilité, inconstance *f*. **unbestechlich** [--'--/'----] *a* incorruptible. **Unbestechlichkeit** *f* ‹-, -ø› intégrité *f*.

unbestimmt ['ʊn-] *a* indéterminé *a. math;* indéfini *a. gram;* imprécis. **unbestreitbar** [--'--/'----] *a* incontestable. **unbestritten** *a* incontesté. **unbeteiligt** *a* hors de cause; étranger (*an* à); *(gleichgültig)* désintéressé. **unbetont** ['ʊn-] *a gram* non accentué, atone. **unbewaffnet** *a* sans armes. **unbeweglich** ['ʊn-/ʊn-] *a* **1.** immobile, fixe; **2.** *jur* immeuble. **Unbeweglichkeit** *f* immobilité. **unbewohnbar** [--'--/'----] *a* inhabitable. **unbewohnt** *a* inhabité; *(Land)* désert. **unbewußt** ['ʊn-] *a* inconscient **Unbewußte,** *das, psych philos* l'inconscient *m*. **unbezahlbar** *a* impayable *a. fig; fig* sans prix; ► *~ sein (fig)* n'avoir point de prix. **unbezahlt** *a* **1.** *(Rechnung)* non réglé; **2.** *(Arbeit)* non salarié.

Unbilden *pl* ['ʊnbɪldən] : ► *die ~ der Witterung* les intempéries *f pl*.

unblutig ['ʊn-] *a* non sanglant. **unbrauchbar** *a* inutil(isabl)e.

und [ʊnt] *conj* et; ► *~ (dann)?* et alors? *er kam ~ holte mich* il vint me prendre.

Undank *m* ['ʊn-] ingratitude *f*. **undankbar** *a* ingrat (*gegen* envers). **Undankbarkeit** *f* ingratitude *f*.

undefinierbar [---'--/'-----] *a* indéfinissable. **undenkbar** [ʊn'dɛŋkba:r] *a* impensable, inconcevable, inimaginable.

Underdog *m* ‹-s, -s› ['andədɔg] perdant, citoyen *m* de seconde classe.

undeutlich ['ʊn-] *a* indistinct; *(unbestimmt)* vague; *(unscharf)* brouillé, flou; *(Schrift)* peu lisible. **undicht** *a* non étanche; ► *~e Stelle f* point *m* de fuite.

Unding *n* ‹-(e)s, -e› ['ʊn-] absurdité *f*.

undiszipliniert ['ʊn-] *a* indiscipliné.

unduldsam ['ʊn-] *a* intolérant. **Unduldsamkeit** *f* ‹-, ø› intolérance *f*.

undurchdringlich [--'--/'----] *a* impénétrable *a. fig*. **undurchführbar** *a* irréalisable, infaisable. **undurchlässig** ['ʊn-] *a* imperméable (*für* à), étanche. **undurchsichtig** *a* **1.** opaque; **2.** *fig* impénétrable; *(Lage)* confus.

uneben ['ʊn-] *a (Boden)* inégal; *(Gelände)* accidenté, mouvementé. **unecht** *a (nachgemacht)* imité, d'imitation. **unehelich** *a (Kind)* naturel, illégitime.

Unehre *f* ['ʊn-] déshonneur *m*. **unehrenhaft** *a (Verhalten)* déshonorant. **unehrlich** *a* malhonnête. **Unehrlichkeit** *f* malhonnêteté, déloyauté *f*.

uneigennützig ['ʊn-] *a* désintéressé, altruiste. **uneingeschränkt** ['ʊn-/---'-] *a* illimité; *pol (Gewalt)* absolu. **unein-**

heitlich ['ʊn-] *a* différent, varié. **uneinig** ['ʊn-] *a* désuni, divisé, brouillé. **Uneinigkeit** *f* désunion *f*, désaccord *m*. **uneins** *a pred* = *uneinig*. **unempfindlich** ['ʊn-] *a* insensible (*gegen* à); *fig* inaccessible (*gegen* à); *(gefühllos)* impassible. **Unempfindlichkeit** *f* ⟨-, ø⟩ insensibilité, impassibilité. *f*. **unendlich** [ʊn'ʔɛntlɪç] *a* infini *a. math*. **Unendlichkeit** *f* ⟨-, ø⟩ infinité; *(Unermeßlichkeit)* immensité *f*. **unentbehrlich** [--'--/'----] *a* indispensable. **unentgeltlich I.** *a* gratuit; **II.** *adv* gratuitement, gratis. **unentschieden** ['ʊn-] *a* **1.** indécis; **2.** *(in der Schwebe)* en suspens; **3.** *(Schach)* nulle; *sport* nul; **4.** *(unentschlossen)* irrésolu. **unentschlossen** *a* irrésolu, indécis. **Unentschlossenheit** *f* irrésolution, indécision *f*. **unentschuldbar** [--'--/'----] *a* inexcusable. **unentwegt** [--'-/'---] *adv* sans cesse. **unerbittlich** [--'--/'----] *a* inflexible; *(erbarmungslos)* impitoyable. **unerfahren** ['ʊn-] *a* inexpérimenté (*in* dans). **Unerfahrenheit** *f* ⟨-, ø⟩ inexpérience *f*. **unerfreulich** *a* fâcheux; *(unangenehm)* désagréable. **unergiebig** *a* improductif, stérile; *agr (Boden)* maigre; *(nicht lohnend)* peu profitable. **unergründlich** [--'--/'----] *a* insondable, impénétrable. **unerheblich** ['ʊn-] *a* peu important, insignifiant.

'unerhört *a*: ▸ ~ *bleiben (Bitte)* rester sans réponse. **uner'hört** *a (unglaublich)* inouï, scandaleux.

unerkannt ['ʊn-] *adv* incognito. **unerklärlich** [--'--/'----] *a* inexplicable. **unerläßlich** *a* indispensable. **unerlaubt** ['ʊn-] *a* non autorisé, défendu. **unerledigt** *a* non réglé; en suspens; *(Arbeit, Rechnung)* en souffrance. **unermeßlich** [--'--/'----] *a* immense. **unermüdlich** *a* infatigable. **unerreichbar** *a, a. fig* inaccessible, hors de portée. **unerreicht** *a fig* inégalé, sans pareil. **unersättlich** *a, a. fig* insatiable. **unerschöpflich** *a* inépuisable, intarissable. **unerschrocken** ['ʊn-] *a* intrépide. **unerschütterlich** [--'--/'----] *a* inébranlable *a. fig; fig* imperturbable. **unerschwinglich** *a* **1.** *(Ware)* hors de prix; **2.** *(Preis)* inabordable, exorbitant. **unersetzlich** *a* irremplaçable. **unerträglich** *a* insupportable; *fam* assommant. **unerwartet I.** *a* inattendu; *(Glück)* inespéré; **II.** *adv* à l'improviste. **unerwünscht** ['ʊn-] *a* indésirable; *(ungelegen)* importun.

UNESCO *f* ⟨-, ø⟩ [u'nɛsko] Unesco *f*.

unfähig ['ʊn-] *a* incapable (*zu* de); *(ungeeignet)* inapte (*zu* à); impuissant. **Unfähigkeit** *f* incapacité; inaptitude, incompétence; impuissance *f*. **unfair** ['ʊnfɛ:r] *a* déloyal, *fam, bes. sport* irrégulier.

Unfall *m* ['ʊn-] accident *m*; ▸ *bei e-m ~ (während e-s ~s)* dans un accident; *(im Falle e-s ~s)* en cas d'accident; ~ *auf dem Weg zur oder von der Arbeitsstätte* accident *m* de trajet. **Unfallflucht** *f* délit *m* de fuite. **unfallfrei** *a* sans accident. **Unfalltote(r)** *m f* mort, e *m f* victime *f* d'un accident. **Unfallverhütung** *f* prévention *f* des accidents. **Unfallversicherung** *f* assurance *f* (contre les) accidents.

unfaßbar *a*, **unfaßlich** [-'--/'---] *a* inconcevable, incompréhensible. **unfehlbar** *a* immanquable; *bes. rel* infaillible; *(Mittel)* souverain. **Unfehlkeit** *f* ⟨-, ø⟩ *rel* infaillibilité *f*. **unfein** ['ʊn-] *a fig* peu délicat, sans tact. **unflätig** *a* ordurier, sale, obscène. **unförmig** *a* informe, difforme. **Unförmigkeit** *f* ⟨-, ø⟩ difformité *f*. **unfreiwillig** *a* involontaire; *a. adv* malgré moi, toi *etc*. **unfreundlich** *a* **1.** inamical, peu aimable, désobligeant; **2.** *(mürrisch)* maussade *(a. vom Wetter)*, morose; **3.** *(barsch)* brusque.

Unfriede(n) *m* ⟨-ns, ø⟩ ['ʊn-] discorde, dissension *f*.

unfruchtbar ['ʊn-] *a, a. fig* infertile, stérile. **Unfruchtbarkeit** *f a. fig* infécondité, stérilité *f*.

Unfug *m* ⟨-(e)s, ø⟩ ['ʊnfu:k, -g(ə)s] **1.** *(Streich)* mauvais tour *m*; **2.** *fam (Torheit)* bêtise *f*; *(Unsinn)* non-sens *m*.

Ungar(in) *m* ⟨-n, -n⟩ (*f* ⟨-, -nen⟩) ['ʊŋgar] Hongrois(e *f*) *m*. **ungarisch** ['ʊŋgarɪʃ] *a* hongrois; ▸ *(das) U~(e)* (le) hongrois. **Ungarn** *n* la Hongrie.

ungeachtet ['ʊn-/--'--] *prp gen* malgré, en dépit de, nonobstant.

ungeahnt ['ʊn-/--'-] *a* insoupçonné, inespéré. **ungebeten** ['ʊn-] *a*: ▸ *~er Gast m* intrus *m*. **ungebildet** *a* inculte; sans culture *od* éducation; illettré. **ungeboren** *a* à naître. **ungebräuchlich** *a (Wort)* inusité. **ungebraucht** *a* inutilisé, neuf. **ungebührlich** ['ʊn-/'----] *a* inconvenant, indu. **ungedeckt** ['ʊn-] *a fin* à découvert; *(Scheck)* sans provision.

Ungeduld *f* ['ʊn-] *f* impatience *f*. **ungeduldig** *a* impatient.

ungeeignet ['ʊn-] *a* impropre (*zu* à).

ungefähr ['ʊn-/--'-] **I.** *a (annähernd)* approximatif; **II.** *adv* approximativement, environ; ▸ ~ *100 Mark (a.)* une centaine de *od* dans les 100 marks.

ungefährlich ['ʊn-] *a (Mensch, Tier)* inoffensif; *(Sache)* anodin; *(Lage, Unternehmen)* sans danger. **ungehalten** *a (verärgert)* mécontent, fâché (*über* de); ▸ ~ *werden* se fâcher (*über* de).

ungeheuer ['ʊn-/--'--] *a* **1.** monstrueux, formidable *a. fam (übertreibend)*; **2.** *(gewaltig)* immense, énorme. **Ungeheuer** *n* ⟨-s, -⟩ monstre *m*. **ungeheuerlich** *a* monstrueux.

ungehindert ['ʊn-] *a:* ▶ *zu jdm ~en Zutritt haben* avoir libre accès à qn. **ungehobelt** *a* brut; *fig* mal dégrossi, grossier. **ungehörig** *a* incongru, indu. **Ungehörigkeit** *f* ‹-, -en› inconvenance, incongruité *f*. **ungehorsam** *a* désobéissant (*gegen* à); *bes. mil* insoumis; ▶ *~ sein (a.)* désobéir; *(Kind)* ne pas écouter. **Ungehorsam** *m* désobéissance; *bes. mil* insubordination, insoumission *f*. **ungeklärt** *a* non éclairci, obscur; *(Tat)* inexpliqué; *(zweifelhaft)* douteux. **ungekündigt** *a:* ▶ *in ~er Stellung* sans avoir reçu congé. **ungekünstelt** *a* sans recherche *od* apprêt *od* affectation. **ungekürzt** *a (Text, Ausgabe)* intégral. **ungeladen** *a* **1.** *(Wagen, Gewehr, el)* non chargé; **2.** *(Gast)* non invité. **ungelegen** **I.** *a* **1.** intempestif, importun, inopportun; **2.** *(Zeit)* défavorable; indu; **II.** *adv* mal à propos; ▶ *das kommt mir ~* cela me dérange. **Ungelegenheit** *f:* ▶ *jdm ~en machen* causer des ennuis à qn. **ungelenk(ig)** *a* **1.** peu souple, raide; **2.** *(ungeschickt)* maladroit, gauche. **ungelernt** *a:* ▶ *~er Arbeiter m* ouvrier non qualifié. **ungelogen** *adv* à dire vrai. **ungemütlich** *a* inconfortable; *fam (Wetter)* vilain. **ungenannt** *a* innommé, anonyme. **ungenau** *a* inexact, imprécis. **Ungenauigkeit** *f* inexactitude, imprécision *f*. **ungeniert** ['ʊn-/--'-] *adv* sans gêne, sans façon(s). **Ungeniertheit** *f* sans-gêne *m*. **ungenießbar** ['ʊn-/--'--] *a* **1.** *(Speise)* immangeable; *(Getränk)* imbuvable; **2.** *fig* insupportable. **ungenügend** ['ʊn-] *a* insuffisant. **ungenutzt** *a* inutilisé; ▶ *~ vorübergehen lassen* laisser passer sans en profiter. **ungeordnet** *a* non rangé; *a. adv* sans ordre, en désordre. **ungepflegt** *a* mal soigné, négligé. **ungerade** *a (Zahl)* impair.
ungerecht ['ʊn-] *a* injuste, inique. **ungerechtfertigt** *a* injustifié. **Ungerechtigkeit** *f* injustice, iniquité *f*.
ungeregelt ['ʊn-] *a (Leben)* déréglé. **ungereimt** *a* **1.** non rimé; **2.** *fig (unsinnig, albern)* inepte, absurde. **Ungereimtheit** *f fig* ineptie, absurdité *f*. **ungern** *adv* à contre-cœur, à regret, de mauvais gré, malgré soi. **ungesagt** *a:* ▶ *etw ~ lassen* passer qc sous silence. **ungeschehen** *a:* ▶ *das ist nicht mehr ~ zu machen* c'est irréparable. **ungeschickt** ['ʊngəʃɪkt] *a* maladroit, malhabile, gauche. **Ungeschicktheit** *f* maladresse, gaucherie *f*. **ungeschlechtlich** ['ʊn-] *a biol* asexuel. **ungeschliffen** *a* **1.** *tech (Edelstein)* non taillé, brut; **2.** *fig* impoli,mal élevé, grossier. **ungeschminkt** *a* **1.** non fardé; **2.** *fig* crûment. **ungesellig** *a* insociable; *(menschenscheu)* sauvage. **ungesetzlich** *a* illégal, contraire à la loi. **ungestört** *adv a.* en paix, sans être dérangé. **ungestraft** *adv* impunément.
ungestüm ['ʊn-] **I.** *a* impétueux, pétulant, turbulent; **II.** *adv a.* à corps perdu. **Ungestüm** *n* ‹-(e)s, ø› ['ʊngəʃty:m] violence, impétuosité *f*.
ungesund ['ʊn-] *a (Umgebung)* insalubre, nocif; *(Speise, Getränk)* malsain; *fig* malsain, morbide. **ungetrübt** *a fig (Freude, Glück)* sans mélange.
Ungetüm *n* ‹-(e)s, -e› ['ʊngəty:m] monstre *m*.
ungewiß ['ʊn-] *a* incertain; *(heikel)* précaire; *(zweifelhaft)* douteux. **Ungewißheit** *f* incertitude *f*. **ungewöhnlich** *a* **1.** inhabituel; **2.** *(außerordentlich)* extraordinaire, exceptionnel. **ungewohnt** *a* inaccoutumé. **ungezählt** *a fig (zahllos)* innombrable.
Ungeziefer *n* ‹-s, ø› ['ʊngətsi:fər] vermine *f*.
ungezogen ['ʊn-] *a* mal élevé; *(unhöflich)* impoli; *(frech)* impertinent; *(Kind)* méchant, pas sage. **Ungezogenheit** *f* manque *m* d'éducation; méchanceté *f*. **ungezwungen** *a (zwanglos)* aisé, dégagé, sans gêne, sans façon. **Ungezwungenheit** *f fig* aisance (des manières), désinvolture *f*, sans-gêne *m;* décontraction *f*.
Unglaube(n) ['ʊn-] *m* **1.** incrédulité *f;* **2.** *rel* incroyance *f*. **unglaubhaft** *a* peu digne de foi, douteux. **ungläubig** *a* **1.** *allg* incrédule, sceptique; **2.** *rel* incroyant. **Ungläubige(r)** *m f* incroyant(e *f*), infidèle *m f*. **unglaublich** [-'--/'---] *a* **1.** incroyable; **2.** *(unerhört)* inouï. **unglaubwürdig** ['ʊn-] *a* peu digne de foi. **Unglaubwürdigkeit** *f* incrédibilité *f*.
ungleich ['ʊn-] *a* inégal; *(verschieden)* différent; *(unähnlich)* dissemblable; *(nicht zs.passend)* disparate. **Ungleichgewicht** *n* déséquilibre *m*. **Ungleichheit** *f* inégalité; disparité. **ungleichmäßig** *a* inégal, irrégulier.
Unglück *n* ‹-(e)s, -e› ['ʊn-] **1.** *allg* malheur *m;* **2.** *(unglückl. Lage)* mauvaise fortune; *(Mißgeschick)* infortune, *f;* **3.** *(großes ~)* désastre; *(~sfall)* accident, sinistre *m;* **4.** *(Not, Elend)* calamité *f;* ▶ *vom ~ verfolgt werden* être poursuivi par le mauvais sort. **unglücklich** *a* **1.** *allg* malheureux; **2.** *(Mensch)* infortuné; **3.** *(Sache)* malencontreux, funeste; ▶ *~ ausgehen* finir mal. **unglücklicherweise** *adv* malheureusement, par malheur. **Unglücksfall** *m* accident, sinistre, malheur *m*.
Ungnade *f* ‹-, ø› ['ʊn-] disgrâce *f;* ▶ *in ~ fallen* tomber en disgrâce. **ungnädig** **I.** *a* peu bienveillant, défavorable; **II.** *adv a.* de mauvaise grâce.
ungültig ['ʊn-] *a (Geld)* non valable; *(Paß)* périmé; *(Stimmzettel)* blanc; *a.*

sport nul; *jur* invalide; ► *für ~ erklären* annuler; *bes. jur* invalider; *~ werden (nach Ablauf e-r Frist)* expirer; *(durch Verjährung)* se périmer; *~e Stimme f (parl)* vote *m* en blanc. **Ungültigkeit** *f* ⟨-, ø⟩ nullité; *bes. jur* invalidité *f.*

Ungunst *f* ['ʊn-] défaveur *f;* ► *zu meinen ~en* à mon désavantage. **ungünstig** *a* défavorable; *(nachteilig)* désavantageux; *(Wind)* contraire.

ungut ['ʊn-] *a:* ► *ich habe ein ~es Gefühl dabei* cela ne me dit rien qui vaille; *nichts für ~!* (soit dit) sans vous offenser! **unhaltbar** ['ʊn-/-'--] *a* **1.** *mil (Stellung)* intenable; **2.** *fig (Behauptung)* insoutenable. **unhandlich** ['ʊn-] *a* peu maniable. **unharmonisch** *a* inharmonieux.

Unheil *n* ['ʊn-] mal(heur) *m,* calamité *f,* désastre *m;* ► *~ anrichten* od *stiften* causer des malheurs, faire un malheur.

unheilbar ['ʊn-/-'--] *a med* incurable.

unheilvoll ['ʊn-] *a* funeste, sinistre.

unheimlich ['ʊn-] **I.** *a (düster, grausig)* lugubre, funèbre; *(beängstigend)* inquiétant; **II.** *adv fam* énormément.

unhöflich ['ʊn-] *a* impoli, discourtois. **Unhöflichkeit** *f* impolitesse *f.*

Unhold *m* ⟨-(e)s, -e⟩ ['ʊnhɔlt, -də] monstre *m.*

unhygienisch ['ʊn-] *a* peu hygiénique.

uni [y'ni:] *a (einfarbig)* uni.

Uni *f* ['ʊni, 'u:ni] *fam* fac *f.*

Uniform *f* ⟨-, -en⟩ [uni'fɔrm] *mil* uniforme *m,* tenue *f;* ► *in ~* en uniforme.

Unikum *n* ⟨-s, -ka/-s⟩ ['u:nikʊm, -ka] **1.** *(Sache)* chose *f* unique; **2.** *fam (komischer Kauz)* original *m.*

universal [univɛr'za:l] *a* universel. **Universalgenie** *n* génie *m* universel.

Universität *f* ⟨-, -en⟩ [univɛrzi'tɛ:t] université *f;* ► *die ~en (a.)* l'enseignement *m* supérieur; *auf der ~* à l'université. **Universitätsklinik** *f* centre *m* hospitalo-universitaire (*Abk:* C.H.U.). **Universitätsprofessor** *m* professeur *m* de faculté. **Universitätsstadt** *f* ville *f* universitaire.

Universum *n* ⟨-s, ø⟩ [uni'vɛrzʊm] *(Weltall)* univers *m.*

Unke *f* ⟨-, -n⟩ ['ʊŋkə] *zoo* crapaud *m.*

unkenntlich ['ʊn-] *a* méconnaissable; ► *~ machen* camoufler. **Unkenntlichkeit** *f* ⟨-, ø⟩ : ► *bis zur ~ entstellen* défigurer au point d'être méconnaissable. **Unkenntnis** *f* ⟨-, ø⟩ ignorance *f.*

unklar ['ʊn-] *a* **1.** *(undeutlich)* indistinct; **2.** *(verworren)* confus; *(zweideutig)* ambigu; ► *jdn im ~en lassen* laisser qn dans l'incertitude. **Unklarheit** *f* manque *m* de clarté; obscurité; confusion; ambiguïté *f.* **unklug** *a* imprudent, déraisonnable. **unkompliziert** *a* peu compliqué. **unkontrollierbar** ['ʊn-/---'--] *a* incontrôlable.

Unkosten *pl* ['ʊn-] frais; (Auslagen) dépenses *f pl;* ► *jdm s-e ~ erstatten* rembourser ses frais à qn; *sich in ~ stürzen* se mettre en frais *od* en dépenses.

Unkraut *n* ['ʊn-] mauvaise herbe; *poet* ivraie *f;* ► *~ vergeht nicht (prov)* mauvaise herbe croît toujours. **Unkrautvernichtungsmittel** *n* herbicide *m.*

unkultiviert ['ʊn-] *a* pas cultivé, inculte.

unkündbar ['ʊn-/-'--] *a (Stellung)* permanent; *(Schuld)* consolidé.

unlängst ['ʊn-] *adv* naguère, dernièrement, récemment, il y a peu.

unlauter ['ʊn-] *a:* ► *~er Wettbewerb m* concurrence *f* déloyale *od* illicite.

unleserlich ['ʊn-/-'--] *a* illisible. **unleugbar** *a* indéniable. **unliebsam** *a* désagréable, déplaisant. **unlogisch** ['ʊn-] *a* illogique. **unlösbar** [-'--/'---] *a (Frage)* insoluble. **unlöslich** *a chem* insoluble.

Unlust *f* ⟨-, ø⟩ ['ʊn-] déplaisir; *(Mißbehagen)* malaise; *(Überdruß)* ennui, dégoût *m; (Abneigung)* aversion, répugnance *f.*

unmanierlich ['ʊn-] **I.** *a* qui n'a pas de bonnes manières; **II.** *adv* sans façon(s). **unmännlich** *a* peu viril; *(weibisch)* efféminé; *(feige)* lâche. **unmäßig** *a* immodéré; démesuré; *(im Genuß)* intempérant. **Unmenge** *f* quantité *f od* nombre *m* énorme (*von* od *an* de).

Unmensch *m* ['ʊn-] *(Rohling)* brute *f; (Scheusal)* monstre; barbare *m.* **unmenschlich** *a* inhumain; brutal; barbare. **Unmenschlichkeit** *f* inhumanité; brutalité; barbarie *f.*

unmerklich [-'--/'---] *a* imperceptible, insensible. **unmißverständlich** ['ʊn-/---'--] *a* qui ne laisse pas le moindre doute; catégorique. **unmittelbar** ['ʊn-] *a* immédiat, direct; ► *~ bevorstehend* imminent. **unmodern** *a* démodé.

unmöglich ['ʊn-/-'--] *a* impossible; ► *es jdm ~ machen zu …* mettre qn hors d'état de …; *das kann ich ~ machen* il m'est impossible de le faire. **Unmöglichkeit** *f* impossibilité *f;* ► *das ist ein Ding der ~* c'est une chose impossible. **unmoralisch** ['ʊn-] *a* immoral. **unmotiviert** *a* sans motif. **unmündig** *a* mineur. **Unmündigkeit** *f* ⟨-, ø⟩ minorité *f.*

Unmut *m* ⟨-(e)s, ø⟩ ['ʊn-] mauvaise humeur *f; (Unzufriedenheit)* grogne *f.* **unmutig** *a* de mauvaise humeur, renfrogné; maussade, morose.

unnachahmlich ['ʊn-/--'--] *a* inimitable. **unnachgiebig** *a* inflexible, intransigeant; rigide. **unnachsichtig** *a u. adv* sans indulgence, rigoureux (rigoureusement); *(streng)* sévère(ment).

unnahbar [-'--/'---] *a* inaccessible, inabordable. **unnatürlich** ['ʊn-] *a* **1.** peu naturel; **2.** *(gezwungen)* forcé, contraint; *(geziert)* affecté. **unnormal** *a* anormal. **unnötig** *a* inutile; *(überflüssig)* superflu. **unnötigerweise** *adv* inutilement. **unnütz** *a* inutile, qui ne sert à rien. **unordentlich** *a* **1.** *(Mensch)* désordonné; *(in der Kleidung)* débraillé; **2.** *(Sache)* en désordre. **Unordnung** *f* désordre *m; (Durchea.)* confusion *f*, trouble *m;* ▶ *in ~* en désordre; *in ~ bringen* mettre en désordre, troubler.

unparteiisch ['ʊn-] *a* impartial. **unpassend** *a* impropre; *(ungelegen)* inopportun; *(unangebracht)* déplacé; *(ungehörig)* inconvenant; *(taktlos)* indiscret. **unpassierbar** ['ʊn-/--'--] *a (Weg)* impraticable. **unpäßlich** ['ʊn-] *a* souffrant, indisposé. **Unpäßlichkeit** *f* indisposition *f*.

Unperson *f* persona *f* non grata.

unpersönlich ['ʊn-] *a* impersonnel.

unpolitisch ['ʊn-] *a* apolitique. **unpopulär** *a* impopulaire. **unpraktisch** *a* peu pratique. **unproduktiv** *a* improductif. **unpünktlich** *a* non ponctuel, inexact. **Unpünktlichkeit** *f* inexactitude *f*.

Unrast *f* ‹-, ø› ['ʊnrast] agitation (fébrile); *(innere)* inquiétude *f*.

Unrat *m* ‹-(e)s, ø› ['ʊnra:t] ordures, immondices *f pl*.

unrationell ['ʊn-] *a* peu efficace. **unrealistisch** *a* peu réaliste.

unrecht ['ʊn-] **I.** *a (falsch)* faux; **II.** *adv* mal (à propos); ▶ *~ haben* avoir tort; *jdm ~ tun* faire tort à qn. **Unrecht** *n* ‹-(e)s, ø› tort *m*, injustice *f;* ▶ *zu ~* à tort; *nicht zu ~* non sans raison; *sich ins ~ setzen* se mettre dans son tort. **unrechtmäßig** *a* illégitime.

unredlich ['ʊn-] *a* malhonnête, déloyal. **unregelmäßig** *a* **1.** irrégulier; **2.** *(Leben)* déréglé. **Unregelmäßigkeit** *f* **1.** irrégularité *f;* **2.** désordre, dérèglement *m*. **unreif** *a* **1.** *allg* pas mûr *a. fig;* **2.** *(Frucht)* vert; *(Getreide)* en herbe; **3.** *fig* trop jeune; *(unentwickelt)* impubère. **unrein** *a* impur *a. fig*, malpropre; ▶ *ins ~e schreiben* écrire au brouillon. **unrentabel** *a* non rentable, d'un mauvais rendement (économique). **unrettbar** [-'--/'---] *a:* ▶ *~ verloren* perdu sans remède *od* sans ressource. **unrichtig** ['ʊn-] *a* incorrect, inexact.

Unruh *f* ‹-, -en› ['ʊn-] *(der Uhr)* balancier *m*. **Unruhe** *f* **1.** *(Bewegung)* agitation *f;* **2.** *(innere ~, Angst)* inquiétude, anxiété; nervosité *f;* **3.** *pl pol (Aufruhr)* troubles *m pl*. **unruhig** *a* **1.** *(bewegt)* mouvementé; *(See)* agité, houleux; *(Volksmenge)* turbulent, agité; **2.** *(erregt)* inquiet (*über, wegen* de); nerveux.

uns [ʊns] *pron (mit v verbunden: acc u. dat, unverbunden: acc)* nous; *(unverbunden: dat)* à nous; ▶ *von ~* de notre part; *du gehörst zu ~* tu es des nôtres; *ein Freund von ~* un de nos amis.

unsagbar *a*, **unsäglich** [-'--] *a* inexprimable. **unsanft** ['ʊn-] *a* rude, brusque. **unsauber** *a* malpropre, sale. **unschädlich** *a* inoffensif, anodin; ▶ *~ machen* mettre hors d'état de nuire. **unscharf** *a (Bild, Tonwiedergabe)* brouillé; *phot* flou. **unschätzbar** ['ʊn-/-'--] *a* inestimable, inappréciable. **unscheinbar** ['ʊn-] *a* effacé. **unschicklich** *a* inconvenant, indécent. **unschlüssig** *a (unentschlossen)* irrésolu, indécis. **Unschlüssigkeit** *f* ‹-, ø› irrésolution, indécision.

Unschuld *f* ‹-, ø› ['ʊn-] **1.** innocence; *jur* non-culpabilité *f;* **2.** *(Reinheit)* pureté, candeur; *(Jungfräulichkeit)* virginité *f;* ▶ *s-e ~ beteuern* protester de son innocence; *s-e Hände in ~ waschen* s'en laver les mains. **unschuldig** *a* **1.** innocent (*an* de); *jur* non coupable; **2.** *(rein)* pur, candide; *(jungfräulich)* vierge.

unselbständig ['ʊn-] *a* dépendant; *(in d. Arbeit)* qui ne sait pas travailler seul; ▶ *~e Arbeit* travail *m* salarié. **Unselbständigkeit** *f* dépendance *f*.

unselig ['ʊn-] *a* funeste, néfaste, fatal.

unser ['ʊnzər] *pron (possessiv)* notre; *pl* nos; *(gen des persönl. pron, lit)* de nous. **unsereiner** *pron*, **unsereins** *pron* nous autres. **Uns(e)rige,** *der, die, das* le, la nôtre; ▶ *das Unser(ig)e (unser Besitz)* ce qui est à nous. **unser(er)seits** *adv* de notre part. **unser(e)sgleichen** *pron* nos pareils, nos semblables.

unsicher ['ʊn-] *a* **1.** *(unzuverlässig)* peu sûr; *(ungewiß)* incertain; *(zufallsbedingt)* aléatoire; *(zweifelhaft)* douteux, hypothétique; **2.** *(gefährlich)* précaire; **3.** *(zaghaft)* mal assuré; ▶ *sich ~ fühlen* être mal assuré; *~ machen (Menschen)* troubler; *(Ort)* infester. **Unsicherheit** *f* **1.** *(Ungewißheit)* incertitude *f;* **2.** *(Gefährlichkeit)* précarité *f*.

unsichtbar ['ʊn-] *a* invisible.

Unsinn *m* ‹-(e)s, ø› ['ʊn-] non-sens *m;* absurdité *f;* ▶ *~ reden* déraisonner, radoter; *das ist (doch) ~* c'est absurde; *~! (fam)* à d'autres! **unsinnig** *a* insensé, déraisonnable, inepte, absurde, fou.

Unsitte *f* ['ʊn-] mauvaise habitude *f*. **unsittlich** *a* contraire aux mœurs, immoral, indécent, impudique. **Unsittlichkeit** *f* immoralité, indécence *f*.

unsportlich ['ʊn-] *a* peu sportif. **unsterblich** ['ʊn-/-'--] *a* immortel. **Unsterblichkeit** *f* immortalité *f*. **unstet** ['ʊn-] *a* instable, inconstant; *(Blick)* fuyant. **Unstimmigkeit** *f* discordance *f*, désaccord *m*, mésentente *f*.

unstreitig ['ʊn-/-'--] *adv* sans contredit.

Unsumme *f* ['ʊn-] somme *f* énorme.

unsympathisch ['ʊn-] *a* peu sympathique, antipathique; ▶ *er ist mir ~* j'ai de l'antipathie *od* de l'aversion pour *od* contre lui. **untad(e)lig** ['ʊnta:d(ə)lɪç/ -'-(-)-] *a* irréprochable, sans reproche.

Untat *f* ['ʊn-] méfait; *(schwere)* forfait *m*.
untätig ['ʊn-] *a* inactif, passif. **Untätigkeit** *f* ‹-, ø› inactivité, passivité; *(zeitweilige)* inaction *f; (Müßiggang)* oisiveté *f*. **untauglich** *a* inapte *a. mil*, impropre (*zu* à); *(unfähig)* incapable (*zu* de). **unteilbar** [-'--/'---] *a* indivisible. **Unteilbarkeit** *f* ‹-, ø› indivisibilité *f*.
unten ['ʊntən] *adv* (en) dessous, au-dessous; en bas (*an* de); ▶ ~ *in* au fond de; *da* ~ là-bas; *nach* ~ en bas, vers le bas; *von* ~ *(her)* de dessous, d'en bas; *weiter* ~ plus bas; ~ *(hin)durch* par-dessous; *siehe* ~! voir ci-dessous *od* plus bas.
unter ['ʊntər] *prp* **1.** *(örtl.)* sous; *(~halb)* au-dessous de; **2.** *(zeitl.)* sous, pendant; **3.** *(zwischen)* entre; **4.** *(inmitten)* parmi, au milieu de; **5.** *(weniger als)* moins de; ▶ ~ *anderem* entre autres (choses); *nicht* ~ *100 Mark* pas à moins de cent marks; ~ *Null (Temperatur)* au-dessous de zéro; ~ *uns (gesagt)* (soit dit) entre nous; *was verstehen Sie* ~ ...? qu'est-ce que vous comprenez par ...?
Unterarm *m* ['ʊntər-] avant-bras *m*. **Unterbau** *m* ‹-(e)s, -ten› **1.** *arch* fondement, soubassement *m;* **2.** *(Straße, loc)* infrastructure *f*. **Unterbeschäftigung** *f* sous- -emploi *m*.
unterbewußt ['ʊntər-] *a psych* subconscient; ▶ *das U~e* le subconscient. **Unterbewußtsein** *n* subconscience *f*.
unterbieten [--'--] ‹*unterbietet, unterbot, unterboten*› *tr:* ▶ *jdn* ~ vendre moins cher que qn; *(Rekord)* battre.
unterbinden [--'--] ‹*unterbindet, unterband, unterbunden*› *tr fig* arrêter, entraver. **unterbleiben** ‹*unterblieb, unterblieben*› *itr* ‹*sein*› **1.** *(nicht stattfinden)* n'avoir pas lieu; **2.** *(nicht wieder vorkommen)* ne plus se reproduire.
unterbrechen [--'--] ‹*unterbricht, unterbrach, unterbrochen*› *tr* interrompre *a. el; (aussetzen mit)* discontinuer; *(einstellen)* suspendre; *el* couper; ▶ *jdn (in der Rede)* ~ couper la parole à qn. **Unterbrecherwerbung** *f* coupures *f pl* publicitaires. **Unterbrechung** *f* ‹-, -en› interruption *a. el;* suspension; *el* coupure *f a. tele;* ▶ *mit ~en* par intervalles; *ohne* ~ sans relâche; tout d'une pièce.
unterbreiten [--'--] ‹*ohne -ge-*› *tr* soumettre, présenter *(jdm etw* qc à qn).
unter=bringen ['ʊntər-] ‹*brachte unter, untergebracht*› *tr* **1.** *(in e-r Wohnung, e-m Hotel)* loger, héberger; **2.** *(in e-r Stellung)* établir, *fam* caser *(a. Tochter)*. **Unterbringung** *f* hébergement *m*.

unterbuttern ['ʊntərbʊtərn] *tr fam (Person)* marcher (à qn) sur les pieds.
unterderhand [---'-] *adv (heimlich)* en sous-main, sous le manteau, en cachette.
unterdes(sen) [-'dɛs(ən)] *adv* pendant ce temps(-là), entre-temps, en attendant.
Unterdruck *m* ‹-(e)s, ⸚e› ['ʊntər-] *phys tech* pression *f* insuffisante, basse pression *f*.
unterdrücken [--'--] ‹*ohne -ge-*› *tr* **1.** *(Menschen)* opprimer; *(Aufstand)* réprimer, étouffer; **2.** *(Gefühl)* réprimer; *(Seufzer)* étouffer. **Unterdrükkung** *f* ‹-, ø› **1.** oppression; répression *f;* **2.** étouffement *m*.
untere(r, s) ['ʊntərə] *a* bas, inférieur; d'en bas, de dessous; ▶ *die ~n Klassen f pl (Schule)* les classes *f pl* élémentaires.
untereinander [---'--] *adv* entre nous *etc;* mutuellement, réciproquement.
unterentwickelt ['ʊntər-] *a* sous-développé. **unterernährt** *a* sous-alimenté. **Unterernährung** *f* ‹-, ø› sous-alimentation *f*.
Unterfangen *n* ‹-s, ø› [--'--] entreprise *f* audacieuse *od* hasardeuse.
Unterfranken *n* ['ʊntər-] la Basse-Franconie.
Unterführung *f* [--'--] passage inférieur; *(im Bahnhof)* passage *m* souterrain.
Untergang *m* ‹-(e)s, (⸚e)› ['ʊntər-] **1.** *(e-s Gestirns)* coucher *m;* **2.** *mar* naufrage *m*, perte *f;* **3.** *fig* chute, ruine; *(der Welt)* fin *f*.
Untergebene(r) *m f* [--'---] inférieur(e *f*), subordonné(e *f*) *m*, subalterne *m f*.
unter=gehen ['ʊntər-] ‹*ging unter, untergegangen*› *itr* ‹*sein*› **1.** *(Gestirn)* se coucher; **2.** *mar* couler (bas); **3.** *fig* périr, se ruiner; *(im Lärm)* se perdre; ▶ *die ~de Sonne* le soleil couchant.
untergeordnet ['ʊntər-] *a* subordonné, subalterne, inférieur.
Untergeschoß *n* ['ʊntər-] *arch* sous-sol *m*. **Untergewicht** *n* insuffisance *f od* manque *m* de poids.
'**unter=graben** ‹*gräbt, grub unter, untergraben*› *tr agr* enfouir. **unter'graben** ‹*untergräbt, untergrub, untergraben*› *tr a. fig* miner, saper.
Untergrund *m* ['ʊntər-] sous-sol *a. agr; pol* clandestinité *f*. **Untergrundbahn** *f* métro(politain) *m*. **Untergrundbewegung** *f pol* mouvement *m* clandestin.
unterhalb ['---] *prp gen* au-dessous de, en bas de; *(an e-m Fluß)* en aval de.
Unterhalt *m* ‹-(e)s, ø› ['ʊntər-] entretien *m*, subsistance, *f;* ▶ *s-n* ~ *bestreiten* subvenir à ses besoins. **unterhalten** [--'--] ‹*unterhält, unterhielt, unterhalten*› *tr* **1.** *(ernähren)* entretenir; *jur* alimenter; **2.** *(Bauwerk)* entretenir, tenir en bon état; **3.** *fig (durch Gespräch etc)* entretenir; *(angenehm)* divertir; *refl:*

sich ~ **4.** *(mitea. sprechen)* s'entretenir (*über etw* de qc); **5.** *(sich belustigen)* s'amuser (*mit etw* à qc). **unterhaltend** *a*, **unterhaltsam** *a* amusant, divertissant. **Unterhaltsanspruch** *m* droit *m* à l'entretien. **Unterhaltskosten** *pl* frais *m pl* d'entretien. **Unterhaltspflicht** *f* obligation *f* d'entretien *od* alimentaire. **Unterhaltspflichtige(r)** *m* débiteur *m* alimentaire. **Unterhaltung** *f* **1.** *(Instandhaltung)* entretien *m;* **2.** *(Gespräch)* entretien *m,* conversation *f;* **3.** *(Vergnügen)* amusement, divertissement *m.* **Unterhaltungsbeilage** *f (e-r Zeitung)* feuilleton *m.* **Unterhaltungselektronik** *f* électronique *f* de loisir. **Unterhaltungskosten** *pl* frais *m pl* d'entretien.

unterhandeln [--ˈ--] ‹*ohne -ge-*› *itr* négocier; *mil (mit dem Feind)* parlementer. **Unterhändler** [ˈ----] *m* négociateur, intermédiaire; *mil* parlementaire *m.* **Unterhandlung** *f* négociation *f,* pourparlers *m pl.*

Unterhemd *n* [ˈʊntər-] tricot de corps, sous-vêtement *m.* **Unterholz** *n* ‹-es, ø› sous-bois, taillis, fourré *m.* **Unterhose** *f* slip; *(lange)* caleçon *m.*

unterirdisch [ˈʊntər-] *a* souterrain.

unterjochen [--ˈ--] ‹*ohne -ge-*› *tr* mettre sous le joug, subjuguer, asservir.

unterkellert [--ˈ--] *a* muni d'une cave.

Unterkiefer *m* [ˈʊntər-] maxillaire *m od* mâchoire *f* inférieur(e).

unter=kommen [ˈʊntər-] ‹*kam unter, untergekommen*› *itr* ‹*sein*› **1.** *(ein Zimmer finden)* trouver un logement; **2.** *(Arbeit finden)* trouver un emploi, *fam* se caser. **unter=kriegen** *tr fam:* ▶ *sich nicht ~ lassen* ne pas se laisser démonter. **Unterkunft** *f* ‹-, ⸚e› [ˈʊntərkʊnft] abri; *(Wohnung)* logis, logement *m.*

Unterlage *f* [ˈʊntər-] **1.** fondement *m,* base *f; tech* support, appui *m;* **2.** *pl adm (Belegstücke)* pièces *f pl* justificatives, dossier *m,* documentation *f.*

Unterlaß *m* [ˈʊntər-] *:* ▶ *ohne ~* sans cesse, sans relâche, sans rémission. **unterlassen** [--ˈ--] ‹*unterläßt, unterließ, unterlassen*› *tr (versäumen)* omettre, manquer; *(aus Nachlässigkeit)* négliger; *(nicht tun)* s'abstenir de. **Unterlassung** *f* omission *f.*

unterlaufen [--ˈ--] **I.** ‹*unterläuft, unterlief, unterlaufen*› *itr* ‹*sein*› *(Fehler)* se glisser (*in* dans); **II.** *pp, a:* ▶ *mit Blut ~* ecchymosé, meurtri; *(Auge)* poché.

unter=legen I. [ˈʊntər-] *tr* **1.** mettre dessous; **2.** *fig (e-n Sinn)* donner, attribuer, prêter; **II.** [--ˈ--] *(pp von: unterliegen) a* vaincu; inférieur. **Unterlegene(r** *m)* *f* [--ˈ---] vaincu(e *f*) *m.*

Unterleib *m* [ˈʊntər-] bas-ventre, abdomen *m.*

unterliegen [--ˈ--] ‹*unterliegt, unterlag, unterlegen*› *itr* ‹*sein*› succomber.

Unterlippe *f* [ˈʊntər-] lèvre *f* inférieure.

untermauern [--ˈ--] ‹*ohne -ge-*› *tr* **1.** *arch* reprendre en sous-œuvre; **2.** *fig (Behauptung)* étayer (*mit* de).

Untermiete *f* [ˈʊntər-] sous-location *f.* **Untermieter** *m* sous-locataire *m.*

unternehmen [--ˈ--] ‹*unternimmt, unternahm, unternommen*› *tr* entreprendre; *(auf sich nehmen)* se charger de. **Unternehmen** *n* entreprise; *(einzelner Vorgang)* opération *f.* **Unternehmensberater** *m* conseil *m* d'entreprise. **Unternehmertum** *n* patronat *m.* **Unternehmer** [--ˈ--] *m* entrepreneur, chef d'entreprise; *(Arbeitgeber)* patron *m.* **Unternehmungsgeist** *m* esprit *m* d'entreprise *od* d'initiative, initiative *f.* **unternehmungslustig** *a fam* entreprenant.

Unteroffizier *m* [ˈʊntər-] sous-officier *m.*

Unterredung *f* ‹-, -en› [--ˈ--] entretien *m,* entrevue; pourparlers *m pl.*

Unterricht *m* [ˈʊntər-] enseignement *m,* instruction; classe *f,* leçons *f pl;* ▶ *~ erteilen* donner des leçons, faire la classe *od* l'école. **unterrichten** [--ˈ--] ‹*ohne -ge-*› *tr* enseigner, instruire; donner des leçons (*jdn* à qn); ▶ *jdn von etw ~* informer, avertir qn de qc; *sich über etw ~* s'informer de qc; *in unterrichteten Kreisen* dans les milieux informés; *von (gut)unterrichteter Seite* de bonne source. **Unterrichtsstunde** *f* leçon, classe *f.*

Unterrock *m* [ˈʊntər-] jupon *m.*

untersagen [--ˈ--] ‹*ohne -ge-*› *tr* interdire, défendre, *bes. jur* prohiber.

Untersatz *m* [ˈʊntər-] **1.** *(Stütze)* support, appui *m;* **2.** *(für Geschirr)* dessous *m* de plat.

unterschätzen [--ˈ--] ‹*ohne -ge-*› *tr* sous-estimer.

unterscheiden [--ˈ--] ‹*unterscheidet, unterschied, unterschieden*› distinguer, discerner; ▶ *sich ~ von* se distinguer de; *(verschieden sein von)* différer de. **Unterscheidung** *f* ‹-, -en› distinction *f,* discernement *m;* différenciation *f.* **Unterscheidungsmerkmal** *n* marque *f.*

Unterschenkel *m* [ˈʊntər-] jambe *f.*

ˈ**unter=schieben** ‹*schob unter, untergeschoben*› *tr* glisser dessous; *a.* **unter**ˈ**schieben** ‹*unterschob, unterschoben*› **1.** *(Kind)* substituer; **2.** *(fälschlich zuschreiben)* attribuer faussement.

Unterschied *m* ‹-(e)s, -e› [ˈʊntərʃiːt, -də] différence, distinction *f;* ▶ *mit dem ~, daß* à la différence que; *ohne ~ (gen)* sans distinction (de); *das ist ein ~ wie Tag und Nacht* c'est le jour et la nuit; *feiner ~* nuance *f.* **unterschiedlich** [ˈ----] *a* différent; *(verschiedenartig)* divers. **unterschiedslos** [ˈ----] *adv*

indifféremment, indistinctement; *(ausnahmslos)* sans exception.
'unter≈schlagen ‹*schlägt, schlug unter, untergeschlagen*› *tr (Arme, Beine)* croiser. **unter'schlagen** ‹*unterschlägt, unterschlug, unterschlagen*› *tr* **1.** soustraire; *(bes. Geld)* détourner; **2.** *(beiseite schaffen)* supprimer; *(verheimlichen)* receler. **Unterschlagung** *f* ‹-, -en› [--'--] soustraction *f*, détournement *m*.
Unterschlupf *m* ‹-(e)s, ¨-e› ['ʊntərʃlʊpf, -ʃlypfə] *(Obdach)* abri, refuge *m*; *(Versteck)* cach(ett)e *f*. **unterschlüpfen** ['ʊntər-] ‹*sein*› trouver un abri.
unterschreiben [--'--] ‹*unterschrieb, unterschrieben*› *tr* signer. **Unterschrift** *f* ['ʊntər-] **1.** signature *f*; **2.** *(Bild~)* légende *f*; ▶ *ohne ~* non signé; *s-e ~ unter etw setzen* mettre *od* apposer sa signature au bas de qc; *eigenhändige ~* signature *f* autographe. **Unterschriftensammlung** *f* pétition *f*. **unterschriftsreif** *a* prêt à être signé.
unterschwellig ['ʊntər-] *a* latent. **Unterseeboot** ['ʊntər-] *n* = *U-Boot.* **unterseeisch** *a* sous-marin.
untersetzt [--'-] *a (stämmig)* trapu, râblé, courtaud, ramassé.
unterspülen [--'--] ‹*ohne -ge-*› *tr* creuser.
unterste(r, s) ['ʊntərstə] (le) plus bas.
'unter≈stehen ‹*stand unter, untergestanden*› *itr* ‹*sein* od *h*› *(unter e-m Dach)* être à l'abri. **unter'stehen** ‹*unterstand, unterstanden*› **1.** *itr:* ▶ *jdm ~ (a. mil)* être subordonné à qn; relever (de la compétence) de qn; **2.** *refl:* ▶ *sich ~, etw zu tun* oser faire qc, s'aviser de faire qc. **'unter≈stellen** *tr* mettre à l'abri; *(Fahrzeug)* remiser, garer. **unter'stellen** ‹*ohne -ge-*› *tr* **1.** subordonner (jdm à qn) *a. mil;* **2.** *(unterschieben)* attribuer à tort; **3.** *(annehmen)* supposer, présumer. **Unterstellung** *f* [--'--] **1.** subordination *f*; **2.** fausse attribution; supposition *f* (malveillante). **unterstreichen** [--'--] ‹*unterstrich, unterstrichen*› *tr* souligner *a. fig.*

Unterstufe *f* ['ʊntər-] *(Schule)* premier cycle *m*.
unterstützen [--'--] ‹*ohne -ge-*› *tr* **1.** soutenir; *(helfen)* aider, assister; **2.** *(mit Geld a.)* subventionner; **3.** *(Kandidatur)* pousser. **Unterstützung** *f* [--'--] **1.** soutien, appui *m*; *(Hilfe)* aide, assistance *f*; **2.** *(finanzielle, bes. staatliche)* allocation, subvention *f*. **Unterstützungsempfänger** *m* assisté, allocataire *m*.
untersuchen [--'--] ‹*ohne -ge-*› *tr* **1.** *(prüfen)* examiner; **2.** *(erforschen)* explorer, rechercher; *(studieren)* étudier; *(ergründen)* sonder; **3.** *(nachprüfen)* contrôler, vérifier; *(beim Zoll)* visiter; **4.** *jur* enquêter, instruire; **5.** *chem* analyser; **6.** *med* examiner, ausculter; *(Wunde)* sonder. **Untersuchung** *f* ‹-, -en› **1.** examen *m a. med;* **2.** exploration, recherche; étude *f*; **3.** sondage; contrôle *m*, vérification *f*; **4.** *jur* enquête, instruction *f*; **5.** *chem med* analyse *f*; **6.** *med* auscultation *f*; ▶ *bei näherer ~* après examen approfondi; *gerichtliche ~* instruction *f* judiciaire. **Untersuchungsausschuß** *m* comité *m* d'enquête. **Untersuchungsgefangene(r)** *m* détenu en prévention, prévenu *m*. **Untersuchungshaft** *f* détention *f* préventive; ▶ *in ~* en prévention. **Untersuchungsrichter** *m* juge *m* d'instruction.
untertan ['ʊntərta:n] *a pred* sujet. **Untertan** *m* ‹-s/(-en), -en› sujet *m*. **untertänig** ['ʊntər'tɛ:nɪç] *a* soumis, humble. **Untertänigkeit** *f* ‹-, ø› soumission *f*.
Untertasse *f* ['ʊntər-] soucoupe *f*; ▶ *fliegende ~* soucoupe *f* volante.
unter≈tauchen ['ʊntər-] *tr* ‹*h*› **1.** plonger, submerger; *itr* ‹*sein*› **2.** plonger; **3.** *fig (verschwinden)* disparaître.
unterteilen [--'--] ‹*ohne -ge-*› *tr* subdiviser. **Unterteilung** *f* [--'--] subdivision *f*.
Untertitel *m* ['ʊntər-] *bes. film* sous-titre *m*; ▶ *mit ~n (film)* sous-titré. **Unterton** *m* ‹-s, ¨-e› teinte, nuance *f*.
untertunneln [--'--] ‹*ohne -ge-*› *tr* percer un tunnel sous ... **unterwandern** ‹*ohne -ge-*› *tr* noyauter.
Unterwäsche *f* ['ʊntər-] linge *m* de corps, sous-vêtements, dessous *m pl*.
unterwegs [ʊntər've:ks] *adv* en chemin, chemin faisant, en route (*nach* pour).
unterweisen [--'--] ‹*unterwies, unterwiesen*› *tr* enseigner (*jdn in etw* qc à qn), instruire (*jdn in etw* qn dans qc). **Unterweisung** *f* enseignement *m*, instruction *f*.
Unterwelt *f* ['ʊntər-] **1.** enfers *m pl;* **2.** *fig (sozial)* bas-fonds *m pl; arg* milieu *m*, pègre *f*.
unterwerfen [--'--] ‹*unterwirft, unterwarf, unterworfen*› *tr* **1.** *(ein Volk)* soumettre; *(unterjochen)* subjuguer; **2.** *fig* soumettre (*Bedingungen* à des conditions). **Unterwerfung** *f* ‹-, ø› soumission *f*; asservissement *m*. **unterworfen** *a* soumis, sujet *(e-r S* à qc*)*. **unterwürfig** [ʊntər'vyrfɪç, '----] *a* soumis; *pej (knechtisch)* obséquieux. **Unterwürfigkeit** *f* ‹-, ø› soumission; obséquiosité *f*.
unterzeichnen [--'--] ‹*ohne -ge-*› *tr* signer, souscrire. **Unterzeichner** *m (e-s Vertrages)* signataire *m*. **Unterzeichnung** *f* signature *f*.
'unter≈ziehen ‹*zog unter, untergezogen*› *tr (Kleidung)* mettre dessous. **unter'ziehen** ‹*unterzog, unterzogen*› *tr* soumettre (*e-r Prüfung* à un examen); ▶ *sich e-r S ~* subir qc, se soumettre à

qc.

Untiefe *f* ['ʊn-] *(seichte Stelle)* haut-fond, bas-fond *m*, basse *f*.

Untier *n* ['ʊn-] monstre *m*.

untragbar [-'--/'---] *a* insoutenable, insupportable. **untrennbar** *a* inséparable.

untreu ['ʊn-] *a* infidèle; ► *jdm ~ werden* tromper qn. **Untreue** *f* infidélité *f*.

untröstlich [-'--/'---] *a* inconsolable, désolé. **untrüglich** *a* infaillible.

Untugend *f* ['ʊn-] défaut *m*; *(schlechte Gewohnheit)* mauvaise habitude *f*.

unüberbrückbar [ʊnʔy:bər'--/'-----] *a fig* infranchissable, insurmontable. **unüberhörbar** ['ʊn-] *a* qu'on ne peut pas ne pas entendre. **unüberlegt** ['ʊn-] **I.** *a (Handeln)* irréfléchi, inconsidéré; **II.** *adv* sans considération. **unübersehbar** [---'--/'-----] *a (Menge)* immense; *fig (Folgen)* incalculable. **unübersetzbar** [---'--/'-----] *a* intraduisible. **unübersichtlich** ['un-] *a* confus, trop compliqué. **unübertrefflich** [---'--/'-----] *a* insurpassable; *(unerreichbar)* inégalable, sans égal. **unübertroffen** ['-----/---'--] *a* inégalé, sans égal. **unüberwindlich** [---'-- /'-----] *a* invincible; *fig* insurmontable.

unumgänglich ['ʊn-] *a* inévitable, indispensable, de rigueur. **unumschränkt** [--'-/'---] *a (uneingeschränkt)* illimité; *pol* absolu, souverain. **unumstößlich** [--'--/'----] *a* péremptoire; irrévocable. **unumstritten** *a* incontesté. **unumwunden** ['ʊn-] *adv:* ► *~ zugeben* reconnaître sans (la moindre) réserve.

ununterbrochen ['-----/---'--] **I.** *a* ininterrompu, continu(el), suivi; **II.** *adv a.* sans interruption, sans discontinuer.

unveränderlich [--'---/'-----] *a* invariable *a. gram*, immuable. **unverändert** *a* inchangé; tel quel. **unverantwortlich** *a* irresponsable. **unverbesserlich** *a* incorrigible. **unverbindlich I.** *a* qui n'engage à rien; **II.** *adv* sans engagement *od* obligation. **unverbleit** ['--/'-] *a* sans plomb. **unverblümt** [--'-/'--'-] *adv* carrément, sans fard. **unverdaulich** ['----/--'--] *a, a. fig* indigeste. **unverdient** ['---/--'-] **I.** *a* non mérité, immérité; **II.** *adv* sans l'avoir mérité. **unverdientermaßen** *adv*, **unverdienterweise** *adv* sans l'avoir mérité. **unverdorben** ['ʊn-] *a (Mensch)* non dépravé, innocent. **Unverdorbenheit** *f* intégrité, innocence *f*.

unverdrossen ['----/--'--] **I.** *a* infatigable, inlassable; **II.** *adv a.* sans se lasser. **unvereinbar** *a* incompatible, inconciliable (*mit* avec). **unverfälscht** ['---/--'-] *a* non falsifié; *fig (echt)* pur, naturel. **unverfänglich** ['----/--'--] *a* sans arrière-pensée.

unverfroren *a fam* effronté, sans gêne. **unvergänglich** *a* impérissable; *(unsterblich)* immortel; *(ewig)* éternel. **unvergeßlich** *a* inoubliable. **unvergleichlich** *a* incomparable. **unverheiratet** ['ʊn-] *a* non marié, célibataire. **unverhofft** ['---/--'-] **I.** *a* inespéré; *(unerwartet)* inattendu; **II.** *adv* à l'improviste. **unverhüllt** *a* u. *adv* à visage découvert. **unverkäuflich** ['----/--'--] *a* **1.** *(nicht zum Verkauf stehend)* hors vente; **2.** *(nicht gefragt)* invendable. **unverkennbar** *a* qu'on ne peut méconnaître.

unverletzlich [--'--/'----] *a fig* inviolable. **Unverletzlichkeit** *f fig* inviolabilité *f*. **unverletzt** [--'-/'---] *a (Mensch)* sans blessure, indemne; *(wohlbehalten)* sain et sauf. **unvermeidbar** [--'--/'----] *a*, **unvermeidlich** [--'--/'----] *a* inévitable; fatal. **unvermindert** ['ʊn-] **I.** *a* (tout) entier; **II.** *a. adv* en *od* dans son entier. **unvermittelt I.** *a* immédiat, soudain; **II.** *adv a.* tout à coup. **unvermutet I.** *a* inopiné, inattendu; **II.** *adv* inopinément, à l'improviste. **Unvernunft** *f* déraison *f*, manque *m* de bon sens. **unvernünftig** *a* déraisonnable, insensé. **unveröffentlicht** *a* inédit. **unverpackt** *a com* non emballé; en vrac.

unverrichteterdinge ['ʊn-] *adv:* ► *~ abziehen* od *zurückkehren* s'en retourner *od* (s'en) revenir bredouille.

unverrückbar [--'--/'----] *adv:* ► *~ feststehen* être définitif. **unverschämt** ['ʊn-] *a* **1.** impertinent, insolent; *(schamlos)* impudent; **2.** *(Preis)* exorbitant. **Unverschämtheit** *f* impertinence, insolence; impudence *f*. **unverschuldet** ['----/--'--] *a* sans aucun tort; *adv* = **unverschuldetermaßen** *adv*, **unverschuldeterweise** *adv* sans l'avoir mérité. **unversehens** *adv* inopinément, à l'improviste. **unversehrt** ['---/--'-] *a* intact, entier. **Unversehrtheit** *f* intégrité. **unversöhnlich** ['----/--'--] *a* irréconciliable, intransigeant.

Unverstand *m* ['ʊn-] déraison *f*.

unverständlich ['ʊn-] *a* incompréhensible. **unversucht** ['---/--'-] *a:* ► *nichts ~ lassen* tout essayer, tenter l'impossible. **unverträglich** ['----/--'--] *a (Mensch)* insociable; *(streitsüchtig)* querelleur. **Unverträglichkeit** *f* incompatibilité *f*. **unverwandt** ['ʊn-] *adv:* ► *jdn ~ ansehen* regarder qn fixement. **unverwechselbar** [--'---/'-----] *a* unique. **unverwundbar** [--'--/'----] *a* invulnérable. **unverwüstlich** *a (Material, Gegenstand)* inusable; *(Gesundheit)* de fer; *(Humor)* imperturbable. **unverzagt** ['ʊn-] *a* intrépide, courageux. **unverzeihlich** *a* impardonnable, inexcusable. **unverzichtbar** [--'--] *a* indispensable. **unverzüglich** [--'--/'----] **I.** *a* immédiat; **II.** *adv* immédiatement,

sans tarder, tout de suite.
unvollendet ['ʊnfɔl(ʔ)ɛndət/--'--] *a* inachevé. **unvollkommen** ['----/--'--] *a* imparfait. **Unvollkommenheit** *f* imperfection, défectuosité *f.* **unvollständig** ['----/--'--] *a* incomplet; *gram* défectif.
unvorbereitet ['ʊn-] **I.** *a* non préparé, improvisé; **II.** *adv* à l'improviste, sans être préparé. **unvoreingenommen** *a* non prévenu, exempt de préjugés. **unvorhergesehen** *a* imprévu, inattendu. **unvorsichtig** *a* imprudent; étourdi. **Unvorsichtigkeit** *f* imprudence; étourderie *f;* ▶ *aus* ~ par imprudence. **unvorstellbar** [--'--/'----] *a* inimaginable. **unvorteilhaft** ['ʊn-] *a* désavantageux, défavorable.
unwahr ['ʊn-] *a* pas vrai, faux. **Unwahrheit** *f* contrevérité, fausseté *f; (Lüge)* mensonge *m;* ▶ *die* ~ *sagen* mentir.
unwahrscheinlich ['----] *a* invraisemblable, improbable. **Unwahrscheinlichkeit** *f* invraisemblance *f.*
unwegsam ['ʊn-] *a (Gelände)* impraticable.
unweigerlich [-'---/'----] *adv (ganz sicher)* à coup sûr, infailliblement.
unweit ['ʊn-] *prp gen* non loin de.
Unwesen *n* ['ʊn-] : ▶ *sein* ~ *treiben* hanter (un lieu).
unwesentlich ['ʊn-] *a* peu important, accessoire; ▶ *das ist* ~ cela ne veut rien dire.
Unwetter *n* ['ʊn-] tourmente, tempête *f; (Gewitter)* orage *m.*
unwichtig ['ʊn-] *a* peu important, sans importance, insignifiant.
unwiderlegbar [---'--/ '-----] *a* irréfutable, irrécusable. **unwiderruflich** *a* irrévocable. **unwidersprochen** *a:* ▶ *nicht* ~ *bleiben* ne pas rester sans contredit. **unwiderstehlich** *a* irrésistible.
unwiederbringlich [---'--/'-----] *a* irréparable.
Unwille *m* ['ʊn-] *(Unzufriedenheit)* mécontentement *m; (Ärger)* irritation *f,* dépit *m; (Entrüstung)* indignation *f.* **unwillig I.** *a* mécontent; irrité; indigné; **II.** *adv (widerwillig)* à contrecœur, de mauvaise grâce. **unwillkommen** *a (unerwünscht)* indésirable. **unwillkürlich** ['----/--'--] *a* involontaire, instinctif, spontané; *(mechanisch)* machinal; ▶ *ich mußte* ~ *lachen* j'ai ri malgré moi.
unwirklich ['ʊn-] *a* irréel; *(erdacht)* fictif. **Unwirklichkeit** *f* irréalité *f.* **unwirksam** *a* **1.** inefficace, sans effet; *med* inactif; **2.** *jur* non valide. **unwirsch** *a* maussade. **unwirtlich** *a (Gegend)* peu accueillant; *(öde)* désert. **unwirtschaftlich** *a* non rentable, d'un mauvais rendement. **unwissend** *a* ignorant, ignare. **Unwissenheit** *f* ⟨-, ø⟩ ignorance *f.* **unwissentlich** *adv* par ignorance, à mon *etc* insu, sans le savoir.
unwohl *a* indisposé; ▶ *mir ist* ~ je ne suis *od* me sens pas bien. **Unwohlsein** *n* malaise *m,* indisposition *f.* **unwürdig** *a* indigne (*gen* de). **Unwürdigkeit** *f* indignité *f.* **Unzahl** *f* nombre *m* immense, infinité. **unzählbar** [-'--/'---] innombrable. **unzählige** ['ʊn-] *a attr* d'innombrables ...
Unze *f* ⟨-, -n⟩ ['ʊntsə] *(Gewicht)* once *f.*
Unzeit *f* ['ʊn-] : ▶ *zur* ~ à contretemps; *(ungelegen)* à une heure indue, mal à propos. **unzeitgemäß** *a* inactuel.
unzerbrechlich [--'--/'----] *a* incassable. **unzerstörbar** *a* indestructible. **unzertrennbar** *a,* **unzertrennlich** *a* inséparable.
Unzucht *f* ['ʊn-] impudicité, impureté *f* de mœurs *f.* **unzüchtig** *a* impudique.
unzufrieden ['ʊn-] *a* mécontent, insatisfait (*mit* de). **Unzufriedenheit** *f* mécontentement *m,* insatisfaction *f.* **unzugänglich** *a* inaccessible *a. fig.* **unzulänglich** *a* insuffisant. **Unzulänglichkeit** *f* insuffisance *f.* **unzulässig** *a* inadmissible; *jur* irrecevable. **unzurechnungsfähig** *a jur* incapable de discerner; irresponsable. **Unzurechnungsfähigkeit** *f* irresponsabilité *f.* **unzureichend** *a* insuffisant. **unzusammenhängend** *a* incohérent. **unzustellbar** *a* **1.** *(Postsache)* en souffrance; **2.** *(als Vermerk)* destinataire inconnu; ▶ *falls* ~, *zurück an Absender* si inconnu à l'adresse, prière de retourner à l'expéditeur. **unzutreffend** *a* non pertinent; inexact. **unzuverlässig** *a* **1.** peu sûr, douteux; **2.** *(Mensch)* peu consciencieux; *(Gedächtnis)* infidèle. **Unzuverlässigkeit** *f (Mensch)* manque *m* de conscience; *(Gedächtnis)* infidélité. **unzweckmäßig** *a* impropre, inopportun. **Unzweckmäßigkeit** *f* impropriété *f.* **unzweideutig** *a* non équivoque; *a. adv* sans équivoque, sans ambiguïté. **Unzweideutigkeit** *f* clarté *f* absolue. **unzweifelhaft** ['ʊn-/-'---] **I.** *a* indubitable; **II.** *adv* sans aucun doute, indubitablement.
üppig ['ʏpɪç] *a* **1.** *(Pflanzenwuchs)* exubérant, luxuriant; *(Haarwuchs)* abondant; *(Mahl)* copieux; **2.** *allg (prächtig)* luxueux, riche; *(schwelgerisch)* voluptueux. **Üppigkeit** *f* ⟨-, ø⟩ **1.** opulence *f;* **2.** somptuosité *f,* luxe *m,* richesse *f.*
Urabstimmung *f* ['u:r-] référendum *m.*
uralt ['u:r-] *a* vieux comme le monde, séculaire.
Uran *n* ⟨-, ø⟩ [u'ra:n] *chem* uranium *m.* **Uranbrenner** *m* pile *f* atomique. **Uranerz** *n* minerai *m* d'uranium. **Uranvorkommen** *n* gisement *m* uranifère.
uraufführen ['u:r-] *tr* représenter pour

la première fois; créer. **Uraufführung** *f* première (représentation); création *f.*
urbar ['u:rba:r] *a:* ▶ ~ *machen (agr)* défricher, mettre en culture.
Urbild *n* ['u:r-] original, prototype; *scient* archétype *m.* **Ureinwohner** *m pl* premiers habitants, aborigènes, autochtones *m pl.* **Urenkel** *m* arrière-petit-fils *m; pl* arrière-petits-enfants *m pl.* **Urenkelin** *f* arrière-petite-fille *f.* **urgemütlich** *a* confortable; ▶ *es war* ~ *(fig)* nous nous sommes bien amusés. **Urgeschichte** *f* préhistoire *f.* **urgeschichtlich** *a* préhistorique. **Urgroßeltern** *pl* arrière-grands-parents *m pl.* **Urgroßmutter** *f* arrière--grand-mère, bisaïeule *f.* **Urgroßvater** *m* arrière-grand-père, bisaïeul *m.*
Urheber *m* ['u:r-] auteur; *(Schöpfer)* créateur; *(Anstifter)* instigateur *m.* **Urheberrecht** *n* droit *m* d'auteur, propriété *f* littéraire (et artistique).
Urin *m* ‹-s, -e› [u'ri:n] urine *f.* **urinieren** ‹*ohne ge-*› *itr* uriner.
Urknall *m* ['u:r-] bigbang, big-bang *m.*
Urkunde *f* ['u:r-] **1.** document, titre *m,* pièce *f; (Diplom)* diplôme, brevet *m;* **2.** *pol* charte *f,* instrument *m;* ▶ *e-e* ~ *ausstellen* dresser *jur* instrumenter; *amtliche* ~ acte *m* authentique. **Urkundenfälschung** *f* falsification *f* de documents, faux *m* en écriture.
Urlaub *m* ‹-(e)s, -e› ['u:rlaup, -bə] congé *m; (Ferien)* vacances *f pl; mil* permission *f;* ▶ *in* od *im* ~ en vacances; en permission; *in* ~ *fahren* partir en vacances; ~ *haben* avoir congé; ~ *nehmen* prendre du congé; *im* ~ *sein* être en congé *od* en vacances *od mil* en permission. **Urlauber** *m* ‹-s, -› [-bər] vacancier. **Urlaubsgeld** *n* prime *f* de vacances. **urlaubsreif** *a* qui a besoin de vacances. **Urlaubszeit** *f* période *f* des vacances.
Urmensch *m* ['u:r-] homme *m* primitif, premier homme *m.*
Urne *f* ‹-, -n› ['ʊrnə] urne *f.* **Urnenfriedhof** *m.* **Urnenhalle** *f* columbarium *m.*
Ursache *f* ['u:r-] cause; *(Grund)* raison *f; (Beweggrund)* motif; *(Anlaß)* sujet *m;* ▶ *(alle)* ~ *haben zu ...* avoir (tout) lieu de ...; *keine* ~*!* (il n'y a) pas de quoi! *kleine* ~*n, große Wirkung (prov)* petite cause, grands effets. **ursächlich** ['u:rzɛçlɪç] *a* causal, *gram* causatif; ▶ ~*er Zusammenhang m* relation *f* de cause à effet.
Ursprung *m* ['u:r-] origine *f,* principe; *(Anfang)* commencement *m; (Entstehung)* naissance *f;* ▶ *s-n* ~ *haben in* tirer son origine de, provenir de. **ursprünglich** [-'--/'---] **I.** *a* premier, original; *(erstmalig)* original; **II.** *adv (anfangs)* à l'origine; d'abord. **Ursprungsland** *n* pays *m* d'origine.
Urteil *n* ‹-s, -e› ['ʊr-] **1.** *allg* u. *jur* jugement *m; (richterliches)* sentence *f,* arrêt; *(der Geschworenen)* verdict *m;* **2.** *(Meinung)* opinion *f,* avis *m;* **3.** *(~skraft)* discernement, bon sens *m;* ▶ *ein* ~ *aufheben* annuler *od* casser un jugement; *sich ein* ~ *bilden über* se faire une opinion sur; *ein* ~ *fällen* rendre *od* porter un jugement; *das* ~ *sprechen* rendre le verdict; *sein eigenes* ~ *sprechen (fig)* prononcer sa propre condamnation; *das* ~ *verkünden* prononcer le verdict; *das* ~ *vollstrecken* exécuter la sentence. **urteilen** *itr* **1.** *allg u. jur* juger (*über* de); **2.** *(s-e Ansicht äußern)* raisonner (*über* de), porter un jugement (*über* de, sur); ▶ *nach s-n Worten zu* ~ à l'en croire; ~ *Sie selbst!* jugez (par) vous-même! **Urteilsbegründung** *f* attendus *od* motifs *m pl* du jugement. **Urteilskraft** *f* jugement, discernement *m.* **Urteilsspruch** *m* (dispositif *od* prononcé du) jugement *m,* sentence *f,* arrêt; *(der Geschworenen)* verdict *m.* **Urteilsverkündung** *f* prononcé *m* du jugement.
Ururgroßmutter *f* ['u:rʔu:r-] trisaïeule *f.* **Ururgroßvater** *m* trisaïeul *m.* **Urwald** *m* ['u:r-] forêt *f* vierge. **urwüchsig** *a* **1.** naturel, naïf; **2.** *(kraftvoll)* robuste; *(derb)* rustique. **Urzeit** *f* ère *f* primitive.
Usurpator *m* ‹-s, -en› [uzʊr'pa:tɔr, -'to:rən] usurpateur *m.* **usurpieren** ‹*ohne ge-*› *tr* usurper.
Usus *m* ‹-, ø› ['u:zʊs] *(Brauch)* usage *m,* habitude *f.*
Utensilien *pl* [utɛn'zi:liən] ustensiles *m pl.*
Utopie *f* ‹-, -n› [uto'pi:, -'pi:ən] utopie *f.* **utopisch** [u'to:pɪʃ] *a* utopique.

V

V, v *n* ‹-, -› [faʊ] *(Buchstabe)* V, v *m*.
Vagabund *m* ‹-en, -en› [vaga'bʊnt, -dən] vagabond *m*.
vag(e) [va:k, -gə] *a (undeutlich)* vague.
Vagina *f* ‹-, -inen› [va'gi:na, -'gi:nən] *anat* vagin *m*.
Vakuum *n* ‹-s, -kua/-kuen› ['va:kuʊm, -a/-ən] *phys, a. fig* vide *m*. **vakuumverpackt** *a* emballé sous vide.
Vamp *m* ‹-s, -s› [vɛmp] *(gefährliche Frau)* vamp, femme *f* fatale. **Vampir** *m* ‹-s, -e› [vam'pi:r] *zoo fig* vampire *m*.
Vanille *f* ‹-, ø› [va'nɪljə] **1.** *bot* vanillier *m*; **2.** *(Gewürz)* vanille *f*. **Vanilleeis** *n* glace *f* à la vanille.
Variante *f* ‹-, -n› [va'riantə] variante *f*. **Variation** *f* ‹-, -en› [-tsi'o:n] *(Abwandlung)* variation *f*.
Varieté(theater) *n* ‹-s, -s› [-rie'te:] music-hall, théâtre *m* de variétés.
variieren [-ri'i:rən] ‹*ohne ge-*› *tr (abwandeln) u. itr (abweichen)* varier.
Vase *f* ‹-, -en› ['va:zə] vase *m*.
Vater *m* ‹-s, ⸚› ['fa:-, 'fɛ:tər] **1.** père *m*; **2.** *pl (Vorväter)* aïeux *m pl*; ▶ *er ist ganz der ~* c'est tout le portrait de son père. **Vaterland** *n* patrie *f*. **Vaterlandsliebe** *f* patriotisme, amour *m* de la patrie. **väterlich** *a* paternel; ▶ *~es Erbe n* patrimoine *m*. **väterlicherseits** *adv* (du côté) paternel *a*. **vaterlos** *a* sans père. **Vaterschaft** *f* paternité *f*. **Vaterstadt** *f* ville *f* natale. **Vatertag** *m* fête *f* des pères. **Vaterunser** *n* ‹-s, -› ['--'--/--'--] *(Gebet)* Notre-Père *m*; ▶ *ein ~ beten* dire un Notre-Père. **Vati** *m* ‹-s, -s› *fam* papa *m*.
Vatikan, der [vati'ka:n] *rel* le Vatican. **Vatikanstadt, die**, la Cité du Vatican.
Vegetarier *m* ‹-s, -› [vege'ta:riər] végétarien *m*. **vegetarisch** *a* végétarien.
Vegetation *f* ‹-, -en› végétation *f*.
vegetieren [-ge'ti:rən] ‹*ohne ge-*› *itr (kümmerlich leben)* végéter, vivoter.
Veilchen *n* ‹-s, -› ['faɪlçən] *bot* violette *f*.
Vene *f* ‹-, -n› ['ve:nə] *anat* veine *f*.
Venedig *n* [ve'ne:dɪç] Venise *f*. **Venezianer(in *f*)** *m* ‹-s, -› [vene'tsia:nər] Vénétien,ne *m f*.
Ventil *n* ‹-s, -e› [vɛn'ti:l] valve, soupape *f*.
Ventilation *f* ‹-, -en› [-tilatsi'o:n] ventilation *f*. **Ventilator** *m* ‹-s, -en› [-'la:tɔr, -'to:rən] ventilateur *m*.
verabreden [fɛr'-] ‹*ohne ge-*› **1.** *tr* convenir (*etw* de qc); **2.** *refl: sich ~* prendre un rendez-vous; ▶ *verabredet sein* avoir un rendez-vous. **Verabredung** *f* ‹-, -en› rendez-vous *m*.
verabreichen [fɛr'-] ‹*ohne ge-*› *tr* donner, fournir; *(Medikament)* administrer.
verabscheuen [fɛr'-] ‹*ohne ge-*› *tr* détester; avoir en horreur *od* en abomination.
verabschieden [fɛr'-] ‹*ohne ge-*› *tr* **1.** *(Person)* congédier; **2.** *(Offizier)* réformer; **3.** *arl (Gesetz, Haushalt)* adopter; *refl* **4.** *sich ~* prendre congé.
verachten [fɛr'-] ‹*ohne ge-*› *tr* dédaigner, mépriser. **verächtlich** [fɛr'ʔɛçtlɪç] **I.** *a* **1.** *(voller Verachtung)* dédaigneux, méprisant; **2.** *(verachtenswert)* méprisable; **II.** *adv* avec dédain. **Verachtung** *f* ‹-, ø› [fɛr'-] dédain, mépris *m*; ▶ *jdn mit ~ strafen* accabler qn de (son) mépris.
verallgemeinern [fɛr--'--/-'----] ‹*ohne ge-*› *tr* généraliser. **Verallgemeinerung** *f* ‹-, -en› généralisation *f*.
veralten [fɛr'-] ‹*ohne ge-*› *itr* ‹*sein*› vieillir, passer (de mode). **veraltet** *a* vieilli, démodé; hors d'usage; *(Wort, Wendung)* obsolète.
Veranda *f* ‹-, -den› [ve'randa] *arch* véranda *f*.
veränderlich [fɛr'-] *a* variable; changeant, instable. **Veränderlichkeit** *f* ‹-, ø› variabilité; *f*. **verändern** ‹*ohne ge-*› *tr* changer, modifier. **Veränderung** *f* ‹-, -en› changement *m*, modification *f*.
verängstigen [fɛr'-] ‹*ohne ge-*› *tr* intimider; effrayer.
verankern [fɛr'-] ‹*ohne ge-*› *tr* ancrer *a. fig;* amarrer.
veranlagen [fɛr'-] ‹*ohne ge-*› *tr:* ▶ *jdn (steuerlich) ~* établir l'assiette de l'impôt de qn. **veranlagt** *pp (von Natur)* prédisposé. **Veranlagung** *f* ‹-, -en› **1.** (pré)disposition *f*; **2.** *fin* imposition *f*.
veranlassen [fɛr'ʔanlasən] ‹*ohne ge-*› *tr* **1.** donner lieu à, provoquer, causer; **2.** *(Menschen)* engager à. **Veranlassung** *f* ‹-, ø› **1.** *(Anlaß)* cause *f*, motif *m*; **2.** *(e-s Menschen)* impulsion *f*; ▶ *auf jds ~* sous l'impulsion de qn.
veranschaulichen [fɛr'-] ‹*ohne ge-*› *tr* concrétiser, illustrer.
veranschlagen [fɛr'-] ‹*ohne ge-*› *tr* évaluer, estimer, taxer.
veranstalten [fɛr'-] ‹*ohne ge-*› *tr* organiser, arranger; *(Fest)* donner. **Veranstalter** *m* ‹-s, -› organisateur *m*. **Veranstaltung** *f* ‹-, en› **1.** *(ohne pl) (Tätigkeit)* organisation *f*, arrangement *m*; **2.**

(Ereignis) manifestation; *(Fest)* fête *f.*
verantworten [fɛr'-] ⟨*ohne ge-*⟩ *tr* répondre de; être responsable de; *sich ~* se justifier. **verantwortlich** *a* responsable *(für* de*).* **Verantwortlichkeit** *f* ⟨-, ø⟩ responsabilité *f.* **Verantwortung** *f* ⟨-, ø⟩ responsabilité *f;* ▶ *auf jds ~* sous la responsabilité de qn; *jdn zur ~ ziehen* demander des comptes à qn. **verantwortungsbewußt** *a* conscient de ses responsabilités. **verantwortungslos** *a* irresponsable.
verarbeiten [fɛr'-] ⟨*ohne ge-*⟩ *tr* **1.** usiner, manufacturer, travailler, traiter; *inform (Daten)* traiter; **2.** *(verbrauchen)* utiliser; **3.** *a. fig (Eindruck)* assimiler. **Verarbeitung** *f* façonnage, traitement; *inform* traitement; *a. fig* assimilation *f.*
verargen [fɛr'ʔargən] ⟨*ohne ge-*⟩ *tr:* ▶ *jdm etw ~* en vouloir à qn pour qc.
verärgern [fɛr'-] ⟨*ohne ge-*⟩ *tr* fâcher. **verärgert** *a* fâché.
verarmen [fɛr'-] ⟨*ohne ge-*⟩ *itr (sein)* s'appauvrir. **Verarmung** *f* ⟨-, ø⟩ appauvrissement *m.*
verästeln, *sich* [fɛr'ʔɛstəln] ⟨*ohne ge-*⟩ se ramifier. **Verästelung** *f* ⟨-, -en⟩ ramification *f.*
veräußern [fɛr'-] ⟨*ohne ge-*⟩ *tr (verkaufen)* aliéner, vendre. **Veräußerung** *f* ⟨-, -en⟩ aliénation, vente *f.*
Verb *n* ⟨-s, -en⟩ [vɛrp, '-bən] verbe *m.*
Verband *m* ⟨-(e)s, ⸚e⟩ [fɛr'-] **1.** *med* pansement, bandage *m;* **2.** *mil* formation *f;* **3.** *(Vereinigung)* association, fédération, union *f,* groupement; *(Gewerkschaft)* syndicat *m.* **Verband(s)kasten** *m med* boîte *f* de pansement(s). **Verband(s)zeug** *n med* trousse *f* de pansement.
verbannen [fɛr'-] ⟨*ohne ge-*⟩ *tr* bannir, exiler. **Verbannung** *f* ⟨-, ø⟩ bannissement *m; (Exil)* exil *m.*
verbarrikadieren [fɛr---'--] ⟨*ohne ge-*⟩ *tr* barricader.
verbergen [fɛr'-] ⟨*verbirgt, verbarg, verborgen*⟩ *tr* cacher, dissimuler; recéler.
verbessern [fɛr'-] ⟨*ohne ge-*⟩ *tr* **1.** améliorer; réformer; *(vervollkommnen)* perfectionner; *(verfeinern)* affiner; **2.** *(berichtigen)* rectifier; *(korrigieren)* corriger; *refl* **3.** *sich ~ (beruflich)* améliorer sa situation. **Verbesserung** *f* ⟨-, -en⟩ **1.** amélioration; réforme *f;* perfectionnement *m;* **2.** rectification; correction *f.*
verbeugen, *sich* [fɛr'-] ⟨*ohne ge-*⟩ s'incliner; faire sa révérence (*vor jdm* à qn). **Verbeugung** *f* ⟨-, -en⟩ révérence *f.*
verbeulen [fɛr'-] ⟨*ohne ge-*⟩ *tr* cabosser.
verbiegen [fɛr'-] ⟨*verbog, verbogen*⟩ **1.** *tr* tordre; déformer, fausser; **2.** *refl: sich ~* se déformer; gauchir.
verbieten [fɛr'-] ⟨*verbietet, verbot, verboten*⟩ *tr* défendre, interdire.
verbilligen [fɛr'-] ⟨*ohne ge-*⟩ *tr* réduire le prix de. **verbilligt** *adv* à prix réduit(s).
verbinden [fɛr'-] ⟨*verbindet, verband, verbunden*⟩ *tr* **1.** *med* panser; *(die Augen)* bander (*jdm* à qn); **2.** *(verknüpfen)* (re)lier, joindre (*mit* à); **3.** *tech* assembler; **4.** *tele* mettre en communication; **5.** ▶ *mit jdm* relier à qn; **6.** *(vereinigen)* joindre, rattacher, associer (*mit* à); ▶ *jdm sehr verbunden sein (fig)* être (très) obligé à qn. **verbindlich** *a (höflich)* obligeant; ▶ *~sten Dank!* tous mes remerciements! **Verbindlichkeit** *f* ⟨-, -en⟩ *(Verpflichtung)* obligation *f,* engagement *m;* ▶ *e-e ~ eingehen* contracter une obligation. **Verbindung** *f* ⟨-, -en⟩ **1.** liaison *f,* raccordement *m,* connexion *f;* **2.** *tech* assemblage *m;* **3.** *(Verkehrsverbindung)* desserte; *tele* communication *f;* **4.** *(Beziehung, Zs.hang)* relation *f,* rapport *m; (gedankliche Verknüpfung)* combinaison *f;* **5.** *(Vereinigung)* (ré)union, alliance; **6.** *chem* combinaison *f;* combiné, composé *m;* ▶ *in ~ bringen mit* mettre en rapport avec; *sich in ~ setzen mit* se mettre en relation avec; *fam* contacter; *falsche ~ (tele)* erreur *f* de communication. **Verbindungsmann** *m* ⟨-(e)s, -männer/-leute⟩ agent *m* de liaison. **Verbindungsstück** *n* raccord *m;* pièce *f* intercalaire; lien *m.*
verbissen [fɛr'-] **I.** *a (hartnäckig)* acharné; **II.** *adv* avec acharnement. **Verbissenheit** *f* ⟨-, ø⟩ acharnement *m.*
verbitten [fɛr'-] ⟨*verbittet, verbat, verbeten*⟩*:* ▶ *sich etw ~* ne pas tolérer qc.
verbittern [fɛr'-] ⟨*ohne ge-*⟩ *tr fig* rendre amer, empoisonner; *(Menschen)* aigrir. **verbittert** *a* aigri.
verblassen [fɛr'-] ⟨*ohne ge-*⟩ *itr* ⟨*sein*⟩ **1.** *(Farbe verlieren)* se décolorer; se faner; **2.** *fig (nachlassen)* pâlir, s'affaiblir.
Verbleib *m* ⟨-(e)s, ø⟩ [fɛr'blaɪp] *(e-s Menschen)* séjour; *(e-r S)* endroit (où se trouve actuellement qc). **verbleiben** ⟨*verblieb, verblieben*⟩ *itr* ⟨*sein*⟩ *(bleiben)* rester, demeurer.
verblenden [fɛr'-] ⟨*ohne ge-*⟩ *tr fig* éblouir, aveugler.
verblöden [fɛr'-] ⟨*ohne ge-*⟩ *itr* ⟨*sein*⟩ devenir stupide, s'abêtir, s'abrutir.
verblüffen [fɛr'-] ⟨*ohne ge-*⟩ *tr* déconcerter, ébahir; *fam* épater. **verblüfft** *a* ébahi; épaté.
verblühen [fɛr'-] ⟨*ohne ge-*⟩ *itr* ⟨*sein*⟩ se faner. **verblüht** *a fig* fané, passé.
verbluten [fɛr'-] ⟨*ohne ge-*⟩ *itr* ⟨*sein*⟩ perdre tout son sang.
verbohren [fɛr'-] ⟨*ohne ge-*⟩*:* ▶ *sich in etw verbohrt haben* ne pas démordre de qc. **verbohrt** *a* obstiné.
verborgen [fɛr'-] **I.** *tr (verleihen)* prêter; **II.** *a (versteckt)* caché; ▶ *im ~en* en cachette, à la dérobée, à l'ombre.

Verbot *n* ⟨-(e)s, -e⟩ [fɛrˈbo:t] défense, interdiction, prohibition *f*. **verboten** *a* défendu, interdit.

Verbrauch *m* ⟨-(e)s, ø⟩ [fɛrˈ-] consommation *f*. **verbrauchen** ⟨*ohne ge-*⟩ *tr* **1.** consommer; **2.** *(erschöpfen)* épuiser; *(abnutzen)* user. **Verbraucher** *m* ⟨-s, -⟩ consommateur *m*. **verbraucherfreundlich** *a* favorable au consomateur. **Verbraucherschutz** *m* protection *f* du consommateur. **Verbraucherverband** *m* organisation *f* de consommateurs. **Verbrauchsgüter** *n pl* biens *m pl* de consommation. **verbraucht** *a* *(Luft)* confiné; *(Mensch)* usé.

verbrechen [fɛrˈ-] ⟨*verbricht, verbrach, verbrochen*⟩ *tr (verüben, begehen)* commettre, perpétrer. **Verbrechen** *n* ⟨-s, -⟩ crime; *(Missetat)* méfait *m*. **Verbrecher** *m* ⟨-s, -⟩ criminel, délinquant; *(Übeltäter)* malfaiteur *m*. **verbrecherisch** *a* criminel.

verbreiten [fɛrˈ-] ⟨*ohne ge-*⟩ **1.** *tr (ausbreiten, fig)* répandre; *(bekanntmachen)* diffuser, propager; *(Gerücht)* semer, faire courir; **2.** *refl: sich ~ (sich auslassen)* s'étendre (*über* sur).

verbreitern ⟨*ohne ge-*⟩ *tr* élargir. **verbreitet** *a* répandu; général. **Verbreitung** *f* ⟨-, ø⟩ diffusion, propagation *f*.

verbrennen [fɛrˈ-] ⟨*verbrannte, verbrannt*⟩ **1.** *tr* ⟨*h*⟩ brûler; **2.** *itr* ⟨*sein*⟩ brûler; se consumer; *(Mensch bei e-m Unglück)* mourir carbonisé; **3.** *refl: sich ~* se brûler. **Verbrennung** *f* ⟨-, -en⟩ combustion; *(e-r Leiche)* incinération *f*.

verbringen [fɛrˈ-] ⟨*verbrachte, verbracht*⟩ *tr (e-e Zeit)* passer.

verbrüdern, *sich* [fɛrˈ-] ⟨*ohne ge-*⟩ fraterniser (*mit jdm* avec qn). **Verbrüderung** *f* ⟨-, -en⟩ fraternisation *f*.

verbrühen [fɛrˈ-] ⟨*ohne ge-*⟩ *tr* échauder.

verbuchen [fɛrˈ-] ⟨*ohne ge-*⟩ *tr* **1.** passer dans les livres; **2.** *fig* enregister.

verbummeln [fɛrˈ-] ⟨*ohne ge-*⟩ *tr (e-e Zeit)* gaspiller.

verbünden, *sich* [fɛrˈbʏndən] ⟨*ohne ge-*⟩ *sich* s'allier, se liguer, se (con)fédérer.

Verbundenheit ⟨-, ø⟩ [fɛrˈbʊndənhaɪt] *f* attachement *m;* solidarité *f*.

Verbündete(r) *m* ⟨-n, -n⟩ allié(e *f*) *m*.

verbürgen [fɛrˈ-] ⟨*ohne ge-*⟩ *tr:* ▶ *sich ~ für* garantir, se porter garant de. **verbürgt** *a* confirmé; authentique.

verbüßen [fɛrˈ-] ⟨*ohne ge-*⟩ *tr (Strafe)* purger.

Verdacht *m* ⟨-(e)s, ø⟩ [fɛrˈdaxt] soupçon(s *pl*) *m;* ▶ *in ~ geraten* se rendre suspect; *im ~ stehen zu ...* être soupçonné de .... **verdächtig** [fɛrˈdɛçtɪç] *a* suspect, douteux, louche. **verdächtigen** ⟨*ohne ge-*⟩ *tr* soupçonner. **Verdächtige(r)** *m* suspect *m*. **Verdachtsmotiv** *n* motif *m* de suspicion.

verdammen [fɛrˈ-] ⟨*ohne ge-*⟩ *tr* damner; *(verfluchen)* maudire. **verdammt I.** *a pop* damné, sacré; **II.** *adv* diablement; ▶ *~ (noch mal)!* malédiction! diable!

verdampfen [fɛrˈ-] ⟨*ohne ge-*⟩ **1.** *tr* ⟨*h*⟩ faire évaporer; **2.** *itr* ⟨*sein*⟩ s'évaporer. **Verdampfung** *f* ⟨-, ø⟩ évaporation *f*.

verdanken [fɛrˈ-] ⟨*ohne ge-*⟩ *tr:* ▶ *jdm etw ~* devoir qc à qn.

verdauen [fɛrˈdaʊən] ⟨*ohne ge-*⟩ *tr* digérer. **verdaulich** *a:* ▶ *leicht ~* digeste; *schwer ~* indigeste. **Verdauung** *f* ⟨-, ø⟩ digestion *f*. **Verdauungsbeschwerden** *f pl* troubles *m pl* digestifs.

Verdeck *n* ⟨-(e)s, -e⟩ [fɛrˈdɛk] **1.** *mar* pont *m;* **2.** *(Autobus)* impériale *f;* **3.** *(PKW)* capote *f*. **verdecken** ⟨*ohne ge-*⟩ *tr (dem Blick entziehen)* cacher.

verdenken [fɛrˈ-] ⟨*verdachte, verdacht*⟩ *tr:* ▶ *jdm etw nicht ~ können* ne pas pouvoir tenir rigueur de qc à qn.

verderben [fɛrˈ-] ⟨*verdirbt, verdarb, verdorben*⟩ *tr* ⟨*h*⟩ **1.** gâter, corrompre; *fig* empoisonner; *(den Spaß)* gâcher; **2.** *(sittlich ~)* corrompre, pervertir; *itr* ⟨*sein*⟩ **3.** se gâter; s'altérer; ▶ *es mit niemandem ~ wollen* ménager la chèvre et le chou. **Verderben** *n* ⟨-s, ø⟩ ruine, perte *f*. **verderblich** *a (schädlich)* pernicieux, funeste; ▶ *(leicht) ~ (Ware)* périssable.

verdeutlichen [fɛrˈ-] ⟨*ohne ge-*⟩ *tr* rendre clair, élucider; *(erklären)* expliquer.

verdeutschen [fɛrˈ-] ⟨*ohne ge-*⟩ *tr* traduire en allemand.

verdichten [fɛrˈ-] ⟨*ohne ge-*⟩ *tr tech* comprimer; *phys* condenser; *chem* concentrer. **Verdichtung** *f* ⟨-, ø⟩ **1.** *tech* compression *f;* **2.** *phys* condensation *f;* **3.** *chem* concentration *f*.

verdienen [fɛrˈ-] ⟨*ohne ge-*⟩ *tr* **1.** *(erarbeiten)* gagner; **2.** *(wert sein)* mériter *(a. e-e Strafe);* être digne de. **Verdienst (1)** *m* ⟨-(e)s, -e⟩ *(Lohn, Gewinn)* gain, profit, bénéfice; prix *m* du travail; **(2)** *n* ⟨-(e)s, -e⟩ *(Wert)* mérite *m; pl a.* services *m pl* rendus. **Verdienstausfall** *m* perte *f* de gain. **verdienstvoll** *a* méritant; méritoire. **verdient** *a* mérité; ▶ *sich um etw ~ machen* bien mériter de qc.

verdoppeln [fɛrˈ-] ⟨*ohne ge-*⟩ *tr* doubler. **Verdoppelung** *f* ⟨-, -en⟩ redoublement *m; scient* duplication *f*.

verdorben [fɛrˈ-] *a* **1.** *(Ware)* gâté, pourri, avarié; **2.** *fig (Mensch)* corrompu, dépravé; **3.** *(Magen)* embarrassé.

verdorren [fɛrˈ-] ⟨*ohne ge-*⟩ *itr* ⟨*sein*⟩ (se des)sécher.

verdrängen [fɛrˈ-] ⟨*ohne ge-*⟩ *tr* **1.** déplacer; *(verjagen)* chasser; *(sich an die Stelle setzen)* supplanter; **2.** *(unterdrükken)* supprimer; *psych* refouler. **Verdrängung** *f* ⟨-, ø⟩ **1.** déplacement *m;* **2.**

suppression *f; psych* refoulement *m.*
verdrehen [fɛr'-] ‹*ohne ge-*› *tr* **1.** (dis)tordre, fausser; **2.** *fig (den Sinn entstellen)* forcer, fausser. **verdreht** *a fig fam (verwirrt)* confus; *(verrückt)* toqué.
verdreifachen [fɛr'-] ‹*ohne ge-*› *tr* tripler.
verdrießen [fɛr'dri:sən] ‹*verdroß, verdrossen*› *tr (ärgern)* fâcher, donner de l'humeur à, ennuyer. **verdrießlich** *a* **1.** *(Sache)* fâcheux, ennuyeux; **2.** *(Mensch)* fâché, de mauvaise humeur, renfrogné.
verdrossen [fɛr'drɔsən] *a* contrarié, renfrogné. **Verdrossenheit** *f* ‹-, ø› lassitude; mauvaise humeur *f.*
verdrücken [fɛr'-] ‹*ohne ge-*› **1.** *tr pop (essen)* avaler; **2.** *refl: sich ~ (fam)* s'esquiver, filer à l'anglaise.
Verdruß *m* ‹-sses, -sse› [fɛr'drʊs] ennui *m; (Kummer)* chagrin, dépit *m.*
verdummen [fɛr'-] *tr* ‹*h*› abêtir; *itr* ‹*sein*› s'abêtir.
verdunkeln [fɛr'-] ‹*ohne ge-*› *tr* **1.** obscurcir, assombrir; **2.** *a. fig* éclipser; **3.** *(Luftschutz)* camoufler. **Verdunkelung** *f* ‹-, ø› obscurcissement, assombrissement *m.*
verdünnen [fɛr'-] ‹*ohne ge-*› *tr (mit Wasser)* délayer; *(Wein)* baptiser.
verdunsten [fɛr'-] ‹*ohne ge-*› *itr* ‹*sein*› s'évaporer, se volatiliser. **Verdunstung** *f* ‹-, ø› évaporation, vaporisation *f.*
verdursten [fɛr'-] ‹*ohne ge-*› *itr* ‹*sein*› mourir de soif.
verdüstern, *sich* [fɛr'-] ‹*ohne ge-*› s'assombrir, s'obscurcir.
verdutzt [fɛr'dʊtst] *a fam* épaté, ahuri.
verehren [fɛr'-] ‹*ohne ge-*› *tr* vénérer; ▶ *jdm etw ~ (schenken)* faire cadeau de qc à qn. **Verehrer** *m* ‹-s, -› *(Bewunderer)* admirateur; *(Liebhaber)* soupirant *m.* **Verehrung** *f* ‹-, ø› vénération *f.* **verehrungswürdig** *a* vénérable.
vereid(ig)en [fɛr'ʔaɪd(ɪg)ən] ‹*ohne ge-*› *tr* assermenter. **Vereid(ig)ung** *f* ‹-, ø› prestation *f* de serment.
Verein *m* ‹-(e)s, -e› [fɛr'ʔaɪn] association, union *f; (kleinerer)* cercle, club *m.*
vereinbar [fɛr'-] *a* compatible (*mit* avec). **vereinbaren** ‹*ohne ge-*› *tr* convenir de, accorder; ▶ *das ist nicht damit zu ~* ce n'est pas compatible avec cela. **Vereinbarung** *f* ‹-, -en› convention *f,* accord *m;* ▶ *nach ~* de gré à gré.
vereinen [fɛr'ʔaɪnən] ‹*ohne ge-*› *tr* unir; ▶ *mit vereinten Kräften* toutes forces réunies; *die Vereinten Nationen* les Nations *f pl* Unies.
vereinfachen [fɛr'-] ‹*ohne ge-*› *tr* simplifier. **Vereinfachung** *f* ‹-, ø› simplification *f.*
vereinheitlichen [fɛr'-] ‹*ohne ge-*› *tr* unifier, uniformiser. **Vereinheitlichung** *f* ‹-, ø› unification *f.*
vereinigen [fɛr'-] ‹*ohne ge-*› *tr* **1.** unir, réunir; joindre; *(in einem Punkt)* concentrer; **2.** *(zs.stellen)* assortir; *(Menschen)* rassembler; associer; *(Gesellschaften)* fusionner; **3.** *fig (in Einklang bringen)* concilier; ▶ *sich ~* s'unir, se réunir; se rassembler; s'associer, s'allier; se coaliser; *die Vereinigten Staaten m pl (von Amerika)* les États-Unis *m pl* (d'Amérique). **Vereinigung** *f* ‹-, -en› **1.** union, réunion; groupement *m;* concentration *f;* **2.** rassemblement *m,* association; confédération, coalition; fusion *f; pol* unification *f;* **3.** *fig* conciliation *f.*
vereinsamen [fɛr'-] ‹*ohne ge-*› *itr* ‹*sein*› devenir solitaire. **vereinsamt** *a* esseulé. **Vereinsamung** *f* ‹-, ø› isolement *m;* solitude *f.*
vereinzelt [fɛr'-] *a* isolé, sporadique. **Vereinzelung** *f* isolement *m;* séparation *f.*
vereisen [fɛr'ʔaɪzən] ‹*ohne ge-*› *itr* ‹*sein*› se couvrir de glace; geler. **vereist** *a* couvert de glace; gelé; *(Straße)* verglacé.
vereiteln [fɛr'-] ‹*ohne ge-*› *tr* faire échouer; contrecarrer, déjouer.
vereitern [fɛr'-] ‹*ohne ge-*› *itr* ‹*sein*› suppurer. **vereitert** *a* purulent. **Vereiterung** *f* ‹-, -en› suppuration *f.*
verelenden [fɛr'-] *itr* ‹*sein*› tomber dans la misère.
verenden [fɛr'-] ‹*ohne ge-*› *itr* ‹*sein*› *(Tier: sterben)* mourir.
verenge(r)n [fɛr'-] ‹*ohne ge-*› *tr* rétrécir; *sich ~ (Straße)* devenir plus étroit.
vererben [fɛr'-] ‹*ohne ge-*› *tr biol* transmettre (par héritage); *sich ~ (biol)* se transmettre (héréditairement). **Vererbung** *f* ‹-, ø› transmission; *(Erblichkeit)* hérédité *f.*
verewigen [fɛr'-] ‹*ohne ge-*› *tr* éterniser.
verfahren [fɛr'-] **I.** ‹*verfährt, verfuhr, verfahren*› **1.** *itr* ‹*sein*› *(vorgehen)* procéder, agir; ▶ *mit etw ~* user de qc; *mit jdm ~* agir envers qn; **2.** *tr* ‹*h*› *(für Fahrten ausgeben)* dépenser en transports; **3.** *refl: sich ~ (falsch fahren)* se tromper de chemin; **II.** *a (ausweglos)* sur une voie de garage. **Verfahren** *n* ‹-s, -› **1.** *(Vorgehen)* procédé *m,* manière *f* d'agir; **2.** *(Methode)* méthode *f,* mode *m* opératoire; **3.** *jur* procédure *f.*
Verfall *m* ‹-(e)s, ø› [fɛr'-] **1.** *(e-s Bauwerks)* ruine *f; (vollständiger)* écroulement *m;* **2.** *fig* décadence *f,* déclin *m;* **3.** *fin (Fälligwerden)* échéance *f.* **verfallen** **I.** ‹*verfällt, verfiel, verfallen*› *itr* ‹*sein*› **1.** *(Bauwerk)* tomber en ruine(s); **2.** *fig* déchoir; **3.** *(ungültig werden)* venir à échéance, périmer; ▶ *auf etw ~ (sich etw einfallen lassen)* s'aviser de qc; *dem Laster ~ sein* s'adonner au vice; **II.** *a (Gebäude)* en ruine(s); *(Gesichtszüge)* décomposé; *(nicht mehr gültig)*

périmé. **Verfallsdatum** *n* date *f* de péremption. **Verfall(s)zeit** *f fin* délai *m* d'échéance.
verfälschen [fɛrˈfɛlʃən] ⟨*ohne ge-*⟩ *tr* **1.** adultérer; **2.** *fig* altérer. **Verfälschung** *f* adultération *f*; altération *f*.
verfänglich [fɛrˈfɛŋlɪç] *a* insidieux.
verfärben, *sich* [fɛrˈ-] ⟨*ohne ge-*⟩ changer de couleur.
verfassen [fɛrˈ-] ⟨*ohne ge-*⟩ *tr* écrire, composer, rédiger. **Verfasser(in** *f*) *m* ⟨-s, -(-, -nen)⟩ (femme *f*) auteur *m*.
Verfassung *f* ⟨-, -en⟩ [fɛrˈ-] **1.** *(ohne pl) (Zustand)* état; *(Geistes~)* état *m* d'esprit; disposition *f* (d'esprit), moral *m*; **2.** *pol* constitution *f*. **verfassunggebend** *a* constituant; ▶ *~e Versammlung f* (assemblée) constituante *f*. **Verfassungsänderung** *f* révision *f* constitutionnelle. **verfassungsmäßig** *a* constitutionnel. **Verfassungsschutz** *m* organe *m* de la protection de la constitution *(= Renseignements Généraux)*. **verfassungswidrig** *a* inconstitutionnel.
verfaulen [fɛrˈ-] ⟨*ohne ge-*⟩ *itr* ⟨*sein*⟩ pourrir, se putréfier.
verfechten [fɛrˈ-] ⟨*verficht, verfocht, verfochten*⟩ *tr (eintreten für)* soutenir, plaider; combattre pour. **Verfechter** *m* ⟨-s, -⟩ défenseur, avocat *m*.
verfehlen [fɛrˈ-] ⟨*ohne ge-*⟩ *tr (nicht erreichen)* manquer; rater. **Verfehlung** *f* ⟨-, -en⟩ faute *f*; délit *m*.
verfeinden [fɛrˈ-] ⟨*ohne ge-*⟩: ▶ *sich mit jdm ~* se brouiller, se fâcher avec qn.
verfeinern [fɛrˈ-] ⟨*ohne ge-*⟩ *tr* (r)affiner, améliorer, épurer, polir.
verfilmen [fɛrˈ-] ⟨*ohne ge-*⟩ *tr* filmer, porter à l'écran. **Verfilmung** *f* ⟨-, -en⟩ adaptation *f* cinématographique.
verfilzt [fɛrˈ-] *a (Haare)* embroussaillé.
verfinstern, *sich* [fɛrˈ-] ⟨*ohne ge-*⟩ s'obscurcir.
verflachen [fɛrˈ-] *itr* ⟨*sein*⟩ s'aplatir; *fig* perdre son caractère; s'affadir.
Verflechtung *f* ⟨-, -en⟩ [fɛrˈ-] *fin com* interdépendance, interpénétration *f*.
verfliegen [fɛrˈ-] ⟨*verflog, verflogen*⟩ *itr* ⟨*sein*⟩ **1.** *fig (Zeit)* s'envoler, passer vite; **2.** *(Zorn)* se dissiper.
verflixt [fɛrˈflɪkst] *a fam (verflucht)* fichu, damné; *pop* foutu, sacré; ▶ *~ und zugenäht!* nom d'un chien!
verflossen [fɛrˈflɔsən] *a (vergangen)* passé.
verfluchen [fɛrˈ-] ⟨*ohne ge-*⟩ *tr* maudire, damner. **verflucht** *a* damné.
verflüchtigen, *sich* [fɛrˈ-] ⟨*ohne ge-*⟩ *(Flüssigkeit)* se volatiliser, s'évaporer.
verfolgen [fɛrˈ-] ⟨*ohne ge-*⟩ *tr* **1.** poursuivre; *(grundsätzlich)* persécuter; *(jagen)* pourchasser, traquer; **2.** *fig (mit d. Augen, mit Interesse)* suivre. **Verfolger** *m* ⟨-s, -⟩ persécuteur *m*. **Verfolgung** *f* ⟨-, -en⟩ poursuite; *bes. rel pol* persécution *f*; ▶ *die ~ aufnehmen* entamer la poursuite. **Verfolgungswahn** *m med* manie *f* de la persécution.
verfrachten [fɛrˈ-] ⟨*ohne ge-*⟩ *tr (verladen)* charger; expédier.
verfrühen, *sich* [fɛrˈ-] ⟨*ohne ge-*⟩ arriver en avance; **verfrüht I.** *a* prématuré; **II.** *adv* avant le temps.
verfügbar [fɛrˈ-] *a* disponible. **verfügen 1.** *tr (bestimmen)* disposer, décider, ordonner; **2.** *itr* disposer *(über* de). **Verfügung** *f* ⟨-, -en⟩ *(Bestimmung, Erlaß)* disposition, décision, ordonnance *f*, ordre *m*; ▶ *jdm etw zur ~ stellen* mettre qc à la disposition de qn.
verführen [fɛrˈ-] ⟨*ohne ge-*⟩ *tr* **1.** séduire; **2.** *(verderben)* corrompre. **Verführer** *m* ⟨-s, -⟩ séducteur *m*. **verführerisch** *a* **1.** *(Mensch)* séduisant, séducteur; **2.** *(Sache) (verlockend)* attrayant. **Verführung** *f* ⟨-, -en⟩ séduction *f*.
verfüttern [fɛrˈ-] *tr* donner à manger (à un animal).
vergaffen, *sich* [fɛrˈ-] ⟨*ohne ge-*⟩ *(fam)* se toquer, s'amouracher (*in jdn* de qn).
vergangen [fɛrˈ-] *a (Zeit)* passé, dernier. **Vergangenheit** *f* ⟨-, ø⟩ passé, temps passé; *gram (Praeteritum)* prétérit *m*.
vergänglich [fɛrˈgɛŋlɪç] *a* passager, éphémère; périssable; inconstant. **Vergänglichkeit** *f* ⟨-, ø⟩ inconstance *f*.
vergasen [fɛrˈ-] ⟨*ohne ge-*⟩ *tr* **1.** *tech* gazéifier; **2.** *(Raum, Gebiet)* infecter de gaz; *(Menschen)* gazer. **Vergaser** *m* ⟨-s, -⟩ *mot* carburateur *m*. **Vergasung** *f* ⟨-, ø⟩ *tech* gazéification; *mot* carburation *f*; *(von Menschen)* gazage *m*.
vergeben [fɛrˈ-] ⟨*vergibt, vergab, vergeben*⟩ *tr* **1.** *(verzeihen)* pardonner; *rel (Sünde)* remettre; **2.** *(Amt)* conférer; *(Auftrag)* donner, passer; adjuger.
vergebens *adv* en vain, vainement; inutilement. **vergeblich I.** *a* vain; inutile, infructueux; **II.** *adv = vergebens.*
Vergebung *f* ⟨-, ø⟩ *(der Sünden)* rémission *f* (des péchés).
vergegenwärtigen [fɛrˈgeːgənvɛrtɪgən] ⟨*ohne ge-*⟩: ▶ *sich etw ~* se rappeler, se représenter qc.
vergehen [fɛrˈ-] ⟨*verging, vergangen*⟩ *itr* ⟨*sein*⟩ **1.** *(Zeit)* (se) passer, s'écouler; **2.** *allg (dahinschwinden)* passer, se perdre; s'éteindre, s'effacer; *refl:* **3.** *sich ~* commettre une faute *od* un péché; ▶ *sich an jdm ~* se livrer à des voies de fait sur qn. **Vergehen** *n* ⟨-s, -⟩ manquement; *jur* délit *m*, contravention *f*.
vergelten [fɛrˈ-] ⟨*vergilt, vergalt, vergolten*⟩ *tr* **1.** *(zurückzahlen)* payer; **2.** *(belohnen)* récompenser. **Vergeltung** *f* ⟨-, ø⟩ *(Rache)* vengeance; représaille(s *pl*) *f*, talion *m*. **Vergeltungsmaßnahme** *f* (mesure *f* de) représailles *f pl*.
vergessen [fɛrˈgɛsən] ⟨*vergißt, vergaß,*

vergessen› **1.** *tr* oublier; *(auslassen)* omettre; *(versäumen)* négliger; **2.** *refl: sich* ~ s'oublier. **Vergessenheit** *f* ‹-, ø› oubli *m;* ▶ *in* ~ *geraten* tomber dans l'oubli. **vergeßlich** [fɛrˈgɛslɪç] *a* oublieux. **Vergeßlichkeit** *f* ‹-, ø› manque *m* de mémoire; distraction *f;* ▶ *aus* ~ par oubli, par distraction.

vergeuden [fɛrˈgɔʏdən] ‹*ohne ge-*› *tr* dissiper, gaspiller. **Vergeudung** *f* ‹-, ø› dissipation *f,* gaspillage *m.*

vergewaltigen [fɛrgəˈvaltɪgən] ‹*ohne ge-*› *tr* violer. **Vergewaltiger** *m* ‹-s, -› violeur *m.* **Vergewaltigung** *f* ‹-, -en› viol *m.*

vergewissern, *sich* [fɛrgəˈvɪsərn] ‹*ohne ge-*› s'assurer (*e-r S* de qc).

vergießen [fɛrˈ-] ‹*vergoß, vergossen*› *tr* verser, répandre.

vergiften [fɛrˈ-] ‹*ohne ge-*› *tr* empoisonner. **Vergiftung** *f* ‹-, -en› empoisonnement *m; scient* intoxication *f.*

vergilbt [fɛrˈ-] *a* jauni.

Vergißmeinnicht *n* ‹-(e)s, -(e)› [fɛrˈgɪsmaɪnnɪçt] *bot* myosotis, ne-m'oubliez-pas *m.*

vergittern [fɛrˈ-] ‹*ohne ge-*› *tr* grillager.

verglasen [fɛrˈ-] ‹*ohne ge-*› *tr* vitrer.

Vergleich *m* ‹-(e)s, -e› [fɛrˈ-] **1.** comparaison *f;* parallèle *m;* **2.** *(Ausgleich, Versöhnung)* arrangement, accord *m;* compromis *m;* ▶ *im* ~ *zu* en comparaison de, comparé à; *e-n* ~ *ziehen* tracer un parallèle. **vergleichbar** *a* comparable. **vergleichen** ‹*verglich, verglichen*› **1.** *tr* comparer (*mit* à); **2.** *refl: sich* ~ *(sich einigen)* s'arranger, composer (*mit jdm* avec qn). **vergleichsweise** *adv* comparativement, par comparaison.

vergnügen, *sich* [fɛrˈgny:gən] ‹*ohne ge*› s'amuser, se divertir. **Vergnügen** *n* ‹-s, -› plaisir, amusement, divertissement *m;* agrément *m;* ▶ *mit* ~ avec plaisir; *viel* ~*!* amuse-toi bien!, amusez-vous bien! **vergnüglich** [-klɪç] *a* amusant, plaisant. **vergnügt** *a* joyeux, gai. **Vergnügung** *f* ‹-, -en› divertissement *m,* distraction *f,* amusement *m.* **Vergnügungspark** *m* parc *m* d'attractions. **Vergnügungsreise** *f* voyage *m* d'agrément. **Vergnügungssteuer** *f* taxe *f* sur les spectacles. **vergnügungssüchtig** *a* avide de plaisirs.

vergolden [fɛrˈ-] ‹*ohne ge-*› *tr* dorer.

vergönnen [fɛrˈ-] ‹*ohne ge-*› *tr:* ▶ *es war mir nicht vergönnt* je n'(en) ai pas eu la chance.

vergöttern [fɛrˈ-] ‹*ohne ge-*› *tr* idolâtrer.

vergraben [fɛrˈ-] ‹*vergräbt, vergrub, vergraben*› *tr* enfouir.

vergrämen [fɛrˈ-] ‹*ohne ge-*› *tr* chagriner.

vergreifen [fɛrˈ-] ‹*vergriff, vergriffen*› : ▶ *sich an jdm* ~ porter la main sur qn. **vergriffen a com (Buch)** épuisé.

vergrößern [fɛrˈgrøsərn] ‹*ohne ge-*› *tr a. phot* agrandir; *(vermehren)* augmenter; *(erweitern)* amplifier. **Vergrößerung** *f* ‹-, -en› *a. phot* agrandissement *m.* **Vergrößerungsglas** *n* loupe *f.*

Vergünstigung *f* ‹-, -en› [fɛrˈ-] faveur *f,* privilège, avantage *m.*

vergüten [fɛrˈ-] ‹*ohne ge-*› *tr* **1.** *(bezahlen)* payer; **2.** *(zurückzahlen)* rembourser; **3.** *(gutschreiben)* porter à l'avoir *od* à l'actif (*jdm* de qn). **Vergütung** *f* ‹-, -en› remboursement *m,* compensation *f.*

verhaften [fɛrˈhaftən] ‹*ohne ge-*› *tr* arrêter, appréhender. **Verhaftung** *f* ‹-, -en› arrestation *f.*

verhagelt [fɛrˈ-] *a* grêlé, détruit *od* dévasté *od* ravagé par la grêle.

verhalten [fɛrˈ-] **I.** ‹*verhält, verhielt, verhalten*› **1.** *tr (Gefühlsausdruck)* retenir, contenir, réprimer, refouler; *(Atem, Harn)* retenir; **2.** *refl: sich* ~ *(sich benehmen)* se comporter, se conduire; *(e-e Haltung einnehmen)* prendre une attitude; *(handeln)* agir, faire; ▶ *sich ruhig* ~ être tranquille; *wie verhält es sich damit?* où en est l'affaire? **II.** *a (unterdrückt)* retenu. **Verhalten** *n* ‹-s, ø› *(Benehmen)* comportement *m; psych* conduite *f.* **Verhaltensforscher** *m* éthologiste *m.* **verhaltensgestört** *a* caractériel. **Verhaltensstörung** *f* trouble *m* du comportement. **Verhaltensweise** *f* conduite *f.*

Verhältnis *n* ‹-ses, -se› [fɛrˈhɛltnɪs] **1.** *(Beziehung)* rapport *m,* relation *f; (zwischen Menschen)* rapports *m pl;* **2.** *pl (Proportionen)* proportions *f pl;* **3.** *(Umstände)* circonstances *f pl,* condition(s *pl*); ▶ *im* ~ *zu* en proportion de; *im* ~ *von 1 zu 2* dans un rapport de 1 à 2; *in ärmlichen* ~*sen leben* vivre à l'étroit *od* dans la gêne; *über s-e* ~*se leben* vivre au-dessus de ses moyens. **verhältnismäßig I.** *a* proportionnel; **II.** *adv* proportionellement; *(relativ)* relativement. **Verhältniswahlrecht** *n* représentation *f* proportionnelle. **Verhältniswort** *n* préposition *f.*

verhandeln [fɛrˈ-] ‹*ohne ge-*› *itr (unterhandeln)* débattre (*mit jdm über etw* de qc avec qn). **Verhandlung** *f* débats; pourparlers *m pl;* négociation(s *pl*) *f.* **verhandlungsbereit** *a* prêt à négocier. **Verhandlungstisch** *m* table *f* de négociations.

verhängen [fɛrˈ-] ‹*ohne ge-*› *tr* **1.** *(zuhängen)* couvrir (*mit* de); **2.** *(anordnen)* ordonner, prescrire.

Verhängnis *n* ‹-ses, -se› fatalité *f;* malheur *m.* **verhängnisvoll** *a* fatal, néfaste, funeste.

verharmlosen [fɛrˈ-] ‹*ohne ge-*› *tr* diminuer la portée (*etw* de qc).

verharren [fɛrˈ-] ‹*ohne ge-*› *itr* ‹*sein*› **1.** *(bleiben)* rester, demeurer; **2.** *(bei e-r*

Meinung etc) persister, (*bei* dans).
verhaßt [fɛr'hast] *a* haï, détesté; ▶ *sich ~ machen* se faire détester.
verhätscheln [fɛr'-] ‹*ohne ge-*› *tr (Kind)* choyer, dorloter; *(verwöhnen)* gâter.
verhauen ‹*verhaute, verhauen*› [fɛr'-] *tr fam (verprügeln)* rosser.
verheeren [fɛr'he:rən] ‹*ohne ge-*› *tr* dévaster. **verheerend** *a* dévastateur; *fig* catastrophique.
verhehlen [fɛr'-] ‹*ohne ge-*› *tr (verheimlichen)* cacher, dissimuler, celer.
verheilen [fɛr'-] ‹*ohne ge-*› *itr* ‹*sein*› (se) guérir; *(vernarben)* se cicatriser.
verheimlichen [fɛr'-] ‹*ohne ge-*› *tr* cacher, dissimuler (*jdm etw* qc à qn).
verheiraten, *sich* [fɛr'-] ‹*ohne ge-*› se marier. **verheiratet** *a* marié.
verheißen [fɛr'-] ‹*verhieß, verheißen*› *tr lit* promettre. **Verheißung** *f* ‹-, -en› promesse *f*. **verheißungsvoll** *a* prometteur, plein de promesses.
verhelfen [fɛr'-] ‹*verhilft, verhalf, verholfen*› *itr:* ▶ *jdm zu etw ~* aider qn à obtenir qc.
verherrlichen [fɛr'-] ‹*ohne ge-*› *tr* glorifier, magnifier.
verhexen [fɛr'-] ‹*ohne ge-*› *tr* ensorceler.
verhindern [fɛr'-] ‹*ohne ge-*› *tr* empêcher (*zu tun* de faire).
verhöhnen [fɛr'-] ‹*ohne ge-*› *tr* bafouer.
Verhör *n* ‹-(e)s, -e› [fɛr'-] interrogatoire *m*. **verhören** ‹*ohne ge-*› **1.** *tr* interroger; **2.** *refl: sich ~ (etw Falsches hören)* entendre de travers.
verhüllen [fɛr'-] ‹*ohne ge-*› *tr* couvrir, envelopper; *a. fig* voiler, cacher.
verhundertfachen [fɛr'-] ‹*ohne ge-*› *tr* centupler.
verhungern [fɛr'-] ‹*ohne ge-*› *itr* ‹*sein*› mourir *od fam* crever de faim.
verhüten [fɛr'-] ‹*ohne ge-*› *tr* empêcher, prévenir. **Verhütung** *f* ‹-, ø› empêchement *m*, prévention *f*. **Verhütungsmittel** *n* moyen *m* de contraception.
verhutzelt [fɛr'hutsəlt] *a* ratatiné.
verinnerlichen [fɛr'ɪnərlɪçən] *tr* intérioriser.
verirren, *sich* [fɛr'-] ‹*ohne ge-*› s'égarer, se fourvoyer, se perdre.
verjagen [fɛr'-] ‹*ohne ge-*› *tr* chasser *a. fig;* expulser.
verjähren [fɛr'-] ‹*ohne ge-*› *itr* ‹*sein*› se périmer, être périmé, se prescrire. **verjährt** *a* périmé. **Verjährung** *f* ‹-, ø› prescription, péremption *f*.
verjubeln [fɛr'-] ‹*ohne ge-*› *tr fam (für Vergnügungen ausgeben)* gaspiller.
verjüngen [fɛr'jʏŋən] ‹*ohne ge-*› **1.** *tr* rajeunir; **2.** *refl: sich ~ (nach oben dünner werden)* se rétrécir.
verkabeln [fɛr'-] câbler. **Verkabelung** *f* câblage *m*.
verkalken [fɛr'-] ‹*ohne ge-*› *itr* ‹*sein*› **1.** se calcifier; **2.** *med fam* se scléroser. **verkalkt** *a fig (Mensch)* sclérosé.
verkalkulieren, *sich* [fɛr--'--] *fam* = *sich verrechnen.*
verkannt [fɛr'-] *a (Genie)* méconnu.
Verkauf *m* ‹-(e)s, ⸚e› [fɛr'kauf] vente *f; (Absatz)* écoulement *m;* ▶ *zum ~ anbieten* mettre en vente. **verkaufen** ‹*ohne ge-*› *tr* vendre; *(absetzen)* débiter; ▶ *zu ~(d)* à vendre. **Verkäufer** *m* vendeur *m*. **Verkäuferin** *f* vendeuse *f*. **verkäuflich** *a* à vendre; ▶ *schwer ~* de vente difficile. **Verkaufsautomat** *m* distributeur *m* automatique. **verkaufsoffen** *a (Tag)* où les magasins sont ouverts toute la journée. **Verkaufspreis** *m* [fɛr'-] prix *m* de vente.
Verkehr *m* ‹-(e)s, ø› [fɛr'ke:r] **1.** circulation *f*, trafic *m;* **2.** *fin* circulations; opérations *f pl;* **3.** *(persönlicher Umgang)* relations *f pl*, *(a. Geschlechtsverkehr)* rapports *m pl;* ▶ *aus dem ~ ziehen (Geld)* retirer de la circulation.
verkehren ‹*ohne ge-*› *itr* **1.** *(Verkehrsmittel)* circuler; *(fahren)* aller; **2.** *(Mensch)* fréquenter (*in e-r Gaststätte* un café, *in e-r Familie* une famille); ▶ *mitea. ~* se voir. **Verkehrsader** *f* artère *f*. **Verkehrsamt** *n* office *m* de tourisme. **Verkehrsbehinderung** *f* entrave *f* à la circulation. **verkehrsberuhigt** *a (Straße, Zone)* à circulation réduite. **Verkehrsberuhigung** *f* circulation réduite. **Verkehrsbetrieb** *m* entreprise *f* de transports. **Verkehrsdelikt** *n* infraction *f* au code de la route. **Verkehrsdichte** *f* densité *f* du trafic. **Verkehrsdurchsage** *f* message *m*. **Verkehrserziehung** *f* enseignement *m* de la sécurité routière. **Verkehrshindernis** *n* obstacle *m* à la circulation. **Verkehrsinsel** *f* refuge *m* (pour piétons). **Verkehrsknotenpunkt** *m* nœud *m* du trafic. **Verkehrsminister** *m* ministre *m* des transports (et communications). **Verkehrsmittel** *n* moyen *m* de communication *od* de transport. **Verkehrsopfer** *n* victime *f* de la circulation. **Verkehrspolizei** *f* police *f* routière. **Verkehrspolizist** *m* agent *m* de la circulation. **Verkehrsregeln** *f pl* réglementation *f* des transports. **Verkehrsregelung** *f* réglementation *od* organisation *f* de la circulation. **verkehrsreich** *a (Straße)* animé. **Verkehrsschild** *n* panneau *m* de signalisation. **Verkehrssicherheit** *f* sécurité *f* routière. **Verkehrsstockung** *f* embouteillage *m*. **Verkehrssünder** *m* automobiliste *m f* en effraction. **Verkehrsteilnehmer** *m* usager *m*. **Verkehrsunfall** *m* accident *m* de (la) circulation *od* de la route. **verkehrsungünstig** *a* loin de tous moyens de communication. **Verkehrsverein** *m* syndicat *m* d'initiative. **Verkehrswesen** *n* trans-

ports *m pl.* **verkehrswidrig** *a (Verhalten)* passible d'amende. **Verkehrszeichen** *n* signal *od* panneau *m* de signalisation (routière).

verkehrt [fɛr'ke:rt] **I.** *a* interverti; *(falsch)* faux; **II.** *adv fig* de travers; ▶ *etw ~ anfangen* prendre qc par le mauvais bout; *~ gehen* se tromper de route.

verkennen [fɛr'-] ⟨*verkannte, verkannt*⟩ *tr (unterschätzen)* sous-estimer.

verklagen [fɛr'-] ⟨*ohne ge-*⟩ *tr* porter plainte, intenter une action (*jdn* contre qn).

verkleiden [fɛr'-] ⟨*ohne ge-*⟩ *tr* **1.** *(Menschen)* travestir, déguiser; **2.** *(Wand)* revêtir, couvrir; *refl* **3.** *sich ~* se travestir; se déguiser (*als* en). **Verkleidung** *f* ⟨-, -en⟩ travestissement, déguisement; revêtement *m.*

verkleinern [fɛr'-] ⟨*ohne ge-*⟩ *tr* rapetisser; *(im Maßstab)* réduire; *fig* diminuer.

verklemmt [fɛr'klɛmt] complexé; *psych* bloqué.

verklingen [fɛr'-] ⟨*verklang, verklungen*⟩ *itr* ⟨*sein*⟩ expirer, s'évanouir, se perdre.

verknallen [fɛr'-] ⟨*ohne ge-*⟩ *tr fam:* ▶ *sich in jdn ~ (verlieben)* s'amouracher, se toquer de qn; *in jdn verknallt sein* être toqué *od* fou de qn.

Verknappung *f* ⟨-, -en⟩ [fɛr'-] pénurie *f.*

verknoten [fɛr'-] ⟨*ohne ge-*⟩ *tr* nouer.

verknüpfen [fɛr'-] ⟨*ohne ge-*⟩ *tr a. fig* rattacher, (re)lier; *fig* joindre, unir.

verkohlen [fɛr'-] ⟨*ohne ge-*⟩ **1.** *tr* ⟨*h*⟩ *fam:* ▶ *jdn ~ (zum Narren halten)* faire marcher qn; **2.** *itr* ⟨*sein*⟩ *(zu Kohle werden)* se carboniser.

verkommen [fɛr'-] *a* dévoyé; *(sittlich)* dépravé. **Verkommenheit** *f* ⟨-, ø⟩ déchéance (morale), dépravation *f.*

verkorken [fɛr'-] ⟨*ohne ge-*⟩ *tr* boucher (avec un bouchon).

verkörpern [fɛr'-] ⟨*ohne ge-*⟩ *tr* personnifier, incarner; *bes. theat* représenter. **Verkörperung** *f* ⟨-, -en⟩ personnification, incarnation; représentation *f.*

verkrachen, *sich* [fɛr'-] ⟨*ohne ge-*⟩ *(in Streit geraten)* se brouiller (*mit jdm* avec qn). **verkracht** *a (gescheitert)* raté.

verkraften [fɛr'-] ⟨*ohne ge-*⟩ *tr fam (fertig werden mit)* digérer, supporter.

verkrampft [fɛr'-] *a* crispé. **Verkrampfung** *f* ⟨-, -en⟩ crispation *f.*

verkriechen, *sich* [fɛr'-] ⟨*verkroch, verkrochen*⟩ se blottir; se fourrer, se terrer.

verkrümmen, *sich* [fɛr'-] ⟨*ohne ge-*⟩ se déformer; *(Wirbelsäule)* dévier.

verkrüppelt [fɛr'-] *a (Baum)* rabougri; *(Mensch)* estropié.

verkühlen, *sich* [fɛr'-] ⟨*ohne ge-*⟩ prendre froid.

verkümmern [fɛr'-] ⟨*ohne ge-*⟩ *itr* ⟨*sein*⟩ se rabougrir, s'étioler; dépérir; *fig (Fähigkeiten)* s'appauvrir.

verkünd(ig)en [fɛr'-] ⟨*ohne ge-*⟩ *tr* **1.** proclamer, annoncer; **2.** *adm (Gesetz)* promulguer; *jur (Urteil)* prononcer.

verkuppeln [fɛr'-] ⟨*ohne ge-*⟩ *tr* vendre; ▶ *jdn ~* s'entremettre pour marier qn.

verkürzen [fɛr'-] ⟨*ohne ge-*⟩ *tr* raccourcir; *(verringern)* diminuer; *(Zeit)* abréger.

verladen [fɛr'-] ⟨*verlädt, verlud, verladen*⟩ *tr* charger; *mar* embarquer.

Verlag *m* ⟨-(e)s, -e⟩ [fɛr'la:k, -gə] maison *f* d'édition.

verlagern [fɛr'-] ⟨*ohne ge-*⟩ *tr* déplacer, transférer; *sich ~ (fig)* se déplacer.

verlangen [fɛr'laŋən] ⟨*ohne ge-*⟩ **1.** *tr* demander; *(fordern)* exiger, réclamer; **2.** *itr (sich sehnen nach)* désirer; soupirer après; ▶ *Sie werden am Telefon verlangt* on vous demande au téléphone. **Verlangen** *n* ⟨-s, ø⟩ **1.** demande; réclamation *f;* **2.** *(Sehnsucht)* désir *m;* ▶ *auf ~ (gen)* à la demande (de).

verlängern [fɛr'lɛŋərn] ⟨*ohne ge-*⟩ *tr* **1.** *(räuml.)* (r)allonger; **2.** *(zeitl.)* prolonger; *(Ausweis)* renouveler. **Verlängerung** *f* ⟨-, -en⟩ **1.** allongement *m;* *(Stück)* (r)allonge *f;* **2.** prolongation *f;* renouvellement *m.* **Verlängerungskabel** *n* rallonge *f.*

verlangsamen [fɛr'-] ⟨*ohne ge-*⟩ *tr* ralentir.

Verlaß *m* ⟨-sses, ø⟩ [fɛr'las]*:* ▶ *auf ihn ist kein ~* on ne peut compter sur lui.

verlassen [fɛr'-] ⟨*ohne ge-*⟩ **I.** *tr* **1.** quitter; *(aufgeben)* délaisser, abandonner; **2.** ▶ *sich auf jdn, etw ~* compter sur qn, qc; **II.** *a* abandonné; *(einsam)* désert. **Verlassen** *n:* ▶ *beim ~ des Hauses* au sortir de la maison. **Verlassenheit** *f* ⟨-, ø⟩ (état d')abandon, isolement *m; (Einsamkeit)* solitude *f.*

verläßlich [fɛr'lɛslɪç] *a (Mensch)* sûr, sur qui on peut compter; *allg* sûr, solide.

Verlauf *m* [fɛr'-] **1.** *(Hergang)* cours, déroulement; *(Entwicklung)* développement *m;* **2.** *(e-r Linie)* tracé *m;* ▶ *im ~ des Abends* au cours de la soirée. **verlaufen** ⟨*verläuft, verlief, verlaufen*⟩ *itr* ⟨*sein*⟩ **1.** *(vor sich gehen, ablaufen)* se dérouler, passer; *(sich entwickeln)* se développer; *refl: sich ~* **2.** *(Wasser)* se perdre; **3.** *(Menschenmenge)* se disperser; **4.** *(sich verirren)* s'égarer; ▶ *inea. ~ (Farben)* se fondre.

verlaust [fɛr'-] *a* couvert de poux.

verlautbaren [fɛr'-] ⟨*ohne ge-*⟩ *tr:* ▶ *~ (lassen) (bekanntmachen)* divulguer, rendre public. **Verlautbarung** *f* ⟨-, -en⟩ notification; divulgation, publication *f.* **verlauten** ⟨*ohne ge-*⟩ *itr impers* ⟨*sein*⟩ ▶ *es verlautet, daß ...* on dit que ...

verleben [fɛr'-] ⟨*ohne ge-*⟩ *tr (Zeit verbringen)* passer, vivre. **verlebt** *a (abgelebt)* usé par la débauche.

verlegen [fɛr'-] **I.** ‹*ohne ge-*› *tr* **1.** *(an e-e andere Stelle legen)* déplacer; *(Wohnsitz, Betrieb)* transférer; *(Truppen)* déplacer; **2.** *(Termin verschieben)* remettre; reporter (*von ... auf* de ... à); **3.** *(die Handlung e-r Dichtung ansetzen)* situer (*nach* à, en; *in* à, en); **4.** *(Buch)* éditer, publier; **II.** *a* gêné, embarrassé, confus; ▶ *um e-e Antwort nie ~ sein* avoir la repartie facile, être prompt à la repartie. **Verlegenheit** *f* ‹-, ø› gêne *f*, embarras *m*, ontrainte, confusion *f*; ▶ *jdn in ~ bringen* mettre qn dans l'embarras.

Verleger *m* ‹-s, -› (libraire-)éditeur *m*.

Verlegung *f* ‹-, ø› déplacement; transport, transfert *m*.

verleiden [fɛr'-] ‹*ohne ge-*› *tr:* ▶ *jdm etw ~* dégoûter qn de qc.

Verleih *m* ‹-(e)s, -e› [fɛr'-] *film* location *f*. **verleihen** ‹*verlieh, verliehen*› *tr* **1.** louer, prêter; **2.** *(Recht)* concéder, octroyer; *(Titel)* conférer, donner, investir (*jdm etw* qn de qc); *(Orden, Preis)* conférer. **Verleihung** *f* ‹-, ø› **1.** louage, prêt *m*; **2.** concession *f*, octroi *m*; *investiture f*.

verleiten [fɛr'-] ‹*ohne ge-*› *tr (verführen)* séduire; ▶ *jdn zu etw ~* entraîner qn à faire qc.

verlernen [fɛr'-] ‹*ohne ge-*› *tr* désapprendre; *(vergessen)* oublier.

verlesen [fɛr'-] ‹*verlies, verlas, verlesen*› *tr* lire (en public).

verletzbar [fɛr'-] *a* vulnérable; *fig (empfindlich)* susceptible. **verletzen** ‹*ohne ge-*› *tr* blesser *a. fig; (beschädigen)* endommager; *bes. fig* léser; *(beleidigen)* offenser; ▶ *s-e Pflicht ~* manquer à son devoir. **Verletzte** *m f* ‹-n, -n› blessé(e *f*) *m*. **Verletzung** *f* ‹-, -en› **1.** blessure; *a. fig* lésion *f*; **2.** *fig* offense, violation *f*.

verleugnen [fɛr'-] ‹*ohne ge-*› *tr* (re)nier; *(nicht anerkennen)* désavouer.

verleumden [fɛr'lɔʏmdən] ‹*ohne ge-*› *tr* calomnier, diffamer. **Verleumder** *m* ‹-s, -› calomniateur, diffamateur *m*. **verleumderisch** *a* calomniateur, calomnieux, diffamatoire. **Verleumdung** *f* ‹-, -en› calomnie, diffamation *f*.

verlieben, *sich* [fɛr'-] ‹*ohne ge-*› s'éprendre, tomber amoureux (*in jdn* de qn). **verliebt** *a* amoureux, épris.

verlieren [fɛr'li:rən] ‹*verlor, verloren*› *tr* **1.** perdre; *refl: sich ~* **2.** *(verlorengehen)* se perdre, s'égarer; **3.** *(Menschenmenge)* se disperser; *(verschwinden)* disparaître; **4.** *(dahinschwinden)* cesser, s'effacer; ▶ *jdn aus den Augen ~ (a. fig)* perdre qn de vue. **Verlierer** *m* ‹-s, -› perdant *m*.

Verlies *n* ‹-es, -e› [fer'li:s, -zə] cachot *m*.

verloben, *sich* [fɛr'lo:bən] ‹*ohne ge-*› se fiancer. **verlobt** *a* fiancé; *fam* promis. **Verlobte(r)** *m f* ‹-n, -n› fiancé(e *f*); *m*.

Verlobung *f* ‹-, -en› fiançailles *f pl*.

verlocken [fɛr'-] ‹*ohne ge-*› *tr* tenter, séduire. **verlockend** *a* tentant.

verlogen [fɛr'lo:gən] *a* mensonger, menteur.

verloren [fɛr'lo:rən] *pp von: verlieren u. a* perdu; ▶ *es ist alles ~* tout est fini.

verlosen [fɛr'lo:zən] ‹*ohne ge-*› *tr* tirer au sort, mettre en loterie. **Verlosung** *f* ‹-, -en› tirage *m* (de loterie).

verlottern [fɛr'lɔtərn] ‹*ohne ge-*› *itr* ‹*sein*› *fam (verkommen)* mal tourner. **verlottert** *a* dévoyé, déchu.

Verlust *m* ‹-es, -e› [fɛr'lʊst] **1.** perte *f*; **2.** *fin* déficit *m*; ▶ *e-n ~ erleiden* subir *od* éprouver une perte. **Verlustanzeige** *f* déclaration *f* de perte. **Verlustgeschäft** *n* opération *f* à perte. **verlustreich** *a* coûteux; *mil* sanglant.

vermachen [fɛr'-] ‹*ohne ge-*› *tr:* ▶ *jdm etw ~* léguer qc à qn. **Vermächtnis** *n* ‹-ses, -se› [fɛr'mɛçtnɪs] legs *m*.

vermählen, *sich* [fer'mɛ:lən] ‹*ohne ge-*› se marier (*mit jdm* avec qn). **Vermählung** *f* ‹-, -en› mariage *m*.

vermarkten [fɛr'-] ‹*ohne ge-*› *tr* commercialiser.

vermehren [fɛr'-] ‹*ohne ge-*› **1.** *tr* augmenter, accroître; multiplier; **2.** *refl: sich ~* augmenter, (s'ac)croître, se multiplier; *biol* se propager. **Vermehrung** *f* augmentation *f*, accroissement *m*, multiplication; *biol* propagation *f*.

vermeidbar [fɛr'-] *a* évitable. **vermeiden** ‹*vermeidet, vermied, vermieden*› *tr* éviter; éluder; ▶ *das läßt sich nicht ~* c'est inévitable, il n'y a rien à faire.

vermeintlich [fɛr'-] *a* supposé, présumé *(a. jur (Vater))*, prétendu, soi-disant.

Vermerk *m* ‹-(e)s, -e› [fɛr'mɛrk] note, remarque, mention *f*. **vermerken** ‹*ohne ge-*› *tr* noter, remarquer, mentionner.

vermessen [fɛr'-] **I.** ‹*vermißt, vermaß, vermessen*› **1.** *tr* mesurer; arpenter; **2.** *refl: sich ~ (sich erkühnen)* oser (*etw zu tun* faire qc); **II.** *a* **1.** *(kühn)* téméraire; **2.** *(anmaßend)* prétentieux; *(gewagt)* osé. **Vermessenheit** *f* ‹-, ø› **1.** témérité *f*; **2.** prétention *f*. **Vermessung** *f* ‹-, -en› relevé *m* (des cotes *od* topographique); arpentage *m*.

vermieten [fɛr'-] ‹*ohne ge-*› *tr* louer; *(Zimmer)* ▶ *zu ~* (chambre) à louer. **Vermieter(in** *f***)** *m* loueur *m*, -euse *f*.

vermindern [fɛr'-] ‹*ohne ge-*› *tr* diminuer, amoindrir; *(Kosten etc herabsetzen)* réduire; *(abschwächen)* atténuer.

vermischen [fɛr'-] ‹*ohne ge-*› *tr* (entre)mêler, mélanger; *sich ~ (Rassen)* se mêler, se croiser (*mit* avec). **Vermischtes** *n (Zeitung)* faits *m pl* divers.

vermissen [fɛr'-] ‹*ohne ge-*› *tr* **1.** *(als fehlend feststellen)* ne pas *od* plus retrouver, remarquer l'absence de; **2.** *(das Fehlen)* regretter; ▶ *ich vermisse dich* *sehr* tu me manques beaucoup. **vermißt** *a mil* disparu. **Vermißte** *m f* ⟨-n, -n⟩ disparu *m*.

vermitteln [fɛr'-] ⟨*ohne ge-*⟩ *tr* **1.** *(beschaffen)* procurer; **2.** *(Zs.kunft herbeiführen)* arranger; *(Vertrag zustande bringen)* négocier; *itr* **3.** s'entremettre, s'interposer; servir d'intermédiaire; ▶ *ein Gespräch* ~ *(tele)* établir une liaison téléphonique. **Vermittler** *m* ⟨-s, -⟩ intermédiaire, médiateur *m*. **Vermittlung** *f* ⟨-, -en⟩ **1.** entremise, médiation *f;* **2.** *tele* central téléphonique. **Vermittlungsgebühr** *f* commission *f*.

vermodern [fɛr'-] ⟨*ohne ge-*⟩ *itr* ⟨*sein*⟩ pourrir, se décomposer.

vermögen ⟨ *vermag, vermochte, vermocht*⟩ *tr (können)* pouvoir (faire), être capable. **Vermögen** *n* ⟨-s, -⟩ **1.** *(ohne pl) (Fähigkeit)* capacité, faculté *f;* pouvoir *m;* **2.** *(Besitz)* fortune *f*, bien(s *pl*) *m;* ▶ *kein* ~ *haben* être sans fortune; *(un)bewegliches* ~ biens *m pl* (im)meubles. **vermögend** *a (reich)* fortuné, riche. **Vermögensverhältnisse** *n pl* situation *f* financière. **Vermögenssteuer** *f* impôt *m* sur la fortune.

vermummen [fɛr'-] *tr (einhüllen)* emmitoufler; *(verkleiden)* déguiser; *sich* ~ *(Demonstranten)* mettre une cagoule. **Vermummung** *f (Verkleidung)* déguisement; *(Kleid)* travesti *m; (Demonstranten)* port *m* de la cagoule.

vermuten [fɛr'-] ⟨*ohne ge-*⟩ *tr* supposer, présumer, soupçonner; ▶ ~ *lassen* donner à *od* lieu de croire. **vermutlich** *a* probable; *adv a.* selon toute apparence. **Vermutung** *f* ⟨-, -en⟩ supposition *f*, soupçons *m pl*, conjecture *f*.

vernachlässigen [fɛr'-] ⟨*ohne ge-*⟩ *tr* négliger; prendre peu de soin de. **Vernachlässigung** *f* ⟨-, -en⟩ négligence *f*, manque *m* de soin.

vernageln [fɛr'-] ⟨*ohne ge-*⟩ *tr* clouer.

vernarben [fɛr-] ⟨*ohne ge-*⟩ *itr* ⟨*sein*⟩ se cicatriser. **Vernarbung** *f* ⟨-, ø⟩ cicatrisation *f*.

vernarren [fɛr'-] ⟨*ohne ge-*⟩: ▶ *sich in jdn* ~ s'enticher, se toquer de qn; *in jdn vernarrt sein* être fou, raffoler de qn.

vernehmbar *a* [fɛr'-] perceptible. **vernehmen** ⟨*vernimmt, vernahm, vernommen*⟩ *tr* **1.** *(hören, wahrnehmen)* entendre, percevoir; **2.** *(hören, erfahren)* entendre dire, apprendre; **3.** *jur (Angeklagten, Zeugen)* interroger, entendre. **Vernehmen** *n* ⟨-s, ø⟩ perception *f;* ▶ *dem* ~ *nach* à ce qu'on dit. **vernehmlich** *a (deutlich)* clair, intelligible. **Vernehmung** *f* ⟨-, -en⟩ *jur (e-s Angeklagten)* interrogatoire *m; (e-s Zeugen)* audition *f*. **vernehmungsfähig** *a* en état d'être interrogé.

verneigen, sich [fɛr'-] ⟨*ohne ge-*⟩ s'incliner. **Verneigung** *f* inclination *f*.

verneinen [fɛr'naɪnən] ⟨*ohne ge-*⟩ *tr (Frage)* répondre (que) non; *(in Abrede stellen)* nier. **verneinend** *a* négatif; *gram* privatif. **Verneinung** *f* ⟨-, -en⟩ *(e-r Frage)* réponse négative; *allg* négation *f*.

vernetzen [fɛr'nɛtsən] *tr* relier (au réseau).

vernichten [fɛr'nɪçtən] ⟨*ohne ge-*⟩ *tr* anéantir; *(zerstören)* détruire, ruiner; *mil* anéantir; *(Unkraut)* extirper. **vernichtend** *a* écrasant, foudroyant; ▶ ~ *schlagen (sport)* écraser. **Vernichtung** *f* ⟨-, ø⟩ anéantissement *m a. mil; destruction f;* extirpation *f*. **Vernichtungslager** *n* camp *m* d'extermination.

vernickeln [fɛr'-] ⟨*ohne ge-*⟩ *tr* nickeler.

verniedlichen [fɛr'-] *tr* minimiser l'importance, la gravité (de qc).

vernieten [fɛr'-] ⟨*ohne ge-*⟩ *tr* river.

Vernunft *f* ⟨-, ø⟩ [fɛr'nʊnft] raison *f; (gesunder Menschenverstand)* bon sens *m;* ▶ ~ *annehmen* entendre raison. **Vernunftehe** *f* mariage *m* de raison. **vernünftig** [fɛr'nʏnftɪç] *a* raisonnable; sensé; *(verständig)* judicieux, sage.

veröden [fɛr'-] ⟨*ohne ge-*⟩ *itr* ⟨*sein*⟩ devenir désert; se dépeupler. **verödet** *a* désert, désolé; dépeuplé.

veröffentlichen [fɛr'-] ⟨*ohne ge-*⟩ *tr* publier. **Veröffentlichung** *f* ⟨-, -en⟩ publication *f*.

verordnen [fɛr'-] ⟨*ohne ge-*⟩ *tr adm* décréter, ordonner; *med* prescrire. **Verordnung** *f* ⟨-, -en⟩ *adm* décret *m*, ordonnance; *med* prescription *f*.

verpachten [fɛr'-] ⟨*ohne ge-*⟩ *tr* donner à bail *od* à ferme, affermer.

verpacken [fɛr'-] ⟨*ohne ge-*⟩ *tr* emballer, empaqueter. **Verpackung** *f (Vorgang)* empaquetage; *(a. Material)* emballage *m*. **Verpackungsmüll** *m* emballages *m pl* vides.

verpassen [fɛr'-] ⟨*ohne ge-*⟩ *tr* **1.** *(versäumen)* manquer, rater; **2.** *fam (zuteilen)* donner, distribuer; *fam (Schlag)* allonger, administrer.

verpatzen [fɛr'-] ⟨*ohne ge-*⟩ *tr fam (verderben)* gâcher, saloper, bousiller.

verpesten [fɛr'-] ⟨*ohne ge-*⟩ *tr* empester.

verpetzen [fɛr'-] ⟨*ohne ge-*⟩ *tr fam (verraten)* débiner; *arg (Schule)* cafarder.

verpfänden [fɛr'-] ⟨*ohne ge-*⟩ *tr* mettre *od* donner en gage, engager.

verpfeifen [fɛr'-] ⟨*verpfiff, verpfiffen*⟩ *tr fam (verraten)* débiner.

verpflanzen [fɛr'-] ⟨*ohne ge-*⟩ *tr* transplanter. **Verpflanzung** *f* transplantation *f*.

verpflegen [fɛr'-] ⟨*ohne ge-*⟩ *tr* **1.** nourrir, entretenir; **2.** *adm* approvisionner. **Verpflegung** *f* ⟨-, ø⟩ **1.** approvisionnement, ravitaillement *m;* **2.** *(Lebensmittel)* nourriture, subsistance(s *pl*) *f*.

verpflichten [fɛr'-] ⟨*ohne ge-*⟩ *tr* obliger, engager (*jdn zu etw* qn à qc); ▶ *sich zu* *etw* ~ s'engager à qc. **verpflichtend** *a* obligatoire. **verpflichtet** *a* obligé (*zu* à). **Verpflichtung** *f* ‹-, -en› obligation *f* engagement; devoir *m;* ► *s-n ~en nachkommen* remplir ses engagements.

verpfuschen [fɛrˈ-] ‹*ohne ge-*› *tr fam* gâter, massacrer.

verplappern, *sich* [fɛrˈ-] ‹*ohne ge-*› *(fam)* se trahir en bavardant.

verplaudern [fɛrˈ-] ‹*ohne ge-*› *tr (plaudernd verbringen)* passer en bavardant.

verpönt [fɛrˈpø:nt] *a:* ► ~ *sein* être généralement réprouvé, être mal vu.

verprügeln [fɛrˈ-] ‹*ohne ge-*› *tr* battre, rouer de coups.

verpuffen [fɛrˈ-] ‹*ohne ge-*› *itr* ‹*sein*› *a. fig* se perdre en fumée.

verpuppen, *sich* [fɛrˈ-] ‹*ohne ge-*› *(ent)* se changer en chysalide *od* en nymphe.

Verputz *m* ‹-es, ø› [fɛrˈ-] *arch* enduit; *(rauher)* crépi, hourdis *m.* **verputzen** ‹*ohne ge-*› *tr* **1.** *arch* enduire; *(rauh)* crépir; **2.** *fam (aufessen)* avaler.

verquicken [fɛrˈ-] *tr chem* u. *fig (eng verbinden)* amalgamer. **Verquickung** *f chem* u. *fig* amalgame *f.*

verquollen [fɛrˈ-] *a* gonflé.

verrannt [fɛrˈ-] *a (verbissen)* obstiné.

Verrat *m* ‹-(e)s, ø› [fɛrˈra:t] trahison, traîtrise *f.* **verraten** ‹*verrät, verriet, verraten*› **1.** *tr* trahir *a. fig; (Geheimnis)* livrer; **2.** *refl: sich* ~ se trahir. **Verräter** *m* ‹-s, -› [fɛrˈrɛ:tər] traître *m.* **verräterisch** *a* **1.** traître; **2.** *fig (etw erkennen lassend)* qui trahit ...

verrauchen [fɛrˈ-] ‹*ohne ge-*› *itr* ‹*sein*› *(Zorn)* = *verfliegen.*

verräuchert [fɛrˈ-] *a* enfumé.

verrechnen [fɛrˈ-] ‹*ohne ge-*› **1.** *tr com* porter au compte; *fin* compenser; **2.** *refl: sich* ~ *a. fig* se tromper dans ses calculs. **Verrechnung** *f:* ► *nur zur* ~ par virement exclusivement. **Verrechnungsscheck** *m* chèque *m* barré.

verrecken [fɛrˈ-] ‹*ohne ge-*› *itr* ‹*sein*› *vulg* crever.

verregnet [fɛrˈ-] gâté *od* abîmé par la pluie; *(Tag)* de pluie ininterrompue.

verreisen [fɛrˈ-] ‹*ohne ge-*› *itr* ‹*sein*› partir en voyage; ► *verreist (sein)* (être) en voyage.

verreißen [fɛrˈ-] ‹*verriß, verrissen*› *tr (heftig tadeln)* critiquer sévèrement.

verrenken [fɛrˈ-] ‹*ohne ge-*›: ► *sich den Arm* ~ se tordre le bras. **Verrenkung** *f* entorse, luxation *f.*

verrichten [fɛrˈ-] ‹*ohne ge-*› *tr (Arbeit)* exécuter, faire; accomplir.

verriegeln [fɛrˈ-] ‹*ohne ge-*› *tr* verrouiller, fermer au verrou.

verringern [fɛrˈ-] ‹*ohne ge-*› *tr* diminuer, réduire. **Verringerung** *f* ‹-, -en› diminution, réduction *f.*

verrinnen [fɛrˈ-] ‹*verrann, verronnen*› *itr* ‹*sein*› **1.** *(Flüssigkeit)* s'écouler; **2.** *fig (Zeit)* s'écouler, (se) passer.

verrohen [fɛrˈ-] ‹*ohne ge-*› *itr* ‹*sein*› s'abrutir; devenir grossier. **Verrohung** *f* ‹-, ø› abrutissement *m.*

verrosten [fɛrˈ-] ‹*ohne ge-*› *itr* ‹*sein*› se rouiller. **verrostet** *a* rouillé.

verrotten [fɛrˈ-] ‹*ohne ge-*› *itr* ‹*sein*› *(verfaulen, zergehen)* pourrir, se décomposer. **verrottet** *a* pourri.

verrucht [fɛrˈ-] *a* infâme, scélérat.

verrücken [fɛrˈ-] ‹*ohne ge-*› *tr (verschieben)* déplacer, déranger.

verrückt *a (wahnsinnig)* fou, insensé; *fam* dingue, toqué, timbré, sonné; ► *wie* ~ comme un fou; *nach etw* ~ *sein (fam)* être fou de qc.

Verruf [fɛrˈ-] *m:* ► *in* ~ *bringen* discréditer; *in* ~ *kommen* tomber en discrédit. **verrufen** *a* déconsidéré, mal famé.

verrußt [fɛrˈru:st] *a* encrassé de suie.

Vers *m* ‹-es, -e› [fɛrs, ˈ-zə] vers *m.*

versachlichen [fɛrˈ-] *tr (Debatte)* ramener à un point de vue objectif.

versagen [fɛrˈ-] ‹*ohne ge-*› **1.** *tr (nicht gewähren)* refuser; **2.** *itr (nicht funktionieren)* refuser de fonctionner; ► *die Stimme versagte mir* la voix me manqua. **Versagen** *n* ‹-s, ø› défaillance, panne *f.* **Versager** *m* ‹-s, -› raté *m.*

versalzen [fɛrˈ-] ‹*versalzt* od *versalzen*› *tr* trop saler.

versammeln [fɛrˈ-] ‹*ohne ge-*› *tr* (r)assembler, réunir; *(zs.rufen)* convoquer; *sich* ~ s'assembler, se rassembler, se réunir. **Versammlung** *f* **1.** *(Vorgang)* rassemblement *m,* réunion *f;* **2.** *(die Versammelten)* assemblée *f;* ► *e-e* ~ *abhalten* tenir une réunion *od* une assemblée; *gesetz-, verfassunggebende* ~ assemblée *f* législative, constituante.

Versand *m* ‹-(e)s, ø› [fɛrˈzant(s), -dəs] *com* envoi *m,* expédition; *(Lieferung)* livraison *f.*

versanden [fɛrˈ-] ‹*ohne ge-*› *itr* ‹*sein*› s'ensabler.

Versandhaus *n* maison *f* de vente par correspondance. **Versandkosten** *pl* frais *m pl* d'expédition.

versaufen [fɛrˈ-] ‹*versäuft, versoff, versoffen*› **1.** *pop (Geld)* dépenser à boire; **2.** *itr* ‹*sein*› *pop (ertrinken)* se noyer.

versäumen [fɛrˈ-] ‹*ohne ge-*› *tr (verpassen)* laisser échapper, manquer; *(auslassen)* omettre, négliger; *(vergessen)* oublier; *(Zug, Straßenbahn etc)* manquer, *fam* rater, louper. **Versäumnis** *n* ‹-ses, -se› manquement *m,* omission, négligence *f;* oubli *m.*

verschachern [fɛrˈ-] ‹*ohne ge-*› *tr pej (verkaufen)* monnayer.

verschaffen [fɛrˈ-] ‹*ohne ge-*› *tr* procurer; ► *sich etw* ~ se procurer qc.

verschämt [fɛrˈ-] *a* honteux; *(schamhaft)* gêné, pudibond.

verschandeln [fɛrˈ-] ‹*ohne ge-*› *tr*

détruire la beauté de. **Verschandelung** *f* dégradation *f.*

verschanzen, *sich* [fɛrˈ-] ⟨*ohne ge-*⟩ *mil* se retrancher *a. fig; (hinter e-r Ausrede* derrière un prétexte).

verschärfen, *sich* [fɛrˈ-] ⟨*ohne ge-*⟩ s'aggraver. **Verschärfung** *f* aggravation *f.*

verscharren [fɛrˈ-] ⟨*ohne ge-*⟩ *tr* enfouir.

verschätzen, *sich* [fɛrˈ-] se tromper (dans une estimation).

verschenken [fɛrˈ-] ⟨*ohne ge-*⟩ *tr* donner (en cadeau), faire don *od* cadeau de.

verscheuchen [fɛrˈ-] ⟨*ohne ge-*⟩ *tr* effaroucher; *a. fig* chasser.

verscheuern [fɛrˈ-] ⟨*ohne ge-*⟩ *tr pop (verkaufen)* bazarder.

verschicken [fɛrˈ-] ⟨*ohne ge-*⟩ *tr* expédier; *(Menschen)* déplacer.

verschiebbar [fɛrˈ-] *a* coulissant. **verschieben** ⟨*verschob, verschoben*⟩ *tr* **1.** décaler; déplacer *a. mil; tech* faire coulisser; **2.** *com pej* trafiquer; **3.** *fig (zeitlich: aufschieben)* différer, ajourner, reculer; remettre (*auf später* à plus tard). **Verschiebung** *f* décalage; déplacement *m; fig* ajournement *m.*

verschieden [fɛrˈ-] *a* **1.** différent, distinct, dissemblable; **2.** *(mannigfach)* divers, varié; ► ~ *sein (a.)* différer; varier. **verschiedenartig** *a* **1.** disparate; **2.** *(mannigfach)* divers, varié. **verschiedenes** *a (manches)* maintes choses *f pl.* **Verschiedenes** *n* choses *od* questions *f pl* diverses. **Verschiedenheit** *f* ⟨-, -en⟩ **1.** dissemblance *f;* **2.** *(Verschiedenartigkeit)* diversité; *(Unterschied)* différence *f.* **verschiedentlich** *adv (mehrmals)* à diverses *od* maintes reprises.

verschießen [fɛrˈ-] ⟨*verschoß, verschossen*⟩ **1.** *tr* ⟨*h*⟩ tirer; **2.** *itr* ⟨*sein*⟩ *(verbleichen)* déteindre, se faner.

verschiffen [fɛrˈ-] ⟨*ohne ge-*⟩ *tr* **1.** *(einschiffen)* embarquer; **2.** *(zu Schiff transportieren)* expédier par eau.

verschimmeln [fɛrˈ-] ⟨*ohne ge-*⟩ *itr* ⟨*sein*⟩ moisir.

verschlafen [fɛrˈ-] **I.** ⟨*ohne ge-*⟩ *tr* **1.** *(Zeit schlafend verbringen)* passer à dormir; **2.** *(schlafend versäumen)* se réveiller trop tard pour; *itr* **3.** *(zu lange schlafen)* se réveiller trop tard; **II.** *a* mal (r)éveillé.

Verschlag *m* ⟨-(e)s, ⸚e⟩ [fɛrˈ-] cagibi *m.*

verschlagen I. ⟨*verschlägt, verschlug, verschlagen*⟩ *tr (Buchseite)* perdre; ► ~ *werden (zufällig hinkommen)* être jeté; *das verschlug mir die Sprache* j'en suis resté stupéfait; **II.** *a* **1.** *(schlau, hinterlistig)* astucieux, rusé; **2.** *(lauwarm)* tiède. **Verschlagenheit** *f* ⟨-, ø⟩ *(Hinterlistigkeit)* astuce, malice *f.*

verschlampern [fɛrˈ-] *tr fam (verlieren)* perdre, égarer.

verschlechtern [fɛrˈ-] ⟨*ohne ge-*⟩ *tr* détériorer; *sich* ~ empirer. **Verschlechterung** *f* ⟨-, ø⟩ détérioration, dégradation *f.*

verschleiern [fɛrˈ-] ⟨*ohne ge-*⟩ *tr* voiler *a. fig; fig* masquer, déguiser; dissimuler. **verschleiert** *a (Himmel)* couvert, nuageux; *(Blick)* voilé. **Verschleierung** *f fig* déguisement *m;* dissimulation *f.*

Verschleiß *m* ⟨-ßes, -ße⟩ [fɛrˈ-] *(Abnutzung)* usure *f.*

verschleppen [fɛrˈ-] ⟨*ohne ge-*⟩ *tr* **1.** *(Gegenstand)* traîner, déplacer; *(Menschen)* déporter; **2.** *(Seuche)* véhiculer; **3.** *(zeitlich in die Länge ziehen)* faire traîner en longueur. **Verschleppung** *f* ⟨-, -en⟩ *(Verzögerung)* retardement *m; adm jur pol* obstruction *f.* **Verschleppungstaktik** *f* obstructionnisme *m.*

verschleudern [fɛrˈ-] ⟨*ohne ge-*⟩ *tr fig (unter Preis verkaufen)* brader.

verschließen [fɛrˈ-] ⟨*verschloß, verschlossen*⟩ *tr (zuschließen)* fermer (à clé), clore; ► *sich gegen etw* ~ se fermer à qc.

verschlimmbessern [fɛrˈʃlɪmbɛsərn] *tr* corriger en pire. **verschlimmern** ⟨*ohne ge-*⟩ **1.** *tr* rendre pire, empirer; *a. med* aggraver; **2.** *refl: sich* ~ empirer, se détériorer; *a. med* s'aggraver.

verschlingen [fɛrˈ-] ⟨*verschlang, verschlungen*⟩ *tr* dévorer, engloutir, avaler (goulûment); *fig (Buch)* dévorer.

verschlissen [fɛrˈ-] *a* usé, effil(och)é.

verschlossen [fɛrˈ-] *a fig (Mensch)* taciturne, renfermé, réservé.

verschlucken [fɛrˈ-] ⟨*ohne ge-*⟩ **1.** *tr* avaler; **2.** *refl: sich* ~ avaler de travers.

Verschluß *m* ⟨-sses, ⸚sse⟩ [fɛrˈʃlʊs] **1.** fermeture *f;* **2.** *tech phot* obturateur *m;* ► *unter* ~ sous clé.

verschlüsseln [fɛrˈ-] ⟨*ohne ge-*⟩ *tr (chiffrieren)* chiffrer; coder. **Verschlüsselung** *f* chiffrage; codage *m.*

verschmachten [fɛrˈ-] ⟨*ohne ge-*⟩ *itr* ⟨*sein*⟩ **1.** *(verdursten)* mourir de soif; **2.** *fig (sich vor Sehnsucht verzehren)* languir, se consumer.

verschmähen [fɛrˈ-] ⟨*ohne ge-*⟩ *tr* dédaigner; *(zurückweisen)* ne pas vouloir (de).

verschmelzen [fɛrˈ-] ⟨*verschmilzt, verschmolz, verschmolzen*⟩ *itr* ⟨*sein*⟩ *fig* (se) fusionner, s'amalgamer, s'identifier. **Verschmelzung** *f tech* u. *fig* fusion *f.*

verschmerzen [fɛrˈ-] ⟨*ohne ge-*⟩ *tr* prendre son parti de, se consoler de.

verschmieren [fɛrˈ-] ⟨*ohne ge-*⟩ *tr* **1.** *(frische Schrift)* abîmer; **2.** *(zuschmieren)* boucher (*mit* avec).

verschmitzt [fɛrˈ-] *a* futé, madré.

verschmutzen [fɛrˈ-] ⟨*ohne ge-*⟩ **1.** *tr* ⟨*h*⟩ salir, souiller, encrasser; *(Umwelt)* polluer; **2.** *itr* ⟨*sein*⟩ s'encrasser. **Verschmutzung** *f* ⟨-, ø⟩ salissement; en-

crassement *m; (der Umwelt)* pollution *f.*
verschnaufen, *sich* [fɛr'-] ‹*ohne ge-*› reprendre haleine.
verschneit [fɛr'-] *a* (en)neigé; neigeux.
verschnörkelt [fɛr'-] *a* tarabiscoté.
verschnupft [fɛr'-] *a* enrhumé; *fig (verärgert)* fâché, vexé, pincé.
verschnüren [fɛr'-] ‹*ohne ge-*› *tr* ficeler.
verschollen [fɛr'-] *a* disparu.
verschonen [fɛr'-] ‹*ohne ge-*› *tr* épargner, ménager (*jdn mit etw* qc à qn).
verschönern [fɛr'-] ‹*ohne ge-*› *tr* embellir.
verschossen [fɛr'-] *a (verblichen)* décoloré; *(Farbe)* fané, éteint.
verschreiben [fɛr'-] ‹*verschrieb, verschreiben*› **1.** *tr med (verordnen)* prescrire, ordonner; **2.** *refl: sich ~ (falsch schreiben)* mal orthographier.
verschrie(e)n [fɛr'-] *a:* ► *als ... ~ sein (pej)* avoir la mauvaise réputation de ...
verschroben [fɛr'-] *a (Mensch)* tordu, biscornu, bizarre.
verschrotten [fɛr'-] ‹*ohne ge-*› *tr* jeter *od* mettre à la ferraille, ferrailler.
verschulden [fɛr'-] ‹*ohne ge-*› *tr* commettre; être responsable de. **Verschulden** *n* ‹-,s, ø› faute, culpabilité *f.* **verschuldet** *a* endetté. **Verschuldung** *f* ‹-, ø› endettement *m.*
verschütten [fɛr'-] ‹*ohne ge-*› *tr (ausschütten)* (ren)verser. **verschüttet** *a* enseveli, pris sous un éboulement.
verschwägert [fɛr'-] *a* apparenté.
verschweigen [fɛr'-] ‹*verschwieg, verschwiegen*› *tr* taire, passer sous silence.
verschwenden [fɛr'-] ‹*ohne ge-*› *tr* gaspiller, dissiper, prodiguer. **Verschwender** *m* ‹-s, -› dépensier, dilapidateur *m* percé. **verschwenderisch** *a* dépensier, prodigue. **Verschwendung** *f* ‹-, ø› gaspillage *m,* dissipation *f.* **Verschwendungssucht** *f* prodigalité *f.*
verschwiegen [fɛr'-] *a* discret; secret; *(zurückhaltend)* réservé. **Verschwiegenheit** *f* ‹-, ø› discrétion; réserve *f.*
verschwimmen [fɛr'-] ‹*verschwamm, verschwommen*› *itr* ‹*sein*› *(undeutlich werden)* se fondre, s'estomper.
verschwinden [fɛr'-] ‹*verschwindet, verschwand, verschwunden*› *itr* ‹*sein*› **1.** disparaître; *(unsichtbar werden)* s'éclipser, s'éteindre; **2.** *fam (sich entfernen)* disparaître, s'éclipser. **Verschwinden** *n* ‹-s, ø› disparition; extinction *f.* **verschwindend** *adv fam:* ► *~ klein, wenig* extrêmement petit, peu.
verschwitzen [fɛr'-] ‹*ohne ge-*› *tr* **1.** *(Kleidungsstück)* tremper de sueur; **2.** *fig fam (vergessen)* oublier.
verschwommen [fɛr'-] *a* nébuleux, vague, flou, diffus, indécis; estompé.
verschwören, *sich* [fɛr'-] ‹*verschwor, verschworen*› se conjurer, conspirer, se liguer. **Verschwörer** *m* ‹-s, -› conjurateur, conspirateur *m.* **Verschwörung** *f* ‹-, -en› conjuration, conspiration *f.*
versehen [fɛr'-] ‹*versieht, versah, versehen*› *tr* **1.** *(ausstatten)* pourvoir, munir (*mit etw* de qc); ► *sich mit etw ~* faire provision de qc; **2.** *(Amt: ausüben)* exercer, remplir; *refl* **3.** *sich ~* commettre une bévue. **Versehen** *n* ‹-s, -› *(kleiner Fehler)* bévue, (petite) erreur; *(Unaufmerksamkeit)* inadvertance; *(Nachlässigkeit)* négligence *f;* ► *aus ~ s. versehentlich.* **versehentlich** *adv* par mégarde, par erreur, par négligence.
Versehrte(r) *m* ‹-n, -n› [fɛr'ze:rtər] *adm (Kriegs~)* mutilé (de guerre), invalide *m.*
verselbständigen, *sich* [fɛr'-] se rendre indépendant, s'émanciper.
versenden [fɛr'-] ‹*versendet, versandte, versandt*› *tr* expédier, envoyer.
versengen [fɛr'-] ‹*ohne ge-*› *tr (anbrennen)* brûler (légèrement), roussir.
versenken [fɛr'-] *tr* submerger, immerger, plonger; *(Schiff)* couler; *tech* descendre, enfoncer. **Versenkung** *f* ‹-, ø› submersion, immersion *f.*
versessen [fɛr'-] *a (erpicht):* ► *~ auf* fou, engoué, enragé de, acharné à.
versetzen [fɛr'-] ‹*ohne ge-*› *tr* **1.** *(an e-e andere Stelle setzen)* déplacer, transférer; *(umpflanzen)* transplanter; *(junge Pflanzen)* repiquer; *(Beamten)* muter; *(Schüler)* faire passer dans la classe supérieure; **2.** *(Menschen in e-e Lage)* mettre; **3.** *(mischen)* mélanger (*mit* de); **4.** *(Schlag etc geben)* donner, porter; **5.** *(als Pfand geben)* mettre en gage; **6.** *(antworten)* répliquer; **7.** *fam (vergeblich warten lassen)* poser un lapin à; ► *versetzt werden (Schule)* passer (dans la classe supérieure); *sich (in Gedanken) in, nach ... ~* se transporter dans, à ... **Versetzung** *f* ‹-, -en› déplacement *m,* transfert *m; (e-r Pflanze)* transplantation *f;* repiquage *m; (e-s Beamten)* mutation *f; (e-s Schülers)* passage *m;* ► *~ in den Ruhestand* mise *f* à la retraite.
verseuchen [fɛr'-] ‹*ohne ge-*› *tr med* infecter, contaminer; *(radioaktiv)* polluer; *fig* infester. **Verseuchung** *f* ‹-, -en› infection, contamination *f;* ► *radioaktive ~* contamination *f* radioactive.
Versicherer *m* ‹-s, -› [fɛr'-] assureur *m.*
versichern ‹*ohne ge-*› *tr* **1.** *fin* assurer (*gegen etw* contre qc); **2.** *(beteuern)* assurer, affirmer. **Versicherte** *m f* ‹-n, -n› assuré(e *f*) *m.* **Versicherung** *f* ‹-, -en› *fin (a. Beteuerung)* assurance *f* (*gegen* contre); ► *e-e ~ abschließen* contracter une assurance. **Versicherungsbetrug** *m* escroquerie *f* à l'assurance. **Versicherungsfall** *m* sinistre *m;* ► *Eintreten n des ~es* réalisation *f* du sinistre. **Versicherungsge-**

sellschaft *f* compagnie *f* d'assurance(s). **Versicherungsnehmer** *m* assuré *m.* **versicherungspflichtig** *a* obligé de s'assurer. **Versicherungsprämie** *f* prime *f* d'assurance. **Versicherungssumme** *f* somme *f* assurée. **Versicherungsvertreter** *m* courtier *m* d'assurance.

versickern [fɛr'-] ‹*ohne ge-*› *itr* ‹*sein*› être absorbé.

versiegeln [fɛr'-] ‹*ohne ge-*› *tr* sceller.

versiegen [fɛr'-] ‹*ohne ge-*› *itr* ‹*sein*› tarir *a. fig; fig (aufhören)* cesser.

versilbern [fɛr'-] *tr* **1.** *tech* argenter; **2.** *fig fam (zu Geld machen)* réaliser.

versinken [fɛr'-] ‹*versank, versunken*› *itr* ‹*sein*› **1.** (s')enfoncer; couler, être englouti; **2.** *fig* se perdre (*in* dans).

versinnbildlichen [fɛr'-] ‹*ohne ge-*› *tr* symboliser.

versklaven [fɛr'-] ‹*ohne ge-*› *tr* asservir. **Versklavung** *f* ‹-, ø› asservissement *m.*

Versmaß *n* ['fɛrs-] *(Dichtung)* mètre *m.*

versoffen [fɛr'-] *a pop* soûlard.

versöhnen [fɛr'-] ‹*ohne ge-*› **1.** *tr* réconcilier (*mit* avec); **2.** *refl: sich ~* se réconcilier, faire la *od* sa paix. **versöhnlich** *a* conciliant, accommodant. **Versöhnung** *f* ‹-, -en› réconciliation *f.*

versonnen [fɛr'-] *a* rêveur; pensif.

versorgen [fɛr'-] ‹*ohne ge-*› *tr* **1.** *(besorgen)* prendre soin de, s'occuper de; faire; **2.** ► *jdn mit etw ~* pourvoir, munir qn de qc; approvisionner qn en qc. **Versorgung** *f* ‹-, ø› approvisionnement, ravitaillement *m.* **versorgungsberechtigt** *a* ayant droit à une pension *od* à une retraite.

verspäten, *sich* [fɛr'-] ‹*ohne ge-*› s'attarder, être en retard (*um* de). **verspätet** *a* en retard. **Verspätung** *f* ‹-, -en› retard *m.*

verspeisen [fɛr'-] ‹*ohne ge-*› *tr* manger.

versperren [fɛr'-] ‹*ohne ge-*› *tr* barrer, bloquer, barricader.

verspielen [fɛr'-] ‹*ohne ge-*› *tr (beim Spiel verlieren)* perdre au jeu.

versponnen [fɛr'-] *a fig* rêveur, songeur.

verspotten [fɛr'-] ‹*ohne ge-*› *tr* se moquer de, railler, persifler.

versprechen [fɛr'-] ‹*verspricht, versprach, versprochen*› **1.** *tr* promettre *a. fig; etw zu tun* s'engager à faire qc; **2.** *refl: sich ~ (sich beim Sprechen versehen)* commettre un lapsus (linguae); ► *davon verspreche ich mir nichts* je ne compte pas là-dessus. **Versprechen** *n* ‹-s, -› promesse *f.* **Versprechung** *f* ‹-, -en› promesse *f;* ► *jdn mit leeren ~en hinhalten* bercer qn de (vaines *od* belles) promesses.

verstaatlichen [fɛr'-] ‹*ohne ge-*› *tr* étatiser, nationaliser; *(kirchliche Einrichtung)* laïciser. **Verstaatlichung** *f* ‹-, -en› étatisation; nationalisation; laïcisation *f.*

Verstädterung *f* ‹-, -en› urbanisation *f.*

Verstand *m* ‹-(e)s, ø› [fɛr'-] *(Denkfähigkeit)* entendement, intellect *m,* intelligence *f; (Urteilsfähigkeit)* discernement, jugement *m; (Vernunft)* raison *f; (gesunder Menschenverstand)* bon sens *m;* ► *den ~ verlieren* perdre la raison. **verstandesmäßig** *a* rationnel, logique. **Verstandesmensch** *m* intellectuel, cérébral *m.*

verständig [fɛr'-] *a (einsichtig)* sensé, compréhensif; *(vernünftig)* raisonnable.

verständigen 1. *tr* ► *jdn von* od *über etw ~* informer, prévenir qn de qc; **2.** *refl: sich ~ (sich einigen)* s'entendre, s'arranger, se mettre d'accord (*mit jdm* avec qn, *über etw* sur qc). **Verständigung** *f* ‹-, ø› **1.** *(Einigung)* entente *f,* arrangement, accord *m;* **2.** *(gegenseitiges Verstehen):* ► *e-e ~ war unmöglich* il était impossible de se comprendre.

verständlich *a* intelligible, compréhensible; ► *sich ~ machen* se faire comprendre; *leicht, schwer ~* facile, difficile à comprendre. **Verständlichkeit** *f* ‹-, ø› *(Klarheit)* intelligibilité, clarté *f.*

Verständnis *n* ‹-ses, (-se)› compréhension *f,* intelligence *f;* ► *~ für etw haben* comprendre qc. **verständnislos** *a* incompréhensif. **Verständnislosigkeit** *f* ‹-, ø› manque *m de compréhension.* **verständnisvoll** *a* compréhensif.

verstärken [fɛr'-] ‹*ohne ge-*› *tr* **1.** rendre plus fort, renforcer; **2.** *(vergrößern)* augmenter; *refl* **3.** *sich ~* augmenter. **Verstärker** *m* ‹-s, -› *tele radio* amplificateur *m.* **Verstärkung** *f* **1.** fortification *f,* renforcement *m;* **2.** augmentation *f; tech* amplification *f;* **3.** *mil* renfort *m.*

verstaubt [fɛr'-] *a* **1.** poussiéreux; **2.** *fig (veraltet)* démodé.

verstauchen [fɛr'-] ‹*ohne ge-*› *tr:* ► *sich den Fuß ~* se fouler le pied.

verstauen [fɛr'-] ‹*ohne ge-*› *tr mar* arrimer; *(unterbringen)* caser, placer.

Versteck *n* ‹-(e)s, -e› [fɛr'ʃtɛk] cachette *f;* ► *~ spielen* jouer à cache-cache. **verstecken** ‹*ohne ge-*› *tr* cacher. **versteckt** *a fig* caché; *(geheim)* secret; *(verschleiert)* voilé; *(angedeutet)* discret.

verstehen [fɛr'-] ‹*verstand, verstanden*› *tr* **1.** *(deutlich genug hören)* entendre; **2.** *(begreifen)* comprendre; **3.** *(können)* savoir; ► *sich mit jdm ~* s'entendre avec qn; *sich gut, schlecht ~ (vertragen) a.* être bien, mal ensemble; *zu ~ geben* faire *od* donner à entendre; *das verstehe ich nicht (a.)* je n'y comprends rien; *darunter verstehe ich ...* j'entends par là ...; *Sie ~ mich falsch* vous me comprenez mal; *das versteht sich (von selbst)* cela va sans dire *od* de soi; *~ Sie mich recht!* entendez-moi bien!

versteifen [fɛr'-] ‹*ohne ge-*›: ▶ *sich auf etw ~* s'obstiner à qc.
versteigern *tr* vendre aux enchères. **Versteigerung** *f* vente *f* aux enchères.
versteinern [fɛr'-] ‹*ohne ge-*› *itr* ‹*sein*› *(zu Stein werden)* se pétrifier. **versteinert** *a geol* fossilisé; *fig* pétrifié; **Versteinerung** *f* ‹-, -en› *geol* fossile *m.*
verstellbar [fɛr'-] *a* réglable, ajustable. **verstellen** ‹*ohne ge-*› *tr* **1.** *(versperren)* barrer, obstruer; **2.** *(Stimme, Handschrift unkenntlich machen)* déguiser, contrefaire; *refl* **3.** *sich ~* feindre, simuler. **Verstellung** *f* déguisement *m,* (dis)simulation, feinte *f,* faux-semblant *m.*
versteuern [fɛr'-] ‹*ohne ge-*› *tr* payer *od* acquitter les impôts sur.
verstiegen [fɛr'-] *a* extravagant.
verstimmt [fɛr'-] *a mus* **1.** désaccordé; **2.** *fig (Mensch)* contrarié, fâché. **Verstimmung** *f fig* mauvaise humeur *f.*
verstockt [fɛr'-] *a (seelisch verhärtet, trotzig)* endurci, entêté, buté. **Verstocktheit** *f* ‹-, ø› endurcissement, entêtement *m.*
verstohlen [fɛr'-] **I.** *a (Blick)* furtif, secret; **II.** *adv* furtivement, à la dérobée.
verstopfen [fɛr'-] ‹*ohne ge-*› *tr* boucher; *(Straße)* embouteiller; *med* constiper. **verstopft** *a (Straße)* encombré. **Verstopfung** *f* ‹-, ø› bouchage; *(e-r Straße)* embouteillage *m; med* constipation *f.*
verstorben [fɛr'-] *a* décédé, défunt; ▶ *der V~e* le défunt.
verstört [fɛr'-] *a* effaré, hagard; troublé.
Verstoß *m* [fɛr'ʃto: s] infraction *f,* manquement *m* (*gegen* à); faute *f.* **verstoßen** ‹*verstößt, verstieß, verstoßen*› **1.** *tr (wegjagen)* repousser, chasser; **2.** *itr (verletzen)* manquer, contrevenir (*gegen* à); enfreindre, violer (*gegen etw* qc).
verstrahlen [fɛr'-] ‹*ohne ge-*› *tr* irradier; *(radioaktiv)* contaminer.
verstreichen [fɛr'-] ‹*verstrich, verstrichen*› **1.** *tr* ‹*h*› *(zustreichen)* boucher; **2.** *itr* ‹*sein*› *(Zeit: vergehen)* passer, s'écouler; *(Frist)* expirer.
verstreuen [fɛr'-] ‹*ohne ge-*› *tr* disperser.
verstricken [fɛr'-] ‹*ohne ge-*› *tr:* ▶ *jdn in etw (fig)* mêler qn à qc; *sich in etw ~* s'empêtrer dans qc.
verströmen [fɛr'-] ‹*ohne ge-*› **1.** *tr* ‹*h*› répandre; **2.** *itr* ‹*sein*› se répandre.
verstümmeln [fɛr'-] ‹*ohne ge-*› *tr* mutiler *a. fig;* estropier; *fig* tronquer. **Verstümmelung** *f* ‹-, -en› mutilation *f.*
verstummen [fɛr'-] ‹*ohne ge-*› *itr* ‹*sein*› se taire.
Versuch *m* ‹-(e)s, -e› [fɛr'zu:x] **1.** essai *m,* épreuve, tentative *f;* **2.** *(wissenschaftlicher)* expérience *f;* ▶ *~e machen* expérimenter. **versuchen** ‹*ohne ge-*› *tr* **1.** essayer, tenter (*etw zu tun* de faire qc); **2.** *(Kosten)* goûter; **3.** *(in Versuchung führen)* tenter; ▶ *~ Sie's mal!* essayez pour voir! **Versucher** *m* ‹-s, -› *a. rel* tentateur *m.* **Versuchskaninchen** *n fig* cobaye *m.* **Versuchsperson** *f* sujet expérimental, témoin *m.* **Versuchstier** *n* cobaye *m.* **versuchsweise** *adv* à titre d'essai. **Versuchung** *f* ‹-, -en› tentation *f;* ▶ *in ~ führen* induire en tentation; *in ~ kommen* être tenté (*etw zu tun* de faire qc).
versumpfen [fɛr'-] ‹*ohne ge-*› *itr* ‹*sein*› **1.** *geog* se changer en marais; **2.** *fig fam* se livrer à la débauche.
versündigen, *sich* [fɛr'-] ‹*ohne ge-*› pécher; ▶ *sich an jdm ~* trahir qn.
versunken [fɛr'-] *a fig* absorbé (*in* par).
versüßen [fɛr'-] ‹*ohne ge-*› *tr fig* adoucir.
vertagen [fɛr'-] ‹*ohne ge-*› *tr* ajourner, proroger; *(aufschieben)* remettre. **Vertagung** *f* ajournement *m; remise f.*
vertauschen [fɛr'-] ‹*ohne ge-*› *tr* **1.** *(austauschen)* échanger; substituer, permuter; **2.** *(verwechseln)* confondre.
verteidigen [fɛr'-] ‹*ohne ge-*› **1.** *tr* défendre; *fig a.* soutenir; *jur* plaider (*jdn* pour qn); **2.** *refl: sich ~* se défendre; *(sich rechtfertigen)* se justifier. **Verteidiger** *m* ‹-s, -› **1.** défenseur; *jur* avocat *m;* **2.** *sport* arrière *m.* **Verteidigung** *f* ‹-, ø› défense; défensive; *jur* plaidoirie *f;* ▶ *in der ~* sur la défensive. **Verteidigungsminister(ium** *n***)** *m* minist(è)re *m* de la défense.
verteilen [fɛr'-] ‹*ohne ge-*› *tr a. el* distribuer, répartir; partager; *sich ~* se partager (*auf* entre). **Verteiler** *m* ‹-s, -› *adm tech* distributeur; (auf e-m Schriftstück) distribution *f.* **Verteilung** *f a. el* distribution, répartition *f;* partage *m.*
verteuern [fɛr'-] ‹*ohne ge-*› *tr* (r)enchérir.
vertiefen [fɛr'-] ‹*ohne ge-*› **1.** *tr a. fig* approfondir; **2.** *refl:* ▶ *sich in etw ~ (versenken)* se plonger dans qc. **vertieft** *a fig* approfondi. **Vertiefung** *f* ‹-, -en› *(Hohlraum)* creux *m;* cavité *f.*
vertikal [vɛrti'ka:l] *a* vertical.
vertilgen [fɛr'tɪlgən] ‹*ohne ge-*› *tr* **1.** extirper; **2.** *fam (aufessen)* avaler.
vertippen, *sich* [fɛr'-] ‹*ohne ge-*› *(beim Schreiben)* faire une faute (de frappe).
vertonen [fɛr'-] ‹*ohne ge-*› *tr (in Musik setzen)* mettre en musique, sonoriser.
Vertrag *m* ‹-(e)s, ¨-e› [fɛr'tra:k, -'trɛ:gə] contrat; *pol* traité, pacte; *(Abkommen)* accord *m,* convention *f.*
vertragen [fɛr'-] ‹*verträgt, vertrug, vertragen*› **1.** *tr (aushalten)* endurer, supporter; **2.** *refl: sich ~* se supporter; s'accorder (*mit jdm* avec qn); ▶ *sich gut, schlecht ~* être bien, mal ensemble; *sich nicht ~ (Sachen)* jurer ensemble; *nicht viel ~ (gesundheitlich)* être d'une santé délicate.
vertraglich [fɛr'-] **I.** *a* contractuel; conventionnel; **II.** *adv* par contrat; ▶ ~

verpflichtet tenu par contrat.

verträglich [fɛrˈtrɛ:klıç] *a (Mensch)* conciliant, accommodant. **Verträglichkeit** *f* ⟨-, ø⟩ caractère *m* accommodant.

Vertragsabschluß *m* [fɛrˈtra:ks-] conclusion *f* d'un *od* du contrat *od* traité. **Vertragsbruch** *m* rupture d'un contrat; violation *f* d'un traité. **Vertragspartner** *m* contractant *m*. **Vertragsspieler** *m sport* professionnel *m* sous contrat. **vertragswidrig** *a* contraire au contrat.

vertrauen [fɛrˈ-] ⟨*ohne ge-*⟩ *itr* avoir confiance (*jdm* en qn; *auf etw od* dans qc); se fier (*jdm* à qn). **Vertrauen** *n* ⟨-s, ø⟩ confiance *f*; ▶ *im* ~ en confidence; *jdm das* ~ *aussprechen (parl)* voter la confiance à qn; ~ *erwecken* inspirer confiance; ~ *zu jdm, zu etw haben* avoir confiance en qn, en *od* dans qc; **vertrauenerweckend** *a* qui inspire de la confiance. **Vertrauensarzt** *m* médecin de confiance, médecin-conseil *m*. **Vertrauensbruch** *m* abus *m* de confiance, indiscrétion *f*. **Vertrauensfrage** *f parl* question *f* de confiance. **Vertrauensmann** *m* ⟨-(e)s, -männer/-leute⟩ homme de confiance; *(in e-m Betrieb)* délégué *m* du personnel. **Vertrauensperson** *f* personne *f* de confiance. **Vertrauenssache** *f*: ▶ *das ist* ~ c'est une question de confiance. **Vertrauensschüler** *m* délégué *m* des élèves. **vertrauensselig** *a* crédule, trop confiant. **vertrauensvoll** *a* plein de confiance, confiant; ▶ *sich* ~ *an jdn wenden* s'adresser en confiance à qn. **vertrauenswürdig** *a* digne de confiance, sûr. **vertraulich** *a* confidentiel; ▶ *~e Mitteilung f* confidence *f*. **Vertraulichkeit** *f* familiarité, intimité *f*; *(e-r Mitteilung)* caractère *m* confidentiel.

verträumt [fɛrˈ-] *a* rêveur.

vertraut [fɛrˈ-] *a* familier, intime; ▶ *jdn mit etw* ~ *machen* familiariser qn avec qc. **Vertraute(r** *m***)** *f* ⟨-n, -n⟩ confident(e *f*); familier *m*.

vertreiben [fɛrˈ-] ⟨*vertrieb, vertrieben*⟩ *tr* **1.** chasser *(a. Schlaf, Sorgen)*; *(aus e-r Wohnung, Stellung)* expulser, déloger; **2.** *com (Ware)* débiter, vendre; ▶ *sich die Zeit* ~ passer son temps (*mit* à). **Vertreibung** *f* expulsion *f*.

vertretbar [fɛrˈ-] *a (zu rechtfertigen)* soutenable, justifiable. **vertreten** ⟨*vertritt, vertrat, vertreten*⟩ *tr* **1.** *(eintreten für)* soutenir, défendre; *jur (als Anwalt)* plaider la cause de; **2.** *(an die Stelle treten)* remplacer; suppléer; *(Firma etc)* représenter. **Vertreter** *m* ⟨-s, -⟩ **1.** *(Stellvertreter)* remplaçant, suppléant *m*; **2.** *(e-r Behörde etc)* représentant; *com a.* agent; *(Angehöriger e-r Gruppe, a. pej)* représentant *m*. **Vertretung** *f* ⟨-, -en⟩ **1.** remplacement *m*, suppléance *f*; **2.** représentation *f*; **3.** *com* agence *f*; ▶ *in* ~ par délégation; *der Bürgermeister i.V.* pour le maire.

Vertrieb *m* [fɛrˈ-] *com (Verkauf)* écoulement, débit *m*, distribution, vente *f*.

Vertriebene(r) *m* réfugié *m (des anciens territoires allemands de l'Est après 1945)*.

Vertriebsleiter *m* chef *m* de vente.

vertrocknen [fɛrˈ-] ⟨*ohne ge-*⟩ *itr* ⟨*sein*⟩ se dessécher, sécher.

vertrödeln [fɛrˈ-] ⟨*ohne ge-*⟩ *tr (Zeit)* gaspiller.

vertrösten [fɛrˈ-] ⟨*ohne ge-*⟩ *tr* faire prendre patience à.

vertrottelt [fɛrˈ-] *a* gaga.

vertun [fɛrˈ-] ⟨*vertut, vertat, hat vertan*⟩ *tr fam* gaspiller; *sich* ~ *(sich täuschen)* se tromper.

vertuschen [fɛrˈ-] ⟨*ohne ge-*⟩ *tr fam (verheimlichen)* cacher; dissimuler; étouffer.

verübeln [fɛrˈ-] ⟨*ohne ge-*⟩ *tr*: ▶ *jdm etw* ~ en vouloir de qc à qn.

verüben [fɛrˈ-] ⟨*ohne ge-*⟩ *tr (Verbrechen)* commettre, perpétrer.

verunglücken [fɛrˈ-] ⟨*ohne ge-*⟩ *itr* ⟨*sein*⟩ avoir un accident; ▶ *tödlich* ~ périr dans un *od* mourir d'un accident.

verunreinigen [fɛrˈ-] ⟨*ohne ge-*⟩ *tr* salir; polluer. **Verunreinigung** *f* pollution *f*.

verunsichern [fɛrˈ-] *tr* insécuriser; *(Prüfling)* faire perdre ses moyens à.

verunstalten [fɛrˈ-] ⟨*ohne ge-*⟩ *tr* défigurer, déformer.

veruntreuen [fɛrˈ-] ⟨*ohne ge-*⟩ *tr (Geld unterschlagen)* détourner. **Veruntreuung** *f* ⟨-, -en⟩ détournement *m*.

verursachen [fɛrˈ-] ⟨*ohne ge-*⟩ *tr* causer, occasionner, provoquer. **Verursacher** *m* ⟨-s, -⟩ cause *f*; *(von Umweltverschmutzung)* pollueur. **Verursacherprinzip** *n ecol* principe *m* pollueur-payeur.

verurteilen [fɛrˈ-] ⟨*ohne ge-*⟩ *tr* **1.** *jur* condamner (*zu* à); **2.** *allg (mißbilligen)* condamner. **Verurteilung** *f* ⟨-, -en⟩ *jur* condamnation *f*.

vervielfachen [fɛrˈ-] ⟨*ohne ge-*⟩ *tr* multiplier. **vervielfältigen** ⟨*ohne ge-*⟩ *tr (Text)* polycopier, ronéotyper. **Vervielfältigung** *f* ⟨-, -en⟩ polycopie, ronéotypie; *(Wiedergabe)* reproduction *f*.

vervierfachen [fɛrˈ-] ⟨*ohne ge-*⟩ *tr* quadrupler.

vervollkommnen [fɛrˈ-] ⟨*ohne ge-*⟩ *tr* perfectionner. **Vervollkommnung** *f* ⟨-, ø⟩ perfectionnement *m*. **vervollständigen** ⟨*ohne ge-*⟩ *tr* compléter.

verwahren [fɛrˈ-] ⟨*ohne ge-*⟩ **1.** *tr (sicher aufbewahren)* avoir *od* tenir en bonne garde; garder; **2.** *refl*: ▶ *sich gegen etw* ~ protester, s'inscrire en faux contre qc.

verwahrlost *a* (laissé) à l'abandon, négligé, mal soigné. **Verwahrlosung** *f*

‹-, ø› abandon *m.*
Verwahrung *f:* ► *in ~ nehmen* prendre en garde *od* en dépôt.
verwaist [fɛr'-] *a* orphelin; *fig* abandonné, délaissé, seul.
verwalten [fɛr'-] ‹*ohne ge-*› *tr* administrer, gérer; régir. **Verwalter** *m* ‹-s, -› administrateur, gérant; *(Gutsverwalter)* régisseur *m.* **Verwaltung** *f* ‹-, -en› administration, gérance, gestion *f;* régie *f.* **Verwaltungsbeamter** *m* fonctionnaire administratif, employé *m* d'administration. **Verwaltungsbezirk** *m* circonscription *f* administrative. **Verwaltungszentrum** *n (e-r Stadt)* centre *m* administratif.
verwandeln [fɛr'-] ‹*ohne ge-*› *tr* changer, transformer (*in* en); *sich ~* se changer, se transformer (*in* en). **Verwandlung** *f* changement *m,* transformation.
verwandt [fɛr'vant] *a* **1.** apparenté *a. fig;* **2.** *fig* analogue; ► *~ sein (a.)* être parents. **Verwandte(r** *m***)** *f* ‹-n, -n› parent(e *f*) *m; pl* des parents *m pl;* ► *die ~n pl* la parenté, la famille. **Verwandtschaft** *f* **1.** *(~sverhältnis* u. *Verwandte)* parenté *f;* **2.** *fig* affinité *f.*
verwarnen [fɛr'-] ‹*ohne ge-*› *tr a sport* avertir; *(ermahnen)* admonester. **Verwarnung** *f a. sport* avertissement *m;* admonestation *f;* ► *gebührenpflichtige ~* avertissement *m* taxé.
verwaschen [fɛr'-] *a* délavé, effacé.
verwässert [fɛr'-] *a fig* délayé, fade.
verwechseln [fɛr'-] ‹*ohne ge-*› *tr* confondre; ► *jdn mit e-m ander(e)n ~* prendre qn pour un autre. **Verwechs(e)lung** *f* ‹-, -en› confusion *f;* quiproquo *m.*
verwegen [fɛr'-] *a* téméraire, hardi. **Verwegenheit** *f* ‹-, ø› témérité, hardiesse *f.*
verwehen [fɛr'-] ‹*ohne ge-*› *tr* **1.** *(wegwehen)* emporter; **2.** *(zerstreuen)* dissiper; **3.** *(zuwehen)* couvrir (*mit Schnee* de neige).
verwehren [fɛr'-] ‹*ohne ge-*› *tr (verbieten)* défendre (*jdm etw* qc à qn).
verweichlichen [fɛr'-] ‹*ohne ge-*› *tr* amollir, efféminer.
verweigern [fɛr'-] ‹*ohne ge-*› *tr* refuser, dénier (*jdm etw* qc à qn). **Verweigerung** *f* refus *m.*
verweilen [fɛr'-] ‹*ohne ge-*› *itr (bleiben)* demeurer; *(sich aufhalten)* séjourner.
verweint [fɛr'-] *a:* ► *~e Augen n pl* yeux *m pl* gonflés par les larmes.
Verweis *m* ‹-es, -e› [fɛr'vaıs, -zə] **1.** *(Tadel)* réprimande, semonce *f,* rappel à l'ordre *m;* **2.** *(Hinweis)* renvoi *m,* référence *f;* ► *jdm e-n ~ erteilen* réprimander qn. **verweisen** ‹*verwies, verwiesen*› *tr* **1.** *(tadeln)* réprimander; **2.** *(hinweisen)* renvoyer (*auf etw* à qc); **3.** *(zuständigkeitshalber schicken)* renvoyer (*an* à); ► *von der Schule ~* renvoyer de l'école.
verwelken [fɛr'-] ‹*ohne ge-*› *itr* ‹*sein*› se faner, se flétrir.
verwendbar [fɛr'-] *a* utilisable; applicable (*zu* à). **verwenden** ‹*verwendet, verwendete* od *verwandt, verwandte*› **1.** *tr (gebrauchen)* employer; *(Zeit)* consacrer (*zu* à); *(Geld)* dépenser (*zu* à); **2.** *refl: sich ~ (sich einsetzen)* intervenir (*für jdn* en faveur de qn). **Verwendung** *f* ‹-, ø› **1.** *(Gebrauch)* emploi *m;* **2.** *(Fürsprache)* entremise, intervention *f.* **Verwendungszweck** *m* but *m od* fin *f* d'utilisation.
verwerfen [fɛr'-] ‹*verwirft, verwarf, verworfen*› **1.** *tr (ablehnen)* rejeter, repousser, écarter; réprouver; **2.** *refl: sich ~ (sich verbiegen)* se déjeter, gauchir.
verwerflich *a* condamnable, abject.
verwertbar [fɛr'-] *a* utilisable. **verwerten** ‹*ohne ge-*› *tr* mettre en valeurt, exploiter, utiliser. **Verwertung** *f* ‹-, ø› mise en valeur, exploitation, utilisation *f.*
verwesen [fɛr'-] ‹*ohne ge-*› *itr* ‹*sein*› *(verfaulen)* se putréfier. **Verwesung** *f* ‹-, ø› putréfaction *f.*
verwickeln [fɛr'-] ‹*ohne ge-*› *tr:* ► *in etw verwickelt sein* être mêlé à qc. **verwikkelt** *a (kompliziert, schwierig)* compliqué, complexe; difficile.
verwildern [fɛr'-] ‹*ohne ge-*› *itr* ‹*sein*› *(Haustier)* retourner à l'état sauvage; *(Garten, Acker)* être négligé.
verwinden [fɛr'-] ‹*verwindet, verwand, verwunden*› *tr:* ► *etw nicht ~ können* ne pas se consoler *od* se remettre de qc.
verwirklichen [fɛr'-] ‹*ohne ge-*› *tr* réaliser. **Verwirklichung** *f* ‹-, ø› réalisation *f.*
verwirren [fɛr'-] ‹*ohne ge-*› *tr a. fig* embrouiller; *fig (durchea.bringen)* confondre; *(Menschen: verwirrt machen)* troubler; déconcerter. **verwirrt** *a* **1.** embrouillé *a. fig; fig* confus; **2.** *(Mensch)* confus; déconcerté. **Verwirrung** *f* ‹-, -en› **1.** désordre, trouble *m;* **2.** *fig* embarras *m,* confusion *f.*
verwischen [fɛr'-] ‹*ohne ge-*› *tr* brouiller.
verwittern [fɛr'-] ‹*ohne ge-*› *itr* ‹*sein*› être rongé par le temps, se décomposer à l'air, s'effriter. **verwittert** *a* effrité.
verwitwet [fɛr'-] *a* veuf, veuve.
verwöhnen [fɛr'-] ‹*ohne ge-*› *tr* gâter; *(verzärteln)* choyer. **verwöhnt** *a* gâté.
verworren [fɛr'-] *a* confus, embrouillé.
verwundbar [fɛr'-] *a* vulnérable. **Verwundbarkeit** *f* ‹-, ø› vulnérabilité *f.*
verwunden ‹*ohne ge-*› *tr* blesser.
verwunderlich [fɛr'-] *a:* ► *das ist nicht ~* ce n'est pas étonnant. **verwundern, sich** ‹*ohne ge-*› s'étonner. **Verwunderung** *f* ‹-, ø› étonnement *m,* surprise *f.*
verwundet [fɛr'-] *a* blessé; ► *schwer ~* blessé grièvement. **Verwundete** *m f*

‹-n, -n› blessé(e *f*) *m.* **Verwundung** *f* ‹-, -en› blessure *f.*
verwunschen [fɛr'-] *a* enchanté.
verwünschen [fɛr'-] ‹*ohne ge-*› *tr (verfluchen)* maudire, envoyer au diable. **verwünscht** *a* maudit, damné.
verwurzelt [fɛr'-] *a, a. fig* enraciné.
verwüsten [fɛr'-] ‹*ohne ge-*› *tr* dévaster. **Verwüstung** *f* ‹-, -en› dévastation *f.*
verzagen [fɛr'-] *itr (den Mut verlieren)* se décourager. **verzagt** *a* découragé. **Verzagtheit** *f* découragement *m.*
verzählen, *sich* [fɛr'-] ‹*ohne ge-*› se tromper (en comptant).
verzahnen [fɛr'-] *tr tech* engrener; *fig (verbinden)* lier. **Verzahnung** *f tech* engrenage *m; fig* collusion *f.*
verzaubern [fɛr'-] ‹*ohne ge-*› *tr* ensorceler, enchanter.
verzehnfachen [fɛr'-] ‹*ohne ge-*› *tr* décupler.
Verzehr *m* ‹-(e)s, ø› [fɛr'tse:r] *(Verbrauch, Zeche)* consommation *f.* **verzehren** ‹*ohne ge-*› *tr* consommer.
verzeichnen [fɛr'-] ‹*ohne ge-*› *tr* **1.** *(falsch zeichnen)* dessiner mal; *fig (falsch darstellen)* mal décrire; **2.** *(zs.stellend aufschreiben)* inscrire, noter, enregistrer. **Verzeichnis** *n* ‹-ses, -se› relevé, registre *m,* liste *f,* état, index *m,* table *f;* ▶ *alphabetisches ~ (in e-m Buch)* table *f* alphabétique.
verzeihen [fɛr'-] ‹*verzieh, verziehen*› *tr* pardonner (*jdm etw* qc à qn); *(entschuldigen)* excuser. **verzeihlich** *a* pardonnable; excusable. **Verzeihung** *f* ‹-, ø› pardon *m;* ▶ *jdn um ~ bitten* demander pardon à qn.
verzerren [fɛr'-] ‹*ohne ge-*› *tr* (dis)tordre, déformer. **Verzerrung** *f* ‹-, -en› déformation; *tele radio* distorsion *f.*
verzetteln [fɛr'-] ‹*ohne ge-*› *tr (s-e Kräfte)* disperser; *sich ~ (fig: sich zersplittern)* se disperser. **Verzettelung** *f fig* dispersion *f.*
Verzicht *m* ‹-(e)s, -e› [fɛr'tsɪçt] renoncement *m,* renonciation *f;* résignation *f.* **verzichten** ‹*ohne ge-*› *itr:* ▶ *auf etw ~* renoncer à qc; *sport* déclarer forfait.
verziehen [fɛr'-] ‹*verzog, verzogen*› *tr* **1.** *agr (junge Pflanzen)* démarier; **2.** *(Kind)* gâter, mal élever; *itr* ‹*sein*› **3.** *(fortziehen)* déménager; *refl: sich ~* **4.** *(Holz)* se déjeter, gauchir; **5.** *(allmählich verschwinden)* disparaître; *(Gewitter, Wolken, Nebel)* se dissiper; ▶ *unbekannt verzogen* parti sans laisser d'adresse.
verzieren [fɛr'-] ‹*ohne ge-*› *tr* orner, décorer. **Verzierung** *f* ‹-, -en› ornement, décor *m,* décoration *f.*
verzinsen [fɛr'-] ‹*ohne ge-*› **1.** *tr* payer des intérêts pour *od* les intérêts de; **2.** *refl: sich ~* rapporter des intérêts.
verzogen [fɛr'-] *a (Kind)* gâté.
verzögern [fɛr'-] ‹*ohne ge-*› **1.** *tr (verlangsamen)* retarder; *(hinausschieben)* traîner, différer; **2.** *refl: sich ~* traîner en longueur; se faire attendre. **Verzögerung** *f* ‹-, -en› retard(ement) *m.*
verzollen [fɛr'-] ‹*ohne ge-*› *tr* dédouaner; ▶ *haben Sie etwas zu ~?* avez-vous qc à déclarer?
verzücken [fɛr'-] *tr* enchanter, ravir. **verzückt** *a* extasié, ravi; aux anges. **Verzückung** *f* extase *f; fig* ravissement *m;* ▶ *in ~ geraten* s'extasier.
Verzug *m* ‹-(e)s, ø› [fɛr'tsu:k] *(Verzögerung)* délai, retard *m;* ▶ *in ~ sein (mit e-r Zahlung)* être en demeure.
verzweifeln [fɛr'-] ‹*ohne ge-*› *itr* ‹*sein*› (se) désespérer (*an etw* de qc). **Verzweiflung** *f* ‹-, ø› désespoir *m;* ▶ *jdn zur ~ bringen* mettre qn au désespoir.
verzweigen, *sich* [fɛr'-] ‹*ohne ge-*› se ramifier. **Verzweigung** *f* ‹-, -en› ramification *f.*
verzwickt [fɛr'-] *a* compliqué; inextricable. **Verzwicktheit** *f* complication *f.*
Vesper ['fɛspər] **(1)** *f* ‹-, -n› *rel* vêpres *f pl;* **(2)** *n* ‹-s, -› *(~brot)* goûter *m.* **vespern** ‹*ohne ge-*› *itr (e-n Nachmittagsimbiß einnehmen)* goûter.
Veteran *m* ‹-en, -en› [vete'ra:n] vétéran *m.*
Veto *n* ‹-s, -s› ['ve:to] *(Einspruch)* veto *m.* **Vetorecht** *n pol* droit *m* de veto.
Vetter *m* ‹-s, -n› ['fɛtər] cousin *m.* **Vetternwirtschaft** *f pej* népotisme *m.*
Viadukt *m* ‹-(e)s, -e› [via'dʊkt] viaduc *m.*
Vibration *f* ‹-, -en› [vibra'tsio:n] *(Schwingung)* vibration *f.* **vibrieren** [vi'bri:rən] ‹*ohne ge-*› *itr* vibrer, osciller.
Video *n* ‹-s, ø› ['vi:deo] vidéo *f.* **Videoaufnahme** *f* enregistrement *m* vidéo *od* sur magnétoscope. **Videoclip** *m* [-klɪp] ‹-s, -s› vidéo clip *m.* **Videofilm** *m* film *m* vidéo. **Videogerät** *n* magnétoscope *m.* **Videokamera** *f* caméra *f* vidéo. **Videokassette** *f* vidéocassette *f.* **Videorecorder** *m* magnétoscope *m.* **Videospiel** *n* jeu *m* électronique. **Videotelefon** *n* vidéo(télé)phone *m.* **Videotext** *m* vidéotex *m.* **Videothek** ‹-, -en› *f* vidéothèque *f.* **Videovorführung** *f* projection *f* vidéo.
Vieh *n* ‹-(e)s, ø› [fi:] bétail *m;* bestiaux *m pl.* **Viehbestand** *m* cheptel *m.* **Viehfutter** *n* fourrage *m.* **Viehherde** *f* troupeau *m.* **viehisch** *a* bestial, brutal. **Viehzucht** *f* élevage *m.* **Viehzüchter** *m* éleveur *m.*
viel [fi:l] **I.** *a* beaucoup (de); quantité (de); ▶ *ein bißchen ~* un peu trop; *ziemlich ~* assez (de), pas mal (de); *sehr ~* beaucoup (de); *so ~* tant; *wie ~e …* combien de …; *zu ~* trop; *es fehlte nicht ~* il s'en fallut de peu; *das will ~*

heißen ce n'est pas rien, cela en dit long; **II.** *adv* beaucoup. **vielbeschäftigt** *a* très occupé. **vieldeutig** *a* ambigu. **Vieleck** *n math* polygone *m.* **Vielehe** *f* polygamie *f.* **vielerlei** ['--'laɪ] *a* divers; toutes sortes de. **vielfach I.** *a* multiple; **II.** *adv (häufig)* souvent. **Vielfalt** *f* ‹-, ø› multiplicité; diversité *f.* **vielfältig** *n* multiple; divers. **Vielfraß** *m* **1.** *zoo* glouton *m;* **2.** *fig (Mensch) a.* goinfre *m.*
vielleicht [fi'laɪçt] *adv* peut-être.
vielmal(s) *adv (oft)* souvent, bien des fois. **vielmehr** *adv* plutôt; *(im Gegenteil)* au contraire. **vielsagend** *a* qui en dit long, significatif, expressif; *(Blick)* parlant. **vielschichtig** *a* complexe. **vielseitig** *a* **1.** varié; **2.** *(Mensch)* aux talents multiples; très cultivé; ▶ *auf ~en Wunsch* selon le désir de nombreux auditeurs. **vielversprechend** *a* prometteur. **Vielvölkerstaat** *m* société *f* multiraciale. **Vielzahl** *f* multiplicité *f.*
vier [fi:r] *(Zahlwort)* quatre; ▶ *auf allen ~en* à quatre pattes; *unter ~ Augen* en tête à tête. **Vier** *f* ‹-, -en› quatre *m.* **Vierbeiner** *m* ‹-s, -› *(Tier)* quadrupède *m.* **Viereck** *n* quadrilatère; *(Quadrat)* carré *m.* **viereckig** *a* quadrangulaire; *(quadratisch)* carré. **Vierer** *m* ‹-s, -› = *Vier.* **vierfach** *a* quadruple. **vierhändig** *a* u. *adv mus* à quatre mains. **vierhundert** *(Zahlwort)* quatre cent(s). **Vierjahresplan** *m pol* plan *m* quadriennal. **vierjährig** *a* (âgé) de quatre ans. **Vierlinge** *m pl* quadruplés *m pl.* **Viermächteabkommen** *n* [fi:r'mɛçtə-] *pol* convention *f* quadripartite. **viermal** *adv* quatre fois. **viermalig** *a* quadruple, répété quatre fois. **Vierradantrieb** *m* traction *f* à quatre roues motrices. **vierräd(e)rig** *a* à quatre roues. **vierschrötig** *a* râblé. **Viertaktmotor** *m mot* moteur *m* à quatre temps.
Viertel *n* ‹-s, -› ['firtəl] **1.** quart *m;* **2.** *(Stadt-, Mondviertel)* quartier *m;* ▶ *ein ~ vor zwei* deux heures moins le quart; *ein ~ nach zwei* deux heures et quart. **Viertelfinale** *n* quart *m* de finale. **Vierteljahr** *n* trois mois *m pl,* trimestre *m.* **vierteljährlich I.** *a* trimestriel; **II.** *adv* tous les trois mois, par trimestre. **Vierteljahrsschrift** *f* revue *f* trimestrielle. **Viertelliter** *m/n* quart *m* de litre. **Viertelnote** *f mus* noire *f.* **Viertelpause** *f mus* soupir *m.* **Viertelstunde** *f* quart *m* d'heure.
viertens ['fi:rtəns] *adv* quatrièmement.
vierte(r, s) ['fi:rtə-] *a* quatrième.
vierzehn ['firtse:n] *(Zahlwort)* quatorze; ▶ *~ Tage m pl* quinze jours *m pl.* **vierzehntägig** *a* bihebdomadaire. **vierzehnte(r, s)** *a* quatorzième.
vierzig ['fɪrtsɪç] *(Zahlwort)* quarante. **vierzigstel** *n* quarantième *m.* **vierzigste(r, s)** *a* quarantième. **Vierzigstundenwoche** *f* semaine *f* de quarante heures.
Vierzimmerwohnung *f* [fi:r'tsɪmər-] quatre pièces *m.*
Vietnam *n* [viɛt'nam] le Viêt-nam. **Vietnamese** *m* ‹-n, -n› [-na'me:zə], **Vietnamesin** *f* Viêtnamien, ne *m f.* **vietnamesisch** [-na'me:zɪʃ] *a* viêtnamien.
Vikar *m* ‹-s, -e› [vi'ka:r] *rel* vicaire *m.*
Villa *f* ‹-, -llen› ['vɪla] villa *f.* **Villenviertel** *n* quartier *m* résidentiel (de villas).
violett [vio'lɛt] *a* violet; violacé.
Violine *f* ‹-, -n› [vio'li:nə] *(Geige)* violon *m.* **Violinist** *m* ‹-en, -en› [-li'nɪst] violoniste *m.* **Violinschlüssel** *m mus* clé *f* de sol. **Violoncell(o)** *n* ‹-s, -e› [-lɔn'tʃɛl(o)] violoncelle *m.*
Viper *f* ‹-, -n› ['vi:pər] *zoo* vipère *f.*
Virologe *m* ‹-n, -n› [viro'lo:gə] virologiste *m.* **Virologie** *f* ‹-, ø› [virolo'gi:] *med* virologie *f.*
virtuell [vɪrtu'ɛl] *a* virtuel.
virtuos [vɪrtu'o:s] *a (meisterhaft)* de maître.
Virus *n, a. m* ‹-, -ren› ['vi:rʊs] virus *m.* **Viruskrankheit** *f* maladie *f* à virus.
Visier *n* ‹-s, -e› [vi'zi:r] **1.** *(am Helm)* visière *f;* **2.** *(am Gewehr)* hausse *f.*
Vision *f* ‹-, -en› [vizi'o:n] vision *f.* **visionär** [-sio'nɛ:r] *a (seherisch)* visionnaire.
Visitation *f* ‹-, -en› [vizitatsi'o:n] *(Besichtigung, Untersuchung)* visite, inspection *f.* **Visite** *f* ‹-, -n› [-'zi:tə] *med* visite *f* médicale. **Visitenkarte** *f* carte *f* (de visite).
visuell [vizu'ɛl] *a (Seh-)* visuel.
Visum *n* ‹-s, -sa/-sen› ['vi:zʊm, '-zən/'-za] *adm* visa *m.*
vital [vi'ta:l] *a biol* u. *fig (lebenswichtig)* vital. **Vitalität** *f* ‹-, ø› [-li'tɛ:t] *(Lebenskraft)* vitalité *f.*
Vitamin *n* ‹-s/(-), -e› [vita'mi:n] vitamine *f.* **Vitaminmangel** *m* carence *f* en vitamines. **vitaminreich** *a* riche en vitamines.
Vitrine *f* ‹-, -n› [vi'tri:nə] vitrine *f.*
Vizekönig *m* ['fi:-/'vi:tsə-] vice-roi *m.* **Vizepräsident** *m* vice-président *m.*
Vogel *m* ‹-s, ⸚› ['fo:gəl] oiseau *m;* ▶ *e-n ~ haben (fam: verrückt sein)* avoir une araignée au plafond. **Vogelfutter** *n* graines *f pl* pour les oiseaux. **Vogelhaus** *n* volière *f.* **Vogelschau** *f:* ▶ *aus der ~* à vol d'oiseau. **Vogelscheuche** *f* épouvantail *m.* **Vogel-Strauß-Politik** *f* politique *f* de l'autruche. **Vogelzug** *m* passage *m* des oiseaux.
Vogesen, *die* [vo'ge:zən] *pl geog* les Vosges *f pl.*
Vokabel *f* ‹-, -n› [vo'ka:bəl] *(Wort)* vocable, mot *m.* **Vokabular** *n* ‹-s, -e› [-kabu'la:r] vocabulaire *m.*
Vokal *m* ‹-s, -e› [vo'ka:l] *gram* voyelle *f.* **vokalisch** [-ka:lɪʃ] *a* vocal.

Volk *n* ⟨-(e)s, ⸚er⟩ [fɔlk, ˈfœlkər] **1.** *(Nation)* peuple *m*, nation *f*; **2.** *(die unteren Klassen)* peuple, commun, *pej* vulgaire *m*; **3.** *fam (~smenge)* foule, masse *f*; **4.** *(Leute)* gens *pl*.
Völkerbund [ˈfœlkər-] *m hist* Société *f* des Nations. **Völkerkunde** *f* ethnologie *f*. **Völkermord** *m* génocide *m*. **Völkerrecht** *n* droit *m* international. **völkerrechtlich** *a* de droit international. **Völkerverständigung** *f* entente *f* entre les peuples. **Völkerwanderung,** *die (hist)* les grandes invasions *f pl*.
Volksabstimmung *f* [ˈfɔlks-] *pol* référendum *m*. **Volksaufstand** *m* insurrection *f*. **Volksbefragung** *f* consultation *f* (populaire). **Volksbelustigung** *f* réjouissance *f* publique. **Volksdemokratie** *f pol* démocratie *f* populaire. **volkseigen** *a* socialisé; nationalisé. **Volksentscheid** *m pol* référendum *m*. **Volksfest** *n* fête folklorique; kermesse *f*. **Volksglaube** *m* croyance *f* populaire. **Volksgruppe** *f* communauté *f* nationale. **Volksheld** *m* héros *m* national. **Volkshochschule** *f* université *f* populaire. **Volkskunde** *f* folklore *m*. **Volkslied** *n* chanson *f* populaire *od* folklorique. **Volksmärchen** *n* conte *m* populaire. **Volksmenge** *f* masse(s *pl*) *f* populaire(s). **Volksmusik** *f* musique *f* populaire. **Volksrepublik** *f* république *f* populaire. **Volksstamm** *m* tribu *f*. **Volkstanz** *m* danse *f* populaire *od* folklorique. **Volkstracht** *f* costume *m* régional. **Volkstum** *n* ⟨-s, ø⟩ nationalité *f*, caractère *m* national. **volkstümlich** *a* populaire. **Volksvermögen** *n* fortune *f* nationale. **Volksversammlung** *f* réunion *f* populaire. **Volksvertreter** *m* représentant *m* du peuple. **Volksvertretung** *f* représentation *f* nationale. **Volkswirt** *m* économiste *m*. **Volkswirtschaft** *f* économie *f* politique. **volkswirtschaftlich** *a* économique. **Volkszählung** *f* recensement *m* de la population.
voll [fɔl] **I.** *a* **1.** *(gefüllt)* plein, rempli; ► *~(er) Äpfel, Sorgen* plein de pommes, de soucis; **2.** *(rundlich)* rond, bien en chair; *(Mond; Töne)* plein; **3.** *(~ständig)* plein, entier, tout; **II.** *adv (ganz)* entièrement; ► *jdn nicht für ~ nehmen* ne pas prendre qn au sérieux; *~e drei Stunden f pl a.* trois heures *f pl* d'horloge. **vollauf** [ˈ--/-ˈ-] *adv* largement. **vollautomatisch** *a* entièrement automatique. **Vollbad** *n* grand bain *m*. **Vollbart** *m* barbe *f*. **Vollbeschäftigung** *f* plein emploi *m*. **Vollbesitz** *m*: ► *im ~ s-r Kräfte* dans la plénitude de ses forces. **Vollblut(pferd)** *n* (cheval) pur sang *m*.
vollbringen [-ˈ--] ⟨*vollbringt, vollbrachte, vollbracht*⟩ *tr* accomplir, achever. **vollenden** ⟨*ohne ge-*⟩ *tr* accomplir, achever; parfaire. **vollendet** *a* parfait, accompli.
vollends [ˈfɔlɛnts] *adv* entièrement.
Vollendung *f* [-ˈ--] **1.** accomplissement, achèvement *m*; **2.** *(Zustand)* perfection *f*; ► *mit ~ des 80. Lebensjahres* à 80 ans révolus. **voller** *s. voll*.
Völlerei *f* ⟨-, -en⟩ [fœləˈraɪ] débauche *f*.
vollführen [fɔlˈ--] ⟨*ohne ge-*⟩ *tr (ausführen)* exécuter; *(machen)* faire; *(verwirklichen)* réaliser.
Vollgas *n mot* plein gaz *m*; ► *mit ~* à plein régime. **vollgestopft** *a* bourré; *(Raum)* bondé. **Vollidiot** *m (fam pej)* crétin *m*.
völlig [ˈfœlɪç] **I.** *a* complet, total; **II.** *adv* complètement, tout à fait.
volljährig [ˈfɔl-] *a jur* majeur; ► *für ~ erklären* émanciper. **Volljährigkeit** *f* ⟨-, ø⟩ majorité *f*.
vollkommen [-ˈ--/ˈ---] **I.** *a* **1.** parfait *a. math*; **2.** achevé; *(~ständig)* complet; *(völlig)* absolu; **II.** *adv* complètement. **Vollkommenheit** *f* ⟨-, ø⟩ perfection *f*.
Vollkornbrot *n* pain *m* complet. **voll=(l)aufen** ⟨*läuft, lief voll, vollgelaufen*⟩ *itr* ⟨*sein*⟩ *(Gefäß)* se remplir. **voll=machen** *tr (füllen)* remplir; *(Maß)* combler; *(vervollständigen)* compléter; ► *um das Unglück vollzumachen* pour comble de malheur. **Vollmacht** *f* ⟨-, -en⟩ *jur* (plein(s)) pouvoir(s *pl*) *m*, procuration *f*; ► *jdm (e-e) ~ erteilen* donner procuration à qn. **Vollmilch** *f* lait *m* entier. **Vollmond** *m* pleine lune *f*. **Vollpension** *f (Tourismus)* pension *f* complète. **vollschlank** *a* rondelet, replet. **vollständig** **I.** *a* complet, entier, intégral; **II.** *adv* complètement. **Vollständigkeit** *f* intégralité, intégrité *f*. **voll=stopfen** *tr* bourrer; *fam (mit Speisen)* empiffrer.
vollstrecken ⟨*ohne ge-*⟩ *jur* exécuter. **Vollstreckung** *f* [-ˈ--] exécution *f*.
voll=tanken *itr mot* faire le plein (d'essence). **Volltreffer** *m* coup *m* au but. **Vollversammlung** *f parl* assemblée *f* plénière. **Vollwaise** *f* orphelin *m* de père et de mère. **Vollwaschmittel** *n* lessive *f* toutes températures. **vollwertig** *a*: ► *ein ~er Ersatz* un produit de remplacement de pleine valeur. **vollzählig** *a* (au) complet. **vollzeitbeschäftigt** *a* employé à plein temps. **Vollzeitbeschäftigung** *f* emploi *m* à plein temps.
vollziehen ⟨*vollzog, vollzogen*⟩ *tr jur adm* exécuter, accomplir. **Vollziehung** *f* [-ˈ--], **Vollzug** *m* ⟨-(e)s, ø⟩ [-ˈ-] exécution *f*, accomplissement *m*.
Volontär *m* ⟨-s, -e⟩ [volɔnˈtɛːr] volontaire; *adm (Anwärter)* stagiaire *m*.
Volt *n* ⟨-/-(e)s, -⟩ [vɔlt] *el* volt *m*.
Volumen *n* ⟨-s, -/-mina⟩ [voˈluːmən, -mi-

na] *(Rauminhalt)* volume *m.*
vom [fɔm] = *von dem; (beim Datum)* à la *od* en date du.
von [fɔn] *prp* **1.** *(räuml.)* de; ▶ ~ *ihm* de lui; *vom Bahnhof (her)* de la gare; ~ *Berlin (a. = aus B.)* de Berlin; ~ *Bismarck (Adelsprädikat)* de Bismarck; ~ *vorn, oben, drüben* de devant, d'en haut, d'au-delà; ~ *beiden Seiten* des deux côtés; **2.** *(zeitlich):* ▶ ~ *heute an* à partir d'aujourd'hui; *e-e Zeitung* ~ *gestern* un journal d'hier; ~ *jetzt an* désormais; ~ *klein auf* depuis l'enfance; ~ *neuem* de nouveau; ~ *vornherein* dès le début; **3.** *(Eigenschaft)* de; ▶ ~ *Gold* de *od* en or; ~ *Format* de classe; *was sind Sie* ~ *Beruf?* quelle est votre profession? *ein Mann* ~ *50 Jahren* un homme de 50 ans; **4.** *(Teil)* de; ▶ ~ *dem Brot* du pain; *neun* ~ *zehn Lesern* neuf lecteurs sur dix; **5.** *(Herkunft)* de; ▶ *eine Komödie* ~ *Molière* une comédie de Molière; ~ *jdm,* ~ *etw herrühren* venir de qn, de qc; ~ *seiten (gen)* de la part (de); ~ *mir aus* de ma part; **6.** *(zur Bildung des Genitivs)* de; ▶ *der Bahnhof* ~ *Köln* la gare de Cologne. **voneinander** *adv* l'un dè l'autre. **vonstatten** [fɔn'ʃtatən] *adv:* ▶ ~ *gehen* marcher; avancer.
vor [fo:r] *prp* **1.** *(räumlich)* devant; ▶ ~ *dem Haus(e) stehen* être devant la maison; ~ *sich hin reden* parler tout seul; **2.** *(zeitlich)* avant; ▶ ~ *der Sitzung, 1914* avant la séance, 1914; *(vom Zeitpunkt des Sprechens zurückgerechnet)* il y a; ~ *zwei Stunden* il y a deux heures; **3.** *(Rangfolge)* avant; ▶ ~ *allem* avant tout, surtout; **4.** *(Ursache)* de; ▶ ~ *Kälte* de froid; **5.** *(Abwehr)* ▶ *Angst* ~ *etw haben* avoir peur de qc.
Vorabend *m* ['fo:r-] veille *f.* **Vorahnung** *f* pressentiment *m.*
voran [fo'ran] *adv* **1.** *(vor den ander(e)n)* devant, à la *od* en tête; **2.** *(weiter, vorwärts)* en avant. **voran≈gehen** ⟨*ging voran, vorangegangen*⟩ *itr* ⟨*sein*⟩ *(als erster gehen)* marcher devant; ▶ *gehen Sie voran!* passez d'abord. **voran≈kommen** ⟨*kam voran, vorangekommen*⟩ *itr* ⟨*sein*⟩ *a. fig* avancer.
Voranzeige *f* ['fo:rˀan-] avis *m* préalable. **Vorarbeit** *f* travail *m* préparatoire. **vor≈arbeiten** *itr (im voraus arbeiten)* se mettre en avance (pour son travail). **Vorarbeiter** *m* contremaître, chef *m* d'équipe.
voraus [fo'raus] *adv (vor den andern)* en tête, devant; *(nach vorn)* en avant; ▶ *im* ~ d'avance, à l'avance. **voraus≈eilen** ⟨*sein*⟩ *itr* prendre le(s) devant(s). **vorausgegangen** *a* précédent. **voraus≈gehen** ⟨*ging voraus, vorausgegangen*⟩ *itr* ⟨*sein*⟩ = *vorauseilen;* ▶ *e-r S* *(zeitl.) vorausgegangen sein* avoir précédé qc. **voraus≈haben** ⟨*hat, hatte voraus, vorausgehabt*⟩ *itr:* ▶ *jdm etw* ~ avoir sur qn l'avantage de qc; *er hat mir viel voraus* il me dépasse de loin. **voraus≈sagen** *tr* prédire, pronostiquer. **vorausschauend** *a* prévoyant. **voraus≈schicken** *tr (Menschen)* envoyer en avant; ▶ *s-r Rede einige Bemerkungen* ~ faire précéder son discours de quelques remarques. **voraus≈sehen** ⟨*sieht, sah voraus, vorausgesehen*⟩ *tr* prévoir. **voraus≈setzen** *tr* présumer, supposer; ▶ *vorausgesetzt, daß* ... à condition que *subj.* **Voraussetzung** *f* ⟨-, -en⟩ **1.** *(Annahme)* supposition *f;* **2.** *(Bedingung)* condition *f;* ▶ *unter der* ~, *daß* ... à condition que *subj.* **Voraussicht** *f* ⟨-, ø⟩ prévision, prévoyance *f;* ▶ *in weiser* ~ prudemment; *aller* ~ *nach* très probablement. **voraussichtlich I.** *a* probable; **II.** *adv* probablement.
Vorbau *m* ['fo:r-] *arch* avant-corps *m.* **Vorbedacht** *m:* ▶ *mit* ~ avec préméditation. **Vorbedingung** *f* condition *f* préalable. **Vorbehalt** *m* ⟨-(e)s, -e⟩ réserve, restriction *f;* ▶ *unter dem* ~ *(gen)* sous la réserve (de). **vor≈behalten** ⟨*behält, behielt vor, vorbehalten*⟩ *tr:* ▶ *sich etw* ~ se réserver qc. **vorbehaltlich** *prp gen, adm* sous la réserve (de). **vorbehaltlos** *a* sans réserve.
vorbei [fɔr'-/fo:r'baɪ] *adv* **1.** *(räuml.):* ▶ *an* ... ~ le long de; *lassen Sie mich* ~*!* laissez-moi passer; **2.** *(zeitl.)* passé, fini. **vorbei≈fahren** ⟨*fährt, fuhr vorbei, vorbeigefahren*⟩ *itr* ⟨*sein*⟩ passer (*an* près de, devant). **vorbei≈gehen** ⟨*ging vorbei, vorbeigegangen*⟩ *itr* ⟨*sein*⟩ **1.** passer (sans s'arrêter); **2.** *(Wurf etc: nicht treffen)* manquer (le but). **vorbei≈kommen** ⟨*kam vorbei, vorbeigekommen*⟩ *itr* ⟨*sein*⟩ passer. **vorbei≈lassen** ⟨*läßt, ließ vorbei, vorbeigelassen*⟩ *tr* laisser passer. **Vorbeimarsch** *m mil* défilé *m.* **vorbei≈marschieren** ⟨*ohne ge-*⟩ *itr* ⟨*sein*⟩ *mil* défiler (*an* devant). **vorbei≈reden** *itr:* ▶ *aneinander* ~ ne pas tenir le même langage.
vorbelastet ['fo:r-] *a (voreingenommen)* influencé. **Vorbemerkung** *f* remarque *f* préliminaire. **vor≈bereiten** ⟨*ohne -ge-*⟩ *tr* préparer. **vorbereitend** *a* préparatoire. **Vorbereitung** *f* ⟨-, -en⟩ préparation *f,* préparatif *m;* ▶ ~*en treffen* faire des préparatifs. **Vorbesitzer** *m* ancien propriétaire *m.* **Vorbesprechung** *f* réunion *f* préparatoire. **vor≈bestellen** ⟨*ohne -ge-*⟩ *tr* commander d'avance; *(Zimmer, Eintrittskarte)* retenir. **vorbestellt** *a (Zimmer, Platz)* réservé. **Vorbestellung** *f* réservation *f.* **vorbestraft** *a jur* qui a un casier judiciaire; ▶ *nicht* ~ sans antécédents judi-

ciaires. **Vorbestrafte(r** *m***)** *f* ‹-n, -n› repris *m* de justice. **vor=beugen 1.** *itr* prendre des précautions; ► *e-r S* ~ prévenir qc; **2.** *refl: sich* ~ *(sich vorneigen)* se pencher en avant. **vorbeugend** *a med* préventif, prophylactique. **Vorbeugung** *f* précaution *f.* **Vorbild** *n (Muster)* modèle; *fig* exemple; *(Ideal)* idéal *m;* **vorbildlich** *a* exemplaire, modèle. **Vorbildung** *f* connaissances *f pl* préalables. **Vorbote** *m fig (Sache)* présage, signe *m* précurseur. **vor=bringen** ‹*brachte vor, vorgebracht*› *tr* mettre sur le tapis, avancer. **vorchristlich** *a* d'avant Jésus-Christ. **Vordach** *n* avant-toit *m.* **vor=datieren** ‹*ohne ge-*› *tr* postdater. **Vordenker** *m* maître *m* à penser.

Vorderachse *f* ['fɔrdər-] essieu *m* avant. **Vorderansicht** *f* vue *f* de face. **Vorderasien** *n* l'Asie *f* occidentale. **Vorderbein** *n zoo* patte *f* de devant. **vordere(r, s)** *a* de devant, antérieur. **Vordergrund** *m* premier plan *m.* **vordergründig** *a fig* superficiel. **Vorderindien** *n* l'Inde *f.* **Vordermann** *m* ‹-(e)s, -männer› homme qui précède; chef *m* de file. **Vorderrad** *n* roue avant; *(des Fahrrades)* roue *f* directrice. **Vorderseite** *f* face *f,* front *m; arch* façade *f; typ* recto; *(Münze)* avers *m.* **Vordersitz** *m* siège *m* avant. **vorderste,** *der, die, das* le premier, la première. **Vorderteil** *n od m* partie *f* de devant; le devant; *(e-s Tieres)* avant-train *m.*

Vordiplom *n* ['fo:r-] diplôme *m* intermédiaire. **vor=drängen,** *sich* **1.** avancer en jouant des coudes; **2.** *fig* se mettre en avant. **vor=dringen** ‹*drang vor, vorgedrungen*› *itr* ‹*sein*› *a fig* avancer. **vordringlich** *a* (très) urgent. **Vordruck** *m* ‹-(e)s, -e› formule *f* imprimé, formulaire *m.* **voreilig** *a* précipité; anticipé; *(unüberlegt)* inconsidéré.

voreinander ['fo:r-] *adv* l'un devant l'autre; *fig:* ► *keine Geheimnisse* ~ *haben* ne pas avoir de secrets l'un pour l'autre.

voreingenommen ['fo:rʔaın-] *a* prévenu (*für* pour, *gegen* contre); plein de préjugés. **Voreingenommenheit** *f* parti *m* pris. **vor=enthalten** ‹*enthält, enthielt vor, vorenthalten*› *tr* ► *jdm etw* ~ priver qn de qc. **Vorentscheidung** *f* **1.** décision *f* préliminaire; **2.** *sport* demi-finale *f.* **vorerst** ['fo:rʔe:rst/-'-] *adv (vorläufig, zunächst)* pour le moment. **Vorfahr** *m* ‹-en, -en› ancêtre *m.* **vor=fahren** ‹*fährt, fuhr vor, vorgefahren*› *itr* ‹*sein*› **1.** *(ein Stück weiter fahren)* avancer; **2.** *(als erster fahren)* passer le premier; **3.** *(vor e-m Haus)* arrêter sa voiture (devant une maison). **Vorfahrt** *f* priorité *f* (aux croisements); ► *ich habe* ~ j'ai la priorité; *rechts hat* ~ priorité *f* à droite. **Vorfahrt(s)straße** *f* route *od* voie *f* prioritaire *od* à priorité.

Vorfall *m* ['fo:r-] *(Begebenheit)* incident *m.* **vor=fallen** ‹*fällt, fiel vor, vorgefallen*› *itr* ‹*sein*› *(geschehen)* se passer.

Vorfeld ['fo:r-] *n fig* veille *f;* ► *im* ~ *der Wahlen* à la veille des élections. **vor=finden** ‹*findet, fand vor, vorgefunden*› *tr* trouver, rencontrer. **Vorfreude** *f* joie *f* anticipée. **vor=fühlen** *itr* tâter le terrain. **vor=führen** *tr* **1.** *jur (vor den Richter bringen)* amener devant le juge; **2.** *(zeigen)* présenter; *(Gerät)* démontrer; *film* faire passer. **Vorführraum** *m film* salle *f* de projection. **Vorführung** *f (Schaustellung)* présentation; *film* production; *(e-s Gerätes)* démonstration *f.* **Vorgabe** *f sport* avantage *m.* **Vorgang** *m* processus *m.* **Vorgänger** *m* ‹-s, -› prédécesseur *m.* **Vorgarten** *m* jardin *m* de devant. **vor=geben** ‹*gibt, gab vor, vorgegeben*› *tr* **1.** *(vorschützen)* prétexter; **2.** *sport* rendre. **vorgeblich** *a* prétendu. **Vorgebirge** *n* contrefort; *(auf e-r Halbinsel)* promontoire *m.* **vorgefaßt** *a:* ► *~e Meinung f* opinion *f* préconçue *od* préétablie. **Vorgefühl** *n* pressentiment *m; psych* prémonition *f.*

vor=gehen ['fo:r-] *itr* ‹*ging vor, vorgegangen*› **1.** *(vorrücken, a. mil)* avancer (*auf* sur); **2.** *fig (etwas unternehmen)* agir, prendre des mesures (*gegen* contre); **3.** = *vorausgehen;* **4.** *fig (den Vortritt haben)* passer le premier; **5.** *(Uhr)* avancer; **6.** *fig (wichtiger sein)* avoir la priorité; **7.** *(geschehen)* se passer, se produire; ► *gerichtlich gegen jdn* ~ intenter une action en justice contre qn. **Vorgehen** *n (Handeln, Handlungsweise)* action *f,* procédé *m.*

vorgerückt ['fo:r-] *a (Zeit)* avancé; ► *zu ~er Stunde* à une heure avancée. **Vorgeschichte** *f (Wissenschaft)* préhistoire *f; (e-s Ereignisses)* antécédents *m pl.* **vorgeschichtlich** *a* préhistorique. **Vorgeschmack** *m* avant-goût *m.* **vorgeschrieben** *a (genau festgelegt)* prescrit. **vorgesehen** *a (geplant)* prévu. **Vorgesetzte(r** *m***)** *f* ‹-n, -n› supérieur *m.*

vorgestern ['fo:r-] *adv* avant-hier; ► ~ *abend* avant-hier soir. **vorgestrig** *a* d'avant-hier; ► *der ~e Tag* l'avant-veille *f.*

vorgetäuscht ['fo:r-] *a* simulé, feint. **vor=greifen** ‹*griff vor, vorgegriffen*› *itr* anticiper (*e-r S* (sur) qc). **Vorgriff** *m* anticipation *f.* **vor=haben** ‹*hat, hatte vor, vorgehabt*› *tr* **1.** *(Schürze)* porter; **2.** *(beabsichtigen)* projeter (*etw* qc); ► ~, *etw zu tun* avoir l'intention de faire qc; compter faire qc; *etwas* ~ avoir des projets; être occupé. **Vorhaben** *n* ‹-s, -› *(Plan, Absicht)* projet, dessein *m,* intention *f,* plan *m.* **Vorhalle** *f* **1.** *arch*

porche *m;* **2.** *(e-r Kirche)* parvis *m.* **vorhalten** ‹*hält, hielt vor, vorgehalten*› *tr* **1.** tenir, tendre; **2.** *fig (vorwerfen)* reprocher. **Vorhaltungen** *f pl (Ermahnungen)* admonestations *f pl,* reproches *m pl.* **Vorhand** *f* ‹-, ø› **1.** *sport* coup *m* droit; **2.** *(Pferd)* avant-main *f.*
vorhanden [fo:rˈhandən] *a (da, anwesend)* présent; *(existierend)* existant; *(verfügbar)* disponible. **Vorhandensein** *n* présence; existence *f.*
Vorhang *m* [ˈfo:r-] *a. theat* rideau *m;* ▶ *den ~ auf-, zuziehen* ouvrir, fermer le rideau (en tirant); *eiserner ~ (theat* u. *pol: Eiserner~)* rideau *m* de fer. **vor=hängen** *tr* (sus)pendre devant. **Vorhängeschloß** *n* cadenas *m.*
vorher [fo:rˈhe:r] *adv* [ˈ--], *pref* [-ˈ-] (au-par)avant, antérieurement, précédemment; *(schon ~)* à l'avance; ▶ *am Abend ~* la veille au soir; *am Tage ~* la veille; *kurz ~* peu de temps avant. **vorherbestimmt** *a rel* prédestiné. **vorher=gehen** ‹*ging vorher, vorhergegangen*› *itr* ‹*sein*› précéder. **vorhergehend** *a,* **vorherig** *a* précédent, antérieur.
Vorherrschaft *f* [ˈfo:r-] prédominance, prépondérance *f.* **vor=herrschen** *itr* prédominer, prévaloir. **vorherrschend** *a* prédominant.
Vorhersage [forˈhe:r-] *f* prédiction, prévision *f,* pronostic *m.* **vorher=sagen** *tr* prédire. **vorher=sehen** ‹*sieht, sah vorher, vorhergesehen*› *tr* prévoir.
vorhin [fo:rˈhɪn/ˈ--] *adv* il y a peu de temps, il n'y a pas longtemps; tantôt.
Vorhof *m* [ˈfo:r-] avant-cour *f; (e-s Heiligtums)* parvis *m.* **Vorhut** *f mil* avant-garde *f.*
vorige(r, s) [ˈfo:rɪgə-] *a* précédent, antérieur; ▶ *~s Jahr* l'an passé, l'année dernière; *das ~ Mal* la dernière fois.
vorindustriell *a* [ˈfo:r-] préindustriel. **Vorjahr** *n* année *f* précédente, an *m* dernier. **vorjährig** *a* de l'année précédente. **Vorkämpfer** *m fig* champion, pionnier *m; pl* avant-garde *f.* **Vorkehrung** *f* ‹-, -en› disposition, mesure *f,* préparatif *m.* **Vorkenntnisse** *f pl* connaissances préalables, notions *f pl* préliminaires. **vor=knöpfen** *tr:* ▶ *sich jdn ~ (fam) = jdn vornehmen.*
vor=kommen [ˈfo:r-] ‹*kam vor, vorgekommen*› *itr* ‹*sein*› **1.** *(nach vorn kommen)* avancer; sortir des rangs; **2.** *(geschehen)* arriver; **3.** *(vorhanden sein)* se trouver; **4.** *(erscheinen)* paraître, sembler; ▶ *Sie kommen mir bekannt vor* votre visage ne m'est pas inconnu. **Vorkommen** *n* ‹-s, ø› *bot* habitat; *geol* gisement *m.* **Vorkommnis** *n* ‹-sses, -sse› événement *m.*
Vorkriegs . . . [ˈfo:r-] *(in Zssgen)* d'avant-guerre. **Vorkriegszeit** *f* avant-guerre *m.*
vor=laden [ˈfo:r-] ‹*lädt, lud vor, vorgeladen*› *tr jur* citer, assigner. **Vorladung** *f jur* citation, assignation *f.* **Vorlage** *f* **1.** *(Muster)* modèle *m;* **2.** *(Gesetzes~)* projet *m* (de loi); **3.** *(beim Fußball)* passe *f* en bonne position.
vor=lassen ‹*läßt, ließ vor, vorgelassen*› *tr* **1.** *(den Vortritt lassen)* laisser passer (le premier); **2.** *(Zutritt gewähren)* laisser entrer. **Vorläufer** *m* précurseur *m.* **vorläufig I.** *a* provisoire; **II.** *adv* provisoirement, pour l'instant, en attendant. **vorlaut** [ˈfo:rlaut] *a* présomptueux, impertinent. **vor=legen** *tr* **1.** mettre devant; **2.** *com (Ware anbieten)* présenter, offrir; **3.** *(Schriftstück)* présenter; *adm jur* produire; *fig (Frage, Plan)* soumettre; *parl (Gesetzentwurf)* présenter. **Vorleistung** *f* premier pas *m; (Geld)* acompte *m.*
vor=lesen [ˈfo:r-] ‹*liest, las vor, vorgelesen*› *tr* lire (à haute voix). **Vorlesung** *f* conférence *f;* cours *m* (d'université); ▶ *e-e ~ halten, hören* faire, suivre un cours. **Vorlesungsbeginn** *m* début *m* des cours, rentrée *f* universitaire. **Vorlesungsverzeichnis** *n* programme *m* des cours (à l'université).
vorletzte(r, s) [ˈfo:r-] *a* avant-dernier.
Vorliebe *f* [ˈfo:r-] prédilection, préférence *f.* **vorliebnehmen** ‹*nimmt, nahm vorlieb, vorliebgenommen*› *itr* se contenter (*mit etw* de qc).
vor=liegen [ˈfo:r-] ‹*lag vor, vorgelegen*› *itr (vorhanden sein)* exister; ▶ *im ~den Fall* dans le cas présent; *es liegt nichts vor* il n'y a rien (à faire). **vor=lügen** *tr:* ▶ *jdm etw ~* dire des mensonges à qn. **vor=machen** *tr:* **1.** ▶ *es jdm ~ (zeigen, wie man es macht)* montrer à qn comment s'y prendre; **2.** ▶ *jdm etwas ~ (vorlügen)* en faire accroire à qn; *sich (selbst) etwas ~* se leurrer d'illusions. **Vormacht** *f pol* puissance *f* prédominante. **Vormachtstellung** *f pol* hégémonie *f.* **vormals** [ˈfo:rma:ls] *adv* antérieurement; *(voreinst)* autrefois, jadis. **Vormarsch** *m mil* marche *f* avant. **vor=merken** noter; ▶ *sich ~ lassen* se faire inscrire. **Vormittag** *m* matinée *f;* ▶ *im Laufe des ~s s. vormittags.* **vormittags** *adv* dans la matinée. **Vormonat** *m* mois *m* précédent. **Vormund** *m* ‹-(e)s, -e/¨er› tuteur; *(bes. e-s Entmündigten)* curateur *m.* **Vormundschaft** *f* ‹-, ø› tutelle; curatelle *f.*
vorn [fɔrn] *adv (davor)* (par) devant; *(am Anfang)* à la tête; ▶ *nach ~* en avant; *von ~* par devant, de face; *von ~ bis hinten* d'un bout à l'autre; *(wieder) von ~ anfangen* (re)commencer par le début. **vorne** *adv fam = vorn.*
Vorname *m* [ˈfo:r-] prénom *m.*
vornehm [ˈfo:rne:m] *a* **1.** distingué, de

qualité; **2.** *(Erscheinung)* aristocratique; *(Gesinnung)* noble; ► ~ *tun* se donner de grands airs.
vor=nehmen ['fo:r-] ⟨*nimmt, nahm vor, vorgenommen*⟩ *tr* **1.** *(beginnen, tun)* se mettre à, entreprendre; **2.** *(jdm die Meinung sagen)* faire la leçon à; *refl* **3.** ► *sich etw* ~ projeter qc; *sich* ~, *etw zu tun* se proposer de faire qc.
vornehmlich ['fo:r-] *adv (besonders)* principalement, particulièrement.
vornherein ['---/--'-] *adv:* ► *von* ~ dès le début, de prime abord.
Vorort *m* ⟨-(e)s, -e⟩ ['fo:r-] faubourg *m;* ► *die* ~*e pl, a.* la banlieue. **Vorort(s)bewohner** *m* banlieusard *m.* **Vorort(s)verkehr** *m loc* trafic suburbain, service *m* de banlieue. **Vorplatz** *m (e-s Gebäudes)* parvis *m.* **Vorposten** *m mil* avant-poste *m.* **Vorrang** *m* ⟨-(e)s, ø⟩: ► *den* ~ *haben (wichtiger sein)* avoir la préférence; *jdm den* ~ *lassen* céder le pas à qn. **vorrangig** *a* prioritaire. **Vorrangstellung** *f* préséance, prééminence *f.*
Vorrat *m* ⟨-(e)s, ¨-e⟩ ['fo:r-] provision(s *pl*) *f; bes. com* stock *m;* ► *solange der* ~ *reicht* jusqu'à épuisement du stock. **vorrätig** *a* en stock; en magasin. **Vorratslager** *n* magasin *m* d'approvisionnement.
Vorraum *m* ['fo:r-] antichambre *f.* **vor=rechnen** *tr* ► *jdm etw* ~ faire le compte de qc à qn. **Vorrecht** *n* privilège *m,* prérogative *f.* **Vorreiter** *m* précurseur *m.* **Vorrichtung** *f* dispositif; mécanisme *m.* **vor=rücken** *itr* ⟨*sein*⟩ avancer. **Vorruhestand** *m* préretraite *f.* **Vorruheständler(in** *f*) *m* ⟨-s, -(-, -innen)⟩ préretraité, e *m f.* **Vorrunde** *f sport* premier tour *m.* **vor=sagen** *tr* souffler (*jdm etw* qc à qn). **Vorsaison** *f* avant-saison *f.*
Vorsatz *m* ['fo:r-] projet, dessein *m,* intention, résolution *f;* ► *e-n* ~ *fassen* prendre une résolution. **vorsätzlich I.** *a (bes. jur, z. B. Tötung)* volontaire, intentionnel, prémédité; **II.** *adv* exprès, de propos délibéré; *jur* avec préméditation.
Vorschau *f* ['fo:r-] aperçu *m.* **Vorschein** *m:* ► *zum* ~ *kommen* apparaître, se faire jour. **vor=schieben** ⟨*schob vor, vorgeschoben*⟩ *tr* avancer; ► *den Riegel* ~ pousser le verrou; *e-r S e-n Riegel* ~ *(fig)* mettre un terme à qc. **vor=schießen** ⟨*schoß vor, vorgeschossen*⟩ *tr fam (Geld)* avancer.
Vorschlag *m* ['fo:r-] proposition; *(Anregung)* suggestion; *(Empfehlung)* recommandation *f;* ► *auf meinen* ~ sur ma proposition. **vor=schlagen** ⟨*schlägt vor, schlug vor, vorgeschlagen*⟩ *tr* proposer (*zu* pour); suggérer.
vorschnell ['fo:r-] *a* précipité, inconsidéré.
vor=schreiben ['fo:r-] ⟨*schrieb vor, vorgeschrieben*⟩ *tr* **1.** *(zum Nachschreiben)* écrire en modèle; **2.** *(befehlen)* prescrire, ordonner. **Vorschrift** *f* prescription; *(Anweisung)* instruction *f; (Befehl)* ordre; *adm mil* règlement *m; med* ordonnance *f.* **vorschriftsmäßig I.** *a* conforme au règlement; **II.** *adv a.* en règle, en bonne et due forme.
Vorschub *m* ['fo:r-] *:* ► *e-r S* ~ *leisten (begünstigen)* favoriser qc. **Vorschule** *f* école *f* préparatoire. **Vorschuß** *m* avance *f;* arrhes *f pl;* ► *jdm e-n* ~ *geben* faire une avance à qn. **vor=schützen** *tr* prétexter. **vor=schweben** *itr:* ► *es schwebt mir etw vor* j'ai une vague idée de qc. **vor=sehen** ⟨*sieht, sah vor, vorgesehen*⟩ **1.** *tr (planen)* prévoir; **2.** *refl: sich* ~ prendre garde, être sur ses gardes. **Vorsehung,** *die* ⟨-, ø⟩ la Providence (divine). **vor=setzen** *tr:* ► *jdm etw (zu essen* od *zu trinken)* ~ servir qc à qn.
Vorsicht *f* ⟨-, ø⟩ ['fo:r-] précaution, prudence *f;* ► ~*!* attention! **vorsichtig I.** *a* prudent; **II.** *adv* avec précaution *od* circonspection, prudemment. ► ~ *zu Werke gehen* user de précautions, jouer serré. **vorsichtshalber** *adv* par (mesure de) prudence. **Vorsichtsmaßnahme** *f* mesure *f* de précaution; ► ~*n treffen* prendre des *od* ses précautions.
Vorsilbe *f* ['fo:r-] *gram* préfixe *m.* **vor=singen** ⟨*sang vor, vorgesungen*⟩ *tr* chanter. **vorsintflutlich** *a fig (altmodisch)* antédiluvien. **Vorsitz** *m* ⟨-es, ø⟩: ► *unter dem* ~ *(gen)* sous la présidence (de); *den* ~ *führen* présider. **Vorsitzende(r** *m*) *f* ⟨-n, -n⟩ président(e *f*) *m.* **Vorsorge** *f* prévoyance *f.* **vor=sorgen** *itr* prendre ses précautions. **vorsorglich I.** *a* prévoyant; **II.** *adv* par précaution. **Vorspann** *m* ⟨-(e)s, -e⟩ *film* générique *m; radio* distribution *f.* **Vorspeise** *f* entrée *f,* hors-d'œuvre *m.* **Vorspiel** *n theat* prologue; *mus* prélude *m,* ouverture *f; (sexuell)* préliminaires *m pl.* **vor=spielen** *tr:* ► *jdm etw* ~ *(theat* u. *mus)* jouer qc à qn. **vor=sprechen** ⟨*spricht, sprach vor, vorgesprochen*⟩ *tr:* **1.** ► *jdm etw* ~ dire *od* prononcer qc à qn (pour le faire répéter); **2.** ► *bei jdm* ~ *(e-n kurzen Besuch machen)* se présenter chez qn. **vor=springen** ⟨*sprang vor, vorgesprungen*⟩ *itr* ⟨*sein*⟩ *(hervorragen)* faire saillie. **vorspringend** *a* saillant, proéminent. **Vorsprung** *m* **1.** *arch* saillie *f;* **2.** *fig* avance *f* (*vor* sur). **Vorstadt** *f* faubourg *m.* **Vorstädter** *m* banlieusard *m.* **Vorstand** *m* **1.** comité *m* de direction; **2.** *(Vorsitzender)* président *m.* **vor=stehen** ⟨*stand vor, vorgestanden*⟩ *itr* **1.** *(hervorragen)* saillir; **2.** ► *e-r S* ~ *(fig:*

an ihrer Spitze stehen) être à la tête de, présider à. **vorstehend** *a* **1.** saillant, proéminent; **2.** *(in e-m Text vorausgehend)* précédent. **Vorsteher** *m* ‹-s, -› *(Leiter)* président, directeur, chef *m*.

vorstellbar ['fo:r-] *a* imaginable. **vor=stellen** *tr* **1.** *(Uhr vorrücken)* avancer; **2.** ▶ *jdn jdm* ~ *(mit ihm bekannt machen)* présenter qn à qn; **3.** *(verkörpern)* personnifier; *(Kunst: darstellen, bedeuten)* représenter, signifier; **4.** ▶ *sich etw* ~ *(sich ein Bild von etw machen)* (s')imaginer, se faire une idée de qc; **5.** ▶ *etwas* ~ *(Eindruck machen)* présenter bien, faire figure; ▶ *das kann ich mir* ~ je m'en doute; *das kann ich mir nicht* ~ cela me paraît impossible; *stellen Sie sich (das od mal) vor!* pensez donc! **Vorstellung** *f* **1.** *theat* représentation; *a. film* séance *f;* **2.** *(Denken)* imagination; *(Bild, Begriff)* idée *f;* **3.** *pl (Vorhaltungen)* réprimandes *f pl;* ▶ *keine* ~! *(theat)* relâche! **Vorstellungsgespräch** *n* entretien *m*, entrevue *f*. **Vorstellungskraft** *f*, **Vorstellungsvermögen** *n* imagination *f*.

Vorstoß *m* ['fo:r-] avance; *mil a.* attaque *f*. **vor=stoßen** ‹*stößt, stieß vor, vorgestoßen*› *itr* ‹*sein*› avancer; *mil a.* attaquer. **Vorstrafe** *f jur* peine *f* antécédente. **Vorstufe** *f* premier degré. **Vortag** *m* jour *m* précédent; *(Vorabend)* veille *f*. **vor=täuschen** *tr* feindre, simuler.

Vorteil *m* ['fɔr:-] **1.** avantage *m;* **2.** *(Gewinn, Nutzen)* profit, intérêt *m;* ▶ *zu jds* ~ au profit de qn; *auf s-n* ~ *bedacht sein* considérer ses (propres) intérêts; *im* ~ *sein* avoir l'avantage. **vorteilhaft** *a* avantageux, profitable.

Vortrag *m* ‹-(e)s, ¨-e› ['fo:r-] **1.** *(Rede, Vorlesung)* conférence *f;* **2.** *(Bericht)* rapport *m;* **3.** *(e-s Gedichtes)* récitation, déclamation; *mus* exécution *f;* **4.** *(~sart)* élocution, diction *f;* ▶ *e-n* ~ *halten* faire une conférence. **vor=tragen** ‹*trägt, trug vor, vorgetragen*› *tr* **1.** *(Gedicht aufsagen)* réciter, déclamer; **2.** *com* reporter. **Vortragende(r** *m***)** *f* ‹-n, -n› *(Redner)* conférencier *m*.

vortrefflich ['fo:r-] *a* excellent, parfait. **Vortrefflichkeit** *f* ‹-, ø› excellence *f*.

vor=treten ['fo:r-] ‹*tritt, trat vor, vorgetreten*› *itr* ‹*sein*› (s')avancer; *(aus dem Glied)* sortir des rangs; ▶ *einen Schritt* ~ faire un pas en avant. **Vortritt** *m:* ▶ *jdm den* ~ *lassen* céder le pas à qn.

vorüber [vo'ry:bər] *adv* **1.** *(örtl.)* ▶ *an etw* ~ devant qc, auprès de qc, à côté de qc; **2.** *(zeitl.)* passé. **vorüber=gehen** ‹*ging vorüber, vorübergegangen*› *itr* ‹*sein*› **1.** ▶ *an jdm, etw* ~ passer devant qn, qc; **2.** *(zeitl.)* passer. **vorübergehend** *a* passager, transitoire, temporaire, éphémère.

Vorurteil *n* ['fo:r-] préjugé *m;* ▶ *~e haben* être plein de préjugés. **vorurteilslos** *a* sans préjugés. **Vorvergangenheit** *f gram* plus-que-parfait *m*. **Vorverhandlung** *f* prénégociation *f*. **Vorverkauf** *m theat* location *f*. **vor=verlegen** ‹*ohne ge-*› *tr (Veranstaltung)* avancer. **vor=wagen,** *sich* oser avancer; ▶ *sich zu weit* ~ s'aventurer trop loin. **Vorwahl(nummer)** *f tele* indicatif *m* (téléphonique). **Vorwand** *m* ‹-(e)s, ¨-e› *m* prétexte *m; (Ausrede)* subterfuge *m;* ▶ *unter dem* ~ *daß* ... sous prétexte que *subj*.

vorwärts ['fo:r-/'fɔrvɛrts] *adv* en avant; ▶ ~! en avant! allons! partons! **vorwärts=kommen** ‹*kam vorwärts, vorwärtsgekommen*› *itr* ‹*sein*› *fig (vorankommen)* avancer, faire des progrès.

vorweg [fo:r'vɛk] *adv* d'avance, à l'avance. **Vorwegnahme** *f* anticipation *f*. **vorweg=nehmen** ‹*nimmt, nahm vorweg, vorweggenommen*› *tr* anticiper.

vor=weisen ['fo:rvaɪzən] ‹*wies vor, vorgewiesen*› *tr (vorzeigen)* montrer; produire; *fam* exhiber. **vor=werfen** ‹*wirft, warf vor, vorgeworfen*› *tr* **1.** *(zum Fressen hinwerfen)* jeter (à manger); **2.** ▶ *jdm etw* ~ *(tadelnd vorhalten)* reprocher qc à qn. **vorwiegend** *adv* pour la plupart. **vorwitzig** *a* hardi, téméraire; *(vorlaut)* insolent; *(naseweis)* indiscret. **Vorwort** *n* ‹-(e)s, -e› *(e-s Buches)* préface *f*, avant-propos; *(kurzes)* avertissement *m*. **Vorwurf** *m* reproche; *(Tadel)* blâme *m*. **vorwurfsvoll** *a* plein de reproche(s). **Vorzeichen** *n* **1.** signe *m* (avant-coureur), indice; **2.** *math mus* signe *m*. **vor=zeigen** *tr* montrer, faire voir.

Vorzeit *f:* ▶ *in grauer* ~ dans la nuit des temps. **vorzeitig I.** *a* prématuré, anticipé; **II.** *adv* avant le temps *od* l'heure. **vor=ziehen** ‹*zog vor, vorgezogen*› *tr* **1.** *(nach vorn ziehen)* tirer en avant, avancer; **2.** *fig* préférer, aimer mieux.

Vorzimmer *n* antichambre *f*. **Vorzimmerdame** *f* hôtesse *f*.

Vorzug *m* ['fo:r-] *(gute Seite)* qualité *f;* ▶ *jdm den* ~ *geben* donner la préférence à qn. **vorzüglich** *a* excellent, supérieur, de première qualité. **Vorzugspreis** *m* prix *m* de faveur *od* préférentiel. **vorzugsweise** *adv* de préférence.

Votum *n* ‹-s, -ten/-ta› ['vo:tʊm, '-tən/'-ta] *pol (Stimme)* vote, suffrage *m*.

vulgär [vʊl'gɛ:r] *a* vulgaire.

Vulkan *m* ‹-s, -e› [vʊl'ka:n] *geog* u. *fig* volcan *m;* ▶ *erloschener, untätiger, tätiger* ~ volcan *m* éteint, sommeillant, en éruption. **Vulkanausbruch** *m* éruption *f* volcanique. **vulkanisch** [-'ka:nɪʃ] *a* volcanique. **vulkanisieren** ‹*ohne ge-*› *tr tech* vulcaniser.

W

W, w *n* ‹-, -› [ve:] *(Buchstabe)* W, w *m.*
Waage *f* ‹-, -n› ['va:gə] balance; *(Brükken~)* bascule *f;* ► *sich die ~ halten (fig)* se contrebalancer. **waag(e)recht** *a* horizontal. **Waagschale** *f* plateau *m* de (la) balance.
wabb(e)lig ['vab(ə)lıç] *a fam* mou.
Wabe *f* ‹-, -n› ['va:bə] **1.** rayon *m;* **2.** *(mit Honig)* gâteau *m.*
wach [vax] *a* éveillé *a. fig;* ► *~ bleiben* veiller; *~ ~ werden* se réveiller.
Wache *f* ‹-, -n› **1.** *allg* u. *mil* garde; mar quart *m; (Nacht~)* veille; *(Kranken~)* veillée *f;* **2.** *(Polizei~)* poste *m* (de police); ► *~ haben* être de garde; *~ halten* faire le guet. **wachen** *itr* veiller (*bei jdm* auprès de qn, *über etw ~* sur qc). **Wachhund** *m* chien *m* de garde.
Wacholder(strauch) *m* ‹-s,-› [va'xɔldər(-)] genévrier.
wach=rufen ['vax-] ‹*rief wach, wachgerufen*› *tr fig* (r)éveiller; *(Erinnerung)* évoquer, rappeler.
Wachs *n* ‹-es, -e› [vaks] cire *f.*
wachsam ['vax-] *a* vigilant. **Wachsamkeit** *f* ‹-, ø› vigilance.
wachsen ['vaksən] **(1)** ‹*wachst, wachste, gewachst*› *tr (mit Wachs einreiben)* cirer; **(2)** ‹*wächst, wuchs, gewachsen*› *itr* ‹*sein*› **1.** *allg* croître; *physiol (größer werden)* grandir; *(Pflanze)* pousser; **2.** *fig (zunehmen)* augmenter; *(sich entwickeln)* se développer; *(sich ausdehnen)* s'étendre; *(Familie)* s'agrandir; ► *jdm gewachsen sein* être de taille à se mesurer avec an; *e-r S gewachsen sein* être à la hauteur de qc. **wachsend** *a* grandissant *a. fig.*
Wachstuch *n* ['vaks-] toile *f* cirée.
Wachstum *n* ‹-s, ø› ['vakstu:m] **1.** *allg* croissance *f;* **2.** *bot* végétation *f;* **3.** *fig (Zunahme)* développement *m.* **wachstumsfördernd** *a* favorable à la croissance. **wachstumshemmend** *a* défavorable à la croissance. **Wachstumsrate** *f* taux *m* d'accroissement.
Wächter *m* ‹-s, -› ['vɛçtər] *(Museum, Park)* gardien *m.* **Wachtmeister** *m* ['vaxt-] *(Polizei~)* sergent *m* (de ville). **Wachtposten** *m* poste *m.* **Wachtturm** *m* tour *f* de guet; *(aus Holz)* mirador *m.* **Wach- und Schließgesellschaft** *f* [vax? ʊnt 'ʃli:s-] société *f* de surveillance d'immeubles. **Wachzustand** *m* état *m* de veille.
wack(e)lig ['vak(ə)lıç] *a* vacillant; *(Möbel)* boiteux. **Wackelkontakt** *m el* faux contact *m.* **wackeln** *itr* **1.** vaciller; **2.** *(Möbel)* être boiteux; **3.** *(wacklig gehen)* chanceler.
wacker ['vakər] **I.** *a* **1.** *(rechtschaffen)* honnête; **2.** *(tapfer)* brave; **II.** *adv* bravement; *(tüchtig)* comme il faut.
Wade *f* ‹-, -n› ['va:də] *anat* mollet *m.*
Waffe *f* ‹-, -n› ['vafə] arme *f;* ► *zu den ~n greifen* prendre les armes.
Waffel *f* ‹-, -n› ['vafəl] gaufre *f.* **Waffeleisen** *n* gaufrier *m.*
Waffenbesitz *(unerlaubter)* détention *f* (illégale) d'armes. **Waffenembargo** *n* embargo *m* sur les armes. **Waffengattung** *f* arme *f.* **Waffengebrauch** *m* usage *m* des armes. **Waffengewalt** *f:* ► *mit ~* par la force des armes. **Waffenhandel** *m* trafic *m* d'armes. **Waffenhändler** *m* armurier; trafiquant *m* d'armes. **Waffenhandlung** *f* armurerie *f.* **Waffenruhe** *f* suspension d'armes; *(längere)* trêve *f.* **Waffenschein** *m* autorisation *f* de port d'armes. **Waffenschmuggel** *m* contrebande *f* d'armes. **Waffenschmuggler** *m* passeur *m* d'armes. **Waffenstillstand** *m* armistice *m.*
wag(e)halsig ['va:k-] *a* **1.** *(Mensch)* téméraire; **2.** *(Unternehmen)* hasardeux. **Wagemut** *m* ['va:gə-] audace *f.* **wagemutig** *a* hardi, audacieux. **wagen** *tr* **1.** oser (*etw zu tun* faire qc); **2.** *(aufs Spiel setzen)* risquer; *(unbesonnen)* aventurer.
Wagen *m* ‹-s, -› ['va:gən] **1.** *(Pferde~* u. *mot)* voiture *f;* **2.** *mot* auto(mobile) *f;* **3.** *loc* wagon *m;* **4.** *(Last~)* chariot; *mot* camion *m;* **5.** *(Fahrzeug)* véhicule *m;* **6.** *(d. Schreibmaschine)* chariot *m.* **Wagenbesitzer** *m* propriétaire *m* de (la) voiture. **Wagenfenster** *n* glace *f.* **Wagenführer** *m (e-s öffentl. Verkehrsmittels)* conducteur *m.* **Wagenheber** *m mot* cric *m.* **Wageninnere** *n* habitacle *m.* **Wagenkolonne** *f* convoi *m* (de voiture). **Wagenladung** *f* charge d'un camion; *loc* wagonnée *f.* **Wagenpapiere** *n pl* papiers *m pl* de bord. **Wagenpark** *m mot* parc *m* autos. **Wagenpflege** *f mot* entretien *m* des voitures. **Wagentür** *f* portière *f.*
Waggon *m* ‹-s, -s› [va'gõ:] *loc* wagon *m.*
Wagnis *n* ‹-ses, -se› ['va:knıs] risque *m.*
Wahl *f* ‹-, -en› [va:l] **1.** choix *m; (Auswahl)* option; *(zwischen zwei Möglichkeiten)* alternative *f;* **2.** *pol* élection *f;* *(Abstimmung)* scrutin *m;* ► *... zur ~*

haben avoir le choix entre ...; *s-e* ~ *treffen* faire son choix; *erste* ~ *(com)* premier choix *m.* **Wahlalter** *n* majorité *f* électorale. **Wahlausschuß** *m* commission *f* électorale. **Wahlausweis** *m* carte *f* d'électeur.

wählbar ['vɛ:l-] *a* éligible. **Wählbarkeit** *f* ‹-, ø› éligibilité *f.* **wahlberechtigt** *a* inscrit. **Wahlberechtigte** *m f* électeur *m* inscrit. **Wahlbeteiligung** *f* participation *f* électorale. **Wahlbetrug** *m* fraude *f* électorale. **Wahlbezirk** *m* circonscription *f* électorale. **Wahlbüro** *n* bureau *m* de vote. **wählen** *tr* **1.** *allg* choisir; *(auswählen)* élire; *(sich entscheiden für)* opter pour; *(Beruf)* embrasser; *(Menschen zu e-m Amt)* élire; **2.** *pol (stimmen)* voter *(für* pour); **3.** *tele (Nummer)* composer; *itr* **4.** *pol* voter; ► *nicht* ~ s'abstenir (de voter). **Wähler** *m* ‹-s, -› électeur *m.* **Wahlerfolg** *m* succès *m* électoral. **Wahlergebnis** *n* résultat *m* de l'élection. **wählerisch** *a* exigeant. **Wahlfach** *n (Schule)* matière *f* à option. **Wahlgang** *m* tour *m* de scrutin; ► *im ersten* ~ au premier tour (de scrutin). **Wahlheimat** *f* patrie *f* d'élection. **Wahlhelfer** *m* assistant *m* électoral. **Wahlkabine** *f* isoloir *m.* **Wahlkampf** *m* campagne *f* électorale. **Wahlkreis** *m s. Wahlbezirk.* **Wahllokal** *n* bureau *m* de vote. **wahllos** *a.* u. *adv* sans discernement; ► ~ *herausgreifen* prendre au hasard. **Wahlniederlage** *f* défaite *f* électorale. **Wahlpflicht** *f* vote *m* obligatoire. **Wahlprogramm** *n* plate-forme *f* électoral(e). **Wahlrecht** *n* droit *m* de vote; ► *allgemeines* ~ suffrage *m* universel; *passives* ~ éligibilité *f.* **Wahlrede** *f,* **Wahlredner** *m* discours, orateur *m* électoral. **Wählscheibe** *f tele* cadran *m* d'appel. **Wahlspruch** *m* devise *f.* **Wahlsystem** *n* système *m* électoral. **Wahltag** *m* jour *m* des élections. **Wahlurne** *f* urne *f* électorale. **wahlweise** *adv* facultativement. **Wahlzettel** *m* bulletin *m* de vote.

Wahn *m* ‹-(e)s, ø› [va:n] folie; *(~vorstellung)* illusion *f; (Verirrung)* aberration *f; (Verblendung)* aveuglement; *(Fieber~)* délire *m.* **Wahnbild** *n* hallucination *f.* **wähnen** ['vɛ:nən] *tr* croire (à tort). **Wahnsinn** *m* folie; *med* aliénation *f* mentale. **wahnsinnig I.** *a (a. fig, übertreibend)* fou, insensé; *med* dément; **II.** *adv (fam, übertreibend)* terriblement; ► *~e Schmerzen m pl* douleurs *f pl* effroyables. **Wahnvorstellung** *f* idée fixe *f.* **wahnwitzig** *a fig* fou; absurde.

wahr [va:r] *a* **1.** vrai; *(~heitsgetreu)* véridique; **2.** *(wirklich)* véritable; *(echt)* authentique; ► ~ *werden* se réaliser; *nicht ~?* n'est-ce pas? *~e Geschichte f* histoire *f* vécue.

wahren ['va:rən] *tr* **1.** *(bewahren)* garder; **2.** *(aufrechterhalten)* maintenir, défendre; ► *den Schein* ~ sauve(garde)r l'apparence.

währen ['vɛ:rən] *itr (dauern)* durer.

während I. *prp* pendant; **II.** *conj* **1.** *(zeitl.)* pendant que; **2.** *(gegensätzl.)* tandis que. **währenddes(sen)** [-'dɛs(ən)] *adv* pendant ce temps, en attendant.

wahrhaben ['va:r-] *tr:* ► *nicht* ~ *wollen, daß* ... ne pas vouloir admettre que ...

wahrhaft ['va:rhaft] **I.** *a vx* vrai, véritable. **II.** *adv (bei a: wirklich)* vraiment.

Wahrheit *f* ‹-, -en› ['va:rhaɪt] vérité *f;* ► *die* ~ *(das Wahre, a.)* le vrai; *in* ~ en vérité; en réalité; *um die* ~ *zu sagen* à vrai dire. **wahrheitsgemäß** *a,* **wahrheitsgetreu I.** *a* conforme à la vérité, véridique; **II.** *adv* fidèlement.

wahrlich ['va:rlɪç] *adv* vraiment.

wahrnehmbar ['va:r-] *a* perceptible; *(sichtbar)* visible; ► *nicht* ~ imperceptible. **wahrnehmen** ‹*nimmt, nahm wahr, wahrgenommen*› *tr* **1.** *(bemerken)* (a)percevoir; **2.** *(nutzen)* profiter de; ► *jds Interessen* ~ représenter qn. **Wahrnehmung** *f* ‹-, -en› **1.** (a)perception *f;* **2.** *(der Interessen)* défense *f.*

wahr=sagen ['va:r-] *itr* prédire l'avenir. **Wahrsagerei** *f* ‹-, ø› [-'raɪ] divination *f.* **Wahrsagerin** *f* ‹-, -nen› diseuse *f* de bonne aventure.

wahrscheinlich [va:r'ʃaɪnlɪç/'---] **I.** *a* vraisemblable; **II.** *adv a.* sans doute. **Wahrscheinlichkeit** *f* ‹-, -en› vraisemblance *f.* **Wahrscheinlichkeitsrechnung** *f math* calcul *m* des probabilités.

Wahrung *f* ‹-, ø› ['va:rʊŋ] *(von Interessen etc)* défense, sauvegarde *f.*

Währung *f* ‹-, -en› ['vɛ:rʊŋ] monnaie *f.* **Währungsabkommen** *n* accord *m* monétaire. **Währungseinheit** *f* unité *f* monétaire. **Währungspolitik** *f* politique *f* monétaire. **Währungsreform** *f* réforme *f* monétaire. **Währungssystem** *n* système *m* monétaire. **Währungsverfall** *m* dépréciation *f* monétaire.

Wahrzeichen *n* ['va:-r-] emblème *m.*

Waise *f* ‹-, -n› ['vaɪzə] orphelin, e *m f.* **Waisenhaus** *n* orphelinat *m.* **Waisenkind** *n* orphelin *m.*

Wal *m* ‹-(e)s, -e› [va:l] *zoo* baleine *f.*

Wald *m* ‹-(e)s, ¨er› [valt, 'vɛldər] forêt *f; (kleiner)* bois *m.* **Waldarbeiter** *m* ouvrier *m* forestier. **Waldbrand** *m* incendie *m* de forêt. **Waldgebiet** *n* région *f* forestière. **Waldhorn** *n mus* cor *m* de chasse. **waldig** ['-dɪç] *a* boisé. **Waldkrankheit** *f* mal *m* des forêts. **Waldlauf** *m sport* course *f* en forêt. **Waldlehrpfad** *m* sentier *m* pédagogique. **Waldrand** *m* lisière *f* du bois. **wald-**

reich *a* très boisé. **Waldsterben** *n* dépérissement *m* des forêts. **Waldweg** *m* chemin *m* forestier. **Waldwirtschaft** *f* sylviculture *f*.

Wales *n* [we:ls] *geog* le pays de Galles. **Waliser** *m* ‹-s, -› [va'li:zər] Gallois *m*. **walisisch** [-'li:zıʃ] *a* gallois.

Walkie-talkie *n* ‹-(s), -s› ['wɔ:kı'tɔ:kı] talkie-walkie *m*. **Walkman** *m* ‹-(s), -men› ['wɔkmæn] walkman, baladeur *m*.

Wall *m* ‹-(e)s, ¨-e› [val, 'vɛlə] rempart *a. mil* u. *fig; (Damm)* remblai *m*, levée *f*.

wallen ['valən] *itr (sprudeln)* bouillonner; *(wogen)* ondoyer; *fig (Blut)* bouillir.

Wallfahrt *f* pèlerinage *m*.

Wallis *das*, ['valıs] *geog* le Valais.

Wallone *m* ‹-n, -n› [va'lo:nə], **Wallonin** *f* ‹-, -nen› Wallon(ne *f*) *m*. **wallonisch** [-'lo:nıʃ] *a* wallon.

Wallung *f* ‹-, -en› ['valʊŋ] *a. fig* effervescence *f*.

Walnuß *f* ['val-] noix *f*.

Walroß *n* ['val-] *zoo* morse *m*.

walten ['valtən] *itr* **1.** *(herrschen)* régner (*über* sur); **2.** *(wirken)* agir.

Walze *f* ‹-, -n› ['valtsə] *allg* u. *tech* cylindre; *tech agr* rouleau *m*. **walzen (1)** *tr* cylindrer; *metal* laminer; **(2)** *itr (Walzer tanzen)* valser.

wälzen ['vɛltsən] *tr* **1.** rouler; **2.** *fig (Bücher)* compulser; **3.** *(Probleme)* ruminer; *refl* **4.** *sich* ~ se rouler (*in* dans).

walzenförmig ['valtsən-] *a* cylindrique.

Walzer *m* ‹-s, -› ['valtsər] *(Tanz)* valse *f*.

Wälzer *m* ‹-s, -› ['vɛltsɛr] *fam (großes Buch)* gros bouquin *m*.

Wams *n* ‹-es, ¨-er› [vams, 'vɛmzər] *hist (Jacke)* pourpoint *m*.

Wand *f* ‹-, ¨-e› [vant, 'vɛndə] **1.** mur *m; (dicke)* muraille *f*; **2.** *(Innen~; ~fläche; Fels~)* paroi; *(Scheide~)* cloison *f*; ► *in meinen vier Wänden* chez moi.

Wandalismus *m* ‹-, ø› [vanda'lısmʊs] *(Zerstörungswut)* vandalisme *m*.

Wandbehang *m* tenture, tapisserie *f*.

Wandel *m* ‹-s, ø› ['vandəl] **1.** *(Änderung)* changement *m*; modifications *f pl*; **2.** *(Lebens~)* conduite *f*. **wandelbar** *a* changeant; *(veränderlich)* variable; *(unbeständig)* instable. **Wandelgang** *m*, **Wandelhalle** *f* promenoir; *theat* foyer *m*. **wandeln 1.** *itr ‹sein› lit poet (gehen)* déambuler; **2.** *refl: sich ~ (sich verändern)* changer.

Wanderarbeiter *m* ['vandər-] travailleur *m* migrant. **Wanderausstellung** *f* exposition *f* itinérante. **Wanderbühne** *f* théâtre *m* ambulant. **Wanderdüne** *f* dune *f* mouvante. **Wanderer** *m* ‹-s, -› excursionniste *m*. **Wanderkarte** *f* carte *f* routière. **wandern** *itr ‹sein›* marcher, voyager (à pied); *(e-n Ausflug machen)* faire une excursion; *(Gedanken)* errer; *(s-e Lage verändern)* se déplacer; ► *s-e Blicke ~ lassen* promener ses regards. **Wanderpokal** *m sport* coupe *f* challenge. **Wanderprediger** *m* prédicateur *m* itinérant. **Wanderschaft** *f* ‹-, ø› voyage (à pied); *(der Handwerksburschen)* tour *m* (de compagnon). **Wandersmann** *m* ‹-(e)s, -leute› marcheur *m*. **Wanderung** *f* ‹-, -en› excursion *f*; *hist (von Völkern), zoo* migration *f*. **Wanderweg** *m* chemin *m* de randonnée.

Wandgemälde ['vant-] *n* peinture *f* murale.

Wandlung *f* ‹-, -en› ['vandlʊŋ] changement *m*, transformation *f*.

Wandschrank *m* ['vant-] placard *m*. **Wandteppich** *m* tapisserie *f*. **Wanduhr** *f* pendule *f*. **Wandzeitung** *f* journal *m* mural.

Wange *f* ‹-, -n› ['vaŋə] *a* **1.** *anat* joue *f*; **2.** *tech (Seitenwand)* jumelle *f*.

Wankelmut *m* ['vaŋkəl-] inconstance, versatilité; indécision *f*. **wankelmütig** *a* **1.** *(unbeständig)* inconstant, versatile; **2.** *(unentschlossen)* indécis.

wanken *itr* **1.** *‹h› a. fig* chanceler; **2.** *‹sein› (durch etw ~)* parcourir d'un pas hésitant; **3.** *‹h› fig* fléchir. **Wanken** *n*: ► *ins ~ geraten* être ébranlé.

wann [van] **I.** *adv* quand? à quelle heure? **II.** *conj* quand.

Wanne *f* ‹-, -n› ['vanə] **1.** cuve *f*; *(Wasch~)* baquet *m*; *a. tech* bassine; *f*; **2.** *(Bade~)* baignoire *f*, tub *m*.

Wanst *m* ‹-es, ¨-e› [vanst, 'vɛnstə] *pop* bedaine *f*, bedon *m*, brioche *f fam*.

Wanze *f* ‹-, -n› ['vantsə] *ent (a. Abhörgerät)* punaise *f*.

Wappen *n* ‹-s, -› ['vapən] armoiries *f pl*. **Wappenschild** *m* écusson *m*. **wappnen** ['vapnən]: ► *sich gegen etw ~ (fig)* s'armer contre qc.

Ware *f* ‹-, -n› ['va:rə] marchandise *f*. **Warenautomat** *m* distributeur *m* automatique. **Warenbestand** *m* stock *m*. **Warenhaus** *n* grand magasin *m*. **Warenlager** *n (Raum)* entrepôt; *(Vorrat)* stock *m*. **Warenprobe** *f* échantillon *m*. **Warenzeichen** *n* marque *f* de fabrique; ► *eingetragenes ~* marque *f* déposé(e).

warm *a* [varm] ‹*wärmer, wärmst*› **1.** *(a. von Farben)* chaud; **2.** *fig (~herzig)* chaleureux; ► *~ machen (erwärmen)* chauffer; *mir ist ~* j'ai chaud; *es ist ~* il fait chaud. **Warmblüter** *m* ‹-s, -› *m zoo* animal *m* à sang chaud. **warmblütig** *a zoo* à sang chaud. **Wärme** *f* ‹-, (-n)› ['vɛrmə] chaleur *f a. fig*; ► *18° ~* 18 (degrés) au-dessus (de zéro). **Wärmeenergie** *f* énergie *f* calorifique. **Wärmeisolierung** *f* isolation *f* thermique. **Wärmeleiter** *m phys* conducteur *m* de la chaleur. **wärmen 1.** *tr* (ré)chauffer; **2.** *refl: sich ~* se réchauffer. **Wärme-**

regler *m* thermostat *m*. **Wärmflasche** *f* bouillotte *f*. **warm=halten** ‹*hält, hielt warm, warmgehalten*› *tr fig*: ► *sich jdn ~ (sich jds Gunst erhalten)* cultiver les bonnes grâces de qn. **warmherzig** *a* chaleureux. **Warmmiete** *f* loyer *m* plus les charges. **Warmwasserbereiter** *m* chauffe-eau *m*.

Warnblinker *m* ['varn-] feux *m pl* de détresse. **Warndreieck** *n* triangle *m* de (pré)signalisation. **warnen** *tr* avertir (*vor etw* de qc); mettre en garde (*vor jdm* contre qn). **Warnlicht** *n* lampe *f* (rouge) d'avertissement. **Warnruf** *m* cri *m* d'alarme. **Warnschild** *n* panneau *m* de signalisation spécial; signal *m* de danger (sur la route). **Warnschuß** *m* *(Polizei)* coup *m* d'avertissement *od* à blanc. **Warnsignal** *n* signal *m* d'avertissement. **Warnstreik** *m* grève *f* d'avertissement. **Warnung** *f* avertissement *m*; *(Lehre)* leçon; *(Verweis)* semonce *f*; *das soll mir e-e ~ sein!* cela me servira de leçon. **Warnzeichen** *n* signal *m* d'avertissement.

Warschau *n* ['varʃau] *geog* Varsovie *f*; ► *~er Pakt (hist)* pacte *m* de Varsovie.

Warte *f* ‹-, -n› ['vartə] : ► *von hoher ~ aus (fig)* d'un point de vue élevé.

Wartehalle *f* ['vartə-] hall *m* d'attente. **warten** ['vartən] **1.** *itr* attendre *(darauf, daß* que *subj)*; **2.** *tr (Kind betreuen)* garder; *(Kranken pflegen)* soigner; *(Maschine überwachen)* entretenir; ► *auf jdn, etw ~* attendre qn, qc; *mit etw ~* différer qc; **Warten** *n* attente *f*.

Wärter *m* ‹-s, -› ['vɛrtər] gardien; *(Kranken~)* garde-malade; *loc (Schranken~)* garde-barrière *m*. **Wärterin** *f* ‹-, -nen› gard(ienn)e; *(Kranken~)* garde-malade, infirmière *f*.

Wartesaal *m* ['vartə-] *loc* salle *f* d'attente; *(Bahnhofswirtschaft)* buffet *m*; *(kleiner)* buvette *f*. **Wartezeit** *f* temps d'attente; *tele* délai *m* d'attente. **Wartezimmer** *n* salle *f* d'attente.

Wartung *f* ‹-, ø› ['vartʊŋ] *(Pflege von Mensch* od *Tier)* soins *m pl*; *tech* entretien *m*. **Wartungskosten** *pl (für e-e Maschine)* frais *m pl* d'entretien.

warum [va'rʊm] *adv* pourquoi; à quel propos; *(in rhetorischen Fragen a.)* que.

Warze *f* ‹-, -n› ['vartsə] *med* verrue *f*.

was [vas] *pron* **1.** *(Fragepron)* qu'est-ce qui; *acc* qu'est-ce que, que; *~ (für ein)* quel, le; *(nicht mit v od s verbunden)* quoi; ► *~ ist geschehen?* qu'est-ce qui est arrivé? *~ willst du?* qu'est-ce que tu veux? *~ habe ich gelacht!* que j'ai ri! *~ für ein Unsinn!* quel non-sens! *~ (denn)?* quoi (donc)? **2.** *(Relativpron, auf ein meist wegfallendes* das *bezogen)* ce qui; *acc* ce que; ► *niemand weiß, ~ kommen wird* personne ne sait ce qui arrivera; *ich weiß, ~ Sie sagen wollen* je sais ce que vous voulez dire; *nicht wissen, ~ man tun soll* ne savoir quoi faire; *koste es, ~ es wolle!* coûte que coûte! **3.** *(unbestimmtes pron, meist mehr umgangssprachlich für:* etwas*)* quelque chose; ► *ich will Ihnen ~ sagen* je vais vous dire quelque chose; *das ist ~ anderes* c'est autre chose; *wissen Sie ~!* écoutez!

Waschanlage *f* ['vaʃ-] tunnel *m* de lavage. **waschbar** *a* lavable. **Waschbecken** *n* lavabo *m*. **Wäsche** *f* ‹-, -n› ['vɛʃə] **1.** *(Leib-, Bett-, Tisch~)* linge *m*; *(Leib~ a.)* lingerie *f*; *(weiße ~)* blanc *m*; **2.** *das Waschen, a. tech mines* lavage *m*; *(große ~)* lessive *f*; ► *in die ~ geben* faire laver. **waschecht** *a* **1.** grand teint; **2.** *fig (Mensch)* cent pour cent, pur sang. **Wäscheklammer** *f* pince *f* à linge. **Wäscheleine** *f* corde *f* à linge. **Wäschemangel** *f* calandre *f* à linge. **waschen** ‹*wäscht, wusch, gewaschen*› **1.** *tr* laver *a. tech*; **2.** *itr (Wäsche ~)* faire la lessive; **3.** *refl: sich ~* faire sa toilette. **Wäscherei** *f* ‹-, -en›, *f* blanchisserie *f*. **Wäscheschleuder** *f* essoreuse *f*. **Wäscheständer** *m (zum Trocknen)* séchoir *m*. **Waschküche** *f* **1.** buanderie *f*; **2.** *arg aero (dichter Nebel)* purée *f* de pois. **Waschlappen** *m* **1.** gant *m* de toilette; **2.** *fig fam (Mensch)* nouille, andouille *f*. **Waschmaschine** *f* machine *f* à laver (le linge). **Waschmittel** *n* produit *m* de lavage. **Waschraum** *m* lavabos *m pl*. **Waschsalon** *m* laverie *f*. **Waschschüssel** *f* cuvette *f*. **Waschung** *f* ‹-, -en› *rel* ablution *f*. **Waschweib** *n fam pej* bavarde, pie *f*. **Waschzeug** *n* objets *m pl* de toilette.

Wasser *n* ‹-s, -› ['vasər] eau *f*; ► *bei ~ und Brot* au pain et à l'eau; *ins ~ fallen (a. fig)* tomber à l'eau; *sich über ~ halten* surnager; *fig* se tenir à flot; *~ lassen (physiol)* uriner; *jdm nicht das ~ reichen können (fig)* ne pas arriver à la cheville de qn; *unter ~ setzen* submerger; *das ~ läuft mir im Munde zusammen* l'eau me vient à la bouche; *das ~ steht ihm bis zum Hals (fig)* il se bat le dos au mur; *fließendes ~* eau *f* courante; *stehendes ~* eau *f* dormante. **Wasseranschluß** *m* prise *f* d'eau. **wasserarm** *a (Land)* aride. **Wasserbad** *n tech, chem* bain-marie *m*. **Wasserball** *m (Spiel)* water-polo; *(Ball)* ballon *m* de water-polo. **Wasserbekken** *n* bassin *m*; *(in e-m Garten)* pièce *f* d'eau. **Wasserbehälter** *m* réservoir *m* d'eau. **Wasserburg** *f* château *m* fort entouré d'eau. **Wasserdampf** *m* vapeur *f* d'eau. **wasserdicht** *a* imperméable. **wasserdurchlässig** *a* perméable (à l'eau). **Wassereimer** *m* seau *m*. **Wasserentnahme** *f* prise *f* d'eau.

Wasserfall *m* chute *f* d'eau; *(in e-m Fluß)* saut *m*. **Wasserfarbe** *f* couleur *f* à l'eau. **Wasserflugzeug** *n* hydravion *m*. **Wasserglas** *n (Trinkglas)* verre *m* à eau. **Wassergraben** *m* fossé *m* (rempli d'eau); *agr* rigole; *(e-r Befestigungsanlage)* douve *f*. **Wasserhahn** *m* robinet *m* à eau.

wässerig ['vɛsərıç] *a* aqueux; *(feucht)* humide; *(mit Wasser verdünnt)* coupé d'eau; *med* séreux; *fig* fade, insipide.

Wasserkessel *m* ['vasər-] bouilloire; *tech* chaudière *f*. **Wasserkraft** *f* énergie *f* hydraulique. **Wasserkraftwerk** *n* station *f* hydro-électrique. **Wasserkühlung** *f* refroidissement *m* par eau. **Wasserlache** *f* flaque *f* d'eau. **Wasserlauf** *m* cours *m* d'eau. **Wasserleitung** *f* conduite d'eau; *(im Haus)* distribution *f* d'eau; *(~anschluß)* robinet *m* (à eau). **wasserlöslich** *a* soluble dans l'eau. **Wassermann** *m* ‹-(e)s, ø› *astr* Verseau *m*. **Wassermassen** *f pl* eaux *f pl*. **Wassermelone** *f bot* pastèque *f*. **Wassermesser** *m (Gerät)* compteur *m* d'eau. **Wassermühle** *f* moulin *m* à eau. **wassern** *itr* ‹*h* od *sein*› *aero* amerrir.

wässern ['vɛsərn] *tr (Salzfleisch in Wasser legen)* dessaler; *phot* laver.

Wasserpfeife *f* ['vasər-] narguilé *m*. **Wasserpflanze** *f* plante *f* aquatique. **Wasserpolizei** *f* police *f* fluviale *(im Binnenland)* *od* maritime *(an der Küste)*. **Wasserratte** *f* **1.** *zoo* rat *m* d'eau; **2.** *(eifriger Schwimmer)* poisson *m*. **Wasserrohr** *n* conduite *f* d'eau. **Wasserschaden** *m* dégâts *m pl* causés par l'eau. **Wasserscheide** *f geog* ligne *f* de partage des eaux. **wasserscheu** *a* hydrophobe; ▶ *~ sein* avoir peur de l'eau. **Wasserschi** *m* ski *m* nautique. **Wasserspiegel** *m (Wasseroberfläche)* surface *f* de l'eau; plan *m* d'eau. **Wasserspiele** *n pl (in e-m Park)* jeux *m pl* d'eau. **Wassersport** *m* nautisme *m*. **Wasserspülung** *f (des WC)* chasse *f* d'eau. **Wasserstand** *m a. tech* niveau *m* d'eau. **Wasserstoff** *m chem* hydrogène *m*. **Wasserstoffbombe** *f* bombe *f* à hydrogène *od* H. **Wasserstrahl** *m* jet d'eau; *(dünner)* filet *m* d'eau. **Wasserstraße** *f* voie *f* navigable. **Wassertropfen** *m* goutte *f* d'eau. **Wasserturm** *m* château *m* d'eau. **Wasseruhr** *f (Wassermesser)* compteur *m* à eau. **Wasserung** *f* ‹-, -en› *aero* amerrissage *m*. **Wasserversorgung** *f* approvisionnement *m* en eau. **Wasserverschmutzung** *f* pollution *f* des eaux. **Wasservögel** *m pl* oiseaux *m pl* aquatiques. **Wasserwaage** *f* niveau *m* à bulle d'air. **Wasserweg** *m*: ▶ *auf dem ~e* par (voie d')eau. **Wasserwelle** *f (im Haar)* mise *f* en plis. **Wasserwerfer** *m (der Polizei)* canon *m* à eau. **Wasserwerk** *n* usine hydraulique; *(Pumpstation)* station *f* de pompage. **Wasserzeichen** *n (im Papier)* filigrane *m*. **Wasserzufuhr** *f* amenée *f* d'eau.

waten ['va:tən] *itr* ‹*sein*› patauger; ▶ *durch e-n Fluß ~* passer une rivière à gué.

watscheln ['va:tʃəln] *itr* ‹*sein*› *fam* (se) dandiner, marcher comme un canard.

Watt [vat] **(1)** *n* ‹-(e)s, -en› *geog* laisse *f*; **(2)** *n* ‹-s, -› *el* watt *m*.

Watte *f* ‹-, -n› ['vatə] ouate *f*; *med* coton *m* hydrophile.

Wattenmeer *n* ['vatən-] lagunes *f pl*.

WC *n* [ve:'tse:] ‹-s, -s› WC *m pl*.

weben ['ve:bən] *tr* tisser. **Weber** *m* ‹-s, -› tisserand, tisseur *m*. **Weberei** *f* ‹-, -en› [-'raı] (usine *f* de) tissage. **Webstuhl** *m* métier *m* à tisser.

Wechsel *m* ‹-s, -› ['vɛksəl] **1.** *(Veränderung)* changement; *(plötzlicher)* revirement *m*; *(Umkehr)* révolution; *(von Tag u. Nacht)* alternance *f*; *(der Jahreszeiten)* retour *m*; **2.** *fin* traite *f*, effet; ▶ *e-n ~ ausstellen* émettre une traite; *e-n ~ einlösen* payer un effet; *gezogener ~* traite *f*. **Wechselbeziehung** *f* corrélation *f*. **Wechselfälle** *m pl* vicissitudes *f pl*. **Wechselgeld** *n* monnaie *f* (de change). **wechselhaft** *a* changeant; *(unbeständig, bes. mete)* variable. **Wechseljahre** *n pl physiol* ménopause *f*. **Wechselkurs** *m* cours *m* du change. **wechseln** *tr* **1.** *(ablegen od aufgeben u. etw anderes nehmen)* changer (*etw* de qc); *(Verbrauchtes erneuern)* changer (*etw* qc); **2.** *(Geld umtauschen)* changer; **3.** *fig (Blicke, Briefe: austauschen)* échanger; *itr* **4.** changer (*mit etw* de qc); *(abwechseln)* alterner (*mit jdm, mit etw* avec qn, avec qc); **5.** se suivre; *(sich ablösen)* se relayer; **6.** *(Geld)* faire de la monnaie, *(herausgeben)* rendre la monnaie; **7.** *(Wild)* passer; ▶ *den Besitzer ~* passer en d'autres mains; *die Kleider ~ (a.)* se changer. **wechselnd** *a* changeant, variable. **Wechselrahmen** *m* passe-partout *m*. **wechselseitig** *a* réciproque. **Wechselseitigkeit** *f* ‹-, ø› réciprocité *f*. **Wechselstrom** *m el* courant *m* alternatif. **Wechselstube** *f* bureau *m* de change. **wechselvoll** *a* mouvementé. **wechselweise** *adv* **1.** *(abwechselnd)* tour à tour; **2.** *(gegenseitig)* réciproquement. **Wechselwirkung** *f* interaction *f*. **Wechsler** *m* ‹-s, -› ['vɛkslər] changeur *m*.

wecken ['vɛkən] *tr* **1.** réveiller; *a. fig* éveiller; **2.** *fig (hervorrufen)* susciter. **Wecken** *n* réveil *m*. **Wecker** *m* ‹-s, -› *(Uhr)* réveil(le-matin) *m*.

wedeln ['ve:dəln] *(beim Skilaufen)* godiller; ▶ *mit dem Schwanz ~* remuer

od agiter la queue.
weder ['ve:dər] *conj:* ▶ ~ ... *noch* ... ni ... ni ... *(mit* ne *bei e-m Verb)*.
Weg *m* ‹-(e)s, -e› [ve:k, '-gə] **1.** chemin *m* *(nach, zu* de); voie; *(Pfad)* sentier *m; (Trampelpfad)* piste *f; (Durchgang)* passage *m; (zwischen Bäumen etc)* allée *f;* **2.** *(Strecke)* trajet; *(Reise~)* itinéraire *m;* **3.** *fig* chemin *m,* voie *f; (Mittel)* moyen *m; (Methode)* méthode; *(Art u. Weise)* manière, façon *f;* **4.** *(Gang, Besorgung)* course *f;* **5.** *(Lebens~)* carrière, vie *f;* ▶ *am ~e* sur le chemin; *auf dem ~e (unterwegs)* en chemin; *auf dem ~e (auf der Reise) nach Paris* en allant à Paris; *auf diesem ~ (fig)* par ce moyen; *s-r ~e gehen (fig)* aller de son côté; *jdm aus dem ~ gehen* laisser passer qn; *fig* éviter (la rencontre de) qn; *e-r S aus dem ~e gehen* éluder qc; *etw in die ~e leiten* mettre qc en route; *sich auf den ~ machen* se mettre en route; *aus dem ~e räumen (Schwierigkeit)* écarter; *(Menschen)* se débarrasser de; *jdm im ~e (lästig) sein* gêner qn.
weg [vɛk] *adv (nicht da)* pas là; *(abwesend)* absent; *(weggegangen)* parti; *(verschwunden)* disparu; *(verloren)* perdu; *(verlegt)* égaré; ▶ *frei ~* franchement; *weit ~* (au) loin; *~ (da)!* gare! ôtez-vous (ôte-toi) de là!
Wegbereiter *m* ‹-s, -› pionnier *m.*
weg=bleiben ‹*blieb weg, weggeblieben*› *itr* ‹*sein*› *fam (nicht kommen)* ne pas venir; *(nicht teilnehmen)* ne pas assister (*von* à); *(nicht mehr kommen)* ne plus venir; ▶ *lange ~* tarder à revenir. **weg=bringen** ‹*brachte weg, weggebracht*› *tr (Flecken)* enlever; *(Menschen* od *größeres Tier)* emmener; *(Sache)* emporter.
Wegelagerer *m* ['ve:gə-] voleur *m* de grands chemins.
wegen ['ve:gən] *prp gen, fam: dat* **1.** à cause de; *(infolge)* par suite de; **2.** *(mit Rücksicht auf)* en considération de.
weg=essen ['vɛk-] ‹*ißt, aß weg, weggegessen*› *tr fam:* ▶ *alles ~* manger le tout. **weg=fahren** ‹*fährt, fuhr weg, weggefahren*› *itr* ‹*sein*› partir. **weg=fallen** ‹*fällt, fiel weg, weggefallen*› *itr* ‹*sein*› *(aufgehoben, gestrichen werden)* être supprimé. **weg=fegen** *tr a. fig* balayer. **weg=fliegen** ‹*fliegt, flog weg, weggeflogen*› *itr* ‹*sein*› s'envoler. **Weggang** *m* départ *m.* **weg=geben** ‹*gibt, gab weg, weggegeben*› *tr (Sache)* se défaire de. **weg=gehen** ‹*ging weg, weggegangen*› *itr* ‹*sein*› **1.** s'en aller, partir; **2.** *(Ware: verkauft werden)* se vendre. **weg=jagen** *tr* chasser. **weg=kommen** ‹*kam weg, weggekommen*› *itr* ‹*sein*› **1.** pouvoir partir; **2.** *(abhanden kommen)* se perdre; ▶ *über etw ~ (sich mit etw abfinden)* se faire à qc; *gut ~* bien s'en tirer. **weg=lassen** ‹*läßt, ließ weg, weggelassen*› *tr* **1.** *(Menschen gehen lassen)* laisser partir; **2.** *(Sache nicht verwenden; Wort: auslassen)* omettre; *(streichen)* supprimer. **weg=laufen** ‹*läuft, lief weg, weggelaufen*› *itr* se sauver. **weg=legen** *tr (zur Seite legen)* mettre de côté. **weg=müssen** ‹*muß, mußte weg, weggemußt*› *itr* devoir partir. **weg=nehmen** ‹*nimmt, nahm weg, weggenommen*› *tr* prendre, enlever; *(entwenden)* dérober.
Wegrand *m* ['ve:k-] bord *m* du chemin.
weg=rationalisieren ['vɛk-] *tr (Arbeitsplätze)* réduire afin de rationaliser. **weg=räumen** *tr (wegschaffen)* enlever; *(benutzte Sachen)* ranger; *(Geschirr)* desservir. **weg=scheren:** ▶ *scher dich ~!* fiche le camp! **weg=schicken** *tr (Menschen)* envoyer; *(Sendung)* expédier. **weg=schleichen** ‹*schlich weg, weggeschlichen*› *itr* ‹*sein*› u. *sich ~* s'en aller à pas de loup, partir à la dérobée. **weg=schließen** ‹*schloß weg, weggeschlossen*› *tr* mettre sous clé. **weg=schnappen** *tr:* ▶ *jdm etw (vor der Nase) ~ (fam)* souffler qc à qn. **weg=schütten** *tr* jeter. **weg=sehen** ‹*sieht, sah weg, weggesehen*› *itr* détourner les yeux. **weg=setzen 1.** *tr* mettre de côté; *(wegräumen)* ranger; **2.** *refl: sich ~ (anderswohin)* changer de place. **weg=stoßen** ‹*stößt, stieß weg, weggestoßen*› *tr* repousser.
Wegstrecke *f* ['ve:k-] trajet *m.*
weg=treten ['vɛk-] ‹*tritt, trat weg, weggetreten*› *itr* ‹*sein*› *mil* rompre les rangs. **weg=tun** ‹*tut, tat weg, weggetan*› *tr (wegnehmen)* enlever; *(wegwerfen)* jeter.
Wegweiser *m* poteau *m* indicateur.
weg=werfen ['vɛk-] ‹*wirft, warf weg, weggeworfen*› **1.** *tr* jeter; **2.** *refl: sich ~ (fig)* s'abaisser. **wegwerfend** *a (Geste)* dédaigneux. **Wegwerffeuerzeug** *n* briquet *m* non-rechargeable. **Wegwerfflasche** *f* bouteille *f* non consignée. **weg=wischen** *tr* enlever.
weh ['ve:] *a* douloureux; ▶ *~ tun* faire mal; *(bes. seelisch)* faire de la peine (*jdm* à qn); *wo tut es dir ~?* où as-tu mal? **Wehen** *f pl physiol (Geburts~)* douleurs *f pl* (de l'enfantement).
wehen ['ve:ən] **1.** *itr (Wind; fig: der Geist)* souffler; *(Fahne)* flotter (au vent); **2.** *tr (wehend treiben)* emporter.
weh=klagen ['ve:-] *itr* se lamenter. **wehleidig** *a (empfindlich)* douillet; dolent. **Wehmut** *f* ‹-, ø› mélancolie *f.* **wehmütig** *a* mélancolique.
Wehr (1) *f* ‹-, -en› [ve:r] *(Verteidigung):* ▶ *sich zur ~ setzen* se défendre; **(2)** *n* ‹-(e)s, -e› *(Stauwerk)* barrage *m; (Damm)* digue *f.* **Wehrbereich** *m*

région *f* militaire. **Wehrdienst** *m* service *m* militaire. **Wehrdienstverweigerer** *m* objecteur *m* de conscience. **Wehrdienstverweigerung** *f* objection *f* de conscience. **wehren 1.** *tr* ▶ *jdm* ~, *etw zu tun (jdn an etw hindern)* empêcher qn de faire qc; **2.** *itr:* ▶ *e-r S* ~ *(entgegenwirken)* s'opposer à qc; **3.** *refl: sich* ~ se défendre (*gegen jdn* contre qn); résister (*gegen jdn* à qn). **wehrhaft** *a* en état de se défendre. **wehrlos** *a* sans défense. **Wehrmacht** *f* ‹-, ø› *(die gesamten Streitkräfte e-s Staates)* forces *f pl* armées. **Wehrpflicht** *f* obligation *f* militaire; ▶ *die allgemeine* ~ le service militaire obligatoire. **wehrpflichtig** *a* astreint au service militaire. **Wehrpflichtige(r)** *m* ‹-n, -n› mobilisable *m*.

Weib *n* ‹-(e)s, -er› [vaɪp, '-bər] femme; *(Gattin a.)* épouse *f; pej* = *Weibsbild*. **Weibchen** *n zoo* femelle *f*. **Weiberheld** *m pej* coureur *m*. **weibisch** [-bɪʃ] **I.** *a pej* efféminé; **II.** *adv* comme une femme. **weiblich** [-plɪç] *a* féminin *a. gram; zoo bot* femelle. **Weiblichkeit** *f* ‹-, ø› féminité *f*. **Weibsbild** *n pej pop* donzelle *f*.

weich [vaɪç] *a* **1.** mou; *pej* ramolli; *(Obst)* fondant; *(Fleisch: zart)* tendre; *(Haar)* soyeux; *(Gewebe, Bett)* moelleux; *(bieg-, schmiegsam)* souple; **2.** *fig (zart)* tendre; *(empfindsam)* sensible; *(sanft)* doux; *(nachgiebig)* souple; *(einschmeichelnd)* doux; ▶ ~ *werden* (s'a)mollir; *(nachgeben)* céder.

Weiche *f* ‹-, -n› ['vaɪçə] **(1)** *anat* flanc *m;* **(2)** *loc* aiguillage *m*.

weichen ['vaɪçən] **(1)** ‹*weicht, weichte, geweicht*› **1.** *tr (einweichen)* (dé)tremper; **2.** *itr* ‹*sein*› *(weich werden)* (s'a)mollir; **(2)** ‹*weicht, wich, gewichen*› *itr* ‹*sein*› *(zurück~)* reculer (*vor* devant); *(sich entfernen)* s'écarter; *fig (nachgeben)* céder (*jdm, e-r S* à qn, à qc).

weichgekocht ['vaɪç-] *a (Ei)* à la coque. **weichherzig** *a* doux; *(empfindsam)* sensible. **Weichherzigkeit** *f* douceur; sensibilité *f*. **Weichkäse** *m* fromage *m* à pâte molle. **weichlich** *a (Mensch)* mou; *(schlaff)* sans fermeté; *(verzärtelt)* douillet; efféminé. **Weichlichkeit** *f* ‹-, ø› mollesse *f*. **Weichling** *m* ‹-s, -e› douillet; efféminé *m*. **Weichteile** *m pl anat* parties *f pl* molles *od* charnues. **Weichtiere** *n pl zoo* mollusques *m pl*.

Weide *f* ‹-, -n› ['vaɪdə] **(1)** *(Baum)* saule; *(Korbweide)* osier *m;* **(2)** pâturage) *m*. **Weideland** *n* pâturages *m pl*. **weiden 1.** *tr (Vieh)* faire paître; **2.** *refl:* ▶ *sich an etw* ~ se délecter de qc.

weidlich ['vaɪt-] *adv (tüchtig, sehr)* largement; beaucoup.

Weidmann *m* ‹-(e)s, ⸚er› *(Jäger)* chasseur *m*. **weidmännisch** *a* de chasseur; *adv* selon les règles de la chasse. **Weidmannsheil** *n:* ▶ ~*!* bonne chasse!

weigern, *sich* ['vaɪgərn] refuser (*etw zu tun* de faire qc). **Weigerung** *f* ‹-, -en› refus *m*.

Weihe *f* ['vaɪə] ‹-, -n› **1.** *rel (e-r Kirche)* consécration *f;* **2.** *(Priester~)* ordination *f; (Bischofs-, Königs~)* sacre *m;* **3.** *fig (Heiligkeit)* caractère *m* solennel. **weihen** *tr* **1.** *(Kirche etc, Hostie)* consacrer; **2.** ordonner (*zum Priester* prêtre); sacrer (*zum Bischof* évêque); **3.** *fig (widmen)* vouer.

Weiher *m* ‹-s, -› ['vaɪər] *(Teich)* étang *m*.

weihevoll ['vaɪə-] *a* solennel.

Weihnacht(en) *n* ‹-, ø› *f* ‹-, ø› ['vaɪnaxt(ən)] (fête *f* de) Noël *m;* ▶ *fröhliche* ~*!* joyeux Noël! **weihnachtlich** *a* de Noël. **Weihnachtsabend** *m* veille *f* de Noël. **Weihnachtsbaum** *m* arbre *m* de Noël. **Weihnachtsfest** *n* fête *f* de Noël. **Weihnachtsgeschenk** *n* cadeau *m* de Noël. **Weihnachtslied** *n* chant *m* de noël. **Weihnachtsmann** *m* ‹-(e)s, ⸚er› père *m* Noël. **Weihnachtsmarkt** *m* foire *f* de Noël.

Weihrauch *m* ['vaɪ-] encens *m*. **Weihwasser** *n* eau *f* bénite.

weil [vaɪl] *conj* parce que; *(mit e-m v in der Vergangenheit)* pour *(mit inf des Perfekts); (da)* comme; *(da ja)* puisque.

Weilchen *n* ‹-s, -› ['vaɪlçən] (petit) moment, instant *m*. **Weile** *f* ‹-, ø› (laps de) temps; *(übertreibend: Augenblick)* moment *m;* ▶ *e-e ganze* ~ assez longtemps; *nach e-r* ~ un peu plus tard.

Weiler *m* ‹-s, -› ['vaɪlər] *(kleines Dorf)* hameau *m*.

Wein *m* ‹-(e)s, -e› [vaɪn] **1.** *(Pflanze)* vigne *f;* **2.** *(Getränk)* vin *m*. **Weinbau** *m* ‹-(e)s, ø› viticulture *f*. **Weinbaugebiet** *n* région *f* viticole. **Weinberg** *m* vignoble *m*, vigne *f*. **Weinbergschnecke** *f* escargot *m* de Bourgogne. **Weinbrand** *m* eau-de-vie de vin *f*.

weinen ['vaɪnən] *itr* pleurer (*um jdn* qn). **weinerlich** *a* pleurnicheur; larmoyant.

Weinflasche *f* ['vaɪn-] bouteille *f* à vin. **Weingärtner** *m* vigneron *m*. **Weinglas** *n* verre *m* à vin. **Weingut** *n* domain viticole *m*. **Weinhändler** *m (Kleinhändler)* marchand de vins; *(Großhändler)* négociant *m* en vins. **Weinkarte** *f* carte *f* des vins. **Weinkeller** *m* cave *f* à vin(s), cellier *m*. **Weinlese** *f* vendange *f*. **Weinprobe** *f (Handlung)* dégustation *f; (Kostprobe)* échantillon *m* de vin. **Weinrebe** *f* cépage *m*. **weinrot** *a* bordeaux. **Weinstock** *m* ‹-(e)s, ⸚e› (cep *m* de) vigne *f*. **Weinstube** *f* taverne *f*. **Weintraube** *f* grappe *f* de raisin; raisin *m*.

Weise *f* ‹-, -n› ['vaɪzə] **1.** *(Art)* manière, façon *f;* **2.** *mus (Singweise)* air *m;*

► *auf diese ~* de cette manière *od* façon; *in keiner ~* (ne ...) nullement.
weise ['vaɪzə] *a sage; (klug)* prudent. **Weise** *m* ‹-n, -n› sage *m;* ► *die ~n aus dem Morgenlande* les trois mages *m pl.*
weisen ['vaɪzən] ‹*wies, gewiesen*› *tr (zeigen)* montrer (*jdm etw* qc à qn); *itr:* ► *etw von sich ~* rejeter qc.
Weisheit *f* ‹-, -en› ['vaɪshaɪt] sagesse; *(Klugheit)* prudence *f; (Wissen)* savoir *m.* **Weisheitszahn** *m* dent *f* de sagesse.
weis=machen *tr fam:* ► *jdm (et)was ~* en faire accroire à qn.
weiß [vaɪs] *a* blanc; *(sauber)* propre. **Weiß** *n* ‹-(es), -› blanc *m.*
weissagen ['vaɪs-] *tr* prédire, prophétiser; *itr* (*dat* à) (pré)dire l'avenir. **Weissagung** *f* prédiction, prophétie *f.*
Weißbier *n* ['vaɪs-] bière *f* blanche. **Weißblech** *n* fer-blanc *m.* **Weißbrot** *n* pain *m* blanc. **Weiße** *m f* ‹-n, -n› *(Angehörige(r) der weißen Rasse)* blanc *m,* blanche *f.* **weißen** ‹*weißte, geweißt*› *tr (weiß tünchen)* blanchir. **Weißglut** *f* ‹-, ø› incandescence *f;* ► *jdn (bis) zur ~ reizen (fig)* chauffer qn à blanc. **Weißgold** *n* or *m* blanc. **weißhaarig** *a* aux cheveux blancs. **Weißkohl** *m,* **Weißkraut** *n* chou *m* blanc. **weißlich** *a* blanchâtre. **Weißrusse** *m* Russe-Blanc, Biélorussien *m.* **Weißrußland** *n* la Russie Blanche, la Biélorussie. **Weißwein** *m* vin *m* blanc. **Weißwurst** *f* boudin *m* blanc.
Weisung *f* ‹-, -en› ['vaɪzuŋ] *(Befehl)* ordre *m; (Anweisung)* directive, instruction *f.* **weisungsgemäß** *adv* selon les instructions données.
weit [vaɪt] **I.** *a* **1.** *(ausgedehnt)* étendu, vaste; *(geräumig)* spacieux; *(Kleidungsstück)* ample; *(Öffnung)* large; **2.** *(entfernt)* éloigné; **3.** *(Weg)* long; *(Reise)* grand; **II.** *adv* **1.** *(offen, öffnen)* (en) grand; **2.** *(fern)* loin (*von* de); **3.** *(bei Zahlen- u. Mengenangaben, zur Verstärkung: viel)* bien, (de) beaucoup; ► *bei ~em* de beaucoup; *im ~eren Sinne* au sens large; *in ~er Ferne* tout au loin; *~ weg* loin (d'ici); *es ~ bringen (fig)* faire son chemin; *nicht ~ mit etw kommen (fig)* ne pas aller loin avec qc; *es nicht so ~ kommen lassen (fig)* ne pas devoir attendre (*daß* que); *~ über die Fünfzig sein* avoir largement dépassé la cinquantaine; *bei ~em nicht vollständig sein* être loin d'être complet; *ich bin noch nicht so ~* je n'ai pas encore terminé; *das geht zu ~* c'en est trop; *wie ~ bist du?* où en es-tu? *bist du so ~?* es-tu prêt? *wie ~ ist es bis* od *nach Paris?* combien y a-t-il jusqu'à Paris? **weitaus** *adv* bien, (de) beaucoup. **Weitblick** *m* ‹-(e)s, ø› envergure *f.* **weitblickend** *a* de grande envergure. **Weite** *f* ‹-, -n› **1.** *(Ausdehnung)* étendue; *(Geräumigkeit)* ampleur; *f;* **2.** *(e-s Kleidungsstücks)* ampleur *f; (Brust~ etc)* tour; *(innerer Durchmesser)* calibre; *m;* **3.** *tech (e-s Rohres)* diamètre *m* intérieur; *(Ferne)* loin *m;* **4.** *fig (des geistigen Horizontes)* largeur; *(des Geistes)* envergure *f.*
weiten 1. *tr (dehnen)* élargir; *(Schuhe)* forcer; *(ausbauchen)* évaser; *fig (den geistigen Horizont)* élargir; **2.** *refl: sich ~ a. fig* s'élargir.
weiter ['vaɪtər] **I.** *a (Komparativ von: weit); (zusätzlich, neu)* ultérieur, autre; ► *das* od *alles W~e* la suite, le reste; **II.** *adv* plus loin; *fig* plus avancé; *(außerdem)* de plus; encore; *(vor e-m Ortsadverb)* plus; ► *bis auf ~es* jusqu'à nouvel ordre; *(inzwischen)* en attendant; *ohne ~es,* sans façon(s), sans plus (de façon); *und so ~ (usw.)* et ainsi de suite, et cætera (etc.); *das hat ~ nichts zu sagen* cela ne veut rien dire; *es geht noch ~* ce n'est pas tout; *wenn es ~ nichts ist* si ce n'est que cela; *~!* allez! continuez! **weiter=arbeiten** *itr* continuer à travailler. **Weiterbildung** *f* ‹-, -› formation *f* continue. **weiter=bringen** ‹*brachte weiter, weitergebracht*› *tr (Fortschritte machen lassen)* faire avancer. **weiter=entwickeln,** *sich* se développer. **weiter=fahren** ‹*fährt, fuhr weiter, weitergefahren*› *itr* ‹*sein*› continuer sa course. **Weitergabe** *f (e-s Befehls, e-r Nachricht)* transmission *f.* **weiter=geben** ‹*gibt, gab weiter, weitergegeben*› *tr (weiterreichen)* faire passer; *(Nachricht)* transmettre. **weiter=gehen** ‹*ging weiter, weitergegangen*› *itr* ‹*sein*› continuer son chemin, ne pas s'arrêter; *fig (s-n Fortgang nehmen)* continuer. **weiterhin** *adv (auch in Zukunft)* à l'avenir. **weiter=kommen** ‹*kam weiter, weitergekommen*› *itr* ‹*sein*› avancer *a. fig.* **weiter=machen** *tr* u. *itr* continuer. **weiter=sagen** *tr* répéter; ► *bitte ~!* dites-le à votre (vos) voisin(s).
weitgehend ['vaɪt-] **I.** *a fig* étendu; *(beträchtlich)* considérable; *(bedeutend)* important; **II.** *adv* largement. **weitgereist** *a* qui a beaucoup voyagé. **weither** *adv (aus großer Ferne)* de loin. **weitherzig** *a (großzügig)* généreux; *(duldsam)* tolérant. **weithin** *adv* **1.** *(bis in weite Ferne)* jusque très loin; *(in weitem Umkreis)* tout alentour; **2.** *fig (großenteils)* en grande partie. **weitläufig I.** *a* **1.** *(ausgedehnt)* vaste; *(weit ausea. liegend)* espacé; **2.** *(ausführlich)* détaillé; **II.** *adv (ausführlich)* en détail. **Weitläufigkeit** *f* **1.** (vaste) étendue *f;* espacement *m;* **2.** *(Ausführlichkeit)* longueur *f.* **weitreichend** *a* de grande portée; *(umfassend)* étendu; *(groß, bedeutend)* important. **weitschweifig** *a*

(Stil: langatmig) (trop) long, prolixe. **Weitschweifigkeit** *f* ‹-, ø› (trop grande) longueur, verbosité *f.* **weitsichtig** *a med* presbyte; *fig* prévoyant. **Weitsprung** *m sport* saut *m* en longueur. **weitverbreitet** *a* très répandu; *(allgemein)* commun.

Weizen *m* ‹-s, -› ['vaɪtsən] froment; *(Getreide)* blé *m.* **Weizenmehl** *n* farine *f* de blé.

welch [vɛlç] *pron (was für ein ...!)* quel, quelle. **welche(r, s) 1.** *(Fragepron; substantivisch)* lequel, laquelle; ▸ *welches (von diesen Häusern)?* laquelle (de ces maisons)? *(adjektivisch)* quel? quelle? ▸ *welches Haus?* quelle maison? **2.** *(Relativpron)* qui; *acc* que; lequel, laquelle; **3.** *welches n, welche n pl (unbestimmtes pron, fam: etwas, einige):* ▸ *ich habe noch welches, welche* j'en ai encore.

welk [vɛlk] *a* fané; *fig (schlaff)* flasque. **welken** *itr* ‹*sein*› se faner.

Wellblech *n* ['vɛl-] tôle *f* ondulée. **Welle** *f* ‹-, -n› **1.** *(Woge)* onde *f a. phys* u. *radio;* **2.** *(Woge)* vague *f;* **3.** *(~ im Haar)* cran *m;* **4.** *mil (Angriffs~)* vague *f;* **5.** *tech* arbre *m.* **wellen** *tr (bes. die Haare)* onduler. **Wellenbewegung** *f* ondulation *f.* **Wellenbrecher** *m* brise-lames *m.* **Wellenlänge** *f phys, radio* longueur *f* d'onde. **Wellenlinie** *f* ligne ondulée, ondulation *f.* **Wellenreiten** *n sport (mit Boot)* aquaplane; *(ohne Boot)* surf *m.* **Wellenschlag** *m* choc *m* des vagues. **Wellensittich** *m orn* perruche *f.* **wellig** *a* ond(ul)é; *(Haar)* onduleux; *(Gelände: uneben)* vallonné, accidenté. **Wellpappe** *f* carton *m* ondulé.

Welpe *m* ['vɛlpə] ‹-n, -n› petit *m; (Hund)* chiot *m.*

Welt *f* ‹-, -en› [vɛlt] **1.** *a. fig (Bereich, Reich)* monde *m; (Erde)* terre *f; (~kugel)* globe (terrestre); *(~all)* univers *m;* **2.** ▸ *die ~ (fig: die Leute)* les gens *pl; (die Öffentlichkeit)* le public; **3.** *rel* le siècle; ▸ *auf der ~* au monde; *in der ganzen ~* dans le monde entier; *auf die* od *zur ~ kommen* venir au monde, voir le jour; *alle ~* tout le monde; *die Alte ~* l'ancien monde; *die Dritte ~* le Tiers-Monde. **Weltall** *n* univers *m.* **Weltanschauung** *f* vision du monde, idéologie *f.* **Weltausstellung** exposition *f* universelle. **Weltbank,** *die* la Banque *f* mondiale (Banque Internationale pour la Reconstruction et le Développement). **weltberühmt** *a* mondialement connu. **Weltbevölkerung** *f* population *f* mondiale. **Weltbild** *n* vision *f* du monde. **Weltbürger** *m* cosmopolite *m.* **Weltbürgertum** *n* cosmopolitisme *m.* **Weltenbummler** *m* globe-trotter *m.* **weltfremd** *a* étranger au monde; *(unerfahren)* inexpérimenté; *(naiv)* naïf. **Weltgeschichte** *f* histoire *f* universelle. **Weltgesundheitsorganisation** *f* Organisation *f* mondiale de la santé (O.M.S.). **Weltherrschaft** *f* hégémonie *f* mondiale. **Weltkarte** *f geog* mappemonde *f.* **Weltkrieg** *m* guerre *f* mondiale; ▸ *der Erste, Zweite ~* la Première, Seconde Guerre mondiale. **weltlich** *a* **1.** *(nicht kirchlich)* séculier; laïc, laïque; **2.** *(Macht)* temporel; *bes. mus* profane. **Weltmacht** *f pol* puissance *f* mondiale. **Weltmann** *m* ‹-(e)s, ⸚er› homme du monde *m.* **weltmännisch** *a* d'homme du monde, mondain. **Weltmarkt** *m* ‹-(e)s, ø› marché *m* mondial. **Weltmeer** *n* océan *m.* **Weltmeister** *m sport* champion *m* du monde. **Weltmeisterschaft** *f sport* championnat *m* du monde. **Weltpolitik** *f* politique *f* mondiale. **Weltraum** *m* ‹-(e)s, ø› espace *m* cosmique. **Weltraumrakete** *f* engin *m* spatial. **Weltraumstation** *f* station *f* spatiale. **Weltraumwaffe** *f* arme *f* spatiale. **Weltreich** *n* empire *m.* **Weltreise** *f* tour *m* du monde. **Weltrekord** *m* record *m* du monde. **Weltschmerz** *m* ‹-es, ø› mal *m* du siècle. **Weltsicherheitsrat** *m* Conseil *m* de sécurité. **Weltsprache** *f* langue *f* universelle. **Weltstadt** *f* métropole *f.* **weltumspannend** *a* universel, mondial. **Weltuntergang** *m* fin *f* du monde. **weltweit** *a* mondial, universel. **Weltwirtschaft** *f* ‹-, ø› économie *f* mondiale. **Weltwunder** *n* merveille *f* du monde.

wem [ve:m] *pron dat* à qui? ▸ *mit ~?* avec qui? *von ~?* de qui? **Wemfall** *m gram* datif *m.*

wen [ve:n] *pron acc* qui (est-ce que)? ▸ *an ~?* à qui? *für ~?* pour qui?

Wende *f* ‹-, -n› ['vɛndə] **1.** *(Drehung, a. sport)* tour *m;* **2.** *fig (~punkt)* tournant *m; (plötzl. Umschwung)* péripétie *f.* **Wendekreis** *m* **1.** *geog* tropique *m;* **2.** *mot* rayon *m* de braquage.

Wendeltreppe *f* escalier *m* en colimaçon.

wenden ‹*wendet, wendete* od *wandte, gewendet* od *gewandt*› *tr* **1.** *(umdrehen)* tourner; *(Heu; Kleid) (nur: wendete, gewendet)* retourner; **2.** *(in e-e andere Richtung bringen)* diriger (*nach* vers); **3.** *(Geld, Mühe an etw ~)* mettre à qc; *(s-e Kraft, s-e Zeit)* consacrer à qc; **4.** *itr (Fahrzeug: umkehren)* virer; *refl: sich ~* **5.** *(sich umdrehen)* se (re)tourner; ▸ *sich zu jdm ~* se tourner vers qn; *sich von jdm ~* se détourner de qn; **6.** *fig (sich ändern)* changer; ▸ *sich an jdn ~* s'adresser à qn. **Wendeplatz** *m (für Wagen)* espace *m* pour tourner. **Wendepunkt** *m* **1.** *math* point *m* d'inflexion; **2.** *fig* tournant *m; (Neubeginn in e-m geschichtl. Ablauf)* ère *f* nouvelle. **wendig** *a* **1.** *mar, mot, aero* maniable; **2.** *fig (gewandt)* agile, souple. **Wendigkeit** *f* ‹-, ø› **1.** maniabilité; *f;* **2.** *fig* souplesse *f.* **Wendung** *f* ‹-, -en› **1.** *(Drehung)* virage *m; (rasche ~)* volte; *(Kehrt~)* volte-face *f;* **2.** *fig (Umschwung)* revirement *m;* **3.** *(Rede~)* tournure *f;* ▶ *e-e schlimme ~ nehmen* prendre une mauvaise tournure; *stehende ~ (Redewendung)* expression *f* toute faite; *~ um 90°* virage *m* à angle droit.

Wenfall *m gram* accusatif *m.*

wenig ['ve:nıç] *adv* peu (de); ▶ *~e (...)* *a pl (ein paar)* peu (de), quelques; *s pl (~e Menschen)* peu de gens. **weniger** *adv* moins (*als* que; *(vor Zahlen)* de); ▶ *für ~ als ...* à moins de; *immer ~* de moins en moins; *je ~ ..., desto ~ ...* moins ..., moins; *~ werden* diminuer; *10 ~ 3 ist* 7 10 moins 3 font 7. **wenigste** *a:* ▶ *das ~* le moins; *die ~n* peu de gens seulement; *am ~n* le moins. **wenigstens** *adv (einschränkend)* du moins; *(bei e-r Mengenangabe)* au moins.

wenn [vɛn] *conj* **1.** *(bedingend: falls)* si; **2.** *(zeitl.: jedesmal ~)* quand; *(zeitl.: dann ~)* lorsque; ▶ *außer ~* excepté si; à moins que ... ne *subj; immer ~* toutes les fois que; *jedesmal ~* chaque fois que; *~ ... nicht* à moins de *inf od* que *subj; ~ nicht ..., so doch ...* sinon ..., du moins ...; *~ er auch noch so arm ist* si pauvre qu'il soit; *~ man ihn sieht, könnte man glauben ...* à le voir, on croirait ...; *~ er doch käme!* si seulement il venait! *~ er nur nicht zu spät kommt!* pourvu qu'il ne vienne pas trop tard; *na ~ schon! (fam)* qu'importe! **Wenn** *n* ‹-, -› si *m;* ▶ *das ~ und Aber* les si et les mais. **wenngleich** [-'-] *conj* quoique, bien que *subj.*

wer [ve:r] *(Fragepron)* qui (est-ce qui)? ▶ *~ von beiden?* lequel des deux? *~ von uns?* qui d'entre nous? *(Relativpron)* (celui) qui; *(unbestimmtes pron, fam: jemand)* quelqu'un; ▶ *~ auch immer* quiconque; *~ ist da? tele* qui est à l'appareil?

Werbeabteilung *f* ['vɛrbə-] service *m* de publicité. **Werbeagentur** *f* agence *f* de publicité. **Werbefernsehen** *n* publicité *f* télévisée. **Werbefilm** *m* film *m* publicitaire. **Werbefunk** *m* publicité *f* à la radio. **Werbekampagne** *f* campagne *f* publicitaire. **Werbematerial** *n* documentation *f.* **werben** ‹*wirbt, warb, geworben*› **1.** *tr (Soldaten)* recruter; *(Arbeitskräfte)* embaucher; *(Mitglieder, Kunden)* (re)chercher; **2.** *itr* faire de la publicité *od pol* de la propagande (*für etw* pour qc); ▶ *um etw, um jds Gunst ~* rechercher qc, la faveur de qn. **Werbeschrift** *f* prospectus *m.* **Werbeslogan** *m* slogan *m* publicitaire. **Werbetext** *m* texte *m* publicitaire. **Werbetrommel** *f:* ▶ *die ~ rühren (fig)* battre la grosse caisse. **werbewirksam** *a* qui a un impact publicitaire; *(Aussage)* qui a de l'impact. **Werbung** *f* ‹-, -en› **1.** *mil* recrutement *m; (von Arbeitskräften)* embauch(ag)e *f (m);* **2.** *com* publicité; *bes. pol* propagande *f.*

Werdegang *m* ‹-s, ø› ['ve:rdə-] *(Entwicklung)* évolution *f; (berufl. ~)* carrière *f.*

werden ['ve:rdən] ‹*wird, wurde, geworden*› *itr* ‹*sein*› **1.** devenir; *(entstehen)* naître; **2.** *(sich entwickeln)* se développer; *(gelingen)* réussir; **3.** *(e-n Beruf ergreifen)* se faire; *(zu etw ernannt ~)* passer; **4.** *(als Hilfsv beim Passiv)* être; ▶ *das muß anders ~* il faut que ça change; *es wird Frühling* le printemps approche; *was ist aus ihm geworden?* qu'est-il devenu? **Werden** *n* **1.** *(Entstehen)* naissance *f;* **2.** *(Entwicklung)* formation *f,* développement *m.*

Werfall *m gram* nominatif *m.*

werfen ['vɛrfən] ‹*wirft, warf, geworfen*› *tr* **1.** jeter (*nach jdm* sur qn); *(schleudern, a. Bomben)* lancer; **2.** *(Falten)* faire; *(Schatten)* projeter; **3.** *zoo (Junge)* faire, mettre bas; **4.** *itr* jeter, lancer (*mit etw* qc; *nach jdm* à qn); **5.** *(sich stürzen)* se jeter (*auf jdn, auf etw* sur qn, sur qc); *fig (sich mit Eifer an etw machen)* se lancer (*auf etw* dans qc); **6.** *tech (Holz, Mauer)* se déjeter.

Werft *f* ‹-, -en› [vɛrft] *mar* chantier *m* (de construction) naval(e). **Werftarbeiter** *m* ouvrier *m* de chantier naval.

Werk *n* ‹-(e)s, -e› [vɛrk] **1.** *(Arbeit)* travail, ouvrage *m;* **2.** *(Tat)* acte *m; (Leistung)* ouvrage *m,* œuvre *f;* **3.** *(Erzeugnis)* ouvrage; *(künstler. ~)* œuvre *f;* **4.** *(Unternehmen)* entreprise *f; (Fabrik)* usine *f;* **5.** *tech (Trieb~)* mécanisme; *(der Uhr)* mouvement *m;* ▶ *ab ~ (com)* départ usine; *ans ~ gehen* se mettre à l'œuvre; *zu ~e gehen* procéder. **Werkbank** *f* ‹-, ⸚e› établi *m.* **werken** *itr (arbeiten)* travailler; *(sich zu schaffen machen)* s'affairer. **Werkmeister** *m* contre-maître *m.* **Werk(s)angehörige(r)** *m* employé *m* de l'entreprise. **Werkschutz** *m* protection *f* d'entreprise. **werk(s)eigen** *a* appartenant à l'entreprise. **Werk(s)halle** *f* atelier *m.* **Werk(s)leitung** *f* direction *f* de l'entreprise. **Werk(s)spionage** *f* espionnage *m* industriel. **Werkstatt** *f,* **Werkstätte** *f* atelier *m.* **Werkstoff** *m* matériau *m.* **Werkstück** *n (vor der Bearbeitung)* pièce à usiner; *(während der Bearbeitung)* pièce en cours d'usinage; *(nach der Bearbeitung)* pièce *f* usinée. **Werkstudent** *m* étudiant *m* salarié. **Werk(s)wohnung** *f* logement *m* de l'entreprise. **Werktag** *m* jour *m* ouvrable; ► *an ~en = werktags.* **werktags** *adv* les jours ouvrables; ► *nur ~* la semaine seulement. **werktätig** *a:* ► *~e Bevölkerung f* population *f* active. **Werktätige(r)** *m* ouvrier, travailleur *m;* ► *die Werktätigen pl* la classe ouvrière. **Werkunterricht** *m (in der Schule)* travaux *m pl* manuels.

Werkzeug *n* ‹-(e)s, -e› ['vɛrk-] outil; *fig* instrument; *(als Sammelname)* outillage *m.* **Werkzeugkasten** *m* boîte *f* à outils. **Werkzeugmacher** *m* outilleur *m.* **Werkzeugmaschine** *f* machine-outil *f.* **Werkzeugtasche** *f (am Fahrrad)* sacoche *f.*

Wermut *m* ‹-(e)s, ø› ['ve:r-] **1.** *bot* absinthe *f;* **2.** *fig (Bitterkeit)* amertume *f;* **3.** *(Wein)* vermout(h) *m.*

Wert *m* ‹-(e)s, -e› [ve:rt] *a* **1.** valeur *f;* **2.** *(Preis)* prix *m;* **3.** *pl (Sach-, Vermögenswerte)* valeurs; ► *im ~ von* d'une valeur de; *~ auf etw legen* accorder de l'importance à qc. **wert** *a* cher *(a. in der Briefanrede); (kostbar)* précieux; *(würdig)* digne (*e-r S* de qc); ► *10 Mark ~ sein* valoir 10 marks; *etw nicht ~ sein (Mensch)* ne pas mériter qc. **Wertangabe** *f* déclaration de valeur; *(angegebener ~)* valeur *f* déclarée. **Wertarbeit** *f* travail *m* qualifié. **wertbeständig** *a* (de valeur) stable. **werten** *tr (abschätzen)* estimer; *sport (einstufen)* pointer. **Wertgegenstand** *m* objet *m* de valeur. **Wertigkeit** *f* ‹-, ø› *chem* valence *f.* **wertlos** *a* sans valeur; *fig (nichtig)* futile. **Wertmesser** *m* mesure *f* de valeur. **Wertminderung** *f* perte de *od* en valeur; moins-value *f.* **Wertpapier** *n fin* valeur *f,* effet, titre *m.* **Wertsache** *f = Wertgegenstand.* **Wertschätzung** *f* estime *f.* **Wertsteigerung** *f* augmentation de valeur, plus-value *f.* **Wertung** *f* ‹-, -en› estimation *f; sport* pointage *m.* **Werturteil** *n* jugement *m* de valeur. **wertvoll** *a* précieux.

Wesen *n* ‹-s, -› ['ve:zən] **1.** *(Art, Charakter)* nature *f,* caractère *m;* **2.** *(Geschöpf)* être *m;* **3.** *(innere Natur)* essence, nature *f;* ► *viel ~s (Aufhebens) von etw machen* faire grand cas de qc. **Wesensart** *f* nature *f,* caractère *m.* **wesensfremd** *a:* ► *jdm, e-r S ~* étranger à la nature de qn, qc. **wesensgleich** *a* de même nature. **Wesenszug** *m* trait *m* caractéristique. **wesentlich I.** *a* essentiel; *(grundlegend)* fondamental; *(hauptsächlich)* principal; *(bedeutend)* considérable; *(gehaltvoll)* substantiel; **II.** *adv (sehr viel, beim Komparativ)* bien, beaucoup; ► *im ~en* essentiellement en substance.

Wesfall *m gram* génitif *m.*

weshalb [-'-/'--] *adv* pourquoi.

Wespe *f* ‹-, -n› ['vɛspə] *ent* guêpe *f.* **Wespentaille** *f fig* taille *f* de guêpe.

wessen ['vɛsən] *(Genitiv des Fragepron: wer)* de qui; ► *~ Buch ist das?* à qui est ce livre?

West *m* ‹-(e)s, (-e)› [vɛst] *(Himmelsrichtung, Wind)* ouest *m.* **Westafrika** *n* l'Afrique *f* occidentale.

Weste *f* ‹-, -n› ['vɛstə] gilet *m;* ► *e-e weiße* od *reine ~ haben (fig)* avoir les mains nettes.

Westen ['vɛstən-] *m* ‹-s, ø› **1.** *(Himmelsrichtung)* ouest *m;* **2.** ► *der ~ (das Abendland)* l'Occident; *pol* l'Ouest *m.*

Western *m* ‹-(s), -› ['vɛstərn] *(Wildwestfilm)* western *m.*

Westeuropa ['vɛst-] *n* l'Europe *f* occidentale. **westeuropäisch** *a* ouest-européen; ► *die W~e Union (WEU)* l'Union *f* de l'Europe Occidentale (U.E.O.). **Westfale** *m* ‹-n, -n› [-'fa:lə] Westphalien *m.* **Westfalen** *n* [-'fa:lən] la Westphalie. **Westfälin** *f* ‹-, -nen› Westphalienne *f.* **westfälisch** [-'fɛ:lɪʃ] *a* westphalien. **Westgoten** *m pl hist* Visigoths *m pl.* **westlich** *a* occidental, de l'ouest, d'ouest; ► *~ von* à l'ouest de. **Westmächte,** *die f pl* les puissances *f pl* occidentales. **Westseite** *f* côté *m* ouest. **westwärts** *adv* vers l'ouest. **Westwind** *m* vent *m* d'ouest.

weswegen [-'--] *adv = weshalb.*

Wettbewerb *m* ‹-(e)s, -e› **1.** *allg* concurrence *f;* **2.** *(Veranstaltung)* concours *m, sport a.* compétition *f.* **wettbewerbsfähig** *a com (Erzeugnis, Preis)* compétitif. **Wettbewerbsfähigkeit** *f* compétitivité.

Wette *f* ‹-, -n› pari *m;* ► *um die ~* à qui mieux mieux; *e-e ~ eingehen* parier. **Wetteifer** *m* émulation *f.* **wetteifern** *itr:* ► *mit jdm in etw ~* rivaliser de qc avec qn. **wetten** *itr* parier (*mit jdm* avec qn, *um etw* qc).

Wetter ['vɛtər] *n* ‹-s, -› **1.** temps *m* (qu'il fait); **2.** *(Un~)* tempête *f;* **3.** *mines (Gruben~)* air *m;* ► *bei diesem ~* par le temps qu'il fait; *es ist schlechtes ~* il fait mauvais; *wie ist das ~?* quel temps fait-il? **Wetteraussichten** *f pl* prévisions *f pl* météorologiques. **Wetterbericht** *m* bulletin *m* météorologique. **wetterbeständig** *a* résistant aux intempéries. **Wetterdienst** *m* service *m* météorologique. **Wetterfahne** *f a. fig (Mensch)* girouette *f.* **wetterfest** *a = wetterbeständig.* **Wetterkarte** *f* carte *f* météorologique. **Wetterkunde** *f* météorologie *f.* **Wetterlage** *f* situation *f* météorologique. **wetter=leuchten** *itr impers:* ► *es wetterleuchtet* il fait des éclairs de chaleur. **Wetterleuchten** *n* éclairs *m pl* de chaleur. **wettern 1.** *impers:* ► *es wettert (es gewittert)* il fait de l'orage; **2.** *itr (fig: Mensch)* tempêter (*gegen* contre). **Wetterseite** *f* côté *m* exposé aux intempéries. **Wettervor-**

hersage *f* prévisions *f pl* météorologiques. **Wetterwarte** *f* station *f* météorologique. **wetterwendisch** *a (Mensch: wechselhaft)* inconstant; *(launisch)* lunatique.

Wettkampf *m* ['vɛt-] *sport* concours *m*, compétition *f; (zwischen zwei Mannschaften)* match *m.* **Wettkämpfer** *m sport* concurrent *m.* **Wettlauf** *m sport* course *f* à pied. **Wettläufer** *m* coureur *m.* **wett=machen** *tr (ausgleichen)* compenser; *(wieder aufholen)* rattraper; *(wiedergutmachen)* réparer. **Wettrennen** *n = Wettlauf.* **Wettrüsten** *n* course *f* aux armements. **Wettstreit** *m* concours *m;* rivalité *f.*

wetzen ['vɛtsən] **1.** *tr ‹h› (schärfen)* aiguiser; **2.** *itr ‹sein› fam (rennen)* filer. **Wetzstein** *m* pierre *f* à aiguiser.

Whirlpool *m* bain *m* bouillonnant.

Wichse *f* ‹-, -n› ['vɪksə] **1.** *(Schuhcreme)* cirage *m;* **2.** *fig fam (Schläge)* volée (de coups); *f.* **wichsen** *tr (Ledersachen)* cirer; *(Fußboden)* encaustiquer.

Wicht *m* ‹-(e)s, -e› [vɪçt] **1.** *(Kreatur)* créature *f;* **2.** *(Zwerg, Kobold)* gnome, lutin; *(Knirps)* bout d'homme *m;* ▶ *armer ~* pauvre diable *m.* **Wichtelmännchen** *n* lutin *m.*

wichtig ['vɪçtɪç] *a* important; *(bedeutend)* grave; *(wesentlich)* essentiel; ▶ *sich ~ machen, ~ tun* faire l'important. **Wichtigkeit** *f* ‹-, ø› importance *f.* **Wichtigtuer** *m* ‹-s, -› fanfaron *m;* ▶ *ein ~ sein* faire l'important. **Wichtigtuerei** *f* ‹-, ø› grands airs *m pl.*

Wickel *m* ‹-s, -› ['vɪkəl] **1.** *(Knäuel)* pelote *f;* **2.** *(Locken~)* papillote *f;* **3.** *med* enveloppement *m.* **wickeln** *tr* **1.** rouler (*um* autour de); *(Garn)* pelot(onn)er; *(die Haare)* papilloter; *(Draht)* enrouler; **2.** *(Säugling)* langer; **3.** *med* envelopper.

Widder *m* ‹-s, -› ['vɪdər] bélier *m.*

wider ['vi:dər] *prp acc (gegen)* contre. **widerfahren** ‹*widerfährt, widerfuhr, widerfahren*› [-'fa:rən] *itr ‹sein›* arriver (*jdm* à qn). **Widerhaken** *m* crochet *m.* **Widerhall** *m a. fig* écho, retentissement *m.* **wider=hallen** *itr* faire écho, retentir. **widerlegen** ‹*ohne -ge-*› [-'le:gən] *tr* réfuter; *(Gesagtes)* démentir.

widerlich ['vi:dərlɪç] *a* rebutant, repoussant, répugnant, dégoûtant, écœurant. **widerrechtlich** ['vi:dər-] **I.** *a (ungesetzlich)* illégal; **II.** *adv a.* au mépris de la loi. **Widerrede** *f:* ▶ *ohne ~* sans contredit. **Widerruf** *m* révocation *f;* démenti *m.* **widerrufen** ‹*widerrief, widerrufen*› *tr* révoquer; démentir. **Widersacher** *m* ‹-s, -› [-zaxər] adversaire; *(Feind)* ennemi *m.* **widersetzen,** *sich* [-'zɛtsən] ‹*ohne -ge-*› résister (*dat* à); *(Widerstand leisten)* s'opposer (*dat* à); *(sich empören)* se révolter (*dat* contre). **Widersinn** *m* contresens *m.* **widersinnig** *a* absurde. **widerspenstig** *a* récalcitrant; *(eigensinnig)* indocile. **Widerspenstigkeit** *f* ‹-, ø› humeur récalcitrante; indocilité *f.* **wider=spiegeln 1.** *tr* refléter; **2.** *refl: sich ~* se refléter. **widersprechen** [-'ʃprɛçən] ‹*widerspricht, widersprach, widersprochen*› *itr* contredire (*jdm* qn). **Widerspruch** *m* **1.** contradiction; *(Einwand)* opposition; *(Einspruch)* protestation *f;* **2.** *(Gegensatz)* contradiction *f;* ▶ *im ~ zu etw stehen* contraire à qc. **widersprüchlich** *a* contradictoire.

Widerstand *m* ['vi:dər-] **1.** *a. phys el mil* résistance (*gegen* à); *bes. pol* opposition *f* (*gegen* à); **2.** *(Luft~)* traînée *f;* ▶ *~ leisten* résister (*jdm, e-r S* à qn, à qc); *bewaffneten ~ leisten* se défendre les armes à la main. **Widerstandsbewegung** *f* mouvement *m* de résistance. **widerstandsfähig** *a* résistant. **Widerstandsfähigkeit** *f* résistance *f.* **widerstandslos I.** *a* passif, soumis; **II.** *adv* sans résistance. **widerstehen** [-'ʃte:ən] ‹*widerstand, widerstanden*› *itr a. fig* résister (*dat* à); ▶ *jdm ~ (widerlich sein)* répugner (*jdm* à qn). **widerstreben** [-'ʃtre:bən] ‹*ohne -ge-*› *itr* s'opposer (*dat* à); ▶ *jdm ~ (fig: gegen den Strich gehen)* répugner à qn. **Widerstreben** *n* **1.** opposition *f;* **2.** *(Widerwille)* répugnance *f.* **widerstrebend** *adv* à contrecœur. **Widerstreit** *m* conflit *m.* **widerstreitend** *a* antagonique; *(widersprüchlich)* contradictoire; *(entgegengesetzt)* opposé; *(ausea.gehend)* divergent. **widerwärtig** *a (unangenehm)* désagréable; *(abstoßend)* répugnant; *(Mensch a.)* antipathique. **Widerwärtigkeit** *f* ‹-, -en› **1.** *(ohne pl)* caractère désagréable; **2.** *(Unannehmlichkeit)* désagrément *m; pl (Scherereien)* ennuis *m pl.* **Widerwille** *m* répugnance, aversion *f; (Ekel)* dégoût *m* (*gegen* pour); ▶ *~n gegen etw empfinden* répugner à qc. **widerwillig** *adv* avec répugnance; malgré soi.

widmen ['vɪtmən] *tr (weihen, a. fig)* vouer; *(Buch)* dédier; *(opfern)* consacrer; ▶ *sich e-r S ~* se consacrer à qc. **Widmung** *f* ‹-, -en› *(e-s Buches)* dédicace *f.*

widrig ['vi:drɪç] *a (a. Wind)* contraire; *(Geschick)* contraire, adverse.

wie [vi:] **I.** *adv* **1.** *(fragend beim v: auf welche Weise)* comment? ▶ *~ geht es Ihnen?* comment allez-vous? *~ heißen Sie?* quel est votre nom? *~ bitte?* pardon? **2.** *(fragend bei e-m adv)* combien? ▶ *~ lange?* combien de temps? *~ oft?* combien de fois? *~ spät ist es?* quelle heure est-il? **3.** *(fragend bei e-m a):* ▶ *~ groß, lang ist ...?* quelle est la grandeur, la longueur de ...? **4.** *(ausrufend)* comment! *(bei e-m v)* comme; ▶ ~ *Sie das sagen!* comme vous le dites! *(bei e-m adv)* que; ▶ ~ *oft habe ich das gesagt!* que de fois ai-je dit cela! *stolz ~ er ist!* fier comme il est! ~ *schade!* quel dommage! **II.** *conj* **1.** *(vergleichend; Satzteile verbindend)* comme; ▶ *so groß ~ ich* aussi grand que moi; *ein Mann ~ er* un homme comme lui; **2.** *(e-n Nebensatz einleitend; der Art u. Weise)* comme; ▶ ~ *ich gehört habe* comme j'ai entendu dire; *ich sah, ~ er über die Straße ging* je le vis traverser la rue; ~ *die Dinge liegen* dans l'état actuel des choses; **3.** *(in gekürzten Sätzen)* ▶ ~ *gesagt* comme je l'ai déjà dit; **4.** *(konzessiv:)* ▶ ~ *dem auch sei* quoi qu'il en soit; **5.** *(zeitl.)* comme, au moment où; *(bei gleichem Subjekt)* en entrant; ▶ ~ *ich eintrete* au moment où j'entre. **Wie,** *das* ‹-, -e› le comment; la manière.

wieder ['vi:dər] *adv* de *od* à nouveau, encore (une fois); *(wird gegebenenfalls durch die Zeitwort-Vorsilben* re *u.* ré *wiedergegeben);* ▶ *immer* ~ continuellement; *nie* ~ jamais plus; ne ... plus jamais; ~ *anfangen (itr)* recommencer; ~ *einschlafen (itr)* se rendormir; *ich bin gleich ~ da* je reviens (tout) de suite; *da bin ich ~!* me voilà de retour! *fam* me revoilà!

Wiederanfang *m* [-'an-] recommencement *m,* reprise *f.* **Wiederaufbau** *m* ‹-(e)s, ø› [-'auf-] **1.** reconstruction *f;* **2.** *fig* redressement *m.* **wieder=aufbauen** ‹*baut wieder auf*› *tr fig* redresser. **wieder=aufbereiten** *tr* retraiter. **Wiederaufbereitung** *f tech* retraitement. **Wiederaufbereitungsanlage** *f* usine *f* de retraitement. **Wiederaufnahme** *f* reprise *f.* **wieder=aufnehmen** ‹*nimmt, nahm wieder auf, wiederaufgenommen*› *tr (Tätigkeit etc)* reprendre. **Wiederaufrüstung** *f* réarmement *m.*

wieder=bekommen ['vi:dər-] ‹*bekam wieder, wiederbekommen*› *tr (zurückbekommen)* récupérer; *(nur inf)* ravoir. **wieder=beleben** ‹*ohne -ge-*› *tr* réanimer; *a. fig* raviver; *med* ressusciter. **Wiederbelebung** *f* réanimation; *com* relance *f.* **Wiederbeschaffung** *f* remplacement *m.* **wieder=bringen** ‹*brachte wieder, wiedergebracht*› *tr (zurückbringen; Sache)* rapporter; *(Menschen, größeres Tier)* ramener.

wieder=eingliedern [-'ain-] ‹*gliedert wieder ein, wiedereingegliedert*› *tr* réinsérer. **Wiedereingliederung** *f* réinsertion *f.* **wieder=einstellen** ‹*stellt wieder ein, wiedereingestellt*› *tr (Arbeiter)* r(é)embaucher; *(Beamten)* réintégrer. **Wiedereinstellung** *f* réintégration *f.* **wieder=erkennen** ‹*erkannte wieder, wiedererkannt*› *tr* reconnaître (*an* à). **wieder=erlangen** ‹*ohne -ge-*› *tr jur med* recouvrer. **wieder=eröffnen** ‹*ohne -ge-*› *tr (Debatte, theat)* rouvrir. **Wiedereröffnung** *f* réouverture *f.* **wieder=finden** ‹*findet, fand wieder, wiedergefunden*› *tr* retrouver.

Wiedergabe *f* ['vi:dər-] *(Kunst, typ)* reproduction; *mus* excécution; *tech* répétition *f.* **wieder=geben** ‹*gibt, gab wieder, wiedergegeben*› *tr* **1.** *(zurückgeben)* rendre; **2.** *fig (in Wort u. Bild)* reproduire; *mus* exécuter; *(übersetzen)* rendre, traduire. **wiedergeboren** *a:* ▶ ~ *werden (nur inf)* renaître. **Wiedergeburt** *f (Wiederverkörperung)* réincarnation; *fig (Wiederaufleben)* renaissance *f; (neue Blüte)* renouveau *m.* **wieder=gewinnen** ‹*gewann wieder, wiedergewonnen*› *tr* regagner; récupérer. **wieder=gutmachen** [-'gu:tmaxən] ‹*macht wieder gut, wiedergutgemacht*› *tr* réparer; *(ausgleichen)* compenser; *(Unrecht)* redresser; ▶ *nicht wiedergutzumachen(d)* irréparable. **Wiedergutmachung** *f* ‹-, -en› réparation *f.* **wieder=haben** ['----] *tr* recouvrer; *(nur inf)* ravoir. **wieder=herstellen** [--'---] ‹*stellt wieder her*› rétablir *a. med u. fig; (auffrischen)* restaurer. **Wiederherstellung** *f* rétablissement *m a. med u. fig;* restauration *f.*

wiederholbar [vi:dər'ho:l-] *a* reproduisible. '**wieder=holen** *tr* aller rechercher. **wieder'holen** ‹*ohne -ge-*› *tr* **1.** répéter; *(Worte)* redire; (*erneuern; sport: Sieg*) renouveler; **2.** *(Gelerntes)* repasser; *(zs.fassend)* récapituler; *refl* **3.** *sich* ~ se répéter; *(Ereignis)* se reproduire; ▶ *e-e Klasse ~ (Schule)* redoubler une classe. **wiederholt** [--'-] **I.** *a* répété; **II.** *adv u.:* ▶ *zu ~en Malen* à plusieurs reprises. **Wiederholung** *f* [--'--] **1.** répétition *f;* renouvellement *m;* **2.** *(Tätigkeit u. Ergebnis)* récapitulation *f;* **3.** *theat mus* reprise; *radio (e-r Sendung)* retransmission *f.* **Wiederholungstäter** *m jur* recidiviste *m.*

Wiederhören *n* ['vi:dər-] : ▶ *auf ~! (tele)* au revoir! *radio* à la prochaine!

wieder=käuen ['vi:dər-] *tr* u. *itr, a. fig* ruminer. **Wiederkäuer** *m* ‹-s, -› *pl zoo* ruminants *m pl.* **Wiederkehr** *f* ‹-, ø› retour *m.* **wieder=kehren** *itr* ‹*sein*› **1.** revenir; *(nach Hause)* rentrer; **2.** *fig (sich wiederholen)* se répéter. **wiederkehrend** *a:* ▶ *regelmäßig ~* périodique. **wieder=kommen** ‹*kam wieder, wiedergekommen*› *itr* revenir; *(zurückkehren)* rentrer. **wieder=sehen** ‹*sieht, sah wieder, wiedergesehen*› *tr* revoir. **Wiedersehen** *n:* ▶ *auf ~!* au revoir! **wiederum** ['vi:dərum] *adv* **1.** *(aufs neue)* de nouveau; **2.** *(andererseits)* d'autre part; *(dagegen)* par contre. **wie-**

der=vereinigen ['vi:dər-] ⟨*ohne -ge-*⟩ *tr* réunir; *pol* réunifier. **Wiedervereinigung** *f* réunion; *pol* réunification *f.* **wieder=verwenden** ⟨*ohne -ge-*⟩ *tr* réutiliser. **wiederverwertbar** *a* recyclable. **wieder=verwerten** *tr* réutiliser; *(Abfallstoffe)* retraiter, recycler. **Wiederverwertung** *f* réutilisation *f;* retraitement, recyclage *m.* **Wiederwahl** *f* réélection *f.*

Wiege *f* ⟨-, -n⟩ ['vi:gə] berceau *m a. fig.* **Wiegemesser** *n* hachoir; *(für Gemüse)* hache-légumes *m.*

wiegen ['vi:gən] **(1)**. ⟨*wiegte, gewiegt*⟩ *tr* **1.** *(sanft schaukeln, bes. Kind)* bercer; **2.** *(Küche: fein schneiden)* hacher; ► *sich in Sicherheit* ~ se croire en sûreté; **(2)** ⟨*wog, gewogen*⟩ **1.** *itr (ein Gewicht haben)* peser; **2.** *tr* peser.

wiehern ['vi:ərn] *itr* hennir.

Wien [vi:n] *n geog* Vienne *f.* **Wiener** = *wienerisch;* ► ~ *Schnitzel n* escalope *f* viennoise. **Wiener(in)** *m* ⟨-s, -⟩ (*f* ⟨-, -nen⟩) Viennois(e *f*) *m f.* **wienerisch** ['vi:nərɪʃ] *a* viennois, de Vienne.

Wiese *f* ⟨-, -n⟩ ['vi:zə] pré *m; (~nland)* prairie *f.*

Wiesel *n* ⟨-s, -⟩ ['vi:zəl] *zoo* belette *f.*

wieso [vi:'zo:] *adv (fragend)* comment (cela)? pourquoi? *(e-n indirekten Fragesatz einleitend)* comment, pourquoi.

wieviel [-'-/'--] *adv (fragend)* combien (de)? *(ausrufend, a.)* que (de) ...! ► ~ *Uhr ist es?* quelle heure est-il? **wievielmal** *adv* combien de fois? **wievielte** *a:* ► *der, die* ~ quel, le; *den ~n haben wir (heute)? (fam)* quel jour sommes-nous?

wild [vɪlt] *a* **1.** *(in der Natur vorkommend; Gegend: vom Menschen unberührt)* sauvage; *(ungezähmt)* farouche; **2.** *(ungepflegt)* peu soigné; *(roh)* barbare; **3.** *(blutgierig; grimmig)* féroce; **4.** *(heftig)* violent; *(ungestüm)* impétueux; *(zügellos)* déchaîné; **5.** *(toll)* fou; *(wütend)* furieux; ► ~ *machen; (Menschen wütend machen)* mettre en colère; *~e Ehe f* union *f* libre. **Wild** *n* ⟨-(e)s, ø⟩ *(Jagdtiere)* gibier *m;* = *Wildbret.* **Wildbach** *m* torrent *m.* **Wildbret** *n* ⟨-s, ø⟩ ['-brɛt] venaison *f.* **Wilddieb** *m* braconnier *m.* **Wilde** *m* ⟨-n, -n⟩ *(Kulturloser)* sauvage *m.* **Wilderer** *m* ⟨-s, -⟩ braconnier *m.* **wildern** *itr* braconner. **Wildfang** *m fig (Junge)* petit diable *m; (Mädchen)* petite diablesse *f.* **wildfremd** *a* tout à fait étranger. **Wildheit** *f* ⟨-, ø⟩ **1.** nature *f m* sauvage; **2.** sauvagerie; barbarie; férocité *f;* **3.** violence; impétuosité; fureur *f.* **Wildleder** *n* (peau *f* de) daim *m.* **Wildnis** *f* ⟨-, -se⟩ contrée *f* sauvage; désert *m.* **Wildpark** *m* parc *m* giboyeux. **wildreich** *a* giboyeux. **Wildschwein** *n* sanglier *m.* **wildwachsend** *a bot* sauvage. **Wildwestfilm** *m* western *m.*

Wilhelm *m* ['vɪlhɛlm] Guillaume *m.*

Wille *m* ⟨-ns, (-n)⟩ ['vɪlə] volonté *f; (Wollen)* vouloir *m; (Absicht)* intention *f; (Wunsch)* désir; *(Belieben)* gré *m;* ► *aus freiem ~n* de bon gré, *wider ~n* malgré moi *etc; jdm s-n ~n lassen* laisser faire qn à sa guise; *(s-n) guten ~n zeigen* faire acte de bonne volonté; *freier* ~ *(philos)* libre arbitre *m; guter* ~ bonne volonté *f; der Letzte* ~ *(jur)* les dernières volontés *f pl.* **willen:** ► *um* ... ~ *(prp gen)* à cause de; *um Himmels ~!* pour l'amour de Dieu! **willenlos** *a* sans volonté; *(gefügig)* docile. **willens** *a:* ► ~ *sein, etw zu tun* avoir l'intention de faire qc. **Willensfreiheit** *f philos* libre arbitre *m.* **willentlich** *adv* à dessein, exprès. **willfährig** ['---/'--] *a (nachgiebig)* déférent; *(gefällig)* complaisant. **willig I.** *a* de bonne volonté; *(folgsam)* docile; *(geneigt)* (bien) disposé (*etw zu tun* à faire qc); **II.** *adv* de bonne volonté.

willkommen [-'--] *a (Person)* bienvenu; *(Sache)* (qui vient) à propos, agréable; ► *jdn* ~ *heißen* souhaiter la bienvenue à qn; *seien Sie ~!* soyez le bienvenu!

Willkür *f* ⟨-, ø⟩ ['--] arbitraire; *(Belieben)* bon plaisir, gré *m.* **willkürlich** ['---] **I.** *a* arbitraire; **II.** *adv* arbitrairement.

wimmeln ['vɪməln] *itr (Lebewesen)* pulluler; *(Ort von Lebewesen)* grouiller (*von* de).

wimmern ['vɪmərn] *itr* gémir, geindre.

Wimpel *m* ⟨-s, -⟩ ['vɪmpəl] fanion *m.*

Wimper *f* ⟨-, -n⟩ ['vɪmpər] *anat, bot* cil *m;* ► *ohne mit der* ~ *zu zucken (fig)* sans sourciller. **Wimperntusche** *f* mascara *m.*

Wind *m* ⟨-(e)s, -e⟩ [vɪnt, '-də] **1.** vent *m;* **2.** *physiol (Blähung)* vent, pet *m;* ► *bei* ~ *und Wetter* par tous les temps; ~ *von etw bekommen (fig)* avoir vent de qc; *der* ~ *kommt von Osten* nous avons du vent d'est; *der* ~ *legt sich* le vent tombe. **Windbeutel** *m* **1.** *(Gebäck)* chou *m* (à la crème); **2.** *fig (Mensch)* évaporé; fanfaron *m.*

Winde *f* ⟨-, -n⟩ ['vɪndə] **1.** *tech* cric, vérin, treuil; *mar* cabestan, *(kleinere)* guindeau; **2.** *bot* liseron, volubilis *m.*

Windel *f* ⟨-, -n⟩ ['vɪndəl] lange *m,* couche *f.* **windelweich** *a fig:* ► *jdn* ~ *schlagen* battre qn comme plâtre.

winden ['vɪndən] **(1)** ⟨*windet, wand, gewunden*⟩ **1.** *tr* tordre; *(mehrfach)* tortiller; *(Kränze)* tresser; ► *jdm etw aus den Händen* ~ arracher qc des mains de qn; **2.** *refl: sich* ~ se tordre (*vor Schmerz* de douleur); *(hin u. her)* se tortiller; *(Fluß, Weg)* serpenter; ► *sich um etw* ~ enlacer qc; *fig (e-r S auszuweichen suchen)* chercher à éluder qc; **(2)** ⟨*windet, windete, gewindet*⟩ *impers:* ► *es windet (ist windig)* il fait du vent.

Windeseile *f* ['vɪndəs-] ► *in* od *mit* ~ comme le vent. **windgeschützt** *a* à l'abri du vent. **Windhauch** *m* souffle *m* de vent. **Windhose** *f mete* trombe *f*. **Windhund** *m* **1.** *zoo* lévrier *m;* **2.** *fig fam (leichtfertiger Mensch)* étourneau *m.* **windig** ['-dɪç] *a* **1.** venteux; *(Ort)* exposé au vent; **2.** *fig (Mensch: unzuverlässig)* évaporé; *(Worte: leer)* creux; *(unsicher)* précaire; ► *es ist* ~ il fait du vent. **Windjacke** *f* anorak *m.* **Windkanal** *m tech* soufflerie *f.* **Windkraft** *f* énergie *f* éolienne. **Windlicht** *n (Sturmlaterne)* lampe *f* tempête. **Windmühle** *f* moulin *m* à vent. **Windpocken** *pl med* varicelle *f.* **Windrad** *n* (roue) éolienne *f.* **Windrichtung** *f* direction *f* du vent. **Windschatten** *m mar* côté *m* abrité du vent; ► *im* ~ à l'abri du vent. **Windschutz** *m* abri *m* contre le vent. **Windschutzscheibe** *f mot* pare-brise *m.* **Windstärke** *f* force *f* du vent. **windstill** *a* calme; ► *es ist* ~ il fait un temps calme. **Windstille** *f* calme *m.* **Windstoß** *m* coup *m* de vent; rafale *f.* **Windsurfbrett** *n* ['-zœrf-] planche *f* à voile. **windsurfen** *itr* faire de la planche à voile. **Windsurfen** *n* ['-zœrfən] planche *f* à voile. **Windsurfer** *m* ['-zœrfər] véliplanchiste *m.*

Windung *f* ‹-, -en› ['vɪndʊŋ] *(Krümmung)* (re)tour *m; pl (e-s Flusses, e-r Straße)* détours *m pl.*

Wink *m* ‹-(e)s, -e› [vɪŋk] **1.** signe; *(Geste)* geste *m;* **2.** *fig (Hinweis)* avertissement; *fam (Tip)* tuyau *m;* ► *jdm e-n* ~ *geben (fig)* avertir qn.

Winkel *m* ‹-s, -› ['vɪŋkəl] **1.** *(Ecke)* coin; *bes. math* angle *m;* **2.** *mil (Gradabzeichen)* chevron *m;* **3.** *tech (~maß)* équerre *f;* **4.** *(dunkler, stiller ~)* (re)coin *m.* **Winkelfunktion** *f math* fonction *f* trigonométrique. **wink(e)lig** *a* anguleux. **Winkelmaß** *n tech* équerre *f.* **Winkelzüge** *m pl* détours *m pl,* faux-fuyants *m pl.*

winken ['vɪŋkən] *itr* **1.** faire (des) signe(s) (*jdm* à qn; *mit etw* de qc); *mot* signaler; **2.** *fig (in Aussicht stehen)* attendre (*jdm* qn); ► *mit dem Taschentuch* ~ agiter le mouchoir.

winseln ['vɪnzəln] *itr* gémir; *(jammern)* geindre; pousser des cris plaintifs.

Winter *m* ‹-s, -› ['vɪntər] hiver *m;* ► *im* ~ en hiver; *mitten im* ~ en plein hiver. **Wintereinbruch** *m* arrivée *f* soudaine de l'hiver. **Winterfahrplan** *m* horaire *od* service *m* d'hiver. **Wintergarten** *m* jardin *m* d'hiver. **Winterhalbjahr** *n (Schule)* semestre *m* d'hiver. **Winterkleidung** *f* vêtements *m pl* d'hiver. **winterlich** *a* d'hiver, hivernal. **Winterreifen** *m pl mot* pneus *m pl* pour la neige. **Winterschlaf** *m zoo* hibernation *f;* ► ~ *halten* hiberner. **Winterschlußverkauf** *m* soldes *m pl* d'hiver. **Winterspiele** *n pl:* ► *Olympische* ~ jeux *m pl* Olympiques d'hiver. **Wintersport** *m* sports *m pl* d'hiver.

Winzer *m* ‹-s, -› ['vɪntsər] vigneron; viticulteur *m.* **Winzergenossenschaft** *f* coopérative *f* viticole.

winzig ['vɪntsɪç] *a* minuscule; minime.

Wipfel *m* ‹-s, -› ['vɪpfəl] *(e-s Baumes)* cime, tête *f.*

Wippe *f* ‹-, -n› ['vɪpə] *(Schaukelbrett)* balançoire *f.* **wippen** *itr* se balancer.

wir [vi:r] *pron* nous; *(betont)* nous autres; ► ~ *Deutschen pl* nous autres Allemands; ~ *sind es* c'est nous.

Wirbel *m* ‹-s, -› ['vɪrbəl] **1.** *(schnelle Kreisbewegung) a. fig* tourbillon; *(Strudel)* remous; *(Haar~)* épi *m* (de cheveux); **2.** *anat (~knochen)* vertèbre *f;* **3.** *(Saitenspanner)* cheville *f;* **4.** *(Trommel~)* roulement *m* (de tambour). **wirbellos** *a zoo* invertébré; ► *~e Tiere n pl* invertébrés *m pl.* **wirbeln** *itr* **1.** ‹*sein*› tourbillonner; **2.** ‹*h*› *(Trommel)* rouler. **Wirbelsäule** *f anat* colonne *f* vertébrale. **Wirbelsturm** *m* cyclone *m.* **Wirbeltiere** *n pl* vertébrés *m pl.* **Wirbelwind** *m* tourbillon *m.*

wirken ['vɪrkən] *tr* **1.** *(herstellen, bes. Textilien)* faire; *(weben)* tisser; **2.** *fig (tun, erzielen)* faire, avoir comme résultat; *itr* **3.** *(tätig sein, bes. beruflich)* travailler; **4.** *(e-e Wirkung erzielen, Einfluß haben)* agir, faire de l'effet, influer (*auf* sur); être efficace; **5.** *(Eindruck machen)* faire de l'impression; ► ~ *als* être; *wie etw* ~ faire l'effet de qc. **Wirken** *n* activité, action *f.*

wirklich I. *a* **1.** réel, effectif; **2.** *(echt)* vrai, véritable; **II.** *adv* effectivement; vraiment; ► ~? vraiment? *ist das* ~ *wahr?* est-ce bien vrai? **Wirklichkeit** *f* ‹-, ø› réalité *f; (Tatsache)* fait *m;* ► ~ *werden* se réaliser. **Wirklichkeitssinn** *m* ‹-(e)s, ø› réalisme *m.*

wirksam I. *a* **1.** *a. med* efficace; *(wirkend)* actif; **2.** *jur (gültig)* valable; **II.** *adv* efficacement; ► ~ *werden* prendre effet. **Wirksamkeit** *f* ‹-, ø› **1.** *(e-s Mittels)* efficacité *f;* activité *f;* **2.** *jur (Gültigkeit)* validité *f.*

Wirkung *f* ‹-, -en› ['vɪrkʊŋ] **1.** *(Tätigkeit; a. chem, tech)* action; *(Wirksamkeit)* efficacité *f;* **2.** *(Folge)* conséquence *f;* *(Ergebnis, a. phys)* effet *m;* **3.** *(Eindruck)* impression; *(Einfluß)* influence *f;* ► *mit* ~ *vom (1. April)* avec effet du (1er avril); *auf etw e-e* ~ *haben* faire de l'effet sur qc; *s-e* ~ *verlieren (pharm)* devenir inopérant. **Wirkungsgrad** *m* degré d'efficacité; *phys, tech* rendement *m.* **Wirkungskreis** *m* rayon *m* d'action. **wirkungslos** *a* sans effet, inefficace; inopérant. **Wirkungslosigkeit** *f* ‹-, ø› inefficacité *f.* **wirkungsvoll** *a* efficace.

Wirkungsweise *f* mode d'action, fonctionnement *f.*
wirr [vɪr] *a* **1.** *a. fig* confus, embrouillé; **2.** *(Haare)* ébouriffé; ▶ *~es Zeug reden* déraisonner. **Wirren** *pl pol* troubles *m pl.* **Wirrkopf** *m pej* esprit *m* confus. **Wirrwarr** *m* ⟨-s, ø⟩ ['-var] pêle-mêle, chaos; *fam* tohu-bohu *m.*
Wirsing(kohl) *m* ⟨-s, ø⟩ ['vɪrzɪŋ] chou *m* de Milan.
Wirt *m* ⟨-(e)s, -e⟩ [vɪrt] **1.** *(Gastgeber)* hôte *m;* **2.** *(Zimmer~)* logeur; *(Haus~)* propriétaire *m;* **3.** *(Hotelbesitzer, Gast~)* hôtelier; *(Schank~)* cafetier; *(Speise~)* restaurateur *m;* **4.** *biol (e-s Parasiten)* hôte *m.* **Wirtin** *f* **1.** hôtesse *f;* **2.** logeuse; propriétaire *f;* **3.** hôtelière patronne *f* du café *od* du restaurant.
Wirtschaft *f* ⟨-, -en⟩ ['vɪrtʃaft] **1.** *(Haus~)* ménage *m;* **2.** *(Gast~)* café; *(Speiselokal)* restaurant *m,* brasserie *f;* **3.** *(Volks~)* économie *f* (politique); **4.** *fam pej (Unordnung)* remue-ménage *m.* **wirtschaften** *itr* **1.** *(haushalten)* tenir le ménage; **2.** *fig (mit Geld umgehen)* gérer ses affaires. **Wirtschafterin** *f* ⟨-, -nen⟩ **1.** *(Haushälterin)* gouvernante *f;* **2.** *(Verwalterin)* gérante *f.* **Wirtschaftler** *m* ⟨-s, -⟩ *(Volkswirt)* économiste *m.* **wirtschaftlich I.** *a* **1.** économique; *(finanziell)* financier; **2.** *(rationell)* rationnel; *(lohnend)* rentable; *(Mensch: sparsam)* économe; **II.** *adv* économiquement; ▶ *die ~en Verhältnisse (in e-m Lande)* situation économique; *(e-s Menschen)* situation *f* pécuniaire. **Wirtschaftlichkeit** *f* ⟨-, ø⟩ *(Rentabilität)* rentabilité *f.*
Wirtschaftsaufschwung *m* ['vɪrtʃafts-] essor *m* économique. **Wirtschaftsberater** *m* conseiller *m* économique. **Wirtschaftsblockade** *f* blocus *m* économique. **Wirtschaftsflüchtling** *m* réfugié *m* économique. **Wirtschaftsform** *f* système *m* économique. **Wirtschaftsgebäude** *n pl* communs *m pl.* **Wirtschaftsgeld** *n* argent *m* du ménage. **Wirtschaftsgemeinschaft** *f:* ▶ *die Europäische ~ (EWG)* la Communauté économique européenne (C.E.E.). **Wirtschaftsjahr** *n* exercice *m.* **Wirtschaftskriminalität** *f* délits *m pl* commis dans l'industrie. **Wirtschaftskrise** *f* crise *f* économique. **Wirtschaftslage** *f* situation *f* économique. **Wirtschaftsleben** *n* activité *f* économique. **Wirtschaftsminister** *m* ministre *m* des affaires économiques. **Wirtschaftsministerium** *n* ministère *m* de l'économie (publique). **Wirtschaftspolitik** *f* politique *f* économique. **Wirtschaftsprüfer** *m* commissaire aux comptes; expert *m* comptable. **Wirtschaftsteil** *m (e-r Zeitung)* rubrique *f* économique. **Wirtschaftswachstum** *n* croissance *f* économique. **Wirtschaftswissenschaft** *f* science *f* économique. **Wirtschaftswunder** *n* miracle *m* économique.
Wirtshaus *n* ['vɪrts-] *(Gasthaus)* auberge *f; (Gaststätte)* café *m.* **Wirtsleute** *pl* propriétaires *m pl.*
Wisch *m* ⟨-(e)s, -e⟩ [vɪʃ] *pej (Zettel; Schreiben)* chiffon *m* de papier. **wischen** *tr* **1.** essuyer; *(mit e-m Lappen)* torch(onn)er; **2.** *(Kunst)* estomper. **Wischlappen** *m,* **Wischtuch** *n* torchon; *(Staubtuch)* chiffon *m* à épousseter; *(Scheuertuch)* serpillière *f.*
wispern ['vɪspərn] *tr* u. *itr* chuchoter.
Wißbegier(de) *f* ['vɪs-] désir *m* de savoir. **wißbegierig** *a* avide de savoir *od* d'apprendre.
wissen ['vɪsən] ⟨*weiß, wußte, gewußt*⟩ *tr* u. *itr* savoir *(von, über* de*);* ▶ *von* od *um etw ~* avoir connaissance de qc; *soviel ich weiß* (autant) que je sache; *etw nicht ~* ignorer qc; *nicht ~, was man sagen soll* ne savoir que dire; *weder ein noch aus ~* ne savoir que faire *od* où donner de la tête; *etw zu schätzen ~* savoir apprécier qc; *von etw nichts ~ wollen* ne pas vouloir entendre parler de qc; *Sie müssen ~, daß …* sachez que …; *gut, daß ich es weiß* c'est bon à savoir; *nicht, daß ich wüßte* pas que je sache; *was weiß ich!* qu'est-ce que j'en sais! **Wissen** *n* ⟨-s, ø⟩ savoir *m; (Kenntnisse)* connaissances *f pl;* ▶ *meines ~s* à ma connaissance, (autant) que je sache; *mit meinem ~* avec mon assentiment; *ohne mein ~* à mon insu. **Wissenschaft** *f* ⟨-, -en⟩ science *f* **Wissenschaftler** *m* ⟨-s, -⟩ scientifique; *(Gelehrter)* savant; *(Forscher)* chercheur *m.* **wissenschaftlich** *a* scientifique; *(gelehrt)* savant. **Wissensdurst** *m* ⟨-(e)s, ø⟩ soif *f* d'instruction. **Wissensgebiet** *n* branche *f* de la science. **Wissenslücke** *f* lacune *f.* **wissenswert** *a* intéressant. **wissentlich** *adv* sciemment.
wittern ['vɪtərn] **1.** *tr (nach dem Geruch bemerken, a. fig),* flairer; *fig (ahnen)* se douter de; **2.** *itr (Wild)* prendre le vent. **Witterung** *f* ⟨-, ø⟩ **1.** *(Geruchssinn, bes. des Hundes)* flair; *(Geruchsspur des Wildes)* vent *m;* **2.** *(Wetter)* temps *m* (qu'il fait). **Witterungsverhältnisse** *n pl* conditions *f pl* atmosphériques.
Witwe *f* ⟨-, -n⟩ ['vɪtvə] veuve *f.* **Witwer** *m* ⟨-s, -⟩ veuf *m.*
Witz *m* ⟨-es, -e⟩ [vɪts] **1.** *(ohne pl) (Geist)* esprit *m; (Schlauheit)* ingéniosité *f;* **2.** *(witziger Einfall)* boutade *f; (~wort)* mot d'esprit, bon *m* mot; (Wortspiel) jeu *m* de mots; (Scherz) plaisanterie *f;* ▶ *mach keine ~e!* ne raconte pas d'histoires! **Witzblatt** *n* journal *m* humoristique. **Witzbold** *m*

‹-(e)s, -e› ['-bɔlt, -də] farceur; *fam* blagueur *m.* **witzeln** *itr* faire de l'esprit. **witzig** *a (geistreich)* plein d'esprit; *(Äußerung)* amusant. **witzlos** *a* sans esprit; *(Sache) (fam)* sans intérêt.

wo [vo:] *adv (fragend, a. indirekt)* où; *(unbestimmt, fam: irgendwo)* quelque part; *(relativ)* où: ▶ *dort,* ~ là où; *am Tage,* ~ *(zeitl.)* le jour où; *gestern,* ~ hier que. **woanders** [-'--] *adv* ailleurs. **wobei** [-'-] *adv (fragend, a. indirekt)* à (l'occasion de) quoi.

Woche *f* ‹-, -n› ['vɔxə] semaine *f;* ▶ *in drei ~n (in e-m Zeitraum von drei ~n)* en trois semaines; *(heute) in drei ~n* dans trois semaines; *jede zweite* ~ tous les quinze jours. **Wochenbett** *n* couches *f pl.* **Wochenblatt** *n (Zeitung)* (journal) hebdomadaire *m.* **Wochenende** *n* week-end *m,* fin *f* de semaine; ▶ *am* ~ en fin de semaine. **Wochenendhaus** *n* résidence *f* secondaire. **Wochenkarte** *f loc* carte *f* (d'abonnement) hebdomadaire. **wochenlang** **I.** *a* qui dure(nt) des semaines entières; **II.** *adv* des semaines entières. **Wochenmarkt** *m* marché *m* de la semaine. **Wochenschau** *f film* actualités *f pl.* **Wochentag** *m* jour de semaine; *(Werktag)* jour *m* ouvrable. **wochentags** *adv* en semaine, les jours ouvrables. **wöchentlich** ['vœçəntlıç] **I.** *a* hebdomadaire; **II.** *adv* par *od* chaque semaine.

Wöchnerin *f* ‹-, -nen› ['vœçnərın] accouchée *f.*

wodurch [vo:'durç] *adv* **1.** *(fragend, a. indirekt)* par quoi, par quel moyen; *(relativ)* par où; **2.** *(durch den, die, das)* par lequel, laquelle. **wofür** [-'-] *adv (fragend, a. indirekt)* pour quoi, à quelle fin; *(relativ: für den, die, das)* pour lequel, laquelle; ▶ ~ *halten Sie mich?* pour qui me prenez-vous?

Woge *f* ‹-, -n› ['vo:gə] vague, onde *a. fig.*

wogegen [vo:'ge:gən] **I.** *adv (fragend, a. indirekt)* contre quoi; *(relativ: gegen den, die, das)* contre lequel, laquelle; **II.** *conj (gegensätzl.: während)* tandis que.

wogen ['vo:gən] *itr* **1.** *(Wellen schlagen)* rouler des vagues, être agité; **2.** *(Kornfeld)* ondoyer.

woher [vo:'he:r] *adv (fragend, a. indirekt)* d'où; de quel endroit *od* côté; *(auf welche Weise)* comment; ▶ ~ *soll ich das wissen?* comment le saurais-je? *(relativ)* d'où. **wohin** [-'-] *adv (fragend, a. indirekt)* où; *(relativ)* où.

wohl [vo:l] **I.** *a pred (gesund)* bien (portant); **II.** *a (mit unpersönl. Form von: sein)* u. *adv (angenehm)* bien; **III.** *adv* **1.** *(sicherlich)* certainement; *(wahrscheinlich)* sans doute; *(vielleicht)* peut-être; *(allerdings, zwar)* certes; **2.** *(ungefähr)* à peu près; **IV.** *interj (nun ~!)* eh bien! ▶ ~ *dem, der ...* (bien)heureux celui qui ...; ~ *oder übel* bon gré, mal gré; *mir ist (nicht)* ~ je (ne) me sens (pas) bien; *mir ist ~er* je me sens mieux; *ich fühle mich hier* ~ je suis bien ici; *er wird* ~ *krank sein* il semble qu'il est *od* soit malade; *das mag* ~ *sein* c'est bien possible; *leben Sie ~!* adieu!

Wohl *n* ‹-(e)s, ø› bien; *(~befinden)* bien-être *m; (Gesundheit)* santé; *(Gedeihen, Glück)* prospérité *f,* bonheur; *(Heil)* salut *m;* ▶ *auf jds* ~ *trinken* boire à la santé de qn; *auf Ihr ~! zum ~!* à votre santé! **wohlauf** [-'ʔauf/ -'lauf] *a (gesund)* bien portant. **Wohlbefinden** *n* bien-être *m; med* bonne santé *f.* **Wohlbehagen** *n* (sentiment de) bien-être *m.* **wohlbehalten** *a (Mensch)* sain et sauf. **wohlbekannt** *a* bien connu. **Wohlergehen** *n* bien-être *m,* santé, prospérité *f.* **wohlerzogen** *a* bien élevé. **Wohlfahrt** *f* ‹-, ø› **1.** *(Wohl, Heil)* salut *m;* **2.** *(Fürsorge)* prévoyance *od* aide *f* sociale. **Wohlfahrtsstaat** *m* État-providence *m.* **Wohlgefallen** *n* plaisir *m; (Zufriedenheit)* satisfaction *f.* **wohlgefällig** *a* **1.** agréable; **2.** *(zufrieden)* content. **Wohlgefühl** *n* sentiment *m* de bien-être. **wohlgemeint** *a (Rat)* bien intentionné; *(freundschaftlich)* amical. **wohlgemerkt** *interj* bien entendu! **Wohlgeruch** *m* bonne odeur *f.* **Wohlgeschmack** *m* bon goût *m.* **wohlgesinnt** *a* bien intentionné; *(freundschaftlich)* amical. **wohlhabend** *a* aisé. **wohlig** *a (Wärme, Ruhe, Gefühl)* agréable. **Wohlklang** *m* harmonie *f.* **wohlriechend** *a* qui sent bon; odor(ifér)ant. **wohlschmeckend** *a* savoureux. **Wohlsein** *n:* ▶ *zum ~!* à votre santé! **Wohlstand** *m* ‹-(e)s, ø› aisance *f; (Reichtum)* prospérité *f.* **Wohlstandsgesellschaft** *f* société *f* d'abondance. **Wohltat** *f* bienfait *m.* **Wohltäter(in** *f***)** *m* bienfaiteur, -trice *m, f.* **wohltätig** *a* bienfaisant; *(mildtätig)* charitable *(gegen* envers). **Wohltätigkeit** *f* ‹-, ø› bienfaisance; *(Mildtätigkeit)* charité *f.* **wohltuend** *a* bienfaisant; *(bei Schmerzen)* qui soulage; *(angenehm)* agréable. **wohl≈tun** ‹*tut, tat wohl, wohlgetan*› *itr* faire du bien *(jdm* à qn); *(bei Schmerzen)* soulager *(jdm* qn). **wohlüberlegt** *a* bien réfléchi; ▶ ~ *vorgehen* procéder avec circonspection. **wohlverdient** *a* bien mérité. **wohlverstanden** *a:* ▶ *~!* bien entendu! **Wohlwollen** *n* ‹-s, ø› bienveillance; *(Gunst)* bonnes grâces *f pl.* **wohlwollend** **I.** *a* bienveillant; *(gewogen)* favorable; *(freundlich)* aimable; **II.** *adv* avec bienveillance.

Wohnbaracke *f* ['vo:n-] préfabriqué *m.*

Wohnblock *m* ‹-s, -s› building *m.*

Wohndichte *f* densité *f* d'habitat.

wohnen *itr* **1.** habiter (*bei* chez); *(übernachten)* loger; **2.** *(s-n Wohnsitz haben)* être domicilié; ▶ *zur Miete* ~ être locataire. **Wohnfläche** *f* surface *f* habitable. **Wohngebiet** *n* zone *f* résidentielle. **Wohngemeinschaft** *f* communauté *f*. **Wohnhaus** *n* maison *f* d'habitation. **Wohnheim** *n* foyer *m*. **Wohnküche** *f* chambre-cuisine *f*. **Wohnlage** *f* site *m*; ▶ *in günstiger* ~ bien situé. **wohnlich** *a* comfortable. **Wohnmobil** *n* camping-car *m*. **Wohnort** *m* domicile *m*. **Wohnrecht** *n* droit *m* de domicile. **Wohnsitz** *m* domicile *m*.

Wohnung *f* ‹-, -en› ['vo:nʊŋ] **1.** *allg* habitat(ion *f*); *(Unterkunft)* logis; *(kleinere* ~*)* logement; *(große* ~*)* appartement *m*; **2.** *(Wohnsitz)* domicile *m*. **Wohnungsbau** *m* ‹-(e)s, ø› construction *f* de logements. **Wohnungseigentümer** *m* propriétaire *m*. **Wohnungseinrichtung** *f* mobilier *m*. **Wohnungsinhaber** *m* **1.** propriétaire *m* d'appartement; **2.** *(Vermieter)* logeur *m*; **3.** *(Mieter)* locataire *m*. **Wohnungsmakler** *m* agent *m* immobilier. **Wohnungsmarkt** *m* marché *m* immobiler. **Wohnungsnot** *f* crise *f* du logement. **Wohnungssuche** *f*: ▶ *auf der* ~ à la recherche d'un logement. **Wohnungstür** *f* porte *f* d'appartement. **Wohnungswechsel** *m* changement *m* de domicile.

Wohnviertel *n* ['vo:n-] quartier *m* résidentiel. **Wohnwagen** *m mot* caravane *f*. **Wohnzimmer** *n* salon *m*.

wölben ['vœlbən] **1.** *tr arch* voûter; *(Straße)* donner du profil à; *allg* cambrer; **2.** *refl: sich* ~ se voûter. **Wölbung** *f* ‹-, -en› *allg* cambrure; arch voûte *f*; *(e-r Straße)* profil *m*.

Wolf *m* ‹-(e)s, ⸚e› [vɔlf, 'vœlfə] **1.** *zoo* loup *m*; **2.** *med* écorchure *f*; **3.** *(Fleisch~)* hachoir *m* à viande. **Wölfin** *f* ‹-, -nen› ['vœlfɪn] louve *f*.

Wolfram *n* ‹-s, ø› ['vɔlfram] *chem* tungstène *m*.

Wolke *f* ‹-, -n› ['vɔlkə] *(a. Rauch-, Staub~ u. fig)* nuage *m*. **Wolkenbruch** *m* pluie *f* torrentielle. **Wolkendecke** *f* ‹-, ø› plafond *m* nuageux. **Wolkenkratzer** *m arch* gratte-ciel *m*. **wolkenlos** *a* sans nuages. **wolkig** *a* nuageux.

Wolle *f* ‹-, -n› ['vɔlə] laine *f*; *(Wollstoff)* lainage *m*.

wollen ['vɔlən] **I.** *a* de *od* en laine; **II.** ‹*will, wollte, gewollt*› *tr u. itr* **1.** vouloir (*etw tun* faire qc; *daß* que *subj*); *(wünschen)* désirer (*etw tun* faire qc; *daß* que *subj*); **2.** *(beabsichtigen)* avoir l'intention (*etw tun* de faire qc); compter (*etw tun* faire qc); **3.** *(fordern)* demander (*daß* que *subj*); **4.** *(behaupten: mit inf des Perfekts)* prétendre (*etw getan haben* avoir fait qc); ▶ *gerade etw tun* ~ aller faire *od* être sur le point de faire qc; *lieber* ~ aimer mieux, préférer (*etw tun* faire qc); *was ich noch sagen wollte* à propos; *er macht nur, was er will* il n'en fait qu'à sa tête; *das will nichts heißen* cela ne veut rien dire; *was ~ Sie von mir?* que me voulez-vous? *wo ~ Sie hin?* où voulez-vous aller? *worauf ~ Sie hinaus?* où voulez-vous en venir? *zu wem ~ Sie?* qui cherchez-vous? *das will ich hoffen!* j'espère bien! **Wollen** *n* vouloir *m*, volonté *f*.

wollig ['vɔlɪç] *a* laineux; *(flaumig)* cotonneux; *(Haare)* crépu.

Wolljacke *f* ['vɔl-] cardigan *m*. **Wollknäuel** *m* od *n* pelote *f* de laine. **Wollsachen** *f pl* lainages *m pl*. **Wollstoff** *m* étoffe *f* de laine, lainage *m*.

Wollust *f* ‹-, ⸚e› ['vɔl(l)ʊst] volupté *f*. **wollüstig** *a* voluptueux.

Wollwaren *f pl* ['vɔl-] articles de laine, lainages *m pl*. **Wollwäsche** *f (Tätigkeit)* lavage *m* des laines.

womit [vo:'mɪt] *adv* **1.** *(fragend, a. indirekt)* avec *od* par quoi; **2.** *(relativ: mit dem, der)* avec *od* à *od* par lequel, laquelle; ▶ ~ *kann ich Ihnen dienen?* en quoi puis-je vous être utile? **womöglich** [-'--] *adv* **1.** si possible; **2.** *(vielleicht)* peut-être. **wonach** [-'-] *adv* **1.** *(fragend, a. indirekt)* après *od* selon *od* sur quoi; **2.** *(relativ: nach dem, der)* après *od* selon *od* sur lequel, laquelle.

Wonne *f* ‹-, -n› ['vɔnə] délice(s *f pl*) *m*; *(Entzücken)* ravissement *m*; *(Freude)* joie *f*; *(Glück)* bonheur *m*. **wonnevoll** *a*, **wonnig** *a* délicieux, ravissant.

woran [vo'ran] *adv* **1.** *(fragend, a. indirekt)* à quoi; **2.** *(relativ: an dem, der)* auquel, à laquelle; ▶ ~ *liegt das?* quelle en est la cause? **worauf** [-'raʊf] *adv* **1.** *(fragend, a. indirekt)* sur quoi; **2.** *(zeitl. = darauf)*; après quoi; **3.** *(relativ: auf dem, der)* sur lequel, laquelle. **woraus** [-'raʊs] *adv* **1.** *(fragend, a. indirekt)* d'où; de *od* en quoi; **2.** *(relativ: aus dem, der)* duquel, de laquelle; dont; ▶ ~ *ist dieser Löffel?* en quoi est cette cuiller? **worin** [-'rɪn] *adv* **1.** *(fragend, a. indirekt)* dans *od* en quoi; où? **2.** *(relativ: in dem, der)* dans lequel, laquelle; ▶ ~ *liegt der Unterschied?* qu'est-ce qui fait la différence?

Wort *n* ‹-(e)s, ⸚er *od* -e› [vɔrt, 'vœrtər] **1.** ‹*pl* ⸚*er*› *(als grammatischer Begriff u. Baustein d. Sprache)* mot, vocable; *(Ausdruck)* terme *m*, expression *f*; **2.** ‹*pl -e*› *(Äußerung, Rede)* parole(s *pl*) *f*; propos *m pl*; *(Versprechen)* parole *f* (donnée); *(Ausspruch)* mot *m*; *(Sprich~)* proverbe *m*; ▶ *bei diesen ~en* à ces mots; *in ~en (fin: ausgeschrieben)* en (toutes) lettres; *mit anderen ~en* autrement dit; *mit diesen ~en* ce disant; *nach s-n ~en* d'après ses dires; *ohne ein ~ zu sagen* sans rien dire; *das ~ ergreifen (a. parl)* prendre la parole; *jdm ins ~ fallen* couper la parole à qn; *jdm sein ~ geben* donner sa parole à qn; *das ~ haben (a. parl)* avoir la parole; *jds ~ haben* avoir la parole de qn; *das letzte ~ haben* avoir le dernier mot; *sein ~ halten* tenir parole: *jdn nicht zu ~ kommen lassen* ne pas laisser parler qn; *jdn beim ~ nehmen* prendre qn au mot; *kein ~ verstehen* ne pas comprendre un mot; *sein eigenes ~ nicht verstehen (vor Lärm)* ne pas s'entendre; *es ist kein wahres ~ daran* il n'y a pas un mot de vrai là-dedans; *hat man da ~e? (fam)* a-t-on jamais vu pareille chose? *das ~ Gottes* la parole de Dieu. **Wortart** *f gram* catégorie *f* grammaticale. **wortbrüchig** *a* qui manque *od* a manqué à sa parole.

Wörterbuch *n* dictionnaire *m.* **Wörterverzeichnis** *n* vocabulaire, glossaire *m,* index *m.*

Wortfamilie *f* ['vɔrt-] famille *f* de mot. **Wortfeld** *n* champ *m* sémantique. **Wortführer** *m (Sprecher, Vertreter)* porte-parole. *m.* **Wortgefecht** *n* joute *f* oratoire. **wortgetreu I.** *a (wörtlich)* littéral; **II.** *adv* littéralement, à la lettre. **wortkarg** *a* avare de paroles; *(schweigsam)* taciturne. **Wortklauber** *m* éplucheur *m* de mots. **Wortklauberei** *f* chicane *f* sur les mots. **Wortlaut** *m* texte *m; (Inhalt e-s Schriftstücks)* teneur *f; jur* termes *m pl.*

wörtlich ['vœrtlıç] **I.** *a* littéral; **II.** *adv a.* à la lettre, mot à mot.

wortlos ['vɔrt-] **I.** *a (stumm)* muet; **II.** *adv* sans rien dire. **Wortschatz** *m* ⟨-es, (¨-e)⟩ *(e-r Sprache)* vocabulaire *m.* **Wortschwall** *m* ⟨-(e)s, ø⟩ flot *m* de paroles. **Wortspiel** *n* jeu *m* de mots. **Wortstellung** *f gram (im Satz)* ordre *m* des mots. **Wortwechsel** *m* altercation *f.* **wortwörtlich** *adv (Wort für Wort)* mot pour *od* à mot.

worüber [vo:'ry:bər] *adv* **1.** *(fragend, a. indirekt)* sur quoi; **2.** *(relativ: über den, die das)* sur lequel, laquelle. **worum** [-'rʊm] *adv* **1.** *(fragend, a. indirekt: um was)* de quoi; **2.** *(relativ: um den, die, das)* pour lequel, laquelle; ▶ *~ handelt es sich?* de quoi s'agit-il? **worunter** [-'rʊntər] *adv* **1.** *(fragend, a. indirekt)* sous quoi; **2.** *(relativ: unter dem, der)* sous lequel, laquelle; *(unter denen)* parmi lesquels, lesquelles. **wovon** [-'-] *adv* **1.** *(fragend, a. indirekt)* de quoi; **2.** *(relativ: von dem, der)* dont. **wozu** [-'-] *adv* **1.** *(fragend)* à quoi (bon)? *(a. indirekt)* pourquoi, pour quelle raison; **2.** *(relativ: zu dem, der)* auquel, à laquelle; pour lequel, laquelle; ▶ *~ soll das gut sein?* à quoi bon (cela)?

Wrack *n* ⟨-(e)s, -s/(-e)⟩ [vrak] *mar* u. *fig* épave *f.*

Wucher *m* ⟨-s, ø⟩ ['vu:xər] usure *f.* **Wucherer** *m* ⟨-s, -⟩ usurier *m.* **wucherisch** *a* usuraire. **wuchern** *itr* **1.** ⟨*sein*⟩ *bot (üppig wachsen)* u. *fig* pulluler; *med* proliférer; **2.** ⟨*h*⟩ *com (Wucher treiben)* faire l'usure. **Wucherpreis** *m* prix *m* usuraire. **Wucherung** *f* ⟨-, -en⟩ *med* **1.** *(Vorgang)* prolifération *f;* **2.** *(Gebilde)* végétations *f pl.* **Wucherzinsen** *m pl* intérêts *m pl* usuraires.

Wuchs *m* ⟨-es, ø⟩ [vu:ks] **1.** *(Wachstum)* croissance; *bot* végétation *f;* **2.** *(Körper~, Gestalt)* taille, stature *f.*

Wucht *f* ⟨-, ø⟩ [vʊxt] *(Druck)* pression *f;* ▶ *mit voller ~* de toute sa force. **wuchten 1.** *tr fam (heben)* lever; **2.** *itr fam (schwer arbeiten)* bosser, trimer. **wuchtig** *a* **1.** *(massig)* massif; **2.** *(kraftvoll)* énergique.

Wühlarbeit *f* ['vy:l-] *fig, bes. pol* agitation *f* subversive. **wühlen** *itr* **1.** fouiller (*in etw* qc); *(Tier)* fouir (*in etw* qc); **2.** *fig, bes. pol* faire de l'agitation.

Wulst *m* ⟨-(e)s, ¨-e⟩ [vʊlst, 'vʏlstə] od *f* ⟨-, ¨-e⟩ *(Verdickung)* bourrelet; *m.* **wulstig** *a* **1.** renflé; **2.** *(Lippen)* épais.

wund [vʊnt] *a (~ gerieben)* écorché; *(Tier: verletzt)* blessé; ▶ *~e Stelle f* écorchure *f.* **Wunde** *f* ⟨-, -n⟩ ['-də] *a. fig* blessure, plaie *f;* ▶ *e-e alte ~ (wieder) aufreißen (fig)* rouvrir une plaie; *die ~ heilt* la blessure se ferme; *offene ~* plaie *f* ouverte.

Wunder *n* ⟨-s, -⟩ ['vʊndər] **1.** *(die Naturgesetze durchbrechendes Ereignis)* prodige; *(bes. rel)* miracle *m;* **2.** *(wunderbare, ungewöhnliche Erscheinung* od *Sache)* merveille *f; (ungewöhnliche Sache* od *Person)* prodige *m;* ▶ *wie durch ein ~* par miracle; *sich w~(s) was einbilden* s'imaginer Dieu sait quoi; *an ein ~ grenzen* tenir du prodige *od; das ist ein wahres ~* c'est une merveille; *kein ~!* (ce n'est) pas étonnant! **wunderbar I.** *a* **1.** miraculeux; **2.** merveilleux; **II.** *adv a.* à merveille. **wunderhübsch** *a* ravissant. **Wunderkind** *n* enfant *m* prodige. **Wunderland** *n* pays *m* des merveilles. **wunderlich** *a (sonderbar)* étrange, bizarre; *(grillenhaft)* drôle. **Wundermittel** *n* remède *m* miraculeux; *(Allheilmittel)* panacée *f.* **wundern,** *sich* s'étonner (*über* de); ▶ *sich nicht genug über etw ~ können* ne pas revenir de qc. **wunderschön I.** *a* merveilleux, d'une beauté merveilleuse; **II.** *adv* à merveille. **wundervoll I.** *a* merveilleux; *(bewundernswert)* admirable; **II.** *adv a.* à ravir. **Wunderwerk** *n* merveille *f.*

Wundheilung *f* ['vʊnt-] cicatrisation *f.* **wundliegen,** *sich* ⟨*lag wund, wundge-*

legen› s'écorcher (à force d'être couché). **Wundstarrkrampf** *m* tétanos *m*.

Wunsch *m* ‹-(e)s, ⸚e› [vʊnʃ, 'vʏnʃə] **1.** *(Verlangen)* désir *m* (*nach* de); **2.** *(allg u. bes. Glück~)* souhait, vœu *m*; ► *auf ~* sur demande; *auf jds ~* à la demande de qn; *mit den besten Wünschen* (avec mes *od* nos) meilleurs vœux *nach ~* à souhait; *den ~ haben* éprouver le désir (*etw zu tun* de faire qc); *haben Sie noch e-n ~? (com)* et avec cela, monsieur *etc*? **Wunschbild** *n* idéal *m*.

Wünschelrute *f* ['vʏnʃəl-] baguette *f* divinatoire *od* de sourcier.

wünschen [-ʃən] *tr* **1.** *(begehren)* désirer (*sich etw* qc; *etw zu tun* faire qc; *daß ...* que *subj*); **2.** *(auch für andere)* souhaiter (*etw zu tun* de faire qc; *daß ...* que *subj*); ► *wie Sie ~* comme vous voudrez. **wünschenswert** *a* désirable, souhaitable. **wunschgemäß** *adv* selon le désir (de qn). **wunschlos** *a* sans désir; ► *~ glücklich* complètement satisfait. **Wunschtraum** *m* beau rêve *m*. **Wunschvorstellung** *f psych* fantasme *m*. **Wunschzettel** *m* (liste *f* des) desiderata *m pl*; *(e-s Kindes für Weihnachten)* lettre *f* au Père Noël.

Würde *f* ‹-, -n› ['vʏrdə] **1.** *(ohne pl)* dignité; *(Hoheit)* noblesse; *(Erhabenheit)* majesté; *(Ernst)* gravité *f*; **2.** *(Amt)* dignité *f*; ► *ich hielt es für unter meiner ~ zu (inf)* je considérais indigne de moi de *inf*. **würdelos** *a* sans dignité, indigne. **Würdenträger** *m* dignitaire *m*. **würdevoll I.** *a* digne; *(hoheitsvoll)* majestueux; **II.** *adv* avec dignité. **würdig I.** *a* digne (*e-r S* de qc); *(ehrwürdig)* respectable; **II.** *adv a.* avec dignité; ► *e-r S ~ sein (a.)* mériter qc. **würdigen** *tr* **1.** *(schätzen)* apprécier; **2.** *(achten)* respecter. **Würdigung** *f* ‹-, -en› appréciation *f*; éloge *m*.

Wurf *m* ‹-(e)s, ⸚e› [vʊrf, 'vʏrfə] **1.** jet; *a. sport* lancement; *(beim Würfelspiel)* coup *m* (de dés); **2.** *fig (Unternehmen)* coup *m*; *phys, tech* projection *f*; **3.** *(gleichzeitig geworfene Jungtiere)* portée *f*. **Wurfbahn** *f* trajectoire *f*.

Würfel *m* ‹-s, -› ['vʏrfəl] **1.** *(Spiel~)* dé *m* (à jouer); **2.** *(Zucker)* morceau; *(Suppen~)* cube; *(Muster)* carreau *m*; **3.** *math* cube *m*; ► *die ~ sind gefallen (fig)* les dés sont jetés. **würfeln** *itr (mit dem Würfel spielen)* jouer aux dés (*um etw* pour qc); *(e-n Wurf mit dem Würfel tun)* faire un coup de dés; ► *e-e Sechs ~* jouer le six. **Würfelspiel** *n* jeu *m* de dés. **Würfelzucker** *m* sucre *m* en morceaux.

Wurfgeschoß *n* ['vʊrf-] projectile *m*.

würgen ['vʏrgən] *tr* **1.** *(am Halse)* prendre à la gorge; **2.** *(Bissen: jdm in der Kehle steckenbleiben)* (faillir) étouffer; *itr* **3.** *(nicht hinunterschlucken u. nicht ausspeien können)* faire des efforts pour avaler (*od* rendre) (*an etw* qc); *(mit Widerwillen essen)* avoir du mal à manger (*an etw* qc).

Wurm ‹-(e)s, ⸚er› [vʊrm, 'vʏrmər] **(1)** *m zoo* ver *m*; **(2)** *n fam (armes Kind)* (pauvre) petit(e *f*) *m*; ► *e-n ~ haben (Frucht)* être véreux. **wurmstichig** *a* vermoulu.

Wurst *f* ‹-, ⸚e› [vʊrst, 'vʏrstə] *(feste ~)* saucisson; *(Streich~)* pâté *m*; *(zum Warmessen)* saucisse *f*; *(Blut~)* boudin *m*; *(als Sammelbegriff)* charcuterie *f*; ► *das ist mir ~ (fam: gleichgültig)* ça m'est égal. **Wurstbrot** *n* tartine *f* de charcuterie. **Würstchen** *n* ‹-s, -› ['vʏrstçən] saucisse *f*. **Würstchenstand** *m (auf der Straße)* stand *m* de hot-dogs. **wursteln** *itr fam (im alten Schlendrian weitermachen)* continuer son petit train-train; bricoler. **Wurstigkeit** *f* ‹-, ø› *fam* je-m'en-fichisme *m*. **Wurstpelle** *f* peau *f* de saucisse. **Wurstwaren** *f pl* charcuterie *f*.

Württemberg ['vyrtəmbɛrk] *n geog* le Wurtemberg. **Württemberger(in *f*)** *m* ‹-s, -› Wurtembergeois, e *m f*. **württembergisch** *a* wurtembergeois.

Würze *f* ‹-, -n› ['vʏrtsə] *(Aroma)* saveur *f*; *fig* sel, piquant *m*.

Wurzel *f* ‹-, -n› ['vʊrtsəl] **1.** *a. gram math fig (a. Zahn~)* racine *f*; *gram a.* radical *m*; **2.** *fig (Ursprung, a.)* source; *(Ursache)* cause *f*; ► *die ~ ziehen (math)* extraire la racine (*aus* de). **wurzeln** *itr bot* avoir ses racines (*in* dans); *fig* avoir sa racine (*in* dans).

würzen ['vʏrtsən] *tr* épicer, *a. fig* assaisonner (*mit* de); *fig* donner du piquant (*etw* à qc). **Würzen** *n* assaisonnement *m*. **würzig** *a* bien assaisonné, savoureux. **Würzstoff** *m* condiment *m*.

Wuschelhaar *n*, **Wuschelkopf** ['vuʃəl-] *m fam* cheveux *m pl* en bataille.

Wust *m* ‹-(e)s, ø› [vu:st] fouillis *m*.

wüst [vy:st] *a* **1.** *(öde)* désert, désolé; *agr (unbebaut)* sauvage; **2.** *(wirr)* confus; *(unordentlich)* désordonné; **3.** *(gemein)* méchant; **4.** *(liederlich)* débauché. **Wüste** *f* ‹-, -n› désert *m*. **Wüstling** *m* ‹-s, -e› débauché *m*.

Wut *f* ‹-, ø› [vu:t] *(Gemütszustand)* fureur *a. fig*; *(~ausbruch)* furie; *(Raserei)* rage; *(Zorn)* colère *f*; *(Leidenschaft für etw)* passion, manie *f*. **Wutanfall** *m* accès de colère. **wüten** ['vy:tən] *itr* **1.** *(Mensch)* être en rage; **2.** *(Elemente)* faire rage; *(Epidemie)* sévir. **wütend** *a* furieux; ► *~ machen* mettre en fureur; *~ werden* se mettre en colère. **wutentbrannt** *a* enflammé de colère. **Wüterich** *m* ‹-s, -e› fou furieux *m*. **Wutgeschrei** *n* cris *m pl* de rage. **wutschnaubend** *a* écumant de rage.

X

X, x *n* ‹-, -› [ɪks] *(Buchstabe u. unbekannte Größe)* X, x *m;* ▶ *jdm ein X für ein U vormachen (fam: täuschen)* faire prendre à qn des vessies pour des lanternes, faire accroire qc à qn; ▶ *die Größe x* la valeur x, l'inconnue *f.*

X-Achse ['iks-] *f math* abscisse *f.*

Xanthippe *f* ‹-, -n› [ksan'tɪpə] *(zänkisches Weib)* mégère, femme *f* méchante.

X-Beine ['ɪks-] *n pl* jambes *f pl* cagneuses. **X-beinig** *a* cagneux.

x-beliebig [ɪks-'--/'--'--] *a* quelconque *(nachgestellt),* n'importe quel *(vorgestellt);* ▶ *ein ~er, jeder ~e* n'importe qui.

X-Chromosom *n biol* chromosome *m* X.

x-mal ['ɪks-] *adv* je ne sais combien de fois.

X-Strahlen *m pl* ['iks-] = *Röntgenstrahlen.*

Xylophon *n* ‹-s, -e› [ksylo'fo:n] *mus* xylophone *m.*

Y

Y, y *n* ‹-, -› ['ypsilɔn] *(Buchstabe)* Y, y *m.*
Y-Achse *f* ‹-, -n› ['ypsilɔn-] *math* ordonnée *f.*
Y-Chromosom *n biol* chromosome *m* Y.
Yoga *m* od *n* ‹-(s), ø› ['jo:ga] yoga *m.*
Yoghurt = *Joghurt.*
Yogi *m* ‹-s, -s› ['jo:gi] yogi *m.*
Yucca *f* ‹-, -s› ['jʊka] *bot* yucca *m.*
Yuppie *m* ‹-s, -s› ['jʊpi] yuppie *m.*

Z

Z, z *n* ‹-, -› [tsɛt] *(Buchstabe)* Z, z *m.*

Zacke *f* ‹-, -n›, **Zacken** *m* ‹-s, -› ['tsakə(n)] pointe, dent *f.* **zackig** *a* **1.** muni de pointes *od* de dents; **2.** *fig fam (schneidig)* qui a du cran.

zagen ['tsa:gən] *itr (zaudern)* hésiter. **zaghaft** *a* timide; *(ängstlich)* craintif; *(zaudernd)* hésitant. **Zaghaftigkeit** *f* ‹-, ø› timidité *f.*

zäh [tsɛ:] *a* **1.** *a. fig* dur; *(~flüssig)* visqueux; **2.** *fig (hartnäckig)* opiniâtre. **zähflüssig** *a* visqueux; *(Verkehr)* ralenti. **Zähigkeit** *f* ‹-, ø› **1.** ténacité; viscosité *f;* **2.** *fig* opiniâtreté *f.*

Zahl *f* ‹-, -en› [tsa:l] nombre; *(Ziffer)* chiffre; *(Nummer)* numéro *m;* ▶ *in großer ~* en grand nombre.

zahlbar ['tsa:l-] *a* payable (*in zwei Monaten* à deux mois). **zahlen** *tr* u. *itr* payer; *tr (ein~)* verser; *(Schuld)* acquitter; ▶ *bitte ~!* l'addition, s'il vous plaît!

zählen ['tsɛ:lən] *tr* **1.** compter; *(auf~)* énumérer; *(statistisch erfassen)* recenser; *(Stimmen)* dépouiller; **2.** *(sich belaufen auf)* s'élever à; *itr* **3.** *(gelten)* compter; ▶ *zu etw ~ (als zugehörig betrachtet werden)* compter parmi qc; *auf jdn ~ (mit jdm rechnen)* compter sur qn.

zahlenmäßig ['tsa:lən-] *a* numérique. **Zahlenmaterial** *n* données *f pl* numériques. **Zahlenschloß** *n tech* serrure *f* à combinaison.

Zahler *m* ‹-s, -› ['tsa:lər] payeur *m.*

Zähler *m* ‹-s, -› ['tsɛ:lər] **1.** *math* numérateur *m;* **2.** *tech (zum Ablesen des Energieverbrauchs)* compteur *m.* **Zählerstand** *m* relevé *m* de compteur.

Zahlkarte *f* ['tsa:l-] mandat *m* de virement postal. **zahllos** *a* innombrable. **zahlreich I.** *a* nombreux; **II.** *adv* en grand nombre. **Zahltag** *m* jour *m* de paie. **Zahlung** *f* ‹-, -en› paiement; *(Ein~)* versement; *(e-r Schuld, Gebühr)* acquittement *m;* ▶ *e-e ~ leisten* effectuer un versement.

Zählung *f* ‹-, -en› ['tsɛ:lʊŋ] comptage; *(Volks~)* recensement; *(Stimmen~)* dépouillement (du scrutin) *m.*

Zahlungsanweisung *f* ['tsa:lʊŋs-] mandat *m* de paiement. **Zahlungsbedingungen** *f pl* conditions *f pl* de paiement. **Zahlungsbefehl** *m* sommation *f de paiement.* **Zahlungsbilanz** *f* balance *f* des paiements. **Zahlungserinnerung** *f* rappel *m* de compte. **Zahlungserleichterungen** *f pl* facilités *f pl* de paiement. **zahlungsfähig** *a* solvable; *(Firma)* solide. **Zahlungsfähigkeit** *f* ‹-, ø› solvabilité *f.* **Zahlungsfrist** *f* délai *m* de paiement. **Zahlungsmittel** *n* moyen *m* de paiement. **Zahlungsschwierigkeit** *f:* ▶ *in ~en geraten* avoir des difficultés de paiement. **Zahlungstermin** *m* terme *m* de paiement. **zahlungsunfähig** *a* insolvable.

Zählwerk *n* ['tsɛ:l-] *el inform* compteur *m.*

Zahlwort *n* ‹-(e)s, ⁻er› ['tsa:l-] *gram* adjectif *m* numéral.

zahm [tsa:m] *a* **1.** *(gezähmt)* apprivoisé; domestique; **2.** *(sanft, bes. Pferd)* doux; *fig* docile; ▶ *~ werden* s'apprivoiser. **zähmen** *tr* **1.** *(durch Dressur)* apprivoiser, *a. fig* dompter; *(zum Haustier machen)* domestiquer; **2.** *fig (Leidenschaft: zügeln)* maîtriser. **Zahmheit** *f* ‹-, ø› docilité *f.* **Zähmung** *f* ‹-, ø› apprivoisement; domptage *m,* domestication *f.*

Zahn *m* ‹-(e)s, ⁻e› [tsa:n, 'tsɛ:nə] *a. tech* dent *f;* ▶ *auf die Zähne beißen (fig: sich beherrschen)* se ronger les poings; *Zähne bekommen* faire ses dents; *mit den Zähnen klappern* claquer des dents; *sich die Zähne putzen* se laver les dents; *e-n ~ ziehen* arracher une dent; *die Zähne zs.beißen* serrer les dents; *der ~ der Zeit (fig)* les ravages *m pl* du temps. **Zahnarzt** *m* (chirurgien-) dentiste *m.* **Zahnarzthelferin** *f* assistante *f* dentaire. **Zahnausfall** *m* chute *f* des dents. **Zahnbelag** *m* tartre *m* (sur les dents). **Zahnbürste** *f* brosse *f* à dents. **Zähneklappern** *n* ['tsɛ:nə-] claquement *m* de dents. **Zähneknirschen** *n* grincement *m* de dents. **zähneknirschend** *a* qui grince des dents; *adv* à contre-cœur. **zahnen 1.** *itr (Zähne bekommen)* faire ses dents; **2.** *tr (auszakken)* denter. **Zahnen** *n* dentition *f.* **Zahnersatz** *m (Prothese)* appareil *m* dentaire. **Zahnfleisch** *n* gencive *f.* **Zahnfüllung** *f* plombage *m* dentaire. **Zahnkrone** *f anat* couronne *f* dentaire. **Zahnlaut** *m gram* dentale *f.* **zahnlos** *a* édenté. **Zahnlücke** *f* brèche *f.* **Zahnpasta** *f* (pâte *f*) dentifrice *m.* **Zahnpflege** *f* soins *m pl* dentaires. **Zahnrad** *n* roue *f* dentée. **Zahnradbahn** *f loc* chemin *m* de fer à crémaillère. **Zahnschmelz** *m* émail *m.* **Zahnschmerzen** *m pl* mal *m* de dents; ▶ *~ haben* avoir mal aux dents. **Zahnseide** *f* fil *m* den-

taire. **Zahnspange** *f* appareil *m* dentaire. **Zahnstein** *m* tartre *m*. **Zahnstocher** *m* cure-dents *m*. **Zahntechniker** *m* mécanicien *m* dentiste. **Zahnwechsel** *m* seconde dentition *f*. **Zahnwurzel** *f* racine *f* des dents.
Zange *f* ‹-, -n› ['tsaŋə] pince; *(Kneif~)* tenaille(s *pl*) *f*; *ent* pince *f*. **Zangengeburt** *f* accouchement *m* aux fers.
Zank *m* ‹-(e)s, ø› [tsaŋk] querelle *f*; *(Wortwechsel)* dispute *f*. **Zankapfel** *m* *fig* pomme *f* de discorde. **zanken 1.** *itr* quereller; **2.** *refl: sich* ~ se quereller, se disputer (*um etw* qc). **zänkisch** ['tsɛŋkɪʃ] *a* querelleur. **Zanksucht** *f* ‹-, ø› esprit *m* querelleur. **zanksüchtig** *a* = *zänkisch*.
Zäpfchen *n* ‹-s, -› ['tsɛpfçən] **1.** *anat* luette (du palais), *scient* uvule *f*; **2.** *pharm* suppositoire *m*. **Zapfen** *m* ‹-s, -› ['tsapfən] *(Stift)* tenon *m*; *(Verbindungs~)* cheville *f*; *(Stöpsel)* bouchon *m*; *(aus Metall)* goupille *f*. **zapfen** *tr* *(aus e-m Faß laufen lassen)* tirer (au tonneau). **Zapfenstreich** *m* *mil* couvre-feu *m*. **Zapfloch** *n* *(am Faß)* bonde *f*. **Zapfsäule** *f* pompe *f* à essence.
zapp(e)lig [tsap(e)lıç] *a* remuant; *(nervös)* nerveux. **zappeln** *itr* frétiller.
Zar *m* ‹-en, -en› [tsa:r] tsar *m*. **Zarin** *f* tsarine *f*.
zart [tsa:rt] *a* **1.** *(weich)* tendre; *(empfindsam)* délicat; **2.** *(schwächlich)* fragile; **3.** *(sanft)* doux; **4.** *(fein)* fin; *(dünn)* ténu. **zartbesaitet** *a* sensible. **Zartgefühl** *n* délicatesse *f*, tact *m*. **Zartheit** *f* ‹-, ø› **1.** *(Fleisch, Obst, Gemüse)* tendreté *f*; **2.** *fig* délicatesse; fragilité; douceur; finesse; ténuité *f*.
zärtlich ['tsɛ:rtlıç] *a* tendre, affectueux. **Zärtlichkeit** *f* ‹-, ø› **1.** tendresse *f*; **2.** *pl* *(Liebkosungen)* caresses *f pl*.
Zauber *m* ‹-s, -› ['tsaʊbər] **1.** sortilège, enchantement *m*; **2.** *a. fig* *(Reiz)* charme; *fig (Nimbus)* prestige *m*. **Zauberei** *f* ‹-, (-en)› [-'raı] magie *f*, enchantement *m*. **Zauberer** *m* ‹-s, -› magicien; *(Hexer)* sorcier *m*; *a.* = *Zauberkünstler*. **zauberhaft** *a* **1.** magique; **2.** *fig* *(bezaubernd)* enchanteur; *(wunderbar)* merveilleux. **zauberkräftig** *a* magique. **Zauberkünste** *f pl* tours *m pl* de magicien. **Zauberkünstler** *m* illusionniste; *(Taschenspieler)* prestidigitateur *m*. **Zauberkunststück** *n* tour *m* de prestidigitation. **Zauberlehrling** *m* apprenti *m* sorcier. **zaubern 1.** *tr* produire *od* transporter *od* faire disparaître par enchantement; **2.** *itr* pratiquer la magie; *(Taschenspieler)* faire des tours de prestidigitation. **Zauberstab** *m* baguette *f* magique. **Zauberwort** *n* parole *f* magique.
zaudern ['tsaʊdərn] *itr* hésiter (*etw zu tun* à faire qc).
Zaum *m* ‹-(e)s, ¨-e› [tsaʊm, 'tsɔʏmə] bride *f*, *a. fig*.
Zaun *m* ‹-(e)s, ¨-e› [tsaʊn, 'tsɔʏnə] clôture; *(Pfahl~)* palissade *f*; *(Latten~)* lattis; *(geflochtener ~)* clayonnage *m*; *(Draht~)* grillage *m*. **Zaungast** *m* resquilleur *m fam*. **Zaunkönig** *m orn* troglodyte; *(allg. kleiner Vogel)* roitelet *m*. **Zaunpfahl** *m* palis *m*; ▶ *ein Wink mit dem* ~ une allusion claire et nette.
zausen ['tsaʊzən] *tr*: ▶ *jdm die Haare* ~ tirer les cheveux à qn, ébouriffer qn.
Zebra *n* ‹-s, -s› ['tse:bra] *zoo* zèbre *m*. **Zebrastreifen** *m pl* **1.** *(des Zebras)* zébrure *f*; **2.** *(Fußgängerüberweg)* passage *m* zébré *od abus* clouté.
Zebu *m* od *n* ‹-s, -s› ['tse:bu] *zoo* zébu.
Zeche *f* ‹-, -n› ['tsɛçə] **(1)** *(Verzehr)* consommation *f*; *(Rechnung)* addition *f*; **(2)** *(Kohlenbergwerk)* mine *f* de charbon. **zechen** *itr* boire (copieusement). **Zecher** *m* ‹-s, -› buveur *m*. **Zechpreller** *m* resquilleur *m*.
Zecke *f* ‹-, -n› ['tsɛkə] *ent* tique *f*.
Zeder *f* ‹-, -n› ['tse:dər], **Zedernholz** *n* cèdre *m*.
Zehe *f* ‹-, -n› ['tse:ə] **1.** orteil *m*; **2.** *(Knoblauch~)* gousse *f*. **Zehenspitze** *f*: ▶ *auf ~n* sur la pointe des pieds.
zehn [tse:n] *(Zahlwort)* dix; ▶ *(etwa) ~ (...)* une dizaine (de). **Zehner** *m* ‹-s, -› *math* dizaine *f*; *fam* = *Zehnpfennigstück*. **zehnfach** *a* décuple. **Zehnkampf** *m sport* décathlon *m*. **zehnmal** *adv* dix fois. **Zehnmarkschein** *m* billet *m* de dix marks. **Zehnpfennigstück** *n* pièce *f* de dix pfennigs. **zehntausend** *(Zahlwort)* dix mille. **zehnte(r, s)** *a* dixième. **Zehntel** *n* ‹-s, -› dixième *m*. **zehntens** *adv* dixièmement.
zehren ['tse:rən] *itr* **1.** *a. fig* vivre (*von etw* de *od* sur qc); **2.** *(mager machen, gesundheitl. angreifen)* faire maigrir, consumer (*an jdm* qn).
Zeichen *n* ‹-s, -› ['tsaıçən] **1.** signe; *(vereinbartes)* signal *m*; *(Kenn~)* marque *f*; *(Ab~)* insigne; *(Merk~)* repère *m*; *(Akten~)* (note de) référence *f*; **2.** *(Vor~)* présage; *(An~)* indice, *med* symptôme *m*; **3.** *(Beweis)* preuve *f*; ▶ *das ist ein gutes* ~ c'est bon signe; *Ihr ~ (adm com)* votre référence. **Zeichenblock** *m* ‹-(e)s, -s› bloc *m* à dessin. **Zeichenerklärung** *f* *(auf Landkarten)* légende *f*. **Zeichenlehrer** *m* professeur *m* de dessin. **Zeichenpapier** *n* papier *m* à dessin. **Zeichensaal** *m* salle *f* de dessin. **Zeichensetzung** *f* ‹-, ø› *gram* ponctuation *f*. **Zeichensprache** *f* langage *m* mimique *od* par signes *od* par gestes; *(Gebärdensprache)* pantomime *f*. **Zeichenstift** *m* crayon *m* à dessin. **Zeichentrickfilm** *m* dessin *m* animé.

zeichnen ['tsaıçnən] *tr* **1.** *(mit e-m Stift bildlich darstellen)* dessiner; *(skizzieren)* esquisser; *(vor~; math: e-e Kurve ~)* tracer; **2.** *(kenn~)* marquer; *(Akte)* coter; **3.** *(unter~)* signer. **Zeichnen** *n* dessin *m*. **Zeichner** *m* ‹-s, -› dessinateur *m*. **Zeichnung** *f* ‹-, -en› **1.** dessin; *(Bleistift~)* crayonnage *m; (Skizze)* esquisse *f; (Umriß~)* tracé *m; fig (Darstellung)* description *f;* **2.** *(ohne pl) (Unterschrift)* signature *f*.

Zeigefinger *m* ['tsaıgə-] index *m*. **zeigen** *tr* **1.** montrer; *(vor~)* présenter; **2.** *(an~)* indiquer; **3.** *(zur Schau stellen, com)* étaler; **4.** *(an den Tag legen)* faire preuve de; *(beweisen)* démontrer; **5.** *refl: sich ~* se montrer, se manifester; ▶ *itr: impers: es zeigt sich, daß ...* on voit (bien) que ... ; *zeig mal!* fais voir un peu! **Zeiger** *m* ‹-s, -› *(der Uhr)* aiguille; *(der Waage a.)* verge *f; tech* index. **Zeigestock** *m* baguette *f*.

Zeile *f* ‹-, -n› ['tsaılə] **1.** ligne *f;* **2.** *(Reihe)* rangée, file *f;* ▶ *neue ~! (beim Diktat)* à la ligne! **Zeilenabstand** *m* interligne *m*. **zeilenweise** *adv* ligne par ligne.

Zeit *f* ‹-, -en› ['tsaıt] **1.** temps *m, a. gram;* **2.** *(~raum)* période, époque *f*, âge *m;* **3.** *(~punkt)* moment *m; (bestimmte ~)* heure; *(Datum)* date *f;* **4.** *(Frist)* délai *m;* **5.** *(Jahres~, günstige ~)* saison *f;* **6.** *(Muße)* loisir *m;* ▶ *für alle ~en* pour toujours; *in alten ~en* autrefois; *in jüngster ~* récemment; *in kurzer ~* en peu de temps; *im Laufe der ~* avec le temps; *in nächster ~* prochainement; *in unserer ~* de nos jours; *nach einiger ~* quelque temps après; *die ganze ~ über* pendant tout ce temps; *um diese ~* à cette époque (environ); *um welche ~?* à quelle heure? *von ~ zu ~* de temps en temps; *zur ~* à présent, actuellement; *zur ~ (gen)* à l'époque (de); *zur gleichen ~* en même temps; *zu jeder ~* à tout moment; *die ~ nehmen (sport)* chronométrer (*e-s Laufs* une course); *~ haben* avoir le temps (*etw zu tun* de faire qc); *(Angelegenheit)* ne pas presser; *sich ~ lassen* prendre son temps; *mit jdm e-e ~ verabreden* convenir d'une heure avec qn; *die ~ verbringen* passer le temps (*mit Lesen* à lire); *es ist höchste ~ zu ...* il est grand temps de ...; *das hat ~ bis morgen* cela peut attendre jusqu'à demain; *du liebe ~!* grand Dieu! *schlechte ~en pl* temps *m pl* difficiles.

zeit *prp:* ▶ *~ meines Lebens* (pendant) toute ma vie, de ma vie.

Zeitabschnitt *m* période *f*. **Zeitabstand** *m* intervalle *m;* ▶ *in regelmäßigen Zeitabständen* périodiquement. **Zeitalter** *n* âge *m*, ère *f*, siècle *m*. **Zeitangabe** *f* date *f*. **Zeitansage** *f tele* horloge parlante; *radio TV* indication *f* de l'heure. **Zeitarbeit** *f* travail *m* temporaire. **Zeitarbeiter(in** *f)* *m* intérimaire *m f*. **zeitbedingt** *a* dû aux circonstances (actuelles). **Zeitbombe** *f* bombe *f* à retardement. **Zeitdruck** *m* manque *m* de temps. **Zeiteinteilung** *f* emploi *m* du temps. **Zeiterscheinung** *f* phénomène *m* caractéristique de son époque. **Zeitersparnis** *f* économie *f* de temps. **Zeitfaktor** *m* facteur *m* temps. **Zeitgeist** *m* esprit *m* régnant. **zeitgemäß** *a* moderne. **Zeitgenosse** *m* contemporain *m*. **zeitgenössisch** *a* contemporain. **Zeitgeschichte** *f* histoire *f* contemporaine. **Zeitgewinn** *m* gain *m* de temps. **zeitig I.** *a (früh am Tage)* matinal; *(vorzeitig)* précoce; **II.** *adv (früh)* tôt. **zeitigen** *tr (zur Folge haben)* entraîner. **Zeitkarte** *f (Dauerfahrkarte)* (carte *f* d')abonnement *m*. **Zeitlang** *f:* ▶ *e-e ~* (pendant) un certain temps. **zeitlebens** *adv* ma *etc* vie durant. **zeitlich** *a* **1.** *a. gram* temporel; **2.** *(irdisch)* de ce monde; *(vergänglich)* périssable; ▶ *das Z~e segnen (lit: sterben)* quitter ce monde. **zeitlos** *a* intemporel. **Zeitlupe** *f:* ▶ *in ~* au ralenti. **Zeitmangel** *m* manque *m* de temps. **Zeitpunkt** *m* moment *m; date f*. **zeitraubend** *a* qui prend beaucoup de temps. **Zeitraum** *m* période *f*. **Zeitrechnung** *f* chronologie *f;* ▶ *vor unserer ~ (vor Christi Geburt)* avant l'ère chrétienne. **Zeitschrift** *f* revue *f*. **Zeitspanne** *f* laps *m* de temps. **zeitsparend** *a* qui fait gagner du temps. **Zeittafel** *f (in e-m Buch)* table *f* chronologique.

Zeitung *f* ‹-, -en› ['tsaıtʊŋ] journal *m*. **Zeitungsanzeige** *f* annonce *f*. **Zeitungsartikel** *m* article *m* de journal. **Zeitungsausschnitt** *m* coupure *f* de journal. **Zeitungsausträger** *m* porteur *m* de journaux. **Zeitungsbeilage** *f* supplément *m* (d'un journal). **Zeitungsbericht** *m* reportage *m* (de presse). **Zeitungsente** *f* canular *m*. **Zeitungskiosk** *m* kiosque *m* à journaux. **Zeitungskorrespondent** *m* correspondant *m* de journal. **Zeitungsleser** *m* lecteur *m* de journaux *od* d'un journal. **Zeitungsnotiz** *f* entrefilet *m*. **Zeitungspapier** *n* papier-journal *m*. **Zeitungsreklame** *f* publicité *f* dans la presse. **Zeitungsverkäufer** *m* vendeur *m* de journaux.

Zeitunterschied *m* ['tsaıt-] différence *f* de temps; décalage *m* horaire. **Zeitverlust** *m* perte *f* de temps. **Zeitverschiebung** *f* décalage *m* horaire. **Zeitverschwendung** *f* gaspillage *m* de temps. **Zeitvertreib** *m* passe-temps *m*. **zeitweilig** *a* temporaire; *(einstweilig)* provisoire. **zeitweise** *adv* par instants; *(vorübergehend)* temporairement. **Zeit-**

wort *n gram* verbe. **Zeitzeuge** *m* témoin *m* de l'époque. **Zeitzünder** *m mil* fusée *f* à retardement.
zelebrieren [tsele'bri:rən] ‹*ohne ge-*› *tr rel* célébrer.
Zelle *f* ‹-, -n› ['tsɛlə] **1.** *(kleiner Raum; biol)* cellule; *(im Bienenstock) a.* alvéole *m; tele* cabine *f; el* élément *m;* **2.** *fig, pol a.* noyau *m.* **Zellgewebe** *n anat* tissu *m* cellulaire. **Zellkern** *m biol* noyau cellulaire, *scient* nucléus *m.*
Zellophan *n* ‹-s, ø› cellophane *m.*
Zellstoff *m tech* pâte *f* de bois. **Zellteilung** *f* division *f* cellulaire.
Zelluloid *n* ‹-(e)s, ø› [tsɛlulo'i:t, -'lɔʏt] celluloïd *m.* **Zellulose** *f* ‹-, -n› [-'lo:zə] *(Zellstoff)* cellulose; pâte *f* de bois.
Zellwand *f* ['tsɛl-] membrane *f* cellulaire.
Zelt *n* ‹-(e)s, -e› [tsɛlt] tente *f.* **zelten** *itr* camper, faire du camping. **Zelten** *n* camping *m.* **Zeltlager** *n* camp *m* (de toile). **Zeltplatz** *m* terrain *m* de camping. **Zeltstange** *f* mât *m* de tente.
Zement *m* ‹-(e)s, -e› [tse'mɛnt] ciment; *(Zahnfüllung)* cément *m.* **zementieren** [-'ti:ren] ‹*ohne ge-*› *tr a. fig* cimenter; *metal* cémenter.
Zenit *m* ‹-(e)s, ø› [tse'ni:t] *astr* u. *fig* zénith; *fig (Gipfel)* apogée *m.*
zensieren [tsɛn'zi:rən] ‹*ohne ge-*› *tr* **1.** *(der Zensur unterziehen)* censurer; **2.** *(beurteilen)* juger; attribuer une note à. **Zensur** *f* ‹-, -en› [-'zu:r] **1.** *(Durchsicht)* censure *f;* **2.** *(Schule: Note)* note, cote *f.*
Zentimeter *n* od *pl* centimètre *m.*
Zentner *m* ‹-s, -› ['tsɛntnər] demi-quintal *m,* cinquante kilos *m pl.*
zentral [tsɛn'tra:l] *a* central. **Zentralafrika** *n* l'Afrique *f* centrale. **zentralafrikanisch** *a* centrafricain. **Zentrale** *f* ‹-, -n› centrale *f; tele* central *m* (téléphonique). **Zentraleinheit** *f inform* unité *f* centrale. **Zentralgewalt** *f pol* pouvoir *m* central. **Zentralheizung** *f* chauffage *m* central. **zentralisieren** [-li'zi:rən] ‹*ohne ge-*› *tr* centraliser. **Zentralisierung** *f* centralisation *f.* **Zentralismus** *m* ‹-, ø› [-'lismus] centralisme *m.* **zentralistisch** [-'lɪstɪʃ] *a* centraliste. **Zentralnervensystem** *n anat* système *m* nerveux central. **Zentralspeicher** *m inform* mémoire *f* centrale. **Zentralverriegelung** *f* verrouillage *m* central des portes.
zentrifugal [tsɛntrifu'ga:l] *a* centrifuge. **Zentrifugalkraft** *f* force *f* centrifuge. **Zentrifuge** *f* ‹-, -n› [-'fu:gə] *tech* centrifugeur *m; (Milch~)* écrémeuse *f.* **zentripetal** [-pe'ta:l] *a* centripète. **Zentripetalkraft** *f* force *f* centripète.
Zentrum *n* ‹-s, -tren› ['tsɛntrʊm, '-trən] *a. pol* centre *m.*
Zeppelin *m* ‹-s, -e› ['tsɛpəli:n/--'-] dirigeable *m.*
Zepter *n, a. m* ‹-s, -› ['tsɛptər] sceptre *m.*
zerbomben [tsɛr-] *tr* bombarder à cent pour cent. **zerbrechen** ‹*zerbricht, zerbrach, zerbrochen*› **1.** *tr* casser; *a. fig* briser; **2.** *itr* ‹*sein*› se casser; *a. fig* se briser. **zerbrechlich** *a* ► *a. fig* fragile. **Zerbrechlichkeit** *f* fragilité *f.* **zerbröckeln** ‹*ohne -ge-*› **1.** *tr (Brot, Gebäck)* émietter; *allg* effriter; **2.** *itr* ‹*sein*› s'émietter; *a. fig* s'effriter. **zerdrücken** ‹*ohne -ge-*› *tr* écraser; *(zerquetschen)* meurtrir.
Zeremonie *f* ‹-, -n› [tseremo'ni:, -'mo:niə] cérémonie *f.* **zeremoniell** [-moni'ɛl] *a* cérémonial. **Zeremoniell** *n* ‹-s, -e› cérémonial *m.*
zerfahren [tsɛr-] *a* **1.** *(Straße)* défoncé; **2.** *fig (Mensch) (zerstreut)* distrait.
Zerfall *m* ‹-(e)s, ø› [tsɛr-] **1.** *(e-s Bauwerks)* délabrement *m; phys geol* désintégration; *chem* décomposition; *geol psych med* désagrégation *f;* **2.** *fig* décomposition ruine *f.* **zerfallen I.** ‹*zerfällt, zerfiel, zerfallen*› *itr* ‹*sein*› **1.** *(Bauwerk)* tomber en ruine; *allg* s'en aller en lambeaux; **2.** *phys* se désintégrer; *chem* se décomposer; *geol psych med* se désagréger; **3.** *fig (sich auflösen)* se décomposer; **II.** *pp* u. *a (Bauwerk)* en ruines. **Zerfallszeit** *f phys* temps *m* de désintégration.
zerfetzen [tsɛr-] ‹*ohne -ge-*› *tr* déchirer; lacérer. **zerfleischen** ‹*ohne -ge-*› *tr* écharper. **zerfließen** *itr* ‹*sein*› (se) fondre. **zerfressen** ‹*zerfrißt, zerfraß, zerfressen*› *tr (zernagen)* ronger; *(Motten, Rost)* manger; *(Säure)* corroder. **zergliedern** ‹*ohne -ge-*› *tr anat* u. *fig* disséquer; *fig, a. gram* analyser. **zerhacken** ‹*ohne -ge-*› *tr* hacher; *(zerstückeln)* dépecer. **zerkauen** ‹*ohne -ge-*› *tr* mâcher. **Zerkleinerer** *m allg* broyeur; *(für feste Stoffe)* concasseur *m.* **zerkleinern** ‹*ohne -ge-*› *tr* mettre en menus morceaux; *(Holz)* fendre. **Zerkleinerung** *f* réduction *f.* **zerklüftet** *a geog* crevassé. **zerknirscht** *a* contrit. **Zerknirschung** *f* ‹-, ø› contrition *f.* **zerknittern** ‹*ohne -ge-*› *tr,* **zerknüllen** ‹*ohne -ge-*› *tr fam* froisser. **zerkochen** ‹*ohne -ge-*› *itr* ‹*sein*› être réduit en bouillie. **zerkratzen** ‹*ohne -ge-*› *tr (aufritzen)* égratigner; *(mit den Krallen)* griffer. **zerkrümeln** ‹*ohne -ge-*› *tr* émietter. **zerlassen** ‹*zerläßt, zerließ, zerlassen*› *tr (Küche)* faire fondre. **zerlegbar** *a* démontable; *chem* décomposable; *math (teilbar)* divisible. **zerlegen** ‹*ohne -ge-*› *tr* mettre en pièces détachées; *(Braten)* découper; *chem phys* décomposer; *tech (Maschine)* démonter; *allg (zerteilen)* diviser (*in* en); *fig, a. gram* analyser. **zerlumpt** *a* en haillons. **zermalmen** ‹*ohne -ge-*› *tr* écraser. **zermürben** ‹*ohne -ge-*› *tr* épuiser. **zerna-**

gen ‹*ohne -ge-*› *tr* ronger. **zerpflücken** ‹*ohne -ge-*› *tr* **1.** effeuiller; **2.** *fig (Text)* éplucher. **zerquetschen** ‹*ohne -ge-*› *tr* écraser; *(Obst)* meurtrir.

Zerrbild *n* ['tsɛr-] caricature, charge *f.*

zerreiben [tsɛr-] ‹*zerrieb, zerrieben*› *tr* triturer. **zerreißen** ‹*zerriß, zerrissen*› **1.** *tr* déchirer; *(in Stücke reißen)* mettre en pièces; *(zerfetzen)* déchiqueter; *(Faden)* rompre; *(Kette)* briser; **2.** *itr* ‹*sein*› se déchirer; (se) rompre; se briser. **Zerreißprobe** *f fig* épreuve *f.*

zerren ['tsɛrən] *tr* tirer (*an* par), tirailler; *itr* tirer (*an etw* sur qc).

zerrinnen [tsɛr-] ‹*zerrann, zerronnen*› *itr* ‹*sein*› **1.** *(Flüssiges)* s'écouler; *(Festes)* (se) fondre; **2.** *fig* se dissiper, *(Geld)* filer (*unter den Fingern* entre les doigts). **zerrissen** *a, a. fig* déchiré. **Zerrissenheit** *f* ‹-, ø› *fig (Uneinigkeit)* discorde *f;* ▶ *innere ~ (psych)* déchirement *m.*

Zerrspiegel *m* ['tsɛr-] glace *f* déformante. **Zerrung** *f med* contorsion *f; (Muskel~)* claquage *m; (Sehnen~)* élongation *f.*

zerrütten [tsɛr-] ‹*ohne -ge-*› *tr (die Gesundheit)* délabrer; *(den Geist)* déranger; *(die Ehe)* désunir; *(die Gesellschaft, den Staat, die Finanzen)* désorganiser, ruiner. **zerrüttet** *a (Gesundheit)* délabré; *(Ehe)* désuni. **Zerrüttung** *f (Gesundheit)* délabrement *m; (Ehe)* désunion *f.* **zersägen** ‹*ohne -ge-*› *tr* scier. **zerschellen** ‹*ohne -ge-*› *itr* ‹*sein*› se briser. **zerschlagen I.** ‹*zerschlägt, zerschlug, zerschlagen*› **1.** *tr* casser; **2.** *refl: sich ~ (fig: Hoffnung)* être déçu; *(Plan)* échouer; *(Geschäft)* manquer; **II.** *a:* ▶ *wie ~* rompu *od* accablé de fatigue. **zerschmettern** ‹*ohne -ge-*› *tr* fracasser. **zerschneiden** ‹*zerschneidet, zerschnitt, zerschnitten*› *tr* couper (en morceaux), découper; *(durchschneiden)* trancher. **zersetzbar** *a ecol* dégradable. **zersetzen** ‹*ohne -ge-*› *tr* **1.** *bes. chem* décomposer; **2.** *fig (sittlich, politisch)* miner, démoraliser; *refl* **3.** *sich ~* se décomposer. **zersetzend** *a fig* démoralisant. **Zersetzung** *f* ‹-, ø› **1.** *chem* décomposition *f;* **2.** *fig* démoralisation *f.* **zersplittern** ‹*ohne -ge-*› *tr* **1.** *(Holz)* faire voler en éclats; *(Knochen)* réduire en esquilles; *allg* fragmenter; **2.** *fig (Grundbesitz)* morceler; *pol* fractionner; *(s-e Kräfte, s-e Zeit)* disperser; *itr* ‹*sein*› **3.** voler en éclats; *refl* **4.** *sich ~ (fig)* s'éparpiller. **zersprengen** *tr* faire éclater; *fig (Menschenmenge, Truppen)* disperser. **zerspringen** ‹*zersprang, zersprungen*› *itr* ‹*sein*› se briser, éclater. **zerstampfen** ‹*ohne -ge-*› *tr* **1.** broyer; *(im Mörser)* piler; **2.** *(den Boden)* piétiner. **zerstäuben** ‹*ohne -ge-*› *tr* pulvériser; *(Flüssigkeit)* vaporiser. **Zerstäuber** *m* pulvérisateur; vaporisateur. **zerstörbar** *a* destructible. **zerstören** ‹*ohne -ge-*› *tr allg* détruire *a. fig; (Gebäude)* démolir; *(verwüsten)* dévaster; *(menschl. Einrichtung)* désorganiser; *(Ehe, Existenz, Glück)* ruiner. **zerstörend** *a* destructeur. **Zerstörer** *m* destroyer *m.* **Zerstörung** *f* destruction *f a. fig;* démolition; dévastation *f.* **Zerstörungswut** *f* rage *f* de la destruction, vandalisme *m.* **zerstoßen** ‹*zerstößt, zerstieß, zerstoßen*› *tr* broyer; *(im Mörser)* piler. **zerstreuen** ‹*ohne -ge-*› *tr* **1.** disperser; **2.** *phys opt* diffuser; **3.** *fig (Sorgen, Zweifel)* dissiper; **4.** *(unterhalten)* distraire; *refl: sich ~* **5.** *(Menschenmenge)* se disperser; **6.** *(sich unterhalten)* se distraire. **zerstreut** *a* **1.** dispersé; *(vereinzelt)* épars; *(Licht)* diffus; **2.** *fig (geistesabwesend)* distrait. **Zerstreutheit** *f* ‹-, ø› *fig* distraction; *(Unaufmerksamkeit)* inattention *f.* **Zerstreuung** *f* **1.** dispersion; *phys* diffusion *f;* **2.** *fig* dissipation; distraction *f.* **zerstückeln** ‹*ohne -ge-*› *tr* mettre en morceaux; *(Grundbesitz)* morceler; *pol (Land)* démembrer. **zerteilen** ‹*ohne -ge-*› *tr* diviser; *(zerlegen)* décomposer. **zertrampeln** ‹*ohne -ge-*› *tr* fouler aux pieds. **zertreten** ‹*zertritt, zertrat, zertreten*› *tr (zertrampeln)* fouler aux pieds; *(Gegenstand, kleines Tier)* écraser (du pied); *(Glut)* éteindre avec les pieds. **zertrümmern** ‹*ohne -ge-*› *tr* démolir, fracasser; *(zerstören)* détruire. **Zerwürfnis** *n* ‹-ses, -se› [-'vʏrfnɪs] désunion *f,* différend *m.* **zerzausen** ‹*ohne -ge-*› *tr:* ▶ *jdm das Haar ~* décoiffer qn. **zerzaust** *a (Mensch)* ébouriffé.

Zeter ['tse:tər] *n:* ▶ *~ und Mordio schreien (fam)* pousser les hauts cris. **zetern** *itr* vociférer, criailler.

Zettel *m* ‹-s, -› ['tsɛtəl] *(Stück Papier)* bout de papier; *(beschriebener)* billet; *(gedruckter)* bulletin *m; (Kartei~)* fiche; *(Preis~)* étiquette *f; (Anschlag~)* affiche *f.* **Zettelkasten** *m* fichier *m.*

Zeug *n* ‹-(e)s, -e› [tsɔʏk, '-gə] **1.** *(Sachen)* attirail *m;* **2.** *(Stoff)* étoffe *f; (Kleidung, fam)* vêtements *m pl;* **3.** *fam pej (Kram)* machins *m pl; (Plunder)* fatras *m;* ▶ *das ~ zu etw haben (fig)* avoir l'étoffe de qc; *sich ins ~ legen (fam)* en mettre un coup; *dummes ~ reden* dire des bêtises.

Zeuge *m* ‹-n, -n› ['tsɔʏgə] témoin *m.* **zeugen (1)** *itr (Zeugnis ablegen)* témoigner (*von etw* (de) qc); **(2)** *tr (Kinder)* procréer. **Zeugenaussage** *f* déposition *f* de témoin. **Zeugenvernehmung** *f* audition *f* des témoins. **Zeugin** *f* ‹-, -innen› témoin *m.* **Zeugnis** *n* ‹-ses, -se› ['tsɔʏknɪs] **1.** *(Bezeugung)* témoignage *m;* **2.** *(schriftl. Bescheinigung)* attestation *f; (nach bestandener*

Prüfung) certificat, diplôme; *(Schulzeugnis)* bulletin *m* scolaire, notes *f pl.*
Zeugung *f* ‹-, -en› ['tsɔʏgʊŋ] *physiol* génération, procréation *f.* **zeugungsfähig** *a* apte à procréer. **zeugungunfähig** *a* impuissant.
Zickzack *m* ‹-(e)s, -e› ['tsɪksak] zigzag *m;* ▶ *im ~ gehen* zigzaguer.
Ziege *f* ‹-, -n› ['tsi:gə] chèvre *f.*
Ziegel *m* ‹-s, -› ['tsi:gəl] *(~stein)* brique; *(Dachziegel)* tuile *f.* **Ziegeldach** *n* toit *m* en tuiles. **Ziegelei** *f* [-'laɪ] briqueterie; tuilerie *f.* **Ziegelstein** *m* brique *f.*
Ziegenbock *m* ['tsi:gən-] bouc *m.* **Ziegenkäse** *m* fromage *m* de chèvre.
ziehen ['tsi:ən] ‹*zog, gezogen*› *tr* **1.** *allg* tirer (*jdn an etw* qn par qc; *jdn an sich* qn à soi); **2.** *(schleppen)* traîner; *mar* remorquer; **3.** *(heraus~)* sortir; *(wieder heraus~)* retirer; **4.** *(Wurzel, a. math)* extraire; *(Zahn)* arracher; **5.** *(Draht)* étirer; **6.** *(Mauer)* élever; *(Graben)* creuser; *(Furche, Linie)* tracer; **7.** *(Pflanzen: züchten)* cultiver, *(Tiere)* élever; *itr* **8.** ‹*h*› *allg* tirer (*an etw* sur qc); **9.** ‹*sein*› *(sich gleichmäßig fortbewegen)* passer, voyager; *(sich begeben)* aller, passer; *(weggehen)* partir; *(aus-, um~)* déménager; **10.** ‹*h*› *(ein~)* boire, sucer; *(Tee)* s'infuser; **11.** ‹*h*› *(Ofen, Pfeife etc)* tirer; **12.** ‹*h*› *fig fam (an~)* prendre; *(zugkräftig sein)* attirer le public; *(einträglich sein)* rapporter gros; *refl: sich ~* **13.** *(sich dehnen)* s'étirer; **14.** *(Holz)* se déjeter; **15.** *(sich erstrecken)* s'étendre; *impers* **16.** *es zieht* il y a un courant d'air; ▶ *es zieht mich, nach* je suis attiré par; *Fäden ~* former des fils; *aufs Land ~* s'installer à la campagne; *etw nach sich ~* entraîner qc. **Ziehharmonika** *f* accordéon *m.* **Ziehung** *f* ‹-, -en› *(Lotterie)* tirage *m.*
Ziel *n* ‹-(e)s, -e› [tsi:l] **1.** *(beim Schießen)* but *m; (~scheibe)* cible *f; mil* objectif; *sport* arrivée; *(~linie)* ligne *f* d'arrivée; *(Reiseziel)* destination *f; (Endpunkt)* point *m* d'arrivée; **2.** *com (Termin)* échéance *f;* **3.** *fig (Zweck)* but, objet *m; (Absicht)* fin *f;* ▶ *am ~ (s-r Reise) ankommen* arriver à destination; *sein ~ erreichen (fig)* parvenir à ses fins; *durchs ~ gehen (sport)* franchir la ligne d'arrivée; *sich ein ~ setzen se fixer un but.* **zielbewußt** *a* qui sait ce qu'il veut. **zielen** *itr* viser (*auf etw* qc); *fig* viser (*auf* à). **Zielflug** *m* (vol en) homing *m.* **Zielgenauigkeit** *f* précision *f* du tir. **Zielgruppe** *f* groupe-cible *m.* **Ziellinie** *f sport* ligne *f* d'arrivée. **ziellos** *a* u. *adv* sans but. **Zielscheibe** *f* cible *f, a. fig.* **Zielsetzung** *f* finalité *f.* **Zielsprache** *f* langue-cible *f.* **zielstrebig** *a* qui va droit au but.
ziemlich ['tsi:mlɪç] **I.** *a (erheblich)* considérable; *(leidlich)* passable; **II.** *adv (recht)* assez; *(sehr)* considérablement; *(einigermaßen)* passablement; ▶ *~ viel* ... pas mal de ...
Zierat *m* ‹-(e)s, -e› ['tsi:ra:t] *(Schmuck)* ornement *m; (Verzierungen)* décor(ation *f*) *m.* **Zierde** *f* ‹-, -n› ['-də] ornement *m,* décoration *f; fig (Gegenstand des Stolzes)* gloire *f.* **zieren 1.** *tr (schmücken)* orner, décorer (*mit* de); **2.** *refl: sich ~* minauder; faire des façons. **Ziererei** *f* ‹-, (-en)› [-'raɪ] manières *f pl* affectées; minauderie *f.* **Zierleiste** *f* **1.** moulure; *mot* baguette *f;* **2.** *typ* vignette *f.* **zierlich** *a* gracile; *(anmutig)* gracieux; *(zart)* délicat; *(fein)* fin. **Zierlichkeit** *f* ‹-, ø› gracilité; grâce; délicatesse; finesse *f.* **Zierpflanze** *f* plante *f* d'ornement. **Zierschrift** *f* calligraphie *f.*
Ziffer *f* ‹-, -n› ['tsɪfər] *(Zahlzeichen)* chiffre; *(Zahl)* nombre; *(Nummer)* numéro *m; (Kenn~, Aktenzeichen)* cote *f;* ▶ *arabische, römische ~* chiffre *m* arabe, romain. **Zifferblatt** *n* cadran *m.*
Zigarette *f* ‹-, -n› [tsiga'rɛtə] cigarette *f.* **Zigarettenautomat** *m* distributeur *m* de cigarettes. **Zigarettenetui** *n* étui à cigarettes *m.* **Zigarettenpackung** *f* paquet *m* de cigarettes. **Zigarettenpapier** *n* papier *m* à cigarettes. **Zigarettenschachtel** *f* boîte *f* à cigarettes. **Zigarettenspitze** *f* porte-cigarette, fume-cigarette *m.* **Zigarettenstummel** *m* bout de cigarette; *pop* mégot *m.*
Zigarillo *n (od m)* ‹-s, -s› [tsiga'rɪl(j)o] cigarillo *m.*
Zigarre *f* ‹-, -n› [tsi'garə] cigare *m.* **Zigarrenspitze** *f* fume-cigare *m.* **Zigarrenstummel** *m* bout *m* de cigare; *pop* mégot *m* de cigare.
Zigeuner(in) *m* ‹-s, -› (*f* ‹-, -nen›) [tsi'gɔʏnər(ɪn)] bohémien(ne *f*); tzigane. **Zigeunerleben** *n fig* vie *f* de nomade. **Zigeunerwagen** *m* roulotte *f* de bohémiens.
Zikade *f* ‹-, -n› [tsi'ka:də] *ent* cigale *f.*
Zimmer *n* ‹-s, -› ['tsɪmər] *allg* pièce; *(bes. Schlaf~)* chambre; *(großes)* salle *f; (Empfangs~)* salon *m.* **Zimmerantenne** *f radio* antenne *f* intérieure. **Zimmerarbeit** *f arch* charpenterie *f.* **Zimmerdecke** *f* plafond *m.* **Zimmerflucht** *f* enfilade *f* de pièces. **Zimmerhandwerk** *n* métier *m* de charpentier *f.* **Zimmerlautstärke** *f:* ▶ *auf ~ stellen (radio)* mettre en sourdine. **Zimmermädchen** *n (im Hotel)* femme *f* de chambre. **Zimmermann** *m* ‹-(e)s, -leute› charpentier *m.* **zimmern** *tr* charpenter. **Zimmerpflanze** *f* plante *f* d'appartement. **Zimmertemperatur** *f* température *f* ambiante. **Zimmervermietung** *f (als Gewerbebetrieb)* hôtel *m* (garni).
zimperlich ['tsɪmpərlɪç] *a* **1.** *(überempfindlich)* hypersensible; **2.** *(prüde)*

prude. **Zimperlichkeit** *f* ‹-, ø› **1.** hypersensibilité; *f* **2.** pruderie *f.*
Zimt *m* ‹-(e)s, -e› [tsɪmt] cannelle *f.*
Zink *n* ‹-(e)s, ø› [tsɪŋk] zinc *m.*
Zinke *f* ‹-, -n› ['tsɪŋkə] *(Zacke)* pointe; *(der Gabel)* dent *f.* **Zinken** *m* ‹-s, -› *pop (Nase)* pif, blair *m.* **zinken** *tr (Spielkarte: markieren)* biseauter.
Zinn *n* ‹-(e)s, ø› [tsɪn] étain *m.* **zinnern** *a* d'étain, en étain.
Zinnober *m* ‹-s, -› [tsɪ'no:bər] **1.** *min* cinabre *m;* **2.** *fam (Umstände)* chichis *m pl.*
Zinnsoldat *m* ['tsɪn-] soldat *m* de plomb.
Zins *m* ‹-es, -en› [tsɪns, '-zən] **1.** *(Abgabe)* redevance *f;* **2.** *meist pl (fin: Geldertrag)* intérêt(s *pl*) *m.* **Zinsertrag** *m* produit *m* d'intérêts. **Zinseszins(en** *pl***)** *m* intérêt(s *pl*) *m* composé(s). **Zinsfuß** *m* taux *m* (d'intérêt). **zinslos** *a* exempt d'intérêts; *a. adv* sans intérêts. **Zinssatz** *m fin* taux *m* d'intérêts.
Zionismus *m* ‹-, ø› [tsio'nɪsmʊs] *pol* sionisme *m.*
Zipfel *m* ‹-s, -› ['tsɪpfəl] **1.** *(e-s Tuches)* coin; *(e-s Kleidungsstückes)* pan *m; (e-s Sackes)* oreille *f; (Wurst~)* bout *m;* **2.** *allg (Spitze)* pointe *f.* **Zipfelmütze** *f* bonnet *m* pointu.
zirka ['tsɪrka] *adv* environ.
Zirkel *m* ‹-s, -› ['tsɪrkəl] **1.** *(Gerät)* compas *m;* **2.** *(Kreis, bes. fig: von Menschen)* cercle *m.* **Zirkelkasten** *m (mit Inhalt)* trousse *f* de compas.
Zirkulation *f* ‹-, ø› [tsɪrkulatsi'o:n] *(Umlauf)* circulation *f.* **zirkulieren** [-'li:rən] ‹*ohne ge-*› *itr* circuler.
Zirkumflex *m* ‹-es, -e› [tsɪrkʊm'flɛks] *gram* accent *m* circonflexe.
Zirkus *m* ‹-, -se› ['tsɪrkʊs, -ə] cirque *m.*
zirpen ['tsɪrpən] *itr (Grille)* chanter.
zischeln ['tsɪʃəln] *tr* u. *itr (flüstern)* chuchoter. **zischen** *itr* siffler. **Zischlaut** *m gram* sifflante, chuintante *f.*
ziselieren [tsizə'li:rən] ‹*ohne ge-*› *tr* ciseler.
Zisterne *f* ‹-, -n› [tsɪs'tɛrnə] citerne *f.*
Zitadelle *f* ‹-, -n› [tsita'dɛlə] *mil* citadelle *f.*
Zitat *n* ‹-(e)s, -e› [tsi'ta:t] citation *f.*
Zither *f* ‹-, -n› ['tsɪtər] *mus* cithare *f.*
zitieren [tsi'ti:rən] ‹*ohne ge-*› *tr* **1.** *(anführen)* citer.
Zitronat *n* ‹-(e)s, -e› [tsitro'na:t] citronnat *m.* **Zitrone** *f* ‹-, -n› [-'tro:nə] **1.** *(Frucht)* citron *m;* **2.** *(Baum)* citronnier *m.* **Zitronenpresse** presse-citron(s) *m.* **Zitronensaft** *m* jus *m* de citron; *(Getränk)* citronnade *f.* **Zitronenschale** *f* zeste *m* de citron. **Zitronenscheibe** *f* rondelle *f* de citron. **Zitronenwasser** *n* citronnade *f.*
Zitrusfrüchte *f pl* ['tsi:trʊs-] agrumes *m pl.*
zitt(e)rig ['tsɪt(ə)r-] *a* tremblotant; *(Handschrift)* tremblé. **zittern** *itr* **1.** trembler (*vor etw* de qc, *um etw* pour qc); **2.** *(vibrieren)* vibrer; **3.** *(frösteln)* frissonner; *(schaudern)* frémir (*vor* de). **Zitterpartie** *f fam* partie *f* serrée.
Zitze *f* ‹-, -n› ['tsɪtsə] tétine *f.*
zivil [tsi'vi:l] *a (bürgerlich)* civil; ► *~e (mäßige) Preise m pl* prix *m pl* raisonnables. **Zivil** *n* ‹-s, ø› **1.** *(Bürgerstand)* (les) civils *m pl;* **2.** *(bürgerliche Kleidung)* tenue *f* civile. **Zivilangestellte(r)** *m mil* employé *m* d'administration. **Zivilbehörden** *f pl* autorités *f pl* civiles. **Zivilbevölkerung** *f* population *f* civile. **Zivilcourage** *f* courage *m* civique. **Zivildienst** *m* service *m* civil. **Zivilgericht** *n* tribunal *m* civil. **Zivilisation** *f* ‹-, ø› [-vilizatsi'o:n] civilisation *f.* **Zivilisationserscheinung** *f* phénomène *m* de civilisation. **Zivilisationskrankheit** *f* maladie *f* de civilisation. **zivilisatorisch** [-'to:rɪʃ] *a* civilisateur. **zivilisieren** [-'zi:rən] ‹*ohne ge-*› *tr* civiliser. **Zivilist** *m* ‹-en, -en› [-'lɪst] civil *m.* **Zivilklage** *f jur* action *f* civile. **Zivilkleidung** *f* tenue *f* civile. **Zivilprozeß** *m* procès *m* civil. **Zivilprozeßordnung** *f* Code *m* de procédure civile. **Zivilrecht** *n* droit *m* civil. **zivilrechtlich** *a* (de droit) civil.
Zobel *m* ‹-s, -› ['tso:bəl], **Zobelpelz** *m* zibeline *f.*
zögerlich ['tsø:gərlɪç] *a* hésistant, e; *adv* avec hésitation. **zögern** *itr* hésiter, tarder (*etw zu tun* à faire qc); *(abwarten)* temporiser. **Zögern** *n* hésitation; *(Unentschlossenheit)* indécision *f.*
Zögling *m* ‹-s, -e› ['tsø:klɪŋ] *(Schüler(in))* élève; *(e-s Internats)* interne, pensionnaire *m f.*
Zölibat *n, a. m* ‹-(e)s, ø› [tsøli'ba:t] *rel* célibat *m.*
Zoll (1) *m* ‹-(e)s, -› [tsɔl] *(Längenmaß)* pouce *m;* **(2)** *m* ‹-(e)s, ¨-e› [tsɔl, 'tsœlə] *(Abgabe)* (droit *m* de) douane *f; (Straßen-, Brücken~)* péage; *fig (Tribut)* tribut *m;* ► *Zölle erheben* percevoir des droits; *den ~ passieren* passer (par) la douane. **Zollabfertigung** *f* dédouanement *m.* **Zollamt** *n* (bureau *m* de) douane *f.* **Zollbeamte** *m* douanier *m.* **Zollbehörden** *f pl* autorités *f pl* douanières. **zollen** *tr fig (entgegenbringen):* ► *jdm Beifall ~* applaudir qn. **Zollerklärung** *f* déclaration *f* en douane. **Zollfahndung(sdienst** *m***)** *f* service *m* des recherches en douane. **zollfrei** *a* exempt de (droits de) douane. **Zollgebiet** *n* territoire *m* douanier. **Zollgrenzbezirk** *m* rayon *m* douanier. **Zollhoheit** *f* souveraineté *f* douanière. **Zollinspektor** *m* inspecteur *m* des douanes. **Zollkontrolle** *f* contrôle *m* douanier. **Zöllner** *m* ‹-s, -› ['tsœlnər] douanier *m.* **zollpflichtig** *a* soumis aux

droits de douane. **Zollschranken** *f pl* barrières *f pl* douanières.
Zollstock *m* ['tsɔl-] mètre *m* pliant.
Zolltarif *m* ['tsɔl-] tarif *m* douanier. **Zollverwaltung** *f* administration *f* des douanes. **Zollwert** *m com* valeur *f* en douane.
Zombie *m* ‹-(s), -s› ['tsɔmbi] zombie *m*.
Zone *f* ‹-, -n› ['tso:nə] *geog* u. *pol* zone *f*. **Zonengrenze** *f* frontière *f* inter-zones.
Zoo *m* ‹-s, -s› ['tso:] zoo *m*. **Zoologie** *f* zoologie *f*. **zoologisch** *a* zoologique.
Zoom *n* ‹-s, -s› [zu:m] *phot* zoom *m*. **zoomen** *itr* utiliser un zoom.
Zopf *m* ‹-(e)s, ⸚e› [tsɔpf, 'tsœpfə] **1.** natte; *hist (der Männer)* queue *f;* **2.** *(Gebäck)* pain *m* brioché; ▶ *alter ~ (fig)* vieillerie *f*. **zopfig** *a (altmodisch)* suranné; *(steif, geschnörkelt)* pédant.
Zorn *m* ‹-(e)s, ø› [tsɔrn] colère *f; (Wut)* fureur *f;* ▶ *in ~ geraten* se mettre en colère. **zornig** *a* en colère; *(wütend)* furieux.
Zote *f* ‹-, -n› ['tso:tə] obscénité *f*.
Zottel *f* ‹-, -n› ['tsɔtəl] *(Haarbüschel)* touffe *f* de cheveux. **zott(e)lig** *a (ungekämmt, unordentlich)* embroussaillé, malpropre. **zottig** *a* touffu.
zu [tsu:] **I.** *prp dat* **1.** *(örtl. auf die Frage: wo)* à; ▶ *~ Hause* à la maison; *~ Lande, ~ Wasser* sur terre, sur mer; **2.** *(auf die Frage: wohin)* à; ▶ *~m Bahnhof* à la gare; *von Haus ~ Haus* de maison en maison; *~ Schmidts, ~m Bäcker* chez les Schmidt, chez le boulanger; *~m Fenster hinaus* par la fenêtre; *sich ~ jdm setzen* s'asseoir à côté de qn; *der Weg ~m Hotel* le chemin de l'hôtel; **3.** *(in Zeitangaben für die Zukunft, meist)* à; ▶ *~ Abend* le soir; *~r Nacht* avant la nuit; *~ Ostern* à Pâques; *~m erstenmal* pour la première fois; **4.** *(Mittel der Fortbewegung)* à, en; ▶ *~ Fuß* à pied; *~ Schiff* en bateau; **5.** *(Zahlenangabe)* à; ▶ *~ dritt* à trois; *~ Hunderten* par centaines; *~r Hälfte* à moitié; *~ einem Drittel* pour un tiers; *2 ~ 1 (sport)* (par) 2 à 1; **6.** *(Beziehung)* ▶ *im Vergleich ~* comparé avec; *im Gegensatz ~* par opposition à; *die Liebe ~m Vaterland* l'amour *m* de la patrie; *etw ~ etw trinken* boire qc avec qc; **7.** *(Veränderung)* en; ▶ *~ Staub zerfallen* tomber en poussière; **8.** *(Zweck)* à, pour; ▶ *~ diesem Zweck* à cet effet; *~ deinem Besten* pour ton bien; **9.** *(mit verblaßter Bedeutung)* ▶ *~ Besuch* en visite (*bei* chez); *~r Not* à la rigueur; *(beim inf)* à, de, *bzw. bleibt unübersetzt; um ~* pour; **II.** *adv* **1.** *(örtl.)* ▶ *nach Süden ~* vers le sud; **2.** *(zeitl.)* ▶ *ab und ~* de temps en temps; **3.** *(vor e-m a od adv)* trop; ▶ *~ groß* trop grand; *~ viel, ~ sehr* trop; *gar ~ (bescheiden)* par trop (modeste); *~ (bescheiden), als daß ...* trop (modeste) pour que *subj;* **4.** *(geschlossen)* fermé; **III.** *interj fam* ▶ *nur ~!* allez-y!
zuallererst [-'--'-] *adv* en tout premier lieu. **zuallerletzt** *adv* en tout dernier lieu.
Zubehör *n, a. m* ‹-(e)s, -e› ['tsu:bəhø:r] *tech* accessoires *m pl*.
zu=beißen ['tsu:-] ‹*biß zu, zugebissen*› *itr* mordre; *(bes. von Tieren)* happer.
Zuber *m* ‹-s, -› ['tsu:bər] cuve *f*, cuvier *m*.
zu=bereiten ['tsu:-] ‹*ohne -ge-*› *tr (bes. Küche)* préparer. **Zubereitung** *f* préparation *f*.
zu=billigen ['tsu:-] *tr* accorder, concéder.
zu=binden ‹*bindet, band zu, zugebunden*› *tr* lier. **zu=blinzeln** *itr* faire un clin d'œil (*jdn* à qn).
zu=bringen ['tsu:-] ‹*brachte zu, zugebracht*› *tr* **1.** *(in die Ehe)* apporter; **2.** *(Zeit)* passer (*mit* à). **Zubringer** *m* ‹-s, -› *tech* transporteur; *(Straße)* route *f* d'accès; *(Autobahn)* bretelle *f* de raccordement. **Zubringerdienst** *m aero* service *m* d'acheminement (des passagers). **Zubringerstraße** *f s. Zubringer.*
Zubrot *n* ['tsu:-] revenu *m* secondaire; ▶ *sich mit etw ein ~ verdienen* améliorer ses fins de mois en faisant qc.
Zucht *f* ‹-, ø› [tsʊxt] **1.** *(Pflanzen~)* culture *f; (Tier~)* élevage *m;* **2.** *(Tiere e-r ~)* race *f;* **3.** *(strenge Ordnung)* discipline *f;* **4.** *(gutes Benehmen)* conduite *f* exemplaire; *(gute Sitten)* bonnes mœurs *f pl*. **züchten** ['tsʏçtən] *tr (Pflanzen, Perlen)* cultiver; *(Tiere)* élever. **Züchter** *m* ‹-s, -› *(Pflanzen-, Perlen~)* cultivateur; *(Viehzüchter)* éleveur *m*. **Zuchthaus** *n* pénitencier *m*. **züchtig** ['tsʏçtıç] *a (sittsam)* décent; *(keusch)* chaste. **züchtigen** *tr* corriger. **Züchtigung** *f* ‹-, -en› correction *f*. **zuchtlos** *a* indiscipliné; *(sittenlos)* sans mœurs; *(Leben)* déréglé. **Zuchtlosigkeit** *f* ‹-, ø› indiscipline *f;* dérèglement *m f*. **Zuchtperle** *f* perle *f* de culture. **Zuchttier** *n:* ▶ *männliches ~* animal *m* géniteur. **Zuchtvieh** *n* animaux *m pl* reproducteurs.
zucken ['tsukən] *itr* **1.** *(zs.fahren)* tressaillir; **2.** *(bes. med)* trépider; *(geschlachtetes Tier)* palpiter; **3.** *(Blitz)* jaillir. **zuckend** *a* palpitant.
Zucker *m* ‹-s, (-)› ['tsʊkər] sucre *m;* ▶ *~ haben (med fam)* être diabétique. **Zuckerdose** *f* sucrier *m*. **Zuckerguß** *m* glace *f* (de sucre); ▶ *mit ~* glacé. **Zuckerhut** *m* pain *m* de sucre. **zuckerig** *a* sucré. **zuckerkrank** *a* diabétique. **Zuckerkrankheit** *f* diabète *m* (sucré). **zuckern** *tr* sucrer. **Zuckerrohr** *n bot* canne *f* à sucre. **Zuckerrübe** *f bot* betterave *f* sucrière. **Zuckerstreuer** *m* sucrier *m* à saupoudrer. **zuckersüß** *a* sucré *a. fig; fig pej* mielleux.
Zuckung *f* ‹-, -en› ['tsʊkʊŋ] *med* convul-

sion *f*, spasme *m*.
zu=decken ['tsu:-] *tr* (re)couvrir (*mit* de); *sich* ~ se couvrir.
zudem [tsu'de:m] *adv* en outre, de plus.
zu=drehen ['tsu:-] *tr (Hahn)* fermer; ▶ *jdm den Rücken* ~ tourner le dos à qn.
zudringlich ['tsu:-] *a* importun. **Zudringlichkeit** *f* importunité, indiscrétion *f*.
zu=drücken ['tsu:-] *tr* fermer. **zu=eignen** *tr* **1.** *(zu eigen geben)* donner; **2.** *(widmen)* dédier. **Zueignung** *f (Widmung)* dédicace *f*.
zueinander [-'nandər] *adv* l'un à l'autre.
zu=erkennen ['tsu:-] ⟨*erkannte zu, zuerkannt*⟩ *tr (Besitz: zuteilen)* adjuger; *(Recht)* consentir; *(Preis)* décerner.
zuerst [-'-] *adv* premièrement; d'abord; *(als erster)* le premier.
zu=fahren ['tsu:-] ⟨*fährt, fuhr zu, zugefahren*⟩ *itr* ⟨*sein*⟩ se diriger (*auf e-e S* vers qc). **Zufahrt** *f* accès *m*. **Zufahrtsstraße** *f* bretelle, route *f* d'accès, chemin *m* de desserte.
Zufall *m* ['tsu:-] hasard *m*; ▶ *durch* ~ par hasard. **zu=fallen** ⟨*fällt, fiel zu, zugefallen*⟩ *itr* ⟨*sein*⟩ **1.** *(Deckel, Tür)* se (re)fermer (brusquement); **2.** *(zuteil werden)* revenir (*jdm* à qn).
zufällig ['tsu:-] **I.** *a* fortuit; *(gelegentlich)* occasionnel; **II.** *adv* par hasard *(a. iron in Fragen)*; ▶ ~ *etw tun* venir à faire qc. **Zufallstreffer** *m* raccroc *m*.
zu=fassen ['tsu:-] *itr* **1.** *(sich bedienen)* se servir; **2.** *(die Gelegenheit ergreifen)* saisir l'occasion. **zu=fliegen** ⟨*flog zu, zugeflogen*⟩ *itr* ⟨*sein*⟩ *(entflogener Vogel)* entrer (*jdm* chez qn); ▶ *alle Herzen fliegen ihm zu (fig)* il gagne tous les cœurs. **zu=fließen** ⟨*floß zu, zugeflossen*⟩ *itr* ⟨*sein*⟩ *(Wasser in ein Behältnis; fig: zuteil werden)* affluer (*jdm* à qn).
Zuflucht *f* ⟨-, ø⟩ ['tsu:-] **1.** *(Tätigkeit)* recours *m*; **2.** *(Ort)* refuge *m*; ▶ ~ *nehmen zu* recourir à. **Zufluchtsort** *m*, **Zufluchtsstätte** *f* (lieu de) refuge *m*.
Zufluß *m* ['tsu:-] **1.** *(Nebenfluß)* affluent *m*; **2.** *(von Wasser)* amenée, arrivée *f*.
zu=flüstern ['tsu:-] *tr*: ▶ *jdm etw* ~ chuchoter qc à qn.
zufolge [tsu'fɔlgə] *prp (gen, nachgestellt: dat) (gemäß)* d'après, selon.
zufrieden [tsu'fri:dən] *a* content, satisfait (*mit* de); ▶ *mit etw* ~ *sein* se contenter de qc. **zufrieden=geben,** *sich* ⟨*gibt, gab zufrieden, zufriedengegeben*⟩ se contenter (*mit* de). **Zufriedenheit** *f* ⟨-, ø⟩ contentement *m*, satisfaction *f*. **zufrieden=lassen** ⟨*läßt, ließ zufrieden, zufriedengelassen*⟩ *tr* laisser tranquille. **zufrieden=stellen** *tr* contenter, satisfaire. **zufriedenstellend** *a* satisfaisant.
zu=frieren ['tsu:-] ⟨*fror zu, zugefroren*⟩ *itr* ⟨*sein*⟩ geler (complètement).
zu=fügen *tr* **1.** *(hinzufügen)* ajouter; **2.** *(Verlust, Niederlage)* infliger; *(Schaden, Leid, Böses)* faire, causer. **Zufuhr** *f* ⟨-, -en⟩ **1.** *(Waren~)* approvisionnement; *(von Lebensmitteln, a. mil)* ravitaillement *m*; **2.** *tech* amenée *f*. **zu=führen** *tr* **1.** *(Menschen)* conduire (*jdm* à qn); **2.** *tech* amener; **3.** *fin* affecter (*e-m Fonds* à un fonds).
Zug *m* ⟨-(e)s, ¨-e⟩ [tsu:k, 'tsy:gə] **1.** *loc* train *m*; **2.** *(Ziehen)* traction *f*; **3.** *(bei e-m Brettspiel)* coup *m*; **4.** *(ohne pl) fig (Tendenz)* tendance *f*; **5.** *(Atem~)* souffle *m*; *(~ beim Rauchen)* bouffée *f*; *(Schluck)* coup *m*; **6.** *(ohne pl) (Luft~)* courant *m* d'air; **7.** *(~ e-s Ofens)* tirage *m*; **8.** *(beim Schreiben)* trait *m* (de plume); **9.** *(Gesichts-, Charakter~)* trait *m*; **10.** *(Bewegung der Wolken)* passage; *(Vogel~)* migration; *(Marsch)* marche *f*; *(Feld~)* campagne *f*; **11.** *(ziehende Vögel)* volée; *(Tiere)* bande *f*; *(Gespann)* attelage *m*; *(Menschen)* file *f*; *(Geleit~)* cortège; *(Fest~)* défilé *m*, *rel* procession *f*; *mil (Einheit)* section *f*; **12.** *(gezogener Lauf der Feuerwaffen)* rayure *f*; ▶ *im ~e (gen)* au cours (de); *mit dem* ~ *(loc)* par le train; ~ *um* ~ *(fig)* du tac au tac; *Sie sind am* ~ *(beim Brettspiel)* à vous de jouer.
Zugabe *f* ['tsu:-] supplément *m*; *mus* hors programme; ▶ ~*!* ~*!* encore! encore!; *(Konzert)* une autre! une autre!
Zugang *m* ['tsu:-] **1.** *(Zutritt)* accès *m* (*zu* à); **2.** *(Umgegend)* abord(s *pl*) *m* (*zu* de); **3.** *(Zuwachs)* augmentation *f*; **4.** *(Hinzugekommener im Krankenhaus, Gefängnis etc)* nouveau venu *m*; **5.** *com (Wareneingang)* entrées *f pl*; *(Neuerwerbung)* nouvelle acquisition *f*; *pl (Museum)* derniers enrichissements *m pl*.
zugänglich *a, a. fig* accessible, abordable; *fig* d'un abord facile.
Zugbegleiter *m (Person)* chef *m* de train; *(Fahrplan)* feuillet *m* horaire.
Zugbrücke *f* ['tsu:k-] pont-levis *m*.
zu=geben ['tsu:-] ⟨*gibt, gab zu, zugegeben*⟩ *tr* **1.** ajouter; *com* donner en plus; **2.** *fig (einräumen)* admettre; *(eingestehen)* avouer; **3.** *mus* jouer hors programme.
zugegen [tsu'ge:gən] *a (anwesend)* présent (*bei* à).
zu=gehen ['tsu:-] ⟨*ging zu, zugegangen*⟩ *itr* ⟨*sein*⟩ **1.** *(sich schließen lassen)* (se) fermer; **2.** *(sich nähern)* aller (*auf jdn, etw* vers qn, qc); s'approcher (de qn, qc); **3.** *(zugestellt werden)* être envoyé (*jdm* à qn); ▶ *dem Ende* ~ *(bald zu Ende sein)* toucher à sa fin; *auf die 50* ~ aller sur ses 50 ans. **Zugehfrau** *f* femme *f* de ménage.
zugehörig ['tsu:-] *a (dat)* qui appartient (à); *(passend)* qui va avec. **Zugehörigkeit** *f* ⟨-, ø⟩ *(zu e-r Vereinigung etc)*

appartenance; *(Mitgliedschaft)* qualité *f* de membre.
zugeknöpft ['tsu:-] *a fig* renfermé.
Zügel *m* ‹-s, -› ['tsy:gəl] *a. fig* rêne, bride *f*. **zügellos** *a fig* effréné; *(Leben)* dissolu. **zügeln** *tr, a. fig* tenir en bride; *fig* freiner.
Zugeständnis *n* ['tsu:-] concession *f*. **zu≈gestehen** ‹*gestand zu, zugestanden*› *tr* **1.** *(zugeben)* admettre; **2.** *(a. = bewilligen)* accorder, concéder.
zugetan ['tsu:-] *a* attaché (*jdm* à qn).
Zugfeder *f* ['tsu:k-] ressort de traction; *(der Uhr)* ressort *m* de barillet. **Zugführer** *m loc* chef de train; *mil* chef *m* de section.
zu≈gießen ['tsu:-] ‹*goß zu, zugegossen*› *tr (Getränk)* verser.
zugig ['tsu:gıç] *a* exposé aux courants d'air.
Zugkraft *f* ['tsu:k-] force de traction; *fig* attraction *f*. **zugkräftig** *a* attractif.
zugleich [tsu'glaıç] *adv* en même temps, à la fois; *(zusammen)* (tout) ensemble.
Zugluft *f* ['tsu:k-] courant *m* d'air. **Zugmaschine** *f tech; mot* tracteur *m*. **Zugmittel** *n fig* attraction *f*. **Zugpersonal** *n loc* personnel *m* du train.
zu≈greifen ['tsu:-] ‹*griff zu, zugegriffen*› *itr = zufassen*. **Zugriff** *m* **1.** *(Ergreifen)* prise *f*; **2.** *tech (EDV)* accès *m*; **3.** *(Beschlagnahme)* saisie *f*.
zugrunde [tsu'grʊndə] *adv:* ► *~ gehen* périr; *~ legen* prendre pour base; *~ liegen (dat)* être à la base de; *~ richten* ruiner, achever.
Zugtier *n* ['tsu:k-] bête *f* de trait. **Zugunglück** *n* accident *m* de chemin de fer.
zugunsten [tsu'gʊnstən] *prp gen* en faveur de, au profit de.
zugute [tsu'gu:tə] *adv:* ► *jdm etw ~ halten* tenir compte de qc à qn; *jdm ~ kommen* profiter à qn; *sich etwas auf etw ~ tun (sich etwas auf etw einbilden)*, se prévaloir de qc.
Zugverbindung *f* ['tsu:k-] communications *f pl* ferroviaires. **Zugverkehr** *m* circulation *f* ferroviaire. **Zugvogel** *m a. fig* oiseau *m* migrateur.
zu≈halten ['tsu:-] ‹*hält, hielt zu, zugehalten*› *tr* tenir fermé; ► *sich die Ohren ~* se boucher les oreilles.
Zuhälter *m* ['tsu:-] souteneur, proxénète *m*. **Zuhälterei** *f* proxénétisme *m*.
Zuhause *n* [tsu'haʊzə] chez-soi *m*.
Zuhilfenahme *f* [tsu'hılfə-]: ► *unter ~ (gen)* avec le secours (de).
zu≈hören ['tsu:-] *itr* écouter (*jdm, e-r S* qn, qc). **Zuhörer** *m* auditeur *m*. **Zuhörerschaft** *f* auditeurs *m pl*, auditoire *m*.
zu≈jubeln ['tsu:-] *itr* acclamer (*jdm* qn).
zu≈kehren *tr:* ► *jdm den Rücken ~* tourner le dos à qn. **zu≈klappen 1.** *tr (Deckel, Buch)* fermer; **2.** *itr* ‹*sein*› se fermer. **zu≈kleben** *tr* coller; *(Briefumschlag)* cacheter. **zu≈knöpfen** *tr* boutonner. **zu≈kommen** ‹*kam zu, zugekommen*› *itr* ‹*sein*› **1.** s'approcher (*auf jdn, etw* de qn, de qc); **2.** *(zustehen)* revenir (*jdm* à qn); ► *jdm etw ~ lassen (Nachricht)* faire parvenir qc à qn; *(jdn in den Genuß e-r S kommen lassen)* faire obtenir qc à qn. **zu≈korken** *tr* boucher.
Zukunft *f* ‹-, ø› ['tsu:-] avenir; *(bildhaft)* lendemain; *gram* futur *m*; ► *in ~* à l'avenir, désormais. **zukünftig I.** *a* futur; **II.** *adv = in Zukunft*. **Zukunftsaussichten** *f pl* perspectives *f pl* d'avenir. **zu≈lächeln** ['tsu:-] *itr:* ► *jdm ~* sourire à qn.
Zulage *f* ['tsu:-] **1.** supplément *m*; **2.** *(Gehalts~)* augmentation (de traitement, de salaire); *(zusätzl. Sozialleistung)* allocation; *(Leistungs~)* prime *f* (d'encouragement).
zu≈langen ['tsu:-] *itr (bei Tisch zugreifen)* se servir.
zu≈lassen ['tsu:-] ‹*läßt zu, zugelassen*› *tr* **1.** *(geschlossen lassen)* laisser fermé; **2.** *fig (Zugang gewähren)* admettre; *(gestatten)* permettre; **3.** *(Fahrzeug)* immatriculer. **zulässig** *a (annehmbar)* admissible; *(statthaft)* permis. **Zulassung** *f* ‹-, -en› **1.** admission *(zu e-r Prüfung* à un examen); *sport* qualification *f*; **2.** *(Ermächtigung)* autorisation *f*; **3.** *(Erlaubnisschein)* permis *m*; *mot* immatriculation *f*. **Zulassungsnummer** *f (e-s Fahrzeugs)* numéro *m* d'immatriculation.
Zulauf *m* ‹-(e)s, ø› ['tsu:-] *(von Menschen)* affluence *f*; ► *großen ~ haben* être très fréquenté. **zu≈laufen** ‹*läuft, lief zu, zugelaufen*› *itr* ‹*sein*› **1.** courir (*auf jdn, etw* à, vers qn, qc); *(entlaufener Hund)* entrer (*jdm* chez qn); **2.** *(endigen)* se terminer (*spitz* en pointe).
zu≈legen 1. *tr (hinzufügen)* ajouter; **2.** *itr (an Tempo)* se dépêcher; ► *sich etw ~* se procurer qc.
zuleide [tsu'laıdə] *adv:* ► *jdm etw ~ tun* faire du mal à qn.
zu≈leiten ['tsu:-] *tr* **1.** adresser (*jdm etw* qc à qn); **2.** *tech el* amener (*e-r S* à qc). **Zuleitung** *f tech (Tätigkeit)* amenée *f*; *(Wasser~)* adduction *f*. **Zuleitungskabel** *n* câble *m* d'amenée.
zuletzt [tsu'lɛtst] *adv* **1.** *(als letzter)* le dernier; **2.** *(zum letzten Mal)* (pour) la dernière fois; **3.** *(am Ende)* à la fin; ► *~ etw tun* finir par faire qc.
zuliebe [tsu'li:bə] *adv:* ► *jdm ~* pour l'amour de qn; pour faire plaisir à qn.
Zulieferer *m* ['tsu:-] ‹-s, -› fournisseur *m*. **Zulieferindustrie** *f* industrie *f* de sous-traitance.
zum [tsʊm] = *zu dem*.
zu≈machen ['tsu:-] *tr (schließen)* fer-

mer; *(zuknöpfen)* boutonner; *(Schuhe)* lacer; *(Brief)* cacheter.

zumal [tsu'ma:l] **I.** *adv* surtout; **II.** *conj* u. ▶ ~ *da* d'autant (plus) que.

zu=mauern ['tsu:-] *tr* murer, maçonner; *(Tür, Fenster)* condamner.

zumeist [tsu'maɪst] *adv* **1.** pour la plupart; **2.** *(zeitl.)* la plupart du temps.

zu=messen ['tsu:-] ‹*mißt, maß zu, zugemessen*› *tr* **1.** *(knapp ~)* mesurer (*jdm etw* qc à qn); **2.** *(Strafe)* infliger.

zumindest [tsu'mɪndəst] *adv* du moins, pour le moins; *(mindestens)* au moins.

zumutbar ['tsumu:t-] *a* raisonnable.

zumute [tsu'mu:tə] *adv:* ▶ *mir war dabei nicht ganz wohl ~* j'étais (assez) mal à l'aise; *mir ist nicht zum Lachen ~* je n'ai pas envie de rire.

zumuten *tr:* ▶ *jdm etw ~* demander qc à qn; *sich zuviel ~* présumer de ses forces. **Zumutung** *f* ‹-, -en› exigence; *pej* proposition *f* impudente.

zunächst [tsu'nɛ:çst] **I.** *adv* **1.** *(vor allem)* avant tout; **2.** *(zuerst)* (tout) d'abord; **II.** *prp dat* tout près de.

Zunahme *f* ‹-, -n› ['tsu:na:mə] **1.** accroissement *m*, augmentation; *(Erweiterung)* extension; **2.** *(Verstärkung)* intensification; *(Verschlimmerung)* aggravation *f*.

Zuname *m* ['tsu:-] ‹-ns, -n› **1.** nom *m* de famille; **2.** *(Beiname)* surnom.

zünden ['tsʏndən] *itr* **1.** *(entflammen)* s'allumer *a. mot;* s'enflammer; **2.** *fig (Worte)* enthousiasmer. **zündend** *a (Rede)* enflammé; *(Idee)* de génie.

Zunder *m* ‹-s, -› ['tsʊndər] **1.** *(Pilz* u. *Zündmittel)* amadou *m;* **2.** *chem* calamine *f;* ▶ *wie ~ brennen* brûler comme une allumette.

Zünder ['tsʏndər] *m* ‹-s, -› *mines (für Sprengstoff)* détonateur; *el mot* allumeur *m; mil* fusée *f*. **Zündholz** *n* allumette *f*. **Zündkerze** *f mot* bougie *f*. **Zündschloß** *n mot* contact *m*. **Zündschlüssel** *m mot* clé *f* de contact. **Zündschnur** *f* mèche *f*. **Zündstoff** *m* matière inflammable; *fig* cause(s *pl*) *f* de conflagration. **Zündung** *f* ‹-, -en› **1.** *(e-r Explosivladung)* détonation *f;* **2.** *mot* allumage *m*. **Zündvorrichtung** *f* dispositif d'allumage; *(e-r Bombe)* appareil *m* de mise de feu.

zu=nehmen ['tsu:-] ‹*nimmt, nahm zu, zugenommen*› *itr* **1.** *allg (größer werden)* s'accroître; *(d. Mond)* croître; augmenter (*um* de); gagner (*an* en); *(steigen)* monter; *(Masche)* augmenter; **2.** *(Mensch: schwerer werden)* prendre du poids; **3.** *(sich verstärken)* s'intensifier; *(sich verschlimmern)* s'aggraver. **zunehmend** *a* grandissant; croissant; ▶ *mit ~em Alter* en vieillissant.

zu=neigen ['tsu:-] *itr (e-r Ansicht, Partei)* pencher (*dat* pour). **Zuneigung** *f* penchant *m; (Anhänglichkeit)* attachement *m; (Sympathie, Liebe)* sympathie, affection *f* (*zu jdm* pour qn).

Zunft *f* ‹-, ¨-e› [tsʊnft, 'tsʏnftə] *(Innung, Gilde)* corporation; *fig pej* clique *f*. **zünftig** *a* **1.** corporatif; **2.** *(fachgemäß)* du métier; *fam, a. iron* comme il faut.

Zunge *f* ‹-, -n› ['tsʊŋə] **1.** *anat (a. lit.: Sprache)* langue *f;* **2.** *(Riegel; Schuh: Lasche)* languette *f;* **3.** *(an der Waage)* aiguille *f;* **4.** *(an Blasinstrumenten)* anche *f;* ▶ *sich auf die ~ beißen (um etw zu verschweigen)* se mordre la langue; *auf der ~ zergehen (Speise: sehr zart sein)* fondre dans la bouche; *es liegt mir auf der ~* je l'ai sur le bout de la langue. **züngeln** ['tsʏŋəln] *itr (Schlange)* darder sa langue; *(Flammen)* serpenter. **Zungenbrecher** *m (Wort* od *Satz)* exercice *m* d'assouplissement de la langue. **zungenfertig** *a* éloquent. **Zungenspitze** *f* bout *m* de la langue. **Zünglein** *n:* ▶ *das ~ an der Waage sein (fig)* faire pencher la balance.

zunichte [tsu'nɪçtə] *adv:* ▶ *~ machen* réduire à néant; *(Plan)* faire échouer.

zu=nicken ['tsu:-] *itr* faire un signe de tête (*jdm* à qn).

zunutze [tsu'nʊtsə] *adv:* ▶ *sich etw ~ machen* tirer profit de qc.

zuoberst [tsu'ʔo:bərst] *adv:* ▶ *das Unterste ~ kehren* tout mettre sens dessus dessous.

zu=ordnen ['tsu:-] *tr, a. gram* coordonner. **zu=packen** *itr* **1.** *(die Gelegenheit ergreifen)* saisir l'occasion; **2.** *(Hand anlegen)* se mettre à l'œuvre.

zupfen ['tsʊpfən] *tr* **1.** tirer; **2.** *(Gewebe)* effiler; **3.** *mus* pincer (*auf* sur); ▶ *jdn am Ärmel ~* tirer qn par la manche.

zur [tsu(:)r] = *zu der.*

zu=raten ['tsu:-] ‹*rät, riet zu, zugeraten*› *itr:* ▶ *jdm ~* conseiller à qn (de faire qc); *auf mein Z~* sur mon conseil.

zu=rechnungsfähig ['tsu:-] *a jur* capable de discerner; *(verantwortlich)* responsable (de ses actes). **Zurechnungsfähigkeit** *f jur* discernement *m*, responsabilité *f* de ses actes.

zurecht [tsu'rɛçt] *adv (nur in Zssgen mit Verben); vgl. zu Recht (mit Recht).* **zurecht=finden,** *sich* ‹*findet, fand zurecht, zurechtgefunden*› trouver son chemin; *fig* savoir comment faire. **zurecht=kommen** ‹*kam zurecht, zurechtgekommen*› *itr* ‹*sein*› *(fertig werden)* venir à bout (*mit etw* de qc); ▶ *mit jdm ~* (parvenir à) s'arranger avec qn. **zurecht=legen** *tr* **1.** *(vorbereiten)* préparer; *(bereithalten)* tenir prêt; **2.** *fig (e-e Ausrede)* préparer qc. **zurecht=machen 1.** *tr fam (vor-, zubereiten, a. Küche)* faire, préparer; **2.** *refl: sich ~* s'arranger. **zurecht=weisen** ‹*wies zu-*

recht, zurechtgewiesen⟩ tr (tadeln) blâmer. **Zurechtweisung** *f (Tadel)* blâme *m.*

zu=reden ['tsu:-] *itr* chercher à persuader (*jdm* qn); *(zuraten)* conseiller (*jdm* qn); *(aufmuntern)* encourager (*jdm* qn); *(ermahnen)* exhorter (*jdm* qn). **Zureden** *n* instances *f pl;* conseils; encouragements *m pl;* exhortation(s *pl*) *f.* **zu=reiten** ⟨*reitet, ritt zu, zugeritten*⟩ *tr (Pferd)* dresser. **zu=richten** *tr* **1.** *(Fleisch zum Braten)* préparer; **2.** *(Holz)* débiter; **3.** *(Leder)* corroyer; *(Stoff)* apprêter; **4.** *tech* ajuster; ► *jdn übel* ~ mettre qn dans un mauvais état.

zürnen ['tsʏrnən] *itr* être irrité; ► *jdm* ~ être fâché contre qn.

Zurschaustellung *f* [tsur'ʃaʊ-] exhibition *f,* étalage *m.*

zurück [tsu'rʏk] *adv* **1.** *(hinten)* en arrière; **2.** *a. fig* en retard; **3.** *fig (~geblieben)* arriéré; **4.** *(~gekehrt)* de retour; ► *hinter s-r Zeit ~ sein* être en retard sur son époque; *~!* (en) arrière! ~ *an Absender!* retour à l'expéditeur!

zurück=bekommen [tsu'rʏk-] ⟨*bekam zurück, zurückbekommen*⟩ *tr* ravoir *(nur inf),* recouvrer. **zurück=bleiben** ⟨*blieb zurück, zurückgeblieben*⟩ *itr* ⟨*sein*⟩ **1.** rester en arrière (*hinter* de); **2.** être en retard (*hinter* sur); **3.** *fig (in der Schule etc)* ne pas suivre; *sport* être distancé; **4.** *(übrigbleiben)* rester. **zurück=bringen** ⟨*brachte zurück, zurückgebracht*⟩ *tr* **1.** *(Sache)* rapporter; *(Person)* ramener; **2.** *(in der Entwicklung)* faire reculer. **zurück=datieren** *tr* postdater. **zurück=denken** ⟨*dachte zurück, zurückgedacht*⟩ *itr* se rappeler (*an etw* qc). **zurück=drängen** *tr* repousser; refouler *a. fig.* **zurück=erobern** *tr* reconquérir. **zurück=erstatten** *tr* rendre; *(Geld)* rembourser. **zurück=fahren** ⟨*fährt, fuhr zurück, zurückgefahren*⟩ **1.** *tr* ramener; **2.** *itr* ⟨*sein*⟩ retourner. **zurück=fallen** ⟨*fällt, fiel zurück, zurückgefallen*⟩ *itr* ⟨*sein*⟩ **1.** *fig (in e-n alten Fehler)* retomber (*in* dans); **2.** *(in s-n Leistungen)* rétrograder; **3.** *(Vorwurf)* retomber (*auf jdn* sur qn). **zurück=fließen** ⟨*fließt, floß zurück, zurückgeflossen*⟩ *itr* ⟨*sein*⟩ refluer. **zurück=fordern** *tr* réclamer; *jur* revendiquer. **zurück=führen** *tr* **1.** reconduire; **2.** *fig (ableiten, erklären)* ramener, attribuer (*auf* à). **zurück=geben** ⟨*gibt, gab zurück, zurückgegeben*⟩ *tr* rendre. **zurückgeblieben** *a (in der Entwicklung)* arriéré. **zurück=gehen** ⟨*ging zurück, zurückgegangen*⟩ *itr* ⟨*sein*⟩ **1.** retourner; *(zurückweichen)* reculer; **2.** *fig (niedriger werden, nachlassen)* régresser, diminuer; *(Hochwasser)* baisser; *med (Schwellung)* se dégonfler; *(Fieber)* tomber; *(Krankheit)* régresser; *(Preis)* diminuer; *(Ware im Preis)* baisser; *(die Geschäfte)* baisser; ► ~ *lassen (com)* retourner. **zurückgezogen** *a (Leben)* retiré; solitaire. **zurück=greifen** ⟨*griff zurück, zurückgegriffen*⟩ *itr* avoir recours (*auf* à).

zurück=halten [tsu'rʏk-] ⟨*hält, hielt zurück, zurückgehalten*⟩ *tr* **1.** *(a. fig: von e-r Tat)* retenir; *(als Gefangenen)* détenir; *(Geld)* resserrer; *(die Tränen)* retenir; **2.** *(Gefühl)* contenir; *itr* **3.** ► *mit etw* ~ retenir, cacher qc; *refl* **4.** *sich* ~ se retenir; *(sich beherrschen)* se contenir. **zurückhaltend I.** *a* **1.** réservé; *(bescheiden)* retenu; **2.** *com* hésitant; **II.** *adv a.* avec réserve. **Zurückhaltung** *f* ⟨-, ø⟩ *fig* réserve; *(Bescheidenheit)* retenue *f.* **zurück=holen** *tr (Sache)* aller rechercher; *(Menschen)* faire revenir. **zurück=kehren** ⟨*sein*⟩ *itr* retourner; *(nach Hause)* rentrer (chez soi). **zurück=kommen** ⟨*kam zurück, zurückgekommen*⟩ *itr* ⟨*sein*⟩ revenir; *(zurückkehren)* rentrer. **zurück=lassen** ⟨*läßt, ließ zurück, zurückgelassen*⟩ *tr* **1.** laisser en arrière; *(liegenlassen)* laisser (là *od* traîner); *(aufgeben)* abandonner; **2.** *sport (überholen)* distancer. **zurück=legen** *tr* **1.** *(aufheben)* mettre de côté; **2.** *(e-e Strecke)* parcourir. **zurück=liegen** ⟨*lag zurück, zurückgelegen*⟩ *itr* s'être passé (*zehn Jahre* il y a dix ans). **Zurücknahme** *f* ⟨-, -n⟩ **1.** *(e-r Ware, e-s Geschenkes)* reprise *f;* **2.** *(e-r Bestellung)* annulation *f, (s-s Wortes, e-r Beleidigung)* rétractation *f; (e-s Versprechens)* dédit *m; (e-r Behauptung)* révocation *f; (e-s Antrags)* retrait *m.* **zurück=nehmen** ⟨*nimmt, nahm zurück, zurückgenommen*⟩ *tr* **1.** *(Ware, Geschenk)* reprendre; **2.** *(Bestellung)* annuler; *(sein Wort, Antrag)* retirer; *(sein Wort, Beleidigung)* rétracter; *(Versprechen)* se dédire de; *(Erlaß)* révoquer; **3.** *mil (Front)* retirer. **zurück=prallen** *itr* ⟨*sein*⟩ **1.** rebondir (*von* sur); **2.** *fig (Mensch)* reculer (*vor Schreck* d'effroi). **zurück=reichen** *itr (zeitlich)* remonter (*bis* à). **zurück=rufen** ⟨*rief zurück, zurückgerufen*⟩ *tr* rappeler; ► *jdm etw ins Gedächtnis* ~ rappeler qc à qn.

zurück=schalten [tsu'rʏk-] *itr mot* diminuer la vitesse; ► *in den 1. Gang* ~ repasser en première. **zurück=scheuen** ⟨*sein*⟩ *itr* reculer (*vor* devant). **zurück=schicken** *tr* renvoyer (*etw an jdn* qc à qn). **zurück=schieben** ⟨*schob zurück, zurückgeschoben*⟩ *tr* repousser. **zurück=schlagen** ⟨*schlägt, schlug zurück, zurückgeschlagen*⟩ *tr* **1.** *(Ball)* renvoyer; **2.** *(den Feind, Angriff)* repousser; *itr* **3.** *(den Schlag erwidern)* riposter. **zurück=schnellen** *itr* ⟨*sein*⟩ rebondir; *(Feder)* se débander. **zurück=**

schrauben *tr fig (herabsetzen)* rabattre. **zurück=schrecken** ⟨*schreckt* od *schrickt, schreckte* od *schrak zurück, zurückgeschreckt* od *-geschrokken*⟩ *itr* ⟨*sein*⟩ reculer (*vor* devant). **zurück=sehnen** ▶ *sich nach etw* ~ regretter qc. **zurück=senden** ⟨*sendet, sandte* od *sendete zurück, zurückgesandt* od *-gesendet*⟩ *tr* renvoyer; *com* retourner (à l'expéditeur). **zurück=setzen** *tr* **1.** reculer; **2.** *fig (benachteiligen)* défavoriser. **zurück=springen** ⟨*sprang zurück, zurückgesprungen*⟩ *itr* ⟨*sein*⟩ faire un bond en arrière. **zurück=stekken** *tr (an die alte Stelle)* remettre; *itr fig* se tempérer. **zurück=stehen** *stand zurück, zurückgestanden*⟩ *itr (nicht gleichwertig sein)* être inférieur (*hinter* à); ▶ *hinter jdm* ~ céder le pas à qn. **zurück=stellen** *tr* **1.** *(wieder an s-n Platz)* remettre en place; *(für späteren Gebrauch)* mettre en réserve; **2.** *com (aufheben)* mettre de côté; **3.** *(Uhr)* retarder (*um* de); **4.** *mil* ajourner. **zurück=stoßen** ⟨*stößt, stieß zurück, zurückgestoßen*⟩ *tr, a. fig* repousser. **zurück=treiben** [tsu'rʏk-] ⟨*trieb zurück, zurückgetrieben*⟩ *tr* repousser; *(Vieh)* ramener. **zurück=treten** ⟨*tritt, trat zurück, zurückgetreten*⟩ *itr* ⟨*sein*⟩ **1.** faire un pas en arrière, reculer; ▶ *vor jdm* s'effacer devant qn; **2.** *fig (verzichten)* renoncer (*von* à); **3.** *(vom Amt)* démissionner (*von etw* de qc); **4.** *(von e-m Vertrag)* résilier (un contrat); *(von e-m Kauf)* annuler (un achat). **zurück=versetzen** *tr* **1.** remettre *(in den früheren Zustand* à l'état antérieur); **2.** *(Schüler)* renvoyer dans une classe inférieure; *refl* **3.** *sich* ~ *(im Geiste)* se reporter (*in* à). **zurück=weichen** ⟨*wich zurück, zurückgewichen*⟩ *itr* ⟨*sein*⟩ reculer; battre en retraite. **zurück=weisen** ⟨*wies zurück, zurückgewiesen*⟩ *tr (Geschenk)* refuser; *(Bitte, Vorschlag, Beschwerde)* rejeter; *(Menschen)* renvoyer. **zurück=werfen** *wirft, warf zurück, zurückgeworfen*⟩ *tr* **1.** rejeter, renvoyer; *mil (den Feind)* repousser; **2.** *phys (Strahlen)* réfléchir; *(Schall)* répercuter. **zurück=wirken** *itr* réagir (*auf* sur). **zurück=zahlen** *tr* rembourser (*etw* qc; *jdm etw* qn de qc). **zurück=ziehen** ⟨*zog zurück, zurückgezogen*⟩ **1.** *itr* retirer; *(Zusage)* rétracter; *(Antrag)* reprendre; *jur (Forderung)* se désister de; *(Klage)* retirer; *com (Auftrag)* annuler; **2.** *refl: sich* ~ se retirer (*von* de); *(in den Ruhestand)* prendre sa retraite; *mil* se replier; ▶ *sich in sich (selbst)* ~ se renfermer en soi-même. **Zuruf** *m* ['tsu:-] **1.** appel, cri *m;* **2.** *(Beifall)* acclamation *f.* **zu=rufen** ⟨*rief zu, zugerufen*⟩ *tr* crier (*jdm etw* qc à qn).

Zusage *f* ⟨-, -n⟩ ['tsu:-] **1.** *(Zustimmung)* assentiment *m; (auf e-e Einladung)* acceptation *f;* **2.** *(Versprechen)* promesse *f.* **zu=sagen** *tr* **1.** *(versprechen)* promettre; *itr* **2.** *(sein Einverständnis erklären)* donner son assentiment; *(die Einladung annehmen)* accepter l'invitation; *(sich verpflichten)* s'engager (*etw zu tun* à faire qc); **3.** *(gefallen)* plaire (*jdm* à qn); *(recht sein)* convenir (*jdm* à qn); ▶ *jdm etw auf den Kopf* ~ dire qc à qn en face.

zusammen [tsu'zamən] *adv* ensemble; *(gemeinsam)* en commun (*mit* avec); de concert; *(im ganzen)* en tout, au total; ▶ *alles* ~ *(die ganze Zeche) bezahlen* payer le tout.

Zusammenarbeit *f* [-'za-] collaboration, coopération *f.* **zusammen=arbeiten** *itr* collaborer, coopérer. **zusammen=ballen,** *sich* s'entasser, s'agglomérer; *fig* se concentrer. **zusammen=bauen** *tr* assembler. **zusammen=beißen** *tr:* ▶ *die Zähne* ~ serrer les dents. **zusammen=binden** ⟨*bindet, band zs., zs.gebunden*⟩ *tr* lier; *(zu e-m Strauß, e-m Bündel)* faire un bouquet, un faisceau (*etw* de qc). **zusammen=brechen** ⟨*bricht, brach zs., zs.gebrochen*⟩ *itr* ⟨*sein*⟩ *(einstürzen) a. fig* (s'é)crouler; *(Gebäude)* tomber en ruine; ▶ *seelisch* ~ faire une dépression. **zusammen=bringen** ⟨*brachte zs., zs.gebracht*⟩ *tr* réunir; (r)amasser; *(Geld)* mobiliser; *(Menschen)* aboucher. **Zusammenbruch** *m* **1.** *a. fig* écroulement *m; fig a.* ruine; *com* faillite *f;* **2.** *med* syncope *f.* **zusammen=drängen** **1.** *tr* serrer; *(zs.pferchen)* entasser; **2.** *refl: sich* ~ se serrer (les uns contre les autres). **zusammen=drücken** *tr* comprimer. **zusammen=fahren** ⟨*fährt, fuhr zs., zs.gefahren*⟩ *itr* ⟨*sein*⟩ *fig (auffahren)* tressaillir. **zusammen=fallen** ⟨*fällt, fiel zs., zs.gefallen*⟩ *itr* ⟨*sein*⟩ **1.** *(einstürzen), a. fig* (s'é)crouler; *(Omelette)* (re)tomber; **2.** *(sich räuml. decken)* converger; **3.** *(zeitl.)* coïncider (*mit* avec). **zusammen=falten** *tr* (re)plier. **zusammen=fassen** *tr* **1.** réunir; *a. mil* concentrer; *(bes. loc: zu e-r Sendung)* grouper; **2.** *fig (Gedanken etc)* concentrer; *(Text)* résumer. **zusammenfassend** **I.** *a* sommaire; **II.** *adv* au total, en résumé. **Zusammenfassung** *f* **1.** réunion; *a. mil* u. *fig* concentration *f;* groupement; *(Sammlung)* rassemblement *m;* **2.** *(zs.gefaßter Text)* résumé *m.* **zusammen=fließen** ⟨*floß zs., zs.geflossen*⟩ *itr* ⟨*sein*⟩ *(Flüsse)* se réunir. **Zusammenfluß** *m geog* confluent *m.* **zusammen=fügen** *tr* joindre; *(verbinden)* lier; *(zwei gleiche Dinge)* jumeler; *tech* assembler. **zusammen=führen** *tr* réunir. **zusammen=gehören** *itr (Sachen)* aller ensemble; *(paarige Gegenstände)* faire la paire; *(Kunstgegenstände)* faire pendant; *(zwei Menschen)* être faits l'un pour l'autre. **Zusammengehörigkeit** *f* ⟨-, ø⟩ affinité; homogénéité *f.* **Zusammengehörigkeit(sgefühl** *n***)** *f* solidarité *f.* **zusammengesetzt** *a* composé (*aus* de); *(gemischt)* mixte. **zusammengewürfelt** *a* *(verschiedenartig)* hétérogène; ▶ *bunt* ~ bigarré; *(Gesellschaft)* mélangé.

Zusammenhalt *m* ⟨-(e)s, ø⟩ [-'za-] **1.** *(Festigkeit e-s Körpers)* consistance; *phys, a. fig* cohésion *f;* **2.** *fig* solidarité *f.* **zusammen=halten** ⟨*hält, hielt zs., zs.gehalten*⟩ *tr* **1.** maintenir (ensemble); **2.** *(Geld)* ménager; **3.** *(vergleichend nebenea.halten)* rapprocher; confronter; *itr* **4.** tenir ensemble; **5.** *fig (Menschen)* être solidaires; *(ea. helfen)* s'entraider. **Zusammenhang** *m* ⟨-(e)s, ⸚e⟩ *(innerer)* cohésion; continuité *f; (Verbindung)* liaison, connexion *f; (Beziehung)* rapport *m,* relation (*mit* avec); *(innerhalb e-s Textes)* contexte *m;* ▶ *im* ~ *(im ganzen)* dans l'ensemble; *im* ~ *mit* en rapport *od* liaison avec; *in* ~ *bringen* établir un rapport entre. **zusammen=hängen** *itr* **1.** être lié (*mit* à); **2.** *(in Beziehung stehen)* être en rapport (*mit* avec). **zusammenhängend** *a* **1.** *(innerlich)* cohérent; *(lückenlos)* continu; **2.** *(verbunden)* lié; *(Rede)* suivi. **zusammenhang(s)los** *a* incohérent.

zusammenklappbar [-'za-] *a* pliant. **zusammen=klappen** *tr* (re)plier; *(Messer)* (re)fermer. **zusammen=kleben** **1.** *tr* coller ensemble; **2.** *itr* coller ensemble. **zusammen=kommen** ⟨*kam zs., zs.gekommen*⟩ *itr* ⟨*sein*⟩ *(sich treffen)* se rencontrer; *(sich versammeln)* se réunir; ▶ *mit jdm* ~ rencontrer, voir qn. **Zusammenkunft** *f* ⟨-, ⸚e⟩ [-'zamənkʊnft] **1.** entrevue *f; (Verabredung)* rendez-vous *m;* **2.** *(Versammlung)* réunion; *(Besprechung)* conférence *f.* **zusammen=laufen** ⟨*läuft, lief zs., zs.gelaufen*⟩ *itr* ⟨*sein*⟩ **1.** *(Menschen)* s'attrouper; **2.** *(Linien, Straßen etc)* se rencontrer; *math* converger; **3.** *(Farben)* se (con)fondre. **zusammenlegbar** *a* pliant. **zusammen=legen** *tr* **1.** mettre ensemble; **2.** *(zs.falten)* (re)plier; **3.** *(vereinigen)* réunir; *com* fusionner; *(zentralisieren)* concentrer; *itr* **4.** *(e-e Geldsumme zs. aufbringen)* se cotiser. **zusammen=nehmen** ⟨*nimmt, nahm zs., zs.genommen*⟩ **1.** *tr* rassembler; **2.** *refl: sich* ~ faire un effort sur soi-même; *(sich beherrschen)* se contenir; ▶ *alles zs.genommen* à tout prendre. **zusammen=passen** *itr* s'adapter l'un à l'autre; *(gut* ~*)* aller (bien) ensemble; *(Menschen)* se convenir. **zusammen=pferchen** *tr fig (Menschen)* entasser. **Zusammenprall** *m* **1.** *a. fig* choc *m; (zweier Fahrzeuge)* collision *f;* **2.** *fig* violent conflit *m.* **zusammen=prallen** *itr* ⟨*sein*⟩ *a. fig* se heurter; *(Fahrzeuge)* entrer en collision. **zusammen=raffen** **1.** *tr* ramasser (rapidement); *fam* rafler; **2.** *refl: sich* ~ = *sich zusammennehmen.* **zusammen=rechnen** *tr* additionner, faire le total de; ▶ *alles zs.gerechnet* au total; *fig* à tout prendre. **zusammen=reimen,** *sich* s'accorder; ▶ *sich etw* ~ *(erklären)* s'expliquer qc. **zusammen=reißen,** *sich* ⟨*riß zs., zs.gerissen*⟩ *(fam)* = *sich zusammennehmen.* **zusammen=rollen** *tr* enrouler. **zusammen=rücken** *itr* ⟨*sein*⟩ *(Menschen auf e-r Bank)* se rapprocher. **zusammen=rufen** ⟨*rief zs., zs.gerufen*⟩ *tr* convoquer.

zusammen=schießen [-'za-] ⟨*schoß zs., zs.geschossen*⟩ *tr* abattre à coups de feu. **zusammen=schlagen** ⟨*schlägt, schlug zs., zs.geschlagen*⟩ **1.** *tr* ⟨*h*⟩ *(Gegenstand)* démolir; *(Menschen)* abattre; **2.** *itr* ⟨*sein*⟩ *(zs.stoßen)* se heurter. **zusammen=schließen,** *sich* ⟨*schloß zs., zs.geschlossen*⟩ se réunir; *com* s'associer; fusionner. **Zusammenschluß** *m* (ré)union; *com* association, fusion; *pol (von Staaten)* (ré)union *f.* **zusammen=schrauben** *tr* visser. **zusammen=schreiben** ⟨*schrieb zs., zs.geschrieben*⟩ *tr* **1.** *(in einem Wort)* écrire en un mot; **2.** *pej (aus anderen Büchern)* compiler. **zusammen=schrumpfen** *itr* ⟨*sein*⟩ se ratatiner; *fig (dahinschwinden)* se réduire. **zusammen=schweißen** *tr* joindre par soudage; *a. fig (Menschen)* souder. **Zusammensein** *n* ⟨-s, ø⟩ réunion, entrevue *f.* **zusammen=setzen** *tr* **1.** *(nebenea.setzen)* mettre ensemble; *(Menschen)* placer ensemble; **2.** *(zu e-m Ganzen machen)* composer; *tech (zs.fügen)* joindre; *(montieren)* assembler, monter; *chem math* combiner; *refl: sich* ~ **3.** s'asseoir ensemble; **4.** *(bestehen)* se composer (*aus* de); ▶ *zs.gesetztes Wort n (gram)* mot *m* composé. **Zusammensetzung** *f (Aufbau)* composition *f.* **zusammen=sparen** *tr fam* économiser petit à petit. **Zusammenspiel** *n* *theat* ensemble; *fig* jeu *m.* **zusammen=stecken** *tr* joindre; *(Stoff mit Nadeln)* assembler avec des épingles. **zusammen=stellen** *tr* **1.** mettre ensemble; *(in bestimmter Ordnung)* assembler, composer, arranger; **2.** *tech (montieren)* monter; *loc (Zug)* former; *mil (Truppen)* rassembler; *(Zeitung)* bâtir; *(Programm, Menü)* établir; *(in e-r Liste)* faire une liste de; **3.** *(gruppieren)* grouper, class(ifi)er; **4.** *(vergleichend)* rapprocher. **Zusammenstellung** *f* **1.** réunion *f;* agencement *m,* composition *f;* arrangement *m;* **2.** *tech* montage *m; loc* formation *f; mil* rassemblement; établissement *m; (Liste)* liste *f;* **3.** table *f,* tableau; *(Gruppierung)* groupement, classement *m;* **4.** *(Vergleich)* rapprochement *m.* **Zusammenstoß** *m* **1.** *a. fig* choc *m; (von Fahrzeugen; a. fig)* collision *f; loc* tamponnement; *mar aero* abordage *m; mil* choc *m;* **2.** *fig a.* conflit *m.* **zusammen=stoßen** ⟨*stößt, stieß zs., zs.gestoßen*⟩ *itr* ⟨*sein*⟩ *a. fig* s'entrechoquer, se heurter; *(Fahrzeuge)* entrer en collision (*mit etw* avec qc); *loc* tamponner (*mit etw* qc); se tamponner; *mot (beim Überholen)* accrocher (*mit etw* qc); *mar* aborder (*mit etw* qc); *mil* se rencontrer. **zusammen=streichen** ⟨*strich zs., zs.gestrichen*⟩ *tr (Zeitungsartikel)* sabrer; *(Buch)* faire des coupures à; *(Budget)* faire une coupe sombre.

zusammen=tragen [-'za-] ⟨*trägt, trug zs., zs.getragen*⟩ *tr* réunir; *fig (sammeln)* rassembler.

zusammen=treffen ⟨*trifft, traf zs., zs.getroffen*⟩ *itr* ⟨*sein*⟩ *(sich begegnen)* se rencontrer. **Zusammentreffen** *n* **1.** *(Begegnung)* rencontre *f;* **2.** *(von Umständen)* concours *m; (Gleichzeitigkeit)* coïncidence *f.*

zusammen=treten [-'za-] ⟨*tritt, trat zs., zs.getreten*⟩ *itr* ⟨*sein*⟩ se réunir, s'assembler. **Zusammentritt** *m* réunion *f.* **zusammen=trommeln** *tr fig fam (Menschen zs.bringen)* ramasser. **zusammen=tun, sich** ⟨*tut, tat zs., zs.getan*⟩ se mettre ensemble, se réunir. **zusammen=wirken** *itr (verschiedene Kräfte, Ursachen)* agir ensemble; coopérer; concourir (à un objectif commun). **Zusammenwirken** *n* action *f* combinée. **zusammen=zählen** *tr* = *zs.rechnen.* **zusammen=ziehen** ⟨*zog zs., zs.gezogen*⟩ *tr* **1.** *(verkürzend)* rétrécir; *(verengend)* (res)serrer; *physiol* contracter; **2.** *(Truppen)* concentrer; **3.** *fig (kürzen)* raccourcir; *itr* ⟨*sein*⟩ **4.** aller habiter ensemble; *refl* **5.** *sich* ~ (se) rétrécir; se resserrer; se contracter. **zusammen=zucken** ⟨*sein*⟩ *itr* tressaillir (*vor* de).

Zusatz *m* ['tsu:-] *(Hinzufügung)* addition; *(Anmerkung)* note *f* (additionnelle); *(Nachtrag)* supplément; *(zu e-m Brief)* post-scriptum; *(zu e-m Buch)* addenda *m; jur* annexe *f; (zu e-m Gesetz)* amendement *m.* **zusätzlich I.** *a* additionnel, supplémentaire, complémentaire; **II.** *adv (außerdem)* de plus.

zuschanden [tsu'ʃandən] *adv:* ► ~ *machen (Hoffnung enttäuschen)* décevoir; anéantir; *(Plan: vereiteln)* déjouer.

zu=schanzen ['tsu:-] *tr fig fam:* ► *jdm etw* ~ faire avoir, procurer qc à qn.

zu=schauen ['tsu:-] *itr* regarder (*jdm, e-r S* qn, qc). **Zuschauer(in *f*)** *m* spectateur *m,* spectatrice *f; TV* (télé)spectateur *m,* (télé)spectatrice *f.* **Zuschauerraum** *m theat* salle (de spectacle); *(des Kinos)* salle *f* de cinéma. **Zuschauertribüne** *f* tribune *f* du public.

zu=schicken ['tsu:-] *tr* = *zusenden.* **zu=schieben** ⟨*schob zu, zugeschoben*⟩ *tr (Schublade)* fermer; ► *jdm etw* ~ pousser qc vers qn; *fig* se décharger de qc sur qn. **zu=schießen** ⟨*schoß zu, zugeschossen*⟩ *tr fig:* ► *Geld* ~ fournir un supplément d'argent; *itr (e-n Zuschuß geben)* y contribuer; *auf jdn* ~ ⟨*sein*⟩ se précipiter vers qn.

Zuschlag *m* ['tsu:-] **1.** *(bei e-r Ausschreibung, Auktion)* adjudication *f;* **2.** augmentation *f;* **3.** *(zu e-r Gebühr)* surtaxe *f; loc* supplément *m.* **zu=schlagen** ⟨*schlägt, schlug zu, zugeschlagen*⟩ *tr* **1.** *(Deckel)* rabattre; *(Tür)* (faire) claquer; *(Buch)* (re)fermer brusquement; **2.** *(bei e-r Ausschreibung, Auktion)* adjuger (*jdm etw* qc à qn); *itr* ⟨*sein*⟩ **3.** *(Tür)* se fermer brusquement. **zuschlagpflichtig** *a loc* avec supplément.

zu=schließen ['tsu:-] ⟨*schloß zu, zugeschlossen*⟩ *tr* fermer à clé. **zu=schneiden** ⟨*schneidet, schnitt zu, zugeschnitten*⟩ *tr (Stoff)* découper; *(Kleidungsstück)* couper; *(Holz)* débiter. **zu=schneien** *itr* ⟨*sein*⟩ se couvrir de neige. **Zuschnitt** *m* coupe; *fig (Gestaltung)* tournure *f.* **zu=schnüren** *tr* ficeler; *(Schuhe)* lacer. **zu=schrauben** *tr* visser. **zu=schreiben** ⟨*schrieb zu, zugeschrieben*⟩ *tr fig* attribuer qc à qn; *pej* ► *jdm etw* ~ imputer; qc à qn. **Zuschrift** *f* lettre *f.*

zuschulden [tsu'ʃʊldən] *adv:* ► *sich etw* ~ *kommen lassen* se rendre coupable de qc.

Zuschuß *m* ['tsu:-] *(Beitrag)* contribution *f; (zusätzliche Zahlung)* (versement) supplément(aire) *m; (Beihilfe)* aide; *(Sozialleistung)* allocation; *(staatliche Wirtschaftshilfe)* subvention *f.*

zu=schütten ['tsu:-] *tr (auffüllen)* combler, remblayer. **zu=sehen** ⟨*sieht, sah zu, zugesehen*⟩ *itr* **1.** *(aufmerksam)* faire attention; **2.** *(sich bemühen)* faire en sorte (*daß ...* que *subj*); **3.** *(nicht einschreiten)* (regarder et) ne rien faire; ► *jdm* ~ regarder qn; *e-r S* ~ assister à qc. **zusehends** *adv* à vue d'œil, visiblement. **zu=senden** ⟨*sendet, sendete* od *sandte zu, zugesendet* od *zugesandt*⟩ *tr* envoyer. **Zusendung** *f* envoi *m.* **zu=setzen** *tr* **1.** *(hinzufügen)* ajouter; **2.** *(Geld bei e-m Geschäft)* sacrifier; ► *itr: jdm mit etw* ~ importuner qn de qc. **zu=sichern** *tr* garantir; *(Belohnung)* promettre. **Zusicherung** *f* garantie; *(Versprechen)* promesse *f.* **zu=sperren** *tr* fermer (à clé). **zu=spielen** *tr sport (den Ball)* passer. **zu=spitzen 1.** *tr* tailler en pointe, aiguiser; **2.** *refl: sich* ~ *(Lage: ernst werden)* s'aggraver. **zu=**

sprechen ‹*spricht, sprach zu, zugesprochen*› *tr* **1.** *(jur* od *bei e-r Auktion)* attribuer (*jdm etw* qc à qn); *itr* **2.** *(gut zureden)* encourager (*jdm* qn); **3.** *fig (e-r Speise, e-m Getränk)* faire honneur à. **Zuspruch** *m* ‹-(e)s, ø› **1.** *(Aufmunterung)* encouragement *m; (Trost)* consolation; *(geistlicher)* assistance *f;* **2.** *(Beifall)* approbation *f; (Anklang)* succès *m; (Andrang)* affluence *f.*

Zustand ['tsu:-] *m* **1.** état *m; (Beschaffenheit)* condition; *(Lage)* situation; *(Entwicklungsstufe)* phase *f;* **2.** *pl (Verhältnisse)* circonstances *f pl.*

zustande [tsu'ʃtandə] *adv:* ▶ *~ bringen* venir à bout de, réaliser; *~ kommen* se faire, se réaliser. **Zustandekommen** *n* réalisation *f.*

zuständig ['tsu:-] *a* compétent; *(befugt)* qualifié; ▶ *dafür bin ich ~* cela relève de ma compétence. **Zuständigkeit** *f* ‹-, ø› compétence *f,* ressort *m.*

zustatten [tsu'ʃtatən] *adv:* ▶ *jdm ~ kommen* servir qn, profiter à qn.

zu=stecken ['tsu:-] *tr:* ▶ *jdm etw ~ (fig)* glisser qc à qn. **zu=stehen** ‹*stand zu, zugestanden*› *itr (gebühren)* revenir (*jdm* à qn). **zu=steigen** ‹*stieg zu, zugestiegen*› *itr* ‹*sein*› monter en cours de route.

Zustellbezirk *m* ['tsu:-] *(Post)* rayon *m* de distribution. **zu=stellen** *tr* **1.** *(versperren)* barrer; *(Fenster, Tür a.)* condamner; **2.** *(übermitteln)* remettre (*jdm etw* qc à qn); *(Post)* distribuer; *adm* notifier. **Zustellgebühr** *f* factage *m.* **Zustellpostamt** *n* bureau *m* (de poste) distributeur *od* destinataire. **Zustellung** *f* livraison; *(durch die Post)* remise, distribution *f; adm* notification *f.*

zu=stimmen ['tsu:-] *itr* consentir; acquiescer (*e-r S* à qc). **zustimmend I.** *a* approbateur; **II.** *adv* en signe d'approbation. **Zustimmung** *f* consentement *m,* approbation *f.*

zu=stoßen ['tsu:-] ‹*stößt, stieß zu, zugestoßen*› **1.** *tr (Tür)* fermer en poussant; **2.** *itr* ‹*sein*› frapper; *fig (Unglück: geschehen)* arriver, survenir.

Zustrom *m* ‹-(e)s, ø› ['tsu:-] *(von Menschen)* affluence *f,* afflux *m.*

zu=stürzen ['tsu:-] *itr* ‹*aux: sein*›: ▶ *auf jdn ~* se précipiter vers qn.

zutage [tsu'ta:gə] *adv:* ▶ *~ treten* paraître (au grand jour).

Zutaten *f* ['tsu:-] *pl (Speise)* ingrédients *m pl; (Schneiderei)* fourniture *f.*

zuteil [tsu'taɪl] *adv:* ▶ *jdm ~ werden* revenir à qn; *jdm etw ~ werden lassen* (faire) donner qc à qn.

zu=teilen ['tsu:-] *tr* **1.** *(zuweisen)* attribuer; **2.** *(rationieren)* rationner. **Zuteilung** *f* **1.** attribution; *(Geld~)* allocation *f;* **2.** *(Ration)* ration *f.*

zutiefst [tsu'ti:fst] *adv* profondément.

zu=tragen ['tsu:-] ‹*trägt, trug zu, zugetragen*› **1.** *tr (heimlich mitteilen)* rapporter; **2.** *refl: sich ~ (sich ereignen)* se passer. **Zuträger** *m* rapporteur; *(Denunziant)* délateur *m.* **zuträglich** *a (gesund)* salutaire; *(Speise: bekömmlich)* digest(ibl)e.

zu=trauen ['tsu:-] *tr:* ▶ *jdm etw ~* croire qn capable de qc; *das traue ich mir nicht zu* je n'ai pas le courage d'entreprendre cela. **Zutrauen** *n* confiance *f* (*zu* en). **zutraulich** *a* confiant; familier.

zu=treffen ['tsu:-] ‹*trifft, traf zu, zugetroffen*› *itr (richtig sein)* être exact *od* juste; *(gelten)* être valable (*für* pour). **zutreffend** *a (richtig)* exact, juste.

Zutritt *m* ‹-(e)s, ø› ['tsu:-] *(Zugang)* accès *m* (*zu etw* à qc, *zu jdm* auprès de qn); *(Eintritt)* entrée *f;* ▶ *jdm den ~ verwehren* refuser sa porte à qn; *~ verboten!* entrée interdite, défense d'entrer.

zu=tun ['tsu:-] ‹*tut, tat zu, zugetan*› *tr* **1.** *(hinzufügen)* ajouter; **2.** *(schließen)* fermer. **Zutun** *n:* ▶ *ohne mein ~* sans mon entremise *od* ma participation *od* mon intervention.

zuungunsten [tsu'ʔʊn-] *prp gen (zum Nachteil)* au préjudice de.

zuverlässig ['tsu:-] *a (Mensch)* sûr, sur qui on peut compter; *(gewissenhaft)* consciencieux; *(vertrauenswürdig)* digne de confiance, fiable; *allg* sûr, solide; *(Bericht: wahrheitsgetreu)* véridique. **Zuverlässigkeit** *f* sûreté; fiabilité *f.*

Zuversicht *f* ‹-, ø› ['tsu:-] assurance; *(Vertrauen)* confiance *f.* **zuversichtlich I.** *a* confiant; **II.** *adv* avec *od* de *od* en confiance.

zuviel [tsu'fi:l] *adv* trop (*gen* de); ▶ *einer ~* un de trop.

zuvor [tsu'fo:r] *adv (vorher)* (au-par)avant; ▶ *nie ~* ne ... jamais. **zuvorderst** [-'fɔrdərst] *adv (ganz vorn)* en tête.

zuvor=kommen [-'fo:r-] ‹*kam zuvor, zuvorgekommen*› *itr* ‹*sein*› : ▶ *jdm ~* prévenir qn. **zuvorkommend** *a* prévenant, obligeant. **Zuvorkommenheit** *f* ‹-, ø› prévenance, obligeance *f.*

Zuwachs *m* ‹-es, ø› ['tsu:-] surcroît *m* (*an* de). **Zuwachsrate** *f* taux *m* de croissance *od* d'accroissement.

Zuwanderer *m* ['tsu:-] *(Einwanderer)* immigrant *m.* **zuwandern** *itr* ‹*sein*› *(einwandern)* immigrer. **Zuwanderung** *f* immigration *f.*

zuwege [tsu've:gə] *adv:* ▶ *etw ~ bringen* réussir à faire qc, venir à bout de qc.

zuweilen [tsu'vaɪlən] *adv* quelquefois.

zu=weisen ['tsu:-] ‹*wies zu, zugewiesen*› *tr (bes. adm: zuteilen)* assigner; attribuer. **zu=wenden** ‹*wendet, wendete* od

wandte zu, zugewendet od *zugewandt*› *tr:* ▶ *jdm etw ~ (zukommen lassen)* faire obtenir qc à qn; *sich e-r S ~ (fig: beginnen)* passer à qc. **Zuwendung** *f (Beihilfe)* aide, subvention *f.*
zuwenig [tsu'veːnɪç] *adv* trop peu; ▶ *3 Franc ~* 3 francs en moins.
zu=werfen ['tsuː-] ‹*wirft, warf zu, zugeworfen*› *tr (zuschütten)* combler; ▶ *jdm den Ball ~* lancer la balle à qn; *jdm e-n Blick ~* jeter un regard sur qn.
zuwider [tsu'viːdər] **I.** *prp (nachgestellt) dat* contre, contrairement à; **II.** *adv* contraire; ▶ *jdm ~ sein* répugner à qn. **zuwider=handeln** *itr* contrevenir (*e-m Befehl* à un ordre). **Zuwiderhandelnde(r)** *m* contrevenant *m.*
zu=winken ['tsuː-] *itr:* ▶ *jdm ~* faire signe à qn. **zu=zahlen** *tr* payer en supplément. **zu=ziehen** ‹*zog zu, zugezogen*› **1.** *tr (Schlinge, Knoten)* serrer; *(Vorhang)* fermer; **2.** *refl: sich etw ~* s'attirer qc; *(e-e Krankheit)* attraper qc.
Zuzug *m* ['tsuː-] **1.** *(Zuziehen)* établissement *f;* **2.** *(Zustrom)* afflux *m;* **3.** *(Einwanderung)* immigration *f.* **zuzüglich I.** *prp gen* plus; **II.** *adv* en sus.
Zwang *m* ‹-(e)s, ⁻e› [tsvaŋ, 'tsvɛŋə] contrainte; *(Druck)* pression; *(Gewalt)* force; *(~slage)* gêne; *(Notlage)* nécessité; *(innerer ~)* sujétion *f;* ▶ *sich keinen ~ antun* ne pas se gêner.
zwängen ['tsvɛŋən] *tr* presser, serrer; *(hindurch~)* faire passer *od (hinein~)* entrer *od (hinaus~)* sortir de force.
zwanghaft ['tsvaŋ-] *a (gezwungen)* contraint, forcé. **zwanglos** *a* **I.** *a* naturel; **II.** *a* u. *adv* sans contrainte, sans gêne. **Zwanglosigkeit** *f* aisance *f.*
Zwangsarbeit *f* ['tsvaŋs-] *(gerichtl. Strafe)* travaux *m pl* forcés. **Zwangshandlung** *f psych* impulsion *f* motrice. **Zwangsjacke** *f* camisole *f* de force. **Zwangslage** *f* état *m* de contrainte; *(Notlage)* nécessité *f.* **zwangsläufig I.** *a* obligatoire; *(unvermeidbar)* inévitable; *(Entwicklung)* irréversible; **II.** *adv* forcément; nécessairement. **Zwangsläufigkeit** *f* ‹-, ø› nécessité *f.* **Zwangsmaßnahme** *f* mesure *f* coercitive *od* de coercition. **Zwangsneurose** *f med* névrose *f* obsessionnelle. **Zwangspensionierung** *f* mise *f* à la retraite d'office. **Zwangsräumung** *f* évacuation *f* forcée. **Zwangsversteigerung** *f* (vente *f* aux) enchères *f pl* forcée(s). **Zwangsvollstreckung** *f* exécution *f* forcée. **Zwangsvorstellung** *f psych* idée fixe, obsession *f.* **zwangsweise** *adv* par contrainte, de force; *jur* par coercition.
zwanzig ['tsvantsɪç] *(Zahlwort)* vingt; ▶ *etwa ~(...)* une vingtaine (de); *in den ~er Jahren (e-s Jahrhunderts)* dans les années vingt. **Zwanziger** *m pl:* ▶ *in den ~n (e-s Menschenlebens) sein* avoir entre vingt et trente ans. **zwanzigfach** *a* vingtuple. **zwanzigjährig** *a* de vingt ans. **Zwanzigstel** *n* ‹-s, -› vingtième *m.* **zwanzigste(r, s)** *a* vingtième.
zwar [tsvaːr] *adv (allerdings)* à la vérité; il est vrai, certes; ▶ *und ~ (nämlich)* à savoir; *ich reise ab, und ~ (schon) morgen* je partirai, et cela dès demain; *und ~ so* et voici comment.
Zweck *m* ‹-(e)s, -e› ['tsvɛk] **1.** but, objet *m; (End~)* fin *f; (Absicht)* dessein *m;* **2.** *(Sinn)* sens *m;* **3.** *(Bestimmung)* destination; *(Funktion)* fonction *f;* ▶ *zu diesem ~* à cet effet; *zu welchem ~?* dans quel but? *s-n ~ erfüllen* produire son effet. **zweckdienlich** *a* expédient; *(nützlich)* utile; *(angebracht)* opportun.
Zwecke *f* ‹-, -n› ['tsvɛkə] *(Metallstift)* pointe; *(Heftzwecke)* punaise *f.*
zweckentfremdet ['tsvɛk-] *a* détourné (de son but primitif). **zwecklos** *a (unnütz)* inutile, vain. **Zwecklosigkeit** *f* ‹-, ø› inutilité *f.* **zweckmäßig** *a* approprié, utile. **Zweckmäßigkeit** *f* ‹-, ø› convenance *f.* **zwecks** *prp gen (zum Zweck)* en vue de, aux fins de. **zweckwidrig** *a* contraire au but.
zwei [tsvaɪ] *(Zahlwort)* deux; ▶ *die Z~ (als Ziffer)* le (chiffre) deux; *zu ~en, zu ~t* (deux) à deux. **zweibeinig** *a* à deux jambes; *scient* bipède. **Zweibettzimmer** *n* chambre *f* à deux lits. **zweideutig** *a* **1.** ambigu; **2.** *a. pej* équivoque. **Zweideutigkeit** *f* **1.** ambiguïté *f;* **2.** *a. pej* équivoque *f.* **Zweidrittelmehrheit** *f* [-'drɪtəl] *parl:* ▶ *mit ~* à la majorité des deux tiers. **zweieinhalb** *(Zahlwort)* deux et demi(e). **Zweierkiste** *f fam* galère *f* (d'un ménage à deux). **zweierlei** ['-'laɪ] *a* deux sortes de; ▶ *das ist ~* ce sont deux choses différentes *fam.* **zweifach** *a u. adv = doppelt.* **Zweifamilienhaus** *n* maison *f m* pour deux familles. **zweifarbig** *a* bicolore.
Zweifel *m* ‹-s, -› ['tsvaɪfəl] doute *m; (Ungewißheit)* incertitude *f; (Bedenken)* scrupule *m; (Zögern)* hésitation *f;* ▶ *ohne ~* sans aucun doute, à coup sûr; *es besteht nicht der mindeste ~* il n'y a pas l'ombre d'un doute. **zweifelhaft** *a* **1.** *(fraglich)* douteux; *(ungewiß)* incertain; **2.** *(verdächtig)* suspect. **zweifellos** *adv = ohne Zweifel.* **zweifeln** *itr* douter (*an etw* de qc, *daß ...* que *subj*). **Zweifelsfall** *m* cas *m* douteux; ▶ *im ~* en cas de doute. **zweifelsfrei** *adv,* **zweifelsohne** *adv = ohne Zweifel.* **Zweifler** *m* sceptique *m.*
Zweig *m* ‹-(e)s, -e› [tsvaɪk, '-gə] *a. fig com* branche *f.*
zweigeteilt ['tsvaɪ-] *a* biparti(te). **zweigleisig** *a:* ▶ *~e Strecke (loc)* ligne *f* à double voie.
Zweigstelle *f* ['tsvaɪk-] filiale, succur-

sale; agence *f.*

zweihändig ['tsvaɪ-] *a* à deux mains *a. mus.* **zweihundert** *(Zahlwort)* deux cent(s). **Zweihundertjahrfeier** *f* bicentenaire *m.* **zweijährig** *a* **1.** (âgé) de deux ans; **2.** *bot adm* biennal; **3.** *(alle zwei Jahre stattfindend)* bisannuel. **Zweikammersystem** *n pol* bicamér(al)isme *m.* **Zweikampf** *m* duel *m.* **zweimal** *adv* deux fois; ► ~ *hinterea.* à deux reprises. **zweimalig** *a* deux fois répété, double. **Zweimarkstück** *n* pièce *f* de deux marks. **Zweiparteiensystem** *n pol* système *m* bipartite. **Zweipfennigstück** *n* pièce *f* de deux pfennigs. **zweiräd(e)rig** *a* à deux roues. **zweireihig** *a (Anzug)* croisé. **zweischneidig** *a, a. fig* à double tranchant; ► *das ist ein ~es Schwert (fig)* c'est une arme à double tranchant. **zweiseitig** *a* **1.** à deux faces; *(Stoff)* réversible; **2.** *(Vertrag)* bilatéral. **zweispaltig** *a typ* à deux colonnes. **Zweispänner** *m* voiture *f* à deux chevaux. **zweisprachig** *a* bilingue; *(Text a.)* en deux langues. **Zweisprachigkeit** *f* ‹-, ø› bilinguisme *m.* **zweispurig** *a loc* à double voie. **zweistellig** *a (Zahl)* de deux chiffres. **zweistöckig** *a arch.* **zweistufig** *a (Rakete)* à deux étages. **zweistündig** *a* de deux heures. **zweitägig** *a* de deux jours. **Zweitakter** *m.* **Zweitaktmotor** *m* moteur *m* (à) deux temps.

zweitälteste(r, s) ['tsvaɪt-] *a* second.

zweitausend ['tsvaɪ'-] *(Zahlwort)* deux mille.

Zweitausfertigung ['tsvaɪt-] *f* double *m.* **zweitbeste(r, s)** *a* second. **zweite(r, s)** *a* deuxième; *(von nur zweien)* second; *(weiterer)* autre; ► *jeden ~n Tag* tous le deux jours; ~ *Klasse f (loc)* seconde *f.*

Zweiteiler *m* ['tsvaɪ-] deux-pièces *m.* **zweiteilig** *a* en deux parties. **Zweiteilung** *f* bipartition *f.*

zweitens ['tsvaɪtəns] *adv* deuxièmement, secondement, secundo (2°).

zweitjüngste(r, s) ['tsvaɪt-] *a* avant-dernier. **zweitklassig** *a* de second ordre. **zweitletzte(r, s)** *a* avant-dernier. **zweitrangig** *a* secondaire. **Zweitwohnung** *f* résidence *f* secondaire.

Zweizimmerwohnung *f* [tsvaɪ'-] (appartement *m* de) deux pièces *m.*

Zwerchfell *n* ['tsvɛrç-] *anat* diaphragme *m.*

Zwerg *m* ‹-(e)s, -e› [tsvɛrk, '-gə] nain; *(Liliputaner)* lilliputien *m.* **zwerg(en)haft** *a* nain. **Zwergin** *f* naine, lilliputienne *f.* **Zwergwuchs** *m biol* nanisme *m.*

Zwetsch(g)e *f* ‹-, -n› ['tsvɛtʃ(g)ə] prune *f.* **Zwetsch(g)enbaum** *m* prunier *m.* **Zwetsch(g)enwasser** *n (Schnaps)* (eau-de-vie de) prune(s), quetsche *f.*

Zwickel *m* ‹-s, -› ['tsvɪkəl] **1.** *(Keileinsatz)* chanteau, coin *m;* **2.** *arch* pendentif, rein *m.*

zwicken ['tsvɪkən] *tr* **1.** *(kneifen)* pincer; **2.** *fig (plagen)* tenailler. **Zwicker** *m* ‹-s, -› *opt (Kneifer)* pince-nez *m.* **Zwickmühle** *f fig (schwierige Lage)* dilemme, embarras *m;* ► *in e-r ~ sein (fig) fam* être dans le pétrin.

Zwieback *m* ‹-(e)s, ¨-e/(-e)› ['tsvi:bak] biscotte *f; (Schiffszwieback)* biscuit *m.*

Zwiebel *f* ‹-, -n› ['tsvi:bəl] **1.** *(Gewürzpflanze)* oignon *m;* **2.** *allg (Pflanzenorgan)* bulbe, *a.* oignon *m.* **zwiebelförmig** *a* en forme de bulbe. **zwiebeln** *tr fig fam: (schikanieren)* asticoter. **Zwiebelsuppe** *f* soupe *f* à l'oignon. **Zwiebelturm** *m arch* clocher *m* à bulbe.

zwiefach ['tsvi:-] *a* = *doppelt.* **Zwiegespräch** *n* dialogue *m; (vertrauliches)* tête-à-tête *m.* **Zwielicht** *n* ‹-(e)s, ø› ['-lɪçt] *(Dämmerlicht)* demi-jour; *(schlechte Beleuchtung)* faux jour *m.* **zwielichtig** *a fig (schattenhaft)* vague, suspect. **Zwiespalt** *m* ‹-(e)s, (-e, ¨-e)› *(Widerspruch)* contradiction *f; (Widerstreit)* conflit *m.* **zwiespältig** *a* divisé; *(Gefühle)* partagé. **Zwietracht** *f* ‹-, ø› division, désunion *f.*

Zwilling *m* ‹-s, -e› ['tsvɪlɪŋ] **1.** jumeau *m,* jumelle *f;* **2.** *(Jagdgewehr)* fusil *m* à deux coups; ► *die ~e (pl astr)* les Gémeaux *m pl; eineiige ~e pl* vrais jumeaux *m pl; zweieiige ~e pl* faux jumeaux *m pl.* **Zwillingsbruder** *m* frère *m* jumeau. **Zwillingskinder** *n pl* enfants *m pl* jumeaux. **Zwillingsschwester** *f* sœur *f* jumelle.

Zwinge *f* ‹-, -n› **1.** *tech (Metallring)* frette *f;* **2.** *(Schraub~)* happe *f; (Schraubstock)* étau *m.*

zwingen ‹*zwang, gezwungen*› *tr* **1.** forcer, obliger (*zu* à); **2.** *fam (bewältigen)* venir à bout de; ► *sich zu etw ~* s'obliger. **zwingend** *a* pressant; *(Grund)* impératif; ► *~e Umstände m pl* nécessité *f.*

Zwinger *m* ‹-s, -› *(Burggraben)* fossé *m; (Bären~)* fosse (aux ours); *(Löwen~)* cage *f* (aux lions); *(Hunde~)* chenil *m.*

zwinkern ['tsvɪŋkərn] *itr:* ► *mit den Augen ~* cligner les *od* des yeux.

Zwirn *m* ‹-(e)s, -e› [tsvɪrn] fil (retors) *m.* **zwirnen** *tr* (re)tordre; *(Seide)* mouliner. **Zwirnsfaden** *m* fil *m.*

zwischen ['tsvɪʃən] *prp dat (~ zweien)* entre; *(~ mehreren)* parmi; *(mitten ~)* au milieu de; ► *~ fünfzig und sechzig* de cinquante à soixante ans. **Zwischenakt** *m theat* entracte *m.* **Zwischenbemerkung** *f* parenthèse *f.* **Zwischenbericht** *m* rapport *m* provisoire. **Zwischenbescheid** *m* réponse *f* provisoire. **Zwischenbilanz** *f com* bilan *m* intérimaire. **Zwischendeck** *n mar* entrepont. **Zwischending** *n* intermédiaire *m*. **zwischendurch** *adv* **1.** *fam* entre-temps; **2.** *(ab und zu)* de temps en temps. **Zwischenergebnis** *n* résultat *m* provisoire. **Zwischenfall** *m* incident *m*. **Zwischengeschoß** *n arch* entresol *m*. **Zwischenglied** *n* membre *m* intermédiaire. **Zwischenhändler** *m* intermédiaire *m*. **Zwischenkriegszeit** *f (1918 bis 39)* entre-deux-guerres *m* od *f*. **zwischenlagern** *tr* stocker provisoirement. **Zwischenlager(ung** *f***)** *n* stockage *m* provisoire. **zwischenlanden** *itr* ⟨*sein*⟩ *mar aero* faire escale. **Zwischenlandung** *f* escale *f*. **Zwischenlösung** *f* solution *f* provisoire. **Zwischenmahlzeit** *f* collation *f*; *(am Nachmittag)* goûter *m*. **zwischenmenschlich** *a*: ▶ *~e Beziehungen f pl* rapports *m pl* humains. **Zwischenraum** *m* **1.** *(räuml. u. zeitl.)* intervalle *m*; **2.** *(zwischen Zeilen* od *Notenlinien)* interligne *m*. **Zwischenruf** *m* interruption *f*. **Zwischenrunde** *f sport* demi-finale *f*. **Zwischenspiel** *n theat* intermède; *mus a.* interlude *m*. **zwischenstaatlich** *a pol* interétatique. **Zwischenstück** *n tech* pièce *f* intermédiaire. **Zwischenstufe** *f* degré *m* intermédiaire. **Zwischenträger** *m* rapporteur *m*. **Zwischenwand** *f* cloison *f*. **Zwischenwirt** *m zoo (von Parasiten)* hôte *m* intermédiaire. **Zwischenzeit** *f* temps intermédiaire, intervalle, intérim *m*; ▶ *in der ~* entre-temps, en attendant.

Zwist *m* ⟨-es, -e⟩ [tsvɪst] *(Uneinigkeit)* désaccord *m*; *(Streit)* différend *m*.

zwitschern [ˈtsvɪtʃərn] *itr* gazouiller; chanter; *(Schwalbe)* trisser.

Zwitter *m* ⟨-s, -⟩ [ˈtsvɪtər] *bot* hybride *m*. **Zwitterding** *n* chose *f* bâtarde. **zwitterhaft** *a* hybride; *pej* ambigu.

zwölf [tsvœlf] *(Zahlwort)* douze; *(ein Dutzend)* une douzaine (de); ▶ *um ~ Uhr mittags* à midi; *um 12 Uhr nachts* à minuit; *(um) halb ~ (Uhr)* (à) onze heures et demie. **zwölfte(r, s)** *a* douzième. **Zwölftel** *n* ⟨-s, -⟩ douzième *m*. **zwölftens** *adv* douzièmement.

Zyankali(um) *n* ⟨-s, ø⟩ [tsya:nˈka:li(ʊm)] cyanure *m* de potassium.

zyklisch [ˈtsy:klɪʃ] *a math* u. *allg (regelmäßig wiederkehrend)* cyclique.

Zyklon *m* ⟨-s, -e⟩ [tsyˈklo:n] *(Wirbelsturm)* cyclone *m*.

Zyklop *m* ⟨-en, -en⟩ [tsyˈklo:p] *(Mythologie)* Cyclope *m*.

Zyklus *m* ⟨-, -klen⟩ [ˈtsy:-/ˈtsyklʊs, ˈ-klən] *(astr, Kreislauf; Folge)* cycle *m*.

Zylinder *m* ⟨-s, -⟩ [tsiˈlɪndər/tsyˈlɪndər] **1.** *math tech mot* cylindre *m*; **2.** *(Hut)* (chapeau) haut de forme *m*; **3.** *(e-r Gaslampe)* verre *m* de lampe. **zylinderförmig** *a* cylindrique. **Zylinderkopf** *m mot* culasse *f*. **zylindrisch** [-ˈlɪndrɪʃ] *a* cylindrique.

Zyniker *m* ⟨-s, -⟩ [ˈtsy:nikər] cynique *m*. **zynisch** *a (bissig)* cynique. **Zynismus** *m* ⟨-, ø⟩ [tsyˈnɪsmʊs] cynisme *m*.

Zypern [ˈtsy:pərn] *n geog* la Cypre.

Zypresse *f* ⟨-, -n⟩ [tsyˈprɛsə] *bot* cyprès *m*.

Zyste *f* ⟨-, -n⟩ [ˈtsystə] *med (Geschwulst)* kyste *m*, tumeur *m*.

Französische Abkürzungen
Abréviations françaises

A 2 [adø] *Antenne 2* Zweites Programm des französischen Fernsehens.

ADN [adeɛn] *Acide désoxyribonucléique* Desoxyribonukleinsäure, DNS.

AEF [aøɛf] *(hist) Afrique Equatoriale Française* Französisch-Äquatorialafrika.

AFNOR [afnɔʀ] *Association Française de Normalisation* französischer Normenausschuß.

AFP [aɛfpe] *Agence France-Presse* französische Nachrichtenagentur.

AG [aʒe] *f Assemblée générale* Hauptversammlung, HV.

AJ [aʒi] *Auberge de (la) Jeunesse* Jugendherberge, JH.

ANPE [aɛnpeø] *Agence nationale pour l'emploi* Arbeitsamt, AA.

AOC [aose] *Appellation d'origine contrôlée* Herkunftsbezeichnung französischer Qualitätsweine.

AOF [aoɛf] *(hist) Afrique Occidentale Française* Französisch-Westafrika.

Appt *Appartement* Wohnung, Whg.

apr. J.-C. *après Jésus-Christ* nach Christus, n. Chr.

AR *Accusé de réception* Empfangsbestätigung, Empf.-Best.

ARN *Acide ribonucléique* Ribonukleinsäure.

arrdt *Arrondissement* Bezirk, Bez.

AS *Association sportive* Sportvereinigung, Spvgg.

ASSEDIC [asedik] *Association pour l'emploi dans l'industrie et le commerce* private Arbeitslosenversicherung.

AT *Ancien Testament* Altes Testament, A.T.

av. *Avenue* Allee.

av. J.-C. *Avant Jésus-Christ* vor Christus, v. Chr.

B. A. *Bonne action* gute Tat.

B. C. B. G. *Bon chic-bon genre* anständig, wohlerzogen.

BCG *Vaccin bilié de Calmette et Guérin* Bacillus Calmette-Guérin *(Impfstoff)*, BCG.

bd *Boulevard* Boulevard.

BD [bede] *Bande dessinée* Comic.

BENELUX [benelyks] *Union Douanière de la Belgique, du Luxembourg et des Pays-Bas.* Zollunion Belgiens, Luxemburgs und der Niederlande, Benelux.

BEP [beøpe] *Brevet d'études professionnelles* (etwa) Fachoberschulabschluß.

BEPC [beøpese] *Brevet d'Etudes du 1er Cycle* (etwa) mittlere Reife.

B. H. V. [beaʃve] *Bazar de l'Hôtel de ville* französisches Kaufhaus.

B. N. [beɛn] *Bibliothèque Nationale* französische Nationalbibliothek.

BNP [beɛnpe] *Banque Nationale de Paris* Banque Nationale de Paris.

B. O. [beo] *Bulletin officiel* Gesetzblatt, Ges.-Bl.

BP *Boîte postale* Postfach, Postf., Pf.

BT [bete] *Brevet de technicien* Abschluß der Technikerausbildung.

C. *Celsius, centigrade* Celsius, C.

c.-à-d. *c'est-à-dire* das heißt, d. h.

CD *Chemin départemental* Feldweg.

CAP [seape] *Certificat d'Aptitude Professionnelle* Facharbeiterbrief; *Certificat d'Aptitude Pédagogique (1er degré)* Lehrbefähigung für Grundschulen.

CAPES [kapɛs] *Certificat d'Aptitude au professorat de l'Enseignement du Second Degré* Lehrbefähigung für Gymnasien.

CC *Corps Consulaire* Konsularisches Korps, CC.

CCI [sesei] *Chambre de Commerce Internationale* Internationale Handelskammer, IHK.

CCP [sesepe] *Compte Chèques Postaux* Postgirokonto, Pgirokto.

CD *Corps Diplomatique* diplomatisches Korps, CD.

CE [seø] *Conseil de l'Europe* Europarat, ER; *Conseil Economique* Wirtschaftsrat; *Comité d'entreprise* Betriebsrat.

CEA [seøa] *Commissariat à l'Energie Atomique (France)* französische Atombehörde.

CED [seøde] *Communauté Européenne de Défense* Europäische Verteidigungsgemeinschaft, EVG.

CEDEX [sedɛks] *Courrier d'Entreprise à Distribution Exceptionnelle* Verteilerpostamt (für Geschäftspost).

CEE [seøø] *Communauté Economique Européenne (Marché Commun)* Europäische Wirtschaftsgemeinschaft, EWG.

CEEA *Communauté Européenne de l'Energie Atomique* Europäische Atomgemeinschaft, EURATOM.

CEP [seøpe] *Certificat d'éducation professionnelle* Berufsschulabschluß.

CERN [sɛʀn] *Centre Européen pour la Recherche Nucléaire* Europäisches Kernforschungszentrum.

CES [seøɛs] *Collège d'Enseignement Secondaire* (in Frankreich in etwa) Progymnasium.

CET [seøte] *Collège d'Enseignement Technique* (in Frankreich in etwa) Progymnasium mit technischer Ausrichtung.

cf. [seɛf] *confer* siehe, s.

CFDT [seɛfdete] *Confédération Française et Démocratique du Travail* französische Gewerkschaft.

CFF [seɛfɛf] *Chemins de Fer Fédéraux (Suisse)* Schweizerische Bundesbahnen, SBB.

CGC [seʒese] *Confédération Générale des Cadres* Gewerkschaft der leitenden Angestellten.

CGT [seʒete] *Confédération Générale du Travail* französische Gewerkschaft.

chap. *Chapitre* Kapitel, Kpt., Kap.

Chbre *Chambre* Zimmer, Zi.

Ch. comp. *Charges comprises* inklusive Nebenkosten, inkl. NK.

Chf. cent. *Chauffage central* Zentralheizung, ZH.

CHU [seaʃy] *Centre hospitalo-universitaire* Universitätsklinik.

CICR [seiseɛʀ] *Comité International de la Croix-Rouge* Internationales Komitee des Roten Kreuzes.

Cie. *Compagnie* Compagnie, Kompanie, Co, Cie.

CIO [seio] *Comité international olympique* Internationales Olympisches Komitee, IOK.

CNPF [seɛnpeɛf] *Conseil National du Patronat Français* französischer Arbeitgeberverband.

CNRS [seɛnɛʀɛs] *Centre Nationale de la Recherche Scientifique* nationales Forschungszentrum Frankreichs.

CNTE [seɛnteø] *Centre national de téléenseignement* Institut für Fernunterricht in Frankreich.

COMECON [kɔmekɔn] *(hist) Conseil d'assistance économique mutuelle* Rat für gegenseitige Wirtschaftshilfe (der Ostblockstaaten), COMECON, Comecon.

Cpt. *Comptant* bar.

C. Q. F. D. [sekyɛfde] *Ce qu'il fallait démontrer* was zu beweisen war, q. e. d.

CROUS [kʀuz] *Centre régional des œuvres universitaires et scolaires* französisches Studentenwerk.

CRS *Compagnies Républicaines de Sécurité* Bereitschaftspolizei.

CV [ʃəvo] *Curriculum vitae* Lebenslauf; *Cheval-vapeur (pl Chevaux-vapeur)* Pferdestärke(n), PS.

D *f Départementale* (in etwa) Landstraße.

DAS [das] *f Direction de l'action sociale* (in etwa) Jugendamt.

DB *Division Blindée* Panzerdivision.

DCA *Défense contre avions* Flugabwehr, Fla.

DCD *décédé* gestorben, gest.

DEA [deøa] *Diplôme d'Etudes Approfondies* französische Hochschulprüfung vor der Promotion.

Dept. *Département* Departement.

DES [deøɛs] *Diplôme d'Etudes Supérieures* französische Hochschulprüfung (etwa Magister).

DEUG [døg] *Diplôme d'études universitaires générales* Zwischenprüfung an französischen Universitäten.

DI [dei] *Division d'Infanterie* Infanteriedivision.

D. O. M.-T. O. M. [dɔmtɔm] *Départements et territoires d'Outremer* französische Überseedepartements und Überseeterritorien.

DPLG *Diplômé par le gouvernement* staatlich geprüft, staatl. gepr.

DST *Direction de la Surveillance du Territoire* französischer Geheimdienst.

DUEL [dyɛl] *Diplôme Universitaire d'Etudes Littéraires* Zwischenprüfung in Literaturwissenschaft an französischen Universitäten.

DUES [dyɛs] *Diplôme universitaire d'études scientifiques* naturwissenschaftliche Zwischenprüfung an französischen Universitäten.

DUT [deyte] *Diplôme universitaire de technologie* Prüfung nach zweijährigem Studium an technischen Hochschulen in Frankreich.

E *Est* Ost(en), O.

ECU [eky] *m European Currency Unit* ECU *m.*

éd. *Edition* Auflage; Ausgabe.

EDF-GDF [edeɛfʒedeɛf] *Electricité et Gaz de France* staatliche Gas- und Elektrizitätsgesellschaft Frankreichs.

ENA [ena] *Ecole Nationale d'Administration* französische Verwaltungshochschule.

Et. *Etage* Etage, Et.

etc. [ɛtseteʀa] *et cetera* und so weiter, usw.

EURATOM [øʀatɔm] *Communauté européenne à l'énergie atomique* Europäische Atomgemeinschaft, EURATOM, Euratom.

ex. *Exemple* Beispiel, Bsp.

Exp^r *Expéditeur* Absender, Abs.

F *Francs* Francs, Franken.

FB *Francs belges* Belgische Francs.

FC *Football club* Fußballclub, FC.

FF *Francs français* Französische Francs, FF.

FFI *(hist) Forces françaises de l'intérieur* militärische Organisation der Résistance.

FFL *(hist) Forces Françaises Libres (1940–44)* zur Auslandsrésistance gehörende Bewegung.

FLN *Front de Libération Nationale* Nationale Befreiungsfront.

FM *Modulation de fréquence* Frequenzmodulation, FM; *Fusil Mitrailleur* leichtes Maschinengewehr, LMG.

FMI *Fonds Monétaire International* Internationaler Währungsfonds, IWF.

FN *Front national* (politische Partei).

FNSEA [ɛfɛnɛsøa] *Fédération Nationale des Syndicats d'Exploitants Agricoles* französischer Agrarverband.

FO *Force Ouvrière* französische Gewerkschaft.

FPA *Formation professionnelle des adultes* berufliche Bildung (für Erwachsene).

FR 3 *France Régions 3* Drittes Programm des französischen Fernsehens.

FS *Franc Suisse* Schweizer Franken, Fr.

GPL *Gaz de pétrole liquéfié* Autogas.

HEC *Hautes Etudes Commerciales* Hochschule für Wirtschaftswissenschaften bei Paris.

HLM *Habitation à loyer modéré* Sozialwohnung.

HS *Hors service* außer Betrieb, a. B.

HT *Haute tension* Hochspannung; *Hors taxes* ohne Mehrwertsteuer, o. MwSt.

id. [idɛm] *idem* dasselbe, id.

IFOP [ifɔp] *Institut Français d'Opinion Publique* französisches Meinungsforschungsinstitut.

INSEE [inse] *Institut National de la Statistique et des Etudes Economiques* französisches Institut für Statistik und Wirtschaftsstudien.

IPES [ipɛs] *Institut de Préparation aux Enseignements du Second Degré* Ausbildungsinstitut für französische Gymnasiallehrer.

IUT [iyte] *Institut universitaire de technologie* (etwa) technische Hochschule, TH, technische Universität, TU.

IVG [iveʒe] *Interruption volontaire de grossesse* Schwangerschaftsabbruch.

J.-C. *Jésus-Christ* Jesus Christus, J. Chr.

JO [ʒio] *Journal Officiel* Amtsblatt, Abl.; *Jeux Olympiques* Olympische Spiele, OS.

Jr *Junior* Junior, Jr., Jun.

LEP [lɛp] *m Lycée d'enseignement professionnel* berufsbildende Schule in Frankreich (etwa Fachoberschule).

LR *Lettre recommandée* Einschreibbrief, EBf.

M. *Monsieur* Herr, Herrn, Hr., Hrn.

Max. *Maximum* Maximum, Max.

Me *Maître* Rechtsanwalt, RA.

Messrs. *Messieurs* meine Herren.

Mes *Maîtres* Rechtsanwälte, RÄ.

MF *Modulation de fréquence* Frequenzmodulation, FM; Ultrakurzwelle, UKW.

Mgr *Monseigneur* Seine Durchlaucht, S. Durchl., Seine Hochwürden, S. Hochw.

Min. *Minimum* Minimum, Min.

MLF *Mouvement de libération de la femme* Frauenrechtsbewegung.

Mlle *Mademoiselle* Fräulein, Frl., Frau, Fr.

Melles *Mesdemoiselles* Fräulein, Frl.

MM. *Messieurs* Herren.

Mme *Madame* Frau, Fr.

Mmes *Mesdames* Frau ... und Frau ...

mn *Minute* Minute, min, Min.

M° *Métro* Metro.

MRG *Mouvement des radicaux de gauche* (politische Partei).

ms *manuscrit* Manuskript, Ms., MS.

mss *manuscrits* Manuskripte, Mss.

M. S. T. *Maladies sexuellement transmissibles* durch Geschlechtsverkehr übertragbare Krankheiten.

N. *Nord.* Nord(en), N; *Nationale* (in etwa) Bundesstraße.

N. B. *Nota bene (Notez bien)* notabene! N. B.

N.-D. *Notre-Dame* Unsere Liebe Frau, U. L. F.

NF *Norme française* französische Industrienorm.

No. *Numéro* Nummer, Nr.

N/Réf. *Notre référence* unser Zeichen.

NT *Nouveau Testament* Neues Testament, NT.

O. *Ouest* West(en), W.

OAS [oaɛs] *(hist) Organisation de l'Armée Secrète* französische Geheimorganisation in Algerien, OAS.

OCDE [osedeø] *Organisation de coopération et de développement économique* Organisation für wirtschaftliche Zusammenarbeit und Entwicklung, OECD.

OECE [oøseø] *Organisation Européenne de Coopération Economique* Organisation für europäische wirtschaftliche Zusammenarbeit, OEEC.

OFAJ [ɔfaʒ] *office Franco-Allemand pour la Feunesse* DFJW.

OLP [oɛlpe] *Organisation de Libération de la Palestine* Palästinensische Befreiungsorganisation, PLO.

OMS [oɛmɛs] *Organisation Mondiale de la Santé* Weltgesundheitsorganisation, WGO.

ONERA [ɔneʀa] *Office National d'Etudes et de Recherches Aérospatiales* Zentrum für Luftfahrt und Raumforschung in Frankreich.

ONU [ɔny] *Organisation des Nations Unies* Organisation der Vereinten Nationen, UNO.

OP [ope] *Ouvrier professionnel* Facharbeiter.

O. P. A. [opea] *Offre publique d'achat* (Börse) öffentliches Kaufangebot.

op. cit. *Dans l'ouvrage cité* im angegebenen Werk, op. cit.

OPEP [ɔpɛp] *Organisation des pays producteurs et exportateurs de pétrole* Organisation der Erdöl produzierenden Länder, OPEC.

OQ [oky] *Ouvrier qualifié.*

ORL [oɛʀɛl] *Oto-rhino-laryngologiste* Hals-Nasen-Ohren-Arzt, HNO-Arzt.

ORSEC [ɔʀsɛk] *Organisation des secours* Katastrophenplan.

OS [oɛs] *Ouvrier spécialisé* angelernter Arbeiter.

OTAN [ɔtɑ̃] *Organisation du Traité de l'Atlantique Nord* Nordatlantikpaktorganisation, Nato, NATO.

OUA [oya] *Organisation de l'Unité Africaine* Organisation für afrikanische Einheit, OAU, OAE.

OVNI [ɔvni] *Objet volant non identifié* unbekanntes Flugobjekt, Ufo, UFO.

p. *Page, pages* Seite(n), S.

p. a. *Per annum (Par an)* per annum, p. a.

PC *Parti communiste* Kommunistische Partei, KP; *Poste de Commandement* Gefechtsstand.

PCC *Pour copie conforme* für die Richtigkeit der Abschrift, f. d. R. d. A.

PDG [pedeʒe] *Président-directeur général* Geschäftsführer, GF, Gf., Gesch.-f.

p. ex. *Par exemple* zum Beispiel, z. B.

p. i. *Par intérim* in der Zwischenzeit, provisorisch, prov.

PJ *Police Judiciaire* Kriminalpolizei, Kripo.

PME [peɛmø] *Petites et moyennes entreprises* klein- und mittelständische Unternehmen, KMU.

PMI [peɛmi] *Petites et moyennes industries* kleine und mittlere Industriebetriebe.

PMU [peɛmy] *Pari mutuel urbain* Pferdewette.

PNB *Produit National Brut* Bruttosozialprodukt, BSP.

Pr. *Professeur* Professor, Prof.

PR *Poste restante* postlagernd; *Parti républicain* (politische Partei).

PS *Post-scriptum* Postskript(um), PS; *Parti Socialiste* (politische Partei).

P et T *(vx) Postes et Télécommunications* französische Post.

Pte *Porte* Tor, T.

P. U. F. [peyɛf] *Presses universitaires de France* französischer Verlag.

PV *Procès Verbal* Strafzettel.

QG *Quartier Général* Hauptquartier, HQ.

QI [kyi] *Quotient intellectuel* Intelligenzquotient, IQ.

r. *rue* Straße, Str.

RATP [ɛʀatepe] *Régie Autonome des Transports Parisiens* Pariser Verkehrsbetriebe (für U-Bahn und Busse).

R. D. A. [ɛʀdea] *(hist) République Démocratique Allemande* Deutsche Demokratische Republik, DDR.

R. d. C. *Rez-de-chaussée* Erdgeschoß, EG.

Ref. *Référence* Bezug, Bez.

RER [ɛʀøɛʀ] *Réseau express régional* S-Bahn.

RF *République Française* Französische Republik.

R. F. A. [ɛʀɛfa] *République Fédérale d'Allemagne* Bundesrepublik Deutschland, BRD.

R. G. *Renseignements généraux* (etwa) Verfassungsschutz.

RMI [ɛʀɛmi] *m Revenu minimum d'insertion* (in Frankreich) Integrationsbeihilfe.

R. M. N. *Résonance magnétique nucléaire (phys)* magnetische Kernresonanz, MKR; *(med)* Kernspintomographiegerät.

RPR *Rassemblement pour la République* französische Partei.

RSVP *Répondez s'il vous plaît* um Antwort wird gebeten, u. A. w. g.

Rte *Route* Straße, Str.

R-V *Rendez-vous* Treffen.

S. *Sud* Süd(en), S.

SA [ɛsa] *Société Anonyme* Aktiengesellschaft, AG.

SAMU [samy] *m Service d'aide médicale d'urgence* Rettungsdienst.

SARL [ɛsaɛʀɛl] *Société à responsabilité limitée* Gesellschaft mit beschränkter Haftung, GmbH.

SEITA [sejta] *Service d'exploitation industrielle des tabacs et allumettes* Gesellschaft für Zündhölzer und Tabakwaren.

SI [ɛsi] *Syndicat d'Initiative* Fremdenverkehrsamt.

SIDA, Sida [sida] *m Syndrome Immuno-Déficitaire Acquis* erworbene Immunschwäche, Aids, AIDS.

SM *Sa Majesté* Seine Majestät, S. M.

SME [ɛsɛmø] *Système monétaire européen* Europäisches Währungssystem, EWS.
SMIC [smik] *Salaire Minimum Interprofessionnel de Croissance* gesetzlicher Mindestlohn.
SNCF *Société Nationale des Chemins de Fer Français* Französische Eisenbahnen.
SOFRES [sɔfʀɛs] *Société française d'enquêtes pour sondage* französisches Meinungsforschungsinstitut.
SPA [ɛspea] *Société Protectrice des Animaux* Tierschutzverein.
SS *Sécurité Sociale* Staatliche Krankenversicherung; *Sa Sainteté* Seine Heiligkeit, SS.
Sté *Société* Gesellschaft, Ges.
SVP *S'il vous plaît* bitte.

t. *Tome* Band, Bd.
TEE [teøø] *Trans-Europ-Express* Trans-Europ-Express, TEE.
Tél. *Téléphone* Telefon, Tel.
TF 1 *Télévision française 1* Erstes Programm des französischen Fernsehens.
T. G. V. [teʒeve] *Train à grande vitesse* Hochgeschwindigkeitszug, ICE.
TNP *Théâtre National Populaire* Theater in Paris.
TSVP *Tournez s'il vous plaît* bitte wenden!, b. w.
TTC *Toutes Taxes Comprises (Prix)* einschließlich Mehrwertsteuer, einschl. MwSt.
Tt cft *Tout confort* mit allem Komfort.
TVA [tevea] *Taxe sur (à) la valeur ajoutée* Mehrwertsteuer, MwSt.

UDF *Union pour la démocratie française* französische Partei.
UDR *Union de démocrates pour la Ve République* französische Partei.
UER [yøɛʀ] *Unité d'Enseignement et de Recherche* Fachbereich, FB.
UNEF [ynɛf] *Union Nationale des Etudiants de France* landesweite Studentenvereinigung in Frankreich.
URSS [yɛʀɛsɛs, yʀs] *Union des Républiques Socialistes Soviétiques* Union der Sozialistischen Sowjetrepubliken, UdSSR.
US . . . [yɛs] *Union sportive . . .* Sportverein, SV.
UV [yve] *Unité de valeur* Schein; *Ultra-violet* Ultraviolett, UV.

V. *Voir, voyez* siehe, s.
VDQS *Vin délimité de qualité supérieure* (etwa) Qualitätswein aus bestimmten Anbaugebieten, QbA.
V. F. *Version française* französische Fassung.
V. O. [veo] *Version originale* Originalfassung, OF.
V. R. P. *Voyageur représentant placier* Vertreter, Geschäftsreisende.
Vve *Veuve* Witwe, Wwe.

WC [vese] *Water-closet* Toilette, WC.

ZUP [zyp] *Zone à urbaniser en priorité* städtebauliches Entwicklungsgebiet.

Deutsche Abkürzungen
Abréviations allemandes

A *Autobahn* autoroute.

a. *am* sur le, la.

a. a. O. *am angeführten Ort* à l'endroit cité.

Abb. *Abbildung* illustration.

ABM *Arbeitsbeschaffungsmaßnahme* mesure pour la création d'emplois.

Abs. *Absatz* alinéa; *Absender* expéditeur.

ABS *n* [a:be:ɛs] *Antiblockiersystem* système anti-blocage.

Abt. *Abteilung* service.

a. d. *an der* sur le, la.

a. D. *außer Dienst* en retraite.

ADAC *m* [a:de:a:tse:] *Allgemeiner Deutscher Automobil-Club* Automobile-Club d'Allemagne fédérale.

AG [a:ge:] *Aktiengesellschaft* société anonyme *od* par actions, SA; *Arbeitsgruppe* groupe de travail; *Arbeitsgemeinschaft* commission de travail.

Aids, AIDS *n* [eids] *erworbene Immunschwäche* sida.

Anl. *Anlage* annexe.

Anm. *Anmerkung* note.

AOK *f* [a:o:ka:] *Allgemeine Ortskrankenkasse* caisse générale de maladie.

APO *f* [apo:] *außerparlamentarische Opposition* opposition extra-parlementaire.

App. *(tele) Apparat* poste.

ARD *f* [a:ɛr'de:] *Arbeitsgemeinschaft der öffentlich-rechtlichen Rundfunkanstalten der Bundesrepublik Deutschland* 1ère chaîne de télévision allemande.

Art. *Artikel* article.

AStA *m* ['asta:] *Allgemeiner Studentenausschuß* comité général des étudiants.

ASU ['asu] *Abgassonderuntersuchung* test antipollution.

Aufl. *Auflage* édition, éd.

Ausg. *Ausgabe* édition.

B *Bundesstraße* route fédérale.

BAFöG *n* ['baføg] *Bundesausbildungsförderungsgesetz* loi fédérale sur les bourses d'études; *(häufig a.: Bundesausbildungsförderung)* bourse d'études.

Bd. *Band (Buch)* volume, tome, t.

Bem. *Bemerkung* remarque.

betr. *betreffend, betreffs* concernant.

Betr. *Betreff* référence.

bez. *bezahlt* payé; *bezüglich* concernant.

Bf. *Bahnhof* gare; *Brief* lettre.

BGB *Bürgerliches Gesetzbuch* Code civil.

BH *(fam) Büstenhalter* soutien-gorge.

Bhf. *Bahnhof* gare.

BKA *n Bundeskriminalamt* office fédéral de la police judiciaire.

Bl. *Blatt (Papier)* feuille, feuillet.

BLZ *Bankleitzahl* code établissement.

BND *m Bundesnachrichtendienst* service fédéral de renseignements; *(in Frankreich)* renseignements généraux.

BRD *f Bundesrepublik Deutschland* République fédérale d'Allemagne, R.F.A.

Btx *Bildschirmtext* télétexte; *(in Frankreich)* minitel.

b. w. *bitte wenden!* tournez, s'il vous plaît! TSVP.

BWL *Betriebswirtschaftslehre* gestion.

bzw. *beziehungsweise* c'est-à-dire, c.-à-d.

C *Celsius* Celsius, C; *Coulomb* coulomb, C; *Curie* curie.

ca. *circa* environ.

CAD *computer aided design, computerunterstütztes Entwerfen und Konstruieren* conception assistée par ordinateur, CAO.
CAM *computer aided manufacturing, computerunterstütztes Fertigen* fabrication assistée par ordinateur, FAO.
cbm *Kubikmeter* mètre cube.
ccm *Kubikzentimeter* centimètre cube.
CD *Compact-Disc* disque audionumérique, disque compact, C.D.
CDU *f Christlich-Demokratische Union* Union chrétienne démocrate.
cl *Zentiliter* centilitre.
Co. *Gesellschaft (Compagnie)* société, Sté.
CSU *f Christlich-Soziale Union* Union chrétienne sociale.
CVJM *Christlicher Verein Junger Menschen* Union chrétienne des jeunes.

DAAD *m Deutscher Akademischer Austauschdienst* Organisation d'échanges universitaires.
DB *Deutsche Bundesbahn* Chemins de fer de la République fédérale d'Allemagne.
DBP *Deutsche Bundespost* Poste fédérale allemande.
DDR *f (hist) Deutsche Demokratische Republik* République démocratique allemande, R. D. A.
DFJW *n Deutsch-Französisches Jugendwerk* OFAJ.
DGB *m Deutscher Gewerkschaftsbund* Confédération des syndicats allemands (R. F. A).
dgl. *dergleichen* pareil.
d. h. *das heißt* c'est-à-dire, c.-à-d.
DIN *Deutsche Industrie-Norm* norme industrielle allemande.
Dipl.-Ing. *Diplomingenieur* ingénieur diplômé.
d. J. *dieses Jahres* de l'année courante; *der Jüngere* le Jeune.
DKP *Deutsche Kommunistische Partei* Parti communiste allemand.
DLRG *Deutsche Lebens-Rettungs-Gesellschaft* association allemande de sauvetage.
DM *Deutsche Mark* deutschemark.
d. M. *dieses Monats* courant.
Dr. *Doktor* docteur.
DRK *n Deutsches Rotes Kreuz* Croix-Rouge allemande.
dt. *deutsch* allemand.
Dtzd. *Dutzend* douzaine.
DV *f Datenverarbeitung* traitement des données.

ebd. *ebenda* au même endroit.
EDV *f Elektronische Datenverarbeitung* traitement informatique des données.
EG *f Europäische Gemeinschaft* Communauté européenne, CE; *n Erdgeschoß* rez-de-chaussée, R. d. C.
EKD *f Evangelische Kirche Deutschlands* Eglise évangélique allemande.
EKG *n Elektrokardiogramm* électrocardiogramme.
erl. *erledigt* fait.
e. V. *eingetragener Verein* association déclarée.
ev. *evangelisch* protestant.
evtl. *eventuell* éventuellement.
EWG *f Europäische Wirtschaftsgemeinschaft* Communauté économique européenne, CEE.
EWS *n Europäisches Währungssystem* système monétaire européen, SME.
Expl. *Exemplar* exemplaire.

f. *folgende (Seite)* (page) suivante.
Fa. *Firma* firme.
FB *Fachbereich* unité d'enseignement et de recherche, UER.
FDGB *m (hist) (DDR) Freier Deutscher Gewerkschaftsbund* Fé-

dération des syndicats allemands (R. D. A).

FDJ *f (hist) (DDR) Freie Deutsche Jugend* Jeunesses communistes de la R. D. A.

FDP *f Freie Demokratische Partei* Parti libéral démocrate.

ff. *folgende (Seiten)* (pages) suivantes.

FH *f Fachhochschule* I. U. T.

FKK *Freikörperkultur* naturisme.

Forts. *Fortsetzung* suite.

Fr. *Frau* Madame, Mme.

Frl. *Fräulein* Mademoiselle, Melle.

frz. *französisch* français.

g *Gramm* gramme.

GATT [gat] *Allgemeines Zoll- und Handelsabkommen* Accord général sur les tarifs douaniers et commerciaux.

GAU *m* [gau] *größter anzunehmender Unfall* la plus grande catastrophe nucléaire imaginable.

geb. *geboren(e)* né(e).

Gebr. *Gebrüder* frères.

gegr. *gegründet* fondé.

Gen. *Genossenschaft* coopérative.

Ges. *Gesellschaft* société, Sté; *Gesetz* loi.

ges. gesch. *gesetzlich geschützt* breveté.

gesch. *geschieden* divorcé.

gest. *gestorben* décédé, DCD.

gez. *gezeichnet* signé.

ggf. *gegebenenfalls* le cas échéant.

GmbH *f Gesellschaft mit beschränkter Haftung* société à responsabilité limitée, SARL.

Hbf. *Hauptbahnhof* gare centrale.

h. c. *ehrenhalber* honoris causa.

hg., hrsg. *herausgegeben* édité.

Hg., Hrsg. *Herausgeber* éditeur.

Hiwi *m (arg) wissenschaftliche Hilfskraft an einer Universität (in der Bundesrepublik:)* étudiant chargé de l'aspect administratif des cours à l'université.

hl. *heilig* saint.

i. A. *im Auftrag(e)* par ordre.

i. allg. *im allgemeinen* en général.

ib., ibid. *ebenda* dans le même ouvrage; dans le même passage.

IC *m* [i:tse:] *Intercity* Intercité, IC.

ICE *m* [i:tse:e:] *InterCity Express* train à grande vitesse, TGV.

i. d. R. *in der Regel* en règle générale; d'habitude.

IG *f* [i:ge:] *Industriegewerkschaft* syndicat industriel (R. F. A.).

IHK *f Industrie- und Handelskammer* Chambre du commerce et de l'industrie.

Ing. *Ingenieur* ingénieur.

Inh. *Inhaber* propriétaire.

insb. *insbesondere* en particulier.

IQ *Intelligenzquotient* quotient intellectuel, QI.

i. R. *im Ruhestand(e)* en retraite.

i. V. *in Vertretung* par délégation.

Jg. *Jahrgang* année.

Jh. *Jahrhundert* siècle.

JH *Jugendherberge* auberge de (la) jeunesse, AJ.

jr., jun, *junior* junior, Jr.

Kapt., Kap. *Kapitel* chapitre, chap.

kath. *katholisch* catholique.

kcal *Kilokalorie* kilocalorie.

Kfz *Kraftfahrzeug* automobile.

kg *Kilogramm* kilogramme.

KG *Kommanditgesellschaft* société en commandite.

kgl. *königlich* royal.

kHz *Kilohertz* kilohertz.

Kl. *Klasse* classe.

km *Kilometer* kilomètre.

km/h, km/st *Stundenkilometer* kilomètre-heure.

kn *(mar) Knoten* nœud.

k. o., K. O. *knockout* knock-out.

KP *f Kommunistische Partei* Parti communiste, PC.

Kripo *f Kriminalpolizei* police judiciaire, PJ.

KSZE *Konferenz über Sicherheit und Zusammenarbeit in Europa* Conférence sur la sécurité et la coopération en Europe.
Kto *Konto* compte.
KZ *Konzentrationslager* camp de concentration.

l *Liter* litre.
led. *ledig* célibataire.
lfd. *laufend* courant.
Lkw, LKW *m Lastkraftwagen* poids lourd.
LP *Langspielplatte* trente-trois tours.
lt. *(prp) laut* d'après.

m *Meter* mètre.
mA *Milliampere* milliampère.
M. A. *Magister Artium* diplôme du deuxième cycle de l'enseignement supérieur.
MAD *m* [ɛma:de:] *Militärischer Abschirmdienst* Direction de la surveillance du territoire *(in Frankreich).*
mbH *mit beschränkter Haftung* à responsabilité limitée.
Md. *Milliarde(n)* milliard(s).
m. E. *meines Erachtens* à mon avis.
MEZ *mitteleuropäische Zeit* heure de l'Europe centrale.
MFG *Mitfahrgelegenheit* transport privé avec participation aux frais de route.
MG *Maschinengewehr* mitrailleuse.
mg *Milligramm* milligramme.
MHz *Megahertz* mégahertz.
Mill. *Million(en)* million(s).
min, Min. *Minute* minute.
Mio = *Mill.*
MKR *magnetische Kernresonanz* résonance magnétique nucléaire, RMN.
mm *Millimeter* millimètre.
Mrd. = *Md.*
mtl. *monatlich* mensuel(lement).
MwSt. *Mehrwertsteuer* taxe sur (à) la valeur ajoutée, TVA.

N *Nord(en)* nord, N.
NATO *f* ['na:to] *Nordatlantikpaktorganisation* Organisation du traité de l'Atlantique Nord, OTAN.
NC *m Numerus clausus* numerus clausus.
n. Chr. *nach Christus* après Jésus-Christ.
N. N. *(nomen nescio) Name unbekannt* nom inconnu; **(***a.* **NN)** *Normalnull* zéro normal, niveau moyen de la mer.
NO *Nordost(en)* nord-est.
NPD *f Nationaldemokratische Partei Deutschlands* parti politique).
Nr. *Nummer* numéro, No.
NS *nationalsozialistisch* nazi.
NSDAP *f (hist) Nationalsozialistische Deutsche Arbeiterpartei* parti nazi.
NVA *f (hist) Nationale Volksarmee* armée de la RDA.
NW *Nordwest(en)* nord-ouest.

O *Ost(en)* est, E.
o. a. *oben angeführt* mentionné plus haut.
OB *m Oberbürgermeister* premier maire.
od. *oder* ou.
OECD *f* [o:e:tse:de:] *Organisation für wirtschaftliche Zusammenarbeit und Entwicklung* Organisation de coopération et de développement économique, OCDE.
OHG *f* [o:ha:ge:] *Offene Handelsgesellschaft* société en nom collectif.
o. J. *ohne Jahr* sans année.
o. O. (u. J.) *ohne Ort (und Jahr)* sans lieu (ni année).
OP *m Operationssaal* salle d'opération.

op. cit. *im angegebenen Werk* dans l'ouvrage cité.
OPEC *f* ['opɛk] *Organisation der Erdöl exportierenden Länder* Organisation des pays exportateurs de pétrole, OPEP.
öS *Österreichischer Schilling* schilling autrichien.

PDS *f Partei des Demokratischen Sozialismus* (parti politique).
Pf *Pfennig* pfennig.
Pfd. *Pfund* livre *f.*
PH *f Pädagogische Hochschule (in Frankreich etwa:)* École normale.
Pkw, PKW *m Personenkraftwagen* voiture de tourisme.
PLO *f* [pe:ɛl'o:] *Palästinensische Befreiungsorganisation* Organisation de libération de la Palestine, OLP.
Postf. *Postfach* boîte postale, BP.
pp(a). *per procura* par procuration.
PR *Öffentlichkeitsarbeit* relations publiques.
PS *Pferdestärke* cheval-vapeur, CV; *Postskript* post-scriptum, PS.
PVC *Polyvinylchlorid* chlorure de polyvinyle.

qcm *Quadratzentimeter* centimètre carré, cm^2.
qkm *Quadratkilometer* kilomètre carré, km^2.
qm *Quadratmeter* mètre carré, m^2.

RA *Rechtsanwalt* avocat.
RAF *f* [ɛraɛf] *Rote-Armee-Fraktion* Fraction armée rouge.
rd. *rund* rond; environ.
Rp. *(Schweiz) Rappen* centime.

S *Süd(en)* sud, S; *(Österreich) Schilling* schilling.
s. *sieh(e)!* voir.
S. *Seite* page.
s. a. *siehe auch* voir aussi.
SA *f (hist) (Teil der NSDAP) Sturmabteilung* SA.
S-Bahn *f Stadtbahn, Schnellbahn* R. E. R.
SB *Selbstbedienung* self-service.
SDI *(mil) Strategic Defense Initiative, Strategische Verteidigungsinitiative* Initiative de Défense Stratégique, I.D.S.
sec, sek, Sek. *Sekunde* seconde.
SED *f* ['ɛse:de:] *(hist) Sozialistische Einheitspartei Deutschlands* Parti socialiste unifié d'Allemagne (R. D. A.).
sen. *senior* père.
sfr, sFr. *Schweizer Franken* franc suisse.
SMV *f Schülermitverwaltung* participation (des élèves).
SO *Südost(en)* sud-est.
s. o. *sieh(e) oben* voir plus haut.
sog. *sogenannt* soi-disant, dit.
SPD *f Sozialdemokratische Partei Deutschlands* Parti social-démocrate.
SS *f (hist) Schutzstaffel* SS; *n Sommersemester* semestre d'été.
st, Std(e). *Stunde* heure.
St. *Sankt* Saint; *Stück* pièce; = *st.*
Str. *Straße* rue, r.
s. u. *sieh(e) unten* voir plus bas.
SV *Sportverein* association sportive, AS; *Schülerverwaltung* participation (des élèves).
SW *Südwest(en)* sud-ouest.

t *Tonne (Gewicht)* tonne.
Tb(c) *Tuberkulose* tuberculose.
Tel. *Telefon* téléphone, Tél.
Telex *Fernschreiber-Austausch* télex.
TH *f Technische Hochschule* École supérieure technique.
Tsd. *Tausend* mille.
TU *f Technische Universität* École supérieure technique.

TÜV *m* [tʏf] *Technischer Überwachungsverein* association de contrôle technique des machines et véhicules en R. F. A.

u. *und* et.

u. a. *und andere(s)* et autres (et autre chose); *unter anderem* od *anderen* entre autres.

u. a. m. *und andere(s) mehr* (autre chose) encore.

u. *od* **U. A. w. g.** *um* od *Um Antwort wird gebeten* Répondez, s. v. p., RSVP.

UB *Universitätsbibliothek* bibliothèque universitaire.

u. d. M. *unter dem Meeresspiegel* au-dessous du niveau de la mer.

ü. d. M. *über dem Meeresspiegel* au-dessus du niveau de la mer.

UdSSR *f Union der Sozialistischen Sowjetrepubliken* Union des républiques socialistes soviétiques, URSS.

Ufo, UFO *m* ['u:fo] *Unbekanntes Flugobjekt* objet volant non-identifié, OVNI.

UKW *Ultrakurzwelle* modulation de fréquence, MF.

UN *Vereinte Nationen* Nations Unies.

Uni *Universität* université, *(fam)* fac.

UNO *f* ['u:no] *Organisation der Vereinten Nationen* Organisation des Nations Unies, ONU.

USA *f pl* [u:ɛs'a:] *Vereinigte Staaten von Amerika* États-Unis d'Amérique, USA.

usw. *und so weiter* et cetera.

u. U. *unter Umständen* le cas échéant.

UV *Ultraviolett* ultraviolet.

v. *vom* du, de la; *von* de.

v. Chr. *vor Christus* avant Jésus-Christ.

VEB *m* [fau'e:be:] *(hist) Volkseigener Betrieb* entreprise collectivisée (R. D. A).

Verf. *Verfasser* auteur.

verh. *verheiratet* marié.

verw. *verwitwet* veuf, veuve.

vgl. *vergleiche* voir.

VHS *f Volkshochschule* université populaire.

Vors. *Vorsitzender* président.

VWL *Volkswirtschaftslehre* sciences économiques.

W *Watt* watt; *West(en)* ouest, O.

WEU *f* [ve:e:u:] *Westeuropäische Union* Union de l'Europe occidentale, U.E.O.

WG *f Wohngemeinschaft* communauté.

Whg *Wohnung* appartement, app[t].

WHO *f* [ve:ha:o:] *World Health Organization, Weltgesundheitsorganisation* Organisation mondiale de la santé, OMS.

WS *n Wintersemester* semestre d'hiver.

Z. *Zahl* nombre; *Zeile* ligne.

z. B. *zum Beispiel* par exemple.

ZDF *n Zweites Deutsches Fernsehen* 2e chaîne de télévision allemande.

Zdl *m Zivildienstleistender* personne faisant son service civil.

z. H. *zu Händen* à l'attention (de).

Ziff. *Ziffer* chiffre.

ZK *n Zentralkomitee* comité central.

z. T. *zum Teil* en partie.

Ztr. *Zentner* 50 kilos.

ZVS *f Zentralstelle für die Vergabe von Studienplätzen* centre national d'attribution des places dans les universités.

zw. *zwischen* entre.

z. Z. *zur Zeit* en ce moment, actuellement.

Zahlwörter | les nombres

Grundzahlen | les nombres cardinaux

null	0	zéro
einer, eine, eins; ein, eine ein	1	un, une
zwei	2	deux
drei	3	trois
vier	4	quatre
fünf	5	cinq
sechs	6	six
sieben	7	sept
acht	8	huit
neun	9	neuf
zehn	10	dix
elf	11	onze
zwölf	12	douze
dreizehn	13	treize
vierzehn	14	quatorze
fünfzehn	15	quinze
sechzehn	16	seize
siebzehn	17	dix-sept
achtzehn	18	dix-huit
neunzehn	19	dix-neuf
zwanzig	20	vingt
einundzwanzig	21	vingt et un
zweiundzwanzig	22	vingt-deux
dreiundzwanzig	23	vingt-trois
vierundzwanzig	24	vingt-quatre
fünfundzwanzig	25	vingt-cinq
dreißig	30	trente
einunddreißig	31	trente et un
zweiunddreißig	32	trente-deux
dreiunddreißig	33	trente-trois
vierzig	40	quarante
einundvierzig	41	quarante et un
zweiundvierzig	42	quarante-deux
fünfzig	50	cinquante
einundfünfzig	51	cinquante et un
zweiundfünfzig	52	cinquante-deux
sechzig	60	soixante
einundsechzig	61	soixante et un
zweiundsechzig	62	soixante-deux
siebzig	70	soixante-dix
einundsiebzig	71	soixante et onze
zweiundsiebzig	72	soixante-douze
fünfundsiebzig	75	soixante-quinze
neunundsiebzig	79	soixante-dix-neuf
achtzig	80	quatre-vingt(s)

einundachtzig	81	quatre-vingt-un
zweiundachtzig	82	quatre-vingt-deux
fünfundachtzig	85	quatre-vingt-cinq
neunzig	90	quatre-vingt-dix
einundneunzig	91	quatre-vingt-onze
zweiundneunzig	92	quatre-vingt-douze
neunundneunzig	99	quatre-vingt-dix-neuf
hundert	100	cent
hundert(und)eins	101	cent un
hundert(und)zwei	102	cent deux
hundert(und)zehn	110	cent dix
hundert(und)zwanzig	120	cent vingt
hundert(und)neunundneunzig	199	cent quatre-vingt-dix-neuf
zweihundert	200	deux cents
zweihundert(und)eins	201	deux cent un
zweihundert(und)zweiundzwanzig	222	deux cent vingt-deux
dreihundert	300	trois cents
vierhundert	400	quatre cents
fünfhundert	500	cinq cents
sechshundert	600	six cents
siebenhundert	700	sept cents
achthundert	800	huit cents
neunhundert	900	neuf cents
tausend	1 000	mille (1.000)
tausend(und)eins	1 001	mille un
tausend(und)zehn	1 010	mille dix
tausend(und)einhundert	1 100	mille cent
zweitausend	2 000	deux mille
zehntausend	10 000	dix mille
hunderttausend	100 000	cent mille
eine Million	1 000 000	un million (1.000.000)
zwei Millionen	2 000 000	deux millions
zwei Millionen	2 500 000	deux millions
fünfhunderttausend		cinq cent mille
eine Milliarde	1 000 000 000	un milliard
eine Billion	1 000 000 000 000	mille milliard

Ordnungszahlen **les nombres ordinaux**

(der, die, das)

erste	1.	1er, 1ère	premier, ère
zweite	2.	2nd, 2nde, 2me	second,e; deuxième
dritte	3.	3e	troisième
vierte	4.	4e	quatrième
fünfte	5.	5e	cinquième
sechste	6.	6e	sixième
siebte	7.	7e	septième

achte	8.	8e	huitième
neunte	9.	9e	neuvième
zehnte	10.	10e	dixième
elfte	11.	11e	onzième
zwölfte	12.	12e	douzième
dreizehnte	13.	13e	treizième
vierzehnte	14.	14e	quatorzième
fünfzehnte	15.	15e	quinzième
sechzehnte	16.	16e	seizième
siebzehnte	17.	17e	dix-septième
achtzehnte	18.	18e	dix-huitième
neunzehnte	19.	19e	dix-neuvième
zwanzigste	20.	20e	vingtième
einundzwanzigste	21.	21e	vingt et unième
zweiundzwanzigste	22.	22e	vingt-deuxième
dreiundzwanzigste	23.	23e	vingt-troisième
dreißigste	30.	30e	trentième
einunddreißigste	31.	31e	trente et unième
zweiunddreißigste	32.	32e	trente-deuxième
vierzigste	40.	40e	quarantième
fünfzigste	50.	50e	cinquantième
sechzigste	60.	60e	soixantième
siebzigste	70.	70e	soixante-dixième
einundsiebzigste	71.	71e	soixante et onzième
zweiundsiebzigste	72.	72e	soixante-douzième
neunundsiebzigste	79.	79e	soixante-dix-neuvième
achtzigste	80.	80e	quatre-vingtième
einundachtzigste	81.	81e	quatre-vingt-unième
zweiundachtzigste	82.	82e	quatre-vingt-deuxième
neunzigste	90.	90e	quatre-vingt-dixième
einundneunzigste	91.	91e	quatre-vingt-onzième
neunundneunzigste	99.	99e	quatre-vingt-dix-neuvième
hundertste	100.	100e	centième
hundertunderste	101.	101e	cent unième
hundertundzehnte	110.	110e	cent dixième
hundertundfünfundneunzigste	195.	195e	cent quatre-vingt-quinzième
zweihundertste	200.	200e	deux(-)centième
dreihundertste	300.	300e	trois(-)centième
fünfhundertste	500.	500e	cinq(-)centième
tausendste	1 000.	1 000e	millième (1.000e)
zweitausendste	2 000.	2 000e	deux(-)millième
millionste	1 000 000.	1 000 000e	millionième
zehnmillionste	10 000 000.	10 000 000e	dix(-)millionième

Bruchzahlen | les fractions

ein halb	½	un demi
ein Drittel	⅓	un tiers
ein Viertel	¼	un quart
ein Fünftel	⅕	un cinquième
ein Zehntel	$\frac{1}{10}$	un dixième
ein Hundertstel	$\frac{1}{100}$	un centième
ein Tausendstel	$\frac{1}{1000}$	un millième
ein Millionstel	$\frac{1}{1\,000\,000}$	un millionième
zwei Drittel	⅔	deux tiers
drei Viertel	¾	trois quarts
zwei Fünftel	⅖	deux cinquièmes
drei Zehntel	$\frac{3}{10}$	trois dixièmes
anderthalb, ein(und)einhalb	1 ½	un et demi
zwei(und)einhalb	2 ½	deux et demi
fünf drei Achtel	5 ⅜	cinq trois huitièmes
eins Komma eins	1,1	un virgule un

Maße und Gewichte | Poids et mesures

Längenmaße | mesures de longueur

Seemeile	–	1 852 m	mille marin
Kilometer	km	1 000 m	kilomètre
Meter	m	Grundeinheit	mètre
Dezimeter	dm	0,1 m	décimètre
Zentimeter	cm	0,01 m	centimètre
Millimeter	mm	0,001 m	millimètre

Flächenmaße | mesures de surface

Quadratkilometer	km^2	1 000 000 m^2	kilomètre carré
Hektar	ha	10 000 m^2	hectare
Ar	a	100 m^2	are
Quadratmeter	m^2	1 m^2	mètre carré
Quadratzentimeter	cm^2	0,000 1 m^2	centimètre carré
Quadratmillimeter	mm^2	0,000 001 m^2	millimètre carré

Kubik- und Hohlmaße | mesures de volume

Kubikmeter	m^3	1 m^3	mètre cube
Hektoliter	hl	0,1 m^3	hectolitre
Dekaliter	dal	0,01 m^3	décalitre
Liter	l	0,001 m^3	litre
Deziliter	dl	0,000 1 m^3	décilitre
Zentiliter	cl	0,000 01 m^3	centilitre
Kubikzentimeter	cm^3	0,000 001 m^3	centimètre cube
Milliliter	ml	0,000 001 m^3	millilitre
Kubikmillimeter	mm^3	0,000 000 001 m^3	millimètre cube

Gewichte | poids

Tonne	t	1 000 kg	tonne
Doppelzentner	q	100 kg	quintal
Kilogramm	kg	1 000 g	kilogramme
Gramm	g	1 g	gramme
Milligramm	mg	0,001 g	milligramme

Konjugation der französischen Verben
Tableaux de conjugaison des verbes français

Hilfsverb avoir

INDICATIF		CONDITIONNEL	SUBJONCTIF
Présent	*Passé composé*	*Présent*	*Présent*
j'ai tu as il a nous avons vous avez ils ont	j'ai eu tu as eu il a eu nous avons eu vous avez eu ils ont eu	j'aurais tu aurais il aurait nous aurions vous auriez ils auraient	que j'aie que tu aies qu'il ait que nous ayons que vous ayez qu'ils aient
Imparfait	*Plus-que-parfait*	*Passé 1re forme*	*Imparfait*
j'avais tu avais il avait nous avions vous aviez ils avaient	j'avais eu tu avais eu il avait eu nous avions eu vous aviez eu ils avaient eu	j'aurais eu tu aurais eu il aurait eu nous aurions eu vous auriez eu ils auraient eu	que j'eusse que tu eusses qu'il eût que nous eussions que vous eussiez qu'ils eussent
Passé simple	*Passé antérieur*	*Passé 2e forme*	*Passé*
j'eus tu eus il eut nous eûmes vous eûtes ils eurent	j'eus eu tu eus eu il eut eu nous eûmes eu vous eûtes eu ils eurent eu	j'eusse eu tu eusses eu il eût eu nous eussions eu vous eussiez eu ils eussent eu	que j'aie eu que tu aies eu qu'il ait eu que nous ayons eu que vous ayez eu qu'ils aient eu
Futur simple	*Futur antérieur*	IMPÉRATIF	*Plus-que-parfait*
j'aurai tu auras il aura nous aurons vous aurez ils auront	j'aurai eu tu auras eu il aura eu nous aurons eu vous aurez eu ils auront eu	*Présent* aie ayons ayez	que j'eusse eu que tu eusses eu qu'il eût eu que nous eussions eu que vous eussiez eu qu'ils eussent eu

INFINITIF			
Présent		*Passé*	
avoir		avoir eu	

PARTICIPE			
Présent		*Passé*	
ayant		eu ayant eu	

Hilfsverb être

INDICATIF		CONDITIONNEL	SUBJONCTIF
Présent	*Passé composé*	*Présent*	*Présent*
je suis tu es il est nous sommes vous êtes ils sont	j'ai été tu as été il a été nous avons été vous avez été ils ont été	je serais tu serais il serait nous serions vous seriez ils seraient	que je sois que tu sois qu'il soit que nous soyons que vous soyez qu'ils soient
Imparfait	*Plus-que-parfait*	*Passé 1re forme*	*Imparfait*
j'étais tu étais il était nous étions vous étiez ils étaient	j'avais été tu avais été il avait été nous avions été vous aviez été ils avaient été	j'aurais été tu aurais été il aurait été nous aurions été vous auriez été ils auraient été	que je fusse que tu fusses qu'il fût que nous fussions que vous fussiez qu'ils fussent
Passé simple	*Passé antérieur*	*Passé 2e forme*	*Passé*
je fus tu fus il fut nous fûmes vous fûtes ils furent	j'eus été tu eus été il eut été nous eûmes été vous eûtes été ils eurent été	j'eusse été tu eusses été il eût été nous eussions été vous eussiez été ils eussent été	que j'aie été que tu aies été qu'il ait été que nous ayons été que vous ayez été qu'ils aient été
Futur simple	*Futur antérieur*	IMPÉRATIF	*Plus-que-parfait*
je serai tu seras il sera nous serons vous serez ils seront	j'aurai été tu auras été il aura été nous aurons été vous aurez été ils auront été	*Présent* sois soyons soyez	que j'eusse été que tu eusses été qu'il eût été que nous eussions été que vous eussiez été qu'ils eussent été

INFINITIF			
Présent		*Passé*	
être		avoir été	

PARTICIPE			
Présent		*Passé*	
étant		été ayant été	

Verben auf -er

arriver

INDICATIF		CONDITIONNEL	SUBJONCTIF
Présent	*Passé composé*	*Présent*	*Présent*
j'arrive tu arrives il arrive nous arrivons vous arrivez ils arrivent	je suis arrivé tu es arrivé il est arrivé nous sommes arrivés vous étés arrivés ils sont arrivés	j'arriverais tu arriverais il arriverait nous arriverions vous arriveriez ils arriveraient	que j'arrive que tu arrives qu'il arrive que nous arrivions que vous arriviez qu'ils arrivent
Imparfait	*Plus-que-parfait*	*Passé 1re forme*	*Imparfait*
j'arrivais tu arrivais il arrivait nous arrivions vous arriviez ils arrivaient	j'étais arrivé tu étais arrivé il était arrivé nous étions arrivés vous étiez arrivés ils étaient arrivés	je serais arrivé tu serais arrivé il serait arrivé nous serions arrivés vous seriez arrivés ils seraient arrivés	que j'arrivasse que tu arrivasses qu'il arrivât que nous arrivassions que vous arrivassiez qu'ils arrivassent
Passé simple	*Passé antérieur*	*Passé 2e forme*	*Passé*
j'arrivai tu arrivas il arriva nous arrivâmes vous arrivâtes ils arrivèrent	je fus arrivé tu fus arrivé il fut arrivé nous fûmes arrivés vous fûtes arrivés ils furent arrivés	je fusse arrivé tu fusses arrivé il fût arrivé nous fussions arrivés vous fussiez arrivés ils fussent arrivés	que je sois arrivé que tu sois arrivé qu'il soit arrivé que nous soyons arrivés que vous soyez arrivés qu'ils soient arrivés
Futur simple	*Futur antérieur*	IMPÉRATIF	*Plus-que-parfait*
j'arriverai tu arriveras il arrivera nous arriverons vous arriverez ils arriveront	je serai arrivé tu seras arrivé il sera arrivé nous serons arrivés vous serez arrivés ils seront arrivés	*Présent* arrive arrivons arrivez *Passé* sois arrivé soyons arrivés soyez arrivés	que je fusse arrivé que tu fusses arrivé qu'il fût arrivé que nous fussions arrivés que vous fussiez arrivés qu'ils fussent arrivés

INFINITIF			
Présent		*Passé*	
arriver		étre arrivé	

PARTICIPE			
Présent		*Passé*	
arrivant		arrivé étant arrivé	

Reflexive Verben

se reposer

INDICATIF		CONDITIONNEL	SUBJONCTIF
Présent	*Passé composé*	*Présent*	*Présent*
je me repose tu te reposes il se repose nous nous reposons vous vous reposez ils se reposent	je me suis reposé tu t'es reposé il s'est reposé nous nous sommes reposés vous vous êtés reposés ils se sont reposés	je me reposerais tu te reposerais il se reposerait nous nous reposerions vous vous reposeriez ils se reposeraient	que je me repose que tu te reposes qu'il se repose que nous nous reposions que vous vous reposiez qu'ils se reposent
Imparfait	*Plus-que-parfait*	*Passé 1re forme*	*Imparfait*
je me reposais tu te reposais il se reposait nous nous reposions vous vous reposiez ils se reposaient	je m'étais reposé tu t'étais reposé il s'était reposé nous nous étions reposés vous vous étiez reposés ils étaient reposés	je me serais reposé tu te serais reposé il se serait reposé nous nous serions reposés vous vous seriez reposés ils se seraient reposés	que je me reposasse que tu te reposasses qu'il se reposât que nous nous reposassions que vous vous reposassiez qu'ils se reposassent
Passé simple	*Passé antérieur*	*Passé 2e forme*	*Passé*
je me reposai tu te reposas il se reposa nous nous reposâmes vous vous reposâtes ils se reposèrent	je me fus reposé tu te fus reposé il se fut reposé nous nous fûmes reposés vous vous fûtes reposés ils se furent reposés	je me fusse reposé tu te fusses reposé il se fût reposé nous nous fussions reposés vous vous fussiez reposés ils se fussent reposés	que je me sois reposé que tu te sois reposé qu'il se soit reposé que nous nous soyons reposés que vous vous soyez reposés qu'ils se soient reposés
Futur simple	*Futur antérieur*	IMPÉRATIF	*Plus-que-parfait*
je me reposerai tu te reposeras il se reposera nous nous reposerons vous vous reposerez ils se reposeront	je me serai reposé tu te seras reposé il se sera reposé nous nous serons reposés vous vous serez reposés ils se seront reposés	*Présent* repose-toi reposons-nous reposez-vous	que je me fusse reposé que tu te fusses reposé qu'il se fût reposé que nous nous fussions reposés que vous vous fussiez reposés qu'ils se fussent reposés

INFINITIF		PARTICIPE	
Présent		*Présent*	
se reposer		se reposant	
Passé		*Passé*	
s'être reposé		s'etant reposé	

Verben auf -ir

finir

INDICATIF		CONDITIONNEL	SUBJONCTIF
Présent	*Passé composé*	*Présent*	*Présent*
je finis tu finis il finit nous finissons vous finissez ils finissent	j'ai fini tu as fini il a fini nous avons fini vous avez fini ils ont fini	je finirais tu finirais il finirait nous finirions vous finiriez ils finiraient	que je finisse que tu finisses qu'il finisse que nous finissions que vous finissiez qu'ils finissent
Imparfait	*Plus-que-parfait*	*Passé 1re forme*	*Imparfait*
je finissais tu finissais il finissait nous finissions vous finissiez ils finissaient	j'avais fini tu avais fini il avait fini nous avions fini vous aviez fini ils avaient fini	j'aurais fini tu aurais fini il aurait fini nous aurions fini vous auriez fini ils auraient fini	que je finisse que tu finisses qu'il finît que nous finissions que vous finissiez qu'ils finissent
Passé simple	*Passé antérieur*	*Passé 2e forme*	*Passé*
je finis tu finis il finit nous finîmes vous finîtes ils finirent	j'eus fini tu eus fini il eut fini nous eûmes fini vous eûtes fini ils eurent fini	j'eusse fini tu eusses fini il eût fini nous eussions fini vous eussiez fini ils eussent fini	que j'aie fini que tu aies fini qu'il ait fini que nous ayons fini que vous ayez fini qu'ils aient fini
Futur simple	*Futur antérieur*	IMPÉRATIF	*Plus-que-parfait*
je finirai tu finiras il finira nous finirons vous finirez ils finiront	j'aurai fini tu auras fini il aura fini nous aurons fini vous aurez fini ils auront fini	*Présent* finis finissons finissez *Passé* aie fini ayons fini ayez fini	que j'eusse fini que tu eusses fini qu'il eût fini que nous eussions fini que vous eussiez fini qu'ils eussent fini

INFINITIF			
Présent		*Passé*	
finir		avoir fini	

PARTICIPE			
Présent		*Passé*	
finissant		fini ayant fini	

Verben auf -re

rompre

INDICATIF		CONDITIONNEL	SUBJONCTIF
Présent	*Passé composé*	*Présent*	*Présent*
je romps tu romps il rompt nous rompons vous rompez ils rompent	j'ai rompu tu as rompu il a rompu nous avons rompu vous avez rompu ils ont rompu	je romprais tu romprais il romprait nous romprions vous rompriez ils rompraient	que je rompe que tu rompes qu'il rompe que nous rompions que vous rompiez qu'ils rompent
Imparfait	*Plus-que-parfait*	*Passé 1re forme*	*Imparfait*
je rompais tu rompais il rompait nous rompions vous rompiez ils rompaient	j'avais rompu tu avais rompu il avait rompu nous avions rompu vous aviez rompu ils avaient rompu	j'aurais rompu tu aurais rompu il aurait rompu nous aurions rompu vous auriez rompu ils auraient rompu	que je rompisse que tu rompisses qu'il rompît que nous rompissions que vous rompissiez qu'ils rompissent
Passé simple	*Passé antérieur*	*Passé 2e forme*	*Passé*
je rompis tu rompis il rompit nous rompîmes vous rompîtes ils rompirent	j'eus rompu tu eus rompu il eut rompu nous eûmes rompu vous eûtes rompu ils eurent rompu	j'eusse rompu tu eusses rompu il eût rompu nous eussions rompu vous eussiez rompu ils eussent rompu	que j'aie rompu que tu aies rompu qu'il ait rompu que nous ayons rompu que vous ayez rompu qu'ils aient rompu
Futur simple	*Futur antérieur*	IMPÉRATIF	*Plus-que-parfait*
je romprai tu rompras il rompra nous romprons vous romprez ils rompront	j'aurai rompu tu auras rompu il aura rompu nous aurons rompu vous aurez rompu ils auront rompu	*Présent* romps rompons rompez *Passé* aie rompu ayons rompu ayez rompu	que j'eusse rompu que tu eusses rompu qu'il eût rompu que nous eussions rompu que vous eussiez rompu qu'ils eussent rompu

INFINITIF			
Présent		*Passé*	
rompre		avoir rompu	

PARTICIPE			
Présent		*Passé*	
rompant		rompu ayant rompu	

aller

INDICATIF		CONDITIONNEL	SUBJONCTIF
Présent	*Passé composé*	*Présent*	*Présent*
je vais tu vas il va nous allons vous allez ils vont	je suis allé tu es allé il est allé nous sommes allés vous étés allés ils sont allés	j'irais tu irais il irait nous irions vous iriez ils iraient	que j'aille que tu ailles qu'il aille que nous allions que vous alliez qu'ils aillent
Imparfait	*Plus-que-parfait*	*Passé 1re forme*	*Imparfait*
j'allais tu allais il allait nous allions vous alliez ils allaient	j'étais allé tu étais allé il était allé nous étions allés vous étiez allés ils étaient allés	je serais allé tu serais allé il serait allé nous serions allés vous seriez allés ils seraient allés	que j'allasse que tu allasses qu'il allât que nous allassions que vous allassiez qu'ils allassent
Passé simple	*Passé antérieur*	*Passé 2e forme*	*Passé*
j'allai tu allas il alla nous allâmes vous allâtes ils allèrent	je fus allé tu fus allé il fut allé nous fûmes allés vous fûtes allés ils furent allés	je fusse allé tu fusses allé il fût allé nous fussions allés vous fussiez allés ils fussent allés	que je sois allé que tu sois allé qu'il soit allé que nous soyons allés que vous soyez allés qu'ils soient allés
Futur simple	*Futur antérieur*	IMPÉRATIF	*Plus-que-parfait*
j'irai tu iras il ira nous irons vous irez ils iront	je serai allé tu seras allé il sera allé nous serons allés vous serez allés ils seront allés	*Présent* va allons allez *Passé* sois allé soyons allés soyez allés	que je fusse allé que tu fusses allé qu'il fût allé que nous fussions allés que vous fussiez allés qu'ils fussent allés

INFINITIF			
Présent		*Passé*	
aller		être allé	

PARTICIPE			
Présent		*Passé*	
allant		allé, e étant allé	

faire

INDICATIF		CONDITIONNEL	SUBJONCTIF
Présent	*Passé composé*	*Présent*	*Présent*
je fais tu fais il fait nous faisons vous faites ils font	j'ai fait tu as fait il a fait nous avons fait vous avez fait ils ont fait	je ferais tu ferais il ferait nous ferions vous feriez ils feraient	que je fasse que tu fasses qu'il fasse que nous fassions que vous fassiez qu'ils fassent
Imparfait	*Plus-que-parfait*	*Passé 1re forme*	*Imparfait*
je faisais tu faisais il faisait nous faisions vous faisiez ils faisaient	j'avais fait tu avais fait il avait fait nous avions fait vous aviez fait ils avaient fait	j'aurais fait tu aurais fait il aurait fait nous aurions fait vous auriez fait ils auraient fait	que je fisse que tu fisses qu'il fît que nous fissions que vous fissiez qu'ils fissent
Passé simple	*Passé antérieur*	*Passé 2e forme*	*Passé*
je fis tu fis il fit nous fîmes vous fîtes ils firent	j'eus fait tu eus fait il eut fait nous eûmes fait vous eûtes fait ils eurent fait	j'eusse fait tu eusses fait il eût fait nous eussions fait vous eussiez fait ils eussent fait	que j'aie fait que tu aies fait qu'il ait fait que nous ayons fait que vous ayez fait qu'ils aient fait
Futur simple	*Futur antérieur*	IMPÉRATIF	*Plus-que-parfait*
je ferai tu feras il fera nous ferons vous ferez ils feront	j'aurai fait tu auras fait il aura fait nous aurons fait vous aurez fait ils auront fait	*Présent* fais faisons faites *Passé* aie fait ayons fait ayez fait	que j'eusse fait que tu eusses fait qu'il eût fait que nous eussions fait que vous eussiez fait qu'ils eussent fait

INFINITIF			
Présent		*Passé*	
faire		avoir fait	

PARTICIPE			
Présent		*Passé*	
faisant		fait ayant fait	

Deklinationsformen im Deutschen
Tableaux des déclinaisons allemandes

L'article

L'article allemand s'accorde en genre, cas et nombre avec le substantif qu'il désigne.

I. L'article défini

	singulier			**pluriel**
	m	*f*	*n*	
nom	der	die	das	die
gen	des	der	des	der
dat	dem	der	dem	den
acc	den	die	das	die

II. L'article indéfini

	singulier			**pluriel**
	m	*f*	*n*	
nom	ein	eine	ein	–
gen	eines	einer	eines	–
dat	einem	einer	einem	–
acc	einen	eine	ein	–

Le substantif

I. Substantifs féminins

Pour les substantifs féminins, on distingue une déclinaison faible (*pl* **-n, -en**) et une déclinaison forte (*pl* **-e, ¨e, -s, ¨**).

1. Féminins faibles

	-en	**-n**
singulier		
nom	die Arbeit	die Gabel
gen	der Arbeit	der Gabel
dat	der Arbeit	der Gabel
acc	die Arbeit	die Gabel
pluriel		
nom	die Arbeit**en**	die Gabel**n**
gen	der Arbeit**en**	der Gabel**n**
dat	den Arbeit**en**	den Gabel**n**
acc	die Arbeit**en**	die Gabel**n**

2. Féminins forts

	-e	**¨e**	**-s**	**¨**
singulier				
nom	die Erlaubnis	die Stadt	die Omi	die Mutter
gen	der Erlaubnis	der Stadt	der Omi	der Mutter
dat	die Erlaubnis	die Stadt	die Omi	die Mutter
acc	der Erlaubnis	der Stadt	der Omi	der Mutter
pluriel				
nom	die Erlaubnisse	die Städte	die Omis	die Mütter
gen	der Erlaubnisse	der Städte	der Omis	der Mütter
dat	den Erlaubnissen	den Städten	den Omis	den Müttern
acc	die Erlaubnisse	die Städte	die Omis	die Mütter

II. Substantifs masculins et neutres

Pour les substantifs masculins, on distingue une déclination faible (*pl,* **-en, -n**) et une déclinaison forte (*pl,* **-e, ¨e, -er, ¨er, -s, -, ¨**).
Il existe également une forme composée de ces deux déclinaisons: la déclinaison mixte.
Les substantifs neutres se déclinent sur le modèle fort ou mixte.

1. Masculins faibles

	-en	**-n**
singulier		
nom	der Student	der Neffe
gen	des Student**en**	des Neffe**n**
dat	dem Student**en**	dem Neffe**n**
acc	den Student**en**	den Neffe**n**
pluriel		
nom	die Student**en**	die Neffe**n**
gen	der Student**en**	der Neffe**n**
dat	den Student**en**	den Neffe**n**
acc	die Student**en**	die Neffe**n**

2. Masculins et neutres forts

	-e	**¨e** (*n* rare)	**-er** (*m* rare)	**¨er**
singulier				
nom	der Käfig	der Bart	das Nest	der Wurm
gen	des Käfig**(e)s**	des Bart**(e)s**	des Nest**(e)s**	des Wurm**(e)s**
dat	dem Käfig**(e)**	dem Bart**(e)**	dem Nest**(e)**	dem Wurm**(e)**
acc	den Käfig	den Bart	das Nest	den Wurm
pluriel				
nom	die Käfig**e**	die B**ä**rt**e**	die Nest**er**	die W**ü**rm**er**
gen	der Käfig**e**	der B**ä**rt**e**	der Nest**er**	der W**ü**rm**er**
dat	den Käfig**en**	den B**ä**rt**en**	den Nest**ern**	den W**ü**rm**ern**
acc	die Käfig**e**	die B**ä**rt**e**	die Nest**er**	die W**ü**rm**er**

	-s		**—**	**¨** (rare)
singulier				
nom	der Uhu	das Zebra	das Messer	der Vogel
gen	des Uhu**s**	des Zebra**s**	des Messer**s**	des Vogel**s**
dat	dem Uhu	dem Zebra	dem Messer	dem Vogel
acc	der Uhu	das Zebra	das Messer	den Vogel
pluriel				
nom	die Uhu**s**	die Zebra**s**	die Messer	die V**ö**gel
gen	der Uhu**s**	der Zebra**s**	der Messer	der V**ö**gel
dat	den Uhu**s**	den Zebra**s**	den Messer**n**	den V**ö**gel**n**
acc	die Uhu**s**	die Zebra**s**	die Messer	die V**ö**gel

3. Masculins et neutres de la déclinaison mixte

	-n	-en
singulier		
nom	der Muskel	das Ohr
gen	des Muskel**s**	des Ohr**(e)s**
dat	dem Muskel	dem Ohr**(e)**
acc	den Muskel	das Ohr
pluriel		
nom	die Muskel**n**	die Ohr**en**
gen	der Muskel**n**	der Ohr**en**
dat	den Muskel**n**	den Ohr**en**
acc	die Muskel**n**	die Ohr**en**

Rem. Les substantifs en **-s, -ß, -x** et **-z** ainsi que la plupart des substantifs en **-sch** et **-st** ont un génitif en **-es.**

III. Substantifs dérivés d'adjectifs

Ex. der Gefangene *le prisonnier*
Ils se déclinent sur le modèle de l'adjectif épithète (voir L'ADJECTIF)

IV. Les noms propres

1. Personen- u. Familiennamen

Les noms de famille prennent un **-s** au pluriel. S'ils se terminent par **-s, -ß, -x, -z,** ils ont un pluriel en **-ens.**

die Müllers *les Müller* die Schulzens *les Schulz*

Les noms de personnes prennent un **-s** au génitif.

Rolands Auto *le voiture de Roland*
Reginas Buch *le livre de Regina*
die Werke Friedrich Schillers *les œuvres de Friedrich Schiller*
der Sohn Kaiser Wilhelms *le fils de l'empereur Guillaume*

Les noms propres en **-s, -ß, -x, -z** prennent une apostrophe au génitif. Dans ce cas, l'expression est souvent réécrite à l'aide de la préposition **von.**

Max' Vater *le père de Max*
der Vater **von** Max *le père de Max*

L'adjectif

L'adjectif ne se décline que lorsqu'il est épithète d'un substantif. L'adjectif attribut reste invariable.

I. L'adjectif sans article (déclinaison forte)

	m	*f*	*n*
singulier			
nom	frisch**er** Saft	blau**e** Farbe	hell**es** Bier
gen	frisch**en** Saft**es**	blau**er** Farbe	hell**en** Bieres
dat	frisch**em** Saft	blau**er** Farbe	hell**em** Bier
acc	frisch**en** Saft	blau**e** Farbe	hell**es** Bier
pluriel			
nom	frisch**e** Säfte	blau**e** Farben	hell**e** Biere
gen	frisch**er** Säfte	blau**er** Farben	hell**er** Biere
dat	frisch**en** Säften	blau**en** Farben	hell**en** Bieren
acc	frisch**e** Säfte	blau**e** Farbe	hell**e** Biere

Se déclinent sur ce modèle les adjectifs précédés de **manch, solch, viel, welch** (sans désinence), **ein bißchen, etwas, mehr, ein paar** ainsi que les adjectifs précédés d'un adjectif numéral.

II. L'adjectif avec l'article défini (déclinaison faible)

	m	*f*	*n*
singulier			
nom	der frisch**e** Saft	die blau**e** Farbe	das hell**e** Bier
gen	des frisch**en** Saftes	der blau**en** Farbe	des hell**en** Bieres
dat	dem frisch**en** Saft	der blau**en** Farbe	dem hell**en** Bier
acc	den frisch**en** Saft	die blau**e** Farbe	das hell**e** Bier
pluriel			
nom	die frisch**en** Säfte	die blau**en** Farben	die hell**en** Biere
gen	der frisch**en** Säfte	der blau**en** Farben	der hell**en** Biere
dat	den frisch**en** Säften	den blau**en** Farben	den hell**en** Bieren
acc	die frisch**en** Säfte	die blau**en** Farben	die hell**en** Biere

Se déclinent sur ce modèle les adjectifs précédés de **derselbe, dieser, folgender, jeder, jeglicher, jener, mancher, solcher, welcher** et **viele**.

III. L'adjectif avec l'article indéfini, *kein* ou un pronom possessif
(déclinaison mixte)

	m	*f*	*n*
singulier			
nom	ein frisch**er** Saft	keine blau**e** Farbe	sein hell**es** Bier
gen	eines frisch**en** Saftes	keiner blau**en** Farbe	seines hell**en** Bieres
dat	einem frisch**en** Saft	keiner blau**en** Farbe	seinem hell**en** Bier
acc	einen frisch**en** Saft	keine blau**e** Farbe	sein hell**es** Bier
pluriel			
nom	meine frisch**en** Säfte	keine blau**en** Farben	seine hell**en** Biere
gen	meiner frisch**en** Säfte	keiner blau**en** Farben	seiner hell**en** Biere
dat	meinen frisch**en** Säften	keinen blau**en** Farben	seinen hell**en** Bieren
acc	meine frisch**en** Säfte	keine blau**en** Farben	seine hell**en** Biere

IV. L'adjectif possessif

● possession / possesseur		**singulier** *m*	*f*	*n*	**pluriel** *m f n*
singulier *1re p.*	*nom*	mein	meine	mein	meine
	gen	mein**es**	mein**er**	mein**es**	mein**er**
	dat	mein**em**	mein**er**	mein**em**	mein**en**
	acc	mein**en**	meine	mein	meine
2e p.		dein	*cf mein*		
3e p. *m*		sein			
f		ihr	*cf mein*		
n		sein			
pluriel *1re p.*	*nom*	unser	uns(e)re	unser	uns(e)re
	gen	uns(e)r**es**	uns(e)r**er**	uns(e)r**es**	uns(e)r**er**
	dat	uns(e)r**em**/ unser**m**	uns(e)r**er**	uns(e)r**em**/ unser**m**	uns(e)r**en**/ unser**n**
	acc	uns(e)r**en**/ unser**n**	uns(e)re	unser	uns(e)re
2e p.	*nom*	euer	eu(e)re	euer	eu(e)re
	gen	eu(e)r**es**	eu(e)r**er**	eu(e)r**es**	eu(e)r**er**
	dat	eu(e)r**em**/ euer**m**	eu(e)r**er**	eu(e)r**em**/ euer**m**	eu(e)r**en**/ euer**n**
	acc	eu(e)r**en**/ euer**n**	eu(e)re	euer	eu(e)re
3e p.		ihr	*cf mein*		
forme de politesse		ihr	*cf mein*		

V. L'adjectif démonstratif

	singulier *m*	*f*	*n*	pluriel
nom	dies**er**	dies**e**	dies**es**	dies**e**
gen	dies**es**	dies**er**	dies**es**	dies**er**
dat	dies**em**	dies**er**	dies**em**	dies**en**
acc	dies**en**	dies**e**	dies**es**	dies**e**

Jeder, jener, mancher, solcher ainsi que **alle, einige, mehrere, viele** et **wenige** se déclinent sur ce modèle.

VI. L'adjectif interrogatif

	singulier *m*	*f*	*n*	pluriel
nom	welch**er**?	welch**e**?	welch**es**?	welch**e**?
gen	welch**es**?	welch**er**?	welch**es**?	welch**er**?
dat	welch**em**?	welch**er**?	welch**em**?	welch**en**?
acc	welch**en**?	welch**e**?	welch**es**?	welch**e**?

Ex. Aus welchem Grund ...? *Pour quelle raison ...?*

VII. Particularités

1. Adjectifs en -el, -abel et -ibel

Déclinés, ces adjectifs perdent le **-e** de la syllabe finale.

der penible Nachbar — *le voisin difficile*
eine heikle Aufgabe — *une question délicate*
ein miserables Spiel — *un match pitoyable*

2. Adjectifs en -er et -en

En règle générale, ces adjectifs conservent le **-e** de la voyelle finale. Exceptions:

- **Style littéraire** — finster — ein **finstrer** Wald — *une forêt sombre*
- **Adjectifs d'origine étrangère** — integer — ein **integrer** Mann — *un homme intègre*
- **Adjectifs en -auer, -euer:** — sauer — der **saure** Wein — *le vin acide*

Le pronom

I. Le pronom personnel

singulier	*1ère p.*	*2e p.*	*3e p.*		
			m	*f*	*n*
nom	ich	du	er	sie	es
gen	meiner	deiner	seiner	ihrer	seiner
dat	mir	dir	ihm	ihr	ihm
acc	mich	dich	ihn	sie	es

pluriel	*1ère p.*	*2e p.*	*3e p.*	forme de politesse 2e p. sing. + pl.
nom	wir	ihr	sie	Sie
gen	unser	euer	ihrer	Ihrer
dat	uns	euch	ihnen	Ihnen
acc	uns	euch	sie	Sie

II. Le pronom réfléchi

singulier	*1ère p.*	*2e p.*	*3e p.*		
			m	*f*	*n*
gen	meiner	deiner	seiner	ihrer	seiner
dat	mir	dir	sich	sich	sich
acc	mich	dich	sich	sich	sich

pluriel	*1ère p.*	*2e p.*	*3e p.*	forme de politesse 2e p. sing. + pl.
gen	unser	euer	ihrer	Ihrer
dat	uns	euch	sich	sich
acc	uns	euch	sich	sich

III. Le pronom possessif

possesseur ● / ● possession ●		singulier m	f	n	pluriel m f n
singulier *1re p.*	*nom*	mein**er**	meine	mein**(e)s**	meine
	gen	meines	mein**er**	meines	mein**er**
	dat	mein**em**	mein**er**	mein**em**	mein**en**
	acc	mein**en**	meine	mein**(e)s**	meine
2e p.		deiner	*cf meiner*		
3e p. *m*		sein**er**			
f		ihr**es**	*cf meiner*		
n		sein**er**			
pluriel *1re p.*	*nom*	unser**er**	uns(e)re	unser**es**	uns(e)re
	gen	uns(e)r**es**	uns(e)r**er**	uns(e)r**es**	uns(e)r**er**
	dat	uns(e)r**em**/ unser**m**	uns(e)r**er**	uns(e)r**em**/ unser**m**	uns(e)r**en**/ unser**n**
	acc	uns(e)r**en**/ unser**n**	uns(e)re	unser**es**	uns(e)re
2e p.	*nom*	eur**er**	eu(e)re	eur**es**	eu(e)re
	gen	eu(e)r**es**	eu(e)r**er**	eu(e)r**es**	eu(e)r**er**
	dat	eu(e)r**em**/ euer**m**	eu(e)r**er**	eu(e)r**em**/ euer**m**	eu(e)r**en**/ euer**n**
	acc	eu(e)r**en**/ euer**n**	eu(e)re	eur**es**	eu(e)re
3e p.		ihr**er**	*cf meiner*		
forme de politesse		Ihr**er**			

Ex. Es ist sein Standpunkt, nicht meiner
C'est son point de vue, pas le mien

IV. Le pronom démonstratif

	singulier m	f	n	pluriel
nom	dies**er**	diese	dies**(es)**	diese
gen	dieses	dies**er**	dieses	dies**er**
dat	dies**em**	dies**er**	dies**em**	dies**en**
acc	dies**en**	diese	dies**(es)**	diese

Jeder, jener, mancher, solcher ainsi que **alle, einige, mehrere, viele** et **wenige** se déclinent sur le même modèle.

	singulier m	f	n	pluriel
nom	**der**jenige	**die**jenige	**das**jenige	**die**jenigen
gen	**des**jenigen	**der**jenigen	**des**jenigen	**der**jenigen
dat	**dem**jenigen	**der**jenigen	**dem**jenigen	**den**jenigen
acc	**den**jenigen	**die**jenige	**das**jenige	**die**jenigen

Derselbe se décline sur le même modèle.

V. Le pronom relatif

	singulier			pluriel	
	m	*f*	*n*		
nom	der	die	das	die	*qui*
gen	dessen	deren, derer	dessen	deren, derer	*dont*
dat	dem	der	dem	denen	*à qui*
acc	den	die	das	die	*que*

Le pronom **welcher, welche, welches** est employé plus rarement, par exemple pour éviter qu'un pronom et un article semblables ne se suivent.

Der Hund, **welcher** (au lieu de: **der**) der Frau folgt ...
Le chien qui suit la femme ...

VI. Le pronom interrogatif

	m u. *f*		*n*	
nom	wer?	*qui?*	was?	*qu'est-ce-qui?*
gen	wessen?	*de qui?*	wessen?	*de qui?*
dat	wem?	*à qui?*	–	
acc	wen?	*qui?*	was?	que?

Le pronom **welcher, welche, welches** se décline comme l'adjectif interrogatif *(cf L'adjectif VI.).*

Ex. Welchen von beiden ziehst du vor?
Lequel des deux préfères-tu?

Übersicht über die Konjugation der unregelmäßigen deutschen Verben
Tableau de conjugaison des verbes allemands forts et irréguliers

Ableitungen und Zusammensetzungen sind unter dem Grundverb nachzuschlagen, z. B. „abbrechen" unter „brechen".

Les dérivés et composés sont conjugués comme la forme simple. Par exemple „abbrechen" se conjugue comme „brechen".

Infinitiv	Präsens 3. Pers. Sing.	Präteritum 1. Pers. Sing.	Partizip Perfekt	Hauptbedeutung
backen	bäckt	backte *od* buk	gebacken	faire cuire (au four)
befehlen	befiehlt	befahl	befohlen	commander
beginnen	beginnt	begann	begonnen	commencer
beißen	beißt	biß	gebissen	mordre
bergen	birgt	barg	geborgen	sauver; abriter
bersten	birst	barst	geborsten	éclater
bewegen *(= veranlassen)*[1]	bewegt	bewog	bewogen	pousser à
biegen	biegt	bog	gebogen	plier
bieten	bietet	bot	geboten	offrir
binden	bindet	band	gebunden	attacher
bitten	bittet	bat	gebeten	prier de
blasen	bläst	blies	geblasen	souffler
bleiben	bleibt	blieb	geblieben	rester
braten	brät	briet	gebraten	faire rôtir
brechen	bricht	brach	gebrochen	casser
brennen	brennt	brannte	gebrannt	brûler
bringen	bringt	brachte	gebracht	apporter
denken	denkt	dachte	gedacht	penser
dreschen	drischt	drosch	gedroschen	battre *(céréales)*
dringen	dringt	drang	gedrungen	pénétrer
dürfen	darf	durfte	gedurft *(nach inf* dürfen)	être autorisé à
empfangen	empfängt	empfing	empfangen	recevoir
empfehlen	empfiehlt	empfahl	empfohlen	recommander
empfinden	empfindet	empfand	empfunden	ressentir
erlöschen	erlischt	erlosch	erloschen	s'éteindre
erschrecken[2]	erschrickt	erschrak	erschrocken	s'effrayer
erwägen	erwägt	erwog	erwogen	envisager
essen	ißt	aß	gegessen	manger
fahren	fährt	fuhr	gefahren	aller (en véhicule); conduire
fallen	fällt	fiel	gefallen	tomber
fangen	fängt	fing	gefangen	attraper
fechten	ficht	focht	gefochten	se battre (à l'épée)
finden	findet	fand	gefunden	trouver

[1] bewegen = „in Bewegung halten; rühren, ergreifen" wird regelmäßig konjugiert.
[2] Das transitiv verwendete „erschrecken" wird regelmäßig konjugiert.

flechten	flicht	flocht	geflochten	tresser
fliegen	fliegt	flog	geflogen	voler
fliehen	flieht	floh	geflohen	s'enfuir
fließen	fließt	floß	geflossen	couler
fressen	frißt	fraß	gefressen	manger
frieren	friert	fror	gefroren	geler
gären	gärt	gärte	gegoren	fermenter
gebären	gebiert	gebar	geboren	enfanter
geben	gibt	gab	gegeben	donner
gedeihen	gedeiht	gedieh	gediehen	prospérer
gehen	geht	ging	gegangen	aller (à pied)
gelingen	gelingt	gelang	gelungen	réussir
gelten	gilt	galt	gegolten	valoir
genesen	genest	genas	genesen	guérir
genießen	genießt	genoß	genossen	savourer
geschehen	geschieht	geschah	geschehen	se produire
gewinnen	gewinnt	gewann	gewonnen	gagner
gießen	gießt	goß	gegossen	verser; arroser
gleichen	gleicht	glich	geglichen	ressembler
gleiten	gleitet	glitt	geglitten	glisser
glimmen	glimmt	glomm *od* glimmte	geglommen *od* geglimmt	luire faiblement
graben	gräbt	grub	gegraben	creuser
greifen	greift	griff	gegriffen	saisir
haben	hat	hatte	gehabt	avoir
halten	hält	hielt	gehalten	tenir
hängen *itr*[1]	hängt	hing	gehangen	être suspendu
hauen	haut	haute	gehauen	frapper
heben	hebt	hob	gehoben	lever
heißen	heißt	hieß	geheißen	s'appeler
helfen	hilft	half	geholfen	aider
kennen	kennt	kannte	gekannt	connaître
klimmen	klimmt	klomm	geklommen	grimper
klingen	klingt	klang	geklungen	sonner
kneifen	kneift	kniff	gekniffen	pincer
kommen	kommt	kam	gekommen	venir
können	kann	konnte	gekonnt (*nach inf* können)	pouvoir
kriechen	kriecht	kroch	gekrochen	ramper
laden	lädt	lud	geladen	charger
lassen	läßt	ließ	gelassen (*nach inf* lassen)	laisser
laufen	läuft	lief	gelaufen	courir; fonctionner
leiden	leidet	litt	gelitten	souffrir
leihen	leiht	lieh	geliehen	prêter
lesen	liest	las	gelesen	lire
liegen	liegt	lag	gelegen	être allongé
lügen	lügt	log	gelogen	mentir
mahlen	mahlt	mahlte	gemahlen	moudre
meiden	meidet	mied	gemieden	éviter
melken	melkt	molk	gemolken	traire
messen	mißt	maß	gemessen	mesurer
mißlingen	mißlingt	mißlang	mißlungen	échouer
mögen	mag	mochte	gemocht (*nach inf* mögen)	aimer

[1] Das transitiv verwendete „hängen“ wird regelmäßig konjugiert.

müssen	muß	mußte	gemußt (*nach inf* müssen)	devoir
nehmen	nimmt	nahm	genommen	prendre
nennen	nennt	nannte	genannt	nommer
pfeifen	pfeift	pfiff	gepfiffen	siffler
preisen	preist	pries	gepriesen	louer
quellen	quillt	quoll	gequollen	jaillir
raten	rät	riet	geraten	deviner
reiben	reibt	rieb	gerieben	frotter
reißen	reißt	riß	gerissen	arracher
reiten	reitet	ritt	geritten	aller (à cheval)
rennen	rennt	rannte	gerannt	courir
riechen	riecht	roch	gerochen	sentir
ringen	ringt	rang	gerungen	se débattre
rinnen	rinnt	rann	geronnen	couler
rufen	ruft	rief	gerufen	appeler
salzen	salzt	salzte	gesalzen	saler
saufen	säuft	soff	gesoffen	boire *(Tiere)*
schaffen *(= schöpferisch gestalten, hervorbringen)*[1]	schafft	schuf	geschaffen	créer
scheiden	scheidet	schied	geschieden	couper
scheinen	scheint	schien	geschienen	briller; sembler
scheißen	scheißt	schiß	geschissen	chier
schelten	schilt	schalt	gescholten	réprimander
scheren	schert	schor	geschoren	tondre
schieben	schiebt	schob	geschoben	pousser
schießen	schießt	schoß	geschossen	tirer (un coup de feu)
schinden	schindet	schindete	geschunden	maltraiter
schlafen	schläft	schlief	geschlafen	dormir
schlagen	schlägt	schlug	gschlagen	battre
schleichen	schleicht	schlich	geschlichen	se glisser
schleifen	schleift	schliff	geschliffen	aiguiser
schließen	schließt	schloß	geschlossen	fermer
schlingen	schlingt	schlang	geschlungen	avaler
schmeißen	schmeißt	schmiß	geschmissen	lancer
schmelzen	schmilzt	schmolz	geschmolzen	fondre
schneiden	schneidet	schnitt	geschnitten	couper
schreiben	schreibt	schrieb	geschrieben	écrire
schreien	schreit	schrie	geschrie(e)n	crier
schreiten	schreitet	schritt	geschritten	marcher à grands pas
schweigen	schweigt	schwieg	geschwiegen	se taire
schwellen *itr*[2]	schwillt	schwoll	geschwollen	enfler
schwimmen	schwimmt	schwamm	geschwommen	nager
schwinden	schwindet	schwand	geschwunden	disparaître
schwingen	schwingt	schwang	geschwungen	brandir
schwören	schwört	schwor	geschworen	jurer de
sehen	sieht	sah	gesehen (*nach inf* sehen)	voir
sein	ist	war	gewesen	être
senden	sendet	sandte	gesandt	envoyer

[1] schaffen in den Bedeutungen „fertigbringen“ und „arbeiten“ und in Zusammensetzungen mit ver- und an- wird regelmäßig konjugiert.

[2] transitiv regelmäßig konjugiert.

singen	singt	sang	gesungen	chanter
sinken	sinkt	sank	gesunken	sombrer
sinnen	sinnt	sann	gesonnen	méditer
sitzen	sitzt	saß	gesessen	être assis
sollen	sollt	sollte	gesollt (*nach inf* sollen)	devoir
spalten	spaltet	spaltete	gespaltet *od* gespalten	diviser
speien	speit	spie	gespie(e)n	cracher
spinnen	spinnt	spann	gesponnen	filer; être cinglé
sprechen	spricht	sprach	gesprochen	parler
sprießen	sprießt	sproß	gesprossen	bourgeonner
springen	springt	sprang	gesprungen	sauter
stechen	sticht	stach	gestochen	piquer
stehen	steht	stand	gestanden	être debout
stehlen	stiehlt	stahl	gestohlen	voler
steigen	steigt	stieg	gestiegen	monter
sterben	stirbt	starb	gestorben	mourir
stieben	stiebt	stob	gestoben	voler en poussière
stinken	stinkt	stank	gestunken	sentir mauvais
stoßen	stößt	stieß	gestoßen	pousser; donner un coup
streichen	streicht	strich	gestrichen	peindre
streiten	streitet	stritt	gestritten	disputer
tragen	trägt	trug	getragen	porter
treffen	trifft	traf	getroffen	rencontrer
treiben	treibt	trieb	getrieben	pousser (en avant)
treten	tritt	trat	getreten	marcher
trinken	trinkt	trank	getrunken	boire
trügen	trügt	trog	getrogen	tromper
tun	tut	tat	getan	faire
verbieten	verbietet	verbot	verboten	interdire
verderben	verdirbt	verdarb	verdorben	gâcher
verdrießen	verdrießt	verdroß	verdrossen	contrarier
vergessen	vergißt	vergaß	vergessen	oublier
verlieren	verliert	verlor	verloren	perdre
verschleißen	verschleißt	verschliß	verschlissen	user
verzeihen	verzeiht	verzieh	verziehen	pardonner
wachsen	wächst	wuchs	gewachsen	grandir
waschen	wäscht	wusch	gewaschen	laver
weichen	weicht	wich	gewichen	s'écarter
weisen	weist	wies	gewiesen	indiquer
wenden	wendet	wendete wandte	gewendet gewandt	faire demi-tour s'adresser à
werben	wirbt	warb	geworben	solliciter; faire de la publicité
werden	wird	wurde	geworden	devenir
werfen	wirft	warf	geworfen	lancer
wiegen	wiegt	wog	gewogen	peser
winden	windet	wand	gewunden	tordre
wissen	weiß	wußte	gewußt	savoir
wollen	will	wollte	gewollt (*nach inf* wollen)	vouloir
wringen	wringt	wrang	gewrungen	essorer
zeihen	zeiht	zieh	geziehen	accuser
ziehen	zieht	zog	gezogen	tirer
zwingen	zwingt	zwang	gezwungen	forcer

Frankreich: Regionen und Hauptstädte
France: les régions et leur chef-lieu

Al	l'Alsace *f Elsaß*	Strasbourg *Straßburg*
Aq	l'Aquitaine *f Aquitanien*	Bordeaux [bɔʀdo]
Au	l'Auvergne *f*	Clermont-Ferrand
B	la Bourgogne *Burgund*	Dijon
BN	la Basse-Normandie	Caen [kɑ̃]
Br	la Bretagne	Rennes
Ce	le Centre	Orléans
Ch	la Champagne-Ardenne	Châlons-sur-Marne
Co	la Corse *Korsika*	Ajaccio [aʒaksjo]
FC	la Franche-Comté	Besançon [bəzɑ̃sɔ̃]
HN	la Haute-Normandie	Rouen [ʀwɑ̃]
IF	l'Ile-de-France *f*	Paris
LR	le Languedoc-Roussillon	Montpellier
Li	le Limousin	Limoges
Lo	la Lorraine *Lothringen*	Metz [mɛs]
MP	le Midi-Pyrénées	Toulouse
N	le Nord-Pas-de-Calais	Lille
P	la Picardie	Amiens [amjɛ̃]
PCA	la région Provence-Alpes-Côtes-d'Azur	Marseille
PCh	le Poitou-Charentes	Poitiers
PL	le Pays de la Loire	Nantes
RA	la région Rhône-Alpes	Lyon [ljɔ̃]

Bundesrepublik Deutschland: Länder und Hauptstädte
République fédérale d'Allemagne: les Etats et leur capitale

Baden-Württemberg *le Bade-Wurtemberg*	Stuttgart
Bayern *la Bavière*	München *Munich*
Brandenburg *le Brandebourg*	Potsdam
Bremen *l'Etat de Brême*	Bremen *Brême*
Hamburg *l'Etat de Hambourg*	Hamburg *Hambourg*
Hessen *la Hesse*	Wiesbaden
Mecklenburg-Vorpommern *le Mecklembourg-Poméranie-occidentale*	Schwerin
Niedersachsen *la Basse-Saxe*	Hannover *Hanovre*
Nordrhein-Westfalen *la Rhénanie-du-Nord-Westphalie*	Düsseldorf
Rheinland-Pfalz *la Rhénanie-Palatinat*	Mainz *Mayence*
Saarland *la Sarre*	Saarbrücken *Sarrebruck*
Sachsen *la Saxe*	Dresden *Dresde*
Sachsen-Anhalt *la Saxe-Anhalt*	Magdeburg
Schleswig-Holstein *le Schleswig-Holstein*	Kiel
Thüringen *la Thuringe*	Erfurt

Österreich: Bundesländer und Hauptstädte
Autriche: Les provinces et leur capitale

Burgenland *le Burgenland*	Eisenstadt
Kärnten *la Carinthie*	Klagenfurt
Niederösterreich *la Basse-Autriche*	St. Pölten
Oberösterreich *la Haute-Autriche*	Linz
Salzburg *la province de Salzbourg*	Salzburg *Salzbourg*
Steiermark *la Styrie*	Graz
Tirol *le Tyrol*	Innsbruck
Vorarlberg *le Vorarlberg*	Bregenz
Wien *Vienne*	Wien *Vienne*

Schweiz: Kantone und Hauptorte
Suisse: les cantons et leur chef-lieu

Aargau *l'Argovie f*	Aarau
Appenzell Außerrhoden *le demi-canton d'Appenzell Rhodes-Extérieures*	Herisau
Appenzell Innerrhoden *le demi-canton d'Appenzell Rhodes-Intérieures*	Appenzell
Basel-Landschaft *le demi-canton de Bâle-Campagne*	Liestal
Basel-Stadt *le demi-canton de Bâle-Ville*	Basel *Bâle*
Bern *le canton de Berne*	Bern *Berne*
Freiburg *le canton de Fribourg*	Freiburg *Fribourg*
Genf *le canton de Genève*	Genf *Genève*
Glarus *le canton de Glaris*	Glarus *Glaris*
Graubünden *le canton des Grisons*	Chur *Coire*
Jura *le canton du Jura*	Delémont
Luzern *le canton de Lucerne*	Luzern *Lucerne*
Neuenburg *le canton de Neuchâtel*	Neuenburg *Neuchâtel*
Sankt Gallen *le canton de Saint-Gall*	Sankt Gallen *Saint-Gall*
Schaffhausen *le canton de Schaffhouse*	Schaffhausen *Schaffhouse*
Schwyz *le canton de Schwyz*	Schwyz
Solothurn *le canton de Soleure*	Solothurn *Soleure*
Tessin *le Tessin*	Bellinzona
Thurgau *la Thurgovie*	Frauenfeld
Unterwalden nid dem Wald (Nidwalden) *le demi-canton de Nidwald Unterwald*	Stans
Unterwalden ob dem Wald (Obwalden) *le demi-canton d'Obwald Unterwald*	Sarnen
Uri *le canton d'Uri*	Altdorf
Waadt *le canton de Vaud*	Lausanne
Wallis *le Valais*	Sitten *Sion*
Zug *le canton de Zoug*	Zug *Zoug*
Zürich *le canton de Zurich*	Zürich *Zurich*

Belgien: Provinzen und Hauptstädte
Belgique: les provinces et leur chef-lieu

la province d'Anvers *Antwerpen*	Anvers [ɑ̃vɛʀ] *Antwerpen*
le Brabant *Brabant*	Bruxelles [bʀysɛl] *Brüssel*
la Flandre-Occidentale *Westflandern*	Bruges [bʀyʒ] *Brügge*
la Flandre-Orientale *Ostflandern*	Gand [gɑ̃] *Gent*
le Hainaut *Hennegau*	Mons [mɔ̃s]
la province de Liège *Provinz Lüttich*	Liège *Lüttich*
le Limbourg *Provinz Limburg*	Hasselt
la province de Luxembourg *Provinz Luxemburg*	Arlon *Arel*
la province de Namur *Provinz Namur*	Namur

Buchstabieralphabete
Alphabets télégraphiques

	Deutsch	*Französisch*	*International*
A	Anton	Anatole	Amsterdam
Ä	Ärger	—	—
B	Berta	Berthe	Baltimore
C	Cäsar	Célestin	Casablanca
Ch	Charlotte	—	—
D	Dora	Désiré	Dänemark
E	Emil	Eugène	Edison
É	—	Émile	—
F	Friedrich	François	Florida
G	Gustav	Gaston	Gallipoli
H	Heinrich	Henri	Havanna
I	Ida	Irma	Italia
J	Julius	Joseph	Jerusalem
K	Kaufmann	Kléber	Kilogramm
L	Ludwig	Louis	Liverpool
M	Martha	Marcel	Madagaskar
N	Nordpol	Nicolas	New York
O	Otto	Oscar	Oslo
Ö	Ökonom	—	—
P	Paula	Pierre	Paris
Q	Quelle	Quintal	Quebec
R	Richard	Raoul	Roma
S	Samuel	Suzanne	Santiago
Sch	Schule	—	—
T	Theodor	Thérèse	Tripoli
U	Ulrich	Ursule	Uppsala
Ü	Übermut	—	—
V	Viktor	Victor	Valencia
W	Wilhelm	William	Washington
X	Xanthippe	Xavier	Xanthippe
Y	Ypsilon	Yvonne	Yokohama
Z	Zeppelin	Zoé	Zürich

Liebe Benutzerin, lieber Benutzer!

Wie bei vielen anderen Dingen, so kommt es auch beim Umgang mit Wörterbüchern auf das „Gewußt wie“ an. Wohl jeder kennt das unbefriedigende Gefühl des erfolglosen Nachschlagens: „Das steht wieder einmal nicht im Wörterbuch!“ Manchmal mag diese Feststellung ja auch zutreffen. Oft ist es aber so, daß man mit der richtigen Suchstrategie durchaus fündig geworden wäre. Der richtige Umgang mit dem Wörterbuch ist erlernbar. Es lohnt sich, etwas Zeit dafür aufzuwenden, denn das Nachschlagen wird dann im „Ernstfall“ um so schneller und erfolgreicher vor sich gehen.
Die folgenden Übungen werden Sie nach und nach mit der Benutzung des Schülerwörterbuchs vertraut machen. Diese Übungen eignen sich für die Arbeit in der Klasse, aber genausogut zum Selberlernen zu Hause. Ein Lösungsschlüssel zum „Spicken“ findet sich am Ende des Anhangs – eigentlich sollte er entbehrlich sein, da sich die meisten Fragen leicht mit Hilfe des Wörterbuchs beantworten lassen.
Innerhalb der einzelnen Übungsteile steigert sich der Schwierigkeitsgrad allmählich. Es empfiehlt sich daher, die Übungen der Reihenfolge nach durchzuarbeiten (bei genügendem Vorwissen eventuell unter Auslassung der ersten, vergleichsweise einfachen Aufgaben).

Nun viel Spaß beim Üben und «Bon courage»!

1. Übungsteil: Die Anordnung der Stichwörter

Die einzelnen Wörter des Schülerwörterbuchs sind alphabetisch angeordnet. Je besser Sie das Alphabet in beiden Sprachen beherrschen, um so schneller werden Sie die Stichwörter nachschlagen können.

Übung 1
- Wieviel Grundbuchstaben hat das deutsche Alphabet? Wieviel das französische?
- Wie lautet das Alphabet von „P“ bis „Z“? Wie von „F“ bis „M“?«
- Welche drei Buchstaben folgen unmittelbar auf „Q“? Welche auf „C“?
- Wieviel Buchstaben liegen zwischen „E“ und „K“? Wieviel zwischen „S“ und „W“?
- Welcher Buchstabe kommt unmittelbar vor „G“? Welcher vor „O“?
- Man könnte das Alphabet in vier Viertel aufteilen: z.B.
  1. Viertel: A – G; 2. Viertel: H – M; 3. Viertel: N – T; 4. Viertel: U – Z.
  In welchem Viertel findet man „S“? In welchem „E“? In welchem „V“? In welchem „F“?

Übung 2
- Bei den folgenden Wörtern ist die alphabetische Ordnung durcheinandergeraten: *parapluie, feuille, couteau, drapeau, serviette, avion, voix, manteau.* In welcher Reihenfolge findet man sie im Wörterbuch?

Übung 3
Die deutschen Umlaute „ä“, „ö“ und „ü“ werden wie die entsprechenden Grundbuchstaben „a“, „o“ und „u“ behandelt. Im Französischen gilt dasselbe

für die Buchstaben, die einen Akzent tragen. (Bei ansonsten gleichgeschriebenen Wörtern folgt das Wort mit Umlaut auf das Wort mit dem Grundbuchstaben: z.B. *bar – Bär*. Dieselben Regeln gelten im Französischen für die „Akzent-Buchstaben", z.B. *ruse – rusé; ou – où; tache – tâche*).

- Bringen Sie die folgenden Wörter in alphabetische Reihenfolge: *Fahrprüfung, Fahrplan, Fährte, Fähre, Fahrlehrer, Fährschiff, Fährmann, fahren*
- Auch hier müßte wieder Ordnung hergestellt werden: *équipement, ériger, ère, escalier, erreur, érémitique, ès, érable.*

Übung 4

Zusammengesetzte Wörter mit Bindestrich werden so geordnet als würden sie sich in einem Wort schreiben.

- Wie lautet die alphabetische Reihenfolge der folgenden Wörter? *porte-flambeau, portefeuille, porter, porte-serviettes, porte-plume, portemanteau, portée, porte-drapeau*

Übung 5

Jede Seite des Schülerwörterbuchs beginnt mit einer fettgedruckten Kopfzeile, die jeweils das erste und das letzte Stichwort dieser Seite angibt. Die Kopfzeile ermöglicht eine schnelle erste Orientierung im Alphabet des Wörterbuchs.

- Suchen Sie die folgenden Stichwörter nur mit Hilfe der Kopfzeile: Auf welcher Seite steht *Kuhmilch, Fackel, Damhirsch, austoben; bonbon, perle, cravate, nuque ?* (Wenn Sie die gefundenen Seitenangaben zusammenzählen, erfahren Sie, wann das allererste Wörterbuch französisch-deutsch / deutsch-französisch erschienen ist.)

Übung 6

Der Text des Schülerwörterbuchs ist in einzelne Abschnitte, in „Wörterbuchartikel" unterteilt. Das Stichwort, das einen Artikel einleitet, ist fett hervorgehoben und etwas nach links herausgesetzt, um die Suche zu erleichtern. Oft folgen dann in einem Artikel auf das erste Stichwort (= Hauptstichwort) noch weitere, ebenfalls fettgedruckte Stichwörter (= Unterstichwörter). Aber auch hierbei wird immer die alphabetische Ordnung durchgehend eingehalten.

- Wieviel Hauptstichwörter stehen im Wörterbuchabschnitt *Kopf – Kopfweh*?
- Wieviel Stichwörter stehen insgesamt im Artikel der mit *Kopf* beginnt?
- Wieviel Hauptstichwörter stehen im Wörterbuchabschnitt *porte-affiches – porte-voix* ?
- Wieviel Unterstichwörter stehen im Artikel der mit *portefeuille* beginnt?

Übung 7

Die Unterstichwörter eines Artikels sind hinsichtich ihrer Bedeutung mit dem Hauptstichwort „verwandt": Entweder gehören alle Stichwörter des Artikels zur selben „Wortfamilie" *(biegen, biegsam, Biegsamkeit, Biegung, ...; impression, impressionnant, impressionner ...)* oder es handelt sich um Komposita, d. h. zusammengesetzte Wörter, die alle den vorderen Wortteil gemeinsam haben *(Hausflur, Hausfrau, Hausfreund, ...; pèse-bébé, pèse-lettre, pèse-personne, ...)*.

Wörter, die zwar mit denselben Buchstaben beginnen, aber in ihrer Bedeutung nicht verwandt sind, stehen dagegen nie im selben Artikel.
- Betrachten Sie den Wörterbuchabschnitt *Heu – Heuwender*.
- Warum stehen *Heuernte, Heugabel* und *Heuhaufen* im selben Artikel?
- Warum stehen *Heuchelei, heucheln, Heuchler* und *heuchlerisch* im selben Artikel?
- Warum stehen *Heuhaufen, Heuschnupfen* und *Heuwagen* nicht im selben Artikel?
- Welcher Unterschied besteht zwischen dem Hauptstichwort *Heu* und dem Hauptstichwort *Heuernte*? (Vergleichen Sie dazu jeweils die Unterstichwörter.)
- Erklären Sie die Artikeleinteilung im Wörterbuchabschnitt *porte – porte-plume*.
- Welches Tier bewirkt, daß *antihéros* und *antimilitariste* nicht im selben Artikel stehen? Weshalb?

2. Übungsteil: Die Form und die Art der Stichwörter

2.1 Die Form der Stichwörter

Jedes Stichwort wird in einer „Grundform" verzeichnet. Diese Grundform ist z.B. für die Substantive der Nominativ Singular und für die Verben der Infinitiv.
Die französischen Adjektive werden grundsätzlich in der Maskulinform des Singulars angegeben. Wenn die Femininform davon relativ stark abweicht, wird sie ebenfalls vollständig aufgeführt (z.B. *frais, fraîche*); unterscheidet sie sich dagegen etwa nur durch das angehängte „e", wird nur dieses „e" allein hinter der Maskulinform angegeben (z.B. *bleu, e*). Ähnliches gilt für männliche Substantive, die eine weibliche Entsprechung haben (z.B. *conducteur, trice*).
In schwierigen Fällen gibt das Wörterbuch Ihnen eine Hilfe: Sie werden dann durch „s." (= siehe) zur Grundform des Stichworts geführt (z.B. soit *s. être*)

Übung 8
- Unter welcher Grundform findet man im Schülerwörterbuch die folgenden hervorgehobenen Wörter?
  Elle est *française*.
  Le jour se *lève*.
  C'est une *grosse* erreur.
  Ils voudraient que leus parents *soient* là.
  Il lui donne carte *blanche*.
  Un 4X4 est une voiture à quatre roues *motrices*.
- Warum ist unter den Adjektiven *étanche* und *grandiose* nur jeweils eine Stichwortform verzeichnet?
- Warum findet man unter dem Adjektiv *enceinte* nur eine Stichwortform?

Übung 9
Die Wortart wird immer in Form von Abkürzungen angegeben (z.B. *a* = Adjektiv, *adjectif*; *conj* = Konjunktion, *conjonction*). Die Auflösung der

Abkürzungen finden Sie am Anfang des Schülerwörterbuchs (Seite XIV f.).
- Was bedeutet *prp*? Was bedeutet *v*? Was bedeutet *s*?
- Welche Abkürzung signalisiert im Schülerwörterbuch ein intransitives Verb? Welche ein weibliches Substantiv?
- Lösen Sie die Abkürzungen *a, s, m* und *f* des Artikels *moqueur* auf und erklären Sie, worauf sich diese Abkürzungen jeweils beziehen.
- Welches Genus hat *rallye, opéra, uniforme, panthère, choléra, sphinx, batiste, annexe* ?
- Was fällt Ihnen auf, wenn Sie die obengenannten Substantive mit ihren deutschen Entsprechungen vergleichen?

Übung 10

Manchmal entspricht eine Stichwortform zwei verschiedenen Wortarten, z.B. Substantiv und Adjektiv (vgl. *moqueur*). Der Wörterbuchartikel wird in solchen Fällen durch römische Ziffern nach den Wortarten untergliedert. Bei Verben dient diese Gliederungsform der Unterscheidung von transitvem, intransitivem und pronominalem Gebrauch (z.B. *sécher* I. *tr* ... II. *itr* ... III. *v prn* ...).
- Wie ist der Artikel *être* gegliedert? (Betrachten Sie lediglich die Untergliederung nach römischen Ziffern.)
- Vergleichen Sie die Reihenfolge der römischen Untergliederung von *joueur* mit der von *muet*. Wie erklären Sie sich den Unterschied?
- Wie ist der Artikel *schön* gegliedert? Wie der (deutsche) Artikel *je*?

Übung 11

Das Schülerwörterbuch kann zwar keine Grammatik ersetzen, es wird Ihnen aber doch auch bei manchen grammatischen Problemen Hilfestellung leisten. So finden Sie z.B. die Konjugationsformen aller unregelmäßigen Verben in Winkelklammern „< >“ angegeben. (Die für die Konjugationsformen verwendeten Abkürzungen sind zu Beginn des Wörterbuchs (Seite XIV f.) aufgeführt.)
- Welche Konjugationsformen sind bei den unregelmäßigen deutschen Verben aufgeführt?
- Welche Konjugationsformen finden sich bei den unregelmäßigen französischen Verben?
- Setzen Sie die richtige Verbform ein:
  L'eau a [bouillir].
  Il ne veut pas que cela se [savoir].
  Elle nous [appeler] *demain.*
  Toréador, [prendre] *garde à toi!*

Übung 12

Zu Verben und Adjektiven, die mit einer bestimmten Präposition verwendet werden, finden Sie diese Präposition in Klammern mit angegeben. Das ist vor allem dann hilfreich, wenn die Präposition im Französischen von der im Deutschen abweicht, oder wenn die eine Sprache das betreffende Wort mit Präposition konstruiert, die andere dagegen ohne.
- Setzen Sie die richtige Präposition ein und übersetzen Sie:
  C'est gentil [ ] *vous.*
  Répondez-lui que je ne reponds [ ] *rien.*
  Il est fâché [ ] *son frère.* (3 Möglichkeiten)

– Welcher Satz könnte eher auf Sie zutreffen? Wählen Sie eine von zwei möglichen Präpositionen und übersetzen Sie:
Je m'ennuie [ ] *Paris.*
– Übersetzen Sie:
Die Familie Dupont: Der Vater hat ein Haus geerbt, die Mutter blättert in einem Buch, der Sohn ist zu allem bereit, die Katze schielt nach dem Kanarienvogel, und der Hund wedelt mit dem Schwanz.

Übung 13
Bei deutschen Verben mit abtrennbarer Vorsilbe (z.B. *umstellen: er stellte um, stell' um!*) steht in der Stichwortangabe zwischen Vorsilbe und Grundverb eine Doppeltilde „≈".
– Erklären Sie die Anwesenheit bzw. Abwesenheit der Doppeltilde in den folgenden Stichwortformen:
'um≈reißen / um'reißen 'durch≈kämmen / durch'kämmen
'über≈stehen / über'stehen 'unter≈stellen / unter'stellen
– Suchen Sie weitere ähnliche Paare.
Diese Verben unterscheiden sich auch in der Betonung. Woran erkennt man an der Stichwortform, welche Silbe jeweils betont wird?

Übung 14
Im französisch-deutschen Teil hat der „Betonungsstrich" – den Sie in der vorigen Aufgabe kennengelernt haben – eine andere Funktion: Er steht dort nämlich vor (Stich-)Wörtern, die mit einem aspirierten „h" beginnen (z.B. *héros*), d.h. mit einem „h", das bei der Aussprache die Liaison verhindert. Für männliche Substantive gilt in solchen Fällen auch, daß z.B. der bestimmte Artikel *le* nicht zu *l'* verkürzt werden darf.
– Wie lautet die Form des Adjektivs *nouveau* vor den folgenden Substantiven?
– *un* [nouveau] *héros; un* [nouveau] *hall; un* [nouveau] *hercule; un* [nouveau] *hasard; un* [nouveau] *hortensia; un* [nouveau] *hôpital; un* [nouveau] *hamac; un* [nouveau] *homard*

2.2 Die Art der verzeichneten Stichwörter

Das Schülerwörterbuch erfaßt in großem Umfang den aktuellen, gängigen Wortschatz des Französischen und des Deutschen, und zwar bis hin zu allgemein bekanntem Fachwortschatz. Daneben bietet Ihnen das Wörterbuch noch eine Reihe anderer Informationen. So finden Sie hier z.B. auch geographische Eigennamen, wenn diese in den beiden Sprachen unterschiedliche Formen aufweisen (z.B. *Köln = Cologne*).
Übung 15
– Welche Städte bzw. welche Bundesländer verbergen sich hinter den folgenden französischen Namen?
Spire; Trèves; Ratisbonne; Aix-la-Chapelle; la Thuringe; la Carinthie.
– Wie heißen die deutschen Entsprechungen der folgenden Fluß- bzw. Bergnamen? Welcher Name ist gleichzeitig der eines Bundeslandes?
le Rhin; la Sarre; la Meuse; le mont Cervin.
– Wie heißen die folgenden Städte und folgendes Bundesland auf französisch?
Nizza; Wien; Braunschweig; Basel; Solothurn; die Steiermark.

- Suchen Sie die französische Entsprechung folgender Gewässernamen. (Was fällt außerdem bei den Namen der beiden Flüsse auf?)
  der Genfer See; der Bodensee; die Donau; die Rhone.
- Was ist das französische Gegenstück zu dem imaginären Ortsnamen *Hintertupfingen*?
- Wer wird von den Franzosen unter dem Namen «*la Joconde*» bestaunt?
- Wie heißen *Schneewittchen* und *Rotkäppchen* in Frankreich?
- Unter welchem Titel erklingt «*Le Vaisseau fantôme*» auf deutsch? (Was heißt *vaisseau fantôme* wörtlich übersetzt?)
- Wie heißt die *Litfaßsäule* auf französisch?

Übung 16
Manchmal werden Markennamen oder Warenzeichen zum Allgemeinbegriff. So erging es z.B. der *rustine*, die heute ganz allgemein einen Fahrradflicken bezeichnet, der *gitane* oder dem *klaxon*. Manche Hersteller freuen sich übrigens, wenn ihr Produkt so bekanntgeworden ist, daß es im Wörterbuch erscheint; andere prozessieren dagegen.
- Lesen Sie die Bemerkung, die oben auf Seite II des Schülerwörterbuchs steht.
- Was bedeuten *gitane, klaxon* ?
- Was entspricht in Frankreich dem deutschen *Resopal, Tesafilm, Oropax* ?
- Warum findet man z.B. *Walkman, Abribus* gelegentlich mit großem Anfangsbuchstaben geschrieben?

Übung 17
Die Franzosen haben eine große Leidenschaft für Abkürzungen. Daher werden Sie in Frankreich immer wieder auf geheimnisvolle Buchstabenkombinationen stoßen. Manche kommen so häufig vor, daß sie schon als eigenständiges Wort empfunden werden (z.B. *un HLM*); die Aufschlüsselung dieser „Codes" kennen viele Franzosen schon fast nicht mehr. Und ständig kommen neue Abkürzungen hinzu.
Auf den Seiten 608-620 finden Sie zwei recht ausführliche Listen der gängigsten französischen und deutschen Abkürzungen.
- Bei der Lektüre französischer Zeitungen werden Sie häufig folgende Abkürzungen finden. Was bedeuten *PDG, DEUG, PME, ENA, O.P.A., RATP*?
- Entschlüsseln Sie in den folgenden Sätzen die Abkürzungen:
  Astérix, Lucky Luke, Tintin et Milou sont des personnages de BD.
  Il est très B.C.B.G.
  Dans les cinémas français, «Les ailes du désir» („Der Himmel über Berlin") *est passé en V.O. et en V.F.*
  Le rayon bricolage du B.H.V. vaut le détour.
- Wie lautet die deutsche Entsprechung folgender französischer Abkürzungen?
  un OVNI; SARL; la PJ; l'ONU; le sida; l'OTAN.

Zum Weiterdenken:
- Worin unterscheiden sich *ONU, sida, OTAN* von ihrer deutschen Entsprechung? Woraus bildet sich die französische Abkürzung und woraus die „deutsche"?
- «*Elle habite un H.L.M.*» Was bedeutet *H.L.M.*? Woran könnte es liegen, daß die Franzosen meistens «*un H.L.M.*» sagen (statt «*une H.L.M.*»)?

Übung 18

Im Schülerwörterbuch können Sie auch viele ganz aktuelle Begriffe finden.

- Was bedeuten die folgenden neuen, aber in Frankreich schon häufig verwendeten Wörter?
  publiphone; beur; santiag; allostop; (faire du) deltaplane; tagueur; console (informatique); photostyle; flipper [verbe].
- Was heißt auf französisch *Treibhauseffekt; (alles) paletti; BMX-Rad; Geldwäsche; checken; (etwas) schnallen; (Das ist echt) ätzend; Hausmann* ?

Übung 19

Im neueren deutschen Wortschatz findet man recht häufig aus dem Englischen entlehnte oder direkt übernommene Wörter, sogenannte „Anglizismen". Im Französischen dagegen ist diese Erscheinung weit weniger ausgeprägt.

- Mitte der 50er Jahre veranstaltete die französische Tochterfirma eines großen Computerherstellers ein Preisausschreiben mit der Aufgabe, ein Ersatzwort für *computer* zu finden. Welches Wort ging aus diesem Preisausschreiben als Sieger hervor und hat *computer* verdrängt?
- Wie heißt *baladeur vidéo* auf deutsch?
- Schlagen Sie die französischen Entsprechungen der folgenden Wörter nach: *Softie, Ghostwriter, CD-Player, Surfbrett, Bodybuilding, Timing, Software, High-Tech.*
- Was ist ein *squatter*?
- Wie heißt *Kaugummi* auf französisch?
- Inwiefern handelt es sich hier um Gegenbeispiele zu den obengenannten Fällen?

3. Übungsteil: Rechtschreibung und Aussprache

3.1 Rechtschreibung

Es versteht sich von selbst, daß Sie Ihr Wörterbuch auch zur Rechtschreibkontrolle verwenden können. Dazu hatten Sie bestimmt auch schon Gelegenheit, denn jeder kennt wohl orthographische Zweifelsfälle, die er zur Sicherheit nachschlagen muß. Beispiele für „Trockenübungen" sollen Ihnen hier deshalb erspart bleiben.

Übung 20

Stattdessen sollen Sie nur kurz mit einer Besonderheit des Schülerwörterbuchs vertraut gemacht werden, die die französischen Komposita, also die zusammengesetzten Wörter, betrifft. Manche Komposita schreiben sich mit Bindestrich, andere ohne Bindestrich in einem Wort.

Sehen Sie sich dazu noch einmal den Ihnen bereits bekannten Artikel mit dem Hauptstichwort *portefeuille* an. Sie werden darin Beispiele für die beiden verschiedenen Fälle finden (z.B. *porte-mine*, aber *portemanteau*).

Im Fall von *porte-flambeau*, das aus Platzgründen zufällig getrennt werden mußte, erscheinen im Schülerwörterbuch zwei „Bindestriche". Nur ein Strich am Zeilenende wäre in einem solchen Fall nämlich mehrdeutig: Handelt es sich um ein nur trennungsbedingtes Zeichen oder aber gleichzeitig um einen immer zum Wort gehörigen Bindestrich? Durch die Wiederholung des Bindestrichs zu Beginn der neuen Zeile wird also verdeutlicht, daß *porte-flambeau* immer mit Bindestrich geschrieben wird.

- Schlagen Sie die folgenden Komposita nach, die im Schülerwörterbuch zufällig getrennt erscheinen müssen. Wie schreiben sich diese Wörter ohne Trennung?
  photo | composition; por | te-à-porte; porte-bou | teilles; porte | cartes; porte | crayon; porte | documents; pose | mètre.
- Wie würden die folgenden Komposita aussehen, wenn sie im Schülerwörterbuch an ihrer „Nahtstelle" getrennt werden müßten?
  franc-maçon; franco-allemand; francophile; francophonie; franc-parler; franc-tireur.

3.2 Aussprache

Wenn so eigenartig aussehende Schriftzeichen wie [mwajɛnɑʒø] Sie nicht mehr schrecken können und Sie sogar schon entschlüsselt haben sollten, welches Wort sich hier verbirgt, können Sie das folgende einschließlich Übung 21 überspringen und gleich mit Übung 22 weitermachen.
Wenn Sie aber die lautliche Umschrift von *moyenâgeux* für kyrillisch gehalten oder solche Zeichen im Wörterbuch bisher geflissentlich übersehen haben, müßten Sie sich nun ein wenig mit dem internationalen Lautschriftalphabet beschäftigen. Die Mühe lohnt sich auf jeden Fall, denn Sie werden Ihr Wörterbuch noch besser nutzen können.
Alle Laute, die im Französischen vorkommen, können mit den Zeichen dieses Alphabets eindeutig dargestellt werden. Vorn im Wörterbuch (Seite XI) finden Sie sie im Überblick dargestellt.

Übung 21
Sehen Sie sich die französische Lautschriftübersicht in Ruhe an, und versuchen Sie, sich die Zeichen und die dazugehörigen Laute einzuprägen. In den Fällen, wo das Lautschriftzeichen einem normalen Buchstaben entspricht (z.B. p, t, o), ist das ganz einfach; nur ein paar „exotische" Zeichen erfordern etwas Gewöhnung (z.B. ɥ, ʃ, ŋ).

- Schreiben Sie sich die Beispielwörter der Übersicht von Seite XI heraus, und fügen Sie dann, ohne Hilfe des Wörterbuchs, die jeweilige Umschrift hinzu. Kontrollieren Sie das Ergebnis im Wörterbuch.
- Wie unterscheiden sich [pat] und [pɑt] in der Aussprache?
- Wie wird |ɔ̃| ausgesprochen? Ist das Lautschriftzeichen „logisch"?
- Welche Eselsbrücke gibt es, die hilft, |ŋ| und |ɲ| auseinanderzuhalten?
- Schreiben Sie die folgenden Wörter in Lautschrift:
  eau; haut; aux; oh!; ho!.
- Welche fünf französischen Wörter (drei davon mit gleicher Schreibweise) werden [pɔʀ] ausgesprochen? (Wenn Sie auf Anhieb nicht alle Wörter finden sollten, wird Ihnen das Wörterbuch auf Seite 431 (F-D) weiterhelfen.)
- Das Prinzip des Lautschriftalphabets lautet „1 Zeichen pro Laut, 1 Laut pro Zeichen". Warum eignet sich das normale Buchstabenalphabet nicht als Lautschriftalphabet?

Übung 22
Französisch ist eine Sprache, in der es besonders viele gleichlautende (aber oft unterschiedlich geschriebene) Wörter gibt; [vɛʀ] oder [sɛ̃] sind klassische

Beispiele solcher „Homophone“. Andererseits gibt es aber auch zahlreiche Wörter, die zwar ähnlich geschrieben, aber verschieden ausgesprochen werden. Aus diesem Grund steht im französisch-deutschen Teil des Schülerwörterbuchs grundsätzlich hinter jedem Hauptstichwort in eckigen Klammern die lautliche Umschrift dieses Stichworts. (Die Aussprache von im selben Artikel nachfolgenden Stichwörtern kann dadurch miterschlossen werden; in schwierigeren Fällen wird sie aber auch noch einmal – ganz oder teilweise – für das betreffende Wort angegeben.)

- Welche Wörter werden [vɛʀ] bzw. [sɛ̃] ausgesprochen?
- Wieviel Wörter gibt es, die [buʃe] ausgesprochen werden?
- Wie wird *cheik* ausgesprochen? Kennen Sie ein anderes Wort mit derselben Aussprache?
- Schlagen Sie die Aussprache (und bei Bedarf die Bedeutung) der folgenden ähnlich geschriebenen Wörter nach und vergleichen Sie die Unterschiede: *un fusil, le nombril, du persil; une fossette, une fosse, un fossoyeur; igné, ignare; un leurre, une gageure; un jars, (le mois de) mars, un gars; un klaxon, du molleton; une couette, la couenne; un minet, (C'est) net; un cric, un accroc; un bénitier, initier; rayer, bayer (aux corneilles); un pot (au lait), un pot (à lait).*
- Schreiben Sie die folgenden hervorgehobenen Wörter in Lautschrift: son *fils*, des *fils* [Fäden]; *divergent* [adj.], ils *divergent*; un *œuf*, des *œufs* (Was fällt auf, wenn man im letzten Beispiel das Verhältnis von Schriftbild und Lautbild vergleicht?)
- Wie werden die folgenden Wörter ausgesprochen? *un rallye; un fuchsia; les amygdales; la démocratie.*
- Schlagen Sie im französisch-deutschen Abkürzungsverzeichnis die Aussprache der folgenden Abkürzungen nach: *PMU; OVNI; OLP; ZUP; sida.*
- Was fällt auf, wenn man die Aussprache von *ÇAP* und *CAPES* vergleicht, oder von *SARL* und *SAMU*, von *O.P.A* und *ENA?*

Übung 23

Die französische Sprache ist aufgrund ihrer vielen gleichlautenden Wörter eine unerschöpfliche Quelle für Sprachspielereien aller Art. Und die Franzosen lieben es, mit ihrer Sprache zu spielen.

- Hier ist ein Zungenbrecher der in Frankreich ebenso bekannt ist wie Fischers Fritz und seine frischen Fische im deutschsprachigen Raum: *Si six scies scient six cyprès, six cent six scies scient six cent six cyprès.* Wie sieht dieser Zungenbrecher in Lautschrift aus?
- Was heißt wohl [tɔ̃tɔ̃tɔ̃tetatilotetatu] im Klartext? (Eine kleine Hilfe: Es handelt sich um eine Frage, mit der man sich beim Onkel erkundigen kann, ob er noch Husten hat.)

Manche französische Jugendliche sprechen untereinander «*verlan*», eine Art von Geheimsprache, die selbst von den meisten französischen Erwachsenen nicht verstanden wird. Das Grundprinzip dieses Slangs ist aber relativ einfach. *Verlan* [vɛʀlɑ̃] ist die Umkehrung von *à l'envers* [lɑ̃vɛʀ] und dieser Name drückt eigentlich schon aus, worauf es ankommt: auf die Umkehrung der Silben in einzelnen, meist zweisilbigen, Wörtern. So heißt ein bekannter Film über zwei korrupte Polizisten «Les ripoux» („Die Bestechlichen“). *Ripou* ist ein aus *pourri*, „korrupt“, gebildetes Verlanwort.

– Entschlüsseln Sie nach dem vorgegebenen Beispiel die folgenden „Geheimwörter“:
[Ripu] → [puRi] → pourri
[zikmy]
[zaRbi]
[Rɑ̃pa]
[tyRvwa]
Laisse [betɔ̃]
C'est [oʃ]
Inwiefern bildet das letzte Beispiel eine Ausnahme?

4. Übungsteil: Die „Übersetzung“ der Wörter

Wozu verwendet man ein zweisprachiges Wörterbuch? Natürlich vor allem, um Wörter von einer Sprache in die andere zu übersetzen. Man geht von einem Wort aus und möchte das entsprechende Gegenstück, das „Äquivalent“, in der anderen Sprache erfahren. *Kartentelefon*? = *publiphone*. — *publiphone*? = *Kartentelefon*. So einfach ist das. Aber ist es wirklich so einfach? Leider nicht immer.

4.1 Die Mehrfachbedeutung eines Wortes

Nicht immer entspricht einem Wort der Ausgangssprache genau ein Wort der Zielsprache (= die Sprache in die Sie übersetzen wollen). Oft ist es so, daß ein Wort mehrere Bedeutungen hat und es je nach Bedeutung unterschiedlich übersetzt werden muß.
Im Schülerwörterbuch werden die verschiedenen Bedeutungen eines Wortes mit arabischen Ziffern durchnumeriert.

Übung 24
– Stellen Sie sich vor, Sie müßten ein deutsch-französisches Wörterbuch erarbeiten und die nachstehenden Wörter ins Französische übersetzen. Überlegen Sie zunächst, welche Bedeutungen das deutsche Wort haben kann. Fügen Sie anschließend die französischen Entsprechungen, falls Sie sie schon kennen, in Ihre Bedeutungsliste ein. Vergleichen Sie dann Ihren Wörterbuchartikel mit dem des Schülerwörterbuchs. (Angaben, vor denen im Wörterbuch ein schwarzer Pfeil steht, brauchen Sie für diese Übung nicht zu beachten.)
Gang, Kreuz, aussetzen, brechen, glatt, stumpf
– Bearbeiten Sie ebenso die folgenden französischen Wörter für ein französisch-deutsches Wörterbuch:
canard, corde, tour, claquer, confondre, saisir, léger

Übung 25
– Übersetzen Sie die folgenden Sätze ins Deutsche:
On lui a piqué son journal. Le poivre pique. Je me suis piqué avec l'aiguille que tu as laissé traîner! Les Français n'aiment pas l'eau gazeuse parce que c'est «de l'eau qui pique».
Son grand-père ne porte jamais de ceinture; il préfère les bretelles. En hiver, les bretelles d'autoroutes peuvent être verglacées.

L'accident de son fils lui a causé un choc. Ils causaient de choses et d'autres. «Tu causes, tu causes, c'est tout ce que tu sais faire!»

- Übersetzen Sie ins Französische:
  Er kocht gern. Sie kocht vor Wut. Die Fischsuppe 20 min kochen lassen. Das Wasser kocht.
  Der Hund kratzt im Sand. Sie ist ratlos und kratzt sich am Kopf. Paß auf, die Katze kratzt! Er hat sich beim Brombeerpflücken gekratzt.
- Manche Wörter haben neben ihrer ursprünglichen, konkreten Bedeutung auch eine „übertragene" bzw. „bildliche" Bedeutung. Diese zweite Bedeutung wird im Schülerwörterbuch durch die Abkürzung *fig* angezeigt. Wie sind die hervorgehobenen Wörter der folgenden Beispiele zu übersetzen?
  Den Kuchen gibt es erst später; er ist noch im Backofen. *Diese Dachwohnung ist im Sommer der reinste* Backofen.
  Il ne sait plus pourquoi il a fait un nœud *à son mouchoir. Pour réaliser ce projet il faudra beaucoup plus d'argent que prévu. Voilà le* nœud *de l'affaire!*
- Ein traditionsreiches französisches Sprachspiel besteht darin, auf die Frage «Quel est le comble...?» („Was ist der Gipfel...?") eine Antwort zu geben, die man unterschiedlich auffassen kann – entweder mit der eigentlichen Bedeutung der Wörter oder im übertragenen Sinn. Hier ist ein Beispiel:
  «Quel est le comble pour un coiffeur? C'est friser le ridicule et raser les murs.» Mit welchen Bedeutungen kann man *friser* und *raser* hier lesen?

Übung 26

Im Laufe der vorhergehenden Übungen sind Ihnen sicher schon die Klammerzusätze in einzelnen Artikeln aufgefallen bzw. haben Ihnen bei der Bedeutungsunterscheidung geholfen. Da das Schülerwörterbuch auf relativ wenig Platz möglichst viele Informationen geben will, sind die in Klammern stehenden Erklärungen im „Telegrammstil" gehalten. Meistens ist es nur ein einziges Wort – mal handelt es sich um ein Substantiv, mal um ein Verb oder um ein Adjektiv. Das Wort in Klammern kann zum Stichwort synonym sein (also eine recht ähnliche Bedeutung haben), es kann aber auch ein Subjekt oder ein Objekt darstellen (wenn das Stichwort ein Verb ist). Manchmal deutet es auch nur das Sachgebiet an, in dem das zugehörige Stichwort in der betreffenden Bedeutung vorkommt. Trotz all dieser möglichen Unterschiede ist es aber meistens nicht allzu schwer, das „Telegramm" richtig zu lesen.

- Lesen Sie die folgenden Beispiele und erklären Sie, wie sich die Klammerzusätze jeweils zum Stichwort verhalten.

Stichwort	Klammerzusatz	Äquivalent	
versetzen *tr*	*(umpflanzen)*	transplanter	Synonym
versetzen *tr*	*(Schüler)*	faire passer dans la classe supérieure	Objekt
scheuern *tr*	*(reiben)*	frotter	
zerfressen *tr*	*(Motten, Rost)*	manger	
zerlegen *tr*	*(Braten)*	découper	
kündigen *itr*	*(dem Arbeitgeber, Mieter)*	donner congé (jdm à qn)	
zerlassen *tr*	*(Küche)*	faire fondre	

Stichwort	Klammerzusatz	Äquivalent
étoffe *f*	*(Mensch)*	Anlage
höckerig *a*	*(uneben)*	bosselé
mürbe *a*	*(Küche)*	tendre
fest *a*	*(nicht flüssig)*	solide

- Suchen Sie unter dem Stichwort *passer* mindestens drei Klammerzusätze, die ein Subjekt angeben, drei Zusätze, die ein Objekt angeben und einen Zusatz, der ein Sachgebiet angibt.
- Warum sind die Klammerzusätze, die sich unter dem Stichwort *Mütze* finden, sehr hilfreich? Was wäre, wenn sie nicht dastünden? (Wie könnten Sie sich dann behelfen?)

4.2 Sachgebietsangaben

Übung 27
Manche recht häufig vorkommende Sachgebietsangaben werden nicht in Form eines Wortes angegeben, sondern aus Gründen der Übersichtlichkeit als genormte Abkürzungen. Die Liste dieser Abkürzungen (auf S. XIV f. im Wörterbuch) kennen Sie ja schon aus Übung 9.
- Sehen Sie sich diese Liste noch einmal an und schreiben Sie sich zehn Sachgebietsangaben mit ihren Abkürzungen heraus (z.B. *chem* Chemie *chimie*).
- Wie wurden diese Abkürzungen jeweils gebildet? Wieso sind sie alle gewissermaßen „zweisprachig"?
- Inwiefern unterscheidet sich die Abkürzung *loc* von den anderen? Aus welchem Wort ist sie wohl entstanden?
- Wieso wird *Raumfahrt, astronautique* nicht mit *astr* abgekürzt, sondern mit *cosm*?
- Finden Sie drei „Abkürzungen", die eigentlich keine sind.
- Was bedeuten die folgenden „Telegramme" im Klartext?
  trapèze *math sport* Trapez
  phase *astr phys el chem fig* Phase
  Schrittmacher 1. *sport* entraîneur 2. *med* stimulateur cardiaque

4.3 Die stilistische Kennzeichnung («Markierung»)

In der Liste von S. XIV f. finden Sie auch Abkürzungen, die Wörter verschiedener Stilebenen kennzeichnen (z.B. *fam, lit*). Die folgenden drei Abkürzungen sollten Sie unbedingt als Warnzeichen auffassen: *arg* („Argot"), *vulg* („vulgär") und *pop* („populär", was einer sehr nachlässigen bis ordinären Ausdrucksweise entspricht). Sie werden natürlich auch Wörter dieser Stilschichten kennenlernen; lernen Sie dann aber auch immer die stilistische „Markierung" gleich mit. Mit *arg, vulg* oder *pop* markierte Wörter sollte man passiv durchaus beherrschen (sonst wird man z.B. französische Kriminalromane kaum verstehen), aber von einer aktiven Verwendung dieses Wortschatzes ist unbedingt abzuraten. Franzosen reagieren z.T. sehr empfindlich darauf, wenn Nicht-Muttersprachler sich zu salopp ausdrücken. Selbst die ungefährlicheren, mit *fam* gekennzeichneten Wörter (aus der gesprochenen Umgangssprache) sollten Sie lieber nur unter Freunden verwenden, aber nicht vor Lehrern oder Vorgesetzten.

In der Regel gehören Stichwort und Übersetzung der gleichen Stilebene an. Ist dies nicht der Fall, so wird sowohl beim Stichwort als auch bei der Übersetzung die jeweilige Stilebene ausdrücklich angegeben.

Übung 28

- Wenn Sie einen französischen Krimi lesen, oder Lieder von Renaud hören, werden Sie früher oder später bestimmt auf die folgenden, markierten, Wörter stoßen. Welcher Stilebene gehören sie an und was bedeuten sie?
  clamser; les godasses; le tarin; schlinguer; la flotte; casquer; une plombe; un galurin; le portrait; la lourde; (avoir la) pétoche; du pognon.
- Wie sind die folgenden Abkürzungen zu lesen?
  Amerloque *péj* Ami, Jankee
  Flimmerkiste *fam hum péj* téloche
- Welche französischen Äquivalente finden Sie unter dem Stichwort *stehlen*? Welche unter *klauen*?

4.4 Wörter ohne Entsprechung in der anderen Sprache

Manche Wörter gibt es nur in der einen Sprache, in der anderen fehlt ein passendes Gegenstück. Diese Lücken betreffen dann meistens nicht nur die Wörter, sondern auch die Gegenstände, die durch sie bezeichnet werden. So gibt es in Frankreich z.B. keine „Maultaschen“ und deshalb auch kein Wort dafür. In solchen Fällen finden Sie im Schülerwörterbuch dann anstelle des nicht existierenden Äquivalents eine Umschreibung bzw. eine Erklärung. Mit «une sorte de grand ravioli fourré d'un hachis de viande et d'épinards» können Sie Ihren französischen Freunden dann doch noch erklären, was man in Süddeutschland ißt, andererseits können Sie auch selbst erfahren, was es z.B. mit dem *pot-au-feu* auf sich hat.

Übung 29

- Schlagen Sie die Erklärungen der folgenden Wörter nach:
  péagiste, énarque, académicien, septennat, argus, îlotage, cohabitation, pot-au-feu
- Schlagen Sie nach, wie man einem Franzosen die folgenden Begriffe erklären könnte, für die es im Französischen kein eigentliches Äquivalent gibt:
  Gurtmuffel, Tante-Emma-Laden, Imagepflege, Biergarten, Katerfrühstück, Reinheitsgebot, Schullandheim, Quotenregelung, Parksünder.
- Wie sagt man auf französisch, daß man verschlafen hat?

5. Übungsteil: „Der schwarze Pfeil“ oder: Wörter und Wendungen

Vielleicht haben Sie sich schon über die vielen schwarzen Pfeilspitzen im Schülerwörterbuch gewundert? Diese Pfeile sind ein Signal dafür, daß das betreffende Stichwort nicht nur für sich allein in Sätze eingebaut werden kann, sondern daß es darüber hinaus auch in mehr oder weniger festen Wortverbindungen zusammen mit anderen Wörtern vorkommt. Hinter dem Pfeil finden Sie in diesem Fall einen oder mehrere solcher festehenden Ausdrücke, wobei das Stichwort jeweils durch eine Tilde (~) ersetzt ist. Je nach Art des Stichworts kann es sich z.B. um substantivische Zusammensetzungen handeln (z.B. unter *rapport: ~qualité-prix*), um „Kollokationen“, um Redewendungen oder um Sprichwörter. Die drei letztgenannten Typen sollen Ihnen im folgenden etwas genauer vorgestellt werden.

5.1 Kollokationen (Übliche Wortverbindungen)

Fremdsprachenlernen ist zunächst Wörterlernen. *Fenster* = *fenêtre*; *ouvrir* = *öffnen*; *putzen* = *nettoyer*. Aber schon bald werden Sie feststellen, daß es damit allein nicht getan ist. Man muß zusätzlich auch ganze Wortkombinationen beherrschen, um sich in der Fremdsprache idiomatisch auszudrücken bzw. um fremde Texte richtig zu verstehen. Sie können zwar *ouvrir* und *fenêtre* gefahrlos zu *ouvrir la fenêtre* zusammensetzen, weil sich die französische und die deutsche Kombination hier Wort für Wort entsprechen. Aber schon bei der Übersetzung von *die Fenster putzen* wird die „Selbstbau-Methode“ unweigerlich zur Fehlerquelle. Ein Franzose würde zwar nach einigem Nachdenken auch *nettoyer les fenêtres* richtig interpretieren; erwarten würde er aber *laver les vitres*, also „die Scheiben waschen“ (was einem Deutschen wiederum etwas merkwürdig vorkommt).

Übung 30

– Wie gibt man im Französischen üblicherweise die folgenden Kollokationen wieder? Suchen Sie am besten unter den kursiv hervorgehobenen Wörtern und denken Sie daran, daß Ihnen der schwarze Pfeil die Orientierung im Artikel erleichtert:
  sich die *Zähne* putzen; *Angst* bekommen; in Gelächter *ausbrechen*; in Tränen *ausbrechen*; in *Vergessenheit* geraten; sich in Vermutungen *ergehen*; ein verregneter *Sommer*; helles *Bier*; dunkles *Bier*; *sperrangelweit* offen; Gute *Fahrt*!
– Wie lautet die übliche deutsche Entsprechung der folgenden französischen Kollokationen? Überlegen Sie zunächst und überprüfen Sie Ihr Ergebnis dann im Wörterbuch:
  mettre son compte à *découvert*; réfléchir *mûrement* à qc; *louer* une place; recueillir la majorité des *suffrages*; les *professions* libérales; une *maladie* diplomatique; une *future* maman; un *fils* à papa; frais et *dispos*; *franco-allemand*; *Chien* méchant!
– Bestimmen Sie in den beiden folgenden Beispielsätzen die Kollokationen. Welche kann man im Deutschen mit einem Wort wiedergeben und welche kann man nur umschreiben?
  En 1973 quelques «plombiers» voulaient placer sur écoutes la rédaction du «Canard enchaîné».
  Il s'est marié il y a deux mois. Au vin d'honneur on a sablé le champagne.

Übung 31

Sie können Kollokationen auch schon vor dem Pfeilbereich finden, nämlich in Form mancher Klammerzusätze. Diese Zusätze sind Ihnen ja schon von der Übung 26 her bekannt. Wenn es sich um Substantive handelt, die dazu dienen, ein Verb oder ein Adjektiv zu präzisieren, können Sie daraus Kollokationen ableiten.

– Bilden Sie aus den folgenden Angaben zunächst die französische Kollokation und dann die deutsche Entsprechung; z.B.
  résoudre *(Frage)* entscheiden → résoudre une question → eine Frage entscheiden

retenir *(Atem)* anhalten; retenir *(Tränen)* zurückhalten; retenir *(Zorn)* mäßigen; retenir *(Platz)* belegen.
blanc *(Haut)* hell; blanc *(Blatt)* unbeschrieben; blanc *(Waffe)*; blanc *(Nacht)* schlaflos.

– Bilden Sie nun zuerst die deutsche Kollokation, dann die entsprechende französische:
decken *(Dach)* couvrir; decken *(Bedarf)* satisfaire à; decken *(Kosten)* couvrir; decken *(Fehlbetrag)* combler.
hoch *(Ton)* aigu; hoch *(Preis)* élevé; hoch *(Strafe)* sévère; hoch *(Geldstrafe)* fort.

5.2 Redewendungen

Um ein einzelnes Wort, z.B. *remuer*, im Wörterbuch zu finden, genügt es, einfach unter diesem Wort nachzuschlagen. Das Auffinden von Redewendungen dagegen ist schon etwas schwieriger, weil eine Redewendung nicht nur aus einem, sondern aus mehreren Wörtern besteht, z.B. *remuer ciel et terre*. Es gibt also grundsätzlich auch mehrere Suchmöglichkeiten – im genannten Beispiel wären das *remuer, ciel* und *terre*. Am besten schlagen Sie Redewendungen zunächst immer unter den Substantiven nach. Falls Sie darunter nichts finden sollten, weiten Sie Ihre Suche auf das Verb aus. Manchmal werden Sie dieselbe Redewendung sogar an mehreren Stellen verzeichnet finden.

Übung 32

– Wo findet man *remuer ciel et terre* im Schülerwörterbuch ? Was entspricht dieser Redewendung im Deutschen?
– Schlagen Sie ebenso die folgenden französischen Redewendungen nach: *se parer des plumes du paon; bâtir des châteaux en Espagne; prendre ses jambes à son cou; manger de la vache enragée; casser sa pipe; couper l'herbe sous les pieds de qn. Je le vois venir avec ses gros sabots.*
– Wie heißen die folgenden Redewendungen auf französisch?
einen Frosch im Hals haben; jdm Knüppel zwischen die Beine werfen; vom Hundertsten ins Tausendste kommen; das Pferd am Schwanz aufzäumen; jdm nicht das Wasser reichen können. Es friert Stein und Bein. Er ist mit allen Hunden gehetzt.
– Können Sie erraten, welches Adjektiv die folgenden fünf Wendungen gemeinsam haben? Welche Entsprechungen gibt es im Deutschen? Schlagen Sie dann zur Kontrolle im Wörterbuch nach.
[ ] *comme un homard;* [ ] *comme une écrevisse;* [ ] *comme une tomate;* [ ] *comme une pivoine;* [ ] *comme un coq*
– Im Französischen gibt es viele Redewendungen, in denen der Wolf vorkommt. Schlagen Sie diese Redewendungen nach. Welche Tiere stehen dem Wolf auf deutscher Seite gegenüber?

Übung 33

– Für manche Redewendungen gibt es in der anderen Sprache keine passende Entsprechung. Das ist der Fall bei den folgenden deutschen Wendungen, die man im Französischen nur umschreiben kann. Versuchen Sie eine solche Umschreibung und sehen Sie dann nach, welche Lösung das Schülerwörterbuch anbietet.
jmd ins Bockshorn jagen; unter den Hammer kommen; über alle Berge sein; das Gras wachsen hören.

– In die folgenden Sätze sind einige Redewendungen eingebaut (manchmal zwei pro Beispiel), die es im Deutschen nicht gibt und die also nur umschrieben werden können. Versuchen Sie, diese Redewendungen in ihrer Grundform zu bestimmen und den Sinn zu entschlüsseln. Schlagen Sie dann zur Kontrolle im Wörterbuch nach:
Il m'a tiré une sacrée épine du pied en acceptant de garder les enfants ce soir. – C'est vrai, tu lui dois une fière chandelle.
Il fait son service militaire, tu sais; c'est pour cela qu»il a la boule à zéro.
Après avoir rendu son tablier, le maire d'Abécéville est allé planter ses choux.
Cela fait des mois qu'il demande une augmentation, mais le patron lui tient la dragée haute.
Si on voulait parler de la pluie et du beau temps, il serait utile de connaître la formule «le fond de l'air est frais».
Les actions de cette entreprise sont en baisse. Pourtant, il y a quelque temps, elle était bien cotée en Bourse. Il semble qu'elle a mangé son pain blanc le premier.
Avec tous ces bouchons sur les autoroutes on n'avance plus, la plupart du temps on fait du surplace.

Übung 34

Es gibt Fälle, in denen einer Redewendung nur ein Wort entspricht. Umgekehrt bedeutet das, daß das Wörterbuch Sie gelegentlich von einem Einzelwort zu einer passenden Redewendung führen kann. So werden Sie manchmal sogar, fast wie in einem Synonymwörterbuch, mehrere Entsprechungen finden, Wörter und auch Redewendungen.

– Welche Verben entsprechen den folgenden Redewendungen? *casser du sucre sur le dos de qn; faire une queue de poisson à qn; mettre qn au parfum; se faire sonner les cloches.*
– Mit welchen französischen Verben könnte man die folgenden Redewendungen wiedergeben? Überlegen Sie zunächst und schlagen Sie dann die Lösung im Wörterbuch nach:
sich aus dem Staub machen; sich jmd/etw vom Hals schaffen; sich auf die Socken machen; jdm einen Korb geben.
– Welche Äquivalente finden Sie im Wörterbuch für *jmd durch den Kakao ziehen*?
– Auf welche Redewendungen stoßen Sie, wenn Sie unter den folgenden Verben nachschlagen?
tromper; s'encanailler; arnaquer; écoper.
– Welche französischen Redewendungen entsprechen den folgenden Wörtern?
(in e-m Fach) glänzen; jmd unterbuttern; wohlbehalten; unverhüllt.
– Legen Sie eine Liste mit vier Spalten an. Schreiben Sie in die erste Spalte alle Redewendungen, die Sie im Artikel *casser* unter Nummer 16 finden. Die restlichen drei Spalten sind für die Übersetzungsäquivalente bestimmt. Überschreiben Sie diese drei Spalten mit „Redewendung", „Wortäquivalent" und „Umschreibung" und tragen Sie zu jeder Redewendung das Äquivalent/die Äquivalente in die betreffende(n) Spalte(n) ein.

5.3 Sprichwörter

Übung 35

– Die folgenden Sprichwörter haben im Deutschen recht ähnliche Entsprechungen. Überlegen Sie zunächst, welche das sein könnten und kontrollieren Sie dann im Wörterbuch:
Qui sème le vent récolte la tempête.
La nuit porte conseil.
Pauvreté n'est pas vice.
Une fois n'est pas coutume.
– Wie heißen die folgenden Sprichwörter auf französisch? (Die ersten drei entsprechen ihrem französischen Gegenstück recht genau.)
Reden ist Silber, Schweigen ist Gold.
Es ist nicht alles Gold, was glänzt.
Eine Schwalbe macht noch keinen Sommer.
Es ist noch nicht aller Tage Abend.

6. Übungsteil: Noch einige Kniffe oder: Vom Umgang mit widerspenstigen Wörterbüchern

Inzwischen dürfte das Schülerwörterbuch eigentlich keine Geheimnisse mehr für Sie haben – abgesehen natürlich von all den unbekannten Wörtern, die Sie sich damit täglich erschließen können. Trotzdem werden Sie auch weiterhin immer wieder einmal auf Fälle stoßen, in denen sich Ihr Wörterbuch die Antwort nicht so leicht entlocken läßt. Die Übungen dieses vorletzten Abschnitts sollen Ihnen noch einige Kniffe vermitteln, mit denen Sie das Wörterbuch auch dann bändigen werden, wenn es einmal widerspenstig sein sollte.

Übung 36

Wie kann man eine Bedeutung noch genauer differenzieren?
Angenommen Sie möchten *Blase* ins Französische übersetzen. Sie schlagen unter *Blase* nach und finden dort fünf verschiedene französische Äquivalente.
– Um welche Äquivalente handelt es sich?
– Wie sind die Bedeutungen unterschieden?
– Sie möchten *Blase* im Sinn von „Brandblase (auf der Haut)" übersetzen. Genügen Ihnen die Angaben, die Sie unter *Blase* finden, um sicher zu wissen, welche der Äquivalente eine Brandblase bezeichnen können?
– Wie könnten Sie über die Äquivalente mehr erfahren?
– Welche Möglichkeit gibt es, die Suche von vornherein gezielter anzugehen?
– Welche Art von Blasen gibt es überhaupt? Welche Komposita mit *Blase* gibt es im Deutschen? Welche finden Sie im Wörterbuch?

Übung 37

Bei zunächst ergebnisloser, oder nicht zufriedenstellender Suche unter einem Stichwort haben Sie meistens immer noch die Möglichkeit, auf Synonyme auszuweichen, also unter einem anderen Stichwort mit ähnlicher Bedeutung zu suchen. Wenn Ihnen keine Synonyme einfallen, kann Ihnen das Wörterbuch selbst hier bei der Suche helfen. Für die folgende Übung müssen Sie sich etwas Zeit nehmen. Als Entschädigung werden Sie erfahren, daß in Ihrem Wörterbuch noch mehr steckt, als Sie zunächst annehmen, und Sie werden nebenbei neue Wörter kennenlernen.

– Sie sollen sich auf der Basis des Schülerwörterbuchs ein eigenes Mini-Wörterbuch deutsch-französisch zu einem bestimmten Themenbereich erstellen und dazu möglichst viele deutsche Wörter und Redewendungen mit ihren französischen Entsprechungen zusammentragen. Das Thema „Mißerfolg haben" ist zwar nicht sehr erfreulich, aber Sie werden besonders viele Synonyme sammeln können.
Aus Platzgründen kann das Wörterbuch nicht an einer Stelle, z.B. unter *scheitern*, alle existierenden französischen Äquivalente aufführen, höchstens zwei oder drei. Aber ausgehend von diesen Äquivalenten können Sie dann im französisch-deutschen Teil nachschlagen und werden weitere deutsche Synonyme finden, die dann wiederum als Ausgangspunkt für die weitere Suche (deutsch-französisch) dienen können, usf. Sie werden also ständig zwischen den beiden Wörterbuchteilen hin- und herwechseln. Die Suche könnte folgendermaßen beginnen:

vau-l'eau	*(s'en) aller à vau-l'eau*	in die Binsen gehen, scheitern, mißglücken
Binse	*in die Binsen gehen*	foirer
foirer		
scheitern		

Sie sollten so mindestens zwölf deutsche Wörter und Redewendungen und ihre französischen Entsprechungen finden. Legen Sie dann eine Liste mit zwei Spalten an. Schreiben Sie in die erste Spalte, alphabetisch geordnet, alle deutschen Synonyme, und stellen Sie ihnen in der zweiten Spalte die französischen Äquivalente gegenüber:

in die *Binsen* gehen	foirer, s'en aller à vau-l'eau.
durchfallen (theat)	tomber à plat, faire un four.
fehlschlagen	avorter, ...

Übung 38
Wenn Sie bei dieser Übung angelangt sind und vorerst keine Lust mehr haben sollten, mit Ihrem Wörterbuch zu arbeiten – dann spielen Sie doch damit! Z.B. das Spiel „S+7", das die Mitglieder der französischen Schriftstellergruppe Oulipo entwickelt und literaturfähig gemacht haben. Sie brauchen dazu nur einen Text, den Sie so gut kennen, daß Sie ihn „im Ohr haben", und natürlich Ihr Wörterbuch. Ersetzen Sie im Text jedes Substantiv durch das 7. Substantiv, das ihm im Schülerwörterbuch als Stichwort folgt. Aus der bekannten Fabel von «La cigale et la fourmi» wird dann auf einmal «Le ciment et le fournil». Sie werden staunen, wie sich Ihr Text verändert und dabei doch erkennbar bleibt.

7. Übungsteil: Textarbeit

Privatdetektiv Nestor Burma, Serienheld in Léo Malets «Nouveaux mystères de Paris», ist sich noch im unklaren: Ist Simone Blanchet mitschuldig an dem mysteriösen Unfall, den er aufzuklären hat, oder könnte sie bald selbst das Opfer eines weiteren Verbrechens werden?

Une main se pose sur mon épaule. J'ouvre les yeux. Il fait jour. Simone Blanchet est devant moi, tout habillée, prête à sortir. Elle ne peut pas sécher le boulot sans arrêt, n'est-ce pas? Bien sûr. Un peu de café? Volontiers. Elle me passe une tasse. Je me la tasse. Ça fait du bien par où ça passe. Je me mets debout et vais m'asperger le visage de flotte dans le lavabo sentant bon les produits de beauté utilisés par la jeune femme. J'examine, dans le miroir, la tranche de mortadelle pas fraîche servant de figure au détective de choc bien connu. Je me tâte. Pas mal d'endroits de mon corps sont encore douloureux. Juste un petit tabassage, comme dit l'autre. Je retourne auprès de Simone et reprends du café.

– Ça va?

– Plus ou moins. Je vous dépose à Bercy, belle enfant? Je ne fais pas chevalier servant très élégant...

Je désigne mon costard qui se ressent, lui aussi, du petit tabassage en question et d'avoir dormi avec moi.

– Mais si je ne descends pas de voiture, ça ne se voit pas trop.

– Si vous voulez...

Elle sourit, railleuse :

– Et comme ça, vous pourrez vous assurer que je travaille bien là où je vous ai dit, n'est-ce pas?

– Ce n'est pas nécessaire. J'ai téléphoné, hier.

– Hou, le vilain!

Elle tire sur le pêne en biseau de la porte palière et nous quittons l'appartement.

Aus: Léo MALET: **Casse-pipe à la Nation**. Union Générale d'Éditions 10/18. Paris 1987, S. 84f.

Die Anwort auf die obige Frage soll hier nicht verraten werden. Auf die folgenden Fragen aber können Sie selbst antworten; das Wörterbuch wird Ihnen dabei helfen.

Übung 39

Zunächst einige „Suchaufträge":

- Im Text erscheinen zwei verschiedene Wörter für „Gesicht". Um welche Wörter handelt es sich? (Im Wörterbuch werden sie übrigens an erster Stelle genannt.)
- Manchmal spricht Nestor Burma in Reimen. Was reimt sich bei ihm auf [tas]? Welche Bedeutungen haben die beiden Wörter die in dieser Textpassage [tas] ausgesprochen werden? (Es handelt sich um ein Substantiv und um eine Verbform.)
- An einer anderen Stelle im Text reimen sich zwei Wörter auf [sɛʀvɑ̃]. Welche Wörter sind das? Wie schreiben sie sich in phonetischer Umschrift?

Übung 40

Zeile 3:

- Was ist im Text mit *boulot* gemeint? Was müssen Sie beachten, wenn Sie das Wort *boulot* selbst gebrauchen wollen? Was versteht man unter *petits boulots*?
- Was kann das Verb *sécher* alles bedeuten? Welche Bedeutung hat es im Text?

Zeile 4:
– Wie sagt man *Ça fait du bien* auf deutsch? (Achten Sie dabei auf die unterschiedliche Ausdrucksweise im Deutschen und im Französischen!)

Zeile 5/6:
– Was heißt *Je me mets debout* auf deutsch? Wie sagt man auf französisch *Ich setze mich hin*?
– Was bedeutet *asperger*? Wieso steht dieses Wort nicht im selben Wörterbuchartikel wie *asperge*?
– Welche Übersetzungsmöglichkeiten gibt es für das Wort *flotte*? Welches paßt hier? Dürfte man das Wort in dieser Bedeutung unbedenklich in jeder Situation gebrauchen?
– Wie übersetzt man die beiden folgenden Fragen: *Où est le lavabo? Où sont les lavabos?*
– Was kann *sentir* alles bedeuten? Was heißt *sentir bon?* Wie kann man *sentir bon* im Deutschen mit einem Wort wiedergeben?

Zeile 7:
– Was ist eine *tranche de mortadelle* im wörtlichen Sinn? *Tranche* ist gleichzeitig ein Argotwort für einen Körperteil; ebenso wie das ähnlich ausgesprochene [tʀɔ̃ʃ]. Wie schreibt man [tʀɔ̃ʃ]? Schlagen Sie dieses Wort im Wörterbuch nach. Um welchen Körperteil handelt es sich? Warum steht hier *pop* im Wörterbuch?
– Unter welcher Stichwortform finden Sie das Adjektiv *fraîche?* Welche Bedeutungen hat dieses Adjektiv?

Zeile 8:
– Welche Übersetzungsmöglichkeiten gibt es für *de choc?* Welche erscheint Ihnen am passendsten für Nestor Burma, bekannt als «détective de choc qui met le mystère knock-out»?
– Übersetzen Sie *je me tâte* im Textzusammenhang. Was könnte *je me tâte* in einem anderen Zusammenhang noch bedeuten?

Zeile 8/9:
– Unter welcher Bedeutungsnummer des Artikels *mal* findet man *pas mal de?* Was bedeutet dieser Ausdruck?

Zeile 9:
– Welche Übersetzungen bietet das Wörterbuch für *douloureux* an? Welche davon paßt hier am besten? Mit welchem Verb könnte man *être douloureux* im Deutschen wiedergeben?
– *Juste* ist ein kurzes Wort, das es in sich hat. Es kann drei verschiedenen Wortarten entsprechen. Welchen? Und es hat viele unterschiedliche Bedeutungen. Was heißt es im Textzusammenhang?

Zeile 10:
– Welches Verb gibt es zu *tabassage?* Vergleichen Sie die Bedeutung dieses Verbs mit der von *passer (quelqu'un) à tabac.*
– Übersetzen Sie *comme dit l'autre* nicht Wort für Wort! Es handelt sich um eine feststehende Wendung, die Sie sich mit der Übersetzung „wie man so sagt“ einprägen sollten.
– Welche Übersetzungsmöglichkeiten gibt es für *retourner* als intransitives Verb? Welche paßt hier am besten?

Zeile 13:
– Unter welcher Bedeutungsnummer steht die hier passende Übersetzung von *déposer* im Schülerwörterbuch ? (Zeile 17 hilft, den Sinnzusammenhang zu verstehen)

Zeile 14:
– *Chevalier servant* könnte man in etwa mit „(männlicher) Begleiter (einer Dame)“ übersetzen. Dieselbe Bedeutung hat auch das ganz ähnliche Wort *cavalier*. Aber was bedeutet *cavalier,* wenn es als Adjektiv gebraucht wird?

Zeile 15:
– Was ist ein *costard*? Wie ist dieses Wort markiert? Das entsprechende unmarkierte Wort der Standardsprache ähnelt *costard.* Wie heißt es? In der deutschen Sprache gibt es einen «faux ami» dazu, also ein Wort, das dem französischen zum Verwechseln ähnlich ist und sich doch durch irgend etwas von ihm unterscheidet. Um welches Wort handelt es sich? Inwiefern ist es ein «faux ami»?
– Was bedeutet *désigner* im Textzusammenhang?
– Was bedeutet *se ressentir de quelque chose?* Wieso ist es ungewöhnlich, von einem «costard» zu sagen «il se ressent du tabassage»?

Zeile 19:
– Wie heißt die männliche Form von *railleuse?* Was bedeutet dieses Adjektiv? Welche Synonyme können Sie über das Wörterbuch dazu finden? Welche Wörter gehören zur selben Wortfamilie wie *railleuse?*

Zeile 20/21:
– *Je travaille bien là où je vous ai dit.* Mit welchem Wort wird man *bien* im Textzusammenhang übersetzen müssen?

Zeile 23:
– Schlagen Sie *hou* und *vilain* nach und übersetzen Sie den feststehenden Ausruf «Hou, le vilain!»

Zeile 24:
– Was ist ein «pêne»? Was bedeutet *en biseau?* Mit welchem Substantiv ist das Adjektiv *palière* verwandt?

Wenn Sie bei der Lösung der Fragen mit der Beharrlichkeit eines Detektivs vorgegangen sind, dürfte es in dem hier vorgestellten Übungstext zumindest hinsichtlich des Wortschatzes nun keine geheimnisvollen Unbekannten mehr geben.

Für alle Fälle – die Lösungen

Übung 1

– Das deutsche wie das französische Alphabet haben von A-Z beide (dieselben) 26 Grundbuchstaben.
– PQRSTUVWXYZ. FGHIJKLM.
– RST. DEF.
– 5. 3.
– F. N.
– S: 3. Viertel. E: 1. Viertel. V: 4.Viertel. F: 1. Viertel.

Übung 2
– avion, couteau, drapeau, feuille, manteau, parapluie, serviette, voix.

Übung 3
– Fähre, fahren, Fahrlehrer, Fährmann, Fahrplan, Fahrprüfung, Fährschiff, Fährte.
– érable, ère, érémitique, équipement, ériger, erreur, ès, escalier.

Übung 4
– portre-drapeau, portée, portefeuille, porte-flambeau, portemanteau, porte-plume, porter, porte-serviettes.

Übung 5
– 300+156+101+51+60+414+133+381=1596.
1596 erschien in Nürnberg das erste zweisprachige Wörterbuch mit Französisch und Deutsch. Der Verfassser hieß Levinus Hulsius.

Übung 6
– Kopf – Kopfende = 3 Hauptstichwörter.
– Kopf, Kopfarbeiter, Kopfbahnhof, Kopfball, Kopfband, Kopfbedeckung = 6 Stichwörter.
– porte-affiches, portée, portefeuille, porter = 4 Hauptstichwörter.
– porte-flambeau – porte-plume = 8 Unterstichwörter.

Übung 7
– *Heuernte, Heugabel* und *Heuhaufen* sind zusammengesetzte Wörter, die alle mit dem Wort *Heu* beginnen und so auch thematisch zusammengehören.
– *Heuchelei, heucheln, Heuchler* und *heuchlerisch* gehören zur selben Wortfamilie.
– *Heulen* und die Wortfamilie zu *heute* durchbrechen an zwei Stellen das Alphabet der Komposita mit *Heu*.
– *Heu* ist im Gegensatz zu *Heuernte* kein Kompositum. Dies erlaubt aber trotzdem die Zusammenfassung von *Heu* und dem Kompositum *Heuboden* in einem Artikel.
– *Porte, porté* und *porte-affiches* sind voneinander völlig unabhängige Wörter und stehen deshalb in verschiedenen Artikeln. Die Gruppe der Komposita mit *porte-*... wird durch das Stichwort *portée* durchbrochen.
– Die Antilope. Im Unterschied zu *antihéros* und *antimilitariste* ist der Wortbeginn *anti* in *antilope* keine Vorsilbe, die «anti» bzw. «gegen» bedeutet, sondern gehört untrennbar zum Wort.

Übung 8
– français, e; lever; gros, se; être; blanc, blanche; moteur, trice.
– Maskulinform und Femininform dieser Adjektive sind identisch.
– Nur die Femininform ist gebräuchlich: *enceinte* sagt man üblicherweise nur von Frauen (*une femme enceinte, elle est enceinte*).

Übung 9
– *prp*: Präposition, préposition; *v*: Verb, verbe; *s*: Substantiv, substantif.
– *itr; f.*

– *a*: adjectif, *s*: substantif : *moqueur, moqueuse* können als Adjektiv oder als Substantiv verwendet werden. *m*: masculin, *f*: féminin : *moqueur* ist ein männliches Substantiv, *moqueuse* ein weibliches.
– *Panthère, batiste* und *annexe* sind weibliche Substantive, der Rest männliche.
– Es handelt sich hier hinsichtlich des Genus um «faux amis», um „falsche Freunde“: Alle genannten Substantive haben im Deutschen das entgegengesetzte Genus.

Übung 10
– I. *s m*: *être* als männliches Substantiv; II. *itr*: *être* als intransitives Verb; III. *v aux*: *être* als Hilfsverb.
– *joueur*: I. *s*; II. *a. muet*: I. *a*; II. *s*. – *Joueur* wird überwiegend als Substantiv verwendet, *muet* überwiegend als Adjektiv. Die weniger gebräuchliche Verwendung wird erst an zweiter Stelle aufgeführt.
– *schön*: I. *a*; II. *adv*. – *je*: I. *adv*; II. *conj*.

Übung 11
– 3. Person Singular Indikativ Präsens, 3. Ps. Sg. Ind. Imperfekt, Partizip Perfekt.
– 1. Person Singular u. Plural Indikativ Präsens, 1. Ps. Sg. Futur, participe passé, 1. Ps. Sg. u. Pl. Präsens des subjonctif, Imperativ Sg. u. Pl.
– bouilli, sache, appellera, prends.

Übung 12
– *à:* Das ist nett von Ihnen. *de:* Antworten Sie ihm, daß ich für nichts einstehe. *contre,* (pop) *après:* Er ist böse auf seinen Bruder. *avec*.
– *à:* Ich langweile mich in Paris. *de:* Ich habe Sehnsucht nach Paris.
– La famille Dupont: le père a hérité d»une maison, la mère feuillette un livre, le fils est prêt à tout, le chat lorgne le canari, le chien remue la queue.

Übung 13
– Es handelt sich bei den Paaren um jeweils zwei unterschiedliche Verben: das erste hat eine abtrennbare Vorsilbe, das zweite nicht. – z.B. über≈setzen / übersetzen, über≈springen / überspringen, unter≈schlagen / unterschlagen, durch≈laufen / durchlaufen.
– Vor der betonten Silbe befindet sich ein kleiner hochgestellter Betonungsstrich.

Übung 14
– un nouveau héros; un nouveau hall; un nouvel hercule; un nouveau hasard; un nouvel hortensia; un nouvel hôpital; un nouveau hamac; un nouveau homard.

Übung 15
– Speyer, Trier, Regensburg, Aachen, Thüringen, Kärnten.
– der Rhein; die Saar, das Saarland; die Maas; das Matterhorn.
– Nice, Vienne, Brunswick, Bâle, Soleure, la Styrie.
– le (lac) Léman, le lac de Constance, le Danube, le Rhône; *die Donau* und *le Danube* sowie *die Rhone* und *le Rhône* sind hinsichtlich des Genus «faux amis».

- Triffouillis-les-Oies.
- die Mona Lisa.
- Blanche-Neige, le petit Chaperon rouge.
- Der Fliegende Holländer; Geisterschiff.
- colonne Morris.

Übung 16
- Warenzeichen: Wörter, die unseres Wissens eingetragene Warenzeichen darstellen, sind als solche gekennzeichnet. Es ist jedoch zu beachten, daß weder das Vorhandensein noch das Fehlen derartiger Kennzeichnungen die Rechtslage hinsichtlich eingetragener Warenzeichen berührt.
- französische Zigarettenmarke, Hupe.
- formica, scotch, boules Quiès.
- Es handelt sich auch hier um Warenzeichen.

Übung 17
- Président-directeur général, Diplôme d'études universitaires générales, Petites et moyennes entreprises, École nationale d'administration, Offre publique d'achat, Régie autonome des transports parisiens.
- bande dessinée; bon chic bon genre; version originale, version française; Bazar de l'Hôtel de ville.
- ein UFO, GmbH, die Kripo, die UNO, Aids, die NATO.
- Die französischen Abkürzungen *ONU* (Organisation des Nations Unies), *sida* (syndrome d'immuno-déficience acquise) und *OTAN* (Organisation du Traité de l'Atlantique Nord) sind eine Französierung der englischen Originale (UNO, United Nations Organization; AIDS, acquired immune deficiency syndrome; NATO, North Atlantic Treaty Organization). Die deutschen Abkürzungen wurden dagegen direkt vom Englischen übernommen.
- Habitation à loyer modéré; der eigentlich „falsche“ Artikelgebrauch zeigt, daß H.L.M. inzwischen als vollwertiges Wort und nicht mehr als Abkürzung empfunden wird.

Übung 18
- Kartentelefon; junger Franzose maghrebinischer Abstammung; Cowboystiefel; Mitfahrzentrale; drachenfliegen; Graffiti-Sprüher; Bildschirmgerät; Lichtstift, Lichtgriffel; ausflippen.
- effet de serre; au poil; vélocross; blanchiment d»argent; vérifier, contrôler, piger, relever; ça craint; homme au foyer.

Übung 19
- ordinateur.
- Watchman.
- tendre (m); nègre (m); platine de disque audionumérique; planche à voile; culturisme; minutage; logiciel, software; haute technologie.
- Hausbesetzer.
- chewing-gum.
- Im Gegensatz zu den vorigen Beispielen sind die französischen Wörter Anglizismen, die deutschen nicht.

Übung 20
- photocomposition, porte-à-porte, porte-bouteilles, porte-cartes, porte-crayon, porte-documents, posemètre.
- franc-|-maçon, franco-|-allemand, franco-|phile, franco-|phonie franc-|-parler, franc-|-tireur.

Übung 21

– (s. Wörterbuch S. XI).
– Das a wird im ersten Fall „weiter vorn“ gesprochen, im zweiten Fall „weiter hinten“.
– Die Öffnung im Lautschriftzeichen ist eigentlich irreführend, da [ɔ̃] ein sehr geschlossener Nasallaut ist.
– [ŋ] läßt noch erkennen, daß ihm die Schreibweise „ng“ entspricht; [ɲ] ist aus der Schreibung „gn“ entstanden.
– Bei allen fünf Wörtern stimmt die Lautschrift überein: [o].
– porc, pore, port, port, port.
– Wie Sie anhand der beiden vorigen Aufgaben sehen, gibt es zwischen den Buchstaben und den Lauten keine eindeutige Beziehung.

Übung 22

– [vair (Feh, Eichhörnchenfell)], ver, verre, vers (prp), vers (m), vert; ceint (pp von *ceindre*), cinq, sain, saint, sein, seing.
– 3: bouchée, boucher (v), boucher (m).
– [ʃɛk]; chèque.
– [fʏzi], [nɔ̃bʀil], [pɛʀsi]; [fɔsɛt], [fos], [fɔswajœʀ]; [igne], [iɲaʀ]; [lœʀ], [gaʒʏʀ] [ʒaʀ], [maʀs], [gɑ]; [klaksɔn], [mɔltɔ̃]; [kwɛt], [kwan]; [minɛ], [nɛt]; [kʀik], [akʀo]; [benitje], [inisje]; [ʀɛje], [baje]; [pɔtolɛ], [poalɛ].
– [fis], [fil]; [divɛʀʒɑ̃], [divɛʀʒ]; [œf], [ø]; die Länge von Lautbild und Schriftbild steht hier in umgekehrtem Verhältnis zueinander.
– [ʀali]; [fʏʃja] (oder [fʏksja]); [amidal] (oder [amigdal]); [demɔkrasi].
– [peɛmʏ]; [ɔvni]; [oɛlpe]; [zʏp]; [sida].
– CAP, SARL und O.P.A. werden „buchstabiert“, CAPES, SAMU und ENA dagegen werden als Wort „gelesen“: Selbst die Aussprache von Abkürzungen will also gelernt sein.

Übung 23

– [sisisisisisipʀɛsisɑ̃sisisisisisɑ̃sisipʀɛ].
– Tonton, ton thé t'a-t-il ôté ta toux?
– [mʏzik], musique; [bizaʀ], bizarre; [paʀɑ̃], parents; [vwatʏʀ], voiture; [tɔ̃be], tomber; [ʃo], chaud; *chaud* besteht aus nur einer Silbe, weshalb im Verlan hier die beiden Laute (statt der Silben) umgekehrt werden.

Übung 24

(s. die entsprechenden Wörterbuchartikel).

Übung 25

– Man hat ihm seine Zeitung geklaut. Der Pfeffer beißt. Ich habe mich an der Nadel gestochen, die du hast herumliegen lassen. Die Franzosen mögen kein kohlensäurehaltiges Mineralwasser, weil dieses Wasser prickelt.
Sein Großvater trägt nie einen Gürtel; er hat lieber Hosenträger. Im Winter können die Autobahnzubringer vereist sein.
Der Unfall ihres Sohnes hat bei ihr einen Schock ausgelöst. Sie sprachen von diesem und jenem. „Quatschen ist alles was du kannst“ [stereotyper Satz eines Papageis, aus dem Roman «Zazie dans le métro» von Raymond Queneau].
– Il aime cuisiner. Elle bout de colère. Laisser cuire (la soupe de poisson) 20 minutes. L'eau bout.

Le chien gratte le sable. Déconcertée, elle se gratte la tête. Attention, ce chat griffe facilement. Il s'est égratigné en cueillant des mûres.
- four; fournaise; Knoten; Haken.
- Eigentliche Bedeutung: *friser*: Locken drehen, *raser*: rasieren. Weitere Bedeutung: *friser* (qc): grenzen (an...), *raser les murs*: sich an der Mauer entlangdrücken.

Übung 26
- (*reiben*): Synonym; (*Motten, Rost*): Subjekt; (*Braten*): (Akkusativ-)Objekt; (*dem Arbeitgeber,...*): (Dativ-)Objekt; (*Küche*): Sachgebiet; (*Mensch*): bloße Spezifizierung; (*uneben*): Synonym; (*Küche*):Sachgebiet; (*nicht flüssig*): Antonym(= Ausdruck mit entgegengesetzter Bedeutung).
- z.B. (*Gesetz*), (*Zeit*), (*Farbe*): Subjekte; (*Reisende*), (*Band*), (*Kleidung*): Objekte; (*Schule*): Sachgebiet.
- Im Französischen gibt es kein Wort, das so allgemein ist wie *Mütze*; man muß deshalb immer präzisieren, was für eine Art von Mütze man meint. Die Klammerzusätze verdeutlichen das. Wenn die Zusätze nicht dastünden, liefe man Gefahr, *casquette, bonnet* und *béret* für gleichwertige Synonyme von *Mütze* zu halten. Zur Sicherheit sollte man in einem solchen Fall dann unter den französischen Äquivalenten nachschlagen.

Übung 27
- (s. Wörterbuch S. XIV f.)
- Es wurde nach Möglichkeit darauf geachtet, den Abkürzungen Wörter zugrunde zu legen, die in beiden Sprachen in gleicher oder ähnlicher Form vorkommen.
- *loc* ist weder aus *Eisenbahnwesen* noch aus *chemin de fer* ableitbar, wohl aber aus *Lokomotive, locomotive.*
- *astr* ist schon von *Astronomie, astronomie* belegt.
- *film, radio, sport.*
- *trapèze = Trapez*, und zwar sowohl im Bereich der Mathematik als auch des Sports; *phase = Phase*, in den Bereichen der Astronomie, der Physik, der Elektrizität, der Chemie und in übertragener Bedeutung; *Schrittmacher* ist im Bereich des Sports mit *entraîneur* zu übersetzen, im medizinischen Bereich dagegen mit *stimulateur cardiaque*.

Übung 28
- (*pop*) abkratzen; (*pop*) Latschen; (*arg*) Zinken, Nase; (*vulg*) stinken; (*pop*) Wasser, Regen; (*pop*) blechen; (*arg*) Stunde; (*pop*) Deckel (= Hut); (*pop*) Fresse, Schnauze; (*arg*) Tür [im Artikel *lourd, e*]; (*pop*) Schiß haben; (*arg*) Moos, Zaster, Geld.
- *péj*: herabsetzend, abwertend, abfällig; *fam hum péj*: Umgangssprache, humorvoll, abfällig.
- voler, dérober; *fam*: chiper, faucher, chaparder.

Übung 29
- Person, die Autobahngebühren einnimmt; Absolvent(in) der ENA (École nationale d'administration); Mitglied der Académie française; siebenjährige Amtszeit (des franz. Staatspräsidenten); offizielle Preisliste für Gebrauchtwagen; Einteilung in Häuserblocks; (*pol*) in Frankreich: Zusammenarbeit des Staatspräsidenten mit e-r Regierung e-r anderen politischen Richtung; gekochtes Rindfleisch mit Gemüse.

– personne qui refuse de porter la ceinture de sécurité; petit magasin du coin; soin qu'apporte une personne publique à soigner son image de marque; jardin aménagé pour la consommation de la bière; petit déjeuner atténuant les effets de l'alcool; accord entre les brasseries allemandes sur les standards de la fabrication de la bière; grande maison hébergeant les élèves d'une classe pendant leur voyage de classe; (für Frauen) règle du pourcentage obligatoire de femmes; automobiliste garé en infraction.
– se réveiller trop tard (pour...).

Übung 30
– se laver les dents; prendre peur; éclater de rire; fondre en larmes; tomber dans l'oubli; se perdre en conjectures; un été pourri; bière blonde bière brune; (tout) grand ouvert; Bonne route!
– sein Konto überziehen; etw reiflich überlegen; einen Platz (für eine Veranstaltung) reservieren, [eine Karte im Vorverkauf kaufen]; die Mehrheit der Stimmen auf sich vereinigen; die freien Berufe; eine vorgeschobene Krankheit; eine werdende Mutter; Sohn von Beruf; frisch und munter; deutsch-französisch; Bissiger Hund!
– 1973 versuchten einige „Klempner“, die Redaktion des «Canard enchaîné» abzuhören. – Vor zwei Monaten hat er geheiratet. Beim Ehrenwein [= Stehempfang nach der kirchlichen Trauung] wurde viel Champagner getrunken.

Übung 31
– retenir son souffle, den Atem anhalten; retenir ses larmes, die Tränen zurückhalten; retenir sa colère, seinen Zorn mäßigen; retenir une place, einen Platz belegen.
peau blanche, helle Haut; une feuille blanche, ein unbeschriebenes Blatt; une arme blanche, eine blanke Waffe; une nuit blanche, eine schlaflose Nacht
– ein Dach decken, couvrir un toit; den Bedarf decken, satisfaire aux demandes; die Kosten decken, couvrir les frais; einen Fehlbetrag decken, combler un déficit.
ein hoher Ton, un son aigu; un hoher Preis, un prix élevé; eine hohe Strafe, une peine sévère; eine hohe Geldstrafe, une forte amende.

Übung 32
– Himmel und Hölle in Bewegung setzen (im Artikel *terre*), alle Hebel in Bewegung setzen (*remuer*)
– Sich mit fremden Federn schmücken (*paon*); Luftschlösser bauen (*château, Espagne*); die Beine unter den Arm nehmen, Hals über Kopf davonrennen (*cou, jambe*); viel durchmachen, sich kümmerlich durchschlagen (*vache*), viel entbehren müssen (*manger*), am Hun-gertuch nagen (*enragé*); abkratzen (*pipe*), ins Gras beißen (*casser*); jdm den Rang ablaufen (*herbe*), jdm den Wind aus den Segeln nehmen (*couper*); Nachtigall, ick hör dir trapsen (*sabot*).
– avoir un chat dans la gorge (im Artikel *Frosch*); mettre des bâtons dans les roues à qn (*Knüppel*); parler à bâtons rompus, faire des coq-à-l'âne (*Hundertste*); mettre la charrue devant les bœufs (*Pferd*); ne pas arriver à la cheville de qn (*Wasser*). Il gèle à pierre fendre (*Stein*). Il plus d'un tour dans son sac (*Hund*);
– rouge; krebsrot, puterrot, feuerrot, knallrot, rot wie eine Tomate.

– être connu comme le loup blanc, enfermer le loup dans la bergerie, se jeter dans la gueule du loup, faim de loup, froid de loup, vieux loup, loup de mer; Hund, Bock, Löwe, Bär, Hund, Fuchs, Seebär.

Übung 33

– faire peur à qn; être vendu aux enchères; être (parti) bien loin; se croire très fin.
– tirer une épine du pied (à qn): (jdm) eine Schwierigkeit aus dem Weg räumen; devoir une fière chandelle à qn: jdm zu großem Dank verpflichtet sein; avoir la boule à zéro: ganz kurz geschnittene Haare haben; rendre son tablier: seine Stelle aufgeben, sein Amt niederlegen; aller planter ses choux: sich aufs Land zurückziehen; tenir la dragée haute à qn: jdn zappeln lassen, jdn teuer bezahlen lassen; parler de la pluie et du beau temps: von diesem und jenem sprechen; Le fond de l'air est frais: Die Luft selbst ist frisch; manger son pain blanc (le premier): das Gute vorweg genießen; faire du surplace: nicht vorankommen.

Übung 34

– über jdn herziehen; jdn schneiden [beim Autofahren]; jdn einweihen; abgekanzelt werden.
– filer, détaler, décamper; se débarrasser, se défaire de qn, de qc; filer, décamper; éconduire qn.
– tourner qn en ridicule, blaguer qn, se payer la tête de qn.
– hinters Licht führen, übers Ohr hauen; mit Krethi und Plethi verkehren; übers Ohr hauen; die Zeche bezahlen müssen, der Sündenbock sein.
– faire des étincelles; marcher sur les pieds (à qn); sain et sauf; à visage découvert.

Frz. Redewendung	Dt. Redewendung	Dt. Wortäqivalent	Umschreibung
à tout casser		maßlos, unerhört, toll; höchstens.	
se casser le cou, la figure, la gueule		herunterfallen, -stürzen; sich verprügeln.	
casser le cou à une bouteille	e-r Flasche den Hals brechen.		
casser la crôute			e-n Imbiß zu sich nehmen.
se casser les dents sur qc	sich an e-r S die Zähne ausbeißen.		
casser la figure, la gueule à qn			jmd halb totschlagen.
se casser le nez		scheitern.	
se casser le nez à la porte de qn		abgewiesen werden;	niemand zu Hause finden.
casser les oreilles à qn	jdm in den Ohren liegen.		
casser les pieds à qn	jdm auf den Wecker fallen;	jdn belästigen, langweilen.	
casser sa pipe	ins Gras beißen.		
casser la tête		betäuben, verwirren.	

Frz. Redewendung	Dt. Redewendung	Dt. Wortäqivalent	Umschreibung
se casser la tête	sich den Kopf zerbrechen.		
ne pas se casser la tête	sich kein Bein ausreißen.		

Übung 35

– Wer Wind sät, wird Sturm ernten. Guter Rat kommt über Nacht. Armu schändet nicht. Einmal ist keinmal.
– La parole est d'argent, le silence est d'or. Tout ce qui brille n'est pas or. Une hirondelle ne fait pas le printemps. Qui vivra verra.

Übung 36

– *bulle, boursouflure, cloque, vessie, ampoule.*
– Bedeutungsunterscheidung durch einen Klammerzusatz (*in zähflüssiger Masse*) und zwei Sachgebietsangaben (*anat, med*).
– *ampoule* ist durch *med* relativ eindeutig auch als Brandblase interpretierbar *vessie* ist durch die Angabe *anat* von vornherein auszuschließen – die anderen Äquivalente sollte man zur Sicherheit auch noch im Teil F-D nachschlagen (dort wird z.B. *cloque* direkt als Brandblase übersetzt).
– man könnte im Teil D-F auch gleich unter *Brandblase* suchen, und, da es dieses Stichwort nicht gibt, dann z.B. auf *Hautblase* ausweichen – so wird man auf *(med) ampoule* stoßen.
– im Schülerwörterbuch finden Sie als Stichwörter mit „*Blase*" u.a. *Seifen-blase, Luftblase, Sprechblase, Harnblase*; fallen Ihnen weitere ein?

Übung 37

Deutsch	Französisch
in die *Binsen* gehen	foirer, s'en aller à vau-l»eau.
durchfallen (theat)	tomber à plat, faire un four.
fehlschlagen	avorter, échouer, aller à vau-l'eau.
ein *Fiasko* erleiden	faire un four, ramasser une veste.
auf *Grund* laufen	échouer.
ausgehen wie das *Hornberger* Schießen	finir en queue de poisson.
mißglücken	ne pas réussir, échouer, s'en aller à vau-l'eau, mal tourner.
mißlingen	échouer, ne pas réussir, aller à vau-l'eau
einen *Reinfall* erleben	prendre une veste.
im *Sand* verlaufen	finir en queue de poisson.
scheitern	échouer, avorter, faire naufrage, s'en aller, à vau-l'eau, aller à l'échec.
schiefgehen	foirer, aller mal, tourner mal, marcher mal, finir en queue de poisson.
Schiffbruch erleiden	échouer, sombrer, faire naufrage.
eine *Schlappe* einstecken	boire un bouillon.
eine *Schlappe* erleiden	prendre une veste.
(Geld) *verlieren*	boire un bouillon.
versagen	échouer, ne pas réussir.
versagen (bei einer Prüfung)	être refusé, recalé, collé.

Übung 38
– (nach Belieben.)

Übung 39
– *visage, figure.*
– *passer: (Elle me) passe (une tasse); (par ou ça.) passe.* Tasse; verdrücken.
– *servant, enfant, élégant;* [sɛʀvɑ̃], [ɑ̃fɑ̃], [elegɑ̃].

Übung 40
Zeile 3:
– Arbeit. *Boulot* ist mit *fam* markiert, also eher umgangssprachlich. Gelegenheitsarbeiten.
– (ab)trocknen, trockenlegen; (Früchte) dörren; (Schule) schwänzen; etc. Die Arbeit „schwänzen“ (also: blaumachen).

Zeile 4:
– Das tut gut.

Zeile 5/6:
– aufstehen. *Je m'assois* (oder, in gehobener Sprache, *je m'assieds).*
– benetzen, bespritzen. *asperge* und *asperger* sind nicht miteinander verwandt, sie gehören nicht zur selben Wortfamilie.
– Flotte; Boje; Wasser, Regen. Wasser. Das Wort ist mit *pop* markiert und sollte deshalb, wenn überhaupt, mit Vorsicht verwendet werden.
– Wo ist das Waschbecken? Wo ist die Toilette?
– fühlen; wahrnehmen; riechen; etc. gut riechen. duften.

Zeile 7:
– eine Scheibe Mortadella (= Wurst). *tronche*. Kopf (und auch Gesicht). Das Wort *tronche* ist, wie *Birne* und *Dez*, stark umgangssprachlich markiert.
– frais. frisch; kühl; neu; ausgeruht; etc.

Zeile 8:
– dynamisch; unternehmend; sensationell; etc. dynamisch.
– Ich betaste mich. Ich gehe mit mir zu Rate.

Zeile 8/9:
– I.6. ziemlich viel.

Zeile 9:
– schmerzhaft; empfindlich; schmerzlich; schmerzbewegt; peinigend. empfindlich. schmerzen (oder, *fam*, weh tun).
– Adjektiv, Adverb, Substantiv. gerade (oder: nur).

Zeile 10:
– *tabasser. passer qn à tabac* bedeutet ebenfalls „jdn zusammenschlagen“.
– —
– zurückkehren, zurückkommen; sich wenden (zu); etc. z.B. zurückgehen (zu).

Zeile 13:
– 5. (mit dem Auto) absetzen.

Zeile 14:
– ungehörig, überheblich.

Zeile 15:
- ein (Herren-)Anzug. *pop. costume.* Kostüm. (Damen-)Kostüm muß mit *tailleur* übersetzt werden.
- hinweisen auf (oder: zeigen auf, deuten auf).
- die Nachwirkungen spüren. Normalerweise sagt man *se ressentir de* nur von Personen und nicht von Dingen.

Zeile 19:
- *railleur*. schalkhaft, spöttisch. Unter spöttisch: *moqueur*; unter schalkhaft: *espiègle. railler; raillerie.*

Zeile 20/21:
- wirklich.

Zeile 23:
- Pfui, so ein ungezogener Junge! (oder: Pfui, wie ungezogen!).

Zeile 24:
- ein Riegel. abgeschrägt. *palier* „Treppenabsatz“.

Notizen

Notizen

Notizen

Notizen

DÄN
EM
AR
INSIDER-TIPP
Deine Abkürzung ins Erleben!
Reisen mit MARCO POLO Insider-Tipps

MARCO POLO TOP-HIGHLIGHTS

FANØ ★1
Hier ist die Zeit stehen geblieben: mehr Robben als Einwohner, ein Polizist, abgelegene Höfe und einsame Strände
📷 *Tipp: Sonnenuntergänge an der Westküste: warme Farben und als Kontrast die raue See mit tosenden Wellen*

➤ S. 50, Südjütland

ALTSTADT VON RIBE ★3
Intensiver kannst du das Hygge-Gefühl nicht erleben. Bummeln in Denkmalschutzkulisse mit einem prächtigen Dom
📷 *Tipp: Nachmittags im Dom brechen sich die Sonnenstrahlen in den Rundbogenfenstern*

➤ S. 45, Südjütland

TRAPHOLT ★2
Ikea erblasst vor Neid: dänisches Möbeldesign vom Feinsten und eine einzigartige Sammlung von Stühlen aus dem 20. Jh

➤ S. 52, Südjütland

DEN GAMLE BY ★4
Ein Freilichtmuseum aus 80 Häusern mitten in Aarhus mit Kneipen, Restaurants und hübschen Läden

➤ S. 58, Mitteljütland

NATIONALPARK THY 5

244 km² einzigartige Tier- und Pflanzenwelt: Vögel, Hirsche, grüne Heideflächen, kleine Seen und am Horizont das Meer

📷 *Tipp: Am Abend versammeln sich Rudel von Hirschen am Rand der Heideflächen*

➤ S. 80, Nordjütland

ÆRØSKØBING 6

Die Hauptstadt der Insel Ærø ist eine Pippi-Langstrumpf-Idylle: bunte Fachwerkhäuser, Kopfsteinpflastergassen, der Geruch von Räucherfisch, der Blick aufs Meer

➤ S. 102, Fünen

EGESKOV SLOT 7

Ein zauberhaftes Renaissanceschloss, wo Segways durch den Schlosspark rollen und Besucher auf Stelzen laufen

📷 *Tipp: Bei Sonnenlicht spiegelt sich das Schloss in den umliegenden Gewässern*

➤ S. 95, Fünen

TIVOLI 8

Der schönste Vergnügungspark der Welt vereint Kirmes, botanischen Garten, Konzerthalle, Picknickplatz und Gourmettempel mitten in Kopenhagen

➤ S. 109, Seeland

LOUISIANA 9

Das meistbesuchte Museum Dänemarks, innen mit Werken von Ernst, Giacometti und Calder und außen mit dem „Mir-bleibt-die-Luft-weg-Blick" über den Øresund

➤ S. 112, Seeland

MØNS KLINT 10

Majestätisch liegt der Kreidefelsen am Fuß der Ostsee, und bei gutem Wetter sieht er sogar seinen Zwilling auf Rügen

📷 *Tipp: Bei starkem Wind schafft das wechselnde Licht ständig neue Perspektiven auf Felsen, Wolken und Gischt*

➤ S. 118, Seeland

INHALT

36 DIE REGIONEN IM ÜBERBLICK

38 SÜDJÜTLAND
42 Sønderborg 43 Rund um Sønderborg 44 Ribe 46 Rund um Ribe 48 Esbjerg 50 Rund um Esbjerg 51 Kolding 53 Rund um Kolding

54 MITTELJÜTLAND
58 Aarhus 61 Rund um Aarhus 64 Ringkøbing 65 Rund um Ringkøbing

68 NORDJÜTLAND
72 Aalborg 75 Rund um Aalborg 79 Thisted 80 Rund um Thisted

84 FÜNEN
88 Odense 91 Rund um Odense 93 Faaborg 94 Rund um Faaborg 96 Svendborg 98 Rund um Svendborg 99 Langeland 101 Rund um Langeland 102 Ærø 103 Rund um Ærø

104 SEELAND & SÜDLICHE INSELN
108 Kopenhagen 112 Rund um Kopenhagen 117 Møn 119 Falster 121 Lolland 123 Rund um Lolland

MARCO POLO TOP-HIGHLIGHTS
2 Die 10 besten Highlights

DAS BESTE ZUERST
8 ... bei Regen
9 ... Low-Budget
10 ... mit Kindern
11 ... typisch

SO TICKT DÄNEMARK
14 Entdecke Dänemark
17 Auf einen Blick
18 Dänemark verstehen
21 Klischeekiste

ESSEN, SHOPPEN, SPORT
26 Essen & Trinken
30 Shoppen & Stöbern
32 Sport

MARCO POLO REGIONEN
36 ... im Überblick

ERLEBNISTOUREN
124 Wanderung auf dem Gendarmenpfad
128 Die Straße der Reichen
131 Radtour am Limfjord
134 Unterwegs auf Langeland

GUT ZU WISSEN
138 **DIE BASICS FÜR DEINEN URLAUB**
Ankommen, Weiterkommen, Im Urlaub, Feste & Events, Notfälle, Wettertabelle

144 **SPICKZETTEL DÄNISCH**
Nie mehr sprachlos

146 **URLAUBSFEELING**
Bücher, Filme, Musik, Apps & Blogs

148 **TRAVEL PURSUIT**
Das MARCO POLO Urlaubsquiz

150 **REGISTER & IMPRESSUM**

152 **BLOSS NICHT!**
Fettnäpfchen und Reinfälle vermeiden

Besuch planen
€–€€€ Preiskategorien
Essen/Trinken
Shoppen
Ausgehen
Top-Strände

(A2) Herausnehmbare Faltkarte
(a2) Zusatzkarte auf der Faltkarte
(0) Außerhalb des Faltkartenausschnitts

BESSER PLANEN MEHR ERLEBEN!

Digitale Extras
go.marcopolo.de/app/dae

DAS BESTE ZUERST

Lønstrup, im Norden der Jammerbucht

BEST OF BEI REGEN

SCHÖN, AUCH WENN ES REGNET

INS MEER EINTAUCHEN

Hast du schon mal Meerestiere gestreichelt oder fast die komplette Flora und Fauna der Nordsee in nur einem riesigen Becken gesehen? In den Aquarien des *Nordsøen Oceanariums* in Hirtshals schwimmen u. a. Robben, Mondfische und Hummer – und du kannst beim Füttern zusehen (Foto)

➤ S. 78, Nordjütland

IM MÄRCHENSCHLOSS

Im *Egeskov Slot* fehlt nur noch das Schlossgespenst! Ansonsten findest du hier alles, was du dir unter einem Märchenschloss vorstellst: verstaubte Gemälde und riesige Kronleuchter, Jagdtrophäen aus Afrika und alte Chippendale-Möbel

➤ S. 95, Fünen

KULTUR IM KRAFTWERK

Das alte Kraftwerk *Nordkraft* in Aalborg vereint Musikclubs, Kinos, Theater und Kunsthalle unter einem Dach. Im Sommer gibt es hier sogar einen Strand unterm Dach mit Palmen, Liegestühlen, Strandbar, Filmaufführungen und Livemusik

➤ S. 72, Nordjütland

EIN TAG IM SHOPPINGCENTER

Über 100 Geschäfte, ein Kino, tägliche Events und jede Menge leckere Verführungen warten in *Bruuns Galleri* in Aarhus, einem der größten Shoppingcenter Dänemarks. Dazu gibt es Livemusik, Modenschauen und eine Minigolfbahn auf dem Dach

➤ S. 60, Mitteljütland

FEUCHTES VERGNÜGEN

Wenn das Wetter jeden Open-Air-Badespaß verhindert, dann bietet sich als Ausweichadresse zum Planschen das *Svømme Center* in Falster an. Nach etwas Ähnlichem wie einer 60-m-Riesenrutsche musst du am Strand jedenfalls lange suchen ...

➤ S. 121, Seeland

BEST OF

LOW-BUDGET

FÜR DEN KLEINEN GELDBEUTEL

ALLES AUF EINE KARTE

In Aarhus und Kopenhagen kannst du mit nur einer Karte richtig sparen und kostenlos Bus und Bahn fahren. Die *Aarhus Card (1 Tag 299 Kronen, 2 Tage 449 Kronen | visitaarhus.de)* bringt dich kostenlos in alle Museen der Stadt. Die *CPHCard (1 Tag 400 Kronen, 2 Tage 575 Kronen | copenhagencard.com)* berechtigt zum kostenlosen Eintritt in 75 Hauptstadt-Attraktionen

➤ Mitteljütland | Seeland

WENN ES DUNKEL WIRD

Begleite in Ribe einen Nachtwächter bei seinem Rundgang durch die 1300 Jahre alte Stadt und tauch ganz umsonst in die Stadtgeschichte ein

➤ S. 45, Südjütland

TÜRKISCHES DAMPFBAD OHNE LIRA

Das Schwimmbad der *Arena Aabenraa* bietet für 46 Kronen nicht nur Riesenrutschbahn und Schwimmvergnügen, sondern auch Wellness. Und auch Sauna, Spapool und türkisches Dampfbad sind inklusive!

➤ S. 43, Südjütland

KUNST FÜR LAU

Viele Museen bieten Besuchern ganz oder an einem Wochentag freien Eintritt. Die *Ny Carlsberg Glyptotek* in Kopenhagen zum Beispiel ist dienstags gratis für alle

➤ S. 109, Seeland

WISSENSHUNGER STILLEN

Im *Økolariet* in Vejle erfährst du alles über Ressourcen und Klima und begibst dich auf eine Tour durch die Kanalisation. Das *Testcenter Østerild* nimmt dich mit in ein Windrad. Das *Femern-Infocenter* in Rødbyhavn informiert über den Fehmarn-Sund-Tunnel inklusive Tour über die Baustelle. Alles kostenlos

➤ S. 53, Südjütland | S. 80, Nordjütland | S. 122, Seeland

BEST OF MIT KINDERN

SPANNENDES FÜR GROSS & KLEIN

PARK AUS BUNTEN STEINEN

Es begann 1968 mit einer bescheidenen Freiluftanlage, und heute ist das *Legoland* der berühmteste Freizeitpark des Landes. Das Herzstück der Anlage ist das *Miniland,* wo die ganze Welt aus Legosteinen nachgebaut ist. Drumherum: Achterbahnen, Karussells und ein echtes Lego-Aquarium

➤ S. 53, Südjütland

DIE WELT AUS STEIN

Søren Poulsen hat am Klejtrup See die ganze Welt aus Steinen nachgebaut. Diese Welt kannst du per Boot oder auf einem Pony entdecken. Im schön angelegten *Verdenskortet-Park* warten zudem ein Labyrinth, Spielplätze und gemütliche Picknickecken

➤ S. 78, Nordjütland

AB IN DEN KNAST

Im Gefängnismuseum *Arresten* in Faaborg kannst du in die Rolle des Gefangenen oder des Richters schlüpfen. Mit der Laterne verfolgst du den Verbrecher durch dunkle Keller. Danach geht's ab in die Zelle, und du darfst hier straffrei an Gitterstäben sägen

➤ S. 93, Fünen

KARUSSELLS UND BUDEN

Seit 150 Jahren drehen sich im *Vergnügungspark Bakken* die Karussells. Dieser Park ist nicht nur der älteste seiner Art, er ist auch ein unerreichtes Vorbild für Nachahmer. Nostalgisch, volkstümlich und voller Abenteuer!

➤ S. 112, Seeland

VIRTUELLES UND PRAKTISCHES

Das Chemie und Physik Spaß machen können, beweist das *Experimentarium Hellerup (experimentarium.dk)* in Hellerup bei Kopenhagen. Hier kann man in einer Seifenblase verschwinden und erfährt, wie das Internet funktioniert. 300 Versuchsanordnungen zum Experimentieren!

➤ Seeland

BEST OF

TYPISCH

DAS ERLEBST DU NUR HIER

WESTKÜSTE PUR

Die Westküste ist Dänemarks Urlaubsregion Nummer eins: endlose Sandstrände, viel Wind für Surfer, Kliffs und Dünen, malerische Häfen, der *Nationalpark Thy*. Dazwischen Ferienhauskolonien, hyggelige Orte – und an jeder Ecke eine Fischbude

➤ Süd-, Mittel-, Nordjütland

FANGFRISCHER FISCH

Frischer kannst du Fisch nicht kaufen! In vielen Häfen verkaufen die Fischer ihren Fang direkt vom Kutter, so zum Beispiel in *Hvide Sande*. Hier steht man Schlange für frische Krabben

➤ S. 67, Mitteljütland

ZWEI MEERE, EIN ERLEBNIS

Hoch oben im Norden verschwindet Dänemark im Meer. Nördlich der Hafenstadt *Skagen* treffen sich Nord- und Ostsee, Skagerrak und Kattegatt. Baden darf man hier oben nicht: Die Strömungen sind zu gefährlich, aber dafür erlebst du hier die schönsten Sonnenuntergänge des Landes (Foto)

➤ S. 77, Nordjütland

WICKIE UND DIE STARKEN MÄNNER

Wikinger sind in Dänemark allgegenwärtig. Ihr Leben wird in zahlreichen Centern und Museen nachgestellt. In *Roskilde* gibt es sogar ein eigenes Museum für ihre Schiffe, und wenn du dich einmal wie Wickie fühlen willst, dann kannst du mit den alten Booten hinaus auf den Roskildefjord fahren

➤ S. 116, Seeland

MARITIME LEBENSART

Auch dänische Häfen stehen für die dänische Lebensart. Der unverkennbare Geruch des Meers, bunte Fischerkutter, Netze, die zum Trocknen ausgelegt werden, leckere Muscheln auf Holzbänken genießen – zum Beispiel im Hafen von *Marstal*

➤ S. 103, Fünen

SO TICKT DÄNEMARK

Produktion von Arne Jacobsens Kultstuhl „Seven"

ENTDECKE DÄNEMARK

Fahrradfreundliche Hauptstadt: Kopenhagen ist in dieser Hinsicht vorbildlich

Urlaub in Dänemark heißt Gegensätze erleben: Die Nordsee rau und die Ostsee mild. Die Küsten mal steil und üppig grün und dann wieder mit kilometerlangen Sandstränden, entweder Touristenhochburgen oder menschenleer. Ähnlich die Inseln: mal unbewohnt und einsam und dann wieder voller Leben. Dazwischen hyggelige (= gemütliche) Dörfer, kleine Großstädte und Kulturcenter.

JÜTLAND: VIELE TOURISTEN UND WEITE STRÄNDE

Gleich hinter der Grenze beginnt Jütland, der kontinentale Teil Dänemarks. Schon hier wird dir klar, was dieses Land so einzigartig macht. Es beginnt eine innere Entschleunigung. Selbst der Verkehr auf den Autobahnen fließt ruhiger. Trotz der Touristenströme in der Saison sucht man überfüllte Strände vergebens.

um 900 König Gorm der Alte eint die dänischen Königreiche

1397 Dänemark, Schweden und Norwegen werden ein Reich unter dänischer Flagge

1721–1730 Grönland wird dänische Kolonie

1864 Niederlage bei Dybbøl gegen Österreicher und Preußen. Die dänischen Herzogtümer fallen an Preußen

1920 Der nördlichste Teil des heutigen Schleswig-Holsteins geht nach einer Volksabstimmung wieder an Dänemark zurück

Der Nationalpark Wattenmeer und die vorgelagerten Inseln schaffen eine Bilderbuchatmosphäre. Das offene Marschland und die endlosen Küstenstreifen, oft dünengegürtet, die sich mal feinsandig und mal üppig grün präsentieren, machen diese Region so faszinierend. So unterschiedlich wie die Küsten präsentieren sich auch Jütlands Städte. Aarhus und Aalborg sind kleine, moderne Metropolen, aber in Sachen Kultur und Shopping ganz groß. Anders zeigen sich Ribe mit seinen mittelalterlichen Gassen und die Messestadt Herning, die ebenfalls ihre Ursprünglichkeit bewahrt hat. Esbjerg, Hanstholm und Hirtshals verbinden Dänemark mit der weiten Welt jenseits der Nordsee.

FÜNEN, EIN GARTEN VOLLER MÄRCHENSCHLÖSSER

Über den Lillebelt erreicht man Fünen und seine faszinierende Inselwelt. Fünen ist der Garten Dänemarks, und in diesem Garten stehen die schönsten Gutshöfe und Schlösser des Landes. Eine Fahrt durch Fünen ist eine Zeitreise durch die Jahrhunderte. Eben noch fühlst du dich wie ein raubeiniger Wikinger oder verfolgst das bewegte Leben von Hans Christian Andersen, und im nächsten Moment bist du mitten in der Neuzeit angekommen, feierst heiße Strandpartys oder shoppst in exklusiven Boutiquen. Auch Fünens Strände könnten unterschiedlicher nicht sein. Mal werden sie von Seglern, Surfern oder Kajakfahrern dominiert, mal sind sie einsam, steinig und naturbelassen. Mal ist der Sand so weiß und fein, dass man auch irgendwo in der Südsee hätte stranden können, dann wieder blickt man auf die spektakulärsten Brücken Europas.

1940–45 Besetzung Dänemarks durch die deutsche Wehrmacht

1972 Margrethe II. wird Königin

2000 Die Dänen stimmen gegen die Einführung des Euro

2004 Kronprinz Frederik heiratet die Australierin Mary Donaldson

2014 Beginn der Arbeiten zum Fehmarnbelt-Tunnel

2019–20 An der deutsch-dänischen Grenze wird ein Wildschweinzaun zum Schutz vor der Schweinepest errichtet

GEMÜTLICHE HAUPTSTADT UND INSELN FÜR ENTDECKER

Im Osten Dänemarks liegen die Hauptstadtinsel Seeland und die drei Inseln Møn, Falster und Lolland. Wer hier seinen Urlaub verbringt, der liebt die Abwechslung. Die bunte und grüne Hauptstadt Kopenhagen glänzt in königlicher Pracht und strahlt doch eine gewisse Gemütlichkeit aus. Sie ist mehr als nur der Vergnügungspark Tivoli: mal modern und von Hightech geprägt und dann wieder im adligen Rokoko oder ganz klassizistisch. Die Inseln haben alles im Überfluss, doch man bekommt es ganz sanft dosiert. Überall stehen alte Kirchen, Herrenhäuser und Schlösser, die man nicht auf Anhieb sieht. Gibst du dich dieser herrlichen Natur hin, dann entdeckst du an jeder Ecke ein Highlight. Es ist wie an Møns Klint: Alle schauen auf den Kreidefelsen und übersehen dabei so manchen prähistorischen Fund am Strand. Auf Seeland und Møn, Falster und Lolland wirst du viele schöne Dinge erst auf den zweiten Blick entdecken.

AKTIV SEIN – MITTEN IN DER NATUR

Und was hat Dänemark noch zu bieten? Sportlich zumindest eine ganze Menge! Du solltest dein Fahrrad mitnehmen – oder du leihst dir eins vor Ort. Mehr als 12 000 km Radwege führen durchs Land, vorbei an traumhaften Küsten und mitten durch Städte und Dörfer. Allein die dänische Westküste besitzt über 400 km Strände, die meisten mit Bademöglichkeiten. Sollte es doch mal regnen, dann gehst du eben in eins der Spaßbäder oder in ein öffentliches Schwimmbad, denn die sind in Dänemark noch flächendeckend vorhanden. Du kannst auch Heide und Wälder erwandern, mit dem Kajak über den Limfjord paddeln und im Meer oder an einem klaren Bach angeln.

NICHT NUR PØLSER UND SMØRREBRØD

In Dänemark sind sogar die Imbisswagen ansehnlich: Da schmeckt der Pølser so gut wie ein saftiges Steak! Du möchtest im Urlaub nicht selber kochen? Dann solltest du in einen urigen Kro oder in ein exquisites Restaurant mit Michelinstern einkehren. Überall lauert die Versuchung. In den Fußgängerzonen die kleinen Cafés, am Strand die berühmten Softeisbuden und in den Häfen die Räucherei oder der Fischimbiss.

ENDLICH MAL RUNTERKOMMEN

Egal für welche Urlaubsform und welche Region du dich entscheidest – du wirst den Alltag hinter dir lassen. in Dänemark dominiert die Hygge, diese besondere Art der Gelassenheit. Ein Tag am Strand scheint endlos zu sein. Das Gefühl wirkt noch lange nach, wenn du barfuß an einem einsamen Strand läufst, Robbenkolonien in einer Bucht beobachtest, den rauen Wind im Gesicht spürst, die klare, sauerstoffreiche Meeresluft einatmest, am Horizont ein Schiff entdeckst und sich diese Kontraste für immer einprägen. Spätestens dann weißt du, warum die Dänen eins der glücklichsten Völker der Welt sind.

AUF EINEN BLICK

5.785.864
Einwohner
Berlin: 3.613.495

ÜBER 12 MIO.
Tannenbäume
exportiert Dänemark alljährlich

7.314 km
Küstenlänge
Deutsche Nord- und Ostseeküste mit Inseln und Halligen: 870 km

42.934 km²
Fläche
Niedersachsen 47.618 km²

HÖCHSTER BERG: MOLLEHOJ
170,86 M
2. Platz: Yding Skovhoj: 170,77 m

KÄLTESTER MONAT
JANUAR
-1°C
im Durchschnitt in Skagen

LÄNGSTE BRÜCKE: ØRESUNDBROEN
7845 M
Köhlbrandbrücke Hamburg: 3618 m

10 UNESCO-WELTERBESTÄTTEN
u.a. Nationalpark Wattenmeer, Kathedrale in Roskilde, Schloss Kronborg, Stevns Klint, Grabhügel in Jelling

KOPENHAGEN
Größte Stadt mit 613.288 Einwohnern

BERÜHMTESTE PERSONEN
Hans Christian Andersen
Søren Kierkegaard

STRAFE BEI ALKOHOL AM STEUER: AB 0,5 PROMILLE PFÄNDUNG EINES MONATSLOHNS

DÄNEMARK VERSTEHEN

BUNTE STÜHLE

Dänische Designer sind Multitalente und besonders kreativ. Viele waren „Stuhl-Fetischisten", aber nur drei stiegen in den Designerhimmel auf: Hans J. Wegners Y-Stühle zieren bis heute nicht nur dänische Wohnzimmer. Arne Jacobsen machte mit Schwan- und Ei-Stühlen Furore, und Werner Panton gilt auch nach seinem Tod noch als das Enfant terrible der Stuhldesigner: Seine Stühle mussten vor allem knallig-bunte Farben haben. Bis heute ist der Run auf Panton-Stühle ungebrochen. Bei E-Bay erzielen sie absolute Rekordpreise.

DÄNEMARK IM NORDATLANTIK

Mit den Färöer-Inseln und Grönland liegen zwei Teile Dänemarks fernab im Nordatlantik. Die Färöer sind seit 1948 weitgehend autonom, haben mehr Schafe als Einwohner, gehören nicht zur EU und haben seit 2005 den Status einer „gleichberechtigten Nation" innerhalb des Königreichs Dänemark. *faroeislands.com*

Grönland, das Land der Eskimos, ist mit 2,2 Mio. km^2 die größte Insel der Welt und fast komplett von Eis und Gletschern bedeckt. Freiwillig in der Kälte leben? 13 000 Dänen und 43 000 Inuit tun es und wählen im Rahmen einer weitgehenden Autonomie ihre eigene Regierung. *greenland.com*

DENMARK: 12 POINTS!

45-mal hat Dänemark am Eurovision Song Contest (ESC) teilgenommen und dreimal gewonnen. 1963 mit „Dansevise" von Grethe & Jørgen Ingmann, 2000 mit „Fly on the wings of love" von den Olsen Brothers und 2013 mit „Only teardrops" von Emmelie de Forest. Man gewinnt, um den ESC auszutragen, und die Wettbewerbe in Dänemark waren Megaspektakel: im Tivoli, im Stadion Parken und in den Hallen einer Werft. Sogar die Jubiläumsshow zum 50-jährigen Bestehen des ESC 2005 wurde in Kopenhagen ausgetragen. Familien und Freunde treffen sich und schauen sich den Wettbewerb gemeinsam an. In Südjütland gibt's dann kleinen Grenzverkehr der speziellen Art: Man fährt zum Telefon-Voting schnell rüber nach Deutschland, um für den dänischen Kandidaten abzustimmen.

HARALD UND DIE STARKEN MÄNNER

Wikinger! Der Legende nach ein wildes, starkes Seefahrervolk, hemmungslos, räuberisch, rücksichtslos. In Wirklichkeit eher Handelsleute, Kulturschaffende, Entdecker. In jedem Fall reiselustig, denn um das Jahr 1000 herum waren sie mit ihren Schiffen auf den Weltmeeren unterwegs und besiedelten die Färöer, Grönland, Island und Teile Nordamerikas. Die Dänen sind mächtig stolz auf ihre Urahnen, und schon kleine Kinder spielen gern Harald I. Blauzahn oder Erik der Rote. Die Erinnerungen an sie werden in Museen und bei Festen, Spielen und Märkten wachgehalten.

Bunter Runenstein im Bork Vikingehavn – Teil des Ringkøbing-Skjern-Museums

ES GRÜNT SO GRÜN

Kein Kunstdünger auf Samsøs Golfplatz: Stattdessen streut man Mist, und die Unkrautvertilger sind 40 Insektenarten und grasende Schafe. Kopenhagen wurde 2014 zur Umwelthauptstadt Europas gewählt und will bis 2025 die erste CO_2-neutrale Hauptstadt der Welt sein. In Svendborg werden Materialien von Abrissbauten gesäubert, aufbereitet und wieder verkauft. Selbst der Pølser zeigt sich grün: In den DØPs, den bekannten Pølserwagen Kopenhagens, werden nur zu 100 Prozent ökologische Hotdogs verkauft. Würstchen und Zutaten stammen ausschließlich aus regionalen Biobetrieben. Doch damit nicht genug: Auch die Politik arbeitet auf allen Ebenen für Umweltschutz und Nachhaltigkeit, und die fängt schon im täglichen Leben an: 65 Prozent der dänischen Politiker fahren mit dem Fahrrad ins Parlament.

FISHERMAN'S FRIENDS

Das kleine Königreich ist im Fischfang ganz groß und sogar der Fischexport-Meister der EU. 2368 dänische Kutter sind auf Nord- und Ostsee, im Skagerrak und im Kattegat unterwegs. Über 22 000 t Kabeljau, 120 000 t Heringe und 45 000 t Makrelen werden jährlich exportiert. Dazu kommen noch tonnenweise Muscheln. Bevor ein Gutteil der Fänge im Glas oder in der Konserve landet, werden sie in vielen Häfen direkt vom Kutter an Touristen und Einheimische verkauft oder in den Hafenimbissen zubereitet.

INSIDER-TIPP
Frischfisch vom Fischerfritz

Legoland: 25 Millionen der bunten Steine wurden im „Lego House" verbaut und verbastelt

KÖNIGLICHE LIEFERANTEN

Der Zigarettenlieferant der Königin ist nicht bekannt, aber die Liste der Hoflieferanten gibt sich so normal wie die Königin selber. Margrethe II. trägt auch gern Ecco-Schuhe. Geschlafen wird in Bettwäsche von Jysk Nordic, in Deutschland als Dänisches Bettenlager bekannt. Der königliche Nachwuchs spielt natürlich mit Lego, und in Sachen Auto bevorzugt man Volvo und Ford. Teurer Kaviar, edler Champagner? Fehlanzeige! Die königliche Küche bekommt Produkte von Beauvais, Dänemarks erster Konservenfabrik, und Arla, die auch in Deutschland Meiereiprodukte herstellt.

LAND DER BUNTEN STEINE

1932 in Billund: Da erfindet der Tischler Ole Kirk Christiansen einen Holzklotz mit Noppen und Röhren und setzt einen Hype in Gang, der bis heute ungebrochen ist. Weil die Klötze nicht gut zusammenhielten, sattelte Christiansen von Holz auf Plastik um und nannte die kleinen bunten Steinchen Lego, abgeleitet von „leg godt", was so viel heißt wie „spiel gut".

Stimmt: Aus sechs Steinen mit 2 x 4 Noppen kann man 915 104 765 verschiedene Varianten bauen. Die 4 Mrd. Legofiguren sind mittlerweile die größte Bevölkerungsgruppe der Welt. Neidisch schauen Goodyear und Bridgestone bei der Reifenproduktion zu, denn Lego ist mit jährlich 300 Mio. Reifen führend.

Das Legofieber hat ganze Firmen erfasst, und auch Künstler greifen zu Legosteinen: Weltrekordhalter im Bauen ist die dänische Reederei DFDS.

Zum 150. Firmenjubiläum bauten Mitarbeiter eine 12 m lange und knapp 3 m hohe Fähre: die „Jubilee Seaways" wiegt 2890 kg. Legokünstler Nathan Sawaya zeigte seine Werke in der New Yorker Ausstellung „Die Kunst des Steins", und Sean Kenney erschafft Landkarten aus Legosteinen. In England steht ein Haus, gebaut aus 3,3 Mio. Steinen. Jeder Däne besitzt statistisch gesehen 80 Legosteine, und in der berühmten dänischen Schatzkammer lagert ein Exemplar von jedem Legoset. Die kleinen bunten Steine überleben also auch im Jahrhundert der Smartphones und iPads.

MEDAILLEN & POKALE

Jedes noch so kleine Dorf hat einen eigenen Sportverein. Kunstrasenplätze, moderne Sport- und Schwimmhallen, Radbahnen und Badmintonfelder an jeder Ecke. Hier wachsen die kleinen Laudrups und Schmeichels heran, und internationale Erfolge blieben und bleiben nicht aus. 1992 war Dänemark („Danish Dynamite") Fußballeuropameister; dreimal waren die Handballherren Vizeweltmeister, einmal Olympiasieger und 2019 endlich auch Weltmeister. Die Handballdamen holten sich einmal den Weltmeistertitel, und der Welt- und Europameister Peter Rasmussen gehört zu den besten Badmintonspielern der Welt. Auch einer der weltbesten Segler kam mit Paul Elvstrøm (4 Goldmedaillen) aus Dänemark, und mit dem Dänen Bjarne Riis gewann 1996 erstmalig ein Skandinavier die Tour de France.

KLISCHEE KISTE

ESSKULTUR?

Der dänische Hotdog: rote Wurst, mit Röstzwiebeln, massig Ketchup, sauren Gurken, fettiger Remoulade und an jeder Ecke am *Pølsevogn* zu kaufen. In Butter schwimmende Scholle mit geschmacklosen Kartoffeln. Ist das dänische Esskultur? Von wegen! In Dänemark besitzen viele Restaurants Michelin-Sterne (2019 waren es 33 Stück!) oder eine Auszeichnung vom Gourmetführer „Whiteguide". Restaurants wie *Noma, Geranium, AOC* oder *Kadeau* gehören zu den besten der Welt. Du siehst – die dänische Küche steht nicht nur für rote Würstchen, sondern auch für Jakobsmuscheln mit Rhabarberwurzeln.

FREMDENFEINDLICH?

Die Dänen tun sich schwer mit anderen Kulturen: Sie stehen im Konflikt zwischen den anerzogenen „sozialen Kompetenzen" und dem Erhalt der dänischen Werte. Vorbildlich sind die Sprachschulen und die ausgezeichnete Integration ins Gemeindeleben. Vorbildlich auch die Regierung, die bis 2030 Ausländergettos auflösen will. Andererseits sind die Grenzen dicht, und jeder Übergang wird überwacht. Und in arabischen Zeitungen werden Anzeigen geschaltet, die da lauten: „Es lohnt sich nicht, nach Dänemark zu kommen".

NÆRDEMOKRATIE

Der soziale Frieden und eine funktionierende Demokratie sind die wichtigsten Güter der Dänen. Für deren Erhalt legt man sich mächtig ins Zeug, und schon im Kindergarten werden Konflikte sachlich ausdiskutiert. Streit unter Nachbarn? In Dänemark undenkbar. Jeder hilft jedem, und das soziale Miteinander steht immer und überall an erster Stelle. Man nennt es ganz einfach *nærdemokrati* (etwa: nahe Demokratie), und die funktioniert schon seit mehr als 200 Jahren.

O TANNENBAUM

Das kleine Dänemark ist der größte Weihnachtsbaumexporteur der Welt. Jährlich werden über 10 Mio. Tannenbäume exportiert, davon über 1 Mio. nach Deutschland. Immer mehr Dänen nutzen Ackerflächen und Brachland (insgesamt sind es 350 km^2) zur Anpflanzung von Weihnachtsbäumen. Ab Mitte November arbeiten 5000 Dänen rund um die Uhr in der Weihnachtsbaumproduktion. Die Dänen feiern selbstverständlich auch mit dänischem Tannenbaum, fällen ihn aber selber. *christmastree.dk* | *fældselvjuletræ.dk*

OSTSEEPERLE

Nirgends in Dänemark scheint öfter die Sonne als auf der Insel Bornholm. Sie ist daher ein Mekka für sonnenhungrige Skandinavienfans, aber auch für Familien mit Kindern: Der Verkehr fließt noch ruhiger als sonst in Dänemark, viele Strände haben weite Flachwasserzonen. Auf Bornholm gilt zudem eine besondere Regel: Zu keinem Zeitpunkt sollen sich mehr Touristen auf der Insel aufhalten, als es Einwohner gibt. Ausführliche Infos findest du im MARCO POLO Band „Bornholm" und unter *bornholm.info*.

SCHATZSUCHER

In dänischer Erde lagert wohl noch so mancher Wikingerschatz. Doch nicht nur studierte Archäologen graben in Dänemarks Dreck, auch Hobbysucher sind am Werk. In der Ausgrabungsstätte im *Moesgaard Museum* bei Aarhus ist nur noch ein Profiarchäologe angestellt, der von zig Hobbyarchäologen unterstützt wird. Das spart Geld! Manche Profis üben daran heftige Kritik und verlangen ein neues Gesetz. Sie fürchten nicht nur, dass die Hobbybuddler so manchen Schatz nicht erkennen, sondern sehen ihren kompletten Berufstand in Gefahr. Viele Archäologen werden bei ihrer Arbeit allerdings nur noch belächelt, da doch mittlerweile jedes Kind in Dänemark Wikingerschätze findet. Dazu kommen blöde Sprüche, wie „Dafür werdet ihr auch noch bezahlt" oder „Fünf Jahre Studium? Das können wir auch so!" Ändern wird sich in naher Zukunft nichts, denn die Regierung hat andere Probleme und der Run auf Wünschelruten ist ungebrochen. Also nicht wundern, wenn du im Morgengrauen eine Gruppe Menschen mit Spaten und Lupen bewaffnet über Felder laufen siehst.

SKAGENS MALER

Mitte des 19. Jhs. war Skagen dem Untergang geweiht: Armut, Überschwemmungen, Sandverwehungen und null Perspektive. Doch dann kamen die Retter Peder Severin Krøyer (1851–1909) und Michael Ancher (1849–1927) mit ihren Pinseln, begeisterten sich am Licht und an der Landschaft, brachten die Schönheiten Skagens auf Leinwand und gründeten eine Künstlerkolonie. Es entstanden Werke, die die Gegensätze Skagens besser nicht hätten zeigen können. Einerseits die vom Himmel und vom Licht blau überstrahlte Landschaft und im Vordergrund das harte und triste Leben der Fischer. Bis heute faszinieren die Werke der Skagen-Maler ungemein. Also auf nach Kopenhagen in die *Hirschsprung'sche Sammlung (hirschsprung.dk)*, wo viele der Skagen-Bilder zu sehen sind.

VERRÜCKTES VÖLKCHEN

Die dänische Königsfamilie ist alles andere als normal, aber immer nahe am Volk – und sie schlägt auch gerne mal über die Stränge. Das ist wahrscheinlich der Hauptgrund dafür, dass die Dänen der Monarchie schon seit den Zeiten von Harald Blauzahn die Treue halten. Prinz Henrik lud einst mit offener Hose zum Neujahrsempfang, schrieb Liebesgedichte an seine Dackel und konnte zu Lebzeiten nicht die Finger vom französischen Wein lassen. Königin Margrethe zieht öffentlich ganz genüsslich am Glimmstängel und lässt sich einen Burger in einem amerikanischen Fast-Food-Restaurant schmecken. Selbst der königliche Nachwuchs zeigt sich alles andere als majestätisch: Frederik strippt betrunken in Aalborger Kneipen, flirtet gerne fremd und unternimmt Schlittenhundexpeditionen durch Grönland. Doch egal, was sie auch tun, das dänische Volk wird sie immer lieben.

Königliche Kreativität: Margrethe II. entwirft auch Kostüme für Inszenierungen im Tivoli

ESSEN SHOPPEN SPORT

Das Jernbane Cafeen in Kopenhagen

7 morgen
2 nat
det
gamle
værtshus
Københavns 3. bedste værtshus
82

ESSEN & TRINKEN

KÜCHENREVOLUTION

Die dänische Küche hat eine Revolution erlebt, und Dänemarks Köche haben mit neuer, frischer, regionaler Küche einen Trend gesetzt. Jüngere und junge dänische Köche wie René Redzepi, Kenneth Hansen und Allan Poulsen, Nikolaj Kirk, Morten Nielsen oder die Zwillinge Jesper und Richard Koch haben das einstige Nationalgericht Kartoffeln mit reichlich brauner Sauce gegen internationale Kreationen mit Pfiff ausgetauscht.

DIE „NEUE NORDISCHE KÜCHE"

Besonders Claus Meyer ist es zu verdanken, dass Dänemark heute auf der gastronomischen Landkarte keine Terra inkognita mehr ist: Der Kopenhagener Starkoch startete vor einigen Jahren gemeinsam mit anderen skandinavischen Spitzenköchen die Initiative einer „Neuen Nordischen Küche" und engagierte sich für ein neues dänisches Esserlebnis. Grundlage dazu ist das „Nordische Küchenmanifest". Es beinhaltet, dass nur lokale und frische Rohwaren in den Kochtopf kommen. Eine Vielzahl an dänischen Köchen orientiert sich an diesem Küchenmanifest und heimst dadurch nationale und internationale Preise ein. So zum Beispiel in Kopenhagen das *Noma*, ein Restaurant der Spitzenklasse, das einst von Claus Meyer mitgegründet wurde und unter René Redzepi Weltgeltung erlangte, oder das *Kadeau*, wo Nicolai Nørregaard seine Gerichte aus regionalen Zutaten von der Insel Bornholm zaubert. Beide Restaurants bekamen Michelin-Sterne und Gault-Millau-Hauben verliehen und gehören zu den besten der Welt. Doch auch in anderen Landesteilen wird nach dem Nordischen Küchenmanifest gekocht. So zum Beispiel im *ROS* in Tønder oder im *Babette* in Vordingborg.

Smørrebrød mit Krabben und Ei, danach eine marzipangefüllte Zimtstange

TRADITION & BACKKUNST

Dennoch sind, gerade auf dem Land, viele dänische Restaurants und Kros, die Landgasthöfe, noch traditionsbewusst: Hier gibt es typische Gerichte, gern mit Fisch und Fleisch, wie früher und zu Preisen von 30–40 Euro für das Hauptgericht.

Wichtiger als ein Restaurant aber ist der lokale Bäcker: Kein Dorf, in dem es nicht mindestens einen Bäcker gibt. Das Süße hat im dänischen Leben seinen festen, unerschütterlichen Platz. Legende ist die Zahl an Blätterteigkreationen; berühmt sind die Cremes, mit denen das Gebäck gefüllt wird. Die Mohnbrötchen heißen *(te)birkes* und sind so federleicht, dass einzig und allein der Mohn, mit dem sie bestreut sind, ihnen etwas Schwere verleihen kann. *Rundstykker* (Brötchen) sind tatsächlich so rund, wie es ihr Name verspricht: Sie bilden das Rückgrat der Brötchenzunft. Immer häufiger werden Brötchen und Brote mit Körnern angeboten, auch Schwarzbrot *(rugbrød)* ist verstärkt zu haben. Jeder Bäcker, der auf sich hält, hat nicht nur Backwaren im Programm, sondern auch kleine, nahrhafte Leckereien.

MORGENMAD

Fast könnte man behaupten, der Tagesablauf der Dänen richte sich fest nach *morgenmad, frokost, eftermiddagskaffe* und *middag*. Und wenn der Tag lang – und festlich – war, kommt auch noch *midnatskaffe* hinzu. Denn die Mahlzeiten einzuhalten ist so etwas wie eine nationale Pflicht – auch im hektischen 21. Jh.

Für ein reichhaltiges Frühstück, das *morgenmad,* bleibt im Alltag meist wenig Zeit. Dazu gehören nämlich neben einem Brötchen *(rundstykke)* am besten noch ein *tebirkes,* ein süßes Mohn-Blätterteigbrötchen mit *ost,* (Käse), *smør* (Butter), *marmelade, æg*

(Ei) sowie ein Glas *juice* (Fruchtsaft). Dazu gibt es für den Start in den Tag den ersten Kaffee – nicht ohne Grund liegt Dänemark beim Kaffeeverbrauch pro Kopf weltweit auf einem Spitzenplatz. Dann geht es los zur Arbeit – denn das Agrarland ist längst auch eine modernen Dienstleistungsgesellschaft, in der die Zahl der Fischer und Landwirte stetig zurückgeht.

Süße Sünden, sorgfältig angerichtet: The Royal Café in Kopenhagen

FROKOST UND MIDDAG

Der Wandel der Zeit wirkt sich auch auf die Essgewohnheiten aus. Das *morgenmad* gibt es meist nur noch am Wochenende. Dann aber in aller Ruhe, stundenlang. Dass die Dänen aber schon früher ihre Essgewohnheiten den Zeiten angepasst haben, kann man leicht an ihrem „Essenswortschatz" ablesen: Erst mittags zwischen zwölf und eins macht das Königreich Frokost-Pause. *Frokost* – *fro* bedeutet früh – nimmt man schon lange nicht mehr am Vormittag als eine Art zweites Frühstück zu sich. Dafür immer noch gern mit einem *smørrebrød,* einem köstlich belegten Butterbrot. Ganz konsequent wanderte das traditionelle *middag* als warme Mittagsmahlzeit in die frühen Abendstunden. Wer zum *middag* eingeladen ist, sollte seine(n) Gastgeber nicht vor 18 Uhr überraschen. Selbst der geliebte *eftermiddagskaffe,* der Kaffee am Nachmittag, muss da am Werktag notgedrungen meist übersprungen werden und verschiebt sich auf Wochenende oder Urlaub. Dann aber bestätigt sich das Sprichwort: Norweger essen, um zu leben, Schweden leben, um zu trinken – Dänen, um zu essen.

SKÅL!

Auf dein Wohl! Weltklasse sind der Aquavit und besonders die Biermarken Tuborg und Carlsberg, beides klassische Pilsner. In Dänemark gibt es einen relativ neuen Trend: Mikrobrauereien mit oft aus regionalen Rohwaren gebrauten Bieren laufen den Biermultis zunehmend den Rang ab. Diese Mikrobrauereien – landesweit gibt es mehr als 80 – setzen immer neue Akzente und bringen längst nicht mehr nur zu Ostern oder Weihnachten ein spezielles Bier auf den Markt. Sie mischen auch munter außergewöhnliche Zutaten wie Lakritz, Tannennadeln, Zimt, Chili oder Schokolade unter das Bier. Eine Übersicht findest du auf *ale.dk* unter dem Menüpunkt *Bryggerier.*

INSIDER-TIPP
Lakritzbier, Kiefernbräu, Schokopilsne

Unsere Empfehlung heute

Vorspeisen

MAKRELSALAD
Makrele in Tomatensauce mit Sahnehaube auf Roggenbrot

SMØRREBRØD
Schwarzbrot, belegt mit paniertem Fischfilet, Krabben, geräuchertem Hering, Leberpastete, Hacksteak und anderem

STEGT ÅL
Gebratener Aal aus dänischen Gewässern mit Schwarzbrot und Remoulade

Hauptgerichte

DANSK BØF
Frisch zubereitete Frikadellen mit gebratenen Zwiebeln, Kartoffeln und Roter Bete als Beilage

FYLDT RØDSPÆTTE
Gebratene, mit Krabben oder Muscheln gefüllte Scholle

BIKSEMAD
Pfannengericht aus Kartoffeln, Gemüse und Eiern

FLÆSKESTEG
Schweinebraten – mit Kräutern und Gewürzen mariniert – mit Rotkohl und Kartoffeln

ANRETNING
Zehn Gänge, warme und kalte Speisen: Fisch und Fleisch, angerichtet mit Gemüse und/oder Sauce. Käse und Desserts

ÆGGEKAGE PÅ PANDE
Eierpfannkuchen, gefüllt mit Tomaten, Schnittlauch und Speck

Desserts

KANELSTANG
Blätterteig, mit Mandelsplittern, Marzipan und Zimt gefüllt

WIENERBRØD
Gebäck aus Weißbrot mit einer Füllung aus Marzipan oder Buttercreme, garniert mit Mandelsplittern

Getränke

AALBORG AKVAVIT
Mehr als zehn verschiedene Sorten Schnaps aus Aalborg – der mildeste ist der mit Dill

GAMMEL DANSK
Dänischer Magenbitter, bestehend aus 20 Gewürzen

TYKMÆLK
Dickmilch – pur oder mit braunem Zucker

SHOPPEN & STÖBERN

NACHTTÖPFE UND WOLLSOCKEN

Dänen lieben das Kunsthandwerk. Die einen arbeiten professionell mit Verkauf in der eigenen Galerie. Die anderen sind Hobbykünstler und bringen ihre Werke auf Märkten und an Straßenständen an den Mann. Das macht das Angebot so vielfältig. Du kannst vom getöpferten Nachttopf über gestrickte Wollsocken bis zu mundgeblasenen Vasen und stilvollen Aquarellen alles kaufen. Tipps und Einkaufsführer gibt es unter *kunst.dk*.

DÄNEMARKS PRÊT-À-PORTER

Nicht nur auf der Copenhagen Fashion Week stellen dänische Modemacher ihr Können unter Beweis. Ihre Mode gibt es längst in New York und Paris zu kaufen. Kopenhagen ist ein Mekka edler Modeboutiquen. Die Sportmarke Hummel ist Ausstatter vieler internationaler Fußballclubs, und Ecco-Schuhe werden überall auf der Welt getragen. In vielen *Genbrug-Läden* findest du dänische Designermode zu Schnäppchenpreisen. Viele Boutiquen geben Ausstellungsstücke und Rückgabeware zum Genbrug.

INSIDER-TIPP
Designerklamotten für ein paar Kronen

VORSICHT, ZERBRECHLICH!

Der Hoflieferant *Holmegaards Glasværker (holmegaard.com)* verkauft seine edlen Glasprodukte in Designergeschäften im ganzen Land. Lokale *Glas-Pusterien* bieten eigenwillige Werke oder stellen Stücke nach deinen Vorstellungen her. Infos zu lokalen Glasbläsereien bekommst du in den Touristenbüros oder unter *visit denmark.de*.

LEBENDES LICHT

Kerzen heißen auf Dänisch *levende lys:* lebendes Licht – ein deutlicher

Shoppingvielfalt: Designermöbel von heute und Kleider wie aus den 1960ern

Hinweis darauf, welche Wertschätzung sie in Dänemark genießen. Sie sind meist nicht teuer, weil sie in großer Zahl und industriell produziert werden. Es gibt sie in allen Formen und Farben. An der jütländischen Westküste werden Kerzen aber oft noch von Hand gezogen.

IM PORZELLANLADEN

Porzellan von *Royal Copenhagen* ziert die Tafeln des Königshauses. In den Stores in Kopenhagen, Odense, Aalborg und Aarhus wird das Geschirr exklusiv vertrieben. Die bürgerlichen Dänen stehen seit 1953 auf *Aida-Porzellan (aidadenmark.com).* Das schlichte weiße Porzellan wird in Haushaltsgeschäften im ganzen Land vertrieben.

WIE MAN SICH BETTET ...

Dänische Möbel stehen für klare Linien, Funktionalität und Zeitlosigkeit. Dänisches Design zu günstigen Preisen bietet *Jysk (jysk.dk),* in Deutschland als Dänisches Bettenlager bekannt. *Ilva (ilva.dk)* und *Selta (selta.dk)* haben Filialen in allen größeren Städten. Ihr Angebot reicht von Massenware bis hin zu edlen Designerstücken. Südjütländische Möbelgeschäfte liefern oftmals auch nach Deutschland.

FÜR HALS UND HANDGELENK

Skagens Landschaft hat nicht nur Maler inspiriert, sondern auch Uhrmacher. Skagen-Uhren findet man in allen Juweliergeschäften landesweit. Modelle aus früheren Kollektionen gibt es oft zu günstigen Preisen.
Schmuck aus Bernstein wird überall in den Küstenorten verkauft. Hochwertig gearbeitete Schmuckstücke gibt es aber nur in Spezialgeschäften oder bei Juwelieren.

SPORT

Dänemark ist zu allen Seiten vom Meer umgeben – ein Eldorado für Wassersportler. Ob Segeln im südfünischen Inselmeer, Kajaktouren rund um Læsø, Surfen auf dem Ringkøbing-Fjord und dem Limfjord oder Tauchen auf Bornholm: Jede Region bietet andere Möglichkeiten. Die Dänen sind sportbegeistert – auch deshalb ist die Qualität des Angebots so hoch.

Angler geraten beim Küstenangeln ebenso ins Schwärmen wie bei einem Hochseeangeltörn. Auch auf dem Land ist Aktivurlaub im kleinen Königreich Genuss statt Frust: Rund 12 000 km markierte Radwege erschließen das hügelige Land, in dem die höchsten „Berge" nicht einmal 200 m messen. Golfer finden rund 150 attraktive Anlagen, vom Seaside-Platz bis zum Indoorgreen. Anders gesagt: Niemand bleibt faul im Staate Dänemark.

ANGELN

Petri Heil in Dänemark! Hier kann man überall seine Rute auswerfen. Einzige Ausnahme bilden die inneren Hafenbereiche sowie ein 50-m-Umkreis von Privatgrundstücken. Wer zwischen 18 und 67 Jahre alt ist (ab 67 angelt man umsonst), holt sich einfach im nächsten Touristenbüro einen Angelschein *(fisketegn.dk)*. Der kostet pro Tag ab 40, pro Woche ab 130 und fürs Jahr ab 185 Kronen. Jetzt kann man den großen Fisch an Land ziehen. Zum Beispiel an den Seen oder den kleinen Bächen (dänisch: Å) im ganzen Land. Wer rauen Wind liebt, kann auch zum Hochseeangeln hinausfahren. In Dänemark sind selbst viele Ferienhäuser anglerfreundlich mit Boot und Ausnehmebecken. An den Put-&-Take-Seen kannst du auch ohne Schein angeln. Mehr Infos für Petrijünger gibt es bei *Danmarks Sportsfiskerforbund (Skyttevej 5 | DK-7182*

Segeln vor der Insel Als

Bredsten | Tel. 75 82 06 99 | sportsfiskeren.dk). In der Karup Å (zwischen Karup und dem Skive Fjord) kannst du die dicksten Meerforellen Europas fangen. Hier haben die Fische ein Durchschnittsgewicht von 6 kg.

INSIDER-TIPP
Ein ganz dicker Fisch

GOLF

Golf ist in Dänemark Volkssport und bei Weitem nicht so elitär wie in Deutschland. Du brauchst also lange nicht immer ein Handicap oder exklusive Bekleidung, um den Schläger zu schwingen. Manche der landesweit 140 Plätze sind zum Golfen viel zu schade: Manchmal stockt einem der Atem bei der traumhaften Lage. Der Golfplatz *Great Northern (Great Northern Avenue 1 | Kerteminde | greatnorthern.dk)* wurde Ende 2017 eröffnet und gehört zu den schönsten Plätzen Skandinaviens. Das Wasser spielt hier eine strategische Rolle – insgesamt wurden sieben künstliche Seen angelegt. Informationen zu allen Plätzen bekommst du bei *Danmarks Golf Union (golf.dk).*

MEERKAJAK

Paddeln kannst du an der Westküste, die eher etwas für erfahrene Kajaker ist, ebenso wie in Kattegat und Ostsee. Sogar auf Kopenhagens Kanälen kann man eine „Stadtrundfahrt" per Kajak machen *(Kajak-Ole | Tel. 40 50 40 06 | kajakole.dk).* Bekanntester Kajakfluss ist die Gudenå im Silkeborger Seenhochland. Mehrtägige Touren bietet das *Silkeborg Kanocenter (silkeborgkanocenter.dk)* an.

International bekannt bei Meerkajakfans ist das Südfünische Inselmeer. Einrichtungen mit Kajakhäfen, Kajaktrailern und Übernachtungsmöglichkeiten sind beste Voraussetzungen für entspanntes Paddeln. *Kajakgaarden (havkajakkurser.dk)* in Kolding veranstaltet u. a. Mehrtagestouren auf dem Kleinen Belt. Eine Woche mit dem Hochseekajak rund um Ærø geht es mit dem *Havkajak Center Marstal (marstalkajakklub.dk),* das auch Tages- oder Wochenendkurse anbietet.

RADFAHREN

Das Land der Radler: Wenn Dänemark einen Titel verdiente, dann sicher diesen. Beim Ausbau des Radwegenetzes werden weder Mühe noch Kosten gescheut, keine neue Straße wird gebaut, ohne dass gleichzeitig ein Radweg angelegt wird. Der Zustand der eine Gesamtlänge von über 12 000 km umfassenden Radwege ist hervorragend, neuerdings ist man sogar dazu übergegangen, die Radwege genauso wie Straßen mit einem Mittelstreifen zu versehen. Im Unterschied zu Deutschland ist in Dänemark direktes Linksabbiegen jedoch verboten: Die Kreuzung ist in Fahrtrichtung zu überqueren, dann wird angehalten, anschließend die Fahrbahn überquert.

Der *Nordseeradwanderweg* führt ebenso durch das Land wie der *Ostseeradwanderweg.* Auch rund um den Limfjord liegen ausgebaute Radwege. Selbst die Hauptstadt Kopenhagen lässt sich am besten per Rad erkunden *(kk.dk).* Radwanderkarten erhältst du im Buchhandel oder in den örtlichen Touristenbüros. Allgemeine Infos und Routenbeschreibungen unter *cyklistforbundet.dk* oder *visitdenmark.com.*

SCHWIMMEN

Dänen sind Wasserratten! Öffentliche Schwimmbäder *(livredning.dk/haller)* sind flächendeckend vorhanden und bieten günstiges Schwimmvergnügen. Auch viele Hotels und Campingplätze besitzen eigene Bäder. Von Juni bis Ende August öffnen die *Havnebader* mit abgesperrtem Schwimmbereich, Rutschbahnen und Sonnenterrassen in den Häfen. Das bekannteste ist *Islands Brygge* in Kopenhagen. *svoemkbh.kk.dk/havnebade*

Hartgesottene Urlauber können auch beim Eisschwimmen mitmachen. Bei Minustemperaturen trifft man sich zum Beispiel am Limfjord und planscht gemeinsam im eiskalten Wasser. Nicht weniger abenteuerlich sind die Open-Water-Veranstaltungen. So kann man zum Beispiel beim *Aalborg Open Water (aalborgsvommeklub.dk)* den Limfjord durchschwimmen.

SEGELN

Es könnte sein, dass es mehr Häfen in Dänemark gibt als Hotdogbuden. Segeln ist Volkssport, ob auf der Nordsee, der Ostsee oder auf den Seen rund um Silkeborg. Die Liegegebühren sind moderat, auch die kleinsten Häfen verfügen über gepflegte sanitäre Einrichtungen, fast immer ist zumindest ein kleinerer Supermarkt in Hafennähe. Sehr schön – und sehr beliebt – sind die Gewässer der dänischen Südsee. In der Hochsaison kann es manchmal etwas eng werden, aber auch das tut der entspannten Atmosphäre in den Häfen keinen Abbruch. Alle notwendigen Informationen erhältst du bei der *Dansk Sejlunion (Idrættens Hus | DK-2605 Brøndby | Tel. 88 20 70 00 | sejlsport.dk).*

Wasser ist fast immer in der Nähe bei einer Radtour in Dänemark

TAUCHEN

Knapp 5000 Schiffswracks rosten in den Gewässern des Landes vor sich hin: Abenteuer genug für Generationen von Freizeittauchern. Aber Vorsicht! Nicht ganz so erfahrene Abtaucher sollten sich vor jedem Tauchgang über die jeweiligen Strömungsverhältnisse informieren. Viele Gewässer sehen zwar auf den ersten Blick nicht so aus, aber sie können tückisch sein. Besonders in Küstennähe geht es unter Wasser oft recht turbulent zu.

Die meisten dänischen Tauchclubs machen es möglich, dass Gäste mit auf Tauchtouren gehen können – immer noch die beste und sicherste Art des Untergehens, vor allem für Anfänger und Ortsunkundige. Auskünfte über die Aktivitäten von Tauchclubs stehen oft auf den Informationstafeln der Hafenmeistereien dänischer Häfen. Infos bekommst du außerdem beim *Dansk Sportsdykker Forbund (Idrættens Hus | DK-2605 Brøndby | Tel. 43 26 25 60 | sportsdykning.dk)*.

WINDSURFEN

Das kleine Klitmøller ist der Windsurfer-Hotspot in Jütland. Hier treffen sich Surfer aus aller Welt, um es mit den rauen Nordseewellen aufzunehmen. Wer hier aufs Brett steigt, ist Profi. Anfänger melden sich am besten in einer der Surfschulen an *(visitdenmark.de)* oder versuchen es am Limfjord, am *Krik Vig* *(□ A4)* oder nördlich davon am *Flade Sø*. Hier sind die Wellen ruhiger. Auch am Großen Belt liegen gute Surf-Locations. Immer daran denken: Ohne Schwimmweste darf man in Dänemark nicht aufs Brett.

DIE REGIONEN IM ÜBERBLICK

änemarks Spitze:
Wo Kattegat und
Skagerrak
zusammentreffen
tegat
Touristenorte mit
Sandstränden
und einsame
Küstengebiete
SVERIGE
KØBENHAVN
SEELAND &
SÜDLICHE INSELN S. 104
Bildschöne
Südseeinseln und
eine lebenswerte
Hauptstadt
Bornholm
(DK)
Østersøen
50 km
31.07 mi

SÜD-JÜTLAND

RAUER WESTEN UND MILDER OSTEN

Langeweile? In Südjütland ein Fremdwort. Wer hier seinen Familienurlaub verbringt, kann wirklich was erleben!
Die einen geben Geld in den Fußgängerzonen von Ribe und Sønderborg aus, die anderen werfen am Meer oder an den Bächen die Angel aus oder lassen sich durchs Ribe Bryghus führen. Wie wär's mit einem Surfkurs in Blåvand? Oder hoch zu Ross die Schönheiten von Fanø kennenlernen? Den nächsten Tag verbringt ihr dann gemeinsam am Strand. Aber Strand ist hier noch lange nicht Strand, denn

Das Lego House in Billund

die Unterschiede könnten größer nicht sein. Du liebst die ruhige See, das üppige Grün und baust gerne Strandskulpturen aus Kieselsteinen? Dann findest du deinen Traumstrand garantiert an der Ostsee. Du liebst den rauen Wind, die frische Brandung, hohe Dünen und kilometerlange Sandstrände? Dann immer den schiefen Bäumen nach in Richtung Westküste. Solltest du dich einmal gar nicht entscheiden können, dann ist das auch nicht schlimm, denn zwischen Nord- und Ostsee liegt maximal eine Stunde Autofahrt.

SÜDJÜTLAND

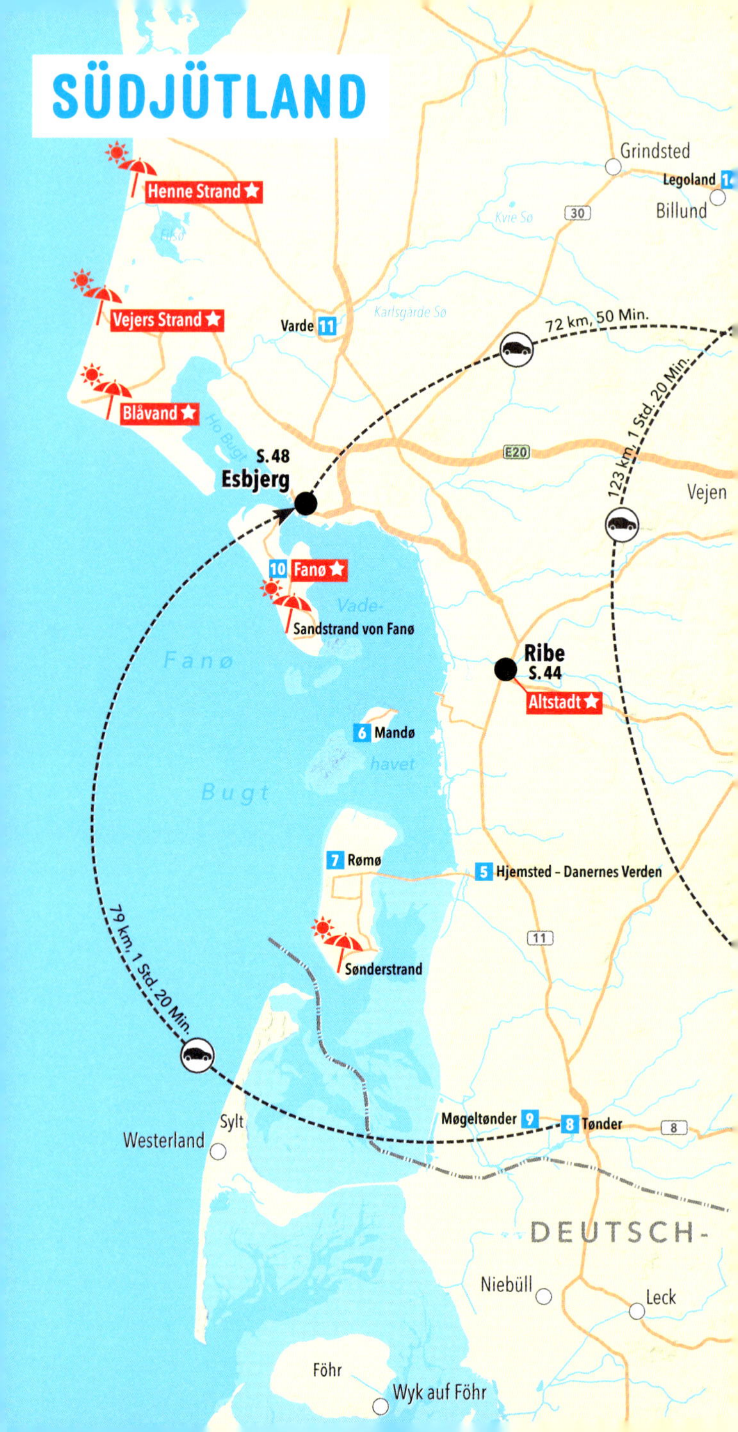

Henne Strand
Filsø
Grindsted
Legoland
Billund
Kvie Sø
30
Vejers Strand
Varde 11
Karlsgårde Sø
72 km, 50 Min.
Blåvand
Ho Bugt
123 km, 1 Std. 20 Min.
E20
S. 48
Esbjerg
Vejen
10 Fanø
Vade-
Sandstrand von Fanø
Fanø
Ribe
S. 44
Altstadt
6 Mandø
havet
Bugt
7 Rømø
5 Hjemsted – Danernes Verden
11
Sønderstrand
79 km, 1 Std. 20 Min.
Sylt
Westerland
Møgeltønder 9
8 Tønder
8
DEUTSCH-
Niebüll
Leck
Föhr
Wyk auf Föhr

MARCO POLO HIGHLIGHTS

★ **ALTSTADT VON RIBE**
Eine ganze Stadt als Denkmal ➤ S. 45

★ **FANØ**
Breiter Strand und jede Menge Maritimes auf der einstigen Walfängerinsel ➤ S. 50

★ **HENNESTRAND, VEJERS STRAND, BLÅVAND**
Dünen, Sand und Meer, so weit das Auge reicht ➤ S. 50

★ **KUNSTMUSEUM TRAPHOLT**
Eines der schönsten Museen Dänemarks ➤ S. 52

Königlich, anmutig: die Königsyacht „Dannebrog" (Bj. 1932) am Kai von Sønderborg

SØNDERBORG

(▥ D11) **Sønderborg mit seinen 27 000 Ew. ist eine Hauptstadt. Zwar nur die Hauptstadt der Insel Als, aber außerdem Hafenstadt und Grenzstadt zu Deutschland.**
Sønderborg will entdeckt werden. Wie das Wikingerboot, das man aus dem Nydammoor ganz in der Nähe barg. Oder der kleine Hafen von Egernsund mit seinen Werften, auf denen in Handarbeit Holzkutter repariert werden. Oder der Leuchtturm von Fynshav, der so typisch dänisch dasteht und doch von den Preußen gebaut wurde. Die ganze Region entdeckt man am besten per Fahrrad, denn die schönsten Radwege führen oberhalb der Flensburger Förde entlang.

SIGHTSEEING

SØNDERBORG SLOT

Mal Schloss, mal Gefängnis, mal Lagerraum, mal Lazarett und immer heiß umkämpft! Kein Wunder bei der Lage über der Sønderborg-Bucht und am Sund von Als. Die kriegerischen Ereignisse sind in dem roten Backsteingebäude eindrucksvoll und lebendig dokumentiert. *Juni–Sept. tgl. 10–17, April/Mai, Okt. Di–So 10–16, Nov.–März Di–So 13–16 Uhr | Eintritt 80 Kronen | museum-sonderjylland.dk*

ESSEN & TRINKEN

BALLEBRO FÆRGEKRO

Inspirierte Küche, mal französisch, mal nordisch, serviert in einem Pavillon im Stil des ausgehenden 19. Jhs.

am Sund von Als. *Di–Sa 18–22 Uhr | Færgevej 5 | Tel. 74 46 13 03 | ballebro.dk | €€€*

SHOPPEN

RØNHAVESLAGTEREN

Der vielleicht beste Metzger Jütlands. Sune Hansen verarbeitet nur dänisches Qualitätsfleisch. Hier bekommst du die typischen dänischen Pølser, bestes Grillgut und leckere Mittagsgerichte mit Beilagen. Die Salami wird nach uralten Rezepten hergestellt. *Di–Fr 8.30–17, Sa 9–13 Uhr | Hestehave 24 | ronhaveslagteren.dk*

RUND UM SØNDERBORG

1 ÅRØ

70 km/1,5 Std. mit dem Auto über Primærruter 41 und Landstraße 170 und 7 Min. per Fähre ab Årøsund

Etwa 22 km Küste, blühende Felder, malerische Buchten, schreiende Möwen, Häuser aus längst vergangenen Zeiten und Aussichtstürme. Kamera nicht vergessen! Leckere Fischgerichte und eine große Kuchenauswahl bekommst du auf *Brummers Gård (Sa/So, Juni–Aug. tgl. 11–21 Uhr | Aarø 145 | brummersgaard.dk | €)*. Hier kannst du auch verschiedene Strandsafaris und eine „Schnapstour" buchen oder einfach nur ein Fahrrad ausleihen. *Fährzeiten 6–23 Uhr | Tickets ab 40 Kronen, mit Pkw ab 70 Kronen | aaro.dk |* *D9*

2 DYBBØL BANKE

3,6 km/10 Min. mit dem Auto über die südlichste Als-Sund-Brücke

Ein nationales Monument. 1849 schon einmal Kriegsschauplatz, wurden die zehn Düppeler Schanzen am 18. April 1864 nach fünf Wochen Belagerung von den Preußen gestürmt – diese Niederlage führte zum Verlust von Südjütland an Preußen. An jedem Jahrestag der Schlacht findet vor Ort eine große Gedenkveranstaltung statt, der *Dybbøldagen. Dybbøl Banke 16 | März–Okt. tgl. 10–17 Uhr | Eintritt 120 Kronen | 1864.dk |* *C11*

3 GRÅSTEN

18 km/20 Min. mit dem Auto über Primærruter 8 und Landstraße 401

Schloss Gråsten ist die Sommerresidenz der königlichen Familie: Wenn die da ist, gibt es prunkvolle Paraden durch den Ort mit einer märchenhaften Wachablösung am Schloss, freitags mit Konzert. Die Schlosskirche ist liebevoll geschmückt. Nicht nur im Schlossgarten wächst Dänemarks „Nationalapfel", der Gråsten-Apfel. *kongeligeslotte.dk |* *C11*

4 AABENRAA

36 km/30 Min. mit dem Auto über Primærruter 8 und Landstraße 170

Aabenraa steht für weiße Kirchen, historische Häuser, Kopfsteinpflastergassen, Hafen, Sandstrände und wilde Küstenabschnitte. Pack die Badehose ein, und dann ab ins Schwimmbad der *Arena Aabenraa (Mo/Mi 6–8 u. 15–19, Di/Do 6–8 u. 18–21, Fr 6–8, Sa 13–17, So 9–17 Uhr, in den Sommerferien tgl. 11–18 Uhr | 46 Kro-*

nen, bis 14 Jahre 36 Kronen, Wellnesseinrichtungen inklusive | Hjelmallé 3 | arenaaabenraa.dk): Hier wartet „Black Hole" auf dich, eine 60 m lange Rutschbahn, oder du entspannst im türkischen Bad. Die Kleinen können mit Wasserkanonen schießen oder in der Paddelhütte spielen. Im *Barfodspark (Mai–Okt. Mo–Fr 10–18, Sa/So 10–17 Uhr | 50 Kronen | Klovtoftvej 32–34 | Klovtoft | wellnessferie.dk)* gehen deine Füße auf Entdeckungsreise.

INSIDER-TIPP
Wasser marsch!

Nimm einen Schluck aus dem Wasserhahn! Aabenraa hat das beste und wohlschmeckendste Trinkwasser Dänemarks. Es ist sogar preisgekrönt und reich an Mineralstoffen, da es aus Niederschlägen gewonnen wird, die in tiefe Erdschichten sickern. | *C11*

RIBE

(B9) **Ribe (8100 Ew.), das ist für viele eine Liebe auf den ersten Blick. Modernes Stadtleben in historischer Kulisse und mittendrin der prächtige Dom.**

Late-Night-Shopping in urigen Gassen, spannende Museen, das Zentrum umschlungen vom Flusslauf der Ribe Å (Å = Au): Ribe ist die älteste Stadt Dänemarks und das ganze Jahr über Schauplatz von Events, Konzerten und Veranstaltungen. Fast vor der Haustür liegt der Nationalpark Wattenmeer mit seinen traumhaften Sandstränden, spektakulären Sonnenuntergängen und den malerischen Inseln Fanø, Mandø und Rømø, die man von Ribe aus schnell erreicht.

Dänemarks älteste Stadt: Die Altstadt von Ribe steht unter Denkmalschutz

SIGHTSEEING

ALTSTADT ★

Das auf Dänisch „Hygge" genannte Gefühl erlebt man intensiv wie sonst nur selten in der Altstadt von Ribe: Gelassenheit, eine behagliche Idylle – als sei die Zeit stehengeblieben. In der Mitte steht unangreifbar der mächtige *Dom (April, Okt. tgl. 11–16, Mai/Juni–Sept. 10–17, Juli/Aug. 10–17.30, Nov.–März 11–15 Uhr | Turmbesuch 20 Kronen | ribe-domkirke.dk)*, und selbst der ist gemütlicher, als Kirchen es üblicherweise sind. Rundherum verschlungene Gassen mit holprigem Kopfsteinpflaster und schiefen Fachwerkhäusern, in den Gärten weht der Dannebrog, und Rosenstöcke klettern die Regenrinnen entlang. Über 1300 Jahre ist Ribe alt, und wenn man durch die Altstadt spaziert, dann ist das wie ein Gang durch die Jahrhunderte. Setz dich in eins der Straßencafés: Cappuccino trinken, die Ribe Å rauschen hören und hyggelig sein. Danach ist Zeit für einen Einkaufsbummel durch die kleinen Geschäfte und mittwochs über den Wochenmarkt.

NACHTWÄCHTERTOUR

Früher behielten sie das Meer im Auge, zündeten die Lampen an und beschützten die Bürger. Heute ziehen sie mit Touristen durch die Stadt, singen Lieder, erzählen Anekdoten und sagen Verse auf – das alles auch auf Englisch. Bei einer Nachtwächtertour erlebst du das historische Ribe ganz intensiv. *Mai–Okt. 20 Uhr | kostenlos | Treffpunkt: Torvet*

VADEHAVSCENTRET

Das Wattenmeerzentrum wurde 2017 neu eröffnet: alles mit Reet gedeckt, als würden die Gebäude aus dem Boden wachsen. Drinnen 1000 m² Ausstellungsfläche mit spannenden Informationen über das Wattenmeer und rund um die Welt der Zugvögel in Dänemark. Auch im Angebot: geführte Touren ins Watt, um Vögel zu beobachten oder Austern zu sammeln. *Mai–Sept. tgl. 10–17, Okt.–April 10–16 Uhr | Eintritt 100 Kronen, Kinder 50 Kronen | Oksholmvej 5 | Vester Vedsted | vadehavscentret.dk | 2–3 Std.*

WIKINGERCENTER

3 km südlich von Ribe wurde eine der bedeutendsten Wikingerburgen Jütlands rekonstruiert. Es wird wie zu Thors Zeiten Handel getrieben, du kannst den Wikingern bei ihrer Arbeit zusehen und erfahren, wie sie einst lebten. Im April/Mai findet hier alljährlich ein großer Wikingermarkt statt. *Wechselnde Öffnungszeiten, siehe Website | Eintritt 120 Kronen, Kinder 55 Kronen | Lustrupvej 4 | ribe vikingecenter.dk*

ESSEN & TRINKEN

SÆLHUNDEN

Der „Seehund" ist in einem 400 Jahre alten Haus unmittelbar an der *Ribe Å* untergebracht. Ob du klassische Fischgerichte mit frischem Fisch aus Esbjerg wählst oder Fleisch bevorzugst: Alles ist gut und lecker. *Tgl. 12–15.15 u. 17–21 Uhr | Skibbroen 13 (an der Kammerslusen) | Tel. 75 42 09 46 | saelhunden.dk | €€*

WEIS STUE

Einfache Gerichte wie gebratene Scholle oder Schnitzel mit Pommes frites werden vor dem Fachwerkhaus serviert, dessen Inneres mit einer ungemein gemütlichen Atmosphäre überzeugt. Im Sommer solltest du unbedingt versuchen, einen Platz im Garten zu bekommen – und dort den hausgemachten Kuchen probieren. *Tgl. ab 11.30 Uhr | Torvet 2 | Tel. 75 42 07 00 | weis-stue.dk | €€€*

RUND UM RIBE

5 HJEMSTED – DANERNES VERDEN

25 km/30 Min. mit dem Auto über die Primærruter 24 und 11

In Dänemarks größter Ausgrabungsstätte können sich Besucher wie ein echter Wikinger fühlen, mit Pfeil und Bogen schießen, nach Schätzen graben, mit Wikingerbooten fahren oder in einem Hof aus der Eisenzeit übernachten. Im teilweise unterirdisch gebauten Museum kannst du Funde bewundern und dich über das Leben der Wikinger informieren. *Wechselnde Öffnungszeiten siehe Website | Eintritt 65–95 Kronen | Hjemstedvej 60 | Skærbæk | hjemsted.dk |* *B10*

6 MANDØ

22,5 km/37 Min. mit dem Auto über die Primærruter 11

Um nach Mandø zu kommen, heißt es: Gezeiten beachten! Ab Vester Vedstedt führt eine Piste durchs Watt, die nur bei Niedrigwasser befahrbar ist. Wenn du dich nicht alleine hinüber zu der 8 km² großen Insel traust, kannst du auch mit dem *Mandøbus (April–Okt. | 60 Kronen | Tel. 75 44 51 07 | mandoebussen.dk)* fahren, einem Traktor mit angehängtem Personenwagen. Der Reiz dieser Insel mit ihren 75 Einwohnern ist die Einsamkeit. Das heißt aber nicht, dass du auf der Insel nichts erleben kannst:

INSIDER-TIPP
Champagner im Watt

Bei einer „Austernsafari" kannst du die Schalentiere im Watt sammeln, gleich genießen und dazu Champagner trinken *(375 Kronen | mandoevent.dk).* | *B9*

7 RØMØ

40 km/45 Min. mit dem Auto über Primærruter 11 und Landstraße 175

Bevor du die Insel Rømø erreichst, fährst du über einen 9 km langen, gezeitenunabhängigen Damm durchs Wattenmeer. Auf dem Damm musst du unbedingt mal in einer der Parkbuchten halten: Was für eine Aussicht! Und die salzige Luft pustet dir die Atemwege frei. Mit dem Auto geht es dann direkt an den Sønderstrand, den breitesten Strand Europas. Dort kannst du einfach relaxen, dich in die Dünen zurückziehen, reiten, Kitesurfrunden drehen. Oder du lässt einen Drachen steigen:

INSIDER-TIPP
Boutique für Drachen

Ob einfacher Plastikdrachen oder 4-Leiner-Lenkdrachen; die umfangreichste Drachenauswahl in Jütland findest du hier,

Der breite Strand von Rømø ist ein beliebtes Revier der Strandsegler

und zwar in der *Butik Rømø (Lakolk Butikscenter 8)*.

Lust auf noch mehr Action? Das *Naturcenter Tønnisgård (Havnebyvej 30 | tonnisgaard.dk)* bietet zahlreiche Inselerlebnisse an: vom Krabbenfang über Bernsteinsuchen bis hin zu Wattwanderungen und Bunkerbesichtigungen. *romo.dk* | *A–B10*

8 TØNDER

45 km/40 Min. mit dem Auto über die Primærruter 24 und 11

Wie reich Tønder (7500 Ew.) mal war, zeigen die gepflegten historischen Backsteinhäuser mit ihren prächtigen Giebeln. Heute kommen Paare aus aller Welt zum Heiraten in das Städtchen. Es könnte auch sein, dass dir mitten im Sommer ein Nikolaus begegnet, denn das Städtchen ist Dänemarks Weihnachtshochburg. Im Weihnachtskeller der *Alten Apotheke (Mo–Fr 10–17.30, Sa/So 10–16 Uhr | Østergade 1 | det-gamle-apotek.dk)* kannst du das ganze Jahr über Weihnachtswichtel *(julenisse)* und Weihnachtsschmuck kaufen.

Kann man Tønder in Stühlen ausdrücken? Ja! Der Möbeldesigner Hans J. Wegner hat es getan und die Stühle dem *Kunstmuseum (Juni–Aug. tgl. 10–17, Sept.–Mai Di–So 10–17 Uhr | Eintritt 70 Kronen | Wegners Plads 1 | msj.dk)* geschenkt. Heute sind sie im angrenzenden Wasserturm untergebracht. Das Kunstmuseum ist aber auch ohne Stühle ein Muss! Die hellen Räume und die weißen Wände lassen die – auch in Wechselausstellungen – gezeigten Werke erstrahlen. *toender.dk* | *B10*

9 MØGELTØNDER

51 km/49 Min. per Auto über Primærruter 24 und 11 und Landstraße 419

In Møgeltønder liegt Dänemarks wohl schönste Dorfstraße. Historische, zum Teil reetgedeckte Ziegelsteinhäuser reihen sich in der kopfsteingepflasterten Lindenallee aneinander, die du am besten zu Fuß erkundest. Danach musst du im *Schackenborg Slotskro (tgl. 11–21 Uhr | Slotsgaden 42 | Tel. 74 73 83 83 | slotskro.dk | €€€)* einkehren: Die Spitzenköche Rasmus Lodahl und Claus Bargmeyer Lauridsen zaubern aus selbst marinierten Heringsfilets Gerichte der Extraklasse und kochen fast ausschließlich mit regionalen Zutaten.

INSIDER-TIPP
Hering trifft Spitzenkoch

Am Ende des Dorfs liegt das *Schackenborg Slot*. 1978 ging es in den Besitz von Kronprinz Joachim über. Der Park und einige Räume des Schlosses können bei einer einstündigen Führung besichtigt werden *(leider nur auf Dänisch | Buchung über die Website | 125 Kronen | Schackenborgvej 2 | schackenborg.dk)*. | *B10*

ESBJERG

(A-B9) **Nein, du bist nicht auf den Osterinseln gelandet! Auch wenn die Skulpturen von Svend Wiig im Hafen von Esbjerg (72 000 Ew.) diesen Schluss zulassen könnten.**

Sie begrüßen jährlich Tausende Schiffe, dazu noch Fähren und Ölplattformen, die hier repariert werden. Vom Hafen aus kannst du mit Ausflugsschiffen in See stechen, durch die Ho-Bucht schippern und Seehunde auf Sandbänken beobachten. Der Hafen und die 2016 neu eröffnete Fußgängerzone sind das Herzstück der Stadt. Hier liegen über 200 Geschäfte und eine Vielzahl an Restaurants und Cafés. Wenn du keine Lust mehr auf Trubel hast, suchst du dir ein Plätzchen am *Hjerting-Strand,* einem der schönste Strände Südjütlands, oder brichst zu einer Wattwanderung auf. Esbjerg ist zudem ein Mekka für moderne Kunst. Sieh dir im Ausbildungszentrum *CVU-Vest (Degnevej 16)* das „Esbjerg-Evangelium" an, ein prachtvolles Wandgemälde, oder mach einen Spaziergang auf der Kunstroute: auf der gewähren Esbjerger Künstler Einblicke in ihre Ateliers und Galerien.

SIGHTSEEING

FISKERI- OG SØFARTSMUSEET

Schon mal einen Rochen oder einen Hundshai gestreichelt? Im Fischerei- und Seefahrtsmuseum ist das Anfassen der Fische im Niedrigbassin erlaubt. Schau unbedingt auch bei der Robbenfütterung zu. *Nov.–Jan. tgl. 10–16, Feb.–Juni, Sept./Okt. 10–17, Juli/Aug. 10–18 Uhr | Eintritt 125, Juli/Aug. 145 Kronen | Tarphagevej 2 | fimus.dk | 2 Std.*

MUSIKHUSET ESBJERG

Das Schmuckstück der Hafenstadt wurde von dem Architekten Jørn Utzon (zusammen mit seinem Sohn Jan) entworfen. Hier treten Künstler aus der ganzen Welt auf. Vom *Restaurant* hast du einen traumhaften Blick auf den Hafen. Und bei einer *Führung (tgl. | Dauer 90 Min. | 80 Kronen)* kannst du einen Blick hinter die Kulissen werfen. *Tgl. 10–16 Uhr | Eintritt frei | Havnegade 18–20 | mhe.dk*

ESBJERG KUNSTMUSEUM

Über drei Stockwerke verteilt sich eine einzigartige Sammlung von Malern der Cobra-Gruppe (1948–51), surrealistische Werke von Mortensen und Jacobsen und Bilder der neuen Wilden Lemmerz und Kvium. Publikumsmagnet ist die Sammlung internationaler Grafik mit über 1000 Werken u. a. von Joan Miró. *Di–So 10–16 Uhr | Eintritt 60 Kronen | Havnegade 20 | eskum.dk | 2–3 Std.*

NØRRESKOVEN

Tiere in freier Natur erleben: Im Tiergarten *Nørreskoven* wimmelt es nur so von Rot-, Dam- und Sikawild, und Eichhörnchen jagen durch die Baumkronen. Hier kommen die Hirsche ganz nah heran und fressen dir sogar aus der Hand. *Tgl. bis Einbruch der Dunkelheit | Eintritt frei | Gl. Vardevej | Parken am Spangsbjerg-Krankenhaus*

ESSEN & TRINKEN

FAVORITTENS SMØRREBRØD

Smørrebrød vom Feinsten: Hier kommt alles auf das Brot, was die Küche hergibt. *Mo 10–15, Di–Sa 10–19 Uhr | Kronprinsensgade 19 | favorittenssmoerrebroed.dk | €*

FLAMMEN

Bestell den Magenbitter gleich mit! All you can eat zum Festpreis. 15

Einer von vier: Die 9 m hohen „Männer am Meer" sind ein Wahrzeichen Esbjergs

Fleischsorten liegen immer auf dem Grill, darunter Wurst aus Argentinien, amerikanische Steaks oder gefülltes Wildschwein.

INSIDER-TIPP
Fleischfresser willkommen

Dazu gibt es 50 Salatzutaten zum Selbermischen und reichlich Beilagen. *So–Do 17–22, Fr/Sa 17–23 Uhr | Broen Shopping 20 | Tel. 35 26 63 76 | restaurant-flammen.dk | €€*

STRÄNDE

Henne Strand 44,5 km/45 Min. mit dem Auto über die Landstraßen 463 und 465 | Vejers Strand 35,5 km/38 Min., Blåvand 40 km/40 Min. mit dem Auto über die Landstraßen 463 und 431

★ *Henne Strand,* ★ *Vejers Strand* und ★ *Blåvand:* Drei der schönsten und beliebtesten Strände des dänischen Festlands liegen gleich nördlich von Esbjerg. Kilometerlang nichts als Dünen und Strände, meist mehr als 200 m breit. Die windumtoste Landspitze *Blåvands Huk* ist der westlichste Punkt Dänemarks. Der 42,6 m hohe Leuchtturm wird nur noch von dem Skagens überragt. Etwas ganz Besonderes verbirgt sich im Flugsand: Bei *Kærgaard* (zwischen Henne und Vejers) liegt ein versandeter Eichenwald. Die Büsche, die an dieser Stelle aus dem Sand ragen, sind nichts anderes als die Kronen der Bäume – immer noch voller Leben. | *A8*

RUND UM ESBJERG

10 FANØ ★

12 Min. per Fähre ab dem Hafen

Wenn sich die *Fähre (Tel. 70 23 15 15 | fanoefaergen.dk)* langsam in Richtung Insel bewegt, dann wirst du merken, dass auf Fanø die Zeit stehengeblieben ist. Keine Kriminalität, ein Polizist, mehr Seehunde als Einwohner, einsame Sandstrände, abgelegene Höfe, Kühe und Pferde inmitten von Waldstücken. Attraktion der Insel ist der 15 km lange Sandstrand von Fanø, der sich von Fanø-Bad bis Sønderho erstreckt. Hier kann man nicht nur wunderbar relaxen, sondern auch mit dem Strandsegler seine Runden drehen, Drachen steigen lassen oder nach Bernstein suchen. Das beste Essen auf der Insel gibt es in *Rudbeck's Ost & Deli (Mo, Di, So 10–17.30, Mi–Sa 10–21.30 Uhr | Hovedgaden 90 | Nordby | Tel. 30 44 66 11 | rudbecks.dk | €)*. Außen der Charme der Hausbesetzerszene, drinnen eine Mischung aus Tante-Emma-Laden und Kantine, aber gekocht wird nur mit Inselprodukten. Die gegrillten Sandwichs sind einsame Spitze.

Sønderho im Süden mit seiner sehenswerten Seefahrerkirche und dem Kro von 1722 ist auf dem Weg in die reine Idylle – ein Postkartendorf. Hast du schon mal in einem Antiqitätenladen diniert? Im *Cafè Fajancen (Sept.–Juni Mo–Fr 10–12 u. 13–16, Juli/Aug. Mo–Fr 10–16, Sa/So 11–15 Uhr | Skolevej 5–7 | Tel. 70 26 42 00 | fajancen.com | €)* wird Fanø-Lachs an uralten Tischen serviert, die mit antiken Kerzenleuchtern dekoriert sind. *visitfanoe.dk* | *A9*

11 VARDE

18 km/30 Min. mit dem Auto über die Primærruter 12 und 11

Im Wasser laichen Lachse, in der Luft drehen Kiebitze ihre Runden, und der Ruf der Wachtelkönige tönt über die Salzwiesen der Marsch. Bei Flut reicht das Wasser vom Varde Ådal bis an die Stadt Varde (13 600 Ew.) heran. Verständlich, dass du dieses Naturparadies nicht gerne verlassen willst. Trotzdem solltest du dir *Varde Miniby (Mai/Juni/Aug. tgl. 10–17, Juli 10–18, Sept./Okt. 10–16 Uhr | Eintritt 40 Kronen, Kinder bis 12 Jahre 12 Kronen | Lundvej 4E | minibyen.vardekommu*

Unendliche Weiten … Wie gemalt präsentiert sich die Nordseeküste bei Henne Strand

ne.dk | Parkplätze Enghavevej und Lundvej 4B) ansehen, die älteste Miniaturstadt der Welt (Maßstab 1:10). | *A–B8*

KOLDING

(C9) **Kolding (60 000 Ew.), die Stadt am Fjord: kulinarisch international und mit 80 Restaurants & Co. unschlagbar.**

Kulturell eine Wucht mit acht Museen und einem Theater. Historisch ein Mekka aus Kirchen und Baudenkmälern und einer Innenstadt mit Spuren der letzten Jahrhunderte. Drum herum ausgeschilderte Rad- und Wanderwege, dazu Schwimmmöglichkeiten drinnen und draußen.

SIGHTSEEING

KOLDINGHUS SLOT

Die Steinmauern sind karg, aber der Einfall des Lichts lässt sie erstrahlen. In der Mitte geschwungene Holzsäulen und an der Wand begehbare Gerüste, die einen Blick aus allen Perspektiven ermöglichen. Einen besseren Ort für Ausstellungen hätte man kaum finden können: Hier vereint sich dänische Kunst mit der Grenzgeschichte. Zu sehen ist auch die größte dänische Silbersammlung. *Tgl. 10–17 Uhr | Eintritt 90 Kronen | Koldinghus 1 | koldinghus.dk*

Im Nordflügel liegt das Restaurant *Madkælderen (tgl. 11–16.30, Do–Sa auch 18.30–22 Uhr | Buffet: Reservierung empfohlen, Abendessen: Reservierung erforderlich | Tel. 75 50 47 98 |*

Wohnen in der Welle am Hafen von Vejle, Bootsanleger und Ostseeblick inklusive

INSIDER-TIPP
Frokost im Keller

madkaelderen.dk | €€€). Mittags wird hier ein traditionelles dänisches Frokostbuffet serviert, das nur aus regionalen und saisonalen Produkten zubereitet wird.

TRAPHOLT ★
Eines der schönsten Museen Dänemarks liegt östlich vom Zentrum mit Blick auf den Kolding Fjord: Trapholt besitzt die einzige Sammlung im Land, die sowohl Kunst als auch Kunsthandwerk, vor allem aber Design und Möbeldesign umfasst. Herausragend ist die Sammlung von Stühlen aus dem 20. Jh. Ebenfalls einen Blick wert: das originale Kubeflex-Ferienhaus von Architekt Arne Jacobsen, das im Park steht, in dem auch Skulpturen dänischer Künstler zu sehen sind. Regelmäßig gibt es außerdem internationale Sonderausstellungen. *Di–So 10–17, Mi 10–20 Uhr | Eintritt 110 Kronen | Æblehaven 23 | trapholt.dk | 2–3 Std.*

ESSEN & TRINKEN

DEN GYLDNE HANE
In einem historischen Fachwerkhaus erlebst du hier die typisch dänische Landgasthausatmosphäre. Auch die Speisekarte ist dänisch ausgerichtet – mit einem Hauch internationaler Küche. *Di 11–15, Mi–Sa 11–21, So 11–20 Uhr | Christian IV. Vej 23 | Tel. 75 52 97 20 | restdengyldnehane.dk | €€€*

RUND UM KOLDING

12 HADERSLEV

30 km/40 Min. mit dem Auto über die Landstraße 170

Die Bauten, für die die Hafenstadt (22 000 Ew.) berühmt ist, findest du südöstlich des Doms: Backsteinhäuser mit wunderschön restaurierten Rokokogiebeln. Der Dom selbst, die *Vor Frue Kirke*, ist die wohl schönste gotische Kirche Dänemarks.

Die größte Töpferarbeitensammlung Nordeuropas zeigt *Ehlers Lertøjssamlingen (Juni–Dez. Di–So 12–16 Uhr | Eintritt 50 Kronen | Slotsgade 20 | historiehaderslev.dk)*. Das Ticket „Fire museer fort to" für 80 Kronen berechtigt zusätzlich zum Besuch von *Von Oberbergs Hus* (eines der ältesten und gut erhaltenen Häuser des Orts), der *Arkæologi Haderslev* (Dänemarks ältestes Grab, archäologische Funde, Waffen aus dem 16. Jh.) und der *Slesvigske Vognsamling* (Kutschen und Co.) | *C9*

13 VEJLE

27 km/30 Min. mit dem Auto über die Landstraßen 191 und 170

In Vejle (50 000 Ew.) haben sich Architekten so richtig ausgetobt. Bestes Beispiel ist die Hafenfront mit einem wellenförmigen Wohnkomplex. Im *Økolariet (Feb.–Nov. tgl. 10–16 Uhr | Eintritt frei | Dæmningen 11 | de.okolariet.dk)* spazierst du durch die Kanalisation und erfährst dabei viel über Wasser, Klima und Umwelt. | *C8*

14 LEGOLAND

45 km/40 Min. mit dem Auto über die Landstraßen 161, 176 und die Primærruter 28

1968 begann alles bescheiden mit einem Miniland. Hier sind Bauwerke aus der ganzen Welt aus Legosteinen nachgebaut. Das Miniland gibt es immer noch, nur bescheiden ist nichts mehr. Lego ist längst ein Millionenimperium, und rund um das Miniland stehen Themenhotels, Achterbahnen und Karussells aller Art im Abenteuer- und Piratenland. Auch Star Wars wird lebendig, und ein Lego-Aquarium gibt es ebenfalls. *Ostern–Okt. tgl. 10–18, Ende Juli–Anf. Aug. 10–21 Uhr; tagesaktuelle Öffnungszeiten auf der Website | Eintritt 359 Kronen, Kinder 375 Kronen | günstigere Preise bei Online-Buchung und Aktionen, wie All-inclusive-Tickets oder Zwei-Tages-Tickets | Nordmarksvej 9 | Billund | legoland. dk | 1 Tag | C8*

SCHÖNER SCHLAFEN IN SÜDJÜTLAND

AB INS GEFÄNGNIS

Hast du schon mal eine Nacht im Kittchen verbracht? In Ribe kannst du in einem ehemaligen Gefängnis übernachten, im *Den Gamle Arrest (11 Zi. | Torvet 11 | Tel. 75 42 37 00 | dengamlearrest.dk | €€)*. Du musst keinen Sträflingsanzug anziehen, kannst aber eine Feile mitnehmen. Über lange Knastflure führt der Weg in deine Zelle. Die hat Gitterstäbe vor den Fenstern, ist eng, aber komfortabel eingerichtet.

MITTEL-JÜTLAND

LAND ZWISCHEN DEN MEEREN

Mitteljütland, das ist blauer Himmel, blühende Felder, wilde Brandung im Westen, ruhiges Meer im Osten und dazwischen eine spektakuläre Seenlandschaft und naturschöne Fjorde. Herz der Region ist Aarhus, die zweitgrößte Stadt des Landes und das kulturelle Zentrum Jütlands: kulinarisch ein Highlight zwischen Sternerestaurants und dem größten Streetfoodmarkt in Nordeuropa. Märkte, kultige Läden, Shoppingcenter und am Abend Musik in den Straßen, überfüllte Szenetreffs und Stu-

Blick vom ARoS Art Museum auf Aarhus

dentenkneipen. Die Küstenorte und Inseln könnten unterschiedlicher nicht sein. Mal kommen sie eher verschlafen daher, wie das idyllische Ebeltoft oder Endelave, und dann wieder als moderne Touristenorte, wie Hvide Sande oder Ringkøbing. Doch diese Region ist mehr als nur Meer. Museen für Frauen und über Wikinger, Freizeitparks, ein Regenwald mit wilden Tieren, ein Aquapark mit Wellness, dazu Sportmöglichkeiten an Land und zu Wasser und massig saisonale Events.

MITTELJÜTLAND

MARCO POLO HIGHLIGHTS

★ **DEN GAMLE BY**
Historisches Häuserensemble im Museumsstädtchen von Aarhus ➤ S. 58

★ **SAMSØ**
Die Ostseeinsel mit ihren Hügeln, Feldern und vielen Hafenstädtchen ist ein Stück Dänemark en miniature ➤ S. 62

★ **HVIDE SANDE**
Jede Menge Fisch – und wenn das Wetter mitspielt, gibt es jeden Tag eine Fischauktion ➤ S. 67

Den Gamle By in Aarhus: ein Städtchen in der Stadt und eine Zeitreise im Maßstab 1:1

AARHUS

(🕮 E6–7) **Mit 340 000 Ew. ist Aarhus die zweitgrößte Stadt Dänemarks. Berühmt ist sie für ihr Kunstmuseum ARoS.**
Auch Oper, Ballett und Symphonieorchester der Stadt genießen international einen guten Ruf, und das Nachtleben von Aarhus ist legendär. Höhepunkt im jährlichen Veranstaltungskalender ist die internationale *Festwoche (aarhusfestuge.dk)* Ende August/Anfang September.

SIGHTSEEING

AROS AARHUS KUNSTMUSEUM

Der avantgardistische Bau setzt Akzente. Auf 5000 m² zeigt das Museum Kunst von 1700 bis heute, Schwerpunkt dabei: die dänische Moderne. Zum Bestand gehören mehr als 1000 Gemälde, 300 Skulpturen und 11 000 Arbeiten auf Papier. Highlight: die Dachterrasse „Your Rainbow Panorama" des dänisch-isländischen Künstlers Olafur Eliasson. Das 2011 eingeweihte Kunstwerk erlaubt einen 150 m langen farbenprächtigen Rundgang mit Ausblicken auf Aarhus. *Do–Di 10–17, Mi 10–22 Uhr | Eintritt 130 Kronen, Juli/Aug. 140 Kronen | Aros Allé 2 | aros.dk | kostenlose Parkplätze am Museum | ⏲ 2–3 Std.*

DEN GAMLE BY ★

Postamt und Tante-Emma-Laden von 1920, eine Küche von 1900: Erleben Sie, wie es in Dänemark 1927 oder 1975 aussah. 80 Häuser aus 20 Städten, vollgepackt mit Gegenständen ab dem 17. Jh. *April/Mai, Sept. tgl. 10–17, Juni–Aug. 10–18, Nov./Dez. Mo–Fr 10–17, Sa/So 10–18 Uhr | Eintritt 135 Kronen, bis 17 Jahre frei | Viborgvej 2 | dengamleby.dk | 3 Std.*

KVINDEMUSEET

Alice Schwarzer wäre begeistert: Im Frauenmuseum geht es um die Rolle der Frau im 20. Jh.: Sexualität, Emanzipation, Mode, Beruf und Familie. Mit Ausstellungen und Konzerten. *Di–Sa 10–17 (Mi bis 20), So 10–16 Uhr | Eintritt 65 Kronen | Domkirkeplads 5 | kvindemuseet.dk | Parkplätze am Dokk1 und am Dom | 1 Std.*

SALLING ROOFTOP

Die Location auf der Dachterrasse des Kaufhauses Salling genießt Kultstatus. Hier oben kannst du Cocktails genießen, richtig gut essen, und jeden Freitag sorgt ein DJ für Partystimmung. Doch das eigentliche Event ist die Glasrampe, ein Skywalk 25 m über der Fußgängerzone. *Mo–Fr 10–20, Sa/So 10–18 Uhr | Eintritt frei | Søndergade 27 | salling.dk*

WOHIN ZUERST?

Am Hauptbahnhof beginnen die Einkaufsstraßen Ryesgade und Søndergade. Store Torv ist in 15 Min. erreicht. Zentrale Bushaltestellen sind Hauptbahnhof oder Rathausplatz. Wer die S-Bahn nimmt, sollte am Hauptbahnhof oder an der Station Europa Plads aussteigen. Parkhäuser findest du z. B. am Kaufhaus Magasin oder an der Havnegade.

MARSELISBORG SLOT

Schloss Marselisborg ist die Sommerresidenz der Königin. Schlosspark und Rosengarten sind für jedermann frei zugänglich – wenn die Regentin nicht da ist. Ist sie da, gibt's jeden Tag um 12 Uhr Wachablösung. *Kongevejen 100*

MUSEUM MOESGÅRD

Alles, was in Dänemark ausgegraben wurde, befindet sich hier auf einer Fläche von 16 000 m²: Die mumifizierte Leiche des über 2000 Jahre alten Grauballemanns, Runensteine aus der Wikingerzeit, Grabkisten aus der Bronzezeit und Masken aus der Altsteinzeit. *Di–So 10–17 (Mi bis 21) Uhr | 140 Kronen | Moesgård Allé 15 | Højbjerg | moesgaardmuseum.dk | 3 Std.*

ESSEN & TRINKEN

AARHUS STREETFOOD

30 Straßenküchen warten im alten Busterminal. Klassisch ist das indische Curry, die pure Verführung ein französischer Crêpe – oder iss mal ganz exotisch eine ugandische Rolex, ein gefülltes Fladenbrot. Die frisch gepressten Säfte von Juicen haben Suchtpotenzial, wie der „Clean Green" mit Apfel und Gurke oder „Breeze" mit Erdbeere und Ingwer. *Mo–Do, So 10–21, Fr/Sa 10–22 Uhr | Ny Banegaardsgade 46 | aarhusstreetfood.com | €*

INSIDER-TIPP
Smoothies mit Suchtfaktor

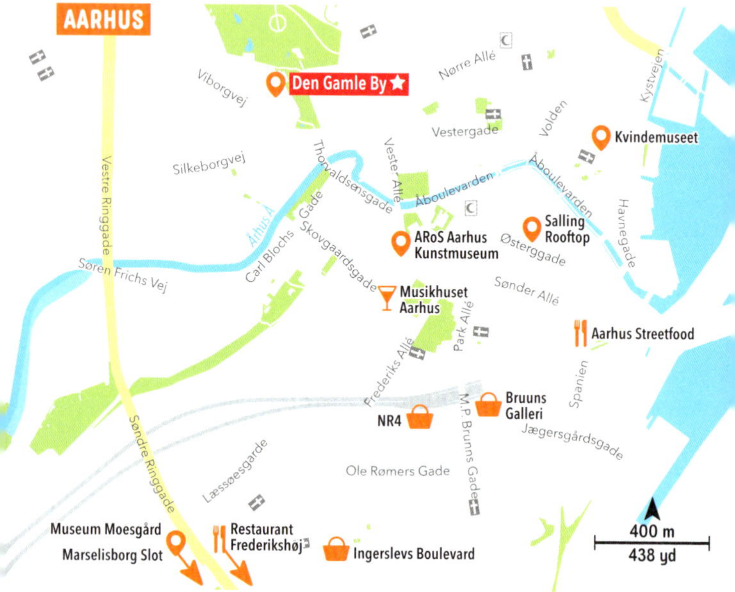

RESTAURANT FREDERIKSHØJ

Eins der Top-Ten-Restaurants in Dänemark. Austern und Hummer werden zur Geschmacksexplosion, und das Auge isst mit: Desserts, serviert auf Tellern aus gefrorenem Eis. *Mi–Sa 18–24 Uhr | Oddervej 19–21 | Tel. 86 14 22 80 | frederikshoj.com | €€€*

SHOPPEN

BRUUNS GALLERI

Mit über 100 Geschäften und 14 Restaurants eines der größten Shoppingcenter in Dänemark. Ein Kino, regelmäßige Modenschauen und jede Menge Events sorgen für beste Unterhaltung. Auf dem Dach befindet sich eine Minigolfbahn! *Mo–Fr 10–20, Sa/So 10–18 Uhr | Bruuns Gade 25 | bruuns-galleri.steenstrom.dk*

INGERSLEVS BOULEVARD

Eine Mischung aus Floh- und Wochenmarkt. 60 Buden, vollgepackt mit frischem Obst und Gemüse, regionalen Produkten und Nippes aller Art. *Mi u. Sa 7–14 Uhr | Ingerslevs Boulevard 1*

NR4

Handwerk in Formvollendung: filigrane Vasen, handgestrickte Schals, Ohrringe aus Holz und Porzellan, Hocker aus Filz. Wer hier nichts findet, ist selber schuld! *Mo–Do 11–17.30, Fr 11–18, Sa 10–17 Uhr | Jægergårdsgade 51 | nr4.dk*

SPORT & SPASS

TIVOLI FRIHEDEN

Vier Achterbahnen und mehr als 40 Attraktionen für den kleinen und großen Nervenkitzel. Hier kommt garantiert keine Langeweile auf. Dazu gibt es Sparaktionen wie „2 Tage zum Preis von einem" oder das All-inklusive-Ticket mit einem All-you-can-eat-Buffet, Eis, Zuckerwatte, Getränke und Gutscheine für Budenspiele. *Ostern–Mitte Sept. tgl. 11–19, Juli/Aug. 10–21 Uhr | Eintritt ab 120 Kronen, Kinder unter 90 cm frei | Skovbrynet 5 | friheden.dk*

AUSGEHEN & FEIERN

Das Viertel um *Rosensgade, Volden, Pusterring* und *Badstuegade* ist das Zentrum aller abendlichen Vergnügungen in Aarhus. Man sitzt vor Brunnen oder lauscht der Livemusik, die an beinahe jeder Ecke gespielt wird.

MUSIKHUSET AARHUS

Der Musiktempel von Aarhus: Hier werden alle Arten von Musik gespielt, von Folk bis zu klassischen Werken. Ein Café und einige kleine Bühnen mit freiem Eintritt gehören auch zum Haus. *Thomas Jensens Allé 2 | Tel. 89 40 90 00 | musikhusetaarhus.dk*

RUND UM AARHUS

1 EBELTOFT

52 km/50 Min. mit dem Auto über Landstraße 505 und Primærruter 15 und 21

Die über 700 Jahre alte Hafenstadt (7100 Ew.) ist so bewahrt worden, dass jedem Romantiker das Herz aufgeht. Berühmt (und gefürchtet) ist die Hauptstraße, der man ihr erschütterndes Pflaster gelassen hat. In Ebeltoft steht das kleinste Rathaus Dänemarks. Im Hafen liegt die 1862 erbaute, 71 m lange *Fregatte „Jylland" (monatl. wechselnde Öffnungstage u. -zeiten | 125 Kronen | S. A. Jensens Vej 4 | fregatten-jylland.dk)*. Im Sommer lädt Kommandant Rostrup zur *Kanonenshow (tgl. 12 u. 15 Uhr)* ein, die die Seeschlacht vor Helgoland 1864 nachstellt. | *F6*

2 SKANDINAVISK DYREPARK

48 km/40 Min. mit dem Auto über Landstraße 505 und Primærruter 15

Schwerpunkt des wohl größten privaten Tierparks in Nordeuropa ist die Fauna Skandinaviens: Auf einer Fläche von 45 ha leben rund 300 Tiere aus 20 Arten in recht naturnaher Umgebung, darunter Eisbären, Moschusochsen, Rentiere und Elche. Eigene Bereiche sind der 1,5 ha große Wolfspark und der Bärenpark mit 2,5 ha Größe. *April–Juni tgl. 10–17, Juli/Aug. 10–18, Sept./Okt. 10–16 Uhr | Eintritt 180 Kronen, Kinder 3–11 Jahre 95 Kronen | Nødagervej 67b | Kollund-Nødager | skandinaviskdyrepark.dk | 3–5 Std. | F6*

3 GRENAA

63 km/1 Std. mit dem Auto über die Primærruter 15

Der *Greena Sydstrand* soll der zweitschönste Strand des Landes sein. Schneeweißer, pudriger Sand weist den Weg ins flach abfallende Wasser. Die Attraktion der Stadt ist das *Kattegatcentret (Juni–Aug. tgl. 10–17,*

Sept./Okt. u. Feb.–Mai tgl. 10–16, Nov.–Jan. Di–So 10–16 Uhr | Eintritt 165 Kronen, Kinder 3–11 Jahre 95 Kronen | Færgevej 4 | kattegatcentret.dk | ⏲ 2 Std.). Hier schwimmen Haie in einem Becken, die du in einem Tunnel von unten bestaunen kannst. | *F6*

4 RANDERS

39 km/40 Min. mit dem Auto über die Autobahn E45

Die Stadt Randers lockt gleich mit zwei Attraktionen, die du dir nicht entgehen lassen solltest. Im tropischen Regenwald *Randers Regnskov (April–Juni, Sept.–Nov. Mo–Fr 10–16, Sa/So 10–17, Juli/Aug. tgl. 10–18, Dez.–März Mo–Fr 10–15, Sa/So 10–16 Uhr | Eintritt März–Okt. 190 Kronen, Nov.–Feb. 175 Kronen, Kinder 3–11 Jahre 110 Kronen | Tørvebryggen 11 | regnskoven.dk)* leben Krokodile und giftige Schlangen, fliegen tropische Vögel und spielen freche Affen.

Das *Water und Wellness Randers (Mo–Do 11–20, Fr 11–19, Sa/So 8–18 Uhr | Tageskarte 85 Kronen, Kinder 65 Kronen | Viborgvej 80 | waterandwellness.dk)* bietet Wasserspaß und Wellness auf 6700 m² mit Rutschen, Kinder- und Babybecken mit Spielgeräten, Dänemarks größter Sauna, Dampfbad und Wassertemperaturen bis zu 34 Grad. | *D–E 5–6*

5 SAMSØ ★

32,5 km/40 Min. mit dem Auto über die Landstraßen 451 und 445, dann 1 Std. per Fähre ab Hou Havn

Samsø (4000 Ew.): 28 km lang und knapp 8 km breit, 120 km Küste mit Sandstränden, grünen Hügeln, blühenden Heideflächen, Mooren und Salzwiesen. Eine Reetdach- und Fachwerkhaus-Idylle und Heimat der dänischen Frühkartoffel, um die sich auf der Insel alles dreht. Sie wird schon morgens in gekochter Form aufs Brot gelegt, und nirgendwo im Königreich können Köche so leckere Kartoffelgerichte zaubern. Das Restaurant *SAK (tgl. 11.30–15 u. 17–22.30 Uhr | Aavej 10 | Ballen | Tel. 28 77 38 77 | saksamsoe.dk | €€)* z. B. ist bekannt für seine Kartoffelkreationen.

Am besten lässt sich Samsø per Rad erkunden. Gleich an den Häfen von *Sælvig* und *Kolby Kås* stehen Leihfahrräder bereit *(Mai–Sept. 8–18 Uhr | ab 70 Kronen/Tag | samsocykeludlejning.dk).* Auswege findest du hoffentlich im angeblich größten *Labyrinth* der Welt auf einer Fläche von 12 Fußballfeldern mit über 10 000 Bäumen *(April Sa/So 10–15, Mai/Juni Di–Sa 10–17, Juli/Aug. tgl. 10–17 Uhr | Eintritt 65 Kronen, Kinder 3–12 Jahre 55 Kronen | M. B. Jensens Vej 12 | Nordby | samsolabyrinten.com).* In der *Dorfschmiede (Juni–Aug. Di 14–16 Uhr | 25 Kronen | Langemark Smedje | Tværvej 36)* kannst du selber das Eisen schmieden.

Fähre: bis zu sieben Abfahrten tgl. | Fahrpreis ab 8 Euro, mit Pkw ab 30 Euro | Fährterminal Hou Havn | Strandgade | Tel. 70 22 59 00 | tilsamsoe.dk | *E–F 7–8*

6 ENDELAVE

67 km/1 Std. mit dem Auto über die Autobahn E45, Primærruter 52 und Landstraße 459, dann 1 Std. per Fähre ab Snaptun

Unter Haien: Im Kattegatcentret in Grenaa schwimmen Bewohner aller Weltmeere

Fernglas nicht vergessen! Bei der Überfahrt von *Snaptun* auf die Insel Endelave werden dir garantiert Schweinswale und Kegelrobben begegnen. Die 13 km² große Kattegat-Insel ist ein Naturparadies abseits des Massentourismus mit Waldseen, Wiesen- und Heideflächen und 20 km naturbelassener Küste, im Südwesten ein 5 m hohes Kliff. Der schönste Strand der Insel ist *Øvre nord*, dessen Spitze aus Sand und Kies weit ins Wasser hineinragt. Den besten Fisch der Insel gibt es im *Røghus (tgl. 11.30–16.30 Uhr | Kongevejen 65 | endelavefisk.dk | €).*
Fähre: mindestens zwei Abfahrten tgl. | Fahrpreis ab 120 Kronen, mit Pkw ab 170 Kronen, bis 50 Prozent Rabatt in den Sommermonaten | Fährterminal Snaptun Havn | Havnevej | Tel. 30 36 91 75 | mf-endelave.dk | E8

7 SILKEBORG

44 km/40 Min. mit dem Auto über die Primærruter 01 und 15

Seen, so weit das Auge reicht, gibt es in Silkeborg (43 000 Ew.). Die kannst du mit dem Kanu erkunden: *Silkeborg Kanocenter (Mai 9–17, Juni–Aug. 9–20 Uhr | ab 125 Kronen | Østergade 36 | Tel. 86 80 30 03 | silkeborg kanocenter.dk).* Oder nostalgisch: Vorbei geht es an grünen Wäldern, Schwäne drehen ihre Runden, und es qualmt ganz schön auf dem kohlebefeuerten *Raddampfer „Hjejlen" (Abfahrten Juli–Sept. tgl. | ab 125 Kronen | Tel. 86 82 07 66 | hjejlen.com)*, dem weltweit ältesten noch in Betrieb befindlichen seiner Art.

In Nordeuropas größtem Süßwasseraquarium *Aqua Akvarium & Dyrepark (Sept.–Juni Mo–Fr 10–16, Sa/So 10–17, Juli bis 20, Aug. bis 18 Uhr |*

Viborgs Dom, die Frue Kirke (Frauenkirche), wurde im 19. Jh. komplett neu errichtet

Eintritt 160 Kronen, Kinder 3–11 Jahre 90 Kronen | Vejlsøvej 55 | visitaqua.dk | 2–3 Std.) sind Fische, Otter, Biber und Enten hinter Panoramafenstern und in einem Park zu sehen. Im Juni ist Silkeborg beim *Riverboat Jazz Festival (riverboat.dk)* Bühne für 60 Jazzbands. | D6

8 VIBORG

65 km/1 Std. mit dem Auto über die Primærruter 26

Umgeben von Hügeln, Seen und Heide erhebt sich über die Dächer von Viborg (40 000 Ew.) der *Dom (Mai–Sept. Mo–Fr 11–17, Sa/So 12–17, Okt.–April Mo–Fr 11–15, Sa/So 12–15 Uhr | Eintritt 10 Kronen | Sct. Mogens Gade 4 | viborgdomkirke.dk)*, das Längsschiff beherrscht von 2 m hohen Engeln aus Bronze. Ganz in der Nähe liegen kleine Einkaufsstraßen mit urigen und modernen Läden und hübschen Cafés. Die alten Kalkgruben von *Daugbjerg* und Mønsted westlich der Stadt sind heute wahre Abenteuerspielplätze: In den *Mønsted Kalkgruber (April–Okt. tgl. 10–17 Uhr | Eintritt 80 Kronen | Kalkværksvej 8 | monsted-kalkgruber.dk)* beleuchtet ein Kino mit Multimediashow die Geschichte der Stollen. | D6

RINGKØBING

(A7) Die alte Stadt Ringkøbing (9700 Ew.) am gleichnamigen Fjord war einmal eine Hafenstadt – dann wanderte die Öffnung der Meerenge nach Süden, und

Ringkøbings Hafen wurde zum Binnenhafen.
Hier und am Marktplatz prägen Backstein- und Fachwerkhäuser eine der ältesten Handelsstädte im Königreich. Golf, Reiten, Angeln und der 125 km lange Radweg rund um den Ringkøbing Fjord machen Ringkøbing zum idealen Ziel für Aktivurlauber. Im Sommer spazieren allabendlich Nachtwächter singend durch die Altstadt.

ESSEN & TRINKEN

FISKEHUSET

Einfach und rustikal, aber ein selten schöner Ort, um Fisch und Meerestiere zu essen. Bänke und Stühle stehen direkt an der Wasserkante! *Mo–Fr 9.30–18, Sa 9–15 Uhr | Havnepladsen 4 | Tel. 97 32 30 60 | fiskehuset-ringkoebing.dk* | €

SHOPPEN

Ringkøbing ist die Stadt der offenen Werkstätten und Galerien. Du kannst z. B. zusehen, wie *Hanne Marie Leth Andersen (wechselnde Öffnungszeiten | Vester Strandsbjerg 10)* ihre Keramiken fertigt. Im Sommer findet jeden Freitag ein Flohmarkt statt und es gibt „Open by night"-Abende mit Livemusik, Kulinarischem und Attraktionen für Jung und Alt. Erstklassige Bioprodukte bietet der *Økoladen (Di–Do 14–17.30, Fr 10–17.30, Sa 10–14 Uhr | Nørbæk 15 | okoladen.dk)*. Das Gemüse kommt immer frisch vom Feld, und Möhren, Kartoffeln & Co. gibt es sogar im Winter. Strohabdeckung schützt die Pflanzen vor Frost.

INSIDER-TIPP
Frisch vom Feld

RUND UM RINGKØBING

9 HERNING

47 km/40 Min. mit dem Auto über die Primærruter 15

Eine quirlige Fußgängerzone und Restaurants der Spitzenklasse, „Elia" *(Birk Centerpark | elia.dk)*, eine raumschiffähnliche Skulptur mit 32 m hohen Säulen als Wahrzeichen, ein Badesee *(Vesterholmvej)* mit Sandstränden mitten in der Stadt: So präsentiert sich Herning (47 000 Ew.), Dänemarks Textilhauptstadt, von blühenden Heideflächen umgeben. Werke von Joseph Beuys und die größte Piero-Manzoni-Sammlung der Welt gibt es im *HEART (Di–So 10–16 Uhr | Eintritt 75 Kronen | Birk Centerpark 8 | heartmus.dk | 2 Std.)*, dem *Herning Museum of Contemporary Art*, zu sehen. *visitherning.com* | *B6–7*

10 HOLSTEBRO

44 km/40 Min. mit dem Auto über die Primærruter 16

Die Stadt (58 500 Ew.) ist keine Perle der Architektur, aber ohne Zweifel hat man hier etwas für die Kunst übrig. Das *Kunstmuseum (Sept.–Juni Di–Fr 12–16, Sa/So 11–17, Juli/Aug. Di–So 11–17 Uhr | Eintritt 75 Kronen | Museumsvej 2 | holstebrokunstmuseum.dk | 2 Std.)* zeigt Kunst aus aller

Schneckenhausdeko und Muschelschalenmuster am Sneglehuset in Thyborøn

Welt mit Schwerpunkt Afrika und Mittelamerika. Westlich erstrecken sich wunderschöne Heide- und Dünenflächen, wie die *Husby Klitplantage*, die du auf geführten Wegen erwandern kannst. *visitholstebro.dk* | *B6*

11 LEMVIG

53 km/50 Min. mit dem Auto über die Primærruter 16 und 28

Am schönsten ist es, wenn die Sonne am frühen Abend die wie eine Träne geformte Hafenbucht der Stadt am Limfjord (6900 Ew.) bescheint. Treffpunkt am Hafen ist *Bjarnes Fisketeria (Mo–Do 9–17.30, Fr 9–18, Sa 9–14 Uhr | Havnen 54 | €€)*: Hier gibt es nicht nur leckeren Fisch, sondern auch Algenprodukte, wie zum Beispiel Tang-Aquavit, Tang-Senf, Tang-Pesto oder Tang-Öl.

INSIDER-TIPP
Algen im Glas, Tang in der Flasche

Ortsauswärts Richtung Norden (Gjeller Odde/Golfklub) steht an der wunderschönen Promenade das *Museum für religiöse Kunst (Nov.–März Di–So 12–16, April–Okt. Di–So 10–17 Uhr | Eintritt 75 Kronen | Strandvejen 13 | mfrk.dk | 1 Std.)*, ein architektonisch interessanter Bau, in dem religiös inspirierte Kunst aus Dänemark und Grönland gezeigt wird. | *A5*

12 THYBORØN

86 km/1,5 Std. mit dem Auto über die Landstraße 181

Schon die Anfahrt nach Thyborøn (2000 Ew.) an der Einfahrt zum Limfjord zwingt die Hektik aus den Knochen: kilometerlang nichts als eine schmale Landzunge und Wasser, links wie rechts. Hier erstreckt sich die *Steil-*

küste von Bovbjerg: Die Nordsee hat entlang der Steilküste ihre Spuren mit rauer Gewalt hinterlassen und am Kliff sogar verschiedene Erdschichten aus der Eiszeit freigelegt. Das Natur- und Erlebniszentrum *Kystcentret (Feb.–Juni, Sept./Okt. tgl. 10–16, Juli 10–17, Aug. 10–18 Uhr | Eintritt 119 Kronen, Kinder 3–12 Jahre 99 Kronen | kystcentret.com)* ist ein rechteckiger, grüner Glasbau am Hafen. Gezeigt wird hier – auch interaktiv –, wie Wind und See die dänische Küstenlandschaft ständig formen und verändern.

25 Jahre Handarbeit: Tausende Muscheln und Schnecken schmücken innen und außen das *Sneglehuset (Feb.–Juni u. Sept.–Nov. tgl. 11–14.15, Juli/Aug. tgl. 10.30–16 Uhr | Eintritt 20 Kronen, Kinder 3–12 Jahre 5 Kronen | Klitvej 9 | sneglehuset.dk|* *A5*

13 HVIDE SANDE ★

25 km/30 Min. mit dem Auto über Primærruter 15 und Landstraße 181

Rund 170 Fischerboote könnten darauf hindeuten, dass Hvide Sande (3000 Ew.) nicht viel mehr ist als eine große „Fischfabrik" – aber nichts da. Hier wird aus Fisch Kultur gemacht. Frischen Fisch kauft man z. B. direkt vom Kutter „Hanserak" – Fischer Arne erzählt Touristen gerne von seinen Nordatlantiktouren. Das Restaurant *Under Broen (tgl. 11.30–20 Uhr | Toldbodgade 20 | Tel. 97 31 30 40 | underbroen.dk | €€)* bietet Fischsuppe mit selbst gebackenem Brot oder frische Krabben, und den Hafenblick gibt es gratis dazu.

Im *Akvarium & Fiskerimuseum Fiskeriets Hus (tgl. 10–17 Uhr | Eintritt 95 Kronen | Nørregade 2b | fiskerietshus.dk | 1,5 Std.)* nördlich der Brücke dreht sich alles – natürlich – um die Fischerei. Im Sommer finden Strandgottesdienste statt, mit einem Altar aus Holzpaletten, einer Deko aus Strandgut, Kirchenmusiker und Pfarrer. Stühle oder Decken muss man mitbringen. Termine in der Lokalpresse und unter *hvidesande.dk.* Südlich von Hvide Sande liegt *Skodbjerge,* der schönste Strand der Landzunge. | *A7*

INSIDER-TIPP
Zum Vaterunser an den Strand

SCHÖNER SCHLAFEN IN MITTELJÜTLAND

AB INS KLOSTER

Sich ins Kloster *Sostrup Slot (25 Zellen | Greena | Gjerrild | Maria Hjerte Engen 1 | Tel. 88 44 12 00 | sostrup.org | €€)* zurückziehen, entschleunigen und auf Matratzen aus Pferdehaar und in Bettwäsche aus Bio-Leinen schlafen. Die Nachttische sind Holzstumpen aus den Wäldern von Djursland. Nachts hörst du eine Stecknadel fallen, und tagsüber spazierst du durch den Klostergarten oder meditierst in der Kirche.

AB IN DIE PROVENCE

Die Provence in Aarhus! Nur der Lavendelduft fehlt. Freistehende Badewannen, Himmelbetten, kuscheliger Innenhof: *Villa Provence (39 Zi. | Fredens Torv 12 | Tel. 86 18 24 00 | villaprovence.dk | €€€)*

NORDJÜTLAND

MAGISCHES LICHT UND SURFERWELLEN

Die ersten Touristen, die sich Ende des 19. Jhs. in Dänemarks Norden verirrten, waren die „Skagen-Maler", wie Michael Ancher und Peder Severin Krøyer.

Besonders das Fischerdorf Skagen mit seinem nordischen Licht, die endlosen Strände und die hohen Dünen hatten es den Künstlern angetan. Verändert hat sich seither wenig. Du triffst zwar kaum noch Maler, aber dafür Touristen, die sich dieser einzigartigen Stimmung hingeben und die spektakulären Sonnenuntergänge bewundern.

Der Leuchtturm von Rubjerg Knude

Einige Kilometer südlich in Klitmøller liegt ein Treffpunkt der internationalen Surferszene. Hier weht immer ein frischer Wind, und weil die Wellen manchmal denen im Pazifik ähneln, wird Klitmøller auch „Cold Hawaii" genannt. Hinter den Stränden erstreckt sich der Nationalpark Thy, der die ganze dänische Tierwelt vereint. Was dir jetzt noch zum perfekten Urlaub fehlt, sind Shopping-, Wellness- und Gastrospots. Auch die findest du, zum Beispiel im Hygge Torvet in Thisted, im Sydthy Kurbad oder in der Räucherei in Hanstholm.

NORDJÜTLAND

MARCO POLO HIGHLIGHTS

★ **JOMFRU ANE GADE**
Nordeuropas berühmteste Kneipenstraße in Aalborg ➤ S. 74

★ **NORDSØEN OCEANARIUM**·
Hirtshals besitzt eins der eindrucksvollsten Aquarien Europas ➤ S. 78

★ **NATIONALPARK THY**
Dänemarks erster Nationalpark – und für viele der schönste ➤ S. 80

7 Skagen
Tannis Bugt
Aabæk Bugt
Adlerreservat Tuen 6
Hirtshals 8
Nordsøen Oceanarium
Palm Beach
9 Lønstrup
Hjørring
35
4 Frederikshavn
97 km, 1 Std. 20 Min.
107 km, 1 Std. 15 Min.
10 Løkken
E39
3 Sæby
Brønderslev
E45
Læsø 5
2 Voergaard Slot
Læsø Rende
1 Lindholm Høje
Aalborg
S. 72
Jomfru Ane Gade
187
Aalborg
Bugt
Kattegatt
Madum Sø
140 km, 2 Std.
E45
Mariager Fjord
Hobro
11 Mariager Saltcenter
Verdenskortet
20 km
12.43 mi

Dreimastbark vor dem Utzon Center, museales Vermächtnis des berühmten Baumeisters

AALBORG

(◫ D4) **Ein Schnaps hat Aalborg (112 000 Ew.) in der ganzen Welt berühmt gemacht: der Akvavit.** Mild und bekömmlich wie das Destillat aus u. a. Kümmel und Dillsamen gibt sich auch die Stadt: Eine so übersichtliche und gemütliche Vergnügungsmeile wie die Jomfru Ane Gade hat keine andere Stadt Dänemarks. Die drittgrößte Metropole des Königreichs hat in den vergangenen Jahren einen beeindruckenden Wandel von einer Industriestadt zur Kulturhochburg erlebt. Adressen wie das spannende Utzon Center, das Kulturcenter oder das Museum für moderne Kunst, *Kunsten,* besitzen heute internationale Anziehungskraft.

SIGHTSEEING

AALBORG BEERWALK

Biere aus Klein- und Hausbrauereien erfreuen sich in Dänemark zunehmender Beliebtheit. Beim *Aalborg Beerwalk* kann man sechs der populärsten Pubs und Brauhäuser der Stadt, darunter *Søgaards Bryghus* und *The Wharf,* kennenlernen und sechs verschiedene Biersorten verkosten *(125 Kronen inkl. Glas und Pub-Führer | Verkauf direkt in den Hotels und Pubs | visitaalborg.com).*

NORDKRAFT

In Aalborgs Kulturcenter wurde vor wenigen Jahren noch Strom und Wärme aus Kohle erzeugt; heute residieren hier Theater, Musikklubs, ein Kino und eine Kunsthalle. Im Sommer trifft

INSIDER-TIPP **Strand am Kraftwerk**

man sich an der „Costa del Nordkraft", einem Sandstrand mitten im Kulturcenter mit Liegestühlen, Palmen, Bar und jeder Menge Events. *Tgl. 7–23 Uhr | Kjellerups Torv | nordkraft.dk*

SPRINGEREN – MARITIMES ERLEBNISMUSEUM

Die Geschichte des Hafens wird dokumentiert, auch eine Reihe von Marinebooten ist zu sehen. *Jan.–April, Sept. tgl. 10–16, Mai/Juni, Aug. 10–17, Juli 10–20 Uhr | Eintritt 80 Kronen | Vestre Fjordvej 81 | springeren-maritimt.dk | 1 Std.*

UTZON CENTER

Das letzte Werk des weltberühmten dänischen Architekten Jørn Utzon (1918–2008), der in Aalborg aufwuchs. Das aufregend schöne Center zeigt u. a. Wechselausstellungen zu Utzons Werk, Architektur und Bauen der Zukunft. Herrlich auch das *Restaurant Jørn (€€)* mit Fjordblick. *Di–So 10–17 (Do bis 21) Uhr | Eintritt 60 Kronen | Slotspladsen 4 | utzoncenter.dk | 2 Std.*

WOHIN ZUERST?

Ob Einkaufsbummel in der Algade oder Besuch im Utzon Center – alles ist zu Fuß zu erreichen. Zentrale Bushaltestellen sind Østerågade bzw. Nytorv, die Touristinfo liegt östlich davon im Kjellerups Torv. Parkmöglichkeiten gibt es überall in der Innenstadt, u. a. beim Bahnhof Aalborg Station oder am Schlossplatz (Slotspladsen) am Limfjord.

ZOO

Der erste umweltzertifizierte Zoo der Welt gehört zu den großen Tierparks des Nordens. 140 Tierarten, wie Eisbären, Pinguine oder Elefanten, kannst du hautnah erleben, füttern und auf Wunsch auch einen Blick hinter die Kulissen werfen. *Jan./Feb Mo–Fr 10–15, März/Okt. 10–16, April/Sept. 10–17, Mai 10–18 Uhr – Sa/So immer 1 Std. länger; Juni–Aug. tgl. 10–19, Nov./Dez. tgl. 10–15 Uhr | Eintritt 160, Juni–Aug. 190 Kronen, Kinder 3–11 Jahre 99, Juni–Aug. 119 Kronen | Mølleparkvej 63 (kostenlose Parkplätze) | aalborgzoo.dk | 3–5 Std.*

ESSEN & TRINKEN

FUSION

Gourmetrestaurant direkt am Hafen von Aalborg – natürlich mit Blick aufs Wasser. Der gastronomische Schwerpunkt liegt auf frisch zubereiteten Sushi-Köstlichkeiten. *Mo–Sa 17–24 Uhr | Strandvejen 4 | Tel. 35 12 33 31 | restaurantfusion.dk | €€*

MORTENS KRO

Gourmetküche in Designumgebung in der City. Koch Morten Nielsen ist (fast) eine nationale Institution. Schon 1996 war er Koch des Jahres – dieses Niveau hat die Speisekarte bis heute gehalten, ob Lammkeule oder Nordseefisch. *Mo 17.30–1, Di–Sa 11–15 u. 17.30–2 Uhr | Mølleå 4 | Tel. 98 12 48 60 | mortenskro.dk | €€€*

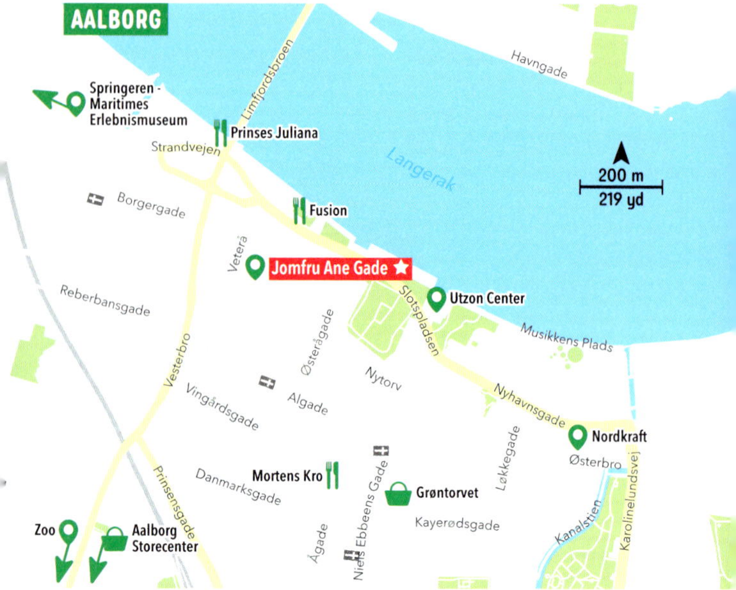

PRINSES JULIANA

Im Schatten der Limfjordbrücke liegt das einstige niederländische Schulschiff „Prinses Juliana" heute fest vertäut. An Bord gibt es im Restaurant Feinstes aus der dänischen und französischen Küche, am Wochenende auch Brunch. *Mo–Fr ab 11.30, Sa ab 11 Uhr | Vestre Havnepromenade 2 | Tel. 98 11 56 66 | prinsesjuliana.dk | €€*

GRØNTORVET

Auf diesem Markt werden Bioprodukte aus der Region vertrieben. Neben frischem Obst und Gemüse gibt es auch fangfrischen Fisch, handgemachten Käse, Eier von frei laufenden Hühnern und selbst gebackenes Brot. *Mi u. Sa 7.30–14 Uhr | Platz zwischen Danmarksgade und Ågade | torvedag.dk*

SHOPPEN

AAALBORG STORECENTER ☂

Modeboutiquen, Schuhgeschäfte, Juweliere, Spielwarenläden, Sportshops, Cafés und Snackbars und dazu Kinderanimateure, Livebands und saisonale Attraktionen bietet Aalborgs großes Einkaufszentrum. *Mo–Fr 10–19, Sa/So 10–16 Uhr | Hobrovej 452 | astc.dk*

AUSGEHEN & FEIERN

Die Straße der Straßen ist die ★ *Jomfru Ane Gade*. Hier liegen Nachtclubs neben Pizzerien, Straßencafés neben Nobelrestaurants. Im *Café 1000 Fryd (Di/Mi 15–23, Do–Sa 15–2 Uhr | Kattesundet 10 | 1000fryd.dk)* trifft sich die alternative Musikszene, im Kulturhaus *Huset (Mo–Do 12–22, Fr 15–21,*

So 11–16 Uhr | Hasserisgade 10 | hu set.dk) stehen Jazz, Folkrock, Blues und Weltmusik auf dem Programm. Klassik von internationaler Klasse bringt das *Aalborg Symfoniorkester (Kjellerupsgade 14 | Tel. 98 13 19 55 | aalborgsymfoni.dk)* zu Gehör.

RUND UM AALBORG

1 LINDHOLM HØJE

4,5 km/15 Min. mit dem Auto über Landstraße 180, Primærruter 55 und Lindholmsvej

Keine 10 km nordwestlich von Aalborg befindet sich einer der größten bekannten Wikingerfriedhöfe Skandinaviens. 200 der insgesamt 682 Gräber sind sogenannte Schiffsetzungen, Gräber in Schiffsform. Alljährlich in der letzten Juniwoche erwachen die wilden Nordmänner bei den jährlichen Wikingerspielen zu neuem Leben; Museum zur Wikingerzeit. *April–Okt. tgl. 10–17, Nov.–März Di–So 10–16 Uhr | Eintritt 75 Kronen | Vendilavej 11 | Nørresundby | nordmus.dk |* D3

2 VOERGAARD SLOT

41 km/30 Min. mit dem Auto über die Autobahn E45

Eines der besterhaltenen Renaissancegebäude Jütlands. Der ausgeprägte Reichtum an Sandsteinornamenten und Figuren war Wunsch der Eignerin Ingeborg Skeel (1578–1604). Im Juli einwöchige Mittelaltertage, Anfang Dezember Weihnachtsmarkt. *Ende März–Mitte Okt. tgl. 11–16 Uhr (Mai–Mitte Juni u. Sept.–Mitte Okt. nur Sa/So) | Eintritt 100 Kronen | Flauenskjold | voergaardslot.dk |* E3

3 SÆBY

54 km/40 Min. mit dem Auto über die Autobahn E45

Sæby (9000 Ew.) besitzt einen malerischen Stadtkern mit Gebäuden aus dem Mittelalter, in denen kleine Läden und Cafés ihre Heimat gefunden haben, und ist umgeben von schneeweißen Sandstränden und schattigen Wäldern. Die ersten Touristen kamen, nachdem Künstler wie Henrik Ibsen und Herman Bang den ruhigen Ort um 1900 entdeckten.

Im *Ravsliberen (April–Sept. Mo–Fr 10–17.30, Sa 10–13, Juli auch So 11–15, Okt.–März Di–Fr 11–17, Sa 11–13 Uhr | Algade 12a | ravsliberen.dk)* kannst du Bernsteinschmuck nach eigenen Vorstellungen fertigen lassen oder filigran verarbeitete Schmuckstücke kaufen. Hier ist jedes Teil ein Unikat!

INSIDER-TIPP
Schmuck – beinahe selbst gemacht

Einen Stopp einlegen solltest du im *Highway 69 (in der Saison tgl. 12–21 Uhr | Frederikshavnsvej 69 | Tel. 61 60 69 69 | highway66.dk | €)*. Hier gibt es die besten Spareribs jenseits von New Orleans. Sæbys Geschichte wird im *Sæbygård Herregårdsmuseet (Feb.–Mitte Dez. tgl. 11–15 Uhr | Eintritt 75 Kronen | Sæbygårdvej 49 | kystmuseet.dk)* lebendig, einem Renaissance-Adelssitz mit Zugbrücke. | E3

Grenen: An der Landspitze nördlich von Skagen treffen Nord- und Ostsee aufeinander

4 FREDERIKSHAVN

66 km/45 Min. mit dem Auto über die Autobahn E45

Von Frederikshavn (23 000 Ew.) starten die Fähren nach *Læsø*, Oslo und Larvik. Dabei ist die Stadt viel zu schade zum Wegfahren: Feiner, weißer Sand, üppig grüne Palmen, Spaß beim Beachvolleyball, kulinarische Leckerbissen vom Grill und heiße Rhythmen erwarten dich am *Palm Beach (Nordre Strandvej | palmestranden.dk)*. | *E2*

5 LÆSØ

66 km/45 Min. mit dem Auto über die Autobahn E45 und 90 Min. per Fähre ab Frederikshavn

Læsø, eine Insel wie aus dem Bilderbuch: Lila blühender Strandflieder übersät die Küste, vor der Insel tauchen Seehunde, die schaumigen Wellen werden an die Puderzuckerstrände gespült, und hinter den mit Reet und Tang gedeckten Häusern geht über den Inselseen die rote Sonne unter.

Das berühmte Salz der Insel wird in der *Salzsiederei (Mai–Okt. tgl. 10–16, Nov.–April Mo–Sa 10–14 Uhr | Eintritt frei | Hornfiskrønvej 3 | laesoesalt.com)* verarbeitet: Hier kannst du auch selber sieden (ab 80 Kronen), und im Sommer gibt's kostenlose Führungen. Salzkuren in einer besonderen Location bietet das Wellnesscenter *Læsø Kur (April–Juni, Sept./Okt. tgl. 9.30–18, Feb./März 9.30–17, Juli/Aug. 9.30–21 Uhr | ab 275 Kronen | Vesterø Havnegade 28 | saltkur.dk)*, das in die umgebaute Kirche von Vesterby eingezogen ist. Da, wo man einst das Vaterunser betete, wird jetzt gebadet und massiert, und im Chor stehen Ruheliegen. *Fähre: in der Saison tgl. 4–7 Abfahrten, Winter siehe Website | Fahrpreis ab 60 Kronen, mit Pkw ab 250 Kronen | Fährterminal Frederikshavn | Sydhanvsvej | Tel. 98 49 90 22 | laesoe-line.dk | F-G3*

6 ADLERRESERVAT TUEN

78,5 km/50 Min. mit dem Auto über Autobahn E39 und Landstraße 597

Stein-, See- und Riesenseeadler, Wanderfalken und Bartgeier in freiem Flug im Landzipfel zwischen den Meeren. Bis zu zweimal am Tag finden Flugvorführungen statt. *Tagesaktuelle Öffnungszeiten auf der Website | Eintritt 145 Kronen, Kinder 4–12 Jahre 80 Kronen, bei Onlinebuchung 125/60 Kronen | Skagensvej 107 | Bindslev | eagleworld.dk | E*

7 SKAGEN

110 km/80 Min. mit dem Auto über die Autobahnen E45, E39 und die Landstraße 597

Skagen – das klingt. Nach Meer, nach rauer, wilder Natur, nach Fisch und – nach Kunst. Künstler wie Michael Ancher und Peder Severin Krøyer aus Kopenhagen haben die Faszination des Fischerorts (8200 Ew.) um die Wende zum 20. Jh. entdeckt. Es war das ganz besondere Licht, das sie begeisterte. Skagen wurde erst Künstlerkolonie, dann Badeort. Doch Vorsicht: Die Strömungen bei *Grenen*, der äußersten Landspitze von Skagen, sind tückisch – Baden ist hier deshalb verboten. Aber am kinderfreundlichen *Sønderstrand (Østre Strandvej),* auch als Skagens „Maler-Strand" bekannt, darf gebadet werden.

Die Welt der Skagenmaler wird in *Skagens Museum (Juni–Aug. So–Fr 10–17, Sa 10–21, Sept.–Mai Di–So 10–17 Uhr | Eintritt 110 Kronen | Brøndumsvej 4 | skagenskunstmuseer.dk | 2 Std.)* lebendig, das über viele Hauptwerke Krøyers und Anchers verfügt.

Ein Erlebnis ist das *Skagen Odde Naturcenter (Mai–Mitte Okt. Mo–Fr 10–16, Sa/So 11–16, im Juli bis 17 Uhr | Eintritt 70 Kronen, Kinder bis 11 Jahre 30 Kronen | Batterivej 51 | skagen-natur.dk | 2,5 Std.).* Auf 1500 m² macht das Erlebnismuseum anschaulich, wie Wind, Wasser, Sonne und Sand seit Jahrtausenden die Nordspitze Dänemarks verändern – fast alles kann spielerisch im Experiment erprobt werden.

Das ist dänische Lebensfreude und dänischer Sommer pur: am *Solnedgangskiosken* (Sonnenuntergangskiosk) 500 m westlich vom Ort in Gammel Skagen ein kühles Bier genießen, nette Leute treffen, Smalltalk und zusammen den unvergesslichen Sonnenuntergang erleben.

10 km südlich von Skagen bewegt sich unaufhaltsam die zweitgrößte Wanderdüne Dänemarks Richtung Osten, *Råbjerg Mile:* Bis zu 15 m hoch, erreicht das geschützte Naturwunder in vermutlich 200 Jahren die Ostsee. *skagen-tourist.dk | F1*

8 HIRTSHALS

69 km/45 Min. mit dem Auto über die Autobahn E39

Der Hafen ist die Stadt: weit und breit nur Fähren, Kais und Hafenanlagen.

Vom Fährhafen gehen die großen Fähren u. a. nach Island ab, der Fischereihafen ist einer der größten Dänemarks. Ansonsten böte Hirtshals (5900 Ew.) nicht viel – wäre da nicht das ★ ☂ Nordsøen Oceanarium *(Juli/Aug. tgl. 9–18, sonst 10–16/17 Uhr | Fütterungen 11 u. 15, Seehunde 11 u. 16 Uhr | Eintritt 180 Kronen, Kinder 3–11 Jahre 100 Kronen | Willemosevej 2 | nordsoenoceanarium.dk | 3 Std.).* Eine großartige Anlage, Salzwasseraquarien, Streichelbecken, Ozeanarium mit 4,5 Mio. l Meerwasser. In den Aquarien tummelt sich beinahe vollständig die Fauna der Nordsee – 81 Arten leben hier. Im großen Becken unter freiem Himmel tauchen Seehunde. | D2

9 LØNSTRUP

60 km/1 Std. mit dem Auto über die Primærruter 55

Der kleine Ort wird von Galerien und Kunsthandwerkern dominiert. Künstler haben die alten Fischerhäuser wieder zum Leben erweckt. Lønstrup steht für unberührte Natur, meterhohe Sanddünen und kleine Waldflächen.

Zwischen Lønstrup und Løkken erstreckt sich auf einer Länge von etwa 5 km eine beeindruckende Küstenlandschaft. Bei *Rubjerg Knude* erreichen die Dünen eine Höhe von 90 m – senkrecht fällt die Küste zum Wasser hin ab. Das Gelände steht inklusive Europas größter Wanderdüne unter Naturschutz. Einen atemberaubenden Ausblick über die gesamte Region genießt man vom *Leuchtturm Rubjerg (tgl. 10 Uhr bis Sonnenuntergang | Eintritt frei, Ausstellung (Juli/Aug. Di–So 11–17 Uhr) 30 Kronen | rubjergknude.dk).* | D2

10 LØKKEN

45 km/45 Min. mit dem Auto über die Primærruter 55

Kein Hafen, aber immer noch Fischer, die ihre Boote wie eh und je auf den Strand ziehen, der zu den schönsten an der Jammerbucht gehört: Der Sand ist weiß, fein und leuchtet wie Diamanten in der Sonne. Im Sommer tupfen ihn die hübschen weißen Badehütten der Einheimischen: Løkken (1500 Ew.) ist das Badeparadies dieser Küste, ein familienfreundlicher Ort mit einer großzügigen Fußgängerzone, vielen Läden und Restaurants. | D3

11 MARIAGER SALTCENTER

74 km/45 Min. mit dem Auto über Autobahn E45 und Landstraße 555

Hier dreht sich alles um Salz. Es gibt ein Totes-Meer-Schwimmbad, eine Sole und ein Terrassencafé mit herrlicher Aussicht auf den Mariager Fjord. Eine Ausstellung und ein Kino in der Salzmine informieren über die Geschichte der Salzgewinnung. *Mo–Fr 10–16, Sa/So 10–17 Uhr | Eintritt 98 Kronen | Ny Havnevej 6 | Mariager | saltcenter.com* | D5

12 VERDENSKORTET

62 km/45 Min. mit dem Auto über Autobahn E35 und Landstraße 579

Alles begann mit einem Stein, den Søren Poulsen 1944 am Klejtrup Sø fand. Der Stein hatte die Form von Jütland, und so kam Poulsen die Idee, die ganze Welt nachzubauen. Mit Booten starten Kinder zu einer Kreuzfahrt über den Pazifik oder machen per Pony einen Ausritt nach Europa. Eine weitere Attraktion sind längst vergesse Spiele aus der Wikingerzeit, wie Hufeisenwerfen oder Stelzenlaufen. *April–Sept. tgl. 10–17, im Sommer bis 18 Uhr | Eintritt 90 Kronen, Kinder 65 Kronen | Søren Paulsens Vej 5 | Klejtrup Sø | Hobro | verdenskortet.dk |* *D5*

THISTED

(B4) **Man verliebt sich sofort in die Stadt: Thisted (13 000 Ew.) am Limfjord ist das gemütliche Einkaufszentrum der Ferienregion Thy.** Kleine Yachten liegen im Hafen, und rundherum laden moderne Cafés und traditionelle Restaurants ein, das maritime Flair im Sitzen zu genießen. Nur ein paar Schritte entfernt liegt die Innenstadt mit ihren verwinkelten Gassen, kleinen Läden und attraktiven Parks. Freitag und Samstag sind Markttage, und mehrmals im Jahr gibt es „Shopping by Night" mit Livemusik. Fürs Sightseeing tuckert der *By-Zug* durch die Stadt.

SIGHTSEEING

THISTED MUSEUM

Das Museum zeigt Wissenswertes zur Stadtgeschichte sowie zur bäuerlichen Kultur der Region. Einige Räume würdigen den großen dänischen Dichter Jens Peter Jacobsen (1847–85), nach

In Løkken werden die Fischerboote per Seilwinde auf den Strand gezogen

dem auch das Shoppingcenter der Stadt benannt ist. *Juli–Mitte Aug. Mo–Fr 11–16, Sa/So 13–16, Mitte Aug.–Juni Di–Fr 11–16, So 13–16 Uhr | Eintritt 50 Kronen | Jernbanegade 4 | museumthy.dk | ⏲ 2 Std. |*

ESSEN & TRINKEN

SPISEHUSET THY

Was hier auf den Teller kommt, stammt fast ausschließlich aus der Region. Fleisch dominiert die Speisekarte, aber auch der Kabeljau und der Seewolf sind nicht zu verachten. *Mi–Fr 17–20 Uhr | Østerild Byvej 65 | Tel. 97 99 70 03 | spisehusetthy.dk | €€€*

SHOPPEN

HYGGE PÅ TORVET

Die Innenstadt ist ein kleines Mekka von kleinen Läden. Urgemütlich sind die Cafés mit Außengastronomie. Montag und Samstag wird das Einkaufen in Thisted zu einem ganz besonderen Erlebnis:

INSIDER-TIPP
Shoppen mit Hygge

Rund um den Marktplatz gibt es Livemusik, Kinderspiele, Kulinarisches, und die Geschäfte locken mit guten Angeboten.

SPORT & SPASS

SYDTHY KURBAD

Wellness und Entspannung auf 800 m² mit Massage unter einem künstlichen Sternenhimmel.

INSIDER-TIPP
Saunieren mit Goldfischen

Die Außensauna ist auf Pfählen in einen Goldfischteich hineingebaut und hat einen Glasboden. Hier kannst du beim Saunieren Goldfische beobachten. Im Café im Kurbadgarten werden verschiedene Obstsorten und Eiswasser serviert. *Di/Mi/Fr14–19, Do 14–22, Sa/So 10–17 Uhr | Eintritt 150 Kronen | Idrætsvej 5 | Hurup | sydthy-kurbad.dk |* *A–B4*

RUND UM THISTED

13 TESTCENTER ØSTERILD

13 km/12 Min. mit dem Auto über die Primærruter 11

In Dänemark gibt es reichlich Windräder, aber hast du auch schon mal ein Windrad von innen gesehen? Im Testcenter kannst du den unteren Teil eines Windrads besteigen und von einer Plattform die Aussicht genießen. Du erfährt auch alles über Windenergie und kannst einen Windkanal ausprobieren. *Tgl. 7–22 Uhr | Eintritt frei | Test Centervej | Østerild | testcenter.dk |* *B4*

14 NATIONALPARK THY ★

12 km/16 Min. mit dem Auto über die Primærruter 26 bis Isbjerg, Nors Sø, Hindingvej. | 28 km/30 Min. mit dem Auto über Primærruter 26 und Landstraße 539 bis Stenbjerg Landingsplads | 40 km/40 Min. mit dem Auto über Primærruter 26 und Landstraße 527 bis Lodbjerg Fyr

Wanderschuhe anziehen und Fernglas einpacken: Die einzigartige Tier-

Ganz entspannt per Gleitschirm vom Kliff an den Strand schweben im Nationalpark Thy

und Pflanzenwelt im 244 km^2 großen Nationalpark Thy *(*zwischen Hanstholm im Norden und der Landzunge *Agger Tange* an der westlichen Mündung des Limfjords im Süden*)* wirst du so schnell nicht vergessen. Balzende Kraniche, Rohrweihen am Himmel und röhrende Hirsche am Rand der Heideflächen, dazwischen über 200 kleine und größere Seen, in den Fischotter leben. Am Abend geht es auf die Vogelbeobachtungstürme. Bei Sonnenuntergang sieht die Umgebung aus wie ein Aquarellgemälde: Meer und Fjord am Horizont und ein orange-blau-grauer Himmel. *de.nationalparkthy.dk* | *A–B 3–5*

15 HANSTHOLM

21 km/20 Min. mit dem Auto über die Primærruter 26

In der letzten Ecke von Thy liegt Hanstholm (2100 Ew.), der größte Fischereihafen Dänemarks. Kein Wunder dass es den leckersten Räucherfisch in ganz Jütland in der Alten Räucherei gibt: *Det Gamle Røgeri (tgl. 10–19.30 Uhr | Kuttergade 7 | €).* Hier kommt der Fisch fangfrisch direkt vom Kutter in die Pfanne oder in den Räucherofen. Die Portionen sind riesig, der Preis klein und die Qualität erstklassig.

INSIDER-TIPP
Frisch, geräuchert, lecker

Die größte Befestigungsanlage des Zweiten Weltkriegs in Nordeuropa mit Bunkern, Kanonen und Munitionsräumen ist zu sehen im *Bunkermuseum (Feb.–Mai u. Sept./Okt. tgl. 10–16, Juni–Aug. 10–17 Uhr | Eintritt 90 Kronen | Molevej 29 | bunkermuseumhanstholm.dk).* | *B3*

Gesurft wird in Klitmøller immer – auch bei eher mäßigem Wellengang

16 KLITMØLLER

17 km/20 Min. mit dem Auto über die Landstraße 557

Coole, braungebrannte Typen mit blonder Mähne gleiten elegant auf ihren bunten Brettern über die tosenden Wellen. Klitmøller ist *der* Surfer-Hotspot in Dänemark, und weil die Wellen Pazifik-Niveau haben, nennt man den Ort „Cold-Hawaii". Hier kannst du auch selber aufs Brett steigen, *Surfschulen (coldhawaiisurfcamp.com)* gibt es genug! In jedem Fall musst du im *Café Inside Cold Hawaii (wechselnde Öffnungszeiten | Ørhagevej 150 | Tel. 21 83 01 36 | cafe-coldhawaii.dk | €)* vorbeischauen: Kioskatmosphäre und Surfertreff. Hier gibt es die besten Burger an der gesamten Westküste. | *B4*

17 VESTERVIG

35 km/34 Min. mit dem Auto über Primærruter 26 und Landstraße 527

Es ist nicht nur die größte Dorfkirche Nordeuropas, die Touristen nach Vestervig (800 Ew.) lockt. Sandverwehungen haben nördlich vom Ort die größten Attraktionen geschaffen: die Binnenseen *Flade Sø* und *Ørum Sø*. Kristallklares Wasser, Surfanfängergebiet und Angelparadies. Abwechslungsreiche Strände, mal steinig, mal sandig und dann wieder üppig grün und immer naturbelassen. Faszinierend ist der Ausblick vom *Leuchtturm Lodbjerg (tgl. 7–21 Uhr | Eintritt frei | Lodbjergvej)*. | *A4*

18 NYKØBING MORS

31 km/30 Min. mit dem Auto über Primærruter 26 und Landstraße 581

Das historische Städtchen (9000 Ew.) liegt am Sallingsund und ist die Hauptstadt der Limfjordinsel Mors. Der Limfjord ist mit rund 1500 km^2 das größte Binnengewässer Dänemarks. Die bekannteste Attraktion des Orts ist der südlich gelegene *Jesperhus Blomsterpark (im Sommer tgl. 10–19 Uhr | Eintritt 185 Kronen, Kinder 165 Kronen | Legind Bjerge | Legindvej 30 |)* – eine riesige Anlage mit tropischen Vögeln, Krokodilen, Schlangen, Vergnügungspark und mehr. Im Norden von Mors, etwa 20 km von Nykøbing Mors entfernt, ragen die Klippen von *Hanklit* 61 m hoch auf, die gut zu erwandern und bestens ausgeschildert sind. | *B4*

19 FUR

57 km/90 Min. mit dem Auto über Primærruter 26, Landstraße 551 und 5 Min. per Fähre ab Branden Havn

Die 22 km² große Insel ist bekannt für ihre Fossilien. Im *Fur Museum (April–Juni u. Sept./Okt. Mo–Fr 12–16, Sa/So 10–17, Juli/Aug. tgl. 10–17 Uhr | Eintritt 65 Kronen | Nederby 28 | muserum.org | 1 Std.)* kannst du 55 Mio. Jahre alte Fossilien bewundern. Die versteinerten Pflanzen und Tiere wurden alle auf Fur gefunden. Inselgäste können selber auf Fossiliensuche gehen und ihre Fundstücke im Museum begutachten lassen. Für seltene Stücke gibt es sogar Finderlohn.

SIDER-TIPP
Schatzsuche mit Finderlohn

Fähre: Tagsüber alle 15 Min., nachts jede Stunde | Fahrpreis 20 Kronen, mit Pkw 120 Kronen | kostenlose Überfahrten an verschiedenen Terminen im April und Okt. | Branden Havn | Fur Landevej | Tel. 99 15 64 67 | C4

20 LØGSTØR

54 km/50 Min. mit dem Auto über Primærruter 11 und 29 und Landstraße 533

Løgstør (4100 Ew.) ist Dänemarks Muschelstadt. Ein riesiges Muschelgebilde am Ortseingang, Muschelfest am 1. April, frische Miesmuscheln in den Restaurants und Muschel-Souvenirs in den Läden. Geführte Muschelsuche und Miesmuscheln kochen lernen in der Muschelkochschule im *Limfjordsmuseet (Mitte April–Mitte Juni u. Sept.–Ende Okt. Sa/So 10–17, Mitte Juni–Aug. tgl. 10–17 Uhr | Eintritt 50 Kronen | Kanalvejen 40 | limfjordsmuseet.dk).* | C4

21 NØRRE VORUPØR

25 km/27 Min. mit dem Auto über die Landstraße 539

Der kleine Fischerort mit etwa 600 Ew. ist nicht so überlaufen wie etwa Løkken. Seine Fischer bieten Gästen aber das gleiche Spektakel wie ihre Kollegen in Løkken: Wie seit Jahrhunderten ziehen sie ihre Kutter an den Strand, da an der Sandküste keine Naturhäfen zu finden waren. Der Fisch wird direkt vom Boot verkauft und in zwei Läden gleich hinterm Strand. Spareribs, Steaks und Burger gibt es in *Klochs Spisested (im Sommer tgl. | Vesterhavsgade 164 | klochsspisested.dk).* Das *Nordseeaquarium (Mai–Sept. tgl. 10–16, Juli/Aug. bis 18 Uhr | Eintritt 60 Kronen, Kinder 30 Kronen | Vesterhavsgade 131 | northsea.dk | 2 Std.)* zeigt das Leben im Meer. | A4

SCHÖNER SCHLAFEN IN NORDJÜTLAND

URLAUB IM MIETWAGEN

Du würdest gerne Urlaub im Wohnwagen machen, hast aber keine Lust, den Koloss bis Dänemark zu ziehen, oder du willst einfach nur mal ausprobieren, ob Camping das Richtige für dich ist? Dann miete dir auf dem *Campingplatz Råbjerg Mile (Skagen | Kandestedvej 55 | Tel. 98 48 75 00 | raabjergmilecamping.de | €€)* einen voll eingerichteten Wohnwagen samt Vorzelt!

FÜNEN

MÄRCHENSCHLÖSSER UND SÜDSEEINSELN

Fünen ist mehr als irgendeine unter den 450 Inseln Dänemarks: Fünen ist ein Kontinent. Mehr als 1100 km ist die Küste der Insel lang. Im Norden eher rau, im Osten Bucht an Bucht mit Sandstränden, im Süden die Hafenstädte, im Westen einsam, beinahe verlassen – jedes Temperament wird befriedigt.
In der Mitte liegt Odense. Die Heimatstadt von Hans Christian Andersen ist genauso märchenhaft wie seine Werke. Mal voller kultureller Schätze, mal von einzigartiger Natur und im nächsten Moment

Egeskov Slot

hochmodern und mit einem kulinarischen Spitzenangebot. Überall begegnest du Schlössern. Die einen mythisch und voller Geheimnisse, die anderen prunkvoll und voll mit edlem Mobiliar, dazu die an die Neuzeit angepassten mit Segwayverleih und Minigolfanlage im Schlosspark.

Und dann ist da noch die sogenannte dänische Südsee. Ihre Inseln könnten abwechslungsreicher nicht sein: So zeigt sich Langeland als moderne Touristeninsel, und auf Drejø bist du fast mit dir allein.

FÜNEN

MARCO POLO HIGHLIGHTS

★ **FJORD & BÆLT CENTER**
Wasserwelt mit Unterwassertunnel in Kerteminde ➤ S. 92

★ **EGESKOV SLOT**
Renaissanceschloss mit herrlichem Park ➤ S. 95

★ **HELNÆS**
Eine Welt für sich mit wunderbarer Aussicht vom Leuchtturm ➤ S. 96

★ **VALDEMARS SLOT**
Ein märchenhaftes Schlosserlebnis ➤ S. 99

★ **ÆRØSKØBING**
Urgemütliche und hyggelige Hauptstadt der Insel Ærø ➤ S. 102

Korshavn
Martofte
Odense Fjord
Storebælt
Fjord & Bælt Center
2 Kerteminde
Kertinge Nor
Mørud
Odense
S. 88
Skallebølle
Aunslev
Fraugde
Fyn
Ferritslev
Nyborg 3
E20
Park13 – Danmarks Japanske Have
Ringe
Fjellerup
Brobyværk
Egeskov Slot 8
Arreskov Sø
7 Rhododendronpark Korinth
50 km, 1 Std.
51 km, 40 Min.
9
Strand von Lundeborg
12 Lundeborg
Faaborg
S. 93
6 Bjørnø
Svendborg
S. 96
Thurø 13
Smørmosen
Thurø Rev
4 Avernakø
Valdemars Slot 14
15 Drejø
Tullebølle
17 Birkholm
Rudkøbing
Langeland
S. 99
16 Strynø
Bregninge
Ærøskøbing
Ærø
S. 102
Dunkær
Marstal Bugt
Ristinge Hale
10 km
6.22 mi

Als hätte die Zeit hier eine kleine Pause gemacht: beschauliche Altstadtstraße in Odense

ODENSE

(□ E9) **Odense (193 000 Ew.) ist eine märchenhafte Großstadt – nicht zuletzt dank Hans Christian Andersen, der hier geboren wurde, aufwuchs und später mit seinen Fabeln und Märchen weltberühmt wurde.**
Das wertvolle Erbe wird mit Respekt und Sinn fürs Geschäft verwaltet. Das Stadtzentrum gibt sich immer noch so verwinkelt, historisch herausgeputzt und überschaubar wie vor 300 Jahren, als Odense ein bedeutendes Handelszentrum war.

SIGHTSEEING

BRANDTS

In einer ehemaligen Kleiderfabrik ist eines der führenden Kunstmuseen Skandinaviens im Bereich Fotografie und bewegte Bilder untergebracht. Wechselausstellungen. *Di, Do–So 10–17, Mi 12–21 Uhr | Eintritt 90 Kronen | Brandts Torv 1 | brandts.dk | ⏱ 2 Std.*

DEN FYNSKE LANDSBY

In diesem Freilichtmuseum mit seinen historischen Bauernhäusern wird gezeigt, wie es um die Mitte des 19. Jhs. auf Fünen ausgesehen hat und wie die Menschen damals lebten. *April/Mai u. Sept./Okt. Di–Fr 10–16, Sa/So 10–17, Juni Di–So 10–17, Juli/Aug. tgl. 10–18 Uhr | Eintritt 75 Kronen, Juli/Aug. 100 Kronen | Sejerskovvej 20 | museum.odense.dk*

HAFEN

Treff auf der *Stadtinsel (Juni–Aug.)* ist der Sandstrand mit Palmen und

Strandbar. Kultur aus Grönland, Island und den Färöern mit Konzerten und Ausstellungen gibt es im *Nordatlantisk Hus (Mo–Mi 9–16, Do 9–18, Fr 9–14 Uhr | Nordatlantisk Promenade 1 | nordatlantiskhus.dk).*

HANS CHRISTIAN ANDERSENS BARNDOMSHJEM

In dem schnuckeligen Fachwerkhaus verbrachte Hans Christian Andersen seine Kindheit. Schlaf- und Wohnstube sind zugänglich. *Jan.–Juni, Sept.–Dez. Di–So 11–16, Juli/Aug. tgl. 10–17 Uhr | Eintritt 60–75 Kronen | Munkemøllestræde 3–5*

HANS CHRISTIAN ANDERSENS HUS

Das kleine gelbe Eckhaus ist ein Muss bei jedem Besuch von Odense: Im originalen Haus mit modernen Anbauten präsentiert das Museum neben Büchern, Briefen, Zeichnungen und anderen Dingen aus Andersens Besitz seine Märchenwelten auch in multimedialer Form. *Juli/Aug. tgl. 10–17, sonst Di–So 10–16 Uhr | Eintritt ab 110 Kronen | Bangs Boder 29*

JERNBANEMUSEUM

Das größte Eisenbahnmuseum Skandinaviens: Eine Remise und ein Bahnhof, wie er um die Wende zum 20. Jh. ausgesehen hat, wurden naturgetreu nachgebaut. Im Lokschuppen stehen auf 21 Gleisen Lokomotiven und Waggons. Eine Minibahn, auf der Kinder mitfahren dürfen, gehört auch dazu. *Tgl. 10–16 Uhr | Eintritt 80 Kronen, Kinder bis 17 Jahre frei | Danebrogsgade 24 | jernbanemuseum.dk*

SANKT KNUDS KIRKE

Schmuckstück des gotischen Doms ist der 5 m hohe holzgeschnitzte Altar aus dem Jahr 1521. Eines der größten Heiligtümer Odenses ist ebenfalls hier zu sehen: der Heiligenschrein mit den Überresten des dänischen Königs Knud, der im Jahr 1086 von Bauern erschlagen wurde. *Di–Sa 10–17, So/Mo 12–16 Uhr | Klosterbakken 2 | odense-domkirke.dk*

ZOO

Neben 2000 Tieren wie Tigern, Tapire, Schimpansen und Giraffen bietet der Zoo von Odense noch etwas Besonderes: Auf einer Fläche von 36 000 m² ist eine Minikopie des Okavango-Reservats in Botswana zu sehen. *Wechselnde Öffnungszeiten s. Website | Eintritt saisonabhängig 180–220 Kronen, Kinder 80–100 Kronen, online 10 Prozent günstiger | Sønder Blvd. 306 | odensezoo.dk | 3–5 Std.*

WOHIN ZUERST?

In die Innenstadt geht es per Regionalzug oder S-Bahn bis Hauptbahnhof. In 10–15 Minuten sind dann alle Sehenswürdigkeiten zu Fuß zu erreichen. Der Stadtbus 10 hält z. B. an der Thomas B. Thinges Gade (Altstadt und Andersen), beim City Museum oder beim Schloss (Haltestelle Slottet/Nørregade). Parkplätze gibt es bei Knuds Kirke (Klingenberg), bei Andersens Hus (Thomas B. Thinges Gade) und am Fisketorvet (Torvegade).

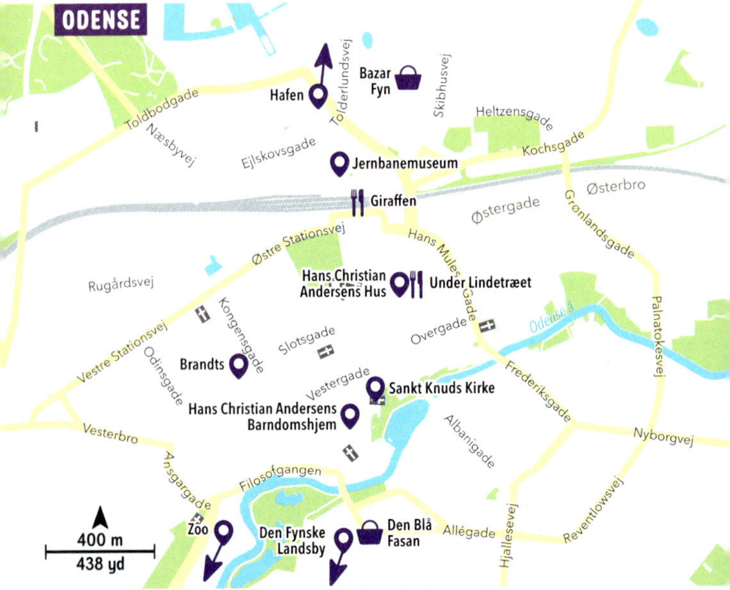

ESSEN & TRINKEN

GIRAFFEN

Du wirst von zwei übergroßen Holzgiraffen begrüßt. Auch das Interieur ist durch und durch afrikanisch: furchterregende Masken und Jagdpfeile an den Wänden. Die Küche aber ist dänisch-international und die hausgemachte Suppe ein Gedicht! *Tgl. 10–23 Uhr | im Banegårdscenter | Østre Stationsvej 27 | Tel. 66 14 05 14 | giraffen-odense.dk | €€*

UNDER LINDETRÆET

Odenses Klassiker liegt gegenüber vom Andersen-Haus. Dänische Küche mit einem Hauch große Welt. Empfehlenswert ist das „Abenteuermenü": lokale Zutaten, stilvoll dekoriert. *Di–Fr 18–24, Sa 10–14 u. 18–24, So 10–14 Uhr | Ramsherred 2 | Tel. 66 12 92 86 | underlindetraet.dk | €€€*

SHOPPEN

BAZAR FYN

Ein Stück Orient auf Fünen mit exotisch duftenden Gewürzen, arabischen und asiatischen Geschäften und mit Restaurants. *Di–So 10–18, Restaurants bis 21 Uhr | Thriges Plads | bazarfyn.dk*

DEN BLÅ FASAN

Antiquitäten und Vintage – im „Blauen Fasan" finden Fans klassischen Designs alles, ob Kleidung oder Textilien, Möbel oder Lampen, Keramik oder Porzellan, Werbe- und Straßenschilder – schön oder/und kitschig. *Di–Do 15–17, Fr 15–18, So 12–16 Uhr | Læssøgade 9 | denblaafasan.dk*

SPORT & SPASS

BOOTSFAHRT AUF DER ODENSE Å

Eine entspannende Reise auf dem Fluss, der Odense durchquert, an Hinterhöfen und Parks entlang. *Mai–Aug. tgl. Abfahrten ab Odense Zoo, Fruens Bøge, Munke Mose, Den Fynske Landsby, Erik Bøghs Sti | Fahrt ab 90 Kronen | aafart.dk*

GOLF

Wolltest du immer schon mal Golf spielen? Einfacher kommst du kaum zu einer Runde: Der *Odense Eventyr Golf Club (ab 150 Kronen | Falen 227 | westlich des Zentrums | Tel. 65 65 20 20 | eventyrgolf.dk)* verfügt über drei 9-Loch-Schleifen, eine Par-3-Bahn und eine 9-Loch-Pay-&-Play-Bahn.

STIGE Ø

Hier präsentiert sich Odense als grüne Stadt. Aus einer ehemaligen Mülldeponie ist mit Stige Ø ein einzigartiges Naturparadies entstanden. Besucher können Kanu fahren oder die Insel zu Fuß oder per Rad entdecken. Es gibt Grillhütten, Feuerplätze und den *Søpavillon (April–Aug. tgl. 11–20, im Juni bis 21.30 Uhr | €)*, eine Imbissbude, die seit 1897 existiert. *stigeoe.dk*

AUSGEHEN & FEIERN

Man trifft sich in der *Altstadt* rund um das Museum zur Erinnerung an den wohl bekanntesten Sohn der Stadt, das Hans-Christian-Andersen-Haus. Beim *Fisketorvet*, dem Fischmarkt, liegen die Kneipen dicht an dicht.

RUND UM ODENSE

1 MIDDELFART

53 km/50 Min. mit dem Auto über die Autobahn E20

Der Kleine Belt ist in Sachen Wassersport ganz groß: Acht Häfen, 16 Tauchreviere, 14 Strände und unzählige Angelgebiete liegen rund um Middelfart (15 000 Ew.). In keinem Gewässer gibt es so viele Schweinswale wie im Kleinen Belt, und dort kannst du die schwimmenden Akrobaten hautnah bei einer Walsafari erleben mit *Lillebælt Waters (Juni–Aug. Di–Do/So 13.30 u. 16 Uhr | 200 Kronen/Person, Tickets nur online buchbar | Havnegade 8a | Tel. 88 32 59 59 | lillebaeltwaters.dk)*.

INSIDER-TIPP
Da bläst er!! Wal in Sicht!

Rund um Middelfart liegen traumhafte Strände, fünf mit blauer Flagge. In Ruhe ein Buch lesen und mal allein sein? Dann ist der *Strib Nordstrand (Strib Fyr | Strib)* genau richtig. Smalltalk, tobende Kinder? Dann auf zum *Vejlby Fed Strand (Rigelvej | Middelfart)*.

Middelfart liegt unmittelbar an der Alten Lillebælt-Brücke. Wenn du schwindelfrei und über 1, 40 m groß bist und mal ein ganz besonderes Abenteuer erleben willst, dann ist Bridgewalking genau das richtige für dich. In 60 m Höhe spazierst du über die Fachwerkbrücke und genießt eine fantastische Aussicht über den Belt und die umliegenden Orte. Es ruckelt

Die Ny Lillebæltsbro bei Middelfart verbindet Fünen mit Jütland

übrigens ganz schön, wenn gerade ein Zug über die Brücke rauscht … *Anmeldung online oder unter Tel. 88 32 58 00 (Mo–Fr 9–16 Uhr) | 279 Kronen | bridgewalking.de.*
Wenn du aber lieber am Boden bleibst, dann schau dir im *CLAY-Museum (Di–So 10–17 (Mi bis 20) Uhr | Eintritt 100 Kronen | Kongebrovej 42 | claymuseum.dk | ⏲ 1 Std.)* filigrane dänische Keramik an. Oder du besuchst Middelfarts Halbinsel *Hindsgavl* – ein Naturparadies. Hier geben sich Rothirsche, Damwild, Wanderer, Radfahrer und Jogger ein Stelldichein. | *D9*

2 KERTEMINDE

19 km/22 Min. mit dem Auto über die Landstraße 165
Das ★ *Fjord & Bælt Center (Margrethes Plads 1 | Feb.–Nov. Di–So 10–16 Uhr | Eintritt 110 Kronen, im Sommer 140 Kronen, Kinder bis 17 Jahre 50 bzw. 60 Kronen | Margrethes Plads 1 | fjord-baelt.dk)* der Stadt (5500 Ew.) ist Forschungseinrichtung und Erlebniszentrum (mit 50 m langem Unterwassertunnel) zugleich. Hier kannst du Schweinswale und Seehunde hautnah erleben oder eine von den Rangern begleitete Bootstour auf dem Fjord unternehmen. Wenn du Maritimes auch auf dem Teller magst: Vielleicht der beste Fischkoch Dänemarks ist *Rudolf Mathis (Di–Sa 12–21.30 Uhr | Dosseringen 13 | Tel. 65 32 32 33 | rudolf-mathis.dk | €€€).* | *F9*

3 NYBORG

34 km/36 Min. mit dem Auto über Autobahn E20 und Landstraße 160
Wie eine Wehrburg thront das *Schloss von Nyborg (wegen Umbau bis 2020 geschlossen)* mit seinen großen, unheimlichen Rittersälen über der Stadt (17 000 Ew.) im Herzen Dänemarks. Rund um das Schloss finden im Sommer Märkte und Ritterspiele statt.
Der Szenetreff der Region ist *Lauses Grill (Mo–Sa 8–22, So 10–22 Uhr | Vesthavnen 1 | lause.dk | €).* Bei Livemusik genießt du direkt am Hafen echte dänische Pølser aus Langeland, typisch garniert mit Gurken, Röstzwiebeln und Remoulade. Im Sommer

INSIDER-TIPP
Rote Würstchen mit Musik

treffen sich hier jeden Sonntag Fünens Motorradfahrer und Liebhaber amerikanischer Autos. | *🕮 F9*

FAABORG

(🕮 E10) **Von See Kommende grüßt der dicke, gelbe mittelalterliche Kirchturm, der den Ort Faaborg (7100 Ew.) wie ein Wehrturm überragt.**

Von Land her geht es langsam, still und leise hinein in die kleine Stadt am Rand der dänischen Südsee. Faaborg ist beides: Stadt und Dorf, Marktplatz und kulturelles Zentrum.

SIGHTSEEING

FAABORG MUSEUM

Ein Gesamtkunstwerk. Architektonisch ein Ensemble aus Mosaiken und säulenumrahmten Türbögen unter Glasdächern, und dahinter warten die berühmten Faaborg-Stühle, dänisches Möbeldesign und Skulpturen. Eine Abteilung gehört ganz allein weiblichen Künstlern. Nicht nur hier kommen sogar Kunstbanausen ins Schwärmen. *Sept.–Juni Di–So 11–16, Juli/Aug. 10–16 Uhr | Eintritt 80 Kronen | Grønnegade 75 | faaborgmuseum.dk | ⏲ 2,5 Std.*

ARRESTEN

Da wird einem Angst und Bange! Lauf mit einer Laterne durch den dunklen Keller, immer dem Verbrechen auf der Spur, feile an Gitterstäben und spiel Richter. In diesem Gefängnismuseum geht es nicht mit rechten Dingen zu. *Wechselnde Öffnungszeiten siehe Website | Eintritt 50 Kronen, Kinder bis 18 Jahre frei | Banegårdspladsen 2 | ohavsmuseet.dk*

VETERANBANEN

Der Orientexpress ist es nicht, aber Flair hat die Museumsbahn aus den 1950er-Jahren: Auf schönere Art kannst du Fünen nicht kennenlernen. Fahrten dreimal täglich ab/bis Faaborg mit Aufenthalt in Korinth. *Fahrt (hin u. zurück) 90 Kronen, Kinder bis 12 Jahre 45 Kronen | veteranbanen-faaborg.dk*

ESSEN & TRINKEN

FÅBORG RØGERI CAFÉ

Der rote Holzbau am Hafen ist Szenetreff. Scholle oder Krabben, immer frisch, werden hier im milden Glanz der Abendsonne genüsslich verdrückt, dazu ein Chablis oder ein Gläschen Schampus. *Tgl. 10–21 Uhr | Vestkaj 3 | Tel. 26 20 17 12 | faaborgroegericafe.dk | €€*

DET HVIDE PAKHUS

Die Fischplatte schmeckt gigantisch, die Atmosphäre ist maritim, der Ausblick unvergleichlich. *Di–Sa 11.30–16 u. 17.30–20, So 11.30–15 Uhr | Chr. IXs Vej 2 | Tel. 62 61 09 00 | dethvidepakhus.dk | €€€*

SHOPPEN

STOFMØLLEN

Das pure Einkaufsvergnügen: kleine Kunstwerke aus Porzellan, Glas, Ton und Keramik, Gestricktes, Gehäkeltes, Gewebtes, Weihnachtszwerge, Antikes. *So–Fr 10–17.30, Sa 9.30–13 Uhr | Svendborgvej 303*

RUND UM FAABORG

4 AVERNAKØ

11,5 km/30 Min. mit der Fähre

Rot blühende Mohnfelder, 19 km Küste, mal steinig, mal sandig, mal üppig grün, weidende Ziegen, eine kalkweiße Kirche, weit und breit kein Mensch und rundherum nur das blaue Meer – das ist Avernakø (130 Ew.). *Fähre ab Faaborg Havn | 6–8 Abfahrten tgl. | 55 Kronen, mit Pkw 85 Kronen, Juli–Mitte Aug. 120/190 Kronen | Tel. 72 53 18 00 | oefaergen.fmk.dk |* E10

5 LYØ

13 km/40 Min. mit der Fähre

Die 6 km^2 große Insel mit ihren 130 Ew. gilt als das Kleinod der Südsee. Viele Häuser in Lyø By sind reetgedeckt, in manchen finden sich immer noch Fenster aus mundgeblasenem Glas. Im *Kaufmannsladen (tgl. 7.30–20 Uhr | Bygade 13 | lyø.dk)* gibt es täglich frisch gebackenes Brot, und hier treffen sich Touristen und Insulaner auf ein Bier. *Fähre ab Faaborg Havn | 3–6 Abfahrten tgl. | 55 Kronen, mit Pkw 85 Kronen, Juli–Mitte Aug. 120/190 Kronen | Tel. 72 53 18 00 | oefaergen.fmk.dk |* E10

„Neue Kartoffeln – 10 Kronen pro Beutel" – *penge*, das Geld also, bitte in die rote Dose!

6 BJØRNØ

5,5 km/17 Min. mit der Fähre

Nur knapp 40 Menschen leben auf dem etwa 1,5 km^2 großen Inselchen. *Bjørnø By* ist ein idyllisches kleines Dorf mit reetgedeckten Fachwerkhäusern, im Norden gibt es einen passablen Badestrand. | *Fähre ab Faaborg Havn | 4–7 Abfahrten tgl. | 20 Kronen, Juli–Mitte Aug. 60 Kronen, Mai/ Sept. kostenlose Überfahrten | Tel. 20 29 80 50 | bjoernoefaergen.dk |* *E10*

7 RHODODENDRONPARK KORINTH

11 km/12 Min. mit dem Auto über die Primærruter 8

Farbexplosion im Frühsommer. In der Nähe von Schloss Brahetrolleborg, blühen über tausend Rhododendren in allen Farben der Rhododendron-Farbpalette. *Tgl. 8 Uhr bis Sonnenuntergang | Eintritt frei | Spanget | Brahetrolleborg Landbrug | Korinth | 2 Std. | E10.*

8 EGESKOV SLOT ★

21 km/20 Min. mit dem Auto über die Primærruter 8

Irre, was sich in dem Renaissanceschloss in 500 Jahren angesammelt hat: verstaubte Gemälde und Kronleuchter, Jagdtrophäen aus Afrika, alte Chippendale-Möbel. Hier werden ganze Epochen lebendig. Sogar ein Oldtimer-Museum gibt es. Traumhaft ist der Blick vom Turmzimmer über die Schlossgärten, die du mit einem „Ritter-Segway" erkunden kannst: ein Meer bunter Blüten und ein himmlischer Duft.

Platz für (große) Kinder gibt's auch auf „Opas Spielplatz", wo man noch Hufeisen wirft oder auf Stelzen läuft, im Kletterwald und in den Labyrinthen. *Ende April–Ende Juni u. Sept./ Okt. tgl. 10–17, Ende Juni–Mitte Aug. 10–19, Mitte–Ende Aug. 10–18 Uhr | Eintritt 190 Kronen | Egeskov Gade 18 | Kværndrup | egeskov.com | E10*

9 ASSENS

34 km/37 Min. mit dem Auto über die Landstraßen 329 und 323

An Assens Küsten dominiert die Abwechslung. Mal triffst du auf grüne und steile Küsten und dann wieder auf traumhafte Sandstrände. Die Stadt (6000 Ew.) am Kleinen Belt hat ihre Ursprünglichkeit bewahrt und trägt den Beinamen „Stadt der Berge". Berge auf Fünen? Ja, aber der höchste Gipfel am Frøbjerg Bavnehøj ist gerade mal 131 m hoch. Doch trotzdem solltest du dir diesen Ausblick nicht entgehen lassen.

Die ganze Region eignet sich hervorragend zum Radfahren, und rund um Assens liegen Angelreviere. Dänische und internationale Kunst in wechselnden Ausstellungen kannst du in der *Galleri Sulegaarden (Fr–So 11–17 Uhr oder nach Absprache | Eintritt 10 Kronen | Lundagervej 27 | sulegaarden.dk | 1 Std.)* bewundern. Die Galerie befindet sich in einem reetgedeckten Bauernhof. Teile seiner Grundmauern stammen von 1554. | *D9*

10 PARK13 -DANMARKS JAPANSKE HAVE

24 km/26 Min. mit dem Auto über die Landstraßen 329 und 323

Ein Stück Japan mitten in Dänemark: 700 t Steine, 4000 Bäume und Büsche und 12 300 Pflanzen wurden verarbeitet. Für die Bewässerung der Anlage werden pro Stunde 15 000 l Wasser benötigt. Jeder der fünf Gärten hat seinen eigenen Stil, ist aber immer japanisch geprägt. Eine Geisha wird dir nicht begegnen, aber du kannst an den schönsten Orten meditieren, Origamis herstellen, dir ein schönes Picknickplätzchen suchen oder gar Karaoke singen. Mehrere Male im Jahr brennen beim „Aftenåben" über 140 Lichter und Laternen im Garten, und im Caférestaurant werden Sushi und Sake serviert *(Buffet 175 Kronen, Vorbestellung erforderlich). Mai–Sept. Di, Do/Fr 9–12, Sa/So 9–15.30 Uhr | Eintritt frei | Vøjstrupvej 43 | Broby | Tel. 40 40 29 48 | park13.dk | E6*

INSIDER-TIPP
Sushi, Sake, Lampions

11 HELNÆS ★

36 km/42 Min. mit dem Auto über die Landstraße 329

Die Insel Helnæs reckt sich zwischen Faaborg und Assens in den Kleinen Belt. Eine Welt für sich, nur über einen schmalen Damm mit dem Festland verbunden. An der Spitze steht der *Leuchtturm von Lindehoved* – von hier hast du einen fantastischen Blick hinüber nach Als. Helnæs' Natur erleben wirst du in und um *Helnæs Mølle (Tel. 64 72 32 17 | helnaesmoelle.dk)*. Hier kannst du am Strand schlafen, dein Essen selber fangen und auf einem Grill aus Steinen zubereiten. Kanus, Ruderboote und Angeln werden vermietet. | *D10*

SVENDBORG

(E10) **Das 750 Jahre alte Svendborg (26 000 Ew.) strahlt ein Temperament aus, das an italienisches Lebensgefühl erinnert.**

Hier wird oftmals gefeiert bis spät in die Nacht, bei Wind und Wetter und natürlich ganz besonders, wenn die Sonne lacht oder laue Sommernächte den Tag scheinbar endlos verlängern. Svendborg ist eine fröhliche Stadt, könnte man sagen.

SIGHTSEEING

NATURAMA

Svendborgs Naturama ist mehr als ein naturhistorisches Museum: Hier kannst du – über die drei Ebenen Wasser, Land und Luft – die Tierwelt zwischen Nordatlantik und europäischem Festland ansehen, berühren und anhand von Filmen, Geräuschen, Bildern oder modernsten Dioramen kennenlernen. *Feb.–Dez. Di–So 10–16 Uhr | Eintritt 110–140 Kronen, Kinder bis 17 Jahre frei | Dronningemaen 30 | naturama.dk | 2 Std.*

ESSEN & TRINKEN

BENDIXENS FISKEHANDEL

Eine Institution am Hafen, die seit über einem halben Jahrhundert frischen Fisch und Schalentiere verkauft und serviert – zum Mitnehmen aus den Verkaufsräumen oder zum Vor-Ort-Genießen als Menü. *Mo–Fr 7–17.30, Sa 7–14 Uhr | Jessens Mole 2 | Tel. 62 21 18 75 | €*

Sommer im Hafen von Svendborg: Moderne Yachten treffen auf Traditionssegler

MAURITZ – THE BURGER CAFÉ

Das Flair eines Pariser Bistrots und Burger wie in den USA mit 200 g Rindfleisch, Bacon und Käse. Alternativ vegetarisch mit gegrillten Portobello-Pilzen, Mozzarella und karamellisierten Zwiebeln. *Mo–Do 10–22, Fr/Sa 10–23, So 11–21.30 Uhr | Gerritsgade 56 | Tel. 73 70 90 80 | cafemauritz.dk | €*

SHOPPEN

MØLLERGADE

Svendborgs längste Einkaufsstraße ist im Sommer ein Treffpunkt für Künstler und Straßenmusiker. Klar, dass sich hier Galerien und Ateliers ein Stelldichein geben. Aber es gibt auch eine Vielzahl kleiner Läden, überall gute Restaurants und gemütliche Cafés.

DER GARTEN DÄNEMARKS

Die gesamte Region Südfünen wird als „Der Garten Dänemarks" bezeichnet. So gibt es rund um Svendborg zahlreiche Biobauern, die ihre Ware an Straßenständen und in Hofläden anbieten. | *D–F10*

SPORT & SPASS

DAMPFSCHIFF M/S „HELGE"

Vom Hafen *(Jessens Mole)* sticht von Mai bis September der 1924 gebaute urige Dampfer in See. Zwei Stunden lang schippert er an den Südseeinseln vorbei bis zu Valdemars Slot (s. S. 98). *Abfahrten tgl. 10, 12.30, 14.30, im Juli zusätzlich 16.30 u. Sa/So 19 Uhr | ab 30 Kronen | Tel. 62 23 30 80 | svendborg-havn.dk*

GORILLAPARK SVENDBORG
Kletterabenteuer: 2,7 km Kletterparcours, über 100 Klettergeräte in einer Höhe von bis zu 20 m. *Wechselnde Öffnungszeiten s. Website | Eintritt 320 Kronen, Kinder 8–11 Jahre 270, 4–7 Jahre 95 Kronen | Rødmevej 45 | Stenstrup | gorillapark.dk*

RUND UM SVENDBORG

12 LUNDEBORG

18 km/22 Min. mit dem Auto über die Landstraße 163

Ein kleiner Hafen – und so viel Atmosphäre! Das alte Packhaus, rot und groß und imposant, wurde restauriert und den Fischern von Lundeborg zum Geschenk gemacht. Fisch gibt es direkt vom Kutter, Bier schenkt die Gaststube im Hof des Packhauses aus. Der Strand von Lundeborg ist sehr schön und sehr kinderfreundlich: viel Sand und wenig Brandung. | *F10*

13 THURØ

7 km/14 Min. mit dem Auto über die Küstenstraße und den Sund-Damm

Thurø ist durch einen Damm mit dem Festland verbunden und lockt mit einigen herrlichen Stränden: *Smørmosen* ist ideal für Kinder mit Spielplatz und Minigolf, während *Thurø Rev* ein einsamer Naturstrand ist, wo die im Sommer blühenden Salzwiesen bis ans Meer reichen. | *F10*

14 VALDEMARS SLOT ★

9 km/18 Min. mit dem Auto über die Primærrouter 9

Karibu, Eisbär, Schneeziege, Puma & Co.: Jagdtrophäensammlung in Valdemars Slot

Hier kannst du einen ganzen Tag verbringen – wobei die Schlossbesichtigung ein Muss ist. 21 Räume des Schlosses sind zugänglich. Darunter die *Jagd- und Trophäensammlung* mit ausgestopften Tieren (Eisbär, Tiger, Löwe) und Artefakten aus aller Welt und das *Gutsmuseum* mit seinen über 5 m hohen Wänden, die mit Gobelins geschmückt sind. Hochzeitsporzellan aus dem 18. Jh., antike Möbel und Gemälde füllen die prunkvollen Räume.

Im *Schlosspark* kannst du ein Picknick machen, auf Geocache-Schatzsuche gehen oder Minigolf spielen: Alle Bahnen, die längste ist 28 m lang, sind aus Kunstrasen. Das Schloss hat sogar einen eigenen *Strand* mit Kajakverleih und einen Teepavillon mit einem kleinen Café darin. *April–Sept. tgl. 10–17 (Juli bis 19) Uhr | Eintritt Schloss 105 Kronen, mit Minigolf 140 Kronen, Eintritt Park 25 Kronen | Slotsalléen 100 | Troense | valdemarsslot.dk | F10*

15 DREJØ

19 km/70 Min. mit der Fähre

Robinson-Crusoe-Feeling kommt auf Drejø (70 Ew.) auf: einsame Strände, übernachten auf einfachen Zeltplätzen (am Fährhafen) oder in Hütten *(Bækskildevej)*, Fische fangen oder stundenlang die Küste entlangwandern, ohne jemandem zu begegnen. Sehenswert ist die *Kirche* aus dem Jahr 1535 mit ihrem treppenartigen Turm.

Nach dem Kaffeetrinken im bunten Blumengarten erfährst du alles Wissenswerte über die Insel im *Museumscafé Elmegaard (Hestmævej 1 | Juni–Aug. tgl. 12.30–16 Uhr | gl-elmegaard.dk). Fähre ab Svendborg Havn: Platzreservierung unter Tel. 62 23 30 85 | svendborg-havn.dk | E10*

LANGELAND

(F10–11) **Langeland ist keine gewöhnliche Insel. Dafür sorgt schon die Form – Langeland ist eben das lange Land.**

Über 53 km erstreckt es sich von Norden nach Süden, über 11 km von Ost nach West an der breitesten Stelle, im Durchschnitt sind es 5 km. Im Westen gibt es verwunschene Küstenabschnitte mit Sandstränden, im Süden ist die Insel beinahe eine Wildnis; im Norden gibt sie sich rau und unzugänglich, im Landesinnern liegen verstreut kleine Wälder zwischen weiten Feldern – eine Insel mit vielen Temperamenten.

SIGHTSEEING

RUDKØBING

Rudkøbing (4500 Ew.) ist eine Inselhauptstadt, wie sie im Buch steht. Gemütlich, maritim, Läden mit dem Charme der 1950er-Jahre, Kopfsteinpflaster, Fachwerkhäuser, vor denen der Dannebrog weht und die Kletterrosen in den Himmel ragen. Events finden das ganze Jahr über statt: Livemusik, Kulturnacht und „open by night" mit langen Öffnungszeiten der Geschäfte.

Schloss Tranekær bietet den passenden Rahmen für Tagungen und Jagdgesellschaften

Über die Geschichte der Insel von der Steinzeit bis heute informiert das *Langelands Museum (April–Juni Do/Fr, So 12–16, Juli/Aug. Mi–Fr, So 12–16, Sept.–Dez. Do–Sa 12–16 Uhr | Eintritt frei | Jens Winthersvej 12 | langelandsmuseum.com | 1Std.).*

INSIDER-TIPP
Kalt das Eis und heiß die Waffeln

Hausgemachtes Eis, serviert in frisch gebackenen Waffeln, Softeis im Hörnchen und klassisches Eis am Stiel warten auf dich im *Vaffelhuset (tgl. 11–20 Uhr | Østergade 12 | vaffelhuset-rudkoebing.dk).* Dann setz dich auf eine der Bänke am Hafen, mach ein bisschen Shipspotting und genieß die einmalige Stimmung. | *F11*

TRANEKÆR SLOT

Das Wahrzeichen von Tranekær ist das Schloss, das auf einem von Wasser umgebenen Hügel thront. Im frei zugänglichen Schlosspark wachsen viele seltene Bäume. Gebaut um 1200 als Verteidigungsanlage, ist das Schloss heute ein Tagungshotel. Für zwei Wochen im Sommer öffnet es seine Tore für Besucher *(Führung 150 Kronen, Buchung per SMS 60 96 50 60).*

Einmalig in Dänemark ist das Museum *Souvenariet (Mai–Sept. tgl. 11–17 Uhr | Eintritt 30 Kronen | Slotsgade 84b | souvenariet.dk | 1,5 Std.)* im alten Theatergebäude am Fuß des Schlosses; es zeigt 4000 Mitbringsel aus aller Welt. Von Schneekugeln aus Deutschland über Spieluhren aus der

Karibik bis hin zu verbotenen und vom dänischen Zoll beschlagnahmten Souvenirs ist alles Mögliche zu sehen. | *F10*

SPODSBJERG

Frische Krabben vom Kutter kaufen, sich ein ruhiges Plätzchen am Hafen suchen und Fernglas raus! Hier verläuft das internationale Fahrwasser des Langeland-Belts: Kreuzfahrtschiffe, Fähren, Tanker, Yachten. Stunden kann man hier sitzen ... | *F11*

LONGELSE BONDEGÅRDSSKOV

Zwischen Nord- und Südlongelse südlich von Spodsbjerg liegt einer der ältesten und beeindruckendsten Wälder Dänemarks. Auf 90 000 m^2 wachsen seit knapp 300 Jahren Eichen, Buchen und Kiefern, ohne dass der Mensch eingegriffen hätte. Aus diesem Grund wird der Wald immer mehr zu einem Urwald im wahrsten Wortsinn. | *F11*

SKOVSGAARD

Skovsgaard ist ein großer, ökologisch wirtschaftender Musterbetrieb, der Danmarks Naturfond – und damit dessen 15 000 Mitgliedern – gehört: Museum und Bauernhof in einem, mit Café und Hofladen. Vom Hauptgebäude aus lassen sich schöne Spaziergänge unternehmen. Sehr schön ist der *Skovstien*, ein Waldweg, der durch einen Ahornwald und an einem Wikingergrab vorbei zum Meer führt. *April–Okt. tgl. 10–17 Uhr | Eintritt Bauernhof frei, Museum 60 Kronen, Kinder bis 18 Jahre frei | Kågårdsvej 10 | skovsgaard.dn.dk |* *F11*

DOVNS KLINT

Die äußerste Südspitze Langelands ist das Dorado der Südsee-Ornithologen. Während der Zugzeiten rasten hier an manchen Tagen bis zu 100 000 Buch- und Bergfinken und 25 000 Ringeltauben, außerdem kreisen Turmfalken und Fischadler über Land und Meer. | *F11*

STRÄNDE

Einer der schönsten Strände der gesamten dänischen Südsee befindet sich auf der Halbinsel Ristinge bei *Ristinge Hale*, etwa 15 km südlich von Rudkøbing. Die Dünen sind aus feinstem Flugsand modelliert. Ebenfalls sehr empfehlenswert sind die beiden Strände *Ristinge Strand* und *Nord Strand* an der Nordspitze Langelands, etwa 30 km von Rudkøbing entfernt.

RUND UM LANGELAND

16 STRYNØ

10 km/35 Min. mit der Fähre

Mit seinen 190 Ew. zählt Strynø schon zu den großen Gemeinden der dänischen Südsee. Das unkonventionellste Restaurant der gesamten Inselregion ist *Peters Kabys (wechselnde Öffnungszeiten | Strynø Brovej 12 | Tel. 60 77 88 67 | €€)*. Die wechselnde Speisekarte mit Zutaten aus Fünen spiegelt die Laune des Kochs genauso wie die Jahreszeiten oder die Meinun-

Bunte Badehäuschen, sanfte Brise, leise plätschernde Ostsee: Sommer in Marstal auf Ærø

gen der Kunden. Eine Spezialität: *helstegt lam,* Lamm am Spieß.

Das *Øhavets Smakke- og Naturcenter (Mai–Sept. tgl. 10–16 Uhr Strynø Brovej 12 | smakkecenter.dk)* ist Anlaufstelle für alle Aktivitäten auf der Insel. Die Smakke ist ein flacher Kahn, mit dem die Insulaner die dänische Südsee befuhren. Wer will, kann so eine Smakke mieten. Und gleich am Fähranleger befindet sich ein Schwimmsteg. *Fähre ab Rudkøbing: 6–11 Abfahrten tgl. | 60–80 Kronen, mit Pkw ab 150 Kronen | Tel. 62 51 51 00 | langelandkommune.dk |* *E11*

ÆRØ

(E11) **30 km lang und höchstens 8 km breit, eine der größten und schönsten Inseln der dänischen Südsee: Das ist Ærø (6500 Ew.).**

Reetgedeckte Strandhäuser, einsame Sandstrände, grüne Steilküsten, endlos blühende Felder, malerische Häfen und urige Dörfer: Diese Insel lohnt immer einen Besuch, egal, ob du nun deinen Urlaub hier verbringst oder nur einen Tagesausflug unternimmst. Auf Ærø kannst du kostenlos mit dem Bus fahren, sogar mit Fahrrad. *Fähre im Sommer stdl. ab Svendborg Færgehavn | Fahrtdauer 90 Min. | ab 82 Kronen, mit Pkw ab 170 Kronen | Tel. 62 52 40 00 | aeroe-ferry.dk*

SIGHTSEEING

ÆRØSKØBING ★

Bunte Fachwerkhäuser aus dem Mittelalter, holpriges Kopfsteinpflaster, geschichtsreich und doch modern und in jedem Fall *hyggelig,* wenn am Abend in der *Røgeri (April–Mitte Juni u. Mitte Aug.–Okt. tgl. 11–19, Mitte Juni–Mitte Aug. 10–21 Uhr | Havnen 15 | Tel. 62 52 40 07 | ærørøgeri.dk | €)* Lachs und Forelle auf dem Grill liegen und man bei einem kühlen Bier das Treiben im Hafen beobachtet. Versuch dich mal an alten dänischen Handwerkstraditionen in der *Alten Werft (Mai–Sept. Mo–Fr 11–16, Okt.–April Mo–Do 10–15, Fr 9–11.30 Uhr | 50 Kronen | Ærøskøbing Havn 4a | visitaeroe.dk)*: Hier kannst du Eisen schmieden, Seile und Taue knüpfen, Kupfer zu Wikingerschmuck verarbeiten oder beim Bootsbau helfen. Der schönste Strand des Städtchens (1700 Ew.) ist der *Vesterstrand*: Bunte Strandhäuschen stehen inmitten des naturbelassenen Küstenstreifens.

IDER-TIPP
Vie die alten Wikinger

MARSTAL

Salz auf den Lippen, der typische Geruch des Meers, am Hafen bunt bemalte Kutter und überall Netze, die zum Trocknen ausgebreitet werden. In Marstal (2300 Ew.) herrscht eine maritime Stimmung, die du am besten im *Restaurant Fru Berg (tgl. 12–15 u. 18–open end | Havnepladsen 6 | Tel. 32 53 30 36 | bergsrestauranter.dk | €€)* bei Muscheln mit geröstetem Gemüse genießen kannst. Wie sehr die Schifffahrt die Stadt prägt, zeigt das *Søfartsmuseum (Juni–Aug. tgl. 9–17, Mai/Sept./Okt. 10–16, Nov.–April Mo–Sa 11–15 Uhr | Eintritt 70 Kronen | Prinsensgade 1 | marmus.dk | 1,5 Std.).*

RUND UM ÆRØ

17 BIRKHOLM

9 km/20 Min. mit dem Postboot

Die kleinste unter den Kleinen: knapp 1 km² und acht Einwohner. Hier hört man nur das Rauschen der Wellen und das Gezwitscher der Vögel. Die Ruhe ist einmalig. Es gibt sogar einen Mini-SB-Lebensmittelladen – bezahlt wird „auf Vertrauensbasis". Zweimal täglich verkehrt das Postboot „Birkholmposten" *(Mo–Sa | 35 Kronen, Reservierung nötig: Tel. 40 40 03 25 o. 30 70 31 66 | birkholmposten.dk)* von Jan und Yvonne Fabricius zwischen Marstal und Birkholm. | *E11*

SCHÖNER SCHLAFEN AUF FÜNEN

SCHLUMMERN IM SCHLOSS

Ein traumhaftes Himmelbett mit Baldachin und Kissen aus rotem Samt sowie eine frei stehende Badewanne mit vergoldeten Füßen warten im *Schlosshotel Hvedholm (62 Zi. | Hvedholm Slot 1 | Faaborg | Tel. 63 60 10 20 | slotshotel.dk | €€€).*

WIE ANNO DUNNEMALS

Kein Internet, kein TV und die Einrichtung aus dem 19. Jh. Im *Thurup Hus (Øxnebjergvej 10 | Assens | Tel. 29 44 25 30 | thuruphus.dk | €–€€)* ist die Zeit stehengeblieben. Wer hier übernachtet, kocht auf einem Ofen und holt Wasser vom Brunnen.

SEELAND & SÜDLICHE INSELN

HAUPTSTÄDTCHEN UND DÄNEMARKS SÜDSEE

Auf Seeland wohnen rund 2,5 Mio. Menschen. Das sind rund 44 Prozent aller Dänen. Jütland hat 2,7 Mio. Bewohner, aber auf eine dreimal größere Fläche verteilt. Selbst die Hauptstadt ist mit ihren knapp 600 000 Einwohnern nur ein Hauptstädtchen, und sobald man Kopenhagens Speckgürtel verlässt, wird es wieder ländlich, ruhig und überschaubar.

Das gilt im Norden, wo die besten Strände liegen, ebenso wie im Süden. Aber Seeland ist auch die Insel der Reichen und Mächtigen,

Kopenhagen, Nyhavn

der Könige und Reeder, der Schönen und der Neureichen. Lolland, Falster, Møn und Südseeland wirken dagegen wie vergessen: Zwischen weiten Feldern, langen Stränden und Kreidefelsen ticken die Uhren viel langsamer. Trotzdem sind beide Regionen voller Attraktionen. Du findest in jeder Stadt irgendein Museum, in jedem Hafen wartet ein Fischimbiss auf dich, und am Abend kehrst du in einen Gourmettempel ein, genießt ein Bier in Kopenhagens Szeneviertel Nyhavn oder tanzt an Dänemarks Ballermann in Marielyst ab.

SEELAND & SÜDLICHE INSELN

MARCO POLO HIGHLIGHTS

★ **LILLE HAVFRUE**
Klein, aber weltbekannt: Kopenhagens Wahrzeichen ➤ S. 108

★ **TIVOLI**
Der erste Vergnügungspark der Welt ➤ S. 109

★ **LOUSIANA**
Beeindruckende Kunstsammlung am Øresund ➤ S. 112

★ **FREDERIKSBORG SLOT**
Prächtiges Schloss mit wundervollem Garten ➤ S. 115

★ **WIKINGERSCHIFFMUSEUM**
Das Erbe der großen Seefahrer in Roskilde ➤ S. 116

★ **MØNS KLINT**
Über 100 m hohe Steilküste aus Kreidefelsen ➤ S. 118

7 Gilleleje
6 Tegners Museum
Hesselø Bugt
Esrum Kloster 5
Helsingør 4
Helsingborg
Klippan
E4
Frederiksværk
Arresø
3 Louisiana - Museum of Modern Art ★
Frederiksborg Slot ★ 8
E47
Hørsholm
2 Rungstedlund
SVERIGE
Frederikssund
16
Landskrona
Øresund
Eslöv
Farum
Furesø
Ølstykke
Værløse
E6
E20
53
1 Bakken
Jyllinge
E22
Lund
S. 108
Kopenhagen
62 km, 1 Std.
Taastrup
Lille Havfrue ★
Roskilde 10
35 km, 35 Min.
Tivoli ★
Staffanstorp
Wikingerschiffsmuseum ★
Malmö
Dragør
Solrød Strand
Køge Bugt
Oxie
E65
E22
E20
74 km, 1 ¼ Std.
E6
140 km, 1 Std. 40 Min.
Trelleborg
11 Rødvig
E47
Faxe Bugt
Vordingborg
Møns Klint ★
Møn
S. 117
Stubbekøbing
Falster
S. 119
Nykøbing Falster
Strand von Marielyst
Sandstrand
Gedser
DEUTSCHLAND

KOPENHAGEN

(🕮 J8) **Die Hauptstadt Dänemarks (615 000 Ew.) besteht eigentlich aus zwei voneinander völlig unabhängigen Teilen.**
In der Altstadt tobt das Nacht-, Kultur- und Geschäftsleben, hier geht es um große und kleine Politik. Außerhalb dieses eng umrissenen und gut überschaubaren Gebiets verliert sich die Stadt im Unübersichtlichen: Vorstädte, Autobahnkreuze, Wildwuchs. Denn Kopenhagen wächst – immer noch und immer stärker. Seit der Eröffnung der Brücke über den Øresund im Jahr 2000 hat eine neue Epoche für die Øresund-Region begonnen. Ausführliche Informationen zur Hauptstadt Dänemarks findest du im MARCO POLO Band „Kopenhagen".

Stilbewusst bewacht: Amalienborg

SIGHTSEEING

LILLE HAVFRUE ★
Das Wahrzeichen von Kopenhagen muss man erst mal finden! Ganz unscheinbar posiert die Kleine Meerjungfrau auf einem Stein am Ende der Hafenpromenade und ist von Hunderten Touristen umgeben. Gestiftet hat sie 1913 Carl Jacobsen, Herr über die Carlsberg-Brauerei. | *🕮 f1*

AMALIENBORG SLOT
Im majestätischen Schloss befindet sich ein Museum. Hier kannst du die Wohnräume von Königin Louise besichtigen, dir die offiziellen Empfangsräume der königlichen Familie ansehen und dich über die Traditionen der dänischen Monarchie informieren. Schick auch der tägliche Wachwechsel um 12 Uhr. *Okt.–April tgl. 11–16, Mai/ Juni 10–16, Juli–Sept. 10–17 Uhr | Eintritt 95 Kronen | Frederiksgade | kongernessamling.dk | 🕮 e3*

ROSENBORG SLOT
Im königlichen Lustschloss Christians IV. kannst du dir alles anschauen, was du schon immer über das Königshaus wissen wolltest: Kleider, Juwelen, Porzellan, Spielzeug, Porträts, selbst der Gang zur Toilette wird dokumentiert. *Nov.–Mitte Mai Di–Do 10–15, Mitte Mai–Mitte Juni u. Mitte Sept.–Okt. tgl. 10–16, Mitte Juni–Mitte Sept. 9–18 Uhr | Eintritt 110 Kronen | Kongens Have | kongernessamling.dk | 🕮 c2*

NYHAVN
Die Vergnügungsmeile Kopenhagens ist keine 300 m lang, hat aber von allem etwas. Kneipe an Kneipe, Restaurant neben Restaurant, Tische so dicht nebeneinander, dass es kaum ein Durchkommen gibt. In dem Kanal, an dem vor 200 Jahren die Segler aus aller Welt festmachten, liegen heute Freizeitskipper mit ihren Booten und ehemalige Feuerschiffe. | *e3–4*

CHRISTIANSBORG SLOT
Das majestätische Stadtschloss der dänischen Könige ist heute unter anderem Sitz des Folketing, des dänischen Parlaments. Innen kannst du in der umfangreichen Buchsammlung der Könige schmökern und die edlen Seidentapeten bewundern. Dazu gibt es Einblicke in die königliche Küche mit Hunderten Töpfen und Pfannen. In den karg beleuchteten Kellerräumen sind noch die Überreste des ersten Schlosses und des ehemaligen Gefangenenturms zu entdecken *Schloss: Mai–Sept. tgl. 9–17, Okt.–April. Di–So 10–17; Ruine und Küche: Mai–Sept. tgl. 10–17, Okt.–April Di–So 10–17; Kirche: Juli tgl. 10–17, sonst nur So 10–17 Uhr | Eintritt Schloss, Ruine und Küche 150 Kronen, Schloss 90 Kronen, Ruine 50 Krone, Küche 50 Kronen, Kirche frei | Eingang Schloss, Ruine, Küche: Indre Slotsgård, Eingang Kirche: Christiansborg Slotplads | kongeligeslotte.dk | c–d 4–5*

NY CARLSBERG GLYPTOTEK
So schön kann Kunst sein! Ein Hauch von Alexandria und eine Mischung aus Rom und dem Münchner Englischen Garten. Dazwischen überall Skulpturen mit und ohne Kopf: Tiere, Götter und Könige. Außerdem Sarkophage aus Ägypten, dänische Kunst, französische Impressionisten von Paul Cézanne über Claude Monet bis Vincent van Gogh. *Di–So 11–18 (Do bis 22) Uhr | Eintritt 115 Kronen, Di frei | Dantes Plads 7 | glyptoteket.dk | 2 Std. | c5*

Sushi-Tempel: der Japanische Turm im Tivoli

TIVOLI ★
Spaß ohne Ende im Tivoli: Achterbahnen, Zaubershows, Karussells! Mit dem 80 m hohen Kettenkarussell „Star Flyer" schwebst du über den Dächern der Hauptstadt und genießt einen atemberaubenden Blick. Mit der Achterbahn kannst du dich in die

INSIDER-TIPP
Nervenkitzel mit Traumblick

Tiefe stürzen oder ganz gemütlich mit einem Boot durch einen Märchenwald gleiten. Hinterher gibt's Zuckerwatte und Musik aller Art auf der Konzertbühne. Zu Ostern und an Halloween finden im Park verschiedene Events statt. Zu Weihnachten verwandelt sich der Tivoli in eine bunte Lichterwelt. *März–Sept., Mitte Okt.–Anfang Nov. (Halloween), Mitte Nov.–31. Dez. So–Do 11–23, Fr/Sa 11–24 Uhr | Eintritt 120 Kronen, Kinder 3–7 Jahre 50 Kronen; mit allen Fahrattraktionen 535 Kronen, Kinder 3–7 Jahre 400 Kronen | tivoli.dk |* b-c5

DEN BLÅ PLANET

Tunnelgänge, ringsherum 20 000 Meeresbewohner in 7 Mio. l Wasser. Schaurig schön der Tintenfisch, niedlich der Seeotter, furchterregend der Hai, die du allesamt hautnah erleben kannst. Wer tauchen kann, darf sogar zu den Haien in Wasser. *Mo 10–21, Di–So 10–18 Uhr | Eintritt 170 Kronen, Kinder 3–11 Jahre 95 Kronen | Jacob*

Fortlingsvej 1 | Kastrup | denblaaplanet.dk | 🕮 J8

ESSEN & TRINKEN

COFOCO

Restaurant im Rotlichtviertel, äußerst beliebt, anspruchsvoll und doch einfach mit einer Muschelsuppe, die selbst Sterneköche erblassen lässt, und einer Creme aus Lakritz und Schokolade als Dessert. Reservierung empfohlen. *Mo–Sa 10–18 Uhr | Abel Cathrinesgade 7 | Tel. 33 13 60 60 | cofoco.dk | €€€* | 🕮 a5

NIMB

Vier in einem! Im Hotel Nimb hast du die berüchtigte Qual der Wahl: Im *Fru Nimb (tgl. 12–16 u. 17–22 Uhr)* trifft auf dem Smørrebrød dänische Leberpastete auf französische Foie gras. Im *Gemyse (tgl. 11–23 Uhr)* sind Fleisch und Fisch nur Nebendarsteller, in der *Brasserie (tgl. 7–22 Uhr)* gibt's Austern oder Croques und im *Bar ‚n' Grill (Mo–Sa 17–23 Uhr)* nicht nur Steaks. All das in unmittelbarer Nachbarschaft zum bunt illuminierten Tivoli. *Bernstorffsgade 5 | Tel. 88 70 00 00 | nimb.dk | €€ und €€€* | 🕮 b5

NØRREBRO BRYGHUS

In einem Fabrikgebäude aus dem 19. Jh. im multikulturellen Viertel Nørrebro ist diese Mikrobrauerei untergebracht. Hier gibt es nicht nur frisch gebrautes Bier, sondern auch traditionelle dänische Gerichte. *Mo–Do 12–23, Fr/Sa 12–1, So 12–22 Uhr | Ryesgade 3 | Tel. 35 30 05 30 | norrebrobryghus.dk | €€* | 🕮 b1

SHOPPEN

STRØGET

Eine der längsten Einkaufsstraßen Europas. Hier findest du nicht nur teure Designerläden, sondern auch Vintage- und Secondhand-Boutiquen. Und überall präsentieren sich Straßenmusiker und -maler. *Rådhuspladsen bis Kongens Nytorv* | 🕮 c–d4

BAUM UND PFERDGARTEN

In Kopenhagen begannen die dänischen Top-Designerinnen Rikke Baumgarten und Helle Hestehave 1999 mit dem Verkauf ihrer Mode, die heute in aller Welt bekannt ist. *Mo–Fr 10–18, Sa 10–16 Uhr | Vognmagergade 2 | baumundpferdgarten.com* | 🕮 d3

ROYAL COPENHAGEN FLAGSHIP STORE

Berühmt sind die Weihnachtstische von Royal Copenhagen: Die Königli-

WOHIN ZUERST?

Rathausplatz: Unter der berühmten Rathausuhr schlägt das Herz von Kopenhagen. Tivoli, Strøget, Nyhavn oder Vesterbro sind von hier in kurzer Zeit zu Fuß erreichbar. Busse verkehren regelmäßig von den Haltestellen Rådhuspladsen und Hauptbahnhof. Die S-Bahn-Haltstellen Hauptbahnhof und Nørreport liegen in unmittelbarer Nähe der Innenstadt. Parken im Zentrum ist teuer, besser Parkhäuser ansteuern (Parkleitsystem).

che Porzellan- und Kristallmanufaktur lädt in ihrem Flagship Store alljährlich Prominente zum freien Gestalten der Auslagen ein. Aber auch sonst lohnt sich ein Besuch des Porzellanladens. *Mo–Fr 10–19, Sa 10–18, So 10–17 Uhr | Amagertorv 6 | royalcopenhagen.com |* 🕮 *d4*

SPORT & SPASS

HAFENSCHWIMMBAD ISLANDS BRYGGE

Baden im Hafen von Kopenhagen: Islands Brygge ist der Treff für Wasserratten. Die hölzerne Sonnenterrasse dient zum Chillen und als Sprungturm. Platz ist für 600 Leute. *Juni–Aug., wetterabhängig | Eintritt frei |* 🕮 *c6*

AUSGEHEN & FEIERN

Ausgefallene Bars und kleine Kneipen mit Livemusik findest du rund um den *St. Hans Torv* im Stadtteil Nørrebro. Die Szenetreffs der Stadt liegen zwischen *Rådhuspladsen* und dem Vergnügungsviertel *Nyhavn*.

Abtanzen und nette Leute treffen kannst du im *Rosie McGee's (Mo–Mi 12–3, Do 12–4, Fr 12–5, Sa 12–6, So 12–2 Uhr | Vesterbrogade 2A | rosiemcgee.dk)*. Wenn du es lieber gemütlich magst, dann bist du im *Old English Pub (Mo–Do 13–2.30, Fr/Sa 11–4.30, So 13–24 Uhr | Vesterbrogade 2B)* richtig. Hier kannst du in Ruhe dein Bier trinken. Tolle Cocktails, Biere und Whiskys kannst du auf drei Etagen im *Lidkoeb (Mo–Sa 16–2, So 18–2 Uhr | Vesterbrogade 72 | lidkoeb.dk)* zu dir nehmen, einer ehemaligen Apotheke.

RUND UM KOPENHAGEN

1 BAKKEN

15 km/35 Min. per Auto über die Küstenstraße 152

Wo vor 200 Jahren der dänische König Rehe und Wildschweine erlegte, drehen sich seit 150 Jahren Karussells, stehen Buden, verwirren Zauberer die Sinne, erholt sich das Volk bei Bier und Wurst. *März–Juni tgl. 12–22, Juli/Aug. 12–24 Uhr | Eintritt 269 Kronen, Kinder bis 115 cm 189 Kronen | Dyrhavevej 62 | Klampenborg | bakken.dk |* 🕮 *J8*

2 RUNGSTEDLUND

28 km/40 Min. per Auto über Primærruter 2 und 19

Hier ist Karen Blixen geboren und aufgewachsen, hier ist sie gestorben. Das *Karen Blixen Museet (Mai/Juni/Sept. Di–So 10–17, Juli/Aug. tgl. 10–17, Okt.–April Mi–Fr 13–16, Sa/So 11–16 Uhr | Eintritt 100 Kronen | Rungsted Strandvej 111 | karen-blixen.dk |* ⏲ *1 Std.)* erinnert an die Schriftstellerin, die im hinteren Teil des Parks, der zum Anwesen gehört, begraben ist. | 🕮 *J7*

3 LOUISIANA – MUSEUM OF MODERN ART ★

40 km/60 Min. per Auto über die Küstenstraße 152

Der Fabrikant, Kunstmäzen und Sammler Knud Jensen war es, der aus einem ehemaligen Herrenhaus in *Humlebæk* eine Kunststiftung und das wohl am meisten besuchte Muse-

Schwimmen im Hafen? In Kopenhagen geht das. Im Hafenschwimmbad Islands Brygge

um Dänemarks machte. Jedes Jahr wollen mehr als eine halbe Million Besucher die Werke von Max Ernst, Augusto Giacometti oder Alexander Calder sehen, die zum festen Inventar zählen. Die Sonderausstellungen genießen international hohes Ansehen. Auch der Park mit Ausblick über den Øresund lohnt den Besuch. Mit Cafeteria. *Di–Fr 11–22, Sa/So 11–18 Uhr | Eintritt 125 Kronen | Gamle Strandvej 13 | louisiana.dk | 3 Std. | J7*

4 HELSINGØR

55 km/75 Min. per Auto über die Küstenstraße 152

In der lebendigen Hafenstadt (62 000 Ew.) mit viel historischer Atmosphäre ruht in den Kasematten von *Schloss Kronborg (Nov.–März Di–So 11–16, Okt./April/Mai tgl. 11–16.30, Juni–Sept. 10–17.30 Uhr | Eintritt 140 Kronen | kronborg.dk)* Holger Danske, eine Skulptur des Bildhauers Pedersen-Dans. Von ihr heißt es, der schlafende Riese werde erwachen, wenn Gefahr für das Land drohe. Sein oder Nichtsein: Auch Shakespeare ließ seinen Prinzen Hamlet auf Schloss Kronborg dramatisch werden, das über den größten und wohl auch schönsten Rittersaal Dänemarks verfügt. Die Aussicht von den Befestigungsmauern hinüber nach Schweden ist überwältigend. | *J7*

5 ESRUM KLOSTER

45 km/50 Min. per Auto über Primærruter 19 und die Landstraßen 229, 235, 205

Das Kloster war im Mittelalter ein Rückzugsort für den Adel und der Sitz des Zisterzienserordens in Dänemark. Mitte der 1990er-Jahre begann man mit der Renovierung, und nun etabliert sich das Kloster als Touristenattraktion. Hier finden Kochkurse, Opernaufführungen, Märkte und Festivals statt. Gemütlich sitzt man im Hof des Mühlencafés. Der Klosterkeller bietet Speisen, die nach mittelalterlicher Tradition hergestellt werden. Du kannst auch Körbe, Pfeile und Schwerter kaufen oder am sonntäglichen Mittelalter-Brunch teilnehmen. *Tgl. 11–17 Uhr | 75 Kronen | Klostergade 11–12 | Esrum | esrum.dk | J7*

INSIDER-TIPP **Bratenspieß und Schwertgeklapper**

6 TEGNERS MUSEUM

55 km/50 Min. per Auto über Primærruter 19 und die Landstraßen 235, 205

Der dänische Bildhauer Rudolph Tegner (1873–1950) schuf sich 1916 sein eigenes Museum inmitten der Heide Nordseelands. Das eigenwillige, achteckige Gebäude erinnert ans Pentagon. Es hat keine Fenster und ist voll mit Werken des Künstlers. Neben dem Museum liegt der 8,5 ha große Skulpturenpark. Verteilt in der Heide stehen Tegners Skulpturen – wie Herakles oder Aphrodite. *April/Mai u. Sept./Okt. Di–So 12–17, Juni–Aug. Di–So 11–18 Uhr, Skulpturenpark ganzjährig | Eintritt 60 Kronen | Musemsvej 19 | Dronningmølle | J7*

INSIDER-TIPP **Aphrodite auf der Heide**

7 GILLELEJE

62 km/60 Min. per Auto über Primærruter 16 und die Landstraßen 267, 251

Strand und Dünen, so weit das Auge reicht. Der Fischerort (6500 Ew.) erfreute sich, ebenso wie das benachbarte Tisvildeleje, schon immer großer Beliebtheit. In *Gilleleje* geht es gepflegt, aber eben auch nicht mondän

Frederiksborg: Nordeuropas größtes Renaissanceschloss liegt auf drei Inseln in einem See

zu. Die Dünen erstrecken sich über mehrere Kilometer, das Wasser ist nicht so bewegt wie an der Westküste, es gibt jede Menge Imbissbuden und Restaurants.

In *Tisvildeleje* musst du *Esthers Garage (tgl. 10–18 Uhr | Tibirkevej 17)* einen Besuch abstatten. Die steckt randvoll mit Interior-Design: Körbe, Blumentöpfe, Keramikmilchkannen, und Schreibtischlampen aus den 30ern und 50ern. Dazu frische Blumen, Geschirrtücher, Schmuck. | *J7*

8 FREDERIKSBORG SLOT ★

39 km/37 Min. per Auto über Primærruter 16

Das Schloss der Könige, prachtvoller als alle anderen; ein imposantes Herrschaftsgebäude, das 1859 bis auf die Schlosskirche ausbrannte, 1884 wieder aufgebaut wurde und heute schöner dasteht als je zuvor. Der sehenswerte Barockgarten war einmal der bedeutendste Skandinaviens – nach Jahren der Rekonstruktion steht er in vollster Blüte. Der Rundgang durch die 70 Räume ist eine Wanderung durch die dänische Geschichte der vergangenen 500 Jahre. *April–Okt. tgl. 10–17, Nov.–April 11–15 Uhr | Eintritt 75 Kronen | Hillerød | dnm.dk | J7*

9 ODSHERRED

90 km/70 Min. per Auto über Primærruter 21

Odsherred ist ein Landstrich mit eigenem Charakter. Bis in das späte 19. Jh. war es eine ländliche Oase, fernab von allem. Land der Bauern und der Fischer. Heute warten rund 20 000 Sommerhäuser auf Gäste. Segeln, Angeln, Surfen, alles, was auch nur im entferntesten mit Wasser zu tun hat – hier wird es geboten. Die Landzunge von *Sjællands Odde* reckt sich 20 km hinaus ins Kattegat: Strand, so weit das Auge reicht, sonst nichts. Und wenn sich der Hunger meldet, dann geht es zum Fischereihafen von Sjællands Odde, um frischen Fisch zu kaufen oder gleich zu essen.

Ein nationales Kleinod wurde zu Beginn des 20. Jhs. in Odsherred ausgegraben. Feldarbeiter entdeckten den *Solvognen*, den Sonnenwagen, eine Opfergabe aus der Zeit um 1000 v. Chr. Das Original befindet sich im Nationalmuseum von Kopenhagen, aber eine Kopie, angefertigt von dem berühmtesten Gold- und Silberschmied Dänemarks, Georg Jensen, ist im *Odsherred Museum (April–Okt. Di–Fr 10–16, Sa/So 11–16, Nov.–März Di–Fr 10–15, Sa/So 11–15 Uhr | Eintritt 50 Kronen | Annebjerg Stræde 1 | Nykøbing Sjælland | vestmuseum.dk |*

Geschnitztes Chorgestühl, vergoldetes Altarretabel: Roskildes Dom ist Weltkulturerbe

1 Std.) zu bestaunen. Hier ist unter anderem auch die Ausstellung *Solens Land* (Land der Sonne) zu sehen. | *G-H 7-8*

10 ROSKILDE

35 km/36 Min. per Auto über Primærruter 21

Die Stadt (48 500 Ew.) war einmal Königssitz, Handelsmetropole und bis ins Mittelalter (1443) Dänemarks Hauptstadt. In der *Domkirche (Mo–Sa 10–16 (im Sommer bis 17/18), So 13–16 Uhr | Eintritt 60 Kronen | Domkirkestræde 10 | roskildedomkirke.dk)* aus dem 12. Jh. liegt gewissermaßen die halbe dänische Geschichte begraben: Hier ruhen nicht weniger als 38 Könige und Königinnen. Roskilde war auch schon zu Zeiten der Wikinger ein wichtiger Handelsplatz. Ein halbes Dutzend Schiffe wurde aus dem Roskilde Fjord geborgen und restauriert. Zu sehen sind sie in einem eigenen ★ *Wikingerschiffsmuseum (tgl. 10–16, im Sommer bis 17 Uhr | Eintritt 90 Kronen, im Sommer 130 Kronen, Kinder bis 18 Jahre frei | Vindeboder 12 | vikingeskibsmuseet.dk).* Im Sommerhalbjahr kann man mit einigen der rekonstruierten Wikingerschiffe hinaus auf den Roskilde Fjord fahren. | *H8*

11 RØDVIG

74 km/75 Min. per Auto über Autobahn E20 und die Landstraße 261

Der Kalte Krieg ist noch immer allgegenwärtig in Rødvig (1700 Ew.). Am *Stevns Klint,* einer der berühmtesten Steilküsten des Landes, wurde 1954 die größte Nato-Überwachungsfes-

tung am Øresund gebaut. Heute sind Kanonen, 1,6 km unterirdischer Gänge und die Kommandozentrale als Museum zum Kalten Krieg *(Koldkrigsmuseum)* für jedermann zugänglich: *Stevnsfortet (April/Mai u. Okt. Mo–Fr 11–15, Sa/So 10–17, Sept./Juni tgl. 10–17, Juli/Aug. Mo–Fr 10–17, Sa/So 10–18 Uhr | Eintritt 60 Kronen, unterirdische Räume 120 Kronen | Korsnæbsvej 63 | kalklandet.dk).*
Draußen wirkt die bis zu 41 m hohe und 15 km lange Steilküste fast surreal, ein Vogelparadies und Unesco-Weltnaturerbe. Die *Alte Kirche von Højerup* vom Beginn des 13. Jhs. steht heute wagemutig direkt an der Kliffkante. | *J9*

MØN

(H–J 10–11) **Die östlichste Insel Dänemarks – abgesehen von Bornholm – ist eine Schönheit und ein ideales Radlerterrain.**

Majestätisch thronen die Kreidefelsen, das Wahrzeichen der Insel, über der Ostsee. Die Küste präsentiert sich mal felsig, mal mit Pflanzen bewachsen und mal mit kleinen Sandstränden. Auch die malerischen Dörfer mit ihren kleinen Häfen und Kirchen mit mittelalterlichen Fresken machen den Reiz der Insel aus.

SIGHTSEEING

STEGE

Stege (3800 Ew.), die Stadt der Heringe, ist von blauem Wasser (Stege Nor und Stege Bugt), grüner Küste und alten Festungsmauern mit dem Stadttor *Mølleporten* (13. Jh.) umgeben. Dahinter liegen verwinkelte Gassen und Fachwerkhäuser aus dem Mittelalter. Überall findet man ein ruhiges Plätzchen, um die Schönheiten des Städtchens zu genießen. Zum Beispiel am lebendigen Hafen, wo die Segelboote sanft vom Wind hin- und hergeschaukelt werden und wo Fischer ihren Fang anlanden.
Die Auswahl auf der Speisekarte ist nicht sehr groß, aber dafür ist jedes Gericht ein kleines Geschmackserlebnis: Im *David's (Mo–Fr 10–17, Sa/So 10–16 Uhr | Storegade 11 | Tel. 33 13 80 57 | davids.nu | €€)* kreiert der Kochbuchautor und TV-Koch David Jensen frische Gerichte und hervorragende „Tapas", wie gebackene Rote Bete, Perlhuhnfrikadelle, Knoblauchtörtchen oder Räucherlachsroulade. Verarbeitet werden nur hochwertige, lokale Produkte.

INSIDER-TIPP
Kammmuschel trifft Knoblauchschalotte

Hast du schon mal einen Kinderkaufladen in Zimmergröße! gesehen oder eine Ansammlung von Trockenhauben und Friseurstühlen? Außerdem findest du stapelweise Transistorradios aus dem vergangenen Jahrhundert, uralte Fotokameras und blecherne Werbeschilder. Und das ist längst noch nicht alles, was das *Sammlermuseum (Mitte Okt.–Mitte März Do–So 10–17, Mitte März–Mitte Okt. tgl. 10–17 Uhr | Eintritt 60 Kronen, Kinder 5–18 Jahre 30 Kronen | Thorsvangs Allé 7 | thorsvangsamlermuseum.dk)* anzubieten hat … | *J10*

MØNS KIRCHEN

Die *Elmelunde Kirke (J10)*, die älteste Kirche Møns, liegt rund 12 km östlich von Stege und wurde vermutlich vor 1100 erbaut. Die *Fanefjord Kirke (H9)*, erbaut Ende des 13. Jhs., ist weithin sichtbar, wenn man über Bogø und den Grønsund nach Møn fährt. Unter den über 600 dänischen Kirchen mit Kalkmalereien haben die drei Møner Gotteshäuser von Elmelunde, Keldby und Fanefjord eine Sonderstellung. Die Fresken in Elmelunde und Fanefjord stammen wahrscheinlich alle vom sogenannten Elmelunde-Meister, der sie um 1480 ausführte. Zu sehen ist Biblisches: die Schöpfungsgeschichte, der Sündenfall und das Jüngste Gericht. Ungewöhnlich: Adam steuert einen mittelalterlichen Radpflug.

LISELUND SLOT

Das reetgedeckte Schloss Liselund (1792) und sein wunderschöner Schlosspark gehören zu den romantischsten Fleckchen Skandinaviens. Das Schloss kann nur im Rahmen einer Führung *(natmus.dk/museer-og-slotte/liselund)* besichtigt werden. Aber der Park ist frei zugänglich: Seine Teiche sind mit Seerosen bewachsen, und du kannst inmitten von uralten Bäumen picknicken. Am Rand des Parks liegt das *Liselund ny Slot (liselundslot.dk)* von 1887. *Langebjergvej 6 | Borre | J10*

MØNS KLINT ★

Die weltberühmte Attraktion liegt an der Ostküste der Insel, gut 20 km von Stege entfernt. Anders als auf den Kreidefelsen von Rügen geht es hier auch am höchsten Punkt selten überlaufen zu: Vom 128 m hohen Felsen *Dronningestolen*, dem „Stuhl der Königin", sind bei guter Sicht Südschweden und Rügen zu erkennen. Møns Klint ist eine Zeitreise durch 75 Mio. Jahre Erdgeschichte: Forschende Strandsucher stoßen immer wieder auf versteinerte Seeigel, Ammoniten und andere Zeugen der fernen Vergangenheit. Strahlend schön leuchten die weißen Felsen vom Wasser aus: Zweistündige *Schiffstouren* gehen ab Klintholm Hav mit der 1963 gebauten *M.S. Discovery (175 Kronen pro Person | Tel. 21 40 41 81 | sejlkutteren-discovery.dk)*.

Das *Geo-Center Møns Klint (Borre | April–Juni u. Sept./Okt. tgl. 10–17, Juli/Aug. 10–18 Uhr | Eintritt 145 Kronen, Kinder 3–11 Jahre 95 Kronen | Stengårdsvej 8 | moensklint.dk | 1,5 Std.)* bringt Besuchern die Entstehungsgeschichte der beeindruckenden Kreidefelsen näher. Im „Zeittunnel" des multimedialen Natur- und Geologiezentrums ziehen 100 Mio. Jahre in einer halben Stunde vorbei – ein dramatisches Erlebnis. | *J10*

SPORT & SPASS

Du kannst Møn auch wunderbar per Fahrrad entdecken. Leihfahrräder gibt es in Stege beim *Fri Bikeshop (Storegade 91 | Tel. 55 81 42 49)* ab 75 Kronen/Tag. In der Touristinfo am Hafen von Stege bekommst du Fahrradwanderkarten: Møn bietet zahlreiche Panoramarouten und Bed-&-Bike-Einrichtungen.

Møn ist eine Insel voller Bilderbuchperspektiven wie dieser Mohnwiese

FALSTER

(🕮 H11–12) **Kilometerlange Sandstrände, grüne Hügel, lebendige Badeorte – das ist die Insel Falster (43 000 Ew.).**

Zahlreiche Radwege verlaufen quer über die Insel, durch weite Felder, vorbei an kleinen Dörfern, vielen Museen und Freizeiteinrichtungen.

SIGHTSEEING

DANMARKS MOTORCYKELMUSEUM

Motorrad- und Radiomuseum: Eine ungewöhnliche Kollektion (über 200 Motorräder) vom Moped über kultige Harleys bis zum Plattenspieler, zu finden in Falsters ältester Ortschaft *Stubbekøbing*. *April–Juni Sa/So 10–16, Juli/Aug. Mi/Do u. Sa/So 10–16, Di 19–22, Sept. Mi/Do u. Sa/So 10–16 Uhr | Eintritt 60 Kronen | Nykøbingvej 52 | danmarksmotorcykelmuseum.dk | 🕮 H11*

DANMARKS TRAKTORMUSEUM

Nordeuropas größte Sammlung an Traktoren aus der Zeit von 1880 bis 1960 finden Oldtimerfans in *Eskilstrup*. Die über 200 Dampf- und Dieselrösser machen auch Kindern Spaß. *Mai/Juni u. Sept. Sa–Mo, Juli/Aug. tgl. 10–16 Uhr | Eintritt 60 Kronen, Kinder 5–14 Jahre 30 Kronen | Nørregade 17b | traktormuseum.dk | 🕮 H11*

NYKØBING FALSTER

Die Stadt am Guldborg Sund (16 500 Ew.) ist so etwas wie die heimliche Metropole von Falster. Eine in

Mit dem Segelboot bis auf den Strand: Im Feriengebiet von Marielyst geht auch das

ihrer Bescheidenheit und Gemütlichkeit typisch dänische Mischung aus Zoo und botanischem Garten ist der *Guldborgsund-Zoo (Mai–Okt. tgl. 9–17, Nov.–April 10–16 Uhr | Eintritt 60–90 Kronen, Kinder 3–15 Jahre 30–50 Kronen | Østre Allé 97 | guldborgsundzoo.dk)* mit über 1000 Pflanzenarten und Tieren aus aller Herren Länder.

Im Restaurant *Vinkaelderen (Di–Sa 17.30–22, Fr/Sa 17.30– 23 Uhr | Slotsgade 22A | Tel. 54 85 09 10 | restaurantvinkaelderen.dk | €€)* isst das Auge mit. In einem historischen Weinkeller serviert das Ehepaar Sarah und Mads traditionelle dänische Gerichte. Ein Gaumenschmaus ist das Tastingmenü (muss 24 Std. vorher reserviert werden) mit fünf saisonalen Gerichten. | *H11*

MARIELYST

Bei Marielyst an der Ostküste von Falster liegt eines der größen Feriengebiete Dänemarks. Und der Strand von Marielyst ist einer der schönsten – und bestbesuchten – Ostseestrände Dänemarks: 20 km weißer Sand, flach abfallend ins Meer. Hier findet jeder sein Plätzchen.

In der Glasbläserei, der *Stovby Glaspusteri (Mo–Fr 10–17, Sa/So 10–14 Uhr | Stovbyvej 19B | Væggerløse)* darf jeder zuschauen – und kaufen. Golf mal ganz anders, u. a. mit Fußball oder Frisbee, spielt man im *Golf & Fun Park (April–Okt. tgl. 10–20 Uhr | Kombiticket für div. Attraktionen ab 160 Kronen | Bøtø Ringvej 2e | golffunpark.dk).*

Marielyst ist eine Partyhochburg, der Ballermann der Region. Die wildesten

Partys feiert man in Dr. Emils *Laboratorium (im Sommer meist ab 23 Uhr | Marielyst Strandvej 30 | Væggerløse)* mit Freibier-Hour, Ladies Night, Tanzevents und Flatrate-Trinken. | *H11*

GEDSER

Gedser, der Fährhafen ganz im Süden von Falster, hat einen ähnlich schönen Strand wie Marielyst. 25 km feiner Sandstrand ziehen sich hinunter bis zur Odde: Kragen hoch und Mütze auf, denn an der Südspitze bläst immer der Wind! Eine spektakuläre Aussicht genießt du vom Gedser *Wasserturm (tgl. 11–17, Di bis 21 Uhr | 20 Kronen | Danmarksgade 6 | gedser vandtårn.dk)*. Hier erlebst du traumhafte Sonnenuntergänge und kannst bis rüber nach Warnemünde schauen. | *H12*

INSIDER-TIPP **Sunset über Warnemünde**

SPORT & SPASS

SVØMME CENTER FALSTER

Freizeitbad mit 60 m langer Rutsche, Wasserpilzen, Warmwasser- und Sportbecken, Beachvolleyballplätzen. *Sept.–Juni Mo–Fr 6–8.30 u. 14–20 (Fr nur bis 18.30), Sa/So 10–16, Juli/Aug. Mo–Fr 6–8.30 u. 10–16, Sa/So 10–16 Uhr | Eintritt 60 Kronen, Kinder 40 Kronen | Kringelborg Allé 3 | guldborg sundhallerne.dk* | *H11*

LOLLAND

(F–H 11–12) **Lolland repräsentiert Dänemarks Ursprünglichkeit. Fischkutter liegen in den malerischen Häfen, der Fang wird noch in Körben an Land gebracht und die Netze in der Sonne getrocknet.** Viele Strände sind touristisch nicht erschlossen und urwüchsig. Wer nach Lolland reist, der entschleunigt im Eiltempo.

SIGHTSEEING

TOREBY

Natur und Kunst, moderne Architektur und historische Umgebung – im Osten Lollands fasziniert das *Fuglsang Kunstmuseum (April–Juni u. Sept./Okt. Di–So 11–17 (Mi bis 20), Juli/Aug. tgl. 11–17 (Do bis 20), Nov./Dez. u. Jan.–März Mi–So 11–16 Uhr | Eintritt 75 Kronen | Nystedvej 71 | fuglsangkunst museum.dk | 2 Std.)* mit Gegensätzen. Der 1200 m² große weiße Kubus des britischen Architekten Tony Fretton liegt auf dem Gelände des Herrensitzes Fuglsang (15. Jh.). Zur Sammlung gehören Hauptwerke der dänischen Kunst vom 18. bis zum 20. Jh. Ein Raum ist der Künstlergruppe Cobra gewidmet, und es gibt regelmäßige Sonderschauen. | *H11*

NYSTED

Das kleine Nysted (1600 Ew.) an Lollands Südküste ist eines der idyllischsten Städtchen der Region. Rund um den Hafen spielt sich im Sommer das Leben ab. Von hier blickt man über die Bucht Nysted Nor auf Schloss Ålholm und den Fehmarnbelt. In Nysteds Gassen kannst du herrlich zwischen bunten historischen Häusern herumbummeln. | *H11*

RØDBYHAVN

Hier legen sie an und fahren sie ab im halbstündlichen Rhythmus: die Fähren der deutsch-dänischen Reederei *Scandlines (Fahrtzeit 45 Min. | Pkw ab 32 Euro | Tel. 33 15 15 15 | scandlines.de)*. Doch das soll sich bald ändern, soll hier doch der größte Absenktunnel der Welt entstehen. Informieren

Strauß in der dänischen Savanne: Knuthenborg Safaripark

kannst du dich über den *Femern-Sund-Tunnel* im *Femern-Infocenter (Mo/Mi 12–16, Sommer Mo–Fr 12–16 Uhr | Mi 16 Uhr kostenlose Führungen | Eintritt frei | Vestre Kaj 50 C | femern.com)*. Du kannst die Baustelle auch bei einer Führung besichtigen und Mitarbeitern Löcher in den Bauch fragen. Vom *Aussichtsturm (Gl. Badevej)* hast du einen guten Überblick über die Arbeiten.

Rødbyhavn Strand gehört zu den schönsten Stränden Lollands: kinderfreundlich mit Dünen und einem schönen Blick auf den Sportboothafen. | G11

MARIBO

Maribo (6000 Ew.) ist eine Naturoase im Zentrum von Lolland. Rundherum von Buchenwäldern umgeben und am *Søndersø* mit seiner einzigartigen Inselwelt gelegen. Erkunden kannst du das 890 ha große Naturareal – Seeadler und Schmetterlinge in der Luft und blühende Orchideen am Boden inklusive – mit dem Ausflugsschiff *„Anemonen" (wechselnde Abfahrtszeiten | Touren 50 Min.–2 Std. | ab 110 Kronen | naturparkmaribo.dk)*, das vom Steg am Dom ablegt. Ein „Mustsee" ist die *Domkirche (Mo–Fr 9–17 Uhr | Eintritt frei | Kirkestræde 6 | maribodomkirke.dk)* von 1470 mit ihrem prächtigen Barockaltar und der mächtigen Kanzel. Abends lauschst du dann dem Vogelgezwitscher auf der Seeterrasse des Restaurants des Hotels *Maribo Søpark (Vestergade 29 | Tel. 54 78 10 11 | maribo-soepark.dk | €€)*, und lässt dich verwöhnen mit Kalbfleischpolenta und geschmortem Lolland-Sellerie.

Ein nicht alltägliches Erlebnis ist eine Dampflokfahrt mit der *Museumsbanen Maribo–Bandholm (Juli/Aug. So 10.05, 13.05 u. 15.05 ab Bahnhof Maribo | Fahrt ab 50 Kronen | museumsbanen.dk)*. | G11

KNUTHENBORG SAFARIPARK

Rund 1000 exotische Tiere wie Giraffen, Nashörner, Kängurus, Tiger, Büffel und Antilopen leben im savannenähnlichen Gehege etwa 8 km nördlich von Maribo. Der weitläufige Park ist von einer 7,5 km langen Steinmauer umgeben. *Mai–Juni u. Aug. tgl. 10–17, Juli tgl. 10–18, Sept./Okt. Sa/So 10–16 Uhr | Eintritt 225 Kronen, Kinder 3–11 Jahre 135 Kronen | Knuthenborg Allé | knuthenborg.dk* | G11

KRAGENÆS

In Kragenæs legen die Fähren nach Fejø und Femø ab. Hier zeigt sich die Küste grün, die Strände sind naturbelassen. Schwimmen kannst du in der Nähe des Sportboothafens. Der Naturstrand mit Badesteg ist im Sommer der „place to be".

Südlich vom Sportboothafen liegt inmitten der kargen Küstenlandschaft *Dodekalitten*. Das Denkmal besteht aus zwölf 7–9 m hohen, 25–45 t schweren Steinfiguren und ist mit einem 12-Kanal-Surroundsystem ausgestattet. Die Steinfiguren sind in einem 40-m-Kreis aufgestellt, haben gemeißelte Gesichter, die mit viel Fantasie und durch die Musik unheimlich lebendig wirken. | G11

INSIDER-TIPP
Osterinsel in der Ostsee

NAKSKOV

Die einstige Werftenstadt (12 500 Ew.) ist heute ein gemütlicher Urlaubsort. Auf der 7,5 km langen Halbinsel Albuen, dem Ellenbogen, kannst du einen ganzen Tag zwischen duftenden Strandnelken und mit kontaktfreudigen Strandkröten verbringen. Die sandig-grünen Strände sind menschenleer. Das *Zuckermuseum (Juni–Sept. Di–So 13–16, Okt.–Mai Sa 13–16 Uhr | Eintritt 50 Kronen | Løjtoftevej 22 | sukkermuseet.dk)* entführt in die Bedeutung der Zuckerrübe für Lolland. | F11

RUND UM LOLLAND

12 FEMØ

22 km/50 Min. mit der Fähre

Die beiden kleinen Inseln Femø und Fejø liegen im sogenannten Smålandsfahrwasser zwischen Lolland und Seeland. *Fejø* ist bekannt für seine vielen Obstgärten. Hier kannst du den Alltag hinter dir lassen und durch unberührte Natur spazieren. Noch ruhiger geht es auf *Femø* zu. Grüne, blühende Felder, Naturstrände vor unberührter Landschaft und ein unvergesslicher Blick auf die Ostsee, die hier ganz besonders blau erstrahlt. Beide Inseln kannst du mit Fähren erreichen (*Lolland Færgefart | mehrmals tgl. ab Kragenæs | Tel. 88 32 12 12 | lollandfaergefart.dk*). Nach Fejø dauert das sogar nur eine Viertelstunde. Doch das ganz große Abenteuer ist ein Flug nach Femø *(Buchung u. Preis per Tel. 54 71 50 09)*. Landebahn Fehlanzeige: Die Maschine landet im Garten des örtlichen Kros und fliegt dich somit direkt an den Restauranttisch. Hier warten geräucherter Aal und geschmortes Rindfleisch auf dich: *Femø Kro (Mai–Sept. | Askhavnsvej 66 & 69 | Tel. 54 71 50 09 | femoekro.dk)*. | G10–11

INSIDER-TIPP
Fly-in-Restaurant

ERLEBNIS TOUREN

Lust, die Besonderheiten der Region zu entdecken? Dann sind die Erlebnistouren genau das Richtige für dich! Ganz einfach wird es mit der MARCO POLO Touren-App: Die Tour über den QR-Code aufs Smartphone laden – und auch offline die perfekte Orientierung haben.

1 WANDERUNG AUF DEM GENDARMENPFAD

- Historische Grenzgeschichten überall am Wegesrand
- Traumblick auf die Flensburger Förde
- Sagenumwobenes Tunneltal mit heilenden Quellen

Parkplatz Haraldsdalvej

Restaurant Fakkelgaarden

15 km

1 Tag, reine Gehzeit 3½ Stunden

Kosten: 40–50 Euro/Person für Essen und Busfahrt
Mitnehmen: Wasserglas/-flasche für Abrahams Quelle

Strand auf Møn

MAL EIN GRENZGÄNGER SEIN

Die Tour startet südlich von Padborg am ❶ Parkplatz Haraldsdalvej. Unmittelbar am Grenzübergang gehst du *in Richtung Nordosten und folgst dann einfach immer den Schildern mit den blauen Polizisten*. Dein Weg führt entlang der deutsch-dänischen Grenze und ist mit Grenzsteinen markiert. Es geht über Schotter und durch einen Wald aus Padborg heraus in das ❷ Haraldsdal. Das Tal ist benannt nach der Schlacht zwischen Harald Klak und König Regner, die hier im Jahre 826 um den Thron kämpften. Es lohnt sich, mal einen Blick auf den Boden zu werfen. Hier findest du Lochsteine, die früher auf eine Schnur gefädelt wurden und vor Krankheiten schützen sollten. Hinter dem Haraldsdal türmt sich bei ❸ Niehuus ein bewachsener Wall auf – das sind tatsächlich noch die Spuren einer alten Burg. Weiter geht es jetzt auf dem historischen Krummen Weg, der im Mittelalter von Ochsen- und Pferdegespannen befahren wurde. In Höhe von ❹ Rønsdam kannst du ein altes Erdtelefon ausprobieren – beiderseits der Grenze gibt es je einen Hörer, die durch ein unterirdisches „Sprachrohr" verbunden sind. *Du läufst nun weiter an der Grenze entlang* und dann zum ❺ Mühlensee von Kruså. Gleich dahinter liegt die Wassermühle von

❶ Parkplatz Haraldsdalvej
960 m 15 Min.

❷ Haraldsdal
750 m 10 Min.

❸ Niehuus
1,1 km 15 Min.

❹ Rønsdam
2,5 km 40 Min.

❺ Mühlensee
1,8 km 30 Min.

6 La Perla
570 m 10 Min.

Kruså. Bis 1850 war sie der größte Betrieb in dieser Gegend. Gegen Mittag erreichst du Kruså. Zeit für eine kleine Stärkung im Imbiss 6 La Perla *(Flensborgvej 24 | tgl. 11–22 Uhr | la-perla.dk | €), der linker Hand hinter der Grenze liegt.* Hast du Hunger auf saftige Burger, eine dick belegte Pizza oder Leckeres vom Grill?

7 Tunneldalen
350 m 10 Min.

8 Wald von Åbjerg
1,5 km 20 Min.

9 Kupfermühle
1,2 km 20 Min.

DURCH WALD UND TAL ZUR STEILKÜSTE

Solchermaßen gestärkt, geht es weiter durchs 7 Tunneldalen, ein Tal, das von eiszeitlichem Schmelzwasser gebildet wurde, und durch den 8 Wald von Åbjerg *(Åbjerg Skov)*. Solltest du schon Blasen an den Füßen haben, kommt jetzt Linderung. Denn hier entspringt die sagenumwobene Abrahams Quelle. Ihr Wasser soll eine heilende Wirkung haben, wenn man das leere Wasserglas hinter sich wirft, sodass es zerbricht. Wenn du das ausprobiert hat, geht es *weiter in Richtung Süden nach* 9 Kupfermühle, eine historische Arbeitersiedlung (um 1600), die durch ihre Bauweise an ein Kopenhagener Viertel erinnert. Nun schlängelt sich der Weg durch den Wald von Kollund *(Kollund Skov)*. Mach eine Pause unter uralten Buchen und Sitkafichten. Bemerkenswert sind auch die tiefen Schluchten

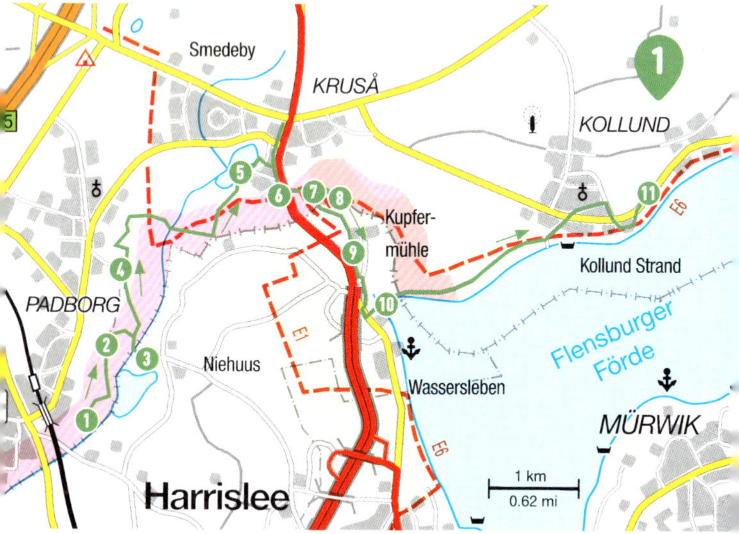

Lichter Buchenwald, von Wanderwegen durchzogen: Kollund Skov

und die steilen Abhänge, die durch die Eiszeit entstanden sind. Kurz vor der Förde erreicht du ⑩ Skomagerhus, einen der kleinsten Grenzübergänge Europas. Kurz vor Ausbruch des Ersten Weltkriegs sollte hier ein Wohnviertel errichtet werden. Doch es kam nur zum Bau eines einzigen Hauses, das später als Grenzhäuschen diente.

⑩ Skomagerhus
3,7 km 50 Min.

ENDLICH ABENDESSEN!

Die letzten Kilometer legst du hoch über der Flensburger Förde zurück und wirst von einem wunderschönen Panorama begleitet. Einzigartig ist auch die Tierwelt entlang der Steilküste. Du solltest unbedingt Ausschau halten nach dem türkisblau schillernden Eisvogel! Abends erreichst du Kollund, wo du die Wanderung mit einem üppigen Essen im ⑪ Restaurant Fakkelgaarden *(Di–Sa 12–21/22 Uhr | Fjordvejen 44 | Tel. 73 67 83 00 | fakkelgaarden.dk | €€–€€€)* Revue passieren lassen kannst. **Der Bus für die Rückfahrt hält u. a. am Bahnhof** ***(dsb.dk).***

⑪ Restaurant Fakkelgaarden

❷ DIE STRASSE DER REICHEN

➤ Häuser mit bunten Holzfassaden, Schiffe am Horizont
➤ Endlose, schneeweiße Sandstrände und tiefblaues Wasser
➤ Königliche Bettgeschichten, Schlösser und Jagdreviere

Strandvejen/Tuborg Boulevard

Bahnhof Grønnehave

57 km

1 Tag, reine Fahrzeit 3½ Stunden

Kosten: 60 Euro/Person für Essen, Picknick und Busfahrt; 50 Euro Eintritt/Person für 4 Museen
Achtung: Rückfahrt ab Kronborg mit Bus oder Zug *(dsb.dk)*. Staatliche Buslinien und die S-Bahn nehmen Räder kostenfrei mit, für die Züge einiger anderer Gesellschaften braucht man eine extra Platzkarte.
Wenn Jagd ist, wird der *Jægersborg Dyrepark (tgl. rund um die Uhr | Eintritt frei)* ganz oder tw. geschlossen.

❶ Strandvejen/Tuborg Boulevard

6,5 km 30 Min.

❷ Ordrupgaard

6 km 25 Min.

BADEN, BILDER BETRACHTEN, HIRSCHE RÖHREN HÖREN

Du startest nördlich von Kopenhagen ➤ S. 108 an der Kreuzung ❶ Strandvejen/Tuborg Boulevard *und folgst dem Strandvejen (Landstraße 152) in nördlicher Richtung.* Während der gesamten Strecke wirst du von einem skandinavisch-maritimen Panorama aus Häusern mit bunten Holzfassaden, großen und kleinen Schiffen am Horizont und dem Kontrast von schneeweißen Stränden und tiefblauem Wasser begleitet. An dieser Stelle des Øresunds herrscht reger Schiffsverkehr, Kreuzfahrtschiffe und Tanker laufen nach Kopenhagen ein und verlassen es wieder Richtung Norwegen. *Zunächst passierst du den Stadtteil Hellerup.* Kleine Badepause gefällig an den gepflegten Stränden Charlottenlund-Strandpark und Bellevue-Strandpark? Im Sommer badet hier halb Kopenhagen.
Linker Hand im Zentrum von Charlottenlund findest du das Kunstmuseum ❷ Ordrupgaard *(Vilvorde-*

vej 110 | wegen Umbau bis Mitte 2020 geschl. | ordrupgaard.dk) mit sehenswerten Objekten und Gemälden von Eckersberg, Købke, Manet, Monet und Cézanne. Der Museumspark *(April–Okt. tgl. 8–18 Uhr | Eintritt frei)* ist zugänglich und zeigt zeitgenössische Kunst mit wechselnden Außenausstellungen. *Hinter Klampenborg* liegt inmitten des Tiergartens ❸ Jægersborg Dyrehaven das Eremitageslot, ein Jagdschloss, 1736 erbaut und immer noch in königlichem Besitz. Bei einem Spaziergang durch den Park begegnen dir Hirsche und Damwild. Einmal im Jahr wird hier scharf geschossen – wenn die berühmte Hubertusjagd stattfindet. Schon vor Jahrhunderten ging im Dyrehaven der dänische Adel auf die Jagd, während das Volk sich im Vergnügungspark Bakken ➤ S. 112amüsierte.

❸ Jægersborg Dyrehaven
12,9 km 50 Min.

GROSSE LITERATUR, GROSSE LIEBE, GROSSE KUNST

Das nächste Ziel heißt ❹ Rungstedlund ➤ S. 112. Hier ist es Zeit zum Mittagessen im Restaurant Mash

❹ Rungstedlund
5 km 20 Min.

Traumblick: Der Bellevue-Strandpark ist einer von Kopenhagens gepflegten Badestränden

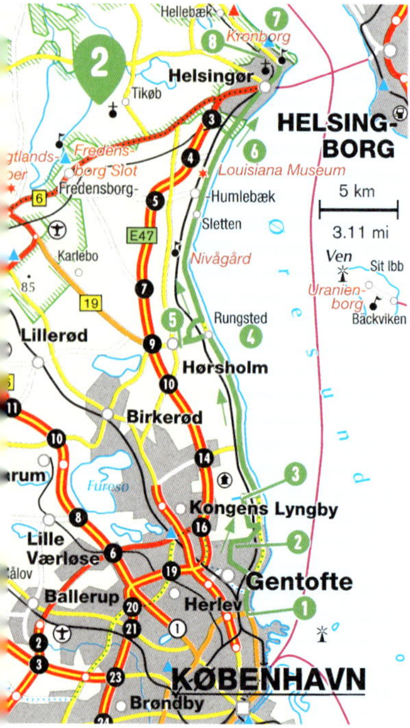

(Havn 42-44 | tgl. 12-15 u. 17.30-22 Uhr | €-€€), wo du nicht nur leckere Tagesgerichte genießen, sondern auch ein malerisches Hafenpanorama. Unmittelbar am Hafen bist du „jenseits von Afrika", denn hier steht das Haus von Karen Blixen, das heute ein Museum ➤ S. 112 beheimatet, das sich mit dem Lebensweg der Schriftstellerin beschäftigt. *Du biegst im Ortskern links ab auf die Landstraße 207, dann liegt ca. 3 km entfernt rechts* das königliche ❺ Schloss von Hørsholm *(Hirschholm)*, das auch „Versailles des Nordens" genannt wird. Das Schloss ist heute ein Wellness- und Kongresshotel. Es war einst Schauplatz einer der großen Staatsaffären der dänischen Geschichte. Der königliche Leibarzt von Christian VII., Johann Friedrich Graf von Struensee (1737–72), hatte eine Liaison mit Königin Caroline Mathilde. Die Verbindung wurde aufgedeckt, die Königin daraufhin verbannt; der Arzt hatte weniger Glück: Er wurde hingerichtet. Nach dem Schlossbesuch radelst du *wieder zurück auf die 152* und weiter nach Humlebæk, um dort das wohl berühmteste Kunstmuseum Dänemarks zu besichtigen: ❻ Louisiana ➤ S. 112.

❺ Hørsholm Slot
13,7 km 50 Min.

❻ Louisiana
11,2 km 40 Min.

Endstation deiner Tour ist *ca. 13 km weiter nördlich* die Stadt Helsingør ➤ S. 113. *Du fährst durch den Fährhafen bis zum* ❼ Kronborg Slot ➤ S. 113. Der Schlossgarten ist ein traumhaftes Plätzchen zum Ausruhen, und sollte es Regen geben, dann gibt es sogar einen überdachten Picknickplatz, die Dänen nennen das *Madpakkerum*: Hier können mitgebrachte Speisen und Getränke verzehrt werden. Deine Fahrt endet am ❽ Bahnhof Grønnehave, den du *über den Ny Kronborgvej und den Kronborgvej (nördliche Richtung)* in wenigen Minuten erreichst. Mit Bus oder Bahn geht es von hier zurück.

❼ Kronborg Slot
1,1 km 5 Min.

❽ Bahnhof Grønnehave

③ RADTOUR AM LIMFJORD

- Über Dänemarks längste Holzbrücke radeln
- Seehunde auf Sandbänken beobachten
- Eine der schönsten Kirchen Jütlands besichtigen

Start: Skive, Søndercentret — Ziel: Skive, Søndercentret

93 km — 2 Tage, reine Fahrzeit 6 Stunden

Kosten: Für 2 Personen: Fahrradmiete 55 Euro, Übernachtung und Essen 260 Euro
Mitnehmen: Badezeug, Fernglas!
Achtung: Fahrradverleih in Skive im Hotel Skivehus
Kartenmaterial und Infos auch unter *visitskive.dk* und *cyclistic.dk*

MIT BIO-JOGHURT IN DIE KIRCHE

Die Tour beginnt am ① Skive Søndercentret in Skive. Hier kannst du auf dem Parkplatz dein Auto abstellen und gegenüber im Hotel Skivehus *(Tel. 97 52 11 44 | hotelskivehus.dk)* ein Fahrrad mieten. *Über Dänemarks längste Holzbrücke hinweg passierst du ein üppiges Sumpfgebiet* und erreichst den reizvollen Hafen. *Nun geht es auf der National Cykel Rute 12 weiter.* Bei einem Stopp an der ② Thise Mejeri *(Di–Fr 10–17, Sa 8.30–12 Uhr | Sundsørevej 62 | Thise | thise.dk)* musst du echten dänischen Ymer probieren, ein Sauermilchprodukt, das mit Vollkornbrotkrümeln gegessen wird. Das essen die Jütländer eigentlich zum Frühstück, es schmeckt aber auch wunderbar zwischendurch. *Ab Nørremark radelst du direkt am Fjord entlang.* Wetten, dass dich die traumhafte Aussicht auf das Wasser und die Insel Fur ➤ S. 83. vom Fahren ablenkt? In Selde liegt eine der schönsten ③ Kirchen *(tgl. 8–16 Uhr | fursundkirker.dk)* Jütlands. Sie wurde im Jahr 1100 gebaut und Anfang des 21. Jhs. aufwendig restauriert.

INSIDER-TIPP: Brotkrümel im Bioprodukt

① Skive Søndercentret — 23,5 km, 90 Min.

② Thise Mejeri — 15,4 km, 60 Min.

③ Kirchen — 7,8 km, 30 Min.

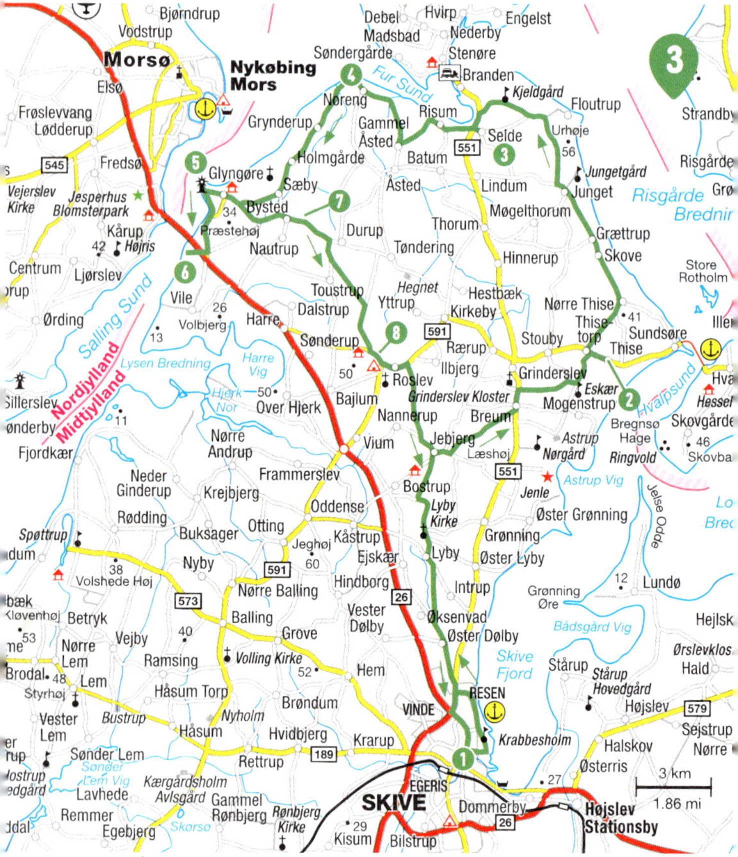

❹ **Sæbygårds Hage**

10 km 40 Min.

DIE „SONNE ÜBER GLYNGØRE" PROBIEREN

Zeit für eine Pause ist am ❹ **Sæbygårds Hage**, dem wohl schönsten und urigsten Strandabschnitt am Limjord.

INSIDER-TIPP
Robben auf der Bank

Fernglas raus, denn auf der vorgelagerten Sandbank Harholms Bæk kannst du Seehunde und Kegelrobben beobachten! Hier kann man auch im Fjord baden mit Blick auf Nykøbing Mors ➤ S. 82. *Es geht weiter in südöstliche Richtung.* Linker Hand erstreckt sich der **Grynderup Sø**, ein Refugium für Wasservögel mit Picknickplätzen drum herum, das 2011 in Zusammenarbeit mit dem Naturschutzbund neu entstand. Hier treffen sich Wasservögel zum Konzert, und ihr Singen und Pfeifen wird dich bis ❺ Glyngøre begleiten. Freu dich auf ein leckeres Essen im Kjøwenhavner Kokkens Grill *(April–Juni Mo–Fr 16–20, Sa/So 11–20, Juli/Aug. tgl. 11–21, Sept./Okt. Mi–So 16–20 Uhr | Odden 3a | €)* mit „Sol over Glyngøre", einem Heringsfilet mit Eigelb, Zwiebeln und Kaviar, und wirf dich ins bunte Hafengetümmel. Rund um den Hafen liegen kleine Geschäfte: Limfjords Hus *(Mo 12–17, Di–So 12–22 Uhr | Odden 17 | limfjordenshus.dk)* bietet Kulinarisches vom Limfjord, frische Austern werden dir in der Østersbar *(Do/Fr 11–17, Sa 11–14 Uhr | Kassehusvej 5 | danishshellfish.com | €€–€€€)* serviert. Auch wenn du von dem idyllischen Ort nur schwer loskommst, musst du irgendwann doch *die leichte Steigung hinaufradeln, die dich hinaus und nach gut 2 km in den Ortsteil Pinen* zu deinem Übernachtungsdomizil bringt, dem ❻ Pinenhus *(67 Zi. | Pinen 3 | Tel. 97 73 18 99 | pinenhus.dk | €€)*.

❺ Glyngøre
4,2 km 20 Min.

❻ Pinenhus

SCHWARZ-WEISSE KÜHE, ROT-WEISSE FLAGGEN, GELB-GRÜNE FELDER

TAG 2

Der heutige Tag führt dich – teilweise an einer ehemaligen Bahnstrecke entlang – schräg über die Halbinsel zurück nach Skive. *Von der Sallingsund-Brücke radelst du entspannt zurück bis Glyngøre – bergab am Fjord entlang.*

6,9 km 30 Min.

Gleich an der Genbrugsbutik *biegst du rechts ab auf die National Cykel Route 2. Du radelst zunächst am Strand entlang und dann durch einen kleinen Wald.* Immer mit einem nordisch-maritimen Panorama und dann vom Mars zum Jupiter: Das Teilstück bis nach Durup wird nämlich auch als ❼ Planetenpfad bezeichnet. Der 6 km lange Weg spiegelt das Sonnensystem im Verhältnis 1:1 Milliarde wider und informiert mit Tafeln über die neun Planeten. *Von Durup führt der Weg weiter nach* ❽ Roslev Mühle. Erbaut wurde die Schindeldach-Mühle bereits 1882. Ein schöner Platz zum Ausruhen, es gibt Picknicktische und Bänke. Im Sommer kannst du hier auch Obst und Gemüse an Hofständen kaufen. Nach der Pause *folgst du weiter der Cykel Route 2 bis Jebjerg.* Auf dem letzten Abschnitt bis Skive ist der

❼ Planetenpfad
6,8 km 30 Min.

❽ Roslev Mühle
18,1 km 70 Min.

Weg das Ziel. Und wieder ist der Ausblick auf blühende Rapsfelder, weidende Kühe und einsam liegende Höfe vor denen der Dannebrog weht, eine Augenweide.

ZUM SCHLUSS: SHOPPING!

Am Havnevej gleich hinter dem Hafen von Skive *biegst du rechts in Richtung Innenstadt ab.* Jetzt ist noch Zeit für einen Einkaufsbummel. Ein kleiner Wasserlauf begleitet dich durch die Fußgängerzone. Hier findest du kleine Läden mit Büchern, Porzellan, Schuhen und Klamotten. Auch die typisch dänischen Genbrugsbutikker (Gebrauchtwarenläden) fehlen natürlich nicht. Der Wasserlauf endet am Marktplatz. Linker Hand liegt das ❶ Skive Søndercentret.

❶ Skive Søndercentret

❹ UNTERWEGS AUF LANGELAND

- Picknick mit frischem Obst von der Insel
- Der Duft von Tabakpflanzen und frischen Kräutern
- Wilde Ponys und Fisch direkt vom Kutter

Start: Rudkøbing
Ziel: Rudkøbing
135 km
2 Tage, reine Fahrzeit 3½ Stunden

Kosten: 170 Euro/Person für Essen, Übernachtung, Eintritt und Benzin
Mitnehmen: Badesachen, Fernglas
Achtung: Informationen über die Exmoor-Ponys unter *langeland.dk*

❶ Rudkøbing
8 km 10 Min.

DÄNEMARKS LÄNGSTE KUNSTAUSSTELLUNG

Du startest in der Inselhauptstadt ❶ Rudkøbing ➤ S. 99. *Gleich hinter der Langelandsbroen biegt du links auf den Peløkkevej ab* und fährst geradewegs auf die Strandplantagen Strandlyst *(tgl. 9–16 Uhr)* zu. Der traditionelle Obsthof besteht bereits seit 1862 und bietet Bio-Obst, das ausschließlich auf der Insel ange-

baut wird. Besonders lecker sind die knackigen Äpfel! *Es geht weiter über den Strandvejen nach Osten und an dessen Ende über den Kassebøllevej und den Simmerbøllevej auf die Hauptstraße 305, der du nach Norden folgst.* Westlich von ❷ Tullebølle wird dir ein künstlerisch gestalteter Transformatorenturm *(Lismosevej 6a)* ins Auge fallen. Er gehört zur längsten Kunstausstellung Dänemarks: Im Jahr 2010 ließ die Insel alle zwölf Transformatorenhäuschen – auf einer Strecke von 150 km – innen und außen von Künstlern gestalten. Entstanden sind außergewöhnliche Kunstwerke. *Du folgst weiter der 305 bis nach* Tranekær. Neben dem berühmten ❸ Schloss liegt der Medizinische Garten *(tgl. von Sonnenaufgang bis zur Dämmerung | Botofte Strandvej | medicinhaverne.dk)*. Hier duftet es nach Salbei und Fenchel. Dank des milden Klimas gedeihen auf der Insel viele medizinisch bewährte Kräuter und Pflanzen. In nächster Nähe erlebst du die amerikanischen Südstaaten mitten auf Langeland. Dabei waren die Amis nie hier. Während des Zweiten Weltkriegs bauten die Dänen auf Langeland Tabak an, denn der Import von Tabakwaren war fast unmöglich geworden. So entstand nördlich von Tranekær die ❹ Tabakscheune *(März–Okt. tgl. 10–17 Uhr | Eintritt frei | Stengadevej 24)*, die von Tabakpflanzen umgeben ist und in der noch heute ihre Blätter getrocknet werden.

❷ Tullebølle
7,8 km 10 Min.

❸ Schloss
4,3 km 20 Min.

❹ Tabakscheune
13,5 km 15 Min.

SPECHTE IM WALD, PFAUEN IM PARK

Weiter geht deine Reise nach Norden bis ❺ Snøde – ein typisches Inseldorf mit knapp 400 Ew. Sehenswert ist die mittelalterliche Kirche *(Mo–Fr 9–19 Uhr)*, die größte Langelands. Das letzte Ziel für heute ist der ❻ Wald von Stigtehaverne nördlich von Lohals. Zieh die Wanderschuhe an! Über kleine Pfade, vorbei an Seen und

❺ Snøde
8 km 10 Min.

❻ Wald von Stigtehaverne
34,1 km 35 Min.

durch dunkle Buchenwälder, bekommst du hier einen Eindruck von der einzigartigen Inselnatur. *Über die 305 fährst du dann zurück nach Rudkøbing.* Und wirst dich königlich wohlfühlen im ❼ Skrøbelevs Gods *(14 Zi. | Skrøbelev Hedevej 4 | Tel. 9 22 78 62 00 | skrobelevgods.dk | €€€).* Herzstück des Anwesens ist das Herrenhaus. Im Park spazieren stolze Pfauen und es plätschert ein prunkvoller Brunnen. Lass dich am Abend mit einem Menü im Restaurant Riddersalen verwöhnen, und danach: Träum süß in deiner Suite!

❼ Skrøbelevs Gods
8 km 10 Min.

LESEZEICHEN FÜRS VOGELBESTIMMUNGSBUCH KAUFEN

TAG 2

Heute steht der Inselsüden auf dem Programm. *Du fährst die 305 nach Süden bis* ❽ Lindelse. Ein außergewöhnliches Mitbringsel für zu Hause findest du hier garantiert in der kleinen Kunstwerkstatt: Det lille Kunstværkstedt *(tgl. 11–18 Uhr | Blandebjerg 5 | det-lille-kunstvaerkstedt.dk).* Romie und Manfred Werner fertigen hier außergewöhnliche Lesezeichen aus Kupfer und Silber, Schmuck aus Holz und Glas, anmutige Skulpturen und bunte Schränke. Das hübsche Dorf ist außerdem Heimat der Phoenix-Mühle *(tgl. Sonnenauf- bis -untergang | Eintritt frei)* von 1828. Von der Galerie hat man eine wunderschöne Aussicht auf Strynø ➤ S. 101 und Ærø ➤ S. 102.

❽ Lindelse
10,3 km 10 Min.

Deine Fahrt geht weiter über die 305 bis Humble. Südlich vom Ort biegt du nach rechts ab auf den Ristingevej. Nach knapp 1,8 km geht es weiter nach Süden auf dem Nørreballevej. Rechter Hand erstreckt sich eine Reihe von ❾ Lagunenseen. Anhalten und Fernglas rausholen! Das Gebiet ist eine der vogelreichsten Gegenden des Landes, mit vielen seltenen Arten. In den Wäldern gibt es außerdem schöne Picknickplätze.

❾ Lagunenseen
9,2 km 10 Min.

VERZICHTE AUF DIE REMOULADE!

Du folgst der Straße bis zum Ende und biegst dann nach rechts auf den Vestervej ab, der dich direkt in den Inselsüden nach ❿ Bagenkop bringt. Das ist Hafenstädtchenidylle! Wenn gerade ein Kutter anlegt, kannst du Fisch und andere Meerestiere direkt von Bord kaufen. *Südlich von Bagenkop, wenn du dem Søgårdsvej nach*

❿ Bagenkop
2,1 km 5 Min.

Süden folgt, kommt du der Inselgeschichte ganz nah bei den ⑪ Steinzeitgräbern von Hulbjergdyssen, die über 5000 Jahre alt sind. *Am Ende des Søgårdsvej biegst du nach rechts auf den Gulstavvej ab.* An seinem Ende geraten nicht nur Pferdefreunde beim Anblick der Herde wild lebender Exmoor-Ponys ins Schwärmen. Den besten Blick auf die ca. 80 Stuten und Hengste hat man vom ⑫ Ømehoj, einem Hügel in der Nähe des Parkplatzes Gulstav Mose.

Es geht zurück über den Gulstavvej, der dich wieder auf die 305 führt. Auf dem Rückweg solltest du zum Abendessen im ⑬ Kædeby-Cafeen *(Mi–Sa ab 15, So ab 12 Uhr | Vestergårdsvej 1a | Humble | kaedebycafeen.dk | €€)* einkehren. Hier kannst du *Rødspætte,* also Scholle, probieren. Auf Langeland-Art zubereitet wird sie mit Gurkensalat, Remoulade, Kartoffeln und Buttersauce. Danach solltest du unbedingt einen kleinen Verdauungsspaziergang unternehmen. Dann ab ins Auto, und ruckzuck! bist du wieder ① Rudkøbing ➤ S. 99.

⑪ Steinzeitgräber von Hulbjergdyssen
2 km 5 Min.

⑫ Ømehoj
13,7 km 15 Min.

⑬ Kædeby-Cafeen
13,2 km 15 Min.

① Rudkøbing

Imposant und wild: die Kliffküste zwischen Bagenkop und Ristinge

GUT ZU WISSEN

DIE BASICS FÜR DEINEN URLAUB

ANKOMMEN

ANREISE

Die meisten Besucher kommen über die A7. Für die ostdänischen Inseln empfiehlt sich die Anreise über Puttgarden. Den Kleinen Belt passiert man über eine kostenfreie Brücke oder mit der Fähre Fynshavn–Bøjden *(faergen.dk)*. Sjælland erreicht man schnell über die Große-Belt-Brücke mit dem Pkw ab 34 Euro *(storebaelt.dk)*.

Von Deutschland fahren täglich mehrere Züge ab Hamburg nach Jütland und Fünen. Nach Kopenhagen geht es über die Vogelfluglinie (Puttgarden–Rødby) sowie über die Große-Belt-Verbindung, Auskünfte bei der Bahn, im Reisebüro oder unter *bahn.de*. Es verkehren auch ICE-Züge von Berlin und Hamburg über Puttgarden nach Kopenhagen sowie von Hamburg über Flensburg nach Aarhus. Eine Rückfahrkarte von Hamburg nach Kopenhagen kostet etwa 175 Euro.

Lufthansa und SAS fliegen mehrmals täglich von Deutschland und Österreich nach Kopenhagen, Hin- und Rückflug ab 160 Euro. Mit den Billig-Airlines Eurowings (ab Düsseldorf, ab 63 Euro) und Easyjet (ab Berlin Tegel, ab 15 Euro) fliegst du günstiger nach Kopenhagen *(skyscanner.net)*. Ab dem Terminal 3 fährt im 5-Minuten-Takt (nachts alle 15 Minuten) für 38 Kronen (5 Euro) eine Metro in 15 Minuten in die City.

INSIDER-TIPP
Fast wie im Flug in die City

EINREISE

Vorgeschrieben sind entweder Personalausweis oder Reisepass, die am Tag der Einreise nach Dänemark mindestens noch drei Monate gültig sein müssen. Hunde benötigen den Europäischen Heimtierausweis.

Am Strand von Marielyst auf Falster

ZOLL
Freigrenzen bei Ein- und Ausfuhr für EU-Bürger sind z. B. 10 l Spirituosen über 22 Vol.-Prozent und 800 Zigaretten. Für Schweizer gelten bei der Ausfuhr geringere Mengen. Weitere Informationen findest du auf der Website des Auswärtigen Amts und dem Stichwort Dänemark. *auswaertiges-amt.de*

KLIMA & REISEZEIT
Im Sommer scheint die Sonne über Dänemark genauso häufig wie über Bayern. An der Westküste nimmt der fast immer wehende Wind der Sonne ihre aggressive Note und täuscht so über ihre wahre Strahlkraft und die UV-Belastung hinweg. Also: Sonnenschutz und -creme nicht vergessen.

STROM
230 Volt. Die Steckdosen sehen etwas anders aus als die deutschen, unterscheiden sich technisch aber nicht.

WEITER-KOMMEN

AUTO
Ein Muss ist das Fahren mit Abblendlicht, auch am Tag. Auf Landstraßen sind höchstens 80 km/h erlaubt, auf den meisten Autobahnen 130 km/h. Die Promillegrenze liegt bei 0,5. Der dänische Pannendienst heißt *Falck, Tel. 70 10 20 30*.

TANKEN
Tankstellen sind rund um die Uhr geöffnet und in der Regel ohne Service. Besonders in ländlichen Gebieten sind viele Tankstellen ohne Personal, gezahlt wird an Automaten mit EC- oder Kreditkarte bzw. Geldscheinen. Das klappt nicht immer – daher solltest du stets die Tankanzeige im Auge behalten, um ggf. noch eine andere

Tankstelle zu erreichen. Euroscheine werden, wenn überhaupt, nur an ganz wenigen Tankstellen in Grenznähe akzeptiert.

BRÜCKEN

Alle Brücken sind kostenlos – bis auf die von Kopenhagen nach Schweden *(oeresundsbron.com)* und die von Fünen nach Seeland *(storebaelt.dk)*. Preise für die einfache Fahrt: Øresund 50 Euro, Storebælt 34 Euro

FÄHREN

Nahezu alle bewohnten Inseln des Königreichs sind mit Fähren zu erreichen. Außerhalb der Hochsaison gehen die Preise teilweise um bis zu 50 Prozent zurück. Einige Fähren sind im Mai und im September auch kostenlos. Über die Websites der Reedereien oder unter *faergen.de* kannst du die Routen, z. B. nach Als, Bornholm, Fanø, Langeland und Samsø, Preise und Fahrtzeiten abrufen.

IM URLAUB

BANKEN, PREISE & GELD

Öffnungszeiten der Banken und Sparkassen in der Regel: *Mo–Fr 10–16, Do 10–18 Uhr*. Das Preisniveau in Dänemark ist wesentlich höher als in Deutschland. Laut Statistik von Eurostat war Dänemark 2018 das teuerste Land der EU. Am teuersten sind Fleisch und Backwaren. Auch für Softdrinks, Süßigkeiten, frisches Obst und Gemüse muss man tiefer in die Tasche greifen. Spirituosen sind zwischen 20 und 50 Prozent teurer. Aber: Obst und Gemüse ist an Straßenständen viel billiger, ebenso wie frischer Fisch in den Häfen und Fleisch auf dem Markt.

Offizielles Zahlungsmittel ist die Dänische Krone, der Euro wird höchstens in grenznahen Gebieten akzeptiert. Gängige Kreditkarten werden im Allgemeinen akzeptiert, es werden jedoch häufig Gebühren erhoben.

WAS KOSTET WIE VIEL?

Imbiss	3,50 Euro *für einen Pølser*
Fahrrad	8–15 Euro *Miete pro Tag*
Bier	6–8 Euro *für ein Kleines in der Bierbar*
Kaffee	4,50–5,50 Euro *für eine Tasse*
Souvenir	ab 12 Euro *für einen Weihnachtswichtel (Julenisse)*
Kaminholz	5–9 Euro *für den 10-kg-Sack*

ÖFFNUNGSZEITEN

Das dänische Ladenschlussgesetz überlässt es dem Inhaber, wann er öffnen möchte, daher können die Zeiten *(in der Regel Mo–Fr 9/10–17.30/18, Do o. Fr bis 19/20, Sa bis 12/16 o. 20 Uhr)* variieren. Supermärkte auf dem Land haben oft *So 7–19 Uhr* geöffnet. Am 1. und letzten So im Monat darf *10–17 Uhr* geöffnet sein. Die Öffnungszeiten der Restaurants und Kros variieren stark.

FESTE & EVENTS

RUND UMS JAHR

MAI

Karneval in Aalborg. *aalborgkarneval.dk*

JUNI

Karneval in Kopenhagen. Im Stadtteil Ærestad. *karneval.dk*

Roskilde Dyrskue. Seelands größte Tierschau mit Bauernmarkt. *roskildedyrskue.dk*

Sankt Hans Aften. Landesweit Feste und Feuer zur Sommersonnenwende am Johannistag (23. Juni)

JULI

★ ***Roskilde Festival***. Nordeuropas größtes Rock-/Popfestival. *roskilde-festival.dk*

AUGUST

Kulturhavn. Kulturelles Hafenfest in Kopenhagen. *kulturhavn.dk*

★ ***Europäisches Mittelalterfest*** in Horsens. *middelalderfestival.dk*

Makrelenfestival. Hafenfest in Sjællands Odde und dänische Meisterschaft im Makrelenangeln. *makrelfestival.dk*

★ ***Copenhagen Cooking***. Zehntägiges Kochevent und Gourmetfestival. *copenhagencooking.com*

SEPTEMBER

Drachenfestival auf Rømø am Strand von Lakolk. *danskdrageklub.dk*

Åbent Landbrug. Über 60 Bauernhöfe in ganz Dänemark öffnen Ställe und Scheunen. *aabentlandbrug.dk*

OKTOBER

Kulturnatten. Nacht der offenen Museen in Kopenhagen, Aarhus, Aalborg, Esbjerg usw. *kulturnatten.dk*

NOVEMBER/DEZEMBER

Jul i Tivoli. Weihnachtsspektakel im Tivoli in Kopenhagen. *tivoli.dk*

Jul i den Gamle By. Weihnachten im Freilichtmuseum in Aarhus. *dengamleby.dk*

Julebyen. 6 Wochen Weihnachten in Tønder. *tonderhandel.dk/julebyen*

TRINKGELD

Das Trinkgeld ist in den Preisen bereits enthalten (als mitberechneter Aufschlag) und wird auf der Rechnung ausgewiesen. Es ist deshalb in Dänemark allgemein nicht üblich, Trinkgeld zu geben.

POST

Öffnungszeiten: *Mo–Fr 9/10–17/18, Sa 9/10–12/14 Uhr.* Auf dem Land verkaufen oft die örtlichen Supermärkte Briefmarken *(frimærker)*; Brief und Postkarte kosten jeweils 27 Kronen.

TELEFON & HANDY

Die Vorwahl nach Deutschland lautet 0049, nach Österreich 0043, in die Schweiz 0041, nach Dänemark 0045.

Die Verbindung mit dem Handy ist nirgends in Dänemark ein Problem. Prepaidkarten heißen auf Dänisch *Mobiltid* oder *Taletid* und sind z. B. beim Anbieter *TDC (tdc.dk)* oder in Supermärkten ab 50 Kronen erhältlich.

FEIERTAGE

1. Jan.	Neujahr
März/April	Gründonnerstag, Karfreitag, Ostermontag
4. Freitag nach Ostern	Buß- und Bettag
1. Mai	Tag der Arbeit
Mai/Juni	Christi Himmelfahrt, Pfingstmontag
5. Juni	Verfassungstag
25./26. Dez.	Weihnachten

UNTERKUNFT

In ländlichen Gegenden kostet ein Doppelzimmer zwischen 75 und 130 Euro. In den Städten liegen die Preise bei mindestens 120 Euro, in Kopenhagen ab 150 Euro. *Dansk Kroferie (smalldanishhotels.dk)* bietet Rabatte von bis zu 40 Prozent. Beinahe überall im Land gibt es außerdem ansprechende Bed-&-Breakfast-Angebote *(bedandbreakfast.dk)*.

Luxusunterkünfte in Schlössern und Herrenhäusern findest du unter *slotteherregaarde.dk*. Über Jugendherbergen informiert *danhostel.dk*.

CAMPING

Eine Broschüre mit Informationen und Links zu den regionalen Campingplätzen kannst du online bei *VisitDenmark (visitdenmark.de)* bestellen oder herunterladen. Ausführliche Informationen zu allen dänischen Campingplätzen findest du unter *daenischecampingplaetze.dk*. Hier kannst du für 100 Kronen auch einen Campingpass bestellen. Den benötigst du, um auf dänischen Campingplätzen übernachten zu können. Alternativ kannst du den Pass aber auch direkt vor Ort kaufen.

FERIENHÄUSER

Es gibt über 200 000 Ferienhäuser in Dänemark, etwa 50 000 werden vermietet. Es ist alles im Angebot: Luxus, gehobene Mittelklasse mit Sauna, einfache Mittelklasse und das profane Ferienhaus, ausgestattet mit den alten Möbeln von Oma.

Die größten Anbieter in Deutschland sind *Novasol (novasol.de), Sonne und Strand (sonneundstrand.de), Dansommer (dansommer.de), Dancenter (dancenter.de)* und *Feriepartner Danmark (feriepartner.de)*, ein Zusammenschluss von 21 regionalen Tourismusbüros.

NOTFÄLLE

DEUTSCHE BOTSCHAFT

(J8) Göteborg Plads 1 | Kopenhagen | Nordhavn | Tel. 35 45 99 00 | kopenhagen.diplo.de

ÖSTERREICHISCHE BOTSCHAFT

(J8) Sølundsvej 1 | Kopenhagen | Tel. 39 29 41 41 | bmeia.gv.at/oeb-kopenhagen

SCHWEIZER BOTSCHAFT

(J8) Richelieus Allé 14 | Hellerup | Tel. 33 14 17 96 | eda.admin.ch/kopenhagen

GESUNDHEIT

Touristen haben in Krankenhäusern Anspruch auf kostenlose Behandlung. Ein eventuell nötiger Rücktransport ins Heimatland erfolgt auf eigene Kosten. Ansonsten gilt, dass du über die gesetzliche Krankenkasse ein Anrecht auf kostenlose ärztliche Behandlung und Rückerstattung von Arzt-, Zahnarzt- und Medikamentenkosten hast. Die Europäische Krankenversicherungskarte (Rückseite der Krankenkassenkarte) muss bei ärztlicher Behandlung oder beim Kauf von Medikamenten vorgezeigt werden.

NOTRUF

Polizei, Feuerwehr, Notarzt: Tel. 1 12, Pannendienst Falck: Tel. 70 10 20 30

WETTER IN KOPENHAGEN

Hauptsaison
Nebensaison

	JAN.	FEB.	MÄRZ	APRIL	MAI	JUNI	JULI	AUG.	SEPT.	OKT.	NOV.	DEZ.
Tagestemperaturen	2°	2°	5°	10°	16°	20°	21°	21°	18°	12°	7°	4°
Nachttemperaturen	-2°	-2°	-1°	3°	8°	11°	14°	14°	11°	7°	3°	1°
Sonnenschein Stunden/Tag	1	2	4	6	8	9	8	7	6	3	1	1
Niederschlag Tage/Monat	11	9	7	9	7	9	10	10	10	10	10	11
Wassertemperatur in °C	3	2	3	5	9	14	16	16	14	12	8	5

Sonnenschein Stunden/Tag · Niederschlag Tage/Monat · Wassertemperatur in °C

SPICKZETTEL DÄNISCH

SMALLTALK

ja/nein/vielleicht	ja/nej/måske	ja/nai/moßke'
bitte	værsgod	wärßgo
danke	tak	tak
Gute(n) Morgen!/Tag!/ Abend!/Nacht!	God morgen!/dag!/ aften!/nat!	Goh morgen!/dä'!/ aften!/nätt!
Hallo!/Auf Wiedersehen!	Hej!/Farvel!	Hai!/Farwell!
Tschüss!	Hej hej!	Hai hai!
Ich heiße …	Jeg hedder …	Jai hidder …
Wie heißt Du?/ Wie heißen Sie?	Hvad hedder du?/ Hvad hedder De?	Wä' hidder du?/ Wä' hidder Di?
Ich komme aus …	Jeg kommer fra …	Jai kommer fra …
Entschuldige!	Undskyld!	Unnßküll!
Wie bitte?	Undskyld?/Hvad?	Unnßküll?/Wä'?
Das gefällt mir (nicht).	Det kan jeg (ikke) lide.	Det kánn jai igge li'

ZEIGEBILDER

ESSEN & TRINKEN

Die Speisekarte, bitte.	Spisekortet, tak.	ßpihßekortet, tak.
Könnte ich bitte … haben?	Jeg vil gerne have …	Jai will gerne hä' …
Messer/Gabel/Löffel	kniv/gaffel/ske	kniw/gaffel/ßkeh
Salz/Pfeffer/Zucker	salt/peber/sukker	ßällt/peber/ßukker
Essig/Öl	eddike/olie	eddigge/ohlie
Milch/Sahne/Zitrone	mælk/fløde/citron	mälk/flöhde/ßitrohn
mit/ohne Eis/ Kohlensäure	med/uden is/brus	mehd/uhden ihß/ bruhß
Vegetarier(in)/Allergie gegen …	vegetar/har allergi mod …	vegetarier/har allergie mohd …
Ich möchte zahlen, bitte.	Jeg vil gerne betale.	Jai will gerne betäle.
Rechnung/Quittung	regning/kvittering	raining/quittering
bar/mit Kreditkarte	kontant/kreditkort	kontänn/kreditkohrt

NÜTZLICHES

Wo ist …?/Wo sind …?	Hvor ligger ….?/Hvor er …?	Wohr ligger …?/Wohr ähr …?
Wie viel Uhr ist es?	Hvad er klokken?	Wä' är kloggen?
heute/morgen/gestern	idag/imorgen/igår	idäh/imor'en/igohr
Wie viel kostet …?	Hvad koster …?	Wä' koßter …?
Wo finde ich einen Internetzugang?	Hvor er der adgang til internettet?	Wohr är der ädgang till internettet?
offen/geschlossen	åben/lukket	oben/lugged
rechts/links/geradeaus	højre/venstre/ lige ud	heure/wännßtre/ lihe uhd
billig/teuer	billig/dyr	billi'/dühr
gut/schlecht	godt/dårligt	gott/dorlitt
Apotheke/Drogerie	apotek/matas	äpothek/mätäß
Fieber/Schmerzen	feber/smerter	feber/ßmerter
Hilfe!/Vorsicht!	Hjælp!/Pas på!	Hjälp!/Päß po!
Verbot/verboten	forbud/forbudt	forbuhd/forbutt
0/1/2/3/4/5/6/7/8/9/ 10/100/1000	nul/en; et/to/ tre/fire/fem/seks/ syv/otte/ni/ti/ hundrede/tusind	null/een; eet/toh/treh/ fihr/fämm/ßex/ßüh/ ohde/ni/ti/hunnred/ tuhßinn

URLAUBS FEELING

ZUM EINSTIMMEN & AUSKLINGEN

LESESTOFF & FILMFUTTER

WIR ERTRUNKENEN

„Laurids Madsen war im Himmel gewesen, doch dank seiner Stiefel war er auch wieder heruntergekommen." So beginnt Carsten Jensen seine Familiengeschichte. Sie spielt in Marstal auf Ærø. 2008

UNTER DEM SAND

Über 2 Mio. Minen verbuddelte die deutsche Wehrmacht bis 1944 am Strand der dänischen Westküste. Nach Kriegsende wurden junge deutsche Kriegsgefangene zu ihrer Räumung eingesetzt. Nach einer wahren Begebenheit. Oscarnominierter Spielfilm von Martin Zandvliet. 2016

HYGG, HYGG, HURRA!

Warum sind die Dänen angeblich so glücklich und zufrieden, und was ist hyggelig für ein Gefühl? Die Londoner Journalistin Helen Russell zieht mit ihrem Mann ins langweilige Jütland, weil der einen Job bei Lego annimmt. 2017

DIE JAGD

Lucas arbeitet als Erzieher im Kindergarten seines Heimatdorfs, und die fünfjährige Klara ist schwer in ihn verliebt. Eines Tages wirft ihm die Dorfgemeinschaft Kindesmissbrauch vor. Oscarnominierter Film von Thomas Vinterberg. 2014

PLAYLIST QUERBEET

0:58

LUKAS GRAHAM – 7 YEARS
Welthit der Kopenhagener Band um Frontmann Lukas Graham (2015 44 Wochen Nummer 1 der deutschen Charts)

EMMELIE DE FORREST – ONLY TEARDROPS
13 Jahre nach den schon legendären Olsen Brothers gewann Emmelie Charlotte-Victoria Engstrøm den ESC 2013 für Dänemark

GITTE HÆNNING – ICH WILL 'NEN COWBOY ALS MANN
Der Song katapultierte die Dänin 1963 in den Schlagerhimmel

LARS STRYG BAND – DER BOR EN LILLE NISSEMAND
Dieses traditionelle Weihnachtslied kennt in Dänemark jedes Kind

BØRNESANGE – SOMMER I DANMARK
Wird in dänischen Schulen im Sommer jeden Morgen gesungen

Den Soundtrack zum Urlaub gibt's auf **Spotify** unter **MARCO POLO** Denmark

Oder Code mit Spotify-App scannen

AB INS NETZ

RASMUS BROHAVE
Mit 14 Jahren dreht Rasmus Brohave seines erstes Youtube-Video in seinem Kinderzimmer in Fünen. 2016 wird er zum dänischen Youtube-Star des Jahres gewählt. Er sendet live vom Roskilde-Festival und kocht mit dänischen Starköchen.

COPENHAGENFASHIONWEEK.COM
Website und App mit jeder Menge Tipps zur angesagten Messe, zu Boutiquen, Modeshows, Bars und Szenetrends

KRAK.DK
Ob Fahrpläne, Flugzeiten, Adressen, Restaurants, Routenplaner, Webcams oder Luftaufnahmen – diese Seite ist Dänemarks Ansprechpartner für alle Fälle und gehört zu den Top-Ten-Websites im Königreich.

DMI.DK
Die Website des Dänischen Meteorologischen Instituts liefert aktuelle regionale Wetterdaten von Grönland über Jütland bis nach Kopenhagen. Mit Gezeitenkalender und Windvorhersagen für die dänischen Gewässer.

TRAVEL PURSUIT

DAS MARCO POLO URLAUBSQUIZ

Weißt du, wie Dänemark tickt? Teste hier dein Wissen über die kleinen Geheimnisse und Eigenheiten von Land und Leuten. Die Lösungen findest du in der Fußzeile. Und ganz ausführlich auf den S. 18–23.

❶ Dänische Designer kreieren mit Vorliebe
a) Schuhe
b) Parfüm
c) Stühle

❷ Welche dänischen Inseln haben mehr Schafe als Einwohner?
a) Färöer
b) Rømø und Mandø
c) Falster

❸ Womit fahren 65 Prozent der dänischen Politiker zur Arbeit?
a) Auto
b) Fahrrad
c) Bus und Bahn

❹ Wie viele Tonnen Hering exportiert Dänemark jährlich?
a) 60 000
b) 120 000
c) 180 000

❺ Wann hat Dänemark zuletzt den Eurovision Song Contest (ESC) gewonnen?
a) 2013
b) 2000
c) 1963

❻ In welcher Sportart wurde Dänemark 1992 Europameister?
a) Handball
b) Hochseeangeln
c) Fußball

Lösungen: 1c, 2a, 3b, 4b, 5a, 6c, 7b, 8a, 9c, 10b, 11c, 12b, 13a+c

Goldgelbe Spezialität: geräucherte Heringe

❼ Jedes noch so kleine Dorf in Dänemark besitzt

a) eine öffentliche Toilette
b) einen Sportverein
c) einen Supermarkt

❽ Die dänische Königin hat eine Schwäche für

a) Zigaretten
b) Pralinen
c) Rotwein

❾ Was bauten die Mitarbeiter der dänischen Reederei DFDS zum 150. Jubiläum?

a) eine 4 m hohe und 7 m breite Fähre aus Sand
b) eine 2 m hohe und 8 m lange Fähre aus Muscheln
c) eine 3 m hohe und 12 m lange Fähre aus Legosteinen

❿ Was erfand der Tischler Ole Kirk Christiansen 1932 in Billund?

a) elektrische Trockenhaube
b) Legosteine
c) Melkmaschine

⓫ Wo kauft königliche Familie ihre Bettwäsche?

a) bei Ikea
b) bei Tchibo
c) im Dänischen Bettenlager

⓬ Wer stellt jährlich die meisten Reifen her?

a) Goodyear
b) Lego
c) Bridgestone

⓭ Wer ist Vorbild für kleine Wikinger von heute?

a) Harald Blauzahn
b) Gorm der Alte
c) Erik der Rote

REGISTER

Aalborg 15, 34, **72**, 141
Aarhus 15, **58**, 64, 67, 138, 141
Adlerreservat Tuen 77
Agger Tange 81
Andersen, Hans Christian 89
Ærø 34, **102**, 146
Årø 43
Ærøskøbing 102
Assens 95, 103
Avernakø 94
Bakken 112, 129
Bindslev 77
Birkholm 103
Bjørnø 95
Blå Planet 110
Blixen, Karen 112, 130
Bornholm 20, 22
Bovbjerg 67
Charlottenlund 128
Daugbjerg 64
Dovns Klint 101
Drejø 99
Dronningestolen 118
Dronningmølle 114
Düppeler Schanzen 43
Dybbøl Banke 43
Ebeltoft 61
Egeskov 95
Elmelunde 118
Endelave 63
Esbjerg 15, **48**, 141
Eskilstrup 119
Esrum Kloster 113
Faaborg **93**, 103
Falster 16, **119**
Fanefjord 118
Fanø 50
Färöer 18, 22
Fejø 123
Femø 123
Flade Sø 82
Frederiksborg Slot 115
Frederikshavn 76
Fur 83
Gedser 121
Gilleleje 114
Grenaa 61, 67
Grönland 18, 20
Hanklit 82
Hanstholm 15, **81**
Helnæs 96
Helsingør 113
Herning 15, **65**
Hillerød 115
Hirtshals 15, **77**
Hjemsted Oldtidspark 46, 53
Hobro 79
Holstebro 65
Horsens 141
Humlebæk 112, 130
Hurup 80
Hvide Sande 67
Jesperhus Blomsterpark 82
Kærgaard 50
Kerteminde 33, **92**
Klampenborg **112**, 129
Klitmøller 35, **82**
Knuthenborg Safari Park 122
Kolding 34, **51**
Kollund-Nødager 61
Kopenhagen 16, 18, 19, 23, 26, 34, **108**, 128, 138, 140, 141
Korinth, Rhododendronpark 95
Kragenæs 123
Krik Vig 35
Kronborg Slot 113
Kruså 126
Kupfermühle 126
Kværndrup 95
Kystcentret 67
Langeland 99
Læsø 76
Lemvig 66
Limfjord 34, 35, 82
Lindehoved 96
Lindholm Høje 75
Liselund Slot 118
Løgstør 83
Løkken 78
Lolland 16, **121**
Longelse 101
Lønstrup 78
Louisiana **112**, 130
Lundeborg 98
Lyø 94
Mandø 46
Mariager 78
Maribo 122
Marielyst 120
Marstal **103**, 146
Middelfart 91
Møgeltønder 48
Møn 16, **117**
Møns Klint 16, **118**
Mønsted 64
Mors 82
Nakskov 123
Nationalpark Thy 80
Nordsømuseet – Akvarium & Oceanarium 78
Nørre Vorupør 83
Nyborg 92
Nykøbing (Falster) 119
Nykøbing Mors 82
Nykøbing (Sjælland) 115
Nysted 121
Odense 88
Odsherred 115
Ørum Sø 82
Østerild 80
Padborg 125
Puttgarden 138
Råbjerg Mile 77, 83
Randers 62
Ribe 15, **44**, 51
Ristinge 101
Ristinge Hale 101
Rødby 138
Rødbyhavn 122
Rødvig 116
Rømø **46**, 141
Roskilde **116**, 141
Rubjerg Knude 78
Rudkøbing 99
Rungstedlund **112**, 129
Sæby 75
Samsø 19, **62**
Schackenborg Slot 48
Silkeborg 33, 34, **63**
Sjællands Odde 115
Skagen 22, **77**, 83
Skagen Odde Naturcenter 77
Skandinavisk Dyrepark 61
Skovsgaard 101

Snaptun 63
Sønderborg 42
Sønderho 50
Stege 117
Strynø 101
Stubbekøbing 119
Svendborg 19, **96**, 99
Thisted 79
Thurø 98
Thy 79
Thyborøn 66
Tivoli 16
Tønder 26, **47**, 141
Tønnisgård Naturcenter 47
Toreby 121
Tranekær 100
Utzon, Jørn 48, 73
Valdemars Slot 97, **98**
Varde 50
Vejle 53
Vestervig 82
Viborg 64
Voergaard Slot 75
Vordingborg 26
Wattenmeercenter 45
Wikingercenter 45

LOB ODER KRITIK? WIR FREUEN UNS AUF DEINE NACHRICHT!

Trotz gründlicher Recherche schleichen sich manchmal Fehler ein. Wir hoffen, du hast Verständnis, dass der Verlag dafür keine Haftung übernehmen kann.

**MARCO POLO Redaktion • MAIRDUMONT • Postfach 31 51
73751 Ostfildern • info@marcopolo.de**

Impressum
Titelbild: Insel Ærø, Strandhaus (Getty Images: A. Rich)
Fotos: DuMont Bildarchiv: G. Hänel (138/139); Getty Images: W. Bibikow (64, 100), M. Gottschalk (84/85); Getty Images/Bloomberg: F. I. Morales (12/13); U. Haafke (47); huber-images: Cozzi (6/7), G. Croppi (9), Gräfenhain (44, 97), R. Schmid (109); iStock: Westersoe (88); Laif: M. Amme (32/33, 42, 94), J.-P. Böning (54/55, 58), G. Hänel (63, 66, 82, 98, 102, 122), Ch. Kerber (30/31), Th. Rabsch (14/15), Tophoven (2/3); Laif/hemis.fr: A. Brusini (20, 38/39), S. Descamps (129); Look: C. Bäck (92), U. Böttcher (137), H. Dressler (10), H. Leue (51), T. Richter (114/115), T. Roetting (Klappe vorne außen, Klappe vorne innen/1, 148/149), Roetting/Pollex (35, 120, 124/125), A. F. Selbach (104/105); Look/Travelcollection (113); mauritius images: W. Bibikow (24/25), N. Frei (127), Haag + Kropp (8), R. Linke (68/69), H. Schön (76, 79); mauritius images/age fotostock: C. Beier (49), D. Eckelt (31); mauritius images/Alamy: (72), J. Telem (26/27); mauritius images/Foodcollection (27); mauritius images/imagebroker: W. Diederich (19), NielsDK (116); mauritius images/Masterfile (Klappe hinten); mauritius images/rphstock (11, 52, 146/147); mauritius images/Travel Collection: S. Gammelmark (108); mauritius images/Westend61: W. Dieterich (119); picture-alliance/Scanpix Denmark: T. Lekfeldt (23); picture-alliance/Westend61: J. Mänz (141); picture-alliance/ZB: P. Pleul (81); C. Tietz (151); Visum: M. Ostergaard (28)

18. Auflage 2020, komplett überarbeitet und neu gestaltet

Autoren: Thomas Eckert, Christoph Schumann, Carina Tietz
Redaktion: Arnd M. Schuppius, Bildredaktion: Anja Schlatterer
Kartografie: © MAIRDUMONT, Ostfildern (S. 36-37, 126, 130, 132, 135, Umschlag außen, Faltkarte); © MAIRDUMONT, Ostfildern, unter Verwendung von Kartendaten von OpenStreetMap, Lizenz CC-BY-SA 2.0 (S. 40-41, 56-57, 60, 70-71, 74, 86-87, 90, 106-107, 110)
Gestaltung Cover, Umschlag und Faltkartencover: bilekjaeger_Kreativagentur mit Zukunftswerkstatt, Stuttgart; Gestaltung Innenlayout: Langenstein Communication GmbH, Ludwigsburg. Spickzettel: in Zusammenarbeit mit PONS GmbH, Stuttgart. Texte hintere Umschlagklappe: Lucia Rojas. Konzept Coverlines: Jutta Metzler, bessere- texte.de.
Printed in China

FSC www.fsc.org MIX Paper from responsible sources FSC® C124385

MARCO POLO AUTORIN
CARINA TIETZ
Schneesturm über Nordjütland: 90 cm Schnee, kein Strom, keine Heizung, einzige Wärmequelle ein Specksteinofen. Auto und Haus unter Schnee begraben. Lebensmittel und Briketts rationiert. Drei Tage warten, dann rückt die Armee mit schwerem Gerät an. Den Winter 1978/79 wird Carina Tietz wohl nie vergessen. Trotzdem mag sie gerade die kalte Jahreszeit, wenn das Meer rau ist und Jul vor der Tür steht.

BLOSS NICHT!

FETTNÄPFCHEN UND REINFÄLLE VERMEIDEN

MIT EURO ZAHLEN WOLLEN
Die Dänen wollen den Euro nicht, und er wird in Dänemark auch nicht akzeptiert. Die einzige Ausnahme bildet die Grenzgegend. Auch in einigen Städten und Touristengebieten wird er (widerwillig) akzeptiert.

DÄNEN GLEICH DUZEN
In Dänemark wird jeder geduzt, einzige Ausnahme sind Mitglieder des Königshauses. Doch bei auf Deutsch geführten Gesprächen erwartet Dänen, gesiezt zu werden. Sie wissen, dass im Deutschen offiziell das förmlichere Sie gilt.

DAS VERTRAUEN MISSBRAUCHEN
Obst, Kaminholz und Gemüse kannst du an der Straße kaufen und findest zum Bezahlen eine Blechbüchse. Man vertraut dir, denn Dänen sind ehrliche Menschen! Sie schließen auch ihr Auto oder ihre Haustür selten ab. Aber wehe, wenn einer dieses Vertrauensprinzip missbraucht …

DIE DEUTSCHE FAHNE HISSEN
Ob zur Fußball-WM am Auto, im Urlaub am Wohnwagen oder am Hotelbalkon: Flagge zeigen ist in! Aber bitte nicht die deutsche Fahne hissen. Das ist nicht nur in Bezug auf die deutsche Vergangenheit heikel, sondern sogar gesetzlich verboten.

GLAUBEN, JEDER DÄNE KÖNNE DEUTSCH
Die meisten Dänen lernen Deutsch in der Schule, aber das heißt noch lange nicht, dass sie Deutsch sprechen wollen. Wer im Geschäft oder Hotel glaubt, in seiner Muttersprache verstanden zu werden, wird auf Unverständnis stoßen. Höflichkeit ist Trumpf – oder auch ein Versuch in Englisch.